Prof. Dr. Dr. h.c. Reiner Schulze
Prof. em. Dr. Dr. h.c. Manfred Zuleeg
Prof. Dr. Stefan Kadelbach, LL.M. [Hrsg.]

Europarecht

Handbuch für die deutsche Rechtspraxis

3. Auflage

Schriftleitung: PD Dr. André Janssen, Universität Bayreuth

Dr. Saša Beljin, E.ON SE, Essen | **Prof. Dr. Roland Bieber**, Universität Lausanne | **Elias Bischof**, lic. iur., Rechtsanwalt, Mediator SAV, LL.M., Universität Basel | **Prof. Dr. Monika Böhm**, Philipps-Universität Marburg | **Prof. Dr. Klaus-Dieter Borchardt**, Europäische Kommission, Brüssel | **Prof. Dr. Sigrid Boysen**, Helmut-Schmidt-Universität/Universität der Bundeswehr Hamburg | **Dr. Christian Busse**, Bundesministerium für Ernährung und Landwirtschaft, Bonn| **Prof. Dr. Claus Dieter Classen**, Universität Greifswald | **Nikola Denzin**, LL.M., Berlin | **Lars Dietze**, Referent beim Landesbeauftragten für Datenschutz und Informationsfreiheit Nordrhein-Westfalen, Düsseldorf | **Prof. Dr. Dr. h.c. Dirk Ehlers**, Universität Münster | **Prof. Dr. Charlotte Gaitanides**, LL.M., Universität Flensburg | **Prof. Dr. Thomas Giegerich**, LL.M., Universität des Saarlandes | **Prof. Dr. Jochen Glöckner**, LL.M., Universität Konstanz | **Prof. Dr. Jörg Gundel**, Universität Bayreuth | **Prof. Dr. Maximilian Haedicke**, LL.M., Universität Freiburg | **Prof. Dr. Georg Hermes**, Goethe-Universität Frankfurt am Main | **Christoph Hettinger**, Goethe-Universität Frankfurt am Main | **Prof. Dr. Bernd Holznagel**, LL.M., Universität Münster | **Prof. Dr. Peter Jung**, Universität Basel | **Prof. Dr. Stefan Kadelbach**, LL.M., Goethe-Universität Frankfurt am Main | **Prof. Dr. Winfried Kluth**, Universität Halle-Wittenberg | **Prof. Dr. Doris König**, Bucerius Law School, Hamburg, Richterin des Bundesverfassungsgerichts | **Prof. Dr. Markus Kotzur**, LL.M., Universität Hamburg | **Prof. Dr. Ludwig Krämer**, Universität Bremen | **Prof. Dr. Dieter Kugelmann**, Deutsche Hochschule der Polizei, Münster | **Dr. Thorsten Mäger**, Rechtsanwalt, Düsseldorf | **Prof. Dr. Siegfried Magiera**, Deutsche Universität für Verwaltungswissenschaften Speyer | **Prof. Dr. Thilo Marauhn**, M. Phil., Universität Gießen | **Prof. Dr. Thomas M. J. Möllers**, Universität Augsburg | **Dr. Rainer Noch**, Rechtsanwalt, Unkel | **Prof. Dr. Stefan Oeter**, Universität Hamburg | **Prof. Dr. Eckhard Pache**, Universität Würzburg | **Prof. Dr. Oliver Remien**, Universität Würzburg | **Prof. Dr. Joachim Scherer**, LL.M., Rechtsanwalt, Frankfurt am Main | **Prof. Dr. Stefanie Schmahl**, Universität Würzburg | **Prof. Dr. Martin Schmidt-Kessel**, Universität Bayreuth | **Prof. Dr. Hans Schulte-Nölke**, Universität Osnabrück/Radboud Universität Nijmegen **Prof. Dr. Dr. h.c. Reiner Schulze**, Universität Münster | **Prof. Dr. Achim Seifert**, Universität Jena | **Dr. Stefanie Sendmeyer**, Universität Münster | **Prof. Dr. Ansgar Staudinger**, Universität Bielefeld | **Prof. Dr. Heinz-Dietrich Steinmeyer**, Universität Münster | **Prof. Dr. Rudolf Streinz**, Universität München | **Prof. Dr. Bettina Weißer**, Universität Münster | **Prof. Dr. Rainer Wernsmann**, Universität Passau | **Prof. Dr. Gerd Winter**, Universität Bremen | **Prof. Dr. Hans-Michael Wolffgang**, Universität Münster | **Prof. em. Dr. Dr. h.c. Manfred Zuleeg**, Goethe-Universität Frankfurt am Main

Nomos

Zitiervorschlag:
Bearbeiter, in: Schulze/Zuleeg/Kadelbach, Europarecht, Handbuch für die deutsche Rechtspraxis (Handbuch Europarecht), § .., Rn ...

Die Deutsche Nationalbibliothek verzeichnet diese Publikation in der Deutschen Nationalbibliografie; detaillierte bibliografische Daten sind im Internet über http://dnb.d-nb.de abrufbar.

ISBN 978-3-8487-1219-9

3. Auflage 2015

Vorwort

Schon bald nach dem erstmaligen Erscheinen des Handbuchs Europarecht (2006) sind eine zweite (2010) und nun eine dritte Auflage erforderlich geworden. Die Vorauflagen haben großen Anklang und weite Verbreitung in der juristischen Praxis gefunden. Das Lissaboner Vertragswerk hat zu weitreichenden Veränderungen innerhalb des Europarechts geführt. Die Neuauflage des Handbuchs Europarecht versucht weiterhin, dem Informationsbedarf, der dadurch in der deutschen Rechtspraxis entstanden ist, möglichst rasch, übersichtlich und eingehend Rechnung zu tragen.

Die neue Auflage führt dabei die Konzeption fort, die im Vorwort zur ersten Auflage vorgestellt wurde und in Besprechungen von Wissenschaftlern und Praktikern vielfältig Zustimmung erhalten hat. Vorrangiges Anliegen des Handbuchs bleibt es, eine klare und zuverlässige Orientierung zu bieten, wenn europäische Rechtsvorschriften Einfluss auf die Rechtsanwendung, juristische Beratungstätigkeit und Vertragsgestaltung haben können.

Um dieses Anliegen zu verwirklichen, bedurfte es auch diesmal besonderer Anstrengungen der 50 Autoren aus Wissenschaft und Praxis sowie des Verlags. Die Herausgeber danken allen Beteiligten für ihr außerordentliches Engagement. Besonders zu danken ist zudem Frau Aleksandra Socik vom Centrum für Europäisches Privatrecht in Münster sowie Frau Theresa Neumann vom Wilhelm Merton-Zentrum für europäische Integration in Frankfurt für ihre umsichtige und tatkräftige Mitwirkung.

Im Oktober 2014 Die Herausgeber

Aus dem Vorwort zur 1. Auflage

Der zunehmende Einfluss des europäischen Rechts stellt die juristische Praxis vor neue Probleme und Herausforderungen. Auch erfahrene Praktiker sind häufig mit Inhalt und Form der europäischen Rechtsakte und Rechtsprechung wenig vertraut. Die Bestimmungen sind oft unübersichtlich, zuweilen raschem Wandel unterworfen und zudem in sehr unterschiedlicher Weise mit dem nationalen Recht verwoben. Vorrangiges Anliegen dieses Handbuchs ist es angesichts dieser Lage, der Praxis eine Orientierungshilfe zu bieten.

Ausgehend von den Fragen und Sachbereichen, die den Praktiker mit Auswirkungen des Europarechts konfrontieren, werden Schwerpunkte und Strukturen des Einflusses europäischer Rechtsvorschriften und Entscheidungen auf die Rechtsanwendung, juristische Beratungstätigkeit und Vertragsgestaltung behandelt. Das vorliegende Werk bezieht dabei in bisher einmaliger Weise ein breites Spektrum von juristischen Arbeitsgebieten ein, für die das europäische Recht relevant geworden ist. Eine isolierte Darstellung etwa allein des Privatrechts oder des öffentlichen Rechts könnte den Bedürfnissen der Praxis schon deshalb nicht genügen, weil Rechtsfragen im europäischen Recht weithin aus einer anderen systematischen Perspektive zu begreifen sind als nach dem herkömmlichen nationalen System. Erforderlich ist daher das Wagnis einer Gesamtschau der wichtigsten Bereiche, in denen das europäische Recht heute die juristische Praxis in Deutschland mitprägt.

Im Januar 2006 Die Herausgeber

Inhaltsübersicht

Bearbeiterverzeichnis

Dr. Saša Beljin, E.ON SE, Center of Competence Legal, Essen	§ 28	Beihilfenrecht
Prof. Dr. Roland Bieber, Universität Lausanne	§ 1	Institutionen
Elias Bischof, lic. iur., Rechtsanwalt, Mediator SAV, LL.M., Universität Basel	§ 20	Finanzdienstleistungsrecht
Prof. Dr. Monika Böhm, Philipps-Universität Marburg	§ 12	Haftung
Prof. Dr. Klaus-Dieter Borchardt, Europäische Kommission, Brüssel	§ 15	Auslegung, Rechtsfortbildung und Rechtsschöpfung
Prof. Dr. Sigrid Boysen, Helmut-Schmidt-Universität/Universität der Bundeswehr Hamburg	§ 32	Außenwirtschaftsrecht
Dr. Christian Busse, Bundesministerium für Ernährung und Landwirtschaft, Bonn	§ 25	Agrarrecht
Prof. Dr. Claus Dieter Classen, Universität Greifswald	§ 4	Rechtsschutz
Nikola Denzin, LL.M., Berlin	§ 27	Freie Berufe
Lars Dietze, Referent beim Landesbeauftragten für Datenschutz und Informationsfreiheit Nordrhein-Westfalen, Düsseldorf	§ 37	Europäischer Datenschutz
Prof. Dr. Dr. h.c. Dirk Ehlers, Universität Münster	§ 11	Verhältnis des Unionsrechts zu dem Recht der Mitgliedstaaten
Prof. Dr. Charlotte Gaitanides, LL.M., Universität Flensburg	§ 31	Geld- und Währungsrecht
Prof. Dr. Thomas Giegerich, LL.M., Universität des Saarlandes	§ 9	Unionsbürgerschaft
Prof. Dr. Jochen Glöckner, LL.M., Universität Konstanz	§ 17	Europäisches Lauterkeitsrecht
Prof. Dr. Jörg Gundel, Universität Bayreuth	§ 3	Verwaltung
Prof. Dr. Maximilian Haedicke, LL.M., Universität Freiburg	§ 21	Recht des geistigen Eigentums
Prof. Dr. Georg Hermes, Goethe-Universität Frankfurt am Main	§ 35	Energierecht
Christoph Hettinger, Mitarbeiter am Lehrstuhl Prof. Dr. Stefan Kadelbach, Goethe-Universität Frankfurt am Main, Wilhelm-Merton-Zentrum für Europäische Integration und Internationale Wirtschaftsordnung	§ 31	Geld- und Währungsrecht
Prof. Dr. Bernd Holznagel, LL.M., Universität Münster	§ 37	Europäischer Datenschutz
Prof. Dr. Peter Jung, Universität Basel	§ 20	Finanzdienstleistungsrecht
Prof. Dr. Stefan Kadelbach, LL.M., Goethe-Universität Frankfurt am Main	§ 8	Individuelle Rechte und Pflichten
		Zur Einführung
Prof. Dr. Winfried Kluth, Martin-Luther-Universität Halle-Wittenberg	§ 5	Demokratie

Prof. Dr. Doris König, Bucerius Law School, Hamburg; Richterin des Bundesverfassungsgerichts	§ 2	Gesetzgebung
Prof. Dr. Markus Kotzur, LL.M. (Duke), Universität Hamburg	§ 38	Kultur, Forschung und Technologie
Prof. Dr. Ludwig Krämer, Universität Bremen	§ 26	Umweltrecht
Prof. Dr. Dieter Kugelmann, Deutsche Hochschule der Polizei, Münster	§ 41	Ausländerrecht, Asylrecht
Dr. Thorsten Mäger, Rechtsanwalt, Düsseldorf	§ 16	Kartellrecht
Prof. Dr. Siegfried Magiera, Deutsche Universität für Verwaltungswissenschaften Speyer	§ 13	Durchsetzung des Europarechts
Prof. Dr. Thilo Marauhn, M. Phil., Universität Gießen	§ 7	Unionstreue
Prof. Dr. Thomas M. J. Möllers, Universität Augsburg	§ 18	Gesellschafts- und Unternehmensrecht
Dr. Rainer Noch, Rechtsanwalt, Unkel	§ 29	Öffentliches Auftragsrecht
Prof. Dr. Stefan Oeter, Universität Hamburg	§ 32	Außenwirtschaftsrecht
Prof. Dr. Eckhard Pache, Universität Würzburg	§ 10	Grundfreiheiten
Prof. Dr. Oliver Remien, Universität Würzburg	§ 14	Rechtsangleichung im Binnenmarkt
Prof. Dr. Joachim Scherer, LL.M., Rechtsanwalt, Frankfurt am Main	§ 36	Kommunikation
Prof. Dr. Stefanie Schmahl, Universität Würzburg	§ 6	Rechtsstaatlichkeit
Prof. Dr. Martin Schmidt-Kessel, Universität Bayreuth	§ 19	Handelsrecht – Unternehmensrecht
Prof. Dr. Hans Schulte-Nölke, Universität Osnabrück/ Radboud Universität Nijmegen	§ 23	Verbraucherrecht
Prof. Dr. Dr. h.c. Reiner Schulze, Universität Münster		Zur Einführung
Prof. Dr. Achim Seifert, Universität Jena	§ 39	Arbeitsrecht
Dr. Stefanie Sendmeyer, Universität Münster	§ 34	Transport- und Verkehrsrecht
Prof. Dr. Ansgar Staudinger, Universität Bielefeld	§ 22	Internationales Privat- und Zivilverfahrensrecht
Prof. Dr. Heinz-Dietrich Steinmeyer, Universität Münster	§ 40	Sozialrecht
Prof. Dr. Rudolf Streinz, Universität München	§ 24	Lebensmittel- und Arzneimittelrecht
Prof. Dr. Bettina Weißer, Universität Münster	§ 42	Strafrecht
Prof. Dr. Rainer Wernsmann, Universität Passau	§ 30	Steuerrecht
Prof. Dr. Gerd Winter, Universität Bremen	§ 26	Umweltrecht
Prof. Dr. Hans-Michael Wolffgang, Universität Münster	§ 33	Zollrecht
Prof. em. Dr. Dr. h.c. Manfred Zuleeg, Goethe-Universität Frankfurt am Main	§ 8	Individuelle Rechte und Pflichten

Abkürzungsverzeichnis

aA	anderer Ansicht
aaO	am angegebenen Ort
AASM	Assoziierte Afrikanische Staaten und Madagaskar
Abg.	Abgeordneter
AbkGemOrg.	Abkommen über gemeinsame Organe für die Europäischen Gemeinschaften
abl	ablehnend
ABl.	Amtsblatt der Europäischen Gemeinschaften
ABl. EGKS	Amtsblatt der Europäischen Gemeinschaft für Kohle und Stahl
Abs.	Absatz
AbsFondsG	Absatzfondsgesetz
Abschn.	Abschnitt
Abt.	Abteilung
abw.	abweichend
AdR	Ausschuss der Regionen
ADR	Alternative Dispute Resolution
aE	am Ende
ÄndG	Gesetz zur Änderung
ÄndVO	Verordnung zur Änderung
AERP	Europäische Agentur für Forschung und Entwicklung
AETR	Europäisches Übereinkommen über die Arbeit der im internationalen Straßenverkehr beschäftigten Fahrzeugbesatzungen
AEUV	Vertrag über die Arbeitsweise der EU
aF	alte Fassung
AFDI	Annuaire Français de Droit International
AFG	Arbeitsförderungsgesetz
AFIG	Agrar- und Fischereifonds-Informations-Gesetz
AfP	Archiv für Presserecht
AG	Die Aktiengesellschaft, Zeitschrift für das gesamte Aktienwesen
AG	Aktiengesellschaft
AGB	Allgemeine Geschäftsbedingungen
AgrarR	Agrarrecht (Zeitschrift)
AID	Auswertungs- und Informationsdienst für Ernährung, Landwirtschaft und Forsten
AIF	Alternativer Investmentfornds/Alternative Investment Fund
AIFK	Betreiber eines alternativen Investmentfonds
AIFM	Alternative Investment Fund Manager
AIM	Alternative Investment Market
AJCL	American Journal of Comparative Law
AJDA	Actualités Juridiques de Droit Administratif
AJIL	American Journal of International Law
AKP-Staaten	Staaten Afrikas, der Karibik und des Pazifiks (Mitgliedstaaten der Lomé-Abkommen)
AktG	Aktiengesetz
allg.	allgemein
aM	anderer Meinung
AmstV	Amsterdamer Vertrag
Anh.	Anhang
Anm.	Anmerkung
Ann.eur.	Annuaire européen (= EuYB)

AO	Abgabenordnung
AöR	Archiv des öffentlichen Rechts
APA	Approved Publication Arrangement
ARB	Assoziationsratsbeschluss
ArbG	Arbeitsgesetz
ArbZG	Arbeitszeitgesetz
ArchVR	Archiv des Völkerrechts
ARM	Approved Reporting Mechanism
Art.	Artikel
ASIL	American Society of International Law
AS-Stelle	Stelle für die außergerichtliche Beilegung von Streitigkeiten
AStV	Ausschuss der Ständigen Vertreter
ATS	Alternative Trading Systems
ATV	Allgemeine Tarifierungsvorschrift
AUE	Acte Unique Européen
AufenthG/EWG	Aufenthaltsgesetz/EWG
Aufl.	Auflage
AuR	Arbeit und Recht (Zeitschrift)
AUR	Agrar- und Umweltrecht (Zeitschrift)
AuS	Arbeit und Sozialpolitik
AuslG	Ausländergesetz
AVB	Allgemeine Versicherungsbedingungen
AWD	Außenwirtschaftsdienst
AWG	Außenwirtschaftsgesetz
AWVO	Außenwirtschaftsverordnung
AZ	Aktenzeichen
AZO	Allgemeine Zollordnung
BaFin	Bundesanstalt für Finanzdienstleistungsaufsicht (Deutschland)
BAG	Bundesarbeitsgericht
BAGE	Entscheidungen des Bundesarbeitsgerichts
BAnz.	Bundesanzeiger
BArbBl.	Bundesarbeitsblatt
BauGB	Baugesetzbuch
BayAgrarWiG	Bayerisches Agrarwirtschaftsgesetz
BayObLG	Bayerisches Oberstes Landesgericht
BayVBl.	Bayerische Verwaltungsblätter
BB	Der Betriebs-Berater
BbankG	Gesetz über die Deutsche Bundesbank
BBiG	Bundesbildungsgesetz
BBodenSchG	Bundesbodenschutzgesetz
BCBS	Basel Committee on Banking Supervision/Basler Ausschuss für Bankenaufsicht (BIZ)
BCCI-Richtlinie	Richtlinie 95/26/EG betreffend die verstärkte Beaufsichtigung von Finanzunternehmen
Bd.	Band
BeaSt	Beamtenstatut
BeitrA	Beitrittsakte
Bek.	Bekanntmachung
Benelux-Staaten	*Belgien*, Niederlande, Luxemburg
Ber.	Berichte der Kommission über die Wettbewerbspolitik (jährlich seit 1972)

ber.	berichtigt
BErzGG	Bundeserziehungsgeldgesetz
Beschl.	Beschluss
BetrPrämDurchfG	Betriebsprämiendurchführungsgesetz
BetrPrämDurchfV	Betriebsprämiendurchführungsverordnung
BewG	Bewertungsgesetz
BfA	Bundesversicherungsanstalt für Angestellte
BFH	Bundesfinanzhof
BFHE	Entscheidungen des Bundesfinanzhofes
BGB	Bürgerliches Gesetzbuch
BGBl.	Bundesgesetzblatt
BGH	Bundesgerichtshof
BGHSt	Entscheidungen des Bundesgerichtshofes in Strafsachen
BGHZ	Entscheidungen des Bundesgerichtshofes in Zivilsachen
BIC	Bank Identifier Code
BIP	Bruttoinlandsprodukt
BIRD	Internationale Bank für Wiederaufbau und Entwicklung
BIZ	Bank für internationalen Zahlungsausgleich/Bank for International Settlements (BIS)
BK	Berichtigungskoeffizient
BKartA	Bundeskartellamt
BLE	Bundesanstalt für Landwirtschaft und Ernährung
BLwG	Bundeslandwirtschaftsgesetz
BMELF	Bundesministerium für Ernährung, Landwirtschaft und Forsten
BMELV	Bundesministerium für Ernährung, Landwirtschaft und Verbraucherschutz
BMF	Bundesministerium für Finanzen
BML	Bundesministerium für Landwirtschaft
BMU	Bundesministerium für Umwelt und Reaktorsicherheit
BMVEL	Bundesministerium für Verbraucherschutz, Ernährung und Landwirtschaft
BR-Drucks.	Drucksache des Deutschen Bundesrates
BReg.	Bundesregierung
BRRD	Bank Recovery and Resolution Directive 2014/59/EU
BSB	Beschäftigungsbedingungen für die Sonstigen Bediensteten der Europäischen Gemeinschaften
BSC	Ausschuss für Bankenaufsicht
BSG	Bundessozialgericht
BSGE	Entscheidungen des Bundessozialgerichts
BSP	Bruttosozialprodukt
bspw	beispielsweise
BStBl.	Bundessteuerblatt
BT-Drucks.	Drucksache des Deutschen Bundestages
BüL	Berichte über Landwirtschaft (Zeitschrift)
BullEG	Bulletin der Europäischen Gemeinschaften
BullEU	Bulletin der Europäischen Union
BuW	Betrieb und Wirtschaft
BVA	Beratender Verbraucherausschuss
BVerfG	Bundesverfassungsgericht
BVerfGE	Entscheidungen des Bundesverfassungsgerichts
BVerwG	Bundesverwaltungsgericht

BVerwGE	Entscheidungen des Bundesverwaltungsgerichts
BYIL	British Yearbook of International Law
BZBl.	Bundeszollblatt
bzgl	bezüglich
bzw	beziehungsweise
CCCE	Comité de Contact des Consommateurs des Communautés Européennes
CCP	Central Counterparty
CDE	Cahiers de droit européen
CDO	Collateralized Debt Obligation
CDS	Credit Default Swap
CE	Communauté(s) Européenne(s)
CEBS	Committee of European Banking Supervisors (abgelöst durch die European Banking Authority, EBA)
CEE	Communauté Economique Européenne
CEEP	Centre Européen de l'Entreprise Publique
CEMT	Europäische Konferenz der Verkehrsminister
CEN	Comité Européen de Normalisation
CENELEC	Comité Européen de Normalisation Electronique
CERD	Comité de la Recherche et du Développement
CESAME	Sachverständigengruppe für Clearing und Abrechnung/Clearing and Settlement Advisory and Monitoring Experts' Group
CESR	Committee of European Securities Regulators (abgelöst durch die European Securities and Markets Authority, ESMA)
CITES	Convention on International Trade in endangered species
CM	Common Market
CMA	Centrale Marketinggesellschaft der deutschen Agrarwirtschaft
CMLR	Common Market Law Review
COREPER	Comité des Représentants Permanents des États Membres
COST	Coopération européenne dans la domaine de la Recherche Scientifique et Technique
CR	Computer und Recht
CRA	Credit Rating Agency
CRD	Capital Requirements Directive
CREST	Comité de la Recherche Scientifique et Technique
CRIM-MAD	Directive 2014/57/EU on criminal sanctions for market abuse
CRR	Capital Requirements Regulation(EU) Nr. 575/2013
CTP	Consolidated Tape Providers
DAC	Development Assistance Committee / Ausschuss für Entwicklungshilfe
DB	Der Betrieb
DCSI	Diritto comunitario e degli scambi internazionali
DelVO	Delegierte Verordnung
ders.	derselbe
DGS	Deposit Guarantee Schemes
dh	das heißt
DHA	Deutsches Handelsarchiv
dies.	dieselbe(n)
DienstanwK	Dienstanweisung für den Kanzler (des Gerichtshofes der Europäischen Gemeinschaften)
DIN	Deutsches Institut für Normung
Dir.int.	Diritto internazionale

DirektZahlVerpflG	Direktzahlungen-Verpflichtungengesetz
DirektZahlVerpflV	Direktzahlungen-Verpflichtungenverordnung
DÖV	Die Öffentliche Verwaltung
Dok.	Dokument
DOM	Departements d'outre mer (französische überseeische Departements)
Dr.	Droit
DRiZ	Deutsche Richterzeitung
Drucks.	Drucksache
DS	Droit Social
DStR	Deutsches Steuerrecht
DStZ	Deutsche Steuer-Zeitung
DVAuslG	Verordnung zur Durchführung des Ausländergesetzes
DVBl.	Deutsches Verwaltungsblatt
DVO	Durchführungsverordnung
DWA	Direktwahlakte
DZWir	Deutsche Zeitschrift für Wirtschaftsrecht
E.	Entwurf
EA	Europa-Archiv; Europaabkommen
EA/D	Europa-Archiv (Dokumente)
EAFE	Europäischer Ausschuss für Forschung und Entwicklung
EAG	Europäische Atomgemeinschaft
EAGFL	Europäischer Ausrichtungs- und Garantiefonds für die Landwirtschaft
EAGV	Vertrag zur Gründung der Europäischen Atomgemeinschaft
EAS	Europäisches Arbeits- und Sozialrecht
EASD	European Association of Securities Dealers
EBA	European Banking Authority
EbAV	Einrichtung der betrieblichen Altersversorgung
ebd	ebenda
EBWE	Europäische Bank für Wiederaufbau und Entwicklung
ECA	Wirtschaftskommission der Vereinten Nationen für Afrika
ECAC	Europäische Zivilluftfahrtkonferenz
ECAFE	Wirtschaftskommission der Vereinten Nationen für Asien und den Fernen Osten
ECB	European Central Bank / Europäische Zentralbank (EZB)
ECE	Economic Commission for Europe
ECLR	European Competition Law Review
ECOSOC	Wirtschafts- und Sozialrat der Vereinten Nationen
ECRC	European Coalition for Responsible Credit
ECU	European Currency Unit
EEA	Einheitliche Europäische Akte
EEC	European Economic Community(ies)
EEF	Europäischer Entwicklungsfonds
EFRE	Europäischer Fonds für regionale Entwicklung
EFSF	European Financial Stability Facility
EFSIR	European Financial Stability and Integration Report
EFTA	Europäische Freihandelszone
EFWZ	Europäischer Fonds für währungspolitische Zusammenarbeit
EG	Europäische Gemeinschaften
EGB	Europäischer Gewerkschaftsbund
EGBGB	Einführungsgesetz zum Bürgerlichen Gesetzbuch
EGFL	Europäischer Garantiefonds für die Landwirtschaft

EGKS	Europäische Gemeinschaft für Kohle und Stahl
EGKSV	Vertrag zur Gründung der Europäischen Gemeinschaft für Kohle und Stahl
EGMO	Einheitliche Gemeinsame Marktorganisation
EGMR	Europäischer Gerichtshof für Menschenrechte
EGV	Vertrag über die Europäische Gemeinschaft
EGZ	Europäische Gesellschaft für Zusammenarbeit
EIB	Europäische Investitionsbank
EIF	Europäischer Investitionsfonds
EIOPA	European Insurance and Occupational Pensions Authority (EU)
EIPR	European Industrial Property Review
EJIL	European Journal of International Law
EKMR	Europäische Kommission für Menschenrechte
ELEC	Europäische Liga für wirtschaftliche Zusammenarbeit
ELER	Europäischer Landwirtschaftsfonds für die Entwicklung des ländlichen Raums
ELR	European Law Review
ELTIF	European Long-Term Investment Fund
EMIR	European Market Infrastructure Regulation (EU) Nr. 648/2012
EMRK	Europäische Menschenrechts-Konvention
endg.	endgültig
EnergieStG	Energiesteuergesetz
Entsch.	Entscheidung
entspr.	entsprechend
EnzEur	Enzyklopädie Europarecht
EÖD	Europäischer Öffentlicher Dienst
EP	Europäisches Parlament
EPC	European Payments Council (EU)
EPD oder EPPD	Einheitliches Programmplanungsdokument
EPL	European Public Law
EPZ	Europäische Politische Zusammenarbeit
ERE	Europäische Rechnungseinheit
Erl.	Erläuterungen
ESA	European Space Agency
ESA	European Supervision Authorities
ESF	Europäische Wissenschaftsstiftung
ESF	Exogenous Shocks Facility (IWF)
ESFS	European System of Financial Supervisors / Europäisches System der Finanzaufsicht (EU)
ESM	European Stability Mechanism
ESMA	European Securities and Markets Authority (EU)
ESME	Expertengruppe Europäische Wertpapiermärkte
ESRB	European Systemic Risk Board (EU)
EStG	Einkommensteuergesetz
ESZB	Europäisches System der Zentralbanken (EU)
etc.	et cetera
ETL	European Transport Law
ETS	European Treaty Series
ETSI	European Telecommunications Standards Institute
EU	Europäische Union
EuCLR	European Criminal Law Review

EuG oder EuGeI	Europäisches Gericht 1. Instanz
EuGen	Europäische Genossenschaft
EuGGes	Europäische Gegenseitigkeitsgesellschaft
EuGH	Gerichtshof der Europäischen Gemeinschaften
EuGHG	Gesetz betreffend die Anrufung des Gerichtshofes der Europäischen Gemeinschaften im Wege des Vorabentscheidungsverfahrens auf dem Gebiet der polizeilichen Zusammenarbeit und der justiziellen Zusammenarbeit in Strafsachen nach Artikel 35 des EU-Vertrages
EuGRZ	Europäische Grundrechte-Zeitschrift
EuGVÜ	Europäischer Gerichtsstand- und Vollstreckungsübereinkommen
EuR	Europarecht (Zeitschrift)
EUR	EURO
Euratom	Europäische Atomgemeinschaft
EurBSt.	Europäisches Beamtenstatut, Europäisches Statut der Beamten der Gemeinschaften
EuRH	Europäischer Rechnungshof
EURIBOR	Euro Interbank Offered Rate
EURONET	Europäisches Informations- und Datenübertragungsnetz
EurWi.	Europäische Wirtschaft
EuSEF	European Social Entrepreneurship Fund
EuV	Europäischer Verein
EUV aF	Vertrag über die Europäische Union
EUV	Vertrag über die Europäische Union (Lissabon)
EuVECA	European Venture Capital Fund
EuYB	European Yearbook
EuZW	Europäische Zeitschrift für Wirtschaftsrecht
evtl	eventuell
EVV	Europäischer Verfassungsvertrag
EWA	Europäisches Währungsabkommen
EWG	Europäische Wirtschaftsgemeinschaft
EWGV	Vertrag über die Europäische Wirtschaftsgemeinschaft
EWI	Europäisches Währungsinstitut
EWIV	Europäische Wirtschaftliche Interessenvereinigung
EWR	Europäischer Wirtschaftsraum
EWS	Europäisches Währungssystem; Europäisches Wirtschafts- und Steuerrecht (Zeitschrift)
EWSA	Europäischer Wirtschafts- und Sozialausschuss
EZB	Europäische Zentralbank (EU)
EZU	Europäische Zahlungsunion
f	folgende
FAO	Ernährungs- und Landwirtschaftsorganisation der Vereinten Nationen
FATF	Financial Action Task Force on Money Laundering / Groupe d'Action financière
FAZ	Frankfurter Allgemeine Zeitung
FD-StrafR	Fachdienst Strafrecht
FESCO	Forum of European Securities Commission / Forum Europäischer Wertpapierbehörden
ff	fortfolgende
FG	Finanzgericht
FGO	Finanzgerichtsordnung
FKVO	Fusionskontrollverordnung

FIAF	Finanzinstrument für die Ausrichtung der Fischerei
FiCoD	Financial Conglomerates Directive 2011/89/EU
FIDE	Fédération Internationale de Droit Européen
Fin.Arch.	Finanzarchiv
FIN-NET	Cross- border Out-of-Court Complaints Network for Financial Services
FIN-USE	Forum of User Experts in the area of Financial Services (jetzt FSUG)
FMSBechlG	Gesetz zur Beschleunigung und Vereinfachung des Erwerbs von Anteilen an sowie Risikooptionen von Unternehmen des Finanzsektors durch den Fonds „Finanzmarktstabilisierungsfonds – FMS“ (Finanzmarktstabilisierungsbeschleunigungsgesetz)
FMStErgG	Gesetz zur weiteren Stabilisierung des Finanzmarktes (Finanzmarktstabilisierungsergänzungsgesetz)
FMStFG	Gesetz zur Errichtung eines Finanzmarktstabilisierungsfonds
FMStG	Gesetz zur Umsetzung eines Maßnahmenpakets zur Stabilisierung des Finanzmarktes (Finanzmarktstabilisierungsgesetz)
Fn	Fußnote
FR	Finanz-Rundschau
FS	Festschrift
FSAP	Financial Services Action Plan
FSB	Financial Stability Board (BIZ)
FSC	Financial Services Committee
FSCG	Financial Services Consumer Group (jetzt FSUG)
FSF	Financial Stability Forum (jetzt FSB)
FSI	Financial Stability Institute / Institut für Finanzstabilität (BIZ)
FSUG	Financial Services User Group
FusV	Fusionsvertrag
FZG	Bundesgesetz v. 17.12.1993 über die Freizügigkeit in der beruflichen Alters-, Hinterlassenen- und Invalidenvorsorge (Freizügigkeitsgesetz, SR 831.42)
G.	Gemeinschaft; Gesetz
GA	Generalanwalt
GA	Goltdammers Archiv
GAFI	Groupe d'Action financière / Financial Action Task Force on Money Laundering
GAK	Gemeinschaftsaufgabe Agrarstruktur und Küstenschutz
GAP	Gemeinsame Agrarpolitik
GASP	Gemeinsame Außen- und Sicherheitspolitik
GATS	General Agreement on Trade in Services (WTO) / Allgemeines Übereinkommen über den Handel mit Dienstleistungen
GATT	General Agreement on Tariffs and Trade (WTO) / Allgemeines Zoll- und Handelsabkommen
GB	Jährlicher Gesamtbericht der Kommission der EG
GD	Generaldirektion
gem.	gemäß
GenG	Genossenschaftsgesetz
GewO	Gewerbeordnung
GewStG	Gewerbesteuergesetz
GFK	Genfer Flüchtlingskonvention
GFS	Gemeinsame Forschungsstelle
GG	Grundgesetz für die Bundesrepublik Deutschland
ggf	gegebenenfalls

GHP	Gemeinsame Handelspolitik
GK	Große Kammer
GM	Gemeinsame Maßnahme
GmbH	Gesellschaft mit beschränkter Haftung
GmbHR	GmbH-Rundschau
GMBl.	Gemeinsames Ministerialblatt
GMO	Gemeinsame Marktordnung
GO	Geschäftsordnung
GRC	Grundrechtecharta
grds.	Grundsätzlich
GrdStVG	Grundstücksverkehrsgesetz
grundl.	grundlegend
GRUR	Gewerblicher Rechtsschutz und Urheberrecht
GRUR Int.	Gewerblicher Rechtsschutz und Urheberrecht, Auslands- und internationaler Teil
GS	Gedächtnisschrift
GU	Gazetta Ufficiale
GVBl.	Gesetz- und Verordnungsblatt
GVG	(deutsches) Gerichtsverfassungsgesetz
GVO	Gruppenfreistellungsverordnung
GWB	Gesetz gegen Wettbewerbsbeschränkungen
GZT	Gemeinsamer Zolltarif
GYIL	German Yearbook of International Law
hA	herrschende Auffassung
HansOLG	Hanseatisches Oberlandesgericht
Hdb	Handbuch
HFT	High-Frequency Trading
HGB	Handelsgesetzbuch
HHSp	Hübschmann Hepp Spitaler
HKG	Handelsklassengesetz
hL	herrschende Lehre
hM	herrschende Meinung
HO	Haushaltsordnung
HöfeO	Höfeordnung
HolzabsFondsG	Holzabsatzfondsgesetz
HRRS	Onlinezeitschrift für Höchstrichterliche Rechtsprechung zum Strafrecht
Hrsg., hrsg.	Herausgeber, herausgegeben
HS	Harmonisiertes System
Hs	Halbsatz
HwpÜ	Haager Wertpapierübereinkommen v. 5.7.2006 (SR 0.957.1)
HZA	Hauptzollamt
iA	im Auftrag
IAA	Internationales Arbeitsamt
IAEO	Internationale Atom-Energie-Organisation
IAO	Internationale Arbeitsorganisation
IATA	International Air Transport Association
IBAN	International Bank Account Number
IBRD	International Bank for Reconstruction and Development / Internationale Bank für Wiederaufbau und Entwicklung
ICAO	International Civil Aviation Organisation

ICJ	International Court of Justice
ICJ-Rep.	International Court of Justice; Reports of Judgements, Advisory Opinions and Orders
ICLQ	International and Comparative Law Quarterly
IDA	Internationale Entwicklungsorganisation
idF	in der Fassung
idR	in der Regel
idS	in diesem Sinne
ieS	im engeren/eigentlichen Sinn
IFC	Internationale Finanz-Corporation
IFG	Informations-Freiheitsgesetz
IFRS	International Financial Reporting Standards
IGH	Internationaler Gerichtshof
IIC	International Review of Industrial Property and Copyright Law
ILA	International Law Association
ILC	International Law Commission
ILM	International Legal Materials
ILO	International Labour Organization
IMO (früher IMCO)	International Maritime Organization
IMD	Insurance Mediation Directive
InfAuslR	Informationsbrief Ausländerrecht
insb.	insbesondere
InVeKosDG	InVeKos-Datengesetz
InVeKosV	InVeKos-Verordnung
InVeKosS	Integriertes Verwaltungs- und Kontrollsystem
IOSCO	International Organization of Securities Commissions
IPR	Internationales Privatrecht
IPRax	Praxis des Internationalen Privat- und Verfahrensrechts
IRB	Internal Ratings Based Approach
IRG	Gesetz über die internationale Rechtshilfe in Strafsachen
iSd	im Sinne des/r
iSv	im Sinne von
iVm	in Verbindung mit
IWB	Internationale Wirtschaftsbriefe
IWF	Internationaler Währungsfonds
iwS	im weiteren Sinn
JA	Juristische Arbeitsblätter
JAR	Jahrbuch des Agrarrechts
JArbZeitG	Jugendarbeitszeitgesetz
JBl	Juristische Blätter
JBL	Journal of Business Law
JCMS	Journal of Common Market Studies
JCP	Jurisclasseur périodique – La semaine juridique
JdEI	Jahrbuch der Europäischen Integration
JDI	Journal du Droit international
JICJ	Journal of International Criminal Justice
JIR	Jahrbuch des Internationalen Rechts
JO	Journal Officiel de la République Française
JöR	Jahrbuch des öffentlichen Rechts
JR	Juristische Rundschau
JurBüro	Juristisches Büro

JuS	Juristische Schulung
JT	Journal des Tribunaux
JWTL	Journal of World Trade Law
JZ	Juristenzeitung
KartR	Kartellrecht
Kfz.	Kraftfahrzeug
KindArbSchG	Kindesarbeitsschutzgesetz
KMB	Klein- und Mittelbetriebe
KMU	Kleinere und mittlere Unternehmen
KN	Kombinierte Nomenklatur
KOM	Kommissionsdokument(e)
KritV	Kritische Vierteljahresschrift für Gesetzgebung und Rechtswissenschaft
KrW-/AbfG	Kreislaufwirtschafts- und Abfallgesetz
KSchG	Kündigungsschutzgesetz
KSE	Kölner Schriften zum Europarecht
KStG	Körperschaftsteuergesetz
KSZE	Konferenz über Sicherheit und Zusammenarbeit in Europa
KWG	Kreditwesengesetz
LegRegG	Legehennenregistrierungsgesetz
Lfg.	Lieferung
LFGB	Lebensmittel- und Futtermittelgesetzbuch
LG	Landgericht
LHO	Landeshaushaltsordnung
LIBOR	London Interbank Offered Rate
LIEI	Legal Issues of European Integration
lit.	litera
LMBG	Lebensmittel- und Bedarfsgegenständegesetz
LRE	Lebensmittelrechtliche Entscheidungen (Zeitschrift)
LS	Leitsatz
M.	Meinung
MA	Markenartikel
MAR	Market Abuse Regulation (EU) Nr. 596/2014
MarktStrG	Marktstrukturgesetz
MBl.	Ministerialblatt
MDR	Monatsschrift für Deutsches Recht
MedR	Medizinrecht
MIF	Multilateral interchange fees
MiFID	Markets in Financial Instruments Directive
MiFIR	Markets in Financial Instruments Regulation (EU) Nr. 600/2014
MilchAbgV	Milchabgabenverordnung
MilchQuotV	Milchquotenverordnung
MinBlNW	Ministerialblatt Nordrhein-Westfalen
Mio.	Million(en)
MJ	Maastricht Journal of European and Comparative Law
MLR	The Modern Law Review
MMR	Multi Media und Recht
MOE	Mittel- und Osteuropa
MOEL	mittel- und osteuropäische Länder
MOG	Marktorganisationsgesetz

MoU	Memorandum of Understanding
Mrd.	Milliarde(n)
MTF	Multilateral Trading Facility
mwN	mit weiteren Nachweisen
MWSt.	Mehrwertsteuer
MZK	Modernisierter Zollkodex
NATO	North Atlantic Treaty Organization
NCA	National competent authority
NDV	Nachrichtendienst des Deutschen Vereins für öffentliche und private Fürsorge
nF	neue Folge; neue Fassung
NGI	Neues Instrument gemeinschaftlicher Anleihen und Darlehen
NGO	Non-governmental Organization(s)
NIMEXE	Warenverzeichnis für die Statistik des Außenhandels der Gemeinschaft und des Handels zwischen ihren Mitgliedstaaten
NJ	Neue Justiz
NJB	Nederlands Juristenblad
NJECL	New Journal of European Criminal Law
NJW	Neue Juristische Wochenschrift
NL-BzAR	Neue Landwirtschaft – Briefe zum Agrarrecht (Zeitschrift)
NRO	Nichtregierungsorganisation(en)
NRZZ	Nomenklatur des Rates über die Zusammenarbeit auf dem Gebiete des Zollwesens
NStZ	Neue Zeitschrift für Strafrecht
NStZ-RR	Neue Zeitschrift für Strafrecht Rechtsprechungsreport
NuR	Natur und Recht
n.v.	noch nicht in der amtlichen Slg. veröffentlicht
NVwZ	Neue Zeitschrift für Verwaltungsrecht
NWVBl.	Nordrheinwestfälisches Verwaltungsblatt
NZA	Neue Zeitschrift für Arbeitsrecht
NZG	Neue Zeitschrift für Gesellschaftsrecht
NZS	Neue Zeitschrift für Sozialrecht
NZWehrR	Neue Zeitschrift für Wehrrecht
OAS	Organisation Amerikanischer Staaten
ÖBA	Österreichisches Bank-Archiv
ODR	Online Dispute Resolution
OECD	Organisation für wirtschaftliche Zusammenarbeit und Entwicklung
öDRdA	Das Recht der Arbeit
OEEC	Organisation für Europäische wirtschaftliche Zusammenarbeit
ÖJT	Verhandlungen des österreichischen Juristentages
ÖJZ	Österreichische Juristen-Zeitung
ÖZÖffR	Österreichische Zeitschrift für öffentliches Recht
ÖZöRV	Österreichische Zeitschrift für öffentliches Recht und Völkerrecht
ÖZW	Österreichische Zeitschrift für Wirtschaftsrecht
OGAW	Organismen für gemeinsame Anlagen in Wertpapieren / Undertakings for Collective Investment in Transferable Securities (UCITS)
OHG	Offene Handelsgesellschaft
OLAF	Office Européen de Lutte Antifraude
OLG	Oberlandesgericht
OS-Stelle	Online-Streitbeilegungsstelle

OTC	Over the counter (außerbörslich)
OTF	Organised Trading Facility
OVG	Oberverwaltungsgericht
PCIJ	Permanent Court of International Justice
PharmaR	Pharmarecht
PJZS	Polizeiliche und justizielle Zusammenarbeit in Strafsachen
PRIIPs	Packaged retail and insurance based investment products
PrivProt.	Protokoll über die Vorrechte und Befreiungen der Europäischen Gemeinschaften
Prot.	Protokoll
PSD	Payment Services Directive
PVS	Politische Vierteljahresschrift
RabelsZ	Rabels Zeitschrift für ausländisches und internationales Privatrecht
RAE	Revue des affaires européennes
Ratsbeschl.	Ratsbeschluss
Ratsdok.	Ratsdokument
RB	Rahmenbeschluss
RBDI	Revue belge de droit international
RdA	Recht der Arbeit
RdE	Recht der Energiewirtschaft
RdJB	Recht der Jugend und des Bildungswesens
RdL	Recht der Landwirtschaft (Zeitschrift)
RDUE	Revue du droit de l'Union Européenne
RE	Rechnungseinheit
REACH	Registration, Evaluation and Authorization of Chemicals
Rec.	Recueil des Cours de l'Académie de Droit International de la Haye
RFDA	Revue Française de Droit administratif
RGAT	Revue Générale des Assurances Terrestres
RGBl.	Reichsgesetzblatt
RGW	Rat für gegenseitige Wirtschaftshilfe (COMECON)
RHDI	Revue Hellenique de Droit International
RIDC	Revue Internationale de Droit Comparé
RIPIA	Revue internationale de la propriété industrielle et artistique
Riv. dir. eur.	Rivista di diritto europeo
Riv. dir. int.	Rivista di diritto internazionale
RIW [/AWD]	Recht der Internationalen Wirtschaft [-Außenwirtschaftsdienst]
RL	Richtlinie
RLT	Raccolta delle lezioni Trieste, hrsg. vom Istituto per lo studio dei Trasporti nell'integrazione economica europea
RM	Regulated Market
RMC	Revue de Marché commun
RMCUE	Revue du Marché commun et de l'Union européenne
RMT	Rechtsgeleerd Magazijn Themis
RMUE	Revue du Marché Unique Européen
Rn	Randnummer
ROW	Recht in Ost und West
Rs.	Rechtssache
Rspr	Rechtsprechung
RTDE	Revue trimestrielle du droit européen

R&U Leitlinien	Leitlinien der Gemeinschaft für staatliche Beihilfen zur Rettung und Umstrukturierung von Unternehmen in Schwierigkeiten
RVO	Reichsversicherungsordnung
RW	Rechtswissenschaft (Zeitschrift)
RZZ	Rat über die Zusammenarbeit auf dem Gebiete des Zollwesens
s.	siehe
S.	Seite
s.o.	siehe oben
s.u.	siehe unten
SA	Schlussanträge
SAFE	Framework of Standards to Secure and Facilitate Global Trade
SDÜ	Schengener Durchführungsübereinkommen
SE	Societas Europaea (Europäische Aktiengesellschaft)
SEK	Dokumente des Sekretariats der KOM
SEPA	Single Euro Payments Area
SEW	Sociaal Economische Wetgeving
SGb	Die Sozialgerichtsbarkeit
SGB	Sozialgesetzbuch
SKS-Vertrag	Vertrag über Stabilität, Koordinierung und Steuerung in der Wirtschafts- und Währungsunion
Slg	Sammlung (der Rspr. des EuGH)
Slg ÖD	Sammlung der Rechtsprechung des Gerichtshofs – Öffentlicher Dienst
sog.	sogenannte(n)(r)
SozR	Sozialrecht, Entscheidungssammlung BSG
Spiegelstr.	Spiegelstrich
SRM	Single Resolution Mechanism
SSM	Single Supervisory Mechanism
st. Rspr.	ständige Rechtsprechung
STABEX	System zur Stabilisierung der Ausfuhrerlöse für die von den AKP-Staaten nach der Gemeinschaft ausgeführten Waren
StGB	Strafgesetzbuch
StGH	Staatsgerichtshof
StHG	Staatshaftungsgesetz
StIGH	Ständiger Internationaler Gerichtshof
StoffR	Zeitschrift für Stoffrecht
StPO	Strafprozessordnung
str.	streitig
StrÄndG	Strafrechtsänderungsgesetz
StraFO	Strafverteidiger Forum
StuW	Steuer und Wirtschaft
StV	Strafverteidiger
StVO	Straßenverkehrs-Ordnung
SVN	Satzung der Vereinten Nationen
SZR	Sondererziehungsrechte
TA	Technische Anleitung
TAC	Gesamtfangmenge (total allowable catch)
TARIC	Tarif intégré des communautés européennes
TIR	Transports Internationaux Routiers
tir.	tiret (Spiegelstr.)
Tr.	Traité

TR	Transportrecht
TranspR	Transportrecht
TRIPS	Agreement on Trade Related Aspects of Intellectual Property Rights
Tsd.	Tausend
u.a.	unter andere(m)(n); und andere
UCITS	Undertakings for Collective Investment in Transferable Securities / Organismen für gemeinsame Anlagen in Wertpapieren (OGAW)
UCLAF	Unité de Coordination de la Lutte Antifraude
überw.	überwiegend
UEBL	Union Economique Belgo-Luxembourgeoise
UEC	(Journal UEC) Zeitschrift der Union Européenne des Experts Comptables
UGB	Umweltgesetzbuch
UIG	Umweltinformationsgesetz
UKlaG	Unterlassungsklagengesetz
ÜLG	Überseeische Länder und Gebiete
umstr.	umstritten
UN	Vereinte Nationen
UNCITRAL	Kommission der Vereinten Nationen für Internationales Handelsrecht
UNCTAD	Welthandelskonferenz
UNEP	Programm der Vereinten Nationen für den Umweltschutz
UNESCO	Organisation der Vereinten Nationen für Erziehung, Wissenschaft und Kultur
UNICE	Union der Industrien der Europäischen Gemeinschaft
UNIDO	UN-Organisation für industrielle Entwicklung
UNO	United Nations Organisation
UNRWA	Hilfswerk der Vereinten Nationen für Palästinaflüchtlinge
unstr.	unstreitig
Unterabs.	Unterabsatz
UNTS	United Nations Treaty Series
UPR	Umwelt- und Planungsrecht
UR	Umsatzsteuer-Rundschau
Urt.	Urteil
US-GAAP	United States Generally Accepted Accounting Principles
UStG	Umsatzsteuergesetz
UStR	Umsatzsteuer-Richtlinie(n)
usw	und so weiter
UTR	Jahrbuch des Umwelt- und Technikrechts
uU	unter Umständen
UVR	Umsatz- und Verkehrssteuerrecht
UWG	Gesetz gegen den unlauteren Wettbewerb
UZK	Unionszollkodex
v.	vom, von
Var.	Variante
VBlBW	Verwaltungsblätter für Baden-Württemberg
VE	Verpflichtungsermächtigung
verb.	verbunden
VerfGH	Verfassungsgerichtshof
VerfO	Verfahrensordnung
VerwArch.	Verwaltungsarchiv

VG	Verwaltungsgericht
VGH	Verwaltungsgerichtshof
vgl	vergleiche
VK	Vereinigtes Königreich
VN	Vereinte Nationen
VO	Verordnung
VÖB	Verband öffentlicher Banken
Vorbem.	Vorbemerkung
VR	Verwaltungsrundschau
VRÜ	Verfassung und Recht in Übersee
VSSR	Vierteljahresschrift für Sozialrecht
VuB	Verbote und Beschränkungen
VuR	Verbraucher und Recht
VV	Verwaltungsvorschrift
VVDStRL	Veröffentlichungen der Vereinigung Deutscher Staatsrechtslehrer
VWD	Vereinigter Wirtschaftsdienst
VwGO	Verwaltungsgerichtsordnung
VwVfG	Verwaltungsverfahrensgesetz
vZA	verstärkte Zusammenarbeit
vZTA	Verbindliche Zolltarifauskunft
WAB	Währungsausgleichsbetrag bzw -beträge
WB	Wettbewerbsbericht
WBl	Wirtschaftsrechtliche Blätter, Beilage zu "Juristische Blätter"
WCO	World Customs Organisation
WEU	Westeuropäische Union
WHG	Wasserhaushaltsgesetz
WHO	World Health Organisation
WiGBl.	Gesetzblatt der Verwaltung des Vereinigten Wirtschaftsgebietes
WiR	Wirtschaftsrecht
WissR	Wissenschaftsrecht
WiVerw	Wirtschaft und Verwaltung
W.L.R.	The Weekly Law Reports
WM	Wertpapiermitteilungen
WpDVerOV	Verordnung zur Konkretisierung der Verhaltensregeln und Organisationsanforderungen für Wertpapierdienstleistungsunternehmen
WpHG	Wertpapierhandelsgesetz
WRP	Wettbewerb in Recht und Praxis
WSA	Wirtschafts- und Sozialausschuss
WTA	Welttextilabkommen, Multifaserabkommen
WTO	Welthandelsorganisation
WuW	Wirtschaft und Wettbewerb
WVRK	Wiener Vertragsrechtskonvention
WWU	Wirtschafts- und Währungsunion
YEL	Yearbook of European Law
ZAR	Zeitschrift für Ausländerrecht und Ausländerpolitik
ZaöRV	Zeitschrift für ausländisches öffentliches Recht und Völkerrecht
ZBJI	Zusammenarbeit in den Bereichen Justiz und Inneres
zB	zum Beispiel
ZBR	Zeitschrift für Beamtenrecht

ZE	Zahlungsermächtigung
ZEuP	Zeitschrift für Europäisches Privatrecht
ZEuS	Zeitschrift für europarechtliche Studien
ZfA	Zeitschrift für Arbeitsrecht
ZfRV	Zeitschrift für Rechtsvergleichung
ZfS	Zentralblatt für Sozialversicherung, Sozialhilfe und Versorgung
ZfSH/SGB	Zeitschrift für Sozialhilfe und Sozialgesetzbuch
ZfZ	Zeitschrift für Zölle und Verbrauchsteuern
ZG	Zeitschrift für Gesetzgebung
ZGR	Zeitschrift für Unternehmens- und Gesellschaftsrecht
ZgS	Zeitschrift für die gesamte Staatswissenschaft
ZHR	Zeitschrift für das gesamte Handelsrecht und Wirtschaftsrecht
ZIAS	Zeitschrift für internationales Arbeits- und Sozialrecht
ZID	Zentrale InVeKoS-Datenbank
ZIP	Zeitschrift für Wirtschaftsrecht und Insolvenzpraxis
ZIS	Zeitschrift für Internationale Strafrechtsdogmatik
zit.	zitiert
ZJS	Zeitschrift für das Juristische Studium
ZK	Zollkodex
ZK-DVO	Durchführungsverordnung zum Zollkodex
ZKR	Zentralkommission für die Rheinschifffahrt
ZKreditw.	Zeitschrift für das gesamte Kreditwesen
ZLR	Zeitschrift für das gesamte Lebensmittelrecht
ZLW	Zeitschrift für Luft- und Weltraumrecht
ZollV	Zollverordnung
ZollVG	Zollverwaltungsgesetz
ZÖR	Zeitschrift für öffentliches Recht
ZögU	Zeitschrift für öffentliche und gemeinwirtschaftliche Unternehmen
ZP	Zusatzprotokoll
ZParl.	Zeitschrift für Parlamentsfragen
ZPO	Zivilprozessordnung
ZRP	Zeitschrift für Rechtspolitik
ZSR	Zeitschrift für Sozialreform
ZStW	Zeitschrift für die gesamte Strafrechtswissenschaft
zT	zum Teil
ZTR	Zeitschrift für Tarifrecht
ZUR	Zeitschrift für Umweltrecht
ZUM	Zeitschrift für Urheber- und Medienrecht
ZUM-RD	Zeitschrift für Urheber- und Medienrecht - Rechtsprechungsdienst
ZusVerfO	Zusätzliche Verfahrensordnung (des EuGH)
ZVerglRW	Zeitschrift für vergleichende Rechtswissenschaft
ZVerkehrsw.	Zeitschrift für Verkehrswissenschaft
ZVP	Zeitschrift für Verbraucherpolitik
ZWH	Zeitschrift für Wirtschaftsstrafrecht und Haftung im Unternehmen
zzgl	zuzüglich
z.Zt.	zur Zeit
ZZP	Zeitschrift für Zivilprozess

Allgemeines Literaturverzeichnis

Arndt, Hans-Wolfgang/Fischer, Kristian: Europarecht, 10. Auflage, Heidelberg, 2010

Bergmann, Jan/Lenz, Christofer (Hrsg.): Der Amsterdamer Vertrag: Eine Kommentierung der Neuerungen des EU- und EG-Vertrages, Köln, 1998

Bieber, Roland/Epiney, Astrid/Haag, Marcel: Die Europäische Union. Europarecht und Politik, 10. Auflage, Baden-Baden, 2013

Bleckmann, Albert: Europarecht, 6. Auflage, Köln/Berlin/Bonn/München, 1997

Borchardt, Klaus-Dieter: Die rechtlichen Grundlagen der europäischen Union, 5. Auflage, Wien, 2012

Calliess, Christian/Ruffert, Matthias (Hrsg.): Kommentar zu EU-Vertrag und EG-Vertrag, 4. Auflage, München, 2010

Dauses, Manfred (Hrsg.): Handbuch des EU-Wirtschaftsrechts, München, Loseblattsammlung

Doerfert, Carsten: Europarecht. Die Grundlagen der Europäischen Union mit ihren politischen und wirtschaftlichen Bezügen, 5. Auflage, München, 2012

Ehlermann, Claus-Dieter/Bieber, Roland/Haag, Marcel (Hrsg.): Handbuch des Europäischen Rechts, Baden-Baden, Loseblattsammlung

Ehlers, Dirk (Hrsg.): Europäische Grundrechte und Grundfreiheiten, 3. Auflage, Berlin, 2009

Emmert, Frank: Europarecht, München, 1996

Fischer, Peter/Köck, Heribert F./Karollus, Margit M.: Europarecht, 4. Auflage, Wien, 2002

Geiger, Rudolf/Khan, Daniel-Erasmus/Kotzur, Markus: Vertrag über die Europäische Union und Vertrag über die Arbeitsweise der Europäischen Union, 5. Auflage, München, 2010

Grabitz, Eberhard/Hilf, Meinhard/Nettesheim, Martin (Hrsg.): Das Recht der Europäischen Union, 3 Bände, München, Loseblattsammlung

Von der Groeben, Hans/Schwarze, Jürgen (Hrsg.): Kommentar zum EUV/EGV, 6. Auflage, Baden-Baden, 2004/2005

Hailbronner, Kay/Klein, Eckart/Magiera, Siegfried/Müller-Graff, Peter-Christian: Handkommentar zum Vertrag über die Europäische Union (EUV/EGV), 2 Bände, Köln/Berlin/Bonn/München, Loseblattsammlung

Hatje, Armin/Müller-Graff, Peter-Christian: Enzyklopädie Europarecht, Band 1–10, Baden-Baden, 2013–2015

Herdegen, Matthias: Europarecht, 15. Auflage, München, 2013

Hobe, Stefan: Europarecht, 7. Auflage, Köln/Berlin/Bonn/München, 2012

Ipsen, Hans Peter: Europäisches Gemeinschaftsrecht, Tübingen, 1972

Jarass, Hans, D.: Charta der Grundrechte der Europäischen Union, Kommentar, 2. Auflage, München 2013

Lenz, Carl Otto/Borchardt, Klaus-Dieter (Hrsg.): EU-Verträge. Kommentar nach dem Vertrag von Lissabon, 6. Auflage, Köln, 2012

Lenz, Carl Otto (Hrsg.): EG-Handbuch. Recht im Binnenmarkt, 2. Auflage, Herne/Berlin, 1994

Meyer, Jürgen (Hrsg.): Charta der Grundrechte der Europäischen Union, Kommentar, 3. Auflage, Baden-Baden 2011

Nicolaysen, Gert: Europarecht I, 2. Auflage, Baden-Baden, 2002

Oppermann, Thomas/Classen, Claus Dieter/Nettesheim, Martin: Europarecht, 6. Auflage, München, 2014

Pechstein, Matthias/Koenig, Christian: Die Europäische Union: Die Verträge von Maastricht und Amsterdam, 3. Auflage, Tübingen, 2000

Pechstein, Matthias/Koenig, Christian/Haratsch, Andreas: Europarecht, 8. Auflage, Tübingen, 2012

Röttinger, Moritz/Weyringer, Claudia (Hrsg.): Handbuch der europäischen Integration, 2. Auflage, Wien, 1996

Schwarze, Jürgen/Becker, Ulrich/Hatje, Armin/Schoo, Johann (Hrsg.): EU-Kommentar, 3. Auflage, Baden-Baden, 2012

Schweitzer, Michael/Hummer, Waldemar: Europarecht, 5. Auflage, Neuwied/Kriftel/Berlin, 1996

Streinz, Rudolf (Hrsg.): EUV/EGV: Vertrag über die Europäische Union und Vertrag zur Gründung der Europäischen Gemeinschaft, München, 2003

Streinz, Rudolf (Hrsg.): EUV/AEUV: Vertrag über die Europäische Union und Vertrag über die Arbeitsweise der Europäischen Union, München, 2. Auflage, 2012

Streinz, Rudolf: Europarecht, 9. Auflage, Heidelberg, 2012

Thun-Hohenstein, Christoph: Der Vertrag von Amsterdam, Wien, 1997

von Bogdandy, Armin/Bast, Jürgen, Europäisches Verfassungsrecht, 2. Aufl., Berlin Heidelberg, 2009

Einführung

A. Ziel

Auf nahezu allen Gebieten beeinflusst das europäische Recht die juristische Praxis in weiter wachsendem Maße, und dieser Prozess ist auch nach dem In-Kraft-Treten des Vertrages von Lissabon zum 1. Dezember 2009 mit der seitdem auf ihn gestützten Rechtsetzungstätigkeit der Europäischen Union weiter fortgeschritten. Nicht nur für Materien wie das Beihilferecht, das öffentliche Auftragsrecht oder das Außenwirtschaftsrecht spielt das Unionsrecht eine entscheidende Rolle. Auch dem Kartell-, Lauterkeits- oder Verbraucherrecht, dem Unternehmens-, Versicherungs- oder Bankrecht und dem Energie-, Umwelt- oder Landwirtschaftsrecht wird sich kein Praktiker zuwenden, ohne auf das Europarecht Bedacht zu nehmen. Häufig begegnen europäische Vorgaben darüber hinaus überraschend in Sachbereichen, die herkömmlich allein dem deutschen Recht zugeschrieben wurden – vom Verzugs- und Kaufgewährleistungsrecht bis zur polizeilichen und staatsanwaltschaftlichen Ermittlungstätigkeit. Gerade während der letzten eineinhalb Jahrzehnte haben europarechtliche Bestimmungen zahlreiche Materien durchdrungen, für die Generationen von Juristen allein auf Grundlage des deutschen Rechts ausgebildet worden sind. Das Zivilverfahrensrecht (etwa mit europäischen Verordnungen über die gerichtliche Zuständigkeit und die Anerkennung und Vollstreckung von Entscheidungen in Zivil- und Handelssachen [EuGVO], sowie in Ehesachen und in Verfahren betreffend die elterliche Verantwortung [Ehe-EuGVO], den europäischen Vollstreckungstitel [EuVTVO]), das Handels-, Gesellschafts- und Kapitalmarktrecht, das Steuerrecht, Sozialrecht oder Arbeitsrecht können beispielhaft für viele weitere Gebiete stehen, auf denen Rechtsanwendung, juristische Beratungstätigkeit und Vertragsgestaltung neue europäische Grundlagen in Rechnung stellen müssen. 1

Nur zum Teil handelt es sich bei diesen europäischen Grundlagen für die deutsche Rechtspraxis um europarechtliche Bestimmungen, die unmittelbar anzuwenden sind (wie Vorschriften aus dem Vertrag über die Arbeitsweise der Europäischen Union und europäische Verordnungen). Vielmehr stehen die europäischen Vorgaben häufig nur schwer erkennbar hinter Normen des deutschen Rechts, die vermeintlich allein auf den Willen des deutschen Gesetzgebers zurückzuführen und scheinbar aus dem systematischen Zusammenhang des deutschen Rechts zu verstehen sind. Für die Rechtsanwendung oder Vertragsgestaltung kann es aber entscheidend sein, die unionsrechtliche Grundlage in einer der zahlreichen europäischen Richtlinien zu berücksichtigen. Erschwert wird dies dadurch, dass die Richtlinien zumeist kaum systematisch miteinander verbunden und dementsprechend in amtlichen wie privaten Rechtssammlungen oft nicht leicht aufzufinden sind. 2

Selbst für erfahrene Juristen besteht damit ein großes Risiko, eine maßgebliche unionsrechtliche Bestimmung oder eine einschlägige Entscheidung des EuGH zu übersehen und damit den entscheidenden rechtlichen Gesichtspunkt zu verfehlen. So kann das europäische Recht nicht nur unmittelbar Ansprüche begründen oder beispielsweise eine weitere gesellschaftsrechtliche Gestaltungsmöglichkeit eröffnen. Es kann eine bestimmte unionsrechtskonforme Auslegung der einschlägigen deutschen Norm erfordern und alle anderen Auslegungsmöglichkeiten ausschließen oder der Anwendung dieser Norm überhaupt entgegenstehen. Nicht zuletzt kann die Missachtung unionsrechtlicher Bestimmungen durch Träger öffentlicher Gewalt (durch deutsche Behörden oder Gerichte ebenso wie durch den Gesetzgeber) zu Amtshaftungsansprüchen führen, wie auch ihre Missachtung in der anwaltlichen Tätigkeit zu Regressansprüchen führen kann. 3

Die Herausforderungen, vor die das europäische Recht die juristische Praxis stellt, haben in den letzten Jahren zugenommen. Die Juristen in Deutschland und den anderen Mitgliedsstaaten der Europäischen Union haben sich darauf einzustellen, dass sie nicht lediglich mit einer einzigen, von 4 einem Gesetzgeber gestalteten Rechtsordnung befasst sind. An die Stelle des Monismus der nationalstaatlichen Rechtstradition ist der Dualismus von mitgliedsstaatlichem und europäischem Recht getreten. Weder die eine noch die andere Rechtsordnung beansprucht ausschließliche Geltung. Beide sind vielmehr zugleich eigenständig und miteinander verzahnt. Sie ergänzen einander, stehen dabei aber nicht in einem statischen Verhältnis. Denn die verschiedentlich beschriebene Dynamik des Unionsrechts hat ihre Gewichtung im Laufe der letzten Jahrzehnte stetig verschoben. Die juristische Praxis wird damit immer mehr mit der Aufgabe und der Schwierigkeit konfrontiert, die europarechtlichen Zusammenhänge der jeweiligen Rechtsfrage zu berücksichtigen und die Verzahnung zwischen europäischem und mitgliedsstaatlichem Recht nachzuvollziehen.

5 Die juristische Praxis bei der Bewältigung der Herausforderungen und Schwierigkeiten durch das europäische Recht zu unterstützen, ist das Anliegen dieses Handbuchs. Seine Aufgabe besteht darin, die europarechtlichen Vorgaben und Einflüsse auf die verschiedenen juristischen Tätigkeitsfelder übersichtlich und zuverlässig aufzubereiten. Es will dem Praktiker ermöglichen, sich ausgehend von den jeweiligen konkreten Problemen bei der Rechtsanwendung, bei der Beratung und der Vertragsgestaltung die entscheidenden europarechtlichen Gesichtspunkte und Zusammenhänge zu erschließen. Es zielt auf verlässliche und gründliche Information, die ohne unnötigen Aufwand für die jeweiligen Arbeitsbedürfnisse zu nutzen ist.

6 In erster Linie dient der vorliegende Band damit als eine Handreichung für Juristen im beruflichen Alltag. Er ermöglicht die Vergewisserung, inwieweit auf dem jeweiligen Gebiet und für den zu bearbeitenden Fall europarechtliche Bestimmungen einschlägig sind, und bietet eine Orientierung für eine sachgerechte Lösung in europarechtlicher Hinsicht. Zugleich kann er auf diese Weise allen, die sich im Studium und Referendariat auf die juristische Berufstätigkeit vorbereiten, als praxisbezogene Grundlage ihrer Ausbildung dienen. In dieser Hinsicht möchte das Handbuch mit der Verbindung von Praxisausrichtung und Grundlagenwissen einen neuen Akzent in der juristischen Lehr- und Lernliteratur setzen.

B. Gegenstand

I. Das Recht der Europäischen Union

7 Die Einwirkungen des Europarechts konfrontieren die juristische Praxis mit einem verhältnismäßig neuen Gegenstand. Herkömmlich bildete vor allem deutsches (Bundes- und Landes-)Recht die Arbeitsgrundlage für die Juristen in Deutschland. Bereits in den fünfziger Jahren entstanden aber zunächst mit der Europäischen Gemeinschaft für Kohle und Stahl (EGKS, Montanunion) und sodann mit der Europäischen Wirtschaftsgemeinschaft (EWG) und der Europäischen Atomgemeinschaft (EAG, Euratom) überstaatliche, supranationale Gemeinschaften. Die Mitgliedstaaten übertrugen diesen Gemeinschaften in den Gründungsverträgen Teile ihrer Souveränität für den jeweiligen Aufgabenbereich (zu diesen Grundlagen des vor In-Kraft-Treten des Lissabonner Vertrages als Gemeinschaftsrecht bezeichneten Rechts mit den maßgeblichen Materialien *Schulze/Hoeren* (Hrsg.), Dokumente zum Europäischen Recht, Bd. 1: Gründungsverträge, Berlin 1999). Auf der Grundlage dieser Verträge entfaltete sich das Recht der Gemeinschaften durch die Gesetzgebung ihrer Organe und die Rechtsprechung ihres Gerichtshofs stetig weiter. Damit entstand eine eigene, autonome Rechtsordnung.

8 In der Folgezeit führte eine Reihe von Änderungen der Gründungsverträge zu einer Erweiterung des Aufgabenkreises der Gemeinschaften. Insbesondere wandelte sich die EWG zur Europäischen Gemeinschaft (EG) mit dem EG-Vertrag als Grundlage. Der Vertrag über die Montanunion ist zwar nach fünfzig Jahren im Jahre 2002 ausgelaufen. Die Europäische Gemeinschaft bestand aber bis zum 1. Dezember 2009 fort (der Euratom-Vertrag gilt in modifizierter Form noch immer) und hat das Gemeinschaftsrecht vielfältig fortgestaltet. Auch der Kreis der Mitgliedsstaaten hat sich während der Zeitspanne von über 60 Jahren seit der Gründung der Montanunion erheblich erweitert: aus ursprünglich sechs Mitgliedsstaaten (Belgien, Deutschland, Frankreich, Italien, Luxemburg und die Niederlande) sind heute 28 geworden (neben den Gründern: Bulgarien, Dänemark,

Estland, Finnland, Griechenland, Irland, Kroatien, Lettland, Litauen, Malta, Polen, Österreich, Portugal, Rumänien, Schweden, Slowakei, Slowenien, Spanien, Tschechische Republik, Ungarn, Vereinigtes Königreich und Zypern).

Ein wichtiger Schritt im Prozess der europäischen Integration und der Entwicklung des Europarechts war die Gründung der Europäischen Union (EU) durch den Maastrichter Vertrag von 1992. Mit ihm wurden die Europäischen Gemeinschaften zur ersten „Säule" der Europäischen Union. Als weitere „Säulen" dieser Union sah der EU-Vertrag die Gemeinsame Außen- und Sicherheitspolitik (GASP) sowie die Polizeiliche und Justizielle Zusammenarbeit (PJZ) vor. Diese Grundstruktur der Union entwickelte der 1999 in Kraft getretene Amsterdamer Vertrag mit der Neufassung des EU-Vertrages und des EG-Vertrages fort. Der 2003 in Kraft getretene Vertrag von Nizza fügte institutionelle Reformen hinzu, während die anlässlich der Nizza-Konferenz proklamierte Charta der Grundrechte der EU trotz des ihr zuzumessenden politischen Gewichts vorerst nicht Bestandteil des Vertrages wurde. 9

Mit dem Vertrag von Lissabon von 2007, der zum 1. Dezember 2009 in Kraft getreten ist, hat die seit Jahrzehnten voranschreitende kontinuierliche vertragliche Vertiefung der Union einen vorläufigen Abschluss gefunden. Dieses Vertragswerk, zwischenzeitlich Reformvertrag genannt, ist aus dem Versuch hervorgegangen, die Union mit dem Vertrag über eine Verfassung für Europa von 2004 auf eine neue Legitimationsgrundlage zu stellen. Das Verfassungsprojekt, von einem aus nationalen und europäischen Parlamentariern und Vertretern der Exekutiven besetzten Konvent erarbeitet, war zunächst im Ratifikationsprozess der Mitgliedstaaten gescheitert, nachdem sich Referenden in Frankreich und den Niederlanden gegen eine Annahme ausgesprochen hatten. In einem erneuten Anlauf wurde der Vertrag mit einigen Änderungen von allen Mitgliedstaaten ratifiziert. Das Vorhaben, ein neues, einheitliches Verfassungsdokument in Kraft zu setzen, wurde aufgegeben. Stattdessen wurden die Inhalte des Verfassungsvertrages in die bestehenden Verträge eingearbeitet. Auf die politische Symbolwirkung einer „Verfassung" für Europa sollte damit zugunsten des traditionellen pragmatischen Ansatzes einer primär in Regie der Staaten geführten Vertragsreform verzichtet werden. Der Vertrag von Lissabon hat gleichwohl einige nicht unbedeutende Neuerungen für die Struktur der Europäischen Union gebracht. Die seit dem Vertag von Maastricht bestehende Dreisäulenstruktur wurde aufgegeben und die vormalige EG vollständig in die EU integriert. Der EU wurde in einem reformierten Vertrag über die Gründung der Europäischen Union (EUV) ausdrücklich Rechtspersönlichkeit verliehen (Art. 47 EUV). Sie ist Rechtsnachfolgerin der EG (Art. 1 Abs. 3 S. 3 EUV). Aus dem EG-Vertrag wurde der Vertrag über die Arbeitsweise der Europäischen Union (AEUV). Organe der Union sind wie zuvor in der EG das Europäische Parlament, der Ministerrat, die Kommission, der Rechnungshof sowie der Gerichtshof der Europäischen Union in Luxemburg, der mit Gerichtshof, Gericht (dem ehemaligen Gericht Erster Instanz) und bestehenden oder noch einzurichtenden Fachgerichten dreistufig konzipiert ist. Als dem Ministerrat übergeordnete Exekutivformation fungiert der Europäische Rat, auch bisher schon das leitende Organ der Union, nunmehr mit einem Präsidenten an der Spitze. Auch in der vormals zweiten Säule der EG, der GASP, wird die Verzahnung der vormaligen Unions- und Gemeinschaftsorgane sichtbar; der Hohe Vertreter der GASP, bislang Generalsekretär des Rates, ist seither zugleich einer der Vizepräsidenten der Kommission (Art. 18 Abs. 4 EUV). Geändert haben sich auch die Besetzung von Parlament und Kommission und das Verfahren der Beschlussfassung im Rat. Die Rolle der nationalen Parlamente wird erstmals vertraglich anerkannt und leicht gestärkt (Art. 12 EUV; s. zu den institutionellen Reformen im Einzelnen § 1 und 2). Eine weitere wichtige Neuerung hat der Lissabonner Vertrag für den Status der Grundrechte bewirkt. Die Charta der Grundrechte von 2000 ist verbindlich geworden und steht mit EUV und AEUV auf einer Stufe (Art. 6 Abs. 1 S. 1 EUV), und die Europäische Union kann und soll künftig der Europäischen Menschenrechtskonvention (EMRK) beitreten (Art. 6 Abs. 2 EUV), dem Menschenrechtsschutzsystem des Europarates, das zurzeit 47 Staaten bindet. Mit dieser Aufwertung der Grundrechte haben die Verträge nunmehr explizit eine verfassungsähnliche Struktur erhalten. Schließlich haben sich auch im Hinblick auf die Zuständigkeiten der Union mit dem Lissabonner einige, wenn 10 auch begrenzte Veränderungen ergeben. So hat die Union neue Rechtsgrundlagen für ein Handeln auf den Gebieten der sozialen Sicherheit (Art. 21 Abs. 3 AEUV), der Kriminalpolitik (Art. 83, 84 AEUV), des Schutzes von Immaterialgüterrechten (Art. 118 AEUV), der Energiepolitik (Art. 194 AEUV), des Katastrophenschutzes (Art. 196 AEUV) und der humanitären Hilfe (Art. 214 AEUV) erhalten. Die Polizeiliche und Justizielle Zusammenarbeit folgt künftig auch in Strafsachen dem Rechtsetzungsmodus, der bisher für die Gemeinschaftsgesetzgebung galt.

II. Primäres und Sekundäres Unionsrecht

11 Den Kernbereich des Europarechts bildet das Recht der vormals ersten „Säule" der EU, das zu einem erheblichen Teil Wirtschaftsrecht ist. Zu diesem mit allen anderen in den Gründungsverträgen erfassten Materien als Unionsrecht zu bezeichnenden Recht gehören nicht nur die Verträge über die Europäische Union und deren Arbeitsweise selbst (Primärrecht), sondern auch die Rechtsakte, die die Organe der Union auf Grundlage dieser Verträge erlassen haben (Sekundärrecht), einschließlich ihrer jeweiligen Auslegung durch den EuGH. Das Unionsrecht kann unmittelbare Wirkung für den einzelnen Bürger haben und ist in diesem Fall für ihn ebenso verbindlich wie es hinsichtlich der Rechtsvorschriften eines Staates stets der Fall war. Unmittelbare Wirkung kommt neben Bestimmungen der Verträge über die Europäische Union insbesondere den Verordnungen der Union zu, aber beispielsweise auch Bußgeldentscheidungen der Kommission im Wettbewerbsrecht. Dagegen sind die Richtlinien der Europäischen Union nur an die Mitgliedstaaten adressiert; diese sind verpflichtet, ihrerseits die Ziele der Richtlinien durch ihr eigenes Recht umzusetzen und damit für die Bürger verbindlich zu machen (vgl Art. 288 Abs. 3 AEUV). Nur in Ausnahmefällen kann eine Richtlinie unmittelbare Wirkung erlangen (dazu A. I. § 2, Rn 57 ff).

12 Dem Unionsrecht steht das deutsche Recht als Recht eines Mitgliedstaates der Union gegenüber. Im Unterschied zum supranationalen Recht der Europäischen Union wird das mitgliedsstaatliche Recht zuweilen auch als „nationales" Recht bezeichnet (obwohl genau genommen das mitgliedsstaatliche Recht nicht stets „national" sein muss, sondern beispielsweise auch das Recht von Regionen oder Ländern innerhalb des Mitgliedstaates umfassen kann). Nicht verwechselt werden darf das supranationale Recht der Europäischen Union insbesondere mit dem mitgliedsstaatlichen Recht, das der betreffende Staat aufgrund internationaler Übereinkommen wie beispielsweise der Europäischen Menschenrechtskonvention oder des Übereinkommens über Verträge über den internationalen Warenkauf (UN-Kaufrecht) in Kraft gesetzt hat. Auch derartiges regionales Völkerrecht oder internationales Einheitsrecht kann zwar mit Rücksicht auf seine einheitliche Anwendung (vgl zB Art. 7 Abs. 1 UN-Kaufrecht) „autonom" im Verhältnis zum sonstigen Recht des jeweiligen Staates auszulegen sein. Es gilt aber in diesem Staat als dessen Recht. So gilt beispielsweise das UN-Kaufrecht in Deutschland als ein (auf Grund eines internationalen Übereinkommens geschaffenes) deutsches Gesetz. Demgegenüber gelten Verordnungen der Europäischen Union in Deutschland nicht als deutsches Recht, sondern als Teil der eigenständigen europäischen Rechtsordnung, deren Bestimmungen in Deutschland ebenfalls Geltung zukommt.

III. Sonstiges Recht der EU

13 Neben dem Primärrecht, den Verordnungen und den Richtlinien gehört auch das sonstige Recht der Europäischen Union zum Europarecht. Im Bereich der GASP, der vormaligen zweiten Säule der Europäischen Union, sind aber wesentliche Unterschiede zu berücksichtigen. Denn sie entspricht eher den klassischen Formen der Zusammenarbeit zwischen Staaten auf Grundlage eines internationalen Übereinkommens. Die Maßnahmen werden im Wesentlichen von den Regierungen der Mitgliedsstaaten vereinbart („intergouvernementale Kooperation") und werden nicht unmittelbar für den einzelnen Bürger wirksam, sondern erst aufgrund der weiteren Rechtsetzung durch die Organe der EU oder der einzelnen Mitgliedsstaaten. Gleiches galt bis vor kurzem auch für die PJZ; solange nichts anderes bestimmt wird, bleibt dieses Recht gemäß Art. 9 und 10 des Protokolls zum Vertrag von Lissabon über die Übergangsbestimmungen in seiner intergouvernementalen Form bestehen. Insofern hat das Recht der Europäischen Union zwar zum überwiegenden Teil suprana-

tionalen Charakter, verbleibt aber in Teilen im klassischen Rahmen der Internationalität. Für die Rechtsanwendung kann es daher erforderlich werden, das supranationale Recht von anderen Teilen des Europarechts abzugrenzen und erforderlichenfalls unterschiedliche Grundsätze für die Anwendung zu berücksichtigen.

IV. Europäisches Recht im weiteren Sinne

Das Europarecht in der bisher beschriebenen Bedeutung bildet den Gegenstand des vorliegenden Bandes. Nur am Rande einbezogen werden kann das europäische Recht in einem weiteren Sinn: das Recht der zwischenstaatlichen Übereinkommen in Europa außerhalb der EU. Eine herausragende Rolle nimmt dabei die Europäische Menschenrechtskonvention ein (und damit verbunden der Europarat sowie der Europäische Gerichtshof für Menschenrechte in Straßburg). Unter den weiteren Einrichtungen der europäischen Zusammenarbeit ist insbesondere die Organisation für Sicherheit und Zusammenarbeit in Europa (OSZE) mit der Charta von Paris für ein neues Europa (1990) zu erwähnen. Das auf diese Übereinkommen und Institutionen bezogene europäische Recht im weiteren Sinne ist hier vor allem insoweit zu berücksichtigen, als das Recht der Europäischen Union darauf verweist und es dadurch mit dem Europarecht im engeren Sinne verwoben ist. So nimmt Art. 6 Abs. 3 EUV auf die Grundrechtsstandards der EMRK Bezug; und 21 Abs. 2 EUV verweist für die GASP unter anderem auf die Charta von Paris sowie auf das grundlegende Dokument der Vorgänger-Organisation der OSZE, die Schlussakte von Helsinki (1975). Im Vertrag über die Arbeitsweise der Europäischen Union sieht Art. 220 vor, dass die Union „jede zweckdienliche Zusammenarbeit mit dem Europarat“ betreibt. Dieselbe Bestimmung richtet sich zudem auf eine Kooperation mit der Organisation für wirtschaftliche Zusammenarbeit und Entwicklung (Organisation for Economic Co-operation and Development, OECD), die aus einer ursprünglich für die europäische wirtschaftliche Zusammenarbeit gegründeten Organisation inzwischen zu einem weltweiten Zusammenschluss von Industrieländern geworden ist. 14

Eine besondere Stellung nimmt das Abkommen über den Europäischen Wirtschaftsraum (EWR-Abkommen) ein. Es hat in weitem Maße die Grundsätze des jetzigen AEU-Vertrages auf einen Wirtschaftsraum übertragen, der außer den EU-Mitgliedsstaaten auch Mitgliedsstaaten der (zunächst konkurrierend zu den Europäischen Gemeinschaften gegründeten) Europäischen Freihandelsassoziation (EFTA) umfasst (Norwegen, Island, Liechtenstein; nicht aber die Schweiz). Der Vertrag über den Europäischen Wirtschaftsraum ist unionsrechtlich als ein Assoziationsverhältnis gemäß Art. 217 AEUV anzusehen. Er hat eine enge wirtschaftlich-rechtliche Verbindung zwischen der Europäischen Union und den drei Staaten der Rest-EFTA geschaffen, die als „vertiefte Freihandelszone“ charakterisiert wird. In ihr gelten beispielsweise die Verkehrsfreiheiten des Binnenmarktes (mit einigen Einschränkungen) sowie an das EU-Primärrecht angelehnte Bestimmungen zum Wettbewerbsrecht und zu weiteren Bereichen wie Verbraucherschutz und Gesellschaftsrecht. Bei der Beilegung von Streitigkeiten kommt dem EuGH eine maßgebliche Rolle zu (Art. 111 Abs. 3 EWR-Abkommen). Die EWR-Mitgliedstaaten, die nicht zur EU gehören, können damit zwar die Gesetzgebung der Union nicht maßgeblich mitgestalten. Sie nehmen aber in großem Umfang an der Rechtsordnung der Europäischen Union teil, so dass auch der EWR in der Praxis des Europarechts zu berücksichtigen ist. Gleiches gilt für völkerrechtliche Verträge der EU, wie sie mit der Schweiz oder anderen Drittstaaten abgeschlossen worden sind, die wie der EWR-Vertrag zum Recht der Europäischen Union gehören. 15

C. Struktur

I. Die Hauptteile

In der Praxis wird das europäische Recht zumeist in Sachzusammenhängen relevant, die eher auf einzelne Wirtschafts- oder Verwaltungszweige bezogen und durch die Systematik des nationalen Rechts vorgezeichnet sind als durch eigene Strukturen der autonomen europäischen Rechtsordnung. Um die Wirkungsweise der europäischen Vorgaben in und neben dem nationalen Recht zu 16 erfassen, müssen aber auch die spezifischen Strukturen und eigenen Prinzipien des Europarechts berücksichtigt werden. Das Handbuch versucht diese Spannung aufzulösen, indem es in seinem Besonderen Teil von der Perspektive der juristischen Praxis ausgeht und in seinem Allgemeinen Teil die übergreifenden Grundlagen behandelt. Der Besondere Teil ist daher nach Sachgebieten geordnet, die aus der Systematik und der üblichen Einteilung juristischer Arbeitsfelder im deutschen Recht vertraut sind. Das Spektrum dieser Sachgebiete reicht vom Kartellrecht bis zum Sicherheitsrecht und wird in 27 Kapiteln im Einzelnen behandelt. Regelmäßig wird der Benutzer des Handbuchs zunächst auf das Kapitel oder Unterkapitel zugreifen, das sich mit seinem jeweiligen Arbeits- und Interessengebiet befasst. Soweit erforderlich, wird er sodann – ggf den Querverweisen folgend – in ein anderes Kapitel des Besonderen Teil übergehen oder ein Kapitel bzw Unterkapitel über die jeweils maßgeblichen Grundlagenfragen des europäischen Rechts im Allgemeinen Teil heranziehen.

17 Dieser Allgemeine Teil befasst sich jeweils in mehreren Kapiteln mit den institutionellen Grundlagen der EU, ihren Verfassungsgrundsätzen, der Rechtsstellung des Individuums im europäischen Recht sowie mit übergreifenden Fragen der Auswirkungen des Europarechts (insbesondere im Verhältnis zu den Mitgliedsstaaten sowie hinsichtlich der Haftung, Durchsetzung, Rechtsangleichung und Auslegung). Der Benutzer des Handbuchs kann sich den einzelnen Kapiteln des Allgemeinen Teils aufgrund der Fragen, die sich für ihn aus seinem speziellen Interessengebiet ergeben haben, gesondert zuwenden. Ebenso ermöglicht es die Struktur des Allgemeinen Teils aber auch, sich systematisch einen vollständigen Überblick über die Grundzüge des Unionsrechts zu verschaffen.

18 Ebenso wie der Zugriff auf den Allgemeinen Teil kann sich der Seitenblick innerhalb des Besonderen Teils von einem Kapitel in ein anderes als notwendig erweisen. Häufig sind Rechtsfragen, die sich nach herkömmlichem deutschen Verständnis einem bestimmten Einzelgebiet zuordnen lassen, im europäischen Recht aus einer anderen systematischen Perspektive zu begreifen. So kann nicht nur ein aus deutscher Sicht verwaltungsrechtlicher Gegenstand wie das Genehmigungserfordernis für bestimmte Produkte europarechtlich unter dem bereichsübergreifenden Gesichtspunkt der Grundfreiheiten, im gegebenen Beispiel der Warenverkehrsfreiheit, zu betrachten sein. Eine Frage des Verbraucherschutzes, die sich im deutschen Recht schon aufgrund ihrer Regelung im BGB dem Privatrecht zuordnet, kann europarechtlich aus den Blickwinkeln der Binnenmarktförderung (Art. 114 AEUV) und der spezifischen Politik des Verbraucherschutzes (Art. 169 AEUV) zu würdigen sein; und die maßgebliche Richtlinie kann es den Mitgliedsstaaten überlassen haben, ob sie die europäischen Vorgaben durch privatrechtliche, verwaltungsrechtliche oder strafrechtliche Vorschriften durchsetzen. Schon aus diesem Grund – und wegen vielerlei weiterer Verzahnungen – ist der Gebrauchswert eines Handbuchs zum Einfluss des europäischen Rechts auf die deutsche Rechtspraxis auch für den Spezialisten eines einzelnen Rechtsgebietes nur dadurch hinreichend gewährleistet, dass es neben dem jeweiligen Spezialgebiet auch über andere Sachbereiche und die allgemeinen Grundlagen des Europarechts informiert.

II. Die einzelnen Kapitel

19 Soweit sachdienlich, gibt der Abschnitt 1 jedes Kapitels des Besonderen Teils einen kurzen Überblick über die jeweils relevante Gesetzgebung und Rechtsprechung. Angeführt sind die Vorschriften des europäischen Primärrechts, die Rechtsakte des Sekundärrechts und zentrale Gerichtsentscheidungen, die auf diesem Gebiet die Rechtslage mitbestimmen. Neben diesen europarechtlichen Informationen enthält der Abschnitt 1 regelmäßig auch kurze Hinweise zu den wichtigsten einschlägigen deutschen Bestimmungen und Gerichtsentscheidungen (letztere insbesondere aus Verfahren, die zu Vorabentscheidungen des EuGH gemäß Art. 267 AEUV geführt haben). Der Benutzer erhält damit einen Überblick über die Rechtsquellen, die für dieses Gebiet maßgeblich und im folgenden Abschnitt 2 verarbeitet sind.

20 Dieser Abschnitt 2 zeigt sodann für den jeweiligen Sachbereich die Zusammenhänge und Probleme auf, die sich aus den Einwirkungen des Europarechts ergeben. Die Schwerpunktsetzung orientiert sich in erster Linie an den Bedürfnissen der Praxis. Die Untergliederung ist dementsprechend weitgehend durch die Perspektive und Struktur des deutschen Rechts in dem betreffenden Bereich

bestimmt. Auf eine umfassende Behandlung des deutschen Rechts kann aber verzichtet werden, da sich die Darstellung insbesondere an Juristen wendet, die im jeweiligen Bereich bereits über Kenntnisse im deutschen Recht verfügen, und sich auf die Vermittlung der zusätzlich erforderlichen europarechtlichen Aspekte konzentriert. Die europarechtlichen Fragen werden in den Unterabschnitten der einzelnen Kapitel jeweils für praxisrelevante Gesichtspunkte oder Teilgebiete des betreffenden Sachbereichs mit Blick auf das materielle Recht und das Verfahrensrecht behandelt. Ausblicke weisen auf laufende Gesetzgebungsverfahren und sonstige mögliche Weiterentwicklungen der Rechtslage in der nächsten Zeit hin.

Neben den Verweisen auf andere Teile des Bandes ermöglichen die Angaben in den Anmerkungen sowie Literaturübersichten den Zugang zu weiteren Informationen, die vertiefte Beschäftigung mit den behandelten Rechtsfragen und die Einbeziehung von benachbarten Rechtsgebieten. 21

D. Ausblick

Die Bedeutung des europäischen Rechts dürfte auf vielen Sachgebieten in den nächsten Jahren noch weiter wachsen. Trotz aller Kritik an vermeintlicher oder tatsächlicher Brüsseler „Regulierungswut" werden nicht nur die Bedürfnisse des Wirtschaftsverkehrs in einem europäischen Markt ohne Binnengrenzen auch auf rechtlicher Ebene die Gewichte weiter zugunsten europäischer Lösungen verschieben. Ebenso werden neue soziale und technologische Herausforderungen, die nicht allein im Rahmen eines einzelnen Staates zu bewältigen sind, nach europäischen Ansätzen verlangen. Die Ausweitung des Unionsrechts dürfte damit fortschreiten (wenn auch nicht in jeder Phase notwendig wie im bisherigen Maße) 22

Nur spekulativ ließe sich beantworten, wie stark, wie rasch und auf welche Weise im Einzelnen dieser Prozess in den nächsten Jahren voranschreiten oder welche Rückschläge, Durchbrüche und neuen Wendungen er erfahren wird. Nach den Schwierigkeiten, die bei der Ratifizierung des Verfassungs- und später des Reformvertrages aufgetreten sind, angesichts des erweiterten Mitgliederkreises der Union und der europaskeptischen Haltung vieler mitgliedsstaatlicher Regierungen, aber auch einiger Verfassungsgerichte scheinen Bemühungen um eine Vertiefung der Integration vorerst an ihre Grenzen gestoßen zu sein. Auf der anderen Seite ist es aber auch denkbar, dass sich diese Situation bei sich wandelnden globalpolitischen Voraussetzungen auch wieder ändert. Schwer einzuschätzen ist auch die Frage nach der Bereitschaft der Union, weitere Mitgliedstaaten aufzunehmen. So bleiben die mittel- und langfristigen Perspektiven der Europäischen Union weiterhin offen. 23

Dessen ungeachtet entwickelt sich das Sekundärecht stetig weiter. Alles deutet auf eine weitere „Europäisierung" des Rechts in den Mitgliedstaaten der EU und damit auch in Deutschland hin. Dieser Prozess begegnet in vielerlei Gestalt: von der Zunahme unmittelbar für den Einzelnen verbindlicher europarechtlicher Bestimmungen über die Verzahnung von Unionsrecht und deutschem Recht durch die Umsetzung von Richtlinien bis hin zur freiwilligen Anpassung deutscher Normen an Regelungsmuster und Wertungen des Europarechts. Die deutsche Rechtspraxis ist in mehrfacher Hinsicht auch europäische Rechtspraxis geworden. Das vorliegende Handbuch hat sein Ziel erreicht, wenn es den Rechtsanwendern hilft, die alltäglichen Probleme, die dieser Prozess der „Europäisierung" für sie mitbringt, zu bewältigen. 24

1. Teil: Allgemeiner Teil

§ 1 Institutionen

Literatur: *Bieber*, Demokratische Legitimation in Europa – Das Spannungsverhältnis zwischen Funktionen von Europäischem Parlament und staatlichen Parlamenten, Zeitschrift für Europarechtliche Studien (ZEUS), 1999, Nr. 2, 141–155; *ders.*, Das Verfahrensrecht von Verfassungsorganen, Baden-Baden, 1992; *v. Buttlar*, Das Initiativrecht der Europäischen Kommission, Berlin 2003; *Dann*, Parlamente im Exekutivföderalismus, Berlin, Heidelberg, 2004; *ders.*, Die politischen Organe in: von Bogdandy/Bast (Hrsg.) Europäisches Verfassungsrecht, 2. Aufl., Dordrecht/Heidelberg/London 2009, S. 335–387; *Dialer/Maurer*, Handbuch zum Europäischen Parlament, Baden-Baden 2014; *Görisch*, Demokratische Verwaltung durch Unionsagenturen, Tübingen 2009; *Greulich*, Die Landesminister als Vertreter der Bundesrepublik Deutschland im Rat der Europäischen Union, München, 1997; *Hummer/Obwexer*, Der „geschlossene" Rücktritt der Europäischen Kommission, in: integration Nr. 2/1999, S. 77–94; *Jacqué/Bieber/Haag* u.a., Commentaire Mégret, Bd. 9 (Parlement européen, Conseil, Commission, etc.), 2. Aufl. Bruxelles, 2000; *Joerges/Falke* (Hrsg.), Das Ausschusswesen der Europäischen Union, Baden-Baden, 2000; *Kadelbach* (Hrsg.), Europäische Integration und Parlamentarische Demokratie, Baden-Baden 2009; *Lenz*, Ein einheitliches Verfahren für die Wahl des Europäischen Parlaments, Baden-Baden 1995; *Ludlow*, Die Führung der Europäischen Union durch den Europäischen Rat: Übergang oder Krise?, in: integration Nr. 1/2005, S. 3–15; *Mentler*, Der Ausschuss der Ständigen Vertreter bei den Europäischen Gemeinschaften, Baden-Baden 1996; *Müller/Burr* (Hrsg.), Rechtssprache Europas, Berlin, 2004; *Streinz*, Die Luxemburger Vereinbarung, München, 1984; *Von Arnim/ Schurig*, Das Abgeordnetenstatut des Europäischen Parlaments, DVBl. 2003, 1176–1186.

A. Allgemeiner Teil

I. Quellen und Terminologie

1 Die Organisationsstruktur der EU ist in den Gründungsverträgen, in Ausführungsakten und in den Geschäftsordnungen der Organe festgelegt. Einzelne Regelungen beruhen auf Vereinbarungen der Mitgliedstaaten. Der Vertrag von Lissabon bestätigt die zuvor bestehende institutionelle Struktur, verändert allerdings die Befugnisse und die Verhältnisse zwischen den Organen. Neu werden der Europäische Rat und die EZB zu Organen aufgewertet.[1]

2 Die Aufgaben der EU werden durch **eigenständige** und auf **Dauer** eingerichtete **Organe** sowie durch **sonstige** in den Gründungsverträgen, in besonderen Verträgen, oder in EU-Gesetzgebungsakten vorgesehene **Einrichtungen** erfüllt. Ihre Gesamtheit wird in Art. 13 Abs. 1 EUV als „institutioneller Rahmen" bezeichnet. Organe im Sinne der Verträge sind das Europäische Parlament, der Europäische Rat, der Rat, die Europäische Kommission, der Gerichtshof der Union, die Europäische Zentralbank und der Rechnungshof.

3 In terminologischer Hinsicht ist zu beachten, dass nicht in allen Sprachen in demselben Sinne wie im Deutschen zwischen Institutionen und Organen unterschieden wird. Die meisten Sprachfassungen verzichten entweder ganz auf die Unterscheidung und begnügen sich generell mit dem Begriff „Institutionen",[2] oder sie verwenden die zwar auch im Deutschen übliche Unterscheidung, allerdings im entgegengesetzten Sinne.

---

1 Dazu *Bieber*, Der institutionelle Rahmen, in: Fastenrath/Nowak (Hrsg.), Der Lissabonner Reformvertrag, Berlin 2009, S. 47-63.

2 So zB die englische, französische und italienische Fassung von Art. 13 Abs. 1 EUV.

II. Die besonderen Merkmale des institutionellen Systems der EU

1. Grundzüge

Den am „institutionellen Rahmen“ beteiligten Einrichtungen obliegt es, gemäß Art. 13 Abs. 1 EUV 4
- den Werten der Union Geltung zu verschaffen,
- ihre Ziele zu verfolgen,
- ihren Interessen, denen ihrer Bürgerinnen und Bürger und denen der Mitgliedstaaten zu dienen, sowie
- die Kohärenz, Effizienz und Kontinuität ihrer Politik und ihrer Maßnahmen sicherzustellen.

Die in der Praxis wichtigste Funktion der Institutionen besteht in der Anwendung, Durchsetzung und Weiterentwicklung der EU-Rechtsordnung.

Für die zu diesen Zwecken geschaffene institutionelle Struktur der EU gibt es kein Vorbild. Doch 5
spiegelt sie das am Ende des 20. Jahrhunderts in Europa herrschende Demokratieverständnis und den Entwicklungsstand des Rechtsstaatsprinzips wider. In der Tat orientierte sich das für die Abfassung des EGKSV prägende und bis heute fortdauernde institutionelle Konzept an den Prinzipien der Gewaltenteilung, der repräsentativen Demokratie, der Legitimation hoheitlicher Gewalt und der gerichtlichen Kontrolle hoheitlichen Handelns.

Zwei Besonderheiten treten dabei hervor, **die Eigenart der Legitimation** seines Handelns und seine immanente Tendenz zur **Entwicklung und Differenzierung** bei gleichzeitiger Stabilität seiner Grundstruktur:

Legitimation von Hoheitsgewalt speist sich aus verschiedenen Quellen. Dazu gehören ein übereinstimmendes Verständnis grundlegender Werte, die Fähigkeit der Institutionen, diese Werte zu schützen und die ihnen aufgetragenen Ziele tatsächlich zu erreichen, sowie Akzeptanz, Loyalität und nicht zuletzt die Möglichkeit unmittelbarer Beziehungen zwischen Bürgern und Institutionen durch Einfluss auf die Zusammensetzung, Kommunikation und Transparenz des Handelns.[3] Geprägt von dem traditionellen Bild internationaler Zusammenarbeit sind die Institutionen der EU eng mit den Exekutiven der Mitgliedstaaten verzahnt. Diese Verzahnung erfolgt je nach Institution auf eine besondere Weise, teils durch personelle Verflechtung (Europäischer Rat, Rat), teils durch die Möglichkeit bevorrechtigter Einflussnahme auf die Zusammensetzung (Kommission, EuGH). Die Verflechtung bewirkt eine nur mittelbare Legitimation des Handelns der EU-Institutionen. Die unmittelbare Wahl der Abgeordneten des Europäischen Parlaments begründete einen zusätzlichen und eigenständigen Modus der Legitimation durch die Bürger der Union. Der Vertrag von Lissabon verstärkt diesen Ansatz durch eine Intensivierung der Rechte des Parlaments, durch vermehrte Teilhaberechte der Bürger (Art. 11 EUV) und durch die Anerkennung der Komplementarität beider Legitimationsquellen (Art. 10 Abs. 2 EUV). Auch die Parlamente der Mitgliedstaaten tragen zur Legitimation des Handelns der Union bei (Art. 12 EUV).

Die weitere Besonderheit liegt in der vertraglich angelegten allmählichen **Entfaltung** und **Differenzierung** der institutionellen Struktur. Sie erfolgte im Einzelnen zB durch die Änderung des Bestellungsmodus der Mitglieder (EP, Kommission) oder der Befugnisse (EP, Rat), durch Bildung neuer Institutionen (Europäischer Rat, Rechnungshof), und vor allem durch eine erhebliche interne und externe Differenzierung (zB EuGH, Agenturen, nachgeordnete Gremien des Rates). Diese Entwicklungen wurden mitunter von der institutionellen Praxis vorweg genommen. Formal erfuhren sie Bestätigung durch die zahlreichen Vertragsänderungen seit 1970. Der Vertrag von Lissabon bildet den bisherigen Höhepunkt bei der Suche nach dem optimalen institutionellen Modell, das unter den Bedingungen einer inzwischen 28 Staaten umfassenden und weiter wachsenden Mitgliederzahl funktionsfähig ist und das dem Standard demokratisch und rechtsstaatlich verfassten hoheitlichen Handelns entspricht. Auch das institutionelle Modell des Jahres 2014 spiegelt das Bemühen um eine Balance von föderalen und konföderalen Strukturen mit den Anforderungen demokratischen und rechtsstaatlichen Regierens wider. 6

3 Dazu *Utz Schliesky*, Souveränität und Legitimität von Herrschaftsgewalt, Tübingen 2004, 588 ff.

2. Prinzipien der Zusammensetzung

a) Auswahl der Mitglieder

7 Für die Auswahl der Mitglieder der Organe sind zwei – scheinbar gegensätzliche – Ziele maßgeblich. Zum einen soll die Unabhängigkeit und Effizienz der Organe gewährleistet werden, zum anderen wird eine enge Verflechtung mit den Institutionen der Mitgliedstaaten angestrebt. Garantierte Unabhängigkeit und hauptberufliche Tätigkeit für einen im Voraus festgelegten Zeitraum kennzeichnen die Mitgliedschaft in Kommission, Europäischem Gerichtshof, Direktorium der EZB und Rechnungshof. Die Mitglieder von Europäischem Parlament, Wirtschafts- und Sozialausschuss sowie dem Ausschuss der Regionen handeln zwar auch in voller Unabhängigkeit und sind an keine Weisungen gebunden, doch sind sie befugt, parallel zu ihrem Mandat andere Berufstätigkeiten auszuüben.[4] Eine notwendige Verflechtung zwischen einem Mandat in einer Institution der EU und einer staatlichen Institution besteht für die Mitglieder des Rates und – mit Ausnahme seines Präsidenten und des Präsidenten der Kommission- des Europäischen Rates.

Bei der Auswahl und Ernennung der Mitglieder von Kommission, Gerichtshof, Rechnungshof sowie Wirtschafts- und Sozialausschuss und Ausschuss der Regionen sind die Institutionen der Mitgliedstaaten (insbesondere die Regierungen) maßgeblich beteiligt.

Völlig losgelöst von staatlichen Institutionen (doch entscheidend geprägt von den staatlichen Parteien) erfolgt die Auswahl der Mitglieder des Europäischen Parlaments.

b) Größe der Organe

8 Größe und Zusammensetzung der Organe sind von dem Ziel der jeweils optimalen Aufgabenverwirklichung und einer Beteiligung aller Mitgliedstaaten, bzw aller in den Mitgliedstaaten wesentlichen politischen Kräfte geprägt. Die Größe von Rat,[5] Gerichtshof, Rechnungshof und – trotz gegenteiliger Ankündigung in Art. 17 Abs. 5 EUV – auch der Kommission (Rn 68) entspricht jeweils der Zahl der Mitgliedstaaten. Noch überwiegt das Kriterium der Vertretung von Angehörigen aller Staaten die Berücksichtigung der Funktionsbedürfnisse. So wird die Größe der Kommission unnötig und funktionshindernd aufgebläht während die Anzahl der Richter angesichts der Zahl der zu entscheidenden Fälle zu gering erscheint. Der Europäische Rat umfasst so viele Mitglieder wie Mitgliedstaaten und zusätzlich seinen Präsidenten und den Präsidenten der Kommission, im Jahre 2014 also 30 Mitglieder. Dem Europäischen Parlament gehören maximal 751 Mitglieder an.

3. Befugnisse der Organe

a) Grundlagen

9 Die Aufgaben der Union werden durch gesetzgeberische, verwaltende, koordinierende, planende und subventionierende sowie rechtsprechende Tätigkeit erfüllt. Die institutionelle Zuordnung dieser Aufgaben erfolgte nur ausnahmsweise mit Hilfe einer abstrakten Beschreibung der Funktionen (Gesetzgebung: Art. 14 Abs. 1; Art. 16 Abs. 1 EUV; rechtsprechende Tätigkeit: Art. 19 Abs. 1 EUV). Im Wesentlichen werden den Institutionen Aufgaben jeweils konkret in zahlreichen verstreuten Vertragsbestimmungen zugewiesen. Erst in ihrer Zusammenschau ergeben sie das für die Funktionen des jeweiligen Organs charakteristische Profil. Bei der Ausgestaltung der verschiedenen Funktionen verbanden sich Vorstellungen von der **Legitimation** hoheitlicher Gewalt, von **Gesetz- und Rechtmäßigkeit** der Entscheidungsverfahren, von **„checks and balances"** innerhalb des Systems und das Ziel, die Integration der Völker und Staaten zu fördern. In den Einzelheiten entstanden für Gesetzgebung, Beschlussfassung über den Haushalt, Exekutivhandlungen sowie Änderung und Ergänzung der Verträge originelle Verfahren, bei denen Rat, Parlament und Kommission in

4 *S. allerdings die für die Mitgliedschaft im EP geltenden Unvereinbarkeiten gemäß Art. 7 Direktwahlakt v. 20. September 1976.*

5 Ausnahme: Ratsformation „Auswärtige Angelegenheiten" (Art. 18 Abs. 3 und Art. 16 Abs. 2 EUV). Dazu unten Rn 54.

einer nach Bereichen unterschiedlichen Art und Weise zusammenwirken. Die Exekutivfunktion wird vorwiegend von der Kommission, in einigen Bereichen jedoch auch vom Rat ausgeübt. Noch am meisten mit staatlichen Verfassungsorganen vergleichbar ist das System der Interorgankontrollen, insbesondere die gerichtliche Kontrolle der Rechtmäßigkeit des Handelns der Organe. Im Einklang mit der Theorie der **Gewaltenteilung** lässt sich ein Wettstreit der Organe um eine Maximierung des jeweiligen Einflusses auf die Aufgabenerfüllung beobachten.

Der Vertrag von Lissabon bringt Parlament und Rat in ein ausgewogeneres Verhältnis bei der Gesetzgebung. Andererseits verwischt er erneut die Grenzen zwischen Exekutiv- und Legislativfunktionen, zB durch die die gleichzeitige Bestellung des Präsidenten des Rates der Außenminister zum Mitglied der Kommission.

b) Schranken

Gemäß Art. 5 Abs. 1, 2 EUV und Art. 13 Abs. 2 EUV ist zwischen den **Zuständigkeiten** der Union 10
und den **Befugnissen** der Organe zu unterscheiden. In der Regel setzt die Ausübung der Befugnisse einen vertraglich bestimmten Aufgabenbereich voraus. Doch können insbesondere im Falle der verstärkten Zusammenarbeit Befugnisse auch im Rahmen besonderer Aufgabenzuweisung ausgeübt werden (siehe unten Rn 20, 21). Die in Artikel 13 Abs. 2 enthaltene Formulierung, „jedes Organ handelt nach Maßgabe der ihm in den Verträgen zugewiesenen Befugnisse", umschreibt in diesem Rahmen das Gebot der Vertragsmäßigkeit für das Verhalten der Organe gegenüber Dritten und für das Verhältnis der Organe zueinander.

Die Verweisung auf die vertraglich näher bezeichneten Befugnisse der Organe wird in Art. 5 Abs. 2 EUV als das „Prinzip der begrenzten Einzelermächtigung" bezeichnet. Dabei handelt es sich um einen allgemeinen Grundsatz, der in jedem differenzierten System gilt, das an Recht gebunden und zur Rechtsetzung befugt ist.

Eine Analyse der einzelnen Vertragsbestimmungen bestätigt, dass die Organe die vertraglich vorgesehenen Rechtshandlungen nur zu den im Einzelnen ausdrücklich bezeichneten Zwecken einsetzen dürfen, wobei mitunter dem Organ eine Wahlmöglichkeit hinsichtlich des Instrumentariums eingeräumt ist.

Darüber hinaus sind die Organe auch befugt, jene Befugnisse wahrzunehmen, die erforderlich sind, um die vertraglich zugewiesenen Aufgaben zu erfüllen („implizierte Befugnisse").[6]

Zwar verfügen die Organe teilweise über einen erheblichen Gestaltungsspielraum, etwa bei dem Erlass von Geschäftsordnungen, aber auch bei der Ausfüllung einzelner materieller Ermächtigungen,[7] doch wird dadurch die Geltung des Grundsatzes innerhalb der EU nicht berührt, wonach den Organen eine Rechtsetzungsbefugnis zu von ihnen selbst zu bestimmenden Zwecken nicht zusteht.

Die Verwendung des Begriffs „Befugnisse" in Art. 13 Abs. 2 EUV erläutert Grenzen der Hand- 11
lungsmöglichkeiten der Organe nur in Bezug auf Rechtshandlungen. Die Beratung allgemeiner politischer Themen, und die Annahme entsprechender Entschließungen sind im Rahmen der allgemeinen politischen Zielsetzung zulässig. Grundlage des allgemeinen Beratungsrechts bildet das Selbstorganisationsrecht der Organe.[8] Dieses Recht beinhaltet in der vertraglich eingeräumten Form u.a. die Befugnis, jeweils autonom die Art und Weise der Erfüllung von Aufgaben einschließlich der Beratungsgegenstände festzulegen.

4. Pflichten der Organe

Aus der gemeinsamen Verpflichtung der Organe zur Verwirklichung der Ziele der Organisation 12
und der Systematik des Vertrages lassen sich allgemeine Rechtsgrundsätze entnehmen, die die

6 Zur Anerkennung und Definition implizierter Befugnisse vgl EuGH, Rs. 281, 283, 285, 287/85 (Bundesrepublik u.a./Kommission), Slg 1987, 3245, Rn 28.

7 ZB Art. 91 Abs. 1, lit. d) AEUV: Erlass „alle(r) sonstigen zweckdienlichen Vorschriften".

8 Vgl EuGH, Rs. 230/81 (Luxemburg/EP), Slg 1983, 255, 287; dazu eingehend *Bieber*, Das Verfahrensrecht von Verfassungsorganen, S. 30 ff.

Erhaltung der Funktionsfähigkeit, das **Gebot zur effizienten Aufgabenerfüllung** und zur **Kooperation der Organe** umfassen.

a) Wahrung der Funktionsfähigkeit

13 Die Erhaltung der Funktionsfähigkeit einer Organisation als Ganzes und ihrer einzelnen Organe bildet die Grundlage jeder mit dem Anspruch auf Dauer geschaffenen Organisation.[9] Funktionsfähigkeit wird hier verstanden als die Eignung der Organe, die ihnen zugewiesenen Aufgaben unter Wahrung der jeweiligen Organisationsverfassung zu erfüllen. Diese Eigenschaft lässt sich nicht von dem Bestand der Organisation lösen. Sie muss vielmehr als Voraussetzung der Organisationsexistenz gedacht werden. Der Begriff der Funktionsfähigkeit umfasst daher verschiedene Elemente, die **Erhaltung der Organidentität** einerseits und ein Gebot zur **Effizienz des Organhandelns** andererseits.

b) Wahrung der Identität

14 Mit der Errichtung eines Organs, der Zuweisung von Aufgaben und der Festlegung der Funktionsweise umreißt eine Organisationsverfassung eine bestimmte Organisationsstruktur. Sie prägt damit den Kern der Identität jedes Organs. Doch gewinnt die Identität dadurch noch keine abschließenden Konturen, denn jedem Organ obliegt in einem doppelten Sinne die Konkretisierung seiner Identität.

Nach innen bestimmt das Organ selbst – in den von der Verfassung gezogenen Grenzen – seine Organisation. Nach außen konkretisiert sich die Organisationsstruktur erst durch die Art der Wahrnehmung der Aufgaben und des Zusammenwirkens der Organe. Soweit die innere und Interorgan-Struktur der Gestaltung durch die Organe zugänglich ist, kann sie auch von den Organen verändert werden. Die Identität der Organe ist daher weder abschließend noch unveränderbar bestimmt.

Eine Verpflichtung zur Identitätswahrung bedeutet unter diesen Voraussetzungen nicht die Versteinerung eines bestimmten institutionellen Zustandes, sondern die Wahrung der spezifischen „Eigenständigkeit“ im Rahmen der „Kontinuität“[10] des Handelns der Union.

15 Identität als Strukturprinzip entfaltet normative Wirkungen als Verpflichtung zur „Identitätsausfüllung“, also u.a. zum Erlass jener Regeln, die zur Ausübung der zugewiesenen Aufgaben erforderlich sind. Insofern reduziert sich die Bedeutung des Begriffs der Organidentität nicht auf die Beachtung der vertraglich festgelegten Organmerkmale.

Weiterhin hat das Organ den Erlass solcher Regelungen zu unterlassen, die eine Erfüllung der Aufgaben durch das Organ selbst behindern oder ausschließen würden. Diese negative Schranke besteht sowohl im Hinblick auf horizontale Kompetenzübertragungen, die nicht ausdrücklich oder stillschweigend in den Verträgen vorgesehen sind, als auch im Hinblick auf vertikale Kompetenzverlagerungen, die den Einfluss des Gesamtorgans auf den Inhalt einer Maßnahme und seine gerichtliche Verantwortung entleeren würden.

c) Effizienz

16 In der Präambel des EUV bekunden die Vertragsstaaten ihren Willen, „Demokratie und Effizienz in der Arbeit der Organe weiter zu stärken“. Damit wird ein normatives Prinzip bestätigt, das die Verpflichtung der Organe bezeichnet, ihre jeweiligen Aufgaben **innerhalb angemessener Zeit** und **mit angemessenen Mitteln** zu verwirklichen. Dies gilt auch dann, wenn keine Fristen zu beachten sind.[11] In der Verpflichtung zum Handeln innerhalb angemessener Frist äußert sich das allgemeine **Gebot zu effizientem Handeln** (Art. 287 Abs. 2; 298 Abs. 1 AEUV) und zur Wahrung des Prinzips der **Verhältnismäßigkeit** bei der Auswahl der Mittel zur Zielverwirklichung (Art. 5 Abs. 4 EUV).

---

9 *So nahezu wörtlich EuGH, Rs. 5/85* (AKZO/Kommission), Slg 1986, 2607, Rn 37.

10 Vgl Art. 13 Abs. 1 EUV.

11 EuGH, Rs. 266/82 (Turner/Kommission), Slg 1984, 1; EuGH, Rs. 84/82 (Bundesrepublik/Kommission), Slg 1984, 1451.

d) Zusammenarbeit der Organe

Dass die Schaffung mehrerer Organe, die Gewaltentrennung, nur dann wirksame Entscheidungen hervorbringen kann, wenn gleichzeitig die „Gewalten", das heißt die Organe einander zugeordnet werden, hatte bereits Montesquieu betont.[12] Diese Zuordnung kann von außen, das heißt durch Regelung in der jeweiligen Verfassung, nicht alle denkbaren Konflikte ausschließen. Die Funktionsfähigkeit der Organisation erfordert vielmehr eine Sicherung durch Verfahren, durch ein geordnetes fortwährendes Zusammenwirken, eine Kooperation der Organe. Kooperation als Gebot umfasst die Verpflichtung der Organe, ihre Funktionen in einer Weise auszuüben, die den übrigen Organen die optimale Wahrnehmung ihrer Funktionen ermöglicht, also aufeinander Rücksicht zu nehmen und sich über die Art der Erreichung der gemeinsamen Ziele zu verständigen.[13] Art. 13 Abs. 2 EUV verpflichtet die Organe ausdrücklich zu einer loyalen Zusammenarbeit. Hinsichtlich der Beziehungen zwischen Europäischem Parlament, Rat und Kommission erfährt diese Pflicht eine Konkretisierung in Art. 295 AEUV. Sie gilt darüber hinaus für alle Organe und Einrichtungen der EU. 17

Das Kooperationsgebot hat vor allem als Verpflichtung zur Mitwirkung an einvernehmlichen Lösungen organübergreifender funktionsbezogener Probleme und als Maßstab bei der Ausgestaltung der jeweiligen Geschäftsordnung Bedeutung.

Das Verhältnis der Organe wird in der Praxis durch eine Vielzahl von Vereinbarungen unterschiedlicher Form näher bestimmt. Da der Vertrag die Organbeziehungen nur lückenhaft bezeichnet, bilden derartige Vereinbarungen ein höchst bedeutsames Instrument zur Konkretisierung und Ausfüllung der Organisationsverfassung.

Die **Rechtsnatur** und die Bindungswirkung derartiger **Interorganregelungen** sind im Lichte des jeweiligen Inhalts und des darin erkennbaren Bindungswillens zu beurteilen: Grundsätzlich sind die Vereinbarungen geeignet, rechtliche Verpflichtungen zu begründen. Der AEUV bestätigt in Art. 295 ausdrücklich diese Rechtslage, in dem er EP, Kommission und Rat ermächtigt, entsprechende Vereinbarungen abzuschließen und ihnen gegebenenfalls auch Bindungswirkung zuzuschreiben. Die Aufzählung der berechtigten Organe ist allerdings lückenhaft. Ein Bedarf für Vereinbarungen kann zwischen allen Institutionen entstehen (vgl Art. 287 Abs. 3 Unterabs. 3 AEUV). 18

Der EuGH hat zutreffend für einzelne Erklärungen die Bindung der Organe hervorgehoben.[14] Die beteiligten Organe legen neuerdings Wert darauf, die Bindungswirkung ausdrücklich zu betonen.[15]

e) „Institutionelles Gleichgewicht"

Nicht zu den aus Artikel 13 EUV oder sonstigen Vertragsbestimmungen abzuleitenden Strukturdeterminanten der Verträge gehört ein „institutionelles Gleichgewicht" (Abweichend *Scheuing,* § 6, Rn 17). 19

Zwar bedienen sich der EuGH und die übrigen Organe häufig dieser Argumentationsfigur, um bestimmte Verhaltensweisen der Organe als vertragsgemäß oder vertragswidrig zu kennzeichnen,[16] doch fehlt im positiven Recht jegliche Anknüpfungsmöglichkeit, um das Verhältnis der Organe anhand eines derartigen Grundsatzes zu bestimmen, sofern dieser mit eigenständigem Inhalt versehen und neben oder über den ausdrücklichen Vertragsregelungen angesiedelt wird. Der Begriff „institutionelles Gleichgewicht" enthält entweder nur eine Umschreibung der in der Organisations-

---

12 *Montesquieu*, De l'Esprit des Lois, Paris 1748 (2 Bde. Paris 1979), Livre V, Chap. XIV („Man muss die Staatsgewalten verbinden, ordnen, mäßigen und zum Handeln bringen; man muss der einen im Rahmen der Verfassung das nötige Gewicht geben, um sie in die Lage zu versetzen, der anderen zu widerstehen").

13 Vgl EuGH, Rs. 204/86 (Griechenland/Rat), Slg 1988, 5323, Rn 16 („gegenseitige Pflichten zur redlichen Zusammenarbeit"). Ebenso EuGH, Rs. C-65/93 (EP/Rat), Slg 1995, 643, Rn 23.

14 EuGH, Rs. 204/86 (Griechenland/Rat), Slg 1988, 5323, EuGH, Rs. C-25/94 (Kommission/Rat), Slg 1996, I-1497.

15 ZB Interinstitutionelle Vereinbarung über die Haushaltsdisziplin u.a. v. 2. Dezember 2013, ABl. C 373/2013, S. 1, Ziff. 2: „Die Vereinbarung ist während ihrer gesamten Laufzeit für die Organe *verbindlich.*" (Hervorhebung vom Verfasser).

16 EuGH st. Rspr, zB Rs. 139/70, (Roquette und Maizena/Rat), Slg 1980, 3333, Rn 33 und in Rs. C-70/88 Europäisches Parlament/Rat), Slg 1990, 2041.

verfassung positiv geregelten Organbeziehungen[17] – dann bildet er eine Leerformel – oder er artikuliert eine verfassungspolitische Zielsetzung[18] – dann befindet er sich außerhalb des normativen Bereichs. In beiden Fällen eignet er sich nicht als eigenständige Quelle normativer Aussagen zum Organverhältnis.

III. Organhandeln im Rahmen besonderer Zuständigkeiten

1. Verstärkte Zusammenarbeit

20 Im Rahmen der verstärkten Zusammenarbeit zwischen einigen Mitgliedstaaten gemäß Art. 20 EUV und Art. 326-334 AEUV können diese Mitgliedstaaten die Organe der EU sowie die vertraglich vorgesehen Verfahren und Mechanismen für die Zusammenarbeit in Anspruch nehmen.

Die von den Organen insoweit ausgeübten Befugnisse unterliegen dann nicht den oben näher skizzierten Schranken des Art. 13 Abs. 1 EUV, sondern ergeben sich aus der konkreten Vereinbarung über die verstärkte Zusammenarbeit. Allerdings muss die im EUV vorgegebene Identität der Organe gewahrt bleiben.

2. Sonstiges Organhandeln außerhalb der vertraglichen Befugnisse

21 Auch außerhalb des Rahmens der verstärkten Zusammenarbeit übertragen die Mitgliedstaaten den Organen mitunter einzelne Aufgaben. Der EuGH hat dies grundsätzlich für zulässig erklärt.[19] Die Einhaltung von Formen und Verfahren des EU-Vertrages ist in derartigen Fällen weder geboten noch prinzipiell ausgeschlossen. Grenzen können sich allerdings aus dem Gebot zur Wahrung der Funktionsfähigkeit und der Identität zB dann ergeben, wenn Gefahren der Verwechslung entstehen oder wenn derartige „Nebentätigkeiten" die Erfüllung der vertraglichen Aufgaben beeinträchtigen könnten.

B. Besonderer Teil

I. Die Hauptorgane

1. Europäisches Parlament (EP)

a) Vorbemerkung

22 Zu den Abgrenzungsmerkmalen der Union gegenüber traditionellen internationalen Organisationen gehört die Einfügung einer Vertretung „der Bürgerinnen und Bürger"[20] in die Entscheidungsstruktur.

Die Anerkennung parlamentarischer Funktionen innerhalb der Union bedeutet den neuartigen Versuch, die Organisation (auch) eigenständig zu legitimieren. Der EUV betont seit 2009 ausdrücklich, dass die Union auf dem Grundsatz der repräsentativen Demokratie beruht (Art. 10 Abs. 2 EUV). Dabei erfolgt eine **unmittelbare Vertretung** der Bürger im Rahmen des Europäischen Parlaments, eine **mittelbare Vertretung** über die vor gewählten Parlamenten rechenschaftspflichtigen Regierungen im Rahmen von Rat und Europäischem Rat (Art. 10 Abs. 2 EUV). Europäische Parteien erfüllen in diesem Zusammenhang Vermittlungsfunktionen (Art. 10 Abs. 4 EUV).

---

17 Dies war zB in den Rs. 138 und 139/79 der Fall. Dort ermittelte der EuGH die Qualität der vertraglich ausdrücklich gebotenen Anhörung des EP als wesentliche Formvorschrift iSv Art. (ex) 173 EG. Doch folgte die Verletzung des Vertrages unmittelbar aus der Unterlassung der obligatorischen Anhörung des Parlaments gemäß Art. (ex) 43. Einer zusätzlichen Ableitung aus dem Grundsatz des „institutionellen Gleichgewichts" hätte es nicht bedurft.

18 Vgl Entschließung des Europäischen Parlaments vom 9. Oktober 1986, ABl. 1986 C 283, S. 85, Ziff. 3 (Schaffung eines „institutionellen Gleichgewichts" durch Zuerkennung der Aktivlegitimation des EP für Klagen nach Art. 173 EWGV) und Mitteilung der Kommission vom 14. Oktober 1981 zur „Wiederherstellung des institutionellen Gleichgewichts", BullEG, Beilage 2/82.

19 Vgl EuGH, Rs. C-316/91 (EP/Rat), Slg 1994, 625 und Rs. C-181, 248/91 (EP/Rat und Kommission), Slg 1993, 3685.

20 Vor Inkrafttreten des Vertrags von Lissabon: Vertretung „der Völker".

b) Zusammensetzung

Das EP besteht seit 2009 aus maximal 751 Abgeordneten (Art. 14 Abs. 2 EUV). Diese sind unmittelbar gewählt. Die **Sitzverteilung** auf die Mitgliedstaaten erfolgt degressiv proportional mit einer Mindestvertretung von 6 Mandaten für die kleinsten Staaten und einer Höchstzahl von 96 Mandaten pro Mitgliedstaat. Die Einzelheiten zur Ausfüllung dieses Rahmens beschließt der Europäische Rat auf Vorschlag und mit Zustimmung des Europäischen Parlaments (Art. 14 Abs. 2 EUV). Bei Erweiterungen ist eine Anpassung der Sitzverteilung erforderlich, um die Grenze von 751 Abgeordneten einzuhalten. Für die Wahlperiode 2014 – 2019 hat der Europäische Rat folgende Sitzverteilung festgelegt:[21] 23

Mitgliedstaaten	**Sitzverteilung**
Belgien	21
Bulgarien	17
Dänemark	13
Deutschland	96
Estland	6
Finnland	13
Frankreich	74
Griechenland	21
Irland	11
Italien	73
Kroatien	11
Lettland	8
Litauen	11
Luxemburg	6
Malta	6
Niederlande	26

Mitgliedstaaten	**Sitzverteilung**
Österreich	18
Polen	51
Portugal	21
Rumänien	32
Schweden	20
Slowakei	13
Slowenien	8
Spanien	54
Tschechische Republik	21
Ungarn	21
Vereinigtes Königreich	73
Zypern	6
Insgesamt	751

Die erste Wahl erfolgte im Juni 1979. Die nachfolgenden Wahlen finden gemäß Art. 10 des Direktwahlakts nach jeweils 5 Jahren statt (letzter Wahltermin: Mai 2014). Die nicht strikt proportionale Abstufung der Mandatszahlen wird zu Unrecht mitunter als Einwand gegen die Legitimation des EP vorgetragen: Formale Wahlrechtsgleichheit folgt solange nicht als zwingendes Gebot aus dem Demokratieprinzip, als Mehrheiten sich artikulieren und Entscheidungen treffen können, während Minderheiten Schutz erfahren. Beide Anforderungen können gleichzeitig unter den staatlich geprägten Voraussetzungen europäischer Integration nur durch Kompromisse erfüllt werden.[22]

Für die Beschlussfassung über das **Wahlverfahren** besitzt das EP ein Initiativ- und Zustimmungsrecht. Die Vorlage bedarf zur Wirksamkeit des einstimmigen Beschlusses des Rates und der anschließenden Billigung durch die Mitgliedstaaten „im Einklang mit ihren jeweiligen verfassungsrechtlichen Vorschriften“. 24

Die Wahl erfolgt noch nicht nach einem vollständig **einheitlichen Verfahren** im Sinne von Art. 223 Abs. 1 AEUV. Stattdessen legt der Akt einige gemeinsame Grundzüge fest (Prinzip der Verhältnis-

21 Beschl. v. 28. Juni 2013, ABl. L 181/2013, S. 57. Zur Sitzverteilung vor 2014 s. Protokoll Nr. 36 zum EUV idF der Beitrittsakte 2012, ABl. L 112/2012, S. 21.

22 Anders unter Verkennung der Eigenart des Europäischen Parlaments und der Besonderheiten der Integration: BVerfGE 123, 267, Rn 280 ff.

wahl, Wahldatum, Mandatsdauer, Unvereinbarkeiten, Mandatsprüfung) und überlässt den Mitgliedstaaten die weitere Ausgestaltung des Wahlsystems (Art. 8).

Weitere Elemente eines einheitlichen Verfahrens enthält Art. 22 AEUV (aktives und passives Wahlrecht für alle EU-Bürger im jeweiligen Wohnsitzstaat).[23]

Die **Dauer** des Mandats erstreckt sich auf fünf Jahre. Die Wahlperiode ist seit 1995 mit der Amtsperiode der Kommission synchronisiert.

Seit 2004 darf neben einem europäischen kein nationales Mandat ausgeübt werden (Art. 7 Abs. 2 Direktwahlakt).

Die Zuständigkeit für die **Durchführung der Wahl** liegt bei den Mitgliedstaaten.[24]

25 In der Bundesrepublik können die Parteien entweder für jedes Bundesland getrennte Listen oder eine Liste im gesamten Wahlgebiet aufstellen (§ 2 Abs. 1 EuWG).[25] Im Übrigen wird weitgehend nach den gleichen Grundsätzen wie zum Bundestag gewählt. Deutsche, die sich ständig in den Mitgliedstaaten der EG außerhalb der Bundesrepublik aufhalten, sind wahlberechtigt. Weitere Besonderheiten bilden die Möglichkeit der Benennung von Ersatzkandidaten (§ 9 Abs. 2 EuWG) und der Beteiligung von „sonstigen politischen Vereinigungen" an der Wahl. Die gemäß Art. 3 DWA zulässige aber nicht gebotene Einführung einer Mindestschwelle von Stimmen bei der Verteilung der Mandate war in Deutschland zur Einführung einer „5 %-Klausel" genutzt worden (§ 2 Abs. 7 EuWG). Nachdem es zunächst die Zulässigkeit dieser Klausel unter Hinweis auf die vergleichbaren Funktionsbedingungen des EP bejaht hatte (BVerfGE 51, 222), erklärte das BVerfG im Jahre 2011 diese Bestimmung für verfassungswidrig.[26] Es begründete dies mit einem Verstoß gegen die Wahlgleichheit und die Chancengleichheit der Parteien. Die Funktionsfähigkeit des EP sei bei einem Wegfall der Sperrklausel nicht gefährdet. In der Folge hatte der BT das EuWG geändert und eine 3%-Klausel eingeführt. Auch diese wurde – mit gleicher Begründung – vom BVerfG verworfen.[27] Im Ergebnis galt daher für die Europawahl 2014 in Deutschland keine Sperrklausel.

c) Aufgaben

aa) Überblick

26 Die klassischen Funktionen eines Parlaments umfassen Gesetzgebung, Wahl und Kontrolle der Exekutive, Rückkopplung (Einbeziehung der organisierten gesellschaftlichen Kräfte in die Willensbildung und Herstellung einer Wechselbeziehung mit der öffentlichen Meinung – „Konsensbildung"). Die Funktionen des EP sind an diesen idealtypischen Vorstellungen orientiert, ohne dass jedoch Übereinstimmung mit einem der in den Mitgliedstaaten verwirklichten parlamentarischen Modelle bestünde. Als besondere Funktion kommt in der EU die Integration der Völker hinzu, eine innerhalb verfestigter Nationalstaaten weniger bedeutsame Aufgabe. Im Verlauf der EG-Entwicklung wurden Befugnisse und Zuständigkeiten des EP erheblich ausgeweitet.

bb) Beratungsbefugnis

27 Das Europäische Parlament ist befugt, „über jede Frage zu beraten, die die Gemeinschaften betrifft", sowie „Entschließungen über derartige Fragen anzunehmen".[28] Die Beratungsbefugnis

---

23 Einzelheiten in RL 93/103, ABl. L 329/1993, S. 34. Ausführlich dazu *Giegerich*, § 9, Rn 82-95.

24 Zu den Einzelheiten *Bieber*, in: G/S/H, Anm. 4-12 und Anhang zu Art. 223. Dort auch eine Kommentierung des Direktwahlakts.

25 Europawahlgesetz v. 16. Juni 1978, BGBl. I, S. 709 idF v. 8. März 1994, BGBl. I, S. 424, letzte Änderung durch Gesetz v. 7. Oktober 2013, BGBl. I, S. 3749.

26 BVerfGE 129, 300. Dazu *Schönberger*, Das Bundesverfassungsgericht und die Fünf – Prozent- Klausel bei der Wahl zum Europäischen Parlament, JZ 2012 Nr. 2, 80-86; *Grzeszick*, Demokratie und Wahlen im europäischen Verbund der Parlamente, EuR 2012, Nr. 6, 667-681; *Hrbek*, Deutsche Europawahlen künftig ohne Sperrklausel? Das Urteil des Bundesverfassungsgerichts vom November 2011 und seine Folgen, integration 2013 Nr. 4, 259–278.

27 BVerfG, 2 BvE 2/13 u.a. v. 26. Februar 2014.

28 EuGH, Rs. 230/81 (Luxemburg/EP), Slg 1983, 255, Rn 39.

erstreckt sich auf den Tätigkeitsbereich der Union, sowie auf alle Fragen, die im Zusammenhang mit dem Integrationsprozess stehen.

Die **Beratungsbefugnis** umfasst das Recht, eine Frage zu erörtern, einen einheitlichen Willen zu bilden und diesen zu äußern. Die Modalitäten der Beratung bestimmt das Parlament im Rahmen seines Selbstorganisationsrechts.

cc) Rechtsetzung

Das Europäische Parlament wird gemeinsam mit dem Rat als Gesetzgeber tätig. Dazu verfügt es über ein **Mitentscheidungsrecht** über die wesentlichen Rechtsakte, die im Rahmen der EU zu beschließen sind (Art. 14 Abs. 1 EUV; Art. 289 AEUV). Nach den ursprünglich geltenden Verträgen konnte das Parlament nur über einzelne **Anhörungsrechte** die Rechtsetzung beeinflussen. 28

Das Recht zur förmlichen **Gesetzesinitiative** steht dem EP nur ausnahmsweise zu. (Art. 14 Abs. 2 EUV; Art. 226, 228 Abs. 4 AEUV und Erlass ergänzender Bestimmungen zum Wahlverfahren, Art. 13 Direktwahlakt). Jedoch kann das EP gemäß Art. 225 AEUV formell von der Kommission die Einleitung von Gesetzgebungsverfahren verlangen.[29] Auch legt das Parlament – mitunter grundlegende – „Initiativberichte" vor und löst dadurch gesetzgeberische Aktivitäten der Kommission aus. 29

dd) Kontrolle

Das Recht, von anderen Institutionen Informationen zu verlangen, über die gewonnenen Erkenntnisse (öffentlich) zu beraten und gegebenenfalls Sanktionen zu beschließen, gehört zu den grundlegenden parlamentarischen Funktionen. Die EG-Verträge hatten die **parlamentarische Kontrolle** ursprünglich nur auf die Kommission bezogen und dieser Berichts- und Auskunftspflichten gegenüber dem EP auferlegt. Das EP verfügt über die Möglichkeit, die Kommission mit Hilfe eines Misstrauensvotums zum Rücktritt zu zwingen. 30

Praxis und Vertragsänderungen haben den Kontrollbereich erheblich erweitert und das Instrumentarium der Kontrolle differenziert. Gegenstand der Kontrolle des EP ist die gesamte Tätigkeit der Organe oder Institutionen der Union mit Ausnahme der richterlichen Tätigkeit (Art. 226 AEUV). Da das parlamentarische Untersuchungsrecht gemäß Art. 226 AEUV nicht auf Institutionen der EU beschränkt ist, sondern an mögliche Missstände bei der Anwendung des EU-Rechts anknüpft, kann sich die Kontrolltätigkeit des EP **auch auf staatliche Institutionen** erstrecken.

Die Intensität der parlamentarischen Kontrolle variiert nach Bereich und nach der zu kontrollierenden Institution.

Als **Instrumente der parlamentarischen Kontrolle** bezeichnen die Verträge: 31

- Fragerechte der Mitglieder des EP gegenüber Rat, Kommission und Zentralbank (Art. 230, 284 Abs. 3 AEUV).[30]
- Berichts- und Informationspflichten von Kommission, Rat, Europäischem Rat und Mitgliedstaaten gegenüber dem EP (zB Art. 15 Abs. 6 EUV; Art. 25; 121 Abs. 2; 126 Abs. 11; 161; 175; 190; 233; 284 Abs. 3; 287; 318; 319 AEUV; Art. 13 Abs. 3 Direktwahlakt sowie in zahlreichen Gesetzgebungsakten).
- Untersuchungsrechte des EP (direkt: Art. 226 AEUV, Untersuchungsausschüsse; indirekt: 228 AEUV, Bürgerbeauftragter).[31]
- Petitionsrecht der EG-Bürger an das EP (Art. 24, 227 AEUV).
- Misstrauensvotum gegenüber der Kommission und Entlastung der Kommission für die Haushaltsführung (Art. 234, 319 AEUV).
- öffentliche Arbeitsweise des EP (Art. 15 Abs. 2, 233 AEUV).

---

29 Entsprechend für den Rat, Art. 241 AEUV.

30 Zu den verschiedenen Fragearten vgl Art. 108-111 und Anlage II, GO-EP.

31 Regelungen für die Tätigkeit des Bürgerbeauftragten, ABl L 113/1994, S. 15 und für die Ausübung des Untersuchungsrechts, ABl. L 113/1995, S. 2.

- „indirekte Kontrollen“ durch Befassung des EuGH mit Klagen gegen Kommission und Rat (Art. 263, 265 AEUV) sowie durch Beauftragung des Rechnungshofes zur Abgabe von Stellungnahmen (Art. 287 Abs. 4 AEUV).

Die vertraglich vorgesehenen Kontrollrechte werden ergänzt durch Kontrollen, die auf Inter-Organvereinbarungen beruhen.

32 Das **Misstrauensvotum** gegen die Kommission bildet das formell bedeutsamste Instrument, um den parlamentarischen Kontrollen Nachdruck zu verleihen. Doch hat sich dieses Mittel als wenig praktikabel erwiesen. Keiner der bis 2014 eingereichten Misstrauensanträge fand auch nur annäherungsweise eine Mehrheit. Der Rücktritt der Kommission im März 1999 wurde durch die Verweigerung der Entlastung für die Haushaltsführung ausgelöst.

Voraussetzung für ein erfolgreiches Misstrauensvotum ist gemäß Art. 234 AEUV eine Mehrheit von zwei Dritteln der abgegebenen Stimmen, die gleichzeitig mindestens die Mehrheit der dem Parlament tatsächlich angehörenden Mitglieder umfasst. Die GO des EP behält die Einreichung von Anträgen über eine Misstrauensabstimmung einem Zehntel der Mitglieder des EP vor (Art. 100).

33 Vom Parlament eingeleitete **gerichtliche Inter-Organkontrollen** bildeten im ursprünglichen Vertragssystem eine Ausnahme, die das Parlament 1983 erstmals für eine Untätigkeitsklage gegen den Rat nutzte.[32] Zunächst hatte es sich auf Interventionen in anhängigen Verfahren beschränkt.[33] Nachdem der EuGH als Konsequenz seiner erweiternden Auslegung des früheren Art. 173 EWGV zur Passivlegitimation[34] dem Parlament entgegen dem Wortlaut des Vertrages ein Klagerecht eingeräumt hatte,[35] wurde der EUV insoweit geändert. Nunmehr kann das EP gemäß Art. 263 AEUV Nichtigkeitsklagen gegen Rat oder Kommission erheben. Das Parlament nutzt diese indirekten Kontroll-Möglichkeiten insbesondere zur Kontrolle über den Rat.

ee) Ernennungen

34 Das EP ist seit 1994 förmlich an dem Verfahren zur **Ernennung der Kommission** beteiligt. Gemäß Art. 17 Abs. 7 EUV wählt das EP zunächst (auf Vorschlag des Europäischen Rates) den Präsidenten der Kommission. Das gesamte Kommissionskollegium bedarf eines weiteren Votums der Zustimmung durch das EP (Art. 17 Abs. 7 EUV). Wird diese verweigert, ist eine endgültige Ernennung durch den Europäischen Rat nicht möglich. Das EP wählt den **Bürgerbeauftragten** der EU (Art. 228 AEUV) und es entscheidet gemeinsam mit dem Rat über die Ernennung des **Europäischen Datenschutzbeauftragten**.

Eine Anhörung des EP erfolgt weiterhin vor der Ernennung der Mitglieder des **Direktoriums der EZB** gemäß Art. 283 AEUV und der Mitglieder des **Rechnungshofes** gemäß Art. 286 Abs. 2 AEUV.[36] Dagegen ist eine parlamentarische Mitwirkung bei der Bestellung der Mitglieder des EuGH und des Gerichts erster Instanz bisher nicht vorgesehen.[37]

ff) Repräsentativfunktion

35 Als Ausdruck seiner Funktion als Organ der repräsentativen Demokratie (Art. 10 EUV) gehört zu den Aufgaben des Parlaments die Vermittlung politischer Optionen der Bürger und der Völker in den Entscheidungsprozess der Union und die Rückübertragung der Entscheidungen zu den organisierten politischen Kräften und den einzelnen Bürgern in den Mitgliedstaaten. Dies erfolgt durch die Abgeordneten selbst, durch Parteien, Verbände und Massenmedien. Die Bedeutung dieser primär aber nicht ausschließlich beim Parlament angesiedelten Funktion für die Legitimation einer so abstrakten und neuartigen Organisation wie der Union wurde erst spät erkannt.

32 Vgl EuGH, Rs. 13/83 (EP/ Rat), Slg 1985, 1513.
33 Vgl EuGH, Rs. 138, 139/79 (Roquette, Maizena/Rat), Slg 1980, 3333.
34 EuGH, Rs. 294/83 („Les Verts“/EP), Slg 1986, 1339.
35 EuGH, Rs. C-70/88 (EP/Rat), Slg 1990, 2041. Der EuGH wich damit ausdrücklich von der entgegengesetzten früheren Rechtsprechung ab (Rs. 302/87, Slg 1988, 5615).
36 Zum Verfahren s. GO-EP Art. 101.
37 S. allerdings Art. 255 AEUV.

Die Einrichtung eines Bürgerbeauftragten (Art. 228 AEUV), die Transparenz des Handelns der Organe (Art. 15 AEUV), die vertragliche Konsolidierung des Petitionsrechts (Art. 227 AEUV), die Anerkennung der Rolle europäischer Parteien (Art. 10 Abs. 4 EUV; Art. 224 AEUV) schaffen institutionelle Voraussetzungen für eine engere Wechselbeziehung zwischen der EU und ihren Bürgern. Ausdruck der Wechselwirkung ist auch das zunehmende Interesse der Medien und der Interessengruppen an der Arbeit des Parlaments.

d) Organisation und Arbeitsweise

aa) Selbstorganisationsrecht

Gemäß Art. 232 AEUV besitzt das EP die Befugnis, sich autonom eine **Geschäftsordnung** zu geben.[38] 36

Beschränkungen des Selbstorganisationsrechts ergeben sich aus den Verträgen. Dies gilt zB für die jährliche Sitzungsperiode (Art. 229 AEUV; Art. 10 Abs. 3 Akt), die Wahl von Präsident und Präsidium (Art. 14 Abs. 4 EUV), die Anhörung der Kommission (Art. 230 Abs. 1 AEUV), erforderliche Mehrheiten (Art. 231 AEUV) und die Veröffentlichung der Protokolle (Art. 232 AEUV).

Die Abgrenzung des vom Selbstorganisationsrecht erfassten Bereichs gegenüber den Zuständigkeiten anderer Organe und der Mitgliedstaaten ist nicht eindeutig bestimmt. Die Mitgliedstaaten sind jedenfalls verpflichtet, die Ausübung dieses Rechts der Organe nicht zu behindern,[39] während andererseits das EP entsprechende Zuständigkeiten der Mitgliedstaaten achten muss.[40]

Das EP legt danach die Häufigkeit, Dauer und Tagesordnung seiner Plenarsitzungen selbst fest. Es hat sich in **Ausschüssen** und **Fraktionen** organisiert. Da die Dauer der jährlichen **Sitzungsperiode** in Art. 229 AEUV vertraglich nicht begrenzt ist, beendet das EP diesen Zeitraum erst am Vortage des Beginns der neuen Sitzungsperiode (zweiter Dienstag im März).[41] Während eines Jahres tritt das EP zu ca. 15 bis 20 Sitzungen von jeweils 2-4 Tagen zusammen. Diese finden in Straßburg und Brüssel statt.

Das EP ist befugt **„Regelungen und allgemeine Bedingungen"** für die Aufgabenerfüllung der Abgeordneten festzulegen. Diese Regeln bedürfen der Zustimmung des Rates (Art. 223 Abs. 2 AEUV). Ein entsprechender Beschluss kam erstmals im Jahre 2005 zustande.[42] Umstritten war dabei vor allem die Besoldungsregelung der Abgeordneten.

Das EP hat sich ein „Generalsekretariat" (Art. 207 GO) gegeben, dem die technische Vorbereitung und Assistenz bei den Sitzungen des Parlaments und seiner Organe obliegt. Es umfasst ca. 6500 Bedienstete (davon der größte Teil im Sprachendienst). Es ist in Luxemburg und Brüssel angesiedelt.

bb) Ausschüsse

Der im Vertrag verwandte Begriff „Parlament" bezeichnet das **Plenum** der Abgeordneten. In der Praxis erfolgt die den Beschlüssen des Plenums notwendigerweise vorangehende Meinungsbildung in den **Ausschüssen**. Die Zusammensetzung spiegelt die Mehrheitsverhältnisse des Plenums (Art. 186 Abs. 1 GO). Neben den z. Zt. 20 ständigen Ausschüssen können ad hoc-Ausschüsse sowie Untersuchungsausschüsse gebildet werden (Art. 184, 185 GO; Art. 226 AEUV).[43] 37

cc) Fraktionen und Europäische Parteien

In der zentralen Rolle, die das EP bei der Vorbereitung seiner Tätigkeit den **Fraktionen** einräumt, kommt der politische Anspruch des Parlaments zum Ausdruck, die unterschiedliche Ziele und 38

---

38 Neufassung der GO-EP in ABl. L 116/2011 = HER I A 80/2.

39 EuGH, Rs. 208/80 (Lord Bruce), Slg 1981, 2205.

40 EuGH, Rs. 103/83 (Luxemburg/ EP), Slg 1984, 1945 (Abgrenzung zu Art. 289 EG-Sitz); Rs. 294/83 („Les Verts"/ EP), Slg 1986, 1339 (Abgrenzung zu Art. 8 Direktwahlakt – Wahlkampffinanzierung).

41 Vgl EuGH, Rs. 149/85 (Wybot/Faure), Slg 1986, 2391.

42 ABl. L 262/2005, S. 1.

43 Zur Größe und Zuständigkeit der Ausschüsse vgl GO-EP, Anhang VII, = HER I A 80/2.

Interessen der Bürger zu artikulieren und in Mehrheitsentscheidungen zu formen, unabhängig davon, ob diese Ziele und Interessen einzelnen Staaten zugeordnet werden können. Zur Bildung einer Fraktion sind gemäß Art. 30 GO mindestens 25 Mitglieder aus mindestens einem Viertel der Mitgliedstaaten erforderlich. Die politische Affinität der Fraktionsmitglieder kann vom EP überprüft werden. Fehlt sie, kann der Fraktionsstatus verweigert werden.[44]

Die **Rechtsstellung** der Fraktionen ergibt sich aus Art. 31 der GO des EP. Allerdings ist diese Bestimmung unvollständig. Insbesondere hinsichtlich der Teilhabe an den Vorrechten der Organe, der Haftung sowie der Prozessfähigkeit vor dem EuGH besteht eine unklare Rechtslage. Eine Bestimmung wie Art. 93 Abs. 1 Nr. 1 GG, § 13 Nr. 5 BVerfGG, die den Fraktionen des BT eine Beteiligung an Verfahren vor dem BVerfG ermöglicht, fehlt im Recht der Union. Aus diesem Umstand kann jedoch nicht bereits eine generell fehlende Prozessfähigkeit von EP-Fraktionen gefolgert werden. Die in der Praxis weit reichende finanzielle, organisatorische und politische Selbständigkeit der Fraktionen legt nahe, darin die Trägerschaft eigener Rechte und Pflichten zu sehen, so dass ein Handeln der Fraktionen nicht stets dem EP zugerechnet werden darf.[45] Die Selbständigkeit erfordert einen eigenständigen gerichtlichen Schutz. Dies gilt auch im „Innenverhältnis", also gegenüber dem EP.[46]

Zusammensetzung des Europäischen Parlaments nach Fraktionen (2014-2019):

- **EVP- ED** — Fraktion der Europäischen Volkspartei (Christdemokraten): 221
- **S & D** — Fraktion der Progressiven Allianz der Sozialdemokraten im Europäischen Parlament: 191
- **EKR** — Europäische Konservative und Reformisten: 70
- **ALDE** — Fraktion der Allianz der Liberalen und Demokraten für Europa: 67
- **GUE/NGL** — Vereinigte Europäische Linke/Nordische Grüne Linke: 52
- **GRÜNE/EFA** — Fraktion DIE GRÜNEN/Europäische Freie Allianz: 50
- **EFD** — Fraktion „Europa der Freiheit und der direkten Demokratie": 48
- **Fraktionslos:** 52

39 In den Fraktionen bereitet sich die politische Willensbildung des EP vor. Freilich weisen die spezifischen Standpunkte der Fraktionen selten die gleiche Prägnanz wie in einem nationalen Parlament auf. Das liegt auch daran, dass ein politischer Unterbau der Fraktionen – **europäische Parteien** – nur allmählich entsteht. Seit der ersten Direktwahl bildeten sich zehn transnationale Parteiverbände. Die ältesten sind:

- Sozialdemokratische Partei Europas;
- Liberale und Demokratische Partei Europas;
- Europäische Volkspartei (Föderation der Christlich-demokratische Parteien);
- Partei der Europäischen Grünen.

In Art. 10 Abs. 4 EUV fand die Rolle der **europäischen Parteien** für den Integrationsprozess eine förmliche Anerkennung. Art. 224 AEUV ergänzt diese Bestimmung um eine Ermächtigung zum Erlass eines Statuts der **Europäischen Parteien.**[47]

e) Interparlamentarische Beziehungen

aa) Parlamente der Mitgliedstaaten

40 Nach Beendigung des obligatorischen Doppelmandats durch die Direktwahl lösten sich die formellen Beziehungen zwischen EP und staatlichen Parlamenten. Im Interesse einer Stärkung des parla-

44 EuG, Rs. T-222/99 (Martinez/EP), Slg 1999, II-3397, bestätigt durch EuGH, Rs. C-488/01P, Slg 2003, I-13355.

45 EuGH, Rs. C-201/89 (Le Pen u.a./Puhl u.a.), Slg 1990, 1183. S. a. den Sonderbericht Nr. 13/2000 des Rechnungshofes über die Ausgaben der Fraktionen, ABl. C 181/2000.

46 Der EuGH hat bisher eine allgemeine Festlegung vermieden, scheint jedoch eine Aktivlegitimation von Fraktionen gegen das EP *nicht grundsätzlich* auszuschließen, vgl Rs. 294/83 („Les Verts"/EP), Slg 1986, 1339; Rs. 78/85 (Fraktion der Europäischen Rechten/EP), Slg 1986, 1753; Rs. 221/86 und 221 R/86 (Fraktion der Europäischen Rechten/EP), Slg 1986, 2579, 2969.

47 Erste Ausführung durch VO 2004/2003, ABl. L 297/2004, S. 1 = HER I A 80/13.

mentarischen Einflusses auf die Gestaltung des EU-Rechts institutionalisierten das EP und die staatlichen Parlamente ihre Zusammenarbeit in anderen Formen (Art. 130-132 GO-EP). Diese erfolgte zunächst im Rahmen regelmäßiger Treffen der Parlamentspräsidenten, später verstärkt auf der Ebene von Ausschüssen und Fraktionen.[48]

In einem besonderen Protokoll zum EUV wird die Bedeutung einer „effiziente(n) und regelmäßige(n) Zusammenarbeit zwischen den Parlamenten innerhalb der Union" betont.[49]

Ein Element dieser Zusammenarbeit bildet die seit 1989 bestehenden „Konferenz der Europaausschüsse" (COSAC)" der staatlichen Parlamente. Dieses Gremium tritt regelmäßig zweimal pro Jahr mit einer Delegation des EP zusammen.[50]

bb) Parlamente von Drittstaaten

Weitere interparlamentarische Beziehungen des EP bestehen im Rahmen von Assoziierungsabkommen. So sehen u.a. das AKP-Abkommen und der EWR-Vertrag parlamentarische Gremien vor, die aus Mitgliedern der Parlamente der Vertragsparteien zusammengesetzt sind und beratende und Kontrollaufgaben wahrnehmen.[51] Das EP unterhält weiterhin formelle Beziehungen zu einer großen Zahl von Parlamenten der Welt. Es hat dafür ständige interparlamentarische Delegationen gebildet (Art. 198 GO-EP). 41

2. Europäischer Rat

a) Einleitung

Das Entscheidungssystem der EU ist mit den Institutionen der Mitgliedstaaten eng verzahnt. Besonders sichtbar wird diese Verzahnung im **Europäischen Rat** (Art. 15 EUV) und im **Rat** (Art. 16 EUV). Aufgrund von Beschlüssen der Gipfelkonferenz in Paris (1974) fanden seit 1975 mindestens zweimal jährlich Sitzungen der Staats- und Regierungschefs statt. Für diese Tagungen hatte sich der Begriff **Europäischer Rat** eingebürgert, der durch Art. 2 EEA erstmals vertraglich verankert wurde. Ursprünglich sollte der Europäische Rat dem Integrationsprozess nur allgemeine Impulse und Orientierung geben. Im Laufe seiner Existenz entwickelte er sich zunächst zu einem Gremium, das außerhalb des formellen institutionellen Gefüges der Organe stand, doch in letzter (politischer) Instanz zahlreiche Einzelfragen aus dem Verantwortungsbereich der Organe entschied oder jedenfalls koordinierte. 42

Mit Inkrafttreten des Vertrags von Lissabon erwarb der Europäische Rat die Stellung eines Organs (Art. 13 Abs. 1 EUV). Erstmals gab sich der Europäische Rat im Jahre 2009 eine förmliche **Geschäftsordnung**[52] Darin ist vorgesehen, dass der Europäische Rat viermal pro Jahr in Brüssel zusammentritt (GO Art. 1).

Rat und Europäischer Rat sind von der **Konferenz der Vertreter der Mitgliedstaaten** zu unterscheiden (Rn 65). Diese erfüllt bestimmte Aufgaben, die von den Verträgen den gemeinsam handelnden Mitgliedstaaten vorbehalten wurden (zB Vertragsänderung gemäß Art. 48 Abs. 4 EUV nF).[53] Rat und Europäischer Rat sind dagegen Organe der EU. Ihre Mitglieder unterliegen daher den für diese Institutionen geltenden Regeln, insbesondere der Verpflichtung, sich um die Wahrung der gemeinsamen Interessen und die Erreichung der gemeinsamen Ziele zu bemühen. 43

---

48 Umfassend und kritisch zu Konzept und Praxis der interparlamentarischen Beziehungen in der EU: *Philipp Dann*, Parlamente im Exekutivföderalismus, S. 152 ff.

49 Protokoll Nr. 1 über die Rolle der nationalen Parlamente in der Europäischen Union, Art. 9, 10.

50 Für Deutschland s. Art. 45 GG und § 93 a GO-BT. Zur Arbeitsweise vgl GO-COSAC v. 31. Mai 2011, ABl. C 229/2011, S. 1 = HER I A 80/18.

51 Art. 17 des Abkommens von Cotonou, ABl. L 317/2000, S. 3, s.a. Art. 95 EWR-Vertrag.

52 Beschl. v. 1. Dezember 2009, ABl. L 315/2009, S. 51.

53 Zur Abgrenzung vgl EuGH, Rs. C-181/91 (EP/Rat), Slg 1993, I-3685.

b) Zusammensetzung

44 Gemäß Art. 15 Abs. 2 EUV besteht der Europäische Rat aus den Staats- und Regierungschefs der Mitgliedstaaten, seinem Präsidenten sowie dem Präsidenten der Kommission. Der „Hohe Vertreter für die Außen- und Sicherheitspolitik“ (Rn 68) nimmt an seinen Arbeiten teil.

Die Präsidentschaft wird nicht länger von einem Staats- oder Regierungschef sondern von einem für die Dauer von zweieinhalb Jahren vom Europäischen Rat gewählten Präsidenten ausgeübt. Der Präsident darf nicht gleichzeitig staatliche Funktionen ausüben. Allerdings dürfte er gleichzeitig der Kommission angehören. Dem Präsidenten obliegt neben der Leitung der Sitzungen des Europäischen Rates vor allem die Außenvertretung der EU. Wegen der Parallelität der Funktionen mit der des Präsidenten der Kommission, des Hohen Vertreters für die Außen- und Sicherheitspolitik und des Rates „Allgemeine Angelegenheiten“ kann die verstärkte Rolle des Präsidenten zu inter-Organ Konflikten führen. Zum ersten Präsidenten wurde 2009 der belgische Ministerpräsident *van Rompuy* gewählt, sein Nachfolger wird ab 2014 der ehemalige polnische Ministerpräsident *Tusk*.

c) Aufgaben

45 Zu den Aufgaben des Europäischen Rates gehört – wie schon bisher – die Festlegung der Grundlinien der Gemeinsamen Außen- und Sicherheitspolitik (Art. 26 Abs. 1 EUV). Daneben nimmt er in zahlreichen Vertragsgebieten Entscheidungsrechte wahr. So übt er zentrale Funktionen bei der Zusammensetzung anderer Organe aus.[54] Er ernennt den Präsidenten und die Mitglieder der Kommission (Art. 17 Abs. 7 EUV) sowie den Hohen Vertreter für die Außen- und Sicherheitspolitik (Art. 18 Abs. 1 EUV).

Erst seit dem Inkrafttreten des Vertrags von Lissabon kann der Europäische Rat förmliche Rechtsakte, jedoch keine Akte der Gesetzgebung (Art. 15 Abs. 1 EUV), beschließen. Neuerdings unterliegt er insoweit auch der Kontrolle durch den Europäischen Gerichtshof (Art. 263 AEUV).[55] In Einzelfällen kann der Europäische Rat im Rahmen der ordentlichen Gesetzgebungsverfahren befasst werden (Art. 82 Abs. 3; 83 Abs. 3; 86 Abs. 1; 87 Abs. 3 AEUV). In diesen, die Zusammenarbeit in Strafsachen betreffenden, Fällen kann ein Mitglied des Rates verlangen, dass das Verfahren ausgesetzt und der Europäische Rat befasst wird. Kann im Europäischen Rat keine einvernehmliche Lösung gefunden werden, bleibt das Gesetzgebungsverfahren suspendiert.

Zumeist äußert sich der Europäische Rat in der Form von **„Schlussfolgerungen“** „nur“ politischer Natur. Diese Texte sind zumeist außerordentlich detailliert. Dadurch scheint der Spielraum für die anderen EU-Institutionen eingeschränkt. Tatsächlich aber fließen in die Texte des Europäischen Rates die Vorarbeiten der übrigen Institutionen ein. Vor allem schafft der in den Schlusserklärungen artikulierte politische Konsens zwischen den jeweils höchsten Vertretern der staatlichen Exekutiven den Institutionen ein Bezugssystem für ein effizientes Handeln.[56] Allerdings übernehmen die Mitglieder des Europäischen Rates nicht immer die Verantwortung vor der innerstaatlichen Öffentlichkeit für die gemeinsamen Beschlüsse.

Die zunehmende Integration des Europäischen Rates in das Vertragssystem wird an engeren Beziehungen zum EP deutlich. Seit 1981 berichtet der Vorsitzende des Europäischen Rates nach jeder Sitzung vor dem Plenum des EP (Art. 15 Abs. 6 Buchst. d) EUV).

3. Rat

a) Zusammensetzung

46 Der Rat ist ein permanent tagendes Organ, dessen Mitglieder nicht namentlich für eine im Voraus festgelegte Dauer, sondern gemäß ihrer innerstaatlich ausgeübten Funktion von der Regierung des jeweiligen Mitgliedstaats benannt werden. Gemäß Art. 16 Abs. 2 EUV besteht der **Rat** „aus je

54 ZB Verteilung der Sitze des Europäischen Parlaments auf die Mitgliedstaaten (Art. 14 Abs. 2 EUV); Änderung der Anzahl der Mitglieder der Kommission (Art. 17 Abs. 5 EUV); Zusammensetzung des Rates (Art. 236 AEUV).

55 Anders noch EuGH, Rs. C-264/94 (Bonnomay/Rat) Slg 1995, I-15.

56 Grundlegend zum Europäischen Rat *Ludlow*, integration Nr. 1/2005, 3-15.

einem Vertreter jedes Mitgliedstaates auf Ministerebene". Art. 16 Abs. 2 EUV gebietet nicht die Zugehörigkeit der Ratsmitglieder zur Zentralregierung eines Mitgliedstaates. Ein von der jeweiligen Zentralregierung bevollmächtigter **Landesminister** kann daher ebenfalls dem Rat angehören.[57]

Die Ressortaufteilung innerhalb der einzelnen Regierungen führt dazu, dass der für die jeweiligen Beratungsgegenstände zuständige **Fachminister** in den Rat entsandt wird. Daraus ist die – in Art. 16 Abs. 6 EUV formalisierte – Praxis entstanden, als **„Rat"** nur die gemeinsame Rechtsform für Tagungen von insgesamt 9 spezialisierten Gremien, zB der Minister des Auswärtigen, der Wirtschaft und der Finanzen, Justiz und Inneres, Umwelt usw anzusehen.[58]

Art. 16 Abs. 6 EUV weist den Räten „Allgemeine Angelegenheiten" und „Auswärtige Angelegenheiten" jeweils eine herausgehobene Stellung zu. Er überträgt ihnen die Aufgabe, für die Kohärenz der Arbeiten der Räte und der Union zu sorgen.

b) Aufgaben

aa) Rechtsetzung

Der Rat übt gemeinsam mit dem EP die Gesetzgebungs- und Haushaltsbefugnisse aus. Daneben 47
nimmt er Exekutiv-, Kontroll- und Koordinierungsaufgaben wahr (Art. 16 Abs. 1 EUV).

Die **Gesetzgebungszuständigkeiten** des Rates sind nicht abstrakt definiert, sondern ergeben sich aus den einzelnen vertraglichen Handlungsermächtigungen. Im Regelfall beschließt der Rat gemeinsam mit dem EP, in Ausnahmefällen auch allein. In besonderen Fällen ist der Rat (unter Mitwirkung anderer Organe) auch zur Änderung einzelner Vertragsbestimmungen (zB von Teilen der Satzung des EuGH, Zusammensetzung von WSA und AdR, vgl Art. 281 und 300 Abs. 5 AEUV) befugt.

Im Rahmen der Gemeinsamen Außen- und Sicherheitspolitik (Art. 24, 25 EUV) und ausnahmsweise zur Ausführung von Gesetzgebungsakten kann der Rat Exekutivaufgaben übernehmen (Art. 291 Abs. 2 EUV).

Im **Haushaltsbereich** teilt der Rat die Entscheidungsrechte mit dem Parlament (Art. 314, 315, 319 AEUV).

Besonders ausgestaltet ist die Stellung des Rates **bei Abschluss internationaler Abkommen** der EU. Dabei gilt der Grundsatz, dass der Rat die Abkommen abschließt, welche zunächst von der Kommission bzw vom Hohen Vertreter für die Außen- und Sicherheitspolitik ausgehandelt wurden und die in der Regel der Zustimmung des EP bedürfen (Art. 218 Abs. 6 AEUV). Einseitige Maßnahmen im internationalen Wirtschaftsverkehr (zB Embargo-Beschlüsse) trifft der Rat gemäß Art. 215 AEUV.

bb) Initiativrecht

Abgesehen von den Fällen, in denen der Rat autonome Rechtsetzungsbefugnisse besitzt (zB 48
Art. 342 AEUV), hat der Rat nicht die Befugnis, ein Rechtsetzungsverfahren einzuleiten. Dieses fehlende formelle Initiativrecht wird aber weitgehend von den Bestimmungen der Art. 241 und Art. 135 AEUV kompensiert, wonach der Rat von der Kommission die Vorlage von Vorschlägen verlangen kann. Mit der Verabschiedung allgemeiner Programme oder Entschließungen und der Setzung politischer Zieldaten durch den Europäischen Rat hat Art. 241 als vertragsgemäßes Mittel der Einflussnahme auf die Kommission besondere Bedeutung erlangt. Allerdings bedient sich der Rat nur selten formell dieser Bestimmung.

cc) Exekutivaufgaben

Der Erlass von Einzelfallentscheidungen ist unter dem Gesichtspunkt einer gewaltenbegrenzenden 49
Funktionenteilung für ein Gesetzgebungsorgan wie den Rat nur insoweit angemessen, als die Einzelmaßnahme nicht in Durchführung einer zuvor von demselben Organ erlassenen generellen Rege-

57 Dazu *Greulich*, Der Landesminister als Vertreter der Bundesrepublik Deutschland im Rat der Europäischen Union, München 1997.

58 Verzeichnis der Ratsformationen in Anhang I zur GO-Rat v. 1. Dezember 2009, ABl. L 325/2009, S. 35.

lung ergeht. Es erscheint zwar sachgerecht, wenn die Verträge dem Rat den Erlass einzelner Rechtsakte vorbehalten, die unabhängig von der Gesetzgebung ergehen und die von besonderer Bedeutung sind. Bedenken bestehen allerdings gegen die vertragliche Zuweisung von Befugnissen zur Ausführung allgemeiner Regelungen, (zB im Rahmen der gemeinsamen Forschungspolitik Art. 182 Abs. 4 AEUV: Entscheidung über spezifische Forschungsprogramme). Problematisch sind auch die vom Rat selbst beanspruchten Exekutivfunktionen (Beispiel: Dumpingabwehr).[59]

Im AEUV sind weiterhin vorgesehen:

- Ausnahmen vom Beihilfeverbot (Art. 108 Abs. 2),
- Besondere wirtschaftspolitische Maßnahmen bei außergewöhnlichen Schwierigkeiten (Art. 122),
- Maßnahmen gegen übermäßige öffentliche Defizite (Art. 126),
- Embargobeschlüsse gegenüber Drittstaaten (Art. 215),
- Sanktionen gegenüber nichtstaatlichen Gruppierungen (Art. 75).

Für die **Außen- und Sicherheitspolitik** bestehen insofern Ansätze zu einer Trennung der Verantwortlichkeiten, als dem Europäischen Rat die Definition von allgemeinen Leitlinien obliegt, die vom Rat und vom Hohen Vertreter auszuführen sind (Art. 26, 28 EUV).

dd) Ernennungen

50 Der Rat beschließt über die personelle Zusammensetzung eines Organs und weiterer in den Verträgen vorgesehener Gremien:

- Rechnungshof, nachdem er zuvor das EP konsultiert hat (Art. 286 AEUV).
- Wirtschafts- und Sozialausschuss (aufgrund von Listen, die von den Mitgliedstaaten unterbreitet werden). Eine Anhörung der maßgeblichen europäischen Verbände und der Kommission ist vorgesehen (Art. 302 AEUV).
- Ausschuss der Regionen (auf Vorschlag der Mitgliedstaaten, Art. 305 AEUV).
- Er beschließt (im Einvernehmen mit dem Präsidenten der Kommission) die Liste der Kandidaten für das Amt eines Mitglieds der Kommission (Art. 17 Abs. 7 EUV).

ee) Kontrolle

51 Der Rat besitzt in Einzelfällen Kontrollrechte gegenüber Organen und Mitgliedstaaten. So sieht Art. 207 Abs. 3 AEUV eine laufende **Kontrolle der Kommissionstätigkeit** im Bereich des Außenhandels vor. Der Rat bedient sich dazu eines besonderen Ausschusses. Soweit die Kommission zum Erlass von delegierten Rechtsakten gemäß Art. 290 AEUV ermächtigt wurde, steht diese Ermächtigung unter dem Vorbehalt einer Kontrolle durch den Rat (und das EP). Diese kann im Widerruf der Ermächtigung oder in der Möglichkeit des Einspruchs gegen einen geplanten Rechtsakt bestehen (Art. 290 Abs. 2 AEUV). Zu den Kontrollrechten des Rates gegenüber der Kommission gehört schließlich auch die Befugnis, Antrag auf Amtsenthebung oder den Erlass von Disziplinarmaßnahmen gegen ein Mitglied der Kommission vor dem EuGH zu stellen[60] und die Gehälter der Kommissare festzulegen (Art. 243, 245, 247 AEUV). Ein nachträgliches Kontrollrecht gegenüber der Kommission besteht aufgrund der Beteiligung (mit dem EP) an der **Entlastung für die Haushaltsführung** (Art. 319 AEUV).

Gegenüber dem EuGH besteht die Kontrollbefugnis in dem Recht, die Anzahl der Generalanwälte zu ändern (Art. 252 AEUV) und die Verfahrensordnung des EuGH sowie des Gerichts zu genehmigen (Art. 254 AEUV). **Einzelne Handlungen des EP** erfordern eine Zustimmung des Rates (Statut der Abgeordneten, Statut des Bürgerbeauftragten, Regelung der Untersuchungsausschüsse (Art. 223 Abs. 2; 226; 228 Abs. 4 AEUV). Zu einer allgemeinen Kontrolle der Handlungen des EP ist der Rat nicht befugt.

59 Vgl Art. 7, 9 VO 1225/2009, ABl. L 343/2009, S. 51 = HER I A 55/9.13.

60 Bisher einziges Bsp.: Der Antrag zur Aberkennung der Pensionsansprüche des ehemaligen Kommissionsmitglieds Bangemann, ABl. L 192/1999, S. 55, der allerdings nur wenige Monate später zurückgezogen wurde (ABl. L 16/2000, S. 73).

Eine **indirekte Kontrollmöglichkeit** besteht in der Möglichkeit, den EuGH zu befassen. Dieses Instrument steht dem Rat gegenüber Europäischem Rat, Kommission, EP und EZB zur Verfügung (Art. 263 AEUV). Eine indirekte Kontrolle kann der Rat weiterhin dadurch ausüben, dass er den Rechnungshof gemäß Art. 287 AEUV um die Abgabe von Stellungnahmen ersucht.

Im Rahmen der Wirtschafts- und Währungsunion verfügt der Rat über bedeutende Kontrollrechte gegenüber den **Mitgliedstaaten.** Sie betreffen die Einhaltung des Gebots zur Konvergenz der Wirtschaftsentwicklung (Art. 121 AEUV) und des Verbots übermäßiger öffentlicher Defizite (Art. 126 AEUV). Sie reichen bis zur Möglichkeit der Verhängung von Geldbußen (Art. 126 Abs. 11 AEUV).

ff) Rückkopplungsfunktion

Der Rat erfüllt eine bedeutsame Vermittlungsfunktion von der Union in die mitgliedstaatlichen 52
Exekutiven, in die jeweilige politische Mehrheit und die innerstaatlichen Bürokratien. Ohne dieses Ineinandergreifen staatlicher und gemeinschaftlicher Willensbildung wäre die politische Durchsetzbarkeit gemeinschaftlicher Rechtsakte gefährdet.

In der Bundesrepublik erhebt der im Zusammenhang mit der Ratifizierung des EUV 1992 neu in das Grundgesetz eingeführte und 2009 geänderte Art. 23 die Mitsprache- und Beteiligungsrechte der Länder in Verfassungsrang. Näheres bestimmt das Gesetz über die Zusammenarbeit von Bund und Ländern in Angelegenheiten der Europäischen Union vom 12. März 1993 in der Fassung des Gesetzes v. 22. September 2009.[61]

Schlüsselfunktionen der internen Koordinierung erfüllen die **jeweiligen Ständigen Vertretungen der Mitgliedstaaten bei der Union.**

Eine Verbindung zwischen Rat und **Parlamenten der Mitgliedstaaten** besteht im Rahmen des Pro- 53
tokolls Nr. 1 zum EUV „über die Rolle der nationalen Parlamente in der Europäischen Union". Danach können staatliche Parlamente im EU-Gesetzgebungsverfahren Stellungnahmen an den Rat richten.[62] Zuvor haben sich parlamentarische Ansätze zur Beeinflussung des jeweiligen Ratsmitgliedes entwickelt, die im Gefolge des EUV an Bedeutung gewannen.

„In Angelegenheiten der Europäischen Union" ist die Bundesregierung verpflichtet, den Bundestag und den Bundesrat umfassend zu unterrichten. Grundlage dafür sind das Gesetz über die Wahrnehmung der Integrationsverantwortung des Bundestages und des Bundesrates in Angelegenheiten der Europäischen Union vom 22. September 2009[63] und das Gesetz über die Zusammenarbeit von Bundesregierung und Deutschem Bundestag in Angelegenheiten der Europäischen Union vom 4. Juli 2013, das eine Unterrichtung der parlamentarischen Gremien vor einer Beschlussfassung im Rat gebietet.[64] Nur in Ausnahmefällen knüpft sich jedoch an eine Vorlage der Regierung eine inhaltliche Debatte im Parlament. In der Regel nehmen die BT-Ausschüsse, in besonderen Fällen nimmt der Bundestag als Plenum die Entwürfe zur Kenntnis. In besonderen Fällen bedarf eine Zustimmung des Vertreters der Bundesregierung im EU-Rat der vorherigen Annahme eines Gesetzes im BTag (Nach §§ 2, 4, 8 IntVG zB Rechtsakte gemäß Art. 352 AEUV und vereinfachte Vertragsänderungsverfahren gemäß Art. 48 Abs. 6, 7 EUV).

Vertreter der nationalen Parlamente sind weiterhin an dem Gremium beteiligt, das im Regelfall vor einer Änderung der Verträge gemäß Art. 48 Abs. 3 EUV einzuberufen ist („Konvent").

c) Organisation und Arbeitsweise

aa) Geschäftsordnung/Interne Organisation

Für den Rat als Verfassungsorgan der EU gelten die gleichen Prinzipien des **Selbstorganisations-** 54
rechts wie für die übrigen Organe. Danach ist der Rat verpflichtet, seine Arbeitsweise normativ

61 BGBl. I, S. 313/ BGBl. I, S. 3031 = HER I A 3/2. Ergänzend dazu wurde am 29. Oktober 1993 eine Bund-Länder Vereinbarung" getroffen. BAnZ Nr. 226 v. 2.12.1993, S. 10425 = HER I A3/3.

62 S. a. Art. 6 und 7 des Protokolls Nr. 2 zum EUV „über die Anwendung der Grundsätze der Subsidiarität und der Verhältnismäßigkeit".

63 BGBl. I, S. 3022 = HER I A 3/4.

64 BGBl. I, S. 2170 = HER I A 3/1.

und mit verbindlicher Weise für sich selbst zu gestalten. Gemäß Art. 240 Abs. 3 AEUV gibt sich der Rat eine **Geschäftsordnung.**[65]

Die Verträge, Beschlüsse des Europäischen Rates und die GO – Rat enthalten insbesondere folgende Regeln über Verfahren und Organisation:

Der **Vorsitz im Rat** wird hinsichtlich des Rates „Auswärtige Angelegenheiten" von dem „Hohen Beauftragten für die Außen- und Sicherheitspolitik" ausgeübt (Art. 18 Abs. 3 EUV). Der Vorsitz der übrigen Formationen wird für die Dauer von jeweils 18 Monaten nach dem Rotationsprinzip von den Vertretern der einzelnen Staaten aus einer Gruppe jeweils 3 Mitgliedstaaten wahrgenommen (Art. 16 Abs. 9 EUV).[66]

- Der Rat tagt auf Initiative seines Präsidenten, eines seiner Mitglieder oder der Kommission (Art. 1 GO). Dem Präsidenten obliegt die politisch bedeutsame Aufstellung der Tagesordnung. Er leitet die Beratungen und entscheidet über den Zeitpunkt von Abstimmungen, ohne jedoch ein besonderes Stimmgewicht zu besitzen.
- Die Tagungen sind **öffentlich**, soweit der Rat über Gesetzgebungsvorschläge berät und entscheidet (Art. 16 Abs. 8 EUV). Darüber hinaus finden halbjährliche öffentliche „Orientierungsaussprachen" statt. Abstimmungsergebnisse und Erklärungen der Ratsmitglieder im Gesetzgebungsverfahren werden veröffentlicht (Art. 9 GO).
- Beschlüsse des Rates können im schriftlichen Verfahren getroffen werden, sofern alle Mitglieder zustimmen (Art. 12 GO).
- Die **Kommission** (und ausnahmsweise die EZB) nimmt mit Rederecht an den Verhandlungen des Rates teil (Art. 5 Ziff. 2 GO). Die Beteiligung der Kommission beruht auf dem in Art. 295 AEUV statuierten Grundsatz der engen Zusammenarbeit zwischen den Organen. Der Kommission obliegt vor allem die Erläuterung der Vorlagen und die Ausarbeitung von Kompromissen während der Verhandlungen.
- **Die Beziehungen zum EP** manifestieren sich durch Teilnahme des Präsidenten (selten auch der Mitglieder) des Rates gemäß Art. 26 GO-Rat an Sitzungen von Plenum und Ausschüssen des Parlaments (Art. 230 AEUV) sowie durch die Beantwortung von Anfragen. Darüber hinaus haben sich für das Gesetzgebungs- und Haushaltsverfahren besondere Formen der inter-institutionellen Zusammenarbeit entwickelt. Dabei treffen Mitglieder des Rates oder der Rat insgesamt mit Delegationen des EP zusammen.
- Der Rat verfügt über ein **Generalsekretariat** (mit ca. 3400 Bediensteten, die organisatorische Leitung obliegt einem **Generalsekretär** (Art. 240 Abs. 2 AEUV; 23 GO-Rat).
- Der Rat tagt jährlich neun Monate in Brüssel, drei Monate in Luxemburg. Das Generalsekretariat befindet sich in Brüssel.

bb) Abstimmungsgrundsätze

55 Als Regelfall der Abstimmung bezeichnet Art. 16 Abs. 3 EUV die **qualifizierte Mehrheit.** In Ausnahmefällen sieht der Vertrag die Abstimmung mit einfacher Mehrheit oder Einstimmigkeit vor. Sonderregeln gelten für die Beschlussfassung im Bereich der Gemeinsamen Außen- und Sicherheitspolitik (Art. 31 Abs. 2 EUV).

In der Praxis des Rates werden Beschlüsse nicht immer in formeller Abstimmung gefasst. Charakteristisch ist das Bemühen, durch Verhandlungen und Kompromisse Entscheidungen zu finden, die von allen Beteiligten (ausdrücklich oder stillschweigend) akzeptiert werden.

Gemäß Art. 11 GO-Rat können die Kommission oder ein Mitgliedstaat verlangen, dass über einen Vorschlag förmlich abgestimmt wird. Erfährt dieser Antrag von der einfachen Mehrheit der Ratsmitglieder Unterstützung, so erfolgt die Abstimmung.

---

65 GO des Rates v. 1. Dezember 2009, ABl. 325/2009, S. 35 = HER I A 81/1.

66 Art. 1 Beschluss des Europäischen Rates v. 1. Dezember 2009, ABl. L 315/2009, S. 50 und Durchführungsbeschluss des Rates v. 1. Dezember 2009, ABl. L 322/2009, S. 28. Im Anhang des letztgenannten Beschlusses sind die Gruppen bezeichnet.

Seit 2014 wird die **qualifizierter Mehrheit** gemäß Art. 16 Abs. 4 EUV als **55 % der Mitglieder des Rates** definiert, die zugleich **mindestens 15 Staaten und mindestens 65 % der Einwohner der Union** repräsentieren. Entscheidet der Rat nicht auf Vorschlag der Kommission, erhöht sich das Erfordernis auf 72 % der Mitglieder. Zur Verhinderung eines Beschlusses müssen mindestens 4 Staaten dagegen stimmen (Einzelheiten in Art. 238 Abs. 3 AEUV). 56

Vor der Anwendung dieser Regelung wurden die Stimmen der Mitgliedstaaten gewichtet. Die Einzelheiten enthält das dem EUV beigefügte Protokoll Nr. 36 über die Übergangsbestimmungen (Art. 3).

Für Beschlüsse mit **einfacher Mehrheit** besitzt jedes Ratsmitglied eine Stimme. Der Beschluss kommt zustande, wenn sich mindestens 15 Mitglieder dafür ausgesprochen haben (Art. 238 AEUV). 57

Für **einstimmige** Beschlüsse des Rates ist erforderlich, dass alle Mitglieder des Rates anwesend oder durch andere Mitglieder vertreten sind. Stimmenthaltung hindert jedoch das Zustandekommen eines Beschlusses nicht.

Ergänzend zu den vertraglich vorgesehenen Abstimmungsmechanismen haben sich aus der Praxis eine Reihe von Besonderheiten bei Abstimmungen entwickelt. Im Anschluss an Auseinandersetzungen zwischen Frankreich und den übrigen Mitgliedstaaten über die weitere Ausgestaltung des Integrationsprozesses ist das Beschlussverfahren von den Folgen des „Luxemburger Kompromisses" vom 28. Januar 1966 geprägt. Dieser Text lautet in seinem Kernsatz: 58

„Stehen bei Beschlüssen, die mit Mehrheit auf Vorschlag der Kommission gefasst werden können, sehr wichtige Interessen eines oder mehrerer Partner auf dem Spiel, so werden sich die Mitglieder des Rates innerhalb eines angemessenen Zeitraumes bemühen, zu Lösungen zu gelangen, die von allen Mitgliedern des Rates unter Wahrung ihrer gegenseitigen Interessen und der Interessen der Gemeinschaft gemäß Artikel 2 des Vertrages angenommen werden können.

Hinsichtlich des vorstehenden Absatzes ist die französische Delegation der Auffassung, dass bei sehr wichtigen Interessen die Erörterung fortgesetzt werden muss, bis ein einstimmiges Einvernehmen erzielt worden ist.

Die sechs Delegationen stellen fest, dass in der Frage, was geschehen sollte, falls keine vollständige Einigung zustande kommt, weiterhin unterschiedliche Meinungen bestehen.

Die sechs Delegationen sind jedoch der Auffassung, dass diese Meinungsverschiedenheiten nicht verhindern, dass die Arbeit der Gemeinschaft nach dem normalen Verfahren wiederaufgenommen wird."[67]

Eine Deutung dieses Textes als Vereinbarung eines Vetorechts auch für die Fälle, in denen die Verträge eine mehrheitliche Beschlussfassung vorsehen, verbietet sich bereits aufgrund des im Wortlaut artikulierten Dissenses, der in einer Protokollerklärung zur „Feierlichen Erklärung" v. 20. Juni 1983 ausdrücklich bekräftigt wurde.

Mitunter verlangen zwar einzelne Staaten die Verschiebung von Abstimmungen unter Berufung auf „wichtige Interessen" und bezeichnen dies als Veto, doch handelt es sich dabei um Äußerungen politischer Natur (Ausnahme: Art. 31 Abs. 2 EUV: außen- und sicherheitspolitische Zusammenarbeit).

Als weitere praktische Besonderheiten sind zu erwähnen: 59

- die Beschlussfassungen **durch schriftliches Verfahren oder im Verfahren der „stillschweigenden Zustimmung"**. Diese für dringende Beschlüsse genutzte Methode findet ihre Stütze in Art. 12 GO-Rat.
- die vereinfachte Verabschiedung zahlreicher Rechtsakte im Wege des **A-Punkt-Verfahrens.** Dabei werden Vorlagen, zu denen wegen ihres Routinecharakters oder wegen bereits festgestellten Einvernehmens eine Aussprache nicht mehr erforderlich ist, an die Spitze der Tagesordnung gestellt (Teil A) und summarisch vom Rat beschlossen (vgl Art. 3 Abs. 6 GO).

67 Vollständiger Text in EuR 1966, S. 79. Ausführlich dazu: *Streinz*, Die Luxemburger Vereinbarung, 1984.

60 Der Zugang der Öffentlichkeit zu Dokumenten des Rates (**Transparenz**) ist gemäß Art. 15 AEUV und nach Art. 10 GO-Rat sowie durch die VO 1049/2001[68] gewährleistet.

cc) Hoher Vertreter für die Außen- und Sicherheitspolitik

61 Eine Sonderstellung zwischen Rat und Kommission nimmt der **Hohe Vertreter für die Außen- und Sicherheitspolitik** ein (Art. 18, 27 EUV). Er leitet die gemeinsame Außen- und Sicherheitspolitik der Union. Insoweit handelt er im Auftrag des Rates (Art. 18 Abs. 2 EUV), doch gehört er gleichzeitig der Kommission als Vizepräsident an. In dieser Funktion ist er mit deren Zuständigkeiten im Bereich der Außenbeziehungen betraut und koordiniert die übrigen Aspekte des auswärtigen Handelns der Union (Art. 18 Abs. 4 EUV). Der Hohe Vertreter leitet den „Europäischen Auswärtigen Dienst" (Art. 27 Abs. 3 EUV).

Weiterhin führt der Hohe Vertreter den Vorsitz im Rat „Auswärtige Angelegenheiten" (Art. 18 Abs. 3 EUV).

dd) Ausschuss der Ständigen Vertreter; Politisches Komitee, Ständiger Ausschuss

62 Die inhaltliche Vorbereitung der Ratstagungen obliegt gemäß Art. 16 Abs. 7 EUV/Art. 240 Abs. 1 AEUV dem **Ausschuss der Ständigen Vertreter**. Mitglieder dieses als Schaltstelle zwischen EU und Mitgliedstaaten außerordentlich bedeutsamen Gremiums sind die beamteten Vertreter der Mitgliedstaaten bei der EU. Er besteht aus zwei Teilen, dem Kollegium der Botschafter („Coreper II") und ihrer Stellvertreter („Coreper I"). Für den Agrarsektor hat sich außerdem der Sonderausschuss Landwirtschaft entwickelt.

Alle drei Gremien legen dem Rat entscheidungsreife Entwürfe unmittelbar vor. Der Ausschuss stellt eine interne Einrichtung des Rates, kein Organ der EU dar. Der Rat kann ihm **Aufgaben**, jedoch keine **Zuständigkeiten** übertragen (Ausnahme: Verfahrensbeschlüsse gemäß Art. 19 GO-Rat).[69] Die Bedeutung des Ausschusses liegt in der Verzahnung von hoher fachlicher Autorität und politischer Verbindung zu den Regierungen der Mitgliedstaaten. Als Folge der Praxis des Rates, Beschlüsse nicht ohne intensive vorherige Verhandlungen herbeizuführen, gewann dieser Ausschuss eine Schlüsselrolle. Denn seine Mitglieder sind ständig in Brüssel präsent und verfügen über die zum Verhandeln nötige Detailkenntnis. Themen mehr technischer Art, zu denen bereits auf der Ebene der Ständigen Vertreter Einigung erzielt werden kann, werden dem Rat zur Beschlussfassung nach dem „A-Punkt" (Rn 59) Verfahren der Tagesordnung unterbreitet.

63 In den Bereichen **Außen- und Sicherheitspolitik** besteht zur Vorbereitung der Beschlüsse des Rates eine besondere Struktur. Gemäß Art. 38 EUV verfolgt ein **Politisches und Sicherheitspolitisches Komitee** „die internationale Lage ... und trägt auf Ersuchen des Rates oder von sich aus durch an den Rat gerichtete Stellungnahmen zur Festlegung der Politiken bei". Außerdem überwacht es die Durchführung der vereinbarten außen- und sicherheitspolitischen Maßnahmen. Das Komitee besteht aus Beamten der mitgliedstaatlichen Außenministerien.[70]

Das Komitee nimmt unter Verantwortung des Rates die politische Kontrolle und strategische Leitung von Operationen zur Krisenbewältigung wahr. Nachgeordnet ist dem Gremium das **Militärische Komitee der EU**[71] das seinerseits vom **Generalstab der Europäischen Union**[72] unterstützt wird.

64 Für die Zusammenarbeit im Bereich der inneren Sicherheit errichtet Art. 71 AEUV einen **Ständigen Ausschuss**, der ebenfalls aus hohen Beamten der Mitgliedstaaten besteht.

68 VO 1049/2001, ABl. L 145/2001, S. 43.
69 *EuGH, Rs. C-25/94* (Kommission/Rat), Slg 1996, I-1469, Rn 26-29.
70 Zu Zusammensetzung und Aufgaben: Ratsbeschlüsse v. 22. Januar 2001, ABl. L 27/2001, S. 1.
71 BRat, ABl. L 27/2001, S. 4.
72 BRat, ABl. L 27/2001, S. 7.

d) Im Rat vereinigte Vertreter der Mitgliedstaaten

Die Verträge sehen in Einzelfällen Beschlussfassung durch die Regierungen der Mitgliedstaaten vor (zB Ernennung der Mitglieder des EuGH, Festlegungen eines Sitzes der EU-Organe). In diesen Fällen handeln die – personengleichen – Mitglieder des Rates nicht als Organ der Union, sondern als **Konferenz der Vertreter der Regierungen der Mitgliedstaaten.** Die verbundene völkerrechtliche Handlungsfähigkeit der Mitgliedstaaten ergänzt insoweit eigene Zuständigkeiten der Union. Beschlüsse dieses Gremiums, sog. **uneigentliche Ratsbeschlüsse**, gehören trotz ihrer völkerrechtlichen Herkunft dem Unionsrecht im weiteren Sinne zumindest insofern an, als sie im Vertrag vorgesehen sind. **65**

e) Entscheidungsorgane in Verträgen mit Drittstaaten

Zur Durchführung der Assoziierungsabkommen und einzelner Kooperationsabkommen wird in der Regel ein **gemischter Ministerrat** errichtet. Diesem gehören Mitglieder des Rates, der Kommission und Regierungsmitglieder der assoziierten Staaten an. Der Ministerrat wird meist von Exekutivgremien unterstützt (im Abkommen von Cotonou: Botschafterausschuss). **66**

4. Kommission

a) Vorbemerkung

Während der Rat als Organ zur Artikulation (nicht allerdings lediglich zur Vertretung) der Interessen der Einzelstaaten konzipiert wurde, soll die **Kommission** die **„allgemeinen Interessen der Union"** fördern (Art. 17 Abs. 1 EUV). Den Mitgliedstaaten wird in Art. 245 Abs. 1 AEUV ausdrücklich jeder Versuch der Einflussnahme auf die Mitglieder der Kommission untersagt. **67**

Diese formale Unabhängigkeit verleiht der Kommission beachtliche Stärke, sie wird daher häufig als Merkmal der präföderalen Struktur der EU angesehen. Doch gilt dies nur solange, wie über die von ihr verfolgte Integrationspolitik genereller Konsens in den Mitgliedstaaten besteht. Da aber die Kommission nicht aus Wahlen hervorgegangen ist und auch über keine sonstige eigenständige Legitimation bei den gesellschaftlichen Kräften in den Mitgliedstaaten verfügt, bleibt sie darauf angewiesen, Legitimation für ihre Entscheidungen aus den sie ernennenden Gremien abzuleiten. Dies sind die Regierungen der Mitgliedstaaten (durch den Europäischen Rat) und das Europäische Parlament. Bei der Auswahl des Präsidenten der Kommission ist gemäß Art. 17 Abs. 7 EUV das Ergebnis der Wahlen zum Europäischen Parlament zu berücksichtigen. In Verbindung mit den vom EP entwickelten Verfahren zur Prüfung der Kandidaten für die Kommissionsämter stärkt diese seit dem Vertrag von Lissabon geltende Verpflichtung die demokratische Legitimation der Kommission.[73]

b) Zusammensetzung

Die ab 2015 amtierende Kommission umfasst eine der Zahl der Mitgliedstaaten (28) entsprechende Zahl von Mitgliedern. Eine ursprünglich bereits nach der Erweiterung auf 27 Mitgliedstaaten geplante Verkleinerung der Kommission hatte Art. 17 Abs. 5 EUV bis zum 31. Oktober 2014 aufgeschoben. Danach sollte nach dem Vertragswortlaut die Zahl der Mitglieder der Kommission auf zwei Drittel der Zahl der Mitgliedstaaten begrenzt bleiben. Die Auswahl soll dann nach einem „System der strikt gleichberechtigten Rotation zwischen den Mitgliedstaaten" erfolgen.[74] Der Europäische Rat hat jedoch von seiner Befugnis zur Abweichung von dieser Regel in der Weise Gebrauch gemacht, dass die Kommission auch in Zukunft jeweils ein Mitglied aus jedem Mitglied- **68**

73 S. dazu auch die Erklärungen Nr. 10 und 11 im Anhang zum EUV.

74 Zu den Kriterien der Auswahl s. Art. 244 AEUV; Erklärung Nr. 10 zur Schlussakte der Konferenz von Lissabon, ABl. C 115/2008, S. 342. Als Modell für die Art und Weise der zukünftigen Auswahl könnte die Verteilung der 19 Mandate der stellvertretenden Mitglieder des EIB-Verwaltungsrats dienen (Vorschläge durch Staatengruppen), vgl Art. 9 EIB Satzung, ABl. C 115/ 2008, S. 251.

staat umfassen wird.[75] Hintergrund dieser Entscheidung sind die Befürchtungen einzelner kleinerer Staaten (u.a. Irland) sie fänden bei einer verkleinerten Kommission nicht mehr ausreichend Gehör. Gleichwohl sprechen gewichtige Gründe der Funktionsfähigkeit für eine Begrenzung der Mitgliederzahl. Auch sind die Mitglieder der Kommission gerade keine Vertreter ihres Herkunftsstaates, sondern zum Handeln im „allgemeinen Interesse der Union" verpflichtet.

Die **Amtszeit** der Kommissionsmitglieder beträgt 5 Jahre. Wiederernennung ist zulässig.

Ernannt werden die Kommissare gemäß Art. 17 Abs. 7 EUV nF auf Vorschlag der Regierungen mit qualifizierter Mehrheit vom **Europäischen Rat** nach **Zustimmung** des EP zu dem Kollegium.

Die Kommission wird durch ihren **Präsidenten** geleitet. Seine Benennung erfolgt mit qualifizierter Mehrheit durch den Europäischen Rat. Seine Ernennung (ebenfalls für 5 Jahre) erfolgt nach Wahl durch das EP. Der Präsident ernennt Vizepräsidenten (Art. 17 Abs. 6 lit.c) EUV).

69 Der **Hohe Vertreter für die Außen- und Sicherheitspolitik** (Rn 61) ist von Amts wegen einer der Vizepräsidenten. Als solcher unterliegt der Hohe Vertreter den Verfahren, die für die Arbeitsweise der Kommission gelten (Art. 18 Abs. 4 EUV).

70 Bei Pflichtverletzungen eines Mitglieds kann der EuGH auf Antrag der Kommission oder des Rates das Mitglied des Amtes entheben oder sonstige disziplinarische Maßnahmen anordnen (Art. 247 AEUV). Auf diese Bestimmung ist auch die Übung gestützt, wonach die Kommissionsmitglieder ihren **Amtseid** vor dem EuGH ablegen. Außer durch Amtsenthebung, Tod oder den regelmäßigen Ablauf der Amtszeit endet das Mandat der Kommissionsmitglieder durch Rücktritt. Dieser kann freiwillig sein,[76] aus einem Misstrauensvotum des EP gegen die gesamte Kommission (Art. 17 Abs. 8 EUV/Art. 234 AEUV) folgen oder gemäß Art. 17 Abs. 6 EUV auf einer Aufforderung des Präsidenten beruhen.

Die **Rechtsfolgen** eines Rücktritts sind unterschiedlich, je nachdem ob er freiwillig, aufgrund eine Misstrauensvotums oder nach Amtsenthebung erfolgte (Art. 246 AEUV): Nach freiwilligem Rücktritt einzelner Mitglieder endet das Mandat zu dem von dem Mitglied bezeichneten Termin. Bei Amtsenthebung erlischt das Mandat mit dem Zeitpunkt des entsprechenden Gerichtsbeschlusses. Bei einem Misstrauensvotum endet das Mandat mit der Ernennung von Nachfolgern, ist aber bis dahin auf die Führung der laufenden Geschäfte beschränkt. Erfolgt ein (rechtlich) freiwilliger Rücktritt gleichzeitig von mehreren Kommissaren oder der gesamten Kommission, so endet das Mandat ebenfalls erst mit der Bestellung der Nachfolger.[77]

c) Aufgaben

71 Eine abstrakte Aufzählung der Aufgaben der Kommission enthält Art. 17 Abs. 1 EUV. Danach besitzt die Kommission im Wesentlichen **Initiativ-, Kontroll- und Exekutivrechte.** Der Schwerpunkt der Kommissionstätigkeit liegt in der Planung und Ausarbeitung von **Vorschlägen für Rechtsakte** (die von Rat und EP zu beschließen sind), im Erlass von **Durchführungsmaßnahmen** und in der **Überwachung der Einhaltung des EU-Rechts,** sowie in der **Ausführung des Haushaltsplans.** Bei der Rechtsetzung kann sich die Kommission aller vom EU-Recht bereitgestellter Formen, insbesondere also der Handlungsmittel des Art. 288 AEUV bedienen.

aa) Initiativrecht

72 Die Befugnis zur förmlichen Einleitung von Gesetzgebungsverfahren umfasst – innerhalb des vertraglich vorgegebenen Rahmens – das Recht zur Festlegung von Zeitpunkt, Inhalt, Art, Form und Dichte eines Gesetzgebungsprojekts. Da der Rat nur wenige Beschlüsse autonom treffen kann, in aller Regel dagegen zum Erlass eines Rechtsaktes auf einen Entwurf der Kommission angewiesen ist, kommt der **Initiativrolle** der Kommission entscheidende Funktion zu. Dabei handelt sie nicht

75 Art. 1, Beschluss des Europäischen Rates v. 22. Mai 2013, ABl. L 165/2013, S. 98. Gemäß Art. 2 soll dieser Beschluss spätestens Ende 2019 überprüft werden.

76 Der bisher einzige kollektive Rücktritt erfolgte 1999; dazu *Hummer/Obwexer*, integration Nr. 2/1999, 77-94.

77 AA *Hummer/Obwexer* (aaO), 85.

losgelöst von Staaten und gesellschaftlichen Kräften. Anders als vielfach dargestellt, handelt sie nicht in einem „Brüsseler Elfenbeinturm“ sondern in enger Verbindung mit den Staaten und gesellschaftlichen Kräften.[78]

Materielle Schranken des Initiativrechts ergeben sich u.a. aus dem Subsidiaritätsprinzip (Art. 5 EUV) und aus der Verpflichtung, eine Finanzierung im Rahmen der verfügbaren Mittel zu gewährleisten (Art. 310 AEUV).

Überdies beanspruchen Rat und Europäischer Rat sowie das Europäische Parlament, aber auch einzelne Regierungen und Interessengruppen, dass die Kommission ihre Vorschläge aufgreift. Nur für Rat und EP besteht dafür eine generelle Rechtsgrundlage (Art. 225, 241 AEUV). In Einzelfällen können auch Mitgliedstaaten entweder einzeln (zB Art. 135 AEUV) oder als Gruppe mit einer bestimmten Mindestgröße (zB Art. 76 AEUV) formell Initiativen der Kommission verlangen.

Seit dem Vertrag von Lissabon kann auch eine bestimmte Anzahl von Bürgern die Kommission auffordern, im Rahmen ihrer Befugnisse Vorschläge zu unterbreiten. Eine Rechtspflicht, derartigen Vorschlägen Folge zu leisten, wurde nicht begründet (Art. 11 Abs. 4 EUV).

Gemäß Art. 293 Abs. 2 AEUV kann die Kommission auch nach Vorlage eines Entwurfs an den Rat den Entwurf abändern. Das geschieht häufig bei Änderungswünschen des EP.[79] Die Rücknahme von Vorschlägen ist zulässig.[80]

An der Verabschiedung des EU-Haushalts ist die Kommission notwendigerweise, jedoch nicht über das Initiativrecht beteiligt. Sie wirkt hierbei vielmehr gemäß Art. 295 AEUV am Zustandekommen der Handlungen des Rates und des Europäischen Parlaments mit, indem sie aufgrund von Art. 314 Abs. 2 AEUV den Haushaltsvorentwurf aufstellt und bei der weiteren Beschlussfassung durch EP und Rat vermittelt.

bb) Rechtsetzung

Im Einklang mit einer auch in den Mitgliedstaaten üblichen Praxis kann die Kommission Regelun- 73
gen mit allgemeiner Geltung erlassen. In Einzelfällen beruht diese rechtsetzende Tätigkeit auf unmittelbaren vertraglichen Zuweisungen (zB Art. 154 AEUV). In der Regel wird die Kommission aufgrund einer entsprechenden Ermächtigung durch den EU Gesetzgeber (Rat, EP) zum Erlass von Durchführungsvorschriften tätig (Art. 290 AEUV). Dabei unterliegt die Kommission im Einzelfall einer Kontrolle durch Parlament und Rat.

cc) Rechtsanwendung und Verwaltungstätigkeit

Die Kommission sorgt gemäß Art. 17 Abs. 1 EUV nF für die **Anwendung der Verträge** und des zu 74
ihrer Durchführung erlassenen Rechts.

Aufgrund vertraglicher Zuweisung obliegt der Kommission in bestimmten Bereichen der Erlass von Einzelfallentscheidungen (u.a. bei der Durchführung der gemeinschaftlichen Wettbewerbspolitik, Art. 105 AEUV). Eine **ausführende Verwaltungstätigkeit** wird ihr weiterhin vielfach in den von Rat und EP erlassenen Gesetzgebungsakten übertragen (Art. 291 Abs. 2, 3 AEUV). Eine allgemeine Verwaltungsbefugnis der Kommission lässt sich aus Art. 291 AEUV jedoch nicht ableiten, da diese im Regelfall den Mitgliedstaaten vorbehalten ist (Art. 291 Abs. 1 AEUV).[81]

Die Kommission verwaltet die verschiedenen Fonds (Agrar-, Sozial-, Regionalfonds etc.). Außerdem kann sie durch Veranlassung von Studien bestimmte Maßnahmen (zB zur Verbesserung der Sicherheit der Arbeitnehmer am Arbeitsplatz) fördern. Praktisch bedeutsam ist die Verpflichtung der Kommission zur Ausführung des EU-Haushalts in eigener Verantwortung gemäß Art. 317 AEUV.

---

78 Vgl Art. 2 Protokoll Nr. 2 zum EUV „Über die Anwendung der Grundsätze der Subsidiarität und der Verhältnismäßigkeit“.

79 Vgl „Rahmenvereinbarung“ EP/Kommission v. 20. Oktober 2010, ABl. L 304/2010, S. 47.

80 Dazu näher *Jacqué u.a.*, Commentaire Mégret, Bd. 9, 2000, S. 256 ff.

81 EuGH, Rs. C-303/90 (Frankreich/Kommission), Slg 1991, I-5315 (zu der früher gültigen weniger präzisen Regelung des Art. 211 EGV).

75 Zur Verwaltung gehört weiterhin die **Vertretung der Union** im privatrechtlichen und völkerrechtlichen Verkehr. Zur privatrechtlichen Vertretung der EU ist die Kommission insoweit ausschließlich zuständig, als es nicht um Fragen geht, die das Funktionieren der einzelnen Institutionen betreffen (Art. 335 AEUV). Im völkerrechtlichen Verkehr unterhält die Kommission gemeinsam mit dem Hohen Beauftragten für die Außen- und Sicherheitspolitik die Beziehungen der EU zu internationalen Organisationen und zu dritten Staaten (Art. 17 Abs. 1 EUV; 220 AEUV). Internationale Abkommen werden in der Regel vom Rat nach Aushandlung durch die Kommission bzw den Hohen Vertreter abgeschlossen (Art. 218 AEUV). Dabei haben sich weitgehende Eingriffe in die Verhandlungsfreiheit durch Leitlinien und aktive Beteiligung des Rates an den Beratungen entwickelt. In Einzelfällen kann die Kommission Abkommen mit dritten Staaten und internationalen Organisationen selbst abschließen.

76 Als Ausfluss ihrer Verwaltungsbefugnisse obliegt der Kommission, für **Kontinuität** und **Funktionsfähigkeit** der Union zu sorgen. Dies kann im Einzelfall die Befugnis einschließen, die Folgen von Rechtslücken normativ zu begrenzen und im Auftrag der Mitgliedstaaten vertragsergänzende Maßnahmen zu ergreifen.[82]

dd) Kontrolle der Einhaltung des Rechts der Union

77 Soweit das Recht der EU den Bürgern, den Mitgliedstaaten oder den Organen eine Rechtspflicht auferlegt, hat die Kommission im Rahmen ihrer **Kontrollbefugnisse** dafür zu sorgen, dass diese Pflichten eingehalten werden (Art. 17 Abs. 1 EUV). Zu diesem Zweck besitzt die Kommission das Recht, die erforderlichen Auskünfte einzuholen und Nachprüfungen auch in den Mitgliedstaaten vorzunehmen (Art. 337 AEUV). In der Praxis wird die Kommission häufig aufgrund von Beschwerden Betroffener tätig.

Darüber hinaus ermächtigen einzelne von Rat und EP erlassene Rechtsakte die Kommission, die Ausgabentätigkeit nationaler Verwaltungen – soweit sie von EU-Fonds finanziert ist – und die Erhebung eigener Einnahmen zu kontrollieren. Dies geschieht in der Form eigener Kontrollen oder durch Veranlassung staatlicher Kontrollen unter Beteiligung der Kommission.[83]

Soweit ein Mitgliedstaat nach Ansicht der Kommission gegen Verpflichtungen aus den Verträgen verstoßen hat, leitet die Kommission ein **Vertragsverletzungsverfahren** ein (Art. 258 AEUV).[84] In einer ersten Stufe erlässt die Kommission eine Stellungnahme. Dieses Verfahrensstadium besitzt in der Praxis große Bedeutung, weil die Mehrzahl der zumeist technischen Streitfragen einvernehmlich mit den Mitgliedstaaten gelöst werden können. Die Erhebung einer Klage vor dem EuGH gegen den betreffenden Staat steht im Ermessen der Kommission.

Bei Verstößen gegen die vertraglich oder sekundärrechtlich begründeten Pflichten kann die Kommission gegenüber Mitgliedstaaten die Verhängung von Geldbußen durch den EuGH beantragen (Art. 260 Abs. 2 AEUV). Gegenüber Privaten kann sie selbst Geldbußen verhängen.[85]

Die Befugnis zur Klageerhebung steht der Kommission auch gegenüber dem Europäischen Rat, dem Rat, dem EP und der EZB zu.

d) Organisation und Arbeitsweise

aa) Selbstorganisationsrecht

78 Im Rahmen des Vertragsrechts besitzt die Kommission – ebenso wie Rat und EP – das Recht, die Art ihrer Aufgabenerfüllung autonom zu regeln. Dabei kommt dem Präsidenten eine wachsende

---

82 Zur Lückenfüllung vgl VO 2124/85, ABl. L 198/1985, S. 31 (provisorische Maßnahmen wegen fehlender Agrarpreisbeschlüsse des Rates). Dazu *Jacqué u.a.*, op.cit., S. 306 ff S. a. EuGH, Rs. 804/79 (Kommission/UK), Slg 1981, 1045. Zu vertragsergänzenden Maßnahmen EuGH, Rs. C-181/91 und C-248/91 (EP/Rat), (EP/Kommission), Slg 1993, I-3685.

83 Beispiele: Art. 9, VO 1258/1999 (Finanzierung der gemeinsamen Agrarpolitik), ABl. L 160/1999, S. 103; VO 1848/2006 (Wiedereinziehung zu Unrecht gezahlter Beträge), ABl. L 355/2006, S. 56.

84 S. die Jahresberichte der Kommission an das EP über die Anwendung des EU-Rechts in den Mitgliedstaaten. Zu den Einzelheiten des Verfahrens *Classen*, § 7, Rn 51-56, 61.

85 ZB im Wettbewerbsrecht, vgl VO 1/2003, ABl. L 1/2003, S. 1, Art. 23, 24.

Bedeutung zu. Gemäß Art. 17 Abs. 6 EUV entscheidet dieser über die interne Organisation, insbesondere über die Zuständigkeiten der einzelnen Kommissare. Er besitzt Richtlinienkompetenz gegenüber den anderen Kommissaren. Mit einfacher Mehrheit beschließt die Kommission eine **Geschäftsordnung** (Art. 249 AEUV).[86]

Alle Beschlüsse der Kommission werden von dem gesamten Kollegium verantwortet (Prinzip der „kollegialen Verantwortlichkeit").[87]

Unterhalb der politischen Ebene ist ein Verwaltungsapparat angesiedelt: Er umfasst 36 selbständige Verwaltungseinheiten, Generaldirektionen (Auswärtige Beziehungen, Unternehmenspolitik, Handel u.a.) sowie besondere Dienststellen (Generalsekretariat, Juristischer Dienst u.a.). Die Kommissionsmitglieder sind den ihnen zugeordneten Verwaltungseinheiten gegenüber weisungsberechtigt. Die Kommission beschäftigt 2014 ca. 25 000 Bedienstete. Arbeitsorte der Kommission sind Brüssel und Luxemburg (Zur Arbeitsweise der Kommission siehe auch *Gundel*, § 3, Rn 11-24).

bb) Willensbildung

Die Kommission ist beschlussfähig, wenn mindestens die Hälfte ihrer vertraglichen Mitgliederzahl 79
(z.Zt. 14) anwesend sind (Art. 250 AEUV, Art. 7 GO). Ein Beschluss bedarf der Stimmen von mindestens 15 Mitgliedern (Mehrheit der vertraglichen Mitgliederzahl, Art. 250 AEUV).

Für Entscheidungen ohne besondere Dringlichkeit ist dieses Verfahren ausreichend. Besonders im Agrarsektor sind jedoch täglich neue, wenngleich auf formalisierter Berechnung beruhende Beschlüsse über Abschöpfungen, Erstattungen etc. zu fassen. Dafür wurden vereinfachte Verfahren (vermutete Zustimmung, sofern kein Einspruch innerhalb bestimmter Frist) und die Delegation von Befugnissen auf einzelne Mitglieder und Beamte vorgesehen.[88] Es war umstritten, ob das Selbstorganisationsrecht ausreicht, um eine Delegation der Organzuständigkeiten vorzunehmen, doch hat der EuGH diese Praxis unter Hinweis auf die Geschäftsordnungsautonomie anerkannt.[89]

5. Europäischer Gerichtshof, Gericht, Fachgerichte

a) Einleitung

Mit der Wahrung des Rechts bei Auslegung und Anwendung der EU-Verträge ist gemäß Art. 19 80
Abs. 1 EUV der **Gerichtshof der Europäischen Union** (EuGH) betraut. Seit dem Vertrag von Lissabon umfasst diese Bezeichnung drei getrennte Einrichtungen: Den „Gerichtshof", das „Gericht", und „Fachgerichte". Sie sind in einer Hierarchie einander zugeordnet. Ihre Aufgabe umfasst verfassungsgerichtliche, verwaltungsgerichtliche und zivilrechtliche Funktionen. Die Konkretisierung dieser allgemeinen Aufgabenbeschreibung ergibt sich aus den ausdrücklichen Zuständigkeitszuweisungen in den Verträgen (u.a. Art. 19 Abs. 3 EUV; 251-281 AEUV; 218 Abs. 11 AEUV), aus EU-Gesetzgebungsakten, die im Einzelfall eine besondere ausdrückliche Zuständigkeit des EuGH begründen (Art. 261 AEUV), aus Schiedsklauseln in Verträgen der EU (Art. 272 AEUV) und aus Schiedsverträgen zwischen den Mitgliedstaaten (Art. 273 AEUV). Schließlich haben die Mitgliedstaaten außerhalb des Gemeinschaftsrechts in zwischenstaatlichen Abkommen Zuständigkeiten des EuGH geschaffen.

Der EuGH äußert sich in Form von Urteilen, Beschlüssen, einstweiligen Anordnungen, Gutachten sowie durch Stellungnahmen.

Wegen der wachsenden Arbeitsbelastung wurde dem EuGH seit 1989 ein **Gericht** (EuG) (ursprüng- 81
lich: „Gericht erster Instanz") beigeordnet. Der Vertrag von Nizza schuf überdies die Möglichkeit der Errichtung von Fachgerichten (ursprünglich: „ Gerichtliche Kammern"). Gemäß Art. 256 AEUV ist das EuG grundsätzlich für alle in Art. 263, 265, 268, 270, und 272 AEUV genannten

86 GO v. 29. November 2000, ABl. L 308/2000, S. 26 = HER I A 82/1.

87 Ausdrücklich in Art. 17 Abs. 6 lit. b) betont; vgl auch Art. 1 GO-Kommission und EuGH, Rs. C-191/95 (Kommission/Bundesrepublik), Slg 1998, I-5449, insbesondere die Schlussanträge von GA Cosmas, Rn 8-16.

88 Art. 12-14 GO-Kommission.

89 EuGH, Rs. 5/85 (AKZO/Kommission), Slg 1986, 2585. Zu den Grenzen GeI, Rs. T-79/89 u.a. (BASF u.a./Kommission), Slg 1992, 315.

Klagen mit Ausnahme der den Fachgerichten zugewiesenen Klagen und der in der Satzung des Gerichtshofs vorgesehenen Ausnahmen zuständig. (Art. 51 der Satzung weist Klagen der Mitgliedstaaten, der Organe und der EZB dem EuGH zu). Die Fachgerichte werden gemäß Art. 257 AEUV durch Verordnung von Rat und EP errichtet. Sie sind für spezifische Gegenstände zuständig.[90] Gegen ihre Entscheidung kann das EuG angerufen werden (Zur Struktur der europäischen Gerichtsbarkeit *Classen*, § 7, Rn 6-13).

b) Zusammensetzung des EuGH, des Gerichts und der Fachgerichte

aa) EuGH

82 Der Gerichtshof umfasst eine Zahl von Richtern, die der Zahl der Mitgliedstaaten entspricht (Art. 19 Abs. 2 EUV; 2014: 28 **Richter**). Er wird von neun, (ab 2015: 11) **Generalanwälten** (Art. 252 AEUV) unterstützt. Die Zahl der Generalanwälte kann auf Antrag des EuGH einstimmig vom Rat erhöht werden.

Die Richter und Generalanwälte werden für jeweils 6 Jahre einvernehmlich von den Regierungen der Mitgliedstaaten ernannt. Zuvor ist ein besonderer Ausschuss zu den Qualifikationen der Kandidaten anzuhören (Art. 253/255 AEUV).). Zu Richtern und Generalanwälten sollen nur hochqualifizierte Juristen oder Personen mit Qualifikationen für die höchsten richterlichen Ämter ernannt werden.

Alle drei Jahre findet eine teilweise Neubesetzung der Richterstellen statt. Wiederernennung ist zulässig.

Der Präsident wird von den Richtern für jeweils drei Jahre gewählt (Art. 253 Abs. 3 AEUV).

bb) Gericht

83 Das Gericht besteht aus mindestens einem Richter je Mitgliedstaat (Art. 19 Abs. 2 EUV). Die genaue Zahl wird in der Satzung festgelegt (Art. 48 Satzung: 28 Mitglieder). Das Ernennungsverfahren stimmt mit dem für den EuGH anwendbaren Verfahren überein.

Die Qualifikationserfordernisse sind formal niedriger als für den EuGH („Befähigung zur Ausübung hoher richterlicher Tätigkeit").

Die Mitglieder wählen aus ihrer Mitte den Präsidenten des Gerichts für die Dauer von drei Jahren.

Das Gericht kann einzelne seiner Mitglieder zu Generalanwälten bestellen (Art. 49 Satzung).

Die Verfahrensordnung des Gerichts sieht hierzu vor, dass für Sachen, die vor dem Plenum verhandelt werden, stets ein GA vom Präsidenten des Gerichts bestellt wird. Für Verfahren, über die eine Kammer entscheidet, kann das Plenum auf Antrag der Kammer einen GA bestellen, wenn die rechtliche Schwierigkeit oder der tatsächlich komplizierte Streitstoff dies gebietet (Art. 17-19 VerfO).

cc) Fachgerichte

84 Zu Mitgliedern der **Fachgerichte** sind Personen auszuwählen, die „über die Befähigung zur Ausübung richterlicher Tätigkeiten verfügen". Sie werden einstimmig vom Rat ernannt (Art. 257 AEUV). Die Anzahl und Amtsdauer dieser Richter ist in einem gesonderten Ratsbeschluss festzulegen.[91] Wird nichts Näheres dazu bestimmt, so finden die nach Vertrag und Satzung für den EuGH gültigen Vorschriften Anwendung (Art. 257 AEUV).

c) Zuständigkeiten des EuGH

85 Der Gerichtshof ist im Rahmen der vertraglichen Bestimmungen zuständig für Rechtsstreitigkeiten im Zusammenhang mit der Auslegung und Anwendung der Verträge und des in ihrer Anwendung ergangenen Rechts. Für Streitigkeiten aus dem Bereich der Gemeinsamen Außen- und Sicherheits-

90 Beispiel: Gericht für den öffentlichen Dienst der Europäischen Union, Satzung des EuGH, Anhang I.

91 S. Beschl. des Rates v. 2. November 2004 zur Errichtung des Gerichts für den öffentlichen Dienst der Europäischen Union, ABl. L 333/2004, S. 7. Darin wird ein Gericht von 7 Richtern geschaffen.

politik ist der EuGH – mit Ausnahme der in Art. 275 Abs. 2 AEUV bezeichneten Fälle – nicht zuständig (Art. 275 AEUV). Hinsichtlich der Zuständigkeit zur gerichtlichen Überprüfung von Maßnahmen im Rahmen des Raumes der Freiheit der Sicherheit und des Rechts bestehen Einschränkungen (Art. 276 AEUV).

Weitere Zuständigkeiten des EuGH können durch Verträge zwischen den Mitgliedstaaten begründet werden. Dies ist in mehreren Abkommen geschehen.[92]

aa) Streitigkeiten zwischen den Mitgliedstaaten

Soweit zwischen den Mitgliedstaaten Streitigkeiten über Auslegung und Anwendung der Verträge entstehen, sind sie **verpflichtet**, diese nach den Verfahren des Vertrages beizulegen (Art. 344 AEUV). Die entsprechende Zuständigkeit des EuGH ergibt sich aus Art. 259 AEUV. 86

Die Mitgliedstaaten können außerdem in Schiedsverträgen über Streitigkeiten, die mit den Verträgen in Zusammenhang stehen, eine Zuständigkeit des EuGH begründen (Art. 273 AEUV).

bb) Streitigkeiten zwischen EU und Mitgliedstaaten

Die Aufgabe der Kommission, für die Anwendung des Vertrages Sorge zu tragen, schließt die Möglichkeit ein, bei Verletzung des Vertrages durch einen Mitgliedstaat eine gerichtliche Entscheidung über das Verhalten dieses Staates gemäß Art. 258 AEUV herbeizuführen. 87

- Eine entsprechende Zuständigkeit besteht für Klagen des Verwaltungsrates der EIB und des Rates der EZB gegen die Mitgliedstaaten (Art. 271 AEUV).
- Bei Verletzungen des Gemeinschaftsrechts durch Rechtsakte von Kommission, Rat, EP, Europäischem Rat, EZB – Verwaltungsrat oder den Rat der Gouverneure der EIB ist der EuGH für Klagen der Mitgliedstaaten nach Art. 263, 271, Buchst. b, c, AEUV zuständig.
- Liegt Untätigkeit vor, so kann der EuGH auf Antrag eines Mitgliedstaates gemäß Art. 265 AEUV die Vertragsverletzung feststellen.
- Streitigkeiten zwischen der EU und den Mitgliedstaaten können auch im Zusammenhang mit dem Abschluss völkerrechtlicher Verträge durch die EU entstehen. Zur Lösung stehen besondere Verfahren bereit (Art. 218 Abs. 11 AEUV).
- Im Falle von Sanktionen gegen einen Mitgliedstaat kann dieser Verfahrensbeschlüsse zu Art. 7 EUV gerichtlich überprüfen lassen (Art. 269 AEUV).
- Bei Nichtbefolgung von Urteilen des EuGH durch Mitgliedstaaten kann der EuGH in einem besonderen Verfahren (Art. 260 Abs. 2 AEUV) ein Zwangsgeld auferlegen.

cc) Streitigkeiten zwischen den Organen und sonstigen Einrichtungen

Der EuGH ist weiterhin zuständig für: 88

- Klagen des Rates, der Kommission und des EP wegen Verletzungen des Vertrages durch Handeln oder Unterlassen. Beklagte können die übrigen Organe und die EZB sein (Art. 263, 265 AEUV). Objekt der Klage sind beim EP und beim Europäischen Rat nur „Handlungen mit Rechtswirkung gegenüber Dritten";[93]
- Klagen der Kommission gegen den Rat der Gouverneure der EIB wegen Vertragsverletzung und gegen den Verwaltungsrat der EIB wegen Verletzung von Formvorschriften (Art. 271 AEUV);
- Klagen des Rechnungshofs, der EZB und des Ausschusses der Regionen gegen Rat, Kommission, EP wegen Verletzung eigener Rechte durch Handeln und wegen Untätigkeit (Art. 263, 265 AEUV).

---

92 Beispiel: Art. 2 des Protokolls Nr. 2 zum Übereinkommen über die gerichtliche Zuständigkeit und die Anerkennung und Vollstreckung von Entscheidungen in Zivil- und Handelssachen v. 30. Oktober 2007 ABl. L 393/2007, S. 3.

93 Zur Untauglichkeit dieses Kriteriums *Bieber*, Das Verfahrensrecht von Verfassungsorganen, S. 285 ff.

dd) Streitigkeiten zwischen Einzelnen und der EU

89 Natürliche und juristische Personen können die europäische Gerichtsbarkeit befassen, soweit sie sich gegen Handlungen der EU-Organe wenden, die sie unmittelbar und individuell betreffen (Art. 263 Abs. 4; 265 Abs. 3 AEUV).

Seit 1993 sind Streitigkeiten zwischen Einzelnen und der EU bis auf wenige Ausnahmen dem Gericht (EuG) zugewiesen. Der EuGH wird insoweit nur als Berufungsgericht tätig.

ee) Vorabentscheidungen

90 Von großer praktischer Bedeutung für die einheitliche Auslegung des Gemeinschaftsrechts ist die Zuständigkeit des EuGH und des EuG für **Vorabentscheidungen** bei Streitigkeiten, die vor innerstaatlichen Gerichten anhängig sind und von diesen Gerichten dem EuGH gemäß Art. 267 AEUV vorgelegt werden.

ff) Entscheidungen über Rechtsmittel

91 Das Gericht ist zuständig für Rechtsmittel gegen Entscheidungen der Fachgerichte (Art. 256 Abs. 2 AEUV). Der EuGH ist zuständig für Entscheidungen über Rechtsmittel gegen Entscheidungen des Gerichts (Art. 256 Abs. 1 AEUV; Art. 56 ff Satzung EuGH).

Das Rechtsmittel ist in der Regel auf Rechtsfragen beschränkt (Unzuständigkeit, Verfahrensfehler, Verletzung des EG-Rechts). Auch Vorabentscheidungen des EuG können vom EuGH überprüft werden (Art. 256 Abs. 3 AEUV). Das jeweilige Berufungsgericht kann die Entscheidung des Untergerichts aufheben und zur neuen Entscheidung zurückverweisen oder auch selbst entscheiden (Art. 61 Satzung).

gg) Sonstige Zuständigkeiten und Aufgaben

92 Der EuGH entscheidet auf Antrag von Kommission, Rat, EP oder Mitgliedstaaten in der Form eines verbindlichen „Gutachtens" über die Vereinbarkeit geplanter EU-Abkommen mit dem Vertrag (Art. 218 Abs. 11 AEUV).

Weiterhin besitzt der EuGH ein Vorschlagsrecht bezüglich der Satzung (Art. 281 AEUV) und im Hinblick auf die Errichtung und Zuständigkeiten der Fachgerichte (Art. 257 AEUV). Er erlässt seine Verfahrensordnung (Art. 253 AEUV).[94] Schließlich ist der EuGH zur Erteilung von Ermächtigungen für Zwangsmaßnahmen gegen das Vermögen der EU zuständig.[95]

d) Arbeitsweise

aa) EuGH

93 Das Verfahren vor dem Gerichtshof ergibt sich zT aus den Verträgen (Art. 251 ff AEUV), aus der dem EUV als Protokoll beigefügten Satzung, der gemäß Art. 253 AEUV zu erlassenden Verfahrensordnung vom 25. September 2012,[96] sowie der ergänzenden Verfahrensordnung und der Dienstanweisung für den Kanzler.[97]

Der EuGH tagt im Regelfall als **kleine Kammer**, ausnahmsweise (auf Antrag eines Mitgliedstaates oder eines Organs) als **große Kammer**. Nur noch bei Amtsenthebungsverfahren und Disziplinarverfahren gegen Mitglieder der Organe sieht die Satzung **Plenarsitzungen** vor. Außerdem kann der EuGH wegen der außergewöhnlichen Bedeutung eine Sache an das Plenum verweisen (Art. 251 AEUV; 16 Satzung). 2014 bestehen vier Kammern zu fünf und vier Kammern zu drei Richtern. Die große Kammer ist mit 15 Richtern besetzt. Über die Zuweisung der einzelnen Klagen an die kleinen Kammern entscheidet der Präsident. Nach Abschluss der mündlichen Verhandlung stellt der Generalanwalt **Schlussanträge**. An diese ist das Gericht nicht gebunden. Aus möglichen Kontrasten

---

94 *ABl. L 265/2012, S. 1. EuG: ABl. C 177/2010, S. 37* = HER IA 83/2, 84/2.
95 Art. 1, Protokoll Nr. 7 zum EUV „ über die Vorrechte und Befreiungen der Europäischen Union".
96 ABl. L 176/1991, S. 7, letzte Änderung v. 3. Oktober 2005, ABl. L 266/2005, S. 60 = HER I A 83/2.
97 Konsolidierte Fassung: ABl. C 39/1982 = HER I A 83/3.

zu den Urteilen und wegen ihrer Ausführlichkeit bilden diese Anträge eine wichtige Erkenntnisquelle für das Verständnis des Urteils und auch für vom EuGH noch nicht entschiedene Rechtsfragen.[98]

Der EuGH übt seine Tätigkeit (Sitz: Luxemburg) ständig aus. Unter Leitung eines „Kanzlers" wird der EuGH von ca. 2000 Beamten und Bediensteten unterstützt. Für die Parteien (außer Staaten und EU-Organen) besteht Anwaltszwang.

Alle Urteile des EuGH werden in die Amtssprachen der Gemeinschaft übersetzt und in der **amtlichen Sammlung** veröffentlicht. Den Urteilen sind stets die Schlussanträge der Generalanwälte beigefügt. Abweichende Meinungen einzelner Richter werden nicht veröffentlicht. Die Urteile können ab dem Tage ihrer Verkündung im Internet eingesehen werden.

bb) Gericht und Fachgerichte

Organisation und Verfahren des Gerichts ergeben sich aus Art. 254 AEUV, der Satzung des EuGH (Art. 47-62) sowie der Verfahrensordnung. Das Verfahren ist weitgehend dem Verfahren vor dem EuGH nachgebildet. Das Gericht übt seine Tätigkeit in fünf Kammern mit drei oder fünf Richtern aus (Art. 50 Satzung). Nur sofern die rechtliche Schwierigkeit, die Bedeutung der Sache oder sonstige besondere Umstände dies rechtfertigen, tagt das Gericht als Plenum. Über die Zuweisung der Rechtssachen entscheidet der Präsident. 94

Soweit ein Generalanwalt bestimmt wird, übt er die gleichen Funktionen wie der GA am EuGH aus.

Die Verfahren vor dem Gericht tragen neben einer Nummer die Kennzeichnung „T". Die Urteile werden als Teil II der amtlichen Sammlung des EuGH veröffentlicht.

Das Gericht hat seinen Sitz am Sitz des EuGH (Luxemburg). Es wird von einem eigenen Kanzler unterstützt, nimmt im Übrigen aber weitgehend die Dienste der Mitarbeiter des EuGH in Anspruch (Art. 52 Satzung).

Besondere Verfahrensregeln für die Fachgerichte wurden in der Form eines Anhangs zur Satzung des EuGH erlassen.[99]

6. Europäische Zentralbank (EZB), Eurosystem, Europäisches System der Zentralbanken (ESZB)

a) Zusammensetzung, Organisation

Mit der Schaffung einer Wirtschafts- und Währungsunion wurde mit Wirkung vom 1. Juli 1998 eine **Europäische Zentralbank** (EZB), das **Eurosystem** sowie ein **Europäisches System der Zentralbanken** (ESZB) errichtet. Das Europäische System der Zentralbanken (ESZB) umfasst gemäß Art. 282 Abs. 1 AEUV die Zentralbanken *aller* Mitgliedstaaten und die EZB. Das in der Praxis bedeutsame Eurosystem besteht *nur* aus den Zentralbanken der Mitgliedstaaten, deren Währung der Euro ist und der EZB. 95

Die EZB besitzt **Rechtspersönlichkeit** (Art. 282 Abs. 3 AEUV), sie darf keinerlei Weisungen entgegennehmen (Art. 130 AEUV).

Durch den Vertrag von Lissabon wird die EZB zu einem Organ der Union aufgewertet (Art. 13 Abs. 1 EUV). Doch genießt sie bei der Ausübung ihrer Befugnisse eine funktionale Unabhängigkeit. So lässt sich aus der Kooperationspflicht der Organe (Art. 13 Abs. 2 EUV) keine Befugnis anderer Organe zur Einschränkung der Unabhängigkeit der Bank ableiten.[100]

Die Bank wird vom **EZB-Rat** geleitet und von einem **Direktorium** verwaltet (Art. 283 AEUV; Art. 9-14 EZB-Satzung). Das **Direktorium** besteht aus dem Präsidenten, dem Vizepräsidenten und vier Mitgliedern. Diese werden für eine einmalige Amtsdauer von acht Jahren vom Europäischen Rat ernannt. Der Rat unterbreitet eine Empfehlung, zu der das EP und der EZB-Rat anzuhören sind (Art. 283 Abs. 2 AEUV).

---

98 Zur Bedeutung der Schlussanträge EuGH, Rs. C-50/96 (Telekom/Schröder), Slg 2000, I-743, Rn 20.

99 Vgl Anhang I der Satzung des EuGH = Protokoll Nr. 3 zum EUV.

100 EuGH, Rs. C-11/00 (Kommission/EZB), Slg 2003, I-7147, Rn 134, 135.

Der **EZB-Rat** besteht aus dem Direktorium der EZB und den Präsidenten der nationalen Zentralbanken (Art. 283 Abs. 1 AEUV; 10 EZB-Satzung). Das **ESZB** wird von Direktorium und Rat der EZB geleitet (Art. 8 EZB-Satzung).

Die EZB beschließt im Rahmen ihrer **Geschäftsordnung**[101] über ihre interne Organisation und ihre Arbeitsweise (Art. 12.3 EZB-Satzung). **Sitz** der EZB ist **Frankfurt/M.**

b) Zuständigkeiten

96 Die währungspolitischen Aufgaben, insbesondere die Gestaltung der gemeinsamen Währungspolitik (Art. 127 AEUV), werden vom **Eurosystem** wahrgenommen (Art. 139 Abs. 2 lit.c) AEUV). Dazu gehört u.a. die Festlegung von Leitzinssätzen und von Mindestreservepflichten (Art. 127 AEUV; 12, 19 Satzung EZB). Die EZB hat das ausschließliche Recht, die Ausgabe von Banknoten innerhalb der EU zu genehmigen (Art. 128 AEUV). Weitere Aufgaben sind in Art. 3–5 der EZB-Satzung bezeichnet (dem EUV als Protokoll Nr. 4 beigefügt). Weitere Aufgaben sind in der EZB-Satzung enthalten (dem EUV als Protokoll beigefügt). Außerdem können der EZB **Aufsichtsbefugnisse über Kreditinstitute** übertragen werden (Art. 127 Abs. 6 AEUV).

Die EZB kann gemäß Art. 132 AEUV **Rechtshandlungen** beschließen, die in Form und Wirkung den in Art. 288 AEUV definierten Handlungen entsprechen. Die EZB berichtet den EU-Institutionen regelmäßig über die Geld- und Währungspolitik (Art. 284 Abs. 3 AEUV).

7. Rechnungshof

a) Zusammensetzung, Arbeitsweise

97 Der Rechnungshof ist ein Organ der EU (Art. 13 Abs. 1 EUV). Er besteht aus einem Mitglied je Mitgliedstaat (Art. 285 AEUV; 2014: **28 Mitglieder**). Die Mitglieder werden auf Vorschlag der Mitgliedstaaten nach Anhörung des EP vom Rat mit qualifizierter Mehrheit ernannt. Die Amtszeit beträgt 6 Jahre. Wiederwahl ist zulässig.

Die Mitglieder des Rechnungshofes erfüllen ihre Kontrollaufgaben hauptberuflich. Sie verfügen über einen Status, der ihnen eine, den Mitgliedern des EuGH vergleichbare **Unabhängigkeit** sichert (Art. 286 Abs. 4-9 AEUV). Der Rechnungshof trifft Beschlüsse über seine Berichte, Sonderberichte und Stellungnahmen mit der Mehrheit seiner Mitglieder (Art. 287 Abs. 4 AEUV).

Die Mitglieder wählen aus ihrer Mitte für jeweils drei Jahre den **Präsidenten** des Rechnungshofs (Art. 286 Abs. 3 AEUV).

In Anwendung seines Selbstorganisationsrechts kann sich der Rechnungshof mit Zustimmung des Rates eine **Geschäftsordnung** geben (Art. 287 Abs. 4 AEUV).[102]

Der Rechnungshof entscheidet als Kollegium. Er kann zur Erfüllung bestimmter Aufgaben Kammern bilden (Art. 287 Abs. 4 AEUV). Das **Generalsekretariat** des Rechnungshofes ist diesen Kammern sowie drei weiteren Verwaltungseinheiten zugeordnet. Es umfasst ca. 900 Bedienstete. Der Rechnungshof hat seinen Sitz in Luxemburg.

b) Aufgaben

98 Dem Rechnungshof obliegt die externe Kontrolle der **Rechtmäßigkeit** und **Ordnungsmäßigkeit** der Verwendung von EU Haushaltsmitteln sowie der **Wirtschaftlichkeit der Haushaltsführung.**

Die **Aufgaben** des Hofes sind in Art. 287 AEUV festgelegt. **Prüfungsgegenstand** ist die Rechnung über alle Einnahmen und Ausgaben der Union und jeder von der Union geschaffenen Einrichtung. Die Prüfung kann bei den Institutionen der Union, bei Behörden der Mitgliedstaaten und Privatpersonen stattfinden (Art. 287 Abs. 3 AEUV). Der Rechnungshof erstattet einen im Amtsblatt veröffentlichten **Jahresbericht** (Art. 287 Abs. 4 AEUV). Unter dem Aspekt der Wirtschaftlichkeitsprüfung ist insbesondere die Befugnis des Rechnungshofes bedeutsam, begleitend zu kontrollieren und

101 GO-EZB v. 19. Februar 2004, ABl. L 80/2004, S. 33 = HER I A 54/2.
102 GO v. 11. März 2010, ABl. L 103/2010, S. 1 = HER I A 85/1.

aus eigener Initiative **Sonderberichte** zu Einzelfragen abzugeben. Außerdem kann der Hof auf Antrag eines der anderen Organe **Stellungnahmen** abgeben (Art. 287 Abs. 4 AEUV). Der Rechnungshof unterbreitet dem EP und dem Rat jährlich eine **Erklärung über die Zuverlässigkeit der Rechnungsführung sowie die Rechtmäßigkeit und Ordnungsmäßigkeit** der zugrunde liegende Vorgänge (Art. 287 Abs. 1 AEUV). Vor dem Erlass einzelner Rechtsakte (zB der Haushaltsordnung gemäß Art. 322 AEUV) ist der Rechnungshof **obligatorisch anzuhören.**

Der Rechnungshof kann gemäß Art. 263 Abs. 3 AEUV zur Wahrung seiner Rechte Nichtigkeitsklagen gegen die übrigen Organe erheben. Aufgrund seiner Organqualität ist er auch zur Erhebung von Untätigkeitsklagen nach Art. 265 AEUV befugt.

II. Die Nebenorgane

1. Europäischer Wirtschafts- und Sozialausschuss (EWSA)

a) Zuständigkeiten

Nach dem Vorbild entsprechender Einrichtungen in einzelnen Mitgliedstaaten wirken Vertreter der wirtschaftlichen und sozialen Interessengruppen und andere Vertreter der Zivilgesellschaft in einem speziellen Gremium, dem **Wirtschafts- und Sozialausschuss** an der EU- Rechtsetzung mit.[103] Der Ausschuss dient einem dreifachen Zweck. Er soll Kommission, Rat und EP über die Meinung der Wirtschafts-, Arbeitnehmer-, Verbraucherkreise und sonstiger Gruppen zu Rechtsetzungsvorhaben unterrichten. Er soll andererseits einen unmittelbaren Weg von den EU-Organen zu den innerstaatlichen Interessengruppen eröffnen und schließlich als Integrationsebene wirken, denn durch das notwendige Zusammenwirken bei der Abgabe einer Stellungnahme werden die verschiedenen Verbände zu grenzüberschreitender Meinungsbildung motiviert. 99

Die Aufgabe des WSA besteht darin, Kommission, Rat und EP durch die Abgabe von **Stellungnahmen** zu Rechtsetzungsvorhaben zu unterstützen (Art. 13 Abs. 4 EUV; 304 AEUV). Für einzelne Rechtsakte ist die Anhörung des WSA obligatorisch, doch können die Organe jederzeit Stellungnahmen des WSA auffordern. Auch ist der WSA befugt, aus **eigener Initiative** Stellungnahmen abzugeben. Die Stellungnahmen werden im Amtsblatt, Teil C, veröffentlicht.

b) Zusammensetzung, Organisation

Gemäß Art. 300 Abs. 2 AEUV besteht der EWSA aus „Vertretern der Organisationen der Arbeitgeber und der Arbeitnehmer sowie anderen Vertretern der Zivilgesellschaft, insbesondere aus dem sozialen und wirtschaftlichen, dem staatsbürgerlichen, dem beruflichen und dem kulturellen Bereich“. Von einem **ursprünglich** auf die Vertretung **wirtschaftlicher und sozialer Interessen** beschränkten Gremium erfährt der WSA damit eine deutliche Neuorientierung mit dem Ziel einer Vertretung „diffuser“ **Allgemeininteressen.** 100

Der EWSA umfasst maximal 350 Mitglieder. Im Jahre 2014 gehören ihm jedoch 353 Mitglieder an, da nach dem Beitritt Kroatiens noch kein Anpassungsbeschluss gemäß Art. 301 EUV ergangen ist:[104] Frankreich, Bundesrepublik, Italien, Vereinigtes Königreich je 24; Polen, Spanien 21; Rumänien 15; Belgien, Bulgarien, Griechenland, Niederlande, Österreich, Portugal, Schweden, Ungarn, Tschechien je 12; Dänemark, Irland, Finnland, Kroatien, Litauen, Slowakei je 9; Estland, Lettland, Slowenien je 7, Luxemburg, Zypern je 6, Malta 5 (Art. 7 Protokoll Nr. 36 zum EUV).[105]

---

103 Im Unterschied zur Terminologie des Art. 13 Abs. 4 EUV bezeichnet sich der Ausschuss gemäß der Präambel seiner GO v. 24. Oktober 2006 (ABl. L 93/2007, S. 1) offiziell als „*Europäischer* Wirtschafts- und Sozialausschuss“ (Hervorhebung vom Verfasser).

104 Vgl Protokoll Nr. 36 zum EUV idF von Art. 23 der Beitrittsakte Kroatien v. 24. April 2012, ABl. L 112/2012, S. 21.

105 S. Art. 7 des Protokolls Nr. 36 zum EUV „über die Übergangsbestimmungen“.

Die Mitglieder des EWSA werden auf Vorschlag des jeweiligen Staates nach Anhörung der Kommission vom Rat mit qualifizierter Mehrheit ernannt.[106] Die **Mandatsdauer** beträgt fünf Jahre. Wiederernennung ist zulässig. (Art. 302 AEUV). Die Mitglieder sind an keine Weisungen gebunden (Art. 300 Abs. 4 AEUV).

Der Ausschuss wählt aus seiner Mitte einen Präsidenten für die Dauer von zweieinhalb Jahren.

Der EWSA entscheidet im Rahmen einer **Geschäftsordnung**[107] autonom über seine Organisation und sein Verfahren (Art. 303 AEUV).

Der Ausschuss beschließt als **Plenum**. Diese Beschlüsse werden in fachlichen Gruppen vorbereitet.

Der EWSA verfügt über ein **Generalsekretariat** mit ca. 720 Bediensteten. **Sitz** des EWSA ist Brüssel.

2. Ausschuss der Regionen (AdR)

a) Zuständigkeiten

101 Erst seit 1993 wurde der **Ausschuss der Regionen** (AdR) als Gremium zur Vertretung regionaler und lokaler Gebietskörperschaften errichtet. Gemäß Art. 13 Abs. 4 EUV und Art. 307 Abs. 1 AEUV unterstützt dieser Ausschuss durch Beratung die Kommission, den Rat und das Europäische Parlament.

Der Ausschuss muss in einigen wenigen vertraglich vorgesehenen Fällen vor Erlass eines Rechtsakts mit regionalem Bezug angehört werden (zB Verkehr, Art. 91 AEUV; Gesundheitswesen Art. 168 Abs. 4; Regionalpolitik Art. 175 AEUV; Umweltschutz Art. 192 AEUV). In anderen Fällen kann seine Anhörung fakultativ erfolgen. Überdies ist der Ausschuss befugt, aus eigener Initiative Stellungnahmen abzugeben (Art. 307 AEUV).

Zur Wahrung seiner Rechte kann der AdR gemäß Art. 263 Abs. 4 AEUV Klagen vor dem EuGH erheben, um die Erklärung der Nichtigkeit eines Rechtsaktes zu erreichen.

b) Zusammensetzung, Organisation

102 Der Ausschuss wird gebildet aus Vertretern regionaler und lokaler Gebietskörperschaften. Diese müssen entweder ein auf Wahlen beruhendes Mandat in dieser Körperschaft innehaben oder gegenüber einer gewählten Versammlung politisch verantwortlich sein (Art. 300 Abs. 3 AEUV). Die Gesamtzahl der Mitglieder und ihre Verteilung auf die Mitgliedstaaten entspricht genau der Verteilung der Mitglieder des EWSA (Art. 305 AEUV/Rn 100).

Die Ernennung erfolgt durch den Rat (qualifizierte Mehrheit) auf Vorschlag der Mitgliedstaaten. Die Aufteilung zwischen Vertretern von Ländern bzw Regionen und Gemeinden ist Angelegenheit der jeweiligen Staaten. Die Ernennung der Mitglieder erfolgt auf **fünf Jahre**. Die Mitglieder sind nicht an Weisungen gebunden.

Der Ausschuss wählt aus seiner Mitte für zweieinhalb Jahre einen **Präsidenten** (Art. 306 AEUV). Interne Organisation und Verfahren sind in der **Geschäftsordnung** zu regeln.[108] Über sein Zusammentreten kann der Ausschuss autonom befinden, soweit er nicht auf Antrag von EP, Rat oder Kommission zusammentreten muss.

Die Stellungnahmen des AdR werden vom **Plenum** verabschiedet. Zur Vorbereitung wurden acht Ausschüsse und vier Unterschüsse gebildet. Diese entsprechen den verschiedenen Arbeitschwerpunkten (Art. 44 GO-AdR).

Der Ausschuss verfügt über ein eigenes Generalsekretariat mit ca. 525 Mitarbeitern. **Sitz** des Ausschusses ist Brüssel.

---

106 Zum Ernennungsverfahren EuGH, Rs. 297/86 (CIDA/Rat), Slg 1988, 3531 und EuG, Rs. T-382/94 (Confindustria/Rat), Slg 1996, II-529.

107 GO-EWSA v. 24. Oktober 2006, ABl. L 93/2007, S. 27 = HER I A 86/1.

108 GO-AdR v. 3. Dezember 2009, ABl. L 6/2010, S. 14 = HER I A 87/1.

III. Einrichtungen mit besonderen Aufgaben

1. Europäische Investitionsbank, Europäischer Investitionsfonds

a) Zuständigkeiten

Eine Sonderstellung innerhalb der Einrichtungen der EU kommt der **Europäischen Investitionsbank** (EIB) zu. Sie ist eine im AEUV (Art. 308 ff) angelegte und in einer besonderen Satzung[109] näher ausgestaltete, finanziell und organisatorisch selbständige öffentlich-rechtliche Institution mit eigener Rechtspersönlichkeit. Die Autonomie der Bank im Verhältnis zu den übrigen Organen ist allerdings den Vertragszielen untergeordnet. Sie reicht daher nur soweit, wie dies zur Erfüllung ihrer konkreten Aufgaben erforderlich ist.[110] Die Bank verfolgt **keine Gewinnzwecke.** Ihre Aufgabe besteht darin, Kapital auf den allgemeinen Märkten zu beschaffen und diese Mittel zu günstigen Bedingungen für Investitionsvorhaben Dritter in schwächer entwickelten Regionen, Umstellungsgebieten oder für Vorhaben von besonderem Interesse für mehrere Mitgliedstaaten oder für die EU als Ganzes einzusetzen (Art. 309 AEUV). 103

Das Kapital der Bank (242,4 Mrd. Euro) wird von den Mitgliedstaaten aufgebracht (zur Verteilung: Art. 4, Satzung der EIB).

b) Organisation

Nach ihrer Satzung (Protokoll Nr. 5 zum EUV) hat die Bank einen dreigliedrigen Aufbau: 104

- An der Spitze steht der **Rat der Gouverneure** (Art. 7), gebildet aus den (Finanz-) Ministern der Mitgliedstaaten. Er bestimmt die Richtlinien der Kreditpolitik und erteilt die praktisch bedeutsame Genehmigung zu Aktivitäten der EIB außerhalb der EU.
- Die Entscheidungsbefugnis über Darlehen und Bürgschaften sowie die Aufnahme von Anleihen besitzt der **Verwaltungsrat** (Art. 9 Satzung). Er überwacht die Führung der Bank gemäß den Richtlinien des Rates der Gouverneure.
- Der Verwaltungsrat besteht aus 29 ordentlichen Mitgliedern (je 1 Mitglied pro Staat und einem Mitglied der Kommission) sowie 19 stellvertretenden Mitgliedern.[111] Die Mitglieder sind in der Regel hohe Beamte aus den nationalen Finanz- oder Wirtschaftsministerien.
- Die laufenden Geschäfte der Bank werden von einem 9 Personen umfassenden **Direktorium** (Art. 11 Satzung) erfüllt. Die Amtszeit beträgt 6 Jahre. Wiederernennung ist zulässig. Sitz der Bank ist Luxemburg.

2. Bürgerbeauftragter und Datenschutzbeauftragter

Der Vertrag sieht die Errichtung einzelner unabhängiger Institutionen mit besonderem jedoch nicht deutlich ausgeprägten eigenen Status vor: den **Bürgerbeauftragten** (Art. 228 AEUV) und den Europäischen **Datenschutzbeauftragten** (Art. 16 Abs. 2 AEUV). (Dazu auch *Gundel*, § 3, Rn 56-64.) 105

Der **Bürgerbeauftragte** prüft Beschwerden über Missstände bei der Tätigkeit der Organe oder Institutionen. Beschwerdeberechtigt sind alle EU-Bürger und sonstige Personen mit Wohnsitz in der EU. Er kann Untersuchungen durchführen. 106

Der Bürgerbeauftragte wird gemäß Art. 228 Abs. 2 AEUV **vom EP** für eine der Dauer der Wahlperiode des EP entsprechende Amtszeit gewählt. Er wird gemäß Art. 11 des Beschlusses vom 9. März 1994 von einem **Sekretariat** unterstützt und hat seinen Sitz gemäß Art. 13 dieses Beschlusses am Sitz des EP, dh in Straßburg. Die Regelung des Status des Bürgerbeauftragten in Art. 228 AEUV und in dem Ausführungsbeschluss vom 9. März 1994[112] lehnt sich an die Vorschriften über den Status der Mitglieder der Kommission, der EU-Gerichte und des Rechnungshofes an. Insbesondere

109 Protokoll Nr. 5 zum EUV „über die Satzung der Europäischen Investitionsbank".
110 Vgl EuGH, Rs. 85/86 (Komm./EIB), Slg 1988, 1281. S. a. EuGH, Rs. C-370/89 (SGEEM u.a./EIB), Slg 1992, I-6211.
111 Eine originelle Methode zur Verteilung der 19 Sitze auf 28 Mitgliedstaaten bezeichnet Art. 9 Abs. 2 EIB-Satzung.
112 ABl. L 113/1994, S. 15.

sieht Art. 228 Abs. 3 AEUV vor, dass der Bürgerbeauftragte seine Tätigkeit in voller Unabhängigkeit und weisungsfrei ausübt.

Den Schwerpunkt der Tätigkeit des Bürgerbeauftragten bildet die Prüfung von **Beschwerden**, die jeder **Unionsbürger** unabhängig von seinem Wohnort und darüber hinaus jede **natürliche** oder **juristische Person** mit **Wohnort** oder **satzungsmäßigem Sitz** in einem Mitgliedstaat an den Bürgerbeauftragten richten kann.[113]

107 **Der Datenschutzbeauftragte** soll die Wahrung der Grundrechte, insbesondere den Schutz des Privatlebens bei der Verarbeitung personenbezogener Daten durch die EU-Einrichtungen wahren. Er besitzt u.a. ein **Untersuchungsrecht** und kann die **Korrektur und Löschung von Daten** anordnen (Art. 47, VO 45/2001). Er wird einvernehmlich vom EP und Rat ernannt.[114]

3. Ausgegliederte Dienststellen der Organe

108 Die Organe der Union können allein oder gemeinsam handelnd im Rahmen ihrer Organisationsgewalt einzelne Dienststellen ausgliedern und organisatorisch – nicht aber rechtlich – verselbständigen. Gemeinsam haben die Organe u.a. das **Amt für amtliche Veröffentlichungen** errichtet.[115] Weitere Beispiele bilden das **Übersetzungszentrum für die Einrichtungen der EU,**[116] das **Amt für die Feststellung und Abwicklung individueller Ansprüche,**[117] sowie das **Europäische Amt für Betrugsbekämpfung** (OLAF).[118]

4. Selbstständige juristische Personen, Agenturen

109 „Zur Ausübung ihrer Aufgaben stützen sich die Organe, Einrichtungen und sonstigen Stellen der Union auf eine offene, effiziente und **unabhängige europäische Verwaltung**" (Art. 298 Abs. 1 AEUV). Häufig werden zu diesem Zweck juristische Personen mit einer jeweils spezifischen Aufgabe errichtet, vielfach als **Agenturen,** aber auch als **„Amt"** oder **„Behörde"** bezeichnet (Beispiele: Europäische Bankenaufsichtsbehörde,[119] Aufsichtsbehörde für das Versicherungswesen).[120] Grundlage der Errichtung waren ursprünglich einzelne materielle Handlungsermächtigungen (Beispiele: Agentur für Flugsicherheit[121] und Agentur für die Sicherheit des Seeverkehrs,[122] beide wurden auf der Grundlage der Bestimmungen über die Verkehrspolitik errichtet). Nunmehr enthält Art. 298 Abs. 2 AEUV eine selbstständige Rechtsgrundlage. Ein Rückgriff auf den früher ebenfalls gelegentlich als Rechtsgrundlage genutzten Art. 352 AEUV (zuvor Art. 308 EGV) dürfte damit nicht mehr erforderlich sein.

Zu unterscheiden ist zwischen den durch Gesetzgebungsakte eingerichteten **Regulierungsagenturen** und den von der Kommission aufgrund einer allgemeinen Ermächtigung des Rates[123] gebildeten **Exekutivagenturen:**

Die Aufgaben der **Regulierungsagenturen** bestehen überwiegend in der Sammlung und Verbreitung von Informationen. Errichtet wurden u.a. eine Europäische Umweltagentur,[124] das Europäische

113 Zum Rechtsschutz gegen Handlungen des Bürgerbeauftragten EuG, Rs. T-209/00 (Lamberts/Bürgerbeauftragter), Slg 2002, II-2203, bestätigt durch EuGH, Rs. C-234/02 P, Slg 2004, I-2803.

114 Einzelheiten in VO 45/2001, ABl. L 8/2001, S. 1 (Art. 41-48) = HER I A 12/3.7, sowie Beschl. 1247/2002 über das Statut des Datenschutzbeauftragten, ABl. L 183/2002, S. 1 = HER 12/3.11.

115 Beschl. v. 20. Juli 2000, ABl. L 183/ 2000, S. 12. S. a. die Teil-Verselbständigung des Statistischen Amtes der EG durch VO 1588/1990, ABl. L 151/1990, S. 1 (Art. 5).

116 VO 2965/94, ABl. L 314/1994, S. 1.

117 Beschl. Kommission 2003/522, ABl. L 183/2003, S. 30.

118 Beschl. Kommission v. 28. April 1999, ABl. L 136/1999, 20 und VO 883/2013, ABl. L 248/2013, S. 1. Rechtsgrundlagen waren Art. 178 und 325 AEUV.

119 VO 1093/2010, ABl. L 331/2010, S. 12 = HER I A 28/19.42.

120 VO 1094/2010, ABl. L 331/2010, S. 48 = HER I A 28/20.36.

121 VO 216/2008, ABl. L 79/2008, S. 1 = HER I A 30/ 6.104.

122 VO 1406/2002, ABl. L 208/2002, S. 1 = HER I A 30/5.45.

123 VO 58/2003, ABl. L 11/2003, S. 1 = HER I A 89/20.

124 VO 401/2009, ABl. L 126/2009, S. 13 = HER I A 69/1.78.

Zentrum zur Förderung der Berufsbildung,[125] die Europäische Agentur für die Sicherheit der Netze und der Informationsübermittlung,[126] die Europäische Chemikalienagentur,[127] die Europäische Grundrechteagentur,[128] die Agentur für die operative Zusammenarbeit an den Außengrenzen (Frontex)[129] und das Europäische System der Finanzaufsicht.[130]

Die **Exekutivagenturen** sind in der Regel mit der Verwaltung der Mittel der von der EU beschlossenen Förderungsprogramme betraut. Ihre Existenz ist daher an die Laufzeit des jeweiligen Programms gebunden.[131] Eine Übersicht der 20 Agenturen enthält der jährliche Haushaltsplan der EU. Gegen Handlungen der Agenturen muss **Rechtsschutz vor dem EuGH** gewährleistet sein.[132] Der AEUV sieht in Art. 263 Abs. 1 und 5 ausdrücklich die Möglichkeit von Klagen gegen diese Einrichtungen vor.

Für den Bereich der gemeinsamen Forschungspolitik wird die EU in Art. 187 AEUV zur Gründung **gemeinsamer Unternehmen** oder anderer Strukturen ermächtigt, die nicht den genannten Schranken unterliegen.[133] 110

Ursprünglich durch einen Vertrag zwischen den EU-Staaten wurde das **Europäische Polizeiamt (Europol)** begründet. Durch Art. 88 AEUV und einen Beschluss des Rates wurde Europol in den Rahmen der EU eingegliedert.[134] Europol ist eine Strafverfolgungs- und Polizeibehörde mit eigener Rechtspersönlichkeit. Sie wird von einem Direktor geleitet, der den Weisungen eines Verwaltungsrats (gebildet aus Vertretern der Mitgliedstaaten, zT Ministerialbeamte, zT Leiter der staatlichen Polizeibehörden) unterliegt. 111

5. Beratungs- und Hilfseinrichtungen der Kommission (Ausschüsse)

a) Beratende Ausschüsse

Die Kommission unterhält im Rahmen spezieller Ausschüsse auf Beamtenebene zahlreiche Kontakte mit Sachverständigen oder Beamten der Mitgliedstaaten. Zu unterscheiden ist zwischen Ausschüssen, deren Anhörung im Ermessen der Kommission steht und Ausschüssen, deren Anhörung obligatorisch vorgeschrieben ist. 112

Grundlage der Einsetzung sind in Einzelfällen die Verträge selbst (zB **Beratender Wirtschafts- und Finanzausschuss**, Art. 134 AEUV; **Beratender Ausschuss für Verkehrspolitik**, Art. 99 AEUV; **Beratender Beschäftigungsausschuss**, Art. 150 AEUV). Andere Ausschüsse wurden auf der Grundlage des **Selbstorganisationsrechts der Organe** eingerichtet (zB Beratende Ausschüsse im Bereich der Forschung und Entwicklung).[135]

b) Kontrollierende Ausschüsse

Sofern eine einheitliche Durchführung des EU-Rechts erforderlich ist, wird gemäß Art. 291 AEUV in dem betreffenden Rechtsakt der Kommission eine entsprechende Ermächtigung erteilt. Die dazu gemäß Art. 291 Abs. 3 AEUV festgelegten „allgemeinen Regeln und Grundsätze" sehen vor, dass die Kommission vor Erlass einer Durchführungsmaßnahme jeweils einen aus staatlichen Beamten 113

125 VO 337/75, ABl. L 39/1975, S. 1 = HER I A 58/3.
126 VO 460/2004, ABl. L 77/2004, S. 1 = HER I A 67/1. 24.
127 VO 1907/2006, ABl. L 396/2006, S. 1 = HER IA 69/6.79.
128 VO 168/2007, ABl. L 53/2007, S. 1 = HER I A 12/1.1.
129 VO 2007/2004, ABl. L 349/2004, S. 1 = HER I A 29 a/4. 2.
130 VO 1093/2010; 1094/2010 und 1095/2010, ABl. L 331/2010.
131 Beispiel: Exekutivagentur „Europäischer Forschungsrat", ABl. L 9/2008, S. 15 = HER I A 65/ 1.42.
132 EuGH, Rs. 9/56 (Meroni/Hohe Behörde), Slg 1958, 11. S. a. EuGH, Gutachten 1/76 (Stillegungsfonds Rheinschifffahrt), Slg 1977 741; Rs. C – 217/2004 (UK/Rat, EP – ENISA), Slg 2006, I-369.
133 Bsp.: Gemeinsames Unternehmen zur Entwicklung des europäischen Flugverkehrsmanagementssystems (SESAR), VO 219/2007, ABl. L 64/2007, S. 1 = HER I A 65/5.1.
134 Beschl. Rat v. 6. April 2009, ABl. L 121/2009, S. 37.
135 Beschl. der Kommission v. 22. Oktober 1998, ABl. L 290/1998, S. 57 = HER I A 82/8.

zusammengesetzten Ausschuss befassen muss.[136] Diese Ausschüsse sollen es den Mitgliedstaaten ermöglichen, die Wahrnehmung der Durchführungsbefugnisse durch die Kommission zu kontrollieren (Art. 291 Abs. 3 AEUV). Die VO 182/2011 sieht dazu zwei unterschiedliche Arten von Ausschüssen vor (Beratungs- bzw Prüfungsausschuss). Dem Votum dieser Gremien kommt, je nach Ausschusstyp, unterschiedliches Gewicht im weiteren Verfahren zu. Im Hinblick auf die gerichtliche Kontrolle wird das Verhalten der Ausschüsse der Kommission zugerechnet.[137]

6. Mit der Union verbundene Einrichtungen der EU und der gemeinsam handelnden Mitgliedstaaten

114 Als eine nur ad-hoc zusammentretende Einrichtung führte der Vertrag von Lissabon den **Konvent** ein. Er formalisierte damit eine Praxis, die bei der Erarbeitung der Charta der Grundrechte im Jahre 2000 und des Verfassungsentwurfs von 2003 erprobt worden war. Gemäß Art. 48 Abs. 3 EUV besteht der Konvent aus Vertretern der nationalen Parlamente, der Staats- und Regierungschefs der Mitgliedstaaten, des Europäischen Parlaments und der Kommission. Der Konvent wird vom Präsidenten des Europäischen Rates einberufen, nachdem der Europäische Rat Änderungen der Verträge beschlossen hat. Der Konvent prüft die Änderungsentwürfe und beschließt im Konsens eine Empfehlung an die über die Änderung förmlich beschließende Konferenz der Vertreter der Regierungen.

115 Der EAGV sah in Art. 9 Abs. 2 die Gründung einer Europäischen Universität vor. Ihr Aufgabenbereich wäre vom Rahmen des EAGV bestimmt gewesen.

Das am 18. April 1972 unterzeichnete Übereinkommen über die Gründung eines **Europäischen Hochschulinstituts** in Florenz beruhte jedoch nicht auf Art. 9 Abs. 2 EAGV sondern auf einem selbständigen Vertrag der Mitgliedstaaten.[138] Die Aufgaben des Instituts bewegen sich auch nicht im Bereich der Kernenergie, sondern sollen zur Entwicklung des kulturellen und wissenschaftlichen Erbes Europas beitragen (Art. 2).

Das Institut ist mit der EU über einen Vertreter im Obersten Rat (Art. 6), generell durch Beamte der Kommission in den Verwaltungsgremien des Instituts und durch teilweise Finanzierung durch den EU-Haushalt verknüpft.

116 Ebenfalls auf einem besonderen Abkommen der Mitgliedstaaten beruhen die **Europäischen Schulen** (u.a. in Brüssel, Luxemburg, München), die zT von der Union kontrolliert und finanziert werden.[139]

IV. Statut der Mitglieder und Bediensteten, Arbeitsort, Sprachen

1. Statut der Mitglieder und Bediensteten

117 Das Statut der Mitglieder der Organe und sonstigen Einrichtungen folgt zT aus den Verträgen bzw den Verträgen beigefügten Satzungen (Kommission, EuGH, Rechnungshof, EZB), zT ist es durch besonderen Rechtsakt der Organe zu erlassen (EP, Art. 223 Abs. 2 AEUV; Bürgerbeauftragter, Art. 228 Abs. 4 AEUV).

Gemäß Art. 343 AEUV genießt die EU – insbesondere also die Mitglieder ihrer Organe – die zur Erfüllung ihrer Aufgaben erforderlichen Vorrechte und Befreiungen gegenüber Hoheitsakten der Mitgliedstaaten nach Maßgabe eines besonderen Protokolls zum EUV.[140]

Danach gelten folgende Prinzipien:

– Die Räumlichkeiten der EU dürfen nicht durchsucht, beschlagnahmt, eingezogen oder enteignet werden;

136 VO 182/2011, ABl. L 55/2011, S. 13 = HER I A 82/21.
137 *EuG, Rs. T-188/97* (Rothmans International/Kommission), Slg 1999, II-2463.
138 ABl. EG C 29/1976, S. 1 ff = HER I A 58/50.1.
139 Abkommen v. 21. Juni 1994 (die Union ist Vertragspartner), ABl. L 212/1994, S. 3 = HER I A 58/51.1.
140 Protokoll Nr. 7 zum EUV = HER I A 1/33.

- Die Union ist von direkten Steuern, Zöllen sowie Ein- und Ausfuhrverboten befreit;
- Die Mitglieder der Organe besitzen Immunität und Indemnität während der Ausübung ihres Mandats;[141]
- Für Beamte der EU gelten erleichterte Aufenthalts- und besondere Steuervorschriften (Art. 12-14 des Protokolls).[142]

Gegenüber Drittstaaten richten sich die Vorrechte und Immunitäten der Union nach dem Völkerrecht. In der Praxis werden sie zumeist in bilateralen Vereinbarungen definiert.

Die Organe der Union beschäftigen **Beamte** und **sonstige Bedienstete.** Diese sind im Regelfall nicht zugleich Angehörige ihres heimischen öffentlichen Dienstes, sondern bilden einen besonderen **europäischen öffentlichen Dienst.** Rechtsgrundlage dieser der Unabhängigkeit der Organe förderlichen Struktur ist Art. 298 AEUV. Der Rat hat ein Statut der Beamten und Bediensteten erlassen, das eine vollkommen eigenständige Regelung gegenüber dem nationalen Recht des öffentlichen Dienstes trifft.[143] In ihm verbinden sich insbesondere Elemente französischen und deutschen Dienstrechts. 118

Der Haushaltsplan weist jährlich die Gesamtzahl der Bediensteten nach. Im Jahre 2014 beläuft sie sich auf ca. 45.000.

Die Haftung der Union für die Tätigkeit ihrer Beamten und die Haftung der Beamten wird in Art. 340 AEUV geregelt. Eine besondere **strafrechtliche Verantwortlichkeit** der EU-Bediensteten besteht insbesondere in Bezug auf Bestechung.[144]

2. Arbeitsorte

Gemäß Art. 341 AEUV wird der **Sitz** der Organe der Union im Einvernehmen zwischen den Regierungen der Mitgliedstaaten festgelegt. Ein entsprechender Beschluss wurde erst vom Europäischen Rat am 12. Dezember 1992 formell gefasst.[145] Dieser Beschluss wurde durch den Vertrag von Amsterdam in den Rang eines Protokolls zum EUV erhoben.[146] Zuvor regelten vorläufige Beschlüsse der Außenminister, insbesondere ein Beschluss über die vorläufige Unterbringung bestimmter Organe und Dienststellen vom 8. April 1965[147] und dazu ergänzend das Selbstorganisationsrecht der Organe die Praxis. 119

Danach liegt der Schwerpunkt der EU in **Brüssel.** Dort haben der Europäische Rat, der Rat, die Kommission, WSA und der Ausschuss der Regionen ihren Sitz. EuGH, Rechnungshof und EIB haben ihren Sitz in **Luxemburg.** Dort sind auch einige Dienststellen der Kommission untergebracht. Das EP hat seinen Sitz in **Straßburg.** Die Ausschüsse des EP treten in Brüssel zusammen, sein Generalsekretariat ist in Luxemburg angesiedelt. Für das EP dauert damit eine unbefriedigende Situation fort, die bereits zu einer Reihe von Gerichtsurteilen geführt hat.[148] Die EZB hat ihren Sitz in Frankfurt/M. Die nachgeordneten Dienststellen und Einrichtungen der EU wurden auf zahlreiche Städte Europas verteilt.[149]

---

141 EuGH, Rs. 149/85 (Wybot/ Faure), Slg 1986, 2391. S. *Bieber*, EuR 1981, S. 124 ff.

142 Vgl EuGH, Rs. 260/86 (Kommission/Belgien), Slg 1988, 955.

143 VO Rat 259/68, ABl. L 56/1968, S. 1, grundlegend überarbeitet durch VO 723/2004, ABl. L 124/2004, S. 1 = HER I A 92/1.

144 Übereinkommen über die Bekämpfung der Bestechung, an der Beamte der EU oder der Mitgliedstaaten beteiligt sind, v. 25. Mai 1997, ABl. C 195/1997, S. 2 = HER I A 14/5.2.5 a.

145 ABl. C 341/1992, S. 1.

146 Seit dem Vertrag von Lissabon: Protokoll Nr. 6 zum EUV = HER I A 0/8.

147 ABl. EG 152/1967, S. 18.

148 EuGH, Rs. 230/81, Slg 1983, 255; Rs. 108/83, Slg 1984, 1945; s. auch Rs. 358/85 (Frankreich/EP), Slg 1988, 4821; Rs. C-213/88 u.a. (Luxemburg/EP), Slg 1991, 5643; Rs. C-345/95 (Frankreich/EP), Slg 1997, I-5215;, verb. Rs. C – 237, C-238/11, (Frankreich/EP), U. v. 13. Dezember 2012.

149 Vgl Beschlüsse der Vertreter der Regierungen v. 29. Oktober 1993, ABl. C 323/1993, S. 1 = HER I A 93/1.2 und v. 13. Dezember 2003, ABl. L 29/2004, S. 15.

3. Sprachen

120 Gemäß Art. 22 der Grundrechtecharta „achtet" die Union die Vielfalt der Sprachen. Hinsichtlich der Verwendung von Sprachen im Rahmen des EU-Rechts sind folgende Situationen zu unterscheiden:

- **Vertragssprachen.** In diesen sind die Gründungsverträge abgefasst. Sämtliche dieser Sprachfassungen sind verbindlich. (Art. 55 EUV, 358 AEUV). Dies sind zurzeit 24 Sprachen. Gemäß Art. 24 Abs. 4 AEUV kann sich jeder Bürger in einer dieser Sprachen an die Organe wenden und eine Antwort in derselben Sprache erhalten.
- **Amts- und Arbeitssprachen der Organe.** Diese hat der Rat gemäß Art. 342 AEUV der Rat in der VO Nr. 1 festgelegt, wobei eine Sonderregelung für den EuGH gilt.[150] In diesen Sprachen werden die amtlichen Dokumente veröffentlicht (zB das EU-Amtsblatt). Ohne dass dies vertraglich geboten wäre unterscheidet sich die vom Rat festgelegte Liste nicht von den Vertragssprachen, umfasst im Jahre 2014 also ebenfalls 24 Sprachen.
- Vor dem EuGH gilt gemäß Art. 36 der Verfahrensordnung eine besondere Liste der **Verfahrenssprachen.** Diese stimmen mit den Vertragssprachen überein.

Die Vielsprachigkeit wirft organisatorische und juristische Probleme auf.[151] Der dadurch bedingte personelle und finanzielle Aufwand ist erheblich.[152] Ungefähr ein Viertel der Bediensteten arbeiten direkt oder indirekt für die Übersetzung von Dokumenten und Debatten. Bei jeder Erweiterung verstärkt sich die dadurch verursachte Effizienzminderung. Andererseits ist der Integrationseffekt nicht zu unterschätzen, der in der Möglichkeit besteht, sich in seiner eigenen Sprache auszudrücken und EU-Dokumente in dieser Sprache zu erhalten.[153] Art. 24 AEUV erhebt diese Möglichkeit zT in den Rang eines Bürgerrechts und konkretisiert damit Art. 22 der Charta. In der internen Praxis der Organe hat sich ein Vorrang der englischen und französischen Sprache entwickelt.

---

150 VO Nr. 1, ABl. Nr. 17, 1958, 1 idF der VO 1791/2006, ABl. L 363/2006, S. 1, 80 = HER I A 93/2.1. Eine Sonderregelung gilt für die maltesische Sprache, VO 930/2004, ABl. L 169/2004, S. 1. Zur Benutzung anderer Sprachen s. Schlussfolgerungen des Rates v. 13. Juni 2005, ABl. C 148/2005, S. 1. Zur Sprachenregelung vor dem EuGH s. ERat v. 18. Dezember 2006, ABl. L 386/2006, S. 44. Dazu *Hayder*, Das Sprachenregime der Europäischen Union, ZeuS 2011, 343.

151 Dazu näher EuGH, Rs. 283/81 (CILFIT), Slg 1982, 3415, Rn 18,19. S.a. Schlussanträge GA Maduro in der Rs. C *–160/03* (Spanien/Eurojust), Slg *2005*, I-2077.

152 Vgl Sonderberichte des Rechnungshofes Nr. 5/2005 und Nr. 9/2006 über die Ausgaben für Verdolmetschung und Übersetzungen von EP, Kommission und Rat, ABl. C 291/2005, S. 1 und ABl. C 284/2006, S. 1.

153 S. dazu Schlussfolgerungen des Rates v. 13. Juni 2005, ABl. C 148/2005, S. 1.

§ 2 Gesetzgebung

Literatur: *Altmeppen/Fitz/Honsell* (Hrsg.), Festschrift für Günter H. Roth zum 70. Geburtstag, München 2011; *v. Arnauld/Hufeld* (Hrsg.), Systematischer Kommentar zu den Lissabon-Begleitgesetzen, IntVG, EUZBBG, EUZBLG, Baden-Baden 2011; *Arnold*, Der Soziale Dialog nach Art. 139 EG, Baden-Baden 2008; *v. Bogdandy/Bast* (Hrsg.), Europäisches Verfassungsrecht, Berlin u.a. 2009, 489; *Brechmann*, Die richtlinienkonforme Auslegung, München 1994; *Breuer/Epiney/Haratsch/Schmahl/Weiß*, Der Staat im Recht, Festschrift für Eckart Klein zum 70. Geburtstag, Berlin 2013; *Calliess*, Subsidiaritäts- und Solidaritätsprinzip in der Europäischen Union, 2. Aufl. Baden-Baden 1999; *Chibanguza*, Die Kompetenzen nach dem Vertrag von Lissabon unter besonderer Berücksichtigung der Zuständigkeiten im Bereich der Politiken Grenzkontrollen, Asyl und Einwanderung des Raums der Freiheit, der Sicherheit und des Rechts, Göttingen 2011; *v. Danwitz*, Rechtswirkungen von Richtlinien in der neueren Rechtsprechung des EuGH, JZ 2007, 697 ff; *Dittert*, Die ausschließlichen Kompetenzen der Europäischen Gemeinschaft im System des EG-Vertrags, Frankfurt a.M. u.a. 2001; *Dougan*, The Treaty of Lisbon 2007: Winning Minds, Not Hearts, CMLR 45 (2008), 617 ff; *Due/Lutter/Schwarze* (Hrsg.), Festschrift für Ulrich Everling, Baden-Baden 1995; *Fastenrath/Nowak* (Hrsg.), Der Lissabonner Reformvertrag, Berlin 2009; *Fabricius*, Der Technische Regulierungsstandard für Finanzdienstleistungen. Eine kritische Würdigung unter besonderer Berücksichtigung des Art. 290 AEUV, Halle 2013; *Haibach*, Komitologie nach Amsterdam – Die Übertragung von Rechtsetzungsbefugnissen im Rechtsvergleich, VerwArch. 90 (1999), 98 ff; *Hartisch*, Die unmittelbare Wirkung von Richtlinien in dreipoligen Rechtsbeziehungen, Frankfurt a.M. 2003; *Haselmann*, Delegation und Durchführung gemäß Art. 290 und Art. 291 AEUV, Berlin 2012; *Herrmann*, Richtlinienumsetzung durch Rechtsprechung, Berlin 2003; *Héritier/Moury/Bischoff/Bergström*, Changing Rules of Delegation, A Contest for Power in Comitology, Oxford 2013; *Hummer/Obwexer* (Hrsg.), Der Vertrag von Lissabon, Baden-Baden 2009; *Huster*, Europapolitik aus dem Ausschuss – Innenansichten des Ausschusswesens der EU, Wiesbaden 2008; *Ilgner*, Die Durchführung der Rechtsakte des europäischen Gesetzgebers durch die europäische Kommission, Art. 290 und Art. 291 AEUV und deren Auswirkungen auf die Komitologie, Berlin 2014; *Joerges/Falke* (Hrsg.), Das Ausschusswesen der Europäischen Union, Baden-Baden 2000; *Kadelbach* (Hrsg.), Europäische Integration und parlamentarische Demokratie, Baden-Baden 2009; *Klagian*, Die objektiv unmittelbare Wirkung von Richtlinien, ZÖR 56 (2001), 305 ff; *Klamert*, Die richtlinienkonforme Auslegung nationalen Rechts, Wien 2001; *D. König*, Die Übertragung von Hoheitsrechten im Rahmen des europäischen Integrationsprozesses – Anwendungsbereich und Schranken des Art. 23 des Grundgesetzes, Berlin 2000; *Kraußer*, Das Prinzip begrenzter Ermächtigung im Gemeinschaftsrecht als Strukturprinzip des EWG-Vertrages, Berlin 1991; *Kröll*, Art. 290 und 291 AEUV – Neue vertragliche Grundlagen der Rechtsetzung durch die Europäische Kommission, in: Debus/Kruse/Peters u.a. (Hrsg.), Verwaltungsrechtsraum Europa, Baden-Baden 2001, 195 ff; *J. Kühling*, Vorwirkungen von EG-Richtlinien bei der Anwendung nationalen Rechts – Interpretationsfreiheit für Judikative und Exekutive?, DVBl. 2006, 857 ff; *Landgraf*, Das neue Komitologieverfahren der EU: Auswirkungen im Antidumpingrecht, Halle 2012; *Lenaerts/Verhoeven*, Towards a Legal Framework for Executive Rule-making in the EU? The Contribution of the New Comitology Decision, CMLR 37 (2000), 645 ff; *Mayer*, Die Europafunktion der nationalen Parlamente in der Europäischen Union, Tübingen 2012; *Mellein*, Subsidiaritätskontrolle durch nationale Parlamente, Baden-Baden 2007; *Molsberger*, Das Subsidiaritätsprinzip im Prozess europäischer Konstitutionalisierung, Berlin 2009; *Moreiro González*, Änderungen des normativen Rahmens der Komitologie, ZEuS 2003, 561 ff; *Müller-Graff/Schmahl/Skouris*, Europäisches Recht zwischen Bewährung und Wandel, Festschrift für Dieter H. Scheuing, Baden-Baden 2011; *Neuhold*, Das Europäische Parlament im Rechtsetzungsprozeß der Europäischen Union, Frankfurt a.M. u.a. 2001; *Pernice* (Hrsg.), Der Vertrag von Lissabon: Reform der EU ohne Verfassung?, Baden-Baden 2008; *Roller*, Komitologie und Demokratieprinzip, KritV 86 (2003), 249 ff; *Rösch*, Zur Rechtsformenwahl des europäischen Gesetzgebers im Lichte des Verhältnismäßigkeitsgrundsatzes – von der Richtlinie zur Verordnung, Berlin 2012; *Sachs/Siekmann* (Hrsg.), Der grundrechtsgeprägte Verfassungsstaat, Festschrift für Klaus Stern zum 80. Geburtstag, Berlin 2012; *W. Schroeder* (Hrsg.), Europarecht als Mehrebenensystem, Wien 2008; *Schuppert/Pernice/Haltern* (Hrsg.), Europawissenschaft, Baden-Baden 2005; *Schwartz*, Die Wahl der Rechtsgrundlage im Recht der Europäischen Union, Baden-Baden 2013; *Skouris*, Rechtswirkungen von nicht umgesetzten EG-Richtlinien und EU-Rahmenbeschlüssen gegenüber Privaten – neuere Entwicklungen in der Rechtsprechung des EuGH, ZEuS 2005, 463 ff; *Spieß*, Sozialer Dialog und Demokratieprinzip, Berlin 2005; *Streinz/Ohler/Herrmann*, Der Vertrag von Lissabon zur Reform der EU, 3. Aufl. München 2010; *Trüe*, Das System der Rechtsetzungskompetenzen der Europäischen Gemeinschaft und der Europäischen

Union, Baden-Baden 2002; *Uerpmann-Wittzack,* Frühwarnsystem und Subsidiaritätsklage im deutschen Verfassungssystem, EuGRZ 2009, 461 ff; *Vogt,* Die Entscheidung als Handlungsform des Europäischen Gemeinschaftsrechts, Tübingen 2005; *Wölk,* Die Umsetzung von Richtlinien der Europäischen Gemeinschaft, Baden-Baden 2002.

A. Begriffsklärung

I. Unterscheidung zwischen Primär-, Sekundär- und Tertiärrecht

1 Das Recht der Europäischen Union stellt neben dem nationalen Recht der Mitgliedstaaten und dem Völkerrecht eine eigenständige Rechtsordnung dar, die mit den mitgliedstaatlichen Rechtsordnungen eng verflochten ist und in diese hineinwirkt.[1] Herkömmlicherweise wurde im Gemeinschaftsrecht und wird auch weiterhin nach dem Inkrafttreten des Vertrags von Lissabon im Unionsrecht

1 Grundlegend EuGH, Rs. 6/64 (Costa/ENEL), Slg 1964, 1251, 1269; BVerfGE 31, 145, 173 f.

zwischen dem Primärrecht und dem Sekundärrecht unterschieden.[2] Im Vertrag von Lissabon ist mit den Rechtsakten ohne Gesetzescharakter eine dritte Kategorie, das Tertiärrecht, hinzugekommen.[3] Zum **Primärrecht** zählen im Wesentlichen die völkerrechtlichen Verträge, mit denen die ursprünglichen drei Gemeinschaften und die EU errichtet worden sind, sowie deren Änderungen und Ergänzungen, Anhänge und Protokolle. Zu den wichtigsten Änderungsverträgen gehören die Einheitliche Europäische Akte (EEA) von 1986,[4] der Vertrag von Maastricht über die Europäische Union von 1992,[5] der Vertrag von Amsterdam von 1997[6] und der Vertrag von Nizza von 2001.[7] Nach dem Scheitern des EVV vom 29.10.2004[8] bildet der Vertrag von Lissabon,[9] der die wesentlichen Reformen der Verfassung beibehält, den Kern des europäischen Primärrechts. Ferner werden dem Primärrecht die ungeschriebenen allgemeinen Rechtsgrundsätze zugerechnet, die der EuGH im Wege der sog. wertenden Rechtsvergleichung als den Rechtsordnungen der Mitgliedstaaten gemeinsam festgestellt hat. Hierzu zählen insbesondere die rechtsstaatlichen Prinzipien (s. *Schmahl* § 6, Rn 8 ff) und die ungeschriebenen Grundrechte, die neben der nunmehr rechtsverbindlichen Grundrechtecharta fortbestehen (s. *Zuleeg/Kadelbach* § 8, Rn 2, 11 f).

Als **Sekundärrecht** werden die von den Unionsorganen auf der Grundlage des Primärrechts erlassenen Rechtsakte bezeichnet. Da diese jeweils einer Ermächtigungsgrundlage im Primärrecht bedürfen und von den Organen stammen, die durch die Gründungsverträge errichtet worden sind, wird das Sekundärrecht auch als „abgeleitetes Recht" charakterisiert. Die Unterscheidung zwischen Primär- und Sekundärrecht ist insofern relevant, als das Primärrecht in der **Normenhierarchie** dem Sekundärrecht im Rang vorgeht. Daraus folgt, dass das Sekundärrecht sich im Rahmen der Vorgaben des Primärrechts halten muss und diesem nicht widersprechen darf. Das Primärrecht ist folglich, dem Grundgesetz im deutschen Recht vergleichbar, der Maßstab, an dem die formelle und materielle Rechtmäßigkeit der sekundärrechtlichen Akte gemessen wird. Entsprechendes gilt für das **Tertiärrecht**, dessen Rechtsakte ihre Rechtsgrundlage in Art. 290 AEUV (delegierte Rechtsakte) und Art. 291 AEUV (Durchführungsrechtsakte) finden (s.u. Rn 100 ff). Diese dürfen die im Sekundärrecht festgelegten Bedingungen, unter denen die Übertragung der Rechtsetzungsbefugnis erfolgt, nicht überschreiten. Allerdings ist es im Vertrag von Lissabon nicht geglückt, eine klare Normenhierarchie herzustellen.[10] Wegen seines normenhierarchischen Vorrangs und seines grundlegenden Inhalts wurde das Primärrecht häufig als „Verfassung" der EU bezeichnet, wobei zu Recht vorausgesetzt wurde, dass sich der Verfassungsbegriff von der staatlichen Ebene lösen und auf die überstaatliche Ebene übertragen lässt.[11] Nach dem Scheitern des EVV ist deutlich geworden, dass die Bezeichnung als Verfassung eher Symbolwert hat. Vertragsänderungen hängen nach wie vor von dem Willen der Mitgliedstaaten ab, die insoweit „Herren der Verträge" bleiben.[12] Der Vorgang der 2

2 Vgl dazu *Haag*, in: Bieber/Epiney/Haag (Hrsg.), Die Europäische Union, § 6, Rn 4 ff; *Herdegen*, Europarecht, § 8, Rn 1 ff; *Oppermann/Classen/Nettesheim*, Europarecht, § 9, Rn 19 ff; *Streinz*, Europarecht, § 5, Rn 445 ff.

3 Die Kategorie der Rechtsakte ohne Gesetzescharakter umfasst diejenigen Rechtsakte, die die Kommission – und in Ausnahmefällen der Rat – früher auf der Grundlage von Art. 202, 3. Spiegelstr., und Art. 211, 4. Spiegelstr. EGV erlassen haben. Dazu *Hetmeier*, in: Lenz/Borchardt (Hrsg.), EU-Verträge, Vorb. Art. 288-299 AEUV, Rn 3 f. *Ilgner*, S. 262 ff, weist zutreffend darauf hin, dass mit der Kategorisierung in Sekundär- und Tertiärrecht keine klare Normenhierarchie einhergeht.

4 ABl. 1987 L 169 v. 29.6.1987, S. 1; BGBl. II, S. 1104.

5 ABl. C 191 v. 29.7.1992, S. 1; BGBl. II, S. 1253.

6 ABl. C 340 v. 10.11.1997, S. 1; BGBl. 1998 II, S. 386.

7 ABl. C 80 v. 10.3.2001, S. 1; BGBl. II, S. 1667.

8 ABl. C 310 v. 16.12.2004, S. 1.

9 ABl. C 306 v. 17.12.2007, S. 1.

10 Dazu im Einzelnen *Ilgner*, S. 261 ff.

11 Ausführlich zum Verfassungsbegriff *Peters*, Elemente einer Theorie der Verfassung Europas, S. 38 ff; *Giegerich*, Europäische Verfassung und deutsche Verfassung im transnationalen Konstitutionalisierungsprozeß: Wechselseitige Rezeption, konstitutionelle Evolution und föderale Verflechtung, S. 304 ff.

12 Dazu näher *Hummer*, Von der „Verstaatlichung" der EU durch den Verfassungs-Vertrag (2004) zu ihrer „Entstaatlichung" durch den Vertrag von Lissabon (2007) – Das Scheitern des Verfassungs-Konzepts, in: Hummer/Obwexer (Hrsg.), S. 19 ff; *Calliess*, in: Pernice (Hrsg.), S. 54 ff.

Vertragsänderung (Art. 48 EUV) wird im Folgenden nicht in den Begriff der Gesetzgebung einbezogen. Letzterer bezieht sich nur auf die von den Unionsorganen erlassenen Rechtsnormen.

II. Supranationale Rechtsetzung und Besonderheiten im Rahmen der GASP

3 Bei den Rechtsakten der EU lässt sich zwar nach dem Inkrafttreten des Vertrags von Lissabon, der die vormalige Säulenstruktur aufhebt, formal nicht mehr zwischen supranationalen und intergouvernementalen Rechtsakten unterscheiden. Dennoch gibt es Unterschiede zwischen den supranationalen Rechtsakten (Verordnungen, Richtlinien und Beschlüsse), die im Rahmen des AEUV ergehen, und denjenigen, die im Rahmen der Gemeinsamen Außen- und Sicherheitspolitik (GASP) beschlossen werden. Erstere ergehen auf der Grundlage der im AEUV enthaltenen Kompetenztitel und nach den dort vorgesehenen Rechtsetzungsverfahren. Charakteristisch für die **supranationale Rechtsetzung**, häufig in Anlehnung an die staatliche Ebene auch früher schon als „Gesetzgebung" bezeichnet, ist das komplexe Zusammenspiel mehrerer Unionsorgane. Im Vertrag von Lissabon wird nun in Bezug auf die Rechtsakte mit Gesetzescharakter der Begriff „Gesetzgebungsverfahren" verwendet. Die supranationalen Rechtsakte zeichnen sich dadurch aus, dass sie unmittelbar Rechte und Pflichten Einzelner begründen können (Durchgriffseffekt) und dass ihnen ein Anwendungsvorrang vor dem mitgliedstaatlichen Recht zukommt (s. *Ehlers* § 11, Rn 48 ff). Demgegenüber trug die intergouvernementale Rechtsetzung, die im Rahmen des zweiten und dritten Pfeilers der EU, der GASP und der Polizeilichen und Justiziellen Zusammenarbeit in Strafsachen (PJZS) Anwendung fand, noch starke völkerrechtliche Züge. Mit dem Vertrag von Lissabon sind die Regelungsmaterien der PJZS in den supranationalen Entscheidungsprozess übergeführt und die Kompetenzen der Union erweitert worden.[13] Im **Bereich von GASP und Gemeinsamer Sicherheits- und Verteidigungspolitik (GSVP)** gelten dagegen nach wie vor **Besonderheiten**, die auf die Bedeutung dieser Politikbereiche für die Souveränität der Mitgliedstaaten zurückzuführen sind. Diese können auf das Beschlussverfahren, das in der Regel Einstimmigkeit verlangt, wesentlich stärker Einfluss nehmen als auf die supranationale Gesetzgebung; die Mitwirkungsrechte von Kommission und Parlament sind begrenzt. Der Erlass von Gesetzgebungsakten ist explizit ausgeschlossen. Durch die Beschlüsse werden nur die Union selbst und die Mitgliedstaaten berechtigt und verpflichtet. Durchgriffseffekt und Anwendungsvorrang kommen ihnen nicht zu.[14] Daher werden sie in den nachfolgenden Ausführungen zur Gesetzgebung nicht berücksichtigt. Gleiches gilt für die völkerrechtlichen Verträge, die die Mitgliedstaaten zur Bewältigung der europäischen Finanz- und Staatsschuldenkrise auf der Grundlage des neuen Art. 136 Abs. 3 AEUV abgeschlossen haben.

B. Gesetzgebungskompetenzen

I. Grundsätze der Kompetenzverteilung

4 Die EU und ihre Mitgliedstaaten bilden einen föderativen Verband, in dem durch die Kompetenzordnung festgelegt werden muss, wem welche Gesetzgebungskompetenzen zustehen (vertikale Konkurrenzen). Voraussetzung für ein gesetzgeberisches Handeln der Union ist daher, dass sie für die Regelung der jeweiligen Sachmaterie zuständig ist (Verbandskompetenz). Die Verteilung der Kompetenzen zwischen der Union und den Mitgliedstaaten ist im EVV erstmals ausführlich geregelt und es sind **Kompetenzkategorien** geschaffen worden.[15] Diese Regelungen sind mit einigen Veränderungen in den Vertrag von Lissabon übernommen worden. In Art. 4 und 5 EUV werden die Grundsätze der Kompetenzverteilung verankert, während die verschiedenen Kompetenzkategorien und die dazugehörigen Regelungsbereiche in Art. 2 bis Art. 6 AEUV aufgeführt sind. In Art. 4

---

13 Sie haben Eingang gefunden in den AEUV, Titel V (Raum der Freiheit, der Sicherheit und des Rechts), Kapitel 3 (Justizielle Zusammenarbeit in Zivilsachen, Art. 81 AEUV), Kapitel 4 (Justizielle Zusammenarbeit in Strafsachen, Art. 82-86 AEUV) und Kapitel 5 (Polizeiliche Zusammenarbeit, Art. 87-89 AEUV), vgl auch *Schwarze*, EuR 2009 Beiheft 1, 9, 24 f; *Terhechte*, EuR 2008, 143, 172 f.

14 Näheres dazu bei *Vedder*, in: Hummer/Obwexer(Hrsg.), S. 267 ff.

15 Titel III, Art. I-11 bis Art. I-18 EVV, dazu *Wuermeling*, EuR 2004, 216; *Trüe*, ZaöRV 64 (2004), 391, 408; *Lenski*, in: Lenz/Borchardt (Hrsg.), EU-Verträge, Art. 2 AEUV, Rn 4.

Abs. 1 EUV wird erstmals ausdrücklich festgehalten, dass alle der Union nicht in den Verträgen übertragenen Zuständigkeiten bei den Mitgliedstaaten verbleiben. Dieser Grundsatz ist im Zusammenhang mit der Formulierung in Art. 3 Abs. 6 EUV zu lesen, der zufolge die Union „ihre Ziele mit geeigneten Mitteln entsprechend den Zuständigkeiten, die ihr in den Verträgen übertragen sind“ verfolgt. Zudem wird der Grundsatz in Art. 5 Abs. 2 EUV, der das Prinzip der begrenzten Einzelermächtigung definiert, wiederholt. Damit wird an mehreren Stellen des Vertrages explizit deutlich gemacht, dass die Union nur über jene Zuständigkeiten verfügen kann, die ihr von den Mitgliedstaaten übertragen worden sind. In Zweifelsfällen wird eine **Zuständigkeitsvermutung zugunsten der Mitgliedstaaten** begründet.[16] Diese war zwar bereits nach der alten Rechtslage als Kehrseite des Prinzips der begrenzten Einzelermächtigung anerkannt, erhält nun aber eine politisch und mit Blick auf die Auslegung der Kompetenzvorschriften auch rechtlich bedeutsame Bekräftigung. Ziel der besonderen Betonung der begrenzten Kompetenzen der Union an mehreren Stellen der Verträge ist es, einer nach Meinung vieler Mitgliedstaaten ausgreifenden Kompetenzwahrnehmung durch die Union entgegenzuwirken.[17]

II. Prinzip der begrenzten Einzelermächtigung

1. Definition und Inhalt

Gemäß Art. 5 Abs. 2 EUV wird die Union „nur innerhalb der Grenzen der Zuständigkeiten tätig, die die Mitgliedstaaten ihr in den Verträgen zur Verwirklichung der darin niedergelegten Ziele übertragen haben“. Diese Formulierung bringt das für das Verhältnis zwischen Union und Mitgliedstaaten grundlegende – im Vertrag von Lissabon nun auch ausdrücklich so genannte – **Prinzip der begrenzten Einzelermächtigung** zum Ausdruck, dem zufolge die Union nur handeln darf, wenn und soweit im EUV und AEUV – explizit oder implizit – eine entsprechende Ermächtigungsgrundlage vorhanden ist. Hierin unterscheidet sich die Union von einem Staat, der kraft seiner Souveränität über eine sog. Kompetenz-Kompetenz bzw Allzuständigkeit verfügt. 5

Das Prinzip der begrenzten Einzelermächtigung hat folgenden Inhalt: Erstens nimmt es die **Kompetenzverteilung zwischen der Union und den Mitgliedstaaten** vor; zweitens legt es in Verbindung mit Art. 13 Abs. 2 S. 1 EUV fest, dass nur diejenigen Unionsorgane gesetzgeberisch tätig werden dürfen, denen in der jeweiligen Ermächtigungsgrundlage entsprechende Befugnisse zugewiesen worden sind; drittens müssen die Unionsorgane das in der Ermächtigungsgrundlage vorgeschriebene Verfahren einhalten; und viertens dürfen sie sich dazu nur, falls vorgeschrieben, der darin aufgeführten Handlungsform (Verordnung, Richtlinie oder Beschluss) bedienen.[18] In Art. 5 Abs. 2 S. 2 EUV wird ausdrücklich festgehalten, dass alle der Union nicht in den Verträgen übertragenen Zuständigkeiten bei den Mitgliedstaaten verbleiben.[19] Im Ergebnis ist festzuhalten, dass es sich bei dem Prinzip der begrenzten Einzelermächtigung gemäß Art. 5 Abs. 2 EUV um eine **Kompetenzverteilungsregel** handelt, während dem in Art. 5 Abs. 3, 4 und 5 EUV enthaltenen Subsidiaritäts- und dem Verhält- 6

16 Vgl *Calliess,* in: Calliess/Ruffert (Hrsg.), EUV/AEUV, Art. 4 EUV, Rn 2 ff.

17 Das BVerfG hat bereits im Maastricht-Urteil (E 89, 155, 188, 210) eine restriktive Auslegung von Kompetenzvorschriften angemahnt und eine Ultra-vires Kontrolle angekündigt. Im Lissabon-Urteil vom 30. Juni 2009 (Rn 240) hat es diese Aussage bekräftigt und dazu ausgeführt: „...Wenn Rechtsschutz auf Unionsebene nicht zu erlangen ist, prüft das Bundesverfassungsgericht, ob Rechtsakte der europäischen Organe und Einrichtungen sich unter Wahrung des gemeinschafts- und unionsrechtlichen Subsidiaritätsprinzips (Art. 5 Abs. 2 EGV; Art. 5 Abs. 1 Satz 2 und Abs. 3 EUV-Lissabon) in den Grenzen der ihnen im Wege der begrenzten Einzelermächtigung eingeräumten Hoheitsrechte halten.“ Vgl dazu *Schorkopf,* NJW 2010, 718, 720; *Sauer,* ZRP 2009, 195, 196; *Terhechte,* EuZW 2009, 724, 729; *Everling,* EuR 2010, 91, 100 ff; *Streinz/Ohler/Herrmann,* S. 30 ff; *Möllers/Redcay,* EuR 2013, 409, 414. In dem *Honeywell*-Beschluss vom 6. Juli 2010, BVerfGE 126, 286, hat das Bundesverfassungsgericht seine Ultra-vires-Kontrolle zwar bestätigt, die Prüfungsintensität aber auf hinreichend qualifizierte Verstöße beschränkt. Zustimmend im Hinblick auf die beschränkte Kontrolldichte *Proelß,* EuR 2011, 241, 251 ff; vgl zum Honeywell-Beschluss auch *Streinz,* in: FS Roth, S. 823, 827 ff, und FS Stern, S. 963, 974 ff; *Karpenstein/Johann,* NJW 2010, 3405 ff; *Pötters/Traut,* EuR 2011, 580, 581 f; *Payandeh,* CMLR 2011, 9, 21 ff.

18 Grundlegend *Kraußer,* S. 20 ff; im Überblick *Trüe,* S. 72 ff.

19 Eine entsprechende Feststellung findet sich zudem in Art. 4 Abs. 1 EUV, dazu *Folz,* in: Fastenrath/Nowak (Hrsg.), S. 65, 66.

nismäßigkeitsprinzip die Funktion einer Kompetenzausübungsschranke zukommt.[20] Dies folgt nunmehr aus dem Wortlaut des Art. 5 Abs. 1 EUV.

2. Materielle und funktionale Kompetenzzuweisungen

7 Anders als im Grundgesetz sind die Kompetenzzuweisungen an die Union sehr weit gefasst. Sie beschränken sich nicht auf konkret aufgeführte Sachgebiete (materielle Kompetenzzuweisungen), sondern beziehen die umfangreichen **Ziele und Aufgaben der Union** mit ein (funktionale Kompetenzzuweisungen).[21] Ein instruktives Beispiel stellt die Kompetenznorm in Art. 114 Abs. 1 AEUV zur Rechtsangleichung dar, die auf die „Verwirklichung der Ziele des Artikels 26", dh auf die Verwirklichung des Binnenmarktes, ausgerichtet ist. Die Finalität zahlreicher Kompetenzzuweisungen im EG-Vertrag hatte, im Zusammenspiel mit der Auslegungsregel des „effet utile", zu einer extensiven Auslegung der Gemeinschaftskompetenzen geführt.[22] Der EuGH war in einem Urteil aus dem Jahr 1987 sogar so weit gegangen, aus dem Ziel einer Norm auf eine entsprechende Regelungsbefugnis der Kommission zu schließen.[23] Es widerspräche dem Sinn und Zweck des Prinzips der begrenzten Einzelermächtigung, die Unionskompetenzen zum Schutz der Mitgliedstaaten zu begrenzen, wenn der Schluss von der Aufgabe auf die Befugnis erlaubt wäre. Dieser Schluss ist im Unionsrecht deshalb – genauso wie im nationalen Recht – nicht zulässig.[24] In Reaktion auf die von den Gemeinschaftsorganen regelmäßig großzügig gehandhabte funktionale Kompetenzzuweisung haben die Mitgliedstaaten im Vertrag von Lissabon darauf bestanden, sowohl in den EUV als auch in den AEUV und in die Grundrechtecharta „Kompetenzbewahrungs- bzw Kompetenzsicherungsklauseln" (s.o. Rn 4) aufzunehmen, um einem weiteren schleichenden Kompetenztransfer auf die Union zukünftig vorzubeugen. Dennoch ist zu erwarten, dass insbesondere die zielbezogenen Kompetenznormen weiterhin dynamisch ausgelegt und angewendet werden, weil wegen ihrer finalen Ausrichtung kaum vorhersehbar ist, ob und unter welchen Voraussetzungen die Union von dieser Zuständigkeit konkret Gebrauch machen wird.[25]

3. Die Implied-Powers-Doktrin

8 Zu einer Ausweitung der Gemeinschaftskompetenzen hatte auch die Anwendung der aus dem amerikanischen Verfassungsrecht stammenden Implied-Powers-Doktrin geführt, die der EuGH bereits in frühen Entscheidungen herangezogen hat. Nach der Implied-Powers-Doktrin seien dem EG-Vertrag implizite Kompetenzen zu entnehmen, ohne die die Gemeinschaft die ihr ausdrücklich zugewiesenen Befugnisse vernünftigerweise nicht wahrnehmen könnte.[26] Die Implied-Powers-Doktrin umfasst zwei Arten von ungeschriebenen Kompetenzen, die auch aus dem deutschen Verfassungsrecht bekannt sind: erstens die **Kompetenz kraft Sachzusammenhangs**, welche eine ausdrücklich

20 BVerfGE 89, 105, 209 ff; so auch u.a. *Everling*, in: FS Stern, S. 1227; *Nicolaysen*, in: GS Grabitz, S. 469; *Lecheler*, Das Subsidiaritätsprinzip – Strukturprinzip einer europäischen Union, S. 121 ff; aA *Stewing*, Subsidiarität und Föderalismus in der Europäischen Union, S. 104 ff.

21 Zur Zielbezogenheit der Kompetenzzuweisungen *Trüe*, S. 121, *Schulze-Fielitz*, in: FS Scheuing, S. 165 f; *Drescher*, in: Marchetti/Demesmay (Hrsg.), Der Vertrag von Lissabon, Analyse und Bewertung, 2010, S. 59, 62.

22 Zahlreiche Beispiele finden sich bei *Jarass*, AöR 121 (1996), 173, 178 ff.

23 EuGH, verb. Rs. 281, 283 bis 285 und 287/85 (Deutschland u.a./Kommission), Slg 1987, 3203, 3253, Rn 28: „Weist eine Bestimmung des EWG-Vertrags [...] der Kommission eine bestimmte Aufgabe zu, so ist davon auszugehen, daß sie ihr dadurch notwendigerweise auch die zur Erfüllung dieser Aufgabe unerläßlichen Befugnisse verleiht; andernfalls würde der Bestimmung jede praktische Wirksamkeit genommen ...".

24 Zu der Verwendung der Begriffe im früheren Primärrecht *Bogdandy/Bast*, in: Grabitz/Hilf (Hrsg.), EUV/EGV, Art. 5 EGV, Rn 3; *Schütz/Bruha/König*, Casebook Europarecht, 2004, § 5, S. 187 mit Verweis auf BVerfGE 89, 155, 209 („Maastricht-Urteil"); *Lienbacher*, in: Schwarze (Hrsg.), EU-Kommentar, Art. 5 EGV, Rn 9 ff, wollte allein das Subsidiaritäts- und das Verhältnismäßigkeitsprinzip in Art. 5 Abs. 2 und 3 EG als Kompetenzbegrenzungsregeln verstanden wissen. Anders jetzt wohl *Lienbacher*, in: Schwarze/Becker/Hatje/Schoo (Hrsg.), EU-Kommentar, Art. 5 EUV, Rn 6 ff.

25 *Eilmannsberger*, in: Hummer/Obwexer (Hrsg.), S. 189, 203 f; Versuche, den früheren Art. 95 Abs. 1 EGV stärker einzugrenzen, blieben erfolglos, vgl *Nettesheim*, EuR 2004, 511, 517 f und Fn 36.

26 EuGH, Rs. 8/55 (Fédération Charbonnière de Belgique/Hohe Behörde), Slg 1955, 297, 311 f; Rs. 20/59 (Italien/Hohe Behörde), Slg 1960, 681, 708; Rs. 25/59 (Niederlande/Hohe Behörde), Slg 1960, 743, 788; grundlegend *Nicolaysen*, EuR 1966, 129.

zugewiesene Regelungskompetenz auf Nachbargebiete ausdehnt, die notwendigerweise mitgeregelt werden müssen;[27] und zweitens die **Annexkompetenz**, welche die Zuständigkeit auf notwendige Vorbereitungs- oder Durchführungsmaßnahmen erweitert.[28] Entscheidend für diese beiden Arten von Kompetenzerweiterungen ist, dass sie jeweils eine ausdrücklich im AEUV zugewiesene Kompetenz voraussetzen.[29] Eine dritte, aus dem Bundesstaatsrecht bekannte ungeschriebene Kompetenz, die Kompetenz kraft Natur der Sache, welche denknotwendig nur von der Union und nicht von den Mitgliedstaaten ausgeübt werden kann, wird dagegen nicht von der Implied-Powers-Doktrin umfasst.[30] Denn sie knüpft zum einen nicht an eine bereits vorhandene ausdrückliche Kompetenzzuweisung an. Zum anderen ist eine solche Kompetenz kraft Natur der Sache in Art. 352 AEUV geregelt, so dass es eines Rückgriffs auf die Doktrin nicht bedarf.[31]

Der **Hauptanwendungsbereich** der Implied-Powers-Doktrin war die Ergänzung der Gemeinschafts- 9
kompetenzen im Bereich der **Außenbeziehungen**. So hat die sog. „AETR"-Rechtsprechung des EuGH dazu geführt, dass die Gemeinschaft überall dort, wo ihr im Hinblick auf ein bestimmtes Ziel im Inneren ausdrücklich Kompetenzen zugewiesen worden waren, die ungeschriebene Zuständigkeit besaß, die zur Erreichung dieses Ziels erforderlichen völkerrechtlichen Verpflichtungen einzugehen.[32] Diese Rechtsprechung des EuGH ist jetzt in Art. 3 Abs. 2 AEUV, der die ausschließliche Zuständigkeit der Union regelt, und in Art. 216 Abs. 1 AEUV, der die Vertragsabschlusskompetenz der Union festlegt, aus Gründen der Rechtsklarheit kodifiziert worden.[33] Betrifft ein völkerrechtliches Übereinkommen ein Gebiet, auf dem die Zuständigkeiten zwischen Union und Mitgliedstaaten geteilt sind, müssen beide Seiten bei Aushandlung, Abschluss und Durchführung des Vertrages gemeinsam vorgehen.[34]

4. Die Vertragsabrundungskompetenz gemäß Art. 352 AEUV

Das Prinzip der begrenzten Einzelermächtigung wurde – neben der weit gefassten Ermächtigung 10
zur Rechtsangleichung und der Anwendung der Implied-Powers-Doktrin – auch dadurch in seiner Begrenzungsfunktion abgeschwächt, dass die Gemeinschaft gemäß Art. 308 EGV (früher Art. 235 EWGV) trotz fehlender explizit oder implizit zugewiesener Befugnisse gesetzgeberisch tätig werden konnte, wenn dies zur Verwirklichung ihrer Ziele erforderlich erschien. Diese Vorschrift erlaubte es, von einem Ziel bzw einer Aufgabe der Gemeinschaft „im Rahmen des Gemeinsamen Marktes" auf eine ungeschriebene Befugnis zu schließen, um Lücken im vertraglich verankerten System der Kompetenzzuweisung zu füllen, wenn eine Regelung durch die Gemeinschaft erforderlich war. Obwohl diese Vorschrift als Ausnahme von dem Prinzip der begrenzten Einzelermächtigung

27 ZB EuGH, Rs. 165/87 (Kommission/Rat), Slg 1988, 5545, 5560.

28 ZB EuGH, Gutachten I/78 (Internationales Naturkautschuk-Übereinkommen), Slg 1979, 2871, 2917.

29 *Calliess*, in: Calliess/Ruffert (Hrsg.), EUV/AEUV, Art. 5 EUV, Rn 16; vgl auch *Bast*, in: Grabitz/Hilf/Nettesheim (Hrsg.), Das Recht der Europäischen Union, Art. 5 EUV, Rn 21.

30 So aber *Bast*, in: Grabitz/Hilf/Nettesheim (Hrsg.), Das Recht der Europäischen Union, Art. 5 EUV, Rn 21.

31 *Jarass*, AöR 121 (1996), 173, 177; *Kraußer*, S. 62 f.

32 EuGH, Rs. 22/70 (Kommission/Rat, AETR), Slg 1971, 263, 274 f; verb. Rs. 3, 4 und 6/76 (Kramer), Slg 1976, 1279, 1310 f; Gutachten 1/76 (Stilllegungsfonds), Slg 1977, 741, 755 f; Gutachten 2/91 (ILO-Übereinkommen Nr. 170), Slg 1993, I-1061, 1076 f; Gutachten 1/94 (WTO), Slg 1994, I-5267, 5409 ff.

33 Dies war bereits in Art. I-13 Abs. 2 und Art. III-323 Abs. 1 EVV vorgesehen. Vgl dazu *Hummer*, in: Vedder/Heintschel v. Heinegg (Hrsg.), EVV, Art. III-323 EVV, Rn 9 und 12, der darauf hinweist, dass sich die Tatbestände der beiden genannten Regelungen teilweise überschneiden, jedoch auch unterschiedliche Formulierungen verwenden; *Calliess*, in: Calliess/Ruffert (Hrsg.), VerfEU, Art. I-13 EVV, Rn 17 mwN, dem zufolge durch den unterschiedlichen Wortlaut beider Bestimmungen bedingte Auslegungsschwierigkeiten iSd AETR-Rspr zu entscheiden sind. Zur jetzigen Rechtslage *Lenski*, in: Lenz/Borchardt (Hrsg.), EU-Verträge, Art. 2 AEUV, Rn 19 ff; kritisch im Hinblick auf die Vereinbarkeit von Art. 216 AEUV mit dem Prinzip der begrenzten Einzelermächtigung *Pechstein*, in: FS Klein, S. 619, 625 f. Bedenken hinsichtlich einer möglichen erheblichen Ausweitung unionaler Vertragsschlusskompetenzen auf der Grundlage von Art. 216 AEUV äußert auch *Schmalenbach*, in: Calliess/Ruffert (Hrsg.), EUV/AEUV, Art. 216 AEUV, Rn 2, 12 f.

34 EuGH, Gutachten 2/91 (ILO-Übereinkommen Nr. 170), Slg 1993, I-1061, 1077 f; Gutachten 1/94 (WTO), Slg 1994, I-5267, 5419 ff. Zur Zusammenarbeit von Vertretern der Kommission und Vertretern der Mitgliedstaaten in den Fällen zwischen Union und Mitgliedstaaten geteilter Zuständigkeiten vgl *Haag*, in: Bieber/Epiney/Haag (Hrsg.), Die Europäische Union, § 33, Rn 29.

restriktiv hätte angewendet werden müssen, ist sie in der Praxis extensiv ausgelegt und häufig herangezogen worden.[35] Insofern ist die Gemeinschaft durch eine **großzügige Handhabung** der Vertragsabrundungskompetenz, wie zu Recht kritisiert worden ist, dem staatlichen Attribut der Kompetenz-Kompetenz zu Lasten der Mitgliedstaaten bedenklich nahe gekommen.[36] Auch das Erfordernis der Einstimmigkeit im Rat hatte sich nicht als Hindernis für den häufigen Rückgriff auf die Vertragsabrundungskompetenz erwiesen.[37]

11 Im Konvent ist über den Fortbestand der Flexibilitäts- bzw Vertragsabrundungsklausel sehr kontrovers diskutiert worden.[38] Letztlich ist sie beibehalten und in ihrem Anwendungsbereich sogar noch ausgedehnt worden. Die auf den Binnenmarkt beschränkte Klausel erstreckt sich gemäß Art. 352 Abs. 1 AEUV nun auf sämtliche „in den Verträgen festgelegte[n] Politikbereiche". Sie dient dem **Zweck**, die **Diskrepanz zwischen den Zielen der Union und ihren vertraglich zugewiesenen Befugnissen zu überbrücken** und damit eine fortschreitende Integration unterhalb der Schwelle der Vertragsänderung zu gewährleisten.[39] Aus dieser Auffang- bzw Reservefunktion folgt, dass Art. 352 AEUV im Verhältnis zu den spezifischen Kompetenzgrundlagen subsidiär ist. Auf ihn darf nur zurückgegriffen werden, wenn keine andere Vertragsbestimmung der Union explizit oder implizit die erforderliche Regelungskompetenz zuweist.[40]

12 Um den weiten Anwendungsbereich der neuen Vertragsabrundungsklausel zu begrenzen, ist in Art. 352 Abs. 3 AEUV klargestellt worden, dass sie nicht dazu verwendet werden darf, die im Vertrag enthaltenen Verbote der Harmonisierung zu umgehen. Zudem ist in Art. 352 Abs. 4 AEUV ausdrücklich festgehalten, dass die Klausel im Bereich der GASP nicht anwendbar ist.[41] Ferner sind die **Verfahrensanforderungen erhöht** worden. Während das Vorschlagsmonopol der Kommission und das Einstimmigkeitserfordernis im Rat beibehalten wurden, tritt an die Stelle einer bloßen Anhörung des EP ein Zustimmungserfordernis. Dies gilt sowohl dann, wenn die entsprechenden Vorschriften vom Rat in einem besonderen Gesetzgebungsverfahren erlassen werden, als auch dann, wenn der Rat einen Rechtsakt ohne Gesetzescharakter beschließen will, so dass eine Umgehung der parlamentarischen Zustimmung ausgeschlossen ist. Damit werden die Befugnisse des EP gestärkt und nunmehr auch die Rechtsakte zur Vertragsergänzung besser demokratisch legitimiert.[42] Um auch die nationalen Parlamente besser einzubinden, sieht Art. 352 Abs. 2 AEUV eine besondere Informationspflicht der Kommission vor. Sie muss diese auf die auf Art. 352 AEUV gestützten Regelungsvorschläge, auf die das im Subsidiaritätsprotokoll geregelte Frühwarnsystem anwendbar ist (s.u. Rn 30), ausdrücklich hinweisen. Damit soll deren Aufmerksamkeit in diesem für ihre Gesetzgebungskompetenzen besonders sensiblen Bereich geschärft und eine sorgfältige ex

35 Vgl *Winkler*, EuR 2011, 384.

36 Kritisch zB *Dashwood*, ELR 21 (1996), 113, 123 f; *Jarass*, AöR 121 (1996), 173, 177; *Kraußer*, S. 46 f; *Rabe*, NJW 1993, 1, 2; *Schütz/Bruha/König* (Fn 24), § 5, S. 199 f; *Winkler*, EuR 2011, 384, 394.

37 Vor allem in den 1970/80er Jahren wurden zahlreiche Maßnahmen in Politikbereichen wie der Umwelt- und Verbraucherschutzpolitik, der Sozial-, Forschungs- und Regionalpolitik, die im EWG-Vertrag nicht vorgesehen waren, auf Art. 235 EWGV gestützt. Wegen zahlreicher neuer Kompetenzzuweisungen an die Union ist die Bedeutung der Vorschrift jedoch geringer geworden; vgl *Winkler*, EuR 2011, 384, 389.

38 Während die Klausel in Art. I-18 EVV ausdrücklich als „Flexibilitätsklausel" bezeichnet wurde, kehrte Art. 352 AEUV zur alten Bezeichnung zurück. Vgl zur Genese der Flexibilitätsklausel, die in Art. I-18 EVV kodifiziert und im Wesentlichen in Art. 352 AEUV übernommen worden ist, *Rossi*, in: Calliess/Ruffert (Hrsg.), EUV/AEUV, Art. 352 AEUV, Rn 1 ff.

39 So schon für die alte Vertragsabrundungsklausel zB *Rossi*, in: Calliess/Ruffert (Hrsg.), EUV/EGV, Art. 308 EGV, Rn 1; EuGH, Gutachten 2/94 (EMRK-Beitritt), Slg 1996, I-1759, 1788. Zur jetzigen Vertragsabrundungsklausel *Rossi*, in: Calliess/Ruffert (Hrsg.), EUV/AEUV, Art. 352 AEUV, Rn 10; *Winkler*, in: Grabitz/Hilf/Nettesheim (Hrsg.), Das Recht der Europäischen Union, Art. 352 AEUV, Rn 23 ff.

40 EuGH, Rs. 45/86 (Kommission/Rat – ASP I), Slg 1987, 1493, 1520; *Rossi*, in: Calliess/Ruffert (Hrsg.), EUV/AEUV, Art. 352 AEUV, Rn 58 f.

41 Dies wird in Erklärung Nr. 41 zu Art. 352 AEUV bekräftigt; dabei wird allerdings unter Verweis auf die in Art. 3 Abs. 5 EUV genannten Ziele auch deutlich gemacht, dass die Klausel – von dem Bereich der GASP abgesehen – in Bezug auf das auswärtige Handeln der Union anwendbar ist; dazu *Hatje/Kindt*, NJW 2008, 1761, 1762.

42 *Rossi*, in: Callliess/Ruffert, (Hrsg.), EUV/AEUV, Art. 352 AEUV, Rn 6; *Epping*, in: Vedder/Heintschel v. Heinegg (Hrsg.), Europäisches Unionsrecht, Art. 352 AEUV, Rn 19; *Eilmannsberger*, in: Hummer/Obwexer (Hrsg.), S. 201.

ante-Kontrolle der Einhaltung des Subsidiaritäts- und Verhältnismäßigkeitsprinzips angestoßen werden.[43] Ob die erhöhten Verfahrenserfordernisse zu einem Bedeutungsverlust des Art. 352 AEUV führen werden, ist bislang offen.[44]

Besonders schwierig ist die **Abgrenzung** zwischen der vertragsimmanenten Kompetenzergänzung und einer **Vertragsänderung**. Diese Abgrenzung war nach der alten Rechtslage insbesondere deshalb wichtig, weil es im Falle einer Vertragsänderung der Zustimmung des Bundestags und des Bundesrats bedurfte, während diese am Erlass eines Rechtsakts auf der Grundlage der Vertragsabrundungskompetenz nur eingeschränkt, zB durch Abgabe einer Stellungnahme, mitwirken konnten.[45] Das BVerfG hat deshalb in seinem Maastricht-Urteil die extensive Auslegung der Gemeinschaftskompetenzen kritisiert und eine notwendige Unterscheidung zwischen Vertragsauslegung einerseits und den Mitgliedstaaten vorbehaltenen Vertragsänderungen andererseits angemahnt.[46] Im Lissabon-Urteil hat das BVerfG demgegenüber eine „Neubewertung" der Vertragsabrundungsklausel in Art. 352 AEUV vorgenommen. Da diese aufgrund ihres erweiterten Anwendungsbereichs im Hinblick auf das Verbot zur Übertragung von Blankettermächtigungen oder zur Übertragung der Kompetenz-Kompetenz auf verfassungsrechtliche Bedenken stößt, weil sie es ermöglicht, Vertragsgrundlagen der EU ohne konstitutive Beteiligung der nationalen Parlamente substantiell zu ändern, bedarf ihre Inanspruchnahme nunmehr eines Zustimmungsgesetzes gemäß Art. 23 Abs. 1 Satz 2 und 3 GG. Der deutsche Vertreter im Rat darf erst dann seine förmliche Zustimmung geben, wenn das erforderliche Zustimmungsgesetz vorliegt.[47] Auch der EuGH hatte, möglicherweise in Reaktion auf die vielfach geäußerte Kritik an der weiten Auslegung der Vertragsabrundungskompetenz, in seinem Gutachten zur Zulässigkeit des Beitritts der EG zur EMRK deutlich gemacht, dass Art. 308 EGV dort seine Grenze finde, wo die beabsichtigte Maßnahme eine verfassungsrechtliche Dimension habe und ihrem Wesen nach über die Kompetenzergänzungs- bzw Lückenschließungsfunktion dieser Norm hinausgehe.[48] Bei der Abgrenzung von vertragsimmanenter Kompetenzergänzung und Vertragsänderung stellte der EuGH auf die Folgen der Gemeinschaftsregelung ab. Von einer Vertragsänderung sei auszugehen, wenn es durch den geplanten Rechtsakt zu einer wesentlichen Änderung des Gemeinschaftssystems mit grundlegenden Auswirkungen auf die 13

43 *Epping*, in: Vedder/Heintschel v. Heinegg (Hrsg.), Europäisches Unionsrecht, Art. 352 AEUV, Rn 20; *Rossi*, in: Calliess/Ruffert (Hrsg.), EUV/AEUV, Art. 352 AEUV, Rn 91; *Booß*, in: Lenz/Borchardt (Hrsg.), EU-Verträge, Art. 352 AEUV, Rn 8.

44 Vgl *Schwartz*, S. 64; *Winkler*, EuR 2011, 384, 400 f, mwN.

45 Der Bundestag konnte nach alter Rechtslage gem. Art. 23 Abs. 3 GG zu geplanten Rechtsetzungsakten der EG eine Stellungnahme abgeben, die die Bundesregierung bei den weiteren Verhandlungen im Rat berücksichtigen musste, an die sie aber nicht gebunden war. Demgegenüber war es den Bundesländern gelungen, eine weitergehende Beteiligung durchzusetzen. Die Regierung musste vor der Zustimmung zu einem auf Art. 308 EGV gestützten Rechtsakt gem. § 5 Abs. 3 EUZBLG das Einvernehmen mit dem Bundesrat herstellen, soweit dessen Zustimmung nach innerstaatlichem Recht für eine solche Regelung erforderlich war oder soweit die Länder innerstaatlich für die Gesetzgebung zuständig waren. Vgl dazu *König*, S. 348 ff und 390 ff.

46 BVerfGE 89, 155, 210; kritisch zu der vom BVerfG beanspruchten Prüfungskompetenz *König*, S. 487 ff.

47 BVerfGE 123, 267, 395; dieses Erfordernis ist durch § 8 des IntVG vom 22. September 2009 umgesetzt worden, BGBl. I, S. 3022. Dieser lautet: „Der deutsche Vertreter im Rat darf einem Vorschlag zum Erlass von Vorschriften gemäß Artikel 352 des Vertrags über die Arbeitsweise der Europäischen Union nur zustimmen oder sich bei einer Beschlussfassung enthalten, nachdem hierzu ein Gesetz gemäß Artikel 23 Absatz 1 des Grundgesetzes in Kraft getreten ist. Ohne ein solches Gesetz muss der deutsche Vertreter im Rat den Vorschlag zum Erlass von Vorschriften ablehnen." Kritisch zu den Verfahrensanforderungen auf nationaler Ebene *Rossi*, in: Calliess/Ruffert (Hrsg.), EUV/AEUV, Art. 352 AEUV, Rn 9, 92 f. Zu der Begleitgesetzgebung zum Vertrag von Lissabon vgl v. Arnauld/Hufeld (Hrsg.), Systematischer Kommentar zu den Lissabon-Begleitgesetzen, IntVG, EUZBBG, EUZBLG, 2011.

48 EuGH, Gutachten 2/94 (Zulässigkeit des Beitritts der EG zur EMRK), Slg 1996, I-1759, 1788, wo es in Rn 30 heißt: „Als integrierender Bestandteil einer auf dem Grundsatz der begrenzten Ermächtigung beruhenden institutionellen Ordnung kann diese Bestimmung [Art. 235 EGV Maastrichter Fassung, Art. 308 EGV, jetzt Art. 352 AEUV] keine Grundlage dafür bieten, den Bereich der Gemeinschaftsbefugnisse über den allgemeinen Rahmen hinaus auszudehnen, der sich aus der Gesamtheit der Vertragsbestimmungen und insb. denjenigen ergibt, die die Aufgaben und Tätigkeiten der Gemeinschaft festlegen. Sie kann jedenfalls nicht als Rechtsgrundlage für den Erlaß von Bestimmungen dienen, die der Sache nach, gemessen an den Folgen, auf eine Vertragsänderung ohne Einhaltung des dafür vom Vertrag vorgesehenen Verfahrens hinausliefen."

Gemeinschaft und die Mitgliedstaaten käme.[49] Hierüber entscheidet letztlich der EuGH in jedem Einzelfall. Auch wenn dies angesichts des Erfordernisses einer klaren Abgrenzung zwischen Vertragsergänzung und Vertragsänderung unbefriedigend erscheinen mag, zeigt ein Blick auf die Rechtsprechung des BVerfG zur hinreichenden Bestimmtheit des Übertragungsgesetzes gemäß Art. 24 Abs. 1 GG aF, dass es sich nahezu der gleichen Argumentation bedient hat.[50] Diese – die Inanspruchnahme der Klausel eingrenzende – Rechtsprechung wird der EuGH sicherlich auch auf Art. 352 AEUV übertragen. Die Mitgliedstaaten haben zudem in einer Interpretationserklärung zu Art. 352 AEUV unterstrichen, dass dieser keine Grundlage dafür biete, Bestimmungen zu erlassen, die mit Blick auf ihre Folgen auf eine Vertragsänderung hinausliefen.[51]

5. Wahl der zutreffenden Kompetenzgrundlage

14 Sowohl für die vertikale Verteilung der Kompetenzen zwischen Union und Mitgliedstaaten (Verbandskompetenz) als auch für die horizontale Verteilung der Kompetenzen zwischen den Unionsorganen (Organkompetenz) ist die Wahl der zutreffenden Rechtsgrundlage von entscheidender Bedeutung. Ob die Union überhaupt handeln darf, und wenn ja, welches Organ in welcher Weise am Gesetzgebungsprozess beteiligt ist, hängt nämlich von der jeweils einschlägigen Vertragsbestimmung ab.[52] Die Wahl der zutreffenden Rechtsgrundlage muss **nach objektiven, gerichtlich nachprüfbaren Kriterien** erfolgen, zu denen insbesondere Ziel und Inhalt des konkreten Rechtsakts zählen.[53] Stützt sich die Union zB auf ihre allgemeine Kompetenz zur Rechtsangleichung gemäß Art. 114 AEUV, so muss der Rechtsakt tatsächlich den Zweck verfolgen, die Voraussetzungen für die Errichtung und das Funktionieren des Binnenmarktes zu verbessern, und hierzu auch objektiv geeignet sein. Zum Nachweis reichen die bloße Feststellung von Unterschieden zwischen den nationalen Vorschriften und eine abstrakte Gefahr der Beeinträchtigung von Grundfreiheiten und potentieller Wettbewerbsverzerrungen nicht aus.[54] Liegen dagegen die Voraussetzungen der Rechtsangleichungskompetenz gemäß Art. 114 AEUV vor, so ist es unschädlich, wenn daneben auch anderen Zielen wie zB dem Gesundheitsschutz eine maßgebende Bedeutung zukommt. Dies hat zur Folge, dass das in Art. 168 Abs. 5 AEUV normierte Verbot harmonisierender Regelungen im Gesundheitswesen nicht eingreift, der Unionsgesetzgeber den Gesundheitsschutz vielmehr auf der Grundlage von Art. 114 AEUV „mitregeln“ darf.[55] Ob diese Rechtsprechung dem Prinzip der begrenzten Einzelermächtigung gerecht wird, ist zweifelhaft.

15 Sind mehrere Kompetenzbestimmungen einschlägig, ist zwischen zwei Konstellationen zu unterscheiden. Sehen die in Betracht kommenden Kompetenznormen dasselbe Verfahren, zB das ordentliche Gesetzgebungsverfahren (Art. 294 AEUV) vor, sind die Unionsorgane verpflichtet, den Rechtsakt auf beide Rechtsgrundlagen zu stützen.[56] Schreiben die einschlägigen Normen dagegen unterschiedliche Verfahren, zB das ordentliche Gesetzgebungsverfahren einerseits und das besondere Gesetzgebungsverfahren andererseits, vor, muss zwischen ihnen eine Entscheidung getroffen werden. Dabei ist nach der herkömmlichen Rechtsprechung des EuGH auf den **Schwerpunkt der**

49 Dazu *Häde/Puttler*, EuZW 1997, 13, 16.
50 BVerfGE 58, 1, 37; 68, 1, 98 f; 89, 155, 187 f.
51 Erklärung Nr. 42 zu Art. 352 AEUV.
52 Ausführlich zu den sich an die Wahl einer Rechtsgrundlage anknüpfenden Folgen *Schwartz*, S. 76 ff.
53 EuGH, Rs. C-233/94 (Einlagensicherung), Slg 1997, I-2405, 2449; zuletzt EuGH, Rs. C-137/12 (Kommission/Rat), ECLI:EU:C:2013:675, Rn 52 ff. Zu alternativen Ansätzen gegenüber der vom Gerichtshof verwandten sog. Schwerpunktmethode vgl *Schwartz*, S. 80 f.
54 EuGH, Rs. C-376/98 (Tabakwerberichtlinie I), Slg 2000, I-8419, 8524 f.
55 EuGH, Rs. C-491/01 (British American Tobacco), Slg 2002, I-11453, 11574; bestätigt in EuGH, Rs. C-434/02 (Arnold André), EuZW 2005, 147 f, und Rs. C-210/03 (Swedish Match), Slg 2004, I-11893, Rn 29-33; dazu *Herr*, EuZW 2005, 171.
56 EuGH, Rs. 165/87 (Kommission/Rat), Slg 1988, 5545, 5561.

Regelung bzw deren wesentliche oder überwiegende Zielsetzung abzustellen.[57] Lässt sich anhand des Hauptziels eines Rechtsakts eine eindeutige Zuordnung zu einer bestimmten Rechtsgrundlage vornehmen, so führt die irrige Heranziehung einer zweiten Rechtsgrundlage nicht zu seiner Ungültigkeit, wenn das nach der zutreffenden Rechtsgrundlage erforderliche Verfahren eingehalten worden ist.[58] Ist die Zuordnung zu einer Kompetenzgrundlage nicht möglich, weil der Rechtsakt gleichzeitig mehrere Ziele verfolgt, die gleichrangig oder untrennbar miteinander verbunden sind, so soll dieser nach der Auffassung des EuGH ausnahmsweise auf die verschiedenen einschlägigen Rechtsgrundlagen gestützt werden können.[59] Welches Verfahren in diesem Fall eingehalten werden muss, hat der EuGH allerdings offengelassen. Hier liegt es nahe, sich an seinen Ausführungen im „Titandioxid-Urteil" zu orientieren, in dem sich der EuGH unter Hinweis auf das im Gemeinschaftsrecht grundlegende demokratische Prinzip (s. *Kluth* § 5, Rn 10) für diejenige Rechtsgrundlage entschieden hatte, die für das Parlament weiter reichende Beteiligungsrechte vorsah.[60] Diese Problematik dürfte in Zukunft noch seltener als bisher auftreten, da nach dem Vertrag von Lissabon das ordentliche Gesetzgebungsverfahren das Regelverfahren ist und folglich unterschiedliche Verfahren die Ausnahme bilden werden.

III. Zuständigkeitskategorien

Angesichts der **föderativen Ordnung der EU** ist mit dem Vertrag von Lissabon – in enger Anlehnung an die Regelungen in Art. I-11 ff EVV – in einer Art „Kompetenzkatalog" eine Zuordnung der unterschiedlichen Zuständigkeiten zwischen Union und Mitgliedstaaten vorgenommen worden. Da die vertikale Kompetenzverteilung von einigen Mitgliedstaaten als unbefriedigend empfunden wurde, hatte der Europäische Rat in der Erklärung von Laeken als Ziel vorgegeben, dass „die Aufteilung der Zuständigkeiten zwischen der Union und den Mitgliedstaaten verdeutlicht, vereinfacht und im Lichte der neuen Herausforderungen, denen sich die Union gegenübersieht, angepasst werden [muss]".[61] Die Reform sollte sowohl die Möglichkeit beinhalten, Kompetenzen für bestimmte Aufgaben an die Mitgliedstaaten zurückzugeben, als auch die Option vorsehen, der Union neue Aufgaben zuzuweisen oder ihre bisherigen Kompetenzen zu erweitern. Vorrangig ging es im Konvent aber darum, die bestehenden Kompetenzen der Union besser zu definieren und klarer von denjenigen der Mitgliedstaaten abzugrenzen.[62] 16

Zum Zwecke einer transparenteren Zuordnung der Kompetenzen wird in Art. 2 AEUV, der die Grundsätze der Kompetenzverteilung aufführt, zwischen **drei Kategorien von Zuständigkeiten** unterschieden: den ausschließlichen Zuständigkeiten der Union, den zwischen Union und Mitgliedstaaten geteilten (konkurrierenden) Zuständigkeiten und schließlich den Maßnahmen der Union zur Unterstützung, Koordinierung und Ergänzung mitgliedstaatlicher Maßnahmen. Diese drei 17

57 Auch in neueren Urteilen stellt der EuGH weiterhin auf den Schwerpunkt der Maßnahme ab, vgl EuGH, Rs. C-137/12 (Kommission/Parlament), ECLI:EU:C:2013:675, Rn 52 f; EuGH, Rs. C-130/10 (Parlament/Rat), ECLI:EU:C:2012:472, Rn 43. Weitere EuGH-Urteile zu der Frage der Rechtsgrundlagenwahl, insbesondere der Anwendung der Schwerpunkttheorie, bei *Schwartz,* S. 183 ff.

58 So EuGH, Rs. C-491/01 (British American Tobacco), Slg 2002, I-11453, 11582 f; bestätigt in EuGH, Rs. C-210/03 (Swedish Match), Slg 2004, I-11893, Rn 43 ff; Rs. C-380/03 (Tabakwerberichtlinie II), Slg 2006, I-11573, Rn 95 f: kritisch zur Doppelabstützung *Lenski,* in: Lenz/Borchardt (Hrsg.), EU-Verträge, Art. 2 AEUV, Rn 38 f; ausführlich zu den Voraussetzungen einer Doppelabstützung *Schwartz,* S. 214 ff.

59 EuGH, Gutachten 2/00 (Cartagena-Protokoll), Slg 2001, I-9713, 9757 f; Rs. C-491/01, Slg 2002, I-11453, 11582. Zu den Folgen einer irrtümlichen Doppelabstützung *Lenski,* in: Lenz/Borchardt (Hrsg.), EU-Verträge, Art. 2 AEUV, Rn 51.

60 EuGH, Rs. C-300/89 (Kommission/Rat), Slg 1991, I-2867, 2900 f. Auch in neueren Urteilen zieht der EuGH im Rahmen der Wahl zwischen mehreren in Betracht kommenden Rechtsgrundlagen die Intensität der jeweiligen parlamentarischen Beteiligung als einen Abwägungsfaktor heran, vgl zB EuGH, Rs. C- 155/07 (Parlament/Rat), Slg 2008, I-8103, 8154 f, Rn 73 ff, 79. Für die Wahl der beteiligungsfreundlicheren Rechtsgrundlage plädiert auch *Calliess,* in: Calliess/Ruffert (Hrsg.), EUV/AEUV, Art. 2 AEUV, Rn 34; aA *Lenski,* in: Lenz/Borchardt (Hrsg.), EU-Verträge, Art. 2 AEUV, Rn 42, der sich dafür ausspricht, die zu erlassende Regelung entsprechend der in Betracht kommenden Rechtsgrundlagen aufzuspalten.

61 Erklärung von Laeken zur Zukunft der Europäischen Union, Anlage 1 der Schlussfolgerungen des Vorsitzes des Europäischen Rates von Laeken, 14./15.12.2001, S. 21.

62 *Calliess*, in: Calliess/Ruffert (Hrsg.), EUV/AEUV, Art. 5 EUV, Rn 1, mwN.

Zuständigkeitskategorien werden jeweils verschiedenen Politik- bzw Sachbereichen zugeordnet, wobei Letztere in Bezug auf die geteilten Kompetenzen nicht abschließend aufgeführt werden. Dies ist dem Ziel einer verbesserten Transparenz abträglich, da die Kompetenzen der Union weiterhin nicht auf einen Blick zu erfassen sind.[63] Als zusätzliche Kompetenzbereiche, die nicht in das Grundschema passen, werden Zuständigkeiten der Union zur Koordinierung der Wirtschafts- und Beschäftigungspolitik (Art. 5 AEUV) und zur Erarbeitung und Verwirklichung der GASP (Art. 2 Abs. 4 AEUV iVm Art. 24 EUV) genannt.

18 In Art. 2 Abs. 6 AEUV wird hervorgehoben, dass die Bestimmungen zur vertikalen Kompetenzaufteilung **keinen kompetenzbegründenden Charakter** haben. Der Umfang der Unionskompetenzen und die Einzelheiten ihrer Ausübung folgen nach wie vor aus den zahlreichen Einzelbestimmungen des EUV und insbesondere des AEUV. Damit dienen die in Art. 2 bis 6 AEUV enthaltenen Zuordnungen in erster Linie einer verbesserten Transparenz und Verständlichkeit der Kompetenzverteilung zwischen Union und Mitgliedstaaten. Darüber hinaus können sie allenfalls als **Interpretationshilfe** bei der Auslegung und Anwendung der eigentlichen Kompetenzbegründungsnormen in den Verträgen herangezogen werden.[64] Daher bleibt abzuwarten, ob und in welcher Weise der EuGH die Bestimmungen zur Kompetenzverteilung zukünftig bei der Auslegung von Kompetenznormen nutzen wird.

1. Ausschließliche Zuständigkeit

19 Bis zur Ausarbeitung des EVV war umstritten, ob der Begriff der „ausschließlichen Kompetenzen" der Gemeinschaft eng – so die Auffassung des Ministerrats – oder weit – so die Auffassung der Kommission – auszulegen war und welche Kompetenzen im Einzelnen darunter fielen. In Art. 3 AEUV wird nunmehr abschließend aufgezählt, für welche Sachmaterien bzw Regelungsbereiche die Union ausschließlich zuständig ist. Genannt werden **fünf Bereiche**, nämlich die Zollunion, die für das Funktionieren des Binnenmarkts erforderlichen Wettbewerbsregeln, die Währungspolitik für die Euro-Länder, die Erhaltung der biologischen Meeresschätze im Rahmen der gemeinsamen Fischereipolitik und die gemeinsame Handelspolitik. Diese Bereiche entsprechen im Wesentlichen denjenigen, die nach der Rechtsprechung des EuGH auch früher schon als zu den ausschließlichen Gemeinschaftskompetenzen gehörig anerkannt waren.[65] Dies gilt allerdings nicht für die Wettbewerbsregeln, deren Zugehörigkeit zur ausschließlichen Zuständigkeit lange Zeit sehr umstritten war. Problematisch ist vor allem die Abgrenzung zur Regelungskompetenz für den Binnenmarkt, die zu den geteilten Zuständigkeiten zählt.[66] Zudem ist in Art. 3 Abs. 2 AEUV die ausschließliche Zuständigkeit der Union für den **Abschluss völkerrechtlicher Verträge** vorgesehen, wenn eine der drei genannten Voraussetzungen erfüllt ist (s.o. Rn 9). Die ausschließliche Vertragsabschlusskompetenz der Union gilt nunmehr auch für die Bereiche der ehemaligen zweiten und dritten Säule. Dahinter steht der Gedanke, dass es einerseits der Union in einer globalisierten Welt erleichtert werden soll, internationale Übereinkünfte für die Union als Ganze zu schließen, und dass es ande-

---

63 Vgl *Nettesheim*, EuR 2004, 511, 527 f, der zur Rechtslage nach dem Verfassungsvertrag darauf hinwies, dass derjenige, der sich darüber informieren will, in welchen Bereichen die EU (geteilt) zuständig ist, auch weiterhin die 342 Artikel des Teils III des EVV – dem entsprechen die 358 Artikel des AEUV – durchgehen müsse. Kritisch hinsichtlich der Erzielung eines Transparenzzuwachses bei der Kompetenzabgrenzung zwischen Union und Mitgliedstaaten nach wie vor *Nettesheim*, in: Grabitz/Hilf/Nettesheim (Hrsg.), Das Recht der Europäischen Union, Art. 2 AEUV, Rn 1 ff, 12.

64 *Nettesheim*, EuR 2004, 511, 527; *ders.*, in: Grabitz/Hilf/Nettesheim (Hrsg.), Das Recht der Europäischen Union, Art. 2 AEUV, Rn 15; *Calliess*, in: Calliess/Ruffert (Hrsg.), EUV/AEUV, Art. 5 EUV, Rn 3; *Braams*, in: Pernice (Hrsg.), S. 115, 119.

65 *Calliess*, in: Calliess/Ruffert (Hrsg.), EUV/AEUV, Art. 3 AEUV, Rn 3; *Vedder*, in: Vedder/Heintschel v. Heinegg (Hrsg.), Europäisches Unionsrecht, Art. 3 AEUV, Rn 2; *Streinz/Mögele*, in: Streinz (Hrsg.), EUV/AEUV, Art. 3 AEUV, Rn 1.

66 Dazu ausführlich *Calliess*, in: Calliess/Ruffert (Hrsg.), EUV/AEUV, Art. 3 AEUV, Rn 6 ff; *Ludwigs*, ZEuS 2004, 211, 226 f; *Nettesheim*, in: Grabitz/Hilf/Nettesheim (Hrsg.), Das Recht der Europäischen Union, Art. 3 AEUV, Rn 15.

rerseits den Mitgliedstaaten verwehrt werden soll, ihrerseits durch den Abschluss völkerrechtlicher Verträge die Wirksamkeit des Unionsrechts zu beeinträchtigen.[67]

In Art. 2 Abs. 1 AEUV wird ausdrücklich festgehalten, dass im Bereich der ausschließlichen Zuständigkeit allein die Union gesetzgeberisch tätig werden und verbindliche Rechtsakte erlassen darf. In den oben aufgeführten Regelungsbereichen sind die **Mitgliedstaaten** – unabhängig davon, ob die Union Rechtsakte erlassen will oder bereits erlassen hat – **von einer gesetzgeberischen Tätigkeit ausgeschlossen.** Eine Ausnahme hiervon ist nur für den Fall vorgesehen, dass die Union die Mitgliedstaaten explizit zum Erlass von Rechtsakten ermächtigt[68] oder dass die Mitgliedstaaten zur Durchführung von Unionsrechtsakten tätig werden. Es ist davon auszugehen, dass daneben weiterhin die Rechtsprechung des EuGH zur impliziten subsidiären Zuständigkeit der Mitgliedstaaten bei Untätigkeit der Gemeinschafts- bzw Unionsorgane anwendbar bleibt. Dem EuGH zufolge durften die Mitgliedstaaten unter engen Voraussetzungen als „Sachwalter des gemeinsamen Interesses" vorübergehend Regelungen treffen, wenn die Gemeinschaft nicht rechtzeitig tätig geworden, eine Regelung aber geboten war.[69] 20

2. Geteilte Zuständigkeit

Im Unionsrecht ist die geteilte Zuständigkeit der **Regelfall**, während ausschließliche und unterstützende, koordinierende oder ergänzende Zuständigkeiten die Ausnahme bilden. Gemäß Art. 2 Abs. 2 AEUV zeichnet sich die geteilte Zuständigkeit dadurch aus, dass sowohl die Union als auch die Mitgliedstaaten in diesem Bereich gesetzgeberisch tätig werden und verbindliche Rechtsakte erlassen können. Art. 4 Abs. 1 AEUV enthält eine **Auffangklausel**, der zufolge alle Regelungsmaterien, die der Union nicht als ausschließliche (Art. 3 AEUV) oder als Unterstützungs-, Koordinierungs- oder Ergänzungskompetenz zugeordnet worden sind, in den Bereich der geteilten Zuständigkeit fallen. In Art. 4 Abs. 2 AEUV werden lediglich die Hauptbereiche aufgelistet, die von der geteilten Zuständigkeit erfasst werden. Hierzu gehören seit jeher die Regelung des Binnenmarkts, Landwirtschaft und Fischerei, Umwelt- und Verbraucherschutz sowie Verkehr und transeuropäische Netze. Neu hinzugekommen sind – der vorherigen Praxis entsprechend – die vertraglich geregelten Aspekte der Sozialpolitik und des Gesundheitsschutzes sowie die Energiepolitik und der Raum der Freiheit, der Sicherheit und des Rechts. Der letztgenannte Bereich ist von der dritten in die erste Säule verschoben worden und sieht für die Union u.a. die Zuständigkeit zum Erlass einheitlicher Asylregelungen (Art. 77, 78 AEUV) und zur Entwicklung einer gemeinsamen Einwanderungspolitik (Art. 79 AEUV) vor.[70] Diese Auflistung ist, wie sich bereits aus dem Wortlaut ergibt, nicht abschließend. 21

Umstritten war, ob sich die – früher häufig so genannte – konkurrierende Kompetenz nach Erlass einer Gemeinschaftsregelung in eine ausschließliche Kompetenz umwandelte. Dies hätte zur Folge gehabt, dass danach – wie bei den von Anfang an bestehenden ausschließlichen Kompetenzen – für Änderungen und Ergänzungen nur noch die Gemeinschaft zuständig und das Subsidiaritätsprinzip nicht (mehr) anwendbar gewesen wäre (sog. Konzept der nachträglichen ausschließlichen Gemein- 22

---

67 *Calliess*, in: Calliess/Ruffert (Hrsg.), EUV/AEUV, Art. 3 AEUV, Rn 16 f; *Lenski*, in: Lenz/Borchardt (Hrsg.), EU-Verträge, Art. 3 AEUV, Rn 16 ff; *Nettesheim*, in: Grabitz/Hilf/Nettesheim (Hrsg.), Das Recht der Europäischen Union, Art. 3 AEUV, Rn 20.

68 Diese Ausnahmeregelung entspricht derjenigen in Art. 71 GG. Aus dieser Parallelität lässt sich der Schluss ziehen, dass die Union – ebenso wie der Bund im Verhältnis zu den Ländern – die Mitgliedstaaten nicht nur ermächtigen, sondern diese Ermächtigung auch mit Einschränkungen bzw Bedingungen versehen kann.

69 EuGH, Rs. 804/79 (Seefischerei-Erhaltungsmaßnahmen), Slg 1981, 1045, 1073 ff; für eine Fortgeltung dieser richterrechtlichen Ausnahme auch *Calliess*, in: Calliess/Ruffert (Hrsg.), EUV/AEUV, Art. 2 AEUV, Rn 13; *Nettesheim*, in: Grabitz/Hilf/Nettesheim (Hrsg.), Das Recht der Europäischen Union, Art. 2 AEUV, Rn 18; *Chibanguza*, S. 89 f.

70 Ausführlich zu den Kompetenzen im Rahmen des Titels V des AEUV *Chibanguza*, S. 188 ff.

schaftskompetenzen).[71] In Art. 2 Abs. 2 S. 2 AEUV ist nun klargestellt worden, dass die Mitgliedstaaten im Bereich der geteilten Zuständigkeit Regelungen treffen dürfen, „sofern und soweit die Union ihre Zuständigkeit nicht ausgeübt hat".[72] Daraus folgt, dass nicht ein ganzer Sachbereich für die Mitgliedstaaten „gesperrt" ist, wenn die Union in diesem Bereich eine Regelung erlässt. Vielmehr richtet sich die **Sperrwirkung** nach dem tatsächlichen **Ausmaß der Unionsregelung**, die in jedem Einzelfall zu untersuchen ist. Diese Auslegung ist im Protokoll Nr. 25 über die Ausübung der geteilten Zuständigkeit sowie in der Erklärung Nr. 18 zur Abgrenzung der Zuständigkeiten von den Mitgliedstaaten bekräftigt worden. Sie schont die Regelungszuständigkeiten der Mitgliedstaaten und entspricht damit dem Sinn und Zweck des Subsidiaritätsprinzips.[73]

23 Erstmals ist in Art. 2 Abs. 2 S. 3 AEUV außerdem ausdrücklich festgestellt worden, dass die **Regelungsbefugnis der Mitgliedstaaten wieder „auflebt"**, „sofern und soweit die Union entschieden hat, ihre Zuständigkeit nicht mehr auszuüben". Aus der Erklärung Nr. 18 zur Abgrenzung der Zuständigkeiten folgt, dass es hierzu eines Beschlusses der zuständigen Unionsorgane bedarf, einen Gesetzgebungsakt aufzuheben. Geht man davon aus, dass das Verfahren zur Aufhebung eines Gesetzgebungsakts demjenigen seines Erlasses entspricht, so müssten im Regelfall Rat und Parlament auf Vorschlag der Kommission entscheiden. Für eine Einschaltung der Kommission spricht auch, dass in der oben aufgeführten Erklärung Nr. 18 darauf hingewiesen wird, dass der Rat auf Initiative eines oder mehrerer Mitgliedstaaten die Kommission gemäß Art. 241 AEUV dazu auffordern kann, ihm Vorschläge für die Aufhebung eines Gesetzgebungsakts zu unterbreiten. Die Kommission hat auf der Abschlusskonferenz in Lissabon ihrerseits erklärt, dass sie solchen Aufforderungen besondere Beachtung schenken werde.[74]

24 In Art. 4 Abs. 3 und 4 AEUV sind **Sonderregelungen** in Bezug auf die Bereiche Forschung, technologische Entwicklung und Raumfahrt sowie Entwicklungszusammenarbeit und humanitäre Hilfe getroffen worden. In diesen Bereichen ist die Zuständigkeit der Union darauf beschränkt, Maßnahmen (im Gegensatz zu Gesetzgebungsakten) zu ergreifen, zB Programme zu erstellen und durchzuführen bzw eine gemeinsame Politik zu verfolgen. Die Regelungszuständigkeit der Mitgliedstaaten bleibt hier trotz der Aktivitäten der Union unberührt, dh eine Sperrwirkung tritt nicht ein. Diese Sonderregelungen lassen die Grenze zwischen der Kategorie der geteilten Zuständigkeiten und derjenigen der Unterstützungs-, Koordinierungs- und Ergänzungszuständigkeiten verschwimmen. Obwohl diese Widersprüchlichkeit bereits 2003 bemerkt worden war, ist es mangels Einigung auf eine Verschiebung der beiden Regelungsbereiche in die letztgenannte Kategorie bei dieser unglücklichen „Zwitterstellung" geblieben.[75]

---

71 So zB *Zuleeg*, in: von der Groeben/Schwarze (Hrsg.), EU-/EG-Vertrag, Art. 5 EGV, Rn 10; *Bieber*, in: Bieber/Ress (Hrsg.), Die Dynamik des Europäischen Gemeinschaftsrechts, S. 283, 294 ff; *ders.*, in: Nörr/Oppermann (Hrsg.) Subsidiarität: Idee und Wirklichkeit, 1997, S. 165, 173 ff; *Toth*, A Legal Analysis of Subsidiarity, in: O'Keeffe/Twomey (Hrsg.), Legal Issues of the Maastricht Treaty, 1994, S. 1079, 1080 f, 1096; *Weatherill*, Beyond Preemption, Shared Competence and Constitutional Change in the European Community, ebd, S. 13 f; *Dittert*, S. 125 ff.

72 *Calliess*, in: Calliess/Ruffert (Hrsg.), EUV/AEUV, Art. 2 AEUV, Rn 17; *Vedder*, in: Vedder/Heintschel v. Heinegg (Hrsg.), Europäisches Unionsrecht, Art. 2 AEUV, Rn 14; *Lenski*, in: Lenz/Borchardt (Hrsg.), EU-Verträge, Art. 2 AEUV, Rn 9; *Nettesheim*, in: Grabitz/Hilf/Nettesheim (Hrsg.), Das Recht der Europäischen Union, Art. 2 AEUV, Rn 25, jeweils mwN.

73 So auch *Calliess*, in: Calliess/Ruffert (Hrsg.), EUV/AEUV, Art. 2 AEUV, Rn 19 f; *Eilmansberger*, in: Hummer/Obwexer (Hrsg.), S. 189, 196 f; *Trüe*, ZaöRV 64 (2004), 391, 414; *Lenski*, in: Lenz/Borchardt (Hrsg.), EU-Verträge, Art. 2 AEUV, Rn 9.

74 Wie das Aufhebungsverfahren im Einzelnen ablaufen wird, scheint mit der Erklärung Nr. 18 zur Abgrenzung der Zuständigkeiten nunmehr weitgehend geklärt zu sein, vgl *Calliess*, in: Calliess/Ruffert (Hrsg.), EUV/AEUV, Art. 2 AEUV, Rn 20; *Nettesheim*, in: Grabitz/Hilf/Nettesheim (Hrsg.), Das Recht der Europäischen Union, Art. 2 AEUV, Rn 31; *Weber*, EuZW 2008, 7, 11 f. Nach dem Verfassungsvertrag war der Ablauf des Aufhebungsverfahrens hingegen noch unklar, vgl dazu *Calliess*, in: Calliess/Ruffert (Hrsg.), VerfEU, Art. I-12 EVV, Rn 20; *Braams*, in: Pernice (Hrsg.), S. 115, 121 f.

75 *Braams*, in: Pernice (Hrsg.), S. 115, 125 unter Verweis auf *Oppermann*, DVBl. 2003, 1165, 1172.

3. Unterstützungs-, Koordinierungs- und Ergänzungszuständigkeiten

Die dritte Kategorie, Unterstützungs-, Koordinierungs- und Ergänzungszuständigkeiten, zeichnet sich gemäß Art. 2 Abs. 5 Unterabs. 1 AEUV dadurch aus, dass entsprechende Maßnahmen der Union die Regelungszuständigkeit der Mitgliedstaaten nicht verdrängen, diese vielmehr vorrangig für die Regelungen zuständig sind. Eine Sperrwirkung, die die geteilte Zuständigkeit charakterisiert, tritt somit nicht ein. Dies spricht, ebenso wie die Formulierung in Art. 4 Abs. 1 AEUV, dagegen, die genannten Zuständigkeiten als Unterfall der geteilten Zuständigkeit einzuordnen.[76] Ausgeschlossen ist zudem gemäß Art. 2 Abs. 5 Unterabs. 2 AEUV der Erlass verbindlicher Rechtsakte, die eine Harmonisierung mitgliedstaatlicher Rechtsvorschriften beinhalten.[77] Aus dieser Formulierung folgt allerdings, dass grundsätzlich auch verbindliche Rechtsakte von dem Begriff „Maßnahmen zur Unterstützung, Koordinierung oder Ergänzung“ umfasst sind. In Art. 6 AEUV werden die zT bereits dem früheren Recht entsprechenden sowie neue Sachgebiete aufgeführt, die dieser Zuständigkeitskategorie unterfallen.[78] Unklar ist, ob diese Aufzählung abschließend ist. Der Wortlaut der Norm sowie der systematische Zusammenhang mit der Auffangklausel in Art. 4 Abs. 1 AEUV sprechen dafür, von einer abschließenden Liste auszugehen und alle nicht von Art. 3 und Art. 6 AEUV erfassten Sachbereiche der Kategorie der geteilten Zuständigkeit zuzuordnen.[79] 25

4. Zuständigkeiten außerhalb der Kompetenztrias

In Art. 2 Abs. 3 und 4 AEUV werden zwei Regelungsbereiche aufgeführt, die sich nicht einer der drei Kompetenzkategorien zuordnen lassen. Dies betrifft zum einen die GASP einschließlich der schrittweisen Festlegung einer gemeinsamen Verteidigungspolitik. Die begrenzte Zuständigkeit der Union in diesem Bereich, der wegen seiner Bedeutung für die Souveränität der Mitgliedstaaten nach wie vor Besonderheiten aufweist, ist in Art. 23 ff EUV geregelt. Hier ist der Erlass von Gesetzgebungsakten ausgeschlossen (s.o. Rn 3). Zum anderen wird der Bereich der Koordinierung der Wirtschafts- und Beschäftigungspolitik gesondert genannt und in Art. 5 AEUV näher konkretisiert. Die Sonderstellung dieses Bereichs, die bereits in Art. I-12 Abs. 3 und Art. I-17 EVV vorgesehen war, ist weniger auf sachlich zwingende Gründe als vielmehr darauf zurückzuführen, dass im Verfassungskonvent aus politischen Gründen Uneinigkeit darüber bestand, welcher der Kompetenzkategorien er zugeordnet werden sollte.[80] Gemäß Art. 5 Abs. 3 AEUV kann die Union zudem Initiativen zur Koordinierung der Sozialpolitik der Mitgliedstaaten ergreifen. Die Aufnahme der Sozialpolitik lässt sich vermutlich nur mit Blick auf die in Anlehnung an die Koordinierung der Wirtschafts- und Beschäftigungspolitik entwickelte sog. Offene Methode der Koordinierung (OMK) erklären.[81] 26

---

76 So aber *Nettesheim,* EuR 2004, 511, 530; *Calliess,* in: Calliess/Ruffert (Hrsg.), EUV/AEUV, Art. 2 AEUV, Rn 25; *Pelka,* in: Schwarze/Becker/Hatje/Schoo (Hrsg.), EU-Kommentar, Art. 2 AEUV, Rn 21; wie hier *Braams,* in: Pernice (Hrsg.), S. 115, 126; *Wuermeling,* Kalamität Kompetenz: Zur Abgrenzung der Zuständigkeiten in dem Verfassungsentwurf des EU-Konvents, EuR 2004, 216, 223.

77 Zur schwierigen Abgrenzung zur Rechtsangleichungskompetenz der Union zur Förderung des Binnenmarkts gem. Art. 114 AEUV *Ludwigs,* ZEuS 2004, 211, 231 ff; *Trüe,* ZaöRV 64 (2004), 391, 419 f.

78 Neu hinzugekommen sind die Gebiete des Tourismus, des Katastrophenschutzes, des Sports und der Verwaltungszusammenarbeit.

79 So auch *Vedder,* in: Vedder/Heintschel v. Heinegg (Hrsg.), Europäisches Unionsrecht, Art. 6 AEUV, Rn 3; *Streinz/Ohler/Herrmann,* S. 109; aA *Braams,* in: Pernice (Hrsg.), S. 115, 126; *Calliess,* in: Calliess/Ruffert (Hrsg.), EUV/AEUV, Art. 6 AEUV, Rn 2; gegen einen abschließenden Charakter von Art. 6 AEUV wohl auch *Nettesheim,* in: Grabitz/Hilf/Nettesheim (Hrsg.), Das Recht der Europäischen Union, Art. 6 AEUV, Rn 7; *Pelka,* in: Schwarze/Becker/Hatje/Schoo (Hrsg.), EU-Kommentar, Art. 6 AEUV, Rn 3 f, argumentiert, dass Art. 6 AEUV zwar formal abschließend sei. Diesem Verständnis folgend müssten aber alle nicht unter Art. 6 AEUV fallenden Politikbereiche der geteilten Zuständigkeit der Union unterliegen. Zur Vermeidung einer solchen „Kompetenzerweiterung“ zugunsten der Union müsse es daher in den Fällen, in denen die spezifischen kompetenzbegründenden Vertragsnormen iVm Art. 2 Abs. 6 AEUV nur Unterstützungs-, Koordinierungs- oder Ergänzungsmaßnahmen vorsähen, ungeachtet einer Nichterwähnung in Art. 6 AEUV bei der Koordinierungskompetenz der Union bleiben.

80 *Calliess,* in: Calliess/Ruffert (Hrsg.), EUV/AEUV, Art. 5 AEUV, Rn 2; *Oppermann,* DVBl. 2003, 1165, 1173; *Fischer,* Konvent zur Zukunft Europas, 2003, S. 137; zu den Abgrenzungsschwierigkeiten in Bezug auf die in Art. 6 AEUV genannten Kompetenzen *Krebber,* EuGRZ 2004, 592, 593; *Braams,* in: Pernice (Hrsg.), S. 115, 128 ff.

81 So *Braams,* in: Pernice (Hrsg.), S. 115, 130.

Dabei handelt es sich um eine rechtlich unverbindliche Form der Koordinierung, bei der die Union für Sachbereiche, die in die Zuständigkeit der Mitgliedstaaten fallen, Leitlinien und Indikatoren festlegt sowie Überwachungsmechanismen ausarbeitet. Nachdem der Verfassungskonvent eine ausdrückliche Verankerung der OMK abgelehnt hatte, wurde im EVV Teil III innerhalb einzelner Politikbereiche indirekt auf dieses Instrument verwiesen, was dem Ziel einer transparenten Kompetenzordnung eher widerspricht. Diese Vorschriften wurden in den AEUV übernommen.[82]

IV. Subsidiarität und Verhältnismäßigkeit

1. Gemeinsame Funktion

27 Das Subsidiaritätsprinzip und der Grundsatz der Verhältnismäßigkeit, die für den Bereich des Unionsrechts in Art. 5 Abs. 2-4 EUV festgeschrieben sind, haben eine gemeinsame Funktion. Sie sollen, sozusagen als „Ausgleichsgewichte" zum Prozess der dynamischen Ausweitung der Unionskompetenzen, sicherstellen, dass in die mitgliedstaatlichen Rechtsetzungszuständigkeiten nur so weit wie erforderlich eingegriffen wird.[83] Beide Prinzipien erfüllen somit die Funktion einer **Kompetenzausübungsschranke**. Auch das BVerfG hat beide Prinzipien sowohl im „Maastricht-Urteil" als auch im „Lissabon-Urteil" in dieser Weise ausgelegt und deutlich gemacht, dass sie den Zweck verfolgen, die nationale Identität der Mitgliedstaaten zu wahren und ihre Befugnisse zu erhalten.[84] Die bei der Anwendung der Prinzipien zu beachtenden Kriterien und Verfahren, die deren strikte Beachtung sicherstellen sollen, sind in dem „Protokoll über die Anwendung der Grundsätze der Subsidiarität und der Verhältnismäßigkeit" (Subsidiaritätsprotokoll) niedergelegt, das dem Amsterdamer Vertrag von 1997 beigefügt und zuletzt durch den Vertrag von Lissabon neu gefasst worden ist.[85]

2. Subsidiaritätsprinzip

28 Das Subsidiaritätsprinzip ist im Bereich der nicht ausschließlichen, dh der geteilten und der Unterstützungs-, Koordinierungs- und Ergänzungszuständigkeiten der Union anwendbar. Gemäß Art. 5 Abs. 3 EUV darf die Union nur tätig werden, „sofern und soweit die Ziele der in Betracht gezogenen Maßnahmen von den Mitgliedstaaten weder auf zentraler noch auf regionaler oder lokaler Ebene ausreichend verwirklicht werden können, sondern vielmehr wegen ihres Umfangs oder ihrer Wirkungen auf Unionsebene besser zu verwirklichen sind." In dieser Formulierung kommt klarer als in Art. 5 EGV zum Ausdruck, dass die beiden genannten Kriterien, das sog. **Erforderlichkeits-** bzw **Negativkriterium** einerseits und das sog. **Optimierungs-** bzw **Positivkriterium** andererseits, **kumulativ** vorliegen müssen, damit die Union von ihrer Zuständigkeit Gebrauch machen kann.[86] Zudem werden in Bezug auf das erstgenannte Kriterium auch die unterstaatlichen Ebenen in den Mitgliedstaaten in den Blick genommen. Dies weist darauf hin, dass die Union ihre „Blindheit" gegenüber den Binnenstrukturen der Mitgliedstaaten aufgegeben hat und diese – auch außerhalb des Ausschusses der Regionen – als eigenständige Akteure wahrnimmt.[87]

---

82 Art. 156 Abs. 2 (Sozialpolitik), 168 Abs. 2 Unterabs. 2 (Gesundheitspolitik), 173 Abs. 2 (Industrie) und 181 Abs. 2 AEUV (Forschung und technologische Entwicklung). Die OMK wird darüber hinaus auch in anderen Politikbereichen eingesetzt. Vgl dazu *Bodewig/Voß*, EuR 2003, 310, 314 ff; *Nettesheim*, EuR 2004, 511, 531; *Streinz/Ohler/Herrmann*, S. 109 f; *Lenski*, in: Lenz/Borchardt (Hrsg.), EU-Verträge, Art. 2 AEUV, Rn 23 ff.

83 *Bruha*, in: Riklin/Batliner (Hrsg.), Subsidiarität – Ein interdisziplinäres Symposium, S. 375 ff; vgl zu Funktion und Genese des Subsidiaritätsprinzips und des Prinzips der begrenzten Einzelermächtigung auch *Bast*, in: Grabitz/Hilf/Nettesheim (Hrsg.), Das Recht der Europäischen Union, Art. 5 EUV, Rn 1 ff; *Langguth*, in: Lenz/Borchardt (Hrsg.), EU-Verträge, Art. 5 EUV, Rn 1 ff.

84 BVerfGE 89, 155, 210 ff; 123, 267, 383.

85 Protokoll Nr. 2 zum Vertrag von Lissabon, dazu *Folz*, in: Fastenrath/Nowak (Hrsg.), S. 65, 70 ff; *Uerpmann-Wittzack/Edenharter*, EuR 2009, 313.

86 Dies war bereits im Subsidiaritätsprotokoll von 1997 (Ziff. 5) klargestellt worden.

87 *Streinz/Ohler/Herrmann*, S. 106; ausführlich *Calliess*, in: Calliess/Ruffert (Hrsg.), EUV/AEUV, Art. 5 EUV, Rn 27, sowie zu den beiden Kriterien Rn 34 ff, Rn 40 ff; *Albin*, NVwZ 2006, 629, 631 ff; *Ritzer/Ruttloff*, EuR 2006, 116, 120 ff. Vgl zur älteren Diskussion um das Subsidiaritätsprinzip u.a. *Calliess*, Subsidiaritäts- und Solidaritätsprinzip, S. 52 ff; *König*, S. 628 ff; *Melin*, EuR 2011, 655, 665, 681; jeweils mwN.

Das Subsidiaritätsprinzip wird in dem bereits erwähnten Protokoll Nr. 2, dem sog. **Subsidiaritätsprotokoll** (s.o. Rn 27), und dem Protokoll Nr. 1 über die Rolle der nationalen Parlamente in der Europäischen Union näher konkretisiert. Im Gegensatz zum Subsidiaritätsprotokoll von 1997, das vorwiegend materielle Kriterien enthielt, beschränkt sich das neue Subsidiaritätsprotokoll weitgehend auf die Sicherung der Einhaltung des Subsidiaritätsprinzips durch Kontrollverfahren, die insbesondere die nationalen Parlamente einbinden (Art. 12 lit. b AEUV).[88] Dabei lassen sich die ex ante-Kontrolle im Rahmen des sog. Frühwarnsystems und die ex post-Kontrolle im Rahmen der sog. Subsidiaritätsklage voneinander unterscheiden.[89] 29

Das **Frühwarnsystem** soll eine frühzeitige Kontrolle der Einhaltung des Subsidiaritätsprinzips garantieren.[90] Es berechtigt die nationalen Parlamente dazu, innerhalb von 8 Wochen nach Vorlage der Gesetzgebungsentwürfe (Art. 4 Prot. Nr. 1, Art. 6 Abs. 1, 2 Prot. Nr. 2) in einer begründeten Stellungnahme – auch **Subsidiaritätsrüge** genannt – darzulegen, weshalb der Entwurf ihres Erachtens nicht mit dem Subsidiaritätsprinzip vereinbar ist.[91] Einzelne Stellungnahmen müssen von den Unionsorganen im weiteren Verlauf des Gesetzgebungsverfahrens „berücksichtigt", dh in ihre Überlegungen einbezogen werden (Art. 7 Abs. 1 Unterabs. 1 Prot. Nr. 2). Darüber hinaus können die nationalen Parlamente das Organ, welches den Gesetzentwurf eingebracht hat, dazu zwingen, seinen Vorschlag zu überprüfen (Art. 7 Abs. 2 Prot. Nr. 2). Dazu ist ein Quorum von mindestens einem Drittel der den Parlamenten zugewiesenen Stimmen erforderlich, wobei jedes mitgliedstaatliche parlamentarische System zwei Stimmen erhält, die bei Zweikammersystemen unter den Kammern aufgeteilt werden (Art. 7 Abs. 1 Unterabs. 2 Prot. Nr. 2). Soweit die geplante Regelung den politisch sensiblen Bereich des Raums der Freiheit, der Sicherheit und des Rechts betrifft, genügt bereits ein Viertel der Stimmen (Art. 7 Abs. 2 S. 2 Prot. Nr. 2). Rechtsfolge der Intervention durch die nationalen Parlamente ist eine obligatorische Prüfung durch das betreffende Organ (idR die Kommission). Dieses kann jedoch, will es seinen Vorschlag nicht ändern oder zurückziehen, weiterhin an ihm festhalten, sofern es seinen Beschluss hinreichend begründet (Art. 7 Abs. 2 Unterabs. 2 des Prot. Nr. 2; sog. Gelbe-Karte-Verfahren).[92] 30

Im Rahmen des ordentlichen Gesetzgebungsverfahrens (s.u. Rn 85 f) lösen die Stellungnahmen der nationalen Parlamente darüber hinaus ein besonderes Verfahren aus, wenn die einfache Mehrheit der Gesamtzahl der den nationalen Parlamenten zugewiesenen Stimmen erreicht wird (Art. 7 Abs. 3 Prot. Nr. 2). Hält die Kommission an ihrem Vorschlag fest, so müssen EP und Rat den vorgeschlagenen Rechtsakt schon vor der ersten Lesung am Maßstab des Subsidiaritätsprinzips überprüfen. Sind dabei 55 % der Mitglieder des Rates oder das EP mit einer Mehrheit der abgegebenen Stimmen der Auffassung, der Vorschlag stehe nicht mit dem Subsidiaritätsprinzip im Einklang, so darf dieser nicht weiterverfolgt werden (sog. Rote-Karte-Verfahren). Diese **Sonderregelung für das ordentliche Gesetzgebungsverfahren** war im Verfassungsvertrag noch nicht enthalten und hat eine weitere Stärkung der nationalen Parlamente zur Folge. Es ist jedoch zweifelhaft, ob das Frühwarnsystem zu einem scharfen Schwert der Parlamente werden wird. So wurde zu Recht kritisiert, dass der formale Aufwand für eine Subsidiaritätsrüge schwer zu bewältigen und sie in der Sache substanzlos sei, da sich die europäischen Gesetzgebungsorgane in den meisten Fällen darüber hinweg- 31

88 Zur Schaffung eines prozeduralen Schutzkonzepts ausführlich *Molsberger*, S. 190 ff, mwN; *Kötter*, in: v. Arnauld/Hufeld (Hrsg.), Systematischer Kommentar zu den Lissabon-Begleitgesetzen, IntVG, EUZBBG, EUZBLG, 2011, S. 258, 286; kritisch gegenüber dem rein prozeduralen Ansatz *Calliess*, in: Calliess/Ruffert (Hrsg.), EUV/AEUV, Art. 5 EUV, Rn 32 f.

89 Vgl *König/Nguyen*, ZJS 2008, 140, 145; *Thiele*, EuR 2010, 30, 46 ff; *Folz*, in: Fastenrath/Nowak (Hrsg.), S. 65, 70 ff; *Langguth*, in: Lenz/Borchardt (Hrsg.), EU-Verträge, Art. 5 EUV, Rn 42; *Groh*, in: Fastenrath/Nowak (Hrsg.), S. 77, 84 ff; *Uerpmann-Wittzack/Edenharter*, EuR 2009, 313; *Brok/Selmayr*, EuZW 2008, 487, 490 ff; *Mellein*, in: Schwarze/Becker/Hatje/Schoo (Hrsg.), EU-Kommentar, Art. 12 EUV, Rn 23; *Hölscheidt*, in: Grabitz/Hilf/Nettesheim (Hrsg.), Das Recht der Europäischen Union, Art. 12 EUV, Rn 40 ff.

90 Schaubild zum Ablauf des Verfahrens bei *Calliess*, ZG 2010, 1, 10.

91 Zum im Einzelnen ungeklärten Zusammenspiel der Protokolle Nr. 1 und Nr. 2 vgl *Mayer*, S. 142 ff.

92 Ausführlich zum Frühwarnsystem *Mellein*, S. 190 ff, und *Molsberger*, S. 200 ff; *Melin*, EuR 2011, 655, 667 ff.

setzen könnten.[93] Letztlich hängt der Erfolg des Frühwarnsystems davon ab, inwieweit sich die nationalen Parlamente die organisatorischen Strukturen schaffen, aktiv von den neuen Möglichkeiten Gebrauch zu machen.[94]

32 Ist ein Rechtsakt, möglicherweise trotz entsprechender Stellungnahmen einzelner Parlamente, erlassen worden, so wird jedem nationalen Parlament das Recht zur Erhebung einer **Subsidiaritätsklage** in Form einer speziellen Nichtigkeitsklage vor dem EuGH eingeräumt, soweit dieses geltend macht, ein Gesetzgebungsakt verstoße gegen das Subsidiaritätsprinzip (Art. 8 Abs. 1 Prot. Nr. 2).[95] Allerdings sind die nationalen Parlamente dabei auf die Mitwirkung ihrer Regierungen angewiesen, die dem Gerichtshof die Klagen entsprechend der jeweiligen innerstaatlichen Rechtsordnung übermitteln.[96] Ein ähnliches Klagerecht erhält auch der Ausschuss der Regionen. Dieser muss ebenfalls geltend machen, dass ein Rechtsakt das Subsidiaritätsprinzip verletzt. Allerdings hat er ein direktes Klagerecht, soweit er in dem betreffenden Gesetzgebungsverfahren hätte angehört werden müssen (Art. 8 Abs. 2 Prot. Nr. 2). Umstritten ist, ob sich Subsidiaritätsrüge und -klage auch auf die Einhaltung des Prinzips der begrenzten Einzelermächtigung (s.o. Rn 5 f) erstrecken.[97] Wortlaut und Entstehungsgeschichte der entsprechenden Bestimmungen sprechen dagegen.[98] Es ist allerdings mit der Aufgabe des EuGH, die Einhaltung des Unionsrechts sicherzustellen, nicht in Einklang zu bringen, zwar die Einhaltung des Subsidiaritätsprinzips zu prüfen, die notwendige Vorfrage, ob die Union überhaupt eine Regelungskompetenz besitzt, aber offen zu lassen.[99]

33 Die früher geäußerten Zweifel an der **Justiziabilität** des Subsidiaritätsprinzips sind durch die Zuweisung von Subsidiaritätsklagen an den EuGH ausgeräumt (Art. 8 Abs. 1 Prot. Nr. 2).[100] Nachdem der EuGH anfangs bei der Überprüfung der Einhaltung des Subsidiaritätsprinzips sehr zurückhaltend war, lassen spätere Urteile darauf schließen, dass er zu einer umfassenderen Prüfung der Einhaltung des Prinzips bereit ist.[101] In dem Urteil zur Etikettierungsrichtlinie für Tabakerzeugnisse hat sich der Gerichtshof nicht auf eine Evidenzprüfung beschränkt, sondern die einzelnen Voraus-

---

93 *Epping,* JZ 2003, 821, 827; *Mager,* ZEuS 2003, 471, 480 ff; *Uerpmann-Wittzack,* EuGRZ 2009, 461, 463 f; *Mellein,* EuR-Beiheft 2011, 13, 54 f; zur bisherigen Praxis der Subsidiaritätskontrollrechte vgl *Rohleder,* ZG 2011, 105, 115 f.

94 So auch *Melin,* EuR 2011, 655, 670; für die Subsidiaritätsklage *Mayer,* S. 149 f; für die Subsidiaritätsrüge und -klage *Kötter,* in: v. Arnauld/Hufeld (Hrsg.), Systematischer Kommentar zu den Lissabon-Begleitgesetzen, S. 258, 284. In § 11 IntVG werden Bundestag und Bundesrat ermächtigt, das Verfahren zur Abgabe einer Subsidiaritätsrüge in ihren Geschäftsordnungen zu regeln. Dazu ausführlich *Uerpmann-Wittzack,* EuGRZ 2009, 461, 464 f; kritisch zur Subsidiaritätsklage als Minderheitenrecht gem. Art. 23 Abs. 1 a GG *ders./Edenharter,* EuR 2009, 313, 320 ff; *Mellein,* EuR-Beiheft 2011, 13, 52 f; zum Klagerecht des Bundesrates *Gas,* DÖV 2010, 313, 316 ff. Zu der Frage, ob eine Ausgestaltung als Minderheitenrecht überhaupt verfassungs- und europarechtlich zulässig ist, *Melin,* EuR 2011, 655, 672 ff.

95 Zu der Frage, ob das Erheben einer Subsidiaritätsklage das vorherige Anstrengen einer Subsidiaritätsrüge voraussetzt, vgl *Calliess,* ZG 2010, 1, 11 f.

96 Das Klagerecht von Bundestag und Bundesrat ist in Art. 23 Abs. 1 a GG verankert und in § 12 IntVG näher ausgeführt. Die Bundesregierung ist gem. § 12 Abs. 3 IntVG verpflichtet, die Klage unverzüglich an den EuGH zu übermitteln. Dazu im Einzelnen *Uerpmann-Wittzack,* EuGRZ 2009, 461, 465 f.

97 Ausführlich zu dieser Frage *Buschmann/Daiber,* DÖV 2011, 504, 505 ff.

98 *Uerpmann-Wittzack,* EuGRZ 2009, 461, 462, unter Verweis darauf, dass der Vorschlag, das Frühwarnsystem auf die Grundsätze der begrenzten Einzelermächtigung und der Verhältnismäßigkeit auszudehnen, im Verfassungskonvent ausdrücklich abgelehnt wurde. Für eine enge Auslegung auch *Molsberger,* S. 223 ff.

99 Für ein dreistufiges Prüfungsverfahren – Kompetenzgrundlage, Einhaltung der prozeduralen Voraussetzungen des Subsidiaritätsprinzips, Einhaltung der materiellen Voraussetzungen des Subsidiaritätsprinzips – *Calliess,* in: Calliess/Ruffert (Hrsg.), EUV/AEUV, Art. 5 EUV, Rn 74 ff; für eine Prüfung der Kompetenzgrundlage auch *Mellein,* S. 197 ff (für das Frühwarnsystem) und S. 262 ff (für die Subsidiaritätsklage); *Melin,* EuR 2011, 655, 670, 676. Dies ist auch die Auffassung des Deutschen Bundestages, BT-Drucks. 16/13994, S. 8, und des Bundesrates, BR-Drucks. 390/07, S. 3.

100 Vgl zu den unterschiedlichen Auffassungen im Schrifttum *Calliess,* in: Calliess/Ruffert (Hrsg.), EUV/AEUV, Art. 5 EUV, Rn 70 ff; *Hailbronner,* in: Pernice (Hrsg.), S. 135, 137 ff.

101 *Schütz/Bruha/König* (Fn 24), § 5, S. 190 ff; *Calliess,* in: Calliess/Ruffert (Hrsg.), EUV/AEUV, Art. 5 EUV, Rn 13 f; ausführlich zur bisherigen Rspr des EuGH *Langguth,* in: Lenz/Borchardt (Hrsg.), EU-Verträge, Art. 5 EUV, Rn 54 ff.

setzungen ausführlich geprüft.[102] Zudem hat er bereits in dem Urteil zur Einlagensicherung festgehalten, dass die Begründung eines Rechtsakts der Gemeinschaft auch Ausführungen zum Subsidiaritätsprinzip enthalten muss, damit er seine Kontrollaufgabe hinreichend wahrnehmen kann.[103] Die Begründungspflicht in Bezug auf die Grundsätze der Subsidiarität und Verhältnismäßigkeit ist nunmehr ausdrücklich in Art. 5 Abs. 1 Prot. Nr. 2 verankert. Dem zufolge „sollte" jeder Entwurf eines Gesetzgebungsakts detaillierte Angaben zu den Kriterien enthalten, die für die Einhaltung des Subsidiaritäts- und Verhältnismäßigkeitsprinzips von Bedeutung sind und eine entsprechende Überprüfung ermöglichen. Auffällig ist, dass der EuGH in jüngeren Urteilen zunächst ausführlich die Einhaltung des Verhältnismäßigkeitsprinzips und erst dann relativ kurz die Voraussetzungen des Subsidiaritätsprinzips prüft.[104] Da anhand des Subsidiaritätsprinzips zu entscheiden ist, ob der Unionsgesetzgeber überhaupt tätig werden darf, während sich das Verhältnismäßigkeitsprinzip auf die Ausgestaltung der Unionsmaßnahme bezieht, wäre die umgekehrte Prüfungsreihenfolge geboten. Im Interesse der Wahrung mitgliedstaatlicher Kompetenzen wäre es zudem wünschenswert, wenn der Gerichtshof künftig der Subsidiaritätsprüfung mehr Gewicht beimessen würde.

Das Subsidiaritätsprinzip hat bereits 1992 Eingang in die **Struktursicherungsklausel** des Art. 23 Abs. 1 S. 1 GG gefunden, der als „Europaartikel" die verfassungsrechtlichen Voraussetzungen der Mitwirkung Deutschlands am europäischen Integrationsprozess festlegt.[105] Daraus hat das BVerfG für die am europäischen Gesetzgebungsverfahren beteiligten Bundesorgane (Bundesregierung, Bundestag und Bundesrat) bereits im „Maastricht-Urteil" die Verfassungspflicht abgeleitet, auf eine strikte Handhabung des Subsidiaritätsprinzips hinzuwirken.[106] Gleiches gilt für das in der Struktursicherungsklausel implizit enthaltene Verhältnismäßigkeitsprinzip. Insofern wird die stärkere Einbindung der nationalen Parlamente in die Kontrolle der Einhaltung des Subsidiaritätsprinzips vom Gericht im „Lissabon-Urteil" begrüßt.[107] 34

3. Verhältnismäßigkeitsprinzip

Das Verhältnismäßigkeitsprinzip, das zu den allgemeinen Grundsätzen des Unionsrechts gehört, ist in Art. 5 Abs. 4 EUV verankert und bezieht sich – im Gegensatz zum Subsidiaritätsprinzip – nicht auf das „Ob", sondern auf das „Wie" des Handelns der Union.[108] Mit Blick auf die Gesetzgebung der Union geht es, wie sich aus dem Zusatz „inhaltlich wie formal" in Art. 5 Abs. 4 EUV sowie der Formulierung in Art. 296 Abs. 1 AEUV schließen lässt, sowohl um die **Wahl der adäquaten Handlungsform**, dh insbesondere die Wahl zwischen Richtlinie und Verordnung, als auch deren Ausgestaltung hinsichtlich Regelungsweite und -tiefe.[109] Die Union soll diejenige Handlungsform wählen, mit der einerseits das Regelungsziel in zufriedenstellender Weise erreicht werden kann, die aber andererseits den Mitgliedstaaten möglichst viel Handlungsspielraum belässt. Daraus folgt, dass 35

102 EuGH, Rs. C-491/01 (British American Tobacco), Slg 2002, I-11453, 11605 f; vgl Urteile aus jüngerer Zeit, in denen der EuGH die Einhaltung des Grundsatzes der Subsidiarität prüfte, EuGH, Rs. C-58/08 (Vodafone), Slg 2010, I-4999, 5076, Rn 72 ff; EuGH, Rs. C-176/09 (Luxemburg/Parlament und Rat), Slg 2011, I-3727, 3779, Rn 61.

103 EuGH, Rs. C-233/94 (Einlagensicherung), Slg 1997, I-2405, 2452 f. Dabei reichte es allerdings aus, dass die Begründung der Sache nach auf die beiden Voraussetzungen einging, ohne das Subsidiaritätsprinzip ausdrücklich zu erwähnen. Vgl auch EuGH, Rs. C-377/98 (Biopatentrichtlinie), Slg 2001, I-7079, 7159 f.

104 So insbesondere EuGH, Rs. C-58/08 (Vodafone), Slg 2010, I-4999, Rn 51-71 (Verhältnismäßigkeit) und Rn 72-79 (Subsidiarität); ähnlich EuGH, Rs. C-176/09 (Luxemburg/Parlament und Rat), Slg 2011, I-3727, Rn 61-72 (Verhältnismäßigkeit) und Rn 76-83 (Subsidiarität). Auch wenn diese beiden Urteile noch zur alten Rechtslage ergangen sind, sind sie exemplarisch für die Prüfungsreihenfolge des EuGH. In Prüfungsreihenfolge und -intensität ähnlich zur neuen Rechtslage EuGH, Rs. C-176/09 (Luxemburg/Parlament und Rat), ECLI:EU:C:2011:290, Rn 61-72 (Verhältnismäßigkeit) und Rn 76-84 (Subsidiarität).

105 Ausführlich dazu *König*, S. 279 ff.

106 BVerfGE 89, 155, 211 f.

107 BVerfGE 123, 267, 383.

108 Ausführlich zum Verhältnismäßigkeitsgrundsatz auf Unionsebene vgl *Trstenjak/Beysen*, EuR 2012, 265 ff.

109 *Calliess*, in: Calliess/Ruffert (Hrsg.), EUV/AEUV, Art. 5 EUV, Rn 47 ff; *Vedder*, in: Vedder/Heintschel v. Heinegg (Hrsg.), Europäisches Unionsrecht, Art. 6 EUV, Rn 37; *Langguth*, in: Lenz/Borchardt (Hrsg.), EU-Verträge, Art. 5 EUV, Rn 36.

eine Richtlinie einer Verordnung und eine Rahmenrichtlinie einer detaillierten Richtlinie vorzuziehen sind. Zudem ist die Union verpflichtet, bewährte nationale Regelungen sowie Struktur und Funktionsweise der mitgliedstaatlichen Rechtssysteme zu beachten.[110] Der EuGH räumt – seiner früheren Rechtsprechung[111] folgend – dem Unionsgesetzgeber zwar bei wirtschaftlich komplexen Sachverhalten einen weiten Ermessensspielraum ein und beschränkt sich auf eine Evidenzkontrolle.[112] Dennoch nimmt er in neueren Urteilen im Rahmen von Nichtigkeitsklagen eine dreistufige Verhältnismäßigkeitsprüfung vor, dh er prüft die Geeignetheit, Erforderlichkeit und Angemessenheit der angegriffenen Maßnahme. Dabei hebt er in Bezug auf das letztgenannte Kriterium hervor, dass der Unionsgesetzgeber bei der Beurteilung der mit verschiedenen möglichen Maßnahmen verbundenen Belastungen prüfen müsse, ob die mit der gewählten Maßnahme angestrebten Ziele sogar beträchtliche negative wirtschaftliche Folgen für bestimmte Wirtschaftsteilnehmer rechtfertigen könnten.[113] Insgesamt ist die Prüfung des Verhältnismäßigkeitsprinzips durch den dreistufigen Prüfungsaufbau detaillierter geworden. Da das Lissabonner Subsidiaritätsprotokoll keine näheren Ausführungen zum Verhältnismäßigkeitsprinzip enthält,[114] ist – ebenso wie im Hinblick auf das Prinzip der begrenzten Einzelermächtigung (s.o. Rn 32) – umstritten, ob mit der Subsidiaritätsrüge bzw -klage auch Verstöße gegen das Verhältnismäßigkeitsprinzip geltend gemacht werden können. Während Wortlaut und Entstehungsgeschichte des Protokolls eher dagegen sprechen,[115] lassen sich systematische Erwägungen sowie der Aspekt der Prozessökonomie für die Einbeziehung einer Überprüfung des Verhältnismäßigkeitsprinzips anführen.[116]

C. Gesetzgebungsakte

I. Überblick über die Rechtsakte gemäß Art. 288 AEUV

36 In bewusstem Gegensatz zum Verfassungsvertrag, der die Bezeichnungen „Europäisches Gesetz", „Europäisches Rahmengesetz" und „Europäische Verordnung" verwendete, sind im Vertrag von Lissabon die Bezeichnungen des EG-Vertrags nahezu unverändert beibehalten worden. Gemäß Art. 288 AEUV erlassen Europäisches Parlament, Rat und Kommission **Verordnungen, Richtlinien und Beschlüsse** und sprechen Empfehlungen aus oder geben Stellungnahmen ab. Verordnungen, Richtlinien und Beschlüsse sind rechtsverbindlich, während es sich bei Empfehlungen und Stellungnahmen um unverbindliche Handlungsformen handelt.[117] Die in Art. 288 AEUV genannten Handlungsformen sind allerdings nicht abschließend; insofern bleibt es bei einem offenen System der Handlungsformen.[118]

110 Dies war im Subsidiaritätsprotokoll von 1997, Ziff. 6 und 7, festgehalten worden.

111 Vgl zB EuGH, Rs. C-233/94 (Einlagensicherung), Slg 1997, I-2405, 2461 f; Rs. C-491/01 (British American Tobacco), Slg 2002, I-11453, 11590 ff; Rs. C-434/02 (Arnold André), EuZW 2005, 147, 149 (Rn 46 ff); Rs. C-210/03 (Swedish Match), Slg 2004, I-11893, Rn 48 ff; kritisch dazu *Herr*, EuZW 2005, 171, 173.

112 EuGH, Rs. C-58/08 (Vodafone), Slg 2010, I-4999, Rn 52; Rs. C-176/09 (Luxemburg/Parlament und Rat), Slg 2011, I-3727, Rn 62.

113 EuGH, Rs. C-58/08 (Vodafone), Slg 2010, I-4999, Rn 53; Rs. C-176/09 (Luxemburg/Parlament und Rat), Slg 2011, I-3727, Rn 63; zum dreistufigen Prüfungsaufbau *Trstenjak/Beysen*, EuR 2012, 265, 270 ff, mwN.

114 In Art. 5 Prot. Nr. 2, der eine Begründungspflicht statuiert, heißt es lediglich: „... Die Entwürfe von Gesetzgebungsakten berücksichtigen dabei, dass die finanzielle Belastung und der Verwaltungsaufwand der Union, der nationalen Regierungen, der regionalen und lokalen Behörden, der Wirtschaftsteilnehmer und der Bürgerinnen und Bürger *so gering wie möglich gehalten werden und in einem angemessenen Verhältnis zu dem angestrebten Ziel stehen müssen*" (Hervorhebung durch die Verf.).

115 *Uerpmann-Wittzack*, EuGRZ 2009, 461, 462.

116 So im Ergebnis auch *Calliess*, in: Calliess/Ruffert (Hrsg.), EUV/AEUV, Art. 5 EUV, Rn 79 f; *Mellein*, S. 199 f, 264 f. aA *Bast*, in: Grabitz/Hilf/Nettesheim (Hrsg.), Das Recht der Europäischen Union, Art. 5 EUV, Rn 74.

117 Zur Geschichte der Handlungsformenlehre *Bast*, in: v. Bogdandy/Bast (Hrsg.), S. 489 ff.

118 So auch *Bast*, in: v. Bogdandy/Bast (Hrsg.), S. 489, 545; *Terhechte*, EuR 2008, 143, 178; *Nettesheim*, in: Grabitz/Hilf/Nettesheim (Hrsg.), Das Recht der Europäischen Union, Art. 288 AEUV, Rn 1, 75; *Ruffert*, in: Calliess/Ruffert (Hrsg.), EUV/AEUV, Art. 288 AEUV, Rn 98 ff. In der Aufzählung in Art. 288 AEUV fehlen zB der Abschluss völkerrechtlicher Verträge, organinterne Rechtsakte und interinstitutionelle Vereinbarungen.

Obwohl es zur Erhöhung seiner Akzeptanz im Wesentlichen bei den bisherigen Begriffen für die Handlungsformen der Union geblieben ist, hat der Vertrag von Lissabon in der Sache die Bereinigung der Handlungsformen[119] und die **Unterscheidung zwischen Rechtsakten mit Gesetzescharakter und Rechtsakten ohne Gesetzescharakter** aus dem EVV übernommen. Diese grundlegende Unterscheidung richtet sich allein nach dem Rechtsetzungsverfahren.[120] Rechtsakte mit Gesetzescharakter werden gemäß Art. 289 AEUV entweder im ordentlichen oder im besonderen Gesetzgebungsverfahren erlassen, für die erhöhte Anforderungen an die Transparenz gelten (s.u. Rn 85). Rechtsakte ohne Gesetzescharakter können auf Vorschriften in den Verträgen selbst gestützt werden (sekundäres Unionsrecht),[121] umfassen aber vorrangig delegierte Rechtsakte gemäß Art. 290 AEUV und Durchführungsrechtsakte gemäß Art. 291 AEUV (tertiäres Unionsrecht). Sie können vom Rat, von der Kommission oder ggf von der EZB erlassen werden, wobei eine Beteiligung des Parlaments – anders als bei den Rechtsakten mit Gesetzescharakter – nicht immer erforderlich ist.[122] Diese Unterscheidung ist auch in Bezug auf den individuellen Rechtsschutz wesentlich. Auf die konkrete Handlungsform kommt es – anders als nach der bisherigen Rechtslage (Entscheidung oder Verordnung) – nicht mehr an. Vielmehr kann mit der Individualklage gemäß Art. 263 Abs. 4 AEUV – neben konkret-individuellen Beschlüssen – jeder Rechtsakt mit Gesetzescharakter nur dann angefochten werden, wenn der Einzelne individuell und unmittelbar betroffen ist. Handelt es sich dagegen um „Rechtsakte mit Verordnungscharakter", dh Rechtsakte, die nicht in einem Gesetzgebungsverfahren erlassen worden sind, so können diese mit der Individualklage schon dann angegriffen werden, wenn sie den Kläger unmittelbar betreffen und keine Durchführungsmaßnahmen nach sich ziehen. Dazu können neben Verordnungen auch abstrakt-generelle Beschlüsse zählen, soweit sie unmittelbar anwendbar sind.[123] Die Bedeutung des Begriffs „Rechtsakte mit Verordnungscharakter" war in der Literatur umstritten.[124] Inzwischen haben EuG und EuGH klargestellt, dass dieser Begriff lediglich Rechtsakte ohne Gesetzescharakter umfasst.[125] Damit sind Verordnungen, die im ordentlichen oder in einem besonderen Gesetzgebungsverfahren erlassen worden sind, nicht unter den erleichterten Bedingungen des Art. 263 Abs. 4, letzter Hlbs. AEUV angreifbar. 37

Der Verfassungsvertrag war darauf angelegt, in Bezug auf das abgeleitete Unionsrecht eine **Normenhierarchie** zu schaffen, bei der sich die Gesetze (Sekundärrecht) auch begrifflich auf den ersten Blick von untergesetzlichen Rechtsnormen (Tertiärrecht) unterscheiden ließen und Letzteren im Rang vorgingen.[126] Durch die Rückkehr des Vertrags von Lissabon zu den alten Bezeichnungen – dies gilt vor allem für die Verordnungen und Richtlinien – wird zum einen die begriffliche Klarheit wieder aufgegeben, wenn auch die Kennzeichnungspflicht für delegierte und Durchführungsrechtsakte (Art. 290 Abs. 3 und Art. 291 Abs. 4 AEUV) diesem Mangel entgegenwirken soll. Zum ande- 38

119 Zur Setzung abgeleiteten Unionsrechts stehen statt der früheren 15 Handlungsformen nach dem Katalog des Art. 288 AEUV nur noch fünf Handlungsformen zur Verfügung. Vgl *Streinz/Ohler/Herrmann*, S. 93 mwN.

120 So auch *Schlacke*, JÖR 2013, 293, 307; *Türk*, Lawmaking after Lisbon, in: Biondi/Eeckhoult/Ripley (Hrsg.), EU Law after Lisbon, Oxford 2012, S. 62, 68.

121 ZB im Wettbewerbsrecht Art. 103 Abs. 1, 105 Abs. 3 und 106 Abs. 3 AEUV.

122 Vgl *Streinz/Ohler/Herrmann*, S. 94 ff; *Bast*, in: v. Bogdandy/Bast (Hrsg.), S. 489, 548; einen guten Überblick gibt *Hetmeier*, in: Lenz/Borchardt (Hrsg.), EU-Verträge, Vorb. Art. 288-299 AEUV, Rn 4.

123 Richtlinien scheiden per definitionem aus, weil sie darauf angelegt sind, mitgliedstaatliche Durchsetzungsmaßnahmen nach sich zu ziehen, s. dazu *Cremer*, DÖV 2010, 58, 65, mwN.

124 Der Begriff „Rechtsakte mit Verordnungscharakter" ist nicht ganz eindeutig, weil die Terminologie mit Blick auf die Kategorisierung in Art. I-36 (Delegierte Europäische Verordnungen) und I-37 EVV (Durchführungsrechtsakte) gewählt wurde. Vgl für den Ausschluss von Verordnungen mit Gesetzescharakter *König*, EuR 2009, Beiheft 2, 1, 35; *Streinz/Ohler/Herrmann*, S. 116; *Schröder*, DÖV 2009, 61, 63 f; *Cremer*, DÖV 2010, 58, 62 ff; aA *Bast*, in: v. Bogdandy/Bast (Hrsg.), S. 489, 552, 556 f; *Everling*, EuR 2009, Beiheft 1, 71, 74; *Obwexer*, in: Hummer/Obwexer, S. 237, 256 f; *Dougan*, CMLR 45 (2008), 617, 677 ff.

125 EuG, Rs. T-18/10 (Inuit Tapiriit Kanatami u. a./Parlament und Rat), Slg 2011, II-5599, 5616, Rn 38 ff; Rs. T-262/10 (Microban), Slg 2011, II-7697, 7709, Rn 21. Diese enge Auslegung hat der EuGH im Rechtsmittelverfahren in seinem Urteil vom 3. Oktober 2013 bestätigt, Rs. C-583/11 P, Rn 51 ff. Kritisch zu dieser Rspr *Petzold*, EuR 2012, 443, 448 f, der das Fortbestehen einer Rechtsschutzlücke bemängelt, sowie *Thalmann*, EuR 2012, 452, 459 ff, und *Bast*, CMLR 2012, 885, 904 f.

126 Dazu *Ruffert*, in: Calliess/Ruffert (Hrsg.), EUV/AEUV, Art. 288 AEUV, Rn 3 ff, mwN.

ren wird die angestrebte Hierarchisierung der Rechtsnormen **nur partiell erreicht**. Rechtsakte mit Gesetzescharakter und Rechtsakte ohne Gesetzescharakter, die auf einer Ermächtigungsgrundlage im Primärrecht beruhen, sind beide Bestandteil des Sekundärrechts und damit gleichrangig. Kommt bei den Erstgenannten ein besonderes Gesetzgebungsverfahren zum Einsatz, so muss sich nicht einmal hinsichtlich des Verfahrens ein Unterschied ergeben.[127] Kritisch zu vermerken ist außerdem, dass die Anordnung des Gesetzgebungsverfahrens in den einzelnen Vertragsbestimmungen des AEUV „wenig durchdacht und eher willkürlich" wirkt, da es nicht in jedem Fall für die Regelung „wesentlicher" Fragen vorgesehen ist.[128] Im Ergebnis ist festzuhalten, dass Rechtsakte mit und ohne Gesetzescharakter durchaus gleichrangig sein können, wenn Letztere auf dem Primärrecht fußen. Handelt es sich um delegierte oder Durchführungsrechtsakte gemäß Art. 290 und 291 AEUV, so sind diese grundsätzlich im Verhältnis zu den genannten Rechtsakten des Sekundärrechts nachrangig. Davon abgesehen, besteht zwischen den in Art. 288 AEUV aufgeführten Handlungsformen nach wie vor kein Rangverhältnis.[129]

II. Verordnungen

1. Rechtsnatur und Zweck der Verordnung

39 Verordnungen sind in der Praxis von großer Bedeutung und können als **Standardform der EU-Gesetzgebung** bezeichnet werden.[130] Sie haben gem. Art. 288 Abs. 2 AEUV allgemeine Geltung, sind in allen Teilen verbindlich und gelten in jedem Mitgliedstaat unmittelbar. Das Merkmal der allgemeinen Geltung macht deutlich, dass es sich bei der Verordnung um eine **abstrakt-generelle Regelung**, also eine Rechtsnorm handelt. Deswegen wurde sie auch schon nach früherer Rechtslage – und in Art. I-33 EVV – als „Europäisches Gesetz" bezeichnet.[131] Richtig ist zwar, dass die Verordnung dem innerstaatlichen Gesetz am nächsten kommt. Dies gilt allerdings nach der neuen Kategorisierung nur für Verordnungen mit Gesetzescharakter. Der Begriff der „Verordnung" umfasst aber nach der Kategorisierung des Vertrags von Lissabon nicht nur **gesetzesähnliche Rechtsakte mit Kodifikationscharakter** (zB Freizügigkeitsverordnung VO (EWG) 1612/68; Kartellverordnung VO (EG) 1/2003), sondern auch **delegierte und Durchführungsverordnungen** (zB Verordnungen im Agrarbereich, mit denen Preise oder Abschöpfungen festgesetzt werden), die den innerstaatlichen Rechtsverordnungen vergleichbar sind. Letztere sollen jetzt zur Verdeutlichung entsprechend bezeichnet werden (s.o. Rn 38) und machen den Großteil der Verordnungen aus.[132]

40 Das Merkmal der **Gesamtverbindlichkeit** dient der Abgrenzung zur Richtlinie, die gemäß Art. 288 Abs. 3 AEUV nur hinsichtlich ihres Ziels für die Mitgliedstaaten verbindlich ist (s.u. Rn 44). Daneben unterscheidet es die Verordnung von nicht verbindlichen Handlungsformen. Die Gesamtverbindlichkeit ist in Verbindung mit der unmittelbaren Geltung der Verordnung dasjenige Merkmal, das den supranationalen Charakter des Unionsrechts am deutlichsten zum Ausdruck bringt. Anders als die Richtlinie, die den Mitgliedstaaten die Wahl der Mittel zu ihrer Umsetzung belässt, führt die Verordnung in jedem Mitgliedstaat zu einer in allen Teilen einheitlichen Regelung. Sie ist daher das **wichtigste Instrument der Union zur Rechtsvereinheitlichung** bzw zur Schaffung von Rechtsgleichheit. Damit steht sie allerdings in einem Spannungsverhältnis zum Subsidiaritäts- und

---

127 *Streinz/Ohler/Herrmann*, S. 98 f, die darauf hinweisen, dass dies zB für den Erlass von Rechtsakten auf der Grundlage von Art. 23 Abs. 2 AEUV (besonderes Gesetzgebungsverfahren) und Art. 109 AEUV (Sekundärrechtsetzung durch den Rat) gilt. In beiden Fällen muss das EP lediglich angehört werden. Vgl auch *Bast*, in: v. Bogdandy/Bast (Hrsg.), S. 489, 548 f, der bis zu fünf mögliche Rangstufen aufzeigt.

128 *Streinz/Ohler/Herrmann*, S. 96, 99; kritisch auch *Bast*, in: v. Bogdandy/Bast (Hrsg.), S. 489, 552 f mit Verweis auf *Dougan*, ELR 28 (2003), 763, 784, und CMLR 2008, 617, 647, sowie *Bast*, CMLR 2012, 885, 897 f.

129 *Streinz/Ohler/Herrmann*, S. 99; *Bast*, in: v. Bogdandy/Bast (Hrsg.), S. 489, 549; ausführlich zum Verhältnis zwischen Rechtsakten mit und ohne Gesetzescharakter *Türk*, Lawmaking after Lisbon, in: Biondi/Eeckhoult/Ripley (Hrsg.), EU Law after Lisbon, Oxford 2012, S. 62, 71 f, und *Ilgner*, S. 261 ff.

130 *Schroeder*, in: Streinz (Hrsg.), EUV/AEUV, Art. 288 AEUV, Rn 53; *v. Bogdandy/Bast/Arndt*, ZaöRV 62 (2002), 77, 91 ff, nach deren Analyse Verordnungen 31% und Richtlinien nur 9% der EG-Gesetzgebung ausmachten.

131 So zB *Oppermann*, Europarecht, 4. Aufl. 2009, § 10, Rn 83; vgl auch *Trüe*, S. 102.

132 Vgl zur früheren Rechtslage und Praxis *v. Bogdandy/Bast/Arndt*, ZaöRV 62 (2002), 77, 93 f.

zum Verhältnismäßigkeitsprinzip, welche die Union dazu verpflichten, bei der Gesetzgebung die souveränitätsschonendere Richtlinie der Verordnung vorzuziehen (s.o. Rn 35).[133]

2. Unmittelbare Geltung und unmittelbare Anwendbarkeit

Ein weiteres wesentliches Merkmal der Verordnung ist ihre **unmittelbare Geltung**, häufig auch als „Durchgriffswirkung" bezeichnet. Infolge der unmittelbaren Geltung bedürfen die Bestimmungen der Verordnung **keiner Umsetzung** in innerstaatliches Recht (einstufiges Rechtsetzungsverfahren),[134] sondern erzeugen ohne weiteres Rechtswirkungen in den mitgliedstaatlichen Rechtsordnungen. Auch hierdurch grenzt sich die Verordnung von der Richtlinie ab, die grundsätzlich eine Umsetzung durch die Mitgliedstaaten erfordert (zweistufiges Rechtsetzungsverfahren). Aus der unmittelbaren Geltung hat der EuGH sogar ein **Umsetzungsverbot** für die Mitgliedstaaten hergeleitet.[135] Denn eine innerstaatliche Parallelgesetzgebung ermöglichte es den Mitgliedstaaten, das Inkrafttreten dieser nationalen Rechtsvorschriften hinauszuschieben oder nach der Lex-posterior-Regel beliebig zu verändern oder aufzuheben. Dies liefe der einheitlichen und effektiven Anwendbarkeit des Unionsrechts zuwider und vereitelte das Auslegungsmonopol des EuGH (Art. 19 Abs. 1 EUV). Zudem widerspricht es dem Grundsatz der Rechtssicherheit, die Bürger über den unionsrechtlichen Ursprung einer Regelung und damit über die Möglichkeit, sich auf das Unionsrecht zu berufen, im Unklaren zu lassen. 41

Von der unmittelbaren Geltung der Verordnung ist ihre **unmittelbare Anwendbarkeit** zu unterscheiden. Während sich erstere formal auf die Eigenschaft eines Rechtsakts bezieht, ohne Umsetzung Bestandteil der innerstaatlichen Rechtsordnung zu werden, betrifft die unmittelbare Anwendbarkeit bzw Wirkung die Normstruktur des jeweiligen Rechtsakts. Es geht um die Frage, ob eine Regelung des Unionsrechts **hinreichend bestimmt und unbedingt** formuliert ist, um ohne weitere gesetzliche Konkretisierung die Normadressaten (natürliche und juristische Personen) zu berechtigen oder zu verpflichten und von mitgliedstaatlichen Behörden und Gerichten angewandt zu werden.[136] Verordnungen sind, wenn sie die genannten Voraussetzungen erfüllen, unmittelbar anwendbar. Das heißt, dass sich der Einzelne vor den mitgliedstaatlichen Behörden und Gerichten unmittelbar auf die in der Verordnung enthaltenen Bestimmungen berufen kann. Im Gegensatz zu der nur ausnahmsweise unmittelbar anwendbaren Richtlinie (s.u. Rn 57 ff) ist die Verordnung gerade auch in Privatrechtsverhältnissen unmittelbar anwendbar. Insofern ist die Rechtswirkung einer unmittelbar anwendbaren Verordnung mit der „kompletten" Rechtswirkung eines innerstaatlichen Gesetzes gleichzusetzen. Zu beachten ist allerdings, dass nicht alle Verordnungen unmittelbar anwendbar sind. So bedürfen insbesondere sog. Grundverordnungen, die nur die wesentlichen Aspekte eines Sachbereichs regeln, oder unvollständige („hinkende") Verordnungen der Konkretisierung in Durchführungsbestimmungen der Union selbst oder der Mitgliedstaaten, um vollzogen werden zu können.[137] In Art. 290 und 291 AEUV sind die Voraussetzungen für die sog. delegierten oder Durchführungsverordnungen nunmehr ausdrücklich geregelt (s.u. Rn 101 ff). 42

3. Verpflichtung der Mitgliedstaaten zur Anpassung nationaler Rechtsvorschriften

Die Mitgliedstaaten sind, sozusagen als Gegenstück zum Umsetzungsverbot, verpflichtet, alle erforderlichen innerstaatlichen Maßnahmen zu ergreifen, um die uneingeschränkte Anwendbarkeit einer 43

133 *Calliess*, in: Calliess/Ruffert (Hrsg.), EUV/AEUV, Art. 5 EUV, Rn 53 f.

134 Anders verhält es sich bei sog. „hinkenden" Verordnungen, die neben ihrer Wirkung als reguläre Verordnungen die Mitgliedstaaten zum Erlass von Durchführungs- oder Angleichungsmaßnahmen verpflichten, vgl *Ruffert*, in: Calliess/Ruffert (Hrsg.), EUV/AEUV, Art. 288 AEUV, Rn 21, mwN.

135 Vgl zB EuGH, Rs. 93/71 (Leonisio), Slg 1972, 287, 294; Rs. 34/73 (Variola), Slg 1973, 981, 990 ff; dazu *Schütz/Bruha/König* (Fn 24), § 4, S. 120 f.

136 *Schroeder*, in: Streinz (Hrsg.), EUV/AEUV, Art. 288 AEUV, Rn 101 ff; *Ruffert*, in: Calliess/Ruffert (Hrsg.), EUV/AEUV, Art. 288 AEUV, Rn 20 f; *Nettesheim*, in: Grabitz/Hilf/Nettesheim (Hrsg.), Das Recht der Europäischen Union, Art. 288 AEUV, Rn 39 ff, 101 f; *Biervert*, in: Schwarze/Becker/Hatje/Schoo (Hrsg.), EU-Kommentar, Art. 288 AEUV, Rn 21.

137 Zu den so genannten "hinkenden" Verordnungen vgl *Ruffert*, in: Calliess/Ruffert (Hrsg.), EUV/AEUV, Art. 288 AEUV, Rn 21; *Schroeder*, in: Streinz (Hrsg.), EUV/AEUV, Art. 288 AEUV, Rn 61.

Verordnung zu gewährleisten. Dazu gehört aus Gründen der Rechtssicherheit die **Abänderung oder Aufhebung kollidierender nationaler Rechtsvorschriften.**[138] Außerdem müssen sie im Falle von sog. „hinkenden" Verordnungen **Durchführungsbestimmungen** erlassen, um den Vollzug zu ermöglichen (Art. 291 Abs. 1 AEUV). Dabei reicht es nicht aus, die nationale Verwaltungspraxis, zB durch Rundschreiben oder neue Verwaltungsvorschriften, anzupassen. Die Mitgliedstaaten müssen vielmehr verbindliche Rechtsvorschriften verabschieden, die im Rang den aufzuhebenden oder abzuändernden Vorschriften entsprechen.[139] Hierfür kommen in Deutschland nur Gesetze, Rechtsverordnungen und ggf Satzungen in Betracht.

III. Richtlinien

1. Rechtsnatur und Zweck der Richtlinie

44 Richtlinien sind gemäß Art. 288 Abs. 3 AEUV für jeden Mitgliedstaat, an den sie gerichtet sind, hinsichtlich des zu erreichenden Ziels verbindlich, überlassen ihm aber die Wahl der Form und der Mittel. Anders als die Verordnung, die in allen Teilen verbindlich ist, verfügt die Richtlinie lediglich über eine **„gestufte Verbindlichkeit"**. Dh, sie ist auf der ersten – unionsrechtlichen – Stufe nur in Bezug auf das Regelungsziel und nur gegenüber den Mitgliedstaaten, an die sie gerichtet ist, verbindlich. Unmittelbare Rechtswirkungen gegenüber jedermann entfaltet sie dagegen grundsätzlich erst auf der zweiten – mitgliedstaatlichen – Stufe, wenn die Rechtsetzungsorgane der Mitgliedstaaten sie in innerstaatliches Recht umgesetzt haben.[140] Damit handelt es sich bei der Richtlinie – in Art. I-33 EVV zutreffend als „Europäisches Rahmengesetz" bezeichnet – um einen besonderen Gesetzgebungsakt des Unionsrechts, dem allenfalls das Rahmengesetz gemäß Art. 75 GG aF ähnelte. Gegenüber der Verordnung hat die Richtlinie aus Sicht der Mitgliedstaaten den Vorteil, dass sie ihnen mehr Handlungsspielraum belässt und damit eine leichtere Einpassung in vorhandene nationale Regelungsstrukturen ermöglicht. Richtlinien machen in der Praxis im Vergleich zu Verordnungen zahlenmäßig nach wie vor nur einen kleinen Teil der Gesetzgebungsaktivitäten aus, spielen aber im Bereich der **Rechtsangleichung** (insb. Art. 114, 115 AEUV) eine wichtige Rolle.[141]

2. Zweistufiges Rechtsetzungsverfahren

45 Der „gestuften Verbindlichkeit" der Richtlinie entsprechend lässt sich das **Rechtsetzungsverfahren in zwei Stufen** unterteilen. Auf der ersten Stufe wird die Richtlinie von den je nach Ermächtigungsgrundlage zuständigen Unionsorganen erlassen. Auf der zweiten Stufe erfolgt die Umsetzung in innerstaatliches Recht. Diese ist grundsätzlich notwendig, um den Regelungen in den Rechtsordnungen der Mitgliedstaaten allgemeine Geltung und umfassende Verbindlichkeit zu verschaffen.

a) Erste Stufe: Erlass der Richtlinie auf Unionsebene

46 Rechtsgrundlagen für den Erlass von Richtlinien finden sich an zahlreichen Stellen des AEUV, und zwar insbesondere dort, wo es um die Aufgabe der Rechtsangleichung im Binnenmarkt geht (zB

138 St. Rspr, vgl nur EuGH, Rs. 74/86 (Kommission/Deutschland), Slg 1988, 2139, 2148; EuGH, Rs. C-185/96 (Kommission/Griechenland), Slg. 1998, I-6601; EuGH, Rs C-160/99, (Kommission/Frankreich), Slg 2000, I-6137, 6151, Rn 22. Vgl dazu *Schroeder,* in: Streinz (Hrsg.) EUV/AEUV, Art. 288 AEUV, Rn 62; *Nettesheim,* in: Grabitz/Hilf/Nettesheim (Hrsg.), Das Recht der Europäischen Union, Art. 288 AEUV, Rn 46.

139 EuGH, Rs. 168/85 (Kommission/Italien), Slg 1986, 2945, 2961; Rs. C-160/99 (Kommission/Frankreich), Slg 2000, I-6137, 6151.

140 *Schroeder,* in: Streinz (Hrsg.), EUV/AEUV, Art. 288 AEUV, Rn 68; *Ruffert,* in: Calliess/Ruffert (Hrsg.), EUV/AEUV, Art. 288 AEUV, Rn 23; *Nettesheim,* in: Grabitz/Hilf/Nettesheim (Hrsg.), Das Recht der Europäischen Union, Art. 288 AEUV, Rn 112.

141 Zur Rechtsetzungstätigkeit nach der alten Rechtslage *v. Bogdandy/Bast/Arndt,* ZaöRV 62 (2002), 77, 92 f; *Schroeder,* in: Streinz (Hrsg.), EUV/EGV, Art. 249 EGV, Rn 67, 69, der darauf hinwies, dass sich die ursprünglich im Vertrag angelegte Unterscheidung zwischen der Verordnung als Instrument der Rechtsvereinheitlichung und der Richtlinie als Rechtsangleichungsinstrument in der Praxis zusehends aufgelöst hatte. Auch für die neue Rechtslage diagnostiziert *Ladenburger,* ZEuS 2011, 389, 397, trotz des unter Beachtung des Subsidiaritäts- und Verhältnismäßigkeitsprinzips angestrebten Vorrangs der Richtlinie vor der Verordnung ein verstärktes Gebrauchmachen von dem Instrument der Verordnung durch den Unionsgesetzgeber; vgl auch *Héritier/Moury/Bischoff/Bergström,* S. 62 ff.

Art. 50 Abs. 1, 53 Abs. 1, 83 Abs. 1 und 115 AEUV).[142] Da Richtlinien nur hinsichtlich ihres Regelungsziels verbindlich sind, sind die Mitgliedstaaten verpflichtet, ein **bestimmtes Ergebnis bzw einen erwünschten Rechtszustand** zu erreichen. Als Regelungsadressaten kommen ein bestimmter Mitgliedstaat, mehrere oder – im Regelfall – alle Mitgliedstaaten in Betracht. Dementsprechend können Richtlinien weder Privatpersonen noch Unionsorgane unmittelbar verpflichten.[143] Der Begriff des Mitgliedstaats wird weit bzw funktional verstanden. Er erfasst **alle Träger öffentlicher Gewalt in den Mitgliedstaaten**, also auch unterstaatliche Gliederungen wie Gemeinden und andere Gebietskörperschaften, sonstige Personen des öffentlichen Rechts und auch – ungeachtet ihrer Rechtsform – öffentliche Unternehmen sowie privatrechtliche Einrichtungen, soweit ihr Handeln dem Staat zuzurechnen ist.[144]

Umstritten ist die **Regelungsdichte** von Richtlinien. Im Schrifttum wurde früher die Auffassung vertreten, dass Richtlinien dem mitgliedstaatlichen Gesetzgeber ein Mindestmaß an eigenständiger Gestaltungsfreiheit belassen müssten. Demgegenüber war in der Rechtsetzungspraxis der Gemeinschaft anerkannt worden, dass auch detaillierte Richtlinien, die dem mitgliedstaatlichen Gesetzgeber eigentlich nur noch eine Umsetzung „eins zu eins" übrig lassen, zulässig seien.[145] Diese Praxis, die auch unter dem Vertrag von Lissabon fortgeführt wird,[146] ist allerdings problematisch, weil Richtlinien dadurch einen verordnungsähnlichen Charakter erlangen und dies zu einer Verwischung der Unterschiede zwischen Verordnung und Richtlinie führt.[147] Außerdem widerspricht eine „Vollregelung" in der Form von Richtlinien den im Subsidiaritäts- und im Verhältnismäßigkeitsprinzip zum Ausdruck kommenden Grundgedanken, den Mitgliedstaaten so weit wie möglich Raum für eigene Regelungen zu lassen. Um der Kritik der Mitgliedstaaten an der Gemeinschaftspraxis zu begegnen, schrieb das Subsidiaritätsprotokoll von 1997 den Gemeinschaftsorganen vor, eine „Rahmenrichtlinie" einer detaillierten Maßnahme vorzuziehen und den Mitgliedstaaten die Wahl der Form und Mittel zu überlassen (Ziff. 6). Dieser Grundgedanke ist nunmehr nur noch implizit in Art. 5 Abs. 4 EUV, Art. 296 Abs. 1 AEUV und Art. 5 Prot. Nr. 2 (s.o. Rn 35) enthalten.[148] 47

Aus der Verbindlichkeit des Ziels der Richtlinie folgt die **Verpflichtung der Mitgliedstaaten zu ihrer fristgemäßen und zielkonformen Umsetzung**. Sie ist erst dann erfüllt, wenn der Mitgliedstaat Rechtsakte erlassen hat, die den in der Richtlinie enthaltenen Vorgaben entsprechen und eine ordnungsgemäße Erreichung des Regelungsziels sicherstellen. Daneben enthalten zahlreiche Richtlinien **Nebenpflichten** wie zB Pflichten zum Informationsaustausch der mitgliedstaatlichen Behörden 48

142 Allerdings spricht der für die Rechtsangleichung vorrangige Art. 114 AEUV in Abs. 1 von „Maßnahmen zur Angleichung der Rechts- und Verwaltungsvorschriften der Mitgliedstaaten", lässt dem Unionsgesetzgeber also die Wahl zwischen Verordnungen, Richtlinien und Beschlüssen.

143 *Schroeder*, in: Streinz (Hrsg.), EUV/AEUV, Art. 288 AEUV, Rn 75; *Nettesheim*, in: Grabitz/Hilf/Nettesheim (Hrsg.), Das Recht der Europäischen Union, Art. 288 AEUV, Rn 109.

144 EuGH, Rs. C-106/89 (Marleasing), Slg 1990, I-4135, 4159; Rs. C-91/92 (Faccini Dori), Slg 1994, I-3325, 3357; *Schroeder*, in: Streinz (Hrsg.), EUV/AEUV, Art. 288 AEUV, Rn 73; *Ruffert*, in: Calliess/Ruffert (Hrsg.), EUV/AEUV, Art. 288 AEUV, Rn 59.

145 *Ruffert*, in: Calliess/Ruffert (Hrsg.), VerfEU, Art. I-33 EVV, Rn 25 mwN; *Skouris*, ZEuS 2005, 463, 465 f.

146 Zustimmend mit Verweis auf die oft technischen Regelungsmaterien der Richtlinien *Ruffert*, in: Calliess/Ruffert (Hrsg.), EUV/AEUV, Art. 288 AEUV, Rn 25; *Biervert*, in: Schwarze/Becker/Hatje/Schoo (Hrsg.), EU-Kommentar, Art. 288 AEUV, Rn 26; *Nettesheim*, in: Grabitz/Hilf/Nettesheim (Hrsg.), Das Recht der Europäischen Union, Art. 288 AEUV, Rn 113.

147 So schon zur früheren Rechtslage *Schütz/Bruha/König* (Fn 24), § 4, S. 127; *Schroeder*, in: Streinz (Hrsg.), EUV/EGV, Art. 249 EGV, Rn 69 f; *Wölk*, S. 49 ff; nach wie vor kritisch hinsichtlich der wachsenden Detailliertheit von Richtlinienbestimmungen auch nach neuer Rechtslage *Schroeder*, in: Streinz (Hrsg.), EUV/AEUV, Art. 288 AEUV, Rn 69; vgl auch *Herdegen*, Europarecht, § 8, Rn 37; *Nettesheim*, in: Oppermann/Classen/Nettesheim (Hrsg.), Europarecht, § 9, Rn 85.

148 *Sydow*, JZ 2009, 373, 374 f, ist der Auffassung, dass die herkömmliche Betrachtung der Richtlinie als kompetenzschonendes Rechtsangleichungsinstrument angesichts der bisherigen Gemeinschaftspraxis überholt sei. Durch den Vertrag von Lissabon und das neue Subsidiaritätsprotokoll würden die mitgliedstaatlichen Kompetenzen wirksam geschützt, so dass es daneben einer weiteren Absicherung „durch – nicht operationalisierbare – Beschränkungen der Regelungstiefe eines einzelnen Rechtsetzungsinstruments" nicht mehr bedürfe.

untereinander und mit der Kommission sowie Berichtspflichten.[149] Aus dem Anwendungsvorrang des Unionsrechts folgt weiterhin die Verpflichtung der Mitgliedstaaten, in Umsetzung der Richtlinie erlassenes innerstaatliches Recht **nicht nachträglich** im Widerspruch zu deren Ziel abzuändern oder aufzuheben.[150]

49 Für die Nichteinhaltung der Umsetzungsfrist gibt es nach der strengen Rechtsprechung des EuGH **keine Rechtfertigungsmöglichkeiten**. Ein Mitgliedstaat kann sich daher weder darauf berufen, dass andere Mitgliedstaaten ihrer Umsetzungspflicht gleichfalls nicht fristgemäß nachgekommen seien, noch kann er innerstaatliche Schwierigkeiten wie zB Regierungskrisen oder die bundesstaatliche Aufteilung von Umsetzungskompetenzen anführen.[151] Auch das Vorbringen, die unterbliebene Umsetzung habe keinerlei nachteilige Wirkung auf das Funktionieren des Binnenmarkts, ist ihm verwehrt.[152] Schließlich entfällt die Umsetzungsverpflichtung nicht dadurch, dass Richtlinienbestimmungen nach Ablauf der Umsetzungsfrist unter bestimmten Voraussetzungen unmittelbar anwendbar sind (s.u. Rn 57 ff). Dies folgt aus dem Grundsatz der Rechtssicherheit, wonach der Einzelne in die Lage versetzt werden muss, von seinen Rechten in vollem Umfang Kenntnis zu erlangen.[153]

50 Bei der Umsetzungspflicht handelt es sich um eine zwingende Vertragspflicht der Mitgliedstaaten, für deren Nichterfüllung das Unionsrecht **Sanktionen** vorsieht. Zum einen kann die Kommission ein Vertragsverletzungsverfahren (Art. 258 AEUV) einleiten, wovon sie häufig Gebrauch gemacht hat.[154] Art. 260 Abs. 3 AEUV sieht – in Abkehr von dem zeitraubenden Verfahren vor Lissabon[155] – ein **kombiniertes Vertragsverletzungs- und Sanktionsverfahren** vor, wenn ein Mitgliedstaat Maßnahmen zur Umsetzung einer gemäß einem Gesetzgebungsverfahren erlassenen Richtlinie der Kommission nicht mitgeteilt hat. Ein solcher Verstoß kommt insbesondere dann in Betracht, wenn der betreffende Mitgliedstaat die Richtlinie nicht fristgemäß umgesetzt hat. In diesem Fall kann die Kommission bereits im ersten Vertragsverletzungsverfahren gemäß Art. 258 AEUV die Verhängung finanzieller Sanktionen beantragen. Anknüpfungspunkt für die Beantragung der Sanktion ist formal jedoch nicht die – vom Gerichtshof erst festzustellende – Nichtumsetzung der Richtlinie, son-

---

149 *Schroeder*, in: Streinz (Hrsg.), EUV/AEUV, Art. 288 AEUV, Rn 85; vgl Art. 16 RL 96/61/EG über die integrierte Vermeidung der Luftverschmutzung, ABl. 1996 L 257 v. 10.10.1996, S. 26; Art. 36 Abs. 3 (Berichtspflicht an die Kommission) RL 2009/16/EG, Hafenstaatkontrolle, ABl. 2009 L 131 v. 28.5.2009, S. 57, zuletzt geändert durch RL 2013/38/EU, ABl. 2013 L 218 v. 14.8.2013. Zu Informationspflichten gegenüber der Kommission vgl die Gemeinsame Politische Erklärung von Europäischem Parlament, Rat und Kommission vom 27.10.2011, 2011/C 369/03, die u.a. eine Übermittlungspflicht der Mitgliedstaaten für erläuternde Dokumente vorsieht.

150 Häufig wird hier von einer „Sperrwirkung" der Richtlinie gesprochen, vgl *Schroeder*, in: Streinz (Hrsg.), EUV/AEUV, Art. 288 AEUV, Rn 79; *Ruffert,* in: Calliess/Ruffert (Hrsg.), EUV/AEUV, Art. 288 AEUV, Rn 24; *Nettesheim,* in: Oppermann/Classen/Nettesheim (Hrsg.), Europarecht, § 9, Rn 98; *Biervert,* in: Schwarze/Becker/Hatje/Schoo (Hrsg.), EU-Kommentar, Art. 288 AEUV, Rn 27.

151 EuGH, Rs. 52/75 (Kommission/Italien), Slg 1976, 277, 284 f; Rs. C-260/93 (Kommission/Belgien), Slg 1994, I-1611, 1615 f; Rs. C-150/97 (Kommission/Portugal), Slg 1999, I-259, 272. Weitere Beispiele aus der Rspr des EuGH bei *Ruffert,* in: Calliess/Ruffert (Hrsg.), EUV/AEUV, Art. 288 AEUV, Rn 28; *Prete/Smulders*, CMLR 47 (2010), 9, 41 ff; umfassend zu dem als Rechtfertigung für die Nichtumsetzung vorgebrachten Einwand eines Mitgliedstaats, die entsprechende Richtlinie sei grundrechtswidrig, und für die Zulässigkeit eines solchen Einwands votierend *Wunderlich/Hickl,* EuR 2013, 107, 110 ff.

152 EuGH, Rs. 95/77 (Kommission/Niederlande), Slg 1978, 863, 871; in Bezug auf den Umweltschutz Rs. C-150/97 (Kommission/Portugal), Slg 1999, I-259, 272.

153 EuGH, Rs. C-208/90 (Emmott), Slg 1991, I-4269, 4298 f.

154 Deutschland ist zB wegen Nichtumsetzung der Antidiskriminierungsrichtlinie RL 2000/43/EG, ABl. L 180 v. 19.7.2000, S. 22, verurteilt worden, vgl EuGH, Rs. C-329/04 (Kommission/Deutschland), EuZW 2005, 444. Ferner erfolgte eine Verurteilung Deutschlands wegen Nichtumsetzung der Biopatentrichtlinie, RL 98/44/EG, vgl EuGH, Rs. C-5/04 (Kommission/Deutschland), ECLI:EU:C:2004:688, sowie wegen Umsetzung der Richtlinie RL 2001/19/EG, EuGH, Rs. C-264/05 (Kommission/Deutschland), Slg 2006, I-00083.

155 Setzte der betroffene Mitgliedstaat die Richtlinie trotz einer Verurteilung durch den EuGH nicht ordnungsgemäß um, so konnte der Gerichtshof nach der früheren Rechtslage auf Antrag der Kommission im Rahmen des Sanktionsverfahrens gemäß Art. 228 Abs. 2 EGV – in der Sache ein zweites Vertragsverletzungsverfahren – einen Pauschalbetrag oder ein Zwangsgeld festsetzen; vgl zB EuGH, Rs. C-387/97 (Kommission/Griechenland), Slg 1997, I-5047, 5114 ff. Siehe auch *Prete/Smulders*, CMLR 47 (2010), 9, 50, denen zufolge der EuGH bis Mitte 2009 mehr als zehn Sanktionsverfahren durchgeführt hat.

dern der Verstoß gegen die Mitteilungspflicht des Mitgliedstaats gegenüber der Kommission. Mit diesem beschleunigten Verfahren soll der zunehmenden Verzögerung der Umsetzung von Richtlinien durch die Mitgliedstaaten entgegengewirkt werden.[156] Darüber hinaus hat der EuGH im Wege der Rechtsfortbildung weitere Sanktionsmöglichkeiten eröffnet. Bei nicht fristgerechter oder ordnungsgemäßer Umsetzung einer Richtlinie kann sich der Einzelne unter bestimmten Voraussetzungen direkt auf Vorschriften der Richtlinie berufen oder von dem säumigen Mitgliedstaat Schadensersatz verlangen (s.u. Rn 70 f).

b) Zweite Stufe: Umsetzung der Richtlinie durch die Mitgliedstaaten

Gemäß Art. 288 Abs. 3 AEUV bleibt den Mitgliedstaaten bei der Umsetzung der Richtlinie die 51 Wahl der Form und Mittel überlassen. Damit ist der Mitgliedstaat bei der Wahl der Umsetzungsmittel grundsätzlich frei. Im Regelfall muss er Rechtsvorschriften erlassen, um das von der Richtlinie vorgegebene Ziel wirksam zu erreichen.[157] Nur ausnahmsweise kann nach der Auffassung des EuGH von dem **Erlass von Umsetzungsbestimmungen** abgesehen werden, wenn die bestehende Rechtslage in einem Mitgliedstaat den Vorgaben der Richtlinie bereits in vollem Umfang entspricht und die nationalen Regelungen hinreichend bestimmt und klar sind, um dem Einzelnen die Kenntnis und Durchsetzung seiner Rechte zu ermöglichen.[158] Da allerdings seit 1990 alle Richtlinien die Mitgliedstaaten verpflichten, bei der Umsetzung einen entsprechenden Umsetzungshinweis zu geben, um die europarechtliche Wurzel der nationalen Regelungen offenzulegen, dürfte diese Ausnahme mit dem Transparenzgebot nicht mehr vereinbar sein.[159]

Der Wahlfreiheit der Mitgliedstaaten sind allerdings **Grenzen** gesetzt. Aus Gründen der Rechtssi- 52 cherheit und Rechtsklarheit reicht es für die Umsetzung von Richtlinien, die den Einzelnen berechtigen oder verpflichten wollen, nicht aus, lediglich die **Verwaltungspraxis** den Erfordernissen der Richtlinie anzupassen, weil diese von der Verwaltung jederzeit wieder geändert werden kann. Ebensowenig genügt es, Verwaltungsvorschriften zu erlassen, da ihre Rechtsverbindlichkeit zweifelhaft ist. Vielmehr verlangt der EuGH verbindliche und von den nationalen Gerichten überprüfbare Umsetzungsmaßnahmen.[160] Mit dieser Rechtsprechung, die neben dem Grundsatz der Rechtssicherheit auch das Prinzip der praktischen Wirksamkeit des Unionsrechts (effet utile) gewährleisten soll, hat er für die Umsetzung von Richtlinien einen **Rechtsnormenvorbehalt** aufgestellt.[161] Um diesem Vorbehalt zu genügen, bedarf es allerdings nicht immer eines Parlamentsgesetzes. Rechts-

156 Dazu *Obwexer*, in: Hummer/Obwexer, S. 237, 260 f; *Borchardt*, in: Lenz/Borchardt (Hrsg.), EU-Verträge, Art. 260 AEUV, Rn 14 ff; *Cremer*, in: Calliess/Ruffert (Hrsg.), EUV/AEUV, Art. 260 AEUV, Rn 1, 19; *Ehricke*, in: Streinz (Hrsg.), EUV/AEUV, Art. 260 AEUV, Rn 17. Die Mitteilung der Kommission vom 11. 11. 2010, SEK(2010) 1371, ABl. 2011 Nr. C 12/1, konkretisiert den Ablauf des Sanktionsverfahrens nach Art. 260 Abs. 3 AEUV.

157 *Ruffert*, in: Calliess/Ruffert (Hrsg.), Art. 288 AEUV, Rn 32 ff; ähnlich *Biervert*, in: Schwarze/Becker/Hatje/Schoo (Hrsg.), EU-Kommentar, Art. 288 AEUV, Rn 28; *Schroeder*, in: Streinz (Hrsg.), EUV/AEUV, Art. 288 AEUV, Rn 92 ff; *Nettesheim*, in: Grabitz/Hilf/Nettesheim (Hrsg.), Das Recht der Europäischen Union, Art. 288 AEUV, Rn 132, kritisiert diese restriktive, „effet utile"-orientierte Rechtsprechung des EuGH unter Verweis auf den mitgliedstaatlichen Gestaltungsspielraum.

158 EuGH, Rs. 29/84 (Kommission/Deutschland), Slg 1985, 1661, 1673; *Wölk*, S. 73 f, mwN.

159 Vgl *Schroeder*, in: Streinz (Hrsg.), EUV/AEUV, Art. 288 AEUV, Rn 92.

160 EuGH, Rs. 300/81 (Kommission/Italien), Slg 1983, 449, 456; Rs 239/85 (Kommission/Belgien), Slg 1986, 3645; Rs. C-361/88 (Kommission/Deutschland), Slg 1991, I-2567, 2600 f. Die letztgenannte Entscheidung betraf die deutsche TA Luft, bei der aufgrund uneinheitlicher Rspr zur Verbindlichkeit von Verwaltungsvorschriften nach Ansicht des EuGH nicht nachgewiesen war, dass die Umsetzung der Richtlinie „mit unbestreitbarer Verbindlichkeit und mit der Konkretheit, Bestimmtheit und Klarheit erfolgt ist, die [...] notwendig ist, um den Erfordernissen der Rechtssicherheit zu genügen". Dazu *Beyerlin*, EuR 1987, 126; *v. Danwitz*, VerwArch. 84 (1993), 73; *Himmelmann*, DÖV 1996, 145; *Hetmeier*, in: Lenz/Borchardt (Hrsg.), EU-Verträge, Art. 288 AEUV, Rn 11. Zur Kontroverse in der Lehre darüber, ob tatsächlich, wie vom EuGH vertreten, auch die Anpassung normkonkretisierender Verwaltungsvorschriften keine hinreichende Umsetzungsmaßnahme darstellt, *Ruffert*, in: Calliess/Ruffert (Hrsg.), EUV/AEUV, Art. 288 AEUV, Rn 38 f, mwN.

161 *Streinz*, Europarecht, § 5, Rn 481; *Schroeder*, in: Streinz (Hrsg.), EUV/AEUV, Art. 288 AEUV, Rn 90 f; *Haag*, in: Bieber/Epiney/Haag (Hrsg.), Die Europäische Union, § 6, Rn 31, betont, dass sich die Art der erforderlichen Maßnahme nach der jeweiligen staatlichen Rechtsordnung bestimmt, während *Nettesheim*, in: Oppermann/Classen/Nettesheim (Hrsg.), Europarecht, § 9, Rn 92, darauf abstellen will, was konkreter Inhalt der Richtlinie ist.

verordnungen und (kommunale) Satzungen genügen, da sie rechtsverbindlich sind, ebenfalls den Anforderungen.[162] Auch eine generelle gesetzliche Ermächtigung der Exekutive zum Erlass von Rechtsverordnungen zur Umsetzung, wie sie in einigen neueren Gesetzen vorgesehen ist, reicht aus, wenn sie den Erfordernissen von Art. 80 Abs. 1 GG entspricht.[163] Demgegenüber ist eine dynamische Verweisung nationaler Rechtsakte auf die Richtlinie in ihrer jeweiligen Fassung nur dann hinreichend, wenn sie so präzise ist, dass der Bürger individuelle Ansprüche mit der notwendigen Klarheit erkennen kann.[164] Im Ergebnis müssen die mitgliedstaatlichen Umsetzungsvorschriften folgende Voraussetzungen erfüllen: (1) Sie müssen veröffentlicht werden, damit die Betroffenen ihre Rechte zur Kenntnis nehmen können (Publizität); (2) sie müssen rechtsverbindlich sein (Rechtsnormqualität); und (3) die auf ihrer Grundlage gewährten individuellen Rechte müssen gerichtlich durchsetzbar sein (Justiziabilität).[165]

53 Zudem stellt sich die Frage, ob eine Richtlinie im Wege der richtlinienkonformen Auslegung des nationalen Rechts durch die mitgliedstaatlichen Gerichte, dh durch eine Änderung bzw **Anpassung der Rechtspraxis**, umgesetzt werden kann.[166] Gegen diese Möglichkeit der Umsetzung sprechen dieselben Gründe wie gegen eine Umsetzung durch verwaltungsinterne Maßnahmen (s.o. Rn 52). Auch hier werden die Anforderungen, die sich aus den Grundsätzen der Rechtssicherheit und Rechtsklarheit ergeben, nicht erfüllt. Zum einen besteht die Gefahr, dass die Gerichte die nationalen Vorschriften in unterschiedlicher Weise richtlinienkonform auslegen, zumal höchstrichterliche Entscheidungen in den meisten Mitgliedstaaten allenfalls faktisch, nicht aber rechtlich eine allgemeine Bindungswirkung erzeugen. Zum anderen wird dem Einzelnen angesichts einer möglicherweise uneinheitlichen und Veränderungen unterliegenden Rechtsprechung die Kenntnis seiner Rechte erschwert. Aus diesen Gründen reicht die richtlinienkonforme Auslegung als Mittel der Umsetzung nicht aus.[167]

54 Die Verpflichtung zur Umsetzung der Richtlinie besteht erst zum Ablauf der Umsetzungsfrist. Dennoch entfaltet die Richtlinie mit ihrem Inkrafttreten (Art. 297 Abs. 2 Unterabs. 2 AEUV) bereits **Vorwirkungen**. Aus der Verbindlichkeit des Regelungsziels – in Verbindung mit der Loyalitätspflicht gemäß Art. 4 Abs. 3 EUV – folgt ein **Frustrationsverbot**, demzufolge die Mitgliedstaaten schon vor Ablauf der Umsetzungsfrist alle Maßnahmen unterlassen müssen, welche die Erreichung des in der Richtlinie vorgeschriebenen Ziels ernstlich gefährden können. Dies verwehrt es den Mitgliedstaaten zwar nicht, die Richtlinie zunächst nur schrittweise umzusetzen oder vorläufige Regelungen wie etwa Übergangsvorschriften zu erlassen, die zu dem Richtlinienziel im Widerspruch stehen. Stellt sich allerdings heraus, dass solche Regelungen von dem Mitgliedstaat als endgültige und vollständige Umsetzung der Richtlinie intendiert sind, und ist eine rechtzeitige Änderung dieser

162 Zu Satzungen vgl *Ruffert*, in: Calliess/Ruffert (Hrsg.), EUV/AEUV, Art. 288 AEUV, Rn 36, mwN.

163 *Schroeder*, in: Streinz (Hrsg.), EUV/AEUV, Art. 288 AEUV, Rn 94.

164 So auch *Schroeder*, in: Streinz (Hrsg.), EUV/AEUV, Art. 288 AEUV, Rn 94, mwN. Siehe EuGH, Rs. C-96/95 (Kommission/Deutschland), Slg 1997, I-1635, Rn 35 f, für die Unzulässigkeit einer allgemeinen Verweisung auf das Gemeinschaftsrecht. Kritisch gegenüber dynamischen Verweisungen *Ruffert*, in: Calliess/Ruffert (Hrsg.), EUV/AEUV, Art. 288 AEUV, Rn 33, mwN; zu den verfassungsrechtlichen Bedenken vgl *Calliess*, NVwZ 1998, 8.

165 Ähnlich *Schroeder*, in: Streinz (Hrsg.), EUV/AEUV, Art. 288 AEUV, Rn 91; *Streinz*, Europarecht, § 5, Rn 483; *Nettesheim*, in: Oppermann/Classen/Nettesheim (Hrsg.), Europarecht, § 9, Rn 91 f, betont die Wahlfreiheit des Richtlinienadressaten hinsichtlich der Umsetzungsmittel; Auflistung (un)zulässiger Umsetzungsmittel bei *Ruffert*, in: Calliess/Ruffert (Hrsg.), EUV/AEUV, Art. 288 AEUV, Rn 32 ff.

166 Dafür zB *Streinz*, Europarecht, § 5, Rn 483; *Salzwedel*, URR 1989, 41; *Erdmann/Bornkamp*, GRUR 1991, 877, 880; sympathisierend *Lindacher*, DZWiR 1998, 514, 515; *Sedelmeier*, ZRP 1991, 370, 374; *Sack*, WRP 1998, 241, 244; *ders.*, GRUR Int. 1998, 263, 272; skeptisch hingegen *Dreher*, EuZW 1997, 522, 523 f; *Plassmann*, GRUR 1996, 377, 382; *Tillmann*, GRUR 1997, 790, 791.

167 So auch *Nettesheim*, in: Grabitz/Hilf/Nettesheim (Hrsg.), Das Recht der Europäischen Union, Art. 288 AEUV, Rn 121; ausführlich *Herrmann*, S. 207 ff, 228 ff.

Vorschriften nicht mehr möglich, so verstößt der Mitgliedstaat gegen das Frustrationsverbot.[168] Im Fall *Mangold*[169] ist der EuGH nicht von dieser Rechtsprechung abgewichen. Er hat vielmehr das Frustrationsverbot dahingehend präzisiert, dass ein Mitgliedstaat, der ausnahmsweise eine in der Richtlinie optional vorgesehene Verlängerung der Umsetzungsfrist in Anspruch nimmt, während dieser Zeit verpflichtet ist, schrittweise konkrete Maßnahmen zu ergreifen, um die nationale Rechtslage dem Ziel der Richtlinie anzunähern. Daher ist der Erlass von Rechtsvorschriften, die mit dem Richtlinienziel nicht vereinbar sind, dh sich von der angestrebten Rechtslage entfernen, nicht zulässig.[170]

Gemäß Art. 288 Abs. 3 AEUV, häufig iVm Art. 4 Abs. 3 EUV (Loyalitätspflicht) genannt, besteht für alle Träger öffentlicher Gewalt in den Mitgliedstaaten *nach* Ablauf der Umsetzungsfrist die Verpflichtung, einschlägige Bestimmungen des nationalen Rechts richtlinienkonform auszulegen[171] (s. *Remien,* § 14 Rn 30 ff). Umstritten ist allerdings, ob die mitgliedstaatlichen Behörden und Gerichte bereits *vor* Ablauf der Umsetzungsfrist zur **richtlinienkonformen Auslegung** des nationalen Rechts verpflichtet sind.[172] Diese Frage betrifft den Fall, dass der Gesetz- bzw Verordnungsgeber noch nicht zur Umsetzung der Richtlinie tätig geworden ist. Der EuGH hat sich zu dieser Frage bisher nicht eindeutig geäußert.[173] Knüpft man an seine Ausführungen zum Frustrationsverbot an, so trifft die Mitgliedstaaten vor Ablauf der Umsetzungsfrist lediglich die Pflicht, alles zu unterlassen, was die rechtzeitige Umsetzung der Richtlinie ernsthaft in Frage stellen könnte (s.o. Rn 54). Eine positive Verpflichtung, das nationale Recht bereits vor der Umsetzung richtlinienkonform auszulegen, lässt sich daraus nicht herleiten.[174] Gegen eine solche Pflicht spricht zudem, dass es in erster Linie Aufgabe des mitgliedstaatlichen Gesetz- bzw Verordnungsgebers ist, bestehende Rechtsvorschriften, die ggf im Widerspruch zum Richtlinienziel stehen, anzupassen, aufzuheben oder neue Regelungen zu treffen. Hierbei räumt ihm das Unionsrecht bis zum Ablauf der Umsetzungsfrist einen Handlungs- und Gestaltungsspielraum ein, der durch eine Pflicht zur richtlinienkonformen Auslegung vor Fristablauf eingeengt würde. Hinzu kommt, dass die unionsrechtliche Pflicht zur richtlinienkonformen Auslegung in der Weise an die Umsetzungsverpflichtung der Mitgliedstaaten gekoppelt ist, dass sie eine effektive Umsetzung des verbindlichen Richtlinienziels absichern soll.[175] Daher kann die Pflicht auch erst entstehen, wenn die Umsetzungsfrist abgelaufen 55

168 Grundlegend EuGH, Rs. C-129/96 (Inter-Environnement Wallonie), Slg 1997, I-7411, 7423; dazu *Ehricke*, ZIP 2001, 1311, 1314 ff; vgl auch *Kühling*, DVBl. 2006, 857, 859; *Kahl*, in: Calliess/Ruffert (Hrsg.), EUV/AEUV, Art. 4 EUV, Rn 97; *Schroeder*, in: Streinz (Hrsg.), EUV/AEUV, Art. 288 AEUV, Rn 83; *Nettesheim,* in: Grabitz/Hilf/Nettesheim (Hrsg.), Das Recht der Europäischen Union, Art. 288 AEUV, Rn 118.

169 EuGH, Rs. C-144/04 (Mangold), Slg 2005, I-9981.

170 Ebd, I-10039, Rn 71 f; so auch *Kühling*, DVBl. 2006, 857, 859 f; offen bleibt die Frage einer Vorwirkung von Richtlinienbestimmungen zwischen Privaten in dem Beschluss des EuGH, Rs. C-194/10 (Abt u.a.), Slg 2011, I-00039; dazu *Foerster,* EuR 2012, 190, 194 ff.

171 St. Rspr des EuGH seit Rs. 14/83 (v. Colson und Kamann), Slg 1984, 1891; dazu *Leible/Sosnitza*, NJW 1998, 2507; *Ehricke*, EuZW 1999, 553; *Sack*, WRP 1998, 241, 243 f; *Scherzberg,* Jura 1993, 225, 232; *Nettesheim*, in: Grabitz/Hilf/Nettesheim (Hrsg.), Das Recht der Europäischen Union, Art. 288 AEUV, Rn 134; *Ruffert*, in: Calliess/Ruffert (Hrsg.), EUV/AEUV, Art. 288 AEUV, Rn 80; *Skouris*, ZEuS 2005, 463, 467 f.

172 Dazu *Leible/Sosnitza*, NJW 1998, 2507; *Ehricke*, EuZW 1999, 553; *Sack*, WRP 1998, 241, 243 f; *Scherzberg,* Jura 1993, 225, 232; *Nettesheim*, in: Grabitz/Hilf/Nettesheim (Hrsg.), Das Recht der Europäischen Union, Art. 288 AEUV, Rn 133; *Ruffert*, in: Calliess/Ruffert (Hrsg.), EUV/AEUV, Art. 288 AEUV, Rn 80.

173 Für eine Pflicht zur richtlinienkonformen Auslegung vor Fristablauf wird gelegentlich das Urteil des EuGH in der Rs. 80/86 (Kolpinghuis Nijmegen), Slg 1987, 3969, 3986 f, herangezogen, das allerdings widersprüchlich und unklar formuliert ist; vgl dazu *Schütz/Bruha/König* (Fn 24), § 4, S. 132 f; *Kühling,* DVBl. 2006, 857, 860 f.

174 So auch *v. Danwitz*, JZ 2007, 697, 700, unter Verweis auf EuGH, verb. Rs. C-397/01-403/01 (Pfeiffer u.a.), Slg 2004, I-8835, 8918 f.

175 EuGH, Rs. 14/83 (v. Colson und Kamann), Slg 1984, 1891; vgl auch *Ehricke*, EuZW 1999, 553, 554; *Jarass*, EuR 26 (1991), 211, 221.

ist.[176] Auch wenn somit keine unionsrechtliche Pflicht zur richtlinienkonformen Auslegung vor Fristablauf besteht, bleibt es den mitgliedstaatlichen Behörden und Gerichten unbenommen, das innerstaatliche Recht, insbesondere Generalklauseln, richtlinienkonform auszulegen, soweit dabei die im nationalen Recht bestehenden Auslegungsgrenzen gewahrt bleiben.[177]

3. Folgen einer unterbliebenen oder fehlerhaften Umsetzung

56 Die mangelnde oder unzureichende Umsetzung von Richtlinien stellt ein gravierendes Problem bei der Durchsetzung des Unionsrechts dar. Der AEUV sieht in diesem Fall als einzige Sanktion die Durchführung eines Vertragsverletzungsverfahrens vor (s.o. Rn 50). Um diesen Umsetzungsdefiziten entgegenzuwirken, hat der EuGH im Wege der Rechtsfortbildung – neben dem Grundsatz der richtlinienkonformen Auslegung (s.o. Rn 55) – zwei Rechtsinstitute, nämlich die **unmittelbare Wirkung/Anwendbarkeit** von Richtlinien und den unionsrechtlichen **Staatshaftungsanspruch** entwickelt.

a) Die unmittelbare Wirkung von Richtlinien

57 Bei Richtlinien ist die Unterscheidung zwischen unmittelbarer Geltung einerseits und unmittelbarer Wirkung andererseits noch wichtiger als bei Verordnungen (s.o. Rn 41 f). Auch die Richtlinie entfaltet als Rechtsakt der Union **unmittelbare Geltung**. Sie wird genauso wie die Verordnung Bestandteil des innerstaatlichen Rechts, ohne dass es eines besonderen Transformations- oder Inkorporationsaktes bedürfte.[178] Allerdings entfaltet sie ihre Bindungswirkung grundsätzlich nur gegenüber den Mitgliedstaaten, die gemäß Art. 288 Abs. 3 AEUV alleinige Adressaten der Richtlinie sind (s.o. Rn 46). Folge der unmittelbaren Geltung ist, dass die mitgliedstaatlichen Stellen die Bestimmungen der Richtlinie mit deren Inkrafttreten insoweit zu beachten haben, als sie bereits vor Ablauf der Umsetzungsfrist infolge des Frustrationsverbots bestimmte Vorwirkungen entfaltet (s.o. Rn 54).

58 Nach der Konstruktion des zweistufigen Rechtsetzungsverfahrens kommt der Richtlinie grundsätzlich keine unmittelbare Wirkung in der Rechtsordnung der Mitgliedstaaten zu. Rechte und Pflichten der Einzelnen werden nämlich im Regelfall erst in den Umsetzungsnormen der Mitgliedstaaten begründet. Nach der Rechtsprechung des EuGH[179] kann einzelnen Bestimmungen einer Richtlinie dennoch eine **unmittelbare Wirkung** zukommen, wenn ein Mitgliedstaat die Richtlinie nicht fristgerecht oder ordnungsgemäß umgesetzt hat. Dieser Rechtsprechung liegen im Wesentlichen vier Erwägungen zugrunde: Erstens sollen die **praktische Wirksamkeit (effet utile) und die einheitliche**

---

176 So auch *Bach*, JZ 1990, 1108, 1112; *Ehricke*, RabelsZ 59 (1995), 598, 621 f; *Everling*, ZGR 1992, 376, 383; *Gellermann*, Beeinflussung des bundesdeutschen Rechts durch Richtlinien der EG, 1994, S. 109 f; *Götz*, NJW 1992, 1849, 1854; *Jarass*, Grundfragen, S. 92; *E. Klein*, in: FS Everling, S. 647; *Nettesheim*, AöR 119 (1994), 261, 277; *ders*, in: Grabitz/Hilf/Nettesheim (Hrsg.), Das Recht der Europäischen Union, Art. 288 AEUV, Rn 133; *Prechal*, Directives in European Community Law, 1995, S. 22 ff; *Ress*, DÖV 1994, 489, 492; *Ruffert*, in: Calliess/Ruffert (Hrsg.), EUV/AEUV, Art. 288 AEUV, Rn 80; *Winter*, DVBl. 1991, 657, 658.

177 So zB BGHZ 138, 55, 59 ff; zustimmend *Leible/Sosnitza*, NJW 1998, 2507, 2508; kritisch *Ehricke*, EuZW 1999, 553, 555 ff; aA VGH Mannheim, NVwZ 2005, 1098; differenzierend *Kühling*, DVBl. 2006, 857, 861 ff, der eine Berücksichtigung der Richtlinie vor Ablauf der Umsetzungsfrist auf den Sonderfall „interpretatorischer Rückkopplungseffekte" beschränken will. Vgl auch *v. Danwitz*, JZ 2007, 697, 701, der für die Zeit vor Ablauf der Umsetzungsfrist von einer „richtlinienbezogenen Auslegung" spricht, diese allerdings nur für zulässig erachtet, wenn es um Richtlinienbestimmungen geht, hinsichtlich derer die Mitgliedstaaten keinen Umsetzungsspielraum haben. Sehr weitgehend BGH NJW 2009, 427, der sogar eine richtlinienkonforme Rechtsfortbildung gegen den Wortlaut einer nationalen Umsetzungsnorm (§ 439 Abs. 4 BGB) für geboten hält.

178 Ebenso *Schroeder*, in: Streinz (Hrsg.), EUV/AEUV, Art. 288 AEUV, Rn 104. Unpräzise Terminologie hingegen bei *Streinz*, Europarecht, § 5, Rn 486, der Richtlinien eine unmittelbare Geltung abspricht; *Nettesheim*, in: Grabitz/Hilf/Nettesheim (Hrsg.), Das Recht der Europäischen Union, Art. 288 AEUV, Rn 104, sowie *ders.*, in: Oppermann/Classen/Nettesheim (Hrsg.), Europarecht, § 9, Rn 82, 90, stellt ebenfalls auf die Verbindlichkeit von Richtlinien für die Mitgliedstaaten auch ohne einen Transformations- oder Inkorporationsakt ab.

179 Seit EuGH, Rs. 41/74 (van Duyn), Slg 1974, 1337, 1348, st. Rspr; vgl *Nettesheim*, in: Oppermann/Classen/Nettesheim (Hrsg.), Europarecht, § 9, Rn 100 ff; *ders.*, in: Grabitz/Hilf/Nettesheim (Hrsg.), Das Recht der Europäischen Union, Art. 288 AEUV, Rn 137 ff; *Haag*, in: Bieber/Epiney/Haag (Hrsg.), Die Europäische Union, § 6, Rn 61 f; *Streinz*, Europarecht, § 5, Rn 484 ff; *Ruffert*, in: Calliess/Ruffert (Hrsg.), EUV/AEUV, Art. 288 AEUV, Rn 47 ff; *Biervert*, in: Schwarze/Becker/Hatje/Schoo (Hrsg.), EU-Kommentar, Art. 288 AEUV, Rn 29 ff.

Anwendung des Unionsrechts dadurch gewährleistet werden, dass in der Richtlinie angelegte Rechte des Einzelnen in allen Mitgliedstaaten durchgesetzt werden können. Zweitens geht es um den **Schutz der Rechte des Einzelnen**, der sich vor mitgliedstaatlichen Behörden und Gerichten auf seine Rechte hätte berufen können, wenn der Mitgliedstaat die Richtlinie fristgerecht und ordnungsgemäß umgesetzt hätte. Er soll gegenüber dem säumigen Mitgliedstaat in den Stand versetzt werden, den er bei ordnungsgemäßer Umsetzung gehabt hätte. Drittens soll der Mitgliedstaat, dem **Grundsatz von Treu und Glauben** entsprechend, gegenüber dem Einzelnen und auch im Verhältnis zu den vertragstreuen Mitgliedstaaten, keinen Vorteil aus seinem unionsrechtswidrigen Verhalten ziehen. Denn für den säumigen Mitgliedstaat wäre es von Vorteil, wenn die Einzelnen ihre in der Richtlinie angelegten Rechte mangels Umsetzung nicht geltend machen könnten. Viertens handelt es sich um eine **Sanktion** gegenüber dem säumigen Mitgliedstaat, der auf diese Weise dazu gezwungen werden soll, seinen Verpflichtungen aus der Richtlinie nachzukommen.[180]

Die unmittelbare Wirkung kommt nicht einer Richtlinie als solcher zu, sondern nur einzelnen Richtlinienbestimmungen. Es bedarf daher jeweils einer Prüfung im Einzelfall, ob eine Richtlinienbestimmung „nach Rechtsnatur, Systematik und Wortlaut geeignet ist, unmittelbare Wirkung in den Rechtsbeziehungen zwischen den Mitgliedstaaten und den einzelnen zu begründen".[181] Die unmittelbare Wirkung von Richtlinienbestimmungen tritt unter **zwei Voraussetzungen** ein: Erstens muss ein **Umsetzungsdefizit** vorliegen, dh der Mitgliedstaat hat die Richtlinie **nach Ablauf der Umsetzungsfrist** gar nicht, nicht fristgemäß oder nicht vollständig umgesetzt;[182] und zweitens muss die Richtlinienbestimmung **hinreichend genau und inhaltlich unbedingt** sein.[183] Die letztgenannte Voraussetzung entspricht den Anforderungen, die ganz allgemein an die unmittelbare Anwendbarkeit unionsrechtlicher Normen gestellt werden (für die Verordnung s.o. Rn 42). Das bedeutet, eine Richtlinienbestimmung muss so formuliert sein, dass ihr mit hinreichender Bestimmtheit eine konkrete Handlungs- oder Unterlassungspflicht des Mitgliedstaats entnommen werden kann. Die Verwendung unbestimmter Rechtsbegriffe reicht – wie im deutschen Recht – nicht aus, um die hinreichende Bestimmtheit zu verneinen.[184] Inhaltlich unbedingt ist eine Richtlinienbestimmung, wenn sie weder unter einem Vorbehalt oder einer Bedingung steht noch weiterer Ausführungsmaßnahmen bedarf. In der Praxis ist es häufig schwierig zu entscheiden, ob diese Voraussetzung erfüllt ist, insbesondere dann, wenn die Richtlinienbestimmung dem Mitgliedstaat eine Wahlmöglichkeit einräumt.[185] 59

Häufig wird als dritte Voraussetzung für die unmittelbare Wirkung verlangt, dass die Richtlinienbestimmung dem Einzelnen ein **subjektives Recht** gegenüber dem Mitgliedstaat oder zumindest eine Begünstigung einräumt.[186] Zwar hat der EuGH in einer frühen Entscheidung darauf abgestellt, dass sich der Einzelne auf Richtlinienbestimmungen berufen könne, „soweit diese Rechte festlegen, die dem Staat gegenüber geltend gemacht werden können".[187] In späteren Entscheidungen hat er 60

---

180 Das BVerfG hat die Vereinbarkeit der Entwicklung einer neuen Sanktionskategorie durch den EuGH mit Art. 24 Abs. 2 GG aF ausdrücklich anerkannt, vgl BVerfGE 75, 223, 235 ff (Kloppenburg); vgl auch *Skouris*, ZEuS 2005, 463, 470.

181 EuGH, Rs. 41/74 (van Duyn), Slg 1974, 1337, 1348.

182 EuGH, Rs. 51/76 (Nederlandse Ondernemingen), Slg 1977, 113 f; Rs. 148/78 (Ratti), Slg 1979, 1629, 1630; *Ruffert,* in: Calliess/Ruffert (Hrsg.), EUV/AEUV, Art. 288 AEUV, Rn 52, verweist darauf, dass ein Umsetzungsdefizit auch dann vorliegt, wenn zwar ein Umsetzungsakt vorliegt, dieser das Ziel der Richtlinienbestimmung aber nicht erreicht oder stets in einer nicht unionsrechtskonformen Weise ausgelegt wird.

183 EuGH, Rs. 8/81 (Becker), Slg 1982, 53, 71.

184 *Nettesheim*, in: Grabitz/Hilf/Nettesheim (Hrsg.), Das Recht der Europäischen Union, Art. 288 AEUV, Rn 147; *Hetmeier,* in: Lenz/Borchardt (Hrsg.), EU-Verträge, Art. 288 AEUV, Rn 13; *Ruffert*, in: Calliess/Ruffert (Hrsg.), EUV/AEUV, Art. 288 AEUV, Rn 54.

185 Dazu *Nettesheim*, in: Grabitz/Hilf/Nettesheim (Hrsg.), Das Recht der Europäischen Union, Art. 288 AEUV, Rn 146; *Ruffert*, in: Calliess/Ruffert (Hrsg.), EUV/AEUV, Art. 288 AEUV, Rn 54; *Schroeder*, in: Streinz (Hrsg.), EUV/AEUV, Art. 288 AEUV, Rn 108.

186 Nachweise bei *Ruffert*, in: Calliess/Ruffert (Hrsg.), EUV/AEUV, Art. 288 AEUV, Rn 66 f.

187 EuGH, Rs. 8/81 (Becker), Slg 1982, 53, 71. *Ruffert,* in: Calliess/Ruffert (Hrsg.), EUV/AEUV, Art. 288 AEUV, Rn 66, verweist auf die Singularität der Aussagen des EuGH in der Rechtssache Becker, die der Gerichtshof später nur noch vereinzelt wiederaufgegriffen hat.

an diesem Erfordernis aber nicht durchgehend festgehalten und auch solchen Richtlinienbestimmungen unmittelbare Wirkung zuerkannt, die dem Schutz der Allgemeinheit, zB dem Umweltschutz, dienten.[188] Betrachtet man das Erfordernis eines subjektiven Rechts im Lichte der Ratio der unmittelbaren Wirkung (s.o. Rn 58), so spielt die Erwägung des Schutzes individueller Rechte nur eine untergeordnete Rolle. Im Vordergrund stehen die praktische Wirksamkeit des Unionsrechts und der Sanktionscharakter, um seine Durchsetzung zu verbessern.[189] Im Hinblick auf diese Ziele ist es unerheblich, ob eine Richtlinienbestimmung dem Einzelnen ein subjektives Recht einräumt. Vielmehr kommt es darauf an, ob sie eine konkrete Verpflichtung des Mitgliedstaats normiert, deren Erfüllung sich dieser durch ein unionswidriges Verhalten entzieht. Damit ist die Gewährung eines subjektiven Rechts **keine Voraussetzung** für die unmittelbare Wirkung einer Richtlinienbestimmung. Die Entstehung eines solchen Rechts ist, im Gegenteil, die Folge ihrer unmittelbaren Wirkung.[190]

61 Die unmittelbare Wirkung von Richtlinienbestimmungen ist von allen Behörden und Gerichten **von Amts wegen** zu beachten;[191] unmittelbar wirksame Richtlinienbestimmungen müssen angewendet werden. Entgegenstehendes nationales Recht muss also unangewendet bleiben.[192] Dies hat zu der im Schrifttum umstrittenen Frage einer **Normverwerfungskompetenz der Verwaltung** geführt. Während einige eine solche Normverwerfungskompetenz wegen des Grundsatzes der Gesetzesbindung der Verwaltung gemäß Art. 20 Abs. 3 GG ablehnen, halten andere die Verwaltung wegen des Vorrangs des Unionsrechts und der Effektivität seiner Anwendung für verpflichtet, entgegenstehendes nationales Recht nicht mehr anzuwenden. Eine dritte vermittelnde Auffassung will aus Gründen der Rechtssicherheit eine Verwerfung nur bei evidenter Unionsrechtswidrigkeit zulassen.[193] Gegen die ablehnende und die vermittelnde Ansicht spricht schon, dass die Wahl des Begriffs „Normverwerfung" missverständlich ist. Es geht nicht um die „Verwerfung" einer nationalen Gesetzesnorm iSv deren Ungültigerklärung, sondern lediglich um ihre Nichtanwendung im Einzelfall. Kommt die zuständige Verwaltungsbehörde bei sorgfältiger Prüfung der Rechtslage zu dem Ergebnis, dass eine einschlägige Richtlinienbestimmung unmittelbar wirksam ist, so darf sie wegen des Vorrangs des Unionsrechts eine kollidierende nationale Rechtsnorm in diesem Fall nicht anwenden.[194] Durch den Vorrang des Unionsrechts wird die Gesetzesbindung der Verwaltung – ebenso wie diejenige der Gerichte – durch das Unionsrecht modifiziert, was wiederum durch die Öffnung der deutschen Rechtsordnung gemäß Art. 23 Abs. 1 GG verfassungsrechtlich abgesichert ist.

62 Bei der Darstellung der Rechtsfolgen der unmittelbaren Wirkung ist zweckmäßigerweise zwischen **drei Fallkonstellationen** zu unterscheiden: (1) Richtlinienbestimmungen, die dem Einzelnen ein Recht oder eine Begünstigung gewähren, (2) Richtlinienbestimmungen, die Pflichten oder Belastungen für den Einzelnen begründen, und (3) Richtlinienbestimmungen, die eine unmittelbare objektive Wirkung entfalten.

---

188 EuGH, Rs. C-435/97 (WWF), Slg 1999, I-5613, I-5661, Rn 68; dazu *Schroeder*, in: Streinz (Hrsg.), EUV/AEUV, Art. 288 AEUV, Rn 110, mwN.

189 Vgl *Skouris*, ZEuS 2005, 463, 470; zur ratio der unmittelbaren Wirkung von Richtlinienbestimmungen vgl auch *Schroeder*, in: Streinz (Hrsg.), EUV/AEUV, Art. 288 AEUV, Rn 103; *Ruffert*, in: Calliess/Ruffert (Hrsg.), EUV/AEUV, Art. 288 AEUV, Rn 68.

190 So auch *Schroeder*, in: Streinz (Hrsg.), EUV/AEUV, Art. 288 AEUV, Rn 110, mwN; *Ruffert*, in: Calliess/Ruffert (Hrsg.), EUV/AEUV, Art. 288 AEUV, Rn 68; ähnlich *Nettesheim*, in: Grabitz/Hilf/Nettesheim (Hrsg.), Das Recht der Europäischen Union, Art. 288 AEUV, Rn 148, der die unmittelbare Wirkung von Richtlinien als „Erscheinung des objektiven Rechts" charakterisiert.

191 *Ruffert*, in: Calliess/Ruffert (Hrsg.), EUV/AEUV, Art. 288 AEUV, Rn 69, 73; *Schroeder*, in: Streinz (Hrsg.), EUV/AEUV, Art. 288 AEUV, Rn 120.

192 EuGH, Rs. 103/88 (Fratelli Costanzo), Slg 1989, 1839, 1871.

193 Dazu im Einzelnen *Ruffert*, in: Calliess/Ruffert (Hrsg.), EUV/AEUV, Art. 288 AEUV, Rn 73 mwN, der sich der vermittelnden Ansicht anschließt, Rn 74.

194 So auch *Schroeder*, in: Streinz (Hrsg.), EUV/AEUV, Art. 288 AEUV, Rn 120; *Nettesheim*, in: Grabitz/Hilf/Nettesheim (Hrsg.), Das Recht der Europäischen Union, Art. 288 AEUV, Rn 166 f.

aa) Richtlinienbestimmungen, die dem Einzelnen ein Recht oder eine Begünstigung gewähren

63 Ist eine Richtlinienbestimmung so formuliert, dass sie dem Einzelnen explizit oder zumindest implizit ein Recht auf ein bestimmtes Handeln oder Unterlassen des Mitgliedstaats einräumt oder eine Begünstigung gewährt, so kann dieser das Recht bzw die Begünstigung unter Berufung auf die Richtlinie selbst gegenüber dem Mitgliedstaat durchsetzen. Da es hier um das Verhältnis des Bürgers zum Staat geht, wird diese Fallkonstellation als **vertikale Direktwirkung** bezeichnet. Das subjektive Recht bzw die Begünstigung des Einzelnen kann gegenüber allen Trägern der öffentlichen Gewalt geltend gemacht werden.[195] Dies gilt sogar dann, wenn der Staat privatrechtlich, zB als Arbeitgeber, handelt, soweit er öffentliche Aufgaben erfüllt. Grund dafür ist, dass der Staat unabhängig davon, in welcher Form er tätig wird, aus der Nicht- oder Schlechtumsetzung einer Richtlinie keine Vorteile ziehen können soll.[196] Daraus folgt sozusagen spiegelbildlich, dass alle Träger der öffentlichen Gewalt an die unmittelbar wirksamen Bestimmungen der Richtlinie gebunden sind und diese zugunsten des Einzelnen anwenden müssen. Der Vorrang des Unionsrechts verpflichtet sie außerdem dazu, entgegenstehendes nationales Recht nicht mehr anzuwenden (s.o. Rn 61).

64 Die vertikale Direktwirkung, die es dem Bürger ermöglicht, sich gegenüber dem säumigen Mitgliedstaat unmittelbar auf Richtlinienbestimmungen zu berufen, hat außerdem folgenden „Nebeneffekt“: Sie bindet den Einzelnen in den Prozess der **Durchsetzung des Unionsrechts gegenüber den Mitgliedstaaten** ein. Die Union macht sich damit den Bürger bzw sein Interesse an der Durchsetzung seiner Rechte zu Nutze, um die Mitgliedstaaten zur Erfüllung ihrer unionsrechtlichen Verpflichtungen anzuhalten. Damit wird dem Vertragsverletzungsverfahren (Art. 258, 260 AEUV) ein dezentrales Durchsetzungsverfahren vor den nationalen Gerichten zur Seite gestellt.

bb) Richtlinienbestimmungen, die Pflichten oder Belastungen für den Einzelnen begründen

65 Bei Richtlinienbestimmungen, die für den Einzelnen Pflichten oder Belastungen begründen, ist zwischen dem Verhältnis Bürger/Staat und dem privatrechtlichen Verhältnis der Bürger untereinander zu unterscheiden. Im **Verhältnis Bürger/Staat** kann sich ein Mitgliedstaat, der die Richtlinie nicht fristgerecht oder ordnungsgemäß umgesetzt hat, nicht seinerseits auf Richtlinienbestimmungen berufen, um dem Bürger Pflichten aufzuerlegen oder Belastungen abzuverlangen.[197] In diesem Fall wird auch von der **„umgekehrten vertikalen Wirkung“** gesprochen.[198] Der EuGH begründet seine Rechtsprechung damit, dass Richtlinien gemäß Art. 288 Abs. 3 AEUV nur für die Mitgliedstaaten verbindlich sind und daher keine Verpflichtungen für den Einzelnen begründen können. Hinter diesem eher formalen Argument stehen wiederum Erwägungen, die auf den Grundsätzen der Rechtssicherheit[199] und des Vertrauensschutzes einerseits und dem Grundsatz von Treu und Glauben andererseits basieren. Zum einen muss der Bürger darauf vertrauen können, dass in einer Richtlinie angelegte Pflichten oder Belastungen für ihn erst dann rechtsverbindlich werden, wenn der Mitgliedstaat die Richtlinie ordnungsgemäß umgesetzt hat. Hinzu kommt, dass der Einzelne keine zuverlässige Kenntnis von dem Ausmaß der Verpflichtung oder Belastung erhalten kann, solange die Richtlinie nicht in innerstaatliches Recht umgesetzt worden ist. Zum anderen käme es einer Umgehung der Umsetzungspflicht gleich, wenn der säumige Mitgliedstaat sich unmittelbar auf die Richtlinienbestimmungen berufen könnte, um die Bürger zu verpflichten. Außerdem wäre es mit Treu und Glauben nicht vereinbar, wenn ein Mitgliedstaat, der sich unionsrechtswidrig verhält, aus eben diesem Verhalten einen Vorteil zieht.[200]

---

195 EuGH, Rs. C-188/89 (Foster), Slg 1990, I-3313.
196 EuGH, Rs. 152/84 (Marshall), Slg 1986, 723, 749.
197 EuGH, Rs. 8/81 (Becker), Slg 1982, 53, 71; Rs. 152/84 (Marshall), Slg 1986, 723, 748 f; Rs. 80/86 (Kolpinghuis Nijmegen), Slg 1987, 3969, 3985 f.
198 Vgl zB *Langenfeld*, DÖV 1992, 955, 958; *Schroeder*, in: Streinz (Hrsg.), EUV/AEUV, Art. 288 EUV, Rn 115.
199 EuGH, Rs. C-201/02 (Wells), Slg 2004, I-723, 765; dazu *Skouris*, ZEuS 2005, 463, 470.
200 *Streinz*, Europarecht, § 5, Rn 486; *Ruffert*, in: Calliess/Ruffert (Hrsg.), EUV/AEUV, Art. 288 AEUV, Rn 48; *Nettesheim*, in: Grabitz/Hilf/Nettesheim (Hrsg.), Das Recht der Europäischen Union, Art. 288 AEUV, Rn 141.

66 Im **Verhältnis zwischen Privatpersonen** war die unmittelbare Wirkung von Richtlinien – häufig als **horizontale Direktwirkung** bezeichnet – lange Zeit umstritten. Hierbei geht es um die Frage, ob ein Privater einem anderen Privaten gegenüber unmittelbar aus Richtlinienbestimmungen, zB im Bereich des Verbraucherschutzes, Rechte herleiten kann. Für eine unmittelbare Wirkung von Richtlinien in privaten Rechtsverhältnissen wurden im Wesentlichen folgende Erwägungen angeführt: Die horizontale Direktwirkung trage zur Herstellung gleicher Wettbewerbsbedingungen in allen Mitgliedstaaten bei, indem sie sicherstelle, dass allen Wirtschaftsteilnehmern gleiche Rechte zukämen bzw gleiche Belastungen auferlegt würden. Zudem widerspreche sie weder der Natur der Richtlinie noch käme es zu einer Verwischung zwischen Verordnung und Richtlinie. Denn die horizontale Direktwirkung trete, anders als bei der Verordnung, erst nach Ablauf der Umsetzungsfrist ein und der weiterhin zur Umsetzung verpflichtete Mitgliedstaat behalte seine Gestaltungsfreiheit. Vorrang müsse die Sicherung der praktischen Wirksamkeit (effet utile) des Gemeinschafts- bzw Unionsrechts haben, die dadurch beeinträchtigt werde, dass es vom Willen des rechtswidrig handelnden Mitgliedstaats abhänge, ob und ab wann sich der Private auf von der Richtlinie vorgegebene Rechte berufen könne.[201]

67 Trotz dieser gewichtigen Argumente hat der **EuGH** die horizontale Direktwirkung von Richtlinien in ständiger Rechtsprechung abgelehnt.[202] Dabei bezieht er sich in erster Linie auf die Überlegungen, die er bereits gegen eine „umgekehrte vertikale Direktwirkung" angeführt hat (s.o. Rn 65), nämlich den – unverändert gebliebenen – Wortlaut des Art. 288 Abs. 3 AEUV und die systematisch begründete Unterscheidung zwischen Richtlinie und Verordnung. So spreche **gegen eine horizontale Direktwirkung**, dass eine Richtlinie, die unmittelbar auf Privatrechtsverhältnisse anwendbar wäre, genauso wie eine Verordnung erga omnes wirken würde. Mit Wirkung erga omnes dürfe die Union aber nur handeln, wenn ihr die Befugnis zum Erlass einer Verordnung zugewiesen worden sei. Neben diesem systematischen Argument sind auch in dieser Fallkonstellation die Grundsätze der Rechtssicherheit und des Vertrauensschutzes zu beachten. Denn der Einzelne muss darauf vertrauen können, dass ihm erst dann eine Rechtspflicht gegenüber anderen Privaten auferlegt wird, wenn der Mitgliedstaat die Richtlinie umgesetzt hat. Auch wenn das Treuwidrigkeitsargument im Verhältnis Privater nicht trägt, sind die übrigen genannten Argumente so gewichtig, dass eine horizontale Direktwirkung zu Recht abgelehnt wird.[203] Auch von dieser Rechtsprechung ist der EuGH in dem bereits erwähnten Fall *Mangold* (s.o. Rn 54) nicht abgewichen.[204] Anders als vielfach angenommen[205] hat er die Richtlinie keineswegs als im Privatrechtsverhältnis unmittelbar anwendbar angesehen. Vielmehr ist die Durchsetzung des Verbots der Altersdiskriminierung, das der EuGH als allgemeinen Grundsatz des Gemeinschafts- bzw Unionsrechts charakterisiert hat,[206] im konkreten privatrechtlichen Arbeitsverhältnis die Folge des Anwendungsvorrangs des (primären) Unions-

---

201 Die Argumente sind ausführlich aufgeführt bei *GA Lenz*, Rs. C-91/92 (Faccini Dori), Slg 1994, I-3325, 3338 ff; *Bach*, JZ 1990, 1108, 1115; *Emmert*, EWS 1992, 56, 58 ff; *Haneklaus*, DVBl. 1993, 129, 132 f; *Herber*, EuZW 1991, 401, 402 f; *Langenfeld*, DÖV 1992, 955, 959 f; *Pieper*, DVBl. 1990, 684, 686 f; *Royla/Lackhoff*, DVBl. 1998, 1116, 1118 f; *Scherzberg*, Jura 1993, 225, 227 f.

202 Grundlegend EuGH, Rs. C-91/92 (Faccini Dori), Slg 1994, I-3325, 3355 f; dazu *Hakenberg*, ZIP 1994, 1510; *Gassner*, JuS 1996, 303.

203 So auch – zur alten Rechtslage – *Langenfeld*, DÖV 1992, 955, 959 f; *Gassner*, JuS 1996, 303, 306; *Hakenberg*, ZIP 1994, 1510, 1513; im Ergebnis auch *Herber*, EuZW 1991, 401, 404; *Royla/Lackhoff*, DVBl. 1998, 1116, 1118; *Hartisch*, S. 125 ff; *Skouris*, ZEuS 2005, 463, 470; zur jetzigen Rechtslage *Schroeder*, in: Streinz (Hrsg.), EUV/AEUV, Art. 288 AEUV, Rn 116; *Ruffert*, in: Calliess/Ruffert (Hrsg.), EUV/AEUV, Art. 288 AEUV, Rn 61 f; *Bievert*, in: Schwarze/Hatje/Becker/Schoo (Hrsg.), EU-Kommentar, Art. 288 AEUV, Rn 30.

204 EuGH, Rs. C-144/04 (Mangold), Slg 2005, I-9981. Dazu *Richter/Bouchouaf*, NVwZ 2006, 538; *v. Oettingen/Rabenschlag*, ZEuS 2006, 363. Die seit 2006 anhängigeVerfassungsbeschwerde, BVerfG 2 BvR 2661/06 – *Honeywell*, mit der geltend gemacht wurde, dass das *Mangold*-Urteil ein ausbrechender Rechtsakt und daher in Deutschland unanwendbar sei, wurde vom Bundesverfassungsgericht mit Beschluss vom 6. Juli 2010 als unbegründet abgewiesen, BVerfGE 126, 286; dazu *Gerken/Rieble/Roth/Stein/Streinz*, »Mangold« als ausbrechender Rechtsakt, 2009; *Pötters/Traut*, EuR 2011, 580 ff; *Payandeh*, CMLR 2011, 9, 21 ff.

205 Vgl zB *Gas*, EuZW 2005, 737; *Reich*, EuZW 2006, 21, 22; *Bauer/Arnold*, NJW 2006, 6, 9 f; so auch GA *Tizzano* in seinen Schlussanträgen, Slg 2005, I-9981, 10007 f, Rn 106 ff.

206 EuGH, Rs. C-144/04 (Mangold), Slg 2005, I-9981, 10039 f, Rn 74 f.

rechts im Verhältnis zu einer damit kollidierenden nationalen Rechtsvorschrift (sog. negative horizontale Reflexwirkung).[207]

Im Zusammenhang mit der horizontalen Direktwirkung ist im Schrifttum das Problem der **mittelbaren Horizontalwirkung** erörtert worden. Dabei stellt sich die Frage, ob die vertikale Direktwirkung zugunsten eines Bürgers auch dann zur Anwendung gelangen kann, wenn damit zwangsläufig eine Belastung eines anderen Privaten verbunden ist (zB die Rücknahme einer bereits erteilten Genehmigung). Diese Konstellation, die zB im Vergaberecht oder im Umweltschutzrecht häufiger auftreten kann, wird auch unter den Begriffen „**Richtlinien mit Doppelwirkung**" oder „Richtlinienwirkung im Dreiecksverhältnis" diskutiert. Hier wird unter Berufung auf die Aspekte der Rechtssicherheit und des Vertrauensschutzes zT die Auffassung vertreten, dass eine vertikale Direktwirkung gegenüber dem Staat nicht in Betracht komme, weil ein Dritter nicht vor Erlass der Umsetzungsvorschriften belastet werden dürfe. Andere plädieren für eine vermittelnde Ansicht, der zufolge jeweils im Einzelfall zwischen dem Grundsatz des „effet utile" einerseits und den Grundsätzen der Rechtssicherheit, des Vertrauensschutzes und von Treu und Glauben andererseits abgewogen werden soll.[208] Diesen Auffassungen ist entgegenzuhalten, dass die Belastungen des Dritten – anders als in den Fällen der horizontalen Direktwirkung – nicht aus der unmittelbaren Anwendung der Richtlinie resultieren, sondern die mittelbare Folge der vertikalen Direktwirkung im Verhältnis Bürger/Staat sind. Sie stellen im Verhältnis zum Dritten sozusagen einen negativen Rechtsreflex dar, der sich zwangsläufig aus dem Bestreben ergibt, die Rechtsordnung des säumigen Mitgliedstaats nach Ablauf der Umsetzungsfrist so weit wie möglich in Einklang mit den Zielen der Richtlinie zu bringen. Daher ist der EuGH in diesen Fällen zu Recht von der vertikalen Direktwirkung der einschlägigen Richtlinienbestimmungen ausgegangen.[209] Inzwischen hat er seine Rechtsprechung dahingehend präzisiert, dass **bloße negative Auswirkungen** auf die Rechte Dritter dem Begünstigten nicht das Recht nehmen können, sich gegenüber dem betreffenden Mitgliedstaat auf eine unmittelbar anwendbare Richtlinienbestimmung zu berufen. Die unmittelbare Wirkung wird allerdings verneint, wenn die Verpflichtung des Staates in einem unmittelbaren Zusammenhang mit einer Verpflichtung steht, die der private Dritte aufgrund der Richtlinie erfüllen muss.[210] Damit ist klargestellt, dass mittelbar belastende Folgen für Dritte der unmittelbaren Wirkung einer Richtlinienbestimmung nicht entgegenstehen, wohl aber die Auferlegung von Rechtspflichten. Allerdings dürfte die Abgrenzung zwischen den beiden genannten Fallgruppen im Einzelnen schwierig sein.[211] 68

Das Problem der mittelbaren Horizontalwirkung stellt sich auch in den Fällen, in denen es zu einer Belastung Dritter kommt, weil die mitgliedstaatlichen **Gerichte nach Fristablauf** das nationale Recht **richtlinienkonform ausgelegt** oder entgegenstehendes **nationales Recht nicht angewendet** haben. Auch in diesen Fällen ist der EuGH von einer entsprechenden Verpflichtung der nationalen Gerichte ausgegangen, ohne die Belastungen Dritter zu problematisieren.[212] Der Gerichtshof hat seine Rechtsprechung dahingehend fortentwickelt, dass nationale Gerichte, wenn eine richtlinienkonforme Auslegung nicht möglich ist, die dem Unionsrecht widersprechende Rechtsvorschrift unangewendet lassen müssen, und zwar auch dann, wenn dadurch ein Rechtsverhältnis zwischen 69

---

207 Im Ergebnis wie hier *Streinz/Herrmann,* RdA 2007, 165, 169; *Herrmann,* EuZW 2006, 69, 70; *v. Oettingen/Rabenschlag,* ZEuS 2006, 363, 375 ff; *Schiek,* AuR 2006, 145, 149. Zum Verhältnis zwischen unmittelbarer Wirkung und Anwendungsvorrang *v. Danwitz,* JZ 2007, 697, 702 f; *Mörsdorf,* EuR 2009, 219, 234 ff; zum Kücükdeveci-Urteil, Rs. C-555/07 (Kücükdeveci), Slg 2010, I-365, das die Mangold-Entscheidung des EuGH im Wesentlichen bestätigt, vgl *Bauer/v. Medem,* ZIP 2010, 449, 456 f.

208 Vgl *Ruffert,* in: Calliess/Ruffert (Hrsg.), EUV/AEUV, Art. 288 AEUV, Rn 63 ff; wohl auch *Hetmeier,* in: Lenz/Borchardt (Hrsg.), EU-Verträge, Art. 288 AEUV, Rn 14.

209 Grundlegend EuGH, Rs. 103/88 (Fratelli Costanzo), Slg 1989, 1839, 1870 ff; zustimmend *Schroeder,* in: Streinz (Hrsg.), EUV/AEUV, Art. 288 AEUV, Rn 118; *Schütz/Bruha/König* (Fn 24), § 4, S. 147 ff; *Nettesheim,* in: Grabitz/Hilf/Nettesheim (Hrsg.), Das Recht der Europäischen Union, Art. 288 AEUV, Rn 161 f.

210 EuGH, Rs. C-201/02 (Delena Wells), Slg 2004, I-723, 765, Rn 56 f.

211 Ausführlich *Ruffert,* in: Calliess/Ruffert (Hrsg.), EUV/AEUV, Art. 288 AEUV, Rn 63 ff.

212 EuGH, Rs. C-106/89 (Marleasing), Slg 1990, I-4135, 4159 f; Rs. C-194/94 (CIA Security), Slg 1996, I-2201, 2245 ff; Rs. C-443/98 (Unilever), Slg 2000, I-7535, 7583 ff. Ausführlich dazu *Nettesheim,* in: Grabitz/Hilf/Nettesheim (Hrsg.), Das Recht der Europäischen Union, Art. 288 AEUV, Rn 160 ff

zwei Privaten berührt wird.[213] Im Ergebnis führt dies faktisch dazu, dass die Richtlinienbestimmungen in Privatrechtsverhältnisse hineinwirken und damit die Rechtsdurchsetzung des einen Privaten zu Lasten eines anderen Privaten ermöglicht wird. Auf diesem Weg ist es möglich, die Lücken, die durch die Ablehnung der horizontalen Direktwirkung offen geblieben sind, zumindest teilweise zu schließen.[214]

cc) Richtlinien, die eine objektive unmittelbare Wirkung entfalten

70 Bei der unmittelbaren Wirkung von Richtlinien lässt sich zwischen subjektiver und **objektiver unmittelbarer Wirkung** unterscheiden.[215] Mit dem Begriff der subjektiven unmittelbaren Wirkung werden die Fallkonstellationen bezeichnet, in denen der Einzelne aus einer unmittelbar anwendbaren Richtlinienbestimmung ein subjektives Recht ableiten kann. Bei der objektiven unmittelbaren Wirkung geht es demgegenüber um die Frage, ob die mitgliedstaatlichen Behörden und Gerichte nach Ablauf der Umsetzungsfrist verpflichtet sind, Richtlinienbestimmungen selbst dann anzuwenden, wenn diese **keinen drittschützenden Charakter** haben. Diese Frage war umstritten, weil im Schrifttum überwiegend die Auffassung vorherrschte, dass Voraussetzung für die unmittelbare Wirkung von Richtlinien die Einräumung eines subjektiven Rechts sei (s.o. Rn 60). Der EuGH hat im Urteil *Großkrotzenburg* klargestellt, dass alle Richtlinienbestimmungen, die hinreichend genau und inhaltlich unbedingt formuliert sind, die mithin konkrete Verpflichtungen festlegen, von den zuständigen mitgliedstaatlichen Stellen angewendet werden müssen, und zwar unabhängig davon, ob sie dem Einzelnen ein subjektives Recht einräumen oder nicht.[216] Damit hat der Gerichtshof auf das Erfordernis der Gewährung subjektiver Rechte für die unmittelbare Wirkung von Richtlinien verzichtet. Dies ist mit Blick auf die Gründe für die Direktwirkung von Richtlinien konsequent. Letztlich ist die objektive unmittelbare Wirkung von Richtlinien eine Folge der Verpflichtung der Mitgliedstaaten, alles zu tun, um ihre nationale Rechtsordnung in Einklang mit den Zielen der Richtlinie zu bringen.

b) Staatshaftungsanspruch

71 Die Direktwirkung von Richtlinien kann dem Umsetzungsrückstand zwar entgegenwirken, sie lässt aber Lücken offen, wenn Richtlinienbestimmungen nicht hinreichend genau und inhaltlich unbedingt ausgestaltet sind. In einem solchen Fall kann es vorkommen, dass dem Einzelnen ein Schaden entsteht, weil der Mitgliedstaat seiner Umsetzungsverpflichtung nicht rechtzeitig oder nur unzulänglich nachgekommen ist. Um diese Lücke zu schließen und die Mitgliedstaaten zu einer ordnungsgemäßen Umsetzung zu motivieren, hat der EuGH dem Einzelnen unter bestimmten Voraussetzungen einen Schadensersatzanspruch gegen den unionsrechtswidrig handelnden Mitgliedstaat

---

213 EuGH, Rs. C-115/08 (ČEZ), NVwZ 2010, 107, 113, Rn 138 f; Rs. C-555/07 (Kücükdeveci), Slg 2010, I-365, 414.

214 Ähnlich wie hier *Bauer/v. Medem*, ZIP 2010, 449, 456 f.

215 Vgl zum Begriff der objektiven unmittelbaren Wirkung *Klagian*, ZÖR 56 (2001), 305, 347 f; *Nettesheim*, in: Grabitz/Hilf/Nettesheim (Hrsg.), Das Recht der Europäischen Union, Art. 288 AEUV, Rn 151.

216 EuGH, Rs. C-431/92 (Großkrotzenburg), Slg 1995, I-2189, 2220 ff; es ging um die Frage der unmittelbaren Wirkung von Bestimmungen der UVP-Richtlinie zur Durchführung einer Umweltverträglichkeitsprüfung, welche von Deutschland nicht rechtzeitig umgesetzt worden war. Dazu ausführlich *Epiney*, DVBl. 1996, 409, 412 f; *Pechstein*, EWS 1996, 261. Von der objektiven unmittelbaren Wirkung sind wiederum die (allgemeinen) objektiven Wirkungen von Richtlinien wie zB Umsetzungsanordnung, Pflicht zur richtlinienkonformen Auslegung, Vorwirkungen etc. zu unterscheiden, die nichts mit der Frage der unmittelbaren Anwendbarkeit von Richtlinienbestimmungen zu tun haben, vgl dazu *E. Klein*, in: FS Everling, S. 641 ff; *Ruffert*, in: Calliess/Ruffert (Hrsg.), EUV/AEUV, Art. 288 AEUV, Rn 66 ff.

zuerkannt (s. *Böhm* § 12, Rn 83 ff).[217] Auch dieser Anspruch verfolgt das Ziel, die praktische **Wirksamkeit des Unionsrechts** sicherzustellen und Umsetzungsdefizite zu sanktionieren.[218]

IV. Beschlüsse

Die in der Gemeinschaftspraxis schon bisher weit verbreitete Handlungsform des Beschlusses hat jetzt in Art. 288 Abs. 4 AEUV Eingang in das primäre Unionsrecht gefunden. Beschlüsse waren nach der früheren Rechtslage dadurch gekennzeichnet, dass sie – anders als die Entscheidung und die Richtlinie – nicht an einen bestimmten Adressaten gerichtet waren. Gegenüber der Verordnung unterschieden sie sich dadurch, dass sie nur gegenüber der Gemeinschaft und ihren Einrichtungen unmittelbar verbindlich waren, Einzelne und Mitgliedstaaten aber nicht direkt verpflichten konnten.[219] Nach der jetzigen Rechtslage ist bei Beschlüssen zu unterscheiden zwischen dem **adressatengerichteten Beschluss** (bisher „Entscheidung"), der sowohl an Private als auch an Mitgliedstaaten adressiert sein kann, und dem **adressatenlosen Beschluss**. Ersterer beinhaltet im Regelfall eine konkret-individuelle Regelung und ist, wenn er sich an Private richtet, dem Verwaltungsakt vergleichbar.[220] Letzterem kommt demgegenüber häufig Rechtsnormcharakter zu. Adressatenlose Beschlüsse sind – je nach dem konkreten Regelungsinhalt – für jedermann in allen ihren Teilen verbindlich und erlangen somit Außenwirkung.[221] 72

Sowohl adressatengerichtete Beschlüsse, die an einen, mehrere oder alle Mitgliedstaaten gerichtet sind, als auch adressatenlose Beschlüsse (zB die Komitologiebeschlüsse) können abstrakt-generelle Regelungen enthalten und besitzen damit **Rechtsnormqualität**. Bestimmungen in an Mitgliedstaaten gerichteten Beschlüssen kann nach der bisherigen Rechtsprechung des EuGH zu Entscheidungen unter den für Richtlinien genannten Voraussetzungen (s.o. Rn 57 ff) unmittelbare Wirkung zukommen.[222] Je nachdem, ob ein Beschluss in einem Gesetzgebungsverfahren oder in einem anderen Rechtsetzungsverfahren erlassen worden ist, handelt es sich um einen Rechtsakt mit bzw ohne Gesetzescharakter.[223] Überall dort, wo der Vertrag keine bestimmte Handlungsform vorschreibt, sondern dem Unionsgesetzgeber die Wahl lässt (zB in Art. 114 Abs. 1 AEUV, der von „Maßnahmen" spricht), kann er neben der Verordnung und der Richtlinie nunmehr auch einen Beschluss wählen. Problematisch ist, dass sowohl der Unterschied zwischen an alle Mitgliedstaaten gerichteten Beschlüssen und adressatenlosen Beschlüssen abstrakt-genereller Natur als auch zwischen Letzteren und Verordnungen – beide sind in allen ihren Teilen verbindlich – verschwimmt.[224] 73

---

217 Grundlegend EuGH, verb. Rs. C-6/90 und 9/90 (Francovich), Slg 1991, I-5357, 5413 ff; verb. Rs. C-46/93 und 48/93 (Brasserie du Pêcheur), Slg 1996, I-1029, 1142 ff; dazu *Schütz/Bruha/König* (Fn 24), § 3, S. 87 ff, und § 4, S. 151 ff; zur Verjährung des Staatshaftungsanspruches EuGH, Rs. C-445/06 (Danske Slagterier) Rn 31; dazu *Armbrüster/Kämmerer*, NJW 2009, 3601. In seinem obiter dictum zum Honeywell-Beschluss, BVerfGE 126, 286, 314, hat das Bundesverfassungsgericht die Möglichkeit eines Staatshaftungsanspruchs des Einzelnen angedeutet, der in seinem Vertrauen auf die Wirksamkeit eines unionsrechtswidrigen Gesetzes enttäuscht wurde. Vgl zu Parallelen und Unterschieden zwischen diesem obiter dictum und der Francovich-Rechtsprechung *Giegerich*, EuR 2012, 373, 377 ff; mit Argumenten für einen derartigen Anspruch *Hamenstädt*, EuR 2011, 263, 267.

218 Dazu *Skouris*, ZEuS 2005, 463, 473 f.

219 *Schroeder*, in: Streinz (Hrsg.), EUV/EGV, Art. 249 EGV, Rn 30; *Bast*, in: v. Bogdandy/Bast (Hrsg.), S. 489, 514 f.

220 *Ruffert*, in: Calliess/Ruffert (Hrsg.), EUV/AEUV, Art. 288 AEUV, Rn 90 f; *Hetmeier*, in: Lenz/Borchardt (Hrsg.), EU-Verträge, Art. 288 AEUV, Rn 18.

221 Detailliert zu adressatenlosen Beschlüssen mit vielen Beispielen *Hetmeier*, in: Lenz/Borchardt (Hrsg.), EU-Verträge, Art. 288 AEUV, Rn 21 ff.

222 *Ruffert*, in: Calliess/Ruffert (Hrsg.), EUV/AEUV, Art. 288 AEUV, Rn 94; *Hetmeier*, in: Lenz/Borchardt (Hrsg.), EU-Verträge, Art. 288 AEUV, Rn 20. Auf die adressatengerichteten Beschlüsse ist weiterhin die bisherige EuGH-Rechtsprechung zu Entscheidungen anwendbar, vgl *Hetmeier*, in: Lenz/Borchardt (Hrsg.), EU-Verträge, Art. 288 AEUV, Rn 17.

223 In Art. I-33 Abs. 1 Unterabs. 5 EVV handelte es sich bei dem „Europäischen Beschluss" dagegen per definitionem um einen Rechtsakt ohne Gesetzescharakter.

224 Kritisch zur ehedem geplanten Rechtslage nach dem Verfassungsvertrag *Vogt*, Die Entscheidung als Handlungsform des Europäischen Gemeinschaftsrechts, Tübingen 2005, S. 336 ff; kritisch zur Neuregelung insgesamt noch immer *Ruffert*, in: Calliess/Ruffert (Hrsg.), EUV/AEUV, Art. 288 AEUV, Rn 85 ff; vgl zur Systematisierung adressatenloser Beschlüsse *Hetmeier*, in: Lenz/Borchardt (Hrsg.), EU-Verträge, Art. 288 AEUV, Rn 21 ff.

D. Gesetzgebungsverfahren

74 Der Begriff des Gesetzgebungsverfahrens wird im Folgenden begrenzt auf die Verfahren, nach denen die Rechtsakte des Unionsrechts mit Rechtsnormqualität, dh Verordnungen, Richtlinien und Beschlüsse – mit und ohne Gesetzescharakter (s.o. Rn 37) –, erlassen werden. Die supranationale Rechtsetzung zeichnet sich durch ein komplexes Zusammenwirken des Rates, der Kommission und des Europäischen Parlaments sowie des Wirtschafts- und Sozialausschusses und des Ausschusses der Regionen aus. Auf die besondere Rechtsetzungskompetenz der EZB wird hier nicht eingegangen (s. dazu *Gaitanides/Hettinger* § 31, Rn 74 ff). Der Vertrag von Lissabon unterscheidet zwischen **Gesetzgebungsverfahren und sonstigen Rechtsetzungsverfahren.** Bei Ersteren wird wiederum zwischen dem ordentlichen und dem besonderen Gesetzgebungsverfahren differenziert. Sie sind dadurch gekennzeichnet, dass Rat und Parlament in einem formalisierten Verfahren zusammenwirken. Das frühere Mitentscheidungsverfahren (Art. 251 EGV) ist als ordentliches Gesetzgebungsverfahren zum Regelfall erhoben worden (Art. 289 Abs. 1, 294 AEUV). Daneben wird das besondere Gesetzgebungsverfahren nur noch in bestimmten Fällen vorgesehen (Art. 289 Abs. 2 AEUV). Dieser Begriff umfasst kein singuläres Verfahren, sondern unterschiedliche Ausprägungen der Gesetzgebung, in denen der Rat gegenüber dem Parlament idR eine dominierende Position innehat.[225] Welches der beiden Gesetzgebungsverfahren zur Anwendung kommt, bestimmt sich nach der Festlegung in der jeweiligen Ermächtigungsgrundlage. Die sonstigen Rechtsetzungsverfahren kommen bei dem Erlass der delegierten und der Durchführungsrechtsakte (s.u. Rn 101 ff) sowie in den Fällen zur Anwendung, in denen ein Gesetzgebungsverfahren in der einschlägigen Ermächtigungsgrundlage nicht angeordnet worden ist.[226]

I. Beteiligte an den Gesetzgebungs- bzw Rechtsetzungsverfahren

75 Unmittelbar am ordentlichen oder besonderen Gesetzgebungsverfahren beteiligt sind **drei Unionsorgane**, nämlich der **Rat** als Vertretung der mitgliedstaatlichen Interessen, die **Kommission** als Vertreterin der Unionsinteressen und das Europäische **Parlament** als Vertretung der Unionsbürger. Hinzu kommen der Wirtschafts- und Sozialausschuss und der Ausschuss der Regionen als Vertreter partikularer bzw regionaler Interessen. Das Gesetzgebungsverfahren ist somit durch die Notwendigkeit eines vielschichtigen Interessenausgleichs gekennzeichnet. Der Europäische Rat wird demgegenüber nicht gesetzgeberisch tätig (Art. 15 Abs. 1 S. 2 EUV). An den sonstigen Rechtsetzungsverfahren müssen nicht zwingend alle genannten Organe beteiligt werden; es steht zudem auch anderen Organen wie zB dem Europäischen Rat offen.[227]

1. Der Rat

76 Der Rat war vor Inkrafttreten des Vertrags von Lissabon trotz kontinuierlich erweiterter und verstärkter Beteiligung des Parlaments das **Hauptgesetzgebungsorgan** der Gemeinschaft.[228] Ihm kam in den verschiedenen Rechtsetzungsverfahren ein Übergewicht zu, insbesondere im Anhörungs- und in dem durch den Vertrag von Lissabon abgeschafften Zusammenarbeitsverfahren, in dem ihm die Letztentscheidung oblag. Auch nach der jetzigen Rechtslage dürfte dem Rat noch ein gewisses Übergewicht bei der Rechtsetzung zukommen.[229] Allerdings wird das ordentliche Gesetzgebungsverfahren, in dem Rat und Parlament gleichberechtigt tätig werden, zum Regelverfahren erklärt (Art. 14 Abs. 1 S. 1 EUV, 289 Abs. 1 AEUV), während das den Rat privilegierende besondere

225 *König/Nguyen*, ZJS 2008, 140, 141; *Streinz/Ohler/Herrmann*, S. 112 f; *Streinz*, Europarecht, § 7, Rn 552; *Nettesheim*, in: Oppermann/Classen/Nettesheim (Hrsg.), Europarecht, § 11, Rn 73.

226 ZB Art. 103 Abs. 1, 109, 352 Abs. 1 S. 1 AEUV.

227 ZB kann der Europäische Rat gem. Art. 14 Abs. 2 Unterabs. 2 EUV auf Initiative des Parlaments und mit dessen Zustimmung einen Beschluss über die Zusammensetzung des Europäischen Parlaments erlassen.

228 Zur alten Rechtslage *Streinz*, Europarecht, 8. Aufl. 2008, Rn 340, 547; *Schütz/Bruha/König* (Fn 24), § 6, S. 219 f. Differenzierend *v. Bogdandy/Bast/Arndt*, ZaöRV 62 (2002), 77, 139, die darauf hinweisen, dass es mit Blick auf die Gesamtzahl aller Verordnungen und Richtlinien im Untersuchungszeitraum, dh bei einer rein quantitativen Betrachtung, zu einer Gleichverteilung zwischen Rat und Kommission gekommen sei.

229 So auch *Hix*, in: Schwarze/Becker/Hatje/Schoo (Hrsg.), EU-Kommentar, Art. 16 EUV, Rn 9.

Gesetzgebungsverfahren die Ausnahme bildet (s.o. Rn 74). Zudem ist der Rat befugt, in Ausnahmefällen selbst Rechtsakte zur Durchführung des Sekundärrechts zu erlassen (Art. 291 Abs. 2 AEUV). Von dieser Befugnis hat er in der Vergangenheit, entgegen landläufiger Vorstellung, häufiger Gebrauch gemacht, zB im Bereich der Landwirtschaft, des Beamtenrechts und des Anti-Dumping Rechts.[230] Die Formulierung in Art. 291 Abs. 2 AEUV „in begründeten Sonderfällen" deutet darauf hin, dass Durchführungsrechtsakte des Rates eine Ausnahmeerscheinung sein sollten.

2. Die Kommission

Die Kommission hat ebenfalls eine starke Stellung im Gesetzgebungsverfahren. Sie verfügt erstens im ordentlichen Gesetzgebungsverfahren (Art. 17 Abs. 2 S. 1 EUV, Art. 289 Abs. 1, Art. 294 Abs. 2 AEUV) über die alleinige Befugnis, Vorschläge für die Rechtsetzung zu unterbreiten.[231] Ihr ist damit nach wie vor die **Rechtsetzungsinitiative** überlassen worden, die nur in wenigen Ausnahmefällen von anderen Unionsorganen oder den Mitgliedstaaten wahrgenommen werden darf. Ihr sind zweitens in begrenztem Umfang **autonome Rechtsetzungsbefugnisse** eingeräumt. Prominentestes Beispiel hierfür ist Art. 106 Abs. 3 AEUV, auf dessen Grundlage die Kommission eine Reihe von Richtlinien zur Liberalisierung öffentlicher Dienstleistungen (insbesondere im Bereich der Telekommunikations- und Energiemärkte) erlassen hat. Einen großen Teil der Rechtsetzungsaktivitäten der Kommission macht drittens die **Delegations- und Durchführungsrechtsetzung** aus, die der Anpassung bzw Durchführung von Richtlinien und Verordnungen mit Gesetzescharakter dient (Art. 290, 291 Abs. 2 AEUV). Hierbei handelt es sich um zwei eigenständige sonstige Rechtsetzungsverfahren, zwischen denen nunmehr auch im Primärrecht erkennbar unterschieden wird. Nach der früheren Rechtslage war in diesen Bereichen das sog. Komitologieverfahren das einschlägige Rechtsetzungsverfahren (s.u. Rn 95 ff).[232] Die Rechtsakte der Kommission zur Durchführung des sekundären Gemeinschaftsrechts machten bisher quantitativ den größten Teil der Gemeinschaftsrechtsetzung aus.[233] Daran dürfte sich auch unter dem Vertrag von Lissabon nicht viel geändert haben. 77

3. Das Europäische Parlament

Das Europäische Parlament wirkt gemäß Art. 14 Abs. 1 EUV je nach Verfahren in unterschiedlicher Intensität an der Gesetzgebung mit. Es verfügt, anders als Rat und Kommission, nicht über autonome Rechtsetzungsbefugnisse. Die **Mitwirkungs- und Beteiligungsrechte** des Parlaments, das anfangs nur über ein Anhörungsrecht verfügte, sind im Zuge der Vertragsänderungen immer weiter ausgebaut und verstärkt worden.[234] Dies gilt sowohl für die Einführung des Mitentscheidungsverfahrens im Maastrichter Vertrag von 1992, das dem Parlament im Verhältnis zum Rat eine gleichberechtigte Stellung einräumte, als auch für die Entscheidung im Vertrag von Lissabon, dieses Verfahren als ordentliches Gesetzgebungsverfahren zum Regelfall zu machen (s.u. Rn 86 f). Ferner wurden die Sachbereiche, in denen dieses Verfahren zur Anwendung gelangt, nochmals ausgedehnt, was zu einer weiteren Aufwertung des Parlaments geführt hat. Mit dessen Stärkung hat sich die **demokratische Legitimation** der Gesetzgebungsakte der Union erhöht (s. *Kluth* § 5, Rn 19 ff). 78

4. Der Wirtschafts- und Sozialausschuss und der Ausschuss der Regionen

In mehreren Ermächtigungsgrundlagen des AEUV ist vorgesehen, dass der **Wirtschafts- und Sozialausschuss** und/oder der **Ausschuss der Regionen** im Zuge des Gesetzgebungsverfahrens eine Stellungnahme abgeben (zB Art. 59 Abs. 1, Art. 91 Abs. 1 und Art. 114 Abs. 1 AEUV). Ihre Beteiligung kann je nach Rechtsgrundlage obligatorisch oder fakultativ ausgestaltet sein. Außerdem können 79

230 Dies haben *v. Bogdandy/Bast/Arndt*, ZaöRV 62 (2002), 77, 141 f in ihrer Studie festgestellt, wonach 19% aller Rechtsakte des Rats auf die Durchführungsrechtsetzung entfielen.

231 Zur historischen Entwicklung des Vorschlagsmonopols der Kommission vgl *Nemitz*, in: Schwarze/Becker/Hatje/Schoo (Hrsg.), EU-Kommentar, Art. 17 EUV, Rn 46 ff.

232 Vgl zur alten Rechtslage zB *Schütz/Bruha/König* (Fn 24), § 7, S. 272, 276 ff.

233 So *v. Bogdandy/Bast/Arndt*, ZaöRV 62 (2002), 77, 92 ff, 139 ff.

234 Vgl zu dieser Entwicklung ausführlich *Schoo*, in: Schwarze/Becker/Hatje/Schoo (Hrsg.), EU-Kommentar, Art. 14 EUV, Rn 2 ff.

die Ausschüsse von sich aus Stellungnahmen abgeben, wenn sie dies für zweckmäßig halten (Art. 304 Abs. 1 S. 2 bzw Art. 305 Abs. 1 AEUV). Ferner können sie vom Europäischen Parlament angehört werden. Beide Ausschüsse haben nur eine **beratende Funktion** inne (Art. 13 Abs. 4 EUV), dh die Gesetzgebungsorgane müssen die Stellungnahmen gebührend berücksichtigen, sind aber nicht an sie gebunden. Durch die Beteiligung der beiden Ausschüsse wird sichergestellt, dass sowohl die partikularen Interessen als auch der besondere Sachverstand der Arbeitgeber- und Arbeitnehmerorganisationen bzw der regionalen und lokalen Gebietskörperschaften Eingang in den Gesetzgebungsprozess finden. Dies trägt zur Legitimation der Gesetzgebungsakte und zu ihrer besseren Akzeptanz bei.[235] Dem Ausschuss der Regionen ist zudem in Art. 8 Prot. Nr. 2 (Subsidiaritätsprotokoll) ein eigenes Klagerecht in Bezug auf Gesetzgebungsakte, für deren Erlass seine Anhörung vorgeschrieben ist, eingeräumt worden, mit dem er Verstöße gegen das Subsidiaritäts- und Verhältnismäßigkeitsprinzip vor dem EuGH geltend machen kann (s.o. Rn 32). Eventuell verstärken sich dadurch seine Einflussmöglichkeiten auf das Gesetzgebungsverfahren.

5. Die nationalen Parlamente

80 Neben den unmittelbar beteiligten Organen und Ausschüssen auf Unionsebene sind, erstmals im Primärrecht verankert, auch die **nationalen Parlamente** in den Gesetzgebungsprozess eingebunden. Durch das mit dem Vertrag von Lissabon eingeführte Frühwarnsystem und die Klagemöglichkeit für die nationalen Parlamente ist ihre Einbeziehung erheblich verstärkt worden (s.o. Rn 30, 32). Auf der mitgliedstaatlichen Ebene hängen Form und Intensität ihrer Beteiligung von den nationalen Verfassungsbestimmungen und Gepflogenheiten ab.[236] In Deutschland sind die **Mitwirkungs- und Beteiligungsrechte** von Bundestag und Bundesrat in Angelegenheiten der Europäischen Union in Art. 23 Abs. 1 a bis 6 GG geregelt. Dabei sind die Rechte des Bundestags – er hat lediglich ein Recht zur Stellungnahme (Art. 23 Abs. 3 GG) – schwächer ausgestaltet als diejenigen des Bundesrats.[237] Im Zuge der Begleitgesetze zum Vertrag von Lissabon, die nach dem Lissabon-Urteil des BVerfG[238] geändert werden mussten, ist die Beteiligung von Bundestag und Bundesrat allerdings noch einmal beträchtlich ausgeweitet worden.[239]

II. Gesetzgebungsinitiative

81 Im Unionsrecht liegt das Recht zur Gesetzesinitiative grundsätzlich bei der **Kommission** (Art. 17 Abs. 2 S. 1 EUV). Nur in ausdrücklich normierten Ausnahmefällen kann ein Gesetzgebungsakt auch auf Initiative einer Gruppe von Mitgliedstaaten, auf Empfehlung der Europäischen Zentralbank oder auf Antrag des Gerichtshofs oder der Europäischen Investitionsbank ergehen (Art. 289 Abs. 4 AEUV).[240] Außerhalb des Gesetzgebungsverfahrens ist die Kommission zur Initiative berechtigt, wenn dies in den Verträgen ausdrücklich vorgesehen ist (Art. 17 Abs. 2 S. 2 EUV). Mit dem Initiativrecht wird gewährleistet, dass das Unionsinteresse, dessen Wahrung Aufgabe der Kommission ist, von Anfang an maßgeblich in den Gesetzgebungsprozess einfließt. Rat und Parlament können die Kommission allerdings auffordern, bestimmte Gesetzesvorschläge zu unterbreiten (Art. 241 AEUV bzw Art. 225 AEUV). Die Bindungswirkung dieser Aufforderungen war umstritten. Der Gesichtspunkt der praktischen Wirksamkeit der entsprechenden Vertragsbestimmungen und die Verpflichtung der Unionsorgane zur loyalen Zusammenarbeit sprechen dafür, dass die Aufforderungen von Rat und Parlament die Kommission zumindest verpflichten, eine ermessens-

---

235 *Bieber*, in: Bieber/Epiney/Haag (Hrsg.), § 7, Rn 9 ff; vgl zur Bedeutung des Wirtschafts- und Sozialausschusses im Gesetzgebungsverfahren *Hayder*, EuZW 2010, 171, 176.

236 Ausführlich zur Rechtslage in ausgewählten Mitgliedstaaten *Mayer*, Die Europafunktion der nationalen Parlamente in der Europäischen Union, 2012.

237 Dazu ausführlich *König*, S. 330 ff und 388 ff, mwN.

238 BVerfGE 123, 267, 432 ff.

239 Dazu *Baddenhausen/Schopp/Steinrück*, EuGRZ 2009, 534; *Hahn*, EuZW 2009, 758; *Lecheler*, JZ 2009, 1156, jeweils mwN; speziell zur Beteiligung der Bundesländer an der europäischen Rechtsetzung *Melin*, EuR 2011, 655, 680; *Mellein*, EuR-Beiheft 2011, 13, 51 f; kritisch *Nettesheim*, NJW 2010, 177.

240 Ausnahmen vom Initiativmonopol der Kommission gelten vor allem im Bereich des Raums der Freiheit, der Sicherheit und des Rechts (Titel V AEUV), vgl Art. 76 AEUV.

fehlerfreie Entscheidung darüber zu treffen, ob sie einen Vorschlag ausarbeiten will. Diese Rechtsauffassung wird nun dadurch bestätigt, dass die Kommission in beiden genannten Vorschriften erstmals ausdrücklich verpflichtet wird, eine negative Entscheidung zu begründen.[241] In der Praxis ist die Kommission bisher den Aufforderungen von Rat und Parlament regelmäßig nachgekommen.[242] Was den Inhalt des Vorschlags betrifft, hat die Kommission aber ein weites Ermessen und ist nicht an die Vorgaben von Rat oder Parlament gebunden.[243] Hinzugekommen ist gemäß Art. 11 Abs. 4 EUV die Möglichkeit der Bürgerinitiative, mit der die Kommission zur Vorlage eines Regelungsvorschlags aufgefordert werden kann (s. *Giegerich* § 9, Rn 114 ff). Um dieses Element der direkten Demokratie nicht leerlaufen zu lassen, ist die Kommission auch hier verpflichtet, der Aufforderung im Regelfall nachzukommen bzw eine Nichtvorlage zu begründen.[244]

Hat die Kommission einen Vorschlag unterbreitet, so kann der Rat gemäß Art. 293 Abs. 1 AEUV – von den dort ausdrücklich normierten Ausnahmen abgesehen – **Änderungen** nur noch einstimmig vornehmen. Die Kommission kann ihrerseits den Vorschlag im Laufe des Gesetzgebungs- bzw Rechtsetzungsverfahrens jederzeit abändern, solange noch kein Ratsbeschluss zur endgültigen Annahme des Rechtsakts ergangen ist (Art. 293 Abs. 2 AEUV). In der Praxis ändert bzw ergänzt die Kommission ihre Vorschläge häufig, um den Vorstellungen des Parlaments oder des Rats entgegenzukommen und damit die Akzeptanz ihres Vorschlags zu erhöhen und zu einem Interessenausgleich beizutragen. Werden wesentliche Änderungen vorgenommen, so verlangt der Grundsatz der loyalen Zusammenarbeit zwischen den Unionsorganen, dass das Parlament erneut Stellung nehmen kann, bevor der Rat über den geänderten Vorschlag entscheidet.[245] Ebenso folgt aus diesem Grundsatz, dass die Kommission ihren Vorschlag nicht mehr ändern oder gar zurücknehmen darf, wenn sich Rat und Parlament im ordentlichen Gesetzgebungsverfahren bereits geeinigt haben.[246] 82

Bereits **im Vorfeld** einer Gesetzesinitiative hatte die Kommission auch schon vor Inkrafttreten des Lissabonner Vertrags den **Dialog** mit den nationalen Verwaltungen, mit Experten, Interessenvertretungen und **mit der Zivilgesellschaft** gesucht. Dazu wurden zum einen eine Vielzahl von informellen Ausschüssen, Kommissionen und Arbeitsgruppen gebildet, in denen die Entwürfe in einem frü- 83

241 Vgl *Epping*, in: Vedder/Heintschel v. Heinegg (Hrsg.), Europäisches Unionsrecht 2012, Art. 225 AEUV, Rn 4 und Art. 241 AEUV, Rn 4 f; *Ruffert*, in: Calliess/Ruffert (Hrsg.), EUV/AEUV, Art. 241 AEUV, Rn 2 f. Reagiert die Kommission nicht, so können Rat oder Parlament eine Untätigkeitsklage gem. Art. 265 AEUV (bisher Art. 232 EGV) erheben, vgl *Kaufmann-Bühler*, in: Lenz/Borchardt (Hrsg.), EU-Verträge, Art. 225 AEUV, Rn 6; differenzierend hingegen *Kluth*, in: Calliess/Ruffert (Hrsg.), EUV/AEUV, Art. 225 AEUV, Rn 4.

242 Im „Verhaltenskodex für die Beziehungen zwischen Parlament und Kommission" (ABl. 1995 C 89, S. 69) hatte sich die Kommission verpflichtet, dessen Entschließungen so weit wie möglich zu berücksichtigen und ihre Entscheidungen zu begründen; dazu *Gellermann*, in: Streinz (Hrsg.), EUV/AEUV, Art. 293 AEUV, Rn 8. Am 9.2.2010 ist eine Rahmenvereinbarung über die Beziehungen zwischen dem Europäischen Parlament und der Kommission geschlossen worden, in der sich die Kommission verpflichtet hat, sich binnen drei Monaten zu der Aufforderung des Parlaments zu äußern und spätestens nach einem Jahr einen Gesetzesvorschlag vorzulegen oder ihre Ablehnung im Einzelnen zu begründen.

243 *Huber*, in: Streinz (Hrsg.), EUV/AEUV, Art. 225 AEUV, Rn 1; *Hummer/Obwexer*, in: Streinz (Hrsg.), EUV/AEUV, Art. 241 AEUV, Rn 13 ff.

244 *Ruffert*, in: Calliess/Ruffert (Hrsg.), EUV/AEUV, Art. 11 EUV, Rn 14 ff, 19; aA wohl *Folz*, in: Vedder/Heintschel v. Heinegg (Hrsg.), Europäisches Unionsrecht, Art. 11 EUV, Rn 3; *Streinz/Ohler/Herrmann*, S. 82. Die näheren Einzelheiten zu Voraussetzungen und Verfahren einer Bürgerinitiative sind gem. Art. 24 Abs. 1 AEUV durch Verordnungen des Europäischen Parlaments und des Rates zu regeln; dazu *Kaufmann-Bühler*, in: Lenz/Borchardt (Hrsg.), EU-Verträge, Art. 11 EUV, Rn 9 f. Dies ist durch die Verordnung VO 211/2011 (ABl. 2011 Nr. L 65/1) geschehen, vgl dazu *Castenholz*, in: FS Scheuing, S. 39, 46 ff. Die auf die unionsrechtliche Verankerung eines Rechts auf Wasser gerichtete Initative „Right2Water" war die erste Bürgerinitiative, die die in VO 211/2011 vorgesehenen Quoren erreichte, vgl dazu http://ec.europa.eu/citizens-initiative/public/initiatives/finalised/details/2012/000003 (zuletzt abgerufen am 9.5.2014).

245 Zustimmend *Kluth*, in: Calliess/Ruffert (Hrsg.), EUV/AEUV, Art. 293 AEUV, Rn 12; *Gellermann*, in: Streinz (Hrsg.), EUV/AEUV, Art. 293 AEUV, Rn 18; *Krajewski/Rösslein*, in: Grabitz/Hilf/Nettesheim (Hrsg.), Das Recht der Europäischen Union, Art. 293 AEUV, Rn 25.

246 *Epping*, in: Vedder/Heintschel v. Heinegg (Hrsg.), Europäisches Unionsrecht, Art. 293 AEUV, Rn 7; *Gellermann*, in: Streinz (Hrsg.), EUV/AEUV, Art. 293 AEUV, Rn 18; *Kluth*, in: Calliess/Ruffert (Hrsg.), EUV/AEUV, Art. 293 AEUV, Rn 12; *Krajewski/Rösslein*, in: Grabitz/Hilf/Nettesheim (Hrsg.), Das Recht der Europäischen Union, Art. 293 AEUV, Rn 24.

hen Stadium diskutiert wurden. Auf diese Weise konnte der Sachverstand der nationalen Verwaltungen und Experten nutzbar gemacht und die Akzeptanz einer künftigen Regelung ausgelotet werden. Zum anderen hatte die Kommission in Durchführung des „Weißbuchs über Europäisches Regieren"[247] bereits Grundsätze und Mindeststandards für ein **Konsultationsverfahren** verabschiedet, das bei größeren oder politisch bedeutsamen Gesetzgebungsverfahren durchgeführt wird.[248] Als Zielgruppen für das Konsultationsverfahren kommen u.a. diejenigen Gruppen in Betracht, die von der geplanten Regelung betroffen oder an ihrer Umsetzung beteiligt sind, sowie Organisationen der Zivilgesellschaft, in deren Tätigkeitsbereich (zB Umwelt- oder Verbraucherschutz) sich die Regelung auswirken könnte.[249] Daneben können sich Einzelne, Vereinigungen und Unternehmen an dem Konsultationsprozess beteiligen. Die für die Konsultation notwendigen Informationen und die Ergebnisse des Konsultationsverfahrens werden im Internet veröffentlicht, um sie einer breiten Öffentlichkeit zugänglich zu machen und die Transparenz des Verfahrens zu erhöhen. Diese Praxis ist jetzt in Art. 11 Abs. 1 bis 3 EUV und in Art. 2 Prot. Nr. 2 (Subsidiaritätsprotokoll) verankert worden. Letzterer verpflichtet die Kommission zur Durchführung umfangreicher Anhörungen, bevor sie den Entwurf eines Gesetzgebungsakts vorlegt. Damit haben erstmals in der Politikwissenschaft entwickelte alternative Legitimationskonzepte, die eng mit dem in dem oben aufgeführten Weißbuch aufgegriffenen Governance-Konzept zusammenhängen, Eingang in das primäre Unionsrecht gefunden.[250]

84 Um den Gesetzgebungsprozess zu verbessern und die Akzeptanz in den Mitgliedstaaten zu erhöhen, hat sich die Kommission außerdem verpflichtet, bei allen wichtigen legislativen und politischen Initiativen **Folgenabschätzungen** durchzuführen, die sich auf die rechtlichen Folgen sowie – bei wirtschafts-, sozial- und umweltpolitischen Maßnahmen – auf die Folgen für eine nachhaltige Entwicklung erstrecken.[251] Die Folgenabschätzung soll zudem die Entscheidung darüber erleichtern, ob der geplante Rechtsakt mit Blick auf das Subsidiaritäts- und das Verhältnismäßigkeitsprinzip wirklich erlassen werden sollte.[252] Diesbezüglich ist die Praxis der Folgenabschätzung nun in Art. 5 S. 3 Prot. Nr. 2 (Subsidiaritätsprotokoll) festgeschrieben worden. Die Kommission wird aufgefordert („sollte"), in den ihre Gesetzentwürfe begleitenden Vermerken Angaben zu den voraussichtlichen finanziellen Auswirkungen sowie – im Fall einer Richtlinie – zu den Auswirkungen auf die von den Mitgliedstaaten zu erlassenden Rechtsvorschriften aufzunehmen. Dies soll den Effizienzvergleich zwischen einer mitgliedstaatlichen und einer unionsrechtlichen Regelung erleichtern.[253]

III. Ordentliches und besonderes Gesetzgebungsverfahren

85 Die Gesetzgebungsverfahren unterscheiden sich von den sonstigen Rechtsetzungsverfahren vor allem durch **höhere Anforderungen an die Transparenz und eine stärkere Kontrolle** der Unionsorgane.[254] Gemäß Art. 16 Abs. 8 S. 1 EUV, Art. 15 Abs. 2 AEUV tagt der Rat – ebenso wie das Parlament – öffentlich, wenn er über Gesetzgebungsakte berät und abstimmt. Die in den Protokollen Nr. 1 (Rolle der nationalen Parlamente) und Nr. 2 (Subsidiaritätsprotokoll) vorgesehenen Verfah-

247 KOM (2001) 428 endg. v. 25.7.2001.

248 KOM (2002) 704 endg. v. 11.12.2002; dazu *König*, EuR 2004, 132, 138 ff; *Rust*, in: Casslen/König/Walz (Hrsg.), Interessenvertretung durch NGOs auf EU-Ebene, 2004, S. 43, 56 ff.

249 Dazu *Pitz*, Der Dialog mit der organisierten Zivilgesellschaft in der Europäischen Union (Dissertation, im Erscheinen).

250 Dazu *Ruffert*, in: Calliess/Ruffert (Hrsg.), EUV/AEUV, Art. 11 EUV, Rn 2 ff, 6 ff; *Nettesheim*, in: Grabitz/Hilf/Nettesheim (Hrsg.), Das Recht der Europäischen Union, Art. 11 EUV, Rn 6 f; *Huber*, in: Streinz (Hrsg.), EUV/AEUV, Art. 11 EUV, Rn 6 f.

251 KOM (2002) 276 endg. v. 5.6.2002.

252 Bericht der Kommission über Europäisches Regieren, 2003, S. 21.

253 *Calliess*, in: Calliess/Ruffert (Hrsg.), EUV/AEUV, Art. 5 EUV, Rn 42, 63; zum Begründungserfordernis mit Blick auf die Einhaltung des Subsidiaritätsprinzips vgl *Streinz*, in: Streinz (Hrsg.), EUV/AEUV, Art. 5 EUV, Rn 34, sowie *Lienbacher*, in: Schwarze/Becker/Hatje/Schoo (Hrsg.), EUV/AEUV, Art. 5 EUV, Rn 42.

254 Vgl zu den Unterschieden zwischen den Gesetzgebungsverfahren im Hinblick auf die Publizität des Verfahrens *Bast*, CMLR 2012, 885, 893 f.

ren, insbesondere die Pflicht der Kommission zu Konsultationen im Vorfeld und zu ausführlicher Begründung, das Frühwarnsystem sowie Subsidiaritätsrüge und -klage (s.o. Rn 30 ff), finden nur in Bezug auf Gesetzgebungsakte Anwendung. Darüber hinaus müssen Rat und Parlament, vorbehaltlich der Regelungen zum Schutz öffentlicher oder privater Interessen, den Zugang zu allen Dokumenten gewährleisten, die die Gesetzgebungsverfahren betreffen (Art. 15 Abs. 3 Unterabs. 5 AEUV).[255] Schließlich müssen Gesetzgebungsakte im Amtsblatt der Europäischen Union veröffentlicht werden, um in Kraft treten zu können (Art. 297 Abs. 1 Unterabs. 3 AEUV).

1. Das ordentliche Gesetzgebungsverfahren

Das ordentliche Gesetzgebungsverfahren ist gemäß Art. 289 Abs. 1 AEUV zum **Regelverfahren** 86
geworden. Es zeichnet sich dadurch aus, dass **Rat und Parlament als gleichberechtigte Gesetzgeber** tätig werden. Der Rat entscheidet dabei gemäß Art. 16 Abs. 4 EUV mit qualifizierter Mehrheit, dh 55% der Mitgliedstaaten, die 65% der gesamten EU-Bevölkerung repräsentieren, müssen zustimmen (sog. Prinzip der doppelten Mehrheit). Die qualifizierte Mehrheit gilt als erreicht, wenn nicht mindestens vier Mitgliedstaaten gegen die Maßnahme gestimmt haben (Sperrminorität). Diese Neuregelung tritt allerdings erst am 1. November 2014 in Kraft (s. *Bieber,* § 1 Rn 56).[256] Durch den Vertrag von Lissabon ist der Anwendungsbereich des ordentlichen Gesetzgebungsverfahrens im Vergleich zum bisherigen Mitentscheidungsverfahren nochmals erweitert worden. Dies betrifft insbesondere die „vergemeinschaftete" frühere dritte Säule (PJZS), die in den Raum der Freiheit, der Sicherheit und des Rechts (Art. 67 ff AEUV) überführt worden ist, auch wenn hier einige Besonderheiten gelten (s.u. Rn 92). Charakteristisch für das ordentliche Gesetzgebungsverfahren ist, dass ein **Vermittlungsverfahren** durchgeführt und dem Parlament ein **Vetorecht** eingeräumt wird.[257]

Das ordentliche Gesetzgebungsverfahren ist in Art. 294 AEUV geregelt und besteht aus **drei Lesungen:**[258] 87
In der ersten Lesung (Art. 294 Abs. 3-6 AEUV) geht es um die **Beratung des Kommissionsvorschlags**, der Rat und Parlament von der Kommission übermittelt worden ist (Art. 294 Abs. 2 AEUV). Nach Durchführung obligatorischer oder fakultativer Anhörungen des Wirtschafts- und Sozialausschusses und des Ausschusses der Regionen (s.o. Rn 79) wird die erste Lesung im Parlament durchgeführt, wobei die zuständigen Ausschüsse sich eingehend mit dem Kommissionsvorschlag befassen (vgl Art. 33 ff, insb. Art. 42 ff GO EP). Sie endet mit der Festlegung eines Standpunkts, der dem Rat übermittelt wird. Lehnt das Parlament den Vorschlag ab, so ist die Gesetzesinitiative gescheitert. Billigt das Parlament den Vorschlag oder macht es Änderungsvorschläge, so wird der Rat erstmals befasst. In der Regel ändert die Kommission zuvor ihren Vorschlag mit Blick auf die Änderungswünsche des Parlaments noch einmal ab.[259] Billigt der Rat den ggf geänderten Vorschlag der Kommission, so beschließt er den Gesetzgebungsakt in dieser Form. Sind sich Kom-

255 Diese Verpflichtung geht über die Veröffentlichungspflichten insbesondere des Rates im Rechtsetzungsverfahren vor Lissabon (Art. 207 Abs. 3 S. 3 und 4 EGV) hinaus. Dazu näher *Epping,* in: Vedder/Heintschel v. Heinegg (Hrsg.), Europäisches Unionsrecht, Art. 15 AEUV, Rn 15 f; *Zerdick,* in: Lenz/Borchardt (Hrsg.), EU-Verträge, Art. 15 AEUV, Rn 20 ff.

256 Bis zum 31. Oktober 2014 bleibt es gemäß Art. 3 Abs. 3 des Prot. Nr. 36 über die Übergangsbestimmungen bei dem Verfahren nach dem Vertrag von Nizza (Art. 205 Abs. 2 EGV). In der Zeit vom 1. November 2014 bis zum 31. März 2017 kann jeder Mitgliedstaat gem. Art. 3 Abs. 2 Prot. Nr. 36 beantragen, dass bei einer Beschlussfassung mit qualifizierter Mehrheit weiterhin dieses Verfahren zur Anwendung kommt. Auf Betreiben Polens wurde außerdem in letzter Minute der sog. Kompromiss von Ioannina in dem Prot. Nr. 9 iVm Erklärung Nr. 7 für das Abstimmungsverfahren festgeschrieben. Danach kann eine kleine Anzahl von Mitgliedstaaten bei Vorliegen bestimmter Voraussetzungen (vgl Art. 2 bzw Art. 4 Erklärung Nr. 7) verlangen, dass über eine von ihnen abgelehnte Maßnahme im Rat weiterverhandelt werden muss, bis eine zufriedenstellende Lösung gefunden worden ist. Die Ioannina-Formel kann nur einstimmig geändert werden. Dazu näher *König/Nguyen,* ZJS 2008, 140, 146 f; *Terhechte*, EuR 2008, 143, 167 ff; zur Ioannina-Formel umfassend *Calliess,* in: Calliess/Ruffert (Hrsg.), EUV/AEUV, Art. 16 EUV, Rn 20 ff; *Obwexer,* in: Streinz (Hrsg.), EUV/AEUV, Art. 16 EUV, Rn 50 f.

257 Zur gewachsenen Bedeutung des Europäischen Parlaments im Rahmen des Gesetzgebungsverfahrens vgl *Türk*, Lawmaking after Lisbon, in: Biondi/Eeckhoult/Ripley (Hrsg.), EU Law after Lisbon, 2012, S. 62 ff.

258 Der Begriff der Lesung, der sich noch nicht in Art. 251 EGV findet, ist aus Art. III-396 EVV übernommen worden. Ausführlich zum Ablauf des ordentlichen Gesetzgebungsverfahrens *Frenz/Götzkes*, ZG 2010, 34 ff.

259 Dazu *Epping*, in: Vedder/Heintschel v. Heinegg (Hrsg.), Europäisches Unionsrecht, Art. 294 AEUV, Rn 9.

mission, Parlament und Rat einig, so verkürzt sich das Gesetzgebungsverfahren damit auf eine Lesung. Will der Rat dem Standpunkt des Parlaments, mit dem dieses einen Vorschlag der Kommission geändert hat, zustimmen, so bedarf es gemäß Art. 293 Abs. 1 AEUV eines einstimmigen Beschlusses (s.o. Rn 82). Gleiches gilt, wenn der Rat Änderungen des Kommissionsvorschlags beschließen will, die nicht mit dem Standpunkt des Parlaments übereinstimmen. Weicht der Rat von dem Standpunkt des Parlaments ab, so legt er seinerseits mit qualifizierter Mehrheit einen Standpunkt fest, den er dem Parlament mit detaillierter Begründung übermittelt. Zugleich unterrichtet die Kommission das Parlament ausführlich über ihren Standpunkt. Diese umfänglichen Unterrichtungspflichten durch Rat und Kommission sollen die Meinungsbildung des Parlaments in der zweiten Lesung fördern. Die zweite Lesung (Art. 294 Abs. 7-9 AEUV), die zunächst im Parlament und anschließend im Rat jeweils binnen drei Monaten erfolgt, bezieht sich auf die **Beratung des Standpunkts des Rats**. Das Parlament hat drei Optionen: (1) Es kann den Standpunkt des Rats billigen oder von einer Äußerung absehen. Dann kommt der Gesetzgebungsakt in der Form des Ratsstandpunkts, wie er in der ersten Lesung festgelegt worden ist, zustande. (2) Lehnt das Parlament den Standpunkt des Rats ab, ist das Verfahren gescheitert. (3) Macht es seinerseits wieder Änderungsvorschläge, so berät, nachdem die Kommission erneut eine Stellungnahme abgegeben hat, der Rat in zweiter Lesung. Billigt der Rat die Änderungen des Parlaments, wird der Gesetzgebungsakt in dieser geänderten Form erlassen. Hat die Kommission zuvor zu den Änderungen eine ablehnende Stellungnahme abgegeben, so kann sich der Rat nur einstimmig darüber hinwegsetzen (Art. 294 Abs. 9 AEUV). Lehnt der Rat dagegen die Änderungsvorschläge des Parlaments ganz oder teilweise ab, so wird binnen sechs Wochen der Vermittlungsausschuss einberufen. Dieser besteht aus den Mitgliedern des Rats oder deren Vertretern und einer gleichen Anzahl von Abgeordneten des Parlaments. Das **Vermittlungsverfahren** (Art. 294 Abs. 10-12 AEUV) hat zum Ziel, binnen sechs Wochen unter Mitwirkung der Kommission auf der Grundlage der jeweiligen Standpunkte einen gemeinsamen Gesetzentwurf zu erarbeiten, der einen Kompromiss zwischen Rat und Parlament darstellt. Kommt es nicht zu einer Einigung, so ist das Gesetzgebungsverfahren erfolglos beendet. Wird dagegen ein gemeinsamer Entwurf vorgelegt, so führen Parlament und Rat eine dritte Lesung (Art. 294 Abs. 13 und 14 AEUV) durch, in der es um **Ablehnung oder Annahme des Vermittlungsvorschlags** geht. Verwirft eines der Organe den Entwurf, so ist das Gesetzgebungsverfahren endgültig gescheitert. Wird dagegen der Entwurf in beiden Organen mit der erforderlichen Mehrheit angenommen, so wird der Gesetzgebungsakt in dieser Form erlassen.[260]

2. Das besondere Gesetzgebungsverfahren

88 Das besondere Gesetzgebungsverfahren weicht vom ordentlichen Gesetzgebungsverfahren dahingehend ab, dass Rat und Parlament nicht gleichberechtigt zusammenwirken. Vielmehr wird der Gesetzgebungsakt gemäß Art. 289 Abs. 2 AEUV durch einen **Beschluss des Parlaments mit Beteiligung des Rats oder** – dies ist der häufigere Fall – **durch einen Beschluss des Rats mit Beteiligung des Parlaments** erlassen. Die erste Variante ist lediglich in drei Fällen vorgesehen, nämlich bei der Regelung des Abgeordnetenstatus (Art. 223 Abs. 2 AEUV), des Untersuchungsausschussverfahrens (Art. 226 Abs. 3 AEUV) und der Aufgabenerfüllung durch den Bürgerbeauftragten (Art. 228 Abs. 4 AEUV).[261] In diesen Fällen liegt die Gesetzesinitiative beim Europäischen Parlament und der Gesetzesvorschlag bedarf der Zustimmung des Rats, während die Kommission in unterschiedlicher Form (Anhörung, Abgabe einer Stellungnahme oder Zustimmung) eingebunden wird. Die zweite Vari-

260 Vgl zum ordentlichen Gesetzgebungsverfahren im Einzelnen *Hetmeier,* in: Lenz/Borchardt (Hrsg.), EU-Verträge, Art. 294 AEUV, Rn 3 ff; *Gellermann,* in: Streinz (Hrsg.), EUV/AEUV, Art. 294 AEUV, Rn 8 ff; *Kluth,* in: Calliess/Ruffert (Hrsg.), EUV/AEUV, Art. 294 AEUV, Rn 4 ff; *Krajewski/Rösslein,* in: Grabitz/Hilf/Nettesheim (Hrsg.), Das Recht der Europäischen Union, Art. 294 AEUV, Rn 13 ff.

261 So *Ruffert,* in: Calliess/Ruffert (Hrsg.), EUV/AEUV, Art. 289 AEUV, Rn 4; *Vedder,* in: Vedder/Heintschel v. Heinegg (Hrsg.), EVV, Art. I-34 EVV, Rn 4, zählt noch die Variante gem. Art. 314 Abs. 7 lit. d AEUV bei der Aufstellung des Haushaltsplans dazu; zur Rechtslage nach dem Vertrag von Lissabon ebenso *Vedder,* in: Vedder/Heintschel v. Heinegg (Hrsg.), Europäisches Unionsrecht, Art. 289 AEUV, Rn 4.

ante sieht eine dominierende Stellung des Rats vor – dieser entscheidet regelmäßig einstimmig – und umfasst insbesondere das frühere Anhörungs- und das frühere Zustimmungsverfahren.[262]

Das besondere Gesetzgebungsverfahren in der Form des **Anhörungs-** bzw **Konsultationsverfahrens,** 89
das ursprünglich bis zur Verabschiedung der EEA das Regelverfahren war, ist **nur noch in einigen ausgewählten, politisch sensiblen Sachbereichen** (zB Finanzen der EU, Steuerharmonisierung, innere Sicherheit) vorgesehen.[263] Da die Beteiligung des Parlaments Ausdruck des unionsrechtlichen Demokratieprinzips ist, hat der EuGH das Erfordernis der obligatorischen Anhörung bereits 1980 als wesentliche Formvorschrift iSd Art. 230 Abs. 2 EGV (jetzt Art. 263 Abs. 2 AEUV) qualifiziert. Ein Verstoß kann daher vom Parlament mit der Nichtigkeitsklage geltend gemacht werden.[264] Will der Rat von einer Stellungnahme des Parlaments abweichen, so hat er sich in einer interinstitutionellen Vereinbarung zur Durchführung eines **Konzertierungsverfahrens** verpflichtet, um die Suche nach einem Kompromiss zu ermöglichen.[265] Es ist davon auszugehen, dass diese Vereinbarung bis auf weiteres fortgilt.[266] Die Stellungnahmen des Parlaments haben lediglich den Charakter von **Empfehlungen**, sind also für den Rat nicht verbindlich.

Das besondere Gesetzgebungsverfahren in der Form des **Zustimmungsverfahrens** ist ebenfalls für 90
einige politisch sensible Entscheidungen wie zB Maßnahmen zur Bekämpfung der Diskriminierung (Art. 19 Abs. 1 AEUV), die Einsetzung einer Europäischen Staatsanwaltschaft (Art. 86 Abs. 1 Unterabs. 1 AEUV) oder die Festlegung eines einheitlichen Wahlverfahrens für das Europäische Parlament (Art. 223 Abs. 1 Unterabs. 2 AEUV) vorgesehen. In diesen Fällen hängt das Zustandekommen des Gesetzgebungsaktes von der ausdrücklichen Zustimmung des Parlaments ab, dh das Parlament hat ein Vetorecht, kann aber keine Änderungen einfordern.

In der sog. allgemeinen Brückenklausel in Art. 48 Abs. 7 Unterabs. 1 S. 1 und Unterabs. 2 EUV ist 91
die Möglichkeit eröffnet, durch einstimmigen Beschluss des Europäischen Rats mit Zustimmung des Europäischen Parlaments den **Übergang** von der Einstimmigkeit zur qualifizierten Mehrheitsentscheidung im Rat sowie **vom besonderen zum ordentlichen Gesetzgebungsverfahren** anzuordnen. In diesem Fall kommt jedem einzelnen nationalen Parlament ein Vetorecht zu, das es innerhalb von sechs Monaten nach Übermittlung der entsprechenden Initiative ausüben kann (Art. 48 Abs. 7 Unterabs. 3 EUV).[267]

---

262 *Hetmeier,* in: Lenz/Borchardt (Hrsg.), EU-Verträge, Art. 289 AEUV, Rn 3; *Dougan,* CMLR 45 (2008), 617, 640 f; zum besonderen Gesetzgebungsverfahren allgemein vgl *Schoo,* in: Schwarze/Becker/Hatje/Schoo (Hrsg.), EUV/AEUV, Art. 289 AEUV, Rn 8 ff; *Krajewski/Rösslein,* in: Grabitz/Hilf/Nettesheim (Hrsg.), Das Recht der Europäischen Union, Art. 289 AEUV, Rn 49 ff.

263 Dazu im Einzelnen *Ruffert,* in: Callliess/Ruffert (Hrsg.), EUV/AEUV, Art. 289 AEUV, Rn 5 f; *Vedder,* in: Vedder/Heintschel v. Heinegg (Hrsg.), EVV, Art. I-34 EVV, Rn 5, dem zufolge der EVV an insgesamt 26 Stellen ein besonderes Gesetzgebungsverfahren mit dominierender Stellung des Rats, davon in 9 Fällen ein Zustimmungsverfahren, vorsah. Der Vertrag von Lissabon hat diese Regelungen übernommen. Dazu jetzt die detaillierte Auflistung der einzelnen Verfahrenstypen bei *Vedder,* in: Vedder/Heintschel v. Heinegg (Hrsg.), Europäisches Unionsrecht, Art. 289 AEUV, Rn 3 ff.

264 EuGH, Rs. 138/79 (Roquette Frères/Rat), Slg 1980, 3333, 3360 f.

265 ABl. 1975 C 89, S. 1. Das Konzertierungsverfahren wurde nach alter Rechtslage nur durchgeführt, wenn es sich um „Rechtsakte von allgemeiner Tragweite mit ins Gewicht fallenden finanziellen Auswirkungen" handelte.

266 Davon gehen wohl auch *Streinz,* Europarecht, § 6, Rn 557, und *Krajewski/Rösslein,* in: Grabitz/Hilf/Nettesheim (Hrsg.), Das Recht der Europäischen Union, Art. 289 AEUV, Rn 58, sowie *Bieber,* in: Bieber/Epiney/Haag (Hrsg.), Die Europäische Union, § 7, Rn 11, aus. Anders hingegen *Huber,* in: Streinz (Hrsg.), EUV/AEUV, Art. 14 EUV, Rn 10, der auf den Beschluss des Europäischen Parlaments vom 25.11.2009, P7_TA (2009)0088, verweist, mit dem das Europäische Parlament das bis dato in Art. 60 seiner Geschäftsordnung geregelte Verfahren für aufgehoben erklärte. Zumindest in Bezug auf das in Art. 314 AEUV geregelte Haushaltsverfahren ist nunmehr primärrechtlich die Einberufung eines mit Vertretern von Rat und Parlament besetzten Vermittlungsausschusses vorgesehen, vgl Art. 314 Abs. 2 AEUV. Diese Vorschrift knüpft an die bisherigen interinstitutionellen Vereinbarungen an, vgl *Waldhoff,* in: Calliess/Ruffert (Hrsg.), EUV/AEUV, Art. 314 AEUV, Rn 16 f.

267 Im Lissabon-Urteil hat das BVerfG (E 123, 267, 390 f) sowohl in Bezug auf die allgemeine Brückenklausel in Art. 48 Abs. 7 EUV als auch auf die spezielle Brückenklausel in Art. 81 Abs. 3 Unterabs. 2, 3 AEUV festgestellt, dass der deutsche Regierungsvertreter im Rat einem entsprechenden Beschluss erst zustimmen darf, wenn Bundestag und Bundesrat ein Gesetz iSv Art. 23 Abs. 1 S. 2 und 3 GG erlassen haben. Dies ist jetzt in § 4 Abs. 1 und 2 IntVG festgeschrieben worden. Dazu *Daiber,* DÖV 2010, 293, 296 f; ausführlich *Rathke,* in: v. Arnauld/Hufeld (Hrsg.), Systematischer Kommentar zu den Lissabon-Begleitgesetzen, 7. Abschnitt, Rn 40, 81 ff.

3. Sonderregelungen für den Raum der Freiheit, der Sicherheit und des Rechts

92 Im Bereich des Raums der Freiheit, der Sicherheit und des Rechts kommen das ordentliche und das besondere Gesetzgebungsverfahren zwar ebenfalls zur Anwendung, es gibt aber einige **Besonderheiten**, um bei sensiblen Regelungsmaterien die Souveränität der Mitgliedstaaten zu schonen. Im Hinblick auf Maßnahmen zum Familienrecht mit grenzüberschreitendem Bezug kommt statt des ordentlichen regelmäßig das besondere Gesetzgebungsverfahren in der Form des Anhörungsverfahrens (s.o. Rn 89) zum Einsatz (Art. 81 Abs. 3 Unterabs. 1 AEUV). Der Rat kann allerdings auf Vorschlag der Kommission und nach Anhörung des Europäischen Parlaments für bestimmte Aspekte des Familienrechts mit grenzüberschreitendem Bezug den Übergang in das ordentliche Gesetzgebungsverfahren einstimmig beschließen (Art. 81 Abs. 3 Unterabs. 2 AEUV). In diesem Fall muss der Beschlussvorschlag den nationalen Parlamenten zugeleitet werden. Jedes **nationale Parlament** kann ihn innerhalb von sechs Monaten ablehnen, hat also ein **Vetorecht** (Art. 81 Abs. 3 Unterabs. 3 AEUV). Dieses Verfahren ist der allgemeinen Brückenklausel in Art. 48 Abs. 7 EUV nF nachgebildet (s.o. Rn 91). Im Bereich des materiellen Strafrechts und des Strafverfahrensrechts können im ordentlichen oder besonderen Gesetzgebungsverfahren Mindestvorschriften zur Rechtsangleichung erlassen werden. In diesen Fällen ist ein sog. **Notbremseverfahren** vorgesehen, das es jedem Mitgliedstaat erlaubt, unter Berufung auf „grundlegende Aspekte seiner Strafrechtsordnung" mit seinem Veto den Erlass eines Gesetzgebungsakts mit Bindungswirkung für alle Mitgliedstaaten zu verhindern (Art. 82 Abs. 3 und Art. 83 Abs. 3 AEUV). Allerdings können mindestens neun Mitgliedstaaten (Art. 20 Abs. 2 EUV) unter erleichterten Bedingungen im Rahmen der Verstärkten Zusammenarbeit einen entsprechenden Rechtsakt erlassen, der nur die beteiligten Staaten bindet (Art. 20 Abs. 4 EUV). Ein ähnliches Notbremseverfahren, das aber – wie bei der Verstärkten Zusammenarbeit – von mindestens neun Mitgliedstaaten eingeleitet werden muss, gilt auch im Hinblick auf die Errichtung einer Europäischen Staatsanwaltschaft (Art. 86 Abs. 1 Unterabs. 2 und 3 AEUV) und Maßnahmen zur Entwicklung der operativen Zusammenarbeit zwischen nationalen Polizei-, Zoll- und anderen Strafverfolgungsbehörden (Art. 87 Abs. 3 Unterabs. 2 und 3 AEUV).[268]

IV. Delegations- und Durchführungsrechtsetzung

93 Die sonstigen Rechtsetzungsverfahren lassen sich in **drei Kategorien** einteilen: erstens die **Rechtsetzung unmittelbar auf der Grundlage der Verträge** in den Fällen, in denen nicht ausdrücklich das ordentliche oder ein besonderes Gesetzgebungsverfahren vorgesehen ist, zweitens die **delegierte Rechtsetzung** gemäß Art. 290 AEUV und drittens die **Durchführungsrechtsetzung** gemäß Art. 291 AEUV. Sie zeichnen sich dadurch aus, dass Parlament, Rat und Kommission nicht zwangsläufig zusammenwirken müssen. Zudem gelten die besonderen Anforderungen an Transparenz und Kontrolle (s.o. Rn 85) hier nicht. Abgesehen davon kann es vorkommen, dass sich der Verfahrensablauf eines sonstigen Rechtsetzungsverfahrens von demjenigen eines besonderen Gesetzgebungsverfahrens in der Form des Anhörungs- oder des Zustimmungsverfahrens (s.o. Rn 89 f) nicht unterscheidet.[269] Außerdem ist es möglich, dass nur ein Organ ohne jegliche Beteiligung anderer Organe Rechtsakte auf bestimmten Gebieten erlassen kann. So kann zB die Kommission gemäß Art. 106 Abs. 3 AEUV in Bezug auf öffentliche und monopolartige Unternehmen an die Mitgliedstaaten gerichtete Richtlinien oder Beschlüsse erlassen.[270] Der Rat kann gemäß Art. 207 Abs. 4 AEUV allein über Aushandlung und Abschluss von Handelsabkommen beschließen. In der Praxis wurden

---

268 In § 9 IntVG ist festgelegt, dass der deutsche Ratsvertreter das Notbremseverfahren einleiten muss, wenn er durch einen Beschluss des Bundestags oder ggf des Bundesrats dazu angewiesen worden ist; vgl *Kötter*, in: v. Arnauld/Hufeld (Hrsg.), Systematischer Kommentar zu den Lissabon-Begleitgesetzen, 7. Abschnitt, Rn 9 ff.

269 ZB Art. 23 Abs. 2 AEUV einerseits und Art. 109 AEUV andererseits (Anhörungsverfahren) sowie Art. 19 Abs. 1 AEUV einerseits und Art. 83 Abs. 1 Unterabs. 3 AEUV andererseits (Zustimmungsverfahren); dazu *Streinz/Ohler/Herrmann*, S. 95 f, mwN; ausführlich mit zahlreichen Beispielen *Dougan*, CMLR 45 (2008), 617, 644 ff.

270 Von dieser Möglichkeit hat die Kommission im Zuge der Liberalisierung des Dienstleistungsverkehrs häufig Gebrauch gemacht, vgl *Pernice/Wernicke*, in: Grabitz/Hilf/Nettesheim (Hrsg.), Das Recht der Europäischen Union, Art. 106 AEUV, Rn 89 ff.

bisher allerdings auch in den wenigen Fällen, in denen der Rat allein entscheiden konnte, fakultative Anhörungen des Parlaments durchgeführt.[271] Die wichtigsten Fälle der sonstigen Rechtsetzung betreffen die Delegations- und die Durchführungsrechtsetzung.

1. Komitologieverfahren vor dem Vertrag von Lissabon

Zum Verständnis der jetzigen Regelungen ist ein Überblick über die Rechtslage vor dem Inkrafttreten des Vertrags von Lissabon erforderlich. Der Rat konnte die Kommission dazu ermächtigen, Durchführungsvorschriften zu den von ihm angenommenen Rechtsakten zu erlassen (Art. 202 3. Spiegelstr. iVm Art. 211 4. Spiegelstr. EGV). Diese Ermächtigung galt mit Blick auf die Weiterentwicklung der Gesetzgebungsverfahren auch im Falle der gemeinsamen Rechtsetzung von Rat und Parlament.[272] Der Begriff der „Durchführung" wurde vom EuGH weit ausgelegt und umfasste sowohl Rechtsnormen als auch Einzelfallentscheidungen.[273] Die Grenze zwischen legislativen und exekutiven Funktionen der Kommission war daher häufig fließend. Rechtsetzenden Charakter hatten normkonkretisierende Regelungen und Bestimmungen zur Ausfüllung von Generalklauseln, die Anpassung von Richtlinien und Verordnungen an den technischen und wissenschaftlichen Fortschritt sowie Regelungen, die den Anwendungsbereich und die Ausnahmebestimmungen des Basisrechtsakts festlegten.[274] Die sog. Delegationsbefugnis – zwischen dem Erlass reiner Durchführungsmaßnahmen und „echter" Rechtsetzungstätigkeit der Kommission wurde nicht unterschieden – diente der **Entlastung von Rat und Parlament**. Nach der Rechtsprechung des EuGH war der Gemeinschaftsgesetzgeber aber verpflichtet, die wesentlichen Grundzüge (Hauptbestandteile) der übertragenen Befugnisse im Basisrechtsakt selbst festzulegen. Dabei waren die Anforderungen an die Bestimmtheit, anders als dies etwa in Art. 80 Abs. 1 S. 2 GG für die Ermächtigung zum Erlass von Rechtsverordnungen vorgesehen ist, nicht besonders hoch.[275] 94

Der Rat hatte von seiner Befugnis, die Modalitäten der Übertragung von Rechtsetzungsbefugnissen auf die Kommission festzulegen, erstmals im Komitologiebeschluss von 1987[276] Gebrauch gemacht. In diesem Beschluss wurde die bis heute erhalten gebliebene Grundstruktur des sog. **Komitologieverfahrens** festgelegt.[277] Die Durchführungsbefugnisse der Kommission wurden von der Zusammenarbeit mit Ausschüssen abhängig gemacht, die sich aus Vertretern der mitgliedstaatlichen Ministerialverwaltungen unter Vorsitz eines nicht stimmberechtigten Kommissionsvertreters zusammensetzten. Unter der Geltung des Vertrags von Nizza gab es **rund 270 Komitologieausschüsse**, in denen die Detailvorschriften für die Durchführung der europäischen Rechtsakte zusammen mit der Kommission ausgearbeitet wurden.[278] Diese Ausschüsse tagten, anders als die Parlamentsausschüsse, nicht öffentlich, was neben ihrer großen Zahl zur Intransparenz des Ausschussverfahrens beitrug. Der Beschluss von 1987 wurde nach der Einführung des Mitentscheidungsverfahrens, die das Parlament zur Einforderung einer verbesserten Beteiligung am Delegationsverfahren nutzte, durch den **Komitologiebeschluss von 1999** abgelöst.[279] Auf der Grundlage dieses Beschlusses wurden drei Ausschussverfahren unterschieden, in denen die Ausschüsse mit 95

---

271 Ausführlich zur bisherigen Rechtslage *Hölscheidt*, in: Grabitz/Hilf (Hrsg.), EUV/EGV, Art. 192 EGV Rn 9 ff, mwN; das EP ist nunmehr auf der Grundlage von Art. 207 Abs. 3 AEUV iVm Art. 218 Abs. 6 UAbs. 2 lit. a AEUV ohnehin in der Vertragsschlussphase zu beteiligen, vgl *Hahn*, in: Calliess/Ruffert (Hrsg.), EUV/AEUV, Art. 207 AEUV, Rn 105.

272 EuGH, Rs. C-378/00 (Kommission/Parlament und Rat), Slg 2003, I-937, 996.

273 EuGH, Rs. 23/75 (Rey Soda), Slg 1975, 1279, 1302; Rs. 16/88 (Kommission/Rat), Slg 1989, 3457, 3485.

274 So *Roller*, KritV 86 (2003), 249, 256 f, mit Beispielen aus dem Umweltrecht.

275 EuGH, Rs. C-374/96 (Vorderbrüggen), Slg 1998, I-8403, 8412; vgl auch *Bueren*, EuZW 2012, 167, 170.

276 Beschluss des Rates 87/373/EWG v. 13.7.1987, ABl. L 197 v. 18.7.1987, S. 33; dazu *Neuhold*, S. 113 ff.

277 Zur Entwicklung des Komitologieverfahrens *Türk*, in: Kadelbach (Hrsg.), S. 132 ff, mwN; *Schlacke*, JÖR 2013, 293, 295 ff.

278 Bericht der Kommission über die Tätigkeit der Ausschüsse im Jahre 2008, KOM (2009) 335 endg. v. 3.7.2009, S. 5; vgl auch die Studie von *T. Larsson*, Precooking in the European Union – The Work of Expert Groups, 2003, S. 49 ff.

279 Beschluss des Rates v. 28.6.1999 zur Festlegung der Modalitäten für die Ausübung der der Kommission übertragenen Durchführungsbefugnisse, ABl. L 184 v. 17.7.1999, S. 23.

unterschiedlich weit reichenden Befugnissen ausgestattet waren, nämlich das Regelungs-, das Verwaltungs- und das Beratungsverfahren.[280] In der Folgezeit wurden der noch immer schwache Einfluss des Europäischen Parlaments und die daraus resultierende mangelnde demokratische Legitimation der Delegationsrechtsakte sowie die Intransparenz der Verfahren beklagt.[281] Auf Drängen des Parlaments wurden im **Komitologiebeschluss von 2006** seine Rechte schließlich durch Hinzufügung des Regelungsverfahrens mit Kontrolle erweitert.[282]

96 Am weitesten ging der Einfluss der Mitgliedstaaten beim **Regelungsverfahren**, das in der Praxis am häufigsten angewendet wurde. Die im Ausschuss vertretenen Mitgliedstaaten hatten die Möglichkeit, das Rechtsetzungsverfahren der Kommission zu blockieren und eine „Rücknahme" der Zuständigkeit durch den Rat (Rekursverfahren) herbeizuführen.[283] Um dem Europäischen Parlament eine bessere Kontrolle der Durchführung von Rechtsakten, die im Mitentscheidungsverfahren erlassen wurden, zu ermöglichen, wurde 2006 das **Regelungsverfahren mit Kontrolle** eingeführt.[284] Die von der Kommission vorgelegten sog. „quasi-legislativen" Durchführungsmaßnahmen konnten sowohl vom Rat als auch – und dies war neu – vom Parlament abgelehnt werden, wobei es drei Ablehnungsgründe gab.[285] Auch wenn sich an der starken Rechtsposition des Rates im Vergleich zum Regelungsverfahren nichts geändert hatte, war die Position des Europäischen Parlaments erheblich gestärkt worden, da es bei Vorliegen bestimmter Voraussetzungen den Erlass des Rechtsaktes verhindern konnte.[286]

97 Das **Verwaltungsverfahren** räumte der Kommission ein vorläufiges Rechtsetzungsrecht ein. Es war anwendbar bei „Verwaltungsmaßnahmen" wie zB Maßnahmen zur Umsetzung der Agrar- und Fischereipolitik oder zur Durchführung von Programmen mit erheblicher Haushaltsrelevanz. Lehnte der Verwaltungsausschuss den Vorschlag der Kommission mit qualifizierter Mehrheit ab, so konnte diese die Maßnahme trotzdem erlassen, um das Funktionieren der alltäglichen Verwaltungsabläufe insbesondere in der Agrarpolitik sicherzustellen. Allerdings konnte der Rat im Nachhinein mit qualifizierter Mehrheit eine andere Maßnahme beschließen (sog. Ersetzungsrecht).

98 Das **Beratungsverfahren** war in allen übrigen Fällen anwendbar, in denen es als zweckmäßig angesehen wurde. In der Praxis kam es im Vergleich zu den anderen Verfahren am seltensten zur Anwendung. Es schränkte die Befugnisse der Kommission am wenigsten ein oder, anders gewendet, es gestand den Mitgliedstaaten nur einen geringen Einfluss zu. Der Beratungsausschuss gab zu dem Kommissionsentwurf mit einfacher Mehrheit lediglich eine Stellungnahme ab, die die Kommission zwar berücksichtigen musste, an die sie aber nicht gebunden war. Das Beratungsverfahren räumte der Kommission damit die stärkste Stellung gegenüber den Mitgliedstaaten ein.

---

280 Dazu ausführlich *Falke*, in: Joerges/Falke (Hrsg.), S. 52 ff, 94 ff; *Moreiro González*, ZEuS 2003, 561. Neben den drei genannten Verfahren gibt es noch ein weiteres Verfahren, das dem Erlass von Schutzmaßnahmen im Außenhandel dient. Es kommt nur selten zur Anwendung.

281 *Grams*, KritV 78 (1995), 112, 119 ff; *Roller*, KritV 86 (2003), 249, 260 ff; *Lübbe-Wolff*, VVDStRL 60 (2001), 246, 267 f; *Lenaerts/Verhoeven*, CMLR 2000, 645, 658 f; aA *Haibach*, VerwArch. 90 (1999), 98, 111; umfassende Darstellung der Vor- und Nachteile bei *Neuhold*, S. 225 ff.

282 Beschluss des Rates v. 17.7.2006 zur Änderung des Beschlusses 1999/468/EG zur Festlegung der Modalitäten für die Ausübung der der Kommission übertragenen Durchführungsbefugnisse, ABl. L 200 v. 22.7.2006, S. 11; die konsolidierte Fassung ist abgedruckt in ABl. C 255 v. 21.10.2006, S. 4. Vgl auch die Erklärung des Europäischen Parlaments, des Rates und der Kommission zu diesem Beschluss, ABl. C 255 v. 21.10.2006, S. 1.

283 Vgl im Einzelnen *Huster*, S. 44 f.

284 Auf dem Gebiet der wirtschaftsregulierenden Gesetzgebung, die dem Mitentscheidungsverfahren unterfiel, war das Regelungsverfahren mit Kontrolle zum Regelverfahren geworden. Außerdem war bereits eine Vielzahl älterer Basisrechtsakte, die das (alte) Regelungsverfahren anordneten, entsprechend geändert worden.

285 Der von der Kommission geplante Rechtsakt durfte nur mit der Begründung verworfen werden, dass er (1) über die im Basisrechtsakt vorgesehenen Durchführungsbefugnisse hinausging oder (2) mit dem Ziel und Inhalt des Basisrechtsakts unvereinbar war oder (3) gegen die Grundsätze der Subsidiarität und Verhältnismäßigkeit verstieß (Art. 5 a Abs. 3 lit. b).

286 *Fuhrmann*, DÖV 2007, 464, 466 ff; *Schusterschitz*, in: W. Schroeder (Hrsg.), S. 123, 132 ff; *Türk*, in: Kadelbach (Hrsg.), S. 131, 146 ff. S. zu dem hier nicht behandelten sog. Lamfalussy-Prozess, der sich auf die Exekutivrechtsetzung im Bereich der Finanzdienstleistungen bezieht, *Schmolke*, EuR 2006, 432, mwN.

Das alte Komitologieverfahren ist durch die Neuregelungen in Art. 290 und Art. 291 AEUV in Bezug auf **künftige Rechtsakte überholt** worden. Im Rahmen der auf der Grundlage von Art. 291 Abs. 3 AEUV von Rat und Parlament erlassenen neuen Komitologieverordnung[287] wird es allerdings zumindest teilweise weiterhin herangezogen. Dies gilt trotz Aufhebung des Komitologiebeschlusses 1999/468/EG für die Beibehaltung des Regelungsverfahrens mit Kontrolle, wenn der nach alter Rechtslage erlassene Basisrechtsakt auf dieses Verfahren verweist (Art. 12 Komitologie-VO). Ansonsten kommen gemäß Art. 13 Komitologie-VO die neuen Ausschussverfahren nun – entgegen der in Art. 9 Prot. Nr. 36 (Übergangsbestimmungen) getroffenen Regelung[288] – auch auf nach alter Rechtslage erlassene Basisrechtsakte ohne weiteres zur Anwendung.[289] Im Schrifttum wurden zT Zweifel an der Vereinbarkeit dieser Übergangsbestimmungen mit dem Primärrecht geäußert, weil über die Ermächtigung in Art. 291 Abs. 3 AEUV hinaus in den Anwendungsbereich des Art. 290 AEUV übergegriffen werde.[290] 99

2. Unterscheidung zwischen delegierten und Durchführungsrechtsakten

Der Vertrag von Lissabon führte – wie dies bereits im Verfassungsvertrag vorgesehen war – eine Unterscheidung zwischen delegierter Rechtsetzung und Durchführungsrechtsetzung ein. Die neue Kategorie der delegierten Rechtsetzung soll es dem Gesetzgeber erlauben, zB Detailregelungen und eher technische Aspekte an die Exekutive zu delegieren, und ihm zugleich die Kontrolle über eine solche Befugnisübertragung vorbehalten.[291] Sie bezieht sich gemäß Art. 290 Abs. 1 AEUV auf Rechtsakte der Kommission, die „zur Ergänzung oder Änderung bestimmter nicht wesentlicher Vorschriften" des zugrunde liegenden Gesetzgebungsakts erlassen werden. Diese Formulierung entspricht weitgehend der Definition derjenigen Rechtsakte, die früher dem Regelungsverfahren mit Kontrolle unterfielen (s.o. Rn 96).[292] Der Begriff der Durchführungsrechtsakte wird demgegenüber in Art. 291 AEUV weder definiert noch umschrieben. Es ist aber vor dem Hintergrund der früheren Rechtspraxis davon auszugehen, dass mit diesem Begriff Maßnahmen umfasst werden, die den einheitlichen Vollzug des Unionsrechts durch die und in den Mitgliedstaaten sicherstellen sollen.[293] Diese können sowohl in der Form von Einzelmaßnahmen als auch in der Form abstrakt-genereller Regelungen (Maßnahmen von allgemeiner Tragweite) ergehen. Diese Unterscheidung und die unterschiedlich strikten Voraussetzungen für die Rechtsetzungstätigkeit der Kommission lassen sich auf folgende Überlegungen zurückführen: Bei der delegierten Rechtsetzung wird die Kommission anstelle des Unionsgesetzgebers tätig. Sie übt hier **„quasi-legislative" Befugnisse** aus. Daraus resultieren das Recht und zugleich die Pflicht des Gesetzgebers, die Rechtsetzungstätigkeit der Kommission zu begrenzen und zu kontrollieren. Bei der Durchführungsrechtsetzung nimmt die Kommission – und in Ausnahmefällen der Rat – demgegenüber **exekutive bzw administrative Befugnisse** wahr, um einen einheitlichen Rechtsvollzug zu gewährleisten, der grundsätzlich den Mitgliedstaaten obliegt. Deshalb sollen diese die Wahrnehmung der Durchführungsbefugnisse kontrollieren können. Dies folgt aus Art. 291 Abs. 3 AEUV. Da die Abgrenzung zwischen den beiden 100

287 Verordnung (EU) Nr. 182/2011 des Europäischen Parlaments und des Rates vom 16. Februar 2011 zur Festlegung der allgemeinen Regeln und Grundsätze, nach denen die Mitgliedstaaten die Wahrnehmung der Durchführungsbefugnisse durch die Kommission kontrollieren, ABl. 2011, L 55, S. 13 ff.

288 Das Komitologieverfahren sollte für bereits bestehende Rechtsakte, die auf den Komitologiebeschluss 1999/468/EG verweisen, in seiner bisherigen Form bis zu einer Anpassung der Basisrechtsakte an die neue Rechtslage anwendbar bleiben.

289 Vgl *Schoo,* in: Schwarze/Becker/Hatje/Schoo (Hrsg.), EU-Kommentar, Art. 291 AEUV, Rn 12 ff.

290 Vgl *Nettesheim,* in: Grabitz/Hilf/Nettesheim (Hrsg.), Das Recht der Europäischen Union, Art. 291 AEUV, Rn 56; *Schlacke,* JÖR 2013, 293, 325 f; *Ilgner,* S. 251 f, plädiert für eine primärrechtskonforme Auslegung und Anwendung des Regelungsverfahrens mit Kontrolle, da Art. 290 AEUV eine Kontrolle durch die Mitgliedstaaten und ein komitologieähnliches Verfahren ausschließe.

291 So der Schlussbericht der Gruppe IX (Vereinfachung), CONV 424/02 v. 29.11.2002, S. 8 f.

292 *Schusterschitz,* in: Hummer/Obwexer (Hrsg.), S. 209, 229 f, weist zu Recht darauf hin, dass unklar ist, ob der Anwendungsbereich des Regelungsverfahrens mit Kontrolle und derjenige des Art. 290 AEUV identisch sind.

293 In dem Schlussbericht der Gruppe IX (Vereinfachung), CONV 424/02 v. 29.11.2002, S. 11, werden Durchführungsrechtsakte definiert als „Rechtsakte zur Durchführung von Gesetzgebungsakten, von 'delegierten' Rechtsakten oder von Rechtsakten, die im Vertrag selbst vorgesehen sind".

Rechtsetzungsverfahren schwierig sein kann, unterliegt es zunächst der Einschätzung des Unionsgesetzgebers, ob er eine Übertragung von Rechtsetzungsbefugnissen nach Art. 290 oder Art. 291 AEUV für erforderlich hält.[294] Bei Streitigkeiten wird letztlich der EuGH entscheiden müssen.

3. Die delegierte Rechtsetzung gemäß Art. 290 AEUV

101 Es steht dem Unionsgesetzgeber frei, in einem Gesetzgebungsakt, unabhängig davon, welches Gesetzgebungsverfahren zur Anwendung kommt, die Kommission zu delegierter Rechtsetzung zu ermächtigen. Dabei müssen mehrere Tatbestandsvoraussetzungen erfüllt sein. Erstens beschränkt sich die Ermächtigung auf **Rechtsakte ohne Gesetzescharakter mit allgemeiner Geltung**, dh es muss sich um generell-abstrakte Regelungen handeln, die auf der Ebene des Tertiärrechts angesiedelt sind (s.o. Rn 2). Zweitens muss sich die Ermächtigung auf die „Ergänzung oder Änderung bestimmter nicht wesentlicher Vorschriften des Gesetzgebungsaktes" beziehen (Art. 290 Abs. 1 AEUV). Zum Kriterium der Wesentlichkeit gibt es bereits Rechtsprechung des EuGH.[295] Obwohl die Diktion sich an die Wesentlichkeitstheorie des BVerfG anlehnt, bestimmt sich die **Wesentlichkeit im Unionsrecht** nicht nach der Grundrechtsrelevanz der Regelung, sondern danach, ob es sich im Hinblick auf das mit ihr verfolgte Ziel um eine der Sache nach grundsätzliche bzw bedeutsame Frage handelt.[296] Letztlich steht dahinter aber ebenso wie im deutschen Verfassungsrecht der aus dem Demokratieprinzip abgeleitete Gedanke, dass die grundlegenden Entscheidungen vom Gesetzgeber selbst getroffen werden müssen und nicht dem exekutiven Normgeber überlassen werden dürfen.[297] Dies bringt der Wortlaut des Art. 290 Abs. 1 Unterabs. 2 S. 2 AEUV nunmehr deutlich zum Ausdruck. Als Kriterien für die Wesentlichkeit können zB die Bedeutung der Maßnahme für die politische Zielsetzung des Unionsgesetzgebers, die zur Zielerreichung eingesetzten Mittel und die Auswirkungen auf die betroffenen Bürger und Unternehmen herangezogen werden.[298] Die Begriffe der „Änderung" und „Ergänzung" dürften dieselbe Bedeutung haben, die ihnen schon im Komitologiebeschluss von 2006 zukam. Dh, umfasst sind die Anpassung und Aktualisierung, die Erweiterung oder auch die Streichung von Vorschriften oder Anhängen, soweit sich dadurch nicht die wesentlichen Regelungsstrukturen des Basisrechtsakts verändern.[299]

102 Die Anforderungen an die Ermächtigungsgrundlage sind in Art. 290 Abs. 1 Unterabs. 2 S. 1 AEUV verankert. Im zugrunde liegenden Gesetzgebungsakt müssen **Ziele, Inhalt, Geltungsbereich und Dauer** der Befugnisübertragung **ausdrücklich und präzise festgelegt** werden. Dadurch soll sichergestellt werden, dass der Gesetzgeber die Rechtsetzungstätigkeit der Kommission hinreichend steuert und begrenzt. Dies entspricht der einschlägigen Rechtsprechung des EuGH.[300] Während die Vorgaben in Bezug auf Ziele, Inhalt und Geltungsbereich nach dem Sinn und Zweck der Regelung für die Steuerung der Rechtsetzungstätigkeit der Kommission unbedingt erforderlich sind, liegt die Festle-

---

294 Anschaulich zur Abgrenzung zwischen Delegation und Durchführung *Haselmann,* S. 236 ff; vgl auch *Möstl,* DVBl. 2011, 1076, 1081 f.

295 St. Rspr seit 1970, EuGH, Rs. 25/70 (Köster), Slg 1970, 1161; aus jüngerer Zeit Rs. C-66/04 (Raucharomen), Slg 2005, I-10553, 10590 f, sowie EuGH, Rs. C-355/10 (Europäisches Parlament/Rat), ECLI:EU:C:2012:516, Rn 63 ff. Nach Auffassung von *Nettesheim,* in: Grabitz/Hilf/Nettesheim (Hrsg.), Das Recht der Europäischen Union, Art. 290 AEUV, Rn 38, ist die Rechtsprechung des EuGH allerdings über den Bereich der Agrarpolitik hinaus kaum generalisierbar.

296 Zu einer möglichen Neuausrichtung des Wesentlichkeitskriteriums nach dem Vertrag von Lissabon vgl *Haselmann,* S. 100 ff; *Ilgner,* S. 85 ff.

297 *Ruffert,* in: Calliess/Ruffert (Hrsg.), EUV/AEUV, Art. 290 AEUV, Rn 10; *Vedder,* in: Vedder/Heintschel v. Heinegg (Hrsg.), Europäisches Unionsrecht, Art. 290 AEUV, Rn 3; jeweils mwN. Zu Gemeinsamkeiten und Unterschieden der europäischen und deutschen „Wesentlichkeitslehre" vgl *Ilgner,* S. 77 ff.

298 *Hetmeier,* in: Lenz/Borchardt (Hrsg.), EU-Verträge, Art. 290 AEUV, Rn 9 f, mit illustrativen Beispielen; *Kröll,* in: Verwaltungsrechtsraum Europa, S. 195, 198 f.

299 Vgl auch die Mitteilung der Kommission an das Europäische Parlament und den Rat „Umsetzung von Artikel 290 des Vertrags über die Arbeitsweise der Europäischen Union, KOM (2009) 673 endg. v. 9.12.2009, S. 4 f; *Ilgner,* S. 255 ff.

300 EuGH, Rs. C-66/04 (Raucharomen), Slg 2005, I-10553, 10590 f, Rn 49; *Nettesheim,* in: Grabitz/Hilf/Nettesheim (Hrsg.), Das Recht der Europäischen Union, Art. 290 AEUV, Rn 46, prognostiziert, dass der EuGH in Zukunft auf Grundlage von Art. 290 Abs. 1 Unterabs. 2 AEUV strengere Anforderungen an die Bestimmtheit der auf die Kommission übertragenen Befugnisse stellen wird.

gung der Dauer im Ermessen des Unionsgesetzgebers. Er kann – je nach Regelungsgegenstand – eine Befristung (sunset clause) vorsehen, kann die Delegation aber auch unbefristet vornehmen. Für diese Auslegung spricht, dass ihm ohnehin ein Widerrufsrecht zusteht, von dem er jederzeit Gebrauch machen kann.[301] Überschreitet die Kommission die ihr im Übertragungsakt gesetzten Grenzen, handelt sie also *ultra vires*, so verstößt sie gegen den zugrunde liegenden Gesetzgebungsakt. Der delegierte Rechtsakt ist unwirksam.[302]

Gemäß Art. 290 Abs. 2 AEUV kann die Übertragung der Rechtsetzungsbefugnis unter Bedingungen erfolgen, die im zugrunde liegenden Gesetzgebungsakt ebenfalls ausdrücklich festgelegt werden müssen.[303] Dem Unionsgesetzgeber stehen hierfür zwei Instrumente der nachträglichen Kontrolle zur Verfügung, nämlich das **Widerrufsrecht** und das **Einspruchsrecht**.[304] Nach Erlass eines delegierten Rechtsakts können sowohl das Europäische Parlament als auch der Rat – und zwar unabhängig voneinander – die Übertragung insgesamt widerrufen und damit die Rechtsetzungskompetenz wieder an sich ziehen. Die Möglichkeit, Einspruch bzw Einwände zu erheben, bezieht sich demgegenüber auf einen bestimmten, schon erlassenen Delegationsrechtsakt.[305] Er ist innerhalb einer Frist einzulegen, die im Übertragungsakt bestimmt sein muss; während der Frist ist das Inkrafttreten des betreffenden Delegationsrechtsakts suspendiert.[306] Ein Einspruch verhindert das Inkrafttreten des Rechtsakts endgültig; schweigt der Gesetzgeber, so tritt der Rechtsakt nach Ablauf der Einspruchsfrist in Kraft (tacit consent). Die Kommission kann im Falle eines Einspruchs entweder einen neuen delegierten Rechtsakt erlassen, einen Vorschlag für einen Gesetzgebungsakt vorlegen oder ganz auf eine Regelung verzichten.[307] Widerruf und Einspruch sind nicht an inhaltliche Voraussetzungen geknüpft. Unter dem Aspekt der Transparenz und des loyalen Umgangs der Unionsorgane miteinander sollte aber eine Begründung gefordert werden.[308] Zudem muss der Rat mit qualifizierter Mehrheit, das Parlament mit der Mehrheit seiner Mitglieder entscheiden. Mit diesen Mehrheitserfordernissen soll verhindert werden, dass von den Kontrollinstrumenten über Gebühr Gebrauch gemacht wird. In Ermangelung primärrechtlicher Vorgaben für das Verfahren der Aus- 103

301 So im Ergebnis auch *Ruffert*, in: Calliess/Ruffert (Hrsg.), Art. 290 AEUV, Rn 15; *Vedder*, in: Vedder/Heintschel v. Heinegg (Hrsg.), Europäisches Unionsrecht, Art. 290 AEUV, Rn 4; *Hetmeier*, in: Lenz/Borchardt (Hrsg.), EU-Verträge, Art. 290 AEUV, Rn 14. S. auch Mitteilung der Kommission (Fn 299), S. 5 f, die sich unter Hinweis auf die bisherige Praxis für grds. unbefristete Befugnisübertragungen ausspricht.

302 Dies ist eine Folge der Normenhierarchie und entspricht überdies der st. Rspr des EuGH. S. dazu EuGH, verb. Rs. C-14/06 und C-295/06 (Parlament und Dänemark/Kommission), Slg 2008, I-1649, Rn 52 ff; vgl auch *Ruffert*, in: Calliess/Ruffert (Hrsg.), EUV/AEUV, Art. 290 AEUV, Rn 11.

303 Vgl *Edenharter*, DÖV 2011, 645, 647. Zu der Frage, ob ein Basisrechtsakt die Instrumente des Widerrufs und/oder Einspruchs zwingend beinhalten muss, vgl *Haselmann*, S. 133 ff, mwN.

304 Zur Frage, ob die Aufzählung der zulässigen Bedingungen in Art. 290 Absatz 2 AEUV abschließend ist, vgl *Kröll*, in: Verwaltungsrechtsraum Europa, S. 195, 203 f; *Haselmann*, S. 129 ff, die den Fortbestand des Komitologieverfahrens im Rahmen von Art. 290 AEUV als weiteres in Betracht kommendes Kontrollinstrument neben Widerruf und Einspruch diskutiert. Vgl auch den Bericht des Europäischen Parlaments über die Übertragung legislativer Zuständigkeiten, (2010/2021[INI]), S. 5, der von einem nicht abschließenden Charakter der Kontrollmechanismen ausgeht. Ein weiteres Verfahren zur Kontrolle des Delegatars, das neben dem in Art. 290 Absatz 2 AEUV genannten zur Anwendung kommt, ist das hier nicht behandelte Lamfalussy-Verfahren im Finanzbereich, an dem die Kommission gemäß Erklärung Nr. 39 zur Schlussakte des Vertrags von Lissabon festhalten möchte, vgl *Ruffert*, in: Calliess/Ruffert (Hrsg.), EUV/AEUV, Art. 290 AEUV, Rn 16. Für den abschließenden Charakter des Art. 290 Abs. 2 AEUV und lediglich eine freiwillige Beibehaltung des Lamfalussy-Verfahrens *Nettesheim*, in: Grabitz/Hilf/Nettesheim (Hrsg.), Das Recht der Europäischen Union, Art. 290 AEUV, Rn 66 f.

305 Vgl *Schlacke*, JÖR 2013, 293, 310.

306 Zur möglichen Dauer dieser Frist vgl *Fabricius*, Der Technische Regulierungsstandard für Finanzdienstleistungen, S. 28 f; *ders.*, ZEuS 2011, 567, 586 f; *Ruffert*, in: Calliess/Ruffert (Hrsg.), EUV/AEUV, Art. 290 AEUV, Rn 19; *Möllers/von Achenbach*, EuR 2011, 39, 58.

307 Mitteilung der Kommission (Fn 301), S. 10.

308 Ebd. Die Kommission weist zu Recht darauf hin, dass eine Pflicht zur Begründung es ihr insb. im Falle eines Einspruchs ermöglichte, bei Erlass eines neuen Rechtsakts die Einwände des jeweiligen Organs zu berücksichtigen. Gegen eine Begründungspflicht hat sich der Bundesrat ausgesprochen, s. Plenarprot. der 866. Sitzung v. 12.2.2010, S. 23, 24 f; zum Begründungserfordernis vgl *Driessen*, ELR 2010, 837, 847; *Sohn/Koch*, Kommentierung der Mitteilung der Kommission [KOM (2009)673] über die Umsetzung von Artikel 290 des Vertrags über die Arbeitsweise der Europäischen Union, Centrum für Europäische Politik, Freiburg 2010, S. 20 f; kritisch *Beer*, EuZW 2010, 201.

übung des Widerrufs- und Einspruchsrechts ist ein „Common Understanding on Delegated Acts" vereinbart worden, in dem sich Europäisches Parlament, Rat und Kommission auf wechselseitige Konsultations- und Übermittlungspflichten geeinigt haben.[309] Ob hierin bereits eine rechtsverbindliche interinstitutionelle Vereinbarung im Sinne von Art. 295 AEUV zu sehen ist, erscheint allerdings angesichts der Bezeichnung als „Common Understanding" und der Tatsache, dass es nicht im Amtsblatt veröffentlicht worden ist, zweifelhaft.[310]

104 Nicht eindeutig geklärt ist die Frage, in welcher Weise Rat und Parlament von den Kontrollbefugnissen Gebrauch machen können, wenn der **Basisrechtsakt im besonderen Gesetzgebungsverfahren** erlassen worden ist, in dem eines der beiden Organe eine dominierende Rolle innehat (s.o. Rn 88). Legt man den Wortlaut von Art. 290 Abs. 2 AEUV zugrunde, so wird in Bezug auf das Widerrufs- und Einspruchsrecht nicht zwischen ordentlichem und besonderem Gesetzgebungsverfahren differenziert.[311] Es widerspräche aber dem Sinn und Zweck des besonderen Gesetzgebungsverfahrens, wenn dasjenige Organ, das an dem Zustandekommen des Gesetzgebungsakts nur in untergeordneter Rolle beteiligt war – wenn zB das Parlament nur angehört werden musste –, von sich aus die Delegationsbefugnis widerrufen oder Einwände gegen den Delegationsrechtsakt erheben könnte. Diese Überlegung spricht dafür, dass in diesen Fällen nur dasjenige Organ von den Kontrollrechten Gebrauch machen darf, das den Gesetzgebungsakt beschlossen hat.[312] Zur Klarstellung wäre es wünschenswert, wenn diese Frage bei der Abfassung der Kontrollrechte im Basisrechtsakt mitgeregelt würde. Wird der Gesetzgebungsakt demgegenüber im ordentlichen Gesetzgebungsverfahren erlassen, so sind Parlament und Rat auch in Bezug auf die Ausübung der Kontrollrechte gleichberechtigt.

309 Rat der Europäischen Union, Common Understanding on Delegated Acts, Dok. 8753/1/11 vom 10.4.2011. Dazu *Nettesheim,* in: Grabitz/Hilf/Nettesheim (Hrsg.), Das Recht der Europäischen Union, Art. 290 AEUV, Rn 68 ff, der das vereinbarte Verfahren insgesamt als „gelungene[n] Ausgleich zwischen dem Ziel einer effektiven Kontrolle auf der einen und dem Ziel der hinreichenden Verfahrenseffizienz auf der anderen Seite" (Rn 77) ansieht.

310 Dafür: *Nettesheim,* in: Grabitz/Hilf/Nettesheim (Hrsg.), Das Recht der Europäischen Union, Art. 290 AEUV, Rn 78 ff; *Rihs,* ZfR 2012, 52, 56; *Fabricius,* Der Technische Regulierungsstandard für Finanzdienstleistungen, S. 48 ff; dagegen: *Ilgner,* S. 231; *Héritier/Moury/Bischoff/Bergström,* S. 50 f.

311 Der Entstehungsgeschichte der Norm lässt sich entnehmen, dass in dem Entwurf des Verfassungskonvents die Ermächtigungsgrundlage für eine Delegation nur in einem europäischen Gesetz oder Rahmengesetz enthalten sein konnte. Dabei gingen die Verfasser offenbar davon aus, dass diese beiden Gesetzgebungsakte regelmäßig im Gesetzgebungsverfahren, dem früheren Mitentscheidungsverfahren, erlassen worden wären, in dem Parlament und Rat immer gleichberechtigt beteiligt gewesen wären. Vgl dazu den Schlussbericht der Gruppe IX (Vereinfachung), CONV 424/02 v. 29.11.2002, S. 8 ff, und den Entwurf der Art. 24 bis 33 des Verfassungsvertrags, CONV 571/03 v. 26.2.2003, S. 12 ff. Insofern ist die jetzige Unklarheit damit zu erklären, dass man bereits in Art. I-36 EVV zwar ein sog. besonderes Gesetzgebungsverfahren eingeführt hatte, die möglichen Auswirkungen auf die Kontrollrechte im Rahmen der Delegationsrechtsetzung aber nicht weiter geprüft hatte. Im Vertrag von Lissabon ist diese Bestimmung mitsamt der Unklarheit in Bezug auf das besondere Gesetzgebungsverfahren übernommen worden.

312 So auch *Sohn/Koch,* Kommentierung der Mitteilung der Kommission [KOM(2009)673] über die Umsetzung von Artikel 290 des Vertrags über die Arbeitsweise der Europäischen Union, Centrum für Europäische Politik Freiburg, 1. März 2010, abrufbar unter http://www.cep.eu/fileadmin/user_upload/Kurzanalysen/Durchfuehrungsbefugnisse_Art._291_AEUV/KA_Durchfuehrungsbefugnisse_291_AEUV.pdf (im Folgenden: CEP-Kommentar), S. 9, 19 f; mit ausführlicher Begründung *Ilgner,* S. 210 f, mwN; aA *Nettesheim,* in: Grabitz/Hilf/Nettesheim (Hrsg.), Das Recht der Europäischen Union, Art. 290 AEUV, Rn 62.

Zuständig für die delegierte Rechtsetzung ist allein die Kommission,[313] eine Subdelegation durch die Kommission etwa auf Agenturen ist ausgeschlossen.[314] Die Möglichkeit der **Einflussnahme durch die Mitgliedstaaten**, wie sie bisher im Komitologiebeschluss auch in Bezug auf die delegierte Rechtsetzung verankert war, ist in Art. 290 AEUV **nicht mehr vorgesehen**. In der Folge kann die Kommission von ihrer Rechtsetzungsbefugnis – in den durch den Übertragungsakt gesetzten Grenzen – autonom Gebrauch machen.[315] Damit drohen allerdings die mit dem Komitologieverfahren verbundenen Vorteile, insbesondere die frühzeitige Einbeziehung des in den Mitgliedstaaten vorhandenen Sachverstands und die dadurch erleichterte Akzeptanz der Regelungen, verlorenzugehen.[316] Die Kommission hat sich daher selbst dazu verpflichtet, vor Erlass eines delegierten Rechtsakts frühzeitig und systematisch Sachverständige der mitgliedstaatlichen Behörden zu konsultieren. Diesen Experten kommt allerdings, anders als nach dem früheren Regelungsverfahren mit Kontrolle (s.o. Rn 96), nur noch eine beratende Funktion zu.[317] In einer Rahmenvereinbarung zwischen Kommission und Europäischem Parlament hat sich die Kommission darüber hinaus verpflichtet, auch Sachverständige des Europäischen Parlaments in die Expertenrunden einzubeziehen, sofern das Parlament dies verlangt.[318] 105

4. Die Durchführungsrechtsetzung gemäß Art. 291 AEUV

Der Vollzug des Unionsrechts ist, wie in Art. 291 Abs. 1 AEUV deklaratorisch festgehalten wird, grundsätzlich Sache der Mitgliedstaaten. Der Unionsgesetzgeber kann allerdings gemäß Art. 291 Abs. 2 AEUV, wenn er einheitliche Bedingungen bei der Durchführung für erforderlich hält, die Kommission – und in Ausnahmefällen auch den Rat – im zugrunde liegenden Gesetzgebungsakt ermächtigen, Durchführungsrechtsakte zu erlassen. In der Praxis hat der Erlass von Durchführungsrechtsakten, insbesondere bei der Umsetzung von Förderprogrammen, eine große Rolle gespielt.[319] Bei der Ermittlung des Bedarfs für einheitliche Regelungen spielen ähnliche Erwägungen eine Rolle, wie sie dem Subsidiaritätsprinzip zugrunde liegen. Ein Bedarf ist vor allem dann zu bejahen, wenn aufgrund sehr unterschiedlicher Verwaltungsstrukturen in den Mitgliedstaaten eine effektive Durchsetzung des Unionsrechts nicht gesichert ist.[320] Da es hier nicht um eine Delegation von legislativen Befugnissen, sondern um exekutive bzw administrative Regelungsbefugnisse geht, sind **keine besonderen Anforderungen an die Ausgestaltung der Ermächtigung** normiert. Rat und 106

313 *Schlacke*, JÖR 2013, 293, 306; *Möstl*, DVBl. 2011, 1076, 1083; dahingehend auch die Schlussanträge des Generalanwalts Jääskinen in der Rechtssache C-270/12 (Vereinigtes Königreich/ Rat und Parlament) vom 12.9.2013, Rn 84 f.

314 *Edenharter*, DÖV 2011, 645, 647; *Ruffert*, in: Calliess/Ruffert (Hrsg.), EUV/AEUV, Art. 290 AEUV, Rn 8. Ablehnend hinsichtlich der Weiterübertragung auch von Durchführungsrechtsetzungsbefugnissen im Rahmen von Art. 291 AEUV *Schlacke*, JÖR 2013, 293, 306, anders hingegen *Möstl*, DVBl. 2011, 1076, 1083; *Haselmann*, S. 200 ff, und Generalanwalt Jääskinen, Schlussanträge vom 12.9.2013 zur Rechtssache C-270/12 (Vereinigtes Königreich/Rat und Parlament), Rn 85 ff, der betont, dass eine Delegation von Befugnissen nach Art. 290 AEUV nur auf die Kommission, nicht aber auf Agenturen erfolgen kann (Rn 85); für die Grenzen der Übertragungsmöglichkeiten auf Agenturen im Rahmen der Durchführungsbestimmungen nach Art. 291 AEUV will er hingegen weiterhin auf die vom EuGH in der Rechtssache Meroni, Rs. 9/56 und Rs. 10/56, entwickelten Grundsätze zurückgreifen (Rn 88).

315 Vgl ausführlich *Haselmann*, S. 129 ff; *Landgraf*, S. 8 f. Die Ausnahme bildet das hier nicht behandelte Lamfalussy-Verfahren im Finanzsektor, vgl *Schlacke*, JÖR 2013, 293, 310; *Nettesheim*, in: Grabitz/Hilf/Nettesheim (Hrsg.), Das Recht der Europäischen Union, Art. 290 AEUV, Rn 67; die Kommission hat erklärt, in diesem Rahmen an der Einbeziehung von Expertengruppen festhalten zu wollen, vgl Erklärung Nr. 39 der Kommission zur Schlussakte des Vertrages von Lissabon, ABl. 2008 C 115/350, S. 352.

316 Ausführlich zu den Auswirkungen *Haselmann*, S. 138 ff.

317 Mitteilung der Kommission (Fn 301), S. 7 f. vgl dazu *Sohn/Koch*, CEP-Kommentar, S. 16 f.

318 Rahmenvereinbarung über die Beziehungen zwischen dem Europäischen Parlament und der Europäischen Kommission vom 20. November 2010, ABl. 2010, L 304, S. 47 ff, Ziffer 15, Anhang I; vgl dazu auch *Schusterschitz*, in: Hummer/Obwexer (Hrsg.), S. 209, 232; *Voermans*, EPL 2011, 313, 329 f; zur Rolle des Europäischen Parlaments im Rahmen der delegierten Rechtsetzung allgemein *Möllers/v. Achenbach*, EuR 2011, 39, 47 ff.

319 *Hetmeier*, in: Lenz/Borchardt (Hrsg.), EU-Verträge, Art. 291 AEUV, Rn 4.

320 *Vedder*, in: Vedder/Heintschel v. Heinegg (Hrsg.), Europäisches Unionsrecht, Art. 291 AEUV, Rn 9; *Ruffert*, in: Calliess/Ruffert (Hrsg.), EUV/AEUV, Art. 291 AEUV, Rn 6; *Sohn/Koch*, CEP-Kommentar, S. 11; vgl auch *Fabricius*, ZEuS 2011, 567, 595.

Parlament sind in das weitere Rechtsetzungsverfahren, anders als nach dem früheren Komitologieverfahren (s.o. Rn 94 ff), nicht mehr einbezogen.

107 Da einheitliche Durchführungsbestimmungen in die Zuständigkeit der **Mitgliedstaaten** eingreifen, erhalten diese **Kontrollrechte** in Bezug auf die Wahrnehmung der Durchführungsbefugnisse durch die Kommission. Gemäß Art. 291 Abs. 3 AEUV sind Parlament und Rat verpflichtet, im ordentlichen Gesetzgebungsverfahren Verordnungen zu erlassen, die in abstrakt-genereller Form die Regeln und Grundsätze festlegen, nach denen die Mitgliedstaaten ihre Kontrollrechte ausüben. Mit der am 1. März 2011 in Kraft getretenen Komitologieverordnung[321] ist der Unionsgesetzgeber dieser Verpflichtung nachgekommen. Im Unterschied zur früheren Rechtslage entsprechend dem Komitologiebeschluss 1999/468/EG gibt es nur noch zwei Verfahrenstypen, das Prüfverfahren und das Beratungsverfahren.[322] Welches der beiden zur Anwendung kommt, ist gemäß Art. 2 Abs. 2 und 3 Komitologie-VO im Basisrechtsakt festzulegen. Neu hinzugekommen ist ein Berufungsausschuss, der gemäß Art. 5 Abs. 4 Komitologie-VO im Prüfverfahren die bisherige Funktion des Rates ersetzt.[323]

108 Das **Beratungsverfahren** entspricht weitgehend dem früheren Beratungsverfahren und wird gemäß Art. 2 Abs. 3 Komitologie-VO zum Regelverfahren erklärt.[324] In diesem Verfahren gibt der Ausschuss, der sich aus Experten der Mitgliedstaaten zusammensetzt und unter dem Vorsitz eines nicht stimmberechtigten Kommissionsvertreters tagt, mit der einfachen Mehrheit seiner Mitglieder eine Stellungnahme ab. Die Kommission soll diese „so weit wie möglich" (Art. 4 Abs. 2) berücksichtigen, behält beim Erlass des Durchführungsrechtsakts aber einen weiten Gestaltungsspielraum. Da auch das jetzige Verfahren der Kommission somit eine starke Stellung einräumt (s.o. für das frühere Beratungsverfahren Rn 98), ist es grundsätzlich nur auf politisch weniger bedeutsame Sachbereiche anwendbar.[325]

109 Das **Prüfverfahren** ist an das vormalige Verwaltungs- bzw Regelungsverfahren (s.o. Rn 96 f) angelehnt und kommt in bedeutsamen bzw besonders sensiblen Politikbereichen zur Anwendung (Art. 2 Abs. 2), in denen den Mitgliedstaaten erhöhte Mitwirkungsbefugnisse zugestanden werden sollten.[326] Der Prüfausschuss gibt seine Stellungnahme mit qualifizierter Mehrheit (s.o. Rn 86) ab. Fällt die Stellungnahme positiv aus, so kann die Kommission den Durchführungsrechtsakt ohne weiteres erlassen (Art. 5 Abs. 2). Gibt der Ausschuss mangels qualifizierter Mehrheit keine Stellungnahme ab, so kann die Kommission – von drei Ausnahmefällen abgesehen[327] – den Rechtsakt entweder trotzdem erlassen oder dem Ausschuss eine geänderte Fassung unterbreiten (Art. 5 Abs. 4). Lehnt der Ausschuss den Kommissionsentwurf ab, so darf die Kommission den Rechtsakt nicht erlassen. In diesem Fall kann sie entweder einen geänderten Vorschlag vorlegen oder den ursprünglichen Vorschlag dem Berufungsausschuss zur weiteren Beratung überweisen (Art. 5 Abs. 3).[328] Das Veto-

---

321 ABl. 2011, L 55, S. 13 ff.

322 Art. 4 und 5 Komitologie-VO.

323 *Pilniok/Westermann*, VerwArch 2011, 371, 388; im Einzelnen zu den Fällen, in denen der Berufungsausschuss mit dem Entwurf der Kommission befasst wird, siehe *Hetmeier*, in: Lenz/Borchardt (Hrsg.), EU-Verträge, Art. 291 AEUV, Rn 15 ff.

324 Vgl *Hetmeier*, in: Lenz/Borchardt (Hrsg.), EU-Verträge, Art. 291 AEUV, Rn 9 ff; *Sohn/Koch*, CEP-Kommentar, S. 4; *Nettesheim*, in: Grabitz/Hilf/Nettesheim (Hrsg.), Das Recht der Europäischen Union, Art. 291 AEUV, Rn 48.

325 *Ilgner*, S. 239, weist hierauf zutreffend hin.

326 *Hetmeier*, in: Lenz/Borchardt (Hrsg.), EU-Verträge, Art. 291 AEUV, Rn 12 f; *Schoo*, in: Schwarze/Becker/Hatje/Schoo (Hrsg.), EU-Kommentar, Art. 291 AEUV, Rn 8 f; *Nettesheim*, in: Grabitz/Hilf/Nettesheim (Hrsg.), Das Recht der Europäischen Union, Art. 291 AEUV, Rn 50.

327 Art. 5 Abs. 4 Unterabs. 2 lit. a) – c) Komitologie-VO. In diesen Fällen darf die Kommission den Rechtsakt nicht erlassen.

328 Siehe im Einzelnen zu den Fällen, in denen der Berufungsausschuss mit dem Entwurf der Kommission befasst wird, *Hetmeier*, in: Lenz/Borchardt (Hrsg.), EU-Verträge, Art. 291 AEUV, Rn 15 ff; vgl auch *Schlacke*, JÖR 2013, 293, 316; *Streinz*, Europarecht, § 6, Rn 565.

recht des Ausschusses hat damit sozusagen aufschiebende Wirkung, bis der Berufungsausschuss entschieden hat.[329]

Der **Berufungsausschuss** unterscheidet sich von den „erstinstanzlichen“ Ausschüssen formal nur dadurch, dass er mit hochrangigen Vertretern der Mitgliedstaaten besetzt ist. Ansonsten unterscheiden sich seine Befugnisse nicht von denjenigen des Prüfausschusses. Allerdings können die Mitglieder und der Vorsitz während der Beratungen jederzeit Änderungsvorschläge unterbreiten, um eine Kompromisslösung zu finden. Auch der Berufungsausschuss gibt seine Stellungnahmen mit qualifizierter Mehrheit ab (Art. 6 Abs. 1). Gelingt es ihm nicht, eine solche Mehrheit zu erreichen, so kann die Kommission schließlich doch den Durchführungsrechtsakt in seiner ursprünglich vorgeschlagenen Form erlassen (Art. 6 Abs. 3 Unterabs. 2). Gibt der Berufungsausschuss eine ablehnende Stellungnahme ab, so darf die Komission den Rechtsakt endgültig nicht erlassen (Art. 6 Abs. 3 Unterabs. 3). Der wesentliche Unterschied des Prüf- und Berufungsverfahrens zum früheren Regelungsverfahren (s.o. Rn 96) liegt darin, dass die Regelungsbefugnis im Falle einer ablehnenden Stellungnahme nicht an den Rat als Unionsorgan zurückfällt.[330] Vielmehr können die Mitgliedstaaten durch ihre Ausschussvertreter selbst den Erlass des Kommissionsrechtsakts verhindern. Hält die Kommission einen Durchführungsrechtsakt nach wie vor für erforderlich, so muss sie einen neuen Regelungsvorschlag unterbreiten. 110

Zwei **Sonderverfahren** sind in Art. 7 bzw Art. 8 der Komitologie-VO vorgesehen. Art. 7 erlaubt der Kommission, zur Abwendung einer Gefährdung der finanziellen Interessen der Union iSv Art. 325 AEUV bzw einer erheblichen Störung der Agrarmärkte Rechtsakte schon vor Abschluss des Ausschussverfahrens zu erlassen. In diesem Fall muss sie den Rechtsakt aber unverzüglich dem Berufungsausschuss vorlegen und bei einer ablehnenden Stellungnahme sofort aufheben. Art. 8 macht „in hinreichend begründeten Fällen äußerster Dringlichkeit“ die Befassung von Ausschüssen mit dem Kommissionsentwurf entbehrlich, wenn dies im Basisrechtsakt vorgesehen ist.[331] Ein solcher Durchführungsrechtsakt gilt höchstens für sechs Monate und muss dem zuständigen Ausschuss spätestens 14 Tage nach seinem Erlass zur Stellungnahme vorgelegt werden. Ist das Prüfverfahren anwendbar, so muss die Kommission den Rechtsakt bei einer ablehnenden Stellungnahme sofort aufheben. 111

Im Vergleich mit dem früheren Komitologieverfahren **reduziert** die Komitologieverordnung von 2011 insbesondere die **Einflussmöglichkeiten des Parlaments**. Parlament und Rat üben lediglich eine Ultra-Vires-Kontrolle aus. Ist eines der beiden Organe der Auffassung, dass die Kommission mit ihrem Entwurf die Ermächtigung im Basisrechtsakt überschritten habe, so ist letztere verpflichtet, ihren Regelungsvorschlag noch einmal zu überprüfen. Im Ergebnis kann sie an dem Entwurf festhalten, ihn abändern oder auch zurückziehen (Art. 11). Auch wenn die Beschneidung der Mitwirkung des Parlaments auf den ersten Blick erstaunen mag, so ist sie eine sachgerechte Folge der Trennung zwischen delegierter Rechtsetzung einerseits und Durchführungsrechtsetzung andererseits. Denn für den Vollzug des Unionsrechts sind gemäß Art. 291 Abs. 1 AEUV grundsätzlich die Mitgliedstaaten zuständig.[332] Da es bei den Durchsetzungsrechtsakten um deren exekutive bzw administrative Befugnisse geht, ist die Beteiligung des Parlaments an der Rechtsetzung – anders als bei delegierten Rechtsakten, bei deren Erlass die Kommission legislative Befugnisse ausübt – aus Gründen demokratischer Legitimierung nicht erforderlich.[333] Insgesamt trägt die Komitologie-VO mit der Reduktion der anwendbaren Verfahrenstypen und erweiterten Transparenzvorschriften 112

329 *Ilgner*, S. 237.
330 Vgl *Schlacke*, JÖR 2013, 293, 316; *Ilgner*, S. 243.
331 Vgl *Nettesheim*, in: Grabitz/Hilf/Nettesheim (Hrsg.), Das Recht der Europäischen Union, Art. 291 AEUV, Rn 52; *Daiber*, EuR 2012, 240, 248.
332 Vgl *Nettesheim*, in: Grabitz/Hilf/Nettesheim (Hrsg.), Das Recht der Europäischen Union, Art. 291 AEUV, Rn 44, 56; *Sohn/Koch*, CEP-Kommentar, S. 4.
333 Vgl *Ilgner*, S. 242 ff; *Schlacke*, JÖR 2013, 293, 321 ff.

(Art. 9 Abs. 2 und Art. 10) zur Übersichtlichkeit der Durchführungsrechtsetzung bei,[334] auch wenn im Schrifttum angesichts der unscharfen Begrifflichkeiten, nach denen die Abgrenzung der Verfahren erfolgt, zu Recht Kritik geübt wird.[335] Inwieweit sich die Einführung des Berufungsausschusses nachteilig auf die Transparenz des Verfahrens auswirken wird, bleibt abzuwarten.[336]

V. Begründung, Veröffentlichung und Inkrafttreten der Gesetzgebungs- bzw Rechtsakte

1. Begründung

113 Hinsichtlich der Begründung gelten allgemeine rechtsstaatliche Grundsätze, wie sie auch aus den nationalen Verfassungen bekannt sind.[337] Gemäß Art. 296 Abs. 2 AEUV sind alle Rechtsakte, dh solche mit und auch solche ohne Gesetzescharakter, zu begründen. Die Begründung dient zum einen der **Transparenz** des Gesetzgebungsverfahrens und verfolgt zum anderen den Zweck, dem Einzelnen durch die Kenntnis der dem Rechtsakt zugrunde liegenden Erwägungen den **Schutz seiner Rechte** zu ermöglichen. Zudem sind auch die Unionsgerichte auf die Kenntnis der tragenden Gründe angewiesen, um die Rechtsakte auf ihre **Rechtmäßigkeit** hin **überprüfen** zu können. Daneben führt die Begründungspflicht zu einer gewissen Selbstkontrolle des Unionsgesetzgebers und erleichtert die Akzeptanz der Maßnahme durch die Bürger.[338] Die Verpflichtung, in der Begründung auf die vertraglich vorgesehenen Vorschläge, Initiativen, Empfehlungen, Anträge oder Stellungnahmen anderer Beteiligter Bezug zu nehmen, dient dazu, deren Einbeziehung und insbesondere das Initiativmonopol der Kommission sicherzustellen.[339]

114 Die Anforderungen an die Begründungspflicht waren nach der Rechtsprechung des EuGH in Bezug auf normative Rechtsakte, anders als bei adressatengerichteten Beschlüssen (ehemals Entscheidungen), in der Vergangenheit nicht sehr hoch. Es genügte, wenn die Begründung **die wichtigsten rechtlichen und inhaltlichen Erwägungen** erkennen ließ.[340] Diese durften knapp gefasst sein, solange sie so klar und eindeutig formuliert waren, dass sie von den Betroffenen verstanden und von den Gerichten bei einer Überprüfung herangezogen werden konnten.[341] In der Regel musste die Rechtsgrundlage genannt werden oder zumindest aus dem Gesamtzusammenhang erkennbar sein.[342] Allerdings ist jetzt eine **detaillierte Begründungspflicht** mit Blick auf die Einhaltung des Subsidiaritäts- und des Verhältnismäßigkeitsprinzips in Art. 5 Prot. Nr. 2 (Subsidiaritätsprotokoll) festgeschrieben (s.o. Rn 33). Die Pflicht zur Begründung stellt eine **wesentliche Formvorschrift** iSv Art. 263 Abs. 2 AEUV dar, so dass ein Verstoß dagegen mit der Nichtigkeitsklage geltend gemacht werden kann.

---

334 *Craig*, ELR 2011, 671, 677; *Nettesheim*, in: Grabitz/Hilf/Nettesheim (Hrsg.), Das Recht der Europäischen Union, Art. 291 AEUV, Rn 56.

335 Vgl *Pilniok/Westermann*, VerwArch 2011, 379, 388; *Craig*, ELR 2011, 671, 678; *Ilgner*, S. 239 f, mwN; anders wohl *Hetmeier*, in: Lenz/Borchardt (Hrsg.), EU-Verträge, Art. 291 AEUV, Rn 13.

336 Skeptisch insoweit *Nettesheim*, in: Grabitz/Hilf/Nettesheim (Hrsg.), Das Recht der Europäischen Union, Art. 291 AEUV, Rn 56; *Sydow*, JZ 2012, 157, 161; *Ilgner*, S. 241 f.

337 Vgl hierzu *Schulze-Fielitz*, JZ 2004, 862, 867.

338 Dazu *Gellermann*, in: Streinz (Hrsg.), EUV/AEUV, Art. 296 AEUV, Rn 5; *Calliess*, in: Calliess/Ruffert (Hrsg.), EUV/AEUV, Art. 296 AEUV, Rn 7 ff; *Hetmeier*, in: Lenz/Borchardt (Hrsg.), EU-Verträge, Art. 296 AEUV, Rn 4 ff.

339 *Calliess*, in: Calliess/Ruffert (Hrsg.), EUV/AEUV, Art. 296 AEUV, Rn 11 ff; *Hetmeier*, in: Lenz/Borchardt (Hrsg.), EU-Verträge, Art. 296 AEUV, Rn 12.

340 St. Rspr, zB EuGH, Rs. C-278/95 P (Siemens S.A./Kommission), Slg 1997, I-2507, 2535; Rs. T-224/95 (Tremblay u.a./Kommission), Slg 1997, II-2215, 2237.

341 EuGH, Rs. 110/81 (Roquette Frères/Rat), Slg 1982, 3159, 3185 f; Rs. C-353/92 (Griechenland/Rat), Slg 1999, I-3411, 3444; Rs. T-206/99 (Métropole télévision SA/Kommission), Slg 2001, II-1057, 1077 f; Rs. T-82/00 (BIC SA u.a./Rat), Slg 2001, II-1241, 1253.

342 EuGH, Rs. 45/86 (Kommission/Rat), Slg 1987, 1493, 1519 f; Rs. 203/86 (Spanien/Rat), Slg 1988, 4563, 4605; Rs. C-325/91 (Frankreich/Kommission), Slg 1993, I-3283, 3311; aus jüngerer Zeit insbes. EuGH, Rs. C-370/07 (Kommission/Rat), Slg 2009, I-8917, 8953, Rn 38.

2. Veröffentlichung und Inkrafttreten

Gesetzgebungsakte, die im ordentlichen Gesetzgebungsverfahren erlassen worden sind, müssen sowohl vom Parlamentspräsidenten als auch vom Ratspräsidenten unterzeichnet werden. Demgegenüber wird ein Gesetzgebungsakt, der dem besonderen Gesetzgebungsverfahren unterliegt, vom Präsidenten desjenigen Organs unterzeichnet, das ihn beschlossen hat (Art. 297 Abs. 1 Unterabs. 1 und 2 AEUV). Gleiches gilt für Rechtsakte ohne Gesetzescharakter, die als Verordnung, Richtlinie oder adressatenloser Beschluss erlassen worden sind (Art. 297 Abs. 2 Unterabs. 1 AEUV). Alle Gesetzgebungsakte werden im Amtsblatt der Europäischen Union veröffentlicht (Art. 297 Abs. 1 Unterabs. 3 AEUV).[343] Sie treten entweder zu dem in ihnen festgelegten Zeitpunkt oder am zwanzigsten Tag nach ihrer Veröffentlichung im Amtsblatt in Kraft. Als Tag der Veröffentlichung gilt der Tag, dessen Datum auf der entsprechenden Ausgabe des Amtsblatts erscheint. Diese Vermutung ist allerdings widerleglich; entscheidend ist die Möglichkeit der Kenntnisnahme.[344] Bei der Bestimmung des Zeitpunkts ist der Unionsgesetzgeber weitgehend frei. Die gleiche Regelung gilt für Verordnungen und Richtlinien, die an alle Mitgliedstaaten gerichtet sind, und adressatenlose Beschlüsse (Art. 297 Abs. 2 Unterabs. 2 AEUV). Die Veröffentlichung ist bei den genannten Gesetzgebungs- bzw Rechtsakten Voraussetzung für ihre Rechtsverbindlichkeit. Ein sofortiges Inkrafttreten des Rechtsakts ist demgegenüber nur ausnahmsweise rechtmäßig, wenn ansonsten wichtige Interessen der Union gefährdet würden.[345] Ein **rückwirkendes Inkraftsetzen**, bei dem der Beginn der Geltungsdauer eines Rechtsakts auf einen Zeitpunkt vor dessen Veröffentlichung gelegt wird, ist aus Gründen der Rechtssicherheit und des Vertrauensschutzes grundsätzlich ausgeschlossen. Allerdings hat der EuGH selbst eine echte Rückwirkung belastender Rechtsakte **ausnahmsweise** für **zulässig** erachtet, wenn wichtige Unionsinteressen dies verlangen und das Vertrauen der Betroffenen hinreichend beachtet worden oder nicht schutzwürdig ist.[346] 115

E. Der Soziale Dialog als besonderes Rechtsetzungsverfahren

Es gibt ein sog. atypisches Rechtsetzungsverfahren, das in der Praxis von nicht zu unterschätzender Bedeutung ist, nämlich die Rechtsetzung im Rahmen des Sozialen Dialogs. Dabei handelt es sich um den Rechtsetzungstyp der „**Koregulierung**", bei dem Wirtschaftsteilnehmer, Sozialpartner, Nichtregierungsorganisationen oder Verbände an der Rechtsetzung maßgeblich beteiligt sind.[347] Das Verfahren ist dadurch gekennzeichnet, dass **Private** den Inhalt der Rechtsnormen festlegen. Diese Form der Rechtsetzung ist unter dem Gesichtspunkt der demokratischen Legitimation problematisch (s.u. Rn 122). 116

Wegen des Widerstands Großbritanniens gegen die „Vergemeinschaftung" der Sozialpolitik wurde dem Maastrichter Vertrag von 1992 das „Protokoll über die Sozialpolitik" beigefügt, auf dessen Grundlage die übrigen elf Mitgliedstaaten ein Abkommen über die Sozialpolitik abschlossen. In diesem Abkommen war bereits geregelt, dass die Sozialpartner im Wege des Sozialen Dialogs die 117

343 Alle verbindlichen Rechtsakte werden in der Serie „L" (Legislation), Mitteilungen und Bekanntmachungen in der Serie „C" (Communication) veröffentlicht. Außerdem sind alle Sekundärrechtsakte seit 1951 im Internet abrufbar unter: http://eur-lex.europa.eu/de/index.htm.

344 EuGH, Rs. 98/78 (Racke/Hauptzollamt Mainz), Slg 1979, 69, 84 f; dazu näher *Hetmeier,* in: Lenz/Borchardt (Hrsg.), EU-Verträge, Art. 297 AEUV, Rn 3; *Ruffert,* in: Calliess/Ruffert (Hrsg.), EUV/AEUV, Art. 297 AEUV, Rn 6; *Krajewski/Rösslein,* in: Grabitz/Hilf/Nettesheim (Hrsg.), Das Recht der Europäischen Union, Art. 297 AEUV, Rn 18 f.

345 EuGH, Rs. 17/67 (Neumann/Hauptzollamt Hof), Slg 1967, 591, 611.

346 EuGH, Rs. 98/78 (Racke/Hauptzollamt Mainz), Slg 1979, 69, 86; Rs. 110/81 (Roquette Frères/Rat), Slg 1982, 3159, 3178; Rs. C-337/88 (SAFA), Slg 1990, I-1, 18 ff; dazu näher *Gellermann,* in: Streinz (Hrsg.), EUV/AEUV, Art. 296 AEUV, Rn 7; *Ruffert,* in: Calliess/Ruffert (Hrsg.), EUV/AEUV, Art. 297 AEUV, Rn 8; *Hetmeier,* in: Lenz/Borchardt (Hrsg.), EU-Verträge, Art. 297 AEUV, Rn 7; *Krajewski/Rösslein,* in: Grabitz/Hilf/Nettesheim (Hrsg.), Das Recht der Europäischen Union, Art. 297 AEUV, Rn 26.

347 Interinstitutionelle Vereinbarung „Bessere Rechtsetzung", ABl. C 321 v. 31.12.2003, S. 1, Ziff. 1.8 ff; vgl auch die Mitteilung der Kommission an EP, Rat, Wirtschafts- und Sozialausschuss und Ausschuss der Regionen vom 8.10.2010, KOM(2010) 543, „Intelligente Regulierung in der Europäischen Union", in der die Kommission die Notwendigkeit einer verstärkten Konsultation von Bürgern und Interessengruppen betont, S. 11 f.

Rechtsetzung auf Gemeinschaftsebene beeinflussen konnten (Art. 4 SozAbk).[348] Mit dem Amsterdamer Vertrag von **1997** sind die Bestimmungen des Sozialabkommens **in den EG-Vertrag übernommen** worden (Art. 138, 139 EGV).[349] Der **Vertrag von Lissabon** hat sie trotz vielfach geäußerter Kritik wegen der mangelnden demokratischen Legitimation dieses Rechtsetzungsverfahrens (s.u. Rn 122) – wie schon der Verfassungsvertrag – nahezu unverändert **beibehalten** (Art. 154, 155 AEUV). Hinzugekommen ist eine allgemeine Bestimmung in Art. 152 AEUV, die den Wortlaut von Art. I-48 EVV übernommen hat. Darin wird die Bedeutung des Dialogs mit den Sozialpartnern, insbesondere im Rahmen der Dreigliedrigen Sozialgipfel für Wachstum und Beschäftigung, an denen die europäischen Arbeitnehmer- und Arbeitgeberverbände sowie für die Union die Kommission und Vertreter des Rates teilnehmen,[350] betont und die Autonomie der Sozialpartner ausdrücklich anerkannt. Diese Bestimmung hat einen programmatischen Charakter und ist daher allenfalls bei der Auslegung der nachfolgenden Bestimmungen von Bedeutung.[351]

118 Der Begriff des Sozialen Dialogs bezieht sich grundsätzlich auf jede Form der Kommunikation zwischen Arbeitgeber- und Arbeitnehmerorganisationen auf europäischer Ebene. Vom informellen Sozialen Dialog, der sich auf jede Frage der europäischen Sozialpolitik beziehen kann, ist der förmliche bzw **legislative Soziale Dialog** zu unterscheiden, der im AEUV festen Regeln unterworfen ist.[352] Zum einen geht es um die frühzeitige und umfassende Anhörung der europäischen Sozialpartner im Rahmen des Gesetzgebungsverfahrens (Art. 154 AEUV). Eine Besonderheit besteht darin, dass die Kommission die Sozialpartner bereits im Vorfeld der Schaffung neuer Gesetzgebungsakte zu beteiligen hat (Art. 154 Abs. 2 und 3 AEUV).[353] Zum anderen eröffnet der AEUV den Sozialpartnern die Möglichkeit, miteinander **Vereinbarungen** zu treffen, die infolge eines Ratsbeschlusses **normative Wirkung** entfalten können (Art. 155 Abs. 1 und 2 AEUV). Die Sozialpartner sind insbesondere befugt, das von der Kommission eingeleitete Gesetzgebungsverfahren an sich zu ziehen und im Wege des Sozialen Dialogs fortzuführen (Art. 154 Abs. 4 AEUV). Sie können den Sozialen Dialog aber auch unabhängig von einer Gesetzesinitiative der Kommission in Gang setzen (Art. 155 Abs. 1 AEUV).

119 An dem Rechtsetzungsprozess im Rahmen des Sozialen Dialogs sind neben Kommission und Rat die **Sozialpartner auf europäischer Ebene** beteiligt. Dieser Begriff umfasst ganz allgemein die auf Unionsebene tätigen Dachverbände mitgliedstaatlicher Arbeitgeber- und Arbeitnehmerorganisationen. Wollen die Sozialpartner eine Vereinbarung iSv Art. 155 Abs. 1 AEUV treffen, obliegt es zunächst ihrer Entscheidung, welche Organisationen miteinander verhandeln wollen. Dies hängt im Einzelfall von der jeweiligen Regelungsmaterie ab. Allerdings ist es gemäß Art. 154 Abs. 2

---

348 Dazu *Kampmeyer*, Protokoll und Abkommen über die Sozialpolitik in der Europäischen Union, 1998, S. 82 ff; *Bödding*, Die europarechtlichen Instrumentarien der Sozialpartner, 1996, S. 61 ff; *Heinze*, in: Zentrum für Europäisches Wirtschaftsrecht (Hrsg.), Der Soziale Dialog in Europa, S. 39 ff; *ders.*, ZfA 1997, 505, 512 ff; zur Entwicklung der sozialpolitischen Kompetenzen allgemein *Rust*, in: von der Groeben/Schwarze (Hrsg.), Art. 138 EG Rn 15 ff; *Wank*, RdA 1995, 10, 20 f; *Leiber*, Europäische Sozialpolitik und nationale Sozialpartnerschaft, 2005, S. 19 ff.

349 Zur historischen Entwicklung des Sozialen Dialogs *Heller*, Der Soziale Dialog auf Gemeinschaftsebene, S. 24 ff; *R. Schwarze,* in: Oetker/Preis (Hrsg.), Europäisches Arbeits- und Sozialrecht (im Folgenden: EAS), Stand 2012, B 8100, Rn 5 ff.

350 Der Dreigliedrige Sozialgipfel wurde 2003 durch Ratsbeschluss institutionalisiert, vgl Beschluss des Rates 2003/174/EG v. 6.3.2003, ABl. L 70 v. 14.3.2003, S. 31.

351 *Krebber*, in: Calliess/Ruffert (Hrsg.), EUV/AEUV, Art. 152 AEUV, Rn 1 ff; *Gassner*, in: Vedder/Heintschel v. Heinegg (Hrsg.), Europäisches Unionsrecht, Art. 152 AEUV, Rn 10; *Benecke,* in: Grabitz/Hilf/Nettesheim (Hrsg.), Das Recht der Europäischen Union, Art. 152 AEUV, Rn 1.

352 *Coen,* in: Lenz/Borchardt (Hrsg.), EU-Verträge, Art. 154 AEUV, Rn 7 ff; *Krebber*, in: Calliess/Ruffert (Hrsg.), EUV/AEUV, Art. 154 AEUV, Rn 2 f; *Gassner,* in: Vedder/Heintschel v. Heinegg (Hrsg.), Europäisches Unionsrecht, Art. 154 AEUV, Rn 2. *R. Schwarze,* in: Oetker/Preis (Hrsg.), EAS, Stand 2012, B 8100, Rn 13 und Fn 61 spricht vom „regulativen Sozialen Dialog", um auch die autonomen Vereinbarungen der Sozialpartner gem. Art. 155 Abs. 1 AEUV einzubeziehen.

353 Es ist davon auszugehen, dass es einen Verfahrensfehler darstellt, wenn die Anhörung unterbleibt, vgl *Wank*, RdA 1995, 10, 19; *Heller* (Fn 349), S. 44 f; differenzierend nach der Schwere des Versäumnisses *R. Schwarze,* in: Oetker/Preis (Hrsg.), EAS, Stand 2012, B 8100, Rn 106 ff.

AEUV Aufgabe der Kommission zu überprüfen, ob es sich bei den beteiligten Organisationen um solche handelt, die in der Lage sind, Vereinbarungen auszuhandeln, die später allgemein verbindlich werden sollen.[354] Sie hat hierfür bestimmte Kriterien aufgestellt.[355] Danach muss es sich bei den Sozialpartnern um Verbände handeln, die branchenübergreifend, sektor- und berufsspezifisch sind, über eine Struktur auf europäischer Ebene verfügen und ihrerseits aus Verbänden bestehen, die im jeweiligen Mitgliedstaat integraler Bestandteil des Systems der Arbeitsbeziehungen sind.[356] Entscheidendes Kriterium ist die **Repräsentativität** der betreffenden Organisationen in dem konkreten Rechtsetzungsverfahren.[357] Denn das bei jeder Art von Unionsgesetzgebung zu beachtende demokratische Prinzip kann bei dieser Form der „Korporationsgesetzgebung" nur gewahrt werden, wenn die an der Rechtsetzung beteiligten Sozialpartner im Hinblick auf ihre Mitglieder und den Inhalt der jeweiligen Vereinbarung hinreichend repräsentativ sind.[358] Zu den wichtigsten Sozialpartnern auf europäischer Ebene, die wegen ihres über Sektoren hinausreichenden Charakters und ihrer allgemeinen Aufgabenbestimmung das Erfordernis der Gesamtrepräsentativität erfüllen, gehören BUSINESSEUROPE (bis 2007 UNICE), der Dachverband der nationalen Industrie- und Arbeitgeberverbände in Europa, UEAPME, die Europäische Union des Handwerks und der Klein- und Mittelbetriebe, CEEP, der Europäische Zentralverband der öffentlichen Wirtschaft, und der EGB, der Europäische Gewerkschaftsbund.[359]

Nachdem die Sozialpartner eine Vereinbarung getroffen haben, gibt es **zwei Möglichkeiten**, diese umzusetzen (Art. 155 Abs. 2 AEUV). Zum einen kann sie durch die mitgliedstaatlichen Sozialpartner direkt oder durch gesetzgeberische Maßnahmen der Mitgliedstaaten durchgeführt werden.[360] Zum anderen kann sie unter Beteiligung der Kommission und des Rates und – seit dem Vertrag von Lissabon – nach Unterrichtung des Europäischen Parlaments **in Unionsrecht umgewandelt** werden. Damit erlangt die Regelung allgemeine Bindungswirkung, ist also nicht nur für die Mitglieder der beteiligten Sozialpartner rechtsverbindlich.[361] Während die erste Alternative nur geringe praktische Bedeutung erlangt hat, ist die zweite Alternative bisher zur Regelung einiger sozialpoli- 120

354 EuG, Rs. T-135/96 (UEAPME), Slg 1998, II-2335, 2370.

355 Die Kommission hat im Rahmen des EG-Vertrags fünf Mitteilungen zum Sozialen Dialog abgefasst, in denen die Eckpunkte des Verfahrens geregelt werden: KOM (1993) 600 endg. v. 14.12.1993; KOM (1996) 448 endg. v. 18.9.1996; KOM (1998) 322 endg. v. 20.5.1998; KOM (2002) 341 v. 26.6.2002 und KOM (2004) 557 endg. v. 12.8.2004; dazu ausf. *Rust*, in: von der Groeben/Schwarze (Hrsg.), EU-/EG-Vertrag, Art. 138 EGV, Rn 138 ff, mwN.

356 So die Kriterien in KOM (1993) 600 endg. v. 14.12.1993, S. 13, die inzwischen allgemein anerkannt sind. Eine laufend aktualisierte Liste findet sich unter www.ec.europa.eu/social/main.jsp?catId=329&langId=de. Zur Frage der rechtlichen Verbindlichkeit dieser Liste vgl *R. Schwarze*, in: Oetker/Preis (Hrsg.), EAS, Stand 2012, B 8100, Rn 106 ff.

357 Dazu heißt es in KOM (2002) 341, S. 9: „Die Legitimität und Wirksamkeit der Anhörung der Sozialpartner ist in ihrer Repräsentativität begründet".

358 EuG, Rs. T-135/96 (UEAPME), Slg 1998, II-2335, 2371 f; kritisch zum Kriterium der Gesamtrepräsentativität *Krebber*, in: Calliess/Ruffert (Hrsg.), EUV/AEUV, Art. 155 AEUV, Rn 7, 25; ausführlich *R. Schwarze*, in: Oetker/Preis (Hrsg.), EAS, Stand 2012, B 8100, Rn 22 ff.

359 Ausführlich zu diesen Organisationen *Heller* (Fn 349), S. 12 ff; *Arnold*, S. 33 ff; *R. Schwarze*, in: Oetker/Preis (Hrsg.), EAS, Stand 2012, B 8100, Rn 18 ff, 89 ff.

360 Dazu *R. Schwarze*, in: Oetker/Preis (Hrsg.), EAS, Stand 2012, B 8100, Rn 52 ff.

361 *R. Schwarze*, in: Oetker/Preis (Hrsg.), EAS, Stand 2012, B 8100, Rn 62, mwN. Sofern es sich bei dem vom Rat erlassenen Rechtsakt, wie bislang im Verfahren des Art. 155 Abs. 2, 2. Alt. AEUV üblich, um eine Richtlinie handelt, finden auf diese alle Regelungen Anwendung, die auch für im regulären Rechtsetzungsverfahren erlassene Richtlinien gelten, vgl *R. Schwarze*, in: Oetker/Preis (Hrsg.), EAS, Stand 2012, B 8100, Rn 63.

tisch bedeutsamer Sachbereiche genutzt worden.[362] Allerdings ist die unionsrechtliche Durchsetzung auf die Bereiche beschränkt, in denen der Union gemäß Art. 153 AEUV Regelungskompetenzen in der Sozialpolitik zukommen. Dies ist Ausdruck des Prinzips der begrenzten Einzelermächtigung (s.o. Rn 5 f). Auch die übrigen in Art. 153 AEUV enthaltenen Einschränkungen müssen von den Sozialpartnern beachtet werden, wenn sie die unionsrechtliche Durchsetzung anstreben.[363] Ansonsten sind sie aber **bei der Ausgestaltung des Inhalts frei** und insbesondere nicht an Gesetzesinitiativen der Kommission gebunden.

121 Erste Voraussetzung für die unionsrechtliche Durchführung ist ein gemeinsamer Antrag der an der Vereinbarung beteiligten Sozialpartner an die Kommission, das Gesetzgebungsverfahren einzuleiten. Zweite Voraussetzung ist die Vorlage eines Vorschlags der Kommission an den Rat. Dritte Voraussetzung ist schließlich ein Beschluss des Rates, die Vereinbarung in Unionsrecht umzusetzen. **Kommission und Rat** haben zwar die Möglichkeit, die Umsetzung der Vereinbarung abzulehnen, da eine Verpflichtung zur Umsetzung nicht besteht.[364] Sie können aber **auf den Inhalt der Vereinbarung** nachträglich **keinen Einfluss** mehr nehmen.[365] Beide Unionsorgane sind allerdings verpflichtet zu prüfen, ob die beteiligten Sozialpartner hinreichend repräsentativ (s.o. Rn 119) und ob die Bestimmungen mit dem primären Unionsrecht vereinbar sind. Obwohl Art. 155 Abs. 2 AEUV von einem „Beschluss des Rates" spricht, ist davon auszugehen, dass dem Rat alle in Art. 288 AEUV genannten generell-abstrakten Handlungsformen zu Gebote stehen.[366] Bisher wurden die Vereinbarungen regelmäßig in Form einer Richtlinie umgesetzt. Die Abstimmung im Rat erfolgt in den meisten Fällen mit qualifizierter Mehrheit. Wenn allerdings Materien betroffen sind, für die Art. 153 Abs. 2 Unterabs. 3 AEUV Einstimmigkeit verlangt, muss ein einstimmiger Beschluss gefasst werden. Das Europäische Parlament ist an diesem Verfahren nur insoweit beteiligt, als es

---

362 Dazu zählen zB die branchenübergreifenden Rahmenvereinbarungen über den Elternurlaub, über soziale Mindeststandards für Teilzeitarbeitskräfte und über befristete Arbeitsverträge. Daneben gibt es einige sektorale Abkommen, die die Arbeitsbedingungen von fliegendem Personal in der Zivilluftfahrt, Seeleuten und Eisenbahnern betreffen. Zu nennen ist ferner die Richtlinie 2010/32/EU des Rates vom 10.5.2010 zur Vermeidung von Verletzungen durch scharfe/spitze Instrumente im Krankenhaus- und Gesundheitssektor, ABl. 2010, L 134, S. 66. Autonome Rahmenvereinbarungen betrafen bisher Telearbeit, Belästigung und Gewalt am Arbeitsplatz sowie Arbeitsbedingungen in der Landwirtschaft. Dazu *Rust*, in: von der Groeben/Schwarze (Hrsg.), Art. 139 EG, Rn 29 ff; *Krebber*, in: Calliess/Ruffert (Hrsg.), EUV/AEUV, Art. 153 AEUV, Rn 33 ff; *R. Schwarze*, in: Oetker/Preis (Hrsg.), EAS, Stand 2012, B 8100, Rn 128.

363 Hierzu gehören zB die Herausnahme bestimmter Bereiche wie Arbeitsentgelt, Koalitionsrecht etc. (Art. 153 Abs. 5 AEUV), der Ausschluss jeglicher Harmonisierung (Art. 153 Abs. 2 lit. a AEUV) und die Beschränkung auf Mindeststandards (Art. 153 Abs. 2 lit. b AEUV). Vgl *Krebber*, in: Calliess/Ruffert (Hrsg.), EUV/AEUV, Art. 155 AEUV, Rn 11; aA *Rust*, in: von der Groeben/Schwarze (Hrsg.), EU-/EG-Vertrag, Art. 139 EGV, Rn 40 ff.

364 Für eine Weiterleitungspflicht der Kommission mit Ablehnungsmöglichkeit *Lößl*, Die rechtlichen Möglichkeiten des Sozialen Dialogs auf europäischer Ebene, 2003, S. 177; differenzierend *R. Schwarze*, in: Oetker/Preis (Hrsg.), EAS, Stand 2012, B 8100, Rn 72, 79, der von einer Verpflichtung der Kommission zur Weiterleitung ausgeht, wenn keine Bedenken gegen die Rechtmäßigkeit der Vereinbarung bestehen; *Löwisch/Rieble*, Tarifvertragsgesetz, 3. Aufl., 2012, Abschnitt „Grundlagen", C – Europäische und internationale Tarifverträge, Rn 409, gehen von einer zumindest faktischen Pflicht des Rates aus, die Ablehnung des entsprechenden Rechtsakts zu begründen, und betonen, dass es bisher keinen Fall der Ablehnung von Seiten des Rates gegeben hat.

365 *Eichenhofer*, in: Streinz (Hrsg.), EUV/AEUV, Art. 155 AEUV, Rn 18 f; *Krebber*, in: Calliess/Ruffert (Hrsg.), EUV/AEUV, Art. 155 AEUV, Rn 26; *Rebhahn*, in: Schwarze/Becker/Hatje/Schoo (Hrsg.), EU-Kommentar, Art. 155 AEUV, Rn 6; *Benecke*, in: Grabitz/Hilf/Nettesheim (Hrsg.), Das Recht der Europäischen Union, Art. 155 AEUV, Rn 8; *Arnold*, S. 118 ff und 124 ff; *Spieß*, S. 264 ff, 269.; *Löwisch/Rieble*, Tarifvertragsgesetz, 3. Aufl., 2012, Abschnitt „Grundlagen", C – Europäische und internationale Tarifverträge, Rn 392.

366 So auch *R. Schwarze*, in: Oetker/Preis (Hrsg.), EAS, Stand 2012, B 8100, Rn 81; *Coen*, in: Lenz/Borchardt (Hrsg.), EU-Verträge, Art. 155 AEUV, Rn 6; *Benecke*, in: Grabitz/Hilf/Nettesheim (Hrsg.), Das Recht der Europäischen Union, Art. 155 AEUV, Rn 11; *Krebber*, in: Calliess/Ruffert (Hrsg.), EUV/AEUV, Art. 155 AEUV, Rn 29; aA *Eichenhofer*, in: Streinz (Hrsg.), EUV/AEUV, Art. 155 AEUV, Rn 17, und *Rebhahn*, in: Schwarze/Becker/Hatje/Schoo (Hrsg.), EU-Kommentar, Art. 155 AEUV, Rn 5, die davon ausgehen, dass nur die Handlungsform der Richtlinie in Betracht kommt.

gemäß dem in Art. 155 Abs. 2 Unterabs. 1 AEUV neu hinzugefügten Satz 2 von der Kommission unterrichtet werden muss. Dies entspricht ohnehin der bisherigen Praxis.[367]

Gegen die Rechtsetzung im Sozialen Dialog wird zu Recht vorgebracht, dass sie an einem **demokratischen Defizit** leide.[368] Zwar kommt den Sozialpartnern keine Befugnis zur unmittelbar rechtsverbindlichen Normensetzung zu, da es immer der Umsetzung in Unionsrecht unter Mitwirkung von Kommission und Rat bedarf. An dem Umsetzungsverfahren sind aber weder das Parlament noch der Wirtschafts- und Sozialausschuss zu beteiligen. Es besteht lediglich die Pflicht der Kommission, das Parlament zu unterrichten (Art. 155 Abs. 2 Unterabs. 1 S. 2 AEUV).[369] Einklagbare Beteiligungs- und Überprüfungsrechte stehen ihm aber nicht zu. Nach Auffassung des EuG wird das Demokratieprinzip trotzdem dadurch gewahrt, dass die Sozialpartner hinreichend repräsentativ sein müssen.[370] Die Legitimation der Rechtsakte hängt damit entscheidend von dem Maß der Repräsentativität der beteiligten Sozialpartner ab.[371] Zudem lassen sich der besondere Sachverstand der Sozialpartner in sozialpolitischen Fragen und der Gedanke der Subsidiarität für eine ausreichende Legitimation anführen.[372] Dennoch kann die Beteiligung der Sozialpartner die durch das Parlament vermittelte demokratische Legitimation nicht ersetzen. Angesichts der gestärkten Stellung des Europäischen Parlaments im ordentlichen Gesetzgebungsverfahren, das auch gemäß Art. 154 Abs. 2 Unterabs. 2 AEUV als Regelverfahren vorgesehen ist, ist seine Nichtbeteiligung (von der Unterrichtung durch die Kommission abgesehen) am Verfahren des Sozialen Dialogs unter Demokratieaspekten daher defizitär.[373] Dieses Defizit ist allerdings – wie auch in der deutschen Rechtsordnung – mit Blick auf die Wahrung der in Art. 28 GrC garantierten Tarifautonomie der beteiligten Arbeitgeber- und Arbeitnehmerverbände hinnehmbar.[374] 122

F. Bewertung des Gesetzgebungsverfahrens nach dem Vertrag von Lissabon

Der Vertrag von Lissabon hat eine Reihe von Änderungen in Bezug auf das Gesetzgebungs- bzw Rechtsetzungsverfahren in der Europäischen Union eingeführt. Zu den wichtigsten Änderungen ist die Einteilung in **drei Kompetenzkategorien** zu zählen, denen bestimmte Sachbereiche zugeordnet werden (s.o. Rn 17 ff). Damit wird die Bestimmung der Zuständigkeiten, die die Union innehat, erleichtert und im Vergleich zur bisherigen Rechtslage etwas mehr Klarheit geschaffen. Um die Frage beantworten zu können, ob die Union im Hinblick auf eine Sachmaterie tatsächlich regelungsbefugt ist, muss man allerdings weiterhin die zahlreichen, im AEUV verstreuten Ermächti- 123

367 *Löwisch/Rieble*, Tarifvertragsgesetz, 3. Aufl., 2012, Abschnitt „Grundlagen", C – Europäische und internationale Tarifverträge, Rn 404; *R. Schwarze*, in: Oetker/Preis (Hrsg.), EAS, Stand 2012, B 8100, Rn 8, 64, mwN. Diese Unterrichtungspflicht war bereits in Art. III-212 EVV enthalten, s. dazu *Gassner*, in: Vedder/Heintschel v. Heinegg (Hrsg.), EVV, Art. III-212 EVV, Rn 5. Die Kommission gibt außerdem dem WSA Gelegenheit zur Stellungnahme, vgl zB KOM (2009) 410 endg. v. 30.7.2009, S. 6.

368 Vgl zB *Arnold*, NZA 2002, 1261, 1265 ff, der von einem „korporatistische[n] Gegenmodell einer demokratisch legitimierten Normgebung" spricht.

369 Ausführlich zu den Unterrichtungspflichten gegenüber dem Europäischen Parlament *R. Schwarze*, in: Oetker/Preis (Hrsg.), EAS, Stand 2012, B 8100, Rn 73 ff. Zur erforderlichen Anhörung der nationalen Parlamente ebd., Rn 74 f. Zu den Folgen einer unterbliebenen Anhörung von Europäischem Parlament bzw nationalen Parlamenten ebd., Rn 115 f.

370 EuG, Rs. T-135/96 (UEAPME), Slg 1998, II-2335, 2371 f.

371 Gerade diese wird aber zT bestritten, vgl *Löwisch/Rieble*, Tarifvertragsgesetz, 3. Aufl., 2012, Abschnitt „Grundlagen", C – Europäische und internationale Tarifverträge, Rn 400, mwN.

372 So *Britz/Schmidt*, EuR 1999, 467, 486 ff; *Eichenhofer*, in: Streinz (Hrsg.), EUV/AEUV, Art. 155 AEUV, Rn 13.

373 Ebenso *Krebber*, EuZA 2010, 303, 305; *ders.*, in: Calliess/Ruffert (Hrsg.), EUV/AEUV, Art. 155 AEUV, Rn 28; *Rebhahn*, in: Schwarze/Becker/Hatje/Schoo (Hrsg.), EU-Kommentar, Art. 155 AEUV, Rn 3; *Lößl* (Fn 364), S. 174 f; *Gassner*, in: Vedder/Heintschel v. Heinegg, Europäisches Unionsrecht, Art. 155 AEUV, Rn 9; kritisch bereits *Britz/Schmidt*, EuR 1999, 467, 486 ff, die im Ergebnis aber eine ausreichende demokratische Legitimation annahmen (S. 497). Ausführlich zur Legitimationsproblematik *Arnold*, S. 132 ff, die ein Legitimationsdefizit feststellt, und *Spieß*, S. 153 ff, die demgegenüber eine ausreichende Legitimation annimmt. Eine ausreichende Legitimation bejaht auch *R. Schwarze*, in: Oetker/Preis (Hrsg.), EAS, Stand 20012, B 8100, Rn 64 f, der eine Beteiligung des Parlaments zwar für verzichtbar, eine entsprechende Forderung der Kritiker aber für vernünftig hält.

374 Hierauf weist *Eichenhofer*, in: Streinz (Hrsg.), EUV/AEUV, Art. 155 AEUV, Rn 13, zutreffend hin.

gungsgrundlagen überprüfen. Zudem ist die geteilte Zuständigkeit als Auffangtatbestand ausgestaltet, so dass sich die Kompetenz der Union nicht positiv, sondern nur negativ, nämlich im Ausschlussverfahren, bestimmen lässt. Trotz dieser Kritik ist die Kategorisierung der Kompetenzen ein Schritt in die richtige Richtung. Aus mitgliedstaatlicher Sicht ebenfalls positiv zu bewerten ist die **Einbeziehung der nationalen Parlamente** in die Kontrolle der Einhaltung des Subsidiaritäts- und Verhältnismäßigkeitsprinzips (s.o. Rn 30 ff). Durch die Möglichkeit der Subsidiaritätsrüge im Rahmen des Frühwarnmechanismus, von der vor allem der Bundesrat bereits mehrfach Gebrauch gemacht hat, und der nachträglichen Subsidiaritätsklage haben es die nationalen Parlamente nun selbst in der Hand, sich aktiv in den Gesetzgebungsprozess der Union einzuschalten und auf die Wahrung ihrer Rechte zu achten. Ihr Erfolg hängt allerdings entscheidend davon ab, ob es den nationalen Parlamenten gelingt, effiziente Verfahrensabläufe zu schaffen, um rechtzeitig und effektiv tätig werden zu können. Um dies abschließend zu beurteilen, ist es noch zu früh.

124 Es ist außerdem gelungen, die **Zahl der Handlungsformen** der Union deutlich zu **reduzieren**. Grundsätzlich handelt die Union nun in den in Art. 288 AEUV aufgeführten Formen, obwohl diese Liste nicht abschließend ist und damit eine gewisse Flexibilität erlaubt. Auch wenn der Vertrag von Lissabon aus politischen Gründen ganz bewusst zu den traditionellen Bezeichnungen der Handlungsformen zurückgekehrt ist, hat sich die bereits im Verfassungsvertrag angelegte **Unterscheidung zwischen Rechtsakten mit Gesetzescharakter und Rechtsakten ohne Gesetzescharakter** erhalten (s.o. Rn 37 f). Die Zuordnung zu einer der beiden Kategorien richtet sich nicht vorrangig nach materiellen Kriterien, auch wenn der Gesetzgeber die wesentlichen Strukturen einer Regelung selbst vornehmen muss, sondern nach dem formalen Kriterium des Rechtsetzungsverfahrens, das in der jeweiligen Ermächtigungsgrundlage vertraglich vorgeschrieben ist. Mit Blick auf die Stärkung der demokratischen Legitimation der Unionsrechtsakte ist es zu begrüßen, dass das ordentliche Gesetzgebungsverfahren zum Regelverfahren geworden ist, wohingegen das besondere Gesetzgebungsverfahren, in dem insbesondere der Rat dominiert, die Ausnahme bildet. Neben den Gesetzgebungsverfahren gibt es allerdings weiterhin sonstige Rechtsetzungsverfahren, die – ebenso wie das besondere Gesetzgebungsverfahren – das frühere Anhörungs- und Zustimmungsverfahren mit umfassen. Kritisch ist anzumerken, dass die Zuordnung zu den einzelnen Gesetzgebungs- und sonstigen Rechtsetzungsverfahren nicht klaren, nachvollziehbaren Kriterien folgt, sondern zT eher zufällig oder gar willkürlich anmutet. Positiv zu bewerten ist demgegenüber in Bezug auf die sonstigen Rechtsetzungsverfahren die **Trennung zwischen Delegations- und Durchführungsrechtsakten** (s.o. Rn 100 ff). Auch wenn die Abgrenzung im Einzelfall nicht immer leicht fällt, ist es folgerichtig, dem Unionsgesetzgeber, dh Rat und Parlament, bei der Übertragung von Legislativbefugnissen auf die Kommission Steuerungs- und Kontrollrechte einzuräumen, die insbesondere das Parlament nach dem früheren Komitologieverfahren nicht hatte. Ebenso entspricht es dem Grundsatz, demzufolge die Mitgliedstaaten für den Vollzug des Unionsrechts zuständig sind, dass bei der Übertragung von Durchführungsbefugnissen auf die Kommission oder ausnahmsweise den Rat nur die Mitgliedstaaten in der Komitologieverordnung von 2011 Mitwirkungs- und Kontrollrechte erhalten haben. Insgesamt hat der Vertrag von Lissabon damit eine Reihe von **Verbesserungen im Vergleich zur früheren Rechtslage** gebracht, die den Prozess der Rechtsetzung in der Union trotz mancher Kritik im Detail transparenter und demokratischer gestaltet haben. Die Praxis seit Inkrafttreten des Vertrags von Lissabon hat gezeigt, dass insbesondere die Position des Europäischen Parlaments gestärkt worden ist und es seine Rechte im Gesetzgebungsverfahren zu nutzen weiß.

§ 3 Verwaltung

Literatur: *Axer/Grzeszick/Kahl/Mager/Reimer, E. (Hrsg.)*, Das Europäische Verwaltungsrecht in der Konsolidierungsphase, Berlin 2010; *J.-B. Auby/Dutheil de la Rochère* (dir.), Droit administratif européen, 2. A. Brüssel 2014; *Bernard*, Accord sur les agences européennes: la montagne accouche d'une souris, RDUE 2012, 399 ff; *Brenner, M.*, Der Gestaltungsauftrag der Verwaltung in der Europäischen Union, Tübingen 1996; *Busuioc/Groenleer/Trondal* (eds.), The agency phenomenon in the European Union, Manchester 2012; *Brohm*, Die „Mitteilungen" der Kommission im Europäischen Verwaltungs- und Wirtschaftsraum, Baden-Baden 2012; *Chiavarini Azzi*, La Commission européenne, de 1992 à 2012, RAE 2012, 221 ff; *Couzinet* (dir.), Les Agences de l'Union européenne. Recherches sur les organismes communautaires décentralisés, Toulouse 2002; *Craig*, European administrative Law, 2. Aufl. Oxford 2012; *Curtin*, Executive Power of the European Union, Oxford 2009; *v. Danwitz*, Verwaltungsrechtliches System und Europäische Integration, Tübingen 1996; *ders.*, Europäisches Verwaltungsrecht, Heidelberg u.a. 2008; *David, A.* Inspektionen im Europäischen Verwaltungsrecht, Berlin 2003; *Eckhardt*, Die Akteure des außergerichtlichen Grundrechtsschutzes in der Europäischen Union, Frankfurt/M. 2010; *Gärditz*, Die Verwaltungsdimension des Lissabon-Vertrags, DÖV 2010, 453 ff; *Geradin/Petit*, The Development of Agencies at EU and National Levels: Conceptual Analysis and Proposals for Reform, YEL 23 (2004), 137 ff; *Glaser*, Die Entwicklung des Europäischen Verwaltungsrechts aus der Perspektive der Handlungsformenlehre, Tübingen 2013; *Groß, T.*, Das Kollegialprinzip in der Verwaltungsorganisation, Tübingen 1999; *ders.*, Die Kooperation zwischen europäischen Agenturen und nationalen Behörden, EuR 2005, 54 ff; *ders.*, Verantwortung und Effizienz in der Mehrebenenverwaltung, VVDStRL 66 (2007), S. 152 ff; *Guckelberger/Geber*, Allgemeines Europäisches Verwaltungsrecht vor seiner unionsrechtlichen Kodifizierung, Baden-Baden 2013; *Haas*, Der Ombudsmann als Institution des Europäischen Verwaltungsrechts, Tübingen 2012; *Hatje*, Die gemeinschaftsrechtliche Steuerung der Wirtschaftsverwaltung, Baden-Baden 1998; *Hegels*, EG-Eigenverwaltungsrecht und Gemeinschaftsverwaltungsrecht, Baden-Baden 2001; *Hilf*, Die Organisationsstruktur der Europäischen Gemeinschaften, Berlin u.a. 1982; *Hill/Pitschas* (Hrsg.), Europäisches Verwaltungsverfahrensrecht, Berlin 2004; *Holoubek/Lang* (Hrsg.), Verfahren der Zusammenarbeit von Verwaltungsbehörden in Europa, Wien 2012; *Hummer*, Von der „Agentur" zum „Interinstitutionellen Amt", in: FS Theo Öhlinger, Wien 2004, S. 92 ff; *Kadelbach*, Allgemeines Verwaltungsrecht unter europäischem Einfluß, Tübingen 1999; *ders.*, Verwaltungskontrollen im Mehrebenen-System der Europäischen Gemeinschaft, in: Schmidt-Aßmann/Hoffmann-Riem (Hrsg.), Verwaltungskontrolle, Baden-Baden 2001, S. 205 ff; *Klepper*, Vollzugskompetenzen der Europäischen Gemeinschaft aus abgeleitetem Recht, Baden-Baden 2001; *J. König*, Äquivalenz- und Effektivitätsgrundsatz in der Rechtsprechung des Europäischen Gerichtshofs, Baden-Baden 2011; *Krönke*, Die Verfahrensautonomie der Mitgliedstaaten der Europäischen Union, Tübingen 2013; *Kugelmann*, Wirkungen des EU-Rechts auf die Verwaltungsorganisation der Mitgliedstaaten, VerwArch 98 (2007), 78 ff; *Kulms*, Der Effektivitätsgrundsatz, Baden-Baden 2013; *Marchetti* (ed.), L'amministrazione comunitaria – Caratteri, accountability e sindacato giurisdizionale, Padua 2009; *Molinier* (dir.), Les agences de l'Union européenne, Brüssel 2011; *Nehl*, Europäisches Verwaltungsverfahren und Gemeinschaftsverfassung, Berlin 2002; *Nieto-Garrido/Delgado*, European Administrative Law in the Constitutional Treaty, Oxford 2007; *Nöhmer*, Das Recht auf Anhörung im europäischen Verwaltungsverfahren, Tübingen 2013; *Pache*, Verantwortung und Effizienz in der Mehrebenenverwaltung, VVDStRL 66 (2007), S. 106 ff; *Österreichische Verwaltungswissenschaftliche Gesellschaft* (Hrsg.), Der Europäische Verwaltungsverbund, Wien/Graz 2011; *Potvin-Solis* (dir.), Vers un modèle européen de fonction publique, Brüssel 2011; *Pühs*, Der Vollzug von Gemeinschaftsrecht, Baden-Baden 1997; *N. Raschauer* (Hrsg.), Europäische Agenturen, Wien 2012; *Rodríguez Iglesias*, Zu den Grenzen der verfahrensrechtlichen Autonomie der Mitgliedstaaten bei der Anwendung des Gemeinschaftsrechts, EuGRZ 1997, 289 ff; *Salvatore* (ed.), Le Agenzie dell'Unione Europea, Pavia 2011; *Schmidt-Aßmann/Hoffmann-Riem* (Hrsg.), Strukturen des Europäischen Verwaltungsrechts, Baden-Baden 1999; *Schmidt-Aßmann/Schöndorf-Haubold* (Hrsg.), Der Europäische Verwaltungsverbund – Formen und Verfahren der Verwaltungszusammenarbeit in der EU, Tübingen 2005; *Schwarze*, Rechtsstaatliche Grundsätze für das Verwaltungshandeln in der Rechtsprechung des Europäischen Gerichtshofs, in: FS Rodríguez Iglesias, Berlin 2003, S. 147 ff; *ders.*, Europäisches Verwaltungsrecht, 2. Aufl. Baden-Baden 2005; *ders.*, Die Neuerungen auf dem Gebiet des Europäischen Verwaltungsrechts durch den Vertrag von Lissabon, in: FS Wahl, Berlin 2011, S. 837 ff; *Suerbaum*, Die Kompetenzverteilung beim Verwaltungsvollzug des Europäischen Gemeinschaftsrechts in Deutschland, Berlin 1998; *Sydow*, Verwaltungskooperation in der Europäischen Union, Tübingen 2004; *ders.*, Externalisierung und institutionelle Ausdifferenzierung – Kritik der Organisationsreformen in der

EU-Eigenadministration, VerwArch 97 (2006), 1 ff; *Terhechte* (Hrsg.), Verwaltungsrecht der Europäischen Union, Baden-Baden 2011; *Weiß, W.*, Der Europäische Verwaltungsverbund, Berlin 2010.

A. Die Strukturen der europäischen Verwaltung

I. Die Grundlinien

1 Die Verwaltung der Europäischen Gemeinschaft bzw nun der Europäischen Union hat sich in den nun knapp 60 Jahren ihres Bestehens[1] zu einem sehr ausdifferenzierten System entwickelt.[2] Im Ausgangspunkt sind die Strukturen freilich übersichtlich: Grundsätzlich erfolgt der Verwaltungsvollzug des Unionsrechts in einer Aufgabenteilung, die mit dem Begriff des Exekutivföderalismus beschrieben worden ist.[3] Die Setzung der Rechtsnormen erfolgt dabei durch die Unionsorgane, während die Anwendung des Unionsrechts im konkreten Einzelfall regelmäßig den Verwaltungen der Mitgliedstaaten obliegt; die Unionsorgane werden hier nur in einzelnen Bereichen umfassend, im Übrigen zumeist nur punktuell tätig. Die EG/EU konnte durch diese Weichenstellung auf die Schaffung eines eigenen Verwaltungsunterbaus weitgehend verzichten (dazu unten Rn 16 ff); stattdessen werden die mitgliedstaatlichen Behörden funktional als Ausführungsorgane der Unionsverwaltung tätig.

2 Bei diesem Bild handelt es sich freilich nur um eine tatsächliche Zustandsbeschreibung, die nicht auf unverrückbaren rechtlichen Trennlinien beruht: Denn eine strikte Trennung zwischen Gesetzgebungs- und Verwaltungszuständigkeiten wird durch das Primärrecht nicht vorgegeben.[4] Die Kompetenznormen der Verträge stellen nicht auf die Unterscheidung zwischen Normsetzung und Vollzug ab, sondern weisen der Union zumeist nur die Zuständigkeit für abstrakt umschriebene „Maßnahmen" in einem bestimmten Aufgabenfeld zu.[5] Damit stehen dem jeweils als zuständig benannten Unionsorgan grundsätzlich alle in Art. 288 AEUV aufgeführten Handlungsmittel des Sekundärrechts zur Verfügung[6] – einschließlich des Instruments der Entscheidung bzw nun des

1 Als Ausgangspunkt wird die Aufnahme der Tätigkeit durch die Hohe Behörde der EGKS gelten können, die mit dem FusV 1965 in der Kommission aufgegangen ist; freilich wich das dort verwirklichte Modell aufgrund der umfangreichen zentralen Verwaltungs- und Lenkungszuständigkeiten von der im Folgenden skizzierten allgemeinen Aufgabenverteilung erheblich ab, s. zB *Stotz*, Die EG-Stahlkrise im Lichte der Wirtschaftsverfassung des EGKS-Vertrages, 1983; zur Überleitung des Bereichs in den EGV s. *Obwexer*, EuZW 2002, 517 ff; EuGH, Rs. C-224/03 (Italien/Kommission), Slg 2003, I-14751.

2 S. für einen Überblick über die verschiedenen Facetten zB die Beiträge in *Axer/Grzeszick/Kahl/Mager/Reimer, E.* (Hrsg.), Das Europäische Verwaltungsrecht in der Konsolidierungsphase, 2010; *J.-B. Auby/Dutheil de la Rochère* (dir.), Droit administratif européen, 2. Aufl. 2014; *Schmidt-Aßmann/Hoffmann-Riem* (Hrsg.), Strukturen des Europäischen Verwaltungsrechts, 1999; *Hill/Pitschas* (Hrsg.), Europäisches Verwaltungsverfahrensrecht, 2004; *Schmidt-Aßmann/Schöndorf-Haubold* (Hrsg.), Der Europäische Verwaltungsverbund – Formen und Verfahren der Verwaltungszusammenarbeit in der EU, 2005.

3 S. zum Begriff zB *Dann*, Parlamente im Exekutivföderalismus, 2004, S. 4 ff; *Dubey*, CDE 2003, 87 ff; *Lenaerts*, ELR 18 (1993), 23, 28, 32; s. auch noch die Typisierung bei *B. Becker*, JöR nF 39 (1990), 67 ff.

4 Dazu zB *W. Schroeder*, in: Hummer (Hrsg.), Paradigmenwechsel im Europarecht zur Jahrtausendwende, 2004, S. 231, 235 ff.

5 S. aber *v. Danwitz*, DVBl. 1998, 421, 430, der eine implizite EG-vertragliche Grundentscheidung zugunsten des mitgliedstaatlichen Vollzugs annimmt; s. zu dieser Diskussion um den Stellenwert der sog. Verfahrensautonomie der Mitgliedstaaten noch u. Rn 109 f.

6 Dazu zB *Jarass*, AöR 121 (1996), 173, 181 ff.

Beschlusses, die auch den Unionsorganen den Vollzug allgemeiner Vorgaben gegenüber einzelnen Adressaten ermöglicht (dazu unten Rn 71 ff).

II. Das gegenwärtige Bild

3 Das ursprüngliche Bild einer Aufgabenverteilung zwischen Normsetzung der Union auf der einen Seite und nationalem Vollzug auf der anderen Seite kann im Grundsatz zwar weiterhin Gültigkeit beanspruchen; es hat auf der Grundlage der durch das Fehlen vertraglicher Festlegungen eröffneten Gestaltungsmöglichkeiten in der Entwicklung der EU aber zahlreiche Korrekturen und Durchbrechungen erfahren.[7] Auch der Vertrag von Lissabon bestätigt diesen Befund, indem er die Verantwortung der Mitgliedstaaten für die Durchführung des Unionsrechts in Art. 291 AEUV bestätigt, andererseits aber die bestehenden Ausgestaltungsmöglichkeiten auf der Ebene des Sekundärrechts nicht beschränkt.[8]

4 So bestehen weiterhin Bereiche, in denen auch der Vollzug des Unionsrechts unmittelbar durch die Unionsorgane erfolgt – „direkter Vollzug" (siehe näher unten Rn 91 ff). Jedoch ist dieses Modell schon infolge der Kapazitätsgrenzen der Unionsverwaltung in einer geographisch immer weiter wachsenden Union auf dem Rückzug;[9] als Beispiel kann hier die Dezentralisierung des Vollzugs des EU-Kartellrechts gelten, die auf diesen Gesichtspunkt zurückgeht (siehe unten Rn 93 ff). Entgegengesetzte Entwicklungen durch Schaffung neuer punktueller Eingriffsbefugnisse der „Zentralgewalt" werden dadurch allerdings nicht ausgeschlossen.[10] Soweit die Union hier eigene Verwaltungszuständigkeiten begründet, wird ihre Ausübung aber auch häufig nicht mehr der EU-Kommission als dem bisherigen Haupt-Verwaltungsorgan zugewiesen, sondern auf nachgeordnete, durch den Unionsgesetzgeber gegründete Stellen – die Ämter oder Agenturen der EU – verlagert (dazu unten Rn 25 ff; siehe auch unten Rn 134).

5 Auf der anderen Seite sind auch die reinen Formen eines Vollzugs allein durch die nationalen Verwaltungsinstanzen („indirekter Vollzug") im Gefolge der sekundärrechtlichen Durchnormierung des Binnenmarktes seltener geworden, weil die alleinige Steuerung durch normative Vorgaben der Union vielfach als unzureichend empfunden wurde: In solchen Fällen sind durch das in den einzelnen Bereichen erlassene Sekundärrecht[11] Mischformen und Kombinationslösungen geschaffen worden, die Vollzugsbeiträge der Unionsorgane und zugleich auch der mitgliedstaatlichen Verwaltungen vorsehen;[12] diese Mischformen werfen unter den Gesichtspunkten der Zurechnung von Entscheidungen und des Rechtsschutzes besondere Probleme auf.

6 Zugleich sieht das Sekundärrecht nunmehr vielfach auch horizontale Verschränkungen zwischen den mitgliedstaatlichen Verwaltungen vor. Die Gestaltungen reichen hier von der gegenseitigen Information und Amtshilfe über die Installierung von Behörden-Netzwerken bis hin zum Instrument des transnationalen Verwaltungsakts, mit dem die Anwendung des Unionsrechts durch die Behörde eines Mitgliedstaats Verbindlichkeit auf dem Territorium der gesamten EU erlangt (zu den einzelnen Modellen siehe unten Rn 145 ff). Diese Verstärkung der horizontalen Abstimmung

7 Diese Durchbrechungen finden sich auch in umgekehrter Richtung durch die Beteiligung der mitgliedstaatlichen Verwaltungen an der (Durchführungs-)Rechtssetzung der Union im Komitologie-Verfahren, s. dazu oben *König*, § 2 Rn 93 ff, 96 ff.

8 Kritisch dazu *Streinz/Ohler/Herrmann*, Der Vertrag von Lissabon zur Reform der EU, 2. Aufl. 2008, S. 59.

9 S. zB *Sydow*, DV 34 (2001), 517, 523.

10 Bsp. aus jüngerer Zeit betreffen die Anordnung von Verkehrsverboten für gesundheitsschädliche Produkte durch die Kommission bei Untätigkeit der Mitgliedstaaten nach Art. 13 der RL 2001/95/EG des EP und des Rates v. 3.12.2001 „über die allgemeine Produktsicherheit", ABl. 2001 L 11/4 (s. noch u. Rn 157), oder Hafeninspektionen nach Art. 9 Abs. 4 der VO (EG) Nr. 725/2004 des EP und des Rates v. 31.3.2004 „zur Erhöhung der Gefahrenabwehr auf Schiffen und in Hafenanlagen", ABl. 2004 L 129/6.

11 Zu den in Betracht kommenden Rechtsgrundlagen s.u. Rn 67 ff; zu den Gestaltungsmöglichkeiten des Sekundärrechts s.u. Rn 111, 114 ff, 127 ff sowie zB *Klepper*, Vollzugskompetenzen der Europäischen Gemeinschaft aus abgeleitetem Recht, 2001, S. 132 ff.

12 Dementsprechend unterscheidet zB *Cassese*, in: Mélanges Franck Moderne, Paris 2004, S. 1183, 1185 f = *ders.*, Riv. trim. dir. pubbl. 2003, 35, 37 f drei Formen der Gemeinschafts-(bzw nun Unions-)verwaltung: Vollzug durch die Gemeinschaftsorgane selbst, durch die nationalen Behörden, und durch gemeinsames Handeln beider Ebenen.

erscheint als notwendige Begleitmaßnahme bei einer Dezentralisierung von Vollzugsaufgaben; auch hier kann die Dezentralisierung des Kartellrechts-Vollzugs als Beispiel dienen (siehe unten Rn 93 ff).

Gemeinsam ist diesen unterschiedlichen Vollzugskonzepten, dass die Weichenstellung zugunsten eines Modells und seine konkrete Ausgestaltung im jeweils betroffenen Sachgebiet von der Entscheidung des Unionsgesetzgebers abhängt; die Folge ist eine Zerfaserung und Sektoralisierung des Verwaltungsvollzugs (dazu zB unten Rn 39 ff; Rn 67 f), die in deutlichem Kontrast zu den vergleichsweise klaren Grundlinien steht. 7

III. Der Gang der Darstellung

Die nachfolgende Darstellung wählt den Weg, zunächst die spezifisch unionsrechtlichen Institutionen (B) und Handlungsinstrumente (C) des Verwaltungsvollzugs zu analysieren, die als Folge der europäischen Integration neben den nationalen Institutionen Autorität und Verbindlichkeit auf dem Territorium der Mitgliedstaaten beanspruchen. Im Anschluss wird die Verflechtung mit den vom Unionsrecht vorgefundenen Strukturen der nationalen Verwaltung untersucht (D). Den Abschluss bildet die Erörterung der inhaltlichen Vorgaben für den Verwaltungsvollzug, die sich teils nur an die Unionsorgane richten, in wesentlichen Bereichen aber auch für den nationalen Verwaltungsvollzug verbindlich sind (E). 8

B. Die Akteure der Verwaltung in der EU

I. Überblick

Der systematische Zugriff der Europäischen Union auf die nationalen Verwaltungsressourcen führt dazu, dass als Vollzugsorgane zunächst die jeweiligen mitgliedstaatlichen Behördenstrukturen mit ihren unterschiedlichen Ausformungen und Traditionen zur Verfügung stehen; der Unionsgesetzgeber kann hier allerdings durch konkrete Vorgaben Anpassungen (und damit unionsweite Vereinheitlichungen) auch der nationalen Verwaltungsorganisation auslösen.[13] Hier sollen zunächst die spezifisch für den Vollzug des Unionsrechts hinzutretenden Akteure auf Unionsebene untersucht werden; dabei kann in einer ersten groben Abschichtung die Ausübung von Vollzugs- oder von Kontrollfunktionen unterschieden werden. 9

Dabei ist auf der Ebene des Vollzugs in erster Linie die EU-Kommission zu nennen (II. 1.), die allerdings in neuerer Zeit durch Verlagerung von Verwaltungsaufgaben auf die sog. EU-Agenturen entlastet wird (II. 2.); ebenfalls neueren Datums ist der verstärkte Einsatz von interinstitutionellen Verwaltungsstellen der verschiedenen Unionsorgane (II. 3). Im Bereich der Verwaltungskontrolle sind zusätzlich der Rechnungshof (III. 1.), die in die Kommission integrierte Betrugsbekämpfungseinheit OLAF (III. 2.), sowie der Bürgerbeauftragte (III. 3.) aufzuführen. 10

II. Vollzugsorgane auf Unionsebene

1. Die Kommission

Alle Unionsorgane nehmen zumindest in begrenztem Umfang Verwaltungsaufgaben wahr – und sei es nur durch die Verwaltung des eigenen Personals.[14] Das mit großem Abstand wichtigste Exekutivorgan der Europäischen Union ist jedoch die Kommission;[15] sie sorgt gemäß Art. 17 EUV, der insoweit eine Formulierung des bisherigen Art. 211 EGV aufnimmt, unter anderem „für die Anwendung der Verträge sowie der von den Organen kraft der Verträge erlassenen Maßnahmen"; ausdrücklich wird in dieser Bestimmung nun auch festgehalten – eine solche Formulierung fehlte 11

13 Zu Einwirkungen auf das Verwaltungsorganisationsrecht der Mitgliedstaaten s.u. Rn 114 ff; insb. zB der nationalen Regulierungsbehörden Rn 116 f.

14 Zu diesem Bereich der „internen EU-Eigenverwaltung" s.u. Rn 92; allerdings werden in diesen Bereichen in neuerer Zeit vielfach Rationalisierungseffekte durch die Schaffung gemeinsamer Stellen der Unionsinstitutionen angestrebt, s.u. Rn 44 ff.

15 Allgemein zur Kommission s.o. *Bieber*, § 1 Rn 67 ff.

bisher –, dass sie „Koordinierungs-, Exekutiv- und Verwaltungsfunktionen" ausübt. Im Text entfallen ist nun zwar die in Art. 211 EGV festgehaltene Aufgabe, „die Befugnisse auszuüben, die ihr der Rat zur Durchführung der von ihm erlassenen Vorschriften überträgt".[16] Inhaltlich ist damit freilich keine Einschränkung verbunden, weil die Funktion der Kommission bei Durchführungs-Rechtsakten in Art. 291 Abs. 2 AEUV wiederaufgenommen wird. Eine Neuerung des Vertrags von Lissabon ist die ausdrückliche Erwähnung der „europäischen Verwaltung" (Art. 298 AEUV).

a) Die Kommission als Entscheidungsorgan: Das Kollegialprinzip und seine Einschränkungen

12 Die Kommission ist allerdings nicht nur das Hauptverwaltungsorgan auf Unionsebene; sie war im Ausgangspunkt vielmehr vor allem als „Europäische Regierung" konzipiert, für deren Tätigkeit die Verwaltungsaufgaben eher am Rande standen. Der Schwerpunkt lag auf der Gesetzgebungsarbeit im Zusammenspiel mit dem Rat (und später auch mit dem Europäischen Parlament), und auf der eigenständigen Erarbeitung der Durchführungsregeln[17] unter Aufsicht des Rats.[18]

13 Dieser Aufgabenschwerpunkt spiegelt sich auch in den Entscheidungsstrukturen der Kommission wieder: Innerhalb der Kommission galt und gilt weiterhin das **Kollegialprinzip.**[19] Es wird zwar explizit nur in der Geschäftsordnung der Kommission erwähnt[20] und ist mit dem Vertrag von Amsterdam durch eine gestärkte Stellung des Kommissionspräsidenten modifiziert worden,[21] liegt aber implizit auch im Primärrecht begründet.[22] Nach diesem Prinzip sind Grundsatzentscheidungen durch das Kollegium zu treffen, so dass „alle Mitglieder des Kollegiums für sämtliche erlassene Entscheidungen politisch gemeinsam verantwortlich sind".[23]

Diese Entscheidung für das Kollegialprinzip, das für den Vollzug von alltäglichen Verwaltungsaufgaben wenig geeignet erscheint, ist auch durch die Ausrichtung auf die Gesetzgebungstätigkeit erklärlich: Ihre innere Legitimation gewinnen die Rechtssetzungsinitiativen der Kommission durch die **gemeinsame Beschlussfassung** und Vertretung durch alle Kommissare,[24] während sie bei anderer Ausgestaltung leicht als „nationales Projekt" des jeweils verantwortlichen Kommissars erscheinen könnten.

14 Eine umfassende Anwendung des Kollegialprinzips auf **Verwaltungsentscheidungen** der Kommission schied freilich schon aus praktischen Gründen aus.[25] Die Geschäftsordnung der Kommission zieht daraus die Konsequenz, dass „eindeutig umschriebene Maßnahmen der Geschäftsführung und der Verwaltung" im Wege der Ermächtigung eines einzelnen Kommissars delegiert werden können; freilich gilt dies nur unter der Voraussetzung, „dass der Grundsatz der kollegialen Verantwortung voll gewahrt bleibt."[26]

16 Damit wurde nicht nur die Durchführungs-Rechtssetzung in Bezug genommen, sondern auch die Möglichkeit von Einzelfall-Entscheidungen begründet, s. nachdrücklich EuGH, Rs. 16/88 (Kommission/Rat), Slg 1989, 3457 Rn 11: „Der Begriff der Durchführung im Sinne dieses Artikels [Art. 145 EWGV, später Art. 211 EGV] umfaßt sowohl die Ausarbeitung von Durchführungsvorschriften als auch die Anwendung von Vorschriften auf den Einzelfall durch den Erlaß individueller Rechtsakte. Da der Vertrag den Begriff der ‚Durchführung' verwendet, ohne ihn durch einen näheren Zusatz zu beschränken, lässt sich dieser Begriff nicht so auslegen, dass er individuelle Rechtsakte ausschließt."

17 Zur Abgrenzung von Durchführung und Vollzug des Gemeinschaftsrechts s. zB *Möllers*, EuR 2002, 483 ff.

18 Zum Komitologieverfahren s.o. *König*, § 2 Rn 93 ff.

19 Dazu *Groß*, Das Kollegialprinzip in der Verwaltungsorganisation, 1999, S. 329 ff.

20 Art. 1 GO der Kommission, ABl. 2000 L 308/26.

21 Dazu *Nemitz*, EuR 1999, 678 ff; *Karagiannis*, CDE 2000, 9 ff.

22 Der EuGH hatte den Grundsatz schon aus Art. 17 FusV hergeleitet (dem späteren Art. 219 EGV und heutigen Art. 250 AEUV, wonach die Beschlüsse der Kommission mit der Mehrheit ihrer Mitglieder gefasst werden), s. EuGH, Rs. 5/85 (Akzo Chemie), Slg 1986, 2585 Rn 30; mit der Neufassung des Art. 217 EGV durch den Vertrag von Nizza hatte der Grundsatz kurzzeitig auch ausdrückliche Erwähnung im Primärrecht gefunden (dazu *Mistò*, RDUE 2003, 189 ff; *Coutron*, RTDE 2003, 247 ff), jedoch hat der Vertrag von Lissabon die Formulierung nicht übernommen.

23 EuGH, Rs. C-191/95 (Kommission/Deutschland; „Daihatsu"), Slg 1998, I-5449 Rn 39.

24 S. *Groß*, Das Kollegialprinzip in der Verwaltungsorganisation, 1999, S. 331 f.

25 S. nachdrücklich *Schmitt von Sydow*, in: von der Groeben/Schwarze (Hrsg.), EUV/EGV Art. 219 EGV Rn 24 ff.

26 Art. 13 GO Kommission, ABl. 2000 L 308/26.

Damit sind „**Grundsatzentscheidungen**"[27] von einer Delegation ausgeschlossen;[28] dazu zählen zB Entscheidungen über die Klageerhebung gegen einen Mitgliedstaat im Vertragsverletzungsverfahren,[29] aber auch Entscheidungen über die Verhängung erheblicher Geldbußen im Wettbewerbsrecht,[30] während Entscheidungen zur Rückforderung von Fördermitteln an einen einzelnen Kommissar delegiert werden können.[31] Soweit sie zulässig ist, ist auch eine Subdelegation zugunsten nachgeordneter Beamter zulässig[32] und in der Praxis auch unvermeidlich.[33] 15

b) Der Verwaltungsunterbau der Kommission

Die Verwaltungstätigkeit im engeren Sinne ist Aufgabe des Verwaltungsunterbaus – der Dienststellen – der Kommission, die im Vertragstext nur knapp in Art. 249 Abs. 1 AEUV erwähnt werden. Die Binnenorganisation des Verwaltungsapparats der Kommission unterliegt der Autonomie dieses Unionsorgans;[34] die Grundlinien finden sich in der auf der Grundlage des heutigen Art. 249 Abs. 1 AEUV erlassenen Geschäftsordnung der Kommission.[35] Der Personalunterbau umfasst heute ca. 40.000 Bedienstete, was angesichts der Vielzahl der Aufgaben auch nicht als unangemessen erscheint.[36] 16

Diese Dienststellen sind in Generaldirektionen organisiert, die aber als Folge der Betonung des Kollegialprinzips anders als nationale Ministerien nicht jeweils dem für das Fachgebiet zuständigen Kommissar hierarchisch unterstehen, sondern der Kommission insgesamt zugeordnet sind. Die Kommissare verfügen stattdessen jeweils über einen eigenen persönlichen Arbeitsstab von Mitarbeitern (Kabinett).[37] 17

Neben den mit den einzelnen Fachgebieten betrauten Generaldirektionen stehen die ihnen gleichgestellten Dienste als Einrichtungen mit Querschnittsaufgaben (Statistisches Amt, Übersetzungsdienst, Direktion Datenverarbeitung und Generalsekretariat). Die einzelnen Einheiten werden heute nicht mehr mit römischen Ziffern, sondern mit einer Abkürzung ihres Sachtitels bezeichnet.[38] Auch kleinere Einheiten innerhalb dieser Dienststellen können im Übrigen mit eigenständigen Bezeichnungen – häufig als „Ämter" – versehen sein und nach außen auftreten, die eine tatsächlich nicht 18

---

27 So die Gegenüberstellung bei EuGH, Rs. 5/85 (Akzo Chemie), Slg 1986, 2585 Rn 37; EuG, Rs. T-254/99 (Maja Srl/Kommission), Slg 2003, II-757 Rn 41 f.

28 S. *Schmitt von Sydow*, in: von der Groeben/Schwarze (Hrsg.), EUV/EGV Art. 219 EGV Rn 31 ff.

29 EuGH, Rs. C-191/95 (Kommission/Deutschland), Slg 1998, I-5449 Rn 48; dazu *Gehringer*, EWS 1999, 65 ff.

30 EuG, verb. Rs. T-80/89 u.a. (BASF AG u.a./Kommission), Slg 1995, II-729 Rn 101; anderes gilt für einzelne Nachprüfungsanordnungen im kartellrechtlichen Ermittlungsverfahren, s. EuGH, Rs. 5/85 (Akzo Chemie), Slg 1986, 2585 Rn 38.

31 S. EuG, Rs. T-254/99 (Maja Srl/Kommission), Slg 2003, II-757 Rn 43; EuGH, Rs. 5/85 (Akzo Chemie), Slg 1986, 2585 Rn 35 ff.

32 EuG, Rs. T-218/95 (Le Canne/Kommission), Slg 1997, II-2055 Rn 36 f; EuGH, Rs. C-200/89 (FUNOC/Kommission), Slg 1990, I-3669 Rn 13 f; EuGH, Rs. 48/69 (ICI/Kommission), Slg 1972, 619 Rn 11 ff.

33 Für die Subdelegation nun Art. 13 Unterabs. 3 GO (Fn 20); eine Neuerung der GO 2000 ist die in Art. 14 vorgesehene Möglichkeit der direkten Ermächtigung von Generaldirektoren und Dienstleitern durch die Kommission.

34 Dazu *Hilf*, Die Organisationsstruktur der Europäischen Gemeinschaften, 1982, S. 68, 111 ff.

35 Neufassung v. 29.11.2000, ABl. 2000 L 308/26.

36 Gegen die verbreitete Vorstellung einer überdimensionierten „Brüsseler Mammutbehörde" zu Recht *Oppermann/Classen/Nettesheim*, Europarecht, 6. A. 2014, S. 106 Rn 106; *Nicolaysen*, Europarecht I, 2. Aufl. 2002, S. 205; *Schmidt-Aßmann*, ZHR 168 (2004), 125, 126; näher zum Personalbestand der Kommission s. *Monfret*, in: Mélanges Manin, 2010, S. 297 ff.

37 S. Art. 16 GO Kommission (Fn 20); zu dieser Struktur s. *Kindblom-Törnell*, in: Liber Amicorum Sven Norberg, 2006, S. 329 ff; *Priebe*, DV 33 (2000), 379, 402 ff; *Krenzler*, EuR 1974, 75 ff; s. zur Reorganisation dieser Einheiten nach der Krise um die Santer-Kommission auch u. Rn 23.

38 Skeptisch zur Effektivität dieser Neuerung, mit der die Transparenz der Unionsverwaltung verbessert werden sollte, *Schmitt von Sydow*, in: von der Groeben/Schwarze (Hrsg.), EUV/EGV Art. 218 EGV Rn 15.

bestehende[39] rechtliche Verselbstständigung andeuten;[40] im Rahmen der Organisationsautonomie der Kommission können solche Ämter freilich organisatorisch verselbständigt werden, indem sie unmittelbar einem Kommissionsmitglied zugeordnet werden.[41]

19 Zu erwähnen ist noch die Einbindung der Komitologieausschüsse in den Verwaltungsvollzug durch die Kommission: Diese Ausschüsse haben ihre wesentliche Funktion zwar im Bereich der Durchführungsrechtssetzung auf der Grundlage von Art. 291 AEUV,[42] das Sekundärrecht kann aber auch ihre Mitwirkung bei Verwaltungsentscheidungen der Kommission im Einzelfall vorsehen;[43] auch dies ist Folge der Tatsache, dass im Unionsrecht keine strikte Trennung zwischen normativen Rechtsakten und dem Vollzug im Einzelfall besteht (dazu bereits oben Rn 2, sowie noch unten Rn 72). Daneben hat die Kommission in großem Umfang Expertengruppen institutionalisiert, die beratende Funktionen erfüllen.[44] Die Besonderheit gegenüber den „entscheidungsbegleitenden" Ausschüssen besteht darin, daß diese Gremien zwar auch Vertreter der Mitgliedstaaten umfassen können, Auswahl und Ernennung der Mitglieder aber grundsätzlich durch die Kommission erfolgen.

c) Die Krise der Kommission als Verwaltungsorgan

20 Der Einsatz der Kommission als Hauptverwaltungsorgan der Gemeinschaft/Union hat allerdings nicht nur Kompromisse bei der Anwendung des Kollegialprinzips nötig gemacht: Die im Lauf der Jahre und mit der Ausweitung der Tätigkeitsfelder der EU erfolgte Betrauung mit immer umfangreicheren administrativen Aufgaben hat in den 1990er Jahren zu einer Überforderung der Strukturen dieses Organs geführt.[45]

21 Besonders deutlich ist dieses Problem bei der Verwaltung von europäischen Hilfs- und Förderprogrammen hervorgetreten, die nicht dem dezentralen Vollzug durch die nationalen Behörden unterliegen, sondern auf zentraler Ebene abgewickelt werden.[46] Die Kommission hatte zur Bewältigung dieser Aufgaben in den einzelnen Sachgebieten sehr unterschiedliche Lösungen gewählt: Teils wurden zur Abwicklung eigenständig firmierende Stellen der Kommission ohne eigene Rechtspersön-

39 Zu diesem uneinheitlichen Sprachgebrauch, insbesondere der Bezeichnung als „Amt für …", s. die Mitteilung „Ein neuer Typ von Ämtern mit unterstützenden und administrativen Aufgaben bei der Europäischen Kommission", KOM (2002) 264 endg. v. 28.5.2002, S. 3: „In einigen Fällen jedoch werden mit ‚Amt' gegenwärtig auch Strukturen bezeichnet, die in Wirklichkeit lediglich mit bestimmten Politikbereichen betraute Dienststellen der Kommission darstellen …" Die Bezeichnung erlaubt damit keinen Schluss auf den Grad der Eigenständigkeit der Aufgabenwahrnehmung.

40 S. zB das Amt für humanitäre Hilfe der Europäischen Gemeinschaft (ECHO; s.u. Fn 47), oder das Untersuchungs- und Disziplinaramt der Kommission (Investigatory and Disciplinary Office – IDOC) als Dienststelle der GD ADMIN (s. dazu den Kommissionsbeschluss C (2004) 1588 endg./4 v. 28.4.2004).

41 So zB das Amt für humanitäre Hilfe der Europäischen Gemeinschaft (ECHO; s.u. Fn 47, s. dazu die Kommissionsmitteilung KOM (2002) 264 endg. v. 28.5.2002 (Fn 39), S. 7.

42 Dazu o. *König*, § 2 Rn 106 ff. Zur Abgrenzung von Durchführung(-srechtssetzung) und Vollzug des Gemeinschaftsrechts s. zB *Möllers*, EuR 2002, 483 ff.

43 S. EuGH, Rs. 16/88 (Kommission/Rat), Slg 1989, 3457 Rn 11 (Wortlaut s.o. Fn 16; s. später zB für Entscheidungen über die Rückforderung von EU-Zuschüssen EuGH, Rs. C-10/98 (Le Canne/Kommission), Slg 1999, I-6831 Rn 19 ff; EuG, Rs. T-254/99 (Maja Srl/Kommission), Slg 2003, II-757 Rn 68 ff; s. auch *Riedel*, EuR 2006, 512, 530 ff.

44 S. dazu die (neu gefasste) Rahmenregelung für Expertengruppen der Kommission: Horizontale Bestimmungen und öffentliches Register, K (2010) 7649 endg. v. 10.11.2010; ausführlich *Pilniok*, EuR 2014, 62 ff; für Beispiele s. den Beschluss 2008/359/EG der Kommission v. 28.4.2008 über die Einsetzung der Hochrangigen Gruppe für die Wettbewerbsfähigkeit der Lebensmittelindustrie, ABl. 2008 L 120/15, oder den Beschluss der Kommission v. 3.9.2011 zur Einsetzung einer Stakeholder-Expertengruppe der Kommission für das öffentliche Auftragswesen, ABl. 2011 C 291/2; weiter den Beschluss 2010/233/EU der Kommission v. 26.4.2010 zur Einsetzung einer Expertengruppe für einen gemeinsamen Referenzrahmen im Bereich des europäischen Vertragsrechts, ABl. 2010 L 105/109.

45 S. zB *Vignes*, RevMC 1999, 221, 222.

46 Zu den Mechanismen zB *Pfeiffer*, Die Forschungs- und Technologiepolitik der Europäischen Gemeinschaft als Referenzgebiet für das europäische Verwaltungsrecht, 2003, S. 83 ff.

lichkeit wie das Amt für humanitäre Hilfe der Europäischen Gemeinschaft (ECHO) geschaffen,[47] die sich in die Strukturen der EU-Verwaltung dogmatisch noch ohne weiteres einfügen, obwohl auch dort Kontrollprobleme aufgetreten sind.

In zahlreichen Bereichen wurde aber auch der unkonventionellere Weg beschritten, die Verwaltung solcher Programme vertraglich auf private, nach nationalem Recht gegründete Einheiten zu übertragen, die unter dem Sammelbegriff „Büros für technische Hilfe" (Bureaux d'aide technique/BAT) bekannt geworden sind.[48] Diese alternativen Modelle haben nicht nur Probleme der rechtlichen Konstruktion und Entscheidungszurechnung aufgeworfen;[49] bei der Durchführung ist es auch zu gravierenden Unregelmäßigkeiten und Kontrolldefiziten gekommen, deren Bekanntwerden das Vertrauen in die Professionalität der EG-/EU-Verwaltung erschüttert hat.[50] Die in diesen Bereichen auf Initiative des Europäischen Parlaments festgehaltenen Missstände[51] haben schließlich maßgeblich zum Rücktritt der Santer-Kommission im März 1999 beigetragen.[52] 22

d) Strukturelle Konsequenzen

Die mit diesem Einschnitt verbundene Krise, die tatsächlich als „Verwaltungskrise"[53] einzuordnen ist, ist zum Ausgangspunkt für weitreichende Reformüberlegungen geworden:[54] Die Kommission hat aus ihr zum einen die Notwendigkeit einer inneren Reorganisation des Verwaltungsapparats 23

47 Entscheidung der Kommission vom 6.11.1991; s. zB EuG, Rs. T-372/02 (Internationaler Hilfsfonds/Kommission), Slg 2003, II-4389.

48 So für die „Media"-Filmförderprogramme auf das „European Film Distribution Office" (EDFO) als eingetragenen Verein mit Sitz in Hamburg; zur rechtlichen Behandlung s. Fn 49.

49 Zu den mit dieser Lösung verbundenen Zurechnungs- und Rechtsschutzproblemen bei der Überprüfung ablehnender Entscheidungen des EDFO (s.o. Fn 48) s. EuG, verb. Rs. T-369/94, T-85/94 (DIR International Film u.a./Kommission), Slg 1998, II-357; EuGH, Rs. C-164/98 P (DIR International Film u.a./Kommission), Slg 2000, I-447. Grundsätzlich darf die Kommission aber auch auf private Unterstützung zurückgreifen, soweit damit nicht die Ausübung hoheitlicher Befugnisse verbunden ist, so EuG, Rs. T-81/09 (Griechenland/Kommission), Slg 2011, II-223* (abgek. Veröff.), Rn 26; bestätigt durch EuGH, Rs. C-497/11 P, Rn 32 zum Fall der Überprüfung der Angaben des Mitgliedstaats durch ein von der Kommission beauftragtes Unternehmen.

50 S. den eindrucksvollen Sachverhalt von EuGH, Rs. C-315/99 P (Ismeri/Rechnungshof), Slg 2001, I-5281: Hier war von der Kommission eine private Gesellschaft nach belgischem Recht zur Verwaltung der Mittelmeerprogramme gegründet worden; zur Überwachung der Programmdurchführung waren zusätzliche private Büros für technische Hilfe eingeschaltet worden, die allerdings zugleich auch an dieser Ausführung maßgeblich beteiligt waren. Für ein weiteres Beispiel s. EuGH, Rs. C-433/97 P (IPK/Kommission), Slg 1999, I-6795; Abschlussentscheidung: EuG, Rs. T-331/94 (IPK/Kommission), Slg 2001, II-779, insb. Rn 89 ff.

51 S. dazu den 1. Bericht des vom Europäischen Parlament berufenen Ausschusses unabhängiger Sachverständiger „über Anschuldigungen betreffend Betrug, Missmanagement und Nepotismus in der Europäischen Kommission" v. 15.3.1999 (zugänglich unter http://www.europarl.eu; in Auszügen veröffentlicht in Bull. EG 3 – 1999 Ziff. 1.10.11 und 1.10.12); dazu *Craig*, ELJ 6 (2000), 98, 101 ff; Editorial Comments, CMLR 36 (1999), 269 ff; zu den Abläufen auch *Seibold*, Die Kontrolle der Europäischen Kommission durch das Europäische Parlament, 2004, S. 223 ff.

52 S. dazu zB *Hummer/Obwexer*, EWS 1999, 161 ff; *dies.*, Integration 1999, 77 ff; *Ott*, ZEuS 1999, 231 ff; *Enskog*, RevMC 1999, 149 ff; *Rodrigues*, RevMC 1999, 472 ff; *Tomkins*, MLR 62 (1999), 744 ff.

53 S. zB *Schmidt-Aßmann*, in: ders./Schöndorf-Haubold (Hrsg.), Der Europäische Verwaltungsverbund, 2005, S. 1, 12.

54 S. dazu zunächst den 2. Bericht des Ausschusses unabhängiger Sachverständiger „über die Reform der Kommission – Analyse der derzeitigen Praxis und Vorschläge zur Bekämpfung von Missmanagement, Unregelmäßigkeiten und Betrug" v. 9.9.1999 (soweit ersichtlich ebenfalls nur als Dokument unter http://www.europarl.eu publiziert); zu ihm *van Gerven*, CMLR 37 (2000), 1 ff. Die Kommission hat im Anschluss daran eine Reihe von Dokumenten vorgelegt: Weißbuch „Die Reform der Kommission", KOM (2000) 200 endg./2 v. 5.4.2000; Weißbuch „Europäisches Regieren", KOM (2001) 428 endg. v. 25.7.2001; Mitteilung der Kommission zur institutionellen Architektur, KOM (2002) 728 endg./2 v. 11.12.2002.

der Union abgeleitet,[55] die sich unter anderem in einer Neufassung der Haushaltsordnung der EU[56] und einer leistungsorientierten Reform des öffentlichen Dienstrechts[57] niedergeschlagen hat.[58] Daneben wurde ein **Verhaltenskodex für die Kommissionsmitglieder**[59] ausgearbeitet, der neben Vorgaben für die persönliche Amtsführung auch strukturelle Veränderungen im Bereich der persönlichen Kabinette (siehe oben Rn 17) vorsieht,[60] um das Auftreten erneuter Fehlentwicklungen zu verhindern. Die normativen Reformmaßnahmen sind nach Einschätzung der Kommission inzwischen abgearbeitet.[61]

24 In struktureller Hinsicht hat die Kommission aus dieser Krise die Konsequenz gezogen, sich insbesondere im Bereich ihrer Verwaltungsfunktionen auf ihre Kernaufgaben zu besinnen.[62] Die hierzu nicht gehörenden Aufgaben sollen geordnet und in transparenter Weise ausgegliedert werden.[63] Diese **Externalisierungspolitik** der Kommission wird teils durch Schaffung gesonderter Stellen innerhalb der Kommission umgesetzt, für die die Geschäftsordnung der Kommission eine eigene Grundlage bietet.[64] Teils erfolgt die Gründung von neuen, selbständigen Verwaltungseinheiten durch den Unionsgesetzgeber (dazu sogleich Rn 25 ff); daneben wird in neuerer Zeit auch die Möglichkeit der Schaffung interinstitutioneller Verwaltungsstellen genutzt (dazu unten Rn 44 ff).

---

55 Dazu *Mehde*, ZEuS 2001, 403, 422 ff; s. auch noch *ders.*, CMLR 40 (2003), 423 ff; zur Entwicklung der „Verwaltungskultur" der Kommission s. *Priebe*, DV 33 (2000), 379 ff.

56 VO (EG, Euratom) Nr. 1605/2002 des Rates v. 25.6.2002 „über die Haushaltsordnung für den Gesamthaushaltsplan der Europäischen Gemeinschaften", ABl. 2002 L 248/1 (nun ersetzt durch die VO (EU, Euratom) Nr. 966/2012 des EP und des Rates v. 25.10.2012 über die Haushaltsordnung für den Gesamthaushaltsplan der Union (...), ABl. 2012 L 298/1); dazu *Craig*, 28 ELR (2003), 840 ff; s. auch *J.-P. Schneider*, in: VVDStRL 64 (2005), 238, 252 ff; *Schenk*, in: Schmidt-Aßmann/Schöndorf-Haubold (Hrsg.), Der Europäische Verwaltungsverbund, 2005, S. 265, 268 ff.

57 Neufassung des Personalstatuts („Statut der Beamten der Europäischen Gemeinschaften und der Beschäftigungsbedingungen für die sonstigen Bediensteten dieser Gemeinschaften"), ABl. 1968 L 56/1, durch die VO (EG) Nr. 723/2004 des Rates v. 22.3.2004 „zur Änderung des Statuts der Beamten der Europäischen Gemeinschaften und der Beschäftigungsbedingungen für die sonstigen Bediensteten dieser Gemeinschaften", ABl. 2004 L 124/1.

58 Zu dieser Reform s. *Gauer*, Die Reform des Europäischen öffentlichen Dienstrechts, 2007; *Govaere/Vandersanden* (eds.), Nouvelles règles et développements, 2008; *Vandersanden/Levi*, CDE 2005, 285, 301 ff; *Rogalla*, EuR 2003, 670 ff; *Kilb*, NVwZ 2003, 682 ff.

59 Verhaltenskodex für Kommissionsmitglieder v. 16.9.1999, SEK (1999) 1479; Verhaltenskodex „Kommissionsmitglieder und ihre Dienststellen" v. 16.9.1999, SEK (1999) 1481; dazu Vandersanden/Levi, CDE 2005, 285, 288 ff; zur persönlichen Verantwortung der Kommissare s. auch EuGH, Rs. C-432/04 (Kommission/Edith Cresson), Slg 2006, I-6387; dazu *Simon*, Europe 10/2006, 9 ff; *Mastroianni/Arena*, CMLR 45 (2008), 1207 ff.

60 Dazu gehört die Verkleinerung dieser Kabinette und eine verschärfte Kontrolle der Einstellungspolitik für diese Positionen (das Fehlen von Maßstäben für die Rekrutierung dieser Mitarbeiter gehörte zu den Kritikpunkten gegenüber der Santer-Kommission); der Verhaltenskodex beschränkt die Zahl der Mitarbeiter des höheren Dienstes auf 6 Beamte, die 3 verschiedenen Nationalitäten entstammen müssen.

61 So die Mitteilung „Erfüllung des Reformauftrags: Fortschrittsbericht und 2004 durchzuführende Maßnahmen", KOM (2004) 93 endg. v. 10.2.2004, S. 3: Die im Weißbuch „Die Reform der Kommission" (s.o. Fn 54) vorgesehenen Maßnahmen seien praktisch alle durchgeführt. Die letzte aufsehenerregende Maßnahme war die im Anschluss an das Grünbuch „Europäische Transparenzinitiative", KOM (2006) 194 endg. v. 3.5.2006 (dazu *Hasler*, ZEuS 2007, 503 ff; *Tournepiche*, CDE 2007, 623 ff) erfolgte Schaffung eines freiwilligen Registers für Interessenvertreter (Lobbyisten), s. KOM (2008) 323 endg. v. 27.5.2008; *Geiger*, EWS 2008, 257 ff; *Oddo*, RevMC 2009, 64 ff; kritisch *Arnaud*, ZEuS 2008, 549 ff; die Register von Parlament und Kommission wurden im Anschluss zusammengelegt, s. die Interinstitutionelle Vereinbarung „über die Errichtung eines Transparenz-Registers für Organisationen und selbständige Einzelpersonen, die sich mit der Gestaltung und Umsetzung von EU-Politik befassen", ABl. 2011 L 191/29.

62 So zB das Weißbuch „Europäisches Regieren", KOM (2001) 428 endg. v. 25.7.2001, S. 11 f.

63 S. dazu insb. die Mitteilungen „Ein neuer Typ von Ämtern mit unterstützenden und administrativen Aufgaben bei der Europäischen Kommission", KOM (2002) 264 endg. v. 28.5.2002 und „Rahmenbedingungen für die europäischen Regulierungsagenturen", KOM (2002) 718 endg. v. 11.12.2002, S. 6.

64 So sind für die Bewältigung der Querschnittsaufgaben nun auf der Grundlage von Art. 20 GO Kommission (Fn 20) „besondere Verwaltungseinrichtungen" geschaffen worden, die einer bestimmten Generaldirektion zugeordnet sind, s. den Beschluss der Kommission v. 6.11.2002 über die Errichtung des Amtes für die Feststellung und Abwicklung individueller Ansprüche, ABl. 2003 L 183/30 (sog. PMO – PayMaster's Office); Beschluss der Kommission v. 6.11.2002 über die Errichtung des Amtes für Gebäude, Anlagen und Logistik Brüssel, ABl. 2003 L 183/35; Beschluss der Kommission v. 6.11.2002 über die Errichtung des Amtes für Gebäude, Anlagen und Logistik Luxemburg, ABl. 2003 L 183/40.

2. Die Ausdifferenzierung der Unionsverwaltung durch EU-Ämter und Agenturen

a) Das Phänomen

Angesichts der zuvor nachgezeichneten Entwicklung erscheint es konsequent, dass das Phänomen der **selbständigen Ämter oder Agenturen der EU** in jüngerer Zeit erheblich an Bedeutung gewonnen und entsprechende Aufmerksamkeit gefunden hat.[65] Diese nachgeordneten, spezialisierten Verwaltungsstellen mit eigener Rechtspersönlichkeit sind durch den Sekundärrechtsgeber in mehreren Wellen[66] durch Verordnungen gegründet worden. 25

Diese Ausgründung spezialisierter Verwaltungseinheiten ist zwar keine vollständig neue Erscheinung; jedoch wurde dieses Instrument in den ersten Jahrzehnten der Gemeinschaft, die von Unsicherheit über die rechtliche Zulässigkeit der Schaffung solcher im Vertrag nicht vorgesehenen Institutionen geprägt waren,[67] nur sehr zurückhaltend eingesetzt: Die wenigen in den 70er Jahren auf diese Weise gegründeten Agenturen[68] verfügen nur über sehr geringe Entscheidungskompetenzen. Seit Beginn der 90er Jahre[69] wird dieses Instrument dagegen systematisch und nochmals verstärkt seit 2000 durch den EU-Gesetzgeber verwendet, wobei Einheiten mit ganz unterschiedlicher Ausrichtung und Aufgabenstellung entstanden sind. 26

Auch in der zweiten Gründungsphase überwog zunächst die Gründung von Einheiten, die nur beobachtend oder koordinierend tätig werden; das gilt etwa für die Europäische Umweltagentur,[70] die Europäische Stelle zur Beobachtung von Rassismus und Fremdenfeindlichkeit,[71] die später zur Grundrechte-Agentur[72] ausgebaut wurde, das daneben tätige Europäische Institut für Gleichstel- 27

---

65 S. aus der Literatur in neuerer Zeit: *Groß*, JZ 2012, 1087 ff; *Busuioc/Groenleer/Trondal* (eds.), The agency phenomenon in the European Union, 2012; *Raschauer* (Hrsg.), Europäische Agenturen, 2012; *Salvatore* (ed.), Le Agenzie dell'Unione Europea, 2011; *Molinier* (dir.), Les agences de l'Union européenne, 2011; *Görisch*, Demokratische Verwaltung durch Unionsagenturen, 2009; *Brenner*, in: FS Rengeling, 2008, S. 193 ff; *A. Kahl*, in: FS Wimmer, 2008, S. 245 ff; *Sydow*, VerwArch 97 (2006), 1 ff; *Groß*, EuR 2005, 54 ff; *Geradin/Petit*, YEL 23 (2004), 137 ff; *Koch*, Die Externalisierung der Kommission: Zulässigkeit und Grenzen mittelbarer Gemeinschaftsverwaltung, 2004; *ders.*, EuZW 2005, 455 ff; *della Cananea* (ed.), European Regulatory Agencies, 2005; *Zwart/Verhey* (eds.), Agencies in European and Comparative Law, 2003; Couzinet (dir.), Les Agences de l'Union européenne, 2002; *Chiti*, Le agenzie europee. Unità e decentramento nelle amministrazioni comunitarie, Padua 2002; *ders.*, CMLR 37 (2000), 309 ff; *Vos*, CMLR 37 (2000), 1113 ff; *Uerpmann*, AöR 125 (2000), 551 ff; *Fischer-Appelt*, Agenturen der Europäischen Gemeinschaft, 1999.

66 Zu diesen Wellen s. *Hummer*, in: FS Öhlinger, 2004, S. 92, 98 ff.

67 S. die restriktiv erscheinende Rechtsprechung aus den ersten Jahren der Gemeinschaft: EuGH, Rs. 9/56 (Meroni/Hohe Behörde), Slg 1958, 9, 42 ff; EuGH, Rs. 10/56 (Meroni/Hohe Behörde), Slg 1958, 51, 75 ff (zur Schrottausgleichskasse der EGKS); zum damaligen Stand s. *Priebe*, Entscheidungsbefugnisse vertragsfremder Einrichtungen im Europäischen Gemeinschaftsrecht, 1979; zur jüngsten Entwicklung u. Rn 39.

68 VO (EWG) Nr. 907/73 des Rates v. 3.4.1973 „zur Errichtung eines Europäischen Fonds für währungspolitische Zusammenarbeit", ABl. 1973 L 89/2; VO (EWG) Nr. 1365/75 des Rates v. 26.5.1975 „über die Gründung einer Europäischen Stiftung zur Verbesserung der Lebens- und Arbeitsbedingungen", ABl. 1975 L 139/1; VO (EWG) Nr. 337/5 des Rates v. 10.2.1975 „über die Einrichtung eines Europäischen Zentrums für die Förderung der Berufsbildung", ABl. 1975 L 39/1; VO (EWG) Nr. 3245/81 des Rates v. 26.10.1981 „über die Errichtung einer Europäischen Agentur für Zusammenarbeit", ABl. 1981 L 328/1.

69 In den Jahren von 1981 bis 1990 ist keine Gründung erfolgt; wieder aufgenommen wird der Faden 1990 mit der Gründung der Umweltagentur (s. sogleich Fn 70) und der Europäischen Stiftung für Berufsbildung (Fn 78).

70 Gegründet durch die VO (EWG) Nr. 1210/90 des Rates v. 7.5.1990 „zur Errichtung einer Europäischen Umweltagentur und eines Europäischen Umweltinformations- und Umweltbeobachtungsnetzes", ABl. 1990 L 120/1, neugefasst durch die VO (EG) Nr. 401/2009 des EP und des Rates v. 23.4.2009, ABl. 2009 L 126/13; Sitz: Kopenhagen. Zu ihr zB *Kahl*, UTR 36 (1996), 121, 127 ff; *Ladeur*, NuR 1997, 8 ff; *Bourdeau*, RAE 1999, 444 ff; *Meddeb*, in: Couzinet (dir.), Les Agences de l'Union européenne, 2002, S. 243 ff; *Runge*, DVBl. 2005, 542 ff; Cuocolo, in: Salvatore (ed.), Le Agenzie dell'Unione Europea, 2011, S. 67 ff; *Schlögl*, in: Raschauer (Hrsg.), Europäische Agenturen, 2012, S. 173 ff.

71 Gegründet durch die VO (EG) Nr. 1035/97 des Rates v. 2.6.1997 „zur Einrichtung einer Europäischen Stelle zur Beobachtung von Rassismus und Fremdenfeindlichkeit", ABl. 1997 L 151/1; Sitz: Wien; z. ihr *Rosenberg*, RTDE 1999, 201 ff; *Magnin*, in: Couzinet (dir.), Les Agences de l'Union européenne, 2002, S. 219 ff.

72 VO (EG) Nr. 168/2007 des Rates v. 15.2.2007 „zur Errichtung einer Agentur der Europäischen Union für Grundrechte", ABl. 2007 L 53/1; dazu *Toggenburg*, ELR 33 (2008), 385 ff; *Härtel*, EuR 2008, 489 ff; *Wittinger*, EuR 2008, 609 ff; *Lindner*, BayVBl. 2008, 129 ff; *Hummer*, in: Liber amicorum Hanspeter Neuhold, 2007, S. 117 ff; *Cassebohm*, ZEuS 2010, 189 ff; *Andrusz*, RevMC 2013, 594 ff; zur Mitwirkung des Europarats s. noch Rn 36.

lungsfragen,[73] oder die Europäische Beobachtungsstelle für Drogen und Drogensucht.[74] Hierzu sind auch die Europäische Agentur für Sicherheit und Gesundheitsschutz am Arbeitsplatz[75] und als spätere Gründungen das Europäische Zentrum für die Prävention und die Kontrolle von Krankheiten[76] sowie die Europäische Agentur für Netz- und Informationssicherheit[77] zu zählen. Auch die mit Förderaufgaben betrauten Agenturen wie die Europäische Stiftung für Berufsbildung,[78] die Europäische Agentur für den Wiederaufbau[79] oder das Europäische Innovations- und Technologieinstitut (EIT) [80] üben keine Hoheitsverwaltung aus.

28 In neuerer Zeit sind aber auch Agenturen mit echten Entscheidungszuständigkeiten entstanden: Besondere Bedeutung unter den mit Verwaltungskompetenzen gegenüber den Wirtschaftsteilnehmern tätigen Agenturen hat bereits das Gemeinschafts-Markenamt[81] gewonnen (näher dazu unten *Haedicke*, § 21, Rn 60 ff); in gleicher Weise arbeitet das parallel dazu entstandene Gemeinschaftliche Sortenschutzamt.[82] Weniger weitgehend sind die Befugnisse der zur gleichen Zeit entstandenen Europäischen Agentur für die Beurteilung von Arzneimitteln (EMEA – nun Europäische Arzneimittel-Agentur),[83] die nur die abschließenden Genehmigungsentscheidungen der Kommission gutachtlich vorbereitet,[84] jedoch als Adressat des Genehmigungsantrags und als Gebührengläubiger selb-

---

73 Gegründet durch die VO (EG) Nr. 1922/2006 des EP und des Rates v. 20.12.2006 „zur Errichtung eines Europäischen Instituts für Gleichstellungsfragen", ABl. 2006 L 403/9; Sitz: Vilnius.

74 Gegründet durch die VO (EWG) Nr. 302/93 des Rates v. 8.2.1993 „zur Schaffung einer Europäischen Beobachtungsstelle für Drogen und Drogensucht", ABl. 1993 L 36/1; Sitz: Lissabon; zu ihr *Maerten*, in: Couzinet (dir.), Les Agences de l'Union européenne, 2002, S. 207 ff.

75 Gegründet durch die VO (EG) Nr. 2062/94 des Rates v. 18.7.1994 „zur Errichtung einer Europäischen Agentur für Sicherheit und Gesundheitsschutz am Arbeitsplatz", ABl. 1994 L 216/1; Sitz: Bilbao.

76 Gegründet durch die VO (EG) Nr. 851/2004 des EP und des Rates v. 21.4.2004 „zur Errichtung eines Europäischen Zentrums für die Prävention und die Kontrolle von Krankheiten", ABl. 2004 L 142/1; Sitz: Stockholm.

77 Gegründet durch die VO (EG) Nr. 460/2004 des EP und des Rates v. 10.3.2004 „zur Errichtung der Europäischen Agentur für Netz- und Informationssicherheit", ABl. 2004 L 77/1; Sitz: Heraklion; neugefasst durch die VO (EU) Nr. 526/2013 des EP und des Rates v. 21.5.2013, ABl. 2013 L 165/41.

78 Gegründet durch die VO (EWG) Nr. 1360/90 des Rates v. 7.5.1990 „zur Errichtung einer Europäischen Stiftung für Berufsbildung", ABl. 1990 L 131/1; Sitz: Turin; neugefasst durch die VO (EG) Nr. 1339/2008 des EP und des Rates, ABl. 2008 L 354/82.

79 Gegründet durch die VO (EG) Nr. 2454/1999 des Rates v. 15.11.1999 „zur Änderung der VO (EG) Nr. 1628/96 über die Hilfe für Bosnien-Herzegowina, Kroatien, die Bundesrepublik Jugoslawien und die Ehemalige Jugoslawische Republik Mazedonien, insbesondere bezüglich der Schaffung der Europäischen Agentur für den Wiederaufbau", ABl. 1999 L 299/1, im Anschluss übernommen in die VO (EG) Nr. 2667/2000 des Rates v. 5.12.2000 „über die Europäische Agentur für Wiederaufbau", ABl. 2000 L 306/1; diese von vornherein nur befristet errichtete Agentur hat ihre Tätigkeit zum 31.12.2008 wieder beendet, s. dazu *Gundel*, EuR 2009, 383, 385.

80 Gegründet durch die VO (EG) Nr. 294/2008 des EP und des Rates v. 11.3.2008 „zur Errichtung des Europäischen Innovations- und Technologieinstituts", ABl. 2008 L 97/1; Sitz: Budapest; zu ihm *Kirste*, VerwArch 102 (2011), 268 ff.

81 Harmonisierungsamt für den Binnenmarkt (Marken und Modelle [heute: Marken, Muster und Modelle]), gegründet durch die VO (EG) Nr. 40/94 des Rates v. 20.12.1993 „über die Gemeinschaftsmarke", ABl. 1994 L 11/1; Sitz: Alicante.

82 Gegründet durch die VO (EG) Nr. 2100/94 des Rates v. 27.7.1994 „über den gemeinschaftlichen Sortenschutz", ABl. 1994 L 227/1; Sitz: Angers. Zu seiner Arbeit zB *Millet*, ELR 24 (1999), 231 ff; *Wuesthoff/Leßmann/Würtenberger*, Handbuch zum deutschen und europäischen Sortenschutz, 1999, Bd. 1, S. 273 ff; *Sebastien*, in: Couzinet (dir.), Les Agences de l'Union européenne, 2002, S. 281 ff.

83 Gegründet durch die VO (EWG) Nr. 2309/93 des Rates v. 22.7.1993 „zur Festlegung von Gemeinschaftsverfahren für die Genehmigung und Überwachung von Human- und Tierarzneimitteln und zur Schaffung einer Europäischen Agentur zur Beurteilung von Arzneimitteln", ABl. 1993 L 214/1 (Rechtsgrundlage: Art. 235 EWGV; inzwischen ersetzt durch die VO (EG) Nr. 726/2004 des EP und des Rates v. 21.3.2004 „zur Festlegung von Gemeinschaftsverfahren für die Genehmigung und Überwachung von Human- und Tierarzneimitteln und zur Schaffung einer Europäischen Arzneimittel-Agentur", ABl. 2004 L 136/1, Rechtsgrundlage nun Art. 95 und Art. 152 Abs. 4 lit. b EGV); Sitz: London; zu ihr *Riesz*, in: Raschauer (Hrsg.), Europäische Agenturen, 2012, S. 129 ff; *Magrini/Rakotovahiny*, in: Couzinet (dir.), Les Agences de l'Union européenne, 2002, S. 237 ff;; näher u. *Streinz*, *§ 24 Rn 110 f.*

84 Die Gutachten sind damit als bloße Vorbereitungshandlungen nicht eigenständig durch Nichtigkeitsklage angreifbar, s. EuG, Rs. T-326/99 (Fern Oliveiri/Kommission u. EMEA), Slg 2003, II-6053 Rn 51 ff; s. auch noch Rn 38.

ständig nach außen auftritt.[85] Im Ansatz vergleichbare Funktionen erfüllt die im Rahmen der Reform des EG-Lebensmittelrechts gegründete Europäische Behörde für Lebensmittelsicherheit (EFSA),[86] die ebenfalls schließlich von der Kommission zu verantwortende Entscheidungen gutachterlich vorbereitet und begleitet.

In jüngster Zeit ist eine Reihe von Ämtern hinzugekommen, die Zulassungs- und Überwachungsfunktionen in einzelnen Wirtschaftssektoren ausüben. Das gilt zunächst für eine Reihe von Ämtern für den Verkehrssektor:[87] Die Europäische Eisenbahnagentur,[88] die Europäische Agentur für Flugsicherheit,[89] deren Befugnisse bei der Neufassung der Gründungs-Verordnung im Jahr 2008 erheblich erweitert wurden,[90] sowie die Europäische Agentur für die Sicherheit des Seeverkehrs.[91] Als jüngere Gründungen sind hier die 2005 errichtete Europäische Fischereiaufsichtsagentur[92] und die 2006 gegründete Europäische Chemikalienagentur[93] zu verzeichnen; zuletzt sind hier – mit gewissen Einschränkungen[94] – die Agentur für die Zusammenarbeit der Energieregulierungsbehörden (ACER)[95] und das Gremium Europäischer Regulierungsstellen für elektronische Kommunikation 29

85 S. Art. 4 bzw Art. 57 Abs. 1, 58 der VO (EG) Nr. 2309/93 (Fn 83) sowie die VO (EG) Nr. 297/95 des Rates v. 10.2.1995 „über die Gebühren der Europäischen Agentur zur Beurteilung von Arzneimitteln", ABl. 1995 L 35/1.

86 Gegründet durch die VO (EG) Nr. 178/2002 des EP und des Rates v. 28.1.2002 „zur Festlegung der allgemeinen Grundsätze und Anforderungen des Lebensmittelrechts, zur Errichtung der Europäischen Behörde für Lebensmittelsicherheit und zur Festlegung von Verfahren zur Lebensmittelsicherheit", ABl. 2002 L 31/1. Sitz: Parma; zu ihr *Kánska*, 29 ELRev (2004), 711 ff, sowie die Beiträge in *Blanquet/de Grove-Valdeyron* (eds.), La création de l'autorité européenne de sécurité des aliments, 2005; umfassend *Gabbi*, L'Autorità europea per la sicurezza alimentare, 2009; s. auch noch u. *Streinz*, § 24 Rn 61; *Gundel*, in: Ruffert (Hrsg.), Europäisches Sektorales Wirtschaftsrecht, 2013, § 8 Rn 48 ff.

87 Dazu zB *Grard*, in: Mélanges Isaac, 2004, Vol. 1, S. 373 ff; übergreifend zu den Verkehrsagenturen auch *Granner*, in: Raschauer (Hrsg.), Europäische Agenturen, 2012, S. 209 ff.

88 Gegründet durch die VO (EG) Nr. 881/2004 des EP und des Rates v. 29.4.2004 „zur Errichtung einer Europäischen Eisenbahnagentur (‚Agenturverordnung')", ABl. 2004 L 164/1; Sitz: Lille/Valenciennes; s.u. *Sendmeyer*, § 34 Rn 90; *Fehling*, EuR-Beih. 2/2005, 41 ff.

89 Gegründet durch die VO (EG) Nr. 1592/2002 des EP und des Rates v. 15.7.2002 „zur Festlegung gemeinsamer Richtlinien für die Zivilluftfahrt und zur Errichtung einer Europäischen Agentur für Flugsicherheit", ABl. 2002 L 240/1, neugefasst durch die VO (EG) Nr. 216/2008 (Fn 90); Sitz: Köln; dazu *Stiehl*, ZLW 2004, 312 ff; *Riedel*, in: Schmidt-Aßmann/Schöndorf-Haubold (Hrsg.), Der Europäische Verwaltungsverbund, 2005, S. 103 ff; s. auch noch u. *Sendmeyer*, § 34 Rn 182.

90 VO (EG) Nr. 216/2008 des EP und des Rates v. 20.2.2008, ABl. 2008 L 79/1.

91 Gegründet durch die VO (EG) Nr. 1406/2002 des EP und des Rates v. 27.6.2002 „zur Errichtung einer Europäischen Agentur für die Sicherheit des Seeverkehrs", ABl. 2002 L 208/1; Sitz: Lissabon, s.u *Sendmeyer*, § 34 Rn 142.

92 Gegründet durch die VO (EG) Nr. 768/2005 des Rates v. 26.4.2005 „zur Errichtung einer Europäischen Fischereiaufsichtsagentur und zur Änderung der Verordnung (EG) Nr. 2847/93 zur Einführung einer Kontrollregelung für die gemeinsame Fischereipolitik", ABl. 2005 L 128/1; Sitz: Vigo (Spanien); s. als Ausgangspunkt die Mitteilung der Kommission „Für eine einheitliche und wirksame Durchführung der Gemeinsamen Fischereipolitik", KOM (2003) 130 endg. v. 21.3.2003.

93 Gegründet durch die VO (EG) Nr. 1907/2006 des EP und des Rates v. 18.12.2006 „zur Registrierung, Bewertung, Zulassung und Beschränkung chemischer Stoffe (REACH), zur Schaffung einer Europäischen Chemikalienagentur (...)", ABl. 2006 L 396/1; s. dazu zB *Fischer*, DVBl. 2007, 853 ff; *Martel*, ZEuS 2008, 601 ff; Sitz: Helsinki, s. den Einvernehmlichen Beschluss der auf Ebene der Staats- und Regierungschefs vereinigten Vertreter der Mitgliedstaaten v. 13.12.2003 „über die Festlegung der Sitze bestimmter Ämter, Behörden und Agenturen der Europäischen Union" (2004/97/EG, Euratom), ABl. 2004 L 29/15.

94 Dazu sogleich Rn 31.

95 Gegründet durch die VO (EG) Nr. 713/2009 des EP und des Rates v. 13.7.2009 „zur Gründung einer Agentur für die Zusammenarbeit der Energieregulierungsbehörden", ABl. 2009 L 211/1; Sitz: Ljubljana; näher zu Aufgaben und Struktur von ACER zB *Lavrijssen/Hancher*, 34 LIEI (2009), 22 ff; *Haverbeke/Naesens/Vandorpe*, 28 JENRL (2010), 403 ff; *Hofer*, in: Buschle/Hirsbrunner/Kaddous (Hrsg.), European Energy Law, 2011, S. 131 ff; *Horstmann*, in: Roggenkamp/Hammer (eds.), European Energy Law Report VIII, 2011, S. 43 ff; *Ammannati*, in: Salvatore (ed.), Le Agenzie dell'Unione Europea, 2011, S. 99 ff; *dies.*, RIDPC 2011, 675 ff; *Haller*, Der Verwaltungsverbund in der Energieregulierung, 2013, S. 95 ff.

(GEREK)[96] zu nennen. In anderen Bereichen wie der Kartellaufsicht[97] oder der Forschungspolitik[98] wurde die Verselbständigung dagegen zwar immer wieder thematisiert, aber nicht verwirklicht.

30 Selbst in den Bereichen des früheren 2. und 3. Pfeilers hat das Phänomen inzwischen breite Verankerung gefunden: So kann man auch Europol zu den Agenturen zählen, auch wenn die Gründung hier noch in atypischer Weise durch einen eigenständigen völkerrechtlichen Vertrag erfolgte[99] – zumal zwischenzeitlich die Umstellung auf eine sekundärrechtliche Grundlage vorgenommen wurde.[100] Spätere Gründungen in diesem Bereich sind dann von vornherein durch Sekundärrecht erfolgt, so zB die Europäische Polizeiakademie[101] oder das europäische Sicherheits- und Verteidigungskolleg;[102] das Institut der Europäischen Union für Sicherheitsstudien[103] und das Satellitenzentrum der EU[104] wurden auf diesem Wege als bereits existierende Institutionen aus dem Rahmen der WEU in den Verantwortungsbereich der Union übernommen.[105] Als weitere Gründungen sind die Europäische Verteidigungsagentur,[106] Eurojust,[107] und die Europäische Agentur für die operative

96 Gegründet durch die VO (EG) Nr. 1211/2009 des EP und des Rates v. 25.11.2009 „zur Einrichtung des Gremiums Europäischer Regulierungsstellen für elektronische Kommunikation (GEREK) und des Büros“, ABl. 2009 L 337/1; dazu *Busch*, N&R 2009, 159 ff.

97 Zur Diskussion im Kartellsektor s. *Bartodziej*, Reform der EG-Wettbewerbsaufsicht und Gemeinschaftsrecht, 1994; *Ehlermann*, CMLR 32 (1995), 471 ff.

98 Zu Überlegungen zur Schaffung eines Forschungsrats auf europäischer Ebene s. zB *J. Hilf*, Dezentralisierungstendenzen in der Europäischen Union. Die Delegation von Forschungsverwaltungsaufgaben an außervertragliche Einrichtungen nach Art. 171 EGV, 1999; *v. Bogdandy/Westphal*, ELR 29 (2004), 788 ff; die schließlich mit Beschluss 2007/134/EG der Kommission v. 2.2.2007 „zur Einrichtung des Europäischen Forschungsrats“, ABl. 2007 L 57/14, geschaffene Struktur ist ein – wenn auch unabhängiges – Gremium im Rahmen der Kommission, das durch eine von ihr gegründete Exekutivagentur (Fn 181) unterstützt wird; dazu *Groß*, EuR 2010, 299 ff; *H. Hofmann*, 18 EPL (2013), 175 ff.

99 Übereinkommen aufgrund von Artikel K.3 des Vertrags über die Europäische Union über die Errichtung eines Europäischen Polizeiamts (Europol-Übereinkommen), ABl. 1995 C 316/2. Sitz: Den Haag. Zur Einordnung s. zB *Rapp*, in: Couzinet (dir.), Les Agences de l'Union européenne, 2002, S. 131 ff; zur gegenwärtigen und künftigen Ausgestaltung zB *Ruthig*, in: Wolters ua (Hrsg.), Alternativentwurf Europol und europäischer Datenschutz, 2008, S. 97 ff; *Amelung*, ebda S. 233 ff; zum Rechtsschutz *Schenke* ebda., S. 367 ff; s weiter *Davies*, in: Trybus/Rubini (eds.), The Treaty of Lisbon and the Future of European Law and Policy, 2012, S. 325 ff.

100 Beschluss 2009/371/JI des Rates v. 6.4.2009 „zur Errichtung des Europäischen Polizeiamts (Europol)“, ABl. 2009 L 121/37; dazu *Roland/Buyssens*, RevMC 2009, 83 ff; *Amici*, RDUE 2010, 77 ff.

101 Beschluss 2000/820/JI des Rates v. 22.12.2000 „über die Errichtung der Europäischen Polizeiakademie (EPA)“, ABl. 2000 L 336/1; Sitz: Bramshill (Großbritannien), ab 2014 Budapest, s. die VO (EU) Nr. 543/2014 des EP und des Rates v. 15.5.2014, ABl. 2014 L 163/5; s. auch das Vorhaben einer Überführung in die Europol-Strukturen: Vorschlag für eine Verordnung über die Agentur der Europäischen Union für die Zusammenarbeit und die Aus- und Fortbildung auf dem Gebiet der Strafverfolgung (Europol) und zur Aufhebung der Beschlüsse 2009/371/JI und 2005/681/JI des Rates, KOM (2013) 173 endg. v. 27.3.2013.

102 Gemeinsame Aktion 2005/575/GASP des Rates v. 18.7.2005 zur Errichtung eines Europäischen Sicherheits- und Verteidigungskollegs (ESVK), ABl. 2005 L 194/15; Sitz: Brüssel; derzeit geltend: Beschluss 2013/189/GASP des Rates v. 22.4.2013, ABl. 2013 L 112/22.

103 Gemeinsame Aktion 2001/554/GASP des Rates v. 20.7.2001 „betreffend die Einrichtung eines Instituts der Europäischen Union für Sicherheitsstudien“, ABl. 2001 L 200/1, nun ersetzt durch den Beschluss 2014/75/GASP des Rates v. 10.2.2014, ABl. 2014 L 41/13; Sitz: Paris.

104 Gemeinsame Aktion 2001/555/GASP des Rates v. 20.7.2001 „betreffend die Einrichtung eines Satellitenzentrums der Europäischen Union“, ABl. 2001 L 200/5; Sitz: Torrejón de Ardoz (Spanien).

105 S. dazu *Kronenberger*, Europe 3/2002, 5 ff; *ders.*, in: Couzinet (dir.), Les Agences de l'Union européenne, 2002, S. 190 ff.

106 Gegründet durch die Gemeinsame Aktion 2004/551/GASP des Rates v. 12.7.2004 „über die Einrichtung der Europäischen Verteidigungsagentur“, ABl. 2004 L 245/17; Sitz: Brüssel; nun ersetzt durch den Beschluss 2011/411/GASP des Rates „über die Rechtsstellung, den Sitz und die Funktionsweise der Europäischen Verteidigungsagentur (...), ABl. 2011 L 183/16, zu ihr *Trybus*, CMLR 43 (2006), 667 ff; *Sanchez Barrueco*, RMUE 2008, 507 ff. *Stärkle*, L'Agence européenne de défense, 2010.

107 Beschluss 2002/187/JI des Rates v. 28.2.2002 „über die Errichtung von Eurojust zur Verstärkung der Bekämpfung der schweren Kriminalität“, ABl. 2002 L 63/1, geändert durch den Beschluss 2009/426/JI des Rates v. 16.12.2009, ABl. 2009 L 138/14; Sitz: Den Haag. S. dazu zB *Mangenot*, Eipascope 1/2005, 27 ff; *Souminen*, MJ 15 (2008), 217 ff.

Zusammenarbeit an den Außengrenzen (Frontex)[108] aufzuführen; in jüngerer Zeit hinzugekommen sind das Europäische Unterstützungsbüro für Asylfragen[109] und die Agentur „für das Betriebsmanagement von IT-Großsystemen im Bereich der Freiheit, der Sicherheit und des Rechts",[110] die die Mitgliedstaaten bei der Verwaltung und Pflege von Datenbanken wie dem Schengener Informationssystem unterstützen soll.

Der Prozess der sektoralen Ausdifferenzierung der Unionsverwaltung ist nicht abgeschlossen; allerdings hat die jüngste Gründungswelle auch Widerstand und Bedenken hervorgerufen, die in der deutschen Diskussion vor allem aus Anlass der Gründung der Grundrechteagentur[111] artikuliert worden sind. Die Bedenken richten sich aus mitgliedstaatlicher Sicht darauf, dass mit dem Instrument der Agenturen immer weitere Teile des Verwaltungsvollzugs zentralisiert würden.[112] Diese Widerstände haben dazu geführt, dass die jüngsten Gründungen deutlich bescheidener ausgefallen sind als zunächst geplant: So verfügt die Agentur für die Zusammenarbeit der Energieregulierungsbehörden (ACER)[113] nur über sehr eingeschränkte Entscheidungskompetenzen,[114] im Telekommunikationssektor wurde statt der vorgeschlagenen „Europäischen Behörde für die Märkte der elektronischen Kommunikation"[115] nur ein rechtsfähiges Unterstützungsbüro für den nicht mit Entscheidungsbefugnissen versehenen Rat der nationalen Regulierungsbehörden errichtet.[116] Zugleich sind auch Zweifel an der Effektivität dieser Dezentralisierung der Unionsverwaltung laut geworden: In diesen Einheiten wird zwar Sachverstand zu den jeweils im Mittelpunkt stehenden Sachfragen konzentriert; zugleich wird der Verwaltungsaufwand aber deutlich erhöht, weil jede der – teilweise auch in geographisch ungünstiger Lage angesiedelten[117] – Agenturen eigene technische Dienste oder Service-Funktionen (Personal, Logistik, Gebäudemanagement, Auftragsvergabe etc.) benötigt.[118] Zugleich sind die Einheiten auch häufig zu klein, um professionelle Strukturen für ihre Verwaltungstätigkeit herausbilden zu können.[119] Ein weiteres strukturelles Problem der Ausdifferenzierung der EU-Verwaltung stellt die bei sektoralen Regulierungsbehörden allgemein bestehende 31

108 VO (EG) Nr. 2007/2004 des Rates v. 26.10.2004, ABl. 2004 L 349/1; Sitz: Warschau (s. den Beschluss 2005/358/EG des Rates v. 26.4.2005, ABl. 2005 L 114/13); dazu *Coda*, RevMC 2005, 385 ff; *Fischer-Lescano/Tohidipur*, ZaöRV 2007, 1219 ff; *Cudennec*, in: Flaesch-Mougin (dir.), Union européenne et sécurité: aspects internes et externes, 2009, S. 321 ff; *Billet*, ebda., S. 335 ff.

109 VO (EU) Nr. 439/2010 des EP und des Rates v. 19.5.2010 zur Einrichtung eines Europäischen Unterstützungsbüros für Asylfragen, ABl. 2010 L 132/11; Sitz: Malta; dazu *Visser*, RDUE 2013, 441 ff.

110 VO (EU) Nr. 1077/2011 des EP und des Rates v. 25.10.2011 „zur Errichtung einer Europäischen Agentur für das Betriebsmanagement von IT-Großsystemen im Raum der Freiheit, Sicherheit und des Rechts", ABl. 2011 L 286/1. Sitz: Tallinn.

111 S.o. Rn 27, Fn 72.

112 Diesen Gesichtspunkt betont insb. für Agenturen mit Entscheidungszuständigkeit die Kritik von *Ohler*, EuZW 2006, 372, 374; ähnlich *Brenner*, in: FS Rengeling, 2008, S. 193 ff; zur im Gegenzug feststellbaren Abschwächung des Einflusses der Kommission s. noch Rn 34.

113 S.o. Rn 29, Fn 95.

114 Dazu *Gundel/Germelmann*, EuZW 2009, 763, 767 f; *Gundel*, in: Terhechte (Hrsg.), Verwaltungsrecht der Europäischen Union, 2011, § 23 Rn 45; im Ergebnis wirkt die schwache Stellung der Agentur sich hier zugunsten der Kommission aus, der zugleich wesentlich weiterreichende Befugnisse zuerkannt wurden.

115 Verordnungsvorschlag KOM (2007) 699 endg. v. 13.11.2007.

116 Art. 6 ff der VO (EG) Nr. 1211/2009 (Fn 96).

117 Zu diesem Gesichtspunkt *Kilb*, EuZW 2006, 268, 272 f; zur Festlegung des Sitzes s.u. Rn 35; zu problematischen Ansiedlungsentscheidungen s. – mit jeweils anschaulichen Schilderungen der praktischen Schwierigkeiten – für das HABM (Alicante; s.o. Fn 81) *Meister*, WRP 2004, 543, 553 ff; für die EFSA (Parma; s.o. Fn 86) *Przyrembel*, DLR 2008, 409, 410 f; in Bezug auf die Agentur für Netz- und Informationssicherheit (Fn 77) mit Sitz in Heraklion hat der EU-Gesetzgeber inzwischen mit der Zulassung einer Außenstelle in Athen reagiert, s. die Erwägungsgründe 6 ff. der VO (EU) Nr. 526/2013 des EP und des Rates v. 21.5.2013, ABl. 2013 L 165/41.

118 Dazu zB *Kilb*, EuZW 2006, 268, 273; auf der Ebene der Unionsorgane bietet hier die Einrichtung Interinstitutioneller Ämter der Organe eine Rationalisierungsperspektive, dazu u. Rn 44 ff; *Hummer*, in: FS Öhlinger, 2004, S. 92, 119 ff; eine Einbeziehung der Agenturen in diese Strukturen erscheint aufgrund der räumlichen Entfernungen nicht sinnvoll.

119 S. auch die Feststellung im Sonderbericht 5/2008 des Europäischen Rechnungshofs „Wie erzielen die Agenturen der Union Ergebnisse?" v. 5.6.2008, Tz. 42: Viele der Agenturen seien zu klein, „um die für ihre Bedürfnisse am besten geeigneten Verwaltungslösungen zu ermitteln und zu entwickeln."

Gefahr der „regulatory capture“[120] dar, die durch den ständigen Kontakt zwischen der Behörde und den im jeweiligen Bereich tätigen Akteuren entstehen kann; hier müssen ggf. zusätzliche Vorkehrungen getroffen werden, um Interessenkonflikte zu vermeiden.[121]

32 Unter dem Eindruck der Finanzkrise hat die Kommission trotz dieser Bedenken[122] das jüngste Paket von Gründungsvorschlägen auf den Weg gebracht; es umfasste die Errichtung einer Europäischen Wertpapieraufsichtsbehörde,[123] einer Europäischen Bankaufsichtsbehörde[124] und einer Europäischen Aufsichtsbehörde für das Versicherungswesen und die betriebliche Altersversorgung.[125] Die neuen Agenturen, die mit den nationalen Aufsichtsbehörden im Europäischen System für die Finanzaufsicht (ESFS) vernetzt werden,[126] lösen die von der Kommission in den Jahren 2001 bzw 2003 eingerichteten Koordinierungsausschüsse im Bereich der Finanzmarktaufsicht (Wertpapierausschuss/Paris; Versicherungsaufsicht/Frankfurt; Bankenaufsicht/London)[127] ab. Damit hat sich die Vermutung bestätigt, dass diese damals neuartige Form der Verwaltungskooperation im Wege der Vernetzung der nationalen Entscheidungsträger in einem Gremium unter dem Dach der Kommission[128] letztlich doch nur eine Zwischenstation auf dem Weg zu künftigen EU-Behörden in den jeweiligen Sektoren darstellte.[129]

b) Integration in das System der Unionsverwaltung

33 Die Agenturen haben von Anfang an erhebliche rechtliche Probleme aufgeworfen.[130] Als Rechtsgrundlage für ihre Errichtung wurde lange Zeit zumeist die Reservekompetenz des Art. 308 EGV (früher Art. 235 EWGV, nun Art. 352 AEUV)[131] herangezogen, weil die jeweilige Sachkompetenznorm offensichtlich nicht als ausreichende Grundlage für die Schaffung eigenständiger institutio-

120 Zum Begriff zB *Basedow*, N&R 2007, 133.

121 S. den Sonderbericht Nr. 15/2012 des Europäischen Rechnungshofs: Behandlung von Interessenkonflikten in ausgewählten EU-Agenturen [EASA, ECHA, EMA, EFSA]; s. auch zu „revolving door“-Vorkommnissen bei der EFSA und einer darauf bezogenen Rüge des Bürgerbeauftragten *Gundel*, in: Ruffert (Hrsg.), Europäisches Sektorales Wirtschaftsrecht, 2013, § 8 Rn 49; *Nihoul/Binet*, European Journal of Consumer Law 2012, 511 ff.

122 Zur von der Kommission zuvor beschlossenen Evaluierung des Agentursystems s.u. Rn 43.

123 VO (EU) Nr. 1095/2010 des EP und des Rates v. 24.11.2010 „zur Errichtung einer Europäischen Aufsichtsbehörde (Europäische Wertpapier- und Marktaufsichtsbehörde) ...“, ABl. 2010 L 331/84 (European Securities and Markets Autority – ESMA); speziell zur ESMA s. *Schammo*, 48 CMLRev. (2011), 1879 ff; *Walla*, BKR 2012, 265 ff; *Zülch/Hoffmann/Detzen*, EWS 2011, 167 ff.

124 VO (EU) Nr. 1093/2010 des EP und des Rates v. 24.11.2010 „zur Errichtung einer Europäischen Aufsichtsbehörde (Europäische Bankenaufsichtsbehörde) ...“, ABl. 2010 L 331/12 (European Banking Authority – EBA); zu ihr zB *Michel*, DÖV 2011, 728 ff.

125 VO (EU) Nr. 1094/2010 des EP und des Rates v. 24.11.2010 „zur Errichtung einer Europäischen Aufsichtsbehörde (Europäische Aufsichtsbehörde für das Versicherungswesen und die betriebliche Altersversorgung)...“, ABl. 2010 L 331/48 (European Insurance and Occupational Pensions Authority – EIOPA).

126 S. zur neuen Struktur im Überblick *Lehmann/Manger-Nestler*, ZBB 2011, 2 ff; *Kämmerer*, NVwZ 2011, 1281 ff; *Binder*, GPR 2011, 34 ff; *Baur/Boegl*, BKR 2011, 177 ff; spezifisches Instrument dieser Koordination ist der Europäische Ausschuß für Systemrisiken, der durch die VO (EU) Nr. 1092/2010 des EP und des Rates v. 24.11.2010 über die Finanzaufsicht der Europäischen Union auf Makroebene und zur Errichtung eines Europäischen Ausschusses für Systemrisiken, ABl. 2010 L 331/1, errichtet wurde, allerdings keine eigene Rechtspersönlichkeit besitzt; speziell zu diesem Ausschuß s. *Ferran/Alexander*, 35 ELRev. (2010), 751 ff; *Louis*, CDE 2010, 645 ff; *Kaufhold*, DV 46 (2013), 21 ff.

127 Beschluss 2004/5/EG der Kommission v. 5.11.2003 zur Einsetzung des Ausschusses der europäischen Bankaufsichtsbehörden, ABl. 2004 L 3/28, ersetzt durch den Beschluss 2009/78/EG v. 23.1.2009, ABl. 2009 L 25/23; Beschluss 2004/6/EG der Kommission v. 5.11.2003 zur Einsetzung des Ausschusses der europäischen Aufsichtsbehörden für das Versicherungswesen und die betriebliche Altersversorgung, ABl. 2004 L 3/30, ersetzt durch den Beschluss 2009/79/EG v. 23.1.2009, ABl. 2009 L 25/28; Beschluss 2004/7/EG der Kommission v. 5.11.2003 zur Änderung des Beschlusses 2001/527/EG zur Einsetzung des Ausschusses der europäischen Wertpapierregulierungsbehörden, ABl. 2004 L 3/32, ersetzt durch den Beschluss 2009/77/EG v. 23.1.2009, ABl. 2009 L 25/18.

128 S. zB *Schmidt-Aßmann*, ZHR 168 (2004), 125, 129 f; zu dieser Form der Vernetzung s. auch noch u. Rn 156 ff; zur Finanzaufsicht s. auch *Jung*, § 20 Rn 7, 8.

129 S. dazu aus Anlass des Streits um den Sitz der damals neu geschaffenen Ausschüsse FAZ Nr. 256 v. 4.11.2003, S. 11.

130 Zu den anfänglichen Zweifeln an der grundsätzlichen Zulässigkeit solcher Strukturen s.o. Rn 26.

131 Ablehnend auch zur Wahl dieser subsidiären Rechtsgrundlage *Remmert*, EuR 2003, 134, 137 ff, die stattdessen eine ausdrückliche Ermächtigung auf primärrechtlicher Ebene verlangt.

neller Strukturen angesehen wurde.[132] Bei den in jüngerer Zeit geschaffenen Agenturen wird dagegen nun allein die für das jeweilige Sachgebiet einschlägige Rechtsgrundlage herangezogen;[133] der Gerichtshof hat diese Neuausrichtung bestätigt.[134] Im Vertrag von Lissabon werden einzelne der Agenturen nun konstitutionalisiert und zugleich mit einer eigenen Rechtsgrundlage versehen.[135]

Die jeweilige Gründungsverordnung enthält zugleich auch die Regelungen zur inneren Verfassung der Agentur: Als eigenständige Einrichtung verfügt sie über eine vollständige Binnenstruktur, die zumeist aus einem für die laufenden Geschäfte und die Außenvertretung zuständigen Direktor und dem Verwaltungsrat, der für Grundsatzentscheidungen und für die Ernennung des Direktors zuständig ist. Dabei bedeutet die Unabhängigkeit der Agentur gegenüber den Unionsorganen im Ergebnis vielfach eine Stärkung des Einflusses der Mitgliedstaaten: Sie sind im Verwaltungsrat als dem kollektivem Leitungsgremium der jeweiligen Agentur verhältnismäßig stark vertreten, während die Kommission hier zumeist nur über wenige Stimmen verfügt.[136] Sie hat auch nur begrenzte Möglichkeiten, „von außen" steuernd einzugreifen;[137] die Kommission hat diese Problematik nun aufgegriffen und bemüht sich, eine stärkere Anbindung an ihre Tätigkeit zu verankern.[138] 34

Die Festlegung des Sitzes der jeweiligen Agentur ist bisher zumeist in entsprechender Anwendung des Art. 341 AEUV durch **einvernehmlichen Beschluss** der auf Ebene der Staats- und Regierungschefs vereinigten Vertreter der Mitgliedstaaten erfolgt.[139] Nachdem die regionale Verteilung in diesem Rahmen zum regelmäßigen Streitpunkt zwischen den Mitgliedstaaten geworden ist[140] und das Streben nach Paketlösungen eine Einigung erschwert, strebt die Kommission künftig wieder die Regelung in der Gründungsverordnung an;[141] sie war vereinzelt auch schon bei den bestehenden Agenturen erfolgt.[142] 35

---

132 Vereinzelt wurde auch früher schon allein die entsprechende Sachkompetenznorm herangezogen, so für die Umweltagentur (Fn 70) der spätere Art. 175 EGV (nun Art. 192 AEUV).

133 Zur Begründung dieses Kurswechsels s. die Kommissionsmitteilung über „Rahmenbedingungen für die europäischen Regulierungsagenturen", KOM (2002) 718 endg. v. 11.12.2002, S. 8; dafür schon zuvor *Groß*, Das Kollegialprinzip in der Verwaltungsorganisation, 1999, S. 354 f; teils skeptisch *P. M. Huber*, UTR 62 (2002), 9, 29; ausführlich zur Entwicklung *Schwartz*, in: von der Groeben/Schwarze (Hrsg.), EUV/EGV, Art. 308 EGV Rn 214 ff; *Vetter*, DÖV 2005, 721 ff.

134 S. für die Binnenmarktkompetenz des heutigen Art. 114 AEUV als geeignete Rechtsgrundlage EuGH, Rs. C-217/04 (Großbritannien/Parlament und Rat), Slg 2006, I-3771 = EuZW 2006, 369 m. krit. Anm. *Ohler* = DVBl. 2006, 835 m.Anm. *Hansmann*; dazu auch *Randazzo*, 44 CMLR (2007), 155 ff; für Art. 62 und 66 EGV EuGH, Rs. C-77/05 (Großbritannien/Rat), Slg 2007, I-11459.

135 So Art. 85 AEUV für Eurojust (s.o. Fn 107), Art. 88 AEUV für Europol (s.o. Fn 99 f).

136 Dazu *Schwartz*, in: von der Groeben/Schwarze (Hrsg.), EUV/EGV Art. 308 EGV Rn 247 ff. Insoweit besteht eine Parallele zur Rückverlagerung der Gesetzgebungszuständigkeiten auf die Mitgliedstaaten durch das Phänomen der Komitologie, s. dazu *Groß*, EuR 2005, 54, 55.

137 So ist ihr zumeist das Vorschlagsrecht für den vom Verwaltungsrat zu ernennenden Exekutivdirektor eingeräumt, zudem stehen ihr Kontrollbefugnisse in Bezug auf den Haushaltsplan zu.

138 S. die Mitteilung KOM (2002) 718 endg. (Fn 63), S. 11.

139 S. den Einvernehmlichen Beschluss der auf Ebene der Staats- und Regierungschefs vereinigten Vertreter der Mitgliedstaaten v. 29.10.1993 „über die Festlegung des Sitzes bestimmter Einrichtungen und Dienststellen der Europäischen Gemeinschaft sowie des Sitzes von Europol", ABl. 1993 C 323/1; weiter den Einvernehmlichen Beschluss der auf Ebene der Staats- und Regierungschefs vereinigten Vertreter der Mitgliedstaaten v. 13.12.2003 „über die Festlegung der Sitze bestimmter Ämter, Behörden und Agenturen der Europäischen Union" (2004/97/EG, Euratom), ABl. 2004 L 29/15.

140 Dazu zB *Hummer*, in: FS Öhlinger, 2004, S. 92, 104 ff.

141 Mitteilung über „Rahmenbedingungen für die europäischen Regulierungsagenturen", KOM (2002) 718 endg. v. 11.12.2002, S. 8; s. dann zB für die Europäische Fischereiaufsichtsagentur Art. 18 Abs. 4 der VO (EG) Nr. 768/2005 (Fn 92); dauerhaft konnte sich dieser Wechsel aber nicht durchsetzen, s. jetzt wieder für die Festlegung des Sitzes der Agentur für die Zusammenarbeit der Energieregulierungsbehörden (Fn 95) den Beschluss der Vertreter der Regierungen der Mitgliedstaaten v. 7.12.2009, ABl. 2009 L 322/39.

142 So vor allem in der ersten Gründungswelle für das Europäische Zentrum für die Förderung der Berufsbildung, und die Stiftung zur Verbesserung der Lebens- und Arbeitsbedingungen (o. Fn 63); später dann auch für die Europäische Agentur für den Wiederaufbau, Art. 16 der VO (EG) Nr. 2454/1999 (Fn 79).

36 Das Instrument der Agenturen ist dabei so flexibel, dass das Sekundärrecht auch die Möglichkeit der Mitwirkung von Nicht-Mitgliedstaaten[143] oder Internationaler Organisationen[144] vorsehen kann; bei einer Aufgabenwahrnehmung durch die zentralen Einheiten der Unionsverwaltung wäre eine solche Lösung nicht möglich.[145] Umgekehrt kann die EU auch in vergleichbaren Stellen anderer Träger mitwirken und ihnen Verwaltungsbefugnisse mit Wirkung für das Territorium der Mitgliedstaaten übertragen;[146] wichtigstes Beispiel in neuerer Zeit ist die Einbindung von Eurocontrol – also einer eigenständigen internationalen Organisation[147] – in das Luftverkehrsrecht der Union.[148]

37 Die große Ausgestaltungsfreiheit des Gesetzgebers hat freilich auch dazu geführt, dass die inneren Strukturen der einzelnen Agenturen jenseits der gemeinsamen Grundlinien (siehe oben Rn 34) beträchtliche Unterschiede aufweisen, die nur zum Teil durch Sachgründe erklärlich sind: Solche Gründe gelten zB für die Tatsache, dass der Kommission in den Bereichen des 2. und 3. Pfeilers keine eigene Position in den Entscheidungsgremien eingeräumt ist.[149] Im Übrigen erscheint die uneinheitliche Ausgestaltung aber zumeist als Ergebnis historischer und sektoraler Zufälligkeiten; die Kommission strebt hier deshalb nun eine Vereinheitlichung des äußeren Rahmens an,[150] um für die Zukunft eine stärkere strukturelle Homogenität der Agenturen zu erreichen (siehe dazu unten Rn 43).

38 Erhebliche Probleme hat zunächst die Frage des **Rechtsschutzes** gegen Maßnahmen der Agenturen bereitet: Unter den Autoren angreifbarer Rechtsakte im Sinne des Art. 230 EGV waren sie nicht aufgeführt.[151] Diese Lücke wurde bisher durch unterschiedliche Konstruktionen überbrückt: In den Statuten der „älteren“ Agenturen ist teils ein Beschwerderecht zur Kommission vorgesehen, deren

---

143 So zB Art. 19 der VO (EWG) Nr. 1210/90 (Fn 70) für die Europäische Umweltagentur; Art. 49 der VO (EG) Nr. 178/2002 (Fn 86) für die Lebensmittelsicherheitsbehörde; Art. 21 der Gemeinsamen Aktion 2001/555/GASP (Fn 104) für das Satellitenzentrum; Art. 30 der VO (EG) Nr. 851/2004 (Fn 76) für das Zentrum für die Prävention und Kontrolle von Krankheiten; kritisch dazu *P. M. Huber*, UTR 62 (2002), 9, 32 f; für einen Anwendungsfall s. das Abkommen zur Beteiligung der Türkei an der Arbeit der Europäischen Beobachtungsstelle für Drogen und Drogensucht, ABl. 2007 L 323/23.

144 S. insb. zur Mitwirkung des Europarats in der Grundrechte-Agentur Art. 9 der VO (EG) Nr. 168/2007 (Fn 72) und den Beschluss des Rates v. 28.2.2008 über den Abschluss eines Abkommens zwischen EG und Europarat über die Zusammenarbeit der Grundrechte-Agentur mit dem Europarat, ABl. 2008 L 186/6: Der Ministerrat des Europarats benennt je eine unabhängige Persönlichkeit als Mitglied des Verwaltungsrats und des Exekutivausschusses der Agentur.

145 S. zur Aufnahme der damaligen Beitrittskandidaten Mittel- und Osteuropas in die Umweltagentur zB *R. Wägenbaur*, EuZW 2001, 98.

146 S. neben den Nachw. in Fn 148 auch den Beschluss 1999/784/EG des Rates v. 22.11.1999 „über die Beteiligung der Gemeinschaft an der [vom Europarat getragenen] Europäischen Audiovisuellen Beobachtungsstelle“, ABl. 1999 L 307/61; zu den Grenzen solcher Kompetenzübertragungen auf unionsfremde Stellen s. bereits EuGH, GA 1/76 (Stilllegungsfonds für die Binnenschifffahrt), Slg 1977, 741; s. auch *Vedder*, in: GS Grabitz, 1995, S. 795 ff.

147 S. das Internationale Übereinkommen über Zusammenarbeit zur Sicherung der Luftfahrt „Eurocontrol“, BGBl. 1962 II 2273.

148 S. den Beschluss des Rates v. 29.4.2004 „über den Abschluss des Protokolls über den Beitritt der Europäischen Gemeinschaft zur Europäischen Organisation für Flugsicherung durch die Europäische Gemeinschaft“, ABl. 2004 L 304/210; zu den Einzelheiten s. *Scherer*, in: FS Zuleeg, 2005, S. 456 ff; *Grard*, in: Mélanges Isaac, Vol. 1, 2004, S. 373, 375 ff.

149 S. zB Eurojust, s. Art. 10, 11 des Beschlusses 2002/187/JI (Fn 107); sowie die Europäische Verteidigungsagentur (Gemeinsame Aktion 2004/551/GASP, Fn 106).

150 Mitteilung v. 11.12.2002 über „Rahmenbedingungen für die europäischen Regulierungsagenturen“, KOM (2002) 718 endg.; s. dazu *Schmidt-Aßmann*, ZHR 168 (2004), 125, 128 f; *Stiehl*, ZLW 2004, 312, 319 ff; *Geradin/Petit*, YEL 23 (2004), 137, 180 ff.

151 S. dazu zB *Molinier*, in: Couzinet (dir.), Les Agences de l'Union européenne, 2002, S. 113 ff; *Berger*, Vertraglich nicht vorgesehene Einrichtungen der Gemeinschaft mit eigener Rechtspersönlichkeit – Ihre Gründung und die Folgen für Rechtsschutz und Haftung, 1999; *Greco*, RIDPC 1997, 27 ff.

Entscheidung dann Gegenstand einer Nichtigkeitsklage werden konnte.[152] In den Statuten der „jüngeren“ Agenturen findet sich häufig ein sekundärrechtlicher Verweis auf die Zuständigkeit der Unionsgerichte,[153] der sich zwar auf die Rechtsprechung des EuGH zum Ausschluss von Rechtsschutzlücken im Unionsrecht[154] stützen konnte, aber bis in jüngste Zeit umstritten war.[155] Teils ist auch die Einrichtung von Agentur-internen Beschwerdekammern erfolgt, gegen deren Entscheidung das Sekundärrecht den Rechtsweg zu den Gerichten der EU vorsieht; das gilt zB für das Marken- und das Sortenamt,[156] die Flugsicherheitsbehörde,[157] die Europäische Chemikalienagentur[158] und zuletzt die Agentur für die Zusammenarbeit der Energieregulierungsbehörden.[159] Im Vertrag von Lissabon wird diese Konstruktion nun in Art. 263 Abs. 5 AEUV primärrechtlich abgesichert, zugleich werden die Handlungen der Agenturen („Einrichtungen oder sonstigen Stellen der Union“) in Art. 263 Abs. 1 S. 2 AEUV nun ausdrücklich als möglicher Gegenstand der Nichtigkeitsklage aufgeführt, was angesichts des inzwischen erreichten Ausmaßes des Phänomens auch angemessen erscheint. Schon kurz vor seinem Inkrafttreten hatte das EuG klargestellt, dass unabhängig von der Ausgestaltung des Sekundärrechts Rechtsschutz gegen verbindliche Maßnahmen der Agenturen gewährleistet sein muss.[160] Allerdings können auch nach dem neuen Stand nur solche Rechtsakte der Agenturen mit der Nichtigkeitsklage angegriffen werden; für die zumeist vorliegenden formal unverbindlichen Maßnahmen wie Gutachten oder Auskünfte bleibt nach dem Rechtsschutzsystem der Verträge nur die Möglichkeit der Schadenersatzklage.[161]

Problematisch erscheint auch, dass die den Unionsbürgern gegenüber der Unionsverwaltung eingeräumten Rechte im Verhältnis zu den Agenturen nicht uneingeschränkt gelten sollen – was bisher vor allem in der Frage der Verkehrssprachen der Agenturen relevant geworden ist (dazu unten Rn 189). Allgemein droht durch die Auffächerung der Verwaltungsträger auf Unionsebene eine Zersplitterung des Eigenverwaltungsrechts der Union. Ein Beispiel für diese Entwicklung bildet das Recht des Zugangs zu Dokumenten der Unionsinstitutionen (dazu unten Rn 190 ff), das zunächst auf der Ebene der Geschäftsordnungen der Organe gewährleistet wurde: Die Ämter wurden durch die jeweiligen Regelungen von Rat und Kommission nicht erfasst; auch der schließlich durch den Vertrag von Amsterdam eingefügte Art. 255 EGV erwähnte nur den Zugang zu Dokumenten von Rat, Kommission und Europäischem Parlament. Stattdessen wurde für jedes Amt eine eigene Rege- 39

152 So Art. 22 der VO (EWG) Nr. 1365/75 (Fn 68) für die Europäische Stiftung zur Verbesserung der Lebens- und Arbeitsbedingungen, und Art. 18 der VO (EWG) Nr. 337/75 (Fn 68) für das Europäische Zentrum für die Förderung der Berufsbildung; ebenso jetzt die Lösung für die Exekutivagenturen gemäß Art. 22 Abs. 1 VO (EG) Nr. 58/2003 (s.u. Rn 41 f).

153 So zB Art. 15 Abs. 3 der VO (EG) Nr. 1035/97 (Fn 71) für Klagen gegen die Rassismus-Beobachtungsstelle, Art. 17 der VO (EWG) Nr. 302/93 (Fn 74) für Klagen gegen die Drogen-Beobachtungsstelle.

154 S. insb. EuGH, Rs. 294/83 (Les Verts/Parlament), Slg 1986, 1339 Rn 23 f.

155 Die Zulässigkeit einer Erweiterung des Anwendungsbereichs der Nichtigkeitsklage grundsätzlich verneinend *Ehricke*, IR 2008, 146 ff, der stattdessen für die Zurechnung von Maßnahmen der Agenturen zur Kommission plädiert; zur nun erfolgten Klärung durch die Rechtsprechung s.u. Fn 160.

156 Art. 57-63 der VO (EG) Nr. 40/94 (Fn 81); dazu zB *Krämer*, Rechtsschutz im EG-Eigenverwaltungsrecht zwischen Einheitlichkeit und sektorieller Ausdifferenzierung, 2007; s. auch noch *Dammann*, Die Beschwerdekammern der Europäischen Agenturen, 2004.

157 Art. 31-42 der VO (EG) Nr. 1592/2002 (Fn 89); s. zum Verfahren die VO (EG) Nr. 104/2004 der Kommission v. 22.1.2004 „zur Festlegung von Vorschriften für die Organisation und Besetzung der Beschwerdekammer der Europäischen Agentur für Flugsicherheit“, ABl. 2004 L 16/20.

158 Art. 89-94 der VO (EG) Nr. 1907/2006 (Fn 93); zum Verfahren s. die VO (EG) Nr. 771/2008 der Kommission v. 1.8.2008 „zur Festlegung der Vorschriften für die Organisation und die Verfahren der Widerspruchskammer der Europäischen Chemikalienagentur“, ABl. 2008 L 206/5; zum Rechtsschutz s. *Rehbinder*, in: FS Rengeling, 2008, S. 383 ff; *Siegel*, EuZW 2008, 141 ff; *Martel*, ZEuS 2008, 601, 637 ff.

159 Art. 18-20 VO (EG) Nr. 713/2009 (Fn 95); kritisch zu dieser Lösung *Ehricke*, IR 2008, 146 ff.

160 So für die Europäische Agentur für den Wiederaufbau (AER, o. Fn 79), deren Gründungsverordnung keine Regelung zum Rechtsschutz enthält: EuG, Rs. T-411/06 (Sogelma/AER), Slg 2008, II-2771 = EuR 2009, 369 m.Anm. *Gundel* (zur Klage gegen die Aufhebung einer Ausschreibung); dazu auch *Bernard*, Europe 12/2008, 14 ff; *Vandersanden*, JDE 2008, 297 f; *Saurer*, DVBl 2009, 1021 ff; *Riedel*, EuZW 2009, 565 ff; bestätigend EuG, Rs. T-70/05 (Evropaïki Dynamiki/EMSA), Slg 2010, II-313, Rn 61 ff.

161 S. *Gundel*, EuR 2009, 383, 391; offen *Saurer*, DVBl. 2009, 1021, 1025 ff.

lung notwendig,[162] bis schließlich durch Änderung der Gründungs-Verordnungen entsprechende Verweise eingefügt wurden.[163] Erst Art. 15 Abs. 1 AEUV, der Art. 255 EGV ersetzte, führt nun auch den Zugang zu den Dokumenten der Einrichtungen und sonstigen Stellen der EU auf.

Für Unsicherheiten über Stellung und mögliche Befugnisse der Agenturen hat schließlich auch die Neuordnung der abgeleiteten Rechtssetzung durch den Vertrag von Lissabon gesorgt, nachdem in Art. 290 und 291 AEUV die Agenturen nicht als mögliche Delegatare von Befugnissen genannt sind. Bei einem weiten – auch Einzelfallentscheidungen einschließenden – und zugleich abschließenden Verständnis von Art. 291 AEUV wäre den mit solche Entscheidungsbefugnissen ausgestatteten Agenturen wie dem Harmonisierungsamt für den Binnenmarkt[164] die Rechtsgrundlage entzogen; diese Konsequenz wäre allerdings nicht mit der Ergänzung des Art. 263 AEUV (Rn 38) vereinbar, die den Erlass verbindlicher Rechtsakte durch die Agenturen als möglich voraussetzt.[165] Der EuGH hat diese Unsicherheit allerdings jüngst beseitigt, indem er selbst die Ermächtigung von Agenturen zum Erlass normativer Rechtsakte außerhalb des Systems der Art. 290 und 291 AEUV zugelassen hat.[166] Grenzen zieht danach nur die „Meroni-Doktrin",[167] nach der keine wesentlichen Ermessensspielräume auf vertraglich nicht vorgesehene Einrichtungen übertragen werden dürfen, die für die Ermächtigung der Agenturen zum Erlass verbindlicher Regelungen aber offensichtlich geringere Hürden aufstellt als die Kommission bisher angenommen hatte.[168]

c) Systematisierungsversuche für die Zukunft

40 Die unterschiedliche Ausgestaltung der einzelnen Agenturen erscheint als unnötig kompliziert und ist vielfach nur durch historische Zufälligkeiten zu erklären. Die Kommission hat sich im Rahmen der Reform der Unionsverwaltung auch hier um eine Systematisierung bemüht;[169] sie teilt diese Agenturen dabei nun in die Gruppen der Regulierungsagenturen oder – nach jüngerer Terminologie – dezentralen Agenturen und der Exekutivagenturen ein.

aa) Die Kategorie der Exekutivagenturen

41 Nur der Status der Exekutivagenturen ist bisher exakt bestimmbar: Es handelt sich um eine neue Kategorie, die – als Konsequenz aus den bei der Verwaltung europäischer Fördermittel und -programme durch die Kommission aufgetretenen Problemen[170] – mit der Verwaltung und Durchführung einzelner Programme betraut werden soll.[171]

---

162 Hier hat der Bürgerbeauftragte mit einer systematischen Aktion Abhilfe geschaffen, in deren Verlauf die einzelnen Ämter entsprechende Regelungen für ihren Tätigkeitsbereich geschaffen haben, s.u. Rn 60.

163 S. die Serie von parallel erlassenen Verordnungen zu den einzelnen Agenturen, veröffentlicht in ABl. 2003 L 245/1 ff, jeweils mit einem Verweis auf die Regelungen der VO (EG) Nr. 1049/2001 (zu ihr u. Rn 191).

164 S.o. Fn 81.

165 Ebenso Tz. 87 der Schlussanträge von GA Jääskinen zu EuGH, 22.1.2014 Rs. C-270/12 (Großbritannien/Rat und Parlament).

166 EuGH, 22.1.2014 Rs. C-270/12 (Großbritannien/Rat und Parlament), JZ 2014, 244 m.Anm. *Ohler* = EuZW 2014, 349 m.Anm. *Skowron*; dazu *Bonichot*, RFDA 2014, 325 ff.; *Chamon*, 39 ELRev. (2014), 380 ff; kritisch *van Gestel*, 21 MJ (2014), 188 ff.

167 Zur ihr zB *Pawlik*, REACH und die Meroni-Doktrin, 2013; zu den begriffsprägenden Entscheidungen s.o. Fn 67.

168 Die Kommission hatte dies in der Vergangenheit als Ausschluss normativer Regelungen durch Agenturen verstanden, s. zB die Mitteilung „Europäische Agenturen – Mögliche Perspektiven", KOM (2008) 135 endg. v. 11.3.2008, S. 5: „Den Agenturen dürfen keine Befugnisse zum Erlaß allgemeiner Regulierungsmaßnahmen übertragen werden. Die Agenturen dürfen lediglich Einzelfallentscheidungen in spezifischen Bereichen, die eine genau definierte technische Sachkenntnis erfordern, treffen und verfügen über keine wirkliche Ermessensbefugnis."

169 S. die Mitteilung über die Rahmenbedingungen für die europäischen Regulierungsagenturen, KOM (2002) 718 endg. v. 11.12.2002; dazu zB *Groß*, EuR 2005, 54, 56 f.

170 S. o. Rn 21; die Idee geht zurück auf den in diesem Zusammenhang erstellten 2. Bericht unabhängiger Sachverständiger (s.o. Fn 54), *s. zu diesem Ursprung Craig*, ELR 28 (2003), 840, 847.

171 S. dazu *Craig*, ELR 28 (2003), 840, 847 ff; *Schenk*, in: Schmidt-Aßmann/Schöndorf-Haubold (Hrsg.), Der Europäische Verwaltungsverbund, 2005, S. 265, 281 ff. In der Aufgabenstellung unter den bestehenden Agenturen am ehesten vergleichbar ist die Europäische Agentur für den Wiederaufbau, s.o. Fn 79.

Anders als die bisherigen Agenturen können sie durch die Kommission selbst auf der Grundlage einer allgemeinen Ermächtigung gegründet werden, die in der Ratsverordnung 58/2003[172] enthalten ist;[173] diese Ratsverordnung enthält zugleich den Rahmen für Rechtsstatus und Struktur dieser Agenturform. Auch die Exekutivagenturen sind danach mit eigener Rechtspersönlichkeit ausgestattet, sie sind aber wesentlich enger an die Kommission gebunden als die unmittelbar durch den EU-Gesetzgeber gegründeten Agenturen. Das wird zB dadurch deutlich, dass Rechtsschutz gegen ihre Entscheidungen durch Beschwerde an die Kommission in Anspruch genommen werden kann, die der Agentur eine Änderung aufgeben kann;[174] auch muss als Sitz zwingend der Dienstort der Kommission oder einer ihrer Dienststellen gewählt werden.[175] Zugleich ist auch ihre Aufgabenstellung eng auf den technisch-administrativen Vollzug vorgegebener Programme begrenzt; konsequent darf ihre Errichtung stets nur befristet erfolgen.[176] Auf dieser Grundlage hat die Kommission zwischenzeitlich eine Reihe von Exekutivagenturen geschaffen, die für die Verwaltung zentraler Förderprogramme in den Bereichen kleine und mittlere Unternehmen,[177] Kultur,[178] Verkehr,[179] Gesundheitswesen[180] und Forschung[181] zuständig sind. 42

bb) Bemühungen um einen einheitlichen Status der Regulierungsagenturen

Die zweite, ungleich größere Gruppe wird von der Kommission als Regulierungsagenturen bezeichnet; freilich ist angesichts der Vielgestaltigkeit der diesen Agenturen zugewiesenen Aufgaben und Instrumente ein gemeinsamer Nenner jenseits der Beteiligung an der Verwaltung des Binnenmark- 43

---

172 VO (EG) Nr. 58/2003 des Rates v. 19.12.2002 „zur Festlegung des Statuts der Exekutivagenturen, die mit bestimmten Aufgaben bei der Verwaltung von Gemeinschaftsprogrammen beauftragt werden", ABl. 2003 L 11/1 (Rechtsgrundlage: Art. 308 EGV, nun Art. 352 AEUV); zu den Einzelheiten s. *Hummer*, in: FS Öhlinger, 2004, S. 92, 113 ff.

173 Bei der Ausübung dieser Ermächtigung steht die Kommission allerdings unter der Kontrolle des Komitologieausschuss-Verfahrens, s. Art. 23 der VO (EG) Nr. 58/2003 (Fn 172).

174 Art. 22 der VO (EG) Nr. 58/2003 (Fn 172) und dazu *Sydow/Neidhard*, Verwaltungsinterner Rechtsschutz, 2007, S. 131 ff (zum Problem bei den sekundärrechtlich gegründeten Agenturen s.o. Rn 38). Als Konsequenz aus der rechtlichen Eigenständigkeit sind aber auch Klagen gegen die Exekutivagentur zB aus geschlossenen Verträgen möglich, wenn eine Schiedsklausel vereinbart wurde, s. zB EuG, 5.5.2008 Rs. T-239/07 (Pathé Distribution/ Exekutivagentur „Bildung, Audiovisuelles und Kultur" – EACEA), nicht in der Slg.

175 Art. 5 Abs. 1 der VO (EG) Nr. 58/2003 (Fn 172).

176 Art. 3 Abs. 1 S. 2 der VO (EG) Nr. 58/2003 (Fn 172).

177 S. zunächst den Beschluss 2004/20/EG der Kommission v. 23.12.2003 „zur Einrichtung einer als ‚Exekutivagentur für intelligente Energie' bezeichneten Exekutivagentur für die Verwaltung von Gemeinschaftsmaßnahmen im Energiebereich gemäß der VO (EG) Nr. 58/2003 des Rates", ABl. 2004 L 5/85, mit erweitertem Mandat neugefasst durch den Beschluss 2007/372/EG v. 31.5.2007 „zur Änderung des Beschlusses 2004/20/EG in Bezug auf die Umwandlung der ‚Exekutivagentur für intelligente Energie' in die ‚Exekutivagentur für Wettbewerbsfähigkeit und Innovation', ABl. 2007 L 140/52; nun Durchführungsbeschluss 2013/771/EU der Kommission v. 17.12.2013 zur Einrichtung der Exekutivagentur für kleine und mittlere Unternehmen (...), ABl. 2013 L 341/73.

178 Beschluss 2005/56/EG v. 14.1.2005 „zur Einrichtung der ‚Exekutivagentur Bildung, Audiovisuelles und Kultur' für die Verwaltung der Gemeinschaftsmaßnahmen in den Bereichen Bildung, Audiovisuelles und Kultur gemäß der VO (EG) Nr. 58/2003 des Rates", ABl. 2005 L 24/35, nun ersetzt durch den Durchführungsbeschluss 2013/776/EU der Kommission v. 18.12.2013 „zur Einrichtung der Exekutivagentur Bildung, Audiovisuelles und Kultur (...)", ABl. 2013 L 343/46.

179 Beschluss 2007/60/EG v. 26.10.2006 „zur Einrichtung der Exekutivagentur für das transeuropäische Verkehrsnetz gemäß der VO (EG) Nr. 58/2003 des Rates", ABl. 2006 L 32/88.

180 Beschluss 2004/858/EG v. 15.12.2004 „zur Einrichtung einer als ‚Exekutivagentur für das Gesundheitsprogramm' bezeichneten Exekutivagentur für die Verwaltung der Gemeinschaftsmaßnahmen im Bereich der öffentlichen Gesundheit gemäß der VO (EG) Nr. 58/2003 des Rates", ABl. 2004 L 369/73, nun ersetzt durch den *Durchführungs*beschluss 2013/770/EU der Kommission v. 17.12.2013 „zur Einrichtung der Exekutivagentur für Verbraucher, Gesundheit und Lebensmittel (...)", ABl. 2013 L 341/69.

181 Beschluss 2008/46/EG v. 14.12.2007 „zur Einsetzung der ‚Exekutivagentur für die Forschung' für die Verwaltung bestimmter Bereiche der spezifischen Gemeinschaftsprogramme ‚Menschen', ‚Kapazitäten' und ‚Zusammenarbeit' auf dem Gebiet der Forschung gemäß der VO (EG) Nr. 58/2003 des Rates", ABl. 2008 L 11/9; Beschluss 2008/37/EG v. 14.12.2007 „zur Einsetzung der Exekutivagentur des Europäischen Forschungsrats' für die Verwaltung des spezifischen Gemeinschaftsprogramms ‚Ideen' auf dem Gebiet der Pionierforschung gemäß der VO (EG) Nr. 58/2003 des Rates", ABl. 2008 L 9/15 nun ersetzt durch den Durchführungsbeschluss 2013/779/EU der Kommission v. 17.12.2013 „zur Einrichtung der Exekutivagentur des Europäischen Forschungsrats (...)", ABl. 2013 L 346/58 (s.o. Fn 98).

tes schwer zu finden. Für diese heterogene Gruppe hat die Kommission im Anschluss an ihre Mitteilung zu den Rahmenbedingungen für europäische Regulierungsagenturen[182] im Februar 2005 den Entwurf einer interinstitutionellen Vereinbarung vorgelegt, mit der die am Gesetzgebungsverfahren beteiligten Unionsorgane eine gemeinsame Haltung über die bei künftigen Agenturgründungen zu wählende Gestaltung vereinbaren sollten.[183] Nachdem der Rat auf diese Initiative nicht eingegangen ist, hat die Kommission im Frühjahr 2008 eine grundsätzliche Evaluierung der Agenturen beschlossen und zugleich den Verzicht auf Vorschläge für Neugründungen bis zum Abschluss dieser Arbeiten angekündigt.[184] Die bestehenden Agenturen und auch die zu diesem Zeitpunkt bereits vorbereiteten Neugründungen waren von dieser Atempause allerdings nicht betroffen; auch hat die Kommission das so verhängte Moratorium mit den Vorschlägen für die neuen Finanzmarktaufsichts-Agenturen[185] rasch wieder durchbrochen. Schließlich wurde im Juli 2012 doch noch eine Vereinbarung in Form einer gemeinsamen Erklärung von Kommission, Parlament und Rat[186] getroffen, auf deren Grundlage weitere Beratungen stattfinden sollen.

3. Rationalisierung der Unionsverwaltung durch Schaffung interinstitutioneller Verwaltungsstellen

44 Während die Agenturen als gesonderte Einrichtungen mit der Zuständigkeit für einen speziellen Aufgabenbereich konzipiert sind, hat sich für die Bewältigung der bei den Unionsorganen anfallenden allgemeinen Verwaltungsaufgaben in neuerer Zeit das Phänomen der gemeinsamen Erledigung durch ein gemeinsames interinstitutionelles Amt etabliert, das keine eigene Rechtspersönlichkeit besitzt, sondern für Rechnung aller beteiligten Organe handelt.[187] Ein frühes Beispiel bildet das 1969 errichtete Amt für amtliche Veröffentlichungen der Europäischen Gemeinschaften,[188] dessen Rechtsgrundlagen allerdings in jüngerer Zeit neu gefasst worden sind.[189]

45 Besonders naheliegend ist diese Bündelung im Bereich der Personalverwaltung, da die Bediensteten der Union ohnehin einem gemeinsamen Personalstatut[190] unterliegen, das die Möglichkeit der Schaffung solcher gemeinsamen Stellen mehrerer Organe auch ausdrücklich vorsieht.[191] Für die gebündelte Organisation der Personalauswahl steht jetzt als interinstitutionelle Stelle das 2002 errichtete **Amt für Personalauswahl der Europäischen Gemeinschaften** (European Personnel Selec-

182 KOM (2002) 718 endg., s.o. Fn 63.

183 Entwurf einer interinstitutionellen Vereinbarung über die Rahmenbedingungen für europäische Regulierungsagenturen, KOM (2005) 59 endg. v. 25.2.2005; dazu zB *Randazzo*, Riv. Dir. int. 2005, 1062 ff; zu den dogmatischen Zweifeln am vorgeschlagenen Instrument s. *Driessen*, 33 ELR (2008), 550, 561.

184 So die Kommissionsmitteilung „Europäische Agenturen – Mögliche Perspektiven", KOM (2008) 135 endg. v. 11.3.2008, insb. S. 10 f; dazu *Comte*, RDUE 2008, 461 ff; s. auch FAZ Nr. 61 v. 12.3.2008, S. 5; auch ein unmittelbarer Bedarf für weitere Exekutivagenturen wird verneint, S. 3 der Mitteilung.

185 S.o. Rn 32.

186 Gemeinsame Erklärung des EP des Rates und der Kommission zu den dezentralen Agenturen v. 19.7.2012, http://europa.eu/agencies/documents/Joint_statement_and_common_approach_2012_de.pdf; dazu zB *Šefčovič*, EuZW 2012, 801 f; *Bernard*, RDUE 2012, 399 ff.

187 Zu dieser Entwicklung zB *Hummer*, in: FS Öhlinger, 2004, S. 92, 123 ff; *ders.*, ELJ 13 (2007), 47, 66 ff.

188 Beschluss 69/13/Euratom, EGKS, EWG des Europäischen Parlaments, des Rates, der Kommission, des Gerichtshofs und des Wirtschafts- und Sozialausschusses „über die Errichtung des Amtes für amtliche Veröffentlichungen der Europäischen Gemeinschaften", ABl. 1969 L 13/19; dazu *Hilf*, Die Organisationsstruktur der Europäischen Gemeinschaften, 1982, S. 75 ff.

189 Beschluss 2009/496/EG, Euratom des Europäischen Parlaments, des Rates, der Kommission, des Gerichtshofs, des Rechnungshofs, des Wirtschafts- und Sozialausschusses und des Ausschusses der Regionen v. 26.6.2009 „über den Aufbau und die Arbeitsweise des Amtes für amtliche Veröffentlichungen der Europäischen Union", ABl. 2009 L 168/41, nochmals geändert durch den Beschluss 2012/368/EU v. 29.6.2012 ABl. 2012 L 179.

190 „Statut der Beamten der Europäischen Gemeinschaften und der Beschäftigungsbedingungen für die sonstigen Bediensteten dieser Gemeinschaften", s.o. Fn 57.

191 Art. 2 Personalstatut (Fn 57): „Zwei oder mehrere Organe [können] einem der Organe oder einer gemeinsamen Einrichtung der Organe Befugnisse übertragen, die der Anstellungsbehörde in Bezug auf die Einstellung von Personal übertragen worden sind."

tion Office – EPSO)[192] zur Verfügung;[193] an sie angegliedert ist nun die 2005 gegründete Europäische Verwaltungsakademie,[194] deren Aufgabe die Fortbildung der Unionsbediensteten ist.[195]

Die Struktur dieser Stellen ist derjenigen der Agenturen nicht unähnlich,[196] auch wenn hier konsequenterweise eine Vertretung der Mitgliedstaaten fehlt: Hauptorgan ist der Leitungsausschuss, in dem die beteiligten EU-Institutionen mit gewichtetem Stimmrecht vertreten sind. Im Fall des EPSO ist aber dennoch eine Art „Hauptträger" erkennbar: So wird der Leiter nach Befürwortung des Leitungsausschusses durch die Kommission ernannt;[197] auch Klagen sind nicht gegen alle Trägerinstitutionen, sondern gegen die Kommission zu richten.[198] Diese Lösung erscheint auch konsequent, nachdem die Kommission das Unionsorgan mit den umfassendsten Verwaltungsaufgaben (und dem größten Personalbestand) ist. Die Kommission bemüht sich um eine Ausweitung dieser Lösung, indem sie die von ihr geschaffenen Kommissionsstellen mit Servicefunktionen (siehe oben Rn 24 mit Fn 64) mit einer Öffnungsklausel zugunsten anderer beteiligungswilliger EU-Organe oder -Agenturen versieht. Bei diesen Stellen handelt es sich damit um interinstitutionelle Stellen „im Werden".[199] 46

In diesen Zusammenhang übergreifender Strukturen gehören auch die Gemeinsamen Unternehmen (GU),[200] die gemäß Art. 187, 188 Abs. 1 AEUV durch den Rat geschaffen werden können; dieses Instrument wurde erst ab 2002 zB für das GU Galileo genutzt.[201] In den Bereichen, in denen die EU selbst operativ tätig wird, finden sich gewisse Überschneidungen mit dem Instrument der Exekutivagenturen. Der Begriff des GU deutet bereits an, dass mehrere Organe der EU beteiligt werden können, daneben aber auch private Unternehmen und auch Mitgliedstaaten; dennoch wurden die seit 2007 gegründeten GUs ausdrücklich als Einrichtungen der Union etabliert,[202] womit zB. auch das Dienstrecht der EU Anwendung findet.[203] 47

192 S. den „Beschluss des Europäischen Parlaments, des Rates, der Kommission, des Gerichtshofs, des Rechnungshofs, des Wirtschafts- und Sozialausschusses, des Ausschusses der Regionen und des Europäischen Bürgerbeauftragten" (2002/620/EG) v. 25.7.2002 „über die Errichtung des Amtes für Personalauswahl der Europäischen Gemeinschaften", ABl. 2002 L 197/53, sowie den von den Verwaltungsverantwortlichen derselben Institutionen gefassten Beschluss 2002/621/EG v. 25.7.2002 „über die Organisation und den Betrieb des Amtes für Personalauswahl der Europäischen Gemeinschaften", ABl. 2002 L 197/56.

193 Dazu *Hummer*, in: FS Öhlinger, 2004, S. 92, 124 ff; *ders.*, in: ders. (Hrsg.), Paradigmenwechsel im Europarecht zur Jahrtausendwende, 2004, S. 111, 149 f, 176 f.

194 S. den „Beschluss des Europäischen Parlaments, des Rates, der Kommission, des Gerichtshofs, des Rechnungshofs, des Europäischen Wirtschafts- und Sozialausschusses, des Ausschusses der Regionen und des Europäischen Bürgerbeauftragten" (2005/118/EG) v. 26.1.2005 „über die Errichtung der Europäischen Verwaltungsakademie", ABl. 2005 L 37/14.

195 Dazu *Druesne*, Eipascope 1/2005, 5 f.

196 Tatsächlich besteht mit dem Übersetzungszentrum für die Einrichtungen der Europäischen Union, gegründet durch VO (EG) Nr. 2965/94 des Rates v. 28.11.1994, ABl. 1994 L 314/1, eine Agentur mit vergleichbaren internen Servicefunktionen; bezeichnenderweise ist hier die Position der EU-Vertreter im Verwaltungsrat stärker ausgeprägt als bei anderen Agenturen.

197 Art. 7 des Beschlusses 2002/621/EG (Fn 192).

198 Art. 4 des Beschlusses 2002/620/EG (Fn 192).

199 S. *Hummer*, in: FS Öhlinger, 2004, S. 92, 123; zu den Konsequenzen für den Rechtsschutz s. EuGÖD, 30.4.2014 Rs. F-88/13 (Kolarova/Exekutivagentur für die Forschung), Rn 13 ff: Rechtsbehelfe sind gegen die Kommission zu richten. Auch die punktuelle Übertragung von Aufgaben an die Querschnittsämter der Kommission durch andere Organe ist möglich, s. EuG, Rs. T-125/06 (Centro Studi Antonio Manieri Srl/Rat), Slg 2009, II-89 zur erfolglosen Klage eines privaten Anbieters gegen den Abbruch der Ausschreibung für den Betrieb einer Kindertagesstätte und die Übertragung der Aufgabe auf das Amt für Gebäude, Anlagen und Logistik (Fn 64).

200 S. auch *Pilniok*, Governance im europäischen Forschungsförderverbund, 2011, S. 75 ff.

201 VO (EG) Nr. 8762002 des Rates v. 21.5.2002 zur Gründung des Gemeinsamen Unternehmens Galileo, ABl. 2002 L 138/1.

202 Die übereinstimmende Formulierung in den neueren Gründungen bezeichnet das jeweilige GU als „Einrichtung der Gemeinschaft mit eigener Rechtspersönlichkeit" und verleiht ihm in Orientierung an Art. 335 S. 1 AEUV die „weitestgehende Rechts- und Geschäftsfähigkeit" in den Rechtsordnungen der Mitgliedstaaten, s. z.B. Art. 3 der VO (EG) Nr. 71/2008 des Rates v. 20.12.2008 über die Gründung des Gemeinsamen Unternehmens Clean Sky, ABl. 2008 L 30/1.

203 Dazu EuGH, 23.4.2013 Rs. C-89/12 (Bark/Galileo Joint Undertaking), Rn 45.

III. Instanzen der Verwaltungskontrolle auf Unionsebene

1. Die Bedeutung der Kontrolle des Verwaltungsvollzugs

48 Von Anfang an war die Kommission als Kontrollorgan mit der Kontrolle des Vollzugs des Unionsrechts durch die Mitgliedstaaten betraut; das zentrale Mittel dieser Aufsicht ist das Vertragsverletzungsverfahren (dazu unten Rn 123 ff, sowie *Classen*, § 4, Rn 49 ff). Die Frage der Kontrolle des Verwaltungsvollzugs, soweit er durch die Unionsorgane selbst erfolgt, hat in den 90er Jahren erheblich an Bedeutung gewonnen,[204] und zur Schaffung neuer bzw zur Verstärkung bestehender Kontrollinstitutionen geführt.

49 Motiviert werden die Bemühungen auf der einen Seite durch den Gesichtspunkt des Schutzes der finanziellen Interessen der Europäischen Union – hierfür steht die Schaffung von „OLAF" als selbständige Ermittlungseinheit der Kommission und die Stärkung der Stellung des Europäischen Rechnungshofs. Der zweite, davon unabhängige Gesichtspunkt ist das Bemühen um eine Verbesserung von Bürgernähe und Transparenz der EU-Verwaltung, der zB die Schaffung des Bürgerbeauftragten bestimmt hat. Zwischen diesen beiden Motivationen können allerdings auch Zielkonflikte nicht ausgeschlossen werden.[205]

2. OLAF

50 Zu den organisatorischen Maßnahmen im Gefolge der Krise um die Santer-Kommission gehört die Schaffung von OLAF (Office de la Lutte Anti-Fraude)[206] als einer selbständigen und unabhängigen[207] – allerdings im Unterschied zu den Agenturen nicht mit eigener Rechtspersönlichkeit versehenen – Einheit innerhalb der Kommission.[208] Die aus der früheren UCLAF hervorgegangene Einheit ist mit der Aufgabe der Betrugsbekämpfung[209] in allen Tätigkeitsfeldern der Unionsorgane[210] und darüber hinaus sämtlicher Unionsinstitutionen[211] betraut.

51 Neben „internen" Untersuchungen, die sich auf Unregelmäßigkeiten innerhalb der Institutionen beziehen,[212] ist OLAF auch zu „externen" Untersuchungen in Bezug auf das Verhalten betroffener Wirtschaftsteilnehmer[213] befugt, und kontrolliert damit indirekt auch den Vollzug des Unionsrechts durch die Mitgliedstaaten; das Amt verfügt dazu über die Befugnisse, die schon in vorange-

---

204 S. auch den Überblick bei *Kadelbach*, in: Schmidt-Aßmann/Hoffmann-Riem (Hrsg.), Verwaltungskontrolle, 2001, S. 205 ff.

205 S. zur Kritik an den Befugnissen von OLAF u. Rn 51.

206 Grundlage ist der Beschluss 1999/352/EG, EGKS, Euratom der Kommission v. 28.4.1999 zur Errichtung des Europäischen Amtes für Betrugsbekämpfung (OLAF), ABl. 1999 L 136/20, geändert durch den Beschluss 2013/478/EU der Kommission v. 27.9.2013, ABl. 2013 L 257/19.

207 S. Art. 3 des Beschlusses 1999/352/EG (Fn 206); nach Art. 12 Abs. 3 der VO (EG) Nr. 1073/1999 (Fn 209) steht dem Direktor ein Klagerecht gegen Beeinträchtigungen dieser Unabhängigkeit durch die Kommission zu.

208 Zu den mit der Verankerung in der Kommission verbundenen Problemen s. Fn 210.

209 Die Befugnisse gegenüber Dritten ergaben sich bisher aus der VO (EG) Nr. 1073/1999 des EP und des Rates v. 25.5.1999 „über die Untersuchungen des Europäischen Amts für Betrugsbekämpfung (OLAF)", ABl. 1999 L 136/1; dazu zB *Mager*, ZEuS 2000, 177 ff; *Haus*, EuZW 2000, 745 ff; *Kuhl/Spitzer*, EuR 2000, 671 ff; sie wurde nun ersetzt durch die gleichnamige VO (EU, Euratom) des EP und des Rates v. 11.9.2013, ABl. 2013 L 248/1.

210 Interinstitutionelle Vereinbarung v. 25.5.1999 zwischen dem Europäischen Parlament, dem Rat der Europäischen Union und der Kommission der Europäischen Gemeinschaften über die internen Untersuchungen des Europäischen Amtes für Betrugsbekämpfung, ABl. 1999 L 136/15. Der damit verbundene Anspruch der Kommission, auf diesem Weg auch die Tätigkeit anderer EU-Organe zu prüfen, hat zu langwierigen Rechtsstreitigkeiten geführt, s. EuGH, Rs. C-11/00 (Kommission/EZB), Slg 2003, I-7147; dazu *Odudu*, CMLR 41 (2004), 1073 ff; *Lavranos*, EuR 2003, 878 ff; EuGH, Rs. C-15/00 (Kommission/EIB), Slg 2003, I-7281; EuG, Rs. T-17/00 (Rothley u.a./Europäisches Parlament), Slg 2002, II-579, bestätigt durch EuGH, Rs. C-167/02 P, Slg 2004, I-3149 = EuR 2004, 765 m.Anm. *Lavranos*.

211 Der Anwendungsbereich der VO erfasst alle „durch die Verträge oder auf deren Grundlage geschaffenen Organe, Einrichtungen sowie Ämter und Agenturen", s. Art. 1 Abs. 3 der VO (EG) Nr. 1073/1999 (Fn 209).

212 Dazu Art. 4 der VO (EG) Nr. 1073/1999 (Fn 209); auch in diesem Rahmen kann das Amt aber Untersuchungen bei betroffenen Wirtschaftsteilnehmern vornehmen, s. Art. 4 Abs. 3 der VO.

213 Art. 3 der VO (EG) Nr. 1073/1999 (Fn 209).

henden Rechtsakten der Kommission eingeräumt worden waren.[214] In Bezug auf die Wahrung der Verfahrensrechte der Betroffenen solcher externen Untersuchungen ist hier auch schon Kritik laut geworden.[215] Als problematisch hat sich hier vor allem erwiesen, dass in Bezug auf die Ermittlungen – die nicht zu einer abschließenden Entscheidung im Sinne des Art. 263 AEUV führen – Rechtsschutz bisher kaum möglich ist.[216] Die bestehende interne Kontrolle durch den OLAF-Überwachungsausschuss[217] kann diese Lücke nicht schließen; auch die Kommission hat diesen Zustand als bedenklich eingestuft,[218] ist mit ihren Vorstellungen zu einer Verstärkung der Verfahrensgarantien aber bisher nicht durchgedrungen.[219] In jüngerer Zeit hat die Rechtsprechung hier zwar zumindest Schadenersatz zugesprochen,[220] jedoch handelte es sich dabei um Fälle, in denen gegen eigene Bedienstete ermittelt wurde, so dass sich hinsichtlich des Schadenersatzes das Problem der Verantwortungsverteilung zwischen EU-Ebene und mitgliedstaatlichen Strafverfolgern nicht stellte. Den weitergehenden Schritt des EuGÖD, Primärrechtsschutz gegen die Übermittlung von Informationen an die nationalen Justizbehörden zu gewähren,[221] hat das Gericht erster Instanz dagegen nicht bestätigt.[222]

Eine Verstärkung dieser Kontrollfunktionen – und zugleich eine besondere Form der Verschränkung von Unionsverwaltung und nationaler Gerichtsbarkeit – würde durch die von der Kommission vorgeschlagene Schaffung einer Europäischen Staatsanwaltschaft[223] entstehen, für die der Vertrag von Lissabon mit Art. 86 AEUV nun eine Rechtsgrundlage bereitstellt: Sie soll explizit für die Anklageerhebung vor den zuständigen nationalen Gerichten zuständig sein und insoweit die Rolle 52

214 S. insb. die VO (Euratom, EG) Nr. 2185/96 des Rates v. 11.11.1996 „betreffend die Kontrollen und Überprüfungen vor Ort durch die Kommission zum Schutz der finanziellen Interessen der Europäischen Gemeinschaften vor Betrug und anderen Unregelmäßigkeiten“, ABl. 1996 L 292/2; dazu noch unten Rn 132.

215 S. zB *Hetzer*, ZfZ 2005, 185 ff; *ders.*, in: FS Jürgen Meyer, 2006, S. 103 ff; zu den Verfahrensrechten der Betroffenen s. auch *Decker*, Grundrechtsschutz bei Handlungen des Europäischen Amtes für Betrugsbekämpfung (OLAF), 2008; *Gleß/Zeitler*, 7 ELJ (2001), 219 ff.

216 S. insb. zum bekannten Fall des deutschen Journalisten Tillack, gegen den OLAF nie erhärtete Bestechungsvorwürfe erhoben und Ermittlungen der belgischen Strafverfolgungsbehörden ausgelöst hatte, zunächst zum Ausschluss vorläufigen Rechtsschutzes EuG, Rs. T-193/04 R (Tillack/Kommission), Slg 2004, II-3575, bestätigt durch EuGH, Rs. C-521/04 P (R), Slg 2005, I-3103 = NJW 2006, 279; dazu *Braum*, wistra 2005, 401 ff. In der Hauptsache hat dann EuG, Rs. T-193/04 (Tillack/Kommission), Slg 2006, II-3995, die Nichtigkeitsklage als unzulässig und die Schadenersatzklage als mangels direkter Kausalität unbegründet abgewiesen, s. dazu *Wakefield*, CMLR 45 (2008), 199 ff; *Tournepiche*, RAE 2006, 735 ff. Belgien, dessen Behörden die Ermittlungen übernommen hatten, wurde dagegen durch den EGMR wegen Verstoßes gegen Art. 10 EMRK zu 10.000 Euro Schmerzensgeld verurteilt, EGMR (2. Sektion), 27.11.2007 – Tillack c. Belgique, NJW 2008, 2565 = JCP 2008 II No 10008 m.Anm. *Derieux* = Légipresse 2008 III, 33 m.Anm. *Guedj*. Zur Unzulässigkeit von Klagen gegen OLAF-Abschlussberichte s. EuG, Rs. T-29/03 (Comunidad Autónoma de Andalucía/Kommission), Slg 2004, II-2923.

217 S. Art. 11 der VO (EG) Nr. 1073/1999 (Fn 209); s. auch die Geschäftsordnung des Ausschusses v. 24.8.2006, ABl. 2006 C 311/63.

218 S. den Bericht der Kommission „Bewertung der Tätigkeiten des Europäischen Amtes für Betrugsbekämpfung (OLAF), KOM (2003) 154 endg. v. 2.4.2003, S. 46 f: „Angesichts des Ausbaus der operativen Funktionen des Amtes bedarf es über die derzeitigen Schutzmaßnahmen hinaus einer Verstärkung der Regelungen dahingehend, dass ständige richterliche Verfahrensgarantien für die Untersuchungstätigkeiten vorgesehen werden“.

219 So wurde über den von der Kommission vorgelegten Reformvorschlag, KOM (2006) 244 endg. v. 24.5.2006, der die Einrichtung eines unabhängigen Verfahrensprüfers innerhalb des Amtes vorsah, nicht entschieden; zu ihm zB *Brüner/Spitzer*, EuR 2008, 859 ff; inzwischen liegt ein neuer Vorschlag für eine Verordnung des EP und des Rates „zur Änderung der VO (EU, Euratom) Nr. 883/2013 im Hinblick auf die Einsetzung eines Beauftragten für die Kontrolle der Verfahrensgarantien“ vor, KOM (2014) 340 endg. v. 11.6.2014.

220 S. EuG, Rs. T-259/03 (Nikolaou/Kommission), Slg 2007, II-99* (abgek. Veröff.); EuG, Rs. T-48/05 (Franchet und Byk/Kommission), Slg 2008, II-1585; dazu *Niestedt/Boeckmann*, EuZW 2009, 70 ff; *Braum*, JZ 2009, 298 ff; *Michel*, Europe 10/2008, 11 ff; s. auch EuGÖD, 2.5.2007 Rs. F-23/05 (Giraudy/Kommission); dazu *Trașcă*, CDE 2008, 18, 39 f.

221 S. EuGÖD, 28.4.2009 verb. Rs F-5/05 u. F-7/05 (Violetti u.a./Kommission u. Schmit/Kommission).

222 EuG, 20.5.2010 Rs T-261/09 P (Kommission/Violetti u. Schmit), nicht in der Slg.

223 S. das Grünbuch zum strafrechtlichen Schutz der finanziellen Interessen der Europäischen Gemeinschaften und zur Schaffung einer Europäischen Staatsanwaltschaft, KOM (2001) 715 endg. v. 11.12.2001; und nun den Kommissionsvorschlag für eine ErrichtungsVO, KOM (2013) 534 endg. v. 17.7.2013. *Lingenthal*, ZEuS 2010, 79 ff; *Zwiers*, The European Public Prosecutor's Office, 2011, insbes. S. 355 ff.

der nationalen Anklagebehörde übernehmen (Art. 86 Abs. 2 AEUV).[224] Nach dem bisherigen Stand liegt die Einleitung strafrechtlicher Konsequenzen aus ermittelten Verstößen dagegen noch in der Zuständigkeit der nationalen Behörden.

3. Der Europäische Rechnungshof

53 Zu den Organen der Verwaltungskontrolle gehört der Rechnungshof, dessen Status in Art. 285 ff AEUV geregelt ist.[225] Die erst durch eine Vertragsergänzung aus dem Jahr 1975[226] geschaffene Institution wurde durch den Vertrag von Maastricht zu einem eigenständigen Organ erhoben, das seitdem immer weiter aufgewertet worden ist.[227] Dieser Aufstieg steht in Zusammenhang mit der verstärkten Aufmerksamkeit für den Schutz der finanziellen Interessen der EU.

54 Der Rechnungshof verfügt über die Befugnis zur Durchführung von Prüfungen an Ort und Stelle (Art. 287 Abs. 3 Unterabs. 2-4 AEUV); die Präzisierung durch den Vertrag von Amsterdam macht deutlich, dass dies auch die Räumlichkeiten natürlicher oder juristischer Personen in den Mitgliedstaaten betrifft, die Zahlungen aus dem EU-Haushalt erhalten. Er unterrichtet die anderen Organe über seine Feststellungen durch die Erstattung eines Jahresberichts (Art. 287 Abs. 4 Unterabs. 1 AEUV), sowie durch anlassbezogene Sonderberichte (Art. 287 Abs. 4 Unterabs. 2 AEUV), die sich insbesondere mit den Vollzugsproblemen der EU-Förderprogramme befasst haben.[228]

55 Rechtsschutz gegen Berichte des Rechnungshofs und die darin enthaltenen Bewertungen von Sachverhalten besteht nur eingeschränkt: Da es sich um Maßnahmen ohne rechtlich verbindliche Wirkungen handelt, wäre eine Nichtigkeitsklage unzulässig. Allein Klagen auf Schadenersatz bleiben möglich; in diesem Rahmen hat der EuGH aber durchaus die Gefährdung Dritter durch möglicherweise unzutreffende Darstellungen berücksichtigt[229] und Betroffenen, die im Bericht namentlich in negativem Zusammenhang genannt werden sollen, ein Recht auf vorangehende Anhörung zu den Vorwürfen zugesprochen.[230]

224 S. zum Konzept der Kommission zB *Brüner/Spitzer*, NStZ 2002, 393 ff; *Hetzer*, ZfZ 2002, 295 ff; *Stiegel*, ZRP 2003, 172 ff; *Combeaud*, RevMC 2003, 29 ff.

225 S. o. *Bieber*, Institutionen § 1 Rn 97 ff; s. insb. zur Zusammenarbeit mit den nationalen Institutionen, die in Art. 287 Abs. 3 AEUV hervorgehoben wird: EuGH, Rs. C-539/09 (Kommission/Deutschland), Slg 2011, I-11235; *Flizot*, RevMC 2002, 112 ff; *Isensee*, Außenvertretung der deutschen Rechnungshöfe in der Europäischen Union. Bundesstaatliche Fragen der Mitwirkung in informellen Gremien der zwischen- und überstaatlichen Zusammenarbeit, 2001; *Desmoulin*, RevMC 2005, 525 ff.

226 Neufassung der Art. 206, 209 und Einfügung von Art. 206 a, b EWGV durch den Vertrag zur Änderung bestimmter Finanzvorschriften der Verträge zur Gründung der Europäischen Gemeinschaften und des Vertrages zur Einsetzung eines gemeinsamen Rates und einer gemeinsamen Kommission der Europäischen Gemeinschaften, ABl. 1977 L 359/1.

227 So zB durch die Einbeziehung in den Kreis der (teil-)privilegierten Kläger gemäß dem heutigen Art. 263 Abs. 3 AEUV; dazu *Friedrich/Inghelram*, DÖV 1999, 669 ff. Zur Entwicklung der Institution zB *Inghelram*, CMLR 37 (2000), 129 ff; *Freytag*, Der Europäische Rechnungshof, 2005.

228 S. o. Rn 21 f, s. zB den Sonderbericht Nr. 1/96 zu den Mittelmeer(MED-)Programmen, ABl. 1996 C 240/1 (zu den an diesen Bericht anschließenden Rechtsstreitigkeiten s.u. Fn 167 f), oder den Sonderbericht Nr. 5/99 über die grenzüberschreitende Zusammenarbeit im Rahmen des Phare-Programms, ABl. 2000 C 48/1.

229 EuGH, Rs. C-315/99 P (Ismeri/Rechnungshof), Slg 2001, I-5281 (Bestätigung von EuG, Rs. T-277/97, Slg 1999, II-1825); dazu *Inghelram*, CDE 2001, 707 ff; *Pietri*, Europe 10/2001, S. 13 f.

230 EuGH, Rs. C-315/99 P (Ismeri/Rechnungshof), Slg 2001, I-5281 Rn 29; im Ausgangsfall wurde das Unterbleiben dieser Anhörung angesichts der Eindeutigkeit des im Bericht gerügten Fehlverhaltens allerdings nicht als kausale Ursache des Schadens anerkannt.

4. Der Europäische Bürgerbeauftragte (Ombudsmann)

Als Mittel der Kontrolle des Verwaltungshandelns der Unionsorgane wirkt die Institution des Europäischen Bürgerbeauftragten (Art. 228 AEUV),[231] die durch den Vertrag von Maastricht geschaffen wurde. Angesiedelt ist sie beim Europäischen Parlament, das den Bürgerbeauftragten mit Wirkung für die Dauer seiner eigenen Wahlperiode ernennt (Art. 228 Abs. 2 AEUV)[232] und die Einzelheiten seiner Tätigkeit mit Zustimmung des Rates regelt (Art. 228 Abs. 4 AEUV).[233] Der Bürgerbeauftragte erstattet dem Parlament jährlich Bericht.[234] Die Institution ergänzt das in Art. 227 AEUV enthaltene Petitionsrecht zum Europäischen Parlament.[235] 56

Das Recht der Unionsbürger und der im Unionsgebiet niedergelassenen natürlichen und juristischen Personen zur Befassung des Bürgerbeauftragten mit Beschwerden über das Verhalten der Unionsorgane[236] ist in Art. 24 AEUV festgehalten. Es hat mit diesem Inhalt auch Eingang in die Grundrechtecharta (Art. 43 GRC) gefunden. Die Beschwerden können direkt an den Bürgerbeauftragten gerichtet werden oder ihn über ein Mitglied des EP erreichen;[237] eine parallele Befassung des Bürgerbeauftragten und der Gerichte ist freilich nicht möglich.[238] Nicht in die Zuständigkeit des Bürgerbeauftragten fallen Beschwerden über die Anwendung des Unionsrechts durch die Mitgliedstaaten;[239] der richtige Adressat für solche Beschwerden ist die Kommission, die ihnen durch Einleitung eines Vertragsverletzungsverfahrens gegen den Mitgliedstaat nachgehen kann.[240] Der Bürgerbeauftragte kann allerdings mit entsprechenden Institutionen der Mitgliedstaaten zusammenarbeiten;[241] in diesem Rahmen können Beschwerden, die beim Europäischen Ombudsmann gegen das Verhalten nationaler Behörden eingereicht wurden und die deshalb als unzulässig behan- 57

231 Aus der Literatur s. zuletzt umfassend *Haas*, Der Ombudsmann als Institution des Europäischen Verwaltungsrechts, 2012; weiter *Eckhardt*, Die Akteure des außergerichtlichen Grundrechtsschutzes in der Europäischen Union, 2010, S. 106 ff, sowie die Beiträge in *Karagiannis/Petit* (dir.), Le médiateur européen: Bilan et perspectives, Brüssel 2007; *Cominelli*, Il mediatore europeo, ombudsman dell'unione: risoluzione alternative delle dispute tra cittadini e istituzioni comunitarie, Milano 2005; *Peters*, CMLR 42 (2005), 697 ff; *Guckelberger*, Der Europäische Bürgerbeauftragte und die Petitionen zum Europäischen Parlament, 2004.

232 Die Position wurde zunächst für zwei Amtsperioden durch Jacob Söderman bekleidet; für eine Bilanz seiner Amtszeit s. *Leino*, EPL 10 (2004), 333 ff. Von 2003 bis 2013 wurde das Amt von Nikiforos Diamandouros ausgeübt, seit 2013 durch Emily O'Reilly.

233 S. den Beschluss des EP v. 9.3.1994 „über die Regelungen und allgemeinen Bedingungen für die Ausübung der Aufgaben des Bürgerbeauftragten", ABl. 1994 L 113/15, geändert durch Beschluss des EP v. 18.6.2008, ABl. 2008 L 189/25.

234 Verfügbar unter http://www.ombudsmann.europa.eu./activities/annualreports.faces.

235 Zum Verhältnis beider Institute zueinander s. *Hamers*, Der Petitionsausschuss des Europäischen Parlaments und der Europäische Bürgerbeauftragte, 1999, 234 ff; *Meese*, Das Petitionsrecht beim Europäischen Parlament und das Beschwerderecht beim Bürgerbeauftragten der Europäischen Union, 2000, S. 305 ff; *Baviera*, RevMC 2001, 129 ff; *Kunzlik/Jacobson*, EELR 1997, 46, 51 f.

236 Förmlich ausgenommen ist nur die Rechtsprechungstätigkeit der Union, Art. 228 AEUV.

237 Die Zulässigkeitsvoraussetzungen finden sich in Art. 2 des Beschlusses v. 9.3.1994 (Fn 233); zu ihnen *Tsadiras*, YEL 26 (2007), 157 ff.

238 Wird die Sache nach Einreichung der Beschwerde auch rechtshängig, so beendet der Bürgerbeauftragte seine Untersuchung, Art. 2 Abs. 7 des Beschlusses v. 9.3.1994 (Fn 233); zu Überschneidungen kann es allerdings dadurch kommen, dass der Bürgerbeauftragte bereits während eines laufenden Verwaltungsverfahrens eingeschaltet werden kann, was zB in Kartellverfahren relevant werden kann; dazu *Gundel*, in: FS Würtenberger, 2013, S. 497, 507 ff; *Amory/Desmedt*, ECLR 30 (2009), 205 ff (Fall O2); FAZ Nr. 186 v. 13.8.2009, S. 11 (Fall Intel); zu den Konsequenzen der Feststellung eines Missstands für nachfolgende Rechtsschutzverfahren s.u. Rn 63.

239 De lege ferenda für eine Erweiterung der Zuständigkeit auf diese Konstellation zB *Gaitanides*, in: Heselhaus/Nowak (Hrsg.), Handbuch der Europäischen Grundrechte, 2006, § 50 Rn 46.

240 Dazu u. Rn 123 ff, der Bürgerbeauftragte kann freilich gegen die Behandlung solcher Beschwerden durch die Kommission angerufen werden; zu seiner Einflussnahme s. sogleich Rn 61. Zum SOLVIT-System, das eine Alternative zu solchen Vertragsverletzungsverfahren eröffnen soll, s.u. Rn 153 f.

241 Art. 5 des Beschlusses v. 9.3.1994 (Fn 233); zum daran anknüpfenden Netzwerk der europäischen Bürgerbeauftragten (European Network of Ombudsmen – ENO) s. *Harlow/Rawlings*, ELJ 13 (2007), 542, 555 ff; *Tsadiras*, ELR 33 (2008), 101 ff.

delt werden müssten, mit Zustimmung des Beschwerdeführers an die zuständige nationale Stelle abgegeben werden.[242]

58 Der Bürgerbeauftragte ist nicht mit Entscheidungsbefugnissen ausgestattet, sondern kann nur eine Überprüfung des gerügten Missstands durch das betroffene Organ veranlassen, die in einer Frist von drei Monaten erfolgen muss (Art. 228 Abs. 1, Unterabs. 2 AEUV).[243] Die abschließende Stellungnahme des Bürgerbeauftragten richtet sich an das Parlament und das betroffene Organ; der Beschwerdeführer wird über das Ergebnis unterrichtet (zu den sich daraus ergebenden Rechtsschutzfragen s. sogleich Rn 63).[244]

59 Größere Bedeutung als diese Interventionsmöglichkeit im Einzelfall haben aber die auf eigener Initiative beruhenden Aktivitäten des Bürgerbeauftragten gewonnen: Aufgrund seines Einblicks in die Verwaltungspraxis der Unionsorgane ist er in der Lage, auch über den Einzelfall hinausreichende Studien vorzunehmen und Verbesserungskonzepte für die Unionsverwaltung zu erarbeiten. Legitimiert wird diese Aktivität durch die ausdrückliche Regelung in Art. 228 AEUV, nach der der Bürgerbeauftragte auch aus eigener Initiative Untersuchungen anstellen kann. Dieser übergreifende Ansatz hat erhebliche Bedeutung und Einfluss auf die Ausgestaltung der Unionsverwaltung gewonnen.[245]

60 Zu den bisherigen Aktivitäten zählt eine 1996 eingeleitete systematische Aktion zur Sicherstellung des **Zugangs zu Dokumenten im Besitz der Unionsorgane**;[246] dieser Grundsatz, der ebenso wie die Institution des Bürgerbeauftragten der Tradition der skandinavischen Mitgliedstaaten entstammt und mit ihrem Beitritt Eingang in das Unionsrecht gefunden hat, ist zwischenzeitlich umfassend durch Sekundärrecht geregelt[247] (dazu unten Rn 190 ff).

61 Auch die 1997 begonnenen Untersuchungen[248] zur Kommissionspraxis bei der **Behandlung von Beschwerden Einzelner** über die Anwendung des Unionsrechts durch mitgliedstaatliche Behörden, mit denen die Kommission zur Einleitung eines Vertragsverletzungsverfahrens (zu diesem Instrument und seiner Bedeutung für die Verwaltungskontrolle der Mitgliedsstaaten siehe unten Rn 123 ff) veranlasst werden soll, haben zu größerer Transparenz des Verwaltungshandelns in dieser Frage geführt: Die Kommission hebt zwar weiterhin den rein bilateralen Charakter des Verfahrens hervor, der einen Anspruch des Beschwerdeführers auf eine bestimmte Entscheidung oder auf ein Einschreiten gegenüber dem Mitgliedstaat ausschließt;[249] sie hat sich aber zu einer Kodifizierung ihrer Verwaltungsgrundsätze zur Behandlung solcher Beschwerden bereitgefunden,[250] und

242 S. dazu *Tsadiras*, ELR 33 (2008), 101, 105 f.

243 Die Kommission hat sich gegenüber dem Bürgerbeauftragten verpflichtet, im Regelfall eine verkürzte Frist von 2 Monaten einzuhalten.

244 Allgemein zur Stellung des Ombudsmanns im EU-Rechtsschutzsystem s. *Diamandouros*, in: Liber Amicorum Bo Vesterdorf, 2007, S. 315 ff; *Tsadiras*, ELR 32 (2007), 607 ff. *Gundel*, in: FS Würtenberger, 2013, S. 497 ff.

245 Zu dieser Funktion *Bonnor*, ELR 25 (2000), 39 ff; s. auch noch *ders.*, EPL 9 (2003), 237 (245 ff); *Yeng-Seng*, RevMC 2003, 326, 331 ff; *ders.*, RTDH 2004, 527 ff.

246 Dazu *Söderman*, EPL 3 (1997), 351 (355 f); *de Leeuw*, EPL 3 (1997), 339 (349 f); s. auch oben Fn 162.

247 Die nun als sekundärrechtliche Grundlage bestehende VO (EG) 1049/2001 des EP und des Rates v. 30.5.2001 über den Zugang zur Öffentlichkeit zu Dokumenten des Europäischen Parlaments, des Rates und der Kommission, ABl. 2001 L 145/43, macht die enge Verbindung dadurch deutlich, dass Art. 8 Abs. 1 der VO in einer für das Sekundärrecht ungewöhnlichen Weise im Fall einer Ablehnung die Pflicht zum Hinweis auf die Beschwerde zum Bürgerbeauftragten als Alternative zur Klage vorsieht.

248 S. dazu zB *Peters*, 42 CMLR (2005), 697, 717 ff; *Bonnor*, ELR 25 (2000), 39 ff; zu einem zuvor an den Bürgerbeauftragten gelangten prominenten Einzelfall, der diese Untersuchung mit ausgelöst hatte, s. *Kunzlik/Jacobson*, EELR 1997, 46 ff (Umgehung von Newbury).

249 So die st. Rspr des EuGH, s. zB EuGH, Rs. C-196/97 P (Intertronic/Kommission), Slg 1998, I-199 = EuZW 1998, 219; EuGH, Rs. C-87/89 (Sonito/Kommission), Slg 1990, I-1981 = EuZW 1991, 629; in jüngerer Zeit zB EuG, 20.9.2011 Rs. T-267/10 (Stadt Wien/Kommission), Slg 2011, II-303* (abgek. Veröff.), Rn 31 ff; EuG, 4.7.2012 Rs. T-329/11 (TME SpA/Kommission), Rn 18 ff.

250 S. dazu die Mitteilung der Kommission an das Europäische Parlament und den Europäischen Bürgerbeauftragten über die Beziehungen zum Beschwerdeführer bei Verstößen gegen das Gemeinschaftsrecht, ABl. 2002 C 244/5; zu ihr zB *Muñoz*, RevMC 2003, 610 ff; *Harden*, RDUE 2002, 460, 477 ff. *Sobotta*, ZUR 2008, 72, 75 ff; die Regelung wurde mit geringfügigen Änderungen neu gefasst durch die Mitteilung KOM (2012) 154 endg. v. 2.4.2012.

dabei Punkte wie die Verpflichtung zur Unterrichtung des Beschwerdeführers über ihre Behandlung des Falles und das Verbot der Weitergabe der persönlichen Daten des Beschwerdeführers an den Mitgliedstaat ohne seine Einwilligung geregelt.

Ebenfalls durch den Bürgerbeauftragten erarbeitet wurde der Musterentwurf eines **Kodex für eine gute Verwaltungspraxis,**[251] der im Juli 1999 vorgelegt wurde; die Mehrzahl der Unionsinstitutionen hat seine Grundlinien inzwischen im Wege der Selbstverpflichtung akzeptiert,[252] dabei allerdings verschiedentlich Modifikationen vorgesehen bzw eine durch das Organ selbst erarbeitete Fassung zugrunde gelegt.[253] Der Kodex versteht sich als Konkretisierung des Rechts auf eine gute Verwaltung, das nun – ebenfalls auf Anregung des Bürgerbeauftragten – in Art. 41 der Grundrechtecharta verankert wurde (dazu unten Rn 184). 62

Entsprechend dem nicht rechtsförmlichen Charakter der Tätigkeit des Bürgerbeauftragten besteht allerdings grundsätzlich kein Primärrechtsschutz in Bezug auf seine Handlungen oder Unterlassungen;[254] von einer Maßnahme mit Rechtswirkungen wird man allerdings ausgehen müssen, soweit eine Beschwerde als unzulässig behandelt wird[255] oder ihre Behandlung unterbleibt, denn der in Art. 24 Abs. 3 AEUV und Art. 43 GRC niedergelegte Anspruch auf Befassung des Bürgerbeauftragten wird damit im Einzelfall endgültig verneint.[256] Die inhaltliche Beurteilung der Beschwerde durch den Bürgerbeauftragten ist auf diesem Weg aber nicht angreifbar; möglich bleiben insoweit allenfalls Schadenersatzklagen.[257] Konsequent bindet auch die Feststellung eines vermeintlichen Missstandes durch den Bürgerbeauftragten weder das betroffene Organ noch präjudiziert es die Beurteilung des Geschehens durch die Gerichte.[258] Sie kann allerdings im Ergebnis die Klagefrist gegen einen bereits bestandskräftigen Rechtsakt wieder eröffnen: Wenn das betroffene Unionsorgan unter Würdigung der Bewertung durch den Bürgerbeauftragten entscheidet, die Maßnahme 63

251 Dazu zB *Bourquain*, DVBl 2008, 1224 ff; s. auch *Efstratiou*, in: Trute u.a. (Hrsg.), Allgemeines Verwaltungsrecht – zur Tragfähigkeit eines Konzepts, 2008, S. 289 ff; *Peters*, CMLR 42 (2005), 697, 738 ff; *Hill*, DVBl. 2002, 1316, 1318 f; *Harden*, 7 EPL (2001), 165, 171 ff; *ders.*, RMUE 2001, 573, 614 ff; *Lais*, ZEuS 2002, 447 ff; *Martínez Soria*, EuR 2001, 682 ff.

252 So hat die Kommission einen „Kodex für gute Verwaltungspraxis in den Beziehungen der Bediensteten der Kommission zur Öffentlichkeit" als Anhang in ihre GO aufgenommen, s. den Beschluss 2000/633/EG, EGKS, Euratom, ABl. 2000 L 267/63 sowie die Neufassung der GO (Fn 20), ABl. 2000 L 308/32; für das Europäische Parlament s. den „Leitfaden für die Pflichten der Beamten und Bediensteten des Europäischen Parlaments – Verhaltenskodex", ABl. 2000 C 97/1; zu den Reaktionen der einzelnen Agenturen s. *Martínez Soria*, EuR 2001, 682, 684.

253 S. dazu *Martínez Soria*, EuR 2001, 682 ff.

254 Zum Ausschluss der Nichtigkeitsklage s. EuG, 3.11.2008 Rs. T-196/08 (Srinivasan/Bürgerbeauftragter; nicht veröffentlicht); dazu *Michel*, Europe 1/2009, 16 f; bestätigt durch EuGH, 25.6.2009, Rs. C-580/08 P, Slg 2009, I-110* (abgek. Veröff.); zur Unzulässigkeit von Untätigkeitsklagen EuG, Rs. T-103/99 (Associazione delle Cantine Sociali Venete/Bürgerbeauftragter und Parlament), Slg 2000, II-4165; allgemein zum Fehlen von Primärrechtsschutz in solchen Fällen s.u. Rn 83.

255 Für diesen Fall hat EuG, Rs. T-308/07 (Tegebauer/EP), Slg 2011, II-279* (abgek. Veröff.), Rn. 21 die Zulässigkeit der Nichtigkeitsklage gegen eine Entscheidung des Petitionsausschusses des EP bejaht; zustimmend *Larché*, Europe 11/2011, 14, 15; ebenso EuG, 27.9.2012, Rs. T-160/19 (J/Parlament), bestätigt durch EuGH, 14.11.2013 Rs. C-550/12 P; die Entscheidung dürfte auf den Bürgerbeauftragten übertragbar sein.

256 Ebenso *Tsadiras*, 32 ELRev. (2007), 607, 614.

257 Zur Zulässigkeit von Schadenersatzklagen s. EuG, Rs. T-412/05 (M/Bürgerbeauftragter), Slg 2008, II-197* (abgek. Veröff); EuGH, Rs. C-234/02 P (Lamberts/Bürgerbeauftragter), Slg 2004, I-2803 = RFDA 2005, 824 m.Anm. *Noury* S. 813 ff (Bestätigung von EuG, Rs. T-209/00, Slg 2002, II-2203); dazu *Sanna*, Riv. dir. int. priv. proc. 2004, 1327 ff; *Meisse*, Europe 5/2004, 121; *Suski*, 42 CMLR (2005), 1765 ff; s. auch *Peters*, CMLR 42 (2005), 697, 725 ff.

258 So EuG, Rs. T-193/04 (Tillack/Kommission), Slg 2006, II-3995 Rn 126, 128; EuGH, Rs. C-167/06 P (Komninou u.a./Kommission), Slg 2007, I-141* (abgek. Veröff.) Rn 44 (dazu *Dewachter*, JDE 2008, 112 ff); daher kann der Beschwerdeführer die ihm für das Verfahren entstandenen Kosten auch im Erfolgsfall nicht als Schaden gem. Art. 340 AEUV geltend machen, so EuG, Rs. T-294/04 (Internationaler Hilfsfonds/Kommission), Slg 2005, II-2719, bestätigt durch EuGH, Rs. C-331/05 P, Slg 2007, I-5475; dazu *Tsadiras*, 45 CMLR (2008), 559 ff; anders wohl noch EuG, Rs. T-160/03 (AFCon Management Consultants/Kommission), Slg 2005, II-981.

dennoch aufrechtzuerhalten, so handelt es sich hierbei nicht mehr um eine bloße Bestätigung der zuvor getroffenen Entscheidung, sondern um eine neue, eigenständig angreifbare Maßnahme.[259]

64 Neben dem Bürgerbeauftragten sieht das Unionsrecht seit dem Vertrag von Amsterdam im heutigen Art. 16 Abs. 2 S. 2 AEUV einen **Europäischen Datenschutzbeauftragten** vor, der in seinem Zuständigkeitsbereich mit echten Entscheidungsbefugnissen ausgestattet ist.[260] Eine dem Bürgerbeauftragten vergleichbare Aufmerksamkeit hat seine Tätigkeit aber noch nicht gefunden.[261]

C. Die Handlungsmittel

I. Überblick

65 Obwohl das Unionsrecht vielfach neue Inhalte vorgibt, die dem nationalen Verwaltungsrecht zuvor nicht bekannt waren – wie zB Auskünfte nach der Umweltinformations-RL[262] oder die Durchführung von UVP-Prüfungen[263] –, bewirkt die Überantwortung des Vollzugs an die Mitgliedstaaten doch, dass für die äußere Form zunächst auf die Handlungsformen und -kategorien des nationalen Rechts zurückgegriffen wird. Das Unionsrecht kann hier allerdings eine Negativauswahl treffen, indem einzelne nationale Instrumente des Verwaltungshandelns als für den Vollzug des Unionsrechts unzureichend verworfen werden (dazu näher unten Rn 110). Im Folgenden werden daher die spezifisch unionsrechtlichen Handlungsmittel[264] dargestellt, wobei zwischen verbindlichen Rechtsakten (II.) und unverbindlichen Instrumenten (III.) unterschieden werden kann.

II. Verbindliche Rechtsakte der Union

1. Verordnungen und Richtlinien als normative Grundlagen des Verwaltungshandelns

66 Die Handlungsformen der Verordnung und der Richtlinie als Akte der Normsetzung sind als unmittelbares Instrument für die Verwaltung als einzelfallbezogener Vollzug regelmäßig nicht geeignet; sie sind aber insofern von Bedeutung, als sie der Standort für verfahrensbezogene Regelungen des Unionsrechts sein können. Hier stellt sich vor allem die Frage nach der Rechtssetzungszuständigkeit der Union für Regelungen zum Verwaltungsvollzug.

67 Eigenständige Rechtsgrundlagen für solche Verfahrensregelungen finden sich in den Verträgen regelmäßig nicht; erst in neuerer Zeit haben vereinzelte Bestimmungen mit diesem Gegenstand Eingang in das Primärrecht gefunden: Das gilt zB für Art. 33 AEUV, der eine gesonderte Zuständigkeit für die Regelung der Zusammenarbeit der Mitgliedstaaten untereinander und mit der Kommission

---

259 S. EuG, Rs. T-166/08 (Ivanov/Kommission), Slg 2009, II-190* (abgek. Veröff.) Rn 67 ff; Rn 160 ff der Schlussanträge von Generalanwalt Mengozzi zu EuGH, Rs. C-362/08 P (Internationaler Hilfsfonds/Kommission), Slg 2010, I-669.

260 Art. 41-48 der VO (EG) Nr. 45/2001 des EP und des Rates v. 18.12.2000 „zum Schutz natürlicher Personen bei der Verarbeitung personenbezogener Daten durch die Organe und Einrichtungen der Gemeinschaft und zum freien Datenverkehr", ABl. 2001 L 8/1 (zur Anordnung der Löschung von Daten s. Art. 47); ergänzend dazu der Beschluss 1247/2002/EG des EP, des Rates und der Kommission v. 1.7.2002 „über die Regelungen und allgemeinen Bedingungen für die Ausübung der Aufgaben des Europäischen Datenschutzbeauftragten", ABl. 2002 L 183/1.

261 S. zu Einzelheiten *Hijmans*, 43 CMLRev. (2006), 1313 ff; *Vandelle*, RevMC 2012, 44 ff; *Eckhardt*, Die Akteure des außergerichtlichen Grundrechtsschutzes in der Europäischen Union, 2010, S. 176 ff; s. auch www.edps.europa.eu.

262 S. die RL 90/313/EWG des Rates v. 7.6.1990 „über den freien Zugang zu Informationen über die Umwelt", ABl. 1990 L 158/56; zu ihr und der Nachfolge-Richtlinie s. noch u. Rn 190 sowie *Krämer/Winter*, § 26 Rn 98 ff.

263 S. die RL 85/337/EWG des Rates v. 27.6.1985 „über die Umweltverträglichkeitsprüfung bei bestimmten öffentlichen und privaten Projekten", ABl. 1985 L 175/740; s.u. *Krämer/Winter*, § 26 Rn 111 ff.

264 Zu den Handlungsformen s. im vergleichenden Überblick *Glaser*, Die Entwicklung des Europäischen Verwaltungsrechts aus der Perspektive der Handlungsformenlehre, 2013, S. 340 ff, 465 ff *v.Bogdandy/Bast/Arndt*, ZaöRV 2002, 77 ff; *dies.*, YEL 23 (2004), 91 ff; *Winter* (ed.), Sources and Categories of European Law, 1996.

im Bereich des Zollwesens enthält,[265] oder für den ebenfalls durch den Vertrag von Amsterdam eingefügten heutigen Art. 325 Abs. 4 AEUV, der die Rechtsgrundlage für Maßnahmen zum Schutz der finanziellen Interessen der Union bietet;[266] in diesem Bereich waren bereits seit Mitte der 1990er Jahre – noch auf der Grundlage der Reservekompetenz des heutigen Art. 352 AEUV – in größerem Umfang allgemeine Regelungen erlassen worden.[267] Trotz dieser Ergänzungen fehlen damit weithin Rechtsgrundlagen für horizontale, sektorenübergreifende Verfahrensregeln; auch der Vertrag von Lissabon enthält hier keine grundsätzlichen Änderungen: Art. 197 Abs. 2 AEUV bietet aber immerhin eine eigenständige Rechtsgrundlage für Förderprogramme zur Verbesserung der Verwaltungszusammenarbeit der Mitgliedstaaten.[268] Ebenfalls kann Art. 298 Abs. 2 AEUV zwar als Rechtsgrundlage für sektorenübergreifendes Verfahrensrecht genutzt werden, sein Anwendungsbereich beschränkt sich aber auf das Eigenverwaltungsrecht der EU-Organe.[269]

Soweit solche Rechtsgrundlagen fehlen, ergibt sich die Zuständigkeit für verfahrensrechtliche Nor- 68
mierungen aus der **Sachkompetenz** für den jeweils betroffenen Bereich. Auf ihrer Grundlage können nicht nur materielle Regelungen, sondern erforderlichenfalls auch Verfahrensbestimmungen erlassen werden;[270] die Grenzen setzt das Subsidiaritätsprinzip.[271] In der Konsequenz finden sich Verfahrensregeln für den Agrarsektor in auf Art. 43 AEUV gestützten Rechtsakten, solche zur Verkehrspolitik in Rechtsakten auf der Grundlage des Art. 91 AEUV; auch die Rechtsangleichungskompetenz des Art. 114 AEUV kann verfahrensrechtliche Regelungen tragen.[272] Zu den sichtbaren Folgen dieses Ansatzes gehört allerdings eine sektorale Zersplitterung des Verfahrensrechts; für die Schaffung sachgebietsübergreifend geltender Verfahrensregeln muss auf die Praxis der Kombination von Rechtsgrundlagen[273] – ggf unter Heranziehung auch des Art. 352 AEUV[274] – zurückgegriffen werden.

Die Auswahl der angemessenen Form für normative Regelungen zum Verwaltungsvollzug – also 69
die Wahl zwischen **Verordnung oder Richtlinie** – steht im Ermessen der Unionsorgane, wie

265 Die Einfügung der Bestimmung durch den Vertrag von Amsterdam ist die Konsequenz einer Kontroverse zwischen Kommission und Rat; EuGH, Rs. C-209/97 (Kommission/Rat), Slg 1999, I-8067 hat schließlich die Position des Rats bestätigt, nach der für Rechtsakte, die der Verbesserung der Betrugsbekämpfung in diesem Bereich dienen, sonst nur der heutige Art. 352 AEUV in Betracht kam: Der heutige Art. 114 AEUV konnte nicht als Grundlage dienen, weil Ziel der Regelungen nicht das bessere Funktionieren des Binnenmarkts ist; der heutige Art. 325 AEUV enthielt zum maßgeblichen Zeitpunkt noch keine Rechtsgrundlage für Sekundärrecht.

266 Die Bestimmung dient zB als Rechtsgrundlage der VO (EG) Nr. 1073/1999 (Fn 209) für die Ermittlungsbefugnisse von OLAF, s.o. Rn 50.

267 S. zB die VO (EG, Euratom) Nr. 2988/95 des Rates v. 18.12.1995 „über den Schutz der finanziellen Interessen der Europäischen Gemeinschaften", ABl. 1995 L 312/1, die einen allgemeinen Rahmen für den Erlass verwaltungsrechtlicher Sanktionen zum Schutz dieser Interessen setzt; s. dazu zB EuGH, Rs. C-295/02 (Gisela Gerken), Slg 2004, I-6369 = EuZW 2004, 510 Rn 40 ff (zu Art. 2 Abs. 2 S. 2 der VO: Rückwirkung der milderen Sanktion); EuGH, Rs. C-278/02 (Herbert Handlbauer GmbH) Slg 2004, I-6171 (zur Verjährung).

268 Dazu noch u. Rn 159.

269 S. noch u. Rn 100.

270 S. *Hatje*, Die gemeinschaftsrechtliche Steuerung der Wirtschaftsverwaltung, 1998, S. 102 f; *Klepper*, Vollzugskompetenzen der Europäischen Gemeinschaft aus abgeleitetem Recht, 2001, S. 45 ff; *David*, Inspektionen im Europäischen Verwaltungsrecht, 2003, S. 159 f; *W. Schroeder*, in: Hummer (Hrsg.), Paradigmenwechsel im Europarecht zur Jahrtausendwende, 2004, S. 231, 236 f; *Vedder*, EuR-Beih. 1/1995, 75, 90 ff; dies wird ausdrücklich oder implizit bestritten von den Vertretern einer vertraglich gesicherten „Verfahrensautonomie" der Mitgliedstaaten, s. dazu noch unten Rn 109.

271 Dazu im vorliegenden Zusammenhang *Klepper*, Vollzugskompetenzen der Europäischen Gemeinschaft aus abgeleitetem Recht, 2001, S. 90 ff.

272 EuGH, Rs. C-359/92 (Deutschland/Rat), Slg 1994, I-3681 = EuZW 1994, 627 m.Anm. *Micklitz*; ausführlich dazu *Klepper*, Vollzugskompetenzen der Europäischen Gemeinschaft aus abgeleitetem Recht, 2001, S. 68 ff.

273 S. zB die VO (EG) Nr. 178/2002 des EP und des Rates v. 28.1.2002 „zur Festlegung der allgemeinen Grundsätze und Anforderungen des Lebensmittelrechts, zur Errichtung der Europäischen Behörde für Lebensmittelsicherheit und zur Festlegung von Verfahren zur Lebensmittelsicherheit" (Fn 86), die parallel auf die Art. 37, 95, 133 und 152 Abs. 4 lit. b EGV gestützt wurde. Zu den Voraussetzungen und Grenzen einer solchen Kombination von Rechtsgrundlagen s. *König*, § 2 Rn 14 f; s. auch *Gundel*, EuR 2003, 100, 102 ff.

274 S. zB EuGH, Rs. C-209/97 (Kommission/Rat), Slg 1999, I-8067 Rn 33 ff; für ein frühes Beispiel s. die auf den damaligen Art. 235 EWGV (später Art. 308 EGV, nun Art. 352 AEUV) gestützte VO (EWG) Nr. 1182/71 des Rates zur Festlegung der Regeln für die Fristen, Daten und Termine v. 3.6.1971, ABl. 1971 L 124/1.

Art. 296 Abs. 1 AEUV nun deutlich macht. Der strikte Vorrang der Richtlinie, nach dem „unter sonst gleichen Gegebenheiten“ diesem Instrument der Vorzug gegeben werden sollte,[275] wurde damit durch den Vertrag von Lissabon gelockert; der in Art. 296 AEUV angesprochene Grundsatz der Verhältnismäßigkeit wird allerdings häufig zu denselben Ergebnissen führen. Soweit das Sekundärrecht einen Rahmen für die grenzüberschreitende Zusammenarbeit der mitgliedstaatlichen Behörden bieten soll,[276] liegt allerdings vielfach die Wahl der Verordnungsform nahe,[277] weil so das Risiko von untereinander inkompatiblen Umsetzungsentscheidungen der Mitgliedstaaten vermieden wird. Aber auch unabhängig von solchen grenzüberschreitenden Konstellationen ist in jüngerer Zeit in verschiedenen Sachgebieten eine starke Tendenz zur Wahl der Verordnungsform[278] erkennbar.[279]

70 Soweit der Verwaltungsvollzug durch die Unionsorgane betroffen ist, ist als Instrument für die Gestaltung des organisatorischen Rahmens noch die **interinstitutionelle Vereinbarung**[280] zwischen den beteiligten Unionsorganen zu nennen, die nun ebenfalls in Art. 295 AEUV eine ausdrückliche Erwähnung finden. Solche Vereinbarungen können den durch Verordnungen gesetzten Rechtsrahmen ergänzen (s. zB zu den Rechtsgrundlagen von OLAF oben Rn 50 mit Fn 206); sie können aber auch als Rahmenstruktur für künftige Rechtssetzungsmaßnahmen genutzt werden.[281]

2. Adressatenbezogene Beschlüsse (ehemals Entscheidungen)

71 Die bisher in Art. 249 Abs. 4 EGV geregelte Entscheidung ist die zentrale Kategorie für den Erlass von Einzelfall-Regelungen durch die Unionsorgane; der Vertrag von Lissabon hat die Abgrenzung der nun in Art. 288 Abs. 4 AEUV enthaltenen Rechtsakt-Kategorie auf den ersten Blick dadurch erschwert, dass sie mit der bisher nicht geregelten Handlungsform des adressatenlosen Beschlusses unter dem neuen Oberbegriff „Beschluss“ zusammengefasst wurde.[282] Innerhalb der Bestimmung

275 So Nr. 6 des Protokolls über die Anwendung der Grundsätze der Subsidiarität und der Verhältnismäßigkeit zum Vertrag von Amsterdam; das nun geltende Subsidiaritätsprotokoll zum Vertrag von Lissabon ersetzt diese materielle Vorrangregel durch gestärkte Verfahrensrechte der nationalen Ebene; dazu zB *Ladenburger*, ZEuS 2011, 389, 396 ff; s. auch *Streinz*, in: FS Welsch, 2010, S. 55, 66 f; *Glaser*, Die Entwicklung des Europäischen Verwaltungsrechts aus der Perspektive der Handlungsformenlehre, 2013, S. 337 ff.

276 Zu dieser horizontalen Kooperation, die in neuerer Zeit an Bedeutung gewonnen hat s.u. Rn 145 ff.

277 S. zB den Rechtsrahmen für den Strombinnenmarkt, für den nun parallel die VO (EG) Nr. 714/2009 des EP und des Rates v. 13.7.2009 „über die Netzzugangsbedingungen für den grenzüberschreitenden Stromhandel und zur Aufhebung der VO (EG) Nr. 1228/2003“, ABl. 2009 L 211/15, und die RL 2009/72/EG des EP und des Rates v. 19.7.2009 „über gemeinsame Vorschriften für den Elektrizitätsbinnenmarkt und zur Aufhebung der RL 2003/54/EG“, ABl. 2009 L 211/55, gelten.

278 Dazu zB *Rösch*, Zur Rechtsformenwahl des europäischen Gesetzgebers im Lichte des Verhältnismäßigkeitsgrundsatzes – Von der Richtlinie zur Verordnung, 2013, insbes. S. 187 ff zum Lebensmittelsektor, in dem diese Umstellung seit 2002 systematisch erfolgt; dazu auch *Gundel*, in: Ruffert (Hrsg.), Europäisches Sektorales Wirtschaftsrecht, 2013, § 8 Rn 39 f; zu daraus resultierenden Vollzugsproblemen für die nationalen Behörden s. *ders.*, ZLR 2014, 264, 275, 278.

279 Angesprochen wird der Wechsel der Rechtsform in den Begründungen der Rechtsakte nur selten; für eine solche Ausnahme s. den 3. Erwägungsgrund der VO (EG) Nr. 396/2005 des EP und des Rates über Höchstgehalte an Pestizidrückständen (...), ABl. 2005 L 70/1: „Eine Verordnung zur Festsetzung von Rückstandshöchstgehalten braucht nicht in einzelstaatliches Recht umgesetzt zu werden. Sie ist daher das geeignetste Rechtsinstrument (...), da ihre präzisen Vorschriften gemeinschaftsweit zu ein und demselben Zeitpunkt und nach ein und demselben Verfahren angewendet werden und insofern eine effizientere Verwendung nationaler Ressourcen gestatten.“ S. auch den 4. Erwägungsgrund der VO (EU) Nr. 10/2011 der Kommission v. 14.1.2011 über Materialien und Gegenstände aus Kunststoff, die dazu bestimmt sind, mit Lebensmitteln in Berührung zu kommen, ABl. 2011 L 12/1 (Ablösung der gleichnamigen RL 2002/72/EG der Kommission v. 6.8.2002, ABl. 2002 L 220/18): Hier wird angeführt, dass die Richtlinie und ihre Änderungen bisher ohne größere Anpassung in nationales Recht umgesetzt worden seien, die Umsetzungsdauer aber das „Innovationstempo“ verlangsame.

280 Dazu zB *v. Alemann*, Die Handlungsform der interinstitutionellen Vereinbarung, 2006; *Hummer*, in: *ders.* (Hrsg.), Paradigmenwechsel im Europarecht zur Jahrtausendwende, 2004, S. 111 ff; s. auch *Tournepiche*, RTDE 2002, 209 ff; *Bobbert*, Interinstitutionelle Vereinbarungen im Europäischen Gemeinschaftsrecht, 2001; *Monar*, 31 CMLR (1994), 693 ff.

281 S. den Vorschlag der Kommission für eine Rahmenvereinbarung zum Status der Regulierungsagenturen o. Rn 43.

282 Dazu noch u. Rn 79.

lassen sich jedoch weiter beide Kategorien unterscheiden; Art. 288 Abs. 4 S. 2 AEUV macht deutlich, dass es weiter adressatenbezogene Beschlüsse gibt, die nur für den in ihnen bezeichneten Adressaten verbindlich sind; gemäß Art. 297 Abs. 2 Unterabs. 3 AEUV werden sie mit der Bekanntgabe an ihn wirksam.[283] Insoweit bestehen Parallelen zum Verwaltungsakt als Instrument der Einzelfallentscheidung im deutschen Verwaltungsrecht.[284] Als Besonderheit ist allerdings festzuhalten, dass Adressat auch der Mitgliedstaat sein kann (bisher: „staatengerichtete Entscheidung"), und diese Handlungsform in diesem Zusammenhang auch häufig verwendet wird.[285]

Diese besondere Verwendungsform bedingt auch eine über den Verwaltungsakt hinausgehende Funktion des Instruments des adressatenbezogenen Beschlusses: In diesen Fällen kann es sich dennoch um eine typische Einzelfallentscheidung handeln, mit der etwa eine mitgliedstaatliche Beihilfe genehmigt oder beanstandet wird. Es kann aber auch ein Sachverhalt geregelt werden, der aus der Perspektive des Mitgliedstaats und des Einzelnen einen Akt der Normsetzung betrifft, so etwa – um beim Beispiel des Beihilferechts zu bleiben – die Entscheidung zur Genehmigung eines mitgliedstaatlichen Beihilfeprogramms.[286] Aber auch in anderen Bereichen wird die Kommission mit dem Handlungsmittel des adressatenbezogenen Beschlusses in mitgliedstaatliche Vorgänge der Normsetzung eingebunden.[287] 72

Gegenüber Nicht-Adressaten kann der adressatenbezogene Beschluss begünstigende,[288] aber auch belastende Wirkung entfalten.[289] Die häufig hergestellte Parallele zur beschränkten und grundsätzlich nur zugunsten des Einzelnen eingreifenden Direktwirkung von nicht umgesetzten Richtlinien[290] trifft daher nicht uneingeschränkt zu:[291] Zutreffend ist, dass der Mitgliedstaat, der die ihm in einem adressatenbezogenen Beschluss aufgegebenen Maßnahmen nicht vornimmt, den Einzelnen nicht stattdessen unmittelbar auf die Verbindlichkeit dieses Rechtsakts verweisen kann.[292] 73

Wenn der adressatenbezogene Beschluss jedoch keine solchen allgemeinen Umsetzungsmaßnahmen des Mitgliedstaats voraussetzt, sondern nur den formalen Vollzug der in ihm bereits getroffenen konkreten Festlegungen verlangt, so muss sich der Einzelne die mit diesem Beschluss fixierte 74

283 Adressatenlose Beschlüsse sind dagegen gemäß Art. 297 Abs. 2 Unterabs. 2 AEUV im EU-Amtsblatt zu veröffentlichen.

284 S. zB *Stelkens*, ZEuS 2005, 61, 68 f; *Mager*, EuR 2001, 661, 662; *Brenner*, Der Gestaltungsauftrag der Verwaltung in der Europäischen Union, 1996, S. 138; *Bleckmann*, DÖV 1993, 837, 844 f.

285 Dazu *Mager*, EuR 2001, 661 ff; *Vogt*, in: Schmidt-Aßmann/Schöndorf-Haubold (Hrsg.), Der Europäische Verwaltungsverbund, 2005, S. 213 ff.

286 Zu den Konsequenzen für den Rechtsschutz von Begünstigten solcher Programme und ihrer Wettbewerber s. mwN *Gundel*, in: Paal/Gersdorf (Hrsg.), Informations- und Medienrecht-Kommentar, 2014, Art. 108 AEUV Rn 18, 23 f.

287 S. zB die Genehmigung strengerer staatlicher Maßnahmen nach Art. 114 AEUV; s. dazu u. Rn 135 ff.

288 Zur Anerkennung der Berufung des Einzelnen auf ihm günstige Entscheidungen s. schon früh EuGH, Urt. v. 6.10.1970, Rs. 9/70 (Franz Grad), Slg 1970, 825; später zB zur Begrenzung der Gebühren für die Fleischbeschau durch die Entscheidung 88/408/EWG des Rates, ABl. 1988 L 194/24: EuGH, Rs. C-156/91 (Hansa Fleisch), Slg 1992, I-5567 = EuZW 1993, 37; EuGH, verb. Rs. C-284/00 u. C-288/00 (Stratmann u. Fleischversorgung Neuss), Slg 2002, I-4611 = DVBl. 2002, 1108; in der Folge zB OVG Bautzen, 26.3.2004 – 3 B 608/01, SächsVBl. 2005, 68.

289 S. bereits EuGH, Rs. 249/85 (Albako/BALM), Slg 1987, 2345 = EuR 1987, 282 m.Anm. *Nicolaysen*; dazu zB *Mager*, EuR 2001, 661, 679 f.

290 So zB *Nettesheim*, in: Grabitz/Hilf/Nettesheim (Hrsg.), EUV/AEUV Art. 288 AEUV **Rn 189**; *Schweitzer*, in: FS Franz Klein, 1994, S. 85, 98; *Erichsen/Frenz*, Jura 1995, 422, 423.

291 So auch *Mager*, EuR 2001, 661, 679 f; *Vogt*, in: Schmidt-Aßmann/Schöndorf-Haubold (Hrsg.), Der Europäische Verwaltungsverbund, 2005, S. 213, 230 ff.

292 S. EuGH, Rs. 30/75 (UNIL-IT SpA), Slg 1975, 1419 Rn 16; dazu *Greaves*, ELR 21 (1996), 3, 12 f; ebenso EuGH, Rs. C-80/06 (Carp), Slg 2007, I-4473 Rn 20 f. Vor den deutschen Gerichten ist die Frage streitig geworden, ob eine durch Vertrag gewährte und von der Kommission beanstandete Subvention auf der Grundlage dieser Kommissionsentscheidung durch Verwaltungsakt zurückgefordert werden kann, auch wenn dafür eine gesetzliche Grundlage fehlt: wohl zu Recht verneinend VG Berlin, 15.8.2005 20 A 135.5, EuZW 2005, 659 m. abl. Anm. *Heidenhain*; bejahend dagegen OVG Berlin, 7.11.2005 8 S 93/05, EuZW 2006, 91 m. abl. Anm. *Arhold* = EStAL 2006, 191 m. abl. Anm. *Arhold* S. 9 ff u. zust. Anm. *Kreuschitz* S. 199 ff = NVwZ 2006, 104.

Rechtslage auch ohne mitgliedstaatliche Bestätigung entgegenhalten lassen;[293] das wird insbesondere deutlich bei Einzelfall-Entscheidungen der Unionsorgane, die den Mitgliedstaaten den Vollzug von Belastungen Einzelner – wie etwa die Rückabwicklung rechtswidriger Beihilfen[294] (siehe dazu unten Rn 198 ff) oder die Einziehung unsicherer Produkte[295] – aufgeben. In diesen Fällen wird das Vorliegen der Eingriffsvoraussetzungen auch für Dritte bindend festgestellt, womit deutlich wird, dass der adressatenbezogene Beschluss auch über den Text des Vertrages hinaus für den betroffenen Einzelnen verbindliche Wirkungen entfalten kann, ohne dass dieser notwendig Adressat sein müsste.[296] Dass diese Wirkung von Anfang an vorgesehen war, zeigt sich auch daran, dass in Art. 173 EWGV bzw 230 Abs. 4 EGV (nun Art. 263 AEUV) von Anfang an eine solche Konstellation drittbelastender Entscheidungen berücksichtigt war, und Klagen insoweit für zulässig erklärt waren.[297]

75 Als Folge des Grundsatzes der begrenzten Ermächtigung,[298] aber auch als Konsequenz des auch im Unionsrecht geltenden Rechtssatzvorbehalts für den Einzelnen belastende Maßnahmen[299] benötigen adressatenbezogene Beschlüsse eine Rechtsgrundlage. Solche Befugnisnormen finden sich in den selteneren Fällen im Vertrag selbst – etwa in Art. 108 AEUV für die Beanstandung nationaler Beihilfen oder in Art. 106 Abs. 3 AEUV für Wettbewerbsverzerrungen durch nationale Regelungen zugunsten öffentlicher Unternehmen (s. zu diesen Bsp. noch Rn 126) –, zumeist sind sie aber auf der Ebene des Sekundärrechts angesiedelt. Formerfordernisse stellt das Primärrecht nicht auf; auch mündliche Stellungnahmen können als verbindliche Regelungen einzuordnen sein, wenn der erforderliche Wille zur Setzung verbindlicher Rechtsfolgen gegeben war.[300]

76 Vergleichbar deutschen Verwaltungsakten gilt für die Beschlüsse des Unionsrechts die Vermutung der Wirksamkeit bis zu einer etwaigen gerichtlichen Aufhebung,[301] mit der Gegenausnahme der absoluten Unwirksamkeit („Inexistenz") in Fällen schwerer Fehler.[302] Ist ein solcher Fehler festzustellen, wird die Maßnahme allerdings tatsächlich als Nicht-Akt behandelt, so dass in der Konsequenz eine Klage als unzulässig abzuweisen ist.[303]

---

293 So zB *Bast*, in: v. Bogdandy (Hrsg.), Europäisches Verfassungsrecht, 2003, S. 479, 531 f (weniger deutlich in der 2. Aufl. 2009, S. 489, 543); s. auch *Nicolaysen*, Europarecht I, 2. Aufl. 2002, S. 341.

294 Zur grundsätzlichen Adressierung der beihilfenrechtlichen Beschlüsse an die Mitgliedstaaten s. EuGH, Rs. C-367/95 P (Sytraval), Slg 1998, I-1719, Rn 45 f = EuZW 1998, 336 m.Anm. *Hoenicke*.

295 Für einen solchen Fall s. die (an die Mitgliedstaaten gerichtete) Kommissionsentscheidung 2006/694/EG v. 13.10.2006 „zum Verbot des Inverkehrbringens des in einer Molkerei im Vereinigten Königreich hergestellten Frischkäses", ABl. 2006 L 283/59; zum Sachverhalt s. EuG, 29.10.2009, Rs. T-212/06 (Bowland/Kommission), Slg. 2009, II-4073 = ZLR 2010, 71 m.Anm. *Gundel*.

296 S. EuGH, Urt. v. 9.3.1994, Rs. C-188/92 (Textilwerke Deggendorf), Slg. 1994, I-833; s. zu diesem Aspekt der Entscheidung *Greaves*, 21 ELRev. (1996), 3 (13 f).

297 Die bis zum Vertrag von Lissabon geltende Fassung erwähnte ausdrücklich Rechtsakte, die den Kläger belasten, obwohl sie als „an eine andere Person gerichtete Entscheidung" ergangen sind; Art. 263 Abs. 4 AEUV hat diesen Bezug nun durch eine rechtsformneutrale Formulierung der Voraussetzungen beseitigt.

298 Dazu *Kraußer*, Das Prinzip begrenzter Ermächtigung im Gemeinschaftsrecht als Strukturprinzip des EWG-Vertrages, 1991.

299 S. EuGH, verb. Rs. 46/87 u. 227/88 (Hoechst/Kommission), Slg 1989, 2859 Rn 19 = NJW 1989, 3080; EuGH, verb. Rs. 97 – 99/87 (Dow Chemical Ibérica u.a./Kommission), Slg 1989, 3165 Rn 16 = EuZW 1991, 248 sowie Art. 52 Abs. 1 der Grundrechtecharta. Zum Gesetzesvorbehalt im EU-Recht s. auch *Hilf/Classen*, in: FS Selmer, 2004, S. 71, 81 ff; *Triantafyllou*, Vom Vertrags- zum Gesetzesvorbehalt, 1996, S. 152 ff.

300 S. EuGH, Rs. 303 u. 312/81 (Klöckner/Kommission), Slg 1983, 1507 Rn 31 ff.

301 Zum Verwerfungsmonopol des EuGH s. grundlegend EuGH, Rs. 314/85 (Foto Frost), Slg 1987, 4199; s. auch u. *Classen*, § 4 Rn 5, 75.

302 EuGH, Rs. 15/85 (Consorzio Cooperative d'Abruzzo), Slg 1987, 1005 Rn 10 = NJW 1987, 3074 m.Anm. *Letemendia*, CDE 1989, 632 ff; EuGH, Rs. C-137/92 P (Kommission/BASF), Slg 1994, I-2555 Rn 49; EuGH, Rs. C-245/92 P (Chemie Linz AG/Kommission), Slg 1999, I-4643 Rn 93 ff; zu dieser Rechtsfigur zB *Schärf*, EuZW 2004, 333 f; *Annacker*, EuZW 1995, 755 ff; *Bergerès*, RTDE 1989, 393 ff, 647 ff.

303 So EuG, verb. Rs. T-79/89 u.a. (BASF u.a./Kommission), Slg 1992, II-315 = EuZW 1992, 607, wegen zu geringer Anforderungen an die Inexistenz aufgehoben durch EuGH, Rs. C-137/92 P (BASF/Kommission), Slg 1994, I-2555 = EuZW 1994, 436; die Verfahrenskosten gehen zu Lasten des Beklagten (EuG Rn 103).

Erreicht der Fehler nicht diese Schwere, so tritt mit Verstreichen der Klagefrist des Art. 263 Abs. 6 AEUV[304] die Bestandskraft gegenüber den Betroffenen ein,[305] die zur Erhebung der Nichtigkeitsklage berechtigt gewesen wären. Diese Bestandskraft bleibt bei parallelen Beschlüssen, die sich an mehrere Adressaten richten – einer im Kartellrecht häufigen Konstellation –, auch dann erhalten, wenn einer der Betroffenen erfolgreich Rechtsmittel einlegt.[306] Die Besonderheit des Unionsrechts liegt allerdings darin, dass diese Regeln nicht nur für die Kategorie des adressatenbezogene Beschlusses, sondern grundsätzlich für alle Kategorien von Rechtsakten gelten.[307] 77

Allerdings kann auch das Unionsrecht auf die Unterscheidung zwischen Rechtsakten mit normativem Inhalt und Einzelfallregelungen nicht vollständig verzichten:[308] So gilt das Recht auf Anhörung vor dem Erlass von Maßnahmen, die Einzelne spürbar belasten,[309] tatsächlich nur für Einzelfall-Maßnahmen, und auch der Umfang der – für alle Rechtsakte bestehenden – Begründungspflicht gemäß Art. 296 AEUV hängt davon ab, ob ein normativer Rechtsakt oder eine Einzelfall-Regelung vorliegt.[310] 78

Der Vertrag von Lissabon hat die im Verfassungsvertrag vorgenommenen Änderungen der Nomenklatur des Sekundärrechts ganz überwiegend rückgängig gemacht; an der Vereinigung der bisherigen Entscheidungen mit der bisher nicht normierten Kategorie der Beschlüsse wurde dagegen festgehalten.[311] Künftig wird man innerhalb der neuen Kategorie deutlich unterscheiden müssen, ob ein adressatenbezogener Beschluss aus dem Verwendungsbereich der bisherigen Entscheidung vorliegt, oder es sich um einen Rechtsakt handelt, der bisher dem Instrument des Beschlusses zuzuordnen war;[312] entscheidendes formales Kriterium hierfür ist die Benennung eines Adressaten, den nur die (bisherige) Entscheidung kennt. 79

3. Verträge der EU

Im Primärrecht nicht näher geregelt, sondern als Handlungsmittel vorausgesetzt sind Verträge der EU, die mit Wirtschaftsteilnehmern zB bei der Vereinbarung von Lieferungen im Rahmen der Nahrungsmittelhilfe[313] und darüber hinaus ganz allgemein bei der Vergabe öffentlicher Aufträge 80

304 Die Klagefrist läuft bei im ABl. bekannt gegebenen Beschlüssen mit dieser Veröffentlichung, im Übrigen mit der Mitteilung durch das erlassende Unionsorgan, subsidiär mit der anderweitigen Kenntnisnahme durch den Kläger; betroffenen Nicht-Adressaten billigt der EuGH eine Anforderungsfrist zu, binnen derer sie sich um den genauen Text eines Beschlusses bemühen müssen, s. zB EuGH, Rs. C-180/88 (Wirtschaftsvereinigung Eisen- und Stahlindustrie/Kommission), Slg 1990, I-4413 Rn 22; EuGH, Rs. C-309/95 (Kommission/Rat), Slg 1998, I-655; s. auch *Schloh/Hoenicke*, EuZW 1997, 398 ff.

305 S. zB EuG, Rs. T-12/90 (Bayer/Kommission), Slg 1991, II-219 = EuZW 1991, 475; EuGH, Rs. 352/87 (Farzoo Inc/Kommission), Slg 1988, 2281.

306 So EuGH, Rs. C-310/97 P (AssiDomän Kraft Products), Slg 1999, I-5363 = EuZW 1999, 660; dazu *Wessely*, EuZW 2000, 368 ff; *Moloney*, 37 CMLR (2000), 971 ff (Aufhebung von EuG, Rs. T-227/95, Slg 1997, II-1185 = EuZW 1997, 696; dazu *Wessely*, EuZW 1997, 677 ff).

307 Dazu *Ruffert*, in: FS Krause, 2006, S. 215, 223; s. zB zu Richtlinien EuGH, Rs. C-475/01 (Kommission/Griechenland), Slg 2004, I-8923 = EuZW 2004, 729; angesichts der nicht durchgängig entwickelten Abgrenzung von Rechtssetzung und Verwaltungsvollzug (s. bereits o. Rn 1) erscheint dies auch konsequent.

308 Zur Abgrenzung *Kovar*, in: Mélanges Waelbroeck, Bd. 1, 1999, S. 387 ff; vor allem die an die Mitgliedstaaten gerichteten Beschlüsse können normativen Charakter tragen, s.o. Rn 72 und u. Rn 135.

309 S. zB EuGH, Rs. C-315/99 P (Ismeri/Rechnungshof), Slg 2001, I-5281; EuGH, Rs. C-135/92 (Fiskano/Kommission), Slg 1994, I-2885; EuGH, Rs. 17/74 (Transocean Marine Paint/Kommission), Slg 1974, 1063 Rn 15; s. dazu noch u. Rn 140 ff, 186 f.

310 Dazu statt vieler zB EuGH, verb. Rs. C-27/00 u. C-122/00 (Omega Air Ltd), Slg 2002, I-2569 Rn 46 ff.

311 Kritisch schon zur Regelung im Verfassungsvertrag *U. Stelkens*, ZEuS 2005, 61 ff; ähnlich *Ruffert*, in: FS Krause, 2006, S. 215, 226: Damit würden „zwei keineswegs deckungsgleiche, teils nur schwer kompatible Handlungsformen des Gemeinschaftsrechts in einer neuen unionsrechtlichen Handlungsform vereinigt."

312 Dazu *U. Stelkens*, ZEuS 2005, 61, 74 ff.

313 Dazu EuGH, Rs. C-142/91 (Cebag/Kommission), Slg 1993, I-553 Rn 10 ff; EuG, Rs. T-26/00 (Lecureur/Kommission), Slg 2001, II-2623; zu Entwicklungshilfe-Verträgen auch *Kalbe*, EWS 2003, 355 ff; *ders.*, 38 CMLR (2001), 1217 ff.

genutzt werden.[314] Gegenüber den anderen Instrumenten der Unionsverwaltung besteht hier die Besonderheit, dass diese Verträge dem nationalen Recht[315] unterworfen werden können – und eine solche Unterwerfung regelmäßig auch durch ausdrückliche Wahl des Rechts eines Mitgliedstaats erfolgt.[316]

81 Streitigkeiten in Bezug auf solche Vereinbarungen sind dann gemäß Art. 274 AEUV von den **nationalen Gerichten** zu entscheiden, die im Wege des Vorabentscheidungsverfahrens den EuGH einschalten können.[317] Nichtigkeitsklagen gegen Entscheidungen der Kommission, die im Rahmen der Abwicklung solcher Verträge getroffen werden, sind in diesem von der Gleichordnung der Vertragsparteien geprägten Feld unzulässig;[318] dasselbe gilt für Schadenersatzklagen gemäß Art. 268 AEUV, die ausdrücklich nur die außervertragliche Haftung gem. Art. 340 AEUV betreffen.[319] Eine unmittelbare Zuständigkeit des EuGH besteht in solchen Fällen nur dann, wenn sie im Wege einer **Schiedsklausel** im Sinn des Art. 272 AEUV vereinbart wurde.[320] Liegt eine solche Klausel vor, wendet der Gerichtshof tatsächlich das vereinbarte nationale Recht an[321] und orientiert sich bei seiner Auslegung an der vorliegenden nationalen Rechtsprechung.[322]

314 S. dazu in jüngerer Zeit *Taschner*, in: FS Magnus, 2014, S. 531 ff; *Gundel*, EWS 2013, 65 ff; *Stelkens/Schröder*, EU Public Contracts, 2012; zuvor schon *Stelkens*, EuZW 2005, 299 ff; weiter *Markopoulos*, Der EU-Verwaltungsvertrag, 2012; *Marti*, RFDA 2011, 601 ff; *Beysen*, EWS 2008, 120 ff; *Ritleng*, in: Auby/Dutheil de la Rochère (éds.), Droit administratif européen, 2007, S. 147 ff.

315 IdR unterliegen diese Verträge damit dem Zivilrecht, aber je nach Zuordnung durch das nationale Recht kann auch Verwaltungsvertragsrecht zur Anwendung kommen, s. EuGH, Rs. C-167/99 (Europäisches Parlament/SERS und Stadt Straßburg), Slg 2003, I-3269, insb. Rn 112 f (Anwendung französischen Verwaltungsvertragsrechts); EuGH, verb. Rs. C-80/99 bis C-82/99 (Flemmer u.a.), Slg 2001, I-7211 = DVBl. 2001, 1834 = JZ 2002, 239 m.Anm. *Streinz* (deutsches VwVfG; zu diesem Fall noch unten Fn 368). S. auch *Grunwald*, EuR 1984, 227 ff.

316 Ob daneben auch „öffentlich-rechtliche" Verträge der Union denkbar sind, die allein nach EU-Recht zu behandeln wären, ist in der Literatur str. geblieben, s. dazu zB mwN *Gundel*, EWS 2013, 65, 67; *U. Stelkens*, EuZW 2005, 299, 300 ff. Die Praxis unterstellt auch solche Verträge dem Verweis auf das nationale Recht, s.u. Fn 321, was auch auf das Fehlen unionsrechtlicher Regeln zurückzuführen sein dürfte. Die HO 2002 (s.o. Fn 56) enthielt dann erste Ansätze für eine solche unionsrechtliche Determinierung von Verträgen über Finanzhilfen, s. dazu zB auch *J.-P Schneider*, in: VVDStRL 64 (2005), 238, 253 ff.

317 S. für ein Beispiel den Fall von EuGH, Rs. C-87/01P (Kommission/CCRE), Slg 2003, I-7617 = JZ 2004, 87 m.Anm. *Metzger* (Zuständigkeit des Tribunal de première instance Bruxelles).

318 S. EuG, Rs. T-85/01 (IAMA Consulting/Kommission), Slg 2003, II-4973 Rn 50 ff; EuG, Rs. T-387/00 (Comitato organizzatore del convegno internazionale/Kommission), Slg 2002, II-3031 Rn 39; EuG, Rs. T-149/00 (Innova/Kommission), Slg 2001, II-1 Rn 25 ff; EuG, Rs. T-186/96 (Mutual Aid Administration Services/Kommission), Slg 1997, II-1633 Rn 47.

319 Zu Abgrenzungsproblemen zuletzt EuGH, 18.4.2013, Rs. C-103/11 P (Systran SA/Kommission); dazu *Veranneman*, RAE 2013, 399 ff; *Meister*, Europe 6/2013, 21 f; zuvor zB EuG, Rs. T-283/02 (EnBW Kernkraft GmbH/Kommission), Slg 2005, II-913 Rn 78 ff.

320 S. zB EuGH, 16.6.2005, Rs. C-123/02 (Europäisches Parlament/Royal & Sun Alliance Insurance), unveröff.; EuGH, 16.6.2005, Rs. C-124/02 (Europäisches Parlament/AIG Europe), unveröff.; EuGH, 16.6.2005, Rs. C-125/02 (Europäisches Parlament/HDI International), unveröff., zur Unwirksamkeit der Kündigung von Versicherungsverträgen für die Gebäude des Europäischen Parlaments in Reaktion auf den 11.9.2001.

321 Dazu *Kohler/Knapp*, ZEuP 2002, 701 ff; s. für Beispiele aus neuerer Zeit: EuG, Rs. T-500/04 (Kommission/ILC Informationsindustrie Consulting GmbH), Slg 2007, II-1443 (Verwirkung von Forderungen gem. § 242 BGB; dazu *Bernard*, Europe 7/2007, 14 f); EuGH, 24.2.2005 Rs. C-279/03 (Kommission/Implants), unveröff. (belgisches Recht); EuGH, Rs. C-167/99 (Europäisches Parlament/SERS und Stadt Straßburg), Slg 2003, I-3269 (französisches Verwaltungsvertragsrecht); EuG, Rs. T-171/01 (IDATE/Kommission), Slg 2003, II-63; EuGH, Rs. C-416/98 (Kommission/NET), Slg 2002, I-1759 (griechisches Zivilrecht); EuGH, Rs. C-77/99 (Kommission/Oder-Plan Architektur GmbH), Slg 2001, I-7355 (deutsches BGB); EuGH, Rs. C-156/97 (Kommission/Van Balkom), Slg 2000, I-1095 (deutsches BGB); EuGH, Rs. C-209/90 (Kommission/Walter Feilhauer), Slg 1992, I-2613 = EuZW 1992, 422 (deutsches BGB).

322 S. *Kohler/Knapp*, ZEuP 2002, 701, 705; für Beispiele s. EuG, Rs. T-500/04 (Kommission/IIC), Slg 2007, II-1443, Rn 43 ff (zu den Verjährungsregeln des deutschen BGB nach der Schuldrechtsreform); hierbei wird gelegentlich sogar Literatur zum nationalen Recht zitiert, s. zB EuG, Rs. T-323/09 (Kommission/Irish Electricity Generating), Slg 2010, II-254* (abgek. Veröff.), Rn 63 ff und dazu *Bouveresse*, Europe 1/2011, 19.

Die vorgelagerte Entscheidung der Unionsverwaltung über die **Auswahl des Vertragspartners**[323] ist dagegen ein adressatenbezogener Beschluss im Sinne des Art. 288 AEUV; sie unterliegt der unmittelbaren Kontrolle durch EuG und EuGH und kann Gegenstand von Nichtigkeits-[324] oder Schadenersatzklagen[325] sein. 82

III. Formal unverbindliche Handlungsformen

1. Überblick

In den Verträgen nur in Ansätzen normiert ist das rein tatsächliche Verwaltungshandeln der Unionsorgane, das zB in der Verbreitung von Informationen (Weitergabe von Produktwarnungen, siehe unten Rn 157) oder von rechtlichen Bewertungen bestehen kann.[326] Das Rechtsschutzsystem des Unionsrechts sieht hier auch keinen Primärrechtsschutz vor, da dem Handeln der Charakter einer Maßnahme mit Rechtswirkungen im Sinne des Art. 263 AEUV fehlt;[327] es bleiben nur die Möglichkeiten des Sekundärrechtsschutzes.[328] 83

Trotzdem spielen diese formal unverbindlichen Äußerungen der Unionsorgane, die teils als „Soft Law" des Unionsrechts qualifiziert werden,[329] im Verwaltungsvollzug eine nicht unerhebliche Rolle, da sie das Entscheidungsverhalten der nationalen Verwaltungsträger maßgeblich beeinflussen können (siehe für das Bsp. des Agrarverwaltungsrechts unten Rn 130). 84

2. Empfehlungen und Stellungnahmen

Bereits in Art. 288 Abs. 5 AEUV erwähnt und ausdrücklich nicht als bindende Rechtsakte ausgestaltet sind die Empfehlungen und Stellungnahmen der Unionsorgane; sie sind folgerichtig gemäß Art. 263 AEUV einer Nichtigkeitsklage nicht zugänglich und müssen auch nicht auf eine bestimmte Kompetenznorm gestützt werden.[330] Dennoch können sie zur Auslegung des verbindlichen Unions- 85

---

323 Das Gemeinschaftsrecht verwies hier zunächst unmittelbar auf das Sekundärrecht des öffentlichen Auftragswesens, s. dazu zB *Schilling*, EuZW 1999, 239 ff; s. auch u. Rn 180.

324 S. für Nichtigkeitsklagen gegen Auswahlentscheidungen EuG, Rs. T-148/04 (TQ3 Travel Solutions Belgium/Kommission), Slg 2005, II-2627; EuGH, Rs. C-330/00 P (Alsace International Car Services/Europäisches Parlament), Slg 2001, I-4811 (Fahrdienste für das Europäische Parlament): EuG, Rs. T-183/00 (Strabag Benelux/Rat), Slg 2003, II-135 (Instandsetzung von Ratsgebäuden in Brüssel); EuG, Rs. T-169/00 (Esedra SPRL/Kommission), Slg 2002, II-609 (Betrieb einer Kindertagesstätte in Brüssel); ebenso für nachträgliche Änderungen der Ausschreibungsbedingungen EuGH, Rs. C-496/99 P (Kommission/Cas Succhi di Frutta), Slg 2004, I-3801 (Bestätigung von EuG, Rs. T-191/96 u. 106/97, Slg 1999, II-3181).

325 S. zB EuG, Rs. T-160/03 (AFCon Management Consultants/Kommission), Slg 2005, II-981; EuG, Rs. T-4/01 (Renco SpA/Rat), Slg 2003, II-171; EuG, Rs. T-40/01 (Scan Office Design/Kommission), Slg 2002, II-5043; EuGH, Rs. C-13/99 P (TEAM/Kommission), Slg 2000, I-4671 (Bestätigung von EuG, Rs. T-13/96, Slg 1998, II-4073); EuG, Rs. T-231/97 (New Europe Consulting/Kommission), Slg 1999, II-2403; EuG, Rs. T-203/96 (Embassy Limousines/Parlament), Slg 1998, II-4239.

326 S. zur Einordnung von Stellungnahmen gegenüber den nationalen Behörden, die insb. im Agrarverwaltungsrecht häufig sind, u. Rn 120 f.

327 S. zB zur Unzulässigkeit einer Nichtigkeitsklage gegen die Entscheidung der Kommission, Tabakhersteller vor amerikanischen Gerichten zu verklagen: EuG, Rs. T-377/00 u.a. (Philip Morris International u.a./Kommission), Slg 2003, II-1 Rn 74 ff (dazu *Simon*, Europe 3/2003, 9 ff; s. auch *v. Hein*, RIW 2001, 249 ff), bestätigt durch EuGH, Rs. C-131/03 P (Reynolds Tobacco u.a./Kommission), Slg 2006, I-7795.

328 S. zB EuG, Rs. T-377/00 u.a. (Philip Morris International u.a./Kommission), Slg 2003, II-1 Rn 123; s. auch *Gundel*, in: Ehlers (Hrsg.), Europäische Grundrechte und Grundfreiheiten, 4. Aufl. 2014, § 27 Rn 21.

329 Dazu *Schwarze*, EuR 2011, 3 ff; *Cosma/Whish*, 14 EBLR (2003), 25 ff; *Pampel*, Rechtsnatur und Rechtswirkungen von Vertikal- und Horizontalleitlinien im reformierten Europäischen Wettbewerbsrecht, 2005; früher schon *Bothe*, in: FS Schlochauer, 1981, S. 761 ff.

330 S. dazu nun Art. 292 AEUV, der die bereits vor dem Vertrag von Lissabon bestehende „allgemeine Empfehlungskompetenz" der Kommission beibehält, für Empfehlungen durch Rat und EZB allerdings Grenzen setzt; die Kommission bezieht sich regelmäßig auf Art. 292 AEUV, s. zB die Empfehlung 2014/70/EU v. 22.1.2014 mit Mindestgrundsätzen für die Exploration und Förderung von Kohlenwasserstoffen (zB Schiefergas) durch Hochvolumen-Hydrofracking, ABl. 2014 L 39/72.

rechts heranzuziehen sein,[331] ohne allerdings den Gerichtshof in seiner Interpretation präjudizieren zu können.[332]

3. Mitteilungen der Kommission

86 Formal unverbindlichen Charakter tragen die veröffentlichten Mitteilungen der Kommission zur Auslegung des Unionsrechts,[333] die dennoch erhebliche Bedeutung gewonnen haben:[334] Sie können Verbindlichkeit schon deshalb nicht beanspruchen, weil eine Rechtsgrundlage für potentiell belastende Wirkungen fehlt. Dennoch erwerben sie durch die vielfach erfolgende Veröffentlichung im Amtsblatt der EU (Teil C) autoritativen Charakter; und selbst in Fällen, in denen eine solche Veröffentlichung unterbleibt, kann allein schon der Autoritätsanspruch der interpretierenden Kommission zu erheblicher Unruhe führen.[335] Auch entfalten diese Mitteilungen zumindest in den Bereichen erhebliche Bedeutung, in denen der Verwaltungsvollzug des Unionsrechts durch die mitgliedstaatlichen Behörden erfolgt: Soweit die Behörden den Vorgaben folgen, können sie davon ausgehen, dass zumindest die Kommission ihre Anwendung des Unionsrechts nicht beanstanden wird. In der deutschen Literatur sind diese Mitteilungen vor diesem Hintergrund teils mit Verwaltungsvorschriften gleichgestellt worden.[336]

87 Formal kommt diesen Dokumenten dennoch **keine Verbindlichkeit** zu:[337] So können Einzelfallentscheidungen zB nicht mit dem Argument beanstandet werden, dass sie gegen die dort enthaltenen Vorgaben verstießen;[338] nur im Bereich der Ermessensausübung der Kommission können sie eine

---

331 So EuGH, Rs. C-322/88 (Grimaldi), Slg 1989, 4407 Rn 13 ff = EuZW 1990, 96; dazu *Zahlbruckner*, JBl. 1993, 345 ff; weiter EuGH, Rs. C-188/91 (Deutsche Shell), Slg 1993, I-363, Rn 18; EuGH, Rs. C-207/01 (Altair Chimica), Slg 2003, I-8875, Rn 41; EuGH, Rs. C-55/06 (Arcor), Slg 2008, I-2931, Rn 94.

332 Weitergehend vereinzelte Stimmen in der Literatur, so zB *Bleckmann*, RIW 1988, 963 ff; *ders.*, RIW 1991, 218 ff, der Rechtsauskünften der Kommission den Charakter einer verbindlichen Interpretation zuspricht.

333 S. zB zum freien Warenverkehr die Mitteilung der Kommission „über die Auswirkungen des Urteils des Europäischen Gerichtshofes vom 20. Februar 1979 in der Rechtssache 120/78 (‚Cassis de Dijon')", ABl. 1980 C 256/2; weiter zB die Mitteilung der Kommission „zu Auslegungsfragen in Bezug auf bestimmte Aspekte der Bestimmungen der Richtlinie ‚Fernsehen ohne Grenzen' über die Fernsehwerbung", ABl. 2004 C 102/2, oder die Mitteilung der Kommission „zu Auslegungsfragen in Bezug auf das Gemeinschaftsrecht, das für die Vergabe öffentlicher Aufträge gilt, die nicht oder nur teilweise unter die Vergaberichtlinien fallen", ABl. 2006 C 179/2 (zu ihr noch Fn 345).

334 S. aus der Literatur in neuerer Zeit: *Brohm*, Die „Mitteilungen" der Kommission im Europäischen Verwaltungs- und Wirtschaftsraum, 2012; *Walzel*, Bindungswirkungen ungeregelter Vollzugsinstrumente der EU-Kommission, 2008; *Scott*, 48 CMLRev. (2011), 329 ff; *Schübel-Pfister*, ZLR 2004, 403 ff; *Lefevre*, ELR 29 (2004), 808 ff, *Tournepiche*, RevMC 2002, 55 ff; *Adam*, Die Mitteilungen der Kommission: Verwaltungsvorschriften des Europäischen Gemeinschaftsrechts?, 1999; *Marini*, Riv. Dir. Eur. 1998, 517 ff.

335 S. die Stellungnahmen zu den nicht amtlich veröffentlichten „interpreting notes", die die Kommission zum Umfang der Unbundling-Pflichten der Energieversorgungsunternehmen nach den Binnenmarkt-Richtlinien von 2003 (s. Fn 277) erarbeitet hatte: *Koenig/Haratsch/Rasbach*, ZNER 2004, 10 ff; *Ehricke*, EuZW 2004, 359 ff.

336 S. zB *Sydow*, JuS 2005, 97, 99; vorsichtig *Kadelbach*, in: Schmidt-Aßmann/Hoffmann-Riem (Hrsg.), Verwaltungskontrolle, 2001, S. 205, 224; zuvor zB *Bleckmann*, RIW 1991, 218 ff; s. auch *Meier*, in: FS Steindorff, 1990, S. 1303, 1306: „Quasi-Normcharakter"; zum Fehlen eines allgemeinen Weisungsrechts der Kommission gegenüber den mitgliedstaatlichen Behörden s. aber u. Rn 119 ff.

337 So nun nachdrücklich EuGH, 13.12.2012 Rs. C-226/11 (Expedia), Rn. 23 ff. = EuZW 2013, 113 m.Anm. *Grune* = EWS 2013, 148 m.Anm. *Palzer* zur fehlenden Bindungswirkung der de-minimis-Bekanntmachung der Kommission für die nationalen Wettbewerbsbehörden; dazu auch *v. Graevenitz*, EuZW 2013, 169 ff; *A. Fromont*, JDE 2013, 13 ff; *van der Vijver/Vollering*, 50 CMLRev. (2013), 1145 ff.

338 EuG, Rs. T-13/99 (Pfizer Animal Health/Rat), Slg 2002, II-3305 Rn 118 ff; EuG, Rs. T-70/99 (Alpharma/Rat), Slg 2002, II-3495 Rn 141 ff (zu in Verordnungsform ergangenen Maßnahmen zum Widerruf von Tierernährungs-Zusatzstoffen); auch die sog. „Listenregeln" der Kommission zur zollrechtlichen Einordnung von Waren sind rechtlich nicht verbindlich, s. EuGH, 10.12.2009 Rs. C-260/08 (HEKO Industrieerzeugnisse) Rn 20 ff (auf Vorlage BFH, 6.5.2008 – VII R 18/07, BFHE 221, 284 = ZfZ 2008, 201); zu diesem Fall auch *Deimel*, ZfZ 2009, 157 ff.

Selbstbindung des Organs beinhalten.[339] In der Rechtsprechung des Gerichtshofs werden diese Mitteilungen freilich gelegentlich zur Untermauerung von Auslegungsergebnissen herangezogen.[340]

Mit einer autoritativen Festlegung auf eine Auslegungsvariante kann die Kommission allerdings in Funktionskonflikte sowohl mit dem Unionsgesetzgeber, als auch mit den Rechtsprechungsorganen der Union geraten. Vor diesem Hintergrund hat der Gerichtshof in einer Reihe von Entscheidungen solche Mitteilungen trotz ihrer im Grundsatz fehlenden Rechtswirkungen als tauglichen **Gegenstand einer Nichtigkeitsklage** angesehen, wenn der in der Mitteilung als maßgeblich mitgeteilte Stand des Unionsrechts das tatsächlich geltende Recht nicht zutreffend wiedergab;[341] mit der Zulässigkeit der Klage war damit gleichzeitig auch ihre Begründetheit bejaht, weil der Kommission als dem Autor der Mitteilung regelmäßig die Zuständigkeit zur Änderung des zwingenden Rechts fehlte.[342] 88

Ob diese am französischen Verwaltungsrecht orientierte[343] Rechtsprechung weiterhin Geltung beanspruchen kann, war zeitweise unklar, nachdem der EuGH in einer jüngeren Entscheidung eine vergleichbare Klage ohne Bezugnahme auf diese Rechtsprechung als unzulässig behandelt hatte.[344] Das EuG geht freilich ersichtlich von der Fortgeltung aus und hat auf dieser Grundlage eine Klage Deutschlands gegen die Kommissionsmitteilung zu den Anforderungen des Primärrechts an die Vergabe öffentlicher Aufträge außerhalb des Anwendungsbereichs der einschlägigen Richtlinien[345] als unzulässig abgewiesen, weil die Rechtslage in ihr zutreffend wiedergegeben worden sei.[346] 89

Das Instrument der Mitteilung hat zuletzt auch als wesentliches Steuerungsmittel der Kommission im Rahmen der **dezentralen Anwendung und Durchsetzung des Kartellrechts**[347] Verwendung gefunden. Hier hat die Kommission bei der Umsetzung der Reform im Wege von Bekanntmachungen[348] umfassend nicht nur zu Verfahrensfragen Stellung genommen,[349] sondern auch den Stand- 90

339 Dazu *Ch. Crones*, Selbstbindungen der Verwaltung im Europäischen Gemeinschaftsrecht, 1997.

340 S. zB die Heranziehung der Kommissionsmitteilung „über bestimmte rechtliche Aspekte von Investitionen innerhalb der EU", ABl. 1997 C 220/15 durch EuGH, Rs. C-483/99 (Kommission/Frankreich – Golden Shares), Slg 2002, I-4781 Rn 17 ff, 43 = RdE 2002, 277 m.Anm. *Gundel*.

341 EuGH, Rs. C-57/95 (Frankreich/Kommission), Slg 1997, I-1627 = EuR 1998, 85 m.Anm. *Gundel*; Anm. *Leclerc*, CDE 1998, 161 ff.

342 In einem atypischen Fall, in dem die Kommission zur Änderung tatsächlich befugt gewesen wäre, hat der EuGH stattdessen eine Verletzung des Grundsatzes der Rechtssicherheit bejaht, s. EuGH, Rs. C-325/91 (Frankreich/Kommission), Slg 1993, I-3283 Rn 30.

343 S. dazu *Gundel*, EuR 1998, 90, 96 ff; näher zum französischen Vorbild der circulaires s. *Koubi*, Les circulaires administratives, Paris 2003. *dies.*, in: Mélanges Troper, 2006, 579 ff; zur Fortentwicklung der französischen Rechtsprechung s. *Iliopoulous*, RFDA 2007, 477 ff; *Domino/Bretonneau*, AJDA 2012, 691 ff.

344 EuGH, Rs. C-443/97 (Spanien/Kommission), Slg 2000, I-2415 (gegen die Schlussanträge von Generalanwalt La Pergola); dazu *Berrod*, Europe 6/2000, 11.

345 Mitteilung der Kommission „zu Auslegungsfragen in Bezug auf das Gemeinschaftsrecht, das für die Vergabe öffentlicher Aufträge gilt, die nicht oder nur teilweise unter die Vergaberichtlinien fallen", ABl. 2006 C 179/2; dazu *Köster*, ZfBR 2007, 127 ff; *Lutz*, VergabeR 2007, 372 ff; *ders.*, WuW 2006, 890 ff; *Braun*, EuZW 2006, 683 ff; *Kaflèche*, Europe 7/2007, 6 ff.

346 S. EuG, Rs. T-258/06 (Deutschland/Kommission), Slg 2010, II-2027 = VergabeR 2010, 593 m.Anm. *Braun*: hier wurde die Klage Deutschlands gegen die Kommissionsmitteilung (Fn 345) in Anwendung der bisherigen Rechtsprechung als unzulässig behandelt, weil die Mitteilung den Inhalt des EU-Rechts zutreffend wiedergebe und damit nicht konstitutiv-rechtsverändernd wirke; dazu *Knauff/Schwensfeier*, EuZW 2010, 611 ff; *Herz*, EWS 2010, 261 ff; *André*, NZBau 2010, 611 ff; *Bouveresse*, Europe 7/2010, 20 f.

347 VO (EG) Nr. 1/2003 des Rates v. 16.12.2002 „zur Durchführung der in den Art. 81 und 82 des Vertrags niedergelegten Wettbewerbsregeln", ABl. 2003 L 1/1.

348 So die im Kartellsektor verwendete abweichende Terminologie, die aber in der Sache keinen Unterschied begründet, s. dazu *Pampel*, Rechtsnatur und Rechtswirkungen von Vertikal- und Horizontalleitlinien im reformierten Europäischen Wettbewerbsrecht, 2005, S. 33; in anderen Amtssprachen findet sich diese Abweichung auch nicht, so wird im französischen Text auch im Kartellrecht der allgemeine Begriff „Communication" verwendet.

349 Bekanntmachung v. 27.4.2004 „über die Zusammenarbeit innerhalb des Netzes der Wettbewerbsbehörden", ABl. 2004 C 101/43; Bekanntmachung v. 27.4.2004 „über die Zusammenarbeit zwischen der Kommission und den Gerichten der EU-Mitgliedstaaten bei der Anwendung der Art. 81 und 82 des Vertrags", ABl. 2004 C 101/54; Bekanntmachung v. 27.4.2004 „über informelle Beratung bei neuartigen Fragen zu den Art. 81 und 82 des Vertrages, die in Einzelfällen auftreten (Beratungsschreiben)", ABl. 2004 C 101/78; zu diesen Texten zB *Idot*, Europe 5/2004, 4 ff.

punkt der Kommission zu zentralen Fragen des materiellen Kartellrechts dokumentiert.[350] Ob das Instrument diese zentrale Rolle angesichts seiner formalen Unverbindlichkeit in effektiver und zugleich rechtsstaatlich unbedenklicher Wiese ausfüllen kann, bleibt allerdings zweifelhaft.

D. Formen des Verwaltungsvollzugs in der Europäischen Union

I. Überblick

91 Als Grundlage einer Systematisierung des Verwaltungsvollzugs hat sich unter der Geltung des EGV die Unterscheidung zwischen EG-Eigenverwaltungsrecht und Gemeinschaftsverwaltungsrecht[351] durchgesetzt: Damit wird der Bereich des Vollzugs durch die Unionsorgane selbst – der stets in Anwendung von Unionsverfahrensrecht erfolgt (dazu unten Rn 98 ff) – abgegrenzt vom Vollzug durch die Mitgliedstaaten, der grundsätzlich nach nationalem Verfahrensrecht erfolgt, solange unionsrechtliche Regelungen nicht bestehen. Gleichbedeutend ist das Begriffspaar von direktem bzw indirektem Vollzug des Unionsrechts, das bereits seit langem etabliert ist.

92 Der Bereich des Eigenverwaltungsrechts lässt sich weiter untergliedern in das **interne Eigenverwaltungsrecht**, das notwendig von den Unionsorganen zu vollziehen ist – hierzu gehört etwa der umfangreiche Komplex der Personalverwaltung,[352] in dem sich aus dem nationalen Recht bekannte Probleme wie die Frage von Zulässigkeit und Auswirkungen der beamtenrechtlichen Konkurrentenklage wiederfinden,[353] aber auch das Beschaffungswesen (zum Beschaffungswesen siehe oben Rn 80 ff, sowie unten Rn 180). Dem wird der Bereich des **externen Eigenverwaltungsrechts** gegenübergestellt, bei dem die Unionsorgane Vollzugsakte gegenüber Dritten setzen: In diesem zweiten Bereich besteht grundsätzlich stets auch die Alternative der Delegation an die nationalen Behörden, wie es die Umgestaltung des EU-Kartellrechts zeigt.

II. Die EU-Eigenverwaltung bzw der direkte Vollzug des Unionsrechts

1. Die Kapazitätsgrenzen der Unionsverwaltung

93 Als wichtigstes Beispiel für den direkten Vollzug des Unionsrechts konnte bis zu seiner Reform durch die VO (EG) Nr. 1/2003[354] der Bereich des Kartellrechts angeführt werden: Hier war bisher allein die Kommission zur Genehmigung von Abreden befugt (Freistellungsmonopol); die nationalen Behörden waren berechtigt, Verstöße zu verfolgen, sofern diese von der Kommission nicht genehmigt waren und solange diese das Verfahren nicht durch die Aufnahme eigener Ermittlungen an sich zog. Wurde die Kommission tätig, so kamen die nationalen Verwaltungsstellen allein bei der Vollstreckung von Nachprüfungs- und Bußgeldentscheidungen der Kommission zum Einsatz.[355]

94 Mit der Reform ist diese Einzelfall-Freistellung durch die Kommission beseitigt; die Konkretisierung des Kartellverbots erfolgt auf Unionsebene nun vor allem normativ durch die Gruppenfreistel-

350 S. die Bekanntmachung der Kommission „Leitlinien zur Anwendung von Art. 81 Abs. 3 EGV", ABl. 2004 C 101/97, und die Bekanntmachung „Leitlinien über den Begriff der Beeinträchtigung des zwischenstaatlichen Handels in den Artikeln 81 und 82 des Vertrags", ABl. 2004 C 101/81; dazu *Poillot Peruzzetto*, Europe 6/2004, 6 ff; *Lugard/Hancher*, ECLR 25 (2004), 410 ff; *Kjolbye*, ECLR 25 (2004), 566 ff.

351 Die Begriffsprägung stammt wohl von *Schmidt-Aßmann*, DVBl. 1993, 924, 925 ff; ausführlich *Hegels*, EG-Eigenverwaltungsrecht und Gemeinschaftsverwaltungsrecht, 2001.

352 Zum Personalstatut als normativer Grundlage s.o. Rn 45. Der Umfang der Streitigkeiten hat nun zur Schaffung eines eigenen Dienstgerichts geführt, s. den Beschluss 2004/752/EG, Euratom v. 2.11.2004, ABl. 2004 L 333/7; dazu *Lavranos*, ELR 30 (2005), 261 ff; *Classen*, § 4 Rn 6, 66.

353 S. für ein Bsp. einer erfolgreichen Konkurrentenklage: EuG, 9.7.2002, Rs. T-158/01 (Tilgenkamp/Kommission), Slg ÖD 2002 (I-A-111), II-595.

354 VO (EG) Nr. 1/2003 des Rates v. 16.12.2002 „zur Durchführung der in den Art. 81 und 82 des Vertrags niedergelegten Wettbewerbsregeln", ABl. 2003 L 1/1; s. näher u. *Mäger*, § 16 Rn 23, 29 ff, 290 ff, s. auch noch *Jaeger*, in: FIW (Hrsg.), Die Wende in der Europäischen Wettbewerbspolitik, 2004, S. 35 ff.

355 Zu ihrer Vollstreckung gem. Art. 299 Abs. 1 AEUV s. zB *Terhechte*, EuZW 2004, 235 ff.

lungsverordnungen.[356] Gerade im Wettbewerbsrecht sind damit die Kapazitätsgrenzen dieser zentralisierten Verwaltungsform deutlich geworden, nachdem der Unionsgesetzgeber sich schließlich auch für diesen Bereich für die Verlagerung des „Massengeschäfts" auf die nationalen Kartellbehörden entscheiden musste. Folgerichtig erscheint dabei, dass diese Verlagerung durch eine verstärkte Kooperation und Koordination der nationalen Stellen – das Netzwerk der Wettbewerbsbehörden[357] – ausgeglichen werden soll.[358]

Auch nach der mit dieser Reform erfolgten Dezentralisierung des Vollzugs kann die Kommission bei der Verfolgung von Verstößen freilich selbst Einzelfälle aufgreifen und an sich ziehen,[359] womit der Fall zugleich der nationalen Wettbewerbsbehörde entzogen wird; die Freisetzung von Verwaltungskapazitäten zur Verfolgung bedeutender Verstöße gehört zu den Motiven dieser Reform. Wie bisher schon verfügt die Kommission für diesen Fall über eigenständige Durchsuchungsbefugnisse, auch wenn für deren Durchsetzung schließlich die Amtshilfe nationaler Stellen in Anspruch genommen werden muss.[360] 95

Einen verwandten Bereich, in dem jedoch weiterhin der direkte Vollzug durch die Kommission die maßgebliche Rolle spielt, betrifft die Regelung der Fusionskontrolle:[361] Hier ist ihre Befugnis zu Einzelfall-Entscheidungen über Fälle von unionsweiter Bedeutung auch unter dem Eindruck der Erweiterung der Union unverändert erhalten geblieben;[362] allerdings wurden im Rahmen der Reform der Zuständigkeitsverteilung zwischen Kommission und mitgliedstaatlichen Behörden die Voraussetzungen für eine Abgabe des Falles an die nationale Wettbewerbsbehörde erleichtert und flexibilisiert.[363] 96

Ein deutliches Beispiel für die Kapazitätsgrenzen der unmittelbaren Unionsverwaltung findet sich im Agrarverwaltungsrecht. Für diesen Sektor galt zwar von Anfang an die allgemeine Regel, nach der die Normproduktion in der Hand der Union liegt, der Vollzug aber ganz überwiegend durch die mitgliedstaatlichen Behörden erfolgt[364] – wobei einzelne Ausnahmen diese Regel bestätigen.[365] Auch bei Anwendung dieser allgemeinen Regeln können sich aber in bestimmten Konstellationen dennoch erhebliche Verwaltungsbelastungen für die Unionsorgane ergeben; das gilt zB bei der Regulierung der Schadensfolgen aus normativem Unrecht der EU, für die gemäß Art. 340 AEUV das verantwortliche Organ in Anspruch zu nehmen ist. Für einen der nach der Anzahl der Betroffe- 97

356 Zur Bedeutung der von der Kommission erarbeiteten Bekanntmachungen s.o. Rn 90.

357 Zum European Competition Network (ECN) s. die Regelungen in Art. 11-13 der VO (EG) Nr. 1/2003 (Fn 354); dazu zB *Oelke*, Das Europäische Wettbewerbsnetz, 2006; *Burnside/Crossley*, ELR 30 (2005), 234 ff; *Jungheim*, EWS 2013, 305 ff; s. auch noch die Kommissions-Bekanntmachung v. 27.4.2004 „über die Zusammenarbeit innerhalb des Netzes der Wettbewerbsbehörden", ABl. 2004 C 101/43.

358 Zur Vernetzung der nationalen Regulierungsbehörden s.u. Rn 143 f.

359 Die Voraussetzungen finden sich in Art. 11 Abs. 6 der VO (Fn 354); zu den Einzelheiten zB *Leopold*, EWS 2004, 539 ff.

360 Zur Verschränkung von unionalen und nationalen Entscheidungszuständigkeiten in diesem Bereich s. EuGH, Rs. C-94/00 (Roquette Frères), Slg 2002, I-9011 Rn 29 = EuZW 2003, 14 m.Anm. *Feddersen*; dazu *Brei*, ZWeR 2004, 107 ff; AG Bonn, NStZ 2003, 688 m.Anm. *Toepel* S. 631 ff; AG Bonn, EWS 2002, 197 m.Anm. *Wissmann* S. 165 ff.

361 VO (EG) Nr. 139/2004 des Rates v. 20.1.2004 „über die Kontrolle von Unternehmenszusammenschlüssen (EG-Fusionskontrollverordnung')", ABl. 2004 L 24/1; s. auch *Mäger*, § 16 Rn 231 ff.

362 Art. 8 der VO (EG) Nr. 139/2004 (Fn 361). Zur gerichtlichen Kontrolle der Zuständigkeitsabgrenzung gegenüber den Mitgliedstaaten s. EuGH, Rs. C-170/02 P (Schlüsselverlag J.S. Moser/Kommission), Slg 2003, I-9889 Rn 32 ff; EuG, verb. Rs. T-346/02 u. 347/02 (Cableuropa SA u.a.), Slg 2003, II-4251.

363 Art. 9 der VO (EG) Nr. 139/2004 (Fn 361); dazu zB *Rosenthal*, EuZW 2004, 327 ff; *Hellmann*, EWS 2004, 289 ff; *Kofler-Senoner/Scholz*, wbl 2004, 266 ff; *Jorda*, AJDA 2005, 179 ff; s. auch noch die Mitteilung der Kommission „über die Verweisung von Fusionssachen", ABl. 2005 C 56/2.

364 S. zB *Mögele*, Die Behandlung fehlerhafter Ausgaben im Finanzierungssystem der gemeinsamen Agrarpolitik, 1997, S. 10 ff; *Thiele*, Das Recht der Gemeinsamen Agrarpolitik der EG, 1997, S. 27 ff.

365 Eine Ausnahme vom dezentralen Vollzug im Agrarsektor betrifft zB die Bananenmarktordnung (VO (EWG) Nr. 404/93 v. 13.2.1993, ABl. 1993 L 47/1): S. dazu EuGH, Rs. C-478/93 (Niederlande/Kommission), Slg 1995, I-3081 Rn 38 ff, sowie zur Befugnis der Kommission zu Härtefall-Entscheidungen zugunsten einzelner Marktbeteiligter nach Art. 30 der VO EuGH, Rs. C-68/95 (T. Port), Slg 1996, I-6065 Rn 34 ff.

nen bedeutendsten Fälle solchen legislativen Unrechts – die Milchquoten-Fälle[366] – wurde die Abwicklung der Entschädigungen, die bei Anwendung der allgemeinen Regeln Aufgabe der Unionsorgane gewesen wäre,[367] durch Sekundärrecht auf die Behörden der Mitgliedstaaten delegiert.[368]

2. Das anwendbare Recht

98 Als Grundregel für den direkten Vollzug des Unionsrechts gilt, dass die Unionsorgane stets **EU-Verfahrensrecht** anwenden (eine Ausnahme gilt für das vertragliche Handeln der Union, siehe oben Rn 80 ff). Auch soweit dieses keine geschriebenen Verfahrensregeln enthält, ist ein Rückgriff auf das nationale Recht eines einzelnen Mitgliedstaats nicht möglich; bestehende Lücken werden stattdessen durch die Kategorie der allgemeinen Rechtsgrundsätze des Unionsrechts[369] geschlossen. Der Gerichtshof bildet auf diesem Wege in wertender Rechtsvergleichung die Antwort des Unionsrechts aus den im nationalen Recht der Mitgliedstaaten vorgefundenen unterschiedlichen „Lösungsangeboten" heraus.[370]

99 Ein wichtiges Beispiel für diese Form der Lückenschließung im Europäischen Verwaltungsrecht bilden die Grundsätze zu Rücknahme und Widerruf von Entscheidungen bzw nun adressatenbezogenen Beschlüssen („Verwaltungsakten")[371] der Unionsorgane, die auch ohne Anhaltspunkte im geschriebenen Recht von der Rechtsprechung[372] entwickelt worden sind.[373] Danach scheidet eine rückwirkende Aufhebung[374] begünstigender rechtmäßiger Entscheidungen aus, während die rückwirkende Aufhebung rechtswidriger Entscheidungen zulässig sein kann, wenn sie den Vertrauensschutz des Begünstigten hinreichend berücksichtigt und innerhalb angemessener Frist erfolgt;[375]

366 S. zur Nichtigkeit der betreffenden Regelungen EuGH, Rs. 120/86 (Mulder), Slg 1988, 2321 = EuGRZ 1988, 321; EuGH, Rs. 170/86 (von Deetzen), Slg 1988, 2355 = EuGRZ 1988, 324 und dazu *Borchardt*, EuGRZ 1988, 309 ff; zur weiteren Entwicklung *Thiele*, Das Recht der Gemeinsamen Agrarpolitik der EG, 1997, S. 230 ff.

367 S. EuGH, verb. Rs. C-104/89 u. C-37/90 (Mulder u.a./Rat u. Kommission), Slg 1992, I-3061 = EuZW 1992, 450 mit dem Auftrag an die Streitparteien, sich binnen 12 Monaten über die Höhe des Schadenersatzes zu verständigen (Rn 38).

368 So die VO (EWG) Nr. 2187/93 des Rates v. 22.7.1993 „über das Angebot einer Entschädigung an bestimmte Erzeuger von Milch oder Milcherzeugnissen, die vorübergehend an der Ausübung ihrer Tätigkeit gehindert waren", ABl. 1993 L 196/6. Zu den Konsequenzen s. EuGH, verb. Rs. C-80/99 bis C-82/99 (Flemmer u.a.), Slg 2001, I-7211 = DVBl. 2001, 1834 = JZ 2002, 239 m.Anm. *Streinz*: Auch wenn die VO vorsieht, dass die betreffenden Verträge im Namen und für Rechnung des Rates geschlossen werden, unterliegen sie als vertragliche Ansprüche gemäß Art. Art. 340 Abs. 1 AEUV dem nationalen Recht und der nationalen Gerichtszuständigkeit (dazu bereits o. Rn 81).

369 Grundlegend dazu *Lecheler*, Der Europäische Gerichtshof und die allgemeinen Rechtsgrundsätze, 1971; s. auch *ders.*, ZEuS 2003, 337 ff, sowie die Beiträge in *Bernitz/Nergelius/Cardner* (eds.), General Principles of EC Law in a Process of Development, 2008; eine markante, aber punktuell bleibende Ausnahme findet sich nun in Art. 4 Abs. 3 der VO (EU) Nr. 1024/2013 des EP und des Rates v. 15.10.2013 zur Übertragung besonderer Aufgaben im Zusammenhang mit der Aufsicht über Kreditinstitute auf die Europäische Zentralbank, ABl. 2013 L 287/63 (SSM-VO), wonach die EZB in ihrem Zuständigkeitsbereich auch nationales Recht anwendet, das zur Umsetzung von EU-Bankrechtsrichtlinien ergangen ist; dazu *Witte*, 21 MJ (2014), 89 (105 ff); kritisch *Peuker*, JZ 2014, 764 ff.

370 S. zB EuGH, Rs. 155/79 (AM&S/Kommission), Slg 1982, 1575 = EuR 1983, 40 m.Anm. *Mattfeld* zum „legal privilege", der Vertraulichkeit der Korrespondenz zwischen Anwalt und Mandant (dieser Schutz greift danach anders als nach deutschem Recht auch dann ein, wenn sich die Unterlagen im Gewahrsam des Mandanten befinden); zur Reichweite dieser Gewährleistung weiter EuG, verb. Rs. T-125/03 u. 253/03 (Akzo Nobel/Kommission), Slg 2007, II-3523 = EuR 2008, 514 m.Anm. *Weiß*; s. auch *Sladic*, ZEuS 2007, 533 ff; *Seitz*, EuZW 2008, 204 ff; *dies.*, EuZW 2004, 231 ff.

371 Zu dieser Gleichsetzung und ihren Grenzen s.o. Rn 71 f.

372 Grundlegend EuGH, verb. Rs. 7/56 u. 3 – 7/57 (Algera u.a./Gemeinsame Versammlung), Slg 1957, 83, 117 ff; s. später noch EuG, Rs. T-251/00 (Lagardère/Kommission), Slg 2002, II-4825 Rn 139 ff (zur nachträglichen Verschärfung der Nebenbestimmungen einer Fusionskontrollentscheidung).

373 S. zur Entwicklung *Lübbig*, EuZW 2003, 233 ff; *Ragnemalm*, in: Mélanges Schockweiler, 1999, S. 511 ff; rechtsvergleichend *Schønberg*, 19 YEL (1999/2000), 257 ff.

374 S. zu der Frage, ob dies auch für eine Aufhebung mit Wirkung für die Zukunft gilt, *Lübbig*, EuZW 2003, 233, 236.

375 Zu diesem Gesichtspunkt zB EuGH, Rs. 15/85 (Consorzio Cooperative d'Abruzzo), Slg 1987, 1005 Rn 15 f = NJW 1987, 3074.

unter diesen Voraussetzungen kann die Aufhebung durch die Stelle, die die Entscheidung erlassen hat, ohne weitere Regelung im Sekundärrecht erfolgen.[376]

Das Beispiel macht allerdings zugleich auch die spezifischen Grenzen dieser Methode deutlich, denn präzise Trennlinien wie etwa verbindliche Fristen lassen sich auf diesem Weg kaum herleiten;[377] dies wäre Aufgabe des Unionsgesetzgebers.[378] Soweit der EuGH sich dennoch in manchen Fragen zu solchen Präzisierungen entschlossen hat,[379] bleibt der Eindruck einer dezisionistischen Festlegung. Auch wenn die allgemeinen Rechtsgrundsätze damit manche Lücke im Verwaltungsrecht der Europäischen Union vorläufig schließen können, ist daher die Fixierung entsprechender Regeln durch Sekundärrecht, die die Rechtsprechung von dieser undankbaren Aufgabe entlastet, stets zu begrüßen.[380] Ein Beispiel für den mit einer solchen Verankerung im Sekundärrecht erreichbaren Transparenzgewinn bietet die mit dem Erlass der Beihilfe-Verfahrensverordnung[381] erfolgte Kodifikation des Beihilfe-Verfahrensrechts, das zuvor durch eine Gemengelage von allgemeinen Rechtsgrundsätzen[382] und formal unverbindlichen Kommissionsdokumenten geprägt war. Der durch den Vertrag von Lissabon geschaffene Art. 298 Abs. 2 AEUV bietet nun zwar die Grundlage für eine sektorenübergreifende Kodifikation des EU-Eigenverwaltungsrechts; allerdings ist noch nicht klar, ob diese Möglichkeit einer breiter angelegten Regelung in naher Zukunft genutzt werden kann.[383] 100

376 So nochmals ausdrücklich EuG, verb. Rs. T-44/01, T-119/01 u. T-126/01 (Eduardo Vieira SA u. Pescanova SA/Kommission), Slg 2003, II-1209 Rn 85 f (zur Rücknahme eines Förderbescheids und der Rückforderung der Mittel wegen Nichteinhaltung der Bedingungen).

377 Die „angemessene Frist" für die Rücknahme bleibt damit abhängig von der Bewertung des Einzelfalls; den Vorschlag einer Orientierung an der Rechtsmittelfrist – so GA Lagrange, Schlussanträge zu Rs. 14/61 (Hoogovens), Slg 1962, 558, 570 – hat der EuGH nicht aufgegriffen.

378 So auch der EuGH zur Verfolgungsverjährung im Kartellrecht, die zunächst nicht geregelt war, s. EuGH, Rs. 41/69 (ACF Chemiefarma/Kommission), Slg 1970, 661 Rn 18/20: „Die Vorschriften, aus denen sich die Befugnis der Kommission zur Verhängung von Geldbußen bei Zuwiderhandlungen gegen die Wettbewerbsvorschriften ergibt, sehen indessen keine Verjährung vor. Um ihren Zweck zu erfüllen, die Rechtssicherheit zu gewährleisten, müssen Verjährungsfristen im Voraus festgelegt sein. Es ist Sache des Gemeinschaftsgesetzgebers, ihre Dauer und die Einzelheiten ihrer Anwendung zu regeln." Nachdem EuGH, Rs. 52/69 (Geigy AG/Kommission), Slg 1972, 787 Rn 21 festgehalten hatte, dass die Kommission dennoch nicht unbegrenzt zuwarten könne, hat der Gesetzgeber die Lücke schließlich geschlossen, s. die VO (EWG) Nr. 2988/74 „über die Verfolgungs- und Vollstreckungsverjährung im Verkehrs- und Wettbewerbsrecht der Europäischen Wirtschaftsgemeinschaft", ABl. 1974 L 319/1.

379 So zB im Beihilfeverfahren die in Anlehnung an den heutigen Art. 263 Abs. 6 AEUV erfolgte Setzung der 2-Monats-Frist für die Vorprüfung durch EuGH, Rs. 120/73 (Lorenz), Slg 1973, 1471 Rn 4, die sich jetzt in Art. 4 Abs. 5 der VO (EG) Nr. 659/1999 (s.u. Fn 381) kodifiziert findet; für eine ähnliche Frist im Bereich der Fusionskontrolle (4 Monate): EuGH, Rs. C-170/02 P (Schlüsselverlag J.S. Moser/Kommission), Slg 2003, I-9889 Rn 34 ff.

380 S. auch *Nicolaysen*, Europarecht I, 2. Aufl. 2002, S. 175.

381 VO (EG) Nr. 659/1999 des Rates v. 22.3.1999 „über besondere Vorschriften für die Anwendung von Artikel 93 *des EG-Vertrages*", ABl. 1999 L 83/1.

382 Auch hier sieht das Sekundärrecht nun eine Verjährungsfrist für Rückforderungsverlangen der Kommission vor, s. Art. 15 Beihilfen-Verfahrens-VO (Fn 381); zur vorangehenden Rechtslage s. EuGH, verb. Rs. C-74/00 P u. C-75/00 P (Falck SpA u.a./Kommission), Slg 2002, I-7869 Rn 140; dazu *Idot*, Europe 11/2002, 25.

383 S. zu der vom Europäischen Parlament angestrebten Erarbeitung einer Regelung des Eigenverwaltungsverfahrensrechts *Guckelberger*, NVwZ 2013, 601 ff; *dies./Geber*, Allgemeines Europäisches Verwaltungsrecht vor seiner unionsrechtlichen Kodifizierung, 2013 insbes. S. 181 ff; *Craig*, 19 EPL (2013), 503 ff; zuvor zum Kodifikationsgedanken zB *Ziller*, RIDPC 2011, 699 ff; *Chiti*, RIDPC 2011, 1 ff; *Meuwese/Schuurmans/Voermans*, 2 Review of european administrative law (2009), 3 ff; *Ladenburger*, in: Trute/Groß/Röhl/Möllers (Hrsg.), Allgemeines Verwaltungsrecht – zur Tragfähigkeit eines Konzepts, 2008, S. 107 ff.

III. Der indirekte Vollzug durch nationale Behörden

1. Der indirekte Vollzug als Regelfall

101 Den Regelfall des Vollzugs des Unionsrechts stellt weiterhin der sogenannte indirekte Vollzug[384] durch die mitgliedstaatlichen Behörden dar. Der Rückgriff auf die vorhandenen Verwaltungsstrukturen und -ressourcen der Mitgliedstaaten gehört zu den prägenden Strukturen der Union. Auf der Ebene des Rechtsschutzes entspricht dieser Lösung das Vertrauen auf die Durchsetzung des Unionsrechts durch die nationalen Gerichte (siehe unten *Classen,* § 4, Rn 3 f, 107 ff).

102 Allerdings fällt die Wahrung der Rechtseinheit innerhalb der Europäischen Union auf der Ebene des Behördenvollzugs schwerer, da die nationalen Behörden nicht zur Vorlage an den EuGH gemäß Art. 267 AEUV berechtigt sind.[385] Auch die Kommission kann auf Anfragen zur Auslegung des Unionsrechts im Einzelfall nur – rechtlich unverbindliche – Rechtsansichten mitteilen, soweit nicht im Sekundärrecht entsprechende Mechanismen für eine verbindliche Regelung von ihrer Seite vorgesehen sind (dazu unten Rn 119 ff, 138 ff).

2. Umfassende Bindung an das materielle Unionsrecht

a) Umfassende Bindung aller nationalen Verwaltungsstellen

103 Der Vorrang des Unionsrechts führt zu der Konsequenz, dass sämtliche mitgliedstaatliche Organe im Rahmen ihrer Zuständigkeiten zu Beachtung und Durchführung des Unionsrechts verpflichtet sind.[386] Diese Verpflichtung trifft sämtliche dem Staat zurechenbare Einheiten bis hin zu den Gemeinden[387] oder mit Hoheitsrechten beliehenen juristischen Personen des Privatrechts.[388]

104 Diese Vorgabe gilt ohne Rücksicht auf die Tatsache, dass schon die Ermittlung des geltenden Rechts auf diese Weise die einzelnen Behörden vor erhebliche Probleme stellen kann.[389] Das gilt etwa im Fall nicht oder unzureichend umgesetzter EU-Richtlinien:[390] Hier müssen die nationalen Behörden die Versäumnisse des nationalen Gesetzgebers ggf im Wege der richtlinienkonformen Interpretation des bestehenden nationalen Rechts oder durch unmittelbare Anwendung der Richtli-

384 In der Literatur wird hier vielfach noch zwischen dem unmittelbaren mitgliedstaatlichen Vollzug, der unmittelbar geltendes Unionsrecht – also im Regelfall Verordnungen – betrifft, und dem mittelbaren Vollzug unterschieden, der die Anwendung angeglichenen nationalen Rechts umfasst, s. zB *Suerbaum*, Die Kompetenzverteilung beim Verwaltungsvollzug des Europäischen Gemeinschaftsrechts in Deutschland, 1998, S. 123 ff; mit praktischen Konsequenzen ist diese Systematisierung aus der Sicht des Unionsrechts allerdings nicht verbunden.

385 S. u. *Classen*, § 4 Rn 73. In neuerer Zeit wird die Frage im Gefolge der Dezentralisierung des Vollzugs des Wettbewerbsrechts in Bezug auf die nationalen Kartellbehörden wieder verstärkt diskutiert, s. *Leopold/Reiche*, EuZW 2005, 143 ff; *Komninos*, 29 ELR (2004), 106 ff; der EuGH hält jedoch an seiner restriktiven Position fest, s. EuGH, Rs. C-53/03 (Syfait/GlaxoSmithKline plc), Slg 2005, I-4609 zu einer Vorlage der griechischen Wettbewerbsbehörde; dazu *Anagnostaras*, 30 ELR (2005), 878 ff; *Tagaras/Waelbroeck*, CDE 2005, 465 ff.

386 S. zB EuGH, Rs. C-431/92 (Kommission/Deutschland – Kraftwerk Großkrotzenburg), Slg 1995, I-2189 Rn 24 ff.

387 S. etwa EuGH, Rs. 9/74 (Casagrande), Slg 1974, 773 Rn 5 f: Das Verbot der Diskriminierung der Kinder von Arbeitnehmern aus anderen Mitgliedstaaten gilt auch bei der Vergabe von „Schüler-Bafög" durch die Landeshauptstadt München.

388 S. zuletzt EuGH, 12.9.2013 Rs. C-614/11 (Kuso), Rn 32; EuGH, 12.12.2013 Rs. C-361/12 (Carratù), Rn 29; EuGH, Rs. C-356/05 (Farell), Slg. 2007, I-3067, Rn 40; EuGH, Rs. C-157/02 (Rieser Internationale Transporte), Slg 2004, I-1477 = EuZW 2004, 279 Rn 24 ff im Anschluss an EuGH, Rs. C-188/89 (Foster u.a.), Slg 1990, I-3313 Rn 20 = EuZW 1990, 424; EuGH, Rs. C-343/98 (Collino u. Chiappero), Slg 2000, I-6659 Rn 23.

389 Zu dieser Problematik s. zB *Koenig*, DVBl. 1997, 581 ff.

390 S. EuGH, Rs. 103/88 (Fratelli Costanzo), Slg 1989, 1839 Rn 28 ff; dazu zB *Pietzcker*, FS Everling, Bd. II, 1995, S. 1095 ff; monographisch *Jamrath*, Normenkontrolle der Verwaltung und Europäisches Gemeinschaftsrecht, 1993; *Hutka*, Gemeinschaftsrechtsbezogene Prüfungs- und Verwerfungskompetenz der deutschen Verwaltung gegenüber Rechtsnormen nach europäischem Gemeinschaftsrecht und nach deutschem Recht, 1997; *Verhoeven, The Costanzo Obligation: The Obligations* of National Administrative Authorities in the Case of Incompatibility between National Law and European Law, 2011; zuletzt *Burger*, DVBl. 2012, 985 ff; kritisch dazu zB *Schmidt-Aßmann*, ZÖR 55 (2000), 159, 168 f, der diese Pflicht unter Verweis auf die beschränkten Erkenntnismöglichkeiten der Behörden auf die Verwaltungsspitze (Ministerien) begrenzt sehen will.

nienbestimmungen „auffangen“[391] – wobei allerdings die auch durch das Unionsrecht anerkannten rechtsstaatlichen Grenzen zu berücksichtigen sind.[392] Die Unterlassung einer solchen Korrektur wäre ein eigenständiger Verstoß gegen Unionsrecht, der auch staatshaftungsrechtlich gesondert zu würdigen wäre.[393]

Die rein ausführende Position der nationalen Verwaltung kann sich aber auch entlastend auf die **Haftung für den Verwaltungsvollzug** auswirken: Soweit die nationalen Behörden sich darauf beschränkt haben, Vorgaben des Unionsrechts umzusetzen, trifft die Haftungsverantwortung nicht die nationalen Verwaltungsträger, wenn sich solche Vorgaben später als fehlerhaft und unwirksam erweisen:[394] Denn sie sind bis zur Beanstandung des Rechtsakts durch den EuGH an seine Anordnungen gebunden und verfügen auch nicht über die Möglichkeit, die Gültigkeit des Rechtsakts im Vorabentscheidungsverfahren (siehe oben Rn 102; zu den Vorlageberechtigten siehe unten *Classen*, § 4, Rn 73) überprüfen zu lassen. Verantwortlich ist insoweit dann allein die Union gemäß Art. 340 Abs. 2 AEUV. 105

b) Materielles Unionsrecht und nationales Verfahrensrecht

Das nationale Verfahrensrecht kann der Durchsetzung von Ansprüchen, die materiellrechtlich auf Unionsrecht beruhen, aber auch **wirksame Grenzen** setzen: Eine nationale Verfahrensregel, die die Geltendmachung eines solchen Rechts zB zeitlich begrenzt, verstößt nicht schon aus diesem Grund gegen den Vorrang des Unionsrechts;[395] das gilt auch dann, wenn dadurch im Einzelfall eine unionsrechtlich gewährleistete Position nicht mehr durchgesetzt werden kann.[396] 106

Solche Verfahrensbestimmungen sind nicht unmittelbar an den materiellen Bestimmungen des Unionsrechts – zB an den Grundfreiheiten – zu messen:[397] Denn sie treffen keine abweichende inhaltliche Regelung,[398] sondern legen nur Verfahrensvoraussetzungen für die Geltendmachung von Ansprüchen fest. Maßstab für diese Bedingungen sind die aus Art. 4 Abs. 3 EUV entwickelten Vorgaben, nach denen das nationale Verfahrensrecht die Durchsetzung unionsrechtlicher Ansprüche 107

391 Dies kann sich in Dreieckssituationen auch zu Lasten Privater auswirken, s. (zur Anfechtung einer richtlinienwidrig erteilten Genehmigung) EuGH, Rs. C-201/02 (Delena Wells), Slg 2004, I-723 = EWS 2004, 232 m.Anm. *Fischer/Fetzer*; dazu auch *Simon*, Europe 3/2004, S. 12 f; *De Cock*, EELR 2004, 133 ff; s. auch EuGH, Rs. C-462/99 (Connect Austria), Slg 2003, I-5197 Rn 40 f.

392 Das gilt zB für den Nulla-poena-Satz, s. EuGH, Rs. C-387/02 u.a. (Berlusconi), Slg 2005, I-3565 Rn 74 = EuZW 2005, 369; parallel dazu für EG-Verordnungen EuGH, Rs. C-60/02 (X), Slg 2004, I-651 Rn 61 ff.

393 Für einen solchen Fall s. zB EuGH, Rs. C-319/96 (Brinkmann Tabakfabriken), Slg 1998, I-5255 = EuZW 1998, 658; das kann zur Konsequenz haben, dass zB neben dem für die Gesetzgebung zuständigen Bund auch das Land als Träger der Verwaltung haftet, s. dazu *Gundel*, DVBl. 2001, 95, 99 f.

394 S. BGH, 27.1.1994 – III ZR 42/92, BGHZ 127, 37 = NJW 1994, 858 = EuZW 1994, 219 m.Anm. *H.-K. Ress* = JZ 1994, 726 m.Anm. *Herdegen* (Irak-Embargo); BGH, 11.3.1993 – III ZR 44/92, EWS 1993, 222 = NJW 1993, 449 (Milchreferenzmengen); weiter zB Conseil d'Etat (fr.), 12.5.2004 – Sté Gillot, Rec. Dalloz 2005, 261 m.Anm. *Weisse-Marchal* = RFDA 2004, 1027 mit Schlussanträgen von Regierungskommissar *Séners* S. 1021 ff = AJDA 2004, 1487 m.Anm. *Deguergue* (keine nationale Haftung für Maßnahmen zur Bekämpfung von Tierseuchen, deren Durchführung von der Kommission angeordnet worden war).

395 So aber wohl EuGH, Rs. 106/77 (Simmenthal), Slg 1978, 629; gegen die verkürzte Begründung dieser Entscheidung zB *Prechal*, CMLR 35 (1998), 681, 684 ff (im Ergebnis ist die Entscheidung freilich zutreffend: Die in diesem Fall zugrunde liegende Verpflichtung der nationalen Gerichte, zur Prüfung der Unionsrechtswidrigkeit eines Gesetzes das nationale Verfassungsgericht einzuschalten, bewirkte nur eine nutzlose Verzögerung der Rechtsdurchsetzung – denn verbindlich über diese Frage entscheiden kann ohnehin nur der EuGH).

396 S. zB EuGH, Rs. C-453/00 (Kühne u. Heitz), Slg 2004, I-837 = EuR 2004, 590 m.Anm. *Potacs* = JZ 2004, 619 m.Anm. *Ruffert*; EuGH, verb. Rs. C-392/04 u. C-422/04 (i-21 Germany GmbH und Arcor) Slg 2006, I-8559 = *JZ 2007*, 404 m.Anm. *Ruffert* = JA 2007, 398 m.Anm. *Gundel*; dazu auch *Gärditz*, NWVBl. 2006, 441 ff; *Ludwig*, NVwZ 2007, 549 ff; *Taborowski*, CMLR 44 (2007), 1463 ff; *Englisch*, DV 41 (2008), 99 ff (Abschlussentscheidung BVerwG, 17.1.2007 – 6 C 32/06, NVwZ 2007, 709, gebilligt durch BVerfG-K, 30.1.2008 – 1 BvR 943/07, NVwZ 2008, 550).

397 So aber EuGH, Rs. C-224/97 (Ciola), Slg 1999, I-2517 = EuR 1999, 776 m. krit. Anm. *Gundel* unter Berufung auf die Simmenthal-Entscheidung (Fn 395); zum Sonderfall-Charakter dieser Entscheidung auch *Ehlers*, in: Liber Amicorum Hans-Uwe Erichsen, 2004, S. 1, 15 f.

398 Zur Kennzeichnung dieses Gesichtspunkts wird in der deutschen Literatur teils der Begriff der „indirekten Kollision“ zwischen Unionsrecht und nationalem Recht verwendet, so zB *Jarass/Beljin*, NVwZ 2004, 1, 4 ff; *Niedobitek*, VerwArch 92 (2001), 58, 74 f; *Lehr*, Einstweiliger Rechtsschutz und Europäische Union, 1997, S. 170 ff.

nicht „praktisch unmöglich machen oder unzumutbar erschweren" darf:[399] nur wenn diese Voraussetzung erfüllt ist, muss das nationale Verfahrensrecht dem Vorranganspruch weichen.[400] Die Mindestanforderungen an das nationale Verfahrensrecht können sich allerdings mit der Entwicklung der Rechtsprechung konkretisieren und verschärfen: So hatte der EuGH in der Vergangenheit angenommen, dass die Frage der Verzinsung von Rückerstattungsansprüchen in Bezug auf europarechtswidrige Abgaben dem nationalen Recht überlassen sei; nach dem nun erreichten Stand ist dagegen eine Verzinsung dem Grunde nach durch den Grundsatz der Mindesteffektivität geboten und nur die konkrete Ausgestaltung dem nationalen Recht überlassen.[401]

108 Die Rechtsprechung des EuGH hat zwischenzeitlich auch geklärt, dass dieser (eingeschränkte) Maßstab nicht nur bei der Geltendmachung von Ansprüchen gilt, die dem Primärrecht oder EU-Verordnungen entstammen: Er ist – anders als eine EuGH-Entscheidung vom Beginn der 1990er Jahre[402] vermuten ließ – auch anzuwenden, wenn Rechte aus nicht oder unzutreffend umgesetzten Richtlinien durchgesetzt werden sollen und dabei auf Hindernisse aus dem nationalen Verfahrensrecht treffen;[403] auch solche Rechte können damit – unter zumutbaren Bedingungen – verfristen.

3. Bindung an Verfahrensvorgaben des Unionsrechts

109 Der indirekte Vollzug erfolgt regelmäßig in Anwendung des nationalen Verwaltungsverfahrensrechts, das ggf durch die aus Art. Art. 4 Abs. 3 EUV abgeleiteten Schranken modifiziert wird (unten Rn 194 ff). Dieser Befund, der regelmäßig mit dem Begriff der **„Verfahrensautonomie der Mitgliedstaaten"**[404] verknüpft wird, ist freilich nur eine tatsächliche Zustandsbeschreibung und bedeutet keine Garantie einer „domaine réservé" für die Mitgliedstaaten[405] – denn das Primärrecht legt eine getrennte Zuweisung von Normsetzungs- und Vollzugszuständigkeiten nicht fest.[406]

110 Hinzu kommt, dass diese Verfahrensautonomie mit ihrem rechtspolitischen Gegenpol – dem **Grundsatz der einheitlichen Anwendung des Unionsrechts**[407] – in Ausgleich gebracht werden

399 Zu der aus Art. 4 Abs. 3 EUV entwickelten Doppelschranke aus Effektivitätsgebot und Gebot der Gleichwertigkeit s.u. Rn 194 ff.

400 Für einen solchen Fall s. zB EuGH, 3.9.2009, Rs. C-2/08 (Fallimento Olimpiclub), EuZW 2009, 739 m.Anm. *Poelzig* = EuR 2010 m.Anm. *Germelmann*; dagegen beruht EuGH, Rs. C-119/05 (Lucchini), Slg 2007, I-6199 = JZ 2008, 141 m.Anm. *Haratsch/Hensel* = EWS 2007, 402 m. Bespr. *Germelmann*, S. 392 ff = JA 2008, 158 m.Anm. *Gundel* nicht auf diesem Grundsatz, sondern betrifft den Sonderfall einer direkten Kollision zwischen verbindlicher Kommissionsentscheidung und nationalem Gerichtsurteil.

401 S. EuGH, 19.7.2012, Rs. C-591/10 (Littlewoods Retail); dazu *Larché*, Europe 10/2012, 18 f; weiter EuGH, 27.9.2012, verb. Rs. C-113/10, C-147/10 u. C-234/10 (Zuckerfabrik Jülich u.a.); dazu *Simon*, Europe 11/2012, 19, 20; EuGH, 18.4.2013, Rs. C-565/11 (Irimie).

402 EuGH, Rs. C-208/90 (Theresa Emmott), Slg 1991, I-4269.

403 S. die Einschränkung der Emmott-Entscheidung (s.o. Fn 402) auf den damals entschiedenen Sachverhalt durch EuGH, Rs. C-188/95 (Fantask), Slg 1997, I-6783 und die Folgerechtsprechung; zuletzt nochmals EuGH, Rs. C-445/06 (Danske Slagterier), Slg 2009, I-2119, Rn 53 ff = ZLR 2009, 438 m.Anm. *Gundel*; zur Entwicklung s. *Sperling*, ÖJZ 2001, 121 ff; *Gundel*, NVwZ 1998, 910 ff; *ders.*, in: FS *Götz*, 2005, S. 191, 202 f.

404 Dazu nun monographisch *Krönke*, Die Verfahrensautonomie der Mitgliedstaaten der Europäischen Union, 2013; s. auch *Galetta*, in: EuR-Beih. 1/2012, 37 ff; *Couronne*, CDE 2010, 273 ff; *Rodriguez Iglesias*, EuGRZ 1997, 289 ff; *Struys*, JTDE 2000, 49 ff; *Girerd*, RTDE 2002, 75 ff.

405 So aber eine zeitweise durchaus vorherrschende Position in der Literatur, s. zB *Lehr*, Einstweiliger Rechtsschutz und Europäische Union, 1997, S. 246 ff, 340; *v. Danwitz*, Verwaltungsrechtliches System, 1996, S. 486; *ders.*, DVBl. 1998, 421, 430 ff.

406 Dazu bereits o. Rn 2; ähnlich *Schöndorf-Haubold*, in: Schmidt-Aßmann/dies. (Hrsg.), Der Europäische Verwaltungsverbund, 2005, S. 25, 47, die in der Verfahrensautonomie „lediglich einen beschreibenden Befund der *Rechtsprechung" sieht.*

407 Zu diesem Spannungsverhältnis s. zB *Nettesheim*, in: GS Grabitz, 1995, S. 447 ff; *W. Schroeder*, in: Hummer (Hrsg.), Paradigmenwechsel im Europarecht zur Jahrtausendwende, 2004, S. 231 ff; *Fines*, in: Mélanges Gautron, 2004, S. 333 ff.

muss;[408] als primärrechtliche Konsequenz dieses zweiten Grundsatzes in Bezug auf das nationale Verwaltungsverfahrensrecht wird man das Prinzip der Mindesteffektivität einordnen können.[409] Bereits das Primärrecht kann damit eine Negativauswahl unter den nationalen Instrumenten des Verwaltungshandelns treffen, indem einzelne Handlungsformen als für den Vollzug des Unionsrechts unzureichend verworfen werden. Im deutschen Verwaltungsrecht gilt dies zB für die Kategorie der normkonkretisierenden Verwaltungsvorschriften,[410] nachdem die Bundesrepublik den Gerichtshof von der Effektivität dieses Instruments nicht überzeugen konnte.[411]

Vor allem aber kann im Gefolge dieses Grundsatzes das Sekundärrecht im Zusammenhang mit der Regelung der betreffenden Sachgebiete auch Verfahrensregeln enthalten,[412] wenn die Disparitäten durch die Anwendung der nationalen Verfahrensrechte zu gravierend erscheinen.[413] Freilich wird der Unionsgesetzgeber zu diesem Mittel nur greifen – und unter dem Aspekt des Subsidiaritätsprinzips (siehe oben Rn 68) auch nur greifen dürfen –, soweit die einheitliche Durchsetzung des Unionsrechts durch Disparitäten des Vollzugs gefährdet ist, womit eine übergreifende Kodifizierung für alle berührten Bereiche ausscheiden dürfte.[414] Dagegen wird man die Erfüllung dieser Voraussetzung zB für den Fall des gemeinsamen Zollkodex[415] annehmen können, der solche Verfahrensbestimmungen für das Verwaltungshandeln der nationalen Zollbehörden enthält;[416] ähnliches gilt für die intensive Regelung des Verwaltungsverfahrens, die mit dem integrierten Verwaltungs- und Kontrollsystem (INVEKOS)[417] im Agrarsektor geschaffen wurde. Auch Verfahrensregeln im Bereich der Grundfreiheiten, wie sie zB die Dienstleistungsrichtlinie mit den Anforderungen an nationale Genehmigungsregeln für die Berufsaufnahme in Ausübung der Niederlassungsfreiheit vorsieht,[418] sind danach möglich. 111

408 S. dazu EuGH, verb. Rs. 205 bis 215/82 (Deutsche Milchkontor), Slg 1983, 2633 Rn 17: „Soweit das Gemeinschaftsrecht … keine gemeinsamen Vorschriften enthält, gehen die nationalen Behörden nach den formellen und materiellen Bestimmungen ihres nationalen Rechts vor, wobei dieser Rechtssatz freilich … mit den Erfordernissen der einheitlichen Anwendung des Gemeinschaftsrechts in Einklang gebracht werden muss, die notwendig ist, um zu vermeiden, dass die Wirtschaftsteilnehmer ungleich behandelt werden."

409 So auch die Konsequenz bei EuGH, verb. Rs. 205 bis 215/82 (Deutsche Milchkontor), Slg 1983, 2633 Rn 22.

410 So zu den Regelungen der TA Luft: EuGH, Rs. C-361/88 (Kommission/Deutschland – Schwefeldioxid und Schwefelstaub), Slg 1991, I-2567 = EuZW 1991, 440; EuGH, Rs. C-59/89 (Kommission/Deutschland – Blei), Slg 1991, I-2607 = EuZW 1991, 442.

411 Dazu zB *Langenfeld/Schlemmer-Schulte*, EuZW 1991, 622 ff; *Vedder*, EWS 1991, 293 ff; *Everling*, RIW 1992, 379 ff; zuletzt *Wahl*, in: FS 50 Jahre BVerwG, 2003, S. 571, 589 ff.

412 Zu den in Betracht kommenden Rechtsgrundlagen s.o. Rn 67 f.

413 In Ermangelung eines solchen Rahmens sind die Disparitäten – in den Grenzen von Mindesteffektivität und Gleichwertigkeit – hinzunehmen, s. EuGH, verb. Rs. 205 bis 215/82 (Deutsche Milchkontor), Slg 1983, 2633 Rn 21, 24.

414 S. zur Frage einer Kompetenz des Unionsgesetzgebers zur Kodifikation des allgemeinen Verwaltungsrechts *Kahl*, NVwZ 1996, 865 ff; *Sommermann*, DVBl. 1996, 889, 896 f; *Schwarze*, DVBl. 1996, 881, 886 ff; *Vedder*, EuR-Beih. 1/1995, S. 75 ff; zur gegenständlich beschränkten Rechtsgrundlage des Art 298 Abs. 2 AEUV s. Rn 100.

415 VO (EWG) Nr. 2913/92 des Rates v. 12.10.1992 zur Festlegung des Zollkodex der Gemeinschaften, ABl. 1992 L 302/1, nun ersetzt durch die VO (EG) Nr. 450/2008 des EP und des Rates v. 23.4.2008 (MZK – Modernisierter Zollkodex), ABl. 2008 L 145/1; dazu *Fuchs*, ZfZ 2009, 141 ff; *Lux*, ZfZ 2009, 145 ff.

416 Hier besteht sogar eine WTO-rechtliche Verpflichtung zum einheitlichen Vollzug des EU-Zollrechts, s. das Verfahren EC – Selected Customs Matters (WT/DS 315/R); dazu *Dierksmeier*, EG-Zollrecht im Konflikt mit dem Recht der WTO, 2007; *Rogmann*, in: FS Stober, 2008, S. 797 ff; *ders.*, ZfZ 2008, 57 ff; *Henke*, in: FS Steiner, 2009, S. 274 ff.

417 *S. zunächst* VO (EWG) Nr. 3508/92 des Rates v. 27.11.1992 „zur Einführung eines integrierten Verwaltungs- und Kontrollsystems für bestimmte gemeinschaftliche Beihilferegelungen", ABl. 1992 L 355/1, ergänzt durch die Durchführungs-VO (EWG) Nr. 3887/92 der Kommission, ABl. 1992 L 391/36 (s. dazu *Mögele*, EWS 1993, 305 ff), nun Art. 17 ff der VO (EG) Nr. 1782/2003 des Rates v. 29.9.2003 „mit gemeinsamen Regeln für Direktzahlungen im Rahmen der Gemeinsamen Agrarpolitik (…)", ABl. 2003 L 270/1 mit Durchführungs-VO (EG) Nr. 796/2004 der Kommission v. 21.4.2004, ABl. 2004 L 141/18.

418 Art. 9 ff der RL 2006/123/EG des EP und des Rates v. 27.12.2006 „über Dienstleistungen im Binnenmarkt", ABl. 2006 L 376/36; dazu zB *Krajewski*, NVwZ 2009, 929 ff; s. insb. zur in Art. 13 Abs. 4 der RL vorgesehenen Genehmigungsfiktion bei nicht fristgerechter Entscheidung *Guckelberger*, DÖV 2010, 109 ff; *Bernhardt*, GewArch 2009, 100 ff.

4. Vorgaben für das nationale Verwaltungsorganisationsrecht

a) Mitgliedstaatliche Zuständigkeit

112 Beim indirekten Vollzug liegen die Fragen der **Verwaltungsorganisation** bisher in der Hand der Mitgliedstaaten,[419] primärrechtlich vorgegeben ist insoweit nur die Wahl einer Organisationsform, die einen effektiven Vollzug des Unionsrechts ermöglicht (Art. 4 Abs. 3 EUV). Es ist danach also zunächst eine Entscheidung des innerstaatlichen Rechts, ob eine spezialisierte Einheit mit zentraler Zuständigkeit geschaffen wird, oder ob die Aufgaben im Rahmen der allgemeinen Verwaltungszuständigkeiten mit wahrgenommen werden.

113 Diese zweite Lösung führt in Deutschland grundsätzlich zur Zuständigkeit der Landesbehörden, da die bundesstaatliche Kompetenzverteilung auch den Vollzug des Unionsrechts erfasst. Das gilt zweifellos für die Kompetenzregel des Art. 30 GG;[420] und auch für die Art. 83 ff GG, die unmittelbar nur die Durchführung des Bundesrechts regeln, ist die zumindest entsprechende Anwendung auf den Vollzug des Unionsrechts im Ergebnis weitgehend unstreitig.[421] Allerdings hat der Bund für den Vollzug des Unionsrechts vielfach von seiner Befugnis Gebrauch gemacht, gemäß Art. 87 Abs. 3 GG selbständige Bundesoberbehörden oder bundesunmittelbare Körperschaften und Anstalten des öffentlichen Rechts zu errichten. Ein wichtiges Beispiel für diese Lösung ist die BLE (Bundesanstalt für Landwirtschaft und Ernährung),[422] die als bundesunmittelbare rechtsfähige Anstalt für den nationalen Vollzug der Gemeinsamen Agrarpolitik zuständig ist; ein weiteres, auf der Spezialregelung des Art. 87 f Abs. 2 S. 2 GG beruhendes Beispiel bildet die frühere Regulierungsbehörde für Telekommunikation und Post (RegTP)[423] als selbständige Bundesoberbehörde, die nun unter dem Namen **Bundesnetzagentur** neben Post und Telekommunikation auch für die Betreiber der Energieversorgungsnetze zuständig ist.[424] In der Literatur ist daraus bereits der Schluss gezogen worden, dass entgegen der Vermutungsregel des Art. 83 GG der Schwerpunkt des Vollzugs von Unionsrecht tatsächlich beim Bund liege.[425]

b) Zulässigkeit sekundärrechtlicher Vorgaben

114 Allerdings steht auch die Autonomie der Mitgliedstaaten in Fragen der Verwaltungsorganisation – wie schon beim Verwaltungsverfahrensrecht – unter dem Vorbehalt abweichender Regelungen des Unionsrechts. Das Sekundärrecht muss die im Primärrecht vorzufindende (und dort vor allem das Vertragsverletzungsverfahren kennzeichnende) „Blindheit“ gegenüber den innerstaatlichen Strukturen[426] der Mitgliedstaaten[427] nicht fortführen, sondern kann – wiederum unter Beachtung des Sub-

419 Dazu zB *Kahl*, DV 29 (1996), 341, 345 ff.

420 S. dazu *Suerbaum*, Die Kompetenzverteilung beim Verwaltungsvollzug des Europäischen Gemeinschaftsrechts in Deutschland, 1998, S. 217 f.

421 S. dazu *Suerbaum* (Fn 420), S. 218 ff.

422 Die Anstalt mit Sitz in Bonn ist aus der Fusion der früheren Bundesanstalt für landwirtschaftliche Marktordnung (BALM) mit Sitz in Frankfurt/Main und des Bundesamtes für Ernährung und Forstwirtschaft (BLF) entstanden, s. das Gesetz über die Errichtung einer Bundesanstalt für Landwirtschaft und Ernährung (BELG) und zur Änderung von Vorschriften auf den Gebieten der Land- und Ernährungswirtschaft v. 2.8.1994, BGBl. 1994 I S. 2018.

423 S. zunächst §§ 66 ff TKG 1996, BGBl. 1996 I, S. 1120; dazu *Oertel*, Die Unabhängigkeit der Regulierungsbehörde nach §§ 66 ff TKG, 2000.

424 §§ 54 ff des Gesetzes über die Elektrizitäts- und Gasversorgung (EnWG) v. 7.7.2005, BGBl. 2005 I S. 1970.

425 So *Kahl*, DV 29 (1996), 341, 348 f; ähnlich *Stettner*, in: Dauses (Hrsg.), Handbuch des Europäischen Wirtschaftsrechts, B III Rn 46.

426 Für das Vertragsverletzungsverfahren s. EuGH, Rs. C-358/03 (Kommission/Österreich), Slg 2004, I-12055 *Rn 13: „Auch wenn es jedem Mitgliedstaat freisteht,* die internen Gesetzgebungsbefugnisse so zu verteilen, wie er es für richtig hält, so bleibt er doch im Hinblick auf Art. 226 EGV der Gemeinschaft gegenüber für die Beachtung der Verpflichtungen, die sich aus dem Gemeinschaftsrecht ergeben, allein verantwortlich.“

427 Für die Verallgemeinerung dieses Bildes allerdings *Brenner*, ZLR 2001, 359, 370.

sidiaritätsprinzips – auch organisatorische Vorgaben treffen. In jedem Fall müssen die Vorgaben aber sachlichen Kriterien genügen.[428]

Punktuelle sekundärrechtliche Vorgaben für die nationale Verwaltungsorganisation waren zunächst vor allem im Agrarverwaltungsrecht feststellbar,[429] parallel dazu finden sie sich auch im Zollsektor.[430] 115

In neuerer Zeit enthalten Sekundärrechtsakte auch in anderen Bereichen, vor allem mit Binnenmarktbezug, in größerem Umfang **Vorgaben für die Schaffung und Ausgestaltung nationaler Verwaltungsstrukturen;**[431] hierzu gehören zB die „Benannten Stellen" im Bereich der Produktsicherheit, die bei Produkten mit höherem Gefahrenpotential die Übereinstimmung mit den Vorgaben der EU-Richtlinien prüfen.[432] Beispiele finden sich auch im Bereich des Datenschutzes;[433] hier hat die Rechtsprechung zu den Anforderungen an die Unabhängigkeit der nationalen Stellen besondere Aufmerksamkeit gefunden.[434] In neuerer Zeit haben zB die Vorgaben der Dienstleistungsrichtlinie zur Schaffung des sog. einheitlichen Ansprechpartners für Aufsehen gesorgt;[435] die Einwirkungen reichen heute auch bis tief in das Kommunalrecht der Mitgliedstaaten, so durch die Normierung der neuen Rechtsform des „Europäischen Verbunds für territoriale Zusammenarbeit" (EVTZ)[436] als eigener rechtsfähiger Organisationsform der kommunalen Zusammenarbeit.[437] 116

Besondere Bedeutung haben die sekundärrechtlichen Vorgaben für die Errichtung nationaler Regulierungsbehörden – zB im Telekommunikations- oder Energiesektor – gewonnen, auf deren Existenz die Kommission angewiesen ist, wenn sie diesen nationalen Sachverstand netzwerkartig bün- 117

428 So hat der EuGH die Regelung in einer Kommissionsverordnung, nach der Einfuhrlizenzen nur bei den Behörden eines bestimmten Mitgliedstaats beantragt werden konnten, als Verstoß gegen das unionsrechtliche Diskriminierungsverbot beanstandet: EuGH, Rs. C-313/04 (Franz Egenberger), Slg 2006, I-6331.

429 So zB die Anforderungen an die Ausgestaltung nationaler Zahlstellen im Rahmen der EAGFL, s. Art. 4 der VO (EG) Nr. 1258/1999 des Rates v. 17.5.1999 über die Finanzierung der gemeinsamen Agrarpolitik, ABl. 1999 L 160/103 bzw nun Art. 6 der VO (EG) Nr. 1290/2005, ABl. 2005 L 209/1; s. auch die sehr weitgehenden Organisationsvorgaben für die nationale Kontrollstelle im Tabaksektor in Art. 20 der VO (EWG) Nr. 2075/92 des Rates v. 30.6.1992 „über die gemeinsame Marktorganisation für Rohtabak", ABl. 1992 L 215/70; dazu zB *Hatje*, EuR Beih. 1/1998, 7, 14.

430 Deutliche Vorgaben finden sich zB zur Gewährleistung des Artenschutzes: Nur von den Mitgliedstaaten zu benennende „befugte" Zollstellen, die über entsprechend geschultes Personal verfügen müssen, dürfen Ein- und Ausfuhren geschützter Arten abfertigen, s. Art. 12 der VO (EG) Nr. 338/97 des Rates v. 9.12.1996 „über den Schutz von Exemplaren wildlebender Tier- und Pflanzenarten durch Überwachung des Handels", ABl. 1997 L 61/1 und dazu *Stüwe*, ZfZ 1997, 254, 258; *Henke*, in: Bongartz (Hrsg.), Europa im Wandel, 2000, S. 115, 121 ff.

431 Dazu zB *Kugelmann*, VerwArch 98 (2007), 78 ff; ältere Beispiele bei *Kahl*, DV 29 (1996), 341, 354 ff.

432 Ihre Position wurde bereits mehrfach untersucht, s. *J. Merten*, DVBl. 2004, 1211 ff; *ders.*, Private Entscheidungsträger und Europäisierung der Verwaltungsrechtsdogmatik, 2005; *Röhl*, Akkreditierung und Zertifizierung im Produktsicherheitsrecht, 2000; *Scheel*, DVBl. 1999, 442 ff.

433 Art. 28 der RL 95/46/EG des EP und des Rates v. 24.10.1995 „zum Schutz natürlicher Personen bei der Verarbeitung personenbezogener Daten und zum freien Datenverkehr", ABl. 1995 L 281/31.

434 S. zur unzureichenden Umsetzung in Deutschland EuGH, Rs. C-518/07 (Kommission/Deutschland), Slg 2010, I-1885 = JZ 2010, 784 m.Anm. *Spieker gen. Döhmann* = MMR 2010, 352 m.Anm. *Petri/Tinnefeld*; dazu zB *Frenz*, EWS 2008, 63 ff; *Frenzel*, DÖV 2010, 925 ff; *Kauff-Gazin*, Europe 7/2010, 12 ff; *Rudolf*, in: FS Bethge, 2009, S. 623, 629 ff; *Wolff*, in: FS Bull, 2011, S. 1071 ff; *Zemánek*, 49 CMLRev. (2012), 1755 ff; im Anschluss daran EuGH, 16.10.2012, Rs. C-614/10 (Kommission/Österreich); dazu *Kondylis*, RAE 2012, 829 ff; *Szydlo*, 50 CMLRev. (2013), 1809 ff.

435 Art. 6 RL 2006/123/EG (Fn 418); dazu *Windorffer*, NVwZ 2007, 495 ff; *Ziekow/Windorffer*, Ein einheitlicher Ansprechpartner für Dienstleister, 2007; *Eisenmenger*, NVwZ 2008, 1191 ff; zur Umsetzung in Deutschland durch das 4. Gesetz zur Änderung verwaltungsverfahrensrechtlicher Vorschriften (4. VwVfÄndG) v. 11.12.2008, BGBl. 2008 I S. 2418 (Einfügung der §§ 71 a ff nF VwVfG) s. zB *Schmitz/Prell*, NVwZ 2009, 1 ff; *Ernst*, DVBl 2009, 953 ff.

436 VO (EG) Nr. 1082/2006 des EP und des Rates v. 5.7.2006 „über den Europäischen Verbund für territoriale Zusammenarbeit (EVTZ)", ABl. 2006 L 210/19, nun geändert durch die VO (EU) Nr. 1302/2013 des EP und des Rates v. 17.12.2013, ABl. 2013 L 347/303.

437 Dazu *Kment*, DV 45 (2012), 155 ff; *Pechstein/Deja*, EuR 2011, 357 ff; *Janssen* (Hrsg.), Europäische Verbünde für territoriale Zusammenarbeit (EVTZ), 2006; *Peine/Starke*, LKV 2008, 402 ff; *Czarnecka-Zawada*, OsteuropaR 2008, 183 ff; *Lubac*, JCP éd. A 2006, 1554 ff; *Degron*, AJDA 2008, 1373 ff; sehr apodiktisch für die Nichtigkeit der Verordnung wegen Kompetenzüberschreitung *Gärditz*, Europäisches Planungsrecht, 2009, S. 119 f.

deln will.[438] In diesen Sektoren, in denen häufig auch noch in staatlicher Hand befindliche ehemalige Monopolunternehmen tätig sind, wurde zugleich regelmäßig die sekundärrechtliche Vorgabe gemacht, dass die zur Zulassung und Überwachung der Marktteilnehmer zuständigen mitgliedstaatlichen Stellen unabhängig von diesen Unternehmensinteressen gestellt sein müssen;[439] entsprechende Regelungen finden sich neben Telekommunikation[440] und Energie[441] zB auch bei der Eisenbahn-Regulierung.[442] Den Mitgliedstaaten bleibt in diesen Fällen die Wahl, sich entweder aus der unternehmerischen Tätigkeit in diesem Bereich zurückzuziehen, oder aber die Regulierungsbehörde mit Unabhängigkeit gegenüber der politischen Staatsführung zu versehen.[443] Für den Energiesektor ist zuletzt auch diese Wahlmöglichkeit entfallen: Hier war mit Ablauf der Umsetzungsfrist für das Dritte Binnenmarktpaket zum 3.3.2011 sicherzustellen, dass die Regulierungsbehörde auch von Regierungsstellen unabhängig ist;[444] parallel dazu wurden auch im Telekommunikationssektor die Unabhängigkeitsvorgaben verschärft.[445]

118 Auch für die Verwaltungsorganisation gilt damit, dass diese zwar bisher ganz überwiegend in der Hand der Mitgliedstaaten liegt, das Unionsrecht aber durchaus konkrete Vorgaben entwickeln kann, wenn dies erforderlich erscheint.

---

438 Solche Bündelungen des Sachverstands können zunächst im Rahmen von Beratungsgremien erfolgen, s. zB den Kommissionsbeschluss vom 11.11.2003 „zur Einsetzung der Gruppe der europäischen Regulierungsbehörden für Elektrizität und Erdgas“, ABl. 2003 L 296/34; Kommissionsbeschluss vom 29.7.2002 „zur Einrichtung der Gruppe Europäischer Regulierungsstellen für elektronische Kommunikationsnetze und -dienste“, ABl. 2002 L 200/38; für den Datenschutz s. Art. 29 f der RL 95/46/EG (Fn 433). In einem weiteren Schritt können diese Netzwerke auch der Koordination konkreter Entscheidungen dienen, s. dazu noch unten Rn 143.

439 S. dazu zB *Geradin/Petit*, YEL 23 (2004), 137, 156 ff.

440 Deutlich in diesem Sinne Art. 3 Abs. 2 S. 2 der RL 2002/21/EG des EP und des Rates „über einen gemeinsamen Rechtsrahmen für elektronische Kommunikationsnetze und -dienste (Rahmenrichtlinie)“, ABl. 2002 L 108/33: „Wenn Mitgliedstaaten weiterhin an Unternehmen beteiligt sind, die elektronische Kommunikationsnetze ... bereitstellen, ... müssen sie eine wirksame strukturelle Trennung der hoheitlichen Funktion von Tätigkeiten im Zusammenhang mit dem Eigentum oder der Kontrolle sicherstellen.“ Damit ist zB ausgeschlossen, dass eine Stelle des staatlichen Telekommunikations-Unternehmens mit der Entscheidung über die Zulassung von Telekommunikations-Endgeräten betraut wird.

441 So im zweiten Energiebinnenmarktpaket Art. 23 Abs. 1 der RL 2003/54/EG des EP und des Rates v. 26.6.2003 „über gemeinsame Vorschriften für den Elektrizitätsbinnenmarkt und zur Aufhebung der Richtlinie 96/92/EG“, ABl. 2003 L 176/37, sowie parallel dazu Art. 25 Abs. 1 der RL 2003/55/EG des EP und des Rates v. 26.6.2003 „über gemeinsame Vorschriften für den Erdgasbinnenmarkt und zur Aufhebung der Richtlinie 98/30/EG“, ABl. 2003 L 176/57; s. dazu *Lecheler/Gundel*, EuZW 2003, 621, 626; *Britz*, EuZW 2004, 462 ff.

442 Art. 30 der RL 2001/14/EG des EP und des Rates v. 26.2.2001 „über die Zuweisung von Fahrwegkapazität der Eisenbahn, die Erhebung von Entgelten für die Nutzung von Eisenbahninfrastruktur und die Sicherheitsbescheinigung“, ABl. 2001 L 75/29 (nun abgelöst durch die RL 2012/34/EU des EP und des Rates v. 21.11.2012 zur Schaffung eines einheitlichen europäischen Eisenbahnraums, ABl. 2012 L 343/32); dazu zB *Bartosch/Jaros*, WuW 2005, 15 ff; *Gersdorf*, ZHR 168 (2004), 576 ff; *Hermes*, in: FS Zuleeg, 2005, S. 410 ff.

443 S. zB *Hermes*, in: FS Zuleeg, 2005, S. 410, 415 f.

444 Art. 35 Abs. 4 S. 2 lit. b ii, Abs. 5 lit. a der RL 2009/72/EG des EP und des Rates v. 13.7.2009 „über gemeinsame Vorschriften für den Elektrizitätsbinnenmarkt und zur Aufhebung der RL 2003/54/EG“, ABl. 2009 L 211/55 (parallel dazu Art. 39 der RL 2009/73/EG, ABl. 2009 L 211/94 für den Gassektor); dazu *Gundel/Germelmann*, EuZW 2009, 763, 768; *Gundel*, in: Terhechte (Hrsg.), Verwaltungsrecht der Europäischen Union, 2010, § 23 Rn 43; zur Frage der demokratischen Legitimation solcher unabhängigen Einheiten s. *Hermes*, in: Bauer/Huber/Sommermann (Hrsg.), *Demokratie in Europa*, 2005, S. 457 ff; *Masing*, in: FS Reiner Schmidt, 2006, S. 521 ff; *Mayen*, DÖV 2004, 45 ff; *Pöcker*, VerwArch. 99 (2008), 380 ff.

445 Art. 3 Abs. 3 a der RL 2002/21/EG (Fn 440), eingefügt durch die RL 2009/140/EG des EP und des Rates v. 25.11.2009 „zur Änderung der RL 2002/21/EG (...)“, ABl. 2009 L 337/37.

IV. Mischformen zwischen zentralem und dezentralem Vollzug

1. Die Lage nach Primärrecht

a) Keine allgemeinen Weisungsbefugnisse der Kommission für den Vollzug im Einzelfall

Im Rahmen des indirekten Vollzugs stehen der Kommission im Ausgangspunkt keine **allgemeinen Weisungsbefugnisse** gegenüber den mit dem Vollzug betrauten mitgliedstaatlichen Behörden zu;[446] ebenso wenig verfügt sie über einen allgemeinen Auskunftsanspruch.[447] Wie der Gerichtshof ausführt, ist es „nach dem institutionellen System der Gemeinschaft und den Vorschriften, die die Beziehungen zwischen der Gemeinschaft und den Mitgliedstaaten beherrschen, in Ermangelung einer gegenteiligen Bestimmung des Gemeinschaftsrechts Sache der Mitgliedstaaten, [...] in ihrem Hoheitsgebiet für die Durchführung der Gemeinschaftsregelungen [...] zu sorgen".[448] 119

Angesichts dieses Befundes werden auch in bestimmender Form gehaltene Vorgaben der Kommissionsdienststellen an die nationale Verwaltung, die sich auf die Behandlung von Einzelfällen beziehen, von der Rechtsprechung nicht als verbindliche Entscheidungen im Sinn von Art. 288 Abs. 4 AEUV gewertet: Sie werden entgegen dem äußeren Anschein nur als unverbindlich-deklaratorische **Äußerung von Rechtsansichten** eingeordnet, wenn eine Rechtsgrundlage für verbindliche Maßnahmen eindeutig fehlt.[449] 120

Damit tragen in solchen Fällen die mitgliedstaatlichen Behörden die Verantwortung für die Entscheidung über die Frage, ob sie sich der von der Kommission vertretenen Rechtsansicht anschließen und diese gegenüber dem Einzelnen in verbindlicher Form durchsetzen.[450] Der Mitgliedstaat kann sich auch nicht auf eine Billigung seines Rechtsstandpunkts durch die Kommission berufen, um dem Vorwurf eines Verstoßes gegen Unionsrecht entgegenzutreten, wenn eine entsprechende Genehmigungsnorm nicht besteht;[451] auf der Sekundärebene kann eine solche Stellungnahme der Kommission allerdings für die Frage der staatshaftungsrechtlichen Vertretbarkeit einer Fehlanwendung relevant sein.[452] 121

---

446 Dazu zB *Klepper*, Vollzugskompetenzen der Europäischen Gemeinschaft aus abgeleitetem Recht, 2001, S. 163 f; s. aus der deutschen Rechtsprechung zum Fehlen eines solchen Weisungsrechts: VG Frankfurt/Main, 26.5.1983 – E 5763/81, RIW 1984, 227 m.Anm. *Schiller* S. 550 ff (dazu auch *ders.*, RIW 1985, 36 ff); VG Frankfurt/Main, 10.1.1997 – 1 G 43/97, ZLR 1997, 208 m.Anm. *Wehlau*; anders nur vereinzelte Stimmen in der Literatur, so zB *Klösters*, Kompetenzen der EG-Kommission im innerstaatlichen Vollzug von Gemeinschaftsrecht, 1994, insbes. S. 47 ff, 156 ff.

447 Das in Art. 337 AEUV (wie schon in Art. 284 EGV) vorgesehene Auskunftsrecht ist von einer Aktualisierung durch Sekundärrechtsakte des Rates abhängig; soweit diese nicht vorliegen, ergeben sich die Pflichten der Mitgliedstaaten allein aus der Pflicht zu loyaler Zusammenarbeit gemäß Art. 4 Abs. 3 EUV; umfassend nun *Göttlinger*, Auskunftsrechte der Kommission im Recht der Europäischen Union, 2013.

448 EuGH, verb. Rs. 89 u. 91/86 (L'Etoile commerciale und CNTA/Kommission), Slg 1987, 3005 Rn 11; s. auch o. Rn 1.

449 S. zB EuG, Rs. T-54/96 (Oleifici Italiani und Fratelli Rubino/Kommission), Slg 1998, II-3377 Rn 48 ff; dazu *Ritleng*, Europe 11/1998, 11 f.

450 Als Konsequenz folgt daraus, dass solche Rechtsansichten von den nationalen Gerichten überprüft und ggf auch ohne Vorlage an den EuGH verworfen werden können. Eine verbindliche Weisung der Kommission müsste dagegen im Gefolge der EuGH-Rechtsprechung zum Verwerfungsmonopol der EU-Gerichte für Sekundärrecht dem Gerichtshof zur Prüfung ihrer Gültigkeit vorgelegt werden: Die Grundsatzentscheidung EuGH, Rs. 314/85 (Foto Frost), Slg 1987, 4199 zur Begründung dieses Verwerfungsmonopols betrifft gerade einen solchen Fall einer Weisung der Kommission im Zollrecht (zum dort angewandten gestuften Entscheidungsverfahren s. noch u. Rn 138 ff).

451 S. zB EuGH, Rs. C-348/97 (Kommission/Deutschland), Slg 2000, I-4429, Rn 45; EuGH, Rs. C-340/96 (Kommission/Vereinigtes Königreich), Slg 1999, I-2023, Rn 31.

452 S. zur Anlastung im Agrarverwaltungsrecht u. Rn 130; zum Einfluss auf die Vertretbarkeit eines Fehlers im Staatshaftungsrecht s. zB EuGH, Rs. C-319/96 (Brinkmann Tabakfabriken), Slg 1998, I-5255 = EuZW 1998, 658, Rn 31; deutlich dann EuGH, Rs. C-278/05 (Robins), Slg 2007, I-1053, Rn 81 = EuZW 2007, 182: Die Billigung durch die Kommission kann die Verneinung eines qualifizierten Verstoß des Mitgliedstaats begründen.

122 Entsprechende Maßnahmen oder Stellungnahmen der Kommission sind daher auch nicht tauglicher Gegenstand von Nichtigkeitsklagen gemäß Art. 263 AEUV;[453] die Rechtslage ist im Rechtsstreit zwischen nationaler Behörde und Betroffenem vor den zuständigen nationalen Gerichten zu klären. Die Rechtsposition der Kommission kann nur im Wege von Schadenersatzklagen in zulässiger Weise angegriffen werden; auch der sachliche Erfolg solcher Klagen ist aber angesichts der gefestigten Rechtsprechung zur Eigenverantwortung der mitgliedstaatlichen Behörden für ihre Entscheidungen ungewiss,[454] da die unmittelbare Ursache für den geltendgemachten Schaden durch diese Behörden gesetzt wurde.

b) Das Vertragsverletzungsverfahren als Aufsichtsinstrument?

123 Auch das Vertragsverletzungsverfahren gemäß Art. 258 f AEUV (siehe unten *Classen*, § 4, Rn 49 ff), das teilweise als Instrument der Unionsaufsicht eingeordnet wird, kann als Steuerungsmittel für den nationalen Vollzug im Einzelfall nur sehr eingeschränkt genutzt werden: Auch wenn es durch Beschwerden Einzelner über die Rechtsanwendung durch mitgliedstaatliche Behörden ausgelöst werden[455] und damit Züge eines Aufsichtsverfahrens annehmen kann, handelt es sich doch um ein rein reaktives Verfahren, mit dem bereits vollzogene Verstöße gegen Unionsrecht festgehalten werden. Versuche der Kommission, im Wege der Rechtsanwendung eine Verfahrensabkürzung zu erreichen, hat der EuGH nicht akzeptiert[456] – was angesichts des Wortlauts des Vertrages und der den Mitgliedstaaten im Vertragsverletzungsverfahren eingeräumten starken Stellung wohl auch unvermeidlich war.[457] Als Mittel zur Korrektur von Fehlern bei der Anwendung des Unionsrechts durch die nationalen Behörden im Einzelfall ist es angesichts seiner Schwerfälligkeit kaum geeignet,[458] auch wenn den Mitgliedstaaten nun zumindest als Folge der Feststellung eines Verstoßes schmerzhafte Sanktionen in Form von Zwangsgeldern auf der Grundlage des Art. 260 AEUV drohen.[459]

124 Eine gewisse Unsicherheit über die Zulässigkeit solcher Einzelfall-Verfahren hat allerdings die jüngere EuGH-Rechtsprechung ausgelöst, nach der eine Verurteilung im Vertragsverletzungsverfahren nicht auf vereinzelte Fälle der Fehlanwendung von EU-Recht gestützt werden könne, sondern „es

---

453 S. zB EuG, Rs. T-54/96 (Oleifici Italiani und Fratelli Rubino/Kommission), Slg 1998, II-3377, Rn 48 ff; das gilt auch, wenn das Sekundärrecht die nationalen Behörden zu weitestgehender Berücksichtigung anhält, so für die Regelung in Art. 7 Abs. 3 der RL 2002/21/EG (Telekommunikations-RahmenRL) EuG, Rs. T-109/06 (Vodafone España/Kommission), Slg 2007, II-5151, Rn 91 ff; EuG, Rs. T-295/06 (Base NV/Kommission), Slg 2008, II-28* (abgek. Veröff.), Rn 60 ff; aA *Gärditz*, DV 46 (2013), 257, 277 f, der auch ermessensleitende Wirkungen als Rechtswirkungen im Sinne des Art. 263 AEUV anerkennen will.

454 EuG, Rs. T-54/96 (Oleifici Italiani und Fratelli Rubino/Kommission), Slg 1998, II-3377, Rn 67 verweist insoweit auf die vor den nationalen Gerichten geltend zu machende Haftung der Mitgliedstaaten; s. auch EuGH, verb. Rs. 89 u. 91/86 (L'Etoile commerciale und CNTA/Kommission), Slg 1987, 3005, Rn 16 ff.

455 Der Beschwerdeführer kann ein solches Verfahren allerdings nach st. Rspr nicht erzwingen, s. die Nachw. in Fn 249; zur Behandlung von Beschwerden durch die Kommission s.o. Rn 61.

456 So zum Versuch der Kommission, die Beanstandung von geplanten nationalen Vorschriften, die ihr von den Mitgliedstaaten auf der Grundlage der Informations-RL 98/34/EG (s.u. Fn 499) gemeldet wurden, zugleich als erste Phase des Vertragsverletzungsverfahrens gegen die schließlich erlassene Regelung zu behandeln: EuGH, Rs. C-341/97 (Kommission/Niederlande), Slg 2000, I-6611 Rn 19 f; EuGH, Rs. C-230/99 (Kommission/Frankreich), Slg 2001, I-1169 Rn 31 ff. Der EuGH weist zu Recht auf den reaktiven Charakter des Verfahrens hin, das von seinem Beginn an einen bereits vorliegenden Verstoß gegen Unionsrecht voraussetzt.

457 Das Ergebnis bedauernd *Simon*, Europe 11/2000, S. 13; *Klages*, RMUE 1/2001, S. 262 ff.

458 Zur Effektivität des Vertragsverletzungsverfahrens s. *v. Borries*, in: FS Rengeling, 2008, S. 485 ff; *Smith*, ELR 33 (2008), 777 ff; für eine Bilanz zuletzt *Prete/Smulders*, 47 CMLR (2010), 9 ff; monographisch *Andersen*, The Enforcement of EU Law – The Role of the European Commission, 2012.

459 Bisher erfolgte Verurteilungen betrafen tatsächlich vor allem Defizite im Verwaltungsvollzug, s. EuGH, Rs. C-387/97 (Kommission/Griechenland), Slg 2000, I-5047 = EuZW 2000, 531 m.Anm. *Karpenstein* = EuR 2000, 782 m.Anm. *Heidig* (Abfallentsorgung); EuGH, Rs. C-278/01 (Kommission/Spanien), Slg 2003, I-14141 = BayVBl. 2004, 333 m.Anm. *Lindner* (Qualität der Badegewässer); weiter zB EuGH, 12.7.2005, Rs. C-304/02 (Kommission/Frankreich), Slg 2005, I-6263 = EuR 2006, 399 m.Anm. *Huck/Klieve* zu unterlassenen Kontrollen im Fischereisektor.

sich hierbei um eine in bestimmtem Grad verfestigte und allgemeine Praxis handeln“ [460] müsse.[461] Das konnte dahin verstanden werden, dass ein Vertragsverletzungsverfahren in „Bagatell“-Einzelfällen der Fehlanwendung von EU-Recht durch die nationale Verwaltung nicht mehr zulässig wäre.[462] Allerdings wird man diese Anforderung wohl dennoch nicht als implizite Aufgabe der früheren Rechtsprechung ansehen müssen, nach der Verletzungen des EU-Rechts durch die Kommission auch dann im Vertragsverletzungsverfahren verfolgt werden können, wenn sie einen singulären Fall betreffen;[463] die neueren Formulierungen des EuGH dürften vielmehr dadurch zu erklären sein, dass in den dortigen Verfahren ein anderer Streitgegenstand, nämlich die Beanstandung einer über den Einzelfall hinauszureichenden EU-rechtswidrigen Verwaltungspraxis durch die Kommission zugrundelag: Diese in den Rechtsfolgen weiterreichende[464] Feststellung kann die Kommission nur durchsetzen, wenn sie eine solche Praxis über den Einzelfall hinaus nachweisen kann. Die Verfolgung von Einzelfällen im Vertragsverletzungsverfahren bleibt also möglich,[465] sie erscheint aber im Regelfall als wenig sinnvoll, wenn diese Einzelfälle nicht schon als solche eine erhebliche Bedeutung haben; das kann etwa im Umweltrecht[466] oder im Vergabesektor[467] der Fall sein.

Auch sekundärrechtliche Maßnahmen zur Flankierung des Vertragsverletzungsverfahrens[468] und zur Beschleunigung des Vorgehens[469] haben diese funktionsbedingten Grenzen des Vertragsverletzungsverfahrens nicht aufheben können.[470] Weitergehende Überlegungen zur Effektivierung dieses Instruments haben bisher nicht zu konkreten Konsequenzen geführt;[471] positive Erfahrungen sind 125

460 So EuGH, Rs. C-441/02 (Kommission/Deutschland), Slg 2006, I-3449, Rn 48 ff, 50 unter Verweis auf EuGH, Rs. C-287/03 (Kommission/Belgien), Slg 2005, I-3761, Rn 28 f; EuGH, Rs. C-494/01 (Kommission/Irland), Slg 2005, I-3331, Rn 28; EuGH, Rs. C-387/99 (Kommission/Deutschland), Slg. 2004, I-3751, Rn 42.

461 Zu dieser neuen Kategorie s. *Wennerås*, 43 CMLRev. (2006), 31 (33 ff); *Sikora*, 2 Review of European administrative Law (2009), 1 ff.

462 S. dazu *Everling*, in: FS Isensee, 2007, S. 773 (780 f); zu schon früher wahrnehmbaren Tendenzen *Sack*, EuZW 1993, 567 ff.

463 Für jüngere Fälle s. zB EuGH, Rs. C-157/03 (Kommission/Spanien), Slg 2005, I-2911, Rn 40 ff zur Überschreitung der sekundärrechtlichen Fristen für die Erteilung von Aufenthaltserlaubnissen für drittstaatsangehörige Familienangehörige in einem Einzelfall; ähnlich zur Verweigerung der Einreise von Familienangehörigen in mehreren Einzelfällen EuGH, Rs. C-503/03 (Kommission/Spanien), Slg 2006, I-1097, Rn 39 ff.

464 S. dazu zB *Prete/Smulders*, 47 CMLRev. (2010), 9 (23 f): So gewinnt die Befolgungspflicht aus Art. 260 Abs. 1 AEUV in diesem Fall eine andere Qualität, auch etwaige Strafzahlungen oder Zwangsgelder nach Abs. 2 beziehen sich auf eine andere Dimension.

465 So auch *Sikora*, Review of European administrative Law 2009, 1 (8 ff).

466 So zB die Missachtung der UVP-Richtlinie bei Großprojekten, s. EuGH, Rs. C-431/92 (Kommission/Deutschland – Kraftwerk Großkrotzenburg), Slg 1995, I-2189.

467 S. zur Missachtung der Ausschreibungspflicht bei der Vergabe öffentlicher Aufträge in Einzelfällen zB EuGH, Rs. C-503/04 (Kommission/Deutschland), Slg 2007, I-6153 = EWS 2007, 426 = JA 2007, 910 m.Anm. *Gundel*; EuGH, 3.3.2005, Rs. C-414/03 (Kommission/Deutschland; nicht in der Slg), EWS 2005, 177; EuGH, 9.9.2004, Rs. C-125/03 (Kommission/Deutschland; nicht in der Slg), EWS 2004, 461 (dazu *Bitterich*, EWS 2005, 162 ff).

468 S. zB den Korrekturmechanismus nach Art. 3 Abs. 2 RL 89/665/EWG des Rates v. 21.12.1989 „zur Koordinierung der Rechts- und Verwaltungsvorschriften für die Anwendung der Nachprüfungsverfahren im Rahmen der Vergabe öffentlicher Liefer- und Bauaufträge“, ABl. 1989 L 395/33 (neugefaßt durch die RL 2007/66/EG des EP und des Rates v. 11.12.2007, ABl. 2007 L 335/31), nach dem die Kommission binnen kurzer Fristen vom Mitgliedstaat Abhilfe bei schweren Verstößen gegen EU-Vergaberecht verlangen kann; auch dieses Verfahren bleibt aber bilateral, konkurrierende Bieter können seine Einleitung nicht erzwingen, s. EuGH, Rs. C-387/08 P (VDH Projektentwicklung/Kommission), Slg I-56* (abgek. Veröff.), Rn 23 ff = VergabeR 2009, 773.

469 S. insb. die auf den späteren Art. 308 EGV (nun Art. 352 AEUV) gestützte VO (EG) Nr. 2679/98 des Rates v. 7.12.1998 „über das Funktionieren des Binnenmarktes im Zusammenhang mit dem freien Warenverkehr zwischen den Mitgliedstaaten“, ABl. 1998 L 337/8; dazu *Mattera*, RMUE 2/1999, 9 ff; *Muñoz*, Europe 2/1999, S. 4 ff; *Hauschild*, EuZW 1998, 236 ff; *Schorkopf*, EWS 2000, 156 ff.

470 Zur schlechten Bilanz der VO (EG) Nr. 2679/98 (Fn 469) s. den ersten Bericht der Kommission über ihre Anwendung, KOM (2001) 160 endg. v. 22.3.2001 und dazu *Berrod*, Europe 7/2001, S. 14; *Gimeno Verdejo*, CDE 2002, 45 ff.

471 S. die Mitteilung zur Verbesserung der Anwendung des Gemeinschaftsrechts, KOM (2002) 725 endg. v. 20.12.2002, S. 11 ff; dazu *Muñoz*, Europe 6/2002, S. 3 ff; *Gencarelli*, DCSI 2004, 231, 258 ff; zu Reformüberlegungen auch *Puissochet*, in: FS Rodríguez Iglesias, 2003, S. 569, 576 ff; zuvor bereits *Söderman*, RDUE 2001, 889 ff; *Vallelersundi*, RDUE 2001, 901 ff.

allerdings mit dem seit 2008 angewandten „EU-Pilot"-Verfahren[472] gesammelt worden, nach dem die Kommission den Verdacht einer Vertragsverletzung noch im Vorfeld eines förmlichen Verfahrens in Kooperation mit dem Mitgliedstaat abklärt.[473]

c) Primärrechtliche Entscheidungsbefugnisse in einzelnen Sektoren

126 Nur in einzelnen Sektoren steht der Kommission schon auf der Grundlage des Vertrages die Befugnis zum Erlass verbindlicher Weisungen an die Mitgliedstaaten zu, mit denen die Einhaltung des Unionsrechts sichergestellt werden kann. Zu nennen ist hier Art. 108 AEUV, auf dessen Grundlage die Kommission die Rückabwicklung rechtswidriger mitgliedstaatlicher Beihilfen anordnen kann (dazu *Beljin,* § 28, Rn 223 ff), vor allem aber Art. 106 Abs. 3 AEUV, der die Anordnung der Beseitigung von Wettbewerbsverzerrungen zugunsten öffentlicher Unternehmen durch Beschluss gegenüber dem betroffenen Mitgliedstaat ermöglicht.[474]

2. Sekundärrechtliche Modelle

127 Jedoch gilt dieser Befund zur eigenständigen Verantwortung der nationalen Behörden für die Vollzugsentscheidungen im Einzelfall nur „in Ermangelung einer gegenteiligen Bestimmung des Gemeinschaftsrechts".[475] Auf der Grundlage der Sachkompetenzen kann der Unionsgesetzgeber abweichende Verfahrensregeln setzen, die (wohl auch als Konsequenz der Orientierung an der Sachkompetenz)[476] je nach Sektor unterschiedlich ausfallen können.

a) Mittelbare Steuerung im Wege der Anlastung

128 Eine bereits früh entwickelte Möglichkeit der mittelbaren Einwirkung auf das Verwaltungshandeln der Mitgliedstaaten, die sich als sehr effektiv erwiesen hat, bietet das System der Kostenanlastung[477] im Bereich der Gemeinsamen Agrarpolitik:[478] Danach schließt die Kommission die Erstattung der zunächst von den Mitgliedstaaten aufgewandten Mittel aus dem EU-Haushalt durch Entscheidung im Rechnungsabschlussverfahren aus, soweit bei ihrer Verwaltung nicht die vorgeschriebenen Kautelen eingehalten wurden.[479]

129 Dieser Ausschluss der Kostenübernahme ist auch nicht an die Voraussetzung gebunden, dass tatsächlich eine konkrete Fehlverwendung von Mitteln erfolgt ist. Es genügt, dass Unzulänglichkeiten des Vollzugs feststellbar sind, die ein Risiko für die finanziellen Interessen der Union darstellen;[480]

---

472 S. den Evaluierungsbericht zum Projekt „EU-Pilot", KOM (2010) 70 endg. v. 3.3.2010; die Kommission hatte die Einrichtung 2007 vorgeschlagen, s. die Kommissionsmitteilung „Ein Europa der Ergebnisse – Anwendung des Gemeinschaftsrechts", KOM (2007) 502 endg.v. 5.9.2007, S. 7 ff.

473 S. auch *Gundel*, EuR 2013, 466, 470 f.

474 S. zB EuGH, Rs. 226/87 (Kommission/Griechenland), Slg 1988, 3611; EuGH, verb. Rs. C-48/90 u. C-66/90 (Niederlande u.a./Kommission), Slg 1992, I-565; EuGH, Rs. C-163/99 (Portugal/Kommission), Slg 2001, I-2613; EuG, Rs. T-266/97 (VTM/Kommission), Slg 1999, II-2329 = ZUM 2000, 1077 m.Anm. *Gundel* S. 1046 ff.

475 So zB EuGH, verb. Rs. 89 u. 91/86 (L'Etoile commerciale und CNTA/Kommission), Slg 1987, 3005, Rn 11; s. auch *Eekhoff*, Die Verbundaufsicht. Gemeinschaftsrechtliche Aufsichtsverfahren und Mechanismen außerhalb des Vertragsverletzungsverfahrens, 2006.

476 Zu dieser kompetenzrechtlichen Zersplitterung des Unions-Verfahrensrechts s. bereits o. Rn 67 f.

477 S. Art. 7 der VO (EG) Nr. 1258/1999 des Rates v. 17.5.1999 „über die Finanzierung der gemeinsamen Agrarpolitik", ABl. 1999 L 160/103, bzw nun Art. 30 ff der VO (EG) Nr. 1290/2005 des Rates v. 21.6.2005, ABl. 2005 L 209/1; dazu *Mögele*, Die Behandlung fehlerhafter Ausgaben im Finanzierungssystem der gemeinsamen Agrarpolitik, 1997, S. 68 ff; für eine Fallstudie s. *Norer*, in: FS Dauses, 2014, S. 271 ff anhand von EuG, Rs. T-368/05 (Österreich/Kommission), Slg 2009, II-133* (abgek. Veröff.). s. auch u. *Busse*, § 25 Rn 51 ff.

478 Zu diesem faktischen Druck s. *Scherer*, EuR 1986, 52, 57, 72 ff; s. auch *Lindinger*, ZfV 1997, 302, 309; *Strohmeier*, in: FS Hugo Hahn, 1997, S. 497 ff; *Priebe*, in: Hill/Pitschas (Hrsg.), Europäisches Verwaltungsverfahrensrecht, 2004, S. 337, 343.

479 S. zB *die Entscheidung der Kommission v. 29.4.2005* „über den Ausschluss bestimmter von den Mitgliedstaaten zulasten des Europäischen Ausrichtungs- und Garantiefonds für die Landwirtschaft (EAGFL), Abteilung Garantie, getätigter Ausgaben von der gemeinschaftlichen Finanzierung", ABl. 2005 L 112/14.

480 Dazu zB *Strohmeier*, in: FS Hugo Hahn, 1997, S. 497, 503 f.

mit der pauschalen Ablehnung der Anlastung im Verhältnis zwischen Union und Mitgliedstaat[481] ist deshalb auch nicht zugleich entschieden, dass der Staat die Mittel vom Empfänger zurückfordern könnte.[482]

Eine Berücksichtigung solcher Fehler zulasten des Mitgliedstaats scheidet nur dann aus, wenn die Fehlanwendung „einem Gemeinschaftsorgan angelastet" werden kann[483] – diese Gegenausnahme hat zur Folge, dass die nationalen Behörden Rechtspositionen der Kommission trotz ihrer formalen Unverbindlichkeit im Zweifel übernehmen.[484] Dieser Sanktionsmechanismus ist nun auch auf die Mittelverwendung durch die Mitgliedstaaten im Bereich der EU-Strukturfonds übertragen worden.[485] 130

b) Inspektionen und Kontrollen

Die Möglichkeiten der Union sind heute aber nicht mehr auf diese indirekte Kontrolle beschränkt: Das Sekundärrecht sieht zwischenzeitlich in zahlreichen Bereichen die Möglichkeit von Inspektionen und Kontrollen durch die Kommission vor,[486] die teils der Prüfung der Anwendung des Unionsrechts durch die mitgliedstaatlichen Behörden dienen, teils aber auch als Direktkontrollen unmittelbar auf das Verhalten der beteiligten Wirtschaftsteilnehmer gerichtet sind.[487] Die Unterscheidung betrifft allerdings vor allem die Zielrichtung, nicht aber die Gegenstände der Kontrolle, denn auch im Rahmen der Behördenkontrolle erlaubt das Sekundärrecht regelmäßig Überprüfungen „vor Ort" bei betroffenen Betrieben. 131

Im Zuge der verstärkten Bekämpfung von Betrugshandlungen zu Lasten der EU-Finanzen ist der Kommission auch die Befugnis zu direkten Kontrollen vor Ort – bei den betroffenen Wirtschafts- 132

481 Zur Frage der „internen" Weitergabe der Belastung im Verhältnis zwischen Bund und Ländern s. jetzt § 2 des Gesetzes zur Lastentragung im Bund-Länder-Verhältnis bei Verletzung von supranationalen oder völkerrechtlichen Verpflichtungen v. 5.9.2006, BGBl. 2006 I S. 2105; s. auch BVerfG, 17.10.2006 – 2 BvG 1, 2/04, BVerfGE 116, 271 = JZ 2007, 248 m.Anm. *Kotzur* = JA 2007, 555 m.Anm. *Durner*; dazu auch *Schöning*, GPR 2007, 17 ff; zuvor BVerwG, 8.5.2002 – 3 A 1/01, BVerwGE 116, 234 = NVwZ 2002, 1127; *Schwenke*, NVwZ 2003, 1430 ff; *Koenig/Braun*, NJ 2004, 97, 98 ff.

482 S. EuGH, Rs. C-197/91 (FAC/Asprofrut-AIMA), Slg 1993, I-2639, Rn 20 ff: Das würde voraussetzen, dass im konkreten Einzelfall Unregelmäßigkeiten festgestellt wurden. Entsprechende Klagen von voraussichtlich betroffenen Empfängern gegen die Kommissionsentscheidung zum Ausschluss der Anlastung sind vor den EU-Gerichten daher aufgrund fehlender unmittelbarer Betroffenheit unzulässig, so EuG, Rs. T-244/00 (Coillte Teoranta/Kommission), Slg 2001, II-1275, Rn 37 ff (dazu *Berrod*, Europe 6/2001, 8); EuGH, verb. Rs. 89 u. 91/86 (L'Etoile commerciale und CNTA/Kommission), Slg 1987, 3005, Rn 11 ff.

483 S. EuGH, Rs. C-334/87 (Griechenland/Kommission), Slg 1990, I-2849; EuGH, Rs. C-56/91 (Griechenland/Kommission), Slg 1993, I-3433, Rn 34 ff; EuGH, Rs. C-413/92 (Deutschland/Kommission), Slg 1994, I-3781, Rn 16 ff; EuGH, Rs. C-41/94 (Deutschland/Kommission), Slg 1996, I-4733, Rn 50, 60; s. auch *Mögele*, Die Behandlung fehlerhafter Ausgaben im Finanzierungssystem der gemeinsamen Agrarpolitik, 1997, S. 143 ff.

484 S. dazu *Scherer*, EuR 1986, 52, 72 ff; *Hatje*, Die gemeinschaftsrechtliche Steuerung der Wirtschaftsverwaltung, 1998, S. 171 f.

485 S. nun Art. 98 ff der VO (EG) Nr. 1083/2006 des Rates v. 11.7.2006 „mit allgemeinen Bestimmungen über den Europäischen Fonds für regionale Entwicklung, den Europäischen Sozialfonds und den Kohäsionsfonds und zur Aufhebung der VO (EG) Nr. 1260/1999", ABl. 2006 L 210/25, zuvor Art. 38-39 der VO (EG) Nr. 1260/1999/EG des Rates v. 21.6.1999 „mit allgemeinen Bestimmungen über die Strukturfonds, ABl. 1999 L 161/1"; s. dazu *Holzwart*, Der rechtliche Rahmen für die Verwaltung und Finanzierung der gemeinschaftlichen Strukturfonds am Beispiel des EFRE, 2003, S. 302 ff; *Schöndorf-Haubold*, Die Strukturfonds der Europäischen Gemeinschaft, 2005, S. 339; *Schenk*, in: Schmidt-Aßmann/Schöndorf-Haubold (Hrsg.), Der Europäische Verwaltungsverbund, 2005, S. 265, 289 ff; *J.-P. Schneider*, in: VVDStRL 64 (2005), 238, 262 ff.

486 S. dazu *David*, Inspektionen im Europäischen Verwaltungsrecht, 2003, S. 30 ff; *dies.*, in: Schmidt-Aßmann/Schöndorf-Haubold (Hrsg.), Der Europäische Verwaltungsverbund, 2005, S. 237 ff.

487 Zu dieser funktionalen Differenzierung *David*, in: Schmidt-Aßmann/Schöndorf-Haubold (Hrsg.), Der Europäische Verwaltungsverbund, 2005, S. 237, 239 f.

teilnehmern – eingeräumt worden,[488] die in diesem Umfang zunächst nur im EU-Wettbewerbsrecht (und damit einem von den Unionsorganen bisher selbst vollzogenen Bereich) denkbar schienen.[489] Ausgeübt werden diese Befugnisse heute durch OLAF;[490] die Erzwingung einer Durchsuchung gegenüber dem Betroffenen obliegt dabei allerdings – ebenso wie im Wettbewerbsrecht (siehe oben Rn 95) – den mitgliedstaatlichen Behörden.[491]

133 Auch im Bereich der Beihilfenkontrolle verfügt die Kommission nun über ein Recht zu Nachprüfungen vor Ort, das ihr bei der Kodifizierung des Beihilfe-Verfahrensrechts eingeräumt wurde.[492] Bei ernsthaften Zweifeln an der Einhaltung positiver Beihilfe-Entscheidungen (und insbesondere der in diesen enthaltenen Einschränkungen und Auflagen) kann die Kommission damit eigenständige Kontrollen beim Beihilfe-Empfänger durchführen.[493] Das bisherige System einer rein bilateralen Abwicklung von Beihilfeverfahren im Verhältnis Kommission-Mitgliedstaat wird damit durchbrochen.

134 In neuerer Zeit wird die Befugnis zur Vornahme solcher Inspektionen teils auch unmittelbar den als Spezialbehörden für den betroffenen Bereich gegründeten EU-Agenturen (zu ihnen siehe oben Rn 25 ff) zuerkannt.[494]

c) Genehmigungsvorbehalte für normative Maßnahmen der Mitgliedstaaten

135 Eine weitere Steuerungsmöglichkeit bieten Genehmigungsvorbehalte in Bezug auf normative Maßnahmen der Mitgliedstaaten, die regelmäßig zugunsten der Kommission, in Ausnahmefällen auch zugunsten des Rates[495] bestehen. Solche Kommissionsbefugnisse finden sich bereits im Primärrecht, zB mit der Regelung zur Genehmigung nationaler Abweichungen von Binnenmarkt-Rechtsakten durch die Kommission gemäß Art. 114 AEUV.[496] Darüber hinaus sind solche Verwaltungsbefugnisse der Unionsorgane durch Sekundärrecht begründet worden: Die Möglichkeit, solche Entscheidungsbefugnisse der Kommission in Rechtsakten auf der Grundlage des Art. 114 AEUV zu begründen, ist vor allem in der deutschen Literatur zeitweise bestritten worden;[497] diese Bedenken haben sich aber in der Rechtsprechung nicht durchgesetzt.[498]

---

488 VO (Euratom, EG) Nr. 2185/96 des Rates v. 11.11.1996 „betreffend die Kontrollen und Überprüfungen vor Ort durch die Kommission zum Schutz der finanziellen Interessen der Europäischen Gemeinschaften vor Betrug und anderen Unregelmäßigkeiten", ABl. 1996 L 292/2 (s. schon Fn 214); s. dazu *Kuhl/Spitzer*, EuZW 1998, 37 ff; *Ulrich*, Kontrollen der EG-Kommission bei Wirtschaftsbeteiligten zum Schutz der finanziellen Interessen der Gemeinschaft, 1999; *ders.*, EWS 2000, 137 ff; für eine Bilanz ihrer Anwendung *Combeaud*, RevMC 2005, 177 ff.

489 Zu diesem Vergleichsgegenstand *Ulrich*, EWS 2000, 137, 139.

490 S. o. Rn 50 ff; Kontrollen auf der Grundlage der VO (Euratom, EG) Nr. 2185/96 (Fn 488) könnten zwar auch von anderen Kommissionsbediensteten durchgeführt werden, tatsächlich verfügen aber nur die Mitarbeiter von OLAF dauerhaft über die in Art. 6 Abs. 1 der VO geforderte schriftliche Ermächtigung, die sie als „Kontrolleure der Kommission" ausweist, s. dazu *Combeaud*, RevMC 2005, 177, 178.

491 Art. 9 der VO (EG) Nr. 2185/96 (Fn 488).

492 Art. 22 der VO (EG) Nr. 659/1999 des Rates v. 22.3.1999 „über besondere Vorschriften für die Anwendung von Artikel 93 des EG-Vertrages", ABl. 1999 L 83/1.

493 Dazu zB *Sinnaeve*, EuZW 1999, 270, 276; *dies./Slot*, CMLR 36 (1999), 1153, 1187 f; *Lindner*, BayVBl. 2002, 193, 199 ff; kritisch *Keppenne*, RMUE 2/1998, 125, 153 ff.

494 So Art. 16 der VO (EG) Nr. 1592/2002 (Fn 89) für die Flugsicherheitsbehörde, Art. 3 der VO (EG) Nr. 1406/2002 (Fn 91) für die Agentur für die Sicherheit des Seeverkehrs.

495 So im Fall der Genehmigung von nationalen Abweichungen von der RL 77/388/EWG des Rates v. 17.5.1977 „zur Harmonisierung der Rechtsvorschriften der Mitgliedstaaten über die Umsatzsteuern – Gemeinsames Mehrwertsteuersystem", ABl. 1977 L 145/1, gemäß Art. 27 der RL durch den Rat (nun Art. 395 der RL 2006/112/EG des Rates v. 28.11.2006 „Über das gemeinsame Mehrwertsteuersystem", ABl. 2006 L 347/1); dazu noch Fn 504 f.

496 Zu den Anforderungen s. zB EuGH, Rs. C-3/00 (Dänemark/Kommission), Slg 2003, I-2643 = EuZW 2003, 334 m.Anm. *Gundel* = ZLR 2003, 315 m.Anm. *Leible*; EuGH, Rs. C-512/99 (Deutschland/Kommission), Slg 2003, I-845 = EuZW 2003, 307; dazu auch *Bücker/Schlacke*, NVwZ 2004, 62 ff.

497 S. insb. *v. Borries*, in: FS Everling Bd. 1, 1995, S. 127 ff; im Anschluss daran Schreiber, Verwaltungskompetenzen der Europäischen Gemeinschaft, 1997, S. 122 ff; *Wahl/Groß*, DVBl. 1998, 2 ff.

498 S. EuGH, Rs. C-359/92 (Deutschland/Rat), Slg 1994, I-3681 = EuZW 1994, 627 m.Anm. *Micklitz*; zur Zulässigkeit der Gründung von EU-Agenturen auf dieser Grundlage s.o. Rn 33.

Diese Rechtsakte stehen zwischen Gesetzgebung (aus der Perspektive des nationalen Rechts) und Verwaltungsverfahren; soweit die Kommission mit der Entscheidung betraut ist, wird hier regelmäßig auch das Komitologieverfahren genutzt (dazu oben *König*, § 2, Rn 93 ff). Ein wichtiges Beispiel für diesen Steuerungsmechanismus bietet die RL 98/34/EG „über ein Informationsverfahren auf dem Gebiet der Normen und technischen Vorschriften":[499] Sie verpflichtet zur Vermeidung neuer Hindernisse für den Warenaustausch in der EU die nationalen Normgeber zur Notifikation geplanter technischer Produktanforderungen gegenüber der Kommission und erlegt ihnen eine Stillhaltepflicht[500] bis zu einer Stellungnahme der Kommission auf.[501] 136

Aus der Sicht des Einzelnen als Normadressaten sind solche Ausgestaltungen problematisch, weil diese Vorbehalte zwar auch zu seinen Gunsten wirken und im Fall eines mitgliedstaatlichen Verstoßes belastende nationale Normen außer Anwendung stellen können,[502] das Verfahren aber als Verwaltungsverfahren im bilateralen Verhältnis zwischen Union und Mitgliedstaat durchgeführt wird. Beanstandungen wie Billigungsentscheidungen der Unionsorgane werden so mit der Bekanntgabe an den betroffenen Mitgliedstaat wirksam,[503] ohne dass notwendig eine Veröffentlichung erfolgen müsste.[504] Die Rechte des Einzelnen gegenüber dem betroffenen Mitgliedstaat können damit geschmälert werden, ohne dass dies durch eine vorangehende Veröffentlichung erkennbar wird;[505] besonders weitgehend sind diese Wirkungen, wenn eine zustimmende Entscheidung des Unionsorgans durch Zeitablauf fingiert wird.[506] 137

d) Gestufte Entscheidungsverfahren

Eine spezifische Form des Vollzugs des Unionsrechts, die der Kommission weitgehende Steuerungsmöglichkeiten einräumt, sind **gestufte Verfahren:**[507] Hier tritt der Bürger zunächst allein in Kontakt mit den „ausführenden" mitgliedstaatlichen Behörden, während im Hintergrund die eigentliche Entscheidung durch die Unionsorgane getroffen wird; diese Gestaltung wirft besondere Probleme für die Einhaltung der Verfahrensgarantien, aber auch für den Rechtsschutz gegenüber einmal getroffenen Entscheidungen auf. 138

---

499 Die ursprüngliche RL 83/189/EWG des Rates v. 28.3.1983 „über ein Informationsverfahren auf dem Gebiet der Normen und technischen Vorschriften", ABl. 1983 L 109/8, wurde nach mehrfachen Änderungen vollständig neu gefasst durch die RL 98/34/EG des EP und des Rates v. 22.6.1998, ABl. 1998 L 204/37; zum System der RL s. *Gundel*, JuS 1999, 1171, 1174; *Bernhard/Madner*, JRP 1998, 87 ff; *Vorbach*, ÖZW 1997, 65 ff; *Fronia*, EuZW 1996, 101 ff; *Weatherill*, YEL 16 (1996), 129 ff.

500 Zu den Einzelheiten s. Art. 8-9 der RL 98/34/EG (Fn 499); *Meyring*, EuR 2003, 949, 957 f; *Jans*, LIEI 1998/1, 25 ff; zum Versuch, dieses Verfahren zugleich als erste Stufe eines Vertragsverletzungsverfahrens gegen die schließlich erlassene Vorschrift einzuordnen, s.o. Rn 124.

501 Gemäß Art. 9 der RL 98/34/EG (Fn 499) verlängert sich die Stillhaltefrist auf 12 Monate, wenn die Kommission ihre Absicht bekannt gibt, für denselben Gegenstand eine Regelung auf EU-Ebene vorzubereiten.

502 S. insb. zur Informations-RL (Fn 499) EuGH, Rs. C-194/94 (CIA Security), Slg 1996, I-2201 = EuZW 1996, 379 m.Anm. *Fronia*; dazu *Slot*, CMLR 33 (1996), 1035 ff; *Lecrenier*, JTDE 1997, 1 ff; *Candela Castillo*, RevMC 1997, 51 ff; EuGH, Rs. C-443/98 (Unilever Italia), Slg 2000, I-7535 = EuZW 2001, 153: Unanwendbarkeit nationaler Vorschriften, die unter Verstoß gegen die Meldepflicht erlassen wurden; dazu *Gundel*, EuZW 2001, 143 ff; weiter EuGH, Rs. C-159/00 (Sapod Audic), Slg 2002, I-5031.

503 S. o. Rn 71; s. auch schon EuGH, verb. Rs. 73 u. 74/63 (Internationale Crediet- und Handelsvereniging), Slg 1964, 1, 29.

504 S. dazu den Vorlagebeschluss BFH, 13.12.1995 – XI R 8/86, EuZW 1997, 93 zu EuGH, Rs. C-63/96 (Skripalle), Slg 1997, I-2847; kritisch insoweit auch *Bast*, in: v. Bogdandy (Hrsg.), Europäisches Verfassungsrecht, 2003, S. 479, 532; s. auch noch *Söhn*, in: GS Knobbe-Keuk, 1997, S. 779 ff.

505 S. zu einer erst nach Erlass der abweichenden Maßnahmen ergangenen Ermächtigung zu einer Abweichung von der RL 77/388/EWG (Fn 495) auf Vorlage des BFH EuGH, Rs. C-17/01 (Walter Sudholz/Finanzamt Sulingen), Slg 2004, I-4243; für einen weiteren Fall die Ratsentscheidung 2005/257/EG des Rates v. 14.3.2005, ABl. 2005 L 78/45.

506 So Art. 114 Abs. 6 AEUV; Art. 27 Abs. 4 der RL 77/388/EWG (Fn 495).

507 Dazu zB *Sydow*, 34 DV (2001), 517 ff; *ders.* Verwaltungskooperationsrecht in der Europäischen Union, 2004; *ders.*, JuS 2005, 202, 203; ausführlich auch *Nehl*, Europäisches Verwaltungsverfahren und Gemeinschaftsverfassung, 2002, S. 41 ff, 81 ff, 413 ff.

139 Bei dieser Ausgestaltung, die zB im EU-Zollrecht bei Entscheidungen über Nacherhebung, Erstattung oder Erlass von Zöllen[508] anzutreffen ist, nehmen die nationalen Behörden den Antrag des Betroffenen entgegen und sind in unproblematischen Fällen auch zur eigenständigen Entscheidung befugt. Nur in bestimmten Zweifelsfällen sind sie verpflichtet, den Sachverhalt der Kommission zu unterbreiten; diese trifft dann eine verbindliche Entscheidung, die von den nationalen Behörden gegenüber dem Antragsteller umzusetzen ist. Ähnliche Gestaltungen finden sich in der Verwaltung der Beihilfen der Union, etwa des EG-Sozialfonds: Hier sind nationale Stellen für die laufende Verwaltung und die Überwachung der Mittelverwendung zuständig; die verbindliche Entscheidung darüber, ob die Beihilfe endgültig gewährt oder aber stattdessen sogar Mittel zurückgefordert werden müssen, trifft jedoch die Kommission.[509]

140 Diese Verfahrensgestaltung hat für die Unionsorgane den Vorteil, dass ihr die Entscheidungssteuerung in zweifelhaften Fällen erhalten bleibt, ohne dass sie mit der Masse der unproblematischen Fälle konfrontiert würde.[510] Diesen Vorteilen stehen freilich auch Nachteile gegenüber: Sie führt auch zu einer **Gefährdung der Verfahrensrechte** der Betroffenen, weil die nach außen zuständige und die in der Sache entscheidende Stelle auseinander fallen; dadurch kann das rechtliche Gehör beeinträchtigt werden, wenn nicht zusätzliche Vorkehrungen zu seiner Sicherung getroffen werden. Auch in anderen Bereichen kann sich die fehlende unmittelbare Verfahrensbeteiligung des Betroffenen zu seinen Ungunsten auswirken.[511]

141 Der EuGH hat diese Defizite zunächst gebilligt und darauf abgestellt, dass eine unmittelbare Gewährung rechtlichen Gehörs für die Betroffenen im Sekundärrecht nicht vorgesehen sei.[512] Seit der maßgeblichen TU-München-Entscheidung aus dem Jahr 1991[513] verlangt er aber insbesondere die Wahrung des rechtlichen Gehörs: In dieser Entscheidung ist auch klargestellt, dass diese Anforderung nicht von der Ausgestaltung des Sekundärrechts abhängen kann. Daran anschließende Entscheidungen haben mehrfach festgehalten, dass dies dazu führen kann, dass die Kommission sich für ihre Entscheidung nicht allein auf die Kommunikation mit den zwischengeschalteten mitgliedstaatlichen Behörden verlassen darf, sondern dem Betroffenen ggf unmittelbar das Recht zur Stellungnahme gewähren muss, auch wenn ein solcher unmittelbarer Kontakt im Sekundärrecht nicht vorgesehen ist.[514]

142 Eine solche unmittelbare Beteiligung ist zB dann geboten, wenn die Kommission von der Bewertung eines Sachverhalts durch die nationalen Behörden zum Nachteil des Betroffenen abweichen

---

508 S. dazu *Fabian*, Erstattung, Erlass und Nacherhebung von Einfuhr- und Ausfuhrabgaben der Europäischen Gemeinschaft, 1994; die derzeit geltende Grundlage für diese Gestaltung findet sich in Art. 85 Modernisierter Zollkodex (Fn 415); zur Entwicklung des Kommissions-Durchführungsrechts s. noch u. Fn 518.

509 Zur Verteilung der Aufgaben zB EuGH, Rs. C-413/98 (DAFSE), Slg 2001, I-673; zuvor zB EuGH, Rs. C-462/98 P (Mediocurso/Kommission), Slg 2000, I-7183 (Teilaufhebung von EuG, Slg 1998, II-3477 – Mediocurso).

510 S. dazu *Gundel*, in: Ehlers (Hrsg.), Europäische Grundrechte und Grundfreiheiten, 4. Aufl. 2014, § 27 Rn 59 ff; *Schmidt-Aßmann*, in: FS Häberle, 2004, S. 395, 399.

511 Die Mediatisierung des Betroffenen durch die Zwischenschaltung der nationalen Stellen kann auch Verfahrensmissbräuche der Verwaltung begünstigen; für einen solchen Fall s. EuGH, Rs. 148/87 (Frydendahl Pedersen/Kommission), Slg 1988, 4993: Hier hatte die Kommission die nationale Verwaltung aufgefordert, einen bereits gestellten Antrag zurückzunehmen und neu zu stellen, um die im Sekundärrecht angeordnete Fiktion der Billigung durch Zeitablauf zu vermeiden.

512 So zB EuGH, Rs. 203/85 (Nicolet/HZA Frankfurt), Slg 1986, 2049, Rn 13 ff; EuGH, Rs. 43/87 (Nicolet/HZA Frankfurt), Slg 1988, 1557, Rn 13 f.

513 S. insb. EuGH, Rs. C-269/90 (TU-München/HZA München-Mitte), Slg 1991, I-5469 = NVwZ 1992, 358; später EuGH, Rs. C-135/92 (Fiskano/Kommission), Slg 1994, I-2885, Rn 39; EuG, Rs. T-346/94 (France-Aviation/Kommission), Slg 1995, II-2841 = EuZW 1996, 602; EuG, Rs. T-42/96 (Eyckeler & Malt/Kommission), Slg 1998, II-401, Rn 74 ff; EuG, Rs. T-50/96 (Primex Produkte/Kommission), Slg 1998, II-3773, Rn 57 ff; dazu *Lecheler/Gundel*, Übungen im Europarecht, 1999, S. 97 ff; *Sydow*, JuS 2005, 202, 203; *Nöhmer*, Das Recht auf Anhörung im europäischen Verwaltungsverfahren, 2013, S. 292 ff.

514 S. zum Zollrecht zB EuG, verb. Rs. T-186/97 u.a. (Kaufring AG u.a./Kommission), Slg 2001, II-1337 = EuR 2002, 377 (zu dieser Entscheidung *Heselink*, ZfZ 2001, 321 ff; *Simon*, Europe 7/2001, 9 f); EuG, Rs. T-205/99 (Hyper Srl/Kommission), Slg 2002, II-3141, Rn 49 ff (dazu *Berrod/Meisse*, Europe 10/2002, 20 f).

will,[515] oder wenn ein Gesichtspunkt als maßgeblich für die Entscheidung herangezogen wird, zu dem der Antragsteller nicht Stellung beziehen konnte;[516] auch die Akteneinsicht als Bestandteil des rechtlichen Gehörs muss die Kommission dem Antragsteller des Ausgangsverfahrens in solchen Fällen gewähren.[517] Die Kommission hat sich diesen Vorgaben schließlich auch angepasst.[518]

e) Regulierungs-Netzwerke mit Letztentscheidungsrecht der Kommission

Eine weitere Ausbaustufe der Steuerung des nationalen Vollzugs durch die Kommission besteht in der Bildung von Netzwerken der nationalen Regulierungsbehörden mit einer leitenden Rolle der Kommission; hier werden vertikale und horizontale Koordination (s. dazu Rn 145 ff) miteinander verbunden. Ein Beispiel bietet das im Rahmen der Dezentralisierung des Kartellrechts entstandene Netz europäischer Wettbewerbsbehörden (dazu bereits die Nachweise in Rn 94; s.a. *Mäger,* § 16, Rn 307 ff). Besonders intensiv sind die Verschränkungen von Unions- und nationalem Vollzug inzwischen im Telekommunikationssektor ausgestaltet: Hier kann die Kommission selbst einzelne Entscheidungen der nationalen Regulierungsbehörde mit einem Veto aufhalten;[519] ähnliche Bestimmungen gelten nun auch für einzelne Entscheidungen von besonderer Bedeutung im Energiesektor.[520] 143

Bisher sieht das Sekundärrecht hier aber nur die Koordination und punktuelle Korrektur von Maßnahmen der nationalen Regulierungsbehörden vor. Eine Zentralisierung der sektoralen Regulierungsaufgaben auf europäischer Ebene – dh die Schaffung europäischer „Superregulierungsbehör- 144

515 So im Fall Kaufring (Fn 514): Hier hatten die nationalen Behörden angenommen, dass der Fehler für die Importeure nicht erkennbar war, die Kommission kam zur gegenteiligen Einschätzung; ähnlich der Sachverhalt von EuG, Rs. T-42/96 (Eyckeler & Malt/Kommission), Slg 1998, II-401; EuG, Rs. T-50/96 (Primex Produkte/Kommission), Slg 1998, II-3773.

516 So im Fall von EuGH, Rs. C-269/90 (TU-München/HZA München-Mitte), Slg 1991, I-5469= NVwZ 1992, 358, s. Rn 38 der Schlussanträge von GA Jacobs.

517 Nachdrücklich EuG, Rs. T-42/96 (Eyckeler & Malt/Kommission), Slg 1998, II-401, Rn 79 ff = ZfZ 1998, 201; EuG, Rs. T-50/96 (Primex Produkte/Kommission), Slg 1998, II-3773, Rn 62 f.

518 Die Kommission hatte zunächst versucht, die Auswirkungen der EuGH-Rechtsprechung auf ihre Verwaltungspraxis dadurch zu beschränken, dass den von den nationalen Behörden weitergeleiteten Anträgen eine schriftliche Erklärung des Antragstellers beizufügen war, in dem dieser versicherte, zu dem unterbreiteten Sachverhalt vollständig Stellung genommen zu haben (Art. 871 Abs. 1 DVO-Zollkodex idF der Kommissions-VO (EG) Nr. 12/97 v. 18.12.1996, ABl. 1997 L 9/1). Das EuG hat in der Folge aber festgehalten, dass diese Ergänzung nur eine Verbesserung in der ersten Verfahrensphase vor den nationalen Behörden bedeutete, nicht aber das geforderte rechtliche Gehör zu den Gesichtspunkten sicherstellen konnte, die in der zweiten Phase die Kommission für entscheidend halten würde, s. EuG, Rs. T-42/96 (Eyckeler & Malt/Kommission), Slg 1998, II-401, Rn 84 f = ZfZ 1998, 201; EuG, Rs. T-290/97 (Mehibas Dordtselaan/Kommission), Slg 2000, II-15, Rn 44 ff = ZfZ 2001, 124. Erst mit der Kommissions-VO (EG) Nr. 1677/98 v. 29.7.1998 zur Änderung der DVO-Zollkodex, ABl. 1998 L 212/18, wird dann eine Rechtsprechungs-konforme Regelung aufgenommen: „In allen Phasen des Verfahrens ... teilt die Kommission, wenn sie eine Entscheidung zu Lasten des antragstellenden Beteiligten treffen will diesem in einem Schreiben alle der Entscheidung zugrunde liegenden Argumente mit und übersendet ihm alle Unterlagen, auf die sie die Entscheidung stützt. Der Beteiligte nimmt innerhalb eines Monats ... schriftlich Stellung." (Art. 872 a DVO-Zollkodex, parallel dazu Art. 906 a DVO-Zollkodex).

519 Art. 7 Abs. 4 der RL 2002/21/EG des EP und des Rates v. 7.3.2002 „über einen gemeinsamen Rechtsrahmen für elektronische Kommunikationsnetze und -dienste (Rahmenrichtlinie)", ABl. 2002 L 108/33 (umgesetzt in §§ 10-12 TKG 2004, BGBl. 2004 I, S. 1190); dazu zB *Feiel,* wbl 2003, 112 ff; *Ladeur,* K&R 2005, 198, 203 ff; nun Art. 7 Abs. 4 ff in der Fassung der RL 2009/140/EG des EP und des Rates v. 25.11.2009 „zur Änderung der RL 2002/21/EG (...)", ABl. 2009 L 337/37. Zum europäischen Regulierungsverbund der Telekommunikation s. *Trute,* in: FS Selmer, 2004, S. 585 ff; *Ladeur/Möllers,* DVBl. 2005, 525 ff sowie EuGH, 6.10.2005, Rs. C-256/05 (Telekom Austria; unveröff.), JCP 2006 II No 10035 m.Anm. *Zarka.* Außerhalb dieser Bestimmung sind Stellungnahmen der Kommission jedoch nicht verbindlich und damit auch nicht gem. Art. 263 AEUV angreifbar, s. EuG, Rs. T-109/06 (Vodafone España u.a./Kommission), Slg 2007, II-5151; EuG, Rs. T-295/06 (Base NV/Kommission), Slg 2008, II-28* (abgek. Veröff.), Rn 60 ff.

520 S. Art. 17 der VO (EG) Nr. 714/2009 des EP und des Rates v. 13.7.2009 „über die Netzzugangsbedingungen für den grenzüberschreitenden Stromhandel und zur Aufhebung der VO (EG) Nr. 1228/2003", ABl. 2009 L 211/15; Art. 36 der RL 2009/73/EG des EP und des Rates v. 13.7.2009 „über gemeinsame Vorschriften für den Erdgasbinnenmarkt und zur Aufhebung der RL 2003/55/EG", ABl. 2009 L 211/94.

den“ – wird zwar diskutiert,[521] ist aber auch mit den neuen Agenturgründungen im Energie- und Telekommunikationssektor nicht erfolgt.[522] Auch die bereits bestehenden Agenturen (siehe oben Rn 25 ff) haben nicht die Funktion „echter“ Regulierungsbehörden in der in der Regulierungsdiskussion vorausgesetzten Bedeutung des Begriffs.[523] Der von der Kommission teils für die verselbständigten Einheiten auf Unionsebene verwendete Begriff der „Regulierungsagentur“ (siehe oben Rn 43) ist insoweit missverständlich.[524]

V. Der Vollzug des Unionsrechts durch horizontale Kooperation der nationalen Behörden

1. Das Phänomen der horizontalen Kooperation

145 Die Entwicklung der **horizontalen Kooperation** zwischen den Verwaltungen der Mitgliedstaaten stand lange Zeit nicht im Vordergrund der Betrachtung;[525] der Verwaltungsvollzug des Unionsrechts wurde zunächst vor allem im bilateralen Verhältnis zwischen der Union und dem jeweils betroffenem Mitgliedstaat analysiert. In neuerer Zeit wird diese Form der Vernetzung des Verwaltungsvollzugs stärker berücksichtigt; sie bietet zum einen eine Alternative zur zentralen Steuerung durch die Kommission, wird aber vielfach auch als Ergänzung und Vervollständigung der vertikalen Kooperation zwischen Unionsorganen und Behörden der einzelnen Mitgliedstaaten zum Einsatz gebracht.

146 Primärrechtlich im Ansatz verankert ist die horizontale Kooperation durch den **Grundsatz des gegenseitigen Vertrauens**, nach dem den Behörden anderer Mitgliedstaaten nicht allgemein die Missachtung des Unionsrechts unterstellt werden darf.[526] Dieser Grundsatz gilt zwar allgemein; er kommt aber besonders in den Bereichen zum Tragen, in denen bereits materiell angeglichenes Recht vorliegt: Hier besteht die Vermutung, dass die nationalen Behörden in der Sache gleichwertige Ergebnisse erzielen. Wenn ein Mitgliedstaat hinreichend gewichtige Anhaltspunkte für eine systematische Missachtung des Unionsrechts zu haben meint, kann und muss er sie offensiv im Wege eines Vertragsverletzungsverfahrens gegen den anderen Mitgliedstaat geltend machen.[527]

---

521 S. zB das Grünbuch der Kommission zu den Diensten von allgemeinem öffentlichen Interesse, KOM (2003) 270 endg., Anhang pt I-3; *Desselas*, JTDE 2004, 70 ff.

522 Zu ihren beschränkten Kompetenzen s.o. Rn 31.

523 So zu Recht *Grard*, in: Mélanges Gautron, 2004, S. 83, 103; s. auch *Groß*, EuR 2005, 54, 57.

524 Ebenso *Groß*, EuR 2005, 54, 57; s. aber auch *Rodrigues*, AJDA 2004, 1179 ff, der gerade diese Gleichsetzung vornimmt.

525 So zB auch *v. Danwitz*, in: Schmidt-Aßmann/Hoffmann-Riem (Hrsg.), Strukturen des Europäischen Verwaltungsrechts, 1999, S. 171, 183; s. aber die zahlreichen Beiträge von *Schmidt-Aßmann*, zB in EuR 1996, 270 ff; sowie in jüngerer Zeit die Beiträge in: *Holoubek/Lang* (Hrsg.), Verfahren der Zusammenarbeit von Verwaltungsbehörden in Europa, 2012, und in: Österreichische Verwaltungswissenschaftliche Gesellschaft (Hrsg.), Der Europäische Verwaltungsverbund, 2011, sowie *Weiß*, Der Europäische Verwaltungsverbund, 2010.

526 *S. EuGH, Rs. C-5/94 (Hedley Lomas), Slg 1996, I-2553,* Rn 14 ff = EuZW 1996, 435; EuGH, Rs. C-124/95 (Centro-Com), Slg 1997, I-81, Rn 49 = EuZW 1997, 148.

527 So der Hinweis von EuGH, Rs. C-11/95 (Kommission/Belgien), Slg 1996, I-4115 = EuZW 1996, 718, Rn 36, 39 (zur Fernseh-RL).

2. Sekundärrechtliche Kooperations- und Informationspflichten

a) Amtshilfe

In ihrer einfachsten Form erfasst die sekundärrechtliche Koordination der mitgliedstaatlichen Verwaltung die Amtshilfe,[528] die insbesondere durch Informationsaustausch, aber auch durch weitergehende Unterstützungshandlungen wie etwa die Beitreibung von Forderungen erfolgen kann.[529] Beispiele für solche Regelungen zur Koordination der nationalen Verwaltungen finden sich in den verschiedensten Sektoren: So ist die Amtshilfe zwischen den mitgliedstaatlichen Behörden im Agrar- und Zollsektor schon früh normiert worden;[530] in diesen Bereichen ist der Koordinierungsbedarf auch besonders sichtbar, nachdem hier zum einen die finanziellen Interessen der EU unmittelbar betroffen sind, zum anderen der dezentrale mitgliedstaatliche Vollzug Umgehungs- und Täuschungsmöglichkeiten durch die Nutzung von Informationsdefiziten nahe legt. 147

Auch im Steuersektor sind bereits früh Regelungen über Amtshilfe und Informationsaustausch erlassen worden, die sowohl die direkten[531] als auch die für die EU besonders bedeutsamen indirekten Steuern erfassen.[532] Die entsprechenden Rechtsakte sind in den 1990er Jahren für einzelne Bereiche durch Rechtsgrundlagen für die automatisierte Informationsspeicherung und -weitergabe ergänzt worden,[533] die über die einzelfallbezogene Zusammenarbeit hinausgehen und bereits in 148

528 S. dazu zB *v. Bogdandy*, in: Hoffmann-Riem/Schmidt-Aßmann (Hrsg.), Verwaltungsrecht in der Informationsgesellschaft, 2000, S. 133, 182 ff; *Sommer*, Verwaltungskooperation am Beispiel administrativer Informationsverfahren im Europäischen Umweltrecht, 2003; *Wettner*, in: Schmidt-Aßmann/Schöndorf-Haubold (Hrsg.), Der Europäische Verwaltungsverbund, 2005, S. 181 ff.

529 S. die RL 76/308/EWG des Rates v. 15.3.1976 „über die gegenseitige Unterstützung bei der Beitreibung von Forderungen im Zusammenhang mit Maßnahmen, die Bestandteil des Finanzierungssystems des Europäischen Ausrichtungs- und Garantiefonds für die Landwirtschaft sind, sowie von Abschöpfungen und Zöllen", ABl. 1976 L 73/18: nach mehreren Änderungen und einer Kodifikation durch die RL 2008/55/EG des Rates v. 26.5.2008, ABl. 2008 L 150/28 gilt hier nun die RL 2010/24/EG des Rates v. 16.3.2010 „über die Amtshilfe bei der Beitreibung von Forderungen in Bezug auf bestimmte Steuern, Abgaben und sonstige Abgaben", ABl. 2010 L 84/1; dazu *Seer/Gabert*, StuW 2010, 3 ff; *Gabert*, FR 2012, 707 ff; s. auch noch unter dem Aspekt des transnationalen Verwaltungsakts u. Rn 167.

530 S. zur Einziehung von Forderungen Fn 529; weiter die VO (EWG) Nr. 1468/81 des Rates v. 19.5.1981, „betreffend die gegenseitige Unterstützung der Verwaltungsbehörden der Mitgliedstaaten und die Zusammenarbeit dieser Behörden mit der Kommission, um die ordnungsgemäße Anwendung der Zoll- und der Agrarregelung zu gewährleisten", ABl. 1981 L 144/1, später ersetzt durch die VO (EG) Nr. 515/97 des Rates v. 13.3.1997 „über die gegenseitige Amtshilfe zwischen Verwaltungsbehörden der Mitgliedstaaten und die Zusammenarbeit dieser Behörden mit der Kommission im Hinblick auf die ordnungsgemäße Anwendung der Zoll- und Agrarregelung", ABl. 1997 L 82/1 (geändert durch VO (EG) Nr. 766/2008 des EP und des Rates v. 9.7.2008, ABl. 2008 L 218/48). Weitere sektorale Regelungen betreffen die Zusammenarbeit im Veterinärwesen, RL 89/608/EWG des Rates v. 21.11.1989 „betreffend die gegenseitige Unterstützung der Verwaltungsbehörden der Mitgliedstaaten und die Zusammenarbeit dieser Behörden mit der Kommission, um die ordnungsgemäße Anwendung der tierärztlichen und tierzuchtrechtlichen Vorschriften zu gewährleisten", ABl. 1989 L 351/34, und die Weinkontrolle, s. Art. 8 ff der VO (EWG) Nr. 2048/89 des Rates v. 19.6.1989 „mit Grundregeln über die Kontrollen im Weinsektor", ABl. 1989 L 202/32.

531 So die RL 77/799/EWG des Rates v. 19.12. 1977 „über die gegenseitige Amtshilfe zwischen den zuständigen Behörden der Mitgliedstaaten im Bereich der direkten Steuern", ABl. 1977 L 336/15, nun abgelöst durch die RL 2011/16/EU, s.u. Fn 534; zu ihr zB EuGH, Rs. C-420/98 (W.N./Staatssecretaris van Financien), Slg 2000, I-2847 = EWS 2000, 266..

532 Mit der RL 79/1070/EWG des Rates v. 6.12.1979 „zur Änderung der Richtlinie 77/799/EWG über die gegenseitige Amtshilfe zwischen den zuständigen Behörden der Mitgliedstaaten im Bereich der direkten Steuern", ABl. 1979 L 331/8 wurde der Geltungsbereich dieser RL auf den Bereich der Mehrwertsteuer erstreckt und ihr Titel entsprechend angepasst. Ihr Rahmen wurde im Zuge der Realisierung des Binnenmarktes ergänzt durch die VO (EWG) Nr. 218/92 des Rates v. 27.1.1992 „über die Zusammenarbeit der Verwaltungsbehörden auf dem Gebiet der indirekten Besteuerung (MwSt.)", ABl. 1992 L 24/1; dazu *Hilpold*, EWS 1992, 373 ff (inzwischen nach einer Neufassung von 2003 abgelöst durch die VO (EU) Nr. 904/2010 des Rates v. 7.10.2010 „über die Zusammenarbeit der Verwaltungsbehörden und die Betrugsbekämpfung auf dem Gebiet der Mehrwertsteuer", ABl. 2010 L 268/1).

533 So die Regelungen über das Zollinformationssystem (ZIS) in Art. 23 ff der VO (EG) Nr. 515/97 (Fn 530) und die Regelungen über ein EDV-gestütztes Mehrwertsteuer-Informationssystem (MIAS) in der VO (EWG) Nr. 218/92 (Fn 53); zu beiden *v. Bogdandy/Arndt*, EWS 2000, 1 ff.

Richtung Netzwerkbildung weisen. Zwischenzeitlich sind die Regelungen durch eine Neufassung der ersten Amtshilfe-Richtlinie vereinheitlicht worden.[534]

149 Auch wurden in dieser Zeit im Zug der verschärften Bekämpfung von Betrügereien zu Lasten der EU-Finanzen spezielle Instrumente des Informationsaustauschs geschaffen: Ein Beispiel bildet das mit der VO (EG) Nr. 1469/95[535] eingerichtete Schwarze-Listen-System, mit dem als unzuverlässig geltende Unternehmen in diesem Sektor erfasst werden sollen.[536] Die betreffenden Wirtschaftsteilnehmer werden von den Behörden der Mitgliedstaaten an die Kommission gemeldet, die die Informationen an die anderen Mitgliedstaaten weiterleitet; als Konsequenz ist vorgesehen, dass sie entweder – im Fall erwiesener Unregelmäßigkeiten – von Zahlungen ausgeschlossen werden, oder aber – in Verdachtsfällen – verstärkter Kontrolle unterliegen.[537]

150 Im Bereich der Besteuerung ist auch deutlich geworden, dass dieser Ausbau der Kooperation zwischen den mitgliedstaatlichen Verwaltungen nicht nur die Effektivität des Vollzugs verbessert, sondern zugleich auch eine Effektivierung der Grundfreiheiten des Steuerpflichtigen bewirken kann: So kann der Besteuerungsstaat die Berücksichtigung steuerrelevanter Vorgänge in anderen Mitgliedstaaten nicht mehr mit dem Hinweis auf die unzureichende Überprüfbarkeit des Sachverhalts ausschließen, wenn er die erforderlichen Informationen im Wege der Amtshilfe erlangen kann; der Gerichtshof führt hier ausdrücklich die Möglichkeiten der Amtshilfe als milderes Mittel an.[538]

151 Freilich hat sich gerade in diesem Bereich auch gezeigt, dass schon durch diese wenig intensive Form der Vollzugskoordination auch vitale staatliche Interessen betroffen sein können, die eine Einigung über die Zusammenarbeit erschweren. Die Probleme sind zB bei der Richtlinie zur Besteuerung von Zinserträgen[539] deutlich geworden, die ein Verfahren der automatischen Auskunftserteilung zwischen den mitgliedstaatlichen Steuerbehörden vorsieht:[540] Ihr Erlass war erst nach jahrelangen, immer wieder vom endgültigen Scheitern bedrohten Verhandlungen möglich.[541]

152 Wie in anderen Bereichen, ist auch in Bezug auf die Amtshilfe-Regelungen festzuhalten, dass ihre unterschiedliche Ausgestaltung im Detail eher historischen Zufälligkeiten und der sektoralen Zersplitterung des Unionsrechts zuzuschreiben sein dürfte, als tatsächlich bestehenden unterschiedlichen Anforderungen der einzelnen Sachbereiche.[542] Einen Ansatz für ein in einem breiteren Feld einheitliches Regime bilden jetzt aber die Amtshilfe-Regelungen der Dienstleistungs-Richtlinie,[543] deren Umsetzung in Deutschland mit der Einfügung der §§ 8 a-e VwVfG erstmals zur Schaffung

534 RL 2011/16/EU über die Zusammenarbeit der Verwaltungsbehörden im Bereich der Besteuerung und zur Aufhebung der RL 77/799/EWG, ABl. 2011 L 64/1.

535 VO (EG) Nr. 1469/95 des Rates v. 22.6.1995 „über Vorkehrungen gegenüber bestimmten Begünstigten der von EAGFL, Abteilung Garantie, finanzierten Maßnahmen", ABl. 1995 L 145/1; ergänzt durch die Durchführungs-VO (EG) Nr. 756/96 der Kommission, ABl. 1996 L 102/15.

536 Dazu *Eppe*, RevMC 1996, 725 ff; *Hitzler*, in: Ehlers/Wolffgang (Hrsg.), Rechtsfragen der Europäischen Marktordnungen, 1998, S. 245 ff; *Schrömbges*, ZfZ 1998, 403, 406 ff; *Mögele*, EWS 1998, 1, 4 f.

537 Zur Frage des Rechtsschutzes in diesen Verdachtsfällen – anders als beim Ausschluss von Zahlungen muss der Betroffene hier gem. Art. 4 Abs. 1 lit. a der VO (EG) Nr. 1469/95 (Fn 535) nicht vor seiner Aufnahme in die Liste angehört werden – s. *Krüger*, ZfZ 1999, 74, 81 f; einen Anspruch auf Auskunft über die Aufnahme in die Liste verneint BFH, 29.7.2003 – VII R 66/02, ZfZ 2003, 415 m. abl. Anm. *Schrömbges*.

538 S. zB EuGH, Rs. C-1/93 (Halliburton Services), Slg 1994, I-1137, Rn 21 f; EuGH, Rs. C-250/95 (Futura Participations), Slg 1997, I-2471, Rn 41, 43; EuGH, Rs. C-334/02 (Kommission/Frankreich), Slg 2004, I-2229, Rn 31 ff = RIW 2004, 398; EuGH, Rs. C-451/05 (ELISA), Slg 2007, I-8251, Rn 92 ff; das gilt aber nicht für den Kapitalverkehr mit Drittstaaten, weil in Bezug auf diese zwar die Grundfreiheit, nicht aber die Amtshilfe-RL gilt: EuGH, Rs. C-101/05 (Skatteverket gegen A), Slg 2007, I-11531, Rn 60 ff = EuZW 2008, 117 m.Anm. *Wunderlich*.

539 RL 2003/48/EG des Rates v. 3.6.2003 „im Bereich der Besteuerung von Zinserträgen", ABl. 2003 L 157/38.

540 Art. 8-9 der RL 2003/48/EG (Fn 539); zu dieser Richtlinie s. zB *Sailer/Ismer*, IStR 2005, 1 ff.

541 S. zu den einzelnen Stationen *Merland*, RTDE 2003, 637 ff; *Moritz*, ecolex 2003, 214 f; *Malherbe/Hermand*, JT 2002, 329 ff; *Oberson*, JT 2002, 337 ff; *Nickel*, EuZW 1998, 686 ff.

542 So das Fazit bei *Wettner*, in: Schmidt-Aßmann/Schöndorf-Haubold (Hrsg.), Der Europäische Verwaltungsverbund, 2005, S. 181, 211.

543 Art. 21, 28 ff der RL 2006/123/EG (Fn 418).

eines allgemeinen Rechtsrahmens für die Amtshilfe im Verhältnis zu Behörden anderer Mitgliedstaaten geführt hat.[544]

b) Einsatz der Behördenkooperation zur informellen Streitbeilegung: Das SOLVIT-System

Zur horizontalen Verschränkung der nationalen Behörden gehört auch das SOLVIT-System:[545] Es handelt sich hierbei um ein Netzwerk von Beschwerdebehörden der EU-Mitgliedstaaten, das seit Juli 2002 in Funktion ist und die formlose nichtstreitige Beilegung von Konflikten zwischen Bürger und nationalen Verwaltungen um die Anwendung und Beachtung des Unionsrechts im Fall grenzüberschreitender Probleme betreibt.[546] Das Netzwerk soll durch den Einsatz elektronischer Kommunikationsmittel eine rasche Klärung ermöglichen.[547] 153

Das System wirkt damit als grenzüberschreitender Ombudsmann bei Vollzugsproblemen des Unionsrechts, die nicht den Unionsinstitutionen zur Last gelegt werden können – diese Fälle fielen in die Zuständigkeit des Europäischen Bürgerbeauftragten (dazu oben Rn 56 f) –, sondern mehrere Mitgliedstaaten berühren.[548] Die Kommission übernimmt in diesem Netz keine formale Funktion, stellt aber die zentrale Datenbank zur Verfügung und behält sich Schritte gegen die Mitgliedstaaten für den Fall vor, dass im SOLVIT-Verfahren keine EU-rechtskonformen Ergebnisse erreicht werden.[549] Eine gleichzeitige gerichtliche Rechtsverfolgung durch den privaten Beschwerdeführer ist allerdings ausgeschlossen; sie führt zur Streichung des Falls aus der SOLVIT-Datenbank. 154

Vervollständigt wird diese Vernetzung nationaler Behörden durch die im Oktober 2004 erlassene VO (EG) Nr. 2006/2004;[550] sie regelt die Zusammenarbeit der für die Durchsetzung der Verbraucherschutzgesetze zuständigen nationalen Behörden, um die Ausnutzung der Schwierigkeiten grenzüberschreitender Rechtsdurchsetzung durch unseriöse Unternehmen zu bekämpfen. Dieses System sieht neben der Verpflichtung zu gegenseitiger Amtshilfe und Informationsaustausch auch die Einrichtung einer zentralen Datenbank mit den ausgetauschten Meldungen bei der Kommission vor;[551] die Einzelheiten der Durchführung hat die Kommission in einer 2006 erlassenen Entscheidung geregelt.[552] 155

3. Die Installierung von Netzwerken der nationalen Entscheidungsträger

Das Sekundärrecht hat sich freilich nicht auf diese Regelung einer punktuellen Zusammenarbeit beschränkt, sondern in einzelnen Bereichen Formen einer kontinuierlichen Zusammenarbeit der 156

---

544 S. dazu *Schmitz/Prell*, NVwZ 2009, 1121 ff; *Lenders/Paplocki*, NWVBl 2010, 87 ff; *Ohler*, in: Leible (Hrsg.), Die Umsetzung der Dienstleistungsrichtlinie – Chancen und Risiken für Deutschland, 2008, S. 157 ff.

545 S. die Empfehlung der Kommission v. 7.12.2001 „über Grundsätze zur Nutzung von ‚SOLVIT', dem Problemlösungsnetz für den Binnenmarkt", ABl. 2001 L 331/79, nun ersetzt durch die Empfehlung 2013/461/EU v. 17.9.2013 zu den Grundsätzen für SOLVIT, ABl. 2013 L 249/10; s. auch die Kommissionsmitteilung „Eine wirksame Problemlösung im Binnenmarkt (‚SOLVIT')", KOM (2001) 702 endg. v. 27.11.2001.

546 S. dazu zB *Muñoz*, JTDE 2003, 97 ff; *ders.*, RevMC 2002, 337 ff; in jüngerer Zeit s. *Lottini*, 3 Review of European administrative Law (2010), 5 ff; *Salgado*, EuZW 2011, 422 ff; *Rigaux*, Europe 12/2012, 39 ff; *Gundel*, EuR 2013, 466 ff.

547 Angestrebt wird eine Lösung binnen 10 Wochen, s. Pkt. II. E. 1 der Empfehlung. Die technischen Einzelheiten finden sich unter ec.europa.eu/solvit.

548 Nach Pkt. I. B. 7 der Empfehlung genügt es dafür, wenn das Problem zwischen den Behörden eines Mitgliedstaats und einem in diesem Staat bereits ansässigen Unionsbürger oder Unternehmen aus einem anderen Mitgliedstaat auftritt.

549 Dieser Vorbehalt erhellt auch den Hintergrund des Systems: Es soll das hinsichtlich der Lösung von Einzelfällen als unpassend empfundene Vertragsverletzungsverfahren (dazu o. Rn 123 f) ersetzen; dazu auch *Gundel*, EuR 2013, 466, 474 ff.

550 VO (EG) Nr. 2006/2004 des EP und des Rates v. 27.10.2004 „über die Zusammenarbeit zwischen den für die Durchsetzung der Verbraucherschutzgesetze zuständigen nationalen Behörden (‚Verordnung über die Zusammenarbeit im Verbraucherschutz')", ABl. 2004 L 364/1, geändert durch die VO (EU) Nr. 954/2011 des EP und des Rates v. 14.9.2011, ABl. 2011 L 259/1.

551 Art. 10 der VO (EG) Nr. 2006/2004 (Fn 550).

552 Entscheidung 2007/76/EG v. 22.12.2006 zur Durchführung der VO (EG) Nr. 2006/2004 (...), ABl. 2007 L 32/192.

zuständigen nationalen Behörden etabliert;[553] eine solche dauerhafte Koordination der Entscheidungspraxis erfasst dann nicht nur grenzüberschreitende Fälle, sondern bewirkt auch eine Angleichung des parallelen Vollzugs in Fällen ohne solche Berührungspunkte. Auch diese Koordination der national-dezentralen Entscheidungspraxis der mitgliedstaatlichen Regulierungsbehörden kann zu den Zielen des Sekundärrechts gehören.[554]

157 Ein Beispiel für die Informationsvernetzung bilden insbesondere die Schnellwarnsysteme im Bereich der technischen Sicherheit,[555] die heute RAPEX für die allgemeine Produktsicherheit[556] und RASFF[557] für die Lebensmittelsicherheit umfassen; für die Stufe der gegenseitigen Information ist auch die Frage der Verteilung der Haftungsverantwortung zwischen EU und Mitgliedstaaten bereits praktisch bedeutsam geworden.[558] Auf der zweiten Stufe kann die Kommission hier auch eigene Maßnahmen erlassen.[559]

158 Ein weiteres Beispiel für eine solche Kombination sämtlicher Instrumente bietet das durch die VO (EG) Nr. 178/2002 eingerichtete System der EU-Lebensmittelüberwachung (dazu *Streinz*, § 24, Rn 40 ff): Es enthält neben dem Schnellwarnsystem, das Mitgliedstaaten, Kommission und Europäische Lebensmittelbehörde (zu ihr siehe oben Rn 28; sowie *Streinz*, § 24, Rn 61) verbindet, auch die Befugnis der Kommission zum Erlass von Eilmaßnahmen[560] und zur Bildung von Krisenstäben.[561]

159 Der Verbesserung der horizontalen Kooperation zwischen den nationalen Verwaltungen dienen auch europäische **Förderprogramme**, die den Austausch und die Schulung der nationalen Behördenmitarbeiter unterstützen sollen.[562] Ihr Erlass wurde bisher auf die einschlägigen Sachnormen – zumeist auf die Binnenmarktkompetenz des heutigen Art. 114 AEUV – gestützt;[563] der Vertrag von Lissabon stellt hier nun mit 197 Abs. 2 AEUV eine eigenständige Rechtsgrundlage bereit.

---

553 S. zu den Netzwerken der Regulierungsbehörden bereits o. Rn 143 f.

554 S. zB für den Eisenbahnsektor Art. 32 („Zusammenarbeit der Regulierungsbehörden") der RL 2001/14/EG (Fn 442): „Die nationalen Regulierungsstellen tauschen Informationen über ihre Arbeit und ihre Entscheidungsgrundsätze und ihre Entscheidungspraxis mit dem Ziel aus, ihre Entscheidungsgrundsätze in der gesamten Gemeinschaft zu koordinieren. Bei dieser Aufgabe werden sie von der Kommission unterstützt."

555 S. zunächst Art. 8 ff der RL 92/59/EWG des Rates v. 29.6.1992 „über die allgemeine Produktsicherheit", ABl. 1992 L 228/24, die auch Lebensmittel umfasste; zu diesem System zB *Bach*, ZLR 2000, 489 ff; s. zur Anwendung zB die Kommissionsentscheidung 1999/815/EG v. 7.12.1999 „über Maßnahmen zur Untersagung des Inverkehrbringens von Spielzeug- und Babyartikeln, die dazu bestimmt sind, von Kindern unter drei Jahren in den Mund genommen zu werden, und aus Weich-PVC bestehen (...)", ABl. 1999 L 315/46, sowie zu ihrer Verlängerung die Entscheidung 2000/217/EG, ABl. 2000 L 68/62.

556 S. heute Art. 10-12 der RL 2001/95/EG des Europäischen Parlaments und des Rates v. 3.12.2001 über die allgemeine Produktsicherheit, ABl. 2002 L 11/4, die die RL 92/59/EWG (Fn 555) abgelöst hat; s. zur Neufassung der RL zB *Fluck/Sechting*, DVBl. 2004, 1392 ff; zuletzt *Klindt*, in: FS Dauses, 2014, S. 181 ff.

557 Rapid Alert System for Food and Feed; die Regelungen sind heute in Art. 50-52 der VO (EG) Nr. 178/2002 (Fn 86) enthalten; s. auch Rn 158.

558 S. zu einem Fall, in dem die Kommission auf der Grundlage der RL 92/59/EWG eine Warnung der isländischen Behörden an die mitgliedstaatlichen Verwaltungen weitergegeben hatte, EuG, Rs. T-177/02 (Malagutti-Verzinhet SA/Kommission), Slg 2004, II-827 = EuZW 2004, 444. Danach trifft die Kommission im Rahmen der Weitergabe der Informationen keine Pflicht zur vertieften Überprüfung; dazu *González Vaqué*, RDUE 2004, 797 ff; *Gundel*, ZLR 2008, 159 ff.

559 So Art. 13 der RL 2001/95/EG (Fn 556) mit gegenüber der RL 92/59/EWG (Fn 555) erleichterten Voraussetzungen; dazu *Fluck/Sechting*, DVBl. 2004, 1392, 1398.

560 Art. 53 ff der VO (EG) Nr. 178/2002 (Fn 86); dazu zB *Knipschild*, in: Schmidt-Aßmann/Schöndorf-Haubold (Hrsg.), Der Europäische Verwaltungsverbund, 2005, S. 87, 100 ff; für ein Beispiel s. die Kommissionsentscheidung 2006/694/EG v. 13.10.2006 „zum Verbot des Inverkehrbringens des in einer Molkerei im Vereinigten Königreich hergestellten Frischkäses", ABl. 2006 L 283/59; zu diesem Fall s. auch EuG, Rs. T-212/06 (Bowland/Kommission), Slg 2009, II-4073 = ZLR 2010, 71 m.Anm. *Gundel*.

561 Art. 56 der VO (EG) Nr. 178/2002 (Fn 86).

562 Dazu ausführlich *Niedobitek*, DV 31 (1998), 81 ff; *Koch*, in: Pitschas/Koch (Hrsg.), Staatsmodernisierung und Verwaltungsrecht in den Grenzen der europäischen Integrationsverfassung, 2002, S. 51, 85 ff; für ein Beispiel s. die Entscheidung 253/2003/EG des EP und des Rates v. 11.2.2003 „über ein Aktionsprogramm für das Zollwesen der Gemeinschaft (‚Zoll 2007')", ABl. 2003 L 36/1.

563 Dazu *Niedobitek*, DV 31 (1998), 81, 91 ff.

4. Das Institut des transnationalen Verwaltungsakts

a) Begriff

Besonders weitgehende Konsequenzen sind mit dem Instrument des **transnationalen Verwaltungsakts**[564] verbunden, der in neuerer Zeit verstärkte Aufmerksamkeit gefunden hat: Der Begriff kennzeichnet Entscheidungen mitgliedstaatlicher Behörden, die ohne zusätzlichen Anerkennungs- oder Transformationsakt in den anderen Mitgliedstaaten Wirkung entfalten[565] und von den dortigen Behörden nur noch vollzogen oder vollstreckt werden. Neben diesem reinen Modell sind verschiedene Abschwächungen denkbar, etwa die Pflicht zur Anerkennung von in anderen Mitgliedstaaten erworbenen Berufsabschlüssen unter der Voraussetzung zusätzlicher Prüfungen.[566] 160

b) Anknüpfungspunkte im Primärrecht

Solche transnationalen Wirkungen mitgliedstaatlicher Entscheidungen ergeben sich nicht schon aus dem Primärrecht: Hier hat der Gerichtshof aus den Grundfreiheiten in Verbindung mit Art. 4 Abs. 3 EUV zwar die **Verpflichtung zur angemessenen Berücksichtigung** von Prüfungen und Genehmigungen entwickelt, die durch die Behörden anderer Mitgliedstaaten erteilt worden sind;[567] der Anwendungsbereich dieses Grundsatzes reicht von der Produktzulassung[568] über die Anerkennung fremder Bildungsabschlüsse[569] bis zu gewerberechtlichen Zuverlässigkeitsprüfungen.[570] Dieser Grundsatz setzt aber regelmäßig eine erneute (Anerkennungs-)Entscheidung der Behörden des zweiten Mitgliedstaats voraus. Er schließt zudem auch abweichende Sachentscheidungen im Einzelfall nicht aus; das gilt selbst dann, wenn die materiellrechtlichen Entscheidungsmaßstäbe bereits harmonisiert sind.[571] 161

Auf materiellrechtlich-normativer Ebene entspricht dieser Pflicht zur Berücksichtigung von Genehmigungen anderer Mitgliedstaaten der Grundsatz der gegenseitigen Anerkennung[572] von **Produktstandards** des jeweiligen Herkunftslands;[573] der Begriff ist insoweit missverständlich, als er keine 162

564 Dazu zB *Ruffert*, DV 34 (2001), 453 ff; *J. Becker*, DVBl. 2001, 855 ff; *Raschauer*, in: FS Öhlinger, 2004, S. 661 ff; früher schon *Schmidt-Aßmann*, DVBl. 1993, 924, 935 f; *Neßler*, NVwZ 1995, 863 ff.

565 Parallele Fragen wurden früh im deutschen Staatsrecht thematisiert, s. zur bundesweiten Wirkung der von den Behörden eines Bundeslandes erteilten gewerberechtlichen Zulassung BVerfG, 15.3.1960 – 2 BvG 1/7, BVerfGE 11, 6 und dazu *Bullinger*, JuS 1962, 228 ff.

566 Zur primärrechtlichen Prüfungspflicht bei berufsqualifizierenden Abschlüssen anderer Mitgliedstaaten s. bei Fn 569; zum Sekundärrecht zB *Obwexer/Happacher/Brezinka*, ZÖR 56 (2001), 465 ff.

567 Dazu zB *v. Danwitz*, in: Schmidt-Aßmann/Hoffmann-Riem (Hrsg.), Strukturen des Europäischen Verwaltungsrechts, 1999, S. 171, 179 ff; zum Grundsatz des gegenseitigen Vertrauens als Grundlage der horizontalen Kooperation s.o. Rn 146.

568 Für Gerätezulassungen EuGH, Rs. 188/84 (Kommission/Frankreich; Holzbearbeitungsmaschinen), Slg 1986, 419, Rn 16; für Pflanzenschutzmittel EuGH, Rs. C-100/96 (British Agrochemicals), Slg 1999, I-1499 = EuZW 1999, 341.

569 S. EuGH, Rs. C-340/89 (Vlassopoulou), Slg 1991, I-2357, Rn 16 = EuZW 1991, 380; EuGH, Rs. C-19/92 (Dieter Kraus), Slg 1993, I-1663, Rn 36 ff = EuZW 1993, 322; EuGH, Rs. C-238/98 (Hocsman), Slg 2000, I-6623; dazu *Prinssen*, 38 CMLR (2002), 1587 ff; *Görlitz*, EWS 2002, 20 ff; weiter (zur Anerkennung fremder Abschlüsse als Teilnahmevoraussetzung für die Aufnahmeprüfung in den öffentlichen Dienst): EuGH, Rs. C-285/01 (Isabel Burbaud), Slg 2003, I-8219; dazu *Icard*, RDUE 2003, 887 ff; *Melleray*, AJDA 2003, 1911 ff; EuGH, Rs. C-313/01 (Morgenbesser), Slg 2003, I-13467.

570 EuGH, verb. Rs. 110 u. 111/78 (van Wesemael), Slg 1979, 35, Rn 29 ff, EuGH, Rs. 279/80 (Webb), Slg 1981, 3305, Rn 17 ff für die Zulassung als Arbeitsvermittler; für die Bankenzulassung EuGH, Rs. C-222/95 (Parodi), Slg 1997, I-3899, Rn 18 ff.

571 So für Qualitätsprüfungen von Wein zB EuGH, Rs. C-105/94 (Celestini/Faber Sekt), Slg 1997, I-2971, Rn 34 f; dazu *Beyer*, EWS 1999, 12 ff.

572 Der Begriff geht auf die Mitteilung der Kommission zu den Konsequenzen des Cassis-Urteils zurück, ABl. 1980 C 256/2 (s.o. Fn 333); s. auch noch die Mitteilung der Kommission über „Die gegenseitige Anerkennung im Rahmen der Folgemaßnahmen zum Aktionsplan für den Binnenmarkt", KOM (1999) 299 endg. v. 16.6.1999, S. 4 ff.

573 S. dazu *Götz*, in: Liber Amicorum Jaenicke, 1998, S. 763 ff; *Mattera*, RMUE 2/1998, 5 ff; *González Vaqué*, JTDE 1999, 230 ff. Zur Pflicht der Mitgliedstaaten zur Einfügung von Gleichwertigkeitsklauseln in ihre Gesetzgebung s. EuGH, Rs. C-184/96 (Kommission/Frankreich; „Foie gras"), Slg 1998, I-6197, Rn 28 m.Anm. *Bonomo*, RIDPC 1999, 852 ff; *v. Borries/Petschke*, DVBl. 1996, 1343 ff; *González Vaqué*, JTDE 1999, 87 f; s. auch *Gundel*, in: Ruffert (Hrsg.), Europäisches Sektorales Wirtschaftsrecht, 2013, § 8 Rn 12.

förmliche Entscheidung über eine solche Anerkennung impliziert, sondern materiellrechtlich den Grundsatz der Gleichwertigkeit nationaler Regelungen über Produktstandards bezeichnet. Der Grundsatz beruht ebenfalls auf den Grundfreiheiten in Verbindung mit dem Grundsatz der Verhältnismäßigkeit – und entfaltet damit ebenfalls keine automatische Wirkung, sondern begründet nur eine widerlegliche Vermutung.

c) Sekundärrechtliche Grundlagen

163 Das **Sekundärrecht** kann über diesen Befund jedoch hinausgehen und den Entscheidungen mitgliedstaatlicher Behörden weitergehende Wirkung zusprechen, also zB eine unionsweite Verbindlichkeit unter Verzicht auf einen Vorbehalt nochmaliger Prüfung in den anderen Mitgliedstaaten anordnen. Voraussetzung für eine solche weit reichende Verfahrensregelung ist allerdings zumeist die vollständige Harmonisierung der materiellrechtlichen Entscheidungsgrundlagen,[574] auch wenn hier Ausnahmen feststellbar sind.[575]

164 Anders als im Fall von Maßnahmen, die von den Unionsorganen selbst erlassen wurden, kann der Geltungsanspruch der Entscheidung einer mitgliedstaatlichen Behörde in den anderen Mitgliedstaaten zwar nicht unmittelbar auf den Vorrang des Unionsrechts gestützt werden. Mittelbar beruht ihre Autorität aber auf den jeweiligen Bestimmungen des Sekundärrechts, die der Maßnahme unionsweite Verbindlichkeit zusprechen.[576]

165 Da es sich trotz dieser Grundlage weiterhin um den Rechtsakt eines einzelnen Mitgliedstaats handelt, ist der **Rechtsschutz** mit dem Ziel einer **Kassation der Entscheidung** grundsätzlich allein vor den Gerichten des Mitgliedstaats zu suchen, dessen Behörden sie erlassen haben;[577] ein Verwerfungsmonopol des Gerichtshofs besteht – anders als bei entsprechenden Maßnahmen der Unionsorgane – nicht.[578] Soweit durch dieses „Kassationsmonopol" der Gerichte des Herkunftsstaats der Entscheidung Vollzugsprobleme in den anderen Mitgliedstaaten entstehen oder die Effektivität des Rechtsschutzes gefährdet wird, muss das Sekundärrecht entsprechende Reaktionsmöglichkeiten vorläufiger Art bereitstellen.

166 Das Instrument des transnationalen Verwaltungsakts ermöglicht damit unionsweit verbindliche Entscheidungen unter Vermeidung einer Zentralisierung der Entscheidungszuständigkeit bei einem Unionsorgan. Es birgt für die jeweils nicht zuständigen Mitgliedstaaten aber auch die Gefahr einer Bindung an fremde Entscheidungen, die den materiellrechtlichen Vorgaben möglicherweise nicht entsprechen.[579] Daher kann sich hier als Lösung die Einrichtung von Schlichtungsverfahren anbieten, die wieder zu einer Verschränkung von Vollzugsbeiträgen der Unionsorgane und der Mitgliedstaaten führen.[580] Nur in Ausnahmefällen sieht das Sekundärrecht vor, dass von einem Mitglied-

---

574 *Götz*, in: Liber Amicorum Jaenicke, 1998, S. 763, 780 ff.

575 So zB die in der RL 89/48/EWG des Rates v. 21.12.1988 „über eine allgemeine Regelung zur Anerkennung der Hochschuldiplome, die eine mindestens dreijährige Berufsausbildung abschließen", ABl. 1989 L 19/16, geregelte Anerkennungspflicht ohne vorangegangene Angleichung der Ausbildungsstandards; zu dieser RL s. zB EuGH, Rs. C-102/02 (Beuttenmüller), Slg 2004, I-5405; EuGH, Rs. C-141/04 (Peros), Slg 2005, I-7163.

576 So zutreffend *Röhl*, Akkreditierung und Zertifizierung im Produktsicherheitsrecht, 2000, S. 31 ff; s. auch *Schmidt-Aßmann*, in: FS Winkler, 1997, S. 995, 1010 f.

577 *Burbaum*, Rechtsschutz gegen transnationales Verwaltungshandeln, 2003, S. 60 ff, 67 ff; *Royla*, Grenzüberschreitende Finanzmarktaufsicht in der EG, 2000, S. 59 ff; *Neßler*, NVwZ 1995, 863, 865; s. auch *Röhl*, Akkreditierung und Zertifizierung im Produktsicherheitsrecht, 2000, S. 36; *Sydow*, JuS 2005, 202, 203, 207 f.

578 So für den Fall der Zolltarifauskünfte (s.u. Rn 173) die Schlussanträge von GA Stix-Hackl zu EuGH, Rs. C-495/03 (Intermodal Transports), Slg 2005, I-8151, insb. Rn 63: „die Zuständigkeit des Gerichtshofs für die Rechtmäßigkeitskontrolle …[richtet sich] nach dem Urheber des Rechtsakts, nicht nach der diesem Rechtsakt *zugrunde liegenden Rechtsgrundlage …*".

579 Zu diesen Gesichtspunkten nachdrücklich *Götz*, in: Liber Amicorum Jaenicke, 1998, S. 763, 786 f.

580 S. die Beispiele bei *Götz*, in: Liber Amicorum Jaenicke, 1998, S. 763, 788 f; s. auch noch für das Beispiel der Bankenaufsicht unten Rn 168.

staat getroffene Entscheidungen auch durch die Behörden anderer Mitgliedstaaten aufgehoben werden können.[581]

In großem Umfang hat das Instrument der transnationalen Bindung zunächst im Agrarverwaltungs- sowie im Zollrecht und verwandten Bereichen Verwendung gefunden: So sind Entscheidungen zur Beitreibung von Erstattungsforderungen im Agrar- und Zollsektor in anderen Mitgliedstaaten ohne inhaltliche Prüfung zu vollstrecken;[582] weiter ordnet der Zollkodex zB die unionsweite Geltung von Entscheidungen der Behörden eines Mitgliedstaats bei den verbindlichen Zolltarifauskünften an.[583] Dieselbe Reichweite hat die Genehmigung der Ausfuhr von Kulturgütern aus der Europäischen Union, die von der Behörde eines Mitgliedstaats mit Wirkung für die gesamte Union erteilt wird;[584] dasselbe gilt für die Genehmigung von Einfuhren nach dem Washingtoner Artenschutzübereinkommen.[585] 167

Zwischenzeitlich hat die Koordinierung aber auch in zahlreichen anderen Sektoren Einzug gehalten, die im Rahmen der Binnenmarkt-Gesetzgebung harmonisiert worden sind: Als beispielhaft für die Probleme und denkbare Lösungen kann die Regelung der Bankenaufsicht im Binnenmarkt[586] angeführt werden: Sie wird grundsätzlich durch die Behörden des Herkunftsstaats ausgeübt,[587] denen die Zulassung eines Unternehmens und ihr Widerruf ausschließlich obliegen; im Fall von Unregelmäßigkeiten kann die Behörde des Tätigkeitsstaats das betroffene Unternehmen zur Unterlassung auffordern und zur Veranlassung weiterer Maßnahmen die Behörde des Herkunftsstaats informieren. Ist rasches Handeln geboten oder erweisen sich die Maßnahmen dieser Behörde als unzureichend, so kann die Behörde des Tätigkeitsstaats nach Unterrichtung der Herkunftsstaats-Behörde eigene geeignete Maßnahmen treffen.[588] 168

581 So für die Annullierung von Einreisevisa Art. 34 Abs. 1 der VO EG) Nr. 810/2009 des EP und des Rates v. 13.7.2009 über einen Visakodex der Gemeinschaft, ABl. 2009 L 243/1; dazu EuGH, 10.4.2012 Rs. C-83/12 PPU (Vo), NJW 2012, 1641, Rn 38 ff.

582 So bereits RL 76/308/EWG des Rates v. 5.3.1976 „über die gegenseitige Unterstützung bei der Beitreibung von Forderungen (...)", s. Fn 529; dazu EuGH, verb. Rs. C-361/02 u. 362/02 (Tsapalos u. Diamantakis), Slg 2004, I-6405; zuletzt EuGH, Rs. C-233/08 (Kyrian), Slg 2010, I-177; für ein Anwendungsbeispiel s. auch Cour de cassation (fr.), ch. com. 21.10.1997, *Sté Marquis*, RCDIP 1998, 319 m.Anm. *Poillot-Peruzzetto* (Vollstreckung einer Forderung der deutschen Behörden in Frankreich); zur Kontrolle am Ausgangspunkt s. BFH, 21.7.2009 – VII R 52/08, IStR 2009, 859 m.Anm. *Hendricks* S. 846 ff = BB 2009, 2463 m.Anm. *Geuenich*: Das Beitreibungsersuchen an einen anderen Mitgliedstaat ist kein Verwaltungsakt, aber auch kein bloßes Verwaltungsinternum; es kann mit der Leistungsklage angegriffen werden; dazu auch *Hartmann*, DÖV 2011, 142 ff.

583 S. Art. 12 Zollkodex (Fn 415) bzw nun Art. 20 Modernisierter Zollkodex (Fn 415); s. noch u. Rn 173.

584 Art. 2 Abs. 3 der VO (EG) Nr. 116/2009 des Rates v. 18.12.2008 über die Ausfuhr von Kulturgütern, ABl. 2009 L 39/1: „Die Ausfuhrgenehmigung gilt in der gesamten Gemeinschaft." Fast wortgleich zuvor die Regelung in der Vorgänger-VO (EWG) Nr. 3911/92 des Rates v. 9.12.1992, ABl. 1992 L 395/1.

585 S. zunächst Art. 9 der VO (EWG) Nr. 3626/82 des Rates v. 3.12.1982 „zur Anwendung des Übereinkommens über den internationalen Handel mit gefährdeten Arten frei lebender Tiere und Pflanzen in der Gemeinschaft", ABl. 1982 L 384/1; heute gelten Art. 11 der VO (EG) Nr. 338/97 des Rates v. 9.12.1996 „über den Schutz von Exemplaren wildlebender Tier- und Pflanzenarten durch Überwachung des Handels", ABl. 1997 L 61/1 und Art. 4 ff der Durchführungs-VO (EG) Nr. 939/97 der Kommission, ABl. 1997 L 140/9; zur Neuregelung *Emonds*, NuR 1997, 26 ff.

586 S. dazu die Regelungen der RL 2006/48/EG des EP und des Rates v. 14.6.2006 „über die Aufnahme und Ausübung der Tätigkeit der Kreditinstitute", ABl. 2006 L 177/1, nun abgelöst durch die RL 2013/36/EU des EP und des Rates v. 26.6.2013 über den Zugang zur Tätigkeit von Kreditinstituten (...), ABl. 2013 L.176/338.

587 Art. 29 ff der RL 2006/48/EG (Fn 586), nun Art. 39 ff der RL 2013/36/EU (Fn 586), ursprünglich Art. 13 ff der RL 89/646/EWG des Rates v. 15.12.1989 („Zweite Richtlinie zur Koordinierung der Rechts- und Verwaltungsvorschriften über die Aufnahme und Ausübung der Tätigkeit der Kreditinstitute und zur Änderung der RL 77/80/EWG"), ABl. 1989 L 3386/1; dazu *Schlag*, Grenzüberschreitende Verwaltungsbefugnisse im EG-Binnenmarkt, 1998; *Royla*, Grenzüberschreitende Finanzmarktaufsicht in der EG, 2000; *Groß*, JZ 1994, 596 ff; s. auch unten *Jung*, § 20 Rn 85 ff.

588 Art. 33 der RL 2006/48/EG (Fn 586), nun Art. 43 der RL 2013/36/EU (Fn 586).

169 Ein vergleichbares Beispiel findet sich bei der Zulassung und Überwachung von Fernsehveranstaltern, die dem Sendestaat (Sitzstaat) obliegt.[589] Als Konsequenz ergibt sich daraus, dass der Empfangsstaat die Weiterverbreitung der Programme nicht unter Berufung auf Verstöße gegen die inhaltlichen Vorgaben der Richtlinie behindern kann, deren Einhaltung der ausschließlichen Kontrolle durch den Sendestaat unterliegt.[590] Dem steht die Verpflichtung des Sendestaats gegenüber, diese Kontrolle auch tatsächlich zu gewährleisten;[591] vermeintliche oder tatsächliche Kontrolldefizite kann der Empfangsstaat aber nicht mit der Durchführung eigener Kontrollen „beantworten",[592] sondern allenfalls im Vertragsverletzungsverfahren aktiv verfolgen. Auch diese Regelung zur Zentralisierung der Zuständigkeiten beim Sendestaat kennt inzwischen eine markante Ausnahme bei gravierenden Verstößen gegen Jugendschutzverpflichtungen, gegen die der Empfangsstaat nun unabhängig vom Eingreifen des Sendestaats vorgehen kann, dabei allerdings unter der Kontrolle der Kommission steht.[593]

170 Transnationale Wirkungen mitgliedstaatlicher Verwaltungsakte müssen aber nicht notwendig dem einheitlichen Vollzug des Unionsrechts dienen, sondern können durch den Unionsgesetzgeber auch zur solidarischen Durchsetzung „individueller" mitgliedstaatlicher Interessen eingesetzt werden: So kann ein Mitgliedstaat für sein Territorium öffentliche Interessen verbindlich konkretisieren, deren Durchsetzung dann auf dieser Grundlage auch von den anderen Mitgliedstaaten ohne weitere Prüfung abzusichern ist.

171 Ein Beispiel bildet die Unterschutzstellung von nationalen Kulturgütern nach der RL 93/7/EG,[594] auf deren Grundlage ein anderer Mitgliedstaat, in den das Kulturgut unrechtmäßig verbracht wurde, dessen Rückführung zu veranlassen hat.[595] Ein anderes Beispiel findet sich in Art. 3 a der Fernseh-Richtlinie,[596] nach dem jeder Mitgliedstaat Schutzlisten für Ereignisse von besonderer (nationaler) Bedeutung festlegen kann, die der Übertragung im frei zugänglichen Fernsehen offen stehen sollen;[597] die anderen Mitgliedstaaten haben sicherzustellen, dass diese Zielsetzung nicht durch die Ausübung von Ausschließlichkeitsrechten durch Veranstalter vereitelt wird, die ihrer Rechtshoheit unterliegen.[598] In diesen Fällen wird die horizontale Absicherung der jeweiligen spezifischen nationalen Schutzanliegen angestrebt. Der Unterschied wird dadurch deutlich, dass kein

---

589 RL 89/552/EWG des Rates v. 3.10.1989 „zur Koordinierung bestimmter Rechts- und Verwaltungsvorschriften der Mitgliedstaaten über die Ausübung der Fernsehtätigkeit", ABl. 1989 L 298/23, insoweit präzisiert durch die RL 97/36/EG des EP und des Rates v. 30.7.1997, ABl. 1997 L 202/60 (nun kodifiziert durch die RL 2010/13/EU „zur Koordinierung bestimmter Rechts- und Verwaltungsvorschriften der Mitgliedstaaten über die Bereitstellung audiovisueller Mediendienste", ABl. 2010 L 95/1).

590 EuGH, Rs. C-14/96 (Paul Denuit), Slg 1997, I-2785, Rn 33 f (zur Kontrolle der Einhaltung der Richtlinienbestimmungen über den Mindestanteil Europäischer Werke im Programm).

591 Dazu EuGH, Rs. C-222/94 (Kommission/Großbritannien), Slg 1996, I-4025, Rn 70 ff.

592 So EuGH, Rs. C-11/95 (Kommission/Belgien), Slg 1996, I-4115, Rn 37.

593 Art. 2 a RL 89/552/EWG (nun Art. 3 der RL 2010/13/EU, Fn 589) und dazu EuG, Rs. T-69/99 (Danish Satellite TV/Kommission), Slg 2000, II-4039 = GRUR Int. 2001, 454; s. auch noch EFTA-Gerichtshof, Rs. E-8/97 (TV 1000 Sverige), Rep. EFTA Court 1998, 67 = GRUR Int. 1998, 984.

594 RL 93/7/EWG des Rates v. 15.3.1993 „über die Rückgabe von unrechtmäßig aus dem Hoheitsgebiet eines Mitgliedstaates verbrachten Kulturgütern", ABl. 1993 L 74/74, nun ersetzt durch die RL 2014/60/EU des EP und des Rates v. 15.5.2014, ABl. 2014 L 159/1; dazu *De Ceuster*, RMUE 2/1993, 33 ff; *Margue*, RMUE 2/1993, 89 ff; *Nanetti/Squillante*, Riv. dir. int. 1997, 396 ff; zuletzt *Bortoluzzi*, RDUE 2012, 487 ff.

595 Für die Umsetzung in Deutschland s. das Kulturgütersicherungsgesetz v. 15.10.1998, BGBl. 1998 I, S. 3162, wobei allerdings gerade die Anerkennung der fremden Unterschutzstellung hier – im Vergleich mit den Vorgaben der Richtlinie – nur mit Einschränkungen vorgesehen ist; dazu *Mußgnug*, EuR 2000, 564 ff; *ders.*, UFITA 2000, 563 ff; *Fuchs*, IPRax 2000, 281 ff; *Hipp*, Schutz von Kulturgütern in Deutschland, 2000, S. 275 ff. Die eingeschränkte Umsetzung unter Berufung auf eine vermeintliche (vom EuGH bisher allerdings nicht festgestellte) partielle Vertragswidrigkeit der Richtlinie verteidigend *von Preuschen*, EuR 2001, 324 ff; *ders.*, EuZW 1999, 40 ff; früher schon *Eberl*, NVwZ 1994, 729, 731 ff.

596 Eingefügt durch die RL 97/36/EG (Fn 589), nun Art. 14 der RL 2010/13/EU (Fn 589).

597 Auch hier erfolgt aber eine Kontrolle durch die Kommission, die wiederum der gerichtlichen Überprüfung durch betroffene Rechteinhaber unterliegt, s. dazu EuG, Rs. T-33/01 (Infront WM/Kommission), Slg 2005, II-5897 = ZUM-RD 2006, 217, bestätigt durch EuGH, Rs. C-125/06 P, Slg 2008, I-1451; zuletzt nochmals EuGH, 18.7.2013, Rs. C-201/11 P (UEFA/Kommission).

598 Zu dieser Regelung s. *Bröcker/Neun*, ZUM 1998, 766 ff; *Dittl*, AfP 2001, 98 ff.

Mitgliedstaat zur Geltendmachung entsprechender eigener Schutzansprüche verpflichtet wird; er ist aber unabhängig davon verpflichtet, die Schutzentscheidungen anderer Mitgliedstaaten „mitzutragen" und durchzusetzen.[599]

d) Kombination mit vertikalen Koordinationsmechanismen

Das Instrument des transnationalen Verwaltungsakts kann zur Vermeidung divergierender Auslegungsergebnisse der nationalen Behörden (und eines daran möglicherweise anknüpfenden forum shopping der Wirtschaftsteilnehmer) auch mit Elementen der vertikalen Koordination verbunden werden. 172

Ein eindrucksvolles Beispiel für diese Kombination bildet das Regime der verbindlichen Zolltarifauskünfte im EU-Zollrecht:[600] Diese Auskünfte werden von den mitgliedstaatlichen Zollbehörden mit Wirkung für das gesamte Unionsterritorium erteilt. Werden Divergenzen in der Handhabung durch die Behörden deutlich,[601] so kann die Kommission die Einheit der Rechtsanwendung wiederherstellen, indem sie die zutreffende Auslegung ermittelt und die Mitgliedstaaten durch Entscheidung zur Rücknahme der davon abweichenden Auskünfte (mit Wirkung für die Zukunft) verpflichtet.[602] Bei dieser besonders fortgeschrittenen Version einer Vernetzung zwischen den mitgliedstaatlichen Verwaltungen und der zentralen Unionsverwaltung wird damit das Instrument des transnationalen Verwaltungsakts unter den Vorbehalt einer Beanstandung durch die Kommission gestellt. 173

E. Grundsätze des Verwaltungshandelns beim Vollzug des Unionsrechts

I. Die Weichenstellung zwischen direktem und indirektem Vollzug

1. Überblick

In Bezug auf die anwendbaren Grundsätze des Verwaltungshandelns begründet die Wahl zwischen direktem und indirektem Vollzug eine grundsätzliche Weichenstellung. In den Bereichen, in denen der Vollzug den nationalen Behörden obliegt, kann die Europäische Union zugleich auf das Verfahrensrecht der Mitgliedstaaten zurückgreifen: Solange sekundärrechtliche Verfahrensregeln (zu dieser Option siehe oben Rn 67 f, 111) fehlen, muss dieses nationale Recht allerdings in grundsätzlichen Punkten europäischen Rahmenvorgaben entsprechen, die sich aus Art. 4 Abs. 3 EUV und der Anwendbarkeit der EU-Grundrechte ergeben (siehe näher unten Rn 201 ff); im Übrigen sind die Mitgliedstaaten in der Ausgestaltung im Detail aber frei.[603] Die durch die Anwendung der unterschiedlichen nationalen Lösungen entstehenden Abweichungen im Verwaltungsvollzug des materiellen Rechts werden vom Gerichtshof als unvermeidbarer Preis dieser Lösung hingenommen.[604] 174

Anders ist die Lage beim direkten Vollzug durch die Unionsorgane: Hier muss das Unionsrecht in sich vollständige Lösungen entwickeln, da ihm der Verweis auf nationales Recht versperrt ist (dazu oben Rn 98 ff). Solange sekundärrechtliche Festschreibungen fehlen, werden die Lücken durch das Instrument der allgemeinen Rechtsgrundsätze geschlossen. Aber auch soweit die Union für den direkten Vollzug des Unionsrechts sekundärrechtliche Verfahrensregeln geschaffen hat, werden 175

599 Dazu zB *Trettenbrein*, in: FS Funk, 2003, S. 587, 591 ff.

600 S. Art. 12 Zollkodex (Fn 415) bzw nun Art. 20 Modernisierter Zollkodex (Fn 415).

601 S. dazu zB EuGH, Rs. C-495/03 (Intermodal Transports), Slg 2005, I-8151.

602 S. für Beispiele die Kommissionsentscheidung v. 16.6.1998 „über die Gültigkeit bestimmter verbindlicher Zolltarifauskünfte", ABl. 1998 L 178/42, sowie die Kommissionsentscheidung v. 31.1.2003 „über die Gültigkeit bestimmter von der Bundesrepublik Deutschland erteilter verbindlicher Zolltarifauskünfte (VZTA)", ABl. 2003 L 36/40, mit der der Bundesrepublik die Rücknahme der im Anhang aufgeführten Entscheidungen binnen einer Frist von maximal 10 Tagen ab Bekanntgabe aufgegeben wird; dazu *Gellert*, ZfZ 2003, 139 ff.

603 Zur Frage der Reichweite dieser Freiheit unter dem Eindruck der Lösungen des Eigenverwaltungsrechts s. sogleich Rn 176 ff.

604 S. dazu in neuerer Zeit zB EuGH, Rs. C-30/02 (Recheio-Cash & Carry), Slg 2004, I-6051, Rn 16 f; programmatisch EuGH, verb. Rs. 205 bis 215/82 (Deutsche Milchkontor), Slg 1983, 2633, Rn 17 (s. Zitat in Fn 408).

diese nicht jede Situation erfassen können; daher bleibt auch in diesem Fall der Weg über die allgemeinen Rechtsgrundsätze zur Lückenfüllung erhalten.[605]

2. Wechselwirkungen zwischen Eigenverwaltungsrecht und Vorgaben für den mitgliedstaatlichen Vollzug

a) Die Lösungen des Eigenverwaltungsrechts als Vorbild für den Vollzug durch die Mitgliedstaaten?

176 Das Unionsrecht wird also stets auch eine „eigene Lösung" für konkrete Fragestellungen im Verwaltungsvollzug entwickeln. In der Folge stellt sich dann regelmäßig die Abgrenzungsfrage, ob diese konkrete Regel des Unionsrechts eine grundsätzliche Weichenstellung enthält – so dass ihre Beachtung auch im Bereich des indirekten Vollzugs durch die Mitgliedstaaten geboten erscheint –, oder ob es sich um eine Frage der Ausgestaltung im Detail handelt, bei der die Unionsorgane sich zwar für eine bestimmte Gestaltung entscheiden mussten, ohne dass durch dieses Vorbild aber die Wahl von Gestaltungsalternativen durch die Mitgliedstaaten eingeschränkt wäre.[606]

177 Die dogmatische Brücke für die Übertragung eines vom Eigenverwaltungsrecht entwickelten „Leitbilds" für die nationalen Vollzugslösungen bilden die allgemeinen Rechtsgrundsätze, deren Vorgaben auch das nationale Verfahrensrecht erfassen können, soweit der Anwendungsbereich des Unionsrechts eröffnet ist (dazu unten Rn 201 ff). Als Beispiel für diesen Mechanismus lässt sich das Erfordernis der Begründung von Rechtsakten anführen: Diese Vorgabe gilt nach Art. 296 AEUV allgemein für alle Rechtsakte der Union (siehe oben Rn 78; sowie unten Rn 186), als allgemeiner Rechtsgrundsatz jedenfalls für Einzelfallentscheidungen mitgliedstaatlicher Behörden, die unionsrechtliche Gewährleistungen beschneiden;[607] eine gewisse Parallelität ist hier also nicht zu leugnen. Dasselbe gilt für die Rechtsprechung zu den Voraussetzungen für die Gewährung vorläufigen Rechtsschutzes gegen möglicherweise vertragswidriges Sekundärrecht durch die nationalen Gerichte: Hier hat sich der Gerichtshof stark an die Voraussetzungen angelehnt, die für den vorläufigen Rechtsschutz vor den Gerichten der EU gelten.[608] Eine vergleichbare Parallelisierung ist auch bei den Voraussetzungen der Staatshaftung feststellbar.[609]

178 Streitig ist in neuerer Zeit die Vereinbarkeit nationaler Unbeachtlichkeits- und Heilungsvorschriften nach dem Vorbild der §§ 45, 46 VwVfG mit der EU-rechtlichen Gewährleistung von Verfahrensrechten in Verbindung mit dem Effektivitätsgrundsatz geworden: In der Literatur wird teils von der Unanwendbarkeit der nationalen Bestimmungen ausgegangen, soweit sie die Durchsetzung solcher Verfahrenspositionen vereiteln,[610] und dafür auf die striktere EuGH-Rechtsprechung zum EU-Eigenverwaltungsrecht verweisen.[611] Allerdings gilt auch nach dieser Rechtsprechung, dass nur solche Fehler, die im konkreten Fall Auswirkungen auf die das Verfahren abschließende Entschei-

---

605 So zB ausdrücklich – wenn auch wohl nur deklaratorisch – die Regelung für das Harmonisierungsamt (s.o. Fn 81) in Art. 79 der VO 40/94/EG über die Gemeinschaftsmarke, ABl. 1994 L 11/1: „Soweit diese Verordnung ... Vorschriften über das Verfahren nicht enthält, berücksichtigt das Amt die in den Mitgliedstaaten im allgemeinen anerkannten Grundsätze des Verfahrensrechts."

606 S. zu dieser Diskussion eingehend *Hegels*, EG-Eigenverwaltungsrecht und Gemeinschaftsverwaltungsrecht, 2001, S. 34 ff; weiter zB *Kahl*, VerwArch 95 (2004), 1, 13 ff.

607 S. EuGH, Rs. 222/86 (Unectef/Heylens) Slg 1987, 4097, Rn 14 ff; s. auch *Schockweiler*, CDE 1989, 3 ff.

608 EuGH, verb. Rs. C-143/88 u. C-92/89 (Zuckerfabrik Süderdithmarschen), Slg 1991, I-415 = EuZW 1991, 313 m.Anm. *Schlemmer-Schulte* S. 307 ff = JZ 1992, 38 m.Anm. *Gornig*; kritisch dazu zB *Tomuschat*, in: FS Redeker, 1993, S. 273, 288 f.

609 S. EuGH, Rs. C-352/98 P (Laboratoires pharmaceutiques Bergaderm u.a./Kommission), Slg 2000, I-5291, Rn 41 ff; EuGH, Rs. C-312/00 P (Kommission/Camar u. Tico), Slg 2002, I-11355; dazu *Tridimas*, 38 CMLR (2001), 301, 321 ff; dazu noch Rn 179 mit Fn 618.

610 So zB *Kokott*, DV 31 (1998), 335, 367 f; zu dieser Diskussion weiter *Sydow*, JuS 2005, 97, 100 f; *Kahl*, VerwArch 95 (2004), 1, 22 ff.

611 S. *Schoch*, in: Schmidt-Aßmann/Hoffmann-Riem (Hrsg.), Strukturen des Europäischen Verwaltungsrechts, 1999, S. 279, 299 f.

dung haben konnten,[612] als Verstoß gegen eine „wesentliche Formvorschrift" (Art. 263 Abs. 2 AEUV)[613] einzuordnen sind und damit zur Nichtigkeit des Rechtsakts führen. Selbst wenn die Maßstäbe des Gerichtshofs dabei strenger sein sollten als die nationalen Lösungen, rechtfertigt dies nicht schon den Schluss, dass die Lösungen des Eigenverwaltungsrechts in jedem Detail übernommen werden müssten.[614] Allerdings trifft den Mitgliedstaat, dessen Recht vom Leitbild des Eigenverwaltungsrechts in grundsätzlicher Weise abweicht, wohl die Beweislast dafür, dass es sich dennoch um eine den Effektivitätsvorgaben des Art. 4 Abs. 3 EUV und den in den allgemeinen Rechtsgrundsätzen niedergelegten Grundrechtspositionen gerecht werdende Lösung[615] handelt.

Gleichzeitig wirken die für das Eigenverwaltungsrecht der Union etablierten Lösungen auch als 179
Obergrenze für die Anforderungen an die Mitgliedstaaten: Das Unionsrecht kann an das Recht der Mitgliedstaaten unter dem Gesichtspunkt der Mindesteffektivität nur schwerlich höhere Verfahrensanforderungen stellen, als es selbst gewährleistet.[616] So hat der Gerichtshof festgehalten, dass die Kontrolldichte bei der Überprüfung von Verwaltungsentscheidungen durch die nationalen Gerichte nicht über das Maß hinausgehen muss, das der Gerichtshof selbst bei der Kontrolle komplexer Verwaltungsentscheidungen praktiziert.[617] Ebenso wird das Unionsrecht von den Mitgliedstaaten keine Rechtsbehelfsbelehrung als Teil des effektiven Rechtsschutzes fordern können, nachdem der Gerichtshof eine solche Vorgabe für den Lauf der Klagefrist des Art. 263 Abs. 6 AEUV abgelehnt hat.[618]

b) Übertragung von Mitgliedstaaten-bezogenen Regelungen auf das Eigenverwaltungsrecht

Regelmäßig stellt sich also die Frage, ob die für den Vollzug durch die Unionsorgane entwickelten 180
Lösungen auch Verbindlichkeit für den Verwaltungsvollzug durch die Mitgliedstaaten beanspruchen. Gelegentlich findet sich aber auch der umgekehrte Weg: Es können auch Regeln, die zunächst für den Verwaltungsvollzug durch die nationalen Behörden bestimmt waren, auf das Eigenverwaltungsrecht der Union übertragen werden; Verfahrensvorgaben für die Mitgliedstaaten erlangen in diesen Fällen auch Verbindlichkeit für die Unionsorgane. Ein Beispiel für diese – insgesamt selten gebliebene – Form bildet der Bereich des Vergaberechts, in dem die Unionsorgane ebenfalls an die Regeln der zur Rechtsangleichung unter den Mitgliedstaaten erlassenen Richtlinien

---

612 S. zuletzt EuGH, 3.7.2014, verb. Rs. C-129/13 u. C-130/13 (Kamino International Logistics), Rn 78 ff; zuvor zB EuG, Rs. T-44/00 (Mannesmannröhren-Werke/Kommission), Slg 2004, II-2223 Rn 55, wonach „Verteidigungsrechte durch einen Verfahrensfehler nur verletzt werden, wenn sich dieser auf die Verteidigungsmöglichkeiten der beschuldigten Unternehmen konkret ausgewirkt hat". Verfahrensfehler wirken sich damit vor allem in solchen Bereichen aus, in denen den Unionsorganen ein Beurteilungsspielraum eingeräumt ist; s. für ein Beispiel EuG, Rs. T-50/96 (Primex Produkte/Kommission), Slg 1998, II-3773 Rn 60, 71.

613 Tatsächlich wird der Wortlaut des Art. 263 AEUV damit abweichend geordnet: Erforderlich ist nicht die Verletzung einer (bei abstrakter Betrachtung) „wesentlichen Formvorschrift", sondern eine (im konkreten Fall) „wesentliche Verletzung" einer Formvorschrift; so zu Recht *Cremer*, in: Calliess/Ruffert (Hrsg.), EUV/AEUV, Art 263 AEUV, Rn 84.

614 Wie hier *Stelkens*, DVBl. 2010, 1078, 1081; anders *Galetta*, in: FS Stern, 2012, S. 1051, 1058 ff; s. auch noch *Wahl*, DVBl. 2003, 1285, 1287 ff = *ders.*, in: Hill/Pitschas (Hrsg.), Europäisches Verwaltungsverfahrensrecht, 2004, S. 357, 363 ff; *Schmidt-Aßmann*, in: FG 50 Jahre BVerwG, 2003, S. 487, 501 f.

615 Zur Maßgeblichkeit dieser Maßstäbe s.o. Rn 177 sowie ausführlicher u. Rn 194 ff; Abweichungen vom Eigenverwaltungsrecht begründen damit zunächst nur ein negatives Indiz.

616 Dazu zB *Gellermann*, DÖV 1996, 433, 442; s.u. Rn 197. Relevant geworden ist dieser Vergleich bereits im Staatshaftungsrecht (s.o. Fn 609): Hier hat der EuGH die Haftungsvorgaben an die Mitgliedstaaten schließlich *auf den Fall* qualifizierter Verstöße beschränkt, nachdem geltend gemacht worden war, dass auch die Haftung der EU gemäß Art. 340 Abs. 2 AEUV von dieser Voraussetzung abhängig gemacht wird, s. EuGH, verb. Rs. C-46/93 u. C-48/93 (Brasserie du Pêcheur), Slg 1996, I-1029, Rn 40 ff = EuZW 1996, 205; dazu mwN *Gundel*, EWS 2004, 8, 13.

617 So EuGH, Rs. C-120/97 (Upjohn Ltd.), Slg 1999, I-223, Rn 33 ff = RIDPC 1999, 495 m.Anm. *Caranta*; dazu auch *Ritleng*, Europe 3/1999, 12.

618 So EuGH, Rs. C-153/98 P (Guérin Automobiles/Kommission), Slg 1999, I-1441, Rn 15 (Bestätigung von EuG, Rs. T-275/97, Slg 1998, II-253 Rn 161); kritisch dazu *Martínez Soria*, EuR 2001, 682, 694 mwN. Der EuGH hat hier festgehalten, dass eine solche Belehrungspflicht zwar in den meisten Mitgliedstaaten bestehe, dort aber nur Gegenstand des einfachen Gesetzesrechts sei.

gebunden sind.[619] Ähnlich war bis zum Vertrag von Lissabon die Lage im Bereich des Datenschutzes: Hier hatte der durch den Vertrag von Amsterdam eingefügte Art. 286 EGV die Geltung der für den Binnenmarkt erlassenen Datenschutz-Rechtsakte der Union[620] auch für die Tätigkeit der Unionsorgane verfügt;[621] die Nachfolgebestimmung des Art. 16 AEUV hat diese Verbindung nun allerdings wieder gelöst.

II. Die Regeln für das Eigenverwaltungsrecht

1. Die Zusammenfassung der unionsgerichteten Regeln in der Grundrechtecharta

181 Wie bereits erwähnt, können die Regeln des Eigenverwaltungsrechts – von vereinzelten Normierungen im geschriebenen Primärrecht abgesehen – allein dem bereichsspezifischen Sekundärrecht oder den von der Rechtsprechung entwickelten allgemeinen Rechtsgrundsätzen entstammen (siehe oben Rn 98 ff). Die sektoralen Regeln des Sekundärrechts können nur im Zusammenhang der jeweiligen Regelungsgebiete sinnvoll dargestellt werden; die von der Rechtsprechung geschaffenen übergreifenden Regeln für den Verwaltungsvollzug sind heute in den wesentlichen Grundzügen in der **Europäischen Grundrechtecharta** zusammengefasst.

182 Die Charta hatte bis zum Inkrafttreten des Vertrags von Lissabon zwar nur den formalen Status einer rechtlich nicht verbindlichen Erklärung[622] und ist damit erst im Dezember 2009 zur unmittelbar maßgeblichen Rechtsquelle aufgestiegen; von der Rechtsprechung wurde sie aber zum Teil bereits zuvor als Dokument für das geltende Recht herangezogen.[623]

183 Gegenüber den von der Rechtsprechung entwickelten Lösungen (siehe bereits oben Rn 177; ausführlicher unten Rn 201 ff) ist allerdings neu, dass die Rechte im Verwaltungsverfahren nach dem ausdrücklichen Wortlaut des Art. 41 GRC nur im Verhältnis zu den Unionsorganen eingeräumt werden;[624] diese Beschränkung auf die EU-Eigenverwaltung tritt durch den Textvergleich mit der weiter gefassten allgemeinen Beschreibung der Adressaten der Grundrechte in Art. 51 GRC besonders deutlich hervor.[625] Soweit der Verfahrensvollzug des Unionsrechts den Mitgliedstaaten obliegt, wird daher weiter auf die Rechtsprechung zu den (inhaltsgleichen) allgemeinen Rechtsgrundsätzen zurückzugreifen sein.[626]

---

619 So zunächst Art. 56 der Haushaltsordnung, ABl. 1977 L 356/1 idF der VO (EG, Euratom, EGKS) Nr. 2335/95, ABl. 1995 L 240/12: „Bei der Vergabe von Aufträgen, deren Volumen die in den Richtlinien des Rates zur Koordinierung der Verfahren für die Vergabe von öffentlichen Bau- und Lieferaufträgen festgesetzten Beträge erreicht oder übersteigt, muss jedes Organ den Verpflichtungen nachkommen, die sich für die Behörden der Mitgliedstaaten aus diesen Richtlinien ergeben." In der Haushaltsordnung 2002 (VO (EG, Euratom) Nr. 1605/2002 des Rates v. 25.6.2002, ABl. 2002 L 248/1; s. auch oben Rn 23) wird dieser Globalverweis zwar durch eine eigenständige Regelung in Art. 98 ff ersetzt, Art. 115 verweist für die Einzelheiten aber weiterhin auf das Binnenmarkt-Sekundärrecht.

620 S. insb. die RL 95/46/EG des EP und des Rates v. 24.10.1995 „zum Schutz natürlicher Personen bei der Verarbeitung personenbezogener Daten und zum freien Datenverkehr", ABl. 1995 L 281/31.

621 Dazu zB *Haratsch*, EuR 2000, 42 ff; *Maiani*, RTDE 2002, 283, 289 ff.

622 S. die Veröffentlichung in ABl. 2000 C 364/1.

623 S. zB EuG, Rs. T-54/99 (max.mobil/Kommission), Slg 2002, II-313, Rn 48 = EuZW 2002, 186 m.Anm. C. *Nowak*; EuGH, Rs. C-540/03 (Parlament/Rat; Familienzusammenführung), Slg 2006, I-5769, Rn 38, 58 = EuZW 2006, 566 m.Anm. *Fremuth*; s. allerdings auch EuG, Rs. T-112/98 (Mannesmannröhren-Werke/Kommission) Slg 2001, II-729, Rn 76 = EuZW 2001, 345 m.Anm. *Pache*: Keine Heranziehung in Bezug auf vor ihrer Proklamation erlassene Rechtsakte; dazu *Cavicchi*, RIDPC 2002, 599 ff.

624 Dazu *U. Stelkens*, ZEuS 2004, 129, 137 f; *Lais*, ZEuS 2002, 447, 457 f; kritisch *Heringa/Verhey*, MJ 8 (2001), 11, 30.

625 Der EuGH scheint dieses Ergebnis durch eine erweiternde Sichtweise des Art. 41 GRC korrigieren zu wollen, s. EuGH, 22.11.2012, Rs. C-277/11(M. M.), Rn 82 ff; das begründet für Art. 41 Abs. 2 GRC im Ergebnis keinen Unterschied (s. sogleich Fn 626), spätestens die Sprachengarantie des Art. 41 Abs. 4 GRC (s. u. Rn 188) wird sich aber nicht auf die Mitgliedstaaten erstrecken lassen.

626 S. *Magiera*, in: Meyer (Hrsg.), Kommentar zur Charta der Grundrechte der Europäischen Union, 4. Aufl. 2014, *Art. 41 Rn 9*; zur Grundrechtsbindung der Mitgliedstaaten in dieser Konstellation s.u. Rn 201 ff. Da Art. 41 GRC wiederum die bisherige Rechtsprechung zu den Verfahrensanforderungen an Unionsorgane und Mitgliedstaaten „bekräftigt" – so EuG, Rs. T-54/99 (max.mobil/Kommission), Slg 2002, II-313 Rn 48 –, dürften sich inhaltlich keine Differenzen ergeben; s. auch *U. Stelkens*, ZEuS 2004, 129, 138.

184 Die Grundrechtecharta enthält Vorgaben für die Verwaltungstätigkeit zunächst im Kapitel zu den Bürgerrechten (Art. 39-46): Dort ist als neue übergreifende Garantie in Art. 41 Abs. 1 GRC das **„Recht auf eine gute Verwaltung"** gewährleistet, das ein faires Verwaltungsverfahren sichern soll;[627] einzelne Ausprägungen sind beispielhaft („insbesondere") in Art. 41 Abs. 2 GRC aufgeführt (zu den einzelnen Gewährleistungen s. sogleich Rn 186). Daneben finden sich das Recht auf Zugang zu den Dokumenten der Unionsorgane (Art. 42 GRC) (siehe ausführlicher unten Rn 190 ff) sowie das Recht zur Anrufung des Bürgerbeauftragten (Art. 43 GRC)[628] und das Petitionsrecht zum Europäischen Parlament (Art. 44 GRC). Weitere Garantien sind im anschließenden Kapitel zu den justiziellen Rechten enthalten (Art. 47-50 GRC), das in Anlehnung an Art. 6 und 13 EMRK allgemein das Recht auf effektiven Zugang zu einem unparteiischen Gericht gewährleistet (Art. 47 Abs. 1 u. 2 GRC).

185 Gegenüber der bisher in Ermangelung eines geschriebenen Katalogs praktizierten Orientierung an den Verfahrensgewährleistungen der EMRK ist die Grundrechtecharta mit ihrer systematischen Erfassung der Verfahrensrechte insofern ein Fortschritt, als erstmals deutlich zwischen den in Art. 41 GRC geregelten Rechten im Verwaltungsverfahren und dem Anspruch auf gerichtliche Kontrolle und ein faires gerichtliches Verfahren getrennt wird, der in Art. 47 GRC verankert ist.[629] Insgesamt beschränkt sich die Grundrechtecharta allerdings unter Verzicht auf inhaltliche Neuerungen auf die verdeutlichende und systematisierende Zusammenführung von Verfahrensgewährleistungen, die entweder bereits an anderer Stelle normiert waren, oder aber schon durch die Rechtsprechung entwickelt worden sind.

2. Grundsätze mit übergreifendem Geltungsanspruch

186 Auch wenn die Frage der „Vorbildfunktion" des Eigenverwaltungsrechts für den nationalen Vollzug noch nicht für alle Regeln geklärt ist (siehe oben Rn 176 ff), lassen sich doch bereits Grundsätze identifizieren, die diesen umfassenden Anspruch tatsächlich erheben – ebenso wie andererseits bestimmte Gewährleistungen sich tatsächlich ausschließlich an die Unionsorgane richten.[630] Die bedeutsamsten individualschützenden Vorgaben für das Verwaltungsverfahren, die dem Inhalt nach auch auf den mitgliedstaatlichen Verwaltungsvollzug Anwendung finden, werden heute in Art. 41 Abs. 2 GRC beispielhaft („insbesondere") aufgezählt: Das Recht auf Anhörung vor Erlass einer nachteiligen Maßnahme, das Recht auf Einsicht in die betreffenden Akten; darüber hinaus ist auch die dort aufgeführte, schon im bisherigen Primärrecht (Art. 253 EGV/296 AEUV) vorgesehene Pflicht zur Begründung von Rechtsakten den Verfahrensgrundrechten zuzuordnen: Sie gilt zwar für alle Rechtsakte der Union, erfüllt im Fall belastender Entscheidungen der Unionsorgane

627 Ausführlich *Classen*, Gute Verwaltung im Recht der Europäischen Union, 2008; *Pfeffer*, Das Recht auf eine gute Verwaltung, 2006; *Bauer*, Das Recht auf eine gute Verwaltung im europäischen Gemeinschaftsrecht, 2002; s. auch *Efstratiou*, in: Trute u.a. (Hrsg.), Allgemeines Verwaltungsrecht – zur Tragfähigkeit eines Konzepts, 2008, S. 281 ff; *Goerlich*, DÖV 2006, 313, 316 ff; *Grzeszick*, EuR 2006, 161 ff; *Galetta*, in: Stern/Tettinger (Hrsg.), Die Europäische Grundrechte-Charta im wertenden Verfassungsvergleich, 2005, S. 207 ff; *dies*, RIDPC 2005, 819 ff; *Bullinger*, in: FS Brohm, 2002, S. 25 ff; *Michelet*, AJDA 2002, 949 ff; *Lais*, ZEuS 2002, 447 ff; s. zum in der Rechtsprechung des EuGH bereits seit langem präsenten Vorgängerbegriff „Grundsatz der ordnungsgemäßen Verwaltung" früh schon *Usher*, Current Legal Problems 38 (1985), 269 ff.

628 S. zu dieser Institution o. Rn 56 ff, insb. zu ihrem Einfluss auf die Fortentwicklung des Verwaltungsvollzugs des Unionsrechts Rn 59 ff.

629 Auch die bei Art. 6 EMRK problematische Beschränkung der Gewährleistungen auf Zivil- und Strafsachen wird – bei im Übrigen weitgehend übereinstimmendem Text – hier vermieden.

630 Für zwei wichtige Beispiele s. sogleich Rn 188 ff; dass beide Gruppen von Gewährleistungen in der Grundrechtecharta ohne Unterscheidung zusammengefasst worden sind, fördert die Transparenz nicht.

aber den besonderen Zweck, zum einen dem Betroffenen Aufschluss über die Gründe zu geben und zum anderen eine gerichtliche Kontrolle zu ermöglichen.[631]

187 Die Rechtsprechung des EuGH hatte schon zuvor geklärt, dass **rechtliches Gehör** vor allen belastenden Verwaltungsentscheidungen auch ohne ausdrückliche sekundärrechtliche Regelung gewährleistet werden muss.[632] Als notwendiges Element dieses Gehörs ist in der Rechtsprechung auch das akzessorische Akteneinsichtsrecht[633] des Betroffenen anerkannt;[634] um effektiv Stellung nehmen zu können, muss er die zu seinen Lasten verwendeten Unterlagen kennen. Die Verpflichtung zur Begründung der am Ende des Verfahrens stehenden Entscheidung sichert die Möglichkeit gerichtlicher Kontrolle.

3. Spezifische Regeln für die Eigenverwaltung

a) Die „Allsprachigkeit" der Unionsverwaltung

188 Zu den spezifischen Regeln, die tatsächlich ausschließlich für den Vollzug durch die Unionsorgane gelten, gehört das den Bürgern eingeräumte Recht, im Kontakt mit den Unionsorganen die jeweils eigene Sprache zu verwenden. Der diesem Recht zugrunde liegende Grundsatz der „Allsprachigkeit" der Europäischen Union war zunächst ausdrücklich nur im Sekundärrecht festgehalten;[635] mit dem Vertrag von Amsterdam ist diese Gewährleistung als Ausprägung der Unionsbürgerschaft in das Primärrecht aufgenommen worden und findet sich nun in Art. 24 AEUV; auch in Art. 41 Abs. 4 GRC ist sie niedergelegt. Sie verpflichtet die Unionsorgane, mit den Unionsbürgern[636] in der von diesen jeweils gewählten Amtssprache der Union zu kommunizieren. Dieses Recht gilt nicht gegenüber den mitgliedstaatlichen Behörden: Hier ist wie selbstverständlich die Amtssprache des Aufenthaltsstaats maßgeblich, sofern seine Sprachenregeln diskriminierungsfrei gelten[637] und nicht

631 Hervorgehoben wird diese doppelte Funktion der Begründung zB in der Rechtsprechung zum Zugang zu Dokumenten der Unionsorgane (s.u. Rn 190 ff), etwa EuG, Rs. T-123/99 (JT's Corporation Ltd./Kommission), Slg 2000, II-3269 Rn 64 mwN; EuG, Rs. T-83/96 (van der Wal/Kommission) Slg 1998, II-545 Rn 63; zur Begründung von Beihilfe-Beanstandungen EuG, verb. Rs. T-204/97 u. T-270/97 (EPAC/Kommission), Slg 2000, II-2267 Rn 34; auch bei wettbewerbsrechtlichen Entscheidungen spielt die Begründung eine wesentliche Rolle, s. etwa EuG, Rs. T-348/96 (Enso Española/Kommission), Slg 1998, II-1875 Rn 109 ff.

632 So nachdrücklich EuGH, Rs. C-135/92 (Fiskano/Kommission), Slg 1994, I-2885 Rn 39; EuGH, Rs. C-32/95 P (Kommission/Lisrestal), Slg 1996, I-5373 Rn 21; EuG, Rs. T-42/96 (Eyckeler & Malt/Kommission), Slg 1998, II-401 Rn 76; EuG, Rs. T-50/96 (Primex Produkte/Kommission), Slg 1998, II-3773 Rn 59; EuG, Rs. T-170/06 (Alrosa/Kommission), Slg 2007, II-2601 Rn 191 ff (dazu *Le More*, EuZW 2007, 722 ff; *Idot*, Europe 10/2007, 28 f); zur Durchsetzung dieser Gewährleistung im Fall gestufter Verfahren s. bereits o. Rn 140 ff.

633 Dazu zB EuG, Rs. T-233/99 (LR AF 1998/Kommission), Slg 2002, II-1705 Rn 169 ff; EuG, Rs. T-36/91 (ICI/Kommission), Slg 1995, II-1847 Rn 69 ff; EuG, verb. Rs. T-10/92 u.a. (Cimenteries CBR u.a./Kommission), Slg 1992, II-2667 Rn 28 ff; EuG, Rs. T-7/89 (Hercules Chemicals/Kommission), Slg 1991, II-1711 Rn 46 ff; aus der Literatur etwa *Erlandsson*, LIEI 1998/1, 139 ff; *Louis*, CDE 1998, 47 ff; *de Bronett*, WuW 1997, 383 ff; *Levitt*, CMLR 34 (1997), 1413 ff.

634 Die EG-Kommission hat die Grundsätze zur Handhabung dieses Rechts im Gefolge der EuGH-Rechtsprechung in einer im Amtsblatt veröffentlichten Mitteilung zusammengefasst, ABl. 1997 C 23/3; jetzt ist es explizit in Art. 27 Abs. 2 der VO (EG) Nr. 1/2003 (s.o. Fn 354) geregelt, s. dazu *C. Nowak*, DVBl. 2004, 272, 275 f.

635 VO Nr. 1 des Rates v. 15.4.1958 „zur Regelung der Sprachenfrage für die Europäische Wirtschaftsgemeinschaft", ABl. 1958, S. 385; s. dazu zB *Oppermann*, ZEuS 2001, 1 ff; *ders.*, NJW 2001, 2663 ff.

636 In Art. 41 GRC wird dieses Recht nun allerdings von der Unionsbürgerschaft gelöst und jeder Person zugesprochen.

637 S. zu dieser Anforderung EuGH, Rs. C-276/96 (Bickel u. Franz), Slg 1998, I-7650 = EuZW 1999, 82 m.Anm. *Novak*; zuletzt nochmals EuGH, 27.3.2014, Rs. C-322/13 (Grauel Rüffer), EuZW 2014, 393 m.Anm. *Hilpold*; s. auch noch u. Rn 206.

ausnahmsweise Bestimmungen des Sekundärrechts auch die Zulassung anderer Sprachen vorgeben.[638]

Allerdings ist fraglich geworden, ob die Union unter den Bedingungen der Erweiterung und des damit verbundenen Zuwachses an Amtssprachen auch in Zukunft bereit sein wird, sich diesen Luxus der „Allsprachigkeit" zu leisten[639] – wobei die bestehende Regelung zwar anerkanntermaßen kostspielig ist, zur Legitimation der Union freilich auch grundsätzlich unverzichtbar erscheint.[640] Eine Bresche ist schon dadurch geschlagen, dass der Grundsatz der „Allsprachigkeit" im Verhältnis zu den in Art. 24 AEUV nicht aufgeführten EU-Ämtern oder Agenturen nicht gelten soll (siehe oben Rn 25 ff; insb. Rn 39); mit dieser Begründung hat die Rechtsprechung[641] das eingeschränkte Sprachenregime des EG-Markenamtes gerechtfertigt, das nur die Amtssprachen der fünf größten Mitgliedstaaten zulässt.[642] Die Verlagerung von Aufgaben auf solche Einrichtungen (zu dieser Perspektive siehe oben Rn 25 ff) kann folglich auch mit einer Reduktion des Sprachenregimes verbunden werden.[643] In anderen Konstellationen hat die Rechtsprechung eine Aufweichung des Sprachenregimes bisher aber abgelehnt;[644] soweit Einschränkungen der Allsprachigkeit der EU- 189

638 Eine solche Ausnahme normiert Art. 76 Abs. 7 der VO (EU) Nr. 883/2004 des EP und des Rates v. 29.4.2004 „zur Koordinierung der Systeme der sozialen Sicherheit", ABl. 2004 L 166/1: „Die Behörden, Träger und Gerichte eines Mitgliedstaates dürfen die bei ihnen eingereichten Anträge oder sonstigen Schriftstücke nicht deshalb zurückweisen, weil sie in einer Amtssprache eines anderen Mitgliedstaates abgefasst sind, die gemäß Art. 290 des Vertrags als Amtssprache der Organe der Gemeinschaft anerkannt ist." (zuvor inhaltlich übereinstimmend Art. 84 Abs. 4 der VO (EWG) Nr. 1408/71 „über die Anwendung der Systeme der sozialen Sicherheit auf Arbeitnehmer und Selbständige sowie deren Familienangehörige, die innerhalb der Gemeinschaft zu- und abwandern", ABl. 1971 L 149/2); s. zu dieser Bestimmung und vereinzelten weiteren Ausnahmeregelungen *de Witte*, in: Dinstein/Tabory (Hrsg.), The Protection of Minorities and Human Rights, 1992, S. 277, 290 f; für ein Anwendungsbeispiel s. EuGH, Rs. 6/67 (Teresa Guerra), Slg 1967, 293, 299 (zu einem Klageschriftsatz in italienischer Sprache vor einem belgischen Gericht).

639 Zur Entwicklung des Sprachenregimes s. *Pingel*, RevMC 2014, 328 ff; *Hayder*, ZEuS 2011, 343 ff; s. auch die Beiträge in *Hanf/Malacek/Muir* (dir.), Langues et construction européenne, 2010; *Arzoz* (ed.), Respecting Linguistic Diversity in the European Union, 2008; weiter *Nabli*, CDE 2004, 197 ff; *Van Der Jeught*, JTDE 2004, 129 ff; *Yvon*, EuR 2003, 681 ff; *Kürten*, Die Bedeutung der deutschen Sprache im Recht der Europäischen Union, 2004, S. 155 ff; *Schübel-Pfister*, Sprache und Gemeinschaftsrecht, 2004, S. 47 ff; *Agirreazkuenaga*, in: Mélanges Franck Moderne, Paris 2004, S. 1147 ff S. auch die Schlussfolgerungen des Rates v. 13.6.2005 „über den amtlichen Gebrauch zusätzlicher Sprachen im Rat und gegebenenfalls in anderen Organen und Einrichtungen der Europäischen Union", ABl. 2005 C 148/1, mit der den Mitgliedstaaten das Recht eingeräumt wird, auf eigene Kosten weitere Sprachen im Verkehr mit dem Rat zuzulassen; diese Möglichkeit findet sich in der begrenzten Anerkennung weiterer Amtssprachen durch den Vertrag von Lissabon wieder, s. den neuen Art. 55 Abs. 2 EUV.

640 S. BVerfG, 12.10.1993 – 2 BvR 2134/92, 2 BvR 2159/92, BVerfGE 89, 156 (185) – Maastricht: Danach gehört zu den Prämissen des Demokratieprinzips, „dass der wahlberechtigte Bürger mit der Hoheitsgewalt, der er unterworfen ist, in seiner Sprache kommunizieren kann."

641 S. EuG, Rs. T-120/99 (Christina Kik/HABM), Slg 2001, II-2235 = EuR 2001, 764 m. krit. Anm. *Gundel*; bestätigt durch EuGH, Rs. C-361/01 P, Slg 2003, I-8283 m.Anm. *Shuibne*, CMLR 41 (2004), 1093 ff.

642 S. Art. 115 Marken-VO (Fn 81); ebenso dann Art. 98 der Geschmacksmuster-VO (VO (EG) Nr. 6/2002 v. 12.12.2001), ABl. 2002 L 3/1.

643 Kritisch dazu auch *Vos*, RFAP 2000, 393, 405 f; mit positivem Grundton dagegen *Mengozzi*, RDUE 2002, 315, 322 f; s. in diesem Zusammenhang auch noch die Klage Spaniens gegen eine Stellenausschreibung von Eurojust, die eine Bewerbung in englischer Sprache verlangte: EuGH, Rs. C-160/03 (Spanien/Eurojust), Slg 2005, I-2077.

644 S EuGH, Rs. C-161/06 (Skoma-Lux), Slg 2007, I-10841: Eine nicht in allen Amtssprachen veröffentlichte VO ist auf dem Gebiet der nicht berücksichtigten Staaten nicht verbindlich; zum Hintergrund des Falls – der EU-Osterweiterung, die die Übersetzung des gesamten geltenden Sekundärrechts in die Sprachen der Beitrittsländer erforderlich machte – s. *Lasiński-Sulecki/Morawski*, CMLR 45 (2008), 705 ff; weiter zB EuG, 20.11.2008, Rs. T-185/05 (Italien/Kommission), Rn 114 ff (dazu *Bernard*, Europe 1/2009, 8 f) zu einer Entscheidung der Kommission, externe Stellenausschreibungen für Leitungspositionen nur noch in englischer, französischer und deutscher Fassung im ABl. EU zu veröffentlichen: Hier gelte zwar nicht der Grundsatz der Allsprachigkeit, da potentielle Bewerber den Bediensteten gleichzusetzen seien; die Handhabung sei aber diskriminierend, wenn nicht sichergestellt sei, dass in den anderen Sprachfassungen des ABl. zumindest ein Hinweis auf die Ausschreibung erfolge; s auch noch EuGH, 27.11.2012, Rs. C-566/10 P (Italien/Kommission); EuG, 16.10.2013, Rs. T-248/10 (Italien/Kommission); dazu *Meister*, Europe 12/2013, 20 f.

Institutionen sich nur in nicht verbindlichen Rechtsakten niederschlagen, ist Rechtsschutz hiergegen allerdings nur schwer zu erreichen.[645]

b) Das Recht auf Zugang zu Dokumenten der Unionsorgane

190 Zu den spezifisch allein für den Verkehr zwischen Bürger und EU-Institutionen geltenden Grundsätzen gehört auch das **Recht auf Zugang zu den Dokumenten** der Unionsorgane, das sich in neuerer Zeit zu einem eigenen verfahrensrechtlichen Spezialbereich entwickelt hat. Eigenständige Informationsansprüche, die von dem aus dem Anspruch auf ein faires Verfahren abzuleitenden Recht auf Akteneinsicht zu unterscheiden sind, hatte zunächst die 1990 erlassene Umweltinformationsrichtlinie[646] gegenüber den Behörden der Mitgliedstaaten begründet.[647] Auf Unionsebene wurde der Anspruch auf Einsicht dann im Rahmen der Geschäftsordnungen von Rat[648] und Kommission[649] festgehalten – ohne eine gegenständliche Beschränkung auf den Umweltsektor. Mit dem Beitritt der skandinavischen Mitgliedstaaten Schweden und Finnland, die über eine ausgeprägte Tradition der Transparenz des Verwaltungshandelns verfügen,[650] hat sich auch die Diskussion um ein Informationsrecht auf Unionsebene intensiviert.

191 Der durch den Vertrag von Amsterdam eingefügte Art. 255 EGV (nun Art. 15 AEUV)[651] und die auf seiner Grundlage erlassene VO (EG) Nr. 1049/2001[652] normieren diese Zugangsansprüche nun auch gegenüber den Unionsorganen; die Aufnahme in Art. 42 GRC bestätigt nochmals den Rang des Rechts. Die Verordnung legt allerdings zugleich die Grenzen und Verweigerungsgründe (etwa den Schutz der öffentlichen Sicherheit oder der internationalen Beziehungen) fest.

192 Das damit nun auch primärrechtlich verankerte Informationsrecht hat bereits zu einer umfangreichen Rechtsprechung[653] geführt, die dieses Recht gegenüber einer (entgegen den allgemeinen Beteuerungen) eher restriktiven Praxis der Unionsorgane konsequent durchsetzt: Die bestehenden

---

645 S. EuG, 17.12.2010, Rs. T-245/10 (Verein Deutsche Sprache e.V./Rat), nicht in der Slg, bestätigt durch EuGH, Rs. C-93/11 P, Slg 2011, I-92* (abgek. Veröff.); EuG, 27.11.2013, Rs. T-23/12 (MAF/EIOPA), Rn 35 ff; s auch *Gundel*, in: FS Würtenberger, 2011, S. 497, 503.

646 RL 90/313/EWG des Rates v. 7.6.1990 „über den freien Zugang zu Informationen über die Umwelt", ABl. 1990 L 158/56; dazu etwa *Hatje*, EuR 1998, 734 ff; *Wilsher*, 7 EPL (2001), 671 ff; sie wurde inzwischen ersetzt durch die RL 2003/4/EG des EP und des Rates v. 28.1.2003, ABl. 2003 L 41/26; s. zu ihr zB *C. Nowak*, DVBl. 2004, 272, 273 f.

647 Zum gebotenen Rechtsschutz bei einer Verweigerung des Zugangs s. zB EuGH, Rs. C-186/04 (Housieaux), Slg 2005, I-3299; zur unvollständigen Umsetzung durch das deutsche Umweltinformationsgesetz s. EuGH, Rs. C-217/97 (Kommission/Deutschland), Slg 1999, I-5087 = DVBl. 2000, 332 (nur LS) m.Anm. *Pitschas/Lessner* = EuR 2000, 218 m.Anm. *Wegener*.

648 Beschluss des Rates v. 20.12.1993 über den Zugang der Öffentlichkeit zu Ratsdokumenten, ABl. 1993 L 340/43.

649 Beschluss der Kommission v. 8.2.1994 über den Zugang der Öffentlichkeit zu den der Kommission vorliegenden Dokumenten, ABl. 1994 L 46/58.

650 Zu Schweden s. *Österdahl*, ELR 23 (1998), 336 ff; *Ragnemalm*, in: Scritti in Onore di Mancini, 1998, Vol. 2, S. 809, 812 ff.

651 Die Bestimmung ist freilich nicht unmittelbar anwendbar und stellt die bereits zuvor geltenden Einschränkungen und Ausnahmen nicht in Frage, s. EuG, Rs. T-191/99 (David Petrie/Kommission), Slg 2001, II-3677 Rn 34 ff. Zur Frage, ob nun der Grundsatz der Transparenz als allgemeiner Rechtsgrundsatz des Unionsrechts anzuerkennen ist, s. zB *Broberg*, 27 ELR (2002), 194 ff; *C. Nowak*, DVBl. 2004, 272, 279 f.

652 VO (EG) Nr. 1049/2001 des EP und des Rates v. 30.5.2001 „über den Zugang der Öffentlichkeit zu Dokumenten des Europäischen Parlaments, des Rates und der Kommission", ABl. 2001 L 145/43; dazu zB *B. Wägenbaur*, EuZW 2001, 680 ff; *Partsch*, NJW 2001, 3154 ff; *Peers*, YEL 21 (2002), 385 ff; *Feral*, Europe 7/2001, 5 ff; *Schauss*, JTDE 2003, 1 ff; *de Leeuw*, ELR 28 (2003), 324 ff; *Alberti*, RIDPC 2003, 55 ff; *Bartelt/Zeitler*, EuR 2003, 487 ff; *Heitsch*, Die Verordnung über den Zugang zu Dokumenten der Gemeinschaftsorgane im Lichte des Transparenzprinzips, 2003, S. 63 ff; *Driessen*, ELR 30 (2005), 675 ff; über den von der Kommission vorgelegten Vorschlag einer Neufassung – KOM (2008) 229 endg. v. 30.4.2008 (dazu. *Maes*, RMUE 2008, 577 ff) konnte aufgrund von Divergenzen zwischen Parlament, Kommission und Rat bisher keine Einigung erzielt werden.

653 S. die Übersicht bei *Boysen*, DV 29 (2009), 215 ff; weiter zB *Kranenborg*, CMLRev 45 (2008), 1079 ff; *Helisko-ski/Leino*, *CMLRev 43 (2006), 735 ff*; *Jann*, in: FS Adamovich, 2002, S. 241 ff; *Kröger*, in: FS Druey, 2002, S. 817 ff; *Kadelbach*, CMLR 38 (2001), 179 ff; *Davis*, ELR 25 (2000), 303 ff; monographisch *Riemann*, Die Transparenz der Europäischen Union, 2004; *Castenholz*, Informationszugangsfreiheit im Gemeinschaftsrecht, 2004; *Meltzian*, Das Recht der Öffentlichkeit auf Zugang zu Dokumenten der Gemeinschaftsorgane, 2005.

Ablehnungsgründe sind danach grundsätzlich eng auszulegen,[654] die erkennbare Bedeutung der Informationen für den Antragsteller ist angemessen zu berücksichtigen.[655] Die Verweigerung der Einsicht muss in einer Weise begründet werden, die den Ablehnungsgrund erkennen lässt;[656] die Begründung muss grundsätzlich in Bezug auf jedes betroffene Dokument erfolgen.[657] Betreffen die Ablehnungsgründe nur einen Teil der Dokumente, so ist eine partielle Einsichtnahme zuzulassen.[658] Allerdings hat das EuG auch klargestellt, dass dieses Recht nur den Zugang zu bestehenden Dokumenten garantiert, jedoch keinen allgemeinen Auskunftsanspruch gegenüber den Unionsorganen begründet.[659]

Deutlich wird die Beschränkung dieses Rechts auf die Unionsorgane auch durch den Streit um die sog. Urheberregel, nach der Dokumente, die nicht durch das in Anspruch genommene Unionsorgan, sondern durch andere Stellen – andere Unionsinstitutionen, aber auch die Mitgliedstaaten – verfasst worden waren, nur von diesen und nach ihren eigenen Regeln offen zu legen waren. Die VO (EG) Nr. 1049/2001 schließt den Zugang auch zu solchen Dokumenten heute zwar nicht mehr aus.[660] Sie erlaubt aber in einer Sonderregelung den Mitgliedstaaten, die Verbreitung der von ihnen verfassten Dokumente von ihrer Zustimmung abhängig zu machen;[661] damit soll das Recht der Mitgliedstaaten, für den Zugang zu ihren Dokumenten eigene Voraussetzungen aufzustellen, gegen Umgehungsversuche abgesichert werden. 193

III. Die Vorgaben für den Vollzug durch die Mitgliedstaaten: Art. 4 Abs. 3 EUV, Grundrechte bzw allgemeine Rechtsgrundsätze und Grundfreiheiten

1. Art. 4 Abs. 3 EUV: Grundsatz der Gleichwertigkeit und Grundsatz der Effektivität

a) Allgemeines

Auf der Ebene des Primärrechts[662] wird der indirekte Vollzug maßgeblich durch die allgemeinen Anforderungen an einen gleichwertigen und effektiven Vollzug des Unionsrechts bestimmt, die der Gerichtshof aus Art. 4 Abs. 3 EUV (zuvor Art. 10 EGV) herleitet: Diese beiden Grundsätze verlangen, dass zum einen die Durchsetzung des Unionsrechts nicht ungünstigeren Bedingungen unterworfen wird, als sie für vergleichbare im nationalen Recht begründete Rechtspositionen bestehen 194

654 EuG, Rs. T-111/00 (BAT/Kommission), Slg 2001, II-2997, Rn 40; EuG, Rs. T-20/99 (Denkavit Nederland/Kommission), Slg 2000, II-3011, Rn 45; EuG, Rs. T-309/97 (Bavarian Lager/Kommission), Slg 1999, II-3217, Rn 39; EuGH, verb. Rs. C-174/98 P u. C-189/98 P (Niederlande und van der Wal/Kommission), Slg 2000, I-1, Rn 27.

655 Zur angemessenen Berücksichtigung des erkennbaren Interesses des Antragstellers an den begehrten Informationen s. EuG, Rs. T-111/00 (BAT/Kommission), Slg 2001, II-2997, Rn 42 ff; EuG, Rs. T-194/94 (Carvel u. Guardian Newspapers Ltd./Rat), Slg 1995, II-2765, Rn 67 ff = EuR 1996, 199 m.Anm. *Kugelmann*; dazu *Twomey*, CMLR 33 (1996), 831 ff.

656 EuG, Rs. T-124/96 (Interporc/Kommission), Slg 1998, II-231, Rn 77; EuG, Rs. T-105/95 (WWF UK/Kommission), Slg 1997, II-313, Rn 66 = NVwZ 1998, 493 = EWS 1997, 205, m.Anm. *Chiti*, CMLR 35 (1998), 189 ff; *de Leeuw*, EPL 3 (1997), 339 ff.

657 EuG, Rs. T-174/95 (Svenska Journalistförbundet/Rat), Slg 1998, II-2289, Rn 112; EuG, Rs. T-123/99 (JT's Corporation Ltd/Kommission), Slg 2000, II-3269, Rn 64 f; abschwächend EuG, Rs. T-204/99 (Mattila/Rat und Kommission), Slg 2001, II-2265, Rn 87 ff.

658 S. EuG, Rs. T-14/98 (Hautala/Rat), Slg 1999, II-2489, bestätigt durch EuGH, Rs. C-353/99 P, Slg 2001, I-9565 = DVBl. 2002, 326 m.Anm. *Leino*, 39 CMLR (2002), 621 ff u. Anm. *Caranta*, RIDPC 2003, 870 ff; EuG, Rs. T-188/98 (Kuijer/Rat), Slg 2000, II-1959; EuG, Rs. T-204/99 (Mattila/Rat und Kommission), Slg 2001, II-2265, Rn 66 ff (bestätigt durch EuGH, Rs. C-353/01 P, Slg 2004, I-1073 Rn 30 ff); EuG, Rs. T-2/03 (VKI/Kommission), Slg 2005, II-1121 = EuZW 2005, 566 m.Anm. *Nordmann* Rn 69 ff, während die Unionsorgane eine „alles-oder-nichts"-Lösung vertreten hatten.

659 EuG, Rs. T-106/99 (Karl L. Meyer/Kommission), Slg 1999, II-3273, Rn 35 ff.

660 Anders die Rechtslage vor Erlass der VO (EG) Nr. 1049/2001 (Fn 652), s. EuG, Rs. T-168/02 (IFAW/Kommission), Slg 2004, II-4135 = NVwZ 2005, 313 Rn 53 f.

661 So Art. 4 Abs. 5 der VO (EG) Nr. 1049/2001 (Fn 652) in der Interpretation durch EuG, Rs. T-168/02 (IFAW/Kommission), Slg 2004, II-4135 = NVwZ 2005, 313 Rn 50 ff; EuG, Rs. T-187/03 (Isabella Scippacerola/Kommission), Slg 2005, II-1029, Rn 56 ff; s. auch schon EuG, Rs. T-76/02 (Mara Messina/Kommission), Slg 2003, II-3203, Rn 40 ff, und dazu *de Leeuw*, 41 CMLR (2005), 261 ff.

662 Zur Zulässigkeit sekundärrechtlicher Vorgaben für den mitgliedstaatlichen Vollzug s.o. Rn 111, 114 ff.

(**Grundsatz der Gleichwertigkeit**);[663] zum anderen müssen – unabhängig von einem solchen Vergleich – diese Positionen mit einem bestimmten Mindestmaß an Effektivität durchgesetzt werden können (**Grundsatz der Effektivität**).[664]

195 So lässt sich aus dem Gleichwertigkeitsgrundsatz herleiten, dass für unionsrechtliche Ansprüche – zB für Anträge auf Rückerstattung EU-rechtswidriger Gebühren[665] – nicht kürzere Fristen oder höhere Hürden gelten dürfen, als sie für Ansprüche nach nationalem Recht vorgesehen sind.[666] Aus dem Effektivitätsprinzip ergibt sich, dass in jedem Fall die Inanspruchnahme gerichtlichen Rechtsschutzes möglich sein muss. Darüber hinaus muss dieser mit zumutbaren Bedingungen ausgestaltet werden, die Verfahrensregeln der Mitgliedstaaten dürfen die Rechtsdurchsetzung also nicht „praktisch unmöglich machen oder übermäßig erschweren":[667]

So dürfen generell nicht zu enge Verfahrensfristen vorgesehen werden; prozessuale Präklusionsregeln dürfen nicht in einer Weise angewandt werden, die eine wirksame Durchsetzung der betroffenen Positionen vereitelt;[668] auch Beweislastregeln, die die Durchsetzung der Ansprüche übermäßig erschweren, sind unzulässig[669] – unabhängig davon, ob sie auch für Ansprüche aus dem nationalen Recht gelten. Dasselbe gilt für Verwaltungsakte mit Dauerwirkung, die einen unionsrechtswidrigen Zustand für die Zukunft und auf Dauer fixieren: Sie müssen jedenfalls bei offensichtlichem Verstoß gegen EU-Recht für die Zukunft abänderbar sein.[670]

196 An diesen Grundsätzen sind auch nationale Regelungen zu messen, die in Reaktion auf Entscheidungen des EuGH das nationale Verfahrensrecht verschärfen, um die Anwendung des durch den Gerichtshof inhaltlich geklärten Unionsrechts auf noch nicht entschiedene Parallelfälle zu erschweren: Der Gerichtshof hat klargestellt, dass solche Reaktionsgesetze, mit denen die Mitgliedstaaten häufig die finanziellen Konsequenzen von Leitentscheidungen des EuGH zu begrenzen suchen,[671]

---

663 Dieser Aspekt wurde zunächst vielfach als Diskriminierungsverbot bezeichnet; doch kann diese Bezeichnung zu Missverständnissen und Verwechslungen führen – denn gemeint ist hier nicht eine Diskriminierung von Personen nach der Staatsangehörigkeit, sondern von Sachverhalten nach der „Herkunft" des Anspruchs; der EuGH verwendet daher in neuerer Zeit den Begriff der Gleichwertigkeit, s. etwa EuGH, Rs. C-88/99 (Roquette frères), Slg 2000, I-10465, Rn 21 = EuZW 2001, 318; in anderen Entscheidungen aus neuerer Zeit findet sich auch die Bezeichnung als „Äquivalenzgrundsatz", s. EuGH, verb. Rs. C-279/96 u.a. (Ansaldo Energia), Slg 1998, I-5025, Rn 27, 29; EuGH, Rs. C-231/96 (Edis), Slg 1998, I-4951, Rn 34 = EuZW 1998, 664; EuGH, Rs. C-343/96 (Dilexport), Slg 1999, I-578, Rn 25 = EuZW 1999, 313.

664 S. dazu monographisch in jüngerer Zeit *J. König*, Äquivalenz- und Effektivitätsgrundsatz in der Rechtsprechung des Europäischen Gerichtshofs, 2011; *Kulms*, Der Effektivitätsgrundsatz, 2013. Für den Sonderbereich des Schutzes der finanziellen Interessen der EU hat sich die vom EuGH vorgenommene Systematisierung im Text des Vertrages niedergeschlagen: Nach Art. 325 Abs. 4 AEUV ist die „Gewährleistung eines effektiven und gleichwertigen Schutzes" der Interessen der EU in den Mitgliedstaaten gefordert.

665 Dazu *Gundel*, in: FS Götz, 2005, S. 191 ff; s. auch die Beiträge in *Holoubek/Lang* (Hrsg.), Abgabenverfahrensrecht und Gemeinschaftsrecht, 2006; für Steuern s. *Lange*, Der Anspruch auf Erstattung gemeinschaftsrechtswidrig erhobener Steuern, 2008; zuletzt *Gazin*, RevMC 2013, 475 ff; *Bouhier*, RevMC 2013, 481 ff; *Maubernard*, RevMC 2013, 489 ff; *Martin*, RevMC 2013, 497 ff; *Aubry*, RevMC 2013, 503 ff; *Soulay*, RDUE 2013, 731 ff.

666 Für einen solchen Fall s. EuGH, Rs. 240/87 (Deville), Slg 1988, 3513; EuGH, Rs. 309/85 (Barra), Slg 1988, 355; s. auch EuGH, Rs. C-231/96 (Edis), Slg 1998, I-4951 Rn 21 ff; zuletzt zB EuGH, Rs. C-118/08 (Transportes Urbanos), Slg 2010, I-635 für eine Regelung des spanischen Staatshaftungsrechts, die bei der haftungsrechtlichen Geltendmachung der Verletzung von EU-Recht die Inanspruchnahme von Primärrechtsschutz verlangte, die bei der Geltendmachung von Verfassungsverstößen aber nicht gefordert war.

667 So zB EuGH, Rs. C-343/96 (Dilexport) Slg 1999, I-578 Rn 25; EuGH, verb. Rs. C-279/96 u.a. (Ansaldo Energia), Slg 1998, I-5025 Rn 27; EuGH, verb. Rs. 123 u. 330/87 (Jeunehomme), Slg 1988, 4517 Rn 17.

668 S. EuGH, Rs. C-312/93 (Peterbroeck), Slg 1995, I-4599 = RIW 1996, 346 m.Anm. *Weymüller*; EuGH, verb. Rs. C-430/93 u. 431/93 (van Schijndel), Slg 1995, I-4705; zu beiden Entscheidungen *v. Danwitz*, UPR 1996, 323 ff; *Heukels*, CMLR 33 (1996), 337 ff; *Prechal*, CMLRev 35 (1998), 681 ff; *Cahn*, ZEuP 1998, 969 ff; *Mas*, ÖJZ 2002, 161 ff.

669 S. EuGH, verb. Rs. 331, 376 u. 378/85 (Les Fils de Jules Bianco), Slg 1988, 1099 Rn 12 f; EuGH, Rs. 199/82 (San Giorgio) Slg 1983, 3595 Rn 14; EuGH, Rs. C-147/01 (Weber's Wine World), Slg 2003, I-11365 Rn 110 ff = EWS 2003, 576.

670 Für einen solchen Fall s. zB EuGH, Rs. C-2/08 (Fallimento Olimpiclub), Slg 2009, I-7501 = EuZW 2009, 739 m.Anm. *Poelzig* = EuR 2010 m.Anm. *Germelmann*; weiter EuGH, 4.10.2012, Rs. C-249/11 (Hristo Byankov), Rn 69 ff; dazu *Houyet*, RAE 2013, 533 ff.

671 Für Beispiele s. *Gundel*, in: FS Götz, 2005, S. 191 ff.

nicht per se unzulässig sind.[672] Als Grenze ergibt sich aber aus dem Grundsatz der Gleichwertigkeit, dass diese Verschärfung allgemein gelten muss – also nicht Sonderrecht zu Lasten des betroffenen EU-rechtlich fundierten Anspruchs schaffen darf.[673] Aus dem Grundsatz der Mindesteffektivität folgt, dass die Durchsetzung des Anspruchs nicht durch eine Rückwirkung der Rechtsverschärfung übermäßig erschwert werden darf:[674] Danach kann zwar rückwirkend ein Fristbeginn schon für einen Zeitpunkt festgelegt werden, zu dem der Verstoß gegen Unionsrecht noch nicht festgestellt war. Die Regelung muss etwaigen Antragstellern aber genügend Zeit lassen, um nach Eintritt der Rechtsänderung ihre Rechte noch geltend zu machen; als angemessene Übergangsfrist, die den Berechtigten unter diesem Gesichtspunkt erhalten bleiben muss, hat der Gerichtshof hier einen Zeitraum von 6 Monaten genannt.[675]

Auf den Effektivitätsgrundsatz ist auch das durch den Gerichtshof herausgearbeitete Erfordernis einer mitgliedstaatlichen Haftung für Verstöße gegen Unionsrecht zurückzuführen, die gegeben sein muss, wenn auf andere Weise die Durchsetzung des Unionsrechts nicht gesichert werden kann.[676] Zugleich besteht an dieser Stelle eine Verbindung zu den Regeln des Eigenverwaltungsrechts, das man als Obergrenze der Effektivitätsvorgaben an den mitgliedstaatlichen Vollzug wird einordnen können: Denn höhere Standards, als sie die Union selbst zu gewähren und zu praktizieren bereit ist, kann sie auch von den Mitgliedstaaten schwerlich verlangen (siehe oben Rn 179). 197

b) Das Beispiel der Rückabwicklung staatlicher Beihilfen

Breite Aufmerksamkeit hat der Konflikt zwischen Vertrauensschutzgrundsatz und Effektivitätsprinzip im Bereich der Rückabwicklung nationaler Beihilfen gefunden: Hier verlangt das Effektivitätsprinzip erforderlichenfalls selbst die Durchbrechung der im deutschen Recht geltenden Jahresfrist des § 48 Abs. 4 VwVfG,[677] was von der deutschen Rechtsprechung unter kontroverser Diskussion in der Literatur[678] schließlich akzeptiert worden ist.[679] Diese Anpassungsleistung wird freilich nicht nur dem deutschen Verwaltungsrecht abverlangt: Parallel dazu muss zB auch die im französischen Verwaltungsrecht geltende 4-Monats-Frist für die Rücknahme rechtswidriger Geldleistungsentscheidungen[680] dem Gebot der effektiven Beihilfen-Rückforderung weichen.[681] 198

---

672 So deutlich EuGH, Rs. C-343/96 (Dilexport) Slg 1999, I-578, Rn 39 f; EuGH, Rs. C-147/01 (Weber's Wine World), Slg 2003, I-11365, Rn 90 f = EWS 2003, 576.

673 Für einen solchen Fall zB EuGH, verb. Rs. C-216/99 u. C-222/99 (Riccardo Prisco Srl), Slg 2002, I-6761, Rn 77 f = EuZW 2003, 237.

674 EuGH, Rs. C-62/00 (Marks & Spencer), Slg 2002, I-6325; dazu *Rigaux/Simon*, Europe 10/2002, 13 f; *Ruffert*, CMLR 40 (2003), 729 ff; EuGH, Rs. C-255/00 (Grundig Italiana), Slg 2002, I-8003; dazu *Rigaux/Simon*, Europe 11/2002, 10 ff; zuletzt nochmals EuGH, 13.12.2013, Rs. C-362/12 (Test Claimants in the Franked Investment Income Group Litigation); dazu *Simon*, Europe 2/2014, 14 ff.

675 EuGH, Rs. C-255/00 (Grundig Italiana), Slg 2002, I-8003, Rn 40.

676 So der Ausgangspunkt der EuGH-Rechtsprechung zur – aus den Anforderungen des Art. 4 Abs. 3 EUV hergeleiteten – Staatshaftung der Mitgliedstaaten gegenüber dem Bürger für Verstöße gegen EU-Recht, EuGH, verb. Rs. C-6/90 u. C-9/90 (Francovich), Slg 1991, I-5357; s. speziell zu den Anforderungen an die – im Ausgangspunkt der Regelung durch das nationale Recht überlassenen – Verjährung zuletzt EuGH, Rs. C-445/06 (Danske Slagterier), Slg 2009, I-2119, Rn 31 ff = ZLR 2009, 438 m.Anm. *Gundel*; näher u. *Böhm*, § 12 Rn 83 ff.

677 EuGH, Rs. C-24/95 (Alcan), Slg 1997, I-1591 = EuZW 1997, 276 m.Anm. *Hoenike* = JZ 1997, 722 m.Anm. *Classen*.

678 S. insb. *R. Scholz*, DÖV 1998, 261 ff; gegen ihn *Frowein*, DÖV 1998, 807 ff; s. in der Folge zB *Ehlers*, DZWir 1998, 491 ff; *Hanf*, ZaöRV 1999, 51 ff; *Suerbaum*, VerwArch 91 (2000), 169 ff; *Gündisch*, NVwZ 2000, 1125 f; *K.-A. Schwarz*, DV 34 (2001), 397 ff; *Scheuing*, DV 34 (2001), 107 ff; *D. Dörr*, in: FS Rudolf, 2001, S. 137 ff; s. monographisch *Müller*, Die Aufhebung von Verwaltungsakten unter dem Einfluss des Europarechts, 2000.

679 BVerwG, 23.4.1998 – 3 C 15/97, BVerwGE 106, 328 = EuZW 1998, 730 (Vorlagebeschluss: EuZW 1995, 314 = NVwZ 1995, 703); gebilligt durch BVerfG-K, 17.2.2000 – 2 BvR 1210/98, NJW 2000, 2015 = EuGRZ 2000, 175. Für die Rückforderung steuerlicher Beihilfen nun ebenso BFH, 30.1.2009 – VII B 180/08, BFHE 224, 372 = RIW 2009, 332.

680 Dazu Conseil d'Etat (fr.), Ass. 26.10.2001 – Ternon.

681 So Conseil d'Etat, 29.3.2006 – CELF, RFDA 2006, 643 = AJDA 2006, 1396 m.Anm. *Cartier-Bresson* (Vorlagebeschluss zu EuGH, Rs. C-199/06 [CELF], Slg 2008, I-469 = EWS 2008, 180 m. Bespr. *Gundel* S. 161 ff; Bestätigung von CAA Paris, 5.10.2004 – CELF, RFDA 2005, 219 = AJDA 2005, 261 m. Schlussanträgen *Trouilly*).

199 Doch kann die Kompromisslosigkeit, mit der das Effektivitätsgebot in diesem Sonderbereich – im Ergebnis auch zu Recht – durchgesetzt wird,[682] nicht verallgemeinert werden: Sie ist vor allem als Reaktion auf die Tatsache zu verstehen, dass das Konzept des indirekten Vollzugs durch die nationalen Behörden in diesem Bereich angesichts des Interessenkonflikts, in dem sich diese Behörden bei der Rückabwicklung ihrer eigenen Subventionsentscheidungen befinden,[683] an seine Grenzen stößt.

200 Die Ergebnisse können daher auch nicht auf andere Bereiche übertragen werden:[684] So sind nationale Verfahrens-Ausschlussfristen grundsätzlich zulässig und beachtlich, wenn sie den allgemeinen Anforderungen des Unionsrechts genügen.[685] Auch die strenge Beurteilung des Vertrauensschutzes findet sich in anderen Bereichen nicht: So hat der Gerichtshof festgehalten, dass der Mitgliedstaat zB bei der Rückforderung von EU-Beihilfen im Agrarsektor grundsätzlich auch den Vertrauensschutz des Empfängers berücksichtigen darf;[686] das kann sogar dazu führen, dass der Mitgliedstaat im Verhältnis zur Kommission Summen erstatten muss, die er selbst vom Empfänger nicht zurückfordern darf, weil er dessen Missachtung von Formvorschriften durch unzureichende Information verursacht hat.[687] Im Übrigen können unter diesem Gesichtspunkt Staatshaftungsansprüche gegenüber nationalen Behörden zu begründen sein, die das Unionsrecht missachtet oder unzutreffende Informationen über die Rechtslage gegeben haben.[688] Solche Ansprüche, die zB im Beihilferecht diskutiert werden,[689] dürfen allerdings nicht dazu führen, dass dem Betroffenen im Ergebnis ein EU-rechtlich unzulässiger Vorteil auf dem Weg über die Sekundärebene gewährt wird.[690]

2. Die allgemeinen Rechtsgrundsätze als Schranken des nationalen Verwaltungsvollzugs

201 Grundsätzlich haben die allgemeinen Rechtsgrundsätze des Unionsrechts und die in ihrem Rahmen entwickelten Verfahrensgewährleistungen die Funktion, das Handeln der Unionsorgane zu steuern (zu dieser Lückenschließungsfunktion siehe oben Rn 98 ff). Dennoch gelten die ihnen folgenden Vorgaben für den Verwaltungsvollzug – insbesondere die Regelungen mit grundrechtlichem Charakter – nach gefestigter Rechtsprechung des EuGH in bestimmten Konstellationen auch **gegenüber den Mitgliedstaaten.**[691]

202 Dies gilt einmal in den Konstellationen, in denen die Mitgliedstaaten für den **Vollzug des Unionsrechts** zuständig sind: Für die Geltung des Grundrechtsstandards kann es aus der Perspektive des EU-Rechts keinen Unterschied machen, ob dieses Recht von den Unionsorganen selbst vollzogen

682 S. dazu auch noch EuGH, Rs. C-232/05 (Kommission/Frankreich – „Scott Paper SA/Kimberly-Clark"), Slg 2006, I-10071 = JA 2007, 668 m.Anm. *Gundel*: Kein vorläufiger Rechtsschutz gegen vermeintlich rechtswidrige Rückforderungs-Anordnungen der Kommission durch die nationalen Gerichte.

683 Das Eigeninteresse der nationalen Behörden an der Beihilfegewährung wird von der Rechtsprechung in anderem Zusammenhang – im Rahmen des Art. 263 Abs. 4 AEUV – auch anerkannt, s. EuG, verb. Rs. T-132/96 u. T-136/96 (VW und Sachsen/Kommission), Slg 1999, II-3663, Rn 84 = JZ 2000, 251 m.Anm. *Koenig/Kühling* = ZIP 2000, 91 m.Anm. *Schohe* = EuZW 2000, 115 m.Anm. Wernicke; EuG, Rs. T-214/95 (Vlaams Gewest/ Kommission), Slg 1998, II-717, Rn 29 f.

684 Ebenso *Rodriguez Iglesias*, EuGRZ 1997, 289, 293 f.

685 S. bereits o. Rn 106 f; anders gelegentlich die Literatur, so zB *Friedrich/Nagler*, DStR 2005, 403, 407, die die Alcan-Rechtsprechung (Fn 677) auch auf Ausschlussfristen für die Erstattung unionsrechtswidriger Steuern anwenden wollen.

686 S. EuGH, Rs. C-366/95 (Steff-Houlberg Export u.a.), Slg 1998, I-2661, Rn 15 ff = EuZW 1998, 499; EuGH, Rs. C-298/96 (Oelmühle Hamburg), Slg 1998, I-4767, Rn 24 ff = EuZW 1998, 603; zu diesen Fällen auch *Mögele*, in: Ehlers/Wolffgang (Hrsg.), Rechtsfragen der Europäischen Marktordnungen, 1998, S. 127 ff; EuGH, Rs. C-336/00 (Republik Österreich/Martin Huber), Slg 2002, I-7699, Rn 55 ff.

687 S. EuGH, Rs. C-158/06 (Stichting ROM-projekten), Slg 2007, I-5103 = EuZW 2007, 439.

688 S. dazu OLG Nürnberg, 22.5.1996 – 4 U 733/95, RIW 1998, 648 (nur LS) m.Anm. *Landry/Harings*; dazu auch *Schrömbges*, ZfZ 1998, 110 ff.

689 So zB *Soltész/Kühlmann*, EWS 2001, 513 ff.

690 So zutreffend TA Clermont-Ferrand, 23.9.2004 – SA Fontanille, AJDA 2005, 385 m.Anm. *Weisse-Marchal* bei einem Verstoß gegen die beihilferechtliche Notifikationspflicht; s. auch BVerwG, 31.5.2012 – 3 C 12/11, NVwZ-RR 2012, 628, 631; *Soltész/Kühlmann*, EWS 2001, 513, 515 f.

691 S. zB EuGH, Rs. C-276/01 (Steffensen), Slg 2003, I-3735 Rn 70 = EuZW 2003, 666 m.Anm. *Schaller*; dazu auch *Mariatte*, Europe 6/2003, 14 f.

oder diese Aufgabe – wie in den meisten Bereichen – an die mitgliedstaatlichen Verwaltungen delegiert wird;[692] die „verfahrensrechtliche Autonomie" der Mitgliedstaaten beim Vollzug des Unionsrechts wird auch insoweit[693] eingeschränkt. Diese für den Anwendungsbereich der Unionsgrundrechte allgemein gültige Aussage hat für die EU-Verfahrensgrundrechte besondere Bedeutung: Nachdem das Unionsrecht vor allem durch die Mitgliedstaaten vollzogen wird, gelten auch hier die Verfahrensgarantien, wie die Wahrung des rechtlichen Gehörs[694] oder die Gewährleistung eines fairen Verfahrens.[695]

Darüber hinaus gelten die Grundrechtsstandards des Unionsrechts aber nach der Rechtsprechung 203
des EuGH auch in Fällen, in denen die Mitgliedstaaten in **Rechtspositionen** eingreifen, die dem Einzelnen durch Unionsrecht gewährt wurden: Soweit dies der Fall ist – zB mit nationalen Einschränkungen der Grundfreiheiten[696] oder der Gleichbehandlung der Geschlechter im Arbeitsleben[697] –, gelten damit auch die Verfahrensgrundrechte des Unionsrechts, insbesondere der Anspruch auf effektive gerichtliche Kontrolle.[698] Damit muss sich zB die Ausweisung eines Unionsbürgers durch einen Mitgliedstaat, die in sein Freizügigkeitsrecht eingreift, an den EU-Verfahrensrechten messen lassen.[699]

Dieser in der Rechtsprechung erreichte Stand wird zwar in Frage gestellt durch die Formulierung in 204
Art. 51 GRC, der nur die Durchführung und nicht auch die Beschränkung von EU-Recht durch die Mitgliedstaaten aufführt:[700] Die Bestimmung kann damit als Einschränkung der bisherigen Rechtslage verstanden werden.[701] Allerdings erschien es von vornherein unwahrscheinlich, dass der Gerichtshof diesen Ansatz für eine Einschränkung aufnehmen würde; das Festhalten an dieser immerhin seit Beginn der 1990er Jahre fest etablierten Rechtsprechung ist auch gut zu rechtfertigen, weil der Wortlaut der Bestimmung nicht eindeutig ist und eine Einschränkung des unionsrechtlichen Grundrechtsschutzes als Konsequenz der Grundrechtecharta erklärungsbedürftig wäre. Zwischenzeitlich hat der EuGH in der aufsehenerregenden Akerberg-Fransson-Entscheidung den Anwendungsbereich der EU-Grundrechte sogar auf nationales Recht „im Umfeld" von EU-Regelungen ausgedehnt.[702]

---

692 S. für die Geltung der EU-Grundrechte in diesem Bereich zB EuGH, Rs. C-107/97 (Max Rombi), Slg 2000, I-3367, Rn 65 ff; EuGH, Rs. C-2/92 (Bostock), Slg 1994, I-955, Rn 16; EuGH, Rs. 5/88 (Wachauf), Slg 1989, 2609; s. auch schon EuGH, Rs. 316/86 (HZA Hamburg-Jonas/P. Krücken), Slg 1988, 2213 Rn 22: „ ... die Beachtung der allgemeinen Grundsätze des Gemeinschaftsrechts [obliegt] jeder mit der Anwendung dieses Rechts betrauten Behörde." Zum engeren Wortlaut des Art. 41 Grundrechtecharta, den man insoweit nicht als abschließende Regelung wird verstehen dürfen, s.o. Rn 183.

693 Zu den parallelen Grenzen dieser Autonomie aus Art. 4 Abs. 3 EUV sowie den Verfahrensvorgaben des Sekundärrechts s. bereits o. Rn 109 ff und Rn 194 ff.

694 Dazu etwa deutlich EuGH, Rs. C-7/98 (Krombach), Slg 2000, I-1935, Rn 26, 42, m.Anm. *Gundel*, EWS 2000, 442 ff; allgemein o. Rn 187.

695 S. zur Herleitung von Beweisverwertungsverboten aus diesem Gesichtspunkt EuGH, Rs. C-276/01 (Steffensen), Slg 2003, I-3735, Rn 72 ff = EuZW 2003, 666 m.Anm. *Schaller*; dazu auch *Mariatte*, Europe 6/2003, 14 f; bestätigend EuGH, Rs. C-166/08 (Guido Weber), Slg 2009, I-4253 = ZLR 2009, 600 m.Anm. Dannecker.

696 EuGH, Rs. 222/86 (Unectef/Heylens), Slg 1987, 4097 Rn 14 ff (Anerkennung von Berufsabschlüssen aus anderen Mitgliedstaaten).

697 EuGH, Rs. 222/84 (Marguerite Johnston), Slg 1986, 1651 Rn 18 (zur Überprüfbarkeit einer Ausnahme von der Regel des gleichberechtigten Zugangs zum Arbeitsplatz durch die nationalen Gerichte).

698 S. EuGH, Rs. 222/86 (Unectef/Heylens), Slg 1987, 4097 Rn 14 ff; EuGH, Rs. 222/84 (Marguerite Johnston), Slg 1986, 1651 Rn 18, jeweils mit ausdrücklicher Bezugnahme auf Art. 6 und 13 EMRK.

699 S. entsprechend zu den Anforderungen an die Darlegung der Gründe eines Einreiseverbots EuGH, 4.6.2013, Rs. C-300/11 (ZZ); dazu *Bull*, DVBl. 2013, 1318 ff.

700 „Diese Charta gilt für die Organe und Einrichtungen der Union ... und für die Mitgliedstaaten ausschließlich bei der Durchführung des Rechts der Union." S. zu dieser Frage *W. Cremer*, NVwZ 2003, 1452 ff; *Mager*, EuR Beih. 1/2004, 41, 53 f.

701 Dafür zB *P.M. Huber*, EuR 2008, 190 ff; *Lindner*, EuR 2008, 786, 790 ff.

702 EuGH, 26.2.2013 Rs C-617/10 (Akerberg Fransson), EuZW 2013, 302 = EuR 2013, 446 m.Anm. *Kingreen* für das Verbot der Doppelbestrafung; dazu *Gstrein/Zeitzmann*, ZEuS 2013, 239 ff; *Kronenberger*, RAE 2013, 147 ff; *Marguery*, 20 MJ (2013), 282 ff; *Ritleng*, RTDE 2013, 267 ff; *Szwarc*, 20 EPL (2014), 229 ff; einschränkend in Reaktion darauf BVerfG, 24.4.2013 – 1 BvR 1215/07, Rn 88 ff.

205 Das Verwaltungshandeln der Mitgliedstaaten bleibt damit vom Geltungsanspruch der Unionsgrundrechte nur insoweit frei, als sich **kein Zusammenhang** mit einer unionsrechtlich geregelten Position herstellen lässt.[703]

3. Parallele Bindungen aus den Grundfreiheiten

206 Im Bereich des mitgliedstaatlichen Verwaltungsvollzugs überschneiden sich die Gewährleistungen der allgemeinen Rechtsgrundsätze auch mit den Vorgaben der Grundfreiheiten: So kann das allgemeine Verbot einer Diskriminierung nach der Staatsangehörigkeit (Art. 18 AEUV) verlangen, dass EU-Bürgern vor Behörden und Gerichten dieselben sprachlichen Sonderrechte eingeräumt werden, die den Angehörigen einer nationalen Minderheit des betroffenen Staates zustehen.[704] Allgemein dürfen danach Staatsangehörige anderer Mitgliedstaaten (im Anwendungsbereich des Unionsrechts) schon aufgrund der Grundfreiheiten durch das nationale Verwaltungsrecht und -verfahren nicht schlechter gestellt werden als die eigenen Staatsangehörigen; Einschränkungen ihrer Rechte dürfen nur unter Wahrung des Grundsatzes der Verhältnismäßigkeit erfolgen.[705] Dementsprechend finden sich Verfahrensgarantien auch im Sekundärrecht, das zu den Personenverkehrs-Grundfreiheiten erlassen wurde.[706] Auch im Bereich des freien Warenverkehrs leitet der EuGH konkrete Anforderungen an das mitgliedstaatliche Verwaltungsverfahren unmittelbar aus der Grundfreiheit selbst her.[707]

F. Schlussfolgerungen

207 Die Ausdifferenzierung und Komplexität der Verwaltung des Unionsrechts erscheint angesichts der Vielfältigkeit und Vielgestaltigkeit der Aufgaben in mancher Hinsicht kaum vermeidlich, auch wenn die fehlende Einheitlichkeit der sektoralen Lösungen den Überblick beeinträchtigt: Die Überantwortung des Verwaltungsvollzugs des Unionsrechts an die Mitgliedstaaten und an ihr Verwaltungsrecht – in den durch Art. 4 Abs. 3 EUV gezogenen Grenzen – konnte nur eine Minimallösung sein, die in vielen Bereichen nicht zu angemessenen Ergebnissen führt. Zur stärkeren Steuerung des Vollzugs ist daher die Schaffung sekundärrechtlicher Verfahrensvorgaben in vielen Bereichen

703 Für solche Fälle, in denen Verfahrensrechte des EU-Rechts erfolglos geltend gemacht wurden, s. zB in jüngerer Zeit EuGH, 7.11.2013, Rs. C-313/12 (Giuseppa Romeo), NVwZ 2013, 1600; dazu *Rigaux*, Europe 1/2014, 23 f.; EuGH, Rs. C-482/10 (Cicala), Slg 2011, I-14139; dazu *Rigaux*, Europe 2/2012, 18 f; zuvor zB EuGH, Rs. C-299/95 (Kremzow), Slg 1997, I-2629, Rn 16; EuGH, Rs. C-291/96 (Grado u. Bashir), Slg 1997, I-5531 = EuZW 1998, 220.

704 So zuletzt EuGH, 27.3.2014, Rs. C-322/13 (Grauel Rüffer), EuZW 2014, 393 m.Anm. *Hilpold*; zuvor EuGH, Rs. C-276/96 (Bickel u. Franz), Slg 1998, I-7650 = EuZW 1999, 82 m.Anm. *Novak*; dazu auch *Hilpold*, JBl. 2000, 93 ff; *Bultermann*, CMLR 36 (1999), 1325 ff; früher schon zu Art. 39 EGV (jetzt Art. 45 AEUV) EuGH, Rs. 137/84 (Mutsch), Slg 1985, 2681; zu den weitergehenden Sprachenvorgaben für die Unionsorgane s.o. Rn 188 f.

705 Dazu für den Fall der Ausweisung zB in neuerer Zeit EuGH, Rs. C-100/01 (Oteiza Olazabal), Slg 2002, I-10981 = EWS 2003, 176 m.Anm. *Gundel*; EuGH, Rs. C-482/01 u.a. (Orfanopoulos und Oliveri), Slg 2004, I-5257 = EuZW 2004, 402; zu den Konsequenzen für das deutsche Ausländerrecht BVerwG, 3.8.2004 – 1 C 30.02, BVerwGE 121, 297 = DVBl. 2005, 122. Zur Verhältnismäßigkeit als Hebel für die Anerkennung fremder Zulassungen und Prüfungen s.o. Rn 161 f.

706 S. etwa die Verfahrensgarantien bei der Ausweisung von Staatsangehörigen anderer Mitgliedstaaten in Art. 31 der RL 2004/38 des EP und des Rates v. 29.4.2004 „über das Recht der Unionsbürger und ihrer Familienangehörigen, sich im Hoheitsgebiet der Mitgliedstaaten frei zu bewegen und aufzuhalten [...]“, ABl. 2004 L 229/35; zu den (teils weitergehenden) Anforderungen in Art. 8–9 der (Vorgänger-)RL 64/221 s. EuGH, Rs. C-482/01 u.a. (Orfanopoulos und Oliveri), Slg 2004, I-5257, Rn 101 ff = EuZW 2004, 402; zur Vorgängerfassung der nun in Art. 30 RL 2004/38 vorgesehenen Pflicht des Mitgliedstaats, dem Betroffenen die Gründe der Ausweisung mitzuteilen, s. bereits EuGH, Rs. 36/75 (Rutili), Slg 1975, 1219, Rn 33 = EuR 1976, 237 m.Anm. *Stein*.

707 So zu den aus der Warenverkehrsfreiheit herzuleitenden Anforderungen an mitgliedstaatliche Zulassungsverfahren für Lebensmittelzusatzstoffe EuGH, Rs. C-95/01 (Greenham und Abel), Slg 2004, I-1333 = ZLR 2004, 193 m.Anm. *Streinz* u. Anm. *Jarvis*, CMLR 41 (2004), 1395 ff Rn 35: „Dieses Verfahren muß leicht zugänglich *sein und innerhalb eines angemessenen* Zeitraums abgeschlossen werden können; wenn es zu einer Ablehnung führt, muss die Ablehnungsentscheidung im Rahmen eines gerichtlichen Verfahrens angefochten werden können.“ Zur Verpflichtung zur Berücksichtigung von Zulassungen aus anderen Mitgliedstaaten s. bereits o. Rn 161.

unvermeidlich geworden, wobei der Zollsektor und der Bereich der Agrarpolitik vielfach die Rolle des Vorreiters übernommen haben. Schließlich können sogar Regelungen erforderlich werden, die der Kommission maßgeblichen Einfluss auf Einzelfallentscheidungen einräumen, und damit einem zentralen Vollzug nahe kommen.

Daneben scheint aber auch weitgehend Einigkeit darüber zu bestehen, dass ein solcher zentraler Vollzug durch die EU-Institutionen schon angesichts der geographischen Ausdehnung der EU in den meisten Bereichen keine sinnvolle Alternative bietet; die Union wird sich hier auf punktuelle Vorgaben durch Erlass einzelner Leitentscheidungen beschränken und auf deren Präjudizwirkung für die nationalen Verwaltungen in anderen Fällen vertrauen müssen (siehe exempl. zum Kartellrecht oben Rn 93 ff). 208

Auf der Gegenseite steht die Tatsache, dass die damit vorgezeichneten Kooperations- und Vernetzungslösungen, die die Koordination einerseits im Verhältnis zwischen Unionsorganen und mitgliedstaatlichen Verwaltungen, andererseits zwischen den parallel zueinander das Unionsrecht anwendenden nationalen Behörden sicherstellen sollen, zu komplexen Entscheidungsstrukturen führen müssen, die Zurechnung und Verantwortung häufig verschleiern und erhebliche Abgrenzungsprobleme im Detail aufwerfen. Zur Relativierung dieser Vorbehalte wird man allerdings einwenden können, dass es sich hier um Probleme handelt, die aus föderalen Strukturen (zum Ausgangsbild des Exekutivföderalismus siehe oben Rn 1) in traditionsreichen Staatsgebilden bereits vertraut sind. Die Ausgestaltung des Verwaltungsvollzugs des Unionsrechts bleibt damit eine Gratwanderung zwischen den Erfordernissen einer einheitlichen Anwendung des materiellen Rechts und den Vorteilen dezentraler Verwaltungsstrukturen. 209

§ 4 Rechtsschutz

Literatur: *Arnull*, The European Union and its Court of Justice, 2. Aufl., Oxford, 2006; *Bast*, Handlungsformen und Rechtsschutz, in: v. Bogdandy/Bast (Hrsg.), Europäisches Verfassungsrecht, 2. Aufl., Berlin, 2009, 489; *Bonichot*, Loin des théories: le refus de la Cour de justice d'imposer un modèle juridictionnel européen, RDP 2008, 754; *Brealey/Hoskins*, Remedies in EC Law, 2. Aufl., London, 1998; *Calliess*, Der EuGH als gesetzlicher Richter im Sinne des Grundgesetzes, NJW 2013, 1905; *Classen*, Die Europäisierung der Verwaltungsgerichtsbarkeit, Tübingen, 1996; *ders.*, Das nationale Verwaltungsverfahren im Kraftfeld des Europäischen Gemeinschaftsrechts, Die Verwaltung 31 (1998), 307; *ders.*, Der einzelne als Instrument zur Durchsetzung des Gemeinschaftsrechts?, VerwArch. 88 (1997), 645; *ders.*, Effektive und kohärente Justizgewährleistung im europäischen Rechtsschutzverbund, JZ 2006, 157; *Cremer*, Zum Rechtsschutz des Einzelnen gegen abgeleitetes Unionsrecht nach dem Vertrag von Lissabon, DÖV 2010, 58; *von Danwitz*, Verwaltungsrechtliches System und europäische Integration, Tübingen, 1996; *ders.*, Funktionsbedingungen der Rechtsprechung des Europäischen Gerichtshofes, EuR 2008, 769; *Dittert*, Die neue Verfahrensordnung des EuGH, EuZW 2013, 726; *Dörr/Lenz*, Europäischer Verwaltungsrechtsschutz, Baden-Baden, 2006; *Dünchheim*, Verwaltungsprozessrecht unter europäischem Einfluss, Berlin, 2003; *Durner*, Die Unabhängigkeit nationaler Richter im Binnenmarkt, EuR 2004, 547; *Ehlers*, Die Europäisierung des Verwaltungsprozessrechts, Köln, 1999; *Everling*, Überlegungen zum Verfahren vor den Gerichten der Europäischen Gemeinschaften, in: FS Rodríguez Iglesias, Berlin, 2003, S. 537; *ders.*, Das Verfahren der Gerichte der EG im Spiegel der verwaltungsgerichtlichen Verfahren der Mitgliedstaaten, in: FS Starck, Tübingen, 2007, S. 535; *ders.*, Die Mitgliedstaaten der Europäischen Union unter Aufsicht von Kommission und Gerichtshof, in: FS Isensee, Heidelberg, 2007, S. 773; *ders.*, Zur Gerichtsbarkeit der Europäischen Union, in: FS Rengeling, Köln u.a., 2008, S. 527; *ders.*, Rechtsschutz in der Europäischen Union nach dem Vertrag von Lissabon, in: Schwarze/Hatje (Hrsg.), Der Reformvertrag von Lissabon, Baden-Baden, 2009, S. 71; *Frenz*, Handbuch Europarecht 5 – Wirkungen und Rechtsschutz, Berlin, 2010, Teile IV und V; *Germelmann*, Neue Wege in der Rechtsprechung des EuGH zu nationalen Rechtskraftregeln?, EWS 2007, 392; *ders.*, Die Rechtskraft von Entscheidungen in der Europäischen Union, Tübingen, 2009; *Gundel*, Rechtsschutzlücken im Gemeinschaftsrecht? – Der Fall des Sekundärrechts ohne nationale Vollzugsakte, VerwArch. 92 (2001), 81; *ders.*, Die Rechtsprechung zur Individualklagebefugnis des Art. 263 Abs. 4 AEUV nach dem Vertrag von Lissabon, EWS 2014, 22; *Hess*, Rechtsfragen des Vorabentscheidungsverfahrens, RabelsZ 66 (2002), 470; *Hofmann*, Rechtsschutz und Haftung im europäischen Verwaltungsverbund, Tübingen, 2004; *Kadelbach*, Allgemeines Verwaltungsrecht unter europäischem Einfluss, Tübingen, 1998; *Kment*, Die Stellung nationaler Unbeachtlichkeits-, Heilungs- und Präklusionsvorschriften im europäischen Recht, EuR 2006, 201; *Kokott/Sobotta*, Der EuGH – Blick in eine Werkstatt der Integration, EuGRZ 2013, 465; *Leible/Terhechte* (Hrsg.), Europäisches Rechtsschutz- und Verfahrensrecht, EnzEuR III, 2014; *Lenaerts*, The Rule of Law and the Coherence of the Judicial System of the European Union, CMLR 2007, 1625; *Masing*, Die Mobilisierung des Bürgers für die Durchsetzung des Rechts, Berlin, 1997; *Müller-Graff/Scheuing* (Hrsg.), Gemeinschaftsgerichtsbarkeit und Rechtsstaatlichkeit, Baden-Baden, 2008; *Nettesheim*, Effektive Rechtsschutzgewährleistung im arbeitsteiligen System europäischen Rechtsschutzes, JZ 2002, 928; *ders.*, Subjektive Rechte im Unionsrecht, AöR 2007, 330; *Oppermann*, Die Dritte Gewalt in der Europäischen Union, DVBl. 1994, 901; *Pechstein*, EU-Prozessrecht, 4. Aufl., Tübingen, 2011; *Pernice*, Die Dritte Gewalt im europäischen Verfassungsverbund, EuR 1996, 27; *Rademacher*, Realakte im Rechtsschutzsystem der Europäischen Union, 2014; *Rengeling/Middeke/Gellermann*, Handbuch des Rechtsschutzes in der Europäischen Union, 3. Aufl., München, 2014; *Rideau/Picod*, Code des procédures juridictionnelles de l'Union européenne, 2. Aufl., Paris, 2002; *Röhl*, Die anfechtbare Entscheidung nach Art. 230 Abs. 4 EGV, ZaöRV 60 (2000), 331; *Sachs*, Die ex-officio-Prüfung durch die Gemeinschaftsgerichte, Tübingen, 2008; *Schermers/Waelbroeck*, Judicial Protection in the European Union, 6. Aufl., Den Haag, 2001; *Schoch*, Individualrechtsschutz im deutschen Umweltrecht unter dem Einfluss des Gemeinschaftsrechts, NVwZ, 1999, 457; *ders.*, Europäisierung des allgemeinen Verwaltungsrechts und des Verwaltungsprozessrechts, NordÖR 2002, 1; *ders.*, Die europäische Perspektive des Verwaltungsverfahrens- und Verwaltungsprozessrechts; in: Schmidt-Aßmann/Hoffmann-Riem (Hrsg.), Strukturen des Europäischen Verwaltungsrechts, Baden-Baden, 1999, S. 279; *ders.*, Gerichtliche Verwaltungskontrollen, in: Hoffmann-Riem/Schmidt-Aßmann/Voßkuhle (Hrsg.), Grundlagen des Verwaltungsrechts *III, 2. Aufl., München, 2013, § 50*; *Schwarze*, Europäische Rahmenbedingungen für die Verwaltungsgerichtsbarkeit, NVwZ 2000, 241; *Schwensfeier*, The TWD-principle post Lisbon, ELR 2012, 156; *Steinbeiß-Winkelmann*, Europäisierung des Verwaltungsrechtsschutzes, NJW 2010, 1233; *Thiele*, Europäisches Prozessrecht, München, 2. Aufl. 2014; *Tonne*, Effektiver Rechtsschutz durch staatliche Gerichte als Forderung des Europäischen Gemeinschaftsrechts, Köln, 1997; *Wägenbaur*, EU Court of Justice – Statute and Rules of Procedure, München, 2013; *Wegener*, Der Numerus Clausus der Klagearten – Eine Gefahr für die Effektivität des Rechtsschutzes im Gemeinschaftsrecht?, EuGRZ 2008, 354; *Zuleeg*, Die Rolle der rechtsprechenden Gewalt in der EU, JZ 1994, 1; *ders.*, Die Europäische Gemeinschaft als Rechtsgemeinschaft, NJW 1994, 545.

A. Grundlagen

I. Grundprinzipien des europäischen Rechtsschutzverbundes

Die Europäische Union ist „eine Rechtsgemeinschaft (...), in der weder die Mitgliedstaaten noch 1
die Gemeinschaftsorgane der Kontrolle daraufhin entzogen sind, ob ihre Handlungen im Einklang mit der Verfassungsurkunde der Gemeinschaft, dem EG-Vertrag stehen, und ... mit diesem Vertrag (ist) ein umfassendes Rechtsschutzsystem geschaffen worden .., innerhalb dessen dem Gerichtshof

die Überprüfung der Rechtmäßigkeit der Handlungen der Organe übertragen ist."[1] Mit diesen Worten betont der Europäische Gerichtshof in ständiger Rechtsprechung und in Übereinstimmung mit der Literatur die in Art. 19 Abs. 1 EUV verankerte Aufgabe der europäischen Gerichtsbarkeit, das Recht bei Auslegung und Anwendung des Vertrages zu wahren und so den Charakter der Union als Rechtsgemeinschaft zu erhalten. Zugleich wird damit **umfassender** und **effektiver Rechtsschutz** in der unionsrechtlichen Verfassungsordnung gewährleistet. Für den individualrechtlichen Justizgewährleistungsanspruch bilden Art. 6 und 13 EMRK sowie die nationalen Rechtstraditionen und nunmehr auch Art. 47 GRC die maßgebliche Grundlage;[2] unter den Voraussetzungen des Art. 52 GRC sind allerdings Einschränkungen zulässig.[3] In den Beziehungen zwischen den Organen sichert der Gerichtshof durch die Kontrolle der jeweiligen Befugnisse das zwischen den Organen bestehende institutionelle Gleichgewicht.[4]

2 Der Grundsatz effektiven Rechtsschutzes enthält eine Reihe von – teilweise gegenläufigen – Aussagen.[5] Der Forderung nach **voller Überprüfbarkeit** einer Entscheidung in tatsächlicher und rechtlicher Hinsicht stehen **Grenzen** in Form von Beurteilungs- und Ermessensspielräumen gegenüber, die aus dem Wesen einer spezifisch rechtlichen Kontrolle resultieren (vgl auch Rn 37). Diesen Spielräumen korrespondiert die Verpflichtung der Entscheidungsträger, ihre Entscheidungen sachgerecht zu begründen. **Fristen** für die Möglichkeit der Anfechtung von Entscheidungen oder auch für ein bestimmtes Vorbringen im Rahmen eines Gerichtsverfahrens sind grundsätzlich zulässig, weil nur sie das Ziel eines Gerichtsverfahrens, Rechtssicherheit zu bewirken, auch tatsächlich gewährleisten. Diese Fristen müssen aber so lang bemessen sein, dass dem Betroffenen die reale Chance der Anrufung eines Gerichtes bleibt (vgl auch Rn 114). Ist endgültiger Rechtsschutz nicht rechtzeitig zu erlangen, muss **vorläufiger Rechtsschutz** gewährleistet werden. Dieser darf aber die **Durchsetzung getroffener Entscheidungen** nicht unangemessen behindern (vgl auch Rn 82 ff, 117 ff). Hier muss jeweils ein sachgerechter Ausgleich gefunden werden.

3 Bereitgestellt wird der Rechtsschutz zum Teil durch die europäischen, im Übrigen durch die nationalen Gerichte. Da die europäische Rechtsordnung keine in sich geschlossene Ordnung darstellt, sondern für ihre Anwendung und ihren Vollzug vielfach ergänzend nationale Rechtsvorschriften herangezogen werden müssen, können die Zuständigkeiten beider Gerichtsbarkeiten nicht pauschal nach dem für eine gerichtliche Entscheidung maßgeblichen Recht abgegrenzt werden. Vielmehr definieren die Verträge entsprechend dem Grundsatz der begrenzten Einzelermächtigung (Art. 5 Abs. 1 EUV) nach dem **Enumerationsprinzip** die – insoweit ausschließlichen – **Zuständigkeiten der europäischen Gerichte**. Zugleich verlangen die eingangs genannten Anforderungen, dass europäisches und nationales Prozessrecht einen **kohärenten Rechtsschutzverbund** gewährleisten.[6] Wenn und soweit der vom Unionsrecht geforderte Rechtsschutz auf europäischer Ebene nicht vor-

1 Zur früheren Gemeinschaft EuGH, Rs. C-314/91 (Weber), Slg 1993, I-1093, Rn 8; Rs. C-15/00 (Kommission/EIB), Slg 2003, I-7281, Rn 75; fast identisch zuvor schon Rs. 224/83 (Les Verts), Slg 1986, 1339, Rn 23. Dazu auch *Schmahl*, § 6, Rn 5, 25, 54 ff. Zum grundlegenden Charakter der Rechtsschutzgarantie ferner EuGH, Rs. C-432/05 (Unibet), Slg 2007, I-2271, Rn 49 ff; EuGH, Rs. C-402/05 P (Kadi), Slg 2008, I-6351, Rn 316. Neuerdings spricht der EuGH von „Rechtsunion"; siehe EuGH, Rs. C-550/09 (E und F), Slg 2010, I-6213, Rn 44; verb. Rs. 584/10 P u.a. (Kommission u.a./Kadi), Urt. v. 18.7.2013, Rn 66.

2 EuGH, Rs. 222/84 (Johnston), Slg 1986, 1651, Rn 18; Rs. 222/86 (Unectef), Slg 1987, 4097, Rn 14; Rs. C-50/00 P (UPA), Slg 2002, I-6677, Rn 39; Rs. C-263/02 P (Jégo Quéré), Slg 2004, I-3425, Rn 30. Sogar nationale Gerichte können sich, wenn ihre Aufgaben durch Rechtsverstöße von Unionsorganen beeinträchtigt werden, an den EuGH wenden; s. zur Weigerung der Kommission, ein nationales Strafverfahren zu unterstützen, EuGH, Rs. C-2/88 Imm. (Zwartveld), Slg 1990, I-3365, Rn 21 ff. Ausführlich dazu etwa jüngst *Pabel*, Justizgrundrechte, in: Grabenwarter (Hrsg.), EnzEuR II, § 19 Rn 18 ff.

3 Dazu im Kontext des Sicherheitsrechts etwa einerseits EuGH, Rs. C-300/11 (ZZ), Urt. v. 4.6.2013, Rn 51 f; andererseits Rs. C-584/10 P (Kadi II), Urt. v. 18.7.2013, Rn 101 ff.

4 Dazu EuGH, Rs. C-70/88 (Parlament/Rat), Slg 1990, I-2041, Rn 23; ausführlich *Pechstein*, Rn 4 ff. Jüngst spricht der EuGH von Gewaltenteilung, siehe EuGH, Rs. C-413/11 (Germanwings), Urt. v. 18.4.2013, Rn 16.

5 Dazu etwa *Schmidt-Aßmann*, in: Schoch/Schneider/Bier, VwGO, Einleitung, Rn 152 ff.

6 Zur Kohärenz s. EuGH, Rs. 314/85 (Foto-Frost), Slg 1987, 4199, Rn 16; Rs. C-92/89 (Süderdithmarschen), Slg 1991, I-415, Rn 18. S. ferner allg. *Zuleeg*, JZ 1994, 1 ff; *Classen*, JZ 2006, 157 ff; *Lenaerts*, CMLR 2007, 1625 ff; *Schoch*, GVwR III, § 50 Rn 26 ff. Vgl noch bei Rn 109 ff.

gesehen ist, muss er von den **nationalen Gerichten** gewährleistet werden; bei diesen liegt die **Regelzuständigkeit** für Rechtsstreitigkeiten (Art. 19 Abs. 1 Unterabs. 2 EUV nF; dazu Rn 107 ff).[7]

Die **Zuständigkeitsverteilung** zwischen **nationalen und europäischen** Gerichten lässt sich grob wie folgt skizzieren: Für die institutionellen, „verfassungsrechtlichen" Streitigkeiten zwischen europäischen Institutionen, zwischen diesen und Mitgliedstaaten sowie zwischen Mitgliedstaaten sind die europäischen Gerichte zuständig, und zwar konkret (überwiegend) der Gerichtshof. Für Klagen von natürlichen und juristischen Personen direkt gegen administratives Unionshandeln sind ebenfalls die europäischen Gerichte zuständig, und zwar im Grundsatz das Gericht. Im Übrigen ist Rechtsschutz Sache der nationalen Gerichte. Klagen gegen nationale Rechtsakte, die Unionsrecht vollziehen, müssen daher, auch wenn sie auf Unionsrecht gestützt sind, hier erhoben werden. Selbst soweit Rechtsakte der Union keinen Durchführungsakt nach sich ziehen, müssen nationale Gerichte Rechtsschutz bereitstellen, soweit dieser nicht vor europäischen Gerichten gemäß Art. 263 Abs. 4 AEUV zu erlangen ist (Rn 110). Soweit ein Fall keinen Bezug zum nationalen Rechtsraum aufweist, weil es allein um einseitiges Handeln von Unionsstellen geht und daher für eine Zuständigkeit nationaler Gerichte jeder Anknüpfungspunkt fehlt, ist nach der Logik der Verträge die Unionsgerichtsbarkeit gefordert und muss – ggf. rechtsfortbildend – Zuständigkeiten begründen. Bislang hat sie dies auch immer getan.[8] Soweit es umgekehrt im Kern um nationales Handeln geht, ist Rechtsschutz Sache der nationalen Gerichte. Daher kann die europäische Gerichtsbarkeit insbesondere in den Fällen, in denen EU-Rechtsakte auf der Grundlage vorbereitender nationaler Akte ergehen, nicht inzident die Rechtmäßigkeit nationalen Handelns am Maßstab des nationalen Rechts überprüfen. In diesen Fällen ist Rechtsschutz direkt auf nationaler Ebene zu suchen.[9] 4

Europäische und nationale Gerichte stehen nicht beziehungslos nebeneinander. Im Rahmen des **Vorlageverfahrens** nach Art. 267 AEUV können, ja müssen sie ggf. in einen **Dialog** miteinander eintreten. Allein dadurch wird gewährleistet, dass in unionsrechtlichen Fragen der Europäische Gerichtshof letztverbindlich entscheidet. Daher dürfen etwa nationale Gerichte, auch wenn sie zur Gewährung von Rechtsschutz berufen sind, bestehende EU-Rechtsakte nicht außer Anwendung lassen. Halten sie einen solchen Akt für ungültig, müssen sie die Frage nach dessen Gültigkeit unabhängig davon dem Gerichtshof vorlegen, ob sie letztinstanzlich entscheiden oder nicht.[10] Dem **EuGH** kommt damit zugleich – jenseits der einzelnen Rechtsstreitigkeiten – eine wichtige **Orientierungsfunktion** für die Anwendung des europäischen Rechts durch die nationalen Gerichte insgesamt zu. Ferner erfasst die allgemeine Verpflichtung zur Unionstreue nach Art. 4 Abs. 3 EUV trotz der richterlichen Unabhängigkeit im Grundsatz auch die nationalen Gerichte (dazu auch *Marauhn*, § 7, Rn 41). Hierdurch können weitere Kooperationspflichten, insbesondere auch mit der Kommission, begründet werden.[11] Da die Fragen der Gewährung von Rechtsschutz vielfach mit dem jeweils anwendbaren Recht zusammenhängen, finden sich Ausführungen zu spezifischen Problemen auch in zahlreichen Beiträgen des Besonderen Teils dieses Handbuches. 5

II. Struktur der europäischen Gerichtsbarkeit

Der **Gerichtshof der Europäischen Union** ist mittlerweile **dreistufig** strukturiert (dazu auch *Bieber*, § 1, Rn 82 ff). An der Spitze steht der **Gerichtshof (EuGH)**. Die Regelzuständigkeit für erstinstanzliche Klagen liegt beim **Gericht (EuG)**; dem Gerichtshof sind insoweit nur Vorabentscheidungsverfahren und im Grundsatz die von Organen und den Mitgliedstaaten gegen Rat bzw Parlament 6

7 EuGH, Rs. C-50/00 P (UPA), Slg 2002, I-6677, Rn 40; Rs. C-263/02 P (Jégo Quéré), Slg 2004, I-3425, Rn 31; *Lenaerts, CMLR 2007, 1625, 1645.*

8 Siehe zur früher nicht geregelten Passivlegitimation bestimmter Institutionen bei Klagen gegen deren Rechtsakte die in Fn 1 genannten Urteile in den Rs. Les Verts, Weber und Kommission/EIB sowie zur „Subsumtion" der ungerechtfertigten Bereicherung unter die Amtshaftungsvorschriften Rn 60.

9 EuGH, Rs. C-97/91 (Borelli), Slg 1992, I-6313, Rn 7 ff; Rs. C-269/99 (Carl Kühne u.a.), Slg 2001, I-9517, Rn 37 u.a.; dazu Rn 112.

10 EuGH, Rs. 314/85 (Foto-Frost), Slg 1987, 4199, Rn 11 ff; dazu näher Rn 75, 118.

11 Dazu etwa EuGH, Rs. C-234/89 (Delimitis), Slg 1991, I-935, Rn 13 ff; Rs. C-344/98 (Masterfoods), Slg 2000, I-11369, Rn 47 ff, 132.

erhobenen Klagen zugewiesen (zu Einzelheiten siehe Art. 256 AEUV iVm Art. 51 Satzung des Gerichtshof). Für spezielle Gebiete können Fachgerichte geschaffen werden (Art. 257 AEUV), wie dies im Jahre 2004 mit dem **Gericht für den öffentlichen Dienst** der europäischen Union geschehen ist (Beschluss des Rates vom 2.11.2004, 2004/752/EG, Euratom, ABl. 2004 L 333/7; dazu noch Rn 66 und 98). Wird die gleiche Frage vor EuG und EuGH parallel aufgeworfen, sieht Art. 54 Abs. 3 Satzung für beide Gerichte die Möglichkeit der Aussetzung bis zur Entscheidung des anderen Gerichts vor; das EuG kann sich auch für unzuständig erklären und damit den Fall an den EuGH abgeben. Da natürliche und juristische Personen in den am EuG zu führenden Verfahren besser mitwirken können, dort auch eine überzeugendere Tatsachenaufklärung möglich ist und zum Teil die Entscheidungskompetenzen bei der Ermessenskontrolle weiter gehen,[12] setzt in der Praxis allerdings umgekehrt der EuGH häufig das Verfahren bis zur Entscheidung des EuG aus.

7 **Zusammengesetzt** ist der Gerichtshof aus einem Richter je Mitgliedstaat, seit dem Jahre 2013 also aus **28 Richtern**. Damit wird gewährleistet, dass alle nationalen Rechtskulturen der Union im EuGH vertreten sind. Allerdings judiziert der Gerichtshof praktisch durchweg nicht als Plenum.[13] Im Regelfall sind **Kammern** von 3 oder 5 Richtern zur Urteilsfindung berufen (Art. 16 Satzung; zur Bildung der Kammern und ihrer Besetzung mit Richtern siehe Art. 27 ff VfO EuGH). Die mit 15 Richtern besetzte Große Kammer entscheidet, wenn ein Mitgliedstaat oder ein Unionsorgan am Verfahren beteiligt ist und dies beantragt. Das Plenum ist nur zuständig für Amtsenthebungsverfahren gegen Mitglieder eines Unionsorgans sowie für Rechtssachen, denen nach Ansicht des Gerichtshofes eine außergewöhnliche Bedeutung zukommt. Die Kammern werden jeweils für drei Jahre gebildet. Für die **Verteilung der Rechtssachen** auf die Kammern (Art. 251 AEUV, Art. 16 Satzung, Art. 60 VfO) gibt es keine verbindlichen Regeln.[14]

8 Der Gerichtshof wird von (derzeit 9, ab 2015 11) **Generalanwälten** unterstützt (Art. 252 AEUV, Art. 8 Satzung).[15] In wichtigeren Fällen stellen sie am Ende einer mündlichen Verhandlung in voller Unabhängigkeit Schlussanträge, in denen der Streitstoff tatsächlich und rechtlich ausführlich gewürdigt wird. Die Generalanwälte sind Mitglieder des Gerichtshofes, nicht aber Richter. Mit nationalen Institutionen wie dem deutschen Vertreter des öffentlichen Interesses oder dem (früheren) französischen Commissaire du gouvernement sind sie kaum zu vergleichen.

9 **Ernannt** werden kann zum Richter oder zum Generalanwalt, wer jede Gewähr für Unabhängigkeit bietet und im betreffenden Staat die für die höchsten richterlichen Ämter erforderlichen Voraussetzungen erfüllt oder Jurist von anerkannt hervorragender Befähigung ist. Ernannt werden beide durch die Regierungen der Mitgliedstaaten im gegenseitigen Einvernehmen auf sechs Jahre (Art. 253 AEUV). Damit weisen beide eine ausgesprochen starke mitgliedstaatliche Legitimation auf. Mit dem Vertrag von Lissabon wurde ein siebenköpfiger Ausschuss geschaffen, der zu den Vorschlägen der Mitgliedstaaten eine Stellungnahme abgibt (Art. 255 AEUV).[16]

10 Ähnlich ist die Rechtslage mit Blick auf das **Gericht**. Dieses setzt sich ebenfalls aus 28 Richtern zusammen (Art. 48 Satzung), kennt allerdings keine eigenständigen Generalanwälte. Zur Linderung der großen Arbeitslast hat der Gerichtshof dem Rat vorgeschlagen, die Zahl auf 39 zu erhöhen. Streit gibt es um das Auswahlverfahren. Derzeit ist beabsichtigt, die Qualifikation als Kriterium heranzuziehen, über die dann der erwähnte Ausschuss (Rn 9) zu entscheiden hätte. Auch beim Gericht werden für die Alltagsarbeit **Kammern** mit 3 und 5 Richtern gebildet. Einfache Sachen können sogar einem Einzelrichter übertragen werden; besondere Umstände rechtfertigen eine Verweisung an die Große Kammer (13 Richter) oder das Plenum (Art. 50 Satzung, Art. 10 ff VfO

12 Dazu GA Cosmas, EuGH, Rs. C-344/98 (Masterfoods), Slg 2000, I-11369, Rn 52 ff; *Nemitz*, DÖV 2000, 437.

13 Zu den damit verbundenen Problemen *v. Danwitz*, EuR 2008, 769, 776 ff.

14 Zur Vereinbarkeit mit dem (europäisch verstandenen) Prinzip des gesetzlichen Richters EuGH, Rs. C-7/94 (Gaal), Slg 1995, I-1031, Rn 10 ff. Zur Praxis *Kokott/Sobotta*, EuGRZ 2013, 468 ff; *Gundel*, in: Müller-Graff/Scheuing, S. 23, 32 ff, ausführlich (und kritisch) *Puttler* ebd., S. 133 ff. Das EuG hat flexible Regeln (aktuell ABl. 2013 C 313/4); zu deren Vereinbarkeit mit Art. 47 GRC EuGH, Rs. C-127/13 P (Strack), Urt. v. 2.10.2014, Rn 50 ff.

15 IVm Beschluss des Rates 2013/336 vom 25.6.2013, ABl. 2013 L 179/92.

16 Zu dessen Arbeit *Kokott/Sobotta*, EuGRZ 2013, 466 f.

EuG). Auch die Voraussetzungen und Verfahren der Richterernennung sind im Grundsatz ähnlich wie beim EuGH formuliert (Art. 254 Abs. 2 AEUV). Das **Gericht für den öffentlichen Dienst** ist mit sieben Richtern besetzt und kennt gleichfalls Kammern mit 3 (und, bisher theoretisch, mit 5) Richtern; in Ausnahmefällen können auch hier Einzelrichter bzw das Plenum entscheiden.

Die Gerichte verfügen jeweils über einen von ihnen ernannten **Kanzler**, der die betreffende Gerichtsverwaltung leitet. Die maßgeblichen **rechtlichen Grundlagen** für Organisation und Verfahren der europäischen Gerichtsbarkeit finden sich in den Verträgen, in der vertraglich von den Mitgliedstaaten vereinbarten, aber vereinfacht änderbaren Satzung und in den von den jeweiligen Gerichten mit Zustimmung des Rates, im Fall von EuG und GöD auch mit Zustimmung des EuGH beschlossenen Verfahrensordnungen. 11

III. Die Stellung der europäischen Gerichtsbarkeit im europäischen Institutionengefüge

Die Stellung der europäischen Gerichtsbarkeit im Kreis der europäischen Institutionen entspricht im Grundsatz der aller Gerichte im modernen gewaltenteilenden demokratischen Rechtsstaat. Zwar lässt sich die institutionelle Struktur der EU insgesamt nicht mit der eines Staates vergleichen. Vor allem legislative und exekutive Funktionen sind deutlich abweichend von den (zudem zwischen den Mitgliedstaaten stark divergierenden) nationalen Modellen auf die Unionsorgane verteilt. Demgegenüber ist die Rechtsprechung im Wesentlichen in allen Mitgliedstaaten ähnlich organisiert. Art. 6 EMRK gibt insoweit ohnehin gewisse Vorgaben. Dementsprechend kennt auch die europäische Gerichtsbarkeit die einschlägigen **institutionellen Garantien**, nämlich persönliche und sachliche **Unabhängigkeit** der Richter (einschließlich der Generalanwälte) einerseits, besondere **Förmlichkeit des Verfahrens** andererseits. Die Struktur des Rechtsschutzsystems ist dabei vom (zeitlichen) Vorrang der politischen Aktion gekennzeichnet, die der Richter anschließend rechtlich kontrolliert, der er aber nicht im Vorfeld Vorgaben machen darf. So gibt es keine Verpflichtungs-, sondern nur eine Untätigkeitsklage (Rn 20, 38),[17] und einstweiliger Rechtsschutz setzt ein Hauptsacheverfahren voraus (Rn 84), was präventiven Rechtsschutz ausschließt.[18] Im Verhältnis zu den anderen Institutionen betont der Gerichtshof regelmäßig seine Aufgabe einer spezifisch rechtlichen Kontrolle; er dürfe seine Beurteilungen nicht an die Stelle der anderen Unionsorgane setzen, ohne gegen den Grundsatz des **institutionellen Gleichgewichts** zwischen den Organen zu verstoßen (Rn 36)[19] – ein Begriff, der funktional dem der Gewaltenteilung auf staatlicher Ebene ähnelt.[20] 12

Aufgabe der europäischen Gerichtsbarkeit ist die **Rechtsprechung**, also die letztverbindliche Entscheidung von Streitigkeiten allein am Maßstab des Rechts. Bewusst weit ausgreifend formuliert der Vertrag dabei die Aufgabe der „Wahrung des Rechts bei der Auslegung und Anwendung der Verträge" (Art. 19 EUV). Trotz dieses Hinweises allein auf die Verträge bildet den Maßstab für eine Entscheidung des EuGH das **gesamte**, jeweils als Maßstab anwendbare **Unionsrecht**. Anders als etwa beim Internationalen Gerichtshof in Den Haag gibt es also keine rechtsquellenmäßige Begrenzung (vgl insoweit Art. 38 Abs. 1 des IGH-Statuts). Daher gehören hierher neben dem Vertragsrecht als solchem auch die in Art. 288 AEUV aufgeführten Rechtsakte sowie die von der Union abgeschlossenen völkerrechtlichen Verträge (dazu Art. 216 Abs. 2 AEUV), soweit sie in der Unionsrechtsordnung unmittelbar anwendbar sind.[21] Weiterhin enthält Art. 19 Abs. 1 EUV mit der Differenzierung zwischen Recht und Verträgen die ausdrückliche Legitimation, über das geschrie- 13

17 Zum Zusammenhang dieser Konstruktion mit dem Verständnis richterlicher Aufgaben siehe *Classen*, Europäisierung, S. 38.

18 Dies alles wird vom BVerfG in seinem Vorlagebeschluss zum OMT-Beschluss des EZB-Rates (2 BvR 2728/13 vom 14.1.2014) übergangen. Es scheint nicht vorstellbar, dass der EuGH den (wie auch immer zu verstehenden) Handlungsrahmen der EZB abstrakt mit der vom BVerfG gewünschten Präzision definiert.

19 EuGH, Rs. 191/82 (Fediol), Slg 1983, 2913, Rn 29 f; ferner EuGH, Rs. 25/70 (Köster), Slg 1970, 1161, Rn 9; Rs. C-70/88 (Parlament/Rat), Slg 1990, I-2041, Rn 21 f; dazu auch *Schmahl*, § 6, Rn 19.

20 Jüngst zu diesem Begriff EuGH, Rs. C-413/11 (Germanwings), Urt. v. 18.4.2013, Rn 16. Vgl auch *Bieber* (§ 1, Rn 9, aber kritisch zum Begriff Rn 19); in der Sache zurückhaltend demgegenüber aber etwa *Zuleeg*, NJW 1994, 545, 548.

21 Dazu etwa EuGH, Rs. 104/81 (Kupferberg), Slg 1982, 3641, Rn 18 ff; Rs. C-104/97 P (Atlanta), Slg 1999, I-6983, Rn 17 f; Rs. C-149/96 (Portugal/Rat), Slg 1999, I-8395, Rn 34 ff.

bene Recht hinaus **richterrechtlich allgemeine Rechtsgrundsätze** zu entwickeln. Von dieser auch schöpferischen Aufgabe hat der Gerichtshof regen Gebrauch gemacht (dazu *Borchardt*, § 15, insbesondere Rn 57 ff). Er befindet sich dabei in guter Übereinstimmung mit der europaweit weitgehend konsentierten Rolle der Justiz,[22] wie sie in Deutschland, allerdings nicht überall in der Europäischen Union, unter dem Stichwort „Rechtsfortbildung" auch terminologisch eigenständig verstanden wird. Zur Rechtfertigung seines Vorgehens verweist der Gerichtshof auf das **Verbot der Rechtsverweigerung.** In der Sache hat er sich vor allem darum bemüht, europarechtliche Bestimmungen auch praktisch wirksam werden zu lassen[23] und zudem bei erkennbaren Regelungslücken – genannt seien traditionell vor allem die Grundrechte[24] und das allgemeine Verwaltungsrecht[25] – tragfähige Lösungen zu finden. Der Vertrag fungiert insoweit als Grenze. Inhaltlich orientiert sich der Gerichtshof vor allem an den mitgliedstaatlichen Rechtsordnungen im Sinne einer „wertenden Rechtsvergleichung".

B. Verfahren vor der europäischen Gerichtsbarkeit

14 Entsprechend der Bestimmung der Zuständigkeiten der europäischen Gerichtsbarkeit nach dem Enumerationsprinzip lassen sich mehrere **Verfahrensarten** unterscheiden. Einige Verfahren sind unmittelbar auf rechtsverbindliche **Entscheidung** eines **Streites** ausgelegt (Rn 16 ff), andere dienen der **Klärung abstrakter Rechtsfragen** (Rn 69 ff). Bei den streitentscheidenden Verfahren lassen sich solche unterscheiden, bei denen Handeln der Union, und solche, bei denen mitgliedstaatliches Handeln den Streitgegenstand bildet. Mitgliedstaatliches Handeln kann nur im Rahmen eines Vertragsverletzungsverfahrens auf den Prüfstand eines Gerichts der Union gestellt werden, und zwar allein auf Antrag der Kommission oder eines Mitgliedstaates; im Übrigen sind die nationalen Gerichte zur Rechtsschutzgewähr aufgerufen.

15 Im Einzelnen lassen sich auf europäischer Ebene je nach Rechtsschutzziel mehrere Verfahrensarten unterscheiden. Bei den streitigen Verfahren einschlägig ist die **Nichtigkeitsklage**, wenn ein unionsrechtlicher Rechtsakt aufgehoben werden soll, die **Untätigkeitsklage**, wenn ein Unionsorgan (überhaupt) nicht tätig geworden ist, und die **Schadensersatzklage**, wenn ein Amtshaftungs- (oder auch Bereicherungs)anspruch geltend gemacht wird. Andere Rechtsschutzziele können grundsätzlich nicht verfolgt werden, doch geht der EuGH davon aus, dass mit diesen drei Klagearten **umfassender Rechtsschutz** gewährt werden kann: Beim Streit um einen Realakt ist zunächst – mittels Nichtigkeits- oder Untätigkeitsklage – eine entsprechende Entscheidung herbeizuführen oder anderweitig inzident Rechtsschutz zu suchen.[26] Bei den gerichtlichen Verfahren, die nicht unmittelbar auf eine rechtliche Entscheidung abzielen, sind vor allem das **Vorabentscheidungsverfahren** zu nennen, das einen richterlichen Dialog mit den nationalen Gerichten ermöglicht, sowie das für in Aussicht

---

22 *David/Jauffret-Spinosi*, Les grands systèmes de droit contemporains, 2000, Rn 78, 88 ff, ferner zum Common Law Rn 287 ff; aus deutscher Sicht BVerfG 8. April 1987 – 2 BvR 687/85 – BVerfGE 75, 223, 242 ff; s. ferner *Zuleeg*, JZ 1994, 1, 6.

23 EuGH, Rs. 26/62 (van Gend & Loos), Slg 1963, 1, 25, zur unmittelbaren Wirkung des EG-Vertrages; Rs. 6/64 (Costa/ENEL), Slg 1964, 1251, 1279, zum Vorrang des Gemeinschaftsrechts gegenüber nationalem Recht; Rs. 41/74 (van Duyn), Slg 1974, 1337, Rn 12 ff, zur unmittelbaren Wirkung von Richtlinien.

24 EuGH, Rs. 11/70 (Internationale Handelsgesellschaft), Slg 1970, 1125, Rn 3; Rs. 4/73 (Nold), Slg 1974, 491, 573.

25 EuGH, verb. Rs. 7/56 und 3 – 7/57 (Algera), Slg 1957, 83, 118 zur Rücknahme von Verwaltungsakten und Rs. C-6/90 (Francovich), Slg 1991, I-5357, Rn 31 ff zur Haftung von Mitgliedstaaten wegen Verstoßes gegen Gemeinschaftsrecht.

26 S. etwa für den ersten Ansatz für einen Zahlungsanspruch EuGH, Rs. 44/81 (Deutschland/Kommission), Slg 1982, 1855, Rn 6, für den zweiten Ansatz EuG, Rs. T-193/04 (Tillack), Slg 2006, II-3995, Rn 80. Umfassend jetzt *Rademacher*, Realakte im Rechtsschutzsystem der Europäischen Union, 2014, der unter Hinweis auf Art. 47 GRC (dazu ausführlich S. 132 ff) für privilegierte Kläger für den erst- und für Individualkläger für den zweitgenannten Weg plädiert (S. 342 f).

genommene völkerrechtliche Verträge der Union vorgesehene **Gutachtenverfahren**. Weitere Verfahrensarten spielen nur eine marginale Rolle.[27]

I. Nichtigkeitsklage

16 Mit der Nichtigkeitsklage kann der Kläger rechtserhebliches Handeln eines oder mehrerer Organe der Union oder sonstiger Stellen der EU für nichtig erklären lassen. Dementsprechend ist sie ihrer Rechtsnatur nach eine **Gestaltungsklage**: Ein bestehender Rechtsakt wird aufgehoben.

1. Streitgegenstand

17 Nach der Rechtsprechung des Europäischen Gerichtshofs müssen mehrere Voraussetzungen erfüllt sein, damit ein Akt vor der europäischen Gerichtsbarkeit nach Art. 263 AEUV angefochten werden kann. Zunächst muss überhaupt eine **Handlung** gegeben sein. Dies ist regelmäßig der Fall. Eine Ausnahme bilden nur so genannte „Nichtakte". Dabei handelt es sich um (ausgesprochen seltene) Akte, die an einem so offenkundigen und schwerwiegenden Mangel leiden, dass sie nicht einmal dem Anschein nach als Rechtsakt angesehen werden können.[28] Eine Einschränkung gilt im Bereich der Außen- und Sicherheitspolitik: Hier ist der Gerichtshof nur zuständig für Individualklagen Einzelner gegen sie betreffende „restriktive Maßnahmen", ferner zur Kontrolle, ob nicht statt der GASP- andere Kompetenzen hätten genutzt werden müssen (Art. 275 AEUV).[29]

18 Weiterhin muss die Handlung einem **Organ** oder einer anderen Stelle der Union **zuzurechnen** sein. In Betracht kommen das Europäische Parlament, der Rat, der Europäische Rat, die Kommission und die EZB. Mittlerweile sind auch Handlungen der Einrichtungen und sonstigen Stellen der Union ausdrücklich genannt, doch können nach Art. 263 Abs. 5 AEUV in den entsprechenden Gründungsrechtsakten besondere Bedingungen vorgesehen werden.

19 Entscheidende Voraussetzung für die Anfechtbarkeit einer **Handlung** eines Unionsorgans ist, dass sie **rechtliche Wirkung** erzielt (zu Realakten Rn 15). Neben Verordnungen und Richtlinien sind daher gegebenenfalls – unabhängig von ihrer Rechtsnatur oder Form – auch sonstige Beschlüsse anfechtbar.[30] Mit Blick auf Handlungen des Parlaments, des Europäischen Rates und der Einrichtungen und sonstigen Stellen wird hervorgehoben, dass die Rechtswirkung Dritten, also Außenstehenden gegenüber eintreten muss; interne Akte sind also nicht angreifbar.[31] Rechtliche Wirkungen im hier relevanten Sinne haben zudem nur solche Handlungen, die ein bestimmtes Verfahren verbindlich abschließen[32] oder sonst eine besondere verbindliche Wirkung erzielen. Hierzu gehört etwa nicht die Entscheidung, eine bestimmte Person anzuhören. Durchweg nicht anfechtbar sind Stellungnahmen und Empfehlungen (Art. 288 Abs. 5 AEUV). Streitgegenstand ist der Rechtsakt in der **Form**, in der er zum **Zeitpunkt** der **Klagerhebung** bestanden hat. Eine nachträgliche Heilung von Mängeln, wie sie etwa aus dem deutschen Verwaltungsrecht (§ 45 VwVfG) bekannt ist, gibt es

27 Zu nennen sind im einzelnen folgende, vorliegend nicht näher erörterte Verfahren: Verfahren zur Urteilsauslegung (Art. 43 Satzung, Art. 158 VfO EuGH, Art. 129 VfO EuG), Drittwiderspruchsklage (Art. 42 Satzung, Art. 157 VfO EuGH, Art. 123 f VfO EuG), Wiederaufnahmeverfahren (Art. 44 Abs. 1 Satzung; s. auch Art. 159 VfO EuGH, Art. 125 ff VfO EuG); Schiedsverfahren (Art. 273 f AEUV), Amtsenthebung von Kommissionsmitgliedern (Art. 247 AEUV) und das einer Nichtigkeitsklage nahe kommende Streitverfahren bei der Verletzung von Fundamentalprinzipien (Art. 269 AEUV iVm Art. 7 EUV). Insoweit wird auf die einschlägige Spezialliteratur verwiesen.

28 EuGH, Rs. C-137/92 P (BASF), Slg 1994, I-2555, Rn 49; zum Kostenrisiko auch EuG, Rs. T-64/89 (Automec), Slg 1990, II-367, Rn 62.

29 Siehe zur auch in diesem Fall möglichen Kontrolle der Parlamentsbeteiligung nach Art 218 Abs. 10 AEUV EuGH, Rs. C-658/11 (Parlament/Rat), Urt. v. 24.6.2014, Rn 69 ff.

30 EuGH, Rs. 135/84 (F. B.), Slg 1984, 3577, Rn 6; Rs. C-58/94 (Niederlande/Rat), Slg 1996, I-2169, Rn 28 ff, aber auch Rn 24; Rs. C-57/95 (Frankreich/Kommission), Slg 1997, I-1627, Rn 7. Ausführliche Rechtsprechungsnachweise bei *Schermers/Waelbroeck*, Rn 676 ff.

31 Zum Ausschluss von Intraorganstreitigkeiten siehe EuGH, Rs. 78/85 (Gruppe der Europäischen Rechten/Parlament), Slg 1986, I-1753, Rn 11.

32 EuGH, Rs. 60/81 (IBM), Slg 1981, 2639, Rn 19 ff; Rs. C-282/95 P (Guérin automobiles), Slg 1997, I-1503, Rn 34; ausführlich dazu *Schermers/Waelbroeck*, Rn 706 f.

nicht.[33] Ersetzt die beklagte Institution den angegriffenen Rechtsakt durch einen neuen, kann allerdings aus Gründen der Prozessökonomie die Klage auf den neuen Akt umgestellt werden (Rn 105).[34]

20 Ziel der Nichtigkeitsklage ist die – vollständige oder auch teilweise[35] – **Aufhebung** des angegriffenen **Rechtsaktes**. Dieses Verfahren ist auch dann zu wählen, wenn der Kläger nicht eine ersatzlose Aufhebung begehrt, wenn also ein Unionsorgan zwar gehandelt hat, der Kläger aber letztlich erreichen möchte, dass in anderer Weise entschieden wird als geschehen, etwa wenn der Kläger **nach Ablehnung** eines Antrags einen **positiven Bescheid** begehrt. Dem Gerichtshof steht nämlich – von Ausnahmefällen (Rn 37) abgesehen – weder die Befugnis zu, Rechtsakte zu ändern oder selbst welche zu erlassen, noch darf er ein Organ zum Erlass eines bestimmten Rechtsaktes verpflichten. Erstrebt der Kläger ein solches Ziel, wie es etwa in Deutschland mit der Verpflichtungsklage in Form der Versagungsgegenklage zu erreichen ist, muss er vielmehr gegen den aus seiner Sicht fehlerhaften Bescheid klagen. Bekommt er Recht, muss das vorgängige Verwaltungs- oder Rechtsetzungsverfahren von der Stelle fortgesetzt werden, deren Beschluss aufgehoben wurde (Rn 38). Zu Rechtsschutzproblemen kann dies vor allem führen, wenn ein Rechtsakt aus verfahrensrechtlichen Gründen, etwa wegen unzureichender Begründung, aufgehoben wird, weil auch der zweite Akt nicht immer einwandfrei ist.[36]

2. Klagegrund

21 Nach Art. 263 Abs. 2 AEUV muss der Kläger gegen den angegriffenen Rechtsakt in Anlehnung an französische Traditionen bestimmte Angriffsmittel (Klagegründe) vorbringen, die einem der dort normierten **Nichtigkeitsgründe**[37] zuzuordnen sind, nämlich Unzuständigkeit, Verletzung wesentlicher Formvorschriften, Verletzung des (materiellen) Unionsrechts oder Ermessensmissbrauch (näher Rn 33 ff). Regelmäßig **überprüft** der Richter einen Rechtsakt im Grundsatz **allein** nach Maßgabe dieser **Angriffs-** und der vom Beklagten **vorgebrachten Verteidigungsmittel** („moyens"), also nicht umfassend auf seine Rechtmäßigkeit (Rn 102). Im Rahmen der Zulässigkeit muss das Angriffsmittel nur substantiiert dargelegt werden; seine entscheidende Bedeutung entfaltet es erst bei der Begründetheit (Rn 32 ff).

3. Beteiligte

a) Organe und sonstige Stellen der Union sowie Mitgliedstaaten als Kläger

22 Mit Blick auf den möglichen Kläger einer Nichtigkeitsklage kennt der AEUV drei Kategorien. Ein **umfassendes Klagerecht** wird den so genannten **privilegierten Klägern** zugesprochen: Kommission,[38] Rat, Mitgliedstaaten und seit dem Vertrag von Nizza auch dem Europäischen Parlament. Diese Kläger können gegen alle Rechtsakte im Sinne von Rn 17 ff. Klage erheben (Art. 263 Abs. 1 AEUV); nach Art. 8 des Subsidiaritätsprotokolls kann eine solche Klage, soweit es um das Subsidiaritätsprinzip geht, auch nach Maßgabe des nationalen Rechts von einer Parlamentskammer

33 EuGH, verb. Rs. 15/76 und 16/76 (Frankreich/Kommission), Slg 1979, 321, Rn 7 f.
34 EuGH, Rs. 14/81 (Alpha Steel), Slg 1982, 749, Rn 9 ff.
35 Dazu *Schermers/Waelbroeck*, Rn 696.
36 Beispiele: EuG, Rs. T-188/98 (Kuijer I), Slg 2000, II-1959 und dann EuG, Rs. T-211/00 (Kuijer II), Slg 2002, II-485; EuG, Rs. T-49/83 (SIDE I), Slg 1995, II-2501 und dann EuG, Rs. T-155/98 (SIDE II), Slg 2002, II-1179 und schließlich EuG, Rs. T-348/04 (SIDE III), Slg 2008, II-625; EuGH, Rs. C-402/05 P (Kadi), Slg 2008, I-6351, und dann EuGH, Rs. C-584/10 P (Kadi II), Urt. v. 13.7.2013. Zur Kritik *Wegener*, EuGRZ 2008, 354, 356; *Everling*, in: FS Starck, S. 535, 543, beide mit dem berechtigten Hinweis, dass im insoweit ursprünglich als Vorbild dienenden französischen Recht 1995 die Möglichkeit der gerichtlichen Verpflichtung der Verwaltung geschaffen wurde (Art. L 911-1 ff des Code de la justice administrative).
37 Zum Begrifflichen („Klagegrund", „Nichtigkeitsgrund") siehe *Sachs*, S. 10 ff.
38 Hier wie im Vertragsverletzungsverfahren (Rn 53) muss die Kommission ihre Beschlüsse als Kollegialorgan fassen; s. EuGH, Rs. C-191/95 (Kommission/Deutschland), Slg 1998, I-5449, Rn 35.

erhoben werden.[39] **Rechnungshof, Europäische Zentralbank** und nunmehr auch der **Ausschuss der Regionen** können in gleicher Weise Klage erheben, aber nur, wenn und soweit der angegriffene Rechtsakt in **Rechte** des betreffenden **Organs** eingreift (Art. 263 Abs. 3 AEUV). Dies kann durch einen materiell rechtswidrigen Rechtsakt geschehen, aber auch durch Missachtung von Zuständigkeiten und Verfahrensvorschriften, insbesondere, indem die in einer Ermächtigungsgrundlage vorgesehene Beteiligung bei dessen Verabschiedung unterbleibt oder indem zu Unrecht eine Ermächtigungsgrundlage gewählt wird, die im Gegensatz zur korrekten Ermächtigungsgrundlage eine entsprechende Beteiligung nicht vorsieht. Die bewusste Nichtergänzung der Norm um den Wirtschafts- und Sozialausschuss schließt es aus, aus den allgemeinen Grundsätzen des Unionsrechts auch für diesen ein Klagerecht herzuleiten.

b) Natürliche und juristische Personen als Kläger

Nach Art. 263 Abs. 4 AEUV können schließlich, wenn auch unter deutlich engeren Voraussetzungen, natürliche und juristische Personen Klage gegen Rechtsakte von Unionsinstitutionen erheben. Die Tatbestände „natürliche" und „**juristische**" Personen werfen dabei wenige Probleme auf. Letztere können zumindest dann klagen, wenn sie hierzu in der jeweiligen **nationalen Rechtsordnung** befugt sind, nach der sie konstituiert wurden.[40] Dabei fordert eine Klage allgemein, dass der Kläger ein Interesse an der Aufhebung der angefochtenen Handlung hat.[41] 23

Allerdings besteht eine Klagemöglichkeit ohne weitere Voraussetzungen nur, wenn der betreffende **Rechtsakt** direkt an den **Kläger gerichtet** ist. Allein bei abgelehnten Anträgen hat eine gewisse Vorsicht zu walten. Die Klage ist dann nur zulässig, wenn auch der tatsächlich begehrte Rechtsakt individuell an den Kläger zu adressieren gewesen wäre.[42] Abgrenzungsschwierigkeiten ergeben sich gelegentlich mit Blick auf **Verordnungen.** Manche stellen nämlich in Wirklichkeit in der Sache ein **Bündel von Einzelentscheidungen** dar, etwa wenn und soweit Rechtsakte eine Rückwirkung aufweisen oder aus anderen Gründen an prinzipiell nicht mehr änderbare Merkmale wie an bereits im Vorfeld gestellte Anträge, eingeleitete Vertragsverhandlungen, erteilte Lizenzen und Ähnliches[43] anknüpfen. 24

Wenn ein Rechtsakt nur an **Dritte adressiert** ist oder tatsächlich **allgemeinen Charakter** hat, also an keinen bestimmten Adressaten gerichtet ist, ist eine Klage traditionell nur möglich, wenn der Kläger **unmittelbar und individuell betroffen** ist.[44] Dabei stellt das Erfordernis der Betroffenheit als solches nur geringe Anforderungen; im Grundsatz reicht eine tatsächliche Betroffenheit, ohne dass 25

39 Zur Reichweite (kein Einschluss der Kompetenzfrage) *Kötter*, in: v. Arnauld/Hufeld (Hrsg.), Systematischer Kommentar zu den Lissabon-Begleitgesetzen, Baden-Baden, 2011, 7. Abschn. Rn 56. Die Gegenposition (etwa: *Bickenbach,* EuR 2013, 523, 542) ignoriert die starke Fixierung des EuGH-Verfahrens auf die einzelnen Klagegründe (dazu allgemein Rn 102). Zur Unzulässigkeit nationaler Regelungen (wie zB in Deutschland und Frankreich vorgesehen), die Minderheiten das Recht zur Erzwingung einer Klage geben, *Uerpmann-Wittzack/Edenharter,* EuR 2009, 313.

40 EuGH, Rs. 50/84 (Bensider), Slg 1984, 3991, Rn 2 ff; Rs. C-95/97 (Wallonische Region), Slg 1997, I-1787, Rn 11. Gelegentlich ist die Rspr großzügiger und stellt allein auf die eigenständige Handlungsfähigkeit ab, insbesondere, wenn die Kommission die betreffende Organisation vorher als Träger von Rechten angesehen hat; s. etwa EuGH, Rs. 135/81 (Groupement des Agences des Voyages), Slg 1982, 3799, Rn 10 f.

41 Dazu EuGH, Rs. 53/85 (Akzo Chemie), Slg 1986, 1965, Rn 21; EuGH, Rs. C-133/12 P (Stichting Woonlinie), Urt. v. 27.2.2014, Rn 57; EuG, T-13/12 (Andechser Molkerei Scheitz), Urt. v. 15.10.2013, Rn 30 f.

42 EuGH, Rs. 246/81 (Lord Bethell), Slg 1982, 2277, Rn 11 ff.

43 EuGH, verb. Rs. 41 – 44/70 (Fruit Company), Slg 1971, 411, Rn 23/29; Rs. 100/74 (CAM), Slg 1975, 1393, Rn 14/18; Rs. 11/82 (Piraiki-Patraiki), Slg 1985, 207, Rn 31; Rs. C-354/87 (Weddel), Slg 1990, I-3847, Rn 19.

44 Teilweise wird dann von „hybriden" Rechtsakten gesprochen (etwa *Rideau/Picod*, S. 235; *Pechstein*, Rn 786; abl. *Gaitanides*, in: v.d.Groeben/Schwarze, Art. 230 EG, Rn 60). Überzeugender erscheint es allerdings, nicht den Rechtsakt umzuqualifizieren, sondern das Klagerecht isoliert hiervon zu betrachten (so *Brealey/Hoskins*, S. 286). Vgl auch EuGH, Rs. C-358/89 (Extramet), Slg 1991, I-2501, Rn 11 ff; Rs. C-309/89 (Codorniu), Slg 1994, I-1853, Rn 19 ff (Kläger seien vom Rechtsakt individuell betroffen, ohne dass dieser dadurch seinen normativen Charakter verliere), ferner im Kontext des Haftungsrechts (vgl Rn 62 ff) EuG, verb. Rs. T-480/93 und T-483/93 (Antillean Rice Mills) u.a., Slg 1995, II-2305, Rn 185. – Ggf. können wohl auch RL angefochten werden; siehe die Hinweise bei EuGH, Rs. C-10/95 P (Asocarne/Rat), Slg 1995, I-4149, Rn 26 ff; EuG, Rs. T-135/96 (UEA-ME), Slg 1998, II-2335, Rn 60 f.

es insoweit auf rechtliche Gesichtspunkte ankommt. Bei der **Unmittelbarkeit** ist im Grundsatz, ähnlich wie nach deutschem Verständnis, entscheidend, ob bereits der angegriffene Rechtsakt oder erst weitere Rechtsakte die Belastung des Klägers begründen. Allerdings legt der EuGH insoweit ein vergleichsweise **wenig formales Verständnis** zu Grunde.[45] Ist zwar ein Umsetzungsakt notwendig, kommt der umsetzenden Stelle aber keinerlei Beurteilungs-, Gestaltungs- und Ermessensspielraum zu, wird bereits der erste Rechtsakt als unmittelbare Belastung verstanden.[46] Unerheblich ist es auch, wenn statt gegen ein Tochterunternehmen ein Rechtsakt gegen das Mutterunternehmen gerichtet wird oder umgekehrt.[47] Erhält ein Staat auf seinen Antrag hin EFRE-Mittel für Vorhaben von rechtlich eigenständigen Stellen bewilligt, sind diese Stellen von Folgeentscheidungen der Unionsstellen über diese Mittel allerdings nicht automatisch unmittelbar betroffen.[48]

26 Zentrale Bedeutung kommt dem Merkmal der **individuellen Betroffenheit** zu. In ständiger Rechtsprechung knüpft der EuGH hier an seine in der Rechtssache Plaumann entwickelte Formel an, wonach eine Klage nur möglich ist, „wenn die streitige Vorschrift den Kläger wegen bestimmter persönlicher Eigenschaften oder besonderer, ihn aus dem Kreis aller übrigen Personen heraushebender Umstände berührt und ihn daher in ähnlicher Weise **individualisiert** wie den Adressaten einer Entscheidung".[49] Hierbei legt der EuGH im Grundsatz eine ausgesprochen formale Abgrenzung zu Grunde. Ist der Kreis der Adressaten nach bestimmten Tatbestandsmerkmalen abstrakt definiert, kommt es nicht darauf an, ob und inwieweit tatsächlich nur konkrete Situationen im Auge waren oder auch bestanden haben.[50]

27 Solche besonderen Umstände werden ausgesprochen selten angenommen. Sie liegen etwa vor, soweit das Unionsrecht anderweitig bestimmte **Verfahrensrechte** für einen klar definierten Personenkreis in Form von Beteiligungs-, Informations-, Mitwirkungs- oder Antragsrechten vorsieht;[51] allerdings können dann auch nur Verfahrensfehler gerügt werden.[52] Klagen kann auch ein Unternehmen, das – etwa bei der Festsetzung von Antidumpingzöllen – in einem Verfahren eine **besondere Rolle** gespielt hat, so dass es namentlich erwähnt wurde,[53] dessen Preise bei den Berechnungen besonders berücksichtigt wurden[54] oder das auch nur auf dem relevanten Markt eine besondere Rolle spielt.[55] **Konkurrentenklagen** sind zulässig, wenn sich ein direkter Wettbewerb zwischen den Beteiligten nachweisen lässt,[56] **Verbandsklagen**, wenn der Verband für einen bestimmten Kläger

---

45 Als Vergleichsmaßstab sei die Voraussetzung der unmittelbaren Betroffenheit iSv § 90 Abs. 1 BVerfGG genannt.

46 EuGH, verb. Rs. 41 – 44/70 (Fruit Company), Slg 1971, 411, Rn 16/22; Rs. 132/77 (Société pour l'exportation des sucres SA), Slg 1978, 1061, Rn 23/27; Rs. C-188/92 (TWD), Slg 1994, I-833, Rn 16 ff (zu einem Unternehmen, das eine von der Kommission nicht genehmigte nationale Beihilfe erhalten sollte); zu einer entsprechenden Gebietskörperschaft, deren Subventionsvorhaben untersagt wurde, EuG, Rs. T-214/95 (Vlaamse Gewest), Slg 1998, II-717, Rn 30.

47 EuGH, Rs. 294/81 (Control Data Belgium), Slg 1983, 911, Rn 10; verb. Rs. 228 und 229/92 (Ford), Slg 1984, 1129, Rn 13.

48 EuGH, Rs. C-417/04 P (Regione Siciliana), Slg 2006, I-3881, Rn 28; verb. Rs. 445 und 455/07 P (Kommission/Ente per le Ville Vesuviane), Slg 2009, I-7993, Rn 52 ff.

49 EuGH, Rs. 25/62 (Plaumann), Slg 1963, 211, 238 (Hervorhebung nicht im Original).

50 EuGH, Rs. 206/87 (Lefebvre), Slg 1989, 275, Rn 14; verb. Rs. 15/91 und 108/91 (Buckl & Söhne) u.a., Slg 1992, I-6061, Rn 29 ff. Dies gilt auch, wenn der Kläger geltend macht, der einzige Betroffene zu sein: EuGH, Rs. 231/82 (Spijker Kwasten), Slg 1983, 2559, Rn 10; Rs. C-263/02 P (Jégo Quéré), Slg 2004, I-3425, Rn 46.

51 EuGH, Rs. 191/82 (Fediol), Slg 1983, 2913, Rn 28 ff; Rs. 264/82 (Timex), Slg 1985, 849, Rn 15 f; Rs. 196/84 (Cofaz), Slg 1986, 391, Rn 26; Rs. C-225/91 (Matra), Slg 1993, I-3203, Rn 14 ff.

52 EuGH, verb Rs. C-75 und 80/05 P (Kronofrance), Slg 2008, I-6619 Rn 40.

53 EuGH, verb. Rs. C-239/82 und 275/82 (Allied Corporation u.a.), Slg 1984, 1005, Rn 12; Rs. C-156/87 (Gestetner), Slg 1990, I-781, Rn 17 ff.

54 EuGH, Rs. 118/77 (ISO), Slg 1979, 1277, Rn 6; verb. Rs. C-305/86 und 160/87 (Neotype), Slg 1990, I-2945, Rn 19.

55 EuGH, Rs. 264/82 (Timex), Slg 1985, 849, Rn 15; Rs. C-358/89 (Extramet), Slg 1991, I-2501, Rn 11 ff. Dazu auch *Boysen/Oeter*, § 32, Rn 116 ff.

56 EuG, Rs. T-3/93 (Air France), Slg 1994, II-121, Rn 80 ff; verb. Rs. T-371/94 und 394/94 (British Airways), Slg 1998, II-240; *Beljin*, § 28, Rn 302 ff; ausführlich *Pechstein*, Rn 483 ff; *Brealey/Hoskins*, S. 296 ff.

auftreten kann oder selbst in eigenen Positionen berührt wird.[57] Anfechtbar sind in engen Grenzen auch Rechtsakte, die spezifisch in eine bestimmte, **eigens erworbene Rechtsposition** eingreifen.[58] Unerheblich ist der formale Charakter des Rechtsaktes.

Nach dem Vertrag von Lissabon ist nur die unmittelbare Betroffenheit gefordert,[59] aber die individuelle Betroffenheit verzichtbar bei Klagen gegen Rechtsakte mit **Verordnungscharakter**, die **keine Durchführungsmaßnahme** nach sich ziehen.[60] Verordnungscharakter weisen nur die generellen Rechtsakte auf, die keinen Gesetzgebungscharakter besitzen, nicht hingegen alle Verordnungen im Sinne von Art. 288 Abs. 2 AEUV.[61] Konkret geht es also vor allem um die Rechtsakte nach Art. 290 und 291 AEUV.[62] Mit dieser Änderung wurde auf die in der Literatur, aber auch innerhalb des Gerichtshofes immer wieder geübte **Kritik** reagiert, dass die vorherige Judikatur zu engherzig sei.[63] Soweit eine Nichtigkeitsklage auch weiterhin nicht möglich ist, also bei Gesetzgebungsakten, sind Konflikte mit dem unionsrechtlichen Rechtsschutzgebot über eine entsprechend großzügige Gewährleistung nationalen Rechtsschutzes zu bewältigen (Rn 110). 28

c) Beklagter

Schließlich muss die Klage gegen den richtigen Beklagten gerichtet werden, nämlich gegen das Organ oder die sonstige Stelle, die den fraglichen **Rechtsakt erlassen** hat. Ist ein Rechtsakt von mehreren Unionsorganen gemeinsam zu erlassen, wie es vor allem bei den meisten Gesetzgebungsakten der Fall ist, ist die Klage gegen alle verantwortlichen Organe zu richten. 29

4. Form und Frist

Formal muss die Klageschrift die in Art. 21 der Satzung angesprochenen und in Art. 120 VfO EuGH, Art. 44 VfO EuG näher konkretisierten **Angaben** enthalten (dazu noch Rn 91).[64] Die **Klagefrist** beläuft sich nach Art. 263 Abs. 6 AEUV auf zwei Monate.[65] Sie beginnt – auch im Fall von Art. 263 Abs. 4, 3. Var. AEUV (dazu Rn 28)[66] – mit der Publikation des angegriffenen Rechtsaktes bzw seiner Bekanntgabe an den Kläger oder, falls diese nicht vorgesehen ist,[67] mit dem Zeitpunkt, zu dem der Kläger von der Handlung Kenntnis erlangt hat. Bei der Fristberechnung sind die in Art. 49 ff VfO EuGH, Art. 101 f VfO EuG enthaltenen Maßgaben zu beachten. 30

57 EuGH, Rs. 191/82 (Fediol), Slg 1983, 2913, Rn 31; EuG, verb. Rs. T-447, 448 und 449/93 (Aitec u.a.), Slg 1995, II-1971, Rn 60 ff.

58 EuGH, Rs. 309/89 (Codorniu), Slg 1994, I-1853, Rn 20 ff, für Inhaber eines von einer Regelung besonders betroffenen Namensrechts; abl. hingegen etwa für Grundstückseigentümer in einem von der Kommission ausgewiesenen FFH-Gebiet EuGH, Rs. C-362/06 P (Sahlstedt), Slg 2009, I-2903, Rn 32.

59 Zu den Anforderungen im Kontext von Art. 263 Abs. 4 3. Var. siehe etwa EuG, Rs. T-456/11 (International Cadmium Association), Urt. v. 14.11.2013, Rn 32; kritisch *Gundel*, EWS 2014, 22, 24.

60 Zum Begriff der Durchführungsmaßnahme siehe EuGH, Rs. C-274/12 P (Telefónica SA), Urt. vom 19.12.2013, Rn 30 ff; zu deren „nach sich Ziehen" jetzt GA Cruz Villalón, EuGH, Rs. C-456/13 P (T & L Sugars Ltd), SchlA v. 14.10.2014, Rn 29 ff, der gegen EuG, Rs. T-279/11 (T & L Sugars Ltd), Urt. v. 6.6.2013, Rn 37 ff und wohl zu Unrecht hierbei Maßnahmen nicht berücksichtigt, bei denen die Mitgliedstaaten keinerlei Spielraum haben (vgl dazu auch Rn 25).

61 EuGH, Rs. C-583/11 P (Inuit Tapiriit Kanatami), Urt. v. 3.10.2013, Rn 52 ff; ausführlich *Cremer*, DÖV 2010, 58, 61 ff: kritisch *van Malleghem/Baeten*, CMLR 51 (2014), 1187. Zu dem in diesem Fall möglichen Rechtsschutz siehe EuG, Rs. T-526/10 (Inuit Tapiriit Kanatami), Urt. v. 25.4.2013.

62 Zu Einzelheiten *Gundel*, EWS 2014, 22, 23.

63 S. etwa EuG, Rs. T-177/01 (Jégo Quéré), Slg 2002, II-2365, Rn 41 ff; GA Jacobs, EuGH, Rs. C-50/00 P (UPA), Slg 2002, I-6677, Rn 37 ff; *Everling*, in: FS Rodríguez Iglesias, S. 540, 577; aA *Pechstein*, Rn 417; *Bast*, S. 489, 518.

64 Soweit diese rein formalen Charakter aufweisen, können sie nachgeholt werden (Art. 121 f, jeweils Abs. 3 VfO EuGH). Im Übrigen, und dies gilt vor allem für den inhaltlichen Sachvortrag, ist der Kläger ggf. präkludiert.

65 Zur Zulässigkeit einer vor Fristbeginn erhobenen Klage siehe EuGH, Rs. C-626/11 P (PPG), Urt. v. 29.9.2013, Rn 34 ff.

66 *Schwarze*, in: ders., EU-Kommentar, Art. 263 AEUV, Rn 70, hält aus Rechtsschutzgründen bei Normativakten einen Fristbeginn erst ab konkreter Betroffenheit für möglich.

67 Bei publikationspflichtigen Akten kommt es allein auf die Publikation an; EuG, Rs. T-354/05 (TF1), Slg 2009, I-471, Rn 48.

31 Soweit einem Kläger unstreitig eine Klagemöglichkeit zusteht, bewirkt der Ablauf der Frist zugleich eine **Bestandskraft** des betreffenden Rechtsaktes mit der Folge, dass dessen Rechtswidrigkeit auch in anderen Verfahren nicht inzident geltend gemacht werden kann. Dies gilt etwa in einem Vertragsverletzungsverfahren wegen Nichtumsetzung eines umsetzungsbedürftigen Rechtsakts[68] oder für Unternehmen, die sich der Pflicht zur Rückzahlung einer von einem Mitgliedstaat erhaltenen Subvention wegen der Weigerung der Kommission, diese zu genehmigen, ausgesetzt sehen. War die negative Entscheidung der Kommission dem Unternehmen bekannt, kann die Rechtswidrigkeit dieser Entscheidung nicht erst inzident im Rahmen einer Klage gegen den nationalen Rückforderungsbescheid geltend gemacht werden.[69] Dies gilt aber nur, wenn die Zulässigkeit einer Klage nach Art. 263 Abs. 4 AEUV zweifelsfrei gegeben war, also nicht, wenn etwa der Rechtsakt an Dritte adressiert und dem Betroffenen auch nicht bekannt war.[70] Bei Rechtsakten mit Normativcharakter gilt nach der Neuregelung der Anfechtungsmöglichkeiten (Rn 28) der genannte Grundsatz, wenn zweifelsfrei keine Durchführungsmaßnahme vorgesehen ist und der Kläger auch schon innerhalb der Frist betroffen ist[71] – die Ausweitung der Klagemöglichkeit führt also zugleich zu einer entsprechenden Obliegenheit.

5. Begründetheit

32 Die Nichtigkeitsklage ist begründet, wenn der angefochtene Rechtsakt der beklagten Stelle im Zeitpunkt seines Erlasses[72] mit einem der in Art. 263 Abs. 2 AEUV genannten **Nichtigkeitsgründe** behaftet ist und dieser Verstoß vom Kläger geltend gemacht oder von Amts wegen (dazu Rn 102) aufgegriffen wurde.[73] Trotz ihres enumerativen Charakters erfassen die nachfolgend erläuterten Nichtigkeitsgründe letztlich umfassend alle Aspekte einer möglichen Rechtswidrigkeit.

33 **Unzuständigkeit** liegt vor, wenn entweder die Union insgesamt oder aber die betreffende Stelle nicht zuständig ist.[74] Ferner nimmt der EuGH eine sachliche Unzuständigkeit an, wenn die gewählte Handlungsform der tätig gewordenen Stelle in diesem Rechtsetzungsverfahren nicht zur Verfügung steht.[75] Räumliche Unzuständigkeit liegt vor, wenn eine Stelle außerhalb des Jurisdiktionsbereiches der Union tätig geworden ist.[76]

34 Bei der **Verletzung wesentlicher Formvorschriften** geht es insbesondere auch um Vorschriften, die das Verfahren betreffen. Wesentlichkeit ist gegeben, wenn der Fehler geeignet war, den **Inhalt** eines **Rechtsaktes** zu **beeinflussen,**[77] oder wenn die fragliche Vorschrift dem Schutz des Adressaten des angegriffenen Rechtsaktes dient.[78] Dabei wird bei **Verfahrensverstößen** bei der Beantwortung der Frage nach der Alternativlosigkeit der Sachentscheidung eine wesentlich weniger intensive Sachprüfung vorgenommen als in Deutschland.[79] Unbeachtlich ist ein Verfahrensfehler nur dann, wenn sich nachweisen lässt, dass bei korrektem Verfahren kein anderes Ergebnis hätte herauskommen können. Zu den wesentlichen Formvorschriften gehört ferner die Pflicht zur **Begründung.** Diese

68 EuGH, Rs. 130/83 (Kommission/Italien), Slg 1984, 2849, Rn 1 ff; Rs. 226/87 (Kommission/Griechenland), Slg 1988, 3611, Rn 12 ff. Vgl noch Rn 58.

69 EuGH, Rs. C-188/92 (TWD), Slg 1994, I-833, Rn 15 ff; Rs. C-370/12 (Pringle), Urt. v. 27.11.2012, Rn 41. Dazu *Schwensfeier*, ELR 2012, 156 ff.

70 EuGH, Rs. C-494/09 (Bolton Alimentari), Slg 2011, I-647, Rn 22. Dazu *Pechstein/Kubicki*, NJW 2005, 1825 ff.

71 Der EuGH hat im Fall Pringle (vgl Fn 69) umfassend auf den umgestalteten Art. 263 Abs. 4 AEUV Bezug genommen, ohne hier zu differenzieren; zustimmend *Schwarze,* in: ders., EU-Kommentar, Art. 263 AEUV, Rn 70 und Art. 277, Rn 8, allerdings bei anderer Fristberechnung (Fn 66); aA *Schwensfeier*, ELR 2012, 156, 175 f; *Karpenstein,* in: Grabitz/Hilf/Nettesheim, Art. 267 AEUV, Rn 48.

72 EuGH, verb. Rs. 15/76 und 16/76 (Frankreich/Kommission), Slg 1979, 321, Rn 7 f.

73 *Pechstein*, Rn 541 ff.

74 Zu Ersterem etwa EuGH, Rs. C-376/98 (Deutschland/Rat) (Tabakwerbung), Slg 2000, I-8419, Rn 83 ff; zu Letzterem EuGH, Rs. 332/85 (Deutschland/Kommission), Slg 1987, 5143, Rn 19.

75 EuGH, verb. Rs. 228/82 und 229/82 (Ford), Slg 1984, 1129, Rn 22.

76 EuGH, verb. Rs. 89/85 u.a. (Ahlström u.a.), Slg 1988, 5193, Rn 11 ff.

77 EuGH, Rs. 117/81 (Geist), Slg 1983, 2191, Rn 7.

78 EuGH, Rs. 34/77 (Oslizlok), Slg 1978, 1109, Rn 37; Rs. 264/82 (Timex), Slg 1985, 849, Rn 24.

79 Etwa EuGH, Rs. 68/86 (Vereinigtes Königreich/Rat), Slg 1988, 855, Rn 49.

muss dem Betroffenen die Wahrnehmung seiner Rechte, dem Gericht die Ausübung der Rechtskontrolle ermöglichen.[80] Die unterbliebene Bekanntgabe hingegen stellt keine Formvorschrift in diesem Sinne dar; vielmehr liegt bis zur Bekanntgabe überhaupt kein Rechtsakt vor.

Der Klagegrund der **Verletzung des Vertrages** oder einer bei seiner Durchführung anzuwendenden Rechtsnorm hat **Auffangcharakter**[81] und erfasst alle Verstöße gegen Unionsrecht (dazu Rn 13), die nicht unter einen speziellen Nichtigkeitstatbestand fallen. Im Kern geht es um objektive Verstöße gegen materielles Unionsrecht. Unter **Ermessensmissbrauch** versteht der Gerichtshof die Vornahme einer Rechtshandlung durch eine Stelle der Union ausschließlich oder zumindest überwiegend zu **anderen als zulässigen Zwecken** oder mit dem Ziel, ein Verfahren zu umgehen, das der Vertrag speziell vorsieht, um die konkrete Sachlage zu bewältigen.[82] Dementsprechend kommt diesem Nichtigkeitsgrund nur eine sehr eingeschränkte Bedeutung zu, weil dessen Voraussetzungen kaum zu beweisen sind.[83] Dieser Tatbestand ist deutlich enger als die deutsche Ermessensfehlerlehre, die auch alle objektiven, im Unionsrecht als Verletzung des Vertrages angesehenen Fehler umfasst.[84] 35

Bei der Prüfung erkennt der EuGH – in weitergehendem Umfang als im deutschen Recht – nicht nur rechtsfolgenbezogene Ermessensspielräume an, sondern gesteht den jeweils handelnden Stellen auch im Übrigen vielfach einen weitgehenden **Beurteilungsspielraum** zu. Dies ist vor allem der Fall, soweit es um **normative Rechtsakte** geht oder wenn und soweit eine besondere Sachkompetenz zur Beurteilung **komplexer Sachverhalte** erforderlich ist.[85] Grundlage ist das spezifische Rollenverständnis des EuGH (Rn 12). Für das Wettbewerbsrecht hat er allerdings jüngst explizit auch das Gebot hinreichender Kontrolldichte betont.[86] 36

Nach Art. 261 AEUV können allerdings Verordnungen, soweit es um Zwangsmaßnahmen geht, den europäischen Gerichten die Zuständigkeit übertragen, **Ermessensentscheidungen uneingeschränkt nachzuprüfen** oder auch getroffene Entscheidungen zu ändern. Praktischer Anwendungsfall sind insbesondere die Bestimmungen, die die Herabsetzung von – insbesondere im Wettbewerbsrecht – von der Kommission festgesetzten Sanktionen gestatten; ferner enthält das Beamtenstatut eine entsprechende Befugnis (Rn 68). Dabei beschränkt sich die genannte wettbewerbsrechtliche Befugnis auf die Verhängung der Sanktion; die vorgängige Feststellung der Rechtmäßigkeit der Grundentscheidung folgt den normalen Regeln.[87] Damit wird dem Umstand Rechnung getragen, dass zumindest bei der Verhängung von Sanktionen diese Befugnis des Richters zwingend erforderlich ist, um dem nach Art. 6 EMRK für die Verhängung von Strafen bestehenden Richtervorbehalt[88] Rechnung zu tragen.[89] 37

6. Wirkungen eines Urteils

Ist die Klage zulässig und begründet, wird die angefochtene Handlung für **nichtig** erklärt und mit allgemeiner Wirkung und im Grundsatz **rückwirkend aufgehoben.**[90] In Ausnahmefällen kann – etwa aus Gründen des Vertrauensschutzes, weil an sich noch weitergehende Vorschriften zu erlassen sind u.ä. – der Fortbestand bestimmter Wirkungen eines Rechtsakts angeordnet werden 38

80 EuGH, Rs. C-288/96 (Deutschland/Kommission), Slg 2000, I-8207, Rn 82.
81 *Dervisopoulos*, in: Rengeling/Middeke/Gellermann, § 7, Rn 112.
82 EuGH, Rs. C-84/94 (Vereinigtes Königreich/Rat), Slg 1996, I-5755, Rn 69; Rs. C-180/96 (Vereinigtes Königreich/Kommission), Slg 1998, I-2265, Rn 64.
83 *Schermers/Waelbroeck*, Rn 820; *Rideau/Picod*, S. 260; *Brealey/Hoskins*, S. 323.
84 AA *Dervisopoulos*, in: Rengeling/Middeke/Gellermann, § 7, Rn 118, dessen Beispiele aber nicht belegen, was sie belegen sollen, weil der EuGH in den dort zitierten Urteilen gerade nicht von "Ermessensmissbrauch" spricht.
85 *Schermers/Waelbroeck*, Rn 805.
86 EuGH, Rs. C-67/13 (Groupement des cartes bancaires), Urteil v. 11.9.2014, Rn 43 ff.
87 EuGH, Rs. C-295/12 P (Telefónica), Urt. v. 10.7.2014, Rn 45.
88 Dazu EGMR, Urteil 43509/08 (Menarini) vom 27.9.2011, Rn 58 ff.
89 *de Bronett*, ESW 2013, 449 ff; vgl auch zur Notwendigkeit einer vollen Kontrolle EuGH, Rs. C-501/11 P (Schindler Holding), Urt v. 18.7.2013, Rn 36 f.
90 Eine Ausnahme gilt insoweit für VO, soweit sich diese der Sache nach nur als Bündelung von Einzelentscheidungen erweist (vgl Fn 37); diese werden nur mit Wirkung für die Kläger aufgehoben: EuGH, Rs. 240/84 (Toyo), Slg 1987, 1809, Rn 4 ff.

(Art. 264 Abs. 2 AEUV).[91] Über weitergehende Entscheidungsmöglichkeiten verfügen die Gerichte nicht. Ergänzend postuliert jedoch Art. 266 AEUV die **Verpflichtung** des beklagten Organs (und anderer Stellen), die sich aus einem Urteil ergebenden **Maßnahmen** zu ergreifen. Hieraus wird insbesondere auch abgeleitet, dass bei Aufhebung der Ablehnung einer bestimmten Maßnahme, deren Erlass der Kläger beantragt hatte, eine Verpflichtung der beklagten Stelle besteht, den Kläger erneut zu bescheiden, und zwar nach Maßgabe der Gründe des Urteils. Anderenfalls wird gegen dessen Rechtskraft verstoßen.[92]

II. Untätigkeitsklage

39 Wendet sich der Kläger nicht gegen einen bereits ergangenen Rechtsakt, sondern kritisiert er die (vollständige) Untätigkeit eines Unionsorgans, ist eine Untätigkeitsklage zu erheben. Sie ist nur statthaft, wenn ein Organ in einer bestimmten Angelegenheit **überhaupt keinen Akt** erlassen hat. Wurde dagegen ein nach Ansicht des Klägers falscher Rechtsakt erlassen, muss er gegen diesen eine Nichtigkeitsklage erheben; die Verpflichtung zum Erlass des richtigen Rechtsakts ergibt sich dann aus Art. 266 AEUV in Verbindung mit den Gründen des betreffenden Urteils, doch ohne, dass der EuGH dies im Tenor ausdrücklich ausspricht (Rn 38). Im Übrigen sind die formalen Voraussetzungen der Untätigkeitsklage in vielen Punkten ähnlich ausgebildet wie die der Nichtigkeitsklage; beide Verfahren „regeln ein und denselben Rechtsbehelf“[93] und stehen daher in einem Korrespondenzverhältnis zueinander.

1. Streitgegenstand

40 Streitgegenstand ist die Frage, ob ein (oder mehrere) Unionsorgane (oder sonstige Stellen der Union) verpflichtet waren, eine bestimmte Maßnahme zu ergreifen. Allerdings wird nicht um den Anspruch auf einen bestimmten Rechtsakt gestritten. Das Verfahren endet vielmehr gegebenenfalls allein mit der **Feststellung**, dass das **Organ zu Unrecht untätig** geblieben ist. Dabei muss gewährleistet sein, dass sich die Tragweite der geforderten Maßnahme hinreichend bestimmen lässt, sodass sie konkretisiert werden und Gegenstand eines Vollzuges im Sinne von Art. 266 AEUV sein kann. Der begehrte Akt muss daher vom Kläger bezeichnet und zudem bereits im Rahmen des Vorverfahrens (Rn 45) eingefordert worden sein. Zu beachten ist dabei, dass jeder **Akt**, der sich nicht in einer Weigerung zum Tätigwerden erschöpft, sondern eine inhaltliche Aussage enthält, die **Untätigkeit beendet.**[94] Eine Untätigkeitsklage hat also auch dann keinen Erfolg mehr, wenn – und sei es im Rahmen des Vorverfahrens – ein anderer als der vom Kläger begehrte Rechtsakt erlassen oder auch nur dieser ausdrücklich abgelehnt wird. Auch nicht anfechtbare Akte wie die Vorlage eines Entwurfes beenden die Untätigkeit.[95] Wird das beklagte Organ vor Erhebung der Klage tätig, ist diese unzulässig, geschieht dies nach Klageerhebung, erledigt sich der Rechtsstreit.[96]

41 Bei der Frage, welche **Maßnahmen** begehrt werden können, ist zwischen verschiedenen **Arten** von **Klägern** zu unterscheiden; hier spiegeln sich die Unterschiede, die bei der Nichtigkeitsklage zwischen den drei verschiedenen Arten von Klägern bestehen (Rn 22 ff), bereits bei der Bestimmung des zulässigen Streitgegenstandes wider. Dies erklärt sich daraus, dass bei der Nichtigkeitsklage

---

91 Bsp. für VO: EuGH, Rs. 264/82 (Timex), Slg 1985, 849, Rn 32; Rs. C-22/86 (Parlament/Rat), Slg 1998, I-3231, Rn 41 ff; verb. Rs. C-164 und 165/97 (Parlament/Rat), Slg 1999, I-1139, Rn 21 ff. Zur (früher analogen) Anwendung bei anderen Rechtsakten etwa Rs. C-21/94 (Parlament/Rat), Slg 1995, I-1827, Rn 29 ff; Rs. C-271/94 (Parlament/Rat), Slg 1996, I-1689, Rn 40.

92 Dazu näher *Dörr*, in: Grabitz/Hilf/Nettesheim, Art 266 AEUV, Rn 19 f.

93 EuGH, Rs. C-68/95 (Port), Slg 1996, I-6065, Rn 59; EuG, Rs. T-17/96 (TF 1), Slg 1999, II-1757, Rn 27; s. auch EuGH, Rs. 13/83 (Parlament/Rat), Slg 1985, 1513, Rn 36.

94 EuGH, verb. Rs. 166/86 und 220/86 (Irish Cement), Slg 1988, 6473, Rn 17; Rs. C-107/91 (ENU), Slg 1993, I-599, Rn 36.

95 *EuGH, Rs. 302/87 (Parlament/Rat), Slg 1988, 5613*, Rn 16. Geschieht dann nichts, ist ggf erneut eine Untätigkeitsklage zu erheben (*Pechstein*, Rn 607).

96 EuGH, Rs. 337/87 (Parlament/Rat), Slg 1988, 4017, Rn 10; verb. Rs. C-15/91 und C-108/91 (Buckl & Söhne u.a.), Slg 1992, I-6061, Rn 15.

schon ein bestimmter Rechtsakt erlassen worden ist, während es vorliegend erst darum geht, welchen Rechtsakt man überhaupt einfordern kann.

Im Einzelnen können **privilegierte Kläger**, nämlich die Organe (Rat, Europäischer Rat, Kommission und Europäisches Parlament) sowie die Mitgliedstaaten **jedes Unterlassen** einer Stelle rügen, also nicht nur, soweit es um nach Art. 263 AEUV anfechtbare Rechtsakte geht. Insbesondere kann auch die Abgabe von Stellungnahmen und Empfehlungen eingefordert werden.[97] 42

Natürliche und **juristische Personen** können nur das Unterlassen von verbindlich wirkenden **Rechtsakten** rügen, und zudem grundsätzlich nur von solchen, die **an sie zu richten** wären. Hierunter fallen Rechtsakte, bei denen sie selbst Adressaten wären, aber auch solche, die an Dritte zu richten wären, soweit die Kläger von diesen unmittelbar und individuell betroffen wären (vgl auch zur Parallelproblematik bei der Nichtigkeitsklage Rn 25 ff). Eine Entscheidung der Kommission, kein Vertragsverletzungsverfahren einzuleiten, ist dagegen nicht angreifbar.[98] Schließlich muss die Unterlassung eine „Verletzung dieses Vertrages" (Art. 265 Abs. 1 AEUV) begründen; eingeschlossen sind dabei sekundärrechtlich begründete Handlungspflichten (Rn 13). 43

2. Beteiligte

Wie schon bei der Behandlung des Streitgegenstandes erwähnt können **privilegierte Kläger** jede Art von Unterlassen rügen. Natürliche und juristische Personen (Rn 24) können nur verbindlich wirkende Rechtsakte einfordern, die entweder an sie zu adressieren oder, wie die Rechtsprechung zur Wahrung der Kohärenz des Rechtsschutzsystems in Erweiterung von Art. 265 AEUV annimmt, von denen sie unmittelbar und individuell betroffen wären.[99] Insoweit kann auf die Ausführungen zur Drittanfechtung von Rechtsakten verwiesen werden (Rn 26 ff). Zu richten ist die Klage **gegen das Organ** bzw die Organe (oder Stellen), dessen bzw deren **Untätigkeit** kritisiert wird. 44

3. Vorverfahren

Die Untätigkeitsklage setzt ein Vorverfahren voraus. Das beklagte Organ muss **aufgefordert** worden sein, in dem vom Kläger intendierten Sinne tätig zu werden. Das Verfahren erfüllt zum einen eine Filter- und Warnfunktion. Zum anderen soll der Streitgegenstand sachgerecht eingegrenzt werden. Von daher müssen bereits in diesem Stadium die oben genannten Präzisionserfordernisse bei der Bestimmung der erwarteten Handlung beachtet werden.[100] Reagiert das Organ in der Sache, wird die Untätigkeit beendet (Rn 40). 45

4. Frist

Eine **Frist** für die Einleitung eines Vorverfahrens im Vorfeld einer Untätigkeitsklage besteht **nicht.** Wenn allerdings das Vorverfahren eingeleitet wurde, hat zunächst das Organ zwei Monate Zeit zur Reaktion. Nach deren Verstreichen[101] stehen dem Kläger zwei Monate zur Erhebung seiner Klage zur Verfügung (Art. 265 Abs. 2 AEUV). 46

5. Begründetheit

Die Klage ist begründet, wenn das beklagte Organ es tatsächlich **unter Verletzung** des Vertrages, genauer des gesamten Unionsrechts (Rn 13) **unterlassen** hat, den begehrten Beschluss zu fassen. Steht dem beklagten Organ ein **Ermessen** bei der Frage zu, ob es handeln soll, hat eine Klage nur ausnahmsweise Aussicht auf Erfolg, nämlich wenn dieses Ermessen im konkreten Einzelfall auf 47

97 *Dervisopoulos*, in: Rengeling/Middeke/Gellermann, § 8, Rn 21; *Pechstein*, Rn 615; vgl auch EuGH, Rs. 13/83 (Parlament/Rat), Slg 1985, 1513, Rn 33 ff.

98 EuGH, Rs. 247/87 (Star Fruit Company), Slg 1989, 291, Rn 11; Rs. C-107/95 P (Bundesverband der Bilanzbuchhalter), Slg 1997, I-947, Rn 17 ff; Rs. C-422/97 P (Sateba), Slg 1998, I-4913, Rn 42; zu Art. 86 Abs. 3 EGV s. auch EuGH, Rs. C-141/02 P (T-Mobile Austria), Slg 2005, I-1283, Rn 69; vgl auch noch u. Rn 51.

99 EuGH, Rs. C-371/89 (Emrich), Slg 1990, I-1555, Rn 5. Dazu auch *Pechstein*, Rn 631 f.

100 EuGH, Rs. 84/82 (Deutschland/Kommission), Slg 1984, 1451, Rn 23; Rs. C-249/99 P (Pescados Congelados Jogamar SL), Slg 1999, I-8333, Rn 17.

101 Maßgeblich ist der Zugang beim Kläger; EuG, verb. Rs. T-194/97 und T-83/98 (Branco), Slg 2000, II-69, Rn 55.

Null reduziert ist. Besteht eine Handlungspflicht, ist aber der zeitliche Rahmen nicht konkret definiert, wird dem Organ eine angemessene Frist zugebilligt.[102]

6. Wirkungen eines Untätigkeitsurteils

48 Auch wenn die Untätigkeitsklage in der Sache die Verpflichtung zum Erlass eines bestimmten Rechtsaktes betrifft, wird diese doch nicht ausdrücklich ausgesprochen. Vielmehr begnügt sich das Urteil mit der **Feststellung**, dass das beklagte Organ den Erlass eines bestimmten Rechtsakts unter Verstoß gegen den Vertrag unterlassen hat. Die Verpflichtung zum weiteren Tätigwerden – innerhalb einer angemessenen Frist – ergibt sich dann aus Art. 266 AEUV.

III. Vertragsverletzungsverfahren

49 Im Vertragsverletzungsverfahren (Art. 258 ff AEUV) geht es um die rechtsverbindliche Klärung der Frage, ob ein **Mitgliedstaat** den **Vertrag verletzt** hat. Als Kläger können nur die Kommission und die Mitgliedstaaten auftreten; wollen sich Individuen gegen (angebliches) mitgliedstaatliches Unrecht wehren, müssen sie Rechtsschutz direkt vor den betreffenden nationalen Gerichten suchen, die dann gegebenenfalls entsprechende Fragen nach Art. 267 AEUV dem EuGH vorlegen können bzw müssen. Daneben können sich Einzelpersonen auch an die Kommission wenden, der dann allerdings ein – gerichtlich nicht überprüfbares[103] – Ermessen zusteht, ob sie ein Vertragsverletzungsverfahren einleitet. Im Ergebnis ergeht nur ein Feststellungsurteil, doch bestehen durchaus auch Sanktionsmöglichkeiten (Rn 59).

1. Streitgegenstand

50 Den Streitgegenstand bildet die Frage, ob, wie vom Kläger im Rahmen des Vorverfahrens (Rn 52) behauptet, der beklagte **Mitgliedstaat** durch ein konkret bezeichnetes Verhalten gegen bestimmte Bestimmungen des **Vertrages verstoßen** hat. Dargelegt werden muss also dreierlei: ein bestimmter Sachverhalt, die Zurechnung an den Mitgliedstaat (Rn 56) und ein dadurch begründeter Verstoß gegen Unionsrecht. Auch die unzureichende Erfüllung unionsrechtlicher Verpflichtungen, also ein Unterlassen, kann Gegenstand des Vertragsverletzungsverfahrens sein. Praktisch am häufigsten sind Verfahren wegen der unzureichenden Umsetzung von Richtlinien. In Verlängerung von Art. 72 AEUV über die nationalen Zuständigkeiten zur Wahrung der Sicherheit und Ordnung postuliert allerdings Art. 276 AEUV, dass entsprechende Maßnahmen nicht vom EuGH überprüft werden können.

2. Beteiligte

51 Als Kläger kommt die **Kommission** sowie **jeder Mitgliedstaat** in Betracht, als Beklagter der verantwortliche Mitgliedstaat. Da dieses Verfahren der objektiven Kontrolle des Unionsrechts dient, müssen insoweit weitere Voraussetzungen nicht erfüllt sein. **Individuen** können sich zwar mit der Bitte an die **Kommission** wenden, ein solches Verfahren einzuleiten. Solche Beschwerden werden von der Kommission regelmäßig geprüft, doch besteht auch im Fall berechtigter Beschwerden keine Verpflichtung zum Tätigwerden (Rn 49).

3. Vorverfahren

52 Vor Klageerhebung ist ein Vorverfahren durchzuführen. Dieses hat eine – in der Praxis durchaus wichtige – **Warn- und Filterfunktion** und dient der klaren **Definition** des anschließend nicht erweiterbaren **Streitgegenstandes.**[104] Im Regelfall eines von der Kommission eingeleiteten Vertragsverletzungsverfahrens besteht es aus zwei Abschnitten. Zunächst wird der Mitgliedstaat von der Kom-

---

102 EuGH, Rs. C-282/95 P (Guérin Automobiles), Slg 1997, I-1507, Rn 37 f.

103 *EuGH, Rs. 247/87 (Star Fruit Company), Slg 1989, 291, Rn 11*; Rs. C-107/95 P (Bundesverband der Bilanzbuchhalter), Slg 1997, I-947, Rn 17 ff; Rs. C-422/97 P (Sateba), Slg 1998, I-4913, Rn 42; zu Art. 86 Abs. 3 EGV s. auch EuGH, Rs. C-141/02 P (T-Mobile Austria), Slg 2005, I-1283, Rn 69.

104 Dazu etwa EuGH, Rs. C-358/01 (Kommission/Spanien), Slg 2003, I-13145, Rn 27.

mission in einem „**Mahnschreiben**" darauf hingewiesen, dass nach ihrer Auffassung ein bestimmter Sachverhalt eine Vertragsverletzung darstellt. Dabei wird dem Mitgliedstaat Gelegenheit zur Äußerung innerhalb einer von der Kommission festgesetzten angemessenen Frist gegeben, in der Regel zwei Monate.[105] Ist dieses Verfahren abgeschlossen, gibt die Kommission „eine mit Gründen versehene **Stellungnahme**" hierzu ab. Der Sache nach enthält diese eine **Aufforderung** an den Mitgliedstaat, innerhalb einer weiteren von der Kommission festzusetzenden Frist – regelmäßig ebenfalls zwei Monate – die nochmals im Einzelnen darzulegende Vertragsverletzung **abzustellen**. Kommt der Staat dem in dieser Stellungnahme zum Ausdruck gebrachten Begehren innerhalb der von der Kommission gesetzten Frist nicht nach, so kann die Kommission den Gerichtshof anrufen.

Ändert die **Kommission** etwa auf Grund von Äußerungen des Mitgliedstaates ihre **Einschätzung**, so 53
kann das Verfahren nur dann ohne weiteres fortgesetzt werden, wenn sich bestimmte Streitpunkte erledigen. Stützt die Kommission ihre Einschätzung, dass der Mitgliedstaat eine Vertragsverletzung begangen hat, nunmehr auf andere tatsächliche oder rechtliche Gesichtspunkte als ursprünglich angenommen, so ist das **Verfahren zu wiederholen**. Anderenfalls ist eine Klage unzulässig.[106] Ändert der Mitgliedstaat sein Verhalten vor der Klageerhebung, ist damit nach Ansicht der Kommission der Verstoß aber noch nicht beseitigt, ist allerdings eine entsprechende Anpassung des Vorwurfes in der Klage möglich. Veränderungen im Verhalten des Mitgliedstaates, die **nach Klageerhebung** eintreten, haben auf das Verfahren **keinen Einfluss** (Rn 56). Wegen anderweitig vorgesehener vorgängiger Befassung der Kommission ist das Vorverfahren **entbehrlich** in den Fällen der Art. 108 Abs. 2 AEUV (Beihilfenkontrolle), 114 Abs. 9 AEUV (Rechtsharmonisierung im Binnenmarkt) und 348 Abs. 2 AEUV (Missbrauch bestimmter nationaler Befugnisse).

Will ein **Mitgliedstaat** eine Vertragsverletzung eines anderen Mitgliedstaates feststellen lassen 54
(Art. 259 AEUV), so muss er zunächst die **Kommission befassen**. Diese gibt den beteiligten Staaten Gelegenheit zur schriftlichen und mündlichen Äußerung in einem kontradiktorischen Verfahren. Sodann erlässt sie eine mit Gründen versehene **Stellungnahme**. Soweit die Kommission die Einschätzung teilt, dass der betroffene Mitgliedstaat den Vertrag verletzt hat, muss sie wie im Verfahren nach Art. 258 AEUV eine entsprechende Frist setzen und, wenn in dieser Frist die Verpflichtungen nicht erfüllt werden, Klage erheben. Geht die Kommission demgegenüber davon aus, dass keine Vertragsverletzung vorliegt, oder erhebt sie keine Klage, kann der Mitgliedstaat klagen, der die Prüfung veranlasst hat. Gleiches gilt, wenn die Kommission innerhalb von drei Monaten gar keine Stellungnahme abgegeben hat.

4. Frist

Im Grundsatz ist das Vertragsverletzungsverfahren **nicht fristgebunden**; allerdings darf eine Klage 55
nicht vor Ablauf der jeweils von der Kommission gesetzten Fristen erhoben werden.

5. Begründetheit

Begründet ist die Klage, wenn – zum Zeitpunkt der Klageerhebung[107] – das vom EuGH festge- 56
stellte Verhalten dem **Mitgliedstaat zurechenbar war** und den geltend gemachten **Rechtsverstoß** (zum anwendbaren Recht Rn 13) darstellte. Beweispflichtig ist der Kläger,[108] es sei denn, dass sich der beklagte Mitgliedstaat auf eine Ausnahmevorschrift (etwa Art. 34 oder 106 AEUV) beruft; dann ist es dieser. In Betracht kommt das Handeln **aller Staatsorgane**, also Normativakte des Gesetzgebers, einzelne Verwaltungsentscheidungen ebenso wie bestimmte Urteile der nationalen

105 *Burgi*, in: Rengeling/Middeke/Gellermann, § 6, Rn 14. Zur Möglichkeit kürzerer Fristen s. etwa EuGH, Rs. C-328/96 (Kommission/Deutschland), Slg 1999, I-7479, Rn 31 ff. Zu kurze Fristen führen zur Unzulässigkeit der Klage: EuGH, Rs. 293/95 (Kommission/Belgien), Slg 1988, 305, Rn 20. Die Kritik an der Kürze der Frist (*Everling*, in: FS Isensee, S. 773, 785 – so schnell könne man kaum etwas ändern) verkennt, dass diese zumindest ausreicht, um die Bereitschaft des Mitgliedstaats zu überprüfen, auf die Argumente der Kommission einzugehen.

106 EuGH, Rs. 193/80 (Kommission/Italien), Slg 1981, 3019, Rn 12. Präzisierungen sind hingegen zulässig, EuGH, Rs. C-279/94 (Kommission/Italien), Slg 1997, I-4743, Rn 20.

107 Kritisch dazu *Everling*, in: FS Rodríguez Iglesias, S. 537, 548.

108 S. etwa EuGH, Rs. C-431/92 (Kommission/Deutschland), Slg 1995, I-2189, Rn 44.

Gerichte; der (auch unionsrechtlich verankerte) Grundsatz der richterlichen Unabhängigkeit steht dem nicht entgegen.[109] Ebenso ist gleichgültig, ob eine zentrale oder eine nachgeordnete Einheit (Länder, Regionen, Gemeinden uä) tätig war. Dies liegt nicht zuletzt daran, dass die Frage, welches staatliche Organ für ein im Ergebnis unionsrechtswidriges Verhalten verantwortlich ist, häufig allein nach für den EuGH **irrelevantem nationalem Recht** zu beantworten ist. **Privates Handeln** begründet nur dann eine Verantwortlichkeit des Mitgliedstaates, wenn es diesem zuzurechnen ist (etwa im Fall von öffentlichen Unternehmen; vgl Art. 106 AEUV)[110] oder wenn der Mitgliedstaat zugleich eigene Verpflichtungen, etwa Schutzpflichten verletzt hat.

57 Schwierige Fragen können auftreten, wenn die Unionsrechtskonformität eines **nationalen Normativaktes** zu beurteilen ist, dessen Interpretation nicht eindeutig ist. Dabei ist jedoch zunächst zu beachten, dass das nationale Recht regelmäßig unionsrechtskonforme Ergebnisse nicht nur ermöglichen, sondern gewährleisten muss, sodass es – etwa bei der Richtlinienumsetzung – keine unionsrechtsrelevanten Mehrdeutigkeiten geben darf.[111] Im Übrigen ist es nicht Aufgabe des EuGH, verbindliche Vorgaben für die Auslegung des nationalen Rechts zu machen. Vielmehr muss er sich dann regelmäßig an der betreffenden Rechtsprechung der nationalen Gerichte orientieren.[112] Gibt es solche nicht, kann er nur auf die Stellungnahme der am Verfahren unmittelbar beteiligten Regierung vertrauen.

58 Wird die **unzureichende Umsetzung** eines Unionsrechtsaktes, etwa einer Richtlinie, gerügt, so kommt es nicht darauf an, ob dieser Rechtsakt seinerseits rechtmäßig war oder nicht, da ein Vertragsverletzungsverfahren regelmäßig erst nach Ablauf der für eine Nichtigkeitsklage bestehenden Klagefrist von zwei Monaten erhoben werden kann; dann aber ist der betreffende Rechtsakt in jedem Fall im Verhältnis zum Mitgliedstaat **bestandskräftig** geworden (Rn 31). Rechtfertigungen für einen echten Verstoß gegen das Unionsrecht kann es praktisch nicht geben;[113] ebenso kommt es nicht auf ein Verschulden an. Das Vertragsverletzungsverfahren dient gerade auch der letztverbindlichen Klärung von unionsrechtlichen Streitfragen. Ist also etwa eine **Richtlinie mehrdeutig** und streiten sich deswegen Kommission und ein Mitgliedstaat um die richtige Umsetzung, kann ein Vertragsverletzungsverfahren durchaus Erfolg haben, also mit einer Verurteilung des Mitgliedstaates enden, ohne dass damit ein Schuldvorwurf verbunden ist; durch das Urteil wird nur eine Verpflichtung des Mitgliedstaates begründet, sein nationales Recht entsprechend zu ändern. Relevant wird die Frage nach Interpretationsspielräumen allein im Zusammenhang mit einer möglichen Haftung, doch ist dann ein qualifizierter Rechtsverstoß gefordert, der gerade in den genannten Fällen rechtlicher Unsicherheit nicht zu einer Haftung führt.

6. Wirkungen eines Urteils

59 Gibt der EuGH dem Kläger Recht, ergeht ein **Feststellungsurteil** mit dem Inhalt, dass der beklagte Mitgliedstaat gegen eine Verpflichtung aus dem Vertrag verstoßen hat. Aus Art. 260 AEUV ergibt sich dann dessen **Verpflichtung**, unverzüglich die zur **Abhilfe** notwendigen Maßnahmen zu ergreifen. Geschieht dies nicht, kann die Kommission ein **zweites Vertragsverletzungsverfahren** einleiten. Dieses unterscheidet sich vom ersten durch die geltend zu machende Vertragsverletzung: Jetzt geht es allein um die **Nichtumsetzung** des (ersten) **Urteils** (Art. 260 Abs. 2 AEUV). Entscheidend ist also allein, welche Maßnahmen von diesem Urteil gefordert werden. Darüber hinaus spielt die Vereinbarkeit des nationalen Rechts mit dem Unionsrecht keine Rolle; unerheblich ist also insbesondere, ob der Mitgliedstaat weitere Maßnahmen zu Sicherung der Unionsrechtskonformität des nationa-

109 Ausführlich dazu *Burgi*, in: Rengeling/Middeke/Gellermann, § 6, Rn 41 f.

110 EuGH, Rs. 249/81 (Kommission/Irland), Slg 1982, 4005, Rn 15; Rs. C-173/94 (Kommission/Belgien), Slg 1996, I-3265, Rn 4.

111 EuGH, Rs. 168/85 (Kommission/Belgien), Slg 1986, 2956, Rn 11; Rs. C-131/88 (Kommission/Deutschland), Slg 1991, I-2567, Rn 20.

112 *Middeke*, in: Rengeling/Middeke/Gellermann, § 4, Rn 11; *Brealey/Hoskins*, S. 257.

113 Etwa die Berufung auf nationales Recht (EuGH, Rs. 42/80 (Kommission/Italien), Slg 1980, 3635, Rn 4), innerstaatliche Kompetenzverteilung (EuGH, Rs. C-297/95 (Kommission/Deutschland), Slg 1996, I-6739, Rn 9) oder Fehlverhalten anderer Mitgliedstaaten (EuGH, Rs. 325/82 (Kommission/Deutschland), Slg 1984, 777, Rn 11).

len Rechts ergreifen muss.[114] Bei diesem zweiten Verfahren muss die Kommission in der Klage die Festsetzung eines vom betreffenden Mitgliedstaat zu zahlenden **Pauschalbetrages** (als Sanktion für die Vergangenheit) und/oder **Zwangsgeldes** (als Druckmittel für die Zukunft, aber nur, wenn der vom EuGH festgestellte Vertragsverstoß noch andauert)[115] beantragen; der Gerichtshof ist jedoch nicht an den Vorschlag gebunden. Wegen der unterschiedlichen Zwecke können beide Instrumente kombiniert werden.[116] Soweit ein Rechtsstreit die Frage betrifft, ob ein Mitgliedstaat überhaupt Maßnahmen zur Umsetzung einer Richtlinie erlassen hat, können auf Vorschlag der Kommission Pauschalbetrag bzw Zwangsgeld bereits im ersten Urteil verhängt werden (Art. 260 Abs. 3 AEUV).

IV. Amtshaftungsverfahren

Als einzige Leistungsklage, die vor der europäischen Gerichtsbarkeit erhoben werden kann, sieht Art. 268 AEUV die Möglichkeit vor, Amtshaftungsansprüche gegen die Union nach Art. 340 Abs. 2 AEUV einzuklagen. Allein **außervertragliche Haftungsansprüche** gegen die Union sind nämlich der europäischen Gerichtsbarkeit zugewiesen. Vertragliche und vertragsähnliche Haftungsansprüche sind hingegen vor nationalen Gerichten geltend zu machen (Art. 274 AEUV), es sei denn, dass die Zuständigkeit der europäischen Gerichtsbarkeit über eine entsprechende Schiedsklausel nach Art. 272 AEUV vereinbart wurde.[117] Wegen dieser Abgrenzung sind auch sonstige nichtvertragliche Ansprüche nach Art. 268 AEUV geltend zu machen, vor allem solche aus ungerechtfertigter Bereicherung.[118] 60

1. Streitgegenstand

Voraussetzung für die Zulässigkeit der Klage ist, dass ein **Amtshaftungs-** (oder auch: **Bereicherungs)anspruch gegen** ein Unionsorgan geltend gemacht wird. Dargelegt werden muss, dass ein bestimmtes hoheitliches Handeln gegenüber dem Kläger als – im Fall von Ermessensentscheidungen qualifiziert – rechtswidrig (vgl dazu Rn 32 ff) anzusehen und der Union zuzurechnen ist sowie kausal einen Schaden verursacht hat, beim Bereicherungsanspruch, dass eine von der Rechtsordnung nicht vorgesehene Bereicherung der Union zulasten des Klägers vorliegt. Im Verhältnis zur Nichtigkeitsklage nach Art. 263 AEUV qualifiziert der EuGH die Amtshaftungsklage im Grundsatz als **selbständiges Verfahren**, die daher nicht prinzipiell die vorherige Erhebung einer Nichtigkeitsklage voraussetzt.[119] Allerdings dürfen über die Amtshaftungsklage die Zulässigkeitsvoraussetzungen für die **Nichtigkeitsklage nicht umgangen** werden; Amtshaftungsklagen sind also dann unzulässig, wenn der Sache nach allein die Aufhebung eines bestandskräftig gewordenen Rechtsakts begehrt wird.[120] Im Übrigen wird mit guten Gründen in der Literatur davon ausgegangen, dass die privilegierten Kläger in jedem Fall eine Nichtigkeitsklage erheben müssen, also auch bei eigenem Schaden nicht allein einen Amtshaftungsanspruch geltend machen können.[121] Zu fragen ist allerdings, ob sich nicht dieses Problem durch ein sachgerechtes Verständnis der Bestandskraft nach Art. 265 Abs. 6 AEUV bewältigen lässt: Da Bestandskraft nur eintreten kann, wenn eine Klagemöglichkeit besteht, verfügen Individuen nur dann über mehrere Klagemöglichkeiten, wenn auch der Ausführungsakt von der Kommission erlassen wurde. 61

114 EuGH, Rs. C-292/11 P (Kommission/Portugal), Urt. v. 16.1.2014, Rn 37 ff.

115 EuGH, Rs. C-119/04 (Kommission/Italien), Slg 2006, I-6885, Rn 45.

116 EuGH, Rs. C-304/02 (Kommission/Frankreich), Slg 2005, I-6263, Rn 82, zur Befugnis zum Abweichen vom Kommissionsvorschlag ebd, Rn 89 ff.

117 EuGH, Rs. C-103/11 P (Systran), Urt. v. 18.4.2013, Rn 57 ff.

118 EuGH, Rs. C-47/07 P (Masdar), Slg 2008, I-9761, Rn 48 ff; vgl auch EuGH, Rs. C-377/09 (Hanssens-Ensch), Slg 2010, I-7751; dazu *Haratsch*, Effektiver Rechtsschutz auf der Grundlage ungeschriebener Kompetenzen, in: FS Scheuing, 2011, S. 79 ff; *Müller-Graff*, Ungerechtfertigte Bereicherung im Unionsrecht, in: FS Hommelhoff, 2012, S. 815 ff.

119 EuGH, Rs. 5/71 (Schöppenstedt), Slg 1971, 975, Rn 3 ff; Rs. C-87/89 (Sonito u.a.), Slg 1990, I-1981, Rn 14.

120 EuGH, Rs. 175/84 (Krohn), Slg 1986, 753, Rn 32 ff; EuG, Rs. T-485/93 (Dreyfus/Kommission), Slg 1996, II-1101; dazu auch *Gellermann*, in: Rengeling/Middeke/Gellermann, § 9, Rn 20.

121 *Pechstein*, Rn 687; a.A. *v. Bogdandy*, in: Grabitz/Hilf/Nettesheim, Art. 340 AEUV, Rn 40.

62 Schwierige **Zurechnungsfragen** treten weiterhin auf, wenn (möglicherweise) haftungsbegründendes Unionsrecht durch nationale Akte ausgeführt wurde. In diesen Fällen ist zunächst zu klären, wessen Handeln rechtswidrig und damit haftungsbegründend gewesen ist. Da eine Klage vor einem Unionsgericht, die als haftungsbegründendes Element – auch – nationales Handeln benennt, prinzipiell ausgeschlossen ist, geht der EuGH von einem **Vorrang** des **nationalen Rechtsschutzes** und von einer entsprechenden Subsidiarität des Unionsrechtsschutzes aus, wenn und soweit es möglich ist, dass der Betreffende auf diesem Wege Ersatz bekommt; für dennoch erhobene Klagen vor dem EuG fehlt damit das Rechtsschutzbedürfnis.[122] Wird vor dem nationalen Gericht geklagt, kann dieses die Rechtmäßigkeit des dem Vollzugsakt zu Grunde liegenden Handelns der Union überprüfen und gegebenenfalls dem EuGH eine entsprechende Frage zur Vorabentscheidung vorlegen. Beruht das nationale Verwaltungshandeln allerdings auf einer entsprechenden Weisung der Kommission, ist ein Umweg über den nationalen Rechtsschutz nicht erforderlich, weil sich die Kausalitätsfragen nicht stellen; hier kann direkt vor dem EuG geklagt werden.[123] Nationaler Rechtsschutz scheidet ferner dann aus, wenn durch das Unionsrecht Leistungsansprüche beseitigt werden. Nationale Rechtsbehelfe könnten nämlich wegen der allein kassatorischen Wirkung eines Vorlageverfahrens diese nicht in allen Fällen wieder herstellen; insoweit ist dann ebenfalls eine direkte Klage vor dem EuG zulässig.[124]

2. Beteiligte

63 Klagen kann jeder, der einen Amtshaftungsanspruch geltend machen will, also **jede natürliche** und **juristische Person**, aber auch nicht rechtsfähige Verbände. Allerdings muss der Anspruch jeweils dem Kläger **selbst** zustehen. Abtretungen sind in den Grenzen des Rechtsmissbrauchs zulässig. Unklar ist, ob die Union oder das Organ zu verklagen ist. Materiell kann nur die Union haften, doch ist prozessrechtlich im Grundsatz nur eine Prozessführung durch ein Unionsorgan vorgesehen. Die Rechtsprechung ist insoweit uneinheitlich.[125]

3. Frist

64 Eine Frist für die Klageerhebung ist nicht vorgesehen; allerdings **verjähren** Amtshaftungsansprüche nach Art. 46 Satzung innerhalb von fünf Jahren. Der EuGH qualifiziert diese Frist nicht als materiellrechtlich, sondern als Grundlage einer prozesshindernden Einrede, die eine Klage bereits unzulässig macht.[126]

4. Begründetheit und Urteilswirkungen

65 Die Klage ist begründet, wenn der geltend gemachte **Anspruch** tatsächlich **besteht**. Insoweit kann auf die entsprechenden Ausführungen zum Haftungsrecht verwiesen werden (*Böhm*, § 12, Rn 9 ff). In der Praxis häufig ist ein **zweistufiges Verfahren**. Dabei wird vom Unionsgericht zunächst geprüft, ob dem **Grunde** nach ein Haftungsanspruch besteht. Es ergeht dann ein Zwischenfeststellungsurteil, das den Streit um die Existenz einer Pflichtverletzung im Einzelnen klärt und den Parteien aufgibt, sich ggf. hinsichtlich der **Höhe** des Schadens zu einigen. Dadurch werden komplexe Beweisaufnahmen gespart. Nur wenn dieses Verfahren nicht zum Erfolg führt, kommt in einem zweiten Verfahren die Fortsetzung des Rechtsstreits mit Blick auf die Schadenshöhe in Betracht. Es ergeht dann ggf. ein Leistungsurteil, die Union wird also zur Zahlung eines entsprechenden Betrages verurteilt.

122 EuGH, Rs. 175/84 (Krohn), Slg 1986, 753, Rn 27. Dazu *Brealey/Hoskins*, S. 357 f; *Böhm* § 12 Rn 55 ff, 131 ff.

123 EuGH, Rs. 175/84 (Krohn), Slg 1986, 753, Rn 18.

124 EuGH, Rs. 281/82 (Unifrex), Slg 1984, 1969, Rn 12.

125 S. etwa einerseits EuGH, Rs. C-308/87 (Grifoni), Slg 1990, I-1203, Rn 1 ff (Klage gegen die Gemeinschaft, vertreten durch die Kommission), andererseits verb. Rs. C-104/89 und C-37/90 (Mulder) u.a. (Klage gegen Rat und Kommission), Slg 1992, I-3061, Rn 1 ff; Rs. C-63/89 (Assurances du Crédit), Slg 1991, I-1799, Rn 1 ff; Rs. C-531/12 (Millau), Urt. v. 19.6.2014 (Klage gegen Kommission). Dazu auch *Gellermann*, in: Rengeling/Middeke/Gellermann, § 9, Rn 10; *Rideau/Picod*, S. 352; *Böhm*, § 12, Rn 53.

126 EuGH, verb. Rs. 256, 257, 265 und 267/80 und 5/81 (Birra Wührer), Slg 1982, 85, Rn 11 ff.

V. Beamtenstreitigkeiten

Nach Art. 270 AEUV ist der Gerichtshof, genauer, erstinstanzlich das Gericht für den öffentlichen Dienst (Rn 6), nach Maßgabe des Beamtenstatuts und der jeweiligen Beschäftigungsbedingungen der Bediensteten der Union für alle Rechtsstreitigkeiten des Personals mit der jeweils für sie zuständigen Stelle der Union zuständig. Art. 91 des Beamtenstatuts enthält insoweit spezifische Bestimmungen, die für sonstige Bedienstete entsprechend anzuwenden sind. **Klagegegenstand** können alle den **Kläger individuell belastende Akte** sein;[127] hat ein Beamter eine Entscheidung beantragt und innerhalb von vier Monaten keine Antwort erhalten, gilt dies als Ablehnung (Art. 90 Abs. 1 Sätze 2 und 3 Beamtenstatut). Vor Klageerhebung ist ein **Vorverfahren** durchzuführen, dem wie sonst auch (Rn 45, 52) die Funktion zukommt, zur Vermeidung einer gerichtlichen Auseinandersetzung beizutragen, aber auch den Streitgegenstand zu begrenzen.[128] Wendet sich der Kläger gegen eine bereits getroffene Maßnahme, muss er innerhalb von **drei Monaten** nach deren Erlass Beschwerde einlegen. Wird dem nicht innerhalb von vier Monaten abgeholfen – Stillschweigen gilt als Ablehnung –, läuft eine Klagefrist von weiteren drei Monaten. Entscheidet allerdings die Behörde später noch einmal ausdrücklich, beginnt die Frist erneut zu laufen 66

Wird ein Antrag eines Bediensteten abgelehnt, gilt Entsprechendes: Auch dann ist zunächst ein **Vorverfahren** durchzuführen. Dieses ist allerdings **entbehrlich**, wenn der Kläger gleichzeitig einen Antrag auf Erlass einer Maßnahme des einstweiligen Rechtsschutzes stellt (Art. 91 Abs. 4 Beamtenstatut). Nach der Rechtsprechung ist ein solches Vorverfahren zudem dann nicht erforderlich, wenn die Ausgangsentscheidung ohnehin nicht korrigierbar ist. Dies gilt etwa für Prüfungsentscheidungen.[129] 67

Für den **Umfang der Nachprüfung** gelten im Grundsatz die allgemein für die rechtliche Kontrolle von Unionsrechtsakten geltenden Grundsätze. In vermögensrechtlichen Streitigkeiten, die Gehaltszahlungen und Schadensersatzforderungen betreffen können, verfügt das Gericht nach Art. 91 Abs. 1 Satz 2 Beamtenstatut über die Befugnis zur unbegrenzten Ermessensnachprüfung, kann also auch eine getroffene Entscheidung abändern (Rn 37). 68

VI. Vorabentscheidungsverfahren

Neben den streitentscheidenden Prozessverfahren mit Klägern und Beklagten kennt das EU-Prozessrecht mehrere Verfahrensarten, in denen die europäische Gerichtsbarkeit nicht Streitfälle entscheidet, sondern – wenn auch fallbezogen – **abstrakte Rechtsfragen klärt**; das wichtigste ist das Vorabentscheidungsverfahren. Dieses ermöglicht den nationalen Gerichten einen Dialog, genauer eine Kooperation mit klar definierten Rechten und Pflichten mit der europäischen Gerichtsbarkeit, damit sie in die Lage versetzt werden, das Europarecht einheitlich anzuwenden. Zugleich wird gewährleistet, dass der EuGH trotz der Regelzuständigkeit der nationalen Gerichte seine **Letztentscheidungsbefugnis** in Sachen Unionsrecht wirksam in Anspruch nehmen kann. Voraussetzung für die Funktionsfähigkeit des Vorlageverfahrens ist eine grundsätzlich umfassende Zuständigkeit der nationalen Gerichte. Regelungen, mit denen Streitigkeiten Gerichten zugewiesen werden, die nicht vorlageberechtigt sind, sind daher nur eingeschränkt zulässig.[130] Die Entscheidung über die Vorlage trifft das nationale Gericht – von teilweise bestehenden Vorlagepflichten einmal abgesehen – allein nach nationalem Recht; auch Gültigkeit und Wirksamkeit des Vorlagebeschlusses richten sich nach diesem. Das nationale Gericht kann daher eine bereits anhängige Vorlage auch wieder zurückziehen; das Vorlageverfahren endet ebenfalls, wenn der Vorlagebeschluss von einem höhe- 69

127 Zum Ausschluss von Normativakten s. EuGH, Rs. 48/79 (Ooms), Slg 1979, 3121, 3123.
128 EuGH, Rs. 224/87 (Koutchoumoff), Slg 1989, 99, Rn 10.
129 EuGH, Rs. 168/83 (Pasquali-Gherardi), Slg 1985, 83, Rn 11.
130 EuGH, Gutachten 1/09 (Europäisches Patentgericht), Slg 2011, I-1137, Rn 70 ff; zu Konsequenzen für die vor allem in Investitionsschutzabkommen üblicherweise vorgesehenen Schiedsgerichte siehe *Classen*, EuR 2012, 611.

ren nationalen Gericht wieder aufgehoben wird.[131] Der EuGH ist insoweit machtloser Zuschauer. Aus der Perspektive des nationalen Gerichts stellt das Vorabentscheidungsverfahren ein **Zwischenverfahren** dar.[132]

1. Verfahrensgegenstand

70 Der Vertrag benennt drei mögliche Verfahrensgegenstände: Fragen nach der **Auslegung** des **Vertrages**, Fragen nach der **Gültigkeit** und der **Auslegung** von **Handlungen der Organe**, Einrichtungen und sonstigen Stellen der Union. Fragen zur Auslegung können sich damit auf das gesamte Unionsrecht (Rn 13) beziehen.[133] Eingeschlossen sind hierbei insbesondere auch rechtlich unverbindliche Akte wie Stellungnahmen oder sonstige Erklärungen.[134] Bei sog. „gemischten" Abkommen ist allerdings umstritten, ob sie auch insoweit der Auslegung durch den EuGH unterliegen, wie sie allein in die Zuständigkeit der Mitgliedstaaten fallen.[135] **Unzulässig** sind hingegen Fragen zur Auslegung des **nationalen Rechts**, einschließlich Fragen zur Vereinbarkeit von nationalem Recht und Unionsrecht. Falsch gestellte Fragen kann der EuGH ggf. sachgerecht umformulieren.[136] Wichtig ist, dass die Frage auf die abstrakte Auslegung des Unionsrechts beschränkt bleibt; Fragen zur Anwendbarkeit des Unionsrechts im Einzelfall sind ebenfalls unzulässig (vgl aber noch Rn 78). Fragen zur Gültigkeit von Unionsrecht[137] können im Grundsatz nur mit Blick auf das Sekundärrecht gestellt werden. Das Vertragsrecht stellt im Kern keine Handlung der Organe dar, sondern ist institutionell den Mitgliedstaaten zuzurechnen. Für den EuGH stellt es zudem die Grundlage seiner Existenz dar, die er nicht in Frage stellen kann. Eine systemkonforme Ausnahme bilden die Voraussetzungen des maßgeblich in der Hand von Unionsorganen liegenden vereinfachten Änderungsverfahrens nach Art. 48 Abs. 6 EUV.[138] Die Verantwortung für die Formulierung der Frage liegt allein beim vorlegenden Gericht.[139]

71 Bei Fragen zur Gültigkeit ist die nach Art. 263 Abs. 6 AEUV gegebenenfalls eintretende **Bestandskraft** – im Verhältnis zu in diesem Verfahren klagebefugten Klägern – auch im Vorabentscheidungsverfahren zu beachten.[140] Die in Art. 277 AEUV geregelte Inzidentrüge steht dem nicht im Wege, da Verordnungen außer durch privilegierte Kläger grundsätzlich gar nicht angefochten werden können (siehe auch Rn 25 ff). Werden **parallele Verfahren** vor der europäischen und der nationalen Gerichtsbarkeit betrieben, die beide auf die Aufhebung eines Unionsrechtsakts abzielen, hat dies gegebenenfalls Einfluss auf das Vorlagerecht (Rn 74). Nicht vorlagefähig ist die Feststellung einer pflichtwidrigen Untätigkeit eines Unionsorgans;[141] insoweit kann Rechtsschutz nur über eine Untätigkeitsklage direkt gegen das zuständige Unionsorgan erlangt werden. Schließlich können

---

131 EuGH, Rs. 146/73 (Rheinmühlen), Slg 1974, 139, Rn 3. Im deutschen Recht ist eine entsprechende Beschwerde jedoch nicht möglich; s. BFH 27.1.1981 – VII B 56/80, BFHE 132, 217, 218; dazu *Middeke*, in: Rengeling/Middeke/Gellermann, § 10, Rn 91.

132 Über die Kostenverteilung entscheidet das nationale Gericht nach nationalem Recht vorbehaltlich der in Rn 107 erwähnten Grundsätze; dazu EuGH, Rs. C-472/99 (Clean Car Autoservice), Slg 2001, I-9687, Rn 27 ff, kritisch dazu *Hess*, RabelsZ 66 (2002), 470, 477.

133 Auch, wenn die betreffende Bestimmung unionsrechtlich gar nicht anwendbar ist, aber der nationale Gesetzgeber innerstaatlich auf sie verwiesen hat; EuGH, Rs. C-28/95 (Leur-Bloem), Slg 1997, I-4161, Rn 32 f. Dazu etwa *Hess*, RabelsZ, 66 (2002) 470, 484 ff.

134 Zulässig dürfte daher auch die vom BVerfG gestellte Frage nach der Gültigkeit des OMT-Beschlusses des EZB-Rates vom 6.9.2013 sein (Verfahren 2 BvR 2728/13 u.a., B.v. 14.1.2014).

135 Zum Streitstand siehe *Gaitanides*, in: v.d.Groeben/Schwarze, Art. 234 EG, Rn 23; *Tomuschat*, ebd, Art. 300 EG, Rn 100.

136 EuGH, Rs. C-168/95 (Arcaro), Slg 1996, I-4705, Rn 24 zur Vereinbarkeit von nationalem Recht mit Gemeinschaftsrecht, EuGH, Rs. 188/86 (Lefèvre), Slg 1987, 2963, Rn 9, zur Frage des anwendbaren Gemeinschaftsrechts. Bei einer konkret untermauerten Gültigkeitsfrage beschränkt sich der EuGH aber regelmäßig auf die Prüfung der vorgebrachten Argumente; EuGH, Rs. C-166/98 (Socridis), Slg 1999, I-3791, Rn 22.

137 Diese können sich auch auf den dem im Fall entscheidungserheblichen Rechtsakt zugrunde liegenden Rechtsakt beziehen; s. EuGH, Rs. 216/82 (Universität Hamburg), Slg 1983, 2771, Rn 10.

138 EuGH, Rs. C-370/12 (Pringle), Urt. v. 27.11.2012, Rn 30 ff.

139 EuGH, Rs. C-136/12 (Consiglio nazionale dei geologi), Urt. v. 18.7.2013, Rn 29 ff.

140 EuGH, Rs. C-188/92 (TWD), Slg 1994, I-833, Rn 18; Rs. C-346/03 (Atzeni), Slg 2003, I-1875, Rn 31.

141 EuGH, Rs. C-68/95 (Port), Slg 1996, I-6065, Rn 53; kritisch dazu *Schermers/Waelbroeck*, Rn 598.

Fragen nur vom vorlegenden Gericht gestellt werden; auf Fragen von Parteien kann der EuGH nicht eingehen (vgl auch Rn 72).

2. Entscheidungserheblichkeit

Voraussetzung für eine Vorlage ist die Entscheidungserheblichkeit: Die vom nationalen Gericht zu treffende Entscheidung des Rechtsstreits soll im Ergebnis von der Antwort des Gerichtshofs auf die gestellte Frage abhängen; nur wenn unterschiedliche Antworten zu unterschiedlichen Ergebnissen führen, ist eine Vorlage zulässig. Bei der Beurteilung der Entscheidungserheblichkeit räumt der EuGH den **nationalen Gerichten** einen **weiten Spielraum** ein. Grund hierfür ist zum einen, dass die Entscheidungserheblichkeit regelmäßig maßgeblich auch vom **nationalen Recht** abhängt, das für den EuGH jedoch keine Entscheidungsgrundlage bilden kann. Zum anderen stehen sich bei Auslegungsfragen häufig nicht einfach zwei mögliche Antworten gegenüber, sondern eine ganze Reihe, sodass eine Prognose hinsichtlich der Auswirkungen auf den nationalen Rechtsstreit häufig nur schwer möglich ist. Zulässigkeitsvoraussetzung ist allerdings, dass das nationale Gericht den zu entscheidenden **Fall** rechtlich und tatsächlich hinreichend präzise schildert und **aufbereitet**, damit eine sachgerechte Antwort möglich ist.[142] Kritik der Parteien an der Sachverhaltsdarstellung ist unbeachtlich; insoweit trägt die vorlegende Instanz die volle Verantwortung (vgl auch Rn 71). Unzulässig ist schließlich eine Vorlage, wenn ein Verfahren noch nicht anhängig, schon abgeschlossen oder sonst wie erledigt ist.[143] 72

3. Vorlagerecht

Vorlageberechtigt ist **jedes nationale Gericht**. Der **unionsrechtliche Begriff** stellt nicht auf die abstrakten Eigenschaften einer Stelle ab, sondern knüpft einzelfallbezogen an das konkrete Verfahren an. Konkret wird vorausgesetzt, dass die betreffende Stelle unabhängig ist und auf gesetzlicher Grundlage ständig besteht. Sie muss ohne Zustimmung der anderen Konfliktparteien angerufen werden können, was insbesondere private Schiedsgerichte ausschließt.[144] Ferner muss sie in einem streitigen Verfahren eine verbindliche Entscheidung allein anhand von rechtlichen Maßstäben treffen,[145] so dass etwa Gerichte in Registersachen nicht vorlegen können.[146] Auch darf die Stelle nicht auf eigene Initiative hin tätig werden können.[147] 73

Besteht ein Vorlagerecht, darf dieses **nicht** durch **nationales Prozessrecht beschränkt** werden. Nach (problematischer) Rechtsprechung des EuGH gilt dies insbesondere auch, wenn Obergerichte einen Fall zur Entscheidung unter Bindung an ihre Rechtsauffassung an ein Untergericht zurückverweisen.[148] Will ein nationales Gericht den EuGH nach der Gültigkeit eines europäischen Rechtsaktes fragen, der **parallel** den Gegenstand einer **Nichtigkeitsklage** bildet, soll das nationale Gericht prüfen, ob es nicht den Rechtsstreit aussetzt, bis der ohnehin schon anhängige Streit um die Gültigkeit 74

---

142 EuGH, Rs. C-9/98 (Agostini), Slg 1998, I-4261, Rn 5 ff; Rs. C-422/98 (Colonia), Slg 1999, I-1279, Rn 5 ff. Ebenso ist die Vorlage unzulässig, wenn sie in keinem erkennbaren Zusammenhang mit dem Ausgangsrechtsstreit steht oder die Fragen fiktiven Charakter aufweisen (EuGH, Rs. C-231/89 (Gmurzynska-Bscher), Slg 1990, I-4003, Rn 23; Rs. C-83/91 (Meilicke), Slg 1992, 4871, Rn 3 ff). Ausführlich *Dörr/Lenz*, Rn 267 ff.

143 EuGH, Rs. 338/85 (Pardini), Slg 1988, 2041, Rn 11; Rs. C-159/90 (Unborn Children), Slg 1991, I-4685, Rn 12; Rs. C-314/01 (Siemens und ARGE Telekom), Slg 2004, I-2549 Rn 37.

144 EuGH, Rs. 102/81 (Nordsee), Slg 1982, 1095, Rn 13; kritisch *Schermers/Waelbroeck*, Rn 539. Daraus kann sich eine Verpflichtung des staatlichen Gerichts, das ggf. über die Vollstreckbarkeit eines Schiedsurteils zu entscheiden hat, ergeben, den Fall sachlich zu überprüfen und seinerseits vorzulegen; s. *Brealey/Hoskins*, S. 203. Zulässig sind aber Vorlagen eines tarifvertraglichen Schiedsgerichts, dessen Zuständigkeiten und Besetzung gesetzlich geregelt sind und das ohne Zustimmung der Gegenpartei angerufen werden kann (EuGH, Rs. 109/88 (Danfoss), Slg 1989, 3199, Rn 8 ff).

145 S. insgesamt EuGH, Rs. C-24/92 (Corbiau) Slg 1993, I-1277, Rn 15 ff; Rs. C-393/92 (Almelo), Slg 1994, I-1477, Rn 21 ff.

146 EuGH, Rs. C-86/00 (HSB-Wohnbau), Slg 2001, I-5355, Rn 16.

147 EuGH, Rs. C-394/11 (Valeri Hariev Belov), Urt. v. 31.1.2013, Rn 43, 47.

148 EuGH, Rs. 146/73 (Rheinmühlen), Slg 1974, 139, Rn 3; Rs. C-396/09 (Interedil), Slg 2011, I-9915, Rn 37 ff; BGH 27.11.1984 – 1 StR 376/84, BGHSt 33, 76, 78 ff; zur Kritik *Classen*, JZ 2001, 458, 460.

auf europäischer Ebene entschieden ist.[149] Hintergrund dürfte sein, dass das – vielfach sogar zweiinstanzliche – Verfahren mit Kläger und Beklagtem, das im Rahmen einer Nichtigkeitsklage durchgeführt wird, besser zur Sachaufklärung geeignet ist als das Vorabentscheidungsverfahren. Für das Verhältnis zu nationalen Vorlagepflichten betont der EuGH regelmäßig, dass das vorlegende Gericht zu jedem Zeitpunkt vorlegen können muss; dagegen sieht er es als unbedenklich an, wenn die Umsetzung seines Urteils, etwa die Nichtanwendung eines Gesetzes, erst nach einem bestimmten nationalen Vorlageverfahren erfolgt.[150]

4. Vorlagepflicht

75 Unter bestimmten Voraussetzungen besteht für nationale Gerichte im Grundsatz sogar eine Vorlagepflicht. Ausdrücklich benennt der Vertrag **letztinstanzlich** entscheidende **Gerichte** (Art. 267 Abs. 3 AEUV), wobei es nicht auf die Stellung des betreffenden Gerichts im Justizwesen ankommt, sondern auf das konkrete Verfahren.[151] Ergänzend hat der Gerichtshof aus der Struktur des Rechtsschutzsystems überzeugend abgeleitet, dass Gültigkeitsfragen als solche nie von nationalen Gerichten negativ beantwortet werden können; **jedes nationale Gericht**, das einen europäischen Rechtsakt wegen **Ungültigkeit** nicht anwenden will, muss diese Frage daher dem EuGH vorlegen.[152] Aus verfassungsrechtlichen Gründen schließlich besteht für deutsche Gerichte eine Vorlagepflicht, soweit der Inhalt eines europäischen Rechtsaktes zu klären ist, der ein nach Auffassung des betreffenden Gerichts nach rein nationalem Verständnis verfassungswidriges Gesetz legitimiert (und so vor voller verfassungsgerichtlicher Kontrolle bewahrt).[153]

76 Eine **Ausnahme** von einer **Vorlagepflicht** besteht, wenn **kein Klärungsbedarf** vorliegt.[154] Dies ist der Fall, wenn eine entsprechende Frage bereits anhängig ist – dann muss allerdings das nationale Gericht die Entscheidung des EuGH abwarten – und, wenn eine Frage bereits durch den EuGH geklärt ist und auch keine Besonderheiten zu erkennen sind, die eine abweichende Beurteilung rechtfertigen. Gleiches gilt schließlich, wenn keine Zweifel an der richtigen Beantwortung einer Auslegungsfrage bestehen können. Allerdings liegt ein entsprechender **„acte clair"** nur vor, wenn tatsächlich hinreichend sicher ist, dass alle Richter in der Union – von Malta bis an die Nordspitze Schwedens und von Irland bis Zypern, die der europäischen Gerichtsbarkeit selbstverständlich eingeschlossen – gleich entscheiden würden. Dies ist regelmäßig ausgesprochen unwahrscheinlich. Vielfach neigen nationale Richter dazu, bestimmte Dinge als selbstverständlich anzusehen, die in anderen nationalen Rechtordnungen sogar im Ergebnis anders entschieden werden.[155] In Verfahren des **einstweiligen Rechtsschutzes** besteht grundsätzlich **keine Vorlagepflicht**, nämlich dann, wenn in absehbarer Zeit ein Hauptsacherechtsschutzverfahren zu erwarten ist, in dessen Rahmen die Frage dann im Wege einer Vorlage geklärt werden kann.[156] Wegen der besonderen Bedeutung von Gültigkeitsvorlagen (Rn 75) kommt diese Ausnahme allerdings bei Rechtsstreitigkeiten, bei denen das nationale Gericht von der **Ungültigkeit** eines europäischen Rechtsaktes ausgeht, **nicht** in Betracht.[157]

77 Zur **Sicherung** der Beachtung der **Vorlagepflicht** hält das europäische Recht nur begrenzt Instrumentarien bereit. Theoretisch kommt ein Vertragsverletzungsverfahren in Betracht, doch hat die

---

149 EuGH, Rs. C-344/98 (Masterfoods), Slg 2000, I-11369, Rn 12 ff; s. noch Rn 126. Entsprechende Regelungen gibt es ausdrücklich für das Verhältnis EuGH – EuG (Rn 6).
150 EuGH, Rs. C-112/13 (A), Urteil vom 11.9.2014, Rn 28 ff – Zum nationalen Recht Rn 75 mit Fn 155.
151 EuGH, Rs. C-14/08 (Roda Golf), Slg 2009, I-5439, Rn 29 (zum früheren Art. 68 Abs. 1 EGV).
152 EuGH, Rs. 314/85 (Foto-Frost), Slg 1987, 4199, Rn 13 ff; verb. Rs. C-143/88 und 92/89 (Süderdithmarschen), Slg 1991, I-415, Rn 19.
153 BVerfG 4.10.2011 – 1 BvL 3/08 – BVerfGE 129, 186, 204.
154 EuGH, Rs. 238/81 (CILFIT), Slg 1982, 3415, Rn 10.
155 Beispielhaft: BVerwG 15.7.1980 – 1 C 45.77 – BVerwGE 60, 284, 290, und später gegenläufig EuGH, Rs. C-268/99 (Jany), Slg 2001, I-8615, Rn 58 ff (zur Nichtanwendbarkeit von Art. 45 EGV [= 52 AEUV] auf die *Prostitution); allg. dazu Schermers/Waelbroeck*, Rn 573.
156 EuGH, Rs. 107/76 (Hoffmann-La Roche), Slg 1977, 957, Rn 5; verb. Rs. 35 und 36/82 (Morson und Jhanjan), Slg 1982, 3723, Rn 8.
157 EuGH, verb. Rs. C-143/88 und 92/89 (Süderdithmarschen), Slg 1991, I-415, Rn 24; dazu noch Rn 118.

Kommission in diesem Zusammenhang bisher noch nie von dieser Möglichkeit Gebrauch gemacht. Allerdings spielt bei auf europäisches Recht gestützten Haftungsansprüchen gegen die Mitgliedstaaten wegen Fehlurteilen nationaler Richter die Beachtung der Vorlagepflicht eine wichtige Rolle.[158] Auf nationaler Ebene steht in Deutschland die **Verfassungsbeschwerde** wegen Verletzung von Justizgrundrechten (Art. 101, ggf. auch 19 Abs. 4 GG) offen (Rn 128 f). Ähnlich judiziert der EGMR, kontrolliert aber nur, ob das verantwortliche Gericht seine Entscheidung zur Nichtvorlage überhaupt begründet hat.[159] Bei Unterlassung der Vorlage kommt allerdings die zugunsten der Beachtung der Grundrechte durch das Unionsrecht streitende Vermutung[160] nicht zum Tragen.[161]

5. Sachentscheidung

78 In der Sache beantwortet der EuGH die ihm vom nationalen Gericht gestellte Frage, ggf. nach entsprechenden Modifikationen. **Gültigkeitsfragen** werden aber positiv nur mit dem Hinweis beantwortet, dass die Prüfung nichts ergeben habe, was der Gültigkeit des fraglichen Rechtsakts entgegensteht; regelmäßig geht der EuGH nämlich nur den vom vorlegenden Gericht angeführten Argumenten nach (Rn 102). Bei Fragen nach der **Auslegung** von Unionsrecht gibt er an, in welchem Sinne eine Norm auszulegen ist. Dabei gibt es in der Praxis durchaus Unterschiede, bis zu welchem Maß der EuGH im Lichte des jeweiligen Falles die Maßstäbe selber **konkretisiert** und in welchem Umfang er die Konkretisierungen dem jeweiligen nationalen Gericht überlässt. (Nicht nur) zum Zollrecht etwa ergehen zum Teil recht konkrete Urteile;[162] in anderen Fällen beschränkt sich der EuGH auf relativ abstrakte Ausführungen und überlässt es dann dem nationalen Gericht, in deren Lichte die konkrete Entscheidung zu treffen, ohne dass bereits seinem Urteil selbst ein klares Ergebnis entnommen werden kann.[163]

6. Wirkung der Entscheidung

79 Für das vorlegende Gericht und die im gleichen Verfahren anschließend judizierenden Gerichte ist die **Vorlageentscheidung verbindlich.**[164] Will ein nationales Gericht abweichen, muss (und kann) es erneut vorlegen.[165] Urteile, mit denen ein europäischer Rechtsakt für **ungültig erklärt** wird, haben darüber hinaus **allgemeinverbindliche Wirkung.**[166] Alle anderen Urteile wirken unmittelbar nur inter partes. Faktisch ergibt sich allerdings eine gewisse Breitenwirkung.[167] So kann kein Gericht mit dem Hinweis auf eine angeblich klare Rechtslage einen europäischen Rechtsakt anders interpretieren als der EuGH. Die zeitliche Wirkung der Entscheidung tritt mit Blick auf den Fall regelmäßig ex tunc ein.[168] Bestand eine objektive und bedeutende Unsicherheit und haben Beteiligte daher auf eine andere Rechtslage vertraut, kann der EuGH die Wirkung seiner Entscheidung im Übrigen ausdrücklich auf den Zeitpunkt seines Urteils begrenzen, nimmt davon dann aber bereits

158 Dazu EuGH, Rs. C-224/01 (Köbler), Slg 2003, I-10239, Rn 30 ff, insbesondere 52 ff.
159 EGMR 20.9.2011 – 3989/07 und 38353/07 (Ullens de Schooten und Rezabek).
160 EGMR 30.6.2005 – 45036/98 (Bosphorus).
161 EGMR 6.12.2012 – 12323/11 (Michaud), Rn 114 ff.
162 Etwa EuGH, Rs. C-338/95 (Wiener), Slg 1997, I-6495, Rn 18; Rs. C-319/96 (Brinkmann), Slg 1998, I-5255, Rn 16 ff; dazu auch *Schermers/Waelbroeck*, Rn 491 ff.
163 Etwa EuGH, Rs. C-368/95 (Familiapress), Slg 1997, I-3689, Rn 29; Rs. C-405/98 (Gourmet International Products), *Slg 2001, I-1795*, Rn 33, jeweils zu Grundfreiheiten; verb. Rs. C-465/00, C-138/01 und C-139/01 (ORF), Slg 2003, I-4989, Rn 83 ff zu Grundrechten.
164 EuGH, Rs. 52/76 (Benedetti), Slg 1977, 163, Rn 26/27.
165 EuGH, Rs. 14/86 (Pretore di Salò), Slg 1987, 2545, Rn 13.
166 EuGH, Rs. 66/80 (International Chemical Corporation), Slg 1981, 1191, Rn 13; dazu *Pechstein*, Rn 866; *Middeke*, in: Rengeling/Middeke/Gellermann, § 10, Rn 105.
167 Dazu etwa EuGH, verb. Rs. 10/97 bis 22/97 (IN.CO.GE'90 u.a.), Slg 1998, I-6307, Rn 23.
168 EuGH, verb. Rs. 66, 127 und 128/79 (Salumi u.a.), Slg 1980, 1237 Rn 9; Rs. 309/85 (Barra), Slg 1988, 355, Rn 11.

anhängige Klagen aus.[169] Dies ist aber nur möglich, wenn eine Frage erstmalig zu beantworten ist.[170]

VII. Gutachten zu beabsichtigten völkerrechtlichen Abkommen

80 Nach Art. 218 Abs. 11 AEUV kann der EuGH zu geplanten, also noch nicht abgeschlossenen völkerrechtlichen Abkommen ein Gutachten erstellen. Auf diese Weise kann die **Vereinbarkeit** eines Vertrages mit den Unionsverträgen bereits **vor** dessen **völkerrechtlicher Wirksamkeit** geprüft werden; ist der Vertrag nämlich einmal wirksam geworden, gilt er im Verhältnis zwischen den Vertragsparteien auf völkerrechtlicher Ebene ganz unabhängig davon, ob er formal, vor allem kompetenzrechtlich, und inhaltlich mit dem Unionsrecht vereinbar ist.[171]

81 Dem EuGH kann jede Frage vorgelegt werden, die die **Vereinbarkeit** eines geplanten Abkommens **mit den Unionsverträgen** betrifft. Dabei muss das Abkommen nicht fertig ausgehandelt sein. Insbesondere Probleme, die allein die **Zuständigkeit** betreffen, können auch **ohne einen konkreten Text** geklärt werden.[172] Geht es um inhaltliche Fragen, ist allerdings ein hinreichend klarer Entwurf notwendig.[173] Der Begriff „**Abkommen**" umfasst alle völkerrechtlichen Abkommen im weitesten Sinne, nicht aber etwa einseitige völkerrechtliche Erklärungen oder ähnliche rechtserhebliche Handlungen.[174] Das Abkommen darf noch nicht wirksam geschlossen worden sein; anderenfalls hätte ein Gutachten keinen Sinn mehr. Als Antragsteller sind die üblichen „privilegierten Kläger", also Europäisches Parlament, Rat, Kommission und Mitgliedstaaten vorgesehen. Die **Einleitung** des Verfahrens hat **Suspensiveffekt**: Vor seinem Abschluss darf der Vertrag nicht geschlossen werden. Das Ergebnis ist für die Union verbindlich. Ist es negativ, schließt dies den Abschluss des Abkommens allerdings nicht prinzipiell aus, sondern bewirkt nur, dass es erst dann abgeschlossen werden kann, wenn die Unionsverträge oder das Abkommen zuvor entsprechend geändert wurden.

VIII. Einstweiliger Rechtsschutz

82 Der einstweilige Rechtsschutz stellt ein Grundelement **effektiven Rechtsschutzes** dar. Er ermöglicht, Zwischenlösungen zu finden, bis ein Rechtsstreit endgültig entschieden ist, was nicht selten längere Zeit in Anspruch nimmt. Die Bedeutung des einstweiligen Rechtsschutzes ist umso größer, als Klagen vor der europäischen Gerichtsbarkeit gegen einen Rechtsakt regelmäßig keine aufschiebende Wirkung zukommt.

83 Der AEUV sieht drei Arten von einstweiligen Rechtsschutzverfahren vor, nämlich einen Antrag auf vorläufige **Aussetzung** des **Vollzugs** eines Hoheitsaktes (Art. 278 AEUV), einen Antrag auf Erlass einer **einstweiligen Anordnung** (Art. 279 AEUV) und einen Antrag auf vorläufige **Aussetzung** der **Zwangsvollstreckung** (Art. 299 Abs. 4 AEUV). Diese Verfahren stehen nicht isoliert nebeneinander, sondern weisen im Kern die gleichen Voraussetzungen auf, weil sie in einem Spezialitätsverhältnis zueinander stehen: Der Antrag auf Aussetzung der Zwangsvollstreckung ist ein Spezialverfahren zum Antrag auf Aussetzung des Vollzugs eines Hoheitsaktes, und dieser wiederum stellt den in seinen Wirkungen normativ präzise geregelten Sonderfall einer einstweiligen Anordnung dar.[175] Ausgeschlossen ist einstweiliger Rechtsschutz in nicht streitigen Verfahren.

---

169 Etwa: EuGH, Rs. C-262/88 (Barber), Slg 1990, I-1889, Rn 41 ff; Rs. C-228/92 (Roquette Frères), Slg 1995, I-1445, Rn 25 ff. Grundlage ist eine analoge Anwendung von Art. 264 Abs. 2 AEUV (ex Art. 231 EGV; dazu Rn 38), der insoweit auch auf Auslegungsfragen erstreckt wird, für die Ausnahme für anhängige Klagen der Gedanke effektiven Rechtsschutzes.

170 Etwa: EuGH, Rs. C-292/04 (Meilicke u.a.), Slg 2004, I-1835, Rn 37.

171 *Schwarz*, in: Rengeling/Middeke/Gellermann, § 16, Rn 2.

172 S. etwa EuGH, Gutachten 2/94, Slg I-1996, 1759, Rn 15 zum EMRK-Beitritt.

173 EuGH, Gutachten 1/78, Slg 1979, 2871, Rn 18 f, zum Naturkautschukübereinkommen.

174 *Lorenzmeier*, in: Grabitz/Hilf/Nettesheim, Art 218 AEUV, Rn 73. Der EuGH spricht zwar verbal weitergehend von „jeder bindenden Verpflichtung ungeachtet ihrer Form" (Gutachten 1/75 (Lokale Kosten), Slg 1975, 1355, 1360; Rs. C-327/91 (Frankreich/Kommission) Slg 1994, I-3641, Rn 27), wurde aber noch nie mit etwas anderem befasst.

175 *Wegener*, in: Rengeling/Middeke/Gellermann, § 19, Rn 6 f; *Pechstein*, Rn 911.

1. Zulässigkeit

Der Antrag auf Maßnahmen des einstweiligen Rechtsschutzes ist bei dem **Gericht** der **Hauptsache** zu erheben; er ist nur zulässig, wenn ein Hauptsacheverfahren bereits anhängig ist und nicht mehr, wenn dieses rechtskräftig entschieden wurde.[176] Präventiver (einstweiliger) Rechtsschutz scheidet damit aus. Der Antrag muss in unmittelbarem **Zusammenhang** mit dem Antragsgegenstand des **Hauptsacheverfahrens** stehen.[177] Anträge auf Aussetzung des Vollzuges müssen sich gegen die Maßnahmen richten, gegen die eine Nichtigkeitsklage erhoben wurde, also gegen eine mit rechtlichen Wirkungen verbundene, vollziehbare und belastende Maßnahme eines Unionsorgans.[178] Weniger präzise ist der Antragsgegenstand bei Art. 279 AEUV definiert. Hier geht es nicht nur um die Sicherung bestehender Rechtsverhältnisse, sondern es kann auch die Änderung eines bestehenden Zustandes angeordnet werden. Voraussetzung ist allerdings ein hinreichend enger Zusammenhang mit der **Hauptsache.** Ferner darf diese **nicht vorweggenommen** werden oder gar über sie hinausgehen. Entscheidend ist insoweit allerdings nicht allein der jeweilige Klageantrag, sondern das sachliche Klageziel (unter Berücksichtigung der vertraglich angeordneten Urteilswirkungen). Daher ist einstweiliger Rechtsschutz etwa **auch** möglich in **Verfahren,** die nur mit einem Urteil mit **feststellendem** Tenor enden können:[179] Da mit der Nichtigkeitsklage (indirekt) auch eine bestimmte positive Entscheidung begehrt werden kann (Rn 38), ist der Kläger hier nicht auf eine Aussetzung des Vollzuges beschränkt, sondern kann einstweilige Anordnungen beantragen.[180] Gegebenenfalls kann er eine solche auch gegenüber Dritten begehren.[181] Schließlich darf der Antrag in der Hauptsache nicht offensichtlich unzulässig sein. 84

Antragsberechtigt sind **alle Personen,** die die entsprechende Klage in der Hauptsache erhoben haben. Dabei können **privilegierte** Kläger auch dann einstweiligen Rechtsschutz beantragen, wenn es in der Sache um den Schutz von **Allgemeininteressen** wie etwa den Interessen von ganzen Wirtschaftszweigen geht;[182] bei der Kommission reicht es in Vertragsverletzungsverfahren sogar, wenn sie überhaupt die Beeinträchtigung von bestimmten Personen vorträgt.[183] **Natürliche** und **juristische Personen** haben hingegen wirklich **eigene** Interessen oder Rechte vorzubringen.[184] 85

Formell ist der Antrag auf einstweiligen Rechtsschutz in einem **besonderen Schriftsatz** geltend zu machen; über die bereits angesprochenen zeitlichen Grenzen hinaus gibt es keine Fristvorgaben. Wegen fehlenden Rechtsschutzbedürfnisses ist ein Antrag allerdings unzulässig, wenn die betreffende Maßnahme schon vollzogen ist, das streitige Verhalten beendet wurde oder Ähnliches. 86

2. Begründetheit und Entscheidung

Ein Antrag auf Erlass einstweiligen Rechtsschutzes setzt zunächst **Dringlichkeit** voraus; es muss ein **schwerer, nicht** wieder **gut zu machender Schaden** drohen. Hier ist die europäische Gerichtsbarkeit ausgesprochen streng. Insbesondere bei **finanziellen Schäden** wird regelmäßig davon ausgegangen, 87

---

176 EuGH, Rs. C-68/90 R (Blot), Slg 1990, I-2177, Rn 4.

177 EuGH, Rs. 186/80 R (Suss), Slg 1980, 3501, Rn 15 f.

178 Vgl EuGH, Rs. 136/79 (National Panasonic), Slg 1980, 2033, Rn 12.

179 Zur Untätigkeitsklage EuGH, Rs. C-68/95 (T. Port), Slg 1996, I-6065, Rn 60; zum Vertragsverletzungsverfahren EuGH, Rs. 42/82 R (Kommission/Belgien), Slg 1982, 841, Rn 4; Rs. 293/85 (Kommission/Belgien), Slg 1985, 3521, Rn 2; dazu *Dörr/Lenz*, Rn 317. S. zum Problem ferner EuGH, Rs. C-208/03 P (R) (Le Pen), Slg 2003, I-7939, Rn 78.

180 EuGH, Rs. 65/87 R (Pfizer), Slg 1987, 1691, Rn 16 ff; EuG, Rs. T-203/95 R (Connolly), Slg 1995, II-2919, Rn 25; im Zusammenhang mit Rechtsmitteln explizit dazu EuGH, Rs. C-208/03 P-R (Le Pen), Slg 2003, I-7939, Rn 78 ff. Die verschiedentlich angenommene Rechtsschutzlücke (etwa *Schoch*, GVwR III, § 50 Rn 24) besteht damit nicht.

181 EuGH, Rs. 23/86 R (Vereinigtes Königreich/Europäisches Parlament), Slg 1986, 1085, Rn 23.

182 EuGH, Rs. C-280/93 R (Deutschland/Rat), Slg 1993, 3667, Rn 27; Rs. C-180/96 R (Vereinigtes Königreich/Kommission), 1996, I-3903, Rn 85. Schäden allein ganz bestimmter Unternehmen können dagegen nicht geltend gemacht werden; EuGH, Rs. 142/87 R (Belgien/Kommission), 1987, 2589, Rn 23 ff; Rs. C-356/90 R (Belgien/Kommission), Slg 1991, I-2423, Rn 23 ff.

183 EuGH, Rs. 293/85 R (Kommission/Belgien), Slg 1985, 3521, Rn 20.

184 EuGH, Rs. 107/89 R (Caturla/Rat), Slg 1989, 1357; EuG, Rs. T-73/98 R (Prayon-Rupel), Slg 1998, II-2769, Rn 22.

dass sie **reparabel** sind. Wirtschaftliche Schwierigkeiten allein reichen nicht.[185] Die entsprechenden Voraussetzungen sind vom Antragsteller darzulegen.[186] Gegebenenfalls wird die Aussetzung an die Hinterlegung einer Bürgschaft geknüpft.[187] Möglich sind einstweilige Anordnungen daher, wenn es primär um Nichtvermögensschäden geht[188] oder wenn Vermögensschäden existenzbedrohenden oder sonst wie irreparablen Charakter haben.[189]

88 Weiterhin muss einstweiliger Rechtsschutz **notwendig** sein. Dies ist der Fall, wenn die Hauptsache **hinreichende Aussicht** auf **Erfolg** hat.[190] Ist die Klage offensichtlich zulässig und begründet, ist diese Voraussetzung erfüllt. Ist sie offensichtlich unzulässig oder offensichtlich unbegründet, gibt es keinen einstweiligen Rechtsschutz. Ist der Erfolg des Hauptsacheverfahrens offen, hängt die Entscheidung maßgeblich vom dritten Gesichtspunkt ab: Die **Abwägung** zwischen den Interessen der einzelnen Beteiligten sowie von der Sache betroffener Dritter muss zugunsten des Antragstellers ausschlagen.[191] In jedem Fall darf das Ergebnis der **Hauptsache nicht vorweggenommen** werden.

89 Zuständig für den Erlass einstweiliger Anordnungen ist regelmäßig der **Präsident** des jeweiligen **Gerichts**, der den Fall allerdings dem Gerichtshof übertragen kann (Art. 161 VfO EuGH) bzw. für den ein insoweit speziell bestimmter Richter eintritt (Art. 106 VfO EuG). Gegen Entscheidungen des EuG kann unter den entsprechenden Voraussetzungen (Rn 106 ff) ein **Rechtsmittel** zum EuGH eingelegt werden. Bei Vorliegen neuer tatsächlicher oder rechtlicher Gesichtspunkte kann eine **Änderung** der ergangenen **Entscheidung** beantragt oder, im Fall der Ablehnung eines Antrages und dann beim Ausgangsgericht, ein neuer Antrag gestellt werden (Art. 163 f VfO EuGH, Art. 108 f VfO EuG).[192]

IX. Verfahrensgang

90 Generell sind auch vor den europäischen Gerichten die europäischen Prozessgrundrechte (effektiver Rechtsschutz, faires Verfahren, rechtliches Gehör etc., Art. 47 GRC) zu beachten.[193] Das streitige Verfahren vor einem europäischen Gericht ist in **mehrere Abschnitte** unterteilt (Art. 20 Satzung). Es beginnt mit der Verfahrenseinleitung, sodann schließt sich ein schriftliches Verfahren an. Ggf. folgen eine mündliche Verhandlung und eventuell die Schlussanträge des Generalanwalts. Anschließend beraten dann die Richter und verkünden das Urteil. Die Grundsätze, die die Durchführung eines kontradiktorischen Verfahrens bestimmen, sind im Wesentlichen die gleichen; gewisse **Besonderheiten** gibt es dagegen bei den **nicht kontradiktorischen** Verfahren, insbesondere dem Vorabentscheidungsverfahren.

---

185 EuGH, Rs. 229/88 R (Cargill), Slg 1988, 5183, Rn 17 f u.a.; Rs. C-213/91 R (Abertal) u.a., Slg 1991, I-5109, Rn 24. Dazu *Richter*, EuZW 2014, 416.

186 Zu den Anforderungen siehe etwa EuGH, Rs. C-551/12 P (R) (EDF), Urt. v. 7.3.2013, Rn 31 ff, 44 ff.

187 Vgl dazu EuGH, Rs. C-7/01 P (R) (Pyres), Slg 2001, I-2559 Rn 37.

188 Zur Versagung von Immatrikulationen von Studenten wegen fehlender Gebührenzahlungen EuGH, Rs. 293/85 R (Kommission/Belgien), Slg 1985, 3521, Rn 23.

189 EuGH, Rs. 141/84 R (De Compte), Slg 1984, 2575, Rn 4 (zu Immobilienverkäufen); verb. Rs. 76/89 u.a. R (RTE), Slg 1989, 1141, Rn 15 und 18 (zu irreversiblen Marktentwicklungen); verb. Rs. C-51/90 R und C-59/90 R (Comos Tank u.a.), Slg 1990, I-2167, Rn 21.

190 EuGH, Rs. 194/88 R (Kommission/Italien), Slg 1988, 4547, Rn 1 ff; Rs. C-195/90 R (Kommission/Deutschland), Slg 1990, I-3351, Rn 26 ff.

191 EuGH, Rs. 19/78 R (Authié), Slg 1978, 679, Rn 5/6; Rs. C-195/90 R (Kommission/Deutschland), Slg 1990, I-3351, Rn 39; Rs. C-208/03 P (R) (Le Pen), Slg 2003, I-7939, Rn 100.

192 Dazu etwa EuGH, Rs. C-440/01 P (R) (Artegodan), Slg 2002, I-1489, Rn 63.

193 Zum rechtlichen Gehör jüngst EuGH, Rs. C-530/12 (HABM/National Lottery Commission), Urt. v. 27.3.2014, Rn 53 ff; *P.P. Germelmann*, Das rechtliche Gehör vor Gericht im europäischen Recht, 2014; zur unangemessenen Verfahrensdauer vor dem EuG siehe EuGH, Rs. C-385/07 P (Der Grüne Punkt), Slg 2009, I-6155, Rn 177 ff; Rs. C-58/12 P (Groupe Gascogne), Urt. v. 26.11.2013, Rn 72 ff, zum ggf. daraus resultierenden, separat einzuklagenden Schadensersatzanspruch ebd. (Rs. C-58/12 P), Rn 83 ff, 96; über die Klage muss das EuG in anderer Besetzung als im Ausgangsverfahren entscheiden (ebd., Rn 90).

1. Verfahrenseinleitung

Ein streitiges Verfahren wird mit einer **Klageschrift** eingeleitet.[194] Diese muss einen Hinweis auf die Parteien, einen Antrag, eine Darstellung des Sachverhaltes und eine entsprechende rechtliche Begründung für den Antrag **beinhalten** (Art. 21 f Satzung, Art. 120 VfO EuGH, Art. 44 VfO EuG); die beiden zuletzt genannten Punkte machen den Klagegrund aus und bestimmen so den Streitgegenstand (vgl Rn 21). Ferner sind die notwendigen Beweismittel anzuführen sowie formale Unterlagen beizufügen. Die Klageschrift muss von einem **Anwalt** unterschrieben sein, da vor der europäischen Gerichtsbarkeit Anwaltszwang gilt (Art. 19 Abs. 3 Satzung). Damit ein Anwalt vor einem europäischen Gericht auftreten kann, muss er als solcher in einem Mitgliedstaat anerkannt sein; nur Mitgliedstaaten und Organe können sich durch ihre Beamten vertreten lassen. Zudem muss er unabhängig sein, darf daher insbesondere nicht beim Kläger beschäftigt sein.[195] Einreichung per Fax reicht, wenn das Original innerhalb von zehn Tagen bei der Kanzlei des Gerichtshofes eingeht (Art. 57 Abs. 6 VfO EuGH, Art. 43 § 6 VfO EuG). Jüngst wurde zudem eine elektronische Kommunikation vorgesehen.[196] Zudem besteht die zum Teil schon genutzte Möglichkeit, für Schriftsätze Obergrenzen festzusetzen.[197] Dabei ist allerdings unklar, wann Ausnahmen möglich sind. 91

Klagen, die sich gegen ein Unionsorgan richten, können in allen Amtssprachen der EU erhoben werden (Art. 36 ff VfO EuGH, Art. 35 VfO EuG). Wird gegen einen Mitgliedstaat geklagt oder im Rechtsmittelverfahren gegen ein eine natürliche oder juristische Person begünstigendes Urteil Rechtsmittel eingelegt, ist die Sprache des Gegners zu wählen. Diese offizielle **Verfahrenssprache** deckt sich allerdings weder mit der Sprache, die Gerichtsmitglieder, Zeugen und Sachverständige in der mündlichen Verhandlung verwenden müssen – hier sind die genannten Personen, nicht jedoch die Parteien frei – noch mit der internen Arbeitssprache der Richter, die im Allgemeinen das Französische, zunehmend aber auch das Englische darstellt. Das Verfahren wird nun einer **Kammer**, vor dem EuG ggf. auch einem Einzelrichter zugewiesen (Rn 7, 10); zugleich wird ein **Berichterstatter** sowie – vor dem EuGH – parallel vom Ersten Generalanwalt ein **Generalanwalt** bestimmt; beim Gericht wird, falls erforderlich, ein Richter als Generalanwalt bestellt. 92

2. Schriftliches Verfahren

Die Klageschrift wird den Beteiligten zugestellt; diese haben nunmehr zwei Monate Zeit für eine Antwort. Anderenfalls ergeht gegen sie ein Versäumnisurteil (Art. 41 Satzung). Anschließend besteht für die Parteien die Möglichkeit zur **Erwiderung** und zur **Gegenerwiderung** (Art. 20 Abs. 2 Satzung; Art. 123 ff VfO EuGH, Art. 47 VfO EuG). In diesen Schriftsätzen kann das bisherige Parteivorbringen ergänzt und präzisiert werden. **Neue Angriffs-** und **Verteidigungsmittel** dürfen aber nur vorgebracht werden, wenn sie sich auf tatsächliche und rechtliche Umstände stützen, die erst während des Verfahrens aufgetreten sind (Art. 127 VfO EuGH, Art. 48 § 2 VfO EuG), es sei denn, dass sie auch von Amts wegen zu prüfen wären. Im Verfahren vor dem Gericht kann auf den zweiten Durchgang (Erwiderung und Gegenerwiderung) auch verzichtet werden (Art. 47 § 1 VfO EuG). Ferner können die zuständigen Richter von den Parteien, aber auch jedem Mitgliedstaat und den Unionsorganen die Vorlage von Urkunden und die Erteilung von Auskünften verlangen (Art. 24 Satzung); weitere prozessleitende Maßnahmen sieht die Verfahrensordnung des EuG vor (Art. 64). Nachdem die Parteien Schriftsätze ausgetauscht haben, erstattet der Berichterstatter einen Bericht. 93

---

194 Damit wird der Streit rechtshängig, was weitere Klagen mit gleichem Streitgegenstand, zu dem allerdings anders als nach deutschem Recht auch der Klagegrund (Rn 21) zählt, ausschließt; s. etwa EuGH, verb. Rs. 385/85 und *51/86 (Frankreich/*Europäisches Parlament), Slg 1988, 4821, Rn 9 ff. S. auch die praktischen Anweisungen des Gerichtshofes, ABl. 2014, L 31/1 ff, sowie des EuG, ABl. 2012, L 68/23 ff und des GöD, ABl. 2014, L 206/52 ff.

195 EuGH, verb. Rs. C-422/11 und 423/11 (Prezes Urzędu Komunikacji Elektronicznej), Urt. v. 6.9.2012, Rn 23 ff.

196 Beschlüsse des EuGH (ABl. 2011, C 289/7 f), des EuG (ABl. 2011, C 289/9 f) und des GöD (ABl. 2011, C 289/11 f).

197 Art. 58, 175 Abs. 2 und 180 Abs. 2 VfO EuGH. Das EuG hat entsprechende Regeln nur in seinen Praktischen Anweisungen (Fn 194), Nr. 15 f. Dazu etwa *Wägenbaur,* EuZW 2013, 930, 931 f; *Karpenstein/Eckert,* Anwaltsblatt 2013, 249 ff.

3. Mündliche Verhandlung und Schlussantrag

94 Nach Abschluss des schriftlichen Verfahrens findet eine – beim EuGH ggf. auch gegen den Willen der Parteien verzichtbare (Art. 53, 76 Abs. 2 VfO EuGH)[198] – mündliche Verhandlung statt. Hier können die **Parteien** ihre Positionen noch einmal kurz **vortragen** und haben Gelegenheit zur **Verhandlung** (Art. 20 Abs. 4 Satzung, Art. 55 ff VfO EuGH, Art. 55 VfO EuG). Außerdem werden die erforderlichen **Beweise** erhoben (Art. 24 ff Satzung; Art. 61 ff VfO EuGH, Art. 65 ff VfO EuG). Ggf. folgt der **Schlussantrag** des **Generalanwalts.** Dessen Mitwirkung ist vor dem EuGH theoretisch der Regelfall; wirft eine Rechtssache keine neue Rechtsfrage auf, kann auf ihn verzichtet werden (Art. 20 Abs. 5 Satzung; in der Praxis ca. 60% der Fälle). Vor dem EuG tritt ein Generalanwalt (konkret: in Form eines zur Wahrnehmung dieser Funktion bestellten Richters) ohnehin praktisch nie auf. Zu einem Schlussantrag dürfen die Parteien nicht Stellung nehmen. Da erforderlichenfalls der Gerichtshof die mündliche Verhandlung erneut eröffnet (Art. 61 VfO EuGH, 62 VfO EuG), verstößt dies nicht gegen Art. 6 EMRK.[199]

4. Urteil und anderweitige Erledigung

95 Das **Urteil** wird von den Richtern beraten; Streitfragen werden mit Stimmenmehrheit entschieden. Es wird – üblicherweise – in aus deutscher Sicht eher **knapper Form**, vor allem ohne allzu viele abstrakte Erörterungen **begründet** (Art. 36 Satzung). Ein striktes Verständnis des Beratungsgeheimnisses (Art. 2 aE, 35 Satzung) steht Sondervoten entgegen. Zugleich wird über die **Kosten** entschieden (Art. 38 Satzung). Gerichtskosten werden nur erhoben, soweit sie ohne Not verursacht wurden (Art. 143 VfO EuGH, 90 VfO EuG); dem Verlierer werden im Regelfall die Kosten des Gegners auferlegt.[200] Urteile des EuG werden nach Ablauf der Rechtsmittelfrist von einem Monat, Urteile des EuGH mit Verkündung **rechtskräftig.** Die Rechtskraft beschränkt sich allerdings auf die geprüften Klagegründe (Rn 102).[201] Über prozesshindernde Einreden und Zwischenstreitigkeiten kann vorab entschieden werden (Art. 151 ff VfO EuGH, Art. 111 ff VfO EuG). Hat sich die **Hauptsache erledigt,** kann dies vom Gericht von Amts wegen (Art. 149 VfO EuGH, Art. 113 VfO EuG) auf Antrag einer Partei oder von beiden Parteien übereinstimmend, dann mit Bindung des Gerichts (Art. 147 VfO EuGH und 98 VfO EuG) festgestellt werden. Nicht möglich ist dies in den maßgeblich auch der objektiven Rechtmäßigkeitskontrolle dienenden Verfahren der Art. 263 und 265 AEUV. Als **anderweitige Erledigung** kennt die VfO des EuG (Art. 98 f) nur außergerichtliche Einigung und Klagerücknahme; demgegenüber enthalten Art. 90 ff VfO EuGöD und neuerdings auch Art. 147 VfO EuGH darüber hinaus eine Regelung eines gerichtlichen Vergleiches.

5. Verfahrensbeschleunigung

96 Nicht zuletzt, um dem Gebot der Sicherung angemessener Verfahrensdauer (Rn 90) Rechnung tragen zu können, kann ggf. ein beschleunigtes Verfahren angeordnet werden. Rechtsgrundlagen sind bei Klageverfahren Art. 133 ff VfO EuGH und Art. 76 a VfO EuG, bei Vorabentscheidungsverfahren Art. 23 a der Satzung und Art. 105 VfO EuGH. Für Verfahren im Rahmen der justiziellen Zusammenarbeit in Zivil- und Strafsachen ist das in Art. 107 ff VfO EuGH vorgesehene Eilverfahren zu erwähnen.[202]

---

198 Aus Rechtsgründen für Zurückhaltung beim Verzicht, vor allem gegen den Willen der Parteien, *Everling, in:* FS Dauses, 2014, S. 113 ff.

199 Dazu EuGH, Rs. C-172/97 OP (SIVV), Slg 2001, I-6699, Rn 25; *Rengeling/Kotzur,* in: Rengeling/Middeke/Gellermann, § 3, Rn 14.

200 Zu Einzelheiten des Kostenrechts s. *Geppert,* in: Rengeling/Middeke/Gellermann, § 29.

201 EuGH, verb. Rs. 159/84 u.a. (Ainsworth), Slg 1987, 1579, Rn 3; ausführlich *Germelmann,* S. 381 ff; vgl auch bei *Fn 194.*

202 Art. 267 Abs. 4 AEUV sieht bei Verfahren, die eine inhaftierte Person betreffen, eine Entscheidung innerhalb kürzester Zeit vor, Art. 11 Abs. 3 VO 2201/2203 (Brüssel IIa, also Familiensachen), eine Entscheidung innerhalb von sechs Wochen.

6. Besonderheiten bei nichtstreitigen Verfahren

Vorabentscheidungsverfahren werden durch Übermittlung der Vorlageentscheidung durch ein nationales Gericht eingeleitet.[203] Zum Verfahren können sich die Beteiligten des Ausgangsverfahrens – so vertreten wie im nationalen Gerichtsverfahren[204] – sowie alle Organe und Mitgliedstaaten schriftlich innerhalb von zwei Monaten nach Eingang des Vorabentscheidungsverfahrens sowie in der – verzichtbaren – mündlichen Verhandlung äußern (Art. 23 Satzung, Art. 96 VfO EuGH). Verfahrenssprache ist die des vorlegenden Gerichtes. Ist die vorgelegte Frage vom EuGH bereits entschieden worden, kann das Verfahren vereinfacht werden (Art. 99 VfO EuGH). Gutachten nach Art. 211 Abs. 11 AEUV ergehen in einem rein schriftlichen Verfahren (dazu Art. 196 VfO EuGH). 97

7. Rechtsmittel

Das europäische Recht sieht ein **auf Rechtsfragen beschränktes Rechtsmittel** zum EuGH gegen solche Entscheidungen des Gerichts vor, die abschließenden Charakter haben (Art. 256 Abs. 1 Unterabs. 2 AEUV, Art. 56 ff Satzung, 167 ff VfO EuGH). Im Einzelnen geht es um verfahrensbeendende Entscheidungen wie Urteile über den ganzen oder über Teile des Streitgegenstandes, ebenso aber um Urteile in Zwischenstreitigkeiten (Rn 95) sowie die Ablehnung eines Streithelfers. In der Sache ist das Rechtsmittel beschränkt auf Rechtsfragen, also auf Fragen, die die Zuständigkeit des Gerichtshofes betreffen, das Verfahren und die materielle Anwendung des Unionsrechts. Neue Tatsachen können nicht mehr vorgetragen werden; die Tatsachenwürdigung des EuG wird nicht mehr überprüft.[205] Nach den gleichen Grundsätzen kann gegen ein Urteil des Gerichts für den öffentlichen Dienst ein Rechtsmittel zum EuG erhoben werden. 98

Zur **Einlegung** eines Rechtsmittels **berechtigt** ist jede formell beschwerte Partei, ein Streithelfer, soweit dessen eigene Rechte (und nicht nur berechtigte Interessen) beeinträchtigt wurden, sowie alle Mitgliedstaaten und Unionsorgane. Diese können im Grundsatz sogar dann ein Rechtsmittel einlegen, wenn sie am erstinstanzlichen Verfahren nicht beteiligt waren (Art. 56 Abs. 3 Satzung). Ein Rechtsschutzinteresse für die Erhebung eines Rechtsmittels fehlt, wenn wegen nachträglich eingetretener Tatsachen der Partei selbst beim Erfolg des Rechtsmittels kein Vorteil mehr zukäme.[206] Schließlich kann der Erste Generalanwalt dem Gerichtshof innerhalb eines Monats nach der Verkündung eines Urteils des EuG vorschlagen, dieses zu überprüfen, wenn das erstinstanzliche Urteil die Einheit oder die Kohärenz des Unionsrechts gefährdet (Art. 62 Satzung); dies gilt auch, wenn das EuG über ein Rechtsmittel gegen ein Urteil des Gerichts für den öffentlichen Dienst entschieden hat.[207] Die **Formalia**, die bei der Einlegung eines Rechtsmittels zu beachten sind, decken sich mit denen der Klageerhebung (Rn 91); zu beachten ist auch die **Frist** von zwei Monaten (Art. 56 Abs. 1 Satz 2 Satzung). Zur **Begründung** muss der Rechtsmittelführer präzise die aus seiner Sicht bestehenden Fehler des erstinstanzlichen Urteils darlegen; eine Wiederholung der erstinstanzlich vorgebrachten Argumente reicht nicht.[208] Neue Angriffs- und Verteidigungsmittel dürfen nur vorgebracht werden, soweit diese auch von Amts wegen zu prüfen wären (dazu Rn 102).[209] 99

Die **Wirkung** des Rechtsmittels besteht darin, dass der Fall nun vom EuGH zu entscheiden ist. Ein Suspensiveffekt kommt dem Rechtsmittel nicht zu (Art. 60 Satzung). Eine Vollstreckung aus dem erstinstanzlichen Urteil ist also möglich; allerdings kann einstweiliger Rechtsschutz beim EuGH beantragt werden. Regelmäßig aufschiebende Wirkung kommt nur einem Rechtsmittel gegen ein 100

203 Zu den Anforderungen an einen Vorlagebeschluss siehe Art. 94 VfO EuGH; siehe ferner die vom EuGH veröffentlichten „Hinweise zur Vorlage von Vorabentscheidungsersuchen durch nationale Gerichte“ (ABl. 2012, C 338/1).

204 Anwaltszwang besteht nach Maßgabe des für das vorlegende Gericht geltenden Rechts (Art. 97 Abs. 3 VfO EuGH).

205 Zum Problem der Verfälschung bei der Beweiswürdigung EuGH, Rs. C-53/92 P (Hilti), Slg 1994, I-667, Rn 42 f.

206 EuGH, Rs. C-111/99 P (Lech-Stahlwerke), Slg 2001, I-727, Rn 18.

207 Zu einem Beispielsfall mit Hinweis auf verschiedene Umstände und eine einzelfallbezogene Gesamtbetrachtung EuGH, Rs. C-334/12 RX-II (Arango Jaramillo), Urt. v. 28.2.2013, Rn 49 ff.

208 EuGH, Rs. C-82/98 P (Kögler), Slg 2000, I-3855, Rn 23 f

209 EuGH, Rs. C-367/95 P (Sytraval), Slg 1998, I-1719, Rn 65 ff; Rs. 210/98 P (Salzgitter), 2000, I-5843, Rn 56.

Urteil zu, das eine Verordnung für nichtig erklärt, die ein Individuum unmittelbar und individuell betrifft (Art. 60 Abs. 2 Satzung, dazu Rn 26 ff).

101 Das Rechtsmittel ist **begründet**, wenn das **erstinstanzliche Urteil** tatsächlich einen rechtlich relevanten **Fehler** enthält. In Betracht kommen die Unzuständigkeit des EuG, ein Verfahrensfehler und die falsche Anwendung des Unionsrechts durch das EuG. Dieser Fehler muss sich zudem zum Nachteil des Rechtsmittelführers ausgewirkt haben. Unbegründet ist das Rechtsmittel daher insbesondere auch dann, wenn das erstinstanzliche Urteil zwar einen Rechtsfehler enthält, sich aber im Ergebnis trotzdem als richtig erweist. Hat das **Rechtsmittel Erfolg**, ist es also zulässig und begründet, wird das erstinstanzliche Urteil **aufgehoben**. Ist der Fall bereits entscheidungsreif, etwa weil keine weiteren Tatsachenfeststellungen notwendig sind,[210] wird der Fall vom EuGH **selbst entschieden**; anderenfalls wird der Fall zum EuG **zurückverwiesen**, das nunmehr unter Bindung an die Rechtsauffassung des EuGH erneut entscheiden muss. Ist das Rechtsmittel dagegen unzulässig oder unbegründet, wird es kostenpflichtig zurückgewiesen.

X. Prozessstoff

1. „Ne ultra petita"

102 Aus deutscher Sicht weist der europäische Prozess die – aus dem französischem Verwaltungsprozess übernommene – grundlegende Besonderheit auf, dass sich die Richter im Grundsatz **nur** mit den **Angriffs- und Verteidigungsmitteln** auseinandersetzen, die von den **Prozessbeteiligten vorgebracht** werden. Dies gilt nicht nur für Tatsachen, sondern auch für Rechtsfragen. Dementsprechend darf der Gerichtshof bei Nichtigkeitsklagen regelmäßig nur die von den Parteien vorgebrachten konkreten Klagegründe prüfen;[211] von Amts wegen ist allein bestimmten, dem „ordre public" zugewiesenen Gesichtspunkten nachzugehen. Hierzu zählen neben der Zulässigkeit von Klage und Rechtsmittel die Zuständigkeiten sowie solche Form- und Verfahrensfehler, die die gerichtliche Überprüfung behindern.[212] Fragen des materiellen Rechts, auch Grundrechte, dürfen hingegen nicht von Amts wegen aufgegriffen werden.[213] Bemerkenswert ist dabei, dass der EuGH demgegenüber in Verbraucherschutzsachen von den nationalen Gerichten auch verlangt, materiellrechtliche Aspekte von Amts wegen zu erörtern.[214] Im (nicht streitigen) Vorabentscheidungsverfahren greift der EuGH ggf. aber auch nicht gestellte Fragen auf. Der Prüfungsumfang bestimmt zugleich den **Streitgegenstand** (einschließlich der Rechtskraft, siehe Rn 95), der damit **stärker begrenzt** ist als in Deutschland, wo dieser allein als durch den Sachverhalt verbunden mit dem Klageziel bestimmt verstanden wird und der Richter in diesem Rahmen zu einer umfassenden Prüfung verpflichtet ist.

2. Inzidentrüge

103 Nach Art. 277 AEUV kann im Rahmen eines anhängigen Rechtsstreites geltend gemacht werden, dass eine **Verordnung**, auf deren Geltung es ankommt, **unabhängig** von der für die Nichtigkeitsklage vorgesehenen **Frist unanwendbar** ist, weil sie an sich **rechtswidrig** ist. In Betracht kommen insbesondere Nichtigkeitsklagen gegen Entscheidungen, dienstrechtliche Streitigkeiten und Amtshaftungsverfahren. Geltend gemacht werden kann die Rechtswidrigkeit einer Verordnung, aber auch jedes anderen Rechtsakts, der allgemeinen Charakter hat und unmittelbare rechtliche Wir-

---

210 Zur Entscheidungsreife EuGH, Rs. C-197/09 RX-II (M/EMEA), Slg 2009, I-12033, Rn 28 ff.

211 EuG, Rs. T-51/89 (TetraPak), Slg 1990, II-309, Rn 12; verb. Rs. T-68/89 u.a. (SIV), Slg 1992, II-1403, Rn 82; *Schermers/Waelbroeck*, § 80. Kritisch dazu *Everling*, in: FS Rengeling, S. 527, 530; *Sachs*, S. 217 ff.

212 Zur Zuständigkeit: EuG, verb. Rs. T-79/89 u.a. (BASF u.a.), Slg 1992, II-315, Rn 31; zum Verfahren: EuGH, Rs. C-291/89 (Interhotel), Slg 1991, I-2257, Rn 1; speziell zu Begründungsfehlern: EuGH, Rs. C-166/95 P (Kommission/Daffix), Slg 1997, I-983, Rn 24; EuGH, Rs. C-89/08 P (Kommission/Irland), Slg 2009, I-11245, Rn 34 (und Rn 57 zur Wahrung des rechtlichen Gehörs bei einer solchen Prüfung von Amts wegen). Wird ein Rechtsakt zunächst nicht veröffentlicht, wird er deswegen nicht rechtswidrig; vielmehr schiebt sich sein Inkrafttreten bis zur Publikation hinaus; s. EuGH, Rs. 185/73 (König), Slg 1974, 607, Rn 4.

213 EuGH, Rs. C-367/95 P (Kommission/Sytraval), Slg 1998, I-1719, Rn 67; Rs. C-301/06 (Irland/Parlament und Rat), Slg 2009, I-593, Rn 57; Rs. C-272/12 (Kommission/Irland), Urt. v. 10.12.2013, Rn 27.

214 Dazu in Fn 230.

kungen entfaltet. Dies kann insbesondere bei Entscheidungen der Fall sein,[215] während Richtlinien nicht in Betracht kommen.[216] Mit Blick auf Normativakte soll eine Inzidentrüge auch dann möglich sein, wenn der Rügeführer gegen den betreffenden Rechtsakt unstreitig hätte klagen können.[217] Darüber hinaus muss der streitige Rechtsakt entscheidungserheblich sein.[218] Hat die Einrede Erfolg, wird der Rechtsakt allerdings nicht für nichtig erklärt, sondern nur für unanwendbar. Die Entscheidung **wirkt** also nur **inter partes.**[219]

3. Klagehäufung

Eine **Verbindung** mehrerer Klagen miteinander ist nicht ausdrücklich geregelt, aber anerkanntermaßen **zulässig**. Mehrere Anträge können parallel nebeneinander oder auch hilfsweise gestellt werden. Voraussetzung ist, dass das gleiche Gericht zuständig ist und dass sie gegen den gleichen Beklagten gerichtet sind. Werden die Verfahren bereits vom Kläger miteinander verbunden, ist umstritten, ob dies einen besonderen sachlichen Zusammenhang erfordert.[220] Daneben kann der jeweilige Gerichtspräsident anhängige Verfahren verbinden oder auch wieder trennen; dann allerdings setzt dies in jedem Fall besondere sachliche Gründe voraus (Art. 54 VfO EuGH, Art. 50 VfO EuG). 104

4. Klageänderung und -rücknahme

Das Einbringen eines **neuen Antrags** in einen laufenden Prozess ist grundsätzlich **unzulässig.**[221] Neue Klagegründe können nur vorgebracht werden, wenn sie erst nachträglich der entsprechenden Partei bekannt wurden (Rn 93). Aus Gründen der **Prozessökonomie** akzeptiert der Gerichtshof allerdings sachdienliche Klageänderungen, wenn sie mit Zustimmung beider Parteien erfolgen.[222] Ist das nicht der Fall, scheidet eine Klageänderung praktisch aus. Selbst eine Umstellung von einer Untätigkeitsklage auf eine Nichtigkeitsklage in dem Fall, dass nach Klageerhebung das beklagte Organ eine entsprechende Entscheidung erlassen hat, wird vom EuGH regelmäßig nicht akzeptiert, weil damit das Vorverfahren umgangen würde.[223] Eine Klagerücknahme bedarf der Schriftform (Art. 148 VfO EuGH und Art. 99 VfO EuG). Zur Erledigung der Hauptsache siehe Rn 95. 105

5. Mehrheit von Prozessbeteiligten

Auch wenn dies nirgends ausdrücklich geregelt ist, können problemlos **mehrere Parteien klagen** oder **verklagt** werden. Die aus dem deutschen Recht bekannte Unterscheidung von einfacher und notwendiger Streitgenossenschaft wird nicht formal thematisiert. In der Sache besteht eine notwendige Streitgenossenschaft, wenn eine Nichtigkeitsklage gegen Rechtsakte erhoben wird, die von Parlament und Rat gemeinsam beschlossen wurden. Daneben gibt es – bei streitigen Verfahren – das Instrument der **Streithilfe.** Wer ein bestimmtes Interesse am Ausgang des Rechtsstreites hat, kann einem Prozess, in dem es um fremde Angelegenheiten geht, beitreten (Art. 40 Satzung, 130 ff VfO EuGH, 115 ff, 134 f VfO EuG). Diese Möglichkeit bedeutet zugleich, dass insoweit eine spä- 106

215 Zur Nichtanwendbarkeit auf Einzelfallentscheidungen (wegen deren Bestandskraft) s. aber EuGH, Rs. 248/82 (IRO), Slg 1984, 1409, Rn 6.

216 Näher dazu *Middeke*, in: Rengeling/Middeke/Gellermann, § 11, Rn 15.

217 EuGH, Rs. C-11/00 (Kommission/EZB), Slg 2003, I-7147, Rn 77; kritisch dazu *Schwarze*, in: ders., EU-Kommentar, Art. 277 AEUV, Rn 6. Anderes gilt für Entscheidungen; siehe EuGH, Rs. C-241/01 (National Farmers' Union), Slg 2002, I-9079, Rn 36; ausführlich dazu GA Mischo, Rn 64. Auch kann die Rechtswidrigkeit einer Richtlinie oder einer Entscheidung nicht im wegen deren Nichtumsetzung eingeleiteten Vertragsverletzungsverfahren geltend gemacht werden; EuGH, Rs. 156/77 (Kommission/Belgien), Slg 1978, 1881, Rn 21/24; Rs. C-135/93 (Kommission/Spanien), Slg 1995, I-1651, Rn 17.

218 EuGH, Rs. 119/81 (Klöcknerwerke), Slg 1982, 2627, Rn 23.

219 Vgl EuGH, verb. Rs. 87 und 130/77, 22/83 und 9 und 10/84 (Salerno u.a.), Slg 1985, 2523, Rn 36.

220 Dazu *Maderbacher*, in: Rengeling/Middeke/Gellermann, § 23, Rn 29.

221 EuGH, Rs. C-256/98 (Kommission/Frankreich), Slg 2000, I-2487, Rn 30.

222 EuGH, GA Stix-Hackl, Rs. C-146/99 (Italien/Kommission), Slg 2001, I-9157, Rn 32.

223 EuGH, Rs. 377/87 (Parlament/Rat), Slg 1988, 4017, Rn 8; Rs. C-25/91 (Pesqueras Echebastar), Slg 1993, I-1719, Rn 11.

tere Drittwiderspruchsklage nach Art. 42 der Satzung ausscheidet. Ein solcher Beitritt ist allerdings nur innerhalb von sechs Wochen nach dem vorgeschriebenen Hinweis im Amtsblatt auf das entsprechende Verfahren (Art. 21 Abs. 4 VfO EuGH, 24 § 6 VfO EuG) möglich. Die privilegierten Kläger (EU-Organe, Mitgliedstaaten) müssen darüber hinaus keine besonderen Interessen darlegen; sonstige, also **natürliche** und **juristische Personen** können nur **Individualklagen** beitreten und das nur, wenn sie ein **berechtigtes Interesse** am Ausgang des konkreten Rechtsstreites darlegen.[224] In Betracht kommen etwa Vereinigungen, die für ihre Mitglieder bestimmte Fragen grundsätzlich geklärt haben möchten. Der Beitritt setzt eine entsprechende Zulassung durch das zuständige Gericht voraus. Änderungen bei einer Partei gibt es nur im Fall der Rechtsnachfolge.

C. Einwirkungen auf das nationale Gerichtsverfahren

I. Allgemeines

107 Das Unionsrecht wirkt auf unterschiedliche Weise auf das nationale Rechtsschutzsystem ein. Da die nationalen Gerichte bei normalen Streitigkeiten zwischen natürlichen und juristischen Personen regelmäßig auch dann zur Entscheidung berufen sind, wenn Unionsrecht anzuwenden ist, kommen zunächst die allgemeinen Grundsätze für die Anwendung und den Vollzug des Unionsrechts für nationale Instanzen zum Tragen. Dabei wird das jeweilige nationale Prozessrecht angewendet, soweit das Unionsrecht keine Aussagen enthält.[225] Konkret sind damit zum einen die **menschenrechtlichen Garantien** zu beachten, die der EuGH auch im Bereich der Justiz in Form allgemeiner Rechtsgrundsätze des Unionsrechts entwickelt hat und die nunmehr auch in der Charta verankert sind – von der Justizgewährungspflicht[226] über den Grundsatz des fairen Verfahrens[227] bis hin zur Verpflichtung zur Entscheidung eines Falles in angemessener Frist (Art. 47 GRC). Dabei ist zu beachten, dass von der Zuständigkeit der nationalen Gerichte auch die Möglichkeit eines Vorlageverfahrens abhängt. Zum anderen sind die beiden allgemeinen Grundsätze der Anwendung und des Vollzuges von Unionsrecht durch nationale Stellen zu beachten – das **Diskriminierungsverbot** und das **Effektivitätsgebot.**[228] Danach muss Unionsrecht so wie das nationale Recht behandelt werden, ferner muss die Durchsetzung unionsrechtlicher Rechtspositionen mit hinreichender Wirksamkeit gewährleistet sein. Dabei handelt es sich um einen durchaus offenen Grundsatz, der manchmal zu stark einzelfallbezogenen Konsequenzen,[229] zum Teil aber auch zu generalisierbaren Schlussfolgerungen führt – wie etwa im Bereich des einstweiligen Rechtsschutzes (Rn 117 ff). Als unvereinbar mit dem Effektivitätsgebot hat der EuGH dabei vor allem solche Regelungen angesehen, die sich mit Blick auf die jeweils zu entscheidenden Konflikte (Rn 2) im Rechtsvergleich als außergewöhnlich darstellten (zu Beispielen Rn 115, 117 ff). Die vorgenannten Grundsätze führen gemeinsam mit dem Grundsatz der Unionstreue schließlich zum Gebot, nationalen und europäischen Rechtsschutz insgesamt kohärent auszugestalten.

108 Bei Art und Ausmaß der Einwirkungen des Unions- auf das nationale Prozessrecht sind die **unterschiedlichen Funktionen** zu beachten, die die jeweiligen Prozesse aus unionsrechtlicher Sicht erfüllen, und die unterschiedlichen Probleme, die dabei auftreten. In Streitigkeiten vor der **öffentlich-rechtlichen Gerichtsbarkeit** geht es typischerweise um Streitigkeiten mit dem Staat, der zur wirksamen Um- und Durchsetzung des Unionsrechts verpflichtet ist. Dementsprechend setzen die

---

224 Zu wirtschaftlichen Interessen s. EuGH, Rs. C-151/98 P-I (Pharos SA), Slg 1998, I-5441, Rn 6 ff (Vergleichbarkeit der Situation reicht nicht); EuG, Rs. T-184/95 (Dorsch Consult), Slg 1998, II-667, Rn 18.

225 EuGH, Rs. 33/76 (Rewe), Slg 1976, 1988, Rn 5; Rs. C-312/93 (Peterbroeck), Slg 1995, I-4599, Rn 12; verb. Rs. 430 und 431/93 (van Schijndel), Slg 1995, I-4705, Rn 17.

226 Dazu die Nachweise in Fn 2.

227 Siehe etwa EuGH, Rs. C-276/01 (Steffensen), Slg 2003, I-3735, Rn 77 f zur Beweiserhebung.

228 Dazu die Nachweise in Fn 225 sowie *Ehlers*, § 11, Rn 12; *Kulms*, Der Effektivitätsgrundsatz, Baden-Baden, 2013; *Classen, in: Grabitz/Hilf/Nettesheim*, Art. 197 AEUV, Rn 23 ff. Umfassend jüngst EuGH, Rs. C-413/12 (Asociación de Consumidores Independientes de Castilla y León), Urt. v. 5.12.2013, Rn 34 ff.

229 Dies dürfte etwa für das Urteil des EuGH in der Rs. C-119/05 (Lucchini), Slg 2007, I-6199 gelten (zum Konflikt zwischen nationalen Rechtskraftregeln und europäischem Beihilferecht); dazu noch in Rn 115.

Einwirkungen vielfach an dieser Stelle an. Demgegenüber sind Private, gegen die sich **bürgerlichrechtliche Klagen** typischerweise richten, insoweit weniger in der Pflicht. Daher ist es unionsrechtlich grundsätzlich nicht zu beanstanden, wenn Gerichte nicht von Amts wegen unionsrechtliche Argumente aufgreifen, die keine Partei vorgebracht hat, wenn dies auch nach nationalem Recht nicht geboten ist.[230] Stattdessen tritt hier wie in – durchweg gegen Einzelne durchgeführten – **Strafverfahren** vielfach die – in Verwaltungsprozessen praktisch irrelevante – Frage nach grenzüberschreitender Führung von Prozessen und entsprechender Vollstreckung von Urteilen in den Vordergrund.

Neben diesen allgemeinen Grundsätzen gibt es zahlreiche **sekundärrechtliche Regelungen** über den **nationalen Rechtsschutz**. Zum Teil geben diese nur positivrechtlich wieder, was der EuGH bereits aus allgemeinen Grundsätzen hergeleitet hat. Dies gilt etwa für die nicht selten zu findende Regelung in Richtlinien, dass hinreichend effektiver Rechtsschutz bereitstehen muss.[231] Zum Teil gibt es aber auch konkrete Einzelregelungen. Im Bereich des Zivilprozesses (dazu allgemein *Staudinger*, § 22 Kap. 2.) kann hier etwa auf die – im Einzelfall aber auch einmal auf verwaltungsrechtliche Streitigkeiten anwendbare[232] – EuGVVO verwiesen werden, im öffentlichen Recht z.B. auf die Rechtsschutzbestimmungen des Zollkodex[233] und umweltrechtliche Vorgaben.[234] **Kompetenzrechtlich** sind solche Regelungen auch jenseits der justizrechtlichen Kompetenzbestimmung des Art. 81 Abs. 2 AEUV grundsätzlich **unproblematisch**, weil die sonstigen Kompetenzbestimmungen der Unionsverträge, etwa auch Art. 114 AEUV, nicht auf das materielle Recht fixiert sind, sondern alle Regelungen umfassen, die zu dem in der jeweiligen Kompetenzbestimmung genannten Bereich gehören bzw das dort genannte Ziel verfolgen. Dabei kann es sich je nach Fall auch um verfahrensrechtliche einschließlich gerichtsverfahrensrechtlicher Bestimmungen handeln; nur müssen sich die entsprechenden Bestimmungen in ihrem Anwendungsbereich auf die von der EU-Kompetenz abgedeckten Bereiche beschränken. Soweit danach eine Verbandskompetenz der EU besteht, kommt den europäischen Gerichten schließlich auch eine entsprechende Befugnis zur **Rechtsfortbildung** bzw zur Entwicklung allgemeiner Rechtsgrundsätze zu. 109

II. Klageverfahren vor der öffentlich-rechtlichen Gerichtsbarkeit

Prinzipielle Probleme bei der gerichtlichen Geltendmachung unionsrechtlicher Rechtspositionen bestehen nicht, da Art. 19 Abs. 4 GG und § 40 VwGO im Grundsatz auch im Anwendungsbereich des Unionsrechts umfassend Rechtsschutz gewährleisten.[235] Wenn und soweit Unionsrecht durch nationale Behörden angewendet wird, muss im Regelfall ein Verwaltungsakt ergehen, sodass die insoweit einschlägigen Klagearten der **Anfechtungs-** und der **Verpflichtungsklage** zum Tragen kommen. Begründet das Unionsrecht hingegen unmittelbar Rechte und Pflichten für den Einzelnen und kommt nationalen Behörden nur eine Überwachungsfunktion zu, besteht eine Klagemöglichkeit über § 43 VwGO **(Feststellungsklage).**[236] Auf diese Weise steht in Deutschland insbesondere auch ein Instrument bereit, mit dem – wie vom EuGH gefordert – die sich aus Art. 263 Abs. 4 AEUV ergebenden Begrenzungen der Nichtigkeitsklage von Individuen gegen **normatives Unrecht** auf europäischer Ebene (Rn 4, 24 ff) ausgeglichen werden können. Ebenso kommt eine Feststellungs- 110

230 EuGH, verb. Rs. 430 und 431/93 (van Schijndel), Slg 1995, I-4705, Rn 22. Von Amts wegen muss allerdings das europäische Verbraucherschutzrecht geprüft werden; s. EuGH, Rs. C-168/05 (Mostaza Claro), Slg 2006, I-10421, Rn 38. Dies steht in einem gewissen Wertungswiderspruch zur grundsätzlichen Weigerung des EuGH, *selbst wichtige materiellrechtliche* Fragen von Amts wegen aufzugreifen (dazu Rn 102).

231 S. zum Recht der öffentlichen Aufträge RL 89/665/EWG, ABl. 1989 L 395/33; zum Antidiskriminierungsrecht Art. 7 der RL 2000/43/EG, ABl. 2000 L 180/22 und Art. 9 der RL 2000/78/EG, ABl. 2000 L 303/16.

232 *Dünchheim*, S. 60.

233 Art. 43 f VO (EU) Nr. 952/2013 (ABl. 2013, L 269/1).

234 RL 2003/35/EG, ABl. 2003, L 156/17.

235 Vgl auch BVerfG 13.3.2007 – 1 BvF 1/05 – BVerfGE 118, 79, 97.

236 *Michl*, NVwZ 2014, 841; *Gundel*, VerwArch. 92 (2001), 99; *Gellermann*, in: Rengeling/Middeke/Gellermann, § 36, Rn 13; aA aber BFH 8.8.1972 – VII B 21/71, AWD 1972, 532 f.

klage in Betracht, wenn geltend gemacht wird, dass unmittelbar anwendbare nationale Rechtsnormen unionsrechtliche Verpflichtungen missachten.[237]

111 Beruht ein Unionsrechtsakt in wichtigen Fragen auf **nationalen Vorentscheidungen** und macht ein Kläger bei diesen im nationalen Recht begründete Mängel geltend, ist eine entsprechende Kontrolle durch den EuGH **systemwidrig**, weil sie mit der Struktur des Rechtsschutzsystems nicht vereinbar ist; stattdessen werden Kläger insoweit auf den **nationalen Rechtsweg** verwiesen. Dessen Eröffnung ist jedoch deswegen nicht ohne Weiteres selbstverständlich, weil das umstrittene nationale Handeln als solches im Verhältnis zu Einzelnen regelmäßig keine rechtliche Wirkung erzielt, dieses aber – nicht nur – im deutschen Recht Voraussetzung für Rechtsschutz darstellt.[238] Zuständig ist der EuGH zur Kontrolle nationaler Vorentscheidungen allein, soweit diese unionsrechtlichen Maßstäben unterliegen.[239]

112 Auch im Übrigen müssen jedoch nationale **Vorentscheidungen gerichtlich überprüft** werden können (Art. 19 Abs. 1 Satz 2 EUV). Da diese regelmäßig öffentlich-rechtlichen Charakter aufweisen, steht das deutsche (Verwaltungs-)Prozessrecht vor der Frage, mit welchen Instrumenten diese Verpflichtung eingelöst wird. Soweit es um Einzelfälle geht, sind im Ergebnis die verwaltungsaktbezogenen Klagearten fruchtbar zu machen. Das soeben erwähnte Trennungsprinzip lässt sich in seinen Folgen nämlich am besten bewältigen, wenn man das Verhältnis zwischen nationaler Verwaltung und Kommission als Außenverhältnis definiert, entsprechende Meldungen also als Verwaltungsakte gegenüber der Kommission mit Drittwirkung gegenüber dem Betroffenen versteht. Die notwendige Grundlage für den Anspruch eines Klägers auf Vornahme bestimmter Meldungen an die Kommission ergibt sich aus dem Unionsrecht: Wenn dieses (wie in den Beispielfällen) den Anspruch beinhaltet, dass nationale Stellen bei Meldungen an die Kommission auch Belange bestimmter Einzelner zu beachten haben, lässt sich dies in das nationale Recht integrieren. Soweit Rechtsschutz gegen unionsrechtliche Normen im Ausgangspunkt durch nationale Gerichte gewährleistet wird (Rn 27), müssen diese dann auch die Rechtmäßigkeit nationaler Vorentscheidungen im Rahmen der Verabschiedung der Norm beurteilen.

III. Einzelne Prozessvoraussetzungen

1. Klagebefugnis

113 Zur Begründung der letztlich für alle Klagearten des deutschen Verwaltungsprozessrechts erforderlichen Klagebefugnis kann sich der Kläger unmittelbar auf Unionsrecht berufen oder auch auf nationale Vorschriften, die Unionsrecht umsetzen. Wann in solchen Fällen subjektive Rechte bestehen (sollen), ist unklar. Der EuGH spricht zum Teil von Rechten Einzelner,[240] auch wenn nach deutschem Verständnis keine subjektiven Rechte bestehen. Trotz der Großzügigkeit des EuGH verlangt letztlich aber auch dieser **individualisierte Rechtspositionen.**[241] In diesem Sinne hat er etwa mit der Begründung, dass es um die Sicherung der menschlichen Gesundheit ginge, bestimmte Umweltgrenzwerte als individualschützend angesehen.[242] Ähnlich reicht im Wirtschaftsverwaltungsrecht eine konkret definierbare Konkurrentensituation aus.[243] Die Tätigkeit der Bankenauf-

237 Zur Forderung des Unionsrechts nach der Möglichkeit von nationalem Rechtsschutz in solchen Fällen EuGH, Rs. C-432/05 (Unibet), Slg 2007, I-2271, Rn 49 ff; vgl aber auch schon EuGH, Rs. C-213/89 (Factortame), Rs. 1990, I-2433, Rn 18 ff.

238 S. die Nachweise in Fn 9; ferner EuGH, Rs. C-6/99 (Greenpeace France), Slg 2000, I-1651, Rn 48 ff. Dazu *Hofmann*, S. 163 ff; *Classen*, JZ 2006, 157, 161 ff.

239 EuGH, Rs. C-64/05 P (Schweden/IFAW), Slg 2007, I-11389, Rn 52 ff, insbesondere Rn 69, zum Zugang zu nationalen Dokumenten, die sich in der Hand von europäischen Institutionen befinden (vgl Art. 4 Abs. 5 VO 1049/2001, ABl. 2001, L 145/43).

240 Etwa EuGH, Rs. C-435/97 (WWF), Slg 1999, I-5613, Rn 69.

241 *Nettesheim*, AöR 132 (2007), 333, 359, 384; *Schlacke*, ZUR 2006, 360, 362; *Classen*, in: Grabitz/Hilf/Nettesheim, Art. 197 AEUV, Rn 42 ff; *Schoch*, NordÖR 2002, 1, 7 ff.

242 EuGH, Rs. C-361/88 (Kommission/Deutschland), Slg 1991, I-2567, Rn 16; Rs. C-59/89 (Kommission/Deutschland), Slg 1991, I-2607, Rn 19. Ausführlich *Schoch*, NVwZ 1999, 457.

243 EuGH, Rs. C-17/91 (Lornoy u.a.), Slg 1992, I-6523, Rn 31.

sicht hingegen begründet keine subjektiven Rechte.[244] Dementsprechend ist regelmäßig nicht von einer anderweitigen Bestimmung im Sinne von § 42 Abs. 2 VwGO auszugehen.[245] Vielmehr sind die Vorgaben des Unionsrechts durch ein diesem angepasstes Verständnis des Begriffs **„subjektives Recht"** in das deutsche Recht zu integrieren.[246]

2. Fristen sowie Bestands- und Rechtskraft

Klagefristen sind zulässig, sofern sie angemessen lang sind.[247] Anfang der 90er Jahre hat ein Urteil des EuGH für Unruhe gesorgt, wonach im Fall **nicht** fristgerecht erfolgter **Richtlinienumsetzung** Klagefristen nicht zu laufen beginnen.[248] Die spätere Judikatur hat die **Wirkung** dieses **Urteils** jedoch deutlich **eingegrenzt.**[249] Was einem Kläger tatsächlich nicht verwehrt werden darf, ist die Durchsetzung einer bestimmten Rechtsposition für die Zukunft. Dagegen ist es nicht erforderlich, diese Möglichkeit uneingeschränkt auch für die Vergangenheit offen zu halten. In diesem Sinne kann man davon ausgehen, dass Klagefristen nach deutschem Recht vom Unionsrecht grundsätzlich unberührt bleiben.[250] Allerdings ist ggf. ein Anspruch auf Neubescheidung anzunehmen. Dabei kann man sich insbesondere auf folgende Überlegung stützen: Wenn irgendwann die Richtlinie korrekt umgesetzt wird, lägen unproblematisch die Voraussetzungen von § 51 Abs. 1 Nr. 1 VwVfG vor. Da der Staat zur entsprechenden Umsetzung verpflichtet ist und er vor dieser Umsetzung gegen unionsrechtliche Verpflichtungen verstößt, kann dieser Pflichtverstoß nicht vom Staat gegenüber dem Bürger geltend gemacht werden. Es wäre daher ermessensfehlerhaft, einen Antrag auf Wiederaufgreifen des Verfahrens nach § 48 VwVfG abzulehnen, obwohl der Behörde insoweit regelmäßig zumindest die Möglichkeit offen steht. 114

Soweit die nationalen Behörden, wie es in Deutschland nach § 48 VwVfG der Fall ist, über die Befugnis verfügen, einen rechtwidrigen Verwaltungsakt auch nach **Bestandskraft** zu ändern, sind sie hierzu verpflichtet, wenn sich die Rechtswidrigkeit erst aufgrund eines späteren EuGH-Urteils herausstellt und die Bestandskraft nach einem letztinstanzlichen Urteil eingetreten ist, das dementsprechend unter Missachtung der Vorlagepflicht ergangen ist, und der Betroffene innerhalb angemessener Frist die Rücknahme beantragt. [251] Ändert sich die Rechtslage nach Erlass des Verwaltungsakts,[252] besteht nach § 51 Abs. 1 Nr. 1 VwVfG ein Anspruch auf Neubescheidung. Auch im Übrigen begrenzt der EuGH bei Verwaltungsakten mit Dauerwirkung die Wirkung der Rechtskraft.[253] Ansonsten aber sind **rechtskräftige Gerichtsentscheidungen** grundsätzlich auch dann hinzunehmen, wenn sie unionsrechtswidrig sind.[254] Ausnahmen hat der EuGH nur für ausgesprochen atypische Fälle gemacht.[255] Zur materiellen Präklusion siehe Rn 124. 115

244 EuGH, Rs. C-22/02 (Paul), Slg 2004, I-9425, Rn 30 ff.

245 So aber *Wahl*, in: Schoch/Schneider/Bier, VwGO, vor § 42 Abs. 2, Rn 128.

246 *Dörr*, in: Sodan/Ziekow, VwGO, EVR, Rn 442 f; *Dünchheim*, S. 170 ff; *Classen*, VerwArch. 88 (1997), 645; *Steinbeiß-Winkelmann*, NJW 2010, 1233, 1235.

247 EuGH, Rs. C-470/99 (ÖSTU-STETTIN), Slg 2002, I-11167, Rn 73 ff. Dazu *Kment*, EuR 2006, 201, 211 ff.

248 EuGH, Rs. C-208/90 (Emmott), Slg 1991, I-4269, Rn 23.

249 EuGH, Rs. C-338/91 (Steenhorst-Neerings), Slg 1993, I-5475, Rn 19 ff; Rs. C-410/92 (Johnson) Slg 1994, I-5483, Rn 25 ff, Rs. C-88/99 (Roquette Frères), Slg 2000, I-10465, Rn 33 f. Dazu auch *Wernsmann*, § 30, Rn 144.

250 So auch *Gellermann*, in: Rengeling/Middeke/Gellermann, § 37, Rn 36; *Dünchheim*, S. 180 ff.

251 EuGH, Rs. C-453/00 (Kühne & Heitz), Slg 2004, I-837, Rn 46 ff; Rs. C-2/06 (Kempter), Slg 2008, I-411, Rn 59; zur Verpflichtung, die gleichen Maßstäbe wie bei rein nationalen Fällen anzuwenden, siehe noch verb. Rs. C-392/04 und C-422/04 (i-21 und Arcor), Slg 2006, I-8559, Rn 61 ff

252 So im Fall von EuGH, Rs. C-224/97 (Ciola), Slg 1999, 2517, Rn 23 ff.

253 EuGH, Rs. C-2/08 (Fallimento Olimpiclub), Slg 2009, I-7501, Rn 30 f, zu einer atypisch weiten (italienischen) Rechtskraftregel im Steuerrecht, und dazu *Poelzig*, EuZW 2009, 741; zum Aufenthaltsrecht EuGH, Rs. C-249/11 (Byankov), Urt. v. 4.12.2012, Rn 72 ff.

254 EuGH, Rs. C-234/04 (Kapferer), Slg 2006, I-2585, Rn 21.

255 EuGH, Rs. C-119/05 (Lucchini), Slg 2007, I-6199, Rn 62 in einem Fall, in dem ein nationales Gericht ohne Beachtung des heutigen Art. 108 AEUV einen Anspruch auf Auszahlung einer – nicht bei der Kommission angemeldeten – Beihilfe angenommen hat; den Einzelfallcharakter des Urteils betont auch *Germelmann*, EWS 2007, 392, 396.

3. Verwaltungsgerichtliche Normenkontrolle

116 Im Zusammenhang mit der Normenkontrolle nach § 47 VwGO hat sich die Frage gestellt, ob als **Prüfungsmaßstab** auch das **Unionsrecht** herangezogen werden kann. Dagegen spricht, dass ein Konflikt nicht zur Ungültigkeit, sondern nur zur Unanwendbarkeit des nationalen Rechtes führt (*Ehlers*, § 11, Rn 48; *Magiera*, § 13, Rn 9). Das Bundesverwaltungsgericht bejaht dies dennoch.[256] Hierfür spricht, dass man den Unterschied von Ungültigkeit und Unanwendbarkeit in diesem Zusammenhang für spitzfindig halten mag.[257] Vorzugswürdig ist jedoch eine analoge Anwendung von § 47 VwGO.[258] Zudem kommt diese nur in Betracht, wenn die nationale Norm vollständig verdrängt wird. Besteht dagegen etwa ein Konflikt mit den Grundfreiheiten, die auf rein inländische Sachverhalte nicht anwendbar sind, kann eine entsprechende untergesetzliche Rechtsnorm im Grundsatz auch weiterhin gültig bleiben. In solchen Fällen kann Unionsrecht nicht als Prüfungsmaßstab im Verfahren einer verwaltungsgerichtlichen Normenkontrolle zum Zuge kommen.

IV. Einstweiliger Rechtsschutz

117 Das Unionsrecht beeinflusst auch den einstweiligen Rechtsschutz. Zum einen kann einstweiliger Rechtsschutz vor nationalen Gerichten nur dann erreicht werden, wenn auch für das **Hauptsachebegehren** die **nationalen Gerichte** zuständig sind. Sind dagegen in der Hauptsache Unionsgerichte zuständig, kann selbst indirekt eine Zuständigkeit der nationalen Gerichte zur Gewährleistung von einstweiligem Rechtsschutz nicht begründet werden;[259] einstweiliger Rechtsschutz ist vor den europäischen Gerichten zu suchen (Rn 82 ff).

118 Aber auch in den Fällen, in denen unstreitig einstweiliger Rechtsschutz auf nationaler Ebene zu gewährleisten ist, sind **Vorgaben** des **Unionsrechts** zu beachten. Einstweiliger Rechtsschutz steht ja im Spannungsfeld von effektivem Rechtsschutz und effektiver Rechtsdurchsetzung. Dementsprechend fordert das Unionsrecht einerseits die Existenz einstweiliger Rechtsschutzverfahren,[260] setzt aber andererseits einer allzu weitgehenden Großzügigkeit auch Grenzen. Dabei entsprechen die Möglichkeiten, **einstweiligen Rechtsschutz** zu **erlangen, problemlos** den europäischen Anforderungen. **Zweifelhaft** ist hingegen, ob der **Grundsatz** der **aufschiebenden Wirkung** von Anfechtungsklagen (§ 80 VwGO) noch die hinreichende Durchsetzung des Unionsrechts gewährleistet. Der EuGH jedenfalls postuliert für den Fall, dass ein nationales Gericht einstweiligen Rechtsschutz mit der Begründung gewähren möchte, dass die der angegriffenen Maßnahme zugrunde liegende europäische **Verordnung ungültig** ist, in ständiger Rechtsprechung, dass dies nur unter **besonderen Voraussetzungen** möglich sei, nämlich wenn – in der Sache – die Voraussetzungen gegeben seien, unter denen auch der EuGH einstweiligen Rechtsschutz gegen einen europäischen Hoheitsakt zulassen könnte, konkret, wenn eine Sache hinreichende Aussicht auf Erfolg hat und zugleich ein nicht wieder gut zu machender Schaden droht (Rn 87 f). Zudem muss die Frage nach der Gültigkeit der Verordnung dem EuGH zur Vorabentscheidung vorgelegt werden.[261]

119 Da der EuGH seine Legitimation dafür, der Gewährung einstweiligen Rechtsschutzes Grenzen zu setzen, mit der **Gefahr** der **unzureichenden Durchsetzung** des **Unionsrechts** begründet, spricht viel dafür, dass die gleichen Grundsätze auch dann gelten, wenn beim Vollzug von Unionsrecht aus anderen Gründen eine Anfechtungsklage erhoben wird. Das Problem liegt letztlich nicht allein in

---

256 BVerwG – 23.12.1994 – BNB 1/93, NVwZ-RR 1995, 358 f.

257 *Pache/Burmeister*, NVwZ 1996, 979, 981; *Gellermann*, in: Rengeling/Middeke/Gellermann, § 37, Rn 14; *Ehlers*, S. 40 f; *Kadelbach*, S. 394.

258 *Dünchheim*, S. 95.

259 EuGH, Rs. C-68/95 (T. Port), Slg 1996, I-6065, Rn 53, zur Untätigkeit eines Gemeinschaftsorgans; dazu schon Rn 93.

260 EuGH, Rs. C-213/89 *(Factortame)*, *Slg* 1990, I-2433, Rn 19 ff.

261 EuGH, Rs. C-92/89 (Süderdithmarschen), Slg 1991, I-415, Rn 16; Rs. C-465/93 (Atlanta), Slg 1995, I-3761, Rn 36; Rs. C-17/98 (Emesa Sugar), Slg 2000, I-675, Rn 69 ff. Kritisch dazu etwa *v. Danwitz*, S. 310 ff; *Schoch*, DVBl. 1997, 289 ff. Dazu auch *Wernsmann*, § 30, Rn 147.

der voreiligen Infragestellung des Unionsrechts;[262] anderenfalls hätte der EuGH nicht den Grundsatz postuliert, dass im einstweiligen Rechtsschutzverfahren grundsätzlich eine ansonsten gegebene Vorlagepflicht nicht besteht. Entscheidend ist vielmehr, dass das Unionsrecht unzureichend durchgesetzt wird, und dies kann nicht davon abhängen, ob es in dem Streit um die Gültigkeit einer Verordnung geht, um die richtige Beurteilung von Tatsachen durch die nationale Verwaltungsbehörde oder die Beachtung von Verfahrensgarantien.[263]

V. Zulässigkeit und Folgen von Rechtsmitteln

Im Verwaltungsprozess sind Rechtsmittel nur unter besonderen Voraussetzungen zulässig (§ 124 VwGO zur Berufung und § 132 VwGO zur Revision; § 146 Abs. 4 VwGO zur Beschwerde). Da allgemein davon ausgegangen wird, dass ein letztinstanzliches Gericht im Sinne von Art. 267 Abs. 3 AEUV in solchen Fällen trotz der Beschränkung bei der Zulässigkeit von Rechtsmitteln nicht das erstinstanzlich entscheidende Gericht ist, sondern die jeweils eröffnete **Nichtzulassungsbeschwerde** ein Rechtsmittel darstellt, ist bei der Entscheidung über diese die **Vorlageverpflichtung letztinstanzlich** entscheidender **Gerichte** zu beachten. Wenn und soweit eine durch Vorlage an den EuGH zu klärende Frage im Raum steht, kommt einer Rechtssache also grundsätzliche Bedeutung zu. Eine solche ist ja regelmäßig dann anzunehmen, wenn die Sache eine klärungsbedürftige Frage aufwirft und zu erwarten ist, dass die Entscheidung in künftigen Rechtsstreitigkeiten dazu dienen kann, Sach- und Rechtsfragen zu klären und dadurch die Weiterentwicklung des Rechts zu fördern. Dies ist bei Vorlagen an den EuGH regelmäßig problemlos zu bejahen; dabei ist bei Revisionen Unionsdem Bundesrecht gleichzustellen.[264] Wird ein Rechtsstreit von einem höheren Gericht an ein niedrigeres zurückverwiesen, steht nach der Rechtsprechung des EuGH die regelmäßig bestehende Bindung an die Rechtsauffassung des ersteren einer diese in Frage stellenden Vorlage nicht entgegen (dazu Rn 74). 120

VI. Prüfungsumfang

Deutsche Verwaltungsgerichte überprüfen die Einhaltung des **Verwaltungsverfahrensrechts** nur in engen Grenzen. Nach § 46 VwVfG kann die Aufhebung eines Verwaltungsaktes nicht allein deshalb beansprucht werden, weil er unter Verletzung von Verfahrens- und Formvorschriften zustande gekommen ist, wenn offensichtlich ist, dass die Verletzung die Entscheidung in der Sache nicht beeinflusst hat (ähnlich etwa § 214 BauGB). Bei der Frage, wann solches anzunehmen ist, prüft die deutsche Verwaltungsrechtsprechung vielfach relativ genau den Sachverhalt nach, um dann zur Feststellung zu kommen, dass die getroffene Entscheidung in der Sache alternativlos war.[265] Dies ist europarechtlich nicht unproblematisch. Enthalten Richtlinien bestimmte Vorschriften über das Verwaltungsverfahren, ist regelmäßig davon auszugehen, dass sie nicht dann schon eingehalten werden, wenn ein Gericht sich mit der Sache befasst. 121

Nun haben auch nach Unionsrecht Verfahrensvorschriften **keinen Selbstzweck**. Deswegen kennt auch das Unionsrecht selbst die Regelung, dass die Verletzung von Verfahrensvorschriften nur dann beachtlich ist, wenn eine andere Entscheidung in der Sache in Betracht gekommen wäre. Allerdings begnügt sich die europäische Gerichtsbarkeit bei der Prüfung dieser Frage regelmäßig mit einer wesentlich weniger intensiven Sachprüfung (Rn 34); die in Deutschland weit verbreitete Vorstellung, dass das Verwaltungsverfahren durch das „bessere“ Gerichtsverfahren überholt 122

262 Das zeigt etwa der Tafelweinfall: EuGH, Rs. C-217/88 (Kommission/Deutschland), Slg 1990, I-2879, Rn 23 ff.

263 AA aber: *Gellermann*, in: Rengeling/Middeke/Gellermann, § 36, Rn 74 (der aber – im Ergebnis gleichbedeutend – zugleich für eine großzügige Handhabung bei der Anwendung von Sofortvollzug nach § 80 Abs. 2 Nr. 4 VwGO plädiert, Rn 69); *Dünchheim*, S. 226.

264 Dazu BVerfG 31.5.1990 – 2 BvL 12, 13/88, 2 BvR 1436/87 – BVerfGE 82, 159, 196; BVerwG 12.6.1970 – VII C 35.69 – BVerwGE 35, 277; BVerwG 22.10.1986 – 3 B 43/86 – NVwZ 1986, 3040; BVerwG 22.10.1986 – 3B43/86 – NJW 1988, 664; BVerwG 14.12.1992 – 5 B 72/79, EuZW 1993, 263; *Gellermann*, in: Rengeling/Middeke/Gellermann, § 37, Rn 52.

265 Vgl etwa (zur UVP-Richtlinie) BVerwG 18.5.1995 – 4 C 4.94 – UPR 1995, 391, 394 f; kritisch dazu *Schoch*, GVwR III, § 50 Rn 303.

werde,[266] ist dem Unionsrecht wegen der begrenzten Rolle des Richters schon prinzipiell fremd (Rn 12) und im Fall spezifischer verfahrensrechtlicher Vorgaben des Unionsrechts auch in der Sache verfehlt.

123 Bei der Frage nun, ob die Anwendung des geschilderten nationalen Fehlerfolgenrechts das Unionsrecht noch hinreichend berücksichtigt, kann man das unionsrechtliche Fehlerfolgenregime nicht außer Acht lassen. Wesentlich großzügiger aber wird man auch kaum sein können. Da die genannte deutsche Rechtsprechung dazu führt, dass **Verfahrensfehler regelmäßig unbeachtlich** bleiben, stellt dies nach Unionsrecht einen **Verstoß** gegen das **Effektivitätsgebot** dar. Bereichsspezifisch hat der Gesetzgeber mittlerweile mit § 4 UmwRG reagiert, wenn auch unzureichend. Im Rahmen einer UVP muss die Behörde die Unerheblichkeit eines Fehlers beweisen.[267] Bei der Handhabung von §§ **46 VwVfG, 214 BauGB** ist also **Zurückhaltung** geboten.[268]

124 Maßstab für die Zulässigkeit **materieller Verjährungs- und Präklusionsvorschriften** ist regelmäßig das Prinzip der Effektivität – die Durchsetzung unionsrechtlicher Rechtspositionen darf durch sie nicht unangemessen erschwert werden. Die Entscheidungen sind allerdings regelmäßig von Einzelfallerwägungen gekennzeichnet, [269] was die Verallgemeinerung erschwert. Stellt sich in einem gerichtlichen Verfahren heraus, dass ein Verwaltungsakt zugunsten des Klägers gegen Unionsrecht verstieß, muss jedenfalls der Richter die Grenzen der **reformatio in peius beachten**. In einer einschlägigen Entscheidung hat der Gerichtshof zwar explizit nur die Nichtbeachtung einer entsprechenden Verpflichtung als Verstoß gegen die Grundsätze der Beachtung der Verteidigungsrechte, der Rechtssicherheit und des Vertrauensschutzes gewertet,[270] doch ist nicht erkennbar, warum dies nicht auch für eine im nationalen Recht verankerte Möglichkeit, wie sie in Deutschland besteht, gelten soll.

VII. Sonstige Kooperationspflichten

125 Die wegen der Anwendung von Unionsrecht durch europäische wie nationale Instanzen notwendige Koordination und Kooperation zwischen beiden Ebenen (Rn 5) wird auf der justiziellen Ebene im Grundsatz durch das Vorlageverfahren nach Art. 267 AEUV gewährleistet. Besondere Probleme treten dann auf, wenn Unionsrecht durch die **Kommission** unmittelbar ausgeführt wird, **parallel** dazu aber auch auf **nationaler** Ebene **Rechtsstreitigkeiten** entstehen können. Hauptanwendungsfall ist das Wettbewerbsrecht im weitesten Sinne. Soweit es um die Gewährung von **nationalen Beihilfen** geht, sind die Probleme noch überschaubar. Rechtsstreitigkeiten auf nationaler Ebene betreffend die Zulässigkeit einer zumindest möglicherweise als Subvention anzusehenden Maßnahme vor einer Genehmigung durch die Kommission[271] können zwei Fragen aufwerfen, nämlich, ob die fragliche Maßnahme überhaupt eine Beihilfe darstellt, und wenn ja, ob diese zulässig ist. Die erste Frage kann durch eine Vorlage an den EuGH geklärt werden, sodass insoweit keine weitergehende Koordination notwendig ist. Bei der zweiten Frage besitzt die Kommission eine exklusive Entscheidungszuständigkeit; die gerichtliche Kontrolle wird ausschließlich durch die europäische Gerichtsbarkeit ausgeübt. Vor einer Kommissionsentscheidung ist eine Auszahlung in jedem Fall rechtswidrig (Art. 108 Abs. 3 Satz 3 AEUV), sodass nationale Gerichte auch in diesem Fall über eine klare Entscheidungsgrundlage verfügen.

126 Bei der Anwendung der Art. 101 ff AEUV überlässt die neue **Kartellverordnung** die Anwendung des Freistellungsrechts nach Art. 101 Abs. 3 AEUV in weitem Umfang auch den nationalen Gerichten, verpflichtet diese zugleich aber zur Rücksichtnahme auf europäische Kommissionsentscheidun-

266 S. etwa *Wahl*, NVwZ 1991, 409, 415; *Pietzcker*, VVDStRL 41 (1983), 193, 222.

267 EuGH, Rs. C-72/12, Urt. v. 7.11.2013 (Gemeinde Altrip), Rn 36 ff, 45 ff, zu BVerwG, Vorlagebeschluss an den EuGH, NVwZ 2012, 448 ff und dazu *Kment*, NVwZ 2012, 481 ff; *Schoch*, GVwR III, § 50 Rn 316.

268 *Classen*, Verwaltung 31 (1998), 307, 327 ff mwN; *Kment*, EuR 2006, 201, 203 ff; vgl auch *v. Danwitz*, S. 264 ff.

269 Siehe etwa EuGH, Rs. C-312/93 (Peterbroeck), Slg 1995, I-4599, Rn 17 ff; Rs. C-62/00 (Marks & Spencer), *Slg 2002, I-6325, Rn 34 ff. Ausführlich Kment*, EuR 2006, 201, 211 ff.

270 EuGH, Rs. C-455/06 (Heemskerk), Slg 2008, I-8763 Rn 46.

271 Dazu ausführlich *Reußow*, Die Kompetenzen nationaler Gerichte im Anwendungsbereich des EG-Beihilferechts, Berlin, 2005.

gen.[272] Probleme treten auf, wenn um die Wirksamkeit eines – aus kartellrechtlichen Gründen möglicherweise unwirksamen – Vertrages gestritten wird.

VIII. Verfassungsgerichtliche Verfahren

1. Verfassungswidrigkeit von Unionsrechtsakten

Nach der Rechtsprechung des BVerfG können in zwei Fällen Konflikte zwischen Unions- und Verfassungsrecht auftreten. 127 Der eine betrifft die in Art. 23 Abs. 1 GG enthaltenen **Schranken** der **Integrationsgewalt**. In der Vergangenheit stand die Frage nach der hinreichenden Effektivität des **Grundrechtsschutzes** im Vordergrund.[273] Nach zahlreichen Schwankungen der Rechtsprechung[274] und Kontroversen in der Literatur geht das BVerfG nunmehr davon aus, dass schon für die Zulässigkeit einer Vorlage nach Art. 100 Abs. 1 GG bzw. einer Verfassungsbeschwerde vorgebracht werden muss, dass der europäische Grundrechtsschutz insgesamt, also flächendeckend, nicht den gebotenen Anforderungen entspricht. Dies ist praktisch nicht vorstellbar.[275] Jüngst hat das Gericht zudem die These aufgestellt, dass auch – vom Anwendungsbereich her gedacht – zu weitgehender europäischer Grundrechtsschutz verfassungswidrig den nationalen Grundrechtsschutz verdrängen könnte.[276] Außerdem hat das BVerfG in seinem Lissabon-Urteil aus dem **Demokratieprinzip** Integrationsschranken hergeleitet.[277] Die Achtung soll jedermann einfordern können, und zwar nicht nur mit Blick auf Rechtsakte, denen deutsche Staatsorgane zustimmen müssen wie Verträge. Vielmehr soll der Einzelne auch ein Recht haben, dass die Verfassungsorgane gegen sonstige einschlägige Akte mit allen ihnen zur Verfügung stehenden Mitteln vorgehen; gleiches soll für Parlamentsfraktionen – in Prozessstandschaft für den Bundestag – gelten.[278] Der andere betrifft einen **ultra vires-Akt** der EU. Nach Auffassung des BVerfG ist ein europäischer Rechtsakt, der offenkundig nicht vom Vertrag (und damit indirekt vom Zustimmungsgesetz) gedeckt ist und der zu einer strukturell bedeutsamen Verschiebung zulasten der Mitgliedstaaten führt, in der nationalen Rechtsordnung nicht anwendbar. Allerdings muss der Fall zuvor dem EuGH vorgelegt worden sein; auf nationaler Ebene nimmt das BVerfG insoweit ein entsprechendes Entscheidungsmonopol in Anspruch.[279] Einen praktischen Anwendungsfall für diese ersichtlich unionsrechtswidrige Rechtsprechung[280] gibt es erfreulicherweise bislang nicht. Steht die Existenz eines solchen Aktes im Raum, gelten die für die Rüge eines Verstoßes gegen die Integrationsschranken dargestellten prozessrechtlichen Grundsätze.[281]

2. Verletzung von Vorlagepflichten

Nach ständiger Rechtsprechung des BVerfG ist auch der **Europäische Gerichtshof** als **gesetzlicher Richter** im Sinne von Art. 101 Abs. 1 Satz 2 GG anzusehen. 128 Dementsprechend unterliegt die Einhaltung der Vorlagepflichten (Rn 75) verfassungsgerichtlicher Kontrolle. Allerdings übt das BVerfG

272 Art. 16 VO 1/2003 des Rates, ABl. 2001/1 ff. Zur vorherigen Rechtsprechung des EuGH s. Rs. C-344/98 (Masterfoods), Slg 2000, I-11369, Rn 49 ff und dazu auch in Rn 11. Dazu *Bornkamm*, Die Rolle des Zivilrichters bei der Durchsetzung des Kartellrechts, 2003 sowie kritisch *Durner*, EuR 2004, 547.

273 Inhaltlich ausgesprochen zweifelhaft hat das BVerfG jüngst in seinem Urteil vom Vertrag von Lissabon auch aus dem Demokratieprinzip weitreichende Integrationsschranken abgeleitet (30.6.2009 – 2 BvE 2/08 u.a. – BVerfGE 123, 267, 356 ff).

274 BVerfG 29.5.1974 – 2 BvL 52/71 – BVerfGE 37, 271, 277 ff; BVerfG 22.10.1986 – 2 BvR 197/83 – BVerfGE 73, 339, 378 ff; BVerfG 12.10.1993 – 2 BvR 2134, 2159/92 – BVerfGE 89, 155, 174 f; BVerfG 7.6.2000 – 2 BvL 1/97 – BVerfGE 102, 147, 164.

275 *Dünchheim*, S. 47.

276 BVerfG 24.4.2013 – 1 BvR 1215/07 – Rn 91.

277 BVerfG 30.6.2009 – 2 BvE 2/08 u.a. – BVerfGE 123, 267, 359 ff.

278 BVerfG 14.1.2014 – 2 BvR 2728/13 – Rn 50 ff, mit überzeugenden Sondervoten von Lübbe-Wolff und Gerhardts.

279 Ausführlich BVerfG 6.7.2010 – 2 BvR 2661/06 – BVerfGE 126, 286 *Kirchhof*, JZ 1998, 965.

280 Zur Kritik s. etwa *Zuleeg*, JZ 1994, 1, 3, 6 f; *Classen*, in: v. Mangoldt/Klein/Starck, GG II, Art. 24, Rn 52; *Borchardt*, § 15, Rn 27.

281 Siehe in Fn 278.

keine volle Kontrolle aus, sondern beschränkt sich – wie ganz generell in seiner Rechtsprechung zu Art. 101 GG[282] – auf eine **Willkürkontrolle**. Immerhin hat das BVerfG den vagen Willkürbegriff mit Blick auf Art. 267 Abs. 3 AEUV fallgruppenweise **konkretisiert**. Danach liegt ein willkürlicher Verstoß gegen Art. 101 Abs. 1 S. 2 GG vor, wenn ein letztinstanzliches Gericht eine Vorlage trotz der – seiner Auffassung nach bestehenden – Entscheidungserheblichkeit einer unionsrechtlichen Frage überhaupt nicht in Erwägung zieht, obwohl es selbst Zweifel an der Richtigkeit seiner Antwort hegt, wenn es bewusst von der Rechtsprechung des Europäischen Gerichtshofs zu entscheidungserheblichen Fragen ohne Vorlage abweicht und schließlich, wenn eine Frage unionsrechtlich noch nicht eindeutig geklärt ist und das letztinstanzliche Gericht den ihm bei der Frage der Vorlage zukommenden Beurteilungsspielraum in unvertretbarer Weise handhabt.[283]

129 Dabei hat der 2. Senat lange Zeit eine solche Unvertretbarkeit insbesondere dann angenommen, wenn das Fachgericht zum Unionsrecht eine Position einnimmt, der Gegenauffassungen eindeutig vorzuziehen sind,[284] während der 1. Senat eher auf die verfahrensrechtliche Vertretbarkeit abgestellt hat.[285] Jüngst hat der 2. Senat die Ansätze zusammengeführt und dabei den Gesichtspunkt in den Vordergrund gestellt, der die Gemeinsamkeit beider Senate ausmacht, nämlich die Qualität der in der **Kammerrechtsprechung** auch schon früher geforderten **Begründung der Nichtvorlage**:[286] Danach muss das letztinstanzlich entscheidende Gericht "etwaige einschlägige Rechtsprechung des Gerichtshofs der Europäischen Union (…) auswerten und seine Entscheidung hieran orientieren (…). Auf dieser Grundlage muss das Fachgericht unter Anwendung und Auslegung des materiellen Unionsrechts (…) die vertretbare Überzeugung bilden, dass die Rechtslage entweder von vornherein eindeutig („acte clair") oder durch Rechtsprechung in einer Weise geklärt ist, die keinen vernünftigen Zweifel offenlässt („acte éclairé";…)." Soweit es um Grundrechtsfragen geht, lässt das BVerfG strengere Maßstäbe erkennen.[287] Geht es um Gültigkeitsvorlagen[288] oder um die Zulassung eines Rechtsmittels[289], zieht es zusätzlich Art. 19 Abs. 4 GG heran, bei dem es keine Beschränkung auf Willkür gibt. In der Literatur wird diese Rechtsprechung mit verschiedenen Argumenten als zu zurückhaltend kritisiert. [290] Problematisch ist vor allem, dass das BVerfG hier nicht die strengen Maßstäbe heranzieht, die es bei der Kontrolle der Vorlagepflicht nach Art. 100 Abs. 2 GG zur Existenz von Allgemeinen Grundsätzen des Völkerrechts nach Art. 25 GG walten lässt,[291] obwohl die insoweit angeführten Argumente auf die Vorlagepflicht nach Art. 267 Abs. 3 AEUV uneingeschränkt übertragbar sind.[292]

282 BVerfG 26.2.1954 – 1 BvR 537/53 – BVerfGE 3, 359, 364 f; 31.5.1990 – 2 BvL 12, 13/88, 2 BvR 1436/87 – BVerfGE 101, 331, 360.

283 BVerfG 31.5.1990 – 2 BvL 12, 13/88, 2 BvR 1436/87 – BVerfGE 82, 159, 195 f sowie die Kammerentscheidung BVerfG 27.8.1991 – 2 BvR 276/90 – NJW 1992, 678. S. ferner allgemein BVerfG 22.10.1986 – 2 BvR 197/83, BVerfGE 73, 339, 369 ff; 8.4.1987 – 2 BvR 687/85, BVerfGE 75, 223, 245.

284 Etwa BVerfG 6.7.2010 – 2 BvR 2661/06 – BVerfGE 126, 286, 317.

285 BVerfG 25.1.2011 – 1 BvR 1741/09 – BVerfGE 128, 157, 188.

286 BVerfG 28.1.2014 – 2 BvR 1561/1209, Rn 183 ff; ferner BVerfG (K) 29.4.2014 – 2 BvR 1572/10 – NJW 2014, 2489; siehe früher schon BVerfG (K) 22.12.1992 – 2 BvR 557/88 – NVwZ 1993, 883, 884; BVerfG 16.12.1993 – 2 BvR 1725/88 – NJW 1994, 2017; BVerfG 9.1.2001 – 1 BvR 1036/99 – JZ 2001, 923, 924, und dazu die Anmerkungen von *Voßkuhle*, ebd und *Classen*, CMLR 39 (2002), 641, sowie *Nowak*, NVwZ 2002, 688; ferner BVerfG (K) 9.4.2004 – 2 BvR 1248/03 und 1249/03 – EuGRZ 2004, 520, 525 ff; 29.7.2004 – 2 BvR 2248/03 – DVBl. 2004, 1411, 1413 f. Siehe insgesamt auch (ohne Berücksichtigung der allerjüngsten Rechtsprechung) *Calliess*, NJW 2013, 1905 ff.

287 BVerfG (K) 9.1.2001 – 1 BvR 1036/99 – JZ 2001, 923, 924 und dazu die in Fn 288 genannten Anmerkungen; ferner allgemein *Jaeger*, EuGRZ 2005, 193, 197.

288 BVerfG 13.3.2007 – 1 BvF 1/05 – BVerfGE 118, 79, 97.

289 BVerfG (K), 3.3.2014 – 1 BvR 1534/10, NJW 2014, 1796, Rn 23 ff.

290 *Rabe*, in: FS Redeker, S. 201, 212; *Heitsch*, EuGRZ 1997, 461, 469; *Ehlers*, S. 123.

291 BVerfG 5.11.2003 – 2 BvR 1243/03 – BVerfGE 109, 123, 23 f.

292 *Classen*, in: v. Mangoldt/Klein/Starck, GG III, Art. 101, Rn 56 ff.

§ 5 Demokratie

Literatur: *Augustin*, Das Volk der Europäischen Union, Hamburg, 2000; *Böckenförde*, Demokratie als Verfassungsprinzip, in: Isensee/Kirchhof (Hrsg.), Handbuch des Staatsrechts, Bd. 2, § 24, 3. Aufl., Heidelberg, 2004; Bauer/Huber/Sommermann (Hrsg.), Demokratie in Europa, Tübingen, 2005; von Bogdandy/Bast (Hrsg.), Europäisches Verfassungsrecht, 2. Aufl., Dordrecht, 2009; *Gärditz/Hillgruber*, Volkssouveränität und Demokratie ernst genommen, JZ 2009, 872; *Dann*, Parlamente im Exekutivföderalismus, Berlin, 2004; *Habermas*, Zur Verfassung Europas, Berlin, 2011; *Höffe*, Demokratie im Zeitalter der Globalisierung, 2. Aufl., München, 2002; *Kaufmann*, Europäische Integration und Demokratieprinzip, Baden-Baden, 1997; *Kluth*, Die demokratische Legitimation der Europäischen Union, Berlin, 1995; *Lübbe-Wolff*, Europäisches und nationales Verfassungsrecht, VVDStRL 60, 2001, 246; *Maurer*, Parlamentarische Demokratie in der Europäischen Union, Baden-Baden, 2002; *ders./Wessels*, Das Europäische Parlament nach Amsterdam und Nizza: Akteur, Arena oder Alibi?, Baden-Baden, 2003; *Mayer*, Die Europafunktion der nationalen Parlamente in der Europäischen Union, Tübingen, 2012; *Mellein*, Subsidiaritätskontrolle durch nationale Parlamente, Baden-Baden, 2007; *Peters*, Elemente einer Theorie der Verfassung Europas, Berlin, 2001; *dies.*, Europäische Öffentlichkeit im europäischen Verfassungsprozess, EuR 2004, 275; *Ritzer/Ruttloff*, Die Kontrolle des Subsidiaritätsprinzips: Geltende Rechtslage und Reformperspektiven, EuR 2006, 116; *Schliesky*, Souveränität und Legitimität von Herrschaftsgewalt, Tübingen, 2004; *Wernsmann*, Verfassungsfragen der Drei-Prozent-Sperrklausel im Europawahlrecht, JZ 2014, 23.

A. Normative Verankerung, Systemfunktionen und Wirkungsebenen demokratischer Legitimation im Recht der Europäischen Union

I. Demokratie im Primärrecht der EU

Zu den zentralen Werten, auf die sich gem. Art. 2 EUV die Europäische Union gründet, gehört neben der Achtung der Menschenwürde, der Freiheit, der Gleichheit, der Rechtsstaatlichkeit und der Wahrung der Menschenrechte auch die Demokratie. Dabei sind die Werte der Union und den Mitgliedstaaten gemeinsam. Ein solch klares Bekenntnis zur Demokratie suchte man im Primärrecht sowohl der Europäischen Gemeinschaften als auch der Europäischen Union bis zum Maastrichter Vertrag des Jahres 1993 vergeblich. Es waren andere, vor allem rechts- und wohlfahrtstaatliche Prinzipien, die die Entwicklung bis zu diesem Zeitpunkt prägten.[1] Selbst die so genannte Direktwahlakte,[2] durch die die aus Repräsentanten der mitgliedstaatlichen Parlamente gebildete Versammlung in ein direkt gewähltes Europaparlament überführt wurde, weist in ihrem Wortlaut und der Begründung keine expliziten Bezüge zum demokratischen Prinzip auf. Ein Blick zurück in 1

1 Vgl *Lübbe-Wolff*, S. 260. Zur Entwicklung auch *Nettesheim*, in: Grabitz/Hilf/Nettesheim (Hrsg.), Das Recht der Europäischen Union, 53. EGL 2013, Art. 10 EUV, Rn 1 ff mwN.

2 Beschluss über die Einführung allgemeiner unmittelbarer Wahlen der Abgeordneten der Versammlung vom 20.9.1976, ABl. 19876, L 278/1. Dazu *Kluth*, in: Calliess/Ruffert (Hrsg.), EUV/AEUV, Art. 223 AEUV, Rn 3 ff mwN; *Hölscheidt*, in: Grabitz/Hilf/Nettesheim (Hrsg.), Das Recht der Europäischen Union, 53. EGL 2013, Art. 223 AEUV, Rn 17 ff.

das grundlegende Werk von *Hans Peter Ipsen* zum Europäischen Gemeinschaftsrecht aus dem Jahr 1972 macht zudem deutlich, dass all dies weder als Versehen noch als Nachlässigkeit zu interpretieren ist. Vielmehr erwartete man vom Gemeinschaftsrecht in erster Linie Impulse, die die Freiheit und Gleichheit der Menschen in den Mitgliedstaaten verbesserten, vor allem im wirtschaftlichen Bereich.[3] Dabei wurde nicht übersehen, dass die wachsenden Kompetenzen der Gemeinschaft einer besonderen, über die Mechanismen herkömmlicher internationaler Organisationen hinausgehender Legitimation bedürfen, doch wurde diese, auch in Bezug auf die Direktwahl des Parlaments, von *Ipsen* nicht als demokratische Legitimation, sondern als Instrument der Konsens-Beschaffung bezeichnet und damit die Besonderheit des Gemeinschaftssystems betont.[4]

2 Mit der **Gründung** der Europäischen Union und der **Weiterentwicklung der Gemeinschaften** zu einer Union der Bürger[5] durch den Maastrichter Vertrag und die folgenden Änderungsverträge bis hin zum Entwurf des Verfassungsvertrages[6] wurde ein Wandel eingeleitet, der zu einer normtextlichen Verankerung des demokratischen Prinzips im Primärrecht und einem **schrittweisen Ausbau** seiner Bedeutung und Ausgestaltung führte.[7] Der Maastrichter Vertrag zur Gründung der Europäischen Union selbst spricht zunächst nur sehr zurückhaltend in der 5. Präambelerwägung von der Maßgeblichkeit des demokratischen Prinzips für die supranationale Ebene. In Art. F EUV wurde die Demokratie zudem als Anforderung an die Regierungssysteme der Mitgliedstaaten angeführt. Eine ausdrückliche Verankerung der **Demokratie als Prinzip der Union** findet sich dann in Art. 6 Abs. 1 EUV in der Fassung des Vertrags von Amsterdam. Auch an dieser Stelle bleibt es indes bei einem pauschalen Bekenntnis. Es fehlt insbesondere eine den Normierungen in den mitgliedstaatlichen Verfassungen vergleichbare Identifizierung des Legitimationssubjektes (Gedanke der Volkssouveränität, vgl Art. 20 Abs. 2 S. 1 GG) und der Legitimationsmodalitäten (Wahlen, Abstimmungen, Legitimationsketten, vgl Art. 20 Abs. 2 S. 2 GG). Konzeption und Wirkweise von Demokratie werden – bewusst – offen formuliert. Das gilt auch für die Frage, welche Normen des Primärrechts, die die Bildung und Zuständigkeiten von Hauptorganen regeln, als Ausgestaltung des unionalen Demokratieverständnisses zu interpretieren sind. Die konkrete Gestalt des Demokratieverständnisses der Union war damit bis zum Vertrag von Lissabon den Interpreten in Wissenschaft und Praxis (hier insbesondere den Gerichten) vorbehalten.

3 Der **EuGH** hat sich in diesem Bereich nur zurückhaltend geäußert und aus dem Grundsatz der Demokratie keine über das geschriebene institutionelle Recht hinausgehenden Anforderungen an die institutionelle Ordnung der Union abgeleitet. Vielmehr hat er vor allem die bestehenden **Mitwirkungsrechte des Parlaments** im Rechtsetzungsverfahren als Ausdruck des demokratischen Prinzips bezeichnet, „nach dem die Völker durch eine Versammlung ihrer Vertreter an der Ausübung der hoheitlichen Gewalt beteiligt sind".[8] Das Gericht erster Instanz hat in den letzten Jahren vor allem die Bedeutung der Vorschriften über die **Transparenz** des Handelns der Organe der EU

3 *Ipsen*, GemR, S. 998 f. Diese Einwirkungen des Gemeinschaftsrechts werden als wichtige Reformimpulse für die mitgliedstaatliche Rechts- und Verfassungsordnung interpretiert, wobei vor allem auch auf die menschenrechtliche Grundlage Bezug genommen wird.

4 *Ipsen*, GemR, S. 1047 f; vgl in diesem Zusammenhang auch die Ausführungen S. 1042, wo *Ipsen* eine Abgrenzung zum demokratischen Konsens vornimmt (vgl auch S. 1004 f), den er der staatlichen Ebene vorbehalten will und dabei zugleich die Frage aufwirft, ob nicht auch auf der mitgliedstaatlichen Ebene Fehlentwicklungen und Ausfälle zu verzeichnen sind, die eine Reform verlangen.

5 Dieses Bekenntnis materialisiert sich u.a. in den Vorschriften zur Unionsbürgerschaft, die in Art. 22 AEUV auch politische Mitwirkungsrechte begründen, die als Basis demokratischer Legitimation dienen. Siehe dazu *Kadelbach*, in: v. Bogdandy/Bast (Hrsg.), S. 611, 653 ff.; *Schönberger*, in: Grabitz/Hilf/Nettesheim (Hrsg.), Das Recht der Europäischen Union, 53. EGL 2013, Art. 20 AEUV, Rn 7 ff.

6 Dazu Einzelheiten unter C.

7 Zu den einzelnen Schritten und ihrer Bedeutung siehe auch *Nettesheim*, in: Grabitz/Hilf/Nettesheim (Hrsg.), Das Recht der Europäischen Union, 53. EGL 2013, Art. 10, Rn 6 ff.

8 EuGH, Rs. 138/79 (Roquette Frères/Rat) Slg I-1980, 3360; Rs. C-65/93, (Parlament/Rat) Slg I-1995, 668; Rs. C-21/94 (Parlament/Rat), Slg I-1995, 1851 f. Weitergehend EuG, Rs. T-135/96 (UEAPME/Rat), Slg II-1998, 2335.

betont.[9] Diese Rechtsprechung macht zugleich deutlich, dass zahlreiche weitere Normen des Primärrechts ohne expliziten Textbezug zur Demokratie dem Demokratieprinzip im Wege der Auslegung zugeordnet werden können, wobei dieser Zurechnung ein bestimmtes Verständnis von Demokratie zugrunde liegt.[10] Methodisch stellt sich dabei die Frage, ob das für die Europäische Union maßgebliche Demokratieverständnis unabhängig vom Zugriff auf die Einzelregelungen entwickelt werden muss oder ob es nicht gerade als Resultante der Zusammenschau der einzelnen Vorschriften näher zu bestimmen ist.

Einen normtextlichen Quantensprung, dessen inhaltliche Bedeutung umstritten ist, stellt für die demokratische Legitimation der Europäischen Union der Vertrag von Lissabon dar.[11] In den Art. 9 bis 11 EUV finden sich in einer dogmatisch transparenten Stufung – wenngleich in sprachlich nicht durchgehend geglückter Form[12] – allgemeine Regelungen zum Grundsatz der demokratischen Gleichheit (zuvor: Art. I-45 EVV),[13] zum Grundsatz der repräsentativen Demokratie (zuvor: Art. I-46 EVV) und zum Grundsatz der partizipativen Demokratie (zuvor: Art. I-47 EVV), wobei die letztere Norm vor allem die Einbeziehung der Bürger und der repräsentativen Verbände bezweckt.[14] Auffällig ist an diesen neuen Normen nicht nur, dass mit ihnen erstmalig die demokratische Legitimation der Europäischen Union normativ und dogmatisch explizit ausgestaltet wird, während es zuvor im Normtext nur Aussagen zum demokratischen Prinzip im Allgemeinen sowie seiner Funktion als Homogenitätsanforderung an die Mitgliedstaaten gab.[15] Auffällig ist vor allem, dass die neuen Regelungen in ihrer inhaltlichen Dichte und Detailliertheit deutlich über die Regelungen zum demokratischen Prinzip im Grundgesetz und den meisten Verfassungen der übrigen Mitgliedstaaten hinausgehen. Das gilt vor allem für die Regelung zur partizipativen Demokratie, die in dieser Form in den mitgliedstaatlichen Verfassungen nicht anzutreffen ist. 4

Normtextliche Änderungen mit auch dogmatischer Relevanz ergeben sich u.a. daraus, dass die (Unions-) Bürger explizit als (einheitliches) Legitimationssubjekt[16] ausgewiesen werden, ohne dass sie in die Rechtsform eines Volkes *gepresst* werden, so dass ein Modell der Bürgerdemokratie verwirklicht wird.[17] Ebenfalls ausdrückliche Erwähnung findet die demokratische Legitimation durch den Rat und die Rückbindung an die nationalen Parlamente. Damit wird die zwei-Säulen-Legitimation der Europäischen Union, wie sie auch das Bundesverfassungsgericht in seiner Maastricht-Entscheidung zugrunde gelegt hat, explizit ausformuliert. 5

9 EuG, Rs. T-309/97 (The Bavarian Lager Company Ltd./Kommission), Slg II-1999, 3217.

10 Vgl *Kahl*, ZG 1996, 224 ff.

11 Zur Einordnung im Überblick *Nettesheim*, in: Grabitz/Hilf/Nettesheim (Hrsg.), Das Recht der Europäischen Union, 53. EGL 2013, Art. 9 Rn 4 ff.

12 Darauf weist auch *Nettesheim*, in: Grabitz/Hilf/Nettesheim (Hrsg.), Das Recht der Europäischen Union, 53. EGL 2013, Art. 9 Rn 4 hin.

13 Daran wird kritisiert, dass die Formulierung „denen ein gleiches Maß an Aufmerksamkeit ... zuteil wird" nicht nur wenig aussagekräftig ist, sondern aus dem Blickwinkel des Legitimationsansatzes die Verhältnisse umkehrt. In diesem Sinne kritisch *Ruffert*, in: Calliess/ders. (Hrsg.), Verfassung der Europäischen Union, 2006, Art. I-45, Rn 7; *Oppermann/Classen/Nettesheim*, § 16, Rn 32 f. Es ist aber fraglich, ob der Hinweis paternalistisch zu verstehen ist und nicht vielmehr sehr zutreffend zum Ausdruck bringt, dass sich Gleichbehandlung in der "Wahrnehmung" der einzelnen Subjekte durch die Organe auswirken muss. Es kommt demnach auch hier auf das Vorverständnis bei der Interpretation an.

14 Siehe dazu auch *Kluth*, Die Verankerung von Elementen verbandlicher und bürgerschaftlicher Partizipation in Art. I-47 des Entwurfs für eine Verfassung der Europäischen Union, in: Schmidt-Trenz/Stober (Hrsg.), Jahrbuch Recht und Ökonomik des Dritten Sektors 2005/2006, 2006, S. 192 ff.

15 Zur bisherigen „normativen Lage" näher *Oppermann/Classen/Nettesheim*, § 16, Rn 31.

16 Dass es sich dabei nicht um ein originäres, sondern ein völkervertraglich begründetes Legitimationssubjekt handelt, liegt auf der Hand. Wenn das BVerfG den Legitimationscharakter der Unionsbürger überhaupt in Frage stellt und sie im Wege einer „korrigierenden Auslegung" durch die Völker der Mitgliedstaaten ersetzt, entbehrt dies eines sachlichen Grundes und offenbart lediglich eine dogmatische Kurzschlüssigkeit und eine positivrechtliche Ignoranz.

17 Siehe dazu auch den Hinweis von *Habermas*, S. 52, der in der starren Anknüpfung demokratischer Modelle an ein Staatsvolk (mit guten Gründen) eine „Überverallgemeinerung einer zufälligen historischen Konstellation" sieht und sich deshalb für eine republikanische Öffnung demokratischer Legitimation auf der überstaatlichen Ebene ausspricht.

6 Diese Regelungen werden ergänzt durch deliberative und partizipative Elemente in Art. 11 EUV, deren dogmatische und praktische Relevanz allerdings umstritten ist.[18] Es wird deshalb abzuwarten sein, in welchem Umfang von diesen Instrumenten Gebrauch gemacht wird und welcher Einfluss von ihnen im Arbeitsalltag der Europäischen Union ausgeht. Davon abgesehen liefern die Art. 9 bis 11 EUV jedoch eine normativ verbindliche Ausgestaltung des demokratischen Prinzips durch das Primärrecht, die nicht durch einen Rekurs auf Leitbilder der Staats- und Verfassungslehre in Frage gestellt werden kann, was eine wissenschaftliche Kritik nicht ausschließt, aber in eine andere Ebene verweist.

7 Vor dem Hintergrund dieser Qualifikation erscheinen einige Passagen der Lissabon-Entscheidung des Bundesverfassungsgerichts – zurückhaltend formuliert – deplaziert, wenn sie den angesprochenen Regelungen des Vertrags von Lissabon die von ihnen selbst beanspruchte normative Relevanz absprechen[19] und sie im Sinne der bisherigen Textfassung, nämlich einer Legitimation durch die Völker der Mitgliedstaaten, uminterpretieren wollen.[20] Überzeugend wäre alleine eine Stellungnahme gewesen, die den auch vom Deutschen Bundestag in seinem Zustimmungsgesetz gewollten Vertragstext als mit Art. 23 Abs. 1 GG nicht vereinbar „verworfen“ hätte. So weit ist der Zweite Senat indes nicht gegangen. Er hat jedoch in seinen beiden Entscheidungen zur 5 %-Sperrklausel bei den Wahlen zum Europäischen Parlament[21] sowie zur in Reaktion auf diese Entscheidung eingeführten 3 %-Sperrklausel[22] seine kritische Einordnung des Europäischen Parlaments als „Parlament“ mit Repräsentationsfunktion fortgesetzt und vertieft, worauf noch näher einzugehen ist.

8 Zu den expliziten Normierungen der demokratischen Grundsätze in den Art. 9 bis 11 EUV gesellt sich im Vertrag von Lissabon in Gestalt des Art. 12 nunmehr eine Norm, die ausdrücklich die Einbeziehung der nationalen Parlamente in das institutionell-verfahrensrechtliche Gefüge der Europäischen Union zum Gegenstand hat. Es geht um einen Beitrag zur „guten Arbeitsweise“ der Europäischen Union. Die dabei vorgesehene Unterrichtungspflicht stellt eine verfahrensrechtliche Absicherung der an anderen Stellen angesprochenen bzw vorausgesetzten Aufgaben der nationalen Parlamente dar.

9 Aus einem anderen Blickwinkel thematisieren die **Struktursicherungsklauseln** in mitgliedstaatlichen Verfassungen die Demokratie in der Europäischen Union. Da in ihnen die Anforderungen der „Herren der Verträge“ zum Ausdruck gebracht werden, kommt auch ihnen Bedeutung zu. Exemplarisch kann insoweit auf Art. 23 Abs. 1 GG verwiesen werden, der verlangt, dass die Europäische Union, an deren Entwicklung die Bundesrepublik Deutschland mitwirkt, demokratischen Grundsätzen verpflichtet sein muss. Nach der grundsätzlichen Feststellung, dass in einer supranationalen Organisation demokratische Legitimation nicht in gleicher Form hergestellt werden kann wie in einer Staatsverfassung,[23] hat das Bundesverfassungsgericht in seinem **Maastricht-Urteil** die besondere Bedeutung der Vermittlung demokratischer Legitimation durch die Parlamente der Mitgliedstaaten hervorgehoben und dabei dem Zustimmungsgesetz eine Schlüsselrolle bei der Begründung innerstaatlicher Bindungen an Hoheitsakte der Europäischen Union eingeräumt.[24] Indem dabei zugleich die Einhaltung der Grenzen der Übertragung von Hoheitsgewalt auf die Europäische Union durch eine auf Art. 38 Abs. 1 GG gestützte Individualverfassungsbeschwerde justiziabel

---

18 Grundsätzlich positive Bewertung bei *Ruffert*, Demokratie und Governance in Europa, in: Bauer/Huber/Sommermann (Hrsg.), S. 319 ff. Kritisch *Oppermann/Classen/Nettesheim*, § 16, Rn 33: „Der geschriebene Buchstabe des Vertrages allein bewirkt noch nicht eine Verbesserung des Grads und Maßes demokratischer Selbstbestimmung in der EU.“

19 BVerfG 30.6.2009 – 2 BvE 2/08 u.a. – Absatz-Nr. 295: „Der Vertrag von Lissabon führt nicht auf eine neue Entwicklungsstufe der Demokratie“.

20 BVerfG 30.6.2009 – 2 BvE 2/08 u.a. – Absatz-Nr. 284, 295.

21 BVerfG 9.11.2011 – 2 BvC 4, 6, 8/10 – BVerfGE 129, 300, 324 ff. Dazu *Roßner*, NVwZ 2012, 22 ff; *Wernsmann*, JZ 2014, 23 ff.

22 BVerfG 26.2.2014 – 2 BvE 2/13 u.a., 2 BvR 2220/13 u.a.

23 BVerfG 12.10.1993 – 2 BvR 2134, 2159/92 – BVerfGE 89, 155, 182.

24 BVerfG 12.10.1993 – 2 BvR 2134, 2159/92 – BVerfGE 89, 155, 184 ff.

gemacht wurde,[25] hat das Gericht das grundgesetzliche Erfordernis einer ausreichenden demokratischen Legitimation der Europäischen Union über die Mitwirkung des Deutschen Bundestages zu einem Instrument der Kontrolle bei etwaigen Kompetenzüberschreitungen weiterentwickelt, von dem inzwischen – wenn auch ohne greifbares Ergebnis für die Antragsteller – Gebrauch gemacht wird.[26] Daran knüpft das **Lissabon-Urteil** an und dehnt die Argumentationslinien durch die Entwicklung der Integrationsverantwortung des Parlaments weiter aus.[27]

II. Systemfunktionen und Wirkungsebenen demokratischer Legitimation in der EU

1. Pluraler Charakter demokratischer Legitimation

Anders als im Grundgesetz kann im Recht der Europäischen Union nur mit großen Abstrichen von einem Demokratieprinzip im Sinne eines **umfassenden Herrschaftslegitimations- und Staatsaufbauprinzips**[28] gesprochen werden. Demokratie in der Europäischen Union erweist sich als plurales Phänomen, das sich aus heterogenen Komponenten zusammensetzt, deren Zusammenwirken nicht einmal als komplementär qualifiziert werden kann. Die auf den ersten Blick seltsam anmutende Überschrift des sechsten Titels im ersten Teil des Verfassungsvertrags der Europäischen Union: „Das demokratische Leben der Union", die als solche trotz der Beibehaltung der Regelungen selbst durch den Vertrag von Lissabon nicht übernommen wurde, erweist sich damit in ihrer Offenheit und dogmatischen Zurückhaltung als durchaus zutreffende Charakterisierung auch des bisherigen Zustandes. Dies wird deutlich, wenn zunächst die Systemfunktionen und anschließend die Wirkungsebenen der Demokratie in den Blick genommen werden. 10

2. Systemfunktionen

Trotz der strukturellen Verschiedenheit steht auch bei der Demokratie in der Europäischen Union die **Herrschaftslegitimation** im Vordergrund.[29] Dabei kann zwischen der Legitimation durch Wahl und Bestellung (herrschaftslegitimierende Demokratie), durch inter- und intrainstitutionelle Verfahrens- und Prozessgestaltung (herrschaftsausübende Demokratie) sowie durch ergänzende Partizipations- und Informationsrechte (partizipatorische Demokratie) unterschieden werden.[30] Die im Zusammenhang mit der Pluralisierung der Legitimationsmechanismen geführte Diskussion, ob und inwieweit durch die Einführung von verfahrensbezogenen Legitimationskriterien (zB im Zusammenhang mit der Übertragung von Entscheidungsbefugnissen auf sachverständige Ausschüsse[31] und Agenturen,[32] die keiner direkten parlamentarischen Kontrolle unterliegen sowie der Methode der offenen Koordinierung) ein Wechsel von einem **input-** zu einem **outputorientierten Demokratieverständnis** erfolgt,[33] kann hier nur erwähnt werden. Der im Rahmen dieser Debatte vorausgesetzte Gegensatz beider Ansätze wird relativiert, wenn dem Umstand stärkere Beachtung geschenkt wird, dass Demokratie immer Herrschaft auf Zeit ist und dass eine Verlängerung des Herrschaftsauftrags von der Bewertung durch die Bürger bzw sonstigen Wahl- und Bestellungsorgane abhängt. Insoweit ist das zukunftsgerichtete Input-Modell im Rahmen einer Betrachtung über längere Zeiträume im Ansatz ebenfalls am Output orientiert. Abzulehnen, weil mit dem Grundanliegen der 11

25 BVerfG 12.10.1993 – 2 BvR 2134, 2159/92 – BVerfGE 89, 155, 188. Siehe dazu *Kluth*, S. 24 ff.

26 BVerfG 7.6.2000 – 2 BvL 1/97 – BVerfGE 102, 147, 163 f.

27 BVerfG 30.6.2009 – 2 BvE 2/08 u.a. – NJW 2009, 2267. Dazu *Claasen*, JZ 2009, 881 ff; *Gärditz/Hillgruber*, JZ 2009, 792 ff; *Kluth*, ZAR 2009, 329 ff; *Ruffert*, DVBl. 2009, 1197 ff.

28 Zu diesem Verständnis für das Grundgesetz *Böckenförde*, § 24, Rn 10 ff; zur „Unwirklichkeit" dieses Modells und den häufig nicht genügend beachteten Fehlfunktionen und Defiziten auf der mitgliedstaatlichen Ebene vgl *Lübbe-Wolff*, S. 265 f, 272, 276 f, 281 jeweils mwN.

29 Dazu näher *Schliesky*, S. 598 ff speziell zu pluraler Legitimation.

30 Kategorienbildung nach *Höffe*, S. 107 ff.

31 Dazu *Joerges* (Hrsg.), Das Ausschusswesen der Europäischen Union, 2000.

32 Einzelheiten *Fischer-Appelt*, Agenturen der Gemeinschaft, 1999; *Uerpmann*, AöR 125 (2000), 551 ff. Es ist zwischen Agenturen mit eigenen Entscheidungs- und Vollzugsbefugnissen sowie Agenturen mit Unterstützungs- und Managementaufgaben zu unterscheiden. Bei Letzteren fallen die Legitimationsprobleme geringer aus.

33 Dazu näher *Peters*, S. 580 ff; *Schliesky*, S. 659 ff.

Demokratie, der Herstellung von Verantwortlichkeit[34] unvereinbar, und im Endeffekt auch nicht praktikabel, ist ein ausschließlich outputorientiertes Modell.[35] Zudem vermittelt jeder Einsetzungsakt ein Mindestmaß an demokratischer Legitimation.[36] Zu diskutieren ist deshalb in diesen Fällen vor allem die Frage des Legitimationsniveaus.

12 Als Folge der einzelnen Legitimationswirkungen trägt das Demokratieprinzip zu einer ebenfalls durch die Eigenart der supranationalen Organisation geprägten **Gewaltenteilung bzw -verschränkung** bei. Dies gilt insbesondere für das Zusammenwirken von Parlament und Rat bei der Rechtsetzung, die Mitwirkung des Parlaments an der Einsetzung und Kontrolle der Kommission, aber auch in den übrigen Bereichen.

3. Wirkungsebenen

13 Die Einbettung der Europäischen Union in ein verfassungsrechtliches Mehrebenensystem prägt auch die Wirkungsebenen der demokratischen Legitimationsvorgänge. Diese erstrecken sich teilweise auch in die mitgliedstaatliche Ebene hinein, so dass es parallel zu der Kompetenz- und Souveränitätsverschränkung[37] auch zu einer **Legitimationsverschränkung** zwischen beiden Ebenen kommt. Diese erstreckt sich auf zwei Bereiche oder Legitimationsstränge die einen ersten, originär und ausschließlich unionalen Legitimationsbereich ergänzen.

14 Dieser originäre Vorgang demokratischer Legitimation basiert auf der **Wahl des Europäischen Parlaments** durch die Unionsbürger (Art. 10 Abs. 2 Unterabs. 1 sowie Art. 14 Abs. 2 EUV) und setzt sich über die Entscheidungs- und sonstigen Mitwirkungsakte des EP innerhalb der Union fort (Einzelheiten unter B. II.). Die Ausgestaltung der Beziehungen zwischen EP und Kommission lässt dabei Ansätze eines parlamentarischen Regierungssystems erkennen, durch das Bestellungs- und Verantwortungszusammenhänge erzeugt werden.[38] Der Umstand, dass es in der Union kein eigenes, homogenes Volk gibt, steht der Vermittlung demokratischer Legitimation nach heutigem überwiegenden Meinungs- und Erkenntnisstand nicht entgegen.[39] Auch die institutionellen und sozio-kulturellen Mindestvoraussetzungen für einen solchen Repräsentationsprozess sind trotz zahlreicher Besonderheiten und Defizite erfüllt.[40]

15 Die **originäre Legitimationsbegründung** und -vermittlung durch das EP und die Unionsbürger kann nicht weiter reichen als die Kompetenzen des EP, die bekanntlich weniger weit reichen als die Kompetenzen der mitgliedstaatlichen Parlamente. Das gilt insbesondere für die Bereiche der Wirtschafts- und Währungsunion, die Innen- und Sicherheitspolitik sowie den gesamten Bereich der Außenbeziehungen.[41] In diesen Bereichen dominieren der Rat und die ihm zugeordneten Ausschüsse und sonstigen Organe und Einrichtungen. Dieser Bereich wird durch die demokratische Rückkopplung[42] der Ratsvertreter an die **mitgliedstaatlichen Parlamente** demokratisch legitimiert, wodurch ein **Mehrebenenparlamentarismus** konstituiert wird.[43] Die auf mitgliedstaatlicher Ebene erzeugte demokratische Legitimation teilt sich zu gesamter Hand dem Rat und damit der Union

34 *Lübbe-Wolff*, S. 259: „Herstellung einer Verantwortlichkeit, die den politischen Entscheidungsträgern Veranlassung geben soll, ihre Entscheidungen an den Interessen der gesamten Wählerschaft auszurichten". Relativiert wird dies allerdings durch das freie Mandat und die Gewissens- und Gemeinwohlbindung der Parlamentarier, die den faktischen Wähler- oder Bürgerwillen nicht zur ausschließlichen Richtschnur werden lassen.

35 Insoweit ist es konsequent, dass den outputorientierten Mechanismen ganz überwiegend nur eine ergänzende Funktion zugewiesen wird.

36 Siehe zu diesem Aspekt auch *Kluth*, Funktionale Selbstverwaltung, 1997, S. 358 f in Bezug auf die Grenzen der Substitution personeller und inhaltlicher demokratischer Legitimation. Ähnlich *Schliesky*, S. 715 ff.

37 Gemeinsame Souveränität: *Schliesky*, S. 507 ff.

38 *Kluth*, S. 90 ff.

39 *Augustin*, S. 377 ff; *v. Bogdandy*, in: ders. (Hrsg.), Europäisches Verfassungsrecht, 2003, S. 174; BVerfG 12.10.1993 – 2 BvR 2134, 2159/92 – BVerfGE 88, 155, 185 f geht implizit ebenfalls von dieser Annahme aus.

40 *Peters*, EuR 2004, 375, 377 f; *Kluth*, S. 44 ff; differenzierend *Lübbe-Wolff*, S. 259 ff.

41 Zu deren „Teildemokratisierung" *Maurer*, S. 208 ff.

42 Wortprägung durch *Ipsen*, EuR 1994, 1, 5.

43 *Maurer*, S. 17 ff.

mit, ein Vorgang, der in vergleichbarer, wenn auch nicht identischer Form, auch in föderalen Systemen anzutreffen ist.[44]

Als dritte Wirkungsebene können schließlich die Anforderungen des Primärrechts an die **demokratische Struktur der Mitgliedstaaten** (Art. 6 iVm Art. 7 EUV) sowie die Gewährleistung von demokratischen Mitwirkungsrechten der Unionsbürger außerhalb ihres Heimatstaates (Art. 22 AEUV) qualifiziert werden. Dabei wirkt das Unionsrecht jedoch nicht legitimierend, sondern legitimationsfordernd und -sichernd in den Rechtsraum der Mitgliedstaaten ein. Man kann insoweit von einem Gegenstück zu den nationalen Struktursicherungsklauseln und insgesamt von einem **Sicherungsverbund** sprechen. 16

B. Die Konkretisierung der Demokratie in der institutionellen Ordnung der Europäischen Union nach dem Vertrag von Lissabon

I. Das duale Legitimationsgrundkonzept und seine Ergänzungen

Das **duale Legitimationsgrundkonzept**[45] des Primärrechts der Union (vgl auch Art. 10 EUV), in dem sich der Charakter als supranationale Gemeinschaft widerspiegelt,[46] basiert auf der Direktwahl des EP und der indirekten Legitimation des Rates durch die Parlamente der Mitgliedstaaten, die zudem durch ihre Ratifizierungs- und Umsetzungsakte zur demokratischen Legitimation des Primär- und Sekundärrechts der Union beitragen. Umstritten ist insoweit lediglich, in welchem Verhältnis die Bedeutung beider Legitimationsstränge zueinander steht. Während das Bundesverfassungsgericht der originären Legitimation des EP nur eine **ergänzende Funktion** zuweist, gleichzeitig aber ihren weiteren Ausbau angemahnt hat,[47] kann man nach den Erweiterungen der Zuständigkeiten des EP durch die Verträge von Amsterdam, Nizza und Lissabon jedenfalls im Bereich des Gesetzgebungsverfahrens mit guten Gründen von einer **gleichgewichtigen Rolle** ausgehen.[48] 17

Zu beachten ist indes, dass sich das duale Legitimationskonzept wirksam **nur auf die Hauptorgane** der Union erstreckt und auch in deren Zuständigkeitsbereich nicht alle Verfahrensarten in gleicher Weise erfasst sind; das gilt insbesondere für die übertragenen Rechtsetzungsbefugnisse und die delegierten Rechtsakte nach Art. 290 AEUV. In diesen Bereichen verwendet die Union auch ergänzende und aus der mitgliedstaatlichen Verfassungsperspektive zT **neuartige Legitimationsmechanismen.** Diese können durch die Stichworte Partizipation, Deliberation und Governance umschrieben werden.[49] Ergänzend und verstärkend zu den herkömmlichen Formen demokratischer Legitimationsvermittlung wirkt zudem der in Art. 1 Abs. 2 EUV und Art. 15 AEUV (bisher Art. 255 EGV) verankerte Grundsatz der Transparenz.[50] 18

II. Die demokratische Legitimation der Hauptorgane der EU

Über eine originäre, von den Unionsbürgern (Art. 10 Abs. 2 Unterabs. 1 und Art. 14 Abs. 2 EUV) durch den Wahlakt begründete demokratische Legitimation, verfügt das **Europäische Parlament.** 19

44 *Kluth*, S. 78 ff. Vgl auch *v. Bogdandy*, Supranationaler Föderalismus als Wirklichkeit und Idee einer neuen Herrschaftsform, 1999.

45 Zu seiner überwiegenden konstruktiven „Anerkennung" *Sommermann*, DÖV 2003, 1009, 1010 f mwN; kritisch *Lübbe-Wolff*, S. 255 ff mwN.

46 Deshalb wäre auch eine alleinige Zuständigkeit des Europäischen Parlaments für die Rechtsetzung „systemwidrig"; vgl *Kluth*, S. 95; *Lübbe-Wolff*, S. 262.

47 BVerfG 12.10.1993 – 2 BvR 2134, 2159/92 – BVerfGE 89, 155, 186. In der bisherigen Praxis folgte einer Erweiterung der Zuständigkeiten der Union zeitlich versetzt eine Erweiterung der Zuständigkeiten des EP. Im Lissabon-Urteil hat das BVerfG in einem ausführlichen obiter dictum allerdings auch die Grenzen der Legitimationsleistung des EP herausgearbeitet.

48 Darstellung und Analyse bei *Maurer/Wessels*, S. 85 ff unter Berücksichtigung des praktischen Einflusses des EP auf den Gesetzgebungsprozess.

49 *v. Bogdandy*, Europäisches Verfassungsrecht, 2003, S. 178 f; *Lübbe-Wolff*, S. 275 ff.

50 Dazu eingehend *Bröhmer*, Transparenz als Verfassungsprinzip, 2004; *Riemann*, Die Transparenz der Europäischen Union, 2004. Im Zusammenhang damit steht die Begründungspflicht nach Art. 296 AEUV.

Die Qualität dieser demokratischen Legitimation wird unabhängig von ihrer begrenzten thematischen Reichweite[51] von Kritikern indes unter zwei Gesichtspunkten relativiert. Erstens fehlt es bis heute an einem einheitlichen Wahlverfahren, das für die Verwirklichung demokratischer Egalität von großer Bedeutung ist.[52] Zweitens wird darauf hingewiesen, dass bei den Europawahlen nach wie vor innerstaatliche Orientierungen dominieren und es nicht zu einem gesamteuropäischen Repräsentationsvorgang kommt.[53] Beide Einwände treffen in der Sache zu, führen aber nicht dazu, dass die Existenz einer wirksamen Repräsentation überhaupt in Frage gestellt werden kann.[54] Gleichwohl sind damit dringliche Aufgaben für die nahe Zukunft angesprochen, wobei der zweite Themenkreis in enger Verbindung mit der Entwicklung politischer Parteien auf europäischer Ebene zusammenhängt (vgl Art. 10 Abs. 4 EUV iVm Art. 224 AEUV).[55]

20 In einem direkten Zusammenhang mit diesen Fragen steht auch die Debatte, ob und nach welchen rechtlichen Maßstäben im deutschen Europawahlgesetz Sperrklauseln von 5 % oder 3 % normiert werden dürfen. Das Bundesverfassungsgericht hat, nachdem es 1979 die 5 %-Sperrklausel nicht beanstandet hatte,[56] durch zwei Grundsatzentscheidungen zunächst die 5 %-Sperrklausel und sodann die stattdessen 2013 eingeführte 3 %-Sperrklausel wegen eines Verstoßes gegen den Grundsatz der Wahlrechtsgleichheit (Art. 3 Abs. 1 GG) und die Chancengleichheit der Parteien (Art. 21 iVm Art. 3 Abs. 1 GG) für verfassungswidrig erklärt.[57] Dabei geht das Bundesverfassungsgericht zutreffend davon aus, dass der Direktwahlakt in Art. 8 die nähere Ausgestaltung des Wahlverfahrens den einzelnen Mitgliedstaaten überlässt und dass insoweit ein primär- und sekundärrechtlich nicht vollständig determinierter Akt der Ausübung deutscher Staatsgewalt vorliegt, der nach den in der Rechtsprechung entwickelten Grundsätzen[58] am Maßstab des Grundgesetzes zu messen ist. Konkret „erlaubt" Art. 3 DWA den Mitgliedstaaten, eine Sperrklausel bis zu 5 % zu normieren, zwingt sie dazu aber nicht. Es stellte sich damit die Frage, welche rechtlichen Maßstäbe in diesem Bereich anzuwenden sind. Das Bundesverfassungsgericht wendet die für Wahlen nach dem Grundgesetz entwickelten Grundsätze an, insbesondere den u.a. in Art. 38 Abs. 1, 28 Abs. 1 GG normierten und darüber hinaus in Art. 3 Abs. 1 GG verorteten Grundsatz der (streng formal zu handhabenden) Wahlrechtsgleichheit.[59] Dabei wird jedoch verkannt, dass das Grundgesetz das Wahlrecht nur für diejenigen Staatsorgane näher ausgestaltet und ausgestalten kann, die auch zur Ausübung deutscher Staatsgewalt berufen sind. Das Europäische Parlament unterliegt als Organ der Europäischen Union nur unionsrechtlichen Bindungen und den durch das Primär- und Sekundärrecht normierten Vorgaben für das Wahlrecht. Die den Mitgliedstaaten übertragene Aufgabe, das Wahlverfahren näher auszugestalten ist deshalb ein Akt der Ausführung des Unionsrechts, der verfassungsrechtlichen Bindungen nur insoweit unterliegt, als sich aus diesen Grenzen für die Ausgestaltung des demokratischen Prinzips der Europäischen Union ableiten lassen. Prüfungsmaßstab kann deshalb alleine Art. 23 Abs. 1 GG sein, nach dem die Europäische Union demokratischen Grundsätzen (!) entsprechen muss. Ein unmittelbarer Rückgriff auf die (allgemeinen) Wahlrechtsgrundsätze des Grundgesetzes ist insoweit nicht möglich und auch Art. 21 GG und der dort in Verbindung mit Art. 3 Abs. 1 GG verankerte Grundsatz der Chancengleichheit der Parteien gilt nicht in Bezug auf

51 Übersicht bei *Kluth*, in: Calliess/Ruffert (Hrsg.), EUV/AEUV, Art. 14 EUV, Rn 39 ff.

52 Dazu *Lenz*, Ein einheitliches Verfahren für die Wahl des Europäischen Parlaments, 1995; *Kluth*, S. 69 ff.

53 Dezidiert *Grimm*, JZ 1995, 581, 587 ff.

54 Ähnlich *Peters*, EuR 2004, 375, 378 ff.

55 Zu den damit verbundenen Anforderungen und Problemen von Arnim (Hrsg.), Politikfinanzierung in der Europäischen Union, 2005; *Buhr*, Europäische Parteien, 2003; *Stentzel*, Integrationsziel Parteiendemokratie, 2002; *Deinzer*, Europäische Parteien, 1999; *Papadopoulou*, Politische Parteien auf europäischer Ebene, 1999; *Ruffert*, in: Calliess/Ruffert (Hrsg.), EUV/AEUV, Art. 10 EUV, Rn 14 ff; *Kluth*, in: Calliess/Ruffert (Hrsg.), EUV/AEUV, Art. 224 AEUV, Rn 1, 17.

56 BVerfG 22.5.1979 – 2 BvR 197/79, BVerfGE 51, 222 ff.

57 Zur 5 %-Sperrklausel: BVerfG 9.11.2011 – 2 BvC 4, 6, 8/10 – BVerfGE 129, 300, 324 ff. Dazu *Ehlers*, ZG 2012, 188 ff; *Roßner*, NVwZ 2012, 22 ff; *Wernsmann*, JZ 2014, 23 ff; *Frenz*, NVwZ 2013, 1059 ff. Zur 3 %-Sperrklausel: BVerfG 26.2.2014 – 2 BvE 2/13 u.a., 2 BvR 2220/13 u.a.

58 BVerfG 9.11.2011 – 2 BvC 4, 6, 8/10 – BVerfGE 129, 300, 317.

59 BVerfG 9.11.2011 – 2 BvC 4, 6, 8/10 – BVerfGE 129, 300, 319.

die Wahlen zum Europäischen Parlament.[60] Das Unionsrecht bestimmt den Rechtsrahmen für die Bildung seiner Organe selbst und bleibt auch dort, wo die Mitgliedstaaten ausführendes Recht erlassen, der alleinige Maßstab. Anderenfalls würde das nationale Verfassungsrecht Einfluss auf den institutionellen Rahmen der Union nehmen. Deshalb ist die Argumentation des Bundesverfassungsgerichts bereits in ihrem Ausgangspunkt fehlerhaft. Im Ergebnis ist sie aber gleichwohl gut vertretbar. Das Unionsrecht hat zwar bewusst auf eine primärrechtliche Verankerung des Grundsatzes der Wahlrechtsgleichheit verzichtet,[61] um einen größeren Spielraum für die Ausgestaltung des Wahlrechts zu eröffnen und den erheblichen Größenunterschieden zwischen den Mitgliedstaaten Rechnung zu tragen.[62] Dies spielt aber für die Ausgestaltung des Wahlrechts in einem Mitgliedstaat gerade keine Rolle, so dass insoweit der Grundsatz der Wahlrechtsgleichheit als grundlegender Ausdruck des demokratischen Prinzips auch unionsrechtlich zu aktivieren ist. Es ist damit – wie es das Bundesverfassungsgericht unternimmt – zu fragen, wodurch Abweichungen gerechtfertigt werden können. Da das EP ohnehin durch eine fragmentierte Struktur geprägt ist und in der Vergangenheit keine Zweifel an seiner Funktionsfähigkeit zu erkennen waren, ist dem Bundesverfassungsgericht beizupflichten, dass der Nachweis für die Erforderlichkeit von Sperrklauseln nicht erbracht wurde. Noch weniger als das in den Minderheitenvoten zu beiden Entscheidungen bemühte Argumenten der Funktionsfähigkeit des EP vermag das in der politischen Diskussion angeführte Argument zu überzeugen, der Wegfall der Sperrklauseln begünstige den Einzug von extrem ausgerichteten Parteien in das EP. Diese Argumentation ist wegen der damit verbundenen, unionsrechtlich untersagten inhaltlichen Bewertung der Position von (nicht verbotenen) Parteien bereits unbeachtlich und diskreditiert im Übrigen auch die Argumentation der Kritiker, soweit diese auf die Beeinträchtigung der Funktionsfähigkeit des EP abstellen. Im Übrigen zeigen die beiden Entscheidungen des Bundesverfassungsgerichts, dass es an der Zeit ist, dass die Europäische Union das Wahlrecht zum EP selbst umfassend normiert. Damit wäre es auch der Kontrolle durch nationale Verfassungsgerichte entzogen. Die Überwindung der Handlungs- und Entscheidungsunfähigkeit von Rat und EP an dieser Stelle wäre auch ein wichtiger Fortschrift für die europäische Demokratie.

Der **Rat** als das zweite Hauptorgan der EU leitet seine demokratische Legitimation von der mitgliedstaatlichen Ebene ab.[63] Dabei ist zwischen der personellen Legitimation der einzelnen Vertreter der Mitgliedstaaten als Mitglied der ihrerseits demokratisch legitimierten mitgliedstaatlichen Regierung und der inhaltlichen Legitimation durch parlamentarische (Ver-) Handlungsvorgaben zu unterscheiden, wie sie zB nach den komplexen Mechanismen der Art. 23 Abs. 2 bis 5 GG zustande kommen können. 21

Bei der **Kommission** als operativem Hauptorgan der Union laufen die beiden Legitimationsstränge zusammen, da hier gemäß Art. 17 Abs. 5 EUV das Vorschlagsrecht der Mitgliedstaaten und das bestätigende Votum des EP nur zusammen zur Einsetzung einer Kommission führen können. Zudem steht dem EP gemäß Art. 17 Abs. 8 EUV ein besonderes Kontroll- und Abberufungsrecht zu. Die politische Bedeutsamkeit vor allem der Mitwirkungs- und Kontrollrechte des EP sind inzwischen in mehreren Fällen (Demission der Santer-Kommission,[64] Einsetzung der Barroso-Kommission) dokumentiert worden. 22

Die Richter und Generalanwälte des **Europäischen Gerichtshofs** sowie des Gerichts erster Instanz werden gemäß Art. 253 und 254 AEUV durch die Regierungen der Mitgliedstaaten – damit inter- 23

60 *Kluth*, in: Epping/Hillgruber (Hrsg.), BeckOK GG, Art. 21, Rn 31 ff.

61 Darauf geht das Bundesverfassungsgericht nicht vertiefend ein; *Wernsmann*, JZ 2014, 23 (25) weist als einer der wenigen Autoren darauf hin.

62 Dazu *Kluth*, in: Calliess/Ruffert (Hrsg.), EUV/AEUV, Art. 14 EUV, Rn 23.

63 BVerfG 12.10.1993 – 2 BvR 2134, 2159/92 – BVerfGE 89, 155, 183, 185.

64 Dazu *Hummer/Obwexer*, Integration 1999, 77 ff; *Ott*, ZEuS 1999, 231 ff.

gouvernemental[65] – im gegenseitigen Einvernehmen ernannt und leiten ihre demokratische Legitimation damit ausschließlich von der mitgliedstaatlichen Ebene ab.[66]

24 Wiederum ein anderes Verfahren sieht Art. 286 Abs. 2 AEUV für die Ernennung der Mitglieder des **Rechnungshofs** vor. Sie werden auf Grund von Vorschlägen der Mitgliedstaaten nach Anhörung des EP durch den Rat ernannt.

III. Die demokratische Legitimation im Übrigen

25 Die **organisatorische Architektur** der EU sieht neben den Hauptorganen eine Vielzahl von weiteren Einrichtungen (Ausschüsse, Agenturen und sonstige Gremien) vor, die nicht den einzelnen Hauptorganen zugeordnet und durch eine Leitungs- und Aufsichtsanbindung an deren demokratische Legitimation angekoppelt[67] sind. Vielmehr verfügen viele dieser Einrichtungen über ein **hohes Maß an Selbständigkeit**. Die Frage nach ihrer demokratischen Legitimation stellt sich dabei insoweit mit besonderer Dringlichkeit,[68] weil diesen Einrichtungen durchaus gewichtige Entscheidungsbefugnisse zustehen.[69] Das gilt in besonderer Weise für die Europäische Zentralbank.[70]

26 Die durch begleitende theoretische Konzeptionen unterstützte praktische Antwort der EU auf diese Frage besteht in der **Einführung alternativer Legitimationsmechanismen**, die zT auf klassische Komponenten des Demokratieverständnisses zurückgeführt werden, zT echte Neuerungen darstellen. Dabei ist an erster Stelle die stärkere Einbeziehung der Betroffenen zu erwähnen. Sie wird in Bezug auf die Sozialpartner[71] und die repräsentativen Berufs- und Interessenverbände bereits praktiziert, insbesondere im Rahmen der Methode der offenen Koordinierung.[72] Auch die Einrichtung des Ausschusses der Regionen kann diesem Muster noch zugeordnet werden. Hinzu kommen höhere Anforderungen an die Transparenz von Verfahren und die Begründung von Entscheidungen. Diese Ansätze werden zusammengefasst in der **Governance-Philosophie**, bei der zusätzlich Legitimation durch die Übertragung von Entscheidungen auf kompetente Entscheidungsträger und ein – deliberatives oder assoziatives – Verfahren mit Elementen gegenseitiger horizontaler Kontrolle[73] erzeugt werden soll.[74]

IV. Ausgestaltung des Mehrebenenparlamentarismus

27 Unter den **Begriff Mehrebenenparlamentarismus** werden sowohl verschiedene Aspekte der Mitwirkung der mitgliedstaatlichen Parlamente an der Meinungs- und Willensbildung in der EU als auch ihre Zusammenarbeit mit dem EP und anderen Organen subsumiert.[75] Es handelt sich dabei um

65 Es handelt sich nicht um eine Ratsentscheidung; *Wegener*, in: Calliess/Ruffert (Hrsg.), EUV/AEUV, Art. 253 AEUV, Rn 1.

66 Dazu auch *Epping*, Der Staat 1997, 349 ff, der eine parlamentarische Mitwirkung an der Auswahlentscheidung für erforderlich hält. Siehe auch *Pieper*, Verfassungsrichterwahlen, 1998.

67 Zu diesem u.a. in Deutschland praktizierten Legitimationsmuster vgl BVerfG 31.10.1990 – 2 BvF 3/89 – BVerfGE 83, 60, 72; *Böckenförde*, § 24, Rn 26 ff; vgl auch *Dreier*, Hierarchische Verwaltung im demokratischen Staat, 1991, S. 121 ff.

68 Thematisiert u.a. durch die EU Kommission im Weißbuch Reform der Kommission vom 5.4.2000, KOM (2000) 200 endg., S. 11 ff, 19 ff. Lösungsansätze finden sich u.a. in der Mitteilung der Kommission zu Rahmenbedingungen für die europäischen Regulierungsagenturen, KOM (2002) 718 endg.

69 *Lübbe-Wolff*, S. 267; *Rumler-Korinek*, EuR 38 (2003), 327, 331.

70 Zu ihrer demokratischen Legitimation *Dutzler*, Der Staat 41 (2002), 495 ff.

71 Dazu kritisch *Britz/Schmidt*, EuR 1999, 467 ff.

72 Dazu näher *Bodewig/Voß*, EuR 2003, 310 ff.

73 *EU Kommission*, Weißbuch Europäisches Regieren vom 25.7.2001 KOM (2001) 428 endg., S. 10 führt folgende Kriterien an: Offenheit, Partizipation, Verantwortlichkeit, Wirksamkeit und Kohärenz.

74 *Lenaerts*, ELR 1993, 48 ff.

75 Überblick und Einzelheiten bei *Maurer*, Integration 2002, 20 ff.

ein vielschichtiges Phänomen, das sowohl durch Unionsrecht als auch nationales Verfassungs- und Gesetzesrecht[76] geprägt ist.

Institutionell findet die Zusammenarbeit zwischen EP und mitgliedstaatlichen Parlamenten auf drei Ebenen statt: (1) Der **Konferenz der Parlamente** (Assises), die praktisch jedoch bedeutungslos ist, (2) der **Konferenz der Parlamentspräsidenten**, die alle zwei Jahre stattfindet sowie (3) der gemeinsamen **Tagung der Fachausschüsse** beider Ebenen (**COSAC**),[77] die zweimal jährlich stattfindet und durch das Protokoll Nr. 9 zum Amsterdamer Vertrag auch eine rechtliche Grundlage gefunden hat, die durch den Vertrag von Lissabon fortgeschrieben wurde. Die COSAC hat sich eine eigene Geschäftsordnung gegeben und dadurch ihre institutionelle Verfestigung dokumentiert. 28

C. Die Mitwirkung der nationalen Parlamente

Der Vertrag von Lissabon hat erstmalig die Mitwirkung der nationalen Parlamente in einer eigenen Vorschrift – Art. 12 EUV – thematisiert und dadurch deren Bedeutung erhöht.[78] Daran anknüpfend hat das Bundesverfassungsgericht in seiner Lissabon-Entscheidung das Konzept der Integrationsverantwortung entfaltet und Wege zu seiner verfassungsprozessualen Umsetzung skizziert. Dabei sind folgende Aspekte hervorzuheben: 29

In rein **formaler Perspektive** ist bereits bedeutsam, dass die nationalen Parlamente an fünf Stellen im ersten Teil des Verfassungsvertrages,[79] der den EUV ersetzen sollte, und an weiteren fünf Stellen des dritten Teils des Vertrages,[80] der den EGV ersetzen sollte, als Gegenstand von Normierungen in Erscheinung treten. Bereits daran wird deutlich, dass man gewillt war, die Rolle der nationalen Parlamente im Primärrecht deutlich sichtbar zu machen. Eine erste Fallgruppe betraf die Einbeziehung der nationalen Parlamente bei der Anwendung des Subsidiaritätsprinzips. Die zweite Fallgruppe hatte die frühzeitige Information der nationalen Parlamente über geplante Rechtsetzungsakte zum Gegenstand. Durch diese Regelungen sollten die früheren Protokolle partiell in das Primärrecht überführt werden. Hinzu kamen in einer weiteren Fallgruppe zusätzliche Kontrollrechte. 30

Von diesen Regelungen des Verfassungsvertrages wurden die meisten in den Vertrag von Lissabon[81] übernommen: drei in den neu gefassten Vertrag über die Europäische Union[82] und weitere sechs in den Vertrag über die Arbeitsweise der Europäischen Union.[83] Dass der maßgeblich durch die deutsche Ratspräsidentschaft geförderte Übergang zum Vertrag von Lissabon durch eine weitere Stärkung der Stellung der nationalen Parlamente mitbestimmt war, zeigt sich vor allem daran, dass in diesem Zusammenhang der neue Art. 12 EUV hinzugefügt wurde, der in einer im Verfassungsvertrag in dieser Form nicht anzutreffenden Art und Weise die Mitwirkung der nationalen Parlamente im zweiten Titel über die Bestimmungen über die demokratischen Grundsätze in der Europäischen Union einfügt. Damit wird deutlich, dass die Einbeziehung der nationalen Parlamente im Kontext der demokratischen Legitimation des Unionshandelns zu verstehen und zu interpretieren ist. 31

Ausweislich des Normtextes geht es Art. 12 EUV nicht in erster Linie um die demokratische Legitimation. Das schließt aber nicht aus, dass durch einzelne der neuen Funktionen auch die demokrati- 32

76 Zu den Mitwirkungsmöglichkeiten der mitgliedstaatlichen Parlamente nach jeweiligem Verfassungsrecht sowie der bisherigen Praxis vgl *Maurer*, S. 231 ff; *Mayer*, Die Europafunktion der nationalen Parlamente in der Europäischen Union, 2012.

77 Dazu *Pöhle*, ZParl. 1998, 77 ff.

78 Vgl auch *Ruffert*, EuR 2004, 165, 179 ff; *Magiera*, DÖV 2003, 578 ff.

79 Art. I-11 Abs. 3 Unterabs. 2 S. 2, Art. I-18 Abs. 2, Art. I-42 Abs. 2, Art. I-46 Abs. 2 Unterabs. 2, Art. I-58 Abs. 2 EVV.

80 Art. III-259, III-260, III-261, III-273 Abs. 1, III-276 Abs. 2 EVV.

81 Zu diesem „Übergangsprozess", seinen inhaltlichen Auswirkungen sowie den damit verbundenen Einordnungsfragen („Verfassungscharakter" des Vertrages von Lissabon) *Terhechte*, EuR 2008, 143 ff; *Schoo*, EuR 2009 Beiheft 1, 51 ff.

82 Art. 5, 10 Abs. 2 Unterabs. 2, 48, 49 EUV.

83 Siehe Art. 69, 70, 71, 81, 85 und 88 AEUV.

sche Legitimation verstärkt wird. Hinter der Bezugnahme auf die **„gute Arbeitsweise der Union“**[84] steht die Vorstellung, dass in einer hochgradig arbeitsteiligen Organisation, wie sie die Europäische Union ohne Zweifel darstellt, dem Zusammenwirken der verschiedenen Organe und Beteiligten eine besonders große Bedeutung zukommt.[85] Wegen der zentralen Stellung der Mitgliedstaaten und ihrer Regierungen kommt aber auch den diesen zugeordneten nationalen Parlamenten, denen sie verantwortlich sind und die in grundlegenden Fragen der unionalen Rechtsetzung mitwirken müssen, eine herausgehobene Bedeutung zu.

33 Hinzu kommt die Mitwirkung an der **Subsidiaritätskontrolle** durch das Recht der Stellungnahme und die indirekte Antragsbefugnis vor dem EuGH gem. Art. 263 AEUV iVm Art. 8 des Protokolls über die Anwendung der Grundsätze der Subsidiarität und der Verhältnismäßigkeit (zum Vertrag von Lissabon).[86] Es handelt sich funktional um die Aktivierung eines „Akteurs mit Eigeninteresse“. Das bedeutet nicht, dass sich die Rolle der nationalen Parlamente auf eine reine Veto-Funktion beschränkt. Positive Gestaltung ist aber nur im Zusammenhang mit der Aktivierung des Einflusses auf die nationalen Regierungen und ihre Aktivitäten im Rat möglich.

34 Der AEUV sieht im sensiblen Bereich der **Justiz- und Innenpolitik** in den Art. 70 und 71 AEUV Informationen an die nationalen Parlamente über die Bewertung der in der Justiz- und Innenpolitik getroffenen Maßnahmen und über den Ausschuss zur Verbesserung der operativen Arbeiten vor. Außerdem sind Kontrollrechte der nationalen Parlamente bezüglich der Arbeiten von Eurojust und Europol vorgesehen (Art. 85 und 88 AEUV). Das Protokoll über die Rolle der nationalen Parlamente „in“ der Europäischen Union hat vor diesem Hintergrund nunmehr lediglich eine erläuternde und in einigen Punkten eine ausgestaltende Funktion.

D. Entwicklungsperspektiven

35 Die auch nach dem Inkrafttreten des Vertrages von Lissabon aktuelle Frage, ob das derzeit in der Europäischen Union verwirklichte Maß an demokratischer Legitimation „ausreicht“, oder ob von einem **Legitimationsdefizit** auszugehen ist, ist durch das deutsche Bundesverfassungsgericht im Sinne einer „derzeit-reicht-es-Formel“ formalrechtlich beantwortet worden. Zugleich lassen viele Passagen des Urteils im Einklang mit der überwiegenden Zahl der Stellungnahmen in Wissenschaft und Politik erkennen, dass man von einer unzureichenden Legitimationsleistung ausgeht, deren Ursachen ebenso unterschiedlich verortet werden wie die Lösungsvorschläge voneinander abweichen.

36 Nicht weiterführend ist die – auch vom Bundesverfassungsgericht als Maßstab verwendete – staatsanaloge Verwirklichung demokratischer Legitimation in der Europäischen Union. Die Strukturen und auch die zu befriedigenden „Interessen“ der Mitgliedstaaten und der Staatsvölker unterscheiden sich zu sehr von den Verhältnissen auf staatlicher Ebene. Zudem sind solche Analogien auch nicht in der Lage, funktionsgerechte Organstrukturen zu ermöglichen. Die Zeit einfach konstruierter Legitimationsmechanismen ist Vergangenheit. Bei den in der Union, aber auch in den Mitgliedstaaten unverzichtbaren **komplexen pluralen Legitimationsformen** kommt es deshalb vor allem darauf an, dass sie normativ verankert und transparent ausgestaltet sind, um die Basis für eine klare Verantwortungszurechnung zu liefern. Vor dem Hintergrund dieser Anforderung stellen die durch den Vertrag von Lissabon eingeführten Regelungen einen bedeutsamen Fortschritt dar, von dem auch Impulse für die mitgliedstaatlichen Verfassungen, insbesondere in Bezug auf die Integra-

84 Die Formulierung findet sich auch in Art. 10 Abs. 1 EUV und nimmt auch Bezug zur neuen Bezeichnung des EGV als Vertrag über die Arbeitsweise der Europäischen Union. Diese Formulierung unterscheidet deren Normierungen von den eher grundsätzlichen Normierungen im EU-Vertrag, ohne dass dadurch eine Hierarchiebildung erfolgt.

85 Zu dem damit verbundenen Gebot des Interorgan-Respekts siehe auch *Lorz*, Interorganrespekt im Verfassungsrecht, 2001; zur gemeinschaftsspezifischen Ausprägung siehe auch Art. 13 Abs. 2 S. 2 EUV.

86 Vertiefend *Mellein*, Subsidiaritätskontrolle durch nationale Parlamente, 2007; *Calliess*, in: Kluth/Krings (Hrsg.), Gesetzgebung, 2014, § 23.

tionsverantwortung der Parlamente,[87] ausgehen können und sollten. Das deutsche **Integrationsverantwortungsgesetz** ist ein Beispiel für eine solche Wirkung.[88]

87 Dazu vertiefend *Kluth*, in: ders./Krings (Hrsg.), Gesetzgebung, 2014, § 22.

88 Dazu *Hölscheidt/Schröder*, ZParl 2009, 758 ff; *von Arnauld/Hufeld*, (Hrsg.), Systematischer Kommentar zu den Lissabon-Begleitgesetzen, 2011.

§ 6 Rechtsstaatlichkeit*

Literatur: *Borchardt*, Der Grundsatz des Vertrauensschutzes im Europäischen Gemeinschaftsrecht, Kehl/Straßburg/Arlington, 1988; *Bretthauer*, Informationszugang im Recht der Europäischen Union, DÖV 2013, S. 677, *Castenholz*, Informationszugangsfreiheit im Gemeinschaftsrecht, Baden-Baden 2004; *Classen*, Gute Verwaltung im Recht der Europäischen Union: Eine Untersuchung zu Herkunft, Entstehung und Bedeutung des Art. 41 Abs. 1 und 2 der Europäischen Grundrechtecharta, Berlin 2008; *von Danwitz*, Europäisches Verwaltungsrecht, Berlin/Heidelberg 2008; *Dörr/Grote/Marauhn* (Hrsg.), EMRK/GG, Konkordanz-Kommentar, 2. Aufl., Tübingen 2013; *Fernández Esteban*, The Rule of Law in the European Constitution, Den Haag/London/Boston 1999; *Grabenwarter* (Hrsg.), Europäischer Grundrechteschutz, Enzyklopädie Europarecht, Band 2, Baden-Baden 2014; *Heselhaus/Nowak* (Hrsg.), Handbuch der Europäischen Grundrechte, München/Wien/Bern 2006; *Kahl*, Lücken und Ineffektivitäten im Europäischen Verfahrensverbund am Beispiel des Rechts auf Anhörung, DVBl 2012, S. 602; *Last*, Garantie wirksamen Rechtsschutzes gegen Maßnahmen der Europäischen Union, Tübingen 2008; *Merten/Papier* (Hrsg.), Handbuch der Grundrechte, Band VI/1, Heidelberg 2010, und Band VI/2, Heidelberg 2009; *Meyer* (Hrsg.), Charta der Grundrechte der Europäischen Union, Baden-Baden, 3. Aufl. 2010; *Meurs*, Normenhierarchien im europäischen Sekundärrecht, Tübingen 2012; *Rengeling* (Hrsg.), Handbuch zum europäischen und deutschen Umweltrecht, Bd. I, Köln/Berlin/Bonn/München, 2. Aufl. 2003; *Nöhmer*, Das Recht auf Anhörung im europäischen Verwaltungsverfahren, Tübingen 2013; *Rengeling/Szczekalla*, Grundrechte in der Europäischen Union, Köln/Berlin/München 2004; *Scheuing*, Europarechtliche Impulse für innovative Ansätze im deutschen Verwaltungsrecht, in: Hoffmann-Riem/Schmidt-Aßmann (Hrsg.), Innovation und Flexibilität des Verwaltungshandelns, Baden-Baden 1994, S. 289 ff; *ders.*, Europäisierung des Verwaltungsrechts, Die Verwaltung 2001, 107 ff; *ders.*, Zur Grundrechtsbindung der EU-Mitgliedstaaten, EuR 2005, 162 ff; alle drei Beiträge auch in *Scheuing*, Europäisches öffentliches Recht, Baden-Baden, 2006, S. 118 ff, 229 ff, 279 ff; *Schilling*, Bestand und allgemeine Lehren der bürgerschützenden allgemeinen Rechtsgrundsätze des Gemeinschaftsrechts, EuGRZ 2000, 3 ff; *Schubert*, Legal privilege und Nemo tenetur im reformierten europäischen Kartellermittlungsverfahren der VO 1/2003, Berlin 2009; *Schweitzer* (Hrsg.), Europäisches Verwaltungsrecht, Wien 1991; *Schwarze*, Europäisches Verwaltungsrecht, Baden-Baden, 2. Aufl. 2005; *ders.*, Rechtsstaatliche Grundsätze für das Verwaltungshandeln in der Rechtsprechung des Europäischen Gerichtshofs, in: Colneric u.a. (Hrsg.), Une communauté de droit. FS Rodríguez Iglesias, Berlin 2003, S. 147 ff; *ders.*, Verfahren und Rechtsschutz im europäischen Wirtschaftsrecht, DVBl 2010, S. 1325; *Terhechte* (Hrsg.), Verwaltungsrecht der Europäischen Union, Baden-Baden 2011; *Tettinger/Stern* (Hrsg.), Kölner Gemeinschaftskommentar zur Europäischen Grundrechte-Charta, München, 2006; *Zuleeg*, Der rechtliche Zusammenhalt der Europäischen Union, Baden-Baden 2004.

* Der in den Vorauflagen von *Dieter H. Scheuing* betreute Beitrag wurde aktualisiert und neu bearbeitet. Konzeption, Gliederung und Randnummernaufteilung wurden weitgehend beibehalten. Die Verf. dankt *Dieter H. Scheuing* für das Vertrauen, seine Überlegungen weiterführen zu dürfen.

A. Die EU als Rechtsgemeinschaft

1 Neben wirtschaftlichen und politischen Faktoren kommt dem Recht in der europäischen Integration eine maßgebliche Rolle zu. Die Integration ist ein groß angelegter Versuch, Europa mit den Mitteln des Rechts zu einigen. Deshalb hat schon *Walter Hallstein* die vormalige Europäische Gemeinschaft als eine „Rechtsgemeinschaft" bezeichnet, in der Politik mit den Mitteln des Rechts verfolgt wird.[1] Ebenso gilt für die nunmehrige **Europäische Union**, dass sie zugleich **Geschöpf, Quelle und Garant des Rechts** ist. Als Rechtsgemeinschaft hat sie zum Schutz der Individuen zu gewährleisten, dass hoheitliche Machtausübung rechtfertigungsbedürftig, berechenbar und kontrollierbar bleibt. Dieser Forderung nach Rechtsstaatlichkeit wird im Recht der EU – ungeachtet mancher Friktionen bei der Bekämpfung der Finanz- und Wirtschaftskrise (dazu unten Rn 7 und 16)[2] – unter verschiedenen Blickwinkeln Rechnung getragen.

B. Rechtsstaatlichkeit als Verfassungsgrundsatz der EU

2 In seiner frühen Rechtsprechung hat der EuGH zunächst einzelne rechtsstaatliche Anforderungen entwickelt.[3] Darauf aufbauend hat er später den Grundsatz der Rechtsstaatlichkeit als solchen zum ungeschriebenen Bestandteil des Gemeinschaftsrechts erklärt[4] und konkrete rechtliche Folgerungen aus dem Charakter der EG (und nachfolgend der EU) als Rechtsgemeinschaft abgeleitet.[5] Die positivrechtliche Normierung des **Grundsatzes der Rechtsstaatlichkeit im geschriebenen Primärrecht** erfolgte allerdings erst durch den Amsterdamer Vertrag.[6] Der Vertrag von Lissabon hat die Anerkennung der Rechtsstaatlichkeit als Verfassungsgrundsatz erneut bekräftigt; seither ist die „Rechtsstaatlichkeit" sogar als einer der Werte ausgewiesen, auf die sich die Union gründet.[7]

3 Soweit von der „Rechts*staat*lichkeit" der Union in der deutschen Fassung des EUV die Rede ist, bedeutet dies keine Vorentscheidung über einen möglichen Staatscharakter der Union. Diese sprachliche Wendung ist vielmehr dem Umstand geschuldet, dass in der deutschen Tradition die entsprechenden Vorstellungen staatsbezogen entwickelt wurden. Für das Recht der internationalen Organisationen, zu dem die Europäische Union ungeachtet ihrer besonderen Integrationskraft durch intensive und supranationale Unionsrechtsetzung jedenfalls im Ausgangspunkt zu zählen

1 *Hallstein*, Die Europäische Gemeinschaft, 5. Aufl. 1979, S. 52 ff.

2 Einen Wandel hin zu einer Politisierung der Rechtsanwendung bei den Versuchen, die Finanz- und Wirtschaftskrise über „Sonderrecht der Euro-Zone" in den Griff zu bekommen, konstatieren zB *Oppermann*, NJW 2013, 6, 8 f, und *Kadelbach*, EuR 2013, 489, 495 f. AA wohl *Thym*, EuR 2013, Beiheft 2, 23, 37 f.

3 S. dazu näher unten Rn 29 ff.

4 Vgl EuGH, Rs. 101/78 (Granaria), Slg 1979, 623, Rn 5; EuGH, Rs. 63/87 (Kommission/Griechenland: Ausfuhrbeihilfen), Slg 1988, 2875, Rn 10.

5 Vgl zB EuGH, Rs. 294/83 (Les Verts/Parlament), Slg 1986, 1335, Rn 23; EuGH, Rs. C-2/88 (Zwartveld I), Slg 1990, I-3365, Rn 24; EuGH, Gutachten 1/91 (EWR I), Slg 1991, I-6079, Rn 21; EuGH, Rs. 314/91 (Weber/Parlament), Slg 1993, I-1093, Rn 8. Vgl ferner aus neuerer Zeit, zum Teil unter Verwendung des Begriffs „Rechtsunion", zB EuGH, Rs. C-229/05 P (PKK), Slg 2007, I-439, Rn 109; EuGH, Rs. C-402/05 P u.a. (Kadi), Slg 2008, I-6351, Rn 281; EuGH, Rs. C-550/09 (E und F), Slg 2010, I-6213, Rn 44; EuGH, Rs. C-584/10 P u.a. (Kadi II), Urt. v. 18.7.2013, noch nicht in Slg, Rn 66.

6 Vgl Art. 6 Abs. 1 Hs 1 EUV idF ab 1.5.1999. Freilich enthielt bereits die Präambel zum EU-Vertrag idF des Maastrichter Vertrags ein Bekenntnis zur Rechtsstaatlichkeit.

7 Vgl Art. 2 EUV; vgl ferner die Bekenntnisse zur Rechtsstaatlichkeit in den Präambeln zum EUV und zur GRC. Dazu allg. *Scheuing*, Der Grundsatz der Rechtsstaatlichkeit im Recht der Europäischen Union, in: Schwarze (Hrsg.), Bestand und Perspektiven des Europäischen Verwaltungsrechts, 2008, S. 45 ff; *ders.*, Europäische Union und Rechtsstaatlichkeitsgebot, in: Scholler (Hrsg.), Die Sicherung des Rechtsstaatsgebots im modernen europäischen Recht, 2011, S. 27 ff. Zu Konvergenz und Spannung zwischen Art. 2 und Art. 4 Abs. 2 S. 1 EUV krit. *von Bogdandy/Schill*, ZaöRV 70 (2010), 701, 715 ff.

ist,[8] hat sich bisher noch kein allgemein konsentierter neuer deutscher Ausdruck herausgebildet.[9] Deutlicher wird das Anliegen der Rechtsstaatlichkeit der Union aber in der englischen Vertragsfassung („*rule of law*"); gefordert ist dort die **Herrschaft des Rechts**[10] auch in dem überstaatlichen politischen Gemeinwesen „Europäische Union". Die Mitgliedstaaten haben auf transnationaler Ebene in Gestalt der EU eine neue Instanz öffentlicher Gewalt mit weitreichenden Hoheitsbefugnissen geschaffen. Deshalb mussten jene fundamentalen rechtsstaatlichen Anforderungen, die zur Begründung und Begrenzung von Hoheitsgewalt in den Staaten entwickelt worden sind, auf diese neue Instanz erstreckt werden. Der EUV zieht diese Konsequenz, ohne sich damit zur Staatsqualität der EU zu äußern.[11]

4 Inhaltlich zielt die Forderung nach der „Herrschaft des Rechts" allgemein auf Klarheit und Verlässlichkeit der Rechtsregeln sowie auf Transparenz und Berechenbarkeit des Handelns öffentlicher Hoheitsträger. Das dahinter liegende zentrale Anliegen ist aber der Schutz der Bürger vor hoheitlicher Willkür. Dafür genügt eine bloße Bindung der Hoheitsträger „*an* das Recht" nicht; zum Schutze des Individuums vor hoheitlichem Machtmissbrauch ist vielmehr zugleich eine Bindung „*des* Rechts" an grundlegende Gerechtigkeitsvorstellungen erforderlich. Deshalb ist neben der **formellen auch eine materielle Rechtsstaatlichkeit** geboten. Ebenso wie im staatlichen Bereich geht es auch im supranationalen Verbund „Europäische Union" darum, dass Hoheitsgewalt nur aufgrund und im Rahmen des Rechts ausgeübt werden darf. Zudem soll auch in der Union ein Rechtszustand sichergestellt werden, der die Grundrechte achtet und insbesondere den Anforderungen der Menschenwürde, Freiheit und Gleichheit gerecht wird.

5 Obwohl die Primärrechtsnorm des Art. 2 EUV diese formelle und materielle Rechtsstaatlichkeit der Union in genereller Form gewährleistet, bleibt für das präzisere Verständnis die **Rechtsprechung der Unionsgerichte von maßgebender Bedeutung.** Bis zum Inkrafttreten des Vertrags von Lissabon war die Situation von der bloßen richterrechtlichen Herausarbeitung und Fortbildung der Rechtsstaatlichkeit gekennzeichnet, da die Gemeinschaftsgerichte die geschriebenen Verfassungsgrundsätze der Union noch nicht als Prüfungsmaßstäbe heranziehen durften.[12] Nunmehr sind zwar diese primärrechtlichen Gewährleistungen als solche justiziabel geworden;[13] dennoch kommt es wegen der inhaltlichen Offenheit und Komplexität der Forderung nach „Rechtsstaatlichkeit" weiterhin wesentlich auf deren konkrete Ausfüllung durch die Unionsgerichtsbarkeit an.

6 Zu beachten sind allerdings bestimmte primärrechtliche **Ausgrenzungen aus der unionsgerichtlichen Kontrolle.** So gilt zwar die in Art. 2 EUV festgeschriebene Verpflichtung zur Rechtsstaatlichkeit für die gesamte EU und erfasst daher auch die **„Gemeinsame Außen- und Sicherheitspolitik"** (GASP).[14] Sieht man von einschlägigen restriktiven Maßnahmen gegenüber natürlichen oder juristischen Personen und von Problemen der Grenzziehung gegenüber anderen Unionszuständigkeiten ab, bleibt aber eine unionsgerichtliche Kontrolle von Vertrags wegen ausgeschlossen.[15] Der wesentliche Grund für diese Freistellung liegt in der vorwiegend intergouvernementalen Ausrichtung der GASP, die den Mitgliedstaaten weite Umsetzungsspielräume einräumt.[16] Freilich hätte man der Unionsgerichtsbarkeit zur Vermeidung von Rechtsschutzlücken auch in diesem Bereich eine auf das Unionshandeln begrenzte Jurisdiktionskompetenz zusprechen können (und müssen),[17] ohne dass damit die nötige außenpolitische Handlungsfreiheit der Mitgliedstaaten oder der Union beeinträch-

8 Vgl *E. Klein/Schmahl*, in: Graf Vitzthum (Hrsg.), Völkerrecht, 6. Aufl. 2013, Abschn. 4, Rn 15, 250.

9 Auch andere Sprachfassungen lassen sich von der Radizierung des Begriffs im staatlichen Gefüge leiten (zB „Etat de droit", „Estado de Derecho", „Stato di diritto").

10 Vgl dazu schon Art. 3 der Satzung des Europarates vom 5.5.1949, BGBl. 1950 I, S. 263.

11 Vgl auch *Calliess*, in: Calliess/Ruffert (Hrsg.), Art. 2 EUV Rn 25; *Classen*, EuR 2008, Beiheft 3, 7, 9 f; *Terhechte*, EuR 2010, Beiheft 1, 135, 137. Weiterführend *von Bogdandy/Hinghofer-Szalkay*, ZaöRV 73 (2013), 209 ff.

12 Vgl die damalige Nichterwähnung des Art. 6 Abs. 1 EUV aF in Art. 46 EUV aF.

13 Vgl Art. 19 EUV und Art. 251 ff AEUV, die die in Fn 12 erwähnte Kontrolleinschränkung nicht mehr enthalten.

14 Zudem erwähnt Art. 21 Abs. 1 Unterabs. 1 EUV die Rechtsstaatlichkeit als Handlungsmaxime der GASP.

15 Vgl Art. 24 Abs. 1 Unterabs. 2 Satz 6 und Art. 40 EUV sowie Art. 275 AEUV.

16 Näher *Pechstein*, JZ 2010, 425, 430 ff.

17 Wie hier wohl auch *Regelsberger/Kugelmann*, in: Streinz (Hrsg.), Art. 275 AEUV Rn 2.

tigt worden wäre. Darüber hinaus bestanden lange Zeit erhebliche Kontrolleinschränkungen für den **„Raum der Freiheit, der Sicherheit und des Rechts“**.[18] Erst der Lissabonner Vertrag hat diese Einschränkungen aufgehoben; er ermöglicht inzwischen in diesem rechtsstaatlich besonders sensiblen Bereich eine grundsätzlich umfassende unionsgerichtliche Kontrolle. Ausgenommen von der unionsgerichtlichen Überprüfungskompetenz bleiben allerdings die Gültigkeit und Verhältnismäßigkeit mitgliedstaatlichen Sicherheits-, Polizei- und Strafverfolgungshandelns;[19] außerdem sind in diesem Bereich nach Maßgabe entsprechender Vorbehalte die Unionsgerichte nicht zuständig, soweit Dänemark, Irland und das Vereinigte Königreich betroffen sind.[20]

Der unionsgerichtlichen Kontrolle nicht entzogen sind hingegen die – aus Gründen der demokratischen Legitimation allerdings problematischen[21] – **völkerrechtlichen Ausweichverträge**, die eine bestimmte Anzahl von Mitgliedstaaten zur Bewältigung der Finanz- und Wirtschaftskrise anstelle von unionsrechtlichen Regelungen geschlossen hat. So greift der Vertrag zur Einrichtung des Europäischen Stabilitätsmechanismus (ESM-Vertrag)[22] im Wege der Organleihe nicht nur auf die Kommission und die Europäische Zentralbank zurück, sondern bindet auch den EuGH ausdrücklich als Streitschlichtungsorgan ein.[23] Auch der Fiskalpakt[24] überantwortet dem EuGH die Jurisdiktionskompetenz im Sinne des Art. 273 AEUV.[25] Allerdings ist die Kommission in den einschlägigen Verfahren nicht als Streitpartei vorgesehen, was die rechtspraktische Effektivität des Streitschlichtungsmechanismus letztlich in Frage stellen dürfte.[26] Ohnehin führt die Gesamtkonstruktion der „Euro-Rettungsmaßnahmen“ zu einer neuen (politischen) Dominanz der Staats- und Regierungschefs der Eurozone zu Lasten der EU-Organe und der Einheitlichkeit der Unionsrechtsordnung.[27] 7

C. Dimensionen unionsrechtlicher Rechtsstaatlichkeit

Die Rechtsstaatlichkeit als Verfassungsgrundsatz der EU entfaltet **Ausstrahlungswirkungen auf vielfältige Regelungsbereiche.** Sie verlangt und umfasst auch Rechtsgebote und -institutionen, die sich inzwischen von ihr weitgehend emanzipiert haben oder sich zugleich auf andere Verfassungsgrundsätze stützen. Diese Dimensionen und Ausprägungen sollen nachstehend verdeutlicht werden, bevor im Anschluss daran die Kernforderungen der unionsrechtlichen Rechtsstaatlichkeit (D.) in den Blick genommen werden. 8

18 Vgl zu diesen früheren Einschränkungen Art. 35 EUV aF und Art. 68 EGV.

19 Vgl Art. 72 und 276 AEUV.

20 Vgl dazu das Protokoll Nr. 19 über den in den Rahmen der Europäischen Union einbezogenen Schengen-Besitzstand, das Protokoll Nr. 20 über die Anwendung bestimmter Aspekte des Artikels 26 des Vertrags über die Arbeitsweise der Europäischen Union auf das Vereinigte Königreich und auf Irland, das Protokoll Nr. 21 über die Position des Vereinigten Königreichs und Irlands hinsichtlich des Raums der Freiheit, der Sicherheit und des Rechts und das Protokoll Nr. 22 über die Position Dänemarks.

21 Vgl dazu näher *Hölscheidt*, EuR 2013, Beiheft 2, 61, 69 f; *Uerpmann-Wittzack*, EuR 2013, Beiheft 2, 49, 54 ff; *Schmahl*, DÖV 2014, 501, 506 ff.

22 BGBl. 2012 II S. 983.

23 Vgl Art. 13 und Art. 37 Abs. 3 ESM-Vertrag; dazu EuGH, Rs. C-370/12 (Pringle), Urt. v. 27.11.2012, noch nicht in Slg, Rn 158 ff, 171 ff; vgl auch *Schwarze*, DVBl. 2014, 537, 540.

24 Vertrag über Stabilität, Koordinierung und Steuerung in der Wirtschafts- und Währungsunion (sog. Fiskalpakt), BGBl. 2012 II S. 1008.

25 Vgl Art. 8 Fiskalpakt (Fn 24).

26 Dazu krit auch *Hofmann/Konow*, ZG 2012, 138, 146 f.

27 Vgl *Oppermann*, NJW 2013, 6, 9; *Hölscheidt*, EuR 2013, Beiheft 2, 61, 69. Eine Verschiebung der Gewichte zugunsten der Exekutive bewirken auch die nach der sog. Gemeinschaftsmethode erlassenen Sekundärrechtspakete („Six Pack“ und „Two Pack“), die auf eine Intensivierung des sog. Stabilitäts- und Wachstumspaktes zielen, vgl dazu näher *Kadelbach*, EuR 2013, 489, 493.

I. Wirksamkeit und einheitliche Geltung des Unionsrechts

9 Damit sich die europäische Integration auf der Grundlage und in den Grenzen des Rechts entfalten kann, muss sichergestellt werden, dass sich das **Unionsrecht als wirksames und unionsweit einheitlich geltendes Recht** durchzusetzen vermag.[28]

10 Deshalb hat der EuGH von Anfang an das Unionsrecht als eine eigenständige neue Rechtsordnung bezeichnet, aus der sich unmittelbare subjektive Rechte ergeben können, die der Einzelne auch vor mitgliedstaatlichen Gerichten einklagen kann.[29] Auf diese Weise hat der Gerichtshof das Individualinteresse schon frühzeitig und nachhaltig zur Durchsetzung des Unionsrechts mobilisiert.[30] Dieses **Wirksamkeitserfordernis** ist zudem bei der Auslegung der jeweiligen Individualrechte zu berücksichtigen. Daher ist etwa die Arbeitnehmerfreizügigkeit in dem Sinne zu verstehen, dass sie nicht nur offene, sondern auch versteckte Diskriminierungen aus Gründen der Staatsangehörigkeit verbietet,[31] und die Wirksamkeit des unionsrechtlich gewährleisteten Rechts von Frauen und Männern auf gleiches Entgelt bei gleicher Arbeit verlangt die unmittelbare Anwendbarkeit dieses Rechts sowohl gegenüber öffentlichen als auch gegenüber privaten Arbeitgebern.[32] Ferner sind Individualrechte, zu deren Einräumung das Unionsrecht die Mitgliedstaaten verpflichtet, durch klare, gezielte und bürgerwirksame Vorschriften des mitgliedstaatlichen Rechts zu gewährleisten, damit der Einzelne seine Rechte unmittelbar erkennen und gegebenenfalls im Klagewege geltend machen kann. Gesetzliche Generalklauseln oder behördeninterne Verwaltungsvorschriften genügen hierfür nicht.[33]

11 Vor allem aber hat der EuGH dem Unionsrecht Vorrang vor dem mitgliedstaatlichen Recht zuerkannt, um die Wirksamkeit und die **einheitliche Geltung** des Unionsrechts zu sichern (siehe dazu *Ehlers,* § 11). Mit derselben Zielsetzung verwehrt der EuGH es den Mitgliedstaaten auch, sich zur Rechtfertigung von Verletzungen ihrer unionsrechtlichen Pflichten auf interne Schwierigkeiten rechtlicher oder faktischer Art zu berufen.[34] Außerdem beansprucht der EuGH ein Verwerfungsmonopol gegenüber dem sekundären Unionsrecht,[35] dem über den Wortlaut des Vertrags hinaus auch unterinstanzliche mitgliedstaatliche Gerichte Rechnung tragen müssen.[36]

---

28 Vgl dazu allg. zB *Nettesheim*, in: GS Grabitz, 1995, S. 447 ff; *Zuleeg*, in: FS Rodríguez Iglesias, 2003, S. 221 ff; *ders.*, Zusammenhalt, S. 148 ff; krit. im Blick auf die zunehmende „ungleichzeitige Binnendifferenzierung" der europäischen Integration *Thym*, EuR 2013, Beiheft 2, 23 ff; vgl auch *Schroeder*, EuR 2012, Beiheft 2, 9, 18 f.

29 Vgl schon EuGH, Rs. 26/62 (van Gend en Loos), Slg 1963, 1, 25; EuGH, Rs. 6/64 (Costa/E.N.E.L.), Slg 1964, 1251, 1269, 1273 f.

30 Vgl dazu zB *Masing*, Die Mobilisierung des Bürgers für die Durchsetzung des Rechts. Europäische Impulse für eine Revision der Lehre vom subjektiven öffentlichen Recht, 1997; *Wegener*, Rechte des Einzelnen. Die Interessentenklage im europäischen Umweltrecht, 1998; *von Oettingen*, Effet utile und individuelle Rechte im Recht der Europäischen Union, 2010.

31 Vgl zB EuGH, Rs. 152/73 (Sotgiu), Slg 1974, 153, Rn 10 ff; EuGH, Rs. C-29/95 (Pastoors), Slg 1997, I-285, Rn 16; EuGH, Rs. C-350/96 (Clean Car Autoservice), Slg 1998, I-2521, Rn 27 ff; EuGH, Rs. C-290/00 (Duchon), Slg 2002, I-3567, Rn 37 ff, EuGH, Rs. C-269/07 (Kommission/Deutschland), Slg 2009, I-7811 Rn 75 ff; EuGH, Rs. C-240/10 (Schulze-Delzers), Slg 2011, I-8531, Rn 34.

32 Vgl schon EuGH, Rs. 43/75 (Defrenne II), Slg 1976, 455, Rn 21 ff; dazu näher *Schmahl*, in: Grabenwarter (Hrsg.), EnzEuR, Bd. 2, § 15 Rn 36.

33 Vgl zB EuGH, Rs. C-131/88 (Kommission/Deutschland: Grundwasserschutz), Slg 1991, I-825, Rn 11 ff; EuGH, Rs. C-361/88 (Kommission/Deutschland: Schwefeldioxidgrenzwerte), Slg 1991, I-2567, Rn 15 ff; EuGH, Rs. C-221/94 (Kommission/Luxemburg: Telekommunikationsendeinrichtungen), Slg 1996, I-5669, Rn 22; EuGH, Rs. C-417/99 (Kommission/Spanien: Luftqualität), Slg 2001, I-6015, Rn 38; EuGH, Rs. C-427/07 (Kommission/Irland: Umweltverträglichkeitsprüfung), Slg 2009, I-6277, Rn 54 f; EuGH, Rs. C-50/09 (Kommission/Irland: Umweltverträglichkeitserklärung), Slg 2011, I-873, Rn 46.

34 Ständige Rspr, vgl zB EuGH, Rs. 52/75 (Kommission/Italien: Gemüsesaatgut), Slg 1976, 277, Rn 14; EuGH, Rs. C-290/89 (Kommission/Belgien: Oberflächenwasser), Slg 1991, I-2851, Rn 9; EuGH, Rs. C-52/95 (Kommission/Frankreich: Sardellen), Slg 1995, I-4443, Rn 28.

35 *Vgl EuGH, Rs. 101/78 (Granaria), Slg 1979, 623*; aus jüngerer Zeit vgl zB EuGH, Rs. C-188/10 u.a. (Melki und Abdeli), Slg 2010, I-5567, Rn 54; EuGH, Rs. C-366/10 (Air Transport Association of America u.a.), Urt. v. 21.12.2011, noch nicht in Slg, Rn 48.

36 Grundlegend EuGH, Rs. 314/85 (Foto-Frost), Slg 1987, 4199, Rn 17.

II. Normenhierarchie

Die von der Rechtsstaatlichkeit intendierte Rechtsbindung öffentlichen Handelns setzt eine klare **Strukturierung der Rechtsordnung** im Sinne einer Normenhierarchie voraus. Der aus dem innerstaatlichen Recht bekannte Grundsatz *lex superior derogat legi inferiori* verhilft zu Lösungen im Widerstreit von sich gegenseitig ausschließenden Rechtspositionen und liegt konzeptionell auch dem Unionsrecht zugrunde. 12

So kennt das Unionsrecht, wie die Möglichkeit von Nichtigkeitsklagen gegen Verordnungen, Richtlinien und Beschlüsse zeigt,[37] einen klaren **Vorrang des Primärrechts vor dem Sekundärrecht.**[38] Aber auch innerhalb dieser beiden Rechtsmassen kommen Rangabstufungen in Betracht. 13

Was einerseits die **Rangverhältnisse innerhalb des Primärrechts** angeht, so hat der EuGH im Jahre 1991 andeutungsweise eine Art „Ewigkeitsgarantie“ entwickelt, indem er erklärt hat, eine Beeinträchtigung der Autonomie des (damaligen) Gemeinschaftsrechts und der sie schützenden Gemeinschaftsgerichtsbarkeit sei vertragswidrig und könne auch durch Vertragsänderung nicht ermöglicht werden.[39] Des Weiteren war in den Vorarbeiten zum Vertrag für eine Verfassung für Europa eine interne Aufteilung des Primärrechts in einen schwer zu ändernden Grundlagenteil und einen leichter abänderbaren Durchführungsteil vorgeschlagen worden.[40] Der EUV in der Fassung des Lissabonner Vertrags führt freilich die hergebrachte Regel fort, dass jede Primärrechtsänderung der Ratifizierung durch alle Mitgliedstaaten bedarf.[41] Bei nunmehr 28 Mitgliedstaaten führt dies notgedrungen zu einer Erstarrung des für alle geltenden Primärrechts und darüber hinaus zu Binnendifferenzierungen etwa im Bereich der Wirtschafts- und Währungsunion (siehe dazu unten Rn 16). Auch die Aufnahme einer Brückenklausel in den EUV hat an diesem Befund nichts Entscheidendes geändert. Wiewohl Art. 48 Abs. 7 EUV konzipiert wurde, um den Übergang vom Einstimmigkeitsprinzip zu Mehrheitsentscheidungen im Rat und vom besonderen zum ordentlichen Gesetzgebungsverfahren zu erleichtern, behält die Norm doch jedem mitgliedstaatlichen Parlament ein Vetorecht vor[42] und bietet deshalb keinen Ansatzpunkt für einen Ausbau der Normenhierarchie innerhalb des Primärrechts. Schließlich führen auch die Ziel- und Wertedimensionen des EUV und die Rolle der europäischen Grundrechte – ungeachtet ihres substantiellen Gewichts – nicht zu Verschiebungen innerhalb der primärrechtlichen Tektonik; allen diesen Rechtssätzen kommt eine einheitliche Stellung zu.[43] 14

Was andererseits die **Rangverhältnisse innerhalb des Sekundärrechts** betrifft, so genießen seit jeher Verordnungen und Richtlinien des Europäischen Parlaments und des Rates – auch wegen ihrer demokratisch stärkeren Legitimierung – höheren Rang als darauf gestützte Verordnungen und Richtlinien der Kommission.[44] Schon deshalb müssen sich solche Kommissionsregelungen stets in dem durch die höherrangigen Sekundärrechtsakte gezogenen Rahmen halten.[45] Der AEUV steigert zudem die Binnenhierarchisierung im Sekundärrecht noch erheblich durch die Einführung von Sekundärrechtsakten mit und ohne Gesetzescharakter, delegierten Rechtsakten und Durchführungsrechtsakten.[46] Diese Binnenhierarchisierung ist derart ausziseliert, dass zum Teil schon von 15

37 Vgl Art. 263 f AEUV.

38 Vgl schon EuGH, Rs. 1/54 (Frankreich/Hohe Behörde: Stahlpreise), Slg 1954/55, 7, 23, 29; ferner zB EuGH, Rs. 24/75 (Petroni), Slg 1975, 1149, Rn 11; EuG, Rs. T-51/89 (Tetra Pak), Slg 1990, II-309, Rn 25. Vgl auch allg. *Wölker*, EuR 2007, 32 ff; ferner *Siegel*, Europäisierung des Öffentlichen Rechts, 2012, S. 9 f.

39 Vgl EuGH, Gutachten 1/91 (EWR I), Slg 1991, I-6079, Rn 69 ff.

40 Vgl zB CONV 728/03 v. 26.5.2003, S. 10 f.

41 Vgl Art. 48 Abs. 4 Unterabs. 2 und Abs. 6 Unterabs. 2 Satz 3 EUV.

42 Zur Zustimmungspflicht des Bundestages im Sinne der Integrationsverantwortung vgl BVerfGE 123, 267, 390.

43 Vgl *Terhechte*, in: ders. (Hrsg.), Verwaltungsrecht der EU, § 7 Rn 8. Für die Grundrechtecharta normiert Art. 6 Abs. 1 Unterabs. 1 EUV ausdrücklich die rechtliche Gleichrangigkeit mit den Verträgen.

44 Vgl *Meurs*, Normenhierarchien, S. 102 ff.

45 Vgl zB EuGH, Rs. 38/70 (Tradax), Slg 1971, 145, Rn 14/15; EuGH, Rs. 113/77 (NTN), Slg 1979, 1185, Rn 20; EuGH, Rs. C-303/94 (Parlament/Rat: Pflanzenschutz), Slg 1996, I-2943, Rn 23.

46 Vgl Art. 289 ff und Art. 297 AEUV; dazu zB *Cremer*, DÖV 2010, 58, 60 f; allg. *de Witte*, in: Griller/Zeller (Hrsg.), The Lisbon Treaty, 2008, S. 79, 91 ff.

einem vertragsmittelbaren Rechtskorpus des Tertiärrechts – im Unterschied zum vertragsunmittelbaren Sekundärrecht – gesprochen wird.[47]

16 Im Rahmen der Anstrengungen zur Bewältigung der Finanz- und Wirtschaftskrise haben sich mit ESM-Vertrag und Fiskalpakt (vgl dazu oben Rn 7) **neue hybride Rechtsaktformen des Unionsrechts** entwickelt, die supra- und intergouvernementale Rechtsgehalte miteinander verschränken und sich einer klaren Zuordnung zu dem hergebrachten Konzept der Normenhierarchie innerhalb des Unionsrechts verschließen. Es handelt sich dabei um Verträge, die nur eine bestimmte Anzahl von Mitgliedstaaten umfassen und dogmatisch außerhalb des Unionsrechts liegen, auch wenn sie inhaltlich mit dem EU-Integrationsprogramm eng verbunden sind.[48] Der maßgebliche Grund für die Wahl solcher völkerrechtlicher Ausweichverträge liegt zum einen im Fehlen einschlägiger Ermächtigungsnormen zum Erlass unionsrechtlichen Sekundärrechts und zum anderen in den hohen Anforderungen, die Art. 48 EUV an Vertragsänderungen stellt.[49] Freilich führt die völkerrechtliche Flankierung der europäischen Verträge zu einer Rechtszersplitterung des Integrationswerks und zu einem wenig transparenten Ineinandergreifen von unionsrechtlichen und nationalen Kontrollmechanismen. Auch das Rangverhältnis der völkerrechtlichen Komplementärverträge in der Unionsrechtsordnung ist nicht eindeutig geklärt,[50] auch wenn der EuGH zu Recht die Pflicht der betreffenden Vertragsstaaten betont, das geltende Primär- und Sekundärrecht nicht zu beeinträchtigen.[51] Diese normhierarchische Unsicherheit rührt an dem Nerv der EU-Rechtsgemeinschaft.[52]

17 Eine zusätzliche hierarchische Stufung bewirkt schließlich der Sache nach der **Vorrang des Unionsrechts vor dem mitgliedstaatlichen Recht**, auch wenn er nicht als Geltungs-, sondern als bloßer Anwendungsvorrang konstruiert wird (siehe dazu *Ehlers*, § 11).

III. Föderative Kompetenzordnung

18 Notwendig und unverkennbar sind gewisse **rechtsstaatliche Komponenten der Kompetenzverteilung zwischen der EU und den Mitgliedstaaten**. So bestimmen sich die Kompetenzen der Union nach dem Prinzip der begrenzten Einzelermächtigung, das Elemente der Machtbegründung und der Machtbegrenzung in sich vereint.[53] Demgemäß verfällt eine Richtlinie, die die EU ohne ausreichende Verbands- oder Organkompetenz erlässt, der Nichtigerklärung durch den EuGH.[54] Rechtsstaatlicher Tradition verpflichtet ist auch der Verhältnismäßigkeitsgrundsatz, den der EUV vor allem als Kompetenzausübungsregel zum Schutz der Mitgliedstaaten normiert.[55] Das Subsidiaritätsprinzip hingegen entstammt primär föderativen und dezentralisierenden Überlegungen, auch wenn es sich ebenfalls zugunsten der mitgliedstaatlichen Kompetenzausübung auswirken kann.[56]

IV. Institutionelles Gleichgewicht

19 Die Gewaltenteilung als traditionelles Postulat der Rechtsstaatlichkeit ist im Unionsrecht vor allem als gegenseitige Kontrolle der Unionsorgane durch spezifische Gewaltenverschränkung organisiert;[57] eine strikter verstandene Gewaltentrennung besteht nur im Verhältnis zwischen der Unions-

47 Zur Problematik näher *Meurs*, Normenhierarchien, S. 78 ff, mwN.

48 Vgl zB *Kube*, WM 2012, 245, 247; *Thym*, EuZW 2011, 167, 169 f; *Wollenschläger*, NVwZ 2012, 713, 714 f.

49 Vgl *Thym*, EuR 2013, Beiheft 2, 23, 32; *Uerpmann-Wittzack*, EuR 2013, Beiheft 2, 49, 56.

50 Dazu zB *Hölscheidt*, EuR 2013, Beiheft 2, 61, 69.

51 Vgl EuGH, Rs. C-370/12 (Pringle), Urt. v. 27.11.2012, noch nicht in Slg, Rn 101, 103, 119. Zum Vorrang des Unionsrechts gegenüber ESM-Vertrag und Fiskalpakt vgl auch *Repasi*, EuR 2013, 45, 62 f.

52 So auch *Kadelbach*, EuR 2013, 489, 494 ff; *Oppermann*, NJW 2013, 6, 7.

53 Vgl Art. 5 Abs. 1 und 2 EUV.

54 Vgl EuGH, Rs. C-376/98 (Deutschland/Parlament und Rat: Tabakwerberichtlinie), Slg 2000, I-8419.

55 Vgl Art. 5 Abs. 4 EUV; hierzu zB *Harbo*, ELJ 16 (2010), 158 ff; *Schwarze*, Dimensionen des Rechtsgrundsatzes der Verhältnismäßigkeit, in: FS Rengeling, 2008, S. 633 ff. Näher unten Rn 43.

56 Vgl zB *Calliess*, Subsidiaritäts- und Solidaritätsprinzip in der Europäischen Union, 2. Aufl. 1999, S. 52 ff; *Molsberger*, Das Subsidiaritätsprinzip im Prozess europäischer Konstitutionalisierung, 2009, S. 21.

57 Näher *Craig*, EU Administrative Law, 2. Aufl. 2012, S. 253 ff; *Hofmann/Türk*, ELJ 13 (2007), 253, 263 ff; *Siegel*, DÖV 2010, 1 ff.

gerichtsbarkeit und den übrigen Unionsorganen.[58] Der EuGH formuliert daher das **Gewaltenteilungspostulat als Forderung nach einem „institutionellen Gleichgewicht" zwischen den Unionsorganen.**[59] Diese Forderung baut auf den Besonderheiten der Unionsstruktur auf, erlaubt aber einzelne Korrekturen und Zusatzsicherungen. So bildet die ordnungsgemäße Anhörung des Europäischen Parlaments in den primärrechtlich vorgeschriebenen Fällen eine wesentliche Formvorschrift, deren Missachtung zur Nichtigerklärung der entsprechenden Verordnung führt.[60] Ferner folgte für den Gerichtshof aus dem Erfordernis des institutionellen Gleichgewichts, dass das Europäische Parlament zur Durchsetzung seiner Beteiligungsrechte im Rechtsetzungsverfahren Nichtigkeitsklage schon zu einem Zeitpunkt erheben konnte, als der Vertrag dies noch nicht ausdrücklich vorsah.[61] Auch hat der Gerichtshof zur Sicherung des institutionellen Gleichgewichts einen ungeschriebenen Wesentlichkeitsvorbehalt entwickelt, wonach die vom Vertrag zur Rechtsetzung berufenen Unionsorgane alle wesentlichen Elemente der jeweiligen Materie in dem vertraglich dafür vorgesehenen Verfahren selbst zu regeln haben und nur Durchführungsregelungen den einzelnen Organen zur ergänzenden Normierung in abweichenden Verfahren überlassen können.[62] Einen ausdrücklichen Wesentlichkeitsvorbehalt dieser Art enthält das Primärrecht nunmehr für delegierende Gesetzgebungsakte.[63]

V. Transparenz

Die Transparenz öffentlichen Handelns ist in erster Linie ein Erfordernis des Demokratieprinzips, 20
trägt aber gleichzeitig zur Stärkung der Rechtsstaatlichkeit bei. Das gilt etwa für die gebotene **Veröffentlichung normativer Rechtsakte.**[64] Ebenfalls hierher gehört die **Öffentlichkeit von Sitzungen der Unionsorgane**, wie sie seit langem beim Europäischen Parlament sowie beim EuGH und EuG praktiziert wird und wie sie seit dem Vertrag von Lissabon auch der Rat sicherstellen muss, wenn er über Entwürfe zu Gesetzgebungsakten berät und abstimmt.[65]

Einen wichtigen Teilaspekt bildet der **Zugang der Öffentlichkeit zu Dokumenten der Unionsor-** 21
gane. Aufbauend auf entsprechenden Organbeschlüssen aus den 1990er Jahren und dazu ergangener Rechtsprechung,[66] garantiert das Primärrecht seit dem Inkrafttreten des Amsterdamer Vertrags am 1. Mai 1999 ein umfassendes Recht natürlicher und juristischer Personen auf solchen Informa-

58 Auch hier gibt es indes funktionale Berührungen, etwa bei Streitentscheidungen im Rahmen der Regulierungsverwaltung, vgl *Ruffert*, DÖV 2007, 761, 767. Zum Spannungsverhältnis zwischen Rechtsetzungsakt und richterlicher Auslegung vgl jüngst auch EuGH, Rs. C-413/11 (Germanwings/Amend), Beschl. v. 18.4.2013, noch nicht in Slg, Rn 16-22.

59 So schon EuGH, Rs. 138/79 (Roquette), Slg 1980, 3333, Rn 33; EuGH, Rs. C-21/94 (Parlament/Rat), Slg 1995, I-1827, Rn 17. Vgl dazu allg. zB *Calliess*, in: Calliess/Ruffert (Hrsg.), Art. 13 EUV Rn 10-18; *R. Hofmann*, in: R. Hofmann/Marko/Merli/Wiederin (Hrsg.), Rechtsstaatlichkeit in Europa, 1996, S. 321, 325 ff; *Goeters*, Das institutionelle Gleichgewicht – seine Funktion und Ausgestaltung im Europäischen Gemeinschaftsrecht, 2008.

60 Vgl EuGH, Rs. 138/79 (Roquette), Slg 1980, 3333; EuGH, Rs. C-21/94 (Parlament/Rat: RL über Lkw-Besteuerung), Slg 1995, I-1827; EuGH, Rs. C-392/95 (Parlament/Rat: VO über Visumpflicht), Slg 1997, I-3213.

61 Vgl EuGH, Rs. C-70/88 (Parlament/Rat: Post-Tschernobyl I), Slg 1990, I-2041, Rn 22 ff. Durch den Maastrichter Vertrag wurde dann ein entsprechendes Klagerecht des EP ins geschriebene Primärrecht aufgenommen; vgl nunmehr Art. 263 Abs. 2 AEUV.

62 Vgl zB EuGH, Rs. 25/70 (Köster), Slg 1970, 1161, Rn 6; EuGH, Rs. 46/86 (Romkes), Slg 1987, 2671, Rn 16; EuGH, Rs. C-240/90 (Deutschland/Kommission: Schaffleisch), Slg 1992, I-5383, Rn 35 ff; EuGH, Rs. C-417/93 (Parlament/Rat: Unterstützung der ehemaligen Staaten der Sowjetunion), Slg 1995, I-1185, Rn 30; EuGH, Rs. C-156/93 (Parlament/Kommission: ökologischer Landbau), Slg 1995, I-2019, Rn 18; EuGH, Rs. C-66/04 (Vereinigtes Königreich/Parlament und Rat: VO über Raucharomen), Slg 2005, I-10553, Rn 48.

63 Vgl Art. 290 Abs. 1 Unterabs. 2 AEUV; hierzu *Möllers/Achenbach*, EuR 2011, 39, 48 f; eingehend *Glaser*, Die Entwicklung des Europäischen Verwaltungsrechts aus der Perspektive der Handlungsformenlehre, 2013, S. 26 ff.

64 Vgl Art. 297 AEUV; dazu zB EuGH, Rs. C-345/06 (Heinrich), Slg 2009, I-1659, Rn 41 ff; EuGH, Rs. C-146/11 (AS Pimix), Urt. v. 12.7.2012, noch nicht in Slg, Rn 36.

65 Vgl Art. 16 Abs. 8 EUV und Art. 15 Abs. 2 AEUV; hierzu vgl *Gellermann*, in: Streinz (Hrsg.), Art. 15 AEUV Rn 5.

66 Vgl dazu zB *Castenholz*, Informationszugangsfreiheit, S. 29 ff.

tionszugang.[67] Inzwischen hat das Recht auf Zugang zu Dokumenten Eingang in die Grundrechtecharta gefunden[68] und wird zunehmend als veritables Bürgerrecht verstanden.[69] Sekundärrechtlich ausgeformt wurde dieses Recht durch eine Verordnung von 2001, die vom Grundsatz größtmöglichen Zugangs ausgeht[70] und deren Anwendungsbereich anschließend auf verschiedene Einrichtungen der Union ausgedehnt worden ist.[71] Als Ausnahmen sieht die Verordnung absolute Verweigerungsgründe (zB Gründe der öffentlichen Sicherheit oder des Schutzes der Privatsphäre) sowie relative, jeweils der Abwägung bedürftige Verweigerungsgründe (zB Gründe des Schutzes von geschäftlichen Interessen oder von Gerichtsverfahren) vor.[72] Der Rechtsprechung zur früheren Rechtslage gemäß sind diese Ausnahmen eng auszulegen und anzuwenden;[73] gegebenenfalls ist wenigstens ein Teilzugang zu gewähren.[74] Auch muss weiterhin die Geheimhaltungsbedürftigkeit jeweils konkret von den Unionsorganen geprüft und begründet werden.[75] Bezüglich Dokumenten Dritter, die sich im Besitz der Unionsorgane befinden, ist der Zugang nicht mehr durch eine „Urheberregel" pauschal ausgeschlossen,[76] sondern differenziert geregelt.[77] Als richtungsweisend für das Verhältnis zwischen dem Grundrecht auf Schutz personenbezogener Daten[78] einerseits und dem Recht der Öffentlichkeit auf Zugang zu Dokumenten andererseits gilt das Urteil des EuGH in der Rechtssache *„Kommission/Bavarian Lager"* aus dem Jahre 2010,[79] in dem der Gerichtshof Vor-

---

67 Zunächst Art. 255 EGV; jetzt Art. 15 Abs. 3 AEUV. Vgl dazu zB *Castenholz*, Informationszugangsfreiheit, S. 54 ff; *Sobotta*, Transparenz in den Rechtsetzungsverfahren der Europäischen Union, 2001, S. 278 ff; *Wegener*, in: Calliess/Ruffert (Hrsg.), Art. 15 AEUV Rn 11.

68 Vgl Art. 42 GRC; dazu zB *Heselhaus*, in: Heselhaus/Nowak (Hrsg.), S. 1501 ff; *Magiera*, in: Meyer (Hrsg.), Art. 42; *Rengeling/Szczekalla*, S. 901 ff; *Schöbener*, in: Tettinger/Stern (Hrsg.), Art. 42.

69 Vgl hierzu EuG, verb. Rs. T-3/00 und T-337/04 (Pitsiorlas), Slg 2007, II-4779, Rn 231, sowie Generalanwältin *Kokott*, Rs. C-506/08 P (Schweden/Kommission), Schlussanträge vom 3.3.2011, noch nicht in Slg, Rn 27. Siehe allg. auch *Bretthauer*, DÖV 2013, 677, 678 f.

70 Vgl Art. 2 iVm dem 4. Erwägungsgrund der VO (EG) Nr. 1049/2001 des Europäischen Parlaments und des Rates vom 30.5.2001 über den Zugang der Öffentlichkeit zu Dokumenten des Europäischen Parlaments, des Rates und der Kommission, ABl. EG 2001 L 145, S. 43. Vgl ergänzend die VO (EG) Nr. 1367/2006 des Europäischen Parlaments und des Rates vom 9.9.2006 über die Anwendung der Bestimmungen des Übereinkommens von Århus über den Zugang zu Informationen, die Öffentlichkeitsbeteiligung an Entscheidungsverfahren und den Zugang zu Gerichten in Umweltangelegenheiten auf Organe und Einrichtungen der Gemeinschaft, ABl. EU 2006 L 264, S. 33.

71 Vgl VO (EG) Nr. 1641/2003 bis Nr. 1655/2003, alle veröffentlicht in ABl. EG 2003 L 245. Wegen ihrer Unübersichtlichkeit und im Blick auf den umfassenden Regelungsauftrag aus Art. 15 Abs. 3 AEUV sollen die gegenwärtigen Einzelverordnungen und die VO (EG) Nr. 1049/2001 (Fn 70) in einen einheitlichen Rechtsakt überführt werden und alle Organe, Einrichtungen und sonstigen Stellen der Union verpflichten, vgl KOM (2011)137 endg., näher dazu *Bretthauer*, DÖV 2013, 677, 684 f.

72 Vgl Art. 4 VO (EG) Nr. 1049/2001 (Fn 70).

73 Vgl zu dieser Rechtsprechung zB EuG, Rs. T-105/95 (WWF), Slg 1997, II-313, Rn 56; EuG, Rs. T 124/96 (Interporc I), Slg 1998, II-231, Rn 49; EuGH, Rs. C-174/98 P und C-189/98 P (van der Wal II), Slg 2000, I-1, Rn 27; EuGH, Rs. C-353/99 P (Hautala), Slg 2001, I-9565, Rn 25; EuG, Rs. T-211/00 (Kuijer II), Slg 2002, II-485, Rn 54 ff.

74 Vgl dazu Art. 4 Abs. 6 VO (EG) Nr. 1049/2001 (Fn 70) und zB EuGH, Rs. C-353/99 P (Hautala), Slg 2001, I-9565, Rn 29; EuGH, Rs. C-353/01 P (Mattila), Slg 2004, I-1073, Rn 29 ff.

75 Vgl dazu, bezogen auf die frühere Rechtslage, zB EuG, Rs. T-174/95 (Svenska Journalistförbundet), Slg 1998, II-2289, Rn 112 f; EuG, Rs. T-211/00 (Kuijer II), Slg 2002, II-485, Rn 56. Zur Rechtslage nach der VO (EG) Nr. 1049/2001 (Fn 70) vgl EuG, Rs. T-2/03 (Verein für Konsumenteninformation), Slg 2005, II-1121; EuGH, Rs. C-39/05 P u.a.(Schweden und Turco/Rat), Slg 2008, I-4723, Rn 53, 69; EuGH, Rs. C-506/08 P (Schweden/MyTravel und Kommission), Slg 2011, I-6237, Rn 75 f; vgl aber auch EuGH, Rs. C-266/05 P (Sison), Slg 2007, I-1233, Rn 81 ff; EuG, Rs. T-264/04 (WWF/Rat), Slg 2007, II-911, Rn 40, wonach die Organe über ein Ermessen verfügen, das nur eingeschränkt justitiabel ist.

76 Vgl zu dieser früheren Regel zB EuG, Rs. T-188/97 (Rothmanns), Slg 1999, II-2463, Rn 55; EuG, Rs. T-123/99 (JT's Corporation), Slg 2000, II-3269, Rn 53; EuGH, Rs. C-41/00 P (Interporc III), Slg 2003, I-2125, Rn 40 ff.

77 Vgl Art. 4 Abs. 4 und 5 sowie Art. 9 Abs. 3 VO (EG) Nr. 1049/2001 (Fn 70) und dazu zB EuG, Rs. T-76/02 (Messina), Slg 2003, II-3203; EuG, Rs. T-168/02 (IFAW), Slg 2004, II-4135.

78 Vgl Art. 16 EUV und Art. 8 GRC sowie die Datenschutz-VO (EG) Nr. 45/2001, ABl. EG 2001 L 8, S. 1.

79 EuGH, Rs. C-28/08 P (Kommission/Bavarian Lager), Slg 2010, I-6051, Rn 56 ff; vgl dazu näher *Sanner*, EuZW 2010, 774, 776 ff.

name und Familienname als personenenbezogene Daten versteht, die unter keinen Umständen weitergegeben werden dürfen.[80]

Für die mitgliedstaatliche Ebene schreibt das Unionsrecht etwa den **Zugang der Öffentlichkeit zu Umweltinformationen mitgliedstaatlicher Behörden** sowie die Aufbereitung und Verbreitung von Umweltinformationen durch diese Behörden vor.[81] 22

VI. Handlungsgrundsätze

Zum anerkannten Bestand der unionsrechtlichen Rechtsstaatlichkeit gehören auch **Forderungen nach Wahrung der Verhältnismäßigkeit, nach Vertrauensschutz und einem fairen Verfahren.** Solche rechtsstaatlichen Handlungsgrundsätze haben der EuGH und das EuG in weitem Umfang aufgegriffen und fortentwickelt (näher dazu unten Rn 29 ff). 23

VII. Grundrechte

Ein weiteres zentrales Element des Rechtsstaatlichkeitsgebotes ist, dass die Einzelnen der öffentlichen Gewalt nicht wehrlos ausgesetzt sind, sondern ihnen ein wirksamer Grundrechtsschutz zur Seite steht. Deshalb war der vom EuGH für das Gemeinschaftsrecht alsbald beanspruchte Vorrang vor dem mitgliedstaatlichen Recht aus rechtsstaatlicher Sicht letztlich nur haltbar, wenn das Gemeinschaftsrecht trotz des Fehlens von Grundrechtsnormierungen in den Gemeinschaftsverträgen seinerseits als grundrechtsunterworfen und grundrechtsschützend zu verstehen war.[82] Dementsprechend hat der EuGH mit seiner im Jahre 1969 einsetzenden Judikatur über die Geltung ungeschriebener Gemeinschaftsgrundrechte als allgemeine Rechtsgrundsätze des Gemeinschaftsrechts[83] eine rechtsstaatlich bedenkliche Grundrechtsschutzlücke geschlossen.[84] Dieser **richterrechtliche Grundrechtsschutz** wurde durch den Maastrichter Vertrag primärrechtlich abgesichert[85] und bleibt selbst nach dem Inkrafttreten des Vertrags von Lissabon weiterhin möglich.[86] Mit dem letztgenannten Vertrag sind jedoch die geschriebenen Grundrechtsgewährleistungen in der **Charta der Grundrechte der Europäischen Union** (GRC) in den Vordergrund des Interesses getreten.[87] Zudem nimmt die Europäische Menschenrechtskonvention (EMRK) eine beständig wachsende Rolle im System der Unionsgrundrechte ein, die durch den gegenwärtig angestrebten Beitritt der EU zur EMRK weiter vertieft werden wird.[88] Im Sinne einer begleitenden exekutiven Grundrechtsverwirklichung agiert auch die Europäische Grundrechteagentur, deren primäre Aufgabe im sog. europäischen Grundrechtsmonitoring besteht.[89] Insgesamt hat der Grundrechtsschutz in der EU, was sein Verhältnis zur Rechtsstaatlichkeit angeht, längst ein deutliches Eigenleben gewonnen. Das kommt auch darin zum Ausdruck, dass Art. 2 EUV die Wahrung der Menschenrechte und die Rechtsstaat- 24

80 Das vorangegangene Urteil des EuG, das eine Ausnahme vom Zugangsrecht nur in den Fällen angenommen hatte, in denen der Schutz der Privatsphäre oder die Integrität des Einzelnen verletzt wird (EuG, Rs. T-194/04, Slg 2007, II-4523), ist damit überholt, vgl *Krajewski/Rösslein*, in: Grabitz/Hilf/Nettesheim (Hrsg.), Recht der EU, Art. 15 AEUV Rn 61 f.

81 Die entsprechende Umweltinformationsrichtlinie von 1990 wurde abgelöst durch die RL 2003/4/EG des Europäischen Parlaments und des Rates vom 28.11.2003 über den Zugang der Öffentlichkeit zu Umweltinformationen und zur Aufhebung der RL 90/313/EWG des Rates, ABl. EU 2003 L 41, S. 26.

82 *Scheuing*, EuR 2005, 162, 163.

83 Grundlegend EuGH, Rs. 29/69 (Stauder), Slg 1969, 419, Rn 7; EuGH, Rs 4/73 (Nold), Slg 1974, 491, Rn 13.

84 Vgl dazu allg. zB *Rengeling/Szczekalla*, S. 1 ff; *Schmahl*, EuR 2008, Beiheft 1, 7, 10 ff; *Skouris*, in: Merten/Papier (Hrsg.), Band VI/2, § 171 Rn 3-22; *Walter*, in: Ehlers (Hrsg.), Europäische Grundrechte, S. 1, 10 ff.

85 Vgl den damaligen Art. F Abs. 2 EUV (nach Änderung dann Art. 6 Abs. 2 EUV aF).

86 Vgl jetzt Art. 6 Abs. 3 EUV.

87 Vgl dazu Art. 6 Abs. 1 EUV iVm der GRC. Im Jahre 2010 hat der EuGH erstmals einen Sekundärrechtsakt wegen Verstoßes gegen die GRC aufgehoben, vgl EuGH, verb. Rs. C-92/09 u.a. (Schecke), Slg 2010, I-11063, Rn 56 ff. Seither hat die GRC besondere Bedeutung in der Judikatur des Gerichtshofs erlangt, vgl *von Danwitz*, in: Grabenwarter (Hrsg.), EnzEuR, Bd. 2, § 6 Rn 17.

88 Dazu näher Rn 28.

89 Vgl VO (EG) Nr. 168/2007 zur Errichtung einer Agentur der Europäischen Union für Grundrechte, ABl. EU 2007 L 53, S. 1, dazu näher zB *von Bogdandy*, in: Merten/Papier (Hrsg.), Band VI/1, § 166, S. 1241 ff; *Gusy*, Der Staat 47 (2008), 511 ff; *Härtel*, EuR 2008, 489 ff.

lichkeit nunmehr als eigenständige Werte nebeneinander aufführt. Im vorliegenden Zusammenhang ist deshalb das Grundrechtsthema als solches – einschließlich des Gleichheitssatzes als einer häufig vorgebrachten Rechtsstaatlichkeitsanforderung – nicht weiterzuverfolgen.

VIII. Rechtsschutz

25 Eine evidente rechtsstaatliche Notwendigkeit ist die Gewährung angemessenen Rechtsschutzes. Die Einzelnen, die sich dem Zugriff öffentlicher Hoheitsträger ausgesetzt sehen oder die unter Beachtung des Verbots der Selbstjustiz ihre Rechte gegenüber Privaten oder öffentlichen Hoheitsträgern durchsetzen wollen, müssen in der Lage sein, bei unabhängigen öffentlichen Gerichten die unmittelbare Respektierung ihrer Rechte einzuklagen und in Fällen bereits erfolgter Verletzung dieser Rechte Schadensersatz- oder Amtshaftungsansprüche geltend zu machen. Was das Unionsrecht betrifft, so ist die erforderliche **Gewährung primären und sekundären Rechtsschutzes eine gemeinsame Aufgabe der Unionsgerichte und der mitgliedstaatlichen Gerichte**. Die genauere Ausgestaltung dieses Rechtsschutzsystems kann in diesem Beitrag nicht behandelt werden (siehe dazu *Classen*, § 4). Auf bestimmte Anforderungen aus der Sicht des Gebots effektiven Rechtschutzes wird aber noch einzugehen sein (siehe unten Rn 54 ff).

IX. Rechtsstaatlichkeit in den Mitgliedstaaten

26 In den erwähnten Dimensionen gilt das unionsrechtliche Gebot der Rechtsstaatlichkeit in erster Linie für die EU und ihre Organe. In zweiter Linie erfasst es aber auch die Mitgliedstaaten, soweit diese im Anwendungsbereich des Unionsrechts handeln.[90] Darüber hinaus ist im Zuge der Verhandlungen über den Beitritt neuer Mitgliedstaaten zur EU das Bewusstsein dafür gewachsen, dass die Union nur dann als Rechtsgemeinschaft zu funktionieren vermag, wenn sie auf insgesamt rechtsstaatlich verfassten und handelnden Mitgliedstaaten aufbauen kann. Daher wird seit dem Amsterdamer Vertrag im Primärrecht hervorgehoben, dass der Grundsatz der Rechtsstaatlichkeit allen Mitgliedstaaten gemeinsam ist.[91] Folgerichtig bildet seither die allgemeine innerstaatliche Achtung der Rechtsstaatlichkeit eine **förmliche Voraussetzung des Beitritts** neuer Mitgliedstaaten zur EU.[92] Gleichzeitig wurde dem Rat eine **Sanktionsbefugnis** gegenüber Staaten zuerkannt, die bereits die Mitgliedschaft erworben haben. Der Rat ist ermächtigt, bei schwerwiegenden und anhaltenden Verletzungen der allgemeinen innerstaatlichen Rechtsstaatlichkeit durch einen Mitgliedstaat bestimmte Rechte dieses Mitgliedstaats auszusetzen.[93] Seit März 2014 besteht darüber hinaus eine Kompetenz der Kommission, gravierende systemische Rechtsstaatsdefizite in den Mitgliedstaaten durch ein dem Sanktionsmechanismus des Art. 7 EUV vorgeschaltetes Monitoring-Verfahren zu benennen und geeignete Abhilfemaßnahmen anzumahnen.[94]

X. Rechtsstaatlichkeitsanforderungen an Drittstaaten und die Vereinten Nationen

27 Soweit sie mit ihnen rechtliche oder politische Beziehungen unterhält, stellt die EU auch Rechtsstaatlichkeitsanforderungen an Drittstaaten. Schon seit geraumer Zeit erklärt das Primärrecht die

90 Siehe dazu unten Rn 31.

91 Vgl zunächst Art. 6 Abs. 1 EUV aF; jetzt Art. 2 S. 2 EUV.

92 Vgl Art. 49 EUV sowie *Ohler*, in: Grabitz/Hilf/Nettesheim (Hrsg.), Recht der EU, Art. 49 EUV Rn 18. Zur Thematik schon früh *Luchterhand*, in: Bruha/Hesse/Nowak (Hrsg.), Welche Verfassung für Europa?, 2001, S. 125, 138 ff; *Müller-Graff*, in: Classen/Heiss/Suprón-Heidel (Hrsg.), Polens Rechtsstaat am Vorabend des EU-Beitritts, 2004, S. 1 ff.

93 Vgl Art. 7 EUV. Vgl dazu zB *Hau*, Sanktionen und Vorfeldmaßnahmen zur Absicherung der europäischen Grundwerte, 2002; *Serini*, Sanktionen der Europäischen Union bei Verstoß eines Mitgliedstaats gegen das Demokratie- oder Rechtsstaatsprinzip, 2009. Zu den zweifelhaften „Sanktionen" gegen Österreich im Jahr 2000, vgl die Beiträge in: *Busek/Schauer* (Hrsg.), Eine europäische Erregung 2003; zu den Entwicklungsperspektiven des Sanktionsverfahrens vgl *Schorkopf*, in: Grabitz/Hilf/Nettesheim (Hrsg.), Recht der EU, Art. 7 EUV Rn 60-62.

94 *Dazu näher von Bogdandy/Ioannidis*, ZaöRV 74 (2014), 283, 322 f; *Schmahl*, Filling a legal gap?: Das neue EU-Monitoring-Verfahren bei Rechtsstaatsdefiziten, in: FS Stein, 2015 (i.E.). Zu den gegenwärtigen Problemen mancher Mitgliedstaaten im Bereich der rechtsstaatlichen Unionsgrundwerte vgl *Holterhus/Kornack*, EuGRZ 2014, 389 ff.

Entwicklung und Stärkung der Rechtsstaatlichkeit in Drittstaaten zu einem Ziel des auswärtigen Handelns der Union[95] und macht bestimmte Formen der Zusammenarbeit mit Drittstaaten von der Fortentwicklung und Festigung der Rechtsstaatlichkeit in diesen Ländern abhängig.[96] Deshalb achtet die EU beim Abschluss von Kooperationsverträgen mit Drittstaaten darauf, dass in diese Verträge auch allgemeine Menschenrechts- und Demokratieklauseln aufgenommen werden. Solche Klauseln ermöglichen der EU freilich nicht die aktive Durchsetzung rechtsstaatlicher Prinzipien in Drittstaaten, sondern nur die Suspendierung oder Beendigung der geschlossenen Verträge bei Abkehr der Drittstaaten von diesen Vertragsgrundlagen.[97] Eine ähnlich mittelbare Einwirkung ist zunehmend auch **gegenüber den Vereinten Nationen** zu beobachten. Indem sie von UN-Sicherheitsratsresolutionen determiniertes EU-Sekundärrecht ungeachtet der Vorgaben des Art. 103 iVm Art. 25 UN-Charta einer rechtsstaatlich orientierten unionsgerichtlichen Kontrolle unterwirft (dazu näher unten Rn 56), hat die „Kadi"-Rechtsprechungslinie von EuG und EuGH[98] bewirkt, dass das Verfahren der Listung terrorverdächtiger Personen und Organisationen auf der Ebene der UN durch die Einrichtung einer UN-Ombudsstelle den Erwartungen europäischer Rechtsstaatlichkeitsvorstellungen etwas angenähert worden ist.[99]

XI. Externe Rechtsstaatlichkeitsanforderungen an die EU

Schließlich sieht sich die EU ihrerseits Rechtsstaatlichkeitsanforderungen ausgesetzt, die von außen an sie gerichtet werden. Bereits seit längerem wirken **rechtsstaatliche Anforderungen aus der Europäischen Menschenrechtskonvention** auf das Unionsrecht ein.[100] Das gilt nicht nur in materiell-rechtlicher Hinsicht; vielmehr ist auch der EMRK-Kontrollmechanismus für das Unionsrecht von Bedeutung. Zwar ist die EU bisher nicht Vertragspartei dieser Konvention und deshalb selbst nicht der unmittelbaren Kontrolle durch den Europäischen Gerichtshof für Menschenrechte (EGMR) unterworfen. Allerdings erlaubt die konventionsrechtliche Verantwortlichkeit der EU-Mitgliedstaaten für ihr unionsbezogenes Handeln dem EGMR schon jetzt eine indirekte Kontrolle über das Unionsrecht, wie er sie in Verfahren gegen einzelne EU-Mitgliedstaaten – etwa in den Fällen „Matthews",[101] „Bosphorus"[102] und „Kokkelvisserij"[103] – auch durchaus für sich in Anspruch genommen hat. Darüber hinaus eröffnen mittlerweile sowohl das Recht der EU als auch das EMRK-Recht die Möglichkeit eines Beitritts der EU zur EMRK;[104] der Entwurf eines Beitrittsvertrags liegt seit kurzem vor.[105] Sobald der Beitritt erfolgt ist, wird sich die direkte Kontrolle des 28

95 Vgl Art. 21 EUV. Vgl hierzu *de Baere*, Constitutional Principles of EU External Relations, 2008, S. 176 ff.

96 Vgl Art. 21 EUV iVm Art. 208, 212 und 214 AEUV.

97 Vgl dazu EuGH, Rs. C-268/94 (Portugal/Rat: Kooperationsabkommen mit Indien), Slg 1996, I-6177, Rn 27. Eingehend *Hoffmeister*, Menschenrechts- und Demokratieklauseln in den vertraglichen Außenbeziehungen der Europäischen Gemeinschaft, 1998, S. 389 ff.

98 Vgl EuG, Rs. T-315/01 (Kadi), Slg 2005, II-3649; EuGH, Rs. C-402/05 P u.a. (Kadi), Slg 2008, I-6351; EuG, Rs. T-85/09 (Kadi II), Slg 2010, II-5177; EuGH, Rs. C-584/10 P u.a. (Kadi II), Urt. v. 18.7.2013, noch nicht in Slg, Rn 95 ff.

99 Vgl dazu *von Arnauld*, EuR 2013, 236, 244 f.

100 Vgl dazu näher *Callewaert*, EuR 2008, Beiheft 3, 177 ff; *E. Klein*, in: Merten/Papier (Hrsg.), Band VI/1, § 167 Rn 7-18.

101 EGMR, 18.2.1999 (Matthews), EuGRZ 1999, 308, Rn 26 ff; dazu zB *Ch. Lenz*, EuZW 1999, 311 ff; *Busch*, Die Bedeutung der EMRK für den Grundrechtsschutz in der EU, 2003, S. 54 ff. Vgl ferner EuGH, Rs. C-145/04 (Spanien/Vereinigtes Königreich: EP-Wahlrecht in Gibraltar), Slg 2006, I-7917.

102 EGMR, 30.6.2005 (Bosphorus), NJW 2006, 197, Rn 155 ff. Vgl dazu zB *Haratsch*, ZaöRV 66 (2006), 927, 945 f; *Douglas-Scott*, CML Rev. 43 (2006), 243 ff; *Heer-Reißmann*, NJW 2006, 192 ff; *Callewaert*, in: FS Wildhaber, 2007, 115 ff; *Daiber*, EuR 2007, 406 ff; *Schmahl*, EuR 2008, Beiheft 1, 7, 26 ff. Vgl jüngst auch EGMR, 3.4.2012 (Irini Lechouritou), EuGRZ 2013, 26, 27 f.

103 EGMR, 20.1.2009 (Cooperatieve Producentenorganisatie van de Nederlandse Kokkelvisserij), EuGRZ 2011, 11. Vgl dazu zB *Baumann*, EuGRZ 2011, 1, 6 ff; *Uerpmann-Wittzack*, EuR 2012, Beiheft 2, 167, 181 ff.

104 Vgl Art. 6 Abs. 2 EUV und Art. 17 des Protokolls Nr. 14 zur EMRK (BGBl. 2006 II, S. 138; Neubekanntmachung nebst Erklärung der Russischen Föderation in: BGBl. 2010 II, S. 1196).

105 Der Vertragsentwurf vom 5.4.2013 ist abrufbar unter http://www.coe.int/t/dghl/standardsetting/hrpolicy/Accession/default_en.asp. Zu Verlauf und (vorläufigem) Ergebnis der Beitrittsverhandlungen *Giegerich*, in: Dörr/Grote/Marauhn (Hrsg.), Kap. 2 Rn 37-42; *Polakiewicz*, EuGRZ 2013, 472, 473 ff.

EGMR auch auf die Union als solche erstrecken. Die im Fall „Bosphorus" ausgesprochene widerlegliche Vermutung, dass auf der EU-Ebene ein der EMRK vergleichbarer Grundrechtsschutz besteht, wird nach dem Beitritt der Union zur Konvention nicht aufrechterhalten bleiben können, da die EU ansonsten gegenüber den anderen Vertragsparteien privilegiert würde.[106] Nachvollzogen wird damit dann auch für die Union jene Einsicht der Konventionsstaaten, dass interne Grundrechts- und Rechtsstaatlichkeitskontrollen nicht genügen, sondern der Ergänzung durch externe Kontrollen bedürfen.[107]

D. Kernforderungen unionsrechtlicher Rechtsstaatlichkeit

I. Gemeinsame Merkmale

29 Im Laufe der Jahrhunderte haben sich in den Staaten, die heute der EU angehören, einzelne Ausprägungen der Rechtsstaatlichkeit als besonders schutzbedürftig und unverzichtbar erwiesen.[108] Auf diesen **Kernbestand rechtsstaatlicher Garantien**, von denen im Folgenden einige wichtige hervorgehoben werden sollen, konnte und musste der EuGH zurückgreifen, um in der Konfrontation mit zunächst lediglich bruchstückhaften Regelungen des Unionsrechts zu akzeptablen Lösungen zu gelangen. Zu diesem Zweck geht der Gerichtshof in Erfüllung seiner Aufgabe zur Wahrung des Rechts[109] davon aus, dass die betreffenden rechtsstaatlichen Anforderungen auch im Unionsrecht gelten, und zwar als ungeschriebene allgemeine Rechtsgrundsätze mit primärrechtlichem Rang, die als konkretisierende Unterprinzipien das abstrakte Prinzip der Rechtsstaatlichkeit mit Leben erfüllen.[110]

30 Hierfür ist nicht entscheidend, ob diese rechtsstaatlichen Anforderungen in allen Mitgliedstaaten anerkannt sind und überall den gleichen Inhalt haben. Vielmehr kommt es nicht selten zu gezielten **Anleihen des EuGH bei einzelnen Mitgliedstaaten.** Entwickelt hat der Gerichtshof beispielsweise den unionsrechtlichen Verhältnismäßigkeitsgrundsatz in Anlehnung an das deutsche Recht, den unionsrechtlichen Schutz der Vertraulichkeit des Schriftverkehrs zwischen Anwalt und Mandant in Anlehnung an das englische Recht sowie den unionsrechtlichen Grundsatz der ordnungsgemäßen Verwaltung in Anlehnung an das belgische und niederländische Recht.[111] Dennoch werden die mitgliedstaatlichen Vorbilder vom EuGH nicht schlicht übernommen; vielmehr fragt der Gerichtshof jeweils danach, welche konkrete Ausgestaltung der betreffenden rechtsstaatlichen Garantie den Spezifika der Union – auch unter **Berücksichtigung der einschlägigen Gewährleistungen der**

---

106 Wie hier *Jacqué*, CMLRev. 48 (2011), 995, 1003 f; *Kadelbach*, in: Dörr/Grote/Marauhn (Hrsg.), Kap. 30 Rn 27; *Uerpmann-Wittzack*, ZÖR 68 (2013), 519, 524. Unter anderem deshalb sieht Art. 3 des Entwurfs des Beitrittsvertrages (Fn 105) ein Vorabbefassungsverfahren („prior involvement procedure") vor, durch das der EuGH die Gelegenheit erhalten soll, die Frage nach der Gültigkeit einer Handlung der Unionsorgane zu prüfen, bevor der EGMR über die Vereinbarkeit dieses Aktes mit der EMRK befindet; näher *Baratta*, CMLRev. 50 (2013), 1305, 1313 ff; *Polakiewicz*, EuGRZ 2013, 472, 478 f; *Streinz*, in: FS E. Klein, 2013, S. 687, 696 f.

107 Vgl dazu allg. *J.P. Müller*, GS Ryssdal, 2000, 957, 959 f; *Schmahl*, EuR 2008, Beiheft 1, 7, 38 f.

108 Vgl dazu zB die Beiträge in: *R. Hofmann/Marko/Merli/Wiederin* (Hrsg.), Rechtsstaatlichkeit in Europa, 1996.

109 Vgl Art. 19 Abs. 1 EUV.

110 Vgl dazu u.a. die Überblicke bei *Calliess*, in: Calliess/Ruffert (Hrsg.), Art. 2 EUV Rn 26; *von Danwitz*, Europäisches Verwaltungsrecht, S. 346 ff; *Epiney*, in: Bieber/Epiney/Haag, Die Europäische Union, 10. Aufl. 2013, § 8 Rn 10; *Fernández Esteban*, The Rule of Law, S. 153 ff; *Lenaerts*, CML Rev. 41 (2004), 317 ff; *Nettesheim*, in: Oppermann/Classen/Nettesheim, Europarecht, 5. Aufl. 2011, § 9 Rn 37 ff; *Mayer*, in: Grabitz/Hilf/Nettesheim (Hrsg.), Recht der EU, nach Art. 6 EUV, Rn ff; *Schilling*, EuGRZ 2000, 3 ff; *Schwarze*, in: FS Rodríguez Iglesias, S. 147 ff; *ders.*, Europäisches Verwaltungsrecht, S. LII ff, 219 ff, 690 ff, 911 ff,1271 ff, 1349 ff; *Szczekalla*, in: Rengeling (Hrsg.), S. 294, 298 ff; *Terhechte*, in: ders. (Hrsg.), Verwaltungsrecht der EU, § 7 Rn 19 ff; *Tridimas*, The General Principles of EU Law, 2nd ed. 2006; *Zuleeg*, Zusammenhalt, S. 150 ff; *ders.*, in: von der Groeben/Schwarze (Hrsg.), Kommentar zum EUV und EGV, Bd. 1, 6. Aufl. 2003, Art. 1 EG Rn 44.

111 Vgl *Schilling*, EuGRZ 2000, 3, 7. Zum Einfluss des nationalen Rechts in diesem Zusammenhang vgl auch *von Danwitz*, Europäisches Verwaltungsrecht, S. 122 ff.

EMRK[112] – am ehesten gerecht wird. Die rechtsstaatlichen Anforderungen werden auf dieser Grundlage autonom für das Unionsrecht bestimmt.[113]

Verpflichtungsadressaten der zentralen Forderungen unionsrechtlicher Rechtsstaatlichkeit sind im Rahmen ihrer Zuständigkeiten zunächst die Organe, Einrichtungen und sonstigen Stellen der EU.[114] Erfasst werden aber auch die Mitgliedstaaten, soweit sie im Anwendungsbereich des Unionsrechts handeln.[115] Situationen der letzteren Art sind vor allem deshalb häufig, weil die Durchführung des Unionsrechts in aller Regel nicht Sache der Union selbst, sondern der Mitgliedstaaten ist.[116] 31

Begünstigte der rechtsstaatlichen Gebote sind nicht nur die Unionsbürger, sondern alle natürlichen und juristischen Personen im Einwirkungsbereich der EU sowie im vorgenannten unionsrechtsgebundenen Einwirkungsbereich der Mitgliedstaaten.[117] 32

Auf Unionsebene genügt für den Schutz der Begünstigten die **objektiv-rechtliche Begünstigungswirkung** der betreffenden allgemeinen Rechtsgrundsätze, da hier die Bindung der Organe, Einrichtungen und sonstigen Stellen der EU an diese Grundsätze und demgemäß auch die Eröffnung des Individualrechtsschutzes nicht von deren subjektiv-rechtlichem Charakter abhängen.[118] Soweit aber diese unionsrechtlichen Garantien auch auf mitgliedstaatliches Handeln Anwendung finden, kann die Wirksamkeit des Unionsrechts ihre Qualifizierung als **subjektiv-rechtliche Rechtspositionen** erfordern. Allerdings kommt es inzwischen selbst auf Unionsebene zunehmend zu einem grundrechtlichen Verständnis der Garantien; auch die Grundrechtecharta folgt dieser Tendenz.[119] 33

Einzelne rechtsstaatliche Anforderungen im Sekundärrecht gestalten die allgemeinen Rechtsgrundsätze näher aus; dies gilt etwa für die Verfahrensgarantien im Kartellrecht[120] und zunehmend auch für die Rechte des Beschuldigten im Strafverfahren.[121] Gegenüber solchen sekundärrechtlichen Regelungen erfüllen die allgemeinen rechtsstaatlichen Rechtsgrundsätze mit primärrechtlichem 34

---

112 Vgl dazu *Pabel*, in: Grabenwarter (Hrsg.), EnzEuR, Bd. 2, § 19 Rn 3. Eingehend zum Verhältnis zwischen Art. 6 EMRK und Art. 47 GRC jüngst EuGH, Rs. C-501/11 P (Schindler Holding), Urt. v. 18.7.2013, noch nicht in Slg, Rn 32-38.

113 Vgl *Kraus*, EuR 2008, Beiheft 3, 109, 112 f; *Schwarze*, DVBl. 2014, 537, 538.

114 Beispiele: EuGH, Rs. C-238/99 P u.a. (Limburgse Vinyl), Slg 2002, I-8375; EuGH, Rs. C-256/07 (Mitsui), Slg 2009, I-1951, Rn 31; EuGH, Rs. C-322/07 P u.a. (Koehler), Slg 2009, I-7191, Rn 143; EuGH, Rs. C-345/06 (Heinrich), Slg 2009, I-1659, Rn 45.

115 Beispiele: EuGH, Rs. 77/81 (Zuckerfabrik Franken), Slg 1982, 681, Rn 22 ff; EuGH, Rs. C-376/02 („Goed Wonen"), Slg 2005, I-3445, Rn 34; EuGH, Rs. C-303/05 (Advocaten voor de Wereld), Slg 2007, I-3633, Rn 45; EuGH, Rs. C-201/08 (Plantanol), Slg 2009, I-8343, Rn 43; EuGH, Rs. C-107/10 (Enel Maritsa Iztok), Slg 2011, I-3873, Rn 38. Zu dieser Problematik, bezogen auf den Grundrechtsbereich, näher *Schaller*, Die EU-Mitgliedstaaten als Verpflichtungsadressaten der Gemeinschaftsgrundrechte, 2003, S. 36 ff, 49 ff; *Scheuing*, EuR 2005, 162 ff; sowie aus jüngerer Zeit, insbesondere seit Inkrafttreten des Art. 51 Abs. 1 S. 1 GRC, vgl zB *Calliess*, JZ 2009, 113, 120; *Sauer*, in: Matz-Lück/Hong (Hrsg.), Grundrechte und Grundfreiheiten im Mehrebenensystem, 2011, 1, 28 ff; *Kingreen*, JZ 2013, 801 ff; *Schorkopf*, in: Grabenwarter (Hrsg.), EnzEuR, Bd. 2, § 3 Rn 17-27; letztere auch mit Bezug auf EuGH, Rs. C-617/10 (Åkerberg Fransson), Urt. v. 26.2.2013, noch nicht in Slg, Rn 24 ff.

116 Vgl dazu schon *Scheuing*, Europarechtliche Impulse, S. 289, 294 f.

117 Zu den einzelnen Kategorien von Grundrechtsträgern eingehend *Gundel*, in: Grabenwarter (Hrsg.), EnzEuR, Bd. 2, 2014, § 2 Rn 8-38.

118 Vgl dazu *Schilling*, EuGRZ 2000, 3, 25 ff; *Mayer*, in: Grabitz/Hilf/Nettesheim (Hrsg.), Recht der EU, nach Art. 6 EUV, Rn 388 ff.

119 Vgl zB Art. 41, Art. 42 und Art. 47 ff GRC.

120 Vgl zunächst die VO Nr. 17 des Rates: Erste Durchführungsverordnung zu den Artikeln 81 und 82 des Vertrages, ABl. 1962, S. 204, abgelöst mit Wirkung seit 1.5.2004 durch die VO (EG) Nr. 1/2003 des Rates zur Durchführung der in den Artikeln 81 und 82 des Vertrags niedergelegten Wettbewerbsregeln, ABl. EG 2003 L 1, S. 1.

121 In dem im Jahre 2010 vorgelegten Aktionsplan der Kommission (KOM [2010]171 endg.) wird eine Reihe von Richtlinienvorschlägen angekündigt, die für die Entwicklung des europäischen „Raums der Freiheit, der Sicherheit und des Rechts" bedeutsam sind. Zwei Richtlinien über die Rechte auf Dolmetscherleistungen in Strafverfahren (RL 2010/64/EU, ABl. EU 2010, L 280, S. 1) und über das Recht auf Rechtsbeistand in Strafverfahren (RL 2013/48/EU, ABl. EU 2013, L 294, S. 1) wurden bereits verabschiedet.

Rang dann nur noch Reservefunktionen als Gültigkeitsmaßstäbe und Auslegungsdirektiven.[122] Ferner konkretisieren diese sekundärrechtlichen Instrumente auch die Verfahrensgarantien der Grundrechtecharta und verleihen diesen inhaltliche Schärfe.[123]

35 Verschiedene rechtsstaatliche Grundsätze – wie die Rechtssatzbindung der Verwaltung einerseits und die Forderung nach Vertrauensschutz andererseits – können miteinander in Widerstreit geraten. In solchen **Konflikten zwischen rechtsstaatlichen Grundsätzen** kann es nicht um die maximale Verwirklichung eines dieser Grundsätze gehen; geboten ist vielmehr jeweils – etwa bei der Frage nach der Rücknehmbarkeit rechtswidriger Verwaltungsakte – die Herstellung praktischer Konkordanz mittels wechselseitiger Abwägung.[124]

II. Rechtmäßigkeit der Verwaltung

36 Das aus der Rechtsstaatlichkeit fließende unionsrechtliche Gebot der Rechtmäßigkeit der Verwaltung bedeutet, dass auch nach Unionsrecht **Verwaltungshandeln nur auf der Grundlage und in den Grenzen des Rechts** erfolgen darf.

1. Rechtssatzvorbehalt

37 Aus dem Gebot der Rechtmäßigkeit der Verwaltung folgt zunächst die **Notwendigkeit einer jeweiligen Ermächtigungsnorm für das Tätigwerden der Unionsverwaltung.** In diesem Sinne kennt das Unionsrecht – über das für jegliches Handeln von Unionsorganen geltende Prinzip der begrenzten Einzelermächtigung hinaus[125] – einen dem deutschen Gesetzesvorbehalt für Verwaltungshandeln vergleichbaren Rechtssatzvorbehalt als allgemeinen Rechtsgrundsatz des Unionsrechts.[126] Wie der EuGH anlässlich kartellrechtlicher Nachprüfungsmaßnahmen der Kommission entschieden hat, bedarf nach Unionsrecht jeglicher Eingriff der öffentlichen Gewalt in die Sphäre privater Betätigung einer Rechtsgrundlage und muss aus den dort vorgesehenen Gründen gerechtfertigt sein.[127] Neben der Eingriffsverwaltung unterliegt grundsätzlich auch die Leistungsverwaltung einem Rechtssatzvorbehalt. So setzt nach Ansicht des Gerichtshofs die Vornahme von Unionsausgaben durch die Kommission für alle bedeutenden Unionsaktionen nicht nur die Ausweisung der Mittel im Haushaltsplan der Union, sondern auch den vorherigen Erlass entsprechender legislativer Basisrechtsakte voraus; verzichtbar sind solche Basisrechtsakte nur in Fällen unbedeutender Unionsaktionen.[128]

2. Rechtssatzvorrang

38 Ferner fungiert **das geltende Unionsrecht als Grenze für das Tätigwerden der Unionsverwaltung.** Dass die Unionsverwaltung bei ihrem Handeln nicht gegen geltendes Primär- und Sekundärrecht verstoßen darf und dass für sie mithin als weitere Ausformung der Rechtmäßigkeit der Verwaltung auch ein – dem deutschen Vorrang des Gesetzes vergleichbarer – Rechtssatzvorrang gilt, ist für die Unionsgerichte offenbar eine rechtsstaatliche Selbstverständlichkeit, die sie nur gelegentlich hervor-

122 Vgl *Schilling*, EuGRZ 2000, 3, 30 ff; *Mayer*, in: Grabitz/Hilf/Nettesheim (Hrsg.), Recht der EU, nach Art. 6 EUV, Rn 3. Beispiele für die Funktion als Auslegungsdirektiven: EuGH, Rs. 222/84 (Johnston), Slg 1986, 1651, Rn 19; EuGH, Rs. C-185/97 (Coote), Slg 1998, I-5199, Rn 22.

123 Vgl *Pabel*, in: Grabenwarter (Hrsg.), EnzEuR, Bd. 2, § 19 Rn 6.

124 Vgl dazu schon EuGH, Rs. 42 u. 45/59 (SNUPAT), Slg 1961, 109, 172.

125 Vgl dazu Art. 5 Abs. 1 und 2 iVm Art. 13 Abs. 2 S. 1 EUV.

126 Vgl dazu zB *Hegels*, EG-Eigenverwaltungsrecht und Gemeinschaftsverwaltungsrecht, 2001, S. 74 ff; *Hilf/Classen*, in: FS Selmer, 2004, S. 71 ff; *Rieckhoff*, Der Vorbehalt des Gesetzes im Europarecht, 2007; *Schwarze*, Rechtsstaatliche Grundsätze, S. 147, 148 ff; *Triantafyllou*, Vom Vertrags- zum Gesetzesvorbehalt, 1996, S. 152 ff; *Weber*, in: Schweitzer (Hrsg.), Europäisches Verwaltungsrecht, S. 72 ff.

127 Vgl EuGH, Rs. 46/87 u. 227/88 (Hoechst), Slg 1989, 2859, Rn 19; EuGH, Rs. 97 – 99/87 (Dow Chemical), Slg 1989, 3165, Rn 16; EuGH, Rs. C-182/03 u. C-217/03 (Belgien und Forum 187), Slg 2006, I-5479, Rn 69; EuGH, Rs. C-352/09 P (ThyssenKrupp Nirosta), Slg 2011, I-2359, Rn 80.

128 Vgl EuGH, Rs. C-106/96 (Vereinigtes Königreich/Kommission: Zuschüsse zu Aktionen gegen soziale Ausgrenzung), Slg 1998, I-2729, Rn 26; dazu *Triantafyllou*, EuR 1998, 691 ff.

heben.[129] So darf die Kommission in Wahrnehmung einer primärrechtlichen Ermächtigung zu Einzelfallprüfungen bei Unternehmen nicht die Grenzen des Erlaubten überschreiten;[130] ferner dürfen weder der Rat noch die Kommission von Verordnungen, auch wenn sie diese selbst erlassen haben, im Einzelfall abweichen.[131]

III. Rechtssicherheit

Ein weiteres wesentliches rechtsstaatliches Anliegen ist die Forderung nach Rechtssicherheit; sie gilt deshalb auch im Unionsrecht als allgemeiner Rechtsgrundsatz.[132] Insofern erscheint eine **dreifache Auffächerung** angezeigt, die den Inhalt der Forderung zwar nicht erschöpft, aber bedeutsame Aspekte hervorhebt. 39

1. Bestimmtheitsgebot

Dem unionsrechtlichen Grundsatz der Rechtssicherheit ist zunächst ein **Bestimmtheitsgebot für die rechtsnormative Einführung von Belastungen Einzelner** zu entnehmen. Diesem Gebot zufolge müssen Rechtsvorschriften[133] mit nachteiligen Folgen für Einzelne und Unternehmen klar, bestimmt und in ihren Auswirkungen voraussehbar sein.[134] Daher setzt beispielsweise eine unionsrechtliche Abgabepflicht voraus, dass die den Abgabepflichtigen belastende Unionsregelung klar und deutlich ist; dieser muss seine Rechte und Pflichten unzweideutig erkennen und demgemäß seine Vorkehrungen treffen können. Fehlt eine hinreichend bestimmte Regelung, so ist die Erhebung der Abgabe rechtswidrig.[135] Insgesamt müssen die jeweiligen Voraussetzungen einer Norm umso bestimmter und konkreter gefasst sein, je schwerer die Pflichten wiegen.[136] Insbesondere die Verhängung von Sanktionen bedarf jeweils einer unmissverständlichen und eindeutigen Rechtsgrundlage;[137] dies gilt auch für Sanktionen nichtstrafrechtlicher Art wie die behördliche Einforderung von Kautionsersatzzahlungen[138] und für Geldbußen, die einem Unternehmen für Kartellvergehen auferlegt werden.[139] Auch im Rahmen der Grundfreiheiten des Binnenmarkts kommt dem Bestimmtheitsgebot Bedeutung zu; es verbietet etwa mitgliedstaatliche Regelungen, die für Vorgänge des grenzüberschreitenden Kapital- oder Dienstleistungsverkehrs behördliche Genehmigungen vorschreiben, 40

129 Etwa in EuGH, Rs. 113/77 (NTN Toyo Bearing), Slg 1971, 1185, Rn 21. Hierzu auch *Schwarze*, NJW 1986, 1067, 1068 f.

130 Vgl EuGH, Rs. 5-11/62 u. 13-15/62 (San Michele), Slg 1962, 917, 944; EuGH, Rs. 46/87 u. 227/88 (Hoechst), Slg 1989, 2859, Rn 19.

131 Vgl EuGH, Rs. 113/77 (NTN), Slg 1979, 1185, Rn 21; EuG, Rs. T-9/93 (Schöller), Slg 1995, II-1611, Rn 162.

132 Vgl schon EuGH, Rs. 42 u. 45/59 (SNUPAT), Slg 1961, 109, 172; vgl ferner aus neuerer Zeit zB EuGH, Rs. C-201/08 (Plantanol), Slg 2009, I-8343, Rn 46; EuG, Rs. T-346/11 u.a. (Gollnisch), Urt. v. 17.1.2013, noch nicht in Slg, Rn 115.

133 Dazu zählen sowohl strafrechtliche Vorschriften als auch verwaltungsrechtliche Einzelregelungen, die Sanktionen vorsehen oder ihre Verhängung erlauben, vgl EuG, Rs. T-43/02 (Jungbunzlauer), Slg 2006, II-3435, Rn 72; EuG, Rs. T-138/07 (Schindler Holding), Slg 2011, II-4819, Rn 95-97.

134 Vgl zB EuGH, Rs. C-143/93 (Van Es Douane Agenten), Slg 1996, I-431, Rn 27; EuGH, Rs. C-347/06 (ASM Brescia), Slg 2008, I-5641, Rn 69; EuGH, Rs. C-358/08 (Aventis Pasteur), Slg 2009, I-11305, Rn 47; EuGH, Rs. C-194/09 P (Alcoa), Slg 2011, I-6311, Rn 71. Umfassend *Craig*, EU Administrative Law, 2. Aufl. 2012, S. 549 ff.

135 Vgl EuGH, Rs. 169/80 (Gondrand), Slg 1981, 1931, Rn 17; EuGH, Rs. C-143/93 (van Es Douane Agenten), Slg 1996, I-431, Rn 27; EuGH, Rs. C-177/96 (Banque Indosuez), Slg 1997, I-5659, Rn 27; EuGH, Rs. C-225/09 (Jakubowska), Slg 2010, I-12329, Rn 42; EuGH, Rs. C-201/09 P u.a. (Arcelor Mittal), Slg 2011, I-2239, Rn 68.

136 *Dannecker/Biermann*, in: Immenga/Mestmäcker (Hrsg.), EU-Wettbewerbsrecht, 5. Aufl. 2012, Vorb zu Art. 23 f VO 1 /2003, Rn 42.

137 Vgl EuGH, Rs. C-303/05 (Advocaten voor de Wereld), Slg 2007, I-3633, Rn 49 f; EuGH, Rs. C-413/08 P (Lafarge), Slg 2010, I-5361, Rn 94; EuGH, Rs. C-352/09 P (ThyssenKrupp Nirosta), Slg 2011, I-2359, Rn 80.

138 Vgl zB EuGH, Rs. 117/83 (Könecke), Slg 1984, 3291, Rn 11; EuGH, Rs. 137/85 (Maizena), Slg 1987, 4587, Rn 15. Vgl im Übrigen *Schwarze*, EuR 2009, 171, 174 ff.

139 EuGH, Rs. C-501/11 P (Schindler Holding), Urt. v. 18.7.2013, noch nicht in Slg, Rn 57 f.

ohne dabei exakt zu normieren, nach welchen Kriterien sich die Genehmigungspflicht oder die Erteilung einer Genehmigung bemisst.[140]

2. Rückwirkungsverbot

41 Aus Gründen der Rechtssicherheit besteht ferner ein **grundsätzliches Verbot, den Beginn der Geltungsdauer von Rechtssätzen auf einen Zeitpunkt vor deren Veröffentlichung zu legen.**[141] In strikter Weise gilt dieses unionsrechtliche Rückwirkungsverbot allerdings nur für Strafvorschriften.[142] Im Übrigen sind Einschränkungen nicht ausgeschlossen, aber besonders begründungsbedürftig;[143] ausnahmsweise kann nämlich von dem Rückwirkungsverbot abgewichen werden, wenn das angestrebte Ziel es verlangt und das berechtigte Vertrauen der Betroffenen gebührend beachtet ist.[144] Damit führt der EuGH an dieser Stelle eine modifizierte Verhältnismäßigkeitsprüfung ein.[145] Vom unionsrechtlichen Rückwirkungsverbot von vornherein nicht erfasst sind hingegen Fälle unechter Rückwirkung, bei denen neue Regelungen auf die künftigen Folgen von Sachverhalten, die unter der Geltung früherer Regelungen entstanden sind, angewandt werden.[146] Der Grundsatz des Vertrauensschutzes kann aber auch hier die Abmilderung des eingeschlagenen Kurswechsels durch unionsrechtliche Übergangsregelungen erfordern,[147] deren Unterbleiben eine Haftung der Union auszulösen vermag.[148]

3. Vertrauensschutz

42 Der Grundsatz der Rechtssicherheit verbietet schließlich die Enttäuschung berechtigten Bürgervertrauens.[149] Der entsprechende unionsrechtliche Grundsatz des Vertrauensschutzes, zu dem der EuGH eine umfangreiche Rechtsprechung entwickelt hat, setzt drei Kriterien voraus, die kumulativ gegeben sein müssen: **die Entstehung einer Vertrauenslage, die Schutzwürdigkeit des Vertrauens und das Überwiegen des Individualinteresses über entgegenstehende öffentliche (Unions-)Interessen.**[150] Eine Vertrauenslage entsteht dann, wenn ein Unionsorgan durch einen Rechtsetzungsakt

---

140 Vgl zB EuGH, Rs. C-54/99 (Eglise de scientologie), Slg 2000, I-1335, Rn 22 f; EuGH, Rs. C-205/99 (Analir), Slg 2001, I-1271, Rn 38; EuGH, Rs. C-483/99 (Kommission/Frankreich: Goldene Aktien), Slg 2002, I-4781, Rn 50; EuGH, Rs. C-463/00 (Kommission/Spanien: Goldene Aktien), Slg 2003, I-4581, Rn 74 f.

141 Vgl zB EuGH, Rs. 78/74 (Deuka), Slg 1975, 421, Rn 11 ff; EuGH, Rs. 98/78 (Racke), Slg 1979, 69, Rn 20; EuGH, Rs. 99/78 (Decker), Slg 1979, 101, Rn 8; EuGH, Rs. 224/82 (Meiko), Slg 1983, 2539, Rn 12; EuGH, Rs. C-345/06 (Heinrich), Slg 2009, I-1659, Rn 41 ff. Zum eher vagen Kerngehalt dieses Grundsatzes siehe *Terhechte*, in: ders. (Hrsg.), Verwaltungsrecht der EU, § 7 Rn 22 f.

142 Vgl zB EuGH, Rs. 63/83 (Kirk), Slg 1984, 2689, Rn 21 f; EuGH, Rs. 80/86 (Kolpinghuis Nijmegen), Slg 1987, 3969, Rn 13; EuGH, Rs. C-331/88 (Fedesa), Slg 1990, I-4023, Rn 44; EuGH, Rs. C-189/02 P u.a. (Dansk Rørindustri), Slg 2005, I-5425, Rn 202; EuGH, Rs. C-3/06 P (Groupe Danone), Slg 2007, I-1331, Rn 68.

143 Wird die Rückwirkung einer VO nicht begründet, so ist die VO schon deshalb rechtswidrig, vgl EuGH, Rs. C-260/91 u. C-261/91 (Diversinte), Slg 1993, I-1885, Rn 10 ff.

144 Vgl zB EuGH, Rs. 98/78 (Racke), Slg 1979, 69, Rn 20; EuGH, Rs. C-337/88 (SAFA), Slg 1990, I-1, Rn 13; EuGH, Rs. C-143/88 u. C-92/89 (Zuckerfabrik Süderdithmarschen), Slg 1991, I-415, Rn 49; EuGH, Rs. C-260/91 u. C-261/91 (Diversinte), Slg 1993, I-1885, Rn 9; EuGH, Rs. C-376/02 („Goed Wonen"), Slg 2005, I-3445, Rn 33.

145 Ebenso *Günther*, EuZW 2000, 329, 330.

146 Vgl zB EuGH, Rs. 112/80 (Dürbeck), Slg 1981, 1095, Rn 48; EuGH, Rs. 278/84 (Deutschland/Kommission: Währungsausgleichsbeträge), Slg 1987, 1, Rn 36; EuGH, Rs. C-60/98 (Butterfly Music), Slg 1999, I-3939, Rn 25; EuGH, Rs. C-334/07 P (Kommission/Freistaat Sachsen: KMU-Beihilfen), Slg 2008, I-9465, Rn 43; EuGH, Rs. C-107/10 (Enel Maritsa Iztok), Slg 2011, I-3873, Rn 39.

147 Vgl zB EuGH, Rs. 84/78 (Tomadini), Slg 1979, 1801, Rn 20 f.

148 Vgl zB EuGH, Rs. 74/74 (CNTA), Slg 1975, 533, Rn 44.

149 Zu diesem Ableitungszusammenhang vgl zB EuGH, Rs. C-201/08 (Plantanol), Slg 2009, I-8343, Rn 46; EuGH, Rs. C-537/08 P (Kahla), Slg 2010, I-12917, Rn 63.

150 Grundlegend EuGH, Rs. C-24/95 (Alcan), Slg 1997, I-1591, Rn 34 ff; dazu näher *Borchardt*, Vertrauensschutz, S. 76 ff. Vgl ferner allg. *Altmeyer*, Vertrauensschutz im Recht der Europäischen Union, 2003; *Berninghausen*, *Die Europäisierung des Vertrauensschutzes, 1998*; *Mayer*, in: Grabitz/Hilf/Nettesheim (Hrsg.), Recht der EU, nach Art. 6 EUV, Rn 395 ff; *Schwarze*, Europäisches Verwaltungsrecht, S. LXXVII ff, 911 ff. Für eine Herleitung dieses Prinzips aus den Grundrechten vgl *Blanke*, Vertrauensschutz im deutschen und europäischen Verwaltungsrecht, 2000, S. 22 f; *Frenz*, EuR 2008, 468, 472 ff.

oder eine individuelle Maßnahme bei Einzelnen begründete Erwartungen weckt.[151] Dazu zählen insbesondere klare, nicht an Bedingungen geknüpfte und übereinstimmende Auskünfte, unabhängig von der Form ihrer Mitteilung. Nicht einbezogen sind hierbei freilich die Judikate von EuG und EuGH, da ein Anspruch auf Beibehaltung einer Rechtsprechungslinie regelmäßig kein rechtlich geschützes Vertrauen abbildet.[152] Auch Zusagen, die den anwendbaren Bestimmungen des Unionsrechts nicht entsprechen, können beim Betroffenen kein berechtigtes Vertrauen begründen.[153] Das Vertrauen in eine klare Auskunft ist zudem nur schutzwürdig, wenn sich die Einzelnen bei ihren entsprechenden Dispositionen legitimerweise darauf verlassen konnten, dass ihre Erwartungen nicht enttäuscht würden. Dies ist regelmäßig nicht der Fall, wenn ein umsichtiger und besonnener Wirtschaftsteilnehmer in der Lage gewesen wäre, den Erlass einer Unionsmaßnahme, die seine Interessen berühren kann, vorherzusehen.[154] Auch ist der Einzelne nicht berechtigt, auf die Beibehaltung einer bestehenden Situation zu vertrauen, die die nationalen Behörden bei Umsetzung einer unionsrechtlichen Regelung im Rahmen ihres Ermessens ändern können.[155] Im Rahmen der schließlich gebotenen Abwägung zwischen individuellem Vertrauensschutz und öffentlichen Interessen stellt der EuGH die Unionsinteressen häufig in den Mittelpunkt, weshalb das Vertrauen des Einzelnen letztlich nur in außergewöhnlichen Fällen zu obsiegen vermag.[156] So dürfen etwa Unternehmen in der Regel nicht auf den unveränderten Fortbestand gemeinsamer Marktorganisationen vertrauen, da deren Zweck gerade eine ständige Anpassung an die wechselnde wirtschaftliche Lage verlangt.[157] Anders verhält es sich jedoch, wenn Unternehmen kraft Unionsrechts Prämien für die vorübergehende Nichtvermarktung ihrer Produkte erhalten; dann verstößt eine spätere unionsrechtliche Regelung, die ein System von Produktionsquoten einführt und die betreffenden Unternehmen nun bei der Zuteilung von Produktionsquoten wegen der Nichtvermarktung leer ausgehen lässt, gegen den Grundsatz des Vertrauensschutzes.[158] Was ferner den **Vertrauensschutz bei von den Unionsorganen erlassenen individuellen Maßnahmen** angeht,[159] so ist der Widerruf rechtmäßiger belastender Rechtsakte durch ein Unionsorgan im Lichte des Rechtsstaatsprinzips grundsätzlich zulässig, sofern Rechte Dritter oder öffentliche Interessen nicht entgegenstehen; die Aufhebung dieser Verwaltungsakte ist regelmäßig im Sinne des Betroffenen.[160] Auch die Rücknahme rechtswidriger nicht begünstigender Unionsverwaltungsakte wirft keine Probleme auf, entspricht eine Rücknahme in diesen Konstellationen doch gerade dem Grundsatz der Gesetzesmäßigkeit der Verwaltung.[161] Demgegenüber schließt der Vertrauensschutz den Widerruf rechtmäßiger begünstigender

151 Vgl zB EuGH, Rs. C-177/90 (Kühn), Slg 1992, I-35, Rn 14; EuGH, Rs. C-22/94 (Irish Farmers), Slg 1997, I-1809, Rn 25; EuGH, Rs. C-14/01 (Niemann), Slg 2003, I-2279, Rn 56; EuGH, Rs. C-37/02 u.a. (Di Lenardo Adriano), Slg 2004, I-6911, Rn 70; EuG, Rs. T-145/06 (Omya), Slg 2009, II-145, Rn 117; EuGH, Rs. C-537/08 P (Kahla), Slg 2010, I-12917, Rn 63; EuGH, Rs. C-630/11 P u.a. (HGA ua.), Urt. v. 13.6.2013, noch nicht in Slg, Rn 132.

152 Zutreffend *Lecheler*, in: Merten/Papier (Hrsg.), Band VI/1, § 158 Rn 33.

153 Vgl EuG, Rs. T-334/07 (Denka International/Kommission). Slg 2009, II-4205, Rn 132; EuG, Rs. T-523/10 (Interkobo), Urt. v. 27.6.2012, noch nicht in Slg, Rn 83; ähnlich auch EuGH, Rs. C-82/98 P, (Kögler), Slg 2000, I-3855, Rn 33.

154 Vgl EuGH, C-519/07 P (Koninklijke), Slg 2009, I-8495, Rn 84; EuGH, Rs. C-335/09 P (Polen/Kommission), Urt. v. 26.6.2012, noch nicht in Slg, Rn 180.

155 Vgl EuGH, Rs. C-225/09 (Jakubowska), Slg 2010, I-12329, Rn 42.

156 Vgl *Frenz*, EuR 2008, 468, 486.

157 Vgl EuGH, Rs. 424 u. 425/85 (Frico), Slg 1987, 2755, Rn 33; EuGH, Rs. C-63/93 (Duff), Slg 1996, I-569, Rn 20; EuGH, Rs. C-241/95 (Accrington Beef), Slg 1996, I-6699, Rn 33; EuGH, Rs. C-22/94 (Irish Farmers), Slg 1997, I-1809, Rn 25; EuGH, Rs. C-310/04 (Spanien/Rat: Baumwollbeihilfe), Slg 2006, I-7285, Rn 81 ff.

158 Vgl zB EuGH, Rs. 120/86 (Mulder I), Slg 1988, 2321, Rn 26 f; EuGH, Rs. 170/86 (von Deetzen), Slg 1988, 2355, Rn 15 f.

159 Der EuGH differenziert zwar nicht explizit, aber doch in der Sache zwischen rechtmäßigen Unionsverwaltungsakten (Widerruf) und rechtswidrigen Unionsverwaltungsakten (Rücknahme). Grundlegend zu dieser Thematik *Lübbig*, EuZW 2003, 233, 234 ff.

160 Vgl *Nettesheim*, in: Oppermann/Classen/Nettesheim, Europarecht, § 12 Rn 14.

161 Vgl *H. Müller*, Die Aufhebung von Verwaltungsakten unter dem Einfluss des Europarechts, 2000, S. 138 f; *Lübbig*, EuZW 2003, 233, 236.

Verwaltungsakte grundsätzlich aus;[162] ausnahmsweise kann der Vertrauensschutz sogar der Rücknahme rechtswidriger begünstigender Verwaltungsakte entgegenstehen.[163] Dementsprechend akzeptiert es der EuGH auch, wenn mitgliedstaatliche Vorschriften mit Vertrauensschutzcharakter die Rückforderung unionsrechtlich geregelter Beihilfen verhindern, die von den für die Vergabe zuständigen Mitgliedstaaten unter Nichteinhaltung der einschlägigen sekundärrechtlichen Voraussetzungen an Unternehmen gewährt worden sind.[164] Mitgliedstaatlicher Vertrauensschutz kann indessen nicht gegen die Verpflichtung der Mitgliedstaaten zur Rückforderung jener Beihilfen ins Feld geführt werden, die die Mitgliedstaaten von sich aus unter Missachtung des grundsätzlichen Verbots autonomer Beihilfen sowie der entsprechenden Melde- und Wartepflichten nach Art. 107 f AEUV an Unternehmen gewährt haben.[165] Insoweit kommt der Sicherung des primärrechtlichen Systems der Beihilfenkontrolle Vorrang vor mitgliedstaatlichen Umgehungsversuchen zu.[166] Darüber hinaus hat selbst schutzwürdiges Vertrauen Einzelner hinter überwiegenden öffentlichen Interessen zurückzutreten; gegebenenfalls ist dann aber den Einzelnen die Anpassung durch Übergangsmaßnahmen zu erleichtern.[167] Schließlich vermag der unionsrechtliche Grundsatz des Vertrauensschutzes sich auch auf die **zeitliche Wirkung von Urteilen der Unionsgerichtsbarkeit** auszuwirken. So müssen nationale Gerichte die Rechtsprechung des EuGH auch auf Rechtsverhältnisse anwenden, die vor Erlass eines auf das Ersuchen um Auslegung ergangenen Urteils entstanden sind.[168] Eine Beschränkung für solche in gutem Glauben begründeten Rechtsverhältnisse ist in Anbetracht des Vertrauensschutzes nur dann zulässig, wenn zwei grundlegende Kriterien erfüllt sind: der gute Glaube des Betroffenen hinsichtlich der als gültig betrachteten Regelung und die Gefahr schwerwiegender Störungen.[169]

IV. Verhältnismäßigkeit

43 Wegen seiner systematischen Verbindung zum Subsidiaritätsprinzip erscheint das Verhältnismäßigkeitsprinzip im Vertrag zunächst als Regulativ föderativer Kompetenzverteilung.[170] Seine Bedeutung für das Unionsrecht reicht aber weit darüber hinaus. In diesem Sinne verweist der EuGH darauf, „dass nach dem Grundsatz der Verhältnismäßigkeit, der zu den allgemeinen Grundsätzen des Gemeinschaftsrechts gehört, die Handlungen der Gemeinschaftsorgane nicht die Grenzen dessen überschreiten dürfen, was zur Erreichung der mit der fraglichen Regelung zulässigerweise verfolgten Ziele geeignet und erforderlich ist, wobei, wenn mehrere geeignete Maßnahmen zur Auswahl stehen, die am wenigsten belastende zu wählen ist und die verursachten Nachteile nicht außer

162 Vgl EuGH Rs. 7/56 u. 3 – 7/57 (Algera), Slg 1957, 83, 117 f.

163 Vgl schon EuGH, Rs. 7/56 u. 3 – 7/57 (Algera), Slg 1957, 83, 118 f; ferner zB EuGH, Rs. 111/63 (Lemmerz), Slg 1965, 893, 911; EuGH, Rs. 54/77 (Herpels), Slg 1978, 585, Rn 37/41; EuGH, Rs. 14/81 (Alpha Steel), Slg 1982, 749; EuGH, Rs. 15/85 (Consorzio Cooperative d'Abruzzo), Slg 1987, 1005, Rn 12; EuGH, Rs. C-90/95 P (de Compte), Slg 1997, I-1999, Rn 35; EuGH, Rs. C-500/99 P (Conserve Italia), Slg 2002, I-867, Rn 90; EuG, Rs. T-251/00 (Lagardère), Slg 2002, II-4825, Rn 139 f. Vgl auch allg. *Schwarze*, Europäisches Verwaltungsrecht, S. 949 ff.

164 Vgl zB EuGH, Rs. 265/78 (Ferwerda), Slg 1980, 617, Rn 17; EuGH, Rs. 205 – 215/82 (Deutsche Milchkontor), Slg 1983, 2633, Rn 30 ff; EuGH, Rs. C-366/95 (Steff-Houlberg), Slg 1998, I-2661; EuGH, Rs. C-298/96 (Ölmühle), Slg 1998, I-4767; EuGH, Rs. C-158/06 (Stichting ROM-projecten), Slg 2007, I-5103, Rn 23 ff.

165 Vgl EuGH, Rs. 24/95 (Alcan II), Slg 1997, I-1591; EuGH, Rs. C-346/03 (Atzeni), Slg 2006, I-1875, Rn 64 f; EuGH, Rs. C-119/05 (Lucchini), Slg 2007, I-6199.

166 Vgl dazu *Scheuing*, Die Verwaltung 2001, 107, 123 ff; *Geiss*, Rechtsstaatliche Grundsätze im Beihilferecht der Europäischen Gemeinschaft, 2001, S. 162 ff. Auch ein Konflikt zwischen der Rechtskraft innerstaatlicher Gerichtsentscheidungen und der Wirksamkeit des unionalen Beihilferechts ist im Regelfall zugunsten der Unionsrechtsordnung aufzulösen, vgl zB *Germelmann*, EWS 2007, 392, 397 f; *Rennert*, DVBl 2007, 400, 406; *Schmahl/Köber*, EuZW 2010, 927, 928 f.

167 Vgl zB EuGH, Rs. C-182/03 u. C-217/03 (Belgien u. Forum 187 ASBL/Kommission), Slg 2006, I-5479, Rn 148 f, 163 ff.

168 EuGH, Rs. C-338/11 u.a. (Santander Asset Management), Urt. v. 10.5.2012, noch nicht in Slg, Rn 58.

169 *EuGH, C-525/11 (Mednis), Urt. v. 18.10.2012*, noch nicht in Slg, Rn 42 f.

170 Vgl Art. 5 Abs. 4 EUV sowie *Streinz*, in: ders. (Hrsg.), EUV/AEUV, Art. 5 Rn 41 ff. Eingehend zur kompetenzrechtlichen Bedeutung des Verhältnismäßigkeitsgrundsatzes, auch mit Hinweisen auf einschlägige EuGH-Judikatur, *Saurer*, JZ 2014, 281, 283 ff.

Verhältnis zu den angestrebten Zielen stehen dürfen."[171] Der unionsrechtliche Verhältnismäßigkeitsgrundsatz ist somit ein **selbstständiger rechtsstaatlicher Maßstab** für die Überprüfung belastender primär- und sekundärrechtlicher Maßnahmen in vier Stufen: Verfolgung eines zulässigen Ziels, Eignung, Erforderlichkeit und Verhältnismäßigkeit im engeren Sinne (Angemessenheit, Zumutbarkeit). Im Gegensatz zum deutschen Pendant stellt allerdings nicht die Prüfung der Angemessenheit regelmäßig den Schwerpunkt der Verhältnismäßigkeitskontrolle dar; vielmehr bilden die Stufen der Geeignetheit und Erforderlichkeit die „traditionellen Kernpunkte" der Verhältnismäßigkeitsprüfung des Gerichtshofs.[172] Zunehmend hat der EuGH seine Verhältnismäßigkeitsüberlegungen integriert in Grundfreiheitsprüfungen[173] oder Grundrechtsprüfungen;[174] dementsprechend lässt auch die Grundrechtecharta nunmehr ausdrücklich Grundrechtseinschränkungen nur „unter Wahrung des Grundsatzes der Verhältnismäßigkeit" zu.[175] Bei der Durchführung der Verhältnismäßigkeitskontrolle gegenüber den Unionsorganen übt der EuGH zur Schonung ihrer Handlungsspielräume im Übrigen deutliche Zurückhaltung, soweit es um wirtschaftspolitische Regelungen geht.[176] Hier lässt er etwa für die Eignung genügen, dass bei einer ex-ante-Betrachtung die Regelung nicht als offensichtlich ungeeignet erscheinen musste.[177] Nur selten bejaht er die Unverhältnismäßigkeit wirtschaftspolitischer Unionsregelungen.[178] Strenger zeigt sich der EuGH gegenüber mitgliedstaatlichem Handeln im Anwendungsbereich des Unionsrechts. Beispielsweise hat er mitgliedstaatliche Systeme vorheriger Genehmigung für das Handeln Privater als zur Erreichung zulässiger Ziele zwar geeignet, aber nicht erforderlich angesehen, weil weniger einschneidende Regelungen ausgereicht hätten.[179]

---

171 EuGH, Rs. C-310/04 (Spanien/Rat: Baumwollbeihilfe),Slg 2006, I-7285, Rn 97. Vgl auch schon zB EuGH, Rs. 279/84 u.a. (Rau), Slg 1987, 1069, Rn 34; EuGH, Rs. 265/87 (Schräder), Slg 1989, 2237, Rn 21; EuGH, Rs. C-368/96 (Generics), Slg 1998, I-7967, Rn 66; EuGH, Rs. C-189/01 (Jippes), Slg 2001, I-5689, Rn 81; EuGH, Rs. C-210/00 (Käserei Champignon Hofmeister), Slg 2002, I-6453, Rn 59; EuGH, Rs. C-171/03 (Toeters), Slg 2004, I-10945, Rn 51; EuGH, Rs. C-58/08 u.a. (Vodafone), Slg 2010, I-4999, Rn 51; EuGH, Rs. C-380/09 P. (Melli Bank), Urt. v. 13.3.2012, noch nicht in Slg, Rn 52. Vgl ferner allg. *O. Koch*, Der Grundsatz der Verhältnismäßigkeit in der Rechtsprechung des Gerichtshofs der Europäischen Gemeinschaften, 2003, S. 158 ff; *Lecheler*, in: Merten/Papier (Hrsg.), Band VI/1, § 158 Rn 29 ff; *Mayer*, in: Grabitz/Hilf/Nettesheim (Hrsg.), Recht der EU, nach Art. 6 EUV, Rn 403 ff; *Schwarze*, Europäisches Verwaltungsrecht, S. LXXIV ff, 690 ff; *ders.*, in: FS Rengeling, 2008, S. 633 ff.

172 Vgl allg. *Heinsohn*, Der öffentlich-rechtliche Grundsatz der Verhältnismäßigkeit, 1997, S. 105; *Emmerich-Fritsche*, Der Grundsatz der Verhältnismäßigkeit als Direktive und Schranke der EG-Rechtsetzung, 2000, S. 211 ff; *Kischel*, EuR 2000, 380, 383 f. In verschiedenen Fällen nimmt der EuGH zudem schon bei der Geeignetheitsprüfung eine Ausblancierung widerstreitender Belange und eine Kohärenzprüfung vor, vgl zB EuGH, Rs. C-243/01 (Gambelli), Slg 2003, I-13031, Rn 67; dazu *Schmahl*, in: FS Scheuing, 2011, 671, 680 f.

173 Vgl dazu die „Gebhard-Formel" in: EuGH, Rs. C-55/94 (Gebhard), Slg 1995, I-4165, Rn 37; vgl ferner zB EuGH, Rs. C-88/07 (Kommission/Spanien: Arzneimittel), Slg 2009, I-1353, Rn 88; EuGH, Rs. C-438/08 (Kommission/Portugal: Fahrzeuguntersuchungen), Slg 2009, I-10219, Rn 46 ff; EuGH, Rs. C-311/08 (SGI), Slg 2010, I-487, Rn 56 ff; EuGH, Rs. C-325/08 (Bernard), Slg 2010, I-2177, Rn 45 ff.

174 Vgl dazu schon die Grundrechtsschrankenformel des EuGH in: EuGH, Rs. C-62/90 (Kommission/Deutschland: Arzneimitteleinfuhren), Slg 1992, I-2575, Rn 23. Mit Blick auf Art. 52 GRC nun auch EuGH, C-379/08 u.a. (ERG), Slg 2010, I-2007, Rn 86; EuGH, Rs. C-92/09 u.a. (Schecke), Slg 2010, I-11063, Rn 65. Eingehend *Jarass*, Charta der Grundrechte der EU, 2. Aufl. 2013, Art. 52 Rn 35 ff.

175 Art. 52 Abs. 1 GRC. Krit. zum Schutzpotential *Cornils*, in: Grabenwarter (Hrsg.), EnzEuR, Bd. 2, 2014, § 5 Rn 107-112.

176 Krit. dazu zB *von Danwitz*, Europäisches Verwaltungsrecht, S. 350.

177 Vgl zB EuGH, Rs. C-133/93, C-300/93 u. C-362/93 (Crispoltini), Slg 1994, I-4863, Rn 43 f; EuGH, Rs. C-280/93 (Deutschland/Rat: Bananenmarktordnung), Slg 1994, I-4973, Rn 90; EuGH, Rs. C-233/94 (Deutschland/Parlament und Rat: Einlagensicherungssysteme), Slg 1997, I-2405, Rn 56; EuGH, Rs. C-189/01 (Jippes), Slg 2001, I-5689, Rn 82; EuGH, Rs. C-344/04 (IATA), Slg 2006, I-403, Rn 80; EuGH, Rs. C-380/03 (Deutschland/Parlament und Rat: Tabakwerberichtlinie), Slg 2006, I-11573, Rn 145; EuGH, Rs. C-34/08 (Azienda Agricola Disarò Antonio Slg 2009, I-4023, Rn 76; EuGH, Rs. C-33/08 (Agrana Zucker), Slg 2009, I-5035, Rn 32.

178 Beispiele: EuGH, Rs. 114/76 (Bela-Mühle), Slg 1977, 1211; EuGH, Rs. 122/78 (Buitoni), Slg 1979, 677; EuGH, Rs. C-296/94 (Pietsch), Slg 1996, I-3409; EuGH, Rs. C-453/03 u.a. (ABNA), Slg 2005, I-10423, Rn 85; EuGH, Rs. C-310/04 (Spanien/Rat: Baumwollbeihilfe), Slg 2006, I-7285, Rn 135 f.

179 Vgl zB EuGH, Rs. C-165/94 u. C-250/94 (Sanz de Lera), Slg 1995, I-4821, Rn 23 ff; EuGH, Rs. C-302/97 (Konle), Slg 1999, I-3099, Rn 44 ff.

V. Faires Verfahren und Verteidigungsrechte

44 Wichtige Ausprägungen der Rechtsstaatlichkeit im Unionsrecht sind die in Anlehnung an EMRK-Gewährleistungen entwickelten Verfahrensanforderungen, die als allgemeine Rechtsgrundsätze den Einzelnen **faire Verwaltungs- und Gerichtsverfahren** garantieren sollen.[180] Bezogen auf die Verwaltung, bezeichnen die Unionsgerichte seit langem etliche dieser Anforderungen als Grundsätze einer „guten Verwaltungsführung" oder einer „ordnungsgemäßen Verwaltung"[181] und haben die Kommission auch schon wegen Missachtung dieser Grundsätze zum Schadensersatz verurteilt.[182] Art. 41 GRC normiert jetzt seinerseits ein entsprechendes „Recht auf eine gute Verwaltung".[183] Obgleich diese Vorschrift die Mitgliedstaaten nicht unmittelbar adressiert,[184] wird im Blick auf den in ihr enthaltenen Gedanken den Verfahrensrechten nunmehr auch in Deutschland eine über ihren bisherigen Stellenwert hinausgehende Bedeutung zugewiesen.[185]

45 Die gebotene Fairness erfordert gleichzeitig die **Wahrung der Verteidigungsrechte Betroffener** in Verfahren, die zu Sanktionen führen können. Dieses Erfordernis bildet dem EuGH zufolge einen eigenständigen allgemeinen Rechtsgrundsatz, der auch in Verwaltungsverfahren beachtet werden muss.[186]

1. Unparteilichkeit

46 Das **Gebot der Unparteilichkeit** gilt in Verwaltungs- und Gerichtsverfahren.[187] Danach muss die jeweilige Entscheidungsinstanz unparteiisch besetzt sein.[188] Auch hat die Verwaltungs- oder Gerichtsinstanz in jedem Einzelfall alle relevanten Gesichtspunkte sorgfältig und unvoreingenommen zu untersuchen.[189] Deshalb darf beispielsweise die Kommission bei ihrer Entscheidung über die Zollbefreiung für ein wissenschaftliches Gerät nicht schlicht der Empfehlung eines Gremiums folgen, das seinerseits nicht über den nötigen technischen Sachverstand verfügt und auch keinen unabhängigen sachverständigen Rat eingeholt hat.[190]

---

180 Vgl dazu u.a. die Überblicke bei *Alber*, in: Tettinger/Stern (Hrsg.), Art. 47 Rn 53 ff; *Gundel*, in: Ehlers (Hrsg.), Europäische Grundrechte, S. 689 ff; *Pabel*, in: Grabenwarter, EnzEuR, Bd. 2, § 19 Rn 18 ff; *Schwarze* in: FS Rodríguez Iglesias, S. 147, 158 ff, und *ders.*, Europäisches Verwaltungsrecht, S. LI ff, 1135 ff; *Szczekalla*, in: Rengeling (Hrsg.), S. 298 ff.

181 Vgl zB EuGH, Rs. 56 u. 58/64 (Consten), Slg 1966, 321, 395 f; EuGH, Rs. 55/70 (Reinarz), Slg 1971, 379, Rn 18; EuGH, Rs. 179/82 (Lucchini), Slg 1983, 3083, Rn 27; EuGH, Rs. C-255/90 P (Burban), Slg 1992, I-2253, Rn 7; EuG, Rs. T-514/93 (Cobrecaf), Slg 1995, II-621, Rn 70; EuGH, Rs. C-367/95 P (Sytraval), Slg 1998, I-1719, Rn 62; EuG, Rs. T-95/96 (Gestevisión Telecinco), Slg 1998, II-3407, Rn 72; EuGH, Rs. C-170/02 P (Schlüsselverlag), Slg 2003, I-9889, Rn 29; EuGH, Rs. C-141/08 P (Foshan Shunde Yongjian), Slg 2009, I-9147, Rn 80, 111.

182 EuG, Rs. T-178/98 (Fresh Marine), Slg 2000, II-3331; EuGH, Rs. C-472/00 P (Fresh Marine), Slg 2003, I-7541.

183 Vgl Art. 41 GRC und dazu zB *Galetta/Grzeszick*, in: Tettinger/Stern (Hrsg.), Art. 41; *Heselhaus*, in: Heselhaus/Nowak (Hrsg.), S. 1552 ff; *Kadelbach*, EuR 2002, Beiheft 2, 17 f; *Magiera*, in: Meyer (Hrsg.), Art. 41; *Rengeling/Szczekalla*, S. 885 ff.

184 Vgl *Magiera*, in: Meyer (Hrsg.), Art 41 Rn 9; *Ruffert*, in: Calliess/Ruffert (Hrsg.), Art. 41 GRC Rn 9.

185 Dazu vgl *Terhechte*, in: ders. (Hrsg.), Verwaltungsrecht der EU, § 7 Rn 26.

186 Vgl EuGH, Rs. C-176/99 P (ARBED), Slg 2003, I-10687, Rn 19. Vgl ferner zB EuGH, Rs. C-511/06 P (Archer Daniels Midland), Urt. v. 9.7.2009, Slg 2009, I-5843, Rn 84 f; EuGH, Rs. C-322/07 P u.a. (Koehler), Urt. v. 3.9.2009, Slg 2009, I-7191, Rn 34 ff; dazu *Freund*, EuZW 2009, 839 ff. Vgl auch allg. *Mader*, Verteidigungsrechte im Europäischen Gemeinschaftsverwaltungsverfahren, 2006; *von Danwitz*, Europäisches Verwaltungsrecht, S. 214 mwN.

187 Vgl jetzt Art. 41 Abs. 1 und Art. 47 Abs. 2 GRC.

188 Vgl EuGH, Rs. C-506/04 (Wilson), Slg 2006, I-8613, Rn 58.

189 EuGH, Rs. C-255/90 P (Burban/EP), Slg 1992, I-2253, Rn 7; EuG, Rs. T-73/95 (Oliveira/Kommission), Slg 1997, II-381, Rn 32; Rs. T-231/97 (New Europe Consulting und Brown/Kommission), Slg 1999, II-2403, Rn 41. *Gestützt auf Art. 41 GRC: EuGH*, Rs. C-232/02 P (R) (Kommission/Technische Glaswerke Ilmenau), Slg 2002, I-8977, Rn 85.

190 Vgl EuGH, Rs. C-269/90 (TU München), Slg 1991, I-5469, Rn 14 ff. Vgl ferner zB EuGH, Rs. C-16/90 (Nölle), Slg 1991, I-5163, Rn 35 ff, und EuG, Rs. T-167/94 (Nölle), Slg 1995, II-2589, Rn 73.

2. Angemessene Verfahrensdauer

Verwaltungs- und Gerichtsverfahren sind nur dann rechtsstaatlich akzeptabel, wenn sie sich nicht zu sehr in die Länge ziehen.[191] Unter Berufung auf die Rechtsprechung des EGMR hat der EuGH aus dem Anspruch auf ein faires Verfahren ausdrücklich das Gebot der angemessenen Verfahrensdauer abgeleitet.[192] Wann freilich der sich hieraus ergebende **Grundsatz angemessener Verfahrensdauer** verletzt ist, lässt sich nicht generell sagen. Vielmehr bedarf es hierfür jeweils einer Einzelfallbeurteilung unter Berücksichtigung der konkret auf dem Spiel stehenden Interessen, der Komplexität der Probleme und des Verhaltens der Beteiligten.[193] Je nach Sachlage können auch mehrjährige Verwaltungs- und Gerichtsverfahren noch als angemessen zu beurteilen sein.[194] Als unangemessen hat der EuGH es jedoch gewertet, dass bei einem Verfahren vor dem EuG zwischen dem Abschluss des schriftlichen Verfahrens und der Entscheidung, die mündliche Verhandlung zu eröffnen, rund 32 Monate sowie zwischen dem Ende der mündlichen Verhandlung und der Urteilsverkündung weitere 22 Monate verstrichen waren; zum Ausgleich hat er die strittige kartellrechtliche Geldbuße um 50.000 ECU herabgesetzt.[195] In einem weiteren Fall, in dem das Verfahren vor dem EuG ungefähr fünf Jahre und zehn Monate dauerte, hat der EuGH auch diese Verfahrenslänge als ungerechtfertigt angesehen und hinsichtlich der Rechtsfolgen auf die Möglichkeit einer Schadensersatzklage gegen die Union wegen Verstoßes gegen den Grundsatz angemessener Verfahrensdauer verwiesen.[196] Beim Erlass von Rechtsakten stellt hingegen die überlange Verfahrensdauer für sich genommen keinen Nichtigkeitsgrund im Sinne des Art. 263 AEUV wegen Verstoßes gegen den Grundsatz der Rechtssicherheit dar.[197] 47

3. Rechtliches Gehör

Seit langem ist der ungeschriebene rechtsstaatliche **Anspruch auf rechtliches Gehör** ein weiterer fundamentaler Grundsatz des Unionsrechts;[198] nunmehr umfasst auch die Grundrechtecharta entsprechende Gewährleistungen.[199] Der Anspruch gibt dem Einzelnen das Recht, seinen Standpunkt in tatsächlicher und rechtlicher Hinsicht in sachdienlicher Weise vorzutragen, bevor ihm gegenüber eine nachteilige Verwaltungs- oder Gerichtsentscheidung erlassen wird.[200] Dabei muss die Beschwer nicht rechtlicher Natur sein; es genügt auch die Verweigerung einer Begünstigung wie etwa einer Zollbefreiung.[201] Besonderes Gewicht kommt dem rechtlichen Gehör zu, soweit für den 48

191 Vgl dazu jetzt für Verwaltungsverfahren Art. 41 Abs. 1 und für Gerichtsverfahren Art. 47 Abs. 2 GRC.

192 Vgl EuGH, Rs. C-185/95 (Baustahlgewerbe/Kommission), Slg 1998, I-8417, Rn 20 f. Vgl jüngst auch EuGH, Rs. C-58/12 P (Groupe Gascogne), Urt. v. 26.11.2013, noch nicht in Slg, Rn 72.

193 Vgl EuGH, Rs. C-238/99 P, C-244/99 P u.a. (Limburgse Vinyl), Slg 2002, I-8375, 8383 LS 8, 8685 Rn 187; EuGH, Rs. C-403/04 P (Sumitomo Metal Industries), Slg 2007, I-729, Rn 116 ff; EuGH, Rs. C-120/06 P (Montecchio Technologies), Slg 2008, I-6513, Rn 212; EuGH, Rs. C-58/12 P (Groupe Gascogne), Urt. v. 26.11.2013, noch nicht in Slg, Rn 86. Damit greift der EuGH auf die vom EGMR entwickelten Kriterien zurück, vgl grundlegend EGMR, 29.5.1986 (Deumeland), NJW 1989, 652, Rn 78 ff.

194 Vgl EuGH, Rs. C-238/99 P, C-244/99 P u.a. (Limburgse Vinyl), Slg 2002, I-8375, 8697 Rn 229 ff; EuGH, Rs. C-322/07 P u.a. (Koehler), Slg 2009, I-7191, Rn 144 ff.

195 Vgl EuGH, Rs. C-185/95 P (Baustahlgewebe), Slg 1998, 8417, Rn 48 und 141.

196 Vgl EuGH, Rs. C-385/07 P (DSD), Slg 2009, I-6155, Rn 183 und 195. Aus jüngerer Zeit vgl auch EuGH, Rs. C-460/09 P (Inalca und Cremonini), Urt. v. 28.2.2103, noch nicht in Slg, Rn 130; EuGH, Rs. C-58/12 P (Groupe Gascogne), Urt. v. 26.11.2013, noch nicht in Slg, Rn 82 f; dazu *Scheel*, EuZW 2014, 138, 140 f.

197 Vgl EuG, Rs. T-81/95 (Interhotel/Kommission), Slg 1997, II-1265, Rn 66.

198 Vgl EuGH, Rs. 32/62 (Alvis), Slg 1963, 107, 123 f; EuGH, Rs. 17/74 (Transocean Marine Paint), Slg 1974, 1063, Rn 15; EuGH, Rs. 85/76 (Hoffmann-La Roche), Slg 1979, 461, Rn 9; EuGH, Rs. 322/81 (Michelin), Slg 1983, 3461, Rn 7; EuGH, Rs. 40/85 (Belgien/Kommission: Kapitalbeteiligung), Slg 1986, 2321, Rn 28. Vgl eingehend dazu *Nöhmer*, Das Recht auf Anhörung im europäischen Verwaltungsverfahren, 2013.

199 Vgl dazu Art. 41 Abs. 2 Buchst. a und Art. 47 Abs. 2 GRC.

200 Vgl zB EuGH, Rs. C-240/03 P (Comunità montana della Valnerina), Slg 2006, I-731, Rn 129. Eingehend jüngst EuGH, Rs. C-584/10 P u.a. (Kadi II), Urt. v. 18.7.2013, noch nicht in Slg, Rn 111 ff, mwN.

201 Vgl EuGH, Rs. C-269/90 (TU München), Slg 1991, I-5469, Rn 14 und 23 ff. Dies gilt auch in gestuften Verwaltungsverfahren vgl *Gundel*, in: Ehlers (Hrsg.), Europäische Grundrechte, § 20 Rn 61 ff; *Kahl*, DVBl 2012, 602, 603 f.

Erlass der Entscheidung ein Handlungsspielraum besteht,[202] spezifischer Sachverstand gefordert ist[203] oder die Entscheidung Sanktionscharakter hat.[204] In kartellrechtlichen Verfahren kann auch die qualifizierte Verfahrensstellung Dritter eine Anhörungspflicht begründen.[205] Gewahrt ist das rechtliche Gehör nur, wenn der Betroffene ausreichend Zeit zur Vorbereitung seiner Stellungnahme hatte;[206] dies gilt insbesondere in Bezug auf die von der Gegenseite vorgelegten Beweismittel.[207] Ein Recht zur Abgabe von Stellungnahmen zu den Schlussanträgen des Generalanwalts besteht indes nicht, da diese die Phase der Erörterung des Gerichtshofs eröffnen.[208] Ferner darf die spätere Entscheidung nur auf Gesichtspunkte gestützt werden, die auch Gegenstand der Anhörung waren.[209]

4. Akteneinsicht

49 Zur Wahrung des rechtlichen Gehörs und der Verteidigungsrechte hat der EuGH außerdem ein **Akteneinsichtsrecht Betroffener in Verwaltungs- und Gerichtsverfahren** als allgemeinen Rechtsgrundsatz des Unionsrechts anerkannt.[210] Die Grundrechtecharta weist nunmehr ein entsprechendes Recht als Bestandteil des Rechts auf eine gute Verwaltung aus.[211] Die Akteneinsicht ist jeweils dem Betroffenen selbst oder seinem Rechtsvertreter zu gewähren.[212] Dadurch unterscheidet es sich von dem Recht auf Dokumentenzugang, das auf die Herstellung einer allgemeinen Verwaltungsöffentlichkeit zielt.[213] Beim Akteneinsichtsrecht zugänglich zu machen sind nicht nur Dokumente, die den Betroffenen belasten, sondern auch solche, die ihn entlasten.[214] Die Einsichtnahme darf zwar aus Gründen der Vertraulichkeit personenbezogener Daten oder zur Wahrung von Geschäftsgeheimnissen verweigert werden;[215] dann darf aber die zu erlassende Entscheidung nicht auf die vorenthaltenen Informationen gestützt werden.[216] Während sich die Geheimhaltungsbedürftigkeit nach objektiven Kriterien bestimmt, wird das konkrete Schutzniveau durch eine Einzelfallabwägung ermittelt, die das Akteneinsichtsrecht nicht in seinem Kern aushöhlen darf.[217] Verletzt die Kommission das Recht auf Akteneinsicht und beeinträchtigt sie damit die Verteidigungsrechte des Betroffenen, so kann dies die Nichtigerklärung der daraufhin getroffenen Kommissionsentscheidung nach sich ziehen; der Rechtsfehler wird dann durch spätere Einsichtnahme des Betroffenen im

---

202 Vgl EuGH, Rs. 19/70 (Almini), Slg 1971, 623, Rn 8/11; EuG, Rs. T-167/94 (Nölle), Slg 1995, II-2589, Rn 73.

203 Vgl EuGH, Rs. C-269/90 (TU München), Slg 1991, I-5469, Rn 22 ff.

204 Vgl EuGH, Rs. 85/76 (Hoffmann-La Roche), Slg 1979, 461, Rn 9.

205 Vgl EuG, Rs. T-170/06 (Alrosa), Slg 2007, II-2601, Rn 191 ff; vgl auch *Kahl*, DVBl 2012, 602, 606; *Schwarze*, DVBl 2010, 1325, 1327. Einschränkend indes EuGH, Rs. C-441/07 (Alrosa), Slg 2010, I-5945, Rn 88 ff.

206 Vgl EuGH, Rs. 115/80 (Demont), Slg 1981, 3147, Rn 5; EuGH, Rs. C-349/07 (Sopropé), Slg 2008, I-10369, Rn 37.

207 Vgl EuGH, verb. Rs. C-42/59 und C-49/59 (SNUPAT), Slg 1961, 101, 169; EuGH, Rs. C-276/01 (Deutschland/Joachim Steffensen), Slg 2003, I-3735 Rn 77.

208 Vgl EuGH, Rs. C-17/98 (Emesa Sugar), Slg 2000, I-665, Rn 13 f; dazu auch *Gundel*, in: Ehlers (Hrsg.), Europäische Grundrechte, § 20 Rn 40.

209 Vgl EuGH, Rs. 85/76 (Hoffmann-La Roche), Slg 1979, 461, Rn 9.

210 Vgl zB EuGH, Rs. 322/81 (Michelin), Slg 1983, 3461, Rn 5 ff; EuGH, Rs. 53/85 (Akzo Nobel), Slg 1986, 1965, Rn 28; EuG, Rs. T-39/91 (Solvay), Slg 1995, II-1775 Rn 83; EuGH, Rs. C-238/99 P u.a. (Limburgse Vinyl), Slg 2002, I-8375, 8719 Rn 315 ff; EuGH, Rs C-204/00 P u.a. (Aalborg), Slg 2004, I-123, Rn 68 ff.

211 Vgl Art. 41 Abs. 2 Buchst. b GRC; dazu zB *Nehl*, in: Heselhaus/Nowak (Hrsg.), S. 1468 ff.

212 Vgl zB EuGH, Rs. 115/80 (Demont), Slg 1981, 3147, Rn 6 ff.

213 Vgl *Ruffert*, in: Calliess/Ruffert (Hrsg.), Art. 41 GRC Rn 16; *Voet van Vormizeele*, in: Schwarze (Hrsg.), EU-Kommentar, Art. 41 GRC Rn 9. Zur Unterscheidung vgl jüngst auch EuGH, Rs. C-576/12 P (Jurašinovi), Urt. v. 28.11.2013, noch nicht in Slg, Rn 22-30.

214 Vgl zB EuG, Rs. T-30/91 (Solvay), Slg 1995, II-1775, Rn 81 ff; EuG, Rs. T-36/91 (ICI), Slg 1995, II-1847, Rn 91 ff; übernommen in Art. 27 Abs. 2 der VO (EG) Nr. 1/2003 (Fn 120). Vgl ferner zB EuGH, Rs. C-204/00 P u.a. (Aalborg), Slg 2004, I-123, Rn 68.

215 Vgl EuG, Rs. T-48/05 (Franchet und Byk), Slg 2008, II-1585, Rn 257.

216 Vgl zB EuGH, Rs. 85/76 (Hoffmann-La Roche), Slg 1979, 461, Rn 14; EuGH, Rs. 107/82 (AEG), Slg 1983, 3151, Rn 24; EuGH, Rs. C-49/88 (Al-Jubail Fertilizer), Slg 1991, I-3187 Rn 14 ff; EuGH, Rs. C-204/00 P u.a. (Aalborg), Slg 2004, I-123, Rn 71.

217 Vgl *Lais*, ZEuS 2002, 447, 468; *Ruffert*, in: Calliess/Ruffert (Hrsg.), Art. 41 GRC Rn 16.

Gerichtsverfahren nicht geheilt.[218] Wegen dieser speziellen Rechtsfolgen kommt dem Akteneinsichtsrecht Betroffener neben dem inzwischen gefestigten Recht der Öffentlichkeit auf Zugang zu Dokumenten der Unionsorgane[219] weiterhin Bedeutung zu.

5. Verbot eines Zwangs zur Selbstbelastung

Zu den Verteidigungsrechten in einem fairen Verfahren rechnet der EuGH auch das ungeschriebene **Recht Betroffener, sich nicht selbst belasten zu müssen** („*nemo tenetur se ipsum accusare*").[220] Dieses Recht können etwa Unternehmen kartellrechtlichen Auskunftsverlangen der Kommission entgegensetzen.[221] Letzlich erkennt der Gerichtshof jedoch im Interesse der Wirksamkeit solcher Auskunftsverlangen nur ein sehr begrenztes Auskunftsverweigerungsrecht wegen drohender Selbstbelastung an.[222] So muss ein Unternehmen auf verbindliches Verlangen der Kommission hin Auskünfte über ihm eventuell bekannte Tatsachen erteilen und in seinem Besitz befindliche Unterlagen herausgeben, selbst wenn diese Tatsachenmitteilungen und Unterlagen gegen das Unternehmen verwandt werden können. Das Unternehmen darf lediglich von der Kommission nicht dazu gezwungen werden, „Antworten zu erteilen, durch die es das Vorliegen einer Zuwiderhandlung eingestehen müsste, für die die Kommission den Beweis zu erbringen hat."[223] Einen über ein solches „Geständnisverweigerungsrecht"[224] hinausgehenden Schutz vor Selbstbelastung hat der EuGH zwar zwischenzeitlich erwogen,[225] dann aber nicht vollzogen.[226] Wenn die Kommission daher Anhaltspunkte für die Beteiligung eines Unternehmens an wettbewerbswidrigen Absprachen hat, so kann sie das Unternehmen durchaus zur Vorlage vorhandener Dokumente über Gegenstand und Ablauf entsprechender Treffen mit anderen Unternehmen und vorhandener Schriftstücke über die Ergebnisse oder Schlussfolgerungen solcher Treffen zwingen;[227] sie darf das Unternehmen allerdings nicht dazu verpflichten, ihr Gegenstand und Ergebnis dieser Treffen selbst zu schildern und so die eigene Teilnahme an wettbewerbsrechtlichen Verstößen zuzugeben.[228] 50

6. Schutz der Rechtsberatung und Rechtsvertretung

Die Verteidigungsrechte Betroffener erfordern nach Ansicht des EuGH schließlich einen besonderen Schutz der Rechtsberatung und Rechtsvertretung. Die Beratungs-, Verteidigungs- und Vertre- 51

218 Vgl EuGH, Rs. C-238/99 P u.a. (Limburgse Vinyl), Slg 2002, I-8375, 8385 f LS 13, 8720 Rn 315 f. Vgl auch EuGH, verb. Rs. C-204/00 u.a. (Aalborg Portland u.a.), Slg 2004, I-123 Rn 68 ff.

219 Siehe dazu oben Rn 21.

220 Vgl insbesondere EuGH, Rs. 374/87 (Orkem), Slg 1989, 3283, Rn 18 ff. Auch die EMRK enthält kein ausdrücklich normiertes Recht, sich nicht selbst belasten zu müssen; der EGMR entnimmt dieses Recht den Vorgaben zur Unschuldsvermutung, vgl grundlegend EGMR, 8.2.1996 (John Murray), EuGRZ 1996, 587, Rn 45.

221 Vgl zu solchen Auskunftsverlangen der Kommission früher Art. 11 der VO Nr. 17 (oben Fn 120) und jetzt Art. 18 der VO (EG) Nr. 1/2003 (oben Fn 120).

222 Vgl dazu zB *Barthelmeß/Rudolf*, in: Loewenheim/Meessen/Riesenkampff, Kartellrecht, 2. Aufl. 2009, VO 1/2003/EG Art. 18 Rn 41 ff; *Burrichter*, in: Immenga/Mestmäcker, EU-Wettbewerbsrecht, 5. Aufl. 2012, Vorb. zu Art. 17-22 VO1/2003, Rn 24 ff; *Schubert*, Legal privilege, S. 443 ff. Krit. *Pabel*, in: Grabenwarter (Hrsg.), EnzEuR, Bd. 2, § 19 Rn 95.

223 EuGH, Rs. 374/87 (Orkem), Slg 1989, 3283, Rn 35. Vgl ferner zB EuG, Rs. T-34/93 (Société Générale), Slg 1995, II-545, Rn 74; EuG, Rs. T-112/98 (Mannesmannröhren-Werke), Slg 2001, II-729, Rn 65 ff; EuGH, Rs. C-407/04 P (Dalmine), Slg 2007, I-829, LS 1 Rn 34. Zur Kritik hieran, auch wegen unzureichender Berücksichtigung der Rechtsprechung des EGMR zu Art. 6 EMRK, vgl *Queck*, Die Geltung des nemo-tenetur-Grundsatzes zugunsten von Unternehmen, 2005, S. 112 ff; *Schubert*, Legal privilege, S. 460 ff, 519 ff; *Schwarze*, EuR 2009, 171, 191.

224 *Barthelmeß/Rudolf* (Fn 222), Rn 45.

225 Vgl EuGH, Rs. C-238/99 P u.a. (Limburgse Vinyl), Slg 2002, I-8375, 8384 LS 11, 8709, Rn 273 ff.

226 Vgl EuGH, Rs. C-301/04 P (SGL Carbon), Slg 2006, I-5915, Rn 33 ff.

227 Vgl EuGH, Rs. C-301/04 P (SGL Carbon), Slg 2006, I-5915, Rn 35 und 44; anders die Vorinstanz EuG, Rs. T-236/01 u.a. (Tokai Carbon), Slg 2004, II-1181, Rn 408.

228 Vgl EuGH, Rs. C-301/04 P (SGL Carbon), Slg 2006, I-5915, Rn 74; ebenso die Vorinstanz EuG, Rs. T-236/01 u.a. (Tokai Carbon), Slg 2004, II-1181, Rn 407.

tungsmöglichkeit ist vom EuGH als allgemeiner Rechtsgrundsatz anerkannt worden.[229] Auch hat der Gerichtshof in Anlehnung an das „*legal privilege*" des englischen Rechts den Grundsatz spezifischen Schutzes der **Vertraulichkeit des Schriftverkehrs zwischen unabhängigen Rechtsanwälten und ihren Mandanten** aufgestellt.[230] So ist es prinzipiell unzulässig, dass ein Rechtsanwalt bei der Vor- und Nachbereitung oder im Rahmen eines Gerichtsverfahrens verpflichtet wird, Informationen aus der Rechtsberatung an öffentliche Stellen, vor allem an die Staatsanwaltschaft, weiterzuleiten.[231] Anderes gilt nur für Syndikusanwälte; diese genießen wegen ihrer fehlenden Unabhängigkeit das Anwaltsprivileg nicht in dem gleichen Maße wie externe Rechtsanwälte.[232] Ferner gewährt das Unionsrecht jedem Betroffenen ein ungeschriebenes Recht auf Hinzuziehung eines Rechtsbeistands schon im Stadium administrativer Voruntersuchungen.[233] Auch darf einem Angeklagten das ungeschriebene **Recht auf einen Verteidiger** nicht dadurch genommen werden, dass dem Verteidiger im Strafprozess das Auftreten für den nicht erschienenen Angeklagten verwehrt wird.[234] Aus der Grundrechtecharta ist hier das justizielle Recht einschlägig, wonach sich jede Person beraten, verteidigen und vertreten lassen kann.[235]

VI. Begründung von Rechtsakten

52 Die rechtsstaatliche **Pflicht, Rechtsakten jeweils eine Begründung beizugeben**, nimmt insofern eine Sonderstellung ein, als sie nicht nur einen allgemeinen Rechtsgrundsatz des Unionsrechts darstellt,[236] sondern für die Unionsorgane sogar in genereller Form seit langem primärrechtlich vorgeschrieben ist.[237] Die Begründungspflicht erstreckt sich dabei auf die Wahl der konkreten Rechtsaktform sowie auf Umfang und Ausmaß des verpflichtenden Rechtsakts.[238] Zweck dieser Pflicht ist die Erleichterung interner[239] und externer,[240] insbesondere gerichtlicher Kontrolle.[241] Nicht der Begründungspflicht unterliegen unverbindliche Rechtsakte wie Empfehlungen und Stellungnah-

---

229 EuGH, Rs. C-7/98 (Krombach), Slg 2000, I-1935, Rn 38; EuGH, Rs. C-394/07 (Gambazzi), Slg 2009, I-2563, Rn 28; EuGH, Rs. C-191/09 P (Rat/Interpipe Niko Tube ZAT), Urt. v. 16.2.2012, noch nicht in Slg, Rn 77.

230 Vgl EuGH, Rs. 155/79 (AM & S), Slg 1982, 1575, Rn 18 ff. Vgl ferner EuGH, Rs. C-7/04 P (R) (Akzo), Slg 2004, I-8739; EuG, Rs. T-125/03 u.a. (Akzo), Slg 2007, II-3523; dazu *Meyer*, EWS 2007, 455 f; *Schubert*, Legal privilege, S. 172 ff; *Weiß*, EuR 2008, 546 ff.

231 EuGH, Rs. C-303/05 (Ordre des barreaux francophones et germanophones), Slg 2007, I-5305, Rn 32. Ausnahmen gelten nur beim Verdacht der Geldwäsche oder der organisierten Kriminalität, vgl EuGH, ebd., Rn 33-36.

232 EuGH, Rs. C-550/07 P (Akzo Nobel Chemicals), Slg 2010, I-8301, Rn 45-49, dazu zB *Schnichels/Resch*, EuZW 2011, 47 ff; vgl auch *Schmahl*, in: Gaier/Wolf/Göcken (Hrsg.), Anwaltliches Berufsrecht, 2. Aufl. 2014, EMRK, Rn 43.

233 Vgl EuGH, Rs. 46/87 u. 227/88 (Hoechst), Slg 1989, 2859, Rn 16.

234 Vgl EuGH, Rs. C-7/98 (Krombach), Slg 2000, I-1935, Rn 38 ff. Ausnahmen sind nur aus zwingenden Gründen erlaubt, vgl EuGH, Rs. C-394/07 (Gambazzi), Slg 2009, I-2563, Rn 33, sowie EuGH, Rs. C-399/11 (Melloni), Urt. v. 26.2.2013, noch nicht in Slg, Rn 63.

235 Vgl Art. 47 Abs. 2 S. 2 GRC, dazu *Blanke*, in: Calliess/Ruffert (Hrsg.), Art. 47 Rn 18.

236 Vgl zB EuGH, Rs. 43/59, 45/59 u. 48/59 (Lachmüller), Slg 1960, 965, 989 f; EuGH, Rs. 222/86 (Heylens), Slg 1987, 4097, Rn 15 f; EuGH, Rs. C-269/90 (TU München), Slg 1991, I-5469, Rn 14; EuG, Rs. T-498/04 (Zhejiang Xinan), Slg 2009, I-498/04, Rn 106.

237 Vgl bereits Art. 253 EV; nunmehr Art. 296 Abs. 2 AEUV; vgl ferner Art. 41 Abs. 2 Buchst. c) GRC. Hinzu kommt bei normativen Sekundärrechtsakten die spezifische Begründungspflicht im Hinblick auf die Grundsätze der Subsidiarität und Verhältnismäßigkeit nach Art. 5 des Protokolls Nr. 2 über die Anwendung der Grundsätze der Subsidiarität und der Verhältnismäßigkeit.

238 Vgl *Bast*, in: von Bogdandy/Bast (Hrsg.), Europäisches Verfassungsrecht, 489, 540; *Hetmeier*, in: Lenz/Borchardt (Hrsg.), EU-Verträge, Art. 296 AEUV Rn 1; *Gellermann*, in: Streinz (Hrsg.), Art. 296 AEUV Rn 7.

239 Vgl zB *Classen*, Gute Verwaltung im Recht der Europäischen Union, S. 320; *Schwarze*, Europäisches Verwaltungsrecht, S. 1334.

240 Vgl EuGH, Rs. C-70/95 (Sodemare SA u. a./Regione Lombardia), Slg 1997, I-3395, Rn 19.

241 Vgl schon EuGH, Rs. 18/57 (Nold), Slg 1958/59, 89, 114; ferner zB EuGH, Rs. C-233/94 (Deutschland/ Parlament und Rat: Einlagensicherungssysteme), Slg 1997, I-2405, Rn 25; EuG, Rs. T-174/95 (Svenska Journalistförbundet), Slg 1998, II-2289, Rn 116; EuGH, Rs. C-388/00 P (Volkswagen/Kommission), Slg 2003, I-9189, Rn 124; EuGH, Rs. C-408/04 P (Kommission/Salzgitter AG), Slg 2008, I-2767, Rn 56; Rs. C-280/08 (Deutsche Telekom), Slg 2010, I-9555, Rn 130 f.

men.[242] Erfüllt wird die Begründungspflicht in der Form, dass jeweils dem normierenden Teil der Verordnung oder Richtlinie erläuternde Erwägungsgründe vorangestellt werden. Die erforderliche Begründungsdichte hängt von der jeweiligen Sachlage ab.[243] So begnügt sich der EuGH, was die Begründung von Rechtsetzungsakten angeht, mit relativ pauschalen und knappen Angaben;[244] Widersprüche in der Begründung können aber auch eine Verordnung ungültig machen.[245] Strengere Anforderungen sind an die Begründung von Einzelentscheidungen zu stellen; sie hat vor allem dann eingehender zu erfolgen, wenn das Entscheidungsorgan für den Erlass der Entscheidung über einen Beurteilungsspielraum oder Ermessen verfügt,[246] wenn die Entscheidung für den Betroffenen schwerwiegende Folgen hat[247] oder wenn die Entscheidung eine ständige Entscheidungspraxis nicht fortsetzt, sondern erheblich weiter geht.[248] Fehlt einem unionsrechtlichen Rechtsakt die notwendige Begründung, so liegt ein wesentlicher Formfehler im Sinne des Art. 263 Abs. 2 AEUV vor, der auch nicht nachträglich geheilt werden kann. [249] Dies führt zwar nicht unmittelbar zur Nichtigkeit des Rechtsakts, aber zu dessen Angreifbarkeit.[250] Eine Haftung der Union löst ein solcher Formfehler aber jedenfalls bei Rechtsetzungsakten nicht aus.[251] Wird hingegen eine mitgliedstaatliche Individualentscheidung im Anwendungsbereich des Unionsrechts zu Unrecht nicht begründet, so lässt es der EuGH genügen, wenn der Betroffene auf Antrag nachträglich von den Gründen Kenntnis erhalten kann, auf denen die Entscheidung beruht.[252]

VII. Verbot von Mehrfachsanktionen

Auch im Unionsrecht gilt das rechtsstaatliche **Verbot von Mehrfachbestrafungen und sonstigen Doppelsanktionen** („*ne bis in idem*"). Ein ausdrückliches Verbot von Mehrfachbestrafungen enthält zB eine Bestimmung des **Schengener Durchführungsübereinkommens**, die nach dem Inkrafttreten des Amsterdamer Vertrags vom Rat dem Bereich der polizeilichen und justiziellen Zusammenarbeit in Strafsachen zugerechnet wurde.[253] Nach dieser Bestimmung darf eine Person, die bereits durch einen Mitgliedstaat „rechtskräftig abgeurteilt" worden ist, wegen derselben Tat nicht mehr durch einen anderen Mitgliedstaat verfolgt werden. Im Interesse einer sachgerechten Handhabung dieser Bestimmung hat der EuGH sie auch dann für anwendbar erklärt, wenn die Erstverfolgung in einem anderen Mitgliedstaat nicht durch ein rechtskräftig gewordenes Gerichtsurteil, sondern 53

242 Vgl *Calliess*, in: Calliess/Ruffert (Hrsg.), Art. 296 AEUV Rn 8; *Hetmeier*, in: Lenz/Borchardt (Hrsg.), EU-Verträge, Art. 296 AEUV Rn 5.

243 Vgl zB EuGH, Rs. C-341/06 P (Chronopost), Slg 2008, I-4777, Rn 88; EuG, Rs. T-68/08 (FIFA/Kommission), Slg 2011, II-349, Rn 67.

244 Vgl zB EuGH, Rs. 5/67 (Beus), Slg 1968, 127, 144; EuGH, Rs. 78/74 (Deuka), Slg 1975, 421, Rn 6; EuGH, Rs. C-310/04 (Spanien/Rat: Baumwollbeihilfe), Slg 2006, I-7285, Rn 57 ff; EuGH, Rs. C-335/09 P (Polen/Kommission), Urt. v. 26.6.2012, noch nicht in Slg, Rn 215 ff. Näher *Gellermann*, in: Streinz (Hrsg.), Art. 296 Rn 7.

245 Vgl EuGH, Rs. 158/80 (Rewe), Slg 1981, 1805, Rn 26.

246 Vgl zB EuGH, Rs. 26-38 u. 40/59 (Präsident Ruhrkohlen-Verkaufsgesellschaft), Slg 1960, 885, 921 f; EuGH, Rs. C-269/90 (TU München), Slg 1991, I-5469, 5499 Rn 13 f.

247 Vgl zB EuG, Rs. T-450/93 (Lisretal), Slg 1994, II-1177, Rn 52. Jüngst vgl auch EuGH, Rs. C-584/10 P u.a. (Kadi II), Urt. v. 18.7.2013, noch nicht in Slg, Rn 116.

248 Vgl EuGH, Rs. C-350/88 (Delacre), Slg 1990, I-395, Rn 15.

249 Vgl EuGH, Rs. C-329/93 u.a., (Deutschland u.a./Kommission: Bremer Vulkan), Slg 1996, I-5151, Rn 23 ff und 47 f; EuGH, Rs. C-189/02 P u.a. (Dansk Rørindustri), Slg 2005, I-5425, Rn 463; EuGH, Rs. C-295/07 P (Kommission/Département du Loiret), Slg 2008, I-9363, Rn 57.

250 Vgl *Calliess*, in: Calliess/Ruffert (Hrsg.), Art. 296 Rn 33, mwN.

251 Vgl EuGH, Rs. 106/81 (Kind), Slg 1982, 2885, Rn 14; EuG, Rs T-167/94 (Nölle), Slg 1995, II-2589, Rn 57.

252 Vgl EuGH, Rs. 222/86 (Heylens), Slg 1987, 4097, Rn 15; EuGH, Rs. C-340/89 (Vlassopoulou), Slg 1991, I-2357, Rn 22; EuGH, Rs. C-104/91 (Aguirre Borrell), Slg 1992, I-3003, Rn 15.

253 Art. 54 des am 19.6.1990 in Schengen unterzeichneten Übereinkommens zur Durchführung des Übereinkommens von Schengen vom 14.6.1985 zwischen den Regierungen der Staaten der Benelux-Wirtschaftsunion, der Bundesrepublik Deutschland und der Französischen Republik betreffend den schrittweisen Abbau der Kontrollen an den gemeinsamen Grenzen (ABl. 2000 L 239, 19); Art. 2 iVm Anhang A des Beschlusses 1999/436/EG des Rates vom 20. Mai 1999 (ABl. 1999 L 176, 17). Vgl dazu zB *Kniebühler*, Transnationales ‚ne bis in idem', 2005, S. 169 ff. Vgl im Übrigen das nunmehrige Protokoll Nr. 19 über den in den Rahmen der Europäischen Union einbezogenen Schengen-Besitzstand.

durch einen Vergleich mit der Staatsanwaltschaft (ohne Mitwirkung eines Gerichts) abgeschlossen wurde, nachdem der Beschuldigte bestimmte Auflagen erfüllt hatte.[254] Ein Strafklageverbrauch tritt aber nur ein, wenn es zu einer Prüfung in der Sache kam. Das ist dann nicht der Fall, wenn die Staatsanwaltschaft in einem Mitgliedstaat die Strafverfolgung allein deshalb nicht fortsetzt, „weil in einem anderen Mitgliedstaat Strafverfolgungsmaßnahmen gegen denselben Beschuldigten wegen derselben Tat eingeleitet" wurden.[255] Auch ein Prozessurteil löst keine Sperrwirkung aus, da keine materielle Entscheidung vorliegt.[256] Darüber hinaus sieht der EuGH seit langem den Grundsatz *„ne bis in idem"* als einen **allgemeinen Rechtsgrundsatz des Unionsrechts** an,[257] der inzwischen in ergänzter Form auch in die Grundrechtecharta aufgenommen worden ist.[258] Dieser Grundsatz verbietet etwa die mehrfache disziplinarische Verfolgung eines Beamten wegen derselben Vorwürfe.[259] Ferner ist es der Kommission im Bereich des Kartellrechts verwehrt, ein Unternehmen wegen eines wettbewerbswidrigen Verhaltens, hinsichtlich dessen sie das Unternehmen bereits in einer früheren, nicht mehr anfechtbaren Entscheidung mit einer Sanktion belegt oder für nicht verantwortlich erklärt hat, erneut zu verfolgen.[260] Nicht ausgeschlossen ist indessen, soweit dadurch nicht der Vorrang des EU-Kartellrechts in Frage gestellt wird, eine doppelte Sanktionierung von Unternehmen einerseits durch die Kommission wegen Verletzung des europäischen Kartellrechts und andererseits durch mitgliedstaatliche Behörden wegen Verletzung des mitgliedstaatlichen Kartellrechts; ein allgemeiner Billigkeitsgedanke verlangt in solchen Fällen allerdings die Berücksichtigung der zuerst verhängten Sanktion bei der Bemessung der später zu treffenden Sanktion.[261] Ferner hindert der in Art. 50 GRC aufgestellte Grundsatz des *„ne bis in idem"* einen Mitgliedstaat nicht daran, zur Ahndung derselben Tat – *in concreto* der Nichtbeachtung von Erklärungspflichten im Bereich der Mehrwertsteuer – eine steuerliche Sanktion und danach eine strafrechtliche Sanktion zu verhängen, sofern die erstgenannte Sanktion keinen strafrechtlichen Charakter hat.[262]

VIII. Effektiver Rechtsschutz

54 Eine besonders wichtige Ausprägung findet die Rechtsstaatlichkeit schließlich in dem „allgemeinen Grundsatz, dass der Einzelne nach dem Gemeinschaftsrecht **Anspruch auf einen umfassenden und effektiven gerichtlichen Rechtsschutz** hat".[263] Der Grundsatz ist jetzt auch in der Grundrechte-

254 Vgl EuGH, Rs. C-187/01 u. C-385/01 (Gözütok und Brügge), Slg 2003, I-1345; vgl ferner zu dieser Schengener Bestimmung zB EuGH, Rs. C-436/04 (Van Esbroeck), Slg 2006, I-2333, Rn 36; EuGH, Rs. C-288/05 (Kretzinger), Slg 2007, I-6441, Rn 29 ff; EuGH, Rs. C-367/05 (Kraaijenbrink), Slg 2007, I-6619, Rn 26 ff; EuGH, Rs. C-297/07 (Bourquain), Slg 2008, I-9425, Rn 33 ff. Ähnlich in Bezug auf Art. 3 Nr. 2 des Rahmenbeschlusses zum Europäischen Haftbefehl: EuGH, Rs. C-261/09 (Gaetano Mantello), Slg 2010, I-11477, Rn 39 f.

255 EuGH, Rs. C-469/03 (Miraglia), Slg 2005, I-2009, Rn 30.

256 Vgl EuGH, Rs. C-238/99 (Limburgse Vinyl Maatschappij NV/Kommission), Slg 2002, I-8375, Rn 60 ff.

257 Vgl dazu aus neuerer Zeit zB EuGH, Rs. C-289/04 (Showa Denko), Slg 2006, I-5859, Rn 50; EuGH, Rs. C-17/10 (Toshiba Corporation), Urt. v. 14.2.2012, noch nicht in Slg, Rn 97, vgl ferner *van Bockel*, The Ne Bis in Idem Principle in EU Law, 2010, S. 205 ff; *da Cunha Rodrigues*, in: FS Rodríguez Iglesias, 2003, S. 165 ff; *Fernández Esteban*, The Rule of Law, S. 170 f; *Kadelbach*, in: Dörr/Grote/Marauhn (Hrsg.), Kap. 29 Rn 26.

258 Vgl Art. 50 GRC; dazu zB *Alber*, in: Tettinger/Stern (Hrsg.), Art. 50; *Nehl*, in: Heselhaus/Nowak (Hrsg.), S. 1611 ff; *Pabel*, in: Grabenwarter (Hrsg.), EnzEuR, Bd. 2, § 19 Rn 102-104.

259 Vgl EuGH, Rs. 18 u. 35/65 (Gutmann), Slg 1966, 153, 178; EuGH, Rs. 18 u. 35/65 (Gutmann), Slg 1967, 79, 86 ff.

260 Vgl EuGH, Rs. C-238/99 P u.a. (Limburgse Vinyl), Slg 2002, I-8375, 8380 LS 3, 8652, Rn 59 ff.

261 Vgl EuGH, Rs. 14/68 (Walt Wilhelm), Slg 1969, 1, Rn 11; EuGH, Rs. 7/2 (Boehringer), Slg 1972, 1281, Rn 3; vgl nunmehr aber auch EuGH, Rs. C-17/10 (Toshiba Corporation), Urt. v. 14.2.2012, noch nicht in Slg, Rn 96 ff. Zur Problematik allg *Eilmannsberger*, in: FS Peter Fischer, 2004, S. 33 ff; *Voet van Vormizeele*, in: Schwarze (Hrsg.), EU-Kommentar, Art. 50 GRC Rn 2.

262 Vgl EuGH, Rs. C-617/10 (Åkerberg Fransson), Urt. v. 26.2.2013, noch nicht in Slg, Rn 37; krit. dazu zB *Dannecker*, JZ 2013, 616 ff; *Kadelbach*, KritV 2013, 277 ff; *Kingreen*, EuR 2013, 446 ff; *Rabe*, NJW 2013, 1407 ff.

263 EuGH, Rs. C-355/95 R (Deutschland/Kommission: Maxhütte), Slg 1996, I-2441, Rn 46 (Hervorhebungen nicht im Original); vgl auch EuGH, Rs. C-279/09 (DEB Deutsche Energiehandels- und Beratungsgesellschaft), Slg 2010, I-13849, Rn 29 ff; EuGH, Rs. C-300/11 (ZZ), Urt. v. 4.6.2013, noch nicht in Slg, Rn 53; EuGH, Rs. C-584/10 P u.a. (Kadi II), Urt. v. 18.7.2013, noch nicht in Slg, Rn 100.

charta als Grundrecht statuiert.[264] Die Charta geht dabei über Art. 13 EMRK hinaus, der die Pflicht zur Gewährung von Rechtsschutz auf eine behördliche Überprüfung beschränkt.[265] Art. 47 GRC verlangt vielmehr den Zugang zu einem förmlichen unabhängigen Gericht[266] in Bezug auf alle durch das Unionsrecht garantierten Rechte und fasst damit die Forderungen des Art. 13 und des Art. 6 EMRK in einer Garantie zusammen.[267] Zur Erfüllung dieses unionsrechtlichen Rechtsschutzanspruchs müssen die Gerichte der Union und der Mitgliedstaaten miteinander kooperieren; sie bilden damit in ihrer Gesamtheit einen Rechtsschutzverbund zur Durchsetzung unionsrechtlicher Rechtsstaatlichkeit.[268]

1. Rechtsschutz durch die Unionsgerichte

Was den **Zugang zu den Unionsgerichten** angeht, so hat der EuGH schon früh erklärt, dass die vertraglich vorgesehenen Klagerechte weit auszulegen seien.[269] Darüber hinaus hat er sogar unter Berufung auf das Wesen der Rechtsgemeinschaft ungeschriebene Klagemöglichkeiten gegen und durch das Europäische Parlament anerkannt, die erst im Zuge späterer Reformen im Vertragstext verankert wurden.[270] Auf dieser Linie bewegt sich auch die erweiternde Auslegung, die das EuG den Voraussetzungen der Nichtigkeitsklage gegen Akte von Europäischen Agenturen angedeihen ließ,[271] bevor Einrichtungen und sonstige Stellen der Union schließlich ausdrücklich in Art. 263 Abs. 1 S. 2 AEUV aufgenommen wurden. Der vom EuGH ebenfalls aus Gründen der Rechtsstaatlichkeit gewährte Rechtsschutz bei Rechtshilfeersuchen[272] hat selbst mit dem Inkrafttreten des Vertrages von Lissabon noch keinen Niederschlag im geschriebenen Primärrecht gefunden. Ferner hat der Gerichtshof im Interesse effektiven Rechtsschutzes etwa die Zulässigkeit einer Nichtigkeitsklage der PKK großzügig beurteilt.[273] Auch die zweimonatige Frist für Nichtigkeitsklagen hat der EuGH zugunsten beitretender Staaten extensiv ausgelegt.[274] Desgleichen hat er den Rechtsschutz im Rahmen des dritten Pfeilers der EU erweiternd verstanden,[275] noch bevor der Vertrag von Lissabon den „Raum der Freiheit, der Sicherheit und des Rechts“ dem allgemeinen Rechtsschutzsystem der EU geöffnet hat.[276] Außerdem hat der EuGH festgehalten, dass der Grundsatz effektiven Rechtsschutzes auch die Gewährung vorläufigen Rechtsschutzes durch die Unionsgerichte verlangt, soweit dies jeweils für die volle Wirksamkeit der künftigen Endentscheidung in der Hauptsache 55

264 Vgl Art. 47 GRC und dazu zB *Eser*, in: Meyer (Hrsg.), Art. 47; *Last*, Garantie, S. 30 ff; *Nowak*, in: Heselhaus/Nowak (Hrsg.), S. 1346 ff; *Munding*, Das Grundrecht auf effektiven Rechtsschutz im Rechtssystem der Europäischen Union, 2010.

265 Vgl *Blanke*, in: Calliess/Ruffert (Hrsg.), Art 47 GRC Rn 1.

266 Nicht erforderlich ist allerdings die Eröffnung mehrerer Gerichtsinstanzen, vgl EuGH, Rs. C-69/10 (Samba Diouf), Slg 2011, I-7151, Rn 69.

267 Vgl EuGH, Rs. C-279/09 (DEB Deutsche Energiehandels- und Beratungsgesellschaft), Slg 2010, I-13849, Rn 29 ff; EuGH, Rs. C-386/10 P (Chalkor), 8.12.2011, noch nicht in Slg, Rn 51 f. Vgl auch *Alber*, in: Tettinger/Stern, Art. 47 GRC Rn 8; *Pabel*, in: Grabenwarter (Hrsg.), EnzEuR, Bd. 2, § 19 Rn 19.

268 Vgl dazu näher *Haratsch*, EuR 2008, Beiheft 3, 81 ff; *ders.*, in: FS Scheuing, 2011, S. 79, 81; *Kraus*, EuR 2008, Beiheft 3, 109 ff.

269 Vgl zB EuGH, Rs. 25/62 (Plaumann), Slg 1963, 211, 237; EuGH, Rs. 66/76 (CFDT), Slg 1977, 305, Rn 8.

270 Vgl EuGH, Rs. 294/83 (Les Verts/Parlament), Slg 1986, 1335, Rn 23; EuGH, Rs. 314/91 (Weber/Parlament), Slg 1993, I-1093, Rn 8; EuGH, Rs. C-70/88 (Parlament/Rat: Post-Tschernobyl I), Slg 1990, I-2041, Rn 22 ff. Vgl jetzt Art. 263 Abs. 1 und 2 AEUV.

271 Vgl EuG, Rs. T-411/06 (Sogelma/EAR), Slg 2008, II-2771, Rn 36 ff, dazu zB *Gundel*, EuR 2009, 383 ff; *Haratsch*, in: FS Scheuing, 2011, S. 79, 83.

272 Vgl EuGH, Rs C-2/88 (Zwartveld I), Slg 1990, I-3365; EuGH, Rs C-2/88 (Zwartveld II), Slg 1990, I-4405.

273 Vgl EuGH, Rs. C-229/05 (PKK), Slg 2007, I-439 Rn 107 ff. Vgl dazu zB *Marciali*, RMC 2007, 379 ff; *Wägenbaur*, EuZW 2007, 99 f.

274 Vgl EuGH, Rs. C-335/09 P (Polen/Kommission), Urt. v. 26.6.2012, noch nicht in Slg, Rn 46-52.

275 Vgl EuGH, Rs. C-354/04 (Gestoras Pro Amnistía), Slg 2007, I-1579; EuGH, Rs. C-355/04 (Segi), Slg 2007, I-1657. Vgl dazu zB *Haltern*, JZ 2007, 772 ff; *Kroker*, EuR 2008, 378 ff; *Peers*, CML Rev. 44 (2007), 883 ff.

276 Vgl zum Letzteren oben Rn 6.

erforderlich ist.[277] In merkwürdigem Gegensatz zu diesen grundsätzlich rechtsschutzfreundlichen Positionen vertritt der Gerichtshof freilich ein restriktives Verständnis der Zulässigkeit von Nichtigkeitsklagen natürlicher und juristischer Personen gegen normative Sekundärrechtsakte vor der Unionsgerichtsbarkeit.[278] Die hiergegen vorgebrachten Argumente[279] hat der EuGH – in nicht überzeugender Weise – mit der Begründung zurückgewiesen, jegliche liberalere Handhabung setze eine vorherige Vertragsänderung voraus.[280] Mittlerweile schreibt Art. 263 Abs. 4 AEUV eine begrenzte Erweiterung vor. Danach können nunmehr natürliche und juristische Personen, auch wenn sie nicht (in einem eng verstandenen Sinne) individuell betroffen sind, Nichtigkeitsklage vor der Unionsgerichtsbarkeit erheben „gegen Rechtsakte mit Verordnungscharakter, die sie unmittelbar betreffen und keine Durchführungsmaßnahmen nach sich ziehen". Nach einer strikt am Vertragswortlaut orientierten Auslegung kann dies eigentlich nur bedeuten, dass jetzt entsprechender Rechtsschutz gegen alle nicht durchführungsbedürftigen Unionsverordnungen zulässig ist; auch das Gebot des effektiven Rechtsschutzes spricht für diese Interpretation.[281] Da aber der Vertrag an anderer Stelle Sekundärrechtsakte, die in einem vertraglich vorgesehenen Gesetzgebungsverfahren angenommen werden, als „Gesetzgebungsakte" bezeichnet und davon „Rechtsakte ohne Gesetzescharakter" unterscheidet,[282] lässt sich allerdings auch davon ausgehen, dass im Zusammenhang mit der Zulässigkeit von Nichtigkeitsklagen als „Rechtsakte mit Verordnungscharakter" lediglich Sekundärrechtsakte ohne Gesetzescharakter anzusehen sind.[283] Jedenfalls legen das EuG und nunmehr auch der EuGH den Begriff „Rechtsakt mit Verordnungscharakter" restriktiv in dem Sinne aus, dass er Rechtsakte, die im Gesetzgebungsverfahren erlassen wurden, nicht erfasse.[284] Vor diesem Hintergrund bleibt eine Öffnung auch für Verordnungen mit Gesetzescharakter ein wichtiges rechtsstaatliches Anliegen, zumal der innerstaatliche Rechtsweg, auf den der EuGH verweist,[285] kostenintensiver und langwieriger ist.[286]

56 Hinsichtlich der **Tragweite der unionsgerichtlichen Kontrolle** haben sich neuartige Herausforderungen im Zuge der internationalen Terrorismusbekämpfung ergeben. Als besonders problematisch erweisen sich hier Fälle, in denen Resolutionen des UN-Sicherheitsrats das Einfrieren von Vermögenswerten bestimmter, namentlich genannter Personen und Organisationen wegen Terrorismusverdachts zwingend vorschreiben und in denen der Rat der EU dann zur Ausführung dieser Resolutionen gemeinsame Standpunkte beschließt sowie entsprechende Verordnungen erlässt. In solchen Konstellationen drängt sich die Frage auf, ob eine unionsgerichtliche Überprüfung derarti-

---

277 Vgl zB EuGH, EuGH, Rs. C-213/89 (Factortame), Slg 1990, I-2433, Rn 20 f; EuGH Rs. C-355/95 R (Deutschland/Kommission: Maxhütte), Slg 1996, I-2441, Rn 46; EuGH, Rs. C-393/96 P (R) (Antonissen), Slg 1997, I-441, Rn 36.

278 Vgl schon EuGH, Rs. 25/62 (Plaumann), Slg 1963, 211, 238.

279 Vgl insbesondere die Schlussanträge des Generalanwalts Jacobs zum Fall „Unión de Pequeños Agricultores", Slg 2002, I-6719, und das Urteil EuG, Rs. T-177/01 (Jégo-Quéré), Slg 2002, II-2365.

280 Vgl EuGH, Rs. C-50/00 P (Unión de Pequeños Agricultores), Slg 2002, I-6677, Rn 44 f; EuGH, Rs. C-263/02 P (Jégo-Quéré), Slg 2004, I-3425, Rn 36 ff. Vgl dazu zB *Baumeister*, EuR 2005, 1 ff; *Borowski*, EuR 2004, 879 ff; *Braun/Kettner*, DÖV 2003, 58 ff; *Brown/Morijn*, CML Rev. (41) 2004, 1639 ff; *Gundel*, in: Ehlers (Hrsg.), Europäische Grundrechte, S. 696 ff; *Haltern*, Europarecht, 2. Aufl. 2007, Rn 525 ff; *Lenz/Staeglich*, NVwZ 2004, 1421 ff.

281 In diesem Sinne zB *Dauses*, EuZW 2014, Editorial; *Everling*, EuR 2009, Beiheft 1, 71, 74; *Kottmann*, ZaöRV 70 (2010), 547, 560 f; *Nowak/Behrend*, EuR 2014, 86, 96 ff; *Schwarze*, in: FS Scheuing, 2011, S. 190, 200 ff; *ders.*, in: Schwarze (Hrsg.), EU-Kommentar, Art. 263 Rn 52. Vgl ferner *Epiney*, in: Bieber/Epiney/Haag, Die Europäische Union, § 9 Rn 48; *Last*, Garantie, S. 229 ff.

282 Vgl Art. 289 Abs. 3 und Art. 290 Abs. 1 AEUV.

283 So etwa *Cremer*, DÖV 2010, 58, 63; *Ehricke*, in: Streinz (Hrsg.), Art. 263 Rn 54; *Hatje/Kindt*, NJW 2008, 1761, 1767; *Ohler*, in: Streinz/Ohler/Herrmann, Der Vertrag von Lissabon zur Reform der EU, 3. Aufl. 2010, S. 116 f; *Petzold*, EuZW 2014, 289, 290; *Thiele*, EuR 2010, 30, 44; *Wegener*, EuR 2008, Beiheft 3, 45, 53.

284 Vgl EuGH, Rs. C583/11 P (Inuit Tapariit/EP und Rat), Urt. v. 3.10.2013, noch nicht in Slg, Rn 51-61, sowie zuvor schon EuG, Rs. T-18/10 (Inuit Tapariit/EP und Rat), Slg 2011, II-5599, Rn 56; EuG, Rs. T-262/10 (Micro*ban/Kommission), Slg 2011, II-7697, Rn 32-39*; vgl dazu *Gundel*, EWS 2012, 65 ff; *Nowak/Behrend*, EuR 2014, 86 ff; *van Malleghem/Baeten*, CMLRev. 51 (2014), 1187 ff.

285 EuGH, Rs. C583/11 P (Inuit Tapariit/EP und Rat), Urt. v. 3.10.2013, noch nicht in Slg, Rn 98.

286 Dazu *van Malleghem/Baeten*, CMLRev. 51 (2014), 1187, 1214.

ger Unionsrechtsakte nicht mit Rücksicht auf den von Art. 103 UN-Charta statuierten Vorrang der UN-Charta teilweise oder ganz ausgeschlossen ist. Dementsprechend ging das EuG in erster Instanz unter Hinweis auf Art. 103 iVm Art. 25 UN-Charta von einer strikten Bindung der Unionsorgane an Beschlüsse des UN-Sicherheitsrates aus und sah keinen Raum für die Anwendung unionsrechtlicher Rechtsstaatlichkeitsanforderungen auf eine einschlägige Ratsverordnung. Zugleich nahm das Gericht aber an, dass rechtsstaatliche Minimalgarantien zum völkerrechtlichen *ius cogens* zu rechnen seien und hat sich deshalb für befugt erachtet, die betreffende UN-Resolution daran zu messen; freilich gelangte es zu dem Ergebnis, dass die völkerrechtlichen Garantien durch die Resolution nicht verletzt worden seien.[287] Überzeugender hat hier der EuGH in zweiter Instanz reagiert: Er hat keinen Anlass gesehen, seinen unionsrechtlichen Kontrollanspruch zurückzunehmen; vielmehr hat er die **von UN-Vorgaben determinierte Ratsverordnung** in vollem Umfang am Unionsrecht gemessen und sie, soweit sie den Kläger betraf, wegen Verletzung rechtsstaatlicher Grundrechtsgewährleistungen wie der Ansprüche auf rechtliches Gehör und auf effektiven Rechtsschutz sowie der Eigentumsgarantie für nichtig erklärt.[288] Allerdings hat der Gerichtshof wegen des damit aufbrechenden Konflikts mit der fortbestehenden gezielten Sanktionspflicht nach dem Recht der UN übergangsweise das Fortbestehen der Listung des Klägers noch für drei Monate nach Urteilserlass angeordnet.[289] Innerhalb dieser Frist ist dann der Kläger wieder in die Verordnungsliste aufgenommen worden,[290] sodass er praktisch ohne Unterbrechung unionsrechtlich gelistet geblieben ist, wogegen er sich erneut vor der Unionsgerichtsbarkeit zur Wehr gesetzt hat. Diese gegen seine neuerliche Listung gerichteten Rechtsschutzersuchen des Klägers waren schließlich erfolgreich; sowohl das EuG als auch der EuGH erkannten jüngst auf eine Verletzung der Verteidigungsrechte und des Grundsatzes des effektiven gerichtlichen Rechtsschutzes.[291] Im Ergebnis sind diese Entscheidungen zu begrüßen. Zwar sind in der Zwischenzeit die früher bestehenden eklatanten rechtsstaatliche Defizite auf der UN-Ebene durch die Einrichtung einer Ombudsstelle im Jahre 2009 reduziert worden; hinreichenden Individualrechtsschutz bietet diese Stelle, deren Aufgaben sich im Wesentlichen auf Informations- und Berichtspflichten konzentrieren, jedoch auch nach ihrer Reformierung im Jahr 2011 nicht.[292] Andererseits birgt freilich die von den Unionsgerichten in den „Sanktionsfällen" vertretene dualistische Sichtweise das Risiko, das UN-Friedenssicherungssystem auf lange Sicht zu unterminieren.[293] Schon deshalb kann die Suche nach einer konsistenten und tragfähigen generellen Lösung der Problematik nicht als abgeschlossen angesehen werden. Nachdem die Weltorganisation dazu übergegangen ist, restriktive Maßnahmen gegenüber Einzelpersonen und -organisationen zu beschließen, sollte vor allem diese selbst für die Einführung geeigneten Individual-

287 Vgl EuG, Rs. T-306/01 (Yusuf), Slg 2005, II-3533; EuG, Rs. T-315/01 (Kadi), Slg 2005, II-3649; EuG, Rs. T-253/02 (Ayadi), Slg 2006, II-2139. Vgl dazu zB *v. Arnauld*, AVR 44 (2006), 201 ff; *Haltern*, JZ 2007, 537 ff; *Heliskoski*, CML Rev. 44 (2007), 1143 ff; *Kämmerer*, EuR 2008, Beiheft 1, 65 ff; *Kotzur*, EuGRZ 2006, 19 ff; *Miron*, RMC 2007, 526 ff; *Möllers*, EuR 2006, 426 ff; *Nettesheim*, CML Rev. 44 (2007), 567 ff; *Schmahl*, EuR 2006, 566 ff; *Schmalenbach*, JZ 2006, 349 ff; *Tomuschat*, CML Rev. 43 (2006), 537 ff; *ders.*, EuGRZ 2007,1. Anders dann, im Anschluss an das Kadi-Urteil des EuGH (vgl Fn 288): EuG, Rs. T-318/01 (Othman), Slg 2009, II-1627.

288 Vgl EuGH, Rs. C-402/05 P u.a. (Kadi), Slg 2008, I-6351, Rn 326 f; 345 ff, 369 ff. Vgl dazu zB *Kämmerer*, EuR 2009, 114 ff; *Ohler*, EuZW 2008, 630 ff; *Sauer*, NJW 2008, 3685 ff; *Schmalenbach*, JZ 2009, 35 ff. Siehe auch EuGH, Rs. C-399/06 P u.a. (Hassan und Ayadi), Slg 2009, I-11393, Rn 69 ff; EuGH, Rs. C-548/09 P (Bank Melli Iran), Slg 2011, I-11381, Rn 105.

289 Vgl EuGH, Rs. C-402/05 P u.a. (Kadi), Slg 2008, I-6351, Rn 373 ff.

290 Vgl die VO (EG) Nr. 1190/2008 der Kommission, ABl. EU 2008 L 322, S. 25.

291 Hierzu eingehend EuGH, Rs. C-584/10 P u.a. (Kadi II), Urt. v. 18.7.2013, noch nicht in Slg, Rn 119 ff, mit Hinweis auf EuG, Rs. T-85/09 (Kadi II), Slg 2010, II-5177, sowie mit zusätzlichem Verweis auf EGMR, Nr. 10593/08 (Nada/Schweiz), Urt. v. 12.9.2012, Rn 211.

292 Vgl EuG, Rs. T-85/09 (Kadi II), Slg 2010, II-5177, Rn 171-180; EuGH, Rs. C-584/10 P u.a. (Kadi II), Urt. v. 18.7.2013, noch nicht in Slg, Rn 95 ff; dazu allg. *von Arnauld*, EuR 2013, 236, 241 ff; *Eckes*, CMLRev. 51 (2014), 869, 877 f.

293 Vgl dazu auch die Schlussanträge des Generalanwalts *Bot* v. 19.3.2013 zu Rs. C-584/10 P u.a. (Kadi II), noch nicht in Slg, Rn 84. Problematisch ist allerdings, dass die EU-Organe offenbar keinen umfänglichen Zugang zu dem Beweismaterial erhalten, das den UN-Behörden vorliegt, vgl *Eckes*, CMLRev. 51 (2014), 869, 893 f; *Thornton*, ILM 52 (2013), 1257, 1258 f.

rechtsschutzes aus Gründen der *„rule of law"* und der Achtung der Menschenrechte Sorge tragen. Solange die UN aber keinen äquivalenten Rechtsschutz in den Fällen gezielter Sanktionen ermöglichen, muss die Unionsgerichtsbarkeit kompensatorisch tätig werden und Individualrechtsschutz auch gegen EU-Sekundärrecht eröffnen, das von UN-Sicherheitsratsresolutionen induziert ist.

2. Rechtsschutz durch die mitgliedstaatlichen Gerichte

57 Das unionsrechtliche Gebot umfassenden und effektiven Rechtsschutzes ist ferner auf mitgliedstaatlicher Ebene anwendbar, soweit **unionsrechtsrelevante Klagen vor mitgliedstaatlichen Gerichten** in Frage stehen.[294]

58 Der Durchsetzung von Rechten aus dem Unionsrecht gegenüber Privaten und mitgliedstaatlichen Stellen dient die **Pflicht der Mitgliedstaaten, geeigneten Rechtsschutz zur Verfügung zu stellen.** Dazu müssen gegebenenfalls bestehende Klagemöglichkeiten angepasst oder neue Verfahrensarten eingeführt werden. Eine solche Pflicht folgt bei den primärrechtlichen Grundfreiheiten schon aus diesen selbst; nach ständiger Rechtsprechung des EuGH sind vor dem Hintergrund des Gebots der Rechtsstaatlichkeit mitgliedstaatliche Eingriffe in Grundfreiheiten nur akzeptabel, wenn auch deren Überprüfung durch mitgliedstaatliche Gerichte im Blick auf ihre Vereinbarkeit mit dem Unionsrecht sichergestellt ist.[295] Im Übrigen ergibt sich die mitgliedstaatliche Rechtsschutzgewährleistungspflicht nicht nur aus dem unionsrechtlichen Gebot effektiven Rechtsschutzes in Verbindung mit der mitgliedstaatlichen Loyalitätspflicht[296] sowie aus einschlägigen sekundärrechtlichen Bestimmungen. Vielmehr schreibt jetzt der EUV als Reaktion auf die Urteile von EuGH und EuG im Fall *„Jégo-Quéré"*[297] und des EuGH in der Rechtssache *„Unión de Pequeños Agricultores"*[298] sogar ausdrücklich vor, dass die Mitgliedstaaten die erforderlichen Rechtsbehelfe zu schaffen haben, damit ein wirksamer Rechtsschutz in den vom Unionsrecht erfassten Bereichen gewährleistet ist.[299] Deshalb müssen alle Mitgliedstaaten – gegebenenfalls durch Schaffung neuer Rechtsschutzmechanismen – dafür Sorge tragen, dass mitgliedstaatliche Gerichte auch den zum wirksamen Schutz von Rechten aus dem Unionsrecht erforderlichen vorläufigen Rechtsschutz gewähren können.[300] Auch müssen die Mitgliedstaaten Rechtsschutzmechanismen im Bereich des sekundären Rechtsschutzes vorsehen, die die durch mitgliedstaatliche Unionsrechtsverletzungen Geschädigten befähigen, den vom EuGH entwickelten ungeschriebenen Staatshaftungsanspruch vor mitgliedstaatlichen Gerichten geltend zu machen.[301] Ferner muss beispielsweise im Falle eines bei der Kommission beantragten Zuschusses die ablehnende Stellungnahme eines Mitgliedstaats vom mitgliedstaatlichen Recht wie eine endgültige Entscheidung behandelt werden, wenn sie tatsächlich solche Wirkungen entfaltet; eine entsprechende Klage vor einem italienischen Gericht musste somit zugelassen werden, selbst wenn das italienische Recht dies für eine solche Konstellation nicht vorsah.[302] Außerdem muss ungeachtet der Beendigung eines Arbeitsverhältnisses noch eine Klage gegen den früheren Arbeitgeber ermöglicht werden, wenn dieser nunmehr die Ausstellung eines Arbeitszeugnisses deshalb verweigert, weil die entlassene Arbeitnehmerin sich auf die richtliniengeforderte

---

294 Vgl dazu allg. *von Danwitz*, Europäisches Verwaltungsrecht, S. 277 ff, 579 ff.

295 Vgl zB EuGH, Rs. 178/84 (Kommission/Deutschland: Reinheitsgebot für Bier), Slg 1987, 1227, Rn 46; EuGH, Rs. 222/86 (Heylens), Slg 1987, 4097, Rn 14; EuGH, Rs. C-340/89 (Vlassopoulou), Slg 1991, I-2357, Rn 22; EuGH, Rs. C-19/92 (Kraus), Slg 1993, I-1663, Rn 40.

296 Vgl zu der letzteren Pflicht Art. 4 Abs. 3 EUV.

297 EuG, Rs. T-177/01 (Jego-Quéré), Slg 2002, II-2365; aufgehoben durch EuGH, Rs. C-263/02 P (Jego-Quéré), Slg 2004, I-3425.

298 EuGH, Rs. 55/00 P (Unión de Pequeños Agricultores), Slg 2001, II-6677. Vgl dazu auch oben Rn 55.

299 Vgl Art. 19 Abs. 1 Unterabs. 2 EUV.

300 Vgl dazu EuGH, Rs. C-213/89 (Factortame I), Slg 1990, 2433; EuGH, Rs. C-432/05 (Unibet), Slg 2007, I-2271, Rn 77.

301 Vgl dazu EuGH, Rs. C-6/90 und C-9/90 (Francovich), Slg 1991, I-5357; EuGH, Rs. C-46/93 und C-48/93 (Brasserie du pêcheur), Slg 1996, I-1029; EuGH, Rs. C-178/94 u.a. (Dillenkofer), Slg 1996, I-4845; EuGH, Rs. 424/97 (Haim), Slg 2000, I-5123; EuGH, Rs. C-445/06 (Danske Slagterier), Slg 2009, I-2119, Rn 31 ff.

302 Vgl EuGH, Rs. C-97/91 (Borelli), Slg 1992, I-6313, Rn 13.

Gleichbehandlung der Geschlechter berufen hat.[303] Allgemein sind die mitgliedstaatlichen Gerichte gehalten, in unionsrechtsrelevanten Fällen das mitgliedstaatliche Prozessrecht rechtsschutzfreundlich zu handhaben.[304] Zur Effektivierung des Rechtsschutzes auf mitgliedstaatlicher Ebene hat schließlich auch die Judikatur der Unionsgerichte zur unmittelbaren Anwendbarkeit weiter Teile des Unionsrechts entscheidend beigetragen.[305] Dass infolgedessen die Bürger und Unternehmen durch dezentrale Einklagung ihrer aus dem Unionsrecht fließenden Rechte zugleich die breitenwirksame Durchsetzung des Unionsrechts vorantreiben, ist dabei eine rechtsstaatlich begrüßenswerte Begleiterscheinung.

Die nähere **Ausgestaltung der Modalitäten des mitgliedstaatlichen Rechtsschutzes** bleibt grundsätzlich den Mitgliedstaaten überlassen. Es ist deshalb hinzunehmen, wenn die gerichtliche Durchsetzung unionsrechtlich begründeter Rechte in einem Mitgliedstaat an den dortigen kurzen Rechtsbehelfsfristen scheitert, während sie in einem anderen Mitgliedstaat mit längeren Rechtsbehelfsfristen noch möglich bleibt.[306] Diese mitgliedstaatliche Ausgestaltungsfreiheit wird jedoch durch einen ungeschriebenen doppelten Unionsvorbehalt in Gestalt des Gleichwertigkeitsgrundsatzes und des Effektivitätsprinzips begrenzt.[307] Danach darf einerseits das auf Unionsrechtsfälle anwendbare mitgliedstaatliche Recht nicht ungünstiger gestaltet werden als das auf Rechtsstreitigkeiten ohne Unionsrechtsrelevanz anwendbare Recht. Daher darf etwa Prozesskostensicherheit nicht nur von juristischen Personen aus anderen Mitgliedstaaten verlangt werden.[308] Andererseits darf das mitgliedstaatliche Recht die Ausübung des unionsrechtlich begründeten Rechts nicht praktisch unmöglich machen oder übermäßig erschweren. Deswegen darf beispielsweise das nordirische Recht einer behördlichen Bescheinigung die Wirkung eines unwiderleglichen Beweises für die Rechtmäßigkeit einer Ungleichbehandlung der Geschlechter nicht beimessen.[309] Auch darf der *common-law*-Grundsatz von der Unzulässigkeit vorläufigen Rechtsschutzes gegen die Krone kraft Unionsrechts nicht auf Fälle angewandt werden, in denen ein solcher vorläufiger Rechtsschutz zur wirksamen Sicherung von Rechten aus dem Unionsrecht erforderlich ist.[310] Der Grundsatz des effektiven gerichtlichen Rechtsschutzes ist des Weiteren dergestalt auszulegen, dass seine Geltendmachung durch juristische Personen nicht ausgeschlossen ist und dass er unter anderem die Befreiung von der Zahlung des Gerichtskostenvorschusses und/oder der Gebühren für den Beistand eines Rechtsanwalts umfassen kann.[311] Ferner hat der EuGH neben den Grundsätzen der Gleichwertigkeit und der Effektivität als Prüfungsmaßstab für mitgliedstaatliches Prozessrecht auch das Unionsgrundrecht auf einen fairen Prozess herangezogen.[312] Was darüber hinaus den vorläufigen Rechtsschutz in den Mitgliedstaaten angeht, so muss dieser zwar ausnahmsweise zurückstehen, wenn anders kurzfristige Marktsteuerungsmaßnahmen der Union ins Leere laufen würden.[313] Im Übrigen dürfen 59

303 Vgl EuGH, Rs. C-185/97 (Coote), Slg 1998, I-5199, Rn 20 ff.

304 Vgl EuGH, Rs. C-50/00 P (Unión de Pequeños Agricultores), Slg 2002, I-6677, Rn 42; EuGH, Rs. C-263/02 P (Jégo-Quéré), Slg 2004, I-3425, Rn 32; EuGH, Rs. C-354/04 (Gestoras Pro Amnistía), Slg 2007, I-1579, Rn 56; EuGH, Rs. C-432/05 (Unibet), Slg 2007, I-2271, Rn 44; EuGH, Rs. C-362/06 (Sahlstedt), Slg 2009, I-2903, Rn 43.

305 Beginnend für das Primärrecht mit EuGH, Rs. 26/62 (Van Gend & Loos), Slg 1963, 1 ff, und für das Richtlinienrecht mit EuGH, Rs. 9/70 (Grad/Finanzamt Traunstein), Slg 1970, 825 ff, sowie EuGH, Rs. 33/70 (SACE), Slg 1970, 1213 ff.

306 Vgl EuGH, Rs. 33/76 (Rewe), Slg 1976, 1989.

307 Vgl zB EuGH, Rs. 33/76 (Rewe), Slg 1976, 1898, Rn 5; EuGH, Rs. 68/79 (Just), Slg 1980, 501, Rn 25; EuGH, Rs. C-326/96 (Levez), Slg 1998, I-7835, Rn 18; EuGH, Rs. C-392/04 u.a. (i-21 Germany), Slg 2006, I-8613, Rn 57; EuGH, Rs. C-432/05 (Unibet), Slg 2007, I-2271, Rn 82 f. Vgl dazu schon *Scheuing*, Europarechtliche Impulse, S. 289, 307 ff; *ders.*, Die Verwaltung 2001, 107, 108 f.

308 Vgl EuGH, Rs. C-43/95 (Data Delecta), Slg 1996, I-4661.

309 Vgl EuGH, Rs. 222/84 (Johnston), Slg 1986, 1651, Rn 20.

310 Vgl EuGH, Rs. C-213/89 (Factortame I), Slg 1990, I-2433, Rn 21.

311 Vgl EuGH, Rs. C-279/09 (DEB Deutsche Energiehandels- und Beratungsgesellschaft), Slg 2010, I-13849, Rn 59.

312 Vgl EuGH, Rs. C-276/02 (Steffensen), Slg 2003, I-3735. Dazu zB *Schaller*, EuZW 2003, S. 671 ff; *Scheuing*, EuR 2005, 162, 166 ff.

313 Vgl EuGH, Rs. C-217/88 (Kommission/Deutschland: Tafelweindestillation), Slg 1990, I-2879. Vgl dazu zB *Vedder*, EWS 1991, 10 ff; *Scheuing*, Europarechtliche Impulse, S. 289, 325 f.

aber die mitgliedstaatlichen Gerichte im Rahmen vorläufigen Rechtsschutzes sogar unter gewissen Voraussetzungen EU-Verordnungen von sich aus einstweilen als ungültig behandeln.[314] Damit akzeptiert der EuGH im Konflikt zwischen verschiedenen rechtsstaatlichen Anliegen – der Erforderlichkeit einheitlicher Geltung des Unionsrechts einerseits und der Erforderlichkeit vorläufigen mitgliedstaatlichen Rechtsschutzes zur Sicherung der Durchsetzbarkeit individueller Rechte andererseits – sogar Abstriche an dem von ihm grundsätzlich beanspruchten Verwerfungsmonopol gegenüber sekundärem Unionsrecht.[315]

314 Vgl EuGH, Rs. C-143/88 und C-92/89 (Zuckerfabrik Süderdithmarschen), Slg 1991, I-415, Rn 16 ff, 33; EuGH, Rs. C-465/93 (Atlanta I), Slg 1995, I-3761, Rn 22 ff, 51.
315 Siehe dazu oben Rn 11.

§ 7 Unionstreue

Literatur: *Alexy*, Theorie der Grundrechte, 2. Aufl., Frankfurt a.M. 1994; *Bauer*, Die Bundestreue, Tübingen 1992; *Bayer*, Die Bundestreue, Tübingen 1961; Bender, Die verstärkte Zusammenarbeit nach Nizza, ZaöRV 61 (2001), 729 ff; *Benz*, Mehr-Ebenen-Verflechtung: Politische Prozesse in verbundenen Entscheidungsarenen, in: ders./Fritz W. Scharpf/Reinhard Zintl (Hrsg.), Horizontale Politikverflechtung: Zur Theorie von Verhandlungssystemen, Frankfurt a.M. 1992, S. 147 ff; *Bleckmann*, Art. 5 EWG-Vertrag und die Gemeinschaftstreue, DVBl. 1976, 483 ff; *ders.*, Die Rechtsprechung des Europäischen Gerichtshofs zur Gemeinschaftstreue, RIW/AWD 1981, 653 ff; *ders.*, Die Bindungswirkung der Praxis der Organe und der Mitgliedstaaten der EG bei der Auslegung und Lückenfüllung des Europäischen Gemeinschaftsrechts: Die Rolle des Art. 5 EWG-Vertrag, in: Roland Bieber/Georg Ress (Hrsg.), Die Dynamik des Europäischen Gemeinschaftsrechts, Baden-Baden 1987, S. 161 ff; *ders.*, Europarecht, 6. Aufl. Köln ua 1997; *ders.*, Die Wahrung der „nationalen Identität" im Unions-Vertrag, JZ 1997, 265 ff; *Bollnow*, Wesen und Wandel der Tugenden, Frankfurt a.M. 1958; *Bungenberg/Motzkus*, Die Praxis des Subventions- und Beihilfenrechts in Deutschland, GewArch 2013, 104 ff; *Calliess*, Subsidiaritäts- und Solidaritätsprinzip in der Europäischen Union, 2. Aufl. Baden-Baden, 1999; *Constantinesco*, L'article 5 CEE, de la bonne foi à la loyauté communautaire, in: Capotorti ua (Hrsg.), Du droit international au droit de L'intégration. Liber Amicorum Pierre Pescatore, Baden-Baden 1987, 97 ff; *Contiades*, Verfassungsgesetzliche Staatsstrukturbestimmungen, Stuttgart 1967; *v. Danwitz*, Verwaltungsrechtliches System und Europäische Integration, Tübingen 1996; *Epiney*, Gemeinschaftsrecht und Föderalismus: „Landes-Blindheit" und Pflicht zur Berücksichtigung innerstaatlicher Verfassungsstrukturen, EuR, 1994, 301 ff; *Giegerich* Europäische Verfassung und deutsche Verfassung im transnationalen Konstitutionalisierungsprozeß, Berlin ua 2003; *Groß*, Exekutive Vollzugsprogrammierung durch tertiäres Gemeinschaftsrecht, DÖV 2004, 20 ff; *Hecker*, Europäisches Strafrecht, 4. Aufl. Berlin Heidelberg 2012; *Herdegen*, Europarecht, 15. Aufl. München 2013; *Hilf*, Die Richtlinie der EG – ohne Richtung, ohne Linie?, EuR 1993, 1 ff; *Haltern*, Gestalt und Finalität, in: v. Bogdandy/Bast (Hrsg.), Europäisches Verfassungsrecht, 2. Aufl. Berlin Heidelberg 2009, S. 279 ff; *Huber*, Deutsche Verfassungsgeschichte der Neuzeit, Bd. 1, 2. Aufl. Stuttgart 1975; *Hummer /Obwexer*, Die Wahrung der „Verfassungsgrundsätze" der EU, EuZW 2000, 485 ff; *Ipsen*, Zehn Glossen zum Maastricht-Urteil, EuR 1994, 1 ff; *Isensee*, Idee und Gestalt des Föderalismus im Grundgesetz, in: Isensee /Kirchhof (Hrsg.), Handbuch des Staatsrechts, Bd. 6, 3. Aufl. Heidelberg, 2008, 3 ff; *Lecheler*, Der Europäische Gerichtshof und die allgemeinen Rechtsgrundsätze, Berlin 1971; *Kadelbach*, Allgemeines Verwaltungsrecht unter europäischem Einfluß, Tübingen 1999; *Klabbers*, Strange Bedfellows: The „Interim Obligation" and the 1993 Chemical Weapons Convention, in: Myjer (Hrsg.), Issues of Arms Control Law and the Chemical Weapons Convention Den Haag 2001, 11 ff; *Lück*, Die Gemeinschaftstreue als allgemeines Rechtsprinzip im Recht der Europäischen Gemeinschaft, Baden-Baden 1992; *Luthardt*, Europäischer Integrationsprozeß, deutscher Föderalismus und Verhandlungsprozesse in einem Mehrebenensystem, Staatswissenschaften und Staatspraxis 1996, 293 ff; *Majer*, Ist die verfassungsgerichtliche Prüfung der Voraussetzungen der konkurrierenden Gesetzgebung des Bundes sinnvoll und möglich?, EuGRZ 1980, 98 ff; *Morlok*, Was heißt und zu welchem Ende studiert man Verfassungstheorie?, Berlin 1988; *Müller*, The New Council Regulation (EC) No. 1/2003 on the Implementationof the Rules on Competition, German Law Journal 2004, 722 ff; *Neframi,* The Duty of Loyality, Rethinking its scope through its application in the field of EU external relations, CMLR 47 (2010), 323 ff; *Oppermann*, Die Dritte Gewalt in der Europäischen Union, DVBl. 1994, 901 ff; *Pechstein*, Die Mitgliedstaaten der EG als „Sachwalter des gemeinsamen Interesses": Gesetzgebungsnotstand im Gemeinschaftsrecht, Baden-Baden 1987; *ders./Koenig*, Die Europäische Union, 3. Aufl. Tübingen 2000; *Prokisch*, Die Justiziabilität der Finanzverfassung, Baden-Baden 1993; *Röben*, Die Einwirkung der Rechtsprechung des Europäischen Gerichtshofs auf das mitgliedstaatliche Verfahren in öffentlich-rechtlichen Streitigkeiten, Berlin Heidelberg 1998; *Rupp*, Zum Problem der Bundestreue im Bundesstaat, in: Theodor Eschenburg u.a. (Hrsg.), Festgabe für Carlo Schmid, Tübingen 1962, S. 141 ff; *Scheuing*, Europäisierung des Verwaltungsrechts. Zum mitgliedstaatlichen Verwaltungsvollzug des EG-Rechts am Beispiel der Rückforderung gemeinschaftsrechtswidriger Beihilfen, Die Verwaltung 34 (2001), 107 ff; *Schmidt-Aßmann*, Deutsches und Europäisches Verwaltungsrecht, DVBl. 1993, 924 ff; *ders.*, Verwaltungskooperation und Verwaltungskooperationsrecht in der EG, EuR 1996, 270 ff; *Schoch*, Die Europäisierung des verwaltungsgerichtlichen Rechtsschutzes, Berlin 2000; *Scholz*, Europäische Union und deutscher Bundesstaat, NVwZ 1993, 818 ff; *Schorkopf*, Verletzt Österreich die Homogenität in der Europäischen Union?, DVBl. 2000, 1036 ff; *Schulze-Eggert*, Die Verletzung von Vertragspflichten durch Mitgliedstaaten derEuropäischen Gemeinschaften und die Gegenmaßnahmen der supranationalen Instanzen, Bonn 1966; *Sommermann*, Staatsziele und Staatszielbestimmungen, Tübingen 1997; *Streinz*, Europarecht, 9. Aufl. Heidelberg 2012; *ders.*, Primär- und Sekundärrechtssschutz im Öffentlichen Recht, VVDStRL 61 (2002), 300 ff; *Temple Lang*, Article 5 of the EEC Treaty: The Emergence of Constitutional Principles in the Case Law of the Court of Justice, Fordham International Law Journal 10 (1987), 503 ff; *Unruh*, Die Unionstreue, EuR 2002, 41 ff; *Weiß*, Zur Wirkung von Richtlinien vor Ablauf der Umsetzungsfrist, DVBl. 1998, 568 ff; *Wickert*, Das Buch der Tugenden, Hamburg 1995; *Zuleeg*, Deutsches und europäisches Verwaltungsrecht – wechselseitige Einwirkungen, VVDStRL 53 (1994), 154 ff; *ders.*, Die föderativen Grundsätze der Europäischen Union, NJW 2000, 2846 ff.

A. Die Unionstreue als Verfassungsstrukturprinzip

1 Für jede verfasste Organisationseinheit staatlicher, sub-staatlicher oder zwischenstaatlicher Natur lassen sich Grundsätze materieller und formeller Art identifizieren, welche die Wirkungsweise dieser Einheit maßgeblich prägen. Die Bezeichnung dieser Grundsätze ist uneinheitlich, unabhängig davon, ob sie in einer Verfassungsurkunde ausdrücklich niedergelegt sind oder nicht. Sie werden Ziele,[1] Grundsätze[2] oder Prinzipien[3] genannt, um sowohl ihre Generalität und ihre zentrale Bedeutung für die Gesamtverfassung als auch die Unmöglichkeit einer abschließenden Bestimmung sämtlicher Fallkonstellationen ihrer Anwendung zum Ausdruck zu bringen.[4] Obwohl der Begriff „Verfassungsstrukturprinzip“[5] kaum Verbreitung gefunden hat, verdient er im Kontext der Unionstreue Beachtung. Zum einen bringt der **Verfassungsgrundsatz** der Unionstreue spezifische Charakteristika der Struktur der Europäischen Union zum Ausdruck. Zum anderen ermöglicht diese Bezeichnung eine direkte Anknüpfung an die in Art. 23 Abs. 1 Satz 1 GG enthaltene so genannte „Struk-

1 Die Grundsätze des Art. 20 GG und vergleichbarer Bestimmungen des GG (darunter insbesondere Art. 20 a und 23 Abs. 1 GG) werden häufig als Staatszielbestimmungen bezeichnet, um ihren Charakter als Finalnormen zu unterstreichen. Zum Begriff eingehend *Sommermann*, S. 5 f; vgl auch *ders.*, in: v. Mangoldt/Klein/Starck, GG II, Art. 20 Rn 5.

2 Art. 79 Abs. 3 GG nimmt die in Art. 20 GG „niedergelegten Grundsätze“ in Bezug. Zu Kriterien der Grundsätzlichkeit vgl nur *Alexy*, S. 72 ff.

3 Zum Prinzipienbegriff in diesem Zusammenhang vgl *Dreier*, in: Dreier (Hrsg.), Grundgesetz-Kommentar, Bd. 2, 2. Aufl. 2006, Art. 20 (Einführung) Rn 12 mwN unter Hinweis darauf, dass mit der Prinzipienkomponente „treffend das ihnen immanente Spannungsverhältnis untereinander sowie im Verhältnis zu anderen Verfassungsbestimmungen hervorgehoben“ wird.

4 So die treffende Charakterisierung der in Art. 20 GG niedergelegten Grundsätze bei *Sachs*, in: Sachs, Grundgesetz, Art. 20 Rn 3.

5 Weiterführend *Contiades*, S. 9 ff, 95 ff, der den Begriff Staatsstrukturbestimmungen verwendet und diesen von Staatsstrukturprinzipien abgrenzt. Vgl aber auch *Kahl*, in: Calliess/Ruffert (Hrsg.), EUV/AEUV, Art. 4 EUV Rn 34.

turklausel",[6] die für die Mitwirkung der Bundesrepublik Deutschland an der Europäischen Union u.a. die Anforderung enthält, dass die Union „föderativen Grundsätzen und dem Grundsatz der Subsidiarität verpflichtet ist". Gerade weil die Unionstreue das normative Pendant der spezifischen Organisationsstruktur der Europäischen Union ist, bietet sich ihre Charakterisierung als Verfassungsstrukturprinzip an.

I. Die Europäische Union als Mehrebenensystem eigener Art

Der Begriff des **Mehrebenensystems** hat sich vor allem in der politikwissenschaftlichen Literatur durchgesetzt. Standen zunächst klassische bundesstaatliche Strukturen im Vordergrund,[7] so wird der Begriff mittlerweile genutzt, um das Zusammenwirken sub-staatlicher, staatlicher und zwischenstaatlicher Ebenen zu erfassen.[8] Der Charme des Begriffs liegt darin, dass er keine abstrakte und endgültige Aussage über das Wesen des Systems an sich trifft, sondern sich darauf beschränkt, die Komplexitäten und damit auch die Chancen und Risiken miteinander verflochtener politischer Entscheidungen auf unterschiedlichen Ebenen in den Blick zu nehmen. Es erübrigt sich daher eine abstrakte und zumeist nicht weiterführende Debatte über die Organisationsform der Europäischen Union an sich, etwa als „Staatenverbund".[9] Die Charakterisierung als Mehrebenensystem[10] eröffnet vielmehr den Blick auf die Gemeinsamkeiten und Unterschiede zur einerseits klassisch völkerrechtlichen und andererseits staatlichen Organisationsform. 2

So wie der EuGH schon frühzeitig das Gemeinschaftsrecht als eine Rechtsordnung *sui generis* bezeichnet hat,[11] um damit die Unterschiede sowohl zu völkerrechtlichen als auch zu staatsrechtlichen Verpflichtungsstrukturen deutlich zu machen, lässt sich die Organisations- und Verfassungsstruktur der Europäischen Union – unabhängig von ihrer Finalität[12] – wohl am treffendsten als **„Mehrebenensystem eigener Art"** bezeichnen. Dieses System, das im Hinblick auf die Intensität des Zusammenwirkens der verschiedenen Ebenen zwischen einer überkommenen internationalen Organisation und einem traditionellen Bundesstaat anzusiedeln ist, bedarf zur Sicherung seiner Funktionsfähigkeit als Rechtsgemeinschaft spezifischer wechselseitiger Verpflichtungen der auf den unterschiedlichen Ebenen beteiligten Rechtssubjekte. Die in Art. 26 WVRK niedergelegte allgemeine völkerrechtliche Pflicht zur Vertragserfüllung („pacta sunt servanda") reicht dafür nicht aus,[13] wohingegen die Intensität eines bundesstaatlichen Verpflichtungsgefüges, wie sie etwa dem ungeschriebenen bundesdeutschen Verfassungsgrundsatz der Bundestreue[14] zu eigen ist, nicht notwendig erreicht werden muss, weil weder die Zuständigkeiten der Union umfassend noch die Interdependenzen zwischen den Mitgliedstaaten vergleichbar dicht sind. 3

---

6 S. dazu nur *Streinz*, in: Sachs, Grundgesetz, Art. 23 Rn 15 und *Rojahn*, in: v. Münch/Kunig, GGK I, 5. Aufl. 2001, Art. 23 Rn 12.

7 Statt aller *A. Benz*, in: ders. u.a., S. 147 ff.

8 Vgl beispielsweise *Luthardt*, Staatswissenschaften und Staatspraxis 1996, 293 ff.

9 So die zwar plakative, aber inhaltlich nicht weiterführende Bezeichnung des Bundesverfassungsgerichts in BVerfGE 89, 155, 186, 188. Zu dieser Einordnung statt aller *Giegerich*, S. 748 ff. Ob es sich bei der Union um eine klassische „Staatengemeinschaft" (*Ipsen*, EuR 1994, 1, 8 f) handelt oder diese teilweise „staatsähnliche Züge" aufweist (*Scholz*, NVwZ 1993, 818 f), kann dahin stehen, weil daraus keine konkreten Rechtsfolgen abzuleiten sind. Zudem ist die einschlägige Debatte in erster Linie ideologisch geprägt und für die Rechtsanwendung wenig hilfreich. Auch in seinem Urteil zum Vertrag von Lissabon bedient sich das BVerfG des Begriffs vom „Staatenverbund" und führt aus: „Der Begriff des Verbundes erfasst eine enge, auf Dauer angelegte Verbindung souverän bleibender Staaten, die auf vertraglicher Grundlage öffentliche Gewalt ausübt, deren Grundordnung jedoch allein der Verfügung der Mitgliedstaaten unterliegt und in der die Völker – das heißt die staatsangehörigen Bürger – der Mitgliedstaaten die Subjekte demokratischer Legitimation bleiben" (BVerfGE 123, 267, 348). Die alleinige Verortung der Verfügungsgewalt in den Händen der Mitgliedstaaten wird der komplexen Struktur der Europäischen Union nicht gerecht und vermag nicht zu überzeugen.

10 Anklänge auch bei *Kahl*, in: Calliess/Ruffert (Hrsg.), EUV/AEUV, Art. 4 EUV Rn 35.

11 EuGH, Rs. 6/64 (Costa/ENEL), Slg 1964, 1151.

12 Dazu *Haltern*, in: von Bogdandy (Hrsg.), S. 279, 291 ff.

13 So zutreffend *Streinz*, Europarecht, Rn 166.

14 Zu den aus der Bundestreue abzuleitenden Rechtspflichten vgl *Sachs*, in: Sachs, Grundgesetz, Art. 20 Rn 68 ff.

II. Der Treuebegriff im Mehrebenensystem

4 Jede mehrere Rechtssubjekte umfassende Organisationseinheit bedarf funktionsadäquater Grundregeln, die das Verhältnis der Subjekte zueinander bestimmen. Der Treuegedanke ist als Ausgangspunkt zur Erfassung der normativen Notwendigkeiten eines solchen Beziehungsgeflechts geeignet. **„Treue"** gewährleistet als Charaktereigenschaft die Dauerhaftigkeit von gemeinschaftlichen Bindungen und wird soziologisch häufig als wechselseitige Verpflichtung aufgefasst.[15] Der Treuebegriff dient somit der Ausfüllung und Konkretisierung von Beziehungen zwischen Rechtssubjekten, die in einem engen Verhältnis zueinander stehen. Er trägt zur Bewahrung von Beziehungsstrukturen bei und schafft Berechenbarkeit. Somit eignet er sich nicht nur als Basis interpersonaler Rechtsbeziehungen, sondern kann auch ein Mehrebenensystem stabilisieren.[16] Er bedarf allerdings der Konkretisierung. Seine augenscheinliche Unbestimmtheit teilt der Treuebegriff mit verfassungsrechtlichen Normierungen im Allgemeinen. In der Regel weisen diese größere semantische Spielräume auf als andere Teilgebiete des Rechts, einerseits aufgrund der relativen Unbestimmtheit verfassungsrechtlicher Begriffe, andererseits wegen des fragmentarischen Charakters des Verfassungsrechts. Verfassungen sind zudem mit einer relativ hohen Variabilität des Gegenstandsbereichs konfrontiert, etwa im Hinblick auf die Veränderung sozioökonomischer Verhältnisse.

III. Rechtsgrundlage der Unionstreue

5 Vorbild des Verfassungsstrukturprinzips „Unionstreue" sind überkommene **Treueverpflichtungen in föderalen Verbänden.**[17] Derartige Verpflichtungen lassen sich nicht nur in Bundes- und Nationalstaaten, sondern auch in zwischenstaatlichen Bündnissystemen nachweisen.[18] Sie existieren auf der Grundlage sowohl geschriebener als auch ungeschriebener Verfassungsnormen[19] und sind keine deutsche Besonderheit, auch wenn die Diskussion über die Grundlagen und die Konkretisierung der Bundestreue aus historischen Gründen in Deutschland besonders intensiv geführt wurde.[20] Es ist die Reichhaltigkeit dieser Debatte, die sie für das europäische Verfassungsrecht interessant gemacht hat.[21] Dabei ist zu bedenken, dass eine normative Entfaltung der Bundestreue im deutschen Verfassungsrecht erst nach 1949 gelang, vor allem Dank der aktiven Rolle des Bundesverfassungsgerichts.[22]

6 Soweit ersichtlich haben weder die Unions- noch die Gemeinschaftstreue bislang als solche **begrifflich** Eingang in die Rechtsprechung des EuGH gefunden, obwohl sie nicht nur in der Literatur,[23] sondern auch in Schlussanträgen von Generalanwälten verwendet worden sind und der EuGH den Begriff in Vorlagefragen terminologisch akzeptiert hat.[24] **Der Sache nach** wird der Rechtsgrundsatz von der Luxemburger Rechtsprechung allerdings intensiv bemüht. Die Rede ist dann vom „Grundsatz (Prinzip) loyaler Zusammenarbeit",[25] von „Pflichten zur loyalen Zusammenarbeit und Unter-

---

15 *Wickert*, S. 621; ausführlicher *Bollnow*, S. 160 f.

16 *Sachs*, in: Sachs, Grundgesetz, Art. 20 Rn 68 bezeichnet die Bundestreue – in Anlehnung an *Bauer*, S. 247 ff – als „staatsrechtliche Ausprägung des Grundsatzes von Treu und Glauben".

17 Dazu *Unruh*, EuR 2002, 41, 47 ff.

18 *Bauer*, S. 31 ff; *Huber*, S. 660.

19 Vgl nur Art. 44 Abs. 1 der schweizerischen Bundesverfassung und Art. 143 Abs. 1 der belgischen Verfassung. Zu den USA und Australien, wo es keine explizite Verankerung allgemeiner Treuepflichten im Verfassungstext gibt, vgl *Rupp*, in: Eschenburg/Heuss/Zinn (Hrsg.), S. 141, 146 ff.

20 Eingehend dazu *Bauer*, S. 43 ff; zur Bedeutung *Rudolf Smends* vgl statt aller *Bauer*, S. 57 ff.

21 Hervorzuheben ist insbesondere *Constantinesco*, in: Capotorti u.a. (Hrsg.), 97, 105 ff.

22 Schon im ersten Band seiner Entscheidungssammlung anerkannte das Bundesverfassungsgericht die Pflicht zu „bundesfreundlichem Verhalten" (BVerfGE 1, 299, 315).

23 S. dazu die eingangs angegebenen Literaturhinweise, insb. aber *Zuleeg*, NJW 2000, 2846, 2847.

24 Vgl nur GA, Rs. 190/87 (Moormann), Slg 1988, 4689 Rn 22; GA, Rs. C-105/03 (Pupino), Slg 2005, I-5285 Rn 24 *und GA, Rs. C-135/08 (Rottmann) Slg 2010, I-1449*, Rn 30; EuGH, Rs. C-453/00 (Kühne und Heitz), Slg 2004, I-837 Rn 20 und GA, Rs. C-518/11, Slg. 2013, Rn 3 f (UPC Nederland).

25 Vgl nur EuGH, verb. Rs. C-36/97 und C-37/97 (Kellinghusen und Ketelsen), Slg 1998, I-6337 Rn 30; EuGH, Rs. C-121/10, ABl. EU 2014, Nr. C 45, Rn 86 ff.

stützung",[26] vom „Grundsatz der Mitwirkungspflicht"[27] und – wohl am häufigsten – von „Pflichten zur (loyalen) Zusammenarbeit".[28]

Im bundesstaatlichen Verfassungsrecht hat die Bundestreue in erster Linie **eine Lücken schließende Funktion,**[29] ohne dass sie das bundesstaatliche Konfliktpotenzial auf Null reduzieren würde.[30] Als Verfassungsstrukturprinzip generiert sie Rechtspflichten, ist also gleichermaßen Rechtsquelle wie Rechtsnorm,[31] ein Prinzip,[32] aber keine Regel. Umstritten ist die **normative Grundlegung** der Bundestreue. Wenig überzeugen können Ableitungen aus dem Rechtsstaatsprinzip, aus einem allgemeinen Grundsatz von Treu und Glauben oder die Anerkennung als Verfassungsgewohnheitsrecht. Das Bundesverfassungsgericht[33] und die überwiegende Auffassung der Staatsrechtslehre[34] stellen auf das im Bundesstaatsprinzip[35] enthaltene „Wesen des Bundesstaates"[36] ab. Neuere Überlegungen[37] präzisieren dies im Sinne einer institutionell-teleologischen Auslegung des Bundesstaatsbegriffs unter Rückgriff auf die Funktion der Bundestreue im Bundesstaat: „Wer den Bundesstaat will, der muss seine Funktionsfähigkeit wollen und damit zugleich den Grundsatz der Bundestreue anerkennen".[38] 7

Ähnliches gilt für das Verfassungsrecht der Europäischen Union. Nachdem Art. 10 EGV formuliert hatte, dass die „Mitgliedstaaten ... alle geeigneten Maßnahmen allgemeiner oder besonderer Art zur Erfüllung der Verpflichtungen, die sich aus diesem Vertrag oder aus Handlungen der Organe der Gemeinschaft ergeben" treffen, dieser „die Erfüllung ihrer Aufgabe" erleichtern und „alle Maßnahmen, welche die Verwirklichung der Ziele dieses Vertrags gefährden könnten", unterlassen, übernimmt **Art. 4 Abs. 3 EUV** zusätzlich zu diesen Formulierungen nunmehr die Terminologie des EuGH und spricht ausdrücklich vom **„Grundsatz der loyalen Zusammenarbeit"**. Auch ist nunmehr explizit von einer gegenseitigen Loyalität die Rede, nämlich davon, dass sich „die Union und die Mitgliedstaaten gegenseitig bei der Erfüllung der Aufgaben, die sich aus den Verträgen ergeben", unterstützen. Für den EuGH war dieser Grundsatz schon zuvor ein allgemeiner Rechtsgedanke, der in Art. 10 EGV eine Teilpositivierung erfahren hatte.[39] Ganz ähnlich leitete ein Teil der Lehre die Unions- oder Gemeinschaftstreue aus einer „wertenden Gesamtschau verschiedener Normen des primären Unionsrechts"[40] ab. Danach ließ sich bislang der Grundsatz der Unionstreue nicht einer einzigen Norm des Unionsrechts zuordnen. Vielmehr erschloss er sich aus einer Zusammenschau zahlreicher Einzelnormen. Wie zuvor Art. 10 EGV steht heute Art. 4 Abs. 3 EUV als „Grundsatznorm"[41] oder „Geschäftsgrundlage"[42] der europäischen Integration im Zentrum der Überlegungen. Im Zusammenhang mit dieser Bestimmung spricht der EuGH von den „Grundfes- 8

26 So beispielsweise EuGH, Rs. C-374/89 (Kommission/Belgien), Slg 1991, I-367 Rn 15.

27 Insbesondere EuGH, Rs. C-213/98 (Factortame), Slg 1990, I-2433 Rn 19.

28 Statt aller EuGH, Rs. 240/86 (Kommission/Griechenland), Slg 1988, 1835 Rn 27; EuGH, Rs. C-217/88 (Kommission/Deutschland), Slg 1990, I-2879 Rn 33; EuGH, Rs. C-264/96 (ICI), Slg 1998, I-4695 Rn 31; EuGH, Rs. C-64/05 P (Schweden/Kommission), Slg 2007, I-11389 Rn 85; EuGH, Rs. C-151/12, ABl. EU 2013, Nr. C 367, 9 Rn 49 (Vertragsverletzung Spaniens).

29 Häufig wird davon gesprochen, dass die Bundestreue nachrangig oder subsidiär ist; so BVerfGE 34, 9, 44. Vgl auch *Isensee*, HStR VI, 3, Rn 166; *Sachs*, in: Sachs, Grundgesetz, Art. 20 Rn 69.

30 Darauf weist auch *Sachs*, in: Sachs, Grundgesetz, Art. 20 Rn 69 hin.

31 Zum normativen Status und zur Wirkungsweise *Unruh*, EuR 2002, 41, 54 ff.

32 Zutreffend bezeichnet *Unruh*, EuR, 2002, 41, 54 die Bundestreue als „originäres Prinzip für verbundene Kompetenzbereiche" und auf S. 55 als „allgemeines Prinzip".

33 Vgl nur die Entscheidungen BVerfGE 81, 310, 337 und BVerfGE 92, 203, 230.

34 Nachweise dazu bei *Bauer*, in: H. Dreier (Hrsg.), Grundgesetz Kommentar, Bd. 2, 2. Aufl., 2006, Art. 20, Rn 39.

35 BVerfGE 43, 291, 348.

36 BVerfGE 8, 122, 138.

37 Vgl aber schon *Bayer*, S. 43.

38 *Unruh*, EuR 2002, 41, 53.

39 Vgl dazu Herleitung und Nachweise bei *Kahl*, in: Calliess/Ruffert (Hrsg.), EUV/AEUV, Art. 4 EUV Rn 39.

40 *Kahl*, in: Calliess/Ruffert (Hrsg.), EUV/AEUV, Art. 4 EUV Rn 34.

41 GA Reischl, Rs. 32/79 (Kommission/Vereinigtes Königreich), Slg 1980, 2403, 2460 (zu Art. 5 EWGV).

42 *Streinz*, in: Streinz (Hrsg.), EUV/AEUV, 2012, Art. 4 EUV Rn. 3 unter Bezugnahme auf *Kahl*, in: Calliess/Ruffert (Hrsg.), EUV/AEUV, Art. 4 EUV Rn 35.

ten"[43] der Gemeinschaft und den „wesentlichen Grundlagen der Gemeinschaftsrechtsordnung".[44] Sie sei für die Sicherung der Funktionsfähigkeit der Union als Rechtsgemeinschaft[45] fundamental und im Interesse der Einheit und Wirksamkeit des Gemeinschaftsrechts gar existentiell.[46] Der EuGH hat Art. 10 EGV letztlich für die verbindliche Interpretation und Entwicklung des Gemeinschaftsrechtssystems genutzt. Dementsprechend haben einige Kommentatoren schon vor dem Inkrafttreten des Lissaboner Vertrages ein dem deutschen Verfassungsrecht vergleichbares, von Art. 10 EGV abstrahierendes, institutionell-teleologisches Argument bemüht, das darauf abstellt, dass „die Funktionsfähigkeit der Europäischen Union eines der Bundestreue vergleichbaren, umfassenden Prinzips bedarf".[47] Wer also die Union wolle, müsse auch ihre Funktionsfähigkeit wollen, „und damit die Unionstreue in Gestalt konkreter Treueverpflichtungen anerkennen".[48] Art. 4 Abs. 3 EUV lässt sich insoweit als Positivierung einschlägiger Rechtsprechung und Lehre verstehen.

9 Zu betonen ist, dass die Unionstreue zwar die föderative Verfassungsstruktur der Union reflektiert. Allerdings ist zu beachten, dass die Union keine umfassende Gebiets- oder Personalhoheit und auch keine umfassende Herrschaftsgewalt hat. Daraus resultieren **Grenzen der Übertragbarkeit bundesstaatlich entwickelter Konstruktionen**. Diese Grenzen führen zwar nicht zu einer anderen Grundlegung,[49] jedoch zu einer differenzierten Konkretisierung. Denn bei der Generierung konkreter Regeln dürfen weder der Grundsatz der Einzelermächtigung noch derjenige der Subsidiarität konterkariert werden. Daher müssen sowohl der Grundsatz als auch dessen Verkörperung in Art. 4 Abs. 3 EUV gegenüber speziellen Vorschriften, in denen die Unionstreue zum Ausdruck kommt,[50] zurücktreten.[51]

10 Art. 4 Abs. 3 EUV entspricht dem Verfassungsgrundsatz der Unionstreue, wie er in Art. I-5 Abs. 2 des 2004 unterzeichneten, aber nicht in Kraft getretenen **Vertrags über eine Verfassung für Europa** formuliert worden war. Schon Art. I-5 Abs. 2 des Verfassungsvertrages orientierte sich an der Terminologie des EuGH (dazu oben Rn 6) und ließ zugleich die überkommene Differenzierung zwischen Unions- und Gemeinschaftstreue[52] obsolet werden.

B. Die normative Ausgestaltung der Unionstreue

11 **Historisch** wurde der Verfassungsgrundsatz der Unionstreue als allgemeiner Rechtsgrundsatz unter Bezugnahme auf Art. 10 EGV entwickelt.[53] Diese Vorschrift wurde schon frühzeitig als Ausdruck eines Grundsatzes der „Gemeinschaftstreue" bezeichnet.[54] Nach anfänglichen Zweifeln[55] erkann-

43 EuGH, Rs. 39/72 (Kommission/Italien), Slg 1973, 101 Rn 25.
44 EuGH, Rs. C-101/91 (Kommission/Italien), Slg 1991, I-191 Rn 23.
45 Dazu EuGH, Rs. 294/83 (Les Verts), Slg 1986, 1339, Rn 23.
46 EuGH, Rs. 106/77 (Simmenthal), Slg 1978, 629, Rn 21/23.
47 *Unruh*, EuR 2002, 41, 58 f mit zahlreichen Nachweisen.
48 *Unruh*, EuR 2002, 41, 59. Ähnlich *Epiney*, EuR, 1994, 301, 311.
49 So aber offensichtlich *Kahl*, in: Calliess/Ruffert (Hrsg.), EUV/AEUV, Art. 4 EUV Rn 38 ff, der das Treueverhältnis an die Stelle des föderativen Verhältnisses setzt.
50 *Kahl*, in: Calliess/Ruffert (Hrsg.), EUV/AEUV, Art. 4 EUV Rn 39, nennt die Art. 5 Abs. 3 Unterabs. 1, 13 Abs. 2 S. 2, 24 Abs. 3 EUV,151 Art. 14, 147 Abs. 1, 153 Abs. 2, 156, 165 Abs. 1, 167 Abs. 1 und 2, 168 Abs. 1 Unterabs. 2 und 3 und Abs. 2, 173 Abs. 1 und 2, 197, 208 Abs. 1, 210 Abs. 1, 291 Abs. 1, 317Abs. 1, 325 Abs. 3 und 5 AEUV.
51 Zutreffend *Kahl*, in: Calliess/Ruffert (Hrsg.), EUV/AEUV, Art. 4 EUV Rn 47.
52 ZB bei *Kahl*, in: Calliess/Ruffert (Hrsg.), EUV/AEUV, Art. 4 EUV Rn 38.
53 Vgl dazu *Hatje*, in: Schwarze (Hrsg.), Art. 4 EUV Rn 21 ff; *Temple Lang*, Fordham International Law Journal 10 (1987), 503 ff.
54 *Bleckmann*, DVBl. 1976, 483 ff.
55 *Schulze-Eggert*, S. 29; Zweifel an der unmittelbaren Wirkung wegen der allgemeinen und unpräzisen Fassung und des den Mitgliedstaaten verbleibenden Ermessensspielraums bei EuGH, Rs. 9/72 (Schlüter), Slg 1973, 1153 Rn 39.

ten Rechtsprechung[56] und Literatur[57] die Verbindlichkeit dieser Norm an und entwickelten im Wege der Rechtsfortbildung[58] zahlreiche rechtliche Aussagen jenseits traditioneller Auslegungsmethoden. Nicht alle Ableitungen sind allerdings in vollem Umfang Bestandteil des Verfassungsrechts der Union. Sie sind über die Unionstreue verfassungsrechtlich verankert, jedoch teilweise verselbständigt. Die normative Ausgestaltung der Unionstreue ist daher vielfältig. Teile sind primärrechtlich positiviert, andere genießen den Charakter von allgemeinen Rechtsgrundsätzen und wieder andere haben im Sekundärrecht ihren Niederschlag gefunden. Eine generelle Auseinandersetzung mit der Unionstreue muss den Brückenschlag zwischen abstraktem Verfassungsstrukturprinzip und normativen Konkretisierungen versuchen. Deshalb sind – ausgehend vom Prinzipiencharakter der Unionstreue – zunächst ihre Bestandteile, das Kooperationsprinzip und das Rücksichtnahmegebot, zu spezifizieren, um dann ihre Rechtswirkungen in Gestalt von Auslegung, Anwendung und Durchsetzung, ihren Anwendungsbereich und ihre Mehrdimensionalität zu erläutern. Erst dann können die aus dem Verfassungsgrundsatz entwickelten Pflichten in den Blick genommen werden. Für die Rechtspraxis kann so eine solide Grundlage für weitere Konkretisierungen der Unionstreue geschaffen werden.

I. Der Prinzipiencharakter der Unionstreue

Als Verfassungsstrukturprinzip ist die Unionstreue ein **Optimierungsgebot**.[59] Sie ist gleichermaßen 12
konkretisierungsfähig wie -bedürftig und insoweit Grundlage konkreter Handlungs- und Unterlassungspflichten.[60] Es handelt sich bei der Unionstreue selbst aber nicht um eine Regel.

II. Die Bestandteile der Unionstreue

Die hohe Abstraktionsebene des Grundsatzes der Unionstreue muss im Prozess der Konkretisierung 13
stufenweise herunter gebrochen werden. Auf einer mittleren Ebene lässt sich der Grundsatz der Unionstreue gleichsam „von unten“ (deduktiv, im Sinne einer direkten Anknüpfung an und Ableitung aus einer Reihe primärrechtlicher Bestimmungen) und „von oben“ (induktiv, im Sinne einer Aufgliederung des Grundsatzes) operationalisieren. Die sich hieraus ergebenden **Subprinzipien**[61] sind das Kooperationsprinzip[62] mit den darin fußenden Handlungspflichten[63] und das Rücksichtnahmegebot[64] mit den damit zusammenhängenden Unterlassungspflichten.[65] Letzteres erfährt neben Art. 4 Abs. 3 EUV vor allem durch Art. 4 Abs. 2 EUV eine wichtige Positivierung, genießt

56 EuGH, verb. Rs. 6 u. 11/69 (Kommission/Frankreich), Slg 1969, 523, Rn 14/17; Rs. 22/70 (AETR), Slg 1971, 263, Rn 20/22; Rs. 78/70 (Deutsche Grammophon), Slg 1971, 487, Rn 5; verb. Rs. 51-54 (International Fruit), Slg 1971, 1107, Rn 3/4.

57 *Bleckmann*, DVBl. 1976, 483 ff; *Zuleeg*, in: von der Groeben/Schwarze, Art. 10 Rn 2; *von Bogdandy/Schill*, in: Grabitz/Hilf/Nettesheim, EUV, Art. 4 EUV Rn 52.

58 Den historischen Prozess beschreibend *Hatje*, in: Schwarze (Hrsg.), Art. 4 EUV Rn 27.

59 Zu Prinzipien als Optimierungsgeboten vgl *Alexy*, S. 75 f. Zur Charakterisierung von Staatszielbestimmungen als Optimierungsgeboten Sommermann, S. 360 f und 411 f.

60 So lässt sich die Unionstreue auch als Rechtsquelle bezeichnen.

61 So die Terminologie bei *Kahl*, in: Calliess/Ruffert (Hrsg.), EUV/AEUV, Art. 4 EUV Rn 38, in Anlehnung an *Bauer*, S. 210 ff, 212.

62 *Kahl*, in: Calliess/Ruffert (Hrsg.), EUV/AEUV, Art. 4 EUV Rn 39 mwN. Ähnlich *Streinz*, in: Streinz (Hrsg.), EUV/AEUV, Art. 4 EUV Rn 1.

63 So die an Art. 10 Abs. 1 EGV anknüpfende Terminologie bei *Zuleeg*, in: von der Groeben/Schwarze, Art. 10 Rn 4 ff; ähnlich *Hatje*, in: Schwarze (Hrsg.), Art. 4 EUV Rn 34 ff, der allerdings aus Art. 4 Abs. 3 Unterabs 3 Hs 1 EUV, dann noch Förderungspflichten ableitet (ibid., Rn 67 ff). *Kahl*, in: Calliess/Ruffert (Hrsg.), EUV/AEUV, Art. 4 EUV Rn 39 weist dem Kooperationsprinzip sowohl eine Handlungs- als auch eine Unterlassungskomponente zu. *Lenz*, in: Lenz/Borchardt, EUV/AEUV/GRCh Rn 10, knüpft im Rahmen von 4 Abs. 3 Unterabs. 2 u.a. auch an Föderungspflichten an, mit Verweis auf EuGH, Rs. C-327/09, Slg 2011, I-2897, Rn 31 u. 36.

64 *Kahl*, in: Calliess/Ruffert (Hrsg.), EUV/AEUV, Art. 4 EUV Rn 40 mwN spricht vom Rücksichtnahmegebot (so auch *Streinz*, in: Streinz (Hrsg.), EUV/ AEUV, Art. 4 EUV Rn 1).

65 Terminologie bei *Zuleeg*, in: von der Groeben/Schwarze, Art. 10 Rn 10 und *Hatje*, in: Schwarze (Hrsg.), Art. 4 EUV Rn 71 ff.

doch damit, vergleichbar dem Art. 79 Abs. 3 GG, die nationale (Verfassungs-)Identität einen besonderen unions-(verfassungs-)rechtlichen Schutz.[66]

1. Kooperationsprinzip

14 Die meisten Politiken der Union werden **arbeitsteilig** realisiert,[67] indem eine funktionale Aufgabenteilung zwischen Union und Mitgliedstaaten vorgenommen wird. Dem trägt das in zahlreichen Bestimmungen des Primärrechts konkretisierte **Kooperationsprinzip** Rechnung – auch dadurch, dass es die Union als kooperative Verfassungs- und Verwaltungsgemeinschaft prägt.[68]

2. Rücksichtnahmegebot

15 Das aktive Moment der Kooperation bedarf allerdings der Ergänzung durch eine passive (Unterlassens-) Komponente: das **Rücksichtnahmegebot**. Dieser Bestandteil des Grundsatzes der Unionstreue dürfte in erster Linie als Kompetenzausübungsschranke[69] Wirkung entfalten. Damit unterscheidet sich das Rücksichtnahmegebot vom Subsidiaritätsgrundsatz, bei dem es in erster Linie darum geht, ob einer Ebene eine bestimmte Kompetenz überhaupt zusteht. Das Rücksichtnahmegebot dagegen zielt darauf ab, dass bestehende Kompetenzen nicht in egoistischer Weise wahrgenommen werden, dass vielmehr Rücksicht auf die Belange der anderen Ebenen (und Beteiligten) wie auch der Gesamtheit zu nehmen ist und gegebenenfalls sogar auf eigene Ziele verzichtet wird.[70] Insoweit geht die Rücksichtnahmepflicht über formale Kompetenzabgrenzungen hinaus und verlangt von allen Beteiligten eine Auseinandersetzung mit den durch bestimmte Maßnahmen verfolgten Politikzielen. Dem ist die Vermeidung von Widersprüchlichkeiten in der Rechtsordnung vorgelagert. Das Rücksichtnahmegebot kann insbesondere auch im Rahmen vertragsrechtlicher Vereinbarungen zwischen einzelnen Mitgliedstaaten Bedeutung erlangen.[71]

III. Die Rechtswirkungen der Unionstreue

16 Bestehen an der Rechtsverbindlichkeit der Unionstreue als Verfassungsgrundsatz heute keine Zweifel mehr, ist also klargestellt, dass es sich bei diesem Verfassungsstrukturprinzip nicht um einen bloßen Programmsatz handelt,[72] so stellt sich die Frage nach den von ihm ausgehenden **Rechtswirkungen**. Zwar wird vom EuGH nach wie vor betont, dass eine selbständige Anwendung des Grundsatzes nicht in Betracht kommt, wenn das Primärrecht dem Treueverhältnis durch spezifische Vorschriften Rechnung trägt.[73] Andererseits ist anerkannt, dass sich die Pflichten aus diesem Treueverhältnis im Bereich ausschließlicher Zuständigkeit der Union (Art. 2 Abs. 1, Art. 3 AEUV) zu bestimmten Handlungs- und Unterlassungspflichten verdichten können, ohne dass andere Anhaltspunkte in der Rechtsordnung der Union hinzutreten müssten.[74] Der Grundsatz der Unionstreue, insbesondere seine Teilpositivierung in Art. 4 Abs. 3 EUV, kann Grundlage selbständiger Pflichten der Mitgliedstaaten sein und wirkt insoweit konstitutiv.[75] Dies ist vor allem dann der Fall, wenn den Mitgliedstaaten keinerlei Spielräume[76] verbleiben, um den Verpflichtungen aus dem Unionsrecht zu entsprechen, vorrangig im Bereich des Rechtsschutzes, bei Durchführungsverboten

66 Sehr weitgehend schon zu Art. 6 Abs. 3 EUV aF *Bleckmann*, JZ 1997, 265, 269.
67 Dies betonen alle Kommentatoren; statt aller *Kahl*, in: Calliess/Ruffert (Hrsg.), EUV/AEUV, Art. 4 EUV Rn 39.
68 *Kahl*, in: Calliess/Ruffert (Hrsg.), EUV/AEUV, Art. 4 EUV Rn 39. Vgl allgemein *Schmidt-Aßmann*, EuR 1996, 270.
69 Vgl dazu eingehend *Calliess*, S. 172 ff; s. dazu auch *Lück*, S. 155 ff.
70 Ähnlich differenzierend *Hatje*, in: Schwarze (Hrsg.), EUV, Art. 4 EUV Rn 76.
71 Dazu *Kahl*, in: Calliess/Ruffert (Hrsg.), EUV/AEUV, Art. 4 EUV Rn 111 ff.
72 *Hatje*, in: Schwarze (Hrsg.), Art. 4 EUV Rn 23 mwN.
73 EuGH, Rs. C-332, 333 u. 335/92 (Eurico Italia/Ente Nazionale Risi), Slg 1994, I-711, Rn 22; Rs. C-195/90 (Kommission/Deutschland), Slg 1992, I-3141, Rn 36.
74 Eingehende Darlegung bei *Zuleeg*, in: von der Groeben/Schwarze, Art. 10 Rn 2 f.
75 *Vgl nur EuGH, Rs. 804/79 (Kommission/Vereinigtes Königreich), Slg 1981, 1045, Rn 28 ff* und EuGH, Rs. C-285/96 (Kommission/Italien), Slg 1988, I-5935, Rn 19 f.
76 Insoweit liegt eine „Ermessensreduzierung auf Null" vor; vgl *Streinz*, in: Streinz (Hrsg.), EUV/AEUV, Art. 4 EUV Rn 27 und *Kahl*, in: Calliess/Ruffert (Hrsg.), EUV/AEUV, Art. 4 EUV Rn 42.

oder Stillhalteverpflichtungen.[77] Ausnahmsweise kann der Grundsatz der Unionstreue Rechte Einzelner generieren, wenn ansonsten der effektive Rechtsschutz praktisch unmöglich gemacht würde und die einzelstaatlichen Regelungen ungünstiger wären als für vergleichbare innerstaatliche Klagen.[78] In der Regel bedarf die Unionstreue der Konkretisierung, um justiziabel zu sein.[79]

1. Konkretisierungsfähigkeit und -notwendigkeit

Hinter der Frage nach der konstitutiven Wirkung der Unionstreue steckt die Frage nach ihrer **Justiziabilität**[80] und damit der Kern der Frage nach der unmittelbaren Wirkung einer Bestimmung des Unionsrechts.[81] Die Problemstellung ist allerdings nur eingeschränkt eine spezifisch europarechtliche. Die Justiziabilität von Bestimmungen des Primärrechts stellt sich zwar in der Tat europarechtlich als Frage nach der unmittelbaren Wirkung dar. Auf der verfassungsrechtlichen Ebene lassen sich aber für Verfassungsstrukturprinzipien vergleichbare Probleme ausmachen, auch wenn nur selten eine offene Debatte über die Justiziabilität einzelner Bestimmungen des Grundgesetzes geführt wird.[82] Die Justiziabilität von Verfassungsstrukturprinzipien ist für das Grundgesetz jedenfalls grundsätzlich anerkannt.[83] Allerdings lassen sich auch hier bemerkenswerte Unterschiede ausmachen, wenn etwa herausgestellt wird, dass das Sozialstaatsprinzip keine Grundlage subjektiver Rechte oder sonst unmittelbar eintretender Rechtsfolgen sein könne,[84] ähnliches aber beim Rechtsstaatsprinzip für möglich gehalten wird.[85] Unbeschadet der Unbestimmtheit mitgliedstaatlicher und unionaler Verfassungsbestimmungen im Allgemeinen ist die Frage der Konkretisierungsfähigkeit einer einschlägigen Norm nicht in erster Linie ein Problem der Erzielung plausibler Interpretationsergebnisse mit Hilfe des überkommenen Kanons von Auslegungsmethoden, sondern vor allem eine Frage der Gewaltenteilung innerhalb des jeweiligen Verfassungssystems. Die Konkretisierungsfähigkeit der Unionstreue als Verfassungsstrukturprinzip hängt also letztlich von der Gewaltenteilung innerhalb des unionalen Verfassungssystems ab. In der Tat ist die Unionstreue – wie schon dargelegt (vgl dazu oben Rn 16) – gegenüber ihren primärrechtlichen Positivierungen nachrangig. Auch ausgestaltende sekundärrechtliche Positivierungen sind Ausdruck einer legislativen Konkretisierungsprärogative.[86] Andererseits dient die Unionstreue der Sicherung der Funktionsfähigkeit der Union[87] und ist insoweit auf Konkretisierung auch durch die Rechtsprechung angelegt. Im Ergebnis ist das Verfassungsstrukturprinzip der Unionstreue daher konkretisierungsfähig. 17

77 So *von Bogdandy*, in: Grabitz/Hilf, EGV, Stand August 2002, Art. 10 EGV Rn 28. Daran anknüpfend *Kahl*, in: Calliess/Ruffert (Hrsg.), EUV/AEUV, Art. 4 EUV Rn 43 und *Streinz*, in: Streinz (Hrsg.), EUV/AEUV, Art. 4 EGV Rn 27. Zustimmend *Hummer/Obwexer*, EuZW 2000, 485, 492.

78 EuGH, Rs. C-213/89 (Factortame), Slg 1990, I-2433, Rn 19; eingehend erläutert bei *Zuleeg*, in: von der Groeben/Schwarze, Art. 10 Rn 3.

79 Vgl dazu sogleich Rn 17 f; aus der Rechtsprechung EuGH, Rs. 78/70 (Deutsche Grammophon), Slg 1971, 487, Rn 5.

80 Zutreffend *Zuleeg*, in: von der Groeben/Schwarze (Hrsg.), Art. 10 Rn 2.

81 Eingehend *Bleckmann*, in: Bieber/Ress (Hrsg.), S. 192 ff und 207 ff.

82 Das Bundesverfassungsgericht war beispielsweise der Auffassung, die Feststellung eines Bedürfnisses nach bundesgesetzlicher Regelung im Sinne von Art. 72 Abs. 2 GG aF sei eine Frage des gesetzgeberischen Ermessens und deshalb grundsätzlich nicht justiziabel; so etwa BVerfGE 67, 299, 327. In der Literatur gab es dazu zahlreiche kritische Stimmen; vgl im Überblick *Majer*, EuGRZ 1980, 98, 105 ff – Eingehend zum Begriff der Justiziabilität vor dem Hintergrund der finanzverfassungsrechtlichen Judikatur des BVerfG *Prokisch*, S. 18 ff, 111.

83 Eingehend *Sommermann*, S. 435 ff mwN.

84 *Sachs*, in: Sachs, Grundgesetz, Art. 20 Rn 50 mwN aus Literatur und Rechtsprechung.

85 Vgl dazu nur die zum Teil positivierten, zum Teil aber auch durch die Rechtsprechung entwickelten rechtsstaatlichen Einzelgehalte des Grundgesetzes; im Überblick nachgewiesen bei *Sachs*, in: Sachs, Grundgesetz, Art. 20 Rn 77 f.

86 Statt aller *Kahl*, in: Calliess/Ruffert (Hrsg.), EUV/AEUV, Art. 4 EUV Rn 47, der im Hinblick auf Art. 4 Abs. 3 EUV ausdrücklich betont, dass spezielle Konkretisierungen dieser Norm auch in sekundärrechtlichen Vorschriften enthalten sein können.

87 *Hatje*, in: Schwarze (Hrsg.), Art. 4 EUV Rn 22 führt zu Art. 4 Abs. 3 EUV zutreffend den auf die Unionstreue generell übertragbaren Gedanken aus, dass das „Ziel der Vorschrift ... die Gewährleistung einer funktionsfähigen Union [ist], (...) die ... ihre Aufgaben ohne Unterstützung der Mitgliedstaaten nicht erfüllen kann".

18 Eine solche **Konkretisierung** ist aber auch notwendig, um den Verfassungsgrundsatz der Unionstreue zu operationalisieren. Der EuGH hat auf der Grundlage der Unionstreue,[88] auch wenn er diesen Begriff regelmäßig nicht verwendet, eine Reihe konkreter Einzelpflichten entwickelt, die in erster Linie die Mitgliedstaaten (vgl dazu unten Rn 27 ff, 48), aber auch die Union betreffen (näher dazu unten Rn 47, 49). Das für die Konkretisierung notwendige Maß an Bestimmtheit[89] ergibt sich in der Regel aus dem Zusammenhang mit anderen Bestimmungen des Primär-[90] oder Sekundärrechts,[91] mit politischen Erklärungen[92] oder völkerrechtlichen Übereinkommen.[93] Auf diese Weise wird die Justiziabilität des Verfassungsgrundsatzes sichergestellt, ohne das Kompetenzgefüge der Union zu unterlaufen.[94]

2. Auslegung und Anwendung des Unionsrechts in den Mitgliedstaaten

19 Verfassungsstrukturprinzipien entfalten Rechtswirkungen innerhalb eines Verfassungsgefüges nicht nur durch die Begründung eigenständiger Rechte und Pflichten, sondern auch durch ihre **Wechselwirkung mit anderen Normen**. Auf der Ebene des Primärrechts lässt sich dieser Wirkungszusammenhang methodisch über die systematische und die teleologische Interpretation erfassen (näher dazu unten Rn 47, 49). Im Verhältnis zum Sekundärrecht setzt sich die Unionstreue normenhierarchisch durch, entweder im Wege der primärrechtskonformen Interpretation oder aufgrund ihres Geltungsvorrangs. Das Verhältnis zum mitgliedstaatlichen Recht wird über den Anwendungsvorrang des Unionsrechts,[95] aber auch über andere Formen der Einwirkung[96] bestimmt. Hinzuweisen ist schließlich darauf, dass der Grundsatz der Unionstreue nach der Rechtsprechung des EuGH politisch verbindliche Normen zu rechtsverbindlichen Normen aufwerten kann.[97]

20 Für die Funktionsfähigkeit der Europäischen Union als Rechtsgemeinschaft ist von zentraler Bedeutung, dass das Recht der Union in allen Mitgliedstaaten grundsätzlich einheitlich gilt und angewendet wird. Daraus resultiert das **Gebot der einheitlichen Geltung und Anwendung** des Unionsrechts als Bestandteil der Unionstreue.[98] Als „Herzstück" der unionalen Rechtsordnung[99] beruht das Prinzip der einheitlichen Geltung und Anwendung auf Art. 4 Abs. 3 EUV und Art. 10 EGV als seiner Vorgängervorschrift,[100] der Gleichheit der Unionsbürger vor dem Gesetz[101] und einer möglichst gleichen Lastenverteilung zwischen den Mitgliedstaaten.[102]

21 Das Verfassungsstrukturprinzip der Unionstreue in der Ausprägung des Grundsatzes der einheitlichen Geltung und Anwendung des Unionsrechts erfordert die **Geltung** des Unionsrechts **in grundsätzlich allen Mitgliedstaaten,**[103] seinen weitgehend **zeitgleichen Vollzug**[104] und ein möglichst hohes Maß an **Rechtsanwendungsgleichheit.**[105] Abgesehen von den vom Primärrecht selbst gezoge-

---

88 Die einschlägige Judikatur nimmt fast ausschließlich auf Art. 10 EGV Bezug.
89 Dies betont *Kahl*, in: Calliess/Ruffert (Hrsg.), EUV/AEUV, Art. 4 EUV Rn 43.
90 Zu Art. 288 Abs. 2 EGV vgl EuGH, verb Rs. C-6/90 und C-9/90 (Francovich), Slg 1991, I-5357, Rn 36.
91 Nachweise bei *Schmidt-Aßmann*, EuR 1996, 270, 275 ff.
92 Vgl nur EuGH, Rs. 141/78 (Frankreich/Vereinigtes Königreich), Slg 1979, 2923, Rn 8 ff.
93 EuGH, Gutachten 1/94 (WTO), Slg 1994, I-5267 Rn 108; allerdings zitiert der EuGH Art. 10 EGV in diesem Zusammenhang nicht, obwohl die dogmatischen Wurzeln seiner Überlegungen dort zu verorten sind.
94 Entsprechende Besorgnisse äußert *v. Danwitz*, S. 146 f, 315, 370 ff; zu Recht dagegen argumentiert *Kahl*, in: Calliess/Ruffert (Hrsg.), EUV/AEUV, Art. 4 EUV Rn 42, der allerdings großes Gewicht auf die Beachtung der methodischen Grenzen legt.
95 Statt aller *Herdegen*, S. 10, Rn 3 ff.
96 Zum Begriff der Einwirkung *Röben*, S. 4 ff.
97 EuGH, Rs. 141/78 (Frankreich/Vereinigtes Königreich), Slg 1979, 2923, Rn 8.
98 So ausdrücklich *Hatje*, in: Schwarze (Hrsg.), Art. 4 EUV Rn 28 ff.
99 *Oppermann*, DVBl. 1994, 906.
100 EuGH, Rs. 6/64 (Costa/E.N.E.L.), Slg 1964, 1251, 1270.
101 EuGH, Rs. 39/72 (Kommission/Italien), Slg 1973, 101, Rn 24.
102 EuGH, Rs. 265/78 (Ferwerda), Slg 1980, 617, Rn 8.
103 EuGH, Rs. 11/70 (Niederlande/Kommission), Slg 1979, 245, Rn 9.
104 EuGH, Rs. 61/79 (Denkavit), Slg 1980, 1205, Rn 14.
105 Hierzu und zum vorhergehenden *Hatje*, in: Schwarze (Hrsg.), Art. 4 EUV Rn 30 mwN.

nen Grenzen, beispielsweise der Möglichkeit der verstärkten Zusammenarbeit (vgl dazu jetzt Art. 20 EUV nF),[106] ist zu berücksichtigen, dass der Grundsatz kein Selbstzweck ist, sondern das Funktionieren der Union sicherstellen soll, seine Reichweite also funktional begrenzt ist.

3. Durchsetzung der Unionstreue

In erster Linie ist die Unionstreue – wie alle Verfassungsgrundsätze – **im politischen Prozess durchzusetzen.** Allerdings ist die Unionstreue **justiziabel** und somit im Streitfall gerichtlich durchsetzbar. In der Regel liegt die Durchsetzbarkeit in der Hand der Unionsorgane und der Mitgliedstaaten. Nur ausnahmsweise begründet der Grundsatz unmittelbare Rechte des Einzelnen. So kann unter bestimmten Voraussetzungen Individualrechtsschutz aus Art. 4 Abs. 3 EUV gewährt werden.[107] Unabhängig davon kann sich der Anwendungsvorrang des Unionsrechts[108] sowohl zugunsten als auch zu Lasten des Einzelnen auswirken.[109] 22

IV. Der Anwendungsbereich der Unionstreue

Soweit der Verfassungsgrundsatz der Unionstreue eine primärrechtliche Positivierung erfahren hat, richtet sich sein Anwendungsbereich nach demjenigen der einschlägigen Bestimmung. Da Art. 4 Abs. 3 Unterabs. 1 EUV von „Aufgaben, die sich aus den Verträgen ergeben“, spricht und Art. 4 Abs. 3 Unterabs. 2 EUV ausdrücklich auf „Verpflichtungen, die sich aus den Verträgen oder den Handlungen der Organe der Union ergeben“, Bezug nimmt, erfasst die Unionstreue insoweit **sämtliche Gebiete, die den vertraglich fixierten Zielen der Union entsprechen**, ist aber auch hierauf beschränkt.[110] Auch bei rein nationaler Zuständigkeit müssen die Mitgliedstaaten daher das Unionsrecht beachten und bei Ausübung des zukommenden Ermessens (Prüfung der Verhältnismäßigkeit) Auswirkungen auf das Unionsrecht in die Betrachtung einstellen.[111] Wenn es an einer entsprechenden Anknüpfung fehlt, findet Art. 4 Abs. 3 EUV keine Anwendung. Es gilt insoweit der Grundsatz der Vertragsakzessorietät.[112] 23

Der EuGH ist insoweit allerdings über direkte Anknüpfungen deutlich hinausgegangen. So hat er die Vorgängervorschrift auch dann zur Anwendung gebracht, „wenn eine Maßnahme zur Durchführung eines ... von den Mitgliedstaaten außerhalb des Anwendungsbereichs der Verträge geschlossenen Übereinkommens die Anwendung einer Bestimmung der Verträge oder des davon abgeleiteten Rechts oder das Funktionieren der Gemeinschaftsorgane behindern würde“.[113] Art. 4 Abs. 3 EUV dürfte nach dieser Rechtsprechung **auch bei völkerrechtlichen Maßnahmen der Mitgliedstaaten untereinander** greifen, sofern ein Bezug zur Union hergestellt werden kann. 24

Führt man diese Rechtsprechung mit Blick darauf fort, dass das Verfassungsstrukturprinzip der Unionstreue für das Unionsverfassungsrecht generell gilt und nicht nur auf Art. 4 Abs. 3 EUV und weitere Positivierungen beschränkt ist, berücksichtigt man also, dass das „Zusammenwirken der Mitgliedstaaten außerhalb des Gemeinschaftsrechts nicht mehr auf bloße Koordination beschränkt ist“,[114] dann erstreckt sich der Anwendungsbereich der Unionstreue **auf das gesamte Unionsrecht** und die sich aus den einschlägigen Verträgen ergebenden Zielsetzungen. So ließe sich etwa auch begründen, dass die völkerrechtlich zwar zulässigen Sanktionen von vierzehn EU-Mitgliedstaaten 25

106 Zur verstärkten Zusammenarbeit statt aller *Bender*, ZaöRV 61 (2001), 729 ff.
107 *EuGH, Rs. C-213/89 (Factortame), Slg 1990, I-2433, Rn 19 mwN zu Art. 10 EGV.*
108 Deutlich EuGH, Rs. C-409/06, Slg 2010, I-8015, Rn 53 ff (Wiener Wetten GmbH/Stadt Bergheim).
109 Hierauf weist zu Recht *Streinz*, in: Streinz (Hrsg.), EUV/AEUV, Art. 4 EUV Rn 9 hin; eingehend *Hatje*, in: Schwarze (Hrsg.), Art. 4 EUV Rn 24 ff.
110 EuGH, Gutachten 2/91 (IAO), Slg 1993, I-1061, Rn 10.
111 EuGH, Rs. C-135/08 (Rottmann), Slg 2010, I-1449, Rn 41 ff, 55 f.
112 Zutreffend *Kahl*, in: Calliess/Ruffert (Hrsg.), EUV/AEUV, Art. 4 EUV Rn 46.
113 EuGH, Rs. 44/84 (Hurd), Slg 1986, 29, Rn 38 ff.
114 *Zuleeg*, in: von der Groeben/Schwarze, Art. 10 Rn 1; ähnlich *ders.*, NJW 2000, 2846, 2847.

gegen Österreich im Jahr 2000 gegen die Unionstreue als Kompetenzausübungsschranke verstoßen haben,[115] auch wenn im konkreten Fall eine politische und keine rechtliche Lösung erfolgte.[116]

V. Die Mehrdimensionalität der Unionstreue

26 Es ist heute unumstritten, dass der Grundsatz der Unionstreue **mehrdimensional** wirkt. Dem stand schon die eindimensionale Fassung des Art. 10 EGV nicht entgegen, unabhängig davon, dass es sich dabei ohnehin nur um eine pars pro toto-Regelung[117] handelte. Heute ist die Mehrdimensionalität ausdrücklich im Text von Art. 4 Abs. 3 EUV verankert („gegenseitig"). Generell ist in Rechtsprechung und Lehre in bemerkenswerter entwicklungsgeschichtlicher Parallelität zur Bundestreue[118] ein dreidimensionaler Charakter der Unionstreue anerkannt.[119] Die Unionstreue beinhaltet danach reziproke Verpflichtungen vertikaler und horizontaler Natur, wobei das Verhältnis der Mitgliedstaaten gegenüber der Union und ihren Organen im Vordergrund steht (s. dazu sogleich Rn 27 ff). Daneben bestehen Verpflichtungen der Union und ihrer Organe gegenüber den Mitgliedstaaten (s. dazu unten Rn 47) sowie der Mitgliedstaaten und ihrer Organe untereinander (s. dazu unten Rn 48). Das Verhältnis der Unionsorgane untereinander wird nicht mehr dem allgemeinen Grundsatz der Unionstreue zugeordnet, sondern erfährt eine eigene Positivierung in Art. 13 Abs. 2 Satz 2 EUV, wo es heißt: „Die Organe arbeiten loyal zusammen".[120]

C. Pflichten der Mitgliedstaaten gegenüber der Union

I. Handlungspflichten

27 Zur Konkretisierung des mehrdimensionalen Verfassungsstrukturprinzips Unionstreue bietet sich eine Differenzierung nach **Beziehungsebenen,**[121] **Verhaltensmodalitäten** (Handlungs- oder Unterlassungspflichten) und spezifischen **Tätigkeitsfeldern** (Rechtsetzung, Verwaltungsvollzug, Rechtsschutz) an. Dabei stehen die Handlungspflichten der Mitgliedstaaten gegenüber der Union im Vordergrund. Nicht zuletzt hebt auch Art. 4 Abs. 3 Unterabs. 2 EUV die aktive Seite der Unionstreue plakativ hervor.

1. Allgemeine Handlungspflichten

28 Art. 4 Abs. 3 Unterabs. 2 EUV verpflichtet die Mitgliedstaaten dazu, alle geeigneten Maßnahmen zu treffen, um die Verpflichtungen zu erfüllen, die sich aus den Verträgen oder den Handlungen der Organe der Union ergeben. Im Hinblick auf primär- oder sekundärrechtlich vollständig ausgeformte Verpflichtungen, die vom EuGH zumeist als *leges speciales* angesehen werden,[122] ist Art. 4 Abs. 3 Unterabs. 2 EUV lediglich deklaratorisch.[123] Jenseits dieser **spezifischen Verpflichtungen** generiert die Unionstreue **allgemeine Handlungspflichten**. Diese können bestehende primärrechtliche Verpflichtungen ausformen, beispielsweise durch Verstärkung der dem Art. 288 Abs. 3 AEUV zu entnehmenden Pflicht, das Richtlinienziel zu erreichen,[124] oder unterfüttern, etwa dahingehend, dass der Staat verpflichtet ist, der Beeinträchtigung einer Grundfreiheit durch Privatpersonen ent-

---

115 So die interessanten Schlussfolgerungen bei *Unruh*, EuR 2002, 41, 66.

116 Einen Überblick über die durch die Sanktionen aufgeworfenen völker- und europarechtlichen Fragestellungen gibt *Schorkopf*, DVBl. 2000, 1036 ff.

117 *Bleckmann*, in: Bleckmann, Rn 685, 794; daran anknüpfend *Kahl*, in: Calliess/Ruffert (Hrsg.), EUV/AEUV, Art. 4 EUV Rn 38; eingehend *Hatje*, in: Schwarze (Hrsg.), Art. 4 EUV Rn 32.

118 Vgl *Bauer*, S. 30 ff und S. 210 (dort Fn 277 mwN).

119 Vgl dazu die Nachweise bei *Kahl*, in: Calliess/Ruffert (Hrsg.), EUV/AEUV, Art. 4 EUV Rn 45.

120 Siehe auch *Kahl*, in: Calliess/Ruffert (Hrsg.), EUV/ AEUV, Art. 4 EUV Rn 45 und *Streinz*, in: Streinz (Hrsg.), EUV/AEUV, Art. 4 Rn 7.

121 So die treffende Formulierung bei *Zuleeg*, in: von der Groeben/Schwarze, Art. 10 Rn 1.

122 EuGH, Rs. 394/85 (Kommission/Italien), Slg 1987, 2741, Rn 21.

123 *Bleckmann*, RIW/AWD 1981, 653.

124 EuGH, Rs. C-91/92 (Faccini Dori/Recreb), Slg 1994, I-3325, Rn 26.

gegen zu wirken.[125] Dem Ausbau und der Absicherung primärrechtlicher Verpflichtungen sowie der Ausfüllung von Lücken dient die Heranziehung der Unionstreue in ihrer primärrechtlichen Teilpositivierung durch Art. 4 Abs. 3 Unterabs. 2 EUV auch zur Rechtsfortbildung. So stützt sich die Staatshaftung für Schäden, die Einzelnen durch Verstöße gegen das Unionsrecht entstehen, auch auf Art. 4 Abs. 3 Unterabs. 2 EUV bzw dessen Vorgängervorschrift.[126] Diese allgemeinen Pflichten betreffen die Mitgliedstaaten „gesamtstaatlich"[127] und „funktionsübergreifend".[128] Sie entspringen letztlich der Pflicht zur ordnungsgemäßen Anwendung des Unionsrechts[129] und sollen die einheitliche Geltung und Anwendung des Unionsrechts sicherstellen.

Neben den soeben aufgezeigten Spezifizierungen der Unionstreue im Zusammenwirken mit anderen – vor allem primärrechtlichen – Normen lassen sich der Rechtsprechung des EuGH einige **allgemeine Prinzipien zur Sicherung des Unionsrechts**[130] entnehmen, die der Unionstreue zugeordnet werden können. Es sind dies insbesondere die Prinzipien des Vorrangs des Unionsrechts[131] (auch der Grundrechte)[132] und der unmittelbaren Geltung und Wirkung von Normen des Primärrechts sowie – unter bestimmten Voraussetzungen – des Sekundärrechts.[133] Dabei sind der Anwendungsvorrang und die unmittelbare Wirkung von Amts wegen zu berücksichtigen.[134] Mitgliedstaatliches Recht ist regelmäßig unionsrechtskonform auszulegen.[135] 29

Zu den allgemeinen Handlungspflichten im Zusammenhang mit dem Vollzug des Unionsrechts durch die Mitgliedstaaten gehören auch (allgemeine) **Anforderungen an das mitgliedstaatliche (Verwaltungsverfahrens-)Recht**, die von allen Staatsfunktionen zu berücksichtigen sind.[136] So ist das Vereitelungsverbot[137] zum Effektivitätsgrundsatz[138] weiter entwickelt worden. Darüber hinaus ist der früher als Diskriminierungsverbot[139] bezeichnete Äquivalenzgrundsatz[140] zu beachten. Der EuGH hat die Vorgängervorschrift des Art. 4 Abs. 3 Unterabs. 2 EUV sowohl für die Pflicht der Mitgliedstaaten, die Einhaltung des Unionsrechts durch entsprechende Sanktionsnormen sicherzustellen,[141] als auch für die Herleitung des gemeinschaftsrechtlich begründeten Schadensersatzanspruchs von Individuen gegenüber den Mitgliedstaaten bei hinreichend qualifizierten Verletzungen des Unionsrechts[142] bemüht. 30

Einige Kommentatoren[143] weisen unter Bezugnahme auf einschlägige Entscheidungen des EuGH zu Recht darauf hin, dass die allgemeinen Handlungspflichten der Mitgliedstaaten über die bloße Pflicht zur Umsetzung und Förderung gemeinschaftlich beschlossener Maßnahmen hinausgehen. Insbesondere dann, wenn die Organe der Union nicht fähig oder willens sind, die vertraglich vereinbarten Ziele durch konkrete Maßnahmen zu erreichen, sind die Mitgliedstaaten nicht nur berechtigt, sondern auch verpflichtet, zur Abwehr von Gefahren als **Sachwalter des gemeinsamen** 31

125 EuGH, Rs. C-265/95 (Kommission/Frankreich), Slg 1997, I-6959, Rn 66.
126 EuGH, Rs. C-6 und 9/90 (Francovich/Italien), Slg 1991, I-5357, Rn 36.
127 *Hatje*, in: Schwarze (Hrsg.), Art. 4 EUV Rn 35.
128 So *von Bogdandy/Schill*, in: Grabitz/Hilf/Nettesheim, EUV, Art. 4 EUV Rn 73.
129 Dazu *Streinz*, in: Streinz (Hrsg.), EUV/AEUV, Art. 4 EUV Rn 32.
130 *Streinz*, Rn 347.
131 Statt aller EuGH, Rs. 16/83 (Prantl), Slg 1984, 1299, Rn 6.
132 Vgl nur EuGH, Rs. 5/88 (Wachauf/Bundesamt für Ernährung und Forstwirtschaft), Slg 1989, 2609, Rn 19.
133 Näher dazu *Kahl*, in: Calliess/Ruffert (Hrsg.), EUV/AEUV, Art. 4 EUV Rn 54 ff.
134 Vgl beispielsweise EuGH, Rs. 103/88 (Fratelli Costanzo/Stadt Mailand), Slg 1989, 1839, Rn 30.
135 *Hatje*, in: Schwarze (Hrsg.), Art. 4 EUV Rn 48 ff, insb. Rn 50.
136 Zusammenstellung bei *Streinz*, in: Streinz (Hrsg.), EUV/AEUV, Art. 4 EUV Rn 34. Vgl dazu auch schon oben Rn 20-21.
137 EuGH, verb. Rs. 205-215/82 (Deutsches Milchkontor), Slg 1983, 2633, Rn 17, 19, 22.
138 EuGH, Rs. C-343/96 (Dilexport/Amministrazione delle Finanze dello Stato), Slg 1999, I-579, Rn 25 f.
139 EuGH, verb. Rs. 205-215/82 (Deutsches Milchkontor), Slg 1983, 2633, Rn 23.
140 EuGH, Rs. C-343/96 (Dilexport/Amministrazione delle Finanze dello Stato), Slg 1999, I-579, Rn 25 und 27.
141 EuGH, Rs. 50/76 (Amsterdam Bulb), Slg 1977, 137, Rn 32.
142 EuGH, Rs. C-6 und 9/90 (Francovich/Italien), Slg 1991, I-5357, 5414.
143 Insbesondere *Pechstein*, S. 152 ff; vgl auch *Streinz*, in: Streinz (Hrsg.), EUV/AEUV, Art. 4 EUV Rn 45 und *Hatje*, in: Schwarze (Hrsg.), Art. Art. 4 EUV Rn 45 ff sowie *Zuleeg*, in: von der Groeben/Schwarze, Art. 10 Rn 7.

Interesses zu handeln und Kompetenzen der Union wahrzunehmen.[144] Dies geschieht nicht aus eigenem Recht, sondern in Sachwalterschaft für die Organe der Union, so dass formell und materiell eine enge Abstimmung mit den Organen der Union zu suchen ist.[145] Die aufgrund der Unionstreue zu treffenden mitgliedstaatlichen Maßnahmen sind vorläufiger Natur und enden mit Erlass der einschlägigen Unionsmaßnahme.[146]

2. Mitgliedstaatliche Pflichten im Rahmen der Rechtsetzung

32 Der mitgliedstaatliche Gesetzgeber ist verpflichtet, das nationale **Recht** gegebenenfalls so **zu novellieren, aufzuheben, zu erlassen oder zu ergänzen**, dass die Vorgaben des Unionsrecht ihre volle praktische Wirksamkeit („effet utile") entfalten können.[147] Diese Pflicht beschränkt sich nicht nur auf die Umsetzung von Richtlinien, obwohl sie dort besonders virulent ist, sondern erstreckt sich auch auf ergänzende Rechtsetzung bei Verordnungen und anderen gemeinschaftlichen Rechtsakten.[148]

33 Maßstab für die **Umsetzung von Richtlinien** ist in erster Linie Art. 288 Abs. 3 AEUV, der das „Ob" der Umsetzung bestimmt, darüber hinaus im Hinblick auf die Art und Weise der Umsetzung (also das „Wie") ergänzend auch Art. 4 Abs. 3 EUV.[149] Wie der EuGH deutlich gemacht hat, sind alle zur Erfüllung der Umsetzungspflicht aus Art. 288 Abs. 3 AEUV geeigneten Maßnahmen allgemeiner oder besonderer Art im Interesse der Rechtssicherheit so konkret, bestimmt und klar wie möglich zu treffen.[150] Insbesondere ist sicherzustellen, dass die Adressaten Kenntnis von ihren Rechten erhalten können.[151] Weder die fehlerhafte noch die Nicht-Umsetzung können unter Hinweis auf innerstaatliche Gegebenheiten gerechtfertigt werden.[152] Während der Umsetzungsfrist haben die Mitgliedstaaten im Sinne einer Vorwirkung der Richtlinie das Frustrationsverbot zu beachten.[153] Sie dürfen also das in der Richtlinie vorgeschriebene Ziel nicht ernsthaft in Frage stellen oder gar konterkarieren. Umstritten ist, ob Art. 4 Abs. 3 EUV eine „standstill"-Verpflichtung oder generelle Sperrwirkung zu Lasten der Mitgliedstaaten entnommen werden kann.[154] Primärrechtliche Konsultations- und Stillhaltepflichten im Hinblick auf geplante gemeinschaftliche Rechtsetzungsprojekte werden wegen der damit verbundenen „Behinderung und partielle[n] Paralysierung der nationalen Legislative"[155] eher skeptisch beurteilt, dürften jedoch für den Fall, dass die mitgliedstaatliche Rechtsetzung den in Aussicht genommenen gemeinschaftlichen Rechtsetzungsakt beeinträchtigt, ein notwendiger Bestandteil der Unionstreue sein.[156] Kommt ein Mitgliedstaat den Umsetzungspflichten nicht oder nicht ordnungsgemäß nach, so besteht auf der Grundlage von Art. 288 Abs. 3 AEUV iVm Art. 4 Abs. 3 EUV[157] die Möglichkeit der unmittelbaren Wirkung von Richtlinienbestimmungen, so dass sich ein einzelner Unionsbürger auf eine unbedingte und hinreichend genaue Bestimmung der einschlägigen Richtlinie unmittelbar berufen kann. Stellt der EuGH die mangelhafte Umsetzung von Unionsrecht fest, so hat der Mitgliedstaat alles zu tun, um dem Durchfüh-

144 EuGH, Rs. 804/79 (Kommission/Vereinigtes Königreich), Slg 1981, 1045, Rn 28.

145 EuGH, Rs. 804/79 (Kommission/Vereinigtes Königreich), Slg 1981, 1045, Rn 30.

146 EuGH, verb. Rs. 47 und 48/83 (Pluimveeslachterijen Midden-Nederland und van Miert), Slg 1984, 1721, Rn 23.

147 *Kahl*, in: Calliess/Ruffert (Hrsg.), EUV/AEUV, Art. 4 EUV Rn 54; vgl dazu auch besonders *Kadelbach*, S. 143 ff.

148 *Hatje*, in: Schwarze (Hrsg.), Art. Art. 4 EUV Rn 55 und *Streinz*, in: Streinz (Hrsg.), EUV/ AEUV, Art. 4 EUV Rn 48.

149 So die überzeugende Differenzierung bei *Kahl*, in: Calliess/Ruffert (Hrsg.), EUV/AEUV, Art. 4 EUV Rn 54 mit zahlreichen Nachweisen zur Rechtsprechung und zum Meinungsstand in der Literatur.

150 Statt aller EuGH, Rs. 222/84 (Johnston), Slg 1986, 1651, Rn 53.

151 EuGH, Rs. C-354/98 (Kommission/Frankreich), Slg 1999, I-4927, Rn 11.

152 EuGH, Rs. 279/83 (Kommission/Italien), Slg 1984, 3395, Rn 4.

153 S. dazu *Weiß*, DVBl. 1998, 568, 572 ff und, darauf Bezug nehmend, *Kahl*, in: Calliess/Ruffert (Hrsg.), EUV/ AEUV, Art. 4 EUV Rn 47.

154 So beispielsweise *Hilf*, EuR 1993, 1, 7; aA *Kahl*, in: Calliess/Ruffert (Hrsg.), EUV/AEUV, Art. 4 EUV Rn 98 mit weiteren Nachweisen zum Streitstand.

155 *Kahl, in: Calliess/Ruffert (Hrsg.)*, EUV/AEUV, Art. 4 EUV Rn 47.

156 So wohl auch EuGH, Rs. 31/74 (Galli), Slg 1975, 47, Rn 29 und 31.

157 So die vom EuGH herangezogene Rechtsgrundlage; vgl nur EuGH, Rs. 41/74 (van Duyn), Slg 1974, 1337 Rn 12; s.a. EuGH, Rs. 190/87 (Moormann), Slg 1988, 4689, Rn 22.

rungsbefehl des Urteils zügig („unverzüglich") nachzukommen, ohne dass Art. 260 AEUV allerdings eine eindeutige Frist vorschreiben würde.[158]

Der mitgliedstaatliche Gesetzgeber ist – unbeschadet des Normwiederholungsverbots[159] – gegebenenfalls verpflichtet, **ergänzende Vorschriften zu Verordnungen** zu erlassen. Dies gilt insbesondere für die Konkretisierung von offen gelassenen Spielräumen,[160] für organisations- und verfahrensrechtliche Bestimmungen, die für den Vollzug der Verordnung unabdingbar sind, und für notwendige Ergänzungen. Letztere betreffen vor allem die Bewehrung und Sanktionierung von Verstößen,[161] beispielsweise zur Umsetzung der Anweisungskompetenz[162] der EU im Strafrecht (vgl jetzt Art. 4 Abs. 2 lit. j iVm Art. 288 Abs. 3 AEUV). Innerstaatliche Problemlagen können den Mitgliedstaat nicht von der Wahrnehmung seiner legislativen Pflichten entbinden. Ebenso wie bei Spielräumen, die den Mitgliedstaaten auch zur Verfolgung eigenständiger Ziele verbleiben, dürfte in diesen Fällen das Kooperationsgebot zum Zweck der Klarstellung eine Pflicht zum Erlass differenzierender Sonderregelungen generieren.[163] 34

Wie schon dargelegt (vgl oben Rn 15), entfaltet der Grundsatz der Unionstreue Rechtswirkungen nur im Hinblick auf die Ausübung von Kompetenzen, nicht aber hinsichtlich der Kompetenzbegründung. Allerdings lassen sich im Rahmen der Kompetenzausübung verschiedene **mitgliedstaatliche Mitwirkungspflichten**[164] identifizieren. Trägt die Union dem Subsidiaritätsprinzip Rechnung, so müssen die Mitgliedstaaten gleichwohl die Ziele der Union beachten.[165] Nach Art. 2 Abs. 1 AEUV dürfen die Mitgliedstaaten im Fall ausschließlicher Zuständigkeiten der Union „nur tätig werden, wenn sie von der Union hierzu ermächtigt werden, oder um Rechtsakte der Union durchzuführen". Gegebenenfalls können die Mitgliedstaaten im Prozess der Herausbildung und Vereinbarung neuer ausschließlicher Kompetenzen der Union Konsultations- und Informationspflichten, Stillhaltepflichten, Förderungspflichten und möglicherweise einem Beeinträchtigungsverbot unterworfen sein.[166] Im Bereich völkerrechtlichen Handelns sind die Mitgliedstaaten verpflichtet, eine spätere Teilnahme der Gemeinschaft an völkerrechtlichen Übereinkommen zu ermöglichen[167] und im Fall kollidierender Übereinkünfte Unvereinbarkeiten zu beheben.[168] Innerhalb der Union sind die Mitgliedstaaten verpflichtet, zur völkerrechtlichen Handlungsfähigkeit der Union beizutragen.[169] Im Fall gemischter Abkommen sind die Mitgliedstaaten zur Zusammenarbeit mit den Uni- 35

158 EuGH, Rs. C-101/91 (Kommission/Italien), Slg 1993, I-191, Rn 20: „sofort ... innerhalb kürzestmöglicher Frist", EuGH, Rs. C-241/11, Slg 2013, Rn 44: „(...), dass mit der Durchführung eines Urteils jedoch unverzüglich zu beginnen und sie möglichst rasch abzuschließen ist".

159 Dazu EuGH, Rs. 34/73 (Variola/Amministrazione italiana delle Finanze), Slg 1973, 981 Rn 10.

160 *Streinz*, in: Streinz (Hrsg.), EUV/AEUV, Art. 4 EUV Rn 48.

161 *Hatje*, in: Schwarze (Hrsg.), Art. 4 EUV Rn 52.

162 Dazu *Hecker*, S. 269.

163 Statt aller EuGH, Rs. C-358/98 (Kommission/Italien), Slg 2000, I-1255, Rn 16 f.

164 *Zuleeg*, in: von der Groeben/Schwarze, Art. 10 Rn 7 spricht zutreffend von „Mitwirkungspflichten im Kompetenzgefüge".

165 Vgl dazu Ziff. 8 des Protokolls Nr. 21 zum Amsterdamer Vertrag 1997, die allerdings im neuen Protokoll (Nr. 2) über die Anwendung der Grundsätze der Subsidiarität und der Verhältnismäßigkeit (ABl. 2008 C 115/206) zum Vertrag über die Europäische Union und zum Vertrag über die Arbeitsweise der Europäischen Union nicht mehr enthalten ist und deshalb als solche nicht mehr fortgilt (so auch die Auffassung von *Uerpmann-Wittzack/Edenharter*, EuR 2009, 313, 313).

166 Vgl insbesondere EuGH, verb. Rs. 3, 4 und 6/76 (Kramer), Slg 1976, 1279, Rn 44 und 45; es scheint durchaus vertretbar, diese Rechtsprechung auch auf die neuen Kompetenznormen des AEUV anzuwenden.

167 EuGH, verb. Rs. 3, 4 und 6/76 (Kramer), Slg 1976, 1279, Rn 44 und 45.

168 So zutreffend *Kahl*, in: Calliess/Ruffert (Hrsg.), EUV/AEUV, Art. 4 EUV Rn 87 unter Bezugnahme auf Art. 351 Abs. 2 S. 1 AEUV iVm dem Grundsatz der Gemeinschaftstreue.

169 *Kahl*, in: Calliess/Ruffert (Hrsg.), EUV/AEUV, Art. 4 EUV Rn 88. Dies schließt nicht aus, dass die Mitgliedstaaten „im Rahmen kollektiver Beratungsmechanismen" jeweils eigene Interessen verfolgen; das Gemeinschaftsinteresse ist insoweit vorrangig von der Kommission geltend zu machen. Vgl dazu EuGH, Rs. 57/72 (Westzucker/Einfuhr- und Vorratsstelle für Zucker), Slg 1973, 321, 341; s. auch *Zuleeg*, in: von der Groeben/Schwarze, Art. 10 Rn 7.

onsorganen bei der Aushandlung, dem Abschluss und der Durchführung eines solchen Abkommens verpflichtet.[170]

36 Soweit die **Exekutive rechtsetzend** tätig ist, etwa durch Rechtsverordnung oder Satzung, unterliegt auch sie den aus dem Verfassungsgrundsatz der Unionstreue resultierenden mitgliedstaatlichen Pflichten im Rahmen der Rechtsetzung. Insbesondere muss sie von einer vorhandenen Ermächtigung tatsächlich Gebrauch machen, wenn dies für eine wirksame Umsetzung einschlägiger Rechtsakte der Union erforderlich ist.[171] Maßgeblich ist aus der Perspektive der Union nämlich nicht, welche staatliche Untergliederung oder Funktion dafür Sorge trägt, dass das unionsrechtliche Regelungsziel erreicht wird, sondern allein die materielle Umsetzung.[172]

3. Verwaltungsvollzug durch die Mitgliedstaaten

37 Die administrative Zusammenarbeit stellt wohl den wichtigsten Bereich der Kooperation zwischen Union und Mitgliedstaaten dar, vor allem deshalb, weil sich das Unionsrecht nur ausnahmsweise selbst vollzieht und der indirekte oder dezentrale Vollzug den Regelfall darstellt. Wird die mitgliedstaatliche Verwaltung aber gleichsam als Verwaltungsunterbau der Union tätig, so sind die Mitgliedstaaten in besonderer Weise zu einem vollständigen, einheitlichen und effektiven Vollzug des Unionsrechts verpflichtet.[173] Die **administrative Durchführung des Unionsrechts** ist grundsätzlich Sache der Mitgliedstaaten.[174] Auch wenn somit vom Grundsatz her nationale Verfahrens- und Prozessordnungen angewendet werden,[175] dürfen die Tragweite und die Wirksamkeit des Unionsrechts nicht verunmöglicht oder übermäßig erschwert werden (**Effektivitätsgrundsatz**).[176] Ebenso wenig dürfen Anwendungsunterschiede im Vergleich zu rein innerstaatlichen Sachverhalten gemacht werden (**Äquivalenzgrundsatz**).[177]

38 Grundsätzlich[178] genießen die Mitgliedstaaten ein hohes Maß an Gestaltungsfreiheit einschließlich der Verteilung von Vollzugsaufgaben auf verschiedene Ebenen im Bundesstaat.[179] Die Verwaltungsorganisation und die Aufteilung der Zuständigkeiten bleibt also an sich den Mitgliedstaaten vorbehalten. Über den Grundsatz der Unionstreue und seine Ausprägungen **wirkt das Unionsrecht** aber zunehmend **auf das innerstaatliche Recht ein.**[180] So darf die Verwaltungsorganisation die Verwirklichung des Unionsrechts nicht praktisch unmöglich machen oder wesentlich erschweren.[181] Dabei hat sich der EuGH allerdings nicht auf den Grundsatz der Unionstreue oder seine Teilpositivierung beschränkt. Vielmehr hat er andere primärrechtliche Normen – teilweise sogar ausschließlich – herangezogen. Beispielsweise hat er aus der Warenverkehrsfreiheit die Pflicht der Mitgliedstaaten abgeleitet, ihre Verwaltungsorganisation so einzurichten, dass die Verwirklichung des

170 Der EuGH nimmt insoweit auf die Notwendigkeit einer geschlossenen völkerrechtlichen Vertretung der Gemeinschaft Bezug. Auch diese ist Bestandteil der Unionstreue. Vgl EuGH, Gutachten 1/94 (WTO), Slg 1994, I-5267, Rn 108. S.a. EuGH, Rs. C-246/07 (Kommission/Schweden), Slg 2010, I-3317, Rn 73.

171 EuGH, Rs. C-263/96 (Kommission/Belgien), Slg 1997, I-7453, Rn 26 und 33 ff.

172 So auch *Kahl*, in: Calliess/Ruffert (Hrsg.), EUV/AEUV, Art. 4 EUV Rn 58.

173 *Zuleeg*, VVDStRL 53 (1994), 154, 193.

174 Vgl dazu *Hatje*, in: Schwarze (Hrsg.), Art. 4 EUV 56 ff; *Kahl*, in: Calliess/Ruffert (Hrsg.), EUV/AEUV, Art. 4 EUV Rn 59 ff; *Streinz*, in: Streinz (Hrsg.), EUV/AEUV, Art. 4 EUV Rn 32 und 50 ff.

175 Soweit das Gemeinschaftsrecht keine Vorgaben enthält, entscheidet das nationale Verfassungs- und Verwaltungsrecht über die Modalitäten der administrativen Umsetzung; vgl EuGH, verb. Rs. 205-215/82 (Deutsche Milchkontor), Slg 1983, 2633, Rn 17; EuGH, Rs. C-2/06 (Kempter), Slg 2008, I-411, Rn 57 mwN.

176 Vgl oben Fn 138.

177 Vgl oben Fn 140.

178 Zum folgenden vgl *Hatje*, in: Schwarze (Hrsg.), Art. 4 EUV Rn 57 ff.

179 EuGH, Rs. C-8/88 (Kommission/Deutschland), Slg 1990, I-2321, Rn 13.

180 So spricht *Lenz*, in: Lenz/Borchardt, EUV/AEUV/GRCh Rn 12 davon, dass „(d)urch Art. 4 ... eine unmittelbare Verbindung zwischen den EU-Organen und allen Trägern der Verwaltung geschaffen" wird, mit Verweis auf EuGH, Rs. C-467/10 (Akyüz), NJW 2012, 1341.

181 EuGH, Rs. 110/89 (Kommission/Griechenland), Slg 1991, I-2659, Rn 13 und 15; EuGH, Rs. C-2/06 (Kempter), Slg 2008, I-411, Rn 57.

materiellen Unionsrechts nicht vereitelt wird.[182] Ähnliches gilt für das Verwaltungsverfahren.[183] Zunehmend ergeben sich aus allgemeinen Verfassungsgrundsätzen Grenzen der mitgliedstaatlichen Verfahrensautonomie, etwa bei der Sachverhaltsermittlung,[184] im Rahmen von Beweislastregelungen[185] und vor allem bei der unionskonformen Handhabung von Fristen und vergleichbaren Verfahrensbestimmungen.[186] Generell gilt aufgrund der Unionstreue ein allgemeines, teilweise positiviertes[187] Kooperationsgebot zur Effektuierung des indirekten Vollzugs von Unionsrecht.

Die **Konkretisierung des Kooperationsgebots** im Bereich administrativer Handlungspflichten lässt sich am besten **am Beispiel unionsrechtswidriger mitgliedstaatlicher Beihilfen** erläutern. Hat die Kommission die Unionsrechtswidrigkeit einer solchen Beihilfe durch einen bestandskräftigen Beschluss nach Art. 108 Abs. 2 iVm Art. 288 Abs. 4 AEUV festgestellt, so ist der Mitgliedstaat zur Rückforderung verpflichtet.[188] Dem könnte der Vertrauensschutz des Beihilfeempfängers entgegenstehen. Im Regelfall wird dieser Vertrauensschutz – auch wenn einschlägige Regelungen nicht grundsätzlich unionsrechtswidrig sein dürften – gegenüber dem Unionsinteresse zurückstehen.[189] Noch weitergehend hat der EuGH eine Rückforderungspflicht trotz Verstreichens mitgliedstaatlicher Ausschlussfristen[190] und trotz Wegfalls der Bereicherung für unionsrechtlich notwendig erachtet, wenn der Mitgliedstaat für die Rechtswidrigkeit der Beihilfe in erheblichem Maße verantwortlich ist.[191] Im Ergebnis kommt ein Vertrauensschutz daher nur beim Vorliegen außergewöhnlicher Umstände in Betracht.[192] 39

Obwohl der **unionsunmittelbare Vollzug** eine Ausnahme darstellt, ist die Konkretisierung der Unionstreue auch für diesen Teilbereich des europäischen Mehrebenensystems von zentraler Bedeutung.[193] Vielfach sind die Organe auf der europäischen Ebene auf Amts- und Vollzugshilfe der Mitgliedstaaten angewiesen. Dies gilt nicht nur für die traditionellen Bereiche des Wettbewerbsrechts und der Beihilfenaufsicht,[194] sondern zunehmend auch für Maßnahmen der Zusammenarbeit in den Bereichen Inneres und Justiz.[195] Da die Rechtsverhältnisse der Amts- und Vollzugshilfe regelmäßig nur zwischen den europäischen und den mitgliedstaatlichen Organen bestehen, müssen die Mitgliedstaaten im Rahmen der aus der Unionstreue resultierenden Kooperationspflicht spezifische Befugnisnormen im Verhältnis zum Bürger schaffen oder mitgliedstaatliches Recht auch für diesen Bereich der Verwaltungskooperation öffnen.[196] 40

4. Mitgliedstaatlicher Rechtsschutz

Die mitgliedstaatlichen Gerichte sind in das europäische Mehrebenensystem derart intensiv eingebunden, dass man sie zu Recht als **funktionelle Unionsgerichte** bezeichnen kann.[197] Nicht nur richtet sich der Rechtsschutz gegen den Vollzug europäischen Rechts durch die mitgliedstaatlichen 41

---

182 EuGH, Rs. C-128/89 (Kommission/Italien), Slg 1990, I-3239, Rn 28.

183 Zu den Einwirkungen des Europarechts auf das mitgliedstaatliche Verwaltungsverfahren *Groß*, DÖV 2004, 20 ff.

184 EuGH, verb. Rs. 146, 192, 193/81 (BayWa/BALM), Slg 1982, 1503, Rn 22.

185 EuGH, verb. Rs. 331, 376, 378/85 (Bianco u. Girard), Slg 1988, 1099, Rn 12.

186 EuGH, Rs. C-24/95 (Alcan II), Slg 1997, I-1591, Rn 38.

187 Vgl dazu die Ausführungen bei *Kahl*, in: Calliess/Ruffert (Hrsg.), EUV/AEUV, Art. 4 EUV Rn 71.

188 EuGH, Rs. C-142/87 (Belgien/Kommission), Slg 1990, I-959, Rn 66; Rs. C-169/95 (Spanien/Kommission), Slg 1997, I-135, Rn 47; EuG, Rs. T-67/94 (Ladbroke Racing/Kommission), Slg 1998, II-1, Rn 179.

189 EuGH, Rs. C-24/95 (Alcan II), Slg 1997, I-1591, Rn 38, 43 und 54.

190 Vgl § 48 Abs. 4 Satz 1 VwVfG.

191 Vgl dazu die Nachweise bei *Kahl*, in: Calliess/Ruffert (Hrsg.), EUV/AEUV, Art. 4 EUV Rn 65.

192 *Scheuing*, Die Verwaltung 34 (2001), 107, 131 ff. S.a. *Bungenberg/ Motzkus*, GewArch 2013, 104 ff. Der EuGH legt ein restriktives Verständnis der „außergewöhnlichen Umstände“ an: EuGH, Rs. C-1/09 (CELF II), Slg 2010, I-2099, Rn 41 ff.

193 Überzeugend *Streinz*, in: Streinz (Hrsg.), EUV/AEUV, Art. 4 EUV Rn 51.

194 Zur Kartellverordnung vgl *Müller*, GLJ 2004, 722 ff.

195 Vgl dazu beispielsweise *Hecker*, S. 182.

196 Vgl hierzu auch EuGH, verb. Rs. 46/87 und 227/88 (Hoechst/Kommission), Slg 1989, 2859, Rn 32 ff und 37.

197 *Schoch*, S. 25 f spricht von funktionellen „Gemeinschaftsgerichten“.

Behörden nach mitgliedstaatlichem Recht, auch überformt das Unionsrecht kraft Anwendungsvorrang das mitgliedstaatliche Recht und bedarf insoweit der gerichtlichen Durchsetzung durch die mitgliedstaatlichen Gerichte. Die Unionstreue verpflichtet daher die Mitgliedstaaten dazu, ihren Anteil an einem kohärenten Rechtsschutzsystem,[198] insbesondere einen effektiven Rechtsschutz auf nationaler Ebene zu leisten.[199] Damit steht auch das mitgliedstaatliche Prozessrecht unter intensivem Einfluss des Europarechts,[200] was sich in Deutschland besonders bei der Klagebefugnis,[201] dem vorläufigen Rechtsschutz[202] und im Staatshaftungsrecht[203] auswirkt.

42 Auch wenn der schillernde Begriff des **„Kooperationsverhältnisses"** zumeist vor allem genutzt wird, um das ambivalente Verhältnis zwischen EuGH und Bundesverfassungsgericht zu beschreiben, ist er grundsätzlich geeignet, die Handlungspflichten der Mitgliedstaaten im Bereich des Rechtsschutzes zu umschreiben. So sind die mitgliedstaatlichen Gerichte dem EuGH gegenüber nicht nur zum Dialog,[204] sondern auch zur Rechtshilfe verpflichtet.[205] Insbesondere im Beihilferecht sollen die mitgliedstaatlichen Gerichte mit der Kommission zusammenarbeiten.[206] Gegebenenfalls ist von ihnen in diesem Zusammenhang auch der Erlass vorläufiger Maßnahmen zu prüfen.[207]

II. Unterlassungspflichten der Mitgliedstaaten

43 **Anhaltspunkte für Unterlassungspflichten** der Mitgliedstaaten finden sich in Art. 4 Abs. 3 Unterabs. 3 EUV. Danach unterlassen die Mitgliedstaaten alle Maßnahmen, welche die Verwirklichung der Ziele der Union gefährden könnten. Als Bestandteil des Verfassungsgrundsatzes der Unionstreue bedeutet dies in erster Linie, dass die Mitgliedstaaten keine Maßnahmen ergreifen dürfen, die die praktische Wirksamkeit des Unionsrechts „ausschalten"[208] könnten.[209] Letztlich lässt sich so auch der Anwendungsvorrang begründen.[210] In Konkretisierung der Unionstreue hat der EuGH auch den Grundsatz von Treu und Glauben bemüht[211] einschließlich des Verbots des Rechtsmissbrauchs.[212]

1. Unterlassungspflichten als Kehrseite von Handlungspflichten

44 Der EuGH hat eine Reihe von **Unterlassungspflichten im Zusammenhang mit Handlungspflichten** entwickelt,[213] gleichsam um diese zu ergänzen und ihnen zur vollen Wirksamkeit zu verhelfen. Erlässt ein Mitgliedstaat im Zusammenhang mit einer Verordnung ergänzende Vorschriften (wozu er aus dem Grundsatz der Unionstreue heraus verpflichtet sein kann),[214] so muss er dabei alles

198 So die treffende Formulierung bei *Streinz*, in: Streinz (Hrsg.), EUV/AEUV, Art. 4 EUV Rn 61 unter Bezugnahme auf EuGH, Rs. 314/85 (Foto-Frost/HZA Lübeck-Ost), Slg 1987, 4199, Rn 16 und EuGH, Rs. C-465/93 (Atlanta/Bundesamt für Ernährung und Forstwirtschaft), Slg 1995, I-3761, Rn 22.

199 S. *Vedder*, in: Vedder/Heintschel von Heinegg, EUV/AEUV/GRCh, Art. 4 Rn 27; EuG, Rs. T-85/09 (Kadi), Slg. 2010, II-5177, Rn 186.

200 S.a. *Kahl*, in: Calliess/Ruffert (Hrsg.), EUV/AEUV, Art. 4 EUV Rn 77 ff. mit zahlreichen Nachweisen.

201 Vgl die Nachweise bei *Streinz*, in: Streinz (Hrsg.), EUV/ AEUV, Art. 4 EUV Rn 61 aE (dort Fn 157).

202 Dazu eingehend *Röben*, S. 141 ff.

203 *Streinz*, VVDStRL 61 (2002), 349 ff.

204 *Oppermann*, DVBl. 1994, 901, 907.

205 Zutreffend *Kahl*, in: Calliess/Ruffert (Hrsg.), EUV/AEUV, Art. 4 EUV Rn 81.

206 EuGH, Rs. C-354/90 (FNCE), Slg 1991, I-5505, Rn 11 ff; vgl auch die Bekanntmachung vom 25.11.1995 (ABl. 1995 C 312/8).

207 EuGH, Rs. C-39/94 (SFEI), Slg 1996, I-3547, Rn 50 ff.

208 So die Formulierung bei *Zuleeg*, in: von der Groeben/Schwarze, Art. 10 Rn 10.

209 Statt aller EuGH, Rs. 231/83 (Cullet/Leclerc), Slg 1985, 305, Rn 16.

210 Zutreffend der Hinweis bei *Zuleeg*, in: von der Groeben/Schwarze, Art. 10 Rn 10 unter Bezugnahme auf EuGH, Rs. 6/64 (Costa/E.N.E.L.), Slg 1964, 1251, 1269 f.

211 Vgl dazu *Streinz, in: Streinz (Hrsg.)*, EUV/AEUV, Art. 4 EUV Rn 68 mwN.

212 *Zuleeg*, in: von der Groeben/Schwarze, Art. 10 Rn 10 mwN.

213 Hierzu *Streinz*, in: Streinz (Hrsg.), EUV/AEUV, Art. 4 EUV Rn 68 f.

214 Vgl dazu oben Rn 34.

unterlassen, was die unmittelbare Geltung der Verordnung in Zweifel ziehen würde.[215] Nichts anderes gilt auch für die Umsetzung von Richtlinien, bei der es den Mitgliedstaaten kraft Unionstreue untersagt ist, die materiellen oder formellen Vorgaben zu verändern, beispielsweise die Umsetzungsfrist eigenmächtig zu verlängern.[216] Ebenfalls Ausdruck der Unionstreue ist das so genannte **Frustrationsverbot**, aufgrund dessen es den Mitgliedstaaten untersagt ist, vor Ablauf der Umsetzungfrist Maßnahmen zu ergreifen, die die Verwirklichung des durch die Richtlinie vorgegebenen Ziels ernsthaft in Frage stellen.[217]

2. Wahrung der Autonomie der Union

Zu den klassischen Problemen föderativer Strukturen, die mit dem Verfassungsgrundsatz der Unionstreue vergleichbaren Strukturprinzipien eingehegt werden sollen, gehört die Wahrung der Autonomie der beteiligten Einheiten. So wie die Verfassungsautonomie[218] im Bundesstaat ein sensibles Moment ist, stellt die **Wahrung der Autonomie der das europäische Mehrebenensystem konstituierenden Einheiten** eine zentrale Herausforderung des unionalen Verfassungsrechts dar. Der Grundsatz der Unionstreue lässt sich insoweit zum einen dahingehend konkretisieren,[219] dass die Mitgliedstaaten alle Maßnahmen unterlassen müssen, die die Tragweite einer unionsrechtlichen Regelung schmälern könnten,[220] zum zweiten sind die Mitgliedstaaten verpflichtet, weder den internen Funktionsablauf europäischer Organe[221] noch die Finanzautonomie der Union[222] zu beeinträchtigen. 45

3. Schutz der Außenbeziehungen

Die Außenbeziehungen innerhalb der Europäischen Union scheinen zwar in politisch brisanten Konstellationen immer noch vorrangig in den Händen der Mitgliedstaaten zu liegen. Sieht man aber von den medienwirksamen Auseinandersetzungen im Zusammenhang mit dem Irak-Konflikt ab, so ist ein erstaunliches Maß an unionaler Außenpolitik erkennbar. Hieraus resultieren in erster Linie Unterlassungspflichten der **Mitgliedstaaten** dahingehend, dass sie dort, wo auf der Grundlage der Verträge Maßnahmen der europäischen Organe getroffen worden sind, mindestens **außenpolitische Zurückhaltung** üben müssen.[223] Im Anwendungsbereich des AEUV schließt dies völkerrechtliche Maßnahmen der Mitgliedstaaten aus, die diese Maßnahmen beeinträchtigen oder ihre Tragweite ändern können.[224] Auch wenn lediglich absehbar ist, dass die Union entsprechende außenpolitische Maßnahmen ergreifen wird, dürfen die Mitgliedstaaten der Union die Erfüllung ihrer Aufgaben nicht erschweren.[225] Im Bereich der Gemeinsamen Außen- und Sicherheitspolitik bestehen für die Mitgliedstaaten vergleichbare Unterlassungspflichten, um ein einheitliches Auftreten 46

---

215 Zum Normwiederholungsverbot vgl oben Rn 34. Vgl statt aller EuGH, Rs. 34/73 (Variola/Amministrazione italiana delle Finanze), Slg 1973, 981, Rn 10.

216 EuGH, Rs. 52/75 (Kommission/Italien), Slg 1976, 277, Rn 10.

217 EuGH, Rs. C-129/96 (Inter-Environnement Wallonie ASBL/Région wallonne), Slg 1997, I-7411, Rn 45; EuGH, Rs. C-165/09 – C-167/09 (Stichting Natuur en Milieu u.a.), Slg 2011, I-4599, Rn 78-79. Das Frustrationsverbot erinnert zwar an Art. 18 WVRK, sollte aber mit diesem wegen der doch grundsätzlich anderen Rahmenbedingungen nicht auf eine Stufe gestellt werden. Zu den Komplexitäten von Art. 18 WVRK vgl *Klabbers*, in: Myjer, S. 11 ff.

218 Aus der grundgesetzlichen Perspektive zur Verfassungsautonomie der Länder *Isensee*, HStR VI, § 126 Rn 94 ff; BVerfGE 96, 345, 368 f und BVerfGE 98, 145, 157 f. Die Bundestreue wird in diesem Zusammenhang kaum bemüht.

219 Zum folgenden *Streinz*, in: Streinz (Hrsg.), EUV/AEUV, Art. 4 EUV Rn 70; instruktiv auch *Hatje*, in: Schwarze (Hrsg.), Art. 4 EUV Rn 73.

220 EuGH, Rs. 31/74 (Galli), Slg 1975, 47, Rn 29 und 31.

221 EuGH, Rs. 208/80 (Lord Bruce of Donington/Aspolen), Slg 1981, 2205, Rn 14.

222 EuGH, Rs. 44/84 (Hurd), Slg 1986, 29, Rn 48 und 49.

223 S. zum Verhältnis von Unionstreue und den Außenbeziehungen der EU auch *Neframi*, CMLR 47 (2010), 323 ff.

224 EuGH, Rs. 22/70 (AETR), Slg 1971, 263, Rn 20 und 22.

225 EuGH, Rs. 61/77 (Kommission/Irland), Slg 1978, 417, Rn 63 und 68. S.a. EuGH, Rs. C-246/07 (Kommission/Schweden), Slg 2010, I-3317, Rn 74 f, wo der Gerichtshof vom „Ausgangspunkt" bzw „Beginn eines abgestimmten gemeinschaftlichen Vorgehens" in Zusammenhang mit Handlungs- und Unterlassungspflichten spricht.

der Union zu ermöglichen.[226] Eine besondere Konkretisierung der Unionstreue gilt für die beiden ständigen Mitglieder des Sicherheitsrats der Vereinten Nationen, die auch dort den Interessen der Union Rechnung tragen sollen.[227]

D. Pflichten der Union gegenüber den Mitgliedstaaten

47 Die Unionstreue verpflichtet die Union zu mitgliedstaatsfreundlichem Verhalten, insbesondere dazu, **Rücksicht auf die elementaren Interessen der Mitgliedstaaten** zu nehmen.[228] Als Bestandteil der auch ihr obliegenden Pflicht zur loyalen Zusammenarbeit muss die Union auf gewachsene und bewährte Verwaltungsstrukturen der Mitgliedstaaten, auf die unterschiedlichen Funktionsweisen ihrer jeweiligen Rechtssysteme[229] und gegebenenfalls auf tatsächliche und rechtliche Schwierigkeiten[230] in den Mitgliedstaaten bei der Umsetzung von Unionsrecht Rücksicht nehmen. Die Pflicht zur Rücksichtnahme auf die Mitgliedstaaten hat in Art. 4 Abs. 2 EUV eine spezifische Ausprägung in Gestalt der Pflicht zur Achtung der nationalen Identität erfahren.[231] Diese ist zwar kein absolut geschütztes Rechtsgut, aber sie zwingt insbesondere dann, wenn es sich um Verfassungsstrukturprinzipien der Mitgliedstaaten handelt, zu einem schonenden Ausgleich zwischen mitgliedstaatlichen und europäischen Belangen.[232] Der Grundsatz der loyalen Zusammenarbeit kann so gegebenenfalls als Kompetenzausübungsschranke wirken.[233] Hinzuzufügen ist, dass auf Seiten der Union nicht nur Unterlassungspflichten bestehen, sondern die Unionstreue auch hier zu Handlungspflichten führen kann. Dies gilt neben der Pflicht zur schnellstmöglichen Prüfung[234] oder zu zügigem Handeln[235] (im Beihilferecht oder bei sonst erforderlichen Mitwirkungshandlungen) auch für die von Seiten der Union gegenüber den Mitgliedstaaten zu leistende Amts- und Rechtshilfe.[236]

E. Pflichten der Mitgliedstaaten untereinander

48 Auch im **Verhältnis der Mitgliedstaaten untereinander** ergeben sich aus dem Grundsatz der Unionstreue wechselseitige Verpflichtungen im Anwendungsbereich des Unionsrechts. Schließlich können Maßnahmen, die ein Mitgliedstaat auf der Grundlage des Unionsrechts ergreift, Rechtsfolgen in anderen Mitgliedstaaten auslösen. Nationale Verwaltungsakte können transnationale Wirkung entfalten.[237] In erster Linie sind die Mitgliedstaaten verpflichtet, die vom Unionsrecht geschützten Rechte und Interessen der anderen Mitgliedstaaten zu respektieren und zu wahren.[238] Daraus resultiert auch das Prinzip der gegenseitigen Anerkennung.[239] Dies führt jedoch nicht zu einer generellen Pflicht, Verwaltungsakte anderer Mitgliedsstaaten (ungeprüft) anzuerkennen.[240] Die wechselseitige Verpflichtung zur Solidarität bedeutet auch, dass ein Mitgliedstaat eine als gerechter

---

226 Vgl dazu Art. 34 EUV nF.

227 Art. 34 Abs. 2 Unterabs. 2 EUV nF.

228 Vgl *Kahl*, in: Calliess/Ruffert (Hrsg.), EUV/AEUV, Art. 4 EUV Rn 104.

229 Jetzt Art. 4 Abs. 2 EUV nF; zuvor Nr. 7 Satz 2 des Protokolls Nr. 21 zum Amsterdamer Vertrag 1997.

230 *Streinz*, in: Streinz (Hrsg.), EUV/ AEUV, Art. 4 EUV Rn 4.

231 Vgl zum Kontext *Hatje*, in: Schwarze (Hrsg.), Art. 4 EUV Rn 76; *Vedder*, in: Vedder/Heintschel von Heinegg, EUV/AEUV/GRCh, Art. 4 Rn 1, 25.

232 *Puttler*, in: Calliess/Ruffert (Hrsg.), EUV/AEUV, Art. 4 EUV Rn 49.

233 *Kahl*, in: Calliess/Ruffert (Hrsg.), EUV/AEUV, Art. 4 EUV Rn 106 mwN in Fn 402.

234 EuGH, Rs. C-319/97 (Kortas), Slg 1999, I-3143, Rn 35.

235 Zur Konkretisierung des „unverzüglichen" Handelns auf zwei Monate im Rahmen von Art. 88 Abs. 3 EGV EuGH, Rs. 84/82 (Deutschland/Kommission), Slg 1984, 1451, Rn 11.

236 Vgl EuGH, Rs. C-234/89 (Delimitis/Henninger Bräu), Slg 1991, I-935, Rn 53 und EuGH, Rs. C-251/89 (Athanasopoulos u.a.), Slg 1991, I-2797, Rn 57.

237 EuGH, Rs. C-340/89 (Vlassopoulou), Slg 1991, I-2357, Rn 14 ff; zu transnationalen Verwaltungsakten im Europarecht vgl auch *Schmidt-Aßmann*, DVBl. 1993, 924, 935 ff.

238 EuGH, Rs. 32/79 (Kommission/Vereinigtes Königreich), Slg 1980, 2403, Rn 46; vgl auch *Zuleeg*, in: von der *Groeben/Schwarze, Art. 10 Rn 12.*

239 Ähnlich *Kahl*, in: Calliess/Ruffert (Hrsg.), EUV/AEUV, Art. 4 EUV Rn 113 mwN.

240 So *Streinz*, in: Streinz (Hrsg.), EUV/ AEUV, Art. 4 EUV Rn 6 mit Hinweis auf EUGH, Rs. C-316/07 u.a. (Stoß u.a.), Slg 2010, I-8069, Rn 80 ff.

Interessenausgleich anerkannte Lage nicht ändern kann, ohne die Notwendigkeit einer solchen Änderung nachzuweisen. Andernfalls verletzt er den Grundsatz der Unionstreue.[241] Schließlich sind die Mitgliedstaaten auch jenseits zahlreicher Positivierungen[242] zur Zusammenarbeit untereinander verpflichtet, was sich letztlich als Systemnotwendigkeit im Mehrebenensystem darstellt.[243] Die Pflicht zur Zusammenarbeit beinhaltet Informations- und Konsultationspflichten, aber auch die Pflicht zur horizontalen Amtshilfe.[244]

F. Organpflichten

Nachdem zuvor schon der EuGH den **Grundsatz der Organtreue** im Verhältnis der Unionsorgane untereinander anerkannt hatte,[245] ist dieser Grundsatz nunmehr in Art. 13 Abs. 2 S. 2 EUV ausdrücklich positiviert worden. Abgesehen von einzelnen Ausprägungen dieses Grundsatzes im Primärrecht[246] spielt er für den EuGH vor allem im Zusammenhang mit der Beteiligung des Parlaments am Rechtsetzungsprozess eine zentrale Rolle. So stellt eine Verletzung einschlägiger Bestimmungen des Unionsrechts nach Auffassung des EuGH nicht nur einen Verstoß gegen das Demokratieprinzip und den Grundsatz des institutionellen Gleichgewichts dar, sondern auch einen Verstoß gegen die Unionstreue.[247] Jenseits dieser wechselseitigen Verschränkung und Unterstützung mehrerer Verfassungsgrundsätze untereinander resultieren aus dem Grundsatz der Organtreue Konsultations- und Informationspflichten, welche die Funktionstüchtigkeit des Mehrebenensystems erleichtern und befördern. 49

G. Perspektiven

Das Verfassungsstrukturprinzip der Unionstreue ist **hinreichend flexibel und offen**, um den nicht immer vorhersehbaren Entwicklungen im fragilen europäischen Mehrebenensystem Rechnung zu tragen und das System insgesamt zu stabilisieren. Gerade nach dem Inkrafttreten des Lissaboner Vertrages sollten sich die beteiligten Ebenen und Organe des Potenzials der Unionstreue neu bewusst werden, vor allem um dem Integrationsprozess die notwendige „Bodenhaftung" zu geben. Dazu ist es erforderlich, die Mehrdimensionalität der Unionstreue sowohl in der Rechtsprechung als auch sekundärrechtlich weiter auszugestalten – mit Hilfe dogmatischer Unterfütterung seitens der Wissenschaft. Dabei sollte es möglich sein, die notwendige Rücksichtnahme der europäischen auf die mitgliedstaatliche Ebene zu stärken. Die Europäisierung des nationalen Rechts darf keine Einbahnstraße sein. Nicht nur die mitgliedstaatlichen Rechtsordnungen befinden sich in einem **Transformationsprozess,** sondern auch das Unionsrecht selbst. Das Verfassungsstrukturprinzip der Unionstreue eröffnet insoweit auf verfassungsrechtlicher Ebene zahlreiche Möglichkeiten, den Notwendigkeiten der Integration ebenso Rechnung zu tragen wie den mitgliedstaatlichen Sensibilitäten. 50

241 EuGH, Rs. 32/79 (Kommission/Vereinigtes Königreich), Slg 1980, 2403, Rn 56 ff.

242 *Kahl*, in: Calliess/Ruffert (Hrsg.), EUV/AEUV, Art. 4 EUV Rn 41 verweist u.a. auf den 5. Erwägungsgrund der Präambel des EUV, Art. 6 Abs. 1, 11 Abs. 2 Unterabs. 1 und 2, Art. 125. Spstr., 16, 19, 20, Art. 23 Abs. 1 Unterabs. 2 S. 2 und 3 EUV aF sowie auf Art. 2, 99 Abs. 1, Art. 126 Abs. 2, Art. 152 Abs. 2, Art. 155 Abs. 2, Art. 157 Abs. 2, Art. 159 Abs. 1, Art. 280 Abs. 3 S. 2 und Art. 307 Abs. 2 S. 2 EGV.

243 So der EuGH, Rs. 42/82 (Kommission/Frankreich), Slg 1983, 1013, Rn 36 f.

244 *Kahl*, in: Calliess/Ruffert (Hrsg.), EUV/AEUV, Art. 4 EUV Rn 113.

245 EuGH, Rs. 204/86 (Griechenland/Rat), Slg 1988, 5323, Rn 16.

246 Nachweise bei *Kahl*, in: Calliess/Ruffert (Hrsg.), EUV/AEUV, Art. 13 EUV Rn 28.

247 EuGH, Rs. C-65/93 (Parlament/Rat), Slg 1995, I-643, Rn 23.

§ 8 Individuelle Rechte und Pflichten

Literatur: *v. Bogdandy/Bast* (Hrsg.), Europäisches Verfassungsrecht, Berlin Heidelberg 2. Aufl. 2009; *Borchardt,* Der sozialrechtliche Gehalt der Unionsbürgerschaft, NJW 2000, 2057 ff; *v. Danwitz,* Zur Grundlegung einer Theorie der subjektiv-öffentlichen Gemeinschaftsrechte, DVBl 1996, 481 ff; *ders.*, Europäisches Verwaltungsrecht, Berlin Heidelberg 2008; *Ehlers,* Europäische Grundrechte und Grundfreiheiten, Berlin 3. Aufl. 2009; *Gellermann,* Beeinflussung des bundesdeutschen Rechts durch Richtlinien der EG dargestellt am Beispiel des europäischen Umweltrechts, Köln u.a. 1994; *Grabenwarter* (Hrsg.), Europäischer Grundrechtsschutz, Enzyklopädie Europarecht Bd. 2, 2014; *Grabitz,* Europäisches Bürgerrecht zwischen Marktbürgerschaft und Staatsbürgerschaft, Köln 1970; *Heselhaus/Nowak* (Hrsg.), Handbuch der Europäischen Grundrechte, München 2006; *Jarass,* Charta der Grundrechte der Europäischen Union – Kommentar, 2. Aufl. München 2013; *Kadelbach,* Allgemeines Verwaltungsrecht unter europäischem Einfluß, Tübingen 1999; *Kingreen,* Die Universalisierung sozialer Rechte im europäischen Gemeinschaftsrecht, EuR, Beiheft 1/2007, 43 ff; *Masing,* Die Mobilisierung des Bürgers für die Durchsetzung des Rechts, Berlin 1997; *Meyer* (Hrsg.), Kommentar zur Charta der Grundrechte der Europäischen Union, 3. Aufl. Baden-Baden 2011; *Nettesheim,* Subjektive Rechte im Unionsrecht, AöR 2007, 333 ff; *Nowak*, Europäisches Verwaltungsrecht und Grundrechte, in: Terhechte (Hrsg.), Verwaltungsrecht der Europäischen Union, Baden-Baden 2011, § 14; *O'Brien,* I Trade, Therefore I Am: Legal Personhood in the European Union, CML Rev 50 (2013), 1643 ff; *v. Oettingen,* Effet utile und individuelle Rechte im Recht der Europäischen Union, Baden-Baden 2010; *Pechstein,* EU-Prozessrecht, 4. Aufl. Tübingen 2011; *Pernice,* Grundrechtsgehalte im europäischen Gemeinschaftsrecht, Baden-Baden 1979; *ders.,* Der verfassungsrechtliche Status der Unionsbürger im Vorfeld des Vertrags über eine Verfassung für Europa, FS Rodríguez Iglesias, 2003, 177 ff; *Poiares Maduro/Azoulai* (Hrsg.), The Past and Future of EU Law – The Classics of EU Law Revisited on the 50th Anniversary of the Rome Treaty, Oxford 2010; *Rabenschlag,* Leitbilder der Unionsbürgerschaft, Baden-Baden 2009; *Reich,* Bürgerrechte in der Europäischen Union, Baden-Baden 1999; *ders.*, Individueller und kollektiver Rechtsschutz im EU-Verbraucherrecht, Baden-Baden 2012; *Rengeling/Szczekalla,* Grundrechte in der Europäischen Union. Charta der Grundrechte und Allgemeine Rechtsgrundsätze, Köln 2004; *Riem,* Die europäischen Grundfreiheiten als Rechtsgrundlage von Leistungsansprüchen, 2011; *Ruffert,* Subjektive Rechte im Umweltrecht der Europäischen Gemeinschaft, Heidelberg 1996; *Schilling,* Bestand und allgemeine Lehren der bürgerschaftlichen allgemeinen Rechtsgrundsätze des Gemeinschaftsrechts, EuGRZ 2000, 1 ff; *Schönberger*, Unionsbürger, Tübingen 2005; *Schwarze,* Europäisches Verwaltungsrecht, 2 Bde., Baden-Baden 2. Aufl. 2005; *Stewen*, Die Entwicklung des allgemeinen Freizügigkeitsrechts der Unionsbürger und seiner sozialen Begleitrechte, Tübingen 2011; *Tettinger/Stern* (Hrsg.), Kölner Gemeinschaftskommentar zur Europäischen Grundrechte-Charta, München 2006; *Wollenschläger*, Grundfreiheit ohne Markt, Tübingen 2007; *Zuleeg,* Der rechtliche Zusammenhalt der Europäischen Union, Baden-Baden 2004.

A. Rechte

I. Gestalt

1. Übersicht

1 Die Rechtsordnung der Europäischen Gemeinschaften hatte von Beginn an Belange und Interessen Einzelner im Blick, kannte aber nur wenige Bestimmungen, die ausdrücklich darauf gerichtet waren, ihnen individuelle Rechte zu verleihen. Zudem waren diese schwer auffindbar über die

Gründungsverträge und das Sekundärrecht verstreut und teils auch erst nach entsprechender Interpretationsleistung der europäischen Gerichtsbarkeit als solche identifizierbar. So bedurfte es im Hinblick auf die Grundfreiheiten einer regelrechten Transformation zunächst allein an die Mitgliedstaaten adressierter Vertragsbestimmungen, mit der der Gerichtshof zu Anfang der 60er Jahre begann und die er über die Folgezeit kontinuierlich fortsetzte und zu einem System zusammenfügte. So wurden die **Grundfreiheiten** der heutigen Art. 30 und 34 AEUV, denen zufolge Hemmnisse für den freien Warenverkehr „zwischen den Mitgliedstaaten verboten" sind, erst durch Urteile des EuGH zu **subjektiven Rechten**, auf die sich Einzelne vor innerstaatlichen Gerichten berufen können.[1] Entsprechendes gilt für die Freizügigkeit der Arbeitnehmer innerhalb der Union (Art. 45 AEUV: „ist … gewährleistet")[2] und die anderen Grundfreiheiten.[3]

Dabei sind die individuellen Rechte von Anfang an nicht ausschließlich marktbezogen gewesen. 2
Auch wenn die Gründungsverträge lange weder einen eigenen Grundrechtskatalog enthielten noch auf einen solchen verwiesen, fanden sich doch bereits in den Römischen Verträgen von 1957 neben den Grundfreiheiten des Binnenmarktes auch **politische Rechte** und **Grundrechte.**[4] So sah der EWG-Vertrag eine Direktwahl zum damals noch „Versammlung" genannten Europäischen Parlament vor (Art. 138 Abs. 3 EWGV, jetzt Art. 14 Abs. 3 EUV). Zu den im EWG-Vertrag enthaltenen Grundrechten gehörten Diskriminierungsverbote wie das allgemeine Verbot von Ungleichbehandlungen aus Gründen der Staatsangehörigkeit (Art. 7 EWGV, heute Art. 18 AEUV)[5] und der Grundsatz gleichen Entgelts für Mann und Frau bei gleicher Arbeit (Art. 119 EWGV, heute Art. 157 AEUV).[6] Der Vertrag von Maastricht über die Gründung der Europäischen Union von 1992 fügte dem die **Unionsbürgerrechte** hinzu, zu denen u.a. ein allgemeines, nicht an die Ausübung einer Erwerbstätigkeit geknüpftes Freizügigkeitsrecht (Art. 21 AEUV),[7] ein Wahlrecht zu den kommunalen Vertretungskörperschaften und zum Europaparlament am Wohnsitzort (Art. 22 AEUV) sowie ein Recht auf Beistand durch die konsularischen und diplomatischen Vertretungen anderer Unionsstaaten in Drittländern (Art. 23 AEUV) gehören. Weitere Grundrechte waren bereits seit den ausgehenden 60er Jahren durch den Europäischen Gerichtshof aus den Verfassungstraditionen der Mitgliedstaaten und ihnen gemeinsamen völkerrechtlichen Verpflichtungen abgeleitet und zu allgemeinen Rechtsgrundsätzen des Unionsrechts fortgebildet worden.[8] Diese und weitere Rechte wurden später mit der Charta der Grundrechte der Europäischen Union von 2000 kodifiziert. Der Grundrechtskatalog der Charta, zunächst als rechtlich nicht verbindliches Referenzdokument gedacht,[9] ist durch den Vertrag von Lissabon in den Rang unmittelbar anwendbaren Primärrechts erhoben worden (Art. 6 Abs. 1 EUV).

Subjektive Rechte aller Art können sich schließlich aus dem sekundären Unionsrecht ergeben. 3
Schon früh hat der EuGH befunden, dass nicht nur die ohnehin unmittelbar anwendbaren Verordnungen (Art. 288 Unterabs. 2 AEUV), sondern auch zunächst an die Mitgliedstaaten adressierte Entscheidungen (heute Beschlüsse genannt, Art. 288 Unterabs. 4 AEUV) und Richtlinien (Art. 288 Unterabs. 3 AEUV) unter bestimmten Voraussetzungen eine **Direktwirkung** zugunsten Einzelner

1 Zum Verbot von Zöllen und zollgleichen Abgaben EuGH, Rs. 26/62 (van Gend & Loos), Slg 1963,1, 23 und dazu *Pescatore* u.a., in: Poiares Maduro/Azoulai (Hrsg.), 3 ff; grundlegend zur Rolle des Gerichtshofs als treibende Kraft der Integration in diesem Zusammenhang *Weiler*, Yale Law Journal 1990, 2403, 2413 ff.

2 EuGH, Rs. 41/74 (van Duyn/Home Office), Slg 1974, 1337, Rn 5/7.

3 Zur Dienstleistungsfreiheit EuGH, Rs. 33/74 (van Binsbergen), Slg 1974, 1299, Rn 24/26; zur Niederlassungsfreiheit EuGH, Rs. 2/74 (Reyners), Slg 1974, 631, Rn 29/31; zum Kapital- und Zahlungsverkehr EuGH, Rs. C-163/94 (Sanz de Lera), Slg 1995, I-4821, Rn 41.

4 *Pernice*, Grundrechtsgehalte, S. 66 ff.

5 EuGH, Rs. 2 und 3/69 (Social Fonds voor de Diamantarbeiders), Slg 1969, 211, Rn 24/26.

6 EuGH, Rs. 43/75 (Defrenne/SABENA), Slg 1976, 455, Rn 21/24.

7 Zur unmittelbaren Anwendbarkeit EuGH, Rs. C-413/99 (Baumbast), Slg 2002, I-7091, Rn 84.

8 So zuerst in EuGH, Rs. 29/69 (Stauder/Stadt Ulm), Slg 1969, 419, Rn 7.

9 EuG, Rs. T-54/99 (max.mobil), Slg 2002, II-316, Rn 48, 57; EuGH, Rs. C-432/05 (Unibet), Slg 2007, I-2271, Rn 37; Rs. C-303/05 (Advocaten voor de Wereld), Slg 2007, I-3633, Rn 46.

entfalten können.[10] Motive dieser Rechtsprechung sind der Schutz individueller Rechte, die Wirksamkeit und Einheitlichkeit des Unionsrechts (*effet utile*) sowie die Erwägung, dass der Staat Rechtsvorschriften, die er beseitigen muss, nicht mehr zu Lasten seiner Bürger anwenden soll, sich also nicht auf sein eigenes unionsrechtswidriges Verhalten berufen kann.[11] Da nicht alle diese Gründe eine Belastung Privater tragen, ist eine Direktwirkung von Richtlinienbestimmungen ausgeschlossen, durch die Einzelnen rechtliche Nachteile auferlegt werden.[12] Eine mittelbare Wirkung bringt die Pflicht der Mitgliedstaaten und ihrer Gerichte und Behörden hervor, innerstaatliches Recht im Einklang mit dem Unionsrecht anzuwenden, soweit dies die jeweils gültigen Auslegungsgrundsätze erlauben. Diese zunächst anhand von Richtlinien entwickelte Rechtsprechung (sog. **richtlinienkonforme Auslegung**) gilt auch für das übrige Unionsrecht (**unionsrechtskonforme Auslegung**).[13] Den Schlussstein des richterrechtlich entwickelten Systems von Berechtigungen bildet die **Haftung** von Union und Mitgliedstaaten für die Verletzung unionsrechtlich gewährter subjektiver Rechte. Für die Union verweist Art. 340 Abs. 2 AEUV auf die mitgliedsstaatlichen Rechtsordnungen. Aus ihnen hat der EuGH im Laufe der Zeit Rechtsgrundsätze abgeleitet, die er später auf die Haftung der Mitgliedstaaten für die Verletzung von Unionsrecht (rück-)übertragen hat.[14]

2. Quellen

4 Individuelle Rechte ergeben sich aus nahezu allen Quellen des Unionsrechts. Um das Geflecht subjektiver Gewährleistungen des Unionsrechts verstehen zu können, ist es nützlich, sich die verschiedenen **Zielrichtungen** der einzelnen Rechte vor Augen zu halten. So sind die Grundfreiheiten nicht nur rechtlich geschützte Interessen des **Marktbürgers**, deren Wahrnehmung zur Vollendung des Binnenmarktes beiträgt, sondern auch Ausschnitte grundrechtlicher Freiheit.[15] Die richterrechtliche Entfaltung der Grundrechte erfüllte zunächst eine Komplementärfunktion zum Vorrang des Unionsrechts, um die Schutzlücke zu schließen, die sich mit dem Zurücktreten nationalen Rechts und seiner Grundrechte aufgetan hätte.[16] Mit sekundärrechtlich gewährten Rechten können ihre Inhaber so viele Ziele verfolgen wie die Union Kompetenzen besitzt.[17] Diese können nicht nur, wie im koordinierenden europäischen Sozialrecht (*Steinmeyer*, § 40 Rn 23 ff), darauf gerichtet sein, Ungleichbehandlungen zu vermeiden, die sich aus der Inanspruchnahme von Grundfreiheiten ergeben, sondern auch auf die Verwirklichung von gemeinsamen Standards bspw im Umwelt- oder Verbraucherrecht. Die Unionsbürgerrechte schließlich stehen am Beginn der Initiativen, den Prozess der Marktintegration in eine politische Dimension hinein zu erweitern.[18] Im Ergebnis folgt aus alldem ein komplexes System von Freiheiten, Diskriminierungsverboten, Leistungsansprüchen, Verfahrensgarantien, politischen Gestaltungs- und Partizipationsrechten.

5 Die unmittelbare Wirkung des **Primärrechts** zugunsten Einzelner beruht seit jeher auf der Erwägung, dass mit der Übertragung von Hoheitsrechten auf die Gemeinschaft eine neue, von den Mit-

---

10 EuGH, Rs. 9/70 (Grad/Finanzamt Traunstein), Slg 1970, 825, Rn 5; Rs. 41/74 (van Duyn/Home Office), Slg 1974, 1337, Rn 12.

11 EuGH, Rs. 148/78 (Ratti), Slg 1979, 1629, Rn 22; Rs. 8/81 (Becker/Finanzamt Münster-Innenstadt), Slg 1982, 53, Rn 29 f; Rs. C-397/01 (Pfeiffer), Slg 2004, I-8835; ausführlich *v. Oettingen*, Effet utile, S. 129 ff.

12 Zusammenfassend EuGH, Rs. C-91/92 (Faccini Dori), Slg 1994, I-3325.

13 Zur richtlinienkonformen Auslegung EuGH, Rs. 14/13 (von Colson und Kamann/Land Nordrhein-Westfalen), Slg 1984, 1891 Rn 26; Rs. 80/86 (Kolpinghuis Nijmegen), Slg 1987, 3969 Rn 12 ff; allgemein zur Konformauslegung Rs. 157/86 (Murphy), Slg 1988, 673 Rn 11; zur bisherigen sog. dritten Säule Rs. C-105/03 (Pupino), Slg 2005, I-5285; allgemein zur unionsrechtskonformen Auslegung Rs. C-282/10 (Dominguez) v. 24.1.2012, Rn 24.

14 EuGH, Rs. C-43/93 (Brasserie du pêcheur), Slg 1996, I-1029.

15 Die Wortschöpfung des „Marktbürgers" geht wohl zurück auf *Ipsen/Nicolaysen*, NJW 1964, 339, 340; s. auch *Grabitz*, Europäisches Bürgerrecht, S. 65 ff.

16 EuGH, Rs. 11/70 (Internationale Handelsgesellschaft), Slg 1970, 1125 Rn 3.

17 Betonung der instrumentellen Funktion bei *Masing*, Mobilisierung, S. 225; *v. Danwitz*, Verwaltungsrechtliches System und europäische Integration, 1996, S. 233 ff; die rechtsschutzbezogene Seite wird dabei systematisch unterbewertet, s. *Kadelbach*, Allgemeines Verwaltungsrecht, S. 57 ff; *v. Oettingen*, Effet utile, S. 97 ff.

18 *Kadelbach*, in: von Bogdandy/Bast (Hrsg.), S. 611, 645 ff mwN.

gliedstaaten unabhängige Rechtsordnung entstanden sei.[19] Deren Rechtssubjekte sind nicht nur die Mitgliedstaaten, sondern auch deren Bürger.[20] Rechte entstehen demzufolge nicht nur, wenn der Vertrag sie ausdrücklich als solche bezeichnet. Vielmehr sind sie in jeder Bestimmung der Gründungsverträge enthalten, die den Mitgliedstaaten, der Union oder Privaten Pflichten auferlegt, sofern diese inhaltlich hinreichend bestimmt und unbedingt, dh von keinem weiteren Rechtsetzungs- oder Administrativakt abhängig sind.[21] Dass solche Rechte über die Funktionalität des Binnenmarktes hinausweisen, illustrierte früh der Fall Cowan.[22] Art. 18 AEUV zufolge ist im Anwendungsbereich der Verträge jede Diskriminierung aus Gründen der Staatsangehörigkeit unzulässig. Die französischen Behörden hatten einem Briten, der in Paris als Opfer einer Straftat Verletzungen erlitten hatte, zunächst eine Entschädigung verweigert, wie sie ein französischer Staatsangehöriger in vergleichbarer Lage erhalten hätte. Als Tourist war Cowan Nutznießer der (passiven) Dienstleistungsfreiheit, fiel also in den Anwendungsbereich des Europarechts. Der EuGH zog den heutigen Art. 18 AEUV heran und erklärte den Ausschluss des Klägers von der Opferentschädigung für europarechtswidrig.[23]

Eine wichtige Quelle für die europäischen Rechtsschutzstandards bilden die **allgemeinen Rechtsgrundsätze**, die auf der Stufe primären Unionsrechts stehen.[24] Ausdrücklich erwähnt werden sie in Art. 340 Abs. 2 AEUV, der für die deliktische Haftung der Unionsorgane die gemeinsamen Rechtsgrundsätze der Mitgliedstaaten für maßgeblich erklärt. Mit Art. 6 Abs. 3 EUV, der den Status der **Grundrechte** bestimmt, wird auf die Rechtsprechung des EuGH verwiesen, die 1969 mit dem Fall Stauder begann. Der Kläger des Ausgangsverfahrens wollte in den Genuss eines Programms zum Bezug verbilligter Markenbutter gelangen, das mit Mitteln der Gemeinschaft zur Reduzierung von Agrarüberschüssen aufgelegt worden war. Die Vergünstigung war von der Vorlage einer Bescheinigung abhängig, die den Käufer unter Nennung seines Namens als sozialhilfeberechtigt auswies. Diese Bloßstellung wollte der Kläger vermeiden. Der EuGH befand auf Vorlage des zuständigen Gerichts, dass unverhältnismäßig in das Persönlichkeitsrecht eingegriffen werde, weil als milderes Mittel ein anonymisiertes Verfahren in Frage komme.[25] Es ist eine der klassischen Pointen der Europarechtsgeschichte, dass der Mann, der unerkannt bleiben wollte, nun auf immer namentlich mit den europäischen Grundrechten verbunden ist. In der Folgezeit hat der EuGH seine Rechtsprechung weiter ausgebaut und zu nahezu jedem im Grundrechtskatalog des Grundgesetzes enthaltenen Grundrecht eine Parallelgewährleistung entwickelt.[26] Das BVerfG hat, ebenso wie einige andere europäischen Verfassungsgerichte und der Europäische Gerichtshof für Menschenrechte, diese Rechtsprechung als einen Schutzstandard anerkannt, der dem in seinem Zuständigkeitsbereich geltenden Schutzniveau im wesentlichen vergleichbar ist.[27] Ob das BVerfG in dieser Hinsicht in seiner Entscheidung zum Lissabon-Vertrag seine Linie grundsätzlich geändert hat, ist angesichts zahlreicher Zweifel, die diese Entscheidung im Hinblick auf seine Wahrnehmung der Rollenverteilung zwischen den Gerichtsbarkeiten geweckt hat, schwer abzuschätzen, aber nicht zu vermuten.[28] Da die allgemeinen Rechtsgrundsätze nunmehr in der Grundrechtscharta im Range des Primärrechts kodifiziert worden sind (Art. 6 Abs. 1 EUV), werden sie insofern an Bedeutung verlieren. 6

19 EuGH, Rs. 26/62 (van Gend & Loos), Slg 1963,1, 25; Rs. 6/64 (Costa/ENEL), Slg 1964, 1251, 1269.

20 EuGH, Gutachten 1/91 (EWR), Slg 1991, I-6079 Rn 21.

21 EuGH, Rs. 26/62 (van Gend & Loos), Slg 1963, 1, 25.

22 EuGH, Rs. 186/87 (Cowan/Trésor public), Slg 1989, 195 Rn 17.

23 Auch wenn vergleichbare Fälle über die Grundfreiheiten entschieden werden könnten, hat der EuGH stets zusätzlich den heutigen Art. 18 AEUV herangezogen, s. EuGH Rs. 164/07 (Wood), Slg 2008, I-4143.

24 Vgl *v. Bogdandy*, in: ders./Bast (Hrsg.), S. 1, 27 ff, 55 ff.

25 EuGH, Rs. 29/69 (Stauder/Stadt Ulm), Slg 1969, 419 Rn 4.

26 Zahlreiche Nachweise bei *Mayer*, in: Grabitz/Hilf/Nettesheim (Hrsg.), Das Recht der EU, Stand 41. EL 2010, Nach Art. 6 EUV Rn 85 ff.

27 BVerfGE 73, 339, 378 ff („Solange II"); 102, 147, 162 ff (Bananenmarkt); zu anderen Verfassungsgerichten *Mayer*, in: Grabitz/Hilf/Nettesheim (Hrsg.), Das Recht der EU, Stand 41. Lfg 2010, Art. 19 EUV, Rn 92 ff; auch der EGMR verwendet eine „Solange"-Formel, s. NJW 2006, 197 Rn 155 ff (Bosphorus). Zu den Unterschieden *Janik*, ZaöRV 70 (2010), 127, 131 ff mwN.

28 BVerfGE 123, 267, 400 f (Lissabon); dazu etwa *Classen*, JZ 2009, 881, 886.

Ihre Relevanz als Quelle werden sie aber für anderen Komponenten des **Rechtsstaatsprinzips** behalten, die der EuGH im Wege wertender Rechtsvergleichung zu Anwendungsbedingungen des Unionsrechts gemacht hat (s.u. Rn 42 ff).[29]

7 Die Rechte, die sich aus dem **sekundären Unionsrecht** ergeben, sind teils Konkretisierungen von Grundfreiheiten und Unionsbürgerrechten, teils das Ergebnis der Verwirklichung von Unionspolitiken auf der Basis hierfür geschaffener Kompetenztitel. Zum ersten Typ gehören beispielsweise die Verordnungen über die Freizügigkeit der Arbeitnehmer innerhalb der Union [30] und zur Koordinierung der Systeme der sozialen Sicherheit[31] sowie die Richtlinie über die Freizügigkeit der Unionsbürger.[32] Zur zweiten Kategorie gehören zB Rechtsakte auf den Gebieten der Sozialpolitik, des Umwelt- und Verbraucherschutzes oder der justiziellen Zusammenarbeit. Zumeist handelt es sich bei den sekundärrechtlichen Gewährleistungen um Richtlinienrecht, durch das die Mitgliedstaaten verpflichtet werden, ihre jeweiligen Rechtsordnungen anzupassen. Dass sich solche Anforderungen bis in das Verfassungsrecht der Mitgliedstaaten hinein auswirken können, zeigte der Fall Kreil, in dem die Klägerin des Ausgangsverfahrens ihren Eintritt in die Bundeswehr erstritt.[33] Nach Art. 12 a Abs. 4 GG aF durften Frauen „auf keinen Fall" Dienst mit der Waffe leisten. Der mit Vorlage des zuständigen Verwaltungsgerichts angerufene EuGH legte die einschlägige Richtlinie zur Verwirklichung des Grundsatzes der Gleichbehandlung von Männern und Frauen hinsichtlich des Zugangs zur Beschäftigung[34] in dem Sinne aus, dass Frauen der Zugang zur Bundeswehr nicht grundsätzlich verwehrt werden dürfe. Die entsprechende Bestimmung des Grundgesetzes wurde daraufhin geändert. Eine Umsetzungsgesetzgebung ist hingegen nicht nötig, wenn die staatliche Rechtsordnung den Vorgaben des Richtlinienrechts bereits entspricht. Sofern das Gesetz mehrdeutig ist, sind die mitgliedsstaatlichen Gerichte zur richtlinienkonformen Auslegung verpflichtet (s. Rn 3). Allerdings gilt dies erst, wenn die zur Umsetzung gesetzte Frist abgelaufen ist.[35] Bereits in dem Zeitraum zwischen dem In-Kraft-Treten der Richtlinie und dem Ablauf der Umsetzungsfrist trifft die Gerichte, ebenso wie die anderen Staatsorgane, die Pflicht, alles zu unterlassen, was die Erreichung des mit der Richtlinie verfolgten Zieles gefährden könnte; das bedeutet aber nicht, dass in dieser Phase bereits richtliniengestützte Rechtsansprüche gerichtlich geltend gemacht werden können.[36]

8 Auch aus **völkerrechtlichen Verträgen** der EU können sich subjektive Rechte ergeben. Sie sind Bestandteil der Unionsrechtsordnung (Art. 216 Abs. 2 AEUV). Der Rechtsprechung zufolge können sie, soweit ihre Vorschriften hinreichend bestimmt und unbedingt sind, unmittelbar anwendbar sein. Allerdings gilt dies nicht in gleicher Konsequenz wie beim Sekundärrecht. Vielmehr ist die Zuerkennung unmittelbarer Anwendbarkeit das Ergebnis einer komplexen Abwägung, bei der der Vertragsgegenstand, die Einheitlichkeit des Unionsrechts und die Gewähr der Gegenseitigkeit der Vertragsparteien in Rechnung zu stellen sind.[37] Beispiele für eine solche Direktwirkung bieten Verträge mit den AKP-Staaten über die Beseitigung von Handelshemmnissen[38] und Klauseln aus Asso-

29 *Kadelbach*, Allgemeines Verwaltungsrecht, S. 109 ff; *v. Bogdandy*, in: ders./Bast (Hrsg.), S. 1, 27 ff.

30 VO 492/2011, ABl. 2011 L 141/1; sie ersetzt VO 1612/68, ABl. 1968 L 257/2.

31 VO 883/2004, ABl. 2004 L 200/1; sie hat VO 1408/71 ersetzt; Kommentar dazu u.a. bei *Fuchs* (Hrsg.), Europäisches Sozialrecht, 5. Aufl. 2010, S. 87 ff.

32 RL 2004/38, ABl. 2004 L 229/35.

33 EuGH, Rs. C-285/98 (Kreil), Slg 2000, I-69.

34 RL 76/207/EWG, ABl. 1976 L 39/40, geänderte Fssg. ABl. 2002 L 269/15, konsolidiert in ABl. 2006 L 204/23.

35 EuGH, Rs. C-129/96 (Inter-Environnement Wallonie), Slg 1997, I-7411.

36 Zweifel hatte insoweit EuGH, Rs. C-144/04 (Mangold), Slg 2005, I-9981 geweckt, doch war in diesem Fall das auch in einer Richtlinie enthaltene Verbot der Altersdiskriminierung auf einen unmittelbar anwendbaren allgemeinen Grundsatz des Unionsrechts gestützt worden, s. Rn 75 ff; Kritik hieran etwa bei *Bauer/Arnold*, NJW 2006, 4, 8; *Preis*, NZA 2006, 401, 404; differenziert *v. Oettingen/Rabenschlag*, ZEuS 2006, 363 ff. Zur Konformauslegung im Sinne der etablierten Rspr EuGH Rs. C-212/04 (Adeneler), Slg 2006, I-6057 Rn 115 m.Anm. *Auer*, NJW 2007, 1106; in einem ähnlichen Fall wie Mangold EuGH, Rs. C-411/05 (Palacios de la Villa), Slg 2007, I-8531; s. allerdings dann wieder Rs. 555/07 (Kücükdeveci), Slg 2010, I-365, Rn 21 ff, 50.

37 EuGH, Rs. 104/81 (Kupferberg), Slg 1982, 3641 Rn 17 ff.

38 AKP-Staaten sind Länder in Afrika, der Karibik und im Pazifik, mit denen die Mitgliedstaaten traditionell besondere Beziehungen unterhalten; EuGH, Rs. 87/75 (Bresciani), Slg 1976, 129 Rn 13/17.

ziierungs- oder Kooperationsverträgen über die Inländerbehandlung von Wanderarbeitnehmern oder anderen Freizügigkeitsberechtigten.[39] Auch das Sekundärrecht aus Assoziierungsrechtsverhältnissen ist unmittelbarer Wirkung fähig, was insbesondere im Verhältnis der Union zur Türkei bedeutsam geworden ist.[40] Die Rspr des EuGH zeigt dabei eine gewisse Tendenz, Assoziierungsabkommen und bilateralen Verträgen der EU eher unmittelbare Wirkung zuzubilligen als multilateralen Konventionswerken.[41] So lehnt sie dies mit Blick auf das Recht der WTO ab, in der Sache vor allem, weil sich auch vor den Gerichten der meisten Handelspartner niemand auf das WTO-Recht berufen kann.[42]

Die bisherigen Aussagen bezogen sich auf das früher so genannte europäische Gemeinschaftsrecht. 9
Im EU-Vertrag finden sich aber auch Bestimmungen der vormaligen zweiten „Säule", die **Gemeinsame Außen- und Sicherheitspolitik** (GASP, Art. 21 ff EUV). Sie enthalten eigenständige Beschlussformen, die zwar der Union zuzurechnen sind, im Wesentlichen aber auf Kooperation der mitgliedsstaatlichen Regierungen gründen und strukturell eher dem Völkerrecht entsprechen.[43] Sie müssen daher mittels unmittelbar geltenden Unionsrechts erst noch implementiert werden. Sofern diesen Maßnahmen Rechte Einzelner entgegenstehen können, muss deren Schutz gleichfalls eigens geregelt werden. Geschieht dies nicht, kann die Situation eintreten, dass gegenüber belastenden Maßnahmen kein Rechtsbehelf zur Verfügung steht, denn Art. 275 AEUV schließt die Zuständigkeit des EuGH für die GASP weitgehend aus. Eine Ausnahme gilt aber für Beschlüsse, die Resolutionen des UN-Sicherheitsrates umsetzen oder mit denen Sanktionen der EU autonom beschlossen werden (Art. 275 Abs. 2 AEUV). Unabhängig davon müssen entsprechende Rechtsakte Bestimmungen über den Rechtsschutz enthalten (Art. 215 Abs. 3 AEUV).[44]

In der vormals dritten „Säule", der **Polizeilichen und Justiziellen Zusammenarbeit in Strafsachen,** 10
waren Einzelne bisher weitgehend auf den Rechtsschutz durch die Mitgliedstaaten angewiesen, schon weil den auf diesem Feld erlassenen Beschlüssen und Rahmenbeschlüssen keine unmittelbare Wirkung zukam (Art. 34 Abs. 2 lit. b und c EUV aF).[45] Die staatlichen Gerichte waren kraft Art. 6 EUV aF selbst zur Gewährung von Rechtsschutz verpflichtet.[46] Im Vorlageverfahren konnten sie bisher nur eine Entscheidung des EuGH über die Gültigkeit oder die Auslegung derartiger Rechtsakte herbeiführen (Art. 35 Abs. 1 EUV aF), sofern der betreffende Mitgliedstaat die Jurisdiktion

39 EuGH, Rs. C-14/90 (Kziber), Slg 1991, I-199 Rn 15 ff (Assoziierungsabkommen mit Marokko); Rs. C-265/03 (Simutenkov), Slg 2005, I-2579 (Partnerschafts- und Kooperationsabkommen mit Russland).

40 Für die Arbeitnehmerfreizügigkeit EuGH, Rs. C-237/91 (Kuz/Landeshauptstadt Wiesbaden), Slg 1991, I-6781 Rn 26, 36; Rs. C-355/93 (Eroglu/Land Baden-Württemberg), Slg 1994, I-5131 Rn 23. In Bezug auf die Türkei hat auch die Stillhalteklausel des Art. 41 des Zusatzprotokolls von 1970 (ABl. 1972 L 293/1) unmittelbare Wirkung, die besagt, dass für Niederlassungsfreiheit und Dienstleistungsverkehr keine neuen Beschränkungen eingeführt werden dürfen. Dies hatte zur Folge, dass ein später eingeführtes Erfordernis einer Arbeitserlaubnis (EuGH, Rs. C-317/01 [Abatay], Slg 2003, I-12301) und die 1980 eingeführte Visumspflicht für türkische Staatsangehörige in weitem Umfang unionsrechtswidrig war, so für das Niederlassungsrecht Rs. C-16/05 (Tum und Dari), Slg 2007, I-7415; für die Dienstleistungsfreiheit Rs. C-228/06 (Soysal und Savatli), Slg 2009, I-1031 (Fernfahrer); näher *Hanf/Dengler*, in: Louis/Dony (Hrsg.), Commentaire Mégret Bd. 12, 2. Aufl. 2005, 293, 320 ff.

41 *Jacobs*, in: Dashwood/Maresceau (Hrsg.), Law and Practice of EU External Relations, 2008, 13, 31 ff.

42 EuGH, Rs. 149/96 (Portugal/Rat), Slg 1999, I-8395 Rn 42 ff. Für die teils herbe Kritik im Schrifttum stellvertretend *Petersmann*, CMLR 1995, 1123, 1164 ff; *ders.*, EuZW 1997, 357 ff; *Royla*, EuR 2001, 495 ff; in diese Richtung auch GA *Alber*, Rs. C-93/02 P (Biret), Slg 2003, I-10497, 10499 ff. Offen war lange, ob dem Recht der WTO nach Durchlaufen des Streitschlichtungsverfahrens unmittelbare Anwendbarkeit zugesprochen werden kann. Das EuG hat dies abgelehnt, Rs. T-174/00 (Biret), Slg 2002, II-17 Rn 61, und auch der EuGH hat bisher selbst dann keine unmittelbare Anwendung zugelassen, s. Rs. C-377/02 (Léon van Parys), Slg 2005, I-1464 Rn 51 f.

43 Insoweit hat sich gegenüber dem bisherigen Rechtszustand nichts geändert, s. *Hilmes*, Die Europäische Union als Partei völkerrechtlicher Verträge, 2006, S. 110 ff.

44 Vgl EuGH, Rs. C-402/05 (Kadi und Al Barakaat), Slg 2008, I-6351; aus der Lit. statt vieler *Fassbender*, DÖV 2010, 333 ff; *Tomuschat*, YEL 28 (2010), 654 ff; *Kokott/Sobotta*, EJIL 23 (2012), 1015 ff.

45 Vgl den Rahmenbeschluss 2001/220/JI über die Stellung des Opfers im Strafverfahren, ABl. 2001 L 81/1; dazu EuGH, Rs. C-105/03 (Pupino), Slg 2005, I-5285.

46 Nach EuGH, Rs. C-354/04 P (Segi) und 355/04 P (Gestoras Pro Amnistía), Slg 2007, I-1579 gibt es keinen Rechtsschutz vor der europäischen Gerichtsbarkeit, so dass der Weg vor die nationalen Gerichte kraft Unionsrechts (Art. 6 EUV) zu gewähren sei (Rn 51 ff).

des EuGH förmlich anerkannt hatte.[47] Nach Art. 9 und 10 des Protokolls zum Lissabonner Vertrag über die Übergangsbestimmungen bleibt altes Recht der Dritten Säule mit dem bisherigen Status weiter in Kraft, solange nichts anderes bestimmt wird. Diese Regelung bezieht sich auch auf die Zuständigkeit des EuGH (Art. 10 Abs. 1), doch tritt sie insoweit gem. Art. 10 Abs. 3 am 1. 12. 2014 außer Kraft, so dass der EuGH dann für diese Materie umfassend zuständig sein wird. In Zukunft können die Unionsorgane auf diesem Gebiet zudem unmittelbar wirkendes Recht erlassen (Art. 82 ff AEUV), das durch den EuGH überprüft werden kann. Allerdings kann er nicht über die Rechtmäßigkeit von Maßnahmen der staatlichen Polizei- oder Strafverfolgungsbehörden entscheiden (Art. 276 AEUV).

3. Ebenen

11 Innerhalb des Unionsrechts steht das **Primärrecht** einschließlich der in der **Grundrechtecharta** kodifizierten Grundrechte (Art. 6 Abs. 1 EUV) an oberster Stelle. Das **Sekundärrecht** ist nachgeordnet. Dies bedeutet, dass sekundärrechtliche Gewährleistungen, die darauf gerichtet sind, Grundfreiheiten oder Grundrechte zu konkretisieren, im Einklang mit dem Primärrecht auszulegen sind. Steht Sekundärrecht zu diesem in unauflösbarem Widerspruch, kann es vom EuGH etwa im Wege der Nichtigkeitsklage (Art. 263 AEUV) oder der Vorabentscheidung (Art. 267 Abs. 1 lit. b AEUV) für ungültig erklärt werden. Zwischen den verschiedenen Kategorien des Sekundärrechts herrscht kein hierarchisches Verhältnis. Soweit allerdings delegierte Rechtsakte, Durchführungsrechtsakte (Art. 290, 291 AEUV) und Beschlüsse (Art. 288 Unterabs. 4 AEUV, früher: Entscheidungen) auf sekundäres Unionsrecht gestützt sind, ergibt sich aus dem Demokratie- und dem Rechtsstaatsprinzip, dass sie diesem auch entsprechen müssen, also eine Überordnung der Gesetzgebungsakte (Art. 289 Abs. 3, 294 AEUV).[48]

12 Einen **Zwischenrang** nehmen die **völkerrechtlichen Verträge** der Union ein, die im Rang zwischen Primär- und Sekundärrecht stehen.[49] Eine **Sonderstellung** wird dabei der Europäischen Konvention zum Schutze der Menschenrechte und Grundfreiheiten (**EMRK**) zukommen. Mit Art. 6 Abs. 2 EUV hat die Union den Auftrag und die Kompetenz erhalten, der EMRK beizutreten. Nach In-Kraft-Treten des 14. Zusatzprotokolls zur EMRK ist dieser Schritt rechtlich möglich geworden.[50] Ein entsprechender Vertragsentwurf liegt vor und bedarf der Ratifizierung durch die Union einschließlich ihrer 28 Mitgliedstaaten einerseits, die mit ihnen teilweise identischen 47 Mitgliedstaaten des Europarates andererseits.[51] Offen ist bislang u.a. der Rang, den die EMRK künftig einnehmen wird. Formal müsste sie innerhalb des Unionsrechts mit den übrigen Verträgen der Union auf gleicher Stufe stehen. Da viele der in ihr enthaltenen Garantien mit Rechten identisch sind, die in die Grundrechtecharta aufgenommen wurden, erschiene es indes widersprüchlich, die gleichen Gewährleistungen mit zwei unterschiedlichen Rangstufen auszustatten. Die Frage ist nicht unwichtig im Hinblick auf das Rangverhältnis der Gerichtsbarkeiten von Union (EuGH) und EMRK (EGMR). Aus Sicht der EMRK wäre der EuGH einem innerstaatlichen Gericht gleichzustellen, das im Anwendungsbereich der EMRK seiner Kontrolle unterliegt. Sollte es indessen einmal zu einer Verurteilung der EU durch den EGMR kommen, könnte ein Normenkonflikt zu Lasten der EMRK ausgehen, wenn diese unter dem Primärrecht stünde. Dies könnte vermieden werden, wenn der EMRK als einer Art Verfassungsvertrag gleicher Rang zugestanden würde. Eine Alternative, die im Ergebnis auch dem Ansatz des BVerfG für das Verhältnis zwischen EMRK und Grundgesetz ent-

---

47 Zu den 17 Staaten, die die Aufstellung in ABl. 2008 L 70/23 verzeichnet, gehört auch die Bundesrepublik Deutschland.

48 Näher *Möllers/von Achenbach*, EuR 2011, 39 ff; *Bast*, CML Rev 49 (2012), 885 ff.

49 Das bedeutet nicht, dass Sekundärrecht an ihrem Maßstab zu messen wäre, s. EuGH, Rs. C-308/06 (Intertanko), Slg 2008, I-4057, Rn 45, 64.

50 Vom 13.5.2004, Council of Europe Treaty Series Nr. 194.

51 S. Fifth Negotiation Meeting between the CDDH ad hoc Negotiation Group and the European Commission on the Accession of the European Union to the European Convention on Human Rights, CoE Doc 47+1(2013)008-rev 2 vom 10. 6. 2013; dazu *Gragl*, CML Rev 51 (2014), 13 ff; zu den sich stellenden Fragen im Verhältnis zwischen EuGH und EGMR statt vieler *Vondung*, Die Architektur des europäischen Grundrechtsschutzes nach dem Beitritt der EU zur EMRK, 2012.

sprāche,[52] bestünde in der Pflicht der Unionsorgane, Unionsrecht im Einklang mit der EMRK auszulegen.

Im Verhältnis zwischen Unionsrecht und **staatlichem Recht** führt der Anwendungsvorrang des Unionsrechts nach der Rechtsprechung des EuGH dazu, dass im Falle einer direkten Kollision abweichendes nationales Recht unangewendet bleiben muss (s. *Ehlers*, § 11 Rn 10 ff).[53] Es muss also hinter dem Primärrecht, Verordnungen und anderem unmittelbar wirkendem Unionsrecht zurücktreten. Soweit Garantien der Unionsgrundrechte oder der Grundfreiheiten sekundärrechtlich konkretisiert werden, geschieht dies indessen zumeist in der Handlungsform der Richtlinie. Deren Umsetzung muss innerstaatlich dann mittels eines Gesetzes erfolgen.[54] Dadurch erlangt die Gewährleistung in der innerstaatlichen Normenhierarchie den Rang einfachen Rechts. Durch die Pflicht zur richtlinienkonformen Auslegung kommt aber eine Wirkung zustande, die dem Geltungsanspruch des Unionsrechts Rechnung trägt. 13

Unionsrecht gilt unmittelbar, soweit es dafür geeignet ist. Die Voraussetzungen der Direktwirkung (s. Rn 3) sind die Bedingung dafür, dass sich der Anwendungsvorrang **unionsrechtlich gewährter subjektiver Rechte** verwirklichen kann. Individuelle Berechtigungen treffen sich hier also mit dem Gebot effektiver und einheitlicher Anwendung des Unionsrechts. Demgegenüber erfüllt die Klagebefugnis nach deutschem Verwaltungsprozessrecht (§ 42 Abs. 2 VwGO) den Verfassungsauftrag des Schutzes subjektiver Rechte (Art. 19 Abs. 4 GG) und wird von einem allgemeinen Interesse an Vollziehung der Gesetze unterschieden. Ein **subjektives öffentliches Recht** besteht demzufolge nur aufgrund von gesetzlichen Vorschriften, die nicht lediglich Allgemeininteressen, sondern eben auch individuellen Rechten dienen sollen. Ob dies der Fall ist, ist eine Auslegungsfrage, die unter der Bezeichnung **Schutznormtheorie** in dogmatische Kategorien gebracht worden ist.[55] Unionsrechtliche Berechtigung und Schutznormtheorie decken sich also nicht, das deutsche Prozessrecht zieht den Kreis Berechtigter enger.[56] Das unionsrechtlich geschützte Individualinteresse liegt näher am *intérêt pour agir* des französischen Verwaltungsrechts, wenn es ihm auch nicht ganz entspricht.[57] In den meisten Fällen werden beide Ansätze jedoch zu gleichen Ergebnissen kommen. Das liegt zum einen daran, dass auch nach deutschem Prozessrecht in Anfechtungslagen die aus dem Gebot lückenlosen Grundrechtsschutzes abgeleitete sog. Möglichkeitstheorie gilt, der zufolge Klagen bereits zugelassen werden, wenn eine Rechtsverletzung des Klägers möglich erscheint.[58] Zum anderen werden auch im Unionsrecht Leistungsansprüche bewusst geschaffen, erfüllen in der Regel also die Voraussetzungen eines subjektiven öffentlichen Rechts. Kollisionen können sich aber in Dreieckskonstellationen ergeben, wenn sich Drittbetroffene etwa im Umweltrecht auf unmittelbar anwendbares Unionsrecht berufen wollen.[59] Derartige rechtliche Dreiecksverhältnisse treten auch im Wettbewerbsrecht auf. Die Konkurrenten des Empfängers einer Subvention können ein Klagerecht aus dem Verbot mit dem Binnenmarkt unvereinbarer Beihilfen (Art. 107 Abs. AEUV) ableiten, wenn dieses durch eine Unvereinbarkeitsentscheidung der Kommission konkretisiert worden 14

---

52 BVerfGE 74, 358, 370; 82, 106, 114 ff; insoweit nicht berührt von BVerfGE 111, 307 (Görgülü), s. aber noch u. Rn 15.

53 EuGH, Rs. 6/64 (Costa/ENEL), Slg 1964, 1251, 1269; Rs. 11/70 (Internationale Handelsgesellschaft), Slg 1970, 1125 Rn 3; Rs. C-184/89 (Nimz/Freie und Hansestadt Hamburg), Slg 1991, I-297, Rn 19; s. aus der umfangr. Lit. *Ipsen*, ZHR Beiheft 29, 1965, 1 ff; *Zuleeg*, Das Recht der Europäischen Gemeinschaften im innerstaatlichen Bereich, 1969, S. 140 ff; *ders.*, Zusammenhalt, S. 104 ff; *Cunha Rodrigues u.a.*, in: Poiares Maduro/Azoulai (Hrsg.), S. 87 ff.

54 Diese Anforderung gilt für Richtlinien, soweit sie darauf gerichtet sind, Einzelnen Rechte zu verleihen, s. EuGH, Rs. C-361/88, Slg 1991, I-2567, Rn 16; Rs. 59/89, Slg 1991, I-2607, Rn 19 (beide Kommission/Deutschland).

55 Zu ihnen *Maurer*, Allgemeines Verwaltungsrecht, 18. Aufl. 2011, § 8 Rn 2, 6 ff mwN, Rn 32.

56 Für Anwendung der Schutznormtheorie auf europarechtlich gewährte Ansprüche allerdings *v. Danwitz*, Europäisches Verwaltungsrecht, S. 517 ff; *Triantafyllou*, DÖV 1997, 192, 195 ff; s. aber auch *Classen*, VerwArch 88 (1997), 645 ff; *Ruffert*, DVBl. 1998, 69 ff; *Maurer*, Allgemeines Verwaltungsrecht, 18. Aufl. 2011, § 8 Rn 16.

57 Näher *Classen*, Die Europäisierung der Verwaltungsgerichtsbarkeit, 1996, S. 39 ff; *Kadelbach*, Allgemeines Verwaltungsrecht, S. 378 ff; zu den Konsequenzen für die Direktwirkung von Richtlinien ebd S. 32 ff.

58 *Redeker/v. Oertzen*, Verwaltungsgerichtsordnung, 15. Aufl. 2010, § 42 Rn 48.

59 S. schon *Jarass*, NJW 1991, 2665, 2667 f; *Gellermann*, Beeinflussung, S. 177 ff.

ist; gleiches gilt für die Stillhaltepflicht vor Erlass einer solchen Entscheidung (Art. 108 Abs. 3 S. 3 AEUV).[60]

Auch sonst ist es gelegentlich denkbar, dass sich der Anspruch auf Maßnahmen bezieht, deren Erlass prozessual nach geltendem Verständnis an sich nicht durchgesetzt werden kann.[61] In solchen Fällen muss sich der Vorranganspruch des Unionsrechts in Gestalt der Direktwirkung durchsetzen können. Dies kann bei Richtlinien selbst dann der Fall sein, wenn sie bereits gesetzlich umgesetzt worden sind, sofern die Umsetzungsmaßnahme der Richtlinie nicht entspricht. Die prozessualen Voraussetzungen müssen dann entsprechend angepasst werden. Vergleichbares gilt für andere Rahmennormen, die Anforderungen an die Reichweite individueller Rechte stellen, wie etwa für § 823 Abs. 2 BGB im Hinblick auf den Begriff der Schutzgesetze oder für § 839 Abs. 1 BGB beim Haftungsmerkmal der Drittbezogenheit der Amtspflicht.

15 Auch wenn der Anwendungsvorrang des Unionsrechts vor dem innerstaatlichen Recht im Prinzip unangefochten ist, bestehen zwischen dem EuGH und einer Reihe von mitgliedsstaatlichen Verfassungsgerichten Differenzen im Hinblick auf das Verhältnis zwischen Unionsrecht und **staatlichem Verfassungsrecht,**[62] die sich aus ihrem jeweiligen Rollenverständnis ergeben und sich mit den Mitteln immanenter juristischer Auslegungsmethodik schwerlich beilegen lassen. Auch der Europäische Gerichtshof für Menschenrechte ist zum Adressaten entsprechender Vorbehalte geworden.[63] Soweit es bei derartigen Kompetenzkonflikten um individuelle Rechte geht, bleibt wenig anderes übrig, als auf die allseits geteilte Überzeugung zu setzen, dass sie nicht zu Lasten der Berechtigten gehen und in der Aufgabenteilung zwischen den Gerichtsbarkeiten die kooperativen Elemente weiterhin überwiegen sollten.[64] Auch für dieses Spannungsfeld würde ein Beitritt der Union zur EMRK womöglich neue Akzente setzen. In dem Bereich, in dem die Mitgliedstaaten Unionsrecht anwenden, hätte die EMRK als Vertrag der Union teil am unionsrechtlichen Anwendungsvorrang. Im Hinblick auf die den Mitgliedstaaten verbliebenen Zuständigkeiten könnte es dagegen formal gesehen beim Alten bleiben, was bedeutet, dass sich der Rang der EMRK nach mitgliedsstaatlichem Recht bestimmte. Die EMRK würde dann je nach Materie auf unterschiedlichen Stufen stehen. Ob diese Rangdivergenzen künftig zugunsten eines generellen Vorrangs der EMRK gelöst werden, bleibt der Rechtsprechung der mitgliedsstaatlichen Verfassungsgerichte überlassen.

II. Kategorien

16 Für eine Kategorisierung von Rechten gibt es verschiedene klassische Ansätze. So unterschied *Georg Jellinek* Statusformen, die dem Einzelnen je nach Rolle als Inhaber von Abwehrrechten gegenüber dem Staat (status negativus), von Leistungsansprüchen (status positivus), von politischen Rechten (status activus) oder als Pflichtsubjekt (status passivus) zuzuschreiben seien.[65] Nach *Thomas H. Marshall* gründet sich der vollwertige Bürgerstatus nicht nur auf politische und freiheitliche Rechte, sondern auch auf soziale Rechte, mit deren Hilfe der Mensch erst in der Lage ist,

60 Ständige Rspr, s. zum europäischen Rechtsschutz EuGH, Rs. C-198/91 (Cook), Slg 1991, I-2487; C-225/91 (Matra), Slg 1991, I-3203; zum Rechtsschutz vor staatlichen Gerichten Rs. C-39/94 (SFEI), Slg 1996, I-3547; zum Rechtsschutz des Konkurrenten Rs. C-284/12 (Lufthansa/Flughafen Frankfurt Hahn) v. 21.11.2013, abgedr. NJW 2013, 3771; aus der Lit. *Martin-Ehlers/Strohmayr*, EuZW 2008, 745 ff; leifadenartige Darstellung bei *Petzold*, Beihilfenkontrolle im Europäischen Mehrebenensystem, 2013.

61 Zu den Aktionsplänen im Anwendungsbereich der sog. Feinstaubrichtlinie bejahend VG Stuttgart, NVwZ 2005, 971; auf Vorlage BVerwG, NVwZ 2007, 695, hat der EuGH befunden, dass die RL zwar der Direktwirkung fähig sei, aber auch andere Maßnahmen ergriffen werden könnten, um ihre Ziele kurzfristig zu erreichen, s. Rs. C-237/07 (Janecek), Slg 2008, I-6221.

62 Dazu o. Fn 26 f.

63 BVerfGE 111, 307 (Görgülü); zur Rezeption *Kadelbach*, in: Ehlers/Schoch (Hrsg.), Rechtsschutz im öffentlichen Recht, 2009, § 5 Rn 35 mwN.

64 Weiterführend *Oeter/Mehrli*, VVDStRL 66 (2006), 360 ff.

65 *Jellinek*, System der subjektiven öffentlichen Rechte, 2. Aufl. 1919, S. 87, 94 ff; als Einteilungskriterium nach wie vor üblich, s. *Stern*, in: Isensee/Kirchhof (Hrsg.), HStR Bd. IX, 3. Aufl. 2011, Rn 56 ff; *Riem*, S. 5 ff, 56 ff; zu den Vorbehalten gegenüber den Voraussetzungen dieses Systems *Hesse*, Grundzüge des Verfassungsrechts der Bundesrepublik Deutschland, 20. Aufl. 1995, Rn 281.

die Rechte auszuüben, die sich aus seiner Mitgliedschaft in einer Gemeinschaft ergeben.[66] Die Übertragung dieser und anderer Modelle auf die Europäische Union ist nur sinnvoll, wenn die europäische und die staatliche Ebene als ein System des Zusammenwirkens verschiedener Ebenen der Hoheitsgewalt verstanden wird; subjektive Rechte korrespondieren jeweils mit Kompetenztiteln der Europäischen Union oder den verbliebenen Zuständigkeitsbereichen der Mitgliedstaaten.[67] Angesichts der Komplexität, die das europäische Mehrebenensystem angenommen hat, ist es wenig verwunderlich, dass sich im Rahmen der Zweckbestimmung der Europäischen Union mit politischen, Freiheits-, Gleichheits- und Leistungsrechten, Verfahrens- und Kontrollrechten inzwischen alle Kategorien finden, die der moderne Rechts- und Sozialstaat hervorgebracht hat.[68] Darüber hinaus entfalten einige dieser Rechte Wirkungen auch gegenüber Privaten oder geben der Union oder den Mitgliedstaaten Schutzpflichten auf, so dass sich neben der subjektiven auch Ansätze objektiver Dimensionen zumindest der Grundfreiheiten und Grundrechte ergeben.[69]

1. Politische Rechte

Politische Rechte sind an den Unionsbürgerstatus geknüpft, ähnlich wie die meisten Staaten derartige Rechte eigenen Staatsangehörigen vorbehalten (*Giegerich*, § 9 Rn 61 ff). Die **Unionsbürgerschaft** ist aber keine Vorstufe zur Staatsbürgerschaft, sondern ergänzt staatsbürgerliche Rechte auf europäischer Ebene (Art. 20 Abs. 1 S. 3 AEUV). Unionsbürger ist, wer die Staatsangehörigkeit eines Mitgliedstaates der Union besitzt (Art. 20 Abs. 1 AEUV). Soweit es sich bei den Unionsbürgerrechten um politische Rechte handelt (s. Rn 2), umfassen sie vor allem das aktive und passive Wahlrecht zu kommunalen Vertretungskörperschaften und zum Europäischen Parlament am Wohnort. Dabei sieht es auf den ersten Blick so aus, als erschöpfe sich diese Berechtigung in einem Verbot der Diskriminierung aus Gründen der Wohnsitznahme. Aus der Rechtsprechung des EGMR ergibt sich jedoch, dass dem auch auf ein Recht auf Teilnahme an Wahlen korrespondiert.[70] Ergänzend sind neue Formen der Bürgerbeteiligung eingeführt worden (Art. 11 EUV), insbesondere die Möglichkeit, durch Bürgerbegehren eine Gesetzgebungsinitiative der Kommission zu erwirken. Das Quorum ist indessen hoch (mindestens eine Million Unionsbürger aus „einer erheblichen Anzahl von Mitgliedstaaten“). Das Verfahren ist im Einzelnen sekundärrechtlich geregelt.[71] 17

2. Freiheitsrechte

a) Grundfreiheiten

Fasst man **Freiheitsrechte** als Abwehrrechte gegen den Staat auf, so stehen am Anfang der europäischen Integration im Wege der Verleihung subjektiver Rechte die **Grundfreiheiten.** Ihre Verwirklichung konstituierte den Gemeinsamen Markt (Art. 2 EWGV), der seit der Einheitlichen Europäischen Akte Binnenmarkt heißt (s. nun Art. 26 Abs. 2 AEUV). Durch die Grundfreiheiten wird das politische Ziel des freien Verkehrs von Waren, Personen, Dienstleistungen und Kapital individuellen Rechtsinhabern zugeordnet. Die Abwehrberechtigung richtet sich in erster Linie auf staatliche Maßnahmen, die diesem Ziel ungerechtfertigt Hindernisse entgegensetzen, um den heimischen Produkt-, Arbeits- oder Kapitalmarkt vor europäischer Konkurrenz zu schützen. Der Vertrag garantiert die Freiheiten des Waren- (Art. 28-37 AEUV), des Personen- (Art. 45-62 AEUV) sowie des Zahlungs- und Kapitalverkehrs (Art. 63-66 AEUV). Waren die Grundfreiheiten in der Rechtsprechung anfangs als Diskriminierungsverbote behandelt worden, so hat sich im Laufe der Zeit die Sichtweise durchgesetzt, dass sie in der Gestalt von **Beschränkungsverboten** Zugangsrechte zu den 18

66 *Marshall*, Citizenship and Social Class, 1949; dazu *Kingreen*, Das Sozialstaatsprinzip im europäischen Verfassungsverbund, 2003, S. 399 ff.

67 Zum Mehrebenenverbund *Pernice*, VVDStRL 60 (2000), 148, 163 ff.

68 Zur Systematik *Kadelbach*, Allgemeines Verwaltungsrecht, S. 406 ff.

69 *Kingreen*, Die Struktur der Grundfreiheiten des Europäischen Gemeinschaftsrechts, 1999, S. 188 ff.

70 EGMR, EuGRZ 1999, 200 Rn 52 (Matthews).

71 VO 211/2011 über die Bürgerinitiative, ABl. 2011 L 65/1; Durchführungs-VO 1179/2011, ABl. 2011 L 301/1; Umsetzungsgesetz BGBl 2012 I, 446; näher *Castenholz* FS Scheuing, 2011, S. 39 ff.

Märkten anderer Mitgliedstaaten eröffnen,[72] die einzelstaatlichen Regelungen mit prohibitivem Potenzial entgegengehalten werden können.

19 Das Recht auf freien **Warenverkehr** besteht genau besehen aus mehreren subjektiven Rechten. Dazu gehört im Rahmen der Zollunion das Verbot der Zölle und zollgleicher Abgaben, das als subjektives Recht ausgeprägt worden ist (Art. 30 AEUV).[73] Nichttarifäre Handelshemmnisse sind zum einen als „mengenmäßige Einfuhr- und Ausfuhrbeschränkungen", zum anderen als „Maßnahmen gleicher Wirkung" erfasst (Art. 34, 35 AEUV). Der Begriff der Maßnahme gleicher Wirkung wird in der Rechtsprechung des EuGH weit verstanden. Er umfasst „jede Handelsregelung der Mitgliedstaaten, die geeignet ist, den innergemeinschaftlichen Handel unmittelbar oder mittelbar, tatsächlich oder potentiell zu behindern".[74] Im Prinzip soll ein Produkt, das in einem Mitgliedstaat rechtmäßig in Verkehr gebracht worden ist, in der gesamten Union handelbar sein (Herkunftslandprinzip). Dem gegenüber sind die denkbaren Ausnahmen, die für die Wahrnehmung legitimer mitgliedsstaatlicher Interessen (ordre public) nach Art. 36 AEUV in Anspruch genommen werden können, seit jeher eng verstanden worden.[75] Dieses Zusammenspiel von weitem Schutzbereich und engem Katalog von Rechtfertigungsgründen hat in der folgenden Rechtsprechung zu zwei wesentlichen Korrekturen geführt. Zum einen wurde der Kreis der zulässigerweise verfolgten Ziele seit der Cassis-de-Dijon-Entscheidung um eine offene Kategorie ungeschriebener Rechtfertigungsgründe erweitert, die so genannten zwingenden Erfordernisse des Gemeinwohls;[76] hierzu zählen etwa die in den Römischen Verträgen noch nicht erfassten Motive des Umwelt- und Verbraucherschutzes, die Lauterkeit des Handelsverkehrs oder kulturpolitische Gründe, sofern derartige Regelungen nicht unmittelbar an die Herkunft des Produktes anknüpfen und verhältnismäßig sind.[77] Zum anderen engte der EuGH die „Dassonville-Formel" in der Rechtssache Keck ein. Danach soll die Anwendung nationaler Bestimmungen, die Verkaufsmodalitäten beschränken oder verbieten, aus dem Schutzbereich herausfallen, sofern der Absatz von inländischen Erzeugnissen und Erzeugnissen anderer Mitgliedstaaten in gleicher Weise berührt wird.[78] Nur Normen, die sich auf das Produkt selbst beziehen, sollen unter den Tatbestand des Art. 34 AEUV fallen. Bisher hat der EuGH die sog. „Keck-Formel" nicht in letzter Konsequenz auf andere Grundfreiheiten übertragen.[79]

20 Die Freiheit des **Personenverkehrs** umfasst die Freizügigkeit der Arbeitnehmer (Art. 45 AEUV), die Niederlassungsfreiheit für Selbständige und für Kapitalgesellschaften (Art. 49 AEUV) und die Dienstleistungsfreiheit (Art. 56 AEUV). Die Berechtigten sollen nicht aus Gründen der Staatsangehörigkeit bzw (bei juristischen Personen) der Staatszugehörigkeit an der Ausübung ihrer Rechte gehindert werden. Im Hinblick auf die Bestimmung des Schutzbereiches, die denkbaren Eingriffe und die Rechtfertigungsgründe bestehen keine strukturellen Unterschiede zur Freiheit des Warenverkehrs (sog. Konvergenz der Grundfreiheiten). Die Verwirklichung der Personenverkehrsfreiheiten hat bisweilen zu systemverändernden Konsequenzen geführt. So bewirkte die Rechtsprechung

---

72 Vgl EuGH, Rs. 8/74 (Dassonville), Slg 1974, 837 Rn 5 (Warenverkehr); EuGH, Rs. 118/75 (Watson und Belmann), Slg 1976, 1185 Rn 11/12; Rs. C-415/93 (Bosman), Slg 1995, I-4921 Rn 82 ff (Arbeitnehmer); Rs. C-55/94 (Gebhard), Slg 1995, I-4165 (Niederlassung); krit. zu dieser Rspr *Kingreen*, in: v. Bogdandy/Bast (Hrsg.), S. 705, 727 ff.

73 Fn 1.

74 EuGH, Rs. 8/74 (Dassonville), Slg 1974, 837 Rn 5.

75 S. bereits EuGH, Rs. 7/61 (Kommission/Italien), Slg 1961, 695, 720.

76 EuGH, Rs. 120/78 (Rewe/Bundesmonopolverwaltung für Branntwein), Slg 1979, 649 Rn 8; dazu *Rosas u.a.*, in: Poiares Maduro/Azoulai (Hrsg.), S. 431 ff.

77 Vgl bspw EuGH, Rs. 178/84 (Kommission/Deutschland), Slg 1987, 1227 Rn 30 ff, in der das deutsche Reinheitsgebot für Bier an der Erforderlichkeit scheiterte; eine Etikettierungspflicht hätte als milderes Mittel ausgereicht, um Verbraucherinteressen gerecht zu werden. In letzter Zeit tendiert der EuGH dazu, die Schranken des ordre public und der zwingenden Erfordernisse in einer Rechtfertigungsprüfung zusammenzuziehen, s. bspw EuGH, Rs. C-443/10 (Bonnarde), Slg 2011, I-9327 Rn 32.

78 EuGH, Rs. C-267 und 268/91 (Keck und Mithouard), Slg 1993, I-6097 Rn 16.

79 Die zuweilen als Gegenbeispiel angeführte Entscheidung des EuGH, Rs. 384/93 (Alpine Investments), Slg 1995, I-1141 zum Fernvertrieb von Finanzdienstleistungen ist in dieser Hinsicht nicht eindeutig; s. zur Kapitalverkehrsfreiheit Rs. C-212/09 (Kommission/Portugal), Slg 2011, I-10889 Rn 64 f.

zur Freizügigkeit der Arbeitnehmer, dass das Staatsangehörigkeitserfordernis im deutschen Beamtenrecht weichen musste.[80] Im Recht der Kapitalgesellschaften musste die für die Bestimmung der maßgeblichen Rechtsordnung herangezogene sog. Sitztheorie für Zuzugsfälle aus der Union zugunsten der Gründungstheorie aufgegeben werden, weil die Anknüpfung an den tatsächlichen Geschäftssitz Gesellschaften aus anderen Unionsstaaten, die ihren Sitz nach Deutschland verlegen, mangels Parteifähigkeit vor deutschen Gerichten rechtlos gestellt hätte.[81] Ähnlich wie im Recht des Warenverkehrs gilt auch hier das Herkunftslandprinzip, so dass in der Union einmal rechtmäßig gegründete Gesellschaften auch in den übrigen Unionsstaaten verkehrsfähig sein müssen. Das Motiv, dem – wirklichen oder vermeintlichen – Wettbewerb mit Ländern standzuhalten, in denen die Gründung weniger voraussetzungsreich ist, war der Auslöser der GmbH-Reform von 2008.[82]

Während der freie **Zahlungsverkehr** bereits eine dem Waren- und Personenverkehr notwendig korrespondierende Freiheit ist, die den Transfer der jeweiligen Gegenleistung sichert, richtet sich die **Kapitalverkehrsfreiheit** auf die Liberalisierung der Kapitalmärkte sowie die Erleichterung von Investitionen und von Grundstücksgeschäften.[83] Da sie verhältnismäßig spät in die Gründungsverträge aufgenommen worden ist, hat sie erst in den letzten Jahren begonnen, ihre richterrechtlich verstärkten Wirkungen zu zeigen.[84] Insbesondere im Steuerrecht sind sie erheblich.[85] 21

Die Grundfreiheiten gelten kraft eines völkerrechtlichen Vertrages auch im **Europäischen Wirtschaftsraum** (EWR), dem neben den EU-Staaten die EFTA-Länder Island, Norwegen und Liechtenstein angehören.[86] Im Verhältnis zur Schweiz, deren Beitritt zum EWR 1992 an einem negativen Referendum scheiterte, gilt aufgrund einer Reihe bilateraler Abkommen teilweise Vergleichbares.[87] 22

b) Grundrechte

Das Unionsrecht gewährleistet Freiheitsrechte in Gestalt von **Grundrechten**, soweit die Union selbst Hoheitsgewalt ausübt oder die Mitgliedstaaten Unionsrecht ausführen (Art. 51 GRC). Thematisch sind alle klassischen Freiheitsrechte umfasst, die sich auch in staatlichen Verfassungen finden: Menschenwürde (Art. 1 GRC), Recht auf Leben und körperliche Unversehrtheit (Art. 2 bis 4 GRC), persönliche Freiheit (Art. 5 und 6 GRC), Schutz des Privat- und Familienlebens (Art. 7 bis 9 GRC), Religions-, Meinungs-, Versammlungs- und Vereinigungsfreiheit (Art. 10 bis 12), Freiheit von Kunst und Wissenschaft (Art. 13 GRC), Schutz von Beruf (Art. 15 und 16 GRC) und Eigentum (Art. 17 GRC) sowie Asylrecht und Ausweisungs- und Auslieferungsschutz (Art. 18 und 19). Auf den ersten Blick scheinen einige dieser Freiheiten mit den Aufgaben der Union nicht viel zu tun zu haben, doch wird deren Bedeutung deutlich, wenn man denkbare Konflikte mit den Grundfreihei- 23

---

80 Zum Fall einer britischen Bewerberin für den Schuldienst EuGH, Rs. 66/35 (Lawrie-Blum/Land Baden-Württemberg), Slg 1986, 2121 Rn 12 ff; zum (europarechtswidrigen) Staatsangehörigkeitserfordernis für Notare Rs. C-54/08 (Kommission/Deutschland), Slg 2011, I-4355.

81 EuGH, Rs. 208/00 (Überseering), Slg 2002, I-9919; BGH, NJW 2003, 1461; NJW 2005, 1648; zu grenzüberschreitenden Umwandlungsfällen umfassend *Mörsdorf*, CML Rev 49 (2012), 629 ff.

82 Vgl u.a. *Kindler*, NJW 2008, 3149 ff.

83 Näher *v. Wilmowsky*, in: Ehlers, EuGR § 12 Rn 2.

84 Zur Unzulässigkeit sog. Goldener Aktien nach dem VW-Gesetz EuGH, Rs. 112/05 (Kommission/Deutschland), Slg 2007, I-8995; zur nicht mehr beanstandeten Gesetzesnovelle dann Rs. C-95/11 (Kommission/Deutschland) v. 22.10.2013.

85 S. *Ress/Ukrow*, in: Grabitz/Hilf/Nettesheim, Das Recht der EU, Stand 42. EL 2010, Art. 63 Rn 192 ff.

86 Abkommen über den Europäischen Wirtschaftsraum v. 2. 5. 1992, ABl. 1994 L 1/3.

87 Zu den sieben Abkommen von 1999 *Felder/Kaddous*, Bilaterale Abkommen Schweiz-EU, 2001; Nachw. zu den Abkommen von 2004 bei *Vöneky/Beylage-Haarmann*, in: Grabitz/Hilf/Nettesheim (Hrsg.), Das Recht der EU, Stand 44. EL 2011, Art. 217 AEUV Rn 74 f; umf. *Epiney/Metz/Pirker*, Zur Parallelität der Rechtsentwicklung in der EU und in der Schweiz, 2012.

ten[88] oder die Inanspruchnahme von Kompetenzen im Bereich der justiziellen Zusammenarbeit gegenüber Drittstaaten[89] in Rechnung stellt.

24 Rechtsdogmatisch spricht nichts dagegen, das aus dem Grundrechtsschutz nach dem Grundgesetz oder dem österreichischen Verfassungsrecht geläufige, aus Schutzbereich, Eingriff und Rechtfertigung bestehende Prüfschema auf die europäischen Grundrechte zu übertragen,[90] zumal auch der EuGH in der Sache so verfährt. Angesichts der Aufzählung von nicht weniger als 50 Garantien und der darin enthaltenen hohen Zahl von **Schutzbereichen**, die sich in der Grundrechtecharta findet, scheint es allerdings zweifelhaft, ob Bedarf für ein Auffanggrundrecht besteht, das der allgemeinen Handlungsfreiheit im deutschen Grundrechtssystem vergleichbar wäre.[91] Bezüglich des Eingriffsbegriffs kann auf Erkenntnisse der allgemeinen Grundrechtslehren zurückgegriffen werden. **Eingriffe** können auf Legislativebene in Rechtsakten der Union ebenso liegen wie in Umsetzungsgesetzen der Mitgliedstaaten, bei der vollziehenden Gewalt in Beschlüssen der Unionsorgane und Durchführungsakten der staatlichen Behörden und schließlich in Gerichtsurteilen der europäischen oder der staatlichen Gerichtsbarkeit, soweit diese Unionsrecht anwenden. Für die **Rechtfertigung** derartiger Eingriffe enthält Art. 52 Abs. 1 GRC eine allgemeine Schrankenregelung, die für alle Gewährleistungen gleichermaßen gilt. Ihr zufolge muss jede Grundrechtsbeschränkung auf einer gesetzlichen Grundlage beruhen, verhältnismäßig sein und den Wesensgehalt der beeinträchtigten Garantie beachten. Die Bestimmung kodifiziert damit eine schon ältere Rechtsprechung des EuGH.[92] Für die Grundrechte, für die nach den Gründungsverträgen oder der EMRK besondere Schrankenbestimmungen gelten, ist davon abweichend der jeweils vorgesehene Maßstab heranzuziehen (Art. 51 Abs. 2 und 3 GRC). Als bedeutsamste Schranke hat sich naheliegender Weise das Prinzip der **Verhältnismäßigkeit** erwiesen. Ob der Schutzstandard, den die Rechtsprechung des EuGH bislang gewährt hat, dem des deutschen Verfassungsrechts in jeder Hinsicht gleichwertig ist, wird kontrovers beurteilt. Bemängelt wird, dass sich die Grundrechte insbesondere bei Legislativakten kaum jemals als Hindernis ausgewirkt hätten.[93] Zwar ist zu bedenken, dass auch nach innerstaatlichem Recht den Rechtsetzungsorganen ein weiter Gestaltungsspielraum zugebilligt wird.[94] Allerdings bestehen im Rechtsschutzsystem des AEU-Vertrages in der Tat nach wie vor nicht viele Möglichkeiten, im Wege des Individualrechtsschutzes die Gültigkeit von Verordnungen und Richtlinien der EU überprüfen zu lassen.[95] Soweit es um Einzelakte geht, haben die Grundrechte und aus ihnen abgeleitete Verfahrensprinzipien aber zur Etablierung eines hohen Schutzniveaus und effektiven Rechtsschutzes beigetragen.[96] Es steht zu erwarten, dass die Aufnahme der Grundrechte-Charta in

88 Zur Religionsfreiheit EuGH, Rs. 159/90 (Society for the Protection of Unborn Children), Slg 1991, I-4685 (Werbung für britische Abtreibungskliniken in Irland); zur Versammlungsfreiheit Rs. C-112/00 (Schmidberger/Österreich), Slg 2003, I-5659 (Autobahnblockade durch ordnungsgemäß angemeldete Versammlung). Auf Grundrechte gestützte Wertentscheidungen können auch als Teil der öffentlichen Ordnung Grundfreiheiten beschränken, s. zur Menschenwürde Rs. C-36/02 (Omega), Slg 2004, I-9609 Rn 31.

89 Die Auslieferung oder Abschiebung in ein Land, in dem unmenschliche Behandlung droht, kann ihrerseits eine Grundrechtsverletzung sein, s. EGMR, EuGRZ 1989, 314 (Soering).

90 *Ehlers*, EuGR § 14 Rn 60 ff.

91 Vgl BVerfGE 6, 32, 36 f (Elfes); wie hier auch *Kahl*, in: Merten/Papier (Hrsg.), HGR Bd. V, 2013, § 124 Rn 28 mwN.

92 EuGH, Rs. 5/88 (Wachauf), Slg 1989, 2606 Rn 19.

93 So mit Blick auf ältere Rspr. *Nettesheim*, EuZW 1995, 106 ff; *Scholz*, DÖV 1998, 261, 264 ff; s. aber auch *Frowein*, DÖV 1998, 806 ff; *Graf Vitzthum*, JZ 1998, 161 ff.

94 Vgl EuGH, Rs. C-267/88 (Wuidart/Genossenschaft Laiterie coopérative eupenoise), Slg 1990, I-435 Rn 14 mit BVerfGE 77, 84, 106; dazu *Brenner*, Der Gestaltungsauftrag der Verwaltung in der Europäischen Union, 1996, S. 370 ff; *Zuleeg*, NJW 1997, 1201 ff.

95 Vgl EuGH, Rs. C-263/02 P (Jégo Quéré), Slg 2004, I-3425 Rn 46; die Neufassung des Art. 263 Unterabs. 4 AEUV mildert das Problem, beseitigt es aber nicht; zur engen Auslegung des Begriffs „Rechtsakt mit Verordnungscharakter" EuGH, Rs. C-583/11 P (Inuit Tapariit Kanatami) v. 3.10.2013 Rn 52 ff; s. auch *Classen*, o. § 4 Rn 28.

96 Überblick bei *Gundel*, in: Ehlers, EuGR § 20 Rn 10 ff.

das Primärrecht die Wirksamkeit des Grundrechtsschutzes auch gegenüber Rechtssätzen weiter fördern wird.[97]

3. Gleichheitsrechte

a) Grundfreiheiten

Die Schutzrichtung der Grundfreiheiten als **Diskriminierungsverbote** folgt unmittelbar aus dem Vertrag. Für den Warenverkehr ergibt sich aus Art. 36 S. 2 AEUV, dem zufolge auch an sich rechtfertigungsfähige Handelshemmnisse kein „Mittel der willkürlichen Diskriminierung“ sein dürfen. Die Personenfreiheiten konkretisieren das allgemeine Verbot von Ungleichbehandlungen aus Gründen der Staatsangehörigkeit (Art. 18 AEUV), indem sie ausdrücklich die Gleichstellung gegenüber Inländern verlangen (Art. 45 Abs. 2, 49 Abs. 2, 57 S. 3 AEUV). Gleiches gilt für den Zahlungs- und Kapitalverkehr (Art. 56 AEUV). Schutzrichtung ist die Beseitigung von Marktzugangsregelungen, die sich gezielt oder zumindest der Wirkung nach auf grenzüberschreitende Sachverhalte beziehen. Von dieser Zielrichtung sind rein innerstaatliche Vorgänge nicht umfasst, so dass es den Mitgliedstaaten unter Umständen möglich bleibt, Regelungen zu Lasten ihrer eigenen Staatsangehörigen beizubehalten, die sich unionsrechtlich als unzulässig erwiesen haben.[98] Diese sog. **Inländerdiskriminierung** wird von der Rechtsprechung des EuGH, trotz zwischenzeitlich scheinbar anderer Signale, weiterhin als unionsrechtlich zulässig angesehen.[99] Sie gilt als Sache der Mitgliedstaaten, deren Verfassungsgerichte hierzu unterschiedliche Linien verfolgen.[100] Für den Geltungsbereich des Grundgesetzes dürfte ein Gleichheitsverstoß schwerlich anzunehmen sein, da sich die Ungleichbehandlung als Folge unterschiedlicher Wertungen von Rechtsordnungen verschiedener Hoheitsträger darstellt.[101] Abweichendes kann sich im Einzelfall aus den Freiheitsrechten ergeben.[102] 25

Verboten können sowohl Regelungen sein, die ausdrücklich an die ausländische Herkunft von Produkten oder an die Staatsangehörigkeit von Personen anknüpfen (sog. **unterschiedliche Regelung** oder **direkte oder unmittelbare Diskriminierung**), als auch Maßnahmen, die zwar für inländische und ausländische Sachverhalte gleichermaßen gelten (**unterschiedslose Regelung**), sich aber rein tatsächlich diskriminierend auswirken (**indirekte oder mittelbare Diskriminierung**). Die Unterscheidung hat zur Konsequenz, dass bei unterschiedlichen Regelungen, für die man annehmen kann, dass sie gezielt Auslandssachverhalte benachteiligen, strengere Anforderungen an die Rechtfertigung zu stellen sind (o. Rn 16). Sie können allein aus einem der Gründe gerechtfertigt werden, die ausdrücklich durch den AEU-Vertrag als Ausnahme zugelassen werden, während unterschiedslose Maßnahmen auch der Rechtfertigung durch sonstige zwingende Gründe des Gemeinwohls zugänglich sind (s. Rn 19). Die Schutzrichtung des Diskriminierungsverbotes besteht jeweils darin, unglei- 26

---

97 Vgl EuGH, Rs. C-92/09 (Schecke), Slg 2010, I-11063 (Datenschutz) m.Anm. *Kilian* NJW 2011, 1325; Rs. C-236/09 (ASBL), Slg 2011, I-773 (nach Geschlecht diskriminierende Versicherungstarife); Rs. C-293/12 (Digital Rights Ireland) v. 8.4.2014 (Unvereinbarkeit der RL 2006/24 über die Vorratsdatenspeicherung mit dem Recht auf Privatsphäre aus Art. 7 GRC).

98 Zusammenfassend *Gundel*, DVBl. 2007, 269 ff.

99 Zum Verbot, die drittstaatsangehörigen Eltern eines unterhaltsabhängigen Kindes mit Unionsbürgerschaft auszuweisen, das noch von keiner Unionsfreiheit Gebrauch gemacht hat, EuGH, Rs. C-34/09 (Ruiz Zambrano), Slg 2011, I-1177, Rn 42; s. die ersten Reaktionen bspw. bei *Nettesheim*, JZ 2011, 1030 ff; *v Bogdandy et al*, ZaöRV 72 (2012), 45 ff.; krit *Hailbronner/Thym*, NJW 2011, 2008 ff; dagegen die Einschränkungen in Rs. C-40/11 (Iida), v. 8.11.2012, Rn 71 („ganz besondere Sachverhalte“); s. auch Rs. C-434/09 (McCarthy), Slg 2011, I-3375, Rn 50 ff; Rs. C-256/11 (Dereci), Slg 2011, I-11315, Rn 66; Rs. C-356/11 (O und S), v. 6.12.2012, Rn 41 ff; Rs. C-87/12 (Ymeraga), v. 8.5.2013, Rn 30 ff; zu den Begrenzungen *Adam/van Elsuwege*, ELR 37 (2012), 176 ff sowie krit. *O'Brien*, CML Rev 50 (2013), 1643 ff.

100 *Ehlers*, in: ders., EuGR § 7 Rn 24.

101 Zur Geltung des Gleichheitssatzes gegenüber verschiedenen Hoheitsträgern etwa BVerfGE 79, 127, 158.

102 Zum auf inländische Brauereien beschränkten Reinheitsgebot für Bier (Fn 77) BVerwGE 123, 82, 85 ff.

che Belastungen abzuwehren. Geht es um Vergünstigungen, kann sich der Anspruch auf Teilhabe richten.[103]

b) Grundrechte

27 Das Unionsrecht durchzieht ein **allgemeiner Gleichheitssatz**, der sich als Recht auf Gleichheit vor dem Recht unter vergleichbaren Umständen fassen lässt (vgl Art. 9 EUV, 20 GRC).[104] Er hat in den unterschiedlichsten Bereichen eine Vielzahl spezieller Ausprägungen in Gestalt von **Diskriminierungsverboten** und **Gleichheitsrechten** erfahren, die in den Gründungsverträgen, in Rechtsgrundsätzen, in der Grundrechtecharta und im Sekundärrecht konkretisiert werden. Allgemein ist im Anwendungsbereich der Verträge jede Ungleichbehandlung aus Gründen der Staatsangehörigkeit verboten (Art. 18 AEUV, 21 Abs. 2 GRC). Für das Europaparlament und die kommunalen Vertretungskörperschaften gilt gleiches Wahlrecht ohne Rücksicht auf den Wohnort.[105] Im Bereich der gemeinsamen Landwirtschaftspolitik unterwirft Art. 40 Abs. 2 S. 2 AEUV die Rechtsetzung dem Verbot der Diskriminierung zwischen Erzeugern und Verbrauchern innerhalb der Union.[106] Im Rahmen des Arbeitsrechts ist der Grundsatz gleichen Entgelts bei gleicher Arbeit für Männer und Frauen im Primärrecht verankert (Art. 157 AEUV).[107] Diesen Ansatz hat der EuGH schon frühzeitig zu einem allgemeinen Grundsatz des Verbotes von ungleichen Arbeitsbedingungen für Mann und Frau erweitert und den Gemeinschaftsgesetzgeber verpflichtet gesehen, entsprechendes Sekundärrecht zu erlassen.[108] Die erforderliche Rechtsgrundlage stellt Art. 157 Abs. 3 AEUV, auf dessen Grundlage eine Reihe von Richtlinien erlassen worden sind.[109] Inzwischen ist die Antidiskriminierungspolitik zu einer Unionsaufgabe geworden, für deren Verwirklichung „im Rahmen der […] auf die Union übertragenen Zuständigkeiten" an zentraler Stelle eine Ermächtigung in den Vertrag eingeführt worden ist (Art. 19 AEUV, bisher Art. 13 EGV). Sie bezieht sich auf die Diskriminierungskriterien des Geschlechts, der Rasse oder ethnischen Herkunft, der Religion oder Weltanschauung, einer Behinderung, des Alters oder der sexuellen Ausrichtung. Auf dieser Basis sind Richtlinien und ein Aktionsprogramm erlassen worden.[110] In seinen Entscheidungen zur Richtlinie zur Festlegung eines allgemeinen Rahmens für die Verwirklichung der Gleichbehandlung in Beschäftigung und Beruf hat der EuGH seine umstrittene Rechtsprechung entwickelt, der zufolge das Verbot der Altersdiskriminierung einem Grundrecht in Gestalt eines allgemeinen Rechtsgrundsatzes entspreche. Erster Anlass war ein Fall, in dem ein Arbeitsverhältnis, wie im deutschen Recht ausdrücklich zugelassen, aus Gründen des Alters befristet worden war.[111] Anders als in seinem Urteil über die Ungleichbehandlung wegen des Geschlechts[112] befand der EuGH hier, dass dieser Rechtsgrundsatz unmittelbar anwendbar sei und als solcher unabhängig von einer Umsetzungsfrist einschlägiger

---

103 Dieser wird sich zumeist ausdrücklich aus dem Sekundärrecht ergeben, Rn 7; Fälle primärrechtlich abgeleiteter Teilhabeansprüche finden sich in der Rspr zur Freizügigkeit der Unionsbürger, die den Grundfreiheiten strukturell ähnlich ist, grundlegend EuGH, Rs. C-85/96 (Martínez Sala), Slg 1998, I-2691 Rn 62; Rs. C-184/99 (Grzelczyk), Slg 2001, I-6193, Rn 34 ff.

104 EuGH, Rs. 117/76 (Ruckdeschel), Slg 1977, 1753, Rn 5; Rs. 245/81 (Edeka), Slg 1982, 2745, Rn 11.

105 Vgl EuGH, Rs. 145/04 (Spanien/Großbritannien), Slg 2006, I-7917, Rn 76 (Wahlrecht in Gibraltar); s. aber auch Rs. C-300/04 (Eman), Slg 2006, I-8055, Rn 46 ff (Wahlrecht für Niederländer mit Wohnsitz auf Aruba).

106 Zur Marktordnung für Bananen bspw EuGH, Rs. C-280/93 (Deutschland/Rat), Slg 1994, I-4973, Rn 66 ff.

107 Zur Direktwirkung EuGH, Rs. 43/75 (Defrenne/Sabena), Slg 1976, 455, Rn 4 ff („Defrenne II"); dazu *Sharpston u.a.*, in: Poiares Maduro/Azoulai (Hrsg.), S. 249 ff.

108 EuGH, Rs. 149/77 (Defrenne/Sabena), Slg 1978, 1365, Rn 26/29 („Defrenne III").

109 Überblick mwN bei *Langenfeld*, in: Grabitz/Hilf/Nettesheim (Hrsg.), Das Recht der EU, Stand 44. EL 2011, Art. 157 AEUV Rn 87 ff.

110 RL 2000/43/EG v. 29. 6. 2000 zur Anwendung des Gleichbehandlungsgrundsatzes ohne Unterschied der Rasse oder der ethnischen Herkunft, ABl. 2000 L 180/22; RL 2000/78/EG v. 27. 9. 2000 zur Festlegung eines allgemeinen Rahmens für die Verwirklichung der Gleichbehandlung in Beschäftigung und Beruf, ABl. 2000 L 303/16; RL 2004/113/EG v. 13. 12. 2004 zur Verwirklichung des Grundsatzes der Gleichbehandlung von Frauen und Männern beim Zugang zu und bei der Versorgung mit Gütern und Dienstleistungen, ABl. 2004 L 373/37; Beschluss 2000/750/EG über ein Aktionsprogramm zur Bekämpfung von Diskriminierungen, ABl. 2000 L 303/23.

111 EuGH, Rs. C-144/04 (Mangold), Slg 2005, I-9981.

112 EuGH, Rs. 149/77 (Defrenne/Sabena), Slg 1978, 1365, Rn 26/29 („Defrenne III").

Richtlinien Anwendungsvorrang vor abweichendem innerstaatlichem Recht beanspruche, da das Verbot der Altersdiskriminierung in der Richtlinie nicht verankert, sondern nur konkretisiert werde.[113] Problematisch ist daran die inhaltliche Abspaltung einer Richtlinie von einem Rechtsgrundsatz, durch welche der EuGH sein Dogma zu überwinden sucht, dass sich die Direktwirkung von Richtlinien nicht zu Lasten Privater auswirken dürfe (Rn 3). Die Anerkennung ungeschriebener Rechtssätze zu Lasten Einzelner ist der Rechtssicherheit abträglich und geeignet, die Legitimität eines berechtigten Anliegens zu untergraben. Inzwischen ist ein entsprechendes, unmittelbar anwendbares Grundrecht zwar in Art. 21 GRC kodifiziert, das gilt, soweit die Mitgliedstaaten Unionsrecht umsetzen (Art. 51 Abs. 1 GRC); mit Ablauf der Umsetzungsfrist sind die Mitgliedstaaten hieran gebunden.[114] Hier eine unmittelbare Bindung Privater herzustellen, wie dies in der jüngsten Rechtsprechung geschieht, ist gleichwohl problematisch.[115]

Zu den Gleichheitsrechten der Grundrechtecharta, die Ziele der Gründungsverträge aufnehmen, 28
gehören zum einen eine allgemeine Gewährleistung der Gleichheit von Mann und Frau (Art. 23 GRC), zum anderen ein gegenüber Art. 19 AEUV erweiterter Katalog verbotener Diskriminierungskriterien (Art. 21 Abs. 1 GRC). Besondere Förderpflichten gelten gegenüber Kindern (Art. 24 GRC); älteren und behinderten Menschen wird in eher indifferenter Form ein Recht auf „ein würdiges und unabhängiges Leben und auf Teilnahme am sozialen und kulturellen Leben" bzw auf „Gewährleistung ihrer Eigenständigkeit, ihrer sozialen und beruflichen Eingliederung und ihrer Teilnahme am Leben der Gemeinschaft" zugebilligt (Art. 25 und 26 GRC). Ob sich daraus auch unabhängig von sekundärem Unionsrecht konkrete Ansprüche ergeben, wird die Rechtsprechung zeigen.

Wie die Grundfreiheiten umfassen die grundrechtlichen Gleichheitsrechte, die sich zu einem 29
Anspruch auf Abwehr von Diskriminierungen konkretisieren lassen, nicht nur offene, sondern auch versteckte Ungleichbehandlungen.[116] In Anlehnung an den für die Grundfreiheiten üblichen Sprachgebrauch ist auch hier meist von **unmittelbarer und mittelbarer Diskriminierung** die Rede. Eine unmittelbare Diskriminierung liegt dann vor, wenn ein verbotenes Differenzierungskriterium wie das Geschlecht explizit als Unterscheidungsgrund herangezogen wird.[117] Zu den unmittelbaren Diskriminierungen zählen auch Regelungen, die sich auf eine bestimmte Situation beziehen, die nur bei einem Geschlecht eintreten kann.[118] Dabei ist zu beachten, dass Schutzvorkehrungen etwa zu Gunsten schwangerer Frauen noch keine Diskriminierung von Männern darstellen.[119] Mittelbare Diskriminierung bedeutet, um im Beispiel der geschlechtsspezifischen Diskriminierung zu bleiben, dass zwar das Geschlecht etwa nicht als Unterscheidungsmerkmal zwischen zwei Gruppen von Arbeitnehmern herangezogen wird, in einer Gruppe aber wesentlich mehr Männer beschäftigt werden und die Benachteiligung nicht gerechtfertigt werden kann.[120] Eine Rechtfertigung von Ungleichbehandlungen ist bei Vorliegen sachangemessener Gründe möglich, sofern die Regelung verhältnismäßig ist.[121]

113 EuGH, Rs. C-144/04 (Mangold), Slg 2005, I-9981, Rn 74 ff. Zur Konformauslegung Rn 3 mwN.

114 Zur Herabsetzung des Ruhestandsalters für Richter und Staatsanwälte in Ungarn, durch das die Besetzung des Verfassungsgerichts hätte geändert werden sollen, EuGH, Rs. C-286/12 (Kommission/Ungarn) v. 6.11.2012.

115 So aber im Ergebnis EuGH, Rs. 555/07 (Kücükdeveci), Slg 2010, I-365, Rn 22 ff: Verdrängung der Regelungen § 622 Abs. 2 BGB über Kündigungsfristen durch einen allgemeinen Rechtsgrundsatz, der Altersdiskriminierungen verbiete (s. o. Rn 3).

116 Die Unterscheidung geht zurück auf EuGH, Rs. 43/75 (Defrenne/Sabena), Slg 1976, 455, Rn 16/20 („Defrenne II").

117 EuGH, Rs. C-110/91 (Moroni), Slg 1993, I-6591, Rn 9 ff, für unterschiedliche Altersgrenzen bei Pensionen und Altersrenten.

118 Zur Schwangerschaft EuGH, Rs. C-177/88 (Dekker), Slg 1990, I-3941, Rn 17.

119 EuGH, Rs. C-421/92 (Habermann-Beltermann), Slg 1994, I-1657, Rn 21 ff.

120 EuGH, Rs. 96/80 (Jenkins), Slg 1981, 911, Rn 9 ff; Rs170/84 (Bilka-Kaufhaus), Slg 1986, 1607, Rn 24 ff zum Verhältnis von Teilzeit- zu Vollzeitbeschäftigten.

121 Vgl EuGH, Rs. C-29/95 (Pastoors), Slg 1997, I-300, Rn 19 ff (Unverhältnismäßigkeit einer Geldbußenregelung für Ausländer im Straßenverkehrsrecht); Rs. C-229/08 (Wolf/Stadt Frankfurt am Main), Slg 2010, I-1, Rn 42 ff (Verhältnismäßigkeit einer Altersgrenze für Feuerwehrdienst); s. auch Rs. C-141/11 (Hörnfeldt) v. 5.7.2012.

30 Die Schutzwirkung eines Gleichheitsrechts kann in der Abwehr von Diskriminierungen bestehen, doch sind auch Ansprüche auf Teilhabe an Leistungen, mithin derivative Teilhaberechte möglich (dazu u. Rn 34). Bis die Diskriminierung behoben ist, kann eine Pflicht bestehen, die benachteiligte Gruppe in die gewährten Leistungen einzubeziehen.[122]

4. Leistungsrechte

31 Unter Leistungsrechten werden Ansprüche verstanden, die sich nicht lediglich auf ein Unterlassen, sondern auf ein Tun eines Hoheitsträgers richten. Man unterscheidet originäre und derivative Leistungsrechte. Originäre Ansprüche sieht das Unionsrecht auf sekundärrechtlicher Grundlage vor, etwa im Bereich der Subventionssysteme des Agrarrechts (s. *Busse*, § 25 Rn 106 ff). Dagegen setzen die derivativen Leistungsrechte ein bestehendes (staatliches) Leistungssystem voraus, an das ein Recht auf diskriminierungsfreie Teilhabe anknüpfen kann. Zu dieser Kategorie gehören die Ansprüche des europäischen koordinierenden Sozialrechts. Während die Beihilfensysteme des Agrarrechts den Präferenzgrundsatz der Gemeinsamen Landwirtschaftspolitik konkretisieren, sind die Regelungen des europäischen koordinierenden Sozialrechts teils eine Funktion der Grundfreiheiten, teils verwirklichen sie Ziele, die als Grundlagen der Union formuliert sind, wie „soziale Marktwirtschaft" und „sozialer Fortschritt" (Art. 3 Abs. 3 EUV), und im Wege der europäischen Sozialpolitik verfolgt werden sollen (Art. 151 ff AEUV). Diese Grundsatznormen können auch zur Auslegung von Rechtsansprüchen herangezogen werden.[123]

32 Die sozialen Teilhabeansprüche des Unionsrechts sind von besonderem rechtlichen und sozialpolitischen Interesse.[124] Zentraler Gedanke ist die Einbeziehung freizügigkeitsberechtigter Arbeitnehmer, zu denen im Prinzip auch die Beamten gehören,[125] und Selbständiger in die **Systeme der sozialen Sicherung** der Mitgliedstaaten. Der begünstigte Personenkreis ist aber weiter gezogen und schließt insbesondere auch Familienangehörige ungeachtet ihrer Staatsangehörigkeit ein. Als Versicherungsfälle werden Krankheit, Elternschaft, Invalidität, Alter, Tod (Hinterbliebenenrenten und Sterbegeld), Arbeitsunfälle und Berufskrankheiten, Arbeitslosigkeit, Vorruhestand und Familienleistungen aufgeführt (Art. 3 VO 883/2004).[126] Damit sind alle fünf Sozialversicherungszweige umfasst, nicht dagegen die beitragsunabhängig gewährte Sozialhilfe. Das Leitprinzip ist in Art. 4 VO 883/2004 niedergelegt: Die Personen, für die dieses System gilt, haben „die gleichen Rechte und Pflichten aufgrund der Rechtsvorschriften eines Mitgliedstaats wie die Staatsangehörigen dieses Staates". Zuständig ist in der Regel der Mitgliedstaat, in dem der Berechtigte versichert ist. Lebt er in einem anderen Mitgliedstaat, müssen ihm Geldleistungen dorthin übermittelt werden, wenn nichts anders bestimmt ist (s. *Steinmeyer*, § 40 Rn 23 ff). Weitere Leistungsansprüche ergeben sich aus den Grundfreiheiten, dessen Diskriminierungsverbote sich zu einem Recht auf grenzüberschreitende Inanspruchnahme medizinischer Leistungen verdichten können.[127]

33 Das **Arbeitsrecht** ist auf europäischer Ebene teils eine Konkretisierung der Arbeitnehmerfreizügigkeit (Art. 46 AEUV), teils gehört es zur Sozialpolitik (Art. 151 ff AEUV). Im Hinblick auf Arbeits- und Beschäftigungsbedingungen der Arbeitnehmer gilt wie im Sozialversicherungsrecht ein umfassendes Diskriminierungsverbot, das sich als Teilhaberecht auswirkt und auch soziale und steuerliche Vergünstigungen, berufliche Bildung und Weiterbildung, Schulbildung der Kinder, den Zugang zu Gewerkschaften sowie den Zugang zu Wohnungsmarkt und Wohneigentum einbezieht (Art. 7

122 EuGH, Rs. 286/85 (McDermott und Cotter), Slg 1987, 1453, Rn 18; Rs. C-154/92 (van Cant), Slg 1993, I-3811, Rn 22.

123 EuGH, Rs. 126/86 (Giménez Zaera), Slg 1987, 3697, Rn 14; zur Herleitung von Leistungsansprüchen aus den Grundfreiheiten eingehend *Riem*, Grundfreiheiten, 2011, passim.

124 Bundesministerium für Arbeit und Sozialordnung/Max-Planck-Institut für ausländisches und internationales Sozialrecht/Akademie der Diözese Rottenburg Stuttgart (Hrsg.), Soziale Grundrechte in der Europäischen Union, 2001; zur Tragweite dieser Rechte *Eichenhofer*, Sozialrecht in der EU, 5. Aufl. 2013, S. 124 ff.

125 EuGH, Rs. C-443/93 (Vougioukas), Slg 1995, I-4033.

126 Fundstelle Fn 31.

127 *Schmidt am Busch*, Die Gesundheitssicherung im Mehrebenensystem, 2007; *Soytürk*, Grenzüberschreitende Gesundheitsversorgung im Lichte der EuGH-Rechtsprechung und der Patientenrichtlinie, 2012; zur Pflegeversicherung EuGH, Rs. C-160/96 (Molenaar), Slg 1998, I-843, Rn 31 ff.

bis 12 VO 492/2011)[128] (s. *Seifert* § 39). Auch auf sozialpolitischem Gebiet hat die EU von ihren Kompetenzen Gebrauch gemacht. Hervorzuheben sind Rechtsakte zur Verbesserung der Arbeitsumwelt zum Schutz der Gesundheit und der Sicherheit der Arbeitnehmer.[129]

In Ausnahmefällen können sich Teilhaberechte auch aus dem Primärrecht ergeben. Für einiges Aufsehen hat die Rechtsprechung des EuGH zur **Unionsbürgerschaft** gesorgt, die an den Unionsbürgerstatus (Art. 20 AEUV) in Fällen sozialer Notlagen einen Anspruch auf gleichen Zugang zu sozialen Zuwendungen geknüpft hat. Den Anfang machte der Fall Martínez Sala, in dem der Gerichtshof den Ausschluss einer Unionsbürgerin, die keine Arbeitnehmerin mehr war, vom staatlichen Erziehungsgeld für mit dem Unionsrecht unvereinbar erklärte.[130] Beim Erziehungsgeld handelt es sich um eine **beitragsunabhängige Sozialleistung**. Diese Linie setzte der Gerichtshof in seiner Grzelczyk-Entscheidung fort. Einem französischen Staatsangehörigen, der in Belgien studierte und im letzten Studienjahr wegen Examensvorbereitungen nicht mehr erwerbstätig war, war im Gegensatz zu seinen in vergleichbarer Lage befindlichen belgischen Kommilitonen am Studienort Sozialhilfe verweigert worden.[131] Leitgedanke dieser wechselnd auf Art. 21 iVm Art. 18 AEUV, Art. 20 iVm Art. 18 AEUV und Art. 21 AEUV allein gestützten Rechtsprechung ist es, dass Personen auch dann nicht wegen der Inanspruchnahme ihres Freizügigkeitsrechts benachteiligt werden dürfen, wenn sie keiner durch die Grundfreiheiten geschützten Tätigkeit nachgehen.[132] Das Freizügigkeitsrecht ist gemäß Art. 21 AEUV nicht mehr von einer marktbürgerschaftlichen Betätigung abhängig, die Unionsbürgerschaft ein „grundlegende[r] Status der Angehörigen der Mitgliedstaaten“ geworden, der ihnen ein Recht auf „gleiche rechtliche Behandlung“ verschafft.[133] Allerdings unterliegen diese Ansprüche Vorbehalten und Beschränkungen. Zum einen knüpfen sie sich an einen rechtmäßigen Aufenthalt, zum anderen dürfen die Mitgliedstaaten eine angemessene Mindestaufenthaltsdauer festlegen, wenn dadurch ein legitimer Zweck verfolgt wird, die Kriterien klar und voraussehbar sind und effektiver Rechtsschutz zur Verfügung steht.[134] Der unionsbürgerschaftliche sozialrechtliche Teilhabeanspruch erweist sich so als Ausdruck sozialer Solidarität in Härtefällen, die sich systematisch plausibel aus dem Primärrecht ableiten lässt. Weder die Perhorreszierung eines europäischen „Sozialtourismus“ noch der Vorwurf eines Mangels methodischer Stringenz an die Adresse des EuGH erscheinen hier angebracht.[135] Ansätze einer europäischen Sozialbürgerschaft sind in der Mehrebenenstruktur eines gestuften Systems individueller Rechte angelegt.[136] 34

128 Fundstelle Fn 30.

129 *Riesenhuber*, Europäisches Arbeitsrecht, 2010; *Fuchs/Marhold*, Europäisches Arbeitsrecht, 3. Aufl. 2010; *Henssler/Braun*, Arbeitsrecht in Europa, 3. Aufl. 2011; *Blanpain*, European Labour Law, 13. Aufl. 2012.

130 EuGH, Rs. C-85/96 (Martínez Sala), Slg 1998, I-2708 Rn 63.

131 EuGH, Rs. C-184/99 (Grzelczyk), Slg 2001, I-6193 Rn 34 ff; s. auch Rs. C-138/02 (Collins), Slg 2004, I-2703 (Arbeitslosenunterstützung); Rs. (Pusa), Slg 2004, I-5763 (Pfändungsschutz); Rs. C-456/02 (Trojani), Slg 2004, I-7573 (Existenzminimum); Rs. C-209/03 (Bidar), Slg 2005, I-2110 (Ausbildungsförderung); Rs. (Zablocka-Weyhermüller), Slg 2008, I-9029 (Witwenrente); Rs. (Bressol), Slg 2010, I-2735 (Hochschulzugang).

132 Ausführlich *v. Bogdandy/Bitter*, in: FS Zuleeg, 2005, S. 309 ff, mwN.

133 Ständige Formel seit EuGH, Rs. C-184/99 (Grzelczyk), Slg 2001, I-6193 Rn 31; die Inländerdiskriminierung ist durch die Unionsbürgerschaft nicht beseitigt worden, s. EuGH, Rs. C/64 und 65/96 (Uecker und Jacquet), Slg 1997, I-3171 Rn 23, woran die neuere Rspr. im Ergebnis nichts geändert hat, s. Fn 99; krit. schon *Borchardt*, NJW 2000, 2057, 2059.

134 EuGH, Rs. C-138/02 (Collins), Slg 2004, I-2703 Rn 61 ff; C-258/04 (Ioannidis), Slg 2005, I-8275 Rn 29 ff; Rs. C-20/12 (Giersch) v. 20.6.2013, Rn 70 ff; aus der Lit. s. *Schönberger*, Unionsbürger, 2005, S. 349 ff; *Wollenschläger*, Grundfreiheit ohne Markt, 2007, S. 343 ff; *Steven*, Die Entwicklung des allgemeinen Freizügigkeitsrechts, 2011, S. 140 ff.

135 Vgl *Hailbronner*, JZ 2005, 1138 ff; *Sander*, DVBl. 2005, 1014 ff; Art. 7 RL 2004/38 (Fn 32) gesteht den Mitgliedstaaten das Recht zu, für einen Aufenthalt, der über drei Monate andauert, den Nachweis zureichender Existenzmittel zu verlangen. Umstritten sind Ansprüche nach SGB II von Unionsbürgern in den ersten drei Monaten, Art. 24 Abs. 2 der RL schließt sie ausdrücklich aus; s. aber einerseits bef. LSG NRW, L 19 AS 129/13 v. 10.10.2013, andererseits LSG Nds-Brem, L 15 AS 365/13 v. 15.11.2013 sowie den Vorlagebeschluss des BSG, B 4 AS 9/13 v. 12.12.2013, beim EuGH anhängig als Rs. C-67/14.

136 Zum systematischen Stellenwert *Kingreen*, Das Sozialstaatsprinzip im europäischen Verfassungsverbund, 2003, S. 402 ff; *Rabenschlag*, Leitbilder der Unionsbürgerschaft, S. 245 ff.

35 Die **Grundrechtecharta** enthält unter dem mit „Solidarität" überschriebenen Titel **soziale Rechte** (Art. 27 bis 38 GRC).[137] Allerdings können nur wenige von ihnen als eigenständige Leistungsrechte gelesen werden. Teils stehen sie unter dem Vorbehalt der Konkretisierung durch unionsrechtliche oder innerstaatliche Rechtsvorschriften. Dies ist etwa beim Recht auf soziale Sicherheit und soziale Unterstützung (Art. 34 GRC), beim Zugang zum Gesundheitssystem (Art. 35 GRC) und anderen staatlichen Dienstleistungen (Art. 36 GRC), beim Informationsrecht der Arbeitnehmer (Art. 27 GRC), beim Recht auf Kollektivverhandlungen (Art. 28 GRC) und beim Recht auf Schutz vor ungerechtfertigter Entlassung (Art. 30 GRC) der Fall.[138] Das Recht auf gesunde, sichere und würdige Arbeitsbedingungen (Art. 31 GRC) erscheint jenseits eindeutiger Fälle ebenfalls noch konkretisierungsbedürftig, um wirksam zu werden. Andere Garantien sind als allgemeine Schutzpflichten (wie das Familien- und Berufsleben in Art. 33 Abs. 1 GRC) oder als Abwehrrechte (wie das Verbot der Kinderarbeit nach Art. 32 GRC oder der Schutz vor Entlassung aus einem mit der Familie zusammenhängenden Grund nach Art. 33 Abs. 2 GRC) ausgestaltet. Umwelt- und Verbraucherschutz sind bloße, allenfalls als Rechtsprinzipien wirkende Programmsätze (Art. 37 und 38 GRC). Es bleibt das Recht auf Zugang zu einem unentgeltlichen Arbeitsvermittlungsdienst übrig (Art. 29 GRC), das zwar nicht auf die Unionsbürger beschränkt ist, aber der Sache nach unter den Bedingungen des Aufenthaltsrechts steht.

5. Kontroll- und Verfahrensrechte

36 Das Europarecht setzt in stärkerem Maße als das deutsche Recht auf Interessenschutz durch **Verfahrensrechte, Partizipation und Information.** Das Gebot **effektiven Rechtsschutzes** bezieht sich auf sie in gleicher Weise wie auf materielle Rechte. Hinter dieser Wertung steht ein Verständnis subjektiver Rechte, für das Rechte im Verwaltungsverfahren nicht materiellen Rechten akzessorisch, sondern eigenständig sind.[139] Dies entspricht zum einen den Geboten guter Regierungsführung und Verwaltung, zu denen Beteiligung, Transparenz und Rechenschaft gehören. Zum anderen verstärken Grundsätze wie Aktenöffentlichkeit und Betroffenenbeteiligung die Wirkung des Unionsrechts, indem Einzelnen die Möglichkeit gegeben wird, ihre Ziele im Interesse des jeweiligen Regelungszwecks einzusetzen. Entsprechende Informations-, Kontroll- und Verfahrensrechte richten sich sowohl gegen die Union als auch gegen deren Mitgliedstaaten. In Verbindung mit den Voraussetzungen der Direktwirkung des Unionsrechts, die sich stärker am Interessenschutz als an der deutschen Lehre von den subjektiv öffentlichen Rechten orientieren (s. Rn 14), ergibt sich so ein System, dessen Integration in das innerstaatliche Verwaltungsrecht nicht immer bruchlos verläuft.[140]

37 **Informations- und Kontrollrechte** bestehen zunächst **gegenüber der Union** selbst. Nicht weiter ungewöhnlich sind das Petitionsrecht zum Europäischen Parlament (Art. 24 Abs. 2, 227 AEUV) und das Recht, den europäischen Bürgerbeauftragten anzurufen (Art. 24 Abs. 3, 228 AEUV).[141] Das Petitionsrecht bezieht sich auf alle Angelegenheiten, für die die Union zuständig ist, und soll zugleich einen Weg individuellen Rechtsschutzes eröffnen und die Möglichkeiten politischer Partizipation stärken. Beim Bürgerbeauftragten steht dagegen die Rechtsschutzfunktion im Vordergrund, da es seine Aufgabe ist, auf Eingaben hin Missständen bei der Tätigkeit der Unionsorgane nachzugehen. Maßstab sind dabei die Grundsätze **guter Verwaltung,** die in Art. 41 GRC noch einmal als Individualrecht gefasst sind (s.u. Rn 47). Darüber hinaus hat jeder Unionsbürger das Recht, in einer der Amtssprachen Eingaben an die Unionsorgane zu richten und eine Antwort in derselben

137 *Winner*, Die Europäische Grundrechtecharta und ihre soziale Dimension, 2005.

138 So hat der EuGH Art. 27 GRC die unmittelbare Wirkung abgesprochen, Rs. C-176/12 (ASM) v. 15.1.2014, Rn 41 ff.

139 *Schoch*, in: Schmidt-Aßmann/Hoffmann-Riem (Hrsg.), Strukturen des Europäischen Verwaltungsrechts, 1999, S. 279 ff; *Schmidt-Aßmann*, ZöR 55 (2000), 159 (169 ff); *Meßerschmidt*, Europäisches Umweltrecht, 2011, § 8 Rn 14 ff.

140 S. auch *Nettesheim*, AöR 132 (2007), 333, 360 ff; allgemein zu Anpassungsprozessen der Europäisierung *Mangold*, Gemeinschaftsrecht und deutsches Recht, 2011, S. 451 ff.

141 Ausführliche Erläuterung bei *Meese*, Das Petitionsrecht beim Europäischen Parlament und das Beschwerderecht beim Bürgerbeauftragten der Europäischen Union, 2000; zum Ombudsmann *Tsadiras*, ELR 32 (2007), 607 ff.; *Gundel*, in: FS Würtenberger, 2013, S. 497 ff.

Sprache zu erhalten (Art. 24 Abs. 4 AEUV); damit dieser Anspruch nicht ins Leere geht, wird man darin außer einem Recht zum Gerbrauch der eigenen Sprache auch einen Auskunftsanspruch sehen müssen. In engem Zusammenhang dazu steht der Anspruch auf Zugang zu Dokumenten, die sich im Besitz der Unionsorgane befinden (Art. 15 Abs. 3 AEUV). Inhalt und Grenzen dieses Rechts werden in einer Verordnung präzisiert.[142] Ein besonderes Interesse muss nicht geltend gemacht werden, doch können Geheimhaltungsinteressen der Union, der Mitgliedstaaten oder Privater entgegenstehen.[143] Darüber hinaus ist das Recht auf **Datenschutz** primärrechtlich verankert und sekundärrechtlich näher ausgestaltet.[144]

Im Hinblick auf die **Rechte Verfahrensbeteiligter** hatte die europäische Gerichtsbarkeit insbesondere im **Wettbewerbsrecht** umfassend Gelegenheit, Garantien zu entwickeln und zu konkretisieren. 38
Für das strafprozessähnliche Kartellverfahren, dessen Ablauf sekundärrechtlich vorgeschrieben ist,[145] spielen über die allgemeinen Verfahrensgrundsätze guter Verwaltung hinaus Verteidigungsrechte wie rechtliches Gehör, Akteneinsicht, Vertraulichkeit der Anwaltskorrespondenz usw eine erhebliche Rolle (*Mäger*, § 16 Rn 290 ff).[146] Auch im Verfahren der Beihilfenkontrolle (Art. 108 AEUV) haben Beteiligte einen rechtlich beschriebenen Status erhalten, der Rechte auf Auskunft, Stellungnahme und Überlassung von Unterlagen umfasst.[147]

Ähnliche Anforderungen gelten für die Verwaltungstätigkeit der Mitgliedstaaten, wenn diese auch 39
bereichsspezifisch verschieden ausgeformt werden. Eine Mischung von Rechten auf Verfahrensteilnahme mit Verfahrensrechten findet sich im Recht des **öffentlichen Auftragswesens**, das weitgehend von europäischem Richtlinienrecht beeinflusst ist (s. *Noch*, § 29 Rn 68 ff). Kennzeichnend sind die Grundsätze der Gleichbehandlung der Bieter, der Transparenz, der Zugänglichkeit für einen in der Regel offenen Teilnehmerkreis, der Wirtschaftlichkeit, der Begründung für die Nichtberücksichtigung von Geboten und der Effektivität des Rechtsschutzes.[148] Hierdurch ist in Deutschland ein traditionell an der Sparsamkeit der Haushaltsführung orientiertes und ohne Rechtsstellung der Bieter ausgestaltetes System auf eine neue Grundlage gestellt worden, soweit die über die Anwendbarkeit europäischen Rechts entscheidenden Auftragsvolumina erreicht sind.[149]

Im **Umweltrecht** spielen Beteiligungsrechte, Aktenöffentlichkeit und effektiver Rechtsschutz eine 40
besondere Rolle. Da es sich oft um sog. diffuse Interessen handelt, wird Verfahrensrechten, die

---

142 VO (EG) 1049/2001 über den Zugang der Öffentlichkeit zu Dokumenten des Europäischen Parlaments, des Rates und der Kommission, ABl. 2001 L 145/43; allgemein zu einem europäischen Transparenzgebot *Sobotta*, Die Transparenz in den Rechtsetzungsverfahren der Europäischen Union, 2001; *Riemann*, Die Transparenz der Europäischen Union, 2004, S. 69 ff; *Boysen*, DV 42 (2009), 215 ff.

143 Die Ausnahmen werden eng verstanden, s. EuGH, Rs. C-41/00 P (Interporc), Slg 2003, I-2125 Rn 39; Rs. C-64/05 P (Schweden/Kommission), Slg 2007, I-11389 Rn 66; wN bei *Schoo/Görlitz*, in: Schwarze, EU-Kommentar, Art. 15 AEUV Rn 34 ff.

144 Zum Grundrecht aus Art. 8 GRC EuGH, Rs. C-92/09 (Schecke), Slg 2010, I-11063 (Veröff. einer Liste von Subventionsempfängern); C-291/12 (Schwarz) v. 17.10.2013 (biometrischer Reisepass); zur neuen Datenschutzverordnung s. Vorschlag der Kommission KOM (2012)11endg v. 25.1.2012 und den Ausschussbericht des EP Plenardokument A7-0402/2013 v. 21.11.2013; zum bisherigen europäischen Standard eingehend *Siemen*, Datenschutz als europäisches Grundrecht, 2006; *Hatje*, in: Der Hessische Datenschutzbeauftragte (Hrsg.), Datenschutz in Deutschland nach dem Vertrag von Lissabon, 2009, S. 23 ff; zum Grundrecht auf Datenschutz *Britz*, ebd S. 55 ff.

145 VO (EG) 1/2003 zur Durchführung der in den Artikeln 81 und 82 des Vertrags niedergelegten Wettbewerbsregeln v. 16. 12. 2002, ABl. 2003 L 1/1.

146 Einiges davon inzwischen positiviert in VO (EG) 773/2004 v. 7. 4. 2004 über die Durchführung von Verfahren auf der Grundlage der Artikel 81 und 82 EG-Vertrag durch die Kommission, ABl. 2004 L 123/18; s. *W. Weiß*, Die Verteidigungsrechte im EG-Kartellverfahren, 1996.

147 Art. 20 VO (EG) 659/1999 über die Anwendung der Artikel 87 und 88 des Vertrages auf bestimmte Gruppen horizontaler Beihilfen v. 7. 5. 1998, ABl. 1998 L 142/1; allg. zu Verfahrens- und Beteiligungsrechten gegenüber Beschlüssen *Vogt*, Die Entscheidung als Handlungsform des Europäischen Gemeinschaftsrechts, 2005, S. 264 ff.

148 Zum Rechtsschutz EuGH, Rs. C-81/98 (Alcatel Austria), Slg 1999, I-7671 Rn 29 ff; ausgestaltet in der Rechtsmittel-RL 89/665/EWG, ABl. 1989 L 395/33, geänd. durch RL 2007/66/EG, ABl. 2007 L 335/31; dazu *Holoubek*, Vergaberecht, 2. Aufl. 2012.

149 Unterhalb der Schwellenwerte gelten die Grundfreiheiten, s. EuGH, Rs. C-507/03 (Kommission/Irland), Slg 2007, I-9777.

nicht an materielle Gewährleistungen gebunden sind, eine besondere Bedeutung zugebilligt. Die Aarhus-Konvention, welche die Bundesrepublik bindet und die teilweise durch Sekundärrecht der EU transformiert worden ist, stellt Mindestnormen im Hinblick auf den Zugang zu Umweltinformationen, die Öffentlichkeitsbeteiligung an umweltwirksamen Planungen und den Rechtsschutz auf.[150] Daraus hervorgegangen sind die Neufassung der Umweltinformationsrichtlinie[151] und die Richtlinie über die Beteiligung der Öffentlichkeit bei der Ausarbeitung bestimmter umweltbezogener Pläne und Programme.[152] Sofern sich die innerstaatliche Umsetzung als unzureichend erweist, ist die Direktwirkung derartiger Rechte auch dann in Betracht zu ziehen, wenn ein Kläger keine aus Gesundheit oder Eigentum abgeleitete Rechtsposition geltend macht; § 44 a VwGO ist nicht anzuwenden.[153] Vergleichbares wird auch für die Durchführung einer Umweltverträglichkeitsprüfung gelten müssen; entgegen der Rechtsprechung des Bundesverwaltungsgerichts ist nach den für die Direktwirkung von Richtlinien entwickelten Grundsätzen ein entsprechendes, von der deutschen Schutznormtheorie unabhängiges Recht aus der UVP-Richtlinie abzuleiten, das von Umweltverbänden geltend gemacht werden kann.[154]

41 Ob das dem deutschen Recht geläufige Recht auf **fehlerfreie Ermessensentscheidung** im Europarecht eine Entsprechung findet, ist nicht in zwei Sätzen zu beantworten. Die Differenzierung zwischen Beurteilungsspielraum und Ermessen findet sich dort in dieser Form nicht, so dass für Spielräume auf Tatbestands- und auf Ermessensseite dieselben Kriterien gelten. Art. 263 Unterabs. 2 AEUV eröffnet die Nichtigkeitsklage gegen Unionsrechtsakte bei „Ermessensmissbrauch", was für eine geringere Kontrolldichte spricht. Dies bestätigt sich auch in der Praxis der europäischen Gerichtsbarkeit, die der Kommission in ihrer Verwaltungstätigkeit einen weiteren Spielraum zubilligt als es die deutschen Verwaltungsgerichte gegenüber staatlichen Behörden tun.[155] Auf der anderen Seite wird dies dadurch kompensiert, dass EuG und EuGH hohe Anforderungen an die Begründung von Verwaltungsentscheidungen, die für die europäische Verwaltung gem. Art. 296 AEUV obligatorisch ist, und an andere Grundsätze guter Verwaltungspraxis stellen.[156] Trägt die Begründung die Entscheidung (nach neuer Terminologie des Art. 288 AEUV: den Beschluss) nicht, wird sie aufgehoben. Die interne Überprüfung durch die Kommission kann dann dazu führen, dass keine neue Maßnahme erlassen wird. Demgegenüber können sich Ermessensspielräume nationaler Behörden erheblich einengen, wenn sie Unionsrecht vollziehen und dieses das Abwägungsergebnis determiniert. So reduziert sich das nach § 48 Abs. 1 VwVfG bestehende Rücknahmeermessen bei unionsrechtswidrigen Subventionsbewilligungen regelmäßig auf Null.[157]

---

150 Übk v. 26. 6. 1998 über den Zugang zu Informationen, die Öffentlichkeitsbeteiligung an Entscheidungsverfahren und den Zugang zu Gerichten in Umweltangelegenheiten, BGBl. 2006 II, S. 1251, Bek. BGBl. 2007 II, 1392; zur Umsetzung durch die EU VO 1367/2006, ABl. 2006 L 264/13; Umweltrechtbehelfs-Gesetz, BGBl. 2013 I, 753; zu den Vorgaben der Konvention *Epiney/Sollberger*, Zugang zu Gerichten und gerichtliche Kontrolle im Umweltrecht, 2002, S. 311 ff; zur VO *Meßerschmidt*, Europäisches Umweltrecht, 2011, § 9 Rn 57 ff.

151 RL 90/313 über den freien Zugang zu Informationen über die Umwelt v. 7. 6. 1990, ABl. 1990 L 158/56, aktuelle Fassung RL 2003/4, ABl. 2003 L 41/26.

152 RL 2003/35, ABl. 2003 L 156/17.

153 Zur Umweltinformations-RL *Müggenborg/Duikers*, NVwZ 2007, 623, 629 f; aus der Rspr etwa VGH Kassel, NuR 2006, 239 (Frankfurter Flughafen).

154 RL 85/357/EWG v. 27. 6. 1985 über die Umweltverträglichkeitsprüfung bei bestimmten öffentlichen und privaten Projekten, ABl. 1985 L 175/40, ergänzt durch die RL über die Umweltauswirkungen bestimmter Pläne und Programme, ABl. 2001 L 197/30 und geändert durch RL 2003/35 (Fn 152); zur Direktwirkung abl. schon BVerwG, NVwZ 1992, 1093; anders EuGH, Rs. C-431/92 (Kommission/Deutschland), Slg 1995, I-2189 Rn 39 f (Kraftwerk Großkrotzenburg); zum Klagerecht von Verbänden EuGH, Rs. C-115/09 (BUND), Slg 2011, I-3673.

155 Vgl bspw zu Prüfungsentscheidungen EuGH, Rs. 280/80 (Bakke d'Aloya/Rat), Slg 1981, 2887 Rn 10; s. auch *Schwarze*, Europäisches Verwaltungsrecht, Bd. 1, S. 280 f; *Kadelbach*, Allgemeines Verwaltungsrecht, S. 443 ff; *I. Augsberg*, in: Terhechte (Hrsg.), Verwaltungsrecht der Europäischen Union, 2011, § 4 Rn 19; Vergleich des deutschen und des französischen Systems vor diesem Hintergrund bei *Classen*, Die Europäisierung der Verwaltungsgerichtsbarkeit, 1996, S. 119 ff.

156 Allgemein *Nehl*, Administrative Procedure in EC Law, 1999, S. 127 ff; *v. Danwitz*, Europäisches Verwaltungsrecht, S. 412 ff; *Fehling*, in: Terhechte (Fn 155), § 12 Rn 12 ff.

157 BVerwGE 92, 81, 87.

III. Rechtsstaatliche Grundsätze

Das Unionsrecht ist von einer ganzen Reihe von Prinzipien geprägt, von denen einige einen Bezug zu den Individualrechten haben. So können die Prinzipien der **Einheit** und **Wirksamkeit** des Unionsrechts subjektive Rechte verstärken (o. Rn 3) oder mit dem Schutz zunächst abstrakter Interessen, wie dem fairen Wettbewerb, die Belange von Konkurrenten rechtswidrig Begünstigter schützen.[158] Andererseits können sie sich aber auch in der Pflicht der Mitgliedstaaten zum Erlass belastender Entscheidungen bis hin zum Einsatz von Zwangsmitteln und Sanktionen äußern (s. noch u. Rn 69).[159] In diesen Fällen setzen Prinzipien der Rechtsstaatlichkeit (Art. 2 EUV) der Rigidität der Rechtsdurchsetzung Grenzen.[160] Von den Grundrechten, die ursprünglich, ähnlich früherem französischem Verständnis, als allgemeine Rechtsgrundsätze gewirkt haben, war bereits die Rede. Weitere Prinzipien dieser Art sind das Erfordernis einer rechtlichen Grundlage für hoheitliches Handeln, Verhältnismäßigkeit, Rechtssicherheit, Vertrauensschutz und generell Grundsätze guter Verwaltungspraxis. 42

In den Worten des EuGH war „die Europäische Wirtschaftsgemeinschaft eine Rechtsgemeinschaft, in der weder die Mitgliedstaaten noch die Gemeinschaftsorgane der Kontrolle darüber entzogen sind, ob ihre Handlungen im Einklang mit der Verfassungsurkunde der Gemeinschaft, dem Vertrag, stehen".[161] War die EG eine Rechtsgemeinschaft,[162] kann für die Union nichts anderes gelten. Sie darf nur tätig werden, wenn sie eine Zuständigkeit besitzt (Prinzip der begrenzten Ermächtigung, Art. 5 Abs. 2 EUV), womit das Prinzip normgemäßen Handelns, das sich im innerstaatlichen Recht in Vorrang und Vorbehalt des Gesetzes ausdrückt, auf Unionsebene eine Entsprechung findet.[163] Da die Union kein Staat ist, kann von einem „**Rechtsprinzip**" (statt Rechtsstaatsprinzip) die Rede sein, wenn man für den Begriff der *Rule of Law* eine Entsprechung sucht. Dementsprechend führt ein Verstoß gegen die rechtlichen Grundlagen zur Fehlerhaftigkeit auf sie gestützter Verwaltungsentscheidungen.[164] 43

Der Grundsatz der **Verhältnismäßigkeit** hat seit einiger Zeit primärrechtlichen Rang (Art. 5 Abs. 4 EUV), ist aber schon seit jeher als allgemeiner Rechtsgrundsatz des Europarechts anerkannt.[165] Er begrenzt, wie gesehen, Eingriffe in Grundfreiheiten (Rn 19, 29) und Grundrechte (Rn 24). Wie im innerstaatlichen Recht sind belastende Hoheitsakte nur rechtmäßig, wenn sie zur Erreichung der 44

---

158 Vgl EuGH, Rs. 3/74 (Pfützenreuter), Slg 1974, 589 Rn 4; Rs. 106/77 (Simmenthal), Slg 1978, 629 Rn 14/16; Rs. C-213/89 (Factortame), Slg 1990, I-2433 Rn 18. Ausführlich *Nettesheim*, in: GS Grabitz, 1995, 447 ff; *Streinz*, in: FS Everling, 1995, Bd. 2, 1491 ff; *Arhold*, EWS 2011, 209 ff.

159 EuGH, Rs. 14/83 (von Colson und Kamann), Slg 1984, 1891 Rn 22; Rs. 68/88 (Kommission/Griechenland), Slg 1989, 2965 Rn 23 f; Rs. C-326/88 (Hansen), Slg 1990, I-2911 Rn 19; Rs. C-217/88 (Kommission/Deutschland), Slg 1990, I-2879 Rn 16 ff (Tafelwein).

160 Zu den Grenzen mitgliedsstaatlicher Autonomie *Rodríguez Iglesias*, EuGRZ 1997, 289 ff; *v. Danwitz*, Europäisches Verwaltungsrecht, S. 302 ff; *Krönke*, Die Verfahrensautonomie der Mitgliedstaaten der Europäischen Union, 2013, S. 246 ff.

161 EuGH, Rs. 294/83 (Les Verts), Slg 1986, 1339 Rn 23.

162 *Hallstein*, Die EWG – Eine Rechtgemeinschaft, in: Oppermann (Hrsg.), Walter Hallstein – Europäische Reden, 1979, 341 ff; *Zuleeg*, NJW 1994, 545 ff.

163 *Schwarze*, Europäisches Verwaltungsrecht, Bd. 2, S. 193 ff, *Triantafyllou*, Vom Vertrags- zum Gesetzesvorbehalt, 1996.

164 *Schwarze*, Europäisches Verwaltungsrecht, Bd. 1, S. 244.

165 So schon EuGH, Rs. 114/76 (Bela-Mühle Josef Bergmann/Grows-Farm), Slg 1977, 1211, Rn 7, mit dem Ergebnis, dass die im Streit befundene Verordnung wegen eines Verstoßes gegen das Diskriminierungsverbot und die Verhältnismäßigkeit in der Form der Erforderlichkeit für ungültig erklärt wurde; s. allgemein *Koch*, Der Grundsatz der Verhältnismäßigkeit in der Rechtsprechung des Gerichtshofs der Europäischen Gemeinschaften, 2003; *Tridimas*, The General Principles of EU Law, 2006, S. 177 ff; krit. zum Maßstab des EuGH *v. Danwitz*, Europäisches Verwaltungsrecht, S. 350.

verfolgten Ziele geeignet, erforderlich und angemessen sind.[166] Damit begrenzt der Grundsatz zugleich die Ermessensausübung.[167]

45 Der Grundsatz der **Rechtssicherheit** verlangt, dass Rechtsvorschriften unzweideutig erkennen lassen, welche Rechte und Pflichten ihre Adressaten haben.[168] Er gilt für die europäische Rechtsetzung ebenso wie in den mitgliedsstaatlichen Rechtsordnungen im Anwendungsbereich des Europarechts.[169] Die Mitgliedstaaten werden den sich hieraus ergebenden Verpflichtungen bei Nutzung der ihnen überlassenen Spielräume oft nicht gerecht. Insbesondere an der Schnittstelle zwischen europäischem und innerstaatlichem Recht ergeben sich zuweilen undurchsichtige Normengeflechte, die für Betroffene kaum noch nachvollziehbar sind, wenn allgemein gehaltene oder dynamische Verweisungsnormen Unionsrecht inkorporieren und womöglich noch an das Sanktionensystem des nationalen Rechts anschließen.[170] Sofern derartige Unklarheiten in dem Bereich ihre Ursache haben, der in die Durchführungsverantwortlichkeit der Mitgliedstaaten fällt, sind deren Gerichte für den Rechtsschutz verantwortlich, dabei aber an europarechtliche Prinzipien gebunden. Ein weiterer Aspekt der Rechtsklarheit ist die Publizität. Werden Richtlinien nicht rechtzeitig umgesetzt, dürfen nachteilige Folgen etwa durch Fristversäumnis nicht eintreten, solange die Begünstigten von ihren Rechten keine Kenntnis erlangen können.[171] Im Verwaltungsrecht kann die Rechtssicherheit ein Grund dafür sein, unionsrechtswidrigen Verwaltungsakten die Bestandskraft zu belassen; die Effektivität gebietet nicht, sie aufzuheben.[172] Gleiches gilt für rechtskräftige Gerichtsurteile, deren Unionsrechtswidrigkeit sich später herausstellt.[173] Die Rechtssicherheit hat also keine zwingenden Wirkungen, vieles ist Abwägungssache. Ob sie sich gegen das Interesse an Herstellung eines rechtmäßigen Zustandes durchsetzt, kann auch vom Verhalten des Betroffenen abhängen. Unterlässt er es bspw., ihm im Verfahren der Beihilfenkontrolle gegen die Kommission zustehende Rechtsmittel zu ergreifen, kann er gegenüber der Rückforderungsentscheidung, die diese den nationalen Behörden aufgibt (Art. 108 Abs. 2 AEUV), Einwände gegen die Rechtmäßigkeit der Kommissionsentscheidung nicht mehr geltend machen.[174] Auch Aspekte der Verteilungsgerechtigkeit können den Grundsatz der Rechtssicherheit überlagern.[175]

46 Auch der Grundsatz des **Vertrauensschutzes** gilt sowohl für die Organe und Einrichtungen der EU als auch für die Mitgliedstaaten im Anwendungsbereich des europäischen Rechts. Wenn auch das Vertrauen in den Fortbestand bestehender rechtlicher Regelungen in der Regel nicht geschützt wird,[176] so kann er sich doch im Einzelfall darin äußern, dass der gute Glaube in die Bestandskraft von Regelungen oder Entscheidungen berücksichtigt[177] und Härten bei einschneidenden Veränderungen mit Übergangsregelungen abgemildert werden.[178] Die Anforderungen schwanken je nach Rechtsmaterie und Personenkreis. Im Beihilfenrecht wird vorausgesetzt, dass die Empfänger einer

166 EuGH, Rs. 265/87 (Schräder/Hauptzollamt Gronau), Slg 1989, 2237, Rn 20 ff; Rs. C-135/08 (Rottmann), Slg 2010, I-1449, Rn 55.

167 EuGH, Rs. 41/79 (Testa), Slg 1980, 1979, Rn 21 (Arbeitsverwaltung); Rs. C-101/88 (Gausepohl), Slg 1990, I-23 (Agrarverwaltung).

168 EuGH, Rs. 66, 127 und 128/79 (Amministrazione delle Finanze dello Stato/Meridionale Industria Salumi u.a.), Slg 1980, 1237, Rn 10.

169 EuGH, Rs. 77/81 (Zuckerfabrik Franken/Deutschland), Slg 1982, 681, Rn 22 ff.

170 So zur alten Milchmarktordnung *Thiele*, Das Recht der Gemeinsamen Agrarpolitik der EG, 1997, S. 110.

171 EuGH, Rs. C-208/90 (Emmott), Slg 1991, I-4269, Rn 19.

172 EuGH, Rs. C-2/06 (Kempter), Slg 2008, I-411, wohl in Abkehr von Rs. 453/00 (Kühne & Heitz), Slg 2004, I-837, Rn 26 f; dazu *Rennert*, DVBl. 2007, 400, 407 f; *Coutron*, RTDE 2009, 69; s. auch Rs. C-246/09 (Bulicke), Slg 2010, I-7003.

173 EuGH, Rs. C-234/04 (Kapferer/Schlank & Schick), Slg 2006, I-2585, Rn 21.

174 S. EuGH, Rs. C-188/92 (TWD Textilwerke Deggendorf), Slg 1994, I-833, Rn 17.

175 EuGH, Rs. 2/70 (Riva), Slg 1971, 97, Rn 13.

176 EuGH, Rs. 112/80 (Dürbeck/Hauptzollamt Frankfurt am Main-Flughafen), Slg 1981, 1095, Rn 48. Näheres bei *Borchardt*, Der Grundsatz des Vertrauensschutzes im europäischen Gemeinschaftsrecht, 1988; *Berninghausen*, *Die Europäisierung des Vertrauensschutzes*, 1997; *Frenz*, EuR 2008, 468 ff.

177 EuGH, Rs. C-44/91 (Lageder), Slg 1993, I-1761, Rn 33 ff.

178 EuGH, Rs. 74/74 (CNTA/Kommission), Slg 1975, 533, Rn 29 ff.

staatlichen Subvention ab einer bestimmten Größenordnung um die Anzeigepflicht und das durchzuführende Kontrollverfahren wissen, so dass geschütztes Vertrauen nicht entsteht (§ 48 Abs. 2 S. 3 VwVfG).[179]

Das Recht auf eine **gute Verwaltung** umfasst eine Vielzahl von Regeln guter Praxis, die der EuGH nach und nach entwickelt hat[180] und nun in der Grundrechtecharta als subjektives Recht ausformuliert worden sind. Danach hat jede Person ein Recht darauf, dass ihre Angelegenheiten von den Organen und Einrichtungen der Union unparteiisch, gerecht und innerhalb einer angemessenen Frist behandelt werden (Art. 41 GRC).[181] Damit werden einige der Anforderungen an einen *fair trial*, wie sie Art. 6 EMRK an das gerichtliche Verfahren stellt, auf das Verwaltungsverfahren übertragen. Dazu gehören neben den ausdrücklich genannten Pflichten etwa die Vollständigkeit der Sachverhaltsermittlung, Transparenz und Berechenbarkeit.[182] **47**

Das Prinzip **effektiven Rechtsschutzes** schließlich hat zum einen Verfassungsrang (Art. 47 GRC), ist aber auch seit langem als allgemeiner Rechtsgrundsatz anerkannt und in zahlreichen Sekundärrechtsakten enthalten.[183] Ihm zufolge obliegt es den Mitgliedstaaten, die gerichtliche Durchsetzbarkeit der unionsrechtlich gewährleisteten Rechte zu sichern. Diese Pflicht bezieht sich gleichermaßen auf Kerngarantien wie die Grundfreiheiten und auf sekundärrechtlich gewährte Rechte.[184] Im Extremfall kann sie die Pflicht umfassen, einen Rechtsbehelf einzuführen, den das innerstaatliche Recht nicht kennt.[185] Das Prinzip bindet die Union selbst, beschränkt aber auch die Vollzugsautonomie der Mitgliedstaaten. **48**

IV. Berechtigte und Verpflichtete

1. Berechtigte

Der **geschützte Personenkreis** ergibt sich aus dem jeweiligen Recht selbst. Zumeist ist an **natürliche Personen** gedacht. Sofern **juristische Personen** einbezogen werden, wird dies häufig aus dem Wortlaut der Bestimmung selbst deutlich, wie etwa bei der Niederlassungsfreiheit in Art. 49 Abs. 1 S. 2, 54 AEUV. Allerdings lassen sich viele Rechte, die ihrem Wesen nach übertragbar sind, auch dann auf Gesellschaften anwenden, wenn dies nicht ausdrücklich vorgesehen ist, wie bspw das Eigentumsgrundrecht (Art. 17 GRC) oder viele sekundärrechtlich verliehene Rechte. Im Einzelfall ist dies eine Auslegungsfrage. Selten dürften ein Staat oder staatliche Untergliederungen als Berechtigte in Frage kommen.[186] **49**

Ob es auf die Staatsangehörigkeit ankommt, ist ebenfalls eine Frage der jeweiligen Gewährleistung. Die personenbezogenen Grundfreiheiten sind nach den Gründungsverträgen **Unionsbürgern** vorbehalten, aber kraft Sekundärrechts etwa auf Familienangehörige Freizügigkeitsberechtigter oder kraft völkerrechtlicher Verträge auf **Angehörige bestimmter Drittstaaten** erstreckt worden (s.o. Rn 8). In diesen Fällen entstehen eigenstände Rechte, die die Begünstigen selbst geltend machen **50**

---

179 EuGH, Rs. C-24/95, Slg 1997, I-1591; BVerwG, NJW 1998, 3728; BVerfG, EuR 2000, 257, alle Alcan.

180 S. bspw EuGH, Rs. 269/90 (Technische Universität München/Hauptzollamt München-Mitte), Slg 1991, I-5469, Rn 14 ff; aufgenommen in Rs. C-405/07 P (Niederlande/Kommission), Slg 2008, I-8301, Rn 56.

181 S. *Grzeszick*, EuR 2006, 161 ff; *Classen*, Gute Verwaltung im Recht der Europäischen Union, 2008.

182 Ein vom EP mit Entschließung v. 6.9.2001 angenommener Kodex für gute Verwaltungspraxis, ABl. 2002 C 72E/331, ist selbst keine unmittelbar anwendbare Rechtsvorschrift, dient aber als Auslegungshilfe für Art. 41 GRC, s. EuG, Rs. T-121/08 (PC-Ware Information Technologies), Slg 2010, II-1541, Rn 90; dazu *Laubinger*, in: FS Bull, 2011, S. 659 ff.

183 S. zB zum Vergaberecht Rn 39, zum Umweltrecht Rn 40; umfassend *Calliess*, NJW 2002, 3577 ff; *Baumeister*, EuR 2005, 1 ff; *Last*, Die Garantie wirksamen Rechtsschutzes gegen Maßnahmen der Europäischen Union, 2008.

184 EuGH, Rs. 152/84 (Marshall), Slg 1986, 737, Rn 55 (Richtlinie); Rs. 222/86 (Heylens), Slg 1987, 4097, Rn 14 (Freizügigkeit der Arbeitnehmer).

185 EuGH, Rs. C-213/89 (Factortame), Slg 1990, I-2433, Rn 21.

186 In EuG, Rs. T-132/96 (Sachsen), Slg 1999-II, 3663, Rn 81 ff (VW-Subvention) konnte ein deutsches Bundesland als juristische Person nach dem heutigen Art. 263 Unterabs. 4 AEUV Nichtigkeitsklage erheben, soweit seine Verwaltungshoheit betroffen war, machte aber keine Individualrechte geltend. Zur eher restriktiven Berechtigung juristischer Personen *Borowsky*, in: Meyer (Hrsg.), GRC, Art. 51 Rn 35 f.

können.[187] Die Waren- sowie die Kapital- und Zahlungsverkehrsfreiheit sind dagegen von vornherein nicht an die Staatsangehörigkeit gebunden, sondern knüpfen an die Verkehrsfähigkeit von Produkten an (Art. 28 Abs. 2, 29 AEUV) bzw schließen Transaktionen mit Drittstaaten ausdrücklich ein (Art. 63 AEUV). Die Grundrechte stehen allen zu, die unter der Hoheitsgewalt der Union oder der Mitgliedstaaten im Anwendungsbereich des Unionsrechts stehen (vgl Art. 51 GRC). Eine Ausnahme macht der Kernbestand der Unionsbürgerrechte (Art. 20 ff AEUV, 39 ff GRC); Wahlrecht, Freizügigkeitsrecht und das Recht auf konsularischen Schutz sind auf Unionsangehörige beschränkt. Dagegen begünstigen andere Unionsbürgerrechte wie das Recht auf gute Verwaltung, auf Zugang zu Dokumenten, das Informationsrecht und die Petitionsrechte auch andere Personen mit Wohnsitz bzw satzungsgemäßem Sitz in der Union (Art. 24 AEUV, 41-44 GRC). Sekundärrechtlich gewährleistete Rechte sind, ähnlich wie die im innerstaatlichen Bereich gesetzlich eingeräumten Rechte, meist nicht Unionsangehörigen vorbehalten. So kommt die Verbesserung und Angleichung der Lebens- und Arbeitsbedingungen allen Arbeitnehmern zugute (Art. 151 ff AEUV).[188] Personen, die weder durch Sekundärrecht noch durch völkerrechtliche Verträge der Union begünstigt werden, stehen indessen außerhalb der unionsrechtlichen Berechtigungen. Drittstaatsangehörige ohne familiäre Verbindung mit Unionsbürgern und ohne reguläre Arbeitsaufnahme gehören dem System des europäischen koordinierenden Sozialrechts nicht an und können auch nicht auf die den Unionsbürgern kraft Diskriminierungsverbotes zugebilligte soziale Solidarität in Notlagen hoffen.[189] Es bleibt allein der Bestand an Normen, der im Rahmen der europäischen Einwanderungs- und Asylpolitik erlassen wird. Die Union erkennt einen Mindeststandard an, indem sie sich an die Genfer Flüchtlingskonvention gebunden hat (vgl Art. 18 GRC). Darüber hinausgehend ist es der Union aufgegeben, auch für andere Schutzbedürftige und Vertriebene einen Status zu finden (Art. 78 Abs. 2 AEUV).[190] Zudem gibt es eine Richtlinie über Mindeststandards, die gegenüber Drittstaatsangehörigen ohne jegliches Aufenthaltsrecht einzuhalten sind.[191]

2. Verpflichtete

51 Je nach Gewährleistung kommen die **EU**, ihre **Mitgliedstaaten** oder beide als Adressaten unionsrechtlich gewährleisteter Rechte in Betracht. Zwar haften die Mitgliedstaaten gegenüber der Union in ihrer Gesamtheit für die Einhaltung des Unionsrechts, doch binden unmittelbar anwendbare Normen alle ihre Untergliederungen,[192] also innerhalb des vertikalen Staatsaufbaus alle **Gebietskörperschaften**, dh in Deutschland auch die **Länder**,[193] in anderen Staaten die **Regionen**, in allen Mitgliedstaaten die **Gemeinden** und **Gemeindeverbände**.[194] Verpflichtet sind ferner **Personenkör-**

---

187 Zum Sekundärrecht EuGH, Rs. C-370/90 (Singh), Slg 1992, I-4288, Rn 18; zu völkerrechtlichen Abkommen der EU Rs. C-14/90 (Kziber), Slg 1991, I-199, Rn 15 ff (Marokko); Rs. C-265/03 (Simutenkov), Slg 2005, I-2579 (Russland).

188 EuGH,C-84/94 (Großbritannien/Rat), Slg 1996, I-5755 Rn 50 ff.

189 Dem entsprechend stellen sich die den angehörigen Unionsbürgern entstehenden negativen Folgen als Inländerdiskriminierungen dar, s. zu diesen Konstellationen Fn 99.

190 RL 2001/55, ABl. 2001 L 212/12, sieht vor, dass Regeln über einen vorübergehenden Status gemeinsam beschlossen werden und eine eigenständige Aufenthaltserlaubnis zu schaffen ist, die bis zu zwei Jahre gilt; ferner RL 2011/51, ABl. 2011 L 132/1 (sog. Daueraufenthalts-RL). Zur Reisefreiheit von Drittstaatsangehörigen VO 1030/2002, ABl. 2002 L 157/1; zur Familienzusammenführung RL 2003/86, ABl. 2003 L 251/12; ferner RL 2011/95 über Normen für die Anerkennung von Drittstaatsangehörigen oder Staatenlosen als Personen mit Anspruch auf internationalen Schutz (sog. Qualifikations-RL), ABl. 2011 L 337/9; Übersicht bei *Thym*, in: Grabitz/Hilf/Nettesheim (Hrsg.), Das Recht der EU, Stand 43. Lfg 2011, Art. 78 Rn 21 ff.

191 RL 2008/115, ABl. 2008 L 348/98; zu den menschenrechtlichen Vorgaben *Bast*, Aufenthaltsrecht und Migrationssteuerung, 2011, S. 176 ff.

192 EuGH, Rs. C-33/90 (Kommission/Italien), Slg 1991, I-5987, Rn 24 (Pflicht zur Information über die Beseitigung giftiger Abfälle).

193 EuGH, Rs. C-8/88 (Deutschland/Kommission), Slg 1990, I-2321, Rn 13 (Landwirtschaftsrecht).

194 EuGH, Rs. 9/74 (Casagrande/Landeshauptstadt München), Slg 1974, 773, Rn 6; Rs. 103/88 (Fratelli Costanzo/Stadt Mailand), Slg 1989, 1839, Rn 31.

perschaften,[195] **Anstalten** des öffentlichen Rechts, **unselbstständige Verwaltungsbehörden**[196] und **private Einrichtungen**, die dem Staat oder dessen Aufsicht unterstehen oder mit besonderen Rechten ausgestattet sind.[197] Im Anwendungsbereich der Grundrechte und rechtsstaatlicher Prinzipien (s. Rn 42 ff) kann zweifelhaft sein, wie weit die Bindung der Mitgliedstaaten geht. Nach Art. 51 Abs. 1 GRC sind sie „ausschließlich bei der Durchführung des Rechts der Union" verpflichtet. Dazu gehört nicht nur die Anwendung des Unionsrechts durch Verwaltungsbehörden, sondern auch die legislative Umsetzung von Richtlinien und implementierungsbedürftigen Verordnungen.[198] Der EuGH fasst den Geltungsanspruch der europäischen Grundrechte gegenüber den Mitgliedstaaten weit und zieht sie nicht nur dort heran, wo das Europarecht die staatlichen Folgemaßnahmen determiniert, sondern generell im Anwendungsbereich des Unionsrechts.[199] Soweit die Mitgliedstaaten Spielräume eigenständiger Gestaltungsmacht besitzen, bleiben danach zusätzlich die verfassungsrechtlichen Bindungen der Mitgliedstaaten bestehen (s. noch Rn 63).[200]

Die Unionstreuepflicht (Art. 4 Abs. 3 EUV) verlangt die Beachtung des Unionsrechts **allen Zweigen** 52
der Staatsgewalt ab, dh Legislative, Exekutive und Judikative gleichermaßen.[201] Sie ist selbst nicht unmittelbar anwendbar, doch kann sie, je nach Ausgestaltung der in Betracht kommenden Normen des Unionsrechts, eine Pflicht begründen, unmittelbar wirksame Rechte zu verleihen. So bildet sie eine der Grundlagen für die richterrechtliche Ableitung der Direktwirkung von Richtlinienrecht und für die Haftung der Mitgliedstaaten für die Verletzung unionsrechtlicher Ansprüche (Rn 3, 57, 66). Soweit Unionsrecht nicht unmittelbar wirkt und die staatliche Rechtsordnung nicht unionsrechtskonform anwendbar ist, muss der **Gesetzgeber** handeln.[202] Verwaltung und rechtsprechende Gewalt sind in der Pflicht, den Anwendungsvorrang des Unionsrechts zu beachten. Für die **Verwaltung** wirft dies das Problem auf, wie sie sich im Falle eines Widerspruchs zwischen Unionsrecht und eigener Rechtsordnung verhalten soll. Der EuGH sieht auch die Verwaltung ausdrücklich als verpflichtet an, unionsrechtswidriges nationales Recht unangewendet zu lassen.[203] Diese Anforderung, verbunden mit dem Grundsatz, dass ein Rechtssatz des Unionsrechts nicht als unwirksam behandelt werden darf, solange er nicht im Wege der Rechtsetzung oder durch den EuGH aufgehoben wird,[204] verlangt einen Bruch mit dem Ausschluss einer exekutiven **Verwerfungskompetenz**, der im deutschen Recht aus dem Demokratieprinzip und dem Kassationsmonopol des BVerfG abgeleitet wird (Art. 100 Abs. 1 GG). Anders als die Gerichte können Behörden Zweifel über die unmittelbare Anwendbarkeit nicht im Wege des Vorabentscheidungsersuchens zum EuGH (Art. 267 AEUV) beheben, womit eine gewisse Rechtsunsicherheit einhergehen kann.[205] Das aus der unionsrechtlichen Verwerfungspflicht entstehende Haftungsdilemma, in das die Verwaltung in Kollisionslagen geraten kann, wird ein Stück weit dadurch abgemildert, dass die Rechtsprechung

195 Vgl EuGH, Rs. C-213/90 (ASTI/Chambre des employés privés), Slg 1991, I-3507, Rn 18 ff.
196 EuGH, Rs. 31/87 (Beentjes/Niederlande), Slg 1988, 4635, Rn 8 ff.
197 EuGH, Rs. C-188/89 (Foster/British Gas), Slg 1990, I-3313, Rn 20.
198 Eingehend *Nusser*, Die Bindung der Mitgliedstaaten an die Unionsgrundrechte, 2010; *M. Bleckmann*, Nationale Grundrechte im Anwendungsbereich des Rechts der EU, 2011.
199 S. zur zugleich auf innerstaatlichem und auf europäischem Recht bestehenden Pflicht zur Abgabe einer Umsatzsteuererklärung EuGH, Rs. C-617/10 (Åkerberg Fransson) v. 26.2.2013, mit Reaktion in BVerfG, NJW 2013, 1499, Rn 91 (Terrordatei, obiter); dazu *Weiß*, EuZW 2013, 287 ff; *Kadelbach*, KritV 2013, 276 ff; s. auch die sog. ERT-Rspr, der zufolge die Mitgliedstaaten auch an die europäischen Grundrechte gebunden sind, wenn sie gerechtfertigt in die Grundfreiheiten eingreifen, s. EuGH Rs. C-260/89 (ERT), Slg 1991, I-2925, Rn 42 f; dazu *Jacobs u.a.*, in: Poiares Maduro/Azoulai (Hrsg.), S. 131 ff.
200 Vgl für Rahmenbeschlüsse der früher sog. dritten Säule BVerfG 113, 273 (europäischer Haftbefehl); für Richtlinien *BVerfG 129, 78, 90* f (Cassina); dazu *Britz*, NJW 2010, 1313 ff; *Funke*, Umsetzungsrecht, 2010, S. 202 ff.
201 EuGH, Rs. 14/83 (von Colson und Kamann/Land Nordrhein-Westfalen), Slg 1984, 1891, Rn 26; Rs. 80/86 (Kolpinghuis Nijmegen), Slg 1987, 3969, Rn 12; Rs. C-268/06 (Impact), Slg 2008, I-2483, Rn 41; Rs. C-53/10 (Müksch), Slg 2011, I-8311, Rn 29; s. allg. *Hatje*, Loyalität als Rechtsprinzip in der Europäischen Union, 2001; *Unruh*, EuR 2002, 41 ff.
202 *Funke*, Umsetzungsrecht, 2010, S. 122 ff.
203 EuGH, Rs. 103/88 (Fratelli Costanzo/Stadt Mailand), Slg 1989, 1839, Rn 31 f.
204 S. auch EuGH, Rs. 101/78 (Granaria), Slg 1979, 623, Rn 4 f.
205 Ausf. *Kadelbach*, Allgemeines Verwaltungsrecht, S. 157 ff.

des EuGH für eine Schadensersatzpflicht der Mitgliedstaaten einen qualifizierten Rechtsverstoß verlangt, an dem es fehlt, wenn sich die Behörde bei Anwendung mehrdeutiger Rechtsvorschriften von einer vertretbaren Auslegung hat leiten lassen (s.u. Rn 66).[206]

53 Die meisten der Normkategorien, aus denen sich Rechte Einzelner ergeben, können auch zu Lasten Privater Wirkung entfalten. Einer solchen **Drittwirkung** fähig sind zunächst die **Grundfreiheiten.**[207] Auf Konstellationen, in denen von Privaten eine Bedrohung des Warenverkehrs ausging, hat der EuGH allerdings bisher eine Art Schutzpflichtkonstruktion angewendet.[208] Hier ist es also bei der Faustregel geblieben, der zufolge Störungen des zwischenstaatlichen Handels, die von Privaten ausgehen, allein am Wettbewerbsrecht (Art. 101 ff AEUV) zu messen sind.[209] Bei den Personenfreiheiten wurden dagegen wiederholt Private, insbesondere Sportverbände,[210] Gewerkschaften,[211] Unternehmen[212] und wissenschaftliche Einrichtungen[213] als Adressaten angesehen. Teils lässt sich dies durch die Macht der Verbände rechtfertigen, die in ihrem jeweiligen Bereich entweder über eigene Reglements, exekutivähnliche Entscheidungsgewalt und Verbandsgerichtsbarkeit verfügen oder aber ein erhebliches faktisches Machtpotenzial aufbauen können. Auch bei staatsnahen Unternehmen, die etwa Aufgaben der Daseinsvorsorge erfüllen, lässt sich eine entsprechende Bindung ohne weiteres begründen. Doch sollte auf das Erfordernis einer organisierten Machtasymmetrie gegenüber den Betroffenen nicht völlig verzichtet werden. Zur Annahme einer Drittwirkung von **Grundrechten** neigt der EuGH insbesondere bei einigen Diskriminierungsverboten (s.o. Rn 27). Lässt sich die ältere Rechtsprechung noch im Sinne einer mittelbaren Drittwirkung etwa des Verbots der Ungleichbehandlung von Mann und Frau im Hinblick auf Löhne und Arbeitsbedingungen deuten,[214] so weisen neuere, nicht ganz unbedenkliche Entscheidungen in die Richtung einer unmittelbaren Drittwirkung.[215] Wo das **Primärrecht** dies explizit vorsieht, wie etwa im Kartell- (Art. 101 Abs. 2 AEUV) oder Beihilfenrecht (Art. 108 Abs. 3 AEUV), können sich aus den Verträgen aber unmittelbar nachteilige Rechtsfolgen ergeben. Auch **Sekundärrecht** ist belastender Wirkung für Einzelne ohne weiteres fähig, sei es kraft primärrechtlicher Festlegung (s. Art. 288 AEUV für Verordnungen und Beschlüsse), oder nach Umsetzung durch die Mitgliedstaaten (Richtlinien). Dagegen entfalten **Richtlinien**, wie ausgeführt (Rn 3), aus sich heraus keine belastende Horizontalwirkung in dem Sinne, dass sie unmittelbar rechtliche Pflichten begründen könnten. In dieser Hinsicht können sich aber in mehrseitigen Verwaltungsrechtsverhältnissen wie im Vergabe- oder im Umweltrecht wirtschaftliche Nachteile einstellen, etwa wenn die objektive Direktwirkung einer drittschützenden Richtlinie zur Unzulässigkeit eines an die Durchführung einer Umweltverträglich-

206 EuGH, Rs. 283/94 (Denkavit), Slg 1996, I-5063, Rn 51 ff.

207 S. die Übersicht zur Rspr. bei *Franck*, Die horizontale unmittelbare Anwendbarkeit der EG-Grundfreiheiten, 2009, S. 9 ff.

208 Dies mag im Einzelfall der prozessualen Lage geschuldet sein; im Bauernprotest-Fall EuGH, Rs. C-265/95 (Kommission/Frankreich), Slg 1997, I-6959 ging es um eine Aufsichtsklage der Kommission wegen Unterlassens, in Rs. C-112/00 (Schmidberger/Österreich), Slg 2003, I-5659 war der Ausgangsrechtsstreit eine Staatshaftungssache.

209 Das Urteil EuGH, Rs. C-171/11 (Fra.bo SpA) v. 12.7.2012 bietet keine Ausnahme, weil die Beklagte des Ausgangsverfahrens wie ein Beliehener Staatsaufgaben erfüllte, s. ebd. Rn 25 ff.

210 Zur Arbeitnehmerfreizügigkeit im Sport EuGH, Rs. 37/74 (Walrave und Koch), Slg 1974, 1405; EuGH, Rs. 13/76 (Donà/Montero), Slg 1976, 1333, Rn 19; Rs. C-415/93 (Bosman), Slg 1995, I-4921; Rs. C-176/96 (Lehtonen), Slg 2000, I-2681; Rs. C-235/08 (Bernard), Slg 2010, I-2177; zur Dienstleistungsfreiheit EuGH, Rs. C-51/96 (Deliège), Slg 2000, I-2549.

211 Zu einem Fall der Niederlassungsfreiheit EuGH, Rs. C-438/05 (International Transport Workers' Federation), Slg 2007, I-10779; zur Dienstleistungsfreiheit Rs. C-341/05 (Laval), Slg 2007, I-13019; zur Kritik *Rödl*, in: v. Bogdandy/Bast, 855, 888 ff.

212 EuGH, Rs. C-287/98 (Angonese/Cassa di Risparmio di Bolzano), Slg 2000, I-4139, Rn 34 f.

213 EuGH, Rs. C-94/07 (Raccanelli/MPG), Slg 2008, I-5939, Rn 46.

214 EuGH, Rs. 14/83 (von Colson und Kamann/Land Nordrhein-Westfalen), Slg 1984, 1891.

215 Oben Fn 36 und 115; zuletzt *Müller-Graff*, EuR 2014, 3 ff; zuvor *Wernicke*, Zur Privatwirkung im europäischen Gemeinschaftsrecht, 2002, S. 198 ff; *Körber*, Grundfreiheiten und Privatrecht, 2004, 631 ff.

keitsprüfung gekoppelten Vorhabens[216] oder zur Nichterteilung eines Zuschlags an den Bieter eines Vergabeverfahrens[217] führt (s. Rn 14 und 39).

V. Schutzpflichten, Handlungspflichten und Schutzwirkungen

Im deutschen Verfassungsrecht ergeben sich **Schutzpflichten** aus den objektivrechtlichen Funktionen der Grundrechte. Die Ausstrahlungswirkung der durch sie errichteten Wertordnung sorgt diesem Verständnis zufolge dafür, dass der Staat sich nicht darauf beschränken darf, rechtswidrige Maßnahmen zu unterlassen, sondern nötigenfalls auch positiv handeln muss, um Grundrechte zu schützen.[218] Die so verstandenen Schutzpflichten richten sich an den Gesetzgeber insbesondere dann, wenn die Träger der bedrohten Rechte selbst nicht in der Lage sind, ihre Rechte zu wahren. Der Gesetzgeber hat aber einen Ermessensspielraum, wie er diesen Pflichten nachkommen will. Dem BVerfG zufolge lassen sich nur im Falle einer Unterschreitung dieses Spielraums spezifische legislative Handlungspflichten begründen.[219] So verstandene legislative Schutzpflichten, die sich unmittelbar aus Grundrechten und Grundfreiheiten ergäben, kennt das Unionsrecht nur im seltenen Ausnahmefall (Rn 55).[220] Mit dem Begriff der Schutzpflicht wird aber auch abweichend vom Verfassungsrecht eine Pflicht staatlicher Behörden zum Einschreiten bezeichnet, die bei Beeinträchtigungen von Grundfreiheiten durch Private eintritt (Rn 56); weniger irreführend wäre es, hier von Handlungspflichten zu sprechen. Drittens schließlich kennt das Unionsrecht Dreiecksverhältnisse, aus denen sich Schutzwirkungen zugunsten Einzelner ergeben (Rn 57). 54

Wie erwähnt (Rn 27) hat der EuGH aus dem Grundsatz des gleichen Lohns bei gleicher Arbeit für Mann und Frau eine **Rechtsetzungspflicht** der damals zuständigen Gemeinschaftsorgane abgeleitet.[221] Auch wenn sich derartige Pflichten der politischen Organe der Union zur Verwirklichung eines vertraglich angelegten Rechtsetzungsprogramms bereits den Zielbestimmungen der Verträge entnehmen lassen,[222] so rechtfertigt es doch das Interesse des Individualrechtsschutzes, hier von einer Schutzpflicht des Unionsgesetzgebers zu sprechen.[223] Gleiches wird man von dem Recht auf gesunde, sichere und würdige Arbeitsbedingungen (Art. 31 GRC) sagen können, das sich bei klarer Unterschreitung humaner Standards zu einer Rechtsetzungspflicht verdichten dürfte, soweit die Union eine entsprechende Kompetenz besitzt (Art. 153 Abs. 2 lit. b AEUV). 55

Handlungspflichten des Staates bei schädigendem Verhalten Privater hat der EuGH bei Verletzungen der Grundfreiheiten anerkannt. *Leading Case* ist der der französischen Bauerproteste, in dem Landwirte über Jahre hinweg unter Duldung der französischen Polizei Transporte landwirtschaftlicher Erzeugnisse aus Spanien mit Straßenblockaden aufgehalten und deren Ladung zerstört hatten.[224] Grundlage der hier festgestellten Handlungspflicht waren die Freiheit des Warenverkehrs und die Gemeinschafts- (heute Unions-) Treuepflicht.[225] Im deutschen Polizeirecht würde sich bei ähnlicher Gefährdungslage eine Pflicht der Polizei- und Ordnungsbehörden zum Einschreiten auf der Basis der polizeirechtlichen Generalklausel ergeben. Allerdings können dieser Pflicht zum Eingreifen Rechte Dritter entgegenstehen, wenn die Beeinträchtigung der Grundfreiheit nicht in einer Straftat besteht. So dürfen die nationalen Behörden eine ordnungsgemäß angemeldete Versammlung auch dann auf einer Transitstraße dulden, wenn dadurch der grenzüberschreitende Waren- 56

216 Vgl EuGH, Rs. 431/92 (Kommission/Deutschland), Slg 1995, I-2198 (Kraftwerk Großkrotzenburg).
217 EuGH, Rs. 103/88 (Fratelli Costanzo/Stadt Mailand), Slg 1989,1839.
218 *Hesse*, Grundzüge des Verfassungsrechts der Bundesrepublik Deutschland, 20. Aufl. 1995, Rn 350; rechtsvergleichend *Wahl*, in: Merten/Papier (Hrsg.), HGR Bd. I, 2004, § 19 Rn 2 ff.
219 Zum Ausnahmefall des Schwangerschaftsabbruchs BVerfGE 88, 203, 252 ff.
220 Zu den spärlichen Ansätzen in der Rspr und einem entsprechenden, aus objektiven Grundrechtsfunktionen herzuleitenden Bedarf *Szczekalla*, Die sogenannten grundrechtlichen Schutzpflichten im deutschen und europäischen Recht, 2002, S. 610 ff, 1054 f.
221 EuGH, Rs. 149/77 (Defrenne/Sabena), Slg 1978, 1365, Rn 26/29 („Defrenne III").
222 EuGH, Rs. 13/83 (Parlament/Rat), Slg 1985, 1513 (Verkehrspolitik).
223 *Kainer*, JuS 2000, 431 ff.
224 EuGH, Rs. C-265/95 (Kommission/Frankreich), Slg 1997, I-6959, Rn 56 ff.
225 *Kadelbach/Petersen*, EuGRZ 2002, 213 ff.

fluss unterbrochen wird, sofern verkehrsregelnde Begleitmaßnahmen und Informationen an die Straßenbenutzer die Folgen im Rahmen halten.[226]

57 **Schutzwirkungen** zugunsten Einzelner ergeben sich aus der Treuepflicht (Art. 4 Abs. 3 EUV) der Mitgliedstaaten gegenüber der Union, wenn sich die konkret zu erfüllende Verpflichtung auf die Verleihung subjektiver Rechte richtet. Regelmäßig ist dies bei individualschützenden Richtlinien der Fall. Konsequenzen dieser Schutzwirkung sind die Garantie effektiven Rechtsschutzes und die Haftung der Mitgliedstaaten für die Verletzung unionsrechtlich gewährleisteter Rechte. Unterlässt es der Staat, Richtlinien umzusetzen, die Privaten Rechte gegen andere Private verschaffen sollen, wie etwa im Arbeitsrecht oder im Bereich des Verbraucherschutzes, kann sich diese Schutzwirkung zu einem Ersatzanspruch gegen den säumigen Mitgliedstaat verdichten (Rn 66).[227]

58 Lediglich Vorstufen subjektiver Rechte stellen sog. **diffuse Interessen** dar, zu deren Gunsten die Union ein hohes Schutzniveau garantieren muss. Dazu gehören vor allem die Querschnittsaufgaben des Umweltschutzes und des Verbraucherschutzes (Art. 11 und 12 AEUV). Wenngleich man diesen Zielbestimmungen keine verbindlichen Verhaltensanordnungen entnehmen kann, so sind sie doch bei der Auslegung des Unionsrechts zu berücksichtigen.[228]

VI. Rechtsschutz

1. Primärer Rechtsschutz

59 Der Schutz unionsrechtlich gewährleisteter Rechte obliegt der europäischen und der staatlichen Gerichtsbarkeit (s. *Classen*, § 4).[229] Richtet sich der Anspruch gegen die Union oder eines ihrer Organe oder Agenturen, ist der Gerichtshof der Europäischen Union zuständig. Ist Gegner eines auf Unionsrecht gestützten Anspruchs einer der Mitgliedstaaten oder eine Privatperson, sind die staatlichen Gerichte berufen. Die Verbindung zwischen beiden Ebenen stellt das Vorabentscheidungsverfahren her. Auf diese Weise entsteht eine **Mehrebenenstruktur in der dritten Gewalt**, denn soweit die Gerichtsbarkeit der Mitgliedstaaten Unionsrecht anwendet, fungieren sie als Unionsgerichte.[230]

60 Die **europäische Gerichtsbarkeit** unterliegt, wie die anderen Organe der Union, dem Prinzip der begrenzten Ermächtigung. Der Katalog von Verfahrensarten in den Art. 258 ff AEUV ist also abschließend. Der Gerichtshof der Europäischen Union besteht aus Gerichtshof, Gericht und Fachgerichten (Art. 19 EUV). Soweit nicht ein Verfahren durch den AEUV oder die Satzung dem Gerichtshof vorbehalten bleibt, ist das Gericht zuständig. Davon abweichend können auch bestehenden oder noch zu bildenden Fachgerichten, gewissermaßen als spezialisierter unterster Instanz (vgl Art. 257 Abs. 1 Unterabs. 3 AEUV), Verfahren zugewiesen werden (Art. 256 Abs. 1 AEUV). Im Ergebnis lässt sich die Faustregel bilden, dass für Vorabentscheidungsverfahren, für Streitigkeiten zwischen den Unionsorganen und für Streitigkeiten zwischen den Unionsorganen und Mitgliedstaaten der Gerichtshof zuständig ist.[231] Das Gericht entscheidet über Klagen, die Private oder juristische Personen gegen die Union richten. Als wichtigste dem Einzelnen offen stehende Klagearten sind zu nennen: die Nichtigkeitsklage, durch die die Aufhebung eines Rechtsaktes der Union erreicht werden kann (Art. 263 Unterabs. 4 AEUV);[232] die Untätigkeitsklage, mit der Unionsorgane bei pflichtwidrigem Unterlassen einer Maßnahme zum Handeln verpflichtet werden können

226 EuGH, Rs. C-112/00 (Schmidberger/Österreich), Slg 2003, I-5659, Rn 83 ff.

227 EuGH, Rs. C-91/92 (Faccini Dori), Slg 1994, I-3325, Rn 27; zur Schutzwirkungskonstruktion etwa *Schlemmer-Schulte/Ukrow*, EuR 1992, 81, 85; *Scherzberg*, Jura 1993, 225, 230 f.

228 *Zuleeg*, NVwZ 1987, 280 ff; *Kahl*, Umweltprinzip und Gemeinschaftsrecht, 1993, S. 69 ff; für den Verbraucherschutz skeptisch *Reich*, in: ders./Micklitz, (Hrsg.), Europäisches Verbraucherrecht, 4. Aufl. 2003, S. 9, 31.

229 Systematisch *Streinz*, VVDStRL 61 (2002), 300, 327 ff; *Nowak*, in: Terhechte (Fn 155), § 13 Rn 11 ff; *Rengeling/Kotzur*, in: Rengeling/Middeke/Gellermann, Handbuch des Rechtsschutzes in der Europäischen Union, 3. Aufl. 2014, § 4.

230 Zu dieser Rolle der nationalen Gerichte *Pernice*, EuR 1996,27 ff; *Schoch*, Die Europäisierung des verwaltungsgerichtlichen Rechtsschutzes, 2000, S. 25 f; *Dörr*, Der europäisierte Rechtsschutzauftrag deutscher Gerichte, 2003.

231 Zu Ausnahmen s. Art. 51 EuGH-Satzung.

232 Zu Nichtigkeitsklagen gegen Rechtsätze o. bei Fn 95.

(Art. 265 Unterabs. 3 AEUV); und schließlich die Schadensersatzklage, die auf die Haftung der Unionsorgane gerichtet ist (Art. 268 AEUV). Als Fachgericht für beamtenrechtliche Streitigkeiten zwischen der Union und ihren Bediensteten ist das Gericht für den öffentlichen Dienst (Art. 270 AEUV) eingerichtet worden.

Aufgrund der mitgliedsstaatlichen Pflicht zur Gewährung effektiven Rechtsschutzes kommt den **staatlichen Gerichten** die wesentliche Rolle bei der Wahrung unionsrechtlich gewährter Rechte zu.[233] Zuständigkeit und Verfahren richten sich nach der innerstaatlichen Gerichtsverfassung. Auch das Prozessrecht fällt in den Zuständigkeitsbereich der Mitgliedstaaten. Diese **institutionelle und verfahrensrechtliche Autonomie** stößt erst bei den Prinzipien des Unionsrechts, insbesondere dem **Effektivitäts- und** dem **Äquivalenzprinzip** an ihre Grenzen.[234] Der Grundsatz der Effektivität verlangt es, dass die Anwendung nationalen Prozessrechts die Verwirklichung unionsrechtlicher Ziele nicht vereiteln oder wesentlich erschweren darf. So dürfen prozessuale Ausschlussfristen nicht dazu führen, dass unionsrechtliche subjektive Rechte nicht mehr geltend gemacht werden können.[235] Andererseits muss das Prozessgericht Berechtigte nicht von Amts wegen auf Einwendungen hinweisen, die im Belieben der Parteien stehen; es bleibt also bei der zivilprozessualen Dispositionsmaxime. Dem zufolge kann nachgiebiges Recht, etwa ein auf Richtlinienrecht gestützter Anspruch, unberücksichtigt bleiben, wenn er im Prozess nicht geltend gemacht wird.[236] Zwingendes Recht hingegen, an dessen Durchsetzung ein öffentliches Interesse besteht, ist von Amts wegen zu berücksichtigen.[237] Das Äquivalenzprinzip verpflichtet die staatlichen Gerichte, unionsrechtlich geregelte Fälle nicht gegenüber rein innerstaatlichen Sachverhalten zu benachteiligen. Das kann etwa bedeuten, dass eine Regelung unionsrechtswidrig ist, die für Staatshaftungsansprüche wegen Verletzungen des Unionsrechts im Primärrechtsweg ein Durchlaufen des Instanzenzuges verlangt, für die Haftung wegen Verstößen gegen die Verfassung dagegen nicht.[238] **Weitere autonomiebegrenzende Anforderungen** des Unionsrechts folgen aus dem Gebot effektiven Rechtsschutzes und der Wirkungsweise subjektiver Rechte selbst. Das Rechtsschutzgebot kann dazu führen, dass ein Rechtsschutzverfahren eingeführt werden muss, das dem nationalen Recht bisher fremd war. In der Entscheidung Factortame ging der EuGH sogar so weit, die britischen Gerichte zu verpflichten, dem englischen Recht bis dahin nicht bekannten vorläufigen Rechtsschutz gegen die Krone, dh den britischen Staat, zu gewähren, um die Grundfreiheiten zu sichern.[239] Auch bei den Zulässigkeitsvoraussetzungen kommt es auf diese Weise zu Überformungen.[240] Juristische Personen des Privatrechts aus anderen Unionsstaaten, die sich auf das Diskriminierungsverbot der Niederlassungsfreiheit berufen können, sind als parteifähig zu behandeln, auch wenn die Anknüpfungsregeln des staatlichen IPR dazu führen würden, ihnen die Rechtsfähigkeit abzusprechen.[241] Im Verwaltungsprozess gelten für die Klagebefugnis (§ 42 Abs. 2 VwGO) Kriterien, die von der herrschenden Schutznormtheorie abweichen können, einmal weil der Kreis subjektiv Berechtigter im Unionsrecht weiter gezogen wird, zum anderen weil Verfahrensrechte unter Umständen selbständig einklagbar 61

233 EuGH, Rs. 811/79 (Ariete), Slg 1980, 2545, Rn 11 ff; Rs. 222/84 (Johnston), Slg 1986, 1663, Rn 18; Rs. 222/86 (Unectef/Heylens), Slg 1987, 4097, Rn 14; Rs. C-340/89 (Vlassopoulou), Slg 1991, I-2357, Rn 22; der Grundsatz effektiven Rechtsschutzes wird gehandhabt wie ein Grundrecht, kann also Einschränkungen unterliegen, s. Rs. C-28/05 (Dokter), Slg 2006, I-5431, Rn 75; Rs. C-317/08 (Alassini), Slg 2010, I-2213, Rn 63.

234 EuGH, Rs. C-268/06 (Impact), Slg 2008, I-2483, Rn 44 f.

235 EuGH, Rs. 312/93 (Peterbroeck), Slg 1995, I-4599.

236 EuGH, Rs. C-430/93 (van Schijndel und van Veen), Slg 1995, I-4705; Rs. C-227/08 (Martín/EDP Editores), Slg 2009, I-11939, Rn 19 ff.

237 EuGH, Rs. C-72/95 (Kraaijeveld), Slg 1996, I-5403; Rs. 222/05 (van der Weerd), Slg 2007, I-4233; s. auch *Cahn*, ZEuP 1998, 969 ff.

238 EuGH, Rs. C-118/08 (Transportos Urbanos y Servicios Generales), Slg 2010, I-635.

239 EuGH, Rs. 213/89 (Factortame), Slg 1990, I-2433.

240 Im Einzelnen *Burgi*, Verwaltungsprozess und Europarecht, 1996; *Ehlers*, Die Europäisierung des Verwaltungsprozessrechts, 1999, S. 45 ff.

241 EuGH, Rs. 208/00 (Überseering), Slg 2002, I-9919; zur Grundrechtsfähigkeit BVerfGE 129, 78 – Cassina.

sein müssen (vgl § 44 a VwGO).[242] Richtliniengestützte Ansprüche können sich zu einem Recht auf Normerlass verdichten, das im deutschen Verwaltungsprozess lange umstritten war.[243]

62 Zweifel über die Auslegung des Unionsrechts und über die Gültigkeit des Sekundärrechts können die Gerichte durch **Vorlagebeschluss** an den EuGH zu beheben suchen (Art. 267 AEUV). Von praktischem Interesse sind Auslegungsvorlagen nicht nur bei Unklarheiten im Hinblick auf verschiedene Deutungsmöglichkeiten des Wortlautes unionsrechtlicher Bestimmungen. Eine Auslegungsfrage kann auch darauf gerichtet sein, die unmittelbare Wirkung von Unionsrecht festzustellen oder die Vereinbarkeit nationalen Rechts mit dem Unionsrecht zu klären. Zwar kann der EuGH innerstaatliches Recht nur in der Sinndeutung zugrundelegen, die ihm durch die nationale Gerichtsbarkeit gegeben wird. Doch lässt sich so in abstrakter Weise bestimmen, ob eine Kollisionslage vorliegt, die im Wege des Anwendungsvorrangs zu lösen wäre. Für den Schutz individueller Rechte ist das **Vorabentscheidungsverfahren** zwar bedeutsam, doch kann eine Partei dessen Einleitung nicht förmlich beantragen, sondern nur anregen. Allerdings kann die unterlassene Vorlage ein Verfahrensfehler sein, der seinerseits individualrechtliche Konsequenzen hat. Jedes Gericht ist zu einer derartigen Vorlage berechtigt (Art. 267 Abs. 2 AEUV), unter Umständen auch verpflichtet. Dies gilt zunächst für Gerichte, deren Entscheidung im konkreten Verfahren nicht mehr mit Rechtsmitteln angefochten werden kann (Art. 267 Abs. 3 AEUV).[244] Für diese ist eine Vorlage angezeigt, wenn eine Rechtsfrage nicht bereits durch den EuGH geklärt ist oder wenn das Gericht von dessen Rechtsprechung abweichen will.[245] Darüber hinaus ist, abweichend vom Wortlaut des Art. 267 Abs. 3 AEUV, jedes Gericht verpflichtet, ein Vorabentscheidungsersuchen zu stellen, das eine Vorschrift des Unionsrechts für ungültig hält und diese Ansicht seiner Entscheidung zugrundelegen will.[246] Gleiches gilt kraft Verfassungsrechts in den Fällen, in denen deutsche Behörden und Gerichte an die europäischen Grundrechte gebunden sind (Art. 51 Abs. 1 GRC).[247] Die pflichtwidrige Nichtvorlage hat auf verfassungs- und unionsrechtlicher Ebene, aber auch nach der EMRK Folgen. Stellt sie sich nach dem skizzierten Maßstab als willkürlich dar, begründet dies die auf Art. 101 Abs. 1 S. 2 GG gestützte Verfassungsbeschwerde, weil der EuGH „gesetzlicher Richter" im Sinne des Grundgesetzes ist.[248] Zweitens macht sich der Mitgliedstaat, dem das Gericht angehört, wegen Verstoßes gegen das Unionsrecht gegenüber demjenigen haftbar, dessen Rechte dadurch beeinträchtigt werden.[249] Zum Dritten kann die Nichtvorlage die Verwirklichung eines Anspruchs vereiteln, der seinerseits durch die EMRK geschützt ist, und damit gegen das Menschenrechtsschutzsystem des Europarates verstoßen.[250]

63 **Verfassungsgerichtlicher Rechtsschutz** steht gegenüber Hoheitsakten der Union nur im – bislang theoretischen – Ausnahmefall zur Verfügung. Früher war das BVerfG davon ausgegangen, dass es sich bei Rechtsakten der Europäischen Gemeinschaft nicht um deutsche Hoheitsgewalt handelte, so dass sie für die Verfassungsbeschwerde kein tauglicher Beschwerdegegenstand waren.[251] Anknüp-

---

242 S. o. Rn 14, 35 und 45.

243 Zum Anspruch auf Aufstellung eines Aktionsplans nach der sog. Feinstaubrichtlinie o. Fn 61; ob daraus ein Anspruch auf Normerlass erwächst, ist Sache des nationalen Rechts, idS VG Stuttgart, NVwZ 2005, 971; aus der Lit. in diese Richtung *Redeker/v. Oertzen*, Verwaltungsgerichtsordnung, 15. Aufl. 2010, § 42 Rn 36 und 56 f, mwN.

244 EuGH, Rs. C-99/00 (Lyckeskog), Slg 2002, I-4839, Rn 15.

245 EuGH, Rs. 283/81 (CILFIT), Slg 1982, 3415, Rn 13 f, best. in Rs. C-495/03 (Intermodal Transports), Slg 2005, I-8151, Rn 33.

246 EuGH, Rs. 314/85 (Foto-Frost), Slg 1987, 4199, Rn 15 ff.

247 BVerfGE 129, 78, 103 (Cassina).

248 So das BVerfG in einem Verfahren, in dem der BFH die Ansicht vertreten hatte, Richtlinien komme prinzipiell keine unmittelbare Wirkung zu, BVerfGE 75, 223 (Kloppenburg).

249 EuGH, Rs. C-173/03 (Traghetti del Mediterraneo), Slg 2006, I-5177.

250 In einem frz. Fall hat der EGMR auf Verletzung der Eigentumsgarantie erkannt, weil der Conseil d'Etat die 6. Umsatzsteuer-RL entgegen dem EuGH (Rs. 8/81 [Becker/Finanzamt Münster-Innenstadt], Slg 1982, 53) nicht für unmittelbar wirksam angesehen, aber eine Vorlage unterlassen hatte, s. Rep. 2002-III (Dangeville). Dadurch sei dem Kläger ein Rückzahlungsanspruch genommen worden.

251 Vgl BVerfGE 58, 1, 27.

fungspunkt für die Zuständigkeit konnte nur ein Umsetzungs- oder Anwendungsakt deutscher Staatsgewalt sein.[252] Dies hat sich zwar mit der Maastricht-Entscheidung geändert, der zufolge das BVerfG in einem „Kooperationsverhältnis" mit dem EuGH für Grundrechtsschutz „in Deutschland" verantwortlich sei.[253] Doch bleibt es auch danach beim sog. Solange-Vorbehalt, der in Art. 23 Abs. 1 S. 1 GG kodifiziert worden ist und dem zufolge das BVerfG seine Prüfungszuständigkeit nicht in Anspruch nimmt, solange der EuGH in Unionsangelegenheiten einen dem Grundgesetz „im wesentlichen vergleichbaren Grundrechtsschutz" garantiert.[254] Ein weiterer Prüfvorbehalt, den das BVerfG seit der Maastricht-Entscheidung beansprucht, bezieht sich auf Rechtsakte der Union, welche die ihr übertragenen Kompetenzen überschreiten (sog. *ultra vires*-Kontrolle), weil sich auf sie das Zustimmungsgesetz des Parlaments nicht mehr beziehen kann, ihnen also die demokratische Legitimation fehlt. Allerdings soll dies nur bei willkürlicher, dh offensichtlicher und schwerwiegender Kompetenzüberschreitung gelten.[255] Dies ist in der Sache nachvollziehbar, erklärt aber nicht, warum ein nationales Gericht dazu berufen sein soll, über die Einhaltung der Kompetenzen durch die EU zu entscheiden. Vertraglich vereinbart ist, dass ein den EU-Mitgliedstaaten gemeinsames Gericht, der EuGH, diese Funktion ausüben soll (Art. 19 Abs. 1 S. 2 EUV, Art. 251 ff AEUV). Prozessual kann dieser Vorbehalt insbesondere in den Verfahren der Verfassungsbeschwerde und der Richtervorlage geltend gemacht werden.[256] Das Lissabon-Urteil fügte dem Solange- und dem *ultra vires*-Vorbehalt einen weiteren hinzu, der sich auf die Wahrung der deutschen Verfassungsidentität bezieht (sog. Identitätskontrolle). Schien es anfangs so, als solle er nur eingreifen, wenn der Union Kompetenzen im Wege der Vertragsänderung oder eines Ratsbeschlusses zugestanden werden, die den Kernbestand der Staatlichkeit berühren,[257] so nimmt das BVerfG seit der Terrordatei-Entscheidung für sich in Anspruch, auch einzelne Akte der Unionsorgane (einschließlich des EuGH) daraufhin zu überprüfen, ob sie die Identität Deutschlands als Staat verletzen.[258] Kompetenzüberschreitung und Identitätsverletzung können unter Berufung auf das aktive Wahlrecht aus Art. 38 Abs. 1 GG mit der Verfassungsbeschwerde gerügt werden, was auf eine Popularbeschwerde für Euroskeptiker hinausläuft.[259] Zwischen den drei Kompetenzvorbehalten des BVerfG zeichnen sich Akzentverschiebungen ab. Der Solange-Vorbehalt ist spätestens mit der Aufnahme der Grundrechte-Charta in das Primärrecht (Art. 6 Abs. 1 EUV) bedeutungslos geworden. Dem gegenüber gewinnt die Kompetenzabgrenzung zwischen den beiden Gerichtsbarkeiten an Bedeutung, weil sie die Grenzen zwischen den mitgliedstaatlichen und den Unionsgrundrechten unterschiedlich ziehen. Denn während das BVerfG in dem Bereich, in dem den Mitgliedstaaten ein Gestaltungsspielraum verbleibt,[260] allein die deutschen Grundrechte für anwendbar erachtet, geht der EuGH hier von einer doppelten Grundrechtsbindung aus.[261] Da der EuGH auch in diesem Überschneidungsbereich den Vorrang des Unionsrechts reklamiert,[262] das BVerfG andererseits aber beansprucht, kompetenzwidrige Unionsrechtsakte (einschließlich sie bestätigender EuGH-Urteile) in Deutschland für nicht verbindlich zu erklären, steht zu erwarten, dass künftige Konflikte zwi-

252 Im Einzelnen durchgearbeitet bei *Streinz*, Bundesverfassungsgerichtlicher Grundrechtsschutz und Europäisches Gemeinschaftsrecht, 1989.

253 BVerfGE 89, 155 LS 7 (Maastricht).

254 BVerfGE 73, 339 („Solange II").

255 Mit Blick auf den EuGH BVerfGE 126, 286 (Honeywell); auf die EZB BVerfG – 2 BvR 2728/13 v. 14.1.2014, Rn 36 ff (OMT).

256 BVerfGE 102, 147 (Bananenmarkt); *Kokott*, AöR 121 (1996), 599 ff.

257 BVerfGE 123, 267, 347 ff (Lissabon).

258 BVerfG, NJW 2013, 1499 Rn 91 (obiter).

259 S. auch das abweichende Votum der Richter *Lübbe-Wolff* und *Gerhard* in der Vorlageentscheidung zum OMT-Beschluss der EZB (Fn 255).

260 Etwa bei der Umsetzung von Richtlinien, soweit diese den Inhalt künftigen Rechts nicht eng vorgeben, oder soweit die Mitgliedstaaten in gerechtfertigter Weise in die Grundfreiheiten eingreifen, Fn 199; krit. zur letzteren Konstellation *Huber*, EuR 2008, 190 ff.

261 In Bestätigung früherer Rspr. EuGH, Rs. C-617/10 (Åkerberg Fransson) v. 26.2.2013, 29.

262 Vgl EuGH, Rs. C-399/11 (Melloni) v. 26.2.2013, Rn 58 ff.

schen den Ebenen weniger um die Vergleichbarkeit des Schutzniveaus (Art. 23 Abs. 1 GG) als um die Einhaltung der Kompetenzen der Union entstehen werden.[263]

64 Es liegt in der Logik dieser komplexen Kompetenzvorbehalte des deutschen Verfassungsgerichts, dass dieses, bevor es zu einem reellen Kompetenzkonflikt kommt, nun dem Beispiel anderer europäischer Verfassungs- und Obergerichte folgt und von der Möglichkeit Gebrauch macht, seinerseits ein Vorabentscheidungsersuchen an den EuGH zu richten.[264] Als Gericht, gegen das keine Rechtsbehelfe möglich sind, ist es hierzu unionsrechtlich auch verpflichtet (Art. 267 Abs. 3 AEUV). Die nationalen Gerichte und der EuGH werden ihren Aufgaben am besten gerecht, wenn sie Verfahren um subjektive Rechte nicht zum Anlass nehmen, einander ihrer Stärke zu versichern, sondern in einem **Kooperationsverhältnis** den individuellen Rechtsschutz so gestalten, dass es aufgrund der europäischen Mehrebenenstruktur weder zu Verlusten an der Rechtsschutzqualität noch zu einer Politisierung individualrechtsschützender Verfahrenswege kommt. Für eine konstruktive Arbeitsteilung bietet außer Art. 267 AEUV auch das Verfassungsprozessrecht Gestaltungsmöglichkeiten. Neben dem Solange-Vorbehalt (Rn 15) und der Verfassungsbeschwerde wegen pflichtwidriger Nichtvorlage an den EuGH (Rn 62) ist das Verfahren der konkreten Normkontrolle zu nennen. Das BVerfG hat entschieden, dass es an der Entscheidungserheblichkeit für eine Vorlage nach Art. 100 Abs. 1 GG wegen der Überzeugung des Gerichts von der Verfassungswidrigkeit eines Gesetzes fehlt, wenn der EuGH in einem vergleichbaren Fall bereits festgestellt hat, dass eine ähnliche Norm gegen das Europarecht verstößt.[265] Nach Beitritt der EU zur EMRK könnte auch dem EGMR mehr Gewicht in Unionsangelegenheiten zukommen (Rn 12), die Balance zwischen den Gerichten wäre dann neu auszutarieren.

2. Sekundärer Rechtsschutz (Haftung)

65 Zum Anspruchssystem des Unionsrechts gehören auch **Schadensersatzpflichten der Union** oder des für die Rechtsverletzung verantwortlichen Mitgliedstaats (*Böhm*, § 12). Soweit Institutionen der Union Adressat des Anspruchs sind, ist zwischen vertraglicher und außervertraglicher Haftung zu unterscheiden (Art. 340 AEUV). Das Wort „vertraglich" bezieht sich dabei nicht auf die Gründungsverträge, sondern auf individuelle Vereinbarungen der Union mit einzelnen Staaten oder mit Privatpersonen, aus denen unmittelbar oder aufgrund von Leistungsstörungen Ansprüche resultieren können. Für die **außervertragliche Haftung**, unter die vor allem deliktische Ansprüche fallen, sollen die Voraussetzungen aus den Mitgliedstaaten gemeinsamen Rechtsgrundsätzen entwickelt werden. Im Laufe der Zeit ist ein differenziertes Haftungsregime entstanden, das, ähnlich dem deutschen Staatshaftungsrecht, weitgehend auf Richterrecht beruht. Voraussetzung ist ein rechtswidriges Verhalten eines Unionsorgans, das subjektives Recht verletzt, sich als offenkundiger und erheblicher Verstoß (sog. qualifizierte Rechtsverletzung) darstellt und in zurechenbarer Weise einen Schaden verursacht.[266] Ein Verschulden wird nicht verlangt. Der Anspruch kann sich je nach Situation auf Naturalrestitution, Folgenbeseitigung oder Geldersatz richten. Darüber hinaus besteht eine bereicherungsrechtliche Haftung der Union.[267] Zudem spricht einiges dafür, eine in Aufopferungskonstellationen eine sog. Verantwortlichkeit der Union auch für rechtmäßiges Handeln anzunehmen.[268]

263 So dürfte auch der Vorbehalt in der Terrordatei-Entscheidung (Fn 258) zu verstehen sein.

264 Zur OMT-Entscheidung Fn 255; auf Vorlage des House of Lords erging bspw EuGH, Rs. 34/79 (Henn und Darby), Slg 1979, 3795; des (österr.) VfGH EuGH, Rs. C-143/99 (Adria-Wien Pipeline), Slg 2001, I-8365; des span. Tribunal Constitucional Rs. C-399/11 (Melloni) v. 26.2.2013; s. auch (it.) Corte Costituzionale, ordinanza n. 103/2008 v. 15.4.2008 (Legge della Regione di Sardegna); (frz.) Conseil Constitutionnel, déc. no. 2013-314 P QPC v. 4. 4. 2013 (Jeremy F) m.Anm. *Roux*, RTDE 2013, 531.

265 BVerfGE 85, 191 (Nachtarbeitsverbot für Frauen); s. auch BVerfGE 106, 275, 295 (Arzneimittel).

266 Im Einzelnen *Säuberlich*, Die außervertragliche Haftung im Gemeinschaftsrecht, 2005.

267 EuGH, Rs. C-47/07 (Masdar), Slg 2008, I-9761, Rn 44 ff.

268 Vgl EuG, Rs. T-69/00 (FIAMM), Slg 2005, II-5393, Rn 157 ff; EuGH, Rs. C-325/06 P (Galileo), Slg 2007, I-44, Rn 76; zum Problem *Kadelbach*, JZ 1993, 1134, 1140 f; *v. Bogdandy/Jacob*, in: Grabitz/Hilf/Nettesheim (Hrsg.), Das Recht der EU, Stand 45. EL 2011, Art. 340 AEUV Rn 103 ff.

Parallel zu den Voraussetzungen der außervertraglichen Haftung der Union ist die **Schadensersatzpflicht der Mitgliedstaaten** für Verletzungen des Unionsrechts angelegt. War sie anfangs für die pflichtwidrige Nichtumsetzung individualschützender Richtlinien konzipiert worden,[269] so entwickelte sie sich rasch zu einem umfassenden Staatshaftungsanspruch für europarechtswidriges Verhalten der Mitgliedstaaten.[270] Der EuGH hat diese Anforderung an die Mitgliedstaaten als eine der Rechtsschutzgarantie des Unionsrechts komplementäre Haftungsgarantie aus dem Effektivitätsgrundsatz abgeleitet, deren Grundlage die Unionstreuepflicht in Verbindung mit dem jeweils geschützten Individualrecht bildet. Dabei hat er offengelassen, ob sich die Anspruchsgrundlage aus Unions- oder staatlichem Recht ergibt. Der deutschen Rechtsprechung zufolge hat sie in einem unionsrechtlichen Rechtsgrundsatz ihren Sitz.[271] Voraussetzung ist auch hier die qualifizierte Verletzung einer individualschützenden Bestimmung des Unionsrechts; diese muss in einer dem Mitgliedstaat zurechenbaren Weise einen Schaden verursachen.[272] Das schädigende Handeln kann, entgegen dem früher gültigen Dogma vom Ausschluss der Legislativhaftung, auch in einem Unterlassen des Gesetzgebers liegen, wenn nur die Handlungspflicht, wie dies bei Richtlinien geschieht, hinreichend konkret umschrieben ist. Als verletzte Rechtspositionen kommen grundsätzlich alle hier aufgeführten Kategorien von Berechtigungen in Frage. Das Kriterium der Qualifiziertheit des Rechtsverstoßes hingegen schränkt die Haftung auf Tatbestandsebene ein und erlaubt es, Probleme bei der Bewältigung komplexer Rechtsfragen in Rechnung zu stellen, aber auch Auslegungs- und Ermessensspielräume zu berücksichtigen, die den Staatsorganen bei Ausführung des Unionsrechts zustehen. Für exekutives Handeln lässt sich an dieser Stelle dem Haftungsdilemma Rechnung tragen, in das die Verwaltung in Kollisionslagen geraten kann (Rn 53). Was die Rechtsprechung betrifft, wird hingegen die Schwelle für einen qualifizierten Verstoß auf gleicher Höhe mit der Pflicht zur Vorlage eines Vorabentscheidungsersuchens an den EuGH und damit niedriger anzusetzen sein als beim Spruchrichterprivileg des Amtshaftungsanspruchs (§ 839 Abs. 2 BGB).[273] 66

B. Pflichten

Rechte und **Pflichten** der Einzelnen stehen sich im freiheitlichen Verfassungsstaat asymmetrisch gegenüber. Grundpflichten dürfen nicht auf einer Ebene mit den Grundrechten stehen, sollen die Freiheitsrechte nicht ihre Wirkung verlieren.[274] Auch in der EU stehen die Pflichten mit den Rechten nicht auf gleicher Stufe. Zwar geht Art. 20 Abs. 2 S. 1 AEUV von der Annahme aus, dass Unionsbürger auch Pflichten haben. Doch lässt sich dem Unionsrecht, abgesehen von der jeder Rechtsordnung immanenten Vereinbarung, ihre Regeln einzuhalten, nichts entnehmen, was den sog. staatsbürgerlichen Pflichten vergleichbar wäre. 67

Ausdruck der Asymmetrie von Rechten und Pflichten ist die rechtsstaatliche Anforderung, dass den Einzelnen abverlangte Pflichten auf einer **gesetzlichen Grundlage** beruhen müssen (s. Rn 43). Pflichten und sie konkretisierende belastende Maßnahmen müssen auf eine Ermächtigungsnorm zurückzuführen und in ihr eindeutig festgelegt sein. Derartige Eingriffsermächtigungen bieten gelegentlich die Gründungsverträge selbst, wie vor allem das Wettbewerbsrecht (Art. 105 Abs. 2, 108 Abs. 2 AEUV), in der Regel sind sie aber in Verordnungen enthalten, die den Behörden der Union, meist der Kommission, oder den Mitgliedstaaten Ermächtigungen erteilen.[275] 68

---

269 EuGH, Rs. C-6 und C-9/90 (Francovich/Italien), Slg 1991, I-5359.

270 Seit EuGH, Rs. C-43/93 (Brasserie du pêcheur), Slg 1996, I-1029; Rs. C-173/03 (Traghetti del Mediterraneo), Slg 2006, I-5177.

271 BGHZ 134, 30; zur Rspr des BGH *Dörr*, DVBl. 2006, 598 ff.

272 Die Lit. ist unüberschaubar, s. statt vieler *Geiger*, Der gemeinschaftsrechtliche Grundsatz der Staatshaftung, 1997; *Beljin*, Staatshaftung im Europarecht, 2000; *Haltern*, VerwArch 96 (2005), 311 ff; *Tietjen*, Das System des gemeinschaftsrechtlichen Staatshaftungsrechts, 2010.

273 Dazu *v. Danwitz*, JZ 2004, 301 ff; *Wegener*, EuR 2004, 84 ff.

274 *Hofmann*, in: Isensee/Kirchhof (Hrsg.), HStR Bd. IX, 3. Aufl. 2011, § 195 Rn 2, 43.

275 Zur Verordnung als Handlungsform *Bast*, in: v. Bogdandy/Bast (Hrsg.), S. 489, 495 ff.

69 Um Pflichten durchsetzen zu können, verfügt das Unionsrecht über ein komplexes Instrumentarium von **Sanktionen.**[276] Darunter sind Maßnahmen zu verstehen, die den Verantwortlichen in Beantwortung rechtswidrigen Verhaltens durch Zwang einen Nachteil zufügen.[277] Nur punktuell, wenn es um die Wahrung der finanziellen Interessen der Union geht, hat sie selbst die Befugnis zum Erlass von Strafnormen (Art. 325 Abs. 4 AEUV). Für schwere Formen grenzüberschreitender Kriminalität kann sie darüber hinaus sog. Mindestvorschriften festlegen (Art. 83 Abs. 1 AEUV). Neuerdings verfügt die Union außerdem hinaus über eine strafrechtliche Annexkompetenz in harmonisierten Bereichen (Art. 83 Abs. 2 AEUV) (s. *Weißer*, § 42). Die Bußgelder des Wettbewerbsrechts gelten nach der Sprachregelung des EuGH indessen nicht als Strafrecht, sondern als Verwaltungssanktionen. Auch andere Rechtsgebiete, wie insbesondere das Agrarrecht, kennen zahlreiche Sanktionstypen, von der Aussetzung, Kürzung oder Versagung von Leistungen über den Verfall gestellter Kautionen bis hin zu Strafzinsen und Strafzuschlägen auf unrechtmäßig erlangte Subventionen. Von diesen unionsrechtlich vorgesehenen Kategorien repressiven Handelns zu unterscheiden sind die Sanktionsnormen, mit denen die Mitgliedstaaten die Effektivität des von ihnen umzusetzenden Unionsrechts sichern müssen.[278] Der EuGH überlässt den Staaten weitgehend die Wahl der Mittel,[279] doch müssen Sanktionen wirksam, abschreckend (Effektivitätsprinzip)[280] und ebenso streng sein wie für Verstöße gegen vergleichbare staatliche Pflichten vorgesehen (Äquivalenzprinzip).[281] Eine Schranke bilden nach dieser Rechtsprechung die Grundrechte, insbesondere das Gesetzlichkeitsgebot (nulla poena sine lege, Art. 49 GRC), und das Verhältnismäßigkeitsprinzip.[282] Bei den Sanktionstypen, die sich in Art und Schwere wie Strafnormen auswirken, gelten dieselben Grundrechte wie im Kriminalstrafrecht, so der strengere Maßstab des Gesetzlichkeitsprinzips und das Rückwirkungsverbot,[283] in modifizierter Form auch das Verbot der Mehrfachstrafe (Art. 50 GRC), das in Ausprägung eines Billigkeitsgedankens bei Sanktionen sowohl durch die staatlichen Wettbewerbsbehörden als auch durch die Kommission zu einer Anrechnungspflicht führen kann, worin sich ein allgemeines Mäßigungsgebot zur Geltung bringt.[284]

C. Ausblick

70 Das Unionsrecht hat im Laufe der Zeit ein verzweigtes System subjektiver Berechtigungen hervorgebracht, das alle Berechtigungsformen umfasst, die auch das innerstaatliche Recht kennt, und das mit Hilfe der Rspr. des EuGH in die Verfahrensordnungen der Union und der Mitgliedstaaten integriert worden ist. Ist diese Entwicklung nun ein Beleg für die gelegentlich in der Bundesstaatstheorie formulierte Beobachtung, dass sich ein föderales System den Bestand an Rechten Einzelner tendenziell verbessert und vermehrt, oder ist das Gegenteil richtig, dass die Marktöffnung mittels der Grundfreiheiten und des legislativen Binnenmarktprogramms einen Wettbewerb um die niedrigsten

276 *Kadelbach*, in: van Gerven/Zuleeg (Hrsg.), Sanktionen als Mittel zur Durchsetzung des Gemeinschaftsrechts, 1996, S. 81 ff; *Hatje*, EuR Beiheft 1/1998, 7 ff.

277 Zum unionsrechtlichen Sanktionsbegriff die systematische Untersuchung von *Bitter*, Die Sanktion im Recht der Europäischen Union, 2011.

278 EuGH, Rs. 50/76 (Amsterdam Bulb), Slg 1977, 137, Rn 32 f; Rs. 79/83 (Harz/Tradax), Slg 1984, 1921, Rn 23; Rs. C-230/01 (Penycoed), Slg 2004, I-937, Rn 36 f.

279 EuGH, Rs. 77/81 (Zuckerfabrik Franken), Slg 1982, 681 Rn 23.

280 EuGH, Rs. 68/88 (Kommission/Griechenland), Slg 1989, 2965 Rn 24.

281 EuGH, Rs. C-326/88 (Hansen), Slg 1990, I-2911, Rn 19; Rs. C-91/02 (Hannl + Hofstetter), Slg 2003, I-12077, Rn 17, 22 f.

282 EuGH, Rs. C-308/06 (Intertanko), Slg 2008, I-4057, Rn 69 ff.

283 EuGH, Rs. 85/76 (Hoffmann La Roche), Slg 1979, 461, Rn 128 ff (wettbewerbsrechtliche Geldbuße); Rs. C-172/89 (Vandemoortele), Slg 1990, I-4677, Rn 9 (Kautionsverfall); EuG, Rs. T-199/99 (Sgravatti Mediterranea), Slg 2002, II-3731, Rn 126 ff (Streichung eines Zuschusses); s. auch *Soltész/ Bielesz*, EuZW 2003, 202, 204 f.

284 EuGH, Rs. 14/68 (Walt Wilhelm/ Bundeskartellamt), Slg 1969, 1, Rn 11; Rs. 7/72 (Boehringer Mannheim/ Kommission), Slg 1972, 1281, Rn 3; näher *Liebau*, „Ne bis in idem" in Europa, 2005, S. 131 ff, 317 ff. Im Verhältnis zwischen EU und Drittstaaten gilt dies nicht, s. EuGH, Rs. C-308/04 (SGL Carbon), Slg 2006, I-5977, Rn 27 ff.

Standards begünstigt?[285] Das System ist in seinen Entstehungsbedingungen und Dynamiken so komplex, dass sich diese Frage nicht eindeutig beantworten lässt. Einerseits scheinen die Kompetenzkonflikte um die Grundrechte zu belegen, dass manche Rechtssysteme europäische Standards nicht als Bereicherung auffassen. Rechtsgewinnen der einen stehen häufig Verluste anderer gegenüber (Rn 27), und die Grundfreiheiten haben sich in einigen vom EuGH entschiedenen Fällen auf Rechte anderer spürbar nachteilig ausgewirkt (Rn 53). Auf der anderen Seite stehen allgemein eine konzeptionell großzügig gehandhabte Klageberechtigung zugunsten Einzelner und durch Rechtsetzung entstandene, für viele Rechtsordnungen neue Berechtigungsformen, die, wie insbesondere im Umwelt-, Vergabe- und Verbraucherrecht der Fall, aus einzelnen mitgliedstaatlichen Traditionen in den *acquis communautaire* übernommen worden sind. Richtig bleibt aber die aus föderalen Systemen geläufige Erkenntnis, dass das Gesamtbild erst mit Blick auf beide Ebenen sichtbar wird. Sie sind so eng miteinander verflochten, dass sich Mängel im Zusammenwirken der Rechtsschutzinstanzen immer auch zu Lasten Einzelner auswirken können. Eine Kooperationspflicht der Gerichtsbarkeiten ergibt sich nicht also nicht nur aus der Unionstreue, sondern auch aus dem Gebot effektiven Rechtsschutzes.

285 Vgl *Poiraes Maduro*, We The Court, 1999, 105 ff; *Kadelbach*, VVDStRL 66 (2007), 7, 33 ff, jew. mwN.

§ 9 Unionsbürgerschaft, politische Rechte

Literatur: *Calliess/Hartmann,* Zur Demokratie in Europa: Unionsbürgerschaft und europäische Öffentlichkeit, Tübingen 2014; *Carrera,* Shifting Responsibilities for EU Roma Citizens, CEPS Paper in Liberty and Security in Europe No. 55, June 2013 (abrufbar unter http://aei.pitt.edu/42440/1/No_55_Shifting_Responsibilities_for_EU_Roma_Citizens.pdf [1.4.2014]); *Frenz,* Handbuch Europarecht Bd. 1: Europäische Grundfreiheiten, 2. Aufl. Berlin, 2012; *ders.*, ‚Armutseinwanderung' zwischen EU-Freizügigkeit und Menschenwürde, NJW 2013, S. 1210 ff *Giegerich,* Europäische Verfassung und deutsche Verfassung im transnationalen Konstitutionalisierungsprozeß, Berlin, 2003; *ders.*, Freizügigkeit, in: Dörr/Grote/Marauhn (Hrsg.), EMRK/GG – Konkordanzkommentar, 2. Aufl. Tübingen, 2013, Bd. II, Kap. 26, S. 1723 ff; *Guckelberger,* Der Europäische Bürgerbeauftragte und die Petitionen zum Europäischen Parlament, Berlin, 2004; *dies.*, Das Petitionsrecht zum Europäischen Parlament sowie das Recht zur Anrufung des Europäischen Bürgerbeauftragten im Europa der Bürger, DÖV 2003, S. 829 ff; *Haack,* Staatsangehörigkeit – Unionsbürgerschaft – Völkerrechtssubjektivität, in: Isensee/Kirchhof (Hrsg.), Handbuch des Staatsrechts Bd. X, 3. Aufl., Heidelberg, 2012, § 205 (S. 33 ff); *Hailbronner,* Die Unionsbürgerschaft und das Ende rationaler Jurisprudenz durch den EuGH?, NJW 2004, S. 2185 ff; *Hailbronner/Thym,* Ruiz Zambrano – Die Entdeckung des Kernbereichs der Unionsbürgerschaft, NJW 2011, S. 2008 ff; *Huber,* Unionsbürgerschaft, EuR 2013, S. 637 ff; *Jaeger,* Einheitspatent – Zulässigkeit der Verstärkten Zusammenarbeit ohne Spanien und Italien, NJW 2013, S. 1998 ff; *Kadelbach,* Unionsbürgerrechte, in: Ehlers (Hrsg.), Europäische Grundrechte und Grundfreiheiten, 3. Aufl. Berlin, 2009, S. 648 ff; *ders.*, Unionsbürgerschaft, in: von Bogdandy/Bast (Hrsg.), Europäisches Verfassungsrecht, 2. Aufl. Berlin, 2009, S. 611 ff; *Kingreen,* Soziale Rechte und Migration, Baden-Baden 2010; *Kokott,* Die Freizügigkeit der Unionsbürger als neue Grundfreiheit, in: Völkerrecht als Wertordnung. FS für Christian Tomuschat, Kehl u.a. 2006, S. 207 ff; *Magiera,* Der Rechtsstatus der Unionsbürger, in: Weltinnenrecht, Liber amicorum Jost Delbrück, Berlin, 2005, S. 429 ff; *Nettesheim,* Die Unionsbürgerschaft im Verfassungsentwurf – Verfassung des Ideals einer politischen Gemeinschaft der Europäer?, Integration 26 (2003), S. 428 ff; *Pernice,* Der verfassungsrechtliche Status der Unionsbürger im Vorfeld des Vertrages über eine Verfassung für Europa, in: Une communauté de droit, FS für Gil Carlos Rodríguez Iglesias, Berlin, 2003, S. 177 ff; *Reich,* Bürgerrechte in der Europäischen Union, Baden-Baden, 1999; *Rengeling/Szczekalla,* Grundrechte in der Europäischen Union, Köln, 2004; *Ruffert,* Diplomatischer und konsularischer Schutz zwischen Völker- und Europarecht, AVR 35 (1997), S. 459 ff; *Scheuing,* Freizügigkeit als Unionsbürgerrecht, EuR 2003, S. 744 ff; *Schmahl,* Auf dem Weg zu einer genuinen europäischen Personalhoheit?, in: Jochum/Fritzemeyer/Kau (Hrsg.), Grenzüberschreitendes Recht – Crossing Frontiers, FS für Kay Hailbronner, Heidelberg, 2013, S. 339 ff; *Schönberger,* Unionsbürger, Tübingen, 2005; *Skouris,* Das Verhältnis der Grundfreiheiten zu den Gemeinschaftsgrundrechten, RdA-Beil. 2009, S. 25 ff; *Thym,* Flexible Integration: Garant oder Gefahr für die Einheit und die Legitimation des Unionsrechts?, EuR-Beiheft 2013, S. 23 ff; *ders.*,Sozialleistungen für und Aufenthalt von nichterwerbstätigen Unionsbürgern, NZS 2014, S. 81 ff; *Wollenschläger,* Grundfreiheit ohne Markt: Die Herausbildung der Unionsbürgerschaft im unionsrechtlichen Freizügigkeitsregime, Tübingen 2007; *ders.*, Die Unionsbürgerschaft und ihre Dynamik für den Integrationsprozess jenseits des Marktes, ZEuS 2009, S. 1 ff; *Ziekow,* Die Freizügigkeit des Unionsbürgers, in: Dörr (Hrsg.), Ein Rechtslehrer in Berlin. Symposium für Albrecht Randelzhofer, Berlin u.a., 2004, S. 101 ff; *Zuleeg,* Kommunalwahlrecht für Unionsbürger, in: Bovenschulte (Hrsg.), Demokratie und Selbstverwaltung in Europa. FS für Dian Schefold, Baden-Baden, 2001, S. 117 ff.

A. Theoretische Grundlagen und Entwicklung

I. Finalité politique der europäischen Integration und Rechtssubjektivität der Einzelnen

1 Die Unionsbürgerschaft versucht, die Rechtsstellung der Einzelpersonen in der EU in ihrer Gesamtheit auf einen Begriff zu bringen. Dabei erweckt sie **nur bedingt zutreffende Assoziationen eines der Staatsbürgerschaft** vergleichbaren Rechtsverhältnisses zwischen Europäerinnen/Europäern und der EU als ihrer europäischen politischen Organisation.

2 Die europäische Integration war von Anfang an mehr als eine rein zwischenstaatliche Unternehmung: Sie hatte seit dem Schuman-Plan von 1950 eine „finalité politique", denn die schrittweise Fusion der Volkswirtschaften sollte letztlich eine **europäische politische Föderation** hervorbringen.[1] Daher wurden neben den Mitgliedstaaten die mitgliedstaatlichen Völker schon in die Europäische Gemeinschaft für Kohle und Stahl (Montanunion) von 1951 und daran anknüpfend in die Europäische Wirtschaftsgemeinschaft von 1957 einbezogen. Diese waren in der Versammlung, wie das Europäische Parlament damals hieß, als es eine lediglich beratende Funktion wahrnahm, durch Abgeordnete der nationalen Parlamente vertreten, während die nationalen Regierungen den politisch dominanten Rat beherrschten.

3 In der Rechtsprechung des EuGH treten die Angehörigen der mitgliedstaatlichen Völker sehr bald als Individuen ins Blickfeld, indem der Gerichtshof die Einzelnen neben den Mitgliedstaaten zu Rechtssubjekten der neuen Gemeinschaftsrechtsordnung erklärt. Diese werden ohne Vermittlung des nationalen Rechts unmittelbar durch das Gemeinschaftsrecht verpflichtet und berechtigt.[2] **Individualrechte** entstehen bereits dann, wenn der Vertrag den Mitgliedstaaten, den Gemeinschaftsorganen oder auch anderen Einzelnen eindeutige Verpflichtungen auferlegt. Die Wachsamkeit der auf die Wahrung ihrer Rechte bedachten Einzelnen sollte den nationalen Gerichten, ggf im Zusammenwirken mit dem EuGH (Art. 267 AEUV), eine wirksame Rechtskontrolle über die Gemeinschaftsorgane und die Mitgliedstaaten ermöglichen.[3] Die Rechtssubjektivität der Einzelpersonen erhält

1 „Die Zusammenlegung der Kohle- und Stahlproduktion wird sofort die Schaffung gemeinsamer Grundlagen für die wirtschaftliche Entwicklung sichern – die erste Etappe der europäischen Föderation..." (Erklärung des französischen Außenministers Schuman vom 9.5.1950 [Gerhard Brunn, Die Europäische Einigung von 1945 bis heute (2006), S. 336, 337]).

2 EuGH, Rs. 106/77 (Simmenthal II), Slg 1978, 629, Rn 14, 16.

3 EuGH, Rs. 26/62 (van Gend & Loos), Slg 1963, 1; Gutachten 1/91 (EWR I), Slg 1991, I-6079.

dadurch eine vornehmlich rechtsstaatliche Zielrichtung. Gemeinsam mit dem Vorrang des Gemeinschaftsrechts[4] begründet diese individuelle Rechtssubjektivität die Supranationalität als entscheidend neue Qualität des Europarechts gegenüber dem Völkerrecht.

II. Von der Marktbürgerschaft zur Unionsbürgerschaft

4 Da im E(W)G-Vertrag in erster Linie Marktteilnahme-Rechte verankert waren, die der Errichtung eines Gemeinsamen Marktes/Binnenmarktes dienen (zB die Grundfreiheiten), prägte sich der Begriff des **„Marktbürgers"** aus, dessen Beziehungen zur Gemeinschaft allein wirtschaftlich definiert zu sein schienen. Dieser Begriff kennzeichnete zwar den wesentlichen Gehalt der gemeinschaftsrechtlichen Stellung der Einzelpersonen, erfasste diese aber nie vollständig, sondern klammerte mehrere Komponenten aus:[5] die von Anfang an vorhandene soziale (Art. 117 ff EWGV – jetzt erweitert in Art. 151 ff AEUV),[6] die in Art. 138 Abs. 3 EWGV (jetzt Art. 223 Abs. 1 AEUV) mit der Direktwahl der Versammlung ins Auge gefasste politische sowie die frühzeitig richterrechtlich entwickelte grundrechtliche Komponente.[7]

5 Bereits Ende der 60er Jahre begann die Fortentwicklung des Integrationsprojekts zu einem „Europa der Bürger".[8] Einen wesentlichen Fortschritt hin zu einem echten europäischen Bürgerstatus brachte die erst 1976 eingeführte **Direktwahl** zum Europäischen Parlament.[9] Sie verschaffte den Bürgerinnen und Bürgern erstmals eine unmittelbare, nicht länger durch die nationalen Parlamente vermittelte politische Vertretung auf Gemeinschaftsebene und gab damit der „Marktbürgerschaft" einen zusätzlichen politischen Gehalt.

6 Den ersten dezidierten Schritt vom Gemeinsamen Markt zur Politischen Union unternahm die EWG mit dem Vertrag von Maastricht über die Europäische Union,[10] mit dem sie zugleich auf die Überwindung der europäischen Teilung 1989/90 reagierte. Der **EU-Vertrag** sollte Fortschritte bei der wirtschaftlichen Integration um parallele Fortschritte auf anderen Gebieten ergänzen.[11] Er bezeichnete sich selbst als „eine neue Stufe bei der Verwirklichung einer immer engeren Union der Völker Europas..., in der die Entscheidungen möglichst bürgernah getroffen werden".[12] Er verdeutlichte die schon zuvor angelegte Vorstellung von der europäischen Integration als durch die europäischen Staaten und Völker gemeinsam getragenem Projekt.[13] In diesem Sinne wertete er das Europäische Parlament als Vertretung der Völker der in der EG zusammengeschlossenen Staaten[14] erheblich auf, ohne es jedoch mit dem Rat als Vertretung der Regierungen der Mitgliedstaaten gleichzustellen.

7 Die vom Europäischen Parlament, vom Rat und von der Kommission am 7.12.2000 in Nizza als politisches Dokument feierlich proklamierte **Charta der Grundrechte der EU,**[15] die als solche zunächst keine Rechtsverbindlichkeit beanspruchte, sondern bereits geltende ungeschriebene Grundrechtsgarantien des Primärrechts sichtbarer machen wollte,[16] greift die Unionsbürgerschaft

4 EuGH, Rs. 6/64 (Costa ./. ENEL), Slg 1964, 1254.
5 *Kadelbach*, in: v. Bogdandy (Hrsg.), S. 614 f mwN.
6 Zum individualrechtlichen Gehalt von Art. 119 EWGV (jetzt Art. 157 AEUV) vgl EuGH, Rs. 43/75 (Defrenne II), Slg 1976, 455.
7 Grundrechtsrechtsprechung seit EuGH, Rs. 29/69 (Stauder), Slg 1969, 419. Andeutung allgemeiner Rechtsgrundsätze mit Grundrechtsgehalt bereits in EuGH, verb. Rs. 36 – 38, 40/59, Slg 1960, 885, 920 f. Vgl jetzt Art. 6 EUV.
8 *Kadelbach*, (Fn 5), S. 615.
9 Beschluss und Akt zur Einführung allgemeiner unmittelbarer Wahlen der Abgeordneten des Europäischen Parlaments vom 20.9.1976 (BGBl. 1977 II, S. 734; mit späteren Änderungen in Sartorius II: Internationale Verträge – Europarecht Nr. 262 – Stand 1.7.2013).
10 Vom 7.2.1992 (BGBl. II, S. 1253).
11 7. (jetzt 9.) Erwägung der Präambel des EU-Vertrags.
12 Art. A Abs. 2 EUV aF, jetzt in veränderter Fassung in Art. 1 Abs. 2 EUV.
13 Art. A Abs. 1-3 EUV aF, jetzt in veränderter Fassung in Art. 1 Abs. 1-3 EUV.
14 So Art. 189 EGV.
15 ABl. Nr. C 364/1.
16 5. und 6. Erwägung der Präambel.

auf. Die Charta belegt mit ihr, dass die EU die Person in den Mittelpunkt ihres Handelns stellt.[17] In Art. 39-46 gibt die Charta die Rechte der Unionsbürgerinnen und -bürger noch einmal zusammenfassend, aber lediglich „nachrichtlich“ wieder, denn ihre Ausübung soll allein im Rahmen der im EG-Vertrag (jetzt: im EU-Vertrag und im Vertrag über die Arbeitsweise der EU) festgelegten Bedingungen und Grenzen erfolgen.[18] Vereinzelt werden auch sonstige Grundrechte Unionsbürgern vorbehalten.[19]

Der am 1.12.2009 in Kraft getretene Vertrag von Lissabon[20] übernimmt im Anschluss an den gescheiterten Vertrag über eine Verfassung für Europa (EVV)[21] die bisherigen Regelungen zur Unionsbürgerschaft und baut sie etwas aus (Art. 9-11 EUV; Art. 20-25 AEUV). Art. 6 Abs. 1 EUV macht die Charta der Grundrechte in einer leicht überarbeiteten Fassung zum gleichberechtigten Bestandteil des Primärrechts, ohne sie – wie es der EVV tun wollte – in den eigentlichen Vertragstext aufzunehmen.[22] An die Stelle der bisherigen Dreisäulenarchitektur ist eine Europäische Union mit einheitlicher Rechtspersönlichkeit getreten, welche die bisherige EG in sich aufgenommen hat.[23] Damit ist der bisher fehlende Gleichklang zwischen dem personalen Legitimationssubjekt der Gesamtheit der Unionsbürgerinnen und -bürger und ihrer **europäischen politischen Organisation** hergestellt worden, ohne dass dadurch ein von den Mitgliedstaaten unabhängiges einheitliches europäisches Volk als neues Legitimationssubjekt entstanden wäre.[24] Die EU wird wie bisher als gemeinsames Werk in erster Linie der Staaten und in zweiter Linie der Bürgerinnen und Bürger Europas definiert.[25] 8

III. Unionsbürgerschaft als Rechtsverhältnis „auf Zuwachs“

Nicht von ungefähr führte der EU-Vertrag die Unionsbürgerschaft als äußeres Symbol dieser politischen Europäischen Union ein[26] und lehnte sich damit an den Entwurf eines Vertrages zur Gründung der Europäischen Union des Europäischen Parlaments von 1984 an.[27] Damit nahm er allerdings die Ergebnisse einer Entwicklung vorweg, die er selbst erst einleitete. Denn die Unionsbürgerschaft scheint einen **demokratischen Föderalismus** auf europäischer Ebene zu etablieren, in dem das europäische Integrationsprojekt zumindest primär, wenn auch nicht ausschließlich von den Unionsbürgerinnen und -bürgern getragen wird. Dass der Begriff „Unionsbürgerschaft“[28] verwendet und nicht etwa schlichter von „Unionsangehörigkeit“ gesprochen wird, macht den politischen Anspruch deutlich, die einzelnen Europäer von bloßen Wirtschaftssubjekten („bourgeois“) zu politischen Subjekten („citoyens“) des neuen europäischen Gemeinwesens aufzuwerten.[29] Die Unionsbürgerschaft bildet die gemeinsame Identität aller Bürger der Mitgliedstaaten als Legitimationssubjekt der Union ab.[30] Durch den Vertrag von Lissabon wird dies primärrechtlich in Art. 10 Abs. 2 9

17 3. Erwägung der Präambel.

18 Art. 52 Abs. 2 GRC. Vgl Art. 1 Abs. 3 EUV idF des Vertrags von Lissabon.

19 Art. 12 Abs. 2, 15 Abs. 2 GRC.

20 ABl. 2007 Nr. C 306.

21 Vom 29.10.2004 (ABl. Nr. C 310/1).

22 Aktueller Text mit Erläuterungen in ABl. 2007 Nr. C 303/1. Durch ihre ausdrückliche Inbezugnahme in Art. 6 Abs. 1 Unterabs. 1 EUV erhalten die Rechte, Freiheiten und Grundsätze der EU-Grundrechte-Charta den Status von „in den Verträgen vorgesehenen“ Rechten iSv Art. 20 Abs. 2 Unterabs. 1 Satz 1 AEUV, die den Unionsbürgerstatus ausmachen.

23 Art. 1 Abs. 3 Satz 3 EUV.

24 BVerfG, Urt. v. 30.6.2009 (2 BvE 2/08 u.a.) – Vertrag von Lissabon, Rn 277, 280 ff, 346 ff (www.bverfg.de) – BVerfGE 123, 267.

25 Art. 1 Abs. 1 und 2 EUV. Der EVV hatte diese traditionelle Priorität umgekehrt (letzte Erwägung der Präambel und Art. I-1 Abs. 1 EVV).

26 Zur deutschen Mitwirkung an der „politischen Union“ Europas vgl BVerfG, Lissabon-Urteil (Fn 24), Rn 248.

27 Sog. Spinelli-Entwurf (ABl. Nr. C 77/33). Vgl dort Art. 3.

28 Citizenship of the Union, citoyenneté de l'Union.

29 *Nettesheim*, Integration 26 (2003), 428 f; vgl auch *Preuß*, in: Winter (Hrsg.), Das Öffentliche heute. Kolloquium zu Ehren von Alfred Rinken (2002), S. 179 ff.; eingehend *Calliess/Hartmann*, Zur Demokratie in Europa.

30 *Pernice*, in: FS für Rodríguez Iglesias, S. 190.

Unterabs. 1, 14 Abs. 2 EUV verdeutlicht.[31] Die Unionsbürger erhalten „ein Recht auf Teilhabe am demokratischen Leben der Europäischen Union (Art. 10 Abs. 3, Art. 11 Abs. 1 EUV), womit ein notwendig bestehender Strukturzusammenhang zwischen bürgerschaftlichem Gemeinwesen und hoheitlicher Gewalt betont wird."[32]

10 Über diese politisch-legitimatorische Komponente hinaus suggeriert „Unionsbürgerschaft" vorschnell ein umfassendes Rechtsverhältnis zwischen der EU und den Einzelpersonen, das der Staatsangehörigkeit entsprechend von gegenseitigen Schutz- und Treuepflichten geprägt wird. In beiderlei Hinsicht ist die Unionsbürgerschaft – wie die europäische Integration insgesamt – „auf Zuwachs" angelegt. Als Ziel der Einführung der Unionsbürgerschaft bezeichnete es Art. 2, 3. Spiegelstrich EUV in seiner ursprünglichen Fassung nur sehr allgemein, den Schutz der Rechte und Interessen der Angehörigen der Mitgliedstaaten zu stärken.[33] Das Bundesverfassungsgericht hat die Unionsbürgerschaft als ein auf Dauer angelegtes rechtliches Band bezeichnet, „das zwar nicht eine der gemeinsamen Zugehörigkeit zu einem Staat vergleichbare Dichte besitzt, dem bestehenden **Maß existentieller Gemeinsamkeit** jedoch einen rechtlichen Ausdruck verleiht".[34] Anders als bei der Staatsangehörigkeit richten sich die im Unionsbürgerstatus zusammengefassten Individualrechte in erster Linie nicht gegen die EU, sondern gegen die Mitgliedstaaten, wobei die EU nur eine quasiföderale Gewährleistungsverantwortung übernimmt.[35]

11 Noch in einer dritten Hinsicht griff die Unionsbürgerschaft – und greift teilweise noch immer – vor: Sie suggeriert die Existenz einer das gesamte europäische Integrationsprojekt umschließenden einheitlichen Rechtsperson „Europäische Union", zu der die Einzelpersonen in umfassende Rechtsbeziehungen treten. Demgegenüber ergänzte der EU-Vertrag mit seiner **ursprünglichen Dreisäulenarchitektur** die bestehenden Europäischen Gemeinschaften[36] zunächst nur um bewusst außerhalb der eigentlichen Integration angesiedelte Politiken und Formen der Zusammenarbeit. In der 2. Säule der GASP[37] und in der 3. Säule der Zusammenarbeit in den Bereichen Justiz und Inneres[38] erhielten die Einzelnen – im Gegensatz zur 1. Säule der Europäischen Gemeinschaften – gerade keine subjektive Rechtsposition. Vielmehr herrschte dort statt der supranationalen Integration die intergouvernementale Zusammenarbeit, welche die Individuen durch die Mitgliedstaaten zumindest weitestgehend mediatisierte.[39] Im Hinblick darauf war die Unionsbürgerschaft zunächst systematisch richtig nicht im EU-Vertrag, sondern im EG-Vertrag (Art. 17-22) angesiedelt, in dem allein die Einzelpersonen eine subjektive Rechtsstellung innehatten. Dementsprechend definierte Art. 17 Abs. 2 EGV die Unionsbürgerschaft auch als Gesamtheit der „in diesem Vertrag" vorgesehenen Rechte und Pflichten.

12 Mit der Aufgabe der Dreisäulenarchitektur führt der **Vertrag von Lissabon** die Unionsbürgerschaft auch in den EU-Vertrag ein (Art. 9-11 EUV),[40] wenngleich die näheren Regelungen in Art. 20 ff des Vertrags über die Arbeitsweise der EU verbleiben. Folgerichtig umfasst die Unionsbürgerschaft die „in den Verträgen" – dh nach Art. 1 Abs. 3 Satz 1, 51 EUV und Art. 1 Abs. 2 Satz 2 AEUV die im EU-Vertrag, im Vertrag über die Arbeitsweise der EU sowie ihren Protokollen und Anhängen –

---

31 Vgl auch die aus nationalstaatlich-demokratischer Sicht vorgebrachte Kritik des BVerfG im Lissabon-Urteil (Fn 24), Rn 280 ff.

32 BVerfG im Lissabon-Urteil (Fn 24), Rn 348.

33 Jetzt der Sache nach aufgenommen von Art. 3 Abs. 2, Abs. 5 Satz 1 und Art. 9 Satz 1 EUV.

34 BVerfGE 89, 155, 184.

35 *Nettesheim*, Integration 26 (2003), 430. Jetzt deutlich in Art. 19 Abs. 1 Unterabs. 2 EUV. Vgl Art. 28 Abs. 3 GG; s.u. Rn 29 ff.

36 Neben der in „Europäische Gemeinschaft" umbenannten EWG die Europäische Atomgemeinschaft (EAG) und die (2002 ausgelaufene und in die EG überführte) Europäische Gemeinschaft für Kohle und Stahl. Nach dem Inkrafttreten des Vertrags von Lissabon bestehen nur noch die EU und die EAG fort.

37 Art. 11 ff EUV aF; jetzt Art. 21 ff EUV.

38 Durch den Vertrag von Amsterdam vom 2.10.1997 (BGBl. 1998 II, S. 417) umgestaltet zur „Polizeilichen und justiziellen Zusammenarbeit in Strafsachen": Art. 29 ff EUV aF (heute Art. 82 ff AEUV).

39 Der EU-Vertrag nahm die Individuen ursprünglich in Art. 6 Abs. 2, 46 Buchst. d lediglich als Grundrechtsträger in den Blick.

40 Zu politischen Widerständen dagegen vgl *Fischer*, Der Vertrag von Lissabon, (2010), S. 70, 79.

vorgesehenen Rechte und Pflichten. Während die vormalige 3. Säule vollständig in die supranationale Integration überführt wurde, bleiben die Besonderheiten der früheren 2. Säule der Sache nach auch insoweit erhalten, als Einzelpersonen im Bereich der GASP keine subjektiven Rechte und Pflichten haben können.[41] Eine schon bisher bestehende Ausnahme kodifiziert Art. 215 Abs. 2 AEUV: Gegen natürliche und juristische Personen können auf der Grundlage eines GASP-Beschlusses durch eine Verordnung „restriktive Maßnahmen“ erlassen werden. Darunter fallen vor allem Einreisebeschränkungen und finanzielle Sanktionen (Einfrierung von Vermögenswerten).[42]

Die **Evolutivklausel** in Art. 25 Abs. 2 AEUV sieht ein vereinfachtes Vertragsänderungsverfahren zur 13
Ergänzung der Unionsbürgerrechte ohne Änderung des Vertragstextes selbst vor. Anders als nach dem früheren Art. 17 Abs. 2 EGV bedarf es dazu der Zustimmung des Europäischen Parlaments. Dennoch bleibt eine solche Ergänzung weiterhin von der Ratifikation durch alle Mitgliedstaaten abhängig, so dass ein Ausbau der Unionsbürgerschaft nur im Konsens und überdies nur unter Einschaltung der nationalen Gesetzgeber erfolgen kann.[43] Dazu ist es bislang nicht gekommen. In Anspruch genommen worden ist jedoch die Möglichkeit einer **Verstärkten Zusammenarbeit**.[44] Mit diesem Instrument können durch nur für die (mindestens neun) beteiligten Mitgliedstaaten geltendes Sekundärrecht[45] den betroffenen Unionsbürgern zwar weitere Rechte eingeräumt werden.[46] Diese gehen jedoch mangels primärrechtlicher Verankerung nicht in den Unionsbürgerstatus selbst ein, da dieser auf Rechtsgleichheit beruht. Inhaltlich ist dabei an die Ausweitung individueller und kollektiver Rechtsansprüche, wie der Bürgerinitiative, zu denken.[47]

IV. Unionsbürgerschaft als grundlegender Rechtsstatus der gleichberechtigten Mitgliedstaatsangehörigen

Enthalten die Verträge „auf Zuwachs“ angelegte Vorschriften, sieht sich in der Regel der EuGH 14
berufen, diese in Ausübung seiner Rechtswahrungsaufgabe (Art. 19 Abs. 1 Unterabs. 1 Satz 2 EUV) mit Leben zu füllen. Nach seiner nunmehr ständigen Rechtsprechung ist der Unionsbürgerstatus dazu bestimmt, „der grundlegende Status der Angehörigen der Mitgliedstaaten zu sein“.[48] Seine hauptsächliche Wirkung besteht darin, „denjenigen unter ihnen, die sich in der gleichen Situation befinden, unabhängig von ihrer Staatsangehörigkeit und unbeschadet der insoweit ausdrücklich vorgesehenen Ausnahmen Anspruch auf die gleiche rechtliche Behandlung“ zu geben.[49] Damit wächst die Unionsbürgerschaft in eine Funktion hinein, wie sie in föderalen Systemen der einzelstaatsübergreifenden staatsbürgerlichen Gleichheit zukommt (**„europäisches Indigenat“**).[50] Sie garantiert Nichtdiskriminierung in dem Sinne, dass gleiche Sachverhalte nicht ungleich und unglei-

41 Vgl den Ausschluss von Gesetzgebungsakten durch Art. 24 Abs. 1 Unterabs. 2 Satz 3 EUV.

42 Zum Rechtsschutz vgl Art. 215 Abs. 3, 275 AEUV und dazu insb. EuGH, Rs. C-27/09 P (People's Mojahedin Organization of Iran), Slg 2011, I-13427, sowie verb. Rs. C-584/10 P, C-593/10 P und C-595/10 P (Kadi), Urt. v. 18.7.2013, ECLI:EU:C:2013:518.

43 Zum in Deutschland einzuhaltenden Verfahren vgl die Ausführungen des BVerfG im Lissabon-Urteil (Fn 24), Rn 312 ff; *Kaufmann-Bühler*, in: Lenz/Borchardt (Hrsg.), EU-Verträge, 6. Aufl. 2013, Art. 25 AEUV, Rn 4.

44 Art. 20 EUV, Art. 326 ff AEUV.

45 In Kraft getreten ist am 21.6.2012 die VO (EU) 1259/2010 des Rates vom 20.12.2010 zur Durchführung einer Verstärkten Zusammenarbeit im Bereich des auf die Ehescheidung und Trennung ohne Auflösung des Ehebandes anzuwendenden Rechts. Am 17.12.2012 wurde die VO (EU) 1257/2012 des Europäischen Parlaments und des Rates über die Umsetzung der Verstärkten Zusammenarbeit im Bereich der Schaffung eines einheitlichen Patentschutzes beschlossen (vgl *Jaeger*, NJW 2013, S. 1998 ff). Diskutiert wird eine Verstärkte Zusammenarbeit aber auch im Rahmen der Einführung einer Finanztransaktionssteuer sowie in Bezug auf die Einrichtung einer europäischen Staatsanwaltschaft zur Verfolgung von Straftaten im Zusammenhang mit der Verwendung von Unionsgeldern. Vgl KOM, MEMO/13/98 v. 14.2.2013; KOM, MEMO/14/102 v. 1[illegible].2.2014.

46 *Thym*, EuR-Beiheft 2 (2013), 29 ff.

47 *Kaufmann-Bühler*, in: Lenz/Borchardt (Hrsg.), EU-Verträge, 6. Aufl. 2013, Art. 20 AEUV, Rn 8 f.

48 Vgl zB EuGH, Rs. C-184/99 (Grzelczyk), Slg 2001, I-6193, Rn 31; Rs. C-403/03 (Schempp), Slg 2005, I-6421, Rn 15 mwN (st. Rspr).

49 Ebd jetzt in Art. 9 Satz 1 EUV kodifiziert.

50 Vgl Art. 33 Abs. 1 GG; Art. 3 der Verfassung des Deutschen Reichs von 1871 (*Boldt* (Hrsg.), Reich und Länder, München, 1987, S. 457); Art. IV Abs. 2 Satz 1 US-Verfassung von 1787 (*Brugger*, Einführung in das öffentliche Recht der USA, 2. Aufl. 2001, S. 265). *Ziekow*, in: Dörr (Hrsg.), S. 102 f.

che Sachverhalte nicht gleich behandelt werden dürfen, falls dafür kein hinreichender Grund besteht.[51]

15 Da der EuGH diesen Gleichheitsanspruch aber der Unionsbürgerschaft nicht allein, sondern nur in ihrer Verbindung mit Art. 18 AEUV entnimmt, wirkt er lediglich im sachlichen Anwendungsbereich der Verträge. Solange dieser seinerseits beschränkt bleibt, kann die Unionsbürgerschaft ebenfalls nur eine teilweise bürgerliche Gleichheit gewährleisten. Demgemäß dürfen die Mitgliedstaaten in Situationen, die in den **Anwendungsbereich der Verträge** fallen, Angehörige eines Mitgliedstaates aufgrund ihrer Staatsangehörigkeit nicht gegenüber Inländern oder Angehörigen eines anderen Mitgliedstaates diskriminieren. Stets vom Anwendungsbereich der Verträge erfasst wird dabei der rechtmäßige Aufenthalt eines EU-Ausländers im Hoheitsgebiet eines Mitgliedstaats.[52] Art. 18 AEUV findet aber keine Anwendung auf Ungleichbehandlungen zwischen einem EU-Ausländer und einem Drittausländer (zB einem Asylbewerber).[53]

16 Außerdem hat der EuGH wiederholt darauf hingewiesen, dass die Unionsbürgerschaft nicht bezwecke, den sachlichen Anwendungsbereich des EG-Vertrags auf mitgliedstaatsinterne Sachverhalte auszudehnen, die keinerlei Bezug zum Gemeinschaftsrecht haben.[54] Dies gilt auch für den EU-Vertrag und den Vertrag über die Arbeitsweise der EU. Daraus folgt insbesondere, dass die sog. **Inländerdiskriminierung**, dh die mitgliedstaatliche Schlechterbehandlung von Personen oder Sachverhalten auf eigenem Territorium in Fällen ohne grenzüberschreitendes Element, auch weiterhin nicht gegen die Verträge verstößt.[55] Anders ausgedrückt kann ein Unionsbürger in Bezug auf rein interne Sachverhalte gegenüber seinem Heimatstaat keine Rechte aus seinem Unionsbürgerstatus ableiten,[56] wobei allerdings bei der Annahme eines rein internen Sachverhalts ohne jeden grenzüberschreitenden Bezug Vorsicht geboten ist.[57] Andererseits verbietet es der Unionsbürgerstatus den Mitgliedstaaten in der Regel, ihre Staatsangehörigen allein deshalb zu benachteiligen, weil diese ihre unionsbürgerlichen Rechte (insbesondere das Freizügigkeitsrecht) ausgeübt haben. Dies ist nur dann ausnahmsweise zu rechtfertigen, wenn die Ungleichbehandlung auf objektiven, von dieser Rechtsausübung unabhängigen Erwägungen beruht, die in einem angemessenen Verhältnis zu dem vom Mitgliedstaat verfolgten berechtigten Zweck stehen.[58]

17 Aus umgekehrter Blickrichtung nimmt das BVerfG an, dass die bereichsspezifische „Begrenzung des europäischen Diskriminierungsverbots aus Gründen der mitgliedstaatlichen Staatsangehörigkeit" zur Verhinderung einer „nach den Vorgaben des Grundgesetzes unzulässigen Entstaatlichung" geboten sei.[59] Nach dieser auf nationalstaatliche Souveränität fixierten Sichtweise beschwört jede europarechtliche Ausweitung der unionsbürgerlichen Gleichheit das Risiko eines Konflikts mit Art. 79 Abs. 3 GG herauf. Anders ausgedrückt werden „Landeskinderprivilegien" für Deutsche zum unabänderlichen Bestand des GG überhöht.[60] Ob man diese Aussage zu den tragenden Gründen einer Entscheidung zur Übergabe Deutscher an einen anderen EU-Staat aufgrund eines Europäischen Haftbefehls zählen kann, ist fraglich.[61] Jedenfalls scheinen mir die im BVerfG-

51 EuGH, Rs. C-148/02 (García Avello), Slg 2003, I-11613, Rn 31.

52 EuGH, Rs. C-353/06 (Grunkin), Slg 2008, I-7639, Rn 17. Vgl auch EuGH, Rs. C-524/06 (Huber), Slg 2008, I-9705, EuZW 2009, 183 ff (Diskriminierung durch deutsches Ausländerzentralregister).

53 Vgl Rechtsprechung zum früheren Art. 12 EGV, EuGH, verb Rs. C-22/08 und C-23/08 (Vatsouras), Slg 2009, I-4585, Rn 52.

54 EuGH, Rs. C-403/03 (Schempp), Slg 2005, I-6421, Rn 20 mwN.

55 Vgl die Nachw. und Kritik zur st. Rspr des EuGH bei *Epiney*, in: Calliess/Ruffert (Hrsg.), 4. Aufl. 2011, Art. 18 AEUV, Rn 28 ff.

56 *Magiera*, in: Streinz (Hrsg.), EUV/AEUV, 2. Aufl. 2012, Art. 20 AEUV, Rn 30. Kritisch *Schönberger*, in: Grabitz/Hilf/Nettesheim (Hrsg.), Das Recht der EU, Stand: 52. Erg.-Lfg. 2014, Art. 20 AEUV, Rn 63 mwN.

57 Vgl *Ziekow*, in: Dörr (Hrsg.), S. 104 f.

58 EuGH, Rs. C-224/98 (d'Hoop), Slg 2002, I-6191, Rn 31 ff; Rs. C-224/02 (Pusa), Slg 2004, I-5763 Rn 16 ff; Rs. C-353/06 (Grunkin) Slg 2008, I-7639, Rn 21 ff (st. Rspr).

59 BVerfGE 113, 273, 298 f; BVerfG, Lissabon-Urteil (Fn 24), Rn 350.

60 Insoweit zustimmend auch die abweichende Meinung der Richterin Lübbe-Wolff zum erstgenannten BVerfG-Urteil (Fn 59), BVerfGE 113, 273, 329.

61 So wohl auch die abweichende Meinung der Richterin Lübbe-Wolff (Fn 60), Rn 158.

Urteil zum Vertrag von Lissabon bestätigten **Entstaatlichungseinwände** gegen die europäische Einigung im integrationsoffenen Verfassungsstaat des GG übertrieben und selbst dann verfehlt, wenn der Föderalisierungsgrad der EU zunehmen sollte.[62]

Die Unionsbürgerschaft verleiht ihren Inhabern auch keinen gleichen europäischen **Grundrechtsstatus** gegenüber allen Mitgliedstaaten. Die geschriebenen und ungeschriebenen Grundrechte des EU-Rechts nach Art. 6 Abs. 1 und 3 EUV binden die Mitgliedstaaten nicht in allen Fällen.[63] Daher kann sich ein Unionsbürger in einem anderen Mitgliedstaat gegenwärtig immer noch nicht als „civis europaeus" jeder Verletzung seiner EU-Grundrechte widersetzen.[64] Allerdings erstreckt der EuGH diese Grundrechte auf den gesamten – weit verstandenen – Anwendungsbereich des EU-Rechts.[65] Danach steht eine Unionsbürgerin, die sich unter Ausübung EU-rechtlich gewährleisteter Freizügigkeitsrechte in einem anderen Mitgliedstaat aufhält, dort unter dem Schutz der EU-Grundrechte. Dass die EU-Grundrechtecharta ihre Geltung für die Mitgliedstaaten mit der Formulierung „ausschließlich bei der Durchführung des Rechts der Union" (Art. 51 Abs. 1 GRC) enger umschreiben wollte,[66] kann man den nach Art. 6 Abs. 1 Unterabs. 3 EUV bei ihrer Auslegung zu berücksichtigenden Erläuterungen nicht entnehmen.[67] Eine etwaige Engerführung der mitgliedstaatlichen Bindung würde für die fortgeltenden ungeschriebenen Grundrechte nach Art. 6 Abs. 3 EUV ohnehin nicht gelten. Im Übrigen lässt sich der Rechtsprechung des EGMR entnehmen, dass die EU-Mitgliedstaaten diskriminatorische Beschränkungen der politischen Tätigkeit von EU-Ausländern nicht auf Art. 16 EMRK stützen können.[68] 18

B. Akzessorietät und Komplementarität der Unionsbürgerschaft

I. Primat der Staatsangehörigkeit

Art. 9 Satz 2 EUV und Art. 20 Abs. 1 Satz 2 AEUV gestalten die Unionsbürgerschaft als einen der Staatsangehörigkeit der Mitgliedstaaten akzessorischen Rechtsstatus aus: Mit der Staatsangehörigkeit eines Mitgliedstaats wird die Unionsbürgerschaft automatisch erworben, und mit deren Verlust geht sie automatisch verloren. Die mitgliedstaatliche Staatsangehörigkeit stellt daher den primären/originären Rechtsstatus der Einzelpersonen dar, ihr Unionsbürgerstatus ist sekundär/derivativ.[69] Art. 9 Satz 3 EUV und Art. 20 Abs. 1 Satz 3 AEUV fügen erklärend hinzu, dass die Unionsbürgerschaft die nationale Staatsbürgerschaft nur ergänzt, nicht aber ersetzt (**Komplementarität**). Daraus folgt, dass die Unionsbürgerschaft von Drittstaatsangehörigen oder Staatenlosen nicht selbstständig erworben[70] und von Staatsangehörigen eines Mitgliedstaats nicht isoliert aufge- 19

62 *Giegerich*, S. 1409 ff mwN auch zur herrschenden Gegenauffassung.

63 S. im Einzelnen *Rengeling/Szczekalla*, Rn 277 ff.

64 So die Forderung des GA Jacobs in seinen Schlussanträgen in der Rs. C-168/91 (Konstantinidis), Slg 1993, I-1191, 1211 f.

65 EuGH, Rs. C-617/10 (Åkerberg Fransson), Rn 19, Urt. v. 6.2.2013, ECLI:EU:C:2013:105. Kritisch BVerfG, Urt. v. 24.4.2013 – 1 BvR 1215/07 –, Rn 91 (www.bverfg.de). Vgl *Lange*, NVwZ 2014, 169 ff.

66 *Borowsky*, in: Meyer (Hrsg.), Charta der Grundrechte der Europäischen Union, 3. Aufl. Baden-Baden 2011, Art. 51, Rn 24 ff.

67 In der Erläuterung zu Art. 51 der Charta heißt es: „Was die Mitgliedstaaten betrifft, so ist der Rechtsprechung des Gerichtshofs eindeutig zu entnehmen, dass die Verpflichtung zur Einhaltung der im Rahmen der Union definierten Grundrechte für die Mitgliedstaaten nur dann gilt, wenn sie im Anwendungsbereich des Unionsrechts handeln … Diese in der Charta verankerte Regel …" (ABl. 2007 Nr. C 303/32).

68 EGMR, Urt. v. 27.4.1995 (Piermont/Frankreich), Series A No. 314 Rn 64. Frau Piermont war freilich Europaabgeordnete (*Kadelbach*, in: v. Bogdandy (Hrsg.), S. 642).

69 Dementsprechend leitete sich die Bundesbürgerschaft der USA bis zum Inkrafttreten des 14. Zusatzartikels zur US-Verfassung 1868 von der Bürgerschaft in einem Einzelstaat ab. Nach § 1 des Reichs- und Staatsangehörigkeitsgesetzes vom 22.7.1913 war (von Ausnahmen abgesehen) Deutscher, wer die Staatsangehörigkeit in einem Bundesstaat besaß (RGBl. S. 583). Das Bürgerrecht der Schweiz wird auch heute noch durch das Bürgerrecht in einer Gemeinde und einem Kanton erworben (Art. 37 Abs. 1 der Bundesverfassung von 1999). Näher *Schönberger*, S. 60 ff, 275 ff.

70 *Magiera*, in: Streinz (Hrsg.), EUV/AEUV, 2. Aufl. 2012, Art. 20 AEUV, Rn 26.

geben werden kann.[71] Die Beibehaltung des Primats der nationalen Staatsangehörigkeit vor der Unionsbürgerschaft ist aus Sicht des BVerfG im Hinblick auf Art. 79 Abs. 3 GG eine unverzichtbare Voraussetzung für die Wahrung der deutschen Verfassungsidentität und damit für die Teilnahme der Bundesrepublik Deutschland am europäischen Integrationsprozess.[72]

20 In Deutschland muss die zuständige Behörde, wenn sie einen betrügerisch erlangten Einbürgerungs-Verwaltungsakt[73] auf Grund des 2009 in Kraft getretenen § 35 StAG zurücknehmen will, den Umstand in ihre Ermessenserwägungen einbeziehen, dass die betroffene Person damit zugleich ihre Unionsbürgerschaft verliert.[74] Das BVerwG hat den EuGH um eine Vorabentscheidung dazu ersucht, ob das Europarecht der Rücknahme einer erschlichenen Einbürgerung eines EU-Ausländers dann entgegensteht, wenn dieser dadurch staatenlos wird, weil seine ursprüngliche Staatsangehörigkeit nach dem Recht seines früheren Heimatstaates nicht wieder auflebt, so dass auch seine Unionsbürgerschaft und die damit verbundenen Rechte verloren gehen. Der EuGH hat die Frage verneint, allerdings unter der Bedingung, dass die Rücknahmeentscheidung den Grundsatz der Verhältnismäßigkeit wahrt.[75]

21 Während Art. 9 Satz 2 EUV und Art. 20 Abs. 1 Satz 2 AEUV die Unionsbürgerschaft an die mitgliedstaatliche Staats*angehörigkeit*[76] angliedern, beschreiben Art. 9 Satz 3 EUV und Art. 20 Abs. 1 Satz 3 AEUV die Komplementarität des Unionsbürgerstatus in Anknüpfung an die nationale Staats*bürgerschaft*.[77] Zwar gibt es in Deutschland nur die Staatsangehörigkeit, nicht aber die Staatsbürgerschaft als Rechtsbegriff und -konzept,[78] doch wird in anderen Rechtsordnungen und in der wissenschaftlichen Diskussion teilweise zwischen der weiteren Staatsangehörigkeit und der engeren Staatsbürgerschaft unterschieden, wobei nur die Staatsbürger über die vollen politischen Mitwirkungsrechte (status activus) verfügen.[79] In der begrifflichen Parallelität (Unions*bürgerschaft*) sowie in Art. 9 Satz 3 EUV, Art. 20 Abs. 1 Satz 3 AEUV mag man Anhaltspunkte dafür erkennen, dass **die Unionsbürgerschaft auf einen vollen Aktivbürgerstatus zumindest angelegt** ist. Konkrete Rechtsfolgen lassen sich aus der begrifflichen Unterscheidung von Art. 9 Satz 2 EUV und Art. 20 Abs. 1 Satz 2 AEUV einerseits und Art. 9 Satz 3 EUV, Art. 20 Abs. 1 Satz 3 AEUV andererseits aber nicht ableiten.

22 Für das politische Mehrebenensystem der EU in seinem gegenwärtigen Verdichtungsgrad bildet dieses ungleichgewichtige doppelte Rechtsverhältnis der Rechtssubjekte zu einem Mitgliedstaat und der EU den adäquaten Rechtsstatus: Die Mitgliedstaaten behalten die umfassende Personalhoheit über ihre Angehörigen, während deren Rechtsbeziehungen zur EU ihren Rechtsstatus erweiternd abrunden, ohne ihn zu determinieren. Eine europäische Identität der Individuen tritt ergänzend neben ihre nationale und ggf regionale, ohne diese zu verdrängen.[80] Damit tragen die Verträge auch der psychologischen Gegebenheit Rechnung, dass sich die Einzelnen jedenfalls heute noch primär über ihre nationale Staatsangehörigkeit und nur sekundär über ihre Unionsbürgerschaft definieren.[81] Loyalitätskonflikte sind schon angesichts der unterentwickelten Pflichtenkomponente des

71 VGH München 11.9.1997 – 5 ZB 97.976, NVwZ 1999, 197.
72 Lissabon-Urteil (Fn 24), Rn 350.
73 §§ 8, 16 StAG.
74 BVerwG, Urt v. 3.6.2003 – 1 C 19.02, NVwZ 2004, 489.
75 EuGH, Rs. C-135/08 (Rottmann), Slg 2010, I-1449.
76 Every national of a Member State; toute personne ayant la nationalité d'un État membre.
77 National citizenship; citoyenneté nationale. Der zunächst in der Formulierung von Art. 20 Abs. 1 Satz 3 AEUV abweichende Wortlaut von Art. 9 Satz 3 EU wurde diesem durch Berichtigungsprotokoll vom 27.11.2009 (ABl. Nr. C 290/1) angeglichen.
78 Vgl Art. 116 GG und das StAG.
79 *Kadelbach*, in: v. Bogdandy (Hrsg.), S. 618 ff. Art. 33 Abs. 1 und 3 GG verwenden den Begriff der „staatsbürgerlichen Rechte" im Sinne der Gesamtheit der öffentlich-rechtlichen (im Gegensatz zu den privatrechtlichen) subjektiven Rechte und nicht im Sinne der Aktivbürgerschaft (*Jarass*, in: Jarass/Pieroth, 12. Aufl. 2012, Art. 33, Rn 2).
80 *Ders*, S. 650 f.
81 Vgl Europäische Kommission, Standard Eurobarometer 80, Herbst 2013, S. 37: „Das Gefühl, Bürger der EU zu sein, ist auch weiterhin in der Eurozone (62%) stärker verbreitet als außerhalb (54%), hat jedoch in beiden Gebieten abgenommen (-2 bzw -3 Prozentpunkte)."

Unionsbürgerstatus[82] nicht zu erwarten. Nur einem Denken in den Kategorien des nationalen Einheitsstaats, das längst diskreditiert sein sollte, können solche **gestuften politischen Mehrfachidentitäten** suspekt erscheinen. Aktionen wie das 2013 zum 20. Jahrestag der Einführung der Unionsbürgerschaft begangene „Europäische Jahr des Bürgers" und das Programm „Europa für Bürgerinnen und Bürger" für den Zeitraum 2014 – 2020[83] sollen die Europäische Union ihren Bewohnern näherbringen und dazu beitragen, dass diesen ihre gemeinsame europäische Identität zusätzlich zur jeweiligen nationalen Identität stärker bewusst wird.

II. Erwerb und Verlust der Unionsbürgerschaft

23 Erwerb und Verlust der Unionsbürgerschaft richten sich nach nationalem Recht. Der Terminus „Staatsangehörigkeit eines Mitgliedstaats" in Art. 9 Satz 2 EUV und Art. 20 Abs. 1 Satz 2 AEUV stellt keinen autonomen Begriff des Unionsrechts dar, wie dies für andere in den Verträgen verwendete Begriffe gilt,[84] sondern verweist auf das Staatsangehörigkeitsrecht der Mitgliedstaaten. Dies wird durch eine Erklärung der Regierungskonferenz zur **Schlussakte von Maastricht** klargestellt.[85] Diese Erklärung sieht weiterwirkend vor, dass die Mitgliedstaaten in einer Erklärung dem Vorsitz des Europäischen Rates gegenüber angeben können, wer für Zwecke der EG als ihr Staatsangehöriger anzusehen ist, und ihre Erklärung ggf ändern können. Der EuGH hat eine entsprechende Erklärung Großbritanniens, die beim EWG-Beitritt abgegeben und später geändert wurde, als eine sich auf den Vertrag beziehende Urkunde betrachtet, die zu dessen Auslegung und insbesondere zur Bestimmung von dessen persönlichem Geltungsbereich heranzuziehen sei.[86] Deutschland hat bei der Unterzeichnung des EWG-Vertrags unwidersprochen Folgendes erklärt: „Als Staatsangehörige der Bundesrepublik Deutschland gelten alle Deutschen im Sinne des Grundgesetzes."[87]

24 Die Macht der Mitgliedstaaten, durch ihr Staatsangehörigkeitsrecht die Zusammensetzung ihres nationalen Gemeinwesens zu bestimmen, gehört zu ihrer vertraglich geschützten nationalen Identität[88] und in Deutschland zur durch Art. 79 Abs. 3 GG geschützten Verfassungsidentität.[89] EUV und AEUV nehmen durch die Rechtsgrundverweisung auf das Staatsangehörigkeitsrecht der Mitgliedstaaten **Regelungsunterschiede** in Kauf, die dazu führen können, dass Einzelne nach dem Recht des Mitgliedstaats X die Unionsbürgerschaft leichter erwerben oder sie nach dem Recht des Mitgliedstaats Y leichter verlieren als nach dem Recht anderer Mitgliedstaaten. Damit einhergehende unterschiedliche Behandlungen von Personen je nachdem, welcher nationalen Rechtsordnung sie unterliegen, sind im Interesse der Wahrung mitgliedstaatlicher Regelungsautonomie in einem als besonders souveränitätsrelevant angesehenen Bereich unvermeidlich. Eine Diskriminierung im eigentlichen Sinne liegt darin nicht, weil die Unterscheidung verschiedenen Regelungsgebern zuzurechnen ist.

25 Die Mitgliedstaaten können die Erwerbs- und Verlusttatbestände ihres Staatsangehörigkeitsrechts frei ausgestalten, müssen dabei jedoch zunächst gewisse äußerste **vom Völkergewohnheitsrecht**

82 S.u. Rn 129.

83 Vgl das deutsche Gesetz zum Vorschlag für eine Verordnung des Rates über das Programm „Europa für Bürgerinnen und Bürger" für den Zeitraum 2014 – 2020 v. 22.12.2013 mit dem Entwurf einer auf Art. 352 AEUV gestützten Verordnung, BGBl. 2013 II S. 1626.

84 ZB die Begriffe „Arbeitnehmer" in Art. 45 Abs. 1 AEUV und „öffentliche Verwaltung" in Art. 45 Abs. 4 AEUV.

85 Vom 7.2.1992 (ABl. Nr. C 191/98): „Die Konferenz erklärt, dass bei Bezugnahmen des Vertrags zur Gründung der Europäischen Gemeinschaft auf die Staatsangehörigen der Mitgliedstaaten die Frage, welchem Mitgliedstaat eine Person angehört, allein durch Bezug auf das innerstaatliche Recht des betreffenden Mitgliedstaats geregelt wird ..."

86 EuGH, Rs. C-192/99 (Kaur), Slg 2001, I-1237, Rn 19 ff. Großbritannien hat seine damalige Erklärung im Zusammenhang mit dem Vertrag von Lissabon mit einer kleinen Änderung bekräftigt (Erklärung Nr. 63 zur Schlussakte der Regierungskonferenz).

87 BGBl. 1957 II, S. 764. Vgl Art. 116 GG.

88 Schlussanträge des Generalanwalts vom 30.9.2009 in der Rs. C-135/08 (Rottmann), Slg 2010, I-1449, Rn 25.

89 Das BVerfG zählt die „Staatsbürgerschaft" zu den wesentlichen Bereichen demokratischer Gestaltung, die in der Verantwortung der Mitgliedstaaten verbleiben müssen (Lissabon-Urteil (Fn 24), Rn 249).

gezogene Grenzen einhalten.[90] Die Verleihung der Staatsangehörigkeit braucht von anderen Staaten nach Völkergewohnheitsrecht nur anerkannt zu werden, wenn eine echte Verbindung (genuine connection) zwischen Staat und eingebürgerter Person besteht.[91] Das Völkergewohnheitsrecht verbietet den willkürlichen Entzug der Staatsangehörigkeit.[92] Art. 9 Satz 2 EUV und Art. 20 Abs. 1 Satz 2 AEUV setzen die Einhaltung dieser völkergewohnheitsrechtlichen Grenzen durch die Mitgliedstaaten als selbstverständlich voraus. Davon geht auch der EuGH aus.[93]

26 Der EuGH hat darüber hinaus mehrfach betont, dass die Mitgliedstaaten von ihrer Zuständigkeit, die Voraussetzungen für den Erwerb und Verlust ihrer Staatsangehörigkeit festzulegen, unter Beachtung des Europarechts Gebrauch machen müssen, ohne dies näher auszuführen.[94] Hier dürfte die allgemeine **Unionstreuepflicht** (Art. 4 Abs. 3 EUV) ins Spiel kommen, die es den Mitgliedstaaten zB verwehrt, durch allzu großzügige Einbürgerungen eine gemeinsame Einwanderungspolitik auf Grund des Titels V des AEUV zu unterminieren[95] oder die Wohnsitznahme eigener Staatsangehöriger in einem anderen Mitgliedstaat in Ausübung von Grundfreiheiten mit deren Ausbürgerung zu „bestrafen“.[96] Da die Mitgliedstaaten bei staatsangehörigkeitsrechtlichen Regelungen im Anwendungsbereich der Art. 9 Satz 2 EUV und Art. 20 Abs. 1 Satz 2 AEUV tätig werden, können im Einzelfall auch die europäischen Grundrechte Bedeutung erlangen.[97] Die Ankündigung Maltas, eine beschränkte Zahl von Staatsbürgerschaften an nicht ortsansässige drittausländische Investoren quasi zu „verkaufen“, rief Anfang 2014 Irritationen hervor.[98] Die Vergabekriterien wurden schließlich auf Druck der Europäischen Kommission den völker- und unionsrechtlichen Vorgaben angepasst.[99] Von derartigen äußersten europarechtlichen Grenzen abgesehen gehört das mitgliedschaftliche Staatsangehörigkeitsrecht zur nationalen Identität im Sinne von Art. 4 Abs. 2 EUV.[100]

III. Mehrfache Staatsangehörigkeiten

27 Hält sich die Verleihung der Staatsangehörigkeit durch einen Mitgliedstaat in den vorgenannten Grenzen, müssen die anderen Mitgliedstaaten sie ohne weiteres anerkennen, wenn zB ein EU-Ausländer ihnen gegenüber von einer Grundfreiheit Gebrauch macht. Dies gilt selbst dann, wenn die betr. Person zugleich eine **Drittstaatsangehörigkeit** besitzt und diese wegen ihres Wohnsitzes im Drittstaat die effektivere ist.[101] Den Mitgliedstaaten ist es auch deshalb verwehrt, den persönlichen Geltungsbereich von Grundfreiheiten an über die Staatsangehörigkeit eines anderen Mitgliedstaats hinausgehende Kriterien zu knüpfen, weil die Wirkung der Grundfreiheiten sonst von Mitgliedstaat zu Mitgliedstaat unterschiedlich sein könnte.

---

90 Die im Rahmen des Europarats abgeschlossene European Convention on Nationality vom 6.11.1997 (CETS No. 166) ist nicht für alle EU-Mitgliedstaaten in Kraft.

91 Internationaler Gerichtshof 6.4.1955 – Nottebohm Case (Second Phase), ICJ Reports 1955, 3, 23.

92 Anhaltspunkt in Art. 15 Abs. 2 der Allgemeinen Erklärung der Menschenrechte von 1948 (Sartorius II Nr. 15). Im Einzelnen *Delbrück*, in: Dahm/Delbrück/Wolfrum, Völkerrecht Bd. I/2, 2002, S. 80 ff.

93 EuGH, Rs. C-369/90 (Micheletti), Slg 1992, I-4239, Rn 10.

94 EuGH, Rs. C-369/90 (Micheletti), Slg 1992, I-4239, Rn 10; Rs. C-179/98 (Mesbah), Slg 1999, I-7955, Rn 29; Rs. C–192/99 (Kaur), Slg 2001, I-1237, Rn 19. *Zimmermann*, EuR 30 (1995), 54 ff. Einen Versuch zur Konkretisierung dieser primärrechtlichen Schranken des mitgliedstaatlichen Regelungsermessens im Staatsangehörigkeitsrecht unternimmt der Generalanwalt in seinen Schlussanträgen vom 30.9.2009 in der Rs. C-135/08 (Rottmann), Slg 2010, I-1449, Rn 20 ff.

95 *Hatje*, in: Schwarze (Hrsg.), EU-Kommentar, 3. Aufl. 2012, Art. 20 AEUV, Rn 5 spricht vom Grundsatz der Loyalität. Vgl auch *Haack*, § 205 Rn 26; *Schmahl*, S. 346.

96 Vgl die Diskussion bei *Magiera*, in: Streinz (Hrsg.), EUV/AEUV, 2. Aufl. 2012, Art. 20 AEUV, Rn 28; *Schönberger*, S. 284 ff.

97 Im Verfahren Rs. C-192/99 (Kaur) hatte die Klägerin eine Grundrechtsverletzung behauptet, der EuGH ging darauf jedoch nicht ein (Slg 2001, I-1237, Rn 17). *Hall*, ELR 21 (1996), 129 ff.

98 Zentrale Voraussetzung für den Erwerb einer von 1800 Staatsbürgerschaften aufgrund des Gesetzes zum „Individual Investor Programme“ sollte die Zahlung von 650.000 Euro sein (Maltese Citizenship Act (CAP. 188) – L.N. 450 of 2013, Schedule 1 (a)).

99 Europäische Kommission, MEMO/14/70 v. 29.1.2014.

100 *Haack*, § 205 Rn 23.

101 EuGH, Rs. C-369/90 (Micheletti), Slg 1992, I-4239, Rn 10 ff. *Schmahl*, S. 342 f.

Ein Mitgliedstaat muss eine Person, welche außer der eigenen Staatsangehörigkeit noch diejenige eines anderen Mitgliedstaats besitzt, auch dann als EU-Ausländer behandeln, wenn die eigene Staatsangehörigkeit die effektivere ist, mit der Folge, dass diese Person dem erstgenannten Staat gegenüber die von den Verträgen nur für EU-Ausländer gewährleisteten subjektiven Rechte geltend machen kann. Dies gilt selbst in einem Fall, in dem der **Doppelstaater** noch nie am grenzüberschreitenden Verkehr teilgenommen hat.[102] Geklärt ist andererseits, dass es ein Mitgliedstaat einem von ihm eingebürgerten Drittausländer nicht gestatten muss, sich auf seine fortbestehende Drittstaatsangehörigkeit zu berufen, wenn davon Rechte aus einem Abkommen der EU mit dem Drittstaat abhängen.[103] 28

IV. Status juristischer Personen

Der Wortlaut von Art. 9 EUV und Art. 20 Abs. 1 AEUV deutet darauf hin, dass die Unionsbürgerschaft nur für natürliche Personen vorgesehen ist.[104] Dies bekräftigt die Formulierung in Art. 24 Abs. 2 und 3 AEUV, die Unionsbürgern ein Petitionsrecht und ein Recht, sich an den Bürgerbeauftragten zu wenden, garantieren. Wenn die dort für die näheren Einzelheiten in Bezug genommenen Art. 227, 228 AEUV diese Unionsbürgerrechte aufgreifen und sie um entsprechende Rechte für juristische Personen mit satzungsgemäßem Sitz in einem Mitgliedstaat ergänzen, zeigt sich, dass die Verträge den **Unionsbürgerstatus auf natürliche Personen beschränken.**[105] Darin bestätigt sich dessen politisch-legitimatorischer Gehalt. Dieser wird außerdem deutlich am Kommunal- und Europawahlrecht (Art. 22 AEUV) und dem Recht der Bürgerinitiative (Art. 11 Abs. 4 EUV, Art. 24 Abs. 1 AEUV) – aus der Unionsbürgerschaft fließende politische Rechte, die nur natürliche Personen innehaben können. Folgerichtig definieren Art. 10 Abs. 2 Unterabs. 1 und Art. 14 Abs. 2 EUV das Europäische Parlament als Vertretung der Unionsbürgerinnen und Unionsbürger. 29

Durch ihre Ausklammerung aus dem Unionsbürgerstatus werden juristische Personen des Privatrechts und des öffentlichen Rechts aber nicht rechtlos gestellt. Welche der in den Verträgen verankerten subjektiven Rechte ihnen zustehen, ist eine Frage der Auslegung der jeweiligen Vorschriften.[106] Soweit diese ausdrücklich an die Unionsbürgerschaft anknüpfen, wie Art. 21, 23 und 24 Abs. 4 AEUV, kommt ihre analoge Anwendung auf juristische Personen in Betracht.[107] 30

C. Unionsbürgerrechte

I. Überblick

Nach Art. 20 Abs. 2 Satz 1 AEUV haben die Unionsbürger nur die anderweitig in den Verträgen vorgesehenen Rechte. Ihr Unionsbürgerstatus fasst folglich ihre subjektive Rechtsstellung im primären Unionsrecht begrifflich zusammen, erweitert ihren Rechtsstatus jedoch nicht. Sie bringt die verstreut vertraglich gewährleisteten und durch richterliche Rechtsfortbildung seitens des EuGH ergänzten subjektiven Rechte auch in kein System.[108] Außerdem bezieht die Unionsbürgerschaft die durch Sekundärrechtsakte ohne primärrechtliche Verankerung neu begründeten subjektiven Rechte 31

---

102 EuGH, Rs. C-148/02 (García Avello), Slg 2003, I-11613, Rn 27 ff (in Bezug auf Art. 12 EGV).

103 EuGH, Rs. C-179/98 (Mesbah), Slg 1999, I-7955, Rn 26 ff.

104 So wohl nicht mehr *Schönberger*, in: Grabitz/Hilf/Nettesheim (Hrsg.), Das Recht der EU, Stand: 52. Erg.-Lfg. 2014, Art. 20 AEUV, Rn 28. Das ergibt sich allerdings nicht allein aus der Verwendung des Begriffs „Staatsangehörigkeit" in Art. 9 Satz 2 EUV und Art. 20 Abs. 1 Satz 2 AEUV, weil die Verträge die in Deutschland übliche Unterscheidung zwischen der Staatsangehörigkeit natürlicher und der Staatszugehörigkeit juristischer Personen nicht nachvollziehen (Art. 199 Ziff. 4 AEUV – *Zuleeg*, in: v.d. Groeben/Schwarze (Hrsg.), EU-/EG-Vertrag, 6. Aufl. 2003, Art. 12 EG, Rn 10).

105 Vgl auch Art. 15 Abs. 3 Unterabs. 1 AEUV.

106 Vgl zB Art. 54, 62, 227, 228 AEUV (Rechtsträgerschaft auch juristischer Personen) einerseits, Art. 10 Abs. 3, 11 Abs. 4 EUV, Art. 22 AEUV (Rechtsträgerschaft nur natürlicher Personen) andererseits.

107 *Kluth*, in: Calliess/Ruffert (Hrsg.), 4. Aufl. 2011, Art. 20 AEUV, Rn 10

108 *Kadelbach*, in: v. Bogdandy (Hrsg.), S. 624 f.

nicht ein,[109] bildet die subjektive Rechtsstellung der Unionsbürger also keineswegs vollständig ab.[110] Denn Art. 20 Abs. 2 Satz 1 AEUV definiert die Unionsbürgerschaft allein durch die „in den Verträgen vorgesehenen" Rechte, ohne die in „einer bei seiner Durchführung anzuwendenden Rechtsnorm" oder in „Handlungen der Organe, Einrichtungen oder sonstigen Stellen der Union" garantierten Rechte mit zu nennen.[111]

32 Die Ausscheidung des bloß sekundärrechtlich verankerten subjektiv-rechtlichen acquis communautaire aus dem Unionsbürgerstatus hat zwar keine Rechtsfolgen, aber eine nicht zu unterschätzende symbolische Bedeutung. Sie macht deutlich, dass die Unionsbürgerstellung als solche in positiver Hinsicht der alleinigen Definitionsmacht der vertragsändernden Gewalt unterliegt (**Vertragsvorbehalt**), [112] weil sie den Mitgliedstaaten wegen ihrer Nähe zur Staatsangehörigkeit als politisch heikel gilt. Nur in negativer Hinsicht können Sekundärrechtsakte die Bedingungen und Grenzen für die Ausübung (nicht den Inhalt) der Unionsbürgerrechte festlegen.[113]

33 Da die meisten in den Verträgen ausdrücklich oder implizit vorgesehenen subjektiven Rechte der Unionsbürger in anderen Abschnitten dieses Handbuchs gesondert beschrieben werden,[114] kann sich die folgende Darstellung auf die im **Zweiten Teil des Vertrags über die Arbeitsweise der EU besonders hervorgehobenen Einzelrechte** beschränken: Freizügigkeit (Art. 21 AEUV); Kommunal- und Europawahlrecht (Art. 22 AEUV); diplomatischer und konsularischer Schutz (Art. 23 AEUV); Petitionsrecht im weiteren Sinne (Art. 24 AEUV). Ihre Lokalisierung, insbesondere aber ihre Hervorhebung im zweiten Absatz des Definitionsartikels zur Unionsbürgerschaft (Art. 20 Abs. 2 Unterabs. 1 Satz 2 AEUV), zeigt, dass diese Rechte nach Auffassung der vertragsändernden Gewalt der Unionsbürgerschaft ihr Gepräge geben. Geprägt wird diese darüber hinaus durch das Verbot der Diskriminierung aus Gründen der Staatsangehörigkeit im gesamten Anwendungsbereich der Verträge (Art. 18 AEUV). Nicht vergessen werden darf auch, dass die Unionsbürgerschaft Grundlage der repräsentativen Demokratie ist, auf der die Union nach Art. 10 Abs. 1 EUV beruht.[115]

34 Die besondere Bedeutung der Freizügigkeit ergibt sich nicht nur aus historischen Vorbildern europäischer Bundesstaaten, deren primäres Anliegen die Durchlässigkeit der Binnengrenzen war,[116] sondern auch daraus, dass die Zu- und Abwanderungskontrolle aus völkerrechtlicher Perspektive als grundlegendes Souveränitätsrecht eines Staates gilt. Das Kommunalwahlrecht begründet politische Mitwirkungsrechte für EU-Ausländer in den Mitgliedstaaten unter **Durchbrechung nationalstaatlicher Vorstellungen**. Ihre Einbeziehung in das Europawahlrecht überwindet die mitgliedstaatliche Kompartmentalisierung des Europäischen Parlaments zugunsten seiner Entwicklung zu einer europäischen Volksvertretung. Beides sind hochpolitische Entscheidungen. Diplomatischer und konsularischer Schutz rekurrieren auf das staatsbürgerliche Synallagma von Schutz und Gehorsam; als Ausdruck der Personalhoheit eines Staates sind sie aus völkerrechtlicher Perspektive Merkmale nationaler Souveränität. Das Petitionsrecht im weiteren Sinne hat zwar aus heutiger Sicht keinen hochpolitischen Charakter mehr, gehört jedoch zu den klassischen (Menschen- und) Bürgerrechten. Seine Erweiterung um das Recht der Bürgerinitiative durch den Vertrag von Lissabon (Art. 11

109 AA *Magiera*, in: Streinz (Hrsg.), EUV/AEUV, 2. Aufl. 2012, Art. 20 AEUV, Rn 31; *Kadelbach*, in: v. Bogdandy (Hrsg.), S. 617; offenbar auch *Reich*, S. 76 ff.

110 Zur Rechtsstellung des Individuums s. umfassend *Zuleeg/Kadelbach*, § 8.

111 Vgl demgegenüber die weiteren Formulierungen in Art. 263 Abs. 2 AEUV und in Art. 267 Abs. 1 Buchst. a und b AEUV.

112 Art. 48 EUV, Art. 25 Abs. 2 AEUV.

113 Art. 20 Abs. 2 Unterabs. 2 AEUV.

114 S. *Zuleeg/Kadelbach*, § 8, Rn 18 ff (Grundrechte); *Pache*, § 10, Rn 48 ff, 60 ff (Grundfreiheiten und allgemeines Diskriminierungsverbot [Art. 18 AEUV]); *Gundel*, § 3, Rn 181 ff (Verwaltung: Recht auf Dokumentenzugang [Art. 15 Abs. 3 AEUV] und Recht auf eine gute Verwaltung [Art. 41 GRC]); *Classen*, § 4, Rn 107 ff (Rechtsschutzanspruch); *Schmahl*, § 6, Rn 24 ff (subjektiv-rechtliche Ausflüsse der Rechtsstaatlichkeit).

115 *Calliess/Hartmann*, S. 71 ff.

116 Gesetz über die Freizügigkeit des Norddeutschen Bundes von 1867; Art. 4, 6 des österreichischen Staatsgrundgesetzes von 1867; Art. 41 der Schweizerischen Bundesverfassung von 1848; Art. 45 der Schweizerischen Bundesverfassung von 1874.

Abs. 4 EUV, Art. 24 Abs. 1 AEUV) verleiht ihm nunmehr einen höheren Stellenwert bei der demokratischen Legitimation der EU.[117]

Der Unionsbürgerstatus ist zugleich Ausdruck einer **Präferenz für die Staatsangehörigen der Mitgliedstaaten gegenüber Drittstaatsangehörigen.**[118] Deren Rechtsstellung kann aber aufgrund vertraglicher Absprachen[119] oder Sekundärrechts[120] der Rechtsstellung von Unionsbürgern mehr oder weniger weitgehend angenähert sein, auch ohne dass sie Familienangehörige von Unionsbürgern sind, denen um der Unionsbürger willen im Sekundärrechtswege Rechte eingeräumt sind.[121] Unmittelbar auf die in den Verträgen verankerten Unionsbürgerrechte können sich Drittstaatsangehörige jedoch in keinem Fall berufen. Auch deren Rechte aus völkerrechtlichen Verträgen bleiben regelmäßig hinter den Unionsbürgerrechten zurück.[122] 35

II. Freizügigkeit und Aufenthaltsrecht (Art. 21 AEUV)

1. Wirtschaftlich tätige und andere Personen

Seit jeher gewährleistete der E(W)G-Vertrag Marktteilnehmern aus E(W)G-Mitgliedstaaten (vor allem Arbeitnehmern und Unternehmern) Freizügigkeit über die mitgliedstaatlichen Grenzen hinweg und Aufenthaltsrechte in anderen Mitgliedstaaten als Bestandteile ihrer Grundfreiheiten.[123] Ihre Freizügigkeitsrechte erfüllen keinen Selbstzweck, sondern dienen ihrer **wirtschaftlichen Betätigung.**[124] Zwar hat der EuGH die Grundfreiheiten im Interesse eines funktionsfähigen Binnenmarktes (Art. 26 Abs. 2 AEUV) extensiv interpretiert: Beispielsweise üben nach seiner Rechtsprechung EU-ausländische Touristen ihre passive Dienstleistungsfreiheit aus.[125] Arbeitssuchende qualifiziert er so lange als Arbeitnehmer, wie diese ernsthaft nach Arbeit suchen und eine begründete Aussicht haben, eingestellt zu werden.[126] Dennoch gilt nach wie vor der Grundsatz: Wer sich nicht wirtschaftlich betätigt, kann die durch jene Freiheiten mitverbürgte Freizügigkeit nicht in Anspruch 36

117 Vgl jedoch die eher skeptische Beurteilung des demokratischen Mehrwerts durch das BVerfG im Lissabon-Urteil (Fn 24), Rn 295.

118 *Kaufmann-Bühler*, in: Lenz/Borchardt (Hrsg.), EU-Verträge, 6. Aufl. 2013, Art. 20 AEUV, Rn 6.

119 Vgl zB Abkommen über den Europäischen Wirtschaftsraum (EWR-Abkommen) vom 2.5.1992, mit späteren Änderungen in Sartorius II Nr. 310 (betr. Island, Liechtenstein und Norwegen); Abkommen vom 21.6.1999 zwischen der Europäischen Gemeinschaft und ihren Mitgliedstaaten einerseits und der Schweizerischen Eidgenossenschaft andererseits über die Freizügigkeit (ABl. 2002 Nr. L 114/6 – in Kraft seit 1.6.2002; *Thürer* (Hrsg.), Bilaterale Verträge Schweiz – EG, 2002; *Benesch*, Das Freizügigkeitsabkommen zwischen der Schweiz und der Europäischen Gemeinschaft, 2007); Abkommen zur Gründung einer Assoziation zwischen der Europäischen Wirtschaftsgemeinschaft und der Türkei vom 12.9.1963 (ABl. 1964 Nr. 217/3685) mit Zusatzprotokoll vom 23.11.1970 (ABl. 1972 Nr. L 293/1) sowie Ausführungsbeschlüssen des Assoziationsrats (EuGH, Rs. C-192/89 (Sevince), Slg 1990, I-3461; Rs. C-138/13 (Dogan), ECLI:EU:C:2014:2066 – Schutzwirkung der Stillhalteklausel in Art. 41 Abs. 1 des Zusatzprotokolls). Überblick bei *Raibie*, in: Giegerich/Wolfrum (Hrsg.), Einwanderungsrecht – national und international (2001), S. 52 ff.

120 Vgl zB RL 2003/86/EG vom 22.9.2003 betreffend das Recht auf Familienzusammenführung (ABl. Nr. L 251/12 – zu ihrer Gültigkeit vgl EuGH, Rs. C-540/03 (Parlament/Rat), Slg 2006, I-5769); RL 2003/109/EG vom 25.11.2003 betreffend die Rechtsstellung der langfristig aufenthaltsberechtigten Drittstaatsangehörigen (ABl. 2004 Nr. L 16/44). *Hailbronner*, Weltinnenrecht. Liber amicorum Jost Delbrück, 2005, S. 315 ff.

121 Vgl zB RL 2004/38/EG vom 29.4.2004 über das Recht der Unionsbürger und ihrer Familienangehörigen, sich im Hoheitsgebiet der Mitgliedstaaten frei zu bewegen und aufzuhalten (ABl. Nr. L 229/35) – sog. Freizügigkeitsrichtlinie.

122 Vgl zB EuGH, Rs. C-221/11 (Demirkan), Urt. v. 24.9.2013, ECLI:EU:C:2013:583, wonach das Assoziationsrecht EU-Türkei (anders als Art. 56 AEUV) kein Recht auf Einreise zur Inanspruchnahme von Dienstleistungen im Sinne der passiven Dienstleistungsfreiheit gewährt.

123 Art. 39 ff, 43 ff, 49 ff EGV (jetzt Art. 45 ff, 49 ff, 56 ff AEUV). Vgl auch VO (EWG) 1612/68 über die Freizügigkeit der Arbeitnehmer innerhalb der Gemeinschaft vom 15.10.1968 (s.u. Fn 136). *Scheuing*, EuR 2003, 744, 746 ff. S. näher *Pache*, § 10, Rn 96 ff, 129 ff, 166 ff.

124 Deutlich etwa in Art. 45 Abs. 3 Buchst. c, Art. 57 Abs. 3 AEUV (früher Art. 39 Abs. 3 Buchst. c, Art. 50 Abs. 3 EGV); *Skouris*, RdA-Beil. 2009, 26.

125 EuGH, verb. Rs. 286/82 und 26/83 (Luisi und Carbone), Slg 1984, 377. Aus der Dienstleistungsfreiheit kann ein EU-Ausländer jedoch nicht das Recht ableiten, seinen Hauptaufenthalt in einem Mitgliedstaat zu nehmen, um dort für unbestimmte Dauer Dienstleistungen zu empfangen (EuGH, Rs. C-200/02 (Zhu und Chen), Slg 2004, I-9925, Rn 22 mwN).

126 EuGH, Rs. C-138/02 (Collins), Slg 2004, I-2703. Vgl auch Art. 45 Abs. 3 Buchst. a AEUV.

nehmen. Andererseits verliert ein Unionsbürger sein Freizügigkeitsrecht als selbstständig Erwerbstätiger aus Art. 45 oder Art. 49 AEUV nicht allein dadurch, dass er ergänzende Leistungen zur Sicherung des Lebensunterhalts bezieht, solange er eine echte wirtschaftliche Tätigkeit tatsächlich ausübt, mag diese auch jedenfalls gegenwärtig zur Deckung seines Lebensunterhalts nicht ausreichen.[127]

37 Freizügigkeitsrechte für noch nicht ins Wirtschaftsleben eingetretene, aus diesem wieder ausgeschiedene oder überhaupt wirtschaftsferne Personen waren zunächst nur in einer ganzen Reihe verschiedener (zT auf die sog. Vertragsabrundungskompetenz[128] gestützter) Sekundärrechtsakte vorgesehen. Diese regelten u.a. Verbleiberechte aus dem Wirtschaftsleben ausgeschiedener EU-Ausländer und Studierender. Soweit sie Familienangehörige von EU-Ausländern berechtigen, kamen und kommen sie auch Drittausländern zugute. Sowohl für Unionsbürger wie für drittstaatsangehörige Familienmitglieder gilt das **Verbot des Rechtsmissbrauchs**, wobei der EuGH einen solchen nur unter strengen Voraussetzungen annimmt, für die die Mitgliedstaaten beweispflichtig sind.[129] Als typischer Missbrauchsfall gilt die Eingehung einer Scheinehe.[130] Ob der EuGH hingegen die sogenannte „Dänemark-Ehe“ als Missbrauchsfall einstufen würde, ist ungeklärt geblieben, weil das BVerwG von einem Vorabentscheidungsersuchen abgesehen hat.[131] Eine „Dänemark-Ehe“ liegt vor, wenn ein deutscher Staatsangehöriger mit einer Drittstaatsangehörigen, die als Touristin mit einem Schengen-Visum nach Deutschland eingereist ist, für wenige Tage nach Dänemark fährt, nur um diese dort zu heiraten, und die Drittstaatsangehörige daraufhin einen EU-rechtlichen Anspruch auf Aufenthalt in Deutschland zum Zwecke des Ehegattennachzugs geltend macht. Das BVerwG hat angenommen, ein solcher Anspruch bestehe eindeutig nicht (acte clair).

2. Vereinheitlichung der sekundärrechtlichen Regime durch RL 2004/38/EG

38 Um die früheren bereichsspezifischen und fragmentarischen Regelungen der unionsbürgerlichen Freizügigkeits- und Aufenthaltsrechte[132] in einer **einheitlichen Kodifikation vereinfachend zusammenzufassen** und dadurch diese Rechte zugleich zu stärken, ist die RL 2004/38/EG über das Recht der Unionsbürger und ihrer Familienangehörigen, sich im Hoheitsgebiet der Mitgliedstaaten frei zu bewegen und aufzuhalten,[133] erlassen worden. Diese RL gilt nach ihrem Art. 2 für jeden Unionsbürger, der sich – aus welchen Gründen auch immer – in einen anderen als den Mitgliedstaat, dessen Staatsangehörigkeit er besitzt, begibt oder sich dort aufhält sowie für ihn begleitende oder nachziehende[134] (näher definierte) Familienangehörige.[135] Sie ersetzt die meisten bisherigen Richtlinien.[136] Daneben besteht allerdings weiterhin insbesondere die VO 492/2011 über die Freizügigkeit der Arbeitnehmer innerhalb der Union.[137]

---

127 OVG Bremen, 1 B 137/10, B. v. 21.6.2010, NordÖR 2010, 409 ff.

128 Art. 352 AEUV.

129 EuGH, Rs. C-413/01 (Ninni-Orasche), Slg 2003, I-13187, Rn 36; Rs. C-200/02 (Zhu und Chen), Slg 2004, I-9925, Rn 34 ff.

130 EuGH, Rs. C-109/01 (Akrich), Slg 2003, I-9607, Rn 57 f.

131 BVerwG, NVwZ 2011, 495. *Oberhäuser*, NVwZ 2012, 25 ff.

132 Vgl meinen Überblick in der 1. Aufl., Rn 32 ff.

133 Vom 29.4.2004, ABl. Nr. L 229/35 (= Sartorius II Nr. 177).

134 Zur näheren Auslegung der Begriffe „begleiten“ und „nachziehen“ vgl EuGH, Rs. C-551/07 (Sahin), Slg 2008, I-10453, NVwZ 2009, 293 ff mwN.

135 Dazu zählt nunmehr nach Art. 2 Ziff. 2 Buchst. b RL 2004/38/EG auch ein Lebenspartner, mit dem der Unionsbürger eine eingetragene Partnerschaft eingegangen ist, sofern eine solche nach den Rechtsvorschriften des Aufnahmemitgliedstaats der Ehe gleichgestellt ist und die in seinen einschlägigen Rechtsvorschriften vorgesehenen Bedingungen erfüllt sind. Für andere Lebenspartner, mit denen Unionsbürger eine ordnungsgemäß bescheinigte dauerhafte Beziehung eingegangen sind, muss der Aufnahmemitgliedstaat nach Maßgabe seiner innerstaatlichen Rechtsvorschriften zumindest die Einreise und den Aufenthalt erleichtern (Art. 3 Abs. 2 Buchst. b RL 2004/38/EG). Kritisch *McGlynn*, International Law Forum 7 (2005), 159, 160 f. Art. 2 Ziff. 2 Buchst. b RL 2004/38/EG lässt einem Mitgliedstaat aber anscheinend keinen Spielraum, der in einem anderen Mitgliedstaat geschlossenen echten Ehe zwischen zwei gleichgeschlechtlichen Partnern die Anerkennung zu versagen.

136 Vgl die Aufhebungsbestimmung des Art. 38 RL 2004/38/EG.

137 Vom 5.4.2011 (aktuelle Fassung in Sartorius II Nr. 180). Diese VO hat die VO 1612/68 ersetzt.

Die RL 2004/38/EG regelt nach ihrem Art. 1 im Detail die Bedingungen, unter denen Unionsbürger und ihre Familienangehörigen das **Recht auf Freizügigkeit** (**Einreise und Ausreise**) **und Aufenthalt** im Hoheitsgebiet der Mitgliedstaaten genießen, ein Recht auf vorübergehenden Aufenthalt oder Daueraufenthalt haben sowie die Beschränkungen dieser Rechte aus Gründen der öffentlichen Ordnung, Sicherheit oder Gesundheit.[138] Ein Recht auf Daueraufenthalt erwerben Unionsbürger und bei ihnen lebende Familienangehörige auch aus Drittstaaten ohne weitere Bedingungen, wenn sie sich fünf Jahre lang rechtmäßig im Aufnahmemitgliedstaat aufgehalten haben.[139] Je länger sich ein Unionsbürger kontinuierlich in einem anderen Mitgliedstaat aufgehalten hat und je enger er dementsprechend dort integriert ist, desto mehr verfestigt sich sein Aufenthaltsstatus und desto schwieriger wird es aus Gründen der Verhältnismäßigkeit für den Aufenthaltsstaat, ihn auszuweisen.[140] Verfahrensgarantien zugunsten von Ausländern, die der EuGH richterrechtlich entwickelt hat, und das Verbot des Rechtsmissbrauchs werden in Art. 30, 31 und 35 der RL kodifiziert. Verstöße gegen die zur Umsetzung dieser RL erlassenen einzelstaatlichen Vorschriften müssen mit wirksamen, aber verhältnismäßigen Sanktionen geahndet werden.[141] Nach Art. 37 RL 2004/38/EG bleiben günstigere innerstaatliche Rechts- und Verwaltungsvorschriften unberührt. 39

Die Freizügigkeitsrichtlinie ist nach Art. 288 Abs. 3 AEUV – anders als nach Art. 288 Abs. 2 Satz 2 AEUV die VO 492/2011 – grundsätzlich nicht unmittelbar in Deutschland wirksam, sondern nur in Gestalt ihrer Umsetzung im **Gesetz über die allgemeine Freizügigkeit von Unionsbürgern** (**Freizügigkeitsgesetz/EU**).[142] Allerdings sind die deutschen Gesetzesnormen nach der ständigen Rspr des EuGH von den deutschen Behörden und Gerichten nach Möglichkeit richtlinienkonform auszulegen.[143] Sollte dies unmöglich sein, sind seit dem Ablauf der Umsetzungsfrist am 30.4.2006[144] inhaltlich unbedingte und hinreichend genaue Richtlinienbestimmungen zugunsten der EU-Ausländer im Verhältnis zu den deutschen Behörden unmittelbar anwendbar (vertikale Direktwirkung).[145] EU-Ausländer können aus diesen recht zahlreichen Bestimmungen vor den deutschen Gerichten einklagbare subjektive Rechte herleiten, die am Vorrang des Unionsrechts teilhaben.[146] 40

3. Insbesondere: Freizügigkeitsrechte Studierender und Ansprüche auf finanzielle Förderung

Die Freizügigkeitsrechte Studierender und damit zusammenhängende Ansprüche auf finanzielle Förderung haben den EuGH des Öfteren beschäftigt. An ihrem Beispiel lässt sich das Zusammenwirken der verschiedenen primär- und sekundärrechtlichen Regelungen aufzeigen. Die noch nicht ins Erwerbsleben eingetretenen Studierenden genießen Freizügigkeit kraft Art. 56 ff AEUV, wenn sie im EU-Ausland die **Dienste einer privaten Hochschule gegen Entgelt in Anspruch nehmen.**[147] Dies trifft aber nicht zu, wenn sie an einer staatlichen Hochschule eine bloße Verwaltungsgebühr zu entrichten haben, die keine echte wirtschaftliche Gegenleistung darstellt.[148] Da die in einigen deutschen Ländern zeitweise bestehenden Studiengebühren die tatsächlichen Kosten des Studienangebots nicht einmal annähernd abdeckten, erfüllten auch sie nicht die Voraussetzungen des Entgeltbegriffs in Art. 57 Abs. 1 AEUV. 41

Studierende behalten indessen ihr in Art. 45 AEUV verankertes Aufenthaltsrecht, wenn sie als **EU-ausländische Wanderarbeitnehmer** in den Aufnahmemitgliedstaat gekommen sind und nach Ausübung einer Berufstätigkeit ein Hochschulstudium aufgenommen haben, das zu einem berufsquali- 42

---

138 Zu diesen Beschränkungen näher Art. 27 ff RL 2004/38/EG.

139 Näher Art. 16 ff RL 2004/38/EG.

140 Art. 28 RL 2004/38/EG. Vgl EuGH, Rs. C-400/12 (M.G.), Urt. v. 16.1.2014, ECLI:EU:C:2014:9.

141 Art. 36 RL 2004/38/EG.

142 Vom 30.7.2004, mit späteren Änderungen in Sartorius I Nr. 560.

143 *Streinz*, Europarecht, 9. Aufl. 2012, Rn 477 ff.

144 Art. 40 Abs. 1 RL 2004/38/EG.

145 *Streinz* (Fn 142), Rn 488 ff.

146 Vgl Erklärung zum Vorrang im Anhang zur Schlussakte der Regierungskonferenz von Lissabon, ABl. 2007 Nr. C 306/256.

147 § 2 Abs. 2 Ziff. 4 FreizügG/EU.

148 EuGH, Rs. C-109/92 (Wirth), Slg 1993, I-6447, Rn 13 ff.

fizierenden Abschluss führt, sofern eine Kontinuität zwischen der früheren Berufstätigkeit und dem Studium besteht. Die Erfüllung dieser Kontinuitätsbedingung kann aber dann nicht verlangt werden, wenn der Wanderarbeitnehmer unfreiwillig arbeitslos geworden ist und ihn die Lage auf dem Arbeitsmarkt des Aufnahmemitgliedstaats zu einer Umschulung zwingt.[149] Diese Studierenden gelten dann weiterhin als aufenthaltsberechtigte Arbeitnehmer im europarechtlichen Sinne mit der Folge, dass sie auch Anspruch auf die gleichen sozialen Vergünstigungen wie inländische Arbeitnehmer haben (Art. 7 Abs. 2 VO 492/2011).[150] Dieser Personenkreis wird von § 2 Abs. 2 Ziff. 1, 3. Var. FreizügG/EU erfasst.

43 Als **Familienangehörige** EU-ausländischer Arbeitnehmer genießen Studierende Aufenthaltsrechte nach Art. 6 ff (vorübergehender Aufenthalt), 16 ff (Daueraufenthalt) RL 2004/38/EG und haben nach Art. 10 VO 492/2011 Anspruch auf Zugang zur Schul- und Berufsausbildung unter den gleichen Bedingungen wie die Staatsangehörigen des Aufnahmemitgliedstaats. Sie fallen unter §§ 2 Abs. 2 Ziff. 6, 3 FreizügG/EU.

44 Allen übrigen Studierenden sowie ihren Ehegatten, eingetragenen Lebenspartnern[151] und unterhaltsberechtigten Kindern, nicht ohne weiteres aber ihren Verwandten in aufsteigender Linie, gewährt die **FreizügigkeitsRL** subsidiär ein auf die Dauer der Ausbildung beschränktes Aufenthaltsrecht, sofern sie über einen umfassenden Krankenversicherungsschutz im Aufnahmemitgliedstaat verfügen und glaubhaft machen, dass sie für sich und ihre Familienangehörigen über ausreichende Existenzmittel verfügen, um während ihres Aufenthalts keine Sozialhilfeleistungen dieses Staates in Anspruch nehmen zu müssen.[152] Da dieses Aufenthaltsrecht ihnen nur den nichtdiskriminierenden Zugang zur Ausbildung einschließlich einer Berufsausbildung ermöglichen soll, beruht die RL insoweit auf der Ermächtigungsgrundlage in Art. 18 Abs. 2 AEUV (früher: Art. 12 Abs. 2 EGV).[153] Studierende müssen bei einer staatlich anerkannten oder finanzierten privaten oder öffentlichen Einrichtung zur Absolvierung einer Ausbildung einschließlich einer Berufsausbildung als Hauptzweck eingeschrieben sein. Diese Vorgaben hat Deutschland in §§ 2 Abs. 2 Ziff. 5, 4 FreizügG/EU umgesetzt.

45 In jüngster Zeit war der EuGH mehrfach mit Fällen befasst, in denen Mitgliedstaaten die finanzielle Förderung von Auslandstudien verweigert hatten. Er entschied dazu beispielsweise, dass ein Mitgliedstaat (die Niederlande) gegen Art. 45 Abs. 2 AEUV und Art. 7 Abs. 2 VO 492/2011 verstößt, wenn er die Finanzierung des Auslandsstudiums eines Familienangehörigen, der von einem EU-ausländischen Wanderarbeitnehmer unterhalten wird, davon abhängig macht, dass dieser Familienangehörige in den Niederlanden für eine Mindestdauer seinen Wohnsitz gehabt hat.[154] Ein Verstoß gegen Art. 7 Abs. 2 VO 492/2011 in der Form einer mittelbaren Diskriminierung gegenüber inländischen Arbeitnehmern liegt vor, wenn ein Mitgliedstaat (Luxemburg) die Kinder von Grenzgängern von der Gewährung einer finanziellen Studienbeihilfe für ein Auslandsstudium ausschließt, falls die Grenzgänger diese Kinder weiterhin unterhalten und in Luxemburg seit längerer Zeit eine dauerhafte Beschäftigung ausüben.[155] Schließlich hat es der EuGH als unvereinbar mit Art. 20 und 21 AEUV angesehen, dass ein Mitgliedstaat (Deutschland) die Ausbildungsförderung

149 EuGH, Rs. C-413/01 (Ninni-Orasche), Slg 2003, I-13187, Rn 34 ff mwN (kodifiziert in Art. 7 Abs. 3 Buchst. d RL 2004/38/EG).

150 Vom 5.4.2011 (Sartorius II Nr. 180).

151 Eingetragene Lebenspartner nach dem Recht eines Mitgliedstaats gelten nach Art. 2 Ziff. 2 Buchst. b RL 2004/38/EG nur als Familienangehörige, sofern nach den Rechtsvorschriften des Aufnahmemitgliedstaats die eingetragene Partnerschaft der Ehe gleichgestellt ist und die dort vorgesehenen Bedingungen erfüllt sind. S.o. Fn 134.

152 Art. 7 Abs. 1 Buchst. c, Abs. 4 RL 2004/38/EG.

153 Vgl EuGH, Rs. C-295/90 (Studentenrichtlinie), Slg 1992, I-4193. Zum Anspruch auf diskriminierungsfreie Hochschulzulassung aus Art. 12 EGV (jetzt Art. 18 AEUV) vgl EuGH,Rs. C-147/03 (Kommission/Österreich), Slg 2005, I-5969 = EuZW 2005, 465 ff; *Hilpold*, EuZW 2005, 647 ff sowie EuGH, Rs. C-73/08 (Bressol), Slg 2010, I-2735 – dazu *Reich*, EuZW 2009, 637 f.

154 EuGH, Rs. C-542/09 (Kommission ./. Niederlande), Urt. v. 14.6.2012, ECLI:EU:C:2012:346.

155 EuGH, Rs. C-20/12 (Giersch u.a.), Urt. v. 20.6.2013, ECLI:EU:C:2013:411.

für ein Auslandsstudium eigener Staatsangehöriger davon abhängig macht, dass diese mindestens drei Jahre vor dessen Beginn einen ständigen Wohnsitz in Deutschland hatten.[156]

4. Art. 21 AEUV als rangvereinheitlichende deklaratorische Freizügigkeitsverbürgung

Wenn Art. 21 Abs. 1 AEUV vor diesem Hintergrund jedem Unionsbürger im Hoheitsgebiet der Mitgliedstaaten Bewegungsfreiheit und Aufenthaltsrecht gewährleistet, jedoch nur vorbehaltlich der in den Verträgen und den sekundärrechtlichen Durchführungsbestimmungen vorgesehenen Beschränkungen und Bedingungen,[157] so erweitert er den **freizügigkeitsrechtlichen acquis communautaire** nicht, sondern gibt dessen vorstehend beschriebenen Umfang nur **deklaratorisch wieder**. Soweit Freizügigkeitsrechte für Unionsbürger schon in anderen Artikeln des AEUV, insbesondere den Grundfreiheiten, verankert sind (siehe oben Rn 36), gehen diese dem Art. 21 Abs. 1 AEUV als Spezialvorschriften vor.[158] Soweit der freizügigkeitsrechtliche Acquis aber lediglich sekundärrechtlich geregelt ist, wertet Art. 21 Abs. 1 AEUV diese Gewährleistungen primärrechtlich auf, ohne sie inhaltlich zu erweitern.[159] Diese Rangerhöhung erfolgt auch nur zugunsten von Unionsbürgern, nicht zugunsten von Drittstaatsangehörigen (zB Familienmitgliedern). Im Ergebnis hebt Art. 21 Abs. 1 AEUV die verschiedenen Freizügigkeitsrechte der Unionsbürger lediglich vereinheitlichend auf Primärrechtsniveau, ist also funktional ziemlich begrenzt. Nichts anderes gilt für seine deklaratorische Übernahme in Art. 45 Abs. 1 GRC, die nach Art. 6 Abs. 1 EUV ebenfalls Primärrechtsrang besitzt. Denn nach Art. 52 Abs. 2 GRC erfolgt die Ausübung der durch die Charta anerkannten Rechte, die in den Verträgen geregelt sind, im Rahmen der dort festgelegten Bedingungen und Grenzen. 46

Der EuGH hat nach anfänglichem Zögern klargestellt, dass Unionsbürger, die keine wirtschaftliche Tätigkeit im Sinne der Art. 45, 49 oder 56 AEUV ausüben, **unmittelbar aus Art. 21 Abs. 1 AEUV** – unter den dort in Bezug genommenen Bedingungen und Beschränkungen – ein Recht auf Aufenthalt in einem Mitgliedstaat herleiten können, dessen Staatsangehörigkeit sie nicht besitzen.[160] Während der Aufenthalt und die Freizügigkeit im eigenen Heimatstaat für Unionsbürger, die nur eine Staatsangehörigkeit besitzen und nie von ihrem Recht auf grenzüberschreitende Freizügigkeit Gebrauch gemacht haben, als rein interne Angelegenheit außerhalb des Anwendungsbereichs des Europarechts liegt,[161] können sie sich dem eigenen Heimatstaat gegenüber auf Art. 21 Abs. 1 AEUV berufen, wenn dieser sie an der Ausreise in einen anderen Mitgliedstaat hindern will[162] oder sie deswegen benachteiligt, weil sie von ihrem Freizügigkeitsrecht Gebrauch gemacht haben.[163] Gleiches gilt, wenn sie sich in Ausübung ihres Freizügigkeitsrechts für eine gewisse Dauer in einem anderen EU-Mitgliedstaat aufgehalten haben und danach in ihren Heimatstaat zurückkehren wollen. Dies hat zur Folge, dass sich in derartigen Rückkehrfällen für ihre Familienangehörigen, die nicht Unionsbürger sind, aus Art. 21 Abs. 1 AEUV ein abgeleitetes Aufenthaltsrecht 47

156 EuGH, verb. Rs. C-523/11 und C-585/11 (Prinz und Seeberger), Urt. v. 18.7.2013, ECLI:EU:C:2013:524.

157 Das Staatsoberhaupt eines EU-Mitgliedstaats kann aus Art. 21 Abs. 1 AEUV kein Recht als Unionsbürger auf eine als privat deklarierte Einreise in einen anderen EU-Mitgliedstaat herleiten. Insoweit überlagern die völkerrechtlichen Regeln über den Status ausländischer Staatsoberhäupter die EU-rechtlichen Freizügigkeitsregeln: EuGH, Rs. C-364/10 (Ungarn ./. Slowakei), Urt. v. 16.10.2012, ECLI:EU:C:2012:630.

158 *Scheuing*, EuR 2003, 763 f.

159 *Kadelbach*, in: v. Bogdandy (Hrsg.), S. 627; *Schönberger*, S. 322 ff.

160 EuGH, Rs. C-413/99 (Baumbast), Slg 2002, I-7091, Rn 30 ff; Rs. C-200/02 (Zhu und Chen), Slg 2004, I-9925, Rn 26 (st. Rspr). Vgl *Kokott*, in: FS Tomuschat, S. 207 ff.

161 Demgegenüber wollen zB *Hatje* (in: Schwarze [Hrsg.], EU-Kommentar, 3. Aufl. 2012, Art. 21 AEUV, Rn 9 aE) und *Frenz*, Rn 2969 den Art. 21 Abs. 1 AEUV auch auf reine Inlandssachverhalte anwenden.

162 Vgl EuGH, Rs. C-200/02 (Zhu und Chen), Slg 2004, I-9925, Rn 18 f.

163 EuGH, verb. Rs. C-11/06 und C-12/06 (Morgan), Slg 2007, I-9161 = EuZW 2007, 767 ff; Rs. C-499/06 (Nerkowska), Slg 2008, I-3993. Nationalrechtliche Benachteiligungen für die Ausübung des Freizügigkeitsrechts sind nur zu rechtfertigen, „wenn sie auf objektiven, von der Staatsangehörigkeit der Betroffenen unabhängigen Erwägungen des Allgemeininteresses beruhen, die in einem angemessenen Verhältnis zu dem mit dem nationalen Recht verfolgten Zweck stehen" (EuGH, Rs. C-406/04 (De Cuyper), Slg 2006, I-6947, Rn 40). Zum Sozialleistungsexport näher *Düsterhaus*, EuZW 2008, 103 ff.

ergibt.[164] Freizügigkeitsberechtigt sind selbst Kleinkinder, die noch nicht in der Lage sind, ihre Rechte selbstständig auszuüben.[165] Die Rspr des EuGH tendiert dazu, Art. 21 Abs. 1 AEUV in Anlehnung an die Grundfreiheiten als Beschränkungsverbot zu verstehen – mit der Folge, dass eine Vielzahl nationaler Regelungen der Herkunfts- und der Aufnahmemitgliedstaaten, die eine Ausübung des Freizügigkeitsrechts auch nur weniger attraktiv machen, als rechtfertigungsbedürftige Eingriffe erscheinen. Über die damit möglicherweise einhergehende Ausweitung der Freizügigkeit zu einem uferlosen „Auffanggrundrecht“ ist noch nicht hinreichend nachgedacht worden.[166]

48 Wenngleich dieses aus Art. 21 Abs. 1 AEUV folgende Freizügigkeitsrecht also keinen eigenständigen materiellen Gehalt hat, sondern von den im Sekundärrecht geregelten Beschränkungen und Bedingungen abhängig bleibt, ist es doch nicht bedeutungslos. Denn nach allgemeinen Grundsätzen sind die **Sekundärrechtsakte im Lichte der primärrechtlichen Rechteverbürgung auszulegen.**[167] Sie dürfen daher Art. 21 Abs. 1 AEUV insbesondere nicht völlig entleeren. Der EuGH neigt dazu, Individualrechtsverbürgungen in den Verträgen – insbesondere die Freizügigkeit als eine der Grundlagen der Union – extensiv und Einschränkungen restriktiv zu interpretieren.[168] Im Übrigen sind die Beschränkungen und Bedingungen im Einklang mit den allgemeinen Grundsätzen des Europarechts, insbesondere den Grundrechten und dem Verhältnismäßigkeitsgrundsatz, anzuwenden.[169]

49 Soweit das Freizügigkeitsstreben einer Unionsbürgerin primär- und sekundärrechtlich überhaupt nicht geregelt wäre, wüchse ihr aus Art. 21 Abs. 1 AEUV ein eigenständiges primärrechtliches Freizügigkeitsrecht zu. Dies würde selbstverständlich nur für echte Regelungslücken gelten, nicht dagegen für Negativregelungen in dem Sinne, dass ein bestimmtes Freizügigkeitsstreben an einer primär- oder sekundärrechtlich vorgegebenen Bedingung oder Beschränkung scheitert. Gegenwärtig gibt es angesichts der allgemeinen Freizügigkeitsrichtlinie (RL 2004/38/EG) keine Regelungslücke in Bezug auf die Freizügigkeit der Unionsbürger. Solange Primär- und Sekundärrecht die Freizügigkeit aber anderweitig umfassend regeln, **hat Art. 21 Abs. 1 AEUV keine inhaltliche Bedeutung.**

5. Beschränkungen und Bedingungen der Freizügigkeit und Regelungskompetenz der EU

50 Art. 21 Abs. 1 AEUV stellt Freizügigkeit und Aufenthaltsrecht der Unionsbürger unter den Vorbehalt der Beschränkungen und Bedingungen, die anderenorts in den Verträgen und im Sekundärrecht festgelegt sind.[170] Soweit die Freizügigkeit in anderen Vertragsvorschriften speziell geregelt ist, verdrängen diese die allgemeine Bestimmung in Art. 21 Abs. 1 AEUV. Der Hinweis auf primärrechtliche Beschränkungen und Bedingungen – das sind insbesondere die eng auszulegenden **Ordre-public-Vorbehalte** in Art. 45 Abs. 3, 51, 62 AEUV[171] – dient allein der Klarstellung dieses Spezialitätsverhältnisses.[172] Materielle Bedeutung gewinnt demgegenüber die Unterstellung der primärrechtlich aufgewerteten Freizügigkeit unter bereits vorhandene, aber auch zukünftige Bedingungen und Beschränkungen sekundärrechtlicher Art, die den vertragsrechtlichen Garantien eigentlich rangmäßig untergeordnet sind. Dadurch wird der Sache nach ein europarechtlicher Gesetzesvorbe-

164 EuGH, Rs. C-456/12 (Minister voor Immigratie ./. O. u. B.), ECLI:EU:C:2014:135. Die RL 2004/38/EG ist dann entsprechend anwendbar. S. auch EuGH, Rs. C- 457/12 (S. u. G. ./. Minister voor Immigratie, ECLI:EU:C:2014:136.

165 EuGH, Rs. C-200/02 (Zhu und Chen), Slg 2004, I-9925, Rn 20. *Seyr/Rümke*, EuR 2005, 667 ff.

166 *Wollenschläger*, ZEuS 2009, 41 ff; vgl auch *Schweitzer*, Art. 18 Abs. 1 EGV – Die fünfte Grundfreiheit, in: Frieden in Freiheit. FS Michael Bothe, 2008, S. 1159, 1170 f.

167 *Kadelbach*, in: v. Bogdandy (Hrsg.), S. 626 f; *Schönberger*, S. 322 ff.

168 EuGH, Rs. C-357/98 (Yiadom), Slg 2000, I-9265, Rn 24 f; Rs. C-200/02 (Zhu und Chen), Slg 2004, I-9925, Rn 29 ff, 45 f; Rs. C-215/03 (Oulane), Slg 2005, I-1215, EuGRZ 2005, 135, Rn 16.

169 EuGH, Rs. C-413/99 (Baumbast), Slg 2002, I-7091, Rn 91 ff.

170 Ebenso Art. 45 Abs. 1, 52 Abs. 2 GRC.

171 Vgl dazu nur EuGH, verb. Rs. C-482 und 493/01 (Orfanopoulos), Slg 2004, I-5257; BVerwG 3.8.2004 – 1 C 30.03, NVwZ 2005, 220. Näher *Pache*, § 10, Rn 79 ff, 115 ff, 146 ff, 188 ff.

172 Eine über den Ordre-public-Vorbehalt hinausgehende Bereichsausnahme zugunsten verteidigungspolitisch motivierter Maßnahmen der Mitgliedstaaten kannte der EG-Vertrag nicht (so zu Recht *Scheuing*, EuR 2003, 769 mit Fn 123, gegen BVerwGE 110, 40); Gleiches gilt für den AEUV.

halt eingeführt, dessen Gebrauch an keine ausdrücklichen, wohl aber an ungeschriebene Voraussetzungen gebunden ist (siehe oben Rn 48).

Die wesentlichsten sekundärrechtlichen Beschränkungen und Bedingungen dienen über den auch hier selbstverständlichen Ordre-public-Vorbehalt[173] hinaus der **Verhinderung von „Sozialtourismus“**.[174] Die Freizügigkeitsrichtlinie 2004/38/EG unterscheidet dabei in folgender Weise einerseits nach der Aufenthaltsdauer, andererseits nach dem Aufenthaltszweck: 51

Unionsbürger und ihre Familienangehörigen (auch Drittstaater), die sie begleiten oder ihnen nachziehen, haben das **Aufenthaltsrecht** in einem anderen Mitgliedstaat **für bis zu drei Monate** ohne weitere Bedingung als den Besitz eines gültigen Personalausweises oder Reisepasses.[175] Auf ihren Aufenthaltszweck kommt es nicht an. 52

Ein **Recht auf Aufenthalt für mehr als drei Monate** haben Unionsbürger, die nicht als Arbeitnehmer, mit Erfolgsaussicht Arbeitssuchende oder Selbstständige im Aufnahmemitgliedstaat sind, nur, wenn sie für sich und ihre Familienangehörigen über einen umfassenden Krankenversicherungsschutz im Aufnahmemitgliedstaat und ausreichende Existenzmittel verfügen, so dass sie keine Sozialhilfeleistungen dieses Staates in Anspruch nehmen müssen.[176] Diese Voraussetzungen müssen nachgewiesen werden.[177] Personen, die bei einer staatlich anerkannten oder finanzierten privaten oder öffentlichen Einrichtung zur Absolvierung einer Ausbildung einschließlich einer Berufsausbildung als Hauptzweck eingeschrieben sind und über einen umfassenden Krankenversicherungsschutz im Aufnahmemitgliedstaat verfügen, müssen der zuständigen nationalen Behörde – wie bisher – lediglich glaubhaft machen, dass sie für sich und ihre Familienangehörigen über ausreichende Existenzmittel verfügen, so dass sie während ihres Aufenthalts keine Sozialhilfeleistungen des Aufnahmemitgliedstaats in Anspruch nehmen müssen.[178] 53

Die vorgenannten Aufenthaltsrechte bestehen grundsätzlich nur, solange die Berechtigten deren Bedingungen erfüllen. Der tendenziell freizügigkeitsfreundlichen Rechtsprechung des EuGH steht allerdings eine zunehmend restriktive Praxis der Mitgliedstaaten gegenüber.[179] Die Diskussion um „Armutseinwanderung“ von Unionsbürgern unter Ausnutzung ihrer europarechtlich verbürgten Freizügigkeitsrechte wird auch in Deutschland kritisch geführt.[180] Das Aufenthaltsrecht eines Unionsbürgers erlischt jedenfalls nicht stets und automatisch, wenn staatliche Unterstützung in Anspruch genommen wird. Vielmehr bleibt das Kurzaufenthaltsrecht bis zu drei Monaten Unionsbürgern und ihren Familienangehörigen erhalten, „solange sie die Sozialhilfeleistungen des Aufnahmemitgliedstaats nicht unangemessen in Anspruch nehmen.“[181] Auch bei Unionsbürgern und Familienangehörigen mit Aufenthaltsrecht für mehr als drei Monate darf die Inanspruchnahme von Sozialhilfeleistungen nicht automatisch zu einer Ausweisung führen.[182] Diese Regelungen greifen die Rechtsprechung des EuGH zur früheren Rechtslage auf, nach der das Sekundärrecht eine **bestimmte finanzielle Solidarität** der Angehörigen des Aufenthaltsstaats mit denen der anderen Mitgliedstaaten anerkenne, insbesondere wenn die Finanzprobleme des Aufenthaltsberechtigten, zu 54

173 Art. 27 ff RL 2004/38/EG: öffentliche Ordnung, Sicherheit und Volksgesundheit als Gründe für mitgliedstaatliche Einschränkungen.

174 Vgl allgemein *Kingreen*, Soziale Rechte und Migration, 2010.

175 Art. 6 RL 2004/38/EG.

176 Art. 7 Abs. 1 Buchst. b RL 2004/38/EG.

177 Art. 8 Abs. 3, 2. Variante RL 2004/38/EG.

178 Art. 7 Abs. 1 Buchst. c, Art. 8 Abs. 3, 3. Variante RL 2004/38/EG.

179 Vgl exemplarisch die Analyse der Umgangsweise Frankreichs mit Roma aus Bulgarien und Rumänien in *Carrera*, CEPS Paper in Liberty and Security in Europe No. 55, 2013.

180 *Frenz*, NJW 2013, 1210 ff.

181 Art. 14 Abs. 1 RL 2004/38/EG. Vgl EuGH, Rs. C-456/02 (Trojani), Slg 2005, I-7537, EuZW 2005, 307, Rn 32 ff.

182 Art. 14 Abs. 2 und 3 RL 2004/38/EG. Vgl die Erläuterungen in der 16. Begründungserwägung der Präambel dieser RL.

deren Linderung er Sozialhilfe in Anspruch nehme, nur vorübergehender Natur seien.[183] Für fünfzehn EU-Mitgliedstaaten, darunter Deutschland, ergibt sich diese Rechtsfolge auch aus dem Europäischen Fürsorgeabkommen.[184] Allein wegen der Inanspruchnahme von Sozialhilfeleistungen dürfen Unionsbürger oder ihre Familienangehörigen keinesfalls ausgewiesen werden, wenn die Unionsbürger Arbeitnehmer oder Selbstständige sind oder ernsthaft und mit begründeter Erfolgsaussicht im Aufnahmemitgliedstaat Arbeit suchen.[185]

55 Ein in dieser Form **neues Recht auf Daueraufenthalt** erwerben Unionsbürger und ihre Familienangehörigen schließlich nach rechtmäßigem fünfjährigen ununterbrochenen Aufenthalt ohne weitere Voraussetzungen,[186] aus dem Erwerbsleben ausgeschiedene EU-Ausländer uU schon früher.[187] Ihr Daueraufenthaltsrecht wird durch die Inanspruchnahme von Sozialhilfeleistungen nicht in Frage gestellt.

56 Nach Maßgabe der Ermächtigungsgrundlagen in Art. 18 Abs. 2, 46, 50 und 59 AEUV kann der **Unionsgesetzgeber** die in Art. 21 Abs. 1 AEUV in Bezug genommenen sekundärrechtlichen Beschränkungen und Bedingungen der Freizügigkeit jederzeit modifizieren und damit auch verschärfen, ohne allerdings den Wesensgehalt der für die europäische Integration schlechthin konstituierenden Freizügigkeit aushöhlen zu dürfen.[188] Art. 21 Abs. 2 AEUV gibt ihm eine zusätzliche Regelungsbefugnis in Bereichen, die von den vorhandenen Ermächtigungsgrundlagen nicht erfasst werden, allerdings nur zu dem Zweck, die Ausübung der Freizügigkeitsrechte zu erleichtern. Für die Ausübung dieser Kompetenz gilt – wie für diejenige nach den vorgenannten Spezialvorschriften – das ordentliche Gesetzgebungsverfahren nach Art. 289 Abs. 1, 294 AEUV, in dem Rat und Europäisches Parlament Gesetzgebungsakte gemeinsam erlassen, wobei der Rat grundsätzlich mit qualifizierter Mehrheit beschließt.[189] Soweit es um freizügigkeitserleichternde Maßnahmen geht, welche die soziale Sicherheit oder den sozialen Schutz betreffen, beschließt der Rat in einem besonderen Gesetzgebungsverfahren einstimmig nach bloßer Anhörung des Europäischen Parlaments.[190]

6. Anspruch von EU-Ausländern auf Gleichbehandlung bei Sozialleistungen

57 Obwohl nach dem Vorstehenden die Freizügigkeit durch Angewiesensein auf Sozialleistungen in Frage gestellt wird (siehe oben Rn 54), hat der EuGH Ansprüche ausländischer Unionsbürger auf Gleichbehandlung bei der Gewährung von Sozialhilfe maßgeblich mit ihrem Unionsbürgerstatus begründet.[191] Die eigentliche Anspruchsgrundlage entnimmt der Gerichtshof dem Diskriminierungsverbot des Art. 18 Abs. 1 AEUV, das jedoch nur **im persönlichen und sachlichen Anwendungsbereich der Verträge** wirkt. Sozialhilfeleistungen sollen ebenso in deren sachlichen Anwendungsbereich fallen[192] wie Stipendien für Studierende zur Deckung ihrer Unterhaltskosten[193] oder Zusatzrenten, die als beitragsunabhängige Sozialleistung Rentnern zur Erreichung der national vorgesehenen Mindestrentenhöhe gewährt werden.[194] Der persönliche Anwendungsbereich der Verträge kann mit einer Grundfreiheit oder mit Art. 21 Abs. 1 AEUV begründet werden, wenn sich der ausländische Unionsbürger, der Gleichbehandlung bei der Gewährung von Sozialleistungen beansprucht, aufgrund seines aus diesen Vorschriften ableitbaren Freizügigkeitsrechts im anderen Mit-

183 EuGH, Rs. C-184/99 (Grzelczyk), Slg 2001, I-6193, Rn 42 ff (betr. Studierende). Kritisch *Hailbronner*, NJW 2004, 2185 ff.

184 Vom 11.12.1953 (CETS No. 14 = BGBl. 1956 II S. 564).

185 Art. 14 Abs. 4 RL 2004/38/EG.

186 Art. 16 RL 2004/38/EG.

187 Art. 17 RL 2004/38/EG.

188 *Hatje*, in: Schwarze (Hrsg.), EU-Kommentar, 3. Aufl. 2012, Art. 21 AEUV, Rn 15; *Frenz*, Rn 3009.

189 Art. 16 Abs. 3 bis 5 EUV.

190 Art. 21 Abs. 3 AEUV. Zur bisherigen Rechtslage *Frenz*, Rn 3014 ff.

191 Ständige Rspr seit EuGH, Rs. C-85/96 (Sala), Slg 1998, I-2691. *Martínez Soria*, JZ 2002, 643 ff.

192 So EuGH, Rs. C-456/02 (Trojani), Slg 2005, I-7573 = EuZW 2005, 307, Rn 42. Dagegen die Anm. von *Wollenschläger*, ebd, 312.

193 EuGH, Rs. C-209/03 (Bidar), Slg 2005, I-2119 = EuZW 2005, 276, Rn 38 ff mwN. Dagegen die Anm. von *Bode*, ebd, 280 ff.

194 EuGH, Rs. C-140/12 (Brey), Urt. v. 13.9.2013, ECLI:EU:C:2013:565.

gliedstaat aufhält.[195] Der Gerichtshof erlaubt es den Mitgliedstaaten aber stets, eine „unangemessene Belastung des nationalen Sozialhilfesystems“[196] zu verhindern. Maßstab für die „Angemessenheit“ ist vor allem die Enge der Beziehung, die der EU-ausländische Anspruchsteller zum betreffenden Mitgliedstaat aufgebaut hat.[197]

Anderes gilt indessen nach Art. 24 Abs. 2 iVm der 21. Präambelerwägung der RL 2004/38/EG. **58**
Damit hat der europäische Gesetzgeber versucht, auf Grund des Art. 18 Abs. 2 AEUV die Reichweite des allgemeinen Diskriminierungsverbots in Art. 18 Abs. 1 AEUV einzuschränken, um der sehr **gleichbehandlungsfreundlichen Rechtsprechung des EuGH entgegenzuwirken**. Danach ist der Aufnahmemitgliedstaat abweichend vom Gleichbehandlungsgrundsatz nicht allgemein verpflichtet, Unionsbürgern und ihren Familienangehörigen während der ersten drei Monate des Aufenthalts einen Anspruch auf Sozialhilfe oder vor Erwerb des Daueraufenthaltsrechts Studienbeihilfen zu gewähren. Dass der europäische Gesetzgeber zu einer solchen Einschränkung überhaupt befugt ist, wurde im Hinblick auf den Fundamentalcharakter des Diskriminierungsverbots mit gutem Grund bestritten.[198] Inzwischen hat der EuGH sich jedoch der gesetzgeberischen Entscheidung in Bezug auf Studienbeihilfen der Sache nach gebeugt.[199] Diese Entscheidung hat jedoch die Reichweite des Freizügigkeitsrechts von sozialhilfebedürftigen Unionsbürgern im Allgemeinen noch nicht endgültig geklärt.[200] Derzeit ist vor dem EuGH ein Vorabentscheidungsersuchen des BSG anhängig, in dem es um die Frage geht, ob der generelle Ausschluss arbeitsuchender EU-Ausländer, deren Aufenthaltsrecht in Deutschland sich aus Art. 45 AEUV ergibt, von Hartz IV-Leistungen nach § 7 Abs. 1 Nr. 2 SGB II mit dem Europarecht vereinbar ist.[201] In einem ähnlich gelagerten Verfahren aufgrund einer Vorlage des Sozialgerichts Leipzig kommt der Generalanwalt in seinen Schlussanträgen zum Ergebnis, dass der Ausschluss „[…] Staatsangehörige[r] der anderen Mitgliedstaaten auf der Grundlage eines allgemeinen Kriteriums – wie dem Grund der Ankunft im Staatsgebiet des Aufnahmemitgliedstaats –, das geeignet ist, das Fehlen einer tatsächlichen Verbindung mit diesem Staat nachzuweisen“, zulässig sei, um eine übermäßige Belastung für das Sozialhilfesystem des Aufenthaltsstaates zu verhindern.[202]

Darüber hinaus wird das allgemeine Diskriminierungsverbot des Art. 18 AEUV allein durch die **59**
Statusvorschrift der Art. 9 EUV, Art. 20 Abs. 1 AEUV anwendbar, selbst wenn die **Unionsbürgerin** kein primär- oder sekundärrechtlich verbürgtes Aufenthaltsrecht im anderen Mitgliedstaat hat. Voraussetzung dafür ist nur, dass sie **sich nach dem Recht des Aufnahmemitgliedstaats dort rechtmäßig aufhält.**[203] Allerdings geht der Unionsbürgerstatus durch unrechtmäßigen Aufenthalt nicht verloren, so dass die europarechtliche Herleitung des Rechtmäßigkeitserfordernisses unklar bleibt. Letztlich beruht es auf einer Vernunfterwägung, um die Mitgliedstaaten nicht zu überfordern: Diese müssen EU-Ausländer auch dann, wenn sie ihnen freiwillig Aufenthalt gewährt haben, ohne europarechtlich dazu verpflichtet zu sein, sozialhilferechtlich den eigenen Staatsangehörigen gleichstellen, dürfen aber Illegale diskriminieren. Die Schlechterbehandlung illegaler Ausländer stößt frei-

---

195 EuGH, Rs. C-274/96 (Bickel), Slg 1998, I-7637, Rn 15; Rs. C-184/99 (Grzelczyk), Slg 2001, I-6193, Rn 33; Rs. C-209/03 (Bidar), Slg 2005, I-2119 = EuZW 2005, 276, Rn 33.

196 EuGH, Rs. C-140/12 (Brey), Urt. v. 13.9.2013, ECLI:EU:C:2013:565, Rn 79.

197 *Thym*, NZS 2014, 86.

198 *Zuleeg*, in: v.d. Groeben/Schwarze (Hrsg.), EU-/EG-Vertrag, 6. Aufl. 2003, Art. 12 EG, Rn 21; *Streinz*, in: ders. (Hrsg.), 2. Aufl. 2012, Art. 20 AEUV, Rn 66. AA *Schönberger*, S. 407 ff.

199 EuGH, Rs. C-158/07 (Förster), Slg 2008, I-8507 = EuZW 2009, 44, 45 (Rn 55). *Schollmeyer*, DVBl. 2009, 823 ff; *Lindner*, NJW 2009, 1047 ff.

200 *Fuchs*, NZS 2014, 121 ff.

201 Vorlagebeschluss des BSG v. 12.12.2013 (B 4 AS 9/13 R), anhängig als Rs. C-67/14.

202 Schlussanträge des Generalanwalts vom 20.5.2014 in der Rs. C-333/13 (Dano), Rn 152.

203 EuGH, Rs. C-85/96 (Sala), Slg 1998, I-2691, Rn 61 ff; kritisch *Hailbronner*, NJW 2004, 2188; EuGH, Rs. C-456/02 (Trojani), Slg 2005, I-7573 = EuZW 2005, 307, Rn 37 ff; kritisch die Anm. von *Wollenschläger*, ebd, 311 ff.

lich auf gewisse menschenrechtliche Schranken, die im Völkerrecht zunehmend deutlicher werden,[204] aber auch im Europarecht wirken.[205]

60 Selbst bei rechtmäßigem Aufenthalt können EU-Ausländer in Bezug auf Sozialleistungen keine ausnahmslose Gleichstellung mit den Staatsangehörigen des Aufnahmemitgliedstaats beanspruchen. Der EuGH erlaubt diesem eine Rechtfertigung mittelbarer Diskriminierungen, bei denen als Unterscheidungskriterium nicht die Staatsangehörigkeit als solche, sondern ein anderes Merkmal (wie zB der Wohnsitz oder die dauerhafte Ansässigkeit) verwendet wird, das Inländer typischerweise wesentlich eher als Ausländer erfüllen können. Zu rechtfertigen ist ein so begründeter Ausschluss von Sozialleistungen aber nur dann, wenn er auf objektiven, von der Staatsangehörigkeit der Betroffenen unabhängigen Erwägungen beruht und in einem angemessenen Verhältnis zu dem Zweck steht, den die nationalen Rechtsvorschriften zulässigerweise verfolgen. Als legitimen Zweck hat es der EuGH angesehen, wenn vom Anspruchsteller der Nachweis verlangt wird, dass er sich **zu einem gewissen Grad in die Gesellschaft des Aufnahmemitgliedstaats integriert** hat (vgl Rn 57). Zu prüfen ist aber immer die Erforderlichkeit gerade des benutzten Kriteriums für die Erreichung dieses Zwecks.[206] Demgegenüber ist eine unmittelbare Diskriminierung aus Gründen der Staatsangehörigkeit von vornherein keiner Rechtfertigung durch ungeschriebene Gemeinwohlgründe zugänglich.[207]

7. Ausdehnung der Freizügigkeit auf Familienangehörige aus Drittstaaten

61 Sekundärrecht gewährt drittstaatsangehörigen Familienmitgliedern von Unionsbürgern im weiten Umfang Freizügigkeits- und Aufenthaltsrechte, ohne dass diese allerdings in Art. 21 Abs. 1 AEUV einbezogen würden. In einigen Sonderfällen hat der EuGH den primärrechtlich verbürgten Freizügigkeitsrechten von Unionsbürgern gewisse **Ausstrahlungswirkungen zugunsten ihrer drittstaatsangehörigen Familienmitglieder** zuerkannt. Auf diese Weise verschafft er sich die Möglichkeit, mitgliedstaatliche Einreise- bzw Aufenthaltsverbote gegen solche Drittstaatsangehörigen anhand der Grundrechte und des Verhältnismäßigkeitsgrundsatzes des Europarechts zu überprüfen, die nur eingreifen, soweit die Mitgliedstaaten Unionsrecht durchführen (siehe oben Rn 18).

62 Eine solche **reflexartige Begünstigung durch die unionsbürgerliche Freizügigkeit** hat der EuGH der philippinischen Ehefrau eines britischen Dienstleistungsunternehmers und dem marokkanischen Ehemann einer britischen Arbeitnehmerin gewährt, indem er die staatlichen Eingriffe in deren Aufenthalt implizit als mittelbare Eingriffe in die Aufenthaltsrechte der unionsbürgerlichen Ehegatten behandelte und anschließend an dem Art. 8 EMRK entsprechenden ungeschriebenen allgemeinen Grundsatz des Unionsrechts maß.[208] Ein reflexartiges Aufenthaltsrecht aus Art. 21 AEUV und der RL 2004/38/EG hat auch ein drittstaatsangehöriger Elternteil, der für ein Kleinkind (Unionsbürgerin) mit unbefristetem Aufenthaltsrecht in einem anderen Mitgliedstaat tatsächlich sorgt. Denn anders würde dem europarechtlichen Aufenthaltsrecht des Kindes jede praktische Wirksamkeit genommen.[209]

63 In einem vielfach kritisierten weiteren Schritt hat der EuGH diese Rechtsprechung auf einen Fall erstreckt, in dem das Kleinkind, das von einem drittstaatsangehörigen Elternteil unterhalten und

204 Vgl das Gutachten des Inter-Amerikanischen Gerichtshofs für Menschenrechte vom 17.9.2003, American Journal of International Law 99 (2005), 460 ff.

205 Nach der 5. Erwägung der Präambel der EU-Grundrechtecharta bekräftigt diese Rechte, die sich u.a. „aus den gemeinsamen internationalen Verpflichtungen der Mitgliedstaaten" ergeben.

206 EuGH, Rs. C-138/02 (Collins), Slg 2004, I-2703 Rn 65 ff (dazu *Niemann*, EuR 2004, 946 ff); Rs. C-209/03 (Bidar), Slg 2005, I-2119 = EuZW 2005, 276 Rn 49 ff; Rs. C-258/04 (Ioannidis), Slg 2005, I-8275; Rs. C-140/12 (Brey), Urt. v. 13.9.2013, ECLI:EU:C:2013:565, Rn 46 ff.

207 EuGH, Rs. C-456/02 (Trojani), Slg 2005, I-7573 = EuZW 2005, 307: in diesem Fall einer unmittelbaren Diskriminierung erwähnt der EuGH die Rechtfertigungsmöglichkeit nicht. Vgl *Magiera*, S. 449 ff.

208 EuGH, Rs. C-60/00 (Carpenter), Slg 2002, I-6279 mit krit. Anm. von *Mager*, JZ 2003, 204 ff; Rs. C-109/01 *(Akrich), Slg 2003, I-9607.* Die in der letztgenannten Entscheidung formulierte Bedingung, dass der Familienangehörige mit Drittstaatsangehörigkeit sich zuvor rechtmäßig in irgendeinem Mitgliedstaat aufgehalten haben müsse, hat der EuGH inzwischen aufgegeben; Rs. C-127/08 (Metock), Slg 2008, I-6241.

209 EuGH, Rs. C-200/02 (Zhu und Chen), Slg 2004, I-9925, Rn 45 ff.

betreut wurde, immer in dem Mitgliedstaat gelebt hatte, dessen Staatsangehörigkeit es besaß, also seinerseits noch nie von seinem Freizügigkeitsrecht Gebrauch gemacht hatte.[210] Hier behalf sich der Gerichtshof mit dem „Kernbereich der Unionsbürgerschaft“ des Kleinkindes: Art. 20 AEUV stehe nationalen Maßnahmen entgegen, die bewirkten, dass Unionsbürgern der tatsächliche Genuss des Kernbestands der Rechte, die ihnen der Unionsbürgerstatus verleihe, verwehrt werde. Eine solche Auswirkung trete ein, wenn dem drittstaatsangehörigen Elternteil der Aufenthalt und eine Arbeitserlaubnis in dem betreffenden Mitgliedstaat verwehrt würden. Dann würde das Kleinkind nämlich gezwungen, gemeinsam mit dem Elternteil das Gebiet der Union als Ganzes zu verlassen, und es würde ihm damit de facto unmöglich gemacht, den Kernbestand der Unionsbürgerrechte in Anspruch zu nehmen.[211] Ob die Weigerung eines Mitgliedstaats, einem Drittstaatsangehörigen eine Aufenthalts- und Arbeitserlaubnis zu erteilen, eine solche Folge hat, müssen die mitgliedstaatlichen Gerichte prüfen.[212] Dabei kommt es nicht auf die biologische Verwandtschaft zwischen dem kleinen Unionsbürger und dem Drittstaatsangehörigen an, sondern auf dessen rechtliche, finanzielle oder affektive Sorge für das Kind.[213] Wie der EuGH zwischenzeitlich geklärt hat, ist dieser Ansatz nicht auf erwachsene Unionsbürger anwendbar, deren drittstaatsangehörigen Ehegatten der Aufenthalt in der EU verwehrt wird und die daher vor der Wahl stehen, von dem Ehegatten getrennt zu leben oder die Union mit diesem zu verlassen, aber nicht faktisch zur Auswanderung gezwungen sind, wie ein Kleinkind.[214] Die deutschen Gerichte nehmen diese Kernbereichsrechtsprechung des EuGH eher zögerlich auf.[215]

III. Kommunalwahlrecht (Art. 22 Abs. 1 AEUV)

1. Politische Bedeutung und nationalverfassungsrechtliche Brisanz

Das in Art. 19 Abs. 1 Satz 1 EGV (jetzt Art. 22 Abs. 1 Satz 1 AEUV) gleichzeitig mit dem Unions- 64
bürgerstatus für alle Unionsbürger mit Wohnsitz in einem Mitgliedstaat, dessen Staatsangehörigkeit sie nicht besitzen, eingeführte aktive und passive Kommunalwahlrecht ist neben dem Europawahlrecht (siehe unten Rn 85 ff) seine politisch bedeutsamste Konsequenz. Eigentlich dient es der **Effektivierung der Freizügigkeit:** Mit dem Kommunalwahlrecht soll Unionsbürgern der Verlust politischer Mitwirkungsrechte im Heimatstaat teilweise ausgeglichen und zugleich ihre Integration im Aufnahmemitgliedstaat gefördert werden, die in erster Linie im Umfeld ihrer Wohngemeinde erfolgen muss.[216]

Zugleich begründet Art. 22 Abs. 1 Satz 1 AEUV aber unter Überwindung nationalstaatlicher Vor- 65
stellungen politische Mitwirkungsrechte für EU-Ausländer und macht diese zu Mitträgern der Staatsgewalt in den Mitgliedstaaten, also zu **Subjekten der nationalen Demokratie.** Darin liegt seine nationalverfassungsrechtliche Brisanz, die in mehreren Mitgliedstaaten, darunter in Deutschland, Verfassungsänderungen erforderlich gemacht hat.[217]

In Deutschland stellt die dynamische Verweisung in Art. 28 Abs. 1 Satz 3 GG klar, dass bei Wahlen 66
in Kreisen und Gemeinden auch EU-Ausländer nach Maßgabe des EG-Rechts (nach der Verschmelzung von EG und EU durch den Vertrag von Lissabon[218] müsste es jetzt „Recht der Europäischen

---

210 EuGH, Rs. C-34/09 (Ruiz Zambrano), Slg 2011, I-1177, Rn 42 ff. Zur Kritik etwa *Hailbronner/Thym,* NJW 2011, 2008 ff.

211 M.E. hätte der EuGH auf die negative Komponente des Art. 21 AEUV (Bleiberecht) abstellen sollen, statt an den Unionsbürgerstatus (Art. 20 AEUV) als solchen anzuknüpfen (*Giegerich,* in: Dörr/Grote/Marauhn, Kap. 26 Rn 65).

212 EuGH, Rs. C-86/12 (Alokpa und Moudoulou), Urt. v. 10.10.2013, ECLI:EU:C:2013:645.

213 EuGH, Rs. C-356/11, 357/11 (Maahanmuuttovirasto), Urt. v. 6.12.2012, ECLI:EU:C:2012:776. Rn 55 f. *Almhofer,* NVwZ 2013, 1135 ff.

214 EuGH, Rs. C-434/09 (McCarthy), ECLI:EU:C:2011:277, NVwZ 2011, 867 ff; Rs. C-256/11 (Dereci u.a.), ECLI:EU:C:2011:734, NVwZ 2012, 97 ff mit Anmerkung von *Thym. Schmahl,* S. 349 ff.

215 *Wendel,* DÖV 2014, 133 ff.

216 *Kadelbach,* in: v. Bogdandy (Hrsg.), S. 628.

217 Art. 28 Abs. 1 Satz 3 GG. *Kadelbach,* in: v. Bogdandy (Hrsg.), S. 628; *Huber,* EuR 2013, 639.

218 Art. 1 Abs. 3 Satz 3 EUV.

Union" heißen) wahlberechtigt und wählbar sind. Da das BVerfG zuvor in seinen Entscheidungen zum Kommunalwahlrecht für Ausländer den Volksbegriff in Art. 28 Abs. 1 Satz 2 GG mit demjenigen in Art. 20 Abs. 2 GG gleichgesetzt und ihn durch das deutsche Volk als Gesamtheit der Deutschen im Sinne von Art. 116 GG definiert hatte,[219] geriet die Einfügung von Art. 28 Abs. 1 Satz 3 GG in ein **Spannungsverhältnis zu Art. 79 Abs. 3 GG**. Das BVerfG hatte jedoch in einem nicht begründeten und schwer einzuordnenden obiter dictum einen Verstoß gegen die Ewigkeitsklausel schon vorsorglich verneint.[220] Einen Grund dafür mag man darin sehen, dass die kommunalen Volksvertretungen als Teil der Exekutive nicht in Art. 20 Abs. 2 Satz 2 GG, sondern nur in Art. 28 Abs. 1 Satz 2 GG gewährleistet sind und daher vom verfassungsändernden Gesetzgeber abgeschafft werden könnten.[221] Der bessere Grund scheint mir darin zu liegen, dass schon der Verfassungsgeber im integrationsfreundlichen Grundgesetz eine europarechtliche Überformung des Volksbegriffs zugelassen hat.[222] Wenn man dies annimmt, wäre zumindest der verfassungsändernde Gesetzgeber befugt, ohne Verstoß gegen Art. 79 Abs. 3 GG EU-Ausländern auch das aktive und passive Wahlrecht bei Landtags- und Bundestagswahlen zu gewähren.[223] Dies gilt umso mehr, wenn man mit dem Urteil des BVerfG zum Vertrag von Lissabon[224] einen Anspruch auf freie und gleiche Teilhabe an der öffentlichen Gewalt in der Menschenwürde verankert sieht.[225]

67 International werden Kommunalwahlen als relativ unwichtig eingestuft, wie sich daran zeigt, dass sie nach der Rechtsprechung des Straßburger Europäischen Gerichtshofs für Menschenrechte nicht unter die Wahlrechtsgarantie in Art. 3 des Zusatzprotokolls zur EMRK[226] fallen.[227] In einem geradezu umgekehrten Verhältnis dazu stehen die politischen Widerstände gegen die Übernahme völkerrechtlicher Verpflichtungen, das Kommunalwahlrecht auf Ausländer zu erstrecken. Nur fünf EU-Mitgliedstaaten[228] haben das einschlägige **Europarats-Übereinkommen über die Beteiligung von Ausländern am kommunalen öffentlichen Leben**[229] ratifiziert, das in Art. 6 und 7 ein aktives und passives Kommunalwahlrecht für alle ansässigen Ausländer vorsieht. Dabei hat einer dieser fünf bei seiner Ratifikation zulässigerweise erklärt, gerade diese Vorschriften nicht anwenden zu wollen.[230]

2. Gewährleistungsinhalt: Inländergleichbehandlung für ansässige EU-Ausländer

68 Art. 22 Abs. 1 Satz 1 AEUV statuiert ein **unmittelbar anwendbares subjektives Recht** und keinen bloßen Regelungsauftrag an den Sekundärrechtsgeber, dem vielmehr lediglich die Festlegung von Einzelheiten überlassen wird.[231] Dementsprechend verwendet Art. 22 Abs. 1 Satz 2 AEUV im Zusammenhang mit dem Regelungsauftrag den Begriff „Recht".[232] Personell und sachlich ist der

---

219 BVerfGE 83, 37-59; 83, 60-81.

220 BVerfGE 83, 37-59. Vgl auch BVerfGE 89, 155, 179 f und BVerfG (Kammer), NVwZ 1998, 52.

221 Vgl *Kadelbach*, in: v. Bogdandy (Hrsg.), S. 628.

222 *Giegerich*, S. 1356 f, s. auch Maunz/*Scholz*, in: Maunz/Dürig u.a. (Hrsg.), Art. 28 GG Rn 41 d (69. Erg.-Lfg. 2013); *Schönberger*, S. 448 ff.

223 Dagegen zB *Huber*, EuR 2013, 653; *Haack*, § 205 Rn 21. Offener hingegen *Gärditz*, VVDStRL 72 (2013), 49, 93 f (Anm. 144). Nach StGH Bremen, NVwZ-RR 2014, 497 ff verstößt die Erstreckung des aktiven und passiven Wahlrechts zur Bürgerschaft (Landtagswahlrecht) im Hinblick auf Art. 28 Abs. 1 Satz 1 GG gegen Art. 66 Abs. 1 BremVerf.

224 BVerfG (Fn 24), Rn 211.

225 Darauf weist *Walter*, VVDStRL 72 (2013), 7, 39 ff hin, der aber offenbar nur eine Erstreckung des Kommunalwahlrechts auf Drittausländer im Auge hat.

226 Vom 20.3.1952 (Neubekanntmachung in BGBl. 2002 II S. 1072).

227 *Meyer-Ladewig*, Konvention zum Schutz der Menschenrechte und Grundfreiheiten: Handkommentar, 3. Aufl. 2011, Zusatzprotokoll Art. 3, Rn 5.

228 Dänemark, Finnland, Italien, Niederlande und Schweden (Stand 1.4.2014).

229 Vom 5.2.1992 (CETS No. 144 [abrufbar unter http://conventions.coe.int/Treaty/Commun/ListeTraites.asp?CM=8&CL=GER (zuletzt abgerufen am 30.9.2014)]).

230 *Italien.*

231 So *Magiera*, in: Streinz (Hrsg.), EUV/AEUV, 2. Aufl. 2012, Art. 22 AEUV, Rn 12. AA *Kaufmann-Bühler*, in: Lenz/Borchardt (Hrsg.), EU-Verträge, 6. Aufl. 2013, Art. 22 AEUV, Rn 1.

232 „right", „droit".

Garantiegehalt des Art. 22 Abs. 1 Satz 1 AEUV aber ziemlich schmal und wird auch von der Parallelbestimmung in Art. 40 der GRC nicht erweitert: Personell erfasst er nur Unionsbürger mit Wohnsitz in einem Mitgliedstaat, dessen Staatsangehörigkeit sie nicht besitzen. Nach der Rechtsprechung des EuGH zur Behandlung von Doppelstaatern (siehe oben Rn 27 f) zählen dazu auch EU-Ausländer, die zugleich Staatsangehörige des Wohnsitzstaates sind. Keine Rechte aus Art. 22 Abs. 1 Satz 1 AEUV ableiten können daher nur diejenigen Personen, die außer der Staatsangehörigkeit des Aufenthaltsmitgliedstaats keine weitere EU-Staatsangehörigkeit besitzen. Deren politische Mitwirkung auf kommunaler Ebene stuft der AEUV als rein interne Angelegenheit ein, die er nicht regeln will.

Die persönliche Berechtigung aus Art. 22 Abs. 1 Satz 1 AEUV knüpft an den Wohnsitz in dem Mitgliedstaat an, in dem die verbürgten politischen Rechte ausgeübt werden sollen. Nach überwiegender Auffassung richten sich der **Begriff des Wohnsitzes und die Bedingungen seines Erwerbs nach mitgliedstaatlichem Recht.**[233] Dagegen, dass die Mitgliedstaaten durch übertriebene Anforderungen an die Wohnsitzbegründung die Gewährleistung unterlaufen können, bietet die Pflicht zur Inländergleichbehandlung hinreichenden Schutz.[234] Es ist deswegen nicht erforderlich, „Wohnsitz“ zum autonomen unionsrechtlichen Begriff zu erklären. 69

Sachlich gewährleistet Art. 22 Abs. 1 Satz 1 AEUV den EU-Ausländern politische Mitwirkungsrechte nur auf der untersten (kommunalen) Ebene der Mitgliedstaaten im Sinne der Inländergleichbehandlung. Damit ist es kaum vereinbar, wenn Deutsche von Amts wegen in das Wählerverzeichnis eingetragen werden, EU-Ausländer dafür jedoch einen gesonderten Antrag stellen müssen.[235] Es fragt sich, ob die Vertragsbestimmung über das in ihrer Wortfassung verankerte **Verbot der Diskriminierung aus Gründen der Staatsangehörigkeit** hinaus eine materielle Freiheitsverbürgung enthält. Während der EuGH die ähnlich formulierten Grundfreiheiten[236] jedoch längst zu materiellen Freiheitsgarantien auch gegen unterschiedslos anwendbare Beschränkungen seitens der Mitgliedstaaten ausgeweitet hat,[237] ist eine parallele Fortbildung des aktiven und passiven Kommunalwahlrechts nicht zu erwarten. Denn während bei den Grundfreiheiten die Errichtung eines Gemeinsamen Marktes/Binnenmarktes mit grenzüberschreitender Wirtschaftsfreiheit als Vertragsziel diese richterliche Rechtfortbildung tragen kann,[238] fehlt in Bezug auf die politischen Mitwirkungsrechte ein entsprechend deutlich formuliertes Vertragsziel der Errichtung einer politischen Union. 70

Nicht abschließend geklärt ist bisher, welche Folgerungen aus dem inländergleichen passiven Wahlrecht der EU-Ausländer für gewählte EU-ausländische Mandatsträger in den kommunalen Vertretungskörperschaften zu ziehen sind. Es liegt nahe, ihre **völlige mitgliedschaftliche Gleichstellung mit den deutschen Mandatsträgern** zu verlangen, weil sonst der effet utile ihres gleichen passiven Wahlrechts in Frage gestellt wäre. Vorbehaltlich AEUV-konformer Beschränkungen durch Sekundärrecht (siehe dazu unten Rn 72 ff) bedeutet das insbesondere, dass EU-ausländische Mandatsträger in gleicher Weise wie deutsche ein aktives und passives Teilnahmerecht an von der kommunalen Vertretungskörperschaft durchgeführten Wahlen haben.[239] Damit ist es unvereinbar, dass in der Stadtgemeinde Bremen die EU-ausländischen Mitglieder der „Stadtbürgerschaft“ genannten kommunalen Vertretungskörperschaft von jeder Mitwirkung an der Wahl der stadtbremischen Verwaltungsspitze ausgeschlossen sind. Darin liegt eine indirekte Diskriminierung gegenüber ihren deutschen Kollegen, weil diese in aller Regel zugleich Mitglieder des „Bürgerschaft“ genannten bremischen Landtags sind, der den bremischen Senat mit seiner Doppelfunktion als Landesregierung 71

233 *Magiera*, in: Streinz (Hrsg.), EUV/AEUV, 2. Aufl. 2012, Art. 22 AEUV, Rn 20; *Kadelbach*, in: Ehlers (Hrsg.), S. 664. AA *Reich*, S. 432.
234 Siehe dazu oben Rn 68 ff.
235 *Zuleeg*, in: FS Schefold, S. 124 f.
236 Art. 45 Abs. 2, 49 Abs. 2, 57 Abs. 3 AEUV.
237 S. näher *Pache*, § 10, Rn 75 ff, 109 ff, 143 ff, 183 ff.
238 Art. 3 Abs. 3 EUV, Art. 26 AEUV.
239 Vgl auch *Gundel*, DÖV 1999, 353, 359 f.

und stadtbremische Verwaltungsspitze wählt.[240] Die stadtstaatliche Tradition Bremens mit ihrer Verschränkung kommunaler und staatlicher Organe lässt sich angesichts der Anforderungen des Europarechts nur schwer bewahren (siehe unten Rn 77).

3. Ausgestaltungsspielraum des Unionsgesetzgebers

72 Nach Art. 22 Abs. 1 Satz 2, 1. Halbsatz AEUV soll der Sekundärrechtsgeber die Einzelheiten[241] der Ausübung des Kommunalwahlrechts regeln. Das vorgesehene besondere Gesetzgebungsverfahren – einstimmige Entscheidung des Rats auf Vorschlag der Kommission nach bloßer Anhörung des Europäischen Parlaments [242]– lässt erkennen, dass es um eine politisch heikle Materie geht. Von dieser Kompetenz hat der Rat durch die **RL 94/80/EG über die Einzelheiten der Ausübung des aktiven und passiven Wahlrechts bei den Kommunalwahlen für Unionsbürger** mit Wohnsitz in einem Mitgliedstaat, dessen Staatsangehörigkeit sie nicht besitzen,[243] Gebrauch gemacht. Da die Regelung des Kommunalwahlrechts in Deutschland in die ausschließliche Gesetzgebungskompetenz der Länder fällt, sind diese für die Umsetzung der RL 94/80/EG zuständig.[244]

73 Erst die RL 94/80/EG definiert überhaupt, was unter „Kommunalwahlen" zu verstehen ist: „die allgemeinen, unmittelbaren Wahlen, die darauf abzielen, die Mitglieder der Vertretungskörperschaft und gegebenenfalls gemäß den Rechtsvorschriften jedes Mitgliedstaats den Leiter und die Mitglieder des Exekutivorgans einer lokalen Gebietskörperschaft der Grundstufe zu bestimmen".[245] **Lokale Gebietskörperschaften der Grundstufe** sind die „im Anhang näher aufgeführten Verwaltungseinheiten, die nach Maßgabe der einzelstaatlichen Vorschriften in allgemeiner, unmittelbarer Wahl gewählte Organe besitzen und auf der Grundstufe der politischen und administrativen Organisation für die Verwaltung bestimmter örtlicher Angelegenheiten unter eigener Verantwortung zuständig sind".[246] Für Deutschland listet der Anhang folgende Gebietskörperschaften auf: „kreisfreie Stadt bzw Stadtkreis, Kreis; Gemeinde, Bezirk in der Freien und Hansestadt Hamburg und im Land Berlin; Stadtgemeinde Bremen in der Freien Hansestadt Bremen; Stadt-, Gemeinde- oder Ortsbezirke bzw Ortschaften".[247]

74 Gemäß Art. 1 Abs. 2 RL 94/80/EG bleiben die einzelstaatlichen Bestimmungen über das aktive und passive Wahlrecht der Staatsangehörigen des betreffenden Mitgliedstaats, die ihren Wohnsitz im Ausland haben, unberührt. Folglich kann es vorkommen, dass ein Unionsbürger, der wegen seines Wohnsitzes in einem anderen Mitgliedstaat kraft Art. 22 Abs. 1 AEUV dort das Kommunalwahlrecht hat, das Kommunalwahlrecht in seinem Heimatstaat nach nationalem Recht behält. Ein solches **Doppelwahlrecht auf der kommunalen Ebene zweier Mitgliedstaaten** ist europarechtlich nicht ausgeschlossen.[248]

75 Nach Art. 5 Abs. 3 RL 94/80/EG können die Mitgliedstaaten bestimmen, dass nur ihre eigenen Staatsangehörigen in die Ämter des Leiters des Exekutivorgans, seines Vertreters oder eines Mitglieds des leitenden kollegialen Exekutivorgans einer lokalen Gebietskörperschaft der Grundstufe wählbar sind.[249] Auch die vorübergehende oder vertretungsweise Wahrnehmung dieser Funktionen

240 Art. 75 Abs. 1, 107 Abs. 2, 110, 148 Abs. 1 BremLV. § 1 Abs. 1 und 1 a, § 4 Abs. 2 BremWahlG. Zum Kommunalwahlrecht für EU-Ausländer in Bremen vgl BremStGH, NVwZ-RR 2001, 76; *Sieveking*, DÖV 1993, 449 ff; *Röper*, NordÖR 2005, 14 ff; *Hannken*, Das Kommunalwahlrecht für ausländische Unionsbürger im Lande Bremen, 2005.

241 Detailed arrangements; modalités.

242 Vgl Art. 19 Abs. 2 Satz 1 EUV, Art. 289 Abs. 2 und 3 AEUV.

243 Vom 19.12.1994, ABl. Nr. L 368/38, zuletzt geändert durch RL 2013/19/EU vom 13.5.2013, ABl. Nr. L 158/231.

244 Näher *Pieroth/Schmülling*, DVBl. 1998, 365 ff.

245 Art. 2 Abs. 1 Buchst. b.

246 Art. 2 Abs. 1 Buchst. a.

247 Zur Verfassungsmäßigkeit des Wahlrechts von EU-Ausländern zu hamburgischen Bezirksversammlungen vgl HambVerfG, NordÖR 2009, *502 ff.*

248 *Magiera*, in: Streinz (Hrsg.), EUV/AEUV, 2. Aufl. 2012, Art. 22 AEUV, Rn 20; *Schönberger*, S. 455 ff.

249 Die deutschen Länder haben von dieser Möglichkeit überwiegend keinen Gebrauch gemacht (s. *Nierhaus*, in: Sachs (Hrsg.), GG, 6. Aufl. 2011, Art. 28 Rn 27).

darf eigenen Staatsangehörigen vorbehalten werden. Diese **Möglichkeit zur Beschränkung des passiven Wahlrechts** bezieht sich nicht nur auf die unmittelbare Wahl der Exekutivspitze durch das Volk der Kommune, sondern auch auf deren mittelbare Wahl durch eine kommunale Volksvertretung. Daran ändert der Umstand nichts, dass die RL unter „Kommunalwahl" nur die unmittelbare Wahl versteht.[250] Denn die Ausschlussmöglichkeit in Art. 5 Abs. 3 RL 94/80/EG will Rücksicht darauf nehmen, dass die Aufgaben der kommunalen Exekutivorgane ggf die Teilnahme an der Ausübung der überörtlichen Staatsgewalt und die Wahrung der allgemeinen staatlichen Interessen umfasst.[251] Dieser Grund hängt nicht davon ab, ob das betr. Organ direkt oder indirekt gewählt wird. Macht ein Mitgliedstaat von der Ausschlussmöglichkeit des Art. 5 Abs. 3 RL 94/80/EG Gebrauch, muss er den AEUV und die allgemeinen Rechtsgrundsätze sowie insbesondere das Verhältnismäßigkeitsprinzip beachten.

Dem Sekundärrechtsgeber steht bei der Ausübung seiner Befugnisse nach Art. 22 Abs. 1 Satz 2 AEUV **ein gewisser, aber nicht unbegrenzter Ausgestaltungsspielraum** zu. Wenn man in Rechnung stellt, dass die Wahlmöglichkeit zum leitenden Exekutivorgan einer Kommune gewissermaßen das „Filetstück" des passiven Wahlrechts darstellt, könnte dieser Spielraum mit der Regelung des Art. 5 Abs. 3 RL 94/80/EG überschritten worden sein.[252] Andererseits will Art. 22 Abs. 1 Satz 1 AEUV die EU-Ausländer nur an der kommunalen Hoheitsgewalt teilhaben lassen, und der Vertrag gibt EU-Ausländern allgemein kein Recht auf Zugang zu öffentlichen Ämtern der Mitgliedstaaten.[253] Außerdem verpflichtet Art. 4 Abs. 2 EUV die Union zur Rücksichtnahme auf die nationale Identität der Mitgliedstaaten, einschließlich ihrer tragenden Verfassungsstrukturen, zu denen auch das Erfordernis der Staatsangehörigkeit für die Ausübung gewisser Staatsfunktionen gehören kann. Die mit der Problematik befassten deutschen Gerichte haben bis hinauf zum BVerfG die Vereinbarkeit des Art. 5 Abs. 3 RL 94/80/EG mit dem EG-Vertrag (jetzt AEUV) bejaht, ohne eine Vorabentscheidung des EuGH nach Art. 234 EGV (jetzt Art. 267 AEUV) einzuholen.[254] Infolge dieser vertragswidrigen Eigenmacht ist die Frage noch nicht abschließend beantwortet. Im Einklang mit seiner letzthin zu beobachtenden Tendenz wird der EuGH den Regelungsspielraum des Unionsgesetzgebers auch im vorliegenden Zusammenhang eher weit definieren und die Richtlinienbestimmung hinnehmen, und zwar nicht zuletzt aus Rücksichtnahme auf die nationale Verfassungsidentität. 76

Art. 22 Abs. 1 Satz 2, 2. Halbsatz AEUV gibt dem Unionsgesetzgeber die Möglichkeit, **Ausnahmeregelungen** vorzusehen, um besonderen Problemen in einzelnen Mitgliedstaaten gerecht zu werden. Art. 12 RL 94/80/EG enthält auf dieser Grundlage Sondervorschriften für Luxemburg und Belgien, die einen besonders hohen Anteil EU-ausländischer Wohnbevölkerung haben. Weitere Ausnahmen können in die RL 94/80/EG aufgenommen werden, falls der Rat dies einstimmig für notwendig halten sollte. Möglicherweise könnte die traditionelle stadtstaatliche Struktur Bremens durch eine nachträglich in die RL 94/80/EG aufzunehmende Ausnahmeregelung gerettet werden, was beim Erlass der RL nicht gelungen war. 77

4. Rechtsschutzfragen

Nach dem oben Gesagten (siehe Rn 68) verbürgt Art. 22 Abs. 1 Satz 1 AEUV ein einklagbares subjektives Recht. Auch aus der RL 94/80/EG lassen sich subjektive Rechte herleiten:[255] Da die Frist zu ihrer Umsetzung längst abgelaufen ist und ihre Regelungen im erheblichen Umfang unbedingt und hinreichend genau sind, erfüllen sie zumeist die Anforderungen des EuGH an die vertikale Direktwirkung von Richtlinienbestimmungen.[256] Sollte einer EU-Ausländerin in Deutschland das Kommunalwahlrecht entgegen Art. 22 Abs. 1 Satz 1 AEUV oder einer unmittelbar anwendbaren 78

250 Art. 2 Abs. 1 Buchst. b.
251 So die 9. Begründungserwägung in der Präambel der RL.
252 So etwa *Hasselbach*, ZG 1997, 56 f.
253 Art. 45 Abs. 4, 51, 62 AEUV. *Magiera*, in: Streinz (Hrsg.), EUV/AEUV, 2. Aufl. 2012, Art. 22 AEUV, Rn 19.
254 BayVGH, NVwZ 1998, 54; VG Ansbach, NVwZ 1999, 324; BVerfG (Kammer), NVwZ 1999, 293.
255 *Reich*, S. 435 f.
256 Vgl dazu nur *Streinz* (Fn 142), Rn 488 ff.

Vorschrift der RL 94/80/EG vorenthalten werden, kann sie dagegen **verwaltungsgerichtlichen Rechtsschutz** in Anspruch nehmen. Die Mitgliedstaaten sind nach einem allgemeinen Grundsatz des Unionsrechts verpflichtet, bei allen Eingriffen in unionsrechtlich verankerte subjektive Rechte effektiven gerichtlichen Rechtsschutz zu gewähren.[257] Eine Anrufung des EuGH oder des Gerichts durch Einzelpersonen, die sich durch einen Mitgliedstaat in ihren subjektiven Rechten aus dem Unionsrecht beeinträchtigt sehen, ist hingegen unstatthaft, weil die Verträge den europäischen Gerichten für Individualklagen gegen Mitgliedstaaten keine Zuständigkeit einräumen.

79 Unterinstanzliche Gerichte sind nach Art. 267 Abs. 2 AEUV berechtigt, letztinstanzliche Gerichte nach Art. 267 Abs. 3 AEUV verpflichtet, Fragen zur Auslegung und ggf zur unmittelbaren Anwendbarkeit von Art. 22 Abs. 1 Satz 1 AEUV bzw RL-Bestimmungen dem EuGH vorzulegen. Alle nationalen Gerichte (einschließlich des BVerfG) müssen eine **Vorabentscheidung des EuGH** einholen, wenn sie eine RL-Bestimmung für unwirksam halten und deshalb nicht anwenden wollen.[258] Dasselbe gilt, wenn sie eine nationale Vorschrift zur Umsetzung einer RL-Bestimmung, die keinen Umsetzungsspielraum belässt, für mit dem Primärrecht unvereinbar halten, weil sie damit notwendigerweise zugleich die Unwirksamkeit der RL-Bestimmung voraussetzen.[259] Eine Verfassungsbeschwerde zum BVerfG wegen Verletzung der Vorlagepflicht, die den EuGH zum gesetzlichen Richter iSv Art. 101 Abs. 1 Satz 2 GG macht, kann aber nur darauf gestützt werden, dass ein Fachgericht seine Vorlagepflicht in unvertretbarer Weise gehandhabt hat.[260] Dieser auf eine bloße Willkürkontrolle beschränkte übertrieben enge Prüfungsmaßstab des BVerfG führt praktisch dazu, dass es gegen Verletzungen der Vorlagepflicht durch deutsche Gerichte keinen effektiven Rechtsschutz gibt – ein mit Art. 19 Abs. 1 Unterabs. 2 EUV und Art. 47 GRC kaum zu vereinbarendes Ergebnis.[261]

80 Nach Art. 93 Abs. 4 a GG, § 90 Abs. 1 BVerfGG ist die Rüge einer Verletzung von Normen des primären oder sekundären Unionsrechts im **Verfassungsbeschwerdeverfahren** nicht zulässig.[262] Nach der aktuellen Karlsruher Rechtsprechung kann überdies eine Verletzung der in Art. 28 Abs. 1 Satz 2 und 3 GG verankerten Wahlrechtsgleichheit mittels Verfassungsbeschwerde auch auf dem Umweg über Art. 3 Abs. 1 GG nicht länger zulässigerweise gerügt werden.[263]

5. Ausweitung der politischen Mitwirkungsrechte von EU-Ausländern und Drittausländern?

81 Art. 22 Abs. 1 AEUV hindert die Mitgliedstaaten keineswegs daran, EU-Ausländern nach ihrem Ermessen und im Einklang mit ihren verfassungsrechtlichen Vorschriften weitergehende politische Mitwirkungsrechte einzuräumen. Im Gegenteil würde eine **Ausweitung der politischen Beteiligung von EU-Ausländern** die Ziele des Art. 22 Abs. 1 AEUV sogar unterstützen, nämlich den Verlust ihrer politischen Mitwirkungsrechte im Heimatstaat besser ausgleichen,[264] ihre Integration im Aufnahmemitgliedstaat weiter fördern und damit die Ausübung des Freizügigkeitsrechts stärker effektuieren.[265] Die Kommission hat bereits Beschwerden aus dem Europäischen Parlament und der

257 Vgl die deklaratorische Wiedergabe dieses vom EuGH anerkannten allgemeinen Rechtsgrundsatzes (st. Rspr seit Rs. 222/84 [Johnston], Slg 1986, 1651, Rn 18) in Art. 47 GRC. Vgl auch Art. 19 Abs. 1 Unterabs. 2 EUV.

258 EuGH, Rs. 314/85 (Foto-Frost), Slg 1987, 4199; vgl auch Rs. C-344/98 (Masterfoods), Slg 2000, I-11369.

259 *Kadelbach*, in: Ehlers (Hrsg.), S. 668.

260 S. nur BVerfG, Urt. v. 6.7.2010 – 2 BvR 2661/06 –, Rn 89 f.

261 *Giegerich/Lauer*, Der Justizgewährleistungsanspruch in Europa, ZEuS 2014/04, unter D.III.2.d (im Erscheinen). Überblick zu den Rechtsfolgen einer Verletzung der Vorlagepflicht bei *Kokott/Henze/Sobotta*, JZ 2006, 633 ff.

262 BVerfGE 110, 141, 154 f.

263 BVerfGE 99, 1, 8.

264 Wenn Staatsangehörige für längere Zeit ihren Wohnsitz im Ausland haben, verlieren sie in der Regel ihre politischen Mitwirkungsrechte im Heimatstaat nach dem jeweiligen nationalen Recht. Die Kommission sieht darin je nach Ausgestaltung einen problematischen Eingriff in die EU-rechtlich gewährleistete Freizügigkeit, weil der Wahlrechtsverlust diejenigen bestrafe, die von ihrem Freizügigkeitsrecht Gebrauch machten (vgl Pressemitteilung der Kommission IP/14/77 vom 29.1.2014, http://europa.eu/rapid/press-release_IP-14-77_de.htm [zuletzt abgerufen am 30.9.2014]).

265 *Giegerich*, S. 1353 ff.

Öffentlichkeit darüber erhalten, dass EU-Ausländern das aktive und passive Wahlrecht bei regionalen und nationalen Wahlen in den Mitgliedstaaten vorenthalten bleibt.[266]

Kein Mitgliedstaat hat EU-Ausländern bisher das Wahlrecht auf höheren politischen Ebenen zugestanden.[267] Der Rechtsprechung des BVerfG zufolge geht die Staatsgewalt nach Art. 20 Abs. 2 GG vom deutschen Volk als Gesamtheit der Deutschen iSd Art. 116 GG aus (siehe oben Rn 66). Nur diese sind Legitimationssubjekt der deutschen Staatsgewalt. Daraus lässt sich möglicherweise folgern, dass es Art. 23 Abs. 1 Satz 3 iVm Art. 79 Abs. 3 GG ausschließen würde, den **EU-Ausländern das Wahlrecht zu den Landtagen oder zum Bundestag einzuräumen.**[268] Auch in anderen Mitgliedstaaten wären diesbezüglich erhebliche politische und verfassungsrechtliche Hindernisse zu überwinden. Nicht von ungefähr hat die Kommission daher festgestellt, dass es vor etwaigen Beschlüssen aufgrund von Art. 22 Abs. 2 EGV (jetzt Art. 25 Abs. 2 AEUV) über derartige Ausweitungen noch eingehender Überlegungen bedürfe.[269] 82

Politisch und rechtlich weniger heikel ist eine Ausdehnung der Mitwirkungsrechte von EU-Ausländern auf kommunaler Ebene über das Wahlrecht hinaus, insbesondere also ihre Einbeziehung in **kommunale Abstimmungen.** Einige deutsche Länder haben diese vorgesehen, weil kein Grund dafür erkennbar ist, EU-Ausländer zwar an der indirekten, nicht aber der direkten Demokratie in den Kommunen teilhaben zu lassen. Da weder das EU-Recht noch der auf Kommunalwahlen beschränkte Art. 28 Abs. 1 Satz 3 GG kommunale Volksabstimmungen regelt, liegt diese Ausdehnung innerhalb des Entscheidungsspielraums der Landesgesetzgeber.[270] An Art. 28 Abs. 1 Satz 1, 20 Abs. 2 GG anknüpfende verfassungsrechtliche Bedenken, weil die Abstimmungsteilnahme Ausübung von dem deutschen Volk vorbehaltener Staatsgewalt sei,[271] erscheinen mir nicht überzeugend: Wenn das GG die Beteiligung von EU-Ausländern an den praktisch viel bedeutsameren Kommunalwahlen zulässt, liegt mE ein Erst-recht-Schluss auf die Zulässigkeit ihrer Teilnahme an kommunalen Abstimmungen nahe.[272] 83

Die Kommission hat schließlich erwogen, zukünftig bestimmten Drittausländern, deren Status demjenigen der Unionsbürger bereits jetzt stark angenähert ist (**Schweizern sowie Angehörigen der EWR-Staaten**)[273] und die ihren Wohnsitz in einem EU-Mitgliedstaat haben, auf völkervertraglicher Grundlage das aktive und passive Kommunalwahlrecht in ihrem Aufnahmemitgliedstaat zu gewähren.[274] Diese Rechteerweiterung sollte allerdings unter den Vorbehalt der Gegenseitigkeit gestellt werden. Angesichts der Annahme des Volksbegehrens „Gegen Masseneinwanderung" durch das 84

266 Vierter Bericht der Kommission über die Unionsbürgerschaft (1.5.2001 – 30.4.2004), KOM(2004)695 endg. vom 26.10.2004, S. 9, 12; Fünfter Bericht der Kommission über die Unionsbürgerschaft (1.5.2004 – 30.6.2007), KOM(2008)85 endg. vom 15.2.2008, S. 8 f; Bericht über die Unionsbürgerschaft 2013, COM(2013) 269 final S. 4, 19 f; EY Studie im Auftrag der Europäischen Kommission, „Evaluation of the Impact of the free movement of EU citizens at local level", Final Report January 2014, S. 38 f.

267 Eine Ausnahme gilt nur im Verhältnis zwischen dem Vereinigten Königreich und Irland (Vierter Bericht der Kommission (Fn 263), S. 9).

268 Vgl zB das BVerfG hat die nationale Verantwortung für das Parlamentswahlrecht auf Bundes- und Landesebene in seinem Lissabon-Urteil (Fn 24) nicht ausdrücklich festgeschrieben, doch dürfte auch dieses zu den „wesentlichen Bereichen demokratischer Gestaltung" gehören, die nicht auf die EU übertragen werden können (ebd, Rn 249, 350). Zum Thema vgl *Giegerich*, S. 1353 ff.; für die Landesebene *Schwarz*, AöR 2013, 414 – 424; für einen Überblick über die Gesamtsituation s. *Pedroza*, EUDO Citizenship Observatory, Access to electoral rights, Germany, http://eudo-citizenship.eu/admin/?p=file&appl=countryProfiles&f=1313-Germany-FRACIT.pdf [zuletzt abgerufen am 16.5.2014].

269 Vierter Bericht der Kommission (Fn 263), S. 12; Bericht über die Unionsbürgerschaft 2013, COM(2013) 269 final S. 25.

270 *Engelken*, NVwZ *1995*, 432 ff; *ders.*, DÖV 1996, 737 ff. *Zuleeg* will sogar ein Teilnahmerecht für EU-Ausländer aus Art. 19 Abs. 1 EGV herleiten (FS Schefold, S. 122 f).

271 *Burkholz*, DÖV 1995, 816 ff; *Meyer-Teschendorf/Hofmann*, ZRP 1995, 290 ff; Maunz/*Scholz* (Fn 219), Art. 28 GG, Rn 41 f.

272 Vgl *Röper/Sieveking*, ZAR 2011, 131 ff: so auch das BayVerfG in Entscheidung v. 12.6.2013, Vf. 11-VII-11, abgedruckt in RÜ 9/13, S. 587 ff.

273 S.o. Rn 35.

274 Vierter Bericht der Kommission (Fn 263), S. 12; Bericht über die Unionsbürgerschaft 2013, COM(2013) 269 final, S. 6.

Schweizervolk am 9.2.2014, die zu einer Beschneidung von Aufenthaltsrechten auch für Unionsbürger führen könnte, dürfte die Gegenseitigkeit jedenfalls im Verhältnis zur Schweiz auf absehbare Zeit nicht herzustellen sein. Genaueres wird das Ergebnis bilateraler Verhandlungen zeigen, die im Mai 2014 eröffnet worden sind.

IV. Europawahlrecht (Art. 22 Abs. 2 AEUV)

1. Politische Bedeutung und primärrechtlicher Rahmen

85 Das in Art. 22 Abs. 2 Satz 1 AEUV für alle Unionsbürger mit Wohnsitz in einem Mitgliedstaat, dessen Staatsangehörigkeit sie nicht besitzen, gewährleistete aktive und passive Europawahlrecht ist politisch nicht weniger bedeutsam als das Kommunalwahlrecht. Während jenes nationalverfassungsrechtliche Brisanz besitzt, ist das Europawahlrecht europaverfassungsrechtlich relevant. Es verbürgt nicht nur ein demokratisches Mitwirkungsrecht der Unionsbürger am europäischen Integrationsprojekt.[275] Vielmehr stellt die Einbeziehung von EU-Ausländern in das Europawahlrecht einen darüber hinausgehenden Schritt dar, die **mitgliedstaatliche Kompartmentalisierung des Europäischen Parlaments zugunsten seiner Entwicklung zur europäischen Volksvertretung zu überwinden:** So können die in Deutschland ansässigen EU-Ausländer aktiv und passiv diejenigen Personen mitbestimmen, welche die 96 Deutschland zugeordneten Mandate im Europäischen Parlament einnehmen.[276] Die in Deutschland gewählten Europaabgeordneten sind damit nicht nur Vertreter des deutschen Volkes, sondern werden von allen in Deutschland wohnhaften Unionsbürgerinnen und Unionsbürgern als Vertreter aller Unionsbürgerinnen und Unionsbürger bestimmt.[277] Sie müssen nicht Deutsche, sondern können auch EU-Ausländer sein.

86 Das in Art. 22 Abs. 2 Satz 1 AEUV statuierte Europawahlrecht gilt unbeschadet des Art. 223 Abs. 1 AEUV und des darauf beruhenden Akts zur Einführung allgemeiner unmittelbarer Wahlen der Abgeordneten des Europäischen Parlaments,[278] die folglich Vorrang genießen. Da das in Art. 223 Abs. 1 Unterabs. 2 AEUV (seit dem Inkrafttreten des EWG-Vertrags unverändert) festgelegte Verfahren, in dem dieser **Direktwahlakt** (DWA) in Kraft gesetzt worden ist, einer vereinfachten Ergänzung des AEUV mit Ratifikation durch alle mitgliedstaatlichen Parlamente entspricht, hat er selbst Primärrechtsqualität[279] und ist daher lex specialis zu Art. 22 Abs. 2 AEUV. Der DWA legt u.a. das Verhältniswahlsystem und die Wahlrechtsgrundsätze fest,[280] erlaubt den Mitgliedstaaten die Ein-

275 Bis zum Inkrafttreten des Vertrags von Lissabon konnten die Mitgliedstaaten auch Personen, die als Drittstaatsangehörige nicht Unionsbürger waren, aber enge Verbindungen mit ihnen aufwiesen, das aktive und passive Europawahlrecht einräumen (EuGH, Rs. C-145/04 [Spanien ./. Vereinigtes Königreich], Slg 2006, I-07917, Rn 78). Nachdem das Europäische Parlament nunmehr ausdrücklich als Vertretung der Unionsbürgerinnen und Unionsbürger definiert wird (Art. 10 Abs. 2 S. 1, 14 Abs. 2 Unterabs. 1 S. 1 EUV), ist diese Möglichkeit verschlossen (anders die einseitige Erklärung des Vereinigten Königreichs über das Wahlrecht für die Wahlen zum Europäischen Parlament im Anhang zur Schlussakte der Regierungskonferenz von Lissabon, ABl. 2007 Nr. C 306/270). Eine definitive Entscheidung des EuGH gibt es dazu bisher aber nicht.

276 Art. 14 Abs. 2 Unterabs. 1 S. 4 EUV begrenzt seit dem Inkrafttreten des Vertrags von Lissabon am 1.12.2009 die einem Mitgliedstaat zustehenden Sitze auf höchstens 96. Die Gesamtzahl der Abgeordneten im Europäischen Parlament beläuft sich seither auf 750, zuzüglich des Präsidenten. Bei den Europawahlen im Juni 2009 wurden in Deutschland nach damaliger Rechtslage noch 99 Europaabgeordnete gewählt, die ihr Mandat bis zum Ende der Legislaturperiode 2009-2014 behielten, so dass die Gesamtzahl der Abgeordneten in diesem Zeitraum 754 betrug. *Kadelbach*, in: Ehlers (Hrsg.), S. 670 f.

277 Vgl Art. 10 Abs. 2 Unterabs. 1, Art. 14 Abs. 2 Unterabs. 1 Satz 1 EUV. Wie hier *Lenz*, Einführung zum Europawahlgesetz, in: Das Deutsche Bundesrecht (Nomos) Nr. I A 25, S. 15, 17 (827. Lieferung Juni 1999); *Haag*, Unionsbürgerschaft und Europäisches Wahlrecht, in: Die Herausforderung von Grenzen. FS Roland Bieber, 2007, S. 137, 144. Zu Unrecht meint das BVerfG in seinem Lissabon-Urteil (Fn 24), im Europäischen Parlament repräsentiert würden die in ihren Staaten organisierten Völker Europas auf Grund eines Wahlakts, der an die Staatsangehörigkeit anknüpfe (Rn 286 f). Zu Recht kritisch daher *Halberstam/Möllers*, GLJ Vol. 10 No. 8 (2009), 1241, 1249.

278 Vom 20.9.1976 (mit späteren Änderungen in Sartorius II Nr. 262).

279 Str. (näher *Giegerich*, ZVglRWiss 104 [2005], 163, 167).

280 Art. 1 DWA. S.u. Rn 87.

führung einer Sperrklausel,[281] garantiert den Europaabgeordneten ein freies Mandat sowie Immunitäten,[282] bestimmt Inkompatibilitäten,[283] die von den Mitgliedstaaten freilich parallel zu den für nationale Abgeordnete geltenden Inkompatibilitäten ausgeweitet werden können,[284] beschränkt alle Wähler auf eine Stimme[285] und überlässt die Festlegung der weiteren Einzelheiten des Wahlverfahrens den mitgliedstaatlichen Vorschriften.[286] Die Mitgliedstaaten können insbesondere auch – in den Grenzen des nach demokratischen Grundsätzen Zulässigen (Art. 2 EUV) – den Mandatsverlust regeln, zB indem sie die Aberkennung des passiven Wahlrechts als Nebenstrafe mit einem Erlöschen des Mandats verknüpfen.[287]

Art. 14 Abs. 3 EUV und Art. 1 Abs. 3 DWA schreiben als **Wahlrechtsgrundsätze** die Allgemeinheit, Unmittelbarkeit und Freiheit der Wahl sowie das Wahlgeheimnis fest. Es ist kein Zufall, dass die Wahlrechtsgleichheit, die im Verhältniswahlsystem Gleichheit im Zähl- und Erfolgswert der Stimmen verlangt, nicht genannt wird: Sie lässt sich nach den politischen und rechtlichen Gegebenheiten auf EU-Ebene mitgliedstaatsübergreifend nicht erreichen. Denn zum einen ist das Wahlverfahren nicht vollständig harmonisiert, so dass erfolgswertrelevante Unterschiede zwischen den Mitgliedstaaten verbleiben, zB im Hinblick auf die Existenz und Höhe von Sperrklauseln. Vor allem aber sind die Unionsbürgerinnen und -bürger degressiv proportional mit mindestens sechs und höchstens 96 Abgeordneten je Mitgliedstaat im Europäischen Parlament vertreten, dh die kleineren Mitgliedstaaten relativ zu ihrer Bevölkerungszahl stärker als die großen.[288] Nur so kann die Arbeitsfähigkeit des Parlaments bei gleichzeitiger angemessener Vertretung der wesentlichen politischen Strömungen in den vielen kleinen europäischen Nationalstaaten bewahrt werden. Das führt aber unvermeidlich dazu, dass eine in Deutschland abgegebene Stimme weitaus geringeren Einfluss auf die Zusammensetzung des Parlaments und damit weitaus geringeren Erfolgswert hat als eine in Malta abgegebene bzw dass ein in Deutschland gewählter Europaabgeordneter wesentlich mehr Wählerinnen und Wähler vertritt als ein in Malta gewählter.[289] Diese unabdingbare Überrepräsentation der kleinen Mitgliedstaaten im Europäischen Parlament (als Einbuße an Gleichheit der Unionsbürgerinnen und -bürger) wird dadurch ausgeglichen, dass die großen Mitgliedstaaten im Rat der EU, wenn mit qualifizierter Mehrheit abgestimmt wird (Normalfall), überrepräsentiert sind, weil sie bei der dann erforderlichen doppelten Mehrheit entsprechend ihrer Bevölkerungszahl ein höheres Stimmgewicht haben (Einbuße an Gleichheit der Mitgliedstaaten).[290] 87

Grundgesetzliche Maßstäbe der **Wahlrechtsgleichheit** sind auf die Europawahlen nicht anwendbar, doch leitet das BVerfG in seinem Lissabon-Urteil daraus im Lichte des Demokratieprinzips des Grundgesetzes nunmehr Grenzen für eine weitere bundesstaatsanaloge Verdichtung der europä- 88

---

281 Art. 3 DWA: höchstens 5%. Da Sperrklauseln europarechtlich nicht vorgeschrieben sind, können die mitgliedstaatlichen Verfassungen sie verbieten. Dies gilt etwa für das GG, dessen Anforderungen an die Zulässigkeit von Sperrklauseln bei Europawahlen das BVerfG im Laufe der Zeit verschärft hat: BVerfGE 51, 222 (Zulässigkeit einer 5%-Klausel [1979]); BVerfGE 129, 300 (Unzulässigkeit einer 5%-Klausel [2011]); BVerfG, Urt. v. 26.2.2014 – 2 BvE 2/13 – u.a. (Unzulässigkeit sogar einer 3%-Klausel).

282 Art. 6 DWA.

283 Art. 7 DWA.

284 Art. 7 Abs. 3 DWA.

285 Art. 9 DWA.

286 Art. 8 DWA. Der Auftrag des Art. 223 Abs. 1 AEUV zur Harmonisierung des Wahlverfahrens ist also nur teilweise erfüllt worden. Vgl auch *Schreiber*, NVwZ 2004, 21 ff.

287 Vgl Art. 13 Abs. 3 DWA. Dazu EuG, Rs. T-353/00 (Le Pen), Slg 2003, II-1729 mit krit. Anm. von *Nettesheim*, JZ 2003, 952 ff. Die Berufung hat der EuGH zurückgewiesen (Rs. C-208/03 P, Slg 2005, I-06051).

288 Art. 14 Abs. 2 Unterabs. 1 Sätze 3 und 4 EUV. Die gut 400.000 Malteser verfügen über 6 Sitze, die über 80 Mio. Deutschen statt über diesen proportional entsprechenden 1.200 nur über 96.

289 *Rengeling/Szczekalla*, Rn 1077. Zur Bedeutung des Art. 3 des Zusatzprotokolls zur EMRK s.u. Rn 91.

290 Art. 16 Abs. 3 und 4 EUV, Art. 238 Abs. 2 AEUV. Zu den bis zum 31.3.2017 geltenden Übergangsbestimmungen vgl Art. 3 des Protokolls (Nr. 36) über die Übergangsbestimmungen (Sartorius II Nr. 147). Ab dem 1.4.2017 gelten Art. 4 – 6 des Beschlusses des Rates 2009/857/EG vom 13.12.2007 (ABl. Nr. L 314/73) in Verbindung mit dem Protokoll (Nr. 9). Vgl auch Erklärung Nr. 7 zur Schlussakte der Regierungskonferenz von Lissabon (ABl. 2007 Nr. C 306/231).

ischen Integration ab.[291] ME ist diese Anlegung nationalstaatlicher Demokratiestandards an eine übernationale Integrationsgemeinschaft inhaltlich verfehlt und wird vom Grundgesetz auch nicht verlangt. Vielmehr will das Grundgesetz nicht mehr und nicht weniger als die bestmögliche demokratische Ausgestaltung der europäischen Entscheidungsfindung. Es schreibt keinen utopischen europäischen Nationalstaat mit einem europäischen Volk als Vorbedingung für die Verwirklichung effektiver europäischer Entscheidungsprozesse unter adäquater Beteiligung des Europäischen Parlaments vor. Mitgliedstaatsintern kann und muss die Wahlrechtsgleichheit bei den Europawahlen jedenfalls gewährleistet sein, wie dies § 1 des Europawahlgesetzes[292] auch anordnet.

2. Gewährleistungsinhalt: Inländergleichbehandlung ansässiger EU-Ausländer

89 Zur Darstellung des Gewährleistungsinhalts kann in erheblichem Umfang auf die Ausführungen zum Kommunalwahlrecht zurückgegriffen werden (siehe oben Rn 64 ff): Auch Art. 22 Abs. 2 Satz 1 AEUV statuiert ein **unmittelbar anwendbares subjektives Recht** und keinen bloßen Regelungsauftrag an den Sekundärrechtsgeber.[293] Sein personeller und sachlicher Garantiegehalt ist ebenfalls ziemlich schmal und wird von der Parallelbestimmung in Art. 39 GRC nicht erweitert: Personell erfasst er Unionsbürger mit Wohnsitz in einem anderen Mitgliedstaat, dessen Staatsangehörigkeit sie nicht besitzen, und Doppelstaater, die neben der Staatsangehörigkeit des Wohnsitzstaates noch eine weitere EU-Staatsangehörigkeit haben. Personen, die außer der Staatsangehörigkeit des Aufenthaltsmitgliedstaats keine weitere EU-Staatsangehörigkeit besitzen, können aus Art. 22 Abs. 2 AEUV selbst keine Rechte herleiten.

90 Ein primärrechtlich nur für EU-Ausländer garantiertes unmittelbares demokratisches Mitwirkungsrecht am europäischen Integrationsprozess wäre jedoch eine Teilregelung, welche die weitaus größere Zahl von Legitimationsträgern des Europäischen Parlaments in jedem Mitgliedstaat ungeschützt ließe. Anders als bei Kommunalwahlen kann ein Mitgliedstaat die **Teilnahme seiner eigenen Staatsangehörigen an der Europawahl nicht als rein interne Angelegenheit** außerhalb des Anwendungsbereichs der Verträge reklamieren. Das Primärrecht verbürgt daher in der Tat über den Text des Art. 22 Abs. 2 Satz 1 AEUV hinaus ein aktives und passives Europawahlrecht auch für diese Personengruppe.[294] Man kann ein solches von der EU-Ausländereigenschaft unabhängiges, für alle Unionsbürger in gleicher Weise geltendes Recht zunächst aus den in Art. 1 Abs. 3 DWA vorgegebenen Wahlrechtsgrundsätzen ableiten (siehe oben Rn 87). Dass diese nicht als subjektive Rechte, sondern als eindeutige objektive Verpflichtungen der Mitgliedstaaten formuliert sind, steht demnach den Auslegungsmaximen des Europarechts nicht entgegen.[295] Dementsprechend hat der EuGH es den Mitgliedstaaten zwar gestattet, das aktive und passive Europawahlrecht ihrer eigenen Staatsangehörigen davon abhängig zu machen, dass diese ihren Wohnsitz im Inland haben. Wenn sie jedoch im Ausland lebende eigene Staatsangehörige zur Europawahl zulassen, dürfen sie nach dem Grundsatz der Gleichbehandlung zwischen Angehörigen dieser Personengruppe keine objektiv ungerechtfertigten Unterscheidungen treffen.[296]

91 Ein aktives und passives Europawahlrecht für alle Unionsbürger unabhängig davon, in welchem EU-Staat sie ihren Wohnsitz haben, ist auch grundrechtlich verbürgt. Die seit dem EU-Vertrag von Maastricht (1992) kontinuierlich ausgebaute Position des Europäischen Parlaments vom nur beratenden zum im Verfahren der Sekundärrechtsetzung mitentscheidenden Unionsorgan hat den Europäischen Gerichtshof für Menschenrechte veranlasst, es als **„gesetzgebende Körperschaft“ iSv**

291 BVerfG (Fn 24), Rn 262 ff, 278 ff.

292 Gesetz über die Wahl der Abgeordneten des Europäischen Parlaments aus der Bundesrepublik Deutschland vom 16.6.1978 (BGBl. I S. 709), zuletzt geändert durch Gesetz vom 7.10.2013 (BGBl. I S. 3749).

293 So *Magiera*, in: Streinz (Hrsg.), EUV/AEUV, 2. Aufl. 2012, Art. 22 AEUV, Rn 24; aA *Kaufmann-Bühler*, in: Lenz/Borchardt (Hrsg.), EU-Verträge, 6. Aufl. 2013, Art. 22 AEUV, Rn 1.

294 So auch *Kadelbach*, in: Ehlers (Hrsg.), S. 669.

295 So die st. Rspr des EuGH zu den Bestimmungen des EG-Vertrags seit der Rs. 26/62 (van Gend & Loos), Slg 1963, 1.

296 EuGH, Rs. C-300/04 (Eman), Slg 2006, I-08055.

Art. 3 des Zusatzprotokolls zur EMRK einzustufen.[297] Das dort völkervertraglich gewährleistete aktive und passive Wahlrecht schützt gerade die eigenen Staatsangehörigen.[298] Es bindet die EU-Mitgliedstaaten aber nicht nur völkerrechtlich. Da sie alle das Zusatzprotokoll ratifiziert haben, kann dieses neben der EMRK und den Verfassungsüberlieferungen der Mitgliedstaaten als Grundlage für die Ermittlung der ungeschriebenen Grundrechte als allgemeine Grundsätze des Unionsprimärrechts herangezogen werden.[299] Diese unionsrechtlichen Grundrechte verpflichten neben den Unionsorganen auch die Mitgliedstaaten, wo sie EU-Recht durchführen,[300] wie dies für die Europawahlen gilt. Da Art. 3 ZPEMRK die Wahlrechtsgleichheit nur ansatzweise gewährleistet,[301] verstoßen die ungleiche Repräsentation der Unionsbürger im Europäischen Parlament und die fortbestehenden Unterschiede in den nationalen Wahlverfahren nicht gegen europäische Grundrechte.

Zwar gewährt auch Art. 22 Abs. 2 Satz 1 AEUV statt eines Freiheitsrechts lediglich einen Anspruch 92
auf Inländergleichbehandlung iS eines Verbots der Diskriminierung aus Gründen der Staatsangehörigkeit. Er wird jedoch durch das ungeschriebene **unionsgrundrechtliche Europawahlrecht** nicht nur in seiner personellen (siehe oben Rn 90, 91), sondern auch in seiner sachlichen Reichweite ergänzt. Im Hinblick darauf können nicht nur EU-Ausländer von ihrem Wohnsitz-Mitgliedstaat Inländergleichbehandlung in Bezug auf ihre Teilnahme an Europawahlen verlangen, sondern alle Unionsbürger einschließlich der eigenen Staatsangehörigen können unverhältnismäßige Eingriffe in ihre aktive und passive Wahlfreiheit abwehren.

3. Ausgestaltungsspielraum des Unionsgesetzgebers

Nach Art. 22 Abs. 2 Satz 2, 1. Halbsatz AEUV regelt der Unionsgesetzgeber die Einzelheiten der 93
Ausübung des Europawahlrechts im selben Verfahren wie beim Kommunalwahlrecht.[302] Hierzu ergangen ist die **RL 93/109/EG über die Einzelheiten der Ausübung des aktiven und passiven Wahlrechts bei den Wahlen zum Europäischen Parlament** für Unionsbürger mit Wohnsitz in einem Mitgliedstaat, dessen Staatsangehörigkeit sie nicht besitzen.[303] Art. 14 dieser RL enthält auf Grund von Art. 22 Abs. 2 Satz 2, 2. Halbsatz AEUV Sondervorschriften für Mitgliedstaaten mit einem außergewöhnlich hohen Anteil von EU-Ausländern an der Wohnbevölkerung. Von den dort eingeräumten Ausnahmemöglichkeiten hat allein Luxemburg Gebrauch gemacht.[304] In Deutschland ist diese RL durch Änderungen des Europawahlgesetzes und der Europawahlordnung auf Bundesebene umgesetzt worden.[305] Die Bundeskompetenz für das Europawahlrecht ergibt sich aus der Natur der Sache.[306] Zuletzt wurden die europarechtlichen Vorgaben zur Ausübung des passiven Wahlrechts gelockert, um EU-Ausländern die Beibringung der erforderlichen Belege ihres Herkunftsstaats zu erleichtern.[307]

Anders als beim Kommunalwahlrecht ist beim Europawahlrecht ein **doppeltes Stimmrecht ausgeschlossen.**[308] Die Unionsbürger müssen sich daher entscheiden, ob sie ihr aktives Wahlrecht im 94

297 EGMR, NJW 1999, 3107 ff (Matthews/Vereinigtes Königreich).
298 Die Reichweite des in Art. 3 ZPEMRK verwendeten Volksbegriffs ist noch ungeklärt.
299 Vgl Art. 6 Abs. 3 EUV und ergänzend EuGH, Rs. 44/79 (Hauer), Slg 1979, 3727, Rn 15 ff.
300 Art. 51 Abs. 1 GRC.
301 *Grabenwarter/Pabel*, Europäische Menschenrechtskonvention, 5. Aufl. 2012, § 23 Rn 110; *Richter*, in: Dörr/Grote/Marauhn (Hrsg.), EMRK/GG, 2. Aufl. 2013, Kap. 25 Rn 32.
302 S.o. Rn 72 ff.
303 Vom 6.12.1993, ABl. Nr. L 329/34.
304 Vgl den Bericht der Kommission vom 27.1.2003 – KOM(2003)31 endg.; Bericht der Kommission vom 20.12.2007 – KOM(2007)846 endg.
305 *Dürig*, NVwZ 1994, 1180 ff. Vgl auch *Lenz*, Einführung (Fn 274).
306 So die Begründung zum Regierungsentwurf des Europawahlgesetzes (BT Drucks. 8/361, S. 13 unter I.4.).
307 RL 2013/1/EU des Rates vom 20.12.2012 zur Änderung der Richtlinie 93/109/EG über die Einzelheiten der Ausübung des passiven Wahlrechts bei den Wahlen zum Europäischen Parlament für Unionsbürger mit Wohnsitz in einem Mitgliedstaat, dessen Staatsangehörigkeit sie nicht besitzen; in Deutschland umgesetzt durch das Fünfte Gesetz zur Änderung des Europawahlgesetzes vom 7.10.2013, BGBl. I, S. 3749.
308 Art. 9 DWA.

Heimat- oder im Wohnsitzmitgliedstaat ausüben wollen,[309] und dies letzteren Falls ausdrücklich beantragen.[310] Auch kandidiert werden kann nur in einem Mitgliedstaat.[311] Anders als früher ist die Mitgliedschaft im Europäischen Parlament heute unvereinbar mit der Mitgliedschaft in einem nationalen Parlament.[312] Doppelmitgliedschaften können bei Arbeitsparlamenten, zu denen das Europäische Parlament seit langem gehört, nicht nebeneinander effektiv ausgeübt werden.

95 Zur lange überfälligen Erfüllung des Regelungsauftrags aus Art. 223 Abs. 2 AEUV hat das Europäische Parlament am 28.9.2005 ein Abgeordnetenstatut angenommen, das 2009 mit dem Beginn der neuen Legislaturperiode in Kraft getreten ist, den **Status der Europaabgeordneten** aber nur teilweise regelt.[313] In Deutschland gilt ergänzend das Europaabgeordnetengesetz.[314] Den Erwerb und Verlust der Mitgliedschaft im Europaparlament regeln jedoch die §§ 21 ff des Europawahlgesetzes. Die nationalen Bestimmungen weichen hier nicht unerheblich voneinander ab.

96 Das Europawahlrecht wird flankiert durch einen **Sekundärrechtsakt über politische Parteien auf europäischer Ebene**, die nach Art. 10 Abs. 4 EUV als wichtiger Faktor der Integration in der EU dazu beitragen sollen, ein europäisches Bewusstsein herauszubilden und den politischen Willen der Unionsbürger zum Ausdruck zu bringen. Es handelt sich um die auf der Grundlage des Art. 224 AEUV erlassene VO (EG) Nr. 2004/2003 über die Regelungen für die politischen Parteien auf europäischer Ebene und ihre Finanzierung.[315]

4. Rechtsschutzfragen

97 Für den verwaltungs- und verfassungsgerichtlichen Rechtsschutz sowie für Vorlagen an den EuGH gilt zunächst das oben zum Kommunalwahlrecht Ausgeführte entsprechend (siehe oben Rn 78 ff). Da das aktive und passive Europawahlrecht jedoch – anders als das Kommunalwahlrecht – außerdem in Art. 3 ZPEMRK gewährleistet ist, kommt hier nach erfolgloser Ausschöpfung der nationalen Rechtsbehelfe außerdem eine **Individualbeschwerde an den Straßburger EGMR** in Betracht, die innerhalb einer Frist von sechs Monaten nach der endgültigen innerstaatlichen Entscheidung einzulegen ist.[316]

98 Mitgliedstaatliche Entscheidungen über den Mandatsverlust sind dem Europäischen Parlament nur zur Kenntnis zu geben.[317] Da keine Handlung des Parlaments hinzutritt, die verbindliche Rechtswirkungen hätte, können betroffene **Abgeordnete gegen ihren Mandatsverlust keine Nichtigkeitsklage** nach Art. 263 AEUV zum EuG erheben,[318] sondern nur die mitgliedstaatlichen Gerichte anrufen. Auch insoweit sind die Mitgliedstaaten verpflichtet, effektive gerichtliche Rechtsbehelfe vorzusehen.[319] Hierzulande sind die §§ 23, 26 Europawahlgesetz einschlägig.

99 Das Europäische Parlament ist für die **Wahlprüfung** zuständig, soweit der DWA selbstständig ohne Verweisung auf mitgliedstaatliche Vorschriften Anforderungen an den Mandatserwerb aufstellt.[320]

---

309 Art. 4 Abs. 1 RL 93/109/EG.

310 Art. 8, 9 Abs. 1 RL 93/109/EG.

311 Art. 4 Abs. 2, 10 Abs. 1 Buchst. b RL 93/109/EG.

312 Art. 7 Abs. 2 DWA.

313 ABl. 2005 Nr. L 262/1.

314 Gesetz über die Rechtsverhältnisse der Mitglieder des Europäischen Parlaments aus der Bundesrepublik Deutschland vom 6.4.1979 (BGBl. I S. 413), zuletzt geändert durch Gesetz vom 23.10.2008 (BGBl. I S. 2020).

315 Vom 4.11.2003 (ABl. Nr. L 297/1), geändert durch VO (EG) Nr. 1524/2007 vom 18.12.2007 (ABl. Nr. L 343/5). Vgl den Bericht des Europäischen Parlaments zur Anwendung der Verordnung (EG) Nr. 2004/2003 über die Regelungen für die politischen Parteien auf europäischer Ebene und ihre Finanzierung vom 18.3.2011, (2010/2201(INI)).

316 Art. 34, 35 EMRK iVm Art. 5 ZPEMRK. Bsp für eine erfolgreiche Individualbeschwerde: EGMR, NJW 1999, 3107 ff (Matthews/Vereinigtes Königreich).

317 Art. 13 Abs. 3 DWA.

318 EuG, Rs. T-353/00 (Fn 284).

319 Art. 19 Abs. 1 Unterabs. 2 EUV.

320 Art. 12 DWA; Art. 3 der Geschäftsordnung des Europäischen Parlaments vom Dezember 2009 (Sartorius II Nr. 260).

In diesem Zusammenhang ergehende Entscheidungen über Mandatsverluste können beim EuG mit der Nichtigkeitsklage (Art. 263 AEUV) angegriffen werden.

5. Ergänzung der repräsentativen durch die partizipative Demokratie durch den Vertrag von Lissabon

Art. 10 EUV definiert den herkömmlichen Grundsatz der repräsentativen Demokratie auf Unionsebene vor allem durch das Europawahlrecht, die demokratische Verantwortlichkeit der Ratsmitglieder in den Mitgliedstaaten und das Recht aller Unionsbürgerinnen und -bürger, am demokratischen Leben der Union teilzunehmen. Neu hinzugetreten ist der Grundsatz der partizipativen Demokratie in Art. 11 EUV, der die Einbeziehung der Zivilgesellschaft in den europäischen Entscheidungsprozess betrifft. Hier steht nach Art. 11 Abs. 4 EUV als neues politisches Unionsbürgerrecht eine **europäische Bürgerinitiative** zur Verfügung, an der sich mindestens eine Million Staatsangehörige einer erheblichen Anzahl von Mitgliedstaaten beteiligen müssen.[321] Die Initiative richtet sich an die Kommission, die veranlasst werden soll, ihr weitgehendes Vorschlagsmonopol für europäische Rechtsakte[322] in einem bestimmten Sinne auszuüben. Nähere Regelungen sind EU-Verordnungen vorbehalten (Art. 24 Abs. 1 AEUV). Hierzu ist die Verordnung (EU) Nr. 211/2011 des Europäischen Parlaments und des Rates vom 16.2.2011 über die Bürgerinitiative ergangen.[323] Technische Details zur Gestaltung von Online-Sammelsystemen finden sich in der Durchführungsverordnung Nr. 1179/2011.[324] Die Bürgerinitiative ergänzt die seit jeher bestehenden Aufforderungsrechte des Rates (Art. 241 AEUV) und des Europäischen Parlaments (Art. 225 AEUV). 100

V. Diplomatischer und konsularischer Schutz (Art. 23 AEUV)

1. Politische Bedeutung und völkerrechtlicher Hintergrund

Erhebliche symbolische Bedeutung hat Art. 23 AEUV: Er begründet eine **gemeinsame Verantwortung aller Mitgliedstaaten für den Schutz von Unionsbürgern**, die sich im Drittausland aufhalten. Was Art. 21 Abs. 2 Buchst. a und b EUV zum Ziel der GASP erklärt – die Wahrung der grundlegenden Interessen der EU als Union der Staaten und Völker sowie die Festigung und Förderung der Menschenrechte –, bricht Art. 23 AEUV im Anschluss an Art. 3 Abs. 5 Satz 1 EUV gewissermaßen auf die Ebene der einzelnen Unionsbürger herunter. Er will durch die gemeinsame Schutzverantwortung zum einen die Identität der EU gegenüber Drittländern und zum anderen die europäische Solidarität gegenüber den betroffenen Unionsbürgern stärker wahrnehmbar machen.[325] Art. 23 AEUV lässt zudem erkennen, dass die Unionsbürgerschaft eine über die territorialen Schranken der Art. 52 EUV und Art. 355 AEUV hinausreichende personale Beziehung zwischen den einzelnen Europäern und der EU bzw einem für sie handelnden Mitgliedstaat herstellt.[326] Er verkörpert die alltägliche „kleine" Solidarität neben der „großen" Solidarität des Art. 222 AEUV in außergewöhnlichen Notfällen. 101

Die Brücke zwischen Einzelpersonen und dem Völkerrechtsraum bildet üblicherweise allein deren **Heimatstaat kraft seiner Personalhoheit:** Grundsätzlich ist nur dieser völkerrechtlich befugt, seine Staatsangehörigen gegenüber anderen Staaten diplomatisch und konsularisch zu vertreten. Dies gilt sowohl für Routinefälle, die über die diplomatischen und konsularischen Vertretungen abgewickelt 102

321 Die recht komplexen Voraussetzungen zur Einleitung und erfolgreichen Durchführung des zweistufigen Verfahrens schildert *Mader*, EuR 2013, 353 ff. Der beachtliche administrative Aufwand hat Kritik hervorgerufen und etwa auch die Kommission dazu veranlasst, mehr Ressourcen zur Verfügung zu stellen. Vgl Europäische Kommission, MEMO/12/235 v. 30.3.2012.

322 Art. 17 Abs. 2 EUV.

323 Aktuelle Fassung in Sartorius II Nr. 230. In Deutschland umgesetzt durch das Gesetz zur Europäischen Bürgerinitiative (EBIG) vom 7.3.2012, BGBl. 2012 I, S. 446.

324 Durchführungsverordnung (EU) Nr. 1179/2011 der Kommission vom 17.11.2011 zur Festlegung der technischen Spezifikationen für Online-Sammelsysteme gemäß der Verordnung (EU) Nr. 211/2011 des Europäischen Parlaments und des Rates über die Bürgerinitiative, ABl. Nr. L 301/3.

325 So die Präambel des Beschl. 95/553/EG.

326 Vgl bereits EuGH, Rs. C-214/94 (Boukhalfa), Slg 1996, I-2253.

werden,[327] als auch für hochpolitische Fälle auf Regierungsebene, in denen der Heimatstaat aus eigenem Recht für die völkerrechtswidrige Behandlung seiner Staatsangehörigen von dem anderen Staat Wiedergutmachung verlangt.[328]

103 Anders als die auf Art. 20 Satz 1 EGV zurückgehende deutsche Fassung des Art. 23 Abs. 1 AEUV andeutet, regelt die Bestimmung von vornherein nur die routinemäßige Betreuung von EU-ausländischen Unionsbürgern, die sich in einem Drittland aufhalten, durch die diplomatischen und konsularischen Vertretungen eines anderen Mitgliedstaats, nicht dagegen die hochpolitische Ausübung diplomatischen Schutzes auf Regierungsebene. Dies zeigt ein Vergleich mit der englischen und französischen Sprachfassung[329] sowie mit den späteren deutschen Versionen in Art. 20 Abs. 2 Unterabs. 1 Satz 2 Buchst. c AEUV und in Art. 46 der GRC. Bestätigt wird diese einschränkende Interpretation durch den Regelungskontext, der deutlich macht, dass es nur um den Schutz von in Drittländern befindlichen Unionsbürgern durch **ortsansässige diplomatische und konsularische Vertretungen** eines anderen Mitgliedstaats geht.[330] Damit im Einklang steht es, dass Art. 1 des Beschlusses 95/553/EG zur Ausführung der Vorschrift[331] von vornherein nur den „konsularischen Schutz" durch diplomatische und konsularische Vertretungen anderer Mitgliedstaaten anspricht.[332]

104 Ungeachtet dieser Einschränkung können diplomatische und konsularische Vertretungen nach den völkerrechtlichen Regeln normalerweise nur die Interessen der Staatsangehörigen des Entsendestaats ohne weiteres schützen.[333] Wollen sie für Ausländer tätig werden, bedarf es des **Einverständnisses des Empfangsstaats.**[334] Dieser Grundsatz wird auch in Europa nach wie vor ernst genommen: Das Europäische Übereinkommen über konsularische Aufgaben, das davon abgehen wollte, ist nie in Kraft getreten.[335] Vor diesem Hintergrund kann Art. 23 Abs. 1 Satz 2 AEUV letztlich nicht mehr als eine Verpflichtung statuieren, die für den in Satz 1 vorgesehenen Schutz notwendigen internationalen Verhandlungen mit den Empfangsstaaten einzuleiten. Solche Verhandlungen haben anscheinend bisher nicht stattgefunden.[336] Obwohl nur in wenigen Drittstaaten alle EU-Mitgliedstaaten diplomatische oder konsularische Vertretungen haben, hat Art. 23 AEUV bisher nur wenig praktische Bedeutung erlangt.

105 Zwar stärkt der Vertrag von Lissabon die außenpolitische Handlungsfähigkeit der EU durch Ausbau der Position des Hohen Vertreters der Union für Außen- und Sicherheitspolitik, der den Vorsitz im Rat „Auswärtige Angelegenheiten" führt und zugleich einer der Vizepräsidenten der Kommission ist,[337] und durch Gründung eines **Europäischen Auswärtigen Dienstes,**[338] der die Delega-

327 Vgl Art. 3 Abs. 1 Buchst. b, Abs. 2 des Wiener Übereinkommens über diplomatische Beziehungen vom 18.4.1961 – WÜD (BGBl. 1964 II S. 959 = Sartorius II Nr. 325); Art. 5 des Wiener Übereinkommens über konsularische Beziehungen vom 24.4.1963 – WÜK (BGBl. 1969 II S. 1585 = Sartorius II Nr. 326).

328 *Epping*, in: Ipsen (Hrsg.), Völkerrecht, 6. Aufl. 2014, § 5, Rn 115 ff; *Ipsen*, ebd., § 29 Rn 48 ff. Vgl die (als solche nicht völkerrechtlich verbindlichen) Draft Articles on Diplomatic Protection der International Law Commission von 2006 mit Kommentaren (http://untreaty.un.org/ilc/texts/instruments/english/commentaries/9_8_2006.pdf) [zuletzt abgerufen am 26.2.2014].

329 "protection by the diplomatic or consular authorities of any Member State"; "protection de la part des autorités diplomatiques et consulaires de tout État membre".

330 *Kadelbach*, in: v. Bogdandy (Hrsg.), S. 634 f. Für ein weiteres Verständnis dagegen *Stein*, in: Ress/Stein (Hrsg.), Der diplomatische Schutz im Völker- und Europarecht (1996), S. 97, 98 f; *Ruffert*, AVR 35 (1997), 464 f; *Magiera*, in: Streinz (Hrsg.), EUV/AEUV, 2. Aufl. 2012, Art. 23 AEUV, Rn 6.

331 S.u. Rn 106 ff.

332 *Kluth*, in: Calliess/Ruffert (Hrsg.), 4. Aufl. 2011, Art. 23 AEUV, Rn 11.

333 Art. 3 Abs. 1 Buchst. b WÜD; Art. 5 Buchst. a, d, e, g, h, i WÜK.

334 Art. 46 WÜD (vorherige Zustimmung); Art. 8 WÜK (Fehlen eines Einspruchs auf Notifikation hin).

335 Vom 11.12.1967 (CETS No. 61). Dessen Art. 2 Abs. 3 lautet: „Nach einer Notifikation an den Empfangsstaat ist jede Vertragspartei berechtigt, den Schutz ihrer Staatsangehörigen sowie die Wahrung ihrer Rechte und Interessen den Konsularbeamten einer anderen Vertragspartei anzuvertrauen."

336 Vgl aber *Kluth*, in: Calliess/Ruffert (Hrsg.), 4. Aufl. 2011, Art. 23 AEUV, Rn 4 f zur Notifikation an alle Drittstaaten.

337 Art. 17 Abs. 4, Art. 27 Abs. 1 und 2 EUV.

338 Art. 27 Abs. 3 EUV. Beschluss des Rates vom 26.7.2010 über die Organisation und die Arbeitsweise des Europäischen Auswärtigen Dienstes (2010/427/EU), ABl. Nr. L 201/30.

tionen der Union in Drittländern und bei internationalen Organisationen personell trägt.[339] Dennoch bleibt es bei der stellvertretenden Schutzausübung durch Vertretungen anderer Mitgliedstaaten.[340] Dies beruht nicht nur auf mitgliedstaatlichen Souveränitätsvorstellungen, sondern spiegelt den Entwicklungsstand des Völkerrechts wider, das die Ausübung diplomatischen Schutzes weiterhin als staatliche Aufgabe ansieht und überstaatlichen Organisationen ohne eigenen Staatscharakter allenfalls die Ausübung von Schutz für ihre eigenen Funktionäre zugesteht.[341]

2. Umsetzung durch Sekundärrecht

Die praktische Umsetzung des Art. 23 Abs. 1 AEUV ist aber nicht nur von Absprachen mit Drittstaaten abhängig, sondern auch vom Treffen der notwendigen (dh von den Verfassern der Vorschrift auch für notwendig erachteten) Vorkehrungen durch die Mitgliedstaaten. Diese verfügen über einen gewissen Spielraum bei der Entscheidung, welche Maßnahmen zur Operationalisierung des Art. 23 Abs. 1 AEUV notwendig (necessary, nécessaires) sind. Dies lässt erkennen, dass Art. 23 Abs. 1 AEUV – anders als Art. 22 Abs. 1 und 2 AEUV – kein unmittelbar anwendbares subjektives Recht gewährt, sondern nur einen **rechtsverbindlichen Umsetzungsauftrag an die Mitgliedstaaten** erteilt, selbst wenn in der Literatur teilweise auch die Gegenauffassung vertreten wird.[342] Bis zum Inkrafttreten des Vertrages von Lissabon wurden die „notwendigen Regeln" ausdrücklich einer Vereinbarung der Mitgliedstaaten außerhalb des eigentlichen Sekundärrechts vorbehalten (Art. 20 Satz 2 EGV). Diese Vereinbarung sollte nach der ursprünglichen Fassung der Vorschrift vor dem 31.12.1993 erfolgen, doch wurde die Fristbestimmung bald eliminiert.[343] 106

Erfüllt worden ist dieser Umsetzungsauftrag im politisch und rechtlich heiklen Grenzbereich zwischen intergouvernementaler GASP und supranationaler Unionsbürgerschaft bislang nur teilweise, und zwar nicht in der Form völkerrechtlicher Verträge der Mitgliedstaaten, wie es der Wortlaut von Art. 20 Satz 2 EGV erwarten ließ, sondern von **zwei uneigentlichen Ratsbeschlüssen.**[344] Beider Inkrafttreten hängt davon ab, dass alle Mitgliedstaaten dem Generalsekretariat des Rates mitteilen, dass die gemäß ihrer Rechtsordnung für ihre Durchführung erforderlichen Verfahren abgeschlossen sind; deshalb konnten sie lange nur faktisch angewendet werden.[345] Die neue Textfassung des Art. 23 Abs. 1 AEUV, die den Begriff „vereinbaren" eliminiert, soll diese wenig rechtsförmliche praktische Handhabung des Umsetzungsauftrags augenscheinlich rechtfertigen. 107

Die vorgenannten uneigentlichen Ratsbeschlüsse waren nicht Bestandteil des supranationalen Gemeinschaftsrechts.[346] Sie sind auch keine Handlungen der Organe, Einrichtungen oder sonstigen Stellen der Union, die mittels Nichtigkeitsklage angreifbar wären[347] oder über deren Gültigkeit oder Auslegung eine Entscheidung des EuGH im Vorabentscheidungsverfahren nachgesucht wer- 108

339 Art. 221 AEUV.

340 Zur Frage eines diplomatischen und konsularischen Schutzes durch die EG über Art. 20 EGV hinaus schon vor dem Inkrafttreten des Vertrags von Lissabon vgl *Szczekalla*, EuR 1999, 333 ff; *Storost*, Diplomatischer Schutz durch EG und EU?, 2005; *ders.*, ZEuS 2010, 241 ff.

341 Zur Ausübung diplomatischen Schutzes durch die UNO für ihre Funktionäre vgl das Gutachten des Internationalen Gerichtshofs im Bernadotte-Fall (Reparation for Injuries Suffered in the Service of the United Nations, ICJ Reports 1949, 174). Für die frühere EG oder die EU gibt es bisher keine entsprechende Praxis.

342 Ebenso *Kadelbach*, in: v. Bogdandy (Hrsg.), S. 635; *Busse*, Europa-Blätter 8 (1999), 92 f; aA *Ruffert*, AVR 35 (1997), 471 f; *Szczekalla*, EuR 1999, 325, 327 f; für eine unmittelbare Wirkung *Kluth*, in: Calliess/Ruffert (Hrsg.), 4. Aufl. 2011, Art 23 AEUV, Rn 17.

343 Art. 8 c Satz 2 EGV idF von Art. G des Maastrichter Vertrags über die Europäische Union vom 7.2.1992 (BGBl. II S. 1253), geändert durch den Vertrag von Amsterdam vom 2.10.1997 (BGBl. 1998 II S. 465).

344 Beschl. der im Rat vereinigten Vertreter der Regierungen der Mitgliedstaaten vom 19.12.1995 über den Schutz der Bürger der Europäischen Union durch die diplomatischen und konsularischen Vertretungen (95/553/EG), ABl. Nr. L 314/73; Beschl. der im Rat vereinigten Vertreter der Regierungen der Mitgliedstaaten vom 25.6.1996 zur Ausarbeitung eines Rückkehrausweises (96/409/GASP), ABl. Nr. L 168/4.

345 Der Beschl. 95/553/EG ist im Mai 2002 in Kraft getreten (Vierter Bericht der Kommission (Fn 263) S. 9).

346 Dies machte der Beschl. 96/409/GASP, anders als der Beschl. 95/553/EG, schon in seiner Identifikationsnummer deutlich.

347 Art. 263 AEUV.

den könnte.[348] Vielmehr gehören sie zum **EU-nahen Völkerrecht**, das die Verträge ergänzt. Dies hindert die nationalen Gerichte jedoch nicht daran, im Rahmen ihrer Gerichtsbarkeit aus dazu geeigneten Bestimmungen dieser Beschlüsse subjektive Individualrechte abzuleiten.[349] Dafür bietet sich insbesondere die unbedingte und präzise Verpflichtung aus Art. 3 des Beschlusses 95/553/EG an, schutzsuchende EU-Ausländer mit eigenen Staatsangehörigen gleich zu behandeln. Da Deutsche nach der Rechtsprechung des BVerfG einen grundrechtlichen Anspruch auf diplomatischen Schutz im Sinne eines Anspruchs auf fehlerfreie Ermessensausübung haben,[350] sind EU-Ausländer auch in dieser Hinsicht gleichzustellen.[351]

109 Art. 23 Abs. 2 AEUV ermächtigt nunmehr den Rat, auf Vorschlag der Kommission gemäß einem besonderen Gesetzgebungsverfahren mit qualifizierter Mehrheit nach Anhörung des Europäischen Parlaments **Richtlinien** zu erlassen, welche die notwendigen Koordinierungs- und Kooperationsmaßnahmen zur Erleichterung des diplomatischen und konsularischen Schutzes von EU-Ausländern in Drittländern festlegen.[352] Wenn solche Richtlinien erlassen werden,[353] gehören sie nach Art. 288 Abs. 3, 289 Abs. 3 AEUV zu den Gesetzgebungsakten der Union und unterliegen daher auch ohne Einschränkung der Gerichtsbarkeit des EuGH.

110 Nach § 1 des Konsulargesetzes (KG)[354] sind die für die Bundesrepublik Deutschland tätigen Konsularbeamten allerdings nach wie vor nur berufen, „Deutschen sowie inländischen juristischen Personen nach pflichtgemäßem Ermessen Rat und Beistand zu gewähren". Sollte das Hilfeersuchen eines EU-Ausländer unter Berufung hierauf abgewiesen werden, würde Deutschland das Gleichbehandlungsgebot in Art. 23 Abs. 1 Satz 1 AEUV iVm Art. 3 des Beschlusses 95/553/EG verletzen. Schon die **unveränderte Aufrechterhaltung des § 1 KG ist mit den europarechtlichen Verpflichtungen Deutschlands unvereinbar**, weil sie die Gefahr begründet, dass EU-Ausländer diskriminiert werden.[355] In der Praxis gewähren die deutschen Auslandsvertretungen EU-Ausländern aber Hilfe in Notfällen unter unmittelbarem Rückgriff auf den vorrangigen Art. 23 Abs. 1 AEUV und die Ausführungsbeschlüsse.[356]

3. Gewährleistungsinhalt: Gleichstellungsauftrag an die Mitgliedstaaten

111 Inhaltlich verpflichtet Art. 23 Abs. 1 AEUV die Mitgliedstaaten in ihrer Gesamtheit sicherzustellen, dass Unionsbürger im Drittausland den Schutz der diplomatischen und konsularischen Vertretungen eines anderen Mitgliedstaats unter denselben Bedingungen wie Staatsangehörige dieses Mitgliedstaats erhalten, wenn ihr Heimatstaat im Hoheitsgebiet des Aufenthaltsstaats nicht vertreten ist. Art. 1 des Beschlusses 95/553/EG legt Art. 23 Abs. 1 AEUV nach seinem Sinn und Zweck zutreffend dahingehend aus, dass diese stellvertretende Wahrnehmung der diplomatischen und konsularischen Betreuung bereits dann zulässig sein soll, wenn es in dem Hoheitsgebiet, in dem der schutzbedürftige Unionsbürger sich befindet, weder eine *erreichbare* ständige Vertretung noch einen *erreichbaren* zuständigen Honorarkonsul seines Heimatstaats oder eines anderen Staates

348 Art. 267 Abs. 1 Buchst. b AEUV.

349 Ähnlich *Kluth*, in: Calliess/Ruffert (Hrsg.), 4. Aufl. 2011, Art. 23 AEUV, Rn 16. AA *Kadelbach*, in: Ehlers (Hrsg.), S. 673.

350 Vgl nur BVerfGE 55, 349, 364 f.

351 *Kadelbach*, in: Ehlers (Hrsg.), S. 676.

352 Die Verfahrensvoraussetzungen ergeben sich in Ergänzung zu Art. 23 Abs. 2 AEUV aus Art. 16 Abs. 3, 17 Abs. 2 Satz 1 EUV und Art. 289 Abs. 3 AEUV.

353 Die Europäische Kommission hat schon im Vorfeld des Inkrafttretens des Vertrags von Lissabon ein Grünbuch zur Verbesserung des diplomatischen und konsularischen Schutzes der Unionsbürger vorgelegt (ABl. 2007 Nr. C 30/8; vgl EuZW 2008, 99 f). Momentan wird über die Umsetzung eines Richtlinienentwurfs der Kommission (KOM(2011) 881 endg.) verhandelt. Weitere Informationen stellt die Kommission zudem unter http://ec.europa.eu/consularprotection/index.action bereit [zuletzt abgerufen am 20.5.2014].

354 Gesetz über die Konsularbeamten, ihre Aufgaben und Befugnisse vom 11.9.1974, mit späteren Änderungen in Sartorius I Nr. 570.

355 *Ruffert*, AVR 35 (1997), 475, und *Kluth*, in: Calliess/Ruffert (Hrsg.), 4. Aufl. 2011, Art. 23 AEUV, Rn 18 halten eine Anpassung von § 1 KG nur für wünschenswert.

356 Einzelheiten bei *Hecker/Müller-Chorus* (Hrsg.), Handbuch der konsularischen Praxis, 3. Aufl. 2008.

gibt, der die ständige Vertretung für seinen Heimatstaat wahrnimmt. Es genügt also das **Fehlen einer *effektiven* Vertretung des Heimatstaats.**

Nach Art. 3 des Beschlusses 95/553/EG behandeln die Schutz gewährenden diplomatischen und konsularischen Vertretungen den Schutzersuchenden wie einen Staatsangehörigen des Mitgliedstaats, den sie vertreten. Die stellvertretende Betreuung umfasst insbesondere Hilfe bei Todesfällen, schweren Unfällen oder Erkrankungen und Festnahme oder Haft sowie Hilfe für Opfer von Gewaltverbrechen und Hilfeleistungen für Unionsbürger in Not und ihre Rückführung. Unionsbürgern kann auf ihr Ersuchen auch in anderen Fällen Hilfe gewährt werden, ohne dass eine Pflicht dazu begründet würde.[357] Art. 6 als längste Bestimmung des Beschlusses 95/553/EG behandelt **finanzielle Vorleistungen und Hilfen sowie die Übernahme von Ausgaben für Unionsbürger**: Diese dürfen ohne Genehmigung des Heimatstaats nur in äußersten Notfällen geleistet werden. 112

Der Beschluss 96/409/GASP schafft einen **einheitlichen Rückkehrausweis** für Fälle, in denen ein im Drittausland befindlicher Unionsbürger kein Reisedokument zur Verfügung hat, sein Heimatstaat dort nicht vertreten ist und die heimatstaatlichen Behörden damit einverstanden sind, dass die Vertretung eines anderen Mitgliedstaats einen solchen Rückkehrausweis ausstellt. Dieser soll in der Regel nur eine einzige Reise zurück in den Heimatstaat ermöglichen.[358] 113

VI. Petitionsrecht im weiteren Sinne (Art. 24 AEUV)

1. Petitionen zwischen Legitimations- und Rechtsschutzfunktion

Art. 24 AEUV gewährleistet vier miteinander verwandte, aber nicht deckungsgleiche Rechte: das durch den Vertrag von Lissabon neu eingeführte kollektive Recht, gemeinsam mit einer Vielzahl anderer Unionsbürger eine Bürgerinitiative an die Europäische Kommission zu richten (Abs. 1 iVm Art. 11 Abs. 4 EUV); das individuelle Petitionsrecht beim Europäischen Parlament (Abs. 2 iVm Art. 227 AEUV); das individuelle Recht, Beschwerden beim Europäischen Bürgerbeauftragten einzulegen (Abs. 3 iVm Art. 228 AEUV) sowie das Recht, sich in einer Vertragssprache (Art. 55 Abs. 1 EUV) an die vorgenannten und alle weiteren in Art. 13 EU aufgelisteten Organe und Einrichtungen der Union zu wenden und eine Antwort in derselben Sprache zu erhalten (Abs. 4). Die Kommission hat die in den Absätzen 2 und 3 erwähnten Rechte mit dem Begriff „außergerichtliche Rechtsmittel" zusammengefasst.[359] Das in Abs. 4 genannte Recht bildet einen Ausschnitt aus dem Sprachenrechtsregime der EU (Sprachenfreiheit). Alle vier Rechte können als **Petitionsrecht im weiteren Sinne kategorisiert** werden: als Recht, sich entweder kollektiv oder individuell mit irgendeinem Anliegen an eine öffentliche Stelle zu wenden und von dieser über die Behandlung der Eingabe informiert zu werden. Sie sollen die Bürgernähe und mit ihr die (soziale) Legitimität der EU fördern; die letztgenannten drei Rechte erfüllen zugleich auch eine Rechtsschutzfunktion. 114

Bei genauer Betrachtung werden die in den Absätzen 1 bis 3 genannten Varianten des Petitionsrechts nicht durch Art. 24 AEUV selbst gewährleistet. Vielmehr ergibt sich das Recht zur Bürgerinitiative eigentlich aus Art. 11 Abs. 4 EUV, während Art. 24 Abs. 1 AEUV den Unionsgesetzgeber lediglich zur Regelung der Verfahren und Bedingung für seine Ausübung ermächtigt. Das in Art. 227 AEUV verankerte Petitionsrecht beim Europäischen Parlament wird ebenso wie das Beschwerderecht beim Europäischen Bürgerbeauftragten nach Art. 228 AEUV nur nachrichtlich in die Absätze 2 und 3 des Art. 24 AEUV übernommen. Allein für das Eingabenrecht nach Abs. 4 bildet Art. 24 AEUV die originäre Quelle. Die EU-Grundrechte-Charta spaltet die in Art. 24 Abs. 2 bis 4 geregelten Rechte, die bereits in Art. 21 EGV vorkamen, in eigenständige Artikel auf und ordnet die Sprachenfreiheit dem Recht auf eine gute Verwaltung zu.[360] Das neue Recht der Bürger- 115

357 Art. 5 Beschl. 95/553/EG. *Ruffert* (AVR 35 [1997], 467) und *Kluth*, in: Calliess/Ruffert (Hrsg.), 4. Aufl. 2011, Art. 23 AEUV, Rn 12 halten diese Bestimmung für mit Art. 23 AEUV unvereinbar, da zu restriktiv. S. demgegenüber o. Rn 106 zum Ausgestaltungsspielraum der Mitgliedstaaten.

358 Zur deutschen Praxis vgl *Hecker/Müller-Chorus* (Fn 353).

359 Vierter Bericht (Fn 263), S. 10. Im Hinblick auf die feststehende prozessuale Terminologie kann allenfalls von „Rechtsbehelfen" die Rede sein.

360 Art. 41 Abs. 4. Vgl im Übrigen Art. 43, 44 GRC.

initiative ist nicht eigens in die Grundrechte-Charta aufgenommen worden. Es ist fraglich, ob man es als lex specialis zu dem allgemeinen Petitionsrecht nach Art. 41 Abs. 4 GRC einstufen kann, so dass jedenfalls gewisse individualrechtliche Komponenten der Bürgerinitiative zumindest reflexartig auch als europäisches Grundrecht verbürgt wären.

2. Bürgerinitiative an die Europäische Kommission (Art. 11 EUV, Art. 24 Abs. 1 AEUV)

116 Mit Art. 11 Abs. 4 EUV und Art. 24 Abs. 1 AEUV führt der Vertrag von Lissabon ein direktdemokratisches Element in die EU ein.[361] Es ergänzt die in Art. 10 EUV näher definierte Demokratie auf Unionsebene, die zwar primär als repräsentative ausgestaltet ist, jedoch auch das Recht aller Bürgerinnen und Bürger umfasst, am politischen Leben der Union teilzunehmen, was seinerseits möglichst offene und bürgernahe Entscheidungsprozesse voraussetzt (Art. 10 Abs. 3 EUV). Dieses **unionsbürgerliche Teilnahmerecht** wird in Art. 11 EUV näher ausdifferenziert. Neben die Gewährung von Gelegenheiten zur Stellungnahme zu den Politiken der Union durch die Organe und ihren Dialog mit der Zivilgesellschaft sowie durch die Europäische Kommission durchzuführende Anhörungen (Art. 11 Abs. 1-3 EUV) – alles Top-down-Ansätze zur Stärkung von Transparenz und Bürgernähe – tritt als Bottom-up-Ansatz die Bürgerinitiative. Diese richtet sich an die Europäische Kommission als Trägerin der Initiativrechte nach Art. 17 Abs. 2 EUV, erschöpft sich jedoch in einer diesbezüglichen Aufforderung, der die Kommission keine Folge leisten muss – genauso wenig wie entsprechenden Aufforderungen seitens des Europäischen Parlaments oder des Rates.

117 Träger des Initiativrechts sind mindestens eine Million Unionsbürgerinnen und Unionsbürger aus einer erheblichen Anzahl von Mitgliedstaaten. Nähere Regelungen dazu sollen durch Verordnungen festgelegt werden.[362] Nach Art. 7 Abs. 1 VO 211/2011 müssen die Unterzeichner einer Bürgerinitiative aus mindestens einem Viertel der Mitgliedstaaten stammen. Nachdem die erste Initiative dieser Art, die am 9.5.2012 unter dem Titel „Fraternité 2020" bei der Kommission registriert worden war,[363] noch nicht die notwendige Zahl von Unterstützern erhalten hatte, gelang dies der Initiative „Right to Water" (die sich gegen die Privatisierung der Wasserversorgung richtete) im Jahr 2013 mit 1,68 Millionen Unterschriften.[364] Demgegenüber lehnte die Kommission im Jahr 2014 die Registrierung einer Initiative auf Widerruf des Verhandlungsmandats für die Transatlantic Trade and Investment Partnership (TTIP) ab, weil diese offenkundig außerhalb des Rahmens liege, in dem die Kommission befugt sei, einen Vorschlag für einen EU-Rechtsakt vorzulegen, um die Verträge umzusetzen.[365] Eine solche Bürgerinitiative kann bestenfalls das Verfahren zum Erlass eines Gesetzgebungsakts oder sonstigen Rechtsakts der EU in Gang setzen, ohne dass die Unionsbürger aber auf dessen weiteren Verlauf oder gar Ergebnis weiteren Einfluss nehmen könnten. Insbesondere ist kein europäischer Volksentscheid vorgesehen.

3. Petitionen an das Europäische Parlament (Art. 24 Abs. 2 AEUV)

118 Das parlamentarische Petitionsrecht in Art. 24 Abs. 2 AEUV wird in Art. 227 AEUV näher ausgestaltet. Art. 227 AEUV nennt als Rechtsträger neben den Unionsbürgern auch sonstige natürliche Personen mit Wohnsitz sowie juristische Personen mit satzungsmäßigem Sitz in einem Mitgliedstaat (siehe bereits oben Rn 29). Diese Personen können Petitionen allein (**Individualpetition**) oder gemeinsam mit anderen (**Sammelpetition**) beim Europäischen Parlament (Petitionsausschuss) einreichen. Voraussetzung ist jeweils, dass sich die Petitionen auf Angelegenheiten beziehen, die in den Tätigkeitsbereichen der Union liegen und die Petenten unmittelbar betreffen. Nach Art. 107 c EAG erstreckt sich das Petitionsrecht auch auf Angelegenheiten in den Tätigkeitsbereichen der Europäischen Atomgemeinschaft.

---

361 S. bereits oben Rn 100.
362 S. die oben in Rn 100 nachgewiesenen Verordnungen.
363 Europäische Kommission, IP/12/450 v. 8.5.2012.
364 Europäische Kommission, STATEMENT/14/9 v. 17.2.2014.
365 http://ec.europa.eu/citizens-initiative/public/initiatives/non-registered/details/2041 (zuletzt abgerufen am 6.10.2014).

Nähere Regelungen zu derartigen Petitionen finden sich in Art. 191-193 der Geschäftsordnung des Europäischen Parlaments.[366] Das Parlament hat **„Tätigkeitsbereiche der EU"** in der Praxis vertretbarerweise weit verstanden und etwa auch die Umsetzung und den Vollzug von EU-Akten durch die Mitgliedstaaten einbezogen.[367] Kein zulässiger Petitionsgegenstand sind demgegenüber in Anlehnung an Art. 228 Abs. 1 Unterabs. 1 Satz 1 AEUV Angelegenheiten, welche die Rechtsprechungstätigkeit des EuGH, des EuG und der Fachgerichte nach Art. 257 AEUV betreffen, soweit diese Ausnahme zum Schutz der richterlichen Unabhängigkeit erforderlich ist.[368] Die unmittelbare Betroffenheit als Voraussetzung für die Petitionsbefugnis einer Person nimmt der Petitionsausschuss bereits dann an, wenn diese eine ernstzunehmende und tatsächliche Besorgnis in Bezug auf ihr Begehren darlegen kann.[369] Petitionen natürlicher und juristischer Personen von außerhalb der EU, die von vornherein unzulässig sind, werden gesondert erfasst und vom zuständigen Petitionsausschuss nur geprüft, wenn dieser es für angebracht hält.[370] 119

Gegen die Praxis des Europäischen Parlaments, die Grenzen des Petitionsrechts weit zu verstehen sowie nach Ermessen auch Petitionen von EU-Externen zu prüfen, bestehen keine rechtlichen Bedenken. Denn das Parlament hat allgemein die Kompetenz, sämtliche die EU betreffenden Fragen von sich aus aufzugreifen und durch Entschließungen hierzu auf den politischen Willensbildungsprozess in der EU Einfluss zu nehmen. Zwar ist dieses **allgemeine Befassungsrecht** vertraglich nicht ausdrücklich verankert, es steht dem Parlament jedoch kraft seiner Repräsentationsfunktion für die Unionsbürgerinnen und Unionsbürger zu.[371] Das Europäische Parlament kann eine Petition zum Anlass nehmen, diese Befassungskompetenz über Art. 24 Abs. 2, 227 AEUV hinaus auszuüben; die Petenten haben indessen keinen subjektiven Anspruch darauf, und eine Mitwirkungspflicht anderer Unionsorgane und der Mitgliedstaaten ergibt sich insoweit nur aus der Unionstreuepflicht nach Art. 4 Abs. 3, 13 Abs. 2 Satz 2 AEUV.[372] Auch das umfassend formulierte Petitionsrecht in Art. 44 GRC ist im Hinblick auf Art 52 Abs. 2 GRC nicht als Ausweitung der subjektiven Rechtsposition der Unionsbürger zu verstehen.[373] 120

Alle zulässigen Petitionen prüft der Petitionsausschuss sachlich. Entweder arbeitet er über sie einen Bericht aus oder nimmt dazu in anderer Weise Stellung. Zur Vorbereitung kann er u.a. Auskunft und Aktenvorlage von der Kommission verlangen. Ggf unterbreitet er dem Plenum Entschließungsanträge. Er kann den Parlamentspräsidenten auch bitten, seine Stellungnahme oder Empfehlung der Kommission, dem Rat oder der betroffenen nationalen Behörde zu übermitteln.[374] Der Parlamentspräsident unterrichtet die Petenten über die gefassten Beschlüsse und deren Begründung, und zwar nach Art. 24 Abs. 4 AEUV in der von ihnen benutzten Vertragssprache. Diese haben zwar keinen Anspruch auf eine bestimmte Sachentscheidung oder konkrete Maßnahmen, aber auf **Entgegennahme, sachliche Prüfung und begründete Bescheidung** ihrer Petition. Wird diese zu Unrecht als unzulässig verworfen, können sie dagegen Nichtigkeitsklage erheben.[375] Eine solche ist aber gegen die Mitteilung des sachlichen Ergebnisses der Prüfung nicht möglich, weil diese keine verbindliche Entscheidung über Rechte des Klägers trifft.[376] 121

366 GeschO des EP vom Dezember 2009 (Sartorius II Nr. 260.).

367 *Guckelberger*, DÖV 2003, 832. Kritisch *Huber*, in: Streinz (Hrsg.), EUV/AEUV, 2. Aufl. 2012, Art. 227 AEUV, Rn 14.

368 *Huber*, in: Streinz (Hrsg.), EUV/AEUV, 2. Aufl. 2012, Art. 227 AEUV, Rn 13.

369 *Guckelberger*, DÖV 2003, 833; *dies.*, S. 56 ff.

370 Art. 201 Abs. 13 GO EP.

371 Vgl Art. 14 Abs. 2 Unterabs. 1 EUV. Vgl auch Art. 304 Abs. 1 Satz 3, 265 Abs. 4 AEUV.

372 Vgl *Guckelberger*, S. 47 mwN.

373 *Huber*, in: Streinz (Hrsg.), EUV/AEUV, 2. Aufl. 2012, Art. 227 AEUV, Rn 2.

374 Art. 202 GO EP.

375 EuG, Rs. T-308/07 (Tegebauer), Slg 2011, II-279. Für eine Untätigkeitsklage (Art. 265 AEUV) noch *Guckelberger*, DÖV 2003, 829, 831.

376 EuG, Rs. T-186/11 (Schönberger), Urt. v. 7.3.2013, ECLI:EU:T:2013:111, EuZW 2013, 358 ff m.Anm. *Gundel*. Ein Rechtsmittel ist derzeit beim EuGH als Rs. C-263/13 P anhängig.

4. Beschwerden beim Europäischen Bürgerbeauftragten (Art. 24 Abs. 3 AEUV)

122 Das in Art. 24 Abs. 3 AEUV gewährleistete Recht auf Beschwerde an den Europäischen Bürgerbeauftragten, das selbstständig neben dem Petitionsrecht nach Art. 24 Abs. 2 AEUV steht und dieses ergänzt,[377] wird in Art. 228 AEUV und Art. 107 d EAG näher ausgestaltet.[378] Der in der Tradition der skandinavischen Ombudsleute stehende Bürgerbeauftragte wird vom Europäischen Parlament gewählt und kann unter engen Voraussetzungen auf dessen Antrag vom Europäischen Gerichtshof seines Amtes enthoben werden.[379] Er übt sein Amt nach Art. 228 Abs. 3 AEUV in völliger Unabhängigkeit aus und ist deshalb auch kein Hilfsorgan des Parlaments,[380] sondern ein **selbstständiges Nebenorgan** der Union.[381] Nähere Regelungen über seine Tätigkeit hat das Parlament im Verfahren nach Art. 195 Abs. 4 EGV (jetzt Art. 228 Abs. 4 AEUV) im sog. Statut des Bürgerbeauftragten festgelegt.[382] Auf Grund von Art. 14 dieses Statuts hat der Bürgerbeauftragte Durchführungsbestimmungen erlassen.[383]

123 **Berechtigt, Beschwerden an den Bürgerbeauftragten zu richten**, ist derselbe Personenkreis, dem das Petitionsrecht an das Europäische Parlament zusteht.[384] Allerdings kann der Bürgerbeauftragte auch von sich aus oder aufgrund von Beschwerden, die ihm über ein Mitglied des Europäischen Parlaments zugehen, tätig werden.[385] Gegenständlich erfasst das hier zu behandelnde unmittelbare Beschwerderecht nur Missstände bei der Tätigkeit von Organen oder Institutionen der Union mit Ausnahme des EuGH und des EuG in Ausübung ihrer Rechtsprechungsbefugnisse. Der Bürgerbeauftragte darf weder in ein schwebendes Gerichtsverfahren eingreifen noch die Rechtmäßigkeit einer gerichtlichen Entscheidung in Frage stellen.[386]

124 Wie der englische und französische Wortlaut von Art. 228 AEUV erkennen lassen, geht es um **Missstände in der Verwaltungstätigkeit** (maladministration, mauvaise administration) der Organe oder Institutionen, so dass ihre Gesetzgebungstätigkeit und politischen Entscheidungen außerhalb der Zuständigkeit des Bürgerbeauftragten liegen.[387] Dagegen fällt die Verwaltungstätigkeit des Europäischen Rates theoretisch in seine Zuständigkeit, nachdem der Vertrag von Lissabon diese auf die EU insgesamt ausgeweitet hat, deren Organ der Europäische Rat nach Art. 13 Abs. 1 Unterabs. 2 EUV ist. Freilich dürfte der Europäische Rat kaum je Verwaltungsaufgaben erfüllen. Ein Missstand liegt jedenfalls vor, wenn Verwaltungsentscheidungen gegen materielles Recht oder Verfahrensvorschriften einschließlich der Grundsätze guter Verwaltungspraxis verstoßen.[388] Um Missständen möglichst vorzubeugen, hat der Bürgerbeauftragte einen Europäischen Kodex für gute Verwaltungspraxis veröffentlicht.[389] Handlungen sonstiger (vor allem nationaler) Behörden und

---

377 Näher zum Verhältnis von Beschwerde- und Petitionsrecht *Meese*, Das Petitionsrecht beim Europäischen Parlament und das Beschwerderecht beim Bürgerbeauftragten der Europäischen Union (2000), S. 305 ff.

378 Vgl Art. 43 GRC.

379 Art. 228 Abs. 2 AEUV; Art. 204-206 GO EP.

380 *Guckelberger*, DÖV 2003, 834.

381 *Haag*, in: v.d. Groeben/Schwarze (Hrsg.), EU-/EG-Vertrag, 6. Aufl. 2003, Art. 195 EG, Rn 9.

382 Statut des Europäischen Bürgerbeauftragten, Entschließung des Europäischen Parlaments vom 18. Juni 2008 zum Erlass eines Beschlusses des Europäischen Parlaments zur Änderung seines Beschlusses 94/262/EGKS, EG, Euratom vom 9. März 1994 über die Regelungen und allgemeinen Bedingungen für die Ausübung der Aufgaben des Bürgerbeauftragten (2006/2223(INI))– im Folgenden Statut.

383 Vom 8.7.2002 (mit späteren Änderungen http://www.ombudsman.europa.eu/de/resources/provisions.faces verfügbar [zuletzt abgerufen am 26.5.2014]).

384 Art. 228 Abs. 1 Unterabs. 1 Satz 1 AEUV; s.o. Rn 118.

385 Art. 228 Abs. 1 Unterabs. 2 Satz 1 AEUV.

386 Art. 228 Abs. 1 Unterabs. 1 Satz 1, Unterabs. 2 Satz 1 AEUV; Art. 1 Abs. 3 Statut.

387 *Guckelberger*, DÖV 2003, 835, 838. In diesen Fällen greift aber das Petitionsrecht nach Art. 24 Abs. 2 AEUV, wenn Personen unmittelbar betroffen sind.

388 *Kaufmann-Bühler*, in: Lenz/Borchardt (Hrsg.), EU-Verträge, 6. Aufl. 2013, Art. 228 AEUV, Rn 10; *Guckelberger*, DÖV 2003, 835 f.

389 Die aktuelle Version ist verfügbar unter: http://www.ombudsman.europa.eu/showResource?resourceId=1370851427974_code_2013_DE.pdf&type=pdf&download=true&lang=de [zuletzt abgerufen am 20.5.2014].

Personen können nicht Beschwerdegegenstand sein.[390] Inhaltlich erfasst das Beschwerderecht diejenigen der vorgenannten Verwaltungshandlungen, die im gesamten Bereich der EU (einschließlich der GASP) und der EAG[391] stattfinden.[392]

Die Beschwerde, die keine aufschiebende Wirkung hat, muss innerhalb von zwei Jahren ab dem Zeitpunkt, zu dem der Beschwerdeführer Kenntnis vom zugrunde liegenden Sachverhalt erhält, eingelegt werden. Zuvor müssen die geeigneten administrativen Schritte bei dem betroffenen Organ oder der betroffenen Institution erfolglos unternommen worden sein.[393] Eine Beschwerde liegt insbesondere dann nahe, **wenn kein effektiver gerichtlicher Rechtsschutz zur Verfügung steht**. Sollte es eine Klagemöglichkeit geben, kann der Bürgerbeauftragte den Beschwerdeführer darauf hinweisen, insbesondere wenn die Klagefrist abzulaufen droht, ohne dazu jedoch verpflichtet zu sein.[394] Der Beschwerdeführer kann um vertrauliche Behandlung seiner Beschwerde bitten.[395] 125

Der Bürgerbeauftragte muss das betroffene Organ oder die betroffene Institution unterrichten, sobald er mit einer Beschwerde befasst worden ist.[396] Außerdem hat er den Beschwerdeführer so schnell wie möglich über die Weiterbehandlung der Beschwerde zu informieren.[397] Welche Untersuchungen er zur Klärung des angeblichen Missstandes für erforderlich hält, bleibt ihm überlassen (**Opportunitätsprinzip**).[398] Er kann dazu Auskünfte einholen und Unterlagen einsehen, soweit nicht legitime Gründe der Geheimhaltung entgegenstehen.[399] Auch die mitgliedstaatlichen Behörden sind als Ausfluss ihrer Unionstreuepflicht (Art. 4 Abs. 3 EUV) zu seiner Unterstützung verpflichtet.[400] Wird die geschuldete Mitwirkung verweigert, informiert der Bürgerbeauftragte das Europäische Parlament, das die geeigneten Schritte unternimmt und gegen säumige Organe, Einrichtungen oder sonstige Stellen der EU notfalls sogar Untätigkeitsklage nach Art. 265 AEUV erheben kann.[401] 126

Stellt der Bürgerbeauftragte einen Missstand fest, gibt er dem betreffenden Organ oder der betreffenden Institution Gelegenheit, innerhalb von drei Monaten Stellung zu nehmen. Ziel ist es, den Missstand zu beseitigen und der Beschwerde im Sinne einer **gütlichen Einigung** abzuhelfen.[402] Anschließend legt er dem Organ/der Institution sowie dem Europäischen Parlament einen Bericht vor, der auch Empfehlungen enthalten kann,[403] und unterrichtet den Beschwerdeführer in der nach Art. 24 Abs. 4 AEUV maßgeblichen Sprache über das Ergebnis seiner Untersuchungen.[404] Begeht der Bürgerbeauftragte bei der Behandlung der Beschwerde einen qualifizierten Verstoß gegen Unionsrecht, kann der Beschwerdeführer einen einklagbaren außervertraglichen Schadensersatzanspruch gegen die Union haben (Art. 340 Abs. 2, 268 AEUV).[405] Da der Vertrag von Lissabon die im Verfahren des Art. 265 AEUV passiv Parteifähigen auf die Einrichtungen und sonstigen Stellen der Union erweitert hat,[406] sind seither auch Untätigkeitsklagen gegen den Bürgerbeauftragten 127

390 Art. 2 Abs. 1 Satz 2 Statut.

391 Art. 107 d EAG.

392 Vor dem Inkrafttreten des Vertrags von Lissabon lag die GASP hingegen außerhalb der Zuständigkeit des Bürgerbeauftragten (vgl *Huber*, in: Streinz (Hrsg.), EUV/AEUV, 2. Aufl. 2012, Art. 228 AEUV, Rn 5).

393 Art. 2 Abs. 4, 6 und 8 Statut.

394 Art. 2 Abs. 5 Statut. EuGH, Rs. C-234/02 P (Lamberts), Slg 2004, I-2803, Rn 80 f.

395 Art. 2 Abs. 3 Statut.

396 Art. 2 Abs. 2 Satz 2 Statut.

397 Art. 2 Abs. 8 Statut; Art. 228 Abs. 1 Unterabs. 2 Satz 4 AEUV.

398 Art. 228 Abs. 1 Unterabs. 2 Satz 1 AEUV; Art. 3 Abs. 1 Statut. *Kaufmann-Bühler*, in: Lenz/Borchardt (Hrsg.), EU-Verträge, 6. Aufl. 2013, Art. 228 AEUV, Rn 12.

399 Art. 3 Abs. 2 Statut.

400 Art. 3 Abs. 3 Statut. *Kaufmann-Bühler*, in: Lenz/Borchardt (Hrsg.), EU-Verträge, 6. Aufl. 2013, Art. 228 AEUV, Rn 15.

401 Art. 3 Abs. 4 Statut. *Hamers*, Der Petitionsausschuß des Europäischen Parlaments und der Europäische Bürgerbeauftragte (1999), S. 215 f.

402 Art. 3 Abs. 5 Statut; Art. 6 der Durchführungsbestimmungen.

403 Art. 3 Abs. 7 Statut.

404 Art. 228 Abs. 1 Unterabs. 2 AEUV.

405 EuGH, Rs. C-234/02 P (Lamberts), Slg 2004, I-2803, Rn 59 ff. *Guckelberger*, S. 144 ff.

406 Vgl den neuen Satz 2 in Art. 265 Abs. 1 AEUV.

statthaft.[407] Gleiches gilt nunmehr auch für Nichtigkeitsklagen (Art. 263 AEUV),[408] doch ist der Bürgerbeauftragte zu Sachentscheidungen mit rechtlicher Außenwirkung (dem einzig zulässigen Klagegegenstand) nicht befugt.

5. Sprachenfreiheit (Art. 24 Abs. 4 AEUV)

128 In der vielsprachigen EU lässt sich die nach Art. 1 Abs. 2, 10 Abs. 2 Satz 3 EUV vorgeschriebene Transparenz und Bürgernähe nur gewährleisten, wenn möglichst alle Unionsbürger in ihrer Sprache mit den EU-Organen und -Einrichtungen korrespondieren können. Zur guten Verwaltungspraxis gehört es außerdem, dass die Antwort zeitgerecht erfolgt.[409] Art. 24 Abs. 4 AEUV schränkt die Sprachenfreiheit insoweit ein, als er nur die Verwendung der in Art. 55 Abs. 1 EUV aufgezählten **24 Vertragssprachen** zulässt, die längst nicht alle in der EU verwendeten Sprachen umfassen. Eine Sonderregelung besteht für die Wahl der mit den Vertragssprachen identischen Verfahrenssprachen beim EuGH und EuG.[410] Die in Art. 24 Abs. 4 AEUV gewährleistete Sprachenfreiheit beschränkt sich auf **die in Art. 24 AEUV und in Art. 13 EUV genannten Organe und Einrichtungen**, zu denen zB das Harmonisierungsamt für den Binnenmarkt (Marken, Muster und Modelle) nicht gehört.[411]

D. Unionsbürgerpflichten

129 Art. 20 Abs. 2 Unterabs. 1 Satz 1 AEUV erwähnt neben Unionsbürgerrechten auch „die in den Verträgen vorgesehenen ... Pflichten". Einen **ausdrücklichen Pflichtenkatalog enthalten EU-Vertrag und AEUV aber nicht.** Ob sich aus Vertragsbestimmungen Pflichten für Unionsbürger ergeben, ist eine Frage der Einzelauslegung. So sind nach der Rechtsprechung des EuGH zB auch private Arbeitgeber an den Grundsatz des Art. 157 AEUV[412] und an das Diskriminierungsverbot in Art. 45 Abs. 2 AEUV[413] gebunden. Art. 101 und 102 AEUV richten sich von vornherein an private Wirtschaftssubjekte. Art. 20 Abs. 2 Unterabs. 1 Satz 1 AEUV fügt dem nichts hinzu. Er hat eher symbolische Bedeutung, indem er die Unionsbürgerschaft als der Staatsangehörigkeit ähnliches synallagmatisches Verhältnis von Treue gegen Schutz definiert, ohne dass die Verträge diesem Anspruch gerecht werden könnten.[414]

---

407 Anders zur früheren Rechtslage EuG, Rs. T-103/99 (Associazione delle cantine sociali venete), Slg 2000, II-4165, Rn 46. Dagegen bereits damals *Guckelberger*, S. 142 f, unter Hinweis auf die Notwendigkeit effektiven Rechtsschutzes.

408 Vgl den neuen Satz 2 in Art. 263 Abs. 1 AEUV. Zur abweichenden früheren Rechtslage *Guckelberger*, S. 143 f.

409 Vgl die entsprechende Aufforderung der Regierungskonferenz von Nizza (ABl. 2001 Nr. C 80/77). Vgl auch Art. 41 Abs. 1 GRC.

410 Art. 36 ff der EuGH-Verfahrensordnung des Gerichtshofs vom 25. September 2012 (ABl. L 265 vom 29.9.2012) in der am 18. Juni 2013 geänderten Fassung (ABl. L 173 vom 26.6.2013, S. 65); Art. 35 ff der Verfahrensordnung des Gerichts erster Instanz der Europäischen Gemeinschaften vom 2. Mai 1991 (ABl. L 136 vom 30.5.1991, S. 1, mit Berichtigung im ABl. L 193 vom 17.7.1991, S. 44, und im ABl. L 317 vom 19.11.1991, S. 34) und die Änderungen bis zum 19. Juni 2013 (ABl. L 173 vom 26.6.2013, S. 66).

411 EuG, Rs. T-120/99 (Kik), Slg 2001, II-2235, Rn 64.

412 EuGH, Rs. 43/75 (Defrenne II), Slg 1976, 455, Rn 38/39.

413 EuGH, Rs. C-281/98 (Angonese), Slg 2000, I-4139, Rn 30 ff.

414 Vgl *Kadelbach*, in: v. Bogdandy (Hrsg.), S. 642 f. Kritisch zum Pflichtenkonzept Dimitry *Kochenov*, EU Citizenship without Duties, European Law Journal vol. 20, issue 4, 482 ff.

§ 10 Grundfreiheiten

Literatur: *Braun/Hauswaldt*, Vergaberechtliche Wirkung der Grundfreiheiten und das Ende der Inländerdiskriminierung?, EuZW 2006, 176; *Calliess*, Die Charta der Grundrechte der Europäischen Union – Fragen der Konzeption, Kompetenz und Verbindlichkeit, EuZW 2001, 261; *Dammann*, Materielles Recht und Beweisrecht im System der Grundfreiheiten, Tübingen, 2007; *Dicke*, Der Europäische Binnenmarkt, in: Weidenfeld (Hrsg.), Europa-Handbuch, Bd. 1, 4. Aufl., Gütersloh, 2006, S. 223; *Epiney*, Umgekehrte Diskriminierungen. Zulässigkeit und Grenzen der discrimination à rebours nach europäischem Gemeinschaftsrecht und nationalem Verfassungsrecht, Köln u.a., 1995; *dies.*, Neuere Rechtsprechung des EuGH in den Bereichen institutionelles Recht, allgemeines Verwaltungsrecht, Grundfreiheiten, Umwelt- und Gleichstellungsrecht, NVwZ 2004, 555; *dies.*, Zur Entwicklung der Rechtsprechung im Jahr 2006, NVwZ 2007, 1012; *Förster*, Die unmittelbare Drittwirkung der Grundfreiheiten, Frankfurt am Main, 2007; *Forsthoff*, Drittwirkung der Grundfreiheiten: Das EuGH-Urteil Angonese, EWS 2000, 389; *Frenz*, Grundfreiheiten und Grundrechte, EuR 2002, 603; *ders.*, Handbuch Europarecht, Bd. 1, Europäische Grundfreiheiten, 2. Aufl., Berlin u.a., 2012; *ders.*, Grundfragen der Niederlassungs- und Dienstleistungsfreiheit im neuen Gewande, GewArch 2007, 98; *ders.*, Die Studierendenfreizügigkeit in Europa, JA 2007, 4; *Ganten*, Die Drittwirkung der Grundfreiheiten, Berlin, 2000; *Hatje*, Die Dienstleistungsrichtlinie – Auf der Suche nach dem liberalen Mehrwert – Auch eine Herausforderung für die Rechtsanwaltschaft?, NJW 2007, 2357; *Jarass*, Elemente einer Dogmatik der Grundfreiheiten II, EuR 2000, 712; *Kämper*, Nationale Steuervergünstigungshoheit und Europarecht, Frankfurt am Main, 2009; *Kindler*, Der reale Niederlassungsbegriff nach dem VALE-Urteil des EuGH, EuZW 2012, 888; *Kingreen*, Die Struktur der Grundfreiheiten des Europäischen Gemeinschaftsrechts, Berlin, 1999; *ders.*, Theorie und Dogmatik der Grundrechte im europäischen Verfassungsrecht, EuGRZ 2004, 570; *Koch*, Die Gewährleistungspflicht der Mitgliedstaaten zur Aufrechterhaltung des Binnenmarktes, Baden-Baden, 2003; *Körber*, Grundfreiheiten und Privatrecht, Tübingen, 2004; *Körner*, EU-Dienstleistungsrichtlinie und Arbeitsrecht, NZA 2007, 233; *Lach*, Umgekehrte Diskriminierungen im Gemeinschaftsrecht, Frankfurt am Main, 2008; *Langner*, Die örtliche Begrenzung kommunaler Wirtschaftstätigkeit und die Grundfreiheiten des EG-Vertrages, Frankfurt am Main, 2008; *Lackhoff*, Die Niederlassungsfreiheit des EGV – nur ein Gleichheits- oder auch ein Freiheitsrecht?, Berlin, 2000; *Leible* (Hrsg.), Die Umsetzung der Dienstleistungsrichtlinie – Chancen und Risiken für Deutschland, Jena, 2008; *Lemor/Haake*, Ausgesuchte Rechtsfragen der Umsetzung der Dienstleistungsrichtlinie, EuZW 2009, 65; *Möstl*, Grenzen der Rechtsangleichung im Binnenmarkt. Kompetenzielle, grundfreiheitliche und grundrechtliche Schranken des Gemeinschaftsgesetzgebers, EuR 2002, 318; *Müller-Graff*, Grundfreiheiten und Gemeinschaftsgrundrechte, in: Cremer/Giegerich/Richter (Hrsg.), Tradition und Weltoffenheit des Rechts, Festschrift für Helmut Steinberger, Berlin u.a., 2002, S. 1281; *Pache*, Der Grundsatz der Verhältnismäßigkeit in der Rechtsprechung der Gerichte der EG, NVwZ 1999, 1033; *Parlow*, Die EG-Dienstleistungsrichtlinie, Hamburg, 2010; *Pießkalla*, Unmittelbare Drittwirkung der Grundfreiheiten des EG-Vertrages bei Boykottaufrufen durch Gewerkschaften, NZA 2007, 1144; *Repasi*, Europäischer Arbeitnehmerbegriff – Doktorandenstipendium, EuZW 2008, 529; *Ruffert*, Die Grundfreiheiten im Recht der Europäischen Union, JuS 2009, 97; *Schlachter/Ohler* (Hrsg.), Europäische Dienstleistungsrichtlinie, Handkommentar, Baden-Baden, 2008; *Schmahl/Jung*, Horizontale Drittwirkung der Warenverkehrsfreiheit?, NVwZ 2013, 607; *T. Schubert*, Der Gemeinsame Markt als Rechtsbegriff – Die allgemeine Wirtschaftsfreiheit des EG-Vertrages, München, 1999; *C. Schubert*, Europäische Grundfreiheiten und nationales Arbeitskampfrecht im Konflikt, RdA 2008, 289; *Seidel*, Nach Nizza und Stockholm: Stand des Binnenmarktes und Prioritäten für die Zukunft, in: Caesar/Scharrer (Hrsg.), Der unvollendete Binnenmarkt, Baden-Baden, 2003; *Steinmeyer*, in: Fuchs (Hrsg.), Europäisches Sozialrecht, 6. Aufl., Baden-Baden, 2013; *Streinz/Leible*, Die unmittelbare Drittwirkung der Grundfreiheiten – Überlegungen aus Anlass von EuGH, EuZW 2000, 468– Angonese, EuZW 2000, 459; *Waschkaus*, EU-Dienstleistungsrichtlinie und Berufsanerkennungsrichtlinie, Bonn, 2008; *Wienbracke*, „Innerhalb der Union ist die Freizügigkeit der Arbeitnehmer gewährleistet", EuR 2012, 483.

A. Grundlagen

1 Die Errichtung und Weiterentwicklung des Gemeinsamen Marktes stellt seit der Gründung der Europäischen Wirtschaftsgemeinschaft durch die Römischen Verträge 1957 eines der wichtigsten Gemeinschaftsziele dar. Das Zusammenwachsen der Märkte der europäischen Mitgliedstaaten wurde neben gemeinsamen Regelungen über die Montanindustrie und zur friedlichen Nutzung der Kernenergie als das zentrale Mittel zur Schaffung einer dauerhaften Friedensordnung in Europa nach den Erfahrungen des 2. Weltkriegs angesehen.[1] Das Ziel der Errichtung eines Binnenmarktes wurde in Art. 3 Abs. 3 S. 1 EUV niedergelegt und umfasst nach Art. 26 Abs. 2 AEUV einen **Raum ohne Binnengrenzen**, in dem der freie Waren-, Personen-, Dienstleistungs- und Kapitalverkehr gewährleistet ist. Damit belegt die Definition des Binnenmarktes die zentrale Bedeutung der Grundfreiheiten für dessen Verwirklichung und somit für das grundlegende politische Ziel des Zusammenwachsens der Union. Bereits 1963 hat der Europäische Gerichtshof den Grundfreiheiten unmittelbare Wirkung beigemessen, da sie den Mitgliedstaaten eindeutige und unbedingte Pflichten auferlegen,[2] so dass sich Privatpersonen direkt auf sie berufen können. Mittlerweile bestehen für weite Bereiche der von den Grundfreiheiten geregelten Materien umfangreiche sekundärrechtliche Regelungen.[3] Einschlägiges Sekundärrecht geht den Grundfreiheiten vor, wenn es eine abschließende Regelung bezweckt, so dass ein Rückgriff auf die Grundfreiheit selbst nicht mehr möglich ist.[4]

2 Obgleich die Grundfreiheiten die Basis des **Binnenmarktes** bilden, erschöpft sich dessen Gehalt nicht in ihnen, sondern weist über sie hinaus. Weitere wesentliche Elemente des Binnenmarktes sind das **Wettbewerbsrecht** (Art. 101-109 AEUV), da ohne wirksamen Wettbewerb die Bildung

1 Vgl den 8. Erwägungsgrund der Präambel zum EGV; zur unterschiedlichen Begrifflichkeit und Abgrenzung von Gemeinsamen Markt und Binnenmarkt vgl *Streinz*, S. 364, Rn 937 ff oder *T. Schubert*, S. 141 ff.

2 EuGH, Rs. 26/62 (van Gend & Loos), Slg 1963, 3.

3 Eine Übersicht über das geltende Sekundärrecht zur Errichtung des Binnenmarktes ist unter http://europa.eu/pol/singl/index_de.htm abrufbar (diese und alle nachfolgenden Internetadressen zuletzt überprüft am 22.10.2013).

4 EuGH, Rs. 120/78 (Cassis de Dijon), Slg 1979, 649, Rn 8.

eines einzigen Marktes mit binnenmarktähnlichen Verhältnissen nicht zu erreichen ist,[5] und die **Zollunion** (Art. 30-32 AEUV), die durch die Beseitigung der Binnenzölle bei gleichzeitiger Errichtung eines gemeinsamen Außenzolls und einheitlicher Zollgesetzgebung gekennzeichnet ist.[6] Die in Art. 114 AEUV geregelte Kompetenz der Union zur Angleichung des binnenmarktrelevanten Rechtes kann zudem deutlich mehr leisten als die alleinige Durchsetzung der Grundfreiheiten. Sie ermöglicht eine **Harmonisierung** der Rechts- und Verwaltungsvorschriften der Mitgliedstaaten, die zur Verwirklichung der Grundfreiheiten nicht erforderlich wäre und die eine die Wirkung der Grundfreiheiten übersteigende Integration erzielen kann.[7]

3 Die Grundfreiheiten dienen grds. dem Abbau staatlich verursachter rechtlicher wie tatsächlicher Hemmnisse für den Wirtschaftsverkehr zwischen den Mitgliedstaaten. Sie zielen in ihrem jeweiligen Anwendungsbereich darauf ab, die Binnengrenzen zwischen den Mitgliedstaaten für Waren, Personen und Kapital zu öffnen und eine möglichst unbeschränkte Entfaltung grenzüberschreitender wirtschaftlicher Aktivitäten zu ermöglichen. Die Verwirklichung der Grundfreiheiten stellt das wichtigste Mittel zur Verschmelzung der mitgliedstaatlichen Märkte dar, wobei aufgrund der **subjektiv-rechtlichen Ausrichtung der Grundfreiheiten** der einzelne Bürger das handelnde Subjekt der Marktverschmelzung wird.[8] Durch die so geschaffene Marktöffnung auf der Grundlage eines freien Wettbewerbs wird eine optimale Allokation aller ökonomisch relevanten Güter und Dienstleistungen angestrebt, die zu einer Revitalisierung der Europäischen Wirtschaft führen soll. Laut einer von der Kommission vorgenommenen Erhebung zu den wirtschaftlichen Auswirkungen der Binnenmarktpolitik sind in der Zeit von 1986 bis 1990 neun Mio. Arbeitsplätze entstanden, das Bruttosozialprodukt ist durch die Binnenmarktpolitik um zusätzliche 0,5 Prozent gestiegen, und es hat eine **Zunahme der Investitionen** um mehr als 30 Prozent stattgefunden.[9] Zwei weitere Bewertungen, die den Zeitraum bis 2003 betreffen, betonen die positive Entwicklung des Handels insgesamt: die Steigerung der Direktinvestitionen aus Drittländern und der gesamten Investitionstätigkeit. Im Zeitraum von 1992 bis 2003 seien unter anderem 2,5 Mio. Arbeitsplätze geschaffen und die **Steigerung der Wettbewerbsfähigkeit** der Unternehmen auf dem Weltmarkt erreicht worden.[10] Ebenfalls positiv zu vermerken ist, dass der **Umsetzungsrückstand** der Binnenmarktrichtlinien von noch 3,6 Prozent im November 2004 auf nur noch 0,6 Prozent Ende 2012 gesunken und ein Rückgang laufender Vertragsverletzungsverfahren um 38 Prozent zu verzeichnen ist.[11]

4 Die rechtlichen Hindernisse für die angestrebte grenzüberschreitende freie wirtschaftliche Entfaltung können entweder sekundärrechtlich durch Rechtsangleichung abgebaut werden, oder bei Belassen der Rechtsunterschiede durch die Schaffung eines Rechtsrahmens, der auf andere Weise einen offenen Markt schafft. Dies kann durch das vom Europäischen Gerichtshof begründete und von der Kommission aufgegriffene **Herkunftslandprinzip** geschehen,[12] das die Gleichsetzung einschlägiger Rechtsvorschriften anderer Mitgliedstaaten mit den inländischen Rechtsvorschriften bewirkt. Es stellt den Grundsatz auf, dass die in einem Mitgliedstaat nach dem dort gültigen Recht

5 Vgl *Mestmäcker/Schweitzer*, Europäisches Wettbewerbsrecht, 2. Aufl., München, 2004, S. 45 f. Rechtssystematisch ist die Zollunion dem freien Warenverkehr zuzuordnen.

6 *Scherer*, Wirtschaftsverfassung, Baden-Baden, 1970, S. 88; *Waldhoff*, in: Calliess/Ruffert, EUV/AEUV, Art. 28 AEUV, Rn 5.

7 *Frenz*, S. 12 f.

8 Vgl *T. Schubert*, S. 137.

9 Vgl Weißbuch der Kommission: Wachstum, Wettbewerb, Beschäftigung. Herausforderungen der Gegenwart und Wege ins 21. Jahrhundert, KOM (93) 700 endg., S. 3.

10 Vgl Mitteilung der Kommission an das Europäische Parlament und den Rat v. 30.10.1996, abrufbar im Internet unter: http://ec.europa.eu/internal_market/economic-reports/index_de.htm; Europäische Kommission: Der Binnenmarkt – Zehn Jahre ohne Grenzen. 1.1.1993 – 1.1.2003, Brüssel 2003, S. 2, abrufbar im Internet unter http://ec.europa.eu/internal_market/top_layer/historical_overview/docs/workingdoc_de.pdf.

11 Binnenmarktanzeiger Februar 2013, Ausgabe Nr. 26, S. 1 f, abrufbar unter: http://europa.eu/rapid/press-release_IP-13-127_de.htm.

12 EuGH, Rs. 120/78 (Cassis de Dijon), Slg 1979, 646, Rn 14.

hergestellten und verkauften Güter im gesamten Binnenmarkt angeboten werden können.[13] In komplexeren oder sensibleren Bereichen genügt die gegenseitige Anerkennung nicht; hier können die Hindernisse nur durch EU-weite **Harmonisierung der nationalen Vorschriften** abgebaut werden.

Die Verwirklichung des Binnenmarktziels stellt eine Daueraufgabe dar, da es den idealtypischen Binnenmarkt nicht geben kann, wenn auch nach gut 50 Jahren unausgesetzter Bemühungen der EG und EU durch den **Erlass zahlreicher Richtlinien**, das Betreiben von **Vertragsverletzungsverfahren**, durch die **Erstellung von Aktionsplänen und Strategien** und aufgrund **messbarer Erfolge** von einer Annäherung an die Verwirklichung des Binnenmarktes gesprochen werden kann.[14] Das schon bestehende Sekundärrecht kommt aufgrund von Umsetzungsdefiziten in den Mitgliedstaaten nicht in vollem Umfang zur Anwendung, so dass sich Recht und Rechtswirklichkeit bislang nicht vollständig decken.[15] Die Zahl der anhängigen Vertragsverletzungsverfahren ist von 700 im Jahr 1992 auf fast 1600 im Jahr 2003 gestiegen, 2009 lag der Durchschnitt bei 47 Vertragsverletzungsverfahren pro Mitgliedstaat, 2012 lag dieser bei 31.[16] Derartige Verfahren sind langwierig, und die Kommission wird gerade in der erweiterten Union nicht bei jedem Verstoß einschreiten können, weshalb derzeit über neue Lösungsansätze nachgedacht wird, die zum einen in der Beschleunigung der Vertragsverletzungsverfahren liegen, zum anderen in neuartigen Initiativen ohne die Einleitung formeller juristischer Verfahren.[17] 5

Mit fortschreitender Verschmelzung der Märkte werden Hindernisse sichtbar, die man vor einiger Zeit noch gar nicht vorhersehen konnte oder die schon seit jeher bestanden, aber erst aufgrund neuer und ehrgeizigerer Ziele der Union überhaupt als Behinderung angesehen werden, wie etwa Schutzmaßnahmen der Mitgliedstaaten aufgrund der Anwendung neuer Technologien.[18] Die teilweise sehr unterschiedlich ausgestalteten Rechtssysteme und Rechtspraktiken der Mitgliedstaaten und mangelndes Vertrauen in die jeweiligen Rechtssysteme der anderen Mitgliedstaaten sind jedoch nach wie vor die Hauptursachen für fortbestehende Hindernisse im Binnenmarkt.[19] Der grenzübergreifende Handel innerhalb der EU ist noch immer kostspieliger und schwieriger als der Handel innerhalb eines Mitgliedstaates.[20] Die Erweiterung der EU um zehn Staaten am 1. Mai 2004 und um weitere zwei am 1. Januar 2007 sowie um einen weiteren am 1. Juli 2013 hat **für den Binnenmarkt neue** Herausforderungen geschaffen, da sie einerseits den Markt vergrößert und in ihr Potential für mehr Wachstum und Beschäftigung liegt, andererseits mehr rechtliche Heterogenität mit sich bringt und den Arbeitsmarkt und den Dienstleistungssektor wegen geringerer Arbeitskosten gefährden kann. Jedoch führte entgegen der bestehenden Befürchtungen die **Osterweiterung** nicht zu einer Verlagerung der Produktion aus den alten Mitgliedstaaten in die neuen Mitgliedstaaten mit niedrigeren Löhnen, sondern aufgrund von Direktinvestitionen aus den alten 6

13 Vgl Mitteilung der Kommission – Die gegenseitige Anerkennung im Rahmen der Folgemaßnahmen zum Aktionsplan für den Binnenmarkt, KOM (1999) 299 endg.

14 Eine kritische Bilanz über die europäische Binnenmarktpolitik seit 1992 findet sich bei *Dicke*, in: Weidenfeld (Hrsg.), S. 223 ff; eine Übersicht über sämtliche Maßnahmen zur Errichtung des Binnenmarktes findet sich auf der Webseite der Kommission unter http://europa.eu/legislation_summaries/internal_market/index_de.htm.

15 Vgl Mitteilung der Kommission an den Rat, das EP, den Europ. Wirtschafts- und Sozialausschuss und den Ausschuss der Regionen, Bericht über die Umsetzung der Binnenmarktstrategie (2003-2006), KOM (2004) 22 endg., S. 17. Zum aktuellen Stand der Umsetzung vgl den Binnenmarktanzeiger, den die Kommission in regelmäßigen Abständen herausgibt. Im Internet abrufbar unter http://ec.europa.eu/internal_market/score/index_de.htm.

16 Vgl die Binnenmarktstrategie der Kommission: KOM (2003) 238 endg., S. 31; zudem Binnenmarktanzeiger Ausgabe 19 vom 16.7.2009 sowie Ausgabe 26 vom 18.2.2013 zu finden unter: http://ec.europa.eu/internal_market/score/index_de.htm.

17 Siehe die Mitteilung der Kommission – Zur besseren Kontrolle der Anwendung des Gemeinschaftsrechts, KOM (2002) 725 endg.

18 Als neues Ziel ist etwa hinzugekommen, die Binnenmarktpolitik als ein Schlüsselinstrument zur Koordinierung der Wirtschaftspolitik einzusetzen, vgl die Binnenmarktstrategie der Kommission 2003-2006, KOM (2003) 238 endg., S. 3. Eine Analyse der Regelungsdefizite des Binnenmarktes findet sich etwa bei *Seidel*, in: Caesar/Scharrer (Hrsg.), S. 29 ff.

19 Vgl die Binnenmarktstrategie der Kommission 2003-2006, KOM (2003) 238 endg., S. 7, 11, 17 ff.

20 Ebd, S. 7 ff.

Mitgliedstaaten in die neuen Mitgliedstaaten zu einer Verbesserung der technischen Qualität der Exportprodukte der neuen Mitgliedstaaten.[21] Zudem sind für diese Bereiche Übergangsregelungen geschaffen worden, die eine allmähliche Liberalisierung zulassen.[22]

B. Allgemeine Lehren

I. Stellung der Grundfreiheiten im Gefüge des Unionsrechts

1. Unmittelbare Geltung der Grundfreiheiten

7 Die Verträge als ursprünglich **völkerrechtliche Verträge** berechtigen und verpflichten zunächst allein die Organe der Union und der Mitgliedstaaten. Die einzelnen Bürger der vertragsschließenden Staaten sind grds. nicht Rechtssubjekte des Völkerrechts. Das Unionsrecht als eine neue und **eigenständige Rechtsordnung** sieht jedoch auch die einzelnen **Bürger als Rechtssubjekte** an. Mittlerweile ist anerkannt, dass bestimmte Normen des Unionsrechts auch dem einzelnen Bürger Rechte verleihen, auf die er sich ohne vorherige Transformation in nationales Recht berufen kann.[23] Die wirtschaftlich grundlegendsten und wichtigsten dieser Rechte sind die Grundfreiheiten.

8 Der Europäische Gerichtshof hat schon frühzeitig die **unmittelbare Anwendbarkeit** der Grundfreiheiten bejaht.[24] Dies geschah, weil die Grundfreiheiten den Mitgliedstaaten hinreichend klare und unbedingte Pflichten auferlegen, die sie als Verbotsnormen auszeichnen, ohne dass eine Konkretisierung durch andere Normen nötig ist. Sie verleihen damit den Unionsbürgern subjektive Rechte, auf die diese sich unmittelbar vor den Gerichten und der Verwaltung berufen können,[25] ohne dass sie durch ergänzendes europäisches oder mitgliedstaatliches Recht konkretisiert werden müssen. Wenn einschlägiges Sekundärrecht erlassen wurde, geht dieses allerdings als konkretere Regelung den Grundfreiheiten vor, wenn es abschließenden Charakter hat.

9 Ob den Grundfreiheiten eine unmittelbare Verpflichtung Privater, also eine **unmittelbare Drittwirkung**, zu entnehmen ist, ist Gegenstand intensiver jahrelanger Auseinandersetzung in der Literatur.[26] Nach der Rechtsprechung des EuGH und der herrschenden Ansicht im Schrifttum verpflichten die Grundfreiheiten grds. allein die Mitgliedstaaten, es sei denn, Beschränkungen von Grundfreiheiten gehen von sog. intermediären Gewalten aus, die aufgrund ihrer Macht zur Rechtsetzung staatsähnlich auftreten. Hierunter fallen zB privatrechtlich organisierte Berufsverbände, die durch einen Akt staatlicher Machtübertragung für den Einzelnen verbindliche Normen setzen können, wie etwa Voraussetzungen der Berufszulassung (vgl hierzu Rn 43 ff). Es besteht allerdings in der neueren Rechtsprechung des Gerichtshofs eine Tendenz, die unmittelbare Drittwirkung der Grundfreiheiten auf weitere private Marktteilnehmer auszudehnen.[27] Dies ist aufgrund der Gefahr weit reichender **Eingriffe in die Privatautonomie** und in die nationalen Privatrechtssysteme indes bedenklich (hierzu ausführlicher B Kapitel III, Teil 2).

---

21 Kommission, Five years of an enlarged EU: Economic achievements and challenges, European Economy, S. 51, http://ec.europa.eu/economy_finance/publications/publication14078_en.pdf.

22 ABl. 2003 Nr. L 236/803.

23 Allg. zur unmittelbaren Wirksamkeit des Gemeinschaftsrechts *Klein*, Unmittelbare Geltung, Anwendbarkeit und Wirkung von europäischem Gemeinschaftsrecht, Saarbrücken, 1988; *Jarass*, NJW 1990, 2420.

24 In der Rs. van Gend und Loos sprach er im Rahmen der Zollfreiheit (Art. 25 EGV) erstmals von den Bürgern als Rechtssubjekten und sprach ihnen subjektive Rechte aus dem Gemeinschaftsrecht zu, EuGH, Rs. 26/62 (van Gend & Loos), Slg 1963, Rn 3, 24 ff.

25 EuGH, Rs. 26/62 (van Gend & Loos), Slg 1963, Rn 1, 25.

26 Vgl *Jaensch*, Die unmittelbare Drittwirkung der Grundfreiheiten, Baden-Baden, 1997, S. 81 ff; *Schaefer*, Die unmittelbare Wirkung des Verbots der nichttariffären Handelshemmnisse, Frankfurt, 1987; *Streinz/Leible*, EuZW 2000, 459 mwN; *Forsthoff*, EWS 2000, 389; *Ganten*, Die Drittwirkung der Grundfreiheiten; *Stachel*, Schutzpflichten für die Grundfreiheiten des EG-Vertrags, Berlin, 2006, S. 37; *Ludwigs/Weidermann*, JA 2014, 152 (155) mwN; Schmahl/*Jung*, NVwZ 2013, 607.

27 *EuGH, Rs. C-281/98 (*Angonese*), Slg 2000,* I-4139. In dieser Rechtssache bejahte der EuGH eine Drittwirkung der Arbeitnehmerfreizügigkeit auf ein privates Kreditinstitut. Im Schrifttum wird diese Entscheidung vielfach als wegweisend für die Drittwirkungsfrage betrachtet, vgl *Streinz/Leible*, EuZW 2000, 459 f; *Körber*, S. 680 mwN; s. auch die neuere Entscheidung EuGH, Rs. C-94/07 (Raccanelli), Slg 2008, I-1778.

2. Anwendungsvorrang der Grundfreiheiten vor nationalem Recht

Im Unionsrecht gilt allgemein der Grundsatz des **Anwendungsvorrangs des Unionsrechts** vor nationalem Recht jeglichen Ranges.[28] Mit diesem auch für die Grundfreiheiten geltenden Grundsatz wird das Ziel verfolgt, die einheitliche Anwendung des Unionsrechts in den Mitgliedstaaten zu gewährleisten. Die Verwirklichung der Ziele des Vertrags wäre nicht gewährleistet, wenn die Mitgliedstaaten einseitig von den unionsrechtlichen Regelungen abweichen könnten.[29] Die Mitgliedstaaten können durch ihr nationales Recht die Grundfreiheiten nur insoweit einschränken, als dies ausdrücklich oder nach der Rechtsprechung des Gerichtshofes zugelassen ist. Sämtliche Grundfreiheiten enthalten **Vorbehalte zugunsten der Mitgliedstaaten**, so dass diese die Grundfreiheiten einschränkende Regeln erlassen können (vgl hierzu Rn 52 ff). 10

Der Anwendungsvorrang des Unionsrechts hat gegenüber der anderen im Schrifttum vertretenen Lösung des **Geltungsvorrangs des Unionsrechts**, der entgegenstehendes nationales Recht nichtig werden lässt, den Vorzug, dass unionsrechtswidriges nationales Recht weiterhin auf rein innerstaatliche Sachverhalte und Drittlandssachverhalte angewendet werden kann und damit die Rechtsordnungen der Mitgliedstaaten soweit wie möglich Geltung beanspruchen können.[30] Gerät das Recht der Mitgliedstaaten in Konflikt mit unionsrechtlichen Regelungen, bleibt das nationale Recht zwar gültig, ist jedoch insoweit unanwendbar, als es dem Unionsrecht widerspricht. Vor der Nichtanwendung von unionswidrigem nationalen Recht ist allerdings zu prüfen, ob es **unionsrechtskonform** ausgelegt werden kann.[31] 11

3. Grenzüberschreitender Bezug

Um in den Anwendungsbereich des Unionsrechts zu fallen, muss ein konkreter Sachverhalt einen **grenzüberschreitenden Bezug** aufweisen. Dieses Erfordernis ist bereits im Wortlaut der Grundfreiheiten angelegt, da sie regelmäßig eine Handelsbeschränkung „zwischen den Mitgliedstaaten" verlangen.[32] Die Notwendigkeit eines grenzüberschreitenden Bezuges für die Anwendbarkeit der Grundfreiheiten ist Konsequenz des Wesens des primären Unionsrechts als **supranationales Sonderrecht für internationale Sachverhalte**.[33] Vom AEUV nicht vorgesehen ist die vollständige Herstellung der Marktgleichheit im Unionsgebiet; die Grundfreiheiten zielen lediglich auf die **Schaffung des freien Marktzugangs** ab. 12

Ein grenzüberschreitender Bezug ist grds. immer dann gegeben, wenn die betreffende wirtschaftliche Tätigkeit die innerunionalen Grenzen überschreitet, überschritten hat oder überschreiten soll.[34] Fehlt dem betreffenden Sachverhalt jeder Bezug zu einem anderen Mitgliedstaat, der durch die Parteien der wirtschaftlichen Transaktion oder durch ihren Gegenstand oder ihre Wirkungen vermittelt werden kann, können die fraglichen Maßnahmen nicht am Maßstab der Grundfreiheiten geprüft werden. 13

Werden Inländer durch ihren eigenen Staat benachteiligt, kann ein grenzüberschreitender Bezug gegeben sein, wenn der Inländer sich in einem anderen Mitgliedstaat aufgehalten hat und an diesen Aufenthalt nachteilige Wirkungen für die Grundfreiheiten geknüpft werden. Hat ein Unionsbürger 14

---

28 Der EuGH vertritt seit seiner grundlegenden Entscheidung EuGH, Rs. 6/64 (Costa/ENEL), Slg 1964, 1253 einen Vorrang des Gemeinschaftsrechts aufgrund der Eigenständigkeit der Gemeinschaftsrechtsordnung und der Notwendigkeit der einheitlichen Auslegung des Gemeinschaftsrechts in den Mitgliedstaaten. Vgl zu anderen Ansätzen zur Lösung des Rangverhältnisses zum deutschen Recht *Streinz*, S. 73 ff.

29 EuGH, Rs. 6/64 (Costa/ENEL), Slg 1964, 1253, 1269 f; EuGH, Rs. C-213/89 (Factortame), Slg 1990, I-2433, Rn 18.

30 Vgl zur Lehre des Geltungsvorrangs *Streinz*, S. 77.

31 Nach Auffassung des EuGH ist es Aufgabe des nationalen Gerichts, das innerstaatliche Gesetz unter Ausschöpfung seines Beurteilungsspielraums auszulegen; nur soweit eine solche gemeinschaftsrechtskonforme Auslegung nicht möglich sei, dürfe es entgegenstehende innerstaatliche Vorschriften nicht anwenden, EuGH, Rs. 157/86 (Murphy), Slg 1988, 673, Rn 11.

32 Vgl Art. 34, 35, 63 AEUV.

33 *Eyles*, Das Niederlassungsrecht der Kapitalgesellschaften, Baden-Baden, 1990, S. 59.

34 Vgl *Jarass*, in: FS Everling, S. 593, 596.

berufsspezifische Qualifikationen oder Diplome in einem anderen Mitgliedstaat erworben und erkennt der eigene Mitgliedstaat diese nicht wie andere im Inland erworbene Qualifikationen an, ist der Anwendungsbereich der Arbeitnehmerfreizügigkeit, Niederlassungs- oder Dienstleistungsfreiheit eröffnet (sog. **Rückzugsfälle**).[35] Der Inländer befindet sich in derselben Situation wie ein EU-Ausländer, dessen in seinem Herkunftsstaat erworbene Qualifikationen in einem anderen Mitgliedstaat nicht anerkannt werden.[36] Rechtlich genauso zu behandeln ist der Sachverhalt, dass jemand von seinem Herkunftsstaat durch bestimmte Erschwernisse daran gehindert wird, seinen Aufenthaltsort in einen anderen Mitgliedstaat zu verlegen (sog. **Wegzugsfälle**).[37] Einen grenzüberschreitenden Bezug sieht der EuGH zudem in Reimporten von Waren des eigenen Mitgliedstaates, die zunächst exportiert worden sind,[38] und bei regionalen Einfuhrbeschränkungen, die zwar nur die Überschreitung einer Binnengrenze innerhalb eines Mitgliedstaates betreffen, jedoch Ausländer und regionsfremde Inländer gleichermaßen benachteiligen.[39] Zu verneinen ist ein grenzüberschreitender Bezug immer dann, wenn er rechtsmissbräuchlich allein deshalb hergestellt wurde, um in den Genuss der Grundfreiheiten zu kommen. Wenn etwa Waren allein zu dem Zweck ausgeführt werden, sie unter Ausschaltung der Anforderungen des Bestimmungslandrechts wieder einzuführen, kann sich der Betreffende nicht auf die Warenverkehrsfreiheit berufen.[40]

15 Allerdings hat das Erfordernis des grenzüberschreitenden Bezuges ein wenig an Bedeutung und Trennschärfe verloren, da der Gerichtshof auch bei bloßen **Spuren eines grenzüberschreitenden Elements** nicht selten den Anwendungsbereich des Unionsrechts bejaht hat.[41] Er hat es im Rahmen der Warenverkehrsfreiheit etwa als ausreichend erachtet, dass eine nationale Maßnahme in einem hypothetischen Fall Auswirkungen auf den innerunionalen Handel haben kann. Bei einigen der von ihm entschiedenen Fälle ging es um **reine Inlandssachverhalte**, etwa strafrechtliche Verfahren gegen sich auf die Grundfreiheiten berufende Inländer, die eine bestimmte Produktbezeichnung inländischer Produkte verwendeten, die sich auf die Qualität oder die Herkunft der Ware bezog, die jedoch nach nationalem Recht verboten war.[42] Bei den Personenverkehrsfreiheiten und der Dienstleistungsfreiheit besteht allerdings eher die Tendenz der Rechtsprechung, das Vorhandensein zumindest irgendeines Merkmals einer wirtschaftlich relevanten Betätigung über die Grenzen des Mitgliedstaats hinaus zu verlangen.[43] Allerdings hat der EuGH jüngst auch hier – konkret im Rahmen der Niederlassungsfreiheit – unabhängig vom tatsächlichen Vorhandensein realer grenzüberschreitender Elemente im Einzelfall bereits die Möglichkeit eines Interesses von Wirtschaftsteilnehmern aus einem anderen Mitgliedstaat für die Bejahung des grenzüberschreitenden Bezugs als ausreichend erachtet.[44] Noch deutlicher verlangt der EuGH im Rahmen der Kapitalverkehrsfreiheit einen grenzüberschreitenden Bezug wesentlicher Merkmale.[45] Das Erfordernis des grenzüberschreitenden Bezugs ist für eine kohärente Anwendung des Unionsrechts unverzichtbar, da die europäischen Grundfreiheiten von ihrer Konzeption her keine umfassenden Freiheitsrechte wie die Grundrechte sind, sondern allein Hindernisse beseitigen wollen, die den zwischenstaatlichen Austausch von Wirtschaftsgütern beeinträchtigen. Aus ihnen lassen sich keine Ansprüche auf eine allgemeine

35 EuGH, Rs. 115/78 (Knoors), Slg 1979, 399, Rn 24; EuGH, Rs. 246/80 (Broekmeulen), Slg 1981, 2311, Rn 27; EuGH, Rs. C-19/92 (Kraus), Slg 1993, I-1663, Rn 15; EuGH, Rs. C-419/92 (Scholz), Slg 1994, I-505, Rn 9; EuGH, Rs. C-40/05 (Lyyski), Slg 2007, I-99, Rn 28.

36 EuGH, Rs. C-40/05 (Lyyski), Slg 2007, I-99, Rn 31.

37 Vgl *Frenz*, S. 107.

38 EuGH, Rs. 229/83 (Leclerc), Slg 1985, 1, Rn 26.

39 Vgl EuGH, Rs. C-67/97 (Bluhme), Slg 1998, I-8033; EuGH, Rs. C-254/98 (TK Heimdienst Sass), Slg 2000, I-151.

40 EuGH, Rs. C-240/95 (Schmit), Slg 1996, I-3179, Rn 10.

41 Vgl EuGH, Rs. C-60/00 (Carpenter), Slg 2002, I-6279 ff. Der EuGH bejahte in dieser Rs. einen Verstoß gegen die Dienstleistungsfreiheit durch die Ausweisung der philippinischen Ehefrau eines britischen Verkäufers von Werbeflächen für Zeitschriften, vgl hierzu *Epiney*, NVwZ 2004, 555, 562 f.

42 EuGH, Rs. C-448/98 (Guimont), Slg 2000, I-10663; EuGH, Rs. C-321/94 (Pistre), Slg 1997, I-2343, Rn 41 ff.

43 *Arndt/Fischer, S. 118; EuGH, Rs. C-51/96* (Deliège), Slg 2000, I-2549, Rn 58; EuGH, Rs. C-208/05 (ITC), Slg 2007, I-181, Rn 29.

44 EuGH, Rs. C-159/12 bis C-161/12 (Venturini).

45 EuGH, Rs. C-43/07 (Arens-Sikken), Slg 2008, I-6887, Rn 30.

Deregulierung herleiten.[46] Aus ihrer grundsätzlichen Funktion als transnationale Integrationsnormen, im Unterschied zu den Grundrechten als supranationale Legitimationsnormen,[47] folgt die Erforderlichkeit eines grenzüberschreitenden Bezuges für ihre Anwendbarkeit. Vom EuGH und auch im Schrifttum wird zudem trotz der zuweilen gegenteiligen Urteile ausdrücklich an diesem Erfordernis festgehalten.[48]

Die Tatsache, dass reine Inlandssachverhalte nicht in den Anwendungsbereich der Grundfreiheiten fallen, kann zu sog. **Inländerdiskriminierungen** oder **umgekehrten Diskriminierungen** führen, da zu Ungunsten der eigenen Staatsangehörigen nationales Recht fortgilt, das wegen Verstoßes gegen eine Grundfreiheit auf einen EU-Ausländer nicht angewendet werden darf. Damit werden in Einzelfällen Staatsangehörige anderer Mitgliedstaaten besser gestellt als Inländer.[49] Die Inländerdiskriminierung kann zu erheblichen Wettbewerbsnachteilen der Inländer führen, die dem Unionsziel des freien Wettbewerbs im Binnenmarkt widersprechen.[50] Sie sind dennoch unionsrechtlich nicht zu beanstanden, da sie vom AEUV nicht erfasst werden. Das **allgemeine Diskriminierungsverbot des Art. 18 AEUV** verbietet zwar seinem Wortlaut nach „jede Diskriminierung aufgrund der Staatsangehörigkeit", jedoch ausdrücklich nur im Anwendungsbereich des Vertrags, dh auch hier muss der Sachverhalt einen Bezug zum Unionsrecht aufweisen.[51] Eine tendenzielle Abkehr von der Inländerdiskriminierung erfolgt jedoch durch die zunehmende Annahme eines grenzüberschreitenden Bezugs, der insb. im Vergaberecht keinen Anwendungsbereich für eine Inländerdiskriminierung mehr lässt.[52] Reine Inlandssachverhalte bewegen sich jedoch weiterhin außerhalb des Anwendungsbereichs des AEUV. Sie sind daher alleine nach nationalem Recht zu beurteilen. In Deutschland wird ein Verstoß insb. gegen Art. 3 GG kontrovers diskutiert.[53] 16

4. Räumlicher Geltungsbereich

Der räumliche Geltungsbereich der Grundfreiheiten entspricht demjenigen der Verträge, dh er erstreckt sich auf das Hoheitsgebiet der Mitgliedstaaten und zusätzlich auf die französischen überseeischen Departements, die Azoren, Madeira und die Kanarischen Inseln (Art. 52 EUV, Art. 349, 355 AEUV). Unionsrecht gilt damit auch in den Hoheitsgewässern der Mitgliedstaaten und im Luftraum über ihrem Hoheitsgebiet.[54] 17

Da an das Staatsgebiet der Mitgliedstaaten angeknüpft wird, gilt der völkerrechtliche **Grundsatz der beweglichen Vertragsgrenzen**, nach dem sich bei einer Veränderung des Hoheitsgebietes eines Staates entsprechend auch der Anwendungsbereich des AEUV ändert.[55] Außereuropäische Gebiete der Mitgliedstaaten gelten grds. als Drittländer, die nicht dem Anwendungsbereich des Vertrags unterliegen.[56] Die übrigen überseeischen Hoheitsgebiete der Mitgliedstaaten unterliegen demgemäß nach Art. 355 Abs. 2 AEUV nicht dem AEUV, sondern nur dem in Art. 198 ff AEUV geregelten Assoziierungssystem. 18

Für die Eröffnung des **räumlichen Anwendungsbereiches der Grundfreiheiten** ist es nicht zwingend erforderlich, dass die wirtschaftliche Transaktion im Hoheitsgebiet der Mitgliedstaaten stattgefunden hat. Die Rechtsbeziehung muss lediglich einen räumlichen Bezug zum Gebiet der Union auf- 19

46 So auch *Kingreen*, S. 44 ff; Schlussantrag des Generalanwalts Maduro in der Rs. C-158/04 (Alfa Vita Vassilopoulos), Rn 37.
47 Vgl *Kingreen*, in: Calliess/Ruffert, EUV/AEUV, Art. 34-36 AEUV, Rn 5 ff.
48 EuGH, Rs. C-448/98 (Guimont), Slg 2000, I-10663, Rn 21; *T. Schubert*, S. 214; *Arndt/Fischer*, S. 118.
49 Vgl insb. das Urteil zum deutschen Reinheitsgebot, EuGH, Rs. 178/84 (Kommission/Deutschland), Slg 1987, 1227.
50 *Kingreen*, S. 148.
51 Vgl *Streinz*, in: Streinz, EUV/AEUV, Art. 18 AEUV, Rn 19 ff.
52 EuGH, Rs. C-231/03 (Coname), Slg 2005, 1399, Rn 17; EuGH, Rs. C-458/03 (Parking Brixen), Slg 2005, I-8585, Rn 72; *Braun/Hauswaldt*, EuZW 2006, 176 f.
53 Vgl *Epiney*, S. 300 ff; *Hammerl*, Inländerdiskriminierung, Berlin, 1997, S. 150 ff; *Lach*, S. 354 ff.
54 *Streinz*, S. 43, Rn 110 ff.
55 Vgl *Verdross/Simma*, Universelles Völkerrecht, 4. Aufl., Berlin, 2010, § 976, S. 610.
56 EuGH, Gutachten, 1/78, Internationales Naturkautschuk-Übereinkommen, Slg 1979, 2871, Rn 62.

weisen, sei es aufgrund des Ortes, an dem sie entstanden ist, sei es aufgrund des Ortes der Auswirkungen, die sie entfaltet.[57] In der Rs. **Walrave** etwa hat sich der Gerichtshof die Rechtsansicht der Kommission zu Eigen gemacht, dass die Grundfreiheiten auch bei Sportwettkämpfen in Drittländern zur Anwendung kommen können. Wenn Unionsbürger bei der Aufstellung der Mannschaft im Vorfeld dieser Wettkämpfe aufgrund diskriminierender Regelungen benachteiligt werden, sei es nicht von Belang, ob die Wettkämpfe innerhalb oder außerhalb des Hoheitsgebiets der Mitgliedstaaten stattfinden.[58] Darüber hinaus können Tätigkeiten in einem Drittland erfasst werden, wenn sie einen **hinreichend engen Bezug** zum Recht eines Mitgliedstaates aufweisen.[59] In der Rs. **Boukhalfa** etwa hat der EuGH die Grundsätze der Arbeitnehmerfreizügigkeit auf eine belgische Staatsangehörige, die in der deutschen Botschaft in Algier beschäftigt war, angewendet. Der nötige Bezug zum Recht eines Mitgliedstaates war durch die Tatsache gegeben, dass der Arbeitsvertrag der Arbeitnehmerin nach deutschem Recht geschlossen wurde.[60]

20 Die Grundfreiheiten entfalten indes **keine echten extraterritorialen Wirkungen**, wie sie teilweise den Wettbewerbsregeln der Art. 101 ff AEUV beigemessen werden.[61] Unternehmen mit Sitz im Geltungsbereich des Vertrags unterfallen grds. dem Wettbewerbsrecht, ohne Rücksicht darauf, an welchem Ort die wettbewerbsbeschränkende Maßnahme getroffen wurde. Darüber hinaus ist das Wettbewerbsrecht nach verbreiteter Auffassung auch auf Unternehmen mit Sitz außerhalb des Unionsgebietes anwendbar, wenn ihre Verhaltensweisen auf dem gemeinsamen Markt wettbewerbsverzerrende Wirkung haben.[62] Diese extraterritoriale Anwendung kommt für die Grundfreiheiten wegen ihres erforderlichen innerunionalen grenzüberschreitenden Elementes nicht in Betracht.

II. Funktionen der Grundfreiheiten

1. Grundfreiheiten als Diskriminierungsverbote

21 In ihrer ursprünglichen und wichtigsten Funktion sind die **Grundfreiheiten Diskriminierungsverbote**, die Ungleichbehandlungen von Handelsgütern oder Personen aus anderen Mitgliedstaaten untersagen. Dabei sind die Grundfreiheiten im Verhältnis zum allgemeinen Diskriminierungsverbot des Art. 18 AEUV **Spezialregeln.**[63]

22 Die Durchsetzung der von den Grundfreiheiten aufgestellten Diskriminierungsverbote ist grundlegende Voraussetzung für die Öffnung der Märkte für ausländische Wirtschaftsgüter, insoweit setzen sie das Prinzip der Wettbewerbsgleichheit zwischen den Mitgliedstaaten durch. Das Diskriminierungsverbot erfasst zwei Arten der Diskriminierung: **Offene Diskriminierungen** sind Ungleichbehandlungen, die ausdrücklich an die Herkunft der Handelsgüter oder an die Staatsangehörigkeit von Personen anknüpfen.[64] **Versteckte Diskriminierungen** knüpfen im Gegensatz dazu gerade nicht an die ausländische Herkunft von Waren oder Personen an, betreffen aber typischerweise grenzüberschreitende Sachverhalte.[65] Sie erfassen **unterschiedslose Maßnahmen** der Mitgliedstaaten, die faktisch zu einer Bevorzugung des nationalen Marktes führen. Die einzelnen Mitgliedstaaten stellen hinsichtlich der Beschaffenheit und Qualität von Produkten und Dienstleistungen oder hinsichtlich der Anforderungen an Qualifikationen sehr unterschiedliche Rechtsvorgaben auf. Ein Beibehalten vieler nicht erforderlicher Regelungen würde regelmäßig zur Folge haben, dass Wirtschaftsgüter und Personen aus anderen Mitgliedstaaten trotz unterschiedsloser Regelungen benachteiligt wür-

---

57 *Ehlers*, in: Ehlers (Hrsg.), S. 239 f.

58 EuGH, Rs. 36/74 (Walrave), Slg 1974, 1405, 1410.

59 EuGH, Rs. 9/88 (Lopes da Veiga), Slg 1989, 2989, Rn 15.

60 EuGH, Rs. C-214/94 (Boukhalfa), Slg 1996, I-2253, Rn 15 ff.

61 Dies ist indes umstritten, vgl *Weiß*, in: Calliess/Ruffert, EUV/AEUV, Art. 101 AEUV, Rn 7 ff.

62 Die Kommission stützt sich auf das sog. Auswirkungsprinzip, dh sie stellt darauf ab, ob sich das Verhalten innerhalb der Gemeinschaft auswirkt, vgl Kommissionsentscheidung v. 19.12.1984, ABl. EG L 1985 92/1, S. 46; vgl hierzu *Karl*, RIW 1996, 633.

63 *Ehlers*, in: Ehlers (Hrsg.), S. 215.

64 Vgl EuGH, Rs. C-490/04 (Kommission/Deutschland), Slg 2007, I-6095, Rn 83.

65 Vgl EuGH, Rs. 152/73 (Sotgiu), Slg 1974, 153, Rn 11 f; EuGH, Rs. C-350/96 (Clean Car), Slg 1998, 2521, Rn 27; EuGH, Rs. C-322/01 (DocMorris), Slg 2003, I-14887, Rn 74 f.

den. Eine solche versteckte Diskriminierung ist etwa anzunehmen, wenn Vorschriften auf den Wohnsitz einer Person abstellen[66] oder wenn Krankenkassen die Erstattung von Behandlungskosten im Ausland von einer vorherigen Genehmigung abhängig machen.[67]

2. Grundfreiheiten als Beschränkungsverbote

Inzwischen haben sich die Grundfreiheiten nach der Rechtsprechung des EuGH und der überwiegenden Ansicht im Schrifttum über das Diskriminierungsverbot hinaus zum **Beschränkungsverbot** entwickelt. Diese Entwicklung beruht auf der Einsicht, dass die Grundfreiheiten in hohem Maße auch durch unterschiedslos geltende In- und Ausländer gleichermaßen treffende Regelungen beschränkt werden können. Ziel der Grundfreiheiten ist es schließlich, die wirtschaftlichen Grenzen zwischen den Mitgliedstaaten abzubauen und damit die einzelstaatlichen Märkte zu öffnen, um einen Raum ohne Binnengrenzen zu schaffen. Das Beschränkungsverbot spielt in der Praxis mittlerweile eine weitaus größere Rolle als das Diskriminierungsverbot, da Diskriminierungen nach Jahrzehnten der Integration deutlich weniger häufig vorkommen und ein Bewusstseinswandel dahingehend stattgefunden hat, dass auch und gerade **unterschiedslos wirkende Hemmnisse** für den Binnenmarkt einer **effektiven Verwirklichung der Grundfreiheiten** entgegenstehen können.[68] 23

Die Annahme eines Beschränkungsverbotes durch den EuGH in der Entscheidung **Dassonville**[69] betraf zunächst nur die Warenverkehrsfreiheit. Die dieser Entscheidung entnommene sog. **Dassonville-Formel** wird auch gegenwärtig noch regelmäßig bei der Prüfung einer Beschränkung herangezogen. Danach ist eine Maßnahme gleicher Wirkung jede Handelsregelung der Mitgliedstaaten, die geeignet ist, den innerunionalen Handel unmittelbar oder mittelbar, tatsächlich oder potentiell zu behindern.[70] 24

Der EuGH nahm allmählich ein **allgemeines Beschränkungsverbot** auch für die anderen Grundfreiheiten an, während dies im Schrifttum für einzelne Grundfreiheiten umstritten ist.[71] Zur Ermittlung einer Beschränkung wendet er bei den anderen Grundfreiheiten nicht ausdrücklich die **Dassonville-Formel** an, verwendet aber nahezu identische Kriterien. Für die Niederlassungs- und die Dienstleistungsfreiheit nimmt er regelmäßig dann eine Beschränkung an, wenn mitgliedstaatliche Maßnahmen die Ausübung einer dieser Freiheiten „behindern oder weniger attraktiv machen".[72] In entsprechender Weise prüfte er auch die Beschränkung der Arbeitnehmerfreizügigkeit und der Kapitalverkehrsfreiheit.[73] Damit hat sich der Gerichtshof bei der Definition der Beschränkung der anderen Grundfreiheiten an die **Dassonville-Formel** angelehnt. Auch wenn potentielle Beeinträchtigungen von diesem Beschränkungsbegriff nicht ausdrücklich erfasst werden, sind sie in dem Beschränkungsbegriff der anderen Grundfreiheiten enthalten. Die Beurteilung der Frage, ob die Ausübung einer der Grundfreiheiten durch bestimmte Maßnahmen des Staates weniger attraktiv wird, verlangt eine gewisse **Prognoseentscheidung** über ein nicht vollständig berechenbares Verhalten der Marktteilnehmer, das sich in tatsächlicher Hinsicht nicht einmal auf den Markt auswirken muss. 25

---

66 EuGH, Rs. 221/89 (Factortame), Slg 1991, I-3905.

67 EuGH, Rs. C-385/99 (Müller-Fauré), Slg 2003, I-4509; EuGH, Rs. C-372/04 (Watts), Slg 2006, I-4325, Rn 98.

68 Ausführlich zur Bedeutung des Beschränkungsverbotes *Mühl*, Diskriminierung und Beschränkung, Berlin, 2004, S. 112 ff.

69 EuGH, Rs. 8/74 (Dassonville), Slg 1974, 837.

70 Ebd, Rn 5. Zur konvergenten Entwicklung der Grundfreiheiten *Eberhartinger*, EWS 1997, 43 ff sowie *Steinberg*, EuGRZ 2002, 13 ff.

71 Vgl *Frenz*, S. 171 f; für eine partielle Zurücknahme des Beschränkungsverbotes etwa *Eilmansberger*, JBl. 1999, 345 ff; differenzierend *Jarass*, EuR 2000, 705, 710 f.

72 EuGH, Rs. C-55/94 (Gebhard), Slg 1995, I-4165, Rn 37; EuGH, Rs. C-76/90 (Säger), Slg 1991, I- 4221, Rn 12 ff; EuGH, Rs. C-244/04 (Kommission/Deutschland), Slg 2006, I-885, Rn 30; EuGH, Rs. C-208/05 (ITC), Slg 2007, I-181, Rn 55.

73 EuGH, Rs. C-190/98 (Graf), Slg 2000, I-493, Rn 23; EuGH, Rs. C-503/99 (Goldene Aktien 2), Slg 2002, I-4809, Rn 41; EuGH, Rs. C-40/05 (Lyyski), Slg 2007, I-99, Rn 35; EuGH, Rs. C-282/04, C-283/04 (Kommission/Niederlande), Slg 2006, I-9141, Rn 18; Näher zum Beschränkungsbegriff *Jarass*, EuR 2000, 705, 708 ff, der diesen als zu weit geraten kritisiert und sich dafür ausspricht, ihn einzuschränken.

26 Der vom EuGH verwendete Begriff der Beschränkung ist aufgrund seiner Erfassung jeglicher Behinderungen ohne das Erfordernis einer Ungleichbehandlung von Wirtschaftsgütern oder Personen aus anderen Mitgliedstaaten sehr weit. Deshalb sind immer wieder Versuche unternommen worden, ihn einzuschränken. Der Gerichtshof selbst verwendet im Rahmen der Warenverkehrsfreiheit seit seiner Rechtsprechung in der Rs. **Keck und Mithouard** die sog. **Keck-Formel.**[74] Danach wird bei staatlichen Beschränkungen unterschieden, ob es sich um **produkt- oder um vertriebsbezogene Maßnahmen** handelt. Wenn der Marktzugang, also das „Ob", bzw der produktbezogene Aspekt der wirtschaftlichen Betätigung von der Einschränkung betroffen ist, soll eine Beschränkung vorliegen. Ist hingegen lediglich das Verhalten im Markt, mithin das „Wie", oder der absatzbezogene Aspekt der wirtschaftlichen Betätigung betroffen, liegt keine Beschränkung vor, soweit die Regelungen keine Diskriminierungselemente aufweisen.[75] In anderen Entscheidungen sah der Gerichtshof etwaige Beschränkungen als „zu ungewiss und zu mittelbar" bzw als „zu unbedeutend und zufällig" an, als dass sie als geeignet angesehen werden könnten, den Warenverkehr zwischen den Mitgliedstaaten zu behindern.[76] Im Schrifttum gibt es zahlreiche weitere Einschränkungsversuche, die in der Mehrzahl in die Richtung gehen, eine Rückbesinnung auf das Diskriminierungsverbot zu erreichen.[77]

27 Richtig ist, dass nicht jede Behinderung irgendeiner wirtschaftlichen Betätigung im Binnenmarkt als eine Beschränkung der Grundfreiheiten angesehen werden kann, da die Funktion der Grundfreiheiten auf die Beseitigung der mit den innerunionalen Grenzen zusammenhängenden Hemmnisse ausgerichtet ist. Eine Regelung muss daher in **spezifischer Weise die grenzüberschreitende Tätigkeit beschränken,** um als Eingriff angesehen werden zu können. Sind die innerstaatlichen Barrieren für in- und ausländische Waren, Dienstleistungen oder Personen gleichartig, ist eine Beschränkung zu verneinen, da die Grundfreiheiten nicht die Schaffung von Zuständen in einem Mitgliedstaat verlangen, die allgemein die Mobilität fördern.[78]

3. Grundfreiheiten als Teilhaberechte

28 **Abgeleitete (oder derivative) Teilhaberechte** vermitteln dem Einzelnen ein Recht auf Beteiligung an bestehenden staatlichen Leistungssystemen. Sie sind nicht zu verwechseln mit originären Leistungsrechten, die Ansprüche auf Schaffung noch nicht vorhandener staatlicher Einrichtungen oder die Gewährung zusätzlicher staatlicher Vergünstigungen beinhalten.[79] Letztere lassen sich aus den Grundfreiheiten zu Recht nicht herleiten, da dies die Kompetenzen der Mitgliedstaaten erheblich beschränken und auch zu nicht abschätzbaren finanziellen Belastungen führen würde. Abgeleitete Teilhaberechte ergeben sich hingegen aus der konsequenten Anwendung des Diskriminierungsverbotes, wenn allein eine positive Handlung des Staates es vermag, dem betroffenen Unionsbürger den **Zugang zum Markt eines anderen Mitgliedstaates** zu öffnen.[80] Im deutschen Recht ist ein Anspruch des Bürgers auf Leistung nur in Ausnahmefällen gegeben, da es grds. mehrere Möglichkeiten gibt, eine Benachteiligung aufzuheben: Entweder kann der bevorzugten Vergleichsgruppe ebenfalls die Vergünstigung entzogen werden, oder die benachteiligte Gruppe erhält dieselbe Vergünstigung wie die Begünstigten, oder beide Vergleichsgruppen werden gemeinsam auf eine neue Art behandelt. Für das Unionsrecht stellt sich die Situation insofern anders dar, als in der Regel nicht davon ausgegangen werden kann, dass die Wiederherstellung der Gleichheit zulasten der

---

74 EuGH, Rs. C-268/91 (Keck), Slg 1993, I-6097.

75 Ausführlicher zur Keck-Rechtsprechung siehe Rn 77 f.

76 EuGH, Rs. 69/88 (Krantz), Slg 1990, I-583; EuGH, Rs. C-93/92 (CMC Motorradcenter), Slg 1993, 5009, Rn 12; EuGH, Rs. C-190/98 (Graf), Slg 2000, I-493, Rn 24 f; EuGH, Rs. C-20/03 (Burmanjer u.a.), Slg 2005, I-4133, Rn 31.

77 Vgl etwa *Kingreen*, S. 71 f, 118 f; *Jarass*, EuR 2000, 705, 708 ff, einen umfassenden Überblick bietet *Lackhoff*, S. 420 ff; so auch Generalanwalt Maduro in seinen Schlussanträgen zur Rs. C-158/04, Rn 24 ff.

78 So auch *Jarass*, EuR 2000, 705, 711; *Streinz*, S. 309, Rn 815.

79 *Kingreen*, S. 191; *Ehlers*, in: Ehlers (Hrsg.), S. 226 ff.

80 *Kingreen*, S. 191; für das deutsche Recht *Murswiek*, in: Hdb des Staatsrechts, Bd. V, 3. Aufl., Heidelberg, 2007, § 112, Rn 69.

Inländer erfolgen soll. Aus diesem Grunde wird im Schrifttum bei einem Gleichheitsverstoß im Rahmen der Gewährung von Begünstigungen durchweg ein Partizipationsanspruch angenommen.[81]

4. Schutzpflichten für die Grundfreiheiten

Unter bestimmten, im Einzelnen noch nicht vollständig geklärten, Voraussetzungen[82] kann aus den Grundfreiheiten ein **Anspruch auf hoheitliche Schutzgewähr** im Falle ihrer Beeinträchtigung durch nichtstaatliche Akteure hergeleitet werden. Der EuGH hat bisher in zwei Fällen eine Schutzpflicht der Mitgliedstaaten für die Warenverkehrsfreiheit aus der Grundfreiheit selbst in Verbindung mit dem Grundsatz der Unionstreue (Art. 4 Abs. 3 EUV) angenommen. Die Entscheidungen betrafen tätliche Proteste von Landwirten gegen mit ihnen konkurrierende Händler mit Agrarprodukten aus anderen Mitgliedstaaten[83] und eine politische Demonstration auf der Brenner-Autobahn, die die Warenströme aus anderen Mitgliedstaaten für mehr als 30 Stunden blockierte.[84] Der Gerichtshof ging in beiden Fällen davon aus, dass die Mitgliedstaaten verpflichtet seien, alle erforderlichen und geeigneten Maßnahmen zu ergreifen, um in ihrem Gebiet die **Beachtung der Grundfreiheiten sicherzustellen.**[85] Damit hat sich der Gerichtshof erstmalig dahingehend geäußert, dass die Mitgliedstaaten die Grundfreiheiten aktiv gegen Eingriffe Privater verteidigen müssen. Im Fall der Brenner-Blockade sah er indes das Nichteinschreiten Österreichs als rechtmäßig an, da sich die Demonstranten auf das auch unionsrechtlich geschützte Grundrecht der Versammlungsfreiheit stützen konnten.[86] 29

Mit der staatlichen Pflicht zum Einschreiten bei Verstößen Privater gegen die Grundfreiheiten korrespondiert ein **subjektiver Anspruch des Einzelnen** auf ein staatliches Einschreiten, wenn das staatliche Ermessen auf Null reduziert ist.[87] Indes besitzen die Mitgliedstaaten hinsichtlich des Inhaltes der einzelnen zu ergreifenden Maßnahmen und bei der Berücksichtigung entgegenstehender Grundrechte der Störer einen weiten Ermessensspielraum.[88] 30

Staatliche Schutzpflichten bei Störungen der Grundfreiheiten durch Private sind eine überzeugende Lösung für das Problem nichtstaatlicher Beeinträchtigungen des Binnenmarktes. Diese Problematik ist Jahrzehnte alt. Gelöst wurde sie bislang nur mäßig zufriedenstellend durch die Annahme einer **unmittelbaren Drittwirkung der Grundfreiheiten** gegenüber dem privaten Störer.[89] Eine unmittelbare Drittwirkung der Grundfreiheiten ist jedoch **grds. abzulehnen,** da sie einen erheblichen Eingriff in die Privatautonomie aller Wirtschaftsteilnehmer bedeuten würde und dem Unionsrecht als ursprünglich völkerrechtlicher Rechtsordnung grds. nicht entnommen werden kann (hierzu Rn 43 ff). Staatliche Schutzpflichten sind zwar nicht gleich effizient (da weniger schnell und verwaltungsintensiver) wie eine unmittelbare Drittwirkung, wahren jedoch besser den **Vorrang der privatautonomen Selbststeuerung** und die mitgliedstaatlichen Rechtsetzungskompetenzen. 31

81 *Kingreen*, S. 193; *Ehlers*, in: Ehlers (Hrsg.), S. 227.

82 Erste Ansätze finden sich bei *Jaeckel*, Schutzpflichten im deutschen und europäischen Recht, Baden-Baden, 2001, S. 246 ff; *Szczekalla*, Schutzpflichten im deutschen und europäischen Recht, Berlin, 2002, S. 627 ff; *Kainer*, JuS 2000, 431, 435 f; *Stachel*, Schutzpflichten für die Grundfreiheiten des EG-Vertrags, Berlin, 2006, S. 98 ff; *Ehlers*, in: Ehlers (Hrsg.), S. 227 f.

83 EuGH, Rs. C-265/95 (Kommission/Frankreich), Slg 1997, I-6959.

84 EuGH, Rs. C-112/00 (Schmidberger), Slg 2003, I-5659, Rn 57 ff.

85 EuGH, Rs. C-265/95 (Kommission/Frankreich), Slg 1997, I-6959, Rn 32 ff.

86 EuGH, Rs. C-112/00 (Schmidberger), Slg 2003, I-5659, Rn 74 ff. Zu der Frage, ob europäische oder nationale Grundrechte anwendbar sind vgl *Jürgensen/Schlünder*, AöR 121 (1996), 200, 216; *Cremer*, NVwZ 2003, 1452, 1454; *Coppel/O'Neill*, CMLR 29 (1992), 669 ff.

87 In der Rs. Schmidberger wurde indes eine Haftung des Mitgliedstaates aufgrund der Rechtfertigung der Beeinträchtigung nicht mehr angesprochen, EuGH, Rs. C-112/00 (Schmidberger), Slg 2003, I-5659. Jedoch wäre es bei diesem Fall auf eine Haftung in Anlehnung an die Francovich-Rechtsprechung des EuGH, Rs. C-6/90 (Francovich), Slg 1991, I-5337 hinausgelaufen, da aus dem Anspruch auf ein Einschreiten ein Haftungsanspruch folgt, wenn der Staat seiner Verpflichtung nicht nachkommt.

88 EuGH, Rs. C-112/00 (Schmidberger), Slg 2003, I-5659, Rn 74 ff, 89 ff; ebenso *Ehlers*, in: Ehlers (Hrsg.), S. 227.

89 Vgl EuGH, Rs. 36/74 (Walrave), Slg 1974, 1405; EuGH, Rs. C-415/93 (Bosman), Slg 1995, I-4921 und für einen umfassenden Überblick: *Ganten*, S. 33 ff.

32 Im Schrifttum wurden die Entscheidungen des Gerichtshofes zu den Schutzpflichten zT als Abkehr von seiner Rechtsprechung zur unmittelbaren Drittwirkung angesehen.[90] Seine Rechtsprechung in der Rs. **Angonese**[91] und später bestätigend in den Rs. **Viking Line**[92] und **Raccanelli**[93] zeigt jedoch, dass der EuGH an ihr festhalten will. Allerdings sind die Entscheidungen **Angonese** und **Raccanelli** insb. im Hinblick darauf, dass es sich nicht um kollektive Normsetzung handelt, kritisch zu hinterfragen.[94] Die Annahme einer unmittelbaren Drittwirkung wurde vom Gerichtshof bisher weitestgehend auf den Bereich von privater Normsetzung begrenzt, bei der der private Normgeber vom Staat mit der Befugnis ausgestattet ist, zwingende Regelungen zu erlassen (vgl Rn 43 ff). Mit seiner Rechtsprechung im Fall Raccanelli verdeutlicht der EuGH jedoch, dass er dieses eingrenzende Kriterium für nicht erforderlich hält.

5. Objektiv-rechtliche Wirkung der Grundfreiheiten

33 Die Grundfreiheiten hatten zu Beginn der wirtschaftlichen Integration der Mitgliedstaaten als **objektive Prinzipien** die Liberalisierung des Binnenmarktes zum Ziel, ohne eine subjektiv-rechtliche Ausgestaltung der von ihnen garantierten Rechte zu kennen.[95] Die objektiv-rechtliche Wirkung der Grundfreiheiten hat zur Folge, dass sie eine **Ausstrahlungswirkung** auf das gesamte Recht der Mitgliedstaaten sowie der Union besitzen, mit der Folge, dass sowohl mitgliedstaatliches nationales Recht als auch das Sekundärrecht der Union grundfreiheitskonform auszulegen und bei Verstößen unangewendet zu lassen ist.[96]

34 Die subjektiv-rechtliche Komponente der Grundfreiheiten ist zunächst allein als **Rechtsreflex des objektiv-rechtlichen Gewährleistungsgehaltes** gesehen worden.[97] Diese Auffassung ist durch die Rechtsentwicklung und die stetig steigende Bedeutung der Rechte des Einzelnen in der EU mittlerweile überholt, da der Unionsbürger ganz eindeutig nicht mehr als ein Mittel zur Verwirklichung des Unionsrechtes angesehen wird, sondern als Individuum mit eigenen Rechten, die seinem Schutz dienen sollen.[98]

III. Berechtigte und Verpflichtete der Grundfreiheiten

1. Berechtigte der Grundfreiheiten

a) Natürliche Personen

35 Auf die Grundfreiheiten können sich alle Unionsbürger berufen. Unionsbürger ist, wer die Staatsangehörigkeit eines Mitgliedstaates besitzt (Art. 20 AEUV). Für die Niederlassungsfreiheit (Art. 49 AEUV) und die Dienstleistungsfreiheit (Art. 56 AEUV) ergibt sich die alleinige Geltung für Unionsbürger schon aus dem Normtext, der besagt, dass Beschränkungen der betreffenden Freiheit für Angehörige der Mitgliedstaaten verboten sind. Auch die Berufung auf die Arbeitnehmerfreizügigkeit (Art. 45 AEUV) ist trotz ihres offenen Wortlautes allein Unionsbürgern vorbehalten. Das in Art. 45 Abs. 2 AEUV genannte verbotene Anknüpfungsmerkmal der Staatsangehörigkeit kann im Kontext des Vertrags nur als Staatsangehörigkeit eines Mitgliedstaates ausgelegt werden.[99] Strittig ist, ob der **persönliche Anwendungsbereich** von Waren- und Kapitalverkehrsfreiheit ebenfalls auf Unionsbürger begrenzt ist, da ihr Wortlaut keinen Hinweis auf eine entsprechende Beschränkung enthält (vgl hierzu Rn 68; Rn 212).

---

90 So etwa *Burgi*, EWS 1999, 327 ff mwN.
91 EuGH, Rs. C-281/98 (Angonese), Slg 2000, I-4139.
92 EuGH, Rs. C-438/05 (Viking Line), Slg 2007, I-10779, Rn 61 f.
93 EuGH, Rs. C-94/07 (Raccanelli), Slg 2008, I-1778, Rn 45 f.
94 Hierzu insb. *Streinz/Leible*, EuZW 2000, 459 ff; *Körber*, S. 809 ff; *Repasi*, EuZW 2008, 529, 533.
95 Vgl *Nicolaysen*, EuR 2003, 719, 737 f.
96 *Ehlers*, in: Ehlers (Hrsg.), S. 229 f; *Jarass*, EuR 2000, 705, 716; *Kainer*, JuS 2000, 431, 433 f; zurückhaltend *Körber*, S. 113. Diese Einschätzung lehnt sich an die vorherrschende Ansicht im deutschen Schrifttum an, die Schutzpflichten ebenfalls aus der objektiven Wirkung der Grundrechte herleitet.
97 Vgl *Schindler*, Die Kollision von Grundfreiheiten und Gemeinschaftsgrundrechten, Berlin, 2001, S. 177 f mwN.
98 Vgl EuGH, Rs. 26/62 (van Gend & Loos), Slg 1963, 1, 25.
99 Ausführlich hierzu *Kingreen*, S. 78 f.

In erster Linie können sich Unionsbürger aus anderen Mitgliedstaaten auf die Grundfreiheiten berufen, da sie nur bei Vorliegen eines grenzüberschreitenden Bezuges gelten. Inländer sind dann Berechtigte, wenn aus anderen Gründen ein grenzüberschreitender Bezug vorliegt, etwa weil eine Benachteiligung an einen Aufenthalt im EU-Ausland anknüpft. Für die Eröffnung des persönlichen Anwendungsbereichs der Grundfreiheiten ist es unerheblich, ob der Wirtschaftsteilnehmer **volljährig** oder **geschäftsfähig** ist.[100] 36

Der EuGH hat den persönlichen Anwendungsbereich in einigen Fällen ausgedehnt. Dies ist insb. von Bedeutung, wenn es sich bei den Familienangehörigen um **Drittstaatsangehörige** handelt. Angesichts des allgemeinen Aufenthaltsrechts für Unionsbürger haben Familienangehörige mit der Staatsangehörigkeit eines Mitgliedstaats ohnehin ein Aufenthaltsrecht in sämtlichen Mitgliedstaaten (vgl Art. 21 AEUV). Für die Personenverkehrsfreiheiten ist mit der Rechtsprechung des Gerichtshofs grds. davon auszugehen, dass Familienangehörige aus Drittstaaten ein **abgeleitetes Aufenthaltsrecht** besitzen.[101] Auch können Arbeitnehmer aus Drittstaaten, die von einem in einem Mitgliedstaat ansässigen Unternehmen in einen anderen Mitgliedstaat entsandt werden, zumindest mittelbar von der Dienstleistungsfreiheit profitieren.[102] 37

b) Personenmehrheiten

Die Regelungen der Niederlassungs- und Dienstleistungsfreiheit (Art. 54 AEUV und Art. 56 iVm Art. 62 AEUV) gelten nach ihrem ausdrücklichen Wortlaut auch für Gesellschaften, die in Art. 54 Abs. 2 AEUV legaldefiniert werden. Danach unterfallen dem Gesellschaftsbegriff die **Gesellschaften des bürgerlichen Rechts und des Handelsrechts** einschließlich der **Genossenschaften** und die sonstigen **juristischen Personen** des öffentlichen und privaten Rechts mit Ausnahme derjenigen, die keinen Erwerbszweck verfolgen. An das Vorliegen eines Erwerbszwecks werden regelmäßig keine hohen Anforderungen gestellt. Es reicht aus, wenn durch das Angebot einer entgeltlichen Leistung eine Teilnahme am Wirtschaftsverkehr vorhanden ist, die zumindest auf eine teilweise Kostendeckung angelegt ist, während ein Gewinnstreben grds. nicht erforderlich ist.[103] 38

Vom Begriff der Gesellschaft erfasst sind entgegen des Wortlautes des Art. 54 Abs. 2 AEUV auch **nichtrechtsfähige oder nur teilrechtsfähige Personenmehrheiten**, wenn sie eine rechtlich strukturierte Organisationsform besitzen.[104] Deutsche Gesellschaften bürgerlichen Rechts werden somit selbst dann erfasst, wenn man ihnen die Rechtsfähigkeit in vollem Umfang abspricht. Gesellschaften iSd AEUV sind auch juristische Personen des öffentlichen Rechts, da der Schutz der Grundfreiheiten unabhängig von der jeweiligen rechtlichen Einordnung der Personenmehrheit in dem einzelnen Mitgliedstaat gewährleistet sein soll. Voraussetzung ist jedoch, dass die juristische Person des öffentlichen Rechts dem Staat als rechtlich selbständiges Rechtssubjekt gegenübersteht.[105] Neben der Eigenschaft als Gesellschaft ist zusätzlich erforderlich, dass sie nach den Rechtsvorschriften eines Mitgliedstaates gegründet worden ist und in der Union entweder ihren satzungsmäßigen Sitz, ihre Hauptverwaltung oder ihre Hauptniederlassung hat (Art. 54 Abs. 1 AEUV). Auf die Staatsangehörigkeit der Gesellschafter oder auf deren Wohnsitz kommt es bei Vorliegen der Gesellschaftseigenschaft nicht mehr an.[106] 39

Ganz unzweifelhaft können sich Gesellschaften auch auf die Waren- und Kapitalverkehrsfreiheit berufen, obwohl für diese Freiheiten eine Art. 54 AEUV entsprechende Regelung fehlt.[107] Diese bei- 40

---

100 Dies wirkt sich alleine bei der gerichtlichen Geltendmachung aus.

101 EuGH, Rs. C-60/00 (Carpenter), Slg 2002, I-6279; EuGH, Rs. C-370/90 (Singh), Slg 1992, I-4265; EuGH, *Rs. C-291/05* (R.N.G. Eind), Slg 2007, I-10719, Rn 35 f.

102 Vgl EuGH, Rs. C-244/04 (Kommission/Deutschland), Slg 2006, I-885.

103 *Bröhmer*, in: Calliess/Ruffert, EUV/AEUV, Art. 54 AEUV, Rn 2.

104 *Jung*, in: Schwarze, EU-Kommentar, Art. 54 AEUV, Rn 4; *Roth*, in: Dauses, Hdb des EU-Wirtschaftsrechts, E I, Rn 70; aA *Bröhmer*, in: Calliess/Ruffert, EUV/AEUV, Art. 54 AEUV, Rn 4.

105 *Kingreen*, S. 80. Für eine uneingeschränkte Erfassung juristischer Personen des öffentlichen Rechts *Roth*, in: Dauses, Rn 70.

106 *Ehlers*, in: Ehlers (Hrsg.), S. 231.

107 *Forsthoff*, in: Grabitz/Hilf/Nettesheim, EU-Recht, Art. 54 AEUV, Rn 24.

den Freiheiten sind weitgehend unabhängig von der Person, die sie ausübt, gewährleistet. Schwieriger ist die Frage der Anwendbarkeit der Arbeitnehmerfreizügigkeit auf Gesellschaften zu beantworten. Beschränkt man Art. 45 AEUV entsprechend seinem Wortlaut nur auf Arbeitnehmer, kämen **Gesellschaften als Berechtigte der Arbeitnehmerfreizügigkeit** von vornherein nicht in Betracht, da Personenmehrheiten grds. nicht Arbeitnehmer sein können.[108] Nach der Rechtsprechung des EuGH können sich indes auch Arbeitgeber,[109] darunter auch juristische Personen und Arbeitsvermittler,[110] auf Art. 45 AEUV berufen, da nur so eine effektive Durchsetzung der Arbeitnehmerfreizügigkeit erreicht werden kann. Diese Rechtsprechung des EuGH stößt in der Literatur jedoch auf Kritik.[111]

c) Drittstaatler und Personenmehrheiten außerhalb der Union

41 Drittstaatler, die nicht Familienangehörige sind, können sich grds. nicht auf die Grundfreiheiten berufen. Nicht eindeutig geklärt ist die Frage des **persönlichen Anwendungsbereiches von Waren-** (Art. 34 AEUV) **und Kapitalverkehrsfreiheit** (Art. 63 AEUV). Ihrem Wortlaut lassen sich anders als bei den anderen Grundfreiheiten keinerlei Hinweise auf eine Beschränkung auf Unionsbürger entnehmen, weshalb ihr Anwendungsbereich nach herrschender Ansicht im Schrifttum auf Drittstaatler erstreckt wird, wenn es sich bei der wirtschaftlichen Transaktion nur um eine Ware iSd Art. 34 AEUV oder um einen Kapitalübertragungsvorgang nach Art. 63 AEUV handelt.[112] Zur Beseitigung der zwischenstaatlichen Hindernisse für den freien Waren- und Kapitalverkehr ist es unerheblich, welche Staatsangehörigkeit die Erbringer und Empfänger der Wirtschaftsleistungen haben oder wo sie ansässig sind. Von Bedeutung soll bei diesen beiden Grundfreiheiten allein das **Wirtschaftsgut** ohne Ansehen der handelnden Person sein. Zum Teil wird für die Kapitalverkehrsfreiheit gefordert, dass zumindest eine Person, die in einem Mitgliedstaat der Union ansässig ist, an dem Vorgang beteiligt ist.[113] Diese Auffassung spiegelt auch der EuGH wider, indem er die Kapitalfreiheit für anwendbar hält, sofern es sich um grenzüberschreitende Geldströme handelt und zumindest auf einer Seite in einem Mitgliedstaat ansässige Kunden stehen.[114] Dass er jedoch die Anwendbarkeit der beiden Grundfreiheiten vollständig von dem Erfordernis des Gebietsbezugs loslösen will, wird zT bezweifelt.[115]

42 Die in Art. 6 Abs. 1 Unterabs. 1 EUV für verbindlich erklärte Charta der Grundrechte der Europäischen Union bestimmt in Art. 15 Abs. 3, dass Staatsangehörige dritter Länder, die im Hoheitsgebiet der Mitgliedstaaten arbeiten dürfen, Anspruch auf Arbeitsbedingungen haben, die denen der Unionsbürgerinnen und Unionsbürger entsprechen. Dies ist ein **spezielles Diskriminierungsverbot** für in den Mitgliedstaaten legal beschäftigte Drittstaatler, das indes eng auszulegen ist. Es soll etwa nicht gelten für das Arbeitsentgelt und umfasst keinesfalls den Zugang zum Arbeitsmarkt eines Mitgliedstaats.[116]

2. Verpflichtete der Grundfreiheiten

a) Mitgliedstaaten

43 Die Diskriminierungs- und Beschränkungsverbote der Grundfreiheiten richten sich in erster Linie an die Mitgliedstaaten. Ihre Funktion besteht darin, die Hemmnisse für den zwischenstaatlichen Handel abzubauen, die durch mitgliedstaatliche Regelungen und Maßnahmen errichtet worden

---

108 Gewerkschaften sind zwar Arbeitnehmerorganisationen, sie erbringen indes während ihrer Gewerkschaftstätigkeit keine Arbeitsleistungen.

109 EuGH, Rs. C-350/96 (Clean Car), Slg 1998, I-2521, Rn 19 ff.

110 EuGH, Rs. C-208/05 (ITC), Slg 2007, I-181, Rn 25.

111 *Kingreen*, in: Calliess/Ruffert, EUV/AEUV, Art. 34-36 AEUV, Rn 34.

112 *Arndt/Fischer*, S. 117; *Streinz*, S. 299 ff; *Jarass*, EuR 1995, 202, 208; aA *Kingreen*, S. 79 f sowie *Ehlers*, in: Ehlers (Hrsg.), S. 233.

113 Vgl *Streinz*, S. 301, Rn 794.

114 EuGH, Rs. C-452/04 (Fidium Finanz), Slg 2006, I-9521, Rn 48.

115 *Bröhmer*, in: Calliess/Ruffert, EUV/AEUV, Art. 63 AEUV, Rn 7.

116 *Bernsdorff*, in: Meyer (Hrsg.), Die Charta der Grundrechte der EU, Art. 15, Rn 21.

sind. Die **Bindung der Mitgliedstaaten** betrifft sämtliche Träger der Staatsgewalt auf jeder Organisationsebene, unabhängig davon, ob es sich um unmittelbare oder mittelbare Staatsverwaltung handelt. Neben dem **Bund** verpflichten die Grundfreiheiten die **Länder** und **Kommunen, juristische Personen des öffentlichen Rechts** sowie alle **staatlich getragenen juristischen Personen des Privatrechts**, da es auf die Handlungsform des Staates nicht ankommt.[117] Als Staatsgewalt gelten nach der Rechtsprechung des EuGH auch Maßnahmen von Standesorganisationen, die vom Staat ermächtigt wurden, verbindliche Regelungen zu erlassen,[118] oder das Verhalten von Einrichtungen, das dem Staat aufgrund seiner herrschenden Einflussnahme zugerechnet wird.[119]

b) Unionsorgane

Neben den Mitgliedstaaten sollen nach der **Rechtsprechung des EuGH** und der herrschenden Ansicht im Schrifttum auch die Unionsorgane an die Grundfreiheiten gebunden sein, wenn auch der Gerichtshof bislang noch nie einen Verstoß durch diese Seite festgestellt hat.[120] Begründet wird die Bindung der Union an die Grundfreiheiten des AEUV damit, dass die Union durch ihre zahlreichen Rechtsetzungsbefugnisse den Binnenmarkt ebenfalls behindern könne und den Mitgliedstaaten keine Pflichten auferlegen darf, die für sie selbst nicht gelten sollen.[121] Zudem ist die Bindung der Unionsorgane Art. 13 Abs. 2 S. 1 EUV zu entnehmen. In der Praxis wird diese Bindung der Unionsorgane voraussichtlich keine bedeutsame Rolle spielen, da vielmehr die Bindung der Unionsgewalt an die Unionsgrundrechte die erforderlichen Grenzen setzt, die insoweit ausreichend sind.[122] 44

c) Privatpersonen und nichtstaatliche Organisationsformen

Seit Jahren schwelt ein Streit über die Frage einer **unmittelbaren Drittwirkung** der Grundfreiheiten. 45 Die Frage ist von einer großen Relevanz, da sehr viele Hindernisse für den Binnenmarkt nicht vom Staat, sondern von privater Seite ausgehen. Dies liegt nicht zuletzt daran, dass Private auch außerhalb der dem Wettbewerbsrecht unterliegenden mächtigen Unternehmen zunehmend mehr wirtschaftliche Einflussmöglichkeiten besitzen, indem sie etwa in Interessenverbänden organisiert sind und gezielt auf den Markt Einfluss nehmen.[123] Der EuGH nahm eine unmittelbare Drittwirkung in einigen Fällen zunächst für die **Arbeitnehmerfreizügigkeit**, die **Dienstleistungsfreiheit** und das allgemeine Diskriminierungsverbot (Art. 18 AEUV) an, später auch für die **Niederlassungsfreiheit** und jüngst sogar für die **Warenverkehrsfreiheit**. Die Entscheidungen betrafen regelmäßig Organisationen und Verbände, die verbindliche Regelungen mit nachteiliger Wirkung für die Bürger erlassen können.[124] Im Schrifttum ist diese Rechtsprechung nicht selten auf Kritik gestoßen, da eine unmittelbare Drittwirkung teilweise grds. abgelehnt wird.[125]

Mehr Zündstoff hat der Streit bekommen, seitdem der Gerichtshof in der Rs. **Angonese** die unmit- 46 telbare Drittwirkung der Arbeitnehmerfreizügigkeit auf ein **privates Kreditinstitut**, das diskriminie-

117 *Ehlers*, in: Ehlers (Hrsg.), S. 234; *Leible/T. Streinz*, in: Grabitz/Hilf/Nettesheim, EU-Recht, Art. 34 AEUV, Rn 35; zur Unerheblichkeit der staatlichen Handlungsform EuGH, Rs. 249/81 (Kommission/Irland), Slg 1982, 4005, Rn 3 und EuGH Rs. C-282/04 und C-283/04 (Kommission/Niederlande), Slg 2006, I-9141, Rn 22; zur Bindung von Gebietskörperschaften EuGH Rs. C-544/03 und C-545/03 (Mobistar), Slg 2005, I-7723, Rn 28.

118 EuGH, Rs. 266/87 (Royal Pharmaceutical Society), Slg 1989, 1295.

119 EuGH, Rs. 222/82 (Apple and Pear Development Council), Slg 1983, 4083, Rn 17; EuGH, Rs. 302/88 (Hennen Olie), Slg 1990, I-4625, Rn 15 f.

120 EuGH, Rs. 15/83 (Denkavit), Slg 1984, 2171, Rn 15 ff; EuGH, Rs. C-51/93 (Meyhui), Slg 1994, I-3879, Rn 11 ff; EuGH, Rs. C-114/96 (Kieffer), Slg 1997, I-3629, Rn 27 ff; EuGH, Rs. C-154/04 und C-155/04 (Alliance for Natural Health u.a.), Slg 2005, I-6451, Rn 47; vgl auch *Scheffer*, Die Marktfreiheiten als Ermessensgrenze des Gemeinschaftsgesetzgebers, S. 32 ff; *Möstl*, EuR 2002, 318 ff.

121 *Ehlers*, in: Ehlers (Hrsg.), S. 235. Vgl auch *T. Schubert*, S 192.

122 Für eine alleinige Bindung der Gemeinschaftsorgane an die Gemeinschaftsgrundrechte *Kingreen*, EuGRZ 2004, 570, 576.

123 Dies betrifft zB Verbraucherschutzorganisationen und Gewerkschaften. Einen Überblick über private Beeinträchtigungsmöglichkeiten bietet *Ganten*, S. 120 ff.

124 Die bekannteste Entscheidung ist in diesem Zusammenhang EuGH, Rs. C-415/93 (Bosman), Slg 1995, I-4921, Rn 86 f. Ein Überblick findet sich bei *Ganten*, S. 33 ff.

125 *Körber*, S. 775 ff mwN; *Kingreen* in: Calliess/Ruffert, EUV/AEUV, Art. 34-36 AEUV, Rn 116.

rende Kriterien bei der Stellenbesetzung anwandte, erstreckt hat.[126] Teilweise wird diese Entscheidung dahingehend interpretiert, dass der Gerichtshof sich durch sie zu einer uneingeschränkten unmittelbaren Drittwirkung bekannt hat, und in Zukunft eine solche grds. für alle privaten Wirtschaftsteilnehmer gelten soll.[127] Ähnliches kann auch aus der Entscheidung **Viking Line**[128] entnommen werden, in welcher die unmittelbare Drittwirkung der Niederlassungsfreiheit auf eine Gewerkschaft, die in einem Rundschreiben einer anderen Gewerkschaft untersagt, Verhandlungen mit einem Unternehmen durchzuführen, angewandt wurde, aus der Entscheidung **Raccanelli,**[129] in welcher die Bindung eines privatrechtlichen Vereins an die Arbeitnehmerfreiheit bei der Vergabe von Doktorandenstipendien festgestellt wurde und aus der Entscheidung **Erny,**[130] in der es um die Aufstockung des Arbeitsentgelts der in Altersteilzeitarbeit beschäftigten Arbeitnehmer ging. In der Entscheidung **Fra.bo** kam der EuGH zu dem Schluss, dass die Warenverkehrsfreiheit auch auf die Normungs- und Zertifizierungstätigkeiten einer privaten Einrichtung Anwendung findet.[131] Im Schrifttum wird häufig gefordert, die unmittelbare Drittwirkung auf Kollektivorganisationen mit Rechtsetzungsbefugnis zu beschränken.[132]

47 Die vollumfängliche Erstreckung der Diskriminierungs- und Beschränkungsverbote aus den Grundfreiheiten wäre indes nicht wünschenswert, da diese einen weit reichenden Eingriff in die **Privatautonomie** der Wirtschaftsteilnehmer bedeutete. Das Verhalten Privater auf dem Binnenmarkt unterliegt anders als Maßnahmen des Staates ohnehin einer wirksamen **Kontrolle durch Markt und Wettbewerb** und bedarf grds. keiner Regulierung.[133] Die weitere Entwicklung in der Rechtsprechung bleibt indes abzuwarten.

IV. Abgrenzung zu anderen subjektiven Rechten des Primärrechts

1. Das allgemeine Diskriminierungsverbot des Art. 18 AEUV

48 Wie auch die Grundfreiheiten verbietet das **Diskriminierungsverbot** der EU und den Mitgliedstaaten, Staatsangehörige anderer Mitgliedstaaten aufgrund ihrer Staatsangehörigkeit zu ihrem Nachteil anders zu behandeln als die eigenen Staatsangehörigen. Geltung besitzt das Diskriminierungsverbot nur im Anwendungsbereich des Vertrages, dh die betreffende Materie muss im Vertrag zumindest punktuell geregelt sein, wie etwa der Verbraucherschutz (Art. 169 AEUV) oder das Bildungswesen (Art. 165 f AEUV). Ohne eine **Anknüpfung an unional geregelte Sachbereiche** ist der Anwendungsbereich des Vertrages nicht eröffnet und es handelt sich um eine rein innerstaatliche Materie.[134] Der EuGH wendet das allgemeine Diskriminierungsverbot auch in Verbindung mit den Vorschriften über die Unionsbürgerschaft (Art. 20 ff AEUV) an, wenn ein Unionsbürger sich auf sein Recht auf Freizügigkeit (Art. 21 AEUV) beruft. Deshalb darf ein Unionsbürger, der sich im Hoheitsgebiet eines anderen Mitgliedstaates bewegt und aufhält, nicht schlechter gestellt werden als ein Inländer.[135]

49 Nach dem Wortlaut des Art. 18 AEUV gilt das Diskriminierungsverbot „unbeschadet besonderer Bestimmungen dieses Vertrags“, dh die **speziellen Diskriminierungsverbote aus den Grundfreiheiten** gehen dem allgemeinen Diskriminierungsverbot vor, das ihnen gegenüber subsidiär ist.[136]

126 EuGH, Rs. C-281/98 (Angonese), Slg 2000, I-4139.
127 *Forsthoff*, EWS 2000, 389, 397.
128 EuGH, Rs. C-438/05 (Viking Line), Slg 2007, I-10779.
129 EuGH, Rs. C-94/07 (Raccanelli), Slg 2008, I-1778.
130 EuGH, Rs. C-172/11 (Erny), NZA 2012, 863.
131 EuGH, Rs. C-171/11 (Fra.bo), EuZW 2012, 797.
132 *Roth*, in: FS Everling, S. 1231, 1246; *Bieber/Epiney/Haag*, S. 305.
133 *Körber*, S. 796; *Koch*, S. 26.
134 Vgl *Haratsch/Koenig/Pechstein*, Europarecht, 9. Aufl., Tübingen, 2014, S. 324 f.
135 EuGH, Rs. C-184/99 (Grzelczyk), Slg 2001, I-6193, Rn 34 ff; die Rechte aus der Unionsbürgerschaft gehen indes über ein Gebot zur Gleichbehandlung hinaus, da aus ihnen teilweise Teilhaberechte hinsichtlich sozialer Leistungen entnommen werden, vgl hierzu dieses Kapitel, Punkt 2.
136 EuGH, Rs. C-179/90 (Porto di Genova), Slg 1991, I-5889, Rn 11; EuGH, Rs. C-40/05 (Lyyski), Slg 2007, I-99, Rn 33.

Wenn demgemäß eine der Grundfreiheiten des AEUV einschlägig ist, kommt eine Anwendbarkeit des allgemeinen Diskriminierungsverbotes des Art. 18 AEUV nicht mehr in Betracht.

2. Unionsbürgerschaft

Die Unionsbürgerschaft ist ein Katalog von Rechten und Pflichten, der an die **Staatsangehörigkeit des Bürgers eines Mitgliedstaates** anknüpft. Gem. Art. 21 AEUV räumt sie jedem Unionsbürger das Recht ein, sich im Hoheitsgebiet der Mitgliedstaaten frei zu bewegen und aufzuhalten. Weitere von ihr **gewährte Einzelrechte** sind das Wahlrecht zu den kommunalen Vertretungen und zum Europäischen Parlament am Ort des Wohnsitzes (Art. 22 AEUV), das Recht auf diplomatischen und konsularischen Schutz (Art. 23 AEUV) und das Petitions- und Auskunftsrecht (Art. 24 AEUV). Im Unterschied zu den Freiheiten des Personenverkehrs, die alle an eine wirtschaftliche Tätigkeit anknüpfen, werden die Rechte aus der Unionsbürgerschaft unabhängig von dem Zweck des Aufenthaltes in einem anderen Mitgliedstaat gewährleistet.[137] Wie auch die Grundfreiheiten und das allgemeine Diskriminierungsverbot sind die Rechte aus der Unionsbürgerschaft **unmittelbar wirksam**, ohne dass es einer Umsetzung durch sekundäres Unionsrecht bedarf.[138] Die Unionsbürgerschaft als primärrechtliche Ausweitung der Freiheit des Personenverkehrs gewährt den Bürgern in erster Linie eine **Gleichstellung mit Inländern.** Insofern steht sie in einem sehr engen Zusammenhang mit dem allgemeinen Diskriminierungsverbot und bekommt durch ihre Verknüpfung mit diesem eine potentiell große Bedeutung, da der Gedanke der Inländergleichbehandlung zusätzlich auf eine Teilhabe an sozialen und kulturellen Rechten erstreckt wird.[139] Die Grundfreiheiten und die sie konkretisierenden Regelungen des Sekundärrechts sind ebenso wie das allgemeine Diskriminierungsverbot im Verhältnis zu Art. 21 AEUV als speziellere Regelungen anzusehen.[140] 50

3. Unionsgrundrechte

Die Grundfreiheiten des AEUV und die Grundrechte der Europäischen Grundrechtecharta sowie die als allgemeine Rechtsgrundsätze des Unionsrechts anerkannten europäischen Grundrechte[141] besitzen einige Gemeinsamkeiten, gelegentlich überschneiden sich ihre Anwendungsbereiche. Das den Grundfreiheiten immanente Diskriminierungsverbot kann sich mit dem grundrechtlichen Gleichbehandlungsgebot berühren, Regelungen der beruflichen Tätigkeit können sowohl die Grundfreiheiten als auch das Grundrecht der Berufsfreiheit tangieren, eigentumsrelevante Regelungen können Beschränkungen der Warenverkehrsfreiheit bedeuten.[142] Die Unionsgrundrechte besitzen allerdings eine andere Zielrichtung als die Grundfreiheiten. Sie legitimieren und begrenzen die Unionsgewalt und binden in erster Linie die Union, während die Mitgliedstaaten nur bei der Durchführung von Unionsrecht an sie gebunden sind. Die Grundfreiheiten richten sich demgegenüber vornehmlich an die Mitgliedstaaten, um durch den Abbau sämtlicher von ihnen errichteter Hindernisse den Binnenmarkt zu errichten und weiterzuentwickeln.[143] Im Schrifttum wird teilweise vorgeschlagen, aufgrund der unterschiedlichen Schutzrichtungen **Idealkonkurrenz** dieser beiden Rechte anzunehmen und einem Konflikt im Rahmen der Verhältnismäßigkeitsprüfung gerecht zu 51

137 EuGH, Rs. C-413/99 (Baumbast), Slg 2002, I-7091.

138 Vgl die Schlußanträge des GA La Pergola, EuGH, Rs. C-85/96 (Martinez Sala), Slg 1998, I-2691, Rn 20; EuGH, Rs. C-413/99 (Baumbast), Slg 2002, I-7091, Rn 84.

139 *Kadelbach*, in: Ehlers (Hrsg.), S. 678 f.

140 Folz, in: Vedder/Heintschel von Heinegg (Hrsg.), Europäisches Unionsrecht, Art. 21 AEUV, Rn. 3; EuGH, Rs. C-76/05 (Schwarz und Gootjes-Schwarz), Slg 2007, I-6849, Rn 34; EuGH, Rs. C-318/05 (Kommission/Deutschland), Slg 2007, I-6957, Rn 35.

141 Die europäischen Grundrechte wurden als allgemeine Rechtsgrundsätze im Wege der Rechtsfortbildung durch den EuGH entwickelt. Ebenfalls wurden sie in der Charta der Grundrechte der EU niedergelegt, ABl. EU C 303/1 v. 14.12.2007, die laut Art. 6 Abs. 1 EUV für verbindlich erklärt wurde; zur Entwicklung der Grundrechte als allgemeine Rechtsgrundsätze *Oppermann/Classen/Nettesheim*, S. 269 f.

142 Vgl *Frenz*, EuR 2002, 603, 609; *Müller-Graff*, in: FS Steinberger, S. 1281, 1292 f.

143 Vgl *Leible/T. Streinz*, in: Grabitz/Hilf/Nettesheim, EU-Recht, Art. 34 AEUV, Rn 36. Nach der Auffassung des EuGH stellen die Grundfreiheiten indes auch Grenzen des Gemeinschaftsgesetzgebers dar, wenn diese Grenzen auch sehr großzügig bemessen werden, vgl EuGH, Rs. 15/83 (Denkavit), Slg 1984, 2171, Rn 15 ff; hierzu eingehend *Möstl*, EuR 2002, 318 ff.

werden.[144] Teilweise wird davon ausgegangen, dass aufgrund der funktionalen Unterschiede kein Konflikt auftritt,[145] oder aber es ist von einer **Spezialität der Grundfreiheiten** auszugehen.[146] Letztere Ansicht ist vorzugswürdig, da die Grundfreiheiten hinsichtlich grenzüberschreitender Vorgänge eine vertraglich ausdrücklich normierte Spezialregelung darstellen.

V. Schranken

52 Sämtliche Grundfreiheiten des AEUV enthalten **Schrankenregelungen**, die bestimmen, unter welchen Voraussetzungen Eingriffe der Mitgliedstaaten in die Grundfreiheiten gerechtfertigt werden können. Wenn der staatliche Eingriff nicht gerechtfertigt werden kann und auch keiner Bereichsausnahme unterfällt,[147] ist die mitgliedstaatliche Maßnahme im grenzüberschreitenden Verkehr verboten. Eine Behinderung der Grundfreiheiten kann gerechtfertigt sein, wenn sie sich auf einen geschriebenen oder ungeschriebenen Rechtfertigungsgrund stützt und die Schranken-Schranken, dh die Grenzen der Schranken insb. aus dem **Verhältnismäßigkeitsgrundsatz** und den **Unionsgrundrechten**, gewahrt wurden.

1. Geschriebene Schranken

53 Die geschriebenen Schranken der Grundfreiheiten sind im AEUV bei den Grundfreiheiten selbst bzw in deren unmittelbarer Nähe geregelt (Art. 36, 45 Abs. 3, 52, Art. 62 iVm Art. 52, 64 Abs. 1, Art. 65 Abs. 1 AEUV). Der EuGH legt die Schrankenregelungen in ständiger Rechtsprechung eng aus, da bei großzügigen Ausnahmen von den Verbotsregelungen der Grundfreiheiten die Verwirklichung des Unionsrechts nicht gewährleistet würde.[148] Sämtliche Grundfreiheiten lassen **eine Beschränkung aus Gründen der öffentlichen Ordnung oder der öffentlichen Sicherheit** zu, die meisten aus Gründen des **Gesundheitsschutzes**, während Beschränkungen der Warenverkehrsfreiheit nach Art. 36 AEUV aus vielen weiteren Gründen, wie zum **Schutz des kommerziellen oder gewerblichen Eigentums** oder aufgrund der **öffentlichen Sittlichkeit, gerechtfertigt** werden können. Der Begriff der öffentlichen Ordnung ist trotz seiner Unbestimmtheit nicht als Öffnungsklausel anzusehen, da der EuGH ihn äußerst restriktiv auslegt und eine auf ihn gestützte Rechtfertigung nur zulässt, wenn wesentliche Interessen des Staates berührt werden.[149] Dies ist bei einer Verletzung nationaler Rechtsvorschriften nicht automatisch der Fall, sondern nur bei ihrer unionsrechtlichen Anerkennung. Zusätzlich müssen die drohenden Gefahren für die öffentliche Ordnung von einer **gewissen Schwere** sein und können nur für den konkreten Einzelfall, nicht aber pauschal geltend gemacht werden.[150] Anerkannt hat der Gerichtshof als Gefahren für die öffentliche Ordnung oder Sicherheit etwa Gefahren für die Funktionsfähigkeit der Wirtschaft oder die Versorgung mit wichtigen Gütern.[151] Der Verbraucher- oder Umweltschutz fällt nicht unter diese Rechtfertigungsgründe, sondern ist den ungeschriebenen Schranken zuzuordnen.[152] Die verwendeten Begriffe sind unionsrechtlich determiniert, lassen jedoch einen Spielraum der Mitgliedstaaten zu, innerhalb dessen die eigene Wertordnung der Mitgliedstaaten grds. einfließen darf.[153]

144 *Frenz*, S. 32; *Schubert*, RdA 2008, 289, 299.

145 *Kingreen*, in: Calliess/Ruffert, EUV/AEUV, Art. 34-36 AEUV, Rn 27.

146 *Ehlers*, in: Ehlers (Hrsg.), S. 217.

147 Zu der Bereichsausnahme für die Warenverkehrsfreiheit vgl Rn 65.

148 Vgl EuGH, Rs. 113/80 (Kommission/Irland), Slg 1981, 1625, Rn 7; Rs. 205/89 (Kommission/Griechenland), Slg 1991, 1361, Rn 9.

149 EuGH, Rs. 7/78 (Thompson), Slg 1978, 2247, Rn 32 ff; EuGH, Rs. 30/77 (Boucherau), Slg 1977, 1999, Rn 35.

150 EuGH, Rs. 231/83 (Cullet), Slg 1985, 305, Rn 32 f; EuGH, Rs. C-265/95 (Kommission/Frankreich), Slg 1997, I-6959, Rn 58. Ähnliches gilt für den Rechtfertigungsgrund der öffentlichen Sicherheit, der grds. geltend gemacht werden kann, wenn die Belange „wesentlich für die Existenz eines Staates" sind, EuGH, Rs. 72/83 (Campus Oil), Slg 1984, 2727, Rn 33 f.

151 EuGH, Rs. 72/83 (Campus Oil), Slg 1984, 2727, Rn 34. Zu den Rechtfertigungsgründen im Einzelnen siehe die Ausführungen zu den jeweiligen Grundfreiheiten.

152 Vgl *Schroeder*, in: Streinz, EUV/AEUV, Art. 36 AEUV, Rn 36 und 41.

153 EuGH, Rs. 34/79 (Henn und Darby), Slg 1979, 3795, Rn 15.

2. Ungeschriebene Schranken

Neben den geschriebenen Rechtfertigungsgründen hat der EuGH durch seine Rechtsprechung in der Rs. **Cassis de Dijon**[154] **ungeschriebene Rechtfertigungsgründe** herausgebildet. Es bestand ein Bedürfnis, die Möglichkeit der Rechtfertigung von Beschränkungen zu erweitern, da die Entwicklung der Grundfreiheiten von einem Diskriminierungs- zu einem allgemeinen Beschränkungsverbot den Begriff des Eingriffs deutlich erweitert hat. Ein weiterer Grund für die Entwicklung zusätzlicher Rechtfertigungsgründe ist, dass zahlreiche für eine Rechtfertigung bedeutsame Belange bei Inkrafttreten der Römischen Verträge 1957 noch nicht als besonders relevant angesehen wurden, wie etwa der Umwelt- und Verbraucherschutz.[155] Zusätzlich kommen als Rechtfertigungsgründe nach der Rechtsprechung des EuGH daher **„zwingende Erfordernisse"** in Betracht, die abgesehen von wirtschaftlichen Zielsetzungen zahlreiche Allgemeinwohlbelange umfassen, wie etwa den **Schutz der Bevölkerung durch Qualifikationsanforderungen für bestimmte Berufe**, den **Schutz der Sozialordnung** oder die **Lauterkeit des Handelsverkehrs.**[156] Diese Rechtsprechung bestätigt und weitet der EuGH in späteren Urteilen zB in Hinblick auf den Verbraucherschutz aus und führt weitere Kriterien zur Feststellung eines zwingenden Erfordernisses an, wie bspw die Berücksichtigung **sittlicher, religiöser oder kultureller Besonderheiten der Gesellschaft.**[157] Voraussetzung ist aber, dass das zwingende Erfordernis einen nicht-wirtschaftlichen Charakter aufweist, weshalb etwa die Berufung auf die Stärkung der Wettbewerbsstruktur des Marktes oder wirtschaftspolitische Gründe nicht möglich ist.[158] 54

Zu beachten ist, dass sich ein Mitgliedstaat grds. nur auf ungeschriebene Rechtfertigungsgründe berufen kann, wenn es sich bei der betreffenden Handlung um eine **nicht diskriminierende Maßnahme** (weder offen noch versteckt), dh um eine reine Beschränkung, handelt.[159] Allerdings gibt es in der Rechtsprechung des EuGH eine Tendenz, auch bei versteckten Diskriminierungen, dh bei für alle Wirtschaftsteilnehmer geltenden Regelungen, die jedoch in ihren rechtlichen oder tatsächlichen Auswirkungen ausländische Wirtschaftsgüter oder Personen benachteiligen, eine Berufung auf ungeschriebene Rechtfertigungsgründe zuzulassen.[160] Es ist indes noch nicht abzusehen, wie sich die Rechtsprechung in dieser Hinsicht entwickeln wird. Es spricht einiges dafür, dass die ungeschriebenen Rechtfertigungsgründe in Zukunft regelmäßig bei versteckten Diskriminierungen herangezogen werden können, da sie oft schwer von unterschiedslosen Beschränkungen abgegrenzt werden können.[161] Die bisherige Unterscheidung zwischen versteckten Diskriminierungen und Beschränkungen hat eine Rechtsunsicherheit zur Folge, die nicht dauerhaft hingenommen werden kann. 55

Im Hinblick auf die dogmatische Einordnung dieses durch die **Cassis-Rechtsprechung** entwickelten Ausnahmetatbestandes ist zu beachten, dass der EuGH ihn auch als **immanentes Tatbestandsmerkmal** der Grundfreiheit selbst, und zwar als Tatbestandsausschluss und nicht als Rechtfertigungsgrund, einordnet.[162] Das Vorliegen des immanenten Tatbestandsmerkmals der zwingenden Erfordernisse soll nach diesem Ansatz die Verwirklichung eines Eingriffs in die Grundfreiheiten ausschließen, wodurch es schon im Tatbestand zu prüfen ist. Für eine Einordnung der zwingenden Erfordernisse als **Rechtfertigungsgrund** spricht jedoch insb., dass auch bei Vorliegen der zwingenden Erfordernisse die einfuhrbeschränkende Wirkung erhalten bleibt und lediglich aufgrund 56

---

154 EuGH, Rs. 120/78 (Cassis de Dijon), Slg 1979, 649.
155 Vgl *Arndt/Fischer*, S. 123 f; später durch den EuGH als Rechtfertigungsgrund anerkannt, EuGH Rs. C-320/03 (Kommission/Österreich), Slg 2004, I-3593, Rn 70 mwN.
156 EuGH, Rs. 120/78 (Cassis de Dijon), Slg 1979, 649, Rn 8.
157 EuGH, Rs. C-338/04, C-359/04, C-360/04 (Placania u.a.), Slg 2007, I-1891, Rn 46 f; EuGH, Rs. C-42/07 (Liga Portuguesa de Futebol Profissional), Slg 2009, I-7633, Rn 57.
158 Vgl EuGH, Rs. C-367/98 (Goldene Aktie III), Slg 2002, I-4731; siehe auch EuGH, Rs. C-76/05 (Schwarz und Gootjes-Schwarz), Slg 2007, I-6849, Rn 77.
159 Vgl EuGH, Rs. C-275/92 (Schindler), Slg 1994, I-1039, Rn 51 ff.
160 EuGH, Rs. C-388/01 (Italienische Museen), Slg 2003, I-721, Rn 19 ff.
161 Vgl *Ehlers*, in: Ehlers (Hrsg.), S. 259.
162 EuGH, Rs. C-368/95 (Familiapress), Slg 1997, I-3689, Rn 13.

bestimmter Tatsachen legitimiert wird.[163] Darüber hinaus wendet der EuGH dieselben Kriterien auf die zwingenden Erfordernisse an, wie auf die Prüfung der geschriebenen Rechtfertigungsgründe[164] und spricht in einigen Entscheidungen selbst ausdrücklich davon, dass zwingende Erfordernisse Beschränkungen der Grundfreiheiten rechtfertigen können.[165] Im Ergebnis kommt dieser dogmatischen Unterscheidung keine Bedeutung zu, da beide unterschiedlichen Ansätze inhaltlich dieselben rechtlichen Erwägungen beinhalten, insb. eine Verhältnismäßigkeitsprüfung im Einzelfall.

3. Schranken-Schranken

57 Die Rechtfertigungsgründe unterliegen ihrerseits Grenzen, den sog. Schranken-Schranken. Eine bedeutsame Schranken-Schranke ist der **Verhältnismäßigkeitsgrundsatz.** Der Gerichtshof prüft meistens ausschließlich, ob eine Maßnahme geeignet ist, den erwünschten Zweck zu erfüllen, und ob sie **erforderlich** ist, dh ob der Zweck mit genauso wirksamen milderen Mitteln erfüllt werden kann, während er eine Prüfung der **Angemessenheit** regelmäßig nicht vornimmt.[166] Die Verhältnismäßigkeitsprüfung stellt häufig den entscheidenden Teil der Prüfung der Rechtmäßigkeit einer Einschränkung der Grundfreiheiten dar, da sie nicht selten insb. am Kriterium der Erforderlichkeit scheitert. Bei der Einschätzung der Eignung einer Maßnahme zur Erfüllung eines bestimmten Zwecks räumt der Gerichtshof den Mitgliedstaaten einen Prognosespielraum ein.[167] Er fordert jedoch neuerdings, dass eine mitgliedstaatliche Maßnahme das Ziel, das zu ihrer Rechtfertigung angeführt wird, tatsächlich in **kohärenter** und **systematischer** Weise fördert.[168] Damit verwehrt es der EuGH einem Mitgliedstaat, sich zur Rechtfertigung darauf zu berufen, eine Tätigkeit sei wegen ihrer Gefährlichkeit zu beschränken, wenn er sie durch staatliche Maßnahmen in anderen Bereichen gleichzeitig fördert.[169] So kann zB ein Verbot privater Glücksspielangebote nicht aus Gründen der Suchtbekämpfung gerechtfertigt werden, wenn gleichzeitig ein extensiver Ausbau staatlicher Glücksspielangebote mit dem Ziel, die Staatseinnahmen zu erhöhen, erfolgt.[170] Bedeutsam ist zudem das Kriterium der Erforderlichkeit, an das der Gerichtshof insb. in den Bereichen Verbraucher- oder Gesundheitsschutz relativ strenge Anforderungen stellt, um vor allem die Aushöhlung der Grundfreiheiten zu vermeiden.[171]

58 Weitere Schranken-Schranken stellen die **Unionsgrundrechte** dar, an die die EU immer gebunden ist, während die Mitgliedstaaten grds. nur bei der Durchführung von Unionsrecht verpflichtet sind, diese einzuhalten.[172] Die Unionsgrundrechte sind die in Art. 6 Abs. 1 EUV für verbindlich erklärten Grundrechte der **Europäischen Grundrechtecharta** sowie weiterhin die **ungeschriebenen allgemeinen Rechtsgrundsätze** des Unionsrechts, die der EuGH aus den **gemeinsamen Verfassungsüberlieferungen der Mitgliedstaaten** und der **EMRK** richterrechtlich herleitet.[173] Nationale Maßnahmen der Mitgliedstaaten zur Einschränkung der Grundfreiheiten dürfen demgemäß nicht mit den Unions-

---

163 *Epiney*, in: Ehlers (Hrsg.), S. 258.
164 *Schroeder*, in: Streinz, EUV/AEUV, Art. 34 AEUV, Rn 74.
165 Vgl EuGH, Rs. C-1/90 (Aragonesa), Slg 1991, I-4151, Rn 13.
166 Vgl *Streinz*, S. 319, Rn 845; eingehend zur Prüfung der Verhältnismäßigkeit durch den EuGH *Pache*, NVwZ 1999, 1033 ff. Wenn der EuGH die Angemessenheit prüft, geht er in der Regel nur darauf ein, ob zwischen der Schwere der Einschränkung und dem damit verfolgten Ziel ein grobes Missverhältnis besteht, vgl *Heinsohn*, Grundsatz der Verhältnismäßigkeit, Münster, 1997, S. 125; s. auch EuGH, Rs. C-170/04 (Rosengren u.a.), Slg 2007, I-4071, Rn 47 ff.
167 EuGH, Rs. C-293/93 (Houtwipper), Slg 1994, I-4249, Rn 22; EuGH, Rs. C-394/97 (Heinonen), Slg 1999, I-3599, Rn 43; EuGH, Rs. C-208/05 (ITC), Slg 2007, I-181, Rn 39.
168 EuGH, Rs. C-169/07 (Hartlauer), Slg 2009, I-1721, Rn 55; EuGH, Rs. C-42/07 (Liga Portuguesa de Futebol Profissional), Slg 2009, I-7633, Rn 61; EuGH, Rs. C-338/04, C-359/04, C-360/04 (Placanica), Slg 2007, I-1891, Rn 53.
169 *Noll-Ehlers*, EuZW 2008, 522, 525.
170 EuGH, Rs. C-338/04, C-359/04, C-360/04 (Placanica), Slg 2007, I-1891, Rn 53 f.
171 Vgl *Schroeder*, in: Streinz, EUV/AEUV, Art. 36 AEUV, Rn 36 ff und 55; EuGH, Rs. C-208/05 (ITC), Slg 2007, I-181, Rn 44.
172 Vgl EuGH, Rs. C-368/95 (Familiapress), Slg 1997, I-3689, Rn 24.
173 Vgl Art. 6 Abs. 2 EUV sowie EuGH, Rs. 11/70 (Internationale Handelsgesellschaft), Slg 1970, 1125, Rn 4; EuGH, Rs. 4/73 (Nold), Slg 1974, 491, Rn 13.

grundrechten kollidieren. Die geschriebenen und ungeschriebenen Schranken sind daher im Lichte der Unionsgrundrechte auszulegen, die die Möglichkeit der Einschränkung der Grundfreiheiten begrenzen können.[174]

Zuletzt sind einschlägige **sekundärrechtliche Rechtsakte** beachtlich, die eine **abschließende Regelung** getroffen haben. In diesem Fall kann der Mitgliedstaat nicht entgegen den Bestimmungen des Sekundärrechts abweichende Regelungen treffen. Wenn etwa bestimmte Bereiche harmonisiert worden sind, in denen ein bestimmtes Schutzziel festgelegt worden ist, kann der Mitgliedstaat seine nationalen Maßnahmen nicht rechtfertigen, wenn diese einem anderen Allgemeinwohlbelang dienen.[175] 59

C. Die Freiheit des Warenverkehrs

Die Warenverkehrsfreiheit des AEUV ist in der Praxis die bedeutsamste Grundfreiheit, da sie quantitativ den größten Teil des zwischenstaatlichen Wirtschaftsverkehrs betrifft. Sie umfasst zum einen eine **Zollunion** und einen **Gemeinsamen Außenzolltarif** gegenüber Drittstaaten (Art. 28 Abs. 1, 30 AEUV) sowie die Pflicht der Mitgliedstaaten, ihre **staatlichen Handelsmonopole** umzuformen (Art. 37 AEUV). Die Mitgliedstaaten haben sämtliche den innerunionalen Handel berührenden **Monopolrechte** zu beseitigen, so dass jede Diskriminierung in den Versorgungs- und Absatzbedingungen im grenzüberschreitenden Verkehr ausgeschlossen wird. Darüber hinaus besteht ein **Verbot mengenmäßiger Ein- und Ausfuhrbeschränkungen sowie von Maßnahmen gleicher Wirkung** (Art. 34 und Art. 35 AEUV), das heute den in der Praxis wichtigsten Teilbereich der Warenverkehrsfreiheit ausmacht. Aus diesem Grunde konzentriert sich diese Darstellung vornehmlich auf Art. 34 AEUV und insb. den Begriff der Maßnahme gleicher Wirkung, der grds. alle mitgliedstaatlichen Maßnahmen umfasst, die der Verwirklichung des Binnenmarktes durch Hindernisse für den zwischenstaatlichen Warenverkehr zuwiderlaufen. Art. 30 AEUV sowie Art. 34 und 35 AEUV sind unmittelbar anwendbar, so dass sich Unionsbürger ohne Vermittlung innerstaatlichen Rechtes direkt auf sie berufen können. 60

I. Schutzbereich

1. Sachlicher Schutzbereich der Art. 34, 35 AEUV

Aus Art. 28 Abs. 2 AEUV ergibt sich, da Art. 34, 35 AEUV unter Kapitel 3 des Titels 2 „Der freie Warenverkehr" fallen, dass für die Eröffnung deren sachlichen Schutzbereiches das Vorliegen einer Ware erforderlich ist. Dies allein reicht jedoch nicht aus, es muss sich bei dieser Ware um eine solche handeln, die aus den Mitgliedstaaten stammt oder um eine Ware aus einem Drittland, die sich aber in den Mitgliedstaaten im freien Verkehr befindet. Nach der Rechtsprechung des EuGH sind Waren **körperliche bewegliche Sachen**, die einen **Geldwert** haben und **Gegenstand von Handelsgeschäften** sein können.[176] Dazu sollen auch Abfälle gehören, auch wenn ihnen nicht immer ein Geldwert zukommt,[177] sowie Gas und elektrischer Strom,[178] obwohl dieser kein körperlicher 61

---

174 EuGH, Rs. 260/89 (ERT), Slg 1991, I-2925, Rn 43.

175 Vgl EuGH, Rs. 215/87 (Schumacher), Slg 1989, 617, Rn 7 ff; EuGH, Rs. C-5/94 (Hedley Lomas), Slg 1996, I-2553, Rn 18 ff.

176 EuGH, Rs. 7/68 (Kunstschätze), Slg 1968, 634, Rn 1; EuGH, Rs. C-97/98 (Jägerskiöld), Slg 1999, I-7319, Rn 30 ff.

177 EuGH, Rs. C-2/90 (Kommission/Belgien), Slg 1992, I-4431, Rn 22 ff. *Terhechte,* in: Schwarze, EU-Kommentar, Art. 28 AEUV, Rn 26. Die mangelnde Differenzierung zwischen geldwerten und nicht geldwerten Abfall, wie dies durch den EuGH aus Prakitibilitätsgründen erfolgt, wird in der Literatur teilweise kritisch gesehen. So bspw *Leible/T. Streinz,* in: Grabitz/Hilf/Nettesheim, EU-Recht, Art. 34 AEUV, Rn 28.

178 EuGH, Rs. C-393/92 (Almelo), Slg 1994, I-1477, Rn 28.

Gegenstand ist.[179] Eine Ware stammt dabei aus einem Mitgliedstaat, wenn sie in einem hergestellt wurde.[180] Waren aus Drittstaaten gelten als im freien Verkehr eines Mitgliedstaates befindlich, wenn für sie die Einfuhrförmlichkeiten des betreffenden Mitgliedstaates erfüllt worden sind, sowie die vorgeschriebenen Zölle und Abgaben gleicher Wirkung erhoben worden sind (Art. 29 AEUV).[181] Art. 34 AEUV bezieht sich auf die Ein- und Durchfuhr von Waren, während Art. 35 AEUV Ausfuhrbeschränkungen erfasst.

62 Für die Eröffnung des Schutzbereichs ist grds. ein **grenzüberschreitender Bezug** erforderlich – was aus dem Wortlaut „Maßnahmen ... zwischen den Mitgliedstaaten" folgt –, der dann gegeben ist, wenn die betreffende Wirtschaftstätigkeit eine innerunionale Grenze überschritten hat oder überschreiten soll.[182] Grds. ist Art. 34 AEUV auf reine Inlandssachverhalte nicht anwendbar.[183] Reine Inlandssachverhalte liegen indes nicht vor bei Exportverboten oder bei zumindest potentiellen Behinderungen auch eingeführter oder einzuführender Produkte,[184] oder wenn sich inländische Waren aus anderen Gründen in derselben Situation wie ausländische Waren befinden. Dies ist etwa der Fall, wenn sie aus dem EU-Ausland reimportiert werden.[185] Im Bereich des freien Warenverkehrs legt der EuGH offenbar keinen allzu strengen Maßstab an das Erfordernis des grenzüberschreitenden Bezuges, da aufgrund der Erfassung auch potentieller Behinderungen des grenzüberschreitenden Handels jede nationale Regelung, die möglicherweise nachteilige Auswirkungen auf den grenzüberschreitenden Handel hat, an der Warenverkehrsfreiheit gemessen werden kann.[186]

2. Zollunion

63 Die Zollunion umfasst das Verbot, zwischen den Mitgliedstaaten **Ein- und Ausfuhrzölle** sowie **Abgaben gleicher Wirkung** zu erheben, und sieht die Einführung eines **gemeinsamen Zolltarifs** gegenüber Drittstaaten vor (Art. 28 Abs. 1 AEUV). Zölle sind Abgaben, die ein Staat gerade wegen der Ein- oder Ausfuhr von Waren erhebt, ohne dass eine entsprechende Abgabe für gleichartige inländische Erzeugnisse erhoben wird.[187] Nach Art. 28 Abs. 1 AEUV besteht das Verbot, Zölle zu erheben, unabhängig von einem Wettbewerb zwischen eingeführten Waren und Waren des Einfuhrlandes.[188] Eine **Abgabe gleicher Wirkung** ist nach der Rechtsprechung des EuGH eine von einem Mitgliedstaat auf eine Ware auferlegte einseitige Abgabe, die aus anderen Mitgliedstaaten importierte oder in andere Mitgliedstaaten versendete Waren im Vergleich zu einheimischen Waren verteuert. Ihre Bezeichnung oder die Art ihrer Erhebung spielt dabei keine Rolle. Zudem muss die belastete Ware nicht mit inländischen Erzeugnissen im Wettbewerb stehen.[189] Sie muss zeitlich nicht unmittelbar mit dem Grenzübertritt zusammenfallen, sondern erfasst auch später erhobene **Abgaben, die aufgrund der Grenzüberschreitung erhoben werden.**[190] Betrifft eine Abgabe in- und ausländische Produkte in gleicher Weise, ist sie dann als Abgabe gleicher Wirkung anzusehen, wenn mit dem Geld alleine inländische Hersteller oder Händler in einer Weise gefördert werden, dass ihre Belastung durch die Abgabe wieder ausgeglichen wird.[191]

179 Zu der Wareneigenschaft von Leichen und Föten siehe *Kingreen,* in: Calliess/Ruffert, EUV/AEUV, Art. 34-36 AEUV, Rn 121 sowie *Leible/T. Streinz,* in: Grabitz/Hilf/Nettesheim, EU-Recht, Art. 34 AEUV, Rn 31, die deren Wareneigenschaften bejahen und bei diesen den sachlichen Anwendungsbereich der Warenverkehrsfreiheit als eröffnet ansehen und die Problematik auf die Rechtfertigungsebene verorten. Deren Wareneigenschaft verneinend *Terhechte,* in: Schwarze, EU-Kommentar, Art. 28 AEUV, Rn 22.

180 Vgl Art. 4 Nr. 18 VO (EG) Nr. 450/2008 zur Festlegung des Zollkodex der Gemeinschaften.

181 Vgl Art. 4 Nr. 18 VO (EG) Nr. 450/2008 zur Festlegung des Zollkodex der Gemeinschaften.

182 Vgl EuGH, Rs. C-168/86 (Rousseau), Slg 1987, 995, Rn 7.

183 EuGH, Rs. 98/86 (Mathot), Slg 1987, 809, Rn 7.

184 Vgl EuGH, Rs. C-448/98 (Guimont), Slg 2000, I-10663, Rn 14 ff; s. auch unter Rn 12 ff.

185 EuGH, Rs. C-412/93 (Leclerc), Slg 1995, I-179, Rn 23 ff.

186 So im Ergebnis auch *Leible/T. Streinz,* in: Grabitz/Hilf/Nettesheim, EU-Recht, Art. 34 AEUV, Rn 33.

187 EuGH, Rs. 77/72 (Capolongo), Slg 1973, 611, Rn 12.

188 EuGH, Rs. 2/69 und 3/69 (Diamantarbeiders), Slg 1969, 211, Rn 11, 14.

189 Ebd, Rn 15, 18.

190 EuGH, Rs. 78/76 (Steinike und Weinlig), Slg 1977, 595, Rn 29.

191 EuGH, Rs. 77/72 (Capolongo), Slg 1973, 611, Rn 13 f.

Gestattet ist aber grds. die Erhebung von **Steuern**, die nicht wegen, sondern **anlässlich des Grenzübertritts** erhoben werden, wenn sie Bestandteil einer allgemeinen inländischen Abgabenregelung sind und alle in- und ausländischen Produkte gleichermaßen betreffen[192] und nicht zu einer Doppelbesteuerung durch eine Steuererhebung in beiden Staaten führen.[193] Zulässig ist auch die Erhebung von **Gebühren**, die ein angemessenes Entgelt für bestimmte Leistungen darstellen, die dem Betreffenden grds. einen Nutzen bringen. Dies ist etwa zu verneinen bei allein der Allgemeinheit dienenden gesundheitspolizeilichen Untersuchungen.[194] 64

3. Sonderregelungen und Bereichsausnahmen

Sonderregelungen gibt es zum einen für **landwirtschaftliche Erzeugnisse**, auf die Art. 34 AEUV zwar Anwendung findet, aber nur soweit die Art. 39-44 AEUV nichts anderes bestimmen (vgl Art. 38 Abs. 2 AEUV). Für **Waren, die dem EAGV unterfallen**, gehen die Sonderregeln des EAGV vor. Die Mitgliedstaaten besitzen außerdem gem. Art. 346 Abs. 1 lit. b AEUV zur Wahrung ihrer Sicherheitsinteressen eine erleichterte Möglichkeit zur Beschränkung des Handels mit für militärische Zwecke bestimmten **Waffen, Munition** und **Kriegsmaterial**. 65

4. Verhältnis zu den anderen Grundfreiheiten

Die Abgrenzung der Warenverkehrsfreiheit zu den Personenverkehrsfreiheiten (Arbeitnehmerfreizügigkeit und Niederlassungsfreiheit) wirft keine besonderen Probleme auf, da es bei ihnen die Personen sind, die die zwischenstaatlichen Grenzen überschreiten, um dort einer unselbständigen Beschäftigung nachzugehen oder sich in einem anderen Mitgliedstaat als Selbständige dauerhaft niederzulassen. Problematisch kann sich indes die Abgrenzung zur **Dienstleistungsfreiheit** (Art. 56 AEUV) darstellen, da die Dienstleistungsfreiheit nicht notwendig den Grenzübertritt einer Person zum Inhalt hat, sondern auch in der Weise ausgeübt werden kann, dass alleine die Dienstleistung die Grenze überschreitet, wie zB bei Bank- oder Versicherungsdienstleistungen. Waren und Dienstleistungen unterscheiden sich zwar insofern voneinander, als Waren im Gegensatz zu Dienstleistungen körperliche Gegenstände darstellen, es gibt jedoch Fälle, in denen die Einfuhr einer Ware der Erbringung einer Dienstleistung dient, wie etwa bei der grenzüberschreitenden Übersendung von Lotteriescheinen eines Lotteriebetreibers.[195] Teilweise kann eine Wirtschaftstätigkeit zwei verschiedene Rechtsverhältnisse betreffen, die sich verschiedenen Grundfreiheiten zuordnen lassen und folglich eine Abgrenzung nicht erforderlich machen.[196] Lässt sich der Sachverhalt nicht aufspalten, stellt der EuGH zur Abgrenzung im Rahmen einer Einzelfallprüfung auf den **Schwerpunkt** der einschlägigen Wirtschaftstätigkeit ab,[197] wobei es auf die Perspektive der betroffenen Personen ankommen soll.[198] Er prüft insb. dann, wenn eine der Freiheiten eine untergeordnete Stellung hat und daher zweitrangig ist, diese nicht.[199] Dient die Übersendung einer Ware lediglich der Erbringung einer Dienstleistung, wird regelmäßig die Dienstleistung den Schwerpunkt des Handelsgeschäfts darstellen. Lässt sich hingegen kein Schwerpunkt der Wirtschaftstätigkeit feststellen, ist die Subsidiaritätsklausel aus Art. 57 Unterabs.1 AEUV anzuwenden. 66

Die Kapitalverkehrsfreiheit (Art. 63 Abs. 1 AEUV) ist gegenüber der Warenverkehrsfreiheit dann speziell, wenn von einer Maßnahme der **materielle Transfer von Vermögenswerten betroffen ist.** Gegenstände mit Zahlungsfunktion wie etwa die amtlichen Zahlungsmittel Münzen und Geld- 67

---

192 *Ebd, Rn 12.*
193 EuGH, Rs. 299/86 (Drexl), Slg 1988, 1213, Rn 10.
194 EuGH, Rs. 314/82 (Kommission/Belgien), Slg 1984, 1543, Rn 9 ff.
195 EuGH, Rs. C-275/92 (Schindler), Slg 1994, I-1039, Rn 24 ff.
196 Vgl Schlussantrag des Generalanwalts Trstenjak zur Rs. C-261/07 und C-299/07 (VTB-VAB), Slg 2009, I-763, Rn 109.
197 EuGH, Rs. C-20/03 (Burmanjer), Slg 2005, I-4133, Rn 34.
198 EuGH, Rs. C-412/93 (Leclerc), Slg 1995, I-179, Rn 21 ff.
199 EuGH, Rs. C-390/99 (Canal Satélite Digital), Slg 2002, I-601, Rn 31.

scheine werden von der Zahlungsverkehrsfreiheit erfasst, auch wenn sie im Zusammenhang mit Waren stehen.[200]

5. Persönlicher Schutzbereich

68 Auf die Vorschriften der Warenverkehrsfreiheit können sich **natürliche** und **juristische Personen** der Mitgliedstaaten berufen. Anders als die meisten anderen Grundfreiheiten enthält der Wortlaut der Warenverkehrsfreiheit keinen Hinweis darauf, dass ihre Rechte nur den Unionsbürgern und den juristischen Personen eines Mitgliedstaates gewährt werden. Für die Anwendbarkeit der Warenverkehrsfreiheit auch auf **Drittstaatler** spricht, dass die Vorschriften über die Warenverkehrsfreiheit allein an die **Herkunft** der Ware anknüpfen. Handelt es sich um Unionswaren, ist es aus diesem Grunde nicht mehr von Belang, ob sich ein Unionsbürger oder ein Drittstaatler auf den freien Handel mit ihnen berufen will.[201]

II. Adressaten der Verbotsnormen Art. 34, 35 AEUV

69 Grds. sind die **Mitgliedstaaten alleinige Adressaten** der Grundfreiheiten, da die Unionsverträge als ursprünglich rein völkerrechtliche Verträge alleine die Staaten direkt verpflichten können. Zur Einordnung einer Handlung als staatliche Maßnahme kommt es nicht auf die Organisationsebene (Bund, Land, Kreis, Gemeinde) des handelnden Subjektes an, ebenso wenig darauf, ob es sich um die unmittelbare oder mittelbare Staatsverwaltung handelt.

70 In einigen Fällen kann das Verhalten nichtstaatlicher Akteure dem Staat zuzurechnen sein. Wenn etwa privatrechtliche Gesellschaften mit staatlichen Finanzmitteln errichtet werden und deren Gesellschafter im Wesentlichen vom Staat bestimmt werden, sind deren handelsbeschränkende Maßnahmen als staatliche Maßnahmen anzusehen, da sich ein Mitgliedstaat durch die **Wahl privatrechtlicher Handlungs- und Organisationsformen nicht seinen vertraglichen Verpflichtungen entziehen kann.**[202]

71 Der EuGH nahm bislang in zwei Entscheidungen **Schutzpflichten** der Mitgliedstaaten in Fällen an, in denen schwerwiegende Handelsbehinderungen von Privatpersonen durch Blockaden von wichtigen Verkehrswegen oder Plünderungen von Warenlieferungen aus anderen Mitgliedstaaten ausgegangen sind. Die Pflicht der Mitgliedstaaten, alle erforderlichen und geeigneten Maßnahmen zu ergreifen, um in ihrem Gebiet die Beachtung der Grundfreiheiten sicherzustellen, ergebe sich aus Art. 34 AEUV selbst in Verbindung mit Art. 4 Abs. 3 EUV.[203] Die Mitgliedstaaten können damit auch in den Fällen Adressaten der Grundfreiheiten sein, in denen die **Handelsbehinderung von Privatpersonen** ausgeht. Diese Pflicht der Mitgliedstaaten ergibt sich für die Warenverkehrsfreiheit auch sekundärrechtlich aufgrund der Verordnung (EG) Nr. 2679/98 über das Funktionieren des Binnenmarktes im Zusammenhang mit dem freien Warenverkehr zwischen den Mitgliedstaaten.[204]

72 Eine **unmittelbare Drittwirkung** der Warenverkehrsfreiheit wurde bis zu dem Urteil Fra.bo im Jahre 2012 durch den EuGH nicht angenommen, obwohl der Gerichtshof eine solche aus Effektivitätsgründen insb. für die Arbeitnehmerfreizügigkeit bejaht hat und sie auch innerhalb der Literatur für die Warenverkehrsfreiheit heftig diskutiert wurde.[205] In einigen Entscheidungen hat der EuGH sich sogar explizit gegen eine solche unmittelbare Drittwirkung im Bereich der Warenverkehrsfreiheit ausgesprochen.[206] In eng begrenzten Ausnahmefällen konnten Private aber schon zuvor Adres-

200 Vgl EuGH, Rs. C-358/93 (Bordessa), Slg 1995, I-361, Rn 13 f.

201 So im Ergebnis auch *Schroeder*, in: Streinz, EUV/AEUV, Art. 34 AEUV, Rn 24.

202 EuGH, Rs. 249/81 (Buy Irish), Slg 1982, 4005, Rn 29; EuGH, Rs. C-325/00 (CMA Gütezeichen), Slg 2002, I-9977.

203 EuGH, Rs. C-265/95 (Kommission/Frankreich), Slg 1997, I-6959, Rn 32 ff; EuGH, Rs. C-112/00 (Schmidberger), Slg 2003, I-5659.

204 VO (EG) Nr. 2679/98, 8. Näher zu der VO s. Rn 90.

205 Vgl bspw *Classen, EuR 2004, 416, 428* ff; *Ganten,* Drittwirkung; *Jaensch,* Die unmittelbare Drittwirkung der Grundfreiheiten, S. 45 ff; *Streinz/Leible,* EuZW 2000, 459 ff.

206 Vgl etwa EuGH, Rs. 311/85 (Vlaamse Reisbureaus), Slg 1987, 3801, Rn 30; EuGH, Rs. 65/86 (Bayer/Süllhofer), Slg 1988, 5249, Rn 11.

saten der Grundfreiheiten sein, nämlich in den Fällen, in denen der Staat typische staatliche Machtbefugnisse auf sie übertragen hat und sie einseitig zwingende Regelungen treffen konnten, denen der Einzelne nicht ausweichen kann.[207] Werden Private mit Befugnissen und Rechten ausgestattet, die grds. nur der Staat innehat, besteht ein Bedürfnis, die Grundfreiheiten auf Privatpersonen anzuwenden, da aufgrund der unterschiedlichen Ausgestaltung des öffentlichen und privaten Sektors in den Mitgliedstaaten die Grundfreiheiten eine uneinheitliche Anwendung erfahren würden.

Durch das Urteil Fra.bo wurde nunmehr wohl auch die unmittelbare Drittwirkung, die im Bereich der Personenverkehrsfreiheiten schon länger durch den EuGH bejaht wurde, auch für die Warenverkehrsfreiheit anerkannt. In diesem Urteil entschied der EuGH, dass Art. 28 EGV, also der jetzige Art. 34 AEUV, auch auf die Normungs- und Zertifizierungstätigkeit eines privaten Unternehmens anzuwenden sei und damit unmittelbare Wirkung auch für Private entfalte.[208]

III. Eingriffe

Nach Art. 34 und Art. 35 AEUV sind **mengenmäßige Ein- und Ausfuhrbeschränkungen** sowie **Maßnahmen gleicher Wirkung** verboten. Die Mitgliedstaaten sind verpflichtet, bestehende Hindernisse dieser Art abzubauen und keine neuen zu errichten. Nach der Rechtsprechung des EuGH sind **mengenmäßige Ein- und Ausfuhrbeschränkungen** „sämtliche Maßnahmen, die sich als eine gänzliche oder teilweise Untersagung der Einfuhr, Ausfuhr oder Durchfuhr darstellen".[209] In der Praxis haben mengenmäßige Beschränkungen nahezu keine Bedeutung mehr, da Ein- oder Ausfuhrverbote sowie Kontingentierungen nach Jahrzehnten der Integration der Vergangenheit angehören. Stattdessen gibt es zahlreiche andere Hindernisse, die den freien Warenverkehr ebenfalls beschränken, wie etwa Regelungen über die Beschaffenheit, den Vertrieb oder die Herstellung von Produkten. 73

Von großer Bedeutung sind daher die **Maßnahmen gleicher Wirkung** wie mengenmäßige Beschränkungen. Nach der sog. **Dassonville-Formel** des EuGH können dies sämtliche Maßnahmen der Mitgliedstaaten sein, die geeignet sind, den innergemeinschaftlichen (jetzt innerunionalen) Handel unmittelbar oder mittelbar, tatsächlich oder potentiell zu behindern.[210] Der Gerichtshof legt den Begriff der Beschränkung in ständiger Rechtsprechung weit aus, was zu Folgeproblemen geführt hat, die nachfolgend dargestellt werden. Erfasst werden von dem Begriff der Maßnahme gleicher Wirkung Diskriminierungen und Beschränkungen. 74

1. Diskriminierungsverbot

Als Maßnahmen gleicher Wirkung sind in erster Linie Diskriminierungen anzusehen, da sie besonders schwerwiegende Hindernisse für den innerunionalen Handel herbeiführen können. Stellen sie **offene Diskriminierungen** dar, knüpfen sie ausdrücklich an die Herkunft der Ware an, wie etwa eine Kennzeichnungspflicht nur für eingeführte Waren[211] oder gesundheitspolizeiliche Untersuchungen ausländischer Waren.[212] **Versteckte Diskriminierungen** sind Maßnahmen, die zwar für in- und ausländische Waren gleichermaßen gelten, jedoch eingeführte Produkte regelmäßig stärker oder häufiger belasten. Eine solche ist etwa dann gegeben, wenn für Produkte eine Kennzeichnungspflicht in der Sprache des Bestimmungsstaates besteht[213] oder ein Fahrverbot für bestimmte Güter transportierende Lastkraftwagen verhängt wird, das vorwiegend Transitverkehr betrifft.[214] Nach der Rechtsprechung des EuGH wird der Begriff der **mengenmäßigen Ausfuhrbeschränkungen** im Rahmen des Art. 35 AEUV im Gegensatz zur entsprechenden Auslegung des Art. 34 AEUV als 75

207 Vgl *Roth*, in: FS Everling, S. 1231 ff.

208 EuGH, Rs. C-171/11 (Fra.bo), EuZW 2012, 797. Ausführlich zu diesem Urteil *Kloepfer/Greve*, DVBl. 2013, 1148; *Ludwigs/Weidermann*, JA 2014, 152; *Schmahl/Jung*, NVwZ 2013, 607.

209 EuGH, Rs. 2/73 (Geddo), Slg 1973, 865, Rn 7.

210 EuGH, Rs. 8/74 (Dassonville), Slg 1974, 837, Rn 5.

211 Vgl EuGH, Rs. 113/80 (Kommission/Irland), Slg 1981, 1625, Rn 17.

212 EuGH, Rs. 251/78 (Denkavit), Slg 1979, 3369, Rn 11; vgl EuGH, Rs. C-186/88 (Kommission/Deutschland), Slg 1989, 3997 ff.

213 EuGH, Rs. C-33/97 (Colim), Slg 1999, I-3175.

214 EuGH, Rs. C-320/03 (Kommission/Österreich), Slg 2004, I-3593, Rn 66 ff.

reines Diskriminierungsverbot verstanden.[215] Maßnahmen, die alle Produkte in gleicher Weise betreffen, fallen damit grds. aus dem Anwendungsbereich des Art. 35 AEUV heraus. Grund dafür ist, dass praktisch jede Produktions- oder Vertriebsregelung, die die Herstellungskosten erhöht, sich potentiell negativ auf die Ausfuhren von Waren auswirken kann.

2. Beschränkungsverbot

76 Die durch den EuGH entwickelte **Dassonville-Formel** erfasst nach ihrem Wortlaut sämtliche Beschränkungen der Warenverkehrsfreiheit, die sich auf in- und ausländische Waren gleichermaßen negativ auswirken. Es ist demnach für eine Beschränkung schon ausreichend, wenn eine Maßnahme **mittelbar** und/oder **potentiell** den freien Warenverkehr beschränkt, ohne dass ein Handelshemmnis tatsächlich nachgewiesen werden muss.[216] Der Grad der Beeinträchtigung ist ebenfalls unerheblich. In Folge wurden nicht selten die Grundfreiheiten zum Anlass genommen, missliebige nationale Regelungen zu beanstanden, die sich negativ auf die geschäftliche Freiheit auswirken, ohne dass sie gegen Waren aus anderen Mitgliedstaaten gerichtet sind oder spezifisch den grenzüberschreitenden Handel beschränken. Dies betrifft etwa Anforderungen an die Beschaffenheit von Waren, Ladenschlusszeiten oder sonstige Regelungen über die Vermarktung von Produkten.[217] Die vollständige Liberalisierung des Warenverkehrs ohne wirklichen Bezug zum zwischenstaatlichen Handel wäre die Konsequenz einer derart weiten Auslegung des Art. 34 AEUV. Ein solches umfassendes Beschränkungsverbot ist indessen zu weit, da es den Mitgliedstaaten grds. unbenommen bleiben muss, bestimmte Regeln aufzustellen, die alle Unionsbürger in gleicher Weise betreffen und die keine unerwünschten Handelshemmnisse verursachen. Dies betrifft etwa für alle Marktteilnehmer gleich geltende nationale Produktions- und Vermarktungsregeln oder allgemeine wirtschaftspolitische Maßnahmen.

3. Die Keck-Entscheidung des EuGH

77 Der EuGH unternahm mehrere Versuche, den weiten Beschränkungsbegriff der Dassonville-Formel einzuschränken,[218] und entwickelte in seinem sog. **Keck-Urteil** schließlich einheitliche Kriterien zu einer Verengung des Tatbestandes. Nicht mehr unter den Begriff der Beschränkung fallen seither in ständiger Rechtsprechung reine **Verkaufsmodalitäten** oder **absatzbezogene Regelungen**, die Anforderungen betreffend den Absatz der Ware darstellen, wie etwa Werbevorschriften für bestimmte Wirtschaftsbereiche, Ladenschlussregelungen[219] oder die Apothekenpflichtigkeit von Babynahrung.[220] Es ist noch nicht für jeden Einzelfall eindeutig geklärt, welche Maßnahmen der EuGH als bloße absatzbezogene Regelungen ansieht. Vielmehr sind auch die Urteile des EuGH nicht immer aufschlussreich für eine klare Abgrenzung von Verkaufsmodalitäten, so dass vielfach das Erfordernis einer Präzisierung verlangt wird.[221] Als Faustregel gilt, dass Maßnahmen, die regeln, **wer** etwas verkaufen darf, **wann** etwas verkauft werden darf und **wo** und **wie verkauft werden darf**, bloße absatzbezogene Regelungen darstellen.[222] Solche absatzbezogenen Regelungen fallen indes nur dann aus dem Anwendungsbereich des Art. 34 AEUV heraus, wenn sie **für alle betroffenen Wirtschaftsteilnehmer gelten** und den Absatz inländischer und eingeführter Erzeugnisse **rechtlich wie tatsächlich gleichermaßen** treffen, dh sie sich nicht überwiegend zulasten ausländischer Produkte

---

215 EuGH, Rs. 15/79 (Groenfeld), Slg 1980, 3409, Rn 7.
216 Vgl EuGH, Rs. C-325/00 (Kommission/Deutschland), Slg 2002, I-9977, Rn 23 f.
217 Dies bemängelte der EuGH explizit in Rs. C-268/91 (Keck), Slg 1993, I-6097, Rn 14.
218 Zu den verschiedenen Versuchen der Einschränkung vgl *Feiden*, Die Bedeutung der Keck-Rechtsprechung, S. 11 ff mwN aus der Rspr des EuGH.
219 EuGH, Rs. C- 401/92 (Tankstation T'Heuske), Slg 1994, I-2199.
220 EuGH, Rs. C-391/92 (Kommission/Griechenland), Slg 1995, I-1621, Rn 13.
221 *Epiney*, in: Ehlers (Hrsg.), S. 284 f; siehe auch zu der Einordnung von Nutzungsmodalitäten Schlussantrag des Generalanwalts Ives Bot zu EuGH, Rs. C-110/05 (Kommission/Italien), Slg 2009, I-102.
222 Diese „Formel" hat Generalanwalt Tesauro in seinen Schlussanträgen in EuGH, Rs. C-292/92 (Hünermund), Slg 1993, I-6787, 6800, Nr. 20 entwickelt.

auswirken.[223] Dies bedeutet, dass Maßnahmen, die eine offene oder versteckte Diskriminierung darstellen, grds. von der Verbotswirkung des Art. 34 AEUV erfasst werden und nicht durch die **Keck-Formel** aus dem Begriff der Beschränkung herausgenommen werden können. So fällt nach dem EuGH eine nationale Regelung, die nur ortsansässigen Fleischern, Bäckern oder Lebensmittelhändlern den Vertrieb ihrer Ware durch Umherziehen erlaubt, nicht aus dem Begriff der Beschränkung heraus,[224] während der EuGH ein generelles Verbot des ambulanten Zeitschriftenverkaufs ohne vorherige Genehmigung aufgrund der unterschiedslosen Geltung mit Hilfe der Keck-Formel aus dem Begriff der Beschränkung herausnahm.[225] Ebenfalls rechtfertigungsbedürftig bleiben nach der Keck-Formel **produktbezogene Regelungen**, die sich auf die Beschaffenheit von Produkten beziehen, wie etwa Regelungen über die Form, Abmessung, Gewicht, Etikettierung und Verpackung der Ware.[226] Werbeverbote stellen grds. bloße absatzbezogene Regelungen dar, da sie nur den Aspekt der Vermarktung der Ware betreffen.[227] Etwas anderes kann gelten, wenn umfassende Werbeverbote dazu führen, dass ausländische Produkte mangels ihrer Bekanntheit auf dem Markt des anderen Mitgliedstaates nicht Fuß fassen können.[228] Produktbezogen sind Regelungen auch dann, wenn eine Ware nicht unter einem bestimmten Namen vertrieben werden darf, da aufgrund des Verbotes das Produkt selbst geändert werden müsste, um es in anderen Mitgliedstaaten anbieten zu dürfen.[229]

In gleicher Weise der Rechtfertigung bedürfen nationale Regelungen zu der Nutzungsmodalität bestimmter Waren. Für diese war teilweise eine Behandlung entsprechend der Verkaufsmodalität und damit eine grundsätzliche Ausnahme von der Warenverkehrsfreiheit gefordert worden.[230] Hier hat der EuGH mittlerweile die grundsätzliche Anwendbarkeit der Warenverkehrsfreiheit klargestellt.[231]

In Fällen, die sich nicht eindeutig als produkt- oder absatzbezogene Regelung einordnen lassen, **78**
stellt der EuGH darauf ab, ob die in Frage stehende Regelung den Waren aus anderen Mitgliedstaaten den **Marktzugang** versperrt.[232] Als marktzugangsbehindernd sieht er etwa die Forderung nach Echtheitszertifikaten,[233] staatliche Zulassungs- und Genehmigungsverfahren,[234] Etikettierungsvorschriften sowie Vorschriften über die Art der Verpackung[235] an.[236]

---

223 EuGH, Rs. C-268/91 (Keck), Slg 1993, I-6097, Rn 16.

224 EuGH, Rs. C-254/98 (TK-Heimdienst), Slg 2000, I-151, Rn 24 f.

225 EuGH, Rs. C-20/03 (Burmanjer), Slg 2005, I-4133, Rn 2.

226 Vgl EuGH, Rs. C-470/93 (Mars), Slg 1995, I-1923, Rn 12 f, in der es um das Verbot eines Aufdrucks „+ 10 %" auf einem Schokoriegel ging, das vom EuGH als Maßnahme gleicher Wirkung betrachtet wurde.

227 Vgl EuGH, Rs. C-34/95 (de Agostini), Slg 1997, I-3843, Rn 39 f; EuGH, Rs. C-71/02 (Karner), Slg 2004, I-3025, Rn 38 ff.

228 So der EuGH zum schwedischen Alkoholwerbeverbot, EuGH, Rs. C-405/98 (Gourmet International), Slg 2001, I-1795, Rn 20.

229 EuGH, Rs. C-315/92 (Clinique), Slg 1994, I-317, Rn 19; EuGH, Rs. C-313/94 (Graffione), Slg 1996, I-6039, Rn 15 ff.

230 Hierzu ausführlicher *Kröger,* EuR 2012, 468 ff.

231 EuGH, Rs. C-142/05 (Mickelsson), Slg 2009, I-4273.

232 EuGH, Rs. C-405/98 (Gourmet International), Slg 2001, I-1795, Rn 18. Ein umfassender Überblick zur Klassifizierung staatlicher Maßnahmen hinsichtlich ihrer Produktbezogenheit findet sich bei *Schroeder*, in: Streinz, EUV/AEUV, Art. 34, Rn 54.

233 EuGH, Rs. 8/74 (Dassonville), Slg 1974, 837, Rn 2 ff.

234 EuGH, Rs. 369/88 (Delattre), Slg 1991, I-1487, Rn 66.

235 Verpackungsvorschriften können indes durch Umweltschutzerwägungen gerechtfertigt sein; vgl zum Pfand auf Einwegverpackungen in Deutschland *Wrede*, EWS 2001, 371. In einer neueren Entscheidung sprach der Gerichtshof ein Verbot des deutschen Dosenpfands aus, wenn keine geeigneten Rücknahmesysteme vorhanden sind, EuGH, Rs. C-387/99 (Kommission/Deutschland), Slg 2004, I-3751.

236 *Brigola*, EuZW 2012, 248 ff sieht durch die jüngeren EuGH Urteile eine „Metamorphose der Keck-Formel" hin zu einer Drei-Stufen-Theorie.

IV. Rechtfertigung

1. Geschriebene Rechtfertigungsgründe (Art. 36 AEUV)

79 Die in Art. 36 S. 1 AEUV aufgeführten Rechtfertigungsgründe gelten für sämtliche Beeinträchtigungen der Warenverkehrsfreiheit, dh für **offene und versteckte Diskriminierungen** und für **unterschiedslos wirkende Beschränkungen.** Handelsbehinderungen der Mitgliedstaaten können danach ausnahmsweise gerechtfertigt sein, wenn sie der öffentlichen Sittlichkeit, der Ordnung und Sicherheit, dem Schutz der Gesundheit und des Lebens von Menschen, Tieren oder Pflanzen, dem Schutz des nationalen Kulturgutes von künstlerischem, geschichtlichem oder archäologischem Wert oder dem Schutz des gewerblichen oder kommerziellen Eigentums dienen. Die Ausnahmevorschriften des Art. 36 AEUV sind eng auszulegen und abschließend.[237] Sie erfassen nur Gründe **nicht-wirtschaftlicher Art,** obgleich es unschädlich ist, wenn mit ihnen als Nebenzweck auch wirtschaftliche Ziele gefördert werden.[238] Sie sind autonome Begriffe des Unionsrechts und somit nach **unionalen Maßgaben** auszulegen. Die Bestimmung des Schutzniveaus, insb. hinsichtlich des Schutzes der Gesundheit und des Lebens von Menschen, bleibt indes grds. den Mitgliedstaaten überlassen, so dass ein Staat nicht dazu gezwungen werden kann, aufgrund des Vorrangs des Unionsrechts seinen Bürgern einen geringeren Schutz zu gewähren, als er es sonst zu tun pflegt.[239] Ernährungsgewohnheiten und den Gesundheitszustand der jeweiligen Bevölkerung können die Mitgliedstaaten in ihre Erwägungen mit einbeziehen.[240] Zudem ist die Rechtfertigung einer Maßnahme nach Art. 35 AEUV nicht möglich, wenn in diesem Bereich **unionsrechtliche Harmonisierungsvorschriften** erlassen wurden.[241]

2. Rechtfertigung aufgrund zwingender Erfordernisse

80 Der EuGH hat im Rahmen der Prüfung der Ausnahmen von der Warenverkehrsfreiheit nach der sog. **Cassis-Formel** ungeschriebene Rechtfertigungsmöglichkeiten anerkannt,[242] die im Grundsatz auch für die anderen Grundfreiheiten gelten. Danach lassen sich die Warenverkehrsfreiheit einschränkende Maßnahmen zusätzlich rechtfertigen, wenn mit ihnen **zwingende Erfordernisse des Allgemeininteresses** verfolgt werden. Dies gilt jedoch grds. nur für Maßnahmen, die sich weder als offene noch als versteckte Diskriminierungen darstellen, wenn auch der Gerichtshof in Einzelfällen die ungeschriebenen Rechtfertigungsgründe bei versteckten Diskriminierungen herangezogen hat (hierzu Rn 52 ff). Der EuGH zählt als zwingende Erfordernisse die **wirksame steuerliche Kontrolle,** den **Schutz der öffentlichen Gesundheit,** die **Lauterkeit des Handelsverkehrs** und den **Verbraucherschutz** auf. Diesen nicht abschließenden Katalog der durch die Cassis-Rechtsprechung geschaffenen Rechtfertigungsgründe hat der EuGH in seiner Rechtsprechung fortwährend um aktuelle Schutzgesichtspunkte wie den **Umweltschutz,** den **Schutz kultureller Belange,** die **Medienvielfalt,** die **Ausgewogenheit der Systeme der sozialen Sicherheit, berufliche Qualifikationssicherung** und die **Verkehrssicherheit** erweitert.[243]

81 Wenn die Mitgliedstaaten im Falle etwaiger Schutzpflichten ihre Untätigkeit rechtfertigen wollen, können sie sich ebenfalls auf die geschriebenen und ungeschriebenen Rechtfertigungsgründe berufen. In Betracht kommt als Schutzgut der öffentlichen Ordnung oder als zwingendes Allgemeininteresse die **Wahrung der Grundrechte** der die Störung verursachenden Privatpersonen, wie etwa

---

237 Vgl hierzu und zum Begriff der öffentlichen Sicherheit und Ordnung Rn 52 ff.

238 EuGH, Rs. C-324/93 (Evans), Slg 1995, I-563, Rn 36; EuGH, Rs. 72/83 (Campus Oil), Slg 1984, 2727, Rn 36.

239 EuGH, Rs. C-347/89 (Eurim-Pharm), Slg 1991, 1747, Rn 26; EuGH, Rs. 104/75 (de Peijper), Slg 1976, 613 Rn 14 ff.

240 EuGH, Rs. 94/83 (Heijn), Slg 1984, 3263.

241 EuGH, Rs. C-5/94 (Hedley Lomas), Slg 1996, I-2553, Rn 18 f.

242 EuGH, Rs. 120/78 (Cassis de Dijon), Slg 1979, 649.

243 EuGH, Rs. 240/83 (ADBHU), Slg 1985, 531, Rn 14; EuGH, Rs. 302/86 (Kommission/Dänemark), Slg 1988, 4607, Rn 8 f; EuGH, Rs. C-180/89 (Kommission/Italien), Slg 1991, I-709, Rn 20; EuGH, Rs. C-288/89 (Collectieve Antennevoorziening Gouda), Slg 1991, I-4007, Rn 23; EuGH, Rs. 238/82 (Duphar/Niederlande), Slg 1984, 523, Rn 22; EuGH, Rs. C-76/90 (Säger), Slg 1991, I-4221, Rn 16; EuGH, Rs. C-55/93 (VanSchaik), Slg 1994, I-4837, Rn 19.

ihres Versammlungs- oder Streikrechtes. Der Grundrechtsschutz ist ein unionsrechtlich anerkanntes Ziel, wobei es nach der Rechtsprechung des EuGH auf die Unionsgrundrechte und nicht auf die nationalen Grundrechte ankommen soll.[244]

3. Schranken-Schranken

Bei der Rechtfertigung haben die Mitgliedstaaten in jedem Fall das **Verhältnismäßigkeitsprinzip** zu beachten.[245] Zunächst müssen sie darlegen, dass die **Gefahr** für das von ihnen zu schützende Rechtsgut überhaupt besteht, was sie grds. durch eine wissenschaftlich fundierte Risikobewertung zu belegen haben. Bestehen allerdings trotz solcher Risikobewertungen große Unsicherheiten über das Ausmaß einer Gefahr, ist der Mitgliedstaat befugt, Schutzmaßnahmen zu treffen, da es ihm nicht zumutbar ist, eine potentielle Gefahr mit einem unter Umständen großen zu erwartenden Schaden für bedeutende Rechtsgüter zu ignorieren.[246] Beruft sich der Mitgliedstaat zur Rechtfertigung auf den Verbraucherschutz, stellt der Gerichtshof allerdings in der Regel nur auf das Leitbild eines durchschnittlich informierten, aufmerksamen und verständigen durchschnittlichen Verbrauchers ab, so dass auch die Bestimmung des Schutzniveaus in diesem Fall unionsrechtlich determiniert ist. Nicht als Gesundheitsgefahr hat der EuGH es etwa angesehen, wenn ein Lebensmittel zu wenige Nährwerte enthält,[247] oder die Existenz von Zusatzstoffen in ausländischen Bieren, die nach dem deutschen Reinheitsgebot verboten sind.[248] 82

Die ergriffenen Maßnahmen sind dann **geeignet,** ihr Ziel zu erfüllen, wenn sie einen Nutzen bringen, wobei den Mitgliedstaaten bei der Beurteilung dieser Frage ein weiter Beurteilungsspielraum zugestanden wird. Der EuGH verneint eine Eignung indes dann, wenn die ergriffenen Mittel die Konsequenz vermissen lassen bzw in sich widersprüchlich sind.[249] 83

Eine Maßnahme ist dann **erforderlich,** wenn es kein die Warenverkehrsfreiheit weniger beeinträchtigendes Mittel zum Schutz des Allgemeininteresses gibt, das ebenso wirksam ist. Bei der Prüfung, ob die Maßnahme erforderlich ist, ist das **Herkunftslandprinzip** zu beachten. Dieses besagt, dass ein in einem Mitgliedstaat rechtmäßig hergestelltes und in den Verkehr gebrachtes Erzeugnis grds. in die anderen Mitgliedstaaten importiert und dort angeboten werden darf.[250] Es ist daher grds. von der Gleichwertigkeit der nationalen Regelungen über die Anforderungen an Herstellung und Vermarktung von Produkten auszugehen.[251] Die Mitgliedstaaten trifft die Darlegungs- und Beweislast dafür, dass die eingeführten Produkte weniger verkehrsfähig sind, wollen sie Maßnahmen gegen sie treffen oder beibehalten. 84

Die Prüfung der **Angemessenheit** einer Maßnahme, dh ob die ergriffenen Mittel in einem angemessenen Verhältnis zu dem mit ihnen verfolgten Zweck stehen, lässt der EuGH häufig auf sich beruhen. Wenn er allerdings eine Güterabwägung vornimmt, so tut er dies oft im Rahmen der Prüfung der Erforderlichkeit, indem er wertende, einzelfallbezogene Aspekte einfließen lässt.[252] Bei der Prüfung der Ausnahmetatbestände der Warenverkehrsfreiheit hat der EuGH in einigen Entscheidungen explizit eine Prüfung der Angemessenheit vorgenommen, indem er äußerte, dass die durch die Berufung auf die Ausnahmetatbestände verursachten Hindernisse für den freien Warenverkehr 85

244 EuGH, Rs. C-112/00 (Schmidberger), Slg 2003, I-5659, Rn 69 ff; EuGH, Rs. C-36/02 (Omega), Slg 2004, I-9606, Rn 33.
245 Zu der Verhältnismäßigkeitsprüfung im Einzelnen vgl Rn 52 ff.
246 EuGH, Rs. C-95/01 (Greenham und Abel), Slg 2004, I-1333; s. auch EuZW 2004, 422.
247 EuGH, Rs. 274/87 (Kommission/Deutschland), Slg 1989, 229, Rn 10.
248 EuGH, Rs. 178/84 (Kommission/Deutschland), Slg 1987, 1227, Rn 24 ff.
249 EuGH, Rs. 178/84 (Kommission/Deutschland), Slg 1987, 1227, Rn 49; EuGH, Rs. C-170/04 (Rosengren).
250 Vgl das Weißbuch der Kommission zur Vollendung des Binnenmarktes, KOM 85 (310), Rn 61 ff; Mitteilung der Kommission, ABl. EG 1980, C 256, 2.
251 EuGH, Rs. C-390/99 (Canal Satélite), Slg 2002, I-607, Rn 37.
252 EuGH, Rs. 104/75 (de Peijper), Slg 1976, 613, Rn 14 ff; EuGH, Rs. C-1/90 und C-176/90 (Aragonesa), Slg 1991, I-4151, Rn 17 ff.

nicht außer Verhältnis zum Schutz anderer Rechtsgüter stehen dürften.[253] Im Rahmen der **Abwägung** müssen grds. die Vor- und Nachteile der betreffenden Maßnahme im konkreten Einzelfall untersucht werden, und es muss berücksichtigt werden, welche abstrakte Wertigkeit den betreffenden Rechtsgütern beizumessen ist. Dem Schutz der Gesundheit etwa ist ein höherer Wert als dem freien Warenverkehr beizumessen, da die Bedeutung des Schutzes des Lebens und der Gesundheit von Menschen nicht zur Erreichung wirtschaftlicher Ziele relativiert werden kann.

86 Als Schranken-Schranken sind in jedem Fall die **Unionsgrundrechte** zu beachten, die bei der Ausfüllung der Rechtfertigungsgründe ebenfalls verletzt werden können.[254] Maßgeblich sind die in Art. 6 Abs. 2 EUV für verbindlich erklärten Grundrechte der Grundrechtecharta der EU sowie die Unionsgrundrechte, die der EuGH im Wege der Rechtsfortbildung unter Heranziehung der EMRK und der Verfassungsüberlieferungen der Mitgliedstaaten als Rechtserkenntnisquellen anerkennt. Letztlich ist bei der Schaffung eines Ausgleichs zwischen dem Allgemeininteresse und den Grundrechten eine **Angemessenheitsprüfung** durchzuführen, da es den Mitgliedstaaten verwehrt sein muss, zum Schutz der nationalen Interessen in übermäßiger Weise die Unionsgrundrechte zu beeinträchtigen.

V. Sekundärrecht

87 Besteht **abschließendes Sekundärrecht**, geht dieses den primärrechtlichen Regelungen über die Grundfreiheiten vor. Dies betrifft insb. den Fall, dass bestimmte Bereiche des freien Warenverkehrs in Bezug auf Herstellung, Aufmachung oder Vertrieb von Waren **umfassend geregelt** wurden,[255] so dass sich die Mitgliedstaaten für nationale Beschränkungen des freien Warenverkehrs nicht mehr auf die geschriebenen und ungeschriebenen Rechtfertigungsgründe berufen können, weil die unional anerkannten Interessen explizit normiert worden sind.

Es wurden insoweit zahlreiche Sekundärrechtsakte erlassen, die sich im Wesentlichen in folgende Gruppen einteilen lassen:

1. Produktsicherheit

88 Bedeutsames Sekundärrecht im Bereich der Produktsicherheit gibt es insb. im Bereich des **Lebensmittelrechts** und in einigen anderen Bereichen, in denen die Schutzwürdigkeit des Verbrauchers besonders stark ausgeprägt ist, wie etwa bei **Medizinprodukten,**[256] **Kosmetika**[257] und **Stoffen und Gemischen.**[258] Im Lebensmittelrecht sind die Verordnung zur Festlegung der allgemeinen Grundsätze und Anforderungen des Lebensmittelrechts und zur Festlegung von Verfahren zur Lebensmittelsicherheit,[259] die Verordnung über neuartige Lebensmittel,[260] die Richtlinie über Zusatzstoffe in Lebensmitteln[261] und die Richtlinie über die Etikettierung, Aufmachung und Werbung bei Lebensmitteln[262] beachtlich. Im Bereich der Zulassung von Arzneimitteln wurde eine Richtlinie erlassen, die bestimmt, dass ein Arzneimittel erst nach der Zulassung durch den betreffenden Mitgliedstaat in den Verkehr gebracht werden darf, wofür ein bestimmtes Verfahren vorgesehen ist. Sie stellt jedoch keine inhaltlichen Voraussetzungen auf, unter denen ein Arzneiprodukt in den Mitgliedstaaten zugelassen werden darf.[263]

253 EuGH, Rs. 42/82 (Kommission/Frankreich), Slg 1983, 1013, Rn 54; EuGH, Rs. 302/86 (Kommission/Dänemark), Slg 1988, 4607, Rn 6; EuGH, Rs. C-309/02 (Radlberger), Slg 2004, I-11763, Rn 75.
254 EuGH, Rs. C-368/95 (Familiapress), Slg 1997, 3689, Rn 24 ff.
255 Vgl bspw VO (EG) Nr. 764/2008.
256 RL 2001/83/EG.
257 VO (EG) Nr. 1223/2009.
258 VO (EG) Nr. 1272/2008.
259 VO (EG) Nr. 178/2002.
260 VO (EG) Nr. 1333/2008.
261 RL 89/107/EWG.
262 RL 2000/13/EG.
263 RL 65/65 EWG, durch RL 2001/83/EG aufgehoben.

Bereichsübergreifende Bedeutung besitzt schließlich die Richtlinie über die allgemeine **Produktsicherheit**,[264] die gilt, sofern das Unionsrecht keine speziellen Vorschriften für die Sicherheit der betreffenden Produkte enthält oder wenn die genannten sektoralen Vorschriften Lücken aufweisen.

2. Technische Harmonisierung

Umfängliches Sekundärrecht besteht auch im Bereich der technischen Harmonisierung, der Regeln über wesentliche Produktanforderungen betrifft. Erlassen wurden insb. Regelungen über Anforderungen an **KFZ**, **Bauwesen**, **Lebensmittel** sowie über **pharmazeutische** und **chemische** Erzeugnisse.[265] 89

3. Schutzpflichten der Mitgliedstaaten

Die Verordnung (EG) Nr. 2679/98 über das Funktionieren des Binnenmarktes im Zusammenhang mit dem freien Warenverkehr zwischen den Mitgliedstaaten stellt bestimmte Anforderungen an die Mitgliedstaaten, in deren Territorium der freie Warenverkehr durch Maßnahmen von Privatpersonen, wie etwa Blockaden oder Boykottaufrufe, behindert wird. Sie verpflichtet die Mitgliedstaaten, **bei schwerwiegenden Beeinträchtigungen einzuschreiten**, und macht die Mitgliedstaaten ausdrücklich für das Verhalten Privater verantwortlich. Zusätzlich führt sie ein sog. **Frühwarnsystem** ein, nach dem die Mitgliedstaaten bei drohenden Behinderungen des Warenverkehrs durch Private verpflichtet werden, der Kommission darüber Mitteilung zu machen.[266] 90

4. Suchtstoffe und psychotrope Stoffe

- VO (EG) Nr. 273/2004 betreffend Drogenausgangsstoffe, 91
- VO (EG) Nr. 111/2005 zur Festlegung von Vorschriften für die Überwachung des Handels mit Drogenaustauschstoffen zwischen der Gemeinschaft und Drittländern.

5. Kulturgüter

- VO (EG) Nr. 116/2009 über die Ausfuhr von Kulturgütern, 92
- RL 93/7/EWG über die Rückgabe von unrechtmäßig aus dem Hoheitsgebiet eines Mitgliedstaats verbrachten Kulturgütern.

6. Waren, die Rechte an geistigem Eigentum verletzen

- VO (EU) Nr. 608/2013 über das Vorgehen der Zollbehörden gegen Waren, die im Verdacht stehen, bestimmte Rechte geistigen Eigentums zu verletzen, und die Maßnahmen gegenüber Waren, die erkanntermaßen derartige Rechte verletzen. 93

7. Gefährliche Güter und Waren mit doppeltem Verwendungszweck

- RL 93/15/EWG zur Harmonisierung der Bestimmungen über das Inverkehrbringen und die Kontrolle von Explosivstoffen für zivile Zwecke, 94
- RL 91/477/EWG über die Kontrolle des Erwerbs und des Besitzes von Waffen,
- VO (EG) Nr. 428/2009 über eine Gemeinschaftsregelung für die Kontrolle der Ausfuhr, der Verbringung, der Vermittlung und der Durchfuhr von Gütern mit doppeltem Verwendungszweck.[267]

8. Gefährdete wildlebende Tier- und Pflanzenarten

- VO (EG) Nr. 338/97 über den Schutz von Exemplaren wild lebender Tier- und Pflanzenarten durch Überwachung des Handels. 95

---

264 RL 2001/95/EG.

265 Ein guter Überblick findet sich auf der Webseite der Kommission: http://europa.eu/legislation_summaries/internal_market/single_market_for_goods/technical_harmonisation/index_de.htm.

266 Zu dieser VO *Hauschild*, EuZW 1999, 236 ff.

267 VO (EG) Nr. 428/2009; „Doppelter Verwendungszweck" bedeutet, dass die Güter sowohl für zivile als auch für militärische Zwecke verwendet werden können.

D. Die Freizügigkeit der Arbeitnehmer

96 Die Freizügigkeit der Arbeitnehmer ist das bedeutsamste Element der Personenfreizügigkeitsrechte der EU, das für die Errichtung des Binnenmarktes nicht zuletzt wegen seiner praktischen Bedeutung zentral ist.[268] Die Arbeitnehmerfreizügigkeit garantiert gemeinsam mit der Niederlassungsfreiheit, die als Gegenstück zur Arbeitnehmerfreizügigkeit Selbständigen und Unternehmen Freizügigkeitsrechte einräumt, die **unbeschränkte Mobilität von Personen** im Binnenmarkt, die einer **abhängigen Beschäftigung** nachgehen oder nachgehen wollen. Die Arbeitnehmerfreizügigkeit ist in den Art. 45 ff AEUV geregelt und wurde durch zahlreiche Sekundärrechtsakte ergänzt.

97 Bis zur Einführung der Unionsbürgerschaft waren die Personenfreizügigkeitsrechte und alle übrigen Grundfreiheiten grds. von der Ausübung einer wirtschaftlichen Tätigkeit abhängig. Das erst wesentlich später hinzugekommene umfassende Freizügigkeitsrecht aus der Unionsbürgerschaft (Art. 21 AEUV) gibt den Unionsbürgern **unabhängig von einer Wirtschaftstätigkeit** das Recht, sich im Hoheitsgebiet der Mitgliedstaaten frei zu bewegen und aufzuhalten. Dennoch bleiben die Regelungen über die Arbeitnehmerfreizügigkeit auch nach der Einführung der Unionsbürgerschaft von wesentlicher Bedeutung. Ist der Schutzbereich der Arbeitnehmerfreizügigkeit eröffnet, gehen ihre speziellen Regelungen den Rechten aus der Unionsbürgerschaft vor.

I. Schutzbereich

1. Sachlicher Schutzbereich

a) Begriff des Arbeitnehmers

98 Ob jemand Arbeitnehmer iSd Art. 45 AEUV ist, bestimmt sich nicht nach dem nationalen Recht der Mitgliedstaaten, sondern hängt vom unionsrechtlichen Begriff des Arbeitnehmers ab. Eine **einheitliche**, für alle Mitgliedstaaten verbindliche **Definition** dieses Begriffs ist notwendig, da sonst die einheitliche Geltung des Unionsrechts in den verschiedenen Mitgliedstaaten nicht gewährleistet wäre.[269]

99 Der EuGH legt diesen Begriff weit aus und nimmt die Arbeitnehmereigenschaft einer Person immer dann an, wenn jemand in **abhängiger Beschäftigung** eine **wirtschaftliche Leistung** erbringt und dafür ein **Entgelt** erhält, das nicht völlig unwesentlich ist. Eine Tätigkeit ist als **entgeltlich** anzusehen, wenn der Arbeitnehmer eine Leistung erhält, die einer Vergütung gleichkommt. Auch Sachleistungen, wie etwa die Gewährung einer Unterkunft oder Verpflegung, sind als Entgelt im Sinne dieser Vorschrift anzusehen.[270] Es ist nicht erforderlich, dass das Entgelt hoch genug ist, um damit den Lebensunterhalt zu bestreiten.[271] Unerheblich ist auch der Status des Arbeitnehmers, der Umfang der Tätigkeit oder die Produktivität.[272] Auch ein im öffentlichen Dienst Beschäftigter ist ein Arbeitnehmer. Teilzeitbeschäftigte sind ebenfalls Arbeitnehmer, da trotz geringer Entlohnung die Hebung der Lebenshaltung gefördert wird,[273] ebenso verhält es sich mit Personen, die sich in einer Ausbildung befinden.[274] Die Arbeitslosigkeit einer Person lässt nicht ihre Arbeitnehmereigenschaft entfallen, solange sie noch vermittelbar ist und Arbeitslosengeld in Anspruch nehmen kann. Die Arbeitssuche wird schließlich ausdrücklich durch Art. 45 Abs. 3 lit. a AEUV geschützt, weshalb

268 1973 machten in den sechs Gründerstaaten der damaligen EWG etwa 900.000 Arbeitnehmer von den Freizügigkeitsrechten Gebrauch, während es im Jahre 1998 schon 3,164 Mio. waren. 2012, wohl auch als Folge der Osterweiterung, (vgl *Franzen*, in: Streinz, EUV/AEUV, Art. 45 AEUV, Rn 8 ff; *Sodan*, JZ 2002, 53, 54), belief sich die Zahl der Unionsbürger, die in einem anderen Mitgliedstaat leben und arbeiten auf 6,599 Mio.; vgl Memorandum der Europäischen Kommission vom 26.4.2013 (MEMO/13/384 26/04/2013), abrufbar unter: http://europa.eu/rapid/press-release_MEMO-13-384_de.htm.

269 Zu diesem Begriff auch *Wienbracke,* EuR 2012, 483, 488 ff; *Brechmann,* in: Calliess/Ruffert, EUV/AEUV, Art. 45, Rn 18; *Schneider/Wunderlich,* in: Schwarze, EU-Kommentar, Art. 45 AEUV, Rn 9.

270 *Brechmann*, in: Calliess/Ruffert, EUV/AEUV, Art. 45 AEUV, Rn 15.

271 EuGH, Rs. C-413/01 (Ninni Orasche), Slg 2003, I-13187, Rn 24 ff.

272 EuGH, Rs. C-94/07 (Raccanelli), Slg 2008, I-1778, Rn 33.

273 EuGH, Rs. 53/81 (Levin), Slg 1982, 1035.

274 *Wienbracke,* EuR 2012, 483, 490 mwN.

ein bestehendes Beschäftigungsverhältnis keine Voraussetzung für die Arbeitnehmereigenschaft ist.[275]

Eine abhängige bzw unselbständige Tätigkeit liegt vor, wenn der Arbeitnehmer **weisungsgebunden** ist. Das Merkmal der Weisungsgebundenheit dient im Wesentlichen der **Abgrenzung** zu den von der **Niederlassungs-** (Art. 49 ff AEUV) oder der **Dienstleistungsfreiheit** (Art. 56 ff AEUV) erfassten selbständigen Tätigkeiten.[276] Das Bestehen einer Weisungsgebundenheit beurteilt der EuGH nach den Umständen des Einzelfalls, bei denen insb. die Beteiligung an den wirtschaftlichen Risiken des Arbeitgebers und die freie Einteilung der Arbeitszeit eine Rolle spielen.[277] 100

Unter den Arbeitnehmerbegriff fallen auch **Lehramts- und Rechtsreferendare**, da sie neben ihrer Ausbildung Leistungen gegen Entgelt erbringen. Studenten, Fachhochschüler und Berufsschüler sind dagegen keine Arbeitnehmer, da sie keine Leistungen für einen anderen erbringen, sondern sich auf das Berufsleben vorbereiten.[278] Studenten können jedoch ausnahmsweise dann Arbeitnehmer sein, wenn zwischen ihrer früheren Berufstätigkeit und dem Studium ein inhaltlicher Zusammenhang besteht[279] oder sie unfreiwillig arbeitslos geworden sind.[280] **Praktikanten** können Arbeitnehmer sein, wenn ein entgeltliches Beschäftigungsverhältnis besteht und die aufgewendete Zeit genügt, um berufliche Fertigkeiten zu entwickeln.[281] 101

Wie bei allen anderen Grundfreiheiten auch, ist ein **grenzüberschreitendes Element** notwendig, um den Anwendungsbereich des Unionsrechts zu eröffnen. Dieses besteht bei der Arbeitnehmerfreizügigkeit regelmäßig darin, dass sich der Arbeitnehmer in einen anderen Mitgliedstaat begibt. Ein Arbeitnehmer kann sich gegenüber seinem Heimatstaat auf Art. 45 AEUV berufen, wenn er sich in einer vergleichbaren Situation wie ein Unions-Ausländer befindet. Dies ist etwa der Fall, wenn Inländer in einem anderen Mitgliedstaat beruflich tätig waren oder dort eine nach Unionsrecht anzuerkennende berufliche Qualifikation erworben haben.[282] Mittlerweile hat der EuGH das Kriterium des grenzüberschreitenden Bezuges so weit ausgeweitet, dass er einen solchen nur noch dann ablehnt, wenn gar kein relevantes Element über die Grenzen des Mitgliedstaates hinausweist.[283] 102

Die **Abgrenzung** der Arbeitnehmerfreizügigkeit zur Niederlassungs- und Dienstleistungsfreiheit ist aufgrund des hierzu entscheidenden **Kriteriums der Unselbständigkeit** in der Regel unproblematisch. In Grenzfällen ist die richtige Einordnung der Tätigkeit in das System der Grundfreiheiten nicht von allzu großer Bedeutung, da die Gewährleistungsgehalte dieser drei Grundfreiheiten trotz einiger struktureller Unterschiede ähnlich sind. 103

b) Die einzelnen Rechte des Arbeitnehmers

Gem. Art. 45 Abs. 2 AEUV umfasst die Arbeitnehmerfreizügigkeit den **Abbau** jeder **auf der Staatsangehörigkeit beruhenden unterschiedlichen Behandlung** in Bezug auf Beschäftigung, Entlohnung und sonstige Arbeitsbedingungen. Konkret gewährt sie den Arbeitnehmern das Recht, sich um tat- 104

275 Ausführlicher zu den Arbeitssuchenden *Brechmann,* in: Calliess/Ruffert, EUV/AEUV, Art. 45, Rn 18; *Schneider/Wunderlich,* in: Schwarze, EU-Kommentar, Art. 45 AEUV, Rn 20.

276 EuGH, Rs. C-106/91 (Ramrath), Slg. 1992, I-3351, Rn 16 ff; EuGH, Rs. C-55/94 (Gebhard), Slg 1995, I-4165, Rn 20. Zu dem Begriff der Weisungsgebundenheit *Franzen,* in: Streinz, EUV/AEUV, Art. 45 AEUV, Rn 17 ff; *Schneider/Wunderlich,* in: Schwarze, EU-Kommentar, Art. 45 AEUV, Rn 14.

277 EuGH, Rs. 3/87 (Agegate), Slg 1989, 4459, Rn 36; vgl zu Arbeitsverhältnissen in Familienbetrieben EuGH, Rs. C-337/97 (Meeusen), Slg 1999, I-3289, Rn 15 ff.

278 EuGH, Rs. 228/83 (Meade), Slg 1984, 2631, Rn 9; Studenten können sich jedoch auf die auf Art. 12 beruhende Studentenaufenthaltsrichtlinie berufen, RL 93/96/EWG.

279 EuGH, Rs. 39/86 (Lair), Slg 1988, 3161, Rn 37; EuGH, Rs. C-357/89 (Raulin), Slg 1992, I-1027, Rn 21; EuGH, Rs. C-3/90 (Bernini), Slg 1992, 1071, Rn 19.

280 EuGH, Rs. C-413/01 (Ninni-Orasche), Slg 2003, I-1778, Rn 35.

281 EuGH, Rs. C-3/90 (Bernini), Slg 1992, I-1071, Rn 15 ff; aA *Forsthoff,* in: Grabitz/Hilf/Nettesheim, EU-Recht, Art. 45 AEUV, Rn 77, der in dem Nutzen, der aus dem Praktikum gezogen werden kann, eine Gegenleistung sieht.

282 EuGH, Rs. C-19/92 (Kraus), Slg 1993, I-1663; EuGH, Rs. C-419/92 (Scholz), Slg 1994, I-505, Rn 9.

283 EuGH, Rs. C-208/05 (ITC), Slg 2007, I-181, Rn 29.

sächlich angebotene Stellen zu bewerben, sich zu diesem Zweck im Hoheitsgebiet der Mitgliedstaaten frei zu bewegen, sich in einem Mitgliedstaat aufzuhalten, um dort nach den für die Arbeitnehmer dieses Staates geltenden Bestimmungen eine Beschäftigung auszuüben und nach deren Beendigung unter durch Sekundärrecht näher festgelegten Bedingungen zu verbleiben (Art. 45 Abs. 3 AEUV). Die Arbeitnehmerfreizügigkeit gewährt damit den Arbeitnehmern eine **freie Standortwahl,** die unabhängig von der Staatsangehörigkeit in jedem Mitgliedstaat bestehen soll.

c) Die Bereichsausnahme des Art. 45 Abs. 4 AEUV

105 Gem. Art. 45 Abs. 4 AEUV finden die Vorschriften über die Arbeitnehmerfreizügigkeit keine Anwendung auf die Beschäftigung in der **öffentlichen Verwaltung.**[284] Nach der Rechtsprechung des EuGH ist diese Bereichsausnahme sehr eng auszulegen. Sie betrifft nur eine **hoheitliche Tätigkeit im engen Sinne,** dh Aufgaben, die zwingend durch Staatsbedienstete ausgeführt werden müssen. Dies ist nach der Rechtsprechung des Gerichtshofs nur dann der Fall, wenn die Tätigkeit die Wahrnehmung solcher Aufgaben des Staates betrifft, die auf die Wahrung seiner allgemeinen Belange oder der Belange anderer öffentlicher Körperschaften gerichtet sind,[285] und wenn die Ausübung bestimmter Tätigkeiten eine **besondere Verbundenheit zum Staat** voraussetzt.[286] Abzustellen ist dabei immer auf den konkreten Einzelfall und nicht auf eine typisierte Betrachtung des betreffenden Berufsbildes. In seiner Rechtsprechung hat der EuGH die Bereichsausnahme für sämtliche Tätigkeiten von **Justiz, Polizei, Militär** und der **Steuerverwaltung** zugelassen. In anderen Bereichen hat er sie nur hinsichtlich bestimmter Tätigkeiten angenommen, ohne das gesamte Berufsfeld erfassen zu wollen, wie zB bei bestimmten leitenden Funktionen in der Verwaltung, die eine besondere Verbundenheit des Arbeitnehmers mit dem Staat erfordern.[287] Verneint hat der EuGH die Anwendbarkeit der Bereichsausnahme im Gesundheitswesen,[288] bei Transport- und Verkehrsdiensten und beim Unterricht an staatlichen Schulen und Hochschulen.[289]

2. Persönlicher Schutzbereich

106 Vom persönlichen Schutzbereich sind die **Unionsbürger** (Art. 20 AEUV) und grds. ihre **Familienangehörigen** umfasst. Auf den Wohnsitz der jeweiligen Person kommt es, im Gegensatz zur Dienstleistungsfreiheit (vgl Art. 56 Abs. 1 AEUV), nicht an.[290] Insb. hinsichtlich der Rechte der Familienangehörigen besteht umfangreiches Sekundärrecht, das ihnen die gleichen Ansprüche wie den Arbeitnehmern auf steuerliche und soziale Vergünstigungen und Teilhabe an Schule und Berufsausbildung ermöglicht (siehe unten Rn 124 ff). Drittstaatsangehörige, die nicht Familienangehörige des Arbeitnehmers sind, fallen grds. nicht in den Schutzbereich. Es gibt jedoch einige **Sonderregelungen für Drittstaatsangehörige,** deren Heimatstaaten Assoziations- oder Kooperationsabkommen mit der EU bzw ihrer Rechtsvorgänger geschlossen haben. Dazu gehört das Assoziationsabkommen EWG/Türkei,[291] das die heutige EU dazu verpflichtet, auf türkische Arbeitnehmer soweit wie möglich die Grundsätze der Arbeitnehmerfreizügigkeit anzuwenden.[292] Nach dem EWR-Abkommen, das derzeit Island, Liechtenstein und Norwegen betrifft, können sich die Angehörigen der Vertragsparteien in vollem Umfang auf die Arbeitnehmerfreizügigkeit berufen.[293] Darüber hinaus hat der

---

284 Siehe zu diesem Begriff auch *Wienbracke,* EuR 2012, 483, 486.

285 So die st. Rspr des EuGH, vgl EuGH, Rs. 149/79 (Kommission/Belgien), Slg 1980, 3881, Rn 12; EuGH, Rs. C-473/93 (Kommission/Luxemburg), Slg 1996, I-3207, Rn 27.

286 EuGH, Rs. 149/79 (Kommission/Belgien), Slg 1980, 3881, Rn 10.

287 EuGH, Rs. 225/85 (Kommission/Italien), Slg 1987, 2625 ff.

288 EuGH, Rs. C-290/94 (Kommission/Griechenland), Slg 1996, I-3285, Rn 34.

289 EuGH, Rs. 66/85 (Lawrie Blum), Slg 1986, 2121, Rn 28; EuGH, Rs. C-4/91 (Bleis), Slg 1991, I-5627, Rn 7.

290 EuGH, Rs. C-212/06 (Gouvernement de la communaté fraincaise), Slg. 2008, I-1683, Rn 33; *Wienbracke,* EuR 2012, 483 (487).

291 ABl. EG L 217, 3687 v. 29.12.1964.

292 Vgl ausführlich zu den einzelnen Rechten und der Verbindlichkeit dieses Abkommens *Brechmann,* in: Calliess/Ruffert, EUV/AEUV, Art. 45 AEUV, Rn 32 ff.

293 Beschluss 94/1/EG.

EuGH in seiner Rechtsprechung auch **Arbeitgeber** und **Arbeitsvermittler** als unmittelbar durch die Grundfreiheiten Berechtigte eingestuft.[294]

II. Adressaten der Arbeitnehmerfreizügigkeit

In erster Linie sind die **Mitgliedstaaten** Adressaten der Grundfreiheiten, da der damalige EWG-Vertrag als ursprünglich rein völkerrechtlicher Vertrag auf die Begründung von Staatenverpflichtungen gerichtet war. Mittlerweile wird vielfach angenommen, die Verbotswirkungen der Grundfreiheiten erstreckten sich zumindest teilweise auf **Privatpersonen**. So hat insb. der EuGH in zahlreichen Urteilen der Arbeitnehmerfreizügigkeit eine **unmittelbare Drittwirkung** beigemessen. Bislang beschränkte sich diese Erstreckung der Verbotswirkung auf Private auf kollektive Regelungen, die etwa von **Gewerkschaften** oder **Verbänden** aufgestellt wurden. Der EuGH begründete eine Drittwirkung in diesen Bereichen damit, dass privatrechtliche Vereinigungen oder Einrichtungen aufgrund ihrer rechtlichen Autonomie Hindernisse für die Arbeitnehmerfreizügigkeit errichteten, die dem Staat verboten wären.[295] Mit seinem Urteil in der Rs. **Angonese** hat der EuGH – im Gegensatz zu seiner bisherigen Linie – Art. 45 AEUV auf eine **private Bank** angewendet, die diskriminierende Berufsausschreibungsbedingungen aufstellte.[296] Dieses Urteil ist in weiten Teilen des Schrifttums auf große Ablehnung gestoßen,[297] während es teilweise in der Weise interpretiert wird, dass es ein Bekenntnis zu einer uneingeschränkten unmittelbaren Drittwirkung der Arbeitnehmerfreizügigkeit für die Zukunft sei.[298] In seinem späteren Urteil **Raccanelli** hat der EuGH diese Diskussion wieder angefacht, indem er erneut einen privatrechtlichen Verein an die Arbeitnehmerfreizügigkeit gebunden hat.[299] Um diese Streitfrage abschließend beurteilen zu können, ist die weitere Rechtsprechung des Gerichtshofes abzuwarten. Es ist aber jedenfalls davon auszugehen, dass er bei der Arbeitnehmerfreizügigkeit eher als bei den anderen Grundfreiheiten geneigt ist, auch außerhalb von Kollektivregelungen eine Drittwirkung anzunehmen. Insbesondere hinsichtlich der kürzlichen Annahme einer Drittwirkung der Warenverkehrsfreiheit durch diesen wird wohl gerade für den Bereich der Arbeitnehmerfreizügigkeit nichts anderes gelten.[300] 107

In Betracht kommen bei Beeinträchtigungen der Arbeitnehmerfreizügigkeit durch Privatpersonen zudem **Schutzpflichten** der Mitgliedstaaten. In zwei die Warenverkehrsfreiheit betreffenden Rechtssachen entschied der EuGH, dass die Mitgliedstaaten verpflichtet sind, alle erforderlichen und geeigneten Maßnahmen zu ergreifen, um in ihrem Gebiet die Beachtung der Grundfreiheiten sicherzustellen. Bei der Beurteilung, welche Maßnahmen am besten dazu geeignet sind, soll den Mitgliedstaaten allerdings ein weiter Beurteilungsspielraum zukommen.[301] Diese Grundsätze sind auf die anderen Grundfreiheiten zu übertragen, da aufgrund ihrer konvergenten Entwicklung und ihrer großen strukturellen Ähnlichkeit davon auszugehen ist, dass ihnen die gleichen Funktionen entnommen werden können. Übertragen auf die Arbeitnehmerfreizügigkeit wäre etwa eine staatliche Verpflichtung zum Einschreiten anzunehmen, wenn durch ausländerfeindliche Ausschreitungen eine Atmosphäre in einem Mitgliedstaat geschaffen wird, die Arbeitnehmer aus anderen Mitgliedstaaten davon abhält, eine Tätigkeit in diesem Mitgliedstaat aufzunehmen. 108

---

294 EuGH, Rs. C-350/96 (Clean Car), Slg 1998, I-2521, Rn 19 f; EuGH, Rs. C-208/05 (ITC), Slg 2007, I-181, Rn 25 f.

295 Vgl EuGH, Rs. 36/74 (Walrave), Slg 1974, 1405, Rn 16 ff; EuGH, Rs. C-415/93 (Bosman), Slg 1995, I-4921, Rn 82 ff.

296 EuGH, Rs. C-281/98 (Angonese), Slg 2000, I-4139.

297 Vgl *Franzen*, in: Streinz, EUV/AEUV, Art. 45 AEUV, Rn 95 mwN; *Streinz/Leible*, EuZW 2000, 459 ff.

298 *Forsthoff*, EWS 2000, 389, 397.

299 EuGH, Rs. C-94/07 (Raccanelli), Slg 2008, I-1778, Rn 45 f; kritische Anmerkung bei *Repasi*, EuZW 2008, 529, 533.

300 EuGH, Rs. C-171/11 (Fra.bo), EuZW 2012, 797 ff. Vgl dazu auch Rn 72.

301 EuGH, Rs. C-265/95 (Kommission/Frankreich), Slg 1997, I-6959, Rn 56; EuGH, Rs C-112/00 (Schmidberger), Slg 2003, I-5659.

III. Eingriffe

109 Ursprünglich wurde die Arbeitnehmerfreizügigkeit als reines Diskriminierungsverbot verstanden, das sich durch die Rechtsprechung des EuGH mittlerweile – wie die Garantiegehalte der anderen Grundfreiheiten auch – zu einem **Beschränkungsverbot** entwickelt hat.

1. Diskriminierungsverbot

110 Das in Art. 45 Abs. 2 AEUV normierte Diskriminierungsverbot ist eine Ausprägung des in Art. 18 AEUV enthaltenen allgemeinen Diskriminierungsverbotes und ist gegenüber Art. 18 AEUV **lex specialis**. Eine Diskriminierung ist anzunehmen, wenn eine Ungleichbehandlung entweder an die Staatsangehörigkeit des Arbeitnehmers anknüpft (**offene Diskriminierung**) oder wenn sie zwar formal an andere Kriterien anknüpft, sich aber faktisch weit überwiegend oder typischerweise auf fremde Staatsangehörige auswirkt (**versteckte Diskriminierung**).[302]

111 In der Praxis spielen mittlerweile die versteckten Diskriminierungen eine weitaus größere Rolle, da die Jahrzehnte der Integration zu einem weitgehenden Abbau der offenen Diskriminierung als eines besonders gravierenden und offensichtlichen Eingriffs in die Grundfreiheiten geführt haben. Die weniger leicht zu erkennenden **versteckten Diskriminierungen** knüpfen regelmäßig an Voraussetzungen an, die für fremde Staatsangehörige entweder gar nicht oder wesentlich schwerer zu erfüllen sind, wie etwa an einen Wohnsitz im Inland,[303] an ganz **bestimmte berufliche Qualifikationen**,[304] an eine **vorangehende Anstellung im Inland**[305] oder an **Sprachnachweise**, die von ganz bestimmten Behörden ausgestellt sein müssen.[306] Nach Ansicht des EuGH liegt auch eine versteckte Diskriminierung vor, wenn bei der Stellenbesetzung im öffentlichen Dienst eines Mitgliedstaates Beschäftigungszeiten im öffentlichen Dienst eines anderen Mitgliedstaates nicht anerkannt werden.[307]

2. Beschränkungsverbot

112 Der EuGH hat mit seiner Entscheidung in der Rs. **Bosman** das Diskriminierungsverbot der Arbeitnehmerfreizügigkeit zu einem Beschränkungsverbot erweitert.[308] Damit werden seitdem auch **unterschiedslos geltende**, auf alle Unionsbürger anwendbare Rechtsvorschriften und andere Maßnahmen erfasst, wenn die Unionsbürger durch sie davon abgehalten werden, von ihren Rechten aus Art. 45 AEUV Gebrauch zu machen.[309] Bestätigt hat der EuGH das Beschränkungsverbot in der Rs. Olympique Lyonnais SAP,[310] in der es, wie bereits bei der Rs. Bosman, um Fußball ging. Die Unterscheidung von Diskriminierungen und Beschränkungen ist insofern von Bedeutung, als die Möglichkeiten der Rechtfertigung unterschiedlich sind. **Diskriminierungen** können grds. nur durch die **geschriebenen Rechtfertigungsgründe** des Art. 45 Abs. 3 AEUV gerechtfertigt werden, während Beschränkungen zusätzlich durch **zwingende Allgemeininteressen** gerechtfertigt werden können (vgl hierzu Rn 76).

113 Zahlreiche nationale Vorschriften, die für alle gelten, die sich im Hoheitsgebiet eines Mitgliedstaates aufhalten, können demgemäß einer unionsrechtlichen Kontrolle unterworfen werden, wenn nur die Möglichkeit besteht, dass sie die Beschäftigung in diesem Mitgliedstaat für einen Ausländer weniger attraktiv machen könnten. Nach dem Beschränkungsbegriff reicht es sogar aus, wenn eine

302 Vgl EuGH, Rs. 152/73 (Sotgiu), Slg 1974, 153, Rn 11; EuGH, Rs. 1/78 (Kenny), Slg 1978, 1489, Rn 16 ff.

303 EuGH, Rs. 249/83 (Hoeckx), Slg 1985, 973, Rn 25; EuGH, Rs. C-3/90 (Bernini), Slg 1992, I-1071, Rn 29, EuGH, Rs. C-57/96 (Meints), Slg 1997, I-6689, Rn 43 ff; siehe auch EuGH, Rs. C-502/01 (Gaumain-Cerri und Barth), Slg 2004, I-6483.

304 Vgl EuGH, Rs. C-108/96 (Quen), Slg 2001, I-837, Rn 23 ff.

305 EuGH, Rs. C-40/05 (Lyyski), Slg 2007, I-99, Rn 37.

306 EuGH, Rs. C-281/98 (Angonese), Slg 2000, I-4139.

307 EuGH, Rs. C-419/92 (Scholz), Slg 1994, I-505, Rn 11; EuGH, Rs. C-195/98 (Österreichischer Gewerkschaftsbund), Slg 2001, I-10497.

308 EuGH, Rs. C-415/93 (Bosman), Slg 1995, I-4921, Rn 96.

309 Ebd; EuGH, Rs. C-318/05 (Kommission/Deutschland), Slg 2007, I-6957, Rn 115.

310 EuGH, Rs. C-325/08 (Olympique Lyonnais SAP), EuZW 2010, 342.

Maßnahme nur **potentiell** Auswirkungen auf die Arbeitnehmerfreizügigkeit hat. Jede Maßnahme, die sich möglicherweise negativ auf die Motivation von Arbeitnehmern auswirkt, sich zur Arbeitsaufnahme in einen anderen Mitgliedstaat zu begeben, wäre eine verbotene Beschränkung der Arbeitnehmerfreizügigkeit.

Aufgrund dieser Weite des Beschränkungsbegriffes gibt es in der Rechtsprechung des EuGH eine Tendenz zu seiner Einschränkung, die insb. bei der Warenverkehrsfreiheit zu der bereits angesprochenen Tatbestandseinschränkung geführt hat (sog. **Keck-Rechtsprechung** (hierzu Rn 23 ff)), die bei den anderen Grundfreiheiten vom EuGH allerdings bisher nur angedeutet wurde, ohne dass er sich explizit zu einer Übertragung dieser Rechtsprechung auf die anderen Grundfreiheiten geäußert hätte.[311] Nach der wohl hM im Schrifttum ist auch für alle anderen Grundfreiheiten eine **Einschränkung des Tatbestandes** im Sinne der Keck-Rechtsprechung vorzunehmen.[312] Dies bedeutet in Bezug auf die Arbeitnehmerfreizügigkeit, dass eine Maßnahme in spezifischer Weise die Aufnahme eines Berufs in einem anderen Mitgliedstaat behindern muss, was grds. nur dann der Fall ist, wenn der **Zugang** zur Beschäftigung betroffen ist oder eine Diskriminierung vorliegt. Bloße Modalitäten, die alleine die **Art und Weise der Berufsausübung** betreffen, sollen demgemäß nicht mehr als Beschränkung aufgefasst werden. 114

In Zukunft wird der EuGH aller Voraussicht nach die Grundsätze der Keck-Rechtsprechung auch auf die anderen Grundfreiheiten **übertragen** und sie entsprechend der spezifischen Besonderheiten der einzelnen Grundfreiheiten **präzisieren**, da er die Notwendigkeit einer Tatbestandsbeschränkung erkannt zu haben scheint. Wegweisend ist die Entscheidung Graf, in der er entschied, dass bestimmte Beschränkungen eine zu indirekte Wirkung hätten, um ihnen einen Eingriffscharakter zuzusprechen.[313] 115

IV. Rechtfertigung

1. Geschriebene Schranken

Gem. Art. 45 Abs. 3 AEUV können die Mitgliedstaaten aus Gründen der öffentlichen Ordnung, Sicherheit und Gesundheit die Arbeitnehmerfreizügigkeit beschränken. Diese Begriffe sind **unionsrechtlich determiniert** und daher nicht deckungsgleich mit den entsprechenden Begriffen im deutschen Recht.[314] Sie sind einheitlich und entsprechend der Praxis des EuGH **restriktiv** auszulegen. Die Mitgliedstaaten besitzen zwar bei der Auslegung dieser unbestimmten Rechtsbegriffe einen gewissen **Beurteilungsspielraum**, der allerdings einer unionsrechtlichen Kontrolle unterliegt, so dass die Tragweite der möglichen Ausnahmen in letzter Konsequenz durch das Unionsrecht festgelegt wird.[315] Wirtschaftliche Gründe, wie etwa arbeitsmarktpolitische Überlegungen oder fiskalische Gründe, können grds. nicht anerkannt werden (vgl Art. 27 Abs. 1 der RL 2004/38/EG über die Handhabung des in Art. 45 Abs. 3 AEUV enthaltenen Ordnungsvorbehaltes). 116

Im Rahmen der Rechtfertigung von Beschränkungen der Arbeitnehmerfreizügigkeit sind die **strukturellen Unterschiede** zwischen den Personenverkehrsfreiheiten (Arbeitnehmerfreizügigkeit und Niederlassungsfreiheit) und den Produktverkehrsfreiheiten (insb. Warenverkehrs- und Dienstleistungsfreiheit) zu beachten. Erstere sind dadurch gekennzeichnet, dass sich der Unionsbürger in der Regel für längere Zeit in den anderen Mitgliedstaat begibt und sich dort eingliedert. Dadurch ist er in viel größerem Umfang den innerstaatlichen Rechtsvorschriften des Aufnahmestaates unterworfen, als dies bei der Ausübung der Produktverkehrsfreiheiten der Fall ist, bei denen in ganz erster 117

311 Vgl EuGH, Rs. C-384/93 (Alpine Investments), Slg 1995, I-1141, Rn 33 ff. In dieser Rs. ging es um die Beschränkung der Dienstleistungsfreiheit, auf die der Gerichtshof eine Übertragung der Keck-Rechtsprechung offenbar zumindest für möglich hielt.

312 Vgl *Schroeder*, JZ 1996, 254, 255 f; *Nettesheim*, NVwZ 1996, 342, 344.

313 Vgl EuGH, Rs. C-190/98 (Graf), Slg 2000, I-493, Rn 24 f. In dieser Rs. ging es um eine nationale Regelung, die keine Abfindung im Falle einer Kündigung durch den Arbeitnehmer vorsah. Der Kläger war der Ansicht, diese Regelung halte ihn von einer Eigenkündigung ab und beschränke ihn dadurch in seiner Arbeitnehmerfreizügigkeit.

314 Zu den geschriebenen Rechtfertigungsgründen der Grundfreiheiten vgl Rn 53.

315 Vgl dazu die grundlegende Entscheidung EuGH, Rs. 41/74 (van Duyn), Slg 1974, 1337, Rn 18 f.

Linie das Produkt die Grenzen überquert und die Unionsbürger sich allenfalls vorübergehend in dem anderen Mitgliedstaat aufhalten. Aus diesem Grunde ist zu beachten, dass die Einschränkungsmöglichkeiten der Personenverkehrsfreiheiten tendenziell größer sind, da es dem Aufnahmestaat möglich sein muss, seine innerstaatlichen Rechtsvorschriften auf all diejenigen anzuwenden und durchzusetzen, die sich in seinem Hoheitsgebiet aufhalten.[316]

118 Anders als es der Wortlaut des Art. 45 Abs. 3 AEUV nahe legt, können **Diskriminierungen und Beschränkungen** gerechtfertigt werden.[317] Eine Rechtfertigung von offenen und versteckten Diskriminierungen[318] kann dabei ausschließlich durch diese **eng auszulegende Vorschrift** erfolgen, während Beschränkungen auch durch die nachfolgend dargestellten **ungeschriebenen Rechtfertigungsgründe** gerechtfertigt werden können. Ansonsten gelten für sämtliche Grundfreiheiten vergleichbare Erwägungen, so dass an dieser Stelle auf die allgemeinen Grundsätze der Rechtfertigung zu verweisen ist (hierzu Rn 52 ff).

2. Ungeschriebene Schranken

119 Nach der Rechtsprechung des EuGH können sich die Mitgliedstaaten darüber hinaus auf **zwingende Gründe des Allgemeininteresses** stützen, wenn sie zum Schutz bestimmter Rechtsgüter nichtdiskriminierende Maßnahmen getroffen haben. Versteckte Diskriminierungen können zwar nach der bisherigen Dogmatik nicht auf die ungeschriebenen Rechtfertigungsgründe gestützt werden, jedoch weicht der Gerichtshof seit einigen Jahren in einzelnen Fällen von dieser Dogmatik ab, so dass zumindest nicht auszuschließen ist, dass in Zukunft versteckte Diskriminierungen wie Beschränkungen behandelt werden.[319] In zahlreichen Fällen ist eine Unterscheidung von versteckten Diskriminierungen und Beschränkungen auch kaum möglich, so dass eine dogmatische Gleichbehandlung sinnvoll sein kann. Als zwingende Gründe des Allgemeinwohls kommen grds. sämtliche Erwägungen in Betracht, die eine gewisse Bedeutung besitzen und keine rein wirtschaftlichen Gründe oder praktische Schwierigkeiten[320] betreffen. Insofern ist der Begriff nicht so eng auszulegen, wie es sein Wortlaut nahe legt. So hat der EuGH etwa den **Schutz des sportlichen Wettbewerbs**,[321] den **Schutz der ordnungsgemäßen Berufsausübung**[322] und den **Schutz vor der missbräuchlichen Führung akademischer Grade**[323] als zwingendes Erfordernis anerkannt.

3. Schranken-Schranken

120 Die Mitgliedstaaten haben bei jeder Maßnahme aufgrund des Vorbehalts des Art. 45 Abs. 3 AEUV das **Verhältnismäßigkeitsprinzip** zu beachten. Ihre Maßnahmen müssen **geeignet** sein, die genannten Rechtsgüter zu schützen, des Weiteren müssen sie **erforderlich** und **angemessen** sein. Insb. ist von den Mitgliedstaaten zu prüfen, ob es mildere Mittel gibt, die den gleichen Zweck erfüllen, aber die Freizügigkeitsrechte der Unionsbürger weniger intensiv beschränken.[324] Dabei ist den Mitgliedstaaten zwar ein weiter Beurteilungsspielraum insb. bei der Wahl ihrer beschäftigungspolitischen Maßnahmen einzuräumen, jedoch findet dieser seine Grenze eindeutig in der im AEUV verankerten Arbeitnehmerfreizügigkeit.[325] Nach der Rechtsprechung des EuGH ist es etwa nicht erforderlich, ganz bestimmte Anforderungen hinsichtlich Sprachkenntnissen oder beruflicher Qualifikatio-

316 Vgl *Franzen*, in: Streinz, EUV/AEUV, Art. 45 AEUV, Rn 86.
317 Uneinheitlich wird die Frage beurteilt, welche Rechte von dem ordre public-Vorbehalt erfasst sind. Zu diesem Problemkreis *Wienbracke,* EuR 2012, 483, 505 f.
318 Teilweise wird auch bei versteckten Diskriminierungen eine Rechtfertigung durch zwingende Erfordernisse anerkannt. So bspw *Forsthoff,* in: Grabitz/Hilf/Nettesheim, EU-Recht, Art. 45 AEUV, Rn 327. Diesem zustimmend *Wienbracke*, EuR 2012, 483, 508.
319 Vgl EuGH, Rs. C-237/94 (O'Flynn), Slg 1996, I-2617, Rn 17 ff; EuGH, Rs. C-208/05 (ITC), Slg 2007, I-181, Rn 37.
320 EuGH, Rs. C-187/96 (Kommission/Griechenland), Slg 1998, I-1095, Rn 22.
321 EuGH, Rs. C-415/93 (Bosman), Slg 1995, I-4921.
322 Vgl EuGH, Rs. C-281/98 (Angonese), Slg 2000, I-4139.
323 EuGH, Rs. C-19/92 (Kraus), Slg 1993, I-1663.
324 Vgl EuGH, Rs. 231/83 (Cullet), Slg 1985, 305, Rn 33.
325 EuGH, Rs. C-208/05 (ITC), Slg 2007, I-181, Rn 39 f.

nen aufzustellen, wenn Arbeitnehmer aus anderen Mitgliedstaaten nachweislich vergleichbare Kenntnisse bzw Abschlüsse besitzen.[326] Es ist ebenfalls in der Regel nicht erforderlich, einen Wohnsitz im Inland zu verlangen.[327]

Auch im Rahmen der **Schranken-Schranken** sind die Art. 27 ff der RL 2004/38/EG zu beachten, die die Handhabung des in Art. 45 Abs. 3 AEUV enthaltenen Ordnungsvorbehaltes konkretisieren (zu dieser RL vgl Rn 127). Nach Art. 27 Abs. 2 dieser Richtlinie ist es in der Regel nicht zulässig, einen Arbeitnehmer allein aufgrund einer strafrechtlichen Verurteilung aus generalpräventiven Gründen auszuweisen, ohne sein Verhalten im Einzelfall aufgrund einer Prognose für die Zukunft zu bewerten. Die VO enthält auch in Art. 30 ff Verfahrens- und Rechtsschutzgarantien, wie die Pflicht der Mitgliedstaaten, dem Betroffenen die Gründe einer auf Art. 45 Abs. 3 AEUV gestützten Maßnahme mitzuteilen, ihm eine angemessene Frist von mindestens einem Monat für die Ausreise einzuräumen und ihm die Möglichkeit eines effektiven Rechtsschutzes zu geben. Das deutsche **Widerspruchsverfahren** beachtet diese Vorgaben, da der Widerspruch des Unionsbürgers aufschiebende Wirkung hat (§ 11 FreizügG/EU[328] iVm § 80 Abs. 1 VwGO) und zudem auch **Zweckmäßigkeitserwägungen** angestellt werden. 121

Zu beachten sind an dieser Stelle auch die Schrankenregelungen in den sektoriellen Richtlinien über die Anerkennung von Berufen und die anderen Harmonisierungsvorschriften betreffend die Anerkennung von Diplomen und Befähigungsnachweisen.[329] 122

Als weitere Schranken-Schranke haben die Mitgliedstaaten die **Unionsgrundrechte** zu beachten. Die Schrankenregelungen müssen nach der Rechtsprechung des EuGH im Lichte der allgemeinen Rechtsgrundsätze und insb. der Grundrechte ausgelegt werden.[330] 123

V. Sekundärrecht

Es gibt umfangreiches Sekundärrecht zur Arbeitnehmerfreizügigkeit, das zT den **Schutzbereich** der Arbeitnehmerfreizügigkeit **konkretisiert**, dabei in einigen Fällen inhaltlich mehr gewährt als das Primärrecht, und zT die Schranken näher ausgestaltet. Hat die sekundärrechtliche Ausgestaltung der Rechte aus der Arbeitnehmerfreizügigkeit einen abschließenden Charakter, kann nicht mehr auf die primärrechtlichen Bestimmungen zurückgegriffen werden. Auf Initiative der Kommission findet jedoch eine **Bündelung** der verschiedenen, **unübersichtlichen Sekundärrechtsakte** statt.[331] 124

1. VO (EU) 492/2011 über die Freizügigkeit der Arbeitnehmer in der Union[332]

Von großer Bedeutung in der Praxis ist die Verordnung (EU) 492/2011, die die in Art. 45 Abs. 3 AEUV genannten einzelnen **Rechte** der Arbeitnehmer **konkretisiert** und **ausgestaltet**. Sie enthält insb. Regelungen über den Zugang zur Beschäftigung (Art. 1 ff), die arbeitsrechtliche Gleichstellung (Art. 7 ff) und darüber hinaus die Regelung, dass Kinder des Arbeitnehmers gem. Art. 10 der VO hinsichtlich des allgemeinen Unterrichts und der Lehrlings- und Berufsausübung den inländischen Kindern gleichgestellt werden. 125

Gem. Art. 7 Abs. 2 der Verordnung haben Wanderarbeitnehmer Anspruch auf die gleichen **sozialen** und **steuerlichen Vergünstigungen** wie inländische Arbeitnehmer. Insb. zu den sozialen Vergünsti- 126

326 EuGH, Rs. 379/87 (Groener), Slg 1989, 3967, Rn 23; EuGH, Rs. C-281/98 (Angonese), Slg 2000, I-4139, Rn 44 ff (Sprachzeugnisse); EuGH, Rs. C-234/97 (Fernández de Bobadilla), Slg 1999, I-4773, Rn 29 ff (berufliche Qualifikationen).

327 EuGH, Rs. C-350/96 (Clean Car), Slg 1998, I-2521, Rn 34 ff.

328 BGBl. I 2004, 1950 = Sartorius I, Nr. 560.

329 Siehe dazu nachfolgend unter V. Sekundärrecht Punkt 4. Ein Überblick über das gesamte relevante Sekundärrecht in diesem Bereich findet sich bei *Schlag*, in: Schwarze, EU-Kommentar, Art. 53 AEUV, Rn 14 ff.

330 EuGH, Rs. C-368/95 (Familiapress), Slg 1997, I-3689, Rn 24.

331 Siehe zB KOM (2001) 257 endg.; sowie die dazu vorgeschlagene Änderung KOM (2003) 199 endg., die zum Erlass der RL 2004/38/EG führten. Eine Übersicht über das bisherige relevante Sekundärrecht findet sich auf der Internetseite der EU unter http://europa.eu/legislation_summaries/justice_freedom_security/free_movement_of_persons_asylum_immigration/index_de.htm.

332 Abgedruckt im Sartorius II, Nr. 180.

gungen gibt es zahllose Entscheidungen des EuGH, der den Begriff großzügig auslegt und unter ihm „alle Vergünstigungen, die – ob sie an einen Arbeitsvertrag anknüpfen oder nicht – den inländischen Arbeitnehmern hauptsächlich wegen ihrer objektiven Arbeitnehmereigenschaft oder einfach wegen ihres Wohnortes im Inland gewährt werden und deren Ausdehnung auf die Arbeitnehmer, die Staatsangehörige eines anderen Mitgliedstaats sind, deshalb als geeignet erscheint, deren Mobilität innerhalb der Union zu erleichtern".[333] Unter diesen Begriff fallen nach Ansicht des EuGH etwa die **Gewährung von Sozialhilfe** oder eines **Mindesteinkommens, Ausbildungsförderung, Geburtshilfen** oder **Ermäßigungen bei der Benutzung von öffentlichen Verkehrsmitteln.**[334] Jedoch schränkte der EuGH in seiner neueren Rechtsprechung seine großzügige Auslegung des Begriffes der Vergünstigung dahingehend ein, dass er eine diskrimierende Regelung als zulässig ansah, die für die Gewährung von Erziehungsgeld eine enge Einbindung in die Gesellschaft in Form eines Wohnsitzes oder einer nicht nur geringfügigen Beschäftigung im Inland als Voraussetzung ansah.[335]

Bedeutsam ist auch Art. 7 Abs. 4 der VO, der privaten Arbeitgebern mit unmittelbarer Wirkung verbietet, einen Arbeitnehmer aus einem anderen Mitgliedstaat hinsichtlich des Zugangs zur Beschäftigung, der Beschäftigung selbst, der Entlohnung und aller sonstigen Arbeits- und Kündigungsbedingungen zu diskriminieren. Die Rechtsfolge einer solchen Diskriminierung ist die Nichtigkeit der entsprechenden Vertragsbestimmung.

2. RL 2004/38/EG über das Recht der Unionsbürger und ihrer Familienangehörigen, sich im Hoheitsgebiet der Mitgliedstaaten frei zu bewegen und aufzuhalten

127 Durch diese Richtlinie wurden sämtliche sekundärrechtlichen Regelungen betreffend der sich auf die Grundfreiheiten berufenden **Unionsbürger** und ihrer **Familienangehörigen** ersetzt. Ihr Recht auf freien Aufenthalt und freie Ein- und Ausreise ist nunmehr nicht mehr an eine wirtschaftliche Tätigkeit geknüpft, so dass diese Rechte nun gebündelt in einer Richtlinie für alle Unionsbürger niedergelegt wurden. Unionsbürger benötigen zur Ein- und Ausreise allein einen gültigen Personalausweis oder Reisepass. Ihre Angehörigen aus Drittstaaten müssen einen gültigen Reisepass vorlegen, sich jedoch nicht zuvor rechtmäßig in einem anderen Mitgliedstaat aufgehalten haben, so dass sie ihre in der RL verliehenen Rechte allein aus der Verwandtschaft mit einem Unionsbürger ableiten können.[336] Ihr Aufenthaltsrecht gilt für einen Zeitraum von drei Monaten, es sei denn, sie sind Arbeitnehmer, Selbständige, Absolventen einer Ausbildung mit ausreichenden Existenzmitteln in dem Mitgliedstaat oder verfügen alternativ über ausreichende Existenzmittel, so dass sie nicht auf Sozialhilfeleistungen des Aufenthaltsstaates zurückgreifen müssen. Die RL 2004/38/EG hat u.a. die RL 64/221/EWG zur Koordinierung der Sondervorschriften für die Einreise und den Aufenthalt von Ausländern, soweit sie aus Gründen der öffentlichen Ordnung, Sicherheit oder Gesundheit gerechtfertigt sind, abgelöst. Somit ergeben sich Beschränkungen der Rechtfertigungsmöglichkeiten aus der RL 2004/38/EG. Wesentlich ist Art. 27 Abs. 1, nach dem die Beschränkung der Freizügigkeit oder des Aufenthaltsrechts nicht aus rein wirtschaftlichen Zwecken erfolgen darf. Zudem übernimmt die RL 2004/38/EG die Regelung, nach der ein Mitgliedstaat Maßnahmen aufgrund der öffentlichen Ordnung oder Sicherheit nur treffen darf, wenn das **persönliche Verhalten des Adressaten ausschlaggebend** ist, das aber nicht alleine in einer strafrechtlichen Verurteilung ohne das Hinzukommen weiterer Umstände liegen kann (Art. 27 Abs. 2). Des Weiteren werden **Einschränkungsmöglichkeiten aufgrund von Krankheiten**, die die öffentliche Sicherheit und Ordnung oder Gesundheit beeinträchtigen können, konkretisiert (Art. 29).

---

333 EuGH, Rs. C-249/83 (Hoeckx), Slg 1985, 973, Rn 20; EuGH, Rs. C-85/96 (Martinez Sala), Slg 1998, I-2691, Rn 25 ff.

334 Vgl *Steinmeyer,* in: Fuchs (Hrsg.), S. 651 f.

335 EuGH, Rs. C-213/05 (Wedny Geven), Slg 2007, I-1657, Rn 24 f; EuGH, Rs. C-212/05 (Hartmann), Slg 2007, I-1656, Rn 36.

336 EuGH, Rs. C-127/08 (Metock), Slg 2008, I-1840, Rn 54.

3. VO (EWG) Nr. 1408/71 über die Anwendung der Systeme der sozialen Sicherheit[337]

Diese Verordnung koordiniert die Systeme der Sozialversicherungsansprüche der Arbeitnehmer, der Selbständigen und ihrer Familienangehörigen, die ihnen nicht aufgrund der Tätigkeit in einem anderen Mitgliedstaat vorenthalten werden dürfen. Sie haben Anspruch auf die gleichen Rechte, die den Inländern in diesen Bereichen zuerkannt werden, die sich auf **Sozialversicherungsleistungen bei Krankheit, Mutterschaft, Invalidität, Alter, Arbeitsunfällen, Berufskrankheiten, Sterbegeld, Arbeitslosigkeit, Familienleistungen und Leistungen für Hinterbliebene** erstrecken.[338] Die VO regelt die Zuständigkeiten und den Umfang der Leistungsgewährung durch Kollisions- und Inhaltsnormen. Die in den verschiedenen Mitgliedstaaten erworbenen Versicherungszeiten werden grds. zusammengerechnet. Ergänzt wird diese VO durch eine Durchführungsverordnung, die insb. Regelungen über die Sozialverwaltung und Formalitäten betreffen.[339] **128**

4. Richtlinien zur Anerkennung von Schul-, Ausbildungs-, Berufs- und Studienabschlüssen

Von Bedeutung ist in diesem Zusammenhang die RL 2005/36/EG über die Anerkennung von Berufsqualifikationen, die viele Richtlinien aus diesem Bereich aufhebt und eine einheitliche Richtlinie schafft.[340] Darüber hinaus gibt es zahlreiche **berufsbezogene Harmonisierungsvorschriften**, die selbständige und häufig auch unselbständige Tätigkeiten erfassen, wie etwa die RL 98/5/EG zur Erleichterung der ständigen Ausübung des Rechtsanwaltsberufs, die für ausländische Rechtsanwälte die Möglichkeit bietet, sich nach dreijähriger Tätigkeit im Aufnahmestaat mit den dortigen Rechtsanwälten gleichstellen zu lassen.[341] Diese sog. sektoriellen Richtlinien sind dadurch gekennzeichnet, dass die gegenseitige Anerkennung durch die Mitgliedstaaten automatisch erfolgt, ohne dass sie im Einzelfall zu prüfen ist oder explizit ausgesprochen werden muss. Zahlreiche solcher Richtlinien gibt es insb. im Bereich der medizinischen Berufe, sowie für Apotheker und Architekten.[342] **129**

E. Die Dienstleistungsfreiheit

Die Dienstleistungsfreiheit (Art. 56 AEUV) ermöglicht es Angehörigen der Mitgliedstaaten, erwerbswirtschaftliche Tätigkeiten auch **ohne Wohnsitzverlagerung** grenzüberschreitend anzubieten bzw nachzufragen. Sie steht in einer engen Beziehung zur Niederlassungsfreiheit (Art. 49 ff AEUV), die rechtssystematisch dadurch zum Ausdruck kommt, dass Art. 62 AEUV auf bedeutsame Vorschriften der Niederlassungsfreiheit verweist, wie etwa auf die Bereichsausnahmen und die Rechtfertigungsgründe. **130**

Wurde der Dienstleistungsfreiheit ursprünglich als „Auffangfreiheit" zur spezielleren Warenverkehrs- und Niederlassungsfreiheit nur eine untergeordnete Bedeutung beigemessen, gehört sie heute zu den Grundpfeilern des europäischen Binnenmarktes. Grund hierfür ist die in den letzten Jahrzehnten stark angestiegene wirtschaftliche Bedeutung des Dienstleistungssektors in den Volkswirtschaften der Mitgliedstaaten. So nehmen **gewerbliche, kaufmännische, handwerkliche** und **freiberufliche Tätigkeiten** mittlerweile ein Ausmaß an, das gemessen am Bruttoinlandsprodukt mindes- **131**

337 VO (EWG) Nr. 1408/71 wird durch die VO (EG) Nr. 883/2004 abgelöst; Teile der VO (EG) Nr. 1408/71 werden jedoch weiterhin in Kraft bleiben, vgl Art. 90 der VO (EG) Nr. 883/2004.

338 Eine Auflistung der die VO auslegenden Urteile ist zu finden bei *Bieber/Epiney/Haag*, Die Europäische Union, S. 359 f.

339 VO (EWG) Nr. 574/72.

340 Vgl Erwägungsgrund Nr. 9 der RL 2005/36/EG.

341 RL 98/5/EG.

342 Ein umfassender Überblick über die sektoriellen RL findet sich bei *Schlag*, in: Schwarze, EU-Kommentar, Art. 53 AEUV, Rn 14 ff.

tens doppelt so groß ist wie das des verarbeitenden Gewerbes.[343] Bei Einbeziehung der Dienstleistungen im sozialen und öffentlichen Bereich ist es sogar dreimal so groß.[344]

I. Schutzbereich

1. Sachlicher Schutzbereich

132 Gem. Art. 57 Abs. 1 AEUV sind Dienstleistungen Leistungen, die in der Regel **gegen Entgelt** erbracht werden, soweit sie nicht den Vorschriften über den freien Waren- und Kapitalverkehr oder die Freizügigkeit der Personen unterliegen.

Gem. Art. 57 Abs. 2 AEUV gelten insb. gewerbliche, kaufmännische, handwerkliche und freiberufliche Tätigkeiten als Dienstleistung, wobei diese Aufzählung nur Beispielcharakter besitzt. Der Schutzbereich der Dienstleistungsfreiheit ist nach dem Wortlaut des Art. 57 Abs. 1 AEUV nur eröffnet, wenn keine andere Grundfreiheit einschlägig ist, so dass sie grds. nur **subsidiär** zur Anwendung kommt. Obwohl die Dienstleistungsfreiheit angesichts ihrer Bedeutung in der Praxis gleichrangig neben den anderen Grundfreiheiten steht, muss sie deshalb grds. von den anderen Grundfreiheiten abgegrenzt werden.

133 Der Begriff der Dienstleistung ist unionsrechtlich zu bestimmen, weshalb die nationale Betrachtungsweise grds. irrelevant ist. Unter einer **entgeltlichen Leistung** versteht der EuGH eine mit **Gewinnerzielungsabsicht** durchgeführte **wirtschaftliche Tätigkeit.**[345] Eine solche ist auch dann gegeben, wenn es sich um eine normalerweise entgeltliche, im konkreten Fall jedoch unentgeltliche, Leistung handelt[346] oder wenn der wirtschaftliche Erfolg ausbleibt, da es alleine auf die grundsätzliche Verfolgung eines Erwerbszwecks ankommt. Nicht erforderlich ist, dass der Empfänger der Leistung regelmäßig derjenige ist, der das Entgelt aufwendet, es kann vielmehr auch durch einen Dritten aufgebracht werden, wenn ein gewisses Näheverhältnis zwischen dem Dienstleistungsempfänger und demjenigen, der die Gegenleistung erbringt, besteht.[347] Kein Erwerbszweck wird grds. bei Leistungen aus öffentlichen Mitteln verfolgt, die ohne geldwerte Gegenleistungen erbracht werden, wie etwa staatliche Ausbildungsleistungen.[348]

134 Ein weiteres Charakteristikum einer Dienstleistung ist, dass sie **selbständig** erbracht wird, dh dass der Dienstleistungserbringer **nicht weisungsgebunden** sein darf.[349] Dieses Kriterium ist entscheidend für die Abgrenzung zur Arbeitnehmerfreizügigkeit, die gerade eine unselbständige Tätigkeit voraussetzt. Der EuGH stellt zur Abgrenzung auf den Einzelfall ab, wobei es ihm insb. darauf ankommt, ob sich der Betroffene seine Arbeitszeit frei einteilen kann und inwieweit er das finanzielle Risiko der wirtschaftlichen Tätigkeit selbst trägt.[350]

135 Ein wesentliches Kriterium der Dienstleistung, das vor allem zur Abgrenzung von der Warenverkehrsfreiheit erforderlich ist, ist die **nicht-körperliche Leistungserbringung.** In einigen Fällen kann es dennoch zu Abgrenzungsschwierigkeiten mit der Warenverkehrsfreiheit kommen, wenn die grenzüberschreitende Lieferung einer Ware mit der Erbringung einer Dienstleistung einhergeht. Der

343 Aktuelle Zahlen: „World Development Indicators".

344 Vgl zum Bedeutungswandel der Dienstleistungsfreiheit *Holoubek,* in: Schwarze, EU-Kommentar, Art. 56/57AEUV, Rn 4 ff; *Seyr,* in: Lenz/Borchardt, EU-Verträge, Vor Art. 56-62 AEUV, Rn 3; *Troberg/Tiedje,* in: von der Groeben/Schwarze, EUV/AEUV, Vor Art. 49-55 AEUV, Rn 2 ff.

345 *Müller-Graff,* in: Streinz, EUV/AEUV, Art. 56 AEUV, Rn 19.

346 *Haratsch/Koenig/Pechstein,* Europarecht, 9. Aufl., Tübingen, 2014, S. 539, Rn 1077.

347 EuGH, Rs. 352/85 (Bond van Adverteerders), Slg 1988, 2085, Rn 16; EuGH, Rs. C-76/05 (Gootjes-Schwarz/Finanzamt Bergisch Gladbach), Slg 2007, I-6849.

348 EuGH, Rs. 263/86 (Humbel und Edel), Slg 1988, 5365, Rn 20.

349 *Holoubek,* in: Schwarze, EU-Kommentar, Art. 56/57 AEUV, Rn 17; *Randelzhofer/Forsthoff,* in: Grabitz/Hilf/Nettesheim, EU-Recht, Art. 57 AEUV, Rn 40.

350 EuGH, Rs. C-3/87 (Agegate), Slg 1989, 4459, Rn 36 ff; vgl zu Arbeitsverhältnissen in Familienbetrieben EuGH, Rs. C-337/97 (Meeusen), Slg 1999, I-3289, Rn 15 ff.

EuGH stellt zur Abgrenzung grds. auf den **Schwerpunkt der Leistung**[351] ab. Dient die Lieferung von Waren der Erbringung einer Dienstleistung oder geht sie mit einer solchen einher, wie etwa bei einer Installation oder Wartung einer Sache, ist sie nach der Auffassung des EuGH grds. insgesamt als Dienstleistung einzuordnen.[352]

Aus Art. 57 Abs. 3 AEUV ergibt sich zudem, dass es sich um Tätigkeiten handeln muss, die **vorübergehend** in einem anderen Mitgliedstaat erbracht werden. Dieses Kriterium ist ausschlaggebend für die Abgrenzung zur Niederlassungsfreiheit (Art. 49 AEUV) und erfordert, dass es zu **keiner wirtschaftlichen Integration des Dienstleistungserbringers** in dem anderen Mitgliedstaat kommen darf.[353] Dabei spielt es eine Rolle, mit welcher Kontinuität der Leistungserbringer in dem anderen Mitgliedstaat tätig wird. Wenn jemand wiederholt über einen längeren Zeitraum immer in demselben Mitgliedstaat tätig wird, wendet der EuGH in der Regel die Regelungen über die Niederlassungsfreiheit (Art. 49 ff AEUV) an, da sich ein Unionsbürger, der seine Tätigkeit dauerhaft in einen anderen Mitgliedstaat verlegt, nicht den Berufsregeln des Zuzugsstaates entziehen können soll.[354] Der Aufbau einer Infrastruktur in einem anderen Mitgliedstaat, die es ermöglicht, dort in stabiler und kontinuierlicher Weise einer Erwerbstätigkeit nachzugehen, spricht grds. dafür, den Erbringer der Leistung als in diesem Staat niedergelassen anzusehen. Allerdings kann nach der Rechtsprechung des EuGH auch für vorübergehende Dienstleistungen der Aufbau einer bestimmten Infrastruktur, etwa das Anmieten von Büroräumen während der Durchführung eines Großbauprojektes, notwendig sein.[355] 136

Erforderlich ist für die Eröffnung des Schutzbereiches der Dienstleistungsfreiheit, wie grds. für alle anderen Grundfreiheiten auch, dass ein **grenzüberschreitender Bezug** gegeben ist. Vor diesem Hintergrund gibt es grds. drei Erscheinungsformen der Dienstleistungsfreiheit. Die **aktive Dienstleistungsfreiheit** betrifft den Fall, dass sich der Erbringer der Leistung zu diesem Zweck in einen anderen Mitgliedstaat begibt. Findet der Ortswechsel seitens des Leistungsempfängers statt, handelt es sich um die Ausübung der **passiven Dienstleistungsfreiheit.**[356] Schließlich kann auch nur die Dienstleistung selbst die Grenze überqueren, wobei Dienstleistungsempfänger und -erbringer in ihrem jeweiligen Heimatstaat verbleiben. Solche sog. **Korrespondenzdienstleistungen** werden vor allem mittels des Internets und anderer moderner Kommunikationsmöglichkeiten angeboten.[357] Beschränkt ein Mitgliedstaat die eigenen Staatsangehörigen in ihrem Bestreben, ihre Leistungen in einem anderen Mitgliedstaat anzubieten oder zu erbringen, liegt auch ein Verstoß gegen Art. 56 AEUV vor, so dass in diesem Fall eine sog. Inländerdiskriminierung verboten ist. Vom Anwendungsbereich der Art. 56 ff AEUV erfasst sind zudem diejenigen Fälle, in denen sich die Parteien zur Durchführung auslandsbedingter Dienstleistungen in einen dritten Mitgliedstaat begeben, wie zB ein mitreisender Fremdenführer.[358] 137

2. Bereichsausnahmen und Sonderregelungen

Gem. Art. 62 iVm Art. 51 AEUV werden Tätigkeiten in Zusammenhang mit der **Ausübung öffentlicher Gewalt** ausdrücklich aus dem Schutzbereich der Dienstleistungsfreiheit herausgenommen. Da es sich um eine Ausnahmevorschrift zu einer Grundfreiheit handelt, ist diese eng auszulegen und zu berücksichtigen, dass es sich um einen **unionsrechtlich determinierten Begriff** handelt, zu dessen 138

351 Vgl dazu auch EuGH, Rs. C-403/08 und 429/08 (Football Association Premier League u.a), Slg 2011, I-9083, Rn 80; EuGH, Rs. C-137/09 (Josemanns), Slg 2010, I-13019, Rn 30 f; EuGH, Rs. C-103/09 (Weald Leasing), Slg 2010, I-13589.

352 EuGH, Rs. C-275/92 (Schindler), Slg 1994, I-1039, Rn 37.

353 Vgl die Ausführungen zur Abgrenzung dieser beiden Grundfreiheiten in Rn 167.

354 EuGH, Rs. 205/84 (Kommission/BRD), Slg 1986, 3755, Rn 22; EuGH, Rs. C-198/89 (Griechische Fremdenführer), Slg 1991, I-727, Rn 9.

355 Vgl EuGH, Rs. C-215/01 (Schnitzer), Slg 2003, I-14847, Rn 28.

356 *Streinz*, S. 350, Rn 913. Vgl mwN und Bsp aus der Rspr *Randelzhofer/Forsthoff*, in: Grabitz/Hilf/Nettesheim, EU-Recht, Art. 56/57 AEUV, Rn 53; *Holoubek*, in: Schwarze, EU-Kommentar, Art. 56/57 AEUV, Rn 36 f.

357 *Müller-Graff*, in: Streinz, EUV/AEUV, Art. 56 AEUV, Rn 40.

358 Vgl zu den verschiedenen Erscheinungsformen der Dienstleistungsfreiheit *Haratsch/Koenig/Pechstein*, Europarecht, 9. Aufl., Tübingen, 2014, S. 469 f, Rn 963 f.

Auslegung nicht das nationale Verständnis des Begriffs der öffentlichen Gewalt maßgeblich sein kann.[359] Nach der Rechtsprechung des EuGH kommt es entscheidend darauf an, dass die Tätigkeit selbst eine unmittelbare und spezifische Teilnahme an der Ausübung öffentlicher Gewalt darstellt.[360] Dies soll nicht ganze Berufsbilder erfassen, sondern jeweils nur eng umgrenzte Teilbereiche eines Berufes.[361] Sie kann etwa Leistungen der öffentlichen Gesundheitsdienste wie die Seuchenbekämpfung betreffen oder die Polizei, nicht aber private Sicherheitsdienste, die öffentliche Einrichtungen überwachen.[362] Es untersteht auch nicht das Berufsbild „Notar" als Ganzes der Ausnahmeregelung, sondern nur insoweit, als der Notar öffentliche Gewalt ausübt, also zB bei der Vollstreckbarerklärung von Titeln.[363]

Eine weitere Bereichsausnahme gibt es für den **Transport- und Verkehrssektor,** der gem. Art. 58 Abs. 1 AEUV nicht der Dienstleistungsfreiheit untersteht, weil die Spezialregeln über den Verkehr der Art. 90 ff AEUV ihren Regelungen vorgehen. Soweit mit dem Verkehrssektor im Zusammenhang stehende Hilfsleistungen betroffen sind, ist die Dienstleistungsfreiheit indes anwendbar.

Im Hinblick auf die Dienstleistungen von Banken und Versicherungen stellt Art. 58 Abs. 2 AEUV keine Bereichsausnahme dar, sondern erklärt die Art. 56 ff AEUV auf diesen Bereich für grds. anwendbar. Wenn eine Beschränkung kapitalverbundener Dienstleistungen nach Art. 63 ff AEUV indes zulässig ist, kommt eine zusätzliche Überprüfung am Maßstab der Dienstleistungsfreiheit nicht mehr in Frage.[364]

3. Persönlicher Schutzbereich

139 Berechtigte der Dienstleistungsfreiheit sind gem. Art. 56 Abs. 1 AEUV die **Staatsangehörigen der Mitgliedstaaten,** die im Unionsgebiet **ansässig** sind. Bei natürlichen Personen kommt es dabei auf den Wohnsitz an. Es kann sich sowohl der Leistende als auch der Leistungsempfänger auf die Dienstleistungsfreiheit berufen.

140 Die gleichen Rechte stehen gem. Art. 62 iVm Art. 54 AEUV auch den **Gesellschaften** zu, die nach den Vorschriften eines Mitgliedstaats gegründet worden sind und entweder ihren satzungsmäßigen Sitz oder ihre Hauptverwaltung oder ihre Hauptniederlassung innerhalb der Union haben. Es ist bei ihnen erforderlich, dass eine tatsächliche und dauerhafte Verbindung ihrer Tätigkeit mit der Wirtschaft und der Rechtsordnung eines Mitgliedstaates besteht.[365]

141 **Drittstaatsangehörige** können sich grds. nicht auf die Art. 56 ff AEUV berufen, da von der Ermächtigung des Art. 56 Abs. 2 AEUV, nach der die Bestimmungen der Dienstleistungsfreiheit auch auf Drittstaatsangehörige ausgedehnt werden können, bislang noch kein Gebrauch gemacht wurde.[366] Wenn allerdings ein Drittstaatsangehöriger bei einer juristischen Person beschäftigt ist, die selbst Berechtigte der Dienstleistungsfreiheit ist, kann sich auch jeder bei ihr Beschäftigte auf Art. 56 AEUV berufen.[367] Außerdem erwachsen drittstaatsangehörigen Familienmitgliedern von Dienstleistungserbringern aus ihrem Verwandtschaftsverhältnis gewisse Begleitrechte.[368]

4. Adressaten der Art. 56 ff AEUV

142 In erster Linie sind die Mitgliedstaaten Adressaten der Grundfreiheiten, und zwar sowohl die Herkunfts-, als auch die Bestimmungsstaaten. Insb. für die Arbeitnehmerfreizügigkeit hat der EuGH in den Fällen eine **unmittelbare Drittwirkung für Private** angenommen, in denen Personenvereinigun-

359 Fischer, in: Lenz/Borchardt, EU-Verträge, Art. 51 AEUV, Rn 1.
360 EuGH, Rs. 2/74 (Reyners), Slg 1974, I-631, Rn 54 ff; *Dederer,* EuR 2011, 865, 866 f.
361 *Bröhmer,* in: Calliess/Ruffert, EUV/AEUV, Art. 51 AEUV, Rn 2.
362 Vgl EuGH, Rs. C-283/99 (Kommission/Italien), Slg 2001, I-4363, Rn 20 ff.
363 *Tiedje/Troberg,* in: von der Groeben/Schwarze, EUV/EGV, Art. 45 EGV, Rn 16.
364 EuGH, Rs. C-222/95 (Parodi), Slg 1997, I-3899, Rn 10.
365 Vgl *Müller-Graff,* in: Streinz, EUV/AEUV, Art. 56 AEUV, Rn 56.
366 EuGH, Rs. C-290/04 (Scorpio), Slg 2006, I-9461, Rn 67-69; *Holoubek,* in: Schwarze, EU-Kommentar, Art. 56/57 AEUV, Rn 61.
367 EuGH, Rs. C-43/93 (Vander Elst), Slg 1994, I-3803, Rn 18 ff.
368 Vgl *Pache,* in: Ehlers (Hrsg.), S. 371.

gen kollektive Regelungen erlassen können (zB Sport- und Berufsverbände mit ihren Regelwerken).[369] Auch im Bereich der Dienstleistungsfreiheit wird im Schrifttum häufig angenommen, dass aufgrund des Fundamentalcharakters sämtlicher Normen im Binnenmarktkonzept eine Drittwirkung zumindest nicht ausgeschlossen werden kann.[370] Eine vollumfängliche Erstreckung der Schutzwirkung der Dienstleistungsfreiheit auch auf das Verhältnis zwischen Privaten erscheint allerdings unangebracht, weil damit eine weitreichende Beschränkung der Privatautonomie der Wirtschaftsteilnehmer einherginge, die ohnehin der Marktkontrolle unterliegt.[371]

Behindern Privatpersonen die Dienstleistungsfreiheit, ist in Übertragung der Rechtsprechung des EuGH für die Warenverkehrsfreiheit davon auszugehen, dass die Mitgliedstaaten verpflichtet sein können, etwas gegen diese Eingriffe zu unternehmen. Nach Ansicht des EuGH sind die Mitgliedstaaten verpflichtet, alle **erforderlichen und geeigneten Maßnahmen** zu ergreifen, um in ihrem Gebiet die Beachtung der Grundfreiheiten sicherzustellen. Die Beurteilung, welche Maßnahmen am besten dazu geeignet sind, soll allerdings den Mitgliedstaaten obliegen.[372] Eine solche **Schutzpflicht** für die Dienstleistungsfreiheit wäre etwa dann anzunehmen, wenn ausländische Dienstleistungserbringer eingeschüchtert oder bedroht werden würden, um etwa den eigenen Markt vor „billiger Konkurrenz" aus anderen Mitgliedstaaten zu schützen. 143

II. Eingriff

1. Diskriminierungsverbot

Gem. Art. 57 Abs. 3 AEUV haben die Berechtigten der Dienstleistungsfreiheit das Recht, Dienstleistungen in einem anderen Mitgliedstaat unter denselben Voraussetzungen wie Inländer zu erbringen bzw zu empfangen. Die Dienstleistungsfreiheit beinhaltet demnach ein Diskriminierungsverbot, das offene wie versteckte Diskriminierungen aufgrund der Staatsangehörigkeit untersagt. **Offene Diskriminierungen** knüpfen ausdrücklich an das Merkmal der Staatsangehörigkeit an und sind damit die stärkste Form der Diskriminierung, die allerdings heute praktisch keine große Rolle mehr spielt. So dürfen die Mitgliedstaaten Angehörige anderer Mitgliedstaaten etwa beim Besuch von staatlichen Museen nicht in der Weise benachteiligen, als von ihnen höhere Eintrittsgebühren als von Inländern gefordert werden.[373] **Versteckte Diskriminierungen** knüpfen nicht ausdrücklich an die Staatsangehörigkeit an, wenden jedoch andere Merkmale an, die regelmäßig gerade Ausländer nicht erfüllen oder die zu ihrer faktischen Schlechterstellung führen.[374] Wenn etwa von einem Dienstleistungserbringer eine ständige Präsenz oder das Vorhandensein eines Wohnsitzes im Empfangsstaat verlangt wird,[375] einem in einem anderen Mitgliedstaat niedergelassenen Dienstleister die Unterhaltung einer Infrastruktur verboten wird,[376] Erfordernisse einer Inlandsausbildung oder Inlandsprüfung bestehen oder die Kostenerstattung ärztlicher Behandlungen in einem anderen Mitgliedstaat von einer vorherigen Genehmigung der Versicherung abhängig gemacht wird,[377] liegt eine versteckte Diskriminierung vor. 144

2. Beschränkungsverbot

Nach der Rechtsprechung des EuGH steht die Dienstleistungsfreiheit über ein Diskriminierungsverbot hinaus auch allen sonstigen – auch unterschiedslosen – **Beschränkungen** entgegen, die in anderer Weise **geeignet** sind, die Tätigkeiten der Leistungserbringer bzw Leistungsempfänger zu **unter-** 145

369 EuGH, Rs. C-415/93 (Bosman), Slg 1995, I-4921, Rn 29 ff; EuGH, Rs. C-281/98 (Angonese), Slg 2000, I-4139, Rn 29 ff.
370 Vgl *Müller-Graff*, in: Streinz, EUV/AEUV, Art. 56 AEUV, Rn 65.
371 Vgl hierzu Rn 46 f.
372 EuGH, Rs. C-265/95 (Kommission/Frankreich), Slg 1997, I-6959, Rn 32 ff und Rn 56 ff.
373 EuGH, Rs. C-45/93 (Kommission/Spanien), Slg 1994, I-911, Rn 6 ff.
374 EuGH, Rs. C-224/97 (Ciola), Slg 1999, I-2517, Rn 14.
375 EuGH, Rs. 33/74 (van Binsbergen), Slg 1974, 1299, Rn 10 ff.
376 EuGH, Rs. C-298/99 (Kommission/Italien), Slg 2002, I-3129, Rn 56 f.
377 EuGH, Rs. C-158/96 (Kohll), Slg 1998, I-1931, Rn 34 f.

binden, zu behindern oder weniger attraktiv zu machen.[378] Wie allen anderen Grundfreiheiten wird der Dienstleistungsfreiheit damit ebenfalls ein allgemeines Beschränkungsverbot entnommen. Dieses richtet sich sowohl an den Staat des Dienstleistungsempfängers als auch an den des Dienstleistungserbringers. Als typische Beschränkung anzusehen sind behördliche Erlaubnispflichten für Tätigkeiten, die in dem Herkunftsmitgliedstaat nicht erlaubnispflichtig sind,[379] Belastungen durch Doppelregulierungen, Eintragungspflichten in inländische Verzeichnisse oder Register,[380] die Pflicht, Originaldiplome oder beglaubigte Kopien beizulegen[381] oder die Pflicht zur Aktenführung und -aufbewahrung nach inländischen Vorgaben.[382]

146 Auch im Rahmen der Dienstleistungsfreiheit treten aufgrund der Weite des Beschränkungsverbotes Probleme auf, da der dargestellte Beschränkungsbegriff wie derjenige der anderen Grundfreiheiten auch **potentielle und mittelbare Beschränkungen** erfasst, die zudem noch geringfügig sein können. Der EuGH hat bislang noch nicht ausdrücklich dazu Position bezogen, ob er die im Rahmen der Warenverkehrsfreiheit entwickelten **Grundsätze der Keck-Rechtsprechung**[383] auch auf die anderen Grundfreiheiten übertragen will. Für die Dienstleistungsfreiheit würde eine solche Übertragung bedeuten, dass Maßnahmen nur dann als verbotene Behinderungen anzusehen sind, wenn sie spezifisch den **Zugang** der Dienstleistungen zu den Märkten der anderen Mitgliedstaaten behindern. Bloße Modalitäten der Ausübung, die dem Betreffenden nicht den Marktzugang versperren, unterschiedslos für alle Marktteilnehmer gelten und keine versteckten Diskriminierungen beinhalten, wären als nicht mehr tatbestandlich anzusehen.[384] Eine Behinderung des Marktzugangs wäre etwa anzunehmen bei dem Verbot einer unangemeldeten telefonischen Akquise von Kunden als potentielle Kapitalanleger[385] oder bei Bedürfnisregeln,[386] Tätigkeitsvorbehalten zugunsten von Dienstleistungsmonopolen[387] oder etwa bei einer Pflicht zur Eingehung eines Arbeitsverhältnisses anstelle der Ausübung einer selbständigen Tätigkeit.[388] Als bloße Modalitäten wären etwa anzusehen urlaubsrechtliche Regelungen, Werbeverbote (es sei denn, der Dienstleistende kann ihretwegen auf dem Markt anderer Mitgliedstaaten nicht Fuß fassen, wie zB beim Handel mit seltenen Medizinprodukten) oder die Festlegung von Geschäftszeiten.

III. Rechtfertigung

1. Geschriebene Rechtfertigungsgründe

147 Gem. Art. 62 iVm Art. 52 Abs. 1 AEUV lassen sich Beschränkungen der Dienstleistungsfreiheit aus Gründen der öffentlichen Ordnung, Sicherheit oder Gesundheit rechtfertigen. Die geschriebenen Rechtfertigungsgründe sind sowohl bei offenen wie bei versteckten Diskriminierungen sowie unterschiedslos wirkenden Beschränkungen anwendbar.[389] Die in ihnen enthaltenen unbestimmten Rechtsbegriffe sind unionsrechtlich zu bestimmen, während den Mitgliedstaaten ein Beurteilungsspielraum verbleibt. Sie sind **eng auszulegen und abschließend**. Der Begriff der öffentlichen Ordnung umfasst nur die elementaren Grundregeln eines Staates zur Sicherung seiner zivilen und poli-

---

378 EuGH, Rs. 33/74 (van Binsbergen), Slg 1974, 1299, Rn 10; EuGH, Rs. C-3/95 (Reisebüro Broede), Slg 1996, I-6511, Rn 25; EuGH, Rs. C-222/95 (Parodi), Slg 1997, I-3899, Rn 18.

379 EuGH, Rs. C-76/90 (Säger), Slg 1991, I-4221, Rn 14 ff.

380 EuGH, Rs. C-215/01 (Schnitzer), Slg 2003, I-14847, Rn 34; EuGH, Rs. C-58/98 (Corsten), Slg 2000, I-7919, Rn 34.

381 EuGH, Rs. C-298/99 (Kommission/Italien), Slg 2002, I-3129, Rn 37.

382 EuGH, Rs. C- 369/96 und C-376/96 (Arblade und Leloup), Slg 1999, I-8453, Rn 56 ff.

383 Vgl die Ausführungen zur Warenverkehrsfreiheit Rn 61 f.

384 Einen umfangreichen Überblick über diese Problematik geben *Randelzhofer/Forsthoff,* in: Grabitz/Hilf/Nettesheim, EU-Recht, 56/57 AEUV, Rn 81 ff.

385 EuGH, Rs. C-384/93 (Alpine Investments), Slg 1995, I-1141, Rn 40 ff.

386 Vgl *Randelzhofer/Forsthoff,* in: Grabitz/Hilf/Nettesheim, EU-Recht, Art. 56/57 AEUV, Rn 118.

387 EuGH, Rs. C- 67/98 (Zenatti), Slg 1999, I-7289 (für die Durchführung von Glücksspielen).

388 EuGH, Rs. C-398/95 (SETTG), Slg 1997, I-3091, Rn 17 ff (Fremdenführer).

389 EuGH, Rs. C-546/07 (Kommission/Deutschland), Slg 2010, I-439, Rn 40/48; EuGH, Rs. C-34/95 (De Agostini), Slg 1997, I-3843, Rn 52 ff.

tischen Struktur.[390] Der öffentlichen Sicherheit unterfallen hingegen das gesamte staatliche Schutzsystem zur Bekämpfung von physischer und psychischer Gewaltanwendung und der Schutz vor technischen Risiken.[391] Das Schutzgut der öffentlichen Gesundheit deckt auch das Ziel, eine qualitativ hochwertige, ausgewogene und allgemeinzugängliche ärztliche und klinische Versorgung aufrechtzuerhalten.[392]

2. Ungeschriebene Rechtfertigungsgründe

Alleine bei lediglich **beschränkenden Eingriffen** kommen zu einer Rechtfertigung auch **zwingende Gründe des Allgemeininteresses** in Betracht.[393] Diese in Anlehnung an die „Cassis-Formel" des EuGH (vgl Rn 80 f) entwickelte Rechtfertigungsmöglichkeit lässt grds. jedes gewichtige Interesse eines Mitgliedstaates zu, wie etwa die **Lauterkeit des Handelsverkehrs** und den **Schutz der Verbraucher**,[394] die **Funktionsfähigkeit der Rechtspflege**,[395] das **Ansehen der Kapitalmärkte**, **kulturpolitische Belange** wie die Erhaltung des nationalen und künstlerischen Erbes,[396] die **Gefährdung des finanziellen Gleichgewichts** des Systems der sozialen Sicherheit[397] und die **Berufs- und Standesregelungen** zum Schutz der Dienstleistungsempfänger.[398] 148

Da diese vom EuGH entwickelten zulässigen Beschränkungen der Dienstleistungsfreiheit aus zwingenden Gründen des Allgemeininteresses in ihrer bisherigen Anwendung nach Ansicht der Kommission eine zu starke Behinderung des Binnenmarktes darstellten, wurde im Jahr 2001 eine neue Strategie vorgelegt, mit der die Hemmnisse des Dienstleistungssektors beseitigt werden sollten, um die Wettbewerbsfähigkeit, das Wachstum und die Beschäftigung in der EU zu stärken.[399] Nach kontroversen Diskussionen und zahlreichen Änderungen des ursprünglichen Entwurfpapiers wurde im Dezember 2006 eine Europäische **Dienstleistungsrichtlinie**[400] verabschiedet, die von den Mitgliedstaaten bis zum 28. Dezember 2009 umgesetzt werden musste. In deren Art. 16 Abs. 3 werden die bisherigen Rechtfertigungsgründe auf vier Bereiche eingeschränkt. Beschränkungen des freien Dienstleistungsverkehrs können demnach im Anwendungsbereich der Dienstleistungsrichtlinie nur noch aus Gründen der **öffentlichen Sicherheit und Ordnung** sowie des **Gesundheits- und Umweltschutzes** erfolgen. Der weite Spielraum, den der EuGH den Mitgliedstaaten bisher zur Definition schützenswerter Belange aus zwingenden Gründen des Allgemeininteresses gab, wird dadurch erheblich eingeschränkt. Allerdings ist zu beachten, dass bei weitem nicht alle Tätigkeiten, die unter den Dienstleistungsbegriff fallen, von der Richtlinie erfasst werden (vgl Rn 157). 149

3. Schranken-Schranken

Die Mitgliedstaaten haben im Rahmen der Rechtfertigung insb. das **Verhältnismäßigkeitsprinzip** zu beachten. Die Maßnahmen müssen zunächst **geeignet** sein, das Allgemeininteresse zu schützen. Hierfür reicht es grds. aus, wenn sie für den Schutz des Interesses förderlich sind, wobei den Mitgliedstaaten zur Beurteilung dieser Frage ein Spielraum zukommt.[401] 150

Die Maßnahmen müssen zudem **erforderlich** sein. Dies ist der Fall, wenn unter gleich geeigneten Maßnahmen keine andere in Betracht kommt, welche die Dienstleistungsfreiheit weniger beein- 151

390 Vgl EuGH, Rs. C-350/96 (Clean Car Autoservice), Slg 1998, I-2521, Rn 40.
391 Vgl EuGH, Rs. 367/89 (Richardt), Slg 1991, I-4621, Rn 22 ff.
392 EuGH, Rs. C-385/99 (Müller-Fauré), Slg 2003, I-4509, Rn 67.
393 EuGH, Rs. 33/74 (van Binsbergen), Slg 1974, 1299, Rn 10 ff; EuGH, Rs. C-388/01 (Kommission/Italien), Slg 2003, I-721, Rn 22.
394 EuGH, Rs. C-34/95 bis 36/95 (de Agostini), Slg 1997, I-3843, Rn 53; EuGH, Rs. C-65/05 (Kommission/Griechenland), Slg 2006, I-10341, Rn 33.
395 EuGH, Rs. C-3/95 (Reisebüro Broede), Slg 1996, I-6511, Rn 31.
396 EuGH, Rs. 154/89 (Fremdenführer), Slg 1991, I-659, Rn 17.
397 EuGH, Rs. C-158/96 (Kohll), Slg 1998, I-1931, Rn 41.
398 EuGH, Rs. 110/78 (van Wesemael), Slg 1979, 35, Rn 38.
399 Vgl KOM (2000) 888 endg. v. 29.12.2000.
400 RL 2006/123/EG, ABl. L 376/36 v. 27.12.2006.
401 Zu dem Problem fehlender Kohärenz *Dederer,* NJW 2010, 198, 199; *Lippert,* EuR 2012, 90, 92.

trächtigt. Dem zu schützenden Allgemeininteresse darf daher nicht bereits durch Rechtsvorschriften des Mitgliedstaates Rechnung getragen worden sein, in dem der Dienstleistungserbringer ansässig ist.[402] Eine im Herkunftsstaat erteilte behördliche Genehmigung ist deshalb im Mitgliedstaat der Dienstleistungserbringung grds. anzuerkennen, soweit sie „unter Voraussetzungen erteilt worden ist, welche mit denen des Staates, in dem die Leistung erbracht wird, vergleichbar sind."[403]

152 Als erforderlich sah es der EuGH bspw an, wenn zur Sicherung der Aufrechterhaltung einer ausgewogenen medizinischen Versorgung ein Erfordernis der vorherigen Genehmigung der Kostenübernahme für eine Krankenhausversorgung in einem anderen Mitgliedstaat besteht, die einen nicht unbeträchtlichen Planungsaufwand hinsichtlich Anzahl, Lage und Ausstattung verlangt, nicht aber für die Erstattung von Kosten einer ambulanten medizinischen Behandlung.[404] Nicht erforderlich ist nach diesen Maßgaben eine Ausweisung wegen der Ungültigkeit von Ausweispapieren[405] oder Ausweisungsverfügungen ohne ausreichende Rechtsschutzmöglichkeiten.

153 Der EuGH legt im Hinblick auf eine **Rechtfertigung** von Beschränkungen der Dienstleistungsfreiheit Wert darauf, dass ein Mitgliedstaat für die Ausübung einer unter die Dienstleistungsfreiheit fallenden Tätigkeit nicht all jene Voraussetzungen einfordern darf, die auch für eine Niederlassung in diesem Mitgliedstaat gelten würden, da sonst die Dienstleistungsfreiheit praktisch leerliefe.[406] Die Dienstleistungsfreiheit geht, anders als die Arbeitnehmerfreizügigkeit und die Niederlassungsfreiheit, gerade nicht einher mit einer Eingliederung in das Wirtschaftsleben und in die Rechtsordnung des anderen Mitgliedstaates, so dass grds. ein **geringeres Regulierungsbedürfnis des Bestimmungsstaates** gegeben sein dürfte.

154 Die Rechtfertigungsgründe sind nur anwendbar, wenn es **keine abschließende Unionsregelung** gibt. Wenn es im Hinblick auf die gegenseitige Anerkennung von Diplomen oder Befähigungsnachweisen **einschlägiges Sekundärrecht** gibt, das die Voraussetzungen zur Anerkennung regelt, sind die betreffenden Berufsgruppen als ebenso qualifiziert anzusehen wie einheimische, so dass die Mitgliedstaaten auch keine Vergleichbarkeitsprüfung vornehmen dürfen, sondern zu einer unbeschränkten Anerkennung verpflichtet sind.[407]

155 Als weitere Schranken-Schranken sind die **Unionsgrundrechte** zu beachten.[408] Bei der Heranziehung der Rechtfertigungsgründe zum Schutz von Allgemeininteressen dürfen die Mitgliedstaaten nicht übermäßig in Grundrechte eingreifen, sondern haben einen **angemessenen Ausgleich** mit ihnen zu schaffen.

IV. Sekundärrecht

156 Auf der Grundlage von Art. 59 Abs. 1 AEUV sowie Art. 62, 53 AEUV wurde **umfängliches Sekundärrecht**[409] für verschiedene Gewerbezweige und selbständige Berufe erlassen, das zT gleichzeitig Regelungen für die Niederlassungsfreiheit und die Arbeitnehmerfreizügigkeit trifft. Darüber hinaus wurde im Jahr 2006 die **Dienstleistungsrichtlinie** 2006/123/EG verabschiedet,[410] die den Dienstleistungssektor insgesamt **wettbewerbsfähiger** und **dynamischer** gestalten sollte. Nach massiven Widerständen gegen den Erstentwurf des ehemaligen EU-Binnenmarktkommissars Fritz Bolkestein wurden im Ergebnis vor allem verfahrensrechtliche Hindernisse für den grenzüberschreitenden

402 Vgl *Jarass*, EuR 2000, 705, 721 ff.
403 EuGH, Rs. 110/78 (van Wesemael), Slg 1979, 35, Rn 54.
404 EuGH, Rs. C-158/96 (Kohll), Slg 1998, I-1931, Rn 52.
405 So Art. 3 Abs. 3 der RL 64/221.
406 EuGH, Rs. C-76/90 (Säger), Slg 1991, I-4221, Rn 13.
407 EuGH, Rs. C-158/96 (Kohll), Slg 1998, I-1931, Rn 47 f.
408 St. Rspr, vgl etwa EuGH, Rs. 4/73 (Nold), Slg 1974, 491; EuGH, Rs. C-280/93 (Deutschland/Rat), Slg 1994, I-4973.
409 Aktueller Stand des Sekundärrechts: Datenbank CELEX www.europa.eu.int/celex.
410 RL 2006/123/EG des Europäischen Parlaments und des Rates über Dienstleistungen im Binnenmarkt, ABl. EU Nr. L 376 v. 27.12.2006, S. 36 ff. Siehe dazu auch *Parlow,* Die EG-Dienstleistungsrichtlinie.

Dienstleistungsverkehr abgebaut.[411] Die materiell-rechtlichen Modifikationen beschränken sich hingegen weitgehend auf eine Eingrenzung der bisher anerkannten Rechtfertigungsgründe.

1. RL 2006/123/EG über Dienstleistungen im Binnenmarkt

Trotz ihrer Bezeichnung werden bei weitem nicht alle Tätigkeiten, die unter den Dienstleistungsbegriff des Art. 57 AEUV und den der Rechtsprechung des EuGH fallen, von der Dienstleistungsrichtlinie erfasst, da Art. 2 der Richtlinie ihren eigenen **Anwendungsbereich stark einschränkt**. So sind vom Geltungsbereich der Dienstleistungsrichtlinie unter anderem ausgeschlossen: Finanzdienstleistungen, Dienstleistungen und Netze der elektronischen Kommunikation, Verkehrsdienstleistungen, die Arbeit von Leiharbeitsagenturen, Gesundheits- und soziale Dienstleistungen, sowie Glücksspiele. Außerdem werden gem. Art. 1 Abs. 5, 6 der Dienstleistungsrichtlinie das Strafrecht, Arbeitsrecht und Sozialrecht der Mitgliedstaaten nicht von der Richtlinie berührt. 157

Verfahrensrechtlich enthält die Dienstleistungsrichtlinie zahlreiche Vorgaben für die Vereinfachung der bürokratischen Hürden der Mitgliedstaaten, soweit es um die Aufnahme einer grenzüberschreitenden Betätigung durch einen Unionsbürger geht. So verpflichtet Art. 6 der Dienstleistungsrichtlinie die Mitgliedstaaten zur Schaffung eines **einheitlichen Ansprechpartners** für Dienstleistungserbringer zum Beginn ihrer Dienstleistung im Aufnahmestaat. Bei diesem soll der Dienstleistungserbringer alle erforderlichen Formalia abwickeln können.[412] Des Weiteren sieht Art. 13 Abs. 4 der Dienstleistungsrichtlinie eine **Genehmigungsfiktion** vor, nach der nach Ablauf einer im Einzelfall festzulegenden Bearbeitungsfrist alle gestellten Anträge als genehmigt gelten, wenn die Anträge bis zu diesem Zeitpunkt nicht beschieden wurden. Außerdem soll eine elektronische Abwicklung des Verfahrens und die Bereitstellung von Informationen in der Sprache des Dienstleisters eingeführt werden. Wenngleich der Praxistest noch aussteht, verspricht man sich von diesen Deregulierungs- und Vereinfachungsmaßnahmen den größten ökonomischen Nutzen der gesamten Dienstleistungsrichtlinie.[413]

Den materiell-rechtlichen Kern der Bestimmungen zur Dienstleistungsfreiheit stellen die Art. 16 ff der Richtlinie dar. Nach dem nicht umgesetzten Erstentwurf dieser Vorschriften sollten die Mitgliedstaaten dafür Sorge tragen, dass Dienstleistungserbringer lediglich den Bestimmungen ihres Herkunftsmitgliedstaates unterfallen.[414] Diese Bestimmung, die eine grundlegende Reform des bestehenden Systems bedeutet hätte, wurde nach zahlreicher Kritik, welche die nationale Integrität der mitgliedstaatlichen Arbeits- und Sozialordnungen gefährdet sah und vor Lohndumping durch billige Dienstleistungserbringer aus den neuen Mitgliedstaaten warnte,[415] stark abgeschwächt. Die geltende Fassung des Art. 16 Abs. 1 der Richtlinie verzichtet daher auf die Einführung des umstrittenen „Herkunftslandprinzips" und orientiert sich stärker an der bisherigen Rechtsprechung des EuGH. So kann der Mitgliedstaat, in dem die Dienstleistung erbracht werden soll, auch weiterhin die Erbringung der Dienstleistung von bestimmten Anforderungen abhängig machen. Allerdings dürfen diese nach Art. 16 Abs. 1 a der Richtlinie weder **direkt noch indirekt diskriminierend** wirken. Wegen der im Einzelfall schwierigen und nicht immer klar zu trennenden Abgrenzung zwischen einer nun in jedem Fall verbotenen „indirekten Diskriminierung" und der auch weiterhin zu rechtfertigenden „sonstigen Beschränkung" bleibt allerdings abzuwarten, welche Praxisrelevanz dieser Regelung zukommen wird. Jedenfalls sollen nach Art. 16 Abs. 2 der Richtlinie den Dienstleistern grds. **keine Residenz-, Präsenz- und Registrierungspflichten** auferlegt werden. Als wesentlichste materielle Neuerung zur bisherigen Rechtslage schränkt Art. 16 Abs. 3 der Richtlinie die anerkannten Rechtfertigungsgründe auf **vier Bereiche** ein. Beschränkungen des freien Dienstleistungsverkehrs können demnach im Anwendungsbereich der Dienstleistungsrichtlinie nur noch aus

411 Vgl hierzu ausführlich *Lemor/Haake*, EuZW 2009, 65.

412 Zum aktuellen Umsetzungsstand des „Einheitlichen Ansprechpartners" in Deutschland vgl *Kim*, DÖV 2009, 69, 71 f.

413 Vgl hierzu ausführlich *Pache*, in: Ehlers (Hrsg.), S. 401.

414 KOM (2004) 2 endg., S. 60.

415 Vgl hierzu *Körner*, NZA 2007, 233.

Gründen der öffentlichen Sicherheit und Ordnung sowie des Gesundheits- und Umweltschutzes erfolgen. Der weite Spielraum, den der EuGH den Mitgliedstaaten bisher zur Definition schützenswerter Belange aus zwingenden Gründen des Allgemeininteresses gab, wird dadurch erheblich eingeschränkt. Daher wird dem Art. 16 Abs. 3 der Dienstleistungsrichtlinie das beachtlichste **Liberalisierungspotential** innerhalb der Richtlinie zuerkannt.[416] Dennoch dürfte die Annahme, das Herkunftslandprinzip habe sich durch diese Bestimmung in weiter und modifizierter Form durchgesetzt,[417] in der Sache und wegen des stark eingeschränkten Anwendungsbereichs der Richtlinie, wohl eher zu hohe Erwartungen in die Auswirkungen der Norm setzen.

2. Richtlinien für bestimmte Berufe

158 Zahlreiche Richtlinien betreffen die **Anerkennung von Befähigungsnachweisen,** wie etwa die RL über die Anerkennung von Berufsqualifikationen.[418] Des Weiteren gibt es Berufszugangs- und Liberalisierungsrichtlinien für zahlreiche Berufe, wie für Wirtschafts- und Buchprüfer, Ärzte, Architekten, Krankenschwestern oder Hebammen. Hierzu gehört etwa die RL 98/5/EG zur Erleichterung der ständigen Ausübung des Rechtsanwaltsberufs in einem anderen Mitgliedstaat, die sowohl für Selbständige als auch für abhängig Beschäftigte gilt. Eine aktuelle Auflistung der meisten sektorspezifischen Rechtsakte zur Anerkennung von Qualifikationen findet sich im Internetangebot der EU.[419]

3. Entsenderichtlinie

159 Die sog. **Entsenderichtlinie 96/71/EG**[420] stellt Mindestschutzbestimmungen für Arbeitnehmer auf, die von ihrem Arbeitgeber zur Erbringung von Dienstleistungen in einen anderen Mitgliedstaat entsandt werden. Sie beinhaltet Mindestbedingungen bei der Ausgestaltung der Lohn- und Arbeitsverhältnisse und soll neben der Verbesserung des Arbeitnehmerschutzes einen fairen Wettbewerb im länderübergreifenden Dienstleistungsverkehr gewährleisten. Das ihr entsprechende deutsche Arbeitnehmerentsendegesetz wurde, nachdem es zunächst nur für die Baubranche galt, in den letzten Jahren auf einige andere Dienstleistungszweige, wie etwa die Wäscherei- und Briefdienstleistungen, ausgeweitet.[421]

4. Fernsehrichtlinie

160 Zur Liberalisierung der Dienstleistungen auf dem Gebiet des Rundfunks wurde die RL 2010/13/EU (sog. **Fernsehrichtlinie**) erlassen, die für die Ausstrahlung von Fernsehsendungen bestimmte Anforderungen an Werbesendungen, das Sponsoring, das Gegendarstellungsrecht und den Jugendschutz aufstellt.[422]

5. Richtlinien für bestimmte Gewerbezweige

a) Liberalisierung der Energiemärkte

161 Die RL 2009/73/EG enthält Regelungen über die Speicherung, den Transport und die Verteilung von Erdgas. Des Weiteren gibt es eine Verordnung über die Netzzugangsbedingungen für den grenzüberschreitenden Stromhandel.[423]

b) Grenzüberschreitender Transport

162 In diesem Bereich gibt es mehrere Rechtsakte. Bspw gibt es als **Rechtsakt zum Kraftverkehr** die VO (EG) Nr. 1072/2009 über gemeinsame Regeln für den Zugang zum Markt des grenzüberschreiten-

---

416 *Hatje*, NJW 2007, 2357, 2362.
417 So *Lemor/Haake*, EuZW 2009, 65, 69.
418 RL 2005/36/EG.
419 http://ec.europa.eu/internal_market/qualifications/policy_developments/legislation/index_de.htm.
420 ABl. EG L 1997, 18, 1.
421 Vgl die letzte Neufassung des AEntG vom 20.4.2009, BGBl. I. 2009, 799.
422 RL 2010/13/EU.
423 VO (EG) 714/2009.

den Güterkraftverkehrs. Zum Eisenbahnverkehr hat die Kommission ein Maßnahmenpaket angenommen, das mehrere Vorschläge für Gesetzesmaßnahmen zur **Liberalisierung des Eisenbahnverkehrs** enthält.[424] Im Bereich des **Luftverkehrs** gibt es die VO (EG) Nr. 1008/2008 über gemeinsame Vorschriften für die Durchführung von Luftverkehrsdiensten in der Gemeinschaft. Schließlich bestehen noch mehrere Sekundärrechtsakte zum **Seeverkehr**, wie etwa die VO (EWG) Nr. 4055/86 zur Anwendung des Grundsatzes des freien Dienstleistungsverkehrs auf die Seeschifffahrt zwischen Mitgliedstaaten sowie zwischen Mitgliedstaaten und Drittländern. Zur Entwicklung der **Qualität der Postdienste** in der Gemeinschaft wurde die RL 97/67/EG über gemeinsame Vorschriften für die Entwicklung des Binnenmarktes der Postdienste der Union und die Verbesserung der Dienstequalität erlassen.

c) Finanzdienste

163 Es gibt einige sekundärrechtliche Regelungen für **Banken, Versicherungen** und für **Dienstleistungen im Zusammenhang mit Wertpapieren.** Für Banken sind zu nennen die RL 2009/138/EG über die Aufnahme und Ausübung der Tätigkeit der Kreditinstitute, die RL 2009/110/EG über die Aufnahme und Ausübung und Beaufsichtigung der Tätigkeit von E-Geldinstituten, die RL 2007/64/EG über Zahlungsdienste im Binnenmarkt und die RL 2002/65/EG über den Fernabsatz von Finanzdienstleistungen an Verbraucher. Für Versicherungen ist die RL 2002/92/EG über die Versicherungsvermittlung von Bedeutung und für Wertpapiere die RL 2004/39/EG über Märkte für Finanzinstrumente.

d) Kommunikation

164 Sekundärrecht gibt es ebenfalls für **elektronische Kommunikationsdienste** und **-netze**, wie etwa die RL 2002/20/EG über die Genehmigung elektronischer Kommunikationsnetze und -dienste, die RL 2002/19/EG über den Zugang zu elektronischen Kommunikationsnetzen und zugehörigen Einrichtungen sowie deren Zusammenschaltung oder die RL 2002/77/EG über den Wettbewerb auf den Märkten für elektronische Kommunikationsnetze und -dienste.

e) Indirekte Steuern

165 Zur Harmonisierung der indirekten Steuern wurde die RL 77/388/EWG zur Harmonisierung der Rechtsvorschriften der Mitgliedstaaten über die **Umsatzsteuern** erlassen, die durch die RL 2006/112/EG über das gemeinsame Mehrwertsteuersystem ersetzt wurde. Ebenfalls ersetzt durch diese RL wurde die RL 2002/38/EG zur Änderung der RL 77/388/EWG bzgl der mehrwertsteuerlichen Behandlung von Rundfunk- und Fernsehdienstleistungen sowie bestimmter elektronisch erbrachter Dienstleistungen.

f) Öffentliche Dienstleistungsaufträge

166 Beachtlich im Bereich der öffentlichen Dienstleistungsaufträge sind die RL 2004/18/EG über die Koordinierung der Verfahren zur Vergabe öffentlicher Dienstleistungsaufträge, die RL 89/665/EWG zur Koordinierung der Rechts- und Verwaltungsvorschriften der Mitgliedstaaten für die Anwendung der Nachprüfungsverfahren im Rahmen der Vergabe öffentlicher Bauaufträge und die RL 2004/17/EG zur Koordinierung der Zuschlagserteilung durch Auftraggeber im Bereich der Wasser-, Energie- und Verkehrsversorgung sowie im Telekommunikationssektor.

F. Die Niederlassungsfreiheit

167 Die Niederlassungsfreiheit (Art. 49 ff AEUV) ist eine wichtige Säule der Personenverkehrsfreiheiten, die natürlichen und juristischen Personen das Recht einräumt, in einem anderen Mitgliedstaat als ihrem Herkunftsstaat Aufenthalt zu nehmen, um dort eine dauerhafte selbständige Tätigkeit unter

424 Zu finden auf der Internetseite der EU http://europa.eu/legislation_summaries/transport/rail_transport/l24457_de.htm.

den gleichen Bedingungen wie Inländer auszuüben. Sie garantiert ihnen eine **freie Standortwahl** für ihre wirtschaftliche Tätigkeit, um entsprechend der Intention des Binnenmarktkonzeptes eine umfassende Mobilität der Produktionsfaktoren zu gewähren und eine wirtschaftliche Verflechtung zwischen den Mitgliedstaaten zu fördern. Die Niederlassung in einem anderen Mitgliedstaat führt regelmäßig zu einer **Teil- oder Vollintegration** des Betreffenden in die Rechtsordnung des Zuzugsstaates. Bei ihrer Verwirklichung treten typischerweise Probleme mit zahlreichen gesellschafts- und steuerrechtlichen sowie anderen Regelungen des Zuzugsstaates auf, die es dem Betreffenden erschweren können, in dem anderen Mitgliedstaat Fuß zu fassen. Dies bedeutet, dass nur eine umfassende Liberalisierung der unterschiedlichen Niederlassungsvorschriften der Mitgliedstaaten zu einer tatsächlichen Verwirklichung der Niederlassungsfreiheit führen kann.[425]

I. Schutzbereich

1. Sachlicher Schutzbereich

168 Die Niederlassungsfreiheit berechtigt **natürliche** und **juristische Personen**, in einem anderen Mitgliedstaat eine dauerhafte selbständige Tätigkeit zu den Bedingungen auszuüben, wie sie für Inländer gelten (Art. 49 Abs. 2 AEUV). Im Falle der Sitznahme in einem anderen Mitgliedstaat oder der Sitzverlegung in einen anderen Mitgliedstaat handelt es sich um eine **primäre Niederlassung** (Art. 49 Abs. 1 S. 1 AEUV). Eine **sekundäre Niederlassung**, deren Errichtung gem. Art. 49 Abs. 1 S. 2 AEUV ebenfalls von der Niederlassungsfreiheit umfasst ist, liegt bei einer Gründung von Agenturen, Zweigniederlassungen oder Tochtergesellschaften in einem anderen Mitgliedstaat vor.[426] Der Begriff der Niederlassung wird durch den EuGH grds. weit ausgelegt. Für die Eröffnung des Schutzbereiches der Niederlassungsfreiheit bedarf es der Ausübung einer **dauerhaften selbständigen Erwerbstätigkeit** in einem anderen Mitgliedstaat als dem Herkunftsstaat, die auch in einer Gründung oder Leitung eines Unternehmens liegen kann.[427] Eine Erwerbstätigkeit ist grds. dann gegeben, wenn mit der Tätigkeit wirtschaftliche Zwecke verfolgt werden. Diese wirtschaftlichen Zwecke müssen nicht zwingend entgeltlich sein, sind jedoch bei rein karitativen Tätigkeiten zu verneinen.[428] In Abgrenzung zu den Rechten der Arbeitnehmerfreizügigkeit (Art. 45 ff AEUV) muss die Tätigkeit **selbständig** ausgeübt werden. Dies ist der Fall, wenn die Tätigkeit ohne das Bestehen eines Unterordnungsverhältnisses in eigener Verantwortlichkeit ausgeübt wird und der Tätige an keinerlei Vorgaben hinsichtlich der Arbeitseinteilung und anderer Modalitäten der Ausübung seiner Tätigkeit gebunden ist und das wirtschaftliche Risiko selbst trägt.[429] Im Bereich der Niederlassungsfreiheit von Kapitalgesellschaften können vor allem Abgrenzungsschwierigkeiten zur Kapitalverkehrsfreiheit auftreten. Hält eine Gesellschaft lediglich Beteiligungen an einer anderen, ist die Kapitalverkehrsfreiheit anzuwenden. Sind die Anteile hingegen so hoch, dass eine sichere Einflussnahme vorliegt, findet die Niederlassungsfreiheit Anwendung.[430]

169 Entscheidend für die Zuordnung einer Tätigkeit zur Niederlassungsfreiheit ist das Kriterium der **Dauerhaftigkeit**, da dieses das Merkmal ist, welches sie von der Dienstleistungsfreiheit (Art. 56 ff AEUV) unterscheidet. Abgrenzungsprobleme zur Dienstleistungsfreiheit können sich aufgrund der Tatsache ergeben, dass sich auch der Erbringer von Dienstleistungen zuweilen für längere Zeit oder immer wieder in einen anderen Mitgliedstaat begibt, um dort seine Leistungen zu erbringen, und dass er dort auch eine gewisse Infrastruktur unterhalten darf, wie zB Geschäftsräume. Der EuGH nimmt zur Abgrenzung regelmäßig eine Gesamtbetrachtung des Einzelfalls vor und stellt im Wesentlichen darauf ab, ob es sich um eine Beschäftigung mit einer gewissen **Dauer und Kontinuität** handelt und ob eine feste Einrichtung zur Ausübung der Tätigkeit in einem anderen Mitglied-

425 *Tietje*, in: Ehlers (Hrsg.), S. 334; *Bröhmer*, in: Calliess/Ruffert, EUV/AEUV, Art. 49 AEUV, Rn 2.
426 Zu der Frage, ob auch ein grenzüberschreitender Formwechsel in den Schutzbereich fällt *Kindler*, EuZW 2012, 888 ff.
427 Zu der Frage, ob eine tatsächliche Tätigkeit im Registerstaat erforderlich ist *Drygala*, EuZW 2013, 569 ff.
428 *Forsthoff*, in: Grabitz/Hilf/Nettesheim, EU-Recht, Art. 49 AEUV, Rn 18.
429 Zu der Definition des Arbeitnehmerbegriffes Rn 98.
430 EuGH, Rs. C-284/06 (Burda), Slg 2008, I-1497, Rn 69.

staat vorhanden ist.[431] Allerdings sind diese Kriterien nicht ganz konsequent angesichts der Tatsache, dass eine feste Einrichtung in einem anderen Mitgliedstaat auch in Wahrnehmung der Dienstleistungsfreiheit errichtet werden kann und dass eine gewisse Kontinuität auch dann gegeben sein kann, wenn sich eine kurzfristig ausgeübte Tätigkeit in einem anderen Mitgliedstaat in Intervallen fortsetzt.[432] Nach vorherrschender Auffassung im Schrifttum und nach der Ansicht einiger Generalanwälte des EuGH ist vielmehr darauf abzustellen, ob es sich um eine **Eingliederung des Leistungserbringers in die Volkswirtschaft eines anderen Mitgliedstaates** handelt.[433] Dies ist etwa bei immer wiederkehrenden kurzfristigen Tätigkeiten in einem anderen Mitgliedstaat dann der Fall, wenn der Leistungserbringer beabsichtigt, seine Tätigkeiten dauerhaft oder überwiegend in dem betreffenden anderen Mitgliedstaat zu erbringen[434] oder wenn sich ein Unternehmen in einem Mitgliedstaat niederlässt, um Dienstleistungen in dem betreffenden Mitgliedstaat zu erbringen.[435]

Auch bei der Niederlassungsfreiheit bedarf es eines **grenzüberschreitenden Bezuges**, der regelmäßig 170
darin besteht, dass eine primäre oder sekundäre Niederlassung in einem anderen Mitgliedstaat errichtet wird. Ein grenzüberschreitender Bezug kann aber auch in den sog. Wegzugsfällen gegeben sein, in denen sich ein Unionsbürger gegenüber seinem eigenen Staat auf die Niederlassungsfreiheit berufen kann, sofern der Herkunftsstaat es verhindert oder erschwert, dass ein Bürger des eigenen Staates sich in einem anderen Mitgliedstaat niederlässt.[436] Entsprechendes gilt für die sog. **Rückzugsfälle**, in denen der Herkunftsstaat den eigenen Staatsbürger deshalb benachteiligt, weil er von seinem Niederlassungsrecht oder einem sonstigen, ihm zustehenden und im Unionsrecht verankerten Recht in einem anderen Mitgliedstaat Gebrauch gemacht hat.[437] Ein solcher Rückzugsfall ist kein reiner Inlandssachverhalt und muss der Niederlassungsfreiheit unterfallen, da ein Unionsbürger nur dann die ihm verliehenen Rechte voll ausschöpfen kann, wenn er sich auch im Falle des Rückzugs gegenüber seinem Heimatstaat auf die Niederlassungsfreiheit berufen kann.[438] Auch um keinen reinen Inlandssachverhalt und daher um einen Sachverhalt mit grenzüberschreitenden Bezug handelt es sich in solchen Fällen, in denen es grundsätzlich um einen reinen Inlandssachverhalt geht, bei denen jedoch die Möglichkeit besteht, dass auch andere Staatsangehörige, die nicht in diesem Mitgliedstaat ansässig sind, Interesse an der entsprechenden Sache zeigen. So entschied der EuGH jüngst in einem Verfahren, in dem es um den Betrieb von pharmazeutischen Verkaufsstellen ging.[439]

2. Die Bereichsausnahme des Art. 51 AEUV

Die in Art. 51 AEUV für den Anwendungsbereich der Niederlassungsfreiheit normierte Bereichs- 171
ausnahme stellt auf die **Ausübung öffentlicher Gewalt** ab. Wie sämtliche Bereichsausnahmen der Grundfreiheiten des AEUV ist dies ein **unionsrechtlich determinierter Begriff**, der eng auszulegen ist.[440] Der EuGH stellt darauf ab, ob die Tätigkeit als solche eine unmittelbare und spezifische Teilnahme an der Ausübung öffentlicher Gewalt darstellt.[441] Dies ist etwa der Fall, wenn sich eine Tätigkeit durch Hoheitsprivilegien auszeichnet[442] oder sie mit der Ausübung von Zwangsmitteln

431 EuGH, Rs. C-55/94 (Gebhard), Slg 1995, I-4165, Rn 27; EuGH, Rs. C-221/89 (Factortame I), Slg 1991, I-3905, Rn 20.

432 Vgl *Tietje*, in: Ehlers (Hrsg.), S. 342 f.

433 Schlussanträge des GA Darmon, EuGH, Rs. 81/87 (Daily Mail), Slg 1988, 5483, Rn 3; Schlussanträge des GA Léger, EuGH, Rs. C-55/94 (Gebhard), Slg 1995, I-4165, Rn 19.

434 Vgl EuGH, Rs. 33/74 (van Binsbergen), Slg 1974, 1299, Rn 13; EuGH, Rs. 205/84 (Kommission/Deutschland), Slg 1986, 3755, Rn 22.

435 EuGH, Rs. C-70/95 (Sondemare), Slg 1997, I-3395, Rn 38.

436 *Müller-Graff*, in: Streinz, EUV/AEUV, Art. 54 AEUV, Rn 17.

437 *Forsthoff*, in: Grabitz/Hilf/Nettesheim, EU-Recht, Art. 49 AEUV, Rn 118.

438 Vgl EuGH, Rs. C-370/90 (Singh), Slg 1992, I-4265, Rn 23.

439 EuGH, Rs. C-159/12 bis C-161/12 (Venturini).

440 Zur Auslegung dieses Begriffes und zugleich Anmerkung zu EuGH, Rs. C-54/08 *Dederer*, EuR 2011, 865 ff.

441 EuGH, Rs. C-42/92 (Thijssen), Slg 1993, I-4047, Rn 8; EuGH, Rs. C-114/97 (Kommission/Spanien), Slg 1998, I-6717, Rn 35; EuGH, Rs. C-451/03 (Serevici), Slg 2006, I-2941, Rn 46.

442 *Müller-Graff*, in: Streinz, EUV/AEUV, Art. 51 AEUV, Rn 5.

einhergeht.[443] Die Bereichsausnahme erfasst nicht ganze Berufsgruppen, sondern nur einzelne Tätigkeitsfelder, für die diese Kriterien bejaht werden können. Die Ausgestaltung des Beschäftigungsverhältnisses spielt für die Möglichkeit der Berufung auf die Bereichsausnahme grds. keine Rolle, jedenfalls unterfällt schlicht hoheitliches Handeln Art. 51 AEUV.[444]

3. Persönlicher Schutzbereich

a) Natürliche Personen

172 In den Schutzbereich der **primären Niederlassungsfreiheit** des Art. 49 Abs. 1 S. 1 AEUV fallen alle **Staatsangehörigen der Mitgliedstaaten** und ihre **Familienangehörigen.** Besitzt jemand auch die Staatsangehörigkeit eines Drittstaates, ist dies nicht von Belang, so dass er sich wie alle anderen Unionsbürger auch auf die Niederlassungsfreiheit berufen kann.[445] Es ist auch unerheblich, ob sich der Berechtigte in einem Mitgliedstaat oder einem Drittstaat aufhält.[446] Drittstaatler und Staatenlose gehören nicht zum aus der Niederlassungsfreiheit berechtigten Personenkreis. Wenn diese jedoch **Gesellschafter** einer einem Unionsmitgliedstaat zuzuordnenden Gesellschaft sind oder zu ihrem Führungspersonal gehören, kann die Versagung ihres Aufenthaltes eine Beschränkung der Niederlassungsfreiheit der Gesellschaft darstellen.[447]

173 Berechtigte der **sekundären Niederlassungsfreiheit** (Art. 49 Abs. 1 S. 2 AEUV) sind im Unterschied zur primären Niederlassungsfreiheit nur Unionsbürger, die in der Union mit ihrem wirtschaftlichen Schwerpunkt[448] **ansässig** sind. Für die Ansässigkeit ist der Ort der wirtschaftlichen Tätigkeit maßgeblich, nicht der Wohnsitz oder der allgemeine Aufenthaltsort.[449]

b) Gesellschaften (Art. 54 iVm Art. 49 AEUV)

174 Die Freizügigkeit von Gesellschaften führt zu ungleich größeren Problemen als die Freizügigkeit natürlicher Personen, da das Gesellschaftsrecht in den Mitgliedstaaten sehr unterschiedlich ist und insb. hinsichtlich der Gründung von Gesellschaften divergiert. Mit Ausnahme der im Wege der Rechtsvereinheitlichung geschaffenen **EWIV** (Europäische Wirtschaftliche Interessenvereinigung),[450] **der Europäischen Aktiengesellschaft,**[451] der **Europäischen Genossenschaft**[452] und der geplanten, jedoch noch nicht existenten **Europäischen Privatgesellschaft**[453] als europäische Gesellschaftsformen haben Gesellschaften nach dem gegenwärtigen Stand des Unionsrechts jenseits der nationalen Rechtsordnungen, die ihre Gründung und Existenz regeln, keine rechtliche Existenz.[454]

175 Als Gesellschaften im Sinne des Unionsrechts sind gem. Art. 54 Abs. 2 AEUV **Gesellschaften des bürgerlichen Rechts** und des **Handelsrechts** einschließlich der **Genossenschaften** und der sonstigen **juristischen Personen** des öffentlichen und privaten Rechts mit Ausnahme derjenigen, die keinen Erwerbszweck verfolgen, anzusehen. Der Begriff der juristischen Person ist dabei weit auszulegen. Neben allen juristischen Personen des nationalen Rechts können sich daher auch solche **Personenvereinigungen** auf Art. 54 AEUV berufen, die gegenüber ihren Mitgliedern so weit verselbständigt sind, dass sie im Rechtsverkehr unter eigenem Namen handeln können,[455] so dass auch die deut-

---

443 EuGH, Rs. C-114/97 (Kommission/Spanien), Slg 1998, I-6717, Rn 37.
444 Vgl *Lackhoff*, S. 157; sowie EuGH, Rs. 147/86 (Kommission/Griechenland), Slg 1988, 1637, Rn 9.
445 EuGH, Rs. C-369/90 (Micheletti), Slg 1992, I-4239, Rn 10 f.
446 *Schlag*, in: Schwarze, EU-Kommentar, Art. 49 AEUV, Rn 29.
447 *Müller-Graff*, in: Streinz, EUV/AEUV, Art. 49 AEUV, Rn 28.
448 Vgl *Eyles*, Niederlassungsrecht, S. 43, 103.
449 *Lackhoff*, S. 187; *Forsthoff*, in: Grabitz/Hilf/Nettesheim, EU-Recht, Art. 49 AEUV, Rn 56.
450 VO (EWG) Nr. 2137/85.
451 VO (EG) Nr. 2157/2001.
452 VO (EG) Nr. 1435/2003.
453 Vorschlag der Kommission für eine Verordnung des Rates über das Statut der Europäischen Privatgesellschaft, KOM (2008) 396 endg.
454 *Fischer*, in: Lenz/Borchardt, EU-Verträge, Art. 54 AEUV, Rn 3; *Schwarz*, Europäisches Gesellschaftsrecht, Baden-Baden, 2000, Rn 4.
455 *Forsthoff*, in: Grabitz/Hilf/Nettesheim, EU-Recht, Art. 54 AEUV, Rn 3.

sche OHG, KG und die Gesellschaft bürgerlichen Rechts als juristische Personen im Sinne dieser Vorschrift angesehen werden.[456] Im Hinblick auf das großzügig auszulegende Merkmal des **Erwerbszwecks** fallen nur solche Akteure aus dem persönlichen Schutzbereich heraus, deren Tätigkeit nicht auf Teilnahme am wirtschaftlichen Wettbewerb ausgelegt ist, wie dies etwa bei rein religiösen, karitativen, kulturellen oder sozialen Zielsetzungen der Fall ist, es sei denn, sie verfolgen einen mitprägenden Erwerbszweck.[457]

Als weitere Voraussetzungen für eine Gleichstellung normiert Art. 54 Abs. 1 AEUV die **Gründung nach dem Recht eines Mitgliedstaats** sowie eine **örtliche Verbindung mit einem Mitgliedstaat** dergestalt, dass die Gesellschaft ihren satzungsmäßigen Sitz, ihre Hauptverwaltung oder ihre Hauptniederlassung innerhalb der Union hat. Diese Voraussetzungen müssen kumulativ vorliegen und bilden ein Äquivalent zum Kriterium der Staatsangehörigkeit bei natürlichen Personen.[458] Wenn Gesellschaften **sekundäre Niederlassungen** errichten, müssen sie ebenso wie natürliche Personen dem **Ansässigkeitserfordernis** gerecht werden (vgl Art. 49 Abs. 1 S. 2 AEUV). Zweck dieses Erfordernisses ist es, solche Gesellschaften auszugrenzen, die nur oder vornehmlich in EU-fremde Volkswirtschaften eingegliedert sind und keine intensive wirtschaftliche Verbindung zur Union aufweisen.[459] Dem Ansässigkeitserfordernis wird ohne weiteres Rechnung getragen, wenn sich Hauptniederlassung oder Hauptverwaltung innerhalb der Union befinden, nicht jedoch, wenn lediglich der satzungsmäßige Sitz in einem Mitgliedstaat begründet wurde.[460] In diesen Fällen muss neben die formale Präsenz auch eine tatsächliche und dauerhafte Verbindung der Tätigkeit mit dem Wirtschaftsleben eines Mitgliedstaates treten.[461] Wurde jedoch eine Gesellschaft nach dem Recht eines Mitgliedsstaates gegründet und weist keinen Auslandsbezug auf, liegt bei dieser, unabhängig von einer realen Wirtschaftstätigkeit, die erforderliche örtliche Verbindung vor.[462] 176

Problematisch kann die gesellschaftsrechtliche Bewertung derjenigen Gesellschaften sein, die sich in einem anderen Mitgliedstaat niederlassen wollen und jeweils rechtliche Besonderheiten aufweisen, die nach dem Recht des Zuzugsstaates nicht anerkannt werden. In diesen Fällen kann es zu **Kollisionen mit dem internationalen Gesellschaftsrecht** kommen, das insoweit durch das Unionsrecht überlagert wird. Nach der insb. im angloamerikanischen Raum vertretenen sog. **Gründungstheorie** ist als Gesellschaftsstatut das Recht des Staates anzusehen, nach dem die Gesellschaft gegründet wurde. Demgegenüber knüpft die in Kontinentaleuropa vorherrschende **Sitztheorie** das Gesellschaftsstatut an den tatsächlichen Verwaltungssitz an, mithin an das unternehmerische Entscheidungszentrum.[463] Für die Begründung von sekundären Niederlassungen ergeben sich aus kollisionsrechtlichen Gesichtspunkten in der Regel keine Probleme, solange eine Gesellschaft ihren Verwaltungssitz nicht verlegt. Die Gesellschaft wird dann sowohl nach dem Recht der Staaten, die der Gründungstheorie folgen, als auch nach dem Recht der Staaten, die der Sitztheorie folgen, als rechtsfähig anerkannt.[464] Schwierigkeiten entstehen regelmäßig dann, wenn eine Gesellschaft ihren tatsächlichen Verwaltungssitz unter Aufrechterhaltung ihrer rechtlichen Identität verlegen will (primäre Niederlassung). Unter der Geltung der Sitztheorie ist eine solche **identitätswahrende Verlagerung** des effektiven Sitzes einer Gesellschaft in einen anderen Staat grds. nicht möglich. Es bedürfte vielmehr einer Auflösung und Liquidation der Gesellschaft sowie ihrer Neugründung im Aufnahmestaat (Statutenwechsel), wenn man die Sitztheorie weiterhin anwenden würde.[465] Des Weiteren hindert die Sitztheorie eine in einem der Gründungstheorie folgenden Mitgliedstaat wirksam 177

456 Vgl *Hobe*, Europarecht, S. 200.
457 *Müller-Graff*, in: Streinz, EUV/AEUV, Art. 54 AEUV, Rn 3.
458 *Schwarz*, Europäisches Gesellschaftsrecht, Rn 150.
459 *Forsthoff*, in: Grabitz/Hilf/Nettesheim, EU-Recht, Art. 54 AEUV, Rn 8.
460 *Troberg/Tiedje*, in: von der Groeben/Schwarze, EUV/EGV, Art. 48 EGV, Rn 12.
461 Ebd; *Schwarz*, Europäisches Gesellschaftsrecht, Rn 154.
462 Vgl EuGH, Rs. C-212/97 (Centros), Slg 1999, I-1459, Rn 17.
463 *Schwarz*, Europäisches Gesellschaftsrecht, Rn 161 f.
464 Ebd, Rn 165.
465 *Bröhmer*, in: Calliess/Ruffert, EUV/AEUV, Art. 54 AEUV, Rn 8; *Geyrhalter*, EWS 1999, 202.

errichtete Gesellschaft daran, ihren **effektiven Verwaltungssitz** unmittelbar bei der Gründung in einem der Sitztheorie folgenden Staat zu nehmen.[466]

178 Nach mehreren nicht ganz deutlichen Entscheidungen des EuGH[467] und großen Meinungsverschiedenheiten im Schrifttum darüber, ob die Sitztheorie mit der Niederlassungsfreiheit vereinbar ist, entschied der EuGH in der grundlegenden Entscheidung **Überseering**, dass die Rechts- und Parteifähigkeit einer Gesellschaft, die nach dem Recht ihres Gründungsstaates ordnungsgemäß gegründet worden ist, von den anderen Mitgliedstaaten, in die sie ihren tatsächlichen Verwaltungssitz verlegt hat, zu achten ist. Vor diesem Hintergrund ist die **Sitztheorie nicht mit der Niederlassungsfreiheit vereinbar**, da die Anwendbarkeit der rechtlichen Bestimmungen des Ortes ihres Verwaltungssitzes für Gesellschaften aus anderen Mitgliedstaaten dazu führen kann, dass sie sich nicht in einem anderen Mitgliedstaat identitätswahrend niederlassen können.[468]

179 In der nachfolgenden bedeutsamen Entscheidung **Inspire Art** beantwortete der EuGH die sich an dieses Ergebnis anschließende Frage, ob und unter welchen Voraussetzungen der Zuzugsstaat bei der Errichtung einer sekundären Niederlassung die zuziehende Gesellschaft bestimmten Regeln unterwerfen darf, die über die nach dem Recht des Gründungsstaates bestehenden Anforderungen hinausgehen.[469] Dem Grunde nach wird diese Frage vom EuGH verneint. Nach seiner Ansicht genügt es nicht, die Rechts- und Parteifähigkeit einer ausländischen Gesellschaft anzuerkennen, sondern die Mitgliedstaaten müssen darüber hinaus darauf verzichten, der Gesellschaft rechtliche Erschwernisse aufzuerlegen, da sie grds. unverändert nach dem Recht des Gründungsstaates wirtschaftlich tätig werden kann, es sei denn, die Mitgliedstaaten können sich auf Rechtfertigungsgründe stützen.[470] Ähnlich entschied der EuGH in der Entscheidung **Sevic**, dass die Mitgliedstaaten eine **Verschmelzung** einer Gesellschaft mit einer aus einem anderen Mitgliedstaat stammenden Gesellschaft aufgrund der Niederlassungsfreiheit ohne vorherige Abwicklung der Gesellschaft ermöglichen müssen.[471] Das Gleiche muss auch für Wegzugsfälle gelten, in denen zB eine deutsche Gesellschaft ihren Sitz in einen anderen Mitgliedstaat verlegen will.[472] Hindernisse für eine grenzüberschreitende wirtschaftliche Mobilität können aber gleichermaßen auf materiell-rechtlichen Wegzugsbeschränkungen beruhen.[473] Der EuGH schließt jedoch wie schon in der Rs. Überseering nicht aus, dass bestimmte mitgliedstaatliche Schutzbestimmungen auch vor dem Hintergrund der Niederlassungsfreiheit gerechtfertigt sein können. In den genannten Entscheidungen unterscheidet der EuGH im Übrigen nicht zwischen primärer und sekundärer Niederlassungsfreiheit, so dass allgemein von einer Gleichstellung im Hinblick auf die angesprochenen Probleme ausgegangen wird.[474]

180 In seiner neuesten Entscheidung **Cartesio** beschäftigte sich der EuGH erneut mit Wegzugsfällen. Er bestätigte seine bisherige Rechtsprechung, indem er verdeutlichte, dass ein Mitgliedstaat Regelungen erlassen darf, die den Wegzug einer nach seinem Recht gegründeten Gesellschaft unter Beibehaltung der nationalen Gesellschaftsform erschweren bzw verhindern.[475] Gleichzeitig betonte der EuGH jedoch, dass ein Mitgliedstaat nicht generell den Wegzug einer Gesellschaft verhindern darf. Nach Ansicht des EuGH dürfen nationale Regelungen es einer Gesellschaft nicht unmöglich machen, sich ohne vorherige Liquidation im Gründungsstaat in eine Gesellschaft des Zuzugstaates

466 *Ebke*, JZ 1999, 657; *Geyrhalter*, EWS 1999, 202.
467 EuGH, Rs. 81/87 (Daily Mail), Slg 1988, 5483, Rn 24; EuGH, Rs. C-212/97 (Centros), Slg 1999, I-1459, Rn 27; zu diesen Entscheidungen *Haratsch/Koenig/Pechstein*, Europarecht, 9. Aufl., Tübingen, 2014, S. 444 f; für einen Überblick über die Entwicklung der Rspr des EuGH in diesem Bereich vgl *Horn*, NJW 2004, 893 ff.
468 EuGH, Rs. C-208/00 (Überseering), Slg 2002, I-9919, Rn 57.
469 EuGH, Rs. C-167/01 (Inspire Art), Slg 2003, I-10155.
470 EuGH, Rs. C-167/01 (Inspire Art), Slg 2003, I-10155.
471 EuGH, Rs. C-411/03 (Sevic), Slg 2005, I-2856, Rn 22, 30.
472 So *Müller-Graff*, in: Streinz, EUV/AEUV, Art. 54 AEUV, Rn 19.
473 *Leible/Hoffmann*, ZIP 2003, 925, 929 f.
474 *Leible/Hoffmann*, EuZW 2003, 677 f.
475 EuGH, Rs. C-210/06 (Cartesio), Slg 2008, I-9641, Rn 110.

umzuwandeln.[476] Lediglich den **Export einer nationalen Gesellschaftsform** muss ein Mitgliedstaat somit nicht zulassen.

Die Beseitigung von Mobilitätshindernissen für niederlassungswillige Gesellschaften wird in Zukunft sicherlich mit einer raschen Angleichung der nach wie vor sehr unterschiedlichen gesellschaftsrechtlichen Rahmenbedingungen einhergehen.[477] Nur so kann letztlich den Bedenken begegnet werden, dass sich im Wettbewerb der Rechtsordnungen gerade diejenige mit dem schwächsten Schutz der Interessen Dritter durchsetzen kann („race to the bottom").[478] 181

II. Adressaten des Art. 49 AEUV

Die Bestimmungen über die Niederlassungsfreiheit verpflichten in erster Linie die Mitgliedstaaten.[479] Der EuGH tendierte bislang vor allem im Rahmen der Arbeitnehmerfreizügigkeit mehr und mehr zu einer Ausdehnung der Grundfreiheiten auch auf privatrechtliche Verhältnisse.[480] Wegen des Fundamentalcharakters des Art. 49 AEUV für das **Integrationskonzept des Binnenmarkts** befürwortet ebenso ein großer Teil der Literatur eine Übertragung dieser Ergebnisse auf das Recht der freien Niederlassung, so dass unter Berücksichtigung der Rechtsprechung des EuGH eine Bindung privater Kollektivorganisationen und ggf auch Einzelner im Horizontalverhältnis jedenfalls nicht ausgeschlossen werden könne.[481] In einer seiner neueren Entscheidungen zur Niederlassungsfreiheit räumte der EuGH bestehende Zweifel bzgl der unmittelbaren Drittwirkung der Niederlassungsfreiheit auf private Kollektivorganisationen aus, indem er eine kollektive Maßnahme einer Gewerkschaft in den Anwendungsbereich der Niederlassungsfreiheit einbezog und feststellte, dass diese Maßnahme geeignet sei, eine Gesellschaft davon abzuhalten, von der Niederlassungfreiheit Gebrauch zu machen.[482] 182

In Betracht kommen bei Behinderungen der Niederlassungsfreiheit durch private Akteure zudem **Schutzpflichten** der Mitgliedstaaten, die insoweit für das Handeln Privater in die Verantwortung genommen werden können. Nach Ansicht des EuGH sind die Mitgliedstaaten verpflichtet, alle erforderlichen und geeigneten Maßnahmen zu ergreifen, um in ihrem Gebiet die Beachtung der Grundfreiheiten sicherzustellen. Dabei soll den Mitgliedstaaten allerdings ein **weiter Beurteilungsspielraum** zukommen.[483] Für die Niederlassungsfreiheit könnte eine staatliche Schutzpflicht etwa dann anzunehmen sein, wenn ausländische Selbständige oder Gesellschaften von Ausschreitungen bedroht wären. 183

III. Eingriffe

1. Diskriminierungsverbot

Ursprünglich wurde der Niederlassungsfreiheit allein ein Diskriminierungsverbot entnommen, das den Mitgliedstaaten verbietet, Beschränkungen der Niederlassungsfreiheit aufgrund der Staatsangehörigkeit eines Unionsbürgers (**offene Diskriminierung**) oder unterschiedslose Regelungen zu erlassen, die Ausländer typischerweise stärker benachteiligen als Inländer (**versteckte Diskriminierung**). Das Diskriminierungsverbot gilt für Rechtsvorschriften und Verwaltungspraktiken[484] und in Bezug auf die verschiedenen Formen der Niederlassung, so dass die Unionsbürger nicht deshalb benachteiligt werden dürfen, weil es sich bei ihrer Niederlassung um eine Zweigniederlassung handelt, die 184

476 Ebd, Rn 111.
477 *Bayer*, BB 2004, 11.
478 Vgl BGH, ZIP 2000, 967, 968.
479 *Tietje* in: Ehlers (Hrsg.), S. 356.
480 EuGH, Rs. C-415/93 (Bosman), Slg 1995, I-4921; EuGH Rs. C-281/98 (Angonese), Slg 2000, I-4139, Rn 29 ff, 36.
481 *Müller-Graff*, in: Streinz, EUV/AEUV, Art. 49 AEUV, Rn 38; *Bleckmann*, Rn 1574; *Schwarz*, Europäisches Gesellschaftsrecht, Rn 143.
482 EuGH, Rs. C-438/05 (Viking Line), Slg 2007, I-10779, Rn 33 ff.
483 EuGH, Rs. C-265/95 (Kommission/Frankreich), Slg 1997, I-6959, Rn 56.
484 *Bieber/Epiney/Haag*, Die Europäische Union, S. 364.

häufig von Ausländern betrieben wird. So sah es der EuGH etwa als versteckte Diskriminierung an, dass nur Unternehmen mit Hauptsitz im steuererhebenden Mitgliedstaat ihre Forschungskosten steuerlich absetzen konnten, nicht aber Unternehmen mit Zweigniederlassungen in demselben Mitgliedstaat. Da sich Forschungsabteilungen oftmals in der Hauptniederlassung befinden, werden Unternehmen mit Zweigniederlassungen in dem Mitgliedstaat typischerweise benachteiligt.[485] Weitere versteckte Diskriminierungen sind Erfordernisse der Inlandsansässigkeit,[486] inländischer Diplome und Befähigungsnachweise[487] oder das Auferlegen von besonderen Zusatzlasten für die Anerkennung von ausländischen Befähigungsnachweisen, wie etwa die Pflicht, Originaldiplome oder beglaubigte Übersetzungen einzureichen.[488] Viele Fälle der verdeckten Diskriminierungen **betreffen steuer-** oder **versicherungsrechtliche Regelungen**, wie etwa generell steuerrechtliche Benachteiligungen, die an den Sitz anknüpfen,[489] oder die Erhebung von Sozialversicherungsbeiträgen, obwohl sie schon von einem anderen Mitgliedstaat erhoben werden.[490]

185 Der EuGH hat eine verbotene Diskriminierung auch in Bereichen angenommen, die nur in einem entfernten Zusammenhang mit der Niederlassungsfreiheit stehen, wie etwa die Finanzierung des Studiums der Tochter eines Unionsbürgers, der sich eine Niederlassung in einem anderen Mitgliedstaat aufgebaut hat.[491] In diesen Fällen kann es allerdings zu Abgrenzungsproblemen zu dem **allgemeinen Diskriminierungsverbot** des Art. 18 AEUV kommen, das Diskriminierungen aufgrund der Staatsangehörigkeit erfasst, die in keinem hinreichend engen Zusammenhang mit den Grundfreiheiten stehen. Zur Abgrenzung ist grds. auf den **Schwerpunkt der Beschränkung** abzustellen, so dass in dem genannten Fall mangels eines hinreichend engen Bezugs zur Niederlassungsfreiheit eher Art. 18 AEUV in Betracht kommt.[492]

2. Beschränkungsverbot

186 Mittlerweile wird der Niederlassungsfreiheit, wie allen anderen Grundfreiheiten auch, zusätzlich ein Beschränkungsverbot entnommen, das grds. sämtliche unterschiedslos wirkende Maßnahmen erfasst, die die Ausübung der Niederlassungsfreiheit **unterbinden, behindern oder weniger attraktiv machen.**[493]

187 Dieser Beschränkungsbegriff wirft aufgrund seiner Weite vergleichbare Probleme auf, wie es auch bei den anderen Grundfreiheiten der Fall ist, da er grds. auch **mittelbare und potentielle Beschränkungen** erfasst.[494] Ein wichtiger Unterschied zu den Produktverkehrsfreiheiten liegt allerdings darin, dass die Niederlassungsfreiheit, wie die Arbeitnehmerfreizügigkeit auch, mit einer **Eingliederung des Betreffenden** in den anderen Mitgliedstaat verbunden ist, und dass deshalb ein stärkeres Bedürfnis der Mitgliedstaaten gegeben ist, ihre innerstaatlichen Rechtsvorschriften auf den Betreffenden anzuwenden. Andererseits sind diese Rechtsvorschriften mitunter geeignet, eine Niederlassung des Staatsangehörigen eines anderen Mitgliedstaates gänzlich zu verhindern, da es für ihn mit großen Schwierigkeiten verbunden sein kann, sich diesen Erfordernissen zu unterwerfen. Jedenfalls kann nach dem bestehenden Beschränkungsverbot nahezu jede innerstaatliche Rechtsvorschrift, die

485 EuGH, Rs. C-254/97 (Baxter), Slg 1999, I-4809, Rn 10.
486 EuGH, Rs. C-114/97 (Kommission/Spanien), Slg 1998, I-6717, Rn 44.
487 EuGH, Rs. 71/76 (Thieffry), Slg 1977, 765, Rn 19; EuGH, Rs. 5/83 (Rienks), Slg 1983, 4233, Rn 9 f; EuGH, Rs. C-340/89 (Vlassopoulou), Slg 1991, I-2357, Rn 4 ff.
488 EuGH, Rs. C-298/99 (Kommission/Italien), Slg 2002, I-3129, Rn 37 und 42.
489 EuGH, Rs. 270/83 (Kommission/Frankreich), Slg 1986, 273, Rn 18; EuGH, Rs. C-253/03 (CLT-UFA), Slg 2006, I-1831, Rn 14.
490 EuGH, Rs. C-53/95 (Inasti/Kemmler), Slg 1996, I-703, Rn 12.
491 EuGH, Rs. C-337/97 (Meeusen), Slg 1999, I-3289, Rn 27.
492 Näher zur Abgrenzung zu Art. 18 AEUV *Forsthoff*, in: Grabitz/Hilf/Nettesheim, EU-Recht, Art. 49 AEUV, Rn 125.
493 EuGH, Rs. C-55/94 (Gebhard), Slg 1995, 4165, Rn 37.
494 Vgl zu der Dassonville-Formel Rn 23 ff.

in irgendeiner Weise die Niederlassungsfreiheit berührt, eine Beschränkung darstellen, ohne dass dies immer von der Ratio des AEUV gedeckt sein muss.[495]

Eine Einschränkung des Beschränkungstatbestandes wird deshalb nach überwiegender Ansicht, der der EuGH aufgrund seiner Einschränkungsversuche bei den anderen Grundfreiheiten voraussichtlich folgen wird, auch für die Niederlassungsfreiheit gefordert und soll entsprechend den Grundsätzen der **Keck-Rechtsprechung** vorgenommen werden. Nach diesen Grundsätzen ist für das Bestehen eines Eingriffs entscheidend, ob durch die betreffende Maßnahme der **Marktzugang** behindert wird, oder ob bloße Modalitäten der Ausübung der Niederlassungsfreiheit betroffen sind, die sich nicht auf den Marktzugang auswirken.[496] Es muss spezifisch die Niederlassung in einem anderen Mitgliedstaat selbst erschwert oder unmöglich gemacht werden, wie etwa durch Tätigkeitsverbote oder -vorbehalte zugunsten der öffentlichen Hand, Bedürfnisvorbehalte oder Qualifikationserfordernisse.[497] Ausübungsmodalitäten, die sich dennoch auf den Marktzugang auswirken können, etwa das Verbot der Führung einer bestimmten Geschäftsbezeichnung,[498] die Konzessionserteilung an Unternehmen im Glücksspielsektor[499] oder starke Zusatzbelastungen durch strenge Anforderungen etwa an Personal- oder Aktenführung,[500] sind ebenfalls weiterhin als Beschränkung anzusehen. 188

IV. Rechtfertigung

1. Geschriebene Schranken

Gemäß Art. 52 AEUV lassen sich Beschränkungen der Niederlassungsfreiheit aus Gründen der öffentlichen Ordnung, Sicherheit oder Gesundheit rechtfertigen. Dieser geschriebene Rechtfertigungsgrund kann bei **Diskriminierungen und Beschränkungen** herangezogen werden. Zu beachten ist, dass es sich bei den Rechtsbegriffen um **unionsrechtlich determinierte Begriffe** handelt, für die trotz eines Beurteilungsspielraumes der Mitgliedstaaten nicht die nationale Auslegung maßgeblich ist, und dass Art. 52 AEUV, wie sämtliche Ausnahmevorschriften zu den Grundfreiheiten, eng auszulegen ist.[501] Nicht jede Verletzung nationaler Rechtsvorschriften ist als Verstoß gegen die öffentliche Ordnung anzusehen, sondern es ist „eine tatsächliche und hinreichend schwere Gefährdung", die „ein Grundinteresse der Gesellschaft" berührt, erforderlich.[502] Dies ist etwa zu bejahen, wenn der Mitgliedstaat gegen seine eigenen Angehörigen in ähnlichen Fällen keine vergleichbaren Maßnahmen ergreift.[503] Verstößt der Unionsbürger etwa gegen gesetzliche Bestimmungen zur sozialen Sicherheit, ist ein Verstoß gegen die öffentliche Ordnung mangels einer Gefährdung eines Grundinteresses zu verneinen.[504] 189

Maßgeblich für die Auslegung dieser Begriffe ist die RL 64/221/EWG, die für die Arbeitnehmerfreizügigkeit, die Niederlassungs- und die Dienstleistungsfreiheit Anwendung findet. Sie regelt insb., dass wirtschaftliche Zwecke für eine Rechtfertigung nicht in Betracht kommen und dass Maßnah- 190

495 Vgl hierzu die Ausführungen zur Arbeitnehmerfreizügigkeit Rn 111 ff.

496 So *Haratsch/Koenig/Pechstein*, Europarecht, 9. Aufl., Tübingen, 2014, Rn 842 ff; ähnlich auch *Müller-Graff*, in: Streinz, EUV/AEUV, Art. 49 AEUV, Rn 62 ff, der indes meint, es handle sich bei einer solchen Einschränkung nicht um eine Übertragung der Keck-Rechtsprechung; generell gegen eine Übertragung der Grundsätze der Keck-Rechtsprechung *Tietje*, in: Ehlers (Hrsg.), S. 355.

497 Für einen Überblick mit zahlreichen Nachweisen aus der Rechtsprechung *Müller-Graff*, in: Streinz, EUV/AEUV, Art. 49 AEUV, Rn 65 ff.

498 EuGH, Rs. C-255/97 (Pfeiffer), Slg 1999, I-2835, Rn 20.

499 EuGH, Rs. C-338/04, C-359/04 und C-360/04 (Placanica), Slg 2007, I-1891, Rn 64.

500 Vgl *Forsthoff*, in: Grabitz/Hilf/Nettesheim, EU-Recht, Art. 49 AEUV, Rn 114.

501 EuGH, Rs. C-348/96 (Calfa), Slg 1999, I-11, Rn 23; EuGH, Rs. C-260/89 (ERT), Slg 1991, I-2925, Rn 24.

502 EuGH, Rs. 30/77 (Bouchereau), Slg 1977, 1999, Rn 33 ff.

503 EuGH, Rs. 115/81 und 116/81 (Adoui u.a), Slg 1982, 1665, Rn 7 f; EuGH, Rs. C-268/99 (Jany u.a.), Slg 2001, I-8615, Rn 59 ff.

504 EuGH, Rs. C-363/89 (Roux), Slg 1991, I-273, Rn 30 f.

men zum Schutz der öffentlichen Ordnung oder Sicherheit grds. an das **persönliche Verhalten der betroffenen Person** anknüpfen müssen.[505]

2. Ungeschriebene Schranken

191 Wie auch für die anderen Grundfreiheiten hat der EuGH ebenfalls für Beschränkungen der Niederlassungsfreiheit ungeschriebene Schranken angenommen, um die Weite des entwickelten Beschränkungsverbotes durch großzügigere Rechtfertigungsmöglichkeiten wenigstens teilweise auszugleichen. Es können grds. nur **Beschränkungen** und **keine Diskriminierungen** durch die Berufung auf zwingende Erfordernisse gerechtfertigt werden, wenn es auch zT im Hinblick auf versteckte Diskriminierungen zu einer Ausweitung der Anwendbarkeit der ungeschriebenen Rechtfertigungsgründe kommt (hierzu Rn 54 ff).

192 Eine Rechtfertigung ist daher bei Beschränkungen der Niederlassungsfreiheit zusätzlich möglich, wenn der Mitgliedstaat sich auf **zwingende Erfordernisse des Allgemeininteresses** berufen kann.[506] Als solche hat der EuGH im Rahmen der Niederlassungsfreiheit etwa bislang den **Verbraucherschutz,**[507] den **Arbeitnehmerschutz,**[508] den **Schutz der Öffentlichkeit vor irreführender oder missbräuchlicher Führung akademischer Titel,**[509] **die Kohärenz des Steuersystems**[510] oder die **Sicherung eines bestimmten Ausbildungsstandes** anerkannt,[511] nicht aber die allgemeine Vermutung der Steuerhinterziehung.[512] In Betracht kommt grds. jedes nicht-wirtschaftliche gewichtige Interesse,[513] so dass sich die Rechtfertigungsgründe auch in Reaktion auf neuartige Gefahrenlagen stetig erweitern können.

3. Schranken-Schranken

193 Von großer Bedeutung ist die Wahrung des **Verhältnismäßigkeitsprinzips** durch die Mitgliedstaaten, die ihre Maßnahmen auf die geschriebenen und ungeschriebenen Rechtfertigungsgründe stützen. Die Maßnahmen müssen **geeignet** sein, das Allgemeininteresse zu schützen, was anhand von Erfahrungswerten und Prognosen zu ermitteln ist, jedoch grds. einem weiten Beurteilungsspielraum der Mitgliedstaaten unterliegt. Die Maßnahmen müssen zudem **erforderlich** sein, dh es darf kein gleich wirksames, aber weniger einschneidendes Mittel geben, um den von den Mitgliedstaaten verfolgten Zweck zu erfüllen.

194 An dieser Stelle ist auch das **Herkunftslandprinzip** zu beachten. Die Rechtsprechung des EuGH zur Unanwendbarkeit der Sitztheorie auf ausländische Gesellschaften bestätigt diese Einschätzung.[514] Sie stellt zur Beurteilung der Verkehrsfähigkeit von Wirtschaftsgütern auf die Anforderungen des Herkunftsstaates ab und nicht auf die rechtlichen Anforderungen des Landes, in dem sie angeboten werden.[515] Daraus folgt für die Niederlassungsfreiheit, dass die besonderen Eigenschaften der ausländischen Bürger und Gesellschaften, die sich auf die Niederlassungsfreiheit berufen, anzuerkennen sind, und dass es einer **besonderen Begründung** bedarf, ihre Wirtschaftstätigkeit zu beschränken. Zu beachten ist jedoch, dass die Niederlassungsfreiheit, wie die Arbeitnehmerfreizügigkeit auch, dadurch gekennzeichnet ist, dass sich derjenige, der sie in Anspruch nimmt, regelmäßig für einen längeren Zeitraum in den anderen Mitgliedstaat begibt und sich in das Wirtschaftsleben und

505 Näher zu der RL vgl Rn 123 ff.
506 EuGH, Rs. C-55/94 (Gebhard), Slg 1995, I-4165, Rn 37.
507 EuGH, Rs. 205/84 (Kommission/Deutschland), Slg 1986, 3755, Rn 30 ff.
508 EuGH, Rs. C-208/00 (Überseering), Slg 2002, I-9919, Rn 92.
509 EuGH, Rs. C-19/92 (Kraus), Slg 1993, I-1663, Rn 42.
510 EuGH, Rs. C-204/90 (Bachmann), Slg 1992, I-249; EuGH, Rs. C-157/07 (Krankenheim Wannsee), Slg 2008, I-8061.
511 EuGH, Rs. C-55/94 (Gebhard), Slg 1995, I-4165, Rn 25 ff.
512 EuGH, Rs. C-196/04 (Cadbury-Schweppes), Slg 2006, I-7995, Rn 50.
513 Zu den Gründen des Allgemeininteresses vgl auch EuGH, Rs. C-400/08 (Kommission/Spanien), Slg. 2011, I-1915, Rn. 74.
514 EuGH, Rs. C-208/00 (Überseering), Slg 2002, I-9919, Rn 57; EuGH, Rs. C-167/01 (Inspire Art), Slg 2003, I-10155, Rn 58 = NJW 2003, 3331, Rn 58.
515 Umfassend hierzu *Hatje*, in: Schwarze, EU-Kommentar, Art. 26 AEUV, Rn 10.

die Rechtsordnung des Aufnahmestaates eingliedert. Anders als bei den anderen Grundfreiheiten, zu deren Ausübung die Betreffenden allenfalls vorübergehend die Grenzen überschreiten, gibt es ein stärkeres Bedürfnis des Zuzugsstaates, auf sie die Regeln der eigenen Rechtsordnung anzuwenden.

Der Gerichtshof sah es etwa als **milderes Mittel** an, anstatt eines Wohnsitzerfordernisses im Inland **195**
zur Durchsetzung etwaiger Geldstrafen eine Sicherheitsleistung zu verlangen[516] oder die Vorlage ebenso verlässlicher Belege anstelle eines Erfordernisses der Vorlage von Originalurkunden oder beglaubigter Kopien.[517] Soweit es für bestimmte Berufe keine Anerkennungsrichtlinien gibt, ist nach der Rechtsprechung des EuGH zum Nachweis der erforderlichen Fähigkeiten und Kenntnisse eine **gerichtlich überprüfbare Gleichwertigkeitsprüfung der Befähigungsnachweise und Diplome** aus anderen Mitgliedstaaten vorzunehmen, auch was die Anerkennung von praktischen Erfahrungen angeht.[518] Auch im Rahmen der Schranken-Schranken ist die RL 64/221/EWG über die Handhabung des in Art. 45 Abs. 3 AEUV enthaltenen **Ordnungsvorbehaltes** zu beachten, da sie die Berufung der Mitgliedstaaten auf die Ordnungsvorbehalte konkretisiert und insb. Verfahrens- und Rechtsschutzgarantien normiert.[519]

Die **Unionsgrundrechte** können weitere Schranken-Schranken der Niederlassungsfreiheit darstellen, **196**
da sich die Maßnahmen der Mitgliedstaaten im Bereich der Ausnahmevorschriften der Grundfreiheiten mit ihnen in Einklang befinden müssen.[520]

V. Sekundärrecht

Auch im Bereich der Niederlassungsfreiheit gibt es mittlerweile viele sekundärrechtliche Regelun- **197**
gen, die das Primärrecht konkretisieren und zT abschließende Regelungen treffen.

1. VO (EG) Nr. 883/2004 zur Angleichung der Sozialversicherungssysteme

Diese Verordnung gilt sowohl für Arbeitnehmer als auch für Selbständige und soll sicherstellen, **198**
dass es aufgrund der grenzüberschreitenden Tätigkeit zu **keinem Verlust ihrer Sozialversicherungsansprüche** kommt. Sie koordiniert die Sozialversicherungssysteme in den verschiedenen Mitgliedstaaten und rechnet im Grundsatz die in den verschiedenen Mitgliedstaaten erworbenen Versicherungszeiten zusammen.[521]

2. RL 2004/38/EG über das Recht der Unionsbürger und ihrer Familienangehörigen, sich im Hoheitsgebiet der Mitgliedstaaten frei zu bewegen und aufzuhalten

Diese Richtlinie konkretisiert in Art. 27 ff der Richtlinie die geschriebenen Rechtfertigungsgründe **199**
aus Art. 52 Abs. 1 AEUV und **regelt Beschränkungen des Einreise- und Aufenthaltsrechts** aus Gründen der öffentlichen Ordnung, Sicherheit oder Gesundheit. Sie gilt auch für die Ausnahmevorschriften von der Arbeitnehmerfreizügigkeit und wird dort näher behandelt (vgl Rn 127).

3. Richtlinien zur Anerkennung von Schul-, Ausbildungs-, Berufs- und Studienabschlüssen

Es gibt außerdem zahlreiche Richtlinien zur Anerkennung von bestimmten, in anderen Mitglied- **200**
staaten erlernten Berufen, wie etwa die RL 98/5/EG zur Erleichterung der ständigen Ausübung des Rechtsanwaltsberufs in einem anderen Mitgliedstaat oder die RL 2005/36/EG über die Anerkennung von Berufsqualifikationen.

---

516 EuGH, Rs. C-114/97 (Kommission/Spanien), Slg 1998, I-6717, Rn 47; EuGH, Rs. C-212/97 (Centros), Slg 1999, I-1459, Rn 34 ff.

517 EuGH, Rs. C-298/99 (Kommission/Italien), Slg 2002, I-3129, Rn 39.

518 EuGH, Rs. 71/76 (Thieffrey), Slg 1977, 765, Rn 20 ff; EuGH, Rs. 222/86 (Heylens), Slg 1987, 4097, Rn 10 ff (Fußballtrainerdiplom); EuGH, Rs. C-340/89 (Vlassopoulou), Slg 1991, I-2357, Rn 16 ff (Anerkennung von Berufserfahrungen im Ausland) = NJW 1991, 2073.

519 Zu dieser RL Rn 123 ff.

520 Vgl EuGH, Rs. C-260/89 (ERT), Slg 1991, I-2925, Rn 43; EuGH, Rs. C-438/05 (Viking Line), Slg 2007, I-10779, Rn 44 ff.

521 Ausführlich zu den Rechten dieser VO vgl Rn 123 ff.

4. RL 89/666/EWG über die Offenlegung von Zweigniederlassungen, die in einem Mitgliedstaat von Gesellschaften bestimmter Rechtsformen errichtet wurden, die dem Recht eines anderen Staates unterliegen

201 Die Richtlinie betrifft die Zweigniederlassungen von Kapitalgesellschaften. Beschränkungen der Mitgliedstaaten in Umsetzung dieser Richtlinie können nicht als Verstoß gegen die Niederlassungsfreiheit gewertet werden.[522] Der EuGH sieht diese Richtlinie hinsichtlich Publizitätsanforderungen an Kapitalgesellschaften als **abschließend** an, so dass die Mitgliedstaaten keine weiteren Anforderungen an die ausländische Gesellschaft stellen können.[523]

5. Weitere gesellschaftsrechtliche Richtlinien

202 Es wurden zahlreiche weitere gesellschaftsrechtliche **Angleichungsrichtlinien** auf der Grundlage von Art. 50 Abs. 2 lit. g AEUV erlassen, wie etwa die RL 2009/101/EG zur Koordinierung der Schutzbestimmungen, die in den Mitgliedstaaten den Gesellschaften iSd Art. 48 Abs. 2 des Vertrages im Interesse der Gesellschafter sowie Dritter vorgeschrieben sind, um diese Bestimmungen gleichwertig zu gestalten, oder die RL 2012/30/EU zur Koordinierung der Schutzbestimmungen im Interesse der Gesellschafter und Dritter für die Gründung einer Aktiengesellschaft.[524] Zu nennen sind weiterhin die RL 78/855/EWG betreffend die Verschmelzung von Aktiengesellschaften, die RL 82/891/EWG bezüglich der Spaltung von Aktiengesellschaften, die RL 2009/102/EG über Gesellschaften mit beschränkter Haftung mit einem einzigen Gesellschafter, die RL 2004/25/EG betreffend Übernahmeangebote. Zudem gibt es mehrere Richtlinien über die Gesellschaftsbuchhaltung und Richtlinien über gemeinsame Steuersysteme von Mutter- und Tochtergesellschaften.[525]

G. Der freie Kapital- und Zahlungsverkehr

203 Eines der primären Ziele der EU ist die Verwirklichung eines einheitlichen Binnenmarktes. Um dieses Ziel zu erreichen, bedarf es neben dem freien Verkehr von Waren, Personen (Arbeitnehmer und Selbständige) und Dienstleistungen eines **weiteren konstitutiven Elements.** Dieses vierte Element stellt der freie Kapital- und Zahlungsverkehr (Art. 63 ff AEUV) dar, der für eine auf marktwirtschaftlichen Grundsätzen beruhende Entwicklung des Wirtschaftsverkehrs in der EU unverzichtbar ist. Die freie Verkehrsfähigkeit des bestehenden Kapitals erfasst sämtliche einseitigen Wertübertragungen von Sach- oder Geldkapital, während die Zahlungsverkehrsfreiheit die Übertragung von Zahlungsmitteln als Gegenleistung betrifft.

I. Schutzbereich

1. Sachlicher Schutzbereich

a) Begriff des Kapitalverkehrs (Art. 63 Abs. 1 AEUV)

204 Unter Kapitalverkehr versteht man die **Übertragung oder Begründung eines Wertes in Form von Geld- oder Sachkapital,** die regelmäßig zugleich eine Vermögensanlage darstellt.[526] Als Gegenstände der Wertübertragung kommen etwa Rechte an Grundstücken, beweglichen Sachen, Bargeld, Zahlungs- und anderen Leistungsansprüchen, Wertpapieren, Gesellschaftsanteilen oder Immaterialgütern in Betracht. Konkret sind vom Schutzbereich des Art. 63 Abs. 1 AEUV etwa erfasst der Erwerb von Grundstücken, Devisengeschäfte, der Aktienerwerb, die Darlehensgewährung, die Versicherung von Risiken, Forderungsabtretungen, Übernahmen von Bürgschaften, Schenkungen, Erb-

522 EuGH, Rs. C-167/01 (Inspire Art), Slg 2003, I-10155, Rn 66 ff = NJW 2003, 3331.

523 EuGH, Rs. C-167/01 (Inspire Art), Slg 2003, I-10155, Rn 66 ff = NJW 2003, 3331.

524 ABl. EG L 1977, 26, 01; für einen Überblick über sämtliche in diesem Bereich erlassene RL *Müller-Graff*, in: Streinz, EUV/AEUV, Art 50 AEUV, Rn 18.

525 Zu finden sind diese auf der Internetseite der EU unter http://europa.eu/legislation_summaries/internal_market/businesses/company_law/index_de.htm.

526 Vgl die Konkretisierung des Begriffes des Zahlungsverkehrs in der RL 88/361/EWG; bestätigt durch EuGH, Rs. C-256/06 (Jäger), Slg 2008, I-123, Rn 24.

schaften und Vermächtnisse.[527] Im Hinblick auf das **Abstraktionsprinzip** des deutschen Zivilrechts fallen in den Schutzbereich der Kapitalverkehrsfreiheit sowohl Verpflichtungs- als auch Verfügungsgeschäfte.

b) Begriff des Zahlungsverkehrs (Art. 63 Abs. 2 AEUV)

Die Zahlungsverkehrsfreiheit nach Art. 63 Abs. 2 AEUV bildet die Komplementärfreiheit zu den vier Grundfreiheiten und wurde daher als die „fünfte Freiheit" des Gemeinsamen Marktes bezeichnet.[528] Sie ist ein unerlässlicher Annex der übrigen Grundfreiheiten, da sie regelmäßig bei der Gewährung von Leistungen in Anspruch genommen wird, die zur **Zahlung für die Inanspruchnahme von Wirtschaftsgütern** dienen. Der Zahlungsverkehr wird definiert als ein **grenzüberschreitender Fluss von Zahlungsmitteln**, der sowohl Zahlungen iSd Erfüllung einer rechtsgeschäftlichen Verbindlichkeit als auch den Transfer iSd tatsächlichen Verbringens von Geld oder sonstigen Zahlungsmitteln (Wechsel, Schecks oder Wertpapiere) über die Grenze beinhaltet.[529] Entsprechend einer Präzisierung dieses Begriffs durch den EuGH soll Art. 63 Abs. 2 gewährleisten, dass der Schuldner, der eine Geldsumme für eine Warenlieferung oder Dienstleistung schuldet, seine vertragliche Verpflichtung freiwillig und ohne unzulässige Beschränkungen erfüllen und der Gläubiger eine solche Zahlung frei empfangen kann.[530] Die Risikoübernahme, durch eine Versicherung, etwa stellt zwar grds. eine Dienstleistung dar, die Auszahlung im Schadensfall ist allerdings dem Zahlungsverkehr zuzuordnen.[531] 205

c) Verhältnis zu den anderen Grundfreiheiten

In Abgrenzung zur Warenverkehrsfreiheit ist die Übertragung von Geld in körperlicher Form oder von Aktien und Wertpapieren Art. 63 AEUV zuzuordnen, es sei denn, die Münzen sind kein gültiges Zahlungsmittel mehr. Schwieriger kann die Abgrenzung sein, wenn es sich um einem Anlagezweck dienende Waren handelt, wie etwa Edelmetalle in **Barrenform** oder **Edelsteine.** Aufgrund der heute geringen geldpolitischen Bedeutung soll in diesen Fällen der Anwendungsbereich der Warenverkehrsfreiheit eröffnet sein.[532] Es ist jedoch aufgrund neuerer Entscheidungen der Rechtsprechung zu erwarten, dass der EuGH eine diesem entgegengesetzte Auffassung vertritt, da er jüngst **Sachspenden** dem freien Kapital- und nicht dem Warenverkehr zuordnete.[533] 206

Im Hinblick auf die Niederlassungsfreiheit kann es zu Abgrenzungsschwierigkeiten kommen, wenn es um den Erwerb oder die **Nutzung gewerblich genutzter Immobilien** oder um Direktinvestitionen geht. Aus der in Art. 50 Abs. 2 lit. e AEUV geregelten Befugnis der Union, Sekundärrecht in Bezug auf den Erwerb oder die Nutzung von Grundbesitz zu erlassen, ist zu entnehmen, dass die Niederlassungsfreiheit auch den Immobilienerwerb umfasst, so dass sie alleine anzuwenden ist, wenn sie in einem engen Zusammenhang mit dem **Erwerb von Grundbesitz** steht. In einigen Fällen kommt es regelmäßig zu Überschneidungen mit der Niederlassungsfreiheit, da Direktinvestitionen, wie etwa Beteiligungen an Unternehmen, grds. den Schutzbereichen beider Grundfreiheiten zuzuordnen sind. Wenn mit der Beteiligung **unternehmerischer Einfluss** ausgeübt wird, ist es naheliegend, die Grundsätze der Niederlassungsfreiheit anzuwenden, nicht jedoch, wenn es sich um eine **reine Kapitalanlage** handelt.[534] Ebenfalls wendet der EuGH in Bezug auf das Körperschaftssteuergesetz die Niederlassungsfreiheit an, wenn es um Ausschüttungen einer Gesellschaft an Anteilseigner geht.[535] Sowohl die Vorschriften über die Niederlassungsfreiheit als auch die der Kapital- und Zahlungsverkehrsfreiheit enthalten Regelungen über die Behandlung von Zielkonflikten dieser Grundfreiheiten. 207

527 Weitere Beispiele finden sich bei *Sedlaczek/Züger*, in: Streinz, EUV/AEUV, Art. 63 AEUV, Rn 9.
528 *Börner*, in: FS Ophüls, 1965, S. 19.
529 *Schürmann*, in: Lenz/Borchardt, EU-Verträge, Art 63.
530 EuGH, Rs. C-412/97 (ED), Slg 1999, I-3845, Rn 17.
531 EuGH, Rs. 286/82 (Luisi und Carbone), Slg 1984, 377, Rn 24.
532 *Glaesner*, in: Schwarze, EU-Kommentar, Art. 63 AEUV, Rn 10.
533 EuGH, Rs. C-318/07 (Persche), Slg 2009, I-62, Rn 28 f.
534 *Müller-Graff*, in: Streinz, EUV/AEUV, Art. 52 AEUV, Rn 12.
535 EuGH, Rs. C-284/06 (Burda), Slg 2008, I-1497, Rn 71 ff.

Sind Beschränkungen der Kapitalverkehrsfreiheit gerechtfertigt, darf dieses Ergebnis nicht über die Anwendung der Niederlassungsfreiheit ausgehebelt werden (Art. 49 Abs. 2 AEUV). Das gleiche gilt für gerechtfertigte Beschränkungen der Niederlassungsfreiheit, die nicht durch die Anwendung von Art. 63 AEUV umgangen werden sollen (Art. 65 Abs. 2 AEUV).

208 In Abgrenzung zur Arbeitnehmerfreizügigkeit ist ein Immobilienerwerb zu anderen Zwecken als zur Inanspruchnahme der Nutzung der Freizügigkeit zur Ausübung einer unselbständigen Tätigkeit der Kapitalverkehrsfreiheit zuzuordnen. Das Recht der Wohnraumbeschaffung ist gem. Art. 9 der VO (EWG) Nr. 1612/68 ausdrücklich ein flankierendes Recht der Arbeitnehmerfreizügigkeit, wenn es mit ihr in einem hinreichend engen Zusammenhang steht.

209 Abgrenzungsfragen zur Dienstleistungsfreiheit können insb. in **Dreiecksverhältnissen** in Zusammenhang mit Übertragungen von Vermögenswerten auftreten. Wenn etwa eine Bank im Auftrag ihres Kunden eine Vermögensverfügung zugunsten eines ausländischen Empfängers vornimmt, soll im Hinblick auf das Verhältnis zwischen dem Kunden und seiner Bank die Dienstleistungsfreiheit einschlägig sein, während zwischen dem Kunden als Auftraggeber und dem Empfänger die Regelungen über den freien Kapitalverkehr einschlägig sein sollen.[536] Bei Mehrpersonenverhältnissen ist daher für das jeweilige Verhältnis gesondert zu untersuchen, welcher Grundfreiheit die betreffende wirtschaftliche Transaktion unterliegt.

Es ist jedoch grds. nicht ausgeschlossen, dass in einigen Fällen die Art. 63 ff AEUV neben den anderen Grundfreiheiten anwendbar sind, wenn ein bestimmtes Verhalten dem Schutzbereich mehrerer Grundfreiheiten zugeordnet werden kann.[537]

d) Grenzüberschreitender Bezug

210 Wie bei allen anderen Grundfreiheiten ist für die Eröffnung des Schutzbereichs ein grenzüberschreitender Bezug notwendig. Allerdings unterscheidet sich die Kapital- und Zahlungsverkehrsfreiheit dabei insofern von den anderen Grundfreiheiten, als sie ein Überschreiten der Grenzen zwischen **zwei Mitgliedstaaten** oder zwischen **einem Mitgliedstaat und einem Drittstaat** erfasst. Aus diesem Grunde sind grds. auch alle **Kapitalbewegungen aus oder nach dritten Staaten** liberalisiert. Dahinter steckt die Absicht, das internationale Vertrauen in den europäischen Kapitalmarkt zu stärken und den Anlegern aus Drittstaaten jederzeit die Möglichkeit zu geben, ihre Anlage in der EU wieder aufzulösen.[538]

211 Im Rahmen der Kapitalverkehrsfreiheit gibt es grds. drei Möglichkeiten der Grenzüberschreitung: Das **Kapital selbst** kann die Grenze überqueren, wenn zB ein Schuldner in einen anderen Staat zieht oder wenn ein Inhaberpapier über die Grenze gebracht wird. Des Weiteren kann **das Eigentum an Kapital** an einen in einem anderen Staat ansässigen neuen Inhaber wechseln, oder es kann sich der grenzüberschreitende Bezug daraus ergeben, dass Veräußerer und Erwerber in demselben Staat sitzen, das **übertragene Kapital jedoch in einem anderen Mitgliedstaat befindlich** ist. Relevant ist dabei, dass es sich um ein wesentliches Merkmal der Kapitalverkehrsfreiheit, das über die Grenzen hinausgeht, handelt, da bei der Grenzüberschreitung unwesentlicher Merkmale noch kein ausreichender grenzüberschreitender Bezug vorliegt und der Schutzbereich der Kapitalverkehrsfreiheit nicht eröffnet ist.[539]

2. Persönlicher Schutzbereich

212 Begünstigte des freien Kapital- und Zahlungsverkehrs sind grds. all diejenigen, die eine dem sachlichen Schutzbereich unterstehende wirtschaftliche Transaktion durchführen wollen, unabhängig von ihrer Staatsangehörigkeit oder ihrem Aufenthaltsort. Somit können sich **alle Staatsangehörigen**

536 *Ohler*, WM 1996, 1805.

537 *von Wilmowsky*, in: Ehlers (Hrsg.), S. 405; aA *Kimms*, Die Kapitalverkehrsfreiheit, Frankfurt am Main, 1996, S. 141; EuGH, Rs. C-452/04 (Fidium Finanz AG), Slg 2006, I-9521, Rn 30 ff.

538 Vgl *von Wilmowsky*, in: Ehlers (Hrsg.), S. 406.

539 EuGH, Rs. C-43/07 (Arens-Sikken), Slg 2008, I-6887, Rn 30; EuGH Rs. C-35/08 (Fernandez/Finanzamt Stuttgart-Körperschaften), Slg 2009, I-2881, Rn 18.

und juristischen Personen der Union, Angehörige und juristische Personen von/aus Drittstaaten auf Art. 63 ff AEUV berufen, ohne dass eine Ansässigkeit in der Union erforderlich ist.[540]

3. Adressaten

Adressaten der Art. 63 ff AEUV können grds. nur die **Mitgliedstaaten** selbst sein, die durch ihre Maßnahmen den freien Kapital- und Zahlungsverkehr behindern. Art. 63 AEUV entfaltet **grds. keine Drittwirkung** zwischen Privaten.[541] Angesichts der Rechtsprechung des EuGH insb. zu einer Erstreckung der Verpflichtungswirkung der Arbeitnehmerfreizügigkeit auf Private kann indes für die Zukunft nicht ausgeschlossen werden, dass er zumindest im Hinblick auf Kollektivorganisationen, die einseitig zwingende Regeln erlassen dürfen, eine solche auch für Art. 63 AEUV annehmen wird.[542] Bislang ist jedoch in seiner Rechtsprechung noch keine Tendenz, die Drittwirkung auf den freien Kapital- und Zahlungsverkehr auszuweiten, zu verzeichnen.[543] 213

Wenn Private als Verursacher von Störungen auszumachen sind, kommt eine Pflicht der Mitgliedstaaten in Betracht, diese Verstöße zu verhindern bzw zu ahnden. Bislang hat der EuGH eine solche **Schutzpflicht** nur bei Beeinträchtigungen der Warenverkehrsfreiheit seitens Privater angenommen, indem er feststellte, dass die Mitgliedstaaten verpflichtet sind, alle erforderlichen und geeigneten Maßnahmen zu ergreifen, um in ihrem Gebiet die Beachtung der Grundfreiheiten sicherzustellen. Bei der Beurteilung, welche Maßnahmen am besten dazu sind, sollen die Mitgliedstaaten aber einen weiten Beurteilungsspielraum besitzen.[544] Diese Grundsätze sind auch auf die Kapital- und Zahlungsverkehrsfreiheit zu übertragen, da aufgrund der großen strukturellen Ähnlichkeiten der Grundfreiheiten davon auszugehen ist, dass ihnen die gleichen Funktionen zukommen. Schutzpflichten können etwa dann in Betracht kommen, wenn ausländische Kapitalanlagen Gegenstand von Ausschreitungen werden und dadurch die Gefahr besteht, dass Ausländer von Kapitalanlagen in der EU Abstand nehmen werden. Eine Schutzpflicht ist folglich insb. vor dem Hintergrund, dass der freie Kapital- und Zahlungsverkehr das Vertrauen in den europäischen Kapitalmarkt stärken soll, erforderlich. 214

II. Eingriff

1. Diskriminierungsverbot

Gem. Art. 63 Abs. 1 und 2 AEUV sind alle Beschränkungen des Kapital- und Zahlungsverkehrs zwischen den Mitgliedstaaten sowie zwischen den Mitgliedstaaten und dritten Ländern verboten. Unter die Verbotswirkung gestellt sind damit **sowohl offene als auch versteckte Diskriminierungen**. 215

2. Beschränkungsverbot

Ebenfalls von Art. 63 AEUV verboten sind **Beschränkungen**, die für alle Wirtschaftsteilnehmer gelten und unterschiedslos wirken. Das Beschränkungsverbot des Art. 63 AEUV ist an die im Rahmen der Warenverkehrsfreiheit entwickelte Dassonville-Formel angelehnt (hierzu Rn 23 ff) und verbietet **jede staatliche Maßnahme, die geeignet ist, den Kapital- und Zahlungsverkehr unmittelbar oder mittelbar, tatsächlich oder potentiell zu behindern.**[545] Erfasst ist von dem Beschränkungsverbot somit das Verbot, den Zufluss, Abfluss oder Durchfluss von Kapital der Form, dem Wert oder der Menge nach zu behindern.[546] Jede mitgliedstaatliche Maßnahme, die nachteilige Folgen für den 216

540 EuGH, Rs. C-452/04 (Fidium Finanz), Slg 2006, I-9521, Rn 48.

541 *Glaesner*, in: Schwarze, EU-Kommentar, Art. 63 AEUV, Rn 17; so auch *Epiney*, NVwZ 2007, 1012, 1021.

542 Vgl zu der Rechtsprechung des EuGH idS Rn 107 f.

543 Vgl EuGH, Rs. C-282/04, C-283/04 (Kommission/Niederlande), Slg 2006, I-9141, Rn 22, in welcher der EuGH erneut auf das staatliche Handeln und nicht auf die privatisierten Gesellschaften abstellt.

544 EuGH, Rs. C-265/95 (Kommission/Frankreich), Slg 1997, I-6959, Rn 56; EuGH, Rs. C-112/00 (Schmidberger), Slg 2003, I-5659.

545 EuGH, Rs. C-483/99 (Kommission/Frankreich), Slg 2002, I-4781, Rn 41.

546 Vgl *Haratsch/Koenig/Pechstein*, Europarecht, 9. Aufl., Tübingen, 2014, S. 465; EuGH, Rs. C-282/04, C-283/04 (Kommission/Niederlande), Slg 2006, I-9141, Rn 20 ff.

Inhaber oder Empfänger von Kapital hat oder auch nur dessen freie Entscheidung über die Anlage von Finanz- oder Sachkapital beeinflusst, kann daher nach Ansicht des EuGH verboten sein.[547]

217 Auch im Rahmen der Kapital- und Zahlungsverkehrsfreiheit ist das Beschränkungsverbot so umfassend, dass es **zahlreiche Beschränkungen** erfassen kann, die von der Ratio des AEUV nicht gedeckt sind, da sie zu indirekt sind und in keinem Zusammenhang mit den von Art. 63 AEUV geschützten Handlungen stehen. Zu denken ist etwa an eine Strafverfolgung von Inhabern von Bankinstituten wegen Verdachts der Beihilfe zur Steuerhinterziehung. Deshalb wird auch für die Kapital- und Zahlungsverkehrsfreiheit erwogen, die Grundsätze der **Keck-Rechtsprechung**, die der EuGH für die Warenverkehrsfreiheit erarbeitet hat, auf sie zu übertragen.[548] Im Rahmen von Art. 63 ff AEUV hat sich der EuGH allerdings bislang zu den Problemen des weiten Beschränkungsbegriffs noch nicht eindeutig geäußert. Zwar geht aus seiner Rechtsprechung hervor, dass ungewisse und indirekte Beschränkungen nicht als Beschränkungen des freien Kapital- und Zahlungsverkehrs anzusehen sind.[549] Dennoch ist gerade im Bereich der Kapitalmärkte zu befürchten, dass ohne eine eindeutige Einschränkung des Tatbestandes der Art. 63 ff AEUV zu viele lediglich unliebsame Maßnahmen als Beschränkung angesehen werden, obwohl sie keinesfalls echte Hindernisse darstellen, wie zB die Privatisierung staatlicher Unternehmen oder politische Äußerungen auf Ministerebene zu kapitalmarktrelevanten Themen. Es macht Sinn, ebenso wie bei den anderen Grundfreiheiten bloße nichtdiskriminierende **Handelsmodalitäten** des freien Kapital- und Zahlungsverkehrs, wie etwa die äußeren Rahmenbedingungen für Kapitalverkehrsgeschäfte wie Grundbuchvorschriften, Notarpflichten oder Steuerregelungen, aus dem Beschränkungstatbestand auszuklammern und nur Beschränkungen des **Zugangs** zu verbieten.

218 Als **Zugangsbeschränkungen** wären etwa Beschränkungen des **Erwerbs von Gesellschaftsanteilen** oder die **Kanalisierung des Handels mit Wertpapieren** auf bestimmte juristische Personen anzusehen. Stellt eine bloße Handelsmodalität indes eine versteckte Diskriminierung dar, sollte sie weiterhin als Eingriff in Art. 63 ff AEUV angesehen werden. Solange der EuGH sich zu einer solchen einschränkenden Auslegung der Kapital- und Zahlungsverkehrsfreiheit nicht äußert, wird er der Weite des Beschränkungstatbestandes durch eine einigermaßen großzügige Rechtsprechung zu den Ausnahmeregelungen aus zwingenden Gründen des Allgemeininteresses entgegentreten, so dass zumindest im Ergebnis eine engere Auslegung dieser Vorschriften erreicht wird.[550]

III. Rechtfertigung

1. Geschriebene Rechtfertigungsgründe

219 Der Vertrag sieht mit Art. 65 AEUV ausdrücklich Rechtfertigungsgründe für **Diskriminierungen und Beschränkungen** vor. Die Mitgliedstaaten können zur Rechtfertigung ihrer Beschränkungen die Durchsetzung des nationalen Steuerrechts (lit. a), Maßnahmen gegen Zuwiderhandlungen gegen innerstaatliche Rechts- und Verwaltungsvorschriften, insb. auf den Gebieten des Steuerrechts und der Finanzaufsicht, sowie die Einführung von Meldeverfahren (lit. b, 1 und 2. Var.) oder den Schutz der öffentlichen Ordnung und Sicherheit (lit. b, 3. Var.) anführen.

a) Maßnahmen zur Durchsetzung des Steuerrechts

220 Art. 65 lit. a AEUV trägt dem Umstand Rechnung, dass die Mitgliedstaaten die **Steuerhoheit** innehaben und die Erhebung von Steuern außerhalb der Art. 110 ff AEUV bisher nicht harmonisiert wurde. Die Mitgliedstaaten können aufgrund der Vorschrift weiterhin ihre Normen des Steuerrechts so anwenden, dass Steuerpflichtige mit unterschiedlichem Wohn- oder Kapitalanlageort unterschiedlich behandelt werden. Diese Vorschrift lässt damit ausdrücklich diskriminierende Maßnahmen zu, die jedoch nicht an die Staatsangehörigkeit anknüpfen dürfen, sondern allein an

547 EuGH, Rs. C-35/98 (Verkoijen), Slg 2000, I-4071, Rn 34 ff.
548 Vgl *Haratsch/Koenig/Pechstein*, Europarecht, 9. Aufl., Tübingen, 2014, S. 500 ff.
549 EuGH, Rs. C-282/04, C-283/04 (Kommission/Niederlande), Slg 2006, I-9141, Rn 29.
550 Vgl *Bröhmer*, in: Calliess/Ruffert, EUV/AEUV, Art. 63 AEUV, Rn 20.

die Eigenschaft als Steuerinländer bzw -ausländer.[551] Beachtlich ist jedoch, dass der EuGH in seiner jüngeren Rechtsprechung für diesen Steuervorbehalt entschieden hat, dass er eine sachliche Rechtfertigung der durch ihn erlaubten Differenzierungen nicht entbehrlich macht.[552] Damit kommt dem Steuervorbehalt des Art. 65 Abs. 1 lit. a AEUV nicht mehr als eine **deklaratorische Bedeutung** zu, da er keine zusätzlichen Eingriffe in den Kapitalverkehr gestattet, wie ursprünglich bezweckt worden war.[553]

Die steuerrechtliche Benachteiligung von Ausländern kann zudem auch nach den Diskriminierungsverboten der anderen Grundfreiheiten unzulässig sein. Der EuGH sah es etwa als unzulässige Beschränkung der Niederlassungsfreiheit (Art. 49 AEUV) an, wenn Gesellschaften mit Steuersitz in anderen Mitgliedstaaten nicht von bestimmten Steuerrückerstattungen profitieren sollen, die Gesellschaften mit Steuersitz im Inland erhalten.[554] Es ist damit zudem grds. nicht ausgeschlossen, dass eine Maßnahme anhand der **Kapitalverkehrsfreiheit** und einer **weiteren einschlägigen Grundfreiheit** geprüft wird, so dass sie grds. neben einer anderen Grundfreiheit anwendbar ist. 221

b) Maßnahmen gegen Zuwiderhandlungen gegen innerstaatliche Rechts- und Verwaltungsvorschriften und die Durchführung von Meldeverfahren (Art. 65 Abs. 1 lit. b, 1. und 2. Var. AEUV)

Diese Ausnahmevorschrift ist eng auszulegen und umfasst grds. nur Kontrollmaßnahmen der Mitgliedstaaten, die auf die Verhinderung rechtswidriger Taten auf dem Gebiet des **Steuerrechts**, des **Bankenaufsichtsrechts** oder anderer **schwerer Taten**, wie etwa Geldwäsche, Drogenhandel oder Terrorismus, gerichtet sind (1. Var.).[555] Sie dient entgegen ihrem Wortlaut nicht allgemein der Durchsetzung innerstaatlicher Rechtsvorschriften, sondern ebenso wie die Begriffe der öffentlichen Ordnung und Sicherheit nur zur Wahrung wichtiger Grundinteressen der Staaten. In Betracht kommen etwa Auskunfts- und Einsichtnahmerechte. Die Mitgliedstaaten haben zusätzlich das Recht, Meldeverfahren für den Kapitalverkehr zwecks administrativer oder statistischer Informationen durchzuführen (2. Var.). Unzulässig sind indes umfassende Genehmigungspflichten, die etwa den Devisenverkehr oder den Erwerb von Grundstücken von einer vorigen Zustimmung der Verwaltung abhängig machen. In diesem Fall wäre die Reichweite der Kapital- und Zahlungsverkehrsfreiheit unzulässigerweise in das Ermessen der Mitgliedstaaten gestellt.[556] 222

c) Rechtfertigung zum Schutz der öffentlichen Ordnung oder Sicherheit (Art. 65 Abs. 1 lit. b, 3. Var. AEUV)

Zum Schutzgut der öffentlichen Ordnung und Sicherheit zählen die **grundlegenden Regeln einer Gesellschaft**, denen auch die wichtigsten strafrechtlichen Bestimmungen zuzuordnen sind.[557] Diese Schutzgüter finden sich auch bei den Rechtfertigungsmöglichkeiten der anderen Grundfreiheiten und sind entsprechend auszulegen (vgl hierzu Rn 79). In Betracht kommen etwa Maßnahmen gegen Kapitalbewegungen von kriminellen oder terroristischen Gruppen, aber auch die Sicherstellung der Versorgung der Bevölkerung mit wichtigen Rohstoffen, wie zB mit Erdgas im Krisenfall.[558] Die zahlreichen vom EuGH entschiedenen sog. „Goldenen Aktien"-Fälle betreffen Sachverhalte, in denen sich der Staat Kontrollrechte bei dem Erwerb von Anteilen an Unternehmen der Wirtschaftsteilnehmer vorbehält oder er sich unabhängig von der Höhe seiner Gesellschaftsanteile 223

551 EuGH, Rs. C-105/07 (Lammers & Van Cleef), Slg 2008, I-173, Rn 12.
552 EuGH, Rs. C-35/98 (Verkoijen), Slg 2000, I-4071, Rn 43 ff; EuGH, Rs. C-43/07 (Arens-Sikken), Slg 2008, I-6887, Rn 53; EuGH, Rs. C-318/07 (Persche), Slg 2009, I-62, Rn 41.
553 Vgl *von Wilmowsky*, in: Ehlers (Hrsg.), S. 414.
554 EuGH, Rs. C-330/91 (Commerzbank), Slg 1993, I-4017, Rn 20.
555 EuGH, Rs. C-358/93 und C-416/93 (Bordessa), Slg 1995, I-361, Rn 21.
556 EuGH, Rs. C-358/93 und C-416/93 (Bordessa), Slg 1995, I-361, Rn 24 f.
557 Vgl EuGH, Rs. 115/81 (Adoui), Slg 1982, 1665, Rn 8.
558 EuGH, Rs. C-483/99 (Kommission/Frankreich), Slg 2002, I-4781, Rn 47 ff; EuGH, Rs. C-171/08 (Kommission/Portugal), Slg. 2010, I-6817, Rn. 73.

Sitze in den Leitungsorganen der Gesellschaft verschafft.[559] Eine Rechtfertigung aufgrund der öffentlichen Sicherheit kommt nur in Betracht, wenn der Staat mit seiner Einflussnahme die **Versorgung mit wichtigen Gütern** sicherstellen will und es einen **ausreichenden Rechtsschutz** insb. bei der staatlichen Genehmigungspflicht beim Erwerb von Anteilen gibt.[560]

d) Rechtfertigung nach Art. 64 Abs. 1 AEUV

224 Diese Vorschrift lässt Ausnahmen **allein für die Kapitalverkehrsfreiheit** zu. Die Mitgliedstaaten können Beschränkungen im Hinblick auf den Verkehr mit Drittländern im Zusammenhang mit **Direktinvestitionen** einschließlich Anlagen in Immobilien, der Niederlassung, der Erbringung von Finanzdienstleistungen oder der Zulassung von Wertpapieren zu den Kapitalmärkten, die am 31. Dezember 1993 bestanden haben, aufrechterhalten. Diese Ausnahmevorschrift ist als Einschränkung des umfassenden Liberalisierungsgebotes der Art. 63 ff AEUV eng auszulegen. Der Begriff der Direktinvestitionen ist in der RL 88/361/EWG definiert, weshalb den Mitgliedstaaten bei der Auslegung der Begriffe nach Ansicht des EuGH kein Ermessensspielraum verbleiben soll.[561] Sie umfassen danach die **Gründung, Übernahme** oder **Beteiligung an Unternehmen, langfristige Darlehen** oder **Reinvestitionen von Erträgen** mit dem Ziel der Schaffung oder Aufrechterhaltung dauerhafter Wirtschaftsbeziehungen.[562]

2. Ungeschriebene Rechtfertigungsgründe

225 Bei **nicht diskriminierenden** Maßnahmen können sich die Mitgliedstaaten zusätzlich auf zwingende Erfordernisse des Gemeinwohls berufen.[563] Aufgrund der Konvergenz der Grundfreiheiten kommen als mögliche **schützenswerte Belange des Allgemeinwohls** sämtliche Ziele in Betracht, die auch für die anderen Grundfreiheiten angenommen wurden, wobei die anerkannten Gründe durch aktuelle Entwicklungen immer weiter ergänzt werden können. In Betracht kommt im Rahmen des Art. 63 AEUV insb. die Wahrung **der Kohärenz des Steuersystems,**[564] die **Lauterkeit des Kapital- und Zahlungsverkehrs,** der **Schutz der Anleger, raumplanerische Belange** beim Kauf von Immobilien wie die Erhaltung einer dauerhaft ansässigen Bevölkerung in touristischen Gebieten[565] oder auch allgemein zur **Deckung des Wohnungsbedarfs**[566] sowie die Aufrechterhaltung der besonderen **Sozialgebundenheit von Betrieben.**[567] Steuerregelungen, die unterschiedslos wirken, können ebenfalls aus zwingenden Gründen des Allgemeininteresses, nämlich zur Erzielung staatlicher Einnahmen, gerechtfertigt sein. Ihre Rechtfertigung bereitet aufgrund der Steuerhoheit der Mitgliedstaaten grds. keine Probleme, wie zB die österreichische Steuer auf Darlehen.[568] Hingegen stellt allein das Bestreben, einen Rückgang der Steuereinnahmen zu verhindern, keinen zwingenden Grund des Allgemeininteresses dar.[569]

226 Da der EuGH in seinen jüngeren Urteilen im Rahmen der anderen Grundfreiheiten zuweilen auch bei versteckten Diskriminierungen die Berufung auf zwingende Erfordernisse zulässt, ist auch im Bereich des freien Kapital- und Zahlungsverkehrs damit zu rechnen, dass sich die Dogmatik in dieser Hinsicht etwas lockert. Dies ist insofern sinnvoll, als versteckte Diskriminierungen und Beschränkungen in zahlreichen Fällen kaum voneinander zu unterscheiden sind und es nicht dem

---

559 Zu verschiedenen Urteilen des EuGH in diesem Bereich *Runge*, EuZW 2002, 421; *Epiney*, NVwZ 2007, 1012, 1021.
560 EuGH, Rs. C-483/99 (Kommission/Frankreich), Slg 2002, I-4781, Rn 46; *Runge*, EuZW 2002, 433, Rn 46.
561 EuGH, Rs. C-163/94, C-165/94 und C-250/94 (Sanz de Lera), Slg 1995, I-4821, Rn 44.
562 RL 88/361/EWG.
563 EuGH, Rs. C-222/97 (Trummer), Slg 1999, I-1661, Rn 29.
564 EuGH, Rs. C-540/07 (Kommission/Italien), Slg 2009, I-3348, Rn 55.
565 EuGH, Rs. C-302/97 (Konle), Slg 1999, I-3099, Rn 40; EuGH, Rs. C-515/99, (Reisch), Slg 2002, I-2157, Rn 37-39.
566 EuGH, Rs. C-35/08, (Fernandez/Finanzamt Stuttgart-Körperschaften), Slg 2009, I-2881, Rn 31.
567 EuGH, Rs. C-256/06 (Jäger), Slg 2008, I-123, Rn 50.
568 EuGH, Rs. C-439/97 (Sandoz), Slg 1999, I-7041, Rn 17 ff.
569 EuGH, Rs. C-318/07 (Persche), Slg 2009, I-62, Rn 46.

Zufall überlassen werden darf, wann die wesentlich mehr Belange umfassenden ungeschriebenen Rechtfertigungsgründe herangezogen werden können.

3. Schranken-Schranken

Bei der Rechtfertigung haben die Mitgliedstaaten das **Verhältnismäßigkeitsprinzip** zu beachten. Das ergriffene Mittel muss insb. geeignet und erforderlich sein. Geeignet ist eine Maßnahme, wenn sie das mit dem Rechtfertigungsgrund vorgebrachte zu schützende **Ziel zumindest fördert**, wobei den Mitgliedstaaten ein Beurteilungsspielraum einzuräumen ist. 227

Eine Maßnahme ist **erforderlich,** wenn es kein milderes Mittel gibt, das den Zweck ebenso wirksam erfüllt. Der EuGH lehnt etwa einen pauschalen Ausschluss Gebietsfremder von einer steuerlichen Ermäßigung oder Befreiung grds. ab. Insb. kann ein solcher nicht auf den Grund gestützt werden, dass es dem Mitgliedstaat unmöglich sei, Auskünfte über steuerrelevante Bedingungen in anderen Mitgliedstaaten einzuholen, zB was die Bemessungsgrundlage oder die Gesellschaftsform des Gebietsfremden angeht. Die Mitgliedstaaten haben nach Ansicht des EuGH aufgrund der RL 2011/16/EU über die **Amtshilfe** im Bereich der direkten und indirekten Steuern sehr wohl die Möglichkeit, sich **steuerrelevante Informationen** zu beschaffen, um Prüfungen im Einzelfall vorzunehmen.[570] Allgemein ist festzustellen, dass diskriminierende Steuerregeln trotz des Steuervorbehalts in Art. 65 Abs. 1 lit. a AEUV schwer zu rechtfertigen sind, da es kaum Fälle gibt, in denen der EuGH den Grund der Wahrung der Kohärenz des Steuersystems akzeptierte, da er regelmäßig mildere Mittel anführen konnte, die das Ziel ebenso gut erreichen könnten.[571] 228

Wenn die Mitgliedstaaten zum Schutz touristischer Gebiete zur Erhaltung einer dauerhaft ansässigen Bevölkerung die Schaffung von Zweitwohnsitzen verbieten wollen, ist dies grds. legitim, jedoch sah es der EuGH als nicht erforderlich an, eine allgemeine Genehmigungspflicht der Behörden einzuführen, die bei jedem Immobilienerwerb **im Einzelfall zu prüfen** haben, ob sich der Käufer lediglich einen Ferienwohnsitz schaffen will. Als milderes Mittel sieht es der EuGH an, repressiv mit Geldbußen und anderen Zwangsmaßnahmen gegen einen Verstoß gegen eine solche Nutzungsbeschränkung vorzugehen.[572] 229

Im Sinne des **Herkunftslandprinzips** sind grds. Schutzmaßnahmen der Rechtsordnung des Ansässigkeitsstaates des Kapitalgebers oder -empfängers zu berücksichtigen. Es sind ganz besondere Anforderungen an die Rechtfertigung zu stellen, wenn der Bestimmungsstaat weitere, dasselbe Schutzgut betreffende Schutzmaßnahmen einführen will. 230

Eine Prüfung der Angemessenheit der mitgliedstaatlichen Maßnahmen nimmt der EuGH nur selten vor. Zu beachten ist jedoch, dass die **Unionsgrundrechte** nicht übermäßig beschränkt werden dürfen. 231

IV. Sekundärrecht

Im Bereich des Kapital- und Zahlungsverkehrs gibt es eine nahezu unüberschaubare Anzahl an Sekundärrecht. Dieses betrifft im Wesentlichen die **Liberalisierung des Bankbereiches**, der Wertpapierfirmen und Börsen, Regelungen zum Schutz der Kapitalmarktteilnehmer, Liberalisierungsregeln für Versicherungen und **einige Ansätze von Harmonisierungsbemühungen** im Bereich der Steuern.[573] 232

570 EuGH, Rs. C-1/93 (Halliburton Services), Slg 1994, I-1137, Rn 22; EuGH, Rs. C-250/95 (Futura Participations und Singer), Slg 1997, I-2471, Rn 41; EuGH, Rs. C-318/07 (Persche), Slg 2009, I-62, Rn 61; EuGH, Rs. C-540/07 (Kommission/Italien), Slg 2009, I-3348, Rn 69.

571 Vgl EuGH, Rs. C-478/98 (Kommission/Belgien), Slg 2000, I-7587, Rn 31 ff; EuGH, Rs. C-397/98 und C-410/98 (Metallgesellschaft), Slg 2001, I-1727, Rn 67 ff; EuGH, Rs. C-439/97 (Sandoz), Slg 1999, I-7041, Rn 28 ff (erfolglos).

572 Vgl EuGH, Rs. C-302/97 (Konle), Slg 1999, I-3099, Rn 44 ff; EuGH, Rs. C-515/99 bis C-524/99 und C-526/99 bis C-540/99 (Reisch), Slg 2002, I-2157, Rn 35 ff.

573 Die wichtigsten Sekundärrechtsakte sind aufgelistet in *Glaesner*, in: Schwarze, EU-Kommentar, Art. 63 AEUV, Rn 48 ff.

1. RL 88/361/EWG zur Durchführung von Art. 67 des Vertrags

233 Diese Richtlinie enthält zahlreiche konkrete Vorschriften zur Erreichung einer vollständigen **Liberalisierung des Kapitalverkehrs** zwischen den Mitgliedstaaten und eine sog. **Schutzklausel.** Da Kapitalbewegungen zu beträchtlichen Spannungen auf den Devisenmärkten führen können, soll die Kommission in diesen Fällen die Mitgliedstaaten ermächtigen können, Schutzmaßnahmen zu treffen.

2. Steuerliche Aspekte der Kapitalverkehrsfreiheit

234 Im Bereich des Steuerrechts gibt es schon seit Jahren **Harmonisierungsbemühungen,** die gerade auch im Hinblick auf die Funktionsfähigkeit des freien Kapital- und Zahlungsverkehrs notwendig sind.[574] Die einzige Richtlinie in diesem Bereich, die Privatpersonen betrifft, ist die RL 2003/48/EG im Bereich der Besteuerung von Zinserträgen.

3. Rechtsakte zur Betrugsbekämpfung

235 Wesentlich im Bereich der Betrugsbekämpfung ist die RL 2005/60/EG zur Verhinderung der Nutzung des Finanzsystems zum Zwecke der **Geldwäsche** und der **Terrorismusfinanzierung,** die durch die VO (EG) Nr. 1889/2005 über die Überwachung von Barmitteln, die in die Gemeinschaft oder aus der Gemeinschaft verbracht werden, ergänzt wird.

4. Verbraucherschutz

236 Im Bereich des Verbraucherschutzes sind insb. zu nennen die RL 2008/48/EG über den Verbraucherkredit, die RL 97/9/EG über Systeme für **die Entschädigung von Anlegern,** die RL 2009/22/EG über **Unterlassungsklagen zum Schutz der Verbraucherinteressen** und die RL 93/13/EWG über **missbräuchliche Klauseln in Verbraucherverträgen,** die durch die noch im Gesetzgebungsverfahren befindliche Richtlinie über die Rechte der Verbraucher abgelöst werden soll.

574 Vgl *Eilers/Sedlaczek*, in: von der Groeben/Schwarze, EUV/EGV, Vorb. Art. 90-93 EGV, Rn 1 f.

§ 11 Verhältnis des Unionsrechts zu dem Recht der Mitgliedstaaten

Literatur: *v. Bogdandy/Bast* (Hrsg.), Europäisches Verfassungsrecht, 2. Aufl., Berlin 2009; *v. Bogdandy/Cruz Villalón/Huber* (Hrsg.), Handbuch Ius Publicum Europaeum, Bd. 2, Heidelberg 2008; *Burger*, Die administrative Nichtanwendung unionsrechtswidriger Normen, DVBl. 2011, 985 ff; *Calliess/Ruffert* (Hrsg.), EUV/AEUV, 4. Aufl., München 2011; *Chalmers/Davies/Monti*, European Union Law, 3. Aufl., Cambridge u.a. 2014, Kap. 5; *Craig/de Burca*, EU Law, Text, Cases, and Materials, 5. Aufl., Oxford u.a. 2011, S. 256 ff; *v. Danwitz*, Verwaltungsrechtliches System und europäische Integration, Tübingen 1996; *ders.*, Europäisches Verwaltungsrecht, Berlin 2008; *Dederer*, Die Grenzen des Vorrangs des Unionsrechts – zur Vereinheitlichung von Grundrechts-, Ultra-vires- und Identitätskontrolle, JZ 2014, 313 ff; *Drexler*, Die richtlinienkonforme Interpretation in Deutschland und Frankreich, Baden-Baden 2012; *Ehlers* (Hrsg.), Europäische Grundrechte und Grundfreiheiten, 4. Aufl., Berlin 2014; *ders.*, Der Vorrang des Europäischen Unionsrechts, JURA 2011, 187 ff; *ders./Eggert*, Zur Zulässigkeit einer zeitlich begrenzten weiteren Anwendung gemeinschaftsrechtwidrigen nationalen Rechts, JZ 2008, 585 ff; *Erichsen/Ehlers* (Hrsg.), Allgemeines Verwaltungsrecht, 14. Aufl., Berlin 2010; *Gärditz*, Verhältnis des Unionsrechts zum Recht der Mitgliedstaaten, in: Rengeling/Middeke/Gellermann (Hrsg.), Handbuch des Rechtsschutzes in der Europäischen Union, 3. Aufl., München 2014, § 35; *Haltern*, Europarecht, 2. Aufl., Tübingen 2007, Rn 911 ff; *Hartley*, The Foundations of European Union Law, 7. Aufl., Oxford u.a. 2010, S. 203 ff; *Hummer* (Hrsg.), Neueste Entwicklungen im Zusammenspiel von Europarecht und nationalem Recht der Mitgliedstaaten, Wien 2010; *Jarass/Beljin*, Casebook, Grundlagen des EG-Rechts, Baden-Baden 2003; *Kadelbach*, Allgemeines Verwaltungsrecht unter europäischem Einfluss, Tübingen 1999; *Kluth* (Hrsg.), Europäische Integration und nationales Verfassungsrecht, Baden-Baden 2007; *Kruis*, Der Anwendungsvorrang des EU-Rechts in Theorie und Praxis, Tübingen 2013; *Schwarze* (Hrsg.), EU-Kommentar, 3. Aufl., Baden-Baden 2012; *ders.*, Das Verhältnis von nationalem Recht und Europarecht im Wandel der Zeit, Bd. 2, Baden-Baden 2013; *Schweitzer*, Staatsrecht III, 10. Aufl., Heidelberg 2010; *Streinz* (Hrsg.), EUV/AEUV, 2. Aufl., München 2012; *ders.*, Bundesverfassungsgerichtlicher Grundrechtsschutz und Europäisches Gemeinschaftsrecht, Baden-Baden 1989; *ders.*, Verfassungsvorbehalte gegenüber Gemeinschaftsrecht – eine deutsche Besonderheit?, in: Cremer/Giegerich/Richter/Zimmermann (Hrsg.), FS Steinberger, Berlin u.a. 2004, S. 1437 ff; *ders.*, Europarecht, 9. Aufl., Heidelberg 2012.

1 Das Europäische Unionsrecht (im Folgenden: Unionsrecht) stellt eine von den Rechtsordnungen der Mitgliedstaaten der Europäischen Union unabhängige Rechtsordnung dar.[1] Eine **Kollision** zwischen dem Unionsrecht und dem mitgliedstaatlichen (nationalen) Recht kann es nur geben, wenn das Unionsrecht in den Mitgliedstaaten gilt und unmittelbar anwendbar (wirksam) ist. Daher ist das Augenmerk zunächst auf die Geltung, den Geltungsgrund und die unmittelbare Anwendbarkeit (Wirksamkeit) des Unionsrechts zu richten (A.). Sodann kann auf die Kollisionsregel „Vorrang des Unionsrechts" eingegangen werden (B.). Darauf aufbauend soll die Wirkungsweise des Vorrangs näher untersucht werden (C.).

A. Geltung, Geltungsgrund und unmittelbare Anwendbarkeit (Wirksamkeit) des Unionsrechts in den Mitgliedstaaten

I. Geltung des Unionsrechts

2 Um normative Kraft entfalten zu können, muss das Recht der Europäischen Union (und der Europäischen Atomgemeinschaft) nicht nur auf Unionsebene, sondern auch in den Mitgliedstaaten gelten. **Geltung** in den Mitgliedstaaten bedeutet, dass das Unionsrecht auch im innerstaatlichen Rechtskreis als Recht anerkannt wird, ohne dass es noch eines weiteren mitgliedstaatlichen Aktes bedarf. Dies setzt voraus, dass das Unionsrecht gültig ist (Rn 4) und eo ipso in den Mitgliedstaaten Beachtung beansprucht (Rn 5).

3 Das Unionsrecht besteht aus dem **Vertragsrecht** – Vertrag über die Europäische Union (EUV) und Vertrag über die Arbeitsweise der Europäischen Union (AEUV)[2] – sowie den von der Union erlassenen **Rechtsakten.** Unter der **Europäischen Union** ist in diesem Zusammenhang nicht nur die Union als Rechtspersönlichkeit zu verstehen (Art. 47 EUV), darunter fallen auch alle von ihr geschaffenen „Einrichtungen oder sonstigen Stellen" (Art. 263 Abs. 1 S. 2 AEUV) – wie zB die Europäische Zentralbank (Art. 127 ff AEUV), die Europäische Investitionsbank (Art. 308 AEUV) oder die Agenturen[3] der Europäischen Union, unabhängig davon, ob diese eine juristische Person sind oder nicht. Bestandteil der Verträge sind auch die Protokolle und Anhänge (Art. 51 EUV) einschließlich der Charta der Grundrechte der Europäischen Union (Art. 6 S. 1 EUV). Ferner sind die ungeschriebenen allgemeinen Rechtsgrundsätze, die sich aus der Europäischen Konvention zum Schutz der Menschenrechte und Grundfreiheiten oder den gemeinsamen Verfassungsüberlieferungen der Mitgliedstaaten ergeben, dem Vertragsrecht zuzurechnen (Art. 6 Abs. 3 EUV). Nichts anderes gilt für das diese Normstufe betreffende Gewohnheitsrecht und die ungeschriebenen allgemeinen Rechtgrundsätze (Treu und Glauben, Verhältnismäßigkeit u.a.). Zusammen genommen lässt sich von dem **Primärrecht** der Union sprechen. Zu den Rechtsakten der Union gehören die im ordentlichen Gesetzgebungsverfahren (Art. 289 AEUV) erlassenen Gesetzgebungsakte der Union in Gestalt von Verordnungen, Richtlinien oder Beschlüssen (Art. 288 Unterabs. 1-4 AEUV) – auch **Sekundärrecht** genannt – sowie die Durchführungsakte iSd Art. 290, 291 AEUV, die sich als **Tertiärrecht** bezeichnen lassen (s. *König*, § 2 Rn 36 ff, 93 ff). Schließlich gehören zum Unionsrecht die sonstigen Regelungen der Europäischen Union wie zB die Verträge (Art. 272, 340 Abs. 1 AEUV) oder Realakte wie zB Empfehlungen und Stellungnahmen (Art. 288 Unterabs. 5 AEUV) oder Entschließungen, Mitteilungen, Erklärungen, Leitlinien und Bekanntgaben. Auch nichtregelnde Hand-

1 Vgl BVerfGE 22, 293, 296; zur Ablehnung einer monistischen Zuordnung von Unionsrecht und nationalem Recht *Kruis*, S. 5 ff.
2 Jeweils in der konsolidierten Fassung vom 30.3.2010 (ABl. 2010, C 83, S. 13; C 83, S. 47).
3 Vgl *Görisch*, Demokratische Verwaltung durch Unionsagenturen, 2009; *Ehlers*, in: Erichsen/ders. (Hrsg.), § 5, Rn 35 ff.

lungen der Union können Beachtung in den Mitgliedstaaten beanspruchen, ungeachtet des Umstandes, dass sie (mit Ausnahme der vertraglichen Erklärungen) nicht auf Setzung einer Rechtsfolge gerichtet und damit nicht rechtsverbindlich sind.

Die Geltung des vertraglichen und sonstigen Primärrechts für die Mitgliedstaaten ergibt sich aus den Art. 52, 53 EUV. Das Sekundär- und Tertiärrecht einschließlich der sonstigen Rechtshandlungen ist **gültig**, wenn es in Kraft getreten ist, nicht aufgehoben wurde oder sich anderweitig erledigt hat oder Beachtung verlangt. Keine Rechtsakte der Europäischen Union, sondern Nichtakte stellen Handlungsweisen dar, die im Namen der Union vorgenommen werden, dieser aber von Anfang an und definitiv nicht zugerechnet werden können.[4] Wann ein Rechtsakt der Union in Kraft tritt, bestimmt sich für Verordnungen, Richtlinien und Beschlüsse (iSd Art. 288 Unterabs. 2-4 AEUV) nach Art. 297 AEUV. Gesetzgebungsakte sowie Verordnungen, Richtlinien, die an alle Mitgliedstaaten gerichtet sind, und Beschlüsse, die an keinen bestimmten Adressaten gerichtet sind, müssen im Amtsblatt der Europäischen Union veröffentlicht werden und treten zu dem durch sie festgelegten Zeitpunkt oder andernfalls am zwanzigsten Tag nach ihrer Veröffentlichung in Kraft (Art. 297 Abs. 1 Unterabs. 3 AEUV).[5] Die anderen Richtlinien sowie die Beschlüsse, die an einen bestimmten Adressaten gerichtet sind, werden mit Bekanntgabe an diejenigen, für die sie bestimmt sind (nach außen) wirksam (Art. 297 Abs. 2 Unterabs. 3 AEUV). Nichts anderes gilt für die sonstigen Rechtshandlungen[6] der Europäischen Union (Rn 3). Die **Aufhebung** von Unionsrechtsakten obliegt den Organen, Einrichtungen oder Stellen der Europäischen Union, welche den Akt erlassen haben. **Erledigen** kann sich ein Unionsrechtsakt etwa durch Zeitablauf oder durch Wegfall des Regelungsadressaten oder Regelungsobjektes. Keine Beachtung verlangen Regelungsakte der Europäischen Union, die keinerlei Wirkung entfalten. Dies ist insbesondere der Fall, wenn sie als nichtig anzusehen sind. Der EuGH spricht in solchen Fällen (sprachlich angreifbar) zumeist von **rechtlicher Inexistenz.**[7] Der Rechtsakt muss dann mit einem Fehler behaftet sein, dessen Schwere so offensichtlich ist, dass er von der Unionsrechtsordnung nicht geduldet werden kann.[8] Ein solcher Fall wird nur selten angenommen. Grundsätzlich geht der EuGH von einer Vermutung der Rechtmäßigkeit von Rechtsakten der Unionsorgane aus.[9] Rechtswidrige Akte sind vernichtbar, aber solange gültig, bis der Akt von einer Kontrollinstanz (regelmäßig von dem EuGH oder dem EuG) aufgehoben wurde. Hierfür kommt die Nichtigkeitsklage des Art. 263 AEUV in Betracht, die sich – entgegen ihrer missverständlichen Bezeichnung – sowohl auf vernichtbare als auch auf nichtige Akte bezieht und eine Gestaltungsklage darstellt.[10] Beachtung verlangen kann ein Unionsrechtsakt auch, wenn er aufschiebend bedingt oder befristet ist respektive den Mitgliedstaaten eine Frist zur Umsetzung lässt. So können beispielsweise Richtlinien schon vor Ablauf der Umsetzungsfrist Vorwirkungen entfalten (Rn 45).[11] 4

Auch wenn es sich bei dem Unionsrecht und bei dem mitgliedstaatlichen Recht um eigenständige und **getrennte Rechtsordnungen** handelt, sind beide eng miteinander **verzahnt**,[12] weil sowohl das 5

4 Vgl auch EuGH, Rs. C-53/63 (Lemmerz), Slg 1963, 519, 538 ff. Ebenso wie im deutschen Recht (vgl *Ehlers*, Die Lehre von der Teilrechtsfähigkeit juristischer Personen des öffentlichen Rechts und die Ultra-vires-Doktrin des öffentlichen Rechts, 2000) ist die Unterscheidung von Nichtakten und nichtigen Akten im Unionsrecht bisher nicht näher dogmatisch ausgeformt worden. Zu Unrecht werden beide Begriffe oftmals synonym verwendet. Vgl etwa *Schärf*, EuZW 2004, 333 ff.

5 Unterbleibt die erforderliche Veröffentlichung, führt dies zur Nichtexistenz des jeweiligen Rechtsaktes. Vgl EuGH, Rs. C-185/73 (König), Slg 1974, 607, 617; *Gellermann*, in: Streinz, EUV/AEUV, Art. 297 AEUV, Rn 6; *Schoo*, in: Schwarze, EU-Kommentar, Art. 297 AEUV, Rn 10; aA *Ruffert*, in: Calliess/ders., EUV/AEUV, Art. 297 AEUV, Rn 11 (nur bei Schwere und Offenkundigkeit des Fehlers).

6 Vgl *Ehlers*, in: Erichsen/ders. (Hrsg.), § 5, Rn 24 ff.

7 Vgl EuGH, Rs. C-137/92 (BASF), Slg 1994, I-2555, Rn 49; Rs. C-245/92 (Chemie Linz), Slg 1999, I-4643, Rn 94.

8 Vgl EuGH, Rs. C-475/01 (Kommission/Griechenland), Slg 2004, I-8923, Rn 19.

9 Vgl EuGH, Rs. C-475/01 (Kommission/Griechenland), Slg 2004, I-8923, Rn 18.

10 Vgl statt vieler *Ehlers*, in: ders./Schoch (Hrsg.), Rechtsschutz im Öffentlichen Recht, 2009, § 8, Rn 61.

11 Vgl zum Vereitelungsverbot EuGH, Rs. C-129/96 (Inter-Environnement Wallonie), Slg 1997, I-7411, Rn 44 ff; Rs. C-212/04 (Adeneler), Slg 2006, I-6057, Rn 115.

12 Vgl *Streinz*, Europarecht, Rn 197 ff.

Primärrecht der Europäischen Union (dh die Gründungsverträge nebst Anlagen, Protokollen und späteren Änderungen einschließlich der Charta der Grundrechte der Europäischen Union sowie die ungeschriebenen allgemeinen Rechtsgrundsätze des Unionsrechts und das Gewohnheitsrecht) als auch das von der Europäischen Union erlassene Sekundär- und Tertiärrecht einschließlich der sonstigen Rechtshandlungen (Rn 3) grundsätzlich Beachtlichkeit oder gar Verbindlichkeit (Rechtswirkung) im innerstaatlichen Recht beanspruchen können. Eine generell gehaltene ausdrückliche Normierung, wann ein solcher Anspruch erhoben wird, lässt sich dem Unionsrecht zwar nicht entnehmen. Wenn aber Art. 4 Abs. 3 Unterabs. 2 EUV von Verpflichtungen der Mitgliedstaaten spricht, „die sich aus den Verträgen oder den Handlungen der Organe der Union ergeben", liegt es nahe, dass nicht nur an eine völkerrechtliche Inpflichtnahme gedacht ist. Auch der Umstand, dass sich bereits aus dem Primärrecht der Europäischen Union zahlreiche Berechtigungen (und Verpflichtungen) Privater ergeben, die vor den mitgliedstaatlichen Behörden oder Gerichten durchsetzbar sind,[13] setzt eine unmittelbare Geltung des Unionsrechts im innerstaatlichen Rechtskreis voraus. Erst recht trifft dies auf das rechtsverbindliche Sekundär- und Tertiärrecht einschließlich der sonstigen Rechtshandlungen zu. So gelten die Verordnungen der Europäischen Union in allen ihren Teilen verbindlich und unmittelbar in jedem Mitgliedstaat (Art. 288 Abs. 2 AEUV), wohingegen die Verbindlichkeit von Richtlinien und Beschlüssen in den Mitgliedstaaten beschränkt ist oder beschränkt sein kann, als solche aber nicht in Frage steht. Selbst unverbindliche Rechtsakte der Europäischen Union können Rechtswirkungen entfalten, zB das Handeln der mitgliedstaatlichen Behörden steuern oder – wie etwa die Erteilung falscher Auskünfte – eine Schadensersatzpflicht zur Folge haben. Dementsprechend wird heute allgemein von einer (unmittelbaren) Geltung des (gültigen) Unionsrechts im innerstaatlichen Rechtskreis der Mitgliedstaaten ausgegangen.[14] Der EuGH versteht darunter, „dass die Bestimmungen des Gemeinschaftsrechts ihre volle Wirkung einheitlich in sämtlichen Mitgliedstaaten vom Zeitpunkt ihres Inkrafttretens an und während der gesamten Dauer ihrer Gültigkeit entfalten müssen".[15] Ob sich die unmittelbare Geltung auf das gesamte Unionsrecht erstreckt oder nur auf jenen Teil, der die Mitgliedstaaten und Privatpersonen betrifft – im Gegensatz etwa zum Organisations- und Eigenverwaltungsrecht der Europäischen Union –, kann hier dahinstehen.

II. Geltungsgrund des Unionsrechts

6 Bis heute umstritten ist die Grundlage des Geltungsanspruchs des Unionsrechts im innerstaatlichen Recht. Im Wesentlichen lässt sich zwischen einer völkerrechtlichen (1.) und einer autonomen, europarechtlichen (2.) Grundlegung unterscheiden.[16]

1. Völkerrechtlicher Geltungsgrund

7 Nach traditioneller Auffassung[17] ist das primäre Unionsrecht als **Völkerrecht** zu qualifizieren, weil es durch völkerrechtliche Verträge der Mitgliedstaaten entstanden ist. Dies soll auch auf das vom primären Unionsrecht abgeleitete Sekundärrecht zutreffen. Völkerrechtliche Verträge werden durch Zustimmungsgesetz verbindlich. Dementsprechend geht das BVerfG – ebenso wie viele andere mitgliedstaatliche (Verfassungs-) Gerichte – davon aus, dass der im Zustimmungsgesetz enthaltene **Rechtsanwendungsbefehl** zum Vertrag zur Gründung der Europäischen Gemeinschaft wie zu den Änderungsverträgen respektive heute zum Vertrag über die Europäische Union und zum Vertrag

13 Vgl EuGH, Rs. C-26/62 (van Gend & Loos), Slg 1963, 3, 25.

14 Vgl etwa BVerfGE 31, 145, 174.

15 EuGH, Rs. C-106/77 (Simmenthal II), Slg 1978, 629, Rn 14/16.

16 Vgl die Meinungsübersicht bei *Kadelbach*, S. 184 ff mwN; *Streinz*, Europarecht, Rn 204 ff.

17 Vgl BVerfGE 123, 267, 400 (völkervertraglich übertragenes, demnach abgeleitetes Institut, das erst mit dem Rechtsanwendungsbefehl durch das Zustimmungsgesetz in Deutschland Rechtswirkungen entfaltet); *Streinz*, Bundesverfassungsgerichtlicher Grundrechtsschutz, S. 100.

über die Arbeitsweise der Europäischen Union die Brücke für die Geltung des Unionsrechts[18] im innerstaatlichen Rechtskreis bildet.[19] Dies schließe unabhängig davon, welchen Theorien über das Verhältnis von Völkerrecht und nationalem Recht man folgt,[20] eine unmittelbare, nicht eines weiteren nationalen Zustimmungs- oder Transformationsaktes bedürftige Geltung des Unionsrechts im innerstaatlichen Rechtskreis nicht aus. Das staatliche Recht dürfe sich nämlich dem Völkerrecht derart öffnen, dass der ausschließliche Herrschaftsanspruch des nationalen Rechts zurückgenommen und der unmittelbaren Geltung des Rechts aus anderer Quelle innerhalb des Herrschaftsbereichs Raum gelassen wird.[21] Eine solche Rechtsfolge wurde in Deutschland früher dem Art. 24 Abs. 1 GG entnommen. Heute wird Art. 23 Abs. 1 GG als maßgebliche Norm für die Übertragung von Hoheitsrechten auf die Europäische Union angesehen.[22] Auch das BVerfG geht deshalb davon aus, dass das Unionsrecht – jedenfalls in aller Regel – unmittelbare Geltung in Deutschland entfaltet.

2. Autonomer (europarechtlicher) Geltungsgrund

8 Nach anderer Ansicht ist das Unionsrecht zwar durch völkerrechtliche Verträge geschaffen worden, hat sich aber von dieser Grundlage gelöst. Es soll eine eigenständige (autonome) Rechtsordnung mit originärem Hoheitsanspruch darstellen. So geht der EuGH seit seiner Grundsatzentscheidung *Costa/ENEL* in ständiger Rechtsprechung davon aus, dass der EWG-Vertrag (heute EUV und AEUV) im Unterschied zu gewöhnlichen internationalen Verträgen „eine **eigene Rechtsordnung** geschaffen (hat), die bei seinem Inkrafttreten in die Rechtsordnung der Mitgliedstaaten aufgenommen und von ihren Gerichten anzuwenden ist. Denn durch die Gründung einer Gemeinschaft für unbegrenzte Zeit, die mit eigenen Organen, mit der Rechts- und Geschäftsfähigkeit, mit internationaler Handlungsfähigkeit und insbesondere mit echten, aus der Beschränkung der Zuständigkeit der Mitgliedstaaten oder der Übertragung von Hoheitsrechten der Mitgliedstaaten auf die Gemeinschaft herrührenden Hoheitsrechten ausgestattet ist, haben die Mitgliedstaaten, wenn auch auf einem begrenzten Gebiet, ihre Souveränitätsrechte beschränkt und so einen Rechtskörper geschaffen, der für ihre Angehörigen und sie selbst verbindlich ist".[23] Eine in der Literatur vertretene Auffassung begründet den von der völkerrechtlichen und mitgliedstaatlichen Grundlage gelösten autonomen Charakter der Unionsordnung mit einem „Gesamtakt der Integrationsgewalt" der Mitgliedstaaten.[24]

III. Unmittelbare Anwendbarkeit (Wirksamkeit) des Unionsrechts in den Mitgliedstaaten

9 Von der unmittelbaren Geltung des Unionsrechts in den Mitgliedstaaten ist die unmittelbare Anwendung oder Wirkung zu unterscheiden. Beide Begriffe werden in der Rechtsprechung und Literatur oftmals sinnvariierend verwendet.[25] Nach der hier vertretenen Auffassung sind die Termini *Anwendbarkeit* und *Wirksamkeit* synonyme Ausdrücke. Unmittelbar anwendbar respektive unmittelbar wirksam ist das Unionsrecht in den Mitgliedstaaten, wenn Adressaten des innerstaatlichen Rechtskreises – dh die Mitgliedstaaten oder Privaten – berechtigt oder verpflichtet werden.

18 In seiner Entscheidung zum Vertrag von Lissabon hat das BVerfG erneut (vgl bereits BVerfGE 31, 145, 174) den Anwendungsvorrang des Unionsrechts (früher Gemeinschaftsrecht) kraft des im Zustimmungsgesetz enthaltenen Rechtsanwendungsbefehls anerkannt, vgl BVerfGE 123, 267, 402.

19 BVerfGE 52, 187, 199; 73, 339, 372; 75, 223, 241; 89, 155 ff; 123, 267, 400, 402; 126, 286, 302. Vgl auch House of Lords [1994] 1 All ER 457, 467 – Rees Mogg (GB); Corte Costituzionale, v. 27.12.1973, Nr. 183 – Frontini (Italien); Supreme Court [1987] ILRM 400, 402 f – Crotty (Irland); Conseil constitutionnel No. 92-308 DC v. 9.4.1992 – Maastricht I; No. 97-394 DC v. 31.12.1997 – Amsterdam (Frankreich).

20 Vgl dazu *Schweitzer*, Rn 23 ff; *v. Arnauld*, Völkerrecht, 2012, § 7; *Kunig*, in: v. Vitzthum/Proelß (Hrsg.), Völkerrecht, 6. Aufl. 2013, S. 77 ff; *Herdegen*, Völkerrecht, 13. Aufl. 2014, § 22.

21 BVerfGE 37, 271, 280.

22 Vgl BVerfGE 102, 147, 163 ff.

23 EuGH, Rs. C-6/64 (Costa/ENEL), Slg 1964, 1251, 1269.

24 Vgl *Ipsen*, Europäisches Gemeinschaftsrecht, 1972, S. 58 ff, 290.

25 Vgl *Jarass/Beljin*, S. 55 ff; *Ruffert*, in: Calliess/ders., EUV/EGV, 3. Aufl. 2007, Art. 249 EGV, Rn 31 ff.

Da das Unionsrecht in der Regel nicht nur für die Union selbst bedeutsam ist (wie zB das Beamtenrecht), sondern auch und gerade die Mitgliedstaaten und bzw oder Private angesprochen werden und da es – von Ausnahmen etwa nach Art des Art. 288 Unterabs. 5 AEUV abgesehen – zumeist regelnden Charakter hat (dh auf Setzung einer Rechtsfolge gerichtet ist), ist eine **unmittelbare Anwendbarkeit** (Wirksamkeit) in den Mitgliedstaaten grundsätzlich zu bejahen. So sind die an die Mitgliedstaaten adressierten Richtlinien der Europäischen Union (Art. 288 Unterabs. 3 AEUV) auch schon vor Ablauf der Umsetzungsfrist[26] immer unmittelbar anwendbar (wirksam), weil die mitgliedstaatlichen Gesetzgeber verpflichtet werden, die Richtlinien in nationales Recht umzusetzen. Dies gilt auch, wenn den Mitgliedstaaten ein Gestaltungsspielraum bei der Umsetzung zukommt. Betreffen die Berechtigungen oder Verpflichtungen das Verhältnis der Hoheitsträger (dh der Europäischen Union oder der Mitgliedstaaten) zu Privaten, wird von vertikaler Anwendbarkeit oder Wirksamkeit gesprochen. Demgegenüber bezieht sich die horizontale Anwendbarkeit oder Wirksamkeit auf das Verhältnis der Privaten (und möglicherweise auch der Hoheitsträger) zueinander.

10 Vielfach wird der Begriff der unmittelbaren Anwendbarkeit (Wirksamkeit) in einem engeren Sinne gebraucht.[27] So wird darauf abgestellt, ob eine Unionsrechtsbestimmung inhaltlich unbedingt und hinreichend genau ist.[28] Nach anderer Auffassung soll es auf die inhaltliche, nicht normstrukturelle[29] Frage ankommen, ob das Unionsrecht den Unionsbürgern und sonstigen Privatpersonen **Rechte** verleiht oder **Pflichten** auferlegt.[30] Wann dies der Fall ist, hängt von der Auslegung der Regelungen ab. Einer ausdrücklichen Anordnung bedarf es nicht.[31] So berechtigen die Grundfreiheiten die Unionsangehörigen (und andere Privatpersonen), ohne dass sich dies dem Normtext ohne weiteres entnehmen lässt.[32] Ferner leitet der EuGH aus den Grundfreiheiten auch Verpflichtungen Privater her.[33] Die unmittelbare Anwendbarkeit von Verordnungen ergibt sich ausdrücklich aus Art. 288 Unterabs. 2 AEUV. Dagegen vermögen Richtlinien nach ständiger Rechtsprechung des EuGH nicht selbst Verpflichtungen für einen Einzelnen zu begründen, so dass ihm gegenüber eine Berufung auf eine **Richtlinie** als solche nicht möglich ist.[34] Wohl aber kann ein Privater aus einer nicht fristgemäß oder unzureichend umgesetzten Richtlinie Rechte gegenüber dem Mitgliedstaat herleiten, wenn die Richtlinie hinreichend klar, bestimmt und unbedingt ist (also keines weiteren Ausführungsaktes mehr bedarf) und dem Einzelnen ein Recht gegen den Staat verliehen wird.[35] Im Verhältnis zwischen Privaten scheidet eine unmittelbare Richtlinienwirkung regelmäßig aus, weil sonst ein Privater belastet würde.[36] Ebenso scheiden Privatbelastungen im Verhältnis zwischen

---

26 Zur Vorwirkung von Richtlinien vgl Rn 4, 45; EuGH, Rs. C-129/96 (Inter-Environnement Wallonie), Slg 1997, I-7411, Rn 44 f; Rs. C-212/04 (Adeneler), Slg 2006, I-6057, Rn 114 f; *Drexler*, S. 89 ff.

27 Vgl *Biervert*, in: Schwarze, EU-Kommentar, Art. 288 AEUV, Rn 6; *Ruffert*, in: Calliess/ders., EUV/AEUV, Art. 288 AEUV, Rn 47 ff.

28 Vgl dazu die Nachweise bei *Jarass*, NJW 1990, 2420, 2422; *Schröder*, in: Streinz, EUV/AEUV, Art. 288 AEUV, Rn 106, vgl ausführlich zu den Voraussetzungen *Hartley*, S. 210 ff, siehe ferner *Ohler*, in: Hummer (Hrsg.), S. 165 ff.

29 *Kruis*, S. 111.

30 Vgl EuGH, Rs. C-26/62 (van Gend & Loos), Slg 1963, 3, 24 ff; Rs. C-106/77 (Simmenthal II), Slg 1978, 629, 643 ff; *Kadelbach*, S. 57 ff; *Borchardt*, Die rechtlichen Grundlagen der Europäischen Union, 5. Aufl. 2012, Rn 135. Vgl aber auch EuGH, Rs. C-431/92 (Groß Krotzenburg), Slg 1995, I-2189, Rn 26 (wonach die Frage, ob eine Richtlinie bindende Wirkung entfaltet, mit der Möglichkeit für den Einzelnen, sich gegenüber dem Staat auf eine nicht umgesetzte Richtlinie zu berufen, nichts zu tun hat).

31 Vgl EuGH, Rs. C-26/62 (van Gend & Loos), Slg 1963, 3, 25.

32 Vgl *Ehlers*, in: ders. (Hrsg.), § 7, Rn 10.

33 Vgl EuGH, Rs. C-36/74 (Walrave), Slg 1974, 1405, Rn 16 ff; Rs. C-415/93 (Bosman), Slg 1995, I-4921, Rn 84; Rs. C-281/98 (Angonese), Slg 2000, I-4139 ff. Krit. *Ehlers*, in: ders. (Hrsg.), § 7, Rn 57.

34 Vgl EuGH, Rs. C-152/84 (Marshall), Slg 1986, 723, Rn 48; Rs. C-91/92 (Faccini Dori), Slg 1994, I-3325, Rn 20; Rs. C-397/01 (Pfeiffer), Slg 2004, I-8835, Rn 108; Rs. C-387/02 (Berlusconi), Slg 2005, I-3565, Rn 73. Anderes ergibt sich entgegen *Gas*, EuZW 2007, 737 ff, auch nicht aus dem Urteil EuGH, Rs. C-144/04 (Mangold), Slg 2005, I-9981.

35 Vgl EuGH, Rs. C-8/81 (Becker), Slg 1982, 53, Rn 20 ff; Rs. C-70/83 (Kloppenburg), Slg 1984, 1075, Rn 7 ff; Rs. C-14/83 (von Colson und Kamann), Slg 1984, 1891, Rn 22 ff; Rs. C-152/84 (Marshall), Slg 1986, 723, Rn 48.

36 Vgl EuGH, Rs. C-91/92 (Faccini Dori), Slg 1994, I-3325, Rn 20, 24 ff.

Staat und Privaten durch Richtlinienbestimmungen grundsätzlich aus,[37] wenn sie den Einzelnen direkt erreichen würden[38] (oder wenn sich ein Privater gegenüber dem Staat auf eine Verpflichtung beruft, die unmittelbar im Zusammenhang mit der Erfüllung einer anderen Verpflichtung steht, die aufgrund der Richtlinie einem Dritten obliegt).[39] Dagegen rechtfertigen es bloß negative Auswirkungen auf die Rechte Dritter, selbst wenn sie gewiss sind, nicht, dem Einzelnen das Recht der Berufung auf die Bestimmung einer Richtlinie gegenüber dem betreffenden Mitgliedstaat zu versagen.[40] Gedacht ist vor allem an die Fälle, dass die Richtlinie erst über ein Handeln mitgliedstaatlicher Instanzen zu einer Verschlechterung der Rechtslage eines Privaten führt.[41] In solchen Fällen ergibt sich die Rechtsgrundlage für die Belastung nicht aus der Richtlinie, sondern aus dem (richtlinienkonform auszulegenden) nationalen Recht (vgl auch Rn 45).

B. Vorrang des Unionsrechts

Kommt dem Unionsrecht sowohl (unmittelbare) Geltung als auch unmittelbare Anwendbarkeit (Wirksamkeit) in den Mitgliedstaaten zu, kann es mit dem mitgliedstaatlichen Recht kollidieren. Es bedarf dann der Entscheidung, welchem Recht der Vorrang gebühren soll. Die Frage stellt sich nur, wenn wirklich eine Kollision vorliegt. 11

I. Vorliegen einer Kollision von Unionsrecht und mitgliedstaatlichem Recht

In der Literatur (nicht in der Rechtsprechung) wird vielfach zwischen zwei Arten von Kollisionen unterschieden: nämlich direkten und indirekten.[42] Eine **direkte Kollision** liegt nach allgemeiner Auffassung vor, wenn ein Unionsrechtsakt und ein nationaler Rechtsakt für dieselbe (Teil-) Frage eines Sachverhalts oder für den Sachverhalt im Ganzen unterschiedliche Rechtsfolgen anordnen mit der Folge, dass die gleichzeitige Anwendung beider Bestimmungen logisch unmöglich ist.[43] Dagegen wird von **indirekten Kollisionen** bei jeder sonstigen Beeinträchtigung der Wirksamkeit des Unionsrechts durch das nationale Recht oder nationale Rechtsakte gesprochen.[44] Eine indirekte Kollision wird insbesondere angenommen, wenn auf Seiten des Unionsrechts ein allgemeiner Rechtsgrundsatz vorliegt, dessen Bedeutungsgehalt erst ermittelt werden muss.[45] Es kann dann zu Kollisionen zwischen Normen kommen, die verschiedene Materien regeln.[46] So ist etwa der Vollzug des Unionsrechts durch die nationalen Verwaltungsbehörden und die Ausgestaltung des Verfahrens der nationalen Gerichte grundsätzlich Sache der innerstaatlichen Rechtsordnung. Doch dürfen die Behörden und Gerichte zum einen in Fallgestaltungen mit Unionsrechtsbezug die Verfahren nicht weniger günstig ausgestalten als bei entsprechenden innerstaatlichen Verfahren (Äquivalenzgrundsatz). Zum anderen darf die Ausübung der durch die Unionsrechtsordnung verliehenen Rechte nicht praktisch unmöglich gemacht oder übermäßig erschwert werden (Effektivitätsgrundsatz).[47] Wird der Äquivalenzgrundsatz oder der Effektivitätsgrundsatz nicht beachtet, kollidieren das Unionsrecht und das mitgliedstaatliche Recht. Die Unterscheidung von direkten und indirekten 12

37 Vgl aber auch EuGH, Rs. C-425/12 (Portgas), EuZW 2014, 189 ff.

38 Vgl *Jarass/Beljin*, EuR 2004, 714, 736 m. w. Differenzierungen.

39 Vgl EuGH, Rs. C-221/88 (Busseni), Slg 1990, I-495, Rn 23 ff; Rs. C-97/96 (Daihatsu), Slg 1997, I-6843, Rn 24 ff; Rs. C-201/02 (Wells), Slg 2004, I-723, Rn 57.

40 Vgl EuGH, Rs. C-103/88 (Costanzo), Slg 1989, I-1839, Rn 28 ff; Rs. C-194/94 (CIA Security International), Slg 1996, I-2201, Rn 40 ff; Rs. C-435/97 (WWF), Slg 1999, I-5613, Rn 69 ff; Rs. C-443/98 (Unilever), Slg 2000, I-7535, Rn 45 ff; Rs. C-201/02 (Wells), Slg 2004, I-723, Rn 57; Rs. C-152/07-154/07 (Arcor u.a.), Slg 2008, I-5959, Rn 36. Vgl ausführlich zur Rspr auch *Hartley*, S. 224 ff.

41 Vgl zum Ganzen *Jarass/Beljin*, EuR 2004, 714, 737.

42 Vgl statt vieler *v. Danwitz*, Verwaltungsrechtliches System, S. 114 ff; *Kadelbach*, S. 23 ff.

43 *Jarass/Beljin*, NVwZ 2004, 1, 3, *Niedobitek*, VerwArch 92 (2001), 58, 67; zur Möglichkeit einer Kollision von Richtlinien und nationalem Recht vgl *Ohler*, in: Hummer (Hrsg.), S. 160 f.

44 Vgl auch *Jarass/Beljin*, NVwZ 2004, 1, 4; ferner *Niedobitek*, VerwArch 92 (2001), 58, 74 ff.

45 Näher dazu *Kruis*, S. 100 ff, 479.

46 *Kadelbach*, S. 26; ferner *v. Danwitz*, Verwaltungsrechtliches System, S. 114 ff.

47 Vgl EuGH, Rs. C-205/82 (Deutsche Milchkontor), Slg 1983, 2633, Rn 19 ff; Rs. C-343/96 (Dilexport), Slg 1999, I-579, Rn 25; *v. Danwitz*, DVBl. 1998, 421 ff; *ders.*, EU-Verwaltungsrecht, S. 483 ff.

Kollisionen hat zunächst analytische Bedeutung. Ob sich aus ihr Rechtskonsequenzen ergeben, wird noch zu klären sein (Rn 41 f).

II. Unionsrechtliche Begründung des Vorrangs

1. Rechtsprechung des EuGH

13 Der EuGH geht seit seiner Leitentscheidung *Costa/ENEL* im Jahr 1964 von einem **strikten Vorrang des Unionsrechts** aus.[48] Begründet wird dies zum einen mit der Eigenständigkeit des Unionsrechts, zum anderen mit dem teleologisch ermittelten Prinzip der Sicherung der Funktionsfähigkeit der Union.[49] Hat sich das Unionsrecht von seiner völkerrechtlichen Grundlage gelöst und stellt es nunmehr eine autonome Rechtsordnung dar (Rn 8), kann es anders als das Völkerrecht[50] die Art und Weise seiner Durchführung und damit den Rang im innerstaatlichen Rechtskreis nicht dem innerstaatlichen Recht der Vertragsstaaten überlassen. Dementsprechend geht der Gerichtshof davon aus, dass es den Mitgliedstaaten unmöglich sei, gegen eine – von ihnen auf der Grundlage der Gegenseitigkeit angenommene – Rechtsordnung nachträglich einseitige Maßnahmen ins Feld zu führen. Denn es würde eine Gefahr für die Verwirklichung der Ziele des Vertrags bedeuten und dem Grundsatz der Vertragstreue zuwiderlaufen, wenn das Unionsrecht je nach der nachträglichen innerstaatlichen Gesetzgebung von einem Staat zum anderen verschiedene Geltung haben könnte. Die Verpflichtungen, welche die Mitgliedstaaten im Vertrag zur Begründung der Gemeinschaft (heute: Union) eingegangen seien, wären keine unbedingten mehr, sondern nur noch eventuelle, wenn sie durch spätere Gesetzgebungsakte der Mitgliedstaaten in Frage gestellt werden könnten. Zugleich würden zahlreiche Bestimmungen des Vertragsrechts (wie etwa Art. 288 Unterabs. 2 AEUV) ihre Bedeutung verlieren. Aus alledem folgert der Gerichtshof, dass dem vom Vertrag geschaffenen, somit aus einer autonomen Rechtsquelle fließenden Recht wegen dieser Eigenständigkeit keine wie auch immer gearteten innerstaatlichen Rechtsvorschriften vorgehen können, wenn ihm nicht sein Charakter als Unionsrecht aberkannt und wenn nicht die Rechtsgrundlage der Gemeinschaft selbst in Frage gestellt werden soll. Die Mitgliedstaaten haben danach alleine dadurch, dass sie nach Maßgabe der Bestimmungen des Vertrages Rechte und Pflichten, die bis dahin ihren inneren Rechtsordnungen unterworfen waren, der Regelung durch die Unionsrechtsordnung vorbehalten haben, eine endgültige Beschränkung ihrer Hoheitsrechte bewirkt.

14 Vor Inkrafttreten des Vertrages von Lissabon musste zwischen dem Unionsrecht und dem Europäischen Gemeinschaftsrecht unterschieden werden. Es war streitig, ob der Vorrang nur für das Gemeinschaftsrecht oder auch für intergouvernementale Unionsrechtsakte – dh Rechtshandlungen der ehemals zweiten (Außen- und Sicherheitspolitik) und dritten Säule der Europäischen Union (polizeiliche und justizielle Zusammenarbeit in Strafsachen) – galt.[51] Dies wurde überwiegend abgelehnt.[52] Mit der Aufgabe der Unterscheidung von Unions- und Gemeinschaftsrecht sowie der Auflösung der Säulenstruktur der Union hat sich diese Problemstellung erledigt. Insbesondere bezieht sich der Vorrang des Unionsrechts auch auf Maßnahmen, die den **Raum der Freiheit, der Sicherheit und des Rechts** (Art. 67 ff AEUV) betreffen.[53] Dagegen haben Rechtsakte im Bereich der **Gemeinsamen Außen- und Sicherheitspolitik** – jedenfalls in der Regel – keine unmittelbare (supranationale) Durchgriffswirkung in den mitgliedstaatlichen Rechtsordnungen, so dass sich die Vorrangfrage (insoweit) nicht stellt.[54]

---

48 EuGH, Rs. C-6/64 (Costa/ENEL), Slg 1964, 1251, 1296 ff.
49 Vgl auch *Streinz*, Europarecht, Rn 194 ff; ferner *Craig/de Búrca*, S. 257 f.
50 Vgl BVerfGE 111, 307, 314 ff, zum Verhältnis von EMRK und nationalem Recht.
51 Näher dazu *Craig/de Búrca*, S. 260; *Kruis*, S. 78 ff.
52 Näher dazu *Kruis*, S. 78 ff. Zum Sonderfall eines Rahmenbeschlusses vgl EuGH, Rs. C-105/03 (Pupino), Slg 2005, I-5285.
53 *Chalmers/Davies/Monti*, S. 46.
54 Vgl Art. 24 Abs. 1 Unterabs. 2 S. 1-3; Art. 40 EUV; Erklärung (Nr. 14) zur Gemeinsamen Außen- und Sicherheitspolitik, ABl. 2007, C 306, S. 231; BVerfGE 123, 267, 402.

Inhaltlich wird der Vorrang des Unionsrechts einschränkungslos sowohl auf **sämtliches Unionsrecht** als auch auf das **gesamte mitgliedstaatliche Recht** bezogen (unabhängig davon, ob es sich um Verfassungsrecht, Parlamentsgesetze, Rechtsverordnungen, Satzungen oder Verwaltungsvorschriften handelt). Dies hat bei Zugrundelegung der Rechtsprechung des EuGH u.a. zur Konsequenz, dass auch bloße Sekundär- oder Tertiärrechtsakte der Europäischen Union (Rn 3) dem mitgliedstaatlichen Recht vorgehen, selbst wenn es sich bei letzterem um Verfassungsrecht handelt.[55] Auf die Frage, wann das nationale Recht erlassen wurde, kommt es nicht an. Die *lex-posterior*-Regel gilt nicht, so dass auch späteres mitgliedstaatliches Recht nicht das ältere Unionsrecht derogiert (Rn 51). Ebenso muss das mitgliedstaatliche Recht auch dann zurücktreten, wenn es speziellerer Natur ist.[56] Nicht zum Zuge kommt der Vorrang des Unionsrechts nur, wenn das unionsrechtliche Handeln einen Nichtakt darstellt oder wenn es nichtig ist (Rn 4). Jedoch vertritt der EuGH in ständiger Rechtsprechung die Auffassung, dass weder die nationalen Gerichte noch gar andere Instanzen befugt sind, Handlungen der Unionsorgane für ungültig zu erklären.[57] Die Nichtigkeitsfeststellung obliege alleine dem EuGH (oder den sonstigen Gerichten der Union, Art. 19 EUV). Wegen des **Verwerfungsmonopols** der Unionsgerichte müssen die nationalen Gerichte und Rechtsanwender das Unionsrecht bis zur Entscheidung des EuGH als gültig behandeln. Unter bestimmten Voraussetzungen besteht die Möglichkeit, bis zur Entscheidung des EuGH einstweiligen Rechtsschutz zu gewähren (vgl Rn 62). 15

Unter Umständen kann es Schwierigkeiten bereiten, die Reichweite des Vorrangs zu ermitteln. So bestimmt Art. 53 der EU-Grundrechtecharta (GRC), dass zwar die Grundrechte der Charta so auszulegen sind, dass sie keinen geringeren Schutz gewähren als die durch die Verfassungen der Mitgliedstaaten anerkannten Grundrechte. Gleichwohl gilt der daraus folgende Grundsatz der Meistbegünstigung nur insoweit, als er nicht dem Vorrang oder der Einheit und Wirksamkeit (effet utile) des Unionsrechts widerspricht. Soweit das Unionsrecht eine abschließende (unionsgrundrechtskonforme) Regelung trifft, bleibt für den Rückgriff auf nationale Grundrechtsstandards kein Raum.[58] 16

2. Erklärung Nr. 17 zum Vorrang

In der jüngeren Zeit ist versucht worden, den Vorrang des Unionsrechts ausdrücklich in den Vertragstext bzw die beigefügten Protokolle oder Erklärungen aufzunehmen. So anerkannte Nr. 2 des Protokolls (Nr. 30) über die Anwendung der Grundsätze der Subsidiarität und der Verhältnismäßigkeit (1997) „die vom Gerichtshof aufgestellten Grundsätze für das Verhältnis zwischen einzelstaatlichem Recht und Gemeinschaftsrecht". Art. I-6 des von den Regierungen der Mitgliedstaaten der Europäischen Union am 29. Oktober 2004 unterzeichneten, aber nicht in Kraft getretenen Vertrages über eine Verfassung für Europa bestimmte, dass die „Verfassung und das von den Organen der Union in Ausübung der der Union übertragenen Zuständigkeiten gesetzte Recht … Vorrang vor dem Recht der Mitgliedstaaten" haben.[59] In der dem Vertrag von Lissabon beigefügten Erklärung Nr. 17 zum Vorrang, die Bestandteil des Vertrages ist,[60] weist die Konferenz (der Mitgliedstaaten) darauf hin, dass die Verträge und das von der Union auf der Grundlage der Verträge gesetzte Recht im Einklang mit der ständigen Rechtsprechung des Gerichtshofs der Europäischen Union und den in dieser Rechtsprechung festgelegten Bedingungen Vorrang vor dem Recht der Mitgliedstaaten haben (Rn 26). Darüber hinaus hat die Konferenz beschlossen, dass das Gutachten 17

55 Vgl EuGH, Rs. C-11/70 (Internationale Handelsgesellschaft), Slg 1970, 1125, Rn 3; Rs. C-106/77 (Simmenthal II), Slg 1978, 629, Rn 21 ff.

56 Vgl *Jarass/Beljin*, NVwZ 2004, 1, 2.

57 Grundlegend EuGH, Rs. C-314/85 (Foto Frost), Slg 1987, 4199, Rn 11 ff.

58 EuGH, Rs. C-399/11 (Melloni), NJW 2013, 1215 ff; vgl ferner *Skouris*, in: Leutheuser-Schnarrenberger (Hrsg.), Vom Recht auf Menschenwürde, 2013, S. 83, 91; *Ehlers*, in: ders. (Hrsg.), § 14, Rn 93.

59 Auch bei Zugrundelegung dieser Normierung hätten sich nicht alle Meinungsstreitigkeiten über die Reichweite des Vorrangs erledigt, weil im Falle der völkerrechtlichen Deutung des Unionsrechts (Rn 7) die zitierte Bestimmung auch so hätte gelesen werden können, dass sich der Vorrang nach dem mitgliedstaatlichen Übertragungsakt richten soll. Vgl *Kadelbach*, S. 232; zu einer weiteren Deutungsmöglichkeit siehe *Craig/de Búrca*, S. 266 f; *Craig*, The Lisbon Treaty, 2013, S. 148.

60 Vgl Art. 51 EUV.

des Juristischen Dienstes des Rates zum Vorrang in der Fassung des Dokuments 11197/07 (JUR 260) der Schlussakte beigefügt wird.[61]

III. Mitgliedstaatliche Begründung des Vorrangs

18 Alle Mitgliedstaaten der Europäischen Union akzeptieren zwar im Grundsatz den Vorrang des Unionsrechts. Zumeist wird aber davon ausgegangen, dass es sich beim Unionsrecht nicht um eine eigengeartete Rechtskategorie, sondern um Völkerrecht – besonderer Art – handelt, das kraft innerstaatlichen Rechtsanwendungsbefehls mittels Zustimmungsgesetzen im innerstaatlichen Rechtskreis gilt (Rn 7). Welcher Rang dem Unionsrecht zukommt, bestimmt sich dann nach diesem **Rechtsanwendungsbefehl.**

1. Rangverhältnis bei Zugrundelegung der Rechtsprechung des Bundesverfassungsgerichts

a) Geltungsgrund und Reichweite des Vorrangs

19 Wenn Art. 24 Abs. 1 GG die Übertragung von Hoheitsrechten auf zwischenstaatliche Einrichtungen durch Gesetz ermöglicht, so besagt dies nach Auffassung des BVerfG nicht nur, dass die Übertragung von Hoheitsrechten auf außerstaatliche Einrichtungen überhaupt zulässig ist, sondern auch, dass die Hoheitsakte ihrer Organe vom ursprünglich ausschließlichen Hoheitsträger anzuerkennen sind.[62] Deshalb müssten die deutschen Gerichte (und andere nationale Instanzen) auch solche Rechtsvorschriften anwenden, die zwar einer außerstaatlichen Rechtsordnung zuzurechnen seien, aber dennoch im innerstaatlichen Raum unmittelbare Wirkung entfalten und entgegenstehendes nationales Recht überlagern und verdrängen. Der Sache nach ist damit der Vorrang des Unionsrechts kraft verfassungsrechtlicher Ermächtigung anerkannt worden. Heute ist allerdings nicht mehr Art. 24 Abs. 1 GG, sondern **Art. 23 Abs. 1 GG** die maßgebliche Norm für die Öffnung der deutschen Rechtsordnung gegenüber dem Unionsrecht (Rn 7). Die Vorschrift enthält – soweit vertraglich vorgesehen und gefordert – ein Wirksamkeits- und Durchsetzungsversprechen in Bezug auf das Unionsrecht.[63] Noch nicht hinreichend geklärt ist das Verhältnis von Art. 23 Abs. 1 S. 2 und S. 3 GG. Während **Satz 2** ein einfaches (zustimmungsbedürftiges) Gesetz ausreichen lässt, verlangt **Satz 3** für die Begründung und jede Änderung der Europäischen Union sowie für Änderungen ihrer vertraglichen Grundlagen und vergleichbaren Regelungen, durch die das Grundgesetz seinem Inhalt nach geändert oder ergänzt wird oder solche Änderungen oder Ergänzungen ermöglicht werden, ein verfassungsänderndes Gesetz gem. Art. 79 Abs. 2 und 3 GG. Teilweise wird die Auffassung vertreten, dass jede Kompetenzübertragung auf die Europäische Union eines verfassungsändernden Gesetzes bedarf, weil jede Kompetenzübertragung inhaltlich die Verfassung berührt.[64] Nach anderer Ansicht soll für „geringfügige Hoheitsübertragungen" die einfache Mehrheit iSd Art. 23 Abs. 1 S. 2 GG (mit Zustimmung des Bundesrates) genügen, weil die Vorschrift sonst ihre Bedeutung verlieren würde.[65] Letzterer Auffassung ist trotz der Unbestimmtheit des Maßstabs zu folgen. So sieht der Vertrag von Lissabon ein vereinfachtes Veränderungsverfahren (Art. 48

---

61 Das Gutachten des Juristischen Dienstes des Rates vom 22.6.2007 lautet: „Nach der Rspr des Gerichtshofs ist der Vorrang des EG-Rechts einer der Grundpfeiler des Gemeinschaftsrechts. Dem Gerichtshof zufolge ergibt sich dieser Grundsatz aus der Besonderheit der Europäischen Gemeinschaft. Zum Zeitpunkt des ersten Urteils im Rahmen dieser ständigen Rspr (Rs. 6/64, Costa gegen ENEL, 15. Juli 1964) war dieser Vorrang im Vertrag nicht erwähnt. Dies ist auch heute noch der Fall. Die Tatsache, dass der Grundsatz dieses Vorrangs nicht in den künftigen Vertrag aufgenommen wird, ändert nichts an seiner Existenz und an der bestehenden Rspr des Gerichtshofs." Die Bezugnahme auf die Rechtsprechung des EuGH spricht dafür, dass dessen Verständnis vom Vorrang des Unionsrechts ohne Einschränkung übernommen werden sollte. Indessen hängt es auch davon ab, ob und inwieweit die Mitgliedstaaten dieser Kollisionsregel zugestimmt haben (Rn 26).

62 BVerfGE 31, 145, 174.

63 BVerfGE 126, 286, 301 f.

64 Vgl *Randelzhofer*, in: Maunz/Dürig, GG, Stand: 12/2013, Art. 24, Rn 203; *Streinz*, in: Sachs, Grundgesetz, 7. Aufl. 2014, Art. 23, Rn 72.

65 Vgl *Scholz*, in: Maunz/Dürig, GG, Stand: 12/2013, Art. 23, Rn 118; *Jarass*, in: ders./Pieroth, GG, 13. Aufl. 2014, Art. 23, Rn 34. Vgl auch *Pernice*, in: Dreier, Grundgesetz-Kommentar, Bd. 2, 2. Aufl. 2006, Art. 23, Rn 90.

Abs. 6 EUV) vor, das nicht zur Ausdehnung von EU-Zuständigkeiten führen darf (Unterabs. 3).[66] Die Zustimmung der Bundesrepublik zu einer solchen Änderung setzt nach der Rechtsprechung des BVerfG zwar ein Gesetz voraus. Ausreichend ist in der Regel aber ein solches iSv Art. 23 Abs. 1 S. 2 GG.[67] Nach den sog. allgemeinen und speziellen Brückenklauseln kann der Europäische Rat (Art. 15 EUV) oder der Rat (Art. 16 EUV) beschließen, dass der Rat in einem Bereich oder in einem Fall mit qualifizierter Mehrheit statt mit Einstimmigkeit beschließt[68] oder dass Gesetzgebungsakte nach dem ordentlichen statt nach dem besonderen Gesetzgebungsverfahren erlassen werden. Der Anwendung der allgemeinen Brückenklausel, die sich auf die ehemals dritte Säule (Rn 14) erstreckt, darf der deutsche Vertreter im Europäischen Rat nur aufgrund eines Gesetzes zustimmen. Ausreichend ist aber ebenfalls ein Gesetz iSd Art. 23 Abs. 1 S. 2 GG.[69] Überhaupt keines Gesetzes bedarf es, soweit spezielle Brückenklauseln sich auf Sachbereiche beschränken, die durch den Vertrag von Lissabon bereits hinreichend bestimmt sind.[70] Soll dagegen von der Vertragsabrundungskompetenz des Art. 352 AEUV Gebrauch gemacht werden, setzt dies wegen der Unbestimmtheit möglicher Anwendungsfälle verfassungsrechtlich gesehen eine Ratifikation durch den Deutschen Bundestag und den Bundesrat mit verfassungsändernder Mehrheit (Art. 23 Abs. 1 S. 3 GG) voraus.[71]

Das BVerfG geht in ständiger Rechtsprechung davon aus, dass das Grundgesetz eine Übertragung von Hoheitsrechten auf zwischenstaatliche Einrichtungen nicht schrankenlos zulässt. Vielmehr zieht es der Übertragung und damit zugleich dem Vorrang des Unionsrechts in zweifacher Hinsicht Grenzen: nämlich durch die **Grenze des Nichtübertragbaren** und die **Grenze des Nichtübertragenen.**[72] 20

aa) Grenzen des Nichtübertragbaren

Seit seiner sog. *Solange*-Rechtsprechung (Rn 24) spricht das BVerfG davon, dass das Grundgesetz nicht dazu ermächtige, die **Identität der geltenden Verfassungsordnung** der Bundesrepublik durch Einbruch in ihr Grundgefüge mittels Übertragung von Hoheitsrechten auf zwischenstaatliche Einrichtungen aufzugeben.[73] Heute ergeben sich die Schranken der Übertragung von Hoheitsrechten auf die Europäische Union ausdrücklich aus **Art. 23** Abs. 1 S. 1 (iVm S. 3) **GG** sowie aus Art. 79 Abs. 3 GG. Über die Einhaltung wacht das BVerfG im Wege einer **Identitäts- und Grundrechtskontrolle.**[74] 21

Nach Art. 23 Abs. 1 S. 1 GG darf die Bundesrepublik Deutschland zur Verwirklichung eines vereinten Europas nur bei Verwirklichung einer solchen Europäischen Union mitwirken, die demokratischen, rechtsstaatlichen, sozialen und föderativen Grundsätzen und dem Grundsatz der Subsidiarität verpflichtet ist und einen dem Grundgesetz im Wesentlichen vergleichbaren Grundrechtsschutz gewährleistet. Damit werden an die Europäische Union bestimmte, im Lichte der sog. Ewigkeitsklausel (Art. 79 Abs. 3 GG) zu interpretierende, Strukturanforderungen gestellt. Allerdings bezieht sich die Bindung nur auf **„Grundsätze“** sowie auf einen **„im Wesentlichen“** *vergleichbaren Grundrechtsschutz*. Grundsätze sind verschiedener Ausgestaltung zugänglich. Sie verlangen keine strukturelle Kongruenz.[75] Zudem können an eine supranationale Gemeinschaft ohnehin nicht genau die- 22

66 Neben Art. 48 Abs. 6 EUV enthalten Art. 42 Abs. 2 Unterabs. 1 EUV, Art. 25 Abs. 2, 218 Abs. 8 Unterabs. 2 S. 2, 223 Abs. 1 Unterabs. 2, 262 und 311 Abs. 3 AEUV entsprechende Änderungsvorschriften.

67 Vgl BVerfGE 123, 267, 391, 434 – „Art. 23 Abs. 1 S. 2 und gegebenenfalls S. 3 GG“.

68 Vgl Art. 48 Abs. 7 EUV, Art. 333 Abs. 1 AEUV.

69 BVerfGE 123, 267, 388 ff, 435.

70 BVerfGE 123, 267, 391.

71 Unklar BVerfGE 123, 267, 395 „Art. 23 Abs. 1 S. 2 und S. 3 GG“ einerseits, 436 „Gesetz iS von Art. 23 Abs. 1 S. 2 GG“ andererseits.

72 Vgl bereits BVerfGE 89, 155 ff; näher zum Ganzen BVerfGE 123, 267, 340 ff. Krit. zu diesem Urteil *Classen*, JZ 2009, 881 ff; *Oppermann*, EuZW 2009, 753 ff; *Schönberger*, GLJ 2009, 1201 ff; *Schorkopf*, EuZW 2009, 718 ff.

73 BVerfGE 37, 271, 279; 73, 339, 375 ff.

74 Vgl zu den Einzelheiten *Guckelberger*, ZEuS 2012, 1, 24 ff.

75 BVerfGE 123, 267, 365 f.

selben Strukturanforderungen wie an den Staat gestellt werden.[76] Aus dem Demokratieprinzip (Art. 20 Abs. 1 GG) und dem in Art. 38 GG gewährleisteten Recht, durch die Wahl an der Legitimation von Staatsgewalt teilzunehmen und auf deren Ausübung Einfluss zu gewinnen, hat das BVerfG in seinen *Maastricht-* und *Lissabon*-Urteilen[77] jedoch nicht nur die Folgerung gezogen, dass der Deutsche Bundestag am Prozess der Übertragung von Hoheitsrechten auf die Europäische Union beteiligt sein muss (Rn 31). Verlangt wird vielmehr weiterhin, dass der Bundesrepublik Deutschland Aufgaben und Befugnisse von substantiellem Gewicht verbleiben. Die europäische Einigung darf danach nicht so verwirklicht werden, dass den Mitgliedstaaten kein ausreichender Raum zur politischen Gestaltung der wirtschaftlichen, kulturellen und sozialen Lebensverhältnisse bleibt. Dies gilt insbesondere für Bereiche, welche die Lebensumstände der Bürger, vor allem ihren grundrechtlich geschützten privaten Raum der Eigenverantwortung und der persönlichen und sozialen Sicherheit, prägen, sowie für politische Entscheidungen, die in besonderer Weise auf kulturelle, historische und sprachliche Vorverständnisse angewiesen sind, und die sich im parteipolitisch und parlamentarisch organisierten Raum einer politischen Öffentlichkeit diskursiv entfalten. Das BVerfG nennt u.a. die Staatsbürgerschaft, das zivil- und militärische Gewaltmonopol, Einnahmen und Ausgaben einschließlich der Kreditaufnahme sowie die für die Grundrechtsverwirklichung maßgeblichen Eingriffstatbestände, vor allem bei intensiven Grundrechtseingriffen wie dem Freiheitsentzug in der Strafrechtspflege oder bei Unterbringungsmaßnahmen. Zu diesen bedeutsamen Sachbereichen sollen auch kulturelle Fragen wie die Verfügung über die Sprache, die Gestaltung der Familien- und Bildungsverhältnisse, die Ordnung der Meinungs-, Presse- und Versammlungsfreiheit oder der Umgang mit dem religiösen oder weltanschaulichen Bekenntnis zählen.[78] Stets muss die haushaltspolitische Gesamtverantwortung des Deutschen Bundestages gewahrt bleiben.[79]

23 Dementsprechend entnimmt das BVerfG Art. 23 Abs. 1 S. 3 iVm Art. 79 Abs. 3 GG eine **absolute Grenze** für die Übertragung von Hoheitsgewalt auf die Europäische Union (**unantastbarer Kerngehalt der Verfassungsidentität**). Insbesondere gestatte das Grundgesetz dem für Deutschland handelnden Organ nicht, durch den Eintritt in einen Bundesstaat das Selbstbestimmungsrecht des deutschen Volkes in Gestalt der völkerrechtlichen Souveränität Deutschlands aufzugeben. Soll die Schwelle zum Bundesstaat und zum nationalen Souveränitätsverzicht überschritten werden, setzt dies nach Ansicht des BVerfG eine freie Entscheidung des Volkes in seiner Eigenschaft als verfassunggebende Gewalt (pouvoir constituant) jenseits der gegenwärtigen Geltungskraft des Grundgesetzes voraus.[80] Der Weg wird durch Art. 146 GG aufgezeigt. Dies dürfte zunächst eine Verfassungsänderung gem. Art. 79 Abs. 1 und 2 GG voraussetzen, in der das Verfahren zur Ablösung des Grundgesetzes festgelegt wird, und sodann Volksentscheide darüber, ob eine Ablösung gewollt ist und welchen Inhalt diese haben sollte.[81]

24 Weniger Restriktionen ergeben sich aus der Grundrechtskontrolle. Während das BVerfG in seiner ersten sog. *Solange*-Entscheidung den **Grundrechtsschutz** auf der Gemeinschaftsebene noch vermisst hat,[82] erkennt es seit seiner zweiten *Solange*-Entscheidung aus dem Jahre 1986 an, dass im Hoheitsbereich der Europäischen Union ein Maß an Grundrechtsschutz erwachsen ist, das nach Konzeption, Inhalt und Wirkungsweise dem Grundrechtsstandard des Grundgesetzes im Wesentlichen gleich zu achten ist.[83] Deshalb werde das Gericht erst und nur dann im Rahmen seiner Gerichtsbarkeit wieder tätig werden, wenn der unabdingbare Grundrechtsschutz im Unionsrecht **„generell"** nicht mehr gewährleistet sei.[84] Ein (ehemaliger) Richter des BVerfG hat in Bezug auf

76 Vgl *Streinz*, in: Sachs, Grundgesetz, 7. Aufl. 2014, Art. 23, Rn 22.
77 BVerfGE 89, 155 ff; 123, 267 ff.
78 BVerfGE 123, 267, 358.
79 BVerfGE 129, 124, 179 ff; 132, 195, 239 ff; BVerfG, JZ 2014, 341, 343, 350 f.
80 BVerfGE 123, 267, 364.
81 Näher dazu statt vieler *Huber*, in: Sachs, Grundgesetz, 7. Aufl. 2014, Art. 146, Rn 16 ff.
82 Vgl BVerfGE 37, 271, 277 ff.
83 Vgl BVerfGE 73, 339, 378.
84 Vgl auch BVerfGE 102, 147, 161 ff; 121, 1, 15 f; 125, 260, 306.

den Schutz der Grundrechtsberechtigten in Deutschland deshalb davon gesprochen, dass das BVerfG die Rolle eines „Edelreservisten“ ohne ernsthafte Aussicht auf Spieleintritt einnimmt.[85] Mit Inkrafttreten der Charta der Grundrechte der Europäischen Union (Art. 6 Abs. 1 EUV) und dem vorgesehenen Beitritt der Union zur Europäischen Konvention zum Schutz der Menschenrechte und Grundfreiheiten (Rn 39), ist die Wahrscheinlichkeit einer Missachtung der Grundrechte weiter gesunken. Doch schließt dies unterschiedliche Grundrechtsverständnisse nicht aus. Spätestens mit Beitritt zur EMRK wird es auch in Bezug auf die grundrechtliche Beurteilung des Unionsrechts durch die deutschen Gerichte maßgeblich auf die EMRK und die Rechtsprechung des EGMR ankommen, weil die Union bei der Setzung von Sekundär- und Tertiärrechtsakten dann an die Konvention gebunden ist (Rn 38) und zugleich das deutsche Verfassungsrecht im Rahmen der geltenden methodischen Standards konventionskonform auszulegen ist.[86]

bb) Grenze des Nichtübertragenen

Das Grundgesetz ermächtigt die deutschen Staatsorgane bei Zugrundelegung der Rechtsprechung des BVerfG nicht, Hoheitsrechte derart zu übertragen, dass aus ihrer Ausübung heraus eigenständig weitere Zuständigkeiten für die Europäische Union begründet werden können. Es untersagt somit die Übertragung der Kompetenz-Kompetenz.[87] Das Prinzip der begrenzten Einzelermächtigung (Art. 5 Abs. 1, 2 EUV) wird deshalb nicht nur als unionsrechtlicher Grundsatz angesehen, sondern als Ausdruck der staatsverfassungsrechtlichen Grundlegung der Unionsgewalt durch die Mitgliedstaaten als Herren der Verträge.[88] Das Unionsrecht kann daher in Deutschland nur im Rahmen des durch das Zustimmungsgesetz Übertragenen Geltung beanspruchen. **Ausbrechende Rechtsakte** (Ultra-vires-Akte) der europäischen Einrichtungen und Organe, die sich nicht in den Grenzen der ihnen eingeräumten Hoheitsrechte halten, sind im deutschen Hoheitsbereich nicht verbindlich und dürfen daher nicht angewendet werden.[89] Dies schließt die Wahrung des als Kompetenzausübungsschranke zu interpretierenden Subsidiaritätsprinzips (Art. 5 Abs. 3 EUV) ein. Das dem Vertrag von Lissabon beigefügte Protokoll (Nr. 2) über die Anwendung der Grundsätze der Subsidiarität und der Verhältnismäßigkeit erlaubt zwar eine Anrufung des EuGH wegen Verstoßes eines Gesetzgebungsaktes gegen das Subsidiaritätsprinzip,[90] vermag aber Kompetenzüberschreitungen nicht auszuschließen. Dementsprechend nimmt das BVerfG für sich in Anspruch, Handlungen der Europäischen Organe und Einrichtungen daraufhin zu überprüfen, ob sie aufgrund von Kompetenzüberschreitungen erfolgt sind (**Ultra-vires-Kontrolle**). Diese Kontrolle wird indessen zurückhaltend ausgeübt.[91] So sei dem EuGH eine Rechtsfortbildung im Wege methodisch gebundener Rechtsprechung nicht verwehrt.[92] Auch habe der Gerichtshof einen Anspruch auf Fehlertoleranz.[93] Eine Ultra-vires-Kontrolle komme nur in Betracht, wenn ein Kompetenzverstoß der europäischen Organe hinreichend qualifiziert ist. Dies setze voraus, dass das kompetenzwidrige Handeln der Unionsgewalt **offensichtlich** ist und der angegriffene Akt im Kompetenzgefüge zu einer **strukturell bedeutsamen** Verschiebung zu Lasten der Mitgliedstaaten führe.[94] Strukturell bedeutsam sind Kompetenzüberschreitungen insbesondere dann (aber nicht nur), wenn sie sich auf Sachbereiche erstrecken, die zur durch Art. 79 Abs. 3 GG geschützten verfassungsrechtlichen Identität der Bun- 25

85 Vgl *Steiner*, in: FS Maurer, 2001, S. 1005, 1013 mit Fn 43.
86 Vgl BVerfGE 111, 307, 323 ff; *Ehlers*, in: ders. (Hrsg.), § 2, Rn 15.
87 Vgl BVerfGE 89, 155, 187 f, 192, 199.
88 BVerfGE 123, 267, 350.
89 BVerfGE 89, 155 ff.
90 Vgl Art. 8 des Protokolls iVm Art. 23 Abs. 1 a GG.
91 Krit. *Grimm*, Frankfurter Allgemeine Zeitung, 9.9.2010, S. 8; *Prantl*, Süddeutsche Zeitung, 27.8.2010, S. 5.
92 BVerfGE 126, 286, 305.
93 BVerfGE 126, 286, 307.
94 BVerfGE 126, 286, 304 f; BVerfG, JZ 2014, 341, 344. Vgl auch BVerfGE 89, 155, 188 – wesentliche Änderungen; 123, 267, 353 – ersichtliche Grenzüberschreitungen; für Österreich vgl *Potacs*, in: Hummer (Hrsg.), S. 117, der bei Ultra-vires-Akten teilweise auch ohne Gerichtsentscheidung eine fehlende Verbindlichkeit für die Mitgliedstaaten annimmt.

desrepublik Deutschland rechnen oder besonders vom demokratisch diskursiven Prozess in den Mitgliedstaaten abhängen.[95]

cc) Bedeutung der Erklärung Nr. 17 zum Vorrang

26 Folgt man dem BVerfG, kommt der Vorrang des Unionsrechts in Deutschland dann nicht zum Zuge, wenn das Unionsrecht die Grenze des Übertragbaren oder Übertragenen überschritten hat. Hieran vermag auch die Erklärung Nr. 17 zum Vorrang (Rn 17) nichts zu ändern. Zwar spricht die Bezugnahme dieser Erklärung auf die Rechtsprechung des EuGH für einen uneingeschränkten Vorrang. Bleibt der Vorrang aber ein völkerrechtlich übertragenes, demnach abgeleitetes Institut, gilt er in Deutschland **nur kraft des Rechtsanwendungsbefehls**, der den Verträgen im Zustimmungsgesetz erteilt worden ist. Daher zieht das BVerfG den Schluss, dass der Anwendungsvorrang für die in Deutschland ausgeübte Hoheitsgewalt nur soweit reicht, wie die Bundesrepublik Deutschland dieser Kollisionsregel zugestimmt hat „und zustimmen durfte".[96] Somit stelle es auch keinen Widerspruch zum Ziel der Europarechtsfreundlichkeit des Grundgesetzes dar, wenn „ausnahmsweise, unter besonderen und engen Voraussetzungen" das BVerfG Unionsrecht für in Deutschland nicht anwendbar erklärt.[97]

b) Gerichtliche Kontrolle

aa) Zuständigkeit des Bundesverfassungsgerichts

27 Da das Unionsrecht von der nationalen Rechtsordnung zu trennen ist (Rn 2 ff), sind Träger oder Organe der deutschen Staatsgewalt einschließlich der Gerichte nicht befugt, prinzipal über die Gültigkeit des Unionsrechts zu befinden.[98] Bei Zugrundelegung der Rechtsprechung des BVerfG darf Unionsrecht in Deutschland nur **unangewendet** bleiben, wenn die Maßstäbe des Art. 23 Abs. 1 S. 1 iVm Art. 79 Abs. 3 GG missachtet wurden, also die Identität der geltenden Verfassungsordnung der Bundesrepublik Deutschland (einschließlich des unabdingbaren Grundrechtsstandards) durch Einbruch in ihr Grundgefüge verletzt worden ist oder die Unionsorgane Kompetenzen ausüben, die ihnen nicht übertragen worden sind. Damit ist nicht gesagt, wer zur Feststellung der Unanwendbarkeit berufen ist. Zutreffend hat das BVerfG darauf hingewiesen, dass zum Schutz der Funktionsfähigkeit der Unionsrechtsordnung die europafreundliche Anwendung von Verfassungsrecht bei Beachtung des in **Art. 100 Abs. 1 GG** zum Ausdruck gebrachten Rechtsgedankens[99] verlangt, dass sowohl die Feststellung der Verletzung der Verfassungsidentität als auch eine Ultra-vires-Feststellung nur dem BVerfG selbst obliegt.[100]

bb) Gegenstand der Kontrolle

28 Vor dem BVerfG (wie auch vor den deutschen Fachgerichten) ist nur **das Handeln deutscher Träger von Staatsgewalt** angreifbar. Dazu gehören auch das Zustimmungsgesetz zu einem Änderungsvertrag des primären Unionsrechts, Beschlüsse über das Abstimmungsverhalten im Rat der Europäischen Union oder sonstigen Einrichtungen der Union,[101] deutsche Durchführungsbestimmungen zum Unionsrecht (wie zB im Falle der Umsetzung von Richtlinien), der nationale Vollzug von Unionsrecht oder ggf. das Untätigbleiben deutscher Träger von Staatsgewalt in Bezug auf Rechtshandlungen der Europäischen Union.[102] Ob das Unionsrecht auch direkt (statt nur mittelbar als Maßstab des Verhaltens deutscher Staatsgewalt) Gegenstand einer gerichtlichen Überprüfung nationaler

95 BVerfGE 126, 286, 307; BVerfG, JZ 2014, 341, 344.
96 BVerfGE 123, 267, 402; vgl auch *Nettesheim*, EuR 2004, 511, 545 f; *Streinz*, Europarecht, Rn 224 ff; *Kruis*, S. 76 f.
97 BVerfGE 31, 145, 174; 37, 271, 280 ff; 73, 339, 374 ff; 89, 155, 174 f; 102, 147, 162 ff; 123, 267, 401.
98 Grundlegend EuGH, Rs. C-314/85 (Foto Frost), Slg 1987, 4199, Rn 11 ff.
99 Die Norm dient der Wahrung der Rechtseinheit und Rechtssicherheit, dem Schutz der Autorität des Gesetzgebers und der Nutzung des besonderen Sachverstandes der Verfassungsgerichtsbarkeit.
100 BVerfGE 123, 267, 354. Vgl auch bereits *Ehlers*, Die Europäisierung des Verwaltungsprozessrechts, 1999, S. 24.
101 Vgl BVerfGE 80, 74, 79; 92, 203, 227 ff.
102 Vgl BVerfG, JZ 2014, 341 ff; krit. dazu Sondervotum *Lübbe-Wolff*, JZ 2014, 341, 352.

Gerichte sein kann, lässt sich der Rechtsprechung nicht eindeutig entnehmen. Das BVerfG hat wiederholt entschieden, dass als Akte der öffentlichen Gewalt in Deutschland nur Akte der deutschen öffentlichen Gewalt anzusehen sind,[103] aber auch davon gesprochen, dass die öffentliche Gewalt im Sinne der Prozessordnungen nicht allein auf die deutsche Gewalt beschränkt sei.[104] Da die deutschen Gerichte nicht über die Gültigkeit entscheiden dürfen (Rn 27), kommt der prozessualen Unterscheidung zwar keine ausschlaggebende Bedeutung zu, doch ist daran festzuhalten, dass Anknüpfungspunkt einer gerichtlichen Kontrolle immer nur das Tun, Dulden oder Unterlassen der Träger deutscher Staatsgewalt sein kann, weil sich die nationale Gerichtsgewalt nur darauf bezieht.[105] Stets geht es in den Fällen der Überprüfung des Nicht-Übertragbaren oder Nicht-Übertragenen um die *Nichtanwendung* des Unionsrechts in Deutschland (zum Unterschied zwischen Anwendungs- und Geltungsvorrang Rn 48 ff). Dies bestimmt sich allein nach deutschem Verfassungsrecht – auch wenn es in der Sache um die Überprüfung des Unionsrechts geht.

cc) Verfassungsrechtliche Rechtsbehelfe

Das BVerfG vermag eine (ausnahmsweise) Unvereinbarkeit des Unionsrechts mit dem nationalen Recht nur festzustellen, wenn es in zulässiger Weise angerufen worden ist. In Betracht kommen eine **Verfassungsbeschwerde** (Art. 93 Abs. 1 Nr. 4 a GG), ein **Organstreitverfahren** (Art. 93 Abs. 1 Nr. 2 GG), eine abstrakte und konkrete **Normenkontrolle** (Art. 93 Abs. 1 Nr. 1, 100 Abs. 1 GG) sowie sonstige verfassungsrechtliche Rechtsbehelfe. 29

Greift das Unionsrecht in die durch den ersten Abschnitt des Grundgesetzes geschützte Rechtsphäre[106] eines Grundrechtsträgers ein, und ist dieser der Auffassung, dass das Unionsrecht in Deutschland wegen Verletzung des unabdingbaren Standards des Grundgesetzes (Grenze des Nichtübertragbaren) oder einer Kompetenzanmaßung (Grenze des Nichtübertragenen) nicht anwendbar ist, kann er nach grundsätzlicher Erschöpfung des Rechtswegs (§ 90 Abs. 2 BVerfGG) und Beachtung der Subsidiarität[107] **Verfassungsbeschwerde** zum BVerfG erheben. Der Beschwerdeführer muss geltend machen, dass er dadurch in seinen Grundrechten verletzt ist, dass das Unionsrecht wegen Überschreitung der Grenze des Nichtübertragbaren oder Nichtübertragenen (Rn 20 ff) keine Schranke bildet, die den geltend gemachten Grundrechtseingriff zu rechtfertigen vermag. 30

Ferner hat das Wahlrecht des Einzelnen aus **Art. 38 Abs. 1 S. 1 GG** nach der Rechtsprechung des BVerfG auch einen materiellen Gehalt.[108] Dieser vermittelt dem Einzelnen (auch wenn er nicht in seinen Freiheits- oder Gleichheitsrechten betroffen ist) einen Anspruch darauf, mit seiner Wahlentscheidung Einfluss auf die politische Willensbildung nehmen und etwas bewirken zu können.[109] Damit werden die wahlberechtigten Bürger im Anwendungsbereich des Art. 23 GG auch davor geschützt, dass die durch die Wahl bewirkte Legitimation von Staatsgewalt und Einflussnahme auf deren Ausübung durch Verlagerung von Aufgaben und Befugnisse des Deutschen Bundestags auf die europäische Ebene so entleert wird, dass das Demokratieprinzip verletzt wird.[110] Allerdings dient das Wahlrecht nicht der inhaltlichen Kontrolle demokratischer Prozesse, sondern ist nur auf deren Ermöglichung gerichtet.[111] Deshalb müssten demokratische Grundsätze berührt werden, die 31

103 Vgl zB BVerfGE 1, 10 ff; 6, 15, 18; 6, 290, 295; 22, 91, 92; 22, 293, 295; 37, 271, 283, 285 ff; 58, 1, 27.

104 Vgl BVerfG-K, DVBl. 2001, 1130 ff, vgl ferner BVerfGE 39, 155, 156, Leitsatz 7: „Auch Akte einer besonderen, von der Staatsgewalt der Mitgliedstaaten geschiedenen öffentlichen Gewalt einer supranationalen Organisation betreffen die Grundrechtsberechtigten in Deutschland. Sie berühren damit die Gewährleistung des Grundgesetzes und die Aufgaben des Bundesverfassungsgerichts, die den Grundrechtsschutz in Deutschland und insoweit nicht nur gegenüber deutschen Staatsorganen zum Gegenstand haben (Abweichung von BVerfGE 58, 1, 27)".

105 *Ehlers*, Die Europäisierung des Verwaltungsprozessrechts, 1999, S. 23.

106 Bzw grundrechtsgleichen Rechten, zu Art. 38 Abs. 1 S. 1 s. Rn 31.

107 BVerfG-K, NVwZ 2008, 780, Rn 38.

108 BVerfGE 89, 155, 171 f; 123, 267, 340 ff; 129, 124, 167 ff. Krit. dazu *Schönberger*, JZ 2010, 1160 ff; *Magiera*, in: Sachs, Grundgesetz, 7. Aufl. 2014, Art. 38, Rn 104.

109 BVerfG, JZ 2014, 341, 345.

110 BVerfG, JZ 2014, 341, 345.

111 BVerfGE 129, 124, 168 ff; BVerfG-K, NVwZ 2013, 858, 859.

Art. 79 Abs. 3 GG auch dem Zugriff des verfassungsändernden Gesetzgebers entzieht.[112] Dagegen hätten die Bürger regelmäßig kein Recht, demokratische Mehrheitsentscheidungen durch das BVerfG kontrollieren zu lassen.[113] Auch die Zuständigkeitsverteilung innerhalb des Bundestages zähle nicht zum rügefähigen Kern des Art. 38 Abs. 1 S. 1 GG, könne aber gegebenenfalls im Organstreitverfahren geltend gemacht werden.[114] Wohl aber sollen auch qualifizierte *Ultra-vires-Akte* (dh offensichtlich und strukturell bedeutsame Kompetenzüberschreitungen, Rn 25) rügefähig sein, auch wenn die in Art. 23 Abs. 1, 79 Abs. 3 GG festgelegten Fundamentalgrundsätze nicht berührt werden.[115]

32 Erhebliche Bedeutung kommt auch der Geltendmachung von Rechten im **Organstreitverfahren** zu (Art. 93 Abs. 1 Nr. 2 GG). Die in Art. 23 GG verankerte „Integrationsverantwortung“[116] der deutschen Verfassungsorgane umfasst Rechte und Pflichten des Deutschen Bundestages, deren Verletzung die Fraktionen, nicht aber die Abgeordneten,[117] im Wege der Prozessstandschaft (§ 64 Abs. 1 BVerfGG) im eigenen Namen auch gegenüber dem Parlament selbst geltend machen können.[118] Der Deutsche Bundestag darf auf die Rechte und Pflichten, die ihn im Rahmen der europäischen Integration treffen, nicht verzichten und gegenüber einer drohenden Erosion seiner Gestaltungsmacht, insbesondere seiner haushaltspolitischen Gesamtverantwortung,[119] durch Kompetenzusurpationen von Organen und Stellen der Europäischen Union nicht untätig bleiben. Wird er seiner Integrationsverantwortung nicht gerecht, können die Fraktionen dagegen vorgehen.[120] Liegen die Voraussetzungen vor, entspricht der Prüfungsmaßstab demjenigen einer auf Art. 38 Abs. 1 GG gestützten Verfassungsbeschwerde.[121]

33 Des Weiteren kommt sowohl eine **abstrakte Normenkontrolle** (Art. 93 Abs. 1 Nr. 1 GG) als auch eine konkrete Normenkontrolle (Art. 100 Abs. 1 GG) zwecks Überprüfung der Grenzen des Vorrangs des Unionsrechts in Frage. Die zuerst genannte Möglichkeit bietet sich vor allem an, wenn Verwaltungsbehörden der Auffassung sind, dass durch das Unionsrecht nicht übertragbare oder nicht übertragene Hoheitsgewalt in Deutschland in Anspruch genommen wird. Die Behörden können oder müssen dann auf einen Normenkontrollantrag der Regierung vor dem Verfassungsgericht entsprechend Art. 93 Abs. 1 GG hinwirken.[122] Eine **konkrete Normenkontrolle** ist in entsprechender Anwendung des Art. 100 Abs. 1 GG erforderlich, wenn ein Fachgericht das Unionsrecht nach den genannten Maßstäben für nicht anwendbar in Deutschland hält.[123] Jedoch muss das Fachgericht zuvor den EuGH gem. Art. 267 AEUV für ein **Vorabentscheidungsverfahren** anrufen, um diesem Gelegenheit zu geben, über die Gültigkeit des Unionsrechts zu entscheiden. Kommen die Gerichte dieser Pflicht nicht nach, verstoßen sie zugleich gegen das Verfassungsgebot des gesetzlichen Richters (Art. 101 Abs. 1 S. 2 GG).[124]

112 BVerfG, NJW 2014, 1505, 1506.
113 BVerfGE 129, 124, 168.
114 BVerfG, NJW 2014, 1505, 1506.
115 BVerfG, JZ 2014, 341, 345. Krit. Sondervoten *Lübbe-Wolff*, JZ 2014, 341, 352, und *Gerhard*, JZ 2014, 341, 354, m. d. Hinweis auf die Gefahr eines allg. Gesetzesvollziehungsanspruchs. Vgl auch *Tomuschat*, DVBl. 2014, 645 ff; *Ukrow*, ZEuS 2014, 119, 127 f.
116 BVerfGE 123, 267, 356.
117 BVerfGE 123, 267, 337.
118 BVerfGE 123, 267, 337; 132, 195, 247; BVerfG, JZ 2014, 341, 345.
119 BVerfGE 132, 195, 247.
120 BVerfG, JZ 2014, 341, 345.
121 Vgl BVerfGE 132, 195, 247.
122 Zu weitgehend BVerfG-K, EuR 1987, 269 ff, wonach Behörden (und Fachgerichte) der Bundesrepublik Deutschland nicht befugt oder verpflichtet sind, Akte der Organe der Europäischen Gemeinschaften auf ihre Vereinbarkeit mit den Grundrechtsverbürgungen des Grundgesetzes zu überprüfen.
123 Vgl BVerfGE 102, 147, 161; *Dreier*, in: ders. (Hrsg.), Grundgesetz-Kommentar, Bd. 1, 3. Aufl. 2013, Art. 1 III, Rn 24; *Jarass*, in: ders./Pieroth, GG, 13. Aufl. 2014, Art. 1, Rn 49.
124 Vgl BVerfGE 73, 339, 366 ff; 82, 159, 194 ff; BVerfG-K, NJW 2001, 1267 ff, ausführlich zu den Folgen der Verletzung der Vorlagepflicht, auch in anderen Mitgliedstaaten, *Betz*, Die Verfassungsrechtliche Absicherung der Vorlagepflicht, 2013, insb. S. 60 ff.

Schließlich sind **weitere verfassungsprozessuale Gestaltungsmöglichkeiten** nicht ausgeschlossen. So hat das BVerfG auch auf den Bund-Länder-Streit (Art. 93 Abs. 1 Nr. 3 GG) hingewiesen und in Übereinstimmung mit Art. 93 Abs. 3 GG die Schaffung eines zusätzlichen, speziell auf die Ultra-vires- und die Identitätskontrolle zugeschnittenen verfassungsgerichtlichen Verfahrens durch den Gesetzgeber zur Absicherung der Verpflichtung deutscher Organe, kompetenzüberschreitende oder identitätsverletzende Unionsrechtsakte im Einzelfall in Deutschland für unanwendbar zu erklären, für denkbar gehalten.[125]

dd) Kontrollmaßstäbe

Während die Identitätskontrolle ebenso wie die Ultra-vires-Kontrolle (Rn 25) im **Einzelfall** ausgeübt wird, kommt es für die Grundrechtskontrolle bei Zugrundelegung der Rechtsprechung des BVerfG darauf an, ob der unabdingbar gebotene Grundrechtsschutz **generell** gewährleistet ist (Rn 24). Vieles spricht dafür, die Kontrollmaßstäbe zu vereinheitlichen und stets auf den Einzelfall abzustellen, aber nur evidente Identitäts-, Grundrechts- und Kompetenzverstöße für beachtlich zu halten.[126] Dies würde auch dem Ansatz des EGMR entsprechen, der staatliche Rechtsakte in Umsetzung zwingender Vorgaben des Unionsrechts nur dann an den Rechten aus der EMRK misst, wenn der Schutz der Unionsgrundrechte offensichtlich unzureichend ist, hierbei aber nicht auf einen strukturellen (generellen) Vergleich der Konventionsrechte und Unionsgrundrechte, sondern auf den Einzelfall abstellt (Rn 38).[127] Tritt die Europäische Union der EMRK bei (Rn 39), sind sowohl die Europäische Union als auch die Mitgliedstaaten (bei der Durchführung des Unionsrechts) uneingeschränkt an die EMRK gebunden. Doch sagt dies noch nichts über die Kontrolldichte aus. Insoweit wird es entsprechend der *Bosphorus*-Rechtsprechung (Rn 38) weiterhin auf den Einzelfall ankommen. 34

ee) Verhältnis zum Europäischen Gerichtshof

Da der grundsätzliche Vorrang des Unionsrechts auch in Deutschland anerkannt wird, dürfen die dem BVerfG verfassungsrechtlich vorbehaltenen Kontrollbefugnisse nur zurückhaltend und europafreundlich ausgeübt werden.[128] Dementsprechend geht das BVerfG in ständiger Rechtsprechung von einem **Kooperationsverhältnis** zum EuGH aus.[129] Dies bedeutet, dass das BVerfG vor Annahme einer Verletzung der Verfassungsidentität des Grundgesetzes (einschließlich des unabdingbaren Grundrechtsstandards) oder eines Ultra-vires-Aktes der europäischen Organe und Einrichtungen dem EuGH im Rahmen eines **Vorabentscheidungsverfahrens** nach Art. 267 AEUV die Gelegenheit zur verbindlichen Vertragsauslegung sowie zur Entscheidung über die Gültigkeit und die Auslegung der fraglichen Unionshandlungen geben muss, soweit er die aufgeworfenen Fragen noch nicht geklärt hat.[130] Bislang hat das BVerfG den EuGH erst einmal angerufen,[131] weil es den Beschluss des Rates der Europäischen Zentralbank vom 6.9.2012 über Technical features of Outright Monetary Transactions (**OMT-Beschluss**)[132] für einen Ultra-vires-Akt hält und der EuGH über die Gültigkeit des sog. OMT-Beschlusses noch nicht entschieden hat. 35

125 BVerfGE 123, 267, 354 f.
126 So auch ausdrücklich *Dederer*, JZ 2014, 313 ff; anders *Proelß*, EuR 2011, 241, 253 f.
127 Vgl EGMR, NJW 2006, 197, 202.
128 BVerfGE 126, 286, 303.
129 Erstmalig BVerfGE 89, 155, 175.
130 BVerfGE 123, 267, 397 f; 126, 286, 304.
131 Dagegen haben andere Verfassungsgerichte viel häufiger vorgelegt, zB Österreich, vgl u.a. Vorlage zur Vorratsdatenspeicherung ÖJZ 2013, 281 ff.
132 BVerfG, JZ 2014, 341 ff; krit. *Heun*, JZ 2014, 331 ff.

2. Rangverhältnis bei Zugrundelegung der in anderen Mitgliedstaaten vertretenen Rechtsauffassungen

36 Die Relativierung des Vorrangs des Unionsrechts durch das BVerfG ist in der Literatur als bloße „querelles allemandes“ bezeichnet worden.[133] Doch wird der Vorrang des Unionsrechts auch in vielen anderen Mitgliedstaaten nicht vorbehaltlos akzeptiert.[134] Dies gilt vor allem in Staaten, die über eine eigene Verfassungsgerichtsbarkeit verfügen, auch wenn die ausländischen Verfassungsgerichte ihre Vorbehalte oftmals vorsichtiger als das BVerfG formuliert haben.[135] Teilweise wird ein begrenzter Vorrang des Unionsrechts vor dem Verfassungsrecht (Dänemark, Irland,[136] Italien, Portugal,[137] Schweden, Spanien, Tschechische Republik,[138] Ungarn, Vereinigtes Königreich[139]), teilweise ein Vorrang des nationalen Verfassungsrechts (Frankreich, Litauen,[140] Polen[141]) angenommen. Beispielsweise können nach der dänischen Verfassung zwischenstaatlichen Einrichtungen wie der Europäischen Union nur „in bestimmtem Umfang“ durch Gesetz Befugnisse übertragen werden (was zugleich ausbrechenden Rechtsakten entgegensteht).[142] In Italien sind die Grundprinzipien der Verfassung sowie die unveräußerlichen Menschenrechte vom Vorrang ausgenommen worden.[143] In Schweden[144] und Spanien[145] entspricht die Rechtsprechung derjenigen des BVerfG. Das tschechische Verfassungsgericht[146] hat ebenso wie das polnische[147] sogar ausdrücklich auf die Solange-Rechtsprechung des BVerfG Bezug genommen. In Frankreich weist der Conseil constitutionnel dem Unionsrecht einen Rang unterhalb der Verfassung, aber über den Gesetzen zu und kommt so

---

133 Vgl *Ipsen*, Europäisches Gemeinschaftsrecht, 1972, S. 716 ff.

134 Näher dazu die Beiträge in: *Slaughter/Stone Sweet/Weiler* (Hrsg.), The European Courts and National Courts: Doctrine and Jurisprudence, 1998 sowie in *v. Bogdandy/Cruz Villalón/Huber* (Hrsg.); *Mayer*, in: v. Bogdandy/Bast (Hrsg.), S. 559, 578 ff; *Grabenwarter*, in: v. Bogdandy/Bast (Hrsg.), S. 121, 124 ff; *Hartley*, S. 259 ff; *Kruis*, S. 61 ff; *Schwarze*, S. 41 ff. Vgl ferner die Übersicht über einige Verfassungsgerichte bei *Schmitz u.a.*, http://www.iuspublicum-thomas-schmitz.uni-goettingen.de/Lehre/Europa-Rspr-2.htm.

135 Vgl *Büdenbender*, Das Verhältnis des Europäischen Gerichtshofs zum Bundesverfassungsgericht, 2005, S. 134, der nach einem Vergleich der Rspr des BVerfG mit der Jurisdiktion ausgewählter anderer Verfassungsgerichte der Mitgliedstaaten zu dem Ergebnis kommt, dass kein Verfassungsgericht anderer Staaten eine so offensive Konfrontationshaltung gegenüber dem EuGH vertreten hat wie das BVerfG; anders jedenfalls für das polnische Verfassungsgericht *Haltern*, Rn 1013.

136 Supreme Court of Ireland (in Auslegung v. Art. 29 der irischen Verfassung), v. 9.4.1987, Nr. 1986/12036P – Crotty v. An Taoiseach.

137 Vgl Art. 8 Abs. 4 der portugiesischen Verfassung, s. auch *Baquero Cruz*, European Law Journal 2008, 389, 403.

138 Vgl das tschechische „*Lissabon*-Urteil“, Ústavni Soud v. 11.3.2009, Pl. ÚS 29/09; v. 31.1.2012, Pl. ÚS 5/12 (Einstufung der *Landtová*-Entscheidung des EuGH, C-399/09 (Landtová), Slg 2011 I-5573, als Ultra-vires-Akt) s. dazu *Komárek*, European Constitutional Law Review 8 (2012), 323 f; *Vincze*, EuR 2013, 194 ff.

139 Vgl Section 2 Abs. 4 des European Communities Act 1972 in der Auslegung durch das House of Lords in R v Secretary of State for Transport, ex parte Factortame, Appeal Cases 1991, 1, 603; s. dazu *Haltern*, Rn 1012; *Craig/de Búrca*, S. 285 ff.

140 Konstitucinis Teismas v. 14.3.2006, Nr. 17/02, 24/02, 06/03, 22/04.

141 Art. 8 Abs. 1 der polnischen Verfassung, dazu das polnische „*Lissabon*-Urteil“ Trybunał Konstytucyjny v. 24.11.2010, EuGRZ 2012, S. 172, 185; ausf. bei *Hufeld*, in: ders./Epiney/Merli, Europäisches Verfassungsrecht, 3. Aufl. 2014, S. 73 f. Vgl aber zu einer europarechtsfreundlichen Auslegung der Verfassung Trybunal Konstytucyjny v. 26.6.2013, K 33/12.

142 § 20 der dänischen Verfassung, vgl dazu *Højesteret*, EuGRZ 1999, 49 ff – Carlsen. Vgl auch *Schwarze*, JZ 1999, 641 ff; *Hartley*, S. 267 f.

143 Grundlegend (und in Auslegung von Art. 11 der italienischen Verfassung) die Entscheidungen des Corte costituzionale, v. 27.12.1973, Nr. 183 – Frontini; v. 8.6.1984, Nr. 170 – Granital; näher auch *Panara*, in: v. Bogdandy/Cruz Villalón/Huber (Hrsg.), § 18, Rn 36; *Germelmann*, EuR 2010, 538, 543 ff mwN; *Craig/de Búrca*, S. 283 ff.

144 Vgl *Grabenwarter*, in: v. Bogdandy/Bast (Hrsg.), S. 127.

145 Wohl grundlegend die Entscheidung des Tribunal Constitucional v. 13.12.2004 (in Auslegung von Art. 93 der span. Verfassung), wiedergegeben in EuR 2005, 339 ff. Näher dazu *Barnes/Sarmiento*, in: Kluth (Hrsg.), S. 225 ff.

146 Ústavni Soud v. 26.11.2008, Pl. ÚS 19/08, Rn 119 f, 138 f; v. 31.1.2012, Pl. ÚS 5/12.

147 Urteil v. 16.11.2011, AZ SK 45/09, in Auslegung von Art. 91 der polnischen Verfassung, vgl auch *Bainaszkiewicz*, in: Kluth (Hrsg.), S. 199 ff.

zu einem Identitätsvorbehalt.[148] Ähnlich hat sich die griechische Gerichtsbarkeit geäußert.[149] Die zuvor nicht aufgeführten Mitgliedstaaten anerkennen einen unbegrenzten Vorrang des Unionsrechts vor dem nationalen Recht,[150] wobei die Rechtslage in den neuen Beitrittsländern teilweise noch nicht hinreichend geklärt ist.[151]

In den Staaten, die keinen unbegrenzten Vorrang des Unionsrechts anerkennen, stellt sich die Frage, wie auf Kollisionen von Verfassungs- und Unionsrecht zu reagieren ist. Teilweise kennen die Staaten eine **vorbeugende Überprüfung** internationaler Verträge (zB Spanien, Frankreich, Polen und Tschechien) im Hinblick auf die Vereinbarkeit mit dem Verfassungsrecht. Unterbleibt eine solche Prüfung und stellt sich erst nach Ratifizierung eine Unvereinbarkeit heraus, wird (wie auch in anderen Staaten) eine nachträgliche Anpassung der Verfassung, eine Änderung des Unionsrechts oder ggf. auch ein Austritt aus der Europäischen Union als Lösungsmöglichkeit in Betracht gezogen.[152] 37

IV. Verhältnis von Unionsrecht und EMRK-Recht

Da das vom Europarat erlassene (völkerrechtliche Konventions-) Recht – wie insbesondere die **EMRK** – nach geltendem Recht nur die Mitglieder des Europarates und somit nur Staaten und nicht die Europäische Union bindet,[153] kann es nicht zu einer direkten Kollision von Unionsrecht und EMRK-Recht kommen. Die EMRK stellt aber eine **Rechtserkenntnisquelle** für die Auslegung des Unionsrechts dar. Dies ergab sich schon aus Art. 6 Abs. 2 EUV aF, wonach die Union die Grundrechte, wie sie in der EMRK gewährleistet sind (und wie sie sich aus den gemeinsamen Verfassungsüberlieferungen der Mitgliedstaaten ergeben) als allgemeine Grundsätze des Gemeinschaftsrechts ergeben, zu achten hatte. Hieran hat sich bis heute nichts geändert (Rn 39). Nach der Rechtsprechung des Europäischen Gerichtshofs für Menschenrechte bleiben die Konventionsstaaten auch dann an die EMRK gebunden, wenn sie Hoheitsrechte auf eine internationale Organisation übertragen haben.[154] Damit sind **indirekte Kollisionen** zwischen dem Unionsrecht und dem in Deutschland im Rang eines einfachen Bundesgesetzes geltenden EMRK-Recht[155] (und der dazu ergangenen Rechtsprechung des EGMR) möglich. Der EGMR misst somit das Verhalten der Mitgliedstaaten der Europäischen Union auch dann an der EMRK, wenn diese Unionsrecht anwenden. In seiner *Bosphorus*-Entscheidung vom 30.6.2005 hat er seine Kontrolldichte aber zurückgenommen.[156] Überträgt ein Staat Souveränitätsrechte auf eine internationale Organisation und schützt diese Organisation die Menschenrechte sowohl im Hinblick auf die Garantien als auch im Hinblick auf die Kontrollen in einer vergleichbaren Weise wie die EMRK – was hinsichtlich der Europäischen Union bejaht wurde –, soll die Vermutung gelten, dass der Staat von den Erfordernissen der Konvention nicht abweicht, wenn er lediglich die sich aus seiner Mitgliedschaft in der Organisation ergebenden Verpflichtungen erfüllt. Allerdings kann diese Vermutung widerlegt werden, wenn der Nachweis erbracht wird, dass der Schutz der Konventionsrechte im Einzelfall „manifestly deficient" ist. Außerhalb einer strikten Bindung an das internationale Recht – hier Unionsrecht – bleibt die Konventionsverantwortlichkeit der Staaten jedoch in vollem Umfange bestehen. Dies ist insbesondere der Fall, wenn das internationale Recht den Mitgliedstaaten Ermessensspielräume ein- 38

148 Vgl Art. 55 und 88-1 der französischen Verfassung sowie Conseil constitutionnel, JZ 2004, 969 ff, m.Anm. *Classen*; Conseil constitutionnel v. 9.6.2011, Nr. 2011-631 DC, 45. Erwägungsgrund. Näher zum Ganzen *Capitant*, in: Kluth (Hrsg.), S. 141 ff; *Grabenwarter*, in: v. Bogdandy/Bast (Hrsg.), S. 130; *Walter*, ZaöRV 2012, 177, 184 ff.

149 Vgl *Iliopoulos-Strangas*, in: v. Bogdandy/Cruz Villalón/Huber (Hrsg.), § 16, Rn 40; *Kruis*, S. 71.

150 Vgl zB zu Österreich Österreichischer VfGH, VfSlg 18642/2008, III. 5. Teile der Literatur sehen die Grundprinzipien der Verfassung jedoch als integrationsfest an, vgl *Schwarze*, S. 88. Zu weiteren Mitgliedstaaten *Kruis*, S. 57 ff.

151 ZB aber für Estland Riigikohus, v. 12.6.2012, AZ 3-4-1-6-12, Nr. 128, 223.

152 *Hufeld*, in: ders./Epiney/Merli, Europäisches Verfassungsrecht, 3. Aufl. 2014, S. 73 ff.

153 Vgl Art. 59 Abs. 1 EMRK.

154 Vgl grundl. EGMR, NJW 1999, 3107 ff.

155 BVerfGE 111, 307, 315.

156 EGMR, NJW 2006, 197, 202 f.

räumt. Dann bleibt es dabei, dass sich der EGMR ohne jede Einschränkung die Letztentscheidungskompetenz über die Konventionsmäßigkeit der Ausübung hoheitlicher Gewalt der Konventionsstaaten vorbehält.

39 Mit **Inkrafttreten des Vertrages von Lissabon** ist zwar die Charta der Grundrechte der Europäischen Union Bestandteil des Unionsrechts in gleichem Rang wie in den Verträgen geworden (Art. 6 Abs. 1 EUV). Auch haben die in der Charta gewährten Rechte, die den in der EMRK garantierten Rechten entsprechen, die gleiche Bedeutung und Tragweite wie in der Konvention (Art. 52 Abs. 3 S. 1 GRC). Keine Bestimmung der Charta darf als Einschränkung oder Verletzung des durch die EMRK gewährleisteten Schutzniveaus ausgelegt werden (Art. 53 GRC). Doch bleibt es bis zu dem nach Art. 6 Abs. 2 EUV vorgesehenen, gem. Art. 59 Abs. 2 EMRK auch konventionsrechtlich zulässigen **Beitritt der Europäischen Union zur EMRK** dabei, dass die EMRK für das Unionsrecht nur eine Rechtserkenntnisquelle bildet.[157] Kommt es zu dem Beitritt (nach Maßgabe der in Art. 6 Abs. 2 S. 2 EUV und dem Protokoll Nr. 8 vorgesehenen inhaltlichen Voraussetzungen in dem in Art. 218 AEUV vorgesehenen Verfahren) stellt das Beitrittsübereinkommen ein gemischtes (dh sowohl von der Zustimmung des Rates als auch der Mitgliedstaaten abhängiges) völkerrechtliches Übereinkommen im Rang zwischen Primär- und Sekundärrecht der Europäischen Union dar, bindet also die Organe der Union und die Mitgliedstaaten insoweit als Rechtsquelle und nicht nur als Rechtserkenntnisquelle (Art. 216 Abs. 2 AEUV). Wegen der gebotenen völkerrechtsfreundlichen Auslegung des Unionsrechts (Rn 40), der Mindestsicherungsklausel des Art. 52 Abs. 3 GRC sowie der Heranziehung der EMRK für die Gewinnung der als allgemeine Grundsätze geltenden Unionsgrundrechte (Art. 6 Abs. 3 EUV), kommt der EMRK zudem ein quasi-primärrechtlicher Rang zu.[158] Des Weiteren nimmt die EMRK mit Beitritt der Europäischen Union im Verhältnis zu den Mitgliedstaaten am **Anwendungsvorrang** des Unionsrechts teil. Dem EGMR kommt damit die Letztentscheidungskompetenz in Grundrechtsfragen auch im Hinblick auf das Unionsrecht zu. Falls die Rechtsschutzsuchenden der Auffassung sind, dass die Unionsgerichte das EMRK-Recht verletzt haben, können sie nach Erschöpfung des Unionsrechtswegs noch den EGMR im Wege der Staaten- oder Individualbeschwerde anrufen. Mit einem Beitritt der Europäischen Union zur EMRK ist frühestens 2015 zu rechnen.

V. Verhältnis von Unionsrecht und sonstigem Völkerrecht

40 Normenkonflikte können sich auch ergeben, wenn die Mitgliedstaaten der Europäischen Union an das Völkerrecht gebunden sind und dieses dem gleichermaßen für sie geltenden Unionsrecht widerspricht. Da das Unionsrecht völkerrechtsfreundlich auszulegen ist[159] und die von der Union abgeschlossenen Verträge als integrierende Bestandteile des Unionsrechts[160] gem. Art. 216 Abs. 2 AEUV für die Organe der Union und für die Mitgliedstaaten verbindlich sind, dürften sich die Normenkonflikte zwar in Grenzen halten. Ausschließen lassen sie sich aber ebenfalls nicht. Deshalb hat der EuGH angenommen, dass Unionsrechtsakte, welche Resolutionen des Sicherheitsrats der Vereinten Nationen umsetzen, anders als dies in den Resolutionen vorgesehen war, der gerichtlichen Kontrolle der Unionsgerichtsbarkeit im Hinblick auf ihre Vereinbarkeit mit den Unionsgrundrechten unterliegen.[161] Für die Mitgliedstaaten bleibt es im Falle sich widersprechender Anforderungen beim Vorrang des Unionsrechts.

157 Vgl dazu auch *Ehlers*, in: ders. (Hrsg.), § 2, Rn 21 mwN.
158 Vgl *Ehlers*, in: ders. (Hrsg.), § 2, Rn 23.
159 *Schmalenbach*, in: Calliess/Ruffert, EUV/AEUV, Art. 216, Rn 29 mwN.
160 Vgl EuGH, Rs. C-21/72 (International Fruit Company), Slg 1972, 1219, Rn 7 ff; Rs. C-181/73 (Haegeman), Slg 1974, 449, Rn 2 ff.
161 Vgl EuGH, Rs. C-402/05 P (Kadi I), Slg 2008, I-6351; Rs. C-584/10 P u.a. (Kadi II), EuGRZ 2013, 389 ff.

C. Wirkungsweise des Vorrangs des Unionsrechts

I. Relevanz der Unterscheidung von direkten und indirekten Kollisionen

Aus der Unterscheidung von direkten und indirekten Kollisionen des Unionsrechts und des mitgliedstaatlichen Rechts (Rn 12) sind in der Literatur (bisher nicht in der Rechtsprechung) zum Teil Folgerungen für die Wirkungsweise des Vorrangs des Unionsrechts gezogen worden. Im Falle direkter Kollision lege die Unionsrechtsnorm die Rechtsfolge selbst fest, wirke also als **Regel**.[162] Es gelte dann der (Anwendungs-)Vorrang des Unionsrechts. Bei indirekten Kollisionen bestünden aus der Perspektive des Unionsrechts dagegen lediglich Rahmenbedingungen, denen die Auslegung des staatlichen Rechts genügen müsse. Das Unionsrecht habe somit bloßen **Prinzipiencharakter**.[163] Prinzipien allein könnten einen Sachverhalt nicht definitiv entscheiden. Sie seien aber einer Abwägung zugänglich und bedürftig. Abgewogen werden müsse zwischen dem Unionsrecht und dem nationalen Recht. Ziel sei es, den widerstreitenden Interessen nach Art einer praktischen Konkordanz zur optimalen Wirksamkeit zu verhelfen.[164] Somit setze sich das Unionsrecht nicht in jedem Falle, sondern „allenfalls nach einer Abwägung gegenüber dem nationalen Recht durch".[165] Verstärkend wird auch auf die Grundsätze der Subsidiarität (Art. 5 Abs. 3 EUV) und der Unionstreue (Art. 4 Abs. 3 EUV) hingewiesen.[166] Der zuletzt genannte Grundsatz verpflichtet nicht nur Mitgliedstaaten zu loyaler Zusammenarbeit mit den Unionsorganen, sondern im Gegenzug auch die Unionsorgane. 41

Die Unterscheidung von direkten und indirekten Kollisionen hat insofern ihre Berechtigung, als sie den Blick darauf lenkt, dass Kollisionen zwischen dem Unionsrecht und dem mitgliedstaatlichen Recht nicht immer leicht zu erkennen sind. Aus ihr kann aber keine Relativierung des Vorrangs des Unionsrechts hergeleitet werden.[167] Auch im Falle des Vorliegens einer (nur) indirekten Kollision gilt (ggf von den Vorbehalten der Verfassungsgerichte nach Art der *Solange*-Rechtsprechung des BVerfG abgesehen) ohne jede Einschränkung der Vorrang des Unionsrechts als Regel (und nicht nur als Prinzip). Der Vorrang hängt somit auch **nicht** von einer **Abwägung mit** dem **nationalen Recht** ab. Wohl aber ist der Sinngehalt des Unionsrechts vielfach erst zu ermitteln. Dies trifft bereits auf zahlreiche Regeln des Unionsrechts zu (also auch auf Normierungen, die nicht bloßen Prinzipiencharakter haben). So entfalten die Diskriminierungsverbote und Beschränkungsverbote der Grundfreiheiten ihre Verbotswirkung erst, wenn der Gewährleistungsgehalt einer Grundfreiheit einschlägig ist, die Freiheit beeinträchtigt wird und das Handeln der Mitgliedstaaten nicht durch die Schrankenregelung der Grundfreiheiten oder die zwingenden Erfordernisse gerechtfertigt werden kann.[168] Im Zusammenhang mit der Prüfung, ob das mitgliedstaatliche Vorgehen gerechtfertigt ist, muss eine vom (unionsrechtlichen) Verhältnismäßigkeitsgrundsatz gesteuerte Abwägung vorgenommen werden. Dies ändert nichts daran, dass das Unionsrecht autonom und nicht nach Maßgabe des nationalen Rechts auszulegen ist. Es geht nur um die Feststellung, ob sich das mitgliedstaatliche Recht oder die Rechtsanwendung im Mitgliedstaat in dem Rahmen hält, den das Unionsrecht vorgibt. Trifft dies nicht zu, kommt der Vorrang des Unionsrechts zum Zuge. Entsprechend ist in den Fällen der indirekten Kollision zu verfahren. ZB kann es Schwierigkeiten bereiten, zu ermitteln, ob das dem Vollzug des Unionsrechts dienende mitgliedstaatliche Verwaltungsverfahren oder gerichtliche Verfahren dem Äquivalenzgrundsatz und dem Effektivitätsgrundsatz genügen 42

162 Grundlegend zur Unterscheidung von Regel und Prinzip vgl *Dworkin*, Taking Rights Seriously, 1978, S. 22 ff; *Alexy*, Theorie der Grundrechte, 3. Aufl. 1996, S. 71 ff.

163 Für einen Vorrang des Unionsrechts als Prinzip und nicht (oder nur in seinem Kern) als Regel *v. Danwitz*, Verwaltungsrechtliches System, S. 113 f.

164 Vgl *Kadelbach*, S. 27, 31 ff, 46 ff, 486 ff.

165 Vgl *Wolffgang/Ehrlich*, in: Ehlers/Wolffgang/Lechleitner (Hrsg.), Risikomanagement im Exportkontrollrecht, 2004, S. 39, 45.

166 Vgl auch *Schoch*, JZ 1995, 109, 120.

167 Anders *Burgi*, Verwaltungsprozess und Europarecht, 1996, S. 23, 47; *Streinz*, in: FS Söllner, 2000, S. 1139, 1157; *ders.*, in: Isensee/Kirchhof (Hrsg.), HdbStR X, 2012, § 218, Rn 21; wie hier *Niedobitek*, VerwArch 92 (2001), 58, 74 ff; *Jarass/Beljin*, NVwZ 2004, 1, 5; *Kruis*, S. 102.

168 Vgl *Ehlers*, in: ders. (Hrsg.), § 7, Rn 67 ff.

(Rn 12). Steht aber fest, dass einer der beiden genannten Grundsätze nicht beachtet wurde, greift der Vorrang des Unionsrechts ohne jede Einschränkung ein.[169]

II. Gebot unionsrechtskonformer Auslegung

43 Aus der Rangordnung der Rechtsquellen ergibt sich, dass das höherrangige Recht vorrangig bei der Auslegung des niederrangigen Rechts beachtet werden muss. Somit müssen die innerstaatlichen Organe (ggf innerhalb der Schranken des Nichtübertragbaren oder Nichtübertragenen, Rn 21 ff) das dem Unionsrecht widersprechende mitgliedstaatliche Recht außer Anwendung lassen (Rn 55). Zugleich ergibt sich aus dem Vorrang des Unionsrechts zumindest das Recht zur **unionsrechtskonformen Auslegung**[170] des mitgliedstaatlichen Rechts. Dass diesem Recht eine Pflicht entspricht, lässt sich Normierungen wie Art. 4 Abs. 3 EUV sowie innerstaatlich (in Deutschland) dem Grundsatz der Europafreundlichkeit des Grundgesetzes[171] entnehmen. Die unionsrechtskonforme Auslegung entspricht der Durchsetzung des Unionsrechts bei gleichzeitiger Schonung der nationalen Rechtsordnung.[172] Funktional entspricht die Pflicht zur unionsrechtskonforme Auslegung der Pflicht zur verfassungskonformen Auslegung des einfachen nationalen Rechts.[173]

44 Um das mitgliedstaatliche Recht in Übereinstimmung mit dem Unionsrecht auslegen zu können, muss der Sinngehalt des Unionsrechts zunächst ermittelt werden. Dies bestimmt sich nach den **Interpretationsmethoden des Unionsrechts**, nicht nach denen des nationalen Rechts (vgl bereits Rn 42). Selbst wenn der Geltungsgrund des Unionsrechts in den Mitgliedstaaten auf das Völkerrecht zurückgeführt wird (Rn 7), folgt daraus nicht, dass es im innerstaatlichen Rechtskreis nur gilt, wenn es von einer innerstaatlichen Norm in innerstaatliches Recht umgewandelt worden ist (sog. Transformationslehre). Vielmehr kann ein innerstaatlicher Rechtsakt (hier ein Gesetz iSd Art. 23 Abs. 1 S. 2, 3; 24 Abs. 1 GG) die Anwendung des völkerrechtlichen Rechtssatzes im innerstaatlichen Bereich befehlen (sog. Vollzugslehre).[174] Wenn das Unionsrecht mit Zustimmung der Mitgliedstaaten unmittelbare Geltung – und weithin auch unmittelbare Anwendbarkeit (Wirksamkeit) – in den Mitgliedstaaten beansprucht (Rn 9), kann dies nur im Sinne der Beibehaltung seines Charakters als autonomes Recht verstanden werden. Dem Rangverhältnis der Rechtsquellen entspricht es, das Sekundär- und Tertiärrecht der Europäischen Union am Primärrecht zu messen und zur Vermeidung von Kollisionen im Falle eines Auslegungsspielraums primärrechtskonform auszulegen.[175]

45 Die rechtsanwendenden nationalen Gerichte und Verwaltungsbehörden haben bei der Auslegung **nationaler Rechtsvorschriften** nicht nur die **Regelungen**[176] und allgemeinen **Rechtsgrundsätze** des Unionsrechts, sondern nach der Rechtsprechung des EuGH auch die (rechtlich unverbindlichen) **Empfehlungen** und **Stellungnahmen** (Art. 288 Unterabs. 5 AEUV) sowie sonstigen ungekennzeichneten Rechtshandlungen (Entschließungen, Mitteilungen, Erklärungen, Leitlinien und Bekanntga-

169 Vgl auch *v. Danwitz*, EU-Verwaltungsrecht, S. 155 (Verdrängung oder Überlagerung des nationalen Rechts, wenn dies zur Funktionssicherung des Unionsrechts geboten ist); *Gärditz*, in: Rengeling/Middeke/Gellermann (Hrsg.), § 35, Rn 22.

170 Zum Geltungsgrund der unionsrechtskonformen Auslegung vgl *Kruis*, S. 155 ff; zur richtlinienkonformen Auslegung vgl EuGH, Rs. C-14/83 (von Colson und Kamann), Slg 1984, 1891, Rn 26; Rs. C-79/83 (Harz), Slg 1984, 1921, Rn 26; Rs. C-80/86 (Kolpinghuis Nijmegen), Slg 1987, 3969, Rn 12; allg. zur unionsrechtskonformen Auslegung *Ehricke*, RabelsZ 59 (1995), 598, 623 ff mwN; *Canaris*, in: FS Bydlinski, 2001, S. 47; *Franzen*, JZ 2003, 321.

171 Vgl Rn 35.

172 Im Englischen wird unionsrechtskonforme Auslegung mit „indirect effect", also mittelbarer Wirkung des Unionsrechts umschrieben.

173 Vgl dazu BVerfGE 49, 148 ff; 54, 277 ff; 86, 288 ff.

174 Zur Unterscheidung vgl *Schweitzer*, Rn 423 ff.

175 Vgl auch *Streinz*, Europarecht, Rn 571.

176 Einschließlich der Maßnahmen, welche den Raum der Freiheit, der Sicherheit und des Rechts (Art. 67 ff AEUV) betreffen. Zu den früheren Rahmenbeschlüssen vgl EuGH, Rs. C-105/03 (Pupino), Slg 2005, I-5285, Rn 61.

ben)[177] mitzuberücksichtigen.[178] Nicht erforderlich ist die unmittelbare Anwendbarkeit (Wirksamkeit) des Unionsrechts, damit eine Regelung zur Auslegung herangezogen werden kann. Demgemäß kommt das Konformitätsgebot beispielsweise auch zum Tragen, wenn eine **Richtlinie** für die Betroffenen **keine unmittelbare Wirkung** entfaltet.[179] Dies hat zur Folge, dass Private durch nicht rechtzeitig umgesetzte Richtlinien – selbst in rein privatrechtlichen Konflikten – belastet werden können.[180] Doch entspringt die Belastung dann nicht dem Unionsrecht, sondern dem mitgliedstaatlichen Recht, das lediglich richtlinienkonform ausgelegt wird (vgl Rn 10).[181] Lässt eine Richtlinie Raum für verschiedene Umsetzungen, muss der den Mitgliedstaaten überlassene Gestaltungsspielraum bei der richtlinienkonformen Auslegung berücksichtigt werden. Umstritten ist, ob eine richtlinienkonforme Auslegung auch schon vor Ablauf der Umsetzungsfrist zulässig und geboten ist. Der Bundesgerichtshof hat dies bejaht, wenn sich die Konformität mittels Auslegung herstellen lässt und dem Gesetzgeber kein Spielraum gegeben ist.[182] Grundsätzlich dürfte die Verpflichtung zur richtlinienkonformen Auslegung erst mit Ablauf der Umsetzungsfrist beginnen.[183] Jedoch sind die Mitgliedstaaten auch schon vor Ablauf der Umsetzungsfrist einer Richtlinie gehalten, alle Maßnahmen zu unterlassen, die geeignet sind, die Erreichung des in der Richtlinie vorgeschriebenen Ziels ernstlich in Frage zu stellen.[184] Dementsprechend befürwortet auch der EuGH eine Verpflichtung zur richtlinienkonformen Auslegung vor Ablauf der Umsetzungsfrist, falls das Vereitelungsverbot dies gebietet.[185] Bei verspäteter Umsetzung einer Richtlinie sind die mitgliedstaatlichen Gerichte und Behörden verpflichtet, das innerstaatliche Recht jedenfalls ab dem Ablauf der Umsetzungsfrist soweit wie möglich im Lichte des Wortlauts und des Zwecks der betreffenden Richtlinie auszulegen.[186]

Eine unionsrechtskonforme Auslegung des mitgliedstaatlichen Rechts setzt voraus, dass dieses ausgelegt werden kann, also **mehrere Deutungen** zulässt.[187] Die unionsrechtskonforme Auslegung darf somit einer nach Wortlaut und Sinn eindeutigen nationalen Vorschrift nicht einen entgegengesetzten Sinn verleihen.[188] Ob das nationale Recht auslegbar ist, bestimmt sich allein nach den nationalen Auslegungsregeln.[189] Eine vom Bundesgerichtshof[190] befürwortete richtlinienkonforme Auslegung gegen den Wortlaut der nationalen Bestimmung ist abzulehnen. Wenn das nationale Recht auslegbar ist, gebührt der unionsrechtskonformen Auslegung der Vorrang vor anderen (nationalen) Auslegungsmethoden.[191] Unionsrechtlich immanente Grenzen bestehen, wenn die (allgemeine Rechtsgrundsätze des Unionsrechts darstellenden) Grundsätze der Rechtssicherheit, des Vertrau- **46**

177 Vgl Rn 3.

178 EuGH, Rs. C-322/88 (Grimaldi), Slg 1989, I-4407, Rn 18.

179 Vgl *Lenaerts/van Nuffel*, Constitutional Law of the European Union, 2. Aufl. 2005, Rn 17-131; *Wyatt/Dashwood*, European Union Law, 5. Aufl. 2006, S. 158; *Frisch*, Die richtlinienkonforme Auslegung nationalen Rechts, 2000, S. 107 ff.

180 Vgl EuGH, Rs. C-87/90 (Verholen), Slg 1991, I-3757, Rn 15 ff; vgl auch Rs. C-144/04 (Mangold), Slg 2005, I-9981.

181 Vgl *Zuleeg*, VVDStRL 53 (1994), 154, 166; *Ruffert*, in: Calliess/ders., EUV/AEUV, Art. 288 AEUV, Rn 81.

182 Vgl BGHZ 138, 55, 61 ff; krit. *Ehricke*, EuZW 1999, 553, 557.

183 Vgl auch *Ruffert*, in: Calliess/ders., EUV/AEUV, Art. 288 AEUV, Rn 80.

184 Vgl EuGH, Rs. C-129/96 (Inter-Environnement Wallonie), Slg 1997, I-7411, Rn 44 ff; *v. Danwitz*, EU-Verwaltungsrecht, S. 189 f.

185 EuGH, Rs. C-144/04 (Mangold), Slg 2005, I-9981, Rn 65 ff; vgl auch EuGH, Rs. C-81/05 (Alonso), Slg 2006, I-7569, Rn 27 (Wirkung einer RL vom Zeitpunkt des Inkrafttretens an, wenn die RL dies vorsieht). S. auch Rs. C-212/04 (Adeneler), Slg 2006, I-6057, Rn 107-124.

186 EuGH, Rs. C-212/04 (Adeneler), Slg 2006, I-6057, Rn 115 f, 124. S. auch *Klamert*, CMLR 42 (2006), 1251.

187 Vgl EuGH, Rs. C-14/83 (von Colson und Kamann), Slg 1984, 1891, Rn 26 ff; Rs. C-80/86 (Kolpinghuis Nijmegen), Slg 1987, 3969, Rn 11 ff; Rs. C-157/86 (Murphy), Slg 1988, 673, Rn 10 ff; Rs. C-91/92 (Faccini Dori), Slg 1994 I-3325, Rn 26.

188 *Jarass*, DVBl. 1995, 954, 958.

189 *Brechmann*, Die richtlinienkonforme Auslegung, 1994, S. 77 ff; *Ohler*, in: Hummer (Hrsg.), S. 164 f.

190 BGH, NJW 2009, 427 f; *Pfeiffer*, NJW 2009, 412 f; zust. zB *Drexler*, S. 173 ff, 190 ff.

191 Vgl auch *Ruffert*, in: Calliess/ders., EUV/AEUV, Art. 288 AEUV, Rn 77 ff. Zur Vorgehensweise *Drexler*, S. 158 ff.

ensschutzes oder des Rückwirkungsverbots der angedachten unionsrechtskonformen Auslegung entgegenstehen. Deshalb darf die unionsrechtskonforme Auslegung jedenfalls nicht zu einer Strafbegründung oder -verschärfung führen.[192] Soweit dem Mitgliedstaat ein Gestaltungsspielraum zukommt, müssen die Vorgaben des nationalen Verfassungsrechts beachtet werden.[193]

47 Das Gebot unionsrechtskonformer Auslegung führt vielfach dazu, dass das mitgliedstaatliche Recht **unterschiedlich ausgelegt** werden muss, je nachdem, ob ein Sachverhalt nur einen nationalen oder auch einen unionsrechtlichen Bezug hat. So gilt die Fristbestimmung des § 48 Abs. 4 VwVfG für die Rücknahme rechtswidriger Verwaltungsakte zwar im Allgemeinen, nicht aber, wenn einem bestandskräftigen Verlangen der EU-Kommission nach Rückforderung einer nach Art. 107 Abs. 1 AEUV unstatthaften Beihilfe Rechnung zu tragen ist.[194] Vielfach dürfte sich aus dem Unionsrecht aber ein „Spill-Over-Effekt" ergeben, weil die Tendenz besteht, sich möglichst auch dann am Standard des Unionsrechts auszurichten, wenn der Mitgliedstaat nicht dazu verpflichtet ist. Verweist nationales Recht auch für einen rein nationalen Sachverhalt auf eine Vorschrift des Unionsrechts, erachtet der EuGH diesbezügliche Vorabentscheidungsverfahren für zulässig.[195]

III. Nichtanwendbarkeit kollidierenden mitgliedstaatlichen Rechts

1. Unterscheidung von Geltungs- und Anwendungsvorrang

48 Kraft seines Vorrangs muss sich das Unionsrecht im Falle der Kollision mit dem (nicht unionsrechtskonform auslegbaren) mitgliedschaftlichen Recht durchsetzen. Dies kann dadurch erreicht werden, dass das nationale Recht entweder als nichtig oder als nicht anwendbar angesehen wird. Im ersten Falle lässt sich von einem Geltungs-, im zweiten von einem Anwendungsvorrang sprechen. Der EuGH hat die Bestimmung der Rechtsfolge bei Verstößen gegen das Unionsrecht lange Zeit offen gelassen,[196] sich dann aber für die bloße Nichtanwendbarkeit des mitgliedstaatlichen Rechts im konkreten Kollisionsfall entschieden.[197] Dies bedeutet, dass das unionsrechtswidrige innerstaatliche Recht aus der Perspektive des Unionsrechts gültig bleibt und nur insoweit unanwendbar ist, als das Unionsrecht selbst unmittelbare Anwendung (Wirkung) verlangt. Die nationalen Gerichte[198] und das Schrifttum[199] haben sich dieser Betrachtungsweise angeschlossen. Für einen bloßen **Anwendungsvorrang** spricht, dass das Unionsrecht und das mitgliedstaatliche Recht nach wie vor zwei Rechtsordnungen darstellen (Rn 5) und dem Unionsrecht eine dem Art. 31 GG entsprechende Kollisionsregelung nicht entnommen werden kann. Vor allem aber ist ein grundsätzlicher Anwendungsvorrang für die Zuordnung von Unionsrecht und mitgliedstaatlichem Recht im Kollisionsfall teils schonender,[200] teils angemessener als ein **Geltungsvorrang**. Zum einen ist es nicht notwendig, das mitgliedstaatliche Recht für nichtig zu erklären, um den Vorrang des Unionsrechts zu sichern (zumal der EuGH nicht befugt ist, über die Nichtigkeit des mitgliedstaatlichen

---

192 EuGH, Rs. C-80/86 (Kolpinghuis Nijmegen), Slg 1987, 3969, Rn 13; Rs. C-60/02 (X), Slg 2004, I-651, Rn 61; EuGH, Rs. C-387/02 (Berlusconi), Slg 2005, I-3565, Rn 74, 77 = JZ 2005, 997 f m.Anm. *Satzger*, JZ 2005, 998 ff; *Beljin*, EuR 2002, 351, 359 ff.

193 Vgl BVerfGE 113, 273, 300.

194 Vgl EuGH, Rs. C-24/95 (Alcan II), Slg 1997, I-1591; *Kahl*, in: Hummer (Hrsg.), S. 267 ff; *Ehlers*, DVBl. 2014, 1 ff.

195 Vgl EuGH, Rs. C-3/04 (Poseidon Chartering), Slg 2006, I-2505.

196 Nicht ganz eindeutig noch EuGH, Rs. C-106/77 (Simmenthal II), Slg 1978, 629, Rn 18 ff.

197 Vgl die Leitentscheidung EuGH, Rs. C-184/89 (Nimz), Slg 1991, I-297, Rn 19 ff; ferner die Klarstellung in Rs. C-10/97 (IN. CO. GE.'90), Slg 1998, I-6307, Rn 21.

198 Für Deutschland vgl zB BVerfGE 73, 339, 375; 75, 223, 244; 85, 191, 204; 123, 267, 398 ff; 126, 286, 301 f; BVerwGE 87, 154, 158 ff.

199 Zu den Vorteilen eines Anwendungsvorrangs im Verhältnis zu einem Geltungsvorrang vgl *Zuleeg*, VVDStRL 1994, 154, 161 ff; *Haratsch/Koenig/Pechstein*, Europarecht, 9. Aufl. 2014, Rn 179; *Gärditz*, in: Rengeling/Middeke/Gellermann (Hrsg.), § 35, Rn 7. Für die Nichtigkeit des unionsrechtswidrigen nationalen Rechts siehe aber zB *Spetzler*, RIW 1990, 286 ff.

200 *Zuleeg*, VVDStRL 53 (1994), 154, 162 ff; *Isensee*, in: FS Stern, 1997, S. 1239, 1243.

Rechts zu entscheiden).[201] Zum anderen würde ein Geltungsvorrang teils zu weit, teils nicht weit genug gehen. Dies bedarf der Erläuterung.

Gilt eine nationale Norm sowohl für Sachverhalte mit als auch ohne Unionsrechtsbezug, könnte sie bei einem Verstoß gegen das Unionsrecht nicht als nichtig (sondern allenfalls als teilweise nichtig) angesehen werden. Schließen mitgliedstaatliche Bestimmungen etwa Ausländer vom kommunalen Wahlrecht aus, sind die Normen als **gültig** anzusehen, auch wenn sie gegenüber Unionsbürgern wegen der Verbürgungen der Art. 22 AEUV, 40 GRC nicht zum Zuge kommen dürfen. Ebenso muss eine Vorschrift des nationalen Rechts wirksam bleiben, wenn sie zwar nicht auf Angehörige anderer Mitgliedstaaten der Europäischen Union, wohl aber auf Inländer angewendet werden darf (etwa weil das Unionsrecht – ebenso wie das nationale Recht – eine Inländerdiskriminierung erlaubt).[202] Zwar können nationale Vorschriften auch vollständig dem Unionsrecht zuwider laufen[203] (zB weil die Europäische Union eine ausschließliche Kompetenz hat oder nur ein Sachverhalt mit Unionsrechtsbezug geregelt worden ist), sodass ihm kein Anwendungsbereich mehr verbleibt. Auch dann ist dem Unionsrecht aber Genüge getan, wenn die unionsrechtswidrigen Normen nicht anwendbar sind. 49

Andererseits geht die Kollisionsregel des Anwendungsvorrangs aber auch weiter als die des Geltungsvorrangs, weil sowohl die Fälle der **indirekten Kollision** (in denen ein Geltungsvorrang problematisch sein kann)[204] als auch **Anwendungskollisionen** (und nicht nur Normenkollisionen) erfasst werden. Wendet eine deutsche Behörde etwa eine Vorschrift des deutschen Verwaltungsverfahrensgesetzes statt des einschlägigen Zollkodexes der Europäischen Union an, mögen die Normen nicht kollidieren, doch darf das Verwaltungsverfahrensgesetz nicht angewendet werden. 50

Der Anwendungsvorrang des Unionsrechts gilt unabhängig davon, ob die kollidierende nationale Norm **vor oder nach Inkrafttreten des Unionsrechts** erlassen worden ist (vgl auch Rn 15). Der früher vertretenen Auffassung der EU-Kommission, dass eine später ergangene Vorschrift des innerstaatlichen Rechts bei Unvereinbarkeit mit dem Unionsrecht als „inexistent" angesehen werden müsse, ist der EuGH ausdrücklich nicht gefolgt.[205] Allerdings schließt der Anwendungsvorrang nicht aus, dass das innerstaatliche Recht weitergehende Rechtsfolgen (zB iS einer Strafbewehrung bei Verstößen) anordnet (zum nationalen Recht vgl Rn 60). 51

2. Durchsetzung des Anwendungsvorrangs durch den EuGH

Im Streitfall zwischen der Europäischen Union und den Mitgliedstaaten obliegt es dem EuGH (Art. 19 EUV) den Vorrang des Unionsrechts – jedenfalls bei Wahrung der Identitätsrechte der Mitgliedstaaten (Rn 21 ff) und der Ultra-vires-Grenzen (Rn 25) sicherzustellen. Hierfür kommt in erster Linie das **Vertragsverletzungsverfahren** des Art. 258 AEUV in Betracht. Aber auch im **Vorabentscheidungsverfahren** (Art. 267 AEUV) kann der Gerichtshof über die Vereinbarkeit des mitgliedstaatlichen Rechts mit dem Unionsrecht der Sache nach mitentscheiden. Zwar geht es insoweit genaugenommen nicht um eine Auslegung der Verträge (Art. 267 Abs. 1 lit. a AEUV), sondern um eine Normenkontrolle des nationalen Rechts. Doch hindert dies den EuGH nicht, dem vorlegenden Gericht alle Hinweise zur Auslegung des Unionsrechts zu geben, die es diesem ermöglichen, die Frage der Vereinbarkeit des mitgliedstaatlichen Rechts mit dem Unionsrecht für die Entscheidung des bei ihm anhängigen Rechtsstreits zu beurteilen.[206] Die Entscheidungen im Vertragsverletzungsverfahren sind für die Mitgliedstaaten (einschließlich ihrer Behörden und Gerichte) bindend, Vor- 52

201 Vgl EuGH, Rs. C-237/82 (Kaas), Slg 1984, 483, Rn 6.

202 *Ehlers*, in: ders. (Hrsg.), § 7, Rn 25.

203 *Zuleeg*, VVDStRL 53 (1994), 154, 163.

204 *Jarass/Beljin*, NVwZ 2004, 1, 4.

205 EuGH, Rs. C-10/97 (IN. CO. GE.'90), Slg 1998, I-6307, Rn 21. Vgl aber auch *Borchardt*, Die rechtlichen Grundlagen der Europäischen Union, 5. Aufl. 2012, Rn 145, der von Unwirksamkeit spricht.

206 EuGH, Rs. C-131/91 („K" Line Air Service Europe), Slg 1992, I-4513, Rn 10; Rs. C-5594 (Gebhard), Slg 1995, I-4165, Rn 19; Rs. C-144/04 (Mangold), Slg 2005, I-9981, Rn 75.

abentscheidungen haben eine quasi erga-omnes-Wirkung.[207] Wird eine Kollision zwischen dem Unionsrecht und dem mitgliedstaatlichen Recht festgestellt, ist es Sache der dazu berufenen mitgliedstaatlichen Instanzen (Gesetzgeber, Regierungen, Verwaltungsbehörden und Gerichte), die Rechtsfolgen zu bestimmen.

3. Staatliche Adressaten des Anwendungsvorrangs

53 Der Anwendungsvorrang wendet sich sowohl an die nationalen Gesetzgeber als auch an alle rechtsanwendenden innerstaatlichen Verpflichtungsadressaten des Unionsrechts sowie an Private.

a) Gesetzgeber

54 Die Gesetzgeber sind jedenfalls in den Fällen der direkten Kollision des staatlichen Rechts mit dem Unionsrecht verpflichtet, die ganz oder teilweise unanwendbare nationale Norm **aufzuheben** oder zu **ändern**, um Verstößen gegen das Unionsrecht entgegenzuwirken. Ein unveränderter Fortbestand unionsrechtswidriger Normen würde Unklarheiten tatsächlicher Art heraufbeschwören, weil die betroffenen Normadressaten bezüglich der ihnen eröffneten Möglichkeiten, sich auf das Unionsrecht zu berufen, in einem Zustand der Ungewissheit gelassen werden.[208] Zumindest die Treuepflicht der Mitgliedstaaten (Art. 4 Abs. 3 Unterabs. 2 EUV) gebietet es, dass der Gesetzgeber Rechtssicherheit schafft. Dies betrifft auch den Verfassunggeber.[209]

b) Rechtsanwendende innerstaatliche Verpflichtungsadressaten

55 Zu den rechtsanwendenden innerstaatlichen Verpflichtungsadressaten des Unionsrechts gehören die mitgliedstaatlichen **Regierungen**, Verwaltungsträger und **Verwaltungsbehörden** jeder Stufe sowie die mitgliedstaatlichen **Gerichte.**[210] Die genannten Rechtsanwender müssen aus eigener Entscheidungsbefugnis von Amts wegen und nicht nur auf Antrag[211] prüfen, ob das mitgliedstaatliche Recht mit dem Unionsrecht vereinbar ist. Trifft dies nicht zu, darf das nationale Recht (grundsätzlich) nicht angewendet werden. Die Beachtung des Vorrangs hängt nicht von einer gesonderten höchstrichterlichen Feststellung ab.[212] Deshalb wäre es beispielsweise unzulässig, die Anwendung bis zum Abschluss eines Vorlageverfahrens vor dem BVerfG nach Art. 100 Abs. 1 GG zu suspendieren.[213] Kommt sowohl ein Verstoß gegen das Unionsrecht als auch gegen deutsches Verfassungsrecht in Betracht, bleibt die Reihenfolge der Anrufung entweder des EuGH (Art. 267 AEUV) oder des BVerfG (Art. 100 Abs. 1 GG) aus der Sicht des Unionsrechts im Grundsatz fakultativ. Wird das Verfassungsgericht angerufen, muss es den übrigen Fachgerichten aber freistehen, in jedem Moment des Verfahrens, den sie für geeignet halten, dem EuGH jede Frage zur Vorabentscheidung vorzulegen, die sie für erforderlich halten, jede Maßnahme zu erlassen, die erforderlich ist, um den gerichtlichen Schutz der durch die Rechtsordnung der Union eingeräumten Rechte sicherzustellen, und auch nach Abschluss des Verfahrens nach Art. 100 Abs. 1 GG die fragliche nationale gesetzliche Bestimmung unangewendet zu lassen, wenn sie diese als unionsrechtswidrig

---

207 Streitig, vgl näher *Kruis*, S. 135 ff, 138. Zur Bindung des deutschen Richters an Auslegungsentscheidungen des EuGH aus nationaler und unionsrechtlicher Sicht *Schröder*, Gesetzesbindung des Richters und Rechtsweggarantie im Mehrebenensystem, 2010, S. 129 ff, 152 ff.

208 Vgl EuGH, Rs. C-167/73 (Kommission/Französische Republik), Slg 1974, 359, Rn 41 f; Rs. C-159/78 (Kommission/Italien), Slg 1979, 3247, Rn 22; Rs. C-290/94 (Kommission/Griechenland), Slg 1996, I-3285, Rn 29; Rs. C-145/99 (Kommission/Italien), Slg 2002, I-2235, Rn 30.

209 Beispielsweise die Änderung von Art. 12 a Abs. 4 S. 2 GG bezüglich des Wehrpflichtverbots für Frauen, sowie die Änderung von Art. 16 Abs. 2 GG zur Umsetzung des Europäischen Haftbefehls.

210 Vgl zu den Gerichten EuGH, Rs. 106/77 (Simmenthal II), Slg 1978, 629, Rn 24; Rs. C-184/89 (Nimz), Slg 1991, I-297, Rn 19; Rs. C-358/95 (Morellato), Slg 1997, I-1431, Rn 18; Rs. C-409/06 (Winner Wetten), Slg 2010, I-8015, Rn 55.

211 Vgl EuGH, Rs. C-103/88 (Costanzo), Slg 1989, 1839, Rn 28 ff; Rs. C-224/97 (Ciola), Slg 1999, I-2517, Rn 30; Rs. C-341/08 (Petersen), Slg 2010, I-47, Rn 80; Rs. C-429/09 (Fuß), Slg 2010, I-9849, Rn 61.

212 Vgl EuGH, Rs. C-106/77 (Simmenthal II), Slg 1978, 629, Rn 21 ff; Rs. C-224/97 (Ciola), Slg 1999, I-2517, Rn 26.

213 *Kadelbach*, S. 55.

ansehen.[214] Nach der Rechtsprechung des BVerfG unterliegt nationales Recht, das auf einer zwingenden unionsrechtlichen Vorgabe beruht, keiner Nachprüfung am Maßstab des Grundgesetzes, es sei denn, es wird substantiell dargelegt, dass die Grenze des Nichtübertragbaren (Rn 21 ff) oder Nichtübertragenen (Rn 25) überschritten wurde. Für Vorlagen nach Art. 100 Abs. 1 GG fehlt die Entscheidungserheblichkeit.[215] Ist ein vom Fachgericht als verfassungswidrig beurteiltes Gesetz in Umsetzung eines dem nationalen Gesetzgeber durch das Unionsrecht verbleibenden Gestaltungsspielraums ergangen, ist eine Vorlage nach Art. 100 Abs. 1 GG an das BVerfG ebenfalls unzulässig, wenn das vorlegende Gericht nicht geklärt hat, ob ein solcher Gestaltungsspielraum besteht. Hierfür muss das vorlegende Gericht ein Vorabentscheidungsverfahren zum EuGH nach Art. 267 Abs. 1 AEUV einleiten, unabhängig davon, ob es ein letztinstanzliches Gericht ist.[216] Nach alledem ist das Vorlageverfahren nach **Art. 267 AEUV** gegenüber dem nach Art. 100 Abs. 1 GG **grundsätzlich vorrangig.**[217]

Nach der Rechtsprechung des EuGH sind auch „alle Träger der Verwaltung einschließlich der Gemeinden und der sonstigen Gebietskörperschaften" verpflichtet, divergierendes nationales Recht außer Anwendung zu lassen.[218] Dies kann die **Verwaltung** in erhebliche **Schwierigkeiten** bringen. So ist der Sinngehalt des Unionsrechts nicht selten unklar. Ferner sind die Verwaltungsbehörden in der Regel überfordert, wenn sie beispielsweise entscheiden sollen, ob eine Richtlinie unmittelbar anwendbar ist. Anders als die nationalen Gerichte haben sie auch nicht die Möglichkeit, bei Zweifeln über die richtige Auslegung des Unionsrechts den EuGH gem. Art. 267 AEUV anzurufen.[219] Den Verwaltungsbehörden wird also etwas zugemutet, was den Gerichten nicht abverlangt wird. Dies kann zu einer großen Rechtsunsicherheit führen. Zudem wird der Verwaltung ein zweifaches Haftungsrisiko aufgebürdet.[220] Wendet sie zu Unrecht eine nationale Norm nicht an, muss sie nach innerstaatlichen Grundsätzen (insbesondere des Amtshaftungsrechts) für den Schaden einstehen. Wird die Norm dagegen fälschlicherweise angewandt, kann dies eine Haftung wegen Missachtung des Vorrangs des Unionsrechts nach sich ziehen.[221] In der Literatur ist vorgeschlagen worden, die Nichtanwendungspflicht auf **eindeutige Verstöße** des nationalen Rechts gegen das Unionsrecht zu begrenzen.[222] Dies läuft jedoch auf eine zu weit gehende Relativierung des Anwendungsvorrangs hinaus (und beeinträchtigt wegen der Unbestimmtheit des Maßstabes die Rechtssicherheit). Die Offensichtlichkeit spielt aber insoweit eine Rolle, als sie (mit) darüber entscheidet, ob Schadensersatz für die unionsrechtswidrige Anwendung des nationalen Rechts zu leisten ist.[223] In Betracht kommen könnte ferner die Konzentration der Entscheidung über die Nichtanwendbarkeit bei der **Verwaltungsspitze** des Rechtsträgers, der die Norm erlassen hat.[224] Eine (obligatorische) Konzentration der Entscheidungsbefugnis bei einer Stelle läuft aber auf eine Verzögerung hinaus und widerspricht damit dem effet utile des Unionsrechts sowie der eindeutigen Rechtsprechung des 56

---

214 Vgl EuGH, Rs. C-188/10 u. C-189/10 (Melki u Sélim Abdeli), Slg 2010, I-5667, Rn 57.

215 Vgl BVerfGE 129, 186, 198; *Thiemann*, JURA 2012, 902, 908 f, 912.

216 BVerfGE 129, 186 ff.

217 Krit. *Gärditz*, in: Rengeling/Middeke/Gellermann (Hrsg.), § 35, Rn 12.

218 EuGH, Rs. C-103/88 (Costanzo), Slg 1989, 1839, Rn 32 ff; Rs. C-243/09 (Fuß), Slg 2010, I-9849, Rn 61; vgl auch die Nachweise in Fn 211.

219 Siehe für ein solches Recht *Guckelberger*, ZEuS 2012, 1, 7.

220 Vgl *Kadelbach*, S. 159.

221 Vgl EuGH, Rs. C-6/90 (Francovich), Slg 1991, I-5357, Rn 38 ff; Rs. C-46/93 (Brasserie du Pêcheur), Slg 1996, I-1029, Rn 39.

222 Vgl *Zuleeg*, Das Recht der Europäischen Gemeinschaft im innerstaatlichen Bereich, 1969, S. 217; *Everling*, DVBl. 1985, 1201, 1202; *Jarass*, Grundfragen der innerstaatlichen Bedeutung des EG-Rechts, 1994, S. 103; *Pietzcker*, in: FS Everling, Bd. 2, 1995, S. 1095, 1109; *Böhm*, JZ 1997, 53, 56 ff; *Martini*, DVBl. 2007, 10, 17, ähnlich *Streinz/Herrmann*, BayVBl 2008, 1, 7 f; krit. *Burger*, DVBl. 2011, 985, 987 ff.

223 Vgl *Kruis*, S. 185.

224 Vgl *Schmidt-Aßmann*, in: Ehlers/Krebs (Hrsg.), Grundfragen des Verwaltungsrechts und Kommunalrechts, 2000, S. 1, 18 f; *Pietzcker*, in: FS Everling, Bd. 2, 1995, S. 1095, 1107 f, 1111.

EuGH.[225] Die Rechtslage entspricht insoweit derjenigen, die auch für die Gerichte gelten. Jedoch steht das Unionsrecht einer Weisungsbindung der Amtswalter (in Deutschland zB nach Maßgabe der §§ 62, 63 BWG, 35, 36 BeamtStG) nicht entgegen.[226] Daher dürften die handelnden Amtswalter noch an Weisungen der Verwaltungsspitze in Bezug auf die Anwendbarkeit oder Nichtanwendbarkeit des Unionsrechts gebunden sein.

c) Privatpersonen

57 Schließlich können auch Privatpersonen unmittelbar durch das Unionsrecht verpflichtet werden. Es kommt dann ebenfalls der Anwendungsvorrang des Unionsrechts zum Tragen. Folgt man etwa der Ansicht des EuGH, dass die Grundfreiheiten auch *Privatpersonen unmittelbar* binden können,[227] müssen sie sich im Kollisionsfall an die Grundfreiheiten und nicht an das entgegengesetzte nationale Recht halten. Für die Privaten ist es aber noch schwieriger als für die nationale Verwaltung, eine Kollision des mitgliedstaatlichen Rechts mit dem Unionsrecht zu erkennen.

4. Realisierung des Anwendungsvorrangs

58 Die Verwirklichung des Anwendungsvorrangs des Unionsrechts bereitet dann keine Probleme, wenn es nur um die **Abwehr** unionsrechtswidrigen nationalen Rechts geht. In solchen Fällen reicht eine bloße Unanwendbarkeit aus. Nimmt man zB mit dem BVerfG an, dass der Inländervorbehalt des Art. 19 Abs. 3 GG mit dem Anwendungsvorrang der Grundfreiheiten im Binnenmarkt (Art. 28 Abs. 2 AEUV) und dem allgemeinen Diskriminierungsverbot wegen der Staatsangehörigkeit (Art. 18 AEUV) nicht vereinbar ist, muss dieser in Fällen mit Unionsrechtsbezug außer Betracht bleiben, mit der Folge, dass sich auch juristische Personen aus dem EU-Ausland auf die deutschen Grundrechte berufen können.[228] Verlangt die EU-Kommission die Rückforderung einer unionsrechtswidrigen Beihilfe, kann sich die nationale Behörde nicht auf den Ablauf der Frist des § 48 Abs. 4 VwVfG berufen, so dass der Subventionsbescheid auch nach Ablauf eines Jahres zurückgenommen werden muss (vgl bereits Rn 47). Gebietet das Unionsrecht eine **positive Rechtsgestaltung,** der das mitgliedstaatliche Recht entgegensteht, hilft eine bloße Nichtanwendung des nationalen Rechts nicht weiter. Vielmehr muss die Lücke nach Möglichkeit geschlossen werden. Da Normen- und Anwendungskollisionen voraussetzen, dass das Unionsrecht unmittelbar anwendbar (wirksam) ist, tritt das Unionsrecht regelmäßig an die Stelle des nationalen Rechts. Gesteht das unmittelbar anwendbare Unionsrecht zB dem Einzelnen die Gewährung vorläufigen Rechtsschutzes zu, gelangt aber ein nationales Gericht in einem bei ihm anhängigen, das Unionsrecht betreffenden Rechtsstreit zu der Auffassung, das nationale Recht verbiete vorläufigen Rechtsschutz, ist dennoch vorläufiger Gerichtsschutz nach Maßgabe des Unionsrechts zu gewähren.[229] Verletzt ein im nationalen Recht vorgesehener Begünstigungsausschluss bestimmter Personen das unionsrechtliche Diskriminierungsverbot, gibt es an sich mehrere Möglichkeiten, auf diesen Verstoß zu reagieren (nämlich durch Ausdehnung der Begünstigung, durch generellen Entzug der Begünstigung oder durch Neuregelung des Sachverhalts). Der EuGH gesteht in solchen Fällen jedoch den benachteiligten Personen dieselbe Begünstigung wie den Begünstigten zu.[230] Dem nationalen Gesetzgeber bleibt es unbenommen, für die Zukunft eine andere – unionsrechtskonforme – Regelung zu treffen. Entsprechendes gilt, wenn die Nichtanwendung dem Unionsrecht, nicht aber dem mitgliedstaatlichen Recht

225 Vgl insb. EuGH, Rs. C-118/00 (Larsy), Slg 2001, I-5063, Rn 51 ff. Vgl auch *Kruis*, S. 186 ff (mit der Unterscheidung zwischen unzulässiger Koordinierung der Kollisionsentscheidung bei der Verwaltungsspitze und zulässiger Koordinierung der Kollisionsfeststellung bei der Verwaltungsspitze).

226 Vgl auch *Burger*, DVBl. 2011, 985, 991.

227 Vgl EuGH, Rs. C-36/74 (Walrave), Slg 1974, 1405, Rn 16 ff; Rs. C-415/93 (Bosman), Slg 1995, I-4921, Rn 84; Rs. C-281/98 (Angonese), Slg 2000, I-4139, Rn 34 ff. Näher dazu (aus krit. Sicht) *Ehlers*, in: ders. (Hrsg.), § 7, Rn 60 f.

228 Das BVerfGE 129, 78 ff, spricht von einer Anwendungserweiterung des deutschen Grundrechtsschutzes.

229 Vgl EuGH, Rs. C-213/89 (Factortame), Slg 1990, I-2433, Rn 19.

230 Vgl EuGH, Rs. C-184/89 (Nimz), Slg 1991, I-297, Rn 18; Rs. C-399/92 u.a. (Helmy u.a.), Slg 1994, I-5727, Rn 12 ff; Rs. C-18/95 (Terhoeve), Slg 1999, I-345, Rn 57; Rs. C-329/09 (Landtová), Slg 2011, I-5573, Rn 51; *Prechal*, CMLR 37 (2000), 1060 ff; *Jarass/Beljin*, NVwZ 2004, 1, 5; *Ehlers*, in: ders. (Hrsg.), § 7, Rn 37.

entspricht.[231] Ist das Unionsrecht nur insoweit unmittelbar anwendbar (wirksam), als es der Anwendung des mitgliedstaatlichen Rechts entgegensteht, trifft es aber selbst **keine subsumtionsfähige positive Aussage**, hilft der Anwendungsvorrang allein nicht (vollständig) weiter.[232] Dies trifft etwa zu, wenn es der Mitgliedstaat unionsrechtswidrig unterlässt, den Schuldner für das Ausfallgeld bei Zahlungsunfähigkeit des Arbeitgebers festzulegen.[233] Das Auseinanderfallen der normativen Anforderungen des Unionsrechts und des mitgliedstaatlichen Rechts muss in solchen Fallgestaltungen auf anderem Wege durch Herstellung unionsrechtskonformer Zustände behoben werden. In Betracht kommt eine Zusammenarbeit des Mitgliedstaates mit der EU-Kommission,[234] ein Vertragsverletzungsverfahren (Art. 258, 259 AEUV) mit dem Ziel, den Mitgliedstaat zu einem unionsrechtskonformen Tätigwerden zu veranlassen, oder die Verhängung von Schadensersatz (Rn 62).

5. Zur Zulässigkeit einer vorübergehenden Anwendung unionswidrigen mitgliedstaatlichen Rechts

Unter Umständen könnte eine vorläufige Weiteranwendung des mit dem Unionsrecht kollidieren- 59
den mitgliedstaatlichen Rechts dann in Betracht zu ziehen sein, wenn ansonsten eine **inakzeptable Rechtslücke** entstünde.[235] Als inakzeptabel kann eine Rechtslücke nur angesehen werden, wenn durch die sofortige Unanwendbarkeit des unionsrechtswidrigen Rechts ein Zustand geschaffen würde, welche der Unionsrechtsordnung noch ferner stünde als eine befristete weitere Anwendung des nationalen Rechts. Der EuGH hat eine solche übergangsweise Hinnahme kollidierenden mitgliedstaatlichen Rechts bisher nicht anerkannt,[236] ohne sich gänzlich festzulegen.[237] Für eine Nichtanerkennung spricht das Gebot einer effektiven und einheitlichen Anwendung des Unionsrechts. Insbesondere sollten hier die Mitgliedstaaten, die sich unionsrechtskonform verhalten haben, nicht „bestraft" werden. Jedoch geht es nach der hier vertretenen Ansicht nicht darum, den Anwendungsvorrang des Unionsrechts abzumildern, zu beschränken oder zu durchbrechen. Vielmehr soll nur der Zeitpunkt der Unionsrechtswidrigkeit mitgliedstaatlichen Rechts ausnahmsweise abweichend bestimmt werden können, um die sich aus dem Unionsrecht selbst ergebenden unterschiedlichen Anforderungen (Durchsetzung des Anwendungsvorrangs einerseits, Verhinderung unionsrechtswidriger Zustände andererseits) zum Ausgleich zu bringen. Auch bei Normenkonflikten innerhalb des Unionsrechts gestattet es dieses, ungültige Handlungen zeitweise fortgelten zu lassen.[238] Die Einräumung einer Übergangsfrist müsste aber seltenen Ausnahmefällen vorbehalten werden.[239] Auch wären die nationalen Gerichte nicht befugt, von sich aus unionsrechtswidriges Rechts übergangsweise hinzunehmen. Vielmehr gebieten es die Effektivität und Einheitlichkeit des Unionsrechts, den EuGH nach Maßgabe des **Art. 267 AEUV** anzurufen. Damit würde die Unionsgerichtsbarkeit allein darüber entscheiden, ob eine Übergangsfrist zu gewähren ist, wie lange die

231 Vgl EuGH, Rs. C-194/94 (CIA Security International), Slg 1996, I-2201, Rn 52 f; *Kruis*, S. 232.

232 Zur Unterscheidung zwischen der schlichten, dem Anwendungsvorrang geschuldeten Nichtanwendung (negative unmittelbare Wirkung) und der unmittelbaren positiven Anwendung vgl *Herrmann*, EuZW 2006, 69 ff.

233 Vgl EuGH, Rs. C-6/90 (Francovich), Slg 1991, I-5357, Rn 26.

234 Vgl EuGH, Rs. C-52/84 (Kommission/Belgien), Slg 1986, 89, Rn 16; Rs. C-348/93 (Kommission/Italien), Slg 1995, I-673, Rn 17; Rs. C-194/94 (CIA Security International), Slg 1996, I-2201, Rn 53.

235 Sehr viel weitergehend OVG NRW, NVwZ 2006, 1078 (eine Parallelentscheidung ist vom BVerfG-K, NJW 2007, 1521, nicht beanstandet worden). Für die Anerkennung einer Übergangsregelung als Fall der indirekten Kollision entgegen der hier vertretenen Meinung *Beljin*, NVwZ 2008, 156, 159.

236 Vgl demgegenüber GA *Jacobs*, Rs. C-475/03 (Banca populare di Cremona), Slg 2006, I-9373, Rn 86.

237 Vgl insbesondere EuGH, Rs. C-409/06 (Winner Wetten), Slg 2010, I-8015, Rn 67.

238 Zu Art. 264 Unterabs. 2 AEUV vgl EuGH, Rs. C-264/82 (Timex), Slg 1985, 849, Rn 32; Rs. C-295/90 (Parlament/Rat), Slg 1992, I-4193, Rn 26 f. Zur zeitlichen Beschränkung bei Ungültigkeitsvorlagen vgl Rs. C-43/75 (Defrenne II), Slg 1976, 455, Rn 74 f; Rs. C-300/86 (Van Landschoot), Slg 1988, 3443, Rn 22 ff.

239 Die überaus großzügige Rspr des BVerfG zur Unvereinbarkeit von verfassungswidrigen Gesetzen mit dem Grundgesetz (vgl Art. 31 Abs. 2 S. 2, 79 Abs. 1 BVerfGG) – vgl etwa BVerfGE 37, 217, 261; 91, 186, 207; 115, 276, 317 ff – eignet sich daher nicht als Vorbild. Krit. zu der Judikatur des BVerfG auch *Seer*, NJW 1996, 285 ff.

Übergangsfrist läuft und welche Maßnahmen während der Übergangszeit (noch) hingenommen werden dürfen.[240]

IV. Ungültigkeit kollidierenden staatlichen Rechts kraft deutschen Rechts

60 Wie bereits ausgeführt wurde (Rn 51), hindert der Anwendungsvorrang des Unionsrechts die Mitgliedstaaten nicht daran, im Falle einer Kollision des nationalen Rechts mit dem Unionsrecht über die bloße Nichtanwendbarkeit des nationalen Rechts hinausgehend die Nichtigkeit des mitgliedstaatlichen Rechts anzuordnen. In Deutschland wird ohne nähere Prüfung davon ausgegangen, dass der deutschen Rechtsordnung eine solche Anordnung nicht entnommen werden kann.[241] Dem ist nach der hier vertretenen Auffassung nicht gänzlich zu folgen. Zwar führt ein Verstoß gegen das Unionsrecht grundsätzlich nicht zur Nichtigkeit des deutschen Rechts. Nach deutschem Recht ist ein Gesetz aber ungültig, wenn dem Staat die Verbands- respektive Gesetzgebungskompetenz fehlt. Erlässt der Bund zB ein Gesetz, obwohl die Gesetzgebungskompetenz den Ländern zusteht, ist das Bundesgesetz nichtig. Es ist nicht ersichtlich, warum etwas anderes gelten sollte, wenn die Bundesrepublik Deutschland ihre Kompetenzen vollständig an die Europäische Union abgegeben hat. Ein kompetenzloses Gesetz kann von vornherein nicht beanspruchen, Rechtswirkungen zu erzeugen. Auch das Unionsrecht unterscheidet zwischen einer **ausschließlichen Zuständigkeit der Europäischen Union** (Art. 3 AEUV) und einer zwischen der Union und den Mitgliedstaaten geteilten Zuständigkeit (Art. 4 AEUV). Besteht eine ausschließliche Zuständigkeit der Europäischen Union, kann „nur" diese „gesetzgeberisch tätig werden und verbindliche Rechtsakte erlassen; die Mitgliedstaaten dürfen in einem solchen Fall nur tätig werden, wenn sie von der Union hierzu ermächtigt werden, oder um Rechtsakte der Union durchzuführen."[242] Erlässt der deutsche Gesetzgeber im Bereich einer ausschließlichen Gesetzgebungskompetenz der Union ein nicht nur der Durchführung dienendes Gesetz, ohne hierzu ermächtigt zu sein, ist dieses nach der hier vertretenen Auffassung **ungültig** und **nicht nur unanwendbar**, weil dem deutschen Gesetzgeber die Kompetenz zur Gesetzgebung fehlt. Die Rangfrage stellt sich in solchen Fällen nicht. Unbeschadet der Nichtigkeit ist der Gesetzgeber aus denselben Gründen wie beim Anwendungsvorrang (Rn 54) gehalten, die nichtige Norm aufzuheben, um keinen falschen Rechtsschein aufkommen zu lassen. Grundsätzlich steht der Europäischen Union nur eine mit den Mitgliedstaaten geteilte Zuständigkeit zu (vgl insbesondere Art. 4 Abs. 2 AEUV). Es kommt dann darauf an, ob die Union von dieser Zuständigkeit durch Setzung unmittelbar geltenden Rechts abschließend Gebrauch gemacht hat (vgl Art. 2 Abs. 2 AEUV). In dem Umfang, in dem dies geschehen ist, tritt eine Kompetenzsperre ein. So ist es den nationalen Rechtsetzungsorganen verwehrt, die Regelung einer EU-Verordnung nochmals inhaltsgleich als verbindliches nationales Recht zu erlassen.[243] Tun sie es dennoch, sind die nationalen Vorschriften nach der hier vertretenen Auffassung ungültig und nicht nur unanwendbar. Zulässig können dagegen deklaratorische Vorschriften sein, das heißt Normen, die selbst keinen Regelungscharakter haben, sondern nur auf das EU-Recht hinweisen. Dies ist anzunehmen, wenn ein System von Regelungen nur durch das Zusammentreffen einer ganzen Reihe unionsrechtlicher und nationaler Vorschriften verwirklicht werden kann.[244] **Die Wiederholung des Unionsrechts** in einem nationalen Rechtssatz dient dann der Anknüpfung und der besseren Verständlichkeit. So werden etwa im Außenwirtschaftsrecht EU-Verordnungen vielfach zum Gegenstand gleichlautender deutscher Rechtsakte gemacht, um das Zusammenspiel mit ergänzenden Bestimmungen des deutschen Rechts zu verdeutlichen – etwa wenn eine deutsche Strafrechtsnorm an das Zuwiderhandeln gegen eine

240 Näher zum Ganzen *Ehlers/Eggert*, JZ 2008, 585 ff; vgl auch *Terhechte*, EuR 2006, 828 ff; *Neuschl/Schumm*, ZEuS 2008, 528 ff; *Hüsken*, ZFWG 2009, 13 ff; *Kruis*, S. 239 ff (der für eine Teilanwendbarkeit mitgliedstaatlichen Rechts und eine anwendungserhaltende Reduktion plädiert).

241 Vgl *Kadelbach*, S. 57; *Niedobitek*, VerwArch 92 (2001), 58, 62 mit Fn 26; vgl demgegenüber aber *Ehlers*, in: Erichsen/ders. (Hrsg.), § 2, Rn 109 f.

242 Art. 2 Abs. 1 AEUV.

243 Vgl EuGH, Rs. 34/73 (Variola), Slg 1973, 981, Rn 9 ff.

244 EuGH, Rs. 272/83 (Kommission/Italien), Slg 1985, 1057, Rn 27. Vgl auch BGHZ 125, 27, 22 ff; *Schröder*, in: Streinz, EUV/AEUV, Art. 288 AEUV, Rn 65.

EU-Verordnung anknüpft (etwa eine Embargoverordnung) und die Tatbestandsvoraussetzungen der unionsrechtlichen Verordnungsregelung im deutschen Recht nochmals genannt werden.[245] Die Wiederholung der EU-Verordnung ist dann nicht ungültig, hat aber keine rechtsverbindliche Bedeutung. Als deklaratorische Bestimmung dürfen die nationalen Rechtsakte nicht den Unionscharakter der zugrunde liegende Unionsregeln verschleiern und die einheitliche Anwendung des Unionsrechts gefährden.

Im praktischen Ergebnis macht es nur einen **geringen Unterschied** aus, ob eine Norm des innerstaatlichen Rechts wegen kompetenzieller Unzuständigkeit der Bundesrepublik Deutschland generell unanwendbar oder ungültig ist. 61

V. Konsequenzen des Vorrangs des Unionsrechts für die mitgliedstaatlichen Gesetzgeber, Verwaltungen und Gerichte

Aus dem Vorrang des Unionsrechts ergeben sich zahlreiche weitere Konsequenzen. Einige Beispiele mögen dies verdeutlichen:[246] Verlangt das Unionsrecht eine normative Umsetzung oder Durchführung,[247] sind die **Gesetzgeber** verpflichtet, tätig zu werden (vgl bereits Rn 54). Zudem dürfen sie kein gegen Unionsrecht verstoßendes Recht setzen oder vor Ablauf einer Umsetzungsfrist Vorschriften erlassen, die nach Fristablauf zu einem unionsrechtswidrigen Zustand führen können.[248] Die **Verwaltungen** müssen das nationale Recht so anwenden, dass die Verwirklichung des Unionsrechts nicht praktisch unmöglich gemacht wird[249] und eine einheitliche Anwendung des Unionsrechts in allen Mitgliedstaaten gewährleistet ist.[250] Rechtsverstöße gegen das Unionsrecht sind zu verfolgen und angemessen zu ahnden.[251] Eine Pflicht zur Aufhebung unionsrechtswidriger Verwaltungsakte nach Eintritt der Bestandskraft besteht nur, wenn besondere Umstände hinzutreten (etwa ein Verstoß gegen Art. 267 AEUV vorliegt).[252] Die **Gerichte** können oder müssen nach Maßgabe des Art. 267 AEUV den EuGH anrufen (vgl auch bereits Rn 55). Nach Art. 16 Abs. 1 S. 2 KartellVerfO dürfen sie nicht nur keine Entscheidungen treffen, die den Kommissionsentscheidungen zuwiderlaufen, sondern müssen sogar Entscheidungen vermeiden, die einer künftigen Kommissionsentscheidung zuwiderlaufen könnten.[253] Soll durch Gewährung **vorläufigen Rechtsschutzes** ein Handeln der Unionsorgane abgewehrt werden, ist das Unionsinteresse an der Verwirklichung des Unionsrechts besonders zu berücksichtigen. Wird die Ungültigkeit von Unionshandlungen geltend gemacht, dürfen die Gerichte die Vollziehbarkeit eines auf das Unionsrecht gestützten nationalen Verwaltungsaktes nur aussetzen bzw eine einstweilige Anordnung nur erlassen, wenn erhebliche Zweifel an der Gültigkeit der Unionshandlungen bestehen, die Gültigkeitsfrage dem EuGH vorgelegt wird (sofern er noch nicht mit ihr befasst ist), dem Antragsteller ein schwerer und nicht wieder gutzumachender Schaden droht, Unionsinteressen angemessen berücksichtigt werden und alle einschlägigen Entscheidungen des EuGH und des EuG beachtet worden sind.[254] Bei Untätigkeit von Unionsorganen dürfen die nationalen Verwaltungsgerichte im Verfahren des vorläufigen Rechtsschutzes selbst keine vorläufigen Maßnahmen treffen.[255] Ferner sind die Gerichte bei Verstößen 62

245 Vgl §§ 74 AWV ff.

246 Vgl auch *Zacker/Wernicke*, Examinatorium Europarecht, 3. Aufl. 2004, S. 106 ff; ferner *Ehlers*, JURA 2011, 187, 191 ff.

247 IdR wird es sich um Richtlinien handeln, doch können sich normative Handlungspflichten auch aus Entscheidungen oder Verordnungen der Europäischen Union ergeben.

248 Vgl EuGH, Rs. C-129/96 (Inter-Environnement Wallonie), Slg 1997, I-7411, Rn 45.

249 EuGH, Rs. C-24/95 (Alcan II), Slg 1997, I-1591.

250 EuGH, Rs. C-205/82 (Deutsche Milchkontor), Slg 1983, 2633, Rn 17.

251 Vgl zB Art. 325 AEUV.

252 Vgl EuGH, Rs. C-453/00 (Kühne & Heitz), Slg 2004, I-837, Rn 28. Ferner: Rs. C-392/04 (i-21 Germany und Arcor), Slg 2006, I-8559, Rn 63; Rs. C-2/06 (Kempter), Slg 2008, I-411, Rn 48. Näher zum Ganzen *Weiß*, DÖV 2009, 477; *v. Danwitz*, EU-Verwaltungsrecht, S. 546 ff.

253 Vgl auch EuGH, Rs. C-344/98 (Masterfoods), Slg 2000, I-11369, Rn 48 ff.

254 Vgl EuGH, Rs. C-143/88 (Zuckerfabrik Süderdithmarschen), Slg 1991, I-415, Rn 33; Rs. C-465/93 (Atlanta), Slg 1995, I-3761, Rn 51; dazu auch *Chalmers/Davies/Monti*, S. 172 ff.

255 EuGH, Rs. C-68/95 (T. Port), Slg 1996, I-6065, Rn 53.

gegen das Unionsrecht durch nationale Stellen verpflichtet, dem Einzelnen **Schadensersatz** zu gewähren, wenn die verletzte Unionsrechtsnorm bezweckt, dem Einzelnen Rechtsschutz zu verleihen, der Verstoß hinreichend qualifiziert ist und zwischen dem Verstoß und dem entstandenen Schaden ein unmittelbarer Kausalzusammenhang besteht (s. *Böhm*, § 12, Rn 83 ff). Dies gilt auch bei Pflichtverstößen des Gesetzgebers und der Gerichte,[256] obwohl das deutsche Recht eine Haftung für legislatives Unrecht[257] und für judikatives Unrecht[258] nicht oder nur ausnahmsweise kennt.

---

256 Vgl EuGH, Rs. C-46/93 (Brasserie du Pêcheur), Slg 1996, I-1029, Rn 51 ff; Rs. C-224/01 (Köbler), Slg 2003, I-10239, Rn 34 ff.

257 So zumindest die Rechtsprechung, vgl BGHZ 100, 136 ff; BGH, ZIP 1993, 345 ff.

258 Vgl § 839 Abs. 2 BGB.

§ 12 Haftung

Literatur: *Binia,* Das Francovich-Urteil des Europäischen Gerichtshofes im Kontext des deutschen Staatshaftungsrechts, Dissertation, Frankfurt am Main, 1998; *Böhm,* Voraussetzungen einer Staatshaftung bei Verstößen gegen primäres Gemeinschaftsrecht, JZ 1997, 53; *dies.,* Die gerichtliche Kontrolle von Verwaltungsentscheidungen in Deutschland, DÖV 2000, 990; *Breuer,* Anmerkung zu den Schlussanträgen: Staatshaftung für judikatives Unrecht vor dem EuGH, BayVBl. 2003, 586; *Dahm/Delbrück/Wolfrum,* Völkerrecht, Band I/3, 2. Auflage, Berlin, 2002; *Degenhart,* Staatsorganisationsrecht, 28. Auflage, Heidelberg, 2012; *Detterbeck,* Haftung der Europäischen Gemeinschaft und gemeinschaftsrechtlicher Staatshaftungsanspruch, AöR 125 (2000), 202; *ders./Windthorst/Sproll,* Staatshaftungsrecht, München, 2000; *Ehlers,* Die Weiterentwicklung des Staatshaftungsrechts durch das europäische Gemeinschaftsrecht, JZ 1996, 776; *El-Shabassy,* Die Durchsetzung finanzieller Sanktionen der Europäischen Gemeinschaften gegen ihre Mitgliedstaaten, Frankfurt/M., 2007; *Frenz* Anmerkung zum Urteil EuGH, Rs Köbler, DVBl. 2003, 1522; *Graf Vitzthum* (Hrsg.), Völkerrecht, 5. Auflage, Berlin, 2010; *Grune,* Staatshaftung bei Verstößen nationaler Gerichte gegen Europäisches Gemeinschaftsrecht, BayVBl. 2004, 673; *Gundel,* Haftung für fehlerhafte Meldungen im EU-Schnellwarnsystem für Lebens- und Futtermittel?, ZLR 2008, 159; *Ipsen* (Hrsg.), Völkerrecht, 5. Auflage, München, 2004; *Jarass,* Grundfragen der innerstaatlichen Bedeutung des EG-Rechts, Köln, 1994; *Kluth,* Die Haftung der Mitgliedstaaten für gemeinschaftswidrige höchstrichterliche Entscheidungen, DVBl. 2004, 393; *Magnus/Wurmnest,* Casebook Europäisches Haftungs- und Schadensrecht, 1. Auflage, Baden-Baden, 2002; *Maurer,* Allgemeines Verwaltungsrecht, 18. Auflage, München, 2011; *Obwexer,* Anmerkung zum Urteil: Staatshaftung für offenkundig gegen Gemeinschaftsrecht verstoßendes Gerichtsurteil, EuZW 2003, 726; *Ossenbühl,* in: Rengeling (Hrsg.), Handbuch zum europäischen und deutschen Umweltrecht, Band 1 – Allgemeines Umweltrecht, 2. Auflage, Köln, 2003, § 42 – Die außervertragliche Haftung der Europäischen Gemeinschaft, S. 1527; *ders./Cornils,* Staatshaftungsrecht, 6. Auflage, München, 2013; *Pasemann,* Die Entwicklung des Schutzes subjektiver öffentlicher Rechte unter Berücksichtigung des europäischen Einflusses, Frankfurt am Main, 2005; *Sachs* (Hrsg.), Grundgesetz, 6. Auflage, München, 2011; *Streinz,* Primär- und Sekundärrechtsschutz im öffentlichen Recht – insbesondere im Europarecht, VVDStRL 61 (2001), 300; *von Danwitz,* Zur Entwicklung der gemeinschaftsrechtlichen Staatshaftung, JZ 1994, 335.

Abschnitt 1: Übersicht zu Gesetzgebung und Rechtsprechung

A. Gesetzgebung

I. Primärrecht

Art. 268, 340 AEUV.

Art. 188 EAG.

II. Sekundärrecht

Art. 21 EuGH-Satzung sowie Art. 38 VerfO EuGH und Art. 44 VerfO EuG.

B. Rechtsprechung

EuGH, Rs. 5/71 (Schöppenstedt), Slg 1971, 975 = DVBl. 1972, 268 = BayVBl. 1972, 270; EuGH, verb. Rs. C-6 und 9/90 (Francovich), Slg 1991, I-5357 = NJW 1992, 165 = EuZW 1991, 758 = JZ 1992, 305; EuGH, Rs. C-104/89, 37/90 (Mulder II), Slg 1992, I-3061 = EuZW 1992, 450; EuGH, verb. Rs. C-46 und 48/93 (Brasserie du Pêcheur/Factortame), Slg 1996, I-1029 = NJW 1996, 1267 = JZ 1996, 789; EuGH, Rs. C-5/94 (Hedley Lomas), Slg 1996, I-2553; EuGH, verb. Rs. C-178,179,188,189 und 190/94 (Dillenkofer u.a.), Slg 1996, I-4845 = NJW 1996, 3141 = EuZW 1996, 654; EuGH, Rs. 424/97 (Salomone Haim/Kassenzahnärztliche Vereinigung Nordrhein), Slg 2000, I-5123 = EuZW 2000, 733 = DVBl. 2000, 1272; EuGH, Rs. C-224/01 (Köbler), Slg 2003, I-10239 = NJW 2003, 3539 = EuZW 2003, 718 = DVBl. 2003, 1516; EuGH, Rs. C-173/03 (Traghetti del Mediterraneo), Slg 2006, I-5177 = NJW 2006, 3337 = EuZW 2006, 561; EuGH, Rs. C-278/05 (Carol Marilyn Robins/Secretary of State for Work and Pensions), Slg 2007, I-1053 = DVBl 2007, 304 = EuZW 2007, 182; EuGH, Rs. C-470/03 (AGM), Slg 2007, I-2749 = NVwZ 2007, 1282 = EuZW 2007, 480; EuG, Rs. T-196/99 (Area Cova), Slg 2001, II-3597 = ABl. EG 2002, Nr. C 84, S. 56; EuG, Rs. T-351/03 (Schneider Electric), Slg 2007, II-2237; EuG, Rs. T-212/03 (MyTravel), ABl. EU 2008, Nr. C 272, 15; EuGH, Rs. C-120/06 P und C-121/06 P (FIAMM), DVBl 2009, 1051; EuGH, Rs. C-445/06 (Danske Slagterier), DÖV 2009, 502.

Nationale Gerichte: BGH-III ZR 342/02, NJW 2004, 1241 = DVBl. 2004, 192 = DÖV 2004, 210 (Anwendbarkeit der §§ 254, 839 III BGB auf den gemeinschaftsrechtlichen Staatshaftungsanspruch); BGH-III ZR 151/99, BGHZ 146, 153 = NJW 2001, 1865 = DVBl. 2001, 474 (Gemeinschaftsrechtlicher Staatshaftungsanspruch bei fehlerhafter innerstaatlicher Umsetzung); BGH-III ZR 127/91, BGHZ 134, 30 = NJW 1997, 123 = DVBl. 1997, 124 (Staatshaftung wegen Verstoßes gegen Gemeinschaftsrecht i. d. Rs. Brasserie du Pêcheur); BGH-III ZR 41/92, BGHZ 125, 27 = EuZW 1994, 219 = NJW 1994, 858 (Irak-Embargo der EG und Haftung der Bundesrepublik Deutschland); BGH-III ZR 233/07, EuZW 2009, 787 (Voraussetzungen für gemeinschaftsrechtlichen Staatshaftungsanspruch); BGH-III ZR 144/05, UPR 2010, 79 (Gemeinschaftsrechtlicher Staatshaftungsanspruch bei unzureichender innerstaatlicher Umsetzung).

Abschnitt 2: Haftung der Union und der Mitgliedstaaten

A. Einleitung

I. Grundlagen

Zu unterscheiden ist zwischen der Haftung der Union und der Haftung der Mitgliedstaaten. Die Haftung der Union richtet sich nach Art. 340, 268 AEUV. Die vertragliche Haftung richtet sich nach dem jeweils anzuwendenden Vertragsrecht. Die außervertragliche Haftung, also die Haftung für durch Amtstätigkeiten von Organen und Bediensteten der Union verursachte Schäden, ist in Art. 340 Abs. 2-4 AEUV geregelt. Für den Bereich der Atomgemeinschaft greift Art. 188 EAG. 1

Für die Haftung der Mitgliedstaaten findet sich im Vertrag über die Arbeitsweise der Europäischen Union keine ausdrückliche Regelung. In der Francovich-Entscheidung des EuGH[1] wurde ein derartiger Anspruch erstmals richterrechtlich anerkannt und seitdem in ständiger Rechtsprechung bestätigt. Die Entscheidung war in der bundesdeutschen Literatur teilweise heftiger Kritik ausgesetzt.[2] Dem EuGH wurde vorgeworfen, er habe seine Kompetenzen deutlich überschritten. Mittlerweile ist die Haftung der Mitgliedstaaten bei Verstößen gegen Unionsrecht allgemein anerkannt. Gestritten wird nur noch über Einzelfragen. Gleichwohl wäre es wünschenswert gewesen, nicht nur die Haftung der Union, sondern auch die Haftung der Mitgliedstaaten im Rahmen des Europäischen Verfassungsvertrages ausdrücklich zu regeln. 2

II. Parallelität der Haftungsgrundsätze

Vom Grundsatz her müssen für die Haftung der Mitgliedstaaten die gleichen Grundsätze gelten wie für die Haftung der Union. Der EuGH hat auf die damit verbundene Parallelität der Haftungsgrundsätze schon in seiner Entscheidung Brasserie du Pêcheur hingewiesen,[3] wenn es dort heißt, dass sich die Voraussetzungen für die Begrenzung der Haftung des Staates für Schäden, die dem Einzelnen wegen Verstoßes gegen das Gemeinschaftsrecht entstehen, nicht ohne besonderen Grund von den Voraussetzungen unterscheiden dürfen, die für die Haftung der Gemeinschaft unter vergleichbaren Umständen gelten. Der Schutz der Rechte, die der Einzelne aus dem Gemeinschaftsrecht herleitet, könne nämlich nicht unterschiedlich sein, je nachdem, ob die Stelle, die den Schaden verursacht hat, nationalen oder Gemeinschaftscharakter hat. In Einzelfragen kann es jedenfalls wegen des vom EUV vorgegebenen unterschiedlichen Prüfungsrahmens des EuGH gegenüber den Unionsorganen bzw den Mitgliedstaaten zu Abweichungen kommen.[4] 3

B. Haftung der Union

I. Übersicht

Die Haftung der Union ist in Art. 340, 268 AEUV geregelt, die der Atomgemeinschaft in Art. 188 EAG. 4

II. Vertragliche Haftung – Art. 340 Abs. 1 AEUV

Nach Art. 340 Abs. 1 AEUV bestimmt sich die vertragliche Haftung der Union nach dem Recht, das auf den betreffenden Vertrag anwendbar ist. Der Begriff der vertraglichen Haftung ist weit gefasst und dürfte deshalb auch öffentlich-rechtliche Verträge umfassen.[5] Ob Ansprüche aus der Verletzung vertragsähnlicher Pflichten und Ansprüche darunter fallen, ist fraglich. Da das Unions- 5

1 EuGH, verb. Rs. C-6 und 9/90 (Francovich), Slg 1991, I-5357.

2 S. zB *Ossenbühl*, DVBl. 1992, 993, 995 f; *von Danwitz*, JZ 1994, 335, 340 f.

3 EuGH, verb. Rs. C-46 und 48/93 (Brasserie du Pêcheur/Factortame), Slg 1996, I-1029, Rn 42; s. auch EuGH, Rs. C-352/98 P (Laboratoires Pharmaceutiques Bergaderm), Slg 2000, I-5291, Rn 41.

4 *von Bogdandy/Jacob*, in: Grabitz/Hilf, Art. 340 AEUV, Rn 7 mwN.

5 *von Bogdandy/Jacob*, in: Grabitz/Hilf, Art. 340 AEUV, Rn 19 mwN

recht Ansprüche aus vorvertraglicher Haftung – anders als insbesondere das deutsche Recht[6] – nicht kennt, unterfallen jedenfalls in diesem Rahmen entstehende Ansprüche der außervertraglichen Haftung der Union.[7] Das EuG hat einen Schadensersatzanspruch wegen vergeblicher Aufwendungen für ein in Aussicht gestelltes Schuldverhältnis nicht unter dem Gesichtspunkt vorvertraglicher Schuldverhältnisse erörtert, sondern der außervertraglichen Haftung zugeordnet.[8]

6 Umstritten ist, ob auch Bereicherungsansprüche als vertragliche Ansprüche anzusehen sind. Der EuGH hat dies bislang abgelehnt.[9] In der Literatur wurde überwiegend vorgeschlagen, zwischen Leistungs- und Nichtleistungskondiktion zu differenzieren und letztere zum Bereich der außervertraglichen Ansprüche zu rechnen.[10]

7 Die Abgrenzung zwischen vertraglicher und außervertraglicher Haftung ist bedeutsam, da letztere nach Unionsrecht zu beurteilen ist und der EuGH hier gemäß Art. 268 AEUV ausschließlich zuständig ist.[11] Für die vertragliche Haftung bestimmt sich das anwendbare Recht gemäß den Regeln des internationalen Privatrechts in erster Linie nach dem ausdrücklichen oder mutmaßlichen Willen der Vertragsparteien.[12] Ansonsten gilt Kollisionsrecht, so dass auf das internationale Privatrecht des Forumstaates abzustellen ist.[13] Es entspricht gängiger Praxis der Unionsorgane, das anwendbare Recht in den abgeschlossenen Verträgen ausdrücklich zu bestimmen.[14] Gerichtlich zuständig sind in aller Regel die nationalen Gerichte desjenigen Staates, dessen Recht auf den Vertrag anzuwenden ist, es sei denn, dass gemäß Art. 272 AEUV durch eine Schiedsklausel die Zuständigkeit des EuGH vereinbart wurde.[15] In diesem Fall kann der EuGH auf die Bestimmungen der Verordnung über das auf vertragliche Schuldverhältnisse anzuwendende Recht[16] zurückgreifen.[17] Ein europäisches Vertragsrecht ist (noch) nicht vorhanden.

8 Die Frage, ob Art. 340 Abs. 1 AEUV auch völkerrechtliche Verträge umfasst,[18] ist ohne praktische Relevanz, da aus völkerrechtlicher Sicht die Aussage von Art. 340 Abs. 1 AEUV auch für völkerrechtliche Verträge zutrifft. Anwendbares Recht ist hier das Völkerrecht, nach welchem sich auch die vertragliche Haftung der Vertragspartner bestimmt (siehe unten Rn 73).

---

6 S. nur § 311 BGB, in dem nunmehr die Haftung für Verschulden bei Vertragsschluss (culpa in contrahendo) geregelt ist.

7 EuG, Rs. T-203/96 (Embassy Limousines & Services), Slg 1998, II-4239, Rn 40 ff.

8 EuG, Rs. T-203/96 (Embassy Limousines & Services), Slg 1998, II-4239, Rn 76; s. auch *von Bogdandy/Jacob*, in: Grabitz/Hilf, Art. 340 AEUV, Rn 20.

9 EuGH, Rs. C-330/88 (Grifoni), Slg 1991, I-1045, Rn 20; Rs. C-47/07 P (Masdar), Slg 2008, I-9761, Rn 48.

10 *Berg*, in: Schwarze (2. Aufl.), Art. 288 EG, Rn 6; *Gellermann*, in: Streinz (1. Aufl.), Art. 288 EG, Rn 4; *Gilsdorf/Niejahr*, in: von der Groeben/Schwarze, Art. 288 EG, Rn 4; aA *von Bogdandy/Jacob*, in: Grabitz/Hilf, Art. 340 AEUV, Rn 20, die eine enge Auslegung befürworten, nach welcher nur durch übereinstimmende Willenserklärungen zustande gekommene Rechtsverhältnisse zu den Vertragsverhältnissen iSv Art. 340 Abs. 1 AEUV zählen. Siehe auch *Berg*, in: Schwarze, Art. 340 AEUV, Rn 6, nach dem die Einordnung außervertraglicher Schuldverhältnisse aus ungerechtfertigter Bereicherung mit Erlass der VO (EG) Nr. 864/2007 v. 11.7.2007 über das auf außervertragliche Schuldverhältnisse anzuwendende Recht (Rom II), ABl. 2007 Nr. L 199/40 inzwischen geklärt ist.

11 *Gellermann*, in: Streinz, Art. 340 AEUV, Rn 6.

12 EuGH, Rs. 318/81 (CO.DE.MI.), Slg 1985, 3693, Rn 21; *Lageard*, in: Lenz/Borchardt, Art. 340 AEUV, Rn 3; *Ruffert*, in: Calliess/Ruffert, Art. 340 AEUV, Rn 4.

13 *Lageard*, in: Lenz/Borchardt, Art. 340 AEUV, Rn 3; *von Bogdandy/Jacob*, in: Grabitz/Hilf, Art. 340 AEUV, Rn 25.

14 Vgl EuGH, Rs. C-42/94 (Heidemji Advies), Slg 1995, I-1417, Rn 5; *Gellermann*, in: Streinz, Art. 340 AEUV, Rn 5; *Ruffert*, in: Calliess/Ruffert, Art. 340 AEUV, Rn 4.

15 *Gilsdorf/Niejahr*, in: von der Groeben/Schwarze, Art. 288 EG, Rn 3; *von Bogdandy/Jacob*, in: Grabitz/Hilf, Art. 340 AEUV, Rn 24.

16 VO (EG) Nr. 593/2008 v. 17.6.2008 (Rom I), ABl. 2009 Nr. L 10/22.

17 Vgl GA Slynn, Rs. 318/81 (CO.DE.MI.), Slg 1985, 3693, 3697.

18 Von der wohl hM wird dies verneint. S. etwa *Berg*, in: Schwarze, Art. 340 AEUV, Rn 6; *Gellermann*, in: Streinz, Art. 340 AEUV, Rn 4.

III. Außervertragliche Haftung – Art. 340 Abs. 2 AEUV

1. Grundlagen

Nach Art. 340 Abs. 2 AEUV ersetzt die Union im Bereich der außervertraglichen Haftung den durch ihre Organe oder Bediensteten in Ausübung ihrer Amtstätigkeiten verursachten Schaden. Die Haftung erfolgt nach Maßgabe der allgemeinen Rechtsgrundsätze, die den Rechtsordnungen der Mitgliedstaaten gemeinsam sind. 9

2. Haftungsbegründende Voraussetzungen

a) Organe und Bedienstete

Als Organe der Union sind zunächst die in **Art. 13 Abs. 1 EUV** genannten Organe, also Europäisches Parlament, Europäischer Rat, Rat, Kommission, Gerichtshof und Rechnungshof anzusehen. Darüber hinaus werden aber auch der Wirtschafts- und Sozialausschuss und der Ausschuss der Regionen einbezogen. Der weit zu verstehende Organbegriff[19] umfasst daneben auch alle sonstigen Einrichtungen, die auf Grundlage des EG-Vertrages geschaffen wurden und für die Union tätig sind. Damit gehören insbesondere auch die Europäische Investitionsbank und der Bürgerbeauftragte nach Art. 228 AEUV zu den Organen der Union. 10

In der *Rs. Lamberts*[20] hat der EuGH entschieden, dass der für Beschwerden über Missstände bei den Organen und Institutionen der EU zuständige Bürgerbeauftragte der Europäischen Union nicht nur der Kontrolle durch das Parlament unterliegt, sondern auch derjenigen durch das Gericht (Rn 20). Wird durch eine Pflichtverletzung des Bürgerbeauftragten ein Dritter geschädigt, kann grundsätzlich Klage vor den Gerichten der Union erhoben werden (Rn 48 ff). Da jedoch dem Bürgerbeauftragten bei der Ausübung seiner Befugnisse grundsätzlich ein sehr weites Ermessen zusteht, kann eine außervertragliche Haftung der Union nur bei einer ganz offenkundigen Pflichtverletzung seitens des Bürgerbeauftragten ausgelöst werden. 11

Die Haftung der Europäischen Zentralbank und ihrer Bediensteten richtet sich nach Art. 340 Abs. 3 AEUV. 12

Als Bedienstete iSd Art. 340 Abs. 2 AEUV sind zunächst alle Personen anzusehen, die in einem Beschäftigungsverhältnis zur Union stehen, also insbesondere alle **Beamten, Angestellten und Arbeiter der Union.** Bedient sich die Union bei der Erfüllung ihrer Aufgaben sonstiger Personen oder Hilfsorgane, haftet sie grundsätzlich auch für von diesen verursachte Schäden.[21] 13

Handeln **Behörden der Mitgliedstaaten** auf Weisung der Kommission, so wird auch deren Verhalten der Union zugeordnet.[22] Für Weisungen der Kommission muss eine entsprechende Ermächtigung vorliegen. 14

b) Ausübung einer Amtstätigkeit

Der Schaden muss in Ausübung einer Amtstätigkeit entstanden sein. Das Verhalten, das einen Schaden begründet, muss in einem **unmittelbaren inneren Zusammenhang** mit der Wahrnehmung von Unionsaufgaben stehen. Werden Schäden nur gelegentlich einer Amtstätigkeit oder in einem lediglich räumlich-zeitlichen Zusammenhang verursacht, ohne dass ein innerer Bezug zu Unionsaufgaben besteht, scheidet eine Haftung der Union aus.[23] In Betracht kommt jedoch eine persönliche Haftung des Bediensteten der Union nach dem einschlägigen nationalen Recht.[24] 15

---

19 EuGH, Rs. C-370/89 (Etroy), Slg 1992, I-6211, Rn 15; EuG, Rs. T-209/00 (Lamberts), Slg 2002, II-2203, Rn 49.
20 EuGH, Rs. C-234/02 P (Lamberts), Slg 2004, I-2803.
21 EuGH, Rs. 33/82 (Murri Freres), Slg 1985, 2759, Rn 34 f.
22 EuGH, Rs. 175/84 (Krohn), Slg 1986, 753, Rn 21 ff; *Detterbeck*, AöR 125 (2000), 202, 209.
23 *Gellermann*, in: Streinz, Art. 340 AEUV, Rn 17.
24 *Berg*, in: Schwarze, Art. 340 AEUV, Rn 32, 73. Vgl auch u. Rn 62.

16 Der EuGH legt die genannten Kriterien eng aus. So soll beispielsweise eine Haftung der Union bei Schäden anlässlich der Benutzung eines privaten PKW bei Dienstaufgaben ausscheiden.[25] Etwas anderes könne nur dann gelten, wenn der PKW zur Erledigung der Amtsaufgaben wegen außergewöhnlicher Umstände zwingend erforderlich sei. Davon kann nur ausgegangen werden im Fall höherer Gewalt oder außergewöhnlicher Umstände so zwingender Art, dass ohne die Benutzung eines privaten Beförderungsmittels durch den Bediensteten die Union die ihr übertragenen Aufgaben nicht hätte erfüllen können. Soweit Art. 340 Abs. 2 AEUV nicht greift, haften die Bediensteten nach dem einschlägigen nationalen Recht.[26]

17 Besteht eine Rechtspflicht zum Handeln, kommt eine Ersatzpflicht auch bei einem Unterlassen in Betracht.

aa) Haftung für administratives Unrecht

18 Eine Haftung für administratives Unrecht kommt in Betracht, soweit **Organe oder Bedienstete der Union** durch Einzelakte unzulässig in Rechtspositionen Einzelner eingreifen. Der Bereich des administrativen Handelns wird weit gefasst. Er beinhaltet nicht nur hoheitliches Handeln, sondern auch alle sonstigen Verhaltensweisen der Verwaltung. Auch Realakte können eine Haftung auslösen.[27] Anderslautende ältere EuGH-Entscheidungen dürften als überholt anzusehen sein.[28]

19 Auch ein Unterlassen kann haftungsbegründend wirken.[29]

20 Bedeutung hat die Haftung der Union für administratives Unrecht nicht zuletzt im Bereich des **Kartellrechts** erlangt (s. hierzu *Mäger* § 16). So verurteilte der EuGH die Gemeinschaft etwa in der *Rs. Adams* zum Schadensersatz, weil die Kommission in einem Kartellverfahren ihrer Verschwiegenheitspflicht nicht mit der gebotenen Sorgfalt nachgekommen war und dadurch zur ungewollten Identifizierung eines Informanten beigetragen hatte, der anonym hatte bleiben wollen und deshalb um eine vertrauliche Behandlung seiner Informationen gebeten hatte.[30] Ein weiterer wichtiger Anwendungsbereich der Unionshaftung wegen administrativen Fehlverhaltens ist die kartellrechtliche Fusionskontrolle. In zwei entsprechenden Verfahren verlangten die Kläger von der Gemeinschaft Schadensersatz,[31] nachdem das EuG die zuvor ergangenen Untersagungsverfügungen der Kommission gegen die geplanten Fusionen jeweils für nichtig erklärt hatte.[32] In derartigen Fallkonstellationen besteht eine erhebliche Schwierigkeit für den Kläger, der Kommission eine Verletzung des Sorgfaltsprinzips bei ihren Ermittlungen sowie der Verfahrensdurchführung nachzuweisen. Dennoch hatte das EuG in der *Rs. Schneider Electric* der Schadensersatzklage stattgegeben.[33] Nachdem die Kommission gegen die erstinstanzliche Entscheidung zwischenzeitlich Rechtsmittel

---

25 EuGH, Rs. 9/69 (Sayag), Slg 1969, 329, 336; zu den Anforderungen an den Kausalzusammenhang allgemein s. auch EuG, Rs. T-175/94 (Int. Procurement Services), Slg 1996, II-729, Rn 55 (Handeln der Kommission bei der Mittelvergabe aus dem Europäischen Entwicklungsfonds); Rs. T-7/96 (Perillo), Slg 1997, II-1061, Rn 41 (Handeln der Kommission bei der Vermittlung eines Sachverständigen); Rs. T-13/96 (TEAM), Slg 1998, II-4073, Rn 68 mwN (Handeln der Kommission bei einer Auftragsvergabe).

26 EuG, Rs. T-497/93 (Hogan), Slg 1995, II-703, Rn 48; *von Bogdandy/Jacob*, in: Grabitz/Hilf, Art. 340 AEUV, Rn 74.

27 *von Bogdandy/Jacob*, in: Grabitz/Hilf, Art. 340 AEUV, Rn 73.

28 Aus der älteren Rspr s. EuGH Rs. C-50/90 (Sunzest), Slg 1991, I-2917, Rn 18 f; Rs. C-117/91 (Bosman), Slg 1991, I-4837, Rn 14 und 20; offenbar anerkannt hat der EuGH nunmehr vom Grundsatz her eine Haftung nach Art. 288 Abs. 2 EGV (jetzt Art. 340 Abs. 2 AEUV) in EuGH, Rs. C-146/91 (KYDEP), Slg 1994, I-4199, Rn 27 ff bzgl eines keine Rechtswirkungen erzeugenden Schreibens der Kommission an eine nationale Stelle; s. auch EuG, Rs. T-185/94 (Geotronics), Slg 1995, II-2795, Rn 39 und Rs. T-231/97 (New Europe Consulting), Slg 1999, II-2403, Rn 33 ff, wo das Verhalten der Kommission im Rahmen der Begleitung der nationalen Auftragsvergabe unter dem sog. PHARE-Programm geprüft wurde.

29 EuGH, Rs. C-146/91 (KYDEP), Slg 1994, I-4199, Rn 58; EuG, verb. Rs. T-12 und 13/98 (Argon), Slg 2000, II-2473, Rn 18; Rs. T-195/00 (Travelex), Slg 2003, II-1677, Rn 143.

30 EuGH, Rs. 145/83 (Adams), Slg 1985, 3539.

31 *S. Handelsblatt Nr. 63 vom 31.3.2003*, S. 10 (Schneider Electric); Nr. 57 vom 21.3.2003, S. 14 (My Travel).

32 EuG, Rs. T-310/01 (Schneider Electric SA), Slg 2002, II-4071 und Rs. T-77/02 (Schneider Electric SA II), Slg 2002, II-4201; Rs. T-342/99 (Airtours plc), Slg 2002, II-2585.

33 EuG, Rs. T-351/03 (Schneider Electric), Slg 2007, II-2237.

eingelegt hatte,[34] erkannte der EuGH in seinem Urteil vom 16. Juli 2008 zwar schadensersatzrechtliche Positionen des Unternehmens dem Grunde nach an. Gleichzeitig monierte der Gerichtshof jedoch, dass nicht hinsichtlich aller Schadenspositionen ein Kausalzusammenhang zwischen Rechtsverstoß und Schadenseintritt bestehe, was letztlich zu einer teilweisen Aufhebung des erstinstanzlichen Urteils führte.[35]

In der *Rs. My Travel* wurde bereits eine qualifizierte Rechtsverletzung – also ein offenkundiger und schwerwiegender Verstoß – durch das EuG verneint und die Schadensersatzklage gegen die Kommission zurückgewiesen.[36]

Dass die Erteilung einer unzutreffenden Auskunft Haftungsansprüche auszulösen vermag, ist schon 21
lange anerkannt.[37] Sind Äußerungen eines Organs als Zusicherung zu verstehen, kommt ein Haftungsanspruch ebenfalls in Betracht.[38] Auch (unzutreffende) Empfehlungen oder Stellungnahmen können haftungsbegründend sein.[39] Eine Schadensersatzpflicht bei nachträglich unrichtigen Meldungen im Rahmen des Gemeinschaftsschnellwarnsystems für Lebensmittel wurde jedoch nicht anerkannt.[40]

Keine haftungsbegründende Handlung wird in der Nichteinleitung von Vertragsverletzungsverfah- 22
ren nach Art. 258 AEUV gesehen.[41] Zwar kommt der Kommission bei der Einleitung von derartigen Verfahren ebenso wie bezüglich der Erhebung einer Klage grundsätzlich ein Ermessensspielraum zu[42] und es sind durchaus Fälle denkbar, in denen dieser Spielraum als unzulässig überschritten anzusehen ist. Selbst wenn man jedoch von einer schuldhaften Pflichtverletzung ausgehen würde, kommt eine Haftung letztlich nicht in Betracht, da jedenfalls ein Individualanspruch auf Einleitung eines entsprechenden Verfahrens nicht besteht.[43]

Weitere Einzelfälle: 23

- Verletzung der Beihilfeaufsicht (unzureichendes Vorgehen gegen unionsrechtswidrige nationale Beihilfen);[44]
- Nichterteilung rechtlich gebotener Auskünfte;[45]
- Nichtumsetzung eines EuGH-Urteils gemäß Art. 265, 266 AEUV;[46]
- Unzureichende Begründung der Entscheidung über die Vergabe öffentlicher Bauaufträge;[47]
- Verwendung unklarer oder verdeckter Auswahlkriterien bei der Vergabe öffentlicher Bauaufträge;[48]
- Ungünstige Beurteilung von Beamten der Union;[49]

34 S. *Seitz*, EuZW 2007, 659, 661.
35 EuGH, Rs. C-440/07 P (Schneider Electric), Slg 2009, I-6413.
36 EuG, Urt. v. 9.9.2008 – Rs. T-212/03 (MyTravel), ABl. EU 2008 Nr. C 272, 15.
37 EuGH, verb. Rs. 19, 20, 25 und 30/69 (Richez-Parise), Slg 1970, 325, Rn 32 f; Rs. 23/69 (Fiehn), Slg 1979, 547, Rn 19 ff.
38 EuG, Rs. T-571/93 (Lefebvre Frères et Soeurs), Slg 1995, II-2379, Rn 72.
39 *von Bogdandy/Jacob*, in: Grabitz/Hilf, Art. 340 AEUV, Rn 98 mwN.
40 EuG, Rs. T-177/02 (Malagutti), Slg 2004, II-830 = EuZW 2004, 444, Rn 43 ff, 66; siehe dazu auch *Gundel*, ZLR 2008, 159 ff.
41 *Gellermann*, in: Streinz, Art. 340 AEUV, Rn 16; *Ossenbühl*, in: Rengeling/Middeke/Gellermann, § 42, Rn 32.
42 EuGH, Rs. 247/87 (Star Fruit/Kommission), Slg 1989, 291, Rn 11; Rs. C 87/89 (Sonito/Kommission), Slg 1990, I-1981, Rn 6.
43 *Ossenbühl*, in: Rengeling/Middeke/Gellermann, § 42, Rn 32 mwN.
44 EuG, Rs. T-107/96 (Pantochim), Slg 1998, II-311, Rn 49 ff; zum Bereich des Beihilferechts s. *Beljin* § 28, dort insb. Rn 270, 296 f.
45 EuGH, verb. Rs. 19, 20, 25 und 30/69 (Richez-Parise), Slg 1970, 325, Rn 32 ff; Rs. 23/69 (Fiehn), Slg 1970, 547, Rn 19 ff.
46 EuG, Rs. T-84/91 (Meskens), Slg 1992, II-2335, Rn 67 ff.
47 EuG, Rs. T-183/00 (Strabag Benelux), Slg 2003, II-135, Rn 54 ff.
48 EuG, Rs. T-4/01 (Renco SpA), Slg 2003, II-171, Rn 65 ff und 73 ff.
49 EuGH, Rs. 178/86 (Turner), Slg 1987, 5367, Rn 20 ff.

- Fehlerhafte Vorbereitung oder Durchführung einer Ernennungs-[50] oder Beförderungsentscheidung;[51]
- Fehlerhafte Führung von Personalakten;[52]
- Fehlerhafte Behandlung einer Beschwerde im Beurteilungsverfahren;[53]
- Fehlerhafte Beurteilung der Dienstunfähigkeit;[54]
- Nichtbeachtung örtlicher Sicherheitsvorschriften auf einer Baustelle für ein Gebäude der Union;[55]
- Fehlerhafte Wartung eines Dienstfahrzeuges.[56]

bb) Haftung für normatives Unrecht

24 Eine Haftung für normatives Unrecht kann eintreten, wenn Verordnungen, Richtlinien und sonstige allgemein geltende Rechtsakte, wie zB gegen die Mitgliedstaaten gerichtete normative Entscheidungen,[57] gegen die Vorschriften des EG-Vertragsrechts verstoßen.[58]

25 Eine Haftung für das primäre durch die Mitgliedstaaten gesetzte Vertragsrecht kommt nicht in Betracht,[59] da insoweit weder eine Handlung der Organe noch der Bediensteten der EU in Frage steht.

cc) Haftung für judikatives Unrecht

26 Grundsätzlich kommt auch eine Haftung für judikatives Unrecht in Betracht. Kaum denkbar ist zwar, dass der EuGH seine eigene Rechtsprechung als solches ansehen wird. Sollte der EuGH über die Pflicht- oder Rechtswidrigkeit seines Verhaltens befinden, würde er damit auch gegen den Grundsatz der Unparteilichkeit nach Art. 6 Abs. 1 EMRK verstoßen.[60] Bei Überprüfung von Entscheidungen des EuG kann jedoch, wie in den nationalen Rechtssystemen auch, grundsätzlich eine Haftung greifen. Man wird diese jedoch auf schwerwiegende Fälle wie etwa eine Rechtsbeugung oder eine Richterbestechung beschränken müssen.[61]

c) Haftung für rechtswidriges Verhalten

27 Obwohl der EuGH mittlerweile auch eine Haftung für rechtmäßiges Handeln von Unionsbediensteten oder -organen in Betracht zieht (siehe unten Rn 41 f),[62] stellt sich die außervertragliche Haftung grundsätzlich als Haftung für ein rechtswidriges Verhalten dar. Diese Unterscheidung ist im AEUV zwar nicht ausdrücklich festgelegt, wird jedoch vom EuGH und dem EuG in ständiger Rechtsprechung anerkannt.[63] Rechtswidrig ist ein Verhalten dann, wenn gegen eine Schutznorm verstoßen wird.

---

50 EuG, Rs. T-562/93 (Obst), Slg ÖD 1995, I-A-247 ff.

51 EuGH, Rs. 24/79 (Oberthür), Slg 1980, 1743, Rn 11.

52 EuG, Rs. T-13/92 (Moat), Slg 1993, II-287, Rn 33 f.

53 EuG, Rs. T-150/94 (Vela Palacios), Slg ÖD 1996, I-A-297 ff.

54 EuG, Rs. T-165/89 (Plug), Slg 1992, II-367, Rn 54 ff.

55 EuGH, Rs. 308/87 (Grifoni), Slg 1990, I-1203, Rn 8 f.

56 EuGH, verb. Rs. 169/83 und 136/84 (Leussink-Brummelhuis), Slg 1986, 2801, Rn 15 ff.

57 EuGH, Rs. 25/62 (Plaumann), Slg 1963, 211, 240.

58 Grundlegend EuGH, Rs. 5/71 (Schöppenstedt), Slg 1971, 975, Rn 11; s. auch verb. Rs. 64 und 113/76, 167 und 239/78, 27, 28 und 45/79 (Dumortier), Slg 1979, 3091.

59 EuGH, Rs. C-95/98 P (Dubois et Fils), Slg 1999, I-4835, Rn 18, 21; *Lageard*, in: Lenz/Borchardt, Art. 340 AEUV, Rn 13.

60 So schon Generalanwalt Leger, Rs. C-185/95 P (Baustahlgewerbe/Kommission), Slg I-8422, Rn 63-76.

61 *Gellermann*, in: Streinz, Art. 340 AEUV, Rn 16; *Detterbeck*, AöR 125 (2000), 202, 212 befürwortet eine restriktive Anwendung ähnlich § 839 Abs. 2 BGB wegen der Gefahr der Unterminierung der EuG-Entscheidungen; ebenso einzuschränken ist danach die Haftung nationaler Gerichte, zB bei Verstoß gegen die Vorlagepflicht nach Art. 234 EGV (*jetzt Art. 267 AEUV*), S. 245.

62 EuGH, Rs. C-120/06 P und C-121/06 P (FIAMM), Slg 2008, I-6549, wobei der EuGH eine Haftung für den Verstoß gegen WTO-Recht durch die Rechtsetzung der Gemeinschaft i E jedoch ausschließt.

63 S. nur EuGH, Rs. 87/89 (Sonito), Slg 1990, I-1981 und EuG, Rs. T-76/94 (Jansma), Slg 2001, II-243 jeweils mwN.

Wie auch im deutschen Recht konzentriert sich die Untersuchung darauf, wann eine Norm als **Schutznorm** gelten kann. Vom Grundsatz her ähnlich wie im deutschen Recht hat der EuGH die Schutzqualität einer Norm dann angenommen, wenn die durch eine Amtstätigkeit verletzte Norm nicht nur den Interessen der Allgemeinheit, sondern gerade auch dem Schutz von Individualinteressen der geschädigten Person zu dienen bestimmt ist.[64] Allerdings wird es als ausreichend angesehen, wenn allgemeinen Interessen dienende Normen individuelle Interessen reflexartig ebenfalls (mit-)schützen.[65] Der EuGH stellt keine besonders strengen Anforderungen.[66] 28

Ausdrücklich anerkannt hat er den Schutznormcharakter bislang für die folgenden Normen: 29

- Freiheit des Warenverkehrs,[67]
- Diskriminierungsverbot nach Art. 34 Abs. 2 EGV (jetzt Art. 40 Abs. 2 AEUV),[68]
- gemeinschaftsrechtliche Grundrechte,[69]
- allgemeine Rechtsgrundsätze materieller Art.[70]

Der Schutznormcharakter von Form- und Verfahrensnormen wurde demgegenüber bislang nicht anerkannt.[71] 30

d) Qualifizierter Verstoß

Das haftungsbeschränkende Merkmal des hinreichend qualifizierten Verstoßes wurde zunächst nur für Rechtsetzungsakte mit wirtschaftspolitischem Gehalt entwickelt.[72] Hintergrund war die Erwägung, dass die Wahrnehmung gesetzgeberischer Tätigkeit im allgemeinen Interesse nicht von vornherein durch die Möglichkeit von Schadensersatzklagen gelähmt werden darf, und dass auf Rechtsetzungsgebieten, welche sich durch ein weites Ermessen des Unionsgesetzgebers auszeichnen, eine Haftung der Union nur dann ausgelöst werden kann, wenn das betreffende Organ die Grenzen seiner Befugnisse **offenkundig und erheblich** überschritten hat.[73] Nunmehr ist eine jüngere Entwicklung in der Rechtsprechung zu verzeichnen, nach der das Erfordernis eines qualifizierten Verstoßes auf alle generellen und einzelfallbezogenen Akte, also insbesondere auch auf Administrativakte Anwendung findet, soweit das entscheidende Organ über einen Ermessensspielraum verfügt.[74] Räumt die verletzte Schutznorm den Bediensteten bzw Organen der Union keinerlei Handlungsspielraum ein, so indiziert bereits die Verletzung der Norm das Vorliegen eines qualifizierten Verstoßes. 31

64 EuGH, verb. Rs. 5, 7 und 13-24/66 (Kampffmeyer), Slg 1967, 331, 355; verb. Rs. 83 und 94/76, 4, 15 und 40/77 (HNL u.a.), Slg 1978, 1209, Rn 4; *Lageard*, in: Lenz/Borchardt, Art. 340 AEUV, Rn 15 ff, 49; *Gellermann*, in: Streinz, Art. 340 AEUV, Rn 20.

65 S. nur *Ruffert*, in: Calliess/Ruffert, Art. 340 AEUV, Rn 18; *Pasemann*, insb. S. 277.

66 EuGH, verb. Rs. 9 und 12/60 (Vloeberghs), Slg 1961, 435, 469; verb. Rs. 5, 7 und 13-24/66 (Kampffmeyer), Slg 1967, 331, 354 f; verb. Rs. 83 und 94/76, 4, 15 und 40/77 (HNL u.a.), Slg 1978, 1209, Rn 5; Rs. 152/88 (Sofrimport), Slg 1990, 2477, Rn 26; Rs. C-282/90 (Vreugdenhil), Slg 1992, I-1937, Rn 19 ff.

67 EuGH, verb. Rs. 5, 7 und 13-24/66 (Kampffmeyer), Slg 1967, 331, 354 f.; Rs. C-112/00 (Schmidberger), Slg 2003, I-5659, = EuGRZ 2002, 292 = EuZW 2003, 592, Rn 51 ff.

68 EuGH, Rs. 5/71 (Schöppenstedt), Slg 1971, 975, Rn 13; Rs. C-122/95 (Deutschland/Rat), Slg 1998, I-973, Rn 62.

69 EuGH, Rs. 281/84 (Zuckerfabrik Bedburg), Slg 1987, 49, Rn 25 ff; Rs. C-44/94 (Fishermen's Organisations u.a.), Slg 1995, I-3115, Rn 55; verb. Rs. C-20 und 64/00, Slg 2003, I-7411, Rn 68; Rs. C-112/00 (Schmidberger), Slg 2003, I-5659, Rn 71.

70 Zum Vertrauensschutz s. zB EuG, Rs. T-76/94 (Jansma), Slg 2001, II-243, Rn 50 f; zum allgemeinen Diskriminierungsverbot s. zB EuG, Rs. T-120/89 (Stahlwerke Peine-Salzgitter), Slg 1991, II-279, Rn 117 f; zu den Grundsätzen der Verhältnismäßigkeit, der Rechtssicherheit und des Vertrauensschutzes s. EuG, Rs. T-43/98 (Emes.a. Sugar), Slg 2001, II-3519, Rn 64, 83, 102, 171.

71 EuGH, Rs. 106/81 (Kind), Slg 1982, 2885, Rn 14; Rs. C-119/88 (AERPO), Slg 1990, I-2189, Rn 19, 20; EuG, verb. Rs. T-481 und 484/93 (Exporteurs in Cevende varkens), Slg 1995, II-2941, Rn 104.

72 EuGH, Rs. 5/71 (Schöppenstedt), Slg 1971, 975, 984 f; verb. Rs. C-46 und 48/93 (Brasserie du Pêcheur), Slg 1996, I-1029, Rn 44.; s. auch EuG, Rs. T-571/93 (Lefebvre), Slg 1995, II-2379 mwN und EuGH, verb. Rs. C-104/89 und C- 37/90 (Mulder II), Slg 1992, I-3061; *von Bogdandy/Jacob*, in: Grabitz/Hilf, Art. 340 AEUV, Rn 88.

73 EuGH, verb. Rs. 83 und 94/76, 4,15 und 40/77 (HNL u a.), Slg 1978, 1209, Rn 5 f; verb. Rs. C-46 und 48/93 (Brasserie du Pêcheur), Slg 1996, I-1029, Rn 45.

74 EuGH, Rs. C-390/95 P (Antillean Rice Mills), Slg 1999, I-797, Rn 57 f; Rs. C-352/98 P (Laboratoires Pharmaceutiques Bergaderm), Slg 2000, I-5291, Rn 46; *von Bogdandy/Jacob*, in: Grabitz/Hilf, Art. 340 AEUV, Rn 88 f.

32 Im Falle eines Handlungs-, Entscheidungs- oder Gestaltungsspielraums sind nach der Rspr des EuGH folgende Gesichtspunkte zu berücksichtigen, um das Vorliegen eins qualifizierten Verstoßes zu ermitteln:

- die besondere Bedeutung der Schutznorm,[75]
- die besondere Bedeutung des Verstoßes gegen die Schutznorm,[76]
- eine klar abgrenzbare Gruppe von Geschädigten,[77]
- ein außerhalb der Grenzen des allgemeinen Wirtschaftsrisikos liegender Schaden.[78]

33 Zunächst hatte der EuGH Haftungsansprüche abgelehnt, wenn eine „sehr große Gruppe von Marktteilnehmern" durch einen Legislativakt der Union betroffen war.[79] Später hat er dieses Kriterium aufgegeben und es als ausreichend angesehen, dass der Kreis der Geschädigten allgemein bestimmbar ist.[80] Im konkreten Fall waren 16 000 geschädigte Landwirte betroffen.[81] Eine Überschreitung der Grenzen der sektionsspezifischen wirtschaftlichen Risiken wurde auch bejaht bei nicht hinreichend begründeter Aufgabe einer jahrelangen Gleichbehandlung von Konkurrenten.[82]

34 Von einer besonderen Bedeutung des Verstoßes gegen die Schutznorm wird man immer dann ausgehen müssen, wenn Bedienstete oder Organe der Union von ihrem Ermessen in missbräuchlicher und willkürlicher Weise Gebrauch gemacht haben. Insbesondere den Organen der Union wird man einen angemessenen Gestaltungsfreiraum einräumen müssen.[83]

35 Die Verletzung des Sorgfaltsgrundsatzes führt nur eingeschränkt zu einem Schadensersatzanspruch. Solange die Unionsorgane ihre Pflicht zur Sorgfalt und zur ordnungsgemäßen Verwaltung nicht völlig verkannt haben, sondern lediglich den Umfang ihrer diesem Grundsatz zu entnehmenden Verpflichtungen falsch eingeschätzt haben, kann der Verstoß gegen das Sorgfaltsprinzip nicht als hinreichend qualifizierter oder als offensichtlicher und erheblicher Verstoß eingestuft werden.[84]

36 Ob die genannten Kriterien begrifflich hinreichend scharf sind, ist zweifelhaft.[85]

e) Schaden und Kausalität

37 Der Anspruchsteller muss (durch den Verstoß) einen konkreten Schaden erlitten haben, für dessen Vorliegen er die Beweislast trägt.[86] Der EuGH hat in seiner Rechtsprechung insbesondere fiktive Preisvergleiche und allgemeine Statistiken bei der Feststellung eines Schadens als unzureichend angesehen.[87] Am Erfordernis des Schadens- bzw Kausalitätsnachweises (dazu sogleich) scheitern in der Praxis viele Schadensersatzklagen.[88]

---

75 EuGH, verb. Rs. C-104/89 und C-37/90 (Mulder II), Slg 1992, I-3061, Rn 15; EuG, Rs. T-18/99 (Cordis), Slg 2001, II-913, Rn 45.

76 EuGH, verb. Rs. C-104/89 und C-37/90 (Mulder II), Slg 1992, I-3061, Rn 16 f; Rs. C-352/98 P (Laboratoires Pharmaceutiques Bergaderm), Slg 2000, I-5291, Rn 46; Rs. C-118/00 (Larsy), Slg 2001, I-5063, Rn 38, 55; Rs. C-312/00 (Camar u. Tico), Slg 2002, I-11355, Rn 54 f.

77 EuGH, verb. Rs. C-104/89 und C-37/90 (Mulder II), Slg 1992, I-3061, Rn 16; EuG, verb. Rs. T-195 und 202/94 (Quiller und Hausmann), Slg 1997, II-2247, Rn 67.

78 EuGH, verb. Rs. C-104/89 und C-37/90 (Mulder II), Slg 1992, I-3061, Rn 13; EuG, Rs. T-196/99 (Area Cova), Slg 2001, II-3597, Rn 171 ff.

79 EuGH, verb. Rs. 83 und 94/76, 4, 15 und 40/77 (HNL u.a.), Slg 1978, 1209, Rn 7.

80 EuGH, verb. Rs. C-104/89 und C-37/90 (Mulder II), Slg 1992, I-3061.

81 *Wurmnest*, in: Magnus/Wurmnest, S. 162.

82 S. EuGH, Rs. 238/78 (Ireks-Arkady GmbH), Slg 1979, 2955, 2973 und verb. Rs. 241, 242 und 245-250/78 (DGV u.a.), Slg 1979, 3017, 3038.

83 S. zB EuG, Rs. T-139/01 (Comafrica), Slg 2005, II-409, Rn 145 ff; EuG, Rs. T- 19/01 (Chiquita), Slg 2005, II-315, insb. Rn 256.

84 EuG, Rs. T-167/94 (Nölle II), Slg 1995, II-2589, Rn 89 mwN.

85 Kritisch u.a. *Ruffert*, in: Calliess/Ruffert, Art. 340 AEUV, Rn 21.

86 EuGH, Rs. 5/71 (Zuckerfabrik Schöppenstedt), Slg 1971, 975, Rn 9; Rs. 26/74 (Roquette), Slg 1976, 677, Rn 21/24; Rs. 49/79 (Pool), Slg 1980, 569, Rn 8 ff; verb. Rs. 197-200, 243, 245 und 247/80 (Ludwigshafener Walzmühle), Slg 1981, 3211, Rn 50.

87 EuGH, Rs. 26/74 (Roquette), Slg 1976, 677, Rn 21/24; Rs. 49/79 (Pool), Slg 1980, 569, Rn 11; verb. Rs. 197-200, 243, 245 und 247/80 (Ludwigshafener Walzmühle), Slg 1981, 3211, Rn 50.

88 *Rössel*, in: Magnus/Wurmnest, S. 258.

Zwischen dem Verstoß gegen eine Schutznorm und dem entstandenen Schaden muss ein unmittelbarer Kausalzusammenhang bestehen.[89] Nicht jede noch so entfernte nachteilige Auswirkung eines Unionshandelns führt damit zur Anerkennung von Haftungsansprüchen. Dem Kläger obliegt die Führung des Nachweises, dass der Schaden gerade durch das rechtswidrige Verhalten der Unionsorgane oder -bediensteten verursacht wurde.[90] Wäre der Schaden auch bei einem rechtmäßigen Verhalten eingetreten, fehlt es an der Kausalität. Der EuGH ordnet seine Kriterien keiner besonderen Kausalitätstheorie zu, gelangt jedoch häufig zu ähnlichen Ergebnissen wie die Adäquanztheorie im deutschen Recht.[91] 38

An einem kausalitätsbegründenden Zusammenhang fehlt es auch dann, wenn der Ursachenzusammenhang zwischen Unionshandeln und Schaden durch ein Handeln des Geschädigten oder eines Mitgliedstaates unterbrochen wird.[92] Ein Mitverschulden des Geschädigten lässt die Kausalität nicht entfallen, kann jedoch eine Anspruchskürzung rechtfertigen.[93] 39

In einem vom EuGH entschiedenen atomrechtlichen Fall hafteten sowohl die Kommission als auch der Kläger zu gleichen Teilen.[94] Zum Eintritt des Schadens hatte zum einen beigetragen, dass die Kommission bestimmte Sicherheitsmaßnahmen nicht getroffen hatte. Zum anderen aber war auch der Kläger verantwortlich, der bei der Ausführung seiner Arbeit nicht die zu seinem eigenen Schutz erforderliche Sorgfalt beachtet hatte, obwohl ihm dies möglich gewesen wäre. 40

f) Haftung für rechtmäßiges Verhalten

In jüngerer Zeit wird vermehrt auch die Haftung für ein rechtmäßiges Verhalten der Union diskutiert.[95] Eine Haftung des Staates für rechtmäßiges Verhalten wurde etwa im deutschen Recht über die Rechtsfigur des „Sonderopfers“,[96] im französischen Recht über das Rechtsinstitut der „rupture de l'égalité devant les charges publiques“ etabliert.[97] 41

Die Gemeinschaftsrechtsprechung hat bereits in einer beachtlichen Anzahl von Entscheidungen – zweifellos in Anlehnung an mitgliedstaatliche Rechtsgrundsätze – die Bereitschaft erkennen lassen, ein derartiges Rechtsinstitut auch in Bezug auf die Haftung der Gemeinschaft unter bestimmten Umständen zuzulassen, ohne dass es jedoch bislang auf eine abschließende Klärung dieser Frage ankam (etwa weil im konkreten Fall ein tatsächlicher Schaden oder die erforderliche Kausalität vom Kläger nicht nachgewiesen werden konnte). Schon 1972 deutete der EuGH in der *Rs. Compagnie d'approvisionnement* an, dass bei einem unmittelbar durch die Gemeinschaft verursachten „außergewöhnlichen und besonderen Schaden“ eines Einzelnen eine Haftung der Gemeinschaft in Betracht komme.[98] Damit waren erstmals die Voraussetzungen einer derartigen Haftung umrissen. Das Erfordernis des außergewöhnlichen und besonderen Schadens konkretisierte der EuGH in der Entscheidung „Clemessy“ dahingehend, dass „ein Einzelner im Interesse des Gemeinwohls eine Belastung“ tragen muss, „die er eigentlich nicht zu tragen hat“.[99] In der *Rs. Biovilac* forderte der 42

89 EuG, Rs. T-168/94 (Blackspur), Slg 1995, II-2627, Rn 40 ff mwN aus der EuGH-Rechtsprechung.

90 Vgl nur EuG, Rs. T-220/96 (EVO), Slg 2002, II-2265, Rn 41; verb. Rs. T-213/95 und T-18/96 (SCK und FNK), Slg 1997, II-1739, Rn 98.

91 *Detterbeck*, AöR 125 (2000), 202, 216; *Ossenbühl*, in: Rengeling/Middeke/Gellermann, § 42, Rn 57.

92 Zur Unterbrechung des Kausalzusammenhangs durch ein Handeln des Geschädigten s. EuGH, Rs. 169/73 (Compagnie Continentale), Slg 1975, 117, Rn 22/23 ff; Rs. 26/81 (Oleifici Mediterranei), Slg 1982, 3057, Rn 23 f; zur Unterbrechung durch das Handeln eines Mitgliedstaates s. EuGH, verb. Rs. 89 und 91/86 (Etoile Commerciale), Slg 1987, 3005, Rn 18 ff; EuG, Rs. T-54/96 (Oleifici Italiani), Slg 1998, II-3377, Rn 68.

93 EuGH, Rs. C-308/87 (Grifoni I), Slg 1990, I-1203, insb. Rn 17 f.

94 EuGH, Rs. C-308/87 (Grifoni I), Slg 1990, I-1203.

95 Vgl *Berg*, in: Schwarze, Art. 340 AEUV, Rn 51; *Gellermann*, in: Streinz, Art. 340 AEUV, Rn 25; *Gilsdorf/Niejahr*, in: von der Groeben/Schwarze, Art. 288 EG, Rn 90; *von Bogdandy/Jacob*, in: Grabitz/Hilf, Art. 340 AEUV, Rn 103 ff, jeweils mwN.

96 Vgl nur *Maurer*, § 27, Rn 16 ff mit umfangreichen Nachweisen aus Rspr und Lit.

97 Vgl EuGH, Rs. 59/83 (Biovilac), Slg 1984, 4057, Rn 27; *Berg*, in: Schwarze, Art. 340 AEUV, Rn 52; *Gilsdorf/Niejahr*, in: von der Groeben/Schwarze, Art. 288 EG, Rn 89 mit Fn 240.

98 EuGH, verb. Rs. 9 und 11/71 (Compagnie d'approvisionnement), Slg 1972, 391, Rn 45 f.

99 EuGH, Rs. 267/82 (Clemessy), Slg 1986, 1907, Rn 33.

EuGH einen Schaden, „der die Grenzen der wirtschaftlichen Risiken, die der Tätigkeit in dem betroffenen Sektor innewohnen, überschreitet".[100] In einer anderen Entscheidung sprach er von einem unverhältnismäßig hohen Anteil der mit einer gemeinschaftlichen Beschränkung verbundenen Lasten, den ein einzelner Wirtschaftsteilnehmer oder eine individualisierbare Gruppe von Wirtschaftsteilnehmern zu tragen haben muss.[101] Umgekehrt soll eine Haftung für rechtmäßiges Verhalten jedenfalls dann ausscheiden, wenn der vom Betroffenen geltend gemachte Schaden lediglich das Ergebnis desjenigen Risikos ist, das jeder in einer vergleichbaren Lage Befindliche auf sich nimmt.[102] Das Erfordernis des außergewöhnlichen und besonderen Schadens wurde bis heute in einer Reihe von Entscheidungen und in wortgleicher Terminologie bestätigt.[103] In der *Rs. Dorsch Consult* fasste das EuG die bisherige Rechtsprechung in der Formel zusammen, dass „dann, wenn der Grundsatz der Haftung der Gemeinschaft für rechtmäßiges Handeln im Gemeinschaftsrecht anerkannt werden sollte, eine solche Haftung nur ausgelöst werden könnte, wenn der geltend gemachte Schaden, sofern er „gegenwärtig" wäre, eine besondere Gruppe von Wirtschaftsteilnehmern gegenüber den anderen unverhältnismäßig belasten (besonderer Schaden) und die Grenzen der wirtschaftlichen Risiken, die der Tätigkeit in dem betroffenen Sektor innewohnen, überschreiten würde (außergewöhnlicher Schaden), ohne dass die dem geltend gemachten Schaden zugrunde liegende Regelung durch ein allgemeines wirtschaftliches Interesse gerechtfertigt wäre".[104] Bereits im Vorfeld der offiziellen Anerkennung einer Haftung für rechtmäßiges Verhalten hat die Rechtsprechung damit die Voraussetzung eines derartigen Rechtsinstituts in einer Weise gefestigt und ausdifferenziert, die auf eine faktische Anerkennung hindeutet. Es dürfte nur eine Frage der Zeit sein, bis es in einem Verfahren erstmalig auf eine abschließende Entscheidung der Frage ankommt und die Rechtsprechung eine Haftung der Union für rechtmäßiges Verhalten auch offiziell anerkennt.

g) Verschuldensunabhängige Haftung

43 Die außervertragliche Haftung der Union ist verschuldensunabhängig. Gegenläufige Ansätze in der älteren Rspr greift der EuGH nicht mehr auf.[105] Damit ist allerdings nicht gesagt, dass subjektive Elemente der Vorwerfbarkeit bei der Unionshaftung keine Rolle spielen. Sie tauchen jedoch eher versteckt, insbesondere im Zusammenhang mit der Frage eines hinreichend qualifizierten Rechtsverstoßes auf.[106]

h) Art und Umfang des Schadensersatzes

44 Als Schaden ist jeder Vermögensnachteil anzusehen. Neben unmittelbaren Vermögenseinbußen zählt dazu auch entgangener Gewinn, soweit dieser hinreichend substantiiert belegt werden kann.[107] Auch immaterielle Schäden sind ersatzfähig.[108] Ein derartiger Schaden kann beispielsweise

100 EuGH, Rs. 59/83 (Biovilac), Slg 1984, 4057, Rn 28.

101 EuGH, Rs. 81/86 (De Bör Buizen), Slg 1987, 3677, Rn 17.

102 EuGH, verb. Rs. 9 und 11/71 (Compagnie d'approvisionnement), Slg 1972, 391, Rn 46.

103 EuGH, Rs. C-237/98 P (Dorsch Consult), Slg 2000, I-4549, Rn 17-19, 53; EuG, Rs. T-184/95 (Dorsch Consult), Slg 1998, II-667, Rn 59, 76 ff; Rs. T-196/99 (Area Cova), Slg 2001, II-3597, Rn 171; Rs. T-195/00 (Travelex), Slg 2003, II-1677, Rn 161.

104 EuG, Rs. T-184/95 (Dorsch Consult), Slg 1998, II-667, Rn 80; diese Formel wird – wiederum ohne eine abschließende Entscheidung über die Anerkennung einer Haftung der Gemeinschaft für rechtmäßiges Verhalten – bestätigt in EuG, verb. Rs. T-64 und 65/01 (Afrikanische Frucht Compagnie), Slg 2004, II-521, Rn 150 f.

105 EuGH, verb. Rs. 5, 7 und 13-24/66 (Kampffmeyer), Slg 1967, 331, 354; verb. Rs. C-104/89 und 37/90 (Mulder II), Slg 1992, I-3061, Rn 12; EuG, Rs. T-514/93 (Cobreacaf u.a.), Slg 1995, II-627, Rn 65.

106 *Gellermann*, in: Streinz, Art. 340 AEUV, Rn 29 mwN.

107 EuGH, verb. Rs. 5, 7 und 13-24/66 (Kampffmeyer), Slg 1967, 331, 358; Rs. 26/74 (Roquette Frères), Slg 1976, 677, Rn 21/24; verb. Rs. C-104/89 und C-37/90 (Mulder), Slg 2000, I-203, Rn 59 ff; *Berg*, in: Schwarze, Art. 340 AEUV, Rn 60; *Gellermann*, in: Streinz, Art. 340 AEUV, Rn 26.

108 EuG, Rs. T-235/95 (BAI), Slg 1999, II-123, Rn 38; Rs. T-203/96 (Embassy Limousines & Services), Slg 1998, II-4239, Rn 108; Rs. T-277/97 (Ismeri Europa Srl), Slg 1999, II-1825, Rn 81; Rs. T-11/00 (Hautem), Slg 2000, II-4019, Rn 51 f; Rs. T-237/00 (Reynolds), Slg 2002, II-163, Rn 154.

im Falle einer empfindlichen Beeinträchtigung des Rufs,[109] der Kreditwürdigkeit,[110] der Würde und des Selbstbewusstseins[111] sowie auch des Vertrauens in das Unionsrechtssystem[112] geltend gemacht werden. Auch hier ist das Vorliegen des Schadens substantiiert zu belegen.

Grundsätzlich ist der Schadensersatz in Geld zu leisten. Teilweise wird davon ausgegangen, dass eine Naturalrestitution wegen Sinn und Zweck sowie der Systematik des Amtshaftungsanspruchs nicht in Betracht komme.[113] In den meisten Fallkonstellationen ist die Naturalrestitution praktisch schwer durchführbar und insofern von geringer Relevanz.[114] Dennoch existiert durchaus ein Anwendungsbereich der Naturalrestitution, wie beispielsweise im Falle eines vom Geschädigten erstrebten Widerrufs einer unwahren Tatsachenbehauptung, so dass sie jedenfalls nicht von vornherein ausgeschlossen werden darf.[115] 45

Neben Geldersatz sind Zinsen zu zahlen. Der Zinsanspruch entsteht mit der Verkündung des eine Schadensersatzpflicht feststellenden EuGH-Urteils.[116] 46

i) Verjährung

Nach Art. 46 EuGH-Satzung verjähren die gegen die Union gerichteten Ersatzansprüche binnen fünf Jahren nach Eintritt des schädigenden Ereignisses. Die Verjährung beginnt, wenn alle Voraussetzungen der Ersatzpflicht erfüllt sind. Nach Art. 46 Satz 2 wird die Verjährung mit Einreichung der Klageschrift beim Gerichtshof oder durch Geltendmachung des Anspruchs gegenüber dem zuständigen Unionsorgan unterbrochen. Nach Satz 3 der Vorschrift muss die Klage innerhalb der in Art. 263 AEUV vorgesehenen Frist von 2 Monaten erhoben werden. Das zuständige Organ muss zum Tätigwerden aufgefordert worden sein. 47

j) Prozessuales – Art. 268 AEUV

aa) Zuständigkeit und Verfahren

Nach Art. 268 AEUV ist der Gerichtshof für Streitigkeiten über den in Art. 340 Abs. 2 AEUV vorgesehenen Schadensersatz zuständig. Die ausdrückliche Zuweisung bezieht sich damit allein auf die außervertragliche Haftung der Union. Bei Streitigkeiten über die vertragliche Haftung der Union sind nach der allgemeinen Regelung des Art. 274 AEUV grundsätzlich die nationalen Gerichte zuständig. Allerdings kann eine Zuständigkeit des EuGH nach Art. 272 AEUV aufgrund einer Schiedsklausel begründet werden. 48

109 EuG, Rs. T-203/96 (Embassy Limousines & Services), Slg 1998, II-4239, Rn 108; Rs. T-277/97 (Ismeri Europa Srl), Slg 1999, II-1825, Rn 82.

110 EuG, Rs. T-277/97 (Ismeri Europa Srl), Slg 1999, II-1825, Rn 82.

111 EuG, Rs. T-230/94 (Farrugia), Slg 1996, II-195, Rn 43; Rs. T-237/00 (Reynolds), Slg 2002, II-163, Rn 154.

112 EuG, Rs. T-11/00 (Hautem), Slg 2000, II-4019, Rn 51 (Weigerung eines Gemeinschaftsorgans, ein Urteil des EuG auszuführen).

113 GA Caporti, Rs. 68/77 (IFG), Slg 1978, 371, 374 f; *Gellermann*, in: Rengeling/Middeke/Gellermann, § 9, Rn 52; *ders.*, in: Streinz, Art. 340 AEUV, Rn 30; *Kotzur*, in: Geiger/Khan/Kotzur, Art. 340 AEUV, Rn 16; aA *Berg*, in: Schwarze, Art. 340 AEUV, Rn 68; *Binia*, S. 108 f; *Detterbeck*, AöR 125 (2000), 202, 217; *Gilsdorf/Niejahr*, in: von der Groeben/Schwarze, Art. 288 EG, Rn 67; *Ruffert*, in: Calliess/Ruffert, Art. 340 AEUV, Rn 72; *Streinz*, VVDStRL 61 (2001), 300, 351; *von Bogdandy/Jacob*, in: Grabitz/Hilf, Art. 340 AEUV, Rn 191.

114 Vgl *Berg*, in: Schwarze, Art. 340 AEUV, Rn 68, *Gilsdorf/Niejahr*, in: von der Groeben/Schwarze, Art. 288 EG, Rn 67; *von Bogdandy/Jacob*, in: Grabitz/Hilf, Art. 340 AEUV, Rn 191.

115 *Berg*, in: Schwarze, Art. 340 AEUV, Rn 68; *Binia*, S. 108 f; *Detterbeck*, AöR 125 (2000), 202, 217; *Gilsdorf/Niejahr*, in: von der Groeben/Schwarze, Art. 288 EG, Rn 67; *Streinz*, VVDStRL 61 (2001), 300, 351.

116 EuGH, verb. Rs. C-104/89 und C-37/90 (Mulder II), Slg 1992, I-3061, Rn 35; vgl auch *Detterbeck*, AöR 125 (2000), 202, 218; *Ossenbühl/Cornils*, Staatshaftungsrecht, S. 727. Die Zinsen betragen grundsätzlich 8%, sofern die ersatzfähige Zinshöhe nicht durch einen niedrigeren Antrag begrenzt ist, EuGH, Rs. C-152/88 (Sofrimport), Slg 1990, I-2477, Rn 30; Rs. C-37/90 (Heinemann), Slg 1992, I-3061, Rn 35 f; EuG, Rs. T-76/94 (Jansma), Slg 2000, II-243, Rn 108.

49 Die Schadensersatzklage besteht eigenständig neben der Nichtigkeits- bzw der Untätigkeitsklage nach Art. 263, 265 AEUV. Folgerichtig ist sie unzulässig, wenn in ihrem Gewande in Wirklichkeit das Ziel der Nichtigerklärung eines Unionsaktes verfolgt wird.[117]

50 Die Schadensersatzklage nach Art. 268, 340 Abs. 2 AEUV stellt im Gegensatz zu den genannten Verfahren einen umfassenden Individualrechtsschutz zur Verfügung und kompensiert damit ein Stück weit auch die ansonsten vorhandenen Rechtsschutzlücken gegen Normativakte.[118]

51 **Aktiv parteifähig** für die Erhebung einer Schadensersatzklage sind alle nach dem Recht der Mitgliedstaaten und dritter Staaten rechtsfähigen natürlichen und juristischen Personen. Unerheblich ist, ob sie öffentlich-rechtlich oder privatrechtlich organisiert sind.[119] Darüber hinaus kann die Parteifähigkeit auch unionsrechtlich zuerkannt werden, wie dies beispielsweise bei den nichtrechtsfähigen Berufsverbänden der Fall ist.[120] Jeder Kläger muss die Verletzung eines eigenen Rechts geltend machen.

52 Noch nicht entschieden wurde vom EuGH über die Aktivlegitimation von Mitgliedstaaten. Gegen die Zulässigkeit derartiger Klagen spricht, dass den Mitgliedstaaten der Rechtsweg im Wege anderer Verfahren offen steht und ihre Stellung im Institutionengefüge der Union nicht dem der Individualrechtsschutz Suchenden entspricht. Etwas anderes gilt jedoch in den Fällen, in denen der Staat als privatwirtschaftlich Handelnder auftritt und in diesem Zusammenhang ein Schaden durch ein Handeln von Unionsorganen oder -bediensteten verursacht wird.[121]

53 Uneinheitlich wird die Frage beurteilt, wer richtiger Klagegegner ist (s. auch *Classen* § 4, Rn 63). In ständiger Rechtsprechung nahm der EuGH früher an, die Union sei **passivlegitimiert** und werde durch das Organ vertreten, das für die Entstehung des geltend gemachten Schadens verantwortlich ist.[122] Inzwischen wird in einigen Urteilen allerdings auch die Ansicht vertreten, die Klage sei direkt gegen das handelnde Organ zu erheben.[123]

54 Bei der Erhebung der Klage und der Durchführung des Verfahrens sind im Übrigen die Bestimmungen der EuGH-Satzung sowie der VerfOen von EuGH und EuG zu beachten (vgl *Classen* § 4, Rn 14 ff).

bb) Verhältnis zum nationalen Rechtsschutz

55 Für Klagen aus außervertraglicher Haftung gegen die Union sind die nationalen Gerichte nicht zuständig.[124] Nach der Rechtsprechung des EuGH verwehren es die Regelungen der Art. 268, 274, 340 Abs. 2 AEUV einem nationalen Gericht, gegenüber einem der Organe der EG im Hinblick auf die spätere Erhebung einer Klage aus außervertraglicher Haftung ein Begutachtungsverfahren anzuordnen, um die Rolle des Organs bei Ereignissen zu bestimmen, die einen Schaden verursacht haben sollen.[125]

56 Soweit Schäden beim indirekten Vollzug von Unionsrecht verursacht werden, muss zunächst der nationale Rechtsweg erschöpft sein.[126] Dies ergibt sich schon daraus, dass der EuGH für Handlungen der nationalen Verwaltungsbehörden nicht zuständig ist. Erweist sich jedoch, dass das schadensverursachende Element auf der Ebene der Union liegt, ist eine Klage nach Art. 268 AEUV einschlägig.

---

117 S. nur EuG, Rs. T-485/93 (Louis Dreyfus), Slg 1996, II-1101, Rn 67 f.
118 *Ehricke*, in: Streinz, Art. 268 AEUV, Rn 3.
119 *Cremer*, in: Calliess/Ruffert, Art. 268 AEUV, Rn 2.
120 EuGH, Rs. 18/74 (Allgemeiner Gewerkschaftsbund), Slg 1974, 933, Rn 5 ff.
121 Vgl *Ehricke*, in: Streinz, Art. 268 AEUV, Rn 6.
122 EuGH, Rs. C-63/72 (Werhahn), Slg 1973, 1229, Rn 8; Rs. C-308/87 (Grifoni), Slg 1990, I-1203, Rn 1.
123 So etwa EuGH, verb. Rs. C-104/89 und C-37/90 (Mulder II), Slg 1992, I-3061; EuG, Rs. T-201/99 (Royal Olympic Cruises), Slg 2000, II-4005, Rn 20; s. zu dieser kontrovers diskutierten Frage auch *Borchardt*, in: Lenz/Borchardt, Art. 268 AEUV, Rn 5; *Ehricke*, in: Streinz, Art. 268 AEUV, Rn 7.
124 Zu Konkurrenzen s. *Ehricke*, in: Streinz, Art. 268 AEUV, Rn 14 mwN und u. Rn 127 ff.
125 EuGH, Rs. 275/00 (First NV/Franex NV), Slg 2002, I-10943 = EuZW 2003, 54 ff.
126 S. nur EuG, Rs. T-167/94 (Nölle), Slg 1995, II-2589, Rn 41.

Soweit Schäden unmittelbar durch von der Union getroffene Entscheidungen entstehen, sind diese nach der Rspr des BGH direkt und ausschließlich gegen die Union geltend zu machen. Der BGH[127] hat dies für das von der EG beschlossene Irak-Embargo entschieden und dabei darauf abgestellt, dass die von der deutschen Bundesregierung im Wege des Verordnungserlasses geschaffenen Straf- und Bußgeldvorschriften keine eigenständige Regelung darstellen würden und deshalb auch keine Zurechenbarkeit des Schadens gegenüber dem deutschen Verordnungsgeber begründen könnten. 57

IV. Haftung EZB – Art. 340 Abs. 3 AEUV

1. Materielle Voraussetzungen

Nach der durch den Maastricht-Vertrag eingefügten Bestimmung greifen die Grundsätze der außervertraglichen Haftung auch, soweit Schäden durch die Europäische Zentralbank oder ihre Bediensteten in Ausübung ihrer Amtstätigkeit verursacht werden. Es gelten grundsätzlich die o.a. Voraussetzungen. 58

2. Prozessuales

Art. 288 Abs. 3 EGV brachte wegen seiner allgemeinen Verweisung auf Art. 288 Abs. 2 EGV zum Ausdruck, dass Art. 235 EGV auch für die außervertragliche Haftung der Europäischen Zentralbank galt und insoweit der Gerichtshof zuständig war.[128] Passivlegitimiert war auch in diesen Verfahren die Union, die jedoch von der Europäischen Zentralbank vertreten wurde, wenn diese oder einer ihrer Bediensteten für einen Schaden verantwortlich war.[129] Nunmehr stellt Art. 340 Abs. 3 AEUV klar, dass die Europäische Zentralbank selbst für solche Schäden aufkommt, die durch sie oder ihre Bediensteten in Ausübung einer Amtstätigkeit verursacht werden. Die Zuständigkeit des EuGH für die außervertragliche Haftung der EZB ist durch den Verweis auf Art. 340 Abs. 3 AEUV in Art. 268 AEUV kodifiziert. 59

V. Persönliche Haftung der Bediensteten – Art. 340 Abs. 4 AEUV

Nach Art. 340 Abs. 4 AEUV bestimmt sich die persönliche Haftung der Bediensteten gegenüber der Union nach den Vorschriften ihres Statuts oder der für sie geltenden Beschäftigungsbestimmungen. Einschlägig sind hier Art. 22 des **Statuts der Beamten der Union** (BeaSt) oder Art. 11, 54, 81, 124 der **Beschäftigungsbedingungen für die sonstigen Bediensteten der Union** (BSB), die auf Art. 22 BeaSt verweisen.[130] 60

Nach Art. 22 S. 1 BeaSt kann der Beamte zum Ersatz desjenigen Schadens herangezogen werden, den die Union durch sein schwerwiegendes Verschulden in Ausübung oder anlässlich der Ausübung seines Amtes erlitten hat. Unter einem schwerwiegenden Verschulden iSv Art. 22 BeaSt sind Vorsatz und grobe Fahrlässigkeit zu verstehen.[131] Zu den Schäden, welche die Union von dem Beamten ersetzt verlangen kann, gehören nicht nur die unmittelbar zugefügten Schäden, sondern auch solche, die der Union daraus erwachsen, dass sie von einem Dritten, gestützt auf einen außervertraglichen Haftungsanspruch, in Anspruch genommen wird.[132] 61

Art. 340 Abs. 4 AEUV erfasst nur Schäden, welche der Union entstehen, nicht dagegen solche, welche der Beamte im Rahmen seiner Amtstätigkeit einem Dritten zufügt. Eine persönliche Haftung 62

127 BGH, EuZW 1994, 219 m.Anm. *Ress*.

128 *Ehricke*, in: Streinz (1. Aufl.), Art. 235 EG, Rn 5 mwN.

129 *Ehricke*, in: Streinz (1. Aufl.), Art. 235 EG, Rn 8.

130 Die aktuelle Fassung des BeaSt sowie des BSB vom 1.1.2005 ist auf der Internetseite der Kommission, Generaldirektion Personal und Verwaltung zugänglich (Link „Veröffentlichungen und Leitlinien"). URL vom 1.3.2005: http://ec.europa.eu/civil_service/docs/toc100_de.pdf.

131 *Gilsdorf/Niejahr*, in: von der Groeben/Schwarze, Art. 288 EG, Rn 104; *Lageard*, in: Lenz/Borchardt, Art. 340 AEUV, Rn 38; *Ruffert*, in: Calliess/Ruffert, Art. 340 AEUV, Rn 35.

132 *Berg*, in: Schwarze, Art. 340 AEUV, Rn 72; *Gellermann*, in: Streinz, Art. 340 AEUV, Rn 36.

des Beamten für derartige Schäden ist unionsrechtlich nicht vorgesehen.[133] Eine Schlechterstellung des geschädigten Dritten dürfte hierin nicht zu sehen sein, da die fraglichen Schäden entweder im Rahmen der vertraglichen Haftung nach Art. 340 Abs. 1 AEUV oder der außervertraglichen Haftung gemäß Art. 340 Abs. 2 AEUV von der Union übernommen werden. Für Schäden, die der Beamte außerhalb seiner Amtstätigkeit verursacht, haftet er stets nach nationalem Zivilrecht.[134]

VI. Art. 188 EAG

63 Mit Ausnahme von Art. 340 Abs. 3 AEUV, welcher die Haftung der Union für Schäden betrifft, die durch die Europäische Zentralbank oder ihre Bediensteten verursacht werden (siehe oben Rn 15), sind die Regelungen in Art. 340 AEUV und Art. 188 EAG identisch. Auch befinden sich beide Normen im jeweiligen Vertragsteil der „Allgemeinen Bestimmungen".[135] Aufgrund der funktionellen Einheit zwischen den Normenkomplexen des AEUV und des EAG,[136] welche sich in einer strukturellen Gleichheit, insbesondere aber auch in der gemeinsamen organisationsrechtlichen Grundlage niederschlagen, sind die Gründungsverträge als Teile eines umfassenden Gesamtvertrages aufzufassen, so dass zwischen ihnen die Regeln der systematischen Auslegung zur Anwendung gelangen können.[137] Folglich sind Art. 340 AEUV und Art. 188 EAG angesichts ihres praktisch identischen Wortlautes und ihrer gleichen systematischen Stellung im jeweiligen Vertragswerk einheitlich auszulegen. Das zu Art. 340 AEUV Gesagte gilt folglich entsprechend für Art. 188 EAG und damit für die Haftung der EAG.

VII. Haftung der Union als Dienstherr

64 Schadensersatzprozesse zwischen einem Beamten oder sonstigen Bediensteten der Union und dessen Anstellungsbehörde, die im Dienstverhältnis wurzeln, fallen nicht in den Anwendungsbereich des Art. 340 AEUV, sondern bestimmen sich nach Art. 270 AEUV iVm Art. 91 BeaSt sowie Art. 46, 73 und 117 BSB.[138] Die Bedingungen und Grenzen des Rechtsschutzes werden durch die einschlägigen Bestimmungen des BeaSt und des BSB geregelt, wohingegen Art. 270 AEUV ausschließlich eine Zuständigkeitsregel darstellt, ohne zugleich eine eigene Klageart zu begründen.[139] Für dienstrechtliche Streitigkeiten wurde durch Beschluss des Rates vom 2.11.2004[140] das Gericht für den öffentlichen Dienst der Europäischen Union (EuGöD) errichtet, welches ein Fachgericht iSd Art. 257 AEUV ist. Gemäß Art. 256 Abs. 2 AEUV fungiert das EuG als Rechtsmittelinstanz. Eine Überprüfung der Entscheidungen des EuG durch den EuGH ist nach Art. 256 Abs. 2 S. 2 AEUV nur bei einer ernsten Gefahr für die Einheit oder Kohärenz des Unionsrechts vorgesehen.[141]

65 **Klageberechtigt** iSv Art. 270 AEUV sind alle Personen, die Rechte aus dem BeaSt oder dem BSB geltend machen können,[142] also insbesondere Beamte der Union (Art. 1 BeaSt), Bedienstete auf Zeit (Art. 11 BSB), Hilfskräfte (Art. 54 BSB), Vertragsbedienstete (Art. 81 BSB), und Sonderberater (Art. 124 BSB).

---

133 *Gellermann*, in: Streinz, Art. 340 AEUV, Rn 37. Vgl ferner Art. 12 lit. a) des Protokolls über die Vorrechte und Befreiungen vom 8.4.1965 (ABl. 1967 L 152/14), der die Beamten und sonstigen Bediensteten der Gemeinschaften „im Hoheitsgebiet jedes Mitgliedstaats […] von der Gerichtsbarkeit bezüglich der von ihnen in amtlicher Eigenschaft vorgenommenen Handlungen, einschließlich ihrer mündlichen und schriftlichen Äußerungen", befreit.

134 *von Bogdandy/Jacob,* in: Grabitz/Hilf, Art. 340 AEUV, Rn 140.

135 AEUV: „Siebter Teil. Allgemeine und Schlussbestimmungen". EAG: „Fünfter Titel. Allgemeine Bestimmungen".

136 EuGH, verb. Rs. 27 und 39/59 (Campolongo), Slg 1960, 819, 849.

137 Vgl EuGH, Rs. 101/63 (Wagner), Slg 1964, 430, 432; *Bieber/Epiney/Haag*, § 6, Rn 14; *Bleckmann*, EuR 1978, 95, 103.

138 St. Rspr, EuGH, Rs. 9/75 (Meyer-Burckhardt), Slg 1975, 1171, 1181; Rs. 48/6 (Reinarz), Slg 1977, 291, 298; Rs. 317/85 (Pomar), Slg 1987, 2467, 2470; Rs. 401/85 (Schina), Slg 1987, 3911, 3929; verb. Rs. T-17, 21 und 25/89 (Brazzelli Lualdi), Slg 1992, II-293, Rn 35.

139 *Ehricke*, in: Streinz, Art. 270 AEUV, Rn 2.

140 Ratsbeschluss 2004/752/EG, Euratom vom 2. 11. 2004, ABl. 2004 L 333/7.

141 *Ehricke*, in: Streinz, Art. 270 AEUV, Rn 3.

142 EuGH, Rs. 12/84 (Kypreos), Slg 1985, 1005, Rn 4.

Um den Beteiligten die Gelegenheit zu geben, den Streit außergerichtlich zu regeln, ist gemäß Art. 91 Abs. 2 BeaSt die Durchführung eines **Vorverfahrens** zwingende Zulässigkeitsvoraussetzung für eine dienstrechtliche Klage nach Art. 270 AEUV, es sei denn, dass der Zweck des Vorverfahrens von vornherein nicht erreicht werden kann.[143] Das Vorverfahren grenzt zugleich den Streitgegenstand für eine spätere Klageerhebung ein.[144] 66

Gemäß Art. 91 Abs. 3 BeaSt kann eine dienstrechtliche Klage nur innerhalb einer **Frist** von drei Monaten erhoben werden. Die Frist beginnt am Tag der Mitteilung der Entscheidung aus dem Vorverfahren (Art. 91 Abs. 3 1. Spiegelstrich BeaSt). Entscheidet die Anstellungsbehörde im Vorverfahren nicht innerhalb von vier Monaten ausdrücklich oder stillschweigend über den Antrag, so beginnt die Klagefrist an dem Tag, an dem die Beantwortungsfrist abläuft (Art. 91 Abs. 3 1. Spiegelstrich iVm Art. 91 Abs. 2 aE BeaSt). Ergeht in diesem Fall innerhalb der Klagefrist doch noch eine Entscheidung, so beginnt die Klagefrist von dem Tag an neu zu laufen (Art. 91 Abs. 3 1. Spiegelstrich BeaSt). 67

Die **materiellrechtlichen Voraussetzungen** einer Haftung der Union als Dienstherr sind unionsrechtlich nicht normiert, sondern von der Rechtsprechung aus allgemeinen Rechtsgrundsätzen entwickelt worden.[145] Demnach besteht eine Haftung der Union dann, wenn ein pflichtwidriges, der Union zurechenbares Verhalten einen Schaden verursacht.[146] Statt des Begriffs der Pflichtwidrigkeit[147] verwendet die Rechtsprechung zuweilen auch die Begriffe der Rechtswidrigkeit[148] sowie des Amtsfehlers.[149] In der *Rs. Brazzelli* gebrauchte das EuG die Ausdrücke „Pflichtwidrigkeit“[150] und „Amtsfehler“[151] synonym, während GA Lenz im Revisionsverfahren in derselben Rechtssache ausführte, ein Amtsfehler liege immer dann vor, wenn das Verhalten des Organs rechtswidrig war.[152] Der EuGH wiederum stellte in seiner anschließenden Entscheidung[153] klar, dass das EuG, indem es auf die „Pflichtwidrigkeit“ des Organverhaltens abstellte, nicht von der Rechtsprechung des EuGH in der *Rs. Delauche* abgewichen sei, wonach es auf die „Rechtswidrigkeit“ des Organverhaltens ankommen soll.[154] Es kann folglich festgehalten werden, dass es sich bei den Begriffen der Pflichtwidrigkeit, der Rechtswidrigkeit sowie des Amtsfehlers um Rechtsbegriffe identischen Inhalts handelt. In Ermangelung eines zusätzlichen Verschuldenselementes decken sich die Begriffe darüber hinaus mit dem Rechtswidrigkeitsbegriff des Art. 340 Abs. 2 AEUV.[155] 68

Für die **Pflicht- bzw Rechtswidrigkeit eines Organverhaltens** sind hier insbesondere die Vorschriften des BeaSt und des BSB sowie die vom EuGH entwickelten allgemeinen Rechtsgrundsätze von großer Bedeutung.[156] Zu den einschlägigen Rechtsgrundsätzen gehören etwa der allgemeine Gleichheitssatz, der Grundsatz des Vertrauensschutzes, der Grundsatz von Treu und Glauben, der Anspruch auf rechtliches Gehör, die Fürsorgepflicht des Dienstherrn, die politischen Grundrechte, der Grundsatz der Begründungspflicht sowie das Verhältnismäßigkeitsprinzip.[157] Der Umfang der gerichtlichen Prüfung beschränkt sich auf Rechts- und Verfahrensfehler, während Ermessens-, 69

143 *Ehricke*, in: Streinz, Art. 270 AEUV, Rn 12.
144 EuGH, Rs. 58/75 (Sergy), Slg 1976, 1139, Rn 31/34; verb. Rs. T-160 und 161/89 (Kalavros), Slg 1990, II-871, Rn 20.
145 Vgl *Wurmnest*, in: Magnus/Wurmnest, S. 83.
146 St. Rspr, EuGH, Rs. 79/71 (Heinemann), Slg 1972, 579, 590; Rs. 111/86 (Delauche), Slg 1987, 5345, 5364; Rs. C-136/92 P (Brazzelli Lualdi), Slg 1994, I-1981, Rn 42; EuG, Rs. T-20/89 (Moritz), Slg 1990, II-769, Rn 19; Rs. T-59/92 (Caronna), Slg 1993, II-1129, 1163.
147 EuG, verb. Rs. T-17, 21 und 25/89 (Brazzelli Lualdi), Slg 1992, II-293, Rn 35.
148 EuGH, Rs. 111/86 (Delauche), Slg 1987, 5345, 5364; Rs. C-136/92 P (Brazzelli Lualdi), Slg 1994, I-1981, Rn 42.
149 EuGH, Rs. 79/71 (Heinemann), Slg 1972, 579, 590; EuG, Rs. T-59/92 (Caronna), Slg 1993, II-1129, 1163.
150 EuG, verb. Rs. T-17, 21 und 25/89 (Brazzelli Lualdi), Slg 1992, II-293, Rn 35.
151 Ebd., Rn 39; vgl auch EuG, Rs. T-20/89 (Moritz), Slg 1990, II-769, Rn 19.
152 GA Lenz, Rs. C-136/92 P (Brazzelli Lualdi), Slg 1994, I-1981, 1998.
153 EuGH, Rs. C-136/92 P (Brazzelli Lualdi), Slg 1994, I-1981.
154 EuGH, Rs. 111/86 (Delauche), Slg 1987, 5345; Rs. C-136/92 P (Brazzelli Lualdi), Slg 1994, I-1981, Rn 42.
155 *Wurmnest*, in: Magnus/Wurmnest, S. 84. S. auch o. Rn 27 ff.
156 *Ehricke*, in: Streinz, Art. 270 AEUV, Rn 16.
157 *Ehricke*, in: Streinz, Art. 270 AEUV, Rn 16 mwN.

Zweckmäßigkeits- und Beurteilungserwägungen, außer im Falle vermögensrechtlicher Streitigkeiten gemäß Art. 91 Abs. 1 S. 2 BeaSt, ausgenommen sind.[158]

70 Für **Streitigkeiten außerhalb des Dienstverhältnisses** bleiben Art. 340 AEUV, 188 EAG die einschlägigen Normen.[159]

VIII. Völkerrechtliche Haftung

71 Im Gegenschluss zu Art. 335 AEUV, 185 EAG, welche die Rechts- und Geschäftsfähigkeit der Union und der EAG auf mitgliedstaatlicher Ebene regeln, ist Art. 47 EUV, 184 EAG[160] zu entnehmen, dass der Union auch **Völkerrechtspersönlichkeit** zukommt.[161] Da die Union und die EAG demnach Träger völkerrechtlicher Rechte und Pflichten sind, sind sie aus völkerrechtlicher Sicht notwendigerweise auch als eigenes Haftungssubjekt zu betrachten.[162] Diese Rechtsfolge ist auch von Art. 47 EUV, 184 EAG beabsichtigt. Zu beachten ist jedoch, dass Art. 47 EUV, 184 EAG nur die Vertragsstaaten binden. Sie können dritten Völkerrechtssubjekten gegenüber nur dann Wirkung entfalten, wenn diese die Union bzw. die Atomgemeinschaft anerkannt haben.[163]

72 Bei der Haftung der Union und der EAG gegenüber Rechtssubjekten, die nicht der EU angehören, ist zwischen völkerrechtlicher und privatrechtlicher Haftung einerseits, zwischen vertraglicher und sonstiger Haftung andererseits zu unterscheiden.[164] Während die völkerrechtliche Haftung an hoheitliches Handeln der Völkerrechtssubjekte (acta iure imperii), etwa an den Abschluss eines völkerrechtlichen Vertrages oder an andere Handlungen anknüpft, die zum typisch völkerrechtlichen Tätigkeitskreis des Völkerrechtssubjektes gehören, greift die privatrechtliche Haftung nur bei nichthoheitlichem Handeln (acta iure gestionis) ein, also insbesondere auch beim Abschluss privatrechtlicher Verträge.[165]

73 Die völkerrechtliche vertragliche Haftung bestimmt sich – ähnlich wie die vertragliche Haftung der Union gemäß Art. 340 Abs. 1 AEUV, 188 Abs. 1 EAG (siehe hierzu oben Rn 7) – zunächst nach dem Inhalt des jeweiligen Vertrages.[166] Enthält dieser keine speziellen Haftungsregelungen für eine Verletzung der vertraglichen Pflichten, so gelangen die allgemeinen Grundsätze der völkerrechtlichen Verantwortlichkeit zur Anwendung, die ebenso im Falle der außervertraglichen Haftung greifen.[167] Nach diesen Grundsätzen haften internationale Organisationen ebenso wie Staaten für völkerrechtliche Rechtsverletzungen ihrer Organe.[168] Eine völkerrechtliche Rechtsverletzung liegt dann vor, wenn das Handeln oder Unterlassen der internationalen Organisation zuzurechnen ist und den Bruch einer völkerrechtlichen Verpflichtung darstellt.[169] Als Rechtsgrundlage einer solchen Verpflichtung kommen alle Rechtsquellen des Völkerrechts in Betracht, also insbesondere auch völkerrechtliche Verträge.[170] In Bezug auf völkerrechtliche Verträge ist völkergewohnheits-

---

158 *Ehricke*, in: Streinz, Art. 270 AEUV, Rn 17 f.

159 *Wurmnest*, in: Magnus/Wurmnest, S. 75.

160 Bei Art. 184, 185 EAG handelt es sich um wortgleiche Parallelvorschriften zu Art. 47 EUV, 335 AEUV, so dass alle Ausführungen zu den letztgenannten Vorschriften auf die erstgenannten übertragen werden können.

161 *Kokott*, in: Streinz, Art. 47 EUV, Rn 1; *Terhechte*, in: Schwarze, Art. 47 EUV, Rn 1 zur Rechtspersönlichkeit der Union.

162 *Ipsen*, in: ders., § 31, Rn 40.

163 *Kokott*, in: Streinz, Art. 47 EUV, Rn 6; *Terhechte*, in: Schwarze, Art. 47 EUV, Rn 3.

164 *Kokott*, in: Streinz, Art. 47 EUV, Rn 31; ebenso *Tomuschat*, in: von der Groeben/Schwarze, Art. 281 EG, Fn 100, der zudem auf die ebenfalls erforderliche Unterscheidung zwischen völkerrechtlicher und privatrechtlicher Haftung hinweist. Zur privatrechtlichen Haftung der Union s.o. Rn 5 ff.

165 *Ebenroth/Fuhrmann*, JZ 1989, 211, 215.

166 Vgl *Kokott*, in: Streinz, Art. 47 EUV, Rn 31; zur „Haftung der Europäischen Gemeinschaft für Verstöße gegen das WTO-Recht" s. *Höher*, 2005.

167 Die Haftung der Union für völkerrechtliche Delikte ist in AEUV und EAG nicht geregelt. Da AEUV und EAG ohnehin nur die Vertragsstaaten binden, käme einer derartigen Regelung auch keine völkerrechtliche Verbindlichkeit gegenüber dritten Völkerrechtssubjekten zu.

168 *Ipsen*, in: ders., § 31, Rn 40; *Oppermann/Classen/Nettesheim*, Europarecht, 2011, § 14, Rn 1.

169 *Dahm/Delbrück/Wolfrum*, S. 873 mwN.

170 *Dahm/Delbrück/Wolfrum*, S. 874.

rechtlich anerkannt, dass eine erhebliche Vertragsverletzung die vertragstreue(n) Partei(en) berechtigt, den Vertrag zu beenden oder ganz bzw teilweise zu suspendieren.[171]

Aus der **Verletzung völkerrechtlicher nicht-vertraglicher Pflichten** haftet die Union nur insoweit, als die entsprechende Pflicht auch für internationale Organisationen gilt.[172] Gegenüber Völkerrechtssubjekten, welche die Union nicht anerkannt haben, kann der Haftungsdurchgriff auf die Mitgliedstaaten nicht ausgeschlossen werden (ebd vgl aber unten Rn 75). 74

Umstritten ist, ob die **Mitgliedstaaten** einer internationalen Organisation für die von dieser eingegangenen zivilrechtlichen Verbindlichkeiten haften.[173] Da soweit ersichtlich weder das geschriebene Völkerrecht noch das Völkergewohnheitsrecht einen entsprechenden Haftungsdurchgriff legitimieren, ist die Frage jedoch zu verneinen. Dem kann auch nicht Art. 218 Abs. 7 AEUV entgegengehalten werden, der lediglich unionsinterne Bedeutung hat. Ausnahmsweise könnte zwar ein Haftungsdurchgriff dann in Betracht kommen, wenn die Mitgliedstaaten durch pflichtwidriges Verhalten kausal zur Zahlungsunfähigkeit der internationalen Organisation beigetragen haben, wie dies im Falle des Zusammenbruchs des Zinnrates 1985 diskutiert wurde. Diese Fallkonstellation dürfte im Falle der Union aber kaum realistisch sein, zumal diese sich vorwiegend aus Eigenmitteln finanziert.[174] Denkbar ist ein Haftungsdurchgriff bei den von der Union und den Mitgliedstaaten geschlossenen gemischten Abkommen, sofern die Trennung der jeweiligen Kompetenzbereiche gegenüber den Vertragspartnern nicht sichtbar gemacht wurde.[175] 75

Nach den **allgemeinen völkerrechtlichen Streitbeilegungsregeln**[176] können völkerrechtliche Ansprüche vor ad-hoc-Schiedsgerichten, ständigen Schiedsgerichten oder dem Internationalen Gerichtshof geltend gemacht werden. Da der IGH nur für Rechtsstreitigkeiten zwischen UN-Mitgliedstaaten und Unterzeichnern des IGH-Statuts zuständig ist (Art. 93 UN-Charta, Art. 35 Abs. 1 IGHS), kommen für die gerichtliche Durchsetzung völkerrechtlicher Haftungsansprüche gegenüber der Union nur Schiedsgerichte in Betracht. Da im Völkerrecht kein über den Staaten stehender Richter existiert, bedarf es eines besonderen Einwilligungsaktes der Streitparteien, welcher die Jurisdiktionsgewalt des Schiedsgerichtes begründet; dieser Einwilligungsakt kann ad-hoc anlässlich eines Rechtsstreites oder, in Form von Schiedsklauseln oder eigenständigen Schiedsverträgen, im Vorhinein für künftige Streitigkeiten erfolgen.[177] Abweichend von den gängigen völkerrechtlichen Instrumenten gestattet es Art. 272 AEUV der Union, in ihren völkerrechtlichen Verträgen durch eine Schiedsklausel die Zuständigkeit des EuGH zu vereinbaren.[178] Dieser wird jedoch nicht als Schiedsgericht im herkömmlichen Sinne, sondern als Unionsorgan tätig, so dass etwa die Besetzung des Spruchkörpers und das anwendbare Verfahren nicht zur Disposition der Parteien stehen.[179] 76

IX. Vergleich mit den Regelungen des EG-Vertrages

Im **Vertrag über die Arbeitsweise der Europäischen Union**[180] findet sich in leicht modifizierter Form der ehemalige Art. 288 EGV als Art. 340 AEUV wieder. Im ersten Absatz wird lediglich der Begriff der Gemeinschaft durch den der Union ersetzt. Gleiches gilt für Absatz 2 und Absatz 4. 77

In Art. 340 Absatz 3 AEUV heißt es, dass abweichend von Absatz 2 die Europäische Zentralbank den durch sie oder ihre Bediensteten in Ausübung ihrer Amtstätigkeit verursachten Schaden nach den allgemeinen Rechtsgrundsätzen ersetzt, die den Rechtsordnungen der Mitgliedstaaten gemein- 78

171 *Dahm/Delbrück/Wolfrum*, S. 732.
172 *Terhechte*, in: Schwarze, Art. 47 EUV, Rn 13.
173 Vgl *Ebenroth/Fuhrmann*, JZ 1989, 211 ff; *Hartwig*, Die Haftung der Mitgliedstaaten für internationale Organisationen, 1993, S. 292 ff; *Ipsen*, in: ders., § 31, Rn 41 ff.
174 *Kokott*, in: Streinz, Art. 47 EUV, Rn 34; *Dörr*, in: Grabitz/Hilf, Art. 47 EUV, Rn 66.
175 *Kokott*, in: Streinz, Art. 47 EUV, Rn 32; *Dörr*, in: Grabitz/Hilf, Art. 47 EUV, Rn 66.
176 Vgl *Schröder*, in: Graf Vitzthum, Kap. 7, Rn 57 ff.
177 *Schröder*, in: Graf Vitzthum, Kap. 7, Rn 74 ff.
178 Art. 272 AEUV spricht wörtlich nur von privatrechtlichen oder öffentlich-rechtlichen Verträgen. Zu letzteren zählen jedoch nach hM auch völkerrechtliche Verträge, s. etwa *Ehricke*, in: Streinz, Art. 272 AEUV, Rn 6 mwN.
179 *Schwarze*, in: Schwarze, Art. 272 AEUV, Rn 3.
180 ABl. EG 2008 C 115, S. 47 ff.

sam sind. Änderungen bezüglich des Haftungsmaßstabes sind damit nicht verbunden. Denn auch bislang war durch die Formulierung des Art. 288 Abs. 2 EGV, dass in gleicher Weise wie in Abs. 2 der durch die Europäische Zentralbank (EZB) oder ihre Bediensteten in Ausübung ihrer Amtstätigkeit verursachte Schaden zu ersetzen ist, die Orientierung an den Rechtsordnungen der Mitgliedstaaten vorgegeben. Durch die Neuformulierung soll jedoch deutlich gemacht werden, dass die Europäische Zentralbank für den durch sie oder ihre Bediensteten verursachten Deliktsschaden selbst haften soll und nicht die Union als Ganzes.[181]

79 Die Regelung zur Zuständigkeit des EuGH ist in Art. 268 AEUV enthalten.

80 Im 3. Protokoll zur Festlegung der Satzung des Gerichtshofs der Europäischen Union wurde in Art. 46 festgelegt, dass die aus außervertraglicher Haftung der Union und der Europäischen Zentralbank hergeleiteten Ansprüche in fünf Jahren nach Eintritt des Ereignisses, das ihnen zugrunde liegt, verjähren. Durch Einreichung der Klageschrift beim EuGH oder bei Geltendmachung des Anspruchs gegenüber den zuständigen Organen der Union wird die Verjährung unterbrochen. In letzterem Fall gilt eine Klagefrist von zwei Monaten. Zuvor muss nach Maßgabe des Art. II-365 der Verfassung (EVV) die betroffene Stelle aufgefordert werden, tätig zu werden.

81 Mit Ausnahme der Einbeziehung der Europäischen Zentralbank entspricht die Regelung den bisherigen Festlegungen (siehe oben Rn 47).

82 In Art. 35 Absatz 3 des Protokolls zur Festlegung der Satzung des Europäischen Systems der Zentralbanken und der Europäischen Zentralbank wird darauf verwiesen, dass die Europäische Zentralbank der Haftungsregelung des Art. III-431 EVV unterliegt und die Haftung der nationalen Zentralbanken sich nach dem jeweiligen innerstaatlichen Recht richtet.

C. Haftung der Mitgliedstaaten

I. Überblick

83 Obwohl in den EU-Verträgen eine ausdrückliche Regelung nicht vorhanden ist, hat der EuGH, erstmals in der Francovich-Entscheidung,[182] eine Haftung der Mitgliedstaaten bei Verstößen gegen das Gemeinschaftsrecht anerkannt. Während in der Francovich-Entscheidung im Kern die Haftung wegen der Nichtumsetzung einer Richtlinie im Zentrum stand, haben spätere Entscheidungen des EuGH die Haftung auch für Verstöße des Gesetzgebers gegen primäres Gemeinschaftsrecht[183] sowie für administratives[184] und judikatives Unrecht[185] zuerkannt.

II. Europarechtliche Haftungsvoraussetzungen

1. Grundlagen

84 In der 1991 ergangenen **Francovich-Entscheidung** stellte der EuGH fest, dass aus dem Wesen der mit dem EG-Vertrag geschaffenen Rechtsgrundlage der Grundsatz einer Haftung der Mitgliedstaaten für Schadensfälle abzuleiten sei, die dem Einzelnen dadurch entstehen, dass ein Mitgliedstaat gegen das Gemeinschaftsrecht verstößt. Der Haftungsanspruch wurde dabei nicht auf den der Entscheidung zu Grunde liegenden Fall der Nichtumsetzung einer Richtlinie beschränkt, sondern ausdrücklich als allgemein im Gemeinschaftsrecht wurzelnder Anspruch statuiert.[186] Begründet wurde der Anspruch damit, dass ohne ein derartiges Instrument nicht nur die volle Wirksamkeit der gemeinschaftsrechtlichen Bestimmungen gefährdet würde, sondern auch der durch die Gemeinschaftsregelungen begründete Schutz individueller Rechte.

181 BT-Drucks. 983/04, S. 288.
182 EuGH, verb. Rs. C-6 und 9/90 (Francovich), Slg 1991, I-5357, Rn 31 ff; *Wurmnest*, in: Magnus/Wurmnest, S. 47 ff, 57.
183 *EuGH, verb. Rs. C-46 und 48/93* (Brasserie du Pêcheur/Factortame), Slg 1996, I-1029, Rn 20 ff, insb. 22.
184 EuGH, Rs. C-5/94 (Hedley Lomas), Slg 1996, I-2553, Rn 24 ff, insb. 26.
185 EuGH, Rs. C-224/01 (Köbler), Slg 2003, I-10239, Rn 30-59, 121-124.
186 So ausdrücklich EuGH, verb. Rs. C-6 und 9/90 (Francovich), Slg 1991, I-5357, Rn 38.

Als weitere Grundlage wurde die sich ehedem aus ex Art. 10 EGV ergebende und nunmehr in **Art. 4 Abs. 3 Unterabs. 2 EUV** verankerte Verpflichtung der Mitgliedstaaten zur Behebung der rechtswidrigen Folgen eines Verstoßes gegen das Unionsrecht angeführt.[187] Auch in der Entscheidung Brasserie du Pêcheur/Factortame stützte sich der EuGH auf die genannten Grundlagen. Zusätzlich wurde jedoch auch Art. 215 Abs. 2 EGV Maastrichter Fassung, der heutige Art. 340 Abs. 2 AEUV angeführt[188] und damit Bezug genommen auf die Haftung der Gemeinschaft für die Verletzung des Gemeinschaftsrechts durch eines ihrer Organe. 85

In seinen neueren Entscheidungen stellt der EuGH nur noch darauf ab, dass der Haftungsanspruch aus dem Wesen der mit dem Vertrag geschaffenen Rechtsordnung folge.[189] 86

In der **deutschen Literatur** stieß die Francovich-Entscheidung des EuGH auf geteilte Reaktionen. Viele sahen das Urteil als wichtigen Beitrag zur Wirksamkeit des Gemeinschaftsrechts an.[190] Andere dagegen kritisierten, dass der EuGH seine Befugnis zur Rechtsetzung deutlich überschritten habe.[191] Eine nicht unerhebliche Rolle dürfte bei der Kritik auch die für die Rechtsprechung des EuGH typische apodiktische Argumentation gespielt haben.[192] Der EuGH selbst stellte sich in der Entscheidung Brasserie du Pêcheur/Factortame auf den Standpunkt, dass lediglich die Auslegung des Vertrages betroffen sei, die als solche in die Zuständigkeit des Gerichts falle.[193] Selbst wenn man sich aber mitunter durchaus Urteilsbegründungen wünschen würde, welche stärker auf die Überzeugung der Urteilsunterworfenen ausgerichtet sind, darf gerade im Hinblick auf Staatshaftungsansprüche nicht vergessen werden, dass in Deutschland ebenfalls wichtige Anspruchsgrundlagen wie die Institute des enteignungsgleichen und des enteignenden Eingriffs allein richterrechtlich begründet sind. Die Diskussion konzentriert sich denn auch mittlerweile lediglich auf die Ausgestaltung des Anspruchs im Einzelnen. Der Grundkonflikt der Zuständigkeitsverteilung zwischen Union und Mitgliedstaaten und die Bewahrung des zwischen ihnen bestehenden institutionellen Gleichgewichts sollte aber auch in diesem Rahmen Berücksichtigung finden. 87

2. Haftungsbegründende Voraussetzungen

a) Verstoß gegen Unionsrecht

aa) Grundsätze

Vom Grundsatz her greift die Haftung der Mitgliedstaaten bei Verstößen gegen Unionsrecht unabhängig davon ein, welches mitgliedstaatliche Organ durch sein Handeln oder Unterlassen den Verstoß begangen hat.[194] 88

Mitgliedstaaten können auf unterschiedliche Weise in haftungsbegründender Form gegen das Unionsrecht verstoßen. In den häufigsten Fällen dürfte die Nichtumsetzung von Richtlinien der Auslöser sein. Im Kern handelt es sich dabei um die Haftung wegen eines Unterlassens des nationalen Gesetzgebers und damit an sich um eine Form der Haftung für legislatives Unrecht. Gleichwohl ist zwischen beiden Formen zu unterscheiden. Seinen Grund hat dies darin, dass sich die nationalen Gesetzgeber bei der Umsetzung von Richtlinien eher in einer ausführenden Position befinden, die der Rolle eines Verwaltungsträgers vergleichbar ist.[195] Daneben betreffen die eigentlichen Fälle 89

187 EuGH, verb. Rs. C-6 und 9/90 (Francovich), Slg 1991, I-5357, Rn 36 unter Verweis auf EuGH, Rs. 6/60 (Humblet), Slg 1960, 1163.

188 EuGH, verb. Rs. C-46 und 48/93 (Brasserie du Pêcheur/Factortame), Slg 1996, I-1029, Rn 40 ff.

189 S. nur EuGH, Rs. C-224/01 (Köbler), Slg 2003, I-10239, Rn 30 mwN; s. auch EuGH, Rs. C-5/94 (Hedley Lomas), Slg 1996, I-2553, Rn 24.

190 S. nur *Zuleeg*, VVDStRL 53 (1993), 154, 182 f mwN; aus der umfangreichen Lit. zur Francovich-Entscheidung s. nur *Albers*, Die Haftung der Bundesrepublik Deutschland für die Nichtumsetzung von EG-Richtlinien, 1995, S. 72 ff; *Nettesheim*, DÖV 1992, 999, 1000; *Streinz*, Jura 1995, 6 ff; mwN. *Böhm*, JZ 1997, 53, 54 f.

191 S. insb. *Ossenbühl*, DVBl. 1992, 993, 995 f; *von Danwitz*, JZ 1994, 335, 340 f.

192 Instruktiv zur Arbeitsweise des EuGH *Everling*, EuR 1994, 127 ff.

193 EuGH, verb. Rs. C-46 und 48/93 (Brasserie du Pêcheur/Factortame), Slg 1996, I-1029, Rn 30; zustimmend *Ehlers*, JZ 1996, 776, 777.

194 S. nur EuGH Rs. C-224/01 (Köbler), Slg 2003, I-10239, Rn 31 mwN.

195 In diesem Sinne GA Mischo, verb. Rs. C-6 und 9/90 (Francovich), Slg 1991, I-5357, 5385.

potentiellen legislativen Unrechts Verstöße originär nationaler Rechtsvorschriften gegen höherrangiges Unionsrecht. Haftungsbegründend kann neben Legislativakten auch ein Handeln oder Unterlassen von Verwaltung und Gerichten sein.

90 Nach der Rechtsprechung des BGH kommt es nicht allein auf das Ergebnis der Beeinträchtigung einer im Kern unionsrechtlichen Rechtsposition an, sondern auch darauf, dass der konkrete Rechtsverstoß, der diese Haftung auslöst, dem Unionsrecht zuzuordnen sein muss, damit die unionsrechtlichen Regeln über die Staatshaftung anzuwenden sind.[196]

bb) Haftung für legislatives Unrecht

91 Eine Haftung für legislatives Unrecht kommt insbesondere bei Verstößen gegen das primäre Unionsrecht in Betracht. Zentral dafür war die **Entscheidung Brasserie du Pêcheur/Factortame.**[197] Danach kann der nationale Gesetzgeber haftbar gemacht werden, wenn er die ihm wegen des Vorranges des Gemeinschaftsrechts (jetzt Unionsrecht) obliegende Pflicht verletzt, dem Gemeinschaftsrecht widersprechendes nationales Recht zu ändern.

92 Unter Hinweis auf die einheitliche Anwendung des Gemeinschaftsrechts stellte der EuGH darauf ab, dass die Mitgliedstaaten sich nicht auf interne Vorschriften über die Verteilung der Zuständigkeiten der Verfassungsorgane berufen könnten. Folglich könne auch ein Verstoß des Gesetzgebers Haftungsansprüche auslösen (Rn 32 ff). In der Literatur war schon vor der Entscheidung ein derartiger Anspruch als mögliche Fallgruppe des gemeinschaftsrechtlichen Staatshaftungsanspruchs genannt worden.[198] Nach der Entscheidung Brasserie du Pêcheur/Factortame hat sich die Staatshaftung an der zum damaligen Zeitpunkt in Art. 215 Abs. 2 EGV, nunmehr Art. 340 Abs. 2 AEUV festgelegten Haftung der Union zu orientieren.[199] Die Voraussetzungen für die Begründung der Haftung des Staates für Schäden, die dem Einzelnen wegen Verstoßes gegen das Unionsrecht entstehen, darf sich demnach nicht ohne besonderen Grund von den Voraussetzungen unterscheiden, die für die Haftung der Union unter vergleichbaren Umständen gelten. Ausdrücklich stellt der EuGH fest, dass der Schutz der Rechte, die der Einzelne aus dem Unionsrecht herleitet, nicht von der handelnden Stelle abhängig gemacht werden kann, die den Schaden verursacht hat. Damit wird zu Recht auf die erforderliche parallele Behandlung von Haftungsansprüchen gegen die Union und gegen die Mitgliedstaaten verwiesen. Die Haftungsregelung des AEUV nennt als Maßstab die allgemeinen Rechtsgrundsätze, die den Rechtsordnungen der Mitgliedstaaten gemeinsam sind und will damit diese in die Ableitung von Ansprüchen eingebunden wissen.

93 Jedenfalls in **Deutschland** sind Haftungsansprüche für legislatives Unrecht nur in engem Umfang anerkannt.[200] Überwiegend wird davon ausgegangen, dass durch die Gesetzgebung Interessen der Allgemeinheit und nicht solche von Individuen berührt werden. Auch in Folge der EuGH-Entscheidungen zum gemeinschaftsrechtlichen Haftungsanspruch hat sich daran wenig geändert. Die Rechtsprechung des EuGH ist insofern nicht unproblematisch, als es häufig nicht ohne weiteres erkennbar sein wird, ob durch eine nationale Rechtsvorschrift Vorschriften des Vertrages, insbesondere die Bestimmungen zu den Grundfreiheiten verletzt werden. Die Problematik verliert allerdings insofern an Schärfe, als es bislang nur dann zur Anerkennung von Haftungsansprüchen für legislatives Unrecht gekommen ist, wenn bereits zuvor eine Rechtsverletzung durch den EuGH festgestellt worden war.

94 So war es auch in der Entscheidung Brasserie du Pêcheur. Erst nachdem zuvor ein Vertragsverstoß durch das deutsche Biersteuergesetz festgestellt worden war,[201] wurde in einem zweiten Verfahren

196 BGHZ 146, 153; zustimmend zur Grundaussage, aber kritisch bzgl deren Anwendung im konkreten Fall *Classen*, JZ 2001, 458 ff.

197 EuGH, verb. Rs. C-46 und 48/93 (Brasserie du Pêcheur/Factortame), Slg 1996, I-1029, Rn 20 ff.

198 S. nur *Jarass*, NJW 1994, 881, 884; *Detterbeck*, VerwArch 1994, 159, 197 ff.

199 EuGH, verb. Rs. C-46 und 48/93 (Brasserie du Pêcheur/Factortame), Slg 1996, I-1029, Rn 42.

200 Zu Bauleitplänen: BGHZ 113, 367, 369 f; 108, 224, 227 f; 106, 323, 331 f; 92, 34, 51 ff; 84, 292, 300; NJW 1984, 2519; mwN. *Maurer*, § 26, Rn 19.

201 EuGH, Rs. 178/84 (Kommission/Deutschland), Slg 1987, 1227.

vom Grundsatz her ein Haftungsanspruch anerkannt. Etwas anderes gilt nur dann, wenn sich ein Verstoß bereits aus einer gefestigten Rechtsprechung des EuGH erkennen lässt.[202]

Um legislatives Unrecht iwS handelt es sich auch bei den Fällen der Nichtumsetzung einer EU-Richtlinie durch den nationalen Gesetzgeber (vgl oben Rn 89), welche in der Praxis die Mehrzahl der Staatshaftungsfälle darstellen.[203] 95

Hinsichtlich einer Haftung wegen nicht ordnungsgemäßer Richtlinienumsetzung hat der EuGH inzwischen entschieden, dass eine solche nur bei **offenkundiger und erheblicher Überschreitung** des dem Mitgliedstaat zukommenden Ermessensspielraums in Betracht kommt.[204] Der EuGH stellt damit klar, wann in derartigen Fällen ein hinreichend qualifizierter Normverstoß vorliegt und bekräftigt zugleich, dass die Voraussetzungen einer Haftung der Mitgliedstaaten sich an denjenigen einer Haftung der Union zu orientieren haben (vgl oben Rn 31, 92). 96

cc) Haftung für administratives Unrecht

Schadensersatz auslösend kann auch eine Handlung oder ein Unterlassen der Verwaltung sein. Fraglich ist allerdings, inwieweit eine Haftung auch dann greifen kann, wenn die Verwaltung dadurch gegen Unionsrecht verstößt, dass sie **unionswidriges nationales Recht** anwendet. Betrachtet man allein das deutsche Recht, so ist festzuhalten, dass es keine allgemeine Pflicht der Verwaltung gibt, gegen höherrangiges Recht verstoßende Bestimmungen unangewendet zu lassen. Für Gesetze wird das Verwerfungsmonopol des BVerfG insoweit als vorrangig angesehen.[205] Bei Rechtsverordnungen und Satzungen stehen der Prüfung und Verwerfung durch die Verwaltung Fragen der Kompetenzabgrenzung und der Rechtssicherheit entgegen.[206] 97

Entsprechend wird man aber grundsätzlich auch verfahren müssen, soweit die Anwendung unionswidrigen deutschen Rechts betroffen ist. Zwar geht das Unionsrecht grundsätzlich dem deutschen Recht vor.[207] Dieses vom BVerfG als **Anwendungsvorrang**[208] interpretierte Rangverhältnis hat zur Folge, dass deutsche Vorschriften nicht angewendet werden dürfen, soweit sie dem Unionsrecht widersprechen. Allerdings bezieht sich dieses Anwendungsverbot zunächst auf die Gerichte, bei denen die Pflicht des Art. 100 Abs. 1 GG zur Vorlage an das BVerfG insoweit nicht eingreift. Inwieweit dadurch auch die Verwaltung gebunden ist, ist damit nicht gesagt.[209] Dagegen spricht jedenfalls, dass die Verwaltung anders als Gerichte im Rahmen von Art. 267 AEUV nicht die Möglichkeit hat, eine Vorlage an den EuGH zu richten. Auch Generalanwalt Lenz hat im Fall Fratelli Costanzo[210] entsprechend argumentiert. Der EuGH hat in diesem Fall die Verwaltung allerdings als verpflichtet angesehen, nationales Recht unangewendet zu lassen, wenn dieses nicht in Übereinstimmung mit Bestimmungen des Gemeinschaftsrechts steht,[211] so dass insofern auch eine Staats- 98

202 EuGH, Rs. C-140/97 (Rechberger), Slg 1999, I-3499, Rn 72; s. auch schon EuGH, verb. Rs. C-46 und 48/93 (Brasserie du Pêcheur/Factortame), Slg 1996, I-1029, Rn 65.

203 *Berg*, in: Schwarze, Art. 340 AEUV, Rn 87; zur Haftung wegen verspäteter bzw fehlerhafter Umsetzung von EG-Richtlinien s. auch OLG Köln, RIW 2002, 239 ff und LG Berlin, EuZW 2001, 511 ff; zur Staatshaftung wegen Nichtumsetzung des europäischen Gentechnikrechts s. *Palme*, EuZW 2005, 109 ff.

204 EuGH, Rs. C-278/05 (Carol Marilyn Robins/Secretary of State for Work and Pensions), Slg 2007, I-1053, Rn 75.

205 S. zB *Jarass*, in: Jarass/Pieroth, GG, 2011, Art. 100 GG, Rn 2; *Herzog*, in: Maunz/Dürig, GG, 18. EL 1980, Art. 20 Abschnitt VI, Rn 25 ff, insb. 31; *Sachs*, in: Sachs, Art. 20 GG, Rn 96 f; *Maurer*, § 4, Rn 54 mwN; zur Bindungskraft des Gesetzes *Maurer*, § 4, Rn 63 f; *Sachs*, in: Stelkens/Bonk/Sachs, Verwaltungsverfahrensgesetz, München, 2014, § 44, Rn 84 ff; zum kompetenziellen Verhältnis von Normsetzung und Normanwendung s. *Wehr*, Inzidente Normverwerfung durch die Exekutive, Berlin 1998.

206 *Kopp*, DVBl. 1983, 823 ff mwN; *Degenhart*, Rn 287 ff; *Sachs*, in: Sachs, Art. 20 GG, Rn 112 ff.

207 EuGH st. Rspr, grundlegend EuGH, Rs. 6/64 (Costa/ENEL), Slg 1964, 1251, 1256 f.

208 BVerfGE 73, 339, 374; 89, 191, 204; *Haratsch/König/Pechstein*, Europarecht, 2012, Rn 178 ff; *Schweitzer*, Staatsrecht III, 2010, Rn 42 ff; *Degenhart*, Rn 244 ff.

209 S. nur *Jarass*, S. 103; für eine Übertragung *Streinz*, in: Isensee/Kirchhof (Hrsg.), Hdb des Staatsrechts, 1992, Band VII, § 182, Rn 64.

210 EuGH, Rs. 103/88 (Fratelli Constanzo), Slg 1989, 1839, 1858.

211 EuGH, Rs. 103/88 (Fratelli Constanzo), Slg 1989, 1839, Rn 28 ff, insb. 31.

haftung in Betracht kommt.[212] Die Entscheidung bezog sich jedoch auf einen Fall der unmittelbaren Geltung einer Richtlinie und kann nicht übertragen werden auf Verstöße gegen primäres Unionsrecht. Nur dies gewährleistet auch eine Gleichbehandlung der Haftungsvoraussetzungen bei Verstößen der Union und Verstößen der Mitgliedstaaten.

99 Der EuGH ist bezüglich der Haftung der Union der Auffassung, dass für die Rechtsakte der Unionsorgane grundsätzlich die **Vermutung der Rechtmäßigkeit** spricht.[213] Er geht deshalb davon aus, dass die Akte solange Rechtswirkungen entfalten, wie sie nicht zurückgenommen, im Rahmen einer Nichtigkeitsklage für nichtig erklärt oder infolge eines Vorabentscheidungsersuchens oder einer Rechtswidrigkeitseinrede für ungültig erklärt worden sind.

100 **Ausnahmen** können danach nur bei Rechtsakten angenommen werden, die offensichtlich mit einem so schweren Fehler behaftet sind, dass er von der Unionsordnung nicht geduldet werden kann. Derartige Rechtsakte sind als rechtlich inexistent zu betrachten.[214] Der EuGH begründet seine Auffassung damit, dass durch diese Ausnahme das Gleichgewicht zwischen den Erfordernissen der Stabilität der Rechtsordnung und der Einhaltung der Rechtmäßigkeit gewahrt werde.[215] Die Schwere der Folgen, die mit der Feststellung der Inexistenz eines Rechtsaktes der Unionsorgane verbunden sei, verlange, dass diese Feststellung aus Gründen der Rechtssicherheit ganz außergewöhnlichen Fällen vorbehalten bleibe.

101 Der EuGH gesteht damit den Behörden **kein Verwerfungsrecht für sekundäres Unionsrecht** zu, das gegen das Primärrecht verstößt. Wegen der vergleichbaren Sachlage und der Betroffenheit derselben Rechtsprinzipien liegt es nahe, Verstöße des nationalen Rechts und Verstöße des sekundären Unionsrechts gegen primäres Unionsrecht einheitlich zu behandeln.[216] Allein der Gesichtspunkt einer wirksamen Umsetzung des Unionsrechts könnte eine unterschiedliche Bewertung der gleich gelagerten Konfliktfälle jedenfalls nicht rechtfertigen.[217]

102 Eine Haftung für administratives Unrecht kommt insbesondere bei der Nichtumsetzung von Richtlinien sowie dann in Betracht, wenn die Verwaltung ordnungsgemäß umgesetztes Recht in einer gegen das Unionsrecht verstoßenden Art und Weise anwendet.[218] Dies wird etwa bei der unionsrechtswidrigen Auslegung von unbestimmten Rechtsbegriffen und im Rahmen der Ausübung von Ermessensspielräumen der Fall sein.

103 Ein Fall gemeinschaftsrechtswidrigen Verwaltungshandelns lag in der *Rs. Hedley Lomas*[219] vor. Britische Behörden hatten der Hedley Lomas Ltd. die Ausfuhr von lebenden Schafen zum Schlachten in Spanien nicht genehmigt, weil sie der Auffassung waren, dass Spanien eine insoweit geltende Richtlinie der Gemeinschaft zwar ordnungsgemäß umgesetzt habe. Da aber eine Sanktionsnorm fehle, könne tatsächlichen Zuwiderhandlungen, von denen der spanische Tierschutzverband berichtet habe, nichts entgegengesetzt werden. Das zuständige Ministerium für Landwirtschaft, Fischerei und Ernährung berief sich auf den ehemaligen Art. 30 EGV (jetzt Art. 36 AEUV), um eine Beschränkung der Ausfuhren nach Spanien zu rechtfertigen.

104 In seinem Urteil stellte der EuGH fest, dass das Gemeinschaftsrecht es einem Mitgliedstaat verwehre, sich auf die genannte Vorschrift zu berufen, um eine Beschränkung der Ausfuhr von Waren in einen anderen Mitgliedstaat mit der allgemeinen Begründung zu rechtfertigen, dieser Mitgliedstaat halte sich nicht an die Vorschriften einer Harmonisierungsrichtlinie. Eine Berufung auf Art. 30 EGV (jetzt Art. 36 AEUV) sei nicht mehr möglich, wenn Richtlinien der Gemeinschaft insoweit gerade die Harmonisierung der Maßnahmen vorsehen. Ein Mitgliedstaat ist danach nicht

212 Vgl EuGH, Rs. C-127/95 (Norbrook Laboratories), Slg 1998, I-1531, Rn 109.
213 S. nur EuGH, Rs. C-475/01 (Kommission/Griechenland), DVBl. 2005, 42, 43 mwN.
214 EuGH, Rs. C-475/01 (Kommission/Griechenland), Slg 2004, I-8951, Rn 19.
215 S. auch EuGH, Rs. C-137/93 P (Kommission/BASF AG), Slg 1994, I-2555, Rn 48 ff und Rs. C-254/92 P (Chemie Linz/Kommission), Slg 1999, I-4643, Rn 93 ff.
216 S. auch Böhm, JZ 1997, 53, 55 f.
217 *Jarass*, S. 103.
218 Zu den Fällen gemeinschaftsrechtswidriger nationaler Beihilfen s. *Beljin* § 28, Rn 270, 296 f.
219 EuGH, Rs. C-5/94 (Hedley Lomas), Slg 1996, I-2553.

berechtigt, einseitig Ausgleichs- oder Abwehrmaßnahmen zu ergreifen, um einer möglichen Missachtung der unionsrechtlichen Vorschriften durch einen anderen Mitgliedstaat entgegenzuwirken (Rn 20 mwN).

Der in der *Rs. Hedley Lomas* beklagte Mitgliedstaat wurde als verpflichtet angesehen, den durch die Verweigerung der Ausfuhrgenehmigung entstandenen Schaden zu ersetzen. Als weitere Voraussetzungen der Haftung für gemeinschaftsrechtswidriges Verwaltungshandeln wurden dabei genannt (Rn 25 f): 105

– die Rechtsnorm, gegen die verstoßen worden ist, muss dem Einzelnen Rechte verleihen,
– der Verstoß muss hinreichend qualifiziert sein,
– zwischen Verstoß und Schaden muss ein unmittelbarer Kausalzusammenhang bestehen.

Zusätzliche Haftungsvoraussetzungen im nationalen Recht hält der EuGH nicht für grundsätzlich unzulässig. Sie müssen allerdings so ausgestaltet sein, dass hierdurch die Geltendmachung eines Schadens, der durch die Verletzung von Unionsrecht entstanden ist, nicht praktisch unmöglich gemacht oder übermäßig erschwert wird.[220] Aus der Entscheidung in der *Rs. A.G.M.-COS.MET Srl/Suomen valtio u. Tarmo Lehtinen* ergibt sich allerdings auch, dass die Hürde für die Zulässigkeit zusätzlicher Haftungsvoraussetzungen in concreto sehr hoch liegen dürfte. Der EuGH gibt zu erkennen, dass es auf die nationale Sonderregelung im Kollisionsfall wohl doch nicht ankommen soll und die in Rn 105 genannten drei Voraussetzungen „erforderlich und ausreichend" seien.[221] Hinsichtlich des zu ersetzenden Schadens stellt der EuGH klar, dass dieser in Anbetracht des erlittenen Schadens angemessen sein muss und eine im nationalen Recht enthaltene Beschränkung auf Ersatz der an bestimmten Rechtsgütern entstandenen Schäden unzulässig ist.[222] Infolgedessen kann der entgangene Gewinn vom zu ersetzenden Schaden nicht vollständig ausgeschlossen werden.[223] 106

Der EuGH hat in der *Rs. Hedley Lomas* ausdrücklich die in den Entscheidungen Brasserie du Pêcheur und Factortame an sich für Verstöße des Gesetzgebers herausgearbeiteten Kriterien auf die Haftung für administratives Unrecht übertragen (Rn 26). Jedenfalls mit Blick auf die jüngere Entwicklung in der Rechtsprechung dürfte hierin kein Wertungswiderspruch zur Haftung der Union nach Art. 340 Abs. 2 AEUV zu sehen sein, da sich auch dort nunmehr eine einheitliche Anwendung des Erfordernisses eines qualifizierten Verstoßes abzeichnet (siehe oben Rn 31). Entsprechend erachtete denn auch der EuGH in der *Rs. Hedley Lomas* eine bloße Rechtsverletzung für die Begründung eines hinreichend qualifizierten Verstoßes als ausreichend, wenn der betreffende Mitgliedstaat nur über einen erheblich verringerten bzw einen auf Null reduzierten Gestaltungsspielraum verfügt.[224] 107

Um einen hinreichend qualifizierten Verstoß soll es sich zudem dann handeln, wenn der Beamte eines Staates Vorschriften aus einer Richtlinie nicht beachtet, die dem Mitgliedstaat bei der Umsetzung keinerlei Gestaltungsspielraum belassen.[225] Im Vorfeld dessen stellt der EuGH klar, dass das **Handeln eines Beamten** dem Staat (hier: Finnland) dann zurechenbar ist, wenn bei den Empfängern der Eindruck entsteht, dass es sich um offizielle staatliche Verlautbarungen handelt und die Empfänger davon ausgehen können, dass der Beamte die Äußerungen mit Amtsautorität tätigt.[226] Auch ist es aus Sicht des Unionsrechts nicht zu beanstanden, wenn in derartigen Fällen eine Haftung des Beamten neben die Haftung des Mitgliedstaates tritt; allerdings ist der Mitgliedstaat zur Schaffung einer derartigen Regelung nicht verpflichtet.[227] 108

220 EuGH, Rs. C-470/03 (AGM), Slg 2007, I-2749, Rn 96 m. Bespr. *Weiß*, EuZW 2008, 74; *Kohte/Irion*, ZESAR 2008, 29; *Reich*, VuR 2007, 410.
221 EuGH, Rs. C-470/03 (AGM), Slg 2007, I-2749, Rn 90 ff.
222 EuGH, Rs. C-470/03 (AGM), Slg 2007, I-2749, Rn 94.
223 EuGH, Rs. C-470/03 (AGM), Slg 2007, I-2749, Rn 95.
224 EuGH, Rs. C-5/94, (Hedley Lomas), Slg 1996, I-2553, Rn 28.
225 EuGH, Rs. C-470/03 (AGM), Slg 2007, I-2749, Rn 82.
226 EuGH, Rs. C-470/03 (AGM), Slg 2007, I-2749, Rn 56 ff.
227 EuGH, Rs. C-470/03 (AGM), Slg 2007, I-2749, Rn 98 f.

109 In einem die BSE-Problematik betreffenden Vorabentscheidungsverfahren hatte der EuGH unter anderem über die Frage zu entscheiden, ob ein Mitgliedstaat gemeinschaftsrechtlich dazu verpflichtet ist, gegen die Kommission, die eine vom Mitgliedstaat beantragte Ermächtigung nicht erteilt hat, Untätigkeitsklage zu erheben und ob er im Falle der Nichterfüllung einer solchen Verpflichtung den infolgedessen einem Bürger entstandenen Schaden zu ersetzen hat.[228] Der EuGH hat diese Frage dahingehend beantwortet, dass sich aus dem Gemeinschaftsrecht keine Verpflichtung der Mitgliedstaaten gegenüber ihren Bürgern zur Erhebung einer Nichtigkeits- oder Untätigkeitsklage nach Art. 230, 232 EGV (jetzt Art. 263, 265 AEUV) ableiten lässt und dass sich folglich die Frage einer solchen Verpflichtung sowie der rechtlichen Konsequenzen im Falle der Nichterfüllung allein nach nationalem Recht richtet.[229]

dd) Haftung für judikatives Unrecht

110 Die Frage der Haftung für die Verletzung von Gemeinschaftsrecht durch nationale Gerichte stand im Zentrum der *Rs. Köbler*.[230] Im Ausgangsverfahren wurde um die Anwendung einer Vorschrift des Österreichischen Gehaltsgesetzes gestritten, das Professoren nach einer fünfzehnjährigen Dienstzeit an österreichischen Universitäten eine besondere Dienstalterszulage zuerkannte. Der Kläger, der zunächst als Professor in Deutschland tätig gewesen war, hielt die Beschränkung der Anerkennung von allein in Österreich abgeleisteten Dienstjahren für unzulässig, weil nicht mit der Arbeitnehmerfreizügigkeit vereinbar, wurde von den österreichischen Gerichten aber bis zur letzten Instanz mit seinem Begehr zurückgewiesen. Daraufhin strengte er eine Schadensersatzklage an, in deren Rahmen der EuGH im Wege der Vorabentscheidung das Vorgehen des österreichischen Gerichts als nicht offenkundigen Verstoß[231] gegen die Arbeitnehmerfreizügigkeit ansah.

111 An und für sich lag der Verstoß in der Regelung des Gesetzes, das von den Gerichten lediglich angewendet wurde. Der EuGH erkannte jedoch gleichwohl auf einen Verstoß durch das Gericht, weil durch das letztinstanzliche Urteil eine rechtskräftige Entscheidung festgeschrieben wurde.[232] Abgestellt wurde darauf, dass ein letztinstanzliches Gericht die letzte Instanz sei, vor der der Einzelne die ihm auf Grund des Gemeinschaftsrechts zustehenden Rechte geltend machen könne. Da die in einem letztinstanzlichen Verfahren erfolgte Rechtsverletzung regelmäßig nicht mehr zurückgenommen werden könne, dürfe dem Einzelnen nicht die Befugnis genommen werden, zum Schutz seiner Rechte den Staat haftbar zu machen.

112 Im Übrigen verwies der EuGH darauf, dass ein Gericht, dessen Entscheidungen selbst nicht mehr mit Rechtsmitteln des innerstaatlichen Rechts angefochten werden können, nach Art. 267 AEUV zur Anrufung des EuGH verpflichtet sei, um zu verhindern, dass dem Einzelnen durch das Unionsrecht verliehene Rechte verletzt werden.

---

228 EuGH, Rs. C-511/03 (Ten Kate), Slg 2007, I-8979.

229 Ebd., Rn 32; eine Haftung für Verluste wegen unzureichender Bankenaufsicht hat der EuGH abgelehnt, s. Rs. C-222/02 (Paul), Slg 2004, I-9460; s. auch OLG Köln, NJW 2001, 2724; LG Bonn, NJW 2000, 815; aus der Lit. nur *Gratias*, NJW 2000, 786.

230 EuGH, Rs. C-224/01 (Köbler), Slg 2003, I-10239; s. auch *Grune*, BayVBl. 2004, 673; *Kluth*, DVBl. 2004, 393; *Brenner/Huber*, DVBl. 2004, 863, 866; *Kremer*, NJW 2004, 480; *Obwexer*, EuZW 2003, 726; s. hierzu auch die ein Jahr zuvor ergangene und über Art. 6 Abs. 2 EUV zu berücksichtigende Entscheidung des EGMR, Rs. 36677/97 (S.A. Dangeville/Republik Frankreich), Urt. v. 16.4.2002, in dem der Gerichtshof die Republik Frankreich dafür verurteilte, dass der Conseil d'Etat im offenen Widerspruch zum EuGH wieder einmal kategorisch die unmittelbare Wirkung einer RL ablehnte und dadurch die spätere Beschwerdeführerin in ihrem Eigentumsrecht aus Art. 1 des 1. ZP zur EMRK verletzte; ferner EGMR, Rs. 34553/97 (Dulauraus/Republik Frankreich), Urt. v. 21.3.2000 (beide veröffentlicht unter „http://hudoc.echr.coe.int").

231 Kritisch dazu *Frenz*, DVBl. 2003, 1522, 1524 unter Bezugnahme auf die Vorgeschichte.

232 EuGH, Rs. C-224/01 (Köbler), Slg 2003, I-10239, Rn 34.

Der Schutz der Rechte des Einzelnen, der sich auf das Unionsrecht beruft, verlangt nach Auffassung des EuGH zwingend, vor einem nationalen Gericht den durch ein letztinstanzliches Gericht verursachten Schaden ersetzt verlangen zu können.[233] 113

Die Argumentation des EuGH macht deutlich, dass er die Haftung für judikatives Unrecht als **Ausnahmefall** betrachtet und an eine Reihe von Vorgaben knüpft. Auf diese Weise tritt er auch den von einigen Mitgliedstaaten vorgebrachten Vorbehalten gegen eine derartige Haftung entgegen, die auf die Grundsätze der Rechtssicherheit, der Rechtskraft und der richterlichen Unabhängigkeit gestützt worden waren. Der EuGH betonte ausdrücklich, dass die Bedeutung des Grundsatzes der Rechtskraft nicht zu bestreiten sei,[234] auf der anderen Seite werde aber die Rechtskraft einer Entscheidung durch Anerkennung eines Haftungsanspruchs für letztinstanzliche Entscheidungen nicht in Frage gestellt. Auch bei Erfolg einer Haftungsklage werde nicht zwangsläufig die Rechtskraft der schadensverursachenden Entscheidung aufgehoben. Die Unionsrechtsordnung und der ihr innewohnende Grundsatz der Staatshaftung verlange eine Entschädigung, nicht aber die Abänderung der schadensbegründenden Gerichtsentscheidung.[235] Deutlich wird hier die Unterscheidung von Primär- und Sekundärrechtsschutz.[236] 114

Hinsichtlich der Voraussetzung einer Haftung für judikatives Unrecht hat der EuGH inzwischen die schon in der *Rs. Köbler* enthaltene Aussage bekräftigt, dass ein **offenkundiger Verstoß** gegen geltendes Recht vorliegen muss. Demgemäß ist eine Regelung des nationalen Rechts, durch die die Haftung auf Fälle vorsätzlichen oder grob fahrlässigen Handelns des Richters begrenzt wird, unwirksam, soweit hierdurch die Haftung für zwar nicht grob fahrlässige, dennoch aber offenkundige Verstöße ausgeschlossen wird.[237] 115

Bezogen auf die **richterliche Unabhängigkeit** ist der EuGH der Auffassung, dass durch den Haftungsanspruch die Qualität einer Rechtsordnung und damit auch die Autorität der Judikative letztlich gestärkt werden könnte. 116

Interessant ist die Vorgeschichte des Falles: Der mit der Sache befasste letztinstanzliche ÖstVerwGH hatte um Vorabentscheidung ersucht, wurde aber vom Kanzler des EuGH unter Hinweis auf das Urteil Schöning-Kougebetopoulou[238] um Überprüfung gebeten, ob es notwendig sei, das Vorabentscheidungsersuchen aufrechtzuerhalten. In der *Rs. Schöning-Kougebetopoulou* hatte der EuGH entschieden, dass Bestimmungen eines Tarifvertrages, die für Bedienstete des öffentlichen Dienstes einen Zeitaufstieg vorsehen und dabei Beschäftigungszeiten außer Betracht lassen, die zuvor in einem vergleichbaren Betätigungsfeld im öffentlichen Dienst eines anderen Mitgliedstaates zurückgelegt worden sind, gegen die Arbeitnehmerfreizügigkeit verstoßen (Rn 29 ff). Da die Vorschrift für die meisten öffentlich-rechtlichen Arbeitgeber galt, erachtete es der EuGH nicht für zulässig, sie mit dem von den Arbeitgebern vorgebrachten Bestreben zu rechtfertigen, die Treue der Arbeitnehmer honorieren zu wollen (Rn 25 ff). Im Gegensatz dazu galt die angegriffene österreichische Dienstzeitregelung nur für österreichische Universitäten. Obwohl der ÖstVerwGH offenbar zunächst davon ausging, dass die dem Vorabentscheidungsverfahren zugrunde liegende Rechtsfrage zu Gunsten des Klägers zu entscheiden sei, nahm er sein Ersuchen vor dem EuGH zurück und wies später die Klage zurück.[239] Vor diesem Hintergrund wird es kritisch gesehen,[240] dass der 117

233 Rn 36; s. auch BGH, EuZW 2005, 30; in der Entscheidung wurde die Einholung einer Vorabentscheidung im Fall einer Nichtzulassung als Wirtschaftsprüfer als nicht erforderlich angesehen und ein Staatshaftungsanspruch auf Honorarausfall deshalb abgelehnt.

234 EuGH, Rs. C-224/01 (Köbler), Slg 2003, I-10239, Rn 38; zum Schutz der Rechtskraft *Grune*, BayVBl. 2004, 673, 676.

235 EuGH, Rs. C-224/01 (Köbler), Slg 2003, I-10239, Rn 39.

236 S. dazu *Frenz*, DVBl. 2003, 1522, 1523.

237 EuGH, Rs. C-173/03 (Traghetti del Mediterraneo), Slg 2006, I-5177, Rn 46 m. Bespr. *Haratsch*, JZ 2006, 1176.

238 EuGH, Rs. 15/96 (Schöning-Kougebetopoulou/Freie Hansestadt Hamburg), Slg 1998, I-47 = EuZW 1998, 118 = NZA 1998, 205.

239 EuGH, Rs. C-224/01 (Köbler), Slg 2003, I-10239, Rn 7 ff; zur Vorgeschichte s. auch *Kluth*, DVBl. 2004, 393, 394 ff; *Breuer*, BayVBl. 2003, 586, 587.

240 *Frenz*, DVBl. 2003, 1522, 1524; s. auch *Breuer*, BayVBl. 2003, 586, 588 f; *Kremer*, NJW 2004, 481, 482.

EuGH das Vorliegen eines offensichtlichen Verstoßes trotz des besonderen Verhaltens des österreichischen Gerichts abgelehnt hat.[241]

118 Grundsätzlich genügt nicht jeder Verstoß gegen die Vorlageverpflichtung nach Art. 267 Abs. 3 AEUV, um eine Haftung der Mitgliedstaaten zu begründen.[242]

119 Der **BGH** hat im Falle einer durch den Instanzenweg bestätigten Nichtzulassung als Wirtschaftsprüfer einen Staatshaftungsanspruch auf Ersatz des Honorarausfalls abgelehnt.[243] Unter Bezugnahme auf die *Rs. Köbler* nahm das Gericht im Rahmen eines Nichtzulassungsbeschlusses einer Revision Stellung zum gemeinschaftsrechtlichen Staatshaftungsanspruch wegen Verstoßes gegen europäisches Gemeinschaftsrecht durch ein letztinstanzlich entscheidendes Gericht. Der BGH wendete die Vorgaben des EuGH, insbesondere die Anforderungen an einen hinreichend qualifizierten Verstoß durch ein Gericht an und kam zu dem Ergebnis, dass das OVG als letztinstanzlich entscheidendes Gericht den Sachverhalt umfassend und vertretbar beurteilt habe. Es habe nicht gegen europäisches Gemeinschaftsrecht verstoßen und auch nicht pflichtwidrig eine Vorlage nach Art. 234 Abs. 3 EGV (jetzt Art. 267 Abs. 3 AEUV) versäumt.

b) Schutzumfang/Verleihung subjektiver Rechte

120 Eine Haftung kommt nur dann in Betracht, wenn die verletzte Norm des Unionsrechts (auch) subjektive Rechte verleiht.

121 Als verletztes Recht kommt nicht nur das Eigentum, sondern auch jedes sonstige individuelle Recht in Betracht.[244]

122 Es genügt dabei, wenn die verletzte Norm den **Schutz eines hinreichend bestimmten Personenkreises** bezweckt. Derartige Rechte können sich auch aus Richtlinien ergeben, obwohl diese sich zunächst lediglich an die Mitgliedstaaten richten. Die vom EuGH in seiner Rechtsprechung zur unmittelbaren Geltung von Richtlinien anerkannte Möglichkeit der Ableitung von Rechten aus (nicht umgesetzten) Richtlinien greift auch im Bereich unionsrechtlicher Haftungsansprüche. Verglichen mit dem deutschen Recht werden subjektive Rechte unter weniger engen Voraussetzungen zuerkannt.[245] So manche im europäischen Recht als subjektive Rechte anerkannten Positionen[246] würde man im deutschen Recht eher den keine individuellen Rechte begründenden Interessen zuschreiben. Insoweit setzt sich allerdings das europäische Recht durch. Die durch dieses zuerkannten subjektiven Rechte sind jedenfalls vom Grundsatz her auch haftungsbewehrt. Um innerstaatliche Wertungswidersprüche zu vermeiden, wäre es wünschenswert, die ohnehin übermäßig enge Zuerkennung von subjektiven öffentlichen Rechten im deutschen Recht zu überwinden. Die Rechtspraxis und auch die immer noch hL weisen insoweit jedoch ein erhebliches Beharrungsvermögen auf.[247]

123 Die Zuerkennung subjektiver Rechte bei **nicht umgesetzten Richtlinien** setzt, in Anlehnung an die Rspr zur unmittelbaren Wirkung von Richtlinien, voraus, dass die entsprechende Vorschrift hinreichend bestimmt ist.

c) Qualifizierter Verstoß

124 Voraussetzung für einen Haftungsanspruch ist ein **hinreichend qualifizierter Rechtsverstoß.** Ebenso wie beim Haftungsanspruch gegen die Union selbst, gibt es nicht wenige Fälle, in denen den Amts-

241 EuGH, Rs. C-224/01 (Köbler), Slg 2003, I-10239, Rn 104 ff.

242 Zu den Auswirkungen auf das Verhältnis des EuGH zu den mitgliedstaatlichen Gerichten s. *Obwexer*, EuZW 2003, 726, 728.

243 BGH, EuZW 2005, 30 ff.

244 S. nur *Streinz*, VVDStRL 61 (2001), 300, 350.

245 *Böhm*, DÖV 2000, 990, 995; *Pasemann*, S. 237 ff.

246 Ausführlich hierzu *Epiney*, VVDStRL 61 (2001), 362, 396 ff mwN.

247 Im Gegenzug zu einer stärkeren Ausweitung der subjektiven Rechte bietet sich eine weitere Einschränkung der Überprüfung von unbestimmten Rechtsbegriffen in Anlehnung an die Bewertung von Ermessensfehlern an, s. *Böhm*, DÖV 2000, 990 ff.

trägern und Organen der Mitgliedstaaten durch das europäische Recht ein Entscheidungsspielraum eingeräumt wird. Erst wenn dieser Spielraum überschritten wird, kommt eine Haftung in Betracht. Das europäische Recht nimmt ebenso wie das Recht der meisten Mitgliedstaaten die in Deutschland betonte Unterscheidung zwischen unbestimmten Rechtsbegriffen und Ermessen nicht vor und erkennt in beiden Fällen Entscheidungsspielräume an.[248]

Erst wenn der **Entscheidungsspielraum offenkundig und erheblich überschritten** wird, liegt ein hinreichend qualifizierter Verstoß vor. Gemäß den Konkretisierungen des EuGH in der *Rs. Brasserie du Pêcheur*[249] sind dabei folgende Gesichtspunkte zu berücksichtigen: 125

- Klarheit und Bestimmtheit der verletzten Norm
- Umfang des Ermessensspielraums der verletzten Norm
- Wurde der Verstoß vorsätzlich begangen?
- Wurde der Schaden vorsätzlich zugefügt?
- Entschuldbarkeit eines etwaigen Rechtsirrtums
- Mitwirkendes Verhalten von Unionsorganen, zB Unterlassen des Vorgehens gegen unionswidriges Verhalten

Die genannten Kriterien müssen nicht kumulativ erfüllt sein, sondern sind im Rahmen einer Gesamtschau zu berücksichtigen.[250] Fehlt ein Ermessensspielraum oder ist dieser auf Null reduziert, kann eine bloße Verletzung der betreffenden Norm schon als hinreichend qualifizierter Verstoß zu bewerten sein.[251] 126

Nach der Rechtsprechung des EuGH ist ein Verstoß gegen das Unionsrecht jedenfalls dann **offenkundig**, wenn er trotz des Erlasses eines Urteils, in dem der zur Last gelegte Verstoß festgestellt wird, nicht abgestellt wird. Das gleiche gilt, wenn sich die Pflichtwidrigkeit des fraglichen Verhaltens aus einer gefestigten einschlägigen Rechtsprechung des Gerichtshofes ergibt.[252] 127

In der **Nichtumsetzung einer Richtlinie** liegt nach der Rechtsprechung des EuGH ein qualifizierter Verstoß, wenn ein Mitgliedstaat die in der Richtlinie genannte Umsetzungsfrist ohne jegliche Umsetzungsmaßnahme verstreichen lässt.[253] Ob aus der Rechtsprechung zu folgern ist, dass ein qualifizierter Verstoß auch dann gegeben ist, wenn ein Mitgliedstaat die Umsetzungsfrist zwar verfehlt, aber bereits Umsetzungsmaßnahmen eingeleitet hat, wird in der Literatur unterschiedlich bewertet.[254] Nicht von der Hand zu weisen ist allerdings die Tatsache, dass die Mitgliedstaaten im Rechtsetzungsverfahren auf die Ausgestaltung der Umsetzungsfrist Einfluss nehmen können, diesbezüglich jedoch nach Verabschiedung der Richtlinie keinerlei Ermessensspielraum besitzen.[255] Setzt ein Mitgliedstaat eine Richtlinie fristgerecht, aber unzureichend bzw fehlerhaft um, liegt nur dann ein qualifizierter Unionsrechtsverstoß vor, wenn die Falschauslegung der Richtlinie auf der Hand lag, nicht dagegen, wenn die Richtlinie inhaltlich unklar ist.[256] 128

248 *Böhm*, DÖV 2000, 990, 994; *Pasemann*, S. 278 f mwN; ausführlich die Berichte in *Frowein* (Hrsg.), Die Kontrolldichte bei der gerichtlichen Überprüfung von Handlungen der Verwaltung, 1993.

249 EuGH, verb. Rs. C-46 und 48/93 (Brasserie du Pêcheur/Factortame), Slg 1996, I-1029, Rn 56; vgl auch EuGH, Rs. C-392/93 (British Telecom), Slg 1996, I-1631, Rn 42; verb. Rs. C-178, 179 und 188-190/94 (Dillenkofer), Slg 1996, I-4845, Rn 25; Rs. C-424/97 (Haim), Slg 2000, I-5123, Rn 43.

250 EuGH, Rs. C-302/97 (Konle), Slg 1999, I-3122; Rs. C-424/97 (Haim II), Slg 2000, I-5148; Rs. C-524/04 (Test Claimants in the Thin Cap Group Litigation), Slg 2007, I-2157, 2204.

251 S. Nachw. bei *Gellermann*, in: Streinz, Art. 340 AEUV, Rn 48.

252 EuGH, verb. Rs. C-46 und 48/93 (Brasserie du Pêcheur/Factortame), Slg 1996, I-1029, Rn 57.

253 EuGH, verb. Rs. C-178, 179 und 188-190/94 (Dillenkofer), Slg 1996, I-4845, Rn 26, 29; Rs. C-319/96 (Brinkmann), Slg 1998, I-5255, Rn 28.

254 Bejahend *Gellermann*, in: Streinz, Art. 340 AEUV, Rn 49, der darauf hinweist, bei Ablauf der Frist liege der Rechtsverstoß offen zu Tage, ohne dass es auf Dauer oder Hintergrund der Fristüberschreitung ankomme; zweifelnd dagegen *Berg*, in: Schwarze, Art. 340 AEUV, Rn 87.

255 *Gellermann*, in: Streinz, Art. 340 AEUV, Rn 49; vgl insoweit EuGH, Rs. C-5/94 (Hedley Thomas), Slg 1996, I-2553, Rn 28.

256 EuGH, verb. Rs. C-178, 179 und 188-190/94 (Dillenkofer), Slg 1996, I-4845, Rn 30 f; Rs. C-392/93 (British Telecommunications), Slg 1996, I-1631, Rn 42 f.

d) Kausalzusammenhang zwischen Verstoß und Schaden

129 Nach der Rechtsprechung des EuGH haben die nationalen Gerichte zu prüfen, ob ein unmittelbarer Kausalzusammenhang zwischen dem Verstoß gegen die dem jeweiligen Mitgliedstaat obliegende Verpflichtung und dem dem Geschädigten entstandenen Schaden besteht.[257] Bei der Feststellung des Kausalzusammenhangs sind aber die Vorgaben und Zielsetzungen des Unionsrechts zu berücksichtigen. Der EuGH ging in seiner die Pauschalreiserichtlinie 90/314/EWG betreffenden Entscheidung davon aus, dass der Verbraucher umfassend vor den Folgen eines Konkurses des Reiseveranstalters geschützt werden sollte, unabhängig von dessen Ursachen.[258] Ein Kausalzusammenhang konnte deshalb weder durch ein fahrlässiges Verhalten des Reiseveranstalters noch durch außergewöhnliche oder unvorhersehbare Ereignisse ausgeschlossen werden.

3. Verhältnis zu anderen Ansprüchen

a) Andere Anspruchsgegner

aa) Andere innerstaatliche Anspruchsgegner

130 Vom Grundsatz her wird der Mitgliedstaat als solcher durch die europäischen Vorgaben verpflichtet. Innerstaatlich kommen jedoch neben den Mitgliedstaaten auch andere Anspruchsgegner in Betracht. In der *Rs. Salomone Haim*,[259] die Haftungsansprüche wegen Verweigerung der Kassenzulassung eines Zahnarztes zum Gegenstand hatte, hatte der EuGH die Frage zu entscheiden, ob es gemeinschaftsrechtlich zu beanstanden ist, wenn die Haftung einer öffentlich-rechtlichen Körperschaft auf Ersatz des Schadens, der einem Einzelnen durch von ihr unter Verstoß gegen das Gemeinschaftsrecht getroffene Maßnahmen entstanden ist, neben derjenigen des Mitgliedstaates selbst gegeben ist. Der EuGH führte in Anknüpfung an die *Rs. Konle* daraufhin aus, dass es gleichgültig sei, welche staatliche Stelle den maßgeblichen Verstoß begangen habe und welche Stelle nach dem nationalen Recht den Schadensersatz grundsätzlich zu leisten habe.[260] Bei bundesstaatlich aufgebauten Mitgliedstaaten können mithin bestimmte Gesetzgebungs- oder Verwaltungsaufgaben in dezentraler Form von mit einer gewissen Autonomie ausgestatteten Gebietskörperschaften oder anderen öffentlich-rechtlichen Einrichtungen wahrgenommen werden mit der Folge, dass bei Ausübung dieser Tätigkeit entstandene Schäden auch von diesen ersetzt werden müssen. Der EuGH hat eine derartige Haftung als zulässig angesehen. Allerdings muss in einer Art Ausfallhaftung sichergestellt werden, dass der Gesamtstaat subsidiär haftet, wenn kein anderer Rechtsträger in Anspruch genommen werden kann.[261] Nur auf diese Weise kann auch dem Effizienzgebot ausreichend Rechnung getragen werden.

bb) Mitverantwortung von Organen der Union

131 Entstehen Schäden beim Zusammenwirken von Unionsorganen und nationalen Stellen, so stellt sich die Frage einer Allein- oder Mitverantwortung von Organen der Union.

132 **Prozessual** ist bei Beeinträchtigungen durch die nationale Anwendung eines rechtswidrigen Unionsrechtsaktes zunächst (primär) Rechtsschutz vor den nationalen Gerichten zu suchen. Stehen Rechtsbehelfe insoweit nicht zur Verfügung oder sind sie ungeeignet zur Gewährung eines wirksamen Schadensersatzes, kann die Klage nach Art. 340, 268 AEUV erhoben werden.[262] Unmittelbar verlangt werden kann Ersatz von Folgeschäden nach Maßgabe von Art. 340 Abs. 2 AEUV.

---

257 EuGH, Rs. C-140/97 (Rechberger), Slg 1999, I-3499, Rn 72; s. auch schon EuGH, verb. Rs. C-46 und 48/93 (Brasserie du Pêcheur/Factortame), Slg 1996, I-1029, Rn 65.

258 EuGH, Rs. C-140/97 (Rechberger), Slg 1999, I-3499, Rn 74 ff.

259 EuGH, Rs. 424/97 (Haim), Slg 2000, I-5123, Rn 25 ff, 29 ff; dazu *Streinz*, JuS 2001, 285, 285 f mwN und *Voigtländer*, EWiR 2001, 227 f.

260 EuGH, Rs. 424/97 (Haim), Slg 2000, I-5123, Rn 27; s. auch EuGH, Rs. C-302/97 (Konle), Slg 1999, I-3099, Rn 62.

261 EuGH, Rs. 424/97 (Haim), Slg 2000, I-5123, Rn 34; *Gellermann*, in: Streinz, Art. 340 AEUV, Rn 54.

262 EuGH, verb. Rs. 197-200, 243, 245 und 247/80 (Ludwigshafener Walzmühle), Slg 1981, 3211, Rn 9; Rs. 281/82 (Unifrex), Slg 1984, 1969, Rn 11; Rs. 175/84 (Krohn), Slg 1986, 753, Rn 27; Rs. 20/88 (Roquettes), Slg 1989, 1553, Rn 15 f.

In **materieller Hinsicht** ist für einen entstandenen Schaden grundsätzlich die in der Sache maßgebende bzw gestaltende Stelle verantwortlich. Verstößt eine Verordnung der Union gegen Unionsrecht und wird hierauf ein nationaler Bescheid gestützt, greift grundsätzlich Art. 340 Abs. 2 AEUV ein. Vor Erhebung einer darauf gestützten Schadensklage muss jedoch zuvor ggf die Rücknahme des unionsrechtswidrigen Rechtsaktes vor den nationalen Gerichten erstritten werden.[263] Ggf ist eine Vorlage nach Art. 267 AEUV erforderlich. Bei lediglich durchführenden Maßnahmen scheidet eine Haftung der Mitgliedstaaten aus.[264] Gleiches gilt, wenn nationale Behörden sich weigern, von ihnen als nicht mit dem primären Unionsrecht vereinbar angesehene Unionssubventionen auszuzahlen. Bestehen Gestaltungsspielräume von Mitgliedstaaten, so haften diese bei (unions-)rechtswidriger Auslegung. 133

Nehmen **Unionsorgane unmittelbar Einfluss** auf das Verhalten nationaler Behörden, tragen sie eine (Mit-)Verantwortung für rechtswidrige nationale Rechtsakte. Der EuGH hat allerdings wiederholt selbst bei massiver Einflussnahme von EG-Organen (jetzt Unionsorgane) auf nationale Entscheidungen Rechtssuchende auf den nationalen Rechtsweg verwiesen.[265] 134

Eine Grenze besteht in jedem Fall, wenn EG-Organe (jetzt Unionsorgane) **Weisungen** an nationale Stellen aussprechen.[266] 135

b) Unmittelbare Wirkung von Richtlinien

Ansprüche können sich auch aus der unmittelbaren Anwendung einer Richtlinie ergeben. Voraussetzung dafür ist 136

- Ablauf der Umsetzungsfrist,
- Einräumung eines hinreichend bestimmten individuellen Rechts,
- das Recht muss sich gegen den Staat richten.[267]

Soweit ersichtlich, ist die Frage, inwieweit Ansprüche aus der unmittelbaren Wirkung von Richtlinien und Haftungsansprüche in einem **Konkurrenzverhältnis** stehen, vom EuGH bislang noch nicht erörtert worden. Dies dürfte seinen Grund darin haben, dass im Regelfall eine tatsächliche Anspruchskonkurrenz kaum bestehen dürfte. Beide Ansprüche haben zwar zum Teil gleiche Voraussetzungen, insbesondere bezüglich des Erfordernisses des Vorliegens eines hinreichend bestimmten subjektiven Rechts. Schadensersatzansprüche greifen jedoch meist dann, wenn die letzte Voraussetzung nicht erfüllt ist. Gerade diese Konstellation lag der Francovich-Entscheidung zugrunde. Im Kern ging es bei diesem Verfahren um die Bewältigung bzw den Ausgleich der Folgen einer nicht fristgemäßen Umsetzung der Konkursausfallhaftungs-Richtlinie.[268] Eine unmittelbare Wirkung der Richtlinie und ein darauf gestützter Anspruch kamen jedoch nicht in Betracht, weil die durch die Richtlinie garantierten Haftungsansprüche sich nicht unmittelbar gegen den Staat richteten, sondern diesem überlassen blieb, ob er unmittelbar haften oder aber lediglich die Einrichtung 137

263 Zur Rückerstattung einer Abgabe EuGH, verb. Rs. 12, 18 und 21/77 (Debayser), Slg 1978, 553, Rn 25 f; Rs. 133/79 (Sucrimex), Slg 1980, 1299, Rn 24; Rs. C-282/90 (Vreugdenhil), Slg 1992, I-1937, Rn 12; zu anknüpfenden Ansprüchen wie Zinsen Rs. 26/74 (Roquette), Slg1976, 677, Rn 9 ff oder Prozesskosten EuG, Rs. T-167/94 (Nölle II), Slg 1995, II- 2589, Rn 35 ff; zur rechtswidrigen Auszahlungsverweigerung einer Gemeinschaftssubvention EuGH, Rs. 217/81 (Interagra), Slg 1982, 2233, Rn 9; Rs. 106-120/87 (Asteris), Slg 1988, 5515, Rn 18, 25; Rs. C-119/88 (AERPO), Slg 1990, I-1289, Rn 13; verb. Rs. C-104/89 und 37/90 (Mulder II), Slg 1992, I-3061, Rn 9.

264 BGHZ 125, 27, 31 ff.

265 EuGH, Rs. 99/74 (Grands Moulins des Antilles), Slg 1975, 1531, Rn 18 f; verb. Rs. 12, 18 und 21/77 (Debayser), Slg 1978, 553, Rn 10 ff; Rs. 133/79 (Sucrimex), Slg 1980, 1299, Rn 22; verb. Rs. 89 und 91/86 (Etoile Commercial), Slg 1987, 3005, Rn 19 f; Rs. 33/82 (Murri freres), Slg 1985, 2759, Rn 33, 38; Rs. C-146/91 (KYDEP), Slg 1994, I-4199, Rn 27 ff; EuG, Rs. T-185/94 (Geotronics), Slg 1995, II-2795, Rn 39; Rs. T-231/97 (New Europe Consulting), Slg 1999, II-2403, Rn 33; zu Recht kritisch *von Bogdandy/Jacob*, in: Grabitz/Hilf, Art. 340 AEUV, Rn 58, 66.

266 EuGH, Rs. 175/84 (Krohn), Slg 1986, 753, Rn 21 und 23.

267 Zu den Voraussetzungen der unmittelbaren Wirkung von RL vgl nur *Schroeder*, in: Streinz, Art. 288 AEUV, Rn 106 ff.

268 RL 80/987/EWG zum Schutz der Arbeitnehmer bei Zahlungsunfähigkeit des Arbeitgebers vom 20.10.1980, ABl. EG Nr. L 283, S. 23.

einer Garantieeinrichtung vorgeben wollte. Ähnlich lag der Fall bei der nicht fristgemäßen Umsetzung der Pauschalreiserichtlinie,[269] die der Dillenkofer-Entscheidung des EuGH[270] zu Grunde lag. In beiden Fällen wurde durch den Staatshaftungsanspruch die Lücke gefüllt bei Verstößen eines Mitgliedstaates gegen eine eindeutige Umsetzungsverpflichtung zur Einräumung subjektiver Ansprüche, die sich allerdings nicht gegen den Staat selbst richten müssen. Der EuGH hat nicht von ungefähr den Staatshaftungsanspruch erstmals in einem Fall entwickelt, in dem trotz eines eindeutigen und bereits vom EuGH festgestellten Verstoßes[271] eines Mitgliedstaates dieser weiterhin untätig geblieben war.

138 Immer dann, wenn die Voraussetzungen der unmittelbaren Wirkung einer Richtlinie vorliegen, können aber ohne weiteres gleichzeitig auch die Voraussetzungen eines Staatshaftungsanspruchs gegeben sein. In einem derartigen Fall wird man den Anspruch aus der unmittelbaren Umsetzung einer Richtlinie als primären und den aus Staatshaftung als sekundären Anspruch ansehen müssen. Die Reihenfolge der Geltendmachung ist damit vorgegeben. Allerdings sind Fälle vorstellbar, in denen dadurch, dass die in der Richtlinie eingeräumten Rechte nicht gewährt werden, Folgeschäden entstehen, die über den Primäranspruch hinausreichen. Solche mittelbaren Schäden können über den Sekundäranspruch ausgeglichen werden, sofern die erforderliche Schadenskausalität gegeben ist.[272]

c) Zwangsgeld

139 Zu dem Zeitpunkt, in dem die Francovich-Entscheidung getroffen wurde, war der Haftungsanspruch gegen die Mitgliedstaaten quasi das einzige Mittel, um die Mitgliedstaaten zur Beendigung eines gemeinschaftswidrigen Verhaltens zu zwingen. Verurteilungen wegen Vertragsverletzung waren letztlich nicht durchsetzbar, etwaige Zweitverurteilungen wegen Nichtbefolgung einer Verurteilung nahmen damals zu. Auch sie konnten (und können) jedoch nicht „zwangsvollstreckt" werden. Nach dem jetzigen Art. 280 iVm 299 AEUV sind nur Entscheidungen, die eine Zahlung auferlegen, vollstreckbar und auch diese nicht gegenüber Staaten.

140 Erst nach der Francovich-Entscheidung wurde in Art. 171 Abs. 2 EGV Maastrichter Fassung, dem heutigen Art. 260 Abs. 2 AEUV, eine Sanktionsbestimmung aufgenommen. Bei Nichtbefolgung eines EuGH-Urteils kann danach ein Pauschalbetrag oder ein Zwangsgeld verhängt werden.[273] Ein Ausschlussverhältnis zwischen beiden Verfahren besteht nicht. Aus der Entstehungsgeschichte ergibt sich, dass zum Zeitpunkt der Francovich-Entscheidung die Einfügung des Art. 171 Abs. 2 EGV Maastrichter Fassung (jetzt Art. 260 Abs. 2 AEUV) bereits absehbar war.[274] Überdies verfolgen beide Institute unterschiedliche Zielsetzungen. Während Pauschalbetrag und Zwangsgeld die Respektierung der Urteile des EuGH sicherstellen sollen, dient der Staatshaftungsanspruch dem Ausgleich individueller Schäden.

269 RL 90/314/EWG des Rates vom 13.6.1990 über Pauschalreisen, ABl. L 158, S. 59.

270 EuGH, verb. Rs. C-178, 179 und 188-190/94 (Dillenkofer), Slg 1996, I-4845.

271 EuGH, Rs. 178/84 (Kommission/Deutschland), Slg 1987, 1227 (Verstoß von Vorschriften des dt. BierStG gegen Art. 28 EGV, jetzt Art. 34 AEUV).

272 Vgl *Gilsdorf/Niejahr*, in: von der Groeben/Schwarze, Art. 288 EG, Rn 69.

273 Das Instrument ist bislang mehrfach eingesetzt worden. Allerdings sind in den meisten Fällen die Mitgliedstaaten nach Stellung eines Zwangsgeldantrages durch die Kommission ihren Verpflichtungen nachgekommen. In einigen Fällen ist jedoch eine Verurteilung erfolgt: EuGH, Rs. C-387/97 (Kommission/Griechenland), Slg 2000, I-5047, Rn 95 – EuZW 2000, 531 m.Anm. *Karpenstein* (erste internationale Sanktion gegen einen Staat, weil dieser nicht seinen Verpflichtungen nachgekommen ist – Müll auf Kreta); Rs. C-278/01 (Kommission/Königreich Spanien), *BayVBl. 2004, 333* m.Anm. *Lindner* (Verschmutzung spanischer Badegewässer); siehe zur ganzen Thematik auch *El-Shabassy*, Die Durchsetzung finanzieller Sanktionen der Europäischen Gemeinschaften gegen ihre Mitgliedstaaten, 2007, S. 27 ff.

274 S. dazu *Böhm*, JZ 1997, 53, 55.

d) Sonstiges

Eine Schadensersatzklage gegen einen Mitgliedstaat setzt nicht voraus, dass dessen Rechtsverstoß zuvor durch den EuGH festgestellt wurde.[275] Der Betroffene muss jedoch alle ihm zur Verfügung stehenden Maßnahmen ergreifen, um den Schaden abzuwenden bzw den Schadensumfang zu begrenzen.[276] So muss er etwa bei unmittelbar anwendbaren Normen des Primär- oder Sekundärrechts zunächst die gerichtliche Durchsetzung dieser Normen zu erwirken versuchen, es sei denn, ein bereits eingetretener Schaden kann durch den Primäranspruch nicht mehr abgewendet bzw ausgeglichen werden. Auch in diesem Fall kann aber die gleichzeitige Durchsetzung des Primäranspruchs erforderlich sein, etwa um Folgeschäden zu verhindern. 141

III. Mitgliedstaatliche Voraussetzungen

1. Verhältnis Unionsrecht – nationales Recht

Nach der Rechtsprechung des EuGH wurzelt der Haftungsanspruch unmittelbar im Unionsrecht.[277] Da zur Begründung des Anspruchs aber zugleich auch auf Art. 5 EGV Maastrichter Fassung, den jetzigen Art. 4 Abs. 3 EUV und damit die Verpflichtung der Mitgliedstaaten zur wirksamen Umsetzung des Unionsrechts verwiesen wurde,[278] wird über die dogmatische Verortung des Anspruchs gestritten.[279] Völlig zu Recht wird darauf hingewiesen, dass praktische Konsequenzen dieses Streits nicht ersichtlich sind.[280] 142

Sachgerecht erscheint es, davon auszugehen, dass der Haftungsanspruch seine Grundlage im Unionsrecht hat, bei der Durchführung und Ausgestaltung im Einzelnen aber die Vorgaben und Verfahrensordnungen der Mitgliedstaaten zu beachten sind. Die im Schadensersatzrecht des nationalen Mitgliedstaates festgelegten materiellen und formellen Voraussetzungen dürfen jedoch nicht ungünstiger sein als bei vergleichbaren Klagen, die nur nationales Recht betreffen (**Diskriminierungsverbot**) und nicht so ausgestaltet sein, dass sie es praktisch unmöglich machen oder übermäßig erschweren, tatsächlichen Schadensersatz zu erlangen (**Effizienzgebot**).[281] Es darf folglich nicht der Schutz unionsrechtlich anerkannter Rechte verweigert werden, die keine Entsprechung im nationalen Recht haben. Dies gilt zum einen dann, wenn das europäische Recht Rechtspositionen anerkennt, die etwa im deutschen Recht eher als Interessen denn als Rechte angesehen werden. Daneben kann aber auch der Schutz von Rechten im Europarecht inhaltlich anders bestimmt sein als in den Rechtsordnungen der Mitgliedstaaten.[282] Im Einzelnen ergibt sich deshalb eine Reihe von Modifikationen. 143

So entschied der EuGH in der *Rs. Brasserie du Pêcheur*, dass eine Regelung, welche die Entschädigung auf Schäden beschränkt, die am Eigentum oder an eigentumsähnlichen Rechten entstanden sind, besonders bei Rechtsstreitigkeiten wirtschaftlicher oder kommerzieller Natur geeignet sei, die tatsächliche Erlangung von Schadensersatz unmöglich zu machen, weshalb der Ersatz des entgangenen Gewinns nicht von vornherein ausgeschlossen werden dürfe.[283] Im Ergebnis wird daher im deutschen Recht der unionsrechtliche Staatshaftungsanspruch über den Amtshaftungsanspruch gemäß Art. 34 GG iVm § 839 BGB realisiert, bei dem auch der entgangene Gewinn zum ersatzfähigen Schaden zählt,[284] dessen Voraussetzungen jedoch dem unionsrechtlichen Effizienzgebot angepasst werden müssen. 144

---

275 EuGH, verb. Rs. C-46 und 48/93 (Brasserie du Pêcheur/Factortame), Slg 1996, I-1029, Rn 93, 95.
276 Ebd., Rn 84 f.
277 EuGH, verb. Rs. C-6 und 9/90 (Francovich), Slg 1991, I-5357, 5415, Rn 31 ff, insb. 35; verb. Rs C-46 und 48/93 (Brasserie du Pêcheur/Factortame), Slg 1996, I-1029, Rn 39, 67.
278 Ebd.
279 Vgl nur die Nachw. bei *Dörr*, in: Sodan/Ziekow (Hrsg.), Nomos-Kommentar zur Verwaltungsgerichtsverordnung, 2010, Band I, EVR, Rn 260 mwN.
280 *Streinz*, VVDStRL 61 (2001), 300, 349.
281 EuGH, Rs. C-261/95 (Palmisani), Slg 1997, I-4025, Rn 27 f.
282 Zu den beiden letztgenannten Aspekten s.o. Rn 118.
283 EuGH, verb. Rs. C-46 und 48/93 (Brasserie du Pêcheur/Factortame), Slg 1996, I-1029, Rn 87.
284 *Detterbeck/Windthorst/Sproll*, Staatshaftungsrecht, § 11 Rn 11.

145 Nach der Rechtsprechung des EuGH ist ein **Verschulden** für das Entstehen eines Haftungsanspruchs nicht erforderlich.[285] Nicht als Schranke des Anspruchs darf deshalb das in § 839 Abs. 1 BGB enthaltene Verschuldenserfordernis durchgreifen.[286] Allerdings wurden in der Rechtsprechung des EuGH bei der Prüfung des Erfordernisses eines hinreichend qualifizierten Unionsrechtsverstoßes auch Kriterien berücksichtigt, die dem Verschulden nahe stehen. Ob ein qualifizierter Verstoß eines Mitgliedstaates vorliegt, beurteilt das für den fraglichen Staatshaftungsanspruch zuständige nationale Gericht, das dabei die vom EuGH vorgegebenen Leitlinien zu berücksichtigen hat.[287]

146 Zweifelhaft ist, ob das **Verweisungsprivileg** des § 839 Abs. 1 Satz 2 BGB greift.[288] Dagegen spricht, dass auf diese Weise die Verwirklichung des Anspruchs dem Anspruchsgeschädigten zumindest erschwert wird und dass die unionsrechtliche Haftung keine übergeleitete persönliche Haftung des Beamten ist, sondern sich unmittelbar gegen den Mitgliedstaat richtet.

147 Die deutschen **Verjährungsfristen** (dazu unten Rn 155) können im europäischen Vergleich eher als großzügig angesehen werden und stellen deshalb keine unzulässige Erschwerung dar.[289]

148 Das in § 839 Abs. 2 Satz 1 BGB festgelegte **Richterprivileg** kann dagegen nicht durchgreifen. Schon im Urteil Brasserie du Pêcheur/Factortame hat der EuGH festgestellt, dass es für die Haftung nicht darauf ankommt, welches Organ des Mitgliedsstaates gegen Gemeinschaftsrecht verstoßen hat. In einem obiter dictum wird auch die Judikative ausdrücklich genannt.[290] Nunmehr wurde in der Köbler-Entscheidung ausdrücklich ein Fall judikativen Unrechts der Haftung unterworfen.[291]

149 Auch bei der **Festlegung des** zu ersetzenden **Schadens** sind die europarechtlichen Vorgaben zu beachten (siehe dazu oben Rn 44 ff).

2. Haftungssubjekt

150 Neben Bund und Ländern kommen auch andere staatliche Untergliederungen sowie vom Staat unabhängige Einrichtungen als Haftungssubjekte in Betracht. Dabei sind jedoch die unionsrechtlichen Vorgaben in Bezug auf eine Haftungsüberleitung vom Bund auf andere Rechtsträger zu beachten (siehe oben Rn 126).

3. Verschulden

151 Nach der Rechtsprechung des EuGH ist die Haftung nicht von einem Verschulden abhängig.[292] Das Verschuldenserfordernis des § 839 Abs. 1 BGB entfällt damit bei Fällen mit europarechtlichem Bezug. Einige Schuldaspekte spielen jedoch im Rahmen der Feststellung eines hinreichend qualifizierten Unionsrechtsverstoßes eine Rolle (siehe oben Rn 141).

4. Primär- und Sekundärrechtsschutz

152 Die Geltendmachung von Haftungsansprüchen ist als Sekundärrechtsschutz zu qualifizieren. Vorrangig sind etwa bestehende Primäransprüche geltend zu machen.[293] Soweit (Primär-)Ansprüche aus unmittelbarer Wirkung einer Richtlinie nicht geltend gemacht werden können – etwa weil die

---

285 EuGH, Rs. C-177/88 (Dekker), Slg 1990, I-3941, Rn 19 ff; EuGH, verb. Rs. C-46, 48/93 (Brasserie du Pêcheur/Factortame), Slg 1996, I-1029, Rn 78 f, 56 f.

286 *Streinz*, VVDStRL 61 (2001), 300, 350; *Detterbeck*, AöR 125 (2000), 202, 235 f; *Ossenbühl/Cornils*, Staatshaftungsrecht, S. 610.

287 EuGH, Rs. C-63/01 (Evans), Slg 2003, I-14447, insb. Rn 87; zum hinreichend qualifizierten Verstoß bei falscher Rentenneufestsetzung s. EuGH, Rs. C-118/00 (Larsy), Slg 2001, I-5063 = NJW 2002, 1256 (LS). Die mehrjährige Weigerung Deutschlands, § 183 Abs. 3 SGB III an das Gemeinschaftsrecht anzupassen, wurde vom EuGH als hinreichend qualifizierter Verstoß angesehen; EuGH, Rs. C- 160/01 (Mau), Slg 2003, I-4791, Rn 48; GA Mischo, Rs C-160/01 (Mau), NZI 2002, 417, 422, Rn 58.

288 *Ossenbühl/Cornils*, Staatshaftungsrecht, S. 620 ff; Detterbeck, AöR 125 (2000), 202, 244; *Binia*, S. 99.

289 *Ossenbühl/Cornils*, Staatshaftungsrecht, S. 623.

290 EuGH, verb. Rs. C-46 und 48/93 (Brasserie du Pêcheur/Factortame), Slg 1996, I-1029, Rn 34.

291 EuGH, Rs. C-224/01 (Köbler), Slg 2003, I-10239, Rn 30 ff.

292 EuGH, Rs. C-177/88 (Dekker), Slg 1990, I-3941, Rn 19 ff.

293 S. nur *Ehlers*, JZ 1996, 776, 780 ff.

dort eingeräumten Rechtspositionen sich nicht unbedingt gegen den Staat richten – kann direkt ein Schadensersatzanspruch eingeklagt werden.

5. Art und Umfang des Schadensersatzanspruchs

Zu leisten ist Schadensersatz. Nicht genügen soll eine bloße Entschädigung.[294] Bei dieser Differenzierung geht es letztlich um die Frage, ob der volle Schadensbetrag zu zahlen ist oder nur eine Art „Aufwandsentschädigung nach billigem Ermessen". Teilweise wird selbst bei Art. 340 Abs. 2 AEUV (ex Art. 288 Abs. 2 EGV), der von „Schadensersatz" spricht, davon ausgegangen, dass nicht immer ein Ersatz des vollen Schadens erforderlich ist, was die Zuordnung von Risikosphären bei der Schadensbemessung erlaubt.[295] Im Bereich der mitgliedstaatlichen Haftung verwendet der EuGH die Formulierung „Entschädigung",[296] und nicht „Schadensersatz" wie bei Art. 340 Abs. 2 AEUV. Daraus wird geschlossen, dass in aller Regel kein voller Schadensersatz geleistet werden muss.[297] Maßgeblich ist letztendlich, dass nach der Rechtsprechung des EuGH der Ersatz dem erlittenen Schaden **angemessen** sein und einen **effektiven Schutz der Rechte des Geschädigten** gewährleisten muss.[298] Entgangener Gewinn ist vom Grundsatz her ebenfalls zu ersetzen.[299] Der EuGH geht insoweit davon aus, dass es nicht zulässig sein kann, den entgangenen Gewinn bei einem Verstoß gegen das Unionsrecht vollständig vom ersatzfähigen Schaden auszuschließen. Insbesondere bei Streitigkeiten wirtschaftlicher oder kommerzieller Natur wäre nämlich ein solcher vollständiger Ausschluss des entgangenen Gewinns ansonsten geeignet, den Ersatz des Schadens tatsächlich unmöglich zu machen. Ob eine Beschränkung auf Geldersatz zulässig ist, ist umstritten.[300] Die sachgerechte Parallelisierung der Haftung der Union nach Art. 340 Abs. 2 AEUV mit derjenigen der Mitgliedstaaten spricht jedoch dafür, auch hier eine Naturalrestitution nicht von vornherein auszuschließen (siehe oben Rn 45). **153**

Liegt ein **mitwirkendes Verschulden des Geschädigten** vor, kann die Ersatzpflicht gemindert sein. Da es unionsrechtlich zulässig ist, vom Betroffenen zu verlangen, sich in angemessener Form um eine Schadensabwendung bzw -begrenzung zu bemühen (siehe oben Rn 137), ist § 839 Abs. 3 BGB anwendbar.[301] **154**

6. Verjährung

Unionsrechtliche Staatshaftungsansprüche unterliegen seit dem 1. Januar 2002 der regelmäßigen 3-jährigen Verjährung des § 195 BGB. Für sog. Altfälle vor Inkrafttreten des Schuldrechtsmodernisie- **155**

294 *Gellermann*, in: Streinz, Art. 340 AEUV, Rn 59; *Streinz*, VVDStRL 61 (2001), 300, 351.

295 *von Bogdandy/Jacob*, in: Grabitz/Hilf, Art. 340 AEUV, Rn 133.

296 EuGH, verb. Rs. C-46 und 48/93 (Brasserie du Pêcheur/Factortame), Slg 1996, I-3061, Rn 81; verb. Rs. C-104/89 und C-37/90 (Mulder), Slg 1992, I-3061, Rn 37; *von Bogdandy/Jacob*, in: Grabitz/Hilf, Art. 340 AEUV, Rn 190 sprechen von einer auffallenden Kontinuität.

297 *von Bogdandy/Jacob*, in: Grabitz/Hilf, Art. 340 AEUV, Rn 190.

298 EuGH, verb. Rs. C-46 und 48/93 (Brasserie du Pêcheur/Factortame), Slg 1996, I-1029, Rn 82.

299 EuGH, verb. Rs. C-46 und 48/93 (Brasserie du Pêcheur/Factortame), Slg 1996, I-1029, Rn 86 f; *Beljin*, Staatshaftung im Europarecht, 2000, S. 73 ff; *Detterbeck*, AöR 125 (2000), 202, 216; *Gellermann*, in: Streinz, Art. 340 AEUV, Rn 26 f; vgl außerdem o. Rn 44, 140.

300 Die hM lehnt dies ab, vgl *Binia*, S. 108 f; *Detterbeck*, AöR 125 (2000), 202, 249 mwN; *Gilsdorf/Niejahr*, in: von der Groeben/Schwarze, Art. 288 EG, Rn 67; *Ruffert*, in: Calliess/Ruffert, Art. 340 AEUV, Rn 72; *Streinz*, VVDStRL 61 (2001), 300, 351 mwN; für eine Beschränkung auf Geldersatz aber *Gellermann*, in: Streinz, Art. 340 AEUV, Rn 59.

301 EuGH, verb. Rs. C-46 und 48/93 (Brasserie du Pêcheur/Factortame), Slg 1996, I-1029, Rn 84 f; verb. Rs C-188 und 190/94 (Dillenkofer u.a.), Slg 1996, I-4845, Rn 72; OLG Köln, VersR 2001, 990; LG Bonn, WM 2000, 618, 620.

rungsgesetzes gilt nicht etwa die ebenfalls 3-jährige Verjährungsfrist des § 852 BGB aF, sondern die Regelverjährung von 30 Jahren nach § 195 BGB aF.[302]

156 Der EuGH hat demgegenüber schon eine Frist von nur einem Jahr als ausreichend akzeptiert.[303] In dem zugrunde liegenden Fall hatte die italienische Regierung ein Dekret erlassen, mit welchem (zu guter Letzt) die Richtlinie 80/987/EWG[304] umgesetzt wurde, und in welchem vorgesehen war, dass Schadensersatzansprüche, die ihre Grundlage in der bisherigen Nichtumsetzung der Richtlinie durch den italienischen Staat hatten, innerhalb eines Jahres verjähren sollten.

157 Das Unionsrecht verwehrt es indes nicht, die Verjährungsfrist für einen Staatshaftungsanspruch wegen fehlerhafter Umsetzung einer Richtlinie bereits zu dem Zeitpunkt in Lauf zu setzen, in dem die ersten Schadensfolgen der fehlerhaften Umsetzung eingetreten und weitere Schadensfolgen absehbar sind, selbst wenn dieser Zeitpunkt vor der ordnungsgemäßen Umsetzung dieser Richtlinie liegt.[305]

158 Das Unionsrecht verlangt letztlich auch nicht, dass die in der nationalen Regelung vorgesehene Verjährung des Staatshaftungsanspruchs wegen Verstoßes gegen das Unionsrecht während eines von der Kommission der Union nach Art. 258 AEUV anhängig gemachten Vertragsverletzungsverfahrens unterbrochen oder gehemmt wird.[306]

D. Verfahrensrecht

I. Haftung der Union

159 Die Form der Klage bei Haftungsansprüchen gegen die Union richtet sich nach Art. 21 Abs. 1 S. 2 EuGH-Satzung sowie Art. 38 VerfO EuGH und Art. 44 VerfO EuG.

II. Haftung der Mitgliedstaaten

160 Das Verfahren richtet sich nach dem Recht des jeweiligen Mitgliedstaates. In Deutschland ist für Amtshaftungsansprüche der Rechtsweg zu den Zivilgerichten eröffnet, Art. 34 Satz 3 GG, § 40 Abs. 2 VwGO. Zuständig sind die Landgerichte in erster Instanz, § 71 Abs. 2 Nr. 2 GVG. Gegebenenfalls ist vorher beim Verwaltungsgericht ein Antrag auf Aufhebung einer europarechtswidrigen Verwaltungsentscheidung zu stellen.

E. Fazit

161 Mittlerweile hat nicht nur die Haftung der Union durch die Rechtsprechung von EuGH und EuG eine klare (Grund-)Struktur erhalten, sondern weitgehend auch die Haftung der Mitgliedstaaten. Gleichwohl wäre es wünschenswert, auch für die Haftung der Mitgliedstaaten eine ausdrückliche Grundlage im Vertragsrecht der Union zu verankern. Für die Rechtsprechung bleibt die Sicherung einer angemessenen Kohärenz der Haftungsmaßstäbe für die Union und die Mitgliedstaaten als dauerhafte Aufgabe bestehen.

302 BGH, EuZW 2009, 865; kritisch hierzu *Armbrüster/Kämmerer*, NJW 2009, 3601, 3604. Diese vor der Neuregelung des Verjährungsrechts entstandenen Ansprüche unterliegen aber seit dem 1. Januar 2002 gem. Art. 229 § 6 Abs. 4 S. 1 EGBGB ebenfalls der regelmäßigen 3-jährigen Verjährung des § 195 BGB. Zur Einbeziehung der subjektiven Voraussetzungen des § 199 Abs. 1 Nr. 2 BGB bei der Berechnung des Fristbeginns in Überleitungsfällen nach Art. 229 § 6 Abs. 4 S. 1 EGBGB siehe BGH, NJW 2007, 1584. Allgemein zur Verjährung im Staatshaftungsrecht nach der Schuldrechtsreform *Heselhaus*, DVBl. 2004, 411 ff.

303 EuGH, Rs. C-261/95 (Palmisani), Slg 1997, I-4025, Rn 27 f.

304 *RL 80/987/EWG* des Rates vom 20. Oktober 1980 zur Angleichung der Rechtsvorschriften der Mitgliedstaaten über den Schutz der Arbeitnehmer bei Zahlungsunfähigkeit des Arbeitgebers (ABl. L 283/23).

305 EuGH, Rs. C-445/06 (Danske Slagterier), Slg 2009, I-2119.

306 EuGH, Rs. C-445/06 (Danske Slagterier), Slg 2009, I-2119.

Durch das Inkrafttreten des Vertrages über die Arbeitsweise der Europäischen Union sind schließlich keine inhaltlichen Änderungen der gemeinschaftsrechtlichen (jetzt unionsrechtlichen) Haftung erfolgt. Vielmehr wurde Art. 288 EGV weitestgehend wortgleich in Art. 340 der konsolidierten Version des Reformvertrages übernommen.[307]

307 S. dazu auch bereits Rn 77 ff.

§ 13 Durchsetzung des Europarechts

Literatur: *Hatje,* Die gemeinschaftsrechtliche Steuerung der Wirtschaftsverwaltung, Baden-Baden, 1998; *Heidig,* Die Verhängung von Zwangsgeldern und Pauschalbeträgen gegen die Mitgliedstaaten der EG, Baden-Baden, 2001; *Hölscheidt,* Probleme der Durchsetzung des Unionsrechts in den Mitgliedstaaten, DÖV 2009, 341 ff; *Huber, P. M.,* Das Kooperationsverhältnis von Kommission und nationalen Verwaltungen beim Vollzug des Unionsrechts, in: Eberle/Ibler/Lorenz (Hrsg.), Festschrift Brohm, München, 2002, S. 127 ff.; *Kadelbach,* Verwaltungskontrollen im Mehrebenen-System der Europäischen Gemeinschaft, in: Schmidt-Aßmann/Hoffmann-Riem (Hrsg.), Verwaltungskontrolle, Baden-Baden, 2001, S. 205 ff; *Magiera,* Kompetenzgrenzen und Strukturprinzipien der Europäischen Gemeinschaft, in: Bracher/Mikat/Repgen/Schumacher/Schwarz (Hrsg.), Festschrift Morsey, Berlin, 1992, S. 211 ff; *Magiera,* Der Schutz der finanziellen Interessen der Europäischen Union, in: Wendt/Höfling/Karpen/Oldiges (Hrsg.), Festschrift Friauf, Heidelberg, 1996, S. 13 ff; *Magiera,* Die Durchsetzung des Gemeinschaftsrechts im europäischen Integrationsprozeß, DÖV 1998, 173 ff; *ders.,* Rechtssetzung und Rechtsdurchsetzung in der Europäischen Union, in: Magiera/Sommermann/Ziller (Hrsg.), Festschrift Siedentopf, Berlin, 2008, S. 75 ff; *Nettesheim,* Der Grundsatz der einheitlichen Wirksamkeit des Gemeinschaftsrechts, in: Randelzhofer/Scholz/Wilke (Hrsg.), Gedächtnisschrift Grabitz, München, 1995, S. 447 ff; *Niedobitek,* Kollisionen zwischen EG-Recht und nationalem Recht, VerwArch. 2001, 58 ff; *Pühs,* Der Vollzug von Gemeinschaftsrecht: Formen und Grenzen eines effektiven Gemeinschaftsrechtsvollzugs und Überlegungen zu seiner Effektuierung, Berlin, 1997; *Scheuing,* Rechtsprobleme bei der Durchsetzung des Gemeinschaftsrechts in der Bundesrepublik Deutschland, EuR 1985, 229 ff; *Scheuing,* Instrumente zur Durchführung des Europäischen Umweltrechts, NVwZ 1999, 475 ff; *Schmidt-Aßmann,* Europäische Verwaltung zwischen Kooperation und Hierarchie, in: Cremer/Giegerich/Richter/Zimmermann (Hrsg.), Festschrift Steinberger, Berlin, 2002, S. 1375 ff; *Schroeder, W.,* Nationale Maßnahmen zur Durchführung von EG-Recht und das Gebot der einheitlichen Wirkung, AöR 2004, 3 ff; *Schweitzer,* Art. 228 Abs. 2 EGV: Schnittstelle von Souveränität und Supranationalität, in: J. Ipsen/Stüer (Hrsg.), Festschrift Rengeling, 2008, S. 437 ff; *Steinhauer,* Die Auslegung, Kontrolle und Durchsetzung mitgliedstaatlicher Pflichten im Recht des Internationalen Währungsfonds und der Europäischen Gemeinschaft, Berlin, 1997; *Streinz,* Probleme des Zusammenwirkens von EG und Mitgliedstaaten beim Vollzug des Europäischen Wirtschaftsrechts, WiVerw 1996, 129 ff; *von Danwitz,* Wege zu besserer Gesetzgebung in Europa, JZ 2006, 1 ff; *Weber,* Rechtsfragen der Durchführung des Gemeinschaftsrechts in der Bundesrepublik, Köln, 1987.

A. Erfordernis der Rechtsdurchsetzung

I. Recht als Integrationsinstrument

Wie zuvor die Europäische Gemeinschaft als Rechtsgemeinschaft[1] existiert nunmehr die Europäische Union im Wesentlichen als **Rechtsunion**[2] aufgrund und im Rahmen der zwischen ihren Mitgliedstaaten abgeschlossenen völkerrechtlichen Gründungs- und Folgeverträge.[3] Auch durch den Vertrag von Lissabon[4] hat sich daran unmittelbar nichts geändert. Die Mitgliedstaaten sind und bleiben weiterhin die „Herren der Verträge"[5] und des Schicksals der Union. Dies wird durch das einseitige und nicht begründungsbedürftige Austrittsrecht eines jeden Mitgliedstaats, das im Vertrag von Lissabon ausdrücklich vorgesehen ist, verdeutlicht.[6] Mittelbar wird dadurch ferner eine Auflösung der Union – durch einseitigen Austritt oder gemeinsame Vereinbarung aller Mitgliedstaaten – ermöglicht, auch wenn der Vertrag von Lissabon entsprechend den bisherigen Verträgen weiterhin auf unbegrenzte Zeit abgeschlossen ist.[7] 1

Nicht nur in ihrer Entstehung, sondern auch in ihrer Wirksamkeit ist die Europäische Union vor allem auf **Instrumente des Rechts** angewiesen.[8] Anders als die Mitgliedstaaten verfügt sie über keine hoheitlichen Mittel, um ihr Recht notfalls zwangsweise zu verwirklichen, und auch noch nicht über eine vergleichbare Verankerung im Loyalitätsempfinden der Bürger, wie sie aufgrund geschichtlicher, kultureller und sonstiger gewachsener Tradition gegenüber den einzelnen Mitgliedstaaten besteht.[9] 2

Die Begrenzung auf eine **„Herrschaft des Rechts"** stellt hohe Anforderungen an die Europäische Union, wenn ihr Recht nicht nur normativ gelten, sondern auch tatsächlich beachtet und befolgt werden soll. Bei der Erfüllung dieser Anforderungen ist die Union abhängig von den Mitgliedstaaten, die über den Rat einen entscheidenden Einfluss auf die Rechtssetzung ausüben und allgemein eine maßgebliche Rolle bei der Rechtsdurchsetzung spielen, wie auch von einer überzeugenden Legitimationsbasis, die von den Mitgliedstaaten und den Bürgern als Rechtsadressaten respektiert wird. 3

Die dafür erforderlichen **Legitimationsgrundsätze**, die sich bei der Ausgestaltung und Ausübung traditioneller staatlicher Hoheitsgewalt bewährt haben, sind nach dem Vertragsrecht auch für die gemeinschaftliche Hoheitsgewalt maßgeblich. Danach beruht die Union auf den – allen Mitgliedstaaten gemeinsamen – Werten der Menschenwürde, der Freiheit, der Demokratie, der Gleichheit, 4

---

1 EuGH, Rs. 294/83 („Les Verts"), Slg 1986, 1339 Rn 23; EuGH, Rs. 2/88-IMM (Zwartveld), Slg 1990, I-3365 Rn 16; EuGH, Gutachten 1/91 (EWR-Abkommen), Slg 1991, I-6079 Rn 21; EuGH, Rs. C-402/05 P (Kadi/Rat und Kommission), Slg 2008, I-6351 Rn 281; *Scholz*, in: FS Steindorff, 1990, S. 1413 ff; *Zuleeg*, NJW 1994, 545 ff.

2 EuGH, Rs. C-335/09 P (Polen/Kommission), Urt. v. 26.6.2012 Rn 48 n.v.; EuGH, Rs. C-274/12 P (Telefónica/Kommission), Urt. v. 19.12.2013 n.v.

3 Vgl insb. den Vertrag zur Gründung der Europäischen (Wirtschafts-)Gemeinschaft und den Vertrag über die Europäische Union. Die erforderliche Differenzierung zwischen (Europäischer) Gemeinschaft und (Europäischer) Union sowie zwischen (supranationalem) Gemeinschafts- und (intergouvernementalem) Unionsrecht, wie sie dem früheren Europarecht (in einem engeren Sinn) zugrunde lag (vgl dazu *Magiera*, DÖV 1998, 173 ff), ist mit der durch den Vertrag von Lissabon geschaffenen einheitlichen Rechtspersönlichkeit der Union (Art. 47 EUV) entfallen.

4 ABl. 2007 C 306/1; ABl. 2012 C 326/1 (konsolidierte Fassung).

5 BVerfG 12.10.1993 – 2 BvR 2134 u.a. – BVerfGE 89, 155, 199; BVerfG 30.6.2009 – 2 BvE 2/08 u.a. – BVerfGE 123, 267, 368, 398; BVerfG 6.7.2010 – 2 BvR 2661/06 – BVerfGE 126, 286, 303, 319; eingehend *Puttler*, EuR 2004, 669 ff.

6 Art. 50 EUV nF (zuvor schon Art. I-60 EVV); vgl dazu und zur früheren Rechtslage näher *Bruha/Nowak*, ArchVR 2004, 1 ff; *Streinz*, in: Streinz, EUV/AEUV, Art. 50 EUV Rn 1 ff; *Kokott*, in: Streinz, EUV/AEUV, Art. 356 AEUV Rn 1 ff.

7 Art. 53 EUV; Art. 356 AEUV (zuvor Art. 51 EUV aF; Art. 312 EGV).

8 Vgl auch – aus (rechts)politischer Sicht – *Szukala*, Das Implementationssystem europäischer Politik – Rechtsdurchsetzung im Mehrebenensystem, Wiesbaden, 2012, S. 11 und passim.

9 Näher dazu *Zuleeg* NJW 1994, 542, 548 ff; *von Bogdandy*, Grundprinzipien, in: von Bogdandy/Bast (Hrsg.), Europäisches Verfassungsrecht, 2. Aufl., Berlin Heidelberg, 2009, S. 13, 36 ff; *W. Schroeder*, Das Gemeinschaftsrechtssystem, Tübingen, 2002, S. 219 ff; *Giegerich*, Europäische Verfassung und deutsche Verfassung im transnationalen Kontext, Berlin Heidelberg, 2003, S. 994 ff.

der Rechtsstaatlichkeit und der Wahrung der Menschenrechte.[10] Mit der Wahrung dieser Grundsätze als Bestandteil des Rechts im Allgemeinen ist die europäische Gerichtsbarkeit betraut.[11] An der Verwirklichung der Grundsätze sind neben den Unionsorganen und den Mitgliedstaaten auch die Bürger aktiv beteiligt, insbesondere über die Wahl des Europäischen Parlaments[12] und die Inanspruchnahme gerichtlichen Rechtsschutzes[13] sowie die durch den Vertrag von Lissabon ermöglichte Bürgerinitiative.[14]

II. Rechtseinheit und Rechtswirksamkeit

5 Die europäische Rechtsgemeinschaft bzw Rechtsunion stellt eine neue Rechtsordnung des Völkerrechts dar, die neben die Rechtsordnungen der Mitgliedstaaten getreten ist und eine von diesen unabhängige, **eigene Rechtsordnung** bildet.[15] Die Eigenständigkeit bewirkt, dass die Union ihre Aufgaben und Befugnisse nach ihrem Recht und durch ihre Organe wahrnimmt. Die europäische und die mitgliedstaatlichen Rechtsordnungen stehen jedoch nicht unvermittelt nebeneinander, sondern sind in vielfältiger Weise aufeinander bezogen und wechselseitigen Einwirkungen geöffnet.[16] Die europäische Rechtsordnung ist in die Rechtsordnungen der Mitgliedstaaten aufgenommen worden und von deren Organen zu beachten.[17] Im Einzelnen bestehen zahlreiche materiell-, organisations- und verfahrensrechtliche Verflechtungen.[18]

6 Wesensmerkmal der europäischen wie jeder Rechtsordnung, die den Grundsätzen der Demokratie und der Rechtsstaatlichkeit verpflichtet ist, sind die materielle **Einheit** und die **Wirksamkeit** ihrer Normen.[19] Die Adressaten müssen unionsweit in allen Mitgliedstaaten denselben Regeln unterliegen und diese tatsächlich befolgen.[20] Einheit und Wirksamkeit des Rechts sind eng miteinander verbunden und notwendige Voraussetzung für die Funktionsfähigkeit und den Integrationsprozess der Europäischen Union. Ohne die erforderliche Einheit und Wirksamkeit der gemeinschaftlichen Rechtsordnung wäre der Zusammenhalt der Union ebenso wie die Verwirklichung ihrer Ziele gefährdet, wenn nicht unmöglich.[21]

---

10 Art. 2 EUV; näher dazu *Magiera,* Der materielle und der immaterielle Wert Europas: vertragliche Verankerung, politische Vermittlung und öffentliche Wahrnehmung, integration 2012, 95 ff; *Niedobitek/Sommermann* (Hrsg.), Die Europäische Union als Wertegemeinschaft, Berlin, 2013.

11 Art. 19 Abs. 1 EUV; vgl dazu näher *P. M. Huber*, in: Streinz, EUV/AEUV, Art. 19 EUV Rn 11 ff.

12 Art. 14 Abs. 3 EUV.

13 Art. 263 Abs. 4 und 5, 265 Abs. 3, 267 AEUV.

14 Art. 11 Abs. 4 EUV.

15 EuGH, Rs. 26/62 (van Gend & Loos), Slg 1963, 1, 25; EuGH, Rs. 13/61 (Bosch), Slg 1962, 97, 110; EuGH, Rs. 6/64 (Costa/E.N.E.L.), Slg 1964, 1251, 1269 f; EuGH, Rs. 14/68 (Wilhelm), Slg 1969, 1 Rn 6; EuGH, Rs. C-453/99 (Courage und Crehan), Slg 2001, I-6297 Rn 19; EuGH, Gutachten 1/09 (Gericht für europäische Patente und Gemeinschaftspatente), Slg 2011, I-1255 Rn 65; BVerfG 18.10.1967 – 1 BvR 248/63 u.a. – BVerfGE 22, 293, 296; BVerfG 9.6.1971 – 2 BvR 225/69 – BVerfGE 31, 145, 173 f; BVerfG 29.5.1974 – 2 BvL 52/71 – BVerfGE 37, 271, 277 f.

16 BVerfG 25.7.1979 – 2 BvL 6/77 – BVerfGE 52, 187, 200; BVerfG 22.10.1986 – 2 BvR 197/83 – BVerfGE 73, 339, 368.

17 EuGH, Rs. 6/64 (Costa/E.N.E.L.), Slg 1964, 1251, 1269 f; EuGH, Rs. 14/68 (Wilhelm), Slg 1969, 1 Rn 6; BVerfG 9.6.1971 – 2 BvR 225/69 – BVerfGE 31, 145, 174.

18 Näher dazu *Magiera*, in: FS Morsey, S. 220 f.

19 EuGH, Rs. 39/70 (Norddeutsches Vieh- und Fleischkontor), Slg 1971, 49 Rn 4; EuGH, Rs. 44/79 (Hauer), Slg 1979, 3727 Rn 14; EuGH, Rs. 146/81 (BayWA), Slg 1982, 1503 Rn 29; EuGH, Rs. 205-215/82 (Deutsche Milchkontor), Slg 1983, 2633 Rn 17; EuGH, Rs. C-46/93 (Brasserie du Pêcheur), Slg 1996, I-1029 Rn 33; EuGH, Rs. C-372/05 (Kommission/Deutschland), Slg 2009, I-11801 Rn 68; EuGH, Rs. C-399/11 (Melloni), Urt. v. 26.2.2013 Rn 60 n.v.; vgl dazu näher *Mosiek*, Effet utile und Rechtsgemeinschaft – Zugleich ein Beitrag zur Kompetenzordnung der Europäischen Gemeinschaft, Münster, 2003; *Hatje*, S. 35 ff; *Streinz*, in: FS Everling, 1995, S. 1491, 1495 f; *Nettesheim*, in: GS Grabitz, S. 447 ff; *W. Schroeder*, AöR 2004, 18 f; *Nettesheim,* EuR-Beiheft 2/2013, 7 ff.

20 EuGH, Rs. 14/68 (Wilhelm), Slg 1969, 1 Rn 6; EuGH, Rs. 11/70 (Internationale Handelsgesellschaft), Slg 1970, 1125 Rn 3; EuGH, Rs. 61/79 (Denkavit Italiana), Slg 1980, 1205 Rn 15; EuGH, Rs. C-143/88 (Zuckerfabrik Süderdithmarschen), Slg 1991, I-415 Rn 26.

21 EuGH, Rs. 14/68 (Wilhelm), Slg 1969, 1 Rn 6; EuGH, Rs. 44/79 (Hauer), Slg 1979, 3727 Rn 14.

Als neue oder – genauer – neuartige Rechtsordnung des Völkerrechts ist die Rechtsordnung der Europäischen Union im Unterschied zu traditionellen internationalen Organisationen durch das **Prinzip der Supranationalität** geprägt.[22] Diese ermöglicht nicht nur eine Rechtssetzung, die nicht stets der Zustimmung aller Mitgliedstaaten bedarf und dennoch alle Mitgliedstaaten bindet,[23] sondern wirkt vor allem mit Vorrang gegenüber den Rechtsordnungen der Mitgliedstaaten und unmittelbar gegenüber den Bürgern in den Mitgliedstaaten. 7

Die **unmittelbare Wirkung des Unionsrechts** folgt aus dem Ziel des Vertrages, der mehr ist als ein Abkommen, das nur wechselseitige Verpflichtungen zwischen den Mitgliedstaaten begründet, sondern das einen gemeinsamen Markt schaffen soll, dessen Funktionieren die Bürger unmittelbar betrifft,[24] sowie Bestimmungen enthält, die unmittelbare Quelle von Rechten und Pflichten für alle diejenigen sind, die sie betreffen, unabhängig davon, ob es sich um die Mitgliedstaaten oder solche Einzelpersonen handelt, die an dem unionsrechtlichen Rechtsverhältnis beteiligt sind.[25] 8

Der **Vorrang des Unionsrechts** bewirkt, dass dem vom Vertrag geschaffenen, somit aus einer autonomen Rechtsquelle fließenden Recht wegen seiner Eigenständigkeit keine wie auch immer gearteten mitgliedstaatlichen Rechtsvorschriften vorgehen können, wenn ihm nicht sein Charakter als Unionsrecht aberkannt und wenn nicht die Rechtsgrundlage der Union selbst in Frage gestellt werden soll.[26] Um dies zu verhindern, sind Normenkonflikte zwischen gemeinschaftlichem und mitgliedstaatlichem Recht nach dem Grundsatz des Vorrangs des Unionsrechts zu lösen.[27] Dies bedeutet, dass eine mitgliedstaatliche Bestimmung, soweit sie dem Unionsrecht widerspricht, unanwendbar und unwirksam, nicht jedoch nichtig ist.[28] Bei Unklarheiten über die Tragweite des Unionsrechts, die sich infolge des Fortbestehens einer – auch nur teilweise – unanwendbaren mitgliedstaatlichen Bestimmung ergeben, ist diese zudem aus Gründen der Rechtssicherheit unionsrechtskonform umzuformulieren oder aufzuheben.[29] 9

B. Rechtssetzung und Rechtsdurchsetzung

I. Abgrenzung und Begriffsbildung

Als Rechtsunion ist die Europäische Union für ihren Bestand und ihre Entwicklung in doppelter Hinsicht auf das Recht angewiesen, nämlich auf eine kontinuierliche Rechtssetzung und auf eine 10

---

22 Näher dazu *Magiera*, in: FS Morsey, S. 221 ff.

23 Art. 16 Abs. 3 EUV (betr. die Beschlussfassung im Rat); vgl auch BVerfG 12.10.1993 – 2 BvR 2134 u.a. – BVerfGE 89, 155, 183.

24 EuGH, Rs. 26/62 (van Gend & Loos), Slg 1963, 1, 24; EuGH, Gutachten 1/91 (EWR-Abkommen), Slg 1991, I-6079 Rn 21.

25 EuGH, Rs. 106/77 (Simmenthal), Slg 1978, 629 Rn 14/16; ebenso – aus der Sicht des Grundgesetzes – BVerfG 22.10.1986 – 2 BvR 197/83 – BVerfGE 73, 339, 374.

26 EuGH, Rs. 6/64 (Costa/E.N.E.L.), Slg 1964, 1251, 1270; EuGH, Rs. 11/70 (Internationale Handelsgesellschaft), Slg 1970, 1125 Rn 3; EuGH, Rs. C-314/08 (Filipiak), Slg 2009 I-11049 Rn 81 ff; EuGH, Rs. C-399/11 (Melloni), Urt. v. 26.2.2013 Rn 59 n.v.; ebenso – aus der Sicht des Grundgesetzes grundsätzlich, dh mit Vorbehalten gegenüber einem Vorrang des Unionsrechts vor staatlichem Verfassungsrecht – BVerfG 29.5.1974 – 2 BvL 52/71 – BVerfGE 37, 271, 278 f; BVerfG 12.10.1993 – 2 BvR 2134 u.a. – BVerfGE 89, 155, 174 f; BVerfG 7.6.2000 – 2 BvL 1/97 – BVerfGE 102, 147, 163; BVerfG 30.6.2009 – 2 BvE 2/08 u.a. – BVerfGE 123, 267, 396 ff; vgl näher *Niedobitek*, Der Vorrang des Unionsrechts, in: Niedobitek/Zemánek (Hrsg.), Continuing the European constitutional debate, Berlin, 2008, S. 63 ff. – Die Rechtsprechung des Europäischen Gerichtshofs, die in Art. I-6 EVV, nicht jedoch in den Text des Vertrags von Lissabon aufgenommen wurde, wird bestätigt in der von der Regierungskonferenz zum Vertrag von Lissabon angenommenen (17.) „Erklärung zum Vorrang", ABl. 2012 C 326/346.

27 EuGH, Rs. 14/68 (Wilhelm), Slg 1969, 1 Rn 6.

28 EuGH, Rs. 106/77 (Simmenthal), Slg 1978, 629 Rn 17/18; EuGH, Rs. C-10/97 (IN. CO. GE.'90), Slg 1998, I-6307 Rn 21; EuGH, Rs. C-198/01 (Fiammiferi), Slg 2003, I-8055 Rn 48; EuGH, Rs. C-555/07 (Kücükdevici), Slg 2010, I-365 Rn 51; vgl näher *Niedobitek*, VerwArch. 2001, 60 ff.

29 EuGH, Rs. 168/85 (Kommission/Italien), Slg 1986, 2945 Rn 11; EuGH, Rs. 74/86 (Kommission/Deutschland), Slg 1988, 2139 Rn 10; EuGH, Rs. C-307/89 (Kommission/Frankreich), Slg 1991, I-2903 Rn 13; EuGH, Rs. C-162/99 (Kommission/Italien), Slg 2001, I-541 Rn 22; EuGH, Rs. C-259/01 (Kommission/Frankreich), Slg 2002, I-11093 Rn 18; EuGH, Rs. C-512/08 (Kommission/Frankreich), Slg 2010, I-8833 Rn 55.

ebenso kontinuierliche Rechtsdurchsetzung. Ihr von Anfang an oberstes Ziel, einen immer engeren Zusammenschluss der europäischen Völker zu schaffen,[30] das auch mit dem Vertrag von Lissabon nicht vollendet ist,[31] fordert eine stetige Anpassung der Vertragsgrundlagen, wie die zahlreichen Änderungsverträge gezeigt haben, und deren Ausgestaltung durch das darauf aufbauende Sekundärrecht. Die dadurch geschaffene **normative Existenz** der europäischen Rechtsordnung muss begleitet sein von einer **tatsächlichen Durchsetzung** ihrer Geltungsanforderungen.

11 Auf diese Weise lassen sich Rechtssetzung als **Normschaffung** und Rechtsdurchsetzung als **Normverwirklichung** deutlich voneinander unterscheiden. In der komplexen – mehrstufigen und mehrphasigen – Rechtspraxis der Union, die gemeinschaftliche und mitgliedstaatliche sowie legislative, administrative und judikative Elemente und Verfahren in sich vereinigt, finden sich zwischen Rechtssetzung und Rechtsdurchsetzung jedoch vielfältige **Verflechtungen und Überschneidungen,** die durch die Begriffsabgrenzung nicht ausgeblendet werden dürfen. So lässt sich die legislative Umsetzung einer Richtlinie ebenso wie die administrative oder judikative Anwendung einer Verordnung als konkretisierende bzw aktualisierende Normschaffung oder entsprechende Normverwirklichung verstehen. Beide Maßnahmen dienen der Verwirklichung einer vorgegebenen Norm und schaffen zugleich eine neue – abstrakte bzw konkrete – Norm, die der weiteren Verwirklichung bedarf, vereinigen somit rechtsdurchsetzende und rechtssetzende Elemente in sich.

12 Weder im Unionsrecht noch in der Wissenschaft oder der Praxis findet sich ein gefestigter **Sprachgebrauch** zur Abgrenzung von Rechtssetzung und Rechtsdurchsetzung. Das Unionsrecht enthält Bezeichnungen wie Durchführung, Anwendung oder Ausführung (englisch: implementation, application, execution; französisch: mise en œuvre, application, exécution),[32] die weder näher bestimmt sind noch – auch im Vergleich zwischen den verschiedenen Sprachfassungen – systematisch geordnet erscheinen.

13 In der deutschsprachigen **Wissenschaft** hat sich für die Ausgestaltung des Vertragsrechts ein verbreiteter, wenn auch nicht allseits geteilter, Sprachgebrauch herausgebildet, der von dem Oberbegriff „Durchführung" (auch Vollzug, Vollziehung) ausgeht und diesen in die „Ausführung" als den Erlass allgemeiner Regelungen und die „Anwendung" als die Aktualisierung allgemeiner Regelungen im Einzelfall unterteilt.[33] Trotz häufigen Gebrauchs des Begriffs „Durchsetzung" oder ähnlicher Bezeichnungen, wie praktische Wirksamkeit oder tatsächliche Durchführung, fehlt es dabei an einer klaren Zuordnung zu dem Begriff der „Durchführung" oder dessen Unterbegriffen.

14 Demgegenüber findet sich in der Praxis der Europäischen **Kommission** neben eher beiläufigen Bezeichnungen, wie effiziente oder effektive Anwendung, Funktionieren der Unionsbestimmungen,[34] Verwirklichung der Rechtsgemeinschaft,[35] der etwas zurückliegende und, soweit ersichtlich, vereinzelt gebliebene Versuch, unter dem Oberbegriff der Durchführung zwischen Rechtssetzung, Umsetzung, praktischer Anwendung, Durchsetzung und Überprüfung genauer zu unterscheiden.[36] Der Begriff der „Durchsetzung" soll danach sämtliche Methoden, insbesondere Kontrollen und

---

30 Präambel Abs. 5 EGKSV; Präambel Abs. 1 EWGV/EGV.

31 Präambel Abs. 13, Art. 1 Abs. 2 EUV; Präambel Abs. 1 AEUV; Präambel Abs. 1 GRC.

32 Art. 11, 20 Abs. 2, 37 Abs. 3, 187, 263 Abs. 2, 291, 317 u.a. AEUV.

33 Grundlegend *Zuleeg*, Das Recht der Europäischen Gemeinschaften im innerstaatlichen Bereich, Köln u.a., 1969, S. 47 f; *Rengeling*, Rechtsgrundsätze beim Verwaltungsvollzug des Europäischen Gemeinschaftsrechts, Köln u.a., 1977, S. 8 f; *Weber*, S. 3, 45, 79; kritisch zum Vollzugsbegriff *von Danwitz*, Verwaltungsrechtliches System und europäische Integration, Tübingen, 1996, S. 15 ff; zusammenfassend *Rengeling*, in: Rengeling (Hrsg.), Hdb zum europäischen und deutschen Umweltrecht, Band I, 2. Aufl., Köln u.a., 2003, S. 939, 943 ff.

34 *Kommission*, Die optimale Gestaltung des Binnenmarkts: Strategisches Programm, KOM (93) 632, S. 10; *Kommission*, Bedeutung von Sanktionen für die Anwendung des Gemeinschaftsrechts im Binnenmarkt, KOM (95) 162, S. 1; *Kommission*, Wirkung und Wirksamkeit der Binnenmarktmaßnahmen, KOM (96) 520, S. 24; *Rat*, Entschließung v. 29.6.1995 zur einheitlichen und wirksamen Anwendung des Gemeinschaftsrechts und zu Sanktionen bei Verstößen gegen das Gemeinschaftsrecht im Bereich des Binnenmarkts, ABl. 1995 C 188/1.

35 *Kommission*, 20. Jahresbericht über die Kontrolle der Anwendung des Gemeinschaftsrechts (2002), KOM (2003) 669, S. 5.

36 *Kommission*, Durchführung des Umweltrechts in der Gemeinschaft, KOM (96) 500, S. 8 f.

Sanktionen, erfassen, mit denen zuständige Behörden andere zur Beachtung der gültigen Rechtsvorschriften anhalten oder zwingen.[37]

Der damit auf **Überwachungs- und Zwangsmaßnahmen** reduzierte Durchsetzungsbegriff mag für den konkreten Bereich und Zweck, nämlich die Durchführung des gemeinschaftlichen Umweltrechts, hilfreich sein.[38] Allgemein und im vorliegenden Zusammenhang, der die Durchsetzung des europäischen Rechts insgesamt zum Gegenstand hat, erscheint die Verengung jedoch nicht geeignet, da sie die hier zu behandelnde Rechtspraxis nicht ausreichend zu erfassen vermag. Zum einen berücksichtigt sie im Spannungsfeld zwischen Rechtssetzung und Rechtsdurchsetzung nicht den aufgezeigten Doppelcharakter von legislativer Umsetzung und administrativer bzw judikativer Anwendung unionsrechtlicher Bestimmungen. Zum anderen bedarf es zusätzlich zu den – einseitig, begleitend oder nachträglich eingesetzten – Überwachungs- und Zwangsmaßnahmen einer **Einbeziehung präventiver und kooperativer Durchsetzungsinstrumente**, die der immanenten Verknüpfung von Rechtssetzung und Rechtsdurchsetzung in besonderer Weise Rechnung tragen.[39] Hervorzuheben bleibt jedoch mit der Kommission, dass es bei der Durchsetzung um die Beachtung des Unionsrechts allgemein und nicht nur um dessen Durchführung geht, von der sie deshalb zu unterscheiden ist. 15

II. Zuständigkeit der Union

1. Allgemeine Prinzipien

Die Zuständigkeit der Union zur Rechtssetzung und zur Rechtsdurchsetzung unterliegt im Vertragsrecht den allgemeinen Prinzipien der begrenzten Ermächtigung, der Subsidiarität und der Verhältnismäßigkeit. Nach dem **Prinzip der begrenzten Ermächtigung**, das der Zuständigkeitsabgrenzung zu den Mitgliedstaaten dient, ist die Union auf die Wahrnehmung der Aufgaben und Befugnisse beschränkt, die ihr vertraglich – ausdrücklich oder implizit – übertragen sind.[40] Als Ermächtigungsgrundlage kommen spezifische Vertragsbestimmungen, etwa in den Bereichen der Landwirtschaft, der Freizügigkeit oder des Wettbewerbs, in Betracht, aber auch die allgemeinen Vertragsbestimmungen über die Rechtsangleichung[41] oder die subsidiäre Kompetenznorm, die Befugnislücken schließt, wenn dies zur Verwirklichung der Vertragsziele erforderlich ist.[42] 16

Die **Prinzipien der Subsidiarität und der Verhältnismäßigkeit** betreffen demgegenüber die Zuständigkeitswahrnehmung durch die Union und verlangen eine Zurückhaltung dahin, dass die Union in Bereichen, die nicht ihrer ausschließlichen Zuständigkeit unterliegen, nur bei unzureichender Fähigkeit der Mitgliedstaaten tätig wird, und dass sich ihre Maßnahmen allgemein im Rahmen des zur vertraglichen Zielerreichung Erforderlichen halten.[43] Im Einzelnen umfasst die Zuständigkeit der Union zur Rechtssetzung und zur Rechtsdurchsetzung Maßnahmen der Normgebung, der Normanwendung und der Normkontrolle. 17

---

37 *Kommission*, ebd, S. 30.

38 Näher dazu *Scheuing*, NVwZ 1999, 476; *Sach/Simm*, in: Rengeling (Hrsg.), Hdb zum europäischen und deutschen Umweltrecht, Band I, 2. Aufl., Köln u.a., 2003, S. 1607, 1609 mit Fn 7.

39 Vgl dazu unten Rn 48 f, 53.

40 Art. 5 Abs. 1 und 2 EUV („begrenzte Einzelermächtigung"; englisch: „conferral"; französisch: „attribution"); (18.) Erklärung (der Regierungskonferenz zum Vertrag von Lissabon) „zur Abgrenzung der Zuständigkeiten", ABl. 2012 C 326/346; EuGH, Rs. C-376/98 (Deutschland/Parlament und Rat), Slg 2000, I-8419 Rn 83; *Kraußer*, Das Prinzip begrenzter Ermächtigung im Gemeinschaftsrecht als Strukturprinzip des EWG-Vertrages, Berlin, 1991, S. 16 ff, 57 ff; *Magiera*, Zur Kompetenzneuordnung zwischen der Europäischen Union und den Mitgliedstaaten, integration 2002, 269, 271.

41 Art. 114 ff AEUV.

42 Art. 352 AEUV.

43 Art. 5 Abs. 3 und 4 EUV; vgl auch das Prot. (Nr. 2) zum Vertrag von Lissabon „über die Anwendung der Grundsätze der Subsidiarität und der Verhältnismäßigkeit", ABl. 2012 C 326/206; ferner die jährlichen Berichte der Kommission über die Anwendung der Grundsätze der Subsidiarität und der Verhältnismäßigkeit, zuletzt *Kommission*, Jahresbericht 2013, COM (2014) 506, sowie – statt aller – *Calliess*, Subsidiaritäts- und Solidaritätsprinzip in der Europäischen Union, 2. Aufl., Baden-Baden, 1999, S. 65 ff; *Moersch*, Leistungsfähigkeit und Grenzen des Subsidiaritätsprinzips, Baden-Baden, 2001, S. 283 ff.

2. Normgebung

18 Trotz seines inzwischen erreichten erheblichen Umfangs, der auch durch den Vertrag von Lissabon kaum verringert wird, beschränkt sich das Primärrecht der Union weitgehend auf eine Grund- und Rahmenordnung, die der näheren Ausgestaltung durch das von den Unionsorganen zu erlassende **Sekundärrecht** bedarf. Dabei steht den Unionsorganen grundsätzlich ein weiter Gestaltungsspielraum offen, der jedoch durch die Verpflichtungen zur Integrationsentwicklung im Allgemeinen und zur Erreichung bestimmter Einzelziele, die gerichtlich einklagbar sein können,[44] begrenzt ist. Insoweit enthält die Ermächtigung der Union zur Rechtssetzung auch Pflichten zur Schaffung sekundären Rechts, die zugleich der Durchsetzung des primären Rechts dienen. Die sekundärrechtliche Normgebung erfolgt weiterhin im Wesentlichen durch in den Mitgliedstaaten unmittelbar geltende Verordnungen und von den Mitgliedstaaten in ihr eigenes Recht umzusetzende Richtlinien.[45] Die im Verfassungsvertrag vorgesehene Umbenennung in Europäische Gesetze und Europäische Rahmengesetze[46] wurde vom Vertrag von Lissabon nicht übernommen. Die Wahrnehmung der dennoch sog. Gesetzgebung obliegt in der Regel der Kommission als Initiativorgan sowie dem Rat und dem Parlament als den Entscheidungsorganen. Dabei ist die Mitwirkung des Parlaments differenziert ausgestaltet, im Laufe des Integrationsprozesses allmählich gestärkt und durch den Vertrag von Lissabon weiter vorangebracht worden.[47]

19 Darüber hinaus erfasst die Normgebung der Union den Erlass von Durchführungsbestimmungen zum Sekundärrecht, die der Vertrag von Lissabon als Durchführungsrechtsakte[48] bezeichnet und um die neuartige Kategorie delegierter Rechtsakte „ohne Gesetzescharakter" erweitert hat, die mit allgemeiner Geltung zur Ergänzung oder Änderung bestimmter nicht wesentlicher Vorschriften des ermächtigenden Gesetzgebungsaktes erlassen werden können.[49] Diese **tertiäre Normgebung** der Union ist nicht nur zeitlich und hierarchisch, sondern auch inhaltlich nachrangig gegenüber dem ermächtigenden Sekundärrecht, das alle wesentlichen Elemente der betreffenden Materie selbst regeln muss.[50] Während das neue Verfahren zum Erlass von delegierten Rechtsakten durch die Kommission noch der näheren Ausgestaltung bedarf,[51] obliegt der Erlass der traditionellen Durchführungsrechtsakte auf Unionsebene regelmäßig der Kommission[52] im Rahmen eines sog. Komitologieverfahrens. Dieses verpflichtet die Kommission, die ihr übertragenen Durchführungsmaßnahmen im Entwurfsstadium einem der rund 300 Ausschüsse aus Vertretern der Mitgliedstaaten zur Stellungnahme vorzulegen.[53] Je nach Variante des komplexen Verfahrens kann die Stellungnahme sich in einer Beratung der Kommission erschöpfen, aber auch zu einem Scheitern des Entwurfs führen.[54]

---

44 EuGH, Rs. 13/83 (Parlament/Rat), Slg 1985, 1513 Rn 49 ff, 64 ff.

45 Art. 288 AEUV.

46 Art. I-33 ff EVV.

47 Art. 14 Abs. 1, 16 Abs. 1, 17 Abs. 1 und 2 EUV; Art. 289 ff AEUV.

48 Art. 291 AEUV.

49 Art. 290 AEUV; vgl dazu auch die (39.) Erklärung der Regierungskonferenz zum Vertrag von Lissabon, ABl. 2012 C 326/352; ferner Europäischer Konvent, Schlussbericht der Gruppe IX „Vereinfachung", CONV 424/02, S. 8 ff.

50 Art. 290 Abs. 1 AEUV; EuGH, Rs. 25/70 (Köster), Slg 1970, 1161 Rn 6; EuGH, Rs. C-104/97 P (Atlanta AG), Slg 1999, I-6983 Rn 74 ff; EuGH, Rs. C-355/10 (EP/Rat), Urt. v. 5.9.2012 Rn 64 ff n.v. (st. Rspr); vgl auch *von Danwitz*, Europäisches Verwaltungsrecht, Berlin Heidelberg, 2008, S. 202 ff.

51 *Kommission*, Umsetzung von Art. 290 des Vertrags über die Arbeitsweise der Europäischen Union, KOM (2009) 673.

52 EuGH, Rs. 16/88 (Kommission/Rat), Slg 1989, 3457 Rn 10; EuGH, Rs. C-257/01 (Kommission/Rat), Slg 2005, I-345 Rn 50.

53 Art. 291 Abs. 2 und 3 AEUV; VO Nr. 182/2011 des EP und des Rates v. 16.2.1011 zur Festlegung der allgemeinen Regeln und Grundsätze, nach denen die Mitgliedstaaten die Wahrnehmung der Durchführungsbefugnisse durch die Kommission kontrollieren, ABl. 2011 L 55/13; zuvor Beschl. Nr. 1999/468/EG des Rates v. 28.6.1999 zur Festlegung der Modalitäten für die Ausübung der der Kommission übertragenen Durchführungsbefugnisse, *ABl. 1999 L 184/23; EP* und *Kommission*, Vereinbarung v. 3.6.2008 über die Modalitäten der Anwendung des Beschlusses 1999/468/EG des Rates idF des Beschlusses 2006/512/EG, ABl. 2008 C 143/1; ferner *Kommission*, Bericht über die Tätigkeit der Ausschüsse im Jahr 2013, KOM (2014) 572.

54 Näher dazu *Bianchi*, RTDE 2012, 75 ff.

Entsprechend der allgemeinen Verflechtung zwischen der gemeinschaftlichen und den mitgliedstaatlichen Rechtsordnungen ist auch die **Normsetzung der Union eng mit den Mitgliedstaaten verflochten.** Diese üben weiterhin den entscheidenden Einfluss über ihre Regierungsvertreter im Rat als dem maßgeblichen, weil nicht überstimmbaren, Unionsorgan aus.[55] Auch kann sich der Rat vorbehalten, in spezifischen Fällen die Durchführungsbefugnisse im Rahmen der tertiären Normgebung selbst auszuüben oder die Entscheidungsgewalt wieder an sich zu ziehen.[56] Mit dem Vertrag von Lissabon haben auch die nationalen Parlamente die Möglichkeit einer begrenzten Mitwirkung an den Angelegenheiten der Union, insbesondere bei der Subsidiaritätskontrolle, erhalten.[57] 20

3. Normanwendung

Auch die Normanwendung als Aktualisierung des Unionsrechts im Einzelfall unterliegt den Prinzipien der begrenzten Ermächtigung, der Subsidiarität und der Verhältnismäßigkeit.[58] Dementsprechend bedarf die unionseigene (direkte) Normanwendung durch die Unionsorgane einer **besonderen Ermächtigungsgrundlage**, die zusätzlich zur Normgebungsbefugnis vorliegen muss und subsidiär zu den Mitgliedstaaten im Rahmen des Erforderlichen wahrzunehmen ist.[59] Damit folgt die Zuständigkeitsordnung der Union dem bundesstaatlichen Modell, wie es sich etwa in Deutschland herausgebildet hat, nicht hingegen demjenigen etwa der Vereinigten Staaten von Amerika, nach dem jede staatliche Ebene ihr Recht durch ihre eigenen Organe vollzieht.[60] 21

Im administrativen Bereich[61] erstreckt sich die unionseigene Normanwendung zum einen auf die **unionsinterne Verwaltung**, vor allem von Organisation, Personal und Haushalt der Union, und zum anderen auf einige Gebiete **unionsexterner Verwaltung** gegenüber den Mitgliedstaaten und Einzelpersonen. Dazu gehören insbesondere das Wettbewerbsrecht der Union einschließlich der Überwachung staatlicher Beihilfen, die Verwaltung der Unionsfonds sowie verschiedene Einzelmaßnahmen in der Agrar-, der Verkehrs- und der Handelspolitik.[62] Als ausdrückliche oder implizite Ermächtigungsgrundlage kommen neben spezifischen Vertragsbestimmungen[63] für den unionsinternen Bereich die Geschäftsordnungsbefugnis der Unionsorgane und für den unionsexternen Bereich die Bestimmungen über die Rechtsangleichung[64] und die subsidiäre Kompetenznorm des Art. 352 AEUV in Betracht.[65] 22

55 Art. 293 ff AEUV.

56 Art. 290 Abs. 2; 291 Abs. 2 AEUV.

57 Art. 12 EUV; Prot. (Nr. 1) über die Rolle der nationalen Parlamente in der Europäischen Union und Prot. (Nr. 2) über die Anwendung der Grundsätze der Subsidiarität und der Verhältnismäßigkeit, ABl. 2012 C 326/203 und 206; vgl auch *Kommission*, Jahresbericht 2013 über die Beziehungen zwischen der Europäischen Kommission und den nationalen Parlamenten, COM (2014) 507; *Kommission*, Jahresbericht 2013 über die Anwendung der Grundsätze der Subsidiarität und der Verhältnismäßigkeit, COM (2014) 506, S. 4 f.

58 EuGH, Rs. 16/88 (Kommission/Rat), Slg 1989, 3457 Rn 9 ff; *Pühs*, S. 77 f; *Klepper*, Vollzugskompetenzen der Europäischen Gemeinschaft aus abgeleitetem Recht, Baden-Baden, 2001, S. 90 ff.

59 Im Unterschied zur (indirekten) Normanwendung durch die Mitgliedstaaten (vgl unten Rn 31); zur Terminologie vgl *Zuleeg*, Das Recht der Europäischen Gemeinschaften im innerstaatlichen Bereich, Köln u.a., 1969, S. 47 ff; *Rengeling*, Rechtsgrundsätze beim Verwaltungsvollzug des Europäischen Gemeinschaftsrechts, Köln u.a., 1977, S. 10 f; *Pühs*, S. 73 ff.; vgl nunmehr auch Art. 291 Abs. 1 und 2 AEUV.

60 *Fraenkel*, Das amerikanische Regierungssystem, 3. Aufl., Opladen, 1976, S. 131 ff; *Tribe*, American Constitutional Law, 3rd. ed., New York, N.Y., 2000, S. 4 ff, 118 ff; ferner *von Borries*, in: FS Everling, 1995, S. 127, 132.

61 Zum Bereich der Rechtsprechung vgl unten Rn 27, 50 ff.

62 *Rengeling*, Rechtsgrundsätze beim Verwaltungsvollzug des Europäischen Gemeinschaftsrechts, Köln u.a., 1977, S. 9 f; *Schwarze*, Europäisches Verwaltungsrecht, 2. Aufl., Baden-Baden, 2005, S. 25 ff; *Bieber*, Die Verwaltungsorganisation der Europäischen Gemeinschaft, in: Schweitzer (Hrsg.), Europäisches Verwaltungsrecht, Wien, 1991, S. 85, 96 ff; *Magiera*, Verwaltungsorganisation: Finanz- und Fondsverwaltung, ebd, S. 115 ff; *von Borries*, in: FS Everling, 1995, S. 127, 132 ff; *Suerbaum*, Die Kompetenzverteilung beim Verwaltungsvollzug des Europäischen Gemeinschaftsrechts, Berlin, 1998, S. 110 ff; *von Danwitz*, Europäisches Verwaltungsrecht, Berlin Heidelberg, 2008, S. 325 ff.

63 Art. 43, 96, 103 ff, 177 f, 207 AEUV.

64 Art. 114 ff AEUV.

65 Näher dazu *Klepper*, Vollzugskompetenzen der Europäischen Gemeinschaft aus abgeleitetem Recht, Baden-Baden, 2001, S. 47 ff.

23 Die Wahrnehmung der unionseigenen Normanwendung obliegt allgemein der **Kommission,**[66] teilweise auch **anderen Unionsinstitutionen**, insbesondere für deren internen Geschäftsbereich sowie begrenzt im externen Bereich, wie der Europäischen Zentralbank im Rahmen der Währungspolitik,[67] dem Europäischen Rechnungshof im Rahmen der Rechnungsprüfung[68] oder der Europäischen Investitionsbank im Rahmen der Entwicklung des Binnenmarktes.[69]

24 Der ständig wachsende Umfang der Unionsaufgaben und die Notwendigkeit, eine möglichst einheitliche und wirksame Anwendung des Unionsrechts in allen Mitgliedstaaten sicherzustellen, haben dazu geführt, dass sich die Kommission zunehmend besonderer Gremien bei der Wahrnehmung ihrer Verwaltungsaufgaben bedient. Neben den Ausschüssen aus Vertretern der Mitgliedstaaten bei der tertiären Normgebung im Rahmen des Komitologieverfahrens[70] und rechtlich unselbständigen Institutionen handelt es sich insbesondere um unterschiedlich als Amt, Behörde, Institut, Stelle, Stiftung, Zentrum oder – zunehmend – Agentur bezeichnete **Einrichtungen mit eigener Rechtspersönlichkeit** sowie begrenzter organisatorischer und finanzieller Autonomie zur Wahrnehmung bestimmter, aus dem Bereich der Kommission ausgegliederter Aufgaben.[71]

25 Diese Externalisierung kann sich auf Maßnahmen zur Unterstützung der Kommission, wie Information, Beratung, Koordinierung, beschränken, aber auch Entscheidungsfunktionen mit Außenwirkung gegenüber Mitgliedstaaten und Einzelpersonen umfassen und soll es der Kommission ermöglichen, sich von fachspezifischen Detailaufgaben zu entlasten und auf ihre Kernaufgaben, vor allem die Gesamtplanung und -entwicklung der Unionspolitiken, zu konzentrieren. Die Vielzahl der zunächst sporadisch entstandenen Einrichtungen lässt sich in zwei Hauptgruppen einteilen: **Exekutivagenturen** zur Unterstützung der Kommission bei der Durchführung finanzieller Hilfsprogramme und **dezentrale (Regulierungs-) Agenturen** zur Mitwirkung an Exekutivfunktionen mit Begrenzung auf Einzelfallentscheidungen. Die erforderliche Rechtsgrundlage, die mangels ausdrücklicher Ermächtigung im Vertragsrecht und infolge einer nicht eindeutigen Rechtsprechung nicht unumstritten ist,[72] finden die Exekutivagenturen in der auf Art. 308 EGV (nunmehr Art. 352 AEUV) gestützten Rahmenverordnung[73] und die dezentralen (Regulierungs-) Agenturen entweder in der für ihren Aufgabenbereich maßgeblichen materiellen Vertragsbestimmung oder subsidiär

---

66 Art. 17 Abs. 1 EUV.

67 Art. 127 ff AEUV.

68 Art. 287 AEUV.

69 Art. 309 AEUV.

70 Vgl oben Rn 19 f.

71 Dazu *Streinz*, in: Streinz, EUV/AEUV, Art. 13 EUV Rn 32 ff mit Beispielen; ferner – auch zum Folgenden – *Kommission*, Externalisierung der Verwaltung der Gemeinschaftsprogramme, KOM (2000) 788; *Kommission*, Rahmenbedingungen für die europäischen Regulierungsagenturen, KOM (2002) 718; *Kommission*, Entwurf für eine Interinstitutionelle Vereinbarung zur Festlegung von Rahmenbedingungen für die europäischen Regulierungsagenturen, KOM (2005) 59 (zurückgezogen, ABl. 2009 C 71/17); *Kommission*, Europäische Agenturen – Mögliche Perspektiven, KOM (2008) 135; *Rechnungshof*, Wie erzielen die Agenturen der Kommission Ergebnisse?, Sonderbericht Nr. 5/2008; *Berger*, Vertraglich nicht vorgesehene Einrichtungen des Gemeinschaftsrechts mit eigener Rechtspersönlichkeit, Baden-Baden, 1999; *Fischer-Appelt*, Agenturen der Europäischen Gemeinschaft, Berlin, 1999; *Helfritz*, Verselbständigte Verwaltungseinheiten der Europäischen Union, Berlin, 2000; *Uerpmann*, AöR 2000, 551, 557 ff; *Groß*, EuR 2005, 54 ff; *Vetter*, DÖV 2005, 721 ff; *Wittinger*, EuR 2008, 609 ff; *Griller/Orator*, ELR 2010, 3 ff; *Saurer*, EuR 2010, 51 ff; *N. Raschauer* (Hrsg.), Europäische Agenturen, o.O. (Wien), 2012.

72 Näher dazu *Streinz*, in: Streinz, EUV/AEUV, Art. 13 EUV Rn 35 ff; *Chamon*, CMLR 2011, 1055 ff.

73 *VO (EG) Nr. 58/2003 des Rates v. 19.12.2002* zur Festlegung des Statuts der Exekutivagenturen, die mit bestimmten Aufgaben bei der Verwaltung von Gemeinschaftsprogrammen beauftragt werden, ABl. 2003 L 11/1; vgl auch VO (EG) Nr. 1653/2004 der Kommission v. 21.9.2004 betreffend die Standardhaushaltsordnung für Exekutivagenturen gemäß der Verordnung (EG) Nr. 58/2003, ABl. 2004 L 297/6.

unmittelbar in Art. 352 AEUV.[74] Ihre vertragskonforme Errichtung setzt eine ausdrückliche Übertragung genau umgrenzter Aufgaben und Befugnisse voraus, die keinen Ermessensspielraum politischer Natur zulassen und deren Wahrnehmung unter der Verantwortung und administrativen Kontrolle der Kommission sowie der judikativen Kontrolle der Gerichtsbarkeit erfolgt.[75]

Auch bei der Normanwendung ist die Union nicht autark, sondern vielfach von der **Mitwirkung und Unterstützung der Mitgliedstaaten** abhängig, die vertraglich zur effektiven Durchsetzung des Unionsrechts verpflichtet sind.[76] So findet die Wettbewerbskontrolle von Unternehmen in enger und stetiger Verbindung mit den Mitgliedstaaten statt, die zudem in einem Beratenden Ausschuss vertreten sind und bei der Durchsetzung von Zwangsmaßnahmen mitwirken müssen.[77] Bei der Überwachung staatlicher Beihilfen ist die Kommission auf eine Unterrichtung durch die Mitgliedstaaten angewiesen; der Rat kann Ausnahmen von dem grundsätzlichen Beihilfenverbot auch gegen den Willen der Kommission zulassen.[78] Die Verwaltung der Strukturfonds der Union erfolgt in Zusammenarbeit mit den Mitgliedstaaten nach dem Prinzip der Partnerschaft.[79] 26

4. Normkontrolle

Die Zuständigkeit der Union zur Normgebung und zur Normanwendung wird ergänzt durch ihre Zuständigkeit zur Normkontrolle, die ebenfalls den allgemeinen Prinzipien der begrenzten Ermächtigung, der Subsidiarität und der Verhältnismäßigkeit entsprechen muss.[80] Die Normkontrolle obliegt im Wesentlichen der **Kommission**,[81] die für die Anwendung des primären und des sekundären Unionsrechts zu sorgen hat, und dem **Gerichtshof der Europäischen Union**, der die Wahrung 27

74 *Kommission*, Rahmenbedingungen für die europäischen Regulierungsagenturen, KOM (2002) 718, S. 8; *EP*, Entschließung v. 13.1.2004 zu der Mitteilung der Kommission „Rahmenbedingungen für die europäischen Regulierungsagenturen" (KOM (2002) 718), ABl. 2001 C 92E/119, Ziff. 4; Beschl. Nr. 2004/97/EG, Euratom der auf der Ebene der Staats- und Regierungschefs vereinigten Vertreter der Mitgliedstaaten v. 13.12.2004 über die Festlegung der Sitze bestimmter Ämter, Behörden und Agenturen der Europäischen Union, ABl. 2004 L 29/15; *Kommission*, Entwurf für eine Interinstitutionelle Vereinbarung zur Festlegung von Rahmenbedingungen für die europäischen Regulierungsagenturen, KOM (2005) 59 (zurückgezogen, ABl. 2009 C 71/17, S. 4); *Kommission*, Europäische Agenturen – Mögliche Perspektiven, KOM (2008) 135, S. 7 ff; *EP*, *Rat* und *Kommission*, Gemeinsame Erklärung zu den dezentralen Agenturen, o.J. (Juli 2012); *Commission*, Roadmap on the follow-up to the Common Approach on EU decentralised agencies, o.J. (19.12.2012); *Kommission*, Finanz- und Personalplanung für die dezentralen Agenturen im Zeitraum 2014-2020, COM (2013) 519.

75 Dazu EuGH, Rs. 9/56 (Meroni/Hohe Behörde), Slg 1958, 1, 40 ff; EuGH, Gutachten 1/76 (Stillegungsfonds für die Binnenschiffahrt), Slg 1977, 741 Rn 15 ff; *Calliess*, in: Calliess/Ruffert, EUV/AEUV, Art. 13 EUV Rn 47 ff; *Streinz*, in: Streinz, EUV/AEUV, Art. 13 EUV Rn 35 ff; *Kommission*, Entwurf für eine Interinstitutionelle Vereinbarung zur Festlegung von Rahmenbedingungen für die europäischen Regulierungsagenturen, KOM (2005) 59 (zurückgezogen, ABl. 2009 C 71/17, S. 4 ff); *Rechnungshof*, Hat sich die Übertragung von Durchführungsaufgaben auf Exekutivagenturen als zweckmäßiges Instrument erwiesen?, Sonderbericht Nr. 13, 2009; *Rechnungshof*, Behandlung von Interessenkonflikten in ausgewählten Agenturen, Sonderbericht Nr. 15, 2012; ferner – zur Gerichtskontrolle – nunmehr u.a. Art. 263 Abs. 5, 265, 266, 267, 277 AEUV.

76 Art. 197 AEUV; Beschl. Nr. 922/2009 des EP und des Rates v. 16.9.2009 über Interoperabilität für europäische öffentliche Verwaltungen (ISA), ABl. 2009 L 260/20 (mit Geltungsdauer v. 1.1.2010 bis 31.12.2015); *Sydow*, DÖV 2006, 66 ff; *Nicolaides/Geilmann*, MJ 2012, 383 ff. – Zur Normsetzung vgl oben Rn 18 ff.

77 Art. 11 ff VO (EG) Nr. 1/2003 des Rates v. 16.12.2002 zur Durchführung der in den Artikeln 81 und 82 des Vertrags niedergelegten Wettbewerbsregeln, ABl. 2003 L 1/1; EuGH, Rs. 85/87 (Dow Chemical), Slg 1989, 3137 Rn 43 f.

78 Art. 108 AEUV.

79 Art. 5 VO (EU) Nr. 1303/2013 des EP und des Rates v. 17.12.2013 mit gemeinsamen Bestimmungen über den Europäischen Fonds für regionale Entwicklung, den Europäischen Sozialfonds, den Kohäsionsfonds, den Europäischen Landwirtschaftsfonds ..., den Europäischen Meeres und Fischereifonds sowie mit allgemeinen Bestimmungen ... und zur Aufhebung der VO (EG) Nr. 1083/2006, ABl. 2013 L 347/320; näher dazu *Holzwart*, Der rechtliche Rahmen für die Verwaltung und Finanzierung der gemeinschaftlichen Strukturfonds am Beispiel des EFRE, Berlin, 2003, S. 218 ff.

80 Vgl dazu oben Rn 16 ff.

81 Art. 17 Abs. 1 EUV. – Begrenzte Kontrollbefugnisse unterschiedlicher Art besitzen auch das Europäische Parlament (Art. 14 Abs. 1 S. 2 EUV, Art. 226 ff, 234 AEUV; vgl dazu *Schoo*, in: Schwarze/Bieber (Hrsg.), Gesetzgebung in der Europäischen Gemeinschaft, Baden-Baden, 1985, S. 97 ff), die Europäische Zentralbank (Art. 127 AEUV) und der Europäische Rechnungshof (Art. 287 AEUV).

des Rechts bei der Auslegung und Anwendung der Verträge zu sichern hat.[82] Die administrative Kontrolle der Kommission, die selbst der gerichtlichen Kontrolle unterliegt,[83] wie die judikative Kontrolle des Gerichtshofs erfassen das Verhalten der Unionsorgane und -einrichtungen ebenso wie das Verhalten der Mitgliedstaaten und der Einzelpersonen, das sich im Rahmen des Unionsrechts halten muss. Im Einzelnen verfügen die Kommission und der Gerichtshof für ihre Aufgabenwahrnehmung über eine Vielzahl aufeinander abgestimmter Kontrollinstrumente.[84]

III. Zuständigkeit der Mitgliedstaaten

1. Funktionsbereiche

28 Aus den allgemeinen Prinzipien der begrenzten Ermächtigung, der Subsidiarität und der Verhältnismäßigkeit gemeinschaftlicher Zuständigkeiten[85] ergibt sich im Umkehrschluss, dass alle der Union nicht übertragenen Zuständigkeiten bei den Mitgliedstaaten verbleiben.[86] Soweit die Rechtssetzung und die Rechtsdurchsetzung nicht den Unionsorganen zugewiesen sind, obliegt ihre Wahrnehmung dementsprechend den Mitgliedstaaten.[87] Diese **Residualkompetenz** kann zu einer **Auffangkompetenz** erstarken, wenn und solange etwa der Rat einer Verpflichtung aus dem Unionsrecht nicht nachkommt und die Mitgliedstaaten deshalb als Sachwalter des gemeinsamen Interesses, wenn auch nur vorsorglich und in Abstimmung mit der Kommission, tätig werden müssen.[88]

29 Auch die Zuständigkeit der Mitgliedstaaten zur Rechtssetzung und zur Rechtsdurchsetzung erstreckt sich auf legislative, administrative und judikative Maßnahmen der Normgebung, der Normanwendung und der Normkontrolle. Sie erfasst die Mitgliedstaaten nicht nur als solche, sondern **alle mitgliedstaatlichen Stellen** im Rahmen ihrer jeweiligen Obliegenheiten.[89] Adressaten des Unionsrechts können somit Organe der Gesetzgebung, der Verwaltung oder der Rechtsprechung[90] ebenso sein wie Organe des Zentralstaats, eines Gliedstaats, einer sonstigen Gebietskörperschaft oder diesen innerstaatlich gleichgestellte Einrichtungen.[91]

30 Zur **Normgebung** aufgerufen sind die Mitgliedstaaten vor allem durch die Richtlinien der Union, die der Umsetzung in nationales Recht bedürfen, weil sie den Mitgliedstaaten – entsprechend dem Subsidiaritätsprinzip – lediglich das zu erreichende Ziel vorgeben, die Wahl der dafür erforderlichen Form und Mittel jedoch den innerstaatlichen Stellen überlassen.[92] Nicht ausgeschlossen ist auch, dass Verordnungen der Union, obwohl sie ohne weiteres allgemein und unmittelbar in den

82 Dieser Begriff umfasst nach der neuen Terminologie den Gerichtshof, das Gericht und die Fachgerichte; vgl Art. 19 EUV, Art. 251 ff AEUV.

83 So – ausdrücklich klarstellend – Art. 17 Abs. 1 S. 3 EUV.

84 Vgl dazu näher unten Rn 48 ff.

85 Oben Rn 16 ff.

86 EuGH, Rs. 39/70 (Norddeutsches Vieh- und Fleischkontor), Slg 1971, 49 Rn 4; EuGH, Rs. 205/82 (Deutsche Milchkontor), Slg 1983, 2633 Rn 17; EuGH, Rs. 210/87 (Padovani), Slg 1988, 6177 Rn 16; vgl nunmehr auch – klarstellend – Art. 4 Abs. 1, Art. 5 Abs. 2 S. 2 EUV.

87 Umfangmäßig liegt die Umsetzung und Anwendung des Unionsrechts zu 90 % bei den Mitgliedstaaten; vgl *Kommission*, Mitteilung zur Vereinfachung und Verbesserung des Regelungsumfelds, KOM (2001) 726, S. 11.

88 EuGH, Rs. 804/79 (Kommission/Vereinigtes Königreich), Slg 1981, 1045 Rn 28 ff; EuGH, Rs. C-158/89 (Dietz-Matti), Slg 1990, I-2013 Rn 12 ff; dazu *Pechstein*, Die Mitgliedstaaten der EG als „Sachwalter des gemeinsamen Interesses", Baden-Baden, 1987.

89 EuGH, Rs. 14/83 (von Colson), Slg 1984, 1891 Rn 26; EuGH, Rs. 222/84 (Johnston), Slg 1986, 1651 Rn 53; EuGH, Rs. C-91/92 (Faccini Dori), Slg 1994, I-3325 Rn 26; EuGH, Rs. C-462/99 (Connect Austria), Slg 2003, I-5197 Rn 38; EuGH, Rs. C-198/01 (Fiammiferi), Slg 2003, I-8055 Rn 49; EuGH, Rs. C-201/02 (Wells), Slg 2004, I-723 Rn 64; EuGH, Rs. C-453/00 (Kühne & Heitz), Slg 2004, I-837 Rn 20; EuGH, Rs. C-397/01 (Pfeiffer), Slg 2004, I-8835 Rn 110.

90 EuGH, Rs. 30/72 (Kommission/Italien), Slg 1973, 161 Rn 11; EuGH, Rs. 45/76 (Comet), Slg 1976, 2043 Rn 11/18; EuGH, Rs. 71/76 (Thieffry), Slg 1977, 765 Rn 11/18; EuGH, Rs. C-555/07 (Kücükdevici), Slg 2010, I-365 Rn 47.

91 EuGH, Rs. C-8/88 (Deutschland/Kommission), Slg 1990, I-2321 Rn 13; EuGH, Rs. C-1/90 (Aragonesa de publicidad exterior), Slg 1991, I-4151 Rn 8; EuGH, Rs. C-95/97 (Wallonische Region/Kommission), Slg 1997, I-1787 Rn 7; EuGH, Rs. C-344/01 (Deutschland/Kommission), Slg 2004, I-2081 Rn 60.

92 Art. 288 Abs. 3 AEUV.

Mitgliedstaaten gelten,[93] oder entsprechendes Primärrecht[94] auf normative Ergänzungen durch das Recht der Mitgliedstaaten, etwa zur Sanktionierung von Rechtsverstößen, angewiesen sind.[95] Derartige Bestimmungen dürfen jedoch nicht die unmittelbare Geltung des Unionsrechts beeinträchtigen, was zu schwierigen Abgrenzungen hinsichtlich ihrer Zulässigkeit führen kann.[96]

Die mitgliedstaatliche (indirekte) **Normanwendung** als Aktualisierung des Unionsrechts im Einzelfall unterscheidet sich folglich danach, ob sie unmittelbar auf entsprechend anwendbares Unionsrecht gestützt ist, wie im Regelfall bei Verordnungen, oder mittelbar auf in nationales Recht umgesetztes Unionsrecht, wie im Regelfall bei Richtlinien.[97] Dies gilt für die Normanwendung im administrativen wie im judikativen Bereich. Die mittelbare Normanwendung erschöpft sich allerdings nicht in einer isolierten Anwendung des mitgliedstaatlichen Umsetzungsrechts, sondern muss unionsrechtskonform – unter Berücksichtigung des umzusetzenden und vorrangigen Unionsrechts – erfolgen.[98] 31

2. Verpflichtung und Gestaltungsspielraum

Zuständigkeit bedeutet zugleich Verpflichtung der Mitgliedstaaten zur **Durchsetzung des Unionsrechts**. Dies ergibt sich aus ihrer völkerrechtlichen Bindung als Vertragsparteien, die dem Grundsatz „pacta sunt servanda" unterliegen,[99] sowie aus dem Vertragsrecht selbst. Neben konkreten Pflichten, wie etwa zur Umsetzung von Richtlinien[100] oder zur (effektiven) Durchführung des Unionsrechts,[101] obliegt es den Mitgliedstaaten generell, alle geeigneten Maßnahmen zur Erfüllung der unionsrechtlichen Verpflichtungen zu treffen, die Union bei der Erfüllung ihrer Verpflichtungen zu unterstützen und alle Maßnahmen zu unterlassen, welche die Verwirklichung der Unionsziele gefährden könnten.[102] 32

Die Zuständigkeit und Verpflichtung der Mitgliedstaaten zur Durchsetzung des Unionsrechts erschöpft sich damit nicht darin, dass die Mitgliedstaaten das Unionsrecht im Wege der Normgebung und der Normanwendung ordnungsgemäß verwirklichen. Vielmehr müssen die Mitgliedstaaten darüber hinaus das **Unionsrecht allgemein beachten**, dh ihr gesamtes Tätigwerden muss sich innerhalb des Unionsrechts halten und darf weder dessen Einheit noch dessen Wirksamkeit beeinträchtigen.[103] Für die Durchsetzung des Unionsrechts macht es nämlich keinen Unterschied, ob die Mitgliedstaaten das Unionsrecht etwa bei der Vergabe von Beihilfen der Union anzuwenden oder bei der Vergabe staatlicher Beihilfen zu beachten haben. 33

Grundsätzlich verlangt das Unionsrecht nur, dass die Mitgliedstaaten ihre vertraglichen Pflichten ordnungsgemäß erfüllen, überlässt ihnen jedoch die Ausgestaltung der dafür erforderlichen organi- 34

93 Art. 288 Abs. 2 AEUV.

94 EuGH, Rs. 26/62 (van Gend & Loos), Slg 1963, 1, 27; EuGH, Rs. 28/67 (Molkerei-Zentrale Westfalen/Lippe), Slg 1968, 215, 232; EuGH, Rs. 167/73 (Kommission/Frankreich), Slg 1974, 359 Rn 35; EuGH, Rs. C-336/00 (Huber), Slg 2002, I-7699 Rn 61.

95 EuGH, Rs. 30/70 (Scheer), Slg 1970, 1197 Rn 6 ff; EuGH, Rs. 54/81 (Fromme), Slg 1982, 1449 Rn 4 ff; EuGH, Rs. C-459/02 (Gerekens), Slg 2004, I-7315 Rn 25 ff; *Scheuing*, EuR 1985, 235.

96 EuGH, Rs. 39/70 (Norddeutsches Vieh- und Fleischkontor), Slg 1971, 49 Rn 5; EuGH, Rs. 34/73 (Variola), Slg 1973, 981 Rn 9 ff; EuGH, Rs. 50/76 (Amsterdam Bulb), Slg 1977, 137 Rn 4/7; EuGH, Rs. 94/77 (Zerbone), Slg 1978, 99 Rn 22/27; EuGH, Rs. 72/85 (Kommission/Niederlande), Slg 1986, 1219 Rn 20.

97 Zur Terminologie vgl die Nachweise oben Rn 25.

98 *Hatje*, in: Schwarze, EU-Kommentar, Art. 4 EUV Rn 48 ff; speziell zur richtlinienkonformen Auslegung vgl EuGH, Rs. C-462/99 (Connect Austria), Slg 2003, I-5197 Rn 38 ff; EuGH, Rs. C-397-403/01 (Pfeiffer), Slg 2004, I-8835 Rn 113 f; EuGH, Rs. C-321/05 (Kofoed), Slg 2007, I-5795 Rn 45; *W. Schroeder*, in: Streinz, EUV/AEUV, Art. 288 AEUV Rn 125 ff; *Ruffert*, in: Calliess/Ruffert, EUV/AEUV, Art. 288 AEUV Rn 77 ff.

99 EuGH, Rs. 34/73 (Variola), Slg 1973, 981 Rn 10; Art. 26 WVK; *Graf Vitzthum*, in: Graf Vitzthum/Proelß (Hrsg.), Völkerrecht, 6. Aufl., Berlin/Boston, 2013, S. 45.

100 Art. 288 Abs. 3 AEUV; EuGH, Rs. C-129/96 (Inter-Environnement Wallonie), Slg 1997, I-7411 Rn 40.

101 Art. 197 Abs. 1, 291 Abs. 1 AEUV.

102 Art. 4 Abs. 3 EUV; *Zuleeg*, in: von der Groeben/Schwarze, EUV/EGV-Kommentar, Art. 10 EGV Rn 4 ff; umfassend *Hatje*, Loyalität als Rechtsprinzip in der Europäischen Union, Baden-Baden, 2001.

103 EuGH, Rs. 14/68 (Wilhelm), Slg 1969, 1 Rn 5 f; EuGH, Rs. C-60/91 (Morais), Slg 1992, I-2085 Rn 11.

satorischen und verfahrensmäßigen Voraussetzungen.[104] Dies wird im Vertrag von Lissabon ausdrücklich dadurch bestätigt, dass die Mitgliedstaaten alle zur Durchführung der verbindlichen Rechtsakte der Union erforderlichen Maßnahmen nach ihrem innerstaatlichen Recht zu ergreifen haben.[105] Die damit verbundene **Autonomie** der Mitgliedstaaten hat zur Folge, dass die Mitgliedstaaten für die Erfüllung ihrer Pflichten auch die volle Verantwortung tragen. Sie können sich deshalb nicht auf Bestimmungen, Übungen oder Umstände ihrer internen Rechtsordnung berufen, um die Nichtbeachtung ihrer Verpflichtungen aus dem Unionsrecht zu rechtfertigen.[106] Die Autonomie der Mitgliedstaaten bei der Durchsetzung des Unionsrechts besteht allerdings nur, soweit das Unionsrecht einschließlich seiner allgemeinen Grundsätze hierfür keine gemeinsamen Vorschriften enthält.[107] Sie umschreibt deshalb keine Kompetenzausgrenzung, sondern – knapp und einprägsam – lediglich eine **Kompetenzvermutung** zugunsten der Mitgliedstaaten, die einer – im Rahmen der allgemeinen Prinzipien der begrenzten Ermächtigung, der Subsidiarität und der Verhältnismäßigkeit – erforderlichen unionsrechtlichen Regelung nicht entgegensteht.[108]

35 Für einzelne Bereiche, insbesondere das Zoll-, das Agrar-, das Kartell- und das Umweltrecht, finden sich spezielle unionsrechtliche Organisations- und Verfahrensvorschriften.[109] Zu den **allgemeinen Grundsätzen** des Unionsrechts, die von den Mitgliedstaaten zu beachten sind, gehören die Grundsätze der Rechtssicherheit, des Vertrauensschutzes und der Verhältnismäßigkeit sowie Verfahrensgarantien, wie der Anspruch auf rechtliches Gehör oder die Pflicht zur Entscheidungsbegründung.[110] Im Übrigen bestehen zwei weitere allgemeine Grundsätze, die in der Rechtsprechung des Europäischen Gerichtshofs kontinuierlich herausgearbeitet wurden:[111] das Äquivalenzprinzip und das Effektivitätsprinzip. Sie dienen der Sicherung der Tragweite und der Wirksamkeit des Unionsrechts, das dazu auf eine einheitliche Durchsetzung in den Mitgliedstaaten angewiesen ist.[112]

---

104 EuGH, Rs. 39/70 (Norddeutsches Vieh- und Fleischkontor), Slg 1971, 49 Rn 5; EuGH, Rs. 51/71 (International Fruit Company), Slg 1971, 1107 Rn 3/4; EuGH, Rs. 94/71 (Schlüter), Slg 1972, 307 Rn 11; EuGH, Rs. 96/81 (Kommission/Niederlande), Slg 1982, 1791 Rn 12; EuGH, Rs. 205/82 (Deutsche Milchkontor), Slg 1983, 2633 Rn 17; EuGH, Rs. 227/85 (Kommission/Belgien), Slg 1988, 1 Rn 9; EuGH, Rs. C-63/01 (Evans), Slg 2003, I-14447 Rn 45; EuGH, Rs. C-30/02 (Recheio), Slg 2004, I-6051 Rn 17.

105 Art. 291 Abs. 1 AEUV.

106 EuGH, Rs. 227-230/85 (Kommission/Belgien), Slg 1988, 1 Rn 10; EuGH, Rs. C-290/94 (Kommission/Griechenland), Slg 1996, I-3285 Rn 30; EuGH, Rs. C-388/02 (Kommission/Irland), Slg 2003, I-12173 Rn 8; EuGH, Rs. C-503/04 (Kommission/Deutschland), Slg 2007, I-6153 Rn 38; st. Rspr.

107 EuGH, Rs. 205/82 (Deutsche Milchkontor), Slg 1983, 2633 Rn 17; EuGH, Rs. C-147/01 (Weber's Wine World), Slg 2003, I-11365 Rn 103; EuGH, Rs. C-63/01 (Evans), Slg 2003, I-14447 Rn 45; EuGH, Rs. C-30/02 (Recheio), Slg 2004, I-6051 Rn 17.

108 Auch in der europäischen Rechtsprechung wird der Begriff verwendet; vgl EuGH, Rs. C-201/02 (Wells), Slg 2004, I-723 Rn 65, 67 („Verfahrensautonomie"); EuGH, Rs. C-430/93 (van Schijndel), Schlussanträge des GA Jacobs, Slg 1995, I-4705, Nr. 18 („Verfahrensrechtliche Autonomie"); zur – umstrittenen – Bedeutung und Verwendung des Begriffs im Schrifttum vgl *Rodriguez-Iglesias*, EuGRZ 1997, 289 ff; *von Danwitz*, DVBl. 1998, 421, 429 ff; *Sydow*, Die Verwaltung 2001, 517, 530; *W. Schroeder*, AöR 2004, 22 ff.; *Galetta*, EuR-Beiheft 1/2012, 37 ff; *Krönke*, Die Verfahrensautonomie der Mitgliedstaaten der Europäischen Union, Tübingen, 2013 (Verfahrensautonomie als „normative[r] Spielraum" (S. 239).

109 EuGH, Rs. 359/88 (Zanetti), Slg 1990, I-1509 Rn 15 ff; EuGH, Rs. C-8/88 (Deutschland/Kommission), Slg 1990, I-2321 Rn 13 ff; *Streinz*, in: Schweitzer (Hrsg.), Europäisches Verwaltungsrecht, Wien, 1991, S. 241, 263 f; *Scheuing*, in: Hoffmann-Riem/Schmidt-Aßmann (Hrsg.), Innovation und Flexibilität des Verwaltungshandelns, Baden-Baden, 1994, S. 289, 319 ff.

110 *Schwarze*, Europäisches Verwaltungsrecht, 2. Aufl., Baden-Baden, 2005, S. 661 ff.

111 Zur Entwicklung der Rechtsprechung vgl *von Danwitz*, DVBl. 1998, 421, 423 ff; *Hegels*, EG-Eigenverwaltungsrecht und Gemeinschaftsverwaltungsrecht, Baden-Baden, 2001, S. 66 ff; *J. König*, Der Äquivalenz- und Effektivitätsgrundatz in der Rechtsprechung des Europäischen Gerichtshofs, Baden-Baden, 2011, S. 92 ff.

112 Vgl dazu oben Rn 5 ff.

Das **Äquivalenzprinzip**[113] verlangt, dass die Mitgliedstaaten ihr Verfahren bei der Durchsetzung des Unionsrechts nicht ungünstiger gestalten als bei der Durchsetzung ihres eigenen Rechts in rein innerstaatlichen Fällen.[114] Damit fördert das Äquivalenzprinzip zwar die einheitliche Durchsetzung des Unionsrechts, aber nur innerhalb des einzelnen Mitgliedstaates und nur auf dessen Niveau. Demgegenüber verlangt das **Effektivitätsprinzip**,[115] dass die Mitgliedstaaten ihr nationales Recht so anwenden, dass die Durchsetzung des Unionsrechts nicht praktisch unmöglich gemacht oder übermäßig erschwert und das Unionsinteresse voll berücksichtigt wird. Es sichert somit einen Mindeststandard, der zwar der Konkretisierung im Einzelfall unter Abwägung der beteiligten Interessen bedarf, aber unionsweite Geltung in allen Mitgliedstaaten beansprucht. 36

C. Mängel bei der Rechtsdurchsetzung

In der Praxis ist die Durchsetzung des Unionsrechts auf erhebliche Schwierigkeiten gestoßen, die bis in die Gegenwart andauern. Um seine politische Kontrolle gegenüber der Kommission wirksamer wahrnehmen zu können und den Mitgliedstaaten sowie den Bürgern einen verlässlichen Überblick über die Verwirklichung der europäischen Rechtsgemeinschaft zu verschaffen, hat das Europäische Parlament deshalb in einer Entschließung von 1983 die Kommission ersucht, alljährlich einen Bericht über die **Kontrolle der Anwendung des Unionsrechts** vorzulegen.[116] Dem haben sich die Mitgliedstaaten 1992 in einer Erklärung zum Vertrag von Maastricht über die Europäische Union angeschlossen, in der sie die Kommission zusätzlich aufforderten, darauf zu achten, dass die Mitgliedstaaten, also sie selbst, ihren Verpflichtungen bei der Durchsetzung des Unionsrechts nachkommen.[117] Darüber hinaus finden sich detaillierte Informationen zur Rechtsdurchsetzung für einzelne Politikbereiche, insbesondere den Wettbewerb,[118] die Strukturfonds,[119] die finanziellen Uni- 37

113 So – oder auch „Äquivalenzgrundsatz“ – die Bezeichnung in der neueren Rechtsprechung des Europäischen Gerichtshofs (zB EuGH, Rs. C-279/96 (Ansaldo Energia), Slg 1998, I-5025 Rn 27; EuGH, Rs. C-453/99 (Courage), Slg 2001, I-6297 Rn 29; EuGH, Rs. C-147/01 (Weber's Wine World), Slg 2003, I-11365 Rn 103; EuGH, Rs. C-30/02 (Recheio), Slg 2004, I-6051 Rn 17; EuGH, Rs. C-118/08 (Transportes Urbanos y Servicios Generales), Slg 2010, I-635 Rn 31; EuGH, Rs. C-415/11 (Aziz), Urt. v. 14.3.2013 Rn 50 n.v.; EuGH, Rs. C-413/12 (Asociación de Consumidores Indepientes de Castilla y León), Urt. v. 5.12.2013 Rn 30 n.v.), bisweilen auch „Gleichwertigkeitsgrundsatz“ genannt (zB EuGH, Rs. C-261/95 (Palmisani), Slg 1997, I-4025 Rn 27; EuGH, Rs. C-63/01 (Evans), Slg 2003, I-14447 Rn 45; EuGH, Rs. C-91/08 (Wall), Slg 2010, I-2815 Rn 64), während das Schrifttum zunächst den Ausdruck „Diskriminierungsverbot“ geprägt hatte; vgl näher *Hegels*, EG-Eigenverwaltungsrecht und Gemeinschaftsverwaltungsrecht, Baden-Baden, 2001, S. 63.

114 Vgl – neben den Nachweisen aus der neueren Rechtsprechung (vorherige Fn) – EuGH, Rs. 94/71 (Schlüter), Slg 1972, 307 Rn 11; EuGH, Rs. 33/76 (Rewe-Zentralfinanz), Slg 1976, 1989 Rn 5; EuGH, Rs. 146/81 (BayWA), Slg 1982, 1503 Rn 29; EuGH, Rs. 205/82 (Deutsche Milchkontor), Slg 1983, 2633 Rn 17.

115 So die in der neueren Rechtsprechung des Europäischen Gerichtshofs gefestigte Bezeichnung (zB EuGH, Rs. C-261/95 (Palmisani), Slg 1997, I-4025 Rn 27; EuGH, Rs. C-453/99 (Courage), Slg 2001, I-6297 Rn 29; EuGH, Rs. C-147/01 (Weber's Wine World), Slg 2003, I-11365 Rn 103; EuGH, Rs. C-30/02 (Recheio), Slg 2004, I-6051 Rn 17; EuGH, Rs. C-40/08 (Asturcom Telecomunicaciones), Slg 2009, I-9579 Rn 39; EuGH, Rs. C-413/12 (Asociación de Consumidores Indepientes de Castilla y León), Urt. v. 5.12.2013 Rn 30 n.v.), während sich im Schrifttum ein unterschiedlicher Sprachgebrauch (u.a. Wirksamkeitsgebot oder Vereitelungs-, Beeinträchtigungs-, Erschwerungsverbot) findet; vgl dazu *Hegels*, EG-Eigenverwaltungsrecht und Gemeinschaftsverwaltungsrecht, Baden-Baden, 2001, S. 58 mit Fn 63 f.

116 *EP*, Entschließung zur Verantwortung der Mitgliedstaaten für die Anwendung und Wahrung des Gemeinschaftsrechts, ABl. 1983 C 68/32; vgl *Kommission*, 30. Jahresbericht über die Kontrolle der Anwendung des EU-Rechts (2012), COM (2013) 726; ferner *Schoo*. in: Schwarze/Bieber (Hrsg.), Gesetzgebung in der Europäischen Gemeinschaft, Baden-Baden, 1985, S. 97 ff.

117 (19.) Erklärung zur Anwendung des Gemeinschaftsrechts, ABl. 1992 C 191/102.

118 Vgl *Kommission*, Bericht über die Wettbewerbspolitik 2013, COM (2014) 249.

119 Vgl *Kommission*, 23. Jahresbericht über die Durchführung der Strukturfonds (Durchführungsjahr 2011), COM (2012) 633.

onsinteressen[120] oder die Umwelt,[121] in regelmäßigen Berichten der Kommission sowie im Jahresbericht und in Sonderberichten des Rechnungshofs.[122]

I. Problembereiche

38 Die Durchsetzung des Unionsrechts weist Defizite bei der **Normgebung** vor allem infolge von Qualitätsmängeln des Sekundärrechts[123] und nicht rechtzeitiger oder sonst unzureichender Umsetzung von Richtlinien[124] auf. Im Rahmen der **Normanwendung** finden sich allgemeine Defizite, wie sie in jeder Rechtsordnung auftreten können, aber auch unionsspezifische Defizite, insbesondere in den Bereichen Umwelt, Binnenmarkt, Steuern und Zollunion[125] sowie bei der Verwaltung der Finanzmittel der Union,[126] der Vergabe staatlicher Beihilfen[127] und der Einhaltung des Stabilitäts- und Wachstumspakts.[128] Bedenklich ist darüber hinaus die teilweise mehr als zehnjährige Nichtbefolgung von Urteilen des Europäischen Gerichtshofs, in denen eine Verletzung des Unionsrechts festgestellt wurde.[129]

---

120 *Kommission*, Schutz der finanziellen Interessen der Europäischen Union – Betrugsbekämpfung, Jahresbericht 2013, COM (2014) 474.

121 *Kommission*, Die Umsetzung des Umweltrechts der Europäischen Gemeinschaft, KOM (2008) 773; *Kommission*, Überprüfung der Umweltpolitik 2008, KOM (2009) 304.

122 Vgl *Rechnungshof*, Jahresbericht zum Haushaltsjahr 2012, der auch Angaben zu den Sonderberichten (Anh. 10.1, S. 257) enthält, ABl. 2013 C 331/1.

123 *Kommission*, Aktualisierung und Vereinfachung des Acquis communautaire, KOM (2003) 71; *Kommission*, Ergebnis der Überprüfung von Vorschlägen, die sich derzeit im Gesetzgebungsverfahren befinden, KOM (2005) 462.

124 *Kommission*, 21. Jahresbericht über die Kontrolle der Anwendung des Gemeinschaftsrechts (2003), KOM (2004) 839, S. 7, iVm Annexe A = SEC (2004) 1638, Annexe II, Tableau 2.2; *Kommission*, 26. Jahresbericht über die Kontrolle der Anwendung des Gemeinschaftsrechts (2008), KOM (2009) 675, S. 4 f, iVm Statistical Annex IV = Sec (2009) 1685, volume 2; *Kommission*, 30. Jahresbericht über die Kontrolle der Anwendung des EU-Rechts (2012), COM (2013) 726, S. 2 ff.

125 *Kommission*, 21. Jahresbericht über die Kontrolle der Anwendung des Gemeinschaftsrechts (2003), KOM (2004) 839, S. 7 iVm Annexe A = SEC (2004) 1638, Annexe I, Tableau 1.4, und Annexe II, Tableau 2.4; *Kommission*, 26. Jahresbericht über die Kontrolle der Anwendung des Gemeinschaftsrechts (2008), KOM (2009) 675, S. 2 ff iVm Statistical Annex III = SEC (2009) 1685, volume 1.

126 *Kommission*, Mitteilung zu den Zuständigkeiten der Mitgliedstaaten und der Kommission bei der geteilten Verwaltung im Rahmen der Strukturfonds und des Kohäsionsfonds, KOM (2004) 580; *Kommission*, Aktionsplan zur Stärkung der Aufsichtsfunktion der Kommission bei der geteilten Verwaltung von Strukturmaßnahmen, KOM (2008) 97; *Kommission*, Bericht über die Durchführung des Aktionsplans zur Stärkung der Aufsichtsfunktion der Kommission bei der geteilten Verwaltung von Strukturmaßnahmen, KOM (2009) 42; *Kommission*, Bericht über die Anwendung der Bestimmungen über die gegenseitige Unterstützung bei der Beitreibung von Forderungen in Bezug auf bestimmte Abgaben, Zölle, Steuern und sonstige Maßnahmen im Zeitraum 2009-2010, COM (2012) 58.

127 *Kommission*, Anzeiger für staatliche Beihilfen 2012, COM (2012) 778.

128 *Kommission*, Bericht über die Frage der Rechenschaftspflicht im Zusammenhang mit der Korrektur der griechischen Haushaltsdaten, KOM (2004) 784; *Kommission*, Mitteilung zur Situation Deutschlands und Frankreichs in Bezug auf ihre Verpflichtungen im Rahmen des Verfahrens bei einem übermäßigem Defizit nach dem Urteil des Gerichtshofs, KOM (2004) 813; *Kommission*, Jährliche Erklärung zum Euroraum 2009, KOM (2009) 527; *Kommission*, Langfristig tragfähige öffentliche Finanzen für eine sich erholende Volkswirtschaft, KOM (2009) 545; *Kommission*, Grünbuch über die Durchführbarkeit der Einführung von Stabilitätsanleihen, KOM (2011) 818; *Kommission*, Gemeinsame Grundsätze für nationale fiskalpolitische Korrekturmechanismen, KOM (2012) 342.

129 *Kommission*, 21. Jahresbericht über die Kontrolle der Anwendung des Gemeinschaftsrechts (2003), KOM (2004) 839, S. 7 iVm Annexe A = SEC (2004) 1638, Annexe V; *Kommission*, 26. Jahresbericht über die Kontrolle der Anwendung des Gemeinschaftsrechts (2008), S. 2 f, 8 ff iVm Statistical Annex V = SEC (2009) 1685, volume 4.

II. Hindernisse

Ursächlich für die Mängel bei der Durchsetzung des Unionsrechts sind im Wesentlichen die Komplexität des Unionsrechts und seine dezentralen Durchsetzungsmechanismen.[130] Die schon im nationalen Bereich hinderliche **Komplexität des Rechts** kennzeichnet das Recht auf Unionsebene strukturbedingt wegen der unterschiedlichen Traditionen, Interessen und Sprachen der Mitgliedstaaten in besonderem Maße. Zudem macht das, insbesondere in den finanzwirksamen Bereichen des Agrarmarkts und der Strukturfonds, planwirtschaftlich geprägte Unionssystem zum Ausgleich der vernachlässigten Marktmechanismen zahlreiche detaillierte und ständig anpassungsbedürftige Rechtsvorschriften erforderlich. 39

Die **dezentrale Durchsetzung des Unionsrechts** hat zur Folge, dass grundsätzlich die Mitgliedstaaten für die Wahrung der rechtlichen und finanziellen Unionsinteressen zuständig und verantwortlich sind. Einer wirksamen und einheitlichen Wahrung dieser Interessen stehen zunächst die unterschiedlichen Rechtsordnungen sowie Organisations- und Verfahrensstrukturen der Mitgliedstaaten entgegen. Auch verlaufen die Interessen der Union und der Mitgliedstaaten nicht stets parallel und bisweilen sogar gegeneinander, wie etwa bei dem Schutz der finanziellen Interessen der Union, bei der Vergabe staatlicher Beihilfen oder bei der Abwägung zwischen gemeinschaftlichen Grundfreiheiten und nationalen Vorbehalten.[131] 40

D. Instrumente der Rechtsdurchsetzung

Die zur Durchsetzung des Unionsrechts verfügbaren und geeigneten Instrumente lassen sich untergliedern und zusammenfassen in solche der Prävention, der Kontrolle und der Sanktion. 41

I. Prävention

Die wirksame Durchsetzung des Unionsrechts hängt zunächst von der **Qualität der gemeinschaftlichen Rechtsvorschriften** ab. Deren Mängel zeigten sich bei der Vollendung des Binnenmarkts so deutlich,[132] dass die Regierungskonferenz in einer Erklärung zum Vertrag von Maastricht feststellte, die Kommission habe sich verpflichtet, bei ihren Vorschlägen für Rechtsakte die Folgekosten für die Behörden der Mitgliedstaaten und die Betroffenen zu berücksichtigen und ihr System zur Bewertung der Gemeinschaftsvorschriften auszubauen.[133] Im Anschluss daran äußerte der Europäische Rat den Wunsch, dass das Gemeinschaftsrecht einfacher und klarer gestaltet sowie wirksam umgesetzt und durchgeführt wird.[134] Wie berechtigt dieses Anliegen war und weiterhin ist, zeigen die umfangreichen Vertragstexte von Maastricht, Amsterdam, Nizza und nunmehr Lissabon, aber auch die kaum noch überschaubaren Bestimmungen des sekundären Unionsrechts, die rund 9.500 Verordnungen und 2.000 Richtlinien umfassen.[135] 42

Wesentliche Gründe für Umfang und Komplexität des Unionsrechts liegen, wie der Europäische Rat erkannte, in dem **technischen Charakter** vieler Vorschriften und in dem Erfordernis zum **Kom-** 43

130 Vgl – auch zum Folgenden – näher *Magiera*, in: FS Friauf, S. 30 f; *Scheuing*, EuR 1985, 229 ff; *Weber*, S. 10 ff; *Krämer*, in: Lübbe-Wolff (Hrsg.), Der Vollzug des europäischen Umweltrechts, Berlin, 1996, S. 7 ff; *Pühs*, S. 112 ff; *Rengeling/Gellermann*, in: Jahrbuch des Umwelt- und Technikrechts, 1996, S. 1 ff; *Streinz*, WiVerw 1996, 135 ff; *Siedentopf*, in: Magiera/Siedentopf (Hrsg.), Die Zukunft der Europäischen Union, Berlin, 1997, S. 105 ff.

131 Vgl dazu auch *EP*, Entschließung v. 9.3.2004 zu der Mitteilung der Kommission zur besseren Kontrolle der Anwendung des Gemeinschaftsrechts (KOM (2002) 725), ABl. 2004 C 102E/142, Erwägungsgrund M und Ziff. 7 iVm Bericht (MacCormick), EP-Dok. A5-0109/2004, S. 6 f, mit expliziter Kritik („zynische Missachtung ihrer offenkundigen Verpflichtungen"); ferner *Hölscheidt*, DÖV 2009, 341 ff.

132 *Kommission*, Verwaltungsvereinfachung in der Gemeinschaft (Allgemeine Überlegungen), SEK (88) 579 = BR-Drucks. 280/88; *Kommission*, Die optimale Gestaltung des Binnenmarkts: Strategisches Programm, KOM (93) 632.

133 (18.) Erklärung zu den geschätzten Folgekosten der Vorschläge der Kommission, ABl. 1992 C 191/102.

134 *Europäischer Rat* von Birmingham, Schlussfolgerungen des Vorsitzes, Bull.EG 10-1992, S. 9 Ziff. I.8.

135 *Kommission*, 28. Jahresbericht über die Kontrolle der Anwendung des EU-Rechts (2012), COM (2013) 726, S. 2; vgl dazu auch die Beiträge in: *Sander/Vetter* (Hrsg.), Regelungswut in der EU – Wahrheit oder Mythos?, Berlin, 2007.

promiss zwischen den unterschiedlichen nationalen Standpunkten.[136] Damit kann das Unionsrecht seine Aufgabe, eine einzige, möglichst knappe und verständliche Regelung an die Stelle von 28 verschiedenen mitgliedstaatlichen Regelungen zu setzen oder letzteren allgemeine Anerkennung in der gesamten Union zu verschaffen, nur bedingt erfüllen. Zudem teilt das Unionsrecht das Schicksal des mitgliedstaatlichen Rechts, dessen Umfang und Komplexität trotz aller Anstrengungen um Verringerung und Vereinfachung eher zu- als abnimmt.

44 Dennoch ist die Union kontinuierlich, wenn auch mit unterschiedlichem Erfolg, um eine Verbesserung ihres Rechts durch Vereinfachung und Aktualisierung bemüht.[137] Dies gilt auch für das Vertragsrecht selbst, das durch den Vertrag von Lissabon zwar an Umfang wenig verloren, jedoch an Übersichtlichkeit gewonnen hat. Die **redaktionelle Qualität** des Sekundärrechts[138] soll wegen ihrer grundlegenden Bedeutung für dessen Anwendung durch die Mitgliedstaaten und das Verständnis der Bürger entsprechend einer Erklärung der Regierungskonferenz zum Vertrag von Amsterdam durch gemeinsame Leitlinien und beschleunigte Kodifizierungsanstrengungen der Unionsorgane verbessert werden.[139]

45 **Bestehende Rechtsvorschriften**, die häufig geändert wurden und dadurch unübersichtlich und schwer zugänglich sind, werden zunehmend in einem einzigen Text ohne inhaltliche Änderung entweder rechtsverbindlich **kodifiziert** oder wenigstens – ohne Rechtsverbindlichkeit – zusammengefasst, dh **konsolidiert**.[140] Jedoch lassen sich dabei Fragen der einfachen Systematisierung und der inhaltlichen Veränderung des Norminhalts nicht immer eindeutig voneinander trennen.[141] Auch kann der Wunsch, neuere Entwicklungen einzubeziehen, oder das Erfordernis, Vertragsänderungen zu berücksichtigen, Schwierigkeiten bei der Bestimmung der zutreffenden Ermächtigungsgrundlage bereiten. Daraus können sich langwierige Auseinandersetzungen über eine neue Textfassung erge-

136 *Europäischer Rat* von Edinburg, Schlussfolgerungen des Vorsitzes, Bull.EG 12-1992, S. 20 Ziff. I.28; vgl dazu auch *Rat*, Entschließung v. 8.6.1993 über die redaktionelle Qualität der gemeinschaftlichen Rechtsvorschriften, ABl. 1993 C 166/1.

137 Interinstitutionelle Vereinbarung „Bessere Rechtsetzung" v. 16.12.2003, ABl. 2003 C 321/1; vgl auch *von Danwitz*, JZ 2006, 1 ff.

138 Entschließung des Rates v. 8.7.1996 zur Vereinfachung der Rechts- und Verwaltungsvorschriften im Bereich des Binnenmarkts, ABl. 1996 C 224/5; *Kommission*, Das SLIM-Pilotprojekt – Vereinfachung der Rechtsvorschriften im Binnenmarkt, KOM (96) 559; *Kommission*, Mitteilung zur Vereinfachung und Verbesserung des Regelungsumfelds, KOM (2001) 726; *Kommission*, Europäisches Regieren: Bessere Rechtsetzung, KOM (2002) 275; *Kommission*, Aktionsplan „Vereinfachung und Verbesserung des Regelungsumfelds", KOM (2002) 278; *Kommission*, Aktualisierung und Vereinfachung des Acquis communautaire, KOM (2003) 71; *Kommission*, Erster Bericht über die Durchführung der Maßnahmen des Aktionsrahmens „Aktualisierung und Vereinfachung des Acquis communautaire", KOM (2003) 623; *Kommission*, Durchführung des Aktionsrahmens „Aktualisierung und Vereinfachung des gemeinschaftlichen Acquis", KOM (2004) 432; *Kommission*, Umsetzung des Lissabon-Programms der Gemeinschaft: Eine strategische Vereinfachung des ordnungspolitischen Umfelds, KOM (2005) 535, iVm Fortschrittsberichten: KOM (2006) 690; KOM (2008) 33, KOM (2009) 17; *Kommission*, Strategische Überlegungen zur Verbesserung der Rechtsetzung in der Europäischen Union, KOM (2006) 689; *Kommission*, Zweite Strategische Überlegungen zur Verbesserung der Rechtsetzung in der Europäischen Union, KOM (2008) 32; *Kommission*, Dritte Strategische Überlegungen zur Verbesserung der Rechtsetzung in der Europäischen Union, KOM (2009) 15; *Kommission*, Intelligente Regulierung in der Europäischen Union, KOM (2010) 543; Beschl. 2006/210/EG der Kommission v. 28.2.2006 zur Einsetzung einer Gruppe von hochrangigen nationalen Rechtsetzungssachverständigen, ABl. 2006 L 78/3; *Europäischer Rat* von Brüssel, Schlussfolgerungen des Vorsitzes, Bull.EU 3-2007, Ziff. II („Bessere Rechtsetzung"), S. 12 f.

139 (39.) Erklärung zur redaktionellen Qualität der gemeinschaftlichen Rechtsvorschriften, ABl. 1997 C 340/139; vgl auch die Interinstitutionelle Vereinbarung v. 22.12.1998 – Gemeinsame Leitlinien für die redaktionelle Qualität der gemeinschaftlichen Rechtsvorschriften, ABl. 1999 C 73/1; ferner *Rat*, Entschließung v. 8.6.1993 über die redaktionelle Qualität der gemeinschaftlichen Rechtsvorschriften, ABl. 1993 C 166/1.

140 Interinstitutionelle Vereinbarung v. 20.12.1994 über ein beschleunigtes Arbeitsverfahren für die amtliche Kodifizierung von Rechtstexten, ABl. 1996 C 102/2; *Kommission*, Umsetzung des Lissabon-Programms der Gemeinschaft: Eine strategische Vereinfachung des ordnungspolitischen Umfelds, KOM (2005) 535, S. 9, iVm Fortschrittsberichten: KOM (2006) 690, S. 11 ff; KOM (2008) 33, S. 9; KOM (2009) 17, S. 9; *Kommission*, Effizienz und Leistungsfähigkeit der Rechtsetzung (REFIT): Ergebnisse und Ausblick, COM (2013) 685; *Kommission*, Programm zur Gewährleistung der Effizienz und Leistungsfähigkeit der Rechtsetzung (REFIT): Bestandsaufnahme und Ausblick, COM (2014) 368.

141 *Kommission*, Kodifizierung des Acquis communautaire, KOM (2001) 645.

ben. Zu einer Entlastung und Beschleunigung soll die zusätzliche Möglichkeit einer systematischen **Neufassung** beitragen, die eine Kodifizierung und Aufhebung des bisherigen Rechts mit ergänzenden Änderungen verbindet.[142]

Vorschläge für **neue Sekundärrechtsvorschriften** sollten sorgfältig zwischen den Instrumenten der Verordnung und der Richtlinie unterscheiden und sich auf **das Wesentliche** konzentrieren,[143] Einzelheiten hingegen der tertiären Normgebung, den Mitgliedstaaten oder der Ko- und der Selbstregulierung durch die Betroffenen überlassen.[144] Erforderlich dazu sind intensive **Konsultationen**[145] unter Beteiligung der interessierten Kreise sowie eingehende **Folgenabschätzungen**[146] und **Evaluierungen**[147]– auch im Hinblick auf entstehende Verwaltungskosten („Bürokratieabbau") – auf wirtschafts-, sozial-, umweltpolitischem u.a. Gebiet.[148] Zur Unterstützung dienen für die Einbeziehung der Öffentlichkeit Mitteilungen, Grün- und Weißbücher sowie Expertenanhörungen und Informationsveranstaltungen,[149] für die Legislativpolitik allgemeine Leitlinien, um die interne Normgebungstätigkeit besser planen, koordinieren und bewerten zu können.[150] 46

Wie entsprechende Anstrengungen der Mitgliedstaaten stoßen auch die Bemühungen der Union um eine Verbesserung der Qualität und der Zugänglichkeit ihres Rechts auf erhebliche **Schwierigkeiten**. Eine Vereinfachung oder Verringerung des Unionsrechts kann zu Regelungslücken oder einem Rückschritt des gemeinschaftlichen Besitzstandes führen. Handelt es sich dabei nicht um die Beseitigung einer allgemein entbehrlichen Überregulierung, so besteht die Gefahr, dass die einheitliche gemeinschaftliche Regelung durch 28 verschiedene mitgliedstaatliche Regelungen ersetzt wird oder die entstehende Regelungslücke durch die Rechtsprechung ausgefüllt werden muss. Dies gilt nicht nur bei einem Verzicht auf eine Unionsregelung, sondern auch bei einer Begrenzung der Unionsregelung auf eine Rahmen- oder Mindestordnung. Der Rechtsbestand in der Union würde dadurch nicht einfacher oder geringer, sondern komplexer und unsicherer werden. 47

142 Interinstitutionelle Vereinbarung v. 28.11.2001 über die systematischere Neufassung von Rechtsakten, ABl. 2002 C 77/1.

143 *Kommission*, Europäisches Regieren: Bessere Rechtsetzung, KOM (2002) 275, S. 9.

144 *Kommission*, Vereinfachung und Verbesserung des Regelungsumfelds, KOM (2001) 726, S. 8 ff; *Kommission*, Aktionsplan „Vereinfachung und Verbesserung des Regelungsumfelds", KOM (2002) 278, S. 11 ff; *Kommission*, Umsetzung des Lissabon-Programms der Gemeinschaft: Eine strategische Vereinfachung des ordnungspolitischen Umfelds, KOM (2005) 535, S. 8 f, iVm Fortschrittsbericht, KOM (2006) 690, S. 16 f; vgl nunmehr auch Art. 290 AEUV; ferner Art. 155 AEUV.

145 *Kommission*, Konsultationsdokument: Hin zu einer verstärkten Kultur der Konsultation und des Dialogs, KOM (2002) 277.

146 *Kommission*, Folgenabschätzung, KOM (2002) 276; *Kommission*, Impact Assessment: Next Steps, SEC (2004) 1377; *Kommission,* Strategische Überlegungen zur Verbesserung der Rechtsetzung in der Europäischen Union, KOM (2006) 689, S. 9 f; *Kommission,* Zweite Strategische Überlegungen zur Verbesserung der Rechtsetzung in der Europäischen Union, KOM (2008) 32, S. 5 ff; *Kommission,* Intelligente Regulierung in der Europäischen Union, KOM (2010) 543, S. 6 ff; *Renda*, Impact assessment in the EU, Brüssel, 2006.

147 *Kommission*, Stärkung der Grundpfeiler der intelligenten Rechtsetzung durch eine bessere Evaluierung, COM (2013) 686.

148 *Kommission*, Mitteilung zur Vereinfachung und Verbesserung des Regelungsumfelds, KOM (2001) 726, S. 6 ff; *Kommission*, Aktionsplan „Vereinfachung und Verbesserung des Regelungsumfelds", KOM (2002) 278; *Kommission*, Berechnung der Verwaltungskosten und Verringerung der Verwaltungslasten in der Europäischen Union, KOM (2006) 691; *Kommission*, Aktionsprogramm zur Verringerung der Verwaltungslasten in der Europäischen Union, KOM (2007) 23; *Kommission*, Zweiter Fortschrittsbericht über die Strategie zur Vereinfachung des ordnungspolitischen Umfelds, KOM (2008) 33; *Kommission*, Aktionsprogramm zur Verringerung der Verwaltungslasten in der Europäischen Union, KOM (2009) 544; *Kommission,* Intelligente Regulierung in der Europäischen Union, KOM (2010) 543; *Kommission,* Regulatorische Eignung der EU-Vorschriften, COM (2012) 746; Beschl. 2007/623/EG der Kommission v. 31.8.2007 zur Einsetzung der Hochrangigen Gruppe unabhängiger Interessenträger im Bereich Verwaltungslasten, ABl. 2007 L 253/40.

149 *Kommission*, Eine verstärkte Transparenz bei der Arbeit der Kommission, ABl. 1993 C 63/8.

150 *Kommission*, Bull.EU 1/2-96, S. 154 Ziff. 1.10.11; *Kommission*, GB 1996, S. 22 Ziff. 29.

II. Kontrolle

1. Hierarchische und kooperative Elemente

48 Für die wirksame Durchsetzung des Unionsrechts kommt es neben der Qualität seiner Normen auf die von der **Gerichtsbarkeit** und der **Verwaltung** auf gemeinschaftlicher wie mitgliedstaatlicher Ebene ausgeübte Kontrolle an.[151] In ihrer dem Vertrag von Amsterdam beigefügten Erklärung zum Protokoll über die Anwendung der Grundsätze der Subsidiarität und der Verhältnismäßigkeit haben die Mitgliedstaaten ausdrücklich bekräftigt, dass die administrative Durchführung des Unionsrechts – und damit auch dessen wirksame Durchsetzung[152] – grundsätzlich Sache der Mitgliedstaaten bleibt, davon jedoch die den Unionsorganen vertraglich zugewiesenen Aufsichts-, Kontroll- und Durchführungsbefugnisse unberührt bleiben.[153]

49 Die dadurch in Erinnerung gerufene **Kompetenzverteilung zwischen der Union und den Mitgliedstaaten** richtet sich auch bei der für die Durchsetzung des Unionsrechts erforderlichen administrativen und judikativen Kontrolle nach den allgemeinen Grundsätzen der begrenzten Unionsermächtigung, der Subsidiarität und der Verhältnismäßigkeit[154] sowie nach dem Gebot der loyalen Zusammenarbeit.[155] Im Rahmen der Vertiefung und Erweiterung des Integrationsprozesses und der damit fortschreitenden Verflechtung der gemeinschaftlichen und der mitgliedstaatlichen Rechtsordnungen weisen die verfügbaren und sich entwickelnden Kontrollinstrumente hierarchische und zunehmend auch kooperative Elemente auf.[156]

2. Gerichtliche Kontrolle

50 Bei der gerichtlichen Kontrolle zur Durchsetzung des Unionsrechts ist zu unterscheiden zwischen dem zentralen Rechtsschutz durch die Gerichte der Union und dem dezentralen Rechtsschutz durch die mitgliedstaatlichen Gerichte.[157] Der **Gerichtsbarkeit der Union** unterliegen das Verhalten der Mitgliedstaaten, dh aller innerstaatlichen Organe,[158] bei Klagen der Kommission und anderer Mitgliedstaaten[159] sowie das Verhalten der Unionsinstitutionen bei Klagen von Mitgliedstaaten, anderen Unionsinstitutionen und Einzelpersonen.[160] Letztere ebenso wie bestimmte Unionsinstitutionen sind jedoch nur unter der Einschränkung klagebefugt, dass sie als Einzelpersonen unmittelbar und in der Regel individuell betroffen sind[161] bzw als Institutionen ihre eigenen Rechte wahren.[162] Der **Gerichtsbarkeit der Mitgliedstaaten** unterliegt demgegenüber das Verhalten der Mitgliedstaaten bei Klagen von Einzelpersonen[163] im Rahmen der nationalen Organisations- und Verfahrensordnung unter Einhaltung der unionsrechtlichen Anforderungen, insbesondere des Äquivalenz- und des

---

151 EuGH, Rs. 294/83 („Les Verts"), Slg 1986, 1339 Rn 23.

152 Zum Zusammenhang zwischen Rechtsdurchsetzung und Rechtssetzung vgl oben Rn 10 ff.

153 (43.) Erklärung zum Protokoll über die Anwendung der Grundsätze der Subsidiarität und der Verhältnismäßigkeit, ABl. 1997 C 340/140; vgl nunmehr auch Art. 197 AEUV über die Verwaltungszusammenarbeit in der Europäischen Union.

154 Oben Rn 16 f.

155 Oben Rn 32 ff.

156 Vertiefend *Schmidt-Aßmann*, in: FS Steinberger, S. 1375 ff; *Kadelbach*, S. 205 ff; *P. M. Huber*, in: FS Brohm, S. 127 ff; ferner Art. 197 AEUV.

157 Umfassend dazu *Rengeling/Middeke/Gellermann* (Hrsg.), Hdb des Rechtsschutzes in der Europäischen Union, 3. Aufl., München, 2014; ferner *Magiera*, Fehlerhaftes Verwaltungshandeln zwischen gerichtlicher Aufhebung und staatlicher Entschädigungspflicht, in: Erbguth/Masing/Nowacki (Hrsg.), Kontrolle des Verwaltungshandelns, Stuttgart u.a., 2010, S. 171 ff.

158 Vgl oben Rn 29.

159 Art. 258 und 259 AEUV (allgemeines Vertragsverletzungsverfahren); vgl auch Art. 108 AEUV (beihilferechtliches Vertragsverletzungsverfahren).

160 Art. 263 und 264 AEUV.

161 Art. 263 Abs. 4 AEUV, wonach nunmehr bei Rechtsakten mit Verordnungscharakter, die keine Durchführungsmaßnahmen nach sich ziehen, auch eine lediglich unmittelbare Betroffenheit genügt; vgl dazu näher EuGH, Rs. C-583/11 P (*Inuit Tapiriit Kanatami*/EP und Rat) Urt. v. 3.10.2013 n.v.; *Everling*, EuR, Beiheft 1/2009, 71 ff; *M. Schröder*, DÖV 2009, 61 ff; *Cremer*, DÖV 2010, 58 ff.

162 Art. 263 Abs. 3 AEUV.

163 Vgl auch Art. 274 AEUV.

Effektivitätsprinzips.[164] Eine **Kooperation** zwischen gemeinschaftlicher und mitgliedstaatlicher Gerichtsbarkeit erfolgt über das Verfahren der Vorabentscheidung, das die nationalen Gerichte berechtigt und – in letzter Instanz – verpflichtet, dem Europäischen Gerichtshof Fragen zur Auslegung und Gültigkeit des Unionsrechts vorzulegen.[165]

In der **Praxis** hat sich die Ausgestaltung der gerichtlichen Kontrolle und Kooperation trotz einzelner Kritikpunkte, etwa zum individuellen und zum vorläufigen Rechtsschutz oder zur Kontrolldichte, als für die Durchsetzung des Unionsrechts **angemessen und wirksam** erwiesen.[166] Beispielhaft dafür ist das Vertragsverletzungsverfahren, das die Kommission bei vermuteten Unionsrechtsverstößen der Mitgliedstaaten einleiten kann.[167] Dessen mehrphasiges Vorverfahren, zu dem die Kommission verschiedene Informations- und Kommunikationsinstrumente entwickelt hat,[168] ermöglicht es, Schwierigkeiten bei der Durchsetzung des Unionsrechts schon im Vorfeld einer uU langwierigen gerichtlichen Auseinandersetzung auszuräumen. Aufgrund seiner Vorwirkungen führt es zumeist in weniger als 10 % der Fälle zur Klageerhebung, im Übrigen schon im Vorverfahren zu unionsrechtskonformen Lösungen.[169] Problematisch bleibt, dass die Feststellungsurteile des Gerichtshofs der Europäischen Union von den Mitgliedstaaten nicht immer umgehend befolgt werden.[170] 51

Andererseits unterliegt die gerichtliche Kontrolle und Kooperation **systemimmanenten Restriktionen.** Die zentrale Kontrolle durch die europäische Gerichtsbarkeit stößt an organisatorische und personelle Kapazitätsgrenzen, die sich nicht beliebig erweitern lassen. Sie eignet sich für wichtige Einzelfälle, insbesondere zur Wahrung der Rechtseinheit in der Union, nicht zur generellen Aufsicht.[171] Insoweit wird sie zwar durch die dezentrale Kontrolle der mitgliedstaatlichen Gerichtsbarkeit ergänzt; jedoch ist diese ebenfalls nur auf Einzelfälle und zudem auf das individuelle Klägerinteresse bezogen.[172] Auch beschränkt sich die gerichtliche Kontrolle und Kooperation allgemein auf eine nachträgliche Überprüfung anhand allein rechtlicher Maßstäbe. 52

3. Administrative Kontrolle

Auf Unionsebene obliegt die administrative Kontrolle schwerpunktmäßig der **Kommission**, die für die Anwendung des primären und sekundären Unionsrechts zu sorgen hat[173] und deshalb als dessen Hüterin bezeichnet werden kann. Die Kommission unterliegt ihrerseits der rechtlichen Kontrolle des Gerichtshofs[174] und der politischen Kontrolle des Parlaments[175] sowie im Haushaltsbereich der gemeinsamen Kontrolle von Rat und Parlament[176] in Verbindung mit der Rechnungsprü- 53

164 Vgl dazu oben Rn 32 ff, 36.

165 Art. 267 AEUV.

166 Näher dazu *Ehlermann*, in: FS Kutscher, Baden-Baden, 1981, S. 135, 146 ff; *Ehlermann*, in: Liber Amicorum Pescatore, Baden-Baden, 1987, S. 205, 208; *Pühs*, S. 237 f, 421 f; *Steinhauer*, S. 179 f, 182 f.

167 Art. 258 AEUV.

168 Vgl dazu unten Rn 59 aE.

169 *Kommission*, 28. Jahresbericht über die Kontrolle der Anwendung des EU-Rechts (2010), KOM (2011) 588, S. 4; vgl auch *Kommission*, Mitteilung zur besseren Kontrolle der Anwendung des Gemeinschaftsrechts, KOM (2002) 725, S. 4 f; zur Einbindung der Bürger vgl *Kommission*, Aktualisierung der Mitteilung über die Beziehungen zu Beschwerdeführern in Fällen der Anwendung des Unionsrechts, COM (2012) 154; *Kommission*, Kodex für gute Verwaltungspraxis in den Beziehungen der Bediensteten der Europäischen Kommission zur Öffentlichkeit, ABl. 2000 L 267/64 (= Anh. zur Geschäftsordnung der Kommission).

170 Vgl dazu unten Rn 70 ff.

171 *Ehlermann*, in: FS Kutscher, Baden-Baden, 1981, S. 135, 152 f; *Ehlermann*, in: Liber Amicorum Pescatore, Baden-Baden, 1987, S. 205, 208 f; *Kommission*, Durchführung des Umweltrechts in der Gemeinschaft, KOM (96) 500, S. 6 f.

172 *Pühs*, S. 421 f; *Steinhauer*, S. 153 f, 182.

173 Art. 17 Abs. 1 EUV.

174 So nunmehr ausdrücklich Art. 17 Abs. 1 S. 3 EUV.

175 Art. 17 Abs. 8 EUV, Art. 253 AEUV.

176 Art. 319 AEUV.

fung des Rechnungshofs.[177] Bei dem Schutz der finanziellen Interessen der Union wird die Kommission durch das bei ihr eingerichtete, jedoch mit Unabhängigkeit ausgestattete Europäische Amt für Betrugsbekämpfung (OLAF) unterstützt.[178]

54 Die von der Kommission wahrzunehmende Kontrollfunktion besteht in einer **Rechtsaufsicht**, nicht auch in einer Fachaufsicht.[179] Sie umfasst grundsätzlich keine Befugnisse zum Erlass rechtsverbindlicher allgemeiner oder spezieller Weisungen gegenüber den Mitgliedstaaten, die für die Anwendung und Durchsetzung des Unionsrechts in erster Linie verantwortlich sind.[180] Entsprechende Maßnahmen sind gemäß dem Prinzip der begrenzten Unionsermächtigung nur zulässig, wenn sie der Kommission durch besondere Bestimmungen des primären oder sekundären Unionsrechts zugewiesen sind.[181] Beispiele dafür finden sich u.a. in den Bereichen des Agrarmarkts, des öffentlichen Auftragswesens und der Produktsicherheit.[182]

55 Die **zentrale Kontrolle** der Kommission soll entsprechend dem Subsidiaritätsprinzip die ordnungsgemäße Anwendung und Durchsetzung des Unionsrechts durch die dafür zuständigen Mitgliedstaaten sicherstellen, nicht jedoch an deren Stelle treten oder sie gängeln und im Einzelnen steuern. Einer übermäßigen Ausdehnung rechtsverbindlicher Weisungsbefugnisse stehen deshalb nicht nur die begrenzten Personalressourcen der Kommission entgegen,[183] sondern auch die grundsätzliche Kompetenzverteilung und Machtbalance zwischen der Union und den Mitgliedstaaten. Andererseits ist auch die **dezentrale Kontrolle**, zu der die Mitgliedstaaten verpflichtet sind,[184] in ihrer Wirksamkeit begrenzt, weil sie nicht die einheitliche Durchsetzung des Unionsrechts in allen Mitgliedstaaten gewährleisten kann[185] und zudem eher vom eigenen als vom gemeinschaftlichen Interesse geleitet wird.

56 Mit der Beseitigung der Kontrollen an den Binnengrenzen der Union im Zuge der Vollendung des Binnenmarkts haben sich ferner neue Kontrollmechanismen als erforderlich erwiesen. So können etwa der Gesundheitsschutz, der Verbraucherschutz oder die Produktsicherheit infolge des freien Waren- und Dienstleistungsverkehrs nicht mehr durch einzelstaatliche Maßnahmen allein, sondern nur noch durch gemeinsames Handeln gewährleistet werden.[186] Damit wird die Zusammenarbeit der Mitgliedstaaten untereinander und mit der Kommission zu einem unentbehrlichen Instrument

177 Art. 285 AEUV; EuGH, Rs. C-539/09 (Kommission/Deutschland), Slg 2011, I-11235 Rn 53 ff; vgl auch *Magiera*, in: von Arnim (Hrsg.), Finanzkontrolle im Wandel, Berlin, 1989, S. 221 ff.

178 Beschl. 1999/352/EG, Euratom der Kommission v. 28.4.1999 zur Errichtung des Europäischen Amtes für Betrugsbekämpfung (OLAF), ABl. 1999 L 136/2; VO (EU, Euratom) Nr. 883/2013 des EP und des Rates v. 11.9.2013 über die Untersuchungen des Europäischen Amtes für Betrugsbekämpfung (OLAF), ABl. 2013 L 248/1; vgl dazu auch *Mager*, ZEuS 2000, 177 ff; *Magiera*, in: FS Friauf, S. 13 ff; Magiera, in: Grabitz/Hilf/Nettesheim, EU, Art. 325 AEUV Rn 42 ff.

179 *Klösters*, Kompetenzen der EG-Kommission im innerstaatlichen Vollzug von Gemeinschaftsrecht, Köln u.a., 1994, S. 86; *Hatje*, S. 154 f.

180 EuGH, Rs. 3/70 (di Bella), Slg 1970, 415 Rn 9; EuGH, Rs. 229/86 (Brothers Industries/Kommission), Slg 1987, 3757, 3763; EuGH, Rs. C-57/95 (Frankreich/Kommission), Slg 1997, I-1627 Rn 23 ff; *Zuleeg*, Das Recht der Europäischen Gemeinschaften im innerstaatlichen Bereich, Köln u.a., 1969, S. 218 ff; *Rengeling*, Rechtsgrundsätze beim Verwaltungsvollzug des Europäischen Gemeinschaftsrechts, Köln u.a., 1977, S. 40 ff; *Weber*, S. 66 ff; aA *Klösters*, Kompetenzen der EG-Kommission im innerstaatlichen Vollzug von Gemeinschaftsrecht, Köln u.a., 1994, S. 98; dagegen eingehend *Suerbaum*, Die Kompetenzverteilung beim Verwaltungsvollzug des Europäischen Gemeinschaftsrechts, Berlin, 1998, S. 190 f.

181 EuGH, Rs. 3/70 (di Bella), Slg 1970, 415 Rn 9; EuGH, Rs. 229/86 (Brothers Industries/Kommission), Slg 1987, 3757, 3763; EuGH, Rs. C-359/92 (Deutschland/Rat), Slg 1994, I-3681 Rn 39; EuG, Rs. T-116/89 (Prodifarma/Kommission), Slg 1990, II-843 Rn 75.

182 *Scheuing*, in: Hoffmann-Riem/Schmidt-Aßmann (Hrsg.), Innovation und Flexibilität des Verwaltungshandelns, Baden-Baden, 1994, S. 289, 335 f; *Pühs*, S. 295 ff; EuGH, Rs. C-359/92 (Deutschland/Rat), Slg 1994, I-3681 Rn 33 ff.

183 *Kommission*, Durchführung des Umweltrechts in der Gemeinschaft, KOM (96) 500, S. 11.

184 EuGH, Rs. 229/86 (Brothers Industries/Kommission), Slg 1987, 3757, 3763; EuGH, Rs. C-157/00 (Griechenland/Kommission), Slg 2003, I-153 Rn 11; EuG, Rs. T-116/89 (Prodifarma/Kommission), Slg 1990, II-843 Rn 79.

185 *Kommission*, Durchführung des Umweltrechts in der Gemeinschaft, KOM (96) 500, S. 11 f.

186 *Kommission*, Die optimale Gestaltung des Binnenmarkts: Strategisches Programm, KOM (93) 632, S. 13 ff; *Kommission*, Mitteilung zur besseren Kontrolle der Anwendung des Gemeinschaftsrechts, KOM (2002) 725, S. 5 ff; Interinstitutionelle Vereinbarung „Bessere Rechtsetzung" v. 16.12.2003, ABl. 2003 C 321/1, Nr. 32 ff.

für die wirksame und einheitliche Durchsetzung des Unionsrechts in allen Mitgliedstaaten.[187] Sie ermöglicht neuartige Formen einer **kooperativen Kontrolle** durch Zusammenwirken der Mitgliedstaaten und der Kommission, die – im Rahmen geteilter Verantwortung – ergänzend zu den traditionellen Formen zentraler und dezentraler Kontrolle hinzutreten.[188]

Eine **Pflicht** der Mitgliedstaaten und der Kommission **zur kooperativen Kontrolle** im Wege der administrativen Zusammenarbeit, insbesondere zur Auskunftserteilung als Voraussetzung einer wirksamen Kontrolle,[189] folgt allgemein aus dem Loyalitätsgebot des Art. 4 EUV[190] und im Einzelnen aus besonderen Bestimmungen des primären und des sekundären Unionsrechts, etwa in den Bereichen des Zoll-, des Agrar- und des Steuerrechts, des Umweltschutzes, der Wettbewerbs- oder der Wirtschafts- und der Währungspolitik.[191] 57

Zur näheren **Ausgestaltung der kooperativen Kontrolle** hat die Kommission nach der Vollendung des Binnenmarkts Anfang der 1990er Jahre mit Billigung des Rates die Schaffung eines allgemeinen Rahmens in die Wege geleitet, um gemeinsam mit den Mitgliedstaaten die erforderlichen Grundregeln und Rechtsakte für die Zusammenarbeit in den einzelnen Politikbereichen zu entwickeln.[192] Eine wirksame Kontrolle setzt darüber hinaus geeignete **personelle und sachliche Ressourcen** voraus, die jedoch in einem angemessenen Verhältnis zu den dafür aufzubringenden Kosten stehen müssen.[193] Allgemein bedarf es dazu leistungsfähiger Kommunikations- und Datennetze für den 58

187 *Kommission*, Die optimale Gestaltung des Binnenmarkts: Strategisches Programm, KOM (93) 632, S. 10 ff; *Kommission*, Mitteilung über die Entwicklung der Zusammenarbeit der Verwaltungen bei der Anwendung und Durchsetzung des Gemeinschaftsrechts für den Binnenmarkt, KOM (94) 29, S. 1 b iVm Anh. I; *Kommission*, Durchführung des Umweltrechts in der Gemeinschaft, KOM (96) 500, S. 9 ff; *Rat*, Entschließung v. 16.6.1994 über die Entwicklung der Zusammenarbeit der Verwaltungen bei der Anwendung und Durchsetzung des Gemeinschaftsrechts im Rahmen des Binnenmarkts, ABl. 1994 C 179/1; *Rat*, Entschließung v. 8.7.1996 zur Zusammenarbeit der Verwaltungen bei der Anwendung des Gemeinschaftsrechts im Rahmen des Binnenmarkts, ABl. 1996 C 224/3.

188 Vgl nunmehr Art. 197 AEUV; ferner *Kommission*, Durchführung des Umweltrechts in der Gemeinschaft, KOM (96) 500, S. 9; *Kommission,* Eine bessere Governance für den Binnenmarkt mittels verstärkter administrativer Zusammenarbeit: Eine Strategie für den Ausbau und die Weiterentwicklung des Binnenmarkt-Informationssystems (‚Internal Market Information System/IMI'), KOM (2011) 75; *Kommission,* Bessere Governance für den Binnenmarkt, COM (2012) 259; *Eekhoff*, Die Verbundaufsicht, Tübingen, 2006.

189 EuGH, Rs. 240/86 (Kommission/Griechenland), Slg 1988, 1835 Rn 27; EuGH, Rs. 272/86 (Kommission/Griechenland), Slg 1988, 4875 Rn 30 f; EuGH, Rs. 35/88 (Kommission/Griechenland), Slg 1990, I-3125 Rn 42; EuGH, Rs. C-290/89 (Kommission/Belgien), Slg 1991, I-2851 Rn 5; EuGH, Rs. C-375/92 (Kommission/Spanien), Slg 1994, I-923 Rn 26; EuGH, Rs. C-40/92 (Kommission/Vereinigtes Königreich), Slg 1994, I-989 Rn 36; EuGH, Rs. C-478/01 (Kommission/Luxemburg), Slg 2003, I-2351 Rn 24; EuGH, Rs. C-82/03 (Kommission/Italien), Slg 2004, I-6635 Rn 15; EuGH, Rs. C-490/10 (EP/Rat), Urt. v. 6.9.2012 Rn 49 ff n.v.

190 EuGH, Rs. 52/84 (Kommission/Belgien), Slg 1986, 89 Rn 16; EuGH, Rs. 235/87 (Matteucci), Slg 1988, 5589 Rn 19; EuGH, Rs. C-378/98 (Kommission/Belgien), Slg 2001, I-5107 Rn 31; EuGH, Rs. C-157/00 (Griechenland/Kommission), Slg 2003, I-153 Rn 11; EuGH, Rs. C-326/00 (Asfaliseon), Slg 2003, I-1703 Rn 51; EuGH, Rs. C-105/02 (Kommission/Deutschland), Slg 2006, I-9659 Rn 93.

191 EuGH, Rs. C-130/99 (Spanien/Kommission), Slg 2002, I-3005 Rn 87; EuGH, Rs. C-344/01 (Deutschland/Kommission), Slg 2004, I-2081 Rn 58 ff; ferner *Scheuing*, in: Hoffmann-Riem/Schmidt-Aßmann (Hrsg.), Innovation und Flexibilität des Verwaltungshandelns, Baden-Baden, 1994, S. 289, 331 ff; *Schmidt-Aßmann*, EuR 1996, 270, 275 ff; *Steinhauer*, S. 152 ff; *David*, Inspektionen im Europäischen Verwaltungsrecht, Berlin, 2003, S. 150 ff; *Sydow*, Verwaltungskooperation in der Europäischen Union, Tübingen, 2004, S. 21 ff.

192 Vgl – auch zum Folgenden – *Kommission*, Die optimale Gestaltung des Binnenmarkts: Strategisches Programm, KOM (93) 632, S. 13 ff; *Kommission*, Mitteilung über die Entwicklung der Zusammenarbeit der Verwaltungen bei der Anwendung und Durchsetzung des Gemeinschaftsrechts für den Binnenmarkt, KOM (94) 29, S. 3 ff; *Kommission*, Verwaltungszusammenarbeit bei der Anwendung des Gemeinschaftsrechts im Rahmen des Binnenmarkts – Bericht über den Stand der Arbeiten, KOM (96) 20, S. 1 a ff; *Kommission*, Ein Europa der Ergebnisse – Anwendung des Gemeinschaftsrechts, KOM (2007) 502; *Kommission*, Dritte Strategische Überlegungen zur Verbesserung der Rechtsetzung in der Europäischen Union, KOM (2009) 15, S. 10 f; *Rat*, Entschließung v. 16.6.1994 über die Entwicklung der Zusammenarbeit der Verwaltungen bei der Anwendung und Durchsetzung des Gemeinschaftsrechts im Rahmen des Binnenmarkts, ABl. 1994 C 179/1; Entschließung des Rates v. 8.7.1996 zur Zusammenarbeit der Verwaltungen bei der Anwendung des Gemeinschaftsrechts im Rahmen des Binnenmarkts, ABl. 1996 C 224/3; ferner Art. 197 AEUV.

193 *Kommission,* Mehr oder weniger Kontrollen? – Die richtige Balance zwischen Kontrollkosten und Fehlerrisiko, KOM (2010) 261.

Informationsaustausch zwischen den Verwaltungsbehörden sowie mit dem Recht und der Praxis der Union vertrauter Verwaltungsangehöriger.

59 Zu den im Einzelnen eingeleiteten Maßnahmen gehören Informationen der Mitgliedstaaten über ihren Verwaltungsaufbau und die Benennung zentraler **Ansprechpartner** in den Mitgliedstaaten, insbesondere im Falle dezentraler Verwaltungsorganisation, ferner Handbücher, Leitfäden und **Auslegungsmitteilungen** der Kommission[194] zum Unionsrecht und zur Unionspraxis sowie die fachliche und sprachliche **Aus- und Weiterbildung** von Verwaltungsangehörigen in Seminaren, durch Austauschprogramme sowie im Rahmen gemeinsam durchgeführter Aufgabenwahrnehmung.[195] Die Zusammenarbeit dient vor allem der vorbeugenden Kontrolle und konzentriert sich vorrangig auf Fälle schwerer (potentieller) Verstöße gegen das Unionsrecht.[196] Sie wird unterstützt durch Einbeziehung der **Öffentlichkeit**, die zur Informationsgewinnung über Konsultationen,[197] Beschwerden an die Kommission[198] oder den Bürgerbeauftragten[199] und Petitionen an das Parlament[200] beitragen, sich selbst Zugang zu Dokumenten verschaffen[201] oder als Adressat auf die Bekanntmachung der unterschiedlichen Leistungen der Mitgliedstaaten bei der Durchsetzung des Unionsrechts im Binnenmarkt-Anzeiger oder im Jahresbericht über die Kontrolle der Anwendung des Unionsrechts[202] reagieren kann.[203] Im Einzelnen hat die Kommission dazu verschiedene Informations-, Kommunikations- und Beschwerdeinstrumente – wie EU-Pilot, CHAP (Complaints Handling – Accueil des Plaignants), SOLVIT oder IMPEL – entwickelt, die helfen sollen, das Unionsrecht besser zu verstehen und Rechtsverstöße möglichst zu vermeiden oder vor Einleitung von Vertragsverletzungsverfahren zu beheben.[204]

60 Die bisherige **Entwicklung** der kooperativen Kontrollmechanismen lässt erkennen, dass die verbesserte Zusammenarbeit zwischen den Verwaltungen der Mitgliedstaaten untereinander und mit der Kommission geeignet ist, das gegenseitige Verständnis und Vertrauen zu fördern und damit entscheidend zur wirksamen und einheitlichen Durchsetzung des Unionsrechts in der gesamten Union beizutragen.[205]

III. Sanktionen

61 Die wirksame Durchsetzung des Unionsrechts ist schließlich, soweit Maßnahmen der Prävention und der Kontrolle nicht ausreichen, auf Mittel der Sanktionierung angewiesen.[206] Von **besonderer**

194 Dazu auch *Ehricke*, EuZW 2004, 359 ff; *Groß*, DÖV 2004, 20 ff; *Lefevre*, ELR 2004, 808 ff.

195 Dazu auch *Niedobitek*, Die Verwaltung 1998, 81 ff.

196 *Kommission*, Mitteilung zur besseren Kontrolle der Anwendung des Gemeinschaftsrechts, KOM (2002) 725, S. 5 ff.

197 *Kommission*, Konsultationsdokument: Hin zu einer verstärkten Kultur der Konsultation und des Dialogs, KOM (2002) 277.

198 Vgl dazu oben Rn 50 f.

199 Art. 228 AEUV.

200 Art. 227 AEUV.

201 Art. 15, Art. 24 Abs. 4 AEUV.

202 *Kommission*, Mitteilung zur besseren Kontrolle der Anwendung des Gemeinschaftsrechts, KOM (2002) 725, S. 6, 8.

203 Vgl auch *Kadelbach*, S. 220 ff.

204 *Kommission*, Evaluierungsbericht zum Projekt „EU-Pilot", KOM (2010) 70; *Kommission,* 28. Jahresbericht über die Kontrolle der Anwendung des EU-Rechts, KOM (2011) 588, S. 2, 8 ff; *Kommission,* 29. Jahresbericht über die Kontrolle der Anwendung des EU-Rechts (2011), COM (2012) 714, S. 8 f; *Kommission,* 30. Jahresbericht über die Kontrolle der Anwendung des EU-Rechts (2012), COM (2013) 726, S. 7 f.

205 Zur Bewertung *Kommission*, Bericht "Bessere Rechtsetzung 2004" gemäß Artikel 9 des Protokolls über die Anwendung der Grundsätze der Subsidiarität und der Verhältnismäßigkeit, KOM (2005) 98, S. 2 ff; *Kommission*, Annex to the Report from the Commission „Better Lawmaking 2004" pursuant to Article 9 of the Protocol on the application of the principles of subsidiarity and proportionality, SEC (2005) 364, S. 3 ff.

206 *Kommission,* Bedeutung von Sanktionen für die Anwendung des Gemeinschaftsrechts im Binnenmarkt, KOM (95) 162, S. 1; zum – vielfältigen – Sanktionsbegriff vgl *S. Steiner,* Sanktionen im Rahmen der EU und der WTO: eine Gegenüberstellung, Saarbrücken, 2010, S. 110 ff; *Träbert,* Sanktionen der Europäischen Union gegen ihre Mitgliedstaaten, Frankfurt am Main, 2010, S. 17 ff; *Bitter,* Die Sanktion im Recht der Europäischen Union, Heidelberg u.a., 2011.

Bedeutung sind die im Laufe der fortschreitenden Integration durch die europäische Gerichtsbarkeit und durch Vertragsergänzung entwickelten Instrumente der unmittelbaren Wirkung von Richtlinien, der Staatshaftung, eines Zwangsgelds und Pauschalbetrags sowie von Sanktionen gegenüber Einzelpersonen.

1. Unmittelbare Wirkung von Richtlinien

Neben den Verordnungen gehören die Richtlinien zu den Hauptrechtssetzungsinstrumenten der Union. Anders als die Verordnungen, die allgemein und unmittelbar in den Mitgliedstaaten gelten, sind die Richtlinien nur für die Mitgliedstaaten, an die sie gerichtet sind, und nur hinsichtlich des zu erreichenden Ziels verbindlich, überlassen jedoch die Wahl der Form und der Mittel zur Zielerreichung den innerstaatlichen Stellen.[207] Das **zweistufige Verfahren** gibt den Mitgliedstaaten einen Gestaltungsspielraum bei der erforderlichen Umsetzung der Richtlinien in ihre jeweilige Rechtsordnung, verursacht jedoch auch erhebliche Probleme bei der Durchsetzung des Unionsrechts. Trotz langjähriger Verbesserungsbemühungen, etwa bei den Richtlinien des neuen Konzepts für technische Normen im Warenverkehr,[208] ist die **Umsetzungsbilanz** weiterhin **unbefriedigend**, weil alle Mitgliedstaaten, wenn auch in unterschiedlichem Maße, Richtlinien nicht fristgerecht oder nicht korrekt umsetzen, was zu Benachteiligungen von Bürgern und Unternehmen führen kann.[209] 62

Zur Überbrückung dieser Defizite, die sich durch das Vertragsverletzungsverfahren bisher nicht ausreichend haben beheben lassen,[210] dient als eine neue, vom Unionsrecht nicht ausdrücklich vorgesehene, Sanktionskategorie die vom Europäischen Gerichtshof im Wege der Rechtsfortbildung entwickelte[211] und inzwischen in Rechtsprechung und Schrifttum allgemein anerkannte[212] **unmittelbare Wirkung** von Richtlinien. Danach können sich einzelne Bürger und Unternehmen in allen Fällen, in denen Bestimmungen einer Richtlinie inhaltlich als unbedingt und hinreichend genau erscheinen, gegenüber dem Staat auf diese Bestimmungen berufen, wenn dieser die Richtlinie nicht fristgemäß oder nur unzulänglich in seine Rechtsordnung umgesetzt hat[213] oder sie nicht zielentsprechend anwendet.[214] Verpflichtet sind alle zuständigen staatlichen Stellen, insbesondere die Gerichte, aber auch die Verwaltungsbehörden oder vergleichbare Einrichtungen[215] unabhängig 63

207 Art. 288 Abs. 2 und 3 AEUV; die in Art. I-33 Abs. 2 und 3 EVV vorgesehenen neuen Bezeichnungen „Europäisches Gesetz" und „Europäisches Rahmengesetz" wurden in den Vertrag von Lissabon nicht übernommen.

208 *Kommission*, Verbesserte Umsetzung der Richtlinien des neuen Konzepts, KOM (2003) 240; vgl auch oben Rn 53 ff zu Kontrollmaßnahmen.

209 *Kommission*, Empfehlung zur Umsetzung binnenmarktrelevanter Richtlinien in innerstaatliches Recht, SEK (2004) 918, S. 2 ff; vgl auch *Härtel*, Integrative Wirkungen im föderalen Mehrebenensystem der europäischen Union: Die Umsetzung des europäischen Rechts in das mitgliedstaatliche Recht, in: Härtel (Hrsg.), Hdb Föderalismus, Bd. IV, 2012, § 87 (S. 389 ff).

210 Vgl zum Vertragsverletzungsverfahren oben Rn 51 f.

211 EuGH, Rs. 33/70 (Sace), Slg 1970, 1213 Rn 14/16; EuGH, Rs. 41/74 (van Duyn), Slg 1974, 1337 Rn 12; EuGH, Rs. C-141/00 (Kügler), Slg 2002, I-6833 Rn 51.

212 BVerfG 8.4.1987 – 2 BvR 687/85 – BVerfGE 75, 223, 239 ff; *Ruffert*, in: Calliess/Ruffert, EUV/AEUV, Art. 288 AEUV Rn 47 ff.

213 EuGH, Rs. 41/74 (van Duyn), Slg 1974, 1337 Rn 12 ff; EuGH, Rs. 80/86 (Kolpinghuis Nijmegen), Slg 1987, 3969 Rn 7; EuGH, Rs. 190/87 (Kreis Borken), Slg 1988, 4689 Rn 23; EuGH, Rs. C-194/94 (Security International), Slg 1996, I-2201 Rn 42, 44; EuGH, Rs. C-258/97 (Hospital Ingenieure), Slg 1999, I-1405 Rn 34; EuGH, Rs. C-276/01 (Steffensen), Slg 2003, I-3735 Rn 38; EuGH, Rs. C-471/07 (AGIM), Slg 2010, I-113 Rn 26.

214 EuGH, Rs. C-62/00 (Marks & Spencer), Slg 2002, I-6325 Rn 27 f; EuGH, Rs. C-465/07 (Elgafaji), Slg 2009. I-921 Rn 42.

215 EuGH, Rs. 14/83 (von Colson), Slg 1984, 1891 Rn 26; EuGH, Rs. 152/84 (Marshall), Slg 1986, 723 Rn 49 ff; EuGH, Rs. 103/88 (Costanzo), Slg 1989, 1839 Rn 30 f; EuGH, Rs. C-188/89 (Foster), Slg 1990, I-3313 Rn 18; EuGH, Rs. C-397-403/01 (Pfeiffer), Slg 2004, I-8835 Rn 110; EuGH, Rs. C-555/07 (Kücükdevici), Slg 2010, I-365 Rn 47.

davon, ob sie öffentlich- oder privatrechtlich handeln,[216] und ob sich der Einzelne auf die Richtlinienbestimmung tatsächlich beruft oder auch nur berufen kann.[217]

64 Im Vergleich zur Verordnung handelt es sich jedoch nur um eine „ähnliche Wirkung", die verhindern soll, dass ein Mitgliedstaat aus seinem Pflichtversäumnis Vorteile zieht.[218] Die unmittelbare Wirkung rechtfertigt sich deshalb zwar aus dem Grundsatz einer einheitlichen und wirksamen Durchsetzung des Unionsrechts, jedoch qualifiziert durch den Grundsatz von Treu und Glauben.[219] Dementsprechend begründet die unmittelbare Wirkung **nur Rechte, nicht auch Pflichten des Einzelnen** gegenüber dem Staat.[220] Gleiches gilt im Verhältnis zwischen Einzelnen untereinander.[221] Nicht endgültig geklärt erscheint die unmittelbare Wirkung von Richtlinien in sog. Dreiecksverhältnissen zwischen zwei oder mehr Einzelnen und dem Staat,[222] etwa in den Bereichen des Umweltschutzes[223] oder des Auftragswesens.[224] Die Rechtsprechung des Europäischen Gerichtshofs lässt erkennen, dass die unmittelbare Wirkung zwar auch insoweit keine Pflichten der Einzelnen begründen, jedoch zu für sie **belastenden Nebenwirkungen** führen kann.[225]

65 Die unmittelbare Wirkung von Richtlinien ermöglicht es, Versäumnissen der Mitgliedstaaten bei der Umsetzung von Richtlinien wirksamer zu begegnen als durch ein Vertragsverletzungsverfahren vor dem Europäischen Gerichtshof, in dem lediglich ein Vertragsverstoß wegen unzureichender Umsetzung festgestellt werden kann.[226] Sie verhilft dem Einzelnen schneller zu seinem Recht und dient zugleich der objektiven Durchsetzung des Unionsrechts. Ihre Tragweite ist jedoch begrenzt und mit **Unsicherheiten** behaftet. Zum einen setzt sie Richtlinienbestimmungen voraus, die inhaltlich unbedingt und hinreichend genau sind; zum anderen soll sie Versäumnisse der Mitgliedstaaten sanktionieren und kann sie dennoch den Einzelnen nicht nur berechtigen, sondern auch belasten;[227] schließlich bringt sie Auslegungsschwierigkeiten und entsprechende Prozessrisiken mit sich, und zwar nicht nur für den Einzelnen, sondern auch für die damit befassten mitgliedstaatlichen Behörden.[228]

66 Die unmittelbare Wirkung von Richtlinien stellt deshalb lediglich eine **Mindestgarantie** dar und entbindet die Mitgliedstaaten keinesfalls von der Pflicht zur ordnungsgemäßen Umsetzung der

---

216 EuGH, Rs. 152/84 (Marshall), Slg 1986, 723 Rn 49.

217 EuGH, Rs. 103/88 (Costanzo), Slg 1989, 1839 Rn 32; EuGH, Rs. C-72/95 (Kraaijeveld), Slg 1996, I-5403 Rn 55 ff; vgl auch *W. Schroeder*, in: Streinz, EUV/AEUV Art. 288 AEUV Rn 120 ff; *Herrmann*, Richtlinienumsetzung durch die Rechtsprechung, Berlin, 2003, S. 54 ff; jeweils mwN (auch zu abweichenden Meinungen im Schrifttum).

218 EuGH, Rs. 8/81 (Becker), Slg 1982, 53 Rn 21; EuGH, Rs. C-192/94 (El Corte Inglés), Slg 1996, I-1281 Rn 16.

219 *Nettesheim*, in: Grabitz/Hilf/Nettesheim, EU, Art. 288 AEUV Rn 140 f; *W. Schroeder*, in: Streinz, EUV/AEUV, Art. 288 AEUV Rn 103; vgl auch *Herrmann*, Richtlinienumsetzung durch die Rechtsprechung, Berlin, 2003, S. 42 f; *Götz*, in: FS Ress, 2005, S. 485 ff.

220 EuGH, Rs. 152/84 (Marshall), Slg 1986, 723 Rn 48; EuGH, Rs. 14/86 (di Salo), Slg 1987, 2545 Rn 19; EuGH, Rs. 80/86 (Kolpinghuis Nijmegen), Slg 1987, 3969 Rn 9; EuGH, Rs. C-168/95 (Arcaro), Slg 1996, I-4705 Rn 56; EuGH, Rs. C-387/02 (Berlusconi), Slg 2005, I-3565 Rn 73 f.

221 EuGH, Rs. 14/86 (di Salo), Slg 1987, 2545 Rn 19; EuGH, Rs. C-91/92 (Faccini Dori), Slg 1994, I-3325 Rn 22 ff; EuGH, Rs. C-192/94 (El Corte Inglés), Slg 1996, I-1281 Rn 17; EuGH, Rs. C-201/02 (Wells), Slg 2004, I-723 Rn 56; EuGH, Rs. C-397/01 (Pfeiffer), Slg 2004, I-8835 Rn 107 ff; EuGH, Rs. C-235/03 (QDQ Media), Slg 2005, I-1937 Rn 16; EuGH, Rs. C-555/07 (Kücükdevici), Slg 2010, I-365 Rn 46.

222 Näher *W. Schroeder*, in: Streinz, EUV/AEUV, Art. 288 AEUV Rn 118 ff; *Herrmann*, Richtlinienumsetzung durch die Rechtsprechung, Berlin, 2003, S. 64 ff.

223 EuGH, Rs. C-431/92 (Kommission/Deutschland), Slg 1995, I-2189 Rn 24 ff.

224 EuGH, Rs. 103/88 (Costanzo), Slg 1989, 1839 Rn 28 ff.

225 EuGH, Rs. C-443/98 (Unilever), Slg 2000, I-7535 Rn 50 f; EuGH, Rs. C-201/02 (Wells), Slg 2004, I-723 Rn 56 ff; EuGH, Rs. C-152/07 (Arcor), Slg 2008, I-5959 Rn 36; EuGH, Rs. C-244/12 (Salzburger Flughafen), Urt. v. 21.3.2013 Rn 44 ff n.v.; vgl dazu näher *Jarass/Beljin*, EuR 2004, 714 ff.

226 Vgl dazu oben Rn 51 f.

227 Vgl die Nachweise oben Rn 64.

228 Näher dazu *Scheuing*, in: Hoffmann-Riem/Schmidt-Aßmann (Hrsg.), Innovation und Flexibilität des Verwaltungshandelns, Baden-Baden, 1994, S. 316 ff; *Nettesheim*, in: Grabitz/Hilf/Nettesheim, EU, Art. 288 AEUV Rn 167.

Richtlinien.[229] Diese wird nicht selten auch durch zusätzliche „Veredelungsbestimmungen" aus rein nationalen Motiven („gold-plating") zeitlich verzögert oder gar inhaltlich verzerrt.[230] Die Umsetzungspflicht gilt selbstverständlich auch für Richtlinien, deren Bestimmungen aus Gründen der Einheitlichkeit der Rechtsordnung in der gesamten Union so detailliert gefasst sind, dass sie den Mitgliedstaaten kaum Spielraum bei der Umsetzung in ihre Rechtsordnung belassen.[231]

2. Staatshaftung

Die Mindestgarantie der unmittelbaren Wirkung von Richtlinien wird ergänzt durch den Grundsatz der Staatshaftung als weiteres Sanktionsinstrument.[232] Er greift **subsidiär** ein, wenn eine nicht oder nicht ordnungsgemäß umgesetzte Richtlinie keine unmittelbar anwendbaren Bestimmungen enthält,[233] oder wenn die unmittelbare Anwendbarkeit einer Richtlinienbestimmung nicht geltend gemacht werden kann, weil sie nicht nur den säumigen Mitgliedstaat, sondern auch einen anderen Einzelnen verpflichten würde.[234] Er gilt darüber hinaus in anderen Fällen, in denen sich der Einzelne auf ihm durch das primäre oder sekundäre Unionsrecht verliehene Rechte berufen kann.[235] 67

Der in der Rechtsprechung des Europäischen Gerichtshofs entwickelte **Grundsatz der Staatshaftung** folgt aus dem Wesen der Unionsrechtsordnung, insbesondere aus dem Erfordernis ihrer vollen Wirksamkeit und aus dem zu gewährleistenden Schutz der durch sie begründeten Rechte des Einzelnen.[236] Er dient somit gleichermaßen der Durchsetzung des objektiven Unionsrechts wie subjektiver Unionsrechte. Allgemein verpflichtet er die Mitgliedstaaten zum Ersatz von Schäden, die dem Einzelnen durch dem Staat zuzurechnende Verstöße gegen das Unionsrecht entstehen. 68

Die **näheren Voraussetzungen** hängen von der Art des Rechtsverstoßes ab[237] und erfordern entsprechend den allen Mitgliedstaaten gemeinsamen allgemeinen Rechtsgrundsätzen, wie sie vertraglich ausdrücklich für die Haftung der Union gelten,[238] dass die verletzte Unionsrechtsnorm bezweckt, dem Einzelnen Rechte zu verleihen, dass der Rechtsverstoß hinreichend qualifiziert, dh offenkundig und erheblich ist, und dass zwischen dem Rechtsverstoß und dem zugefügten Schaden ein unmittelbarer Kausalzusammenhang besteht.[239] Erfasst wird das gesamte Verhalten (Handeln und Unterlassen) der staatlichen Organe und öffentlich-rechtlichen Einrichtungen auf zentraler, regionaler und lokaler Ebene sowie im Rahmen legislativer, administrativer und judikativer Funktionsausübung.[240] Der Umfang des Schadensersatzes muss so bemessen sein, dass ein effektiver 69

229 EuGH, Rs. 102/79 (Kommission/Belgien), Slg 1980, 1473 Rn 12; EuGH, Rs. C-433/93 (Kommission/Deutschland), Slg 1995, I-2303 Rn 24.

230 *Kommission*, Strategische Überlegungen zur Verbesserung der Rechtsetzung in der Europäischen Union, KOM (2006) 689.

231 EuGH, Rs. C-96/95 (Kommission/Deutschland), Slg 1997, I-1653 Rn 37.

232 EuGH, Rs. C-46/93 (Brasserie du Pêcheur), Slg 1996, I-1029 Rn 29; ebd, Schlussanträge des GA Cosmas, Nr. 12.

233 EuGH, Rs. C-6/90 (Francovich), Slg 1991, I-5357 Rn 26; EuGH, Rs. C-178/94 (Dillenkofer), Slg 1996, I-4845 Rn 22.

234 EuGH, Rs. C-91/92 (Faccini Dori), Slg 1994, I-3325 Rn 19 ff; vgl auch schon EuGH, Rs. C-334/92 (Miret), Slg 1993, I-6911 Rn 22 f.

235 EuGH, Rs. C-46/93 (Brasserie du Pêcheur), Slg 1996, I-1029 Rn 21 ff.

236 EuGH, Rs. C-6/90 (Francovich), Slg 1991, I-5357 Rn 33 ff; EuGH, Rs. C-46/93 (Brasserie du Pêcheur), Slg 1996, I-1029 Rn 31; EuGH, Rs. C-424/97 (Haim), Slg 2000, I-5123 Rn 26; EuGH, Rs. C-63/01 (Evans), Slg 2003, I-14447 Rn 82; zur unterschiedlichen Resonanz dieser inzwischen st. Rspr im Schrifttum vgl *Ruffert*, in: Calliess/Ruffert, EUV/AEUV, Art. 340 AEUV Rn 36 ff.

237 EuGH, Rs. C-6/90 (Francovich), Slg 1991, I-5357 Rn 38; EuGH, Rs. C-46/93 (Brasserie du Pêcheur), Slg 1996, I-1029 Rn 38.

238 Art. 340 Abs. 2 AEUV; vgl dazu EuGH, Rs. C-46/93 (Brasserie du Pêcheur), Slg 1996, I-1029 Rn 27 ff, 40 ff; EuGH, Rs. C-392/93 (British Telecommunications), Slg 1996, I-1631 Rn 40; EuGH, Rs. C-352/98 (Bergaderm), Slg 2000, I-5291 Rn 41.

239 EuGH, Rs. C-46/93 (Brasserie du Pêcheur), Slg 1996, I-1029 Rn 51 ff; EuGH, Rs. C-178/94 (Dillenkofer), Slg 1996, I-4845 Rn 21 ff; EuGH, Rs. C-424/97 (Haim), Slg 2000, I-5123 Rn 36 ff; EuGH, Rs. C-224/01 (Köbler), Slg 2003, I-10239 Rn 51 ff; EuGH, Rs. C-445/06 (Danske Slagterier), Slg 2009, I-2119 Rn 20.

240 EuGH, Rs. C-46/93 (Brasserie du Pêcheur), Slg 1996, I-1029 Rn 32 ff; EuGH, Rs. C-302/97 (Konle), Slg 1999, I-3099 Rn 62; EuGH, Rs. C-424/97 (Haim), Slg 2000, I-5123 Rn 27 ff, 37 ff; EuGH, Rs. C-224/01 (Köbler), Slg 2003, I-10239 Rn 31 ff.

Schutz der Rechte des Einzelnen gewährleistet ist.[241] Im Übrigen sind die **Schadensfolgen**, soweit keine besondere Unionsregelung besteht, im Rahmen des nationalen Haftungsrechts zu beheben, das dabei jedoch hinsichtlich seiner materiellen und formellen Voraussetzungen den unionsrechtlichen Grenzen des Äquivalenz- und des Effektivitätsprinzips[242] unterliegt.[243]

3. Zwangsgeld und Pauschalbetrag

70 Zusätzlich zu den schon zuvor in der Rechtsprechung des Europäischen Gerichtshofs entwickelten Sanktionsmechanismen der unmittelbaren Wirkung von Richtlinien und der Staatshaftung hat der Vertrag von Maastricht 1992 ein weiteres Sanktionsinstrument eingeführt, das die zentrale Kontrolle der Durchsetzung des Unionsrechts durch die Kommission stärkt. Bei **Nichtbefolgung eines Urteils des Europäischen Gerichtshofs** kann seitdem gegen den betreffenden Mitgliedstaat auf Antrag der Kommission von dem Gerichtshof die Zahlung eines Zwangsgelds oder eines Pauschalbetrags verhängt werden.[244] Das neue Sanktionsverfahren ergänzt – als Vollstreckungsverfahren[245] – das Vertragsverletzungsverfahren.[246] Ein zweites Klageverfahren wegen Nichtbefolgung von Urteilen des Gerichtshofs war zwar auch zuvor schon möglich und wurde in den 1980er Jahren immer häufiger wegen Säumnis der Mitgliedstaaten erforderlich;[247] jedoch hatte auch das zweite oder selbst ein drittes Urteil lediglich feststellende Wirkung. Eine begrenzte Verfahrensstraffung sieht der Vertrag von Lissabon vor, wonach die Kommission die Verhängung eines Zwangsgelds oder Pauschalbetrags allgemein nach Anhörung des Mitgliedstaats, aber ohne die bisher vorgeschriebene förmliche Stellungnahme anschließen zu müssen, und auch schon – wenn sie dies für zweckmäßig hält – im Vertragsverletzungsverfahren (Art. 258 AEUV) beantragen kann, wenn der Mitgliedstaat gegen seine Pflicht verstoßen hat, Maßnahmen zur Umsetzung einer gemäß einem Gesetzgebungsverfahren (Art. 289 AEUV) erlassenen Richtlinie mitzuteilen.[248]

71 Die Nichtbefolgung von Urteilen des Gerichtshofs stellt eine über die einfache Verletzung hinausgehende **qualifizierte Missachtung des Unionsrechts** dar, weil zusätzlich die Autorität der Gerichtsbarkeit untergraben wird. Neben der einheitlichen und wirksamen Durchsetzung des Unionsrechts wird zugleich die Glaubwürdigkeit der Rechtsunion beeinträchtigt. Um diesen Fehlentwicklungen zu begegnen, soll das neue Sanktionsverfahren die Mitgliedstaaten dazu anhalten, die ihnen obliegende Pflicht zur Durchsetzung des Unionsrechts zu erfüllen, indem sie – zur Vermeidung eines Zwangsgelds – die Unionsrechtsverletzung im konkreten Fall schnellstmöglich abstellen oder/und – zur Vermeidung eines Pauschalbetrags – bei Vorliegen struktureller Säumnis zu einem allgemein

---

241 EuGH, Rs. C-46/93 (Brasserie du Pêcheur), Slg 1996, I-1029 Rn 82 ff; EuGH, Rs. C-373/95 (Maso), Slg 1997, I-4051 Rn 36.

242 Vgl dazu oben Rn 36.

243 EuGH, Rs. C-6/90 (Francovich), Slg 1991, I-5357 Rn 41 ff; EuGH, Rs. C-46/93 (Brasserie du Pêcheur), Slg 1996, I-1029 Rn 66 ff; EuGH, Rs. C-373/95 (Maso), Slg 1997, I-4051 Rn 37; EuGH, Rs. C-224/01 (Köbler), Slg 2003, I-10239 Rn 58; EuGH, Rs. C-445/06 (Danske Slagterier), Slg 2009, I-2119 Rn 31 ff; EuGH, Rs. C-118/08 (Transportes Urbanos y Servicios Generales), Slg 2010, I-635 Rn 31; vgl dazu eingehend *Gellermann*, in: Streinz, EUV/AEUV, Art. 340 AEUV Rn 53 ff; *Ossenbühl*, Anmerkungen zur Hoheitshaftung im Europarecht, in: FS Rengeling, 2008, S. 369 f.

244 Art. 171 Abs. 2 bzw Art. 228 Abs. 2 EGV; nunmehr Art. 260 Abs. 2 und 3 AEUV; vgl zur Entstehungsgeschichte *Heidig*, S. 62 ff.

245 EuGH, Rs. C-304/02 (Kommission/Frankreich), Slg 2005, I-6263 Rn 92.

246 Vgl zum Vertragsverletzungsverfahren oben Rn 51 f.

247 *U. Karpenstein*, in: Grabitz/Hilf/Nettesheim, EU, Art. 260 AEUV Rn 24.

248 Art. 260 Abs. 2 und 3 AEUV; vgl auch EuGH, Rs. C-610/10 (Kommission/Spanien), Urt. v. 1.12.2012 Rn 39 ff n.v.; *Kommission*, Anwendung von Artikel 260 Absatz 3 AEUV, ABl. 2011 C 12/2 (= SEK (2010) 1371); Gemeinsame Politische Erklärung vom 28.9.2011 der Mitgliedstaaten und der Kommission zu ‚Erläuternde Dokumente', ABl. 2011 C 369/14, und Gemeinsame Politische Erklärung vom 27.10.2011 des EP, des Rates und der Kommission zu ‚Erläuternde Dokumente', ABl. 2011 C 369/15; *Kommission*, Durchführung der beiden Gemeinsamen Politischen Erklärungen zu ‚erläuternden Dokumenten' über die Richtlinienumsetzung in den Mitgliedstaaten, COM (2013) 788.

vertragskonformen Verhalten veranlasst werden.[249] Während die Verhängung eines Zwangsgelds – als Druckmittel[250] – nur geboten ist, solange die Nichtdurchführung des Vertragsverletzungsurteils anhält, beruht die Verhängung eines Pauschalbetrags auf einer Beurteilung der Folgen der Pflichtverletzung für die privaten und öffentlichen Interessen, so dass letztere, insbesondere in schwerwiegenden und lang andauernden Fällen, auch nach Durchführung des Vertragsverletzungsurteils erfolgen kann, um den erforderlichen Grad an Überzeugungs- und Abschreckungskraft zu bewirken.[251]

Es geht darum, **Rechtsverstöße** bei der Anwendung und Durchsetzung des Unionsrechts **abzustellen oder weiteren Rechtsverletzungen vorzubeugen**, nicht um eine Entschädigung oder gar Bestrafung für vergangenes oder noch andauerndes Verhalten.[252] Auf ein Verschulden oder sonstige Rechtfertigungsgründe kommt es wegen der den Mitgliedstaaten im Rahmen des Effizienz- und des Äquivalenzprinzips zustehenden Autonomie und der damit verbundenen Verantwortlichkeit für die Anwendung und Durchsetzung des Unionsrechts nicht an; jedoch sind für die Bestimmung der finanziellen Sanktionen, die den erforderlichen Überzeugungsdruck bewirken sollen, jeweils die Umstände des konkreten Einzelfalls zugrundezulegen.[253] Dabei sind alle maßgebenden Aspekte des Einzelfalls zu berücksichtigen, dh neben der Schwere und der Dauer des Rechtsverstoßes auch die Zahlungsfähigkeit des Mitgliedstaats sowie dessen Haltung zur gebotenen Folgenbeseitigung[254] und deren Fortschritte.[255] 72

Zur Gewährleistung von Transparenz und Rechtssicherheit hat die Kommission das Verfahren für die Berechnung des Zwangsgelds, das auch für die Berechnung des Pauschalbetrags herangezogen werden kann,[256] in zwei Mitteilungen von 1996 und 1997 näher umschrieben, die sie in einer Mitteilung von 2005 an die zwischenzeitliche Entwicklung angepasst hat[257] und die von ihr regelmäßig aktualisiert wird.[258] Diese **Leitlinien** binden die Kommission, solange sie nicht von ihr ergänzt oder geändert werden, im Rahmen des allgemeinen Grundsatzes der Gleichbehandlung.[259] Danach bemisst sich das **Zwangsgeld**, das als die Summe der Tagessätze bestimmt wird, die ein Mitgliedstaat zu zahlen hat, wenn er einem Urteil des Gerichtshofs nicht nachkommt, und zwar gerechnet ab dem Tag, an dem ihm das zweite Urteil des Gerichtshofs zugestellt wird, bis zur Beendigung des Verstoßes, nach vier Kriterien. Maßgeblich sind insoweit (1) ein einheitlicher Grundbetrag von 660 73

249 EuGH, Rs. C-387/97 (Kommission/Griechenland), Slg 2000, I-5047 Rn 82, 90; Rs. C-278/01 (Kommission/Spanien), Slg 2003, I-14141 Rn 27. – Zur Abgrenzung und möglichen kumulativen Anwendung von Zwangsgeld und Pauschalbetrag vgl EuGH, Rs. C-304/02 (Kommission/Frankreich), Slg 2005, I-6263 Rn 80 ff, sowie Schlussanträge des GA Geelhoed v. 29.4.2004, ebd, Nr. 86 ff, und v. 18.11.2004, ebd, Nr. 40 ff; EuGH, Rs. C-610/10 (Kommission/Spanien), Urt. v. 11.12.2012 Rn 140 n.v.; kritisch zu einer Kumulierung *Everling*, Die Mitgliedstaaten der Europäischen Union unter der Aufsicht von Kommission und Gerichtshof, in: FS Isensee, 2007, S. 773, 787 ff.

250 EuGH, Rs. C-610/10 (Kommission/Spanien), Urt. v. 11.12.2012 Rn 117 ff n.v.

251 EuGH, Rs. C-121/07 (Kommission/Frankreich), Slg 2008 I-9159 Rn 56 ff; EuGH, Rs. C-109/08 (Kommission/Griechenland), Slg 2009, I-4657 Rn 51 ff; EuGH, Rs. C-568/07 (Kommission/Griechenland), Slg 2009, I-4505 Rn 44 ff; EuGH, Rs. C-184/11 (Kommission/Spanien), Urt. v. 13.5.2014 Rn 58 ff n.v.

252 EuGH, Rs. C-304/02 (Kommission/Frankreich), Slg 2005, I-6263 Rn 91.

253 EuGH, Rs. C-387/97 (Kommission/Griechenland), Schlussanträge des GA Colomer, Slg 2000, I-5047, Nr. 30 ff; EuGH, Rs. C-304/02 (Kommission/Frankreich), Slg 2005, I-6263 Rn 86, 91; EuGH, Rs. C-70/06 (Kommission/Portugal), Slg 2008, I-1 Rn 31, 35; EuGH, Rs. C-109/08 (Kommission/Griechenland), Slg 2009, I-4657 Rn 25 ff; EuGH, Rs. C-369/07 (Kommission/Griechenland), Slg 2009, I-5703 Rn 111 ff.

254 EuGH, Rs. C-407/09 (Kommission/Griechenland), Slg 2011, I-2467 Rn 28 ff; EuGH, Rs. C-610/10 (Kommission/Spanien), Urt. v. 11.12.2012 Rn 141 n.v.; EuGH, Rs. C-576/11 (Kommission/Luxemburg), Urt. v. 28.11.2013 Rn 57 f n.v.

255 EuGH, Rs. C-496/09 (Kommission/Italien), Slg 2011, I-11483 Rn 51 ff, 83 ff.

256 EuGH, Rs. C-304/02 (Kommission/Frankreich), Schlussanträge des GA Geelhoed, Slg 2005, I-6263, Nr. 99 ff.

257 *Kommission*, Mitteilung über die Anwendung von Art. 171 EG-Vertrag, ABl. 1996 C 242/6; *Kommission*, Verfahren für die Berechnung des Zwangsgeldes nach Art. 171 EG-Vertrag, ABl. 1997 C 63/2; *Kommission*, Anwendung von Art. 228 EG-Vertrag, SEK (2005) 1658.

258 Vgl zuletzt *Kommission*, Aktualisierung der Daten zur Berechnung der Pauschalbeträge und Zwangsgelder, die die Kommission dem Gerichtshof bei Vertragsverletzungsverfahren vorschlägt, C (2014) 6767

259 EuGH, Rs. C-387/97 (Kommission/Griechenland), Schlussanträge des GA Colomer, Slg 2000, I-5047, Nr. 12.

Euro je Tag; (2) die Schwere des Verstoßes, die sich mit einem Faktor von 1 bis 20 nach der Bedeutung der verletzten Unionsrechtsvorschrift sowie den Folgen für das Gemeinwohl und die Interessen Einzelner richtet; (3) die Dauer des Verstoßes, die mit einem Faktor von 1 bis 3 und 0,1 für jeden Verzugsmonat ab der Urteilsverkündung berücksichtigt wird; (4) die Zahlungsfähigkeit der einzelnen Mitgliedstaaten, die aufgrund des Bruttoinlandsprodukts und der Stimmengewichtung im Rat[260] mit einem Faktor von 0,35 bis 21, 22 herangezogen wird. Konkret kann das Zwangsgeld – bezogen auf die Union von 28 Mitgliedstaaten – für jeden Verzugstag zwischen 231 und 13.860 Euro im Falle Maltas und zwischen 14.005 und 840.312 Euro im Falle Deutschlands betragen. Während das Zwangsgeld die Mitgliedstaaten dazu anhalten soll, dem zweiten Urteil des Europäischen Gerichtshofs gemäß Art. 260 AEUV nachzukommen, soll der Pauschalbetrag die Mitgliedstaaten davon abhalten, die Vertragsverletzung nach dem ersten Urteil gemäß Art. 258 AEUV bis zu einem möglichen zweiten Urteil sanktionslos fortzusetzen.[261] Der **Pauschalbetrag** bestimmt sich nach einem festen Mindestbetrag, der zwischen 193.000 Euro für Malta und 11.703.000Euro für Deutschland beträgt, oder einem flexiblen Betrag, der entsprechend dem Zwangsgeld – jedoch nach einem einheitlichen Grundbetrag von 220 Euro je Tag – berechnet wird und zur Anwendung kommt, wenn er über den Mindestbetrag hinausgeht.[262] In der bisherigen Praxis sind auf Antrag der Kommission vom Gerichtshof Pauschalbeträge von teilweise beträchtlicher Höhe verhängt worden.[263]

74 Der Gerichtshof hat die Leitlinien grundsätzlich gebilligt,[264] allerdings hervorgehoben, dass die darauf beruhenden Vorschläge der Kommission für ihn nach dem Vertragsrecht nicht verbindlich sein können, sondern lediglich einen nützlichen **Bezugs- oder Ausgangspunkt** für die Bewertung nach den Umständen im konkreten Einzelfall darstellen.[265] Demgegenüber darf der Gerichtshof in Verfahren, die die Kommission gegen einen Mitgliedstaat wegen unterlassener Mitteilung von Maßnahmen zur Umsetzung gesetzgeberischer Richtlinien einleitet, den von der Kommission genannten Höchstbetrag des Zwangsgelds oder Pauschalbetrags nicht überschreiten (Art. 260 Abs. 3 AEUV).

75 Auch wenn die im neuen Sanktionsverfahren ergangenen Urteile des Gerichtshofs nach überwiegender Ansicht **nicht** durch **Vollstreckung oder Aufrechnung** gegenüber den Mitgliedstaaten zwangsweise durchgesetzt werden können,[266] hat sich das Verfahren grundsätzlich als erfolgreich erwiesen.[267] Von 1997 bis Ende 2004 waren von der Kommission insgesamt 31 Gerichtsverfahren eingeleitet, davon 18 eingestellt und sieben ausgesetzt worden sowie sechs noch anhängig gewesen.[268] In den Folgejahren hat sich die Zahl der von der Kommission neu eingeleiteten Gerichtsver-

---

260 Kritisch dazu *Heidig*, S. 148 ff; *Thiele*, EuR 2008, 320, 338 ff.

261 *Kommission*, Anwendung von Art. 228 EG-Vertrag, SEK (2005) 1658, Ziff. 10.1; vgl dazu auch *Wennerås*, CMLR 2006, 31, 58 ff.

262 *Kommission*, ebd, Ziff. 19 ff.

263 EuGH, Rs. C-304/02 (Kommission/Frankreich), Slg 2005, I-6263 Rn 115 (20 Mio. Euro); EuGH, Rs. C-496/09 (Kommission/Italien), Slg 2011, I-11483 Rn 96 (30 Mio. Euro); EuGH, Rs. C-610/10 (Kommission/Spanien), Urt. v. 11.12.2012 Rn 148 n.v. (20 Mio. Euro); EuGH, Rs. C-533/11 (Kommission/Belgien), Urt. v. 17.10.2013 Rn 62 n.v. (10 Mio. Euro); EuGH, Rs. C-576/11 (Kommission/Luxemburg), Urt. v. 28.11.2013 Rn 67 n.v. (2 Mio. Euro); EuGH, Rs. C-184/11 (Kommission/Spanien), Urt. v. 13.5.2014 Rn 84 n.v.; EuGH, Rs. C-76/13 (Kommission/Portugal), Urt. v. 25.6.2014 Rn 68 n.v. (3 Mio. Euro).

264 EuGH, Rs. C-387/97 (Kommission/Griechenland), Slg 2000, I-5047 Rn 84 ff.

265 EuGH, Rs. C-387/97 (Kommission/Griechenland), Slg 2000, I-5047 Rn 89 ff; Rs. C-278/01 (Kommission/Spanien), Slg 2003, I-14141 Rn 41, 50; Rs. C-304/02 (Kommission/Frankreich), Slg 2005, I-6263 Rn 85, 90, 103; EuGH, Rs. C-610/10 (Kommission/Spanien), Urt. v. 11.12.2012 Rn 116 n.v.; kritisch zur abweichenden Berechnung durch den Gerichtshof *Masson*, RTDE 2004, 639 ff; *Kilbey*, CMLR 2007, 743 ff.

266 Näher dazu *Härtel*, EuR 2001, 617 ff; *Heidig*, S. 178 ff; *El-Shabassy*, Die Durchsetzung finanzieller Sanktionen der Europäischen Gemeinschaften gegen ihre Mitgliedstaaten, Frankfurt am Main, 2008, S. 68 ff, 86 ff; *Schweitzer*, *in:* FS Rengeling, S. 437, 442 ff.

267 Vgl auch *Wennerås*, CMLR 2006, 31 ff; *Andersen*, YEL 2008, S. 121 ff.

268 *Kommission*, 22. Jahresbericht über die Kontrolle der Anwendung des Gemeinschaftsrechts (2004) – Annexe, SEC (2005) 1446, S. 9 ff.

fahren von zehn (2006) über sieben (2007) auf null (2008) verringert,[269] sodann jedoch wieder erhöht, nämlich auf zwei (2009), elf (2011) und mehr als zwanzig (2012) bzw verringert auf 16 (2013).[270] Im Jahr 2012 erließ der Gerichtshof 35 Urteile zu neun Mitgliedstaaten.[271]

4. Sanktionen gegenüber Einzelpersonen

Zur Durchsetzung des Unionsrechts dienen neben Sanktionen gegenüber den Mitgliedstaaten auch Zwangsmaßnahmen gegenüber Wirtschaftsteilnehmern und sonstigen Einzelpersonen. Die zu treffenden Maßnahmen obliegen gemäß der allgemeinen **Zuständigkeitsverteilung** zwischen der Union und den Mitgliedstaaten[272] bei entsprechender Zuweisung den Unionsorganen, im Übrigen und damit in erster Linie den nationalen Organen.[273] 76

Sanktionen gegenüber Einzelpersonen haben sich insbesondere zum **Schutz der finanziellen Interessen der Union** als erforderlich erwiesen.[274] Diese Interessen bestehen in der ordnungsgemäßen Vereinnahmung und Verausgabung der Unionsmittel und können durch verkürzte Einnahmen, zB bei zu geringer Erhebung oder Abführung von Agrarabgaben oder Zöllen, ebenso geschädigt werden wie durch überhöhte Ausgaben, zB bei unzulässiger Zahlung von Agrarmarkt- oder Strukturfondsbeihilfen. Schädigende können private Einzelpersonen, aber auch Bedienstete der Union oder der Mitgliedstaaten sein, die die Beeinträchtigung durch rechtswidriges Handeln oder Unterlassen vorsätzlich, fahrlässig oder auch ohne Verschulden herbeiführen. Sanktionen gegenüber Einzelpersonen können auch **in anderen Bereichen** zur Durchsetzung des Unionsrechts erforderlich sein,[275] etwa zum Schutz der Umwelt,[276] eines unverfälschten Wettbewerbs[277] oder einer diskriminierungsfreien Verkehrspolitik.[278] 77

Soweit das Unionsrecht keine eigenen Sanktionsbestimmungen enthält, oder wenn es insoweit auf die nationalen Bestimmungen verweist,[279] sind die Mitgliedstaaten, die 80% der EU-Ausgaben zu 78

269 *Kommission*, 25. Jahresbericht über die Kontrolle der Anwendung des Gemeinschaftsrechts (2007), KOM (2008) 777, S. 3; *Kommission*, 26. Jahresbericht über die Kontrolle der Anwendung des Gemeinschaftsrechts (2008), KOM (2009) 675, S. 3.

270 *Kommission*, 27. Jahresbericht über die Kontrolle der Anwendung des EU-Rechts (2009), KOM (2010) 538, S. 3; *Kommission*, 29. Jahresbericht über die Kontrolle der Anwendung des EU-Rechts (2011), COM (2012) 714, S. 5; *Kommission*, 30. Jahresbericht über die Kontrolle der Anwendung des EU-Rechts (2012), COM (2013) 726, S. 5, iVm SWD (2013) 432, passim; *Kommission*, 30. Jahresbericht über die Kontrolle der Anwendung des EU-Rechts (2013), COM (2014) 612, S. 6.

271 *Kommission*, 30. Jahresbericht über die Kontrolle der Anwendung des EU-Rechts (2012), COM (2013) 726, S. 5.

272 Vgl oben Rn 16 f.

273 EuGH, Rs. C-352/92 (Milchwerke Köln), Slg 1994, I-3385 Rn 23; EuGH, Rs. C-476/93 P (Nutral SPA/Kommission), Slg 1995, I-4125 Rn 21.

274 Art. 310 Abs. 6, 325 AEUV; vgl dazu auch *Magiera*, in: FS Friauf, S. 13 ff; ferner *Kommission*, Schutz der finanziellen Interessen der Gemeinschaften und Betrugsbekämpfung – Jahresbericht 2003, KOM (2004) 573/2.

275 Vgl dazu den Überblick bei EuGH, Rs. C-240/90 (Deutschland/Kommission), Schlussanträge des GA Jacobs, Slg 1992, I-5383, Nr. 8 ff.

276 Art. 191 ff AEUV; vgl dazu auch *Scheuing*, NVwZ 1999, 481; *Kommission*, Durchführung des Umweltrechts in der Gemeinschaft, KOM (96) 500, S. 20; RL 2008/99/EG des EP und des Rates v. 19.11.2008 über den strafrechtlichen Schutz der Umwelt, ABl. 2008 L 328/28.

277 Art. 103 Abs. 2 lit. a AEUV; vgl auch Art. 11 ff VO (EG) Nr. 1/2003 des Rates v. 16.12.2002 zur Durchführung der in den Artikeln 81 und 82 des Vertrags niedergelegten Wettbewerbsregeln, ABl. 2003 L 1/1; Art. 14 f VO (EG) Nr. 139/2004 des Rates v. 20.1.2004 über die Kontrolle von Unternehmenszusammenschlüssen („EG-Fusionskontrollverordnung"), ABl. 2004 L 24/1; *Kommission*, Vorschlag für eine Richtlinie des EP und des Rates über bestimmte Vorschriften für Schadensersatzklagen nach einzelstaatlichem Recht wegen Zuwiderhandlungen gegen wettbewerbsrechtliche Bestimmungen der Mitgliedstaaten und der Europäischen Union, COM (2013) 404.

278 Art. 95 Abs. 3 AEUV; Art. 17 f VO (EWG) Nr. 11 des Rates v. 27.6.1960 über die Beseitigung von Diskriminierungen auf dem Gebiet der Frachten und Beförderungsbedingungen gemäß Artikel 79 Absatz (3) des Vertrages zur Gründung der Europäischen Wirtschaftsgemeinschaft, ABl. 1121/60 v. 16.8.1960.

279 Vgl zu solchen Sanktionsbestimmungen EuGH, Rs. C-240/90 (Deutschland/Kommission), Slg 1992, I-5383 Rn 13; ebd, Schlussanträge des GA Jacobs, Nr. 13; ferner die Angaben oben Rn 77.

verwalten haben,[280] gemäß dem unionsrechtlichen Loyalitätsgebot[281] verpflichtet, alle geeigneten Maßnahmen zu treffen, um die volle Wirksamkeit des Unionsrechts zu gewährleisten.[282] Dabei verbleibt ihnen zwar die Wahl der Sanktionen; jedoch müssen sie darauf achten, dass Verstöße gegen das Unionsrecht nach ähnlichen sachlichen und verfahrensrechtlichen Regeln geahndet werden wie – nach Art und Schwere vergleichbare – Verstöße gegen nationales Recht, und dass die **Sanktionen** jedenfalls **wirksam, verhältnismäßig und abschreckend** sind.[283]

79 Diese in der Rechtsprechung des Europäischen Gerichtshofs entwickelten und den Grundsätzen der mitgliedstaatlichen Autonomie, der Äquivalenz und der Effizienz sowie der Verhältnismäßigkeit[284] entsprechenden Anforderungen haben eine ausdrückliche **Verankerung und nähere Ausgestaltung** in Bestimmungen des Unionsrechts für den Schutz der finanziellen Interessen der Union gefunden. Die Regelungen erscheinen darüber hinaus geeignet, allgemein als Leitlinien zum Schutz und zur Durchsetzung des Unionsrechts durch Sanktionen gegenüber Einzelpersonen beizutragen.

80 Gemäß Art. 325 AEUV obliegt den Mitgliedstaaten in enger Zusammenarbeit mit der Union, deren Organe, Einrichtungen und sonstigen Stellen nunmehr ausdrücklich im Vertragstext von Lissabon genannt werden, die Betrugsbekämpfung durch abschreckende, effektive und gleichwertige Schutzmaßnahmen. Die wesentlichen Einzelheiten sind in einer unionsrechtlichen **Verordnung** über verwaltungsrechtliche Sanktionen[285] sowie in verschiedenen intergouvernementalen **Übereinkommen** und Protokollen über strafrechtliche Sanktionen[286] enthalten. Eine einheitliche unionsrechtliche Regelung über strafrechtliche Sanktionen ist trotz eines entsprechenden Vorschlags der Kommission für eine Richtlinie[287] zunächst nicht zustande gekommen, weil eine Zuständigkeit der Union auf dem Gebiet des Strafrechts, selbst zum Schutz lediglich ihrer eigenen finanziellen Interessen,

---

280 *Kommission*, Schutz der finanziellen Interessen der Europäischen Union – Betrugsbekämpfung – Jahresbericht 2013, COM (2014) 474, S. 8.

281 Vgl oben Rn 32.

282 EuGH, Rs. 30/70 (Scheer), Slg 1970, 1197 Rn 8; EuGH, Rs. 50/76 (Amsterdam Bulb), Slg 1977, 137 Rn 31 f; EuGH, Rs. 68/88 (Kommission/Griechenland), Slg 1989, 2965 Rn 23; EuGH, Rs. C-36/94 (Siesse), Slg 1995, I-3573 Rn 20; EuGH, Rs. C-167/01 (Inspire Art), Slg 2003, I-10155 Rn 62; EuGH, Rs. C-387/02 (Berlusconi), Slg 2005, I-3565 Rn 65; EuGH, Rs. C-315/05 (Lidl Italia), Slg 2006, I-11181 Rn 8; EuGH, Rs. C-210/10 (Urbán), Urt. v. 9.2.2012 Rn 21 ff n.v.; EuGH, Rs. C-418/11 (Texdata Software), Urt. v. 26.9.2013 Rn 50 n.v.

283 Ebd.

284 Vgl oben Rn 34 ff.

285 VO (EG, Euratom) Nr. 2988/95 des Rates v. 18.12.1995 über den Schutz der finanziellen Interessen der Europäischen Gemeinschaften, ABl. 1995 L 312/1.

286 Übereinkommen über den Schutz der finanziellen Interessen der Europäischen Gemeinschaften, ABl. 1995 C 316/49 sowie (1.) Prot. zum Übereinkommen über den Schutz der finanziellen Interessen der Europäischen Gemeinschaften (betr. Bestechung und Bestechlichkeit von nationalen und EU-Bediensteten), ABl. 1996 C 313/2, und Prot. betreffend die Auslegung des Übereinkommens über den Schutz der finanziellen Interessen der Europäischen Gemeinschaften durch den Gerichtshof der Europäischen Gemeinschaften im Wege der Vorabentscheidung, ABl. 1997 C 151/2 (alle am 17.10.2002 in Kraft getreten; *Kommission*, GB 2002, Ziff. 1058); Zweites Prot. zum Übereinkommen über den Schutz der finanziellen Interessen der Europäischen Gemeinschaften (betr. u.a. Geldwäsche, Verantwortlichkeit juristischer Personen, Einziehung, Zusammenarbeit zwischen Mitgliedstaaten und Kommission), ABl. 1997 C 221/12 (in Kraft getreten am 19.5.2009; *Kommission*, ABl. 2009 C 219/1); ferner Übereinkommen über die Bekämpfung der Bestechung, an der Beamte der Europäischen Gemeinschaften oder der Mitgliedstaaten der Europäischen Union beteiligt sind, ABl. 1997 C 195/2 (noch nicht in Kraft getreten); vgl dazu auch *Kommission*, Bericht über die Umsetzung des Übereinkommens über den Schutz der finanziellen Interessen der Europäischen Gemeinschaften und seiner Protokolle durch die Mitgliedstaaten, KOM (2004) 709; *Kommission*, Zweiter Bericht über die Umsetzung des Übereinkommens über den Schutz der finanziellen Interessen der Europäischen Gemeinschaften und seiner Protokolle, KOM (2008) 77.

287 *Kommission*, Vorschlag für eine Richtlinie des EP und des Rates über den strafrechtlichen Schutz der finanziellen Interessen der Gemeinschaft, KOM (2001) 272; *Kommission*, Geänderter Vorschlag für eine Richtlinie des EP und des Rates über den strafrechtlichen Schutz der finanziellen Interessen der Gemeinschaft, KOM (2002) 577.

umstritten war.[288] Mit dem Vertrag von Lissabon ist die Begrenzung, wonach die Anwendung des Strafrechts der Mitgliedstaaten und ihrer Strafrechtspflege von den Maßnahmen der Union zum Schutze der finanziellen Interessen der Union unberührt bleiben (Art. 280 Abs. 4 Satz 2 EGV), entfallen (Art. 325 AEUV) und zusätzlich eine Sonderregelung im Rahmen der justiziellen Zusammenarbeit in Strafsachen geschaffen worden (Art. 86 AEUV).[289] Dementsprechend hat die Kommission Initiativen und Vorschläge für einen wirksameren, insbesondere auch strafrechtlichen Schutz der finanziellen Unionsinteressen unterbreitet.[290]

Als **Sanktionen** gegenüber Einzelpersonen kommen alle Maßnahmen zur wirksamen Durchsetzung des Unionsrechts in Betracht, insbesondere solche, die für den Betroffenen negative finanzielle oder wirtschaftliche Auswirkungen oder eine Freiheitsstrafe mit sich bringen. Darunter fallen – in einem weiteren Sinn – Ausgleichsmaßnahmen sowie Verwaltungssanktionen (ieS) und Strafsanktionen. 81

Die sog. **Ausgleichsmaßnahmen** sollen den Entzug eines rechtswidrig erlangten Vorteils, ggf zuzüglich pauschal festgelegter Zinsen, bewirken, insbesondere durch Zahlung des geschuldeten oder Rückzahlung des empfangenen Betrags sowie durch vollständigen oder teilweisen Verlust einer Sicherheit, die für einen Antrag auf Vorteilsgewährung oder bei Vorschusszahlung geleistet wurde.[291] 82

Verwaltungssanktionen (ieS) setzen eine vorsätzlich oder fahrlässig begangene Unregelmäßigkeit voraus. Sie können u.a. bestehen in der Auferlegung einer Geldbuße oder eines den rechtswidrig erlangten Vorteil überschreitenden Betrags, in dem Entzug eines gewährten oder der Vorenthaltung eines künftigen Vorteils, in dem Verlust einer Sicherheit zur Erfüllung bestimmter Bedingungen oder der Rückzahlung des Betrags einer ungerechtfertigt freigegebenen Sicherheit.[292] 83

Strafsanktionen unterscheiden sich von Verwaltungssanktionen nicht nach ihrem Abschreckungszweck, der in beiden Fällen gleichermaßen präventiv wie repressiv ausgerichtet sein kann, sondern danach, dass Strafsanktionen zusätzlich eine gesellschaftliche Missbilligung oder ein ethisches 84

288 Näher dazu *Magiera*, in: FS Friauf, S. 35 f; *Magiera*, in: Grabitz/Hilf/Nettesheim, EU, Art. 280 EGV Rn 71 ff (2008); *Prieß/Spitzer*, in: von der Groeben/Schwarze, EUV/EGV-Kommentar, Art. 280 EGV Rn 84 ff; *Fromm*, Der strafrechtliche Schutz der Finanzinteressen der EG, 2004; ferner *Kommission*, Grünbuch zum strafrechtlichen Schutz der finanziellen Interessen der Europäischen Gemeinschaften und zur Schaffung einer Europäischen Staatsanwaltschaft, KOM (2001) 715, S. 22 ff; *Kommission*, Follow-up-Mitteilung zum Grünbuch zum strafrechtlichen Schutz der finanziellen Interessen der Europäischen Gemeinschaften und zur Schaffung einer Europäischen Staatsanwaltschaft, KOM (2003) 128, S. 14 ff; *Kommission*, Vorschlag für eine Verordnung des EP und des Rates über die gegenseitige Amtshilfe zum Schutz der finanziellen Interessen der Gemeinschaft gegen Betrug und sonstige widerrechtliche Handlungen, KOM (2004) 509; *Kommission*, Geänderter Vorschlag über die gegenseitige Amtshilfe …, KOM (2006) 473.

289 Näher dazu *Magiera*, in: Grabitz/Hilf/Nettesheim, EU, Art. 325 AEUV Rn 36 ff.

290 *Kommission*, Schutz der finanziellen Interessen der Europäischen Union durch strafrechtliche Vorschriften und verwaltungsrechtliche Untersuchungen, KOM (2011) 293; *Kommission*, Korruptionsbekämpfung in der EU, KOM (2011) 308; *Kommission*, Die Betrugsbekämpfungsstrategie der Kommission, KOM (2011) 376; *Kommission*, Vorschlag für eine Richtlinie des EP und des Rates über die strafrechtliche Bekämpfung von gegen die finanziellen Interessen der Europäischen Union gerichtetem Betrug, COM (2012) 363; *Kommission*, Besserer Schutz der finanziellen Interessen der Union: Errichtung der Europäischen Staatsanwaltschaft und Reform von Eurojust, COM (2013) 532; *Kommission*, Verbesserung der OLAF-Governance und Stärkung der Verfahrensgarantien bei OLAF-Untersuchungen: Ein schrittweiser Ansatz zur Begleitung der Einrichtung der Europäischen Staatsanwaltschaft, COM (2013) 533; *Kommission*, Vorschlag für eine Verordnung des Rates über die Errichtung der Europäischen Staatsanwaltschaft, COM (2013) 534; *Kommission*, Vorschlag für eine Verordnung des EP und des Rates betreffend die Agentur der Europäischen Union für justizielle Zusammenarbeit in Strafsachen (Eurojust), COM (2013) 535; *Kommission*, Schutz der finanziellen Interessen der Europäischen Union – Betrugsbekämpfung – Jahresbericht 2013, COM (2014) 474, S. 23 ff.

291 Vgl auch Art. 4 VO (EG, Euratom) Nr. 2988/95 des Rates v. 18.12.1995 über den Schutz der finanziellen Interessen der Europäischen Gemeinschaften, ABl. 1995 L 312/1; EuGH, Rs. 11/70 (Internationale Handelsgesellschaft), Slg 1970, 1125 Rn 6 ff; EuGH, Rs. 288/85 (Hauptzollamt Hamburg-Jonas), Slg 1987, 611 Rn 10 ff; EuGH, Rs. 137/85 (Maizena), Slg 1987, 4587 Rn 10 ff; EuGH, Rs. C-199/90 (Italtrade), Slg 1991, I-5545 Rn 10 ff; EuGH, Rs. C-240/90 (Deutschland/Kommission), Slg 1992, I-5383 Rn 11 ff; EuGH, Rs. C-352/92 (Milchwerke Köln), Slg 1994, I-3385 Rn 23; EuGH, Rs. C-210/00 (Hofmeister), Slg 2002, I-6453 Rn 36 ff.

292 Vgl auch Art. 5 VO (EG, Euratom) Nr. 2988/95 des Rates v. 18.12.1995 über den Schutz der finanziellen Interessen der Europäischen Gemeinschaften, ABl. 1995 L 312/1; ferner die Nachweise zur Rechtsprechung oben Rn 82; kritisch dazu *Schwarze*, EuZW 2003, 261 ff.

Unwerturteil zum Ausdruck bringen.[293] Den Mitgliedstaaten steht es grundsätzlich frei, ob sie zur Durchsetzung des Unionsrechts strafrechtliche Sanktionen gegenüber Einzelpersonen verhängen wollen,[294] können jedoch auch dazu verpflichtet sein, wenn es das Wirksamkeitsgebot erfordert oder vom Unionsrecht geboten ist.[295]

293 EuGH, Rs. C-240/90 (Deutschland/Kommission), Schlussanträge des GA Jacobs, Slg 1992, I-5383, Nr. 11.

294 EuGH, Rs. C-7/90 (Vandenvenne), Slg 1991, I-4371 Rn 16.

295 EuGH, Rs. C-352/92 (Milchwerke Köln), Schlussanträge des GA Van Gerven, Slg 1994, I-3385, Nr. 17; EuGH, Rs. *C-176/03 (Kommission /Rat)*, Slg 2005, I-7879 Rn 38 ff; EuGH, Rs. C-440/05, (Kommission/Rat), Slg 2007, I-9097 Rn 66; vgl dazu näher *Magiera*, in: Grabitz/Hilf/Nettesheim, EU, Art. 325 AEUV Rn 71 ff; vgl dazu auch *Kommission*, Mitteilung über die Folgen des Urteils des Gerichtshofs v. 13.9.2005 (Rs.C-176/03), KOM (2005) 583/2.

§ 14 Rechtsangleichung im Binnenmarkt

Literatur: *Baer-Kaupert/Leistner/Schwaiger* (Hrsg.), Festschrift für Bernhard C. H. Aubin zum 65. Geburtstag, Kehl am Rhein, 1979; *Basedow,* Das BGB im künftigen europäischen Privatrecht: der hybride Kodex, Systemsuche zwischen nationaler Kodifikation und Rechtsangleichung, AcP 200 (2000) 445-492; *ders.*, Ende des 28. Modells? – Das BVerfG und das europäische Wirtschaftsprivatrecht, EuZW 2010, 41; *ders.*, Art. 114 AEUV als Rechtsgrundlage eines optionalen EU-Kaufrechts: Eine List der Kommission, EuZW 2012, 1-2; *Baur/Hopt/Mailänder* (Hrsg.), Festschrift für Ernst Steindorff zum 70. Geburtstag, Berlin, 1990; *Beitzke,* Probleme der Privatrechtsangleichung in der Europäischen Wirtschaftsgemeinschaft, ZfRV 5 (1964), 80-93; *Brechmann,* Die richtlinienkonforme Auslegung – Zugleich ein Beitrag zur Dogmatik der EG-Richtlinie, München, 1994; *Bultmann,* Rechtsfortbildung von EG-Richtlinienrecht, JZ 2004, 1100-1106; *Burmeister,* Grenzen des sog. Gold Plating bei der Umsetzung europäischer Richtlinien in nationales Recht, EuR 2009, 444-455; *Conrad,* Das Konzept der Mindestharmonisierung, Eine Analyse anhand der Verbrauchervertragsrichtlinien, 1. Aufl., Baden-Baden, 2004; *Dauses* (Hrsg.), Handbuch des EU-Wirtschaftsrechts, München, Loseblatt; *David,* International Unification of Private Law, in: International Encyclopedia of Comparative Law, vol. II ch. 5, Tübingen, 1972; *De Ly,* De Europese Gemeenschap en privaatrecht, Zwolle, 1993; *Doralt,* Rote Karte oder grünes Licht für den Blue Button? Zur Frage eines optionalen europäischen Vertragsrechts, AcP 211 (2011), 1-34; *Due/Lutter/Schwarze* (Hrsg.), Festschrift für Ulrich Everling, Band II, Baden-Baden, 1995; *Ehricke/Hackländer,* Europäische Energiepolitik auf der Grundlage der neuen Bestimmungen des Vertrags von Lissabon, ZEuS 2008, 579-600; *Everling,* Rechtsschutz in der EU nach dem Vertrag von Lissabon, EuR 2009 Beiheft 1, 71-85; *Everling/Roth* (Hrsg.), Mindestharmonisierung im Europäischen Binnenmarkt, Baden-Baden, 1997; *Fabricius* (Hrsg.), Festschrift für Clive M. Schmitthoff zum 70. Geburtstag, Frankfurt a.M., 1973; *Franzen,* Privatrechtsangleichung durch die Europäische Gemeinschaft, Berlin und New York, 1999; *Freitag,* Privatrechtsangleichung auf Kosten Privater, EuR 2009, 796-800; *Frenz/Götzkes,* Staatshaftung für Gerichtsentscheidungen bei auslegungsbedürftigem Recht, EuR 2009, 622-644; *Grosche/Höft,* Richtlinienkonforme Rechtsfortbildung ohne Grenzen? NJOZ 2009, 2294-2309; *Grundmann,* Europäisches Schuldvertragsrecht, 1. Aufl. Berlin und New York, 1999; *Gsell/Herresthal* (Hrsg.), Vollharmonisierung im Privatrecht, 1. Aufl., Tübingen, 2009; *Gsell/Schellhase,* Vollharmonisiertes Verbraucherkreditrecht – Ein Vorbild für die weitere europäische Angleichung des Verbrauchervertragsrechts?, JZ 2009, 20-29; *Gundel,* Die „gespaltene Harmonisierung" von Produktnormen durch den Gemeinschaftsgesetzgeber: Ein Fall für die Warenverkehrsfreiheit?, EuR 2008, 248-255; *ders.*, Vorratsdatenspeicherung und Binnenmarktkompetenz: Die ungebrochene Anziehungskraft des Art. 95 EGV, EuR 2009, 536-547; *Habersack,* Europäisches Gesellschaftsrecht, 4. Aufl., München, 2011; *Hahn,* Die Mitwirkungsrechte von Bundestag und Bundesrat in EU-Angelegenheiten nach dem neuen Integrationsverantwortungsgesetz, EuZW 2009, 758-763; *Heiderhoff,* Europäisches Privatrecht, 3. Auflage, München, 2012; *Heger,* Perspektiven des Europäischen Strafrechts nach dem Vertrag von Lissabon, ZIS 2009, 406-417; *Herr,* Grenzen der Rechtsangleichung nach Art. 95 EG – Zugleich eine Anmerkung zu den Urteilen des EuGH vom 14.12.2004 (Arnold André und Swedish Match), EuZW 2005, 171-173; *Herresthal,* Die richtlinienkonforme und die verfassungskonforme Auslegung im Privatrecht, JuS 2014, 289-298; *ders.*, Voraussetzungen und Grenzen der gemeinschaftsrechtskonformen Rechtsfortbildung, EuZW 2007, 396-400; *ders.*, Rechtsfortbildung im europarechtlichen Bezugsrahmen, 1. Aufl., München, 2006; *Herrmann,* Richtlinienumsetzung durch die Rechtsprechung, Berlin, 2003; *Heß,* Europäisches Zivilprozessrecht, 1. Aufl., Heidelberg, 2010; *Hommelhoff,* Zivilrecht unter dem Einfluß europäischer Rechtsangleichung, AcP 192 (1992) 71-107; *Jarass,* Richtlinienkonforme bzw. EG-rechtskonforme Auslegung nationalen Rechts, EuR 1991, 211-223; *Jickel,* (Hrsg.), Jahrbuch junger Zivilrechtswissenschaftler 1992, Stuttgart u. a., 1993; *Jud/Wendehorst* (Hrsg.), Neuordnung des Verbraucherprivatrechts in Europa? Zum Vorschlag einer Richtlinie über Rechte der Verbraucher, 1. Aufl., Wien, 2009; *Kahl,* Alte und neue Kompetenzprobleme im EG-Umweltrecht – Die geplante Richtlinie zur Förderung Erneuerbarer Energien, NVwZ 2009, 265-270; *Kerwer,* Das europäische Gemeinschaftsrecht und die Rechtsprechung der deutschen Arbeitsgerichte, Köln, 2003; *Koziol/Rummel* (Hrsg.), Festschrift für Franz Bydlinski, Wien und New York, 2002; *Leible/Sosnitza,* Richtlinienkonforme Auslegung vor Ablauf der Umsetzungsfrist und vergleichende Werbung, NJW 1998, 2507-2509; *Leßmann/Großfeld/Vollmer* (Hrsg.), Festschrift für Rudolf Lukes zum 65. Geburtstag, Köln u a., 1989; *Lorenz,* Aus- und Wiedereinbaukosten bei der kaufrechtlichen Nacherfüllung zwischen Unternehmern – Zu den Grenzen richtlinienorientierter Auslegung, NJW 2013, 207-209; *Ludwigs,* Rechtsangleichung nach Art. 94, 95 EG-Vertrag – eine kompetenzrechtliche Untersuchung unter besonderer Berücksichtigung des Europäischen Privatrechts,

1. Aufl., Baden-Baden, 2004; *ders.*, Verwirklichung des Binnenmarktes durch ein „Gemeinsames Europäisches Kaufrecht?" Das optionale Modell im Kreuzfeuer der Kompetenzkritik, EuZW 2012, 608-613; *Lurger,* Regulierung und Deregulierung im europäischen Privatrecht, Frankfurt a.M., 1997; *dies.*, Grundfragen der Vereinheitlichung des Vertragsrechts in der Europäischen Union, Wien, 2002; *Lutter,* Die Auslegung angeglichenen Rechts, JZ 1992, 593-607; *Mansdörfer,* Das europäische Strafrecht nach dem Vertrag von Lissabon – oder: Europäisierung des Strafrechts unter nationalstaatlicher Mitverantwortung, HRRS 2010 Heft 1, 11-22; *Mestmäcker/Möller/Schwarz* (Hrsg.), Festschrift für Hans von der Groeben zu seinem 80. Geburtstag, Baden-Baden, 1987; *Micklitz/Reich,* Der Kommissionsvorschlag vom 8.10.2008 über „Rechte der Verbraucher", oder: „der Beginn des Endes einer Ära …", EuZW 2009, 279-286; *Mörsdorf,* Unmittelbare Anwendung von EG-Richtlinien zwischen Privaten in der Rechtsprechung des EuGH, EuR 2009, 219-240; *Möstl,* Grenzen der Rechtsangleichung im europäischen Binnenmarkt, EuR 2002, 318-349; *Müller-Graff,* Die Rechtsangleichung zur Verwirklichung des Binnenmarktes, EuR 1989, 107-151; *ders.*, Europäisches Gemeinschaftsrecht und Privatrecht, Das Privatrecht der europäischen Integration, NJW 1993, 13-23; *Müller-Graff/Schmahl/Skouris* (Hrsg.), Europäisches Recht zwischen Bewährung und Wandel: Festschrift für Dieter H. Scheuing, Baden-Baden, 2011; *Mayer/Schürnbrand,* Einheitlich oder gespalten? – Zur Auslegung nationalen Rechts bei überschießender Umsetzung von Richtlinien, JZ 2004, 545-552; *Nettesheim,* Das Energiekapitel im Vertrag von Lissabon, JZ 2010, 19-25; *Perner,* EU-Richtlinien und Privatrecht, 1. Aufl., Wien 2012; *Pfeiffer,* Richtlinienkonforme Auslegung gegen den Wortlaut des nationalen Gesetzes – Die Quelle-Folgeentscheidung des BGH, NJW 2009, 412-413; *Prechal,* Directives in EC Law, Oxford u. a., Second Edition 2005; *Reich,* Von der Minimal- zur Voll- zur „Halbharmonisierung", Ein europäisches Privatrechtsdrama in fünf Akten, ZEuP 2010, 7-39; *Remien,* Grenzen der gerichtlichen Privatrechtsangleichung mittels der Grundfreiheiten des EG-Vertrages, JZ 1994, 349-353; *ders.*, Denationalisierung des Privatrechts in der Europäischen Union? – Legislative und gerichtliche Wege, ZfRvgl. 1995, 116-133; *ders.*, Über den Stil des europäischen Privatrechts, RabelsZ 60 (1996) 1-39; *ders.*, Die Vorlagepflicht bei Auslegung unbestimmter Rechtsbegriffe, RabelsZ 66 (2002) 503-530; *ders.*, Europäisches Privatrecht als Verfassungsfrage, EuR 2005, 699-720; *ders.*, Zwingendes Vertragsrecht und Grundfreiheiten des EG-Vertrages, Tübingen, 2003; *ders.*, Zweck, Inhalt, Anwendungsbereich und Rechtswirkung des GRR, GPR 2008, 124-128; *Remien/Herrler/Limmer* (Hrsg.), Gemeinsames Europäisches Kaufrecht für die EU? Analyse des Vorschlags der Europäischen Kommission für ein optionales Europäisches Vertragsrecht vom 11. Oktober 2011, München, 2012; *Riesenhuber* (Hrsg.), Europäische Methodenlehre, 2. Aufl., Berlin, 2010; *ders.*, EU-Vertragsrecht, 1. Aufl., Tübingen, 2013; *ders.*, Der Vorschlag für eine Verordnung über ein „Gemeinsames Europäisches Kaufrecht" – Kompetenz, Subsidiarität, Verhältnismäßigkeit, EWS 2012, 7-12; *Roth,* Der „Vorschlag für eine Verordnung über ein Gemeinsames Europäisches Kaufrecht" (KOM (2011), 635 endg.), EWS 2012, 12-21; *Rüffler,* Richtlinienkonforme Auslegung nationalen Rechts, ÖJZ 1997, 121-131; *Sack,* Die Berücksichtigung der Richtlinie 97/55/EG über irreführende und vergleichende Werbung bei der Anwendung der §§ 1 und 3 UWG, WRP 1998, 241-244; *Satzger,* Internationales und Europäisches Strafrecht, 6. Aufl., Baden-Baden, 2013; *Schmidt-Kessel/Sorgenfrei,* Neue Anforderungen an die Umsetzung verbraucherschützender Richtlinien, GPR 2013, 242-253; *Schnorbus,* Autonome Harmonisierung in den Mitgliedstaaten durch die Inkorporation von Gemeinschaftsrecht, Eine Untersuchung zur einheitlichen Anwendung und Auslegung europäischen und autonomen nationalen Rechts und zur entsprechenden Zuständigkeit des EuGH im Vorabentscheidungsverfahren, RabelsZ 65 (2001) 654-705; *ders.*, Die richtlinienkonforme Rechtsfortbildung im nationalen Privatrecht, Eine Untersuchung zur europarechtlich bedingten Lücke im Gesetz, AcP 201 (2001) 860-901; *Spetzler,* Die richtlinienkonforme Auslegung als vorrangige Methode steuerjuristischer Hermeneutik, RIW 1991, 579-582; *Scherzberg,* Mittelbare Rechtssetzung durch Gemeinschaftsrecht, Jura 1992, 572-578; *Schroeder,* Die richtlinienkonforme Auslegung des deutschen Kaufrechts nach der Schuldrechtsreform, ZfRV 2004, 10-25; *Schulze,* Vergleichende Gesetzesauslegung und Rechtsangleichung, ZfRV 1997, 183-197; *ders.* (Hrsg.), Auslegung europäischen Privatrechts und angeglichenen Rechts, 1. Aufl., Baden-Baden, 1999; *Schwartz,* Perspektiven der Angleichung des Privatrechts in der Europäischen Gemeinschaft, ZEuP 1994, 559-584; *ders.*, Rechtsangleichung und Rechtswettbewerb im Binnenmarkt – Zum europäischen Modell, EuR 2007, 194-207; *Schwarz,* Europäisches Gesellschaftsrecht, 1. Aufl., Baden-Baden, 2000; *Schwarze,* Europäisches Wirtschaftsrecht, 1. Aufl., Baden-Baden 2007; *Simitis,* Der EuGH und die Vorratsdatenspeicherung, NJW 2009, 1782-1786; *Slot,* Harmonization, ELR 1996, 378-397; *Steindorff,* EG-Vertrag und Privatrecht, Baden-Baden, 1996; *Terhechte,* Rechtsangleichung zwischen Gemeinschafts- und Unionsrecht – die Richtlinie über die Vorratsdatenspeicherung vor dem EuGH, EuZW 2009, 199-204; *Wagner,* Das Konzept der Mindestharmonisierung, Berlin, 2001; *Weiß, W.,* Zur Wirkung von Richtlinien vor

Ablauf der Umsetzungsfrist, DVBl. 1998, 568-575; *Witte/Wolffgang* (Hrsg.), Lehrbuch des Europäischen Zollrechts, 7. Aufl., Berlin, 2012; *Witzleb/Ellger/Mankowski/Merkt/Remien* (Hrsg.), Festschrift für Dieter Martiny zum 70. Geburtstag, Tübingen, 2014; *Zimmermann*, Mehr Fragen als Antworten: Die 2. EuGH-Entscheidung zur Strafrechtsharmonisierung mittels EG-Richtlinien (Rs. C-440/05), NStZ 2008, 662-667.

A. Ausgangslage, Begriff, Zweck und Organisation der Rechtsangleichung

I. Ausgangslage: Mitgliedstaatliche Rechtsordnungen und Binnenmarktziel

1 Im Staatenverbund der EU ist das positive Recht herkömmlicherweise meist mitgliedstaatlich oder gar regional, doch kann dies im Einzelfall das Integrationsziel Binnenmarkt beeinträchtigen. Schon die Urfassung des EWGV sah daher die Rechtsangleichung vor. Auch der EG-Vertrag nannte sie in Art. 3 lit. h) als eine der Aufgaben der Gemeinschaft. Die damals hierin liegende Novität gegenüber der klassischen internationalen Rechtsvereinheitlichung hat *Hallstein* beinahe emphatisch zum Ausdruck gebracht: „Zum ersten Mal ist die Rechtsvereinheitlichung nicht dem Zufall, dem freien Spiel der ungebundenen völkerrechtlichen Verständigung anheimgegeben, sondern es sind Zuständigkeiten dafür, Verpflichtungen dazu geschaffen; es ist ein Interessengefälle in dieser Richtung, es ist ein mächtig organisierter Impuls dazu hergestellt worden.“[1] Gegenüber der spätestens seit Beginn des 20. Jahrhunderts betriebenen klassischen völkervertraglichen Rechtsvereinheitlichung[2] konnte man insoweit von einem **„Qualitätssprung“** sprechen.[3] Auf der internationalen Ebene des VN-Ausschusses für internationales Handelsrecht – UNCITRAL –[4] oder des Internationalen Instituts für Rechtsvereinheitlichung – UNIDROIT –[5] sowie spezialisierter Institutionen zeigt dieser sich

1 *Hallstein*, RabelsZ 28 (1964), 211, 230.

2 Dazu umfassend *Kropholler*, Internationales Einheitsrecht; Allgemeine Lehren, 1975; *David*, International Unification of Private Law, in: International Encyclopedia of Comparative Law, vol. II. ch. 5, 1972; *Gruber*, Methoden des internationalen Einheitsrechts, 2004; *Linhart*, Internationales Einheitsrecht und einheitliche Auslegung, 2005.

3 So *Taschner*, in: GS Constantinesco, S. 767; vgl auch *Ficker*, in: FS Schmitthoff, S. 157-169, 158; *ders.*, in: FS Aubin, S. 57.

4 Dazu http://www.uncitral.org.

5 Dazu http://www.unidroit.org.

trotz wachsenden Gewichts der WTO nicht in gleicher Weise. Die Rechtsangleichung der EU ist allerdings nicht Selbstzweck, sondern hat dienende Funktion[6] – dennoch aber eine so bedeutsame Rolle im Binnenmarktrecht, dass bereits die Frage gestellt wurde, welche Kompetenzen noch den Mitgliedstaaten verbleiben.[7] Zu den im Laufe der Entwicklung für unmittelbar anwendbar erklärten Grundfreiheiten steht sie im Verhältnis der **kommunizierenden Röhren:**[8] grundsätzlich können Binnenmarktverhältnisse durch Herstellung eines gemeinsamen Niveaus im Wege der Rechtsangleichung wie auch durch Akzeptierung der andersstaatlichen Regelung im Wege der Grundfreiheiten[9] hergestellt werden. Während letzterer Weg in Binnenmarktsachverhalten konkrete mitgliedstaatliche Regeln unanwendbar macht und mit dieser „Negativintegration"[10] durch gerichtliche Vorgabe einer Höchstgrenze nur eine gewisse angleichende Wirkung hat,[11] beeinflusst die legislative Rechtsangleichung den Inhalt der mitgliedstaatlichen Rechtsordnung selbst, indem sie als „Positivintegration" gemeinsame Regeln oder Mindeststandards setzt. Europäische Rechtsangleichung bedeutet daher mitgliedstaatliche Souveränitätsbeschneidung,[12] weshalb die Reichweite der Kompetenzen der Art. 114 und 115 AEUV (ex Art. 95 und 94 EGV) sowie spezieller Ermächtigungen bedeutsam ist (dazu unten Rn 7 ff). Die Begriffe „angleichen", „koordinieren", „harmonisieren", „annähern" werden als synonym verstanden.[13]

II. Begriff der Rechtsangleichung

2 Rechtsangleichung bedeutet Annäherung der mitgliedstaatlichen Rechtsordnungen. Man kann begrifflich **Rechtsangleichung** und **Rechtsvereinheitlichung** zu unterscheiden suchen. Rechtsangleichung bedeutet Annäherung der Regelungen der Rechtsordnungen, Rechtsvereinheitlichung Schaffung einer uniformen Rechtsordnung. Jedoch sind die Übergänge in der Praxis fließend: Rechtsangleichungsakte sind manchmal nicht weniger detailliert als Instrumente der Rechtsvereinheitlichung,[14] zumal bei „Vollharmonisierung"; auch Einheitsrecht ist andererseits oft lückenhaft, gestattet Abweichungen und bedarf gelegentlich nationaler Umsetzung. Die gelegentlich geäußerte Vorstellung, Befugnisse zu Rechtsangleichung und Rechtsvereinheitlichung seien begrifflich „kategoriell unterschiedlich"[15] ist bisher ohne konkrete Rechtsfolgen geblieben und scheint die Gemeinschaftsrechtspraxis wenig in den Blick zu nehmen. Die Begriffe für austauschbar zu erklären[16] heißt allerdings, ins andere Extrem zu verfallen. Dass die Gemeinschaft „kein umfassendes Mandat zur Rechtsvereinheitlichung" hat,[17] dürfte zutreffen. Rechtsangleichung kann auch präventiv erfolgen, so dass bei neuen Problemen Rechtsverschiedenheit gar nicht erst entsteht.[18] Rechtsangleichung ist nicht auf grenzüberschreitende Sachverhalte beschränkt. Der Gerichtshof meint, auf

---

6 Ebenso *David*, IECL vol. II ch. 5 no. 509; *Herrnfeld*, in: Schwarze, Art. 114, Rn 1; *Danwitz*, in: Dauses, B. II. Rn 84; ähnlich schon *Beitzke*, ZfR 5 (1964), 80, 81; *Ficker*, in: FS Aubin, S. 57-63 (60).

7 Dazu BVerfG, Urteil v. 30.6.2008 – 2 BvE 2/08, 5/08 – 2 BvR 1010/08, 1022/08, 1259/08, 182/09, NJW 2009, 2267 (Lissabon); Urteil v. 12.10.1993 – 2 BvR 2134, 2159/92 –, BVerfGE 89, 155 (Maastricht).

8 Eingängig *Schwartz*, in: FS von der Groeben, S. 333, 355 ff; vgl auch *Slot*, ELR 1996, 378, 379 ff.

9 Zu diesen in diesem Handbuch *Pache*, § 10.

10 S. dazu etwa *Franzen*, S. 10 mwN; auch *Slot*, ELR 1996, 378, 380.

11 Vgl *Remien*, JZ 1994, 349 f; zum entstehenden Druck auf die Gesetzgeber *Everling*, in: FS Lukes, S. 359, 372; nach *Schwartz*, ZEuP 1994, 559, 584 geht es hingegen um „Liberalisierung durch Rechtsprechung", zustimmend *Franzen*, S. 11 f. Zur Lage speziell im Gesellschaftsrecht *Deckert*, RabelsZ 64 (2000), 478, 490 ff.

12 Deutlich *Seidel*, in: Everling/Roth, S. 39, 40 f.

13 Vgl schon *Ficker*, in: FS Schmitthoff, S. 157, 161.

14 Erläuternd *Ficker*, in: FS Aubin, S. 57, 62 f mit Bsp. aus dem Messwesen; *Taschner*, in: von der Groeben/Schwarze, Art. 94, Rn 19; vgl auch *Pipkorn/Bardenhewer-Rating/Taschner*, in: von der Groeben/Schwarze, Art. 95, Rn 38, 67; *Slot*, ELR 1996, 378, 379.

15 *Von Danwitz*, in: Dauses, B. II. Rn 86 mwN.

16 So *Ludwigs*, S. 89.

17 So *von Danwitz*, in: Dauses, Rn 87.

18 *Leible/Schröder*, in: Streinz, Art. 114, Rn 22 mwN; auch *Herrnfeld*, in: Schwarze, Art. 114, Rn 1, 10, 31; streng aber *von Danwitz*, in: Dauses, Rn 123.

Art. 114 AEUV könne auch die Schaffung einer Unionseinrichtung zur Verwirklichung des Harmonisierungsprozesses gestützt werden, der auch gewisse Befugnisse übertragen werden.[19]

III. Rechtsangleichung und supranationale Rechtsformen

Eine Alternative zur Angleichung mitgliedstaatlicher Rechtsnormen ist die Schaffung einheitlicher europäischer Normen neben fortbestehenden nationalen Normen, insbesondere für grenzüberschreitende Sachverhalte. Im Wettbewerbsrecht tun dies die Europäischen Verträge selbst in den Art. 101 ff AEUV (ex Art. 81 ff EGV). Die Technik begegnet aber auch im Sekundärrecht, etwa bei der Europäischen Wirtschaftlichen Interessenvereinigung (EWIV), Europäischen Gesellschaft (SE), Europäischen Genossenschaft (SCE), dem Vorschlag einer Europäischen Privatgesellschaft (SPE) oder dem Vorschlag einer Europäischen Stiftung (FE), auch bei der Gemeinschaftsmarke, dem Gemeinschaftsgeschmackmuster und im Sortenschutz. Für den Schutz der Rechte des geistigen Eigentums sieht nun der neue Art. 118 AEUV ausdrücklich die Schaffung solcher „europäischen Rechtstitel“ vor. Allgemein gesehen wird bei der Schaffung supranationaler Rechtsformen nicht mitgliedstaatliches Recht angeglichen, sondern ein suprastaatliches Modell neben die diversen mitgliedstaatlichen Rechtsordnungen gesetzt. Dies ist zu Zeiten der 12er Gemeinschaft als „13. Modell“ bezeichnet worden,[20] wäre jetzt also das **„29. Modell“**. Diskutiert wird derzeit insofern insbesondere über das „29. Modell“ eines optionalen Instruments des Europäischen Kaufrechts.[21] Ob dies der Rechtsangleichung zuzurechnen ist, war strittig.[22] Mag es materiellrechtlich nahe liegen, auch supranationale Rechtsformen als Rechtsangleichung zu verstehen, so ist es doch von den Kompetenzen wie von den Begriffen Rechtsangleichung/ Rechtsvereinheitlichung her mehr als zweifelhaft: Supranationale Rechtsformen ergänzen nationales Recht und gleichen es nicht an.[23] Sie beseitigen keine Binnenmarkthindernisse des nationalen Rechts, sondern sind Alternative, nicht Harmonisierung, und daher keine Rechtsangleichung. Es ist sogar von einer „Komplizierung der Rechtsordnungen“ gesprochen worden.[24] Dann aber fällt die Schaffung supranationaler Rechtsformen nicht unter die Ermächtigungen zur Rechtsangleichung; auf den mehr oder weniger großen Umfang des Verweises auf nationales Recht kann es kaum ankommen, da dieser immer unvermeidlich ist. Damit bleibt nur der Rückgriff auf den Einstimmigkeit fordernden **Art. 352 AEUV (ex Art. 308 EGV)**, wie zu neuen Titeln des geistigen Eigentums früh schon der EuGH bemerkt hat.[25] Dieser hat bei den oben genannten Rechtsakten letztlich als Rechtsgrundlage gedient. Das Parlament hatte dennoch gegen die SCE-Verordnung Klage erhoben, da sie auf Art. 114 AEUV (ex Art. 95 EGV) zu stützen sei;[26] es brachte vor, die SCE-Verordnung sei „kein supranationales Instrument, da sie sich in keiner Weise von den in den Mitgliedstaaten bestehenden Genossenschaftsmodellen unterscheide und systematisch auf das nationale Recht des Sitzmitgliedstaats verweise. Der Begriff „Angleichung der Rechts- und Verwaltungsvorschriften der Mitgliedstaaten“ müsse so ausgelegt werden, dass er Angleichungsmaßnahmen durch Verordnung zur Schaffung einer Harmonisierung auf Gemeinschaftsebene einschließe, um die Grenzen der räumlichen Geltung des Rechts der Mitgliedstaaten zu überwinden, soweit dies erforderlich sei, um zur Errichtung und zum Funktionieren des Binnenmarktes beizutragen.“ Der EuGH hat dies wie schon die Generalanwältin 3

19 EuGH, Rs. C-270/12 (Großbritannien/Parlament und Rat; ESMA-VO); Slg 2014, I-0000, Rn 104.

20 Zuerst wohl *De Ly*, S. 34, 36 f.

21 Vorschlag der Europäischen Kommission für eine Verordnung über ein Gemeinsames Europäisches Kaufrecht (KOM (2011) 635 endg.) vom 11.10.2012; *Doralt*, AcP 211 (2011), 1 ff; *Remien*, Supranationales Privatrecht und Privatrechtsangleichung nach dem Vertrag von Lissabon und Integrationsverantwortung nach dem Lissabon-Urteil des BVerfG, in: FS Scheuing, 2011, S. 637, 640 mwN; zum Versicherungsvertragsrecht zB *Basedow*, EuZW 2014, 1 f.

22 Dazu etwa *Ludwigs*, S. 228 ff; *De Ly*, S. 36 f; *Schwarz*, Europäisches Gesellschaftsrecht, S. 130 f, Rn 203.

23 Ähnlich *Ludwigs*, S. 229; Bedenken letztlich verwerfend aber *Pipkorn/Bardenhewer-Rating/Taschner*, in: von der Groeben/Schwarze, Art. 95, Rn 40 und 42.

24 So *Beitzke*, ZfR 5 (1964), 80, 88; *De Ly*, S. 36.

25 EuGH, Gutachten 1/94, Slg 1994, I-5267, Rn 59; Rs. C-377/98 (Niederlande/Parlament und Rat), Slg 2001, I-7079, Rn 25.

26 Klage vom 15.10.2003, Rs. C-436/03, ABl. C 289/16.

zurückgewiesen,[27] da „sich aus dem Inhalt und dem Ziel der angefochtenen Verordnung (ergibt), dass damit eine neue Rechtsform geschaffen werden soll, die die nationalen Genossenschaftsformen überlagert", auch wenn sie „keine erschöpfende Aufstellung aller … Regelungen enthält".[28] Für das geistige Eigentum hat Art. 118 AEUV daher eine neue Rechtsgrundlage eingefügt, die – abgesehen von der Sprachenfrage, Art. 118 Abs. 2 AEUV – nicht mehr wie Art. 352 AEUV (ex Art. 308 EGV) Einstimmigkeit verlangt. Beim Vorschlag eines „Gemeinsamen Europäischen Kaufrechts" behauptet die Kommission, dass es nicht um eine „Rechtsform" gehe und stützt sich auf Art. 114 AEUV; dies kann kaum überzeugen.[29] Zuweilen geht die Gemeinschaft parallel vor und schafft sowohl supranationale Rechtsformen nach Art. 352 AEUV (ex Art. 308 EGV) und gleicht auch die mitgliedstaatlichen Rechte nach Art. 114 AEUV (ex Art. 95 EGV) an. Ein Beispiel ist das Markenrecht mit GMVO 40/94 und MarkenrechtsRL 89/104,[30] auch das Aktienrecht ist mit Abstrichen zu nennen.[31]

IV. Zweck

4 Europäische Rechtsangleichung ist in der Regel **binnenmarktfinal.**[32] Der ehem. Art. 3 lit. h) EGV zeigte dies deutlich. Damit liegt in der Rechtsangleichungspolitik kein genereller Auftrag zur europäischen Regelung ganzer Sachbereiche. Sie ist von ihrem Auftrag her punktuell und aus innerstaatlicher Sicht systematisch unbefriedigend.[33] Anderes kann sich allerdings aus besonderen Ermächtigungen ergeben. Zudem werden einige Rechtsbereiche bereits von einem dichten Netz von Richtlinien durchzogen, so dass diese Gebiete mit europäischen Regelungen durchwirkt sind. Zu nennen sind etwa das Gesellschafts-, Bank-, Vergabe- oder Verbrauchervertragsrecht sowie das geistige Eigentum.

V. Entwicklung in der Integrationsgeschichte

5 Die über 50jährige Integrationsgeschichte ist vor allem auch Geschichte der Entwicklung der Rechtsangleichung.[34] Ihre Kenntnis erleichtert das Verständnis der europäischen Prozesse. Umfangreiche Rechtsangleichungspläne wurden schon in den 50er und 60er Jahren rasch entwickelt. *Von der Groeben* nannte 1961: Angleichung wettbewerbsverfälschender Steuern – vor allem indirekter, auch direkter – und anderer wettbewerbsbeeinträchtigender Vorschriften auf vier Gebieten, nämlich dem gewerblichen Rechtsschutz, im öffentlichen Auftragswesen, im Lebensmittel- und sonstigen Warenrecht sowie im Gesellschaftsrecht; ferner, an die Dumping-Vorschrift des Art. 91 EWGV anknüpfend, das Recht des unlauteren Wettbewerbs.[35] Auf diese Phase folgten jedoch der **Stillstand der 70er Jahre** und eine auf einer Sitzung in Comblain-la-Tour 1978 formell erklärte Zurückhaltung:[36] „Zweitens sollten wir strengere Maßstäbe als bisher anlegen, wenn die Kommission Vorschläge für Rechtsvorschriften erstellt, die häufig von untergeordneter Bedeutung sind. Wir sind übereingekommen, uns bei der Beurteilung, ob Harmonisierungsvorschläge notwendig sind, auf folgende Kriterien zu stützen. Fördern die Vorschläge den Handel in der Gemeinschaft? Festigen sie die Grundlagen der Wirtschafts- und Währungsunion? Sind sie wirklich notwendig

---

27 Schlussanträge GA Stix-Hackl vom 12.7.2005.

28 EuGH, Rs. C-436/03 (Europäisches Parlament/Rat), Slg 2006, I-3733, Rn 40 und 45.

29 S. *Remien*, in: FS Martiny, S. 987 ff; aA *Ludwigs*, EuZW 2012, 608 ff.

30 Näher *Ann*, ZEuP 2002, 5-22 und in diesem Handbuch *Haedicke*, § 21, Rn 7, 59 ff.

31 Dazu *Lutter*, BB 2002, 1, 3 und in diesem Handbuch *Möllers*, § 18, Rn 171 ff.

32 *Müller-Graff*, NJW 1993,13, 17, 18; auch *Taschner*, in: Everling/Roth, S. 159 f; *Steindorff*, S. 390 f; vgl ferner *Slot*, ELR 1996,378, 379.

33 Deutlich *Schwartz*, ZEuP 1994, 559, 570; s. auch *Müller-Graff*, NJW 1993, 13, 19 mwN; anders *Hirte*, Wege zu einem europäischen Zivilrecht (1996) 19 ff.

34 Höchst informativ dazu *Schwartz*, in: FS von der Groeben (1987), S. 333-368; s. auch *ders.*, EuR 2007, 194-207; Überblick auch bei *Tietje*, in: Grabitz/Hilf/Nettesheim, Art. 114, Rn 8 ff; kurz *Remien*, ZfR 1995, 116, 117 f. Zu klassischen und neuen Bereichen der Rechtsangleichung s. *Kieninger/Remien*, Privat- und Wirtschaftsrecht im Zeichen der Europäischen Integration (2004).

35 S. Bulletin EG Sonderbeilage zu Nr. 7-8/1961, S. 28-31.

36 Bulletin EG 9/1978, S. 9; dazu *Schwartz*, in: FS von der Groeben S. 333, 348.

und ist die Kommission hierfür die geeignete Stelle? Sind sie vom Personalbedarf her gesehen im Rahmen unserer begrenzten Möglichkeiten zu rechtfertigen?" Im Anschluss an das Urteil in Sachen *Cassis de Dijon*[37] wurde mit dem Weißbuch „Vollendung des Binnenmarktes" von 1985 das Blatt wieder gewendet und der **„neue Ansatz"** gewählt. Der neue Ansatz beschränkte die Rechtsangleichung auf den Bereich der Vorschriften, die dem Grundfreiheitentest der „zwingenden Erwägungen des Allgemeininteresses" standhielten. Rechtsangleichung bedeutet danach vielfach Angleichung eines Sockels und darüber hinaus gegenseitige Anerkennung der mitgliedstaatlichen Regelungen – zum Beispiel im Versicherungs- und Bankenbereich. Dies bedingte ein umfangreiches Rechtsetzungsprogramm.[38] Parallel ist allerdings auch die Verbraucherschutzgesetzgebung ausgebaut worden, die viele detaillierte Angleichungsakte zählt, wenngleich zunächst idR in der Form der Mindestharmonisierung (dazu unten Rn 42 ff). Die formelle Bekräftigung des Subsidiaritätsprinzips in Art. 5 EUV hat die Rechtsangleichung keineswegs erlahmen lassen. Den starken Ausbau des durch Rechtsangleichung entstandenen Sekundärrechts reflektieren Bestrebungen zur Vereinfachung der Gemeinschaftsgesetzgebung – SLIM – und zu ihrer Kodifizierung. Eine erste veritable Kodifikation bildet der Europäische Zollkodex von 1992 bzw 2008.[39] Auch in anderen Bereichen wie dem Banken- oder Vergaberecht ist es aber bereits zu Richtlinienkonsolidierungen gekommen.

VI. Organisation und Politik

Gab es einst eine Generaldirektion Gemeinsamer Markt und Rechtsangleichung,[40] so ist die Rechtsangleichung organisationsmäßig seit langem diversifiziert. Innerhalb der Kommission sind verschiedene Generaldirektionen mit der Rechtsangleichung auf ihrem jeweiligen Gebiet befasst. Der Zuschnitt verändert sich mit den jeweiligen Politiken und Umorganisationsmaßnahmen. Für Kontakt- und Informationssuche ist es also wichtig, zunächst die zuständige Generaldirektion festzustellen. Der **Organisationsplan** und heute die Internetseiten der Kommission sind hier hilfreich. Ähnliches gilt für Rat und Parlament. Besonderes Gewicht kann nach wie vor dem Bereich Binnenmarkt beigemessen werden. Kommissionsvorschlägen gehen gelegentlich wissenschaftliche Studien,[41] idR aber Erörterungen mit Fachbeamten und Interessenvertretern voraus. Spezialisierte Fachzirkel verfügen daher oftmals über bessere Informationen als die allgemeine juristische Öffentlichkeit; ihre Mitteilungsblätter können höchst informativ sein und verdienen Beachtung. **Lobbyismus** wirkt auch im Bereich der Rechtsangleichung.[42] Die Kommission veröffentlicht oft zur Diskussion einladende Grünbücher und Vorschläge enthaltende Weißbücher als Konsultationsdokumente.[43] Nach Art. 2 des Subsidiaritätsprotokolls führt „die Kommission umfangreiche Anhörungen durch, bevor sie einen Gesetzgebungsakt vorschlägt".[44] Rechtsangleichung bedeutet auch inhaltlich Entwicklung gemeinschaftlicher Rechtspolitik[45] – Rechtsangleichung ist Interessenangleichung,[46] enthält somit „eine eminent politische Entscheidung".[47] Dementsprechend kann 6

---

37 EuGH, Rs. 120/78 (REWE), Slg 1979, 649.

38 Vgl etwa *Müller-Graff*, EuR 1989, 107, 111.

39 Dazu Kommentar von *Witte* (Hrsg.), Zollkodex mit Durchführungsverordnung und Zollbefreiungsverordnung, 5. Aufl. 2009; Lehrbuch von *Witte/Wolffgang* (Hrsg.), Lehrbuch des Europäischen Zollrechts, 6. Aufl., 9; einführend *Hohrmann*, DStZ 1994, 449-457. S. auch in diesem Handbuch *Wolffgang* § 33, Rn 18.

40 Vgl *Schwartz*, in: FS von der Groeben, S. 333, 338 ff.

41 – Leider nicht immer, und im nationalen Bereich nicht immer hoch eingeschätzt, sagt *Steindorff*, S. 400.

42 Aufschlussreich *Hörmann*, in: FS Reich, S. 905-911.

43 Jetzt ausdrücklich genannt in Art. 1 Prot. 1. Siehe zB das Grünbuch der Europäischen Kommission vom 1. Juli 2010 – Optionen für die Einführung eines Europäischen Vertragsrechts für Verbraucher und Unternehmen, (KOM (2010) 348 endg.).

44 Art. 2 Prot. 2.

45 *Ficker*, in: FS Schmitthoff, S. 157, 159; *ders.*, in: FS Aubin, S. 57, 58 ff, 61 f mit einigen älteren Bsp.; *Taschner*, in: von der Groeben/Schwarze, Art. 94, Rn 5; *Hommelhoff*, AcP 192 (1992), 71, 73; s. auch *von Danwitz*, in: Dauses, B. II. Rn 77.

46 *Börner*, Studien zum deutschen und europäischen Wirtschaftsrecht, Band 3 (1980), S. 23, 26.

47 *Ficker*, in: FS Aubin, S. 57, 61 f.

Rechtsangleichung auch Rechtsreform sein.[48] Politologisch wird von **„Mehrebenenpolitik"** – national und europäisch – gesprochen.

B. Kompetenzen zur Rechtsangleichung

I. Binnenmarkt und Gemeinsamer Markt, Art. 114 und 115 AEUV

7 Wird die Gesetzgebung der Union vom in Art. 5 Abs. 1 S. 1 EUV nF niedergelegten Prinzip der beschränkten Einzelermächtigung beherrscht,[49] so haben doch die Rechtsangleichungsermächtigung der Art. 114 und 115 AEUV besondere und weittragende Bedeutung. Es ist insoweit von der **Generalklausel**[50] oder **Grundnorm** der Rechtsangleichung gesprochen worden.[51] Während die klassische Ermächtigung des Art. 115 AEUV (ex Art. 94 EGV, zuvor Art. 100 EWGV) durch Einstimmigkeitserfordernis im Rat und Beschränkung auf das Mittel der Richtlinie eingeschränkt ist, ist der durch die EEA geschaffene heutige Art. 114 AEUV (ex Art. 95 EGV, zunächst Art. 100 a EWGV) mit Mehrheitsentscheidungen[52] und grundsätzlich Erstreckung auf auch Verordnungen erfassende "Maßnahmen"[53] weiter und in der Praxis besonders bedeutsam.[54] Art. 115 AEUV bleibt damit ein residueller Anwendungsbereich dort, wo Art. 114 AEUV nach seinem Absatz 2 nicht eingreift, nämlich bei Steuern, Freizügigkeit und Arbeitnehmerrechten und -interessen. Aus Art. 3 lit. h) EGV ergab sich, dass die Rechtsangleichung erfolgen soll, soweit dies für den Binnenmarkt erforderlich ist. Dieser Beschränkung ist manchmal wenig Rechnung getragen worden.[55] Bei der heutigen Integrationstiefe und Größe der Union ist die **Kompetenzabgrenzung** jedoch bedeutsam.[56] Den Eindruck einer uferlosen Weite der Binnenmarktermächtigung des Art. 114 AEUV versucht der EuGH in seinem **Tabak-Urteil** vom 5.10.2000 zur Richtlinie 98/43/EG des Europäischen Parlaments und des Rates vom 6. Juli 1998 zur Angleichung der Rechts- und Verwaltungsvorschriften der Mitgliedstaaten über Werbung und Sponsoring zugunsten von Tabakerzeugnissen zu korrigieren:[57] Der Artikel könne nicht dahin ausgelegt werden, dass er dem Gemeinschaftsgesetzgeber eine allgemeine Kompetenz zur Regelung des Binnenmarktes gewähre, denn dies widerspräche dem Wortlaut der Bestimmung und dem Grundsatz der Einzelermächtigung des Art. 5 Abs. 1 EUV (Rn 83); ein Rechtsakt müsse tatsächlich den Zweck haben, die Voraussetzungen für die Errichtung und das Funktionieren des Binnenmarktes zu verbessern (Rn 84), die bloße Feststellung von Unterschieden und eine abstrakte Gefahr von Beeinträchtigungen der Grundfreiheiten und daraus möglicherweise entstehende Wettbewerbsverzerrungen genügten nicht (Rn 84). Das zweite Tabakwerbeurteil[58] ist hingegen wieder als extensive Vertragsinterpretation empfunden worden.[59] Auch im neuen Urteil Vorratsdatenspeicherung sah der EuGH in Abgrenzung zur Polizeilichen und Justiziellen Zusammenarbeit in Strafsachen jedoch einen weiten Anwendungsbereich des Art. 114 AEUV, denn die Vorratsdatenspeicherung habe erhebliche wirtschaftliche Auswirkungen, regele die Tätigkeit der Diensteanbieter, nicht die Strafverfolgung und sei daher von der Binnenmarktermächti-

48 *Taschner*, in: von der Groeben/Schwarze, Art. 94, Rn 22.

49 Allgemein zur Gesetzgebung der Gemeinschaft und auch den Kompetenzen s. in diesem Handbuch *König*, § 2, Rn 1 ff.

50 *Ficker*, in: FS Aubin, S. 57, 60.

51 *Oppermann/Classen/Nettesheim*, § 32 Rn 8, der in der 2. Aufl. Rn 1204, 1208 auch von „Generalnorm" und „lex generalis" sprach. Ähnlich *von Danwitz*, in: Dauses, B. II. Rn 111: „Zentralbestimmungen".

52 Von „geradezu umwälzender Bedeutung" spricht *Everling*, in: FS Steindorff, S. 1155, 1164.

53 Nach *Everling*, in: FS Steindorff, S. 1155, 1166 ein „Systembruch".

54 Vgl *Pipkorn/Bardenhewer-Rating/Taschner*, in: von der Groeben/Schwarze, Art. 95, Rn 3; *Oppermann/Classen/Nettesheim*, § 32 Rn 8; *Schwarze* Rn 46, 692, 695.

55 Vgl auch *Steindorff*, S. 408 f.

56 Dazu *von Danwitz*, in: Dauses, B. II. Rn 109 ff, 140 ff.

57 EuGH, Rs. 376/98 (Deutschland/Parlament und Rat), Slg 2000, I-8419.

58 EuGH Rs. C-380/03 (Deutschland/Rat), Slg 2006, I-11573.

59 *Schwarze*, Rn 699 ff, insb. 708; er bemerkt in Rn 703, dass Wettbewerbsverzerrung oder Handelshemmnis nach dem EuGH nur alternativ, nicht kumulativ vorliegen müssen, und in Rn 706, der EuGH sehe sich hier als „Hüter eines (europäischen) öffentlichen Interesses".

gung gedeckt.[60] Auch hat der EuGH jüngst in seinem Vodafoneurteil entschieden, dass trotz bereits unionsweit harmonisierten Rahmens,[61] eine Verordnung zur Begrenzung der Groß- und Endkundenentgelte für Roamingdienstleistungen auf einen Maximalbetrag auf Art. 114 AEUV gestützt werden konnte.[62] Auf Grundlage des Art. 114 AEUV besteht demnach für den Unionsgesetzgeber die Möglichkeit, einen bereits bestehenden „Rechtsakt den Umständen oder neuen Erkenntnissen anzupassen".[63] Da die neue VO Nr. 717/2007 nach Ansicht des EuGH „tatsächlich bezweckt, die Bedingungen für das Funktionieren des Binnenmarkts zu verbessern" konnte diese auf der Grundlage von Art. 95 EGV erlassen werden.[64] Ferner ist auch im Rahmen der Binnenmarktrechtsangleichung das **Subsidiaritätsprinzip** des Art. 5 EUV zu beachten; da auch der Binnenmarkt abgesehen vom Wettbewerbsrecht keine ausschließliche Zuständigkeit der Union bildet (vgl Art. 3 Abs. 1 lit. b AEUV), muss es insoweit Anwendung finden.[65] In der Literatur findet sich öfters die Auffassung, Art. 114 AEUV könne nicht herangezogen werden, wenn es um bloße bestimmte Verkaufsmodalitäten im Sinne der **Keck-Rechtsprechung** gehe;[66] dafür findet sich jedoch weder ein Anhalt in der Rechtsprechung des EuGH noch überzeugt dies sachlich, da die Keck-Rechtsprechung nur die unmittelbare Anwendbarkeit der Grundfreiheiten betrifft, nicht aber die gesetzgeberische Gestaltung des Binnenmarktes.[67] Wenn wieder andere ganze Kodifikationen auf Art. 114 AEUV stützen wollen,[68] so nehmen sie der Rechtsangleichungsermächtigung der Union jede Grenze. Solche kompetenzrechtlichen Bedenken werden auch gegenüber dem Vorschlag der Kommission für eine Verordnung über das Gemeinsame Europäische Kaufrecht geltend gemacht. Vorrangig ist jedoch die Frage, ob es bei einem optionalen europäischen Kaufrecht nach dem SCE-Urteil überhaupt um „Rechtsangleichung" geht.[69]

Art. 114 Abs. 3 AEUV (ex Art. 95 Abs. 3 EGV) schreibt vor, dass die Kommission bei ihren Vorschlägen in den Bereichen Gesundheit, Sicherheit, Umweltschutz und Verbraucherschutz von einem hohen Schutzniveau ausgeht und Parlament und Rat dieses Ziel ebenfalls anstreben. Hier wird von einer **Schutzniveauklausel** gesprochen, die eine echte Rechtspflicht enthalte.[70] Praktisch schwierig dürfte jedoch ihre Justitiabilität sein. 8

60 EuGH, 10.2.2009, Rs. C-301/06 (Irland/Europäisches Parlament), Slg 2009, I-00539; dazu *Terhechte*, EuZW 2009, 199 ff; *Simitis*, NJW 2009, 1782; *Gundel*, EuR 2009, 536; daran anknüpfend BVerfG, Urteil v. 2.3.2010 – 1 BvR 256/08, 263/08, 586/08 –, Rn 186 (Vorratsdatenspeicherung). Allerdings hat der EuGH die auf Grundlage des Art. 95 EGV erlassene Richtlinie über die Vorratsspeicherung von Daten in einer neueren Entscheidung inzwischen für ungültig erklärt, da diese „einen Eingriff von großem Ausmaß und besonderer Schwere in die Grundrechte auf Achtung des Privatlebens und auf den Schutz personenbezogener Daten beinhalte, der sich nicht auf das absolut notwendige beschränke" (EuGH, Urteil in den verb. Rs. C-293/12 und C-549/12 vom 8.4.2014).

61 Richtlinie zur Regelung der Roaminggebühren von Mobilfunkanbietern 2002/21/EG.

62 EuGH, Rs. C-58/08 (Vodafone u.a.), Slg 2010, I-04999.

63 Ebd. Rn 34 mit Verweis auf Rn 77 und 78 des Tabakurteils.

64 Ebd. Rn 48.

65 S. näher u. Rn 11; auch *Herrnfeld*, in: Schwarze, Art. 114, Rn 38.

66 So etwa *Ludwigs*, S. 196 mwN; *Emmerich/Doehner*, in: FS Derleder, S. 34-60; *Herr*, EuZW 2005, 172; vielleicht auch *von Danwitz*, in: Dauses, B. II. Rn 120.

67 Vgl *Remien*, ZfR 1995, 116, 132 f; auch *Roth*, in: Gsell/Herresthal (Hrsg.), 13, 35 f; ferner wohl *Riesenhuber*, EU-Vertragsrecht, § 3, Rn 13 f.

68 S. dazu *Moser*, der Kommissionsvorschlag für eine Verordnung über ein Gemeinsames Europäisches Kaufrecht, in: Remien/Herrler/Limmer (Hrsg.), S. 7-13, Rn 15 ff; *Heiderhoff*, § 3 Rn 23 ff m. Nachw. und für das Obligationenrecht *Basedow*, AcP 200 (2000), 445, 478, 480, 483; *ders.*, CMLRev. 1996, S. 1169, 1184, 1186 f, 1194; ferner *Lurger*, Grundfragen 105 ff; dagegen *Riesenhuber*, EU-Vertragsrecht, § 3 Rn 41; *Roth*, JZ 2001, 475, 477 ff verneint sogar die Kompetenz für manche der bestehenden Verbrauchervertragsrechtsrichtlinien; ablehnend ferner *Grigoleit*, in: Remien/Herrler/Limmer (Hrsg.), S. 68-84, Rn 29 ff, insbes. Rn 44.

69 S.o.; dazu *Remien*, in: FS Martiny, S. 987 ff; *Riesenhuber*, EWS 2012, 7 ff; *Roth*, EWS 2012, 12 ff; *Grigoleit*, in: Remien/Herrler/Limmer (Hrsg.), S. 68 ff; *Basedow*, EuZW 2012, 1 f; bejahend *Moser*, in: Remien/Herrler/Limmer (Hrsg.), S. 7 ff; *Ludwigs*, EuZW 2012, S. 608 ff; *Heiderhoff*, § 7 Rn 580.

70 Vgl nur *von Danwitz*, in: Dauses, B. II. Rn 125; *Steindorff*, S. 403 folgert, Schutznormen dürften im Zweifel nicht einfach aufgegeben werden.

9 Die **Wahl der Rechtsgrundlage** eines Rechtsaktes muss sich auf objektive, gerichtlich nachprüfbare Umstände gründen.[71] Ein Organ kann aber verpflichtet sein, einen Rechtsakt auf der Grundlage zweier Zuständigkeitsbestimmungen zu erlassen;[72] dies ist jedoch ausgeschlossen, wenn unterschiedliche Rechtsetzungsverfahren Anwendung finden.[73] Problematisch bleibt dann, wie im Überschneidungsbereich vorzugehen ist[74] – nach dem EuGH ist auf die wesentliche oder überwiegende Zielsetzung oder Komponente abzustellen.[75] Bei der Vorratsdatenspeicherung hat er darauf aber wohl kaum Rücksicht genommen.[76]

10 Art. 114 AEUV (ex Art. 95 EGV) brachte – wohl als Kompensation für den Verzicht auf das Einstimmigkeitserfordernis in der EEA[77] – auch die Möglichkeit des **Ausscherens im Binnenmarkt,** heute Art. 114 Abs. 4-10 AEUV (ex Art. 95 Abs. 4-10 EGV).[78] Im Pentachlorphenol – „PCP" – Fall hatte Deutschland der Kommission mitgeteilt, dass es gemäß Art. 100 a Abs. 4 EGV weiterhin seine strengere PCP-Verordnung anstelle der EG-Richtlinie anwenden werde und die Kommission hatte im Dezember 1991 die Anwendung der deutschen Vorschrift nach Art. 100 a Abs. 4 Unterabs. 2 EGV bestätigt. Der EuGH hat die bestätigende Entscheidung der Kommission wegen Verletzung der Begründungspflicht des Art. 190 EGV (heute Art. 296 AEUV, ex Art. 253 EGV) für nichtig erklärt.[79] Damit war er sehr streng. Änderungen durch den Amsterdamer Vertrag mit den jetzigen Art. 114 Abs. 4-10 AEUV stellen klar,[80] dass Einstimmigkeit nationaler Abweichung nicht mehr entgegensteht und auch nachträgliches Abweichen nach Abs. 5 möglich wird; für das nachträgliche Abweichen gelten jedoch nach Abs. 5 zusätzliche Voraussetzungen,[81] und es fragt sich bei Abs. 5, was „neue wissenschaftliche Erkenntnisse" und ein „spezifisches Problem" eines Mitgliedstaates sind? Im Mineralwolle-Fall[82] ist der EuGH wiederum sehr streng.[83] Theoretisch kann ein Mitgliedstaat kraft Art. 114 Abs. 4 AEUV der Union Pionierdienste leisten.[84] Art. 114 Abs. 6 AEUV sieht heute Fristen für die Entscheidung der Kommission vor. Ferner können nach Art. 114 Abs. 10 AEUV Harmonisierungsmaßnahmen Schutzklauseln enthalten; sie gestatten Mitgliedstaaten punktuelle Durchbrechungen vorübergehender Art.[85]

11 1992 wurde das **Subsidiaritätsprinzip** (heute Art. 5 EUV nF, ex Art. 5 Abs. 2 EGV) in den Text des EGV eingeführt und als politisch bedeutsam propagiert. Dennoch war danach zunächst umstritten, ob es auch bei der Rechtsangleichung im Binnenmarkt gilt. Dies wird heute aber zu recht weithin bejaht[86] und kommt auch im Tabak-Urteil (s. o. Rn 7) zum Ausdruck. Dies liegt wohl auch dem Gesamtkonzept der Schlussfolgerungen des Europäischen Rates von Edinburgh vom Dezember 1992 zugrunde. Dort heißt es: „Je genauer eine Aufgabe durch den Vertrag definiert wird, desto

---

71 EuGH, Rs. C-491/01 (BAT und Imperial Tobacco), Slg 2002, I-11453 Rn 93 mwN.

72 EuGH, Rs. 165/87 (Kommission/Rat), Slg 1988, 5545.

73 EuGH, Rs. C-300/89 (Kommission/Rat), Slg 1991, I-2867: „Titandioxid"; großzügig EuGH, Rs. C-491/01 (BAT und Imperial Tobacco), Slg 2002, I-11453, Rn 109.

74 Eingehend *Ludwigs*, S. 295-309; auch *von Danwitz*, in: Dauses, B. II. Rn 141 ff.

75 Auf das Hauptziel abstellend EuGH, Rs. C-377/98 (Niederlande/Parlament und Rat), Slg 2001, I-7079, Rn 27; Rs. C-491/01 (BAT und Imperial Tobacco), Slg 2002, I-11453, Rn 94.

76 Vgl auch *Terhechte*, EuZW 2009, 199, 203; anders wohl *Gundel*, EuR 2009, 536, 541 f.

77 *Von Danwitz*, in: Dauses, B. II. Rn 112.

78 Speziell dazu *Pellissetti*, Angleichen und Abweichen von Rechtsvorschriften in der EG (Wien 2001).

79 EuGH, Rs. C-41/93 (Frankreich/Kommission), Slg 1994 I-1829; zum Fortgang der Sache instruktiv *Pipkorn/Bardenhewer-Rating/Taschner*, in: von der Groeben/Schwarze, Art. 95, Rn 96 mwN.

80 Zu Zweifeln nach der alten Fassung *Müller-Graff*, EuR 1989, 107, 142 ff.

81 Vgl dazu *von Danwitz*, in: Dauses, B. II. Rn 127.

82 EuGH, Rs. C-512/99 (Deutschland/Kommission), Slg 2003, I-845, dazu Schlussanträge GA Tizzano vom 30.5.2002 (Mineralwolle).

83 Strenge Anforderungen an die Nachweispflichten im Rahmen des Art. 114 Abs. 4 AEUV stellt das EuGH auch in seinem Urteil vom 14.5.2014, Rs. T-198/12.

84 *Müller-Graff*, EuR 1989, S. 107, 143 f.

85 Näher *Pipkorn/Bardenhewer-Rating/Taschner*, in: von der Groeben/Schwarze, Art. 95, Rn 81.

86 Etwa *Herrnfeld*, in: Schwarze, Art. 114, Rn 38; *Franzen*, S. 58 ff; *Lurger*, Regulierung, S. 111 f; anders aber noch *Tietje*, in: Grabitz/Hilf/Nettesheim, (Vorauflage), Vor Art. 94-97, Rn 58-59; *Taschner*, in: von der Groeben/Schwarze, Art. 94, Rn 18.

weniger Raum bleibt für die Subsidiarität. Aufgrund des Vertrags haben die Gemeinschaftsorgane eine Reihe spezifischer Verpflichtungen, beispielsweise in Bezug auf die Umsetzung und Anwendung des Gemeinschaftsrechts, die Wettbewerbspolitik sowie den Schutz der Gemeinschaftsmittel. Diese Verpflichtungen werden von Artikel 3 b nicht berührt". Auch der EuGH hat sich für die Geltung des Subsidiaritätsprinzips im Bereich der Binnenmarktrechtsangleichung ausgesprochen.[87] Seit dem Vertrag von Lissabon ist das Subsidiaritätsprinzip in Art. 5 EUV und dem Subsidiaritätsprotokoll mit Frühwarnsystem und Einbeziehung nationaler Parlamente nach Art. 12 EUV geregelt; es soll nicht bei ausschließlichen Zuständigkeiten nach Art. 3 AEUV gelten, zu denen – abgesehen von den Wettbewerbsregeln – der „Binnenmarkt" nicht zählt, wie klar die geteilte Zuständigkeit nach Art. 4 Abs. 2 lit. a) AEUV zeigt. Art. 8 Prot. 2 über die Anwendung der Grundsätze der Subsidiarität und Verhältnismäßigkeit erklärt ausdrücklich den EuGH für Klagen wegen Verstoßes eines Gesetzgebungsaktes gegen das Subsidiaritätsprinzip für zuständig. Weiterhin bleibt abzuwarten, wie sich die Praxis zu Art. 5 EUV nF (ex Art. 5 Abs. 2 EGV) entwickelt.

II. Besondere Rechtsangleichungskompetenzen, insbesondere Verbraucherschutz

Der AEUV enthält eine Reihe besonderer Rechtsangleichungskompetenzen, etwa Art. 43 AEUV zur Agrarpolitik, Art. 45 Abs. 3 lit. d AEUV zum Verbleiberecht, Art. 45 Abs. 1 AEUV zum Niederlassungsrecht, Art. 50 Abs. 2 lit. g) AEUV zum Gesellschaftsrecht, Art. 52 Abs. 2 AEUV zum Niederlassungsrecht, Art. 53 Abs. 2 AEUV zur Diplomanerkennung, Art. 91 AEUV zur Verkehrspolitik, Art. 100 AEUV zu Seeschifffahrt und Verkehr, Art. 113 AEUV zu indirekten Steuern, Art. 116 AEUV zu Wettbewerbsverfälschungen, der nunmehr aufgehobene Art. 132 EGV zu Ausfuhrbeihilfen, Art. 207 AEUV zur Handelspolitik sowie Art. 169 AEUV zum Verbraucherschutz, Art. 191 AEUV zur Umweltpolitik. Gerade von der Verbraucherschutzermächtigung ist **intensiv Gebrauch gemacht** worden; sie ist in Art. 169 Abs. 3 lit. b) AEUV erweitert worden und erklärt seitdem binnenmarktunabhängig verbraucherschützende Maßnahmen für zulässig, jedoch nur zur Unterstützung, Ergänzung und Überwachung der Politik der Mitgliedstaaten.[88] Art. 81 AEUV regelt die justizielle Zusammenarbeit in Zivilsachen, doch sind damit Kollisionsrecht und Zivilprozessrecht angesprochen und ist somit wohl kein spezieller Weg für grenzüberschreitendes Einheitsrecht eröffnet.[89] Im Zivilprozessrecht zeigen sich jedoch bemerkenswerte Entwicklungen.[90] Mit dem Vertrag von Lissabon wurde auch eine Rechtsangleichungskompetenz im Bereich der justiziellen Zusammenarbeit in Strafsachen in Art. 82 Abs. 2, 83 AEUV eingeführt. Neu ist zudem die Kompetenz für den Energiebinnenmarkt nach Art. 194 AEUV.[91] Sehr zweifelhaft ist, ob Art. 127 Abs. 6 AEUV eine hinreichende Rechtsgrundlage für die vorgeschlagene „Bankenunion" ist.[92] 12

III. Rechtsangleichungsverbote

Seit dem Maastrichter Vertrag sieht der EGV auch einige Rechtsangleichungsverbote vor. Dies ist der Fall bei der Bildung nach Art. 165 Abs. 4 AEUV (ex Art. 149 Abs. 4 EGV, zuvor Art. 126), der beruflichen Bildung nach Art. 166 Abs. 4 AEUV (ex Art. 150 Abs. 4 EGV, zuvor Art. 127), der Kultur nach Art. 167 Abs. 5 AEUV (ex Art. 151 Abs. 5 EGV, zuvor Art. 128) sowie der Gesundheit nach Art. 168 Abs. 4 lit. c) AEUV (ex Art. 152 Abs. 4 lit. c) EGV, zuvor Art. 129). Die Harmonisierungsverbote schließen aber wohl nicht jeden Rückgriff auf Art. 114, 115 AEUV aus, sollten deren 13

87 EuGH, Rs. C-376/98 (Deutschland/Parlament und Rat), Slg 2000, I-8419, Rn 95; Rs. C-491/01 (BAT und Imperial Tobacco), Slg 2002, I-11453, Rn 179 ff.

88 Weitgehend aber *Lurger*, in: Streinz, Art. 169, Rn 35 f.

89 *Remien*, EuR 2005, 699-720; *Roth*, in: Gsell/Herresthal 13, 27; anders offenbar *Dethloff*, AcP 204 (2004), 544,565; offen *Basedow*, AcP 200 (2000) 445, 477.

90 Überblick bei *Heß*, Europäisches Zivilprozessrecht, 2009; in diesem Handbuch *A. Staudinger*, § 22.

91 Dazu *Ehricke/Hackländer*, ZEuS 2008, 579-600; *Nettesheim* JZ 2010, 19-25.

92 *Kämmerer*, NVwZ 2013, 830; *Sacarcelik*, BKR 2013, 353; *Dinov*, EuR 2013, 593, 599, 603; *Seidel*, EuZW 2013, 841. Eine Verfassungsbeschwerde ist beim BVerfG unter 2 BVR 1685/14 anhängig.

Voraussetzungen überhaupt erfüllt sein.[93] Der in Art. 345 AEUV aufgestellte traditionelle Vorbehalt der „Eigentumsordnung in den verschiedenen Mitgliedstaaten" ist gelegentlich im Zusammenhang mit Rechtsangleichungsvorhaben erörtert worden, hat aber wenig Wirkung entfaltet.[94]

IV. Flexibilitäts- oder Kompetenzabrundungsklausel des Art. 352 AEUV

14 Die einzelnen Kompetenzen finden ihre Ergänzung in der Abrundungsklausel des Art. 352 AEUV (ex Art. 308 EGV, zuvor Art. 235), die jedoch Einstimmigkeit fordert. Sie ist seit langem politisch umstritten, war im EVV als **Flexibilitätsklausel** vorgesehen und hat auch in den AEUV Eingang gefunden, Art. 352 AEUV. Dabei ist sie insoweit erweitert worden, als sie nun nicht mehr auf die Verwirklichung des Gemeinsamen Marktes beschränkt ist, sondern für die in den Verträgen festgelegten Politikbereiche gilt.[95] In Deutschland hat das BVerfG dies zum Anlass einer „Neubewertung der Vorschrift" genommen.[96] Art. 352 AEUV greift wie bisher nur ein, wenn drei Voraussetzungen erfüllt sind:

- Unionsziel
- Erforderlichkeit
- Subsidiarität.

Früher war streitig, ob besondere Rechtsangleichungsverbote spezieller Politiken auch den Rückgriff auf ex Art. 308 EGV ausschlossen. Eine starke Meinung nahm dies an.[97] Art. 352 Abs. 3 AEUV stellt dies ausdrücklich in diesem Sinne klar. Zur Einhaltung des Subsidiaritätsprinzips wird nun in Art. 352 Abs. 2 AEUV ausdrücklich die Einschaltung der nationalen Parlamente vorgesehen, Prot. Nr. 2 enthält zum Subsidiaritätsprinzip nähere Regelungen. In Bezug auf Deutschland sind bei Art. 352 AEUV die Entscheidung des BVerfG zum Vertrag von Lissabon[98] und § 8 IntegrationsverantwortungsG[99] zu beachten. Danach ist im Hinblick auf das „Verbot zur Übertragung von Blankettermächtigungen oder zur Übertragung der Kompetenz-Kompetenz" für die Zustimmung des deutschen Vertreters im Rat zu einer Maßnahme nach Art. 352 AEUV ein deutsches Zustimmungsgesetz erforderlich. Dies gilt allgemein und kann nicht „im Wege der teleologischen Reduktion" auf Akte jenseits des Gemeinsamen Marktes beschränkt werden[100] – eine Einschränkung würde weder dem Ziel des BVerfG gerecht noch wäre sie praktikabel. Hinsichtlich der Konkretheit des europäischen Rechtsetzungsvorschlags wird man auf Prot. 1 zur Rolle der nationalen Parlamente und Prot. 2 zu Subsidiarität und Verhältnismäßigkeit aufbauen können, hinsichtlich des Zeitpunkts des deutschen Zustimmungsgesetzes wird man nicht zu großzügig sein dürfen.[101] Vielmehr haben es Bundestag und Bundesrat in der Hand, ob und wann sie zustimmen.[102]

93 Eingehend *Ludwigs*, S. 273-278; s. auch EuGH, Rs. C-491/01 (BAT und Imperial Tobacco), Slg 2002, I-11453, Rn 190.

94 Näher *Remien*, S. 210 ff.

95 Dazu die Erklärungen 41 und 42 zum Vertrag von Lissabon: keine Gesetzgebungsakte im Bereich der GASP und keine materielle Vertragsänderung auf Grundlage von Art. 352 AEUV.

96 BVerfG, Urteil v. 30.6.2009, – 2 BvE 2/08, 5/08, 2 BvR 1010/08, 1022/08, 1259/08, 182/09 –, NJW 2009, 2267 Rn 327 (Lissabon).

97 *Ludwigs*, S. 278-280 mwN, auch etwa *Fischer*, in: Lenz, Art. 149 Rn 23, Art. 151 Rn 19, in Voraufl. auch Art. 152 Rn 18.

98 BVerfG, Urteil v. 30.6.2009, – 2 BvE 2708, 5/08, 2 BvR 1010/08, 1022/08, 1259/08, 182/09 –, NJW 2009, 2267 Rn 328, 417 (Lissabon).

99 Gesetz über die Wahrnehmung der Integrationsverantwortung des Bundestages und des Bundesrates in Angelegenheiten der EU vom 22.9.2009, BGBl. I 3022; dazu etwa *Hahn*, EuZW 2009, 758-763.

100 So aber *Basedow*, EuZW 2010, 41.

101 Tendenziell großzügig aber *Basedow*, EuZW 2010, 41.

102 Krit. *Basedow* ebd.

C. Instrumente der Rechtsangleichung

I. Verordnungen

Während Art. 115 AEUV (ex Art. 94 EGV, zuvor Art. 100 EWGV) für die **Rechtsangleichung ursprünglich nur die Richtlinie** vorsah, stellt der AEUV in Art. 114 (ex Art. 95 EGV) für die Rechtsangleichung heute verschiedene Instrumente zur Verfügung, auch die VO.[103] Die Kommission hat allerdings erklärt, der Richtlinie den Vorzug zu geben.[104] In diesem Sinne wird auch auf das Subsidiaritätsprinzip des Art. 5 EUV und den Grundsatz der Verhältnismäßigkeit als sog. „Kompetenzschranken" hingewiesen.[105] Die VO gilt nach Art. 288 Abs. 2 AEUV (ex Art. 249 Abs. 2 EGV) unmittelbar, wirkt also wie ein Gesetz. Die VO findet sich vor allem im Agrar-, Zoll- und Steuerrecht, auch Kartellrecht, ferner im Bereich der Justiziellen Zusammenarbeit. Ein Beispiel eines Bereichs, in dem von Richtlinien zu Verordnungen übergegangen wurde, ist das Zollrecht mit dem Zollkodex.[106] 15

II. Richtlinien

Die Richtlinie ist nach Art. 288 Abs. 3 AEUV (ex Art. 249 Abs. 3 EGV) an die Mitgliedstaaten gerichtet, hat also grundsätzlich keine unmittelbare Wirkung. Allerdings ist in der Rechtsprechung eine vertikale unmittelbare Wirkung unter gewissen Voraussetzungen anerkannt, während eine horizontal unmittelbare Wirkung dem Art. 288 AEUV entsprechend verneint wird (näher dazu unten Rn 36 ff). 16

III. Empfehlungen als Vorstufe

Empfehlungen sind nach Art. 288 Abs. 5 AEUV (ex Art. 249 Abs. 5 EGV) **unverbindlich,** sie können also allenfalls bei einer freiwilligen Befolgung durch alle Mitgliedstaaten oder alle Marktakteure zu einer Art faktischen Rechtsangleichung führen. Dies ist auf der Ebene staatlicher Normsetzung oder der Selbstregulierung möglich. Auffallend ist jedoch, dass Empfehlungen gelegentlich Vorstufen einer späteren formellen Rechtsangleichung sind: was zunächst die Gestalt einer Empfehlung trägt, gewinnt manchmal später mit Abänderungen den Charakter der verbindlichen Richtlinie. Ein Beispiel ist etwa der Zahlungsverzug im Handelsverkehr.[107] Auch wenn (zunächst) nur eine unverbindliche Empfehlung ergeht, sollte man daher **perspektivisch** bereits die Möglichkeit eines späteren, von den Linien der Empfehlung vorgezeichneten verbindlichen Rechtsaktes einkalkulieren. Ferner ist denkbar, dass Missachtung der Regel einer Empfehlung als Sorgfaltspflichtverletzung gewertet wird.[108] 17

IV. Völkerrechtliche Übereinkommen

Art. 293 EGV sah den Abschluss einiger völkerrechtlicher Übereinkommen vor. Im Rahmen der justiziellen Zusammenarbeit in Zivilsachen[109] ist diese früher wichtige Bestimmung schon durch die Art. 61 ff EGV zurückgedrängt worden. Der Erfolg des Brüsseler GVÜ zeigte jedoch, dass auch dieser Weg zu bedeutsamen Fortschritten führen konnte. Mit dem AEUV ist diese Vorschrift entfallen. 18

103 Wohl skeptisch *Taschner*, S. 159, 160.

104 ABl. 1987 L 169/24: „Die Kommission wird bei ihren Vorschlägen nach Artikel 100 a Absatz 1 der Rechtsform der Richtlinie den Vorzug geben, wenn die Angleichung in einem oder mehreren Mitgliedstaaten eine Änderung gesetzlicher Vorschriften erfordert."; näher *Pipkorn/Bardenhewer-Rating/Taschner*, in: von der Groeben/Schwarze, Art. 95, Rn 38; *Streinz*, Europarecht, § 11 Rn 948.

105 *Streinz*, § 11 Rn 948; näher dazu auch *Heiderhoff*, § 3 Rn 18 ff.

106 Vgl *Wolffgang*, in: Witte/Wolffgang, S. 39.

107 *Remien*, S. 103 ff zur RL 2000/35; s. auch *De Ly*, S. 52 f; nunmehr Richtlinie zur Bekämpfung von Zahlungsverzug im Geschäftsverkehr 2011/7/EU.

108 *De Ly*, S. 53.

109 Vgl dazu in diesem Handbuch *A. Staudinger*, § 22.

D. Leitbild der Rechtsangleichung

I. Binnenmarkt und Grundfreiheiten

19 Rechtsangleichung nach Art. 114 AEUV ist grundsätzlich **binnenmarktfinal.**[110] Sie soll also den Binnenmarkt verwirklichen, zu welchem neben dem System des unverfälschten Wettbewerbs – s. nunmehr Prot. 27 – insbesondere die Grundfreiheiten gehören (Art. 26 Abs. 2 AEUV, ex Art. 14 Abs. 2 EGV). Leitbild der Rechtsangleichung haben daher Binnenmarkt und Grundfreiheiten zu sein. Rechtsangleichung dient – insbesondere nach dem neuen Ansatz – der Harmonisierung der zwingenden Erwägungen des Allgemeininteresses, die sonst Grundfreiheitenbeschränkungen rechtfertigen können.

II. Bindung der Union an die Grundfreiheiten und Grundrechte

20 Das genannte Leitbild gewinnt verpflichtende Gestalt, wenn die Union selbst an die Grundfreiheiten gebunden ist. In einer „Rechtsgemeinschaft" sollte dies eine Selbstverständlichkeit sein und ist mit Rechtsprechung und herrschender Literaturmeinung **zu bejahen.**[111] Will man die These vertreten, sekundärrechtliche Beschränkungen seien nicht an den Grundfreiheiten, nur den – vielleicht weniger „wirtschaftsliberalen" – Grundrechten zu messen,[112] so gelangt man zu einem Doppelstandard je nach europäischer oder mitgliedstaatlicher Ebene, der mit dem Leitmotiv der „zwingenden Allgemeininteressen" nicht vereinbar ist.[113] Der EuGH hat allerdings leider das Exportverbot des Art. 4 Abs. 1 Unterabs. 2 der Einlagensicherungs-RL 94/14 gebilligt.[114] Auf jeden Fall ist die Rechtsangleichung materiell an die Unionsgrundrechte gebunden.[115]

E. Erscheinungsformen und besondere Probleme der Richtlinien

I. Strukturmerkmale europäischer Rechtsangleichungsakte

21 Europäische Rechtsangleichungsakte haben in mancherlei Hinsicht eine andere Struktur als mitgliedstaatliche – jedenfalls deutsche – Rechtsakte. Verschiedene Punkte sind kurz hervorzuheben:

- Rechtsakte sind jedes Jahr **nummeriert** wie in einigen Mitgliedstaaten, etwa Frankreich; die Nummernfolge läuft je nach Art des Rechtsaktes getrennt;
- die **Kompetenzgrundlage** (dazu oben Rn 7 ff) wird eingangs angegeben: „gestützt auf Art. 95 des Vertrages" bzw „gestützt auf den Vertrag über die Arbeitsweise der Europäischen Union, insbesondere auf Art. 114";
- sodann wird die **Entstehungsgeschichte** des Rechtsaktes durch Angabe der wichtigsten **Dokumente** der beteiligten Organe kurz rekapituliert. Allerdings mag sich dies auf das jeweilige förmliche Rechtsetzungsverfahren beschränken. Die Dokumente selbst enthalten vielfach aufschlussreiche Hinweise. Sie sind heute meist leicht über Internet verfügbar, werden aber leider noch selten in der Praxis herangezogen.[116] Der Vorschlag der Kommission im KOM-Dokument enthält eine Begründung, welche im Amtsblatt Teil C nicht mitabgedruckt wird. Die Ausschussberichte des Parlaments und die – allerdings nicht immer voll zugänglich gemachten – Ratsdokumente können informativ sein.
- Vor dem Vorschriftentext finden sich die **Erwägungsgründe,** die eine Kurzbeschreibung und manchmal Begründung des Rechtsaktes enthalten, gelegentlich auch über den Rechtsakttext

110 Näher *Müller-Graff*, EuR 1989,107, 108, 116, 118 f, 121; *Möstl*, EuR 2002, 318, 324 f.

111 Dazu speziell *Schwemer*, Die Bindung des Gemeinschaftsgesetzgebers an die Grundfreiheiten (1995); s. auch *Remien*, S. 213 ff; *Steindorff*, S. 423 ff; *Tietje*, in: Grabitz/Hilf/Nettesheim, Art. 114, Rn 48-53.

112 So explizit *Möstl*, EuR 2002, 318, 332 f, 345 ff.

113 Vgl *Schwartz*, ZEuP 1994, 559, 579.

114 EuGH, Rs. C-233/94 (Deutschland/Parlament und Rat), Slg 1997, I-2405, Rn 39 ff.

115 Nunmehr das Urteil des EuGH zur Richtlinie über Vorratsdatenspeicherung, Rs. C-293/12 und C-594/12 (Digital Rights Ireland Ltd) vom 8.4.2014, s. o.

116 Für Berücksichtigung auch *Lutter*, JZ 1992, 593, 600.

hinausgehende Hinweise. Diese Erwägungsgründe können Bedeutung für die Auslegung des Rechtsaktes entfalten, auch in der Rechtsprechung des EuGH.

- Die ersten Bestimmungen enthalten in der Regel eingehende **Begriffsbestimmungen.**
- Es folgt der kurze bis lange **Inhalt** der Regelungen, jeweils in Artikeln, versehen mit Absätzen, die sich manches Mal (leider) ihrerseits in Unterabsätze gliedern. Die Regelungsstruktur ist zuweilen unübersichtlich, doch mag man gegenüber einigen älteren Rechtsakten inzwischen Verbesserungen feststellen können.
- Schließlich erscheinen die **Übergangs- und Schlussbestimmungen.**
- Manchmal wird der Kommission der Auftrag zur **Überprüfung** der Richtlinienwirkung und zur Vorlage eines Berichtes über die Anwendung der Richtlinie nach einer bestimmten Anzahl von Jahren erteilt, siehe zB Art. 12 RL 1999/44 zum Verbraucherkauf. Zu manchen Richtlinien liegen solche Berichte inzwischen vor.
- Es kommt vor, dass den Mitgliedstaaten der Auftrag zur **Unterrichtung** von Personen, etwa Verbrauchern, über die Bestimmungen der Richtlinie erteilt wird. Ein Beispiel ist etwa Art. 9 RL 1999/44 zum Verbraucherkauf: „Die Mitgliedstaaten ergreifen geeignete Maßnahmen zur Unterrichtung der Verbraucher über das innerstaatliche Recht, mit dem diese Richtlinie umgesetzt wird, und rufen, falls angebracht, Berufsorganisationen dazu auf, die Verbraucher über ihre Rechte zu unterrichten."
- Gelegentlich folgen **Anhänge,** vergleichbar den Schedules in britischen Gesetzen. Für die Bestimmung des Anwendungsbereiches eines Rechtsaktes wird gelegentlich auf den Inhalt eines solchen Anhanges verwiesen.

II. Richtlinien zwischen bloßer Zielvorgabe und Detailliertheit

22 Nach Art. 288 Abs. 3 AEUV ist die Richtlinie hinsichtlich des zu erreichenden Ziels verbindlich, überlässt den Mitgliedstaaten aber die Wahl der Form und der Mittel. Tatsächlich sind die Regelungen jedoch oft so detailliert, dass eine **faktische Vereinheitlichung** erfolgt.[117] Dies wird in der Praxis manchmal kritisiert,[118] wird aber vom EuGH hingenommen und weithin anerkannt.[119] Eine wirkliche Abgrenzung zur notwendig detaillierten Verordnung erfolgt vielfach nicht.[120] Die bloße Zielvorgabe wird in der Literatur von einzelnen auch zum Anlass der Annahme einer nationalen Konkretisierungskompetenz von Richtlinienbegriffen und nicht eines unionsrechtlichen Begriffs genommen;[121] dies stünde jedoch gelegentlich im Gegensatz zu den Intentionen der Rechtsetzung.[122] Der heute oft gebrauchte Ausdruck der „Vollharmonisierung" scheint die Detailliertheit der Rechtsangleichung schon beinahe vorauszusetzen.

III. Zweistufiges Rechtsetzungsverfahren und Umsetzungspflicht

23 Da die RL nach Art. 288 Abs. 3 AEUV an die Mitgliedstaaten gerichtet ist und für diese den Auftrag enthält „Die Mitgliedstaaten erlassen die Rechts- und Verwaltungsvorschriften ..." kann man von einem zweistufigen Rechtsetzungsverfahren auf europäischer Ebene (RL) wie auch der Mitgliedstaaten sprechen. Dementsprechend trifft die Mitgliedstaaten eine **Umsetzungspflicht.** Die Richtlinien setzen idR das positive Ziel fest ohne den Mitgliedstaaten lückenlos aufzuzählen, wel-

117 Zutreffend *Ludwigs*, S. 93.

118 *Hauschka*, JZ 1990, 521. Eine „subkutane Wesensveränderung" diagnostizierte *von Danwitz*, in: Dauses (Vorauflage), B. II. Rn 89.

119 *Biervert*, in: Schwarze, Art. 288, Rn 26; *Scherzberg*, jura 1992, 572, 574; *Schütz/Bruha/König*, S. 127; *Frenzen*, Bd. V Rn 904 f; eingehend *Schwarze*, Rn 484 f; sehr früh schon *Zweigert*, in: FS Dölle, S. 401, 413.

120 Unkritisch *Biervert*, in: Schwarze, Art. 288, Rn 26.

121 *Roth*, in: FS Drobnig (1998), S. 135-153; ausführlich zur Problematik *Wolf*, Die Verteilung der Konkretisierungskompetenz für Generalklauseln in privatrechtsgestaltenden Richtlinien, 2002; bei Generalklauseln zu „Konkretisierung als Prozeß" *Röthel*, in: Riesenhuber (Hrsg.), Europäische Methodenlehre (2010)351-371.

122 *Remien*, RabelsZ 66 (2002), 503, 524 ff; allerdings EuGH, Rs. C–237/02 (Freiburger Kommunalbauten/Hofstetter), Slg 2004, I-3403.

che ihrer eigenen Vorschriften sie zu ändern haben.[123] Daraus folgen Zweifelsfragen bei und nach der Umsetzung; ein rechtssystematisches Vorherdenken könnte helfen,[124] eine frühzeitige Auswirkungsanalyse sollte an sich eine Selbstverständlichkeit sein. Grundlage der Umsetzungspflicht ist der EG-Vertrag, heute AEUV.[125] Die Richtlinien enthalten eine Umsetzungsfrist. Richtlinien verpflichten die Mitgliedstaaten idR zur Mitteilung ihrer Umsetzungsmaßnahmen. Ferner ist vielfach in Umsetzungsakten ein Hinweis auf die zugrunde liegende Richtlinie zu machen. Die Kommission überwacht regelmäßig die Umsetzung der Richtlinien. Bei Verletzung der Umsetzungspflicht ist ein Vertragsverletzungsverfahren, Art. 258 f AEUV (ex Art. 226 EGV, zuvor Art. ex 169 EGV), angezeigt.

24 Richtlinien entfalten eine **Sperrwirkung,**[126] dh nach Ablauf der Umsetzungsfrist sind die Mitgliedstaaten an entgegenstehenden Rechtsetzungsmaßnahmen gehindert. Dies soll sich aus der Natur der Rechtsangleichung ergeben.[127] Die genaue Folge für einen hiergegen verstoßenden nationalen Rechtsakt ist zweifelhaft.[128] Der Richtlinie wird sogar vor Ablauf der Umsetzungsfrist eine **Vorwirkung** beigemessen;[129] jedoch betrifft dies nur „den Erlass von Vorschriften ..., die geeignet sind, das in der Richtlinie vorgeschriebene Ziel ernstlich in Frage zu stellen".[130] Dies ist als „Frustrationsverbot" bezeichnet worden.[131] Der Gerichtshof scheint bei der Rechtsfolge sogar bis zur Unanwendbarkeit der nationalen Bestimmung gehen zu wollen.[132]

25 Die Richtlinie überlässt nach Art. 288 Abs. 3 AEUV „den innerstaatlichen Stellen die Wahl der Form und der Mittel". Ob die **Umsetzung durch Gesetz oder Verordnung** erfolgt, ist in den Mitgliedstaaten unterschiedlich. Auch liegt es im Ermessen der Mitgliedstaaten, ob ein nur die Richtlinie umsetzendes, sie manchmal abschreibendes Spezialgesetz ergeht oder der bestehende nationale Regelungskorpus geändert wird.[133]

Die Umsetzung darf **nicht zu allgemein** gehalten,[134] sondern muss eindeutig genug sein.[135] Jedoch verlangt die Umsetzung einer Richtlinie nach einer vom EuGH oft gebrauchten Formel nicht notwendigerweise, dass ihre Bestimmungen förmlich und wörtlich in einer ausdrücklichen besonderen Gesetzesvorschrift wiedergegeben werden; je nach dem Inhalt der Richtlinie kann ein allgemeiner rechtlicher Rahmen genügen, wenn er tatsächlich die vollständige Anwendung der Richtlinie in so klarer und bestimmter Weise gewährleistet, dass – soweit die Richtlinie Ansprüche des Einzelnen begründen soll – die Begünstigten in der Lage sind, von allen ihren Rechten Kenntnis zu erlangen und diese gegebenenfalls vor den nationalen Gerichten geltend zu machen.[136] Bei der bloßen technischen Verwaltungsvorschrift TA Luft war dies zB nicht der Fall. Derselbe Maßstab wurde im Altölfall angewandt und war nicht eingehalten: „Die Umsetzung einer Richtlinie in innerstaatliches Recht erfordert nach ständiger Rechtsprechung, worauf die deutsche Regierung hinweist, nicht notwendigerweise eine förmliche und wörtliche Übernahme ihrer Bestimmungen in eine ausdrückliche, besondere Vorschrift, sondern ihr kann durch einen allgemeinen rechtlichen Kontext Genüge

123 *Taschner*, in: von der Groeben/Schwarze, Art. 94, Rn 21 sähe sonst eine Überforderung der Kommission.
124 *Hommelhoff*, AcP 192 (1992), 71, 104, 106; *Remien*, RabelsZ 60 (1996), 1, 12 ff.
125 Vgl so schon EuGH, Rs. 291/84 (Kommission/Niederlande), Slg 1987, 3483.
126 Etwa *Tietje*, in: Grabitz/Hilf/Nettesheim, Art. 114, Rn 66; *Prechal*, S. 22 f; kritisch *Furrer*, Die Sperrwirkung des sekundären Gemeinschaftsrechts auf die nationalen Rechtsordnungen, 1994 speziell zur Sperrwirkung im Rahmen der Verbraucherrechterichtlinie *Schmidt-Kessel/Sorgenfrei*, GPR 2013, 242, 245.
127 *Ficker*, in: FS Aubin, S. 57, 63; *Taschner*, in: von der Groeben/Schwarze, Art. 94, Rn 27.
128 S. etwa *Scherzberg*, JURA 1992, 572, 578: keine Nichtigkeit.
129 EuGH, Rs. C-129/96 (Inter-Environnement), Slg 1997, I-7411 Rn 40 f; *Tietje*, in: Grabitz/Hilf/Nettesheim, Art. 114, Rn 67.
130 EuGH, Rs. C-129/96 (Inter-Environnement), Slg 1997, I-7411, Rn 45.
131 *Weiß*, DVBl. 1998, 568, 571, 572 ff.
132 EuGH, Rs. C-144/04 (Mangold), Slg 2005, I-9981.
133 Näher *Prechal*, S. 73 ff.
134 EuGH, Rs. 291/84 (Kommission/Niederlande), Slg 1987, 3483.
135 Ebd.
136 EuGH, Rs. C-361/88 (Kommission/Deutschland), Slg 1991, I-2567, Rn 15 – TA Luft; Rs. C-96/95 (Kommission/Deutschland), Slg 1997, I-1653, Rn 35; Rs. C-433/93 (Kommission/Deutschland), Slg 1995, I-2303, Rn 18.

getan werden, wenn dieser tatsächlich die vollständige Anwendung der Richtlinie klar und bestimmt gewährleistet (...)".[137] Die als Verwaltungsanweisungen qualifizierten Verdingungsordnungen haben dem EuGH beim Vergaberecht nicht ausgereicht,[138] bloße Verwaltungspraktiken reichen nicht.[139] Es ist „unerlässlich, dass das fragliche nationale Recht tatsächlich die vollständige Anwendung der Richtlinie durch die nationalen Behörden gewährleistet, dass die sich aus diesem Recht ergebende Rechtslage hinreichend bestimmt und klar ist und dass die Begünstigten in die Lage versetzt werden, von allen ihren Rechten Kenntnis zu erlangen und diese gegebenenfalls vor den nationalen Gerichten geltend zu machen".[140] Die Möglichkeit einer entsprechenden systematischen und richtlinienkonformen Auslegung weise nicht das für das Erfordernis der Rechtssicherheit notwendige Maß an Klarheit und Bestimmtheit auf – die Klausel-RL 93/13 war von den Niederlanden daher detailliert umzusetzen.[141] Eine Ungewissheit über die rechtliche Situation und ungerechtfertigte Strafverfolgungen sind zu vermeiden.[142] Die Genauigkeit der Umsetzung kann von besonderer Bedeutung sein, wenn es um die Verwaltung des gemeinsamen Erbes geht.[143] Eine allgemeine gesetzliche Verweisung auf das Unionsrecht reiche nicht.[144] Eine Richtlinienumsetzung durch Generalklausel ist mindestens zweifelhaft.[145] Die richtlinienkonforme Auslegung durch höchstrichterliche Rechtsprechung ist bei mangelnder Rechtssicherheit für den Einzelnen nicht zur Umsetzung geeignet.[146]

Gelegentlich wird erörtert, ob es **Rechtfertigungsgründe** für eine Nichtumsetzung gebe, doch ist dies **grundsätzlich zu verneinen.**[147] Ein Mitgliedstaat kann sich nicht auf die etwaige Verspätung anderer Mitgliedstaaten berufen oder darauf, dass sich die Frist als zu kurz erwiesen habe.[148] Das gilt auch, wenn der Mitgliedstaat inzwischen eine Änderung der Richtlinie angeregt hat, diese aber noch nicht angenommen worden ist.[149] Dass die Verabschiedung eines Vorschlags für eine neue Richtlinie auf dem betreffenden Gebiet geplant ist, ändert nichts.[150] Umstände der internen Rechtsordnung des Mitgliedstaats geben nach ständiger Rechtsprechung keinen Rechtfertigungsgrund.[151] Ebenso wenig zählt der Einwand, die Richtlinie sei mehrfach geändert worden oder sie werde möglicherweise geändert werden.[152] Die Umsetzungspflicht ist formell, „das Nichtbestehen einer mit der Richtlinie unvereinbaren Praxis vermag den betroffenen Mitgliedstaat nicht von seiner Ver- 26

137 EuGH, Rs. C-102/97 (Kommission/Deutschland), Slg 1999, I-5051, Rn 33.
138 EuGH, Rs. C-433/93 (Kommission/Deutschland), Slg 1995, I-2303.
139 So schon EuGH, Rs. 339/87 (Kommission /Niederlande), Slg 1990, I-851, Rn 29 zum Vogelschutz.
140 EuGH, Rs. C-144/99 (Kommission/Niederlande), Slg 2001, I-3541, Rn 17; *Frenzen,* Bd. V Rn 923 ff will zu weitgehend sogar eine „strukturelle Deckungsgleichheit" des Umsetzungsrechtsaktes verlangen.
141 Ebd. Rn 20 und 21, hinsichtlich des Anhangs s. jedoch EuGH, Rs. C-478/99 (Kommission/Schweden), Slg 2002, I-4147; ferner EuGH, Rs. C-220/09 (Kommission/Malta), gestrichen am 12. November 2009.
142 EuGH, Rs. C-207/96 (Kommission/Italien), Slg 1997, I-6869, Rn 27.
143 So EuGH, Rs. 339/87 (Kommission/Niederlande), Slg 1990, I-8512, Rn 28 zum Vogelschutz.
144 EuGH, Rs. C-96/95 (Kommission/Deutschland), Slg 1997, I-1653, zum Aufenthaltsrecht.
145 Näher *Siems,* ZEuP 2002, 747-753.
146 EuGH, Rs. C-236/95 (Kommission/Griechenland), Slg 1996, I-4459, Rn 12 ff.
147 S. *Prechal,* S. 23 ff, die von einer „extremely rigorous obligation" spricht.
148 EuGH, Rs. 52/75 (Kommission/Italien), Slg 1976, 277; verb. Rs. C-178/94, – C-179/94, Rs. C-188/94, C-189/94 und C-190/94 (Dillenkofer), Slg 1996, I-4845 Rn 4; Rs. C-71/97 (Kommission/Spanien), Slg 1998, I-5991, Rn 16.
149 EuGH, Rs. 306/84 (Kommission/Belgien), Slg 1987, 675, Rn 7.
150 EuGH, Rs. C-310/89 (Kommission/Niederlande), Slg 1991, I-1381 Leitsatz 2. Vgl auch EuGH, Rs. 220/83 (Kommission/Frankreich), Slg 1986, 3663, Rn 1 zum Vertragsverletzungsverfahren wegen Primärrechtsverstoßes vor Richtlinienerlass.
151 EuGH, Rs. C-310/89 (Kommission/Niederlande), Slg 1991, I-1381 Leitsatz 1; verb. Rs. C-109/94, C-207/94 und C-225/94 (Kommission/Griechenland), Slg 1995, I-1791, Rn 11; Rs. C-208/96 (Kommission/Belgien), Slg 1997, I-5375 Rn 9; Rs. C-263/96 (Kommission/Belgien), Slg 1997, I-7453, Rn 27; EuGH, Rs. C-568/07 (Kommission/Griechenland), Slg 2009, I-04505, Rn 50; EuGH, Rs. C-505/08, Slg 2009, I-00222, Rn 12; EuGH, Rs. C-241/11 (Kommission/Tschechische Republik), Rn 48.
152 EuGH, Rs. C-263/96 (Kommission/Belgien), Slg 1997, I-7453, Rn 32. Zur Frage, ob die dürftige Qualität einer RL unter Umständen eine Entschuldigung darstellen kann, *Prechal,* S. 108 (Vorauflage).

pflichtung zu entbinden".[153] Die vertikale unmittelbare Wirkung einer Richtlinie befreit nicht von der Umsetzungspflicht[154] – sie verwirkliche allein unter besonderen Umständen eine Mindestgarantie,[155] Rechtssicherheit werde erst mit der ordnungsgemäßen Umsetzung geschaffen.[156] Das Argument, die unterbliebene Anwendung der Richtlinie habe keinen nachteiligen Einfluss auf das Funktionieren des Binnenmarktes gehabt – und keinen Schaden verursacht –, wurde vom EuGH angesichts des mit der Richtlinie verfolgten Zieles zurückgewiesen.[157] **Widerstreitet** aber die umzusetzende Richtliniennorm dem **primären Unionsrecht,** so wird man **keinen Verstoß** gegen die Umsetzungspflicht annehmen können.[158] Der EuGH nimmt allerdings in ständiger Rechtsprechung an, im Vertragsverletzungsverfahren könne sich ein Mitgliedstaat nicht mit Erfolg auf die Rechtswidrigkeit der Richtlinie berufen,[159] erforderlich sei die Nichtigkeitsklage. Anders könne es bei „besonders schweren und offensichtlichen Fehlern" eines daher „inexistenten" Rechtsaktes liegen.[160] Bei Grundrechtswidrigkeit wird die Möglichkeit von deren Geltendmachung auch im Vertragsverletzungsverfahren gefordert.[161] Verlangt die Richtlinie eine Bezugnahme der Umsetzungsmaßnahme auf sie, so kann dies auch bei bestehenden richtlinienkonformen Bestimmungen eine Umsetzung bedingen.[162]

27 Die Zweistufigkeit des Rechtsetzungsverfahrens lässt den Mitgliedstaaten noch eine Rolle, bringt aber auch **Probleme fehlender oder unvollkommener Umsetzung** mit sich. Neben dem Vertragsverletzungsverfahren des Art. 258 f AEUV (dazu unten Rn 53) stehen hier als Hilfsmittel die richtlinienkonforme Auslegung (sogleich Rn 28 ff), die vertikale unmittelbare Wirkung (unten Rn 36 ff) und schließlich die Haftung nach Francovich-Grundsätzen (unten Rn 41) zur Verfügung. Das Unionsrecht diszipliniert damit in weitem, jedoch unvollständigem Maße säumige nationale Umsetzungsgesetzgeber. Vorrang verdient wohl die richtlinienkonforme Auslegung.[163] Sie ist nämlich nicht bloße Remedur für Umsetzungsmängel, sondern allgemeine Methode zur Aufrechterhaltung von Harmonie.[164] Wenn das Hauptproblem die Auslegung der Richtlinie ist, mag allerdings die Reihenfolge der Prüfung der Durchsetzungsmaßnahmen sekundär sein.[165]

IV. Auslegung von Rechtsangleichungsakten und richtlinienkonforme Auslegung nationalen Rechts

28 Infolge der Zweistufigkeit des Rechtsetzungsverfahrens stellen sich Auslegungsfragen bei der Richtlinie – abgesehen von dem Sonderfall der unmittelbaren vertikalen Wirkung der Richtlinie – ebenfalls auf zwei Stufen: der der Richtlinie und der des nationalen Umsetzungsgesetzes.

---

153 EuGH, Rs. 339/87 (Kommission/Niederlande), Slg 1990, 851, Rn 22, 25, 32 – VogelschutzRL 79/409 in den Niederlanden.

154 Vgl EuGH, Rs. C-54/96 (Dorsch Consult), Slg 1997, I-4961, Rn 44; Rs. C-253/95 (Kommission/Deutschland), Slg 1996, I-2423, Rn 13; Rs C-433/93 (Kommission/Deutschland), Slg 1995, I-2303, Rn 24.

155 So etwa EuGH, Rs. C-433/93 (Kommission/Deutschland), Slg 1995, I-2303, Rn 24; Rs. C-208/90 (Emmott), Slg 1991, I-4269, Rn 20.

156 Ebd. Rs. C-208/90, Rn 22.

157 EuGH, Rs. 95/77 (Kommission/Niederlande), Slg 1978, 325, Rn 12-14; Rs. C-263/96 (Kommission/Belgien), Slg 1997, I-7453, Rn 30.

158 *Steindorff*, S. 427. So wohl auch die Prämisse des Tabaketikettierungsverfahrens EuGH, Rs. C-491/01 (BAT und Imperial Tobacco), Slg 2002, I-11453.

159 EuGH, Rs. C-189/09 (Kommission/Österreich), Slg 2010, I-00099, Rn 15 – Vorratsdatenspeicherung, RL 2006/24/EG.

160 Ebd. Rn 16.

161 *Wunderlich/Hickl*, EuR 2013, 107.

162 EuGH, Rs. C-360/95 (Kommission/Spanien), Slg 1997, I-7337, Rn 13.

163 Deutlich *Everling*, in: FS Lukes, S. 359, 364 f; *Skouris*, ZEuS 2005, 463, 466; auch *Steindorff*, S. 435; *Prechal*, S. 301 f, 346, 349; entschieden *Schwarz*, S. 161 f, Rn 261; anders *Canaris*, in: FS Bydlinski, S. 47, 55.

164 Vgl *Rüffler*, ÖJZ 1997, 121, 122 f.

165 EuGH, verb. Rs. C-397/01 bis C-403/01 (Pfeiffer), Slg 2004, I-8835 prüft zunächst Auslegung und unmittelbare Wirkung, die aber im horizontalen Verhältnis verneint wird, und äußert sich dann zur gemeinschaftskonformen Auslegung.

Bei Rechtsangleichungsakten stellen sich **Auslegungsprobleme** wie stets im Unionsrecht.[166] Speziell bei Rechtsangleichungsakten sollte jedoch bedacht werden, dass ihre Probleme und Regelungen vielfach keine genuin unionsrechtlichen Schöpfungen sind, sondern oft auf den nationalen Erfahrungen aufbauen. Dies müsste bei der Auslegung beachtet werden. Wird es wie zunächst vom EuGH beim Betriebsübergang ignoriert, so reagieren Fachkreise zuweilen mit im Kern berechtigter drastischer Kritik. Mehr Rechtsvergleichung tut hier nicht nur bei der Schaffung, sondern auch bei der Auslegung von Rechtsangleichungsakten not.[167] Richtig ist jedoch, dass ein Rechtsakt nicht im Lichte allein eines nationalen Rechts auszulegen ist.[168] Die Mehrsprachigkeit des europäischen Rechts ist ein besonderer Aspekt.[169] 29

Um die Auslegung des nationalen Rechts geht es bei der **richtlinienkonformen Auslegung:** das nationale Recht ist so auszulegen, dass es der Richtlinie entspricht. Natürlich bedingt dies selbst wiederum eine Auslegung der Referenznorm, nämlich der Richtlinienbestimmung. Das Gebot der richtlinienkonformen Auslegung folgt aus Art. 288 Abs. 3 AEUV,[170] auch auf Art. 4 Abs. 3 EUV (ex Art. 10 EGV) wird öfters Bezug genommen;[171] wenn manche Stimmen der Literatur das Gebot der richtlinienkonformen Auslegung allein aus dem Willen des nationalen Umsetzungsgesetzgebers folgern,[172] vernachlässigen sie die Bindung von Gerichten und Behörden an die Zielvorgaben der Richtlinie. Die richtlinienkonforme Auslegung kann auch bei der Ermittlung des Inhalts des Umsetzungsrechts eines anderen EU-Mitgliedstaates dienlich sein.[173] 30

Zur richtlinienkonformen Auslegung[174] gibt es inzwischen eine **entwickelte Rechtsprechung.** Der EuGH hat in *von Colson und Kamann*[175] ausgeführt, „dass das nationale Gericht bei der Anwendung des nationalen Rechts, insbesondere auch der Vorschriften eines speziell zur Durchführung der Richtlinie 76/207 erlassenen Gesetzes, dieses nationale Recht im Lichte des Wortlauts und des Zwecks der Richtlinie auszulegen hat, um das in Art. 189 Abs. 3 genannte Ziel zu erreichen."[176] Im Urteil *Marleasing* hat der EuGH ausgeführt, dass die Pflicht zur richtlinienkonformen Auslegung bestehe „gleich, ob es sich um vor oder nach der Richtlinie erlassene Vorschriften handelt".[177] Dies ist nahe liegend, wenn eine Pflicht zur richtlinienkonformen Auslegung aus dem Unionsrecht und nicht (nur) dem nationalen Umsetzungsgesetz kommt. Auch bei Fehlen oder vor Erlass eines Umsetzungsaktes gilt also das Gebot richtlinienkonformer Auslegung.[178] Allerdings fordert Mar- 31

166 Dazu in diesem Handbuch *Borchardt*, § 15, Rn 31 ff; speziell zum Privatrecht *Heiderhoff*, § 4 Rn 98 ff; *Franzen*, S. 445 ff; *Schulze* (Hrsg.), Auslegung europäischen Privatrechts und angeglichenen Rechts (1999).

167 Zu allem *Remien*, RabelsZ 60 (1996), 1, 20-31; *Franzen*, S. 446 f.

168 Vgl *Lutter*, JZ 1992, 593, 601 f, 603; für Berücksichtigung der Erfahrungen aber *Schulze*, ZfR 1997, 183, 189.

169 Dazu *Schmidt-Kessel*, Die Sprache (oder die Sprachen?) des Europäischen Privatrechts – ein Plädoyer für einen Binnenmarkt der Privatrechtsdogmatiken, in: Einheit und Vielheit im Unternehmensrecht – FS für Uwe Blaurock zum 70. Geburtstag, 2013, S. 401-416; *Schübel-Pfister*, Sprache und Gemeinschaftsrecht, Die Auslegung der mehrsprachig verbindlichen Rechtstexte durch den Europäischen Gerichtshof.

170 So auch *Brechmann*, S. 256 ff; *Canaris*, in: FS Bydlinski, S. 47, 55 ff; *Franzen*, S. 294 ff, insb. 298, 303; *Kerwer*, S. 208-245; *Rüffler*, ÖJZ 1997, 121, 123; *Schroeder*, ZfR 2004, 10, 14; *Herresthal*, JuS 2014, 289, 290.

171 *Everling*, ZGR 1992, S. 376, 380; *Herresthal*, JuS 2014, 289, 290; Rodriguez-*Iglesias/Riechenberg*, in: FS Everling, S. 1213, 1215; *Spetzler*, RIW 1991, 579; *Schnorbus*, AcP 201 (2001), 860, 864 f; *Zuleeg*, in: Schulze (Hrsg.), Auslegung, S. 163; *Heiderhoff*, § 4 Rn 114; wohl auch *Bach*, JZ 1990, 1108, 1111; ergänzend *Lutter*, JZ 1992, 593, 604; *Schulze*, ZfR 1997, 183, 191; skeptisch *Canaris*, in: FS Bydlinski, S. 47, 62.

172 So wohl *Dänzer-Vanotti*, RIW 1991, 754; *Ehricke*, RabelsZ 59 (1995), 598, 614 f, 643; *ders.*, EuZW 1999, 53, 554.

173 KG Berlin, Urteil vom 26.9.2011, 24 U 11/10, WRP 2012, 102 ff zur Richtlinie 2005/29/EG über unlautere Geschäftspraktiken und Dänemark.

174 Hierzu ausführlich *Brechmann*, Richtlinienkonforme Auslegung (1994); *Franzen*, S. 292 ff; *Kerwer*, S. 171-400; *Prechal*, S. 180 ff. *Roth*, in: Riesenhuber (Hrsg.), Europäische Methodenlehre (2010), 393-424 und in diesem Handbuch auch *Borchardt*, § 15, Rn 65 ff. Überblick zur Rspr bei *Rodriguez-Iglesias/Riechenberg*, in: FS Everling, S. 1213; zu Rahmenbeschlüssen EuGH, Rs. C-105/03 (Pupino), Slg 2005, I-5285.

175 EuGH, Rs. 14/83 (von Colson und Kamann/Land NRW), Slg 1984, 1891.

176 Ebd. Rn 26.

177 EuGH, Rs. C-106/89 (Marleasing), Slg 1990, I-4135, Rn 8; ebenso Rs. C-54/96 (Dorsch Consult), Slg 1997, I-4961, Rn 43; aA offenbar *Frenzen*, Bd. V Rn 980, 982, s. aber auch Rn 1029.

178 Als Beispiel BGH, NJW 1993, 3139 (Zahlwort „Dos" als Marke).

leasing, dass sich die „Auslegung soweit wie möglich am Wortlaut und Zweck der Richtlinie ausrichten muss"[179] und geht dabei sehr weit: Spanien hatte die RL 68/151/EWG noch nicht umgesetzt, deren Artikel 11 abschließend die Gründe regelt, aus denen die Nichtigkeit einer Gesellschaft ausgesprochen werden kann. Die Nichtigkeit einer Gesellschaft wurde nun auf Artikel 1261 und 1275 Código civil über die Nichtigkeit von Verträgen ohne rechtlichen Grund oder mit unerlaubtem Grund gestützt. Nach Marleasing[180] muss das nationale Recht „unter Berücksichtigung des Wortlauts und des Zwecks" der Richtlinie ausgelegt werden „um zu verhindern, dass eine Aktiengesellschaft aus anderen als den in Art. 11 der Richtlinie aufgezählten Gründen für nichtig erklärt wird."[181] – praktisch: Art. 1261, 1275 Cc durften nicht angewandt werden. Der EuGH gerät hier im Gewand der richtlinienkonformen Auslegung in die Nähe der unmittelbaren Wirkung. Allerdings liegt hier insoweit eine Sondersituation vor, als es um die richtlinienkonforme Reduktion des Anwendungsbereichs allgemeiner nationaler Bestimmungen ging.[182] Jedenfalls muss aber die richtlinienkonforme Auslegung bleiben, das heißt sie darf nicht gänzlich entgegen dem Wortlaut, Sinn und Zweck des nationalen Rechts hingebogen werden.[183] Bei teilweiser Umsetzung, teilweiser Nichtumsetzung einer Richtlinie dürfte eine richtlinienkonforme Auslegung des nationalen Rechts hinsichtlich des nicht umgesetzten Richtlinienteils an ihre Grenzen stoßen.[184] Die Pflicht zur richtlinienkonformen Auslegung der Bestimmungen des nationalen Rechts heißt, „diese **so weit wie möglich** so auszulegen, dass sie im Einklang mit den Zielen der Richtlinie angewandt werden können".[185] Nach der Rechtsprechung des BVerfG findet sie ihre Grenzen an dem nach innerstaatlicher Rechtstradition Erlaubten.[186] Ob und inwieweit das innerstaatliche Recht eine richtlinienkonforme Auslegung zulasse, obliege der Beurteilung der innerstaatlichen Gerichte in den Grenzen der allgemeinen Rechtsgrundsätze.[187] Auch nach der Rspr. des EuGH findet die Pflicht zur unionsrechtskonformen Auslegung ihre Schranken in den allgemeinen Rechtsgrundsätzen und darf nicht als Grundlage für eine Auslegung des nationalen Rechts contra legem dienen.[188] Richtlinienkonforme Auslegung kann für eine Partei zu deutlichen zivilrechtlichen Nachteilen führen.[189]

32 Zur Erfüllung der Pflicht zur richtlinienkonformen Auslegung hat der BGH im Fall Quelle zum Nutzungsersatz bei Nachlieferung im Hinblick auf den seines Erachtens eindeutigen Wortlaut des § 439 Abs. 4 BGB die Figur der richtlinienkonformen Rechtsfortbildung durch teleologische Reduktion bemüht.[190] Einerseits lassen sich jedoch die Eindeutigkeit des Wortlauts[191] und die Erforderlichkeit der Figur bezweifeln; andererseits wird zum Teil kritisiert, dass diese Rechtsfort-

179 EuGH, Rs. C-106/89 (Marleasing), Slg 1990, I-4135, Rn 8.

180 EuGH, Rs. C-106/89 (Marleasing), Slg 1990, I-4135.

181 Ebd. Rn 13.

182 Vgl *Rodriguez-Iglesias/Riechenberg*, in: FS Everling, S. 1213, 1220 ff; ähnlich vielleicht *Herrmann*, S. 103 f; vgl auch *Rüffler*, ÖJZ 1997, 121, 128 f.

183 In diesem Handbuch *Borchardt*, § 15, Rn 84 und 85; ausführlich *Canaris*, in: FS Bydlinski, S. 47, 91 ff; *Kerwer*, S. 355-400; *Prechal*, S. 193 ff; s. auch *Schnorbus*, AcP 200 (2000), 860, 867 ff, 879; *Habersack*, Europäisches Gesellschaftsrecht, 2006, Rn 49. Auf den Umsetzungswillen des Gesetzgebers abstellend *Grundmann*, Europäisches Schuldvertragsrecht, 1998, S. 116 ff, Rn 160 ff.

184 *Herrnfeld*, in: Schwarze, 1. Aufl., 2000, Art. 94, Rn 72 mwN.

185 EuGH, verb. Rs. C-397/01 bis C-403/01 (Pfeiffer), Slg 2004, I-8835, Rn 117; EuGH, Rs. C-176/12 (Association de médiation sociale), Slg 2012, I-0000, Rn 38; BVerfG, Beschluss vom 26.9.2011 – 2 BvR 2216/06, Rn 46 f; die Nähe zur verfassungskonformen Auslegung betont *Skouris*, ZEuS 2005, 463, 469.

186 BVerfG, Beschluss vom 26.9.2011 – 2 BvR 2216/06, Rn 47.

187 Ebd.

188 Jüngst EuGH, Rs. C 176/12 (Association de médiation sociale), Slg 2012, I-0000, Rn 39; siehe auch zu den Grenzen der richtlinienkonformen Auslegung von Vorschriften des nationales Rechts BVerfG, Beschluss vom 26.9.2011 – 2 BvR 2216/06, Rn 46 f mit Verweis auf EuGH, Rs. C-12/08 (Mono Car Styling), Slg 2009, I-06653, Rn 61; speziell zu den Grenzen „richtlinienorientierter" Auslegung von Aus- und Wiedereinbaukosten bei der kaufrechtlichen Nacherfüllung zwischen Unternehmern *Lorenz*, NJW 2013, 207-209.

189 Vgl *Rüffler*, ÖJZ 1997, 121, 130.

190 BGH, JZ 2009, 518 m Anm. *Gsell*; dazu *Pfeiffer*, NJW 2009, 412; zuvor monographisch *Herresthal*, Rechtsfortbildung im europarechtlichen Bezugsrahmen (2006).

191 Dazu etwa *Gsell* ebd.

bildung die diagnostizierte Wortlautgrenze überschreite,[192] doch wird das Bestehen einer planwidrigen Regelungslücke gefordert und alleine der Verstoß des nationalen Rechts gegen eine Richtlinie für nicht ausreichend erklärt.[193] Jedenfalls aber verwirklicht die Quelle-Entscheidung die Anforderungen des EuGH wie auch den gesetzgeberischen Willen zur Richtlinienkonformität. In der Konsequenz der Sicht des BGH liegt, dass der europarechtliche Begriff der richtlinienkonformen Auslegung durch die zwei komplementären deutschrechtlichen Begriffe richtlinienkonforme Auslegung und richtlinienkonforme Rechtsfortbildung ausgefüllt wird.[194] Im Urlaubsrecht hat das BAG durch richtlinienkonforme Rechtsfortbildung der § 7 Abs. 3 und 4 BUrlG der Rechtsprechung des EuGH in den verbundenen Rechtssachen „Schultz-Hoff" und „Stringer" Rechnung getragen[195] und damit eine Abkehr von der jahrzehntelang gefestigten Surrogatstheorie vorgenommen. Die weitreichende Konsequenz der unbegrenzten Anhäufung von Urlaubs(abgeltungs)ansprüchen wurde inzwischen durch neuere Entscheidungen des EuGH und BAG wieder eingeschränkt,[196] wobei das BAG diese Korrektur der weitreichenden Rechtsfortbildung gemäß der neuen EuGH Rechtsprechung als „modifizierte unionsrechtskonforme Auslegung" bezeichnet.[197]

Schwierig ist das Verhältnis der richtlinienkonformen Auslegung zu den **klassischen nationalen Auslegungsregeln,** also der grammatikalischen, historischen, systematischen und teleologischen Auslegung. Das Meinungsspektrum dazu ist facettenreich, doch wird man im Hinblick auf die unionsrechtliche Pflicht aus Art. 288 Abs. 3 AEUV nicht an einem letztentscheidenden Vorrang der richtlinienkonformen Auslegung vorbeikommen können, der in Sackgassensituationen den Ausschlag gibt – also einer Vorzugsregel.[198] Es kommt allerdings nur auf das richtlinienkonforme Ergebnis an, der Begründungsweg dürfte in unionsrechtlicher Sicht beliebig sein.[199] 33

Die Pflicht zur richtlinienkonformen Auslegung **beginnt jedenfalls mit Ablauf der Umsetzungsfrist.** Unter Berufung auf die Entscheidung Kolpinghuis Nijmegen wird von manchen die entsprechende Pflicht bereits ab Erlass der Richtlinie angenommen.[200] Die aus Art. 288 Abs. 3 AEUV entspringende Pflicht kann jedoch erst ab Ablauf der Umsetzungsfrist bestehen.[201] Auch wenn vor Ablauf der Umsetzungsfrist keine unionsrechtliche Pflicht zur – sozusagen **antizipierenden** – richtlinienkonformen Auslegung besteht, ist jedoch unionsrechtlich gegen eine vorherige Befugnis oder Praxis der richtlinienkonformen Auslegung selbst in Ermangelung eines Umsetzungsaktes nichts grundsätzlich einzuwenden. Der BGH ist bereits derart vorgegangen.[202] Ist die Umsetzung vor Ablauf der Umsetzungsfrist erfolgt, so wird der Wille des nationalen Gesetzgebers die richtlinienkonforme 34

192 *Grosche/Höft*, NJOZ 2009, 2294; krit. auch *Freitag*, EuR 2009, 796-800; in der Sache eine unmittelbare Richtlinienwirkung meint *Frenzen*, Bd. V. Rn 1018, 1038 ff, 1051 ff zu sehen.

193 S. *Höpfner*, RdA 2013, 16, 22 mit Verweis auf BAG, Urteil vom 17.11.2009 – 9 AZR 344/08, Rn 30 und BGH v. 26.11.2008 – VIII ZR 200/05, Rn 22.

194 Vgl *Herresthal*, EuZW 2007, 396, 397 mwN.

195 Näher dazu *Höpfner*, Das deutsche Urlaubsrecht in Europa – Zwischen Vollharmonisierung und Koexistenz – Teil 1, RdA 2013, 16 ff.

196 Ebd. und S. 25; EuGH, Rs. C-214/10 (Schulte), Slg 2011, I-11757; BAG v. 7.8.2012 – 9 AZR 353/10, Rn 28.

197 BAG v. 7.8.2012 – 9 AZR 353/10, Rn 28.

198 *Canaris*, in: FS Bydlinski, S. 47, 58, 64 ff; *Herresthal*, JuS 2014, 289, 291; *Herrmann*, S. 128; *Kerwer*, S. 315-353; *Lorenz*, NJW 2013, 207, 208, spricht von einer Art „Vorfahrtregelung"; *Unberath*, ZEuP 2005, 1, 7; wohl auch *Schmidt*, RabelsZ 59 (1995), 569, 591. Dass zunächst die Richtlinie und erst dann das Umsetzungsgesetz auszulegen sei, bedeutet dies jedoch keineswegs, anders wohl *Zöckler*, Jb. JungerZivilrechtswiss. 1992, 141, 151 f, richtig hingegen *Canaris*, ebd, S. 80 f, *Schroeder*, ZfR 2004, 10, 14.

199 Anders wohl *Herrmann*, S. 132 ff; vielleicht auch *Spetzler*, RIW 1991, 579, 580.

200 Ausführlich *Sack*, WRP 1998, 241, 243; s.a. GA Tizzano, Schlussanträge zu EuGH, Rs. C-144/04 (Mangold), Slg 2005, I-9981, Rn 115 ff.

201 Treffend *Jarass*, EuR 1991, 211, 221; auch *Weiß*, DVBl. 1998, 568, 575; *Leible/Sosnitza*, NJW 1998, 2507, 2508; *Zöckler*, Jb. JungerZivilrechtswiss.1992, 141, 149 f; *Kerwer*, S. 295 ff; *Rüffler*, ÖJZ 1997, 121, 125; s. auch *Zuleeg*, in: Schulze (Hrsg.), S. 163, 170.

202 BGH, NJW 1993, 3139 (Zahlwort „Dos" als Marke); BGH, NJW 1998, 2208, 2210 f (vergleichende Werbung „Testpreis-Angebot"); dazu *Leible/Sosnitza*, NJW 1998, 2507-2509; kritisch differenzierend *Kerwer*, S. 304-314; ablehnend *Rüffler*, ÖJZ 1997, 121, 125.

Auslegung gebieten.[203] Antizipierende richtlinienkonforme Auslegung kann theoretisch zur Missachtung einer abweichenden, noch in Kraft befindlichen Richtlinie führen; dies erscheint nicht unbedenklich, mag jedoch gerechtfertigt sein, wenn die Richtlinienneuregelung nicht ab einem bestimmten Zeitpunkt einzuführen ist, sondern „bis spätestens“[204] einem gewissen Datum zu erfolgen hat.

35 Erhebliche praktische Bedeutung hat die **überschießende Umsetzung;** in Deutschland findet die Problematik insbesondere seit der durch die Verbraucherkaufrichtlinie veranlassten Schuldrechtsmodernisierung Aufmerksamkeit.[205] Ein Vorabentscheidungsersuchen betrachtet der EuGH auch dann als zulässig;[206] eine andere Frage ist jedoch, ob der überschießende Teil auch richtlinienkonform auszulegen ist.[207] Eine europarechtliche Pflicht hierzu wird entgegen einiger Stimmen der Literatur[208] zu verneinen sein[209] – es sei denn, dass sonst die Wirksamkeit der Richtlinienvorschrift beeinträchtigt werde.[210] Maßgebend ist dann also nationales Recht.[211] Aus deutscher Sicht wird man von einer widerleglichen Vermutung für die einheitliche Auslegung ausgehen können;[212] angesichts der Weite der richtlinienkonformen Auslegung nach dem Verständnis des EuGH ist die Widerlegung der Vermutung im Einzelfall aber nicht unrealistisch. Bei überschießender Umsetzung kann richtlinienkonforme Auslegung im Ergebnis auch zu einer gespaltenen Auslegung des nationalen Rechts führen. So hat der BGH entschieden, dass sich die richtlinienkonforme Auslegung des § 439 Abs. 1 Alt. 2 BGB nicht auf Kaufverträge zwischen Unternehmern erstreckt.[213] Die Auslegung der Nacherfüllungsvariante „Lieferung einer mangelfreien Sache“ dahingehend, dass neben dem Ausbau und Abtransport der mangelhaften Kaufsache auch der Einbau der als Ersatz gelieferten Sache erfasst ist, ist demzufolge auf den Verbrauchsgüterkauf beschränkt.[214] Die Frage der gespaltenen Auslegung stellt sich zB auch in Bezug auf die Qualifikation der Geldschuld als Bringschuld iSd § 270 BGB aufgrund einer Entscheidung des EuGH zur Zahlungsverzugsrichtlinie.[215]

V. Unmittelbare Wirkung?

36 Anders als die Verordnung ist die Richtlinie an die Mitgliedstaaten gerichtet und hat daher an sich keine unmittelbare Wirkung. Der EuGH hat aber schon früh anerkannt, dass sich Einzelne infolge der verbindlichen Wirkung des Rechtsaktes und des effet utile insbesondere in den Fällen, in denen die Mitgliedstaaten durch die Richtlinie zu einem bestimmten Verhalten verpflichtet werden, unter gewissen Voraussetzungen auf die Richtlinie berufen können.[216] Dies ist bei Nichtumsetzung trotz Ablauf der Umsetzungsfrist der Fall, wenn

---

203 So auch etwa *Rüffler*, ÖJZ 1997, 121, 125.

204 Zu diesem Unterschied auch *Sack*, WRP 1998, 241, 244.

205 Manche sprechen hier auch von „gold plating“, also Vergoldung, s. etwa *Schwarze*, Rn 746 ff; *Burmeister/Staebe*, EuR 2009, 444-455; Bewertung der überschießenden Umsetzung bei *Schmidt-Kessel/Sorgenfrei*, GPR 2013, 242, 250 f.

206 EuGH, Rs. C-306/99 (BIAO), Slg 2003, I-64; C-297/88 und C-197/88 (Dzodzi), Slg 1990, I-3763; dazu *Schnorbus*, RabelsZ 65 (2001), 654, 687 ff; anders und zu eng *Habersack/Mayer*, JZ 1999, 913.

207 Treffend *Mayer/Schürnbrand*, JZ 2004, 545, 545 f.

208 *Roth*, 50 Jahre BGH, Festgabe aus der Wissenschaft II (2000), S. 847, 883 ff.

209 BGH – VIII ZR, 226/11, Urteil vom 17.10.2012, NJW 2013, 220 ff, Rn 20; *Mayer/Schürnbrand*, JZ 2004, 545, 548 f; *Büdenbender*, ZEuP 2004, 36; *Habersack*, Rn 53.

210 Ebd. unter Bezugnahme auf EuGH, Rs. C-264/96 (ICI), Slg 1998, I-4695, Rn 34.

211 So auch BGH – VIII ZR, 226/11, Urteil vom 17.10.2012, NJW 2013, 220 ff, Rn 20.

212 *Mayer/Schürnbrand*, JZ 2004, 545, 550 f; *Canaris*, JZ 2003, 831, 837; vgl auch *Schnorbus*, RabelsZ 65 (2001) 654, 676 ff; *Höpfner*, RdA 2013, 65, 72; wohl auch *Heiderhoff*, § 4 Rn 104.

213 BGH – VIII ZR 226, 11, Urteil vom 17.10.2012, NJW 2013, 220 ff, Rn 17.

214 BGH – VIII ZR 226, 11, Urteil vom 17.10.2012, NJW 2013, 220 ff, Rn 17 ff mwN; *Herresthal*, JuS 2014, 289, 294 f; *Lorenz*, NJW 2013, 207, 208.

215 EuGH, Rs. C-306/06, (Telekom), Slg 2008, I-01923; dazu auch *Herresthal*, JuS 2014, 289, 295.

216 EuGH, Rs. 41/74 (Van Duyn), Slg 1974, 1337 (Einreiseverweigerung und Art. 3 Abs. 1 der RL 64/221); zusammenfassend *Kerwer*, S. 85 ff; *Prechal*, S. 280; *Perner*, EU-Richtlinien und Privatrecht, S. 27 ff.

- die RL dem Einzelnen Rechte gewährt (str.)
- die Bestimmung inhaltlich unbedingt und hinreichend genau ist und
- gegenüber dem Staat geltend gemacht wird.

Die unmittelbare Wirkung ist aber nach ständiger Rechtsprechung des EuGH **nur vertikal gegenüber dem Staat** möglich, nicht auch horizontal, das heißt gegenüber anderen Einzelnen.[217] Für einen Einzelnen kann die Richtlinie nämlich nicht selbst Verpflichtungen begründen.[218] Gegenüber dem Staat kommt es aber nicht darauf an, ob dieser hoheitlich oder etwa als Arbeitgeber gehandelt hat.[219] Entscheidend ist also insoweit allein, ob das Rechtssubjekt als Staat oder Einzelner zu qualifizieren ist. In der Literatur und sogar von Generalanwälten des EuGH ist vorgeschlagen worden, die unmittelbare Wirkung der Richtlinie auch horizontal anzuerkennen. Dies hat der EuGH jedoch zu recht zurückgewiesen.[220] Es wäre mit Art. 288 Abs. 3 AEUV (ex Art. 249 Abs. 3 EGV) und seinem zweistufigen Rechtsetzungsverfahren nicht vereinbar, würde sogar der Umsetzungspflicht der Mitgliedstaaten Sinn und letztlich Grundlage entziehen. So konnte man sich etwa gegenüber einem privaten Fernunterrichtsanbieter nicht auf die in Italien lange nicht umgesetzte Haustürwiderrufrechts-RL 85/577 berufen.[221] Auch der Verbraucherschutzauftrag des Art. 169 AEUV (ex Art. 153 EGV) vermag daran nichts zu ändern.[222] Ein nicht umgesetztes Konkursvorrecht für Forderungen wegen Umlagen der EGKS konnte nur gegenüber dem Staat, nicht aber gegenüber Rechten anderer Gläubiger geltend gemacht werden.[223] Mit dieser Rechtsprechung hat der Gerichtshof wohl auch nicht in der in vielerlei Hinsicht wenig klaren Entscheidung Mangold[224] gebrochen;[225] diese gründet nämlich auch auf Primärrecht und betrifft hinsichtlich Richtlinien eher die Vorwirkung (oben Rn 24) als die horizontale unmittelbare Wirkung. Gegenüber einem Mitgliedstaat kann sich ein Einzelner dem EuGH zufolge auch dann auf die Bestimmungen einer Richtlinie berufen, wenn dies „bloße negative Auswirkungen auf die Rechte Dritter" hat;[226] die Folge der Stilllegung eines Steinbruchs bis zur verspäteten Durchführung einer Umweltverträglichkeitsprüfung nach der RL 85/337 stehe nicht in unmittelbarem Zusammenhang mit den Pflichten der Steinbrucheigentümer nach der Richtlinie und sei keine umgekehrte unmittelbare Wirkung („inverse direct effect").[227] Unabhängig von den Rechten Einzelner hat eine Richtlinie insoweit objektive Wirkung als ein Mitgliedstaat auch bei noch nicht erfolgter Umsetzung sich aus der Richtlinie unmittelbar ergebende Verpflichtungen – etwa zur Umweltverträglichkeitsprüfung – erfüllen muss.[228] 37

Auch im vertikalen Verhältnis ist die unmittelbare Wirkung einer Richtlinienbestimmung jedoch an gewisse Voraussetzungen gebunden: Sie sollte jedenfalls gemäß der ursprünglichen Rechtsprechung Rechte des Einzelnen begründen[229] und muss **inhaltlich** als **unbedingt und hinreichend genau** erscheinen.[230] Ist letzteres nicht der Fall, so scheidet auch im vertikalen Verhältnis die unmittelbare Anwendbarkeit aus; war auch eine richtlinienkonforme Auslegung nicht möglich, so bleibt jedoch 38

217 EuGH, Rs. 152/84 (Marshall), Slg 1986, 723; jüngst EuGH, Rs. C-176/12 (Association de médiation sociale), Slg 2012, I-0000, Rn 36 sowie EuGH, Rs. E-351/12 (OSA), Slg 2012, I-0000, Rn 42; EuGH, verb. Rs. C-397/01 bis C-403/01 (Pfeiffer), Slg 2004, I-8835, Rn 109; EuGH, Rs. C-555/07 (Kücükdevici), Slg 2010, I-365, Rn 46.

218 EuGH, Rs. 152/84 (Marshall), Slg 1986, 723.

219 Ebd. Marshall, Rn 49: Southampton and South-West Hampshire Area Health Authority (Teaching) und Frau Marshall als dort beschäftigte Diätspezialistin.

220 EuGH, Rs. C-91/92 (Faccini Dori), Slg 1994, I-3325; verb. Rs. C-397 bis C-403/01 (Pfeiffer), Slg 2004, I-8835, Rn 107-109; EuGH, Rs. C 176/12 (Association de médiation sociale), Slg 2012, I-0000, Rn 36.

221 Faccini Dori, ebd.

222 EuGH, Rs. C-192/94 (El Corte Inglés), Slg 1996, I-1281 (zu Art. 11 Verbraucherkredit-RL).

223 EuGH, Rs. C-222/88 (Busseni), Slg 1990, I-495, Rn 23-30.

224 EuGH, Rs. C-144/04 (Mangold), Slg 2005, I-9981.

225 So aber *Bauer/Arnold*, NJW 2006, 6, 9; wie hier (kein „Dammbruch") *Streinz/Herrmann*, RdA 2007, 165 ff; *Mörsdorf*, EuR 2009, 219-240, 234.

226 EuGH, Rs. C-201/02 (Wells), Slg 2004, I-723 Rn 57.

227 Ebd. Rn 58.

228 EuGH, Rs. C-431/92 (Großkrotzenburg), Slg 1995, I-2189.

229 So schon EuGH, Rs. 41/74 (van Duyn), Slg 1974, 1337, Rn 13-15, doch heute str. und vielfach nicht mehr gefordert, *Ruffert*, in: Calliess/Ruffert Art. 288, Rn 66 ff.

230 EuGH, Rs. 8/81 (Becker), Slg 1982, 53, Rn 25; Rs. C-152/84 (Marshall), Slg 1986, 723, Rn 46.

noch der Weg der Staatshaftung nach Francovich-Grundsätzen (dazu sogleich Rn 41). Ferner kann eine Richtlinie nicht für sich allein und unabhängig von zu ihrer Durchführung erlassenen Rechtsvorschriften eines Mitgliedstaats die Wirkung haben, die strafrechtliche Verantwortlichkeit derjenigen, die gegen die Vorschriften dieser Richtlinie verstoßen, festzulegen oder zu verschärfen.[231]

39 Nach der Rechtsprechung des EuGH müssen jedoch auch in einem Zivilrechtsstreit zwischen Einzelnen nationale technische Vorschriften unangewandt bleiben, wenn sie unter Missachtung eines **Informationsverfahrens** einer Richtlinie erlassen worden sind.[232] Daher konnte ein Unternehmen einen Wettbewerbsprozess nicht auf die Verletzung nicht notifizierter belgischer Alarmanlagenbestimmungen stützen[233] und etwa ein Käufer von Olivenöl sich nicht auf die fehlende Etikettierung gemäß italienischen Vorschriften berufen, die während einer Aussetzungsfrist nach Art. 9 RL 83/189 erlassen worden sind.[234] Auch wenn die Richtlinie nicht selbst Verpflichtungen Einzelner begründen könne, stelle nämlich die Nichtbeachtung der Art. 8 oder 9 der RL 83/189 einen wesentlichen Verfahrensfehler dar, der die Unanwendbarkeit der unter Verstoß gegen einen dieser Artikel erlassenen technischen Vorschrift nach sich ziehe.[235] Der EuGH hat hier aber nicht eine horizontale unmittelbare Wirkung eingeführt, sondern eine Art Reflexwirkung[236] des Verfahrensverstoßes des Mitgliedstaates anerkannt.

40 Im Privatrecht kann ein Gericht eines Mitgliedstaats nach den Kollisionsregeln des (gemeinschaftlichen oder nationalen) IPR das Recht eines anderen Mitgliedstaates anzuwenden haben; dabei kann die Frage entstehen, ob dies auch gilt, wenn jener zweite Mitgliedstaat eine Richtlinie noch nicht umgesetzt hat. Die Konstellation ist in den **sog. Gran Canaria-Fällen** hervorgetreten, in denen deutsche Gerichte über Haustürgeschäfte nach spanischem Recht vor dortiger Umsetzung der RL 85/577 zu entscheiden hatten. Inzwischen ist die Diskussion erlahmt. Einige Stimmen wollten in der Anwendung richtlinienwidrigen fremden (damals: spanischen) Rechts einen Verstoß gegen die Gemeinschaftstreue und den ordre public sehen.[237] In der Sache führte dies zu der seltsamen Situation einer horizontalen Drittwirkung allein vor fremden Gerichten, was kaum überzeugen kann.[238] Eine ausdrückliche Vorschrift findet sich in Art. 16 „Übergangsmaßnahmen" der RL 2002/65/EG vom 23.9.2002 Fernabsatz von Finanzdienstleistungen: „Die Mitgliedstaaten können auf Anbieter, die in einem Mitgliedstaat niedergelassen sind, der diese Richtlinie noch nicht umgesetzt hat und nach dessen Recht keine den Verpflichtungen dieser Richtlinie entsprechenden Verpflichtungen bestehen, nationale Bestimmungen anwenden, die den Bestimmungen dieser Richtlinie entsprechen."

VI. Staatshaftung nach Francovich-Grundsätzen

41 Im Fall *Francovich*[239] hat der EuGH durch eine kühne und nicht ohne Kritik[240] gebliebene, heute aber wohl im Wesentlichen akzeptierte Rechtsprechung eine Staatshaftung der Mitgliedstaaten wegen Nichtumsetzung kreiert. Die in Italien damals noch nicht umgesetzte RL 80/987/EWG zur Angleichung der Rechtsvorschriften der Mitgliedstaaten über den Schutz der Arbeitnehmer bei Zahlungsunfähigkeit des Arbeitgebers schreibt vor, den Arbeitnehmern für einen gewissen Zeitraum die Befriedigung ihrer unerfüllten Ansprüche zu garantieren, lässt den Mitgliedstaaten dabei

---

231 EuGH, Rs. 80/86 (Kolpinghuis Nijmegen), Slg 1987, 3969, Rn 13; verb. Rs. C-387/02, C-391/02 und C-403/02 (Berlusconi), Slg 2005, I-3565 Rn 74, 77.

232 EuGH, Rs. C-194/94 (CIA Security International), Slg 1996, I-2201; Rs. C-443/98 (Unilever), Slg 2000, I-7535; Rs. C-159/00 (Sapod Audic), Slg 2002, I-5031.

233 EuGH, Rs. C-194/94 (CIA), Slg 1996, I-2201.

234 EuGH, Rs. C-443/98 (Unilever) Slg 2000, I-7335.

235 EuGH, Rs. C-443/98, Rn 50.

236 Von Reflex spricht auch *Bultmann*, JZ 2004, 1100, 1106.

237 So etwa ganz ausführlich *Iversen*, in: Brödermann/Iversen, Europäisches Gemeinschaftsrecht und IPR, 1994, vor allem Rn 1076 ff.

238 Ablehnend auch *Siehr*, IPR (2001), 159 f mwN.

239 EuGH, verb. Rs. C-6/90 und C-9/90 (Francovich), Slg 1991, I-5357.

240 *Von Danwitz*, JZ 1994, 335; *Ossenbühl*, DVBl. 1992, 993 ff instruktiv zur Vorgeschichte auch *Prechal*, S. 271 ff; beschwichtigend und ironisierend etwa *Tomuschat*, in: FS Everling II, S. 1585.

aber einen gewissen Gestaltungsspielraum – sie haben eine Garantieeinrichtung zu errichten, zu der die Arbeitgeber Mittel beitragen müssen, es sei denn, diese würden in vollem Umfang durch die öffentliche Hand gewährleistet. Die Voraussetzungen der unmittelbaren Anwendbarkeit waren nach Ansicht des EuGH nicht erfüllt, da die Person des Schuldners der Garantieansprüche nicht festgelegt sei (Rn 25, 26). Da der EGV eine eigene Rechtsordnung geschaffen habe und im Verletzungsfall ohne Entschädigungsanspruch die volle Wirksamkeit der gemeinschaftsrechtlichen Bestimmungen beeinträchtigt und der Schutz der durch sie geschaffenen Rechte gemindert sei (Rn 31-34), folge aus dem Wesen der mit dem EGV geschaffenen Rechtsordnung der Grundsatz einer Haftung des Staates für Schäden, die dem Einzelnen durch dem Staat zurechenbare Verstöße gegen das Gemeinschaftsrecht entstehen (Rn 35). Der EuGH zieht Art. 4 Abs. 3 EUV nF (ex Art. 10 EGV) heran und spricht von einer gemeinschaftsrechtlich gebotenen und unmittelbar im Gemeinschaftsrecht begründeten Staatshaftung (Rn 38, 41), deren Rahmen mangels gemeinschaftsrechtlicher Regelung das nationale Haftungsrecht bilde (Rn 42). Ihre drei **Voraussetzungen** sind in der Folge konkretisiert worden[241] als

- Verleihung subjektiver Rechte an den Geschädigten
- ein hinreichend qualifizierter Verstoß gegen die (Umsetzungs-)Pflicht
- unmittelbarer Kausalzusammenhang zwischen Verstoß und Schaden.

Die subjektiven Rechte können sich nicht nur aus nicht umgesetzten Richtlinien, sondern bei Fehlern bei der Umsetzung oder Anwendung von Richtlinien auch aus dem Recht auf freien Warenverkehr ergeben.[242] Das erst nach *Francovich* eingeführte Kriterium des hinreichend qualifizierten Verstoßes führt dazu, dass die Voraussetzungen je nach Fallgestaltung zu beurteilen sind.[243] Maßgeblich ist, ob der Mitgliedstaat seine Ermessensgrenzen offenkundig und erheblich überschritten hat.[244] Im Fall *Dillenkofer* zur Haftung Deutschlands wegen Nichtumsetzung der Insolvenzsicherung nach Art. 7 der Pauschalreiserichtlinie 90/314/EWG ist dies trotz der deutschen Vorauskasserechtsprechung (Unwirksamkeit von AGB, die wesentliche Vorauszahlung vor Erhalt werthaltiger Reisedokumente durch den Kunden vorsehen) angenommen worden.[245] Eine vorherige Verurteilung im Vertragsverletzungsverfahren ist vom EuGH nicht zur Voraussetzung gemacht worden.[246] Daher ist auch nicht erforderlich, dass die Erhebung einer Vertragsverletzungsklage die Verjährung des Schadensersatzanspruchs unterbricht oder hemmt.[247] Sogar ein Gemeinschaftsrechtsverstoß durch ein nationales Gericht kann nach dem EuGH unter Umständen zur Staatshaftung führen.[248] Die Ausgestaltung des Staatshaftungsanspruchs obliegt den Mitgliedstaaten, doch dürfen nach dem Grundsatz der Gleichwertigkeit die Voraussetzungen nicht ungünstiger sein als bei ähnlichen rein nationalen Klagen und sind nach dem Grundsatz der Effektivität so auszugestalten, dass sie es nicht praktisch unmöglich machen oder übermäßig erschweren, die Entschädigung zu erlangen.[249] Angemessene Ausschlussfristen sind zulässig,[250] auch eine Verjährungsfrist von drei Jahren,[251] die aber im Voraus festgesetzt sein muss;[252] sie darf schon zu laufen beginnen, wenn die ersten Schadensfolgen eingetreten sind, obschon weitere Schadensfolgen absehbar sind,[253] ferner kann vorge-

241 Zusammenfassend EuGH, Rs. C-445/06 (Danske Slagterier), Slg 2009, I-2119 Rn 20; siehe etwa auch *Pache,* in: Remien (Hrsg.), Schadensersatz im europäischen Privat- und Wirtschaftsrecht, 2012, S. 202 ff.

242 EuGH, Rs. C-445/06, Rn 21 ff.

243 EuGH, verb. Rs. C-178/94 usw (Dillenkofer u.a.), Slg 1996 I-4845, Rn 24.

244 EuGH, verb. Rs. C-46/93 und C-48/93 (Brasserie du Pecheur), Slg 1996, I-1029, Rn 55; Rs. C-524/04 (Fidium Finanz AG), Slg 2007, I-2205, Rn 55 f.

245 Vgl EuGH (oben Fn 216) Rn 15-29.

246 Vgl *Prechal*, S. 277 f; EuGH, Rs. C-445/06 (Danske Slagterier), Slg 2009, I-2119, Rn 37 ff.

247 EuGH, Rs. C-445/06, Rn 39.

248 EuGH, Rs. C-224/01 (Köbler), Slg 2003, I-10239. Dazu im Zusammenhang der Richtlinienauslegung *Frenz/Götzkes*, EuR 2009, 622-644.

249 EuGH, Rs. C-445/06, Rn 31.

250 Ebd., Rn 19.

251 Ebd., Rn 35.

252 Ebd., Rn 39.

253 Rn 47 ff.

sehen werden, dass kein Ersatz zu leisten ist für Schäden, bei denen vorsätzlich oder fahrlässig der Gebrauch von Rechtsmitteln unterlassen wurde.[254] Dabei ist aber hinsichtlich Verstößen gegen Unionsrecht und nationales Recht dem Äquivalenzgrundsatz Rechnung zu tragen.[255] Die Staatshaftung vermindert vielleicht auch für den nationalen Richter den Druck, um jeden Preis zur richtlinienkonformen Auslegung oder unmittelbaren Wirkung zu gelangen, schafft aber einen Anspruch gegen einen neuen Schuldner, den Staat.[256] Sie greift allerdings nur, wenn der Geschädigte den Anspruch gegen den Staat wirklich geltend macht; das wird etwa im Bereich des Verbraucherrechts zweifelhaft sein.[257]

VII. Vollharmonisierung, Mindestharmonisierung und weitere Spielarten

42 Rechtsangleichung durch Richtlinien ist dann beinahe Rechtsvereinheitlichung, wenn sie „Vollharmonisierung" ist. Diese Vollharmonisierung wird gelegentlich ausdrücklich angeordnet, Art. 4 der RL 2005/29 über unlautere Geschäftspraktiken lautet etwa: „Die Mitgliedstaaten dürfen den freien Dienstleistungsverkehr und den freien Warenverkehr nicht aus Gründen, die mit dem durch diese Richtlinie angeglichenen Bereich zusammenhängen, einschränken." Auch die Richtlinie über Rechte der Verbraucher folgt nach Art. 4 grundsätzlich dem Ansatz der Vollharmonisierung. Die Mitgliedstaaten dürfen dann keine strengeren Maßnahmen als in der Richtlinie vorgesehen erlassen, auch nicht, um ein höheres Verbraucherschutzniveau zu erreichen.[258] Es haben sich jedoch auch ausdrücklich weichere Formen der Harmonisierung entwickelt. In gewissen Bereichen, namentlich, doch nicht nur dem Verbraucherschutz, wurde lange die sog. Mindestharmonisierung praktiziert.[259] Mindestharmonisierung bedeutet nicht, dass der Harmonisierungsgrad gering sei, sondern dass **Mitgliedstaaten noch strengere Vorschriften** erlassen dürfen, soweit diese mit dem Vertrag vereinbar sind. Die Mindestharmonisierung – die anfangs wohl auch dem Konzept der Kommission widersprach[260] – ist gelegentlich als mit dem Gedanken des Binnenmarktes unvereinbar kritisiert worden,[261] wird aber allgemein geduldet und muss als realistischerweise notwendiges Element der Flexibilität und des Kompromisses angesehen werden.[262] Manche leiten sie auch aus dem Subsidiaritätsprinzip her[263] bzw dem anzustrebenden hohen Schutzniveau.[264] **Mindestklauseln** finden sich am Ende der Richtlinien, in ihrer neueren Gestaltung enthalten sie einen ausdrücklichen Vorbehalt des Primärrechts. So lautet etwa Art. 8 Abs. 2 der Verbraucherkauf-RL 1999/44: „Die Mitgliedstaaten können in dem unter diese Richtlinie fallenden Bereich mit dem Vertrag in Einklang stehende strengere Bestimmungen erlassen oder aufrechterhalten, um ein höheres Schutzni-

254 Rn 58 ff.
255 Nach dem EuGH verletzt im Fall EuGH, Rs. C-118/08 (Transportes Urbanos), Slg 2010, I-635.
256 Vgl *Rodriguez-Iglesias/Riechenberg*, in: FS Everling S. 1213, 1224 und die dort berichtete spanische Folgeentscheidung zu EuGH, Rs. C-334/92 (Wagner Miret), Slg 1993, I-6911.
257 *Steindorff*, S. 441.
258 EuGH, Rs. C-304/08 (Zentrale zur Bekämpfung unlauteren Wettbewerbs/Plus Warenhandelsgesellschaft), Slg 2010, I-00217, Rn 41 m Anm. *Sosnitza*, LMK 2010, 298886; verb. Rs. C-261/07 und 299/07 (VTB-VAB und Galatea), Slg 2009, I-02949, Rn 52.
259 Eingehend *Everling/Roth* (Hrsg.), Mindestharmonisierung im Europäischen Binnenmarkt (1997); ferner *Conrad*, Das Konzept der Mindestharmonisierung (2004), *Wagner*, Das Konzept der Mindestharmonisierung (2001), dort S. 176 ff zum Anwendungsbereich.
260 Vgl *Remien*, S. 137 mwN.
261 *Taschner*, in: Everling/Roth (Hrsg.), S. 159; *Taschner*, in: von der Groeben/Schwarze, Art. 94, Rn 46. Auf ungleiche Wettbewerbsbedingungen verweist *Slot*, ELR 1996, 378, 384.
262 *Remien*, in: Everling /Roth (Hrsg.), S. 181, 185 f. Vgl auch *Pipkorn/Bardenhewer-Rating/Taschner*, in: von der Groeben/Schwarze, Art. 95, Rn 77; *Wagner*, S. 224 ff.
263 Vgl *Lurger*, Regulierung, S. 115 ff.
264 *Heiderhoff*, § 3 Rn 20.

veau für die Verbraucher sicherzustellen."[265] Es ist möglich, dass eine Mindestklausel nur für einen Teil einer Richtlinie gilt, im Übrigen also Totalharmonisierung vorliegt. Ein Beispiel ist Art. 4 Abs. 2 RL 2002/65 Fernabsatz Finanzdienstleistungen. Ohne Mindestklausel liegt keine Mindestharmonisierungs-RL vor.[266] Der EuGH hat darauf in Sachen der Produkthaftungs-RL 85/374 deutlich hingewiesen und Frankreich und Griechenland wegen Vertragsverletzung durch über die RL hinausgehenden Schutz verurteilt.[267] „Auch Artikel 153 EG, ..., kann nicht für eine Auslegung der Richtlinie dahin angeführt werden, dass diese eine Mindestharmonisierung ... bezweckt, ...".[268] Auch wenn eine Mindestklausel fehlt, kann es jedoch sein, dass eine Frage nicht in den Regelungsbereich der Richtlinie fällt und insoweit noch ergänzende strengere Bestimmungen der Mitgliedstaaten zulässig sind. Dies sollte man besser jedoch nicht als Mindestharmonisierung bezeichnen.

Den durch Mindestklauseln eröffneten eigenen **rechtspolitischen Spielraum** nutzen Mitgliedstaaten 43 nicht selten aus, so etwa im AGB- oder Kaufrecht. Das Bestreben der Kommission geht im Verbraucherschutzbereich seit einigen Jahren dahin, die Technik der Mindestharmonisierung zu verlassen, doch trifft dies auf den Widerstand unter anderem des Parlaments. Nach dem Ringen um die Reform der Verbraucherkredit-RL[269] wurde zunächst heftig um die Vollharmonisierung nach dem Vorschlag einer Richtlinie über Rechte der Verbraucher gestritten.[270] Inzwischen wurde die zwar vollharmonisierende, aber radikal reduzierte Verbraucherrechterichtlinie erlassen.[271] Ein Abgehen von der Mindestharmonisierung wird die Verantwortung der gemeinschaftlichen Rechtsetzungsorgane und auch des EuGH ganz wesentlich erhöhen; die Zahl der Vorabentscheidungsersuchen müsste deutlich zunehmen.

Mindestharmonisierungsrichtlinien können **Freiverkehrsklauseln** enthalten. So sah die alte Tabake- 44 tikettierungsrichtlinie 89/622 in Art. 8 Abs. 1 vor, dass die Mitgliedstaaten den Handel mit Erzeugnissen, die den Anforderungen der Richtlinie entsprechen, aus Gründen der Etikettierung weder untersagen noch einschränken. Für aus anderen Mitgliedstaaten eingeführte Erzeugnisse musste daher der Richtlinienregelung Rechnung getragen werden, doch durfte für inländische Erzeugnisse infolge des Mindestcharakters eine strengere Vorschrift – nämlich ein größerer Warnhinweis – angewandt werden.[272] Fehlt es an einer Freiverkehrsklausel, so kann indes aufgrund einer **Mindestharmonisierungsklausel** zulässiges strengeres Recht kollisionsrechtlich **auch in grenzüberschreitenden Sachverhalten** zur Anwendung kommen, soweit keine Grundfreiheitenverletzung vorliegt.[273] Von der Beachtung der Grundfreiheiten befreit die Mindestharmonisierungsklausel natürlich nicht.[274] Eine in der Literatur gelegentlich vertretene Ansicht will annehmen, dass Hinausgehen über den Mindeststandard nie durch zwingende Erwägungen des Allgemeininteresses gerechtfertigt werden könne.[275] Dabei wird aber der Kompromisscharakter der Mindestharmonisierung verkannt

265 Vgl demgegenüber Art. 7 Abs. 1 der ehemaligen Irreführungs-RL 84/450: „Diese Richtlinie hindert die Mitgliedstaaten nicht daran, Bestimmungen aufrechtzuerhalten oder zu erlassen, die einen weiterreichenden Schutz der Verbraucher, der einen Handel, ein Gewerbe, ein Handwerk oder einen freien Beruf ausübenden Personen sowie der Allgemeinheit vorsehen." Ferner bestimmt Abs. 2: „Absatz 1 gilt nicht für vergleichende Werbung, soweit es sich um den Vergleich handelt." Weitere Bsp. bei *Wagner*, S. 127 ff.

266 Deutlich *Pipkorn/Bardenhewer-Rating/Taschner*, in: von der Groeben/Schwarze, Art. 95, Rn 78; von einer Vermutung spricht *Steindorff*, S. 421, s. dort ausführlich S. 415 ff AA aber *Lutter*, JZ 1992, 593, 606, vor allem für das Gesellschaftsrecht.

267 EuGH, Rs. C-52/00 und C-154/00 (Kommission/Frankreich bzw Griechenland), Slg 2002, I-3827 bzw 3879.

268 EuGH, Rs. C-52/00 (Kommission/Frankreich), Slg 2002, I-3827, Rn 15 – Produkthaftungs-RL.

269 Dazu übergreifend *Gsell/Schellhase*, JZ 2009, 20-29; s. ferner *Reich*, ZEuP 2010, 7-39.

270 Dazu etwa *Micklitz/Reich*, EuZW 2009, 279; *Jud/Wendehorst* (Hrsg.), Vollharmonisierung des Verbraucherprivatrechts in Europa? (2009);allgemein *Gsell/Herresthal* (Hrsg.), Vollharmonisierung im Privatrecht (2009).

271 Richtlinie 2011/83/EU über die Rechte der Verbraucher vom 25. Oktober 2011; ausführlich zur Umsetzung und Änderungen im BGB *Wendehorst*, NJW 2014, 577 ff.

272 EuGH, Rs. C-11/92 (Gallaher), Slg 1993, I-3545, Rn 16 und 22 f.

273 Vgl näher die in der drittfolgenden Fußnote genannten.

274 So ausdrücklich *Streinz*, in: Everling/Roth (Hrsg.), S. 9, 30.

275 *Grundmann*, Rn 80 u. 1127; *ders.*, JZ 1996, 274, 279.

und dem Gesetzgeber in zweifelhafter Weise die Befugnis zur Definition des primärrechtlichen Allgemeininteresses zugebilligt.[276] Der Mindestrichtlinie kann konsequenterweise auch keine Indizwirkung für das Allgemeininteresse beigemessen werden,[277] denn über dessen abschließende Bestimmung ist ein Konsens – trotz heute Mehrheitsentscheidung – in der Richtlinie gerade nicht hergestellt worden. Bei einer gespaltenen Harmonisierung, die unterschiedliche Standards für verschiedene Teile des Binnenmarkts festsetzt, können die Grundfreiheiten zu Freiverkehr zwischen den Teilharmonisierungszonen führen.[278]

45 Bei der **optionellen Harmonisierung**[279] bleibt es den Mitgliedstaaten gestattet, für Inlandssachverhalte ihr eigenes System beizubehalten, doch muss dieses den gleichen Schutz wie die Richtlinie bieten. Bei der von ihr wohl zu unterscheidenden **fakultativen Harmonisierung**[280] wird hingegen den Produzenten oder Händlern ein Wahlrecht zwischen Richtlinienstandard und nationalem Standard eröffnet.[281]

46 Gelegentlich bestimmen Richtlinien nur grundlegende Produktanforderungen und werden durch Industrienormen ausgefüllt. Hiergegen werden rechtspolitische Bedenken erhoben.[282]

VIII. Mitgliedstaatliche Wahlrechte in Richtlinien

47 Gleich ob Mindestharmonisierungs-RL oder nicht, gelegentlich räumen Rechtsakte den Mitgliedstaaten ein Wahlrecht hinsichtlich gewisser Bestimmungen ein.[283] Man findet sowohl ein Recht zur **Wahl zwischen verschiedenen vorgeschlagenen Lösungen** wie ein Recht zur **Wahl der Einführung oder Nichteinführung** einer bestimmten Regelung. Beispiele für ersteres sind etwa Art. 17 Handelsvertreter-RL 86/653 über Ausgleich bzw Schadensersatz oder Art. 13 Abs. 1 Unterabs. 2 RL 2004/48 Schutz geistigen Eigentums; Beispiel für letzteres sind Art. 4 Abs. 2 Verbraucherkauf-RL 1999/44 über die Rügefrist, Art. 6 Abs. 4 derselben RL über die Sprache von Garantien; Art. 15 und 16 Produkthaftungs-RL 1985/374, Art. 12 Übernahmenangebote-RL 2004/25 oder Art. 12 RL 2004/48 Schutz geistigen Eigentums. Diese Wahlrechte sind ähnlich wie die Mindestharmonisierung, von der sie aber unterschieden werden sollten, Instrumente von Kompromiss und Flexibilität. Sie konservieren jedoch Rechtsunterschiede im Binnenmarkt.

48 Richtlinien, sogar Verordnungen, enthalten nicht selten Verweisungen auf das anwendbare nationale Recht, zB Art. 2 Nr. 2 RL 2001/23 (Betriebsübergangs-RL) zum Begriff des Arbeitnehmers. Selbst der Zollkodex überlässt die Regelung mancher Einzelheiten ausdrücklich den Mitgliedstaaten.[284] Generalklauseln oder unbestimmte Rechtsbegriffe lassen den Mitgliedstaaten nur dann eine Befugnis zur näheren Ausgestaltung, wenn man sie nicht als einheitlich auszulegende europäische Begriffe versteht. So ist entgegen der Entscheidung Océano der EuGH in Freiburger Kommunalbauten zu Art. 3 RL 93/13 vorgegangen.[285] Man sollte aber soweit möglich eine europaweit einheitliche Auslegung anstreben.[286]

---

276 *Remien*, in: Everling/Roth (Hrsg.), S. 184 f; *ders.*, RabelsZ 62 (1998), 627, 641; *Streinz*, in: Everling/Roth, S. 30 f; *van Huffel*, Rev.eur.dr.cons. 1997, 262, 274; *Lurger*, Regulierung S. 119 f; *Conrad*, S. 149 ff.
277 Anders wohl *Leible/Schröder*, in: Streinz, Art. 114, Rn 33.
278 Vgl EuGH, Rs. C-457/05 (Schutzverband/Diageo), Slg 2007, I-08075; dazu *Gundel*, EuR 2008, 248 ff.
279 *Leible/Schröder*, in: Streinz, Art. 114, Rn 34; *Ludwigs*, S. 109 f; *Seidel*, in: Everling/Roth (Hrsg.), S. 39, 44 f; *Streinz*, in: Everling/Roth (Hrsg.), S. 9, 19.
280 Anders *Leible/Schröder*, in: Streinz, Art. 114, Rn 35.
281 *Ludwigs*, S. 110 ff; *Streinz*, in: Everling/Roth (Hrsg.), S. 9, 19. *Slot*, ELR 1996, 378, 383 spricht hier von „optional harmonization".
282 *Taschner*, in: von der Groeben/Schwarze, Art. 94, Rn 47.
283 Zur Zulässigkeit von Differenzierungen *Müller-Graff*, EuR 1989, 107, 137.
284 Näher *Wolffgang*, in: Witte/Wolffgang, S. 41 f.
285 EuGH, Rs. C-237/02 (Freiburger Kommunalbauten), Slg 2004, I-3403.
286 Näher *Remien*, RabelsZ 66 (2002), 503; anders *Franzen*, S. 504 ff und 536 ff, insb. 552 ff.

IX. Sanktionen und Strafnormen

Gewisse Richtlinienbestimmungen sehen Sanktions- und Strafnormen vor. Dass die Mitgliedstaaten **„angemessene Sanktionen"** vorsehen müssen, ist sogar eine verbreitete Bestimmung, zB Art. 11 RL 2002/65 Fernabsatz Finanzdienstleistungen oder Art. 24 der neuen Verbraucherrechterichtlinie. Jedoch bestanden durchaus Zweifel, ob **spezifische strafrechtliche Vorschriften** auf Art. 114 AEUV (ex Art. 95 EGV) gestützt werden könnten. Während manche strafrechtliche Stimmen dies verneinten, bejahten manche europarechtliche Stimmen es, beides gelegentlich in pauschaler Weise. Die Bedenken wurden dadurch gesteigert, dass schon der EVV im Rahmen der justiziellen Zusammenarbeit in Strafsachen auch eine gewisse Strafrechtsangleichung minutiös vorsah. Wohl unstr. zulässig dürfte schon bisher gewesen sein, dass eine Richtlinie effektive Sanktionen verlangt. Dies geschieht auch relativ häufig. Die Kommission versuchte mit Billigung von Stimmen der Literatur aber auch, einzelne Strafrechtsnormen per Richtlinie vorzuschreiben.[287] Es ist aber nicht nur zweifelhaft, ob Strafnormen überhaupt durch die Voraussetzungen des gegenüber Art. 115 AEUV (ex Art. 175 EGV) beschränkten Art. 114 AEUV geboten sein können, sondern auch, ob eine Strafrechtsgestaltung durch die Gemeinschaft mit dem **ultima-ratio**-Charakter des Strafrechts vereinbar ist.[288] Rechtsstaatliche Erwägungen sprechen dafür, dies eher zu verneinen. Für die Betrugsbekämpfung gestattet Art. 325 AEUV wie Art. III-415 Abs. 4 EVV gemeinschaftliche „Maßnahmen".[289] Der Gerichtshof hat jedoch die **Umweltermächtigung** des Art. 192 AEUV als richtige Grundlage für eine Teilharmonisierung von Strafrechtsvorschriften angesehen.[290] Allerdings hat er in einem weiteren Urteil ausgesprochen, dass Art und Maß der Strafsanktion nicht in die Kompetenz der Gemeinschaft fallen.[291] Der AEUV bringt nun im Kapitel zur Justiziellen Zusammenarbeit in Strafsachen neben der Befugnis zum Erlass von Mindestvorschriften zum Strafverfahrensrecht nach Art. 82 Abs. 2 AEUV und zur Strafrechtsharmonisierung bei besonders schwerer Kriminalität nach Art. 83 Abs. 1 AEUV[292] ausdrücklich eine Annexkompetenz, soweit sich die Strafrechtsangleichung „als unerlässlich für die wirksame Durchführung der Politik der Union auf einem Gebiet, auf dem Harmonisierungsmaßnahmen erfolgt sind", erweist – Art. 83 Abs. 2 AEUV.[293] Vielleicht ist „unerlässlich" allenfalls die Angleichung von Tatbestandmerkmalen, nicht von Strafen.[294] Jedenfalls sind die „Notbremse" nach Art. 83 Abs. 3 AEUV und betreffend Deutschland die Entscheidung des BVerfG zum Vertrag von Lissabon zu beachten.[295] Die deutsche Zustimmung zur Annexkompetenz ist nur deshalb verfassungskonform, weil sie eng auszulegen ist; für die Annexkompetenz muss „nachweisbar feststehen, dass ein gravierendes Vollzugsdefizit besteht und nur durch Strafandrohung beseitigt werden kann."[296] Den Anforderungen des Schuldprinzips ist zu genügen.[297] 49

287 *Ludwigs*, S. 202-205.

288 Eingehend zur Strafrechtssetzungskompetenz der EU *Satzger*, Internationales und Europäisches Strafrecht, § 8, Rn 18-31; umfassend *ders.*, Europäisierung des Strafrechts, 2001.

289 S. *Satzger*, § 9, Rn 51; allgemein und speziell hierzu *Stiebig*, EuR 2005, 466-493.

290 EuGH, Rs. C-176/03 (Kommission/Rat), Slg 2005, I-7879.

291 EuGH, Rs. C-440/05 (Kommission/Rat), Slg 2007, I-9097; dazu *Zimmermann*, NStZ 2008, 662.

292 – mit Brückenklausel in Art. 83 Abs. 1 Unterabs. 3, dazu BVerfG, Urteil v. 30.6.2009, – 2 BvE 2/08, 5/08, 2 BvR 1010/08, 1022/08, 1259/08, 182/09 –, NJW 2009, Rn 365 (Lissabon) und § 7 IntVG; zu Art. 83 AEUV *Satzger* § 9 Rn 31 ff.

293 Dazu *Heger*, ZIS 2009, 406 ff; *Mansdörfer*, HRRS 2010, 11 ff.

294 Vgl *Heger*, ebd 413; anders wohl *Mansdörfer*, HRRS 2010, 11, 17.

295 BVerfG, Urteil v. 30.6.2009, – 2 BvE 2/08, 5/08, 2 BvR 1010/08, 1022/08, 1259/08, 182/09 –, NJW 2009, 2267 (Lissabon).

296 Rn 361 und 362.

297 Rn 364.

F. Rechtsangleichung und Gerichte

I. Rechtsangleichungsakte vor mitgliedstaatlichen Gerichten

50 Mitgliedstaatliche Gerichte sind auch Unionsgerichte. Für den Einzelnen nehmen sie in erheblichem Umfang sogar die **Rolle der ordentlichen Unionsrechtsgerichtsbarkeit** wahr, gerade soweit es um Rechtsangleichungsakte geht. Zuschnitt und Zuständigkeit der Fachgerichtsbarkeiten der Mitgliedstaaten divergieren deutlich. Auch wird eine uneinheitliche Anwendung des Unionsrechts beklagt.[298] Der EUV nF erkennt die Rolle der mitgliedstaatlichen Gerichte in Art. 19 Abs. 1 Unterabs. 2 ausdrücklich an. Für die VO ergibt sich ihre Rolle vor den Gerichten schon aus ihrer unmittelbaren Geltung: Zollkodex, Kartellrechtsverordnungen, SE-VO oder Fluggastrechte-VO sind anzuwenden wie ein nationales Gesetz. Die RL ist kraft richtlinienkonformer Auslegung des mitgliedstaatlichen Rechts oder gar der ausnahmsweise unmittelbaren vertikalen Wirkung vor dem nationalen Gericht von Bedeutung.[299] Bei Anwendbarkeit des Rechts eines anderen Mitgliedstaates macht sie dessen Ermittlung leichter.[300] Für die mitgliedstaatlichen Gerichte ist jedoch die Mehrsprachigkeit des europäischen Rechts wegen der Verfügbarkeit eines Textes in der eigenen Sprache eine Hilfe, wegen der Existenz anderer Sprachfassungen aber auch ein besonderes Problem. Andere Sprachfassungen sind nach der Rechtsprechung des EuGH bei der Auslegung ggf zu berücksichtigen. Selbst das sprachkundigste mitgliedstaatliche Gericht wird hier indes an Grenzen stoßen. Dem **Vorabentscheidungsverfahren** nach Art. 267 AEUV (ex Art. 234 EGV) kommt auch insoweit Bedeutung zu. Es ist ein Weg, über eine bloße Textangleichung[301] hinaus die Rechtspraxis anzugleichen. Besondere Fragen wirft bekanntlich die Grundrechtskontrolle von Umsetzungsgesetzgebung und Unionsrechtsakten auf.[302]

II. Rechtsangleichungsakte vor Unionsgerichten

51 Die Unionsgerichte können in verschiedener Art und Weise mit Rechtsangleichungsakten befasst werden. Die Union mit ihrer institutionalisierten Gerichtsbarkeit sticht hier gegenüber der internationalen Rechtsvereinheitlichung hervor.[303]

1. Vorabentscheidungsverfahren Art. 267 AEUV

52 Zahlreich sind **Vorabentscheidungsersuchen** mitgliedstaatlicher Gerichte an den EuGH zur Auslegung von Rechtsangleichungsakten, insbesondere Richtlinien.[304] Sie haben erhebliche Bedeutung für die Rechtspraxis in den Mitgliedstaaten. Bei den Richtlinien ergibt sich die Entscheidungserheblichkeit der unionsrechtlichen Frage aus dem Gebot der richtlinienkonformen Auslegung des nationalen Rechts (dazu oben Rn 28 ff). Wenngleich der EuGH nach Art. 267 AEUV nur für die Auslegung des Unionsrechts, nicht jedoch die Anwendung zuständig ist, fällt er hier häufig sehr ins Einzelne gehende Entscheidungen.[305] Manche bringen die europäische Rechtsangleichung wesentlich voran, gelegentlich sogar in zweifelhafter, über die Richtlinienerwägungen hinausgehender Weise. Manchmal scheint es, dass der EuGH hier sogar vor der Richtlinienergänzung nicht zurückschreckt.[306] Von Instanzgerichten scheint das Vorabentscheidungsverfahren gelegentlich auch zur

---

298 *Von Danwitz*, in: Dauses, B. II. Rn 77.

299 Vgl nur *Everling*, in: FS Lukes, S. 359, 364.

300 Vgl oben, KG Berlin, Urteil vom 26.9.2011 – 24 U 111/10, WRP 2012, 102 ff.

301 So der Vorwurf bei *N. Fischer*, VuR 2003, 374, 381.

302 Dazu nun in Sachen Vorratsdatenspeicherung BVerfG, Urt. vom 2.3.2010, 1 BvR 256/08, 263/08 und 586/08 sowie EuGH zur Richtlinie über Vorratsdatenspeicherung, Rs. C-293/12 und C-594/12 (Digital Rights Ireland Ltd).

303 *Everling*, in: FS Lukes, S. 359, 363; *Remien*, RabelsZ 66 (2002), 503, 505.

304 Zu Erfahrungen im Privatrecht *Hakenberg*, RabelsZ 66 (2002), 367-390.

305 *Steindorff*, S. 465 f; *Remien*, RabelsZ 66 (2002), 503, 505 ff.

306 *Weitgehend etwa EuGH*, Rs. C-168/00 (Simone Leitner), Slg 2002, I-2631; interessant auch EuGH, Rs. C-481/99 (Heininger), Slg 2001, I-9945 und die Folgeentscheidungen. EuGH, Rs. C-350/03 (Schulte), Slg 2005, I-9215; EuGH, Rs. C-229/04 (Crailsheimer Volksbank), Slg 2005, I-9273; sowie EuGH, verb. Rs. C-65/09 (Weber) und Rs. C-87/09 (Putz), Slg 2011, I-05257. Über Rechtsfortbildung bei RL *Bultmann*, JZ 2004, 1100.

Umgehung der mitgliedstaatlichen Höchstgerichte genutzt zu werden. Dies ist allerdings nur möglich, wenn der EuGH insoweit rechtsvergleichend unaufmerksam ist. Idealerweise informiert das Vorabentscheidungsersuchen den EuGH über Rechtslage und Kontext. Zu Recht bezeichnet der EuGH das Vorabentscheidungsverfahren als Verfahren der Zusammenarbeit. Im Fall von Mindestharmonisierungsrichtlinien ist ein Vorabentscheidungsersuchen dann unnötig und unzulässig, wenn das nationale Gericht die schutzintensivste Auslegung der Richtlinie anwendet. Ein Vorabentscheidungsersuchen kann auch die Gültigkeit des europäischen Rechtsaktes betreffen;[307] damit eröffnet es einen Weg der Normenkontrolle.

2. Vertragsverletzungsverfahren

Nichtumsetzung oder fehlerhafte Umsetzung der Richtlinie ist eine **Verletzung der Umsetzungspflicht** des Mitgliedstaates (oben Rn 23 ff) und kann daher ein Vertragsverletzungsverfahren nach Art. 258 f AEUV auslösen.[308] Vielfältige Beispiele für beide Konstellationen finden sich in der Rechtsprechung. Der neue Art. 260 Abs. 3 AEUV soll bei unterlassener Mitteilung der Umsetzung einer Richtlinie sogar zu einer beschleunigten Festsetzung von Pauschalbetrag oder Zwangsgeld durch den EuGH führen.[309] Die Feststellung fehlerhafter Umsetzung bedingt eine Auslegung der Richtlinie; daher sind öfters auch im Vertragsverletzungsverfahren ergangene Entscheidungen von allgemeiner Bedeutung, ja richtungweisend.[310] Eine gewisse Problematik liegt in der manches Mal mangelnden Eindeutigkeit der Richtlinien;[311] der EuGH schreckt vor einer Konkretisierung gelegentlich nicht zurück. 53

3. Direktklagen

Kaum bei Rechtsangleichungsrichtlinien, wohl aber bei Schaffung supranationalen Einheitsrechts durch Verordnungen kommt die Direktklage gegen Verwaltungsentscheidungen in Betracht. Dies gilt vor allem im Bereich des geistigen Eigentums bei **Unionsschutzrechten.** Im Markenrecht hat sich bereits eine Entscheidung des HABM betreffende beachtliche Rechtsprechung entwickelt. Ein einheitliches Patentgericht soll nun errichtet werden.[312] Für die Europäische Gesellschaft (SE) werden in erster Linie die mitgliedstaatlichen Gerichte zuständig sein, die sich dann des Vorabentscheidungsverfahrens werden bedienen können. Bei Direktklagen gegen Rechtsetzungsakte mit Verordnungscharakter ist die Neuregelung der Klagebefugnis durch Art. 263 Abs. 4 AEUV zu beachten.[313] Eine Unionsgerichtsbarkeit für bürgerliche Rechtsstreitigkeiten im Bereich europäischer Rechtstitel des geistigen Eigentums könnte wohl aufgrund von Art. 262 AEUV (ex Art. 229 a EGV) geschaffen werden.[314] 54

4. Menschenrechtsbeschwerde?

Nicht ausgeschlossen erscheint, dass die Union durch den Erlass einer Rechtsangleichungsvorschrift oder durch ihre Auslegung durch den EuGH gegen **Grundrechte** verstößt. Mangels einer Grundrechtsbeschwerde zum EuGH könnte dann eine **Menschenrechtsbeschwerde** zum EGMR gegen den handelnden Mitgliedstaat in Betracht kommen. 55

---

307 Vgl EuGH, Rs. C-491/01 (BAT und Imperial Tobacco), Slg 2002, I-11453, Rn 32 ff.

308 Zu besonderen Problemen *Prechal*, S. 38.

309 Dazu *Everling*, EuR 2009 Beiheft 1, 71, 81 ff.

310 *Everling*, in: FS Lukes, S. 359, 362.

311 Ähnliche Klage bei *Prechal*, S. 37.

312 Siehe Übereinkommen über ein Einheitliches Patentgericht vom 19.2.2013, ABl. C 175/1, sowie die Verordnungen 1257/2012 und 1260/2012; siehe dazu auch *Jaeger*, Einheitspatent – Zulässigkeit der verstärkten Zusammenarbeit ohne Spanien und Italien, NJW 2013, 1998-2001; *Zech*, Europäisches Patentrecht in Bewegung, EuZW 2013, 521-522.

313 Dazu *Everling*, EuR 2009 Beiheft 1, 71, 73 f.

314 Vgl noch zum EVV *Remien*, EuR 2005, 699, 712 f.

G. Perspektiven

56 In der Union und ihren Mitgliedstaaten gibt es keinen einheitlichen **Rechtsstil.**[315] Der Stil des EuGH ist ein eigener, eher knapper und häufig kritisierter. Die Begründungen sind gelegentlich formal, gelegentlich teleologisch inspiriert.

57 Das durch Rechtsangleichungsmaßnahmen stark entwickelte Binnenmarktrecht bedarf, wie bereits erkannt, der Herstellung von Übersichtlichkeit durch **Kodifizierung.** Wenngleich der Zollkodex ein Einzelfall ist, so ist doch im Vergaberecht und zum Teil im Bankrecht eine **Konsolidierung** der Richtlinien bereits erfolgt. Im Verbraucherrecht ist dies bisher kaum gelungen. Insgesamt zeigt sich ein steter Ausbau des europäischen Sekundärrechts. Die Anwendung europäischen Rechts wird damit Rechtsalltag. Auch wenn bei Diskussionen über ein Europäisches Zivilgesetzbuch Vorsicht angebracht[316] und das Vorhaben eines Gemeinsamen Referenzrahmens nach vielen Ungewissheiten[317] durch den Vorschlag eines optionalen Kaufrechts abgelöst worden ist, wird wohl doch insgesamt die Rechtsangleichung trotz Subsidiarität weiter zunehmen. Ob optionale Einheitsrechtsregime auf Art. 114 AEUV gestützt werden können, scheint derzeit eine entscheidende Zukunftsfrage.[318] Für Bürgernähe und Demokratie ist dies alles eine Herausforderung. Angesichts der Detailliertheit vieler Rechtsangleichungsakte läge es in einigen Bereichen nicht fern, auch formell zu **Verordnungen** überzugehen. Die ausgreifende Rechtsangleichung bedarf auch einer Fortbildung der **Gerichtsorganisation.** Art. 257 AEUV (ex Art. 225 a EGV) gestattet zwar die Bildung von „Fachgerichten",[319] doch scheinen die europäischen Institutionen das Gespräch über die Justizorganisation indes ansonsten einstweilen zu verweigern.[320]

58 Der **Vertrag von Lissabon** bringt für die allgemeine Rechtsangleichung an sich **wenig neues,** eine Konkretisierung der Kompetenznormen ist trotz entsprechender Bestrebungen nicht erfolgt.[321] Die vom EVV vorgesehenen neuen Bezeichnungen Europäisches Gesetz für die Verordnung und Europäisches Rahmengesetz für die Richtlinie sind nicht eingeführt worden. Art. 118 AEUV gibt weiteren Anhalt dafür, dass die Schaffung supranationaler Rechtsnormen sonst nur unter Art. 352 AEUV, nicht Art. 114 AEUV fällt. Art. 352 AEUV bleibt als Flexibilitätsklausel erhalten und wird auf die anderen Politikbereiche ausgedehnt, wird für Deutschland aber vom BVerfG einzufangen versucht. Die Schaffung europäischer Rechtstitel des geistigen Eigentums ist davon nach Art. 118 AEUV nun nicht mehr betroffen, in anderen Materien kann dies wichtig werden. Mit der Annexkompetenz im Strafrecht nach Art. 83 Abs. 2 AEUV wird eine zweifelhafte Rechtsprechung im Kern anerkannt, die Kompetenz zum Energiebinnenmarkt nach Art. 194 AEUV ist neu. Verfassung ist nur ein Wort, dessen Anspruch im Hinblick auf die Rechtsangleichung schon im EVV nicht eingelöst wurde und für den Vertrag von Lissabon kann schwerlich anderes gelten.

---

315 *Remien*, RabelsZ 60 (1996), 1.
316 Übersicht zu diversen Wissenschaftlergruppen bei *Wurmnest*, ZEuP 2003,714; auch *Lurger*, Grundfragen, 11 ff.
317 *Remien*, GPR 2008, 124-128.
318 *Remien*, in: FS Martiny, S. 987 ff; *Ludwigs*, EuZW 2012, 608 ff.
319 Krit *Everling*, EuR 2009 Beiheft 1, 71, 81.
320 Zur Gesamtproblematik vgl *Gsell/Hau* (Hrsg.), Zivilgerichtsbarkeit und Europäisches Justizsystem, 2012, insbesondere die Beiträge von *Riehm* und *Remien*.
321 Zum Privatrecht näher *Remien*, EuR 2005, 699-720.

§ 15 Auslegung, Rechtsfortbildung und Rechtsschöpfung

Abschnitt 1: Übersicht zu Gesetzgebung und Rechtsprechung

A. Gesetzgebung

Art. 4 Abs. 3 EUV (Grundsatz der loyalen Zusammenarbeit – „Unionstreue“); Art. 19 EUV (Zuständigkeit des EuGH zur Auslegung und Rechtsfortbildung); Art. 267 AEUV (Vorabentscheidungsverfahren); Art. 288 AEUV (Rechtshandlungen).

B. Rechtsprechung („Leading Cases“)

EuGH/EuG:

EuGH, Rs. 6/64 (Costa/ENEL), Slg 1964, 1251/1269 (Rechtsschöpfung); EuGH, Rs. 26/62 (van Gend&Loos), Slg 1963, 1 (Rechtsschöpfung); EuGH, Rs. C-46/93 und C-48/93 (Brasserie du pêcheur SA und Factortame Ltd)., Slg 1996, I-1029 (Rechtsschöpfung; effet utlie); EuGH, Rs. C-6/90 und C-9/90 (Francovich und Bonifaci), Slg 1991, I-5357 (Rechtsschöpfung; effet utile); EuGH, Rs. 29/69 (Stauder), Slg 1969, 419 (Rechtsschöpfung); EuGH, Rs. C-103/01 (Kommission/ Deutschland), Slg 2003, I-5369 (autonome Auslegung); EuGH, Rs. C-174/05 (Zuid-Hollandse Milieufederatie und Natuur en Milieu), Slg 2006, I-2443 (wörtliche Auslegung; Verbindlichkeit aller Sprachen); EuGH, Rs. C-1/02 (Borgmann), Slg 2004, I-3219: (wörtliche Auslegung; Verbindlichkeit aller Sprachen); EuGH, Rs. C-420/98 (W.N.), Slg 2000, I-2847 (wörtliche Auslegung; Verbindlichkeit aller Sprachen); EuGH, Rs. 9/79 (Koschniske) Slg 1979, 2717 (historische Auslegung); EuGH, Rs. C-292/89 (Antonissen) Slg 1990, I-745 (historische Auslegung) Protokollerklärungen); EuGH Rs. C-355/95P (TWD) Slg 1997, I-2549 (historische Auslegung; Begründungserwägungen); EuG, Rs. T-346/02 u. T-347/02, (Cableuropa), Slg 2003, II-4251 (historische Auslegung; Begründungserwägungen); EuGH, Rs. C-104/01 (Libertel) Slg 2003, I-3793 (historische Auslegung; Protokollerklärungen); EuGH, Urteil vom 16.10.2008, Rs. C-298/07 (Bundesverband der Verbraucherzentralen und Verbraucherverbände), Slg 2008, I-0000 (systematisch-teleologische Auslegung); EuGH, Rs. C-53/05 (Kommission ./. Portugal), Slg 2006, I-6215 (systematisch-teleologische Auslegung); EuGH, Rs. C-72/95 (Aannemersbedrijf Kraaijeveld u.a.), Slg 1996, I-5403 (systematisch-teleologische Auslegung); EuGH, Rs. C-143/88 und C-92/89 (Zuckerfabrik Süderdithmarschen und Zuckerfabrik Soest), Slg 1991, I-415 (systematisch-teleologische Auslegung); EuGH, Rs. C-212/04 (Adeneler), Slg 2006, I-6057 (vertragskonforme Auslegung); EuGH, Rs. C-397/01 bis C-403/01 (Pfeiffer), Slg 2004, I-8835 (vertragskonforme Auslegung); EuGH, Rs. C-135/93 (Spanien/Kommission), Slg 1995, I-1651/1683 (vertragskonforme Auslegung); EuGH, Rs. C-90/92 (Dr. Tretter), Slg 1993, I-3569 (vertragskonforme Auslegung); EuGH, Rs. 165/84 (Krohn), Slg 1985, 3997 (analoge Anwendung des Gemeinschaftsrechts); EuGH, Rs. 14/83 (von Colson und Kamann), Slg 1984, 1891 (richtlinienkonforme Auslegung des nationalen Rechts); EuGH, Rs. C-91/92 (Faccini Dori), Slg 1994, I-3225 (richtlinienkonforme Auslegung des nationalen Rechts); EuGH, Rs. C-106/89 (Marleasing), Slg 1990, I-4135 (richtlinienkonforme Auslegung des nationalen Rechts); EuGH, Rs. 80/86 (Kolpinghuis Nijmegen), Slg 1987, 3969 (richtlinienkonforme Auslegung des nationalen Rechts); EuGH, Rs. C-268/06 (Impact), Slg 2008, I-2483 (richtlinienkonforme Auslegung); EuGH, Rs. C-298/07 (Bundesverband der Verbraucherzentralen und Verbraucherverbände), Slg 2008, I-7841 (systematisch-teleologische Auslegung); EuGH, Rs. C-378/07 (Angelidaki), Slg 2009, I-3071 (richtlinienkonforme Auslegung).

Nationale Gerichte:

BVerfGE 75, 223/243; BVerfGE 89, 155; BVerfGE 102, 147; BVerfGE 126, 286; BGH, Urteil vom 26.11.2008 – VIII ZR 200/05 (abgedruckt in EuZW 2009, 155).

Abschnitt 2: Analyse und Darstellung der Einwirkungspraxis des Europarechts

A. Einführung

1 Auslegung, Rechtsfortbildung und Rechtsschöpfung sind Rechtsinstitute, die jeder Rechtsordnung, auch der Rechtsordnung der EU, immanent sind. Aufgrund der Eigenständigkeit der Rechtsordnung der EU gegenüber der Völkerrechtsordnung und den nationalen Rechtsordnungen folgen diese Rechtsinstitute in der Rechtsordnung der EU jedoch ihren eigenen Regeln, wenngleich sich diese mehr oder minder stark an den im Völkerrecht und im nationalen Recht geltenden Regeln und Grundsätzen ausrichten.

I. Begrifflichkeit und Abgrenzungen

2 **„Auslegung“** bedeutet die Beseitigung von Unklarheiten und von Widersprüchen in einer unionsrechtlichen Regelung. Zu unterscheiden davon ist die **„unionsrechtskonforme Auslegung“** nationalen Rechts. Hier geht es nicht mehr um die Auslegung des Unionsrechts, sondern um eine an den Vorgaben des Unionsrechts ausgerichtete Auslegung des nationalen Rechts.

3 **„Rechtsfortbildung“** bedeutet die Ergänzung unvollkommener oder fehlender Regelungen oder anders ausgedrückt: die Schließung von Regelungslücken. Der Übergang von Auslegung zur Rechtsfortbildung ist allerdings fließend: Auch durch Auslegung können Regelungslücken geschlossen werden, nämlich dann, wenn es sich um regelungsimmanente Lücken handelt.[1] Hiergegen lässt sich die Rechtsfortbildung nur so abgrenzen, dass es bei ihr um die Schließung derjenigen Lücken geht, die nach Auslegung des fraglichen Regelungswerks zwischen dem Auslegungsergebnis und den aus der Gesamtrechtsordnung erwachsenden Ansprüchen an den Inhalt des fraglichen Regelungswerks ergeben. In der Rechtsordnung der EU verwischt sich die Unterscheidung zwischen Auslegung und Rechtsfortbildung allerdings vollends, da hier die Rechtsfortbildung im Wege der systematisch-teleologischen Auslegung erfolgt und sich folglich als Ergebnis einer bestimmten Aus-

1 Die teilweise danach vorgenommene Abgrenzung, dass Rechtsfortbildung im Gegensatz zur Auslegung eine Gesetzes- oder Regelungslücke voraussetzt, überzeugt deshalb nicht. Vgl *R. Wank*, Grenzen richterlicher Rechtsfortbildung, 1978, S. 69-76.

legungsmethode darstellt. Eine dogmatische Unterscheidung dieser beiden Rechtsinstitute ist in der Unionspraxis deshalb auch nicht vorgenommen worden.

„**Rechtsschöpfung**" bedeutet die Anerkennung derjenigen Rechtssätze, die zwar als notwendiger Mindestgehalt in einer jeden rechtsstaatlichen und demokratischen Grundsätzen verpflichteten Rechtsordnung enthalten sein müssen, aber keine positivrechtliche Regelung in den EU-Verträgen (EUV und AEUV) erfahren haben. Die Rechtsschöpfung setzt im Unterschied zur Auslegung und vor allem zur Rechtsfortbildung nicht bei der Konkretisierung und fortschreitenden Ausgestaltung der bereits vorhandenen oder als geltendes Recht bereits anerkannten Rechtssätze an, sondern bei ihr geht es letztlich noch um die Erkenntnis dessen, was überhaupt als Recht in der Rechtsordnung der EU gilt. 4

II. Ebenen der Auslegung, Rechtsfortbildung und Rechtsschöpfung

Auslegung und **Rechtsfortbildung** können sowohl auf EU-Ebene als auch auf nationaler Ebene vorgenommen werden. Dies hängt damit zusammen, dass das Unionsrecht nur zum Teil von den Unionsorganen, und hier vor allem der Europäischen Kommission, unmittelbar vollzogen wird (Wettbewerbsrecht, Zollrecht, Haushalt, Beamtenrecht); zu einem viel größeren Teil erfolgt der Vollzug des Unionsrechts mittelbar durch die nationalen Behörden. 5

Das im **direkten Vollzug anwendbare Unionsrecht** wird ausschließlich auf EU-Ebene ausgelegt und fortgebildet. 6

Das im **mittelbaren Vollzug anwendbare Unionsrecht** wird demgegenüber auf nationaler Ebene ausgelegt und fortgebildet, wenngleich die Auslegung und Fortbildung dieses Rechts zur Sicherung der einheitlichen Geltung des Unionsrechts von der EU-Ebene in zweifacher Hinsicht überlagert wird: 7

– Zunächst stehen die Auslegung und Rechtsfortbildung dieses Unionsrechts unter dem Vorbehalt der Bestätigung durch den EuGH, der für das Unionsrecht die ausschließliche Kompetenz zur authentischen Auslegung und Rechtsfortbildung besitzt.
– Weiterhin haben die Auslegung und Rechtsfortbildung auf nationaler Ebene entsprechend den Grundsätzen und Regeln zu erfolgen, wie sie in der Rechtsordnung der EU für die Auslegung und Rechtsfortbildung des Unionsrechts vom EuGH entwickelt worden sind. Die Auslegung und Fortbildung des Unionsrechts können folglich nicht nach den Regeln, Praktiken und Traditionen in den einzelnen nationalen Rechtsordnungen vorgenommen werden.

Das **Verbindungsglied** zwischen der nationalen und der EU-Ebene stellt hierbei das **Vorabentscheidungsverfahren** (Art. 267 AEUV) dar. Es sichert die letztinstanzliche und authentische Auslegungs- und Fortbildungsgewalt des EuGH aufgrund der für letztinstanzliche nationale Gerichte angeordneten Vorlagepflicht; daneben bietet es nationalen Instanzgerichten aufgrund des ebenfalls verfügten Vorlagerechts bei eigenen Zweifeln über die zutreffende Auslegung oder Fortbildung des fraglichen Unionsrechts die Möglichkeit, noch vor der Entscheidung des Rechtsstreits die authentische Auslegung oder Rechtsfortbildung durch den EuGH herbeizuführen. 8

Die **unionsrechtskonforme Auslegung** des nationalen Rechts findet ausschließlich auf nationaler Ebene statt, da die Rechtsprechungsorgane der EU keine Zuständigkeit für die Auslegung oder sogar Verwerfung des nationalen Rechts besitzen. Allerdings wird die unionsrechtskonforme Auslegung des nationalen Rechts insoweit durch die EU-Ebene beeinflusst, als Inhalt und Grenzen der Methode der unionsrechtskonformen Auslegung auf EU-Ebene durch den EuGH festgelegt sind. 9

Rechtsschöpfung kann schließlich ausschließlich auf EU-Ebene, und hier auch nur durch den EuGH selbst, betrieben werden. Allein dem EuGH ist die Aufgabe übertragen worden, die „Wahrung des Rechts" bei der Anwendung und Auslegung der EU-Verträge zu sichern (Art. 19 EUV). Dies schließt für den EuGH die Befugnis ein, auch über das positive Recht hinaus, diejenigen Rechtssätze als „Recht" in der Rechtsordnung der EU herauszuarbeiten, die als notwendiger Mindestgehalt in einer jeden rechtsstaatlichen und demokratischen Grundsätzen verpflichteten Rechtsordnung enthalten sein müssen. 10

III. Akteure der Auslegung, Rechtsfortbildung und Rechtsschöpfung

11 Auslegung und Rechtsfortbildung des Unionsrechts können sowohl von den Rechtsanwendungs- als auch von den Rechtsprechungsorganen erfolgen, während Rechtsschöpfung allein von den Rechtsprechungsorganen und, bezogen auf das Unionsrecht, allein vom EuGH vorgenommen werden kann.

1. Auslegung und Rechtsfortbildung durch die Rechtsanwendungsorgane

12 Aufgrund des untrennbaren Zusammenhangs von Auslegung und Rechtsfortbildung im Unionsrecht sind die zur Anwendung des Unionsrechts verpflichteten Organe sowohl zur Auslegung als auch zur Rechtsfortbildung befugt. Hierin unterscheidet sich die unionsrechtliche Rechtslage von der in manchen Mitgliedstaaten, in denen die Rechtsfortbildung als ausschließliche Aufgabe der Gerichte angesehen wird.

13 Auf **EU-Ebene** werden die Auslegung und Fortbildung von der Europäischen Kommission wahrgenommen. Dies gilt ohne weiteres beim direkten Verwaltungsvollzug, wo die Europäische Kommission selbst das Unionsrecht anwendet und sich vor Anwendung des fraglichen Unionsrechts Klarheit über Inhalt und Tragweite des anzuwendenden Rechts verschafft. Dies gilt aber auch für die Auslegung und Rechtsfortbildung der von der Europäischen Kommission selbst erlassenen Durchführungsregelungen, die von den nationalen Behörden vollzogen werden, und für welche die Kommission regelmäßig Auslegungsvermerke herausgibt. Dies gilt schließlich auch, wenn die Kommission in ihrer Rolle als Hüterin des Unionsrechts tätig wird und die Vereinbarkeit von nationalem Recht mit Unionsrecht überwacht.

14 Auf **nationaler Ebene** werden die Auslegung und Fortbildung des Unionsrechts von den Rechtsanwendungsorganen vorgenommen, soweit es um den mittelbaren Vollzug des Unionsrechts geht, dh in denjenigen Fällen, in denen das Unionsrecht von den nationalen Behörden zu vollziehen ist.

15 Jedwede Art von Auslegung und Rechtsfortbildung des Unionsrechts, sei es auf EU-Ebene oder nationaler Ebene, unterliegt jedoch der **Überprüfung durch den EuGH**, der das Monopol für die authentische Auslegung und Rechtsfortbildung des Unionsrechts besitzt.

2. Auslegung und Rechtsfortbildung durch die Rechtsprechungsorgane

16 Auf **nationaler Ebene** sind die nationalen Richter nicht nur dem Gesetz und Recht der nationalen Rechtsordnung verpflichtet, sondern auch der Beachtung und Durchsetzung des Unionsrechts. Auf eine Formel gebracht, bedeutet dies: Nationale Richter sind zugleich immer auch europäische Richter. In dieser Eigenschaft haben sie für die ordnungsgemäße Durchsetzung des Unionsrechts zu sorgen. Dies umfasst:

– die Überprüfung der Anwendung und Auslegung des Unionsrechts durch die nationalen Rechtsanwendungsorgane und ggf die Vornahme eigener Auslegung und Rechtsfortbildung des Unionsrechts sowie
– die unionsrechtskonforme Auslegung des nationalen Rechts zur Vermeidung von Konflikten zwischen nationalem Recht und Unionsrecht.

17 Auf **EU-Ebene** obliegen die authentische Auslegung, die Rechtsfortbildung und die Rechtsschöpfung dem EuGH. Dies folgt unmittelbar aus Art. 19 EUV, der dem EuGH als Aufgabe die Wahrung des Rechts bei der Auslegung und Anwendung der EU-Verträge (EUV und AEUV) überträgt. Dies schließt es allerdings zugleich aus, dass der EuGH das nationale Recht auslegt und sei es auch nur zur Herstellung der Vereinbarkeit zwischen nationalem Recht und Unionsrecht. Letzteres ist Aufgabe der nationalen Gerichte im Rahmen der unionsrechtskonformen Auslegung.

IV. Zum Gang der Untersuchung

18 *In der europäischen Rechtspraxis sind folglich zu unterscheiden und im Folgenden zu untersuchen:*

– Die **Rechtsschöpfung des Unionsrechts**, die in der ausschließlichen Zuständigkeit des EuGH liegt,

- die **Auslegung und Rechtsfortbildung des Unionsrechts**, die sowohl auf EU-Ebene als auch auf nationaler Ebene vorgenommen werden kann und dies sowohl durch die Rechtsanwendungs- wie durch die Rechtsprechungsorgane, wobei allerdings einheitliche Regeln und Grundsätze für die Auslegung und Fortbildung des Unionsrechts gelten, unabhängig davon, ob dies auf der EU-Ebene oder der nationalen Ebene geschieht,
- die **unionsrechtskonforme Auslegung des nationalen Rechts**, die den nationalen Gerichten vorbehalten ist, deren Inhalt und Grenzen gleichwohl durch das Unionsrecht, und hier vor allem durch die Rechtsprechung des EuGH bestimmt wird.

B. Rechtsschöpfung

I. Ausschließliche Zuständigkeit des EuGH

Zur Rechtsschöpfung im Bereich des Rechts der EU ist ausschließlich der EuGH legitimiert. Diese **Legitimation** erhält der EuGH durch seine Stellung und Funktion im Verfassungssystem der EU. Die Funktion des EuGH im Verfassungssystem der EU wird in Art. 19 EUV dahingehend umschrieben, dass der EuGH „die Wahrung des Rechts bei der Ausübung und Anwendung der Verträge" sichert. Dabei kommt dem EuGH die Aufgabe zu, die rechtliche Kontrolle über die zur Verwirklichung der Ziele der EU eingesetzten und handelnden Unionsorgane auszuüben. Letztere sind ermächtigt, diejenigen Rechtssätze zu entwickeln, die in der gesamten Union für jedermann verbindlich sind oder von den Mitgliedstaaten in nationales Recht umgesetzt werden müssen. 19

Die rechtliche Kontrolle über die so geschaffenen Rechtssätze soll nach Art. 19 EUV am Maßstab des „Rechts" erfolgen. Dieses Recht besteht jedoch, anders als in den historisch gewachsenen nationalen Rechtsordnungen, die über einen gesicherten Bestand gemeinsamer Rechtsüberzeugungen und Rechtsansichten verfügen, auf EU-Ebene nur unvollkommen und lückenhaft. Der EuGH muss sich deshalb die Maßstäbe dessen, was als „Recht" auf EU-Ebene gilt, teilweise selbst herausarbeiten, oder anders ausgedrückt, er muss „Recht schöpfen". 20

Diese generelle Befugnis zur Rechtsschöpfung (und Rechtsfortbildung) ist allgemein anerkannt und wird dem Grundsatz nach ernsthaft nicht bestritten. Eindrucksvoll wurde sie vom Bundesverfassungsgericht im Beschluss des Zweiten Senats vom 8. April 1987 unter Hinweis darauf bestätigt, dass *„die Mitgliedstaaten die Gemeinschaft* [heute „Europäische Union"] *mit einem Gericht ausstatten wollten, dem Rechtsfindungswege offen stehen sollten, wie sie in Jahrhunderten langer gemeineuropäischer Rechtsüberlieferung und Rechtskultur ausgeformt worden sind"*.[2] Zu diesen überlieferten Rechtsfindungswegen gehören auch die Rechtsschöpfung (und die Rechtsfortbildung). 21

Die wichtigsten **Anwendungsfälle der Rechtsschöpfung** bilden zum einen die Herausbildung grundlegender Verfassungsprinzipien der EU mit der Anerkennung der Eigenständigkeit der Rechtsordnung der EU,[3] der unmittelbaren Anwendbarkeit des Unionsrechts,[4] des Vorrangs des Unionsrechts vor nationalem Recht[5] und der Haftung der Mitgliedstaaten für Verletzungen des Unionsrechts[6] sowie zum anderen die Anerkennung allgemeiner Rechtsgrundsätze in der Rechtsordnung der EU, mit denen so grundlegende Rechtsinstitute wie der Schutz der Grundrechte,[7] der Grundsatz der Verhältnismäßigkeit[8] oder die Grundsätze der Rechtssicherheit[9] und des Vertrauensschutzes[10] für die Rechtsordnung der EU nutzbar gemacht wurden. 22

---

2 BVerfGE 75, 223/243.
3 Rs. 6/64 (Costa/ENEL), Slg 1964, 1251/1269; Rs. 26/62, (van Gend&Locs), Slg 1963, 1.
4 Vgl Rs. 6/64 (Costa/ENEL), Slg 1964, 1251/1269; Rs. 148/78 (Ratti), Slg 1979, 1629/1642.
5 Rs. 6/64 (Costa/ENEL), Slg 1964, 1251/1269.
6 EuGH, Rs. C-46/93 und C-48/93 (Brasserie du pêcheur SA und Factortame Ltd)., Slg 1996, I–1029; Rs. C-6/90 und C-9/90 (Francovich und Bonifaci), Slg 1991, I-5357.
7 Ausgangspunkt dieser Rechtsprechung war die Rs. 29/69 (Stauder), Slg 1969, 419.
8 Grundlegend Rs. 265/87 (Schräder), Slg 1989, 2237.
9 Erstmalig sehr deutlich Rs. 42 u. 49/59 (SNUPAT), Slg 1961, 111.
10 Grundlegend Rs. 170/86 (von Deetzen), Slg 1988, 2321.

II. Methode der Rechtsschöpfung

23 Als **Erkenntnisquellen** und Entscheidungsmaßstäbe für die Rechtsschöpfung dienen zum einen die EU-Verträge selbst, deren Integrationsprogramm im Sinne größtmöglicher Wirksamkeit zu entfalten ist, und zum anderen die in den nationalen Rechtsordnungen anerkannten Grundnormen, die gemeinsame Grundüberzeugungen unter den Mitgliedstaaten widerspiegeln. Im Bereich des Grundrechtsschutzes übernimmt diese Funktion zum Teil auch die Europäische Konvention zum Schutz der Menschenrechte und Grundfreiheiten (EMRK).

24 Der Rückgriff auf die gemeinsamen Rechtsauffassungen der Mitgliedstaaten erfolgt dabei methodologisch im Wege der **Rechtsvergleichung**. Die Methode der Rechtsvergleichung ist beim EuGH sehr stark ausgeprägt. Dies nicht nur allein über die multinationale Zusammensetzung des EuGH,[11] die eine ständige Rechtsvergleichung insofern gewährleistet, als die jeweiligen Richter ihre vom nationalen Rechtsdenken geprägten Rechtsansichten in die Beratungen einbringen, sondern auch durch eine eigens für die Rechtsvergleichung am EuGH geschaffene Abteilung „Forschung und Dokumentation", in der Juristen aus allen Mitgliedstaaten vertreten sein sollen, die zu konkret vorgegebenen Problem- und Fragestellungen die Rechtslage in den jeweiligen Mitgliedstaaten darstellen und erste rechtsvergleichende Ergebnisse liefern. Die Wertung dieser Ergebnisse wird jedoch allein vom EuGH vorgenommen, der sich dabei weder an dem allen Mitgliedstaaten übereinstimmenden Kern eines Rechtsinstituts (Minimaltheorie), noch an einem arithmetischen Mittel (vermittelnde Theorie) noch an dem am weitesten entwickelten Rechtsinstitut (Maximaltheorie) orientiert. Vielmehr bemüht sich der EuGH darum, unter kritischer Analyse des rechtsvergleichenden Befundes diejenige Lösung zu entwickeln, die sich unter Berücksichtigung der Ziele und Strukturprinzipien der EG als die „beste Lösung" (Integrationstheorie) erweist.

III. Grenzen der Rechtsschöpfung

1. Einhaltung der Kompetenzgrenzen

25 Die Rechtsschöpfung durch den EuGH muss zunächst die Kompetenzgrenzen beachten, die durch das Prinzip der begrenzten Ermächtigung markiert werden. Der EuGH kann über seine unbestrittene Kompetenz zur Rechtsschöpfung nicht die Zuständigkeit der EU zu Lasten der Mitgliedstaaten verändern. Hierauf hat auch das Bundesverfassungsgericht in seinem Urteil vom 12. Oktober 1993 zum Vertrag zur Gründung der Europäischen Union („Vertrag von Maastricht") mit Recht hingewiesen und hervorgehoben, dass es eine Rechtsschöpfung außerhalb des Integrationsprogramms nicht geben kann.[12]

26 Das **Bundesverfassungsgericht** nimmt nun allerdings eine Überschreitung dieses Rahmens bereits dann an, wenn die Vervollkommnung der Rechtsordnung der EU auf *„eine Vertragsauslegung im Sinne einer größtmöglichen Ausschöpfung der [Gemeinschafts] Befugnisse („effet utile")"* gestützt wird. Diese Feststellung kann schon aus rein logischen Gründen nicht richtig sein: Auch die „größtmögliche Ausschöpfung" eines Befugnisrahmens ist noch keine „Überschreitung" desselben, da bereits nach der sprachlichen Logik nur „Vorhandenes" ausgeschöpft werden kann.

27 Weitaus schwerwiegender ist jedoch, dass als Folge der Verwendung der Auslegungsfigur des „effet utile" das Bundesverfassungsgericht vorsieht, dass „die deutschen Staatsorgane aus verfassungsrechtlichen Gründen gehindert sind, Rechtsakte in Deutschland anzuwenden, die vom Vertrag nicht mehr gedeckt sind", wobei sich das Bundesverfassungsgericht die Prüfung vorbehält, ob Rechtsakte der EU-Organe sich an die Grenzen der ihnen eingeräumten Hoheitsrechte halten oder aus ihnen ausbrechen.[13] Nachdem das Bundesverfassungsgericht lange Zeit noch offen gelassen hatte, wie diese Kontrolle verfahrensmäßig abgesichert werden soll, wurde mit dem Beschluss des Bundesverfassungsgerichts vom 6. Juli 2010 nunmehr Klarheit geschaffen. Zunächst stellt das Bun-

11 Jeder Mitgliedstaat stellt einen Richter, vgl Art. 19 Abs. 2 S. 1 EUV.
12 BVerfGE 89, 155.
13 Zur Kritik am BVerfG-Urteil siehe auch: *Frowein*, ZaöRV 1994, 1; *Tomuschat*, EuGRZ 1993, 489; *Bleckmann/Pieper*, RIW 1993, 969; *Meessen*, NJW 1994, 549; *Zuleeg*, JZ 1994, 1.

desverfassungsgericht fest, dass die Ultra-vires-Kontrolle mit der vertraglich dem Gerichtshof der EU übertragenen Aufgabe zu koordinieren ist, die EU-Verträge auszulegen und anzuwenden und dabei Einheit und Kohärenz des Unionsrechts zu wahren. Dazu führt das Bundesverfassungsgericht aus: „*Wenn jeder Mitgliedstaat ohne weiteres für sich in Anspruch nähme, durch eigene Gerichte über die Gültigkeit von Rechtsakten der Union zu entscheiden, könnte der Anwendungsvorrang praktisch unterlaufen werden, und die einheitliche Anwendung des Unionsrechts wäre gefährdet. Wenn aber andererseits die Mitgliedstaaten vollständig auf die Ultra-vires-Kontrolle verzichten, so wäre die Disposition über die vertragliche Grundlage allein auf die Unionsorgane verlagert, und zwar auch dann, wenn deren Rechtsverständnis im praktischen Ergebnis auf eine Vertragsänderung oder Kompetenzausweitung hinausliefe .... Die nach dieser Konstruktion im Grundsatz unvermeidlichen Spannungslagen sind im Einklang mit der europäischen Integrationsidee kooperativ und durch wechselseitige Rücksichtnahme zu entschärfen*".[14] Dieses Gebot der Rücksichtnahme gebietet, dass die Ultra-vires-Kontrolle allein durch das Bundesverfassungsgericht und nur zurückhaltend und europarechtsfreundlich ausgeübt werden darf. Dazu gehört vor allem, dass

1. das Bundesverfassungsgericht die Entscheidungen des Gerichtshofs der EU grundsätzlich als verbindliche Auslegung des Unionsrechts zu beachten hat,
2. vor der Annahme eines Ultra-vires-Akts dem Gerichtshof der EU im Rahmen eines Vorabentscheidungsverfahrens (Art. 267 AEUV) die Gelegenheit zur Vertragsauslegung sowie zur Entscheidung über die Gültigkeit und die Auslegung des fraglichen Rechtsakts zu geben ist[15] und
3. die Kontrolle nur in Betracht kommt, wenn ersichtlich ist, dass Handlungen der Unionsorgane außerhalb der übertragenen Kompetenzen ergangen sind.

Ersichtlich ist dabei ein Verstoß gegen das Prinzip der begrenzten Einzelermächtigung nur dann, wenn der Kompetenzverstoß hinreichend qualifiziert ist, was voraussetzt, dass der Verstoß offensichtlich und erheblich ist. Mit diesen Konkretisierungen hat das Bundesverfassungsgericht seinen Ausführungen im Maastricht-Urteil die Schärfe genommen und letztendlich eine praktikable und auch unter dem Gesichtspunkt der Autonomie der EU-Rechtsordnung akzeptable verfahrensmäßige Absicherung der Ultra-vires-Kontrolle vorgestellt.

Das durch seine Verankerung im EU-Vertrag (Art. 5 Abs. 3 EUV) in Verfassungsrang erhobene 28
Subsidiaritätsprinzip vermag die Rechtsschöpfung durch den EuGH hingegen nicht wesentlich einzuschränken. Es ist nicht vorstellbar, dass die Vervollkommnung der unionsrechtlichen Verfassungsstruktur auf mitgliedstaatlicher Ebene besser geregelt werden kann. Deshalb beschränkt sich die Vorgabe des Subsidiaritätsprinzips im Bereich der Rechtsschöpfung auf den vom EuGH zu erbringenden Nachweis, dass es eines Handelns auf EU-Ebene überhaupt bedarf, ein Anliegen, das der Rechtsschöpfung wesensimmanent ist.[16]

2. Beachtung der inhaltlichen Vorgaben

Bei der Rechtsschöpfung ist der EuGH vollumfänglich an die vom Verfassungsgeber gesetzten 29
Grenzen gebunden. Das bedeutet, dass die vom Integrationsprogramm bereits vorgegebenen inhaltlichen Richtpunkte vom EuGH zu respektieren sind. Dies hat in der Weise zu geschehen, dass sich die vom EuGH anerkannten Verfassungsgrundsätze und allgemeinen Rechtsgrundsätze in die Zielsetzungen und Strukturen der Rechtsordnung der EU einfügen.

3. Notwendigkeit der konkreten Rechtsschöpfung

Die Notwendigkeit einer Rechtsschöpfung kommt in der Rechtsprechung des EuGH in dem Kriterium der Funktionsfähigkeit der Union zum Ausdruck. Die Herausbildung positiver Rechtssätze durch den EuGH erfolgt nur in dem Maße, wie es für das Funktionieren der EU erforderlich ist. 30

14 BVerfGE 126, 286, 303.

15 Diese Ankündigung hat das BVerfG erst jüngst in die Tat umgesetzt und dem EuGH Fragen im Zusammenhang mit den Maßnahmen des Europäischen Systems der Zentralbanken und der Europäischen Zentralbank zur Eurorettung zur Vorabentscheidung vorgelegt, 2 BvR 2728/13 u.a.

16 Siehe dazu sogleich unter 3.

Als Beispiel kann an dieser Stelle auf die Anerkennung der unmittelbaren Anwendbarkeit und des Vorrangs des Unionsrechts sowie die Herausbildung der Grundrechte verwiesen werden. Diese Verfassungsprinzipien sind ein unverzichtbarer Bestandteil der Rechtsordnung, die die Unionsorgane erst in die Lage versetzen, die ihnen von den Mitgliedstaaten übertragenen Aufgaben zu erfüllen, und die die einheitliche und gleichmäßige Geltung des Unionsrechts in allen Mitgliedstaaten gewährleisten, wodurch letztendlich erst der Bestand des Unionsrechts garantiert wird.

C. Auslegung und Rechtsfortbildung

I. Auslegung des Unionsrechts

1. Auslegungsgrundsätze

31 Die Auslegung des Unionsrechts durch den EuGH knüpft zwar im Wesentlichen an die aus dem innerstaatlichen Bereich bekannten Regeln an, diese werden jedoch in der Rechtsprechungspraxis des EuGH entsprechend den Besonderheiten der Rechtsordnung der EU gewichtet und zu **unionsspezifischen Auslegungsmethoden** ausgebildet.

32 Ausgangspunkt ist dabei der Anspruch auf **autonome Auslegung** des Unionsrechts, der sich aus den Grundsätzen der Eigenständigkeit und der einheitlichen Geltung des Unionsrechts ableitet. Ein **Rückgriff auf das nationale Recht** ist nur dann zulässig, wenn das Unionsrecht selbst auf das nationale Recht ausdrücklich verweist; in diesem Fall unterliegt das in Bezug genommene nationale Recht allerdings nicht mehr der Auslegungshoheit des EuGH, sondern der nationalen Gerichte.[17] Das Gleiche gilt ausnahmsweise auch dann, wenn das Unionsrecht auch unter Heranziehung der allgemeinen Rechtsgrundsätze nicht in der Lage ist, den Inhalt der fraglichen Unionsrechtsvorschrift zu bestimmen.[18]

33 Sofern eine Unionsrechtsvorschrift **verschiedene Auslegungen** zulässt, ist nach der Rechtsprechung des EuGH derjenigen der Vorzug zu geben, welche die Wirksamkeit der fraglichen Unionsrechtsvorschrift am Effektivsten zur Geltung bringt.[19] Auch ist stets diejenige Auslegung zu wählen, welche die **Gültigkeit** der fraglichen Unionsrechtsvorschrift nicht in Frage stellt.[20]

2. Wörtliche Auslegung

34 Die **wörtliche Auslegung** ist auch im Unionsrecht Ausgangspunkt einer jeden Auslegung. Auch der EuGH nimmt in seiner Auslegungspraxis häufig Bezug auf den Wortlaut der auszulegenden Regelung.

35 Eine besondere Schwierigkeit ergibt sich für die wörtliche Auslegung einer Unionsrechtsvorschrift jedoch aus dem Umstand, dass auf EU-Ebene der Wortlaut einer Regelung in jeder der zur Zeit 24 Amtssprachen gleichermaßen verbindlich ist (Art. 55 EUV; Art. 342 AEUV). Völlig unerheblich ist dabei, wie groß die Verbreitung einer Sprache unter den Mitgliedstaaten der EU tatsächlich ist.[21]

36 Daraus und aus dem Grundsatz der einheitlichen Auslegung leitet der EuGH ab, dass jede Sprachfassung nicht für sich allein ausgelegt werden darf, sondern dass auch die anderen Sprachfassungen in die Auslegung einbezogen werden müssen.[22] Das bedeutet allerdings nicht, dass in jedem Fall ein Textvergleich unter allen 24 Sprachfassungen anzustellen ist; es muss aber das aus dem Wortlaut

---

17 EuGH, Rs. C-287/98(Linster), Slg 2000, I-6917; Rs. C-373/00 (Truley), Slg 2003, I-1931; Rs. C-103/01 (Kommission/Deutschland), Slg 2003, I-5369; Rs. C-296/95 (EMU Tabac), Slg 1998, I-1605; Rs. 327/82 (Ekoo), Slg 1984, 107.

18 EuG, Rs. T-43/90 (Diaz Garcia), Slg 1992, II-2619; Rs. T-85/91 (Khouri), Slg 1992, II-2637; Rs. T-9/92 (Peugeot), Slg 1993, II-493; Rs. T-172/01 (M./Gerichtshof), Slg 2004, II-1075.

19 EuGH, Rs. C-434/97 (Kommission/Frankreich), Slg 2000, I-1129; Rs. C-437/97 (EUW und Wein Co), Slg 2000, I-1157.

20 EuGH, Rs. C-403/99 (Italien/Kommission), Slg 2001, I-6883.

21 EuGH, Rs. C-152/01 (Kyocera), Slg 2003, I-13821.

22 EuGH, Rs. C-174/05 (Zuid-Hollandse Milieufederatie und Natuur en Milieu, Slg 2006, I-2443; Rs. C-1/02 (Borgmann), Slg 2004, I-3219; Rs. C-420/98 (W.N.), Slg 2000, I-2847; Rs. C-39/98 (Spanien/Kommission), Slg 2001, I-779; Rs. 30/77 (Boucherau), Slg 1977, 1999; Rs. 29/69 (Stauder), Slg 1969, 419.

einer Sprachfassung gewonnene Auslegungsergebnis anhand einer repräsentativen Anzahl anderer Sprachfassungen überprüft werden.

Damit sind der wörtlichen Auslegung letztendlich deutliche Grenzen gesetzt, vor allem wenn die Auslegung einer Unionsrechtsvorschrift durch die nationalen Rechtsanwendungs- oder Rechtsprechungsorgane vorgenommen wird, die für den Umgang mit anderen Sprachfassungen nicht über die gleichen Möglichkeiten verfügen wie der multinational zusammengesetzte EuGH oder die Europäische Kommission. 37

Aber auch den Unionsorganen liefert der Wortlaut einer unionsrechtlichen Bestimmungen nicht immer sichere Vorgaben, da dieser aufgrund des schwierigen Entscheidungsverfahrens in der EU und dem damit verbundenen Hang zu Formelkompromissen häufig unklar und damit selbst interpretationsbedürftig ist.[23] 38

Neben der Auslegung im Lichte der anderen Sprachfassungen formuliert die Rechtsprechung des EuGH für eine auf den Wortlaut gestützte Auslegung weiterhin die widerlegbare Vermutung, dass jede Änderung des Wortlauts einer Unionsrechtsvorschrift auch eine Änderung des Bedeutungsgehalts nach sich zieht, wenn der neue Wortlaut eine andere Auslegung nahe legt.[24] 39

3. Historische Auslegung

Auch die **historische,** am Willen der Vertragsschöpfer oder des Unionsgesetzgebers orientierte **Auslegung** ist ein im Unionsrecht durchaus gebräuchliches Hilfsmittel bei der objektiven Bestimmung des Begriffsinhalts einer Unionsrechtsvorschrift. Die Kenntnis dessen, was die Normgeber bei der Abfassung der Regelung tatsächlich wollten, wird aber vom EuGH nicht im Sinne einer strikten Bindung an die subjektiven Vorstellungen der Normgeber verstanden.[25] 40

Im Hinblick auf die historische Auslegung des **primären Unionsrechts** macht eine solche Bindung auch keinen Sinn, da die Materialien zu den EU-Verträgen nicht veröffentlicht sind. 41

Im Hinblick auf die historische Auslegung des **sekundären Unionsrechts** können subjektive Vorstellungen des Normgebers nur insoweit in die Auslegung einfließen, als sie in der Unionsrechtsvorschrift selbst konkreten Niederschlag gefunden und damit rechtliche Relevanz erhalten haben.[26] 42

Diese Voraussetzung erfüllen **Vorbehalte** und einseitige oder mehrseitige **Erklärungen**, die während der Beratungen über die Unionsrechtsvorschrift abgegeben worden sind, **nicht**; sie sind deshalb nicht geeignet, den Wortlaut einer Unionsrechtsvorschrift in irgendeiner Weise einzuschränken.[27] 43

Begründungserwägungen, die jedem unionsrechtlichen Rechtsakt vorangestellt werden, sind integraler Bestandteil des Rechtsakts und können somit grundsätzlich zur Auslegung der Vorschriften des betreffenden Rechtsakts herangezogen werden.[28] Allerdings geben die Begründungserwägungen in aller Regel nicht die subjektiven Vorstellungen des Unionsgesetzgebers wider, sondern erläutern vielmehr die mit den jeweiligen Regelungen angestrebten Ziele und ihren systematischen Zusammenhang. Deshalb leisten die Begründungserwägungen auch eher Dienste im Rahmen der systematisch-teleologischen Auslegung als im Zusammenhang mit der historischen Auslegung. 44

4. Systematisch-teleologische Auslegung

Angesichts der begrenzten Möglichkeiten von wörtlicher und historischer Auslegung greift der EuGH regelmäßig als notwendige Ergänzung und unerlässliches Korrektiv der Wortlautinterpreta- 45

23 Vgl EuGH, Rs. C-219/95P (Ferriere Nord), Slg 1997, I–4411; Rs. 55/87 (Moksel), Slg 1988, 3845/3865.
24 EuGH, Rs. 15/60 (Simon), Slg 1961, 225.
25 EuGH, Rs. C-327/91 (Frankreich/Kommission), Slg 1994, I–3641/3677; Rs. C-314/91 (Weber), Slg 1993, 1093/1112; Rs. 9/79 (Koschniske), Slg 1979, 2717; Rs. 2/72 (Murru), Slg 1972, 333.
26 EuGH, Rs. C-25/94, (Kommission/Rat), Slg 1996, I-1469.
27 EuGH, Rs. 38/69, (Kommission/Italien), Slg 1970, 47; Rs. 143/83, (Kommission/Dänemark), Slg 1985, 427; Rs. C-292/89, (Antonissen), Slg 1990, I-745; Rs. C-104/01, (Libertel), Slg 2003, I-3793.
28 EuGH, Rs. C-355/95P, (TWD), Slg 1997, I-2549; EuG, Rs. T-346/02 u. T-347/02, (Cableuropa), Slg 2003; II-4251; Rs. T-213/95 u. T-18/96, (SCK und FNK), Slg 1997, II-1739; Rs. T-204/97 u. T-270/97, (EPAC), Slg 2000, II-2267.

tion auf die **systematisch-teleologische Auslegung** zurück.[29] Diese ist gekennzeichnet einerseits durch das Bemühen um die Herausarbeitung des „Sinns und Zwecks", des „Wesens" oder des „Geistes" einer Regelung und andererseits durch die Herstellung einer Einheit mit allen anderen Vorschriften der Normenebene. Die systematisch-teleologische Auslegung ist vom EuGH in einer umfangreichen Fallrechtsprechung unter **Heranziehung** folgender allgemeiner **Grundsätze** ausgeformt worden:

a) Einheitliche Geltung des Unionsrechts

46 An erster Stelle zu nennen ist in diesem Zusammenhang das Bemühen des EuGH um eine **einheitliche Auslegung** des Unionsrechts. Begriffe, die den Anwendungsbereich einer Unionsrechtsvorschrift bestimmen (zB Arbeitnehmerbegriff in Art. 45 AEUV, Begriff der Dienstleistung in Art. 56, Art. 57 AEUV, Entgeltbegriff in Art. 157 AEUV), erhalten einen unionsspezifischen Begriffsinhalt, der durchaus von demjenigen abweichen kann, den diese Begriffe in den nationalen Rechtsordnungen haben. Diese an der Wahrung der Rechtseinheit ausgerichtete Vorgehensweise findet ihre Rechtfertigung in dem Umstand, dass der Anspruch nach einheitlicher Geltung des Unionsrechts in allen Mitgliedstaaten in Frage gestellt wäre, wenn jeder Mitgliedstaat über die Festlegung der Begriffsinhalte den Anwendungsbereich einer Unionsrechtsvorschrift letztendlich selbst bestimmen könnte.[30]

b) Effet utile des Unionsrechts

47 Von Bedeutung in der Rechtsprechung des EuGH ist daneben der Rückgriff auf den **„effet utile"** einer Unionsrechtsregelung.[31] Diese wird nach Möglichkeit so ausgelegt, dass die EU und ihre Organe in die Lage versetzt werden, auf eine möglichst wirksame Erreichung der allgemeinen Vertragsziele hinzuwirken.[32] Als allgemeine Leitmotive der EU gelten dabei vor allem die Gewährleistung von Gleichheit (Verbot aller offenen und verschleierten Diskriminierungen), von Freiheit (Wirtschafts-, Personen-, Dienstleistungs- und Kapitalverkehrsfreiheit), von Solidarität (der Mitgliedstaaten untereinander) sowie von Einheit (Rechts- und Wirtschaftseinheit).

c) Grenzen der systematisch-teleologischen Auslegung

48 Auch die systematisch-teleologische Auslegung findet ihre Grenzen in einem eindeutigen Wortlaut. Auch wenn noch so gute teleologische oder systematische Gesichtspunkte für ein bestimmtes Auslegungsergebnis sprechen mögen, kann dieses Auslegungsergebnis nur dann Bestand haben, wenn es vom Wortlaut der fraglichen Unionsrechtsvorschrift getragen wird.

49 Angesichts dessen, was bereits zur wörtlichen Auslegung gesagt worden ist, gibt der Wortlaut der Unionsregelung in der Regel allerdings einen erheblichen Spielraum, der eine wörtliche Auslegung schwierig und zugleich die Grenzen für die systematisch-teleologische Auslegung fließend macht.

5. Vertragskonforme Auslegung

50 Zur Anwendung kommt auch der Grundsatz der **vertragskonformen Auslegung** des sekundären Unionsrechts. Dieser Auslegungsgrundsatz zielt darauf ab, bei verschiedenen Auslegungsmöglichkeiten im konkreten Fall derjenigen den Vorzug zu geben, bei der die auszulegende Vorschrift mit

---

29 EuGH, Rs. C-298/07 (Bundesverband der Verbraucherzentralen und Verbraucherverbände), Slg 2008, I-7841; Rs. C-53/05 (Kommission/Portugal), Slg 2006, I-6215; Rs. C-301/98 (KVS International), Slg 2000, I-3583; Rs. C-72/95, (Aannemersbedrijf Kraaijeveld u.a.), Slg 1996, I-5403.

30 EuGH, Rs. C-449/93 (Rockfon), Slg 1995, I-4291; Rs. C-34/92 (GruSa Fleisch), Slg 1993, I-4147/4172; Rs. C-143/88 und C-92/89 (Zuckerfabrik Süderdithmarschen und Zuckerfabrik Soest), Slg 1991, I-415.

31 *Streinz*, in: FS Everling, Bd. II, 1995, 1491.

32 EuGH, Rs. C-46/93 und C-48/93 (Brasserie du pêcheur SA und Factortame Ltd.), Slg 1996, I-1029; Rs. C-381/93 *(Kommission/Frankreich), Slg 1994, I-5145/5169*; Rs. C-144/93 (Pfanni Werke), Slg 1994, I-4605/4623; Rs. C-128/93 (Fisscher), Slg 1994, I-4583/4597; Rs. C-6/90 und C-9/90 (Francovich und Bonifaci), Slg 1991, I-5357; EuG, Rs. T-49/93 (SIDE), Slg 1995, II-2501. Zum Umgang des BVerfG mit der Rechtsfigur des „effet utile" s. oben unter B.I.

dem mit dem im Rang über ihr stehendem Recht als vereinbar angesehen werden kann.[33] Er findet seine innere Rechtfertigung darin, dass die Rechtsordnung der EU eine in sich geschlossene Einheit bildet, und dass Widersprüchlichkeiten möglichst vermieden werden müssen.

Die vertragskonforme Auslegung kommt vor allem in folgenden **normenhierarchischen Konstellationen** zur Anwendung: bei der Auslegung von sekundärem Unionsrecht im Verhältnis zu den von der EU abgeschlossenen völkerrechtlichen Verträgen,[34] bei der Auslegung von sekundärem Unionsrecht im Verhältnis zu den Vertragsregeln sowie bei der Auslegung von Durchführungs-Verordnungen im Verhältnis zu den regelmäßig vom Rat getroffenen Grund-Verordnungen.[35] 51

6. Regel-/Ausnahme-Prinzip

Schließlich ist auf das **Regel/Ausnahme-Prinzip** hinzuweisen, das in der Rechtsprechung des EuGH in dem Sinne zur Anwendung kommt, dass die für die Rechtsordnung der EU grundlegenden Begriffe und Rechtsfiguren, wie insbesondere die Grundfreiheiten des Binnenmarktes, weit, Ausnahmen und Vorbehalte dazu hingegen eng ausgelegt werden (zB Begriff der Beschäftigung in der öffentlichen Verwaltung im Rahmen der Freizügigkeit, Art. 45 Abs. 4 AEUV; Begriff der Ausübung öffentlicher Gewalt im Rahmen der Niederlassungs- und Dienstleistungsfreiheit, Art. 51 iVm Art. 62 AEUV).[36] Dies wirkt sich vor allem bei der auch im Unionsrecht anzustellenden Interessen- und Güterabwägung zwischen den Erfordernissen der EU-Verträge einerseits und den beschränkten Wirkungen der nationalen Politiken andererseits aus, indem ersteren im Zweifel der Vorzug gegeben wird. 52

7. Analoge Anwendung des Unionsrechts

Als ein Sonderfall der Auslegung kann die analoge Anwendung des Unionsrechts angesehen werden. Sie ist nur in Ausnahmefällen und nur bei Vorliegen bestimmter Voraussetzungen zulässig. 53

Grundsätzlich ist der Anwendungsbereich einer Unionsregelung eindeutig festgelegt und kann nicht auf Situationen und Personen ausgedehnt werden, die nicht ausdrücklich von dieser Regelung erfasst sind. 54

Eine Ausnahme wird vom EuGH nur dann zugelassen, wenn ein Einzelner geltend machen kann, dass eine analoge Anwendung einer Unionsrechtsvorschrift auf ihn und seine Situation gerechtfertigt ist. Eine analoge Anwendung einer Regelung kann gerechtfertigt sein, wenn diese Regelung mit derjenigen, der die betreffende Person unterworfen ist, vergleichbar ist und letztere eine Lücke aufweist, die mit allgemeinen Rechtsgrundsätzen des Unionsrechts unvereinbar ist, aber mit der analogen Anwendung geschlossen werden kann.[37] 55

Die analoge Anwendung von Unionsregelungen dient im Unionsrecht folglich wie die vertragskonforme Auslegung der Vermeidung von Normenkollisionen. 56

II. Fortbildung des Unionsrechts

1. Rechtsfortbildung durch den EuGH

In der Rechtsprechung des EuGH besteht, worauf bereits hingewiesen wurde, ein untrennbarer Zusammenhang zwischen Auslegung und Rechtsfortbildung. 57

Die inhaltlichen Orientierungspunkte der Rechtsfortbildung entsprechen den unionsrechtlichen Grundwerten und Zielvorstellungen, die auch bei der systematisch-teleologischen Auslegung zur 58

33 EuGH, Rs. C-135/93 (Spanien/Kommission), Slg 1995, I-1651/1683; Rs. C-98/91 (Herbrink), Slg 1994, I-223/252; Rs. C-314/89(Rauh), Slg 1991, I-1647/1672.

34 Diese gehen dem Sekundärrecht gem. Art. 216 Abs. 2 AEUV vor. Vgl hierzu EuGH, Rs. C-284/95 (Safety Hi-Tech), Slg 1998, I-4301.

35 EuGH, Rs. C-90/92 (Dr. Tretter), Slg 1993, I-3569; Rs. C-61/94 (Kommission/Deutschland), Slg 1996, I-3989.

36 EuGH, Rs. C-397/01 – C-403/01 (Pfeiffer), Slg 2004, I-8835; Rs. C-241/99 (CIG), Slg 2001, I-5139; Rs. C-303/98 (Simap), Slg 2000, I-7963.

37 EuGH, Rs. 165/84 (Krohn), Slg 1985, 3997; EuG, Rs. T-108/94, (Candiotte) Slg 1996, II-87.

Anwendung kommen. In der Rechtsprechungspraxis des EuGH gibt damit diese Form der Auslegung den methodologischen Weg zur Gewinnung von Unionsrecht durch Rechtsfortbildung vor.

59 Auf dieser Grundlage hat der EuGH unbestreitbar in großem Maße in allen Bereichen des Unionsrechts Rechtsfortbildung betrieben.[38]

60 Es ist nicht zu bestreiten, dass der EuGH bei der Rechtsfortbildung in Konkurrenz zum Unionsgesetzgeber tätig wird. Dieser Übergriff in die Legislative ist jedoch grundsätzlich zulässig und nicht, wie vielfach behauptet wird, durch das Gewaltenteilungsprinzip verboten.[39] Das **Gewaltenteilungsprinzip** begründet im Hinblick auf die angesprochenen Aufgaben und Funktionen keine ausschließliche Zuständigkeit des Gesetzgebers, sondern geht von einer konkurrierenden Zuständigkeit von Legislative und Judikative aus. Danach ist es zwar in erster Linie Sache des Gesetzgebers, die Ordnung wichtiger Lebenssachbereiche in ihren Grundzügen selbst zu gestalten und für eine Rechtsordnung materialer Gerechtigkeit zu sorgen; kommt jedoch der Gesetzgeber dieser Verpflichtung aus sachlich nicht gerechtfertigten Gründen nicht nach, liegt es auch unter der Geltung des Gewaltenteilungsprinzips bei den Gerichten, ihre (konkurrierende) Kompetenz zur Normsetzung auszuüben.

61 Eine weitere Grenze der Rechtsfortbildung besteht in der Gefahr des Autoritätsverlusts oder, positiv ausgedrückt, in der **Akzeptanzfähigkeit der Entscheidungen.** Für die Entscheidungen des EuGH ist ihre Akzeptanzfähigkeit deshalb von grundlegender Bedeutung, weil die Rechtsordnung der EU, abgesehen von wenigen Ausnahmen (vgl Art. 260; Art. 280; Art. 299 AEUV), keine Möglichkeit der zwangsweisen Durchsetzung der Entscheidungen des EuGH vorsieht. Akzeptanz der Entscheidungen bedeutet dabei nicht Rücksichtnahme und Ausrichtung der Rechtsprechung auf Wünsche oder Rechtszustände in einzelnen Mitgliedstaaten; die Rechtsprechung durch den EuGH kann allein auf der Grundlage seiner Bindung an Gesetz und Recht erfolgen. Es ist deshalb die Ausrichtung der Urteile auf Gesetz und Recht, die zusammen mit einer gewissen Zurückhaltung gegenüber Verwaltung, Gesetzgebung und Mitgliedstaaten sowie einem Blick auf die Folgen der Entscheidungen Akzeptanz vermittelt.[40]

2. Rechtsfortbildung durch die nationalen Rechtsanwendungs- und Rechtsprechungsorgane

62 Angesichts des untrennbaren Zusammenhangs zwischen systematisch-teleologischer Auslegung und Fortbildung des Unionsrechts, kann das Unionsrecht auch von den nationalen Rechtsanwendungs- und Rechtsprechungsorganen fortgebildet werden.

63 Dabei sind allerdings die vom EuGH entwickelten Grundsätze der systematisch-teleologischen Auslegung ebenso zu beachten wie die sich aus der Akzeptanzfähigkeit ergebenden Grenzen. Dabei darf die Akzeptanzfähigkeit nicht nur im Hinblick auf die Rechtslage im betreffenden Mitgliedstaat beurteilt werden, sondern muss im Hinblick auf alle Mitgliedstaaten geprüft werden.

64 Die Rechtsfortbildung des Unionsrechts durch die Rechtsanwendungsorgane unterliegt dabei der Überprüfung durch die nationalen Gerichte.

65 Die nationalen Gerichte ihrerseits können (oder müssen) bei Zweifeln über Inhalt und Grenzen der konkreten Rechtsfortbildung von der Möglichkeit Gebrauch machen, den EuGH im Rahmen eines Vorabentscheidungsersuchens (Art. 267 AEUV) mit der Rechtsfortbildung zu befassen. Dabei kann das nationale Gericht in seinem Vorlagebeschluss die von ihm befürwortete Rechtsfortbildung im

38 Vgl die zahlreichen Beispiele bei *T. Stein*, Richterrecht, wie anderswo auch? Der Gerichtshof der Europäischen Gemeinschaften als „Integrationsmotor", in: FS der Juristischen Fakultät zur 600-Jahr-Feier der Universität Heidelberg, 1986, S. 619-641.

39 *M. Höpner*, Von der Lückenfüllung zur Vertragsumdeutung. Ein Vorschlag zur Unterscheidung von Stufen der Rechtsfortbildung durch den Europäischen Gerichtshof (EuGH), dms – der moderne Staat 1/2010, S. 165-185; *W. Dänzer-Vanotti*, Unzulässige Rechtsfortbildung des Europäischen Gerichtshofs, RIW 1992, S. 733,737; *P. Clever, EuGH und Gewaltenteilung*, Betriebliche Altersversorgung 1992, S. 213-216; dagegen *R. Voß*, Europäisches und nationales Steuerrecht, Steuern und Wirtschaft 1993, S. 155,157; *G. Griebeling*, EuGH und Gewaltenteilung, Betriebliche Altersversorgung 1992, S. 216 f.

40 Dazu *Borchardt*, in: GS Grabitz, 1995, S. 39–42.

Einzelnen darlegen und den EuGH letztlich nur um Bestätigung des Rechtsfortbildungsergebnisses ersuchen.

D. Die Verpflichtung zur unionsrechtskonformen Auslegung des nationalen Rechts

I. Praktischer Hintergrund

Den praktischen Hintergrund der unionsrechtskonformen Auslegung des nationalen Rechts bilden die Fälle, in denen Widersprüche zwischen dem Unionsrecht und dem nationalen Recht bestehen. 66

Die Lösung solcher Konflikte kann unmittelbar über den vom EuGH entwickelten Vorrang des Unionsrechts vor nationalem Recht erfolgen, wonach das dem Unionsrecht widersprechende nationale Recht außer Anwendung zu bleiben hat. Allerdings führt die Anwendung der Vorrangregel in der Praxis nur dann zu angemessenen Ergebnissen, wenn das vorrangige Unionsrecht selbst unmittelbar anwendbar ist, dh dem Einzelnen unmittelbar Rechte verleihen kann. Fehlt es hingegen an der unmittelbaren Anwendbarkeit, so muss zwar immer noch das unionsrechtswidrige nationale Recht außer Anwendung bleiben, jedoch kann das dann entstehende Rechtsvakuum nicht durch das Unionsrecht selbst gefüllt werden. Dies hat etwa zur Folge, dass eine Unionsrechtsvorschrift, die dem Einzelnen Rechte verleiht oder Schutz gewährt, jedoch selbst nicht unmittelbar anwendbar ist, solange nicht die gewünschten Wirkungen entfalten kann, bis das nationale Recht durch ein Tätigwerden des nationalen Gesetzgebers unionsrechtskonform umgestaltet wird. 67

Diese Problematik stellt sich vor allem im Bereich des Richtlinienrechts. Die unmittelbare Anwendbarkeit der Richtlinie ist die **Ausnahme**, da sie strengen Bedingungen unterliegt (Ablauf der Umsetzungsfrist; inhaltlich klare, bedingungslose und zwingende Regelung, die den Mitgliedstaaten keinen Gestaltungsspielraum überlässt) und auch nicht dem eigentlichen Wesensmerkmal der Richtlinie entspricht: Die Richtlinie entfaltet ihre vollständige Wirkung in einem zweistufigen Rechtsetzungsverfahren, wobei zwar das Ergebnis von Unionsseite verbindlich vorgeschrieben wird, die Form und Art der Umsetzung jedoch von den Mitgliedstaaten bestimmt werden kann; Einzelne werden in der Regel erst durch den nationalen Umsetzungsakt unmittelbar betroffen. 68

Die Europäische Kommission kann dieses Versäumnis im Wege des Vertragsverletzungsverfahrens vor dem EuGH rügen (Art. 258 AEUV), gegebenenfalls auch unter Androhung von Zwangsgeldern und Geldbußen auf die Beseitigung des europarechtswidrigen Zustandes drängen (Art. 260 AEUV); allerdings handelt es sich dabei um ein sehr zeitraubendes, mehrere Jahre dauerndes Verfahren. Ein anderes, ebenso zeitaufwendiges Verfahren, ist die Haftungsklage gegen den Mitgliedstaat wegen Verletzung des Unionsrechts, die der Einzelne vor dem nationalen Gericht mit dem Antrag erheben kann, ihm den durch die Verletzung des Unionsrechts entstandenen Schaden zu ersetzen (Art. 340 AEUV). 69

Ein weitaus wirkungsvolleres Instrument zur Vermeidung eines unter Anwendung der Vorrangregel zu lösenden Normenkonflikts zwischen Unionsrecht und nationalem Recht ist demgegenüber auf die **unionsrechtskonforme Auslegung des nationalen Rechts** oder speziell bei Richtlinien auf die **richtlinienkonforme Auslegung des nationalen Umsetzungsrechts** zurückzugreifen. 70

Die unionsrechtskonforme, und hier speziell die richtlinienkonforme Auslegung ist erst relativ spät in der Rechtsprechung des EuGH anerkannt und in die Rechtsordnung der EU als ein die nationalen Gerichte verpflichtendes Auslegungsinstrument eingeführt worden: Nachdem der EuGH es zunächst nur auf Anfragen nationaler Gerichte für *„zweckmäßig" erachtet hatte, eine einheitliche Auslegung nationaler Rechtsvorschriften im Anwendungsbereich einer Richtlinie* „sicherzustellen",[41] wurde eine Verpflichtung zur richtlinienkonformen Auslegung erstmals im Jahre 1984 in der Rechtssache ***„Von Colson und Kamann"*** festgestellt.[42] In diesem Fall ging es um die Feststellung der Höhe des Schadensersatzes für die Diskriminierung von Frauen bei der Berufseinstellung. Während die deutsche Regelung dafür nur den Ersatz des Vertrauensschadens (insbesondere also 71

41 Vgl EuGH, Rs. 67/74 (Bonsignore), Slg 1975, 306, Rn 4.

42 EuGH, Rs. 14/83 (Von Colson und Kamann/ Land Nordrhein Westfalen), Slg 1984, 1891.

die reinen Bewerbungskosten) vorsah (§ 611 a Abs. 1 BGB), verlangt die Richtlinie 76/207/EWG, dass im nationalen Recht zur Durchsetzung der Chancengleichheit beim Zugang zum Beruf effektive Sanktionen verhängt werden. Da allerdings die Sanktion nicht weiter konkretisiert war, konnte die Richtlinie in diesem Punkt nicht für unmittelbar anwendbar erklärt werden, so dass ein Urteil drohte, das zwar die Europarechtswidrigkeit des nationalen Gesetzes feststellt, aber dem nationalen Gericht keine Grundlage geboten hätte, die nationale Vorschrift außer Acht zu lassen. Ein solches Urteil wurde schließlich durch die Erklärung der Bundesregierung im Verfahren vor dem EuGH verhindert, wonach § 611 a BGB den Anspruch auf Schadensersatz nicht beschränkt und insbesondere die Anwendung allgemeiner Schadensersatzbestimmungen nicht ausgeschlossen habe. An diese Aussage anknüpfend entschied der EuGH, dass gemäß Art. 249 und Art. 10 EGV (heute Art. 288 Abs. 3 AEUV und Art. 4 Abs. 3 EUV) die nationalen Gerichte verpflichtet seien, die innerstaatlichen Zivilrechtsvorschriften so auszulegen und anzuwenden, dass eine effektive Sanktion einer Diskriminierung aufgrund des Geschlechts gewährleistet ist. Eine bloß symbolische Entschädigung genüge den Anforderungen an eine wirksame Umsetzung der Richtlinie nicht.

72 Aufgrund dieser inzwischen ständigen Rechtsprechung obliegt es folglich allen Trägern öffentlicher Gewalt in den Mitgliedstaaten, bei der Anwendung nationalen Rechts dieses Recht soweit wie möglich am Wortlaut und Zweck des Unionsrechts bzw der Richtlinie auszulegen, um das mit dem Unionsrecht bzw der Richtlinie verfolgte Ziel zu erreichen.[43]

II. Die rechtlichen Grundlagen der unionsrechtskonformen Auslegung

73 Die rechtliche Grundlage für die unionsrechtskonforme Auslegung sieht der EuGH in Art. 4 Abs. 3 EUV. Danach sind die Mitgliedstaaten gehalten, alle geeigneten Maßnahmen allgemeiner oder besonderer Art zur Erfüllung der Verpflichtungen, die sich aus den EU-Verträgen oder aus Handlungen der Unionsorgane ergeben, zu treffen. Hierzu gehört auch, dass die nationalen Stellen die Anwendung und Auslegung von innerstaatlichem Recht, das durch unionsrechtliche Vorschriften überlagert wird, am Wortlaut und Zweck des Unionsrechts auszurichten haben (Pflicht zur Unionstreue). Für die nationalen Gerichte spiegelt sich hieran zugleich auch ihre Rolle als europäische Gerichte im Sinne von Sachwalter für die korrekte Anwendung und Beachtung des Unionsrechts wider.[44]

74 Für die richtlinienkonforme Auslegung tritt zu Art. 4 Abs. 3 EUV als spezielle rechtliche Grundlage Art. 288 Abs. 3 AEUV hinzu. Danach sind die Mitgliedstaaten zur Umsetzung der Richtlinien verpflichtet. Rechtsanwender und Gerichte haben über die richtlinienkonforme Auslegung dazu beizutragen, dass dieser Verpflichtung im vollen Umfang durch den betreffenden Mitgliedstaat nachgekommen wird. Die richtlinienkonforme Auslegung dient der Herstellung von Richtlinienkonformität auf der Ebene der Rechtsanwendung und gewährleistet damit die einheitliche Auslegung und Anwendung von nationalem Umsetzungsrecht in allen Mitgliedstaaten. Es soll auf nationaler Ebene nicht das auseinanderdividiert werden, was durch die Richtlinie auf EU-Ebene gerade erst angeglichen wurde.

III. Umfang der Verpflichtung

1. Adressaten der Verpflichtung

75 Die Verpflichtung zur unionsrechtskonformen Auslegung richtet sich gegen alle staatlichen Organe, die konkrete Rechtsanwendung oder Rechtsprechung betreiben. Erfasst wird damit neben der Verwaltung und den Gerichten auch der Gesetzgeber. Soweit der Gesetzgeber die Verfassung durch Gesetzesrecht konkretisiert, muss er sich über Inhalt und Umfang der zu konkretisierenden Verfassungsnorm ein klares Bild machen oder anders ausgedrückt, er muss die Verfassungsnormen

43 EuGH, Rs. C-268/06 (Impact), Slg 2008, I-2483; Rs. C-378/07 (Angelidaki), Slg 2009, I-3071; Rs. C-91/92 (Faccini Dori), Slg 1994, I-3225, Rn 26.

44 EuGH, Rs. C-378/07 (Angelidaki), Slg 2009, I-3071; Rs. C-268/06 (Impact), Slg 2008, I-2483; Rs. C-212/04 (Adeneler), Slg 2006, I-6057, Rn 108-111; Rs. 397/01 – C-403/01 (Pfeiffer), Slg 2004, I-8835, Rn 114.

auslegen; diese Auslegung hat unter Beachtung unionsrechtlicher Verpflichtungen zu erfolgen, dh sie muss unionsrechtskonform vorgenommen werden.

2. Das betroffene Recht

Der unionsrechtskonformen Auslegung zugänglich sind alle nationalen, generellen Rechtssätze, einschließlich der Verfassung. Den wichtigsten Anwendungsfall bilden natürlich auch hier diejenigen nationalen Rechtsnormen, die unmittelbar der Umsetzung von Richtlinien dienen. 76

Problematisch war lange Zeit, ob die Verpflichtung zur unionsrechtskonformen Auslegung sich nur auf nationales Recht erstrecken kann, das zeitlich **nach dem betreffenden Unionsrecht** erlassen wurde. In seinem zu dieser Frage wegweisenden Urteil in der Rechtssache „**Marleasing**" ist es unerheblich, ob das nationale Recht vor oder nach Inkrafttreten des Unionsrechts (im konkreten Fall einer Richtlinie) erlassen worden ist.[45] 77

Im Hinblick auf die richtlinienkonforme Auslegung ist zudem die Feststellung wichtig, dass diese Form der Auslegung nicht nur im Hinblick auf Richtlinienvorschriften mit unmittelbarer Wirkung gilt, sondern gerade auch für solche Richtlinienvorschriften, die nicht unmittelbare Wirkung entfalten; gerade für letztere ist die richtlinienkonforme Auslegung wichtig, da mit Ausnahme der inzwischen vom EuGH anerkannten Haftung der Mitgliedstaaten für fehlende oder fehlerhafte Umsetzung von Richtlinien sonst keine Möglichkeit für Gerichte besteht, korrigierend einzugreifen. 78

IV. Der zeitliche Beginn der Verpflichtung

Die Verpflichtung zur unionsrechtskonformen Auslegung besteht im Hinblick auf **geltendes Unionsrecht**. Das bedeutet, dass die Verpflichtung zur unionsrechtskonformen Auslegung zu dem Zeitpunkt einsetzt, zu dem die fragliche Unionsrechtsvorschrift ihre Rechtswirkungen erzeugt. 79

Mit Ausnahme der Richtlinien ist dies der Zeitpunkt des Inkrafttretens der fraglichen Unionsrechtsvorschrift. Im Falle der Richtlinien sind zwei Fallkonstellationen zu unterscheiden: Erlass der nationalen Umsetzungsakte vor und nach Ablauf der Umsetzungsfrist. 80

Wird eine Richtlinie **vor Ablauf der Umsetzungsfrist** in nationales Recht umgesetzt, besteht die Verpflichtung zur richtlinienkonformen Auslegung des nationalen Umsetzungsakts mit dessen Inkrafttreten. In diesem Fall sind alle Voraussetzungen für ein Wirksamwerden der Richtlinienvorschriften im nationalen Recht erfüllt, so dass von diesem Zeitpunkt an die nationalen Umsetzungsregelungen im Zusammenhang mit der Richtlinie selbst ausgelegt werden müssen, um eine einheitliche Geltung des Unionsrechts zu gewährleisten. 81

Wird eine Richtlinie hingegen erst **nach Ablauf der Umsetzungsfrist** in nationales Recht umgesetzt, setzt die Verpflichtung zur richtlinienkonformen Auslegung gleichwohl grundsätzlich mit Ablauf der Umsetzungsfrist ein. Im Moment des Ablaufs der Umsetzungsfrist liegt eine Verletzung der Art. 288 Abs. 3 AEUV und Art. 4 Abs. 3 EUV vor, wenn bis dahin die nationale Umsetzung der Richtlinie nicht vorgenommen worden ist. Es ist dann auch die Pflicht der nationalen Gerichte und Rechtsanwendungsorgane das bestehende nationale Recht im Lichte der nicht umgesetzten Richtlinie auszulegen bzw anzuwenden. 82

Eine **Ausnahme** gilt allerdings für **Vorschriften mit Strafcharakter**; aus Gründen der Rechtssicherheit und des Rückwirkungsverbots ist eine richtlinienkonforme Auslegung nicht bereits mit dem Ablauf der Umsetzungsfrist möglich, sondern erst mit dem Erlass des konkreten Umsetzungsaktes,[46] und zwar auch dann, wenn dieser Umsetzungsakt erst nach Ablauf der Umsetzungsfrist erlassen wird. 83

Die bloße **Existenz einer Richtlinie vor Ablauf der Umsetzungsfrist** kann hingegen keine Verhaltenspflichten der staatlichen Organe nach sich ziehen, weil die Herstellung einer richtlinienkonformen Rechtslage zu diesem Zeitpunkt noch nicht geboten ist. Dies gilt auch für eine richtlinienkonforme Auslegung des nationalen Rechts. Verwaltung und nationale Gerichte können nicht durch 84

45 EuGH, Rs. C-106/89 (Marleasing), Slg 1990, I-4135.
46 EuGH, Rs. 80/86 (Kolpinghuis Nijmegen), Slg 1987, 3969.

das Unionsrecht verpflichtet werden, bereits im Vorgriff auf die konkrete Umsetzung einer Richtlinie durch den Gesetzgeber bereits bestehendes nationales Recht im Hinblick auf die Vorgaben dieser Richtlinie richtlinienkonform auszulegen. Verwaltung und nationale Gerichte müssen grundsätzlich erst die Umsetzung der Richtlinie in abstrakt-generelle Normen abwarten, um nicht in die Kompetenzen des Gesetzgebers einzugreifen. Es kann daher auch keine Verletzung des Art. 4 Abs. 3 EUV angenommen werden, wenn Verwaltung und nationale Gerichte trotz einer theoretischen Möglichkeit zur richtlinienkonformen Auslegung bestehenden nationalen Rechts und ihrer abstrakten Verpflichtung aus Art. 288 Abs. 3 AEUV weiterhin nationales Recht ohne Rücksicht auf die Richtlinie auslegen. Ob eine theoretische Möglichkeit zur richtlinienkonformen Auslegung vor Ablauf der Umsetzungsfrist besteht, ist letztlich eine Frage des nationalen Rechts;[47] allerdings dürfte dem nichts entgegen stehen, solange die richtlinienkonforme Auslegung sich im Rahmen der allgemeinen Grenzen für jedwede Auslegung hält, insbesondere nicht zu einem Auslegungsergebnis führt, das eindeutig mit dem Wortlaut der auszulegenden Regelung unvereinbar ist.

V. Grenzen der unionsrechtskonformen Auslegung

85 Die unionsrechtskonforme Auslegung findet ihre Grenzen im eindeutigen Wortlaut der nationalen Vorschrift, der eine Auslegung nicht zulässt; auch unter der unionsrechtlichen Verpflichtung zur unionsrechtskonformen Auslegung darf das nationale Recht nicht „contra legem" ausgelegt werden.

86 Dies gilt auch in dem Fall einer ausdrücklichen Weigerung des nationalen Gesetzgebers, eine Richtlinie in nationales Recht umzusetzen. Ein dadurch hervorgerufener Konflikt zwischen Unionsrecht und nationalem Recht kann nur über das Vertragsverletzungsverfahren (Art. 258, 259 AEUV) gelöst werden.

E. Ausblick

87 **Rechtsschöpfung** durch den EuGH wird es in Zukunft nur noch punktuell und ausnahmsweise geben. Die Verfassungsstruktur der EU ist nicht zuletzt durch die rechtsschöpferische Tätigkeit des EuGH inzwischen so weit gefestigt, dass die Notwendigkeit der Rechtsschöpfung als eines der Kriterien, welche die Grenzen der Rechtsschöpfung markieren, nur noch in besonderen Ausnahmefällen gegeben sein dürfte.

88 Die **Auslegung und Fortbildung des Unionsrechts** wird hingegen wie bisher eine zentrale Rolle bei der Durchführung des Unionsrechts spielen und in einer immer größer werdenden Union sogar an Bedeutung noch gewinnen. Je mehr Mitgliedstaaten in der EU zusammenfinden, desto schwieriger wird der Rechtsetzungsprozess in der Union und desto größer wird die Offenheit der im Rat der EU und im Europäischen Parlament verhandelten und verabschiedeten Rechtssätze. Die Auslegung und Fortbildung des Unionsrechts bilden das notwendige Korrektiv zu dieser Entwicklung. Sie sind letztendlich die Garanten für eine einheitliche Geltung und Anwendung des Unionsrechts in der gesamten EU.

89 Die Verantwortung für die Auslegung und Fortbildung des Unionsrechts wird dabei auch weiterhin auf nationaler wie auf EU-Ebene liegen. Es handelt sich dabei nach wie vor um eine gemeinsame Verantwortung von Mitgliedstaaten und Union auf Ebene der Rechtsanwendung und der Rechtsprechung. Im Hinblick auf die vornehmlich nationale Durchführung des Unionsrechts wird das Schwergewicht allerdings weiterhin auf der nationalen Ebene liegen, jedoch nach wie vor mit dem Vorbehalt der authentischen Auslegung und Rechtsfortbildung durch den EuGH.

90 In diesem Zusammenhang sollten die nationalen Gerichte bei der Rechtsfortbildung stets und bei der Auslegung des Unionsrechts in allen wichtigen Fragen, die Bedeutung über den konkret zur Entscheidung vor dem nationalen Gericht anstehenden Rechtsstreit haben, den EuGH im Wege der Vorabentscheidung nach Art. 267 AEUV befassen. Nur auf diese Weise kann sichergestellt werden,

47 BGH, NJW 1998, 2507; *Ehricke*, EuZW 1999, 553.

dass auch langfristig das Unionsrecht als einheitlich in allen Mitgliedstaaten geltendes Recht besteht; nur die einheitliche Geltung des Unionsrechts kann Gleichheit und Freiheit in den von der EU besetzten Politikbereichen gewährleisten.

Ähnliches gilt auch für die **unionsrechtskonforme**, und hier vor allem die **richtlinienkonforme Auslegung des nationalen Rechts**. Sie ist eine äußerst wirksame Form, Normenkonflikte zwischen Unionsrecht und nationalem Recht rasch, wirkungsvoll und unter größtmöglicher Schonung sowohl der Rechtsordnung der EU wie der nationalen Rechtsordnung zu lösen. Die nationalen Gerichte sind aufgefordert, dieses Institut mit Leben zu erfüllen und auch damit ihrer Rolle als europäische Richter gerecht zu werden. 91

Wenn man die besondere Verantwortung der nationalen Rechtsanwendungs- und vor allem Rechtsprechungsorgane betont, kann der Hinweis nicht unterbleiben, dass gerade die Auslegung und Fortbildung des Unionsrechts, aber auch die unionsrechtskonforme Auslegung des nationalen Rechts eine umfassende Kenntnis des fraglichen Unionsrechts und der es beherrschenden Rechtsprinzipien voraussetzt. Hier sind auf nationaler Ebene noch größere Anstrengungen zu unternehmen, um die notwendigen Voraussetzungen für eine umfassende Aus- und Weiterbildung im Unionsrecht zu schaffen. Daneben sind auch die neuen Kommunikationsmöglichkeiten stärker zu nutzen, die den Zugriff auf eine ganze Reihe von Informationen über das Unionsrecht erlauben, die gerade auch für die Auslegung und Fortbildung von Nutzen sein können. 92

2. Teil:
Besonderer Teil

§ 16 Kartellrecht*

Literatur: *Bach*, Gemeinschaftsunternehmen nach dem „Ost-Fleisch"-Beschluss des BGH, ZWeR 2003, 187; *Bauer/De Bronett*, Die EU-Gruppenfreistellungsverordnung für vertikale Wettbewerbsbeschränkungen, Köln, 2001; *Bischke/Mäger*, Der Kommissionsentwurf einer geänderten EU-Fusionskontrollverordnung, EWS 2003, 97; *Böge*, Reform der europäischen Fusionskontrolle, WuW 2004, 138; *Burrichter/Mäger/Carlton/Byrne*, Joint Ventures under EU and National Competition Laws, in: Micheler/Prentice (Hrsg.), Joint Ventures in English and German Law, Oxford, 2000; *Dreher/Thomas*, Rechts- und Tatsachenirrtümer unter der neuen VO 1/2003, WuW 2004, 8; *Hellmann*, Der europäische Gerichtshof billigt die Bußgeldpraxis der Kommision, EWS 2005, 439; *Hirsch*, Anwendung der Kartellverfahrensordnung (EG) Nr. 1/2003 durch nationale Gerichte, ZWeR 2003, 233; *Hossenfelder/Lutz*, Die neue Durchführungsverordnung zu den Art. 81 und 82 EG-Vertrag, WuW 2003, 118; *Hossenfelder/Töllner/Ost*, Kartellrechtspraxis und Kartellrechtsprechung2005/06, 21. Auflage, Köln, 2006; *Immenga/Mestmäcker* (Hrsg.), Kommentar zum EG-Wettbewerbsrecht, 5. Auflage, München, 2012; *Lange* (Hrsg.), Handbuch zum deutschen und europäischen Kartellrecht, 2. Auflage, Frankfurt am Main, 2006; *Langen/Bunte* (Hrsg.), Kommentar zum deutschen und europäischen Kartellrecht, 11. Auflage, Neuwied, 2010; *Mäger* (Hrsg.), Europäisches Kartellrecht, 2. Auflage, Baden-Baden, 2011; *Mestmäcker/Schweitzer*, Europäisches Wettbewerbsrecht, 2. Auflage, München, 2004; *Monopolkommission*, Sondergutachten 28 v. 10. September 1999 gemäß § 44 Abs. 1 S. 4 GWB, Kartellpolitische Wende in der Europäischen Union? – Zum Weißbuch der Kommission v. 28. April 1999, Baden-Baden, 1999; *Montag/Rosenfeld*, A Solution to the Problems? Regulation 1/2003 and the Modernisation of Competition Procedure, ZWeR 2003, 107; *E. Rehbinder*, Zum Verhältnis zwischen nationalem und EG-Kartellrecht nach der VO Nr. 1/2003, in: Festschrift Ulrich Immenga, München, 2004; *Röhling*, Die Zukunft des Kartellverbots in Deutschland nach In-Kraft-Treten der neuen EU-Verfahrensrechtsordnung, GRUR 2003, 1019; *Säcker* (Hrsg.), Berliner Kommentar zum Energierecht, 2. Auflage, München, 2010; *Schaub/Dohms*, Das Weißbuch der Kommission über die Modernisierung der Vorschriften zur Anwendung der Art. 81 und 82 EG-Vertrag, die Reform der VO Nr. 17, WuW 1999, 1055; *K. Schmidt*, Umdenken im Kartellverfahrensrecht! Gedanken zur europäischen VO Nr. 1/2003, BB 2003, 1237; *Schnelle/Bartosch/Hübner*, Das neue EU-Kartellverfahrensrecht, Stuttgart, 2004; *Schröter/Jakob/Mederer* (Hrsg.), Kommentar zum Europäischen Wettbewerbsrecht, Baden-Baden, 2003; *Schwarze* (Hrsg.), EU-Kommentar, 3. Auflage, Baden-Baden, 2012; *Streinz* (Hrsg.), Vertrag über die Europäische Union und Vertrag über die Arbeitsweise der Europäischen Union, 2. Auflage München, 2012; *von der Groeben/Schwarze* (Hrsg.), Kommentar zum Vertrag über die Europäische Union und zur Gründung der Europäischen Gemeinschaft (EU/EG-Vertrag), 6. Auflage, Baden-Baden, 2003/2004; *Weitbrecht*, Das neue Kartellverfahrensrecht, EuZW 2003, 69; *Wiedemann* (Hrsg.), Handbuch des Kartellrechts, 2. Auflage, München 2008; *Wirtz*, Anwendbarkeit von § 20 GWB auf selektive Vertriebssysteme nach Inkrafttreten der VO 1/2003, WuW 2003, 1039.

* Der Autor dankt Frau Referendarin Sophie Altmeyer sowie Frau Rhiannon Pugh (Solicitor, England and Wales) für ihre Unterstützung bei der Überarbeitung des Beitrags.

Abschnitt 1: Übersicht zu Gesetzgebung und Rechtsprechung

A. Gesetzgebung

I. Primärrecht

Art. 101 bis 106 AEUV (bisher Art. 81 bis 86 EGV).
Art. III-161 bis III-166 EVV.

II. Sekundärrecht

Verordnungen:

Verordnung (EG) Nr. 1/2003 des Rates v. 16. Dezember 2002 zur Durchführung der in den Art. 81 und 82 des Vertrags niedergelegten Wettbewerbsregeln, ABl. L 1/1 v. 4. Januar 2003; **Verordnung (EG) Nr. 773/2004** der Kommission v. 7. April 2004 über die Durchführung von Verfahren auf der Grundlage der Art. 81 und 82 EG-Vertrag durch die Kommission, ABl. L 123/18 v. 27. April 2004; **Verordnung (EU) Nr. 1218/2010** der Kommission v. 14. Dezember 2010 über die Anwendung von Artikel 101 Absatz 3 des Vertrags über die Arbeitsweise der Europäischen Union auf bestimmte Gruppen von Spezialisierungsvereinbarungen [Spezialisierungs-GVO], ABl. L 335/43 v. 18.12.2010;**Verordnung (EU) 1217/2010** der Kommission v. 14. Dezember 2010 über die Anwendung von Art. 101 Absatz 3 des Vertrags über die Arbeitsweise der Europäischen Union auf bestimmte Gruppen von Vereinbarungen über Forschung und Entwicklung [F+E-GVO], ABl. L 335/36v. 18. Dezember 2010; **Verordnung (EG) Nr. 316/2014** der Kommission v. 21. März 2014 über die Anwendung von Artikel 101 Absatz 3 des Vertrags über die Arbeitsweise der Europäischen Union auf Gruppen von Technologie-Transfer-Vereinbarungen [TT-GVO], ABl. L 93/17 v. 28. März 2014; **Verordnung (EU) Nr. 330/2010** der Kommission v. 20. April 2010 über die Anwendung von Art. 101 Absatz 3 des Vertrags über die Arbeitsweise der Europäischen Union auf Gruppen von vertikalen Vereinbarungen und abgestimmten Verhaltensweisen [Vertikal-GVO], ABl. L 102/1 v. 23. April 2010; **Verordnung (EG) 461/2010**der Kommission v. 27. Mai 2010 über die Anwendung von Artikel 101 Absatz 3 des Vertrags über die Arbeitsweise der Europäischen Union auf Gruppen von vertikalen Vereinbarungen und aufeinander abgestimmten Verhaltensweisen im Kraftfahrzeugsektor [Kfz-GVO], ABl. L 129/52v. 28. Mai 2010; **Verordnung (EU) Nr. 267/2010** der Kommission v. 24. März 2010 über die Anwendung von Art. 101 Abs. 3 des Vertrages über die Arbeitsweise der Europäischen Union auf Gruppen von Vereinbarungen, Beschlüssen und abgestimmten Verhaltensweisen im Versicherungssektor [Versicherungs-GVO], ABl. L 83/1 v. 30. März 2010; **Verordnung (EG) Nr. 139/2004** des Rates v. 20. Januar 2004 über die Kontrolle von Unternehmenszusammenschlüssen [FKVO], ABl. L 24/1 v. 29. Januar 2004; **Verordnung (EG) Nr. 802/2004** der Kommission v. 7. April 2004 zur Durchführung der Verordnung (EG) Nr. 139/2004 des Rates über die Kontrolle von Unternehmenszusammenschlüssen [FKVO-DVO], ABl. L 133/1 v. 30. April 2004.

Bekanntmachungen und Mitteilungen:

Bekanntmachung der Kommission über die Definition des relevanten Marktes im Sinne des Wettbewerbsrechts der Gemeinschaft, ABl. C 372/5 v. 9. Dezember 1997 [**Bekanntmachung zur Marktabgrenzung**]; Mitteilung der Europäischen Kommission, Leitlinien für vertikale Beschränkungen, ABl. C 130/1 v. 19.5.2010 [**Leitlinien für vertikale Beschränkungen**]; Bekanntmachung der Europäischen Kommission, Leitlinien zur Anwendbarkeit von Artikel 101 des Vertrages über die Arbeitsweise der Europäischen Union auf Vereinbarungen über horizontale Zusammenarbeit. ABl. C 11/1 v. 14.1.2011 [**Leitlinien über horizontale Zusammenarbeit**]; Bekanntmachung der Kommission über Vereinbarungen von geringer Bedeutung, die im Sinne des Artikels 101 Absatz 1 des Vertrags über die Arbeitsweise der Europäischen Union den Wettbewerb nicht spürbar beschränken (De Minimis-Bekanntmachung), ABl. C 291/1 v. 30. August 2014 [**de-minimis-Bekanntmachung**]; Leitlinien zur Bewertung horizontaler Zusammenschlüsse gemäß der Ratsverordnung über die Kontrolle von Unternehmenszusammenschlüssen, ABl. C. 31/5 v. 5. Februar 2004 [**Leitlinien für horizontale Zusammenschlüsse**]; Bekanntmachung der Kommission, Leitlinien über den Begriff der

Beeinträchtigung des zwischenstaatlichen Handels in den Artikeln 81 und 82 des Vertrags, ABl. C 101/81 v. 27. April 2004 [**Leitlinien zum zwischenstaatlichen Handel**]; Bekanntmachung der Kommission, Leitlinien zur Anwendung von Artikel 81 Absatz 3 EG-Vertrag, ABl. C 101/97 v. 27. April 2004 [**Leitlinien zu Art. 81 Abs. 3 EG**]; Mitteilung der Kommission, Leitlinien zur Anwendung von Artikel 101 des Vertrags über die Arbeitsweise der Europäischen Union auf Technologietransfer-Vereinbarungen, ABl. C 89/3 v. 28. März 2014 [**TT-Leitlinien**]; Bekanntmachung der Kommission über Einschränkungen des Wettbewerbs, die mit der Durchführung von Unternehmenszusammenschlüssen unmittelbar verbunden und für diese notwendig sind, ABl. C 56/24 vom 5. März 2005 [**Bekanntmachung zu Nebenabreden**]; Konsolidierte Mitteilung der Kommission zu Zuständigkeitsfragen gemäß der Verordnung (EG) Nr. 139/2004 des Rates über die Kontrolle von Unternehmenszusammenschlüssen, ABl. C 43/09vom 21. Februar 2009 [**Konsolidierte Mitteilung**].

B. Rechtsprechung („leading cases")

Allgemein:

Marktbeherrschende Stellung: EuGH, Rs. 27/76 (United Brands/Chiquita Bananen), Slg 1978, 207; EuGH, Rs. C-68/94 und C-30/95 (Frankreich/Kali und Salz), Slg 1998, I-1375; Zwischenstaatlicher Handel: EuGH, Rs. 56, 58/64 (Consten und Grundig), Slg 1966, 321; EuGH, Rs. 23/67 (De Haecht), Slg 1967, 544; EuG, Rs. T-374, 375, 384 u. 388/94 (European Night Services), Slg 1998, II-3141; Internationaler Anwendungsbereich: EuGH, Rs. 89, 104, 114, 116, 117, 125 – 129/85 (Ahlström/Zellstoff), Slg 1988, 5193.

Art. 101 AEUV:

Unternehmen: EuGH, Rs. C-73/95 (Viho), Slg 1996, I-5457; Vereinbarungen, Beschlüsse, aufeinander abgestimmte Verhaltensweisen: EuGH, Rs. 48/69 (ICI/Teerfarben), Slg 1972, 619; EuGH, Rs. 40 – 48, 50, 54 – 56, 111, 113, 114/73 (Suiker Unie/Zuckerkartell), Slg 1975, 1663; EuGH v. 6. Januar 2004, Rs. C-2/01, 3/02 (Bundesverband der Arzneimittel-Importeure Bayer),Slg 2004 I-23; Horizontalverträge: EuGH, Rs. C-7/95 (John Deere), Slg 1998, I-3111; Vertikalverträge: EuGH, Rs. 56/65 (Societé Technique Minière), Slg 1966, 282; EuGH, Rs. 161/84 (Pronuptia), Slg 1986, 353; EuG, Rs. T-62/38 (VW), Slg 2000, II-2707; Immanente Schranken des Art. 81 Abs. 1 EG: EuGH, Rs. 42/84 (Nutricia), Slg 1985, 2545; Spürbarkeit der Wettbewerbsbeschränkung: EuGH, Rs. C-234/89 (Delimitis), Slg 1991, I-1935.

Art. 102 AEUV:

Missbräuchliche Verhaltensweisen: EuGH, Rs. 85/76 (Hoffmann-La Roche), Slg 1979, 461; EuGH, Rs. 322/81 (Michelin), Slg 1983, 3461; EuGH, Rs. C-62/86 (Akzo), Slg 1991, I-3359; EuGH, Rs. C-333/94 P (Tetra Pak II), Slg 1996, I-5951; EuGH, Rs. 6 u. 7/73 (Commercial Solvents), Slg 1974, 223; EuGH, Rs. C-241 u. 242/91 P (Magill), Slg 1995, I-743; EuGH, Rs. 7/97 (Bronner), Slg 1998, I-7791; EuGH v. 29. April 2004, Rs. C-418/01 (IMS Health), Slg 2004 I-5039.

Art. 106 AEUV:

EuGH, Rs. C-41/90 (Höfner/Macrotron), Slg 1991, I-1979.

Gewerbliche Schutzrechte:

EuGH, Rs. 15/74 (Centrafarm), Slg 1974, 1147; EuGH, Rs. 193/83 (Windsurfing International), Slg 1986, 611.

Fusionskontrolle:

EuGH, Rs. 6/72 (Continental Can), Slg 1973, 215; EuG, Rs. T-102/96 (Gencor), Slg 1999, II-753; EuG, Rs. I-342/99 (Airtours), Slg 2002, II-2585; EuGH v. 15. Februar 2005, Rs. C 12/03 P (Tetra Laval), Slg 2005, I-987.

Abschnitt 2: Analyse und Darstellung der Einwirkungspraxis des Europarechts auf das deutsche Kartellrecht

1 Das europäische Recht wirkt auf praktisch alle Bereiche des deutschen Wirtschaftsrechts ein. In den meisten Bereichen, etwa dem Handels-, Lauterkeits- und Steuerrecht wird das nationale Normengefüge allerdings nur unter einzelnen Aspekten – wenn auch in immer größerem Umfang – beeinflusst. Demgegenüber wird das deutsche Kartellrecht vom europäischen Kartellrecht nicht nur in Einzelbereichen geprägt, sondern faktisch sogar weitgehend verdrängt. Das europäische Kartellrecht stellt einen in sich geschlossenen Ordnungsrahmen dar, dessen unmittelbare Anwendbarkeit im Zuge des ab 1. Mai 2004 geltenden Verfahrensrechts ausgeweitet und zudem mit einem erweiterten Vorrang vor nationalen Kartellrechtsordnungen ausgestattet wurde. Im Ergebnis sind damit heute nahezu alle Fälle von einiger wirtschaftlicher Bedeutung nach den Maßstäben des europäischen Kartellrechts zu entscheiden. Im Übrigen ist das deutsche Kartellrecht im Zuge der 7. GWB-Novelle weitgehend an das europäische Kartellrecht angepasst worden (siehe Rn 45).

A. Einführung und Grundlagen

I. Regelungszweck des Kartellrechts

2 Die Vorschriften des europäischen Kartellrechts nehmen eine zentrale Rolle im Gesamtgefüge des europäischen Rechts ein. Die Aufgabe des Kartellrechts ist es, den Wettbewerb vor Beschränkungen zu schützen, die von Unternehmen veranlasst werden. Das europäische Kartellrecht hat dabei den Wettbewerb innerhalb des Binnenmarktes im Blick – so räumt Art. 3 Abs. 1 lit. b) AEUV der Europäischen Union die ausschließliche Zuständigkeit für die Festlegung der Wettbewerbsregeln ein, die für das Funktionieren des Binnenmarktes erforderlich sind. Dem „Protokoll über den Binnenmarkt und den Wettbewerb“[1] zufolge, das dem EU-Vertrag und dem AEUV beigefügt ist, umfasst der Binnenmarkt ein System, „das den Wettbewerb vor Verfälschungen schützt“. Was unter **Wettbewerb** zu verstehen ist, wird im AEUV nicht definiert. Die Wissenschaft hat eine Vielzahl von Konzepten entwickelt. Eine allgemeingültige Definition erscheint aber weder möglich noch zweckmäßig, da zwischen den einzelnen Verhaltensweisen der Marktteilnehmer vielfältige Wechselbeziehungen bestehen und das unternehmerische, marktbezogene Handeln in seinen Bedingungen, Wirkungsweisen und Folgen ohnehin nicht präzise erfasst werden kann. Im Gegensatz zum Begriff des Wettbewerbs lässt sich das Phänomen der **Wettbewerbsbeschränkung** besser greifen: Mittel einer Wettbewerbsbeschränkung können Verträge (und abgestimmte Verhaltensweisen) sowie einseitige Maßnahmen von Unternehmen sein. Um den klassischen Fall einer vertraglichen Wettbewerbsbeschränkung handelt es sich beispielsweise, wenn Konkurrenten vereinbaren, einen bestimmten Mindestpreis zu Lasten ihrer Kunden nicht zu unterschreiten. Derartige Kartellabsprachen bilden zwar nur einen Ausschnitt möglicher Wettbewerbsbeschränkungen, sie haben aber dem gesamten Rechtsgebiet seinen im deutschen Sprachraum geläufigen Namen gegeben.

3 Unterschieden wird traditionell zwischen der Verhaltenskontrolle und der Strukturkontrolle. Der **Verhaltenskontrolle** unterliegen vertragliche Wettbewerbsbeschränkungen und einseitiges Verhalten, insbesondere marktbeherrschender Unternehmen. Die **Strukturkontrolle** ist demgegenüber auf die Erhaltung oder Wiederherstellung von wettbewerblichen Marktstrukturen gerichtet, etwa in Gestalt der Fusionskontrolle.

4 Das Kartellrecht lässt sich auch als Recht gegen Wettbewerbsbeschränkungen bezeichnen und dadurch vom **Lauterkeitsrecht** (teilweise Wettbewerbsrecht im engeren Sinne genannt) abgrenzen. Vereinfacht gesagt soll das Recht gegen Wettbewerbsbeschränkungen die Freiheit des Wettbewerbs sichern, dh. dafür sorgen, dass ein Freiraum besteht, innerhalb dessen die Unternehmen miteinander in Wettbewerb treten können. Demgegenüber untersagt das Lauterkeitsrecht bestimmte Verhaltensweisen innerhalb dieses Freiraums. In Deutschland stehen mit dem GWB (Kartellrecht) und dem UWG (Lauterkeitsrecht) zwei ausdifferenzierte Regelungssysteme nebeneinander. Auf europäi-

1 ABl. 2008 C 115/309.

scher Ebene gibt es demgegenüber kein vergleichbares lauterkeitsrechtliches Normgefüge. Das Lauterkeitsrecht ist bislang in erster Linie auf mitgliedstaatlicher Ebene verankert und durch Vorgaben des europäischen Rechts nur in Ansätzen harmonisiert. Kartell- und Lauterkeitsrecht stehen damit in einem Spannungsverhältnis. Das mitgliedstaatliche Lauterkeitsrecht genießt keinen Vorrang vor den Wettbewerbsregeln des europäischen Rechts. Es kann vielmehr seinerseits den Grundfreiheiten des Binnenmarktes widersprechen.[2] Kartell- und Lauterkeitsrecht sind darüber hinaus eng verzahnt. Unlauter Wettbewerb ist grundsätzlich auch kartellrechtlich nicht schutzwürdig. Allerdings rechtfertigt die Abwehr unlauteren Wettbewerbs nicht die präventive Kartellbildung. Bestimmte Maßnahmen, insbesondere unlautere Verhaltensweisen marktbeherrschender Unternehmen, können sowohl gegen das Kartell- als auch gegen das Lauterkeitsrecht verstoßen.

5 Zu den Wettbewerbsregeln des Vertrags über die Arbeitsweise der Europäischen Union (zuvor EG-Vertrag) gehören auch die Vorschriften über **Beihilfen**, die Unternehmen seitens der Mitgliedstaaten gewährt werden. Das Beihilferecht hat sich zu einem eigenständigen Rechtsbereich entwickelt und wird im Folgenden ausgeklammert.

II. Überblick über die Rechtsquellen des europäischen Kartellrechts

6 Die Wettbewerbsregeln des **primären Unionsrechts** sind in den Art. 101 bis 106 AEUV (zuvor Art. 81 bis 86 EGV) niedergelegt. Die materiell-rechtlichen Grundnormen sind zum einen das allgemeine Verbot wettbewerbsbeschränkender Vereinbarungen in Art. 101 AEUV (zuvor Art. 81 EGV) (Kartellverbot) und zum anderen das Verbot bestimmter einseitiger Verhaltensweisen in Gestalt der missbräuchlichen Ausnutzung marktbeherrschender Stellungen in Art. 102 AEUV (zuvor Art. 82 EGV) (Missbrauchsverbot).

7 **Art. 101 AEUV** ist zweistufig aufgebaut. Art. 101 Abs. 1 AEUV verbietet alle Vereinbarungen zwischen Unternehmen, Beschlüsse von Unternehmensvereinigungen und aufeinander abgestimmte Verhaltensweisen, die den Handel zwischen Mitgliedstaaten zu beeinträchtigen geeignet sind und eine Verhinderung, Einschränkung oder Verfälschung des Wettbewerbs innerhalb des Binnenmarktes (zuvor des Gemeinsamen Marktes) bezwecken oder bewirken. Diese sind nach Art. 101 Abs. 2 AEUV nichtig. Ausnahmsweise sind wettbewerbsbeschränkende Vereinbarungen jedoch zulässig, wenn sie die Voraussetzungen des Art. 101 Abs. 3 AEUV erfüllen, dh unter angemessener Beteiligung der Verbraucher Effizienzgewinne bewirken, hierzu unerlässlich sind und den Wettbewerb nicht ausschalten. Die weit gefassten Kriterien des Art. 101 Abs. 3 AEUV machen deutlich, dass die Anwendung des Kartellverbots eine umfassende Würdigung der wirtschaftlichen Aspekte des Einzelfalles erfordert.

8 **Art. 102 AEUV** erfasst einseitige Verhaltensweisen eines Unternehmens (bzw in bestimmten Fällen einer Mehrzahl von Unternehmen). Art. 102 AEUV verbietet die missbräuchliche Ausnutzung einer beherrschenden Stellung auf dem Binnenmarkt oder einem wesentlichen Teil desselben durch ein oder mehrere Unternehmen, soweit dies dazu führen kann, den Handel zwischen Mitgliedstaaten zu beeinträchtigen. Die Vorschrift richtet sich nur an marktbeherrschende Unternehmen. Diese sollen an der Ausnutzung ihrer wirtschaftlichen Machtposition gehindert, dh gezwungen werden, sich so zu verhalten, als ob sie wirksamem Wettbewerb unterliegen würden. Der Begriff des Missbrauchs erfordert eine Wertentscheidung. Wie bei Art. 101 AEUV findet also eine umfassende Würdigung der wirtschaftlichen Aspekte des Einzelfalles statt.

9 Neben den beiden mit direkter Wirkung ausgestatteten materiell-rechtlichen Verboten in Art. 101 und 102 AEUV treten die Ermächtigungs- und Zuständigkeitsvorschriften der Art. 103 bis 106 AEUV. Von großer Bedeutung ist insbesondere Art. 103 AEUV, der den Rat ermächtigt, Verordnungen und Richtlinien zur Verwirklichung der in Art. 101 und 102 AEUV niedergelegten Grundsätze zu erlassen. Art. 106 AEUV enthält Sonderregelungen für öffentliche und monopolartige Unternehmen.

2 *Mestmäcker/Schweitzer*, § 10, Rn 34.

Das primäre Gemeinschaftsrecht hat durch den Vertrag von Lissabon[3] keine wesentlichen inhaltlichen Änderungen. Der EG-Vertrag wurde umbenannt in „Vertrag über die Arbeitsweise der Europäischen Union" (AEUV). Mit Inkrafttreten des Vertrags von Lissabon am 1. Dezember 2009 hat die Europäische Union Rechtspersönlichkeit erlangt und die zuvor der Europäischen Gemeinschaft eingeräumten Zuständigkeiten übernommen. Das Gemeinschaftsrecht ist daher zum Unionsrecht geworden. Das Unionsrecht umfasst auch alle Bestimmungen, die in der Vergangenheit aufgrund des Vertrages über die Europäische Union in seiner Fassung vor dem Vertrag von Lissabon ergangen sind.[4] 10

Das primäre Unionsrecht der Art. 101-106 AEUV wird durch eine Vielzahl von Wettbewerbsregeln des **sekundären** europäischen Kartellrechts ergänzt. Zwar haben Richtlinien im europäischen Kartellrecht bisher keine Rolle gespielt. Der Rat hat aber auf der Grundlage von Art. 83 EGV mehrere Verordnungen verabschiedet. Zu den meisten von ihnen hat die Kommission Ausführungsbestimmungen erlassen. Von zentraler Bedeutung ist die Kartellverfahrensverordnung (EG) Nr. 1/2003. Daneben gibt es eine Reihe von sektoralen Verordnungen.[5] Dies betrifft insbesondere den Verkehrssektor sowie die Landwirtschaft. Eine Sondergruppe bilden die Gruppenfreistellungsverordnungen (GVO).[6] 11

Zu den Wettbewerbsregeln des europäischen Kartellrechts zählen schließlich die Bekanntmachungen (oder Mitteilungen) der Kommission über die Auslegung bestimmter kartellrechtlicher Fragen. Diese haben nicht den Charakter von Rechtsnormen, erfüllen aber eine wichtige Funktion in der kartellrechtlichen Praxis, da sie die Unternehmen über die Haltung der Kommission zu bestimmten Fragen unterrichten. Die Generalanwälte beim Gerichtshof sprechen deshalb vom „Hinweischarakter" der Bekanntmachungen.[7] Der Gerichtshof selbst hat bislang nicht zur Rechtsnatur von Kommissionsbekanntmachungen Stellung genommen. Die Bekanntmachungen führen zu einer Selbstbindung der Kommission.[8] Das EuG und der EuGH werden durch sie jedoch nicht gebunden. Gleiches gilt für nationale Gerichte und Behörden.[9] 12

III. Geltungsbereich des europäischen Kartellrechts

1. Persönlicher Geltungsbereich

Die Verbote der Art. 101 und 102 AEUV richten sich an Unternehmen und Unternehmensvereinigungen. Der **Unternehmensbegriff** ist funktional auszulegen. Erfasst wird jede eine Wirtschaftstätigkeit ausübende Einheit unabhängig von ihrer Rechtsform und der Art ihrer Finanzierung.[10] Maßgeblich ist eine nicht nur gelegentliche oder vorübergehende Teilnahme am Wirtschaftsleben. Abzugrenzen ist die wirtschaftliche Betätigung von hoheitlichen Tätigkeiten und vom privaten Verbrauch. Mit dem Begriff der Unternehmensvereinigung sind vor allem Unternehmensverbände gemeint. Unternehmensvereinigungen sind von Art. 101 und 102 AEUV allerdings nur in dem Umfang betroffen, in dem sie das Verhalten von Unternehmen koordinieren. 13

Art. 106 Abs. 1 AEUV hebt hervor, dass die Wettbewerbsregeln auch von den Mitgliedstaaten im Hinblick auf solche Unternehmen zu beachten sind, auf die sie besonderen Einfluss haben (**öffentliche Unternehmen**). Ein Abweichen von den Wettbewerbsregeln ist ausnahmsweise unter den Voraussetzungen des Art. 106 Abs. 2 AEUV zulässig. Art. 106 AEUV bezieht sich auf sämtliche Vertragsvorschriften und nicht nur auf die Wettbewerbsregeln. Bei der Vorschrift handelt es sich um 14

3 ABl. 2007 C 306/1.

4 Im Folgenden wird der Begriff Unionsrecht verwendet (auch, wenn in anderen Darstellungen von "Gemeinschaftsrecht" die Rede ist, soweit die Rechtsprechung der europäischen Gerichte vor Inkrafttreten des Vertrages von Lissabon betroffen ist).

5 S. Auflistung bei *Schröter*, in: Schröter/Jakob/Mederer, Vorbemerkung zu den Art. 81 bis 85, Rn 5.

6 S. hierzu Rn 26.

7 GA Warner, Rs. 19/77 (Miller International Schallplatten), Slg 1978, 153, 157.

8 *Schröter*, in: Schröter/Jakob/Mederer, Vorbemerkung zu den Art. 81 bis 85, Rn 14.

9 OLG Düsseldorf, VI-2 Kart 12/04 (Filigranbetondecken), WuW/E DE-R 1610, 1613.

10 EuGH, Rs. C-364/92 (Eurocontrol), Slg 1994, I-55, Rn 18

einen Kompromiss zwischen den Mitgliedstaaten mit überwiegend privatwirtschaftlich organisierter Wirtschaft und denjenigen mit einem ausgeprägten öffentlichen Sektor. Art. 106 AEUV erfasst staatlich veranlasstes Verhalten. Dies ist von der autonomen Unternehmensbetätigung abzugrenzen, für die diese Vorschrift nicht gilt. In der grundlegenden Höfner/Macrotron-Entscheidung hat der EuGH festgestellt, dass eine öffentlich-rechtliche Anstalt für Arbeit, die Arbeitsvermittlung betreibt, dem Missbrauchsverbot des bisherigen Art. 82 EGV unterliegt, soweit die Anwendung dieser Vorschrift nicht die Erfüllung der ihr übertragenen besonderen Aufgaben verhindert. Ein Mitgliedstaat, der einer solchen Anstalt ein Arbeitsvermittlungsmonopol eingeräumt hat, verstößt gegen Art. 106 Abs. 1 AEUV, wenn er eine Lage schafft, in der die Anstalt zwangsläufig gegen Art. 102 AEUV, verstoßen muss.[11]

15 In einigen jüngeren Urteilen haben europäische Gerichte die Unternehmenseigenschaft verneint, obwohl es auch möglich gewesen wäre, die Anwendbarkeit des europäischen Kartellrechts im konkreten Fall nach Art. 106 Abs. 2 AEUV in Abrede zu stellen, was eine flexiblere Anwendung des europäischen Kartellrechts ermöglicht hätte.[12]

2. Sachlicher Geltungsbereich

16 Das europäische Kartellrecht erfasst grundsätzlich alle Wirtschaftsbereiche,[13] wobei teilweise sektorspezifische Sonderregelungen bestehen. Die allgemeinen Regeln des europäischen Kartellrechts gelten insbesondere auch für den **Montanbereich**, da mit Ablauf der 50-jährigen Geltungsdauer des EGKS-Vertrages am 22. Juli 2002 dessen besondere Wettbewerbsregeln (Art. 65, 66) außer Kraft getreten sind. Gleichzeitig sind die nationalen Wettbewerbsregeln, deren Anwendung zuvor ausgeschlossen war, anwendbar.[14] Dies gilt insbesondere auch für den Bereich der Fusionskontrolle, für den nach altem Recht ausschließlich die Kommission zuständig war.

3. Räumlicher Geltungsbereich

17 Der räumliche Geltungsbereich der Art. 101 bis 105 AEUV erstreckt sich auf die 28 Mitgliedsstaaten der EU, Art. 52 EUV nF. Das EWR-Abkommen (Art. 53, 54) hat den Geltungsbereich der Wettbewerbsregeln ab 1. Januar 1994 auch auf die **EFTA-Staaten** (mit Ausnahme der Schweiz) erstreckt. Seit dem Beitritt Schwedens, Finnlands und Österreichs zur Union betrifft das EWR-Abkommen nur noch Norwegen, Island und Liechtenstein.[15]

IV. Extraterritoriale Anwendung des europäischen Kartellrechts

18 In einigen Kartellrechtsordnungen ist ausdrücklich geregelt, in welchem Umfang sie auf grenzüberschreitende Sachverhalte anwendbar sind. Beispielsweise findet nach § 130 Abs. 2 GWB das deutsche Kartellrecht Anwendung auf alle Wettbewerbsbeschränkungen, die sich im Geltungsbereich des Gesetzes, dh Deutschlands, auswirken, auch wenn sie außerhalb des Geltungsbereiches veranlasst werden (**Auswirkungsprinzip**). Ähnliches gilt für das US-amerikanische Antitrustrecht.[16] Der AEUV enthält zwar keine vergleichbare Kollisionsnorm. Nach Art. 3 Abs. 1 lit. b) AEUV wird aber lediglich der Wettbewerb innerhalb des Binnenmarktes geschützt. Dementsprechend verbietet Art. 101 AEUV Vereinbarungen, die eine Einschränkung des Wettbewerbs „innerhalb des Binnenmarktes bezwecken oder bewirken". Art. 102 AEUV verbietet die Ausnutzung einer beherrschen-

11 EuGH, Rs. C-41/90 (Höfner/Macrotron), Slg 1991, I-1979, Rn 34.

12 S. zB EuGH, Rs. C-264, 306, 354, 355/01 (AOK Bundesverband), Slg 2004, I-2493 (keine Unternehmenseigenschaft der Krankenkassen der gesetzlichen Krankenversicherung in Deutschland aufgrund der Wahrnehmung rein sozialer Aufgaben ohne Gewinnerzielungsabsicht und nach gesetzlich festgelegten Kriterien).

13 EuGH, Rs. 65/86 (Verband der Sachversicherer), Slg 1987, 405, 451.

14 Aufgrund des seit 1. Mai 2004 erweiterten Vorranges insbesondere des Art. 81 EGV vor den Kartellrechtsregimen der Mitgliedstaaten (dazu unter Rn 39 ff), darf die praktische Auswirkung der Anwendbarkeit nationalen Rechts (abgesehen von der Fusionskontrolle) allerdings nicht überschätzt werden.

15 Zu Einzelheiten, insbesondere auch im Hinblick auf die Geltung der Wettbewerbsregeln im Verhältnis zur Schweiz s. *Mestmäcker/Schweitzer*, § 1, Rn 32 ff.

16 Ausführlich *Mestmäcker/Schweitzer*, § 6, Rn 11 ff.

den Stellung „auf dem Binnenmarkt oder einem wesentlichen Teil desselben". Auszugehen ist deshalb auch im europäischen Kartellrecht vom Auswirkungsprinzip.[17] Dies entspricht auch der Auffassung der Kommission.[18] Der EuGH hat in seiner bisherigen Rechtsprechung ebenfalls eine Tendenz zum Auswirkungsprinzip erkennen lassen, bislang aber eine eindeutige Stellung zu diesem Prinzip und zu seiner Vereinbarkeit mit dem Völkerrecht vermieden.[19]

Von den europäischen Wettbewerbsregeln werden demnach nicht nur diejenigen Fälle erfasst, in denen Unternehmen durch Handlungen innerhalb des Binnenmarktes die tatbestandsmäßigen Voraussetzungen einer europäischen Wettbewerbsregel erfüllen. Vielmehr fallen auch diejenigen Wettbewerbsbeschränkungen unter Art. 101 und 102 AEUV, die sich im Binnenmarkt auswirken, aber von außen her initiiert worden sind, ohne dass die Parteien in der Union selbst gehandelt haben. 19

Die Wettbewerbsregeln der Union gelten damit auch für Unternehmen mit Sitz in Drittstaaten, sofern sich ihr Verhalten auf die Union, dh auf den zwischenstaatlichen Handel (spürbar)[20] auswirkt. Umgekehrt gelten die Wettbewerbsregeln nicht für wettbewerbsbeschränkende Verhaltensweisen, die ausschließlich Drittstaaten betreffen und sich nicht innerhalb der Union auswirken, unabhängig davon, ob sie innerhalb oder außerhalb der Union initiiert wurden. 20

Die Anwendung des Auswirkungsprinzips birgt das Risiko, dass Konflikte mit Drittstaaten über die Reichweite der Wettbewerbsregeln der Union entstehen.[21] Die Kommission ist deshalb bestrebt, Streitigkeiten durch den Abschluss von Abkommen über die Zusammenarbeit bei der Anwendung des Kartellrechts vorzubeugen.[22] 21

Die europäische **Fusionskontrolle** gilt nur für Zusammenschlüsse von „gemeinschaftsweiter" Bedeutung,[23] Art. 1 Abs. 1 FKVO. Dieser Begriff wird allerdings ausschließlich anhand von Umsatzschwellenwerten definiert, Art. 1 Abs. 2 und 3 FKVO. Sind die Umsatzschwellen erfüllt, wird die fusionskontrollrechtliche Anmeldepflicht von der Kommission bejaht. Ob der Zusammenschluss inhaltlich Auswirkungen auf die Union hat, wird nicht geprüft.[24] 22

V. Durchsetzung des europäischen Kartellrechts

Das europäische Kartellrecht war schon immer in Deutschland unmittelbar geltendes Recht und damit von den Behörden und Gerichten zu berücksichtigen. Bis zur VO (EG) Nr. 1/2003, die seit 1. Mai 2004 galt, gab es jedoch eine praktisch wichtige Besonderheit im Hinblick auf **Art. 101 AEUV**. Für eine „Freistellung" nach Art. 101 Abs. 3 AEUV (dazu sogleich) war ausschließlich die Kommission zuständig, die damit praktisch ein Durchsetzungsmonopol im Hinblick auf Art. 101 AEUV besaß. Im Zuge des grundlegenden Systemwechsels gemäß der VO (EG) Nr. 1/2003 wurde diese Besonderheit abgeschafft. Das geltende Normgefüge erschließt sich am besten durch einen Rückblick auf die Rechtslage bis zum 1. Mai 2004. 23

1. Rechtslage bis zum 1. Mai 2004 und Hintergrund der Reform

Die Einzelheiten zur Durchsetzung der Art. 101 und 102 AEUV sind nach Art. 103 AEUV einer vom Rat zu erlassenden Verordnung vorbehalten. Nach alter Rechtslage war dies die im Jahre 24

17 Demgegenüber ist das Tatbestandsmerkmal der Eignung zur Beeinträchtigung des zwischenstaatlichen Handels (dazu Rn 54 ff) in diesem Zusammenhang ohne Aussagekraft. Es begrenzt den Anwendungsbereich der Wettbewerbsregeln der Gemeinschaft gegenüber den Rechtsordnungen der Mitgliedstaaten, nicht jedoch gegenüber den Rechtsordnungen von Drittländern.

18 S. etwa Entscheidung im Fall Zellstoff, ABl. 1985 L 85/1, 25 ff.

19 EuGH, Rs. 89, 104, 114, 117, 125 bis 129/85 (Ahlström/Zellstoff), Slg 1988, 5193; s. auch *Schröter*, in: von der Groeben/Schwarze, Vorbemerkung zu den Art. 81 bis 85 EG, Rn 95 ff, 100.

20 Zu diesem Erfordernis s. Rn 59 f.

21 Zu den völkerrechtlichen Grenzen des Auswirkungsprinzips s. *Mestmäcker/Schweitzer*, § 6, Rn 46 ff.

22 S. etwa das Abkommen zwischen der EG-Kommission und der Regierung der Vereinigten Staaten von Amerika über die Anwendung der Wettbewerbsgesetze v. 23. September 1991, ABl. L 95/47.

23 Die FKVO verweist noch auf den Begriff „gemeinschaftsweite Bedeutung". Eine Anpassung an „unionsweite Bedeutung" ist bislang nicht erfolgt.

24 Kritisch *Wiedemann*, in: Wiedemann, § 5, Rn 16.

1962 erlassene VO (EWG) Nr. 17/62. Diese regelte insbesondere die zentrale Frage, auf welchem Weg eine „**Freistellung**" nach Art. 101 Abs. 3 AEUV erfolgt. Der Begriff der Freistellung knüpft an den mehrstufigen Aufbau von Art 101 AEUV an. Nach Art. 101 Abs. 1 AEUV sind wettbewerbsbeschränkende Vereinbarungen unzulässig, soweit sie nicht die Voraussetzungen des Art. 101 Abs. 3 AEUV erfüllen. Danach können die Bestimmungen des Art. 101 Abs. 1 AEUV „für nicht anwendbar erklärt" werden auf Vereinbarungen, die unter angemessener Beteiligung der Verbraucher Effizienzgewinne bewirken, hierzu unerlässlich sind und den Wettbewerb nicht ausschalten. Die Regelung des Art. 101 Abs. 3 AEUV wird als „Freistellung" bezeichnet. Der VO (EWG) Nr. 17/62 lag die Vorstellung zu Grunde, dass eine Freistellung gemäß Art. 101 Abs. 3 AEUV eine behördliche Entscheidung voraussetzt und zudem nur die Europäische Kommission befugt war, im Einzelfall Freistellungsentscheidungen zu treffen (**Freistellungsmonopol**), Art. 9 Abs. 1 VO (EWG) Nr. 17/62.

25 Die Kommission durfte das Verbot einer Wettbewerbsbeschränkung gemäß Art. 101 Abs. 3 AEUV erst feststellen, nachdem sie vorher die Möglichkeit einer Ausnahme nach Art. 101 Abs. 3 AEUV geprüft hatte und dabei zu einem negativen Ergebnis gelangt war. Dies bereitete allerdings keine Probleme, da die Kommission diese Prüfung selbst vornehmen konnte. Demgegenüber mussten sich die nationalen Behörden und Gerichte grundsätzlich auf die Anwendung von Art. 101 Abs. 1 AEUV beschränken. Dabei war jedoch darauf zu achten, dass durch eine Entscheidung in Anwendung des Art. 101 Abs. 1 AEUV nicht eine ernsthaft in Betracht kommende Freistellung der Absprache nach Art. 101 Abs. 3 AEUV durch die Kommission tatsächlich verhindert wurde.[25] Ob die Voraussetzung des Art. 101 Abs. 3 AEUV erfüllt sind oder nicht, lässt sich indessen angesichts der vom Gesetz verwendeten unbestimmten Rechtsbegriffe oft nur schwer beurteilen. Das Freistellungsmonopol der Kommission führte in der Praxis zu einem weitgehenden **Durchsetzungsmonopol** für das europäische Wettbewerbsrecht. Die nationalen Wettbewerbsbehörden wandten demgegenüber in erster Linie ihr eigenes nationales Wettbewerbsrecht an.

26 Die Kompetenzverteilung der VO (EWG) Nr. 17/62 zwischen der Kommission einerseits und den nationalen Behörden andererseits war nicht nur rechtssystematisch unbefriedigend. Sie führte auch zu einer Arbeitsüberlastung der Kommission. Freistellungsanträge erfolgten gemäß einem detaillierten Formblatt (Formblatt A/B). Es kam zu einer Vielzahl von Anträgen auf Einzelfreistellung. Die Kommission versuchte, das Massenproblem durch verschiedene Maßnahmen zu bewältigen. Insbesondere wurden so genannte **Gruppenfreistellungsverordnungen** (GVO) erlassen. Nach Art. 101 Abs. 3 AEUV kann das Verbot wettbewerbsbeschränkender Vereinbarungen nach Art. 101 Abs. 1 AEUV auch auf Gruppen von Vereinbarungen für nicht anwendbar erklärt werden. „Gruppen" von Absprachen sind solche, denen gemeinsame oder vergleichbare Tatbestände zu Grunde liegen, die angesichts der weit reichenden Gleichförmigkeit der Interessen der Beteiligten selbst, ihrer Handelspartner, ihrer Wettbewerber sowie der Verbraucher einer typisierenden Beurteilung zugänglich sind.[26] Erfüllte eine Vereinbarung die in einer GVO festgelegten Voraussetzungen für den Eintritt der gruppenweisen Freistellung, war eine Anmeldung der Vereinbarung bei der Kommission nicht mehr erforderlich. Die Freistellungswirkung trat automatisch ein.

27 Trotz des Erlasses von GVO und anderen auf die Entlastung der Kommission gerichteten Maßnahmen zeigte sich aber, dass die Kommission die Vielzahl von Freistellungsanträgen nicht bewältigen konnte. Förmliche Freistellungsentscheidungen nach Art. 101 Abs. 3 AEUV wurden nur in sehr wenigen Fällen – und nach langen Verwaltungsverfahren – erteilt.[27] In den allermeisten Fällen mussten sich die Unternehmen mit sogenannten **Verwaltungsschreiben** (comfort letters) begnügen, die lediglich zu einer Selbstbindung der Kommission gegenüber dem Adressaten führten. Im Ergeb-

25 Im Einzelnen: *T. Mäger*, in: Mäger, 1. Kap., Rn 27; Bekanntmachung der Kommission über die Zusammenarbeit der Kommission und Gerichte der Mitgliedstaaten, ABl. 1993 C 39/5, Rn 24 ff; Bekanntmachung über die Zusammenarbeit zwischen der Kommission und den Wettbewerbsbehörden der Mitgliedstaaten, ABl. 1998 C 313/3, Rn 37 ff, 53, 56 ff; *Schröter*, in: von der Groeben/Schwarze, Art. 81 Abs. 3, Rn 268; *Schröter*, in: Schröter/Jakob/Mederer, Art. 81, Rn 276.

26 *Schröter*, in: Schröter/Jakob/Mederer, Vorbemerkung zu den Art. 81 Abs. 3, Rn 323.

27 Die nachteiligen Folgen dieser Praxis wurden dadurch abgemildert, dass die Vereinbarungen ab Anmeldung ohne Bußgeldrisiko praktiziert werden konnten, Art. 15 Abs. 5 a) VO (EWG) Nr. 17/62.

nis war die Durchsetzung der europäischen Wettbewerbsregeln innerhalb der Gemeinschaft nicht gewährleistet. Infolge des Beitritts weiterer zehn Mitgliedsstaaten zur EU zum 1. Mai 2004 hätte sich das Problem mangelnder Kohärenz auf dem Gebiet des Kartellrechts weiter verschärft.[28] Die Kommission hat sich deshalb entschlossen, die Mängel des Anmelde- und Genehmigungssystems – insbesondere die Ineffizienz und die mangelnde Beteiligung der nationalen Behörden und Gerichte an der Kontrolle wettbewerbsbeschränkender Vereinbarungen – zu beseitigen. Dies ermöglicht der Kommission auch, frei werdende Ressourcen verstärkt in der Kartellbekämpfung und in der faktischen Öffnung rechtlich liberalisierter Sektoren (etwa im Energiebereich) einzusetzen.

Die Kommission hat deshalb im Frühjahr 1999 mit einem Weißbuch eine umfassende Neuordnung des Regimes der VO (EWG) Nr. 17/62 vorgeschlagen.[29] Nach intensiver Diskussion wurde die VO (EG) Nr. 1/2003 vom Rat erlassen. 28

2. Rechtslage seit 1. Mai 2004

Das neue Regime hat das System des behördlichen Genehmigungsvorbehalts durch das Prinzip der **Legalausnahme** ersetzt.[30] Vereinbarungen, die zwar gegen Art. 101 Abs. 1 AEUV verstoßen, aber die Voraussetzungen des Art. 101 Abs. 3 AEUV erfüllen, sind automatisch vom Verbot des Art. 101 Abs. 1 AEUV ausgenommen, ohne dass es einer behördlichen Entscheidung bedarf, Art. 1 Abs. 2 VO (EG) Nr. 1/2003. Ob die Voraussetzungen des Art. 101 Abs. 3 AEUV vorliegen, muss – wie bei jeder „normalen" Rechtsnorm auch – von den Parteien selbst geprüft und beurteilt werden. 29

Das System der Legalausnahme führt zwangsläufig zu einem Verlust an **Rechtssicherheit**. Auf dem Boden des neuen Regimes müssen die Unternehmen selbst prüfen, ob die Voraussetzungen des Art. 101 Abs. 3 AEUV erfüllt sind (Selbstveranlagung). Der Maßstab des Art. 101 Abs. 3 AEUV ist allerdings sehr allgemein formuliert. Freigestellt sind wettbewerbsbeschränkende Vereinbarungen, wenn sie unter angemessener Beteiligung der Verbraucher Effizienzgewinne bewirken, hierzu unerlässlich sind und den Wettbewerb nicht ausschalten. Bei der Auslegung kommt der bisherigen gerichtlichen und behördlichen Praxis große Bedeutung zu. Dies gilt insbesondere für die GVO. Diese bleiben als unmittelbar anwendbare Rechtsnormen weiter gültig und haben weiterhin konstitutive Wirkung.[31] Der Erlass neuer bzw die Verlängerung bestehender GVO ist zulässig und wird von der Kommission auch praktiziert. Dies ist im Hinblick auf das dadurch erreichbare Maß an Rechtssicherheit auch wünschenswert. 30

Das Ausmaß des Verlustes an Rechtssicherheit als Folge der Einführung des Systems der Legalausnahme darf nicht überschätzt werden. Nach früherem Recht wurden förmliche Freistellungsentscheidungen nur in sehr wenigen Fällen und nach langen Verwaltungsverfahren erteilt (siehe Rn 27). Die Verwaltungsschreiben, mit denen sich die Unternehmen in den allermeisten Fällen begnügen mussten, führten zwar zu einer Selbstbindung der Kommission gegenüber dem Adressaten. Diese war aber dadurch begrenzt, dass die Kommission in den Schreiben regelmäßig einschränkend auf die ihr bekannten Tatsachen verwies. Durch Fehler auf der Tatsachengrundlage und unvorhergesehene zukünftige Entwicklungen konnte ein Verwaltungsschreiben entwertet werden. Darüber hinaus hat der Systemwechsel kaum Auswirkungen auf das Missbrauchsverbot des Art. 102 AEUV. Freistellungen von Art. 102 AEUV sind ohnehin ausgeschlossen und Anträge auf Negativatteste waren sehr selten. 31

Das neue Regime sieht zwei Instrumente vor, die Ihrer Funktion nach die Verwaltungsschreiben nach altem Recht ersetzen. Möglich sind zum einen informelle Beratungsschreiben der Kommission (guidance letters), Art. 10 VO (EG) Nr. 1/2003, die im Amtsblatt zu veröffentlichen sind. Zum anderen können die nationalen Wettbewerbsbehörden nach Art. 5 VO (EG) Nr. 1/2003 Entschei- 32

28 *Schwarze/Weitbrecht*, § 1, Rn 5.

29 Weißbuch über die Modernisierung der Vorschriften zur Anwendung der Art. 85 und 86 EGV, ABl. 1999 C 132/1 ff; s. auch *Schaub/Dohms*, WuW 1999, 1055 ff.

30 S. auch Sondergutachten der Monopolkommission vom 16. September 1999 gemäß § 44 Abs. 1 S. 4 GWB, Kartellpolitische Wende in der Europäischen Union? – Zum Weißbuch der Kommission vom 28. April 1999.

31 *T. Mäger*, in: Mäger, 1. Kap., Rn 32.

dungen des Inhalts erlassen, dass nach ihrer Auffassung kein Anlass zum Einschreiten besteht. Die Ermächtigung des Art. 5 VO (EG) Nr. 1/2003 muss von den nationalen Gesetzgebern allerdings umgesetzt werden.[32]

33 Mit der **Dezentralisierung der Rechtsanwendung** beim Vollzug des europäischen Kartellrechts war zunächst eine Verlagerung der Interpretationsherrschaft auf die Behörden und Gerichte der Mitgliedstaaten verbunden. Diese Wirkung darf jedoch nicht überbewertet werden, da sie durch das Evokationsrecht der Kommission nach Art. 11 Abs. 6 VO (EG) Nr. 1/2003 beendet werden kann: Nach Art. 11 Abs. 3 und 4 VO (EG) Nr. 1/2003 müssen die nationalen Wettbewerbsbehörden der Mitgliedstaaten der Kommission vor Beginn der Verfahrenseinleitung, vor der Vornahme von Ermittlungshandlungen und vor Erlass der Entscheidung bestimmte Informationen in Fällen übermitteln, in denen sie nach Art. 101 oder 102 AEUV tätig werden wollen. Gewinnt die Kommission den Eindruck, dass die nationalen Behörden einem faktischen Vorrang des nationalen Kartellrechts durch extensive oder restriktive Interpretation der Freistellungsvoraussetzungen oder des Missbrauchbegriffs anstreben, kann die Kommission den Fall an sich ziehen und damit die Zuständigkeit der nationalen Wettbewerbsbehörden beenden. Mit der Dezentralisierung der Anwendung des europäischen Kartellrechts hat die Kommission damit faktisch einen Machtzuwachs erfahren.[33]

VI. Verhältnis des europäischen Kartellrechts zu anderen Rechtsordnungen

1. Verhältnis des europäischen Kartellrechts zum Kartellrecht der Mitgliedstaaten

34 Neben der unmittelbaren Anwendbarkeit des Art. 101 Abs. 3 AEUV (siehe Rn 29 ff) führte die VO (EG) Nr. 1/2003 zu einer zweiten grundlegenden Änderung des Rechtsrahmens. Diese betrifft die **Ausdehnung des Vorrangs des europäischen Kartellrechts** vor nationalen Kartellrechtsordnungen.[34] Auch diese Änderung lässt sich am besten vor dem Hintergrund der alten Rechtslage darstellen.

a) Rechtslage bis zum 1. Mai 2004 und Hintergrund der Reform

35 In Art. 83 Abs. 2 lit. e) EGV wurde der Rat ermächtigt, das Verhältnis zwischen dem EG-Kartellrecht und den nationalen Kartellrechtsordnungen zu regeln. Die VO (EWG) Nr. 17/62 hat hiervon jedoch keinen Gebrauch gemacht. Die Frage musste deshalb gerichtlich geklärt werden. In der grundlegenden Walt Wilhelm-Entscheidung[35] kam der EuGH zum Ergebnis, dass nationales und europäisches Kartellrecht **zwei Schranken** bilden, die von den Unternehmen nebeneinander zu beachten seien und von den Behörden angewandt werden könnten. Das nationale Kartellrecht dürfe sich allerdings nicht in Widerspruch zum EG-Kartellrecht setzen. Einen solchen Widerspruch sah der EuGH vor allem in den Fällen, in denen die Union „positive, obgleich mittelbare Eingriffe zur Förderung einer harmonischen Entwicklung des Wirtschaftslebens innerhalb der Union im Sinne von Art. 2 EWG-Vertrag“ vornahm.[36] In derartigen Fällen sollte sich das Unionsrecht entsprechend seinem allgemeinen **Vorrang** durchsetzen. Das wenig präzise Kriterium des „positiven Eingriffs“ führte zu einer Reihe von Unschärfen hinsichtlich der Reichweite des Anwendungsvorranges.[37] Als „positiver Eingriff“ wurden zunächst Einzelfreistellungen der Kommission nach Art. 101 Abs. 3 AEUV verstanden. Der Vorrang galt jedoch nicht für einfache Verwaltungsschreiben der Kommission. Der Vorrang wurde demgegenüber später auf GVO erstreckt.[38] Das bloße Vorliegen der Freistellungsvoraussetzungen nach Art. 101 Abs. 3 AEUV, ohne dass eine konstitutive Entscheidung seitens der Kommission vorlag, löste aber nach wie vor keine Vorrangwirkung aus.

32 S. zB § 32 c GWB.
33 *E. Rehbinder*, in: FS Immenga, S. 303, 305.
34 Zum Kollisionsrecht im Verhältnis der Gemeinschaft zu dem Recht der Mitgliedstaaten allgemein *Ehlers*, § 11.
35 EuGH, Rs. 14/68 (Walt Wilhelm), Slg 1969, 1, Rn 9.
36 EuGH, Rs. 14/68 (Walt Wilhelm), Slg 1969, 1, Rn 5.
37 *E. Rehbinder*, in: FS Immenga, S. 303, 304.
38 *Schwarze/Weitbrecht* § 3, Rn 3.

Allgemein wurde angenommen, dass Art. 101 AEUV keinen Vorrang in den Fällen beanspruchte, in denen zwar der zwischenstaatliche Handel beeinträchtigt war, aber keine Wettbewerbsbeschränkung vorlag und damit insgesamt der Tatbestand des Art 101 Abs. 1 AEUV nicht erfüllt war, wohl aber ein Verstoß gegen nationales Recht gegeben war. Ebenso wurde in Missbrauchsfällen das nationale Recht angewandt, auch wenn dieses strenger als Art. 102 AEUV war.[39] 36

Außerhalb der – ohnehin eher restriktiven – Einzelfreistellungen und GVO verblieb für das nationale Kartellrecht damit ein großer Anwendungsbereich. In der Praxis stützten die Kartellbehörden der Mitgliedstaaten ihre Entscheidungen auch in diesen Fällen lediglich auf das nationale Recht (siehe auch Rn 25). 37

In **privatrechtlichen Streitigkeiten** hatten die nationalen Gerichte zwar Art. 101 Abs. 1 und 2 AEUV sowie Art. 102 AEUV als unmittelbar geltendes Recht zu berücksichtigen.[40] Da die nationalen Gerichte aufgrund des Freistellungsmonopols der Kommission nicht ermächtigt waren, Art. 101 Abs. 3 AEUV selbst anzuwenden, ergaben sich hieraus jedoch teilweise Probleme.[41] Das EG-Kartellrecht spielte in zivilrechtlichen Streitigkeiten jedenfalls nur selten eine Rolle. Zudem haben deutsche Gerichte sich weitgehend auf die Anwendung deutschen Rechts beschränkt, sofern sich keine Partei auf das EG-Kartellrecht berief.[42] 38

b) Rechtslage seit 1. Mai 2004

Die VO (EG) Nr. 1/2003 hat zu einer klareren Abgrenzung der Anwendbarkeit des europäischen Kartellrechts gegenüber den nationalen Kartellrechtsordnungen geführt und insgesamt den Vorrang des europäischen Kartellrechts erheblich erweitert. Danach müssen Behörden und Gerichte der Mitgliedsstaaten Art. 101 und 102 AEUV auf unternehmerische Verhaltensweisen anwenden, die geeignet sind, den Handel zwischen den Mitgliedsstaaten zu beeinträchtigen. Zwar kann das jeweilige nationale Recht daneben angewendet werden. Im Konfliktsfall setzt sich jedoch das Unionsrecht durch, Art. 3 Abs. 2 S. 1 VO (EG) Nr. 1/2003. Die parallele Anwendung läuft deshalb weitgehend leer. Lediglich im Bereich des Art. 102 AEUV können unter bestimmten Voraussetzungen strengere nationale Vorschriften angewandt werden (siehe Rn 46 ff). Soweit die Anwendungsschwelle des Unionsrechts – Eignung zur Beeinträchtigung des Handels zwischen den Mitgliedsstaaten – nicht erreicht ist, wird das nationale Recht ausschließlich angewandt. Hierfür macht das europäische Kartellrecht keine Vorgaben (siehe aber Rn 45). 39

aa) Reichweite des erweiterten Vorrangs des europäischen Kartellrechts

Mit dem durch die VO (EG) Nr. 1/2003 vollzogenen Systemwechsel – Legalausnahme statt Genehmigungsvorbehalt (siehe Rn 29) – erstreckt sich der Vorrang des europäischen Kartellrechts konsequenterweise auch auf die Legalausnahme nach Art. 101 Abs. 3 AEUV, dessen Voraussetzungen die nationalen Behörden und Gerichte bei allen Vereinbarungen, die den zwischenstaatlichen Handel beeinträchtigen können, zu prüfen haben. Liegen die Freistellungsvoraussetzungen vor, wird das nationale Recht verdrängt, soweit es im Widerspruch hierzu steht. Faktisch führt dies zu einem erweiterten Vorrang des europäischen Kartellrechts vor dem nationalen Recht. 40

Im Hinblick auf die Beurteilung nach Art. 101 Abs. 1 AEUV gilt Folgendes: Kommen die Behörden und Gerichte der Mitgliedstaaten zu dem Ergebnis, dass eine Vereinbarung keine Wettbewerbsbeschränkung im Sinne des Art. 101 Abs. 1 AEUV darstellt, dürfen sie ein etwaiges schärferes nationales Verbot nicht anwenden, Art. 3 Abs. 2 S. 1 VO (EG) Nr. 1/2003. Die Vorrangregel gilt ihrem Wortlaut nach auch für den Fall, dass eine Wettbewerbsbeschränkung lediglich mangels Spürbarkeit[43] verneint wird. Dies betrifft aber wohl nur theoretische Fälle, da bei fehlender Spürbarkeit der Wettbewerbsbeschränkung in der Regel auch die Spürbarkeit der Beeinflussung des zwischenstaat- 41

39 EuGH, Rs. 253/78, 1 – 3/79 (Guerlain), Slg 1980, 2327, Rn 14 ff; *Schwarze/Weitbrecht* § 3, Rn 5.
40 EuGH, Rs. 127/73 (BRT/SABAM), Slg 1974, 51, 62. S.o. Rn 25.
41 Vgl EuGH, Rs. C-234/89 (Delimitis), Slg 1991, I-935, Rn 43 ff.
42 *Schwarze/Weitbrecht* § 3, Rn 6.
43 Zu diesem Erfordernis s. Rn 69.

lichen Handels[44] fehlen dürfte, so dass Art. 101 AEUV nicht anwendbar ist und dessen Vorrangwirkung nicht zum Tragen kommt. Die Vorrangregel dürfte nur hinsichtlich des Tatbestandsmerkmals der Wettbewerbsbeschränkung gelten, nicht dagegen in den Fällen, in denen nationales Recht und europäisches Kartellrecht sich hinsichtlich anderer Tatbestandsmerkmale, zB des Unternehmensbegriffs oder des Begriffs der Vereinbarung, unterscheiden.[45]

42 Die Vorrangregelung des Art. 3 Abs. 2 S. 1 VO (EG) Nr. 1/2003 bezieht sich dem Wortlaut nach nur auf den Fall des – gegenüber nationalem Recht – **milderen europäischen Kartellrechts.** Art. 3 Abs. 1 VO (EG) Nr. 1/2003 schreibt lediglich die parallele Anwendung von nationalem und europäischem Kartellrecht vor und verhindert nicht die Anwendung milderen nationalen Rechts. Da die VO (EG) Nr. 1/2003 keine allgemeine Regelung hinsichtlich des Rangverhältnisses getroffen hat, ist aber weiterhin die Vorrangregel gemäß der Rechtsprechung des EuGH anzuwenden.[46] Danach setzt sich **strengeres europäisches Kartellrecht** durch, weil die Anwendung milderen nationalen Rechts die Effektivität und einheitliche Anwendung des europäischen Kartellrechts beeinträchtigen würde.[47]

43 Die Vorrangwirkung gilt auch, wenn auf eine Vereinbarung, die sich **teilweise** auf den **zwischenstaatlichen Handel** und teilweise nur innerstaatlich auswirkt, im Hinblick auf die letzteren Wirkungen nationales Recht angewandt wird, wobei allerdings die Eignung zur Beeinflussung des zwischenstaatlichen Handels ohnehin aufgrund einer Gesamtschau aller Vertragsklauseln ermittelt werden muss.[48]

44 Entscheidungen, mit denen die Kommission ein Verfahren abschließt, haben Vorrang vor der Entscheidung nationaler Stellen.[49] Dies gilt sowohl für Wettbewerbsbehörden als auch für Urteile der **nationalen Gerichte.** Art. 16 VO (EG) Nr. 1/2003 schreibt ausdrücklich vor, dass nationale Gerichte keine Entscheidung erlassen dürfen, die im Gegensatz zu einer Entscheidung der Kommission steht.[50]

bb) Bedeutung des Zwischenstaatlichkeitskriteriums

45 Dreh- und Angelpunkt bei der Prüfung des Vorrangs des europäischen Kartellrechts ist damit die Frage, ob eine unternehmerische Verhaltensweise – dh eine Vereinbarung nach Art. 101 AEUV oder eine Maßnahme nach Art. 102 AEUV – geeignet ist, den Handel zwischen den Mitgliedsstaaten zu beeinträchtigen. Diese Frage kann im Einzelfall schwierig zu beantworten sein (siehe Rn 54 ff). Da nach der Konzeption der VO (EG) Nr. 1/2003 das nationale Recht jedoch stets anwendbar bleibt – im Konfliktsfall setzt sich lediglich das Unionsrecht durch -, kann die Frage, ob das Zwischenstaatlichkeitskriterium erfüllt ist oder nicht, von den nationalen Wettbewerbsbehörden und den nationalen Gerichten offen gelassen werden, wenn beide Rechtsordnungen zum selben Ergebnis führen. Der **deutsche Gesetzgeber** hat sich – auch unter Berufung auf diesen Aspekt – entschieden, das deutsche Kartellrecht im Rahmen der 7. GWB-Novelle weitgehend an das europäische Kartellrecht **anzupassen.** Dies führt zu dem wünschenswerten Ergebnis, dass rein nationale Sachverhalte, die unzweifelhaft keine Auswirkungen auf den zwischenstaatlichen Handel haben, und die typischerweise kleinere und mittlere Unternehmen betreffen, grundsätzlich nicht auf Basis

44 Zu diesem Erfordernis s. Rn 59.
45 *E. Rehbinder*, in: FS Immenga, S. 303, 310.
46 EuGH, Rs. 14/68 (Walt Wilhelm), Slg 1969, 1, Rn 9.
47 *Hossenfelder/Lutz*, WuW 2003, 118, 121.
48 EuGH, Rs. 193/83 (Windsurfing International), Slg 1986, 611, Rn 95 ff; s. auch *E. Rehbinder*, in: FS Immenga, S. 303, 311.
49 EuGH, Rs. 14/68 (Walt Wilhelm), Slg 1969, 1, 13, Rn 4.
50 Zur Vereinbarkeit dieser Regelung mit den Grundsätzen der Gewaltenteilung zwischen Rspr und Verwaltung s. *Mestmäcker/Schweitzer*, § 5, Rn 42. Bereits vor Geltung der VO (EG) Nr. 1/2003 hat der EuGH entschieden, dass ein nationales Gericht, wenn es zu einer Vereinbarung Stellung nimmt, deren Vereinbarkeit mit Art. 81 Abs. 1 und Art. 82 EGV bereits Gegenstand einer Entscheidung der Kommission ist, keine Entscheidung erlassen darf, die der Entscheidung der Kommission zuwider läuft, selbst wenn letztere im Widerspruch zu einer Entscheidung eines erstinstanzlichen nationalen Gerichts steht (EuGH, Rs. C-344/98 (Masterfoods), Slg 2000, I-11369, 11431, Rn 60).

des teilweise strengeren nationalen Rechts beurteilt werden, als Sachverhalte, bei denen sich der Vorrang des europäischen Kartellrechts auswirkt und die typischerweise – im Hinblick auf das Erfordernis der grenzüberschreitenden Wirkung – größere Unternehmen betreffen.[51]

cc) Ausnahme von der Vorrangregel bei einseitigen Maßnahmen

Im Anwendungsbereich des Art. 102 AEUV gilt das Vorrangprinzip nicht in gleicher Weise wie bei Art. 101 AEUV. Vielmehr greift das Vorrangprinzip bei einseitigen Handlungen nicht ein, Art. 3 Abs. 2 S. 2 VO (EG) Nr. 1/2003. Die Mitgliedstaaten dürfen in ihrem Hoheitsgebiet strengere innerstaatliche Vorschriften zur Unterbindung oder Ahndung einseitiger Handlungen von Unternehmen erlassen und anwenden. Damit kommt strengeres nationales Recht auch in denjenigen Fällen zur Geltung, in denen der Handel zwischen den Mitgliedstaaten berührt ist. 46

Diese Regelung geht in erster Linie auf das Betreiben der Bundesrepublik Deutschland zurück, die das Reformvorhaben in Gestalt der VO (EG) Nr. 1/2003 und insbesondere die Erweiterung des Vorrangprinzips sehr kritisch sah. Dabei spielte auch eine Rolle, dass das deutsche Kartellrecht über verschiedene Regelungen unterhalb der Eingriffsschwelle des Art. 102 AEUV verfügt. Das GWB erfasst die Diskriminierung, die Behinderung, den Boykott oder die Druckausübung nicht marktbeherrschender Unternehmen, § 20 und 21 GWB. Darüber hinaus enthält auch das Verbot des Missbrauchs einer marktbeherrschenden Stellung nach § 19 GWB Regelungen, die über Art. 102 AEUV hinausgehen.[52] 47

Die für einseitige Handlungen vorgesehene Ausnahmeregelung führt zu erheblichen Abgrenzungsschwierigkeiten. Einseitige Handlungen sind von **zweiseitigen Vereinbarungen** zu unterscheiden.[53] Eine derartige Unterscheidung sollte – so könnte man auf den ersten Blick annehmen – keine Schwierigkeiten bereiten. Der EuGH hat jedoch einseitige Maßnahmen, die ein Vertragspartner im Rahmen einer abgeschlossenen Vereinbarung ergreift, sehr weitgehend als Teil der Vereinbarung angesehen und Art. 101 Abs. 1 AEUV hierauf angewendet (siehe unten Rn 63 ff). Dies geschah, um einem Konstruktionsfehler des europäischen Kartellrechts, dh den Umstand auszugleichen, dass Vorschriften über Diskriminierung, Behinderung, Boykott und Druckausübung nicht marktbeherrschender Unternehmen nicht in den EG-Vertrag aufgenommen wurden.[54] Für die Abgrenzung zwischen einseitiger Maßnahme und zweiseitiger Vereinbarung ist jeweils maßgeblich, ob der andere Vertragspartner der Maßnahme zustimmt oder sie jedenfalls duldet.[55] Andernfalls liegt keine Vereinbarung vor. 48

dd) Ausnahme von der Vorrangregel für Vorschriften mit abweichender Zielsetzung

Nationale Vorschriften, die ein von den Art. 101 und 102 AEUV abweichendes Ziel verfolgen, sind insgesamt vom Vorrang des europäischen Kartellrechts ausgenommen, Art. 3 Abs. 3 2. Halbsatz VO (EG) Nr. 1/2003. Der 9. Erwägungsgrund der VO (EG) Nr. 1/2003 verweist in diesem Zusammenhang insbesondere auf nationale Rechtsvorschriften, die sich gegen unlautere Handelspraktiken richten. In Deutschland betrifft dies das UWG. In der Praxis könnten Parteien vor den nationalen Gerichten versuchen, Vorschriften der nationalen Rechtsordnung zu finden, die dasselbe Ergebnis wie diejenigen nationalen kartellrechtlichen Bestimmungen erzielen, die vom vorrangigen europäischen Kartellrecht verdrängt werden. Um das Vorrangprinzip nicht faktisch auszuhebeln, ist es Aufgabe der nationalen Gerichte, in derartigen Fällen eine wertende Auslegung der betreffenden Vorschriften vorzunehmen. Dabei geht es nicht darum, zu prüfen, ob eine Vorschrift Teil der 49

51 Zur Ausnahme hinsichtlich einseitiger Handlungen s. sogleich Rn 46 ff.

52 Dies gilt etwa im Hinblick auf das Recht auf Netzzugang nach § 19 Abs. 4 Nr. 4 GWB, das in bestimmten Fällen weiter gehen kann, als die Essential Facilities Doctrine nach Art. 82 EGV (s. Rn 215 ff).

53 Diese Abgrenzung ist erforderlich, da die Ausnahmeregelung nur eingreift, wenn eine einseitige Handlung vorliegt und nicht etwa beispielsweise § 20 GWB von vornherein als von der Vorrangregel ausgenommen betrachtet werden kann (so zwar *Weitbrecht*, EuZW 2003, 69, 72; zurecht ablehnend aber *Wirtz*, WuW 2003, 1039, 1043; *E. Rehbinder*, in: FS Immenga, S. 303, 311 f; *Schwarze/Weitbrecht*, § 3, Rn 34).

54 S. etwa *Brinker*, in: Schwarze, Art. 81, Rn 33; *E. Rehbinder*, in: FS Immenga, S. 303, 314.

55 Im Einzelnen Rn 63.

kartellrechtlichen Kodifikation ist. Maßgeblich ist vielmehr, ob der Schutzzweck der betreffenden Norm Auswirkungen im Wettbewerb (und damit den Schutzzweck des Kartellrechts) berücksichtigt oder nicht.[56]

ee) Fusionskontrolle

50 Sowohl nach altem als auch neuem Recht ergeben sich grundsätzlich keine Abgrenzungsprobleme auf dem Gebiet der **Fusionskontrolle**. Die FKVO enthält ausdrückliche Regelungen betreffend das Verhältnis zum nationalen Recht (siehe Rn 245 ff). Soweit die nationalen Fusionskontrollregime von der FKVO nicht verdrängt werden, können die Mitgliedstaaten ihr nationales Recht anwenden, auch wenn dieses strengere Regelungen enthält als das europäische Recht, Art. 3 Abs. 3 1. Halbsatz VO (EG) Nr. 1/2003.

ff) Bußgeldverfahren

51 Bei **parallelen Bußgeldverfahren** vor der Kommission und nationalen Kartellbehörden der Mitgliedsstaaten ergibt sich die Frage, ob Doppelsanktionen zulässig sind. Nach Auffassung des EuGH findet der Grundsatz **„ne bis in idem"** im Verhältnis zwischen dem Unionsrecht und dem nationalen Recht zwar keine Anwendung, da es sich um verschiedene Rechtsordnungen handele. Allerdings sei nach einem allgemeinen Billigkeitsgedanken die zuerst verhängte Bußgeldsanktion bei der Festsetzung der späteren zu berücksichtigen.[57] Die Kommission hat damit eine von den nationalen Behörden verhängte Geldbuße auf die von ihr selbst in Aussicht genommene Geldbuße anzurechnen.[58] Dieselbe Verpflichtung trifft im umgekehrten Fall die nationale Kartellbehörde.[59] Da die nationalen Behörden bei Sachverhalten mit zwischenstaatlichem Bezug die Art. 101 und 102 AEUV anzuwenden haben, ist jedenfalls das Argument der unterschiedlichen Rechtsordnungen nicht mehr stichhaltig, so dass sich die Frage stellt, ob der Grundsatz **„ne bis in idem"** nicht doch Anwendung findet. Im Zuge der von der VO (EG) Nr. 1/2003 angestrebten Dezentralisierung der Anwendbarkeit der europäischen Wettbewerbsregeln ist jedoch ohnehin davon auszugehen, dass es zu parallelen Verfahren vor der Kommission und den nationalen Behörden nur in Ausnahmefällen kommen wird (siehe auch Rn 307 ff).

2. Verhältnis des europäischen Kartellrechts zum Kartellrecht von Drittstaaten

52 Das europäische Kartellrecht einerseits und die Kartellrechtsordnungen von Drittstaaten außerhalb der EU andererseits sind grundsätzlich **parallel** nebeneinander anwendbar. Geht es um die Legalisierung wettbewerbsbeschränkender Vereinbarungen, können mehrere Genehmigungen erforderlich sein. Internationale Kartelle und missbräuchliche Verhaltensweise können parallel von den Kartellbehörden in verschiedenen Jurisdiktionen verfolgt werden.

53 Ob sich die an internationalen Kartellen beteiligten Unternehmen im Falle der Verhängung von Bußgeldern durch die Kommission einerseits und Kartellbehörden in Drittstaaten andererseits auf den Grundsatz des **„ne bis in idem"** berufen können, ist noch nicht abschließend geklärt. Die Kommission hat die Anrechnung einer von dem zuständigen US-Gericht verhängten Geldbuße auf den von der Kommission festzusetzenden Betrag abgelehnt, da das Unionsrecht eine derartige Anrechnung nicht vorschreibe und es zudem im konkreten Fall an der Identität der Tat fehle.[60] Der EuGH folgte dem Argument der fehlenden Tatidentität, wobei er nicht auf die wettbewerbsbeschränkende Vereinbarung selbst abstellte, sondern auf die jeweiligen Durchführungshandlungen in der Union. Der EuGH ließ dabei ausdrücklich offen, ob bei Tatidentität eine Anrechnung zu erfolgen hat.[61]

---

56 *Schnelle/Bartosch/Hübner*, S. 44 f.
57 EuGH, Rs. 14/68 (Walt Wilhelm), Slg 1969, 1, 15; bekräftigt in der Entscheidung des EuG im Graphitelektroden-Fall: EuG v. 29. April 2004, Rs. T-236, 239, 244 – 246, 251, 252/01 (Tokai), Rn 130 ff Slg 2004, II-1181.
58 S. auch EuG, Rs. T-149/89 (Sotralentz SA), Slg 1995, II-1127, 1142.
59 *Schröter*, in: von der Groeben/Schwarze, Vorbemerkung zu den Art. 81 bis 85 EG, Rn 122.
60 Kommission, IV/26.945 (Boehringer II), ABl. 1971 L 282/46.
61 EuGH, Rs. 7/72 (Boehringer II), Slg 1972, 1281.

Das EuG hat im Lysinfall die Verhängung eines Bußgeldes durch die Kommission nach bereits erfolgter Ahndung durch US-amerikanische und kanadische Behörden für zulässig gehalten, da die jeweiligen Verfahren verschiedenen Zielen – Schutz der amerikanischen/kanadischen bzw europäischen Märkte – dienten. Aus diesem Grund liege den bereits abgeschlossenen Verfahren und dem von der Kommission geführten Verfahren auch nicht derselbe Sachverhalt zugrunde, so dass auch eine Bußgeldreduzierung nicht erforderlich sei.[62]

VII. Aufgreifschwelle des europäischen Kartellrechts (Zwischenstaatlichkeitskriterium)

Das Merkmal der Eignung zur Beeinträchtigung des zwischenstaatlichen Handels dient der Abgrenzung des Anwendungsbereichs der Wettbewerbsregeln der Union gegenüber den Rechtsordnungen der Mitgliedstaaten. Die Faustregel, nach der das Zwischenstaatlichkeitskriterium erfüllt ist, wenn die wettbewerbsbeschränkende Vereinbarung das gesamte Territorium eines Mitgliedstaates betrifft,[63] gilt zumindest heute nicht stets. Im Einzelfall kann in einer derartigen Fallgestaltung die Eignung zur Beeinträchtigung des zwischenstaatlichen Handels zu verneinen sein.[64] In anderen Fällen kann das Kriterium erfüllt sein, auch wenn nur eine Region innerhalb eines Mitgliedstaats betroffen ist.[65] 54

Das Zwischenstaatlichkeitskriterium ist nicht nur anhand des betreffenden Vertrages zu prüfen. Ist der Vertrag Teil eines Vertragsbündels, das als Gesamtheit geeignet ist, die Handelsströme zwischen den Mitgliedstaaten zu beeinflussen, reicht dies aus (**Bündeltheorie**). Das Vertragsbündel wird dann jedem Einzelvertrag zugerechnet, der einen hinreichenden Beitrag zur Abschottungswirkung des Gesamtbündels leistet.[66] 55

Im Einzelnen zu prüfen sind folgende drei Kriterien: Der Handel zwischen Mitgliedstaaten, die Eignung zur Beeinträchtigung und die Spürbarkeit der Beeinträchtigung. 56

1. Handel zwischen Mitgliedstaaten

Unter den Begriff des Handels fällt nicht nur der klassische Warenaustausch, sondern auch der Austausch von Dienstleistungen. Erfasst werden alle grenzüberschreitenden wirtschaftlichen Tätigkeiten.[67] 57

2. Eignung zur Beeinträchtigung

Entscheidend ist, ob sich anhand objektiver, rechtlicher oder tatsächlicher Umstände mit hinreichender Wahrscheinlichkeit voraussehen lässt, dass die unternehmerische Verhaltensweise den Handel zwischen den Mitgliedstaaten unmittelbar oder mittelbar, tatsächlich oder potentiell beeinflussen kann.[68] Nicht erforderlich ist, dass tatsächlich eine Beeinträchtigung erfolgt. Vielmehr reicht die bloße Eignung hierzu aus. Auch kommt es nicht darauf an, ob die Beeinträchtigung des zwischenstaatlichen Handels positiv oder negativ zu beurteilen ist. In den **Leitlinien** über den Begriff der Beeinträchtigung des zwischenstaatlichen Handels hat die Kommission ausführlich das Erfordernis einer Eignung zur Beeinträchtigung anhand von drei Elementen erläutert: Die hinreichende Wahrscheinlichkeit aufgrund objektiver, rechtlicher oder tatsächlicher Umstände, weiterhin die Beeinflussung des „Warenverkehrs zwischen den Mitgliedstaaten" und schließlich „unmittel- 58

---

62 EuG v. 29. Juli 2003, Rs. T-224/00 (Archer Daniels Midlands), Rn 91, Slg 2003 II-2597.; s. auch die Entscheidung im Graphitelektroden-Fall: EuG v. 29. April 2004, Rs. T-236, 239, 244–246, 251, T-252/01 (Tokai), Rn 134 ff, Slg 2004, II-1181.

63 Dazu *Hossenfelder/Töllner/Ost*, Rn 70; BGH, KZR 28/03 (Bezugsbindung), WuW/E DE-R 1449, 1451: Eine Vereinbarung, die sich auf die gesamte Bundesrepublik erstrecke, erfülle „schon aus diesem Grund" das Zwischenstaatlichkeitskriterium.

64 ZB EuGH, Rs. C-215, 216/96 (Bagnasco), Slg 1999, I-135.

65 S. zB EuGH, Rs. C-475/99 (Ambulanz Glöckner), Slg 2001, I-8089 und Rn 59.

66 EuGH, Rs. C-234/89 (Delimitis), Slg 1991, I-935, Rn 14 f; EuG, Rs. T-22/97 (Kesko), Slg 1999, II-3775, Rn 104.

67 EuGH, Rs. C-309/99 (Wouters), Slg 2002, I-1577, Rn 97; Leitlinien zum zwischenstaatlichen Handel, Rn 19.

68 S. etwa EuGH, Rs. 319/82 (Kerpen), Slg 1983, 4173; Leitlinien zum zwischenstaatlichen Handel, Rn 23 mwN in Fn 15.

bare oder mittelbare, tatsächliche oder potentielle Beeinflussung" des Warenverkehrs.[69] Im Hinblick auf das dritte Element ist hervorzuheben, dass tatsächliche Auswirkungen auf den Handel zwischen Mitgliedstaaten auch im Falle einer Vereinbarung zwischen Parteien in **demselben Mitgliedstaat** erwartet werden können. Dies liegt auf der Hand, wenn beispielsweise eine Vereinbarung zwischen einem Lieferanten und einem Vertriebshändler die Ausfuhren in andere Mitgliedstaaten verbietet.[70] Ähnlich kann es bei Bezugsverpflichtungen liegen, wenn der Abnehmer die Produkte auch von Lieferanten aus anderen Mitgliedstaaten beziehen könnte. Das Zwischenstaatlichkeitskriterium kann auch bei Vereinbarungen mit Unternehmen aus **Drittländern** erfüllt sein. Beschränkungen, die dem außerhalb der Union ansässigen Vertragspartner auferlegt werden, können dazu führen, dass Produkte nicht mehr in die Union reimportiert werden. In diesen Fällen ist das Zwischenstaatlichkeitskriterium dann erfüllt, wenn aufgrund der rechtlichen und tatsächlichen Rahmenbedingungen ein wirtschaftlicher Anreiz zum Reimport besteht und darüber hinaus ein derartiger Reimport den innergemeinschaftlichen grenzüberschreitenden Handel spürbar beeinflussen kann.[71]

3. Spürbarkeit der Beeinträchtigung

59 Das Kriterium der Spürbarkeit bezieht sich auf zwei verschiedene Tatbestandsmerkmale der Art. 101 und 102 AEUV. Zum einen muss die Wettbewerbsbeschränkung im Sinne des Art. 101 Abs. 1 AEUV spürbar sein (siehe Rn 69). Das gleiche Erfordernis gilt zum anderen für die Beeinträchtigung des zwischenstaatlichen Handels, das gleichermaßen bei Art. 101 Abs. 1 und 102 AEUV erfüllt sein muss. Die Spürbarkeit wird insbesondere unter Bezugnahme auf die Stellung und Bedeutung der betreffenden Unternehmen auf dem relevanten Markt ermittelt. Dabei bieten sich umsatzbezogene als auch marktanteilsbezogene Kriterien an. Der EuGH hat die Spürbarkeit in Fällen bejaht, in denen der Umsatz der beteiligten Unternehmen einem Marktanteil von ca. 5% entsprach.[72] Die Kommission hat bereits mehrere Bekanntmachungen über Vereinbarungen von geringer Bedeutung veröffentlicht (**Bagatellbekanntmachungen**). Diese behandelten zunächst sowohl die Spürbarkeit der Wettbewerbsbeschränkung als auch die Eignung zur spürbaren Beeinträchtigung des zwischenstaatlichen Handels, ohne zwischen beiden Kriterien zu unterscheiden.[73] Eine Differenzierung wurde jedoch mit der Bekanntmachung vom 22. Dezember 2001 eingeführt[74] und ist in der neuesten Fassung der Bekanntmachung vom 30. August 2014 ebenfalls enthalten.[75] Diese Bekanntmachung behandelt lediglich die Spürbarkeit der Wettbewerbsbeschränkung. Zu dem Kriterium der Eignung zur spürbaren Beeinträchtigung des zwischenstaatlichen Handels hat die Kommission inzwischen eine separate Bekanntmachung veröffentlicht.[76] Auf diese wird in der neuen De-minimis-Bekanntmachung explizit hingewiesen.[77]

60 Danach wird vermutet, dass Vereinbarungen grundsätzlich nicht geeignet sind, den Handel zwischen Mitgliedstaaten zu beeinträchtigen, wenn die folgenden Voraussetzungen kumulativ erfüllt sind (No Appreciable Affection of Trade oder **NAAT-Regel**):[78] Der gemeinsame Marktanteil der Parteien überschreitet auf keinem von der Vereinbarung betroffenen relevanten Markt innerhalb der Union 5% und der Jahresumsatz, der mit den von der Vereinbarung erfassten Produkte erzielt wird, überschreitet nicht den Betrag von 40 Mio. EUR. Im Falle horizontaler Vereinbarungen gilt dies für den gesamten Jahresumsatz der beteiligten Unternehmen (einschließlich verbundener

69 Leitlinien zum zwischenstaatlichen Handel, Rn 24 ff.
70 Leitlinien zum zwischenstaatlichen Handel, Rn 40.
71 EuGH, Rs. C-306/96 (Javico), Slg 1998, I-1983, Rn 25 f.
72 EuGH, Rs. 19/77 (Miller), Slg 1978, 131, Rn 9, 10; EuGH, Rs. 107/82 (AEG), Slg 1983, 3151, Rn 58.
73 S. zuletzt die Bekanntmachungen über Vereinbarungen von geringer Bedeutung, ABl. 1986 C 231/2 und ABl. 1997 C 39/13.
74 ABl. 2001 C 368/13.
75 *De-minimis-Bekanntmachung.*
76 Leitlinien zum zwischenstaatlichen Handel.
77 De-minimis-Bekanntmachung, Rn 4.
78 Leitlinien zum zwischenstaatlichen Handel, Rn 52.

Unternehmen) mit den von der Vereinbarung umfassten Produkten innerhalb der Union. Im Falle vertikaler Vereinbarungen ist der Jahresumsatz der Lieferanten mit den von der Vereinbarung erfassten Produkten innerhalb der Union entscheidend. Geht es allerdings um Bezugsvereinbarungen, die Bedenken hinsichtlich der Nachfragemacht aufwerfen, ist der Umsatz des Käufers maßgeblich.[79] Die Vermutung, dass es an einer spürbaren Auswirkung fehlt, ist widerlegbar. Umgekehrt besteht bei Überschreiten einer der beiden vorgenannten Schwellen keine Vermutung, dass eine Eignung zur Beeinträchtigung des zwischenstaatlichen Handels vorliegt.[80] Allerdings geht die Kommission davon aus, dass im Falle einer Vereinbarung über Ein- oder Ausfuhren zwischen Mitgliedstaaten[81] eine widerlegbare[82] positive Vermutung für die Eignung zur Beeinträchtigung besteht, sofern der von der Vereinbarung erfasste Umsatz € 40 Mio. überschreitet.[83] Kann nach der NAAT-Regel eine Eignung zur spürbaren Beeinträchtigung des zwischenstaatlichen Handels nicht ausgeschlossen werden, ist anhand der ausführlichen Erläuterungen in den Leitlinien im Einzelfall zu prüfen, ob das Spürbarkeitskriterium erfüllt ist.[84] Die Prüfung, ob die Parteien zusammen die Marktanteilsschwelle von 5% überschreiten, setzt zunächst eine Abgrenzung des sachlich und räumlich relevanten Marktes voraus.[85]

VIII. Grundstruktur des „modernisierten" Kartellverbots des Art. 101 AEUV

Aufgrund des mehrstufigen Aufbaus weist das Kartellverbot des Art. 101 AEUV eine im Vergleich zum Missbrauchsverbot des Art. 102 AEUV kompliziertere Normstruktur auf. Zur Anwendung des Kartellverbots hat die Kommission eine Reihe von Bekanntmachungen und Leitlinien erlassen, die allerdings teilweise recht abstrakt und theoretisch gefasst sind. Im Folgenden soll die Grundstruktur des Kartellverbots beleuchtet werden. 61

1. Art. 101 Abs. 1 AEUV

Neben dem Zwischenstaatlichkeitskriterium (siehe Rn 54 ff) setzt Art. 101 Abs. 1 AEUV eine Vereinbarung (bzw einen Beschluss oder eine abgestimmte Verhaltensweise) voraus, die zu einer Wettbewerbsbeschränkung führt. 62

a) Vereinbarungen, Beschlüsse und abgestimmte Verhaltensweisen

Eine **Vereinbarung** (siehe auch Rn 48) liegt vor, wenn die betreffenden Unternehmen ihren gemeinsamen Willen zum Ausdruck gebracht haben, sich auf dem Markt in einer bestimmten Weise zu verhalten.[86] Unerheblich ist, ob die Willensübereinkunft teilweise oder vollständig umgesetzt wurde. Auch kommt es nicht darauf an, ob die Vereinbarung lediglich mündlich getroffen oder schriftlich niedergelegt wurde. Ein Bindungswille ist für die Qualifizierung einer Absprache als Vereinbarung nicht erforderlich.[87] Erfasst werden also auch gentlemen's agreements. Diese Frage ist jedoch ohnehin von geringer praktischer Bedeutung, da unter das Kartellverbot auch abgestimmte Verhaltensweisen fallen. Bei komplexen Kartellabsprachen in Gestalt eines Geflechts unterschiedlicher Abreden und Abkommen wird deshalb häufig zulässigerweise pauschal auf beides (Vereinbarungen und aufeinander abgestimmte Verhaltensweisen) Bezug genommen.[88] Unerheblich ist schließlich auch die Art und Weise, wie die Willensübereinstimmung der Parteien zustande gekom- 63

79 Leitlinien zum zwischenstaatlichen Handel, Rn 52.
80 Leitlinien zum zwischenstaatlichen Handel, Rn 51.
81 Dazu auch OLG Düsseldorf, VI-2 Kart 12/04 (Filigranbetondecken), WuW/E DE-R 1610, 1614.
82 Nach OLG Düsseldorf v. 23. Juni 2004, VI-U (Kart) 29/04 (Tschechisches Bier), WuW DE-R 1410, 1412 ist diese Vermutung bei einem Marktanteil von 0,16 % in Deutschland und 0,08 % in der EG widerlegt.
83 Leitlinien zum zwischenstaatlichen Handel, Rn 53.
84 Leitlinien zum zwischenstaatlichen Handel, Rn 58 ff.
85 Zur Marktabgrenzung s. Rn 82 ff.
86 EuG, Rs. T-41/96 (Bayer), Slg 2000, II-3383, Rn 67.
87 EuG, Rs. T-9/99 (HFB Holding), Slg 2002, II-1487, Rn 190.
88 EuG, Rs. T-1/89 (Rhône-Poulenc), Slg 1991, II-867, Rn 127; EuG Rs. T-62/98 (VW), Slg 2000, II-2707, Rn 237.

men ist, etwa ob Zwang ausgeübt oder Sanktionsmaßnahmen angedroht wurden.[89] Erfasst werden auch alle Formen **konkludenter Zustimmung,**[90] zB nicht beanstandete Rundschreiben, etwa mit der Aufforderung, bestimmte Unternehmen nicht zu beliefern[91] oder die widerspruchslose Hinnahme (und Befolgung) des Rechnungsausdrucks „Export verboten".[92] Eine stillschweigende Einigung darf jedoch nicht ohne weiteres unterstellt werden. Dies gilt insbesondere bei Maßnahmen oder Vergünstigungen, die ein Hersteller seinen Abnehmern auferlegt bzw gewährt. Zwar können scheinbar einseitige Maßnahmen des Herstellers Teil einer Vereinbarung sein. Dies setzt aber die Feststellung eines subjektiven Elements, dh einer auf ein im Sinne des Art. 101 AEUV wettbewerbswidriges Ziel gerichteten Willensbekundung sowohl beim Hersteller als auch beim Abnehmer voraus. Dies gilt insbesondere, wenn die Maßnahme des Herstellers den Interessen des Abnehmers zuwider läuft und dieser entschlossen ist, sich der zu Grunde liegenden Geschäftspolitik des Herstellers zu widersetzen.[93] Der Partei, welche die einseitige Handlung tatsächlich vornimmt, muss es gelingen, die Willensübereinstimmung herbeizuführen. Bringt die andere, unter Druck gesetzte Vertragspartei demgegenüber zum Ausdruck, dass sie die Befolgung der betreffenden Verhaltensanordnung ablehnt und dem Druck standhält, liegt keine Vereinbarung vor.[94] In diesem Fall macht es auch keinen Unterschied, wenn die Geschäftsbeziehung fortgesetzt wird.[95] Legt man diesen Maßstab an, kann eine Vereinbarung nicht bereits dann bejaht werden, wenn ein Lieferant seine Händler auffordert, die Preisdisziplin zu beachten.[96]

64 Neben Vereinbarungen zwischen Unternehmen erfasst das Kartellverbot des Art. 101 Abs. 1 AEUV auch **Beschlüsse von Unternehmensvereinigungen.** Hierunter fallen auch mündlich gefasste Beschlüsse, nicht aber bloße Empfehlungen, die weder rechtlich noch faktisch verbindlich sind.[97] Die Umsetzung der Beschlüsse führt zumindest zu abgestimmten Verhaltensweisen gemäß Art. 101 Abs. 1 AEUV (dazu sogleich). Die zusätzliche Einbeziehung von Beschlüssen ermöglicht den Kartellbehörden, Verfügungen, insbesondere auch Bußgeldentscheidungen, direkt an (rechtsfähige) Unternehmensvereinigungen zu richten.

65 Schließlich erfasst Art. 101 Abs. 1 AEUV auch aufeinander **abgestimmte Verhaltensweisen** (siehe bereits Rn 63). Hierbei handelt es sich um einen Auffangtatbestand. Eine abgestimmte Verhaltensweise ist gekennzeichnet durch eine Koordination einerseits und ein darauf aufbauendes tatsächliches Verhalten im Sinne einer praktischen Zusammenarbeit andererseits.[98] Damit ist zunächst eine Fühlungnahme zwischen Unternehmen erforderlich, die entweder auf eine planmäßige Koordination des Marktverhaltens gerichtet ist, oder darauf, dass die Reaktionsverbundenheit zwischen Unternehmen künstlich verstärkt, dh die Anpassung an das gegenwärtige oder zukünftige Verhalten der Wettbewerber erleichtert wird.[99] Abzugrenzen ist die abgestimmte Verhaltensweise von einem **reinen Parallelverhalten** im Sinne einer einseitigen, autonomen Anpassung an das Wettbewerbsverhalten anderer Unternehmen, etwa in Form der Anpassung an die vom Preisführer praktizierten Preise. Ein derartiges Parallelverhalten wird nicht vom Kartellverbot erfasst, unabhängig davon, ob es zufällig, dh unbewusst, oder bewusst erfolgt. Schwierige Abgrenzungsfragen ergeben

---

89 EuG, Rs. T-23/99 (LR AF 1998), Slg 2002, II-1705, Rn 142.

90 EuG, Rs. T-41/96 (Bayer), Slg 2000, II-3383, Rn 71.

91 Nachweise bei *Eilmansberger*, in: Streinz, Art. 101, Rn 4, Fn 17/18.

92 EuGH, Rs. 277/87 (Sandoz Prodotti Farmaceutici), Slg 1990, I-45; EuGH Rs. C-279/87 (Tipp-Ex), Slg 1990, I-261.

93 EuGH, Rs. C-2/01 P und C-3/01 P (Bundesverband der Arzneimittel-Importeure/Bayer), Slg 2004, I-23, Rn 101 f, 122 f, 141.

94 EuG, Rs. T-41/96 (Bayer), Slg 2000, II-3383, Rn 151 ff.

95 EuG, Rs. T-41/96 (Bayer), Slg 2000, II-3383, Rn 172 f.

96 So aber noch EuG, Rs. T-62/98 (VW), Slg 2000, II-2707, Rn 236; Kommission, COMP/F – 2/36.693 (VW), ABl. 2001 L 262/14, Rn 62 und COMP/36.264 (Mercedes Benz), ABl. 2002 L 257/1, Rn 136.

97 *So wohl auch EuGH, Rs. 209 – 215, 218/78* (van Landewyck), Slg 1980, 3125, Rn 89; Rs. 45/85 (Verband der Sachversicherer), Slg 1987, 405 Rn 26; kritisch hierzu *Stockenhuber*, in: Grabitz/Hilf, Art. 81, Rn 104.

98 Grundlegend die Farbstoff-Entscheidung des EuGH, Rs. 48/69 (ICI), Slg 1972, 619, Rn 64.

99 S. EuGH, Rs. 40 – 48, 50, 54 – 56, 111, 113 und 114/73 (Suiker Uni), Slg 1975, 1663, Rn 174.

sich in Fällen, in denen wettbewerblich sensible Informationen zwischen Unternehmen ausgetauscht werden (siehe Rn 118).

Weiterhin setzt der Begriff der abgestimmten Verhaltensweise ein der Abstimmung entsprechendes **Marktverhalten** sowie einen ursächlichen Zusammenhang zwischen beiden voraus.[100] Allerdings kann nach Auffassung des EuGH vermutet werden, dass die an der Abstimmung beteiligten Unternehmen die dabei erlangten Informationen bei der Bestimmung ihres Marktverhaltens berücksichtigen.[101] Im Ergebnis muss die Umsetzung der Verhaltensabstimmung deshalb von der Kartellbehörde nicht nachgewiesen werden. Dem betroffenen Unternehmen steht zwar die Möglichkeit eines Gegenbeweises offen. Es dürfte jedoch sehr schwer nachweisbar sein, dass die Abstimmung des Wettbewerbsverhaltens keines der beteiligten Unternehmen in ihrem Marktauftritt beeinflusst hat.[102] 66

Das Vorliegen einer abgestimmten Verhaltensweise hat demgegenüber die Kommission nachzuweisen, ggf auf der Grundlage von **Indizien**, wozu auch das tatsächliche (gleichförmige) Verhalten von Unternehmen gehören kann. Dies setzt aber voraus, dass ein bloßes Parallelverhalten auszuschließen ist.[103] 67

b) Wettbewerbsbeschränkung

Zentrales Tatbestandsmerkmal von Art. 101 Abs. 1 AEUV ist die Wettbewerbsbeschränkung.[104] 68
Der Wortlaut der Vorschrift differenziert zwischen der Verhinderung, Einschränkung oder Verfälschung des Wettbewerbs. In der Praxis erfolgt allerdings regelmäßig keine Unterscheidung. Die Wettbewerbsbeschränkung muss entweder **bezweckt** oder – und hierauf kann sich die praktische Prüfung beschränken – zumindest **bewirkt** sein. Soweit eine Wettbewerbsbeschränkung bereits bezweckt wird, liegt ein Verstoß gegen Art. 101 Abs. 1 AEUV unabhängig von den tatsächlichen Auswirkungen der Maßnahme vor.[105] Bei der Prüfung der Frage, ob eine Vereinbarung eine „bezweckte Wettbewerbsbeschränkung" enthält, ist auf den Inhalt ihrer Bestimmungen und die mit ihr verfolgten Ziele sowie auf den wirtschaftlichen und rechtlichen Zusammenhang, in dem sie steht, abzustellen. Zu berücksichtigen sind weiterhin die Natur der betroffenen Waren und Dienstleistungen sowie die tatsächlichen Bedingungen und die Struktur des Marktes.[106] Für einen wettbewerbswidrigen Zweck reicht es bereits aus, wenn die Vereinbarung das Potential hat, negative Auswirkungen auf den Wettbewerb zu entfalten, dh wenn sie konkret geeignet ist zu einer Verhinderung, Einschränkung oder Verfälschung des Wettbewerbs zu führen.[107] Diese Umschreibungen machen deutlich, dass es im Einzelfall schwierig sein kann, eine bezweckte von einer bewirkten Wettbewerbsbeschränkung zu unterscheiden. Im Grunde geht es darum, dass bestimmte Formen der Kollusion zwischen Unternehmen schon ihrer Natur nach als schädlich für das gute Funktionieren des normalen Wettbewerbs angesehen werden können und deshalb als bezweckte Wettbewerbsbeschränkung eingeordnet werden.[108] Erfasst werden horizontale und vertikale Beschränkungen. **Horizontale** Beschränkungen sind solche, die zwischen Unternehmen abgeschlossen werden, die auf derselben Produktions- oder Vertriebsstufe tätig sind, etwa Preis- oder Gebietsabsprachen zwischen konkurrierenden Lieferanten. **Vertikale** Wettbewerbsbeschränkungen sind solche, bei denen die Vertragsparteien auf unterschiedlichen Produktions- oder Vertriebsstufen tätig sind. Entscheidend ist jedoch nicht die Einordnung der Vertragspartei als solche, sondern der Vertragsab-

---

100 EuGH, Rs. C-49/92 P (Anic Parteceipazioni), Slg 1999, I-4125, Rn 118; EuG, Rs. T-9/99 (HFB Holding), Slg 2002, II-1487.

101 *EuGH v. 4 Juni 2009*, Rs. C-8/08 (T-Mobile), Rn 51 (noch nicht in der amtlichen Sammlung veröffentlicht); EuGH, Rs. C-49/92 P (Anic Parteceipazioni), Slg 1999, I-4125, Rn 121.

102 So auch *Eilmansberger*, in: Streinz: Art. 101, Rn 18.

103 S. EuGH, Rs. C-89, 104, 114, 116, 117, 125 – 129/85 (Ahlström), Slg 1993, I-1307, Rn 71; s. auch Rn 65.

104 Ausführlich: *T. Mäger*, in: Mäger, 1. Kap., Rn 87 ff.

105 EuGH v. 4 Juni 2009, Rs. C-8/08 (T-Mobile), Rn 29/30 (noch nicht in der amtlichen Sammlung veröffentlicht).

106 EuGH, Rs. C-32/11 (Allianz Hungaria), Rn. 36.

107 EuGH, Rs. C-32/11 (Allianz Hungaria), Rn 38.

108 Siehe auch EuGH, Rs. C-32/11 (Allianz Hungaria), Rn 35.

rede. So kann ein Unternehmen, das im Hinblick auf die Belieferung von Kunden mit einem anderen Unternehmen in einem Konkurrenzverhältnis steht, mit diesem einen Liefervertrag abschließen, etwa um Produktionsengpässe auszugleichen. Dieser Liefervertrag kann eine als vertikal einzuordnende Beschränkung enthalten, zB eine ausschließliche Bezugspflicht. Bei der wettbewerblichen Würdigung dieser vertikalen Abrede ist allerdings zu berücksichtigen, dass die beiden Vertragsparteien in einem Konkurrenzverhältnis stehen.

69 Die Wettbewerbsbeschränkung muss auch **spürbar** sein.[109] Hierzu hat die Kommission eine Bekanntmachung erlassen.[110] Die Kommission ist der Auffassung, dass bei Vereinbarungen zwischen Wettbewerbern die Spürbarkeit zu verneinen ist, wenn der gemeinsame Marktanteil auf keinem der von der Vereinbarung betroffenen relevanten Märkten 10% überschreitet. Bei Vereinbarungen zwischen Nichtwettbewerbern liegt keine Spürbarkeit vor, wenn der von jedem der beteiligten Unternehmen gehaltene Marktanteil auf keinem von der Vereinbarung betroffenen relevanten Markt 15% überschreitet.[111] Ergeben sich kumulative Marktabschottungseffekte durch nebeneinander bestehende Netze von Vereinbarungen, die ähnliche Wirkungen auf dem Markt haben, werden die vorgenannten Schwellen auf 5% herabgesetzt. Bei einzelnen Lieferanten oder Händlern mit einem Marktanteil, der 5% nicht überschreitet, ist in der Regel nicht davon auszugehen, dass sie wesentlich zu dem kumulativen Abschottungseffekt beitragen. Es ist nach Auffassung der Kommission unwahrscheinlich, dass ein kumulativer Abschottungseffekt vorliegt, wenn weniger als 30% des relevanten Marktes von nebeneinander bestehenden Netzen von Vereinbarungen abgedeckt werden.[112] Die Spürbarkeitsschwellen der De-minimis-Bekanntmachung gelten nicht, wenn sog. **Kernbeschränkungen** (dazu Rn 72) vereinbart werden.[113] Vor der Einführung der neuen Bekanntmachung war fraglich, ob Kernbeschränkungen nur dann kartellrechtlich verboten sind, wenn sie eine spürbare Wettbewerbsbeschränkung nach sich ziehen.[114] Die Kommission hat in der Bekanntmachung nun allerdings auf den Fall Expedia verwiesen, in dem der EuGH festgestellt hat, dass eine bezweckte Wettbewerbsbeschränkung unabhängig von ihren konkreten Auswirkungen eine spürbare Beschränkung des Wettbewerbs darstellt.[115]

2. Freistellungsvoraussetzung des Art. 101 Abs. 3 AEUV

70 Eine Wettbewerbsbeschränkung nach Art. 101 Abs. 1 AEUV ist ausnahmsweise dann zulässig, wenn sie nach Art. 101 Abs. 3 AEUV freigestellt[116] ist. Eine Freistellung ist auf zwei Wegen denkbar.

a) GVO

71 Unter praktischen Gesichtspunkten ist zunächst zu prüfen, ob eine GVO eingreift. Die GVO enthalten jeweils eine zeitliche Befristung. Bei Auslaufen einer GVO muss jedoch eine tatsächliche Vermutung dafür sprechen, dass das, was bisher von der Kommission verbindlich als freigestellt angesehen wurde, auch in Zukunft objektiv die Voraussetzung des Art. 101 Abs. 3 AEUV erfüllt,[117] sofern nicht eine neue GVO mit abweichenden Regelungen erlassen wird.

72 Die Regelungstechnik von GVO unterscheidet sich jeweils. Einige GVO enthalten eine Auflistung sowohl der freigestellten („**weißen**") als auch der einer Freistellung im Wege stehenden („**schwarzen**") Klauseln (sog. **Kernbeschränkungen**). In diesem Fall werden auch Klauseln in die weiße Liste aufgenommen, die in der Regel nicht wettbewerbsbeschränkend sind und nur vorsorglich mit frei-

109 Zu den zivilrechtlichen Folgefragen: *T. Mäger*, in: Mäger, 1. Kap., Rn 98 f.
110 De-minimis-Bekanntmachung.
111 De-minimis-Bekanntmachung, Rn 8.
112 De-minimis-Bekanntmachung, Rn 10.
113 De-minimis-Bekanntmachung, Rn 13.
114 Einen Verstoß verneint vom OLG Düsseldorf v. 23. Juni 2004, VI-U (Kart) 29/04 (Tschechisches Bier), WuW DE-R 1410, 1412 bei einem Marktanteil von 0,16% bzw 0,08%.
115 EuGH, Rs. C-226/11 (Expedia), Rn 37; De-minimis-Bekanntmachung, Rn 2.
116 Zum Begriff der Freistellung s.o. Rn 24 ff.
117 *Schnelle/Bartosch/Hübner*, S. 59.

gestellt werden. In der Praxis erwies sich die Notwendigkeit, Vertragsklauseln dem engen Normenkorsett anzupassen, als hinderlich („Zwangsjackeneffekt"). Die in jüngerer Zeit erlassenen GVO – Vertikal-GVO, F+E-GVO, Spezialisierungs-GVO, TT-GVO – enthalten demgegenüber eine allgemeine Freistellungsklausel und beschränken sich darauf, die „schwarzen" Klauseln aufzuzählen, die einer Freistellung entgegenstehen. Die gruppenweise Freistellung im Rahmen der modernen GVO wird – im Sinne des ökonomisch ausgerichteten Gesamtkonzepts („economic approach") – davon abhängig gemacht, dass bestimmte Marktanteilsschwellen nicht überschritten werden. Auf dem Boden einer Regel/Ausnahme-Technik werden teilweise indessen auch in den „modernen" GVO zulässige Klauseln aufgelistet, wobei aus der Auflistung wiederum nicht zwingend gefolgert werden darf, dass es sich um eine wettbewerbsbeschränkende, aber freigestellte Klausel handelt, da auch eine vorsorgliche Freistellung denkbar ist. Dies kann im Einzelfall zu einer Rechtsunsicherheit führen. Zwar ist für das praktische Ergebnis meist nicht entscheidend, ob eine Abrede bereits keine Wettbewerbsbeschränkung im Sinne des Art. 101 Abs. 1 AEUV darstellt, oder ob dies der Fall ist, aber eine Freistellung nach Art. 101 Abs. 3 AEUV gegeben ist.[118] Anders kann es aber liegen, wenn die betreffende GVO, die die „Freistellung" vorsieht, aus anderen Gründen nicht eingreift (zB weil die Marktanteilsschwelle überschritten ist). In Fällen, in denen zweifelhaft ist, ob eine Wettbewerbsbeschränkung vorliegt, dürfte sich allerdings regelmäßig ergeben, dass die Voraussetzungen des Art. 101 Abs. 3 AEUV bei direkter Anwendung erfüllt sind.

Bei Vereinbarung einer „schwarzen" Klausel fällt die Gruppenfreistellung insgesamt weg („**Alles-oder-nichts-Prinzip**"). Auch diejenigen Klauseln, die an sich die Voraussetzung der GVO erfüllen, sind dann nicht gruppenweise freigestellt.[119] Daneben enthalten GVO aber auch Vorgaben, bei deren Nichteinhaltung lediglich die entsprechende Klausel nicht gruppenweise freigestellt ist, die GVO auf die übrigen Vertragsklauseln aber anwendbar bleibt (meist **„graue Klauseln"** genannt).[120] 73

b) Einzelprüfung

Greift keine GVO ein, sind die Voraussetzungen des Art. 101 Abs. 3 AEUV im Einzelnen zu prüfen.[121] Art. 101 Abs. 3 AEUV enthält vier Freistellungsvoraussetzungen, zu denen die Kommission – allerdings abstrakt und theoretisch gefasste – Leitlinien[122] erlassen hat. Die Vereinbarung muss zunächst zu einer **Verbesserung der Produktion, des Vertriebs oder der Forschung** beitragen. Diese muss sich mit hinreichender Wahrscheinlichkeit spürbar positiv auf die gesamtwirtschaftliche Situation auswirken und so die mit der Abrede verbundenen Nachteile für den Wettbewerb zumindest ausgleichen.[123] Beispiele für derartige Effizienzgewinne[124] sind Kosteneinsparungen bei der Produktion, etwa aufgrund besserer Auslastung oder Erhöhung der Kapazität (nicht aber aufgrund der Drosselung der Produktion, einer Marktaufteilung oder der Ausübung der Markmacht), die Verbreiterung des Angebots oder die Verbesserung der Qualität der produzierten Erzeugnisse oder erbrachten Dienstleistungen; die Erschließung neuer Märkte; die Verbesserung der wirtschaftlichen Effizienz durch Reduzierung der Transaktions- und Distributionskosten (etwa durch ein Alleinvertriebssystem); die Erweiterung der Wahlmöglichkeiten der Kunden durch Erhöhung der Zahl der Verkaufsstellen oder der angebotenen Waren; die Förderung innovativer bzw verbesserter Produkte, etwa durch die zwischenbetriebliche Zusammenarbeit bei Forschung und Entwicklung oder den Transfer technischen Wissens durch Lizenzverträge. 74

Eine Freistellung erfordert weiterhin die **angemessene Beteiligung der Verbraucher**. Nach den Gesamtumständen muss anzunehmen sein, dass die Unternehmen die positiven Wirkungen an die 75

---

118 S. aber zur Beweislastverteilung: *T. Mäger*, in: Mäger, 1. Kap., Rn 104, 119 ff.

119 Bsp.: Art. 4 Vertikal-GVO („Die Freistellung ... gilt nicht für vertikale Vereinbarungen, die ...").

120 Bsp.: Art. 5 Vertikal-GVO („Die Freistellung ... gilt nicht für folgende, in vertikalen Vereinbarungen enthaltenen Verpflichtungen: ...").

121 Im Einzelnen: *T. Mäger*, in: Mäger, 1. Kap., Rn 106 ff.

122 Leitlinien zu Art. 81 Abs. 3 EGV.

123 EuGH, Rs. 209 – 215, 218/78 (van Landewyck), Slg 1980, 3125, Rn 185; Leitlinien zu Art. 81 Abs. 3 EGV, Rn 32.

124 Nachweise bei *Schnelle/Bartosch/Hübner*, S. 54 f.

Verbraucher weitergeben. Erfasst werden sämtliche Nutzer der Produkte oder Dienstleistungen, etwa Großhändler, Einzelhändler und Endverbraucher. Die positiven Wirkungen (zB sinkende Preise, Vergrößerung des Angebots) müssen grundsätzlich auf demselben Markt auftreten, auf dem die negativen Auswirkungen zu verzeichnen sind.[125]

76 Weiterhin muss die Beschränkung des Wettbewerbs durch die betroffene Abrede **unerlässlich** sein. Weniger einschränkende Mittel, die dieselben wirtschaftlichen Vorteile erzielen, dürfen nicht zur Verfügung stehen. Es darf auch kein Missverhältnis zwischen den erreichbaren Vorteilen und den Beschränkungen bestehen. Einschränkungen, die üblicherweise auf der „schwarzen Liste" von GVOs erscheinen (dazu Rn 72), oder die in Leitlinien und Bekanntmachungen der Kommission als Kernbeschränkungen eingestuft werden, erfüllen regelmäßig nicht das Kriterium der Unerlässlichkeit.[126]

77 Schließlich ist erforderlich, dass die Vereinbarung dem beteiligten Unternehmen **nicht** die Möglichkeit eröffnen darf, **den Wettbewerb auszuschließen**. Zu prüfen sind die Verhältnisse auf den – zunächst abzugrenzenden[127] – Märkten, dh die Marktanteile der Parteien und Wettbewerber sowie der Abstand zwischen diesen, insbesondere die Struktur der Marktgegenseite. Die Freistellungsvoraussetzung ist nicht erfüllt, wenn die betreffende Vereinbarung den Missbrauch einer beherrschenden Stellung darstellt.

78 Die Ausnahmeregelung des Art. 101 Abs. 3 AEUV gilt solange, wie die vier vorgenannten Voraussetzungen erfüllt sind. Danach verliert sie ihre Anwendbarkeit.[128]

79 Weicht die betreffende Vereinbarung nur geringfügig von einer GVO ab, kann sich die Einzelprüfung nach Art. 101 Abs. 3 AEUV regelmäßig auf die Frage beschränken, ob aufgrund der konkreten Abweichung die Freistellungsvoraussetzungen zu verneinen sind. Erfüllt eine vertikale Vereinbarung zB die Voraussetzung der Vertikal-GVO mit Ausnahme der Marktanteilsgrenze von 30 % in Art. 3 Vertikal-GVO, wird diese Schwelle aber nur geringfügig überschritten, liegt es nahe, dass die Freistellungsvoraussetzungen erfüllt sind. Zu prüfen wäre lediglich, dass die vierte Freistellungsvoraussetzung – keine Ausschaltung des Wettbewerbs – trotz geringfügiger Überschreitung der Marktanteilschwelle bejaht werden kann.[129]

80 Da Art. 101 Abs. 3 AEUV weitgehend auf unbestimmte Rechtsbegriffe verweist, stellt sich die Frage, ob den Unternehmen bei der Auslegung dieser Vorschrift ein **„Irrtumsprivileg"** einzuräumen ist. Der EuGH hat der Kommission auf dem Boden der Rechtslage vor dem 1. Mai 2004 einen weiten Beurteilungsspielraum bei der Anwendung des Art. 81 Abs. 3 EGV zuerkannt[130] und ist deshalb bei der Überprüfung von Freistellungsentscheidungen stets sehr zurückhaltend gewesen. Die Unternehmen sind nunmehr gehalten, die Freistellungskriterien selbst zu prüfen. Dies spricht dafür, ihnen vergleichbare Beurteilungsspielräume bei der Auslegung der Vorschrift zuzubilligen.[131] Anderenfalls würde der kartellrechtliche Maßstab verschärft.[132] In der Entscheidung „Schenker" hat der EuGH allerdings festgestellt, dass der Rechtsrat eines Anwalts bei einem Unternehmen kein berechtigtes Vertrauen darauf begründen könne, dass das Verhalten nicht gegen Art. 101 AEUV verstoße oder nicht zur Verhängung einer Geldbuße führe.[133]

125 Leitlinien zu Art. 81 Abs. 3 EGV, Rn 43.
126 Leitlinien zu Art. 81 Abs. 3 EGV, Rn 46.
127 Zur Marktabgrenzung s. Rn 82 ff.
128 Leitlinien zu Art. 81 Abs. 3 EGV, Rn 44.
129 Zu weiteren praktischen Aspekten: *T. Mäger*, in: Mäger, 1. Kap., Rn 121 ff.
130 S. nur EuGH, Rs. 56, 58/64 (Consten und Grundig), Slg 1966, 321, 396; Rs. 26/76 (Metro), Slg 1977, 1875, 1906.
131 *Dreher/Thomas*, WuW 2004, 8, 16; *Montag/Rosenfeld*, ZWeR 2003, 107, 117; etwas einschränkend *Hirsch*, ZWeR 2003, 233, 237; aA *Röhling*, GRUR 2003, 1019, 1020; *Schnelle/Bartosch/Hübner*, S. 65 ff.
132 Zu den Rechtsfolgen bei Fehleinschätzungen: *T. Mäger*, in: Mäger, 1. Kap., Rn 113.
133 EuGH, Rs. C-681/11 (Schenker), Rn 43.

IX. Reformvorhaben betreffend das Missbrauchsverbot des Art. 102 AEUV

Nach Abschluss der „Modernisierung" des Kartellverbots des Art. 101 AEUV plante die Kommission, die Anwendung des Missbrauchsverbots des Art. 102 AEUV ebenfalls zu „modernisieren". Am 3. Dezember 2008 hat die Kommission eine neue Mitteilung vorgelegt zur Erläuterung ihrer Prioritäten bei der Anwendung von Art. 82 EGV auf Fälle von Behinderungsmissbrauch durch marktbeherrschende Unternehmen.[134] Die Kommission stellt klar, dass sie vorrangig diejenigen Fälle verfolgen wird, in denen das missbräuchliche Verhalten eines marktbeherrschenden Unternehmens den Verbrauchern schadet. So versuchten Marktbeherrscher durch vielfältige Behinderungspraktiken die Expansion ihrer Konkurrenten zu beschränken oder den Markteintritt potenzieller Wettbewerber zu behindern. Dadurch würden die Wahlmöglichkeit der Verbraucher eingeschränkt, niedrigere Preise verhindert und die Innovationsbereitschaft geschmälert. Bei der Prüfung eines Missbrauchsverdachts wird die Kommission verstärkt auf die wirtschaftlichen Auswirkungen des marktverschließenden Verhaltens abstellen. Im Einzelnen wird in dem Papier der analytische Rahmen für die Prüfung von Ausschließlichkeitsvereinbarungen, Rabatten, Kopplung, Kampfpreise, Lieferverweigerung und Preis-Kosten-Schere erläutert. 81

X. Abgrenzung des relevanten Marktes im Kartellrecht

Bei der Anwendung der Wettbewerbsregeln ist häufig zu prüfen, ob die betreffenden Unternehmen über **Marktmacht** verfügen. Dies gilt insbesondere für das Missbrauchsverbot des Art. 102 AEUV und die Fusionskontrolle, aber auch für die vierte Freistellungsvoraussetzung „kein Ausschluss des Wettbewerbs" des Art. 101 Abs. 3 AEUV. Die Marktmacht von Unternehmen lässt sich am zweckmäßigsten anhand der **Marktanteile** bestimmen. Dazu muss zunächst der relevante Markt in sachlicher und räumlicher Hinsicht abgegrenzt werden. Dies ist häufig schwierig. Hieraus können sich Unsicherheiten im Hinblick auf die von den Unternehmen selbst vorzunehmende Prüfung nach Art. 101 und 102 AEUV ergeben. 82

Die Marktabgrenzung stellt den Versuch dar, einen Bereich wirtschaftlich abzugrenzen, der für die wettbewerbliche Würdigung maßgeblich ist. Insbesondere geht es darum, diejenigen Wettbewerber zu bestimmen, die einen wettbewerblichen Disziplinierungsdruck auf das Marktverhalten der betreffenden Unternehmen – insbesondere deren Preisbildung – ausüben. Deshalb stehen zwei Aspekte im Vordergrund. Zum einen geht es um die Austauschbarkeit der Produkte (oder Dienstleistungen) aus der Sicht der Marktgegenseite, dh der unmittelbaren Abnehmer (**Nachfrageflexibilität**). Können diese ohne weiteres auf alternative Lieferanten ausweichen, hat das betreffende Unternehmen hierauf bei seinen Preisentscheidungen Rücksicht zu nehmen. Geht es um die Nachfragemacht eines Unternehmens, ist entsprechend zu prüfen, ob die Anbieter bestimmter Waren und Dienstleistungen ggf auch auf andere Kunden ausweichen können. Zum anderen kann ein Wettbewerbsdruck auch von Erzeugern an sich nicht austauschbarer Produkte ausgehen. Dies ist dann der Fall, wenn diese Unternehmen in der Lage sind, ihre Produktion kurzfristig und ohne spürbaren Kostenaufwand umzustellen und in den betreffenden Markt einzutreten (**Angebotsflexibilität**). 83

Ein Markt ist in sachlicher und räumlicher Hinsicht abzugrenzen. Bei der **sachlichen** Marktabgrenzung geht es um die Frage, welchem Produktmarkt das betreffende Produkt zuzuordnen ist, dh, welche anderen Produkte in denselben Markt einzubeziehen sind. Dies ist für sämtliche Produkte zu bejahen, die mit den betreffenden Produkten aus Sicht des Kunden austauschbar sind. Maßgebliche Kriterien sind die Eigenschaften, der Verwendungszweck und der Preis der Produkte.[135] Dabei kommt es auf die tatsächliche Sicht der Marktgegenseite an, auch wenn ihr vermeintlich irrationale Verbraucherpräferenzen zugrunde liegen. Die Abgrenzung des sachlich relevanten Marktes kann im Einzelfall schwierig sein. Entwickelt wurden eine Reihe teils komplexer, ökonometrischer Methoden. Weit verbreitet ist die Prüfung der **Kreuzpreiselastizität**. Geprüft wird dabei, 84

134 Veröffentlicht in ABl. 2009 C 45/7 vom 24. Februar 2009.

135 S. Bekanntmachung zur Marktabgrenzung, Rn 7; Abschnitt 6 I des Formblattes CO zur Anmeldung eines Zusammenschlusses gemäß der FKVO (Anhang I zur FKVO-DVO).

ob und in welchem Ausmaß eine Preiserhöhung bei dem betreffenden Produkt zur Verlagerung der Nachfrage auf ein anderes Produkt führt. In der Praxis erfolgt dies mit Hilfe des so genannten **SSNIP-Tests,**[136] dh es wird die wahrscheinliche Reaktion der Kunden auf eine geringe, aber noch spürbare und nicht bloß vorübergehende Änderung der relativen Preise ermittelt. Zugrunde gelegt wird eine Preiserhöhung zwischen 5% und 10%. Ist die Verlagerung der Nachfrage so groß, dass aufgrund des Absatzrückganges eine Preiserhöhung nicht mehr einträglich wäre, sind die betreffenden Produkte in den sachlich relevanten Markt einzubeziehen.[137]

85 Bei der Abgrenzung des **räumlich** relevanten Marktes geht es darum zu bestimmen, innerhalb welchen Gebietes die Abnehmer im Falle einer Preiserhöhung oder sonstigen Verschlechterung des Angebots durch das betreffende Unternehmen auf andere Anbieter ausweichen können. Die Praxis orientiert sich häufig an der Definition des Art. 9 Abs. 7 FKVO. Der räumlich relevante Markt umfasst danach dasjenige Gebiet, in dem die beteiligten Unternehmen als Anbieter oder Nachfrager von Waren oder Dienstleistungen auftreten, in dem die Wettbewerbsbedingungen hinreichend homogen sind und das sich von den Nachbargebieten unterscheidet, insbesondere durch deutlich unterschiedliche Wettbewerbsbedingungen. Dabei ist besonders auf die Art und die Eigenschaften der betreffenden Waren und Dienstleistungen abzustellen, ferner auf das Vorhandensein von Zutrittsschranken, etwa rechtlichen Rahmenbedingungen oder Sprachbarrieren, sowie auch auf Verbrauchergewohnheiten.

86 Sowohl die Marktabgrenzung als auch die Würdigung der Marktanteile darf nicht mechanisch oder mathematisch erfolgen. Marktanteile stellen lediglich einen möglichen **Indikator** für Marktmacht dar, der stets im Rahmen einer Gesamtwürdigung der konkreten Marktverhältnisse zu prüfen ist. So besitzt ein hoher Marktanteil, der sich aus wenigen Großaufträgen, womöglich mit kurzer Laufzeit, ergibt, eine geringere Aussagekraft als ein über viele Jahre gleich bleibender Marktanteil, dem eine Vielzahl von Kundenbeziehungen zugrunde liegt.

B. Horizontale Vereinbarungen

I. Überblick

87 Absprachen zwischen Unternehmen lassen sich zunächst in zwei grobe Kategorien einordnen, dh in horizontale und vertikale Vereinbarungen. **Horizontale** Vereinbarungen sind solche, die zwischen Unternehmen abgeschlossen werden, die auf derselben Produktions- oder Vertriebsstufe tätig sind. **Vertikale** Vereinbarungen werden demgegenüber von Vertragsparteien auf unterschiedlichen Produktions- oder Vertriebsstufen abgeschlossen, zB ein Liefervertrag zwischen einem Hersteller und einem Händler. Entscheidend ist dabei jedoch nicht die Einordnung der Vertragspartei als solche, sondern die Qualifizierung der Vertragsabrede (siehe oben Rn 68).

88 Anders als bei vertikalen Vereinbarungen (siehe Rn 120 ff) gibt es keine umfassende GVO für horizontale Vereinbarungen. Die Kommission hat lediglich GVO für die gemeinsame Forschung und Entwicklung (F+E-GVO) und für Spezialisierungsvereinbarungen (Spezialisierungs-GVO) erlassen. Für die erforderliche wettbewerbliche Bewertung horizontaler Vereinbarungen allgemein geben die Leitlinien der Kommission über horizontale Zusammenarbeit Anhaltspunkte.

89 Die Unzulässigkeit klassischer horizontaler Kartellabsprachen wie Preisfestsetzungen oder Marktaufteilungen steht außer Frage. Demgegenüber ist jedoch in weniger eindeutigen Fällen eine sorgfältige Abwägung der wettbewerbsfördernden und -beschränkenden Auswirkungen von horizonta-

136 Small but Significant Non-transitory Increase in Price.

137 Bekanntmachung zur Marktabgrenzung, Rn 16. Zugrundegelegt wird grundsätzlich der Marktpreis bzw der von den betreffenden Unternehmen verlangte Preis. Geht es um die Prüfung des Missbrauchs einer marktbeherrschenden Stellung, kann der Marktbeherrscher den Preis allerdings bereits so angesetzt haben, dass jeder weitere Preisanstieg verlustbringend wäre. In diesem Fall muss ein niedrigerer Preis als der Marktpreis als Ausgangspunkt genommen werden (s. nur *Eilmansberger*, in: Streinz, vor Art. 101, Rn 47).

len Vereinbarungen erforderlich. Dies betrifft etwa Vereinbarungen über die gemeinsame Produktion, den gemeinsamen Einkauf oder den gemeinsamen Verkauf.[138]

II. Fallgruppen

1. Zulässige Kooperationsformen allgemein

Auch konkurrierende Unternehmen können miteinander kooperieren. 90

Als zulässige Kooperationsform wird die Zusammenarbeit zwischen Wettbewerbern genannt, wenn diese die von der Zusammenarbeit umfasste Tätigkeit oder das Projekt nicht eigenständig durchführen können. Diese Fälle werden auch als **Arbeitsgemeinschaften** bezeichnet.[139] Sie sind dadurch gekennzeichnet, dass durch die Kooperation keine – kartellrechtlich bedenkliche – Bündelung von Angeboten stattfindet, sondern die Arbeitsgemeinschaft ein neues, zusätzliches Angebot ermöglicht. Arbeitsgemeinschaften haben deshalb keine wettbewerbsbeschränkende Wirkung.

2. Preisabsprachen

Der klassische Fall einer Kartellabsprache ist die Preisabsprache. Die Festsetzung des Preises stellt das zentrale unternehmerische Instrument im Markt dar. Dementsprechend wird das Verbot von Preisabsprachen von Kartellbehörden strikt durchgesetzt. Die Preisfestsetzung ist als erstes Regelbeispiel in Art. 101 Abs. 1 lit. a) AEUV genannt. Auch wenn nach der Normstruktur eine Freistellung nach Art. 101 Abs. 3 AEUV nicht von vornherein ausgeschlossen ist, kommt sie praktisch jedoch nicht in Betracht. 91

Angewendet wird das Verbot von Preisabsprachen auf jede Form der Einschränkung des Preisbildungsspielraums der Unternehmen. Erfasst wird nicht nur die koordinierte Festsetzung der Verkaufspreise, sondern auch die Vereinbarung aufeinander abgestimmter Preiserhöhungen,[140] die Einrichtung eines gemeinsamen Preisfestsetzungssystems[141] sowie Absprachen über Rabatte,[142] Richtpreise,[143] Preisbestandteile[144] und Kalkulationsschemata.[145] Neben Absprachen über Preise fallen auch Abreden über **sonstige Geschäftsbedingungen**, zB Regelungen zu Zahlungsfristen,[146] unter Art. 101 Abs. 1 AEUV. 92

3. Marktaufteilung

Auch wenn die Preisfestsetzung zwischen Wettbewerbern das unmittelbarste Mittel zu einer Erhöhung des Preisniveaus darstellt, lässt sich dieselbe wettbewerbschädliche Wirkung auch mit anderen Mitteln erzielen. Hierzu gehört die Aufteilung von Märkten oder Versorgungsquellen, die nach Art. 101 Abs. 1 lit. c) AEUV unzulässig ist. Der praktisch wichtigste Fall ist die regionale Marktaufteilung, bei der jedem Kartellmitglied ein bestimmtes Territorium zugewiesen wird. Marktaufteilungen können aber nicht nur an geographische Kriterien anknüpfen, sondern auch an Kunden bzw Kundengruppen. Die Zuordnung der Kunden kann dabei konkret oder abstrakt, etwa nach der Umsatzgröße, erfolgen.[147] Im Rahmen von Marktaufteilungen werden häufig Ausgleichszahlungen für den Fall von Lieferungen außerhalb des jeweils zugewiesenen Gebietes bzw der Kundengruppe vereinbart. Eine typische Nebenabrede stellen auch einseitige oder wechselseitige Alleinvertriebsvereinbarungen zwischen Wettbewerbern dar.[148] Eine Sonderform der Marktaufteilung ist 93

138 Ausführlich: *Gehring*, in: Mäger, 3. Kap., Rn 10 ff.
139 Im Einzelnen: *Gehring*, in: Mäger, 3. Kap., Rn 85 ff.
140 Kommission, 2003/2/EG (Vitamine), ABl. 2003 L 6/1, Rn 590.
141 EuG, Rs. T-229/94 (Deutsche Bahn), Slg 1997, II-1689, Rn 34.
142 Kommission, IV/C/33.833 (Karton), ABl. 1994 L 243/1, Rn 130.
143 EuGH, Rs. 8/72 (Cementhandelaren), Slg 1972, 977, Rn 18 ff.
144 Kommission, 97/84/EG (Fährdienstbetreiber), ABl. 1997 L 26/23, Rn 58 f.
145 Kommission, 80/257/EGKS (Stahllagerhändler), ABl. 1980 L 62/28, Rn 23.
146 EuGH, Rs. 209 – 215, 218/78 (Van Landewyck), Slg 1980, 3125, Rn 154.
147 S. zB Kommission, 79/934/EWG (BP Kemi-DDSF), ABl. 1979 L 286/32.
148 Kommission, 73/109/EWG (Europäische Zuckerindustrie), ABl. 1973 L 140/17, Rn 30 ff.

das **Submissionskartell**. Eine Submissionsabsprache liegt vor, wenn im Rahmen der Vergabe von öffentlich oder privat ausgeschriebenen Aufträgen im Bau- und Beschaffungswesen ein fester oder variabler Kreis von Bietern Angebotskonditionen abspricht und sich wechselseitig Angebotsschutz oder einen sonstigen Ausgleich gewährt.

4. Produktions- und Absatzbeschränkungen

94 Art. 101 Abs. 1 lit. b) AEUV erfasst Produktions- und Absatzbeschränkungen. Grundsätzlich unzulässig sind alle Formen der koordinierten Reduktion des Ausstoßes eines Unternehmens.[149] Hierunter fallen insbesondere **Quotenvereinbarungen**, durch die jedem an der Abrede beteiligten Unternehmen ein bestimmtes Verkaufsvolumen, etwa auf der Basis bestehender Marktanteile, zugewiesen wird. Erfasst werden aber auch sonstige Formen von Produktionsbeschränkungen, zB auch die Beschränkung von Investitionen.[150] Lediglich in Ausnahmefällen können **Strukturkrisenkartelle** zulässig sein, die einen koordinierten Abbau überschüssiger Kapazitäten auf einem Markt ermöglichen.[151]

95 Das Kartellverbot erfasst nicht nur Abreden, die sich auf die Produktion und den Absatz der Parteien des Kartellvertrages beziehen. Unzulässig sind vielmehr auch Abreden, die zu einer koordinierten Beschränkung der Produktion oder des Absatzes von **Konkurrenten** führen. Ein eindeutiger Fall liegt bei einer koordinierten Verkaufsverweigerung (**Boykott**) vor.[152] Die gleiche Wirkung wird erzielt, wenn auf Lieferanten oder Abnehmer mit dem Ziel Druck ausgeübt wird, eine bestehende Geschäftsbeziehung mit einem Konkurrenten abzubrechen bzw keine Geschäftsbeziehung zu beginnen.[153] Das Ziel, Konkurrenten von Bezugs- oder Absatzquellen abzuschneiden, kann darüber hinaus auch durch Ausschließlichkeitsabreden zwischen den Kartellmitgliedern erreicht werden.[154] Eine ähnliche Wirkung kann schließlich die gezielte Abwerbung von Schlüsselpersonal des Konkurrenten haben.[155]

5. Gemeinsame Forschung und Entwicklung

96 Die Kommission hat von jeher anerkannt, dass Kooperationen im Bereich Forschung und Entwicklung (F+E)[156] zu positiven Effizienz- und Leistungssteigerungen führen können. Diese positiven Wirkungen wurden auf der Freistellungsebene gemäß Art. 101 Abs. 3 AEUV berücksichtigt. Die Kommission hat im Jahre 1985 eine GVO erlassen, deren Anwendungsbereich jedoch beschränkt war und den Unternehmen zudem detaillierte Vorgaben hinsichtlich der Vertragsformulierung machte (Zwangsjackeneffekt).[157]

97 Die GVO von 1985 wurde im Jahre 2000 durch eine neue GVO abgelöst, welche wiederum im Jahr 2010 von der Verordnung Nr. 1217/2010 (F+E-GVO) abgelöst wurde. Darüber hinaus enthalten die **Leitlinien über horizontale Zusammenarbeit** allgemeine Grundsätze zur Beurteilung von Kooperationen im Bereich Forschung und Entwicklung. In den Leitlinien hat die Kommission hervorgehoben, dass F+E-Vereinbarungen nur noch unter bestimmten Voraussetzungen wettbewerbsbeschränkend sind.[158] Die Kommission ist der Auffassung, dass die meisten F+E-Vereinbarungen von Art. 101 Abs. 1 AEUV nicht erfasst werden. Dies gilt für Vereinbarungen über die Zusammenarbeit im Grundlagenbereich, für Vereinbarungen zwischen Nichtwettbewerbern, für die Zusammenarbeit im Wege der Auslagerung auf spezialisierte Forschungsinstitute oder andere akademi-

---

149 Kommission, 2002/271/EG (Graphitelektroden), ABl. 2002 L 100/1, Rn 110.
150 Kommission, 84/405/EWG (Zinc Producer Group), ABl. 1984 L 220/27, Rn 36 ff.
151 Kommission, 84/380/EWG (Kunstfasern), ABl. 1984 L 207/17, Rn 28 ff; ausführlich *Gehring*, in: Mäger, 3. Kap., Rn 90 ff.
152 EuGH, Rs. 73/74 (Papiers Peints), Slg 1975, 1491 Rn 16.
153 Kommission, 1999/60/EG (Fernwärmetechnik-Kartell), ABl. 1999 L 24/1, Rn 147.
154 Kommission, 2000/117/EG (FEG und TU), ABl. 2000 L 39/1, Rn 3 ff.
155 Kommission, 1999/60/EG (Fernwärmetechnik-Kartell), ABl. 1999 L 24/1, Rn 147.
156 Hierzu im Einzelnen: *Gehring*, in: Mäger, 5. Kap., Rn 155 ff.
157 VO (EWG) Nr. 418/85, ABl. 1985 L 53/5.
158 Leitlinien über horizontale Zusammenarbeit, Rn 129 f.

sche Einrichtungen sowie für die Zusammenarbeit, die sich nicht auf die gemeinsame Nutzung der Ergebnisse (durch die Erteilung von Lizenzen, die Produktion bzw den Absatz) erstreckt.[159]

Sofern die beteiligten Unternehmen die Forschungs- und Entwicklungstätigkeit jedoch auch selbst hätten durchführen können, ist zu prüfen, ob die Zusammenarbeit den Innovationswettbewerb beschränkt. Dies bejaht die Kommission, wenn die an der Entwicklung eines neuen Produktes beteiligten Unternehmen ihre Zusammenarbeit erst zu einem Zeitpunkt aufnehmen, in dem sie jeweils bereits kurz vor der Einführung des neuen Produktes stehen.[160] 98

Betrifft die F+E-Vereinbarung einen marktnahen Bereich und schließt sie die gemeinsame Verwertung der Ergebnisse ein, können sich negative Marktauswirkungen dann ergeben, wenn die beteiligten Unternehmen über erhebliche Marktmacht verfügen.[161] 99

Aus praktischer Sicht empfiehlt es sich, zunächst zu prüfen, ob die Voraussetzungen der **F+E-GVO** erfüllt sind. Nur wenn dies nicht der Fall ist, muss die Freistellungsfähigkeit nach Art. 101 Abs. 3 AEUV anhand der allgemeinen Kriterien geprüft werden. Die F+E-GVO entspricht dem neuen Typus der GVO (siehe oben Rn 72). Es werden also nicht die zulässigen und unzulässigen Klauseln im Einzelnen aufgezählt. Vielmehr erfolgt eine allgemeine Freistellung sowie eine Auflistung der nicht freigestellten Klauseln. Die Grundzüge der F+E-GVO lassen sich wie folgt zusammenfassen: Die Freistellung erstreckt sich sowohl auf die gemeinsame Forschung und Entwicklung als auch auf die gemeinsame Verwertung. Die gemeinsame Verwertung kann sich auch auf Ergebnisse beziehen, die im Rahmen einer älteren F+E-Vereinbarung erzielt wurden. Sie ist aber nur möglich, wenn die Forschung und Entwicklung zu greifbaren Ergebnissen geführt hat, Art. 1 F+E-GVO. Nach Art. 3 F+E-GVO erfolgt die Freistellung unter folgenden Voraussetzungen: Zunächst müssen alle Vertragsparteien Zugang zu den Ergebnissen für weitere Forschungs- und Verwertungszwecke haben. Die gemeinsame Verwertung muss Ergebnisse betreffen, die entweder immaterialgüterrechtlich geschützt sind oder Know-how darstellen, und die für die Herstellung der Vertragsprodukte oder die Anwendung der Vertragstechnologien unerlässlich sind. Des Weiteren müssen die im Wege der Spezialisierung im Rahmen der Verwertung mit der Herstellung der Vertragsprodukte betrauten Parteien, verpflichtet sein, Aufträge der anderen Parteien über die Belieferung mit Vertragsprodukten zu erfüllen, sofern nicht die F+E-Vereinbarung auch den gemeinsamen Vertrieb vorsieht. 100

Sind die Vertragsparteien keine Wettbewerber, gilt die Freistellung für die Dauer der Durchführung der F+E-Arbeiten und im Falle der gemeinsamen Verwertung für einen zusätzlichen Zeitraum von sieben Jahren ab Inverkehrbringen der Produkte. Sind die F+E-Partner demgegenüber **Wettbewerber**, setzt die Freistellung zusätzlich voraus, dass die Parteien zum Zeitpunkt des Abschlusses der Vereinbarung gemeinsam auf dem Markt derjenigen Produkte, die durch die Vertragsprodukte verbessert oder ersetzt werden können, einen **Marktanteil von 25%** nicht überschreiten, Art. 4 F+E-GVO. Werden bestimmte Kernbeschränkungen vereinbart, fällt die Gruppenfreistellung insgesamt weg (siehe oben Rn 73). Hierunter fallen Produktions- oder Absatzbeschränkungen, Preisfestsetzungen, Marktaufteilungen, Behinderungen des Parallelhandels auf nachfolgenden Handelsstufen sowie die Beschränkung der Freiheit der Vertragsparteien, eigenständig oder mit Dritten in einem anderen Bereich bzw – nach Abschluss der Arbeiten – in demselben Bereich Forschung und Entwicklung zu betreiben, Art. 5 F+E-GVO. 101

6. Vereinbarungen über die Produktion

Die Leitlinien über horizontale Zusammenarbeit unterscheiden zwischen drei Arten von Produktionsvereinbarungen: Vereinbarungen über die gemeinsame Produktion; Vereinbarungen über die einseitige oder gegenseitige Spezialisierung, bei der eine Partei (oder beide Parteien wechselseitig) die Erzeugung eines bestimmten Produktes einstellen und dieses vom anderen Partner beziehen, 102

159 Leitlinien über horizontale Zusammenarbeit, Rn 129 ff.
160 Leitlinien über horizontale Zusammenarbeit, Rn 138.
161 Leitlinien über horizontale Zusammenarbeit, Rn 133.

sowie Zuliefervereinbarungen, bei denen ein Partner (der Auftragnehmer) dem anderen Partner (dem Zulieferer) die Herstellung eines Erzeugnisses überlässt.[162]

103 Die Kommission hat früher die Auffassung vertreten, dass die Zusammenführung der Produktion in einem GU eine Vereinheitlichung der Herstellungskosten und der Qualität der Erzeugnisse mit sich bringe, mit der Folge, dass die Gesellschafter des GU nur noch durch unterschiedliche Handelsmargen in Konkurrenz zueinander treten könnten. Hierin liege grundsätzliche eine Wettbewerbsbeschränkung.[163] Als etwas weniger bedenklich wurden lediglich die gemeinsame Erzeugung von Vor- oder Zwischenprodukten angesehen, die in ihren wettbewerblichen Auswirkungen dem gemeinsamen Einkauf derartiger Produkte ähnle.[164] Demgegenüber sieht die Kommission in den Leitlinien über horizontale Zusammenarbeit nunmehr nur noch die **Kernbeschränkungen** (insbesondere Festsetzung der Preise für Lieferungen der Partner, Beschränkungen der Produktion und Aufteilung von Märkten oder Kundengruppen) als ohne weiteres wettbewerbsbeschränkend an. In den übrigen Fällen ist das wirtschaftliche Umfeld, insbesondere die Marktmacht der beteiligten Parteien, im Einzelnen zu analysieren. Dies betrifft Vereinbarungen über den unmittelbar von der Produktionsvereinbarung betroffenen Ausstoß, zB die Kapazität oder den Produktionsumfang eines GU oder den Umfang der ausgelagerten Produkte. Gleiches gilt, wenn ein Produktions-GU, das auch den Vertrieb der hergestellten Produkte übernimmt, die Verkaufspreise für diese Produkte festsetzt, sofern sich die Preisfestsetzung des GU aus der Zusammenlegung der verschiedenen Funktionen ergibt.[165]

104 Nach Auffassung der Kommission sind wettbewerbsbeschränkende Auswirkungen unwahrscheinlich, wenn sie Produktionsvereinbarungen zwischen Wettbewerbern betreffen, die für die Erschließung eines neuen Marktes erforderlich sind und solche, bei der die Parteien auf dem Markt, für den die wettbewerbsrechtlichen Bedenken geprüft werden, keine Marktmacht haben.[166] Weniger restriktiv beurteilt die Kommission des Weiteren Fälle, in denen es aufgrund der Produktionsvereinbarung zwar zu einer Angleichung der variablen Kosten der Parteien kommt, jedoch ein großer Teil dieser variablen Kosten auf die Vermarktungskosten entfällt.[167]

105 Ebenso wie bei F+E-Vereinbarungen gibt es auch im Bereich der Spezialisierungsvereinbarung eine GVO.[168] Die **Spezialisierungs-GVO** erfasst die einseitige sowie die wechselseitige Spezialisierung und – soweit die betroffenen Produkte nur noch gemeinsam hergestellt werden – die gemeinsame Produktion. Die Freistellung erstreckt sich auf Alleinbezugs- und Alleinvertriebsverpflichtungen. Die GVO setzt voraus, dass die addierten Marktanteile der beteiligten Unternehmen im relevanten Markt **20%** nicht überschreiten, Art. 3 Spezialisierungs-GVO. Zu den **Kernbeschränkungen**, die die Anwendbarkeit der GVO ausschließen, zählen insbesondere die Festsetzung von Preisen, die Einschränkung der Erzeugung oder des Absatzes sowie die Aufteilung von Märkten oder Kundenstämmen, Art. 4 Spezialisierungs-GVO.

106 Spezialisierungsvereinbarungen können auch bei Überschreitung der vorgenannten Marktanteilsschwelle von 20% zulässig sein. Abgesehen davon, dass stets eine Freistellung nach Art. 101 Abs. 3 AEUV außerhalb der GVO in Betracht kommt, ist zu berücksichtigen, dass die Zusammenführung der Produktion in erster Linie an den fusionskontrollrechtlichen Vorschriften der FKVO zu messen sein könnte. Erfolgt die Zusammenführung der Produktion dadurch, dass die Parteien ihre Produktionsmittel einem **Vollfunktions-GU** im Sinne von Art. 3 Abs. 4 FKVO übertragen, wird das Vorhaben im Rahmen der FKVO geprüft (dazu Rn 269 ff). Für die Prüfung gemäß Art. 2 FKVO, ob ein Zusammenschluss wirksamen Wettbewerb im gemeinsamen Markt oder in einem wesentlichen

162 Leitlinien über horizontale Zusammenarbeit, Rn 150 ff; zu Zuliefervereinbarungen: *S. Mäger*, in: Mäger, 4. Kap., Rn 110 ff.
163 Bekanntmachung über die Beurteilung kooperativer Gemeinschaftsunternehmen, ABl. 1993 C 43/2, Rn 40.
164 Bekanntmachung über die Beurteilung kooperativer Gemeinschaftsunternehmen, ABl. 1993 C 43/2, Rn 39 f.
165 Leitlinien über horizontale Zusammenarbeit, Rn 160.
166 Leitlinien über horizontale Zusammenarbeit, Rn 162 ff.
167 Leitlinien über horizontale Zusammenarbeit, Rn 178.
168 Im Einzelnen: *Gehring*, in: Mäger, 3. Kap., Rn 39 ff.

Teil desselben erheblich behindert oder nicht, gilt keine starre Marktanteilsschwelle. Der Maßstab des Art. 101 AEUV bleibt jedoch für die Prüfung maßgeblich, ob die Gründung des GU zu **Spill over-Effekten** führt, dh sich auf das Wettbewerbsverhalten der Mütter insbesondere auch außerhalb der Tätigkeit des GU auswirkt (dazu Rn 271).

7. Gemeinsamer Einkauf

Eine Einkaufskooperation kann grundsätzlich unter zwei Aspekten kartellrechtlich bedenklich sein. Erstens kann eine unzulässige **Wettbewerbsbeschränkung** im Sinne von Art. 101 Abs. 1 AEUV vorliegen. Insoweit ist zu unterscheiden. Zum einen ist eine Beschränkung des **Nachfragewettbewerbs** denkbar. Zu betrachten ist der Markt, auf dem die beteiligten Unternehmen als Nachfrager tätig sind. Ein gemeinsamer Einkauf kann den Kreis von Nachfragern einschränken, auf den die Anbieter ausweichen können. Zum anderen könnte auch eine Beschränkung des **Angebotswettbewerbs** gegeben sein. Insoweit ist der nachgelagerte Markt zu betrachten, auf dem die Parteien als Anbieter tätig sind. Dieser zweite Aspekt greift vor allem bei Handelsunternehmen ein, die als Nachfrager und Anbieter derselben Produkte auftreten, so dass die wirtschaftlichen Auswirkungen einer Nachfragebündelung auf dem nachgelagerten Markt unmittelbar „durchschlagen" können. Doch auch eine Einkaufskooperation zwischen Industrieunternehmen kann sich auf nachgelagerte Märkte auswirken, da Einsparungen auf der Einkaufsseite die wettbewerbliche Position auf den nachgelagerten Angebotsmärkten verbessern. 107

Neben dem Kartellaspekt nach Art. 101 AEUV kann eine Einkaufsbündelung in Folge der Schaffung von **Nachfragemacht** auch einen **Missbrauch** einer marktbeherrschenden Stellung im Sinne von Art. 102 AEUV darstellen. Kooperieren kleine und mittlere Unternehmen im Einkauf, können sich aus der Bildung von Nachfragemacht auch positive Wettbewerbswirkungen (Schaffung eines Gegengewichts zur marktmächtigen Angebotsseite) ergeben, die auch bei der Prüfung nach Art. 101 AEUV zu berücksichtigen sind.[169] 108

Der Missbrauchsaspekt ist von praktisch geringerer Bedeutung als der Kartellaspekt, da eine Wettbewerbsbeschränkung bereits dann vorliegt, wenn lediglich eine „Spürbarkeitsschwelle" (siehe Rn 69) überschritten ist. Demgegenüber setzt der Missbrauch einer marktbeherrschenden Stellung voraus, dass die beteiligten Unternehmen über eine solche Stellung überhaupt verfügen. 109

In ihrer früheren Entscheidungspraxis hat die Kommission vor allem den mit einer Einkaufskooperation regelmäßig verbundenen **Bezugszwang** kritisch betrachtet, der die Vertragsparteien daran hindert, im Einzelfall zu günstigeren Bedingungen bei anderen Lieferanten zu beziehen.[170] Hiergegen lässt sich einwenden, dass die wettbewerbsbeschränkende Wirkung einer Einkaufskooperation vor allem von der Marktmacht der Parteien abhängt: Ist die zusammengefasste Nachfragemacht gering, werden die Ausweichmöglichkeiten der Anbieter kaum beeinträchtigt. In diesem Fall ergeben sich auch keine Bedenken im Hinblick auf die nachgelagerten Angebotsmärkte. Denn derartige Bedenken knüpfen vor allem daran an, dass der gemeinsame Einkauf zu einer Vereinheitlichung der Kosten führt. Dieser Aspekt ist aber umso gewichtiger, je höher der Anteil der gemeinsam eingekauften Produkte an den Gesamtkosten der Parteien der Einkaufskooperation und je geringer die nachfolgende Wertschöpfung durch die Vertragspartner ist.[171] 110

Die vorstehenden Überlegungen sind in die Leitlinien über horizontale Zusammenarbeit eingeflossen. Werden Einkaufsvereinbarungen von konkurrierenden Einkäufern geschlossen, die nicht auf demselben relevanten nachgeordneten Markt tätig sind, sei die mögliche Beschränkung des Wettbewerbs unwahrscheinlich. Etwas anderes gelte nur, wenn die Wahrscheinlichkeit bestünde, dass die Parteien ihre Stellung auf den Einkaufsmärkten nutzen könnten, um die Wettbewerbsstellung anderer Unternehmen auf ihren jeweiligen Verkaufsmärkten zu beeinträchtigen. Dies ist jedoch grund- 111

169 EuGH, Rs. C-250/92 (DLG), Slg 1994, I-5641, Rn 32.
170 Kommission, 80/917/EWG (National Sulphuric Acid Association I), ABl. 1980 L 260/24, Rn 31 ff.
171 *Eilmansberger*, in: Streinz, Art. 101, Rn 278.

sätzlich erst ab einem **Marktanteil von über 15%** anzunehmen.[172] Stünden sich die Parteien nicht nur als Nachfrager, sondern auch als Anbieter auf dem nachgelagerten Markt als Wettbewerber gegenüber, gelte die Marktanteilsschwelle sowohl für die Einkaufsmärkte als auch für die Verkaufsmärkte.[173]

112 Nach den Leitlinien ist nicht ganz eindeutig, ob bei einer Unterschreitung der 15% Marktanteilsschwelle bereits eine Wettbewerbsbeschränkung im Sinne des Art. 101 Abs. 1 AEUV zu verneinen ist, oder erst die Voraussetzungen des Art. 101 Abs. 3 AEUV erfüllt sind.[174] Nach Wegfall des Freistellungssystems (siehe oben Rn 29) und der Ausweitung des Vorrangs des europäischen Kartellrechts vor den nationalen Kartellrechtsordnungen (siehe oben Rn 39 ff) spielt es jedoch meist praktisch keine große Rolle mehr, ob eine Vereinbarung bereits deswegen zulässig ist, weil sie den Tatbestand des Art. 101 Abs. 1 AEUV nicht erfüllt, oder zwar eine Wettbewerbsbeschränkung im Sinne von Art. 101 Abs. 1 AEUV darstellt, diese aber nach Art. 101 Abs. 3 AEUV freigestellt ist (siehe aber Rn 72).

113 Ist die Marktanteilsschwelle von 15% unterschritten, dürfte auch die Vereinbarung eines **Bezugszwangs** unproblematisch sein.[175]

114 Auch eine Einkaufskooperation zwischen Wareneinzelhändlern ist nach den vorgenannten Grundsätzen zu prüfen. Dies gilt für die horizontalen Vereinbarungen zwischen den Mitgliedern der Einkaufsgemeinschaft sowie für Beschlüsse der Union. Demgegenüber sind vertikale Vereinbarungen zwischen der Unternehmensvereinigung und ihren Mitgliedern oder zwischen einer solchen Vereinigung und ihren Lieferanten nach Art. 2 Abs. 2 Vertikal-GVO freigestellt, wenn die Mitglieder jeweils die Umsatzschwelle von 50 Mio. EUR nicht überschreiten. Als derartige vertikale Vereinbarung ist auch ein Bezugszwang einzuordnen.[176]

8. Gemeinsamer Verkauf

115 Vereinbarungen über die Zusammenarbeit beim Verkauf – in den Leitlinien der Kommission über horizontale Zusammenarbeit **Vermarktungsvereinbarungen** genannt – umfassen ein breites Spektrum von Vereinbarungen. An einem Ende des Spektrums steht der gemeinsame Verkauf durch Wettbewerber, der zu einer vollständigen Vereinheitlichung der Absatzpolitik einschließlich der Preisfestsetzung führt. Am anderen Ende des Spektrums stehen Vereinbarungen, die sich nur auf bestimmte Absatzfunktionen, zB Serviceleistungen oder Werbung, beziehen.[177] Aufgrund der Vielgestaltigkeit der Kooperationsformen ist eine einheitliche kartellrechtliche Bewertung nicht möglich.

116 Ein „nackter" gemeinsamer Verkauf durch Wettbewerber, der nicht als Teil einer kartellrechtsneutralen Kooperation, etwa im Bereich Forschung und Entwicklung, gerechtfertigt ist, ist aufgrund der Vereinheitlichung der Preisgestaltung grundsätzlich wettbewerbsbeschränkend. Derartige Verkaufssyndikate stellen ein klassisches horizontales Kartell dar.[178] In Ausnahmefällen können Verkaufsgemeinschaften jedoch als zulässig angesehen werden, zB unter dem Aspekt der Notwendigkeit einer **Markterschließung**.[179]

117 Erstreckt sich die Kooperation nicht auf den Verkauf der Produkte, sondern bezieht sie sich auf andere Vertriebsfunktionen, können sich kartellrechtliche Bedenken aus dem Austausch sensibler

172 Leitlinien über horizontale Zusammenarbeit, Rn 208, 212.
173 Leitlinien über horizontale Zusammenarbeit, Rn 208.
174 Die betreffenden Ausführungen der Kommission finden sich zwar unter der Überschrift „Kartellrechtliche Würdigung nach Art. 101 Abs. 1 AEUV" (s. Leitlinien über horizontale Zusammenarbeit, vor Rn 200). Jedoch wird unter Rn 208 der Leitlinien ausgeführt, dass bei Unterschreitung der 15 %-Marktanteilsschwelle „auf jeden Fall" die Voraussetzung des Art. 10 Abs. 3 AEUV erfüllt werden.
175 So auch *Eilmansberger*, in: Streinz, Art. 101, Rn 279.
176 S. nur *Eilmansberger*, in: Streinz, Art. 101, Rn 279.
177 Leitlinien über horizontale Zusammenarbeit, Rn 225.
178 Bekanntmachung der Kommission über die Beurteilung kooperativer Gemeinschaftsunternehmen, ABl. 1993 C 43/2, Rn 60.
179 Kommission, 72/73/EWG (SAFCO), ABl. 1972 L 13/44.

Informationen ergeben, die eine Abstimmung der Marktstrategie und Preisgestaltung ermöglichen. Darüber hinaus kann die Kooperation zu einer Vereinheitlichung der Kosten führen und damit den Preiswettbewerb beschränken. Nach Auffassung der Kommission sind derartige Wirkungen nur zu erwarten, wenn die Parteien über ein „gewisses Maß an Marktmacht" verfügen. Die kritische Marktanteilsschwelle wird von der Kommission bei **15%** angesetzt.[180]

9. Informationsbeschaffung und Informationsaustausch

Der Informationsaustausch zwischen Wettbewerbern ist von hoher praktischer Bedeutung und kann in unterschiedlichen Formen auftreten.[181] Nach der Praxis kommt es bei der Bewertung zunächst auf die **Art der ausgetauschten Informationen** an. Die Übermittlung statistischen Materials ist unbedenklich, wenn die Daten hinreichend zusammengefasst sind und keine Identifizierung des Marktverhaltens einzelner Unternehmen ermöglichen.[182] Der Austausch strategischer Unternehmensdaten, zB über die Produktion, den Absatz oder Preise, ist demgegenüber grundsätzlich bedenklich und kann nur ausnahmsweise zulässig sein, etwa wenn es sich um historische Daten handelt, deren Austausch das Marktverhalten nicht beeinflussen kann. 118

Wann ein kritischer Austausch geschäftlich sensibler, unternehmensspezifischer Marktdaten vorliegt, hat die Kommission in den Leitlinien über horizontale Zusammenarbeit zusammengefasst.[183] Danach fällt der Informationsaustausch grundsätzlich unter Art. 101 Abs. 1 AEUV, wenn er bezweckt ist. Besonders der Austausch unternehmensspezifischer Daten über geplantes künftiges Preis- oder Mengenverhalten unter Wettbewerbern sowie der private Austausch von Informationen über individuelle Absichten oder künftige Preise zwischen Wettbewerbern ordnet die Kommission als bezweckte Wettbewerbsbeschränkungen ein, die gegen Art 101 Abs. 1 AEUV verstoßen und höchstwahrscheinlich nicht die Voraussetzungen von Art. 101 Abs. 3 AEUV erfüllen.[184] Liegt keine bezweckte Wettbewerbsbeschränkung vor, müssen die konkreten Auswirkungen auf den Markt festgestellt werden. Der Informationsaustausch hat dann wettbewerbsbeschränkende Auswirkungen im Sinne von Artikel 101 Absatz 1, wenn es wahrscheinlich ist, dass er spürbare negative Auswirkungen auf mindestens einen Wettbewerbsparameter wie Preis, Produktionsmenge, Produktqualität, Produktvielfalt oder Innovation haben wird.[185] Maßgeblich ist die jeweilige **Marktstruktur**, insbesondere Transparenz, Konzentration, Komplexität, Stabilität und Symmetrie des Marktes.[186] Gerade in oligopolistischen Märkten kann die Erhöhung der Markttransparenz durch den Informationsaustausch geeignet sein, Restwettbewerb zu beeinträchtigen.[187] Die durch den Informationsaustausch bewirkte Markttransparenz kann schließlich auch den **Nachfragern** die Möglichkeit nehmen, einen Wettbewerb zwischen den Anbietern auszulösen.[188]

Auch der Austausch von an sich unbedenklichen Informationen kann bedenklich sein, sofern der Austausch dazu dient, andere wettbewerbswidrige Mechanismen zu unterstützen, etwa die Überwachung der Einhaltung eines Kartells durch die Mitglieder.[189] 119

180 Leitlinien über horizontale Zusammenarbeit, Rn 240.

181 *S. Gehring* in: Mäger Kap. 3 Rn 19.

182 EuG, Rs. T-334/94 (Sarrio), Slg 1998, II-1439, Rn 280; EuG, Rs. T-354/94 (Stora Kopparbergs Bergslags), Slg 1998, II-2111, Rn 112.

183 Leitlinien über horizontale Zusammenarbeit, Rn 55 ff.

184 Leitlinien über horizontale Zusammenarbeit, Rn 74.

185 Leitlinien über horizontale Zusammenarbeit, Rn 75.

186 Leitlinien über horizontale Zusammenarbeit, Rn 77 ff.

187 Leitlinien über horizontale Zusammenarbeit, Rn 79; EuGH, Rs. C-7/95 P (John Deere), Slg 1998, I-3111, Rn 88 ff.

188 Zur Praxis insgesamt s. *Haag*, in: Schröder/Jakob/Mederer, Art. 81 – Fallgruppen/ Kooperationsabsprachen Rn 65 ff.

189 EuGH, Rs. C-204, 205, 211, 213, 217, 219/00 P (Aalborg Portland), Slg 2004, I-123, Rn 281.

C. Vertikale Vereinbarungen

I. Überblick

120 Grundsätzlich ist jeder Hersteller frei, seine Absatzwege frei zu gestalten. Gleichwohl können vertikale Vereinbarungen, dh solche zwischen Unternehmen, die auf verschiedenen Produktions- oder Vertriebsstufen tätig sind, und den Bezug bzw den Vertrieb von Waren oder Dienstleistungen betreffen, kartellrechtlich unzulässige Klauseln enthalten. Denkbar sind zum einen Beschränkungen der Wahlmöglichkeiten des Abnehmers durch eine allzu enge Bindung an den Lieferanten (Beschränkung des **Interbrand-Wettbewerbs**, dh des Wettbewerbs zwischen Herstellern konkurrierender Produkte). Zum anderen – und diese Fälle stehen in der Praxis im Vordergrund – kann der Wettbewerb zwischen den Händlern einer bestimmten Marke eingeschränkt werden, etwa durch feste Gebietszuweisungen (Beschränkung des **Intrabrand-Wettbewerbs**).

121 Das Kartellverbot des Art. 101 AEUV erfasst neben horizontalen Beschränkungen auch Beschränkungen in vertikalen Vereinbarungen.[190] In der Frühphase hat die Kommission eine sehr strenge Haltung gegenüber vertikalen Wettbewerbsbeschränkungen eingenommen, um einer Verfestigung der in vielen Bereichen festzustellenden großen Preisdifferenz von Produkten in den einzelnen Mitgliedstaaten zu begegnen.[191] Eine großzügigere Haltung kommt jedoch seit der Vertikal-GVO aus dem Jahre 1999 und den Leitlinien für vertikale Beschränkungen aus dem Jahre 2000 zum Ausdruck.

II. Vertikal-GVO

122 Anders als bei der horizontalen Zusammenarbeit gibt es im Bereich der vertikalen Vereinbarungen seit der Vertikal-GVO aus dem Jahre 1999, die durch eine neue GVO im Jahr 2010 [Vertikal-GVO] abgelöst wurde, eine umfassende GVO.[192] Die Vertikal-GVO aF hatte die speziellen GVO zu Alleinvertriebsvereinbarungen,[193] zu Alleinbezugsvereinbarungen[194] und zu Franchise-Vereinbarungen[195] ersetzt. Der Vertikal-GVO unterfallen seither alle Typen vertikaler Vereinbarungen mit Ausnahme des Kfz-Vertriebs, für den die Kfz-GVO gilt.

Zweck der Neuregelung der Vertikal GVO im Jahr 2010 war es, die wachsende Bedeutung des Online-Handels sowie die Nachfragemacht des Handels vermehrt zu berücksichtigen. Bedeutung erlangt die Vertikal-GVO von 2010 zum einen für Markenhersteller, zum anderen für Handelsvertreter, Franchiseunternehmen, Vertragshändler (mit Ausnahme von KFZ-Händlern) und sämtliche Typen von selektiven Vertriebssystemen. Eine wichtige Neuerung in den geltenden Leitlinien ist die Aufgabe der Unterscheidung zwischen echten und unechten Handelsvertreterverträgen. Es wird lediglich geregelt, dass Handelsvertreterverträge nicht in den Anwendungsbereich des Art. 101 Abs. 1 AEUV fallen.

123 Der Vertikal-GVO liegt die Annahme zu Grunde, dass vertikale Vereinbarungen die wirtschaftliche Effizienz innerhalb einer Produktions- und Vertriebskette erhöhen können, indem sie eine bessere Koordinierung zwischen den beteiligten Unternehmen ermöglichen und damit die Voraussetzung für eine Verringerung der Transaktions- und Distributionskosten und für eine Optimierung der Umsätze bzw Investitionen schaffen.[196] Weiterhin geht die Vertikal-GVO davon aus, dass für die Frage, ob die effizienzsteigernden Wirkungen einer vertikalen Beschränkung stärker ins Gewicht fallen als ihre wettbewerbsschädlichen Wirkungen, die Marktmacht der beteiligten Unternehmen, dh der Wettbewerbsdruck, dem diese seitens ihrer Konkurrenten ausgesetzt sind, entscheidend ist.

---

190 EuGH, Rs. 56, 58/64 (Consten und Grundig), Slg 1966, 322, 387.
191 Kommission, 64/566/EWG (Consten und Grundig), ABl. 1964, 161/2545, 2551.
192 Zur Vertikal-GVO im Einzelnen: *S. Mäger*, in: Mäger, 4. Kap., Rn 14 ff.
193 VO (EWG) Nr. 1983/83.
194 VO (EWG) Nr. 1984/83.
195 VO (EWG) Nr. 4087/88.
196 Erwägungsgrund 6 der Vertikal-GVO; Zu wettbewerbsfördernden Wirkungen vertikaler Vereinbarungen: *S. Mäger*, in: Mäger, 4. Kap., Rn 2.

Dementsprechend ist der Marktanteil (als Indikator für Marktmacht)[197] von entscheidender Bedeutung. Vertikale Beschränkungen sind grundsätzlich gruppenweise freigestellt, wenn sowohl der Anbieter auf dem Markt, auf dem er die Vertragswaren oder -dienstleistungen anbietet, als auch der Abnehmer auf dem Markt, auf dem er die Vertragswaren oder -dienstleistungen bezieht, jeweils einen **Marktanteil von weniger als 30%** hält, Art. 3 Abs. 1 Vertikal-GVO.

Unabhängig von der Marktmacht der Vertragsparteien sind bestimmte **Kernbeschränkungen**, dh regelmäßig Preis- und Gebietsabsprachen, von der Freistellung ausgenommen, Art. 4 Vertikal-GVO. Enthält eine vertikale Vereinbarung eine Kernbeschränkung entfällt der Rechtsvorteil der GVO für die gesamte Vereinbarung („alles-oder-nichts-Prinzip"). Dies gilt demgegenüber nicht, wenn ein nach Art. 5 Vertikal-GVO unzulässiges Wettbewerbsverbot vereinbart wird. In diesem Fall bleibt die Vertikal-GVO vielmehr auf die übrigen Vertragsklauseln anwendbar. 124

III. Fallgruppen

1. Preisbindung

Grundsätzlich unzulässig ist eine vertikale Preisbindung, dh die Vereinbarung über die von dem Weiterverkäufer geforderten Preise (**Preisbindung der zweiten Hand**), Art. 101 Abs. 1 lit. a) AEUV. Nur in besonderen Ausnahmefällen kommt eine Freistellung nach Art. 101 Abs. 3 AEUV in Betracht.[198] Unzulässig sind alle Absprachen, die die Preisbildung der Händler beeinflussen. Hierzu gehören Absprachen über die Bandbreite des Wiederverkaufspreises,[199] über Absatzspannen oder die von den Händlern ihren Kunden gegenüber eingeräumten Nachlässe sowie Absprachen, in denen Vergütungen oder Prämien davon abhängig gemacht werden, dass der Händler ein bestimmtes Preisniveau einhält.[200] Es spielt keine Rolle, ob die Preisbindung einseitig vom Lieferanten diktiert oder gemeinsam mit dem Händler verabredet wird. 125

Zweifelhaft ist, ob **unverbindliche Preisempfehlungen**, zu deren Durchsetzung der Lieferant keinerlei Druck ausübt, als unzulässig einzustufen sind. Bedenken können daran anknüpfen, dass der empfohlene Richtpreis für den Wiederverkäufer als Bezugspunkt fungiert und damit zu einer einheitlichen Preisgestaltung führt. Im Anwendungsbereich der Vertikal-GVO sind unverbindliche Preisempfehlungen freigestellt, Art. 4 lit. a) Vertikal-GVO. Die Auffassung der Kommission, dass Preisempfehlungen grundsätzlich freistellungsbedürftig sind, kommt auch in den Leitlinien für vertikale Beschränkungen zum Ausdruck.[201] 126

Noch nicht abschließend geklärt ist auch die Beurteilung von **Höchstpreisbindungen**. Auch diese sind nach Art. 4 lit. a) Vertikal-GVO freigestellt, soweit sie sich nicht in Folge der Ausübung von Druck oder Gewährung von Anreizen tatsächlich wie Fest- oder Mindestverkaufspreise auswirken.[202] 127

Umstritten ist schließlich die Beurteilung von **Meistbegünstigungsklauseln**, dh Verpflichtungen des Lieferanten, dem Abnehmer die jeweils günstigsten Preise und Konditionen einzuräumen, die er einem dritten Vertragspartner zugesteht. Unklar ist, ob Meistbegünstigungsklauseln eine Wettbewerbsbeschränkung nach Art. 101 Abs. 1 AEUV darstellen.[203] Jedenfalls sind sie nach der Vertikal-GVO freigestellt, da Art. 4 lit. a) Vertikal-GVO nur Beschränkungen des Abnehmers, nicht aber des Lieferanten erfasst. 128

2. Alleinbezugsverpflichtung

Bei einer Alleinbezugsverpflichtung verpflichtet sich der Abnehmer, seinen gesamten Bedarf (oder einen wesentlichen Teil hiervon) an einem bestimmten Produkt ausschließlich von einem bestimm- 129

197 S. Rn 86.
198 Kommission, 2002/914/EG (Vis.a. International), ABl. 2002 L 318/17, Rn 79.
199 Kommission, 2001/135/EG (Nathan-Bricolux), ABl. 2001 L 54/1, Rn 87.
200 Leitlinien für vertikale Beschränkungen, Rn 48.
201 Leitlinien für vertikale Beschränkungen, Rn 225 ff.
202 *S. Mäger*, in: Mäger, 4. Kap., Rn 182.
203 *Schröter*, in: Schröter/Jakob/Mederer, Art. 81, Rn 166; *S. Mäger*, in: Mäger, 4. Kap., Rn 185.

ten Lieferanten zu beziehen. Alleinbezugsverpflichtungen werden teilweise auch als **Gesamtbedarfsdeckungsabreden** bezeichnet. Nach der Terminologie der Vertikal-GVO handelt es sich bei der Alleinbezugsverpflichtung um einen Fall des **Wettbewerbsverbots**, Art. 1 Abs. 1 lit. d) Vertikal-GVO. Der andere Fall des Wettbewerbsverbots betrifft die vergleichbare Konstellation, die klassischerweise als Wettbewerbsverbot bezeichnet wird, dh die Verpflichtung des Abnehmers, keine Waren oder Dienstleistungen herzustellen, zu beziehen, zu verkaufen oder weiterzuverkaufen, die mit den Vertragswaren oder Dienstleistungen des Lieferanten im Wettbewerb stehen, Art. 1 Abs. 1 lit. d) Vertikal-GVO (siehe Rn 134).[204] In den Leitlinien für vertikale Beschränkungen werden beide Formen des Wettbewerbsverbots unter dem Begriff **Markenzwang** abgehandelt.[205]

130 Die wettbewerbsbeschränkende Wirkung von Maßnahmen des Markenzwangs ergibt sich daraus, dass hierdurch der Marktzutritt für konkurrierende Anbieter erschwert wird. Der Umfang der wettbewerbshemmenden Wirkung hängt von zwei Faktoren ab.[206] Der erste Faktor betrifft die Marktstruktur. Entscheidend ist die **Bindungsquote**, dh die Anzahl der gebundenen Abnehmer. Der zweite Faktor ist der **Beitrag zur Marktabschottung**, den der betreffende Vertrag bzw das betreffende Vertragsbündel leistet. Die marktabschottende Wirkung ist nur denjenigen Lieferanten zuzurechnen, die hierzu im erheblichen Ausmaß beitragen. Maßgeblich ist insoweit sowohl die Marktstellung der betreffenden Unternehmen als auch die Laufzeit der Verträge.

131 Der bloße Umstand, dass sich ein Abnehmer verpflichtet, seinen gesamten Bedarf (oder einen großen Teil hiervon) bei einem bestimmten Lieferanten zu beziehen, führt noch nicht zur kartellrechtlichen Unzulässigkeit. Eine gewisse Abschottung ist Merkmal eines jeden Liefervertrages, da der Abnehmer dasselbe Produkt oder denselben Service nicht mehr von konkurrierenden Anbietern beziehen wird. Kartellrechtlich kritisch wird es aber bei **Dauerlieferungen**, wobei sich das Unwerturteil erst aus einer Kombination von **Bindungsgrad** (Abnahmemenge bezogen auf den Gesamtbedarf des Kunden) und **Bindungsdauer** (Laufzeit) ergibt: Ein Vertrag mit einer Laufzeit von 20 Jahren, der nur 10 % des Bedarfs des Abnehmers abdeckt, ist grundsätzlich ebenso unproblematisch, wie ein Vertrag über den Gesamtbedarf des Kunden mit einer Laufzeit von sechs Monaten.[207]

132 Nach der Wertung der Vertikal-GVO liegt ein Wettbewerbsverbot (im Sinne einer Bezugsverpflichtung) vor, wenn der Käufer verpflichtet wird, **mehr als 80%** seiner auf der Grundlage des Einkaufswertes des vorherigen Kalenderjahres berechneten gesamten Einkäufe von Vertragswaren oder -dienstleistungen (sowie ihre Substitute) von einem bestimmten Lieferanten zu beziehen, Art. 1 Abs. 1 lit. d) Vertikal-GVO. Eine derartige Bezugsverpflichtung ist nur für eine Dauer von **fünf Jahren** zulässig, Art. 5 Abs. 1 lit. a) Vertikal-GVO. Eine unbestimmte Dauer ist unzulässig. Hierunter fällt auch die stillschweigende Verlängerung (Evergreen-Klausel).

133 Hieraus kann aber nicht geschlossen werden, dass zB eine Bezugsverpflichtung über 79% ohne weiteres für einen längeren Zeitraum als fünf Jahre zulässig ist. Unter Berücksichtigung der Wertentscheidung der Vertikal-GVO und der Hinweise in den Leitlinien für vertikale Beschränkungen ist die kritische Grenze vielmehr im Einzelfall zu bestimmen. Dies ist insbesondere beim **marktbeherrschenden Lieferanten** sehr schwierig, da zum einen die Vertikal-GVO aufgrund der Überschreitung der Marktanteilsschwelle gemäß Art. 3 Abs. 1 Vertikal-GVO nicht eingreift und zum anderen die Bezugsbindung nicht nur nach Art. 101 AEUV, sondern auch nach Art. 102 AEUV zu messen ist.[208] Die Rechtsprechung zu Art. 102 AEUV ist bislang restriktiv. In der grundlegenden Hoffmann-La Roche-Entscheidung hat der EuGH für eine Gesamtbedarfsverpflichtung eine maximale Laufzeit von lediglich zwei Jahren als hinnehmbar erachtet.[209]

---

204 *S. Mäger*, in: Mäger, 4. Kap., Rn 114.
205 Leitlinien für vertikale Beschränkungen, Rn 129 ff.
206 EuGH, Rs. C-234/89 (Delimitis), Slg 1991, I-935.
207 *S. Mäger*, in: Mäger, 4. Kap., Rn 117.
208 Dazu: *S. Mäger*, in: Mäger, 4. Kap., Rn 122.
209 EuGH, Rs. 85/76 (Hoffmann-La Roche), Slg 1979, 461, 550.

3. Wettbewerbsverbot

Von der Alleinbezugsverpflichtung, dh der Verpflichtung des Abnehmers, seinen gesamten Bedarf (oder den größten Teil hiervon) an einem bestimmten Produkt von einem bestimmten Lieferanten zu beziehen, ist die Verpflichtung des Abnehmers zu unterscheiden, keine Waren zu beziehen, die mit den Vertragswaren in Wettbewerb stehen. In der Terminologie der Vertikal-GVO werden beide Konstellationen unter dem Begriff Wettbewerbsverbot gefasst (Rn 129). Beide Verpflichtungen – Abnahmeverpflichtung und Verbot des Bezugs konkurrierender Produkte – werden oft vertraglich verbunden. Im Hinblick auf die wettbewerbliche Beurteilung von Wettbewerbsverboten kann auf die Ausführungen zu Bezugsverpflichtungen verwiesen werden (Rn 129 ff). 134

Nachvertragliche Wettbewerbsverbote sind nach der Vertikal-GVO für höchstens ein Jahr freigestellt, wenn sie gegenständlich und örtlich begrenzt sind. Sie dürfen sich gegenständlich nur auf Waren oder Dienstleistungen beziehen, die mit den Vertragswaren oder Dienstleistungen im Wettbewerb stehen. In örtlicher Beziehung dürfen sie sich nur auf Räumlichkeiten und Grundstücke erstrecken, von denen aus der Käufer seine Geschäfte betrieben hat, Art. 5 Abs. 3 lit. d) Vertikal-GVO. Unabhängig vom Wettbewerbsverbot kann aber ein Schutz vor nicht allgemein bekanntem **Know-how** zeitlich unbegrenzt zulässig sein. 135

4. Alleinvertrieb und Gebietsschutz

In einer **Alleinvertriebsvereinbarung** verpflichtet sich der Lieferant gegenüber einem Händler, die Vertragsware zum Zwecke des Weiterverkaufs in einem bestimmten Gebiet nur an diesen Händler zu verkaufen und dort keine anderen Händler zu beliefern. Derartige Vereinbarungen sind grundsätzlich freistellungsfähig. Schwieriger zu beurteilen sind jedoch zusätzliche Maßnahmen, durch die der Händler vor Intrabrand-Wettbewerb anderer Händler in seinem Vertragsgebiet abgeschirmt werden soll, zB dadurch, dass jedem Händler verboten wird, in die Vertragsgebiete der anderen Händler zu liefern (**Gebietsschutz**). Ein Verbot aktiver Verkaufsbemühungen außerhalb des zugewiesenen Vertragsgebiets ist indessen nach Art. 4 lit. b) Vertikal-GVO unter bestimmten Voraussetzungen zulässig. Der Begriff **aktiver Verkauf** wird von der Kommission definiert als die aktive Ansprache individueller Kunden in einem Gebiet etwa mittels Direktversand von Briefen oder persönlichen Besuchs, mittels Werbung in den Medien oder anderer speziell an Kunden in dem fraglichen Gebiet gerichteter Verkaufsförderungsmaßnahmen oder durch die Errichtung eines Lagers oder einer Vertriebsstätte in dem Gebiet.[210] Die Freistellung erfasst jedoch nur Gebiete, die der Lieferant **sich selber vorbehalten** oder **ausschließlich** einem anderen Abnehmer zugewiesen hat. Diese Regelungen greifen dagegen nicht, wenn das „abgeschirmte" Vertragsgebiet nicht exklusiv einem einzigen Händler, sondern einer Mehrzahl von Händlern zugewiesen wurde. Gleiches gilt für „weiße Flecken", die der Lieferant weder sich selbst vorbehalten, noch einem anderen Abnehmer zugewiesen hat.[211] Neben der Zuweisung von Gebieten erfasst die Freistellungsregelung auch die Zuweisung spezifischer **Kundengruppen**, dh Beschränkung des aktiven Verkaufs an Kundengruppen, die anderen Händlern zugewiesen sind, Art. 4 lit. b) Vertikal-GVO. 136

Der Schutz vor Passivverkäufen kann nur in besonderen Situationen (Erschließung neuer Märkte) gerechtfertigt sein.[212] Der Begriff **passiver Verkauf** wird von der Kommission definiert als die Erfüllung unaufgeforderter Bestellungen individueller Kunden, dh das Liefern von Waren an bzw das Erbringen von Dienstleistungen für solche Kunden.[213] Als passive Verkäufe werden auch allgemeine Werbe- oder Verkaufsförderungsmaßnahmen in den Medien oder im Internet qualifiziert, die Kunden oder Kundengruppen in Gebieten erreichen, die einem anderen Vertriebshändler ausschließlich zugewiesen sind, die aber eine vernünftige Alternative zur Ansprache von Kunden oder Kundengruppen darstellen, zB im eigenen Gebiet oder in Gebieten, die keinem Vertriebshändler zugewiesen sind. 137

210 Leitlinien für vertikale Beschränkungen, Rn 51.
211 S. auch *S. Mäger*, in: Mäger, 4. Kap., Rn 148.
212 Leitlinien für vertikale Beschränkungen, Rn 107 b).
213 Leitlinien für vertikale Beschränkungen, Rn 51.

138 **Außerhalb** des Anwendungsbereichs der **Vertikal-GVO** sind die wettbewerblichen Wirkungen einer Alleinvertriebsvereinbarung im Einzelnen zu analysieren.[214] Die Gefahr für den Wettbewerb liegt hauptsächlich darin, dass der markeninterne Wettbewerb verringert und der Markt aufgeteilt wird. Dies kann vor allem zu Preisdiskriminierungen führen. Alleinvertrieb kann aber auch zu Effizienzgewinnen führen, wenn der Händler zum Schutz oder Aufbau des Markenimages des Vertragsprodukts Investitionen vornimmt, was dem Markenwettbewerb zu Gute kommt (Erleichterung der Markterschließung und -durchdringung). Derartige Effizienzgewinne sind vor allem bei neuen und bei komplexen Produkten sowie bei Produkten anzunehmen, deren Qualitätseigenschaften vor dem Verbrauch (sog. Erfahrungsgüter) oder nach dem Verbrauch (sog. Vertrauensgüter) schwierig zu beurteilen sind. Der Alleinvertrieb kann außerdem Einsparungen bei den Logistikkosten mit sich bringen, da bei Transport und Vertrieb Größenvorteile genutzt werden können.[215]

139 Unzulässig ist es, dem Händler zu verbieten, **Parallelhändler** zu beliefern oder andere Händler, die ihrerseits die Vertragswaren in anderen Vertragsgebieten absetzen könnten.[216]

140 Eine unzulässige Verstärkung des Gebietsschutzes liegt auch vor, wenn es den Endabnehmern erschwert wird, die Vertragswaren in anderen Gebieten zu erwerben, zB im Falle der Weigerung eines Herstellers, seine Herstellergarantie auf Produkte zu erstrecken, die außerhalb des betreffenden Vertragsgebiets erworben wurden.[217]

5. Alleinbelieferung

141 Eng verwandt mit dem Alleinvertrieb (Käufer ist Wiederverkäufer) ist die Alleinbelieferung (Käufer ist Weiterverarbeiter oder Verbraucher).[218] Nach den Leitlinien für vertikale Beschränkungen fallen unter den Begriff der Alleinbelieferungsverpflichtung alle Beschränkungen, deren zentrales Element darin besteht, dass der Anbieter verpflichtet ist oder dazu angehalten wird, die Vertragsprodukte ausschließlich oder hauptsächlich an einen Abnehmer oder für einen bestimmten Verwendungszweck zu verkaufen.[219] Alleinbelieferungsvereinbarungen sind nach der Art. 2 Abs. 1 Vertikal-GVO vom Kartellverbot freigestellt, wenn sowohl der Anbieter als auch der Abnehmer auf seinem Markt nicht mehr als 30 % Marktanteil hält. Dies gilt selbst dann, wenn die Vereinbarung noch andere vertikale Beschränkungen wie zB ein Wettbewerbsverbot enthält.[220] Greift die Vertikal-GVO nicht ein, kommt eine Zulässigkeit im Rahmen der direkten Anwendung des Art. 101 Abs. 3 AEUV insbesondere dann in Betracht, wenn der Abnehmer über keine beherrschende Marktstellung verfügt.

6. Exportverbote

142 Exportverbote sind grundsätzlich unzulässig. Dies gilt nicht nur für direkte Exportverbote, sondern auch für Maßnahmen, die wirtschaftlich dasselbe Ziel anstreben, zB Bonus- und Prämiensysteme, die nach dem Ort des Absatzes der Ware unterscheiden,[221] die Anwendung unterschiedlicher Preisschemata für im Inland abgesetzte und für den Export bestimmte Produkte.[222] Gleiches gilt für die Verpflichtung des Händlers, Kundenanfragen aus anderen Vertragsgebieten an den Hersteller

---

214 *S. Mäger*, in: Mäger, 4. Kap., Rn 154.
215 S. im Einzelnen Leitlinien für vertikale Beschränkungen, Rn 151 ff.
216 Kommission, 2001/135/EG (Nathan-Bricolux), ABl. 2001 L 54/1, Rn 75.
217 EuGH, Rs. 31/85 (ETA DK Investment), Slg 1985, 3933, Rn 10 ff.
218 Zur Terminologie: *S. Mäger*, in: Mäger, 4. Kap., Rn 155.
219 Leitlinien für vertikale Beschränkungen, Rn 192.
220 Leitlinien für vertikale Beschränkungen, Rn 193.
221 Kommission, 98/273/EG (VW), ABl. 1998 L 124/60; EuG, Rs. T-62/98 (VW), Slg 2000, II-2707, Rn 48 ff; Kommission, 2001/146/EG (Opel), ABl. 2001 L 59/1, Rn 108; Leitlinien für vertikale Beschränkungen, Rn 49.
222 Kommission, 2001/791/EG (Glaxo Welcome), ABl. 2001 L 302/1, Rn 115 ff.

zu verweisen.[223] Eine Exportbehinderung kann grundsätzlich auch darin liegen, die Liefermenge an den Händler auf das im Vertragsgebiet voraussichtlich nachgefragte Volumen zu begrenzen.[224]

7. Selektiver Vertrieb

143 Mit der Errichtung eines selektiven Vertriebssystems verfolg der Lieferant das Ziel, dass sein Produkt nur durch ausgesuchte, qualifizierte Händler vertrieben wird. Händler, die als ungeeignet angesehen werden, sollen ausgeschlossen werden. Hierzu muss in der Regel den zugelassenen Händlern ein entsprechendes **Weiterverkaufsverbot** auferlegt werden. Dessen kartellrechtliche Zulässigkeit steht im Zentrum der kartellrechtlichen Beurteilung selektiver Vertriebssysteme. Unterschieden werden kann zwischen einer qualitativen und einer quantitativen Selektion. Im Rahmen der **qualitativen** Selektion gibt es in der Praxis zwei Erscheinungsformen. Bei der **einfachen Fachhandelsbindung** ergeben sich die Anforderungen an die Händler aus der Beschaffenheit des Produktes. Derartige qualitative Auswahlkriterien sind zB qualifiziertes Personal, geeignete Geschäftsräume, Reparatureinrichtungen oder angemessene Präsentation der Ware. Bei der **qualifizierten Fachhandelsbindung** wird darüber hinaus auch die Bereitschaft des Händlers zur Übernahme von Absatzförderungspflichten verlangt und es werden subjektive, von der Beschaffenheit des Produktes unabhängige Anforderungen gestellt, zB Mindestabnahmeverpflichtungen und Mindestumsatzbindungen. Bei der **quantitativen** Selektion erfolgt eine zahlenmäßige Begrenzung der in einem bestimmten Gebiet zugelassenen Händler. Die einfache Fachhandelsbindung wird vom EuGH nicht als wettbewerbsbeschränkend qualifiziert, sofern die Händlerselektion aufgrund der Eigenschaften des betreffenden Produktes erforderlich ist, die betreffenden Kriterien einheitlich für alle in Betracht kommenden Wiederverkäufer festgelegt und diskriminierungsfrei angewendet werden.[225] Dies gilt auch, wenn das Produkt nicht flächendeckend selektiv vertrieben wird.[226] Die Lückenlosigkeit eines selektiven Vertriebssystems ist also keine Voraussetzung für dessen Zulässigkeit. Die qualifizierte Fachhandelsbindung sowie die rein quantitative Selektion wurden demgegenüber als wettbewerbsbeschränkend im Sinne von Art. 101 Abs. 1 AEUV und somit als freistellungsbedürftig im Sinne von Art. 101 Abs. 3 AEUV angesehen.

144 Der selektive Vertrieb einschließlich der Weiterverkaufsbeschränkungen ist durch die Vertikal-GVO freigestellt, Art. 4 lit. b) iii). Vertikal-GVO. Dies gilt unabhängig von der Beschaffenheit des Produktes[227] und erfasst gleichermaßen die qualitative und die quantitative Selektion.[228]

145 Die gruppenweise Freistellung tritt jedoch nur ein, wenn auf der Einzelhandelsstufe Mitgliedern des selektiven Vertriebssystems keinerlei Beschränkungen des aktiven oder passiven **Verkaufs** an Endverbraucher auferlegt werden, Art. 4 lit. c) Vertikal-GVO. Ebenso wenig dürfen **Querlieferungen** zwischen den zugelassenen Händlern eingeschränkt werden, auch wenn diese auf unterschiedlichen Handelsstufen tätig sind, Art. 4 lit. d) Vertikal-GVO. Verstöße gegen diese Vorgaben führen dazu, dass die GVO insgesamt auf die Vereinbarung nicht anwendbar ist.

146 Unzulässig ist ein **Wettbewerbsverbot**, das den Händlern untersagt, Marken bestimmter konkurrierender Lieferanten zu verkaufen, Art. 5 lit. c) Vertikal-GVO. Ein Verstoß hiergegen führt jedoch nicht zum Wegfall der GVO insgesamt nach dem „alles-nichts-oder-Prinzip“.

---

223 EuG, Rs. T-176/95 (Accinauto), Slg 1999, II-1635, Rn 80 ff.

224 Kommission, 2001/146/EG (Opel), ABl. 2001 L 59/1, Rn 107, 112; Leitlinien für vertikale Beschränkungen, Rn 49.

225 EuGH, Rs. 26/76 (Metro I), Slg 1977, 1875, 1905, Rn 20; EuGH, Rs. 31/80 (L'Oreal), Slg 1980, 3775, 3790, Rn 15.

226 EuGH, Rs. C-376/92 (Metro II), Slg 1994, I-15, Rn 26 ff.

227 Ausdrücklich: Leitlinien für vertikale Beschränkungen, Rn 176, allerdings unter Hinweis darauf, dass der Rechtsvorteil der Gruppenfreistellung entzogen werden kann, wenn das betreffende Produkt aufgrund seiner Beschaffenheit keinen selektiven Vertrieb erfordert und deshalb keine effizienzsteigernde Wirkung eintreten kann, die ausreichen würde, um einen erheblichen Verlust an markeninternem Wettbewerb aufzuwiegen.

228 Definition „selektives Vertriebssysteme“ in Art. 1 Abs. 1 lit. e) Vertikal-GVO ist insoweit neutral; ausdrückliche Erstreckung auf quantitative Selektion in Rn 176 der Leitlinien für vertikale Beschränkungen.

147 Ein Selektivvertrieb kann mit dem **Alleinvertrieb** kombiniert werden, dh Mitgliedern eines selektiven Vertriebssystems können exklusiv bestimmte Gebiete zugewiesen werden. Auf der Einzelhandelsstufe ändert dies aber nichts daran, dass ein Verbot des aktiven oder passiven Verkaufs an Endverbraucher in anderen Gebieten als Kernbeschränkung im Sinne von Art. 4 lit. c) Vertikal-GVO unzulässig wäre.[229]

148 Greift die Vertikal-GVO, etwa aufgrund der Überschreitung der Marktanteilsschwellen des Art. 3 Vertikal-GVO nicht ein, ist im Rahmen der unmittelbaren Prüfung des Art. 101 Abs. 3 AEUV insbesondere zu berücksichtigen, dass Effizienzgewinne beim selektiven Vertrieb in erster Linie bei neuen und bei komplexen Produkten sowie bei Produkten, deren Qualitätseigenschaften vor oder auch nach dem Verbrauch schwierig zu beurteilen sind, sowie – unabhängig von der Beschaffenheit des Produktes – aufgrund von Größenvorteilen beim Transport zu bejahen sind.[230]

8. Franchising

149 Der Begriff Franchise bezeichnet die Befugnis eines selbständigen Unternehmens, des Franchise-Nehmers, die Geschäftsbezeichnung oder die Marke sowie die Geschäftsmethoden und das Know-how eines anderen Unternehmens, des Franchise-Gebers, in der Herstellung oder dem Vertrieb von Waren oder Dienstleistungen gegen Entgelt in Übereinstimmung mit der Vertriebspolitik des Franchise-Gebers zu nutzen. Das Franchising ist eine Erscheinungsform der Verselbständigung von Vertriebssystemen. Die Auswahl der Franchise-Nehmer ähnelt der qualitativen Selektion beim selektiven Vertrieb. Da der Franchise-Nehmer Rechte aus geistigem Eigentum des Franchise-Gebers nutzt, enthalten Franchise-Vereinbarungen regelmäßig Elemente eines Lizenzvertrages.

150 In der grundlegenden Pronuptia-Entscheidung hat der EuGH folgende Typen von Franchise-Verträgen unterschieden:[231] **Produktionsfranchising**, bei dem der Franchise-Nehmer nach den Anweisungen des Franchise-Gebers selbst Waren herstellt, die er unter dessen Marke verkauft; **Dienstleistungsfranchising**, bei dem der Franchise-Nehmer eine Dienstleistung unter der Geschäftsbezeichnung, dem Handelsnamen oder der Marke des Franchise-Gebers und in Übereinstimmung mit dessen Richtlinien anbietet, sowie das **Vertriebsfranchising**, bei dem der Franchise-Nehmer sich auf den Verkauf bestimmter Waren in einem Geschäft mit der Geschäftsbezeichnung des Franchise-Gebers beschränkt. Lediglich das Dienstleistungs- und Vertriebsfranchising stellt eine in diesem Abschnitt zu behandelnde Vertriebsform dar.

151 Im Jahre 1989 hat die Kommission eine GVO für Franchise-Vereinbarungen erlassen.[232] Diese VO wurde durch die **Vertikal-GVO aus dem Jahr 1999** aufgehoben, deren allgemeine Regelungen auch für Franchise-Vereinbarungen gelten.

152 In den Leitlinien für vertikale Beschränkungen hat die Kommission festgestellt, dass die meisten der in den Franchise-Vereinbarungen enthaltenen Verpflichtungen notwendig sind, um geistiges Eigentum zu schützen, bzw die Einheitlichkeit und den Ruf des Franchise-Netzes zu erhalten, so dass sie nicht unter das Verbot des Art. 101 Abs. 1 AEUV fallen.[233]

153 Auch der EuGH ist in der Pronuptia-Entscheidung zu dem Ergebnis gekommen, dass Bindungen des Franchise-Nehmers, die notwendig sind, um dem Franchise-Geber den Wert des überlassenen Know-how und der übrigen Geschäftsmethoden zu erhalten, keine Wettbewerbsbeschränkungen darstellen.[234] Hierzu gehört das Verbot, während der Vertragsdauer ein Geschäft mit gleichen oder ähnlichen Zwecken in einem Gebiet zu eröffnen, in dem es zu einem der Mitglieder der Organisation in Wettbewerb treten würde. Ferner darf der Franchise-Nehmer sein Geschäft nicht ohne Zustimmung des Franchise-Gebers übertragen. Damit würde die qualitative Selektion der am Sys-

229 *Eilmansberger*, in: Streinz, Art. 101, Rn 204.
230 S. im Einzelnen Leitlinien für vertikale Beschränkungen, Rn 174 ff.
231 EuGH, Rs. 161/84 (Pronuptia), Slg 1986, 353, Rn 13.
232 VO (EWG) Nr. 4087/88, ABl. 1988 L 359/46.
233 Leitlinien für vertikale Beschränkungen, Rn 191.
234 EuGH, Rs. 161/84 (Pronuptia), Slg 1986, 353, Rn 16.

tem zu beteiligenden Unternehmen und das übertragene Know-how gefährdet.[235] Kennzeichnend für das Franchising ist die Identität der Vertriebsorganisation, die auf der Geschäftsbezeichnung und den Geschäftsmethoden beruht.[236] Der Schutz der Vertriebsorganisation rechtfertigt Anweisungen zur Ausstattung des Ladengeschäfts und zu seiner Lage, die Kontrolle des Warenangebots sowie die Verpflichtung zum ausschließlichen Bezug, wenn dies zur Qualitätskontrolle erforderlich ist.[237] Das gleiche gilt für die Verpflichtung des Franchise-Nehmers, alle Werbemaßnahmen mit dem Franchise-Geber abzustimmen.[238] Nachvertragliche Wettbewerbsverbote sind dann zulässig, wenn sie nicht über das für den Interessenschutz des Franchise-Gebers erforderliche Maß hinausgehen. Ein gebietsmäßig begrenztes und auf ein Jahr beschränktes Wettbewerbsverbot kann diesem Erfordernis gerecht werden.[239] Hat demgegenüber das übertragene Know-how einen geringen Eigenwert, so rechtfertigt das Interesse des Franchise-Gebers kein Wettbewerbsverbot. In diesem Fall genügt die Verpflichtung des Franchise-Nehmers, für ein Jahr bei seinen ehemaligen Kunden keine Werbung zu betreiben.[240]

Art. 101 Abs. 1 AEUV erfasst Einschränkungen des Intrabrand-Wettbewerbs, die zur **Aufteilung der Märkte** zwischen Franchise-Geber und Franchise-Nehmer sowie zwischen Franchise-Nehmern untereinander führen. Hierunter fällt eine Vereinbarung, die den Franchise-Geber und andere Franchise-Nehmer hindert, im Gebiet des Franchise-Nehmers ein Konkurrenzgeschäft zu eröffnen.[241] Der Franchise-Geber darf **Richtpreise** empfehlen, nicht aber die Preise durch abgestimmte Verhaltensweisen festsetzen.[242] 154

Sind Klauseln nach den vorstehenden Grundsätzen **franchise-immanent**, bedürfen sie keiner Freistellung nach Art. 101 Abs. 3 AEUV und unterliegen deshalb auch nicht den Einschränkungen der Vertikal-GVO. Für ein franchiseimmanentes Wettbewerbsverbot[243] gilt deshalb nicht die zeitliche Beschränkung auf fünf Jahre gemäß Art. 5 lit. a) Vertikal-GVO. 155

Sofern in Franchise-Verträge Klauseln aufgenommen werden, die für das Franchising nicht unmittelbar charakteristisch sind (zB Gebietsschutz, Alleinvertrieb oder selektiver Vertrieb), können diese zulässig sein, wenn sie bei separater Würdigung freistellungsfähig sind.[244] 156

9. Vertrieb durch Handelsvertreter

Die vorstehend aufgelisteten Fallgruppen beziehen sich auf Beschränkungen, die selbständigen Händlern eingeräumt werden, die auf eigenes unternehmerisches Risiko tätig sind und deren Handlungsfreiheit deshalb nicht übermäßig eingeschränkt werden darf. Erfolgt der Vertrieb demgegenüber durch Handelsvertreter, gelten nicht ohne weiteres die gleichen Grundsätze, da ein Handelsvertreter typischerweise im Hinblick auf die vermittelten bzw abgeschlossenen Geschäfte kein eigenes unternehmerisches Risiko trägt. Vielmehr hat der Geschäftsherr ein legitimes Interesse daran, dem Handelsvertreter Vorgaben hinsichtlich dessen Aktivitäten zu machen, da ihn das unternehmerische Risiko trifft. In den seit Mai 2010 geltenden Leitlinien definiert die Kommission eine Handelsvertretervereinbarung als eine Vereinbarung, bei der eine juristische oder natürliche Person befugt ist, Vereinbarungen im Namen und/oder im Auftrag einer anderen Person über den Kauf oder Verkauf von Waren oder die Verwendung oder die Erbringung von Dienstleistungen auszuhandeln und/oder abzuschließen.[245] Dies erfasst nach der Systematik des deutschen Rechts sowohl 157

235 S. auch Leitlinien für vertikale Beschränkungen, Rn 45.
236 EuGH, Rs. 161/84 (Pronuptia), Slg 1986, 353, Rn 17.
237 EuGH, Rs. 161/84 (Pronuptia), Slg 1986, 353, Rn 21.
238 EuGH, Rs. 161/84 (Pronuptia), Slg 1986, 353, Rn 22.
239 Kommission, 89/94/EWG (Charles Jourdan), ABl. 1989 L 35/31.
240 Kommission, 88/604/EWG (Service Master), ABl. 1988 L 332/38.
241 EuGH, Rs. 161/84 (Pronuptia), Slg 1986, 353, Rn 24.
242 EuGH, Rs. 161/84 (Pronuptia), Slg 1986, 353, Rn 26.
243 S. auch Leitlinien für vertikale Beschränkungen, Rn 190.
244 S. im Einzelnen *Eilmansberger*, in: Streinz, Art. 101, Rn 210.
245 Leitlinien für vertikale Beschränkungen, Rn 12.

den **Handelsvertreter** gemäß § 84 HGB als auch den **Kommissionsagenten** und streng genommen sogar den **Kommissionär** gemäß § 383 HGB.

158 Der Handelsvertreter ist auf **zwei verschiedenen Märkten** tätig: dem Markt für die Waren oder Dienstleistungen, deren Vertrieb der Handelsvertreter für den Geschäftsherrn übernimmt und auf dem Markt für Vermittlungs-Dienstleistungen, auf dem der Handelsvertreter tätig ist. Dementsprechend bietet es sich an, bei der kartellrechtlichen Beurteilung zwischen Beschränkungen zu unterscheiden, die dem Handelsvertreter einerseits hinsichtlich des Inhalts und der Vertragspartner der von ihm abzuschließenden bzw zu vermittelnden Verträge auferlegt werden und andererseits den Beschränkungen, die die Erbringung seiner Vermittlungsleistung betreffen (zB ein Wettbewerbsverbot).

159 Für die Anwendbarkeit von Art. 101 Abs. 1 AEUV auf Handelsvertreter kommt es nach der Rechtsprechung des **EuGH** darauf an, ob der Absatzmittler in die Absatzorganisation des Geschäftsherrn **eingegliedert** ist, oder ob er seine eigene Vertriebsorganisation betreibt.[246] Das wichtigste Kriterium der Eingliederung ist die Verteilung des **unternehmerischen Risikos.**[247] Risikotragung und Eingliederung decken sich nicht vollständig. Bei fehlender Eingliederung kann Art. 101 AEUV selbst dann anwendbar sein, wenn die Risiken der Vertragsabwicklung vom Geschäftsherrn getragen werden. Dies hat der EuGH jedenfalls im Fall Flämische Reisebüros bejaht.[248] Dort waren Reisevermittler für mehrere Reiseveranstalter tätig, und Reiseveranstalter arbeiteten mit sehr vielen Vermittlern zusammen. Damit fehlte die Eingliederung der Vermittler in das Unternehmen des Reiseveranstalters. Der EuGH wendete deshalb das Kartellverbot auf das vertragliche Verbot der Provisionsteilung an. Der Fall Flämische Reisebüros war allerdings auch durch besondere Umstände gekennzeichnet.[249]

160 Während auch die **Kommission** in ihrer Bekanntmachung über Alleinvertriebsverträge mit Handelsvertretern aus dem Jahre 1962 den Anwendungsbereich von Art. 81 EGV (jetzt Art. 101 AEUV) insbesondere anhand des Kriteriums der Eingliederung des Handelsvertreters in die Absatzorganisation des Geschäftsherrn abgegrenzt hat,[250] stellt die Kommission in den geltenden Leitlinien für vertikale Beschränkungen allein auf das finanzielle oder geschäftliche **Risiko** ab, dass der Handelsvertreter in Bezug auf die ihm vom Geschäftsherrn übertragene Tätigkeit trägt.[251] Nach den Leitlinien sind drei Arten finanzieller oder geschäftlicher Risiken für die Einstufung als Handelsvertreterverträge von Bedeutung. Erstens die Risiken, die mit den vom Vermittler für seinen Geschäftsherrn geschlossenen Verträgen direkt verbunden sind. Zweitens die, die auf marktspezifische Investitionen zurückzuführen sind. Hierunter sind solche Investitionen zu verstehen, die durch die Art der Tätigkeit hervorgerufen werden, die der Handelsvertreter für den Geschäftsherrn erbringt. Diese Investitionen sind regelmäßig verloren („sunk"), wenn der Handelsvertreter das Tätigkeitsfeld verlässt, oder die Investitionen nicht für weitere Aktivitäten nutzbar machen kann. Drittens müssen Risiken mit einbezogen werden, die in Verbindung mit anderen Tätigkeiten auf demselben sachlich relevanten Markt, wie After-Sales-Serviceleistungen, Reparaturserviceleistungen oder Tätigkeiten auf anderen Märkten, die zwar vom Auftraggeber verlangt, vom Handelsvertreter aber nicht in dessen Namen durchgeführt werden, sondern im eigenen Namen und auf eigenes Risiko.

---

246 Grundlegend EuGH, Rs. 56, 58/64 (Consten und Grundig), Slg 1966, 322, 388.

247 Grundlegend EuGH, Rs. 40 – 48, 50, 54 – 56, 111, 113, 114/73 (Suiker Unie), Slg 1975, 1663, 2017; EuGH Rs. C-262/93 (Volkswagen und VAG-Leasing), Slg 1995 I-3477, Rn 19.

248 EuGH Rs. 311/85, Slg 1987, 3801, 3828, Rn 20.

249 Die Reiseveranstalter waren durch horizontale Abreden über das Verbot der Provisionsteilung verbunden, das in die Verträge mit den Mittlern aufgenommen und später durch belgisches Gesetz für allgemeinverbindlich erklärt wurde. Auch diese Umstände sprachen gegen die Einordnung der Reisevermittler als Hilfsorgan der Veranstalter.

250 ABl. 1962 Nr. 139/2921.

251 Leitlinien für vertikale Beschränkungen, Rn 13.

Handelsvertretervereinbarungen sind solche, in denen der Handelsvertreter keines der Risiken übernimmt, bzw das übernommene Risiko eine untergeordnete Bedeutung besitzt.[252] Trägt der Handelsvertreter demgegenüber ein nicht unerhebliches Risiko, muss er als selbständiger Absatzmittler das Recht haben, seine eigene Marktstrategie zu verfolgen.

Die Kommission betrachtet eine Vereinbarung für die Anwendung von Art. 101 Abs. 1 AEUV im Allgemeinen als Handelsvertretervertrag, wenn der Handelsvertreter nicht Eigentümer der gekauften oder verkauften Waren ist oder der Vermittler die Dienste nicht selbst erbringt und der Handelsvertreter nicht an den Kosten der Lieferung der betreffenden Waren einschließlich der Transportkosten beteiligt ist, er weiterhin nicht verpflichtet ist, Investitionen in die Verkaufsförderung (zB Werbung) zu tätigen, er nicht auf eigenes Risiko ein Vorratslager für die Waren unterhält, keine Kundendienst-, Reparatur- oder Garantieleistungen auf eigene Rechnung erbringt, keine marktspezifischen Investitionen in Ausrüstung, Gebäude oder Personal tätigt, nicht die Produkthaftung gegenüber Dritten und nicht die Haftung für Nichterfüllung durch den Kunden übernimmt (Ausfallrisiko), ausgenommen den Verlust der Provision (Provisionsrisiko).[253] 161

Ist eines der Negativkriterien erfüllt, liegt ein unechtes Handelsvertreterverhältnis vor, auf das Art. 101 Abs. 1 AEUV anwendbar ist. Auf dieser Grundlage hat die Kommission beispielsweise entschieden, dass die für Mercedes Benz tätigen Vertreter Eigenhändler und keine Handelsvertreter sind.[254] 162

Im Rahmen eines echten Handelsvertreterverhältnisses fallen Verpflichtungen, die dem Handelsvertreter bezüglich der für den Auftraggeber **geschlossenen oder vermittelten Verträge** auferlegt werden, nicht unter Art. 101 Abs. 1 AEUV. Hierzu gehören insbesondere die Festlegung von Bedingungen und Preisen, zu den der Vertreter die fraglichen Waren bzw Dienstleistungen verkaufen oder beziehen darf, die Beschränkungen des Gebiets, in dem der Vertreter die fraglichen Waren bzw Dienstleistungen verkaufen darf und Beschränkungen hinsichtlich der Kunden, an die der Vertreter die fraglichen Güter verkaufen darf. 163

Im Hinblick auf Beschränkungen, die die Erbringung der **Vermittlungsleistung** betreffen, unterscheidet die Kommission zwischen Alleinvertreterklauseln und Wettbewerbsverboten. **Alleinvertreterklauseln** hindern den Geschäftsherrn daran, andere Vertreter für eine bestimmte Art von Geschäft, Kunden oder Gebiet zu ernennen. Sie betreffen nur den Intrabrand-Wettbewerb und sind in der Regel unbedenklich.[255] **Markenzwangklausel**, die den Handelsvertreter daran hindern, als Vertreter oder Vertriebshändler von Unternehmen tätig zu werden, die mit dem Auftraggeber in Wettbewerb stehen, betreffen dagegen den Wettbewerb zwischen verschiedenen Marken (Interbrand-Wettbewerb) und sind nach Art. 101 AEUV zu prüfen. Sie können gegen Art. 101 Abs. 1 AEUV verstoßen, wenn sie zu einer Abschottung des relevanten Marktes führen.[256] Diese Auffassung erscheint zu eng. Wettbewerbsverbotsklauseln sind üblich. Im deutschen Recht wird für den Handelsvertreter ein gesetzliches Wettbewerbsverbot aus der Pflicht zur Interessenwahrung abgeleitet. Er muss es auch ohne vertragliche Wettbewerbsklausel unterlassen, seinem Unternehmen durch die Vermittlertätigkeit für einen Wettbewerber Nachteile zuzufügen.[257] Hält man an dem Kriterium der Eingliederung des Absatzmittlers in die Absatzorganisation des Geschäftsherren fest (siehe oben Rn 159), liegt ein Wettbewerbsverbot sogar nahe. 164

Auch **nachvertragliche Wettbewerbsverbote** werden von der Kommission kritisch betrachtet. Es erscheint jedoch gerechtfertigt, die Weitergabe und Ausnutzung von Know-how oder Kundeninformationen seitens des Handelsvertreters zu beschränken, sofern die Kenntnisse über den Kunden- 165

252 Leitlinien für vertikale Beschränkungen, Rn 15.
253 Leitlinien für vertikale Beschränkungen, Rn 16.
254 Kommission, COMP/36.264 (Mercedes-Benz), ABl. 2002 L 257/1, Rn 165.
255 Leitlinien für vertikale Beschränkungen, Rn 19.
256 Leitlinien für vertikale Beschränkungen, Rn 19.
257 BGH, 17. Oktober 1991, I ZR 248/89, NJW-RR 1992, 481, 482.

stamm, die der Handelsvertreter am Ende der Vertragslaufzeit besitzt, nicht auf eigenen Bemühungen beruhen, sondern der Handelsvertreter diese vom Unternehmer erhalten hat.[258]

D. Vereinbarungen betreffend gewerbliche Schutzrechte, Urheberrechte oder Know-how (Lizenzverträge)

I. Überblick

166 Vereinbarungen, in denen das Recht zur Nutzung von gewerblichen Schutzrechten, Urheberrechten oder Know-how eingeräumt wird, enthalten in der Regel Klauseln, die den Handlungsspielraum des Lizenzgebers bzw Lizenznehmers beschränken. Bei der Anwendung von Art. 101 AEUV auf die Lizenzierung und Übertragung von Immaterialgüterrechten ist die Warenverkehrs- und Dienstleistungsfreiheit – insbesondere Art. 34 und 36 AEUV – zu berücksichtigen. Ist eine Handlung unzulässig, da sie gegen ein fremdes Immaterialgüterrecht verstößt, wäre das vertragliche Verbot, diese Handlung vorzunehmen, grundsätzlich nicht als wettbewerbsbeschränkend anzusehen. Denn in diesem Fall besteht überhaupt kein beschränkbarer Handlungsspielraum. Es ist jedoch nicht immer einfach, zwischen rechtmäßiger Schutzrechtsausübung einerseits und kartellrechtlich unzulässiger Einschränkung wettbewerblicher Handlungsspielräume andererseits die Grenze zu ziehen.[259] Grundsätzlich sind vertragliche Beschränkungen insbesondere des Lizenznehmers nur dann dem Anwendungsbereich des Art. 101 Abs. 1 AEUV entzogen, wenn sie erforderlich sind, den **spezifischen Gegenstand** des Immaterialgüterrechtes zu schützen.[260] Dazu ist der spezifische Gegenstand des Schutzrechtes im Einzelnen zu bestimmen. Sämtliche Immaterialgüterrechte, deren Verwertung in Form des Vertriebs körperlicher Gegenstände erfolgt, haben den gleichen spezifischen Gegenstand: Das Recht, das geschützte Erzeugnis erstmals innerhalb der Union in Verkehr zu bringen. Art. 36 AEUV rechtfertigt demgegenüber nicht die Ausübung geistiger Eigentumsrechte zur Verhinderung der Einfuhr oder des Vertriebs eines Erzeugnisses, das auf dem Markt eines Mitgliedstaats entweder von dem Rechtsinhaber selbst oder mit dessen Zustimmung oder von einer rechtlich oder wirtschaftlich von ihm abhängigen Person rechtmäßig in Verkehr gebracht wurde (**Erschöpfungsgrundsatz**).[261] Der Erschöpfungsgrundsatz gilt jedoch nicht für Produkte, die in einem Drittland außerhalb der EU in Verkehr gebracht wurden.[262]

167 Für Patentlizenzvereinbarungen hat die Kommission im Jahre 1984 eine GVO erlassen.[263] Im Jahre 1988 folgte eine GVO zu Know-how-Vereinbarungen.[264] Beide GVO wurden in der Technologietransfer-GVO von 1996 zusammengeführt.[265] Diese wurde im Jahre 2004 novelliert und durch eine neue Technologietransfer-GVO ersetzt.[266] Gleichzeitig hat die Kommission Leitlinien zu Technologietransfer-Vereinbarungen erlassen.[267] Sowohl die TT-GVO als auch die TT-Leitlinien wurden 2014 von der Kommission überarbeitet, um Unternehmen einen besseren Leitfaden bezüglich der Lizenzverträge, die den Wettbewerb fördern können, zu bieten.[268]

---

258 S. nur *Simon*, in: Lange, § 2 Kapitel4, Rn 394.
259 S. auch *Haedicke*, § 21, Rn 10 ff.
260 EuGH, Rs. 193/83 (Windsurfing International), Slg 1986, 611, Rn 37 ff.
261 EuGH, Rs. 78/70 (Deutsche Grammophon/Metro), Slg 1971, 487, Rn 13; ausführlich *Gehring*, in: Mäger, 5. Kap., Rn 17, insbesondere zu der Frage, ob die Erschöpfungswirkung das körperliche Inverkehrbringen des von dem Schutzrecht betroffenen Erzeugnisses voraussetzt oder eine Lizenzvergabe ausreicht.
262 EuGH, Rs. 96/75 (EMI Records/CBS Schallplatten), Slg 1976, 913, Rn 21.
263 VO (EWG) Nr. 2349/84, ABl. 1984 L 219/15.
264 VO (EWG) Nr. 556/89, ABl. 1989 L 61/1.
265 VO (EG) Nr. 240/96, ABl. 1996 L 31/2.
266 VO (EG) Nr. 772/2004, ABl. 2004 L 123/11.
267 ABl. 2004 C 101/2.
268 Das Verbot nach Artikel 101 Absatz 1 AEUV gilt vom 1. Mai 2014 bis 30. April 2015 nicht für Vereinbarungen, die am 30. April 2014 bereits in Kraft waren und die am 30. April 2014 die Voraussetzungen für eine Freistellung nach der Verordnung (EG) Nr. 772/2004, nicht aber nach der neuen TT-GVO erfüllen (TT-GVO, Art. 10).

II. Patente und Know-how

Nach der Rechtsprechung des EuGH besteht der Gegenstand eines **Patentes** darin, dem Patentinhaber das ausschließliche Recht zu sichern, eine Erfindung im Hinblick auf die Produktion und das erste Inverkehrbringen industrieller Erzeugnisse entweder selbst oder durch Lizenzvergabe an Dritte zu verwerten. Hinzu kommt das Recht, sich gegen jede Zuwiderhandlung zur Wehr zu setzen.[269] Die **Erschöpfung durch Inverkehrbringen** tritt unabhängig davon ein, ob in dem betreffenden Land Patentschutz möglich war oder nicht.[270] Eine – die Erschöpfungswirkung auslösende – Zustimmung des Patentinhabers liegt dagegen nicht vor, wenn das Erzeugnis unter einer Zwangslizenz in Verkehr gebracht wurde.[271] Die Erschöpfung des Rechts tritt auch im Verhältnis zwischen den Lizenznehmern ein. 168

Know-how wird in der TT-GVO definiert als ein Paket praxisbezogener Kenntnisse, das aus Experimenten und Erprobungen hervorgegangen und geheim, wesentlich und identifiziert ist, Art. 1 Abs. 1 lit. i) TT-GVO.[272] 169

Die **neue TT-GVO** folgt dem Muster der jüngeren Generation der GVO (dazu Rn 72). Ausgegangen wird von einer Schirmfreistellung, die zunächst sämtliche Wettbewerbsbeschränkungen in Technologietransfer-Vereinbarungen im Sinne von Art. 2 TT-GVO erfasst. Der TT-GVO liegt die Annahme zugrunde, dass Technologietransfer-Vereinbarungen nicht zwingend wettbewerbsschädliche Wirkungen haben, sondern dem Wettbewerb förderliche Effizienzgewinne bringen können. Ob dies der Fall ist, hängt nach Auffassung der Kommission insbesondere von der Marktmacht der beteiligten Unternehmen ab.[273] Aus diesem Grund hat die Kommission Marktanteilsschwellen eingeführt. Danach darf bei Vereinbarungen zwischen konkurrierenden Unternehmen eine Marktanteilsschwelle von zusammen 20% nicht überschritten werden. Bei Vereinbarungen zwischen Unternehmen, die nicht miteinander in Wettbewerb stehen, liegt die individuelle Schwelle bei 30%, Art. 3 TT-GVO. Weiterhin darf keine Kernbeschränkung im Sinne von Art. 4 TT-GVO vereinbart werden. Die Regelungen der TT-GVO lassen sich wie folgt zusammenfassen: 170

Gegenstand einer Technologietransfer-Vereinbarung im Sinne von Art. 2 TT-GVO ist die Weitergabe einer Technologie von einem Unternehmen an ein anderes Unternehmen, üblicherweise in Form von Lizenzen. Neben industriellen Schutzrechten und Know-how werden auch Lizenzen über **Software-Urheberrechte** einbezogen, Art. 1 Abs. 1 lit. b) (vii) TT-GVO. Die TT-GVO gilt nur für die Lizenzierung sonstiger Urheberrechte und für Markenlizenzen, sofern diese sich unmittelbar auf die Produktion oder den Verkauf der Vertragsprodukte[274] beziehen.[275] 171

Die Freistellung erfasst Technologietransfer-Vereinbarungen, einschließlich Bestimmungen, die sich auf den Erwerb von Produkten durch den Lizenznehmer oder aber auf die Lizenzierung oder die Übertragung von Rechten des geistigen Eigentums oder von Know-how auf den Lizenznehmer beziehen. Diese Bestimmungen müssen aber unmittelbar mit der Produktion oder dem Verkauf von Vertragsprodukten verbunden sein.[276] Die lizenzierte Technologie muss also im Produktionsprozess verwendet werden oder Eingang in das Erzeugnis selbst finden.[277] Nicht der TT-GVO unterliegen Vereinbarungen (oder diejenigen Teile davon), die die Vergabe von Unterlizenzen vorsehen 172

---

269 EuGH, Rs. C-191/90 (Generics and Harris Pharmaceuticals), Slg 1992, I-5335, Rn 23.
270 EuGH, Rs. 187/80 (Merck/Stephar und Exler), Slg 1981, 2063, Rn 11 ff.
271 *EuGH, Rs. 19/84 (Pharmon/Hoechst)*, Slg 1985, 2281, Rn 25.
272 S. aber auch die Einschränkung in Art. 1 Abs. 1 lit. i) Ziff. ii) TT-GVO und die Erläuterung in den TT-Leitlinien, Rn 45(b).
273 S. 5. Begründungserwägung der TT-GVO sowie TT-Leitlinien, Rn 15.
274 Vertragsprodukte sind gemäß Art. 1 Abs. 1 lit. f) und g) TT-GVO mit der lizenzierten Technologie produzierte Waren oder Dienstleistungen.
275 S. TT-Leitlinien, Rn 47 ff.
276 TT-GVO, Art 2.
277 TT-Leitlinien, Rn 61.

(**Master-Licencing-Vereinbarungen**).[278] Gleiches gilt für Lizenzvereinbarungen, die ausschließlich weitere **Forschungs- oder Entwicklungstätigkeiten** zum Ziel haben.[279] Die Lizenzierung von Software-Urheberrechten für die Erstellung von Kopien eines geschützten Werks für den Weiterverkauf fällt ebenfalls nicht unter die TT-GVO oder die TT-Leitlinien.[280] Wird die lizenzierte Software in das Vertragsprodukt integriert, handelt es sich nicht um eine reine Vervielfältigung, so dass die TT-GVO und die TT-Leitlinien dementsprechend gelten.[281]

173 Die TT-GVO erstreckt sich nach Auffassung der Kommission auch auf **Zulieferverträge**, mit denen der Lizenzgeber seine Technologie an einen Lizenznehmer lizenziert, der sich im Gegenzug verpflichtet, ausschließlich für den Lizenzgeber bestimmte Erzeugnisse auf dieser Grundlage zu produzieren.[282] Diese Aussage ist etwas überraschend, da nach der fortgeltenden Zulieferbekanntmachung der Kommission aus dem Jahre 1979[283] derartige Vereinbarungen regelmäßig bereits nicht unter Art. 101 Abs. 1 AEUV fallen und sich deshalb die Frage der Freistellung nach Art. 101 Abs. 3 AEUV nicht stellt.

174 Bei der praktischen Anwendbarkeit der TT-GVO können die **Marktanteilsschwellen** gemäß Art. 3 Schwierigkeiten bereiten. Zu betrachten sind die relevanten Technologie- und Produktmärkte. Die **Produktmärkte**, dh der sachlich relevante Markt im Hinblick auf die mit der lizenzierten Technologie hergestellten Produkte, umfasst End- und Zwischenerzeugnisse, in welche die lizenzierte Technologie eingeht, sowie deren Substitute, Art. 1 Abs. lit. j) TT-GVO.[284] Die Abgrenzung des relevanten Produktmarktes kann schwierig sein, wenn beim Abschluss eines Lizenzvertrages noch nicht feststeht, inwieweit die mit der lizenzierten Technologie hergestellten Produkte durch andere ersetzt werden können. Zu berechnen ist der Marktanteil des Lizenznehmers auf der Grundlage der Vertragsprodukte sowie der Konkurrenzprodukte, die er ebenfalls verkauft. Bietet auch der Lizenzgeber Erzeugnisse auf dem Produktmarkt an, sind auch diese Verkäufe zu berücksichtigen.[285]

175 Den Produktmärkten vorgelagert sind die **Technologiemärkte**. Diese betreffen die lizenzierte Technologie selbst und andere Technologien, die der Lizenznehmer alternativ verwenden könnte.[286] Im Rahmen der Marktabgrenzung ist von der Technologie auszugehen, die vom Lizenzgeber vermarktet wird. Sodann sind die anderen Technologien zu ermitteln, auf die die Lizenznehmer als Reaktion auf eine geringfügige, aber dauerhafte Erhöhung der Lizenzgebühren ausweichen könnten.[287] Die Marktabgrenzung kann insbesondere dann Schwierigkeiten bereiten, wenn die lizenzierte Technologie für die Herstellung von Produkten genutzt werden kann, die verschiedenen Produktmärkten zuzuordnen sind. Der Marktanteil des Lizenzgebers auf dem Technologiemarkt soll entweder auf der Grundlage des Anteils seiner Technologie an der Gesamtheit der Lizenzeinnahmen der miteinander in Wettbewerb stehenden Technologien berechnet werden[288] oder auf der Grundlage der vom Lizenzgeber und von seinen Lizenznehmern auf den entsprechend nachgelagerten Produktmärkten abgesetzten Produkte, die die Technologie des Lizenzgebers enthalten, Art. 8 lit. d) TT-GVO.

176 Werden die Marktanteilsschwellen im Laufe der Zeit nach Abschluss einer Lizenzvereinbarung überschritten, gilt die GVO nur für einen Zeitraum von bis zu zwei Jahren fort, Art. 8 lit. e) TT-

---

278 TT-Leitlinien, Rn 60, unter dem Hinweis darauf, dass die Grundsätze der TT-GVO entsprechende Anwendung auf Master-Licencing-Vereinbarungen finden.

279 TT-Leitlinien, Rn 66.

280 TT-Leitlinien, Rn 62.

281 TT-Leitlinien, Rn 63.

282 TT-Leitlinien, Rn 64.

283 ABl. 1979 C 1/2. Ursprünglich hatte die Kommission beabsichtigt, die Zulieferbekanntmachung durch die TT-Leitlinien zu ersetzen und dort entsprechende Regelungen aufzunehmen (Entwurf der vorherigen Fassung der TT-Leitlinien, ABl. 2003 C 235/22 Rn 37 ff). Diesen Plan hat die Kommission wieder aufgegeben.

284 TT-Leitlinien, Rn 21.

285 TT-Leitlinien, Rn 91.

286 Art. 1 Abs. 1 lit. k) TT-GVO; TT-Leitlinien, Rn 22.

287 TT-Leitlinien, Rn 22.

288 TT-Leitlinien, Rn 25, 86, 88.

GVO. Dieser Zeitraum erscheint sehr kurz. Er dürfte kaum ausreichen, um eine Technologie sinnvoll zu nutzen, insbesondere wenn der Lizenznehmer hohe Investitionen getätigt hat. Beim Abschluss einer Lizenzvereinbarung über eine neue Technologie ist teilweise auch schwer abzusehen, welchen Erfolg diese haben wird. Eine Prognose darüber, ob die Marktanteilsschwellen überschritten werden, ist deshalb häufig schwierig.

Der TT-GVO liegt die Annahme zugrunde, dass Lizenzvereinbarungen zwischen Wettbewerbern kritischer zu beurteilen sind als solche zwischen Nicht-Wettbewerbern. Für beide Fallgruppen gelten nicht nur unterschiedliche Marktanteilsschwellen, sondern auch unterschiedliche sachliche Regelungen. Die Parteien einer Technologietransfer-Vereinbarung stehen miteinander im **Wettbewerb**, wenn sie ohne die Vereinbarung tatsächliche oder potentielle Wettbewerber auf einem relevanten Markt sind. Ist dies nicht der Fall, werden sie als Nicht-Wettbewerber betrachtet.[289] Die Parteien sind **tatsächliche** Wettbewerber, wenn sie beide auf demselben relevanten Markt tätig sind, sofern bzw solange nicht (insbesondere durch ein rechtskräftiges Gerichtsurteil) nachgewiesen ist, dass eine Sperrposition vorliegt.[290] Die Vertragsparteien werden als **potentielle** Wettbewerber auf dem Markt betrachtet, wenn sie voraussichtlich auch ohne die Vereinbarung umgehend die notwendigen zusätzlichen Investitionen getätigt hätten, um als Reaktion auf eine geringfügige, aber dauerhafte Erhöhung der Produktpreise in den relevanten Markt einzutreten.[291] Demgegenüber wird potentieller Wettbewerb auf dem Technologiemarkt bei der Anwendung der TT-GVO nicht berücksichtigt.[292] Für diese Zwecke werden potentielle Wettbewerber daher als Nicht-Wettbewerber betrachtet.[293] 177

Enthält eine Technologie-Vereinbarung eine **Kernbeschränkung** gemäß Art. 4 TT-GVO, ist die Vereinbarung insgesamt von der Gruppenfreistellung ausgeschlossen („Alles-oder-nichts-Prinzip"').[294] Bei den Kernbeschränkungen wird zwischen wechselseitigen und nicht wechselseitigen Vereinbarungen unterschieden.[295] Wechselseitige Vereinbarungen zwischen Wettbewerbern unterliegen strengeren Anforderungen als nicht wechselseitige Vereinbarungen. Eine **wechselseitige** Vereinbarung liegt vor, wenn sich zwei Unternehmen jeweils Lizenzen für konkurrierende Technologien oder für die Produktion konkurrierender Produkte erteilen. Eine **nicht wechselseitige** Vereinbarung ist gegeben, wenn ein Unternehmen einem anderen Unternehmen Lizenzen erteilt. Gleiches gilt, wenn zwar beide Unternehmen dem jeweils anderen eine Lizenz erteilen, diese Lizenzen aber keine konkurrierenden Technologien zum Gegenstand haben und auch nicht zur Produktion konkurrierender Produkte genutzt werden können. 178

Die unzulässigen Kernbeschränkungen zwischen **Wettbewerbern** sind in Art. 4 Abs. 1 TT-GVO aufgelistet. Hierunter fallen grundsätzlich Preisbindungen der zweiten Hand, Output-Beschränkungen, die Zuweisung von Märkten oder Kunden sowie die Beschränkung des Lizenznehmers, seine eigene Technologie zu verwerten sowie selbst zu forschen und zu entwickeln, es sei denn, die Beschränkung ist unerlässlich, um das Wissen des Lizenzgebers vor einer Preisgabe an Dritte zu schützen.[296] 179

Handelt es sich bei den Vertragsparteien um **Nicht-Wettbewerber**, sind die in Art. 4 Abs. 2 TT-GVO aufgelisteten Beschränkungen unzulässig. Hierzu gehört zB eine Preisbindung, wobei es jedoch zulässig ist, Höchstverkaufspreise festzusetzen oder Preisempfehlungen auszusprechen, sofern sich diese nicht infolge der Ausübung von Druck oder der Gewährung von Anreizen tatsächlich wie Fest- oder Mindestverkaufspreise auswirken, die Beschränkung des Gebiets oder des Kundenkreises, in das oder an den der Lizenznehmer Vertragsprodukte passiv verkaufen darf (insoweit 180

289 TT-Leitlinien, Rn 28; Art. 1 Abs. 1 lit. n) TT-GVO.
290 TT-Leitlinien, Rn 30, 35; Art. 1 Abs. 1 lit. n) TT-GVO.
291 TT-Leitlinien, Rn 34; Art. 1 Abs. 1 lit. n) TT-GVO.
292 TT-Leitlinien, Rn 36, 83; Art. 1 Abs. 1 lit. n) TT-GVO.
293 TT-Leitlinien, Rn 36.
294 S. auch TT-Leitlinien, Rn 95.
295 S. auch TT-Leitlinien, Rn 98.
296 Im Einzelnen: *Gehring*, in: Mäger, 5. Kap., Rn 41 ff.

zulässig sind also Beschränkungen des aktiven Verkaufs)[297] sowie Beschränkungen des aktiven und passiven Verkaufs an Endverbraucher im Rahmen eines selektiven Vertriebssystems.

181 Art. 5 TT-GVO enthält bestimmte Beschränkungen, die von der Freistellung ausgenommen sind. Wird eine derartige Beschränkung vereinbart, gilt jedoch nicht das Alles-oder-Nichts-Prinzip, vielmehr bleibt die GVO auf die übrigen Klauseln der Vereinbarung anwendbar.

182 Beschränkungen zwischen Technologietransfer-Vereinbarungen, die **nicht** unter die **TT-GVO** fallen, etwa weil die Marktanteilschwellen überschritten sind, gelten nicht von vornherein als unzulässig. Solange es sich nicht um Kernbeschränkungen im Sinne von Art. 4 TT-GVO handelt, wird ihre Rechtwidrigkeit nicht vermutet.[298] Vielmehr ist eine Einzelfallprüfung anhand des Maßstabes Art. 101 Abs. 3 AEUV erforderlich.[299] Die TT-Leitlinien halten hierzu eine Vielzahl von Hinweisen.

III. Marken

183 Der **spezifische Gegenstand** einer Marke besteht darin, dass dem Inhaber das ausschließliche Recht eingeräumt wird, die Marke beim erstmaligen Inverkehrbringen eines Erzeugnisses zu benutzen und der Inhaber damit vor Konkurrenten geschützt wird, welche die Stellung und den Ruf der Marke durch den Vertrieb widerrechtlich mit diesem Zeichen versehener Produkte missbrauchen.[300] Auch bei Marken tritt eine **Erschöpfung** des Rechts ein, wenn der Inhaber das mit der Marke gekennzeichnete konkrete Produkt entweder selbst oder durch einen Lizenznehmer in die Union in Verkehr gebracht hat.

184 Zu Markenlizenzverträgen gibt es bislang keine GVO. Die TT-GVO gilt nicht für die Lizenzierung von Marken, sofern diese sich unmittelbar auf die Produktion oder den Verkauf der Vertragsprodukte beziehen.[301] Die Vertikal-GVO gilt für vertikale Vereinbarungen mit Bestimmungen über geistige Eigentumsrechte nur dann, wenn diese nicht den Hauptgegenstand der Vereinbarungen bilden und weitere Voraussetzungen erfüllt sind.[302]

185 Ebenso wie bei Lizenzverträgen über andere Immaterialgüterrechte hängt die kartellrechtliche Beurteilung von beschränkenden Klauseln in erster Linie davon ab, ob die betreffenden Verpflichtungen zur Wahrung des spezifischen Gegenstandes erforderlich sind.[303] So wurden **Beschaffenheits- und Qualitätsvorgaben** im Rahmen von Markenlizenzen als notwendig und nicht als Wettbewerbsbeschränkung im Sinne von Art. 101 Abs. 1 AEUV angesehen.[304] Nicht unter Art. 101 Abs. 1 AEUV fallen auch **Markenabgrenzungsvereinbarungen**, mit denen Markeninhaber im beiderseitigen Interesse den jeweiligen Nutzungsumfang ihrer Marken festlegen, um Verwechslungen oder Konflikte zu vermeiden.[305] Voraussetzung ist aber, dass die betreffenden Marken tatsächlich verwechslungsfähig sind und die Parteien sich auf die Regelung dieses potentiellen Konflikts beschränken. Die Verpflichtung des Lizenznehmers zum Direktbezug einer bestimmten Mindestmenge des fraglichen Produkts beim Lizenzgeber[306] sowie die Einschränkung des Lizenznehmers beim Absatz gekennzeichneter Ware in anderen Vertragsgebieten sind demgegenüber grundsätzlich wettbewerbsbeschränkend, allerdings möglicherweise freistellungsfähig.[307] Auch ein **Wettbewerbsverbot,**

297 Dazu Rn 136.
298 TT-Leitlinien, Rn 157, 158.
299 Dazu *Gehring*, in: Mäger, 5. Kap., Rn 34 f.
300 EuGH, Rs. C-10/89 (HAG GF), Slg 1990, I-3711, Rn 14.
301 TT-Leitlinien, Rn 47 ff.
302 Leitlinien für vertikale Beschränkungen, Rn 31.
303 Im Einzelnen: *Gehring*, in: Mäger, 5. Kap., Rn 127 ff.
304 Kommission, 90/186/EWG (Moosehead/Whitbread), ABl. 1990 L 100/32, Rn 15.2.
305 EuGH, Rs. 35/83 (BAT), Slg 1985, 363, Rn 33.
306 S. aber die Freistellung im Fall Kommission, 84/381/EWG (Carlsberg), Abl. 1984 L 207/26, 33 f.
307 S. aber die Freistellung für ein Verbot aktiver Verkaufsbemühungen in Kommission, 90/186/EWG (Moosehead/Whitbread), ABl. 1990 L 100/32, Rn 15.

das den Lizenznehmer daran hindert, konkurrierende Erzeugnisse herzustellen oder zu vertreiben, kann die Freistellungsvoraussetzungen des Art. 101 Abs. 3 AEUV erfüllen.[308]

IV. Urheberrechte

Zum **spezifischen Gegenstand** des Urheberrechts gehören das Urheberpersönlichkeitsrecht und die Verwertungsrechte.[309] Werke der Literatur und der Kunst werden entweder durch öffentliche Aufführungen oder durch Vervielfältigung und Inverkehrbringen der Werkstücke verwertet. Die entsprechenden ausschließlichen Rechte werden vom Unionsrecht nicht berührt.[310] 186

Für die körperliche Verwertung, dh den grenzüberschreitenden Vertrieb der Werkstücke, gelten hinsichtlich der **Erschöpfung** des Rechts die gleichen Grundsätze wie für andere Immaterialgüterrechte.[311] Es ergeben sich damit grundsätzlich die gleichen Schranken für die Ausgestaltung der Lizenzverträge im Hinblick auf den Gebietsschutz. Im Hinblick auf das Aufführungsrecht wurde der Erschöpfungsgrundsatz vom EuGH allerdings nur mit Einschränkungen angewendet. Der Wert der unkörperlichen Verwertung eines Urheberrechts bestimme sich nach der voraussichtlichen Anzahl von Vorführungen. Der Inhaber des Urheberrechts habe deshalb ein berechtigtes Interesse daran, die ihm zustehende Vergütung auf dieser Grundlage zu kalkulieren. Dies schließe eine Erschöpfung aufgrund der Veräußerung des körperlichen Gegenstandes, auf dem das Werk gespeichert sei, oder aufgrund der Erteilung des Aufführungsrechts an eine Person aus. Aufgrund der eingeschränkten Geltung des Erschöpfungsgrundsatzes werden Ausschließlichkeitslizenzen an Aufführungsrechten kartellrechtlich weniger streng beurteilt.[312] Exklusivlizenzen gelten nur dann als wettbewerbsbeschränkend im Sinne von Art. 101 Abs. 1 AEUV, wenn sie einen zu langen Zeitraum erfassen[313] oder unangemessen hohe Gebühren oder Kopplungsgebühren vorsehen.[314] 187

Einen Sonderfall stellt die Lizenzierung von **Sportübertragungsrechten** dar. Beim Ligasport sowie bei Wettkampfserien, die von Dachverbänden organisiert werden, ist zunächst als Vorfrage zu klären, wer Inhaber der Übertragungsrechte ist. Bei einem Ligawettbewerb kommen insbesondere in Betracht die teilnehmenden Vereine, der die Meisterschaft durchführende Sportverband oder auch der lokale Ausrichter einer Sportveranstaltung. Je nach Zuordnung der Rechtsinhaberschaft kann eine zentrale Vermarktung von Sportübertragungsrechten gegen Art. 101 AEUV verstoßen. Im Hinblick auf den Inhalt der Übertragungslizenz steht die Frage im Mittelpunkt, ob eine exklusive Ausgestaltung kartellrechtlich zulässig ist.[315] 188

E. Konzerninterne Wettbewerbsbeschränkungen

Unter dem Stichwort **Konzernprivileg** wird diskutiert, ob Vereinbarungen oder abgestimmte Verhaltensweisen zwischen miteinander verbundenen Unternehmen unter das Kartellverbot[316] fallen können oder ob ein kartellrechtsfreier Raum innerhalb eines Konzerns besteht.[317] Nach der Viho-Entscheidung des EuGH fallen Vereinbarungen und abgestimmte Verhaltensweisen zwischen einer Muttergesellschaft und ihren Tochtergesellschaften nicht unter das Kartellverbot, wenn sie das Verhalten einer **wirtschaftlichen Einheit** darstellen, in deren Rahmen die Tochtergesellschaften ihr Vorgehen auf dem Markt nicht wirklich autonom bestimmen können, sondern den Anweisungen 189

308 Kommission, 78/253/EWG (Campari), ABl. 1978 L 70/69.
309 EuGH, Rs. C-92/92, 326/92 (Phil Collins), Slg 1993 I-5145, 5179, Rn 20.
310 EuGH, Rs. C-337/95 (Parfums Christian Dior), Slg 1997 I-6013, 6052, Rn 56.
311 Im Einzelnen: *Gehring*, in: Mäger, 5. Kap., Rn 115 ff.
312 EuGH, Rs. 262/81 (Coditel/Cine-Vog II), Slg 1982, 3381, Rn 16.
313 Kommission, 89/536/EWG (Filmeinkauf Deutscher Fernsehanstalten), ABl. 1989 L 284/36, Rn 44 (15 Jahre).
314 EuGH, Rs. 262/81 (Coditel/Cine Vog II), Slg 1982, 3381, Rn 17.
315 S. etwa den Überblick bei *Eilmansberger*, in: Streinz, Art. 101, Rn 249.
316 Zum Konzernprivileg und Missbrauchsverbot *T. Mäger*, in: Mäger, 7. Kap., Rn 187 ff.
317 Ausführlich: *T. Mäger*, in: Mäger, 7. Kap., Rn 1 ff. Eine andere Frage ist, ob das Verhalten eines Konzernunternehmens der Konzernspitze oder einem anderen Unternehmen zugerechnet werden kann, s. dazu zB EuG, Rs. T-175/05 (Akzo), 88 ff (noch nicht in der amtlichen Sammlung veröffentlicht), EuGH, Rs. C-204, 205, 211, 213, 217, 219/00 P (Aalborg Portland), Slg 2004, I-123, Rn 344 ff.

der sie kontrollierenden Muttergesellschaften folgen.[318] Entgegen der früheren Rechtsprechung kommt es nicht mehr darauf an, dass die Vereinbarungen oder abgestimmten Verhaltensweisen zusätzlich dem Zweck dienen, die interne Aufgabenverteilung zwischen den Konzernunternehmen zu regeln.[319] An das Vorliegen einer wirtschaftlichen Einheit sollten nicht zu hohe Anforderungen gestellt werden. Ob die Vereinbarung tatsächlich das Ergebnis einer Weisung der Muttergesellschaft ist oder nicht, sollte keine Rolle spielen.[320] Die formal bestehende Weisungsfreiheit des Vorstands einer AG nach § 76 Abs. 1 AktG sollte dem Konzernprivileg ebenfalls nicht entgegenstehen.[321]

F. Verhaltenskontrolle bei marktbeherrschenden Unternehmen

I. Überblick

190 Unternehmen können den Wettbewerb nicht nur durch vertragliche Abreden (oder abgestimmte Verhaltensweise) beschränken. Vielmehr sind marktbeherrschende Unternehmen, die über eine große Wirtschaftsmacht verfügen, in der Lage, die Wettbewerbsverhältnisse auf den Märkten auch durch einseitige Verhaltensweisen negativ zu beeinflussen. Das europäische Kartellrecht kennt deshalb neben dem Kartellverbot des Art. 101 AEUV das **Missbrauchsverbot** des Art. 102 AEUV. Die Vorschrift richtet sich nur an marktbeherrschende Unternehmen. Diese sollen an der Ausnutzung ihrer wirtschaftlichen Machtposition gehindert, dh gezwungen werden, sich so zu verhalten, als ob sie wirksamem Wettbewerb ausgesetzt wären. Dabei untersagt Art. 102 AEUV nicht die Marktbeherrschung als solche. Den Unternehmen wird es auch nicht verwehrt, die Schwelle der Marktbeherrschung zu erreichen.[322] Art. 102 AEUV verbietet vielmehr ausschließlich den Missbrauch einer marktbeherrschenden Stellung. Liegt ein solcher Missbrauch vor, gibt es keine Möglichkeit einer Freistellung, wie sie Art. 101 Abs. 3 AEUV, im Falle einer Wettbewerbsbeschränkung nach Art. 101 Abs. 1 AEUV, vorsieht. Missbräuche nach Art. 102 AEUV sind vielmehr ohne Ausnahme verboten. Der Begriff des Missbrauchs erfordert allerdings eine Wertentscheidung. Damit findet ebenso wie bei Art. 101 AEUV auch im Rahmen des Art. 102 AEUV eine umfassende Würdigung der wirtschaftlichen Aspekte des Einzelfalles statt. Art. 102 Abs. 2 AEUV listet einzelne Missbrauchsfälle auf. Diese haben jedoch nur Beispielscharakter.[323]

191 Da der Missbrauch einer marktbeherrschenden Stellung im Regelfall durch eine vertragliche Vereinbarung verwirklicht wird, überschneiden sich die Anwendungsbereiche von Art. 101 und 102 AEUV. Ein und dasselbe Verhalten kann sowohl gegen Art. 101 AEUV als auch gegen Art. 102 AEUV verstoßen.[324] Art. 102 AEUV kann auch auf Unternehmen anwendbar sein, die an einer nach Art. 101 Abs. 3 AEUV freigestellten Vereinbarung beteiligt sind. Weder eine Gruppenfreistellung noch eine Freistellung aufgrund direkter Anwendung des Art. 101 Abs. 3 AEUV vermag die Anwendbarkeit von Art. 102 AEUV auszuschließen.[325] Derartige Fälle sind jedoch ohnehin sehr selten. Nutzt ein marktbeherrschendes Unternehmen seine Position missbräuchlich aus, wird eine Freistellung nach Art. 101 Abs. 3 AEUV regelmäßig nicht in Betracht kommen. Im Bereich der GVO dürften im Übrigen die regelmäßig vorgesehenen Marktanteilsschwellen überschritten sein.

192 Da der Vorrang des europäischen Kartellrechts bei einseitigen Handlungen nicht eingreift, Art. 3 Abs. 2 S. 2 VO (EG) Nr. 1/2003 (siehe oben Rn 46 ff), sind die Regelungen des deutschen Kartellrechts, die teilweise über Art. 102 AEUV hinausgehen, auch dann zu berücksichtigen, wenn das

318 EuGH, Rs. C-73/95 P (Viho), Slg 1996, I-5457, Rn 16; zum Konzernprivileg bei GU s.u. Rn 277.
319 So noch EuGH, Rs. 30/87 (Bodson), Slg 1988, 2479, Rn 19.
320 *Eilmansberger*, in: Streinz, Art. 101, Rn 71.
321 *Eilmansberger*, in: Streinz, Art. 101, Rn 77; vgl auch EuG, Rs. T-354/94 (Stora Kopparbergs Berglags), Slg 1998, II-2111 Rn 84; bestätigt durch EuGH, Rs. C-286/98 P (Stora Kopparbergs Berglags), Slg 2000, I-9925.
322 Sofern dies nicht aus eigener Kraft erfolgt, sind allerdings die fusionskontrollrechtlichen Vorschriften zu beachten (dazu Rn 230 ff).
323 EuGH, Rs. 6/72 (Continental Can), Slg 1973, 215, Rn 26.
324 EuG, Rs. T-68, 77,78/89 (SIV), Slg 1992, II-1403, Rn 360.
325 EuG, Rs. T-51/89 (Tetra Pak I), Slg 1990, II.-309, Rn 25 ff.

Zwischenstaatlichkeitskriterium erfüllt ist und das europäische Kartellrecht damit eingreift (siehe oben Rn 45, 54 ff).

II. Marktbeherrschende Stellung

Um die Frage zu beantworten, ob ein Unternehmen (allein oder gemeinsam mit anderen Unternehmen) eine beherrschende Stellung innehat, ist zunächst der relevante Markt in sachlicher und geographischer Hinsicht abzugrenzen. Hierzu wird auf die allgemeinen Ausführungen verwiesen (siehe obenRn 82 ff). 193

Anders als im deutschen Kartellrecht (§ 18 GWB) definiert Art. 102 AEUV nicht, was unter einer marktbeherrschenden Stellung zu verstehen ist. Nach einer in der Rechtsprechung entwickelten Standardformulierung ist Marktbeherrschung die wirtschaftliche Machtstellung eines Unternehmens, die dieses in die Lage versetzt, die Aufrechterhaltung eines wirksamen Wettbewerbs auf dem relevanten Markt zu verhindern, indem sie ihm die Möglichkeit verschafft, sich seinen Wettbewerbern, seinen Abnehmern und schließlich den Verbrauchern gegenüber in einem nennenswerten Umfang unabhängig zu verhalten.[326] Für die Feststellung einer marktbeherrschenden Stellung spielt es keine Rolle, worauf sich diese gründet, ob sie aus eigener Kraft, oder durch Zusammenschlüsse mit Konkurrenten, mit lauteren oder unlauteren Mitteln erreicht wurde. Mit der Feststellung der Marktbeherrschung ist auch noch kein Unwerturteil verbunden. 194

Nicht nur Anbieter, sondern auch **Nachfrager** können marktbeherrschend sein.[327] Zur Anwendung von Art. 102 AEUV auf marktbeherrschende Nachfrager gibt es jedoch bislang wenig praktische Fälle. 195

Art. 102 AEUV verbietet die missbräuchliche Ausnutzung einer marktbeherrschenden Stellung durch „ein oder mehrere Unternehmen". Erfasst wird also auch die **gemeinsame (kollektive) beherrschende Stellung** durch mehrere Unternehmen. Gemeint sind nicht mehrere juristische Personen innerhalb eines Konzerns, die eine wirtschaftliche Einheit bilden. Denn diese Einheit gilt bereits als ein einziges Unternehmen im Sinne von Art. 102 AEUV zumindest dann, wenn die Konzerngesellschaften über ihr Marktverhalten nicht wirklich autonom entscheiden können.[328] Es geht vielmehr um die Fälle, in denen Unternehmen, die voneinander rechtlich unabhängig sind, so miteinander verbunden sind, dass sie auf dem Markt in gleicher Weise vorgehen können. Maßgeblich ist, dass das Verhalten der Unternehmen gegenüber Dritten, insbesondere gegenüber Wettbewerbern oder Geschäftspartnern, als gemeinsames, aber einseitiges Verhalten in Erscheinung tritt.[329] In einem solchen Fall wird die beherrschende Stellung und gegebenenfalls der Missbrauch allen beteiligten Unternehmen zugerechnet. Eine kollektive marktbeherrschende Stellung kann deshalb auch durch ein einzelnes Unternehmen missbräuchlich ausgenutzt werden.[330] 196

Die Unternehmen müssen dabei derart verbunden sein, dass sie in der Lage sind, ein einheitliches Verhalten auf dem Markt zu setzen. In Frage kommt nicht nur eine vertragliche oder strukturelle Verbindung, etwa in Form einer wechselseitigen Kapitalbeteiligung oder personeller Verflechtung auf Führungsebene, sondern nach Auffassung des EuGH offenbar auch die **Reaktionsverbundenheit im Oligopol.**[331] In diesem Fall ergeben sich die verbindenden Faktoren aus der Marktstruktur.[332] Mit der kollektiven Marktbeherrschung ist ebenso wie bei der Marktbeherrschung durch ein einziges Unternehmen kein Unwerturteil verbunden. Das gleichförmige Verhalten als solches ist 197

326 EuGH, Rs. 27/76 (United Brands), Slg 1978, 207, Rn 65.
327 EuGH, Rs. 298/83 (CICCE), Slg 1985, 1105, Rn 22 ff; *Wirtz*, in: Mäger, 5. Kap., Rn 28 f.
328 EuGH, Rs. 15/74 (Centrafarm/Sterling Drug), Slg 1974, 1147.
329 EuGH, Rs. C-395, 396/96 P (Compagnie Maritime Belge Transports), Slg 2000, I-1365 Rn 39.
330 EuG, Rs. T-228/97 (Irish Sugar), Slg 1999, II-2969, Rn 66.
331 EuGH, Rs. C-395, 396/96 P (Compagnie Maritime Belge Transports), Slg 2000, I-1365 Rn 45; EuGH, Rs. C-497/39 P (Irish Sugar), Slg 2001, I-5333 Rn 46; EuGH, Rs. C-309/99 (Wouters), Slg 2002, I-1577, Rn 114.
332 Zu den Voraussetzungen, unter denen eine oligopolistische Reaktionsverbundenheit und damit eine kollektive Marktbeherrschung festgestellt werden kann, im Einzelnen s. Rn 257.

deshalb nach Art. 102 AEUV nicht verboten. Es muss vielmehr missbräuchlich sein (dazu Rn 201 ff).

198 Ob **Marktmacht** besteht, ist anhand einer Vielzahl von Kriterien zu beurteilen. Zu betrachten ist insbesondere die Struktur des Marktes, dh vor allem das Bestehen von Zutrittsbarrieren und die Position der betreffenden Unternehmen. In der Praxis steht der **Marktanteil** als Indikator von Marktmacht im Vordergrund (dazu Rn 86). Nach Auffassung des EuGH in der Entscheidung Hoffmann-La Roche liefern besonders hohe Anteile, von außergewöhnlichen Umständen abgesehen, ohne weiteres den Beweis für das Vorliegen einer einzelmarktbeherrschenden Stellung.[333] In Rede standen Marktanteile zwischen 75 und 87%. In der Michelin-Entscheidung wurde eine marktbeherrschende Stellung aus Marktanteilen zwischen 57 und 65% abgeleitet.[334] Nach der Akzo-Entscheidung liefert ein Marktanteil von 50% den Beweis für das Vorliegen einer einzelmarktbeherrschenden Stellung, sofern keine außergewöhnlichen Umstände vorliegen.[335] Marktanteile zwischen 40 und 50% werden als Hinweis darauf angesehen, dass eine einzelmarktbeherrschende Stellung besteht. Hinzukommen müssen aber zusätzliche Faktoren.[336] Liegen die Marktanteile zwischen 25 und 40%, wird die Feststellung einer einzelmarktbeherrschenden Stellung unwahrscheinlich. Liegen die Marktanteile unter 25%, ist der Nachweis der Einzelmarktbeherrschung praktisch ausgeschlossen.[337] Zur Aussagekraft von Marktanteilen für den Nachweis einer beherrschenden Stellung auf der **Nachfrageseite** gibt es bislang keine belastbare Entscheidungspraxis.[338]

199 Neben dem Marktanteil sind der Abstand zu den nächsten Konkurrenten sowie rechtliche und tatsächliche Marktzutrittsbarrieren zu berücksichtigen.[339]

200 Nach Art. 102 AEUV muss die marktbeherrschende Stellung auf dem **Gesamtgebiet des Gemeinsamen Marktes** oder auf einen **wesentlichen Teil** dieses Gebietes[340] bestehen. Auch kleinere Mitgliedsstaaten sind jedenfalls als wesentlicher Teil des Gemeinsamen Marktes anzusehen.[341] Auch Teilgebiete von Mitgliedsstaaten wurden bereits als wesentlicher Teil des gemeinsamen Marktes anerkannt, etwa Süddeutschland[342] oder Rheinland-Pfalz,[343] weiterhin auch Flug- und Seehäfen aufgrund ihrer Bedeutung für den Handelsverkehr.[344]

III. Missbräuchliche Ausnutzung einer marktbeherrschenden Stellung

1. Allgemein

201 Der Beispielskatalog des Art. 102 Abs. 2 lit. a) bis d) AEUV erfasst bestimmte Formen des **Ausbeutungsmissbrauchs**, dh der Ausbeutung der Marktgegenseite, indem sich das marktbeherrschende Unternehmen geschäftliche Vorteile verschafft, die es bei wirksamem Wettbewerb nicht erhalten hätte. Einigkeit besteht aber, dass Art. 102 AEUV sich auch auf den **Behinderungsmissbrauch** erstreckt, dh auf Verhaltensweisen, mit denen Wettbewerber behindert werden. Nach der Definition des Missbrauchsbegriffs in der Hoffmann-La Roche Entscheidung des EuGH geht es um solche Verhaltensweisen eines marktbeherrschenden Unternehmens, die die Struktur eines Marktes beeinflussen können, auf dem der Wettbewerb gerade wegen der Anwesenheit des fraglichen

333 EuGH, Rs. 85/76 (Hoffmann-La Roche), Slg 1979, 461, Rn 41.
334 EuGH, Rs. 322/81 (Michelin), Slg 1983, 3461, Rn 52.
335 EuGH, Rs. C-62/86 (Akzo), Slg 1991, I-3359, Rn 60.
336 Leitlinien für horizontale Zusammenschlüsse, Rn 17.
337 S. auch Erwägungsgrund 32 der FKVO, wonach bei Nichtüberschreitung von 25 % davon ausgegangen wird, dass ein Zusammenschluss mit dem gemeinsamen Markt vereinbar ist; *Schröter*, in: Schröter/Jakob/Mederer, Art. 82, Rn 100 stellt demgegenüber auf eine Schwelle von 20% ab.
338 *Schröter*, in: Schröter/Jakob/Mederer, Art. 82, Rn 100.
339 Bsp. bei *Eilmansberger*, in: Streinz, Art. 102, Rn 23.
340 S. hierzu Überblick in der Mitteilung der Kommission über die Verweisung von Fusionssachen, ABl. 2005 C 56/2, Rn 40 mit Fn 34.
341 S. etwa EuGH, Rs. C-241, 242/91 P (RTE und ITP), Slg 1995, I-743, Rn 70 (Irland).
342 EuGH, Rs. 40 bis 48, 50, 54 – 56, 111, 113, 114/73 (Suiker Unie), Slg 1975, 1663, Rn 448.
343 EuGH, Rs. C-475/99 (Ambulanz Glöckner), Slg 2001, I-8089, Rn 38.
344 Kommission, 97/745/EG (Lotsentarife im Hafen von Genua), ABl. 1997 L 301/27, Rn 9.

Unternehmens bereits geschwächt ist, und die zusätzlich die Aufrechterhaltung des auf dem Markt noch bestehenden Wettbewerbs oder dessen Entwicklung durch die Verwendung von Mitteln behindern, die von den Mitteln eines normalen Produkt- oder Dienstleistungswettbewerbs auf der Grundlage der Leistungen der Marktteilnehmer abweichen.[345] Danach ist es auch einem marktbeherrschenden Unternehmen nicht verwehrt, seine Marktstellung durch Mittel des **Leistungswettbewerbs** zu verteidigen oder auszubauen. Verhaltensweisen sind demgegenüber als missbräuchlich einzustufen, sofern sie nicht auf der Qualität eigener Leistung beruhen, oder in erster Linie darauf abzielen, Wettbewerber zu schwächen (und nicht nur die eigene Leistungskraft zu erhalten). Nicht erforderlich ist, dass das Unternehmen erst durch seine marktbeherrschende Stellung in die Lage versetzt wurde, die in Rede stehende Maßnahme durchzuführen.[346] Bei Ausbeutungsmissbräuchen liegt ein derartiger Zusammenhang gleichwohl stets vor. Beim Behinderungsmissbrauch muss dies jedoch nicht der Fall sein.[347] Art. 102 AEUV erfasst auch Fälle, in denen ein Unternehmen einen bestimmten Markt beherrscht und sich auf einem anderen, typischerweise benachbarten Markt, missbräuchlich verhält.[348] Nur in Ausnahmefällen, insbesondere bei der missbräuchlichen Preisunterbietung,[349] die eine Verdrängungsabsicht erfordert, verlangt Art. 102 AEUV ein **subjektives Element**.[350]

2. Ausbeutungsmissbräuche

Bei einem Ausbeutungsmissbrauch nutzt ein Unternehmen seine marktbeherrschende Stellung dazu, sich geschäftliche Vorteile zu verschaffen, die es bei wirksamen Wettbewerb nicht erhalten hätte.[351] Der Beispielskatalog des Art. 102 Abs. 2 AEUV zählt die wichtigsten Fälle auf. 202

a) Erzwingung unangemessener Preise oder Geschäftsbedingungen

Klassischer Fall ist die Erzwingung unangemessener Einkaufs- oder Verkaufspreise oder sonstiger Geschäftsbedingungen, Art. 102 Abs. 2 lit. a) AEUV. Der Nachweis, dass ein Preis unangemessen ist, ist in der Praxis allerdings meist schwierig. Der EuGH hat in der United Brands-Entscheidung zwei Methoden erörtert.[352] Erstens kann die Unverhältnismäßigkeit zwischen Leistung und Gegenleistung (Preis) anhand eines Vergleichs des Preises mit den Produktionskosten ermittelt werden. Die damit erforderliche Analyse der **Kostenstruktur** bereitet jedoch insbesondere dann Schwierigkeiten, wenn das Unternehmen mehrere Produkte herstellt und bereits die Zuordnung der Fixkosten kaum möglich ist. Zweitens bietet sich ein Vergleich des Preises mit den für das fragliche Produkt auf anderen Märkten geforderten Preisen an. Als **Vergleichsmärkte** kommen andere Mitgliedsstaaten, aber auch Länder außerhalb der Union in Betracht.[353] Verglichen werden kann der in Rede stehende Preis zunächst mit Preisen, die von dem betreffenden Unternehmen in anderen räumlich relevanten Märkten gefordert werden. Darüber hinaus ist insbesondere auch ein Vergleich mit den Preisen denkbar, die von anderen Unternehmen in anderen räumlichen Märkten für vergleichbare Produkte praktiziert werden.[354] Neben dem räumlichen Vergleichsmarktkonzept sind auch ein sachlicher Vergleichsansatz (Preis für vergleichbares, aber nicht austauschbares Produkt als Bezugspunkt) oder ein zeitlicher Vergleichsmaßstab (Preis für das betreffende Produkt zu einem früheren Zeitpunkt) möglich. Nicht abschließend geklärt ist, welcher Preis – dh der niedrigste Preis 203

345 EuGH, Rs. 85/76 (Hoffmann-La Roche), Slg 1979, 461, Rn 91.
346 EuGH, Rs. 6/75 (Continental Can), Slg 1973, 215, Rn 27; EuGH, Rs. 85/76 (Hoffmann-La Roche), Slg 1979, 461, Rn 91.
347 *Eilmansberger*, in: Streinz, Art. 102, Rn 56.
348 Kommission, 92/163/EWG (TetraPak II), ABl. 1992 L 72/1, Rn 104.
349 EuGH, Rs. C-62/86 (Akzo), Slg 1991 I-3359, Rn 44 f; Rs. C-395, 396/96P (Compagnie Maritime Belge Transports), Slg 2000, I-1365, Rn 119.
350 EuGH, Rs. 6/72 (Continental Can), Slg 1973, 215, Rn 27 ff.
351 EuGH, Rs. 27/76 (United Brands), Slg 1978, 207, Rn 248.
352 EuGH, Rs. 27/76 (United Brands), Slg 1978, 207, Rn 251 ff.
353 S. etwa EuG, Rs. T-198/98 (Micro Leader), Slg 199, II-3989, Rn 54.
354 Kommission, 2001/892/EG (Deutsche Post AG), ABl. 2001, L 331/40, Rn 165.

oder der Durchschnittspreis – als Maßstab heranzuziehen ist und wie groß der Unterschied sein muss, um einen Missbrauch nachzuweisen.

204 Ein Sonderproblem betrifft die **Preisschere.** Diese stellt nach einem Urteil des EuG vom 10.4.2008,[355] in dem das Gericht eine Entscheidung der Kommission gegenüber der Deutschen Telekom bestätigte, einen eigenen Missbrauchstatbestand dar. Der Aspekt der Preisschere greift in Fällen ein, in denen ein Unternehmen sowohl auf einem vor- als auch auf einem nachgelagerten Markt tätig ist und den vorgelagerten Markt beherrscht, zur Verbesserung seiner Wettbewerbsposition gegenüber den Konkurrenten auf dem nachgelagerten Markt den Preis für das Vorprodukt besonders hoch und denjenigen für das Endprodukt besonders niedrig ansetzt. Sind beide Preise jeweils für sich nicht missbräuchlich, liegt nicht zwingend ein unzulässiges Verhalten vor.[356]

205 Neben Preisen können auch **Geschäftsbedingungen** missbräuchlich sein. Der Maßstab des Art: 102 AEUV deckt sich dabei aber nicht zwingend mit dem jeweiligen anwendbaren nationalen Zivilrecht (zB dem BGB).[357]

b) Einschränkung der Erzeugung, des Absatzes oder der technischen Entwicklung

206 Unter das Verbot der Einschränkung der Erzeugung, des Absatzes oder der technischen Entwicklung fallen zum einen Maßnahmen, durch die entsprechende Aktivitäten von **Wettbewerbern und Dritten** eingeschränkt werden. Dies ist eine Form des Behinderungsmissbrauchs (siehe Rn 210 ff). Zum anderen fällt unter die Vorschrift aber auch die Konstellation, in der ein marktbeherrschendes Unternehmen die **eigene** Produktion, den eigenen Absatz oder die eigene technische Entwicklung zum Schaden der Verbraucher einschränkt. Ein derartiger Ausbeutungsmissbrauch ist jedoch sehr schwer nachzuweisen. Dies betrifft sowohl die Frage, ob überhaupt eine derartige Einschränkung vorliegt, als auch den Aspekt, ob sie zB durch Rationalisierungserwägungen sachlich gerechtfertigt ist. Dementsprechend gibt es nur wenige praktische Fälle.[358]

c) Diskriminierung

207 Eine unzulässige Diskriminierung nach Art. 102 Abs. 2 lit. c) AEUV liegt vor, wenn das marktbeherrschende Unternehmen für gleichwertige Leistungen unterschiedliche Bedingungen anwendet und dies nicht durch objektive Umstände gerechtfertigt ist.[359] So dürfen Unternehmen treue Kunden nicht besser behandeln als Abnehmer, die ihren Bedarf teilweise auch bei Konkurrenten decken.[360] Unter diesem Gesichtspunkt der Ungleichbehandlung von Abnehmern wurden auch Treuerabatte und Zielrabatte als unzulässig qualifiziert.[361] Derartige Rabatte führen darüber hinaus auch – und dieser Aspekt steht meist im Vordergrund – zu einer Behinderung von Wettbewerbern (siehe dazu Rn 220 ff).

208 Art. 102 Abs. 2 lit. c) AEUV bezieht sich nur auf die Diskriminierung von Handelspartnern. Die Diskriminierung von anderen Personen, insbesondere Endabnehmern, ist jedoch ebenfalls unzulässig; sie fällt unter die Generalklausel des Art. 102 Abs. 1 AEUV.[362]

d) Preis-Kosten-Schere; margin squeeze

209 Einen weiteren Fall der missbräuchlichen Preisgestaltung stellt die sog. Preisschere (margin squeeze) dar. In diesem Fall verarbeitet ein marktbeherrschendes Unternehmen, das zugleich in

355 EuG; Rs. T-271/03 (Deutsche Telekom), Rn 99.
356 EuG, Rs. T-5/97 (Industrie Des Podres Spheriques), Slg 2000, II-3755, Rn 177 ff.
357 Kommission, 71/224/EWG (GEMA I), ABl. 1971 L 134/15, Rn 23.
358 S. etwa EuGH, Rs. 238/87 (Volvo), Slg 1988, 621,1 Rn 9 (Einstellung der Produktion von Ersatzteilen); Kommission 199/329/EG (P&I-Clubs), ABl. 199, L 125/12, Rn 128 (Angebot eines einzigen Versicherungsschutzes im Bereich der Seeversicherung).
359 EuG, Rs. T-83/91 (Tetra Pak II), Slg 1994 II-755, Rn 207.
360 *EuG, Rs. T-65/89 (BPB Industries & British Gypsum)*, Slg 1993, II-389, Rn 94.
361 Kommission, 200/74/EG (Virgin/British Airways), ABl. 2000 L 30/1, Rn 108 ff; Kommission, 97/624/EG (Irish Sugar), ABl. 1997, L 258/1, Rn 143.
362 EuGH Rs. 7/82 (GVL), Slg 1983, 483, Rn 56.

dem beherrschten Vorproduktmarkt und in einem nachgelagerten Markt für die verarbeiteten Produkte tätig ist, die Vorprodukte zum Teil selbst und verkauft die Vorprodukte im Übrigen an Wettbewerber auf dem nachgelagerten Markt. Dies geschieht jedoch zu einem Preis, der so hoch angesetzt ist, dass den Wettbewerbern auf dem Markt für die verarbeiteten Produkte keine hinreichende Gewinnspanne verbleibt, um wettbewerbsfähig und längerfristig auf dem Markt aktiv zu sein.[363]

Die Kommission ist der Ansicht, dass das Bestehen einer Preisschere ausreiche, um den Missbrauch einer marktbeherrschenden Stellung anzunehmen, ohne dass hierfür das Vorliegen einer konkreten Wettbewerbsbeeinträchtigung nachgewiesen werden müsste.[364] Diese Ansicht wurde vom EuGH bestätigt.[365]

3. Behinderungsmissbräuche

a) Allgemein

Behinderungsmissbräuche richten sich gegen Wettbewerber auf dem beherrschten oder einem benachbarten Markt. Auch marktbeherrschende Unternehmen dürfen jedoch grundsätzlich ihre Marktposition stärken und Wettbewerber auf diese Weise schwächen. Nach Auffassung des EuGH verbietet Art. 102 AEUV einem beherrschenden Unternehmen, einen Mitbewerber zu verdrängen und auf diese Weise die eigene Stellung zu stärken, indem es zu anderen Mitteln als denjenigen eines **Leistungswettbewerbs** greift.[366] Entscheidend ist damit, ob die betreffende Maßnahme als Wettbewerbshandlung betrachtet werden kann, in der entweder die Leistung des Unternehmens zum Ausdruck kommt oder die dessen Leistungsfähigkeit sichern will. Ob der Begriff des Leistungswettbewerbs sinnvoll und praktikabel ist, lässt sich bezweifeln. In der Sache wird ein unbestimmter Rechtsbegriff (missbräuchliches Verhalten) durch einen anderen (Maßnahmen des Nicht-Leistungswettbewerbs) ersetzt. Ein praktischer Test besteht darin, zu prüfen, ob die Beeinträchtigung der Marktstellung des Konkurrenten das Resultat oder die Voraussetzung für den Erfolg der zu beurteilenden Maßnahme des marktbeherrschenden Unternehmens darstellt.[367] Unterbietet zB ein Unternehmen die Preise eines Konkurrenten durch Kampfpreise, die nicht kostendeckend sind, liegt es nahe, dass sich der wirtschaftliche Erfolg der Maßnahmen nur bei Verdrängung des Konkurrenten vom Markt einstellt, da das marktbeherrschende Unternehmen dann den gewonnenen Freiraum für Preiserhöhungen nutzen kann. In einem derartigen Fall ist die Verdrängung des Wettbewerbers die Voraussetzung (und nicht nur die Folge) für den Erfolg der wettbewerblichen Maßnahme. Dies spricht für deren Unzulässigkeit. Unter praktischen Gesichtspunkten wird damit meist zu prüfen sein, ob die Maßnahme sachlich, dh durch betriebswirtschaftliche Überlegungen, gerechtfertigt werden kann.[368] Eine (nach welchen Kriterien auch immer bejahte) Maßnahme des Leistungswettbewerbs verstößt auch dann nicht gegen Art: 102 AEUV, wenn sie aktuelle Wettbewerber vom Markt verdrängt oder potentielle Wettbewerber vom Marktzutritt abhält. 210

b) Geschäftsverweigerung

Auch marktbeherrschende Unternehmen dürfen ihre Geschäftspartner grundsätzlich frei wählen. 211
Ausnahmsweise kann die Weigerung, Geschäftsbeziehungen aufzunehmen oder diese abzubrechen, jedoch missbräuchlich sein. Unterschieden werden können zwei Fallgruppen. Zum einen kann es um Produkte oder Dienstleistungen gehen, die ohnehin vermarktet werden. Zum anderen – und dies sind die rechtlich schwieriger zu beurteilenden Fälle – können Produkte oder Dienstleistungen

363 EuG, Rs. T-5/97(Industrie des Poudres Sphériques), Slg 2000, II-3755, Rn 178. Kommission 88/518/EWG (Napier Brown/British Sugar), ABl.1988 L 284/41, Rn 66; EuG, Rs. T-271/03(Deutsche Telekom), Slg 2008, II-477, Rn 237; *M. Wirtz,* in: Mäger Kap. 6 Rn 66.

364 Kommission (Deutsche Telekom), ABl. 2003 L 263/9, Rn 180; *M. Wirtz,* in: Mäger Kap. 6 Rn 66.

365 EuGH, Rs.C-280/08 (Deutsche Telekom), Slg 2010, I-09555, Rn 183; *M. Wirtz,* in: Mäger Kap. 6 Rn 66.

366 EuGH, Rs. 62/86 (Akzo), Slg 1991, I-3359, Rn 70.

367 *Eilmansberger* in: Streinz, Art. 102, Rn 63.

368 *Eilmansberger* in: Streinz, Art. 102, Rn 63.

in Betracht kommen, die das marktbeherrschende Unternehmen für den Eigengebrauch bestimmt hat.

212 Der ersten Fallgruppe (Abschlussverweigerung bei **selbständig vermarkteten** Produkten und Dienstleistungen) ist die grundlegende Commercial Solvents-Entscheidung des EuGH zuzuordnen.[369] Ein Unternehmen, das als Anbieter eines Rohstoffes marktbeherrschend ist, handelt danach missbräuchlich, wenn es die Versorgung eines Weiterverarbeiters und langjährigen Abnehmers deshalb einstellt, weil das marktbeherrschende Unternehmen begonnen hat, den Rohstoff selbst weiter zu verarbeiten und damit in Konkurrenz mit dem Abnehmer getreten ist.[370] Der Abbruch einer Lieferbeziehung kann jedoch gerechtfertigt sein, wenn der Vertriebspartner sich dafür entschieden hat, sich auf den Absatz von Konkurrenzprodukten zu konzentrieren.[371]

213 Nicht erforderlich ist, dass die Geschäftsverweigerung tatsächlich zu einer Beseitigung jeglichen Wettbewerbs auf einem nachgelagerten Markt führt, dh Wettbewerber mangels alternativer Lieferquellen und ohne die Möglichkeit einer Eigenproduktion auf die Belieferung durch das marktbeherrschende Unternehmen angewiesen sind.[372] Ist das in Rede stehende Produkt jedoch nicht in ausreichender Menge vorhanden, muss auch ein marktbeherrschender Lieferant nicht alle Abnehmer gleichmäßig beliefern, sondern darf Stammkunden bevorzugen,[373] allerdings nicht nur deshalb, weil der Stammkunde ausschließlich bei ihm bezieht.

214 Schwieriger zu beurteilen ist die zweite Fallgruppe. Unter bestimmten Voraussetzungen können marktbeherrschende Unternehmen verpflichtet sein, Konkurrenten die Nutzung materieller oder immaterieller Güter zu gewähren, die an sich für den **Eigengebrauch** bestimmt waren.

215 Die betrifft zunächst **Infrastruktureinrichtungen** (essential facilities). Die grundlegende Bronner-Entscheidung des EuGH betraf ein Hauszustellungssystem für Tageszeitungen. Nach Auffassung des EuGH ist die Zugangsverweigerung dann missbräuchlich, wenn die Verweigerung der in der Hauszustellung liegenden Dienstleistungen zum einen geeignet wäre, jeglichen Wettbewerb auf dem Tageszeitungsmarkt durch denjenigen, der die Dienstleistung begehrt, auszuschalten und nicht objektiv zu rechtfertigen wäre und zum anderen die Dienstleistung selbst für die Ausübung der Tätigkeit des Wettbewerbers in dem Sinne unentbehrlich wäre, dass kein tatsächlicher oder potentieller Ersatz für das Hauszustellungssystem bestünde.[374] Der Zugang zu einer bestimmten Einrichtung muss also für den Zugang zu dem nachgelagerten Markt erforderlich sein und gegenüber dem Zugang zu der konkreten Einrichtung des Marktbeherrschers darf keine Alternative bestehen. Das zweite Erfordernis ist nur dann erfüllt, wenn die Errichtung einer eigenen Einrichtung aus technischen, rechtlichen oder wirtschaftlichen Gründen unmöglich oder unzumutbar ist,[375] wobei nicht auf den Zutrittsbegehrenden abzustellen ist, sondern darauf, ob ein effizienter Wettbewerber angesichts der Marktverhältnisse in der Lage wäre, das betreffende System zu wirtschaftlich vernünftigen Bedingungen zu betreiben.[376] Im Vordergrund steht also die Frage, ob die Zugangsverweigerung zu einem Ausschluss von Wettbewerbern auf dem nachgelagerten Markt führt. Die prakti-

369 EuGH, Rs. 6, 7/73 (Commercial Solvents), Slg 1974, 223, Rn 25.

370 Ähnlich gelagert sind die Fälle BBI/Boosey & Hawkes, Kommission, 87/500/EWG ABl. 1987 L 286/36, Rn 19 (Abbruch der Lieferbeziehungen durch einen Hersteller von Musikinstrumenten gegenüber einem Abnehmer, der begonnen hatte, diese Instrumente herzustellen); Napier Brown/British Sugar, Kommission, 88/518/EWG, ABl. 1988 L 284/140, Rn 61 (Abbruch der Lieferbeziehungen zu einem Unternehmen, das auf einem benachbarten Markt als Konkurrent aufgetreten war); Eurofix-Bauco/Hilti, Kommission, 88/138/EWG ABl. 1988 L 65/19, Rn 77, bestätigt durch EuG, Rs. T 30/89, Slg 1991, II-1439 und EuGH, Rs. C 53/92 P, Slg 1994, I-667 (Lieferverweigerung gegenüber alten Kunden oder Händlern, um den Weiterverkauf an Erzeuger kompatibler Produkte zu verhindern); United Brands, EuGH, Rs. 27/76, Slg 1978, 207, Rn 163 f (Abbruch der Lieferbeziehungen zu einem Händler wegen der Aufnahme von Wettbewerbsbeziehungen sowie der Zusammenarbeit mit einem Konkurrenten).

371 Kommission, 87/500/EWG (BBI/Boosey & Hawkes), ABl. 1987 L 286/36, Rn 19.

372 EuGH, Rs. 6, 7/73 (Commercial Solvents), Slg 1974, 223, Rn 26.

373 EuGH Rs. 77/77 (BP), Slg 1978, 1513, Rn 34.

374 EuGH, Rs. C-7/97 (Bronner), Slg 1989 I-7791, Rn 41.

375 EuGH, Rs C-7/97 (Bronner), Slg 1989 I-7791, Rn 44.

376 EuGH, Rs. C-7/97 (Bronner), Slg 1989 I-7791, Rn 44 f.

schen Fälle betrafen bislang hauptsächlich den Verkehrssektor sowie die liberalisierten Netzwirtschaften.[377]

Neben Infrastruktureinrichtungen spielte vor allem der Bereich der **Immaterialgüterrechte** eine Rolle. Die Weigerung, Dritten Lizenzen an Immaterialgüterrechten zu erteilen, ist für sich gesehen noch nicht missbräuchlich. Gleiches gilt für die Geltendmachung von Immaterialgüterrechten mit dem Ziel, Dritte an deren Ausnutzung zu hindern. Nach der Magill-Entscheidung des EuGH kann die Rechtsausübung jedoch ausnahmsweise missbräuchlich sein, wenn drei Voraussetzungen erfüllt sind: Erstens muss die Weigerung des Rechteinhabers, die betreffenden Rechte Dritten zur Verfügung zu stellen, dazu führen, dass ein von ihm selbst nicht angebotenes Erzeugnis, nach dem eine potentielle Verbrauchernachfrage besteht, verhindert wird. Zweitens darf die Weigerung durch die Tätigkeit des Rechteinhabers auf den betroffenen Märkten nicht gerechtfertigt sein. Drittens muss die Weigerung des Rechteinhabers geeignet sein, jeglichen Wettbewerb auf dem abgeleiteten Markt auszuschließen.[378] Diese Grundsätze hat der EuGH in der vorläufigen Entscheidung in Sachen IMS Health bestätigt.[379] Im Hinblick auf das erste Erfordernis hat der EuGH festgestellt, dass durch die Weigerung des Rechteinhabers, Lizenzen zu erteilen, ein neues Produkt verhindert werden muss. Unklar ist, ob auch die wesentliche Verbesserung eines bereits bestehenden Produktes diese Voraussetzung erfüllen kann.[380] Im Ergebnis kommt im Bereich der Immaterialgüterrechte also eine modifizierte essential facilities doctrine zur Anwendung.[381] 216

c) Abnehmerbindung

Durch Abnehmerbindungen werden Kunden oder Händler verpflichtet, ihren Bedarf ganz oder teilweise bei dem marktbeherrschenden Unternehmen zu decken. Dies geschieht durch Alleinbezugsbindungen, Wettbewerbsverbote, Mindestabnahmeverpflichtungen, Rabattsysteme oder Kopplungsgeschäfte. Langfristige Alleinbezugsverpflichtungen werden zB regelmäßig als missbräuchlich qualifiziert.[382] Im Einzelnen zu analysieren sind jedoch der Bindungsgrad, die Bindungsdauer und etwaige Rechtfertigungselemente (siehe auch Rn 131). 217

Ist eine Ausschließlichkeitsbindung als missbräuchlich anzusehen, dürfte auch die Vereinbarung einer **englischen Klausel** (teilweise auch als last call-Klausel bezeichnet) hieran nichts ändern. Danach ist der Abnehmer berechtigt, den Lieferanten zu wechseln, wenn ihm ein günstigeres Drittangebot vorliegt und der Lieferant sein Angebot nicht anpasst. Im Fall Hoffmann-La Roche hat der EuGH festgestellt, dass eine englische Klausel den durch die Bezugsbindung hervorgerufenen Missbrauchsvorwurf nicht beseitige oder abschwäche, sondern eher noch verstärke.[383] 218

Beschränkt ein Lieferant einen Abnehmer hinsichtlich der **Nutzung** oder des **Weitervertriebs** der gelieferten Produkte, dürfte regelmäßig bereits ein Verstoß gegen Art. 101 AEUV vorliegen. Ist der Lieferant marktbeherrschend, tritt ein Missbrauch nach Art. 102 AEUV hinzu.[384] 219

377 S. etwa EuG, Rs. T-374,375,384, 388/94 (European Night Services), Slg 1989 II-3141, Rn 209; Kommission, 94/119/EG (Port of Rødby) ABl. 1994 L 55/52, Rn 12 ff; Kommission, 94/19/EG (Sea Containers/Stena Sealink), Abl. 1994 L 15/8, Rn 66; Kommission, 98/190/EG (Flughafen Frankfurt/Main AG), ABl. 1998 L 72/30, Rn 72 ff; Kommission, 88/589/EWG (London European/Sabena), ABl. 1988 L 317/47, Rn 34.

378 EuGH, Rs. C-241, 242/91P (RTE), Slg 1995 I-743, Rn 9.

379 EuGH, Rs. C-418/01 (IMS Health), Slg 2004, I-5039.

380 Auch geheime Informationen können als wesentliche Einrichtung angesehen werden. Dies betrifft etwa den Microsoft-Fall (Kommission, Fall COMP/C-3/37. 792 (Microsoft).

381 *Wirtz*, in: Mäger, 6. Kap., Rn 117.

382 EuGH, Rs. 85/76 (Hoffmann-La Roche), Slg 1979, 461, Rn 89 ff (2 Jahre).

383 EuGH, Rs. 85/76 (Hoffmann La Roche) Slg1979, 461, Rn 102 ff; siehe auch Kommission, IV/29.021, (BP Kemi-DDSF), ABl. 1979 L 286, 32; s. *S. Mäger*, in: Mäger, 4. Kap., Rn 129 f.

384 S. zB Kommission, 88/138/EWG (Eurofix-Bauco/Hilti), ABl. 1988 L 65/19, Rn 76, bestätigt durch EuG, Rs. T-30/89 Slg 1991, II-1439, Rn 99 ff und EuGH, Rs. C-53/92P, Slg 1994 I-667 (Verbot an Abnehmer, Konkurrenten zu beliefern); EuGH, Rs. C-333/94P (Tetra Pak II), Slg 1996 I-5951, Rn 36 (Verbot an Erwerber von Abfüllanlagen betreffend Umbau, Wartung, Reparatur und Nutzungsänderung); Kommission, 79/353/EWG (Chiquita) ABl. 1976, L 95/1, Rn 13, bestätigt durch EuGH, Rs. 27/76 (United Brands), Slg 1978, 207, Rn 152 ff (Weiterverkaufsverbot).

d) Rabattsysteme

220 Rabatte können Ausdruck zulässigen Preiswettbewerbs sein. Sie können aber auch direkt gegen andere Anbieter gerichtet sein, dh Abnehmer belohnen, wenn sie ihren Bedarf nicht bei Konkurrenten decken. Die Abgrenzung zwischen leistungsgerechten und nicht-leistungsgerechten Rabattsystemen kann im Einzelfall schwierig sein. Allgemein ist zu prüfen, ob der Rabatt im Hinblick auf eine Leistung gewährt wird, die der Abnehmer dem Lieferanten erbringt.[385]

221 Regelmäßig unzulässig sind sog. **Treuerabatte**, deren Gewährung voraussetzt, dass der Abnehmer unabhängig von dem absoluten Umfang der getätigten Käufe seinen Gesamtbedarf oder einen wesentlichen Teil desselben ausschließlich bei dem marktstarken Hersteller deckt. Sie beruhen nicht auf einer wirtschaftlichen Leistung, sondern zielen darauf ab, dem Abnehmer die Wahl zwischen mehreren Bezugsquellen zu erschweren und anderen Herstellern den Zugang zum Markt zu verwehren.[386] Treuerabatten gleichgestellt hat die Rechtssprechung **Umsatzrabatte mit kundenspezifischen Umsatzzielen**, zumal (aber nicht nur) wenn diese eine Steigerung des Umsatzes gegenüber der jeweils vorherigen Referenzperiode besonders belohnen.[387] Treuerabatte und kundenspezifische Umsatzrabatte führen zudem zu einer ungerechtfertigten Diskriminierung, da Abnehmer unterschiedliche Durchschnittspreise zahlen, obwohl sie innerhalb der relevanten Bezugsperiode dieselben Umsätze mit dem marktstarken Hersteller erzielt haben.[388] Eine treuefördernde Wirkung können darüber hinaus auch **Umsatzrabatte mit relativ langen Referenzperioden** haben. Nach Ansicht der Rechtsprechung weist ein Jahresumsatzrabattsystem, bei dem sich der Rabattsatz von den niedrigeren hin zu den höheren Stufen erheblich verändert und das durch einen Bezugszeitraum von einem Jahr und einer Ermittlung des Rabatts auf der Grundlage des im Bezugszeitraum erzielten Gesamtumsatzes gekennzeichnet ist, die Wesensmerkmale eines Treuerabattsystems auf.[389] Wird der Rabatt auf den mit **Produktgruppen** erzielten Gesamtumsatz gewährt, so wird der Abschottungseffekt zusätzlich verstärkt. Soweit die einbezogenen Produktgruppen unterschiedlichen Märkten zuzuordnen sind, liegt zudem eine missbräuchliche Kopplung vor (siehe Rn 224), dh der Hersteller nutzt seine Marktstellung in Bezug auf ein Produkt dazu, den Absatz des anderen gekoppelten Produkts zulasten der Wettbewerber auf dem betreffenden (Dritt-) Markt zu erhöhen.[390]

222 Zulässig sind hingegen **reine Mengenrabatte**, die ausschließlich an den Umfang der bei einem marktstarken Lieferanten getätigten Käufe anknüpfen. Wenn die Erhöhung der Liefermenge zu geringeren Kosten für den Lieferanten führt, darf dieser die Kostensenkung durch einen günstigeren Preis an seine Kunden weitergeben. Mengenrabatte werden also als eine Widerspiegelung des Zugewinns an Effizienz und der Größenkostenersparnisse angesehen.[391] Regelmäßig zulässig sind auch **Umsatzrabattsysteme mit kurzen Referenzperioden**. Sie sind eher mit reinen Mengenrabatten als mit Treuerabatten vergleichbar und bewirken daher keinen Abschottungseffekt.[392]

223 Bewirkt ein (Treue- oder Umsatz-) Rabattsystem eine Behinderung von Wettbewerbern oder eine Ungleichbehandlung von Abnehmern, ist es nur gerechtfertigt, wenn es auf einer wirtschaftlich gerechtfertigten Gegenleistung beruht. Dies ist der Fall, wenn es Größenvorteile vergütet, die das

---

385 EuGH, Rs. 322/81 (Michelin I), Slg 1983, 3461, Rn 71.

386 EuGH, Rs. 85/76, (Hoffmann-La Roche), Slg 1979, 461, Rn 90 ff, sowie EuGH, Rs. 322/81 (Michelin I), Slg 1983, 3461, Rn 71; EUG, Rs. T-155/06 (Tomra Systems), Slg 2011, II-4361, bestätigt durch EuGH, Rs. C-549/10, Entscheidung vom 19. April 2012.

387 EuGH, Rs. 322/81 (Michelin I), Slg 1983, 3461, Rn 72 ff; EuG, Rs. T-219/99 (British Airways), Slg 2003, II-5917, Rn 235 ff.

388 EuGH, Rs. 322/81 (Michelin I), Slg 1983, 3461, Rn 73 (Jahresrabatt auf der Grundlage eines individuell vereinbarten Absatzziels); EuG, Rs T-219/99 (British Airways), Slg 2003, II-5917, Rn 235 (Ergebniszuschläge auf der Grundlage individualisierter Umsatzziele).

389 EuG, Rs. T-203/01 (Michelin II), Slg 2003, II-4082, Rn 59.

390 EuGH, Rs. 85/76 (Hoffmann-La Roche), Slg 1979, 461, Rn 110 f.

391 EuG, Rs. T-219/99 (British Airways), Slg 2003, II-5917, Rn 246; EuG, Rs. T-203/01 (Michelin II), Slg 2003, II-4082, Rn 58.

392 EuG, Rs. T-203/01 (Michelin II), Slg 2003, II-4082, Rn 88 (Kundenbindungswirkung umso größer je länger die Referenzperioden); Kommission, Fall-Nr. COMP/E-2/36.041 PO (Michelin), ABl. 2002 Nr. L 143/1, Rn 216 (3 Monate).

marktstarke Unternehmen durch höhere Bestellmengen erzielt. Die Beweislast für die sachliche Rechtfertigung obliegt dem marktstarken Unternehmen. Es muss nachweisen, dass die gewährten Rabatte auf tatsächlichen Kosteneinsparungen beruhen. Die allgemeine Behauptung von Vorteilen bei den Herstellungs- und Vertriebskosten genügen insofern nicht.[393]

e) Kopplungsgeschäfte

Eine unzulässige Bindung von Abnehmern kann auch durch Kopplungsgeschäfte erreicht werden. 224
Art. 102 Abs. 2 lit. d) AEUV bezieht sich auf Bedingungen, nach denen die Vertragspartner zusätzliche Leistungen annehmen, die weder sachlich noch nach Handelsbrauch in Beziehung zum Vertragsgegenstand stehen. Ein missbräuchliches Kopplungsgeschäft kann zwar ausnahmsweise auch dann vorliegen, wenn die Zusatzleistung an sich mit dem Hauptgeschäft in Verbindung steht.[394] Regelmäßig dürfte eine Kopplung aber zu rechtfertigen sein, wenn eine besondere Beziehung zwischen Haupt- und Nebenleistung besteht. Eine missbräuchliche Kopplung setzt die Ausübung von Zwang oder Druck voraus, etwa in Form einer vertraglichen Verpflichtung oder einer faktischen Weigerung, die Hauptleistung ohne Abnahme der Zusatzleistung zu liefern. Nach Auffassung der Kommission missbraucht zB Microsoft seine marktbeherrschende Stellung auf dem Markt für Betriebssysteme von PC, indem es seinen Windows Media Player an das Windows-Betriebssystem koppelt.[395]

f) Kampfpreisunterbietung (predatory pricing)

Durch besonders niedrige Verkaufspreise können Wettbewerber behindert werden. In der Grund- 225
satzentscheidung im Fall Akzo hat der EuGH einen Missbrauch angenommen, wenn der Preis unter den durchschnittlichen variablen Kosten liegt. Denn ein marktbeherrschendes Unternehmen habe nur dann ein Interesse an einer derartigen Preisfestsetzung, die zu einem Verlust in Höhe der gesamten Fixkosten und zumindest eines Teils der variablen Kosten führt, wenn es darum geht, einen Konkurrenten auszuschalten und danach unter Ausnutzung der Monopolstellung die Preise wieder anzuheben.[396] Ein derartiger Nachweis, dass die Verluste durch zukünftige Preissteigerungen aufgewogen werden können, ist für das Missbrauchsurteil jedoch nicht erforderlich.[397] Darüber hinaus qualifiziert der EuGH auch Preise als missbräuchlich, die unter den durchschnittlichen Gesamtkosten liegen, wenn sie „im Rahmen eines Plans festgesetzt wurden, der die Ausschaltung eines Konkurrenten zum Ziel hat."[398] Indizien dafür seien Drohungen gegen die Konkurrenten, selektive Niedrigpreise zur gezielten Abwerbung bestimmter Kunden des Konkurrenten sowie eine längere Dauer der Niedrigpreispolitik.

Das Verbot diskriminierender Kampfpreise darf jedoch nicht so weit gehen, dass es dem marktbe- 226
herrschenden Unternehmen insgesamt untersagt wäre, selektive Preisnachlässe zu gewähren. Es muss möglich sein, sich gegen Wettbewerber zur Wehr zu setzen und die eigenen Interessen zu schützen, wenn die Wettbewerbsposition angegriffen wird.[399]

g) Missbräuchliche Rechtsverfolgung

Unter engen Voraussetzungen kann eine Klageerhebung gegen einen Konkurrenten missbräuchlich 227
sein, wenn diese dazu dient, den Wettbewerb zu beseitigen.[400]

393 EuG, Rs. T-203/01 (Michelin II), Slg 2003, II-4082, Rn 98 ff; EuG v. 17. Dezember 2003, Rs. T-219/99 (British Airways), Slg 2003, II-5917, Rn 282 ff.
394 EuGH, Rs. C-333/94 P (Tetra Pak II), Slg 1996, I-5951, Rn 37.
395 Kommission, 24. März 2004 COMP/C – 3/37. 792 (IP/04/382), WuW/E EV 931.
396 EuGH, Rs. C-62/86 (Akzo), Slg 1991, I-3359, Rn 71.
397 EuGH, Rs. C-333/94 P (Tetra Pak II), Slg 1996, I-5951, Rn 40 ff.
398 EuGH, Rs. C-62/86 (Akzo), Slg 1991, I-3359, Rn 72.
399 EuGH, Rs. 27/76 (United Brands), Slg 1978, 207, Rn 189 f; s. auch *Eilmansberger*, in: Streinz, Art. 102, Rn 107.
400 EuG, Rs. T-111/96 (ITT Promedia), Slg 1998, II-2937.

h) Marktstrukturmissbrauch

228 Ein Sonderfall des Behinderungsmissbrauchs ist der Marktstrukturmissbrauch. In diese Kategorie fallen der Erwerb einer kontrollierenden Mehrheit[401] oder einer Minderheitsbeteiligung[402] an einem Wettbewerber. Seit Inkrafttreten der FKVO ist die Frage, ob Zusammenschlüsse im Sinne von Art. 3 FKVO von Art. 102 AEUV erfasst werden, aber von geringer praktischer Bedeutung (siehe Rn 232). Diskutiert wird, ob ein Marktstrukturmissbrauch auch durch Gründung eines kooperativen GU (dazu Rn 268), das der FKVO nicht unterfällt, oder durch langfristige Kooperationsvereinbarungen verwirklicht werden kann.[403]

229 Zur Fallgruppe des Marktstrukturmissbrauchs gehören weiterhin der Erwerb einer ausschließlichen Lizenz an konkurrierenden Technologien[404] oder an Herstellung und Vertrieb besonders marktstarker Produkte.[405] In der Entscheidung TACA[406] wurden Maßnahmen als Schädigung der Marktstruktur qualifiziert, mit denen potenzielle Wettbewerber veranlasst wurden, sich beim Marktzutritt Kooperationsvereinbarungen anzuschließen, die von den gemeinsamen marktbeherrschenden Unternehmen praktiziert wurden.

G. Fusionskontrolle

I. Allgemein

230 Die wettbewerblichen Verhältnisse auf einem Markt können sich nicht nur durch Kooperationen zwischen Konkurrenten, beschränkende Abreden in Vertikalverträgen und einseitige Maßnahmen eines marktbeherrschenden Unternehmens verschlechtern. Negative Folgen können vielmehr auch eintreten, wenn ein Unternehmen dadurch als selbstständiger Marktteilnehmer entfällt, dass es durch einen anderen Marktteilnehmer aufgekauft wird. Um die wettbewerblichen Folgen derartiger Zusammenschlüsse prüfen zu können, verfügen die meisten Rechtsordnungen nicht nur über (im engeren Sinne) kartellrechtliche Vorschriften, sondern auch über fusionskontrollrechtliche Regelungen.

231 Der AEUV (und seine Vorläufer) enthalten keine besonderen Bestimmungen zur Fusionskontrolle. Zwar wurde die Einführung einer Fusionskontrolle in den EWG-Vertrag nach dem Vorbild von Art. 66 EGKS-Vertrag erwogen, aber im Ergebnis verworfen. Die Kommission hat versucht, auf der Grundlage der Art. 81 und 82 EG für besondere Konstellationen der Sache nach eine Fusionskontrolle zu begründen.[407] Dies ist über Ansätze jedoch nicht hinausgegangen.[408] Erst mit dem Erlass der Fusionskontrollverordnung VO (EWG) Nr. 4064/89 wurde eine unionsweit geltende, umfassende und effiziente präventive Fusionskontrolle auf europäischer Ebene eingeführt. Die alte Fusionskontrollverordnung ist zum 1. Mai 2004 durch die VO (EG) Nr. 139/2004 (**FKVO**) ersetzt worden.

232 Nach der FKVO sind Vorhaben bei der Kommission anzumelden, wenn sie einen Zusammenschlusstatbestand im Sinne von Art. 3 FKVO erfüllen und die an dem Zusammenschluss beteiligten

---

401 EuGH, Rs. 6/72 (Continental Can), Slg 1973, 215, Rn 26.

402 EuGH, Rs. 142, 156/84 (BAT und Reynolds), Slg 1987, 4487, Rn 65; s. auch Kommission, 93/252/EWG (Warner-Lambert/Gillette), ABl. 1993 L 116/21, Rn 25 ff.

403 S. nur *Eilmansberger*, in: Streinz, Art. 102, Rn 118.

404 EuG, Rs. T-51/89 (Tetra Pak I), Slg 1990, II-309, Rn 23 ff.

405 S. die Fälle Carlsberg/Interbrew, (XIV. Wettbewerbsbericht 1994, Rn 209, 213) sowie Swedish Match (XVII. Wettbewerbsbericht 1997, Rn 66).

406 Kommission, 1999/243/EG (TACA), ABl. 1999 L 95/,1 Rn 560 ff.

407 EuGH, Rs. 6-72 (Continental Can), Slg 1973, 215, Rn 26; EuGH, Rs. 142 und 156/84 (BAT und Reynolds), Slg 1987, 4566.

408 Im Fall E.ON/Ruhrgas hat die Monopolkommission in ihrem Sondergutachten vom 21. Mai 2002 allerdings die Auffassung vertreten, der Zusammenschluss E.ON/Ruhrgas sei unmittelbar am Maßstab von Art. 81 und 82 EG zu messen. Solange die Kommission keine Freistellung nach Art. 81 Abs. 3 EG erteilt habe, liege ein Verstoß gegen Art. 81 Abs. 1 EG vor. Dem Minister wurde deshalb empfohlen, das Erlaubnisverfahren bis zum Vorliegen einer Freistellungsentscheidung der Kommission auszusetzen. Eine gleichwohl erteilte Ministererlaubnis sei wegen Vorrangs des Unionsrechts unanwendbar und wirkungslos (Rn 221 ff).

Unternehmen bestimmte Umsatzschwellen erreichen, Art. 1 FKVO. Für die Kontrolle dieser Zusammenschlüsse ist die Kommission grundsätzlich ausschließlich zuständig und eine Anmeldung bei einer Kartellbehörde in einem Mitgliedstaat der Union ist nicht möglich (siehe aber Rn 246 ff). Vorhaben, die entweder keinen Zusammenschlusstatbestand im Sinne von Art. 3 FKVO erfüllen oder bei denen die beteiligten Unternehmen die Umsatzschwellen von Art. 1 FKVO nicht erreichen, unterliegen demgegenüber grundsätzlich den nationalen Fusionskontrollregimen der Mitgliedstaaten. Unabhängig davon, ob die Kommission oder die nationalen Kartellbehörden der Mitgliedstaaten zuständig sind, müssen stets die nationalen Fusionskontrollregime außerhalb der Union beachtet werden.

Die FKVO wird durch eine Durchführungsverordnung der Kommission ergänzt, welche die Einzelheiten der Anmeldung eines Zusammenschlussvorhabens bei der Kommission, die Ermittlungsbefugnisse sowie die Verfahrensgarantien der beteiligten Unternehmen regelt. Hierbei handelt es sich um die VO (EG) Nr. 802/2004 (**FKVO-DVO**). Der FKVO-DVO sind als Anhänge die Formblätter beigefügt, die bei der Anmeldung eines Zusammenschlusses bei der Kommission zu verwenden sind. Schließlich hat die Kommission eine konsolidierte Mitteilung zu Zuständigkeitsfragen über die Kontrolle von Unternehmenszusammenschlüssen veröffentlicht.[409] Diese Mitteilung ersetzt die bestehenden vier Mitteilungen, die von der Kommission 1998 auf der Grundlage der damals geltenden Verordnung (EWG) Nr. 4064/89 des Ratens angenommen wurden. Dies sind (i) die Mitteilung über den Begriff des Zusammenschlusses, ii) die Mitteilung über den Begriff des Vollfunktionsgemeinschaftsunternehmens, iii) die Mitteilung über den Begriff der beteiligten Unternehmen und iv) die Mitteilung über die Berechnung des Umsatzes. Die konsolidierte Mitteilung erfasst daher alle Rechtsfragen, die für die Bestimmung der Zuständigkeit der Kommission nach der neuen Fusionskontrollverordnung von Bedeutung sind. Die einzige Zuständigkeitsfrage, die nicht Bestandteil der Mitteilung ist, ist die Verweisung. 233

II. Anwendungsbereich der FKVO (Aufgreifkriterien)

1. Zusammenschlüsse

Negative Auswirkungen auf den Markt setzen nicht zwingend voraus, dass ein Unternehmen die kontrollierende Mehrheit an einem anderen Unternehmen erwirbt. Vielmehr kann zB bereits der Erwerb einer Minderheitsbeteiligung zu wettbewerblichen Bedenken führen. Zahlreiche nationale Fusionskontrollregime ordnen deshalb eine Bandbreite von Tatbeständen als anmeldepflichtigen Zusammenschluss ein. So ist nach deutscher Fusionskontrolle bereits der Erwerb von 25 % des Kapitals oder der Stimmrechte an einem anderen Unternehmen anmeldepflichtig, unter bestimmten Voraussetzungen sogar ein Beteiligungserwerb unterhalb dieser Schwelle. Die europäische Fusionskontrolle kennt demgegenüber nur zwei Zusammenschlusstatbestände: die Fusion zwischen zwei oder mehreren bisher voneinander unabhängigen Unternehmen, Art. 3 Abs. 1 lit. a) FKVO, sowie den Erwerb unmittelbarer oder mittelbarer Kontrolle über ein oder mehrere Unternehmen oder Teilen davon, Art. 3 Abs. 1 b) FKVO.[410] 234

Die **Fusion** nach Art. 3 Abs. 1 lit. a) FKVO erfasst die rechtlichen Fusionsfälle nach Gesellschaftsrecht sowie die wirtschaftliche Fusion, dh die Zusammenlegung der Aktivitäten von zuvor unabhängigen Unternehmen, insbesondere durch Unterstellung unter eine gemeinsame wirtschaftliche Leitung. 235

Der Tatbestand des **Kontrollerwerbs** nach Art. 3 Abs. 1 lit. b) FKVO kann auf der Erwerberseite durch ein einziges Unternehmen (Erwerb alleiniger Kontrolle) oder mehrerer Unternehmen (Erwerb gemeinsamer Kontrolle) verwirklicht werden. Die Kontrolle wird durch Rechte, Verträge oder andere Mittel begründet, welche die Möglichkeit zur Ausübung eines bestimmenden Einflusses auf die Tätigkeit eines Unternehmens gewähren, Art. 3 Abs. 3 FKVO. Zu berücksichtigen sind alle tatsächlichen oder rechtlichen Umstände, wobei der Einfluss insbesondere durch Eigentums- oder 236

409 ABl. 2009 C 43/09.

410 Im Einzelnen: *T. Mäger*, in: Mäger, 8. Kap., Rn 13 ff.

Nutzungsrechte am Unternehmensvermögen und durch Rechte oder Verträge zur Gewährung eines bestimmenden Einflusses auf die Zusammensetzung, die Beratungen oder Beschlüsse der Organe des Unternehmens begründet werden kann. Der Wechsel von alleiniger Kontrolle zur gemeinsamen Kontrolle und umgekehrt sowie Veränderungen innerhalb des Kreises der gemeinsam kontrollierenden Unternehmen[411] begründet ebenfalls einen anmeldepflichtigen Zusammenschluss. Hinweise zur Auslegung des Begriffs des Zusammenschlusses enthält die konsolidierte Mitteilung der Kommission zu Zuständigkeitsfragen.[412]

237 Ein Unterfall des Kontrollerwerbs ist die Gründung eines **GU**. Die FKVO erfasst nur GU, die auf Dauer alle Funktionen einer selbständigen Einheit erfüllen, Art. 3 Abs. 4 FKVO. Hierbei handelt es sich um ein sogenanntes **Vollfunktions-GU**, das durch zwei Merkmale gekennzeichnet ist: Zum einen müssen die Gesellschafter gemeinsame Kontrolle an dem GU erwerben. Zum anderen muss das GU auf Dauer angelegt sein und auf einem Markt diejenigen Funktionen ausüben, die auch von anderen Unternehmen in diesem Markt wahrgenommen werden. Hierzu muss es regelmäßig über eine eigene für das Tagesgeschäft zuständige Geschäftsführung sowie über eigene personelle, finanzielle und sonstige Ressourcen verfügen. Zu dem Begriff des Vollfunktions-GU nimmt die Kommission in ihrer konsolidierten Mitteilung zu Zuständigkeitsfragen Stellung.[413]

238 Nimmt ein GU nur eine bestimmte Funktion innerhalb der Geschäftstätigkeiten der Muttergesellschaften wahr, etwa auf dem Gebiet der Forschung und Entwicklung, der Produktion oder des Vertriebs, handelt es sich regelmäßig um ein **Teilfunktions-GU**. Derartige GU fallen nicht unter die FKVO, sondern ausschließlich in den Anwendungsbereich des Art. 101 AEUV (bisher Art. 81 EGV). Nationale Fusionskontrollregime können auf die Gründung derartiger GU aber anwendbar sein.[414]

239 Nach der Ausnahmeregelung in Art. 3 Abs. 5 FKVO liegt in folgenden Fällen kein anmeldepflichtiger Zusammenschluss vor: erstens bei einem **vorübergehenden Anteilserwerb** zum Zwecke der Veräußerung durch **Kreditinstitute**, sonstige Finanzinstitute oder Versicherungsgesellschaften, die im Wertpapierhandel tätig sind, sofern sie die mit den Anteilen verbundenen Stimmrechte nicht oder nur für die Vorbereitung der Veräußerung ausüben, Art. 3 Abs. 5 lit. a) FKVO; zweitens bei einem Kontrollerwerb durch **Insolvenzverwalter**, Art. 3 Abs. 5 lit. b) FKVO und drittens bei einem Kontrollerwerb durch **Beteiligungsgesellschaften**, soweit die Stimmrechtsausübung nur zur Erhaltung des vollen Werts der Investitionen und nicht mit dem Zweck erfolgt, unmittelbar oder mittelbar das Wettbewerbsverhalten der betreffenden Unternehmen zu bestimmen, Art. 3 Abs. 5 lit. c) FKVO.

2. Umsatzschwellen (gemeinschaftsweite Bedeutung)

240 Nur Zusammenschlüsse von „gemeinschaftsweiter Bedeutung"[415] fallen grundsätzlich in den Anwendungsbereich der FKVO. Maßgeblich ist ausschließlich, ob bestimmte Umsatzschwellen von den beteiligten Unternehmen überschritten werden. Eine Prüfung, ob das Zusammenschlussvorhaben materiell Auswirkungen auf die Marktverhältnisse innerhalb der Gemeinschaft hat, findet nicht statt (siehe Rn 22).

241 Nach den ursprünglichen (nach wie vor gültigen) **Schwellenwerten** des Art. 1 Abs. 2 FKVO hat ein Zusammenschluss unionsweite Bedeutung, wenn folgende Umsätze erreicht werden: (1) ein weltweiter Gesamtumsatz aller beteiligten Unternehmen zusammen von mehr als 5 Milliarden EUR und (2) ein unionsweiter Gesamtumsatz von mindestens zwei beteiligten Unternehmen von jeweils mehr als 250 Millionen EUR; ausgenommen sind Fälle, in denen die an einem Zusammenschluss beteiligten Unternehmen jeweils mehr als zwei Drittel ihres unionsweiten Gesamtumsatzes in einem

---

411 S. etwa Kommission, IV/M.993 (Bertelsmann/Kirch/Premiere), ABl. 1999 L 53/1, Rn 13.
412 Konsolidierte Mitteilung der Kommission zu Zuständigkeitsfragen, ABl. 2009 C 43/09, Rn 7-123.
413 Konsolidierte Mitteilung der Kommission zu Zuständigkeitsfragen, ABl. 2009 C 43/09, Rn 91-109.
414 Zu GU s. im Einzelnen Rn 267 ff.
415 Die FKVO verweist noch auf den Begriff „gemeinschaftsweite Bedeutung". Eine Anpassung an „unionsweite Bedeutung" ist bislang nicht erfolgt.

und demselben Mitgliedstaat erzielen. Diese Ausnahme greift nicht ein, wenn zwar jedes beteiligte Unternehmen mehr als zwei Drittel seines unionsweiten Gesamtumsatzes in einem Mitgliedstaat erzielt, dies jedoch für verschiedene beteiligte Unternehmen in verschiedenen Mitgliedstaaten der Fall ist.

Die ursprüngliche FKVO, die im Jahre 1990 in Kraft trat, enthielt nur die vorgenannten Umsatzschwellen. In der Folgezeit ergab sich, dass viele Transaktionen, welche die Aufgreifschwellen einer Vielzahl von nationalen Fusionskontrollregimen innerhalb der Union erfüllten, unterhalb dieser Umsatzschwellen blieben. Um den Grundsatz der einzigen Anlaufstelle (**one-stop-shop-Prinzip**) zu stärken und den Unternehmen die mit einer Vielzahl von Anmeldungen verbundenen praktischen Probleme zu ersparen, wurden die Schwellenwerte der FKVO dadurch abgesenkt, dass im Jahre 1997 eine zusätzliche Aufgreifschwelle eingeführt wurde. Soweit die Umsatzschwellen nach Art. 1 Abs. 2 FKVO nicht erfüllt werden, hat das Vorhaben nach Art. 1 Abs. 3 FKVO gleichwohl unionsweite Bedeutung, wenn folgende Umsätze erreicht werden: (1) ein weltweiter Gesamtumsatz aller beteiligten Unternehmen zusammen von mehr als 2,5 Milliarden EUR, (2) ein unionsweiter Gesamtumsatz von mindestens zwei beteiligten Unternehmen von jeweils mehr als 100 Millionen EUR und (3) in mindestens drei Mitgliedstaaten (a) ein Gesamtumsatz aller beteiligten Unternehmen zusammen von mehr als 100 Millionen EUR und (b) ein Gesamtumsatz von mindestens zwei beteiligten Unternehmen von jeweils mehr als 25 Millionen EUR.[416] Ausgenommen sind wiederum diejenigen Fälle, in denen die am Zusammenschluss beteiligten Unternehmen jeweils mehr als zwei Drittel ihres unionsweiten Gesamtumsatzes in einem und demselben Mitgliedstaat erzielen. 242

Im Rahmen der Prüfung, ob die Umsatzschwellen erreicht werden, sind zunächst die am Zusammenschluss „**beteiligten**" Unternehmen zu bestimmen. Der Begriff der beteiligten Unternehmen wird in der konsolidierten Mitteilung der Kommission zu Zuständigkeitsfragen näher erläutert.[417] 243

Auch die Ermittlung des **Umsatzes** ist Gegenstand der konsolidierten Mitteilung zu Zuständigkeitsfragen:[418] Zu berücksichtigen sind die Umsätze, die die beteiligten Unternehmen im letzten Geschäftsjahr[419] mit Waren und Dienstleistungen erzielt haben und die dem normalen geschäftlichen Tätigkeitsbereich der Unternehmen zuzuordnen sind, unter Abzug von Erlösschmälerungen, der Mehrwertsteuer und anderer unmittelbar auf den Umsatz bezogener Steuern, Art. 5 Abs. 1 FKVO. Als Umsatz sind bei Kredit- und sonstigen Finanzinstituten die in Art. 5 Abs. 3 lit. a) FKVO aufgelisteten Ertragsposten und bei Versicherungsunternehmen die Bruttoprämien, Art. 5 Abs. 3 lit. b) FKVO, anzusetzen. Zu berücksichtigen sind jeweils die (konsolidierten) Konzernumsätze, Art. 5 Abs. 4 FKVO. Die Kommission bevorzugt jeweils die zuverlässigsten verfügbaren Umsatzzahlen, dh diejenigen, die sich aus dem letzten geprüften Jahresabschluss ergeben. Wurden zwischenzeitlich Unternehmensteile veräußert oder erworben, ist dies allerdings grundsätzlich zu berücksichtigen.[420] 244

3. Abgrenzung zu den nationalen Fusionskontrollregimen (Verweisungen)

Liegt ein Zusammenschluss von gemeinschaftsweiter Bedeutung vor, ist grundsätzlich die Kommission allein zuständig. Unterhalb der Aufgreifschwellen der FKVO besteht demgegenüber grundsätzlich eine ausschließliche Zuständigkeit der nationalen Kartellbehörden der Mitgliedstaaten. Hierzu gibt es aber Ausnahmen. Unter bestimmten Voraussetzungen kann ein Fall von der Kommission an 245

416 Die Auflistung der Schwellen in Art. 1 Abs. 3 FKVO weicht von der vorstehenden Darstellung etwas ab. Aus systematisch nicht einleuchtenden Gründen wurde die „Dreiländerregel" (in Art. 1 Abs. 3 b) und c) FKVO) zwischen die beiden Schwellen gesetzt, die den ursprünglichen Schwellenwerten gemäß Art. 1 Abs. 2 FKVO entsprechen, dh dem weltweiten Gesamtumsatz aller beteiligten Unternehmen (Art. 1 Abs. 3 a) FKVO) und dem gemeinschaftsweiten Gesamtumsatz von mindestens zwei beteiligten Unternehmen (Art. 1 Abs. 3 d) FKVO).

417 Konsolidierte Mitteilung der Kommission zu Zuständigkeitsfragen, ABl. 2009 C43/09, Rn 129-153.

418 Konsolidierte Mitteilung der Kommission zu Zuständigkeitsfragen, ABl. 2009 C43/09, Rn 157-205.

419 Zum relevanten Zeitraum: *T. Mäger*, in: Mäger, 8. Kap., Rn 97 ff.

420 Konsolidierte Mitteilung der Kommission zu Zuständigkeitsfragen, ABl. 2009 C 43/09, Rn 172.

die Mitgliedstaaten sowie auch in umgekehrter Richtung verwiesen werden, und zwar jeweils vor oder nach Anmeldung.[421]

246 Verweisungen **vor Anmeldung** erfolgen nur auf Antrag der beteiligten Unternehmen. Der Antrag ist bei der Kommission mittels eines Formblattes (Formblatt RS) zu stellen.[422] Die Verweisung von der Kommission **an einen Mitgliedstaat** setzt voraus, dass der Zusammenschluss den Wettbewerb in einem Markt innerhalb eines Mitgliedstaats erheblich beeinträchtigen könnte und deshalb ganz oder teilweise von diesem Mitgliedstaat geprüft werden sollte, Art. 4 Abs. 4 Unterabs. 1 FKVO. Soweit der Mitgliedstaat der Verweisung nicht widerspricht, kann die Kommission den gesamten Fall oder einen Teil des Falles an den zuständigen Mitgliedstaat verweisen.

247 Ein Antrag auf Verweisung eines Vorhabens, das zwar einen Zusammenschlusstatbestand im Sinne von Art. 3 FKVO darstellt, aber nicht die Schwellenwerte des Art. 1 FKVO erfüllt, **an die Kommission** setzt voraus, dass die Aufgreifschwellen der nationalen Fusionskontrollregime von mindestens drei Mitgliedstaaten erfüllt sind, Art. 4 Abs. 5 Unterabs. 1 FKVO.[423] Eine Teilverweisung an die Kommission ist nicht vorgesehen. Lehnt nur ein Mitgliedstaat die beantragte Verweisung fristgemäß ab, so wird der Fall nicht verwiesen.

248 Verweisungen sind auch **nach Anmeldung** des Vorhabens bei der Kommission bzw nationalen Kartellbehörden der Mitgliedstaaten möglich. Sie erfolgen nur auf Antrag von Mitgliedstaaten. Wurde ein Vorhaben bei der Kommission angemeldet, kann diese einen Fall ganz oder teilweise **an einen oder mehrere Mitgliedstaaten** verweisen, Art. 9 FKVO. Dies setzt voraus, dass ein Mitgliedstaat der Kommission mitteilt, dass ein Zusammenschluss den Wettbewerb auf einem Markt in diesem Mitgliedstaat, der alle Merkmale eines gesonderten Marktes aufweist, „erheblich" zu beeinträchtigen droht oder ein Zusammenschluss den Wettbewerb auf einem Markt in diesem Mitgliedstaat beeinträchtigen würde, der alle Merkmale eines gesonderten Marktes aufweist und „keinen wesentlichen Teil des Gemeinsamen Marktes" darstellt, Art. 9 Abs. 2 FKVO.

249 Wird ein Vorhaben bei der Kartellbehörde eines Mitgliedstaates angemeldet, kann der Fall auf Antrag eines oder mehrerer Mitgliedstaaten[424] **an die Kommission** verwiesen werden, sofern ein Zusammenschluss nach Art. 3 FKVO vorliegt, der den Handel zwischen Mitgliedstaaten beeinträchtigt und den Wettbewerb im Hoheitsgebiet des bzw der antragstellenden Mitgliedstaaten erheblich zu beeinträchtigen droht, Art. 22 FKVO.

III. Materielle Beurteilung von Zusammenschlüssen (Eingreifkriterien)

1. Der Prüfungsmaßstab

250 Ziel von fusionskontrollrechtlichen Regelungen ist es, Zusammenschlüsse zu verhindern, die zu einer unerwünschten Marktstruktur führen. Hierzu sind verschiedene Prüfungsmaßstäbe entwickelt worden. So stellt die deutsche Fusionskontrolle auf den **Marktbeherrschungstest** ab.[425] Auch die FKVO hat in der bis zum 1. Mai 2004 geltenden Fassung auf diesen Test zurückgegriffen.[426] Demgegenüber verwenden die Fusionskontrollregime im Vereinigten Königreich und Irland das Kriterium der „wesentlichen Wettbewerbsverminderung" (substantial lessening of competition, **SLC-Test**), wie er auch in den USA, Kanada und Australien angewandt wird. Heftig diskutiert wurde, ob der Marktbeherrschungstest im Zuge der Novellierung der FKVO im Jahre 2004 beibehalten oder durch ein anderes Kriterium ersetzt werden sollte. Gegen den Marktbeherrschungstest wurde insbesondere eingewandt, dass er nicht hinreichend die negativen Auswirkungen von

---

421 S. die Mitteilung der Kommission über die Verweisung von Fusionssachen, ABl. 2005 C 56/2.
422 Das Formblatt RS bildet Anhang III zur FKVO-DVO.
423 S. dazu *Bischke/Mäger*, EWS 2003, 97, 98 f.
424 Zu der Antragsberechtigung der Mitgliedsstaaten *T. Mäger*, in: Mäger, 8. Kap., Rn 140 f.
425 § 36 Abs. 1 GWB.
426 Art. 2 Abs. 3 FKVO aF lautete: „Zusammenschlüsse, die eine beherrschende Stellung begründen oder verstärken, durch die wirksamer Wettbewerb im Gemeinsamen Markt oder in einem wesentlichen Teil desselben erheblich behindert würde, sind für unvereinbar mit dem Gemeinsamen Markt zu erklären."

Zusammenschlüssen erfassen könne, die sich aus nicht koordiniertem, dh einseitigem Verhalten von Unternehmen ergeben, die auf dem jeweiligen Markt keine beherrschende Stellung haben.[427]

Im Ergebnis wurde weder der traditionelle Marktbeherrschungstest noch der SLC-Test in die neue FKVO aufgenommen. Vielmehr einigte man sich auf folgenden Kompromiss: Nach Art. 2 Abs. 3 FKVO sind Zusammenschlüsse als mit dem Gemeinsamen Markt unvereinbar zu erklären (also zu untersagen), durch die wirksamer Wettbewerb im Gemeinsamen Markt oder in einem wesentlichen Teil desselben erheblich behindert würde, insbesondere durch Begründung oder Verstärkung einer beherrschenden Stellung. Dieser Test wird als **SIEC-Test** (Significant Impediment of Effective Competition) bezeichnet. 251

Vergleicht man Art. 2 Abs. 3 FKVO mit dem Wortlaut der Vorgängerregelung, die bis zum 1. Mai 2004 galt (siehe Rn 250), ergibt sich, dass zwar kein neues Tatbestandsmerkmal eingefügt wurde. Der entscheidende Unterschied liegt aber darin, dass die Reihenfolge der Kriterien – Wettbewerbsbehinderung und Marktbeherrschung – vertauscht und das Marktbeherrschungskriterium damit zu einem bloßen Regelbeispiel herabgestuft wurde. Entscheidungserheblich ist seither nur die Frage, ob der Zusammenschluss wirksamen Wettbewerb erheblich behindert. Dieses Kriterium hat unter der Geltung der FKVO aF kaum eine eigenständige Bedeutung erlangt. Der 26. Erwägungsgrund der FKVO bringt zwar zum Ausdruck, dass das Marktbeherrschungskriterium, wie es in der bisherigen Entscheidungspraxis angewandt wurde, auch weiterhin von tragender Bedeutung für die europäische Fusionskontrolle sein soll und dass neue Kriterien über die Marktbeherrschungsfälle hinaus nur diejenigen wettbewerbsschädigenden Auswirkungen eines Zusammenschlusses erfassen sollen, die sich aus nicht koordiniertem Verhalten von nicht marktbeherrschenden Unternehmen ergeben.[428] Dies entspricht auch der Auffassung der Kommission.[429] 252

Die Beurteilung, ob durch einen Zusammenschluss der Wettbewerb durch Entstehung oder Verstärkung einer marktbeherrschenden Stellung erheblich behindert wird, erfordert eine **Prognoseentscheidung** der Kommission.[430] Je nach Branche ist ein unterschiedlicher Prognosezeitraum zugrunde zu legen. Typischerweise dürften ca. zwei bis drei Jahre angemessen sein. Zumindest muss mit der Entstehung oder Verstärkung einer dauerhaften marktbeherrschenden Stellung zu rechnen sein.[431] 253

2. Marktabgrenzung

Ob ein Zusammenschluss wettbewerblich bedenklich ist, „steht und fällt" häufig mit der Marktabgrenzung. Der Zweck der Marktabgrenzung liegt darin, zu ermitteln, welche konkurrierenden Unternehmen tatsächlich in der Lage sind, dem Verhalten der beteiligten Unternehmen Schranken zu setzen und sie daran zu hindern, sich dem effektiven Wettbewerbsdruck zu entziehen (siehe Rn 83). Die FKVO enthält keine eigene Definition des relevanten Marktes. Zurückzugreifen sind auf die allgemeinen kartellrechtlichen Grundsätze der Marktabgrenzung. Die Kommission hat im Jahre 1997 eine Mitteilung zur Definition des relevanten Marktes erlassen.[432] Im Hinblick auf die Marktabgrenzung wird auf die allgemeinen Ausführungen verwiesen (siehe Rn 82 ff). 254

3. Alleinige und gemeinsame (kollektive) Marktbeherrschung

Im Rahmen des Marktbeherrschungskriteriums[433] prüft die Kommission, ob der Zusammenschluss entweder eine alleinige marktbeherrschende Stellung begründet oder verstärkt oder zu einer gemeinsamen Marktbeherrschung (der neuen Einheit zusammen mit dritten Unternehmen) führen 255

427 Dazu *Böge*, WuW 2004, 138, 143 f; *T. Mäger*, in: Mäger, 8. Kap., Rn 164 ff.

428 Ferner gaben Rat und Kommission eine Gemeinsame Erklärung ab, dass der Begriff „erhebliche Behinderung des wirksamen Wettbewerbs" unter Berücksichtigung der in Art. 2 Abs. 1 FKVO und in den Erwägungsgründen, insbesondere Erwägungsgrund 25, genannten Zielen ausgelegt werden sollte, s. *Böge*, WuW 2004, 138.

429 Leitlinien für horizontale Zusammenschlüsse, Rn 4.

430 EuG, Rs. T-87/05 (EDP), Rn 124.

431 S. etwa Kommission, IV/N. 222 (Mannesmann/Hoesch), ABl. 1993 L 114/34, Rn CXIII/CXIV.

432 Bekanntmachung zur Marktabgrenzung.

433 S. zu dessen Qualifizierung als Regelbeispiel o. Rn 252.

kann. Die FKVO enthält keine Definition des Begriffs der marktbeherrschenden Stellung. Deshalb wird auf die Praxis zu Art. 102 AEUV zurückgegriffen (siehe Rn 194 ff).

256 Zu unterscheiden sind horizontale, vertikale und konglomerate Auswirkungen von Zusammenschlüssen, wobei in komplexen Fällen alle drei Typen von Effekten auftreten können. **Horizontale** Auswirkungen ergeben sich, wenn die Zusammenschlussbeteiligten aktuelle oder potentielle Wettbewerber sind. Die Kommission hat im Jahre 2004 Leitlinien zur Bewertung horizontaler Zusammenschlüsse erlassen.[434] Horizontale Zusammenschlüsse können zunächst einen wirksamen Wettbewerb erheblich behindern (insbesondere durch Begründung oder Verstärkung einer marktbeherrschenden Stellung), indem sie wichtigen Wettbewerbsdruck für ein oder mehrere Unternehmen beseitigen, die dadurch ihre Marktmacht erhöhen, ohne auf ein koordiniertes Verhalten zurückgreifen zu müssen (nicht koordinierte Wirkungen, **unilateral effects**).[435] Bei der Prüfung sind eine Reihe von Faktoren zu berücksichtigen, wobei die Marktanteile von großer Bedeutung sind. Überschreitet der Marktanteil der beteiligten Unternehmen nicht 25%, so ist dies nach dem Erwägungsgrund 32 der FKVO ein Indiz dafür, dass der Zusammenschluss mit dem Gemeinsamen Markt vereinbar ist.[436] Neben den Marktanteilen sind insbesondere auch Marktzutrittschranken, die Entwicklung des Angebots und der Nachfrage sowie weitere Faktoren zu berücksichtigen, Art. 2 Abs. 1 lit. a) und b) FKVO.[437]

257 Neben nicht-koordinierten Wirkungen sind auch die koordinierten Wirkungen (**coordinated effects**) horizontaler Zusammenschlüsse zu berücksichtigen. Art. 2 Abs. 3 FKVO erfasst nicht nur die Entstehung oder Verstärkung einer alleinigen marktbeherrschenden Stellung, sondern auch die Fälle **gemeinsamer Marktbeherrschung** (collective dominance). Dies hat der EuGH im Fall Kali und Salz bestätigt.[438] Die Kommission kann damit auch die Entstehung von Marktstrukturen untersagen, die stillschweigendes Parallelverhalten von Wettbewerbern begünstigen.[439] Im Fall Airtours/First Choice hat das EuG festgestellt, dass drei Voraussetzungen für die Annahme gemeinsamer Marktbeherrschung kumulativ erfüllt sein müssen:[440] (1) Jedes Mitglied des beherrschenden Oligopols muss das Verhalten der anderen Mitglieder in Erfahrung bringen können, um festzustellen, ob sie einheitlich vorgehen oder nicht; der Markt muss also so transparent sein, dass jedes Oligopol-Mitglied mit hinreichender Genauigkeit und Schnelligkeit die Entwicklung des Verhaltens aller anderen Mitglieder auf dem Markt in Erfahrung bringen kann; (2) die stillschweigende Koordinierung muss auf Dauer erfolgen können, dh es muss ein Anreiz in Form von Abschreckungsmitteln (durch zu erwartende Gegenmaßnahmen der anderen Oligopolisten) geben, nicht vom gemeinsamen Vorgehen am Markt abzuweichen; (3) die voraussichtliche Reaktion der tatsächlichen und potentiellen Konkurrenten sowie der Verbraucher darf die erwarteten Ergebnisse des gemeinsamen Vorgehens nicht in Frage stellen.[441]

258 **Vertikale** Auswirkungen eines Zusammenschlusses sind insbesondere dann zu prüfen, wenn die an dem Zusammenschluss beteiligten Unternehmen in einem Lieferanten-/Abnehmerverhältnis stehen. Vertikale Auswirkungen betreffen insbesondere die künftigen Wahlmöglichkeiten der Lieferanten und Abnehmer und deren Zugang zu den Absatz- und Beschaffungsmärkten (**foreclosure effects**).

259 **Konglomerate** Auswirkungen stellen eine Auffang-Kategorie für wettbewerbliche Bedenken dar, die weder als horizontal noch als vertikal qualifiziert werden können. Dies betrifft etwa sogenannte **Portfolio-Effekte**, bei denen sich die Marktstellung der beteiligten Unternehmen, die auf benach-

434 Leitlinien für horizontale Zusammenschlüsse.

435 Leitlinien für horizontale Zusammenschlüsse, Rn 22 unter a); zu unilateral effects auf oligopolitischen Märkten *T. Mäger*, in: Mäger, 8. Kap., Rn 191 ff.

436 S. im Übrigen Rn 198.

437 S. auch Leitlinien für horizontale Zusammenschlüsse, Rn 24 ff.

438 EuGH, Rs. C-68/94, C-30/95 (Frankreich), Slg 1998, I-1375.

439 S. etwa Kommission, IV/M. 190 (Nestlé/Perrier); Kommission, IV/M. 308 (Kali und Salz); Kommission, IV/M. 619 (Gencor/Lonrho), *bestätigt durch* EuG, Rs. T-101/96 (Gencor), Slg 1999, II-753; s. auch Leitlinien für horizontale Zusammenschlüsse, Rn 22 unter b).

440 EuG, Rs. T-342/99 (Airtours), Slg 2002, II-2585, Rn 62.

441 S. auch Leitlinien für horizontale Zusammenschlüsse, Rn 39 ff.

barten Produktmärkten tätig sind, dadurch verstärkt, dass die neue Einheit nach dem Zusammenschluss eine große Produktpalette anbieten kann.[442] Hierzu gehört auch die Kopplung verschiedener Produkte aus verschiedenen Märkten, die zu einer Marktabschottung führt (**foreclosure effects**).[443] Der Fall Tetra Laval betraf eine Konstellation, in der nach Auffassung der Kommission zu befürchten war, dass ein Unternehmen, das einen Markt beherrscht, diese Marktstellung auf einen benachbarten Markt überträgt (**leverage effect**). Das EuG und der EuGH haben im Fall Tetra Laval bestätigt, dass die Kommission berechtigt ist, einen Zusammenschluss auch aufgrund von konglomeraten Auswirkungen zu untersagen.[444]

Umstritten ist, in welchem Unfang die Kommission fusionsspezifische **Effizienzvorteile** (efficiencies) zu berücksichtigen hat.[445] Nicht abschließend geklärt ist auch der Aspekt der **Sanierungsfusion** (failing company defence), dh die Frage, unter welchen Voraussetzungen ein Zusammenschluss trotz wettbewerblicher Bedenken freizugeben ist, wenn ohne den Zusammenschluss eines der beteiligten Unternehmen nicht mehr lebensfähig wäre und vom Markt verschwinden würde.[446] 260

4. Abhilfemaßnahmen

Ist ein Zusammenschluss nicht freigabefähig, können die beteiligten Unternehmen, **Bedingungen und Auflagen** (commitments) anbieten, um die Freigabefähigkeit zu erreichen.[447] In derartigen Fällen kann die Kommission eine Freigabeentscheidung mit Bedingungen und Auflagen verbinden, Art. 6 Abs. 2 Unterabs. 2 und 8 Abs. 2 Unterabs. 2 FKVO. Die klassische Zusage betrifft die Veräußerung von Unternehmensteilen. Die Kommission hat ihre Überlegungen zu zulässigen Abhilfemaßnahmen in einer Mitteilung zusammengefasst.[448] 261

5. Nebenabreden (ancillary restraints)

Im Rahmen von Unternehmenszusammenschlüssen treffen die Parteien häufig wettbewerbsbeschränkende Vereinbarungen, zB Wettbewerbsverbote.[449] Diese Vereinbarungen unterfallen an sich dem Kartellverbot des Art. 101 AEUV. Nach Art. 6 Abs. 1 lit. b) Unterabs. 2 und Art. 8 Abs. 1 Unterabs. 2 sowie Abs. 2 Unterabs. 3 FKVO erstreckt sich eine fusionskontrollrechtliche Freigabeentscheidung auch auf diejenigen Einschränkungen, die mit der Durchführung des Zusammenschlusses unmittelbar verbunden und für diese notwendig sind. Bei ungewöhnlichen Nebenabreden, die zu neuen oder ungelösten Fragen führen, können die Parteien auch eine ausdrückliche Beurteilung seitens der Kommission einholen.[450] Welche Nebenabreden aus ihrer Sicht mit der Durchführung des Zusammenschlusses unmittelbar verbunden und für diese notwendig sind, hat die Kommission in einer Bekanntmachung beschrieben.[451] Klassisches Beispiel ist das Wettbewerbsverbot zu Lasten des Veräußerers im Rahmen eines Unternehmenskaufs, das allgemein für einen Zeitraum von zwei Jahren (Übertragung von good will) bzw drei Jahren (zusätzliche Übertragung von Know-how) zulässig ist.[452] 262

IV. Fusionskontrollverfahren

Nach der bis zum 30. April 2004 geltenden FKVO aF waren Zusammenschlüsse von unionsweiter Bedeutung innerhalb von einer Woche nach dem Vertragsabschluss, der Veröffentlichung des 263

442 S. etwa Kommission, COMP/M. 938 (Guiness/Grand Metropolitan) ABl. 1998 L 288/24.
443 S. etwa Kommission, COMP/M. 2220 (GE/Honeywell), WuW/E EU-V, 631, Rn 350 ff., 412 ff.
444 EuG, Rs. T-5/02 (Tetra Laval), Slg 2002, II-4381, Rn 146; EuGH, Rs. C-12/03 P (Tetra Laval), Slg 2005, I-987.
445 S. auch Leitlinien für horizontale Zusammenschlüsse, Rn 76 ff.
446 S. hierzu den Fall Kali und Salz, EuGH, Rs. C-68/94, C-30/95 (Frankreich), Slg 1998, I-1375; Kommission, COMP/M. 2314 (BASF/Pantochim/Eurodiol), ABl. 2002 L 132/45; Leitlinien für horizontale Zusammenschlüsse, Rn 89 ff.
447 Ausführlich *T. Mäger*, in: Mäger, 8. Kap., Rn 239 ff.
448 ABl. 2008 C 267/01.
449 Im Einzelnen *T. Mäger*, in: Mäger, 8. Kap., Rn 267 ff.
450 Erwägungsgrund 21 der FKVO.
451 Bekanntmachung zu Nebenabreden.
452 Bekanntmachung zu Nebenabreden, Rn 20.

Kauf- oder Tauschangebots oder des Erwerbs einer die Kontrolle begründenden Beteiligung bei der Kommission anzumelden. Diese Frist ist weggefallen. Nach der FKVO nF reicht es aus, wenn Zusammenschlüsse (rechtzeitig) vor ihrem Vollzug bei der Kommission angemeldet werden.[453] Eine Anmeldung ist bereits möglich, wenn die beteiligten Unternehmen der Kommission gegenüber glaubhaft machen, dass sie gewillt sind, einen Vertrag zu schließen oder im Falle eines Übernahmeangebots öffentlich ihre Absicht zur Abgabe eines solchen Angebots bekundet haben, Art. 4 Abs. 1 FKVO. Die Anmeldung bei der Kommission hat auf der Grundlage eines sehr detaillierten Formblattes (**Form CO**) zu erfolgen.[454] Unter bestimmten Voraussetzungen kommt ein **vereinfachtes Verfahren** zur Anwendung.[455] In diesem Fall kann für die Anmeldung ein vereinfachtes Formblatt[456] verwendet werden und die Kommission erlässt grundsätzlich eine Entscheidung in Kurzform. Nach Einreichung der Anmeldung beginnt die so genannte **Phase I.** Die Kommission muss innerhalb von 25 bzw 35 Arbeitstagen[457] das Vorhaben freigeben oder die so genannte Phase II eröffnen. Die **Phase II** ist grundsätzlich spätestens nach 125 Arbeitstagen nach Einleitung der Phase II abgeschlossen.

264 Vor Freigabe durch die Kommission darf ein Zusammenschluss grundsätzlich nicht (dinglich) vollzogen werden (**Vollzugsverbot**),[458] Art. 7 Abs. 1 FKVO. Der Erwerb von Anteilen im Wege eines öffentlichen Übernahmeangebots ist jedoch zulässig, sofern das Vorhaben unverzüglich bei der Kommission angemeldet wird und der Erwerber die mit den Anteilen verbundenen Stimmrechte nicht ausübt oder nur zur Erhaltung des vollen Wertes seine Investition aufgrund einer von der Kommission erteilten Freistellung ausübt, Art. 7 Abs. 2 FKVO. Die Kommission kann unter bestimmten engen Voraussetzungen Ausnahmen vom Vollzugsverbot erteilen, Art. 7 Abs. 3 FKVO.

265 Verletzen Unternehmen die Pflichten nach der FKVO, kann die Kommission Geldbußen verhängen, Art. 14 FKVO. Die Einhaltung von Pflichten kann durch Zwangsgelder erzwungen werden, Art. 15 FKVO.

266 Eine Entscheidung der Kommission kann gemäß Art. 230 Abs. 4 EG vor dem EuG angefochten werden.[459]

H. Gemeinschaftsunternehmen

I. Arten von Gemeinschaftsunternehmen

267 GU lassen sich unter verschiedenen Aspekten typisieren: Zunächst können Unternehmen mit **Vollfunktion** und solche mit **Teilfunktion** unterschieden werden (Rn 237 f). Darüber hinaus werden **konzentrative** von **kooperativen** GU abgegrenzt. Unter konzentrativen GU werden solche verstanden, die unabhängig von den Muttergesellschaftern und nicht im Wettbewerb zu ihnen alle Funktionen eines Vollfunktionsunternehmens ausüben. Kooperativ sind alle GU, die nicht konzentrativ sind. Alle konzentrativen GU sind solche mit Vollfunktion; aber nicht alle Vollfunktions-GU sind notwendig konzentrativ.[460]

---

453 Damit besteht streng genommen keine Anmeldepflicht, sondern nur eine Verpflichtung, den Zusammenschluss nicht vor Freigabe zu vollziehen (*T. Mäger*, in: Mäger, 8. Kap., Rn 289); zum Vollzugsverbot s. Rn 264.

454 Die Form CO bildet Anhang I zur FKVO-DVO.

455 S. Bekanntmachung der Kommission über ein vereinfachtes Verfahren für bestimmte Zusammenschlüsse gemäß der VO (EG) Nr. 139/2004 des Rates, ABl. 2005 C 56/32.

456 Anhang II zur FKVO-DVO.

457 Die Verlängerung der Prüfungsfrist erfolgt, wenn die Zusammenschlussbeteiligten Zusagen anbieten oder ein Mitgliedstaat einen Verweisungsantrag stellt.

458 Der Freigabe gleich steht der Fall, dass bestimmte Fristen abgelaufen sind, ohne dass die Kommission eine Entscheidung getroffen hätte, Art. 10 Abs. 6 FKVO.

459 Zum Rechtsschutz im Fusionskontrollverfahren *T. Mäger*, in: Mäger, 8. Kap., Rn 340 ff.

460 S. im Einzelnen *Burrichter/Mäger/Carlton/Byrne*, S. 115, 126 ff.

II. Gründung von Gemeinschaftsunternehmen: Fusionsaspekt und Kartellaspekt

Bei der Gründung eines GU sind der Fusionsaspekt und der Kartellaspekt zu unterscheiden. Die Gründung eines GU stellt zum einen regelmäßig einen fusionskontrollrechtlich anmeldepflichtigen Zusammenschlusstatbestand dar. Die Gründung eines GU kann zum anderen zu Wettbewerbsbeschränkungen nach Art. 101 AEUV zwischen den Parteien führen. Jedes GU ist anhand der fusionskontrollrechtlichen Vorschriften (Marktbeherrschungstest) sowie anhand der – im engeren Sinne – kartellrechtlichen Regelungen (Wettbewerbsbeschränkungstest) zu prüfen.[461] 268

Auf europäischer Ebene unterfallen GU, welche die Umsatzschwellen des Art. 1 FKVO erreichen, der **Fusionskontrolle**, unabhängig davon, ob es sich um konzentrative oder kooperative GU handelt. Voraussetzung ist allerdings, dass ein Vollfunktions-GU vorliegt, Art. 3 Abs. 4 FKVO (siehe Rn 237). Demgegenüber stellt zB nach deutschem Recht die Gründung eines GU einen fusionskontrollrechtlich anmeldepflichtigen Zusammenschlusstatbestand dar, unabhängig davon, ob es sich um ein Vollfunktionsunternehmen handelt oder nicht. 269

Soweit es um ein kooperatives GU geht, also neben dem Fusionsaspekt auch der **Kartellaspekt** Bedeutung gewinnt, erfolgt diese kartellrechtliche Prüfung zwar weitgehend anhand des materiellkartellrechtlichen Maßstabs des Art. 101 AEUV, aber im Rahmen des Verfahrens – und insbesondere der kurzen Verfahrensfristen – der FKVO, Art. 2 Abs. 4 und Abs. 5 FKVO.[462] Demgegenüber greift die FKVO nicht ein und der Maßstab des Art. 101 Abs. 1 AEUV kommt direkt und ausschließlich (ggf neben nationalen Fusionskontrollregimen) zur Anwendung, wenn nur ein Teilfunktions-GU vorliegt.[463] 270

Bei der kartellrechtlichen Beurteilung der Gründung eines GU ist zunächst die Frage zu prüfen, ob sich Bedenken daraus ergeben, dass die Muttergesellschaften in Bezug auf das mit dem GU verfolgte Vorhaben als Wettbewerber wegfallen. Greift die FKVO ein, wäre dieser Umstand nur bedenklich, wenn dadurch eine erhebliche Wettbewerbsbehinderung nach Art. 2 Abs. 3 FKVO zu bejahen ist. Darüber hinaus ist zu prüfen, ob sich die Gründung des GU auf die Wettbewerbsbeziehungen zwischen den Müttern auf dem Markt des GU oder anderen Märkten auswirkt (**spill over** oder **Gruppeneffekt**). Schließlich können sich durch die Gründung eines GU unter bestimmten Umständen marktabschottende Wirkungen zu Lasten Dritter ergeben.[464] 271

Ist die FKVO nicht anwendbar, und kommen dementsprechend fusionskontrollrechtliche Anmeldungen bei den Kartellbehörden der Mitgliedstaaten, zB dem Bundeskartellamt, in Betracht, dürften sich aus dem europäischen Kartellrecht keine Vorgaben für das nationale Verfahren ergeben.[465] 272

III. Wettbewerbsverbote

Im Zuge der Gründung eines GU vereinbaren die Parteien oft Wettbewerbsverbote zu Lasten der Muttergesellschaften oder auch zu Lasten des GU. Im Hinblick auf die Frage, ob ein Wettbewerbsverbot zu Lasten der (beherrschenden) Muttergesellschaften und **zu Gunsten des GU** zulässig ist, hat sich die Praxis der Kommission mehrfach geändert. Ursprünglich hatte die Kommission ein unbefristetes Wettbewerbsverbot zu Lasten der Muttergesellschaften hinsichtlich des sachlichen und/oder räumlichen Tätigkeitsbereichs des GU als Ausdruck des Rückzugs der Gründer aus dem Markt des GU und damit als integralen Bestandteil des Zusammenschlusses angesehen.[466] Ein solches Wettbewerbsverbot wurde als Ausdruck des konzentrativen Charakters des GU und damit als Wesensmerkmal des Zusammenschlusses verstanden und ohne weiteres als zulässig angesehen. Seit 273

461 Ausführlich *T. Mäger*, in: Mäger, 9. Kap., Rn 3 ff.
462 Zur Einschränkung des Art. 81 EGV durch Art. 2 Abs. 4 FKVO *T. Mäger*, in: Mäger, 9. Kap., Rn 30 f.
463 Zur Beurteilung eines Vollfunktions-GU, das die Umsatzschwellen des Art. 1 FKVO nicht erreicht, s. *T. Mäger*, in: Mäger, 8. Kap., Rn 66 ff.
464 *Burrichter/Mäger/Carlton/Byrne*, S. 115, 126 ff.
465 AA *Bach*, ZWeR 2003, 187, 196; dazu *T. Mäger*, in: Mäger, 9. Kap., Rn 67.
466 *Wagemann*, in: Wiedemann, § 16, Rn 213.

dem 1. März 1998[467] erstreckt sich die europäische Fusionskontrolle jedoch auch auf kooperative GU, soweit diese Vollfunktionsunternehmen sind (siehe oben Rn 237). Seitdem ist der Rückzug der Muttergesellschaften vom Markt des GU nicht mehr konstitutive Voraussetzung für die Annahme eines Zusammenschlusses. Alle oder einzelne Muttergesellschaften können vielmehr auf dem Markt des GU tätig bleiben, ohne dass dadurch die Anwendbarkeit der fusionskontrollrechtlichen Vorschriften in Zweifel gezogen wird. Die Kommission hat hieraus zunächst den Schluss gezogen, dass Wettbewerbsverbote bei GU zu Lasten der Muttergesellschaften einer neuen Rechtfertigung bedürfen und hierfür strenge Kriterien aufgestellt.[468] Danach waren derartige Wettbewerbsverbote während der Dauer des GU nur bis zu drei Jahren bzw fünf Jahren zulässig.[469] In ihrer jüngsten Bekanntmachung[470] hat die Kommission jedoch zu Recht bestätigt, dass ein Wettbewerbsverbot zu Gunsten des GU grundsätzlich für die Laufzeit des GU und zu Lasten der (beherrschenden) Muttergesellschaften gerechtfertigt ist.

274 Wettbewerbsverbote, die für die Zeit **nach Auflösung des GU** gelten, betrachtet die Kommission demgegenüber kritisch, da ein solches Wettbewerbsverbot nicht mehr unmittelbar mit dem Zusammenschluss verbunden sei.[471] Hieraus darf aber nicht der Schluss gezogen werden, dass Wettbewerbsverbote nach Ablauf der Existenzdauer eines GU keinesfalls zulässig sind. Bei der Auflösung des GU kann es sich vielmehr um einen getrennten Vorgang handeln, der separat zu würdigen ist. Das Wettbewerbsverbot kann deshalb eine zulässige Nebenabrede zu einem neuen, eigenständigen Zusammenschluss „Austritt eines Gesellschafters/Übertragung einer Beteiligung" sein, der vom ursprünglichen Zusammenschlusstatbestand „Gründung des GU" zu trennen ist.[472] Insoweit gelten die allgemeinen Grundsätze der Zulässigkeit von Wettbewerbsverboten bei Unternehmenskäufen (siehe oben Rn 262).

275 Wettbewerbsverbote **zu Lasten des GU** sind zulässig, weil es im Ergebnis um die Bestimmung des Geschäftsgegenstandes des GU durch die Gesellschafter geht.[473]

IV. Konzernprivileg

276 Umstritten ist die Anwendung des Konzernprivilegs[474] bei GU.[475] Die gemeinsam kontrollierenden Muttergesellschaften bilden keine wirtschaftliche Einheit. Gleiches gilt für das Verhältnis eines der Gesellschafter zu dem GU. Gleichwohl sollte das Konzernprivileg zumindest im Falle der so genannten industriellen Führerschaft (**industrial leadership**) gelten, bei der sich einer der Gesellschafter der Führung der Geschäfte des GU annimmt und der andere auf eine Mitwirkung nur bei ganz grundlegenden strategischen Entscheidungen beschränkt ist. In diesem Fall sollte das Kartellverbot zwischen dem mit der industriellen Führung des GU betrauten Gesellschafters und dem GU entfallen.[476]

467 VO Nr. 1310/1997, ABl. 1997 L 180/1.

468 S. im Einzelnen Bekanntmachung der Kommission über Einschränkungen des Wettbewerbs, die mit der Durchführung von Unternehmenszusammenschlüssen unmittelbar verbunden und für diese notwendig sind, ABl. 2001 C 188/5, Rn 35.

469 Bekanntmachung der Kommission über Einschränkungen des Wettbewerbs, die mit der Durchführung von Unternehmenszusammenschlüssen unmittelbar verbunden und für diese notwendig sind, ABl. 2001 C 188/5, Rn 36.

470 Bekanntmachung zu Nebenabreden, Rn 36.

471 So jedenfalls ausdrücklich die Bekanntmachung der Kommission über Einschränkungen des Wettbewerbs, die mit der Durchführung von Unternehmenszusammenschlüssen unmittelbar verbunden und für diese notwendig sind, ABl. 2001 C 188/5, Rn 36.

472 *T. Mäger*, in: Mäger, 9. Kap., Rn 55 mwN.

473 S. Kommission IV/M.102 (TNT/Canada Post, DBP Postdienst, La Poste, PTT Post/Sweden Post), ABl. 1991 C 322/19, Rn 60.

474 Zum Konzernprivileg s. Rn 189.

475 Ausführlich *T. Mäger*, in: Mäger, 9. Kap., Rn 84 ff.

476 *Schroeder*, in: Wiedemann, § 8, Rn 12.

I. Sanktionen/Rechtsfolgen

I. Zivilrecht

1. Art. 101 AEUV (bisher Art. 81 EGV)

Wettbewerbsbeschränkungen nach Art. 101 Abs. 1 AEUV, die nicht nach Art. 101 Abs. 3 AEUV freigestellt sind, sind nach Art. 101 Abs. 2 AEUV **nichtig**. Auch wenn der Begriff der Nichtigkeit seine Wurzeln im nationalen Recht hat, ist er doch durch seine Aufnahme in den EG-Vertrag zu einem Institut des Unionsrechts geworden, über dessen Inhalt und Reichweite nur der EuGH mit verbindlicher Kraft entscheiden kann.[477] Die Nichtigkeit tritt **ex tunc** ein. Eine nichtige Vereinbarung bzw ein nichtiger Beschluss kann keine rechtliche Wirkung entfalten.[478] Dritten kann eine solche Vereinbarung nicht entgegengehalten werden.[479] Die Nichtigkeitsfolge nach Art. 101 Abs. 2 AEUV beschränkt sich nur auf die Wettbewerbsbeschränkung[480] und diejenigen Klauseln, die sich von dem von Art. 101 Abs. 1 AEUV erfassten Teil nicht sinnvoll abtrennen lassen.[481] Die Trennbarkeit ist aufgrund der Umstände des Einzelfalls zu prüfen. 277

Ob die Nichtigkeit den (abtrennbaren) **Restvertrag** „infiziert", beurteilt sich nach dem jeweils anwendbaren nationalen Zivilrecht.[482] Nach deutschem Recht tritt gemäß § 139 BGB Gesamtnichtigkeit des Rechtsgeschäfts ein, wenn ein Teil des Rechtsgeschäfts nichtig ist und nicht anzunehmen ist, dass es auch ohne den nichtigen Teil vorgenommen worden wäre. Ist eine salvatorische Klausel vereinbart, so greift § 139 BGB jedoch nicht ein, sofern die unwirksame Klausel vom übrigen Vertrag abtrennbar ist. 278

Fraglich ist, welche Rechtsfolge eintritt, wenn nach Wegfall der unwirksamen Klausel ein zwar lebensfähiger aber aus Sicht zumindest einer Partei wirtschaftlich unausgewogener Rechtsvertrag verbleibt. Nach Auffassung des BGH führt die Unwirksamkeit einer Bestimmung trotz salvatorischer Klausel und Abtrennbarkeit zur Gesamtnichtigkeit des Vertrages, sofern gezeigt werden kann, dass die Parteien den Vertrag ohne die fragliche Bestimmung nicht geschlossen hätten. Die Wirkung einer salvatorischen Klausel beschränkt sich also auf eine Umkehr der in § 139 BGB enthaltenen Vermutung.[483] 279

Die Nichtigkeitsfolge tritt nicht ein, wenn die an sich gegen Art. 101 AEUV verstoßende Abrede im Rahmen einer **geltungserhaltenden Reduktion** auf ein zulässiges Maß zurückgeführt werden kann.[484] Ob eine geltungserhaltende Reduktion im Rahmen des Art. 101 AEUV vorgenommen werden kann, ist nicht abschließend geklärt.[485] 280

Ausführungsverträge, dh Verträge zur Ergänzung, Absicherung, Durchführung oder Vertiefung der wettbewerbsbeschränkenden Abrede, unterliegen den allgemeinen Grundsätzen. Das zivilrechtliche Schicksal von **Folgeverträgen**, dh Verträgen, die mit Dritten in Ausführung der Kartellabsprache geschlossen werden, beurteilt sich nicht nach Unionsrecht.[486] Im deutschen Recht werden Folgeverträge zwischen Kartellmitgliedern und unbeteiligten Dritten als wirksam betrachtet.[487] 281

---

477 *Schröter*, in: Schröter/Jakob/Mederer, Art. 81, Rn 233; *Johanns/T.Mäger*, in: Mäger, 11. Kap., Rn 4.
478 EuGH, Rs. 48/72 (De Haecht II), Slg 1973, 77, Rn 4.
479 EuGH, Rs. 22/71 (Béguelin), Slg 1971, 949, Rn 29.
480 EuGH, Rs. 22/71 (Béguelin), Slg 1971, 949, Rn 26.
481 EuGH, Rs. 56/65 (Société Technique Minière), Slg 1966, 281, 304.
482 EuGH, Rs. 56/65 (Société Technique Minière), Slg 1966, 281, 304; Rs. 319/82 (Kerpen), Slg 1983, 4173 Rn 11; Rs. 10/86 (VAG France/Magne), Slg 1986, 4071, Rn 15.
483 BGH, 24.9.2002, KZR 10/01 (Tennishallenpacht), WuW/E DE-R, 1031 in ausdrücklicher Abkehr von der Entscheidung BGH, 8.2.1999, KZR 2/93 (Pronuptia II), WuW/E BGH 2909, 2913.
484 Zum Verhältnis des Instituts der geltungserhaltenden Reduktion zu § 139 BGB s. *Johanns/T. Mäger*, in: Mäger, 11. Kap., Rn 10.
485 S. *Eilmansberger*, in: Streinz, Art. 101, Rn 117 ff.
486 GA Colomer, SchlA Rs. C-215, 216/96 (Bagnasco), Slg 1999, I-135, 138, Rn 56.
487 S. etwa *Schröter*, in: Schröter/Jakob/Mederer, Art. 81, Rn 241.

282 In der Entscheidung Courage und Crehan[488] hat der EuGH klargestellt, dass jedermann berechtigt ist, Ersatz des **Schadens** zu verlangen, der ihm durch einem wettbewerbsbeschränkenden Vertrag entstanden ist. Im deutschen Recht gründet sich der Anspruch auf Schadensersatz wegen Verstoßes gegen Art. 101 AEUV auf § 33 GWB.[489] Zu prüfen ist aber, ob der im konkreten Fall eingetretene Schadenstyp vom Schutzzweck des Art. 101 AEUV erfasst wird. Auch sind haftungsbegrenzende Aspekte zu berücksichtigen, etwa das Bereicherungsverbot, die Schadensminderungspflicht sowie die Adäquanztheorie.[490] Die Kommission ist bestrebt, die Durchsetzung des europäischen Kartellrechts im Wege von Privatklagen zu fördern (**private enforcement**) und hat ein Grünbuch,[491] ein Weißbuch[492] und einen Vorschlag für eine Richtlinie[493] zu diesem Thema veröffentlicht.

283 Ein Verstoß gegen Art. 101 AEUV kann schließlich auch **Unterlassungs- und Beseitigungsansprüche** auslösen. Im deutschen Recht gründen sich diese Ansprüche auf § 33 Abs. 1 S. 1 GWB.

2. Art. 102 AEUV

284 Art. 102 AEUV enthält keine Art. 101 Abs. 2 AEUV entsprechende Regelung zur Frage der **Nichtigkeit** von Vereinbarungen, die gegen das Missbrauchsverbot verstoßen. Die Nichtigkeit von Verträgen oder Vertragsbestandteilen, mit denen missbräuchliches Verhalten verwirklicht wird, bestimmt sich vielmehr nach nationalem Recht. Ein Verstoß gegen das gesetzliche Verbot des Art. 102 AEUV kann grundsätzlich die Nichtigkeit der Vereinbarung nach § 134 BGB begründen. Zu berücksichtigen ist jedoch der Normzweck. Geht es zB um einen Behinderungsmissbrauch, etwa in Form von Treuerabatten, erfordert es der Normzweck des Art. 102 AEUV nicht zwingend, dass die betreffenden Verträge teilweise oder gänzlich vernichtet werden.[494] Auch bei Ausbeutungsmissbräuchen, die gerade dadurch gekennzeichnet sind, dass ein Vertragspartner ungünstige Vertragsbedingungen akzeptiert, da er auf den Vertrag angewiesen ist, entspräche eine Gesamtnichtigkeit nicht dem Schutzzweck des Missbrauchsverbots. Dies spricht grundsätzlich für eine bloße Teilnichtigkeit. Bei einem Verstoß gegen Art. 102 AEUV kann sich ein Unterlassungs- oder Beseitigungsanspruch aus § 33 Abs. 1 S. 1 GWB ergeben. Ein Verstoß gegen Art. 102 AEUV kann nach § 33 Abs. 1 S. 1 GWB grundsätzlich auch Ansprüche auf **Schadensersatz** auslösen. Der vom EuGH im Fall Courage und Crehan für Art. 101 AEUV festgestellte Grundsatz, nach dem die Gewährung von Schadensersatz zur Gewährleistung der praktischen Wirksamkeit des Verbots erforderlich ist,[495] muss auch für das Missbrauchsverbot gelten. Schwierigkeiten kann aber auch bei Art. 102 AEUV die Bestimmung des Schutzzweckes im Einzelfall mit sich bringen.

II. Bußgeldrecht

285 Im Falle eines vorsätzlichen oder fahrlässigen Verstoßes gegen Art. 101 oder 102 AEUV kann die Kommission gegen Unternehmen und Unternehmensvereinigungen Geldbußen verhängen.[496] Im Unterschied zur Rechtslage in Deutschland können Geldbußen nur gegen Unternehmen, nicht aber gegen natürliche Personen verhängt werden (soweit diese nicht als „Unternehmen" anzusehen sind). Die Geldbuße darf für jedes beteiligte Unternehmen oder jede beteiligte Unternehmensvereinigung 10% des im vorausgegangenen Geschäftsjahr erzielten Gesamtumsatzes nicht übersteigen, Art. 23 Abs. 2 Unterabs. 2 VO (EG) Nr. 1/2003. Bei der Festsetzung der Höhe der Geldbuße sind Schwere und Dauer der Zuwiderhandlung zu berücksichtigen, Art. 23 Abs. 3 VO (EG) Nr. 1/2003. Geht es um Verstöße gegen Verfahrensvorschriften (zB unrichtige oder unvollständige Angaben im

488 EuGH, Rs. C-453/99, Slg 2001, I-6297, Rn 26 f.
489 Überblick bei *Eilmansberger*, in: Streinz, Art. 101, Rn 127 ff.
490 S. Überblick bei *Eilmansberger*, in: Streinz, Art. 101, Rn 133 ff.
491 Grünbuch zu Schadensersatzklagen wegen Verletzung des EU-Wettbewerbsrechts, KOM (2005) 672 endg.
492 KOM (2008) 165 endg.
493 Vorschlag vom 11.6.2013, COM(2013) 404 final.
494 S. nur *Schröter*, in: Schröter/Jakob/Mederer, Art. 82, Rn 58.
495 EuGH, Rs. C-453/99 (Courage und Crehan), Slg 2001, I-6297, Rn 26.
496 Ausführlich *Johanns*, in: Mäger, 12. Kap., Rn 69ff, zum Bußgeldverfahren vor dem deutschen Bundeskartellamt Rn 183 ff.

Rahmen von Auskunftsentscheidungen) können Geldbußen bis zur Höhe von 1% des Gesamtumsatzes des beteiligten Unternehmens im letzten abgeschlossenen Geschäftsjahr verhängt werden, Art. 23 Abs. 1 VO (EG) Nr. 1/2003. Im Jahr 1998 hat die Kommission erstmals Bußgeldleitlinien erlassen.[497] Diese wurden im Jahr 2006 durch neue Leitlinien[498] ersetzt.

Im Jahre 1996 hat die Kommission eine Kronzeugenregelung (**leniency program**) eingeführt, die in den Jahren 2002 und 2006 überarbeitet wurde.[499] Die Kommission gewährt insbesondere einen vollständigen Erlass der Geldbuße dem ersten Unternehmen („whistle blower"), das der Kommission Informationen über ein noch unentdecktes Kartell liefert und ihr damit eine Handhabe für Nachprüfungen gibt oder dem ersten Unternehmen, das der Kommission den Nachweis des Verstoßes ermöglicht, wenn die Kommission bereits über Informationen zur Einleitung von Ermittlungen verfügt, das Kartell aber nicht nachweisen kann. Letzteres wird jedoch nur gewährt, wenn kein anderes Kartellmitglied die Voraussetzungen für den Erlass in der ersten Alternative erfüllt. Weitere Voraussetzung für den Genuss vollständigen Bußgelderlasses ist, dass das Unternehmen im vollem Umfang kontinuierlich und zügig mit der Kommission zusammenarbeitet, der Kommission alle in seinem Besitz befindlichen Beweismittel vorlegt und die Teilnahme an der Zuwiderhandlung spätestens zum Zeitpunkt der Kooperation einstellt und andere Unternehmen nicht zur Teilnahme am Kartell gezwungen hat.[500] Unter bestimmten Umständen kommt eine Ermäßigung der Geldbuße in Betracht. Die Neufassung der Kronzeugenregelung im Jahr 2006 führte ein sogenanntes Marker-System ein, das den Unternehmen ermöglichte, in zeitlicher Hinsicht ihren Rang gegenüber anderen Unternehmen zu wahren, die sich erst später für eine Kooperation entschieden haben. 286

Ein europäisches **Kartellstrafrecht** gibt es bislang nicht.[501] Eine Strafbarkeit kann sich nur nach nationalem Recht ergeben, etwa §§ 263, 298 StGB. 287

III. Verwaltungsrecht

Nach Abschaffung des Freistellungsverfahrens nach Art. 101 Abs. 3 AEUV (siehe Rn 29 ff) ist das wichtigste Instrument der Wettbewerbspolitik die Möglichkeit einer Untersagungsentscheidung. Nach Art. 7 Abs. 1 VO (EG) Nr. 1/2003 kann die Kommission die beteiligten Unternehmen und Unternehmensvereinigungen durch Entscheidung verpflichten, eine Zuwiderhandlung gegen Art. 101 oder Art. 102 AEUV abzustellen.[502] Sofern sich die wettbewerblichen Bedenken durch Zusagen der beteiligten Unternehmen beseitigen lassen und diese angeboten werden, kann die Kommission eine Entscheidung unter Auflagen erlassen, Art. 9 VO (EG) Nr. 1/2003.[503] 288

J. Verfahren und Rechtschutz

I. Allgemeines

Da auf dem Boden der VO (EG) Nr. 1/2003 eine parallele Zuständigkeit der Kommission, nationaler Wettbewerbsbehörden und nationaler Gerichte für die Anwendung und Durchsetzung der Art. 101 und Art. 102 AEUV vorgesehen ist, wird den **nationalen Wettbewerbsbehörden** nach Art. 5 VO (EG) Nr. 1/2003 die Befugnis eingeräumt, Art. 101 und Art. 102 AEUV anzuwenden und dabei insbesondere Untersagungsentscheidungen, Anordnungen hinsichtlich einstweiliger 289

497 Leitlinien für das Verfahren zur Festsetzung von Geldbußen, die gem. Art. 15 Abs. 2 der VO Nr. 17 und gem. 65 Abs. 5 EGKS-Vertrag festgesetzt werden, ABl. 1998 C 9/3. Krit. *Hellmann*, EWS 2005, 439.

498 Leitlinien für das Verfahren zur Festsetzung von Geldbußen gemäß Art. 23 Abs. 2 Buchst. a) der VO (EG) Nr. 1/2003, ABl. 2006 C 210/2.

499 Mitteilung der Kommission über den Erlass und die Ermäßigung von Geldbußen in Kartellsachen, ABl. 2002 C 45/3 bzw ABl. 2006 C 298/17.

500 Mitteilung der Kommission über Erlass und die Ermäßigung von Geldbußen in Kartellsachen, Ziff. 11.

501 Vgl allgemein *Nelles*, § 42.

502 Ausführlich *Johanns*, in: Mäger, 12. Kap., Rn 37 ff; zu Befugnissen des Bundeskartellamts Rn 180 ff.

503 S. etwa die Mitteilungen der Kommission nach Art. 27 Abs. 4 VO (EG) Nr. 1/2004 in den Fällen Coca-Cola (ABl. 2004 C 289/10), Repsol (ABl. 2003 C 258/7) und Zentralvermarktung Deutsche Bundesliga (ABl. 2004 C 229/13).

Maßnahmen und Entscheidungen über Zusagen zu treffen sowie Bußgelder zu verhängen oder Art. 101 und Art. 102 AEUV auf einen bestimmten Sachverhalt für nicht anwendbar zu erklären. Art. 6 VO (EG) Nr. 1/2003 enthält die Verpflichtung für die **nationalen Gerichte**, die Art. 101 und Art. 102 AEUV anzuwenden.[504]

II. Kommissionsverfahren

1. Verfahrenseinleitung

290 Nach Abschaffung des Freistellungsverfahrens nach Art. 101 Abs. 3 AEUV (siehe Rn 29 ff) wird die Kommission ausschließlich **von Amts wegen**, dh aus eigener Initiative heraus, oder aufgrund einer **Beschwerde Dritter**[505] tätig.[506] Zur Aufnahme von Ermittlungen bedarf es eines Anfangsverdachts, der zumindest hinreichende Anhaltspunkte für die kartellrechtliche Relevanz eines Sachverhalts erfordert. Adressaten der Ermittlungen der Kommission sind Unternehmen oder Unternehmensvereinigungen.

2. Ermittlungsbefugnisse

291 Nach Art. 17 VO (EG) Nr. 1/2003 kann die Kommission **einzelne Wirtschaftszweige** und einzelne **Arten von Vereinbarungen** untersuchen. Lassen die Entwicklung des Handels zwischen Mitgliedsstaaten, Preisstarrheiten oder andere Umstände vermuten, dass der Wettbewerb im Gemeinsamen Markt möglicherweise eingeschränkt oder verfälscht ist, so kann die Kommission die Untersuchung eines bestimmten Wirtschaftszweigs oder – sektor-übergreifend – einer bestimmten Art von Vereinbarungen durchführen. Im Rahmen dieser Untersuchung kann die Kommission von den betreffenden Unternehmen oder Unternehmensvereinigungen die Auskünfte verlangen, die zur Durchsetzung von Art. 101 und Art. 102 AEUV notwendig sind, um die dazu notwendigen Nachprüfungen (siehe Rn 294) vorzunehmen. Die Kommission kann insbesondere von den betreffenden Unternehmen und Unternehmensvereinigungen verlangen, sie über sämtliche Vereinbarungen, Beschlüsse und aufeinander abgestimmte Verhaltensweisen zu unterrichten. Über die Ergebnisse ihrer Untersuchung kann die Kommission einen Bericht veröffentlichen.

292 Die VO (EG) Nr. 1/2003 stellt der Kommission zwei Instrumente zur Aufklärung eines Sachverhalts zur Verfügung: das Auskunftsverlangen und die Nachprüfung. Art. 18 VO (EG) Nr. 1/2003 unterscheidet zwei Arten des **Auskunftsverlangens**, dh ein einfaches Auskunftsverlangen und eine förmliche Auskunftsentscheidung. Ein **einfaches** Auskunftsverlangen richtet sich an ein Unternehmen oder eine Unternehmensvereinigung, Art. 18 Abs. 2 VO (EG) Nr. 1/2003. Die Nichtbeantwortung ist nicht sanktioniert, dh die Unternehmen sind zwar zur Beantwortung verpflichtet, bei Nichtbeantwortung drohen jedoch keine Zwangsmittel. Wird ein einfaches Auskunftsverlangen beantwortet, muss die Antwort allerdings richtig und darf nicht irreführend sein. Andernfalls kann die Kommission eine Geldbuße bis zu einem Höchstbetrag von 1% des im vorausgegangen Geschäftsjahrs erzielten Gesamtumsatzes festsetzen, Art. 23 Abs. 1 lit. a) VO (EG) Nr. 1/2003. Eine **förmliche** Auskunftsentscheidung nach Art. 18 Abs. 3 VO (EG) Nr. 1/2003 muss richtig, vollständig und fristgerecht beantwortet werden und darf keine irreführenden Angaben enthalten. Andernfalls wird der Bußgeldtatbestand des Art. 23 Abs. 1 lit. b) VO (EG) Nr. 1/2003 ausgelöst, wobei derselbe Bußgeldrahmen wie bei lit. a) gilt.

293 Darüber hinaus kann die Kommission alle natürlichen und juristischen Personen **befragen**, die der Befragung zum Zweck der Einholung von Informationen, die sich auf den Gegenstand einer Untersuchung bezieht, zustimmen, Art. 19 Abs. 1 VO (EG) Nr. 1/2003. Findet die Befragung in den Räumen eines Unternehmens statt, so informiert die Kommission die Wettbewerbsbehörde des Mitgliedsstaats, in dessen Hoheitsgebiet die Befragung erfolgt. Auf Verlangen der Wettbewerbsbe-

504 Zu Befugnissen des Bundeskartellamts bei der Durchsetzung des Europäischen Kartellrechts *Johanns*, in: Mäger, 12. Kap., Rn 160.

505 S. auch Bekanntmachung der Kommission über die Behandlung von Beschwerden durch die Kommission gemäß Art. 81 und 82 EG, ABl. 2004 C 101/65.

506 S. Art. 7 ff VO (EG) Nr. 1/2003.

hörde dieses Mitgliedsstaats können deren Bedienstete die Bediensteten der Kommission bei der Durchführung der Befragung unterstützen, Art. 19 Abs. 2 VO (EG) Nr. 1/2003.

Die **Nachprüfungsbefugnisse** der Kommission sind in den Art. 20 und 21 VO (EG) Nr. 1/2003 geregelt.[507] Nachprüfungen (dh Durchsuchungen) werden in den Räumen von Unternehmen durchgeführt und zielen darauf, Beweismittel zu finden. Unterschieden wird zwischen dem schriftlichen Prüfungsauftrag gemäß Art. 20 Abs. 3 VO (EG) Nr. 1/2003 und der Nachprüfungsentscheidung nach Art. 20 Abs. 4 VO (EG) Nr. 1/2003. Der wesentliche Unterschied besteht darin, dass den Unternehmen bei einer Nachprüfung auf der Grundlage einer formellen Entscheidung der Kommission eine Duldungs- und Mitwirkungspflicht obliegt. Demgegenüber kann eine Nachprüfung aufgrund eines schriftlichen Prüfungsauftrages nur mit Zustimmung des Unternehmens durchgeführt werden. Im Rahmen einer Nachprüfung kann die Kommission insbesondere die Räumlichkeiten der Unternehmen betreten, die Vorlage von Unterlagen verlangen, Kopien hiervon anfertigen, Räumlichkeiten und Unterlagen versiegeln sowie Erläuterungen zu Tatsachen oder Unterlagen verlangen, Art. 20 Abs. 2 VO (EG) Nr. 1/2003. Nach Art. 21 VO (EG) Nr. 1/2003 darf die Kommission auch andere Räumlichkeiten durchsuchen, in denen sich relevante Dokumente befinden könnten, wie zB die Privatwohnungen des Managements oder sonstiger Mitarbeiter. Wettbewerbsbehörden der Mitgliedsstaaten dürfen nach Art. 22 VO (EG) Nr. 1/2003 Ermittlungsmaßnahmen nicht nur auf Ersuchen der Kommission, sondern auch auf Wunsch einer anderen nationalen Wettbewerbsbehörde durchführen. Widersetzt sich ein Unternehmen einer Nachprüfung, so hat der betreffende Mitgliedsstaat der Kommission die erforderliche Unterstützung zu gewähren, gegebenenfalls unter Einsatz von Polizeikräften, Art. 20 Abs. 6 VO (EG) Nr. 1/2003. Soweit die Unterstützungshandlung nach einzelstaatlichem Recht eine Genehmigung eines Gerichts voraussetzt, ist diese zu beantragen, Art. 20 Abs. 7 VO (EG) Nr. 1/2003.[508] 294

3. Verfahrensgrundsätze und Verfahrensgarantien

Eine umfassende Kodifizierung allgemeiner Verwaltungsgrundsätze für das europäische Verwaltungsverfahren gibt es nicht. Lediglich einzelne Aspekte sind geregelt. Im Übrigen haben die europäischen Gerichte in Anlehnung an allgemeine Verwaltungsgrundsätze der Mitgliedsstaaten bestimmte Grundsätze zu einem europäischen Verwaltungsrecht entwickelt. Für das Kartellverfahren sind insbesondere folgende Verfahrensvorschriften und -garantien von Bedeutung: 295

Nach Art. 296 AEUV sind Entscheidungen der Kommission zu **begründen**. Eine fehlende oder nicht hinreichende Begründung kann als Verletzung wesentlicher Formvorschriften iSd Art. 263 Abs. 2 AEUV im Rahmen einer Nichtigkeitsklage gerichtet auf die Anfechtung der Entscheidung gerügt werden.[509] Nach Art. 2 VO (EG) Nr. 1/2003 obliegt in allen einzelstaatlichen und gemeinschaftlichen Verfahren zur Anwendung der Art. 101 und Art. 102 AEUV die **Beweislast** für eine Zuwiderhandlung gegen Art. 101 Abs. 1 AEUV oder Art. 102 AEUV der Partei oder der Behörde, die diesen Vorwurf erhebt. Die Beweislast dafür, dass die Voraussetzungen des Art. 101 Abs. 3 AEUV vorliegen, tragen die Unternehmen oder Unternehmensvereinigungen, die sich auf diese Bestimmung berufen.[510] 296

Beweismittel unterliegen einem **Beweisverwertungsverbot**, wenn sie von der Kommission unter Verstoß gegen Verfahrensvorschriften[511] oder gegen das Anwaltsprivileg[512] erlangt wurden. Unter das Anwaltsprivileg fällt die Korrespondenz eines vom Unternehmen unabhängigen Anwalts, die 297

---

507 Einzelheiten bei *Johanns*, in: Mäger, 12. Kap. Rn 9 ff.

508 Dies gilt etwa in Deutschland für einen richterlichen Durchsuchungsbefehl bei Durchsuchungen von Räumen, Art. 13 GG, § 105 StPO.

509 EuGH, Rs. 18/750 (Nold), Slg 1958 bis 1959, 91, 114; Rs. 185/85 (Usinor), Slg 1986, 2079, Rn 19.

510 S. aber auch die Entscheidung des EuG im Fall „Nahtlose Stahlrohre", Rs. T-67, 68, 71, 78/00 (JFE Engineering) WuW/E EWG/MUV 819, Rn 343 f, Slg 2004 II-2501: Beweislast der Kommission im Hinblick auf eine Tatsache, die sich zugunsten der Unternehmen auswirkt.

511 EuGH, Rs. 85/87 R (Dow Chemical Netherland), Slg 1987, 4367, Rn 17.

512 EuGH, Rs. 155/79 (AM & S), Slg 1982, 1575, Rn 21.

der Beratung oder Verteidigung im Kartellverfahren dient. Die Korrespondenz mit dem angestellten Syndikusanwalt ist demgegenüber nach Auffassung der Kommission nicht geschützt.[513]

298 Unter der irreführenden Überschrift „**Berufsgeheimnis**“ sind in Art. 28 VO (EG) Nr. 1/2003 zwei unterschiedliche Regelungsgegenstände zusammengefasst. Dabei geht es nicht um das Berufsgeheimnis oder die Verschwiegenheitspflicht bestimmter Berufsgruppen, etwa von Rechtsanwälten oder Wirtschaftsprüfern. Art. 28 Abs. 1 VO (EG) Nr. 1/2003 enthält vielmehr das Verbot der zweckfremden Verwertung von Ermittlungsergebnissen. Danach dürfen die nach Art. 17-22 VO (EG) Nr. 1/2003 erlangten Informationen grundsätzlich nicht zu anderen als dem einzelfallbezogenen Zweck genutzt werden, zu dem sie eingeholt wurden. Art. 28 Abs. 2 VO (EG) Nr. 1/2003 konkretisiert sodann die Bestimmung des Art. 287 EGV über die Amtsverschwiegenheit für das Verfahren gemäß der VO (EG) Nr. 1/2003. Danach ist es der Kommission, den Wettbewerbsbehörden der Mitgliedstaaten sowie den für sie tätigen Personen verboten, Informationen preis zu geben, die sie in dem Verfahren nach der VO (EG) Nr. 1/2003 erlangt oder ausgetauscht haben und die ihrem Wesen nach unter das Berufsgeheimnis fallen.

299 Die Dezentralisierung der Durchsetzung des europäischen Kartellrechts erfordert allerdings einen vermehrten **Informationsaustausch** und eine Einschränkung der Beweisverwertungsverbote. Nach Art. 12 Abs. 1 VO (EG) Nr. 1/2003 kann ein wechselseitiger Informationsaustausch zwischen der Kommission und den nationalen Wettbewerbsbehörden über tatsächliche und rechtliche Umstände einschließlich vertraulicher Angaben sowie deren Verwendung als Beweismittel vorgenommen werden. Voraussetzung ist, dass die ausgetauschten Informationen nur zum Zwecke der Anwendung der Art. 101 und 102 AEUV sowie im Hinblick auf den Untersuchungsgegenstand verwendet werden, für den sie von der ermittelnden Behörde erhoben wurden. Bei einer parallelen Anwendung des nationalen Rechts im gleichen Fall ist eine Verwertung der Beweismittel ebenfalls zulässig, sofern das nationale Recht nicht zu anderen Ergebnissen führt, Art. 12 Abs. 2 VO (EG) Nr. 1/2003. Die ausgetauschten Informationen können als Beweismittel jedoch nur verwendet werden, um Sanktionen gegen natürliche Personen zu verhängen, wenn das nationale Recht der übermittelnden Behörde „ähnlich geartete Sanktionen“ vorsieht. Ist dies nicht der Fall, darf eine Verwertung nur erfolgen, wenn die Verteidigungsrechte in dem Mitgliedstaat der Informationserhebung das gleiche Schutzniveau wie in dem empfangenen Mitgliedstaat aufweisen. Die ausgetauschten Informationen dürfen von der empfangenen Behörde jedoch nicht verwendet werden, um Haftstrafen zu verhängen, Art. 12 Abs. 3 VO (EG) Nr. 1/2003.

300 Das Unionsrecht kennt keinen allgemeinen Grundsatz, wonach sich Unternehmen im Kartellverfahren nicht **selber belasten** müssen.[514] Zwar ist anerkannt, dass das Grundrecht der Unternehmen, sich zu verteidigen, nicht beeinträchtigt werden darf. Daraus wird gefolgert, dass die Unternehmen zwar keine Auskünfte über Tatsachen und die Vorlage von Unterlagen verweigern dürfen (auch wenn die betreffenden Auskünfte dazu verwendet werden können, den Beweis einer Zuwiderhandlung zu erbringen),[515] aber nicht gezwungen werden dürfen, Verstöße gegen die Wettbewerbsvorschriften einzugestehen.[516] Auch im Fall Mannesmann Röhren-Werke hielt das EuG die Annahme eines absoluten Auskunftsverweigerungsrechts für zu weit gehend, da dies nicht zur Erhaltung der

513 S. auch im Fall Akzo Nobel und Akcros Chemicals den Beschl. des Präsidenten des EuG, T-125/03 R u. T-253/03 R, Slg 2003, II-4777, Rn 98 und den Beschl. des Präsidenten des EuGH, C-7/04 P (R), Slg 2004, I-8739.

514 EuGH, Rs. 374/87 (Orkem), Slg 1989, 3283, Rn 34.

515 EuG, Rs. T-34/93 (Société General), Slg 1993, II-5683, Rn 75 f.

516 EuGH, Rs. 374/87 (Orkem), Slg 1989, 3283, Rn 35; EuG, Rs. T-34/93 (Société General), Slg 1993, II-5683 Rn 74.

Verteidigungsrechte erforderlich sei.[517] Die Grundsätze der bisherigen Rechtsprechung[518] sind im Erwägungsgrund Nr. 23 der VO (EG) Nr. 1/2003 wiedergegeben.[519]

Vor einer abschließenden Entscheidung muss die Kommission den betroffenen Unternehmen bzw Unternehmensvereinigungen Gelegenheit geben, sich zu den – von der Kommission zu übermittelnden – **Beschwerdepunkten** der Kommission zu äußern (rechtliches Gehör), Art. 27 Abs. 1 VO (EG) Nr. 1/2003.[520] 301

Das **Recht auf Akteneinsicht** ist in Art. 27 Abs. 2 VO (EG) Nr. 1/2003 geregelt. Die Kommission gewährt Akteneinsicht grundsätzlich erst nach Versendung der Beschwerdepunkte. Im Jahre 1997 hat die Kommission eine Mitteilung zur Akteneinsicht erlassen,[521] die im Jahre 2005 neu gefasst wurde.[522] 302

4. Abschluss des Verfahrens

Der praktisch wichtigste Fall eines Verfahrensabschlusses ist neben der Verhängung eines Bußgeldes nach Art. 23 VO (EG) Nr. 1/2003 die Untersagungsentscheidung nach Art. 7 VO (EG) Nr. 1/2003. Danach kann die Kommission die beteiligten Unternehmen und Unternehmensvereinigungen durch Entscheidung verpflichten, eine Zuwiderhandlung gegen Art. 101 oder 102 AEUV **abzustellen**. Die Kommission kann den beteiligten Unternehmen nicht nur verhaltensorientierte, sondern auch strukturelle **Abhilfemaßnahmen** vorschreiben, um die Zuwiderhandlung möglichst effektiv zu beseitigen, Art. 7 Abs. 1 S. 2 VO (EG) Nr. 1/2003. Darüber hinaus kann die Kommission **einstweilige Maßnahmen** treffen, Art. 8 VO (EG) Nr. 1/2003 oder **Verpflichtungszusagen**, die von den Unternehmen angeboten wurden, für bindend erklären, Art. 9 VO (EG) Nr. 1/2003. In Ausnahmefällen kann die Kommission schließlich nach Art. 10 VO (EG) Nr. 1/2003 durch Entscheidung eine Feststellung über die **Nichtanwendbarkeit** von Art. 101 Abs. 1 AEUV oder das Vorliegen der Freistellungsvoraussetzungen des Art. 101 Abs. 3 AEUV treffen. Gleiches gilt für Art. 102 AEUV. Bei neuartigen Fragen zu den Art. 101 und 102 AEUV kann eine **informelle Beratung** mit der Kommission stattfinden. In diesen Fällen kann die Kommission den Unternehmen ein Beratungsschreiben übermitteln, dass auch auf der Webseite der Kommission veröffentlicht wird.[523] 303

5. Verwaltungszwang

Die VO (EG) Nr. 1/2003 sieht die Verhängung von Geldbußen (Art. 23) und Zwangsgeldern (Art. 24) vor. **Geldbußen** dienen der Ahndung von Verstößen gegen materielles Recht – Art. 101 und 102 AEUV – oder gegen Verfahrensvorschriften, zB die Nichtbeantwortung einer Auskunftsentscheidung. 304

Nach Art. 24 VO (EG) Nr. 1/2003 kann die Kommission **Zwangsgelder** verhängen, um ein bestimmtes Handeln, Dulden oder Unterlassen zu erzwingen. Dies betrifft insbesondere die Einhaltung einer Untersagungsentscheidung sowie die Durchsetzung von Auskunfts- und Nachprüfungsentscheidungen. Der Zwangsgeldrahmen beträgt 5% des im vorangegangenen Geschäftsjahrs erzielten durchschnittlichen Tagesumsatzes für jeden Tag des Verzugs, Art. 24 Abs. 1 VO (EG) Nr. 1/2003. 305

517 EuG, Rs. T-112/98 (Mannesmann Röhren-Werke), Slg 2001, II-729, Rn 65 ff.

518 S. auch Zusammenfassung des EuG im Zementfall: EuG v. 29. April 2004, Rs. T-236, 239, 244 – 246, 251, 252/01 (Tokai), WuW/E EWG/MUV 847, Rn 402 ff, Slg 2004, II-1181.

519 Von einer ausdrücklichen Regelung wurde abgesehen, weil die Definition des Umfangs der Auskunftspflicht dem EuGH vorbehalten bleiben soll.

520 Zum notwendigen Inhalt der Beschwerdepunkte s. etwa EuG v. 8. Juli 2004, Rs. T-48/00 (Corus), Rn 112 ff, Slg 2004, II-2325.

521 ABl. 1997 C 23/3.

522 ABl. 2005 C 325/7.

523 S. Bekanntmachung der Kommission über informelle Beratung bei neuartigen Fragen zu den Art. 81 und 82 EG, die in Einzelfällen auftreten (Beratungsschreiben), ABl. 2004 C 101/78.

306 Die Befugnis der Kommission zur Verhängung von Geldbußen und Zwangsgeldern **verjährt** in drei Jahren bei Zuwiderhandlungen gegen Vorschriften über die Einholung von Auskünften oder die Vornahme von Nachprüfungen sowie in fünf Jahren bei den übrigen Zuwiderhandlungen, Art. 25 Abs. 1 VO (EG) Nr. 1/2003.

III. Zusammenarbeit zwischen Kommission sowie den Wettbewerbsbehörden und Gerichten der Mitgliedsstaaten

307 Die VO (EG) Nr. 1/2003 hat ein System paralleler Zuständigkeiten geschaffen, in dessen Rahmen die Kommission und die **Wettbewerbsbehörden der Mitgliedstaaten** Art. 101 und 102 AEUV anwenden. Die Kommission und die einzelstaatlichen Wettbewerbsbehörden bilden ein Netz von Behörden, das als Diskussions- und Kooperationsforum dient. Das Netz wird als Europäisches Netzwerk der Wettbewerbsbehörden (**European Competition Network – ECN**) bezeichnet.[524] Um eine einheitliche Anwendung des europäischen Kartellrechts durch die Kommission und die nationalen Wettbewerbsbehörden der Mitgliedsstaaten zu gewährleisten, sieht Kapitel IV. der VO (EG) Nr. 1/2003 zahlreiche Maßnahmen vor, die eine enge Zusammenarbeit gewährleisten sollen.[525]

308 Nach dem **Abstimmungserfordernis** gemäß Art. 11 VO (EG) Nr. 1/2003 (siehe Rn 33) sollen die nationalen Wettbewerbsbehörden die Kommission unverzüglich informieren, wenn sie ein formelles Untersuchungsverfahren aufgrund von Art. 101 oder 102 AEUV (bisher Art. 81 oder 82 EGV) eröffnen (Art. 11 Abs. 3 VO (EG) Nr. 1/2003). Ferner sollen sie die Kommission mindestens 30 Tage vor einer beabsichtigten Entscheidung über die Abstellung eines wettbewerbswidrigen Verhaltens, die Annahme von Zusagen oder den Entzug der Genehmigungswirkung einer GVO unter Schilderung der wesentlichen Aspekte des Sachverhalts in Kenntnis setzen, Art. 11 Abs. 4 VO (EG) Nr. 1/2003. Eröffnet die Kommission demgegenüber ein Verfahren wegen eines Verstoßes gegen Art. 101 oder 102 AEUV (einschließlich einstweiliger Maßnahmen sowie der Verhandlung von Zusagen), ist den nationalen Wettbewerbsbehörden die Zuständigkeit entzogen. Geschieht dies zu einem Zeitpunkt, zu dem eine nationale Behörde bereits ein Verfahren eingeleitet hat, soll die Einleitung des Verfahrens durch die Kommission erst nach Abstimmung mit der nationalen Behörde erfolgen, Art. 11 Abs. 6 VO (EG) Nr. 1/2003.

309 Art. 12 VO (EG) Nr. 1/2003 sieht einen umfangreichen **Austausch von Informationen** zwischen der Kommission und den nationalen Wettbewerbsbehörden vor. Nach Art. 13 VO (EG) Nr. 1/2003 können die nationalen Behörden Beschwerden gegen wettbewerbswidriges Verhalten zurückweisen oder bereits laufende Verfahren **aussetzen**, wenn bereits eine andere nationale Wettbewerbsbehörde Ermittlungen in der gleichen Sache aufgenommen hat. Auch die Kommission kann eine Beschwerde mit der Begründung zurückweisen, dass sich bereits eine nationale Behörde mit dieser Beschwerde befasst. Ist eine nationale Behörde oder die Kommission mit einer Beschwerde gegen eine Vereinbarung, einen Beschluss oder eine Verhaltensweise befasst, die bereits von einer anderen Behörde behandelt worden ist, so kann die Beschwerde zurückgewiesen werden. Die Kommission hat vor bestimmten Entscheidungen, zB Untersagungs- oder Bußgeldentscheidungen, einen **Beratenden Ausschuss** zu konsultieren, in dem die Kommission und Vertreter der nationalen Wettbewerbsbehörden vertreten sind, Art. 14 Abs. 2 VO (EG) Nr. 1/2003. Dessen schriftliche Stellungnahmen soll die Kommission soweit wie möglich berücksichtigen, Art. 14 Abs. 5 VO (EG) Nr. 1/2003. Der Beratende Ausschuss kann sich auch mit Fällen befassen, in denen nationale Behörden Verfahren nach Art. 101 und 102 AEUV führen. In diesen Fällen gibt der Beratene Ausschuss aber keine Stellungnahme ab, Art. 14 Abs. 7 VO (EG) Nr. 1/2003.

310 Bei der Anwendung von Art. 101 und 102 AEUV (bisher Art. 81 und 82 EGV) durch die **nationalen Gerichte** der Mitgliedsstaaten ist ebenfalls ein umfassender Austausch von Informationen mit

524 S. auch Bekanntmachung der Kommission über die Zusammenarbeit innerhalb des Netzes der Wettbewerbsbehörden, ABl. 2004 C 101/43.

525 Ausführlich *Johanns*, in: Mäger, 12. Kap., Rn 99ff.

der Kommission vorgesehen.[526] Sowohl die nationalen Wettbewerbsbehörden als auch die Kommission sind berechtigt, Stellungnahmen zur Anwendung der Art. 101 und 102 AEUV in nationalen Gerichtsverfahren abzugeben, Art. 15 VO (EG) Nr. 1/2003. Sofern bereits Entscheidungen der Kommission zu einem bestimmten Sachverhalt zu Art. 101 oder 102 AEUV vorliegen, sind diese für die nationalen Gerichte und Wettbewerbsbehörden bindend, Art. 16 VO (EG) Nr. 1/2003 (siehe Rn 44).

IV. Rechtsschutz

In der Praxis wird Rechtsschutz gegen **Nachprüfungsentscheidungen** der Kommission typischerweise nur nachträglich durch eine Klage gegen die Nachprüfungsentscheidung gewährt.[527] Die Möglichkeit, zur Verhinderung einer Umsetzung der betreffenden Anordnung bereits vor ihrer Durchführung Nichtigkeitsklage beim EuG (iVm einem Antrag auf Aussetzung des Vollzugs) zu erheben, besteht aus zeitlichen Gründen praktisch kaum. Der Zeitdruck ist bei **Auskunftsentscheidungen** der Kommission regelmäßig geringer. In diesen Fällen ist ein effektiver Rechtsschutz in Form einer Nichtigkeitsklage und einem Antrag auf Aussetzung des Vollzuges denkbar.[528] Gleiches gilt für Rechtsschutz gegen **Abhilfemaßnahmen**, mit denen die Kommission Verstöße gegen Art. 101 oder 102 AEUV abgestellt hat. 311

Nach Art. 104 § 2 der Verfahrensordnung des EuG ist ein Antrag auf **Aussetzung** der Durchführung einer Kommissionsentscheidung begründet, wenn der Antragsteller die Dringlichkeit und die Notwendigkeit der beantragten Maßnahme glaubhaft machen kann und die Abwägung der betroffenen Interessen für die Aussetzung spricht. Die Notwendigkeit der Maßnahme ist zu bejahen, wenn die Klage eine hinreichende Aussicht auf Erfolg hat (prima facie case). 312

Gegen **Bußgeldentscheidungen** nach Art. 23 VO (EG) Nr. 1/2003 kann zunächst das EuG angerufen werden, das eine umfassende Überprüfung vornimmt. Die Klage hat nach Art. 278 AEUV keine aufschiebende Wirkung. Gegen das Urteil des EuG ist wiederum das Rechtsmittel zum EuGH zulässig. Die europäischen Gerichte sind befugt, eine Geldbuße oder ein Zwangsgeld aufzuheben, herabzusetzen oder zu erhöhen. Art. 31 VO (EG) Nr. 1/2003 stellt dies im Hinblick auf den EuGH klar. Der Grundsatz gilt aber auch für das EuG. Es gilt die allgemeine Zuständigkeitsverteilung zwischen EuG und EuGH gemäß Art. 225 Abs. 1 Unterabs. 1 S. 1 EGV iVm Art. 51 der Satzung des EuGH. Danach ist das EuG für Klagen von natürlichen und juristischen Personen gegen ein Organ der Union nach Art. 263 Abs. 4 AEUV im ersten Rechtszug zuständig. Der EuGH ist Rechtsmittelinstanz.[529] 313

526 S. auch Bekanntmachung der Kommission über die Zusammenarbeit zwischen der Kommission und den Gerichten der EU-Mitgliedstaaten bei der Anwendung der Art. 81 und 82 EG, ABl. 2004 C 101/54.

527 EuGH, Rs. 136/79 (National Panasonic), Slg 1980, 2033; Rs. 46/87 (Hoechst), Slg 1989, 2919; Rs. 374/87 (Orkem), Slg 1989, 3343.

528 S. etwa EuG, Rs. T-39/90 (SEP), Slg 1991, II-1497.

529 Zum Rechtsschutz allgemein: *Classen*, § 4; zum Rechtsschutz gegen Kommissionsentscheidungen s. auch *Johanns*, in: Mäger, 12. Kap., Rn 135 ff; zum Rechtsschutz gegen Entscheidungen der deutschen Kartellbehörden, Rn 185 ff; zum Rechtsschutz gegen Fusionskontrollentscheidungen der Kommission *T. Mäger*, in: Mäger, 8. Kap., Rn 340 ff.

§ 17 Europäisches Lauterkeitsrecht

Literatur: *Ahlfeld*, Zwingende Erfordernisse im Sinne der Cassis-Rechtsprechung des Europäischen Gerichtshofs zu Art. 30 EGV. Anwendungsbereiche – Einzelstaatliche Regelungsspielräume – Quellen, Baden-Baden, 1997; *Ahrens*, Das Herkunftslandprinzip in der E-Commerce-Richtlinie, CR 2000, 835 ff; *ders.*, Verwirrtheiten juristischer Verkehrskreise zum Verbraucherleitbild einer „normativen Verkehrsauffassung“, WRP 2000, 812 ff; *Bakardjieva Engelbrekt*, Fair Trading Law in Flux?, 2003; *Basedow*, Der kollisionsrechtliche Gehalt der Produktfreiheiten im europäischen Binnenmarkt: favor offerentis, RabelsZ 59 (1995), 1 ff; *Baudenbacher*, Suggestivwerbung und Lauterkeitsrecht, Zürich, 1978 (zit.: Suggestivwerbung); *ders.*, Lauterkeitsrecht, Kommentar zum Gesetz gegen den unlauteren Wettbewerb (UWG), Basel/Genf/München/St.Gallen/Berlin, 2001; *Beater*, Schutzzweckdenken im Recht gegen den unlauteren Wettbewerb, JZ 1997, 916 ff; *ders.*, Zum Verhältnis von europäischem und nationalem Wettbewerbsrecht – Überlegungen am Beispiel des Schutzes vor irreführender Werbung und des Verbraucherbegriffs, GRUR Int. 2000, 963 ff; *ders.*, Verbraucherschutz und Schutzzweckdenken im Wettbewerbsrecht, Tübingen, 2000; *Bernhard*, Cassis de Dijon und Kollisionsrecht – am Beispiel des unlauteren Wettbewerbs, EuZW 1992, 437 ff; *Bornkamm*, Entwicklung der Rechtsprechung im Wettbewerbsrecht – Vergleichende Werbung, in: Jürgen Schwarze (Hrsg.), Werbung und Werbeverbote im Lichte des europäischen Gemeinschaftsrechts, Baden-Baden, 1999 (zit.: Werbung und Werbeverbote), S. 134 ff; *ders.*, Wettbewerbs- und Kartellrechtsrechtsprechung zwischen nationalem und europäischem Recht, in: Karlmann Geiß u.a. (Hrsg.), Festschrift aus Anlass des fünfzigjährigen Bestehens von Bundesgerichtshof, Bundesanwaltschaft und Rechtsanwaltschaft beim Bundesgerichtshof, Köln/Berlin/Bonn/München, 2000, S. 343 ff; *ders.*, Markenrecht und wettbewerbsrechtlicher Kennzeichenschutz – Zur Vorrangthese der Rechtsprechung, GRUR 2005, 97 ff; *Buchner*, Rom II und das Internationale Immaterialgüter- und Wettbewerbsrecht, GRUR Int. 2005, 1004; *Buchner/Rehberg*, Wann ist der Verbraucher ein „mündiger“ Verbraucher? Zur Diskussion um die Nutrition & Health Claims-Verordnung der EU, GRUR Int. 2007, 394 ff; *Burckhardt*, Die lauterkeitsrechtliche Beurteilung des modernen Direktmarketings, Baden-Baden, 2000; *Castendyk*, Werbung nach der Fernsehrichtlinie, in: Jürgen Schwarze (Hrsg.), Werbung und Werbeverbote im Lichte des europäischen Gemeinschaftsrechts, Baden-Baden, 1999 (zit.: Werbung und Werbeverbote), S. 151 ff; *Crabit* La directive sur le commerce électronique. Le projet « Méditerranée », R.D.U.E. 2000, 749 ff; *Damm*, Privatautonomie und Verbraucherschutz, VersR 1999, 129 ff; *Dauner-Lieb*, Verbraucherschutz durch Ausbildung eines Sonderprivatrechts für Verbraucher. Systemkonforme Weiterentwicklung oder Schrittmacher der Systemveränderung?, Berlin, 1983; *von Danwitz*, Werbe- und Anreicherungsverbot – Stand und Perspektiven der Auseinandersetzung, ZLR 2005, 201 ff; *ders.*, Nährwert- und gesundheitsbezogene Angaben im Visier des Gesetzgebers, GRUR 2005, 896 ff; *Dauses*, Die Rechtsprechung des EuGH zum Verbraucherschutz und zur Werbefreiheit im Binnenmarkt, EuZW 1995, 425 ff; *ders.*, „... sed perseverare in errore ...“, EuZW 2001, 577; *Dethloff*, Europäisierung des Wettbewerbsrechts. Einfluss des europäischen Rechts auf das Sach- und Kollisionsrecht des unlauteren Wettbewerbs, Tübingen, 2001; *Deutsch*, Der Einfluss des europäischen Rechts auf den Irreführungstatbestand § 3 UWG – Gedanken zum Verbraucherleitbild und zur Relevanz bei Täuschungen, GRUR 1996, 541 ff; *Drasch*, Das Herkunftslandprinzip im internationalen Privatrecht. Auswirkungen des europäischen Binnenmarktes auf Vertrags- und Wettbewerbsstatut, Baden-Baden, 1997; *Drexl*, Die wirtschaftliche Selbstbestimmung des Verbrauchers. Eine Studie zum Privat- und Wirtschaftsrecht unter Berücksichtigung gemeinschaftsrechtlicher Bezüge, Tübingen, 1998; *ders.*, Community Legislation Continued: Complete Harmonisation, Framework Legislation or Non-Binding Measures – Alternative Approaches to European Contract Law, Consumer Protection and Unfair Trade Practices?, [2002] Eur. Bus. L.R. 557 ff; *Ebenroth*, in: Erdmann u.a. (Hrsg.), Neue Ansätze zur Warenverkehrsfreiheit im Binnenmarkt der Europäischen Union, Festschrift für Henning Piper, München, 1996, S. 133 ff; *Ehricke*, Die richtlinienkonforme Auslegung nationalen Rechts vor Ende der Umsetzungsfrist einer Richtlinie, EuZW 1999, 553 ff; *Emmerich*, Unlauterer Wettbewerb, 9. Aufl., München, 2012; *Fezer*, Das wettbewerbsrechtliche Irreführungsverbot als ein normatives Modell des verständigen Verbrauchers im Europäischen Unionsrecht. Zugleich eine Besprechung der Entscheidung „Mars“ des EuGH vom 6. Juli 1995 – Rechtssache C 470/93, WRP 1995, 671 ff; *ders.*, Modernisierung des deutschen Rechts gegen den unlauteren Wettbewerb auf der Grundlage einer Europäisierung des Wettbewerbsrechts, WRP 2001, 989 ff; *ders.*, Entwicklungslinien und Prinzipien des Markenrechts in Europa, GRUR 2003, 457 ff; *ders.*, Plädoyer für eine offensive Umsetzung der Richtlinie über unlautere Geschäftspraktiken in das deutsche UWG, WRP 2006, 708 ff; *ders.*, Normenkonkurrenz zwischen Kennzeichenrecht und Lauterkeitsrecht, WRP 2008, 1 ff; *ders.*, Der Dualismus der Lauterkeitsrechtsordnungen des b2c-Geschäftsverkehrs und des b2b-Geschäftsverkehrs im UWG, WRP 2009, 1163 ff; Fezer/*Bearb.*, Kommentar zum Gesetz gegen den unlauteren Wettbewerb, 2. Aufl., München, 2010; *Fezer/Koos*, Das gemeinschaftsrechtliche Herkunftslandprinzip und die e-commerce-Richtlinie. Zur dringenden Notwendigkeit einer Harmonisierung des Wettbewerbsrechts in den Mitgliedstaaten der Europäischen Union als einer gemeinschaftsrechtlichen Aufgabe, IPRax 2000, 349 ff; *Fikentscher*, Das Verhältnis von Kartellrecht und Recht des unlauteren Wettbewerbs im deutschen und europäischen Recht, in: v. Caemmerer, Schlochauer, Steindorff (Hrsg.), Probleme des europäischen Rechts. Festschrift für Walter Hallstein zu seinem 65. Geburtstag, Frankfurt a.M., 1966, S. 127 ff; *Franzen*, Privatrechtsangleichung durch die Europäische Gemeinschaft, Berlin, 1999; *Gamerith*, Neue Herausforderungen für ein europäisches Lauterkeitsrecht. Studie für den Arbeitskreis „UWG" des Bundesministeriums für Wirtschaft und Arbeit, WRP 2003, 143, 162; *ders.*, Der Richtlinienvorschlag über unlautere Geschäftspraktiken – Möglichkeiten einer harmonischen Umsetzung, WRP 2005, 391 ff; GK/*Bearb.*, Großkommentar zum UWG, Teplitzky, Peifer, Leistner (Hrsg.), Band 1: Einleitung, §§ 1 – 3, 2. Aufl., 2014; Band 2: §§ 4 – 7, 2. Aufl., 2013, Berlin/Boston, bzw. Jacobs, Lindacher, Teplitzky (Hrsg.), 9. Lieferung: Einleitung, Berlin/New York, 1994; *Glöckner*, Lauterkeitsrechtliche Behandlung des Telemarketing – Zur verbraucherschützenden Wirkweise des UWG, JKR 1998, 49 ff; *ders.*, „Cold Calling" und europäische Richtlinie zum Fernabsatz – ein trojanisches Pferd im deutschen Lauterkeitsrecht, GRUR Int. 2000, 29 ff; *ders.*, Äquivalenzbehauptungen in der Werbung nach Europäischem Marken- und Lauterkeitsrecht, ELR 2001, 344 ff; *ders.*, Europäische Harmonisierung des Fernabsatzes an Verbraucher – abgeschlossen, aber nicht vollständig!, ELR 2003, 26 ff; *ders.*, Schutz bekannter Marken gegen Rufausbeutung nach Europäischem Markenrecht (EuGH v. 9. Januar 2003, Rs. C-292/00 – Davidoff), ELR 2003, 161 ff; *ders.*, Beschreibende Angaben, markenmäßiger Gebrauch und die Unterordnung des Markenrechts unter ein Europäisches Lauterkeitsrecht (Gerolsteiner Brunnen/Putsch, EuGH vom 7. Januar 2004, C-100/02), ELR 2004, 21 ff; *ders.*, Richtlinienvorschlag über unlautere Geschäftspraktiken, deutsches UWG oder die schwierige Umsetzung von europarechtlichen Generalklauseln, WRP 2004, 936 ff; *ders.*, Ist die Union reif für die Kontrolle an der Quelle?, WRP 2005, 795; *ders.*, Europäisches Lauterkeitsrecht, 2006; *ders.*, Der Schutz von Verwechslungsgefahr im Spannungsfeld von Kennzeichenrecht und verbraucherschützendem Lauterkeitsrecht, in: Geistiges Eigentum und Gemeinfreiheit, Ansgar Ohly, Diethelm Klippel (Hrsg.), 2007, S. 145 ff; *ders.*, Über die Schwierigkeit, Proteus zu beschreiben – die Umsetzung der Richtlinie über unlautere Geschäftspraktiken in Deutschland, GRUR 2013, 224 ff; *Glöckner/Henning-Bodewig*, EG-Richtlinie über unlautere Geschäftspraktiken: Was wird aus dem „neuen" UWG?, WRP 2005, 1311 ff; *Gloy*, Die Entwicklung des Wettbewerbsrechts und seiner Nebengebiete, in: Gewerblicher Rechtsschutz und Urheberrecht. Festschrift zum hundertjährigen Bestehen der Deutschen Vereinigung für gewerblichen Rechtsschutz und Urheberrecht und ihrer Zeitschrift. Herausgegeben von der Vereinigung durch Friedrich-Karl Beier u.a., Bd. II, Weinheim, 1991, S. 855 ff; *Gormley*, Prohibiting Restrictions on Trade within the EEC. The theory and application of Articles 30 – 36 of the EEC Treaty, Amsterdam/New York/Oxford, 1985; *Grandpierre*, Herkunftsprinzip kontra Marktortanknüpfung. Auswirkungen des Gemeinschaftsrechts auf die Kollisionsregeln im Wettbewerbsrecht, Frankfurt a.M./Berlin/Bern/New York/Paris/Wien, 1999; GRUR Stellungnahme Grünbuch Verbraucherschutz, Deutsche Vereinigung für Gewerblichen Rechtsschutz und Urheberrecht e.V., Stellungnahme zum „Grünbuch über Verbraucherschutz in der Europäischen Union", GRUR 2002, 408 ff; GRUR Stellungnahme Verkaufsförderungs-VO, Deutsche Vereinigung für Gewerblichen Rechtsschutz und Urheberrecht e.V., Stellungnahme zum Vorschlag für eine Verordnung über „Verkaufsförderung im Binnenmarkt", GRUR 2002, 410 ff; *Gülbay*, Vergleichende Werbung, Subsidiarität und Europa. Die Richtlinie zur vergleichenden Werbung unter Beachtung des Subsidiaritätsprinzips im Recht der Europäischen Gemeinschaft, Berlin, 1997; *Günther*, Erwünschte Regelung unerwünschter Werbung? Zur Auslegung von Artikel 10 der Fernabsatzrichtlinie 97/7/EG, CR 1999, 172 ff; *Halfmeier*, Vom Cassislikör zur E-Commerce-Richtlinie: Auf dem Weg zu einem europäischen Mediendeliktsrecht, ZEuP 2001, 837 ff; *Handig*, Neues im Internationalen Wettbewerbsrecht – Auswirkungen der Rom II-Verordnung, GRUR Int. 2008, 24 ff; Harte/Henning/*Bearb.*, Harte-Bavendamm/Henning-Bodewig, Gesetz gegen den unlauteren Wettbewerb. Mit Preisangabenverordnung. Kommentar, 3. Aufl., München, 2013; *Hatje/Kindt*, Der Vertrag von Lissabon – Europa endlich in guter Verfassung?, NJW 2008, 1761 ff; *Hatje*, Die Dienstleistungsrichtlinie – Auf der Suche nach dem liberalen Mehrwert, NJW 2007, 2357 ff; *Heermann*, Auswirkungen der Europäischen Rechtsentwicklung auf das deutsche Wettbewerbsrecht oder Wohin steuert das deutsche Werberecht nach der Entscheidung des EuGH vom 7.3.1990 in Sachen „GB-INNO-BM ./. Confédération du commerce Luxembourgeois"?, WRP 1993, 578 ff; *ders.*, Das deutsche Wettbewerbsrecht und die „Keck"-Rechtsprechung des EuGH. Missverständnisse und Argumentationsdefizite rund um den Begriff der „Verkaufsmodalitäten", WRP 1999, 381 ff; *Hefermehl*, Die Konkretisierung der wettbewerbsrechtlichen Generalklausel durch Rechtsprechung und Lehre, in: Gewerblicher Rechtsschutz und Urheberrecht. Festschrift zum hundertjährigen Bestehen der Deutschen Vereinigung für gewerblichen Rechtsschutz und Urheberrecht und ihrer Zeitschrift. Herausgegeben von der Vereinigung durch Friedrich-Karl Beier u.a., Bd. II, Weinheim, 1991, S. 897 ff; *Henning-Bodewig*, Werbung nach der Fernsehrichtlinie, in: Jürgen Schwarze (Hrsg.), Werbung und Werbeverbote im Lichte des europäischen Gemeinschaftsrechts, Baden-Baden, 1999, S. 170 ff; *dies.*, Das Europäische Wettbewerbsrecht: Eine Zwischenbilanz, GRUR Int. 2002, 389 ff; *dies.*, Das Europäische Lauterkeitsrecht: B2C, B2B oder doch besser beides?, in: Keller u.a. (Hrsg.), Festschrift für Winfried Tilmann. Zum 65. Geburtstag, Köln/Berlin/Bonn/München, 2003, S. 149 ff; *dies.*, Richtlinienvorschlag über unlautere Geschäftspraktiken und UWG-Reform, GRUR Int. 2004, 183 ff; *dies.*, Neuorientierung von § 4 Nr. 1 und 2 UWG?, WRP 2006, 621 ff; *Henning-Bodewig/Schricker*, Stellungnahme des Max-Planck-Instituts für ausländisches und internationales Patent-, Urheber- und Wettbewerbsrecht zum Grünbuch für Verbraucherschutz in der EU, KOM (2002) 531 endg., GRUR Int. 2002, 319 ff; *Hödl*, Die Beurteilung von verkaufsbehindernden Maßnahmen im Europäischen Binnenmarkt. Neue Interpretationsansätze zu Art. 30 EGV auf der Grundlage der Keck-Entscheidung, Baden-Baden, 1997; *Hösl*, Interessenabwägung und rechtliche Erheblichkeit der Irreführung bei § 3 UWG, Köln/Berlin/Bonn/München, 1986; *Holznagel/Holznagel*, Zukunft der Haftungsregeln für Internet-Provider. Zugleich: Eine Kritik des Electronic Commerce-Richtlinienentwurfs vom 18.11.1998, K&R 1999, 103 ff; *Hucke*, Erforderlichkeit einer Harmonisierung des Wettbewerbsrechts in Europa, Baden-Baden, 2001; *Hüttebräuker*, Vorschlag für eine EU-Verordnung über nährwert- und gesundheitsbezogene Angaben in Bezug auf Lebensmittel – eine kritische Bestandsaufnahme, WRP 2004, 188 ff; *Ingerl*, Der wettbewerbsrechtliche Kennzeichenschutz und sein Verhältnis zum MarkenG in der neueren Rechtsprechung des BGH und in der UWG-Reform, WRP 2004, 809 ff; *Jametti Greiner*, Überblick zum Lugano-Übereinkommen über die gerichtliche Zuständigkeit und Vollstreckung gerichtlicher Entscheidungen in Zivil- und Handelssachen, ZBJV 128 (1992), 42 ff; *Joliet*, Droit de la concurrence déloyale et libre circulation des marchandises. La jurisprudence de la Cour de Justice des Communautés Européennes, in: Un droit européen de la concurrence déloyale en formation? Actes du colloque de Lausanne, Genf, 1994, S. 29 ff; *ders.*, Der freie Warenverkehr: Das Urteil Keck und Mithouard und die Neuorientierung der Rechtsprechung, GRUR Int. 1994, 979 ff; *Jung*, Die Health Claims Verordnung – Neue Grenzen gesundheitsbezogener Werbung für Lebensmittel, WRP 2007, 389 ff; *Keilholz*, Die misslungene Harmonisierung des Verbots der irreführenden Werbung in der EG und ihre Konsequenzen für die deutsche Rechtsprechung, GRUR Int. 1987, 390 ff; *ders.*, § 3 UWG und der mündige Bürger, in: Willy Brandt u.a. (Hrsg.), Ein Richter, ein Bürger, ein Christ – Festschrift für Helmut Simon, Baden-Baden, 1987, S. 681 ff; *Keßler*, Wettbewerbsrechtliches Irreführungsverbot und Verbraucherinformation – erste Anmerkung zur „Yves Rocher"-Entscheidung des EuGH, WRP 1993, 571 ff; *ders.*, Lauterkeitsschutz und Wettbewerbsordnung – zur Umsetzung der Richtlinie 2005/29/EG über unlautere Geschäftspraktiken in Deutschland und Österreich, WRP 2007, 714 ff; *Keßler/Micklitz*, Der Richtlinienvorschlag über unlautere Praktiken im binnenmarktinternen Geschäftsverkehr, BB 2003, 2073 ff; *Kisseler*, Das deutsche Wettbewerbsrecht im Binnenmarkt, WRP 1994, 1 ff; *Klauer*, Die Europäisierung des Privatrechts – Der EuGH als Zivilrichter, St.Gallen, 1997; *Koenigs*, Das Gesetz gegen Wettbewerbsbeschränkungen und das Recht des unlauteren Wettbewerbs unter besonderer Berücksichtigung der Wettbewerbsregeln, GRUR 1958, 589 ff; *Köhler*, Die „Bagatellklausel" in § 3 UWG, GRUR 2005, 1 ff; *ders.*, Das Verhältnis des Wettbewerbsrechts zum Recht des geistigen Eigentums – Zur Notwendigkeit einer Neubestimmung auf Grund der Richtlinie über unlautere Geschäftspraktiken, GRUR 2007, 548 ff; *ders.*, Vom deutschen zum europäischen Lauterkeitsrecht – Folgen der Richtlinie über unlautere Geschäftspraktiken für die Praxis, NJW 2008, 3032; *ders.*, Zur richtlinienkonformen Auslegung und Neuregelung der "Bagatellklausel" in § 3 UWG, WRP 2008, 10 ff; *ders.*, Die UWG-Novelle 2008, WRP 2009, 109 ff; *ders.*, Unzulässige geschäftliche Handlungen bei Abschluss und Durchführung eines Vertrags, WRP 2009, 898 ff; *ders.*, Unzulässige geschäftliche Handlungen bei Abschluss und Durchführung eines Vertrags, WRP 2009, 898 ff; *ders.*, Grenzen zulässiger Steuerberaterwerbung, DStR 2011, 428 ff; *Köhler/Bornkamm*, Gesetz gegen den unlauteren Wettbewerb, 32. Aufl., München, 2014; *Köhler/Bornkamm/Henning-Bodewig*, Vorschlag für eine Richtlinie zum Lauterkeitsrecht und eine UWG-Reform, WRP 2002, 1317 ff; *Köhler/Lettl*, Das geltende europäische Lauterkeitsrecht, der Vorschlag für eine EG-Richtlinie über unlautere Geschäftspraktiken und die UWG-Reform, WRP 2003, 1019 ff; *Koppensteiner*, „Ausschließlichkeitsbindungen" und Boykott im österreichischen Wettbewerbsrecht, in: Immenga u.a. (Hrsg.), Festschrift für Ernst-Joachim Mestmäcker zum siebzigsten Geburtstag, Baden-Baden, 1996, S. 625 ff; *Kotthoff*, Werbung ausländischer Unternehmen im Inland. Die Beurteilung grenzüberschreitender Werbung nach dem internationalen Privatrecht, dem Wettbewerbsrecht und dem

Recht der Europäischen Union, Baden-Baden, 1995; *Kraft,* Interessenabwägung und gute Sitten im Wettbewerbsrecht, München, 1963; *Krüger,* Die Systematik des Wettbewerbsrechts, Aachen, 1996; *Kugelmann,* Werbung als Dienstleistung, EuR 2001, 363 ff; *Kur*, Die Harmonisierung des Lauterkeitsrechts durch Angleichungsmaßnahmen in angrenzenden Bereichen, in: Schricker, Henning-Bodewig (Hrsg.), Neuordnung des Wettbewerbsrechts, 11. Ringberg-Symposium des Max-Planck-Instituts für ausländisches und internationales Patent-, Urheber- und Wettbewerbsrecht, 14. bis 18. Juni 1997, Schloss Ringberg, Tegernsee, Baden-Baden, 1998/99, S. 116 ff; *Lehmann*, Zur Notwendigkeit einer maßvollen Liberalisierung des deutschen Wettbewerbsrechts, GRUR 1995, 380 ff; *Leible,* Bedeutung und Bestimmung der Verkehrsauffassung im spanischen Recht des unlauteren Wettbewerbs, WRP 1992, 1 ff; *Leible/Lehmann*, Die neue EG-Verordnung über das auf außervertragliche Schuldverhältnisse anzuwendende Recht („Rom II"), RIW 2007, 721 ff; *Leistner*, Richtiger Vertrag und lauterer Wettbewerb, Tübingen, 2007; *ders.*; Behavioural Economics und Lauterkeitsrecht, ZGE 2009, 3 ff; *Leistner/Pothmann*, E-Mail-Direktmarketing im neuen europäischen Recht und in der UWG-Reform, WRP 2003, 815 ff; *Lenz*, Unlauterer Wettbewerb und freier Warenverkehr in der Rechtsprechung des Europäischen Gerichtshofes, ZEuP 1994, 624 ff; *Lettl,* Gemeinschaftsrecht und neues UWG, WRP 2004, 1079 ff; *Loosen*, "Großer Bruder" statt "schöne neue Welt" – nährwert- und gesundheitsbezogene Werbung für Lebensmittel nach Verabschiedung der Claims-Verordnung, ZLR 2006, 521 ff; *Ludwig,* Irreführende und vergleichende Werbung in der Europäischen Gemeinschaft, Baden-Baden, 1995; *Lurger/Vallant*, Die österreichische Umsetzung des Herkunftslandprinzips der E-Commerce-Richtlinie, MMR 2002, 203 ff; *Mahdi,* Die Wettbewerbshandlung im UWG, Wien, 1994; *Mankowski,* Das Herkunftslandprinzip als Internationales Privatrecht der e-commerce-Richtlinie, ZVglRWiss 100 (2001), 137 ff; *ders.*, Herkunftslandprinzip und deutsches Umsetzungsgesetz zur e-commerce-Richtlinie, IPRax 2002, 257 ff; *Martin-Ehlers,* Die Irreführungsverbote des UWG im Spannungsfeld des freien europäischen Warenverkehrs, Berlin, 1996; *Martinek*, Unsystematische Überregulierung und kontraintentionale Effekte im Europäischen Verbraucherschutzrecht oder: Weniger wäre mehr, in: Grundmann (Hrsg.), Systembildung und Systemlücken in Kerngebieten des Europäischen Privatrechts, Tübingen, 2000, S. 511 ff; *Meier*, Die Lauterkeit des Handelsverkehrs: Zur Einwirkung des Art. 30 EWGV auf Auslegung und Anwendung der Generalklauseln des deutschen Wettbewerbsrechts, GRUR Int. 1993, 219 ff; *Meisterernst/Haber*, Die VO (EG) 1924/2006 über nährwert- und gesundheitsbezogene Angaben, WRP 2007, 363 ff; *Meyer,* Produktspezifische Werberegelungen im Europäischen Gemeinschaftsrecht, in: Schricker, Henning-Bodewig (Hrsg.), Neuordnung des Wettbewerbsrechts, 11. Ringberg-Symposium des Max-Planck-Instituts für ausländisches und internationales Patent-, Urheber- und Wettbewerbsrecht, 14. bis 18. Juni 1997, Schloss Ringberg, Tegernsee, Baden-Baden, 1998/99, S. 93 ff; *Micklitz*, Divergente Ausgangsbedingungen des Verbraucherrechts in West und Ost, in: Micklitz (Hrsg.), Rechtseinheit oder Rechtsvielfalt in Europa? Rolle und Funktion des Verbraucherrechts in der EG und den MOE-Staaten, Baden-Baden, 1996, S. 3 ff; *ders.*, Legitime Erwartungen als Gerechtigkeitsprinzip des europäischen Privatrechts, in: Krämer u.a. (Hrsg.), Law and diffuse interests in the European Legal Order. Recht und diffuse Interessen in der Europäischen Rechtsordnung. Liber amicorum Norbert Reich, Baden-Baden, 1997 (zit.: FS Reich), S. 245 ff; *ders.*, Perspektiven eines Europäischen Privatrechts. Ius commune praeter legem, ZEuP 1998, 253 ff; *ders.,* Cross-Border Consumer Conflicts – A French-German Experience, JCP 1993, 411 ff; *ders.*, (Hrsg.), Studie des Instituts für Europäisches Wirtschafts- und Verbraucherrecht e.V. über die Machbarkeit eines allgemeinen gesetzlichen Rahmens für den lauteren Geschäftsverkehr, November 2000, Band 1, <http://ec.europa.eu/consumers/cons_int/safe_shop/fair_bus_pract/green_pap_comm/studies/sur21_vol1_en.pdf> (site zul. besucht am 28.3.2014), Band 2, <http://ec.europa.eu/consumers/cons_int/safe_shop/fair_bus_pract/green_pap_comm/studies/sur21_vol2_en.pdf> (site zul. besucht am 28.3.2014), Band 3, <http://ec.europa.eu/consumers/cons_int/safe_shop/fair_bus_pract/green_pap_comm/studies/sur21_vol3_en.pdf> (site zul. besucht am 28.3.2014) (zit.: Micklitz-Studie); MüKo-UWG/*Bearb.*, Münchener Kommentar zum Lauterkeitsrecht, Heermann, Hirsch (Hrsg.), 2. Aufl., München 2014; *Müller-Graff,* Ordnungspolitische Divergenzen und wettbewerbliche Lauterkeit in der Verfassung des Gemeinsamen Marktes, in: Börner, Jahrreiss, Stern (Hrsg.), Einigkeit und Recht und Freiheit. Festschrift für Karl Carstens, Band 1 Europarecht, Völkerrecht, Köln/Berlin/Bonn/München, 1984, S. 209 ff; *Münker,* Harmonisierung des Rechtsschutzes gegen unlauteren Wettbewerb in der Europäischen Union, WRP 1996, 990 ff; *Naumann,* Voraussetzungen der vergleichenden Werbung, ELR 2003, 250 ff; *Niemöller*, Das Verbraucherleitbild in der deutschen und europäischen Rechtsprechung. Verhandlungs- und Vertragsparität als Regelungsgehalt des § 3 UWG, München, 1999; *Nordemann*,, Irreführung und vergleichende Werbung in Europa, in: Schwarze (Hrsg.), Werbung und Werbeverbote im Lichte des europäischen Gemeinschaftsrechts, Baden-Baden, 1999, S. 148 ff; *Novak,* Ungleichbehandlung von ausländischen Produkten oder Dienstleistungen – Einheitliche

Rechtfertigungstatbestände im EG-Vertrag – Zugleich Urteilsanmerkung zu EuGH vom 9.7.1997, DB 1997 S. 2219 „De Agostini", DB 1997, 2589 ff; *ders.*, Gedanken zum Verwechslungs- und Verwässerungsschutz im europäischen Markenrecht, EuZW 2001, 46 ff; *Ohly,* Richterrecht und Generalklausel im Recht des unlauteren Wettbewerbs, Köln/Berlin/Bonn/München, 1997; *ders.*, Herkunftslandprinzip und Kollisionsrecht, GRUR Int. 2001, 899 ff; *Oliver,* Some Further Reflections on the Scope of Articles 28-38 (ex 30-36) EC, 36 CML Rev. 783 ff (1999); *Oppenhoff,* Im Spannungsfeld zwischen Gemeinschaftsrecht und deutschem Wettbewerbsrecht, in: Erdmann u.a. (Hrsg.), Festschrift für Otto-Friedrich Frhr. v. Gamm, Köln/Berlin/Bonn/München, 1990, S. 117 ff; *Perau,* Die „Clinique"-Entscheidung des EuGH. Anmerkungen zum Urteil des EuGH vom 2. Februar 1994, ZIP 1994, 394, ZIP 1994, 513 ff; *Ohly/Sosnitza*, Gesetz gegen den unlauteren Wettbewerb, 6. Aufl., München, 2014; *Pipkorn,* Das Verbot von Maßnahmen gleicher Wirkung wie mengenmäßige Beschränkungen, in: Fuß (Hrsg.), Der Beitrag des Gerichtshofes der Europäischen Gemeinschaften zur Verwirklichung des Gemeinsamen Marktes, Baden-Baden. 1981, S. 9 ff; *Plaß,* Die gesetzliche Neuregelung der vergleichenden Werbung, NJW 2000, 3161 ff; *Posner*, Economic Analysis of Law, 5. Aufl., 1998; *Rabe*, *Zur* Metamorphose des Europäischen Verfassungsvertrags, NJW 2007, 3153 ff; *Radeideh*, Fair Trading in EC Law, 2005; *Reese,* Grenzüberschreitende Werbung in der Europäischen Gemeinschaft – unter besonderer Berücksichtigung der Auswirkungen des Gemeinschaftsrechts auf das deutsche Recht des unlauteren Wettbewerbs, München, 1994; *ders.*, Das „6-Korn-Eier"-Urteil des EuGH – Leitentscheidung für ein Leitbild?, WRP 1998, 1035 ff; *Reich*, Zur Theorie des Europäischen Verbraucherrechts, ZEuP 1994, 381 ff; *Reich*, Privatrecht und Verbraucherschutz in der Europäischen Union, Bonn, 1995; *Reich/Micklitz*, Europäisches Verbraucherrecht, 4. Aufl., Baden-Baden, 2003; *Reichenbach*, Aufgaben der Generaldirektion XXIV: Verbraucherpolitik und Gesundheitsschutz der Verbraucher, ZEuP 1998, 413 ff; *Reimer*, Bd. III Deutschland, in: Ulmer (Hrsg.), Das Recht des unlauteren Wettbewerbs in den Mitgliedstaaten der Europäischen Wirtschaftsgemeinschaft, München/Köln, 1968; *Ritscher/Beutler*, Vergleichende Werbung – die neue EU-Richtlinie im Vergleich mit dem schweizerischen Recht, sic! 1998, 261 ff; *Roth,* Angleichung des IPR durch sekundäres Gemeinschaftsrecht, IPRax 1994, 165 ff; *Roth,* Tragweite der Harmonisierung im Recht des unlauteren Wettbewerbs, in: Immenga u.a. (Hrsg.), Festschrift für Ernst-Joachim Mestmäcker zum siebzigsten Geburtstag, Baden-Baden, 1996, S. 725 ff; *Rüffler*, Österreichisches und europäisches Wirtschaftsprivatrecht. Teil 6/2: Wettbewerbsrecht – UWG, Wien, 1998; *Sack*, Staatliche Regelungen sogenannter „Verkaufsmodalitäten" und Art. 30 EG-Vertrag, EWS 1994, 37 ff; *ders.*, Art. 30, 36 EG-Vertrag und das internationale Wettbewerbsrecht, WRP 1994, 281 ff; *ders.*, Staatliche Werbebeschränkungen und die Art. 30 und 59 EG-Vertrag, WRP 1998, 103 ff; *ders.*, Die Berücksichtigung der Richtlinie 97/55/EG über irreführende und vergleichende Werbung bei der Anwendung der §§ 1 und 3 UWG, WRP 1998, 241 ff; *ders.*, Die Präzisierung des Verbraucherleitbildes durch den EuGH, WRP 1999, 399 ff; *ders.*, Vergleichende Werbung nach der UWG-Novelle, WRP 2001, 327 ff; *ders.*, Die Toshiba-Entscheidung des EuGH zur vergleichenden Werbung, WRP 2002, 363 ff; *ders.*, Vergleichende Werbung und die Erheblichkeitsschwelle in § 3 des Regierungsentwurfs einer UWG-Novelle, WRP 2004, 30 f; *ders.*, Irreführende vergleichende Werbung, GRUR 2004, 89 ff; *ders.*, Markenrechtliche Probleme vergleichender Werbung, GRUR 2008, 201 ff; *ders.*, Internationales Lauterkeitsrecht nach der Rom II-VO, WRP 2008, 845 ff; *ders.*, Die Warenverkehrsfreiheit nach Art. 34 AEUV und die Ungleichbehandlung von Inlands- und Importware, EWS 2011, 265 ff; *Säcker*, Das UWG zwischen den Mühlsteinen europäischer Harmonisierung und grundrechtsgebotener Liberalisierung, WRP 2004, 1199 ff; *Scherer*, Normative Bestimmung von Verwechslungs- und Irreführungsgefahr im Markenrecht, GRUR 2000, 273 ff; Schlachter/Ohler/*Bearb.*, Europäische Dienstleistungsrichtlinie, Baden-Baden, 2008; *Schluep*, Die Europaverträglichkeit des schweizerischen Lauterkeitsrechts, in: Un droit européen de la concurrence déloyale en formation? Actes du colloque de Lausanne, Genf, 1994, S. 67 ff (zit.: Droit européen de la concurrence déloyale en formation); *Schmitz,* Die kommerzielle Kommunikation im Binnenmarkt im Lichte der neueren Rechtsprechung zur Warenverkehrsfreiheit, Baden-Baden, 2000; *Schulte-Nölke/Busch*, Der Vorschlag der Kommission für eine Richtlinie über unlautere Geschäftspraktiken, ZEuP 2004, 99 ff; *Schricker*, Wettbewerbsrecht und Verbraucherschutz. Eine Darstellung des geltenden deutschen Rechts mit vergleichenden Anmerkungen, RabelsZ 36 (1972), 315 ff; *ders.*, Die Arbeiten zur Angleichung des Rechts des unlauteren Wettbewerbs in den Ländern der Europäischen Wirtschaftsgemeinschaft, GRUR Int. 1973, 141 ff; *ders.*, Probleme der Europäischen Angleichung des Rechts des unlauteren Wettbewerbs, in: Drobnig u.a. (Hrsg.), Festschrift für Konrad Zweigert zum 70. Geburtstag, Tübingen, 1981, S. 537 ff; *ders.*, Etikettierung beim Weinexport und internationales Wettbewerbsrecht, IPRax 1983, 103 ff; *ders.*, Die Bekämpfung der irreführenden Werbung in den Mitgliedstaaten der EG, GRUR Int. 1990, 112 ff; *ders.*, Einführung in das portugiesische Recht des unlauteren Wettbewerbs, GRUR Int. 1994, 819 ff; *Schulze/Janssen*,

Das Recht des unlauteren Wettbewerbs in den EU-Mitgliedstaaten, EuLF 2004, 77 ff; *Sosnitza*, Der Gesetzentwurf zur Umsetzung der Richtlinie über unlautere Geschäftspraktiken, WRP 2008, 1014 ff; *Spindler,* Verantwortlichkeit von Diensteanbietern nach dem Vorschlag einer E-Commerce-Richtlinie, MMR 1999, 199 ff; *ders.*, Das Gesetz zum elektronischen Geschäftsverkehr – Verantwortlichkeit der Diensteanbieter und Herkunftslandprinzip, NJW 2002, 921 ff; *ders.*, Herkunftslandprinzip und Kollisionsrecht – Binnenmarktintegration ohne Harmonisierung? Die Folgen der Richtlinie im elektronischen Geschäftsverkehr für das Kollisionsrecht, RabelsZ 66 (2002), 633 ff; *Spindler/Volkmann*, Die zivilrechtliche Störerhaftung der Internet-Provider, WRP 2003, 1 ff, *Springer,* Europäisches Gemeinschaftsrecht und die Auslegung des Irreführungsverbots gemäß § 3 UWG, Baden-Baden, 1995; *Stauder,* Europäisches Konsumentenrecht – eine Einführung, JKR 1995, 76 ff; *Stein*, Das Tabakwerbeverbot, in: Schwarze (Hrsg.), Werbung und Werbeverbote im Lichte des europäischen Gemeinschaftsrechts, Baden-Baden, 1999 (zit.: Werbung und Werbeverbote), S. 52 ff; *Steinbeck,* Richtlinie über unlautere Geschäftspraktiken – Irreführende Geschäftspraktiken – Umsetzung in das deutsche Recht, WRP 2006, 632 ff; *Steindorff*, Unvollkommener Binnenmarkt, ZHR 158 (1994), 149 ff; *Steiner,* Drawing the Line: Uses and Abuses of Article 30 EEC, 29 CML Rev. 749 ff (1992); *Streinz*, Die "Verfassung" der Europäischen Union nach dem Scheitern des Verfassungsvertrages und dem Vertrag von Lissabon, ZG 2008, 105 ff; *Strepp*, Irreführung und Verwechslungsgefahr. Einige dogmatische Aspekte des Verhältnisses von Wettbewerbs- und Markenrecht, München, 2000; *Stuyck*, La proposition de directive „pratiques commerciales déloyales“: quel marché unique pour le consommateur, Revue européenne de droit de la consommation 2003, 239 ff; *Taschner,* Zur Fortentwicklung des in der Europäischen Union angeglichenen Privatrechts durch die Gerichte der Mitgliedstaaten, in: Deutsch u.a. (Hrsg.), Festschrift für Ernst Steffen, Berlin/New York, 1995, S. 479 ff; *Tilmann*, Das UWG und seine Generalklausel, GRUR 1991, 796 ff; *ders.*, Richtlinie vergleichende Werbung, GRUR 1997, 790 ff; *Trägner,* Das Verbot irreführender Werbung nach § 3 UWG im Europäischen Binnenmarkt, Konstanz, 1993; *Ukena/Opfermann*, Werbung und Sponsoring zugunsten von Tabakerzeugnissen, WRP 1999, 141 ff; *Ulmer*, Wandlungen und Aufgaben im Wettbewerbsrecht, GRUR 1937, 769 ff; *ders.*, Das Recht des unlauteren Wettbewerbs in den Mitgliedstaaten der Europäischen Wirtschaftsgemeinschaft, Bd. I Vergleichende Darstellung mit Vorschlägen zur Rechtsangleichung, München/Köln, 1965; *Veelken,* Nationales Lauterkeitsrecht und Europäisches Gemeinschaftsrecht, ZVglRWiss 92 (1993), 241 ff; *Wagner*, Internationales Deliktsrecht, die Arbeiten an der Rom II-Verordnung und der Europäische Gerichtsstand, IPRax 2006, 372 ff; *Waldenberger,* Electronic Commerce: der Richtlinienvorschlag der EG-Kommission, EuZW 1999, 296 ff; *Walter*, Grundlagen und Reichweite des Transparenzgebotes bei Wettbewerbshandlungen, 2008; *Weinand,* Europarecht und Recht gegen den unlauteren Wettbewerb. Entwicklung und Harmonisierung des Rechts gegen den unlauteren Wettbewerb im EG-Rechtssystem, Baden-Baden, 1998; *Würdinger,* Freiheit der persönlichen Entfaltung, Kartell- und Wettbewerbsrecht, WuW 1953, 721 ff.

Abschnitt 1: Übersicht zu Gesetzgebung und Rechtsprechung

A. Gesetzgebung

I. Primärrecht

Präambel des Vertrags über die Arbeitsweise der Europäischen Union [AEUV], Art. 34 AEUV, Art. 36 AEUV, Art. 56 AEUV, Art. 114 AEUV, Art. 115 AEUV, Art. 119 AEUV, Protokoll (Nr. 27) über den Binnenmarkt und den Wettbewerb.

II. Völkerrechtliche Verträge

Art. 10bis ff Pariser Verbandsübereinkunft zum Schutz des gewerblichen Eigentums vom 20. März 1883, revidiert in Den Haag am 6. November 1925, revidiert in London am 2. Juni 1934, revidiert in Lissabon am 31. Oktober 1958, revidiert in Stockholm am 14. Juli 1967 [PVÜ], BGBl. 1970 II, S. 293; Art. 2, 22, 23, 39 Agreement on Trade Related Aspects of Intellectual Property Rights. Abkommen über handelsbezogene Aspekte der Rechte an geistigem Eigentum. Anhang 1C zum Abkommen zur Errichtung der Welthandelsorganisation, abgeschlossen in Marrakesch am 15. April 1994 [TRIPs], ABl. 1994 Nr. L 336/214.

III. Sekundärrecht

Verordnungen:

Vorschlag der Kommission für eine Verordnung über Verkaufsförderung, enthalten in der Mitteilung der Kommission, Verkaufsförderung im Binnenmarkt, vom 2. Oktober 2001, **KOM (2001) 546 endg.**; Geänderter Vorschlag, **KOM (2002) 585 endg.**; zurückgezogen **KOM (2005) 462 endg.**; **Verordnung (EG) Nr. 2006/2004** des Europäischen Parlaments und des Rates vom 27. Oktober 2004 über die Zusammenarbeit zwischen den für die Durchsetzung der Verbraucherschutzgesetze zuständigen nationalen Behörden („**Verordnung über die Zusammenarbeit im Verbraucherschutz**"), ABl. 2004 Nr. L 364/1, zuletzt geändert durch Art. 22 RL 2013/11/EU vom 21. Mai 2013, ABl. Nr. L 165/63; **Verordnung (EG) Nr. 1924/2006** des Europäischen Parlaments und des Rates vom 20. Dezember 2006 über nährwert- und gesundheitsbezogene Angaben über Lebensmittel, ABl. 2007 Nr. L 12/3, berichtigt ABl. 2007 Nr. L 12/3, ABl. 2009 Nr. L 198/87 und ABl. 2013 Nr. L 160/15, zuletzt geändert durch Art. 1 VO (EU) Nr. 1047/2012 vom 8. November 2012, ABl. Nr. L 310/36; **Verordnung (EG) Nr. 864/2007** des Europäischen Parlaments und des Rates vom 11. Juli 2007 über das auf außervertragliche Schuldverhältnisse anzuwendende Recht („**Rom II**"), ABl. 2007 Nr. L 199/40, berichtigt ABl. 2012 Nr. L 310/52; **Verordnung (EU) Nr. 1169/2011** des Europäischen Parlaments und Rates vom 25. Oktober 2011 betreffend die Information der Verbraucher über Lebensmittel und zur Änderung der Verordnungen (EG) Nr. 1924/2006 und (EG) Nr. 1925/2006 des Europäischen Parlaments und des Rates und zur Aufhebung der Richtlinie 87/250/EWG der Kommission, der Richtlinie 90/496/EWG des Rates, der Richtlinie 1999/10/EG der Kommission, der Richtlinie 2000/13/EG des Europäischen Parlaments und des Rates, der Richtlinien 2002/67/EG und 2008/5/EG der Kommission und der Verordnung (EG) Nr. 608/2004 der Kommission, ABl. 2011 Nr. L 304/18 [**Lebensmittelinformationsverordnung**], zuletzt geändert durch Art 1 VO (EU) Nr. 1155/2013 vom 21. August 2013, ABl. Nr. L 306/7.

Richtlinien:

Richtlinie 2000/31/EG des Europäischen Parlaments und des Rates vom 8. Juni 2000 über bestimmte rechtliche Aspekte der Dienste der Informationsgesellschaft, insbesondere des elektronischen Geschäftsverkehrs, im Binnenmarkt („**Richtlinie über den elektronischen Geschäftsverkehr**"), ABl. 2000 Nr. L 178/1 [**E-Commerce-Richtlinie**]; **Richtlinie 2001/83/EG** des Europäischen Parlaments und des Rates vom 6. November 2001 **zur Schaffung eines Gemeinschaftskodexes für Humanarzneimittel**, ABl. Nr. L 311/67, berichtigt ABl. 2003 Nr. L 302/40, ABl. 2014 Nr. L 239/81, zuletzt geändert durch Art. 1 RL 2012/26/EU vom 25. Oktober 2012, ABl. Nr. L 299/1; **Richtlinie 2002/58/EG** des Europäischen Parlaments und des Rates vom 12. Juli 2002 über die Verarbeitung personenbezogener Daten und den Schutz der Privatsphäre in der elektronischen Kommunikation (**Datenschutzrichtlinie für elektronische Kommunikation**), ABl. 2002 Nr. L 201/37, zuletzt geändert durch Art. 2 RL 2009/136/EG vom 25. November 2009, ABl. Nr. L 337/11; **Richtlinie 2002/65/EG** des Europäischen Parlaments und des Rates vom 23. September 2003 **über den Fernabsatz von Finanzdienstleistungen** an Verbraucher und zur Änderung der Richtlinie 90/619/EWG des Rates und der Richtlinien 97/7/EG und 98/27/EG, ABl. 2002 Nr. L 271/16, zuletzt geändert durch Art. 90 RL 2007/64/EG vom 13. November 2007, ABl. Nr. L 319/1; **Richtlinie 2003/33/EG** des Europäischen Parlaments und des Rates vom 26. Mai 2003 zur

Angleichung der Rechts- und Verwaltungsvorschriften der Mitgliedstaaten über Werbung und Sponsoring zugunsten von Tabakerzeugnissen, ABl. 2003 Nr. L 152/16 [**Tabakwerbungsrichtlinie**], berichtigt ABl. 2004 Nr. L 67/34; **Richtlinie 2005/29/EG** des Europäischen Parlaments und des Rates vom 11. Mai 2005 **über unlautere Geschäftspraktiken** von Unternehmen gegenüber Verbrauchern im Binnenmarkt und zur Änderung der Richtlinie 84/450/EWG des Rates, der Richtlinien 97/7/EG, 98/27/EG und 2002/65/EG des Europäischen Parlaments und des Rates sowie der Verordnung (EG) Nr. 2006/2004 des Europäischen Parlaments und des Rates, ABl. 2005 Nr. L 149/22 [**Richtlinie über unlautere Geschäftspraktiken; UGP-Richtlinie**], berichtigt ABl. 2009 Nr. L 253/18; **Richtlinie 2006/114/EG** des Europäischen Parlaments und des Rates vom 12. Dezember 2006 **über irreführende und vergleichende Werbung**, (kodifizierte Fassung), ABl. 2006 Nr. L 376/21; **Richtlinie 2009/22/EG** des Europäischen Parlaments und des Rates vom 23. April 2009 über Unterlassungsklagen zum Schutz der Verbraucherinteressen, ABl. 2009 Nr. L 110/30 [**Richtlinie über Unterlassungsklagen**], zuletzt geändert durch Art. 20 VO (EU) Nr. 524/2013 vom 21. Mai 2013, ABl. Nr. L 165/1; **Richtlinie 2010/13/EU** des Europäischen Parlaments und des Rates vom 10. März 2010 zur Koordinierung bestimmter Rechts- und Verwaltungsvorschriften der Mitgliedstaaten über die Bereitstellung audiovisueller Mediendienste (**Richtlinie über audiovisuelle Mediendienste**) (**kodifizierte Fassung**), ABl. 2010 Nr. L 95/1, berichtigt ABl. 2010 Nr. L 263/15; **Richtlinie 2011/83/EU** des Europäischen Parlaments und des Rates vom 25. Oktober 2011 über die Rechte der Verbraucher, ABl. 2011 Nr. L 304/64 [**Verbraucherrechterichtlinie**].

B. Rechtsprechung („Leading Cases")

EuGH Rs. 8/74 (Dassonville), Slg 1974, 837; Rs. 120/78 (Cassis de Dijon), Slg 1979, 649; Rs. 16/83 (Prantl), Slg 1984, 1299; Rs. 362/88 (GB-INNO-BM), Slg 1990, I-667; Rs. C-126/91 (Yves Rocher), Slg 1993, I-2361; verb. Rs. C-267, 268/91 (Keck u. Mithouard), Slg 1993, I-6097; Rs. C-373/90 (Nissan), Slg 1992, I-131; Rs. C-315/92 (Clinique), Slg 1994, I-317; Rs. C-384/93 (Alpine Investments), Slg 1995, I-1141; Rs. C-470/93 (Mars), Slg 1995, I-1923; Rs. C-34/95 (De Agostini), Slg 1997, I-3843; Rs. C-210/96 (6-Korn), Slg 1998, I-4657; Rs. C-220/98 (Estée Lauder/Lancaster), Slg 2000, I-117; Rs. C-465/98 (Darbo), Slg 2000, I-2297; Rs. C-303/97 (Verbraucherschutzverein/Sektkellerei Kessler), Slg 1999, I-513; Rs. C-405/98 (Gourmet), Slg 2001, I-1795; Rs. C-112/99 (Toshiba), Slg 2001, I-7945; Rs. C-44/01 (Pippig), Slg 2003, I-3095; Rs. C-322/01 (DocMorris), Slg 2003, I-14887; Rs. C-71/02 (Karner Industrie-Auktionen), Slg 2004, I-3025; Rs. C-20/03 (Burmanjer), Slg 2005, I-4133; Rs. C-34/95 (De Agostini), Slg 1997, I-3843; Rs. C-384/93 (Alpine Investments), Slg 1995, I-1141; Rs. C-356/04 (Lidl/Colruyt), Slg 2006, I-8501; Rs. 59/05 (Siemens/VIPA), Slg 2006, I-2147; Rs. C-438/04 (Mobistar), Slg 2006, I-6675; Rs. C-381/05 (De Landtsheer Emmanuel), Slg 2007, I-3115; Rs. C-533/06 (O2), Slg 2008, I-4231; verb. Rs. C-261, 299/07 (VTB-VAB), Slg 2009, I-2949; Rs. C-487/07 (L'Oréal), Slg 2009, I-5185; Rs. C-304/08 (Plus), Slg 2010, I-217; Rs. C-540/08 (Mediaprint), Slg 2010, I-10909; Rs. C-108/09 (Ker-Optica), Slg 2010, I-12213; Rs. C-122/10 (Ving Sverige), Slg 2011, I-3903; Rs. C-288/10 (Wamo), Slg 2011, I-5835; Urteil v. 18.10.2012, Rs. C-428/11 (Purely Creative), noch nicht in Slg; Urteil v. 17.1.2013, Rs. C-206/11 (Köck), noch nicht in Slg; Urteil v. 19.9.2013, Rs. C-435/11 (CHS Tours), noch nicht in Slg; Urteil v. 17.10.2013, Rs. C-391/12 (RLvS Verlagsgesellschaft mbH), noch nicht in Slg; Urt. v. 3.4.2014, Rs. C-515/12 (4finance), noch nicht in Slg; EFTA-GH, Rs. E-4/04 (Pedicel), 2005 EFTA Ct. Rep. 1; Rs. E-16/10 (Philip Morris), 2011 EFTA Ct. Rep. 330.

Abschnitt 2: Analyse und Darstellung der Einwirkung des Europarechts auf das Lauterkeitsrecht[1]

Anders als in benachbarten Rechtsgebieten wie zB dem Markenrecht oder dem Kartellrecht fehlt es im Lauterkeitsrecht bis heute an einer flächendeckenden und kohärenten Regelung im Europä-

1 Für die wertvolle Unterstützung bei der Überarbeitung zur aktuellen Auflage danke ich Herrn RA *Martin Fink*.

ischen Primär- oder Sekundärrecht. Durch die Richtlinie über unlautere Geschäftspraktiken wurde im Jahr 2005 immerhin der Bereich der Geschäftspraktiken von Unternehmern gegenüber Verbrauchern totalharmonisiert. Der Schwerpunkt des Beitrags wird auf diesbezüglichen Ausführungen liegen (C.). Das Lauterkeitsrecht war gleichwohl niemals unbeeinflusst von den europarechtlichen Vorgaben. Sie werden auch zukünftig außerhalb des Anwendungsbereichs dieser Richtlinie, im sog. „B2B-Verhältnis", ihre Bedeutung behalten. Im Folgenden werden deshalb zunächst knapp die Entwicklung der Europäischen Regelungsbemühungen sowie die bis zum jetzigen Zeitpunkt geschaffenen „Bausteine" dargestellt (A.). Daran schließen sich Ausführungen zu verschiedenen Einzelrechtsakten (B.). Vor allem im grenzüberschreitenden Rechtsverkehr gewinnt die Durchsetzung der objektiven Rechtssätze an Bedeutung. Daher werden abschließend auch das Sanktionensystem, das Verfahren und kollisionsrechtliche Sonderfragen dargestellt (D.).

A. Bestandteile des Europäischen Lauterkeitsrechts

I. Lauterkeitsrecht – eine Arbeitsdefinition

In den deutschsprachigen Rechtsräumen bezeichnet „Lauterkeitsrecht" den Inbegriff der Normen, welche den Schutz der Lauterkeit des Wettbewerbs bezwecken. Ursprünglich wurde dafür der Begriff „Wettbewerbsrecht" verwendet[2] und sprachlich in einen Gegensatz zum „Kartellrecht" gebracht. In gleichem Maße, in dem das Europäische Kartellrecht an Bedeutung gewann, verschob sich die Terminologie: In Rückübersetzung der gebräuchlichen englischen Bezeichnung Competition Law[3] (ebenso frz.: droit de la concurrence, it.: diritto della concorrenza) für die Art. 101 ff AEUV, ex Art. 81 ff EGV) iVm der Fusionskontrolle wurde es gebräuchlich, auch auf Deutsch von „Wettbewerbsrecht"[4] zu sprechen, wenn man Kartellrecht meinte.[5] In der Folge wurden auch die Regelungen über den unlauteren Wettbewerb zunehmend durch die Begriffe „Lauterkeitsrecht"[6] oder „Wettbewerbsrecht im engeren Sinne" beschrieben. 1

In den europäischen Rechtsquellen tauchte „Lauterkeitsrecht" als **Umschreibung eines Rechtsgebiets** demgegenüber bislang nur selten auf[7] und wird von der Praxis meist nur in einer abgewandel- 2

2 ZB *Ulmer*, GRUR 1937, 769; *Reimer*, Rn 10; ebenso noch *Köhler*, in: Baumbach/Hefermehl, Wettbewerbsrecht, 22. Aufl., 2001, Allg., Rn 77. Allg. zur Terminologie *Schricker*, RabelsZ 36 (1972), 315, 325.

3 ZB *Whish*, Competition Law, 6. Aufl., 2009.

4 ZB *Immenga/Mestmäcker*, EG-Wettbewerbsrecht.

5 *Ulmer*, Rn 4.

6 ZB *Baudenbacher*; Harte/Henning/*Keller*, Einl. A, Rn 1; *Köhler*, NJW 2008, 3032, 3033.

7 Immerhin sprach schon Art. 3 der RL 87/102/EWG des Rates vom 22. Dezember 1986 zur Angleichung der Rechts- und Verwaltungsvorschriften der Mitgliedstaaten über den Verbraucherkredit (Verbraucherkredit-RL) von „allgemeinen Vorschriften und Grundsätzen über unlautere Werbung". Artikel 4 Abs. 2 des Geänderten Vorschlags für eine RL des Europäischen Parlaments und des Rates über den Fernabsatz von Finanzdienstleistungen an Verbraucher und zur Änderung der RL 97/7/EG und 98/27/EG, KOM (99) 385 endg., ABl. 2000 Nr. C 177/21, verlangte ein „unlauteres" Verleiten zum Vertragsschluss vor Ablauf der vierzehntägigen Frist. Mit der Gewährung eines echten Widerrufsrechts in der endgültigen Fassung der RL ist die Vorschrift obsolet geworden. Erst in jüngerer Zeit ist der Begriff des unlauteren Wettbewerbs in der Unionsgesetzgebung salonfähig geworden. Hingewiesen sei hier insbesondere auf die RL 2005/29/EG des Europäischen Parlaments und des Rates vom 11. März 2005 über unlautere Geschäftspraktiken von Unternehmen gegenüber Verbrauchern im Binnenmarkt und zur Änderung der RL 84/450/EWG des Rates, der RL 97/7/EG und 2002/65/EG des Europäischen Parlaments und des Rates sowie der VO (EG) Nr. 2006/2004 des Europäischen Parlaments und des Rates (Richtlinie über unlautere Geschäftspraktiken) und vor allem Art. 6 der VO (EG) Nr. 864/2007 des Europäischen Parlaments und des Rates vom 11. Juli 2007 über das auf außervertragliche Schuldverhältnisse anzuwendende Recht („Rom II"). Zum Begriff der unfairness vgl die umfassenden Nachw. in der Micklitz-Studie, III, S. 365 ff.

ten Form verwendet.[8] Der Untersuchungsgegenstand der folgenden Ausführungen soll durch die **Lauterkeitsrechtsordnungen der Schweiz, Deutschlands und Österreichs** gleichsam als **„Referenzsystem"** bestimmt werden. Sie sind in historischer, systematischer und rechtspolitischer Hinsicht eng verwandt. Es kann darüber hinaus festgestellt werden, dass einerseits das Lauterkeitsrecht in Kontinentaleuropa eine gewisse Tradition als Sonderdeliktsrecht hat, andererseits speziell der Verbraucherschutz vor unlauteren Geschäftspraktiken einen neuen Zugang von Europarechts wegen geschaffen hat. Dennoch darf dies nicht darüber hinwegtäuschen, dass immer noch deutliche Unterschiede in den Rechtsordnungen der 28 EU-Mitgliedstaaten hinsichtlich des Schutzniveaus, der Systematik und der Rechtsdurchsetzung bestehen.[9]

3 Es fällt schwer, eine trennscharfe, unmittelbare **Definition** der Begriffe „Lauterkeitsrecht" oder auch nur „Wettbewerbsrecht" zu finden. Standardwerke verzichten bezüglich letzterem entweder ganz auf Definitionsversuche[10] oder verweisen auf die Unschärfe des Wettbewerbsbegriffs.[11] Unter der Bezeichnung „Recht des unlauteren Wettbewerbs", Wettbewerbsrecht ieS oder Lauterkeitsrecht werden in der deutschen Literatur zT die durch das UWG und seine Nebengesetze geregelten Materien zusammengefasst.[12] Davon ausgehend kann immerhin eine weitere Eingrenzung erfolgen: Das UWG – das deutsche ebenso wie das schweizerische oder österreichische – enthält den Kern eines **allgemeinen Marktverhaltensrechts.**[13] Der gegenständliche Anwendungsbereich der Gesetze gegen unlauteren Wettbewerb knüpft nämlich in allen genannten Rechtsräumen an die Wettbewerbshandlung bzw die **geschäftliche Handlung** an.[14]

4 Ist damit der gemeinsame Regelungsbereich der Lauterkeitsrechte, dh ihr gegenständlicher Anwendungsbereich[15] – stets geht es um **geschäftliche Handlungen im Sinne von Marktverhalten**[16] – geklärt, so bleibt doch die Regelungsrichtung offen. Dass das Lauterkeitsrecht vor unlauteren geschäftlichen Handlungen schützen soll, führt ohne eine Definition der Unlauterkeit nicht weiter. Die Abgrenzung lauterer von unlauteren geschäftlichen Handlungen ist das Kernproblem des Lau-

8 Der EuGH erkennt an, dass „der Schutz der Lauterkeit des Handelsverkehrs" ein „zwingendes Erfordernis" sein kann, das nicht-diskriminierende Maßnahmen gleicher Wirkung rechtfertigen kann, vgl dazu u. Rn 30 ff. Insoweit hat er auch bereits von Grundsätzen des Gemeinschaftsrechts über die Lauterkeit des Handelsverkehrs gesprochen, Sitzungsbericht zu EuGH, Rs. 249/85 (Albako), Slg 1987, 2345. In EGr. 7 Markenrechts-RL wird klargestellt, dass die Richtlinie nicht ausschließen soll, dass Vorschriften gegen den „unlauteren Wettbewerb" Anwendung finden. In einer jüngeren Entscheidung des EuGH zur Markenrechts-RL findet sich dann auch – wie selbstverständlich – der Hinweis an die mitgliedstaatlichen Gerichte, bei der Verwendung eines geschützten Kennzeichens zur Angabe einer geographischen Herkunft zu prüfen, ob der Verwender „gegenüber dem Markeninhaber unlauteren Wettbewerb betreibt", EuGH, Rs. C-100/02 (Gerolsteiner), Slg 2004, I-691, Rn 26, vgl dazu *Glöckner*, ELR 2004, 21, 25.

9 Vgl *Ohly*, in: Ohly/Sosnitza, Einf. C, Rn 1.

10 ZB *Köhler*, in: Köhler/Bornkamm, Einl. UWG; *Troller*, Immaterialgüterrecht. Patentrecht, Markenrecht, Muster- und Modellrecht, Urheberrecht, Wettbewerbsrecht, Bd. II, 3. Aufl. 1985, S. 907 ff.

11 GK/*Schünemann*, 9. Lieferung, 1994, Einl., Rn A 2.

12 *Emmerich*, § 1. Ähnlich *Reimer*, Rn 11, der das aUWG und die damals noch geltenden RabattG und ZugabeVO unter der Bezeichnung Wettbewerbsrecht im engeren Sinne zusammenfasst.

13 *Hefermehl*, in: FS GRUR, S. 897, Rn 4; *Ohly*, S. 206. Abzugrenzen ist das besondere Marktverhaltensrecht, wie es sich zB in Werberegelungen oder in den zivilrechtlichen Vorgaben zum Einsatz Allgemeiner Geschäftsbedingungen präsentiert.

14 Vgl nur §§ 3, 7 Abs. 1, 2 Abs. 1 Nr. 1 UWG; der bisherige Begriff der Wettbewerbshandlung wurde durch die jüngste UWG-Novelle durch den Begriff der geschäftlichen Handlung ersetzt. Zum alten Recht GK/*Schünemann*, 9. Lieferung, 1994, Einl, Rn D 196; *Köhler*, in: Baumbach/Hefermehl, Wettbewerbsrecht, 22. Aufl., 2001, Allg., Rn 24, Einl. UWG, Rn 214 ff; für das österreichische Recht *Mahdi*, S. 3; für das schweizerische Recht Bger, 25.2.1994 (Mikrowellen), BGE 120 II 76, 78.

15 *Köhler*, in: Köhler/Bornkamm, § 2 UWG, Rn 3; Harte/Henning/*Keller*, § 2 UWG, Rn 1; *Baudenbacher*, vor Art. 2, Rn 2.

16 Nach allgemeiner Auffassung bleibt damit Verhalten irrelevant, das keinen Marktbezug hat, weil es sich nach Zielrichtung und Folgen allein im Binnenbereich des Unternehmens bewegt. Umstritten ist aber im deutschen Lauterkeitsrecht, ob bei nach außen getragenem Verhalten nach wie vor die Wettbewerbsrelevanz erforderlich ist, so *Glöckner*, WRP 2009, 1175, 1181 f; anders *Köhler*, in: Köhler/Bornkamm, § 2 UWG, Rn 80 ff.

terkeitsrechts.[17] Der Begriff „unlauter“ in diesem Zusammenhang geht auf eine Übersetzung des französischen Terminus „concurrence déloyale“ im Rahmen der deliktsrechtlichen Dogmatik zu Art. 1382 des frz. Code civile zurück.[18] Das ehemalige deutsche UWG von 1909 und das österreichische UWG aF führten den Begriff der Unlauterkeit allein in ihrem amtlichen Titel. Die Einzelnormen verwendeten den Begriff nicht. Sie knüpften vielmehr die Grundsanktion des Unterlassungsanspruchs unmittelbar an den Verstoß gegen bestimmte Verhaltensgebote. Nach den Generalklauseln in § 1 aF beider Gesetze waren Wettbewerbshandlungen verboten, **die gegen die guten Sitten** verstießen. Das geltende deutsche UWG knüpft zwar das Verbot an die Voraussetzung der Unlauterkeit, definiert diese aber nicht. Die in derselben Vorschrift verlangte Eignung, die Interessen von Mitbewerbern, Verbrauchern oder sonstigen Marktteilnehmern spürbar zu beeinträchtigen, bildet ein zusätzliches Erfordernis. Die folgenden Regelungen geben Beispiele (§§ 4, 5, 6 Abs. 2 UWG).

Maßgebend ist, dass der Gesetzgeber sowohl in Deutschland als auch in Österreich und in der Schweiz auf die **Ausfüllung einer Generalklausel durch die Gerichte** vertraut hat. „Induktionsmaterial für die Auffindung ergänzender Entscheidungsnormen im Rahmen der Generalklausel“[19] stand dabei in allen Jurisdiktionen bereits bei ihrem Erlass (in Deutschland 1909, in der Schweiz 1911,[20] in Österreich 1923) zur Verfügung. Seit den 20er-Jahren entwickelte sich das Lauterkeitsrecht vor allem in Deutschland rasant fort.[21] Die Gerichte bedienten sich in großzügiger Weise der Generalklauseln[22] und bauten die Marktverhaltensnormen stetig aus. Die Generalklauseln erfassen heute – im Zusammenspiel mit jüngeren Sondertatbeständen – weitere Fallreihen, wie insbesondere zahlreiche Ausbeutungstatbestände, die Fälle des Marktmachtmissbrauchs und die verschiedenen Konstellationen, unter denen besonders aggressive Werbung untersagt wird.[23] Erst seit Mitte der 1990er Jahre setzte eine gegenläufige Entwicklung ein, welche den zT überschießenden Rechtsschutz durch die Generalklausel begrenzte. 5

Versuche, den **Zugriffsbereich** (verstanden als Gegensatz zum Anwendungsbereich) des Lauterkeitsrechts **zu definieren** oder auch nur die unlauteren geschäftlichen Handlungen zu kategorisieren, sind weitgehend gescheitert.[24] Die Einteilung der für unlauter gehaltenen geschäftlichen Handlungen erfolgt in der Praxis nach dem formalen Gesichtspunkt der darstellerischen Zweckmäßigkeit.[25] Lauterkeitsrecht bzw Unlauterkeit wird nicht definiert, sondern nur durch sog. Fallgruppen oder Fallreihen erklärt.[26] Was unlauteres Marktverhalten ist, kann nicht definiert werden, weil die Entstehung des Lauterkeitsrechts im Rahmen der Generalklausel zur Anerkennung verschiedenster Fallgruppen geführt hat, die über die Marktrelevanz hinaus kaum verbindende Merkmale aufweisen. Insoweit muss davon ausgegangen werden, dass eine geschäftliche Handlung dann unlauter ist, wenn sie auf der Grundlage der nationalen Gesetze gegen unlauteren Wettbewerb, bei deren Auslegung jedoch unionsrechtliche Vorgaben zu beachten sind, für unlauter gehalten wird. 6

17 Harte/Henning/*Podszun*, § 3 UWG, Rn 93, 112: Schlüsselstellung. Ähnlich *Schluep*, in: Droit européen de la concurrence déloyale en formation, S. 67, 85: Frage von „archimedischer Bedeutung“.
18 GK/*Schricker*, 9. Lieferung, 1994, Einl., Rn F 246.
19 *Baudenbacher*, Suggestivwerbung, S. 105; *Germann*, ZBJV 72 (1936), 49, 55.
20 Auf der Grundlage von Art. 48 chOR 1911.
21 Zur Entwicklung in Deutschland vgl *Gloy*, in: FS GRUR, S. 855 ff.
22 Zusammenfassung bei *Ohly*, S. 203.
23 Im Jahr 1968 nannte *Reimer*, Rn 8, das auf der Grundlage der Generalklausel geschaffene Normenwerk einzigartig „in seiner Dichte und in seinen feinen Verästelungen“.
24 Vgl die Darstellung bei GK/*Schünemann*, 9. Lieferung, 1994, Einl., Rn D 154 ff; *Tilmann*, GRUR 1991, 796, 798; *Krüger*, S. 15 ff; *Ohly*, S. 207.
25 GK/*Schünemann*, 9. Lieferung, 1994, Einl, Rn D 154 mwN, 161.
26 *Beater*, JZ 1997, 916.

7 Mit der Richtlinie über unlautere Geschäftspraktiken[27] (nachfolgend: UGP-Richtlinie, UGP-RL) wurde für den B2C-Bereich eine Totalharmonisierung angestrebt. Die Rechtsbegriffe der UGP-Richtlinie sind europarechtlich autonom auszulegen. Bei der Bestimmung des gegenständlichen Anwendungsbereichs der UGP-Richtlinie ist dem europäischen Gesetzgeber jedoch ein Fehler unterlaufen. Als Folge des Prinzips der begrenzten Einzelzuständigkeit haben die sekundären Unionsrechtsakte zunächst ihren Anwendungsbereich zu bestimmen, welcher die „Breite" bemisst, in der das Unionsrecht gilt. Innerhalb dieses Anwendungsbereichs bestimmen die Sekundärrechtsakte selbst ihren Zugriffsbereich, gleichsam die „Tiefe" der Harmonisierung: Sie können einen bestimmten Mindeststandard festlegen oder aber dieses Niveau als in jeder Hinsicht verbindliches Ziel vorgeben (Totalharmonisierung). Bei der Definition des Anwendungsbereichs der UGP-Richtlinie in deren Art. 3 Abs. 1 hat der europäische Gesetzgeber diese Unterscheidung missachtet: Er ordnet nämlich an, dass diese Richtlinie „für *unlautere* Geschäftspraktiken *im Sinne des Artikels 5*" (Hervorhebung d. Verf.) gilt. Die Prädikate „unlauter" sowie „im Sinne des Artikel 5" beziehen sich aber bereits auf die Tiefe der Regelung. Sie sind daher nicht geeignet, den Anwendungsbereich und damit die Breite der Geltung der UGP-Richtlinie zu bestimmen. Faktisch ist es jedenfalls nach der bisherigen EuGH-Rechtsprechung unter dem Gewand der Harmonisierung allein verbraucherrelevanter Tatbestände zu einer weitgehenden Harmonisierung allen – auch allein verbrauchervermittelt wirkenden – Wettbewerbsverhaltens gekommen.[28]

II. Frühe Regelungsbemühungen und ihre Ergebnisse

8 Bereits zu Beginn der 60er-Jahre hatte die Europäische Kommission beim Max-Planck-Institut für Innovation und Wettbewerb[29] eine Bestandsaufnahme zum Recht des unlauteren Wettbewerbs in Auftrag gegeben. Unter der Leitung *Eugen Ulmers* entstand das umfangreiche Gutachten zum „Recht des unlauteren Wettbewerbs in den Mitgliedstaaten der EWG".[30] In dem ersten, 1965 erschienenen Band schlug *Ulmer* den Abschluss eines völkerrechtlichen Vertrages vor.[31] Er sollte auf den Schutz gegen unlauteren Wettbewerb durch eine von mehreren Einzeltatbeständen ergänzte Generalklausel gerichtet sein (aaO, Rn 409 ff). Die Generalklausel werde sich zweckmäßigerweise an Art. 10bis Abs. 2 PVÜ anlehnen. Die Einzeltatbestände sollten die Herbeiführung einer Verwechslungsgefahr, die Anschwärzung bzw vergleichende Werbung, die Begründung einer Irreführungsgefahr und den Schutz von Unternehmensgeheimnissen (aaO, Rn 411 ff, 414 ff, 418 ff, 420 ff) regeln. Grundlage des Vorschlages war zwar die Feststellung wesentlicher Rechtsverschiedenheiten zwischen den Mitgliedstaaten. *Ulmers* Harmonisierungsvorschlag beruhte aber auf der Prämisse, dass die Lauterkeitsrechtsordnungen der EWG-Gründungsstaaten gemeinsame Überzeugungen erkennen ließen.

9 Die Arbeiten der Europäischen Kommission bauten auf dem Gutachten auf. Schließlich ging die Kommission noch Anfang 1972 den Schritt von den Vorstudien zum eigentlichen Beginn der

---

27 RL 2005/29/EG vom 11. Mai 2005 über unlautere Geschäftspraktiken im binnenmarktinternen Geschäftsverkehr zwischen Unternehmen und Verbrauchern und zur Änderung der Richtlinien 84/450/EWG, 97/7/EG, 98/27/EG und 2002/65/EG sowie der Verordnung (EG) Nr. 2006/2004 des Europäischen Parlaments und des Rates (Richtlinie über unlautere Geschäftspraktiken), ABl. 2007 Nr. L 149/22.

28 EuGH, verb. Rs. C-261, 299/07 (VTB-VAB), Slg 2009, I-2949; Rs. C-304/08 (Plus), Slg 2010, I-217, Rn 38, 39; Rs. C-540/08 (Mediaprint), Slg 2010, I-10909, Rn 20 ff; Rs. C-288/10 (Wamo), Slg 2011, I-5835, Rn 20 ff. Vgl auch den Ersten Bericht der Kommission vom 14. März 2013 über die Anwendung der Richtlinie über unlautere Geschäftspraktiken, COM (2013) 139 final, S. 6 ff.

29 Damals noch Institut für internationales und ausländisches Patent-, Marken- und Urheberrecht der Universität München.

30 Die deutsche Ausgabe des Gutachtens ist in sechs Bänden veröffentlicht: *Ulmer*, Das Recht des unlauteren Wettbewerbs in den Mitgliedstaaten der EWG, Bd. I, Vergleichende Darstellung mit Vorschlägen zur Rechtsangleichung, 1965. Die folgenden Bände widmen sich den einzelnen Mitgliedstaaten und sind zwischen 1967 und 1981 erschienen. Mit der Erweiterung der Gemeinschaft wurde die Reihe fortgesetzt.

31 *Ulmer*, Rn 403.

Arbeit an der Rechtsangleichung.[32] Die ehrgeizigen Ziele der Kommission ließen sich indes nicht verwirklichen. Vor allem der Beitritt der Common law-Staaten Großbritannien und Irland im Jahr 1972 zerstörte den grundsätzlichen Konsens innerhalb der Gemeinschaft über den Schutz der Wettbewerbsordnung vor unlauterem Wettbewerb.[33] Beide Rechtsordnungen kennen bis heute kein grundsätzliches Verbot unlauteren Wettbewerbs, und es bestanden insbesondere Vorbehalte gegen seine Durchsetzung mithilfe einer Generalklausel.[34] Hinzu trat, dass im Jahr 1977 die Kommission umstrukturiert wurde.

Von einer Gesamtharmonisierung des Lauterkeitsrechts war seitdem nicht mehr die Rede. Stattdessen wurde ausgehend vom Verbraucherschutzgedanken das begrenzte Projekt der **Irreführungsrichtlinie** verfolgt, die immerhin im Jahr 1984 erlassen wurde (vgl dazu unten Rn 68 ff). Bereits in den Begründungserwägungen zur Irreführungsrichtlinie 1984 wurde ausgeführt, dass die Angleichung der Irreführungstatbestände nur eine erste Phase der Harmonisierung bilden sollte. In einer zweiten Phase sollte anhand entsprechender Vorschläge der Kommission die unlautere Werbung und, soweit erforderlich, auch die vergleichende Werbung behandelt werden. Tatsächlich wurde im Jahr 1997 die Richtlinie über vergleichende Werbung erlassen (vgl dazu unten Rn 72 ff). 10

III. „Bausteine" eines Europäischen Lauterkeitsrechts

Das vorläufige Scheitern des Gesamtharmonisierungsversuchs beruhte allerdings keineswegs auf einer Reduzierung der Sachproblematik. Letztere führte jedoch in der Konsequenz zu einer Verschiebung der Regulierungsmethode: Nicht zu rechtfertigende handelsbeschränkende Wirkungen mitgliedstaatlicher Regelungen wurden zunächst durch die Anwendung der Grundfreiheiten ausgeschlossen (1.). Wo die Grundfreiheiten nicht weiterhalfen, ging der Europäische Gesetzgeber dazu über, harmonisierende lauterkeitsrechtliche Regelungen im jeweiligen Sachzusammenhang zu schaffen (2.). 11

1. Lauterkeitsrecht und Grundfreiheiten

Die über viele Jahre unbefriedigenden Harmonisierungsversuche des Gesetzgebers haben die **Europäische Rechtsprechung als Motor der Integration** herausgefordert. Als Schwungrad diente dabei namentlich die in Art. 28 EGV (nunmehr Art. 34 AEUV) niedergelegte Freiheit des Warenverkehrs (a). Für nationale Regelungen kommt daneben der Dienstleistungsfreiheit Bedeutung zu (b). 12

a) Warenverkehrsfreiheit, Art. 34 AEUV

aa) Anwendungsbereich – von Dassonville zu Keck und danach

Seit jeher war umstritten, ob neben diskriminierenden auch **unterschiedslos anwendbare Regelungen** unter das Verbot der Maßnahmen gleicher Wirkung des Art. 34 AEUV (ex Art. 28 EGV; früher Art. 30 EGV Maastrichter Fassung) fallen können.[35] In Betracht kommen nicht nur Produktnormen und technische Vorschriften, sondern auch die unterschiedlichen Regelungen der Mitgliedstaaten über Werbung. In solchen Fällen schadet nicht die Diskriminierung – dh die ungleiche Behandlung – dem Anbieter aus einem anderen Mitgliedstaat, sondern **die Gleichbehandlung** behindert ihn. Ein Diskriminierungsverbot hilft in solchen Fällen nicht weiter. Die Problematik spitzt sich auf die Frage zu, ob Art. 34 AEUV lediglich ein Diskriminierungs- oder darüber hinausgehend ein Beschränkungsverbot statuiert. 13

Der EuGH entschied diese Frage bereits 1974 in dem Vorabentscheidungsverfahren *Dassonville* und stellte fest, dass **jede Handelsregelung der Mitgliedstaaten, die geeignet ist, den innergemeinschaftlichen Handel unmittelbar oder mittelbar, tatsächlich oder potentiell zu behindern**, als Maß- 14

32 Das Recht des unlauteren Wettbewerbs in den Mitgliedstaaten der Europäischen Wirtschaftsgemeinschaft, Dok.-Nr. XIV/5593/68-D v. 11.4.1968, zit. nach *Schricker*, GRUR Int. 1973, 141, 144.

33 *Schricker*, in: FS Zweigert, S. 537.

34 Zur psychologischen Dimension des angelsächsischen Widerstandes gegen ein entwickeltes Lauterkeitsrecht vgl die Darstellung von *Ohly*, S. 5.

35 Vgl die Darstellungen bei *Pipkorn*, in: Fuß (Hrsg.), S. 9, 13 ff; Groeben/*Müller-Graff*, Art. 28 EG, Rn 29.

nahme gleicher Wirkung anzusehen sei.[36] Die endgültige Klarstellung erfolgte im Jahr 1979 im Urteil in der Rechtssache *Cassis de Dijon*.[37] Nach einer deutschen Regelung mussten Fruchtsaftliköre einen Mindestgehalt von 25 % an Weingeist haben, weshalb der in Frankreich hergestellte Fruchtsaftlikör *Cassis de Dijon* mit einem Weingeistgehalt von nur 15-20 % vom deutschen Markt ausgeschlossen wurde. Die zu untersuchende Vermarktungsregel war unterschiedslos für in- und ausländische Waren anwendbar. Der Gerichtshof bejahte gleichwohl die Anwendbarkeit von Art. 30 EGV Maastrichter Fassung (jetzt Art. 34 AEUV).

15 Dennoch verstrich einige Zeit, bevor die Bedeutung der europarechtlichen Vorgaben für die mitgliedstaatlichen Lauterkeitsrechtsordnungen allgemein wahrgenommen wurde. Nach 1979 kam es zwar zu zahlreichen Urteilen des EuGH über mitgliedstaatliche Regelungen lauterkeitsrechtlicher Natur. Da die ersten Entscheidungen des EuGH die jeweils streitgegenständlichen mitgliedstaatlichen Regelungen billigten[38] oder keine Abweichung vom geltenden Recht bewirkten,[39] schien die Relevanz der europarechtlichen Kontrolle unter dem Prüfungsmaßstab der Grundfreiheiten aber zunächst begrenzt. Das änderte sich schlagartig mit einigen Urteilen aus den frühen 1990er-Jahren. In *GB-INNO*[40] ging es um die luxemburgische Regelung, wonach bei Angeboten, die mit einem Preisnachlass verbunden sind, weder die Dauer des Angebots angegeben noch auf die früheren Preise hingewiesen werden durfte. In der Rechtssache *Yves Rocher*[41] war das deutsche Verbot der Werbung mit Eigenpreisvergleichen in § 6 e aUWG Streitgegenstand. Beide Entscheidungen führten zur Nicht-Anwendbarkeit nicht-diskriminierender mitgliedstaatlicher Vorschriften der Mitgliedstaaten im innereuropäischen Handel[42] und gaben den Anstoß zu einer ersten **Deregulierungsdebatte** zum deutschen UWG[43] bzw zu der **Gesetzesnovelle von 1994.**[44]

16 Der Einfluss der Warenverkehrsfreiheit auf nationale Lauterkeitsregeln ist gleichwohl begrenzt. Dafür ist die sog. *Keck*-Rechtsprechung des EuGH[45] verantwortlich. Die Leiter zweier Supermärkte, *Keck* und *Mithouard*, wurden in einem Strafverfahren beschuldigt, entgegen dem französischen allgemeinen Verbot des Weiterverkaufs zum Verlustpreis Bier und Kaffee unter dem Einstandspreis verkauft zu haben. Die Angeklagten machten geltend, das Verbot verstoße gegen die Vorschriften über die Freiheit des Warenverkehrs.

17 Der EuGH hielt es für notwendig, seine bisherige Rechtsprechung zu überprüfen und klarzustellen. Bereits die Begründungen zahlreicher früherer Entscheidungen gerade aus dem Bereich des Lauterkeitsrechts hatten gezeigt, dass es einer spezifischen Verbindung zwischen der mitgliedstaatlichen Regelung und der Handelsbeschränkung bedurfte.[46] So entschied der EuGH in Aufnahme einer

---

36 EuGH, Rs. 8/74 (Dassonville), Slg 1974, 837, Rn 5.

37 EuGH, Rs. 120/78 (Cassis de Dijon), Slg 1979, 649.

38 EuGH, Rs. 6/81 (Beele), Slg 1982, 707, zum niederländischen Verbot der sklavischen Nachahmung; Rs. 286/81 (Oosthoek), Slg 1982, 4575, zum niederländischen Zugabenverbot; Rs. 382/87 (Buet), Slg 1989, 1235, zu einem französischen Verbot des Haustürverkaufs für bestimmte Produkte.

39 Die Entscheidung des EuGH, Rs. 16/83 (Prantl), Slg 1984, 1299, entsprach in Begründung und Ergebnis im Wesentlichen dem Urteil des BGH, 26.1.1979 – I ZR 112/78 (Cantil-Flasche), GRUR 1979, 415, 416.

40 EuGH, Rs. 362/88 (GB-INNO-BM), Slg 1990, I-667.

41 EuGH, Rs. C-126/91 (Yves Rocher), Slg 1993, I-2361 m.Anm. *Schricker*, WRP 1993, 615; *Bornkamm*, GRUR 1993, 748. Vgl dazu auch *Heermann*, WRP 1993, 578 ff; *Keßler*, WRP 1993, 571 ff.

42 Vgl *Schricker*, GRUR Int. 1994, 586, 589 (jähes Erwachen); *Bornkamm*, GRUR 1993, 748 (dem deutschen Wettbewerbsrechtler sei endgültig die Illusion geraubt worden, im Kleingarten des deutschen Lauterkeitsrechts könnten weiterhin seltene, sonst in Europa nicht vorkommende Arten gezüchtet werden); *Martin-Ehlers*, S. 19.

43 Vgl einerseits *Schricker*, GRUR Int. 1994, 586, 590 ff, andererseits *Kisseler*, WRP 1994, 1 ff.

44 Gesetz zur Änderung des Gesetzes gegen den unlauteren Wettbewerb vom 25. Juli 1994, BGBl. I, S. 1738.

45 EuGH, verb. Rs. C-267, 268/91 (Keck u. Mithouard), Slg 1993, I-6097.

46 Vgl die Begründung des Vorliegens einer Maßnahme gleicher Wirkung in EuGH, Rs. 286/81 (Oosthoek), Slg 1982, 4575, Rn 15; Rs. 382/87 (Buet), Slg 1989, 1235, Rn 7; Rs. 362/88 (GB-INNO-BM), Slg 1990, I- 667, Rn 7; Rs. C-126/91 (Yves Rocher), Slg 1993, I-2361, Rn 10.

anderen bereits angelegten Rechtsprechungslinie,[47] dass **die Anwendung nationaler Bestimmungen, die bestimmte Verkaufsmodalitäten beschränken oder verbieten, nicht geeignet ist, den Handel zwischen den Mitgliedstaaten zu beschränken.** Ausdrücklich stellte der Gerichtshof klar, dass dies nur dann zutreffe, wenn die fragliche Bestimmung für alle betroffenen Wirtschaftsteilnehmer gelte, die ihre Tätigkeit im Inland ausübten, **und der Absatz inländischer Erzeugnisse und der Erzeugnisse aus anderen Mitgliedstaaten rechtlich wie tatsächlich in gleicher Weise berührt werde.**[48]

Mit dem *Keck*-Urteil schien der gesamte Bereich der nationalen Lauterkeitsrechte als **Beschränkung der Verkaufsmodalitäten** außerhalb des Anwendungsbereichs des Gemeinschaftsrechts zu liegen. Der EuGH stellte jedoch bereits ein Jahr später im Urteil *Clinique* klar, dass für alle nationalen Regelungen betreffend Bezeichnung, Form, Abmessungen, Gewicht, Aufmachung, Etikettierung und Verpackung **von Waren** nach wie vor die alte Rechtsprechung vor *Keck* gelte.[49] Zahlreiche lauterkeitsrechtliche Vorschriften knüpfen an das Produkt bzw seine Ausstattung an und verbleiben so im Regelungsbereich der *Cassis*-Rechtsprechung. 18

Die Unterscheidung zwischen **vertriebs- und produktbezogenen Maßnahmen** hat für erhebliche Unruhe gesorgt.[50] Insgesamt lässt die Rechtsprechung des EuGH das Bestreben erkennen, das Spannungsverhältnis zwischen dem freien Warenverkehr im Binnenmarkt einerseits und den Mitgliedstaaten verbliebenen Regelungsbefugnissen andererseits aufzulösen. Die *Keck*-Rechtsprechung ist vor dem Hintergrund der Bestimmung des Anwendungsbereichs der Warenverkehrsfreiheit zu würdigen.[51] Insoweit unterscheidet sie sich fundamental von der *Cassis*-Rechtsprechung. Dies kann anhand eines Beispiels von *Joliet* verdeutlicht werden: Im Fall des deutschen Reinheitsgebots für Bier wurde die Marktintegration durch unterschiedliche Vorschriften beeinträchtigt. Eine Harmonisierung – gleichgültig, auf welchem Niveau – würde die Marktzutrittsschranken beseitigen. Das ist die typische *Cassis*-Situation. Solange es (noch) an einer Harmonisierung fehlt, hat das Unionsrecht die mit dem Reinheitsgebot verfolgten zwingenden Erfordernisse des Gesundheits- und Verbraucherschutzes anzuerkennen und im Wege einer Abwägung mit dem Ziel der Marktintegration zur Geltung zu bringen. Dem stehen Fälle gegenüber, in denen eine Harmonisierung nicht zwingend zum Abbau der Marktzutrittsschranken führen würde. *Joliet* nannte als Beispiel den Fall *Yves Rocher* zum deutschen Verbot der Werbung mit Eigenpreisvergleichen:[52] Durch eine Harmonisierung des Unionsrechts auf dem deutschen Niveau würde das Hemmnis für den Warenverkehr nicht beseitigt, sondern im Gegenteil verstärkt.[53] In derartigen Situationen versagt die Begründung für eine Negativ-Integration nach dem Muster der *Cassis*-Rechtsprechung. In der Sache müsste sich der EuGH im Bereich des Lauterkeitsrechts anmaßen, über durchaus umstrittene und von verschiedenen Gemeinwesen unterschiedlich beurteilte Systeme zur Kontrolle von Wettbewerbshandlungen zu urteilen.[54] 19

---

47 EuGH, Rs. 155/80 (Oebel), Slg 1981, 1993, Rn 21; Rs. 60, 64/84 (Cinéthèque), Slg 1985, 2605, Rn 20, 21; Rs. 145/88 (Torfaen), Slg 1989, 3851, Rn 11; Rs. C-332/89 (Sonntagsarbeit), Slg 1991, I-1027, Rn 10. Vgl namentlich die Darstellung von GA Tesauro, Schlussanträge Rn 12 ff. zu EuGH, Rs. C-292/92 (Hünermund), Slg 1993, I-6787. Zu den verschiedenen Quellen der Doktrin vgl *Joliet*, in Droit européen de la concurrence déloyale en formation, S. 29, 58 Fn 78; *Novak*, DB 1997, 2589, 2590.

48 EuGH, verb. Rs. C-267, 268/91 (Keck und Mithouard), Slg 1993, I-6097, Rn 16.

49 EuGH, Rs. C-315/92 (Clinique), Slg 1994, I-317, Rn 13.

50 Zu der Veröffentlichungsflut im Anschluss an das Keck-Urteil vgl nur die Zusammenfassung der Deutungsansätze bei *Beater*, S. 66 ff; *Schmitz*, S. 162 ff.

51 *Weatherill/Beaumont*, S. 608 ff, 612.

52 EuGH, Rs. C-126/91 (Yves Rocher), Slg 1993, I-2361.

53 *Joliet*, in: Droit européen de la concurrence déloyale en formation, S. 29, 60 ff.

54 *Joliet*, in: Droit européen de la concurrence déloyale en formation, S. 29, 65; *ders.*, GRUR Int. 1994, 979, 984: „Konnten wir, die wir dreizehn sind (gemeint sind die Richterinnen und Richter am EuGH, d. Verf.), behaupten, über mehr Weisheit und Intelligenz als alle Regierungen und nationale Parlamente der Gemeinschaft zu verfügen?". Ähnlich *Steindorff*, ZHR 158 (1994), 149, 157, 160.

20 Ein weiterer Primärzweck der Entscheidung *Keck* bestand sicher darin, die Auseinandersetzungen um Sinn und Unsinn[55] oder die Verhältnismäßigkeit[56] bestimmter nationaler Normen zu vermeiden.[57] Stattdessen sollte nur mehr über das – vermeintlich leichter zu beurteilende – Vorliegen **bestimmter Verkaufsmodalitäten**[58] gestritten werden.[59] Der Verwendung des Prädikats **„bestimmt"** zur Kennzeichnung der Verkaufsmodalitäten im Sinne der *Keck*-Formel bedeutet nun allerdings nicht, dass die privilegierten Verkaufsmodalitäten weitergehende Voraussetzungen erfüllen müssten. **Bestimmte Verkaufsmodalitäten** in diesem Sinne sind vielmehr sämtliche **rechtlich und tatsächlich unterschiedslos anwendbaren** Maßnahmen,[60] wie sich aus der klarstellenden Formulierung des EuGH im unmittelbar folgenden sofern-Satz der *Keck*-Formel ergibt, in welcher der Gerichtshof das Argument der handelspolitischen Neutralität[61] der Regelungen (im folgenden kurz: **Marktneutralität**) betont, und damit zugleich den eigentlichen Hauptzweck der Entscheidung, die Rückführung der Rechtsprechung zur Warenverkehrsfreiheit auf das Erfordernis eines **spezifischen Binnenmarktbezuges**, offenlegt: Von der *Keck*-Formel profitieren nur solche Regelungen, die den Absatz inländischer Erzeugnisse und der Erzeugnisse aus anderen Mitgliedstaaten **rechtlich wie tatsächlich in gleicher Weise berühren.**[62]

21 Die *Keck*-Rechtsprechung im so verstandenen Sinne ermöglicht dem EuGH einerseits, über den Begriff der Diskriminierung hinauszugehen und die Behinderung durch Gleichbehandlung zu erfassen,[63] gleichzeitig aber dem Regelungsinteresse der Mitgliedstaaten gerecht zu werden, indem eine spezifische Verbindung zwischen der bloßen Beschränkung der Absatzmöglichkeit und der ausländischen Herkunft der Waren verlangt wird. Der Zugriff der Warenverkehrsfreiheit ist demgemäß davon abhängig, ob durch die nationale Regelung der **Marktzugang** von Anbietern aus anderen Mitgliedstaaten erschwert wird, dh ihm Hindernisse bereitet werden, die inländischen Anbietern in dieser Form nicht im Wege stehen (zu den verfahrensrechtlichen Anforderungen sogleich Rn 27 ff). Bereits im Urteil *Keck* wurde dieser Gesichtspunkt hervorgehoben.[64] Leider wurde aus dem Duktus der Begründung nicht deutlich, dass mit ihr der eigentlich relevante Obersatz der künftigen Prüfung benannt wurde. In seiner Entscheidung der Rechtssache *Gourmet* hat der EuGH die *Keck*-Formel vollends vom Kopf auf die Füße gestellt. Er zitiert zwar die maßgebenden Erwägungsgründe des *Keck*-Urteils, hebt indes nur noch auf die Frage der Marktzugangsbeschränkung ab:

---

55 Das Argument stand vor allem bei den englischen Ladenöffnungsregelungen im Shops Act von 1950 und dem dazu ergangenen Urteil des EuGH, Rs. 145/88 (Torfaen), Slg 1989, 3851, Rn 4, im Vordergrund, vgl dazu *Steiner*, 29 CML Rev. 749, 750 (1992); *Weatherill/Beaumont*, S. 609.

56 *Weatherill/Beaumont*, S. 609 ff, heben hervor, dass gerade die englischen Gerichte, auf welche die Beurteilung der Ladenschlussregelungen im Shops Act zukam, sich bei der Anwendung des kontinentalen Rechtsinstituts schwertaten. Ähnl. *Steiner*, 29 CML Rev. 749, 759 ff (1992).

57 *Steindorff*, ZHR 158 (1994), 149, 158; *Lenz*, ZEuP 1994, 624, 642; *Baudenbacher*, vor Art. 2, Rn 82.

58 Die Abgrenzung nach den Verkaufsmodalitäten wird im Allgemeinen auf den Aufsatz von *White*, In Search of the Limits to Article 30 of the EEC Treaty, 26 CML Rev. 235, 246 ff (1989), zurückgeführt, vgl nur *Novak*, DB 1997, 2589, 2590.

59 *Joliet*, GRUR Int. 1994, 979, 984, führte aus, die Abgrenzung basiere auf einer Überlegung „rechtspolitischer Art". *Oliver*, 36 CML Rev. 783, 797 (1999), stellt in den Vordergrund, dass Keck und die nachfolgenden Urteile die desaströse Verwirrung beseitigt hätten, die aus dem älteren Fallrecht entstanden war.

60 *Jestaedt/Kästle*, EWS 1994, 26, 28; *Heermann*, WRP 1999, 381, 383.

61 *Weatherill/Beaumont*, S. 610.

62 EuGH, verb. Rs. C-418-421, 460-462, 464/93, C-9-11, 14, 15/94, C-23-24/94 und C-332/94 (Italienische Ladenöffnungszeiten), Slg 1996, I-2975, Rn 15 ff.

63 Insoweit ist es verfehlt, im Keck-Urteil eine Rückführung der Warenverkehrsfreiheit auf ein bloßes Diskriminierungsverbot im Bereich nicht-produktbezogener Regelungen zu erkennen, zB *Sack*, EWS 1994, 37, 44; vgl bereits *Hödl*, S. 156. Eine tatsächliche Ungleichbehandlung ist auf der Grundlage der vom EuGH entwickelten Dogmatik nicht stets eine Diskriminierung im Rechtssinn: So begründet EuGH, Rs. C-405/98 (Gourmet), Slg 2001, I-1795 Rn 21 ff, zunächst, weshalb das schwedische Werbeverbot für Alkoholika sich nicht marktneutral auswirkt, um anschließend im Zusammenhang der Rechtfertigungsmöglichkeit, aaO. Rn 32, darauf hinzuweisen, dass keine der dem Gerichtshof vorliegenden Informationen auf eine Diskriminierung hindeute. Anders *Novak*, DB 1997, 2589, 2590, auf der Grundlage eines weiteren Diskriminierungsbegriffs.

64 EuGH, verb. Rs. C-267, 268/91 (Keck und Mithouard), Slg 1993, I-6097, Rn 17.

„Nach Randnummer 17 des Urteils Keck und Mithouard fallen nationale Bestimmungen, die bestimmte Verkaufsmodalitäten beschränken oder verbieten, nur dann nicht in den Anwendungsbereich des Artikels 30 EG-Vertrag (nunmehr Art. 34 AEUV, d. Verf.), wenn sie nicht geeignet sind, den Marktzugang für Erzeugnisse aus einem anderen Mitgliedstaat zu versperren oder stärker zu behindern, als sie dies für inländische Erzeugnisse tun.“[65]

Diesen Weg verfolgte der EuGH in jüngeren Entscheidungen weiter.[66] Der EFTA-Gerichtshof legte das **materielle Kriterium der Marktneutralität** bereits einer Entscheidung zugrunde, ohne die Entscheidung *Keck* überhaupt noch zu zitieren.[67] Da der EuGH die Keck-Rechtsprechung selbst nie aufgegeben hat[68] und ihre Weiterentwicklung unmittelbar aus der Erwägungsgründen der Entscheidung *Keck* abgeleitet werden kann, erscheint es immerhin zweckmäßiger, das **Kriterium der Marktzugangsbehinderung** als **„modern“ oder „materiell“ verstandene Keck-Doktrin** zu begreifen,[69] als in ihm ein neues Kriterium zu erkennen.[70] Unter der Keck-Doktrin als Kurzbezeichnung sollte daher richtigerweise nicht (mehr) die formale Unterscheidung nach produktbezogenen Regelungen und Regelungen bloßer Vertriebsmodalitäten, sondern die Unterscheidung nach Regelungen, die geeignet sind, den Marktzugang für Erzeugnisse aus einem anderen Mitgliedstaat zu versperren oder stärker zu behindern, als sie dies für inländische Erzeugnisse tun, und Regelungen, die dies nicht tun, in anderen Worten: sich marktneutral auswirken, verstanden werden. 22

Nach der modifizierten *Keck*-Formel scheinen mitgliedstaatliche Handelsregelungen stets marktneutral zu sein, wenn es keine einheimischen Produkte gibt, gegenüber denen der Marktzutritt behindert wird. Zu Recht haben die Europäischen Gerichte aber bereits festgestellt, dass auch dann von einer Behinderung des Marktzutritts auszugehen ist, wenn bestimmte Importerzeugnisse auf dem Markt bereits etabliert sind und der Marktzutritt anderer Importerzeugnisse durch Werbeeinschränkungen stärker behindert wird.[71] 23

In dieses moderne Verständnis der *Keck*-Doktrin fügen sich auch die **jüngeren Entscheidungen des EuGH** ein. In der überwiegenden Anzahl der Fälle wurde unmittelbar auf das Kriterium der (fehlenden) Marktneutralität abgestellt, um den Anwendungsbereich der Warenverkehrsfreiheit zu begründen.[72] Eine **scheinbare Ausnahme** bilden die Entscheidungen zu an sich marktneutralen nationalen **Verwendungsbeschränkungen** für bestimmte Produkte wie Motorradanhänger[73] oder Jetboote (dabei handelt es sich um motorradähnliche Wasserfahrzeuge, deshalb auch „Wassermotorräder“).[74] Auf den ersten Blick erscheinen etwa Regelungen, welche den Einsatz von Jetbooten aus Naturschutzerwägungen auf öffentlichen Wasserflächen praktisch ausschließen, als marktneu- 24

65 EuGH, Rs. C-405/98 (Gourmet), Slg 2001, I-1795, Rn 17.

66 EuGH, Rs. C-322/01 (DocMorris), Slg 2003, I-14887, Rn 71; Rs. C-71/02 (Karner Industrie-Auktionen), Slg 2004, I-3025, Rn 37; Rs. C-20/03 (Burmanjer), Slg 2005, I-4133, Rn 26.

67 EFTA-GH, Rs. E-4/04 (Pedicel), 2005 EFTA Ct. Rep. 1, Rn 46, 47.

68 Vgl etwa EuGH, Rs. C-71/02 (Karner Industrie-Auktionen), Slg 2004, I-3025, Rn 37-42; Rs. C-239/02 (Douwe Egberts), Slg 2004, I-7007, Rn 51.

69 Ebenso *Randelzhofer/Forsthoff*, in: Grabitz/Hilf/Nettesheim, Art. 37 AEUV, Rn 110.

70 *Tiedje/Troberg*, in: Groeben/Schwarze, Art. 49 EG, Rn 103: „Statt dessen …“. *Dethloff*, S. 173 ff, begründet wohl Marktzutrittsschranken als Anknüpfungspunkt einer (zu) weit verstandenen Diskriminierung *neben* der Diskriminierung durch Rechtsunterschiede.

71 Vgl bereits EuGH, Rs. C-391/92 (Komm ./. Griechenland), Slg 1995, I-1621, Rn 17; EFTA-GH, Rs. E-16/10 (Philip Morris), 2011 EFTA Ct. Rep. 330, Rn 48.

72 EuGH, Rs. C-141/07 (Regionalprinzip), Slg 2008, I-6935, Rn 32 ff; Rs. C-531/07 (LIBRO), Slg 2009, I-3717, Rn 17 ff; Rs. C-108/09 (Ker-Optica), Slg 2010, I-12213, Rn 51 ff; vgl auch EFTA-GH, Rs. E-16/10 (Philip Morris), 2011 EFTA Ct. Rep. 330, Rn 49 ff.

73 EuGH, Rs. C-110/05 (Komm ./. Italien), Slg 2009, I-519: Dort ging es um das italienische Verbot für Kleinkrafträder, Krafträder, dreirädrige und vierrädrige Kraftfahrzeuge, einen Anhänger zu ziehen, das den Absatz von eigens für diese Krafträder konzipierten Anhängern in Italien behinderte.

74 EuGH, Rs. C-142/05 (Mickelsson und Roos), Slg 2009, I-4273: Das Verfahren betraf eine schwedische Regelung, die den Gebrauch von Jetbooten nur auf öffentlichen Wasserstraßen und besonders bezeichneten Wasserflächen erlaubte. Eine Bezeichnung dieser Wasserflächen war jedoch unterblieben, so dass lediglich öffentliche Wasserstraßen übrig blieben, deren Benutzung aber aufgrund des dort stattfindenden kommerziellen Schwerverkehrs gefährlich ist.

trale Regelungen, die importierte und einheimische Produkte tatsächlich wie rechtlich in gleicher Weise betreffen. Dass der EuGH sie gleichwohl an der Warenverkehrsfreiheit misst, scheint die Annahme, dass marktneutrale Regelungen dem Anwendungsbereich der Warenverkehrsfreiheit entzogen seien, zu falsifizieren.

25 Bei genauer Betrachtung handelt es sich dabei aber von vornherein nicht um eine neue Gruppe neben den produktbezogenen Regelungen und den bestimmten Verkaufsmodalitäten im Sinne des Urteils *Keck*. Vielmehr ist zu **differenzieren.** Im Grundsatz sind Verwendungsmodalitäten **wie Verkaufsmodalitäten zu behandeln** und dementsprechend auf ihre Marktneutralität hin zu untersuchen (die bei Verwendungsbeschränkungen regelmäßig gegeben sein wird),[75] denn sie entfalten ihre Wirkung typischerweise erst nach Einfuhr des jeweiligen Produkts beim Endverbraucher.[76] Eine straßenverkehrsrechtliche Vorfahrtregelung begründet zwar eine Verwendungsbeschränkung für Fahrzeuge; eine Kontrolle durch die Grundfreiheiten erscheint aber allein bei nicht marktneutralen Auswirkungen geboten.

26 Mitgliedstaatliche Verwendungsbeschränkungen fallen demgegenüber – ohne Rücksicht auf ihre Marktneutralität – jedenfalls dann unter das Beschränkungsverbot (vgl dazu oben Rn 13 ff) des Art. 34 AEUV, wenn sie den Endverbraucher daran hindern, von dem importierten Produkt in der ihm eigenen, wesensimmanenten Art Gebrauch zu machen, und für ihn somit einem **Erwerbsverbot gleichkommen.**[77] Dann schlagen Verwendungsmodalitäten in **produktbezogene Regelungen** um, was die Frage nach ihrer Marktneutralität erübrigt.[78]

27 Das bereits angesprochene Urteil *Gourmet* ist allerdings weniger infolge seiner klärenden Wirkung für das materielle Verständnis der *Keck*-Formel bedeutend, als vielmehr wegen der **verfahrensrechtlichen Implikationen:** Durch die Anknüpfung der *Keck*-Formel an die faktische Benachteiligung wurde ein Unsicherheitsfaktor in die Dogmatik getragen, da die **tatsächlichen Auswirkungen** einer Regelung stets **einzelfallabhängig** sind.[79] Das wurde in der Literatur beanstandet.[80] Auch dem EuGH schien der den mitgliedstaatlichen Gerichten eröffnete Freiraum wohl zu groß. Beispielhaft kann auf die Entscheidung des EuGH in der Rechtssache **Italienische Ladenöffnungszeiten**[81] verwiesen werden, in welcher der EuGH die Begründung der tatsächlichen Benachteiligung zurückwies, weil sie ihm zu hypothetisch und unsicher war. Auch damit konnte er auf eine eigene Rechtsprechungslinie zurückgreifen (sog. „too-uncertain"-Rechtsprechung).[82] Diese Rechtsprechung wurde im *TK-Heimdienst*-Urteil des EuGH bestätigt.[83]

28 Ein Beispiel für die **Ablehnung** der Marktneutralität durch den EuGH selbst hat das bereits angesprochene Urteil in der Rechtssache *Gourmet* geliefert: Streitgegenstand war das schwedische Verbot der Printwerbung für Getränke mit einem Alkoholgehalt von mehr als 2,25 %, gegen welches die *Gourmet AB* als Herausgeberin einer Zeitschrift verstoßen hatte. *Gourmet AB* wandte ein, dass ein solches Verbot die Warenverkehrsfreiheit verletze, da es eingeführte Waren stärker belaste als einheimische. Der EuGH wies zwar darauf hin, dass eine genaue Untersuchung der die Lage in

75 Vgl *Leible/Streinz*, in: Grabitz/Hilf/Nettesheim, Art. 34 AEUV, Rn 98.

76 Vgl EuGH, Rs. C-110/05 (Komm ./. Italien), Slg 2009, I-519, Rn 22 ff, zu den Erklärungen des Königreichs Dänemark, der Bundesrepublik Deutschland, der Hellenischen Republik, der Französischen Republik, der Republik Zypern und des Königreichs Schweden; anders offenbar *Randelzhofer/Forsthoff*, in: Grabitz/Hilf/Nettesheim, Art. 57 AEUV, Rn 105; zum Meinungsstand vgl *Sack*, EWS 2011, 265, 276.

77 EuGH, Rs. C-142/05 (Mickelsson und Roos), Slg 2009, I-4273, Rn 27 f; *Leible/Streinz*, in: Grabitz/Hilf/Nettesheim, Art. 34 AEUV, Rn 98.

78 Vgl dazu EuGH, Rs. 120/78 (Cassis de Dijon), Slg 1979, 649, Rn 14 f; verb. Rs. C-267, 268/91 (Keck u. Mithouard), Slg 1993, I-6097, Rn 15.

79 *Kotthoff*, S. 111; *Ebenroth*, in: FS Piper, S. 133, 168; *Ahlfeld*, S. 158; *Heermann*, WRP 1999, 381, 384; *Oliver*, 36 CML Rev. 783, 796 (1999).

80 *Sack*, WRP 1998, 103, 108: Beurteilung in allg. Weise und einheitlich für alle Importeure.

81 EuGH, verb. Rs. C-418-421, 460-462, 464/93, C-9-11, 14, 15/94, C-23-24/94 und C-332/94 (Italienische Ladenöffnungszeiten), Slg 1996, I-2975. Zu einem ähnlichen Sachverhalt war das Urteil des EuGH, verb. Rs. C-69, 258/93 (Punto Casa), Slg 1994, I-2355, ergangen.

82 Vgl dazu *Steindorff*, ZHR 158 (1994), 149, 155; *Rüffler*, S. 30.

83 EuGH, Rs. C-254/98 (TK-Heimdienst), Slg 2000, I-151, Rn 30.

Schweden kennzeichnenden tatsächlichen Umstände dem nationalen Gericht obläge, wenn sie denn nötig wäre. Dennoch meinte er feststellen zu können, dass das schwedische Werbeverbot sich **nicht marktneutral** auswirke. Dabei stützte er sich auf drei Umstände: Zunächst sei bei Erzeugnissen wie den alkoholischen Getränken, deren Genuss mit herkömmlichen gesellschaftlichen Übungen sowie örtlichen Sitten und Gebräuchen verbunden ist, ein totales Verbot jeder an die Verbraucher gerichteten Werbung geeignet, den Marktzugang für Erzeugnisse aus anderen Mitgliedstaaten stärker zu behindern als für inländische Erzeugnisse, weil der Verbraucher mit letzteren unwillkürlich besser vertraut sei.[84] Hinzu kam, dass in Schweden Printwerbung in Druckschriften zulässig war, die ausschließlich an den Verkaufsstätten verteilt wurden. Insoweit wirkte sich das schwedische Vertriebsmonopol für Alkoholika[85] zum Nachteil der schwedischen Regelung aus: *Systembolaget AB*, eine Aktiengesellschaft, deren Anteile vollständig vom schwedischen Staat gehalten werden und die über das Monopol für den Einzelhandelsverkauf in Schweden verfügt, vertrieb nämlich in ihren Verkaufsstätten nur ihre eigene Zeitschrift. Auf die Möglichkeit mangelnder Marktneutralität des vergleichbaren norwegischen Alkoholvertriebsmonopols hatte der EFTA-Gerichtshof bereits in der Rechtssache *Wilhelmsen* hingewiesen.[86] Schließlich verbot die schwedische Regelung nicht die „redaktionelle Werbung", dh das Anpreisen von Erzeugnissen in Artikeln, die zum redaktionellen Teil der Druckschrift gehören. Zu dieser Werbeart hätten die inländischen Erzeuger aus verschiedenen Gründen insbesondere kultureller Art leichteren Zugang als ihre in anderen Mitgliedstaaten niedergelassenen Wettbewerber. Dieser Umstand sei geeignet, das dem vollständigen Verbot der Direktwerbung innewohnende Ungleichgewicht zu verstärken.[87]

Die Dichte des Zugriffs der Grundfreiheiten bzw in prozessualer Terminologie das Beweismaß im Hinblick auf die Frage nach der fehlenden Marktneutralität bildet heute nicht nur aus dogmatischen, sondern vor allem aus pragmatischen Gründen die „offene Flanke" der *Keck*-Doktrin. Sie wurde niemals geschlossen. Allein die negativen Folgen mangelnder Sicherheit im Umgang mit der Grundfreiheit wurden durch den Erlass totalharmonisierender Richtlinien, welche die Anwendung der Grundfreiheiten als Beschränkungsverbote ausschließen, minimiert. 29

bb) Abwägung mit den Cassis-Schutzgütern als „zwingenden Erfordernissen" des Gemeinschaftsrechts

Durch die Entscheidung *Cassis de Dijon* wurde das rechtliche Gefüge der Art. 30 ff EGV (nunmehr Art. 34 ff AEUV) grundlegend verändert: Wenn jede mittelbare und auch nur potentielle Einschränkung eine Maßnahme gleicher Wirkung iSv Art. 34 AEUV sein kann, so kommt den Rechtfertigungsgründen ein anderes Gewicht zu.[88] In der Entscheidung *Cassis de Dijon* stellte der EuGH daher nicht allein die Erweiterung des Anwendungsbereichs der Warenverkehrsfreiheit auf bloße Beschränkungen klar, sondern reagierte zugleich auf das dadurch geschaffene Bedürfnis nach einer Erweiterung der Rechtfertigungsgründe: Nach der Formulierung aus dem Urteil *Cassis de Dijon* sind Hemmnisse für den Binnenhandel, die sich aus Unterschieden der nationalen Regelungen über die Vermarktung ergeben, nur zulässig, soweit diese Bestimmungen notwendig sind, um **zwingenden Erfordernissen** gerecht zu werden, insbesondere den Erfordernissen einer wirksamen steuerlichen Kontrolle, des Schutzes der öffentlichen Gesundheit, **der Lauterkeit des Handelsverkehrs und des Verbraucherschutzes.**[89] 30

84 EuGH, Rs. C-405/98 (Gourmet), Slg 2001, I-1795, Rn 21. Vgl bereits EFTA-GH, Rs. E-6/96 (Wilhelmsen), 1997 EFTA Ct. Rep. 56, Rn 73.
85 Es war vom EuGH, Rs. C-189/95 (Franzén), Slg 1997, I-5909, im Grundsatz für zulässig erachtet worden.
86 EFTA-GH, Rs. E-6/96 (Wilhelmsen), 1997 EFTA Ct. Rep. 56, Rn 58 ff.
87 EuGH, Rs. C-405/98 (Gourmet), Slg 2001, I-1795, Rn 23, 24.
88 *Novak*, DB 1997, 2589, 2590.
89 EuGH, Rs. 120/78 (Cassis de Dijon), Slg 1979, 649, Rn 8.

31 Damit gelang dem EuGH der vollständige Durchbruch zu einem Verständnis der Warenverkehrsfreiheit, das vom **Herkunftslandprinzip** ausgeht.[90] Liegen keine „zwingenden Erfordernisse“ vor, so gibt es keinen stichhaltigen Grund dafür, zu verhindern, dass in einem Mitgliedstaat rechtmäßig hergestellte und in den Verkehr gebrachte alkoholische Getränke in die anderen Mitgliedstaaten eingeführt werden. Güter, die bereits den Vorschriften des Herstellungsstaates nicht entsprechen, müssen selbstverständlich auch von den anderen Mitgliedstaaten nicht akzeptiert werden.

32 **Relevante Schutzgüter der *Cassis*-Formel: *Beele, Miro* und *Yves Rocher*.** Zum Verständnis des Schutzgegenstandes der **Lauterkeit des Handelsverkehrs** hatte der EuGH in der Rechtssache *Beele* noch auf die Umschreibung des für alle Mitgliedstaaten geltenden Art. 10bis PVÜ verwiesen[91] und war damit dem klassischen Verständnis des Lauterkeitsrechts gefolgt. Eine Änderung und zugleich Klarstellung brachten die Entscheidungen *Miro* und *Yves Rocher*. In *Miro*[92] ordnete der EuGH die mit der Bezeichnung eines Likörs als Genever verbundene Irreführungsgefahr über einen bestimmten Alkoholgehalt exklusiv dem **Verbraucherschutz** zu (Rn 15). Den Schutzgegenstand des lauteren Handelsverkehrs betraf allein der Wettbewerbsvorteil, welchen die durch die Warenverkehrsfreiheit privilegierten Produkte erhalten (Rn 16). Ebenso prüfte der EuGH in *Yves Rocher* zunächst die anlockende Wirkung von werbemäßig hervorgehobenen Preisgegenüberstellungen sowie ihre irreführende Tendenz unter dem Gesichtspunkt des Verbraucherschutzes und wandte sich anschließend dem Schutz der Lauterkeit des Handelsverkehrs zu. Seitdem ordnet der EuGH den „Schutz der Lauterkeit des Handelsverkehrs“ in den wettbewerbsrechtlichen Kontext ein und stellt auf das Vorliegen einer Wettbewerbsverfälschung ab.[93] Bei Rechtsnormen gegen *marktvermittelte* Wettbewerbsverstöße zieht der EuGH in erster Linie den Schutz der Verbraucher als zwingendes Erfordernis des Allgemeininteresses heran.

33 **Einordnung der „zwingenden Erfordernisse“.** Mit der Cassis-Rechtsprechung wurde den nationalen Lauterkeitsrechtsordnungen gleichwohl kein Persilschein ausgestellt,[94] sondern die Notwendigkeit einer Abwägung von Warenverkehrsfreiheit und Lauterkeitsschutz im Einzelfall begründet,[95] wie in den Entscheidungen *Bocksbeutel,*[96] *Pall,*[97] *Nissan,*[98] *Clinique,*[99] *Mars,*[100] *6-Korn,*[101] *Lifting*[102] und *Darbo*[103] zu der von den Mitgliedstaaten berufenen Irreführungsgefahr deutlich wurde. In ihnen hat der EuGH das Vorliegen der Schutzvoraussetzungen autonom geprüft.[104]

34 Zum Teil wurde in der deutschen Literatur im Anschluss an das *Mars*-Urteil des EuGH vorgeschlagen, bei Anwendung des Irreführungsverbots nicht mehr empirisch auf die tatsächliche Verkehrsauffassung, sondern normativ auf die Verbrauchererwartungen eines verständigen Marktbürgers

90 *Dauses*, EuZW 1995, 425, spricht insoweit von einer „kopernikanischen Wende“. Vgl zum Herkunftslandprinzip die Mitteilung der Kommission über die Auswirkungen des Urteils des Europäischen Gerichtshofes; Rs. 120/78 („Cassis de Dijon“), ABl. 1980 Nr. C 256/2: „Jedes aus einem Mitgliedstaat eingeführte Erzeugnis ist grundsätzlich im Hoheitsgebiet der anderen Mitgliedstaaten zuzulassen, sofern es rechtmäßig hergestellt worden ist, dh soweit es der im Ausfuhrland geltenden Regelung oder den dort verkehrsüblichen, traditionsmäßigen Herstellungsverfahren entspricht und in diesem Land in den Verkehr gebracht worden ist.“
91 EuGH, Rs. 6/81 (Beele), Slg 1982, 707 Rn 9.
92 EuGH, Rs. 182/84 (Miro), Slg 1985, 3781.
93 *Klauer*, S. 359. AA *Gülbay*, S. 212 ff.
94 *Gormley*, S. 52. AA noch *Hösl*, S. 325.
95 *Reese*, S. 56; *Dauses*, EuZW 1995, 425. *Rüffler*, S. 65, bezeichnet das als Optimierungsproblem.
96 EuGH, Rs. 16/83 (Prantl), Slg 1984, 1299.
97 EuGH, Rs. C-238/89 (Pall), Slg 1990, I-4827.
98 EuGH, Rs. C-373/90 (Nissan), Slg 1992, I-131.
99 EuGH, Rs. C-315/92 (Clinique), Slg 1994, I-317, Rn 21.
100 EuGH, Rs. C-470/93 (Mars), Slg 1995, I-1923.
101 EuGH, Rs. C-210/96 (6-Korn), Slg 1998, I-4657.
102 EuGH, Rs. C-220/98 (Estée Lauder/Lancaster), Slg 2000, I-117.
103 EuGH, Rs. C-465/98 (Darbo), Slg 2000, I-2297.
104 *Meier*, GRUR Int. 1993, 219, 220; *Dethloff*, S. 192.

abzustellen.[105] Die Entscheidungen des EuGH in den Rechtssachen *6-Korn,*[106] *Sektkellerei Kessler*[107] und *Lifting*[108] haben demgegenüber deutlich gemacht, dass der EuGH selbst nicht so weit gehen möchte. Die in den Entscheidungen *6-Korn* und *Sektkellerei Kessler* verwendeten Formulierungen, maßgebend sei die „mutmaßliche Erwartung" eines durchschnittlichen Adressaten, sprechen für eine **objektive** Betrachtungsweise.[109] Mit einer normativen Betrachtungsweise ließe sich die vom Gerichtshof immerhin ausdrücklich gestattete empirische Feststellung des Verbraucherverständnisses nicht vereinbaren, denn bei Zugrundelegung eines normativen Irreführungsbegriffs wäre das tatsächliche, dh objektive Verständnis der angesprochenen Verkehrskreise unerheblich.[110] Eine Festlegung der nationalen Gerichte auf ein normatives Verständnis der Irreführungsgefahr ist jedenfalls ausgeschlossen.[111] Vor allem die Entscheidung *6-Korn* ist vor dem Hintergrund der nach dem *Mars*-Urteil entbrannten Diskussion im deutschen Recht und der im Hinblick darauf gezielten, wenn auch missverständlich formulierten, Vorlagefragen zu würdigen. Daher muss davon ausgegangen werden, dass der EuGH sich einer Beantwortung dieser dogmatisch-konstruktiven Frage zugunsten einer Festlegung der materiell-inhaltlichen Standards bewusst entziehen wollte. Insoweit hat er den Mitgliedstaaten die Orientierung am Maßstab des „durchschnittlich informierten, aufmerksamen und verständigen Durchschnittsverbrauchers"[112] aufgegeben. Durch eine Veränderung der deutschen amtlichen Übersetzungen wird seit geraumer Zeit die Formel vom „normal informierten und angemessen aufmerksamen und verständigen Durchschnittsverbraucher" verwendet.[113] Dadurch wird klargestellt, dass die der Wahrnehmung zugrundezulegende Aufmerksamkeit nicht stets durchschnittlich zu sein hat, sondern situationsadäquat zu beurteilen ist.

cc) Rechtfertigung gem. Art. 36 AEUV

Als Grenze des Verbots von ein- bzw ausfuhrbeschränkenden Maßnahmen sieht der der Vertrag über die Arbeitsweise der Europäischen Union die Rechtfertigung auf der Grundlage von Art. 36 AEUV vor. Obgleich der EuGH den Anwendungsbereich der Warenverkehrsfreiheit durch seine *Dassonville*-Rechtsprechung erheblich ausgeweitet hatte, sprach er sich ausdrücklich gegen eine entsprechend extensive Auslegung der Ausnahmevorschrift in Art. 36 EGV Maastrichter Fassung (jetzt Art. 36 AEUV) aus: Zunächst wird der Katalog der **Schutzgüter in Art. 36 AEUV als abschließend** betrachtet.[114] Daneben wird die Vorschrift – wegen ihres letzten Satzes – dahingehend verstanden, dass sie „**Tatbestände nicht-wirtschaftlicher Art** (enthalte, d. Verf.), die die Verwirklichung der in den Artikeln 30 bis 34 EGV aufgestellten Grundsätze nicht in Frage stellen können".[115] 35

Als unionsrechtliche Begriffe werden die aufgeführten Schutzgründe zwar im Grundsatz unionsrechtlich umgrenzt. Der EuGH gewährt den Mitgliedstaaten dabei jedoch einen gewissen **Konkreti-** 36

105 *Fezer*, WRP 1995, 671, 676.

106 EuGH, Rs. C-210/96 (6-Korn), Slg 1998, I-4657, Rn 33 ff, 35.

107 EuGH, Rs. C-303/97 (Verbraucherschutzverein/Sektkellerei Kessler), Slg 1999, I-513.

108 EuGH, Rs. C-220/98 (Estée Lauder/Lancaster), Slg 2000, I-117, Rn 29 ff.

109 *Reese*, WRP 1998, 1035, 1038 ff; *Sack*, WRP 1999, 399, 401; *Niemöller*, S. 188. AA *Scherer*, GRUR 2000, 273, 275.

110 So auch *Sack*, WRP 1999, 399, 401; und in konsumentenrechtlichem Zusammenhang *Damm*, VersR 1999, 129, 136. Vgl dazu allg. *Ahrens*, WRP 2000, 812 ff.

111 *Sack*, WRP 1999, 399, 401; *Niemöller*, S. 189. AA *Strepp*, S. 65.

112 EuGH, Rs. C-210/96 (6-Korn), Slg 1998, I-4657, Rn 31. Bestätigt in EuGH, Rs. C-303/97 (Verbraucherschutzverein/Sektkellerei Kessler), Slg 1999, I-513, Rn 36, Rs. C-220/98 (Estée Lauder/Lancaster), Slg 2000, I-117 Rn 27; Rs. C-465/98 (Darbo), Slg 2000, I-2297, Rn 20. Die engl. bzw frz. Fassungen sprechen vom „average consumer who is reasonably well-informed and reasonably observant and circumspect" bzw „consommateur moyen, normalement informé et raisonnablement attentif et avisé".

113 Vgl zB EuGH, Rs. C-329/02 P (Sat.1), Slg 2004, I-8317 Rn 24.

114 EuGH, Rs. 113/80 (Irish Souvenirs), Slg 1981, 1625, Rn 8; Rs. 95/81 (Kommission/Italien), Slg 1982, 2187, Rn 27.

115 St. Rspr seit EuGH, Rs. 7/61 (Kommission/Italien), Slg 1961, 695, 720; vgl nur EuGH, Rs. C-324/93 (Evans), Slg 1995, I-563, Rn 36.

sierungsspielraum.[116] Darüber hinaus obliegt es den Mitgliedstaaten, über die Intensität des Schutzes, dh das **Schutzniveau**, zu entscheiden.[117] Abgesehen davon stehen auch die Rechtfertigungsgründe des Art. 36 AEUV unter einem Verhältnismäßigkeitsvorbehalt, der die Schranken-Schranke des Art. 36 S. 2 AEUV, der eine willkürliche Diskriminierung oder verschleierte Handelsbeschränkung untersagt, weitgehend leer laufen lässt.[118]

37 Lauterkeitsrechtliche Regelungen der Mitgliedstaaten können nur selten durch Art. 36 AEUV gerechtfertigt werden. Denkbar ist dies immerhin zB bei Vertriebs- oder Werbeverboten im Bereich des Lebens- oder Arzneimittelrechts, die dem **Schutz von Leben und Gesundheit** der Verbraucher dienen.[119] Der Rechtfertigungsgrund des **Schutzes der öffentlichen Ordnung** wird nicht schon dadurch eröffnet, dass nationale lauterkeitsrechtliche Vorschriften strafbewehrt sind,[120] weil der Verbraucherschutz nicht zur öffentlichen Ordnung zählt. In der Entscheidung *Kohl* wurde er exklusiv dem Bereich der *Cassis*-Doktrin zugewiesen.[121]

38 Mitgliedstaatliche Regelungen lauterkeitsrechtlicher Natur sollen auch nicht unter den Rechtfertigungsgrund des **Schutzes des gewerblichen und kommerziellen Eigentums** fallen. Es erscheint zwar aus dogmatischen und praktischen Erwägungen fragwürdig, den markenrechtlichen Schutz vor der Begründung einer Verwechslungsgefahr oder den patentrechtlichen Schutz vor der Benützung einer geschützten Erfindung anderen Normsystemen zu unterwerfen als den lauterkeitsrechtlichen.[122] Jedoch macht die anhaltende Diskussion zu der Abgrenzung von spezifischem Gegenstand des Schutzrechts und seiner Ausübung bzw zur Erschöpfung hinreichend deutlich, dass die Verortung der Problematik in Art. 36 AEUV allein zusätzliche Probleme schaffen würde, zumal die materiellen Standards der Rechtfertigung nach Art. 36 AEUV bzw der *Cassis*-Formel weitgehend deckungsgleich sind. Zu beachten ist jedoch, dass der EuGH im Urteil *Turrón de Alicante* davon ausgegangen ist, dass der mitgliedstaatliche Schutz **geographischer Herkunftsangaben** an Art. 30 EGV (nunmehr Art. 36 AEUV) zu messen ist.[123]

b) Dienstleistungsfreiheit, Art. 56 AEUV

39 Die oben dargestellte Eingrenzung des Anwendungsbereichs der Warenverkehrsfreiheit durch die Entscheidung *Keck* hat die **Akzente der europarechtlichen Kontrolle mitgliedstaatlicher Lauterkeitsrechte verschoben.**[124] Insbesondere die Kommission stützt ihre **Harmonisierungsbemühungen nunmehr** schwerpunktmäßig auf die **Beeinträchtigung der Dienstleistungsfreiheit.** Letztere ist zunächst anwendbar, wenn nicht Waren, sondern **Dienstleistungen grenzüberschreitend vertrieben** werden (aa)).[125] Die Dienstleistungsfreiheit kann daneben mittelbar auch den Warenvertrieb erfassen, sofern sich nationale Vermarktungsregelungen negativ auf die **Erbringung von Dienstleistungen, namentlich von Werbeunternehmen**, auswirken (bb)).

---

116 EuGH, Rs. 34/79 (Henn und Darby), Slg 1979, 3795, Rn 15, zur öffentlichen Sittlichkeit.

117 EuGH, Rs. 104/75 (de Peijper), Slg 1976, 613, Rn 14/18; Rs. 34/79 (Henn und Darby), Slg 1979, 3795, Rn 15; Rs. 261/85 (Kommission/Vereinigtes Königreich), Slg 1988, 547, Rn 12.

118 Groeben/*Müller-Graff*, Art. 30 EG, Rn 162. Vgl aber EuGH, Rs. 152/78 (Frz. Alkoholika), Slg 1980, 2299, Rn 17: Darin wird die Möglichkeit einer Rechtfertigung des Werbeverbotes im Grundsatz anerkannt. Im zu entscheidenden Fall wurde in der Ausgestaltung des Verbotes jedoch ein Mittel zur Diskriminierung erkannt.

119 Vgl EuGH, Rs. 152/78 (Frz. Alkoholika), Slg 1980, 2299, Rn 15; Rs. C-405/98 (Gourmet), Slg 2001, I-1795, Rn 26 ff. Zur Rechtfertigung auf der Grundlage des Gesundheitsschutzes vgl *Dethloff*, S. 182 ff.

120 EuGH, Rs. 16/83 (Prantl), Slg 1984, 1299, Rn 33.

121 EuGH, Rs. 177/83 (Kohl), Slg 1984, 3651, Rn 19.

122 *Joliet*, in: Droit européen de la concurrence déloyale en formation, S. 29, 59 ff.

123 EuGH, Rs. C-3/91 (Turrón de Alicante), Slg 1992, I-5529, Rn 23 ff. Vgl dazu *Joliet*, in: Droit européen de la concurrence déloyale en formation, S. 29, 38 ff, 42.

124 Vgl die Darstellung von *Kugelmann*, EuR 2001, 363, 374.

125 EuGH, Rs. 311/85 (Vlaamse Reisbureaus), Slg 1987, 3801, Rn 32; Rs. C-275/92 (Schindler), Slg 1994, I-1039, Rn 25 ff; Rs. C-384/93 (Alpine Investments), Slg 1995, I-1141. Zur Abgrenzung vgl GA Stix-Hackl, Schlussanträge Rn 34 ff, zu EuGH, Rs. C-390/99 (Canal Satélite), Slg 2002, I-607.

aa) Grenzüberschreitender Vertrieb von Dienstleistungen

Spätestens seit der Entscheidung *Gebhard*[126] ist anerkannt, dass die Dienstleistungsfreiheit ebenso wie die Warenverkehrsfreiheit ein **Beschränkungsverbot** begründet. Damit werden Regelungen, durch welche Dienstleister in ihrer grenzüberschreitenden Tätigkeit eingeschränkt werden, grundsätzlich von Art. 56 AEUV erfasst. Dazu zählen lauterkeitsrechtliche Regelungen des Empfängerlandes. Über das Verhältnis zwischen der Dienstleistungsfreiheit und mitgliedstaatlichen Einschränkungen des **Telefonmarketing** entschied der EuGH bereits in der Rechtssache *Alpine Investments*: Das niederländische Ministerium der Finanzen hatte einer auf Warentermingeschäfte spezialisierten niederländischen Gesellschaft das sogenannte *cold calling*, dh die Praxis, mit Privatleuten (u.a. in Belgien, Frankreich und dem Vereinigten Königreich) ohne deren vorherige schriftliche Zustimmung telefonisch Kontakt aufzunehmen, um ihnen verschiedene Finanzdienstleistungen anzubieten, untersagt. Dagegen wandte sich die betroffene Gesellschaft. Im Vorabentscheidungsverfahren ging es zunächst um die Frage, ob die *Keck*-Doktrin auf die Dienstleistungsfreiheit zu erstrecken sei. Der EuGH bejahte die Anwendbarkeit der Dienstleistungsfreiheit, weil das von der Regierung ausgesprochene Verbot **unmittelbar den Zugang** des betroffenen Unternehmens zum Dienstleistungsmarkt in den anderen Mitgliedstaaten **beeinflusse** und daher geeignet sei, den innergemeinschaftlichen Dienstleistungsverkehr zu behindern.[127] Die Argumentation des EuGH über die **unmittelbare Beschränkung des Marktzugangs** betrifft – *mutatis mutandis* – auch innerhalb der Union ansässige Anbieter, denen auf der Grundlage der Marktortregel der Zutritt auf den inländischen Markt durch die Beanstandung der Telefonwerbung versperrt wird.[128] Damit ist zugleich die Grenze des Anwendungsbereichs der Dienstleistungsfreiheit benannt: Wo der Marktzugang von Dienstleistern außerhalb des Mitgliedstaates nicht unmittelbar beeinflusst wird und die beschränkende Regel sich somit marktneutral auswirkt, greift die Dienstleistungsfreiheit nicht ein.[129] Bestätigt wurden diese Grundsätze durch die Entscheidung des EuGH in der Rechtssache *Mobistar*: Eine nach belgischem Recht erhobene Abgabe auf Sendetürme für Mobilfunksignale begründet keine Verletzung der Dienstleistungsfreiheit.[130] Sie verursacht zwar zusätzliche Kosten für die Dienstleister, berührt aber die Erbringung von Dienstleistungen zwischen Mitgliedstaaten in gleicher Weise wie deren Erbringung innerhalb eines einzigen Mitgliedstaats. Ausländische Betreiber werden durch diese Maßnahmen weder in tatsächlicher noch in rechtlicher Hinsicht stärker belastet als inländische Betreiber. Dieselbe Abgrenzung liegt der Entscheidung *United Pan-Europe Communications Belgium* zugrunde.[131] 40

Wenngleich die niederländische Maßnahme im Fall *Alpine Investments* somit nicht durch die modern verstandene *Keck*-Doktrin geschützt wurde, so blieb sie doch im Ergebnis unbeanstandet: Der EuGH folgte zunächst dem Vortrag der niederländischen Regierung, nach welchem die Privatperson, die im Allgemeinen durch das *cold calling* überrascht werde, nicht in der Lage sei, sich über die Risiken, die sich aus der Art der ihr vorgeschlagenen Transaktion ergeben, zu informieren oder die Qualität und den Preis der Dienstleistungen des Anrufers mit den Angeboten der Konkurrenten zu vergleichen. Da der Warenterminmarkt äußerst spekulativ und für wenig erfahrene Kapi- 41

126 EuGH, Rs. C-55/94 (Gebhard), Slg 1995, I-4165.

127 EuGH, Rs. C-384/93 (Alpine Investments) Slg 1995, I-1141, Rn 32 ff.

128 *Glöckner*, GRUR Int. 2000, 29, 35. *Rüffler*, S. 94; *Sack*, WRP 1998, 103, 113, sind der Auffassung, aus Alpine Investments lasse sich nicht entnehmen, ob die Keck-Doktrin auf die Dienstleistungsfreiheit anwendbar sei, weil es sich nicht um eine Beschränkung der Einfuhr, sondern um eine Ausfuhrbegrenzung handle. *Weinand*, S. 64 ff, will die Grundsätze der Alpine Investments-Entscheidung zwar auf Einfuhrbeschränkungen übertragen, erkennt in ihnen jedoch eine Einschränkung der Keck-Doktrin. *Burckhardt*, S. 175; *Dethloff*, S. 236, entnehmen dem Urteil e contrario, dass die Keck-Doktrin bei Einfuhrbeschränkungen anzuwenden sei. In diese Richtung weist auch die Entscheidung des EuGH, Rs. C-390/99 (Canal Satélite), Slg 2002, I-607, Rn 29, 30, allerdings ohne ausdrückliche Stellungnahme. Schwarze/*Holoubek*, Art. 56 AEUV, Rn 74, will die Keck-Doktrin bei Beschränkungen durch den Empfangsstaat nicht anwenden, weil die Dienstleistungsfreiheit auf dem Herkunftslandprinzip beruht.

129 Ähnlich nimmt *Hödl*, S. 187, an, dass das Urteil die Intention der Keck-Rechtsprechung bestätigt.

130 EuGH, Rs. C-438/04 (Mobistar), Slg 2005, I-7723, Rn 31 ff.

131 EuGH, Rs. C-250/06 (United Pan-Europe Communications Belgium), Slg 2007, I-11135 Rn 29 ff.

talanleger schwer durchschaubar sei, hielt der EuGH es für erforderlich, sie vor den **aggressivsten Methoden der Kundenwerbung** zu schützen. *Alpine Investments* wandte ein, dass es dafür keines allgemeinen Verbotes der telefonischen Werbung bedürfe. Zum wirksamen Schutz der Verbraucher würde es ausreichen, wenn die Maklergesellschaften die unaufgefordert vorgenommenen Telefonanrufe aufzeichnen müssten, wie im Vereinigten Königreich. Diesbezüglich entgegnete der EuGH zutreffend, der Umstand, dass ein Mitgliedstaat weniger strenge Vorschriften erlasse als ein anderer Mitgliedstaat, bedeute nicht, dass dessen Vorschriften unverhältnismäßig seien. Abschließend hob der EuGH hervor, dass die in Rede stehenden Regelung nur eine begrenzte Tragweite habe: Sie verbiete nämlich nur die telefonische oder persönliche Kontaktaufnahme mit potentiellen Kunden ohne deren vorherige schriftliche Zustimmung, so dass die anderen Methoden der Kontaktaufnahme zulässig blieben. Sodann betreffe diese Maßnahme allein die Beziehungen zu potentiellen Kunden, nicht aber zu den Personen, die bereits Kunden seien; diese hätten weiterhin die Möglichkeit, neuen Kontakten schriftlich zuzustimmen. Schließlich sei das Verbot nicht erbetener Telefonanrufe auf den Markt beschränkt, auf dem Missbräuche festgestellt worden seinen, im vorliegenden Fall auf den Markt für Warenterminverträge.[132]

bb) Beeinträchtigung von Werbe- und Vertriebsdienstleistern

42 Nationale Vermarktungsregelungen – auch lauterkeitsrechtlicher Natur – beschränken insbesondere die **Betreiber von Werbemedien** wie zB die Herausgeber von Presseerzeugnissen oder Fernsehveranstalter, die Werberaum zur Verfügung stellen, Werbeagenturen und Direktmarketinganbieter. Besonders deutlich wird dies im Bereich des **Telemarketing**, das in Deutschland, Österreich und der Schweiz vergleichsweise strengen Anforderungen unterliegt. Agenturen, die sich auf die im Mitgliedstaat ihres Sitzes in weiterem Umfang gestattete Durchführung von Telefon-, Fax- oder E-Mail-Werbung spezialisiert haben, wird zB die Möglichkeit des Zugangs auf den deutschen Markt insgesamt genommen.[133] Dasselbe gilt für klassische Werbeleistungen, wenn sie grenzüberschreitend erbracht werden können, wie zB den Entwurf und die Gestaltung von Printwerbeanzeigen. Werbe- und Absatztätigkeiten selbständiger Dritter müssen an den Art. 56 ff AEUV gemessen werden.[134] Bei selbständigen Dienstleistungen an Dritte muss die vom EuGH in seiner *Keck*-Rechtsprechung entwickelte Unterscheidung nach der Marktneutralität der die Einfuhr beschränkenden Regelung zwar nicht deshalb analog herangezogen werden, weil es sich in der Sache um eine Maßnahme zur Förderung des **Waren**absatzes handelt.[135] Eine ungerechtfertigte Differenzierung der europarechtlichen Maßgaben in Abhängigkeit davon, ob es sich um Maßnahmen der Eigen- oder der Fremdwerbung handelt, wird dadurch ausgeschlossen, dass der Anknüpfungspunkt der Grundfreiheit nicht mehr die **Waren**einfuhr, sondern die grenzüberschreitende Erbringung der **Dienstleistung** ist.

43 Bezogen auf die grenzüberschreitende Werbedienstleistung sind die in der *Keck*-Entscheidung entwickelten Grundsätze jedoch entsprechend anwendbar, dh erfasst werden allein Werberegelungen, die ausländischen Anbietern von Werbedienstleistungen den **Marktzugang** in größerem Umfang erschweren als inländischen Anbietern.[136] Ein solches Verständnis wird durch die Entscheidung des EuGH in der Rechtssache *Alpine Investments* und seine Argumentation über die Einschränkung des Marktzugangs bestätigt. Einschränkende Werberegelungen der Einfuhrstaaten wirken sich **auf**

132 EuGH, Rs. C-384/93 (Alpine Investments) Slg 1995, I-1141 Rn 47 ff.
133 *Günther*, CR 1999, 172, 178.
134 EuGH, Rs. 352/85 (Bond van Adverteerders u.a.), Slg 1988, 2085, Rn 13 ff; Rs. C-34/95 (De Agostini), Slg 1997, I-3843, Rn 48; Rs. C-6/98 (ARD/PRO Sieben Media AG), Slg 1999, I-7599, Rn 49; Rs. C-376/98 (Deutschland/ Parlament und Rat), Slg 2000, I-8419, Rn 99; Rs. C-405/98 (Gourmet), Slg 2001, I-1795, Rn 37.
135 EuGH, Rs. C-34/95 (De Agostini), Slg 1997, I-3843, Rn 50; Rs. C-405/98 (Gourmet), Slg 2001, I-1795, Rn 37 ff.
136 *Kugelmann*, EuR 2001, 363, 369.

dem Markt für Werbedienstleistungen im Allgemeinen neutral aus.[137] Umgekehrt würde eine europarechtlich begründete Gestattung der betroffenen Werbeform zu einer Besserstellung ausländischer Agenturen führen. Die jüngere Entscheidungspraxis der Europäischen Gerichte weist in dieselbe Richtung: Bereits in der Entscheidung *Gourmet* hat der EuGH klargestellt, dass das streitgegenständliche Werbeverbot eine Beschränkung des freien Dienstleistungsverkehrs darstelle, weil es „angesichts des internationalen Charakters des Marktes der Werbung für die Kategorie von Erzeugnissen, für die das Verbot gilt, auch dann, wenn sie keinen diskriminierenden Charakter hat, das **grenzüberschreitende Angebot von Anzeigenraum in besonderer Weise**" beeinträchtige[138] (Hervorhebung d. Verf.). Diesbezüglich völlig übereinstimmend hat der EFTA-Gerichtshof in der inhaltlich weitgehend vergleichbaren Rechtssache *Pedicel* die Prüfung des norwegischen Werbeverbots für Alkoholika am Maßstab der Dienstleistungsfreiheit unter den Vorbehalt gestellt, dass das Werbeverbot eine besondere Wirkung *(„a particular effect")* auf den grenzüberschreitenden Vertrieb des Angebots von Werberaum in Zeitschriften habe.[139] Schließlich hat der EuGH in den Entscheidungen[140] *Viacom Outdoor* und *Mobistar* festgestellt, dass auch bei grenzüberschreitend vertriebenen Dienstleistungen erforderlich ist, dass mitgliedstaatliche Beschränkungen sich nicht marktneutral auswirken. In der Rechtssache *Corporación Dermoestética*[141] erkannte der EuGH in einer nationalen Regelung, welche die Werbung für von privaten Gesundheitseinrichtungen vorgenommene medizinisch-chirurgische Behandlungen auf kosmetischem Gebiet über nationale Fernsehsender verbietet, während sie eine solche Werbung unter bestimmten Umständen über lokale Fernsehsender gestattet, ein ernsthaftes Hindernis für die Ausübung der in Art. 43 und Art. 49 EGV (nunmehr Art. 49 und Art. 56 AEUV) verbürgten Grundfreiheiten, da sie den Zugang zum nationalen Markt erschwere. Das ist auf der Grundlage der Entscheidungen *TK-Heimdienst* und *Gourmet* nachvollziehbar, denn die Verwehrung eines besonders probaten Werbemittels zur Marktöffnung trifft Anbieter, mit denen lokale Nachfrager nicht vertraut sind, härter als einheimische Anbieter.[142] Es fehlte daher gerade an der Marktneutralität des Verbots. Im Ergebnis muss deshalb davon ausgegangen werden, dass nicht-diskriminierende mitgliedstaatliche Maßnahmen, von denen eine die Erbringung (auch) grenzüberschreitender Dienstleistungen behindernde Wirkung ausgeht, nur dann von der Dienstleistungsfreiheit erfasst werden, wenn durch sie der Marktzugang privilegierter Dienstleistungserbringer behindert oder erschwert wird.

Im Übrigen können Eingriffe in die Dienstleistungsfreiheit in Entsprechung zur warenverkehrsrechtlichen *Cassis*-Doktrin **gerechtfertigt** werden. In der Entscheidung *Gebhard* stellte der EuGH klar, dass „nationale Maßnahmen, die die Ausübung der durch den Vertrag garantierten grundlegenden Freiheiten behindern oder weniger attraktiv machen können, vier Voraussetzungen erfüllen müssen: Sie müssen in nicht-diskriminierender Weise angewandt werden, sie müssen aus zwingenden Gründen des Allgemeininteresses gerechtfertigt sein, sie müssen geeignet sein, die Verwirklichung des mit ihnen verfolgten Zieles zu gewährleisten, und sie dürfen nicht über das hinausgehen, was zur Erreichung dieses Zieles erforderlich ist".[143] Diese Anforderungen wurden in der 44

137 Bereits *Perau*, S. 171. Insoweit besteht ein Unterschied zu den Auswirkungen von Werberegelungen auf die grenzüberschreitende Vermarktung von Produkten, vgl dazu die besondere Begründung der fehlenden Marktneutralität in EuGH, Rs. C 34/95 (Gourmet), Slg 2001, I-1795, Rn 21 ff, sowie zuvor den Hinweis in EFTA-GH, Rs. E-6/96 (Wilhelmsen), 1997 EFTA Ct. Rep. 56, Rn 73.

138 EuGH, Rs. C-405/98 (Gourmet), Slg 2001, I-1795, Rn 39.

139 EFTA-GH, Rs. E-4/04 (Pedicel), 2005 EFTA Ct. Rep. 1, Rn 49.

140 EuGH, Rs. C-143/03 (Viacom Outdoor), Slg 2005, I-1167, Rn 38; verb. Rs. C-544/03, 545/03 (Mobistar), Slg 2005, I-7723, Rn 38.

141 EuGH, Rs. C-500/06 (Corporación Dermoestética), Slg 2008, I-5785.

142 Ebenso, allerdings unter dem Gesichtspunkt der Warenverkehrsfreiheit, argumentierte der EFTA-Gerichtshof im Fall des norwegischen Tabakwerbeverbots, Rs. E-16/10 (Philip Morris), 2011 EFTA Ct. Rep. 330, Rn 44 ff, 51: Zwar wurden zum Zeitpunkt der Entscheidung in Norwegen keine Tabakprodukte mehr hergestellt, dennoch hielten die Richter es für erforderlich zu prüfen, ob das Werbeverbot die Vermarktung von Tabakprodukten aus anderen EWR-Staaten stärker beeinträchtigt als die Vermarktung von früher in Norwegen hergestellten Erzeugnissen mit potentiell stärkerer Stellung auf dem norwegischen Markt.

143 EuGH, Rs. C-55/94 (Gebhard), Slg 1995, I-4165, Rn 37.

Rechtssache *De Agostini* bestätigt.[144] Eine Kodifizierung dieser Rechtsprechungsgrundsätze bezüglich der Anerkennung und Beschränkung von Dienstleistungen befindet sich der Struktur nach in Art. 16 Dienstleistungsrichtlinie.[145] In der Sache fehlt aber in der Aufzählung des Art. 16 Abs. 1 lit. b Dienstleistungsrichtlinie der Schutz der Verbraucher und der Lauterkeit des Handelsverkehrs, die als zwingende Erfordernisse iSd *Gebhard*-Rechtsprechung durch das Lauterkeitsrecht verursachte Beschränkungen grenzüberschreitender Dienstleistungen bisher rechtfertigen konnten (vgl bereits oben Rn 30 ff).

2. Lauterkeitsrechtliche Regelungen im übrigen Sekundärrecht

a) Schutz vor Verwechslungsgefahr und Rufausbeutung im Europäischen Markenrecht

45 Der Schutz von Wettbewerbern und der Marktgegenseite vor der Begründung einer Verwechslungsgefahr, dh der Gefahr einer Fehlzuordnung der betrieblichen Herkunft,[146] wird in erheblichem Umfang durch das Kennzeichenrecht geleistet.[147] Insoweit spielt die Harmonisierung des Markenrechts durch die Markenrechtsrichtlinie 1989/2008[148] eine herausragende Rolle und muss in die Betrachtung der europäischen Rechtsquellen des Lauterkeitsrechts einbezogen werden. Bemerkenswert ist nicht zuletzt, dass der EuGH in einer Reihe jüngerer Entscheidungen die vergleichsweise holzschnittartigen markenrechtlichen Ausschließungsbefugnisse durch die Kontrollfrage beschränkt, ob die angegriffene Benutzung eine der anerkannten Funktionen der Marke beeinträchtigen kann. Dazu gehören nicht allein die herkunftshinweisende Funktion, sondern auch ihre anderen Funktionen wie u.a. die Gewährleistung der Qualität dieser Ware oder Dienstleistung oder die Kommunikations-, Investitions- oder Werbefunktionen. Im Rahmen dieses Vorbehalts nimmt der EuGH im wesentlichen Wertungen lauterkeitsrechtlicher Natur vor.[149] Es ist jedoch auf die Ausführungen von *Haedicke* (vgl unten § 21) zu verweisen.

46 Die verdrängende Wirkung, welche der kennzeichenrechtlichen Regelung der Begründung einer Verwechslungsgefahr im Hinblick auf die Irreführung über die betriebliche Herkunft (vgl § 5 Abs. 1 Nr. 1, Abs. 2 UWG) bislang beigemessen wurde und die zur Entwicklung des Instruments der „qualifizierten Irreführung über die betriebliche Herkunft" geführt hat, muss spätestens seit der Umsetzung der UGP-Richtlinie innerhalb deren Anwendungsbereich aufgegeben werden. Sobald die Gefahr einer Irreführung von Verbrauchern über die betriebliche Herkunft begründet wird, muss zumindest konkurrierend das zur Umsetzung der UGP-Richtlinie erlassene UWG angewendet werden.[150]

47 Eine selbständige Rolle kann das Lauterkeitsrecht insbesondere außerhalb der Begründung einer Verwechslungsgefahr spielen. Die in den Mitgliedstaaten geltenden Bestimmungen über den Schutz gegenüber der Verwendung eines Zeichens zu anderen Zwecken als der Unterscheidung von Waren oder Dienstleistungen bleiben gem. Art. 5 Abs. 5 Markenrechts-RL unberührt, wenn die Benutzung

---

144 EuGH, Rs. C-34/95 (De Agostini), Slg 1997, I-3843, Rn 52. Vgl auch EuGH, Rs. C-6/98 (ARD/PRO Sieben Media AG), Slg 1999, I-7599, Rn 50.

145 RL 2006/123/EG des Europäischen Parlaments und des Rates vom 12. Dezember 2006 über Dienstleistungen im Binnenmarkt, ABl. 2006 Nr. L 376/36; vgl zur Dienstleistungsrichtlinie noch unten Rn 131 f.

146 Der Begriff der „betrieblichen Herkunft" soll hier nicht „naturalistisch" in Anknüpfung an die Produktionsstätte verstanden werden. Er bezieht sich vielmehr auf die – allerdings wiederum nicht produkthaftungsrechtlich gedachte – Vermarktungsverantwortung des Herstellers. Vgl dazu *Fezer*, GRUR 2003, 457, 463 ff.

147 Zu dieser Verlagerung vgl *Kur*, in: Neuordnung des Wettbewerbsrechts, S. 116 ff.

148 Erste RL 89/104/EWG des Rates vom 21. Dezember 1988 zur Angleichung der Rechtsvorschriften der Mitgliedstaaten über die Marken, ABl. 1989 Nr. L 40/1; in kodifizierter Fassung neu erlassen als Richtlinie 2008/95/EG des Europäischen Parlaments und des Rates vom 22. Oktober 2008 zur Angleichung der Rechtsvorschriften der Mitgliedstaaten über die Marken, ABl. 2008 Nr. L 299/25.

149 Vgl unter Anknüpfung an EuGH, Rs. C-487/07 (L'Oréal), insb. EuGH, verb. Rs. C-236-238/08 (Google), Slg 2010, I-2417, Rn 75 ff; Rs. C-91/09 (Eis.de/BBY), Slg 2010, I-43, Rn 20 ff; Rs. C-278/08 (Bergspechte), *Slg 2010, I-2517, Rn 21, jeweils zum* Keyword Advertising.

150 BGH, 15.8.2013 – I ZR 188/11 (Hard Rock Cafe), GRUR 2013, 1161, 1165; *Bornkamm*, GRUR 2011, 1, 4 ff; Harte/Henning/*Dreyer*, § 5 C. UWG, Rn 218; § 5 J. UWG, Rn 2 ff; *Köhler*, in: Köhler/Bornkamm, § 11 UWG, Rn 1.5; ders. WRP 2009, 109, 114 f; AA *Sosnitza* in: Ohly/Sosnitza, § 5 UWG, Rn 707 ff.

des Zeichens die Unterscheidungskraft oder die Wertschätzung der Marke ohne rechtfertigenden Grund in unlauterer Weise ausnutzt oder beeinträchtigt.[151]

Im Übrigen gestatten die Art. 4 Abs. 4 lit. a, Art. 5 Abs. 2 Markenrechts-RL[152] den Mitgliedstaaten die Gewährung eines Schutzes „bekannter Marken"[153] außerhalb des Warenähnlichkeitsbereichs.[154] Dass die Markenrechtsrichtlinie nicht auf die Gewährung des kennzeichenrechtlichen Schutzes gegen Verwechslungsgefahr beschränkt ist, wurde in der Entscheidung *Davidoff* sehr deutlich. Darin ging es um die Frage, ob der besondere Schutz gegen Verwässerung und Ausbeutung gem. Art. 5 Abs. 2 Markenrechts-RL dem Wortlaut der Norm entsprechend nur bei einer Verwendung außerhalb des Warengleichartigkeitsbereichs gewährt werden dürfe, oder ob die Mitgliedstaaten erst recht auch bei einer Verwendung für ähnliche Waren und Dienstleistungen so verfahren dürften. GA *Jacobs* hatte letzteres mit der Begründung verneint, innerhalb des Warengleichartigkeitsbereichs könne mit einer großzügigen Beurteilung der Verwechslungsgefahr geholfen werden.[155] Der EuGH folgte dem nicht, sondern griff die Anregung des vorlegenden Bundesgerichtshofs auf, in solchen Fällen bloßer Verwässerungsgefahr auch innerhalb des Gleichartigkeitsbereichs die Gewährung markenrechtlichen Schutzes zu gestatten.[156] Die Markenrechtsrichtlinie steht damit dem Schutz von Kennzeichen vor Verwässerung[157] und Rufausbeutung zumindest offen gegenüber. 48

b) Leistungsschutz durch Harmonisierung der Erfinderrechte

Der Schutz gegen Nachahmungen und damit der Schutz gewerblicher Leistungen ieS ist die Domäne des immaterialgüterrechtlichen Schutzes der Erfinderrechte auf sondergesetzlicher Grundlage. Patentrecht, Muster- und Modellrecht, Sortenschutzrecht und das Urheberrecht sind den Rechtsordnungen aller Mitgliedstaaten bekannt. Die Harmonisierungsbestrebungen der Union sind weit gediehen. Ihnen sind die Ausführungen von *Haedicke* (vgl unten § 21) gewidmet, auf die zu verweisen ist. Im Hinblick auf die Reichweite des sog. ergänzenden Leistungsschutzes klaffen die Rechtsordnungen der Mitgliedstaaten in Reichweite und Begründungsansätzen weit auseinander. Dieser Umstand wurde vor allem von der Kommission immer wieder genannt, um die Beschränkung des Anwendungsbereichs der Richtlinie über unlautere Geschäftspraktiken (vgl dazu unten Rn 138 ff) auf B2C-Sachverhalte zu begründen. Es ist nicht ganz klar, ob der vom EuGH in der Rechtssache *VTB*[158] und weiteren Entscheidungen verfolgte naturalistisch-weite Zugang zu einer materiellen Erfassung der nachahmenden Produktgestaltung als Geschäftspraktik von Unternehmen gegenüber Verbrauchern führen wird. 49

c) Marktverhaltensregeln für den Fernabsatz

Darüber hinausgehende allgemeine Marktverhaltensregeln waren vor allem in der **Fernabsatzrichtlinie** enthalten. Ihr vollständiger Titel lautete zwar „Richtlinie ... **über den Verbraucherschutz** bei Vertragsabschlüssen im Fernabsatz" und der Regelungsschwerpunkt der Richtlinie lag auf der Gewährung eines Widerrufsrechts bei Verträgen, die im Fernabsatz zustande gekommen waren, also im Bereich des Verbraucherschutzes durch Gewährung zivilrechtlicher Rechtsbehelfe.[159] Dennoch enthielt die Richtlinie auch Vorschriften, die unmittelbar den Fernabsatz als Marketinginstrument, nämlich moderne Distanzvertriebsformen wie TV-Shopping, E-commerce und E-Mail-Werbung, betrafen. Entsprechende Regelungen finden sich in den Richtlinien über den Fernabsatz von 50

151 Vgl dazu EuGH, Rs. C-23/01 (Robelco), Slg 2002, I-10913, Rn 30 ff.
152 Vgl dazu *Joller*, Anm. zu EuGH, Rs. C-375/97 (Chevy), Slg 1999, I-5421, GRUR Int. 2000, 75 ff.
153 Vgl dazu EuGH, Rs. C-375/97 (Chevy), Slg 1999, I-5421, Rn 12 ff.
154 Der Vorschlag der Kommission für eine neue Markenrechtsrichtlinie vom 27.3.2013, COM (2013) 162 final, sieht in Art. 10 Abs. 2 lit. c gar einen obligatorischen erweiterten Schutz bekannter Marken vor.
155 GA *Jacobs*, Schlussanträge Rn 48 ff, zu EuGH, Rs. C-292/00 (Davidoff), Slg 2003, I-389.
156 EuGH, Rs. C-292/00 (Davidoff), Slg 2003, I-389, Rn 25 ff. Vgl dazu *Glöckner*, ELR 2003, 161.
157 Vgl *Novak*, EuZW 2001, 46, 49.
158 EuGH, verb. Rs. C-261, 299/07 (VTB-VAB), Slg 2009, I-2949; vgl dazu noch u. Rn 126 ff.
159 Vgl dazu bereits *Glöckner*, JKR 1998, 49, 62.

Finanzdienstleistungen (vgl dazu unten Rn 103), über den elektronischen Geschäftsverkehr (vgl dazu unten Rn 104 ff) sowie über den Datenschutz für elektronische Kommunikation (vgl dazu unten Rn 106 ff). Die Fernabsatzrichtlinie ist zusammen mit der Haustürgeschäfterichtlinie mit Wirkung vom 13.6.2014 in der neuen **Verbraucherrechterichtlinie** (vgl dazu unten Rn 100 f) aufgegangen.[160]

d) Europäische Werberegelungen

51 Die Werbung als Marktverhalten einschränkende Regelungen finden sich in der Richtlinie über audiovisuelle Mediendienste (vgl dazu unten Rn 108 ff), in der Humanarzneimittelrichtlinie (vgl dazu unten Rn 116 ff), in der Tabakwerbungsrichtlinie (vgl dazu unten Rn 123 ff), in der Verordnung über nährwert- und gesundheitsbezogene Angaben (vgl dazu unten Rn 127 ff), in der Lebensmittelinformationsverordnung (vgl dazu unten Rn 130) sowie in der Dienstleistungsrichtlinie (vgl dazu unten Rn 131 f).

3. Einfluss des Europäischen Verbraucherprivatrechts

52 Bereits im Abschnitt zum Verhältnis zwischen den europarechtlichen Grundfreiheiten und nationalen Vorschriften zum Schutz der Lauterkeit des Geschäftsverkehrs ist der besondere Zusammenhang zwischen dem Lauterkeitsrecht und dem Verbraucherschutz deutlich geworden: Seit dem *Cassis de Dijon*-Urteil[161] gebraucht der EuGH die Formulierung vom **„Schutz ... der Lauterkeit des Handelsverkehrs und des Verbraucherschutzes"** als stehende Wendung. In der Literatur wird sogar angenommen, dass der Gerichtshof die „zwingenden Erfordernisse des Verbraucherschutzes und der Lauterkeit des Handelsverkehrs" als einen einheitlichen Rechtfertigungsgrund im Rahmen der *Cassis*-Formel verstehe.[162] Die Gleichstellung von Lauterkeits- und Verbraucherschutz wird für sachgerecht gehalten, weil der wirtschaftliche Wettbewerb zwischen Konkurrenten nicht ohne die Marktgegenseite gedacht werden kann. Daher berühre die wettbewerbliche Lauterkeit untrennbar zugleich Konkurrenten und Marktgegenseite, also auch die Verbraucher.[163]

53 Die sog. **Verbraucherrechts-Richtlinien** (vgl dazu im Einzelnen die Erläuterungen von *Schulte-Nölke*, unten § 23) enthalten nicht nur am Rande marktverhaltensbezogene Regelungen. Auch ihrem im Kern privatrechtlichen Regelungsgehalt lassen sich **Wertungsgesichtspunkte** entnehmen, die für die Auslegung des Unlauterkeitstatbestandes herangezogen werden können.[164] Ordnungspolitisch betrachtet ist Verbraucherrecht ein Ausschnitt der institutionellen Rahmenbedingungen des Markt- und Wettbewerbsprozesses und bereits deshalb Teil des Wirtschaftsrechts.[165] Seine Zugehörigkeit zum Wirtschaftsrecht ergibt sich aber auch aus einer anderen Perspektive. Verbraucherrecht trägt zur Gewährleistung materialer Vertragsfreiheit bei. Materiale Vertragsfreiheit ist unabdingbare Voraussetzung für einen funktionsfähigen Wettbewerb und damit die Wettbewerbsordnung insgesamt. Namentlich im europarechtlichen Kontext wird der **Verbraucher als Marktbürger** ins Zentrum der Betrachtung gerückt[166] und Verbraucherrecht als Marktverhaltensrecht konzipiert. „Der Verbraucher ist der Marktbürger, der sich selbstverantwortlich am Markt bewähren muss", der daher aber auch mit den für kompetentes Marktverhalten notwendigen Rechten

160 Vgl EGr. 1, 2 RL 2011/83/EU des Europäischen Parlaments und des Rates vom 25. Oktober 2011 über die Rechte der Verbraucher, ABl. 2011 Nr. L 304/64 [Verbraucherrechterichtlinie]. Die Fernabsatzrichtlinie wurde dementsprechend mit Wirkung vom 13.6.2014 aufgehoben, Art. 31 Abs. 1 RL 2011/83/EU.
161 EuGH, Rs. 120/78 (Cassis de Dijon), Slg 1979, 649, Rn 8.
162 *Bornkamm*, Anm. zu EuGH, Rs. C-126/91 (Yves Rocher), GRUR 1993, 748, 749. Ähnlich *Ahlfeld*, S. 99 ff; *Dethloff*, S. 192: Kongruenz der Schutzgüter im Hinblick auf das zugrundegelegte Informationsmodell.
163 *Schricker*, in: FS Zweigert, S. 537, 551 ff; ihm folgend *Müller-Graff*, in: FS Carstens, S. 209, 226.
164 Vgl dazu nunmehr umfassend *Leistner*, ZGE 2009, 3, passim.
165 *Drexl*, S. 87.
166 *Stauder*, JKR 1995, 76, 78.

ausgestattet werden muss.[167] *Reich* bezeichnet das Verbraucherrecht deshalb zu Recht als „Wirtschaftsrecht aus der Perspektive des Verbrauchers als homo oeconomicus passivus".[168]

a) Europäisches Verbraucherrecht ist Wirtschafts-, nicht Sozialrecht

Das Verbraucherrecht hat sich als Teil des europarechtlichen *corpus iuris* emanzipiert und einen beeindruckenden Umfang erreicht. Weder dieser Umstand noch die begriffliche Entsprechung dürfen aber darüber hinwegtäuschen, dass europäisches Verbraucherrecht sich konzeptionell von dem Verbraucherrecht unterscheidet, wie es traditionell in Deutschland verstanden wurde. Mit der Schaffung einheitlicher Verbraucherrechtsstandards will die Union in erster Linie den Binnenmarkt funktionsfähig gestalten. Sein Funktionieren verlangt, dass auch der Verbraucher die neu geschaffenen Freiheiten aktiv nutzt. Der Verbraucher wird aber nur dann zu einem aktiven „europäischen" Verbraucher, wenn er darauf vertrauen kann, bei seinen grenzüberschreitenden Konsum-Aktivitäten hinreichend abgesichert zu sein (sog. „**consumer confidence**"). Besonders deutlich machen das die Begründungserwägungen der Verbraucherkreditrichtlinie, der Pauschalreiserichtlinie, der Klauselrichtlinie, der Time-Sharing-Richtlinie, der Fernabsatzrichtlinien, der Verbrauchsgüterkaufrichtlinie sowie der Verbraucherrechterichtlinie. Dem europäischen Verbraucherrecht geht es demgemäß um den Schutz des universellen, auf dem Binnenmarkt agierenden und entsprechend aufgeschlossenen Verbrauchers.[169] Maßgebend sollen dabei die **legitimen Erwartungen** der Wettbewerber und der Verbraucher als wechselseitige Verhaltenserwartungen sein.[170] 54

Das hat zwei Konsequenzen: Zunächst vertraut das europäische Verbraucherrecht weitgehend auf die Gewährung **marktkomplementären Verbraucherschutzes** durch Markttransparenz und Verbraucherinformation. Dabei wird von dem **Leitbild** eines mündigen, sich informierenden und informierbaren Verbrauchers ausgegangen. Jener mündige Marktbürger wird daneben für fähig gehalten, seine Rechte zu (er-)kennen und durchzusetzen. Daraus resultiert das zweite Typikum des europäischen Verbraucherrechts, welches marktkompensatorischen Schutz im Wesentlichen durch zivilrechtliche Rechtsbehelfe gewährt und auf deren Durchsetzung durch die Betroffenen vertraut. 55

b) Komplementärer vor kompensatorischem Verbraucherschutz – das verbraucherrechtliche Informationsmodell

Eine Durchsicht des Bestandes des europäischen Verbraucherrechts macht deutlich, dass der **marktkomplementäre Verbraucherschutz durch Informationsverschaffung** innerhalb des Unionsrechts eine dominierende Stellung einnimmt. Nahezu alle Verbraucherrechtsrichtlinien konstituieren **Pflichtangaben** (Verbraucherkredit-, Fernabsatz-, Pauschalreise-, Time-Sharing-, Verbraucherrechterichtlinie) und **Informationspflichten.** Insbesondere die Kommission gewährt der Verbraucherinformation den Vorrang vor anderen verbraucherpolitischen Aktionen.[171] 56

Innerhalb der Verbraucherrechtsrichtlinien wird auf die Gewährung marktkompensatorischen Verbraucherschutzes dementsprechend nur subsidiär zurückgegriffen.[172] Als Beispiele können die Inhaltskontrolle von missbräuchlichen Klauseln gemäß der Klauselrichtlinie, die Niederlegung unabdingbarer schuldrechtlicher Mindeststandards in der Pauschalreise- und Verbrauchsgüterkaufrichtlinie sowie die Begründung von Widerrufsrechten in der Haustürgeschäfterichtlinie, in den 57

---

167 *Micklitz*, S. 3, 6; *Keßler/Micklitz*, BB 2003, 2073, 2074.

168 *Reich*, S. 2; *ders.*, in: Micklitz/Reich, Europäisches Verbraucherrecht Rn 1.1; *ders.*, ZEuP 1994, 381.

169 *Micklitz*, ZEuP 1998, 253, 258 ff; *Martinek*, S. 511, 515.

170 *Micklitz*, in: FS Reich, S. 245, 247.

171 Zur Bedeutung der Verbraucherinformation vgl die Mitteilung der Kommission v. 31.10.1995 – Verbraucherpolitische Prioritäten 1996 – 1998, KOM (95) 519 endg., S. 3, 5; die Mitteilung der Kommission v. 1.12.1998 – Verbraucherpolitischer Aktionsplan 1999–2001, KOM (98) 696 endg., S. 12; die Mitteilung der Kommission v. 7.5.2002 – Verbraucherpolitische Strategie 2003–2006, KOM (2002) 208 endg., S. 12; die Mitteilung der Kommission v. 13.3.2007 – Verbraucherpolitische Strategie der EU (2007-2013), KOM (2007) 99 endg., S. 9; die Mitteilung der Kommission v. 22.1.2014 – Verbraucherpolitische Strategie der EU (2014-2020), KOM (2014) 707 endg., S. 11.

172 *Drexl*, S. 282 ff, 302, entwickelt diesbezüglich insgesamt eine Rangfolge von konstitutivem und kompensatorischem Verbraucherschutz. Ähnlich *Martinek*, S. 511, 515.

Fernabsatzrichtlinien sowie inzwischen in der novellierten Verbraucherkreditrichtlinie[173] und in der neuen Verbraucherrechterichtlinie (vgl dazu unten Rn 100 f) genannt werden.

58 Das europarechtliche Informationsmodell zur Gewährung hinreichenden Verbraucherschutzes sieht sich zunächst grundsätzlicher Kritik ausgesetzt: Es ruhe auf der Prämisse, dass der informierte Konsument seine Souveränität im Marktgeschehen wiedergewinnt. Eine solche Prämisse sei jedoch verfehlt, weil Aufklärung und Information die Verhaltenssteuerung des Verbrauchers durch beeinflussende Techniken des Marketing nicht verhindern könnten.[174] Es handelt sich dabei um die aus der Diskussion um die Ökonomische Analyse des Rechts vertraute **Kritik am Konzept des homo oeconomicus.**[175] Sie ist ebenso zutreffend wie unbegründet: In empirischer Hinsicht mag ihr zuzugeben sein, dass der individuelle Mensch sich nicht immer ökonomisch verhält; gleichwohl kommt eine Wirtschaftsrechtsordnung nicht ohne die Fiktion aus, dass Menschen sich zumindest im Grundsatz gemessen an den eigenen Wünschen und Bedürfnissen rational verhalten und ihre knappen Ressourcen ökonomisch einsetzen.[176]

59 Zu beachten bleibt jedoch, dass sich bereits theoretisch nicht jede typische Gefahrensituation durch Information entschärfen lässt. Beispiele dafür bieten die Verwendung missbräuchlicher Geschäftsbedingungen (**Machtproblem als Folge nicht funktionsfähigen Konditionenwettbewerbs**), der Haustürverkauf oder Fernabsatz (**Überrumpelung**) sowie die Verbraucherverschuldung (**wirtschaftliche Zwangslage**). Daneben ist zu beachten, dass selbst in Bereichen, in denen die Verbraucherinformation im Grundsatz zur Gewährung hinreichenden Schutzes geeignet wäre, eine einseitige Konzentration auf die Informationsverschaffung verfehlt ist. Eine maximale **Informationsmenge** ist im Regelfall keine optimale Informationsmenge.[177] Schließlich muss die innerhalb der Wirtschaftswissenschaften selbst wahrgenommene Erkenntnis berücksichtigt werden, dass die autonome Entscheidung der Verbraucher nicht allein aufgrund individueller Befindlichkeiten gestört sein kann – die das Recht ignorieren darf –, sondern aufgrund struktureller Besonderheiten menschlichen Verhaltens gleichsam regelhaft und voraussehbar beeinträchtigt sein kann. Die Verhaltensökonomik hat als solche Momente zB die überwiegende Reziprozität menschlichen Verhaltens (wer gut behandelt wird, pflegt dies zu erwidern), die mangelnde Bereitschaft, fremden Vorteil zu unterstützen (Ultimatums-Spiele), die strukturelle Höherbewertung von Gütern im Besitz (sog. endowment bias; „der Spatz in der Hand") oder die völlige Verdrängung marginaler Risiken im Gegensatz zu einer Überbewertung sichtbarer Risiken identifiziert.[178] In solchen Situationen hat die Lauterkeitsrechtsordnung zu bedenken, ob sie durch solche Anomalien verursachte Entscheidungszusammenhänge als objektive Fehlleitung zu verhindern sucht oder in Anlehnung an die „natürliche" Entstehung als wettbewerbskonformen Gebrauch der Entscheidungsautonomie hinnimmt.

c) Kompensatorischer Verbraucherschutz vor Vertriebsbeschränkungen

60 Wo die Verschaffung von Informationen nicht ausreicht, um die Verbraucher hinreichend zu schützen, sei es wegen eines besonderen Überrumpelungsmoments (zB Haustürverkauf), sei es, weil der Verbraucher nicht nur über das fragliche Geschäft als solches, sondern auch über dessen Position auf dem Markt Informationen benötigt, die der Anbieter naturgemäß nicht verschaffen kann (zB Haustürverkauf, Fernabsatz), hat der Unionsgesetzgeber sich für die Einräumung von Bedenkzeiten entschieden und damit einer **individual-vertragsrechtlichen Lösung** vertraut, anstatt die betreffenden Vertriebsmethoden (verschiedene Formen des Direkt- bzw Telemarketing) selbst zu untersagen.

173 RL 2008/48/EG des europäischen Parlaments und des Rates vom 23. April 2008 über Verbraucherkreditverträge und zur Aufhebung der RL 87/102/EWG des Rates, ABl. 2008 Nr. L 133/66, zuletzt geändert durch RL 2011/90/EU, ABl. 2011 Nr. L 296/35.

174 *Kroeber-Riel/Weinberg*, Konsumentenverhalten, 9. Aufl., 2009, S. 691.

175 Den Zusammenhang zeigt *Roth*, in: FS Mestmäcker, S. 725, 729, auf.

176 *Drexl*, S. 170, spricht von der REM-Hypothese (des rational-egoistischen Menschen) als zwingend notwendiger Modellannahme. *Dauner-Lieb*, S. 52 ff, führt das traditionelle liberale Sozialmodell auf das Marktparadigma und damit eine entsprechende Prämisse zurück.

177 Vgl *Leistner*, ZGE 2009, 3, 11 mwN.

178 Vgl dazu *Engel* u.a. (Hrsg.), Recht und Verhalten, 2007, passim; *Leistner*, S. 123 ff; *Posner*, S. 19 ff.

Dem liegt die Vermutung zugrunde, dass dem kollektiven Verbraucherschutz am ehesten gedient ist, wenn den Verbrauchern individuell Mittel an die Hand gegeben werden, ihre Interessen durchzusetzen. Dieser Gesichtspunkt wurde bislang vor allem bei der Ausgestaltung des lauterkeitsrechtlichen Rechtsschutzes nicht hinreichend berücksichtigt.[179]

Objektiven Verhaltensnormen kommt innerhalb der Verbraucherrechts-Richtlinien bislang nur untergeordnete Bedeutung zu. Immerhin ist in den letzten Jahren die Einsicht gewachsen, dass, wo das Informationsmodell und zivilrechtliche Rechtsbehelfe nicht ausreichend erscheinen, vorgelagerte Verhaltensnormen aufzustellen sind. So bildete eine Studie über die Notwendigkeit einer Ergänzung des Verbraucherschutzes bei Haustürgeschäften den Ausgangspunkt für die Micklitz-Studie und das gesamte Projekt der Richtlinie über unlautere Geschäftspraktiken.[180] In jüngerer Zeit ist überdies feststellbar, dass das vom EuGH vor allem vor dem Hintergrund der Überwindung von auf den Verbraucherschutz gestützten mitgliedstaatlichen Handelsregelungen entwickelte liberale Verbraucherleitbild dort weichen muss, wo die mitgliedstaatlichen Handelsregelungen durch teilweise noch restriktivere totalharmonisierende Regelungen europäischer Provenienz ersetzt werden. Beispiele dafür liefern die Lebens- und Genussmittelgesetzgebung (vgl dazu unten Rn 123 ff) oder die Interpretation der per se-Tatbestände in Anh. I UGP-RL (vgl dazu unten Rn 158 ff). 61

d) Netz und doppelter Boden: Der Einsatz von Verbänden und mediatisierten Interessenvertretern

Die strukturbedingten Grenzen des im Wesentlichen auf die Verschaffung von Information und die Gewährung zivilrechtlicher Rechtsbehelfe gestützten europäischen Verbraucherrechts werden durch die **Einschaltung von Verbänden** und mediatisierten Interessenvertretern bei der Rechtsdurchsetzung verschoben, wie sie in der Klauselrichtlinie[181] und der Fernabsatzrichtlinie[182] vorgesehen ist. Auf die besondere Problematik grenzüberschreitender Verbandsklagen wurde durch den Erlass der **Richtlinie über Unterlassungsklagen** (vgl dazu unten Rn 231 ff) reagiert. Sie hat zugleich im grenzüberschreitenden Verhältnis die Möglichkeit der Berücksichtigung verletzter Kollektivinteressen im Wege der Durchsetzung durch Verbände oder mediatisierte Vertreter auf Verletzungen anderer verbraucherschützender Richtlinien erstreckt.[183] 62

4. Zusammenspiel mit dem EU-Kartellrecht

Insbesondere in Deutschland und der Schweiz wurde der **Freiheitsschutz vor Wirtschaftsvermachtung** zunächst allein durch das Lauterkeitsrecht gewährleistet. Mit der **Kartellrechtsgesetzgebung** kam es indes zu einer Vereinzelung der Problembereiche: Noch vor Inkrafttreten des deutschen Gesetzes gegen Wettbewerbsbeschränkungen, doch bereits im Hinblick darauf, hielt *Würdinger* am 27. November 1953 einen einflussreichen Vortrag vor der Juristischen Studiengesellschaft am Bun- 63

179 Vgl insoweit zusammenfassend *Leistner*, S. 1081: durchsetzungsbezogene Subsidiarität des Lauterkeitsrechts gegenüber dem Vertragsrecht.

180 Institut für Europäisches Wirtschafts- und Verbraucherrecht e.V., Door-to-door selling – Pyramid selling – Multi level marketing, vom November 1999, bereitgehalten im Internet unter <http://ec.europa.eu/dgs/health_consumer/library/surveys/sur10_de.html> (site zul. besucht am 28.3.2014).

181 Art. 7 der RL 93/13/EWG des Rates vom 5. April 1993 über missbräuchliche Klauseln in Verbraucherverträgen, ABl. 1993 Nr. L 95/29, geändert durch RL 2011/83/EU, ABl. 2011 Nr. L 304/64.

182 Art. 11 der RL 97/7/EG des Europäischen Parlaments und des Rates vom 20. Mai 1997 über den Verbraucherschutz bei Vertragsabschlüssen im Fernabsatz, ABl. 1997 Nr. L 144/19, aufgehoben mit Wirkung vom 13.6.2014 durch RL 2011/83/EU, ABl. 2011 Nr. L 304/64.

183 Vgl Anh. I der RL 98/27/EG des Europäischen Parlaments und des Rates vom 19. Mai 1998 über Unterlassungsklagen zum Schutz der Verbraucherinteressen, ABl. 1998 Nr. L 166/51. Die Richtlinie wurde in kodifizierter Fassung neu erlassen als Richtlinie 2009/22/EG des europäischen Parlaments und des Rates vom 23. April 2009 über Unterlassungsklagen zum Schutz der Verbraucherinteressen, ABl. 2009 Nr. L 110/30, zuletzt geändert durch VO (EU) Nr. 524/2013, ABl. 2013 Nr. L 165/1. Die RL wurde in Deutschland umgesetzt durch Art. 4 des Gesetzes vom 27. Juni 2000 über Fernabsatzverträge und andere Fragen des Verbraucherrechts sowie zur Umstellung von Vorschriften auf Euro, BGBl. I, S. 897.

desgerichtshof.[184] Darin entwickelte er ausgehend von der Feststellung, dass der Gesetzgeber mit dem geplanten Erlass des Gesetzes gegen Wettbewerbsbeschränkungen es unternehme, den Wettbewerb als Institution vor seiner Beeinträchtigung oder Ausschaltung durch ihm unterliegende Unternehmen zu schützen, den Gedanken, dass dem Lauterkeitsrecht, welches allein auf die Formen des Wettbewerbskampfes Bezug nehme, die Vorstellung des Schutzes des Wettbewerbs als Institution fremd sei. Das Gesetz gegen unlauteren Wettbewerb stehe Monopolisierungen neutral gegenüber.[185] Das Kartellrecht schütze den Wettbewerb aus gesamtwirtschaftlichen Gründen; das Lauterkeitsrecht enthalte demgegenüber einen Individualschutz der Mitbewerber.[186] Den zweifelhaften Höhepunkt dieser Entwicklung stellte die Ansicht dar, dass der Schutz des Wettbewerbs in seinem Bestand allein vom Kartellrecht zu leisten sei; das Lauterkeitsrecht sei demgegenüber **„wirtschaftspolitisch neutral"** (sog. **„Trennungstheorie"**).

64 Die eingetretene Trennung der Rechtsgebiete konnte aufgrund der historischen Entwicklung von Lauterkeits- und Kartellrecht methodisch kaum vermieden werden. Sie wurde immerhin in der Zwischenzeit überwunden. Die enge Verbindung zwischen Lauterkeits- und Kartellrecht war bereits im wegweisenden *Benrather Tankstellen*-Urteil des Reichsgerichts aus dem Jahr 1931 deutlich geworden, in dem ein kartellrechtlicher Fall mit lauterkeitsrechtlichen Mitteln[187] gelöst wurde: Der Betreiber einer Tankstelle in Benrath hatte sich geweigert, seinen Benzinpreis nach den „Bedingungen für den Verkauf von Autotreibstoffen" der sog. „Konvention", einem Kartell von Lieferanten von Autotreibstoffen und Tankstellenbetreibern, festzusetzen. Darauf reduzierten die Kartellanten ihren Benzinpreis einzig und allein für ihre Tankstellen in Benrath und wiesen die Inhaber der Tankstellen in Benrath an, den Außenseiter in Zukunft unter allen Umständen zu unterbieten. Als Zweck ihrer ständigen Preisunterbietungen gaben sie an, sie hätten den Außenseiter nicht vernichten, sondern allein dazu zwingen wollen, seine Preise in gleicher Höhe festzusetzen wie sie. Der Außenseiter erhob dagegen Klage und verlangte, gestützt auf § 826 BGB, den beklagten Kartellanten zu untersagen, an den Tankstellen in Benrath ihre Benzine zu einem niedrigeren Preis anzubieten als demjenigen, zu dem er selbst sie anbiete, solange dieser Preis unter den Konventionspreisen bleibe. Das Reichsgericht stützte die Klage in letzter Instanz.[188] Es folgte in seiner rechtlichen Beurteilung einer Differenzierung *Nipperdeys*, der ein Privatgutachten für die beklagten Kartellanten erstellt hatte: Werde die Absatztätigkeit des eigenen Geschäftsbetriebs mit Mitteln der eigenen Leistung verfolgt, so werde den Konkurrenten Schaden nur als Folge des Wettbewerbs zugefügt. Würden demgegenüber die Wettbewerber behindert, um dadurch erst freie Bahn für den eigenen Absatz zu schaffen, so verfolge der Wettbewerber ohne Steigerung der eigenen Leistung nur den Zweck, den Mitbewerber in seiner Handlungsfreiheit zu beeinträchtigen. Vorliegend sei die Preisunterbietung nicht Ausdruck eigener Leistung, sondern ein typischer Fall des Behinderungswettbewerbs. Hätten die Kartellanten in einen echten Preiswettbewerb eintreten wollen, dann hätten sie ihre Leistungen **überall** zu dem niedrigeren Preis anbieten müssen und **nicht nur in Benrath**. Insoweit sei der Zweck der Maßnahme zu berücksichtigen und begründe die Unlauterkeit.

65 Auf der Grundlage dieser Judikatur und der Schriften *E. Ulmers* setzte sich in Deutschland die Auffassung durch, das Lauterkeitsrecht diene nicht allein dem Schutz der Wettbewerber, sondern auch des Wettbewerbs.[189] Heute wird demgemäß überwiegend davon ausgegangen, dass jedenfalls das **Schutzobjekt** von Kartell- und Lauterkeitsrecht **identisch** ist: Beide Rechtsgebiete sind auf den Schutz der Wettbewerbsordnung gerichtet.[190] Die Konvergenz wird nicht zuletzt daran deutlich, dass bestimmte Formen von unter lauterkeitsrechtlichen Gesichtspunkten kritischen Wettbewerbs-

184 Veröffentlicht in WuW 1953, 721 ff.
185 *Würdinger*, WuW 1953, 721, 731. Ebenso *Koenigs*, GRUR 1958, 589, 590.
186 *Würdinger*, WuW 1953, 721, 731, formulierte an dieser Stelle zwar „Mitbewohner". Dabei sollte es sich allerdings wohl um einen Redaktionsfehler handeln.
187 *Fikentscher*, in: FS Hallstein, S. 127, 136.
188 RG 18.12.1931 – II 514/30 (Benrather Tankstellen), RGZ 134, 342, 349 ff.
189 Vgl nur *Reimer*, Rn 38.
190 Vgl die Darstellung bei *Veelken*, ZVglRWiss 92 (1993), 241, 257 ff; *Fikentscher*, S. 50.

handlungen durch das europäische Kartellrecht erfasst werden. So kann allenfalls noch davon gesprochen werden, dass die Schutzrichtung divergiert: Das Kartellrecht soll den Wettbewerb unter dem Gesichtspunkt der Freiheit, das Lauterkeitsrecht soll ihn unter dem Gesichtspunkt der Lauterkeit schützen.[191] Diese Divergenz der Schutzrichtungen hat sich jedoch mit der allgemeinen Anerkennung einer funktionalen, am Schutz der Wettbewerbsordnung orientierten Auslegung des Lauterkeitsrechts[192] zugleich relativiert.

Trotz der Identität des Schutzobjekts sind die Berührungsflächen zwischen kartellrechtlichem und lauterkeitsrechtlichem Wettbewerbsschutz klein und im Wesentlichen auf das Umfeld des kartellrechtlich verbotenen Behinderungsmissbrauchs (**Preiskampf in Vernichtungsabsicht**, **Boykott**, **Liefersperre**) und wenige Fälle des Ausbeutungsmissbrauchs (**Missbrauch von Nachfragemacht**, sog. „**Anzapfen**") beschränkt. 66

Über Art. 3 Abs. 1 lit. g EGV wurde bisher die Anwendung des Wettbewerbsrechts der Gemeinschaft an das **Leitbild des unverfälschten Wettbewerbs** geknüpft. Auf wettbewerbstheoretische Modelle wurde damit nicht verwiesen, sondern allein Bezug genommen auf Wettbewerbshandlungen, welche das **Binnenmarktziel** beeinträchtigen oder unmittelbar die **Funktionsbedingungen des Wettbewerbs** angreifen. Namentlich im Bereich des Art. 82 EGV (jetzt Art. 102 AEUV) hatte der EuGH daneben die **Verbraucherwohlfahrt** als selbständigen Gesichtspunkt berücksichtigt[193] und damit den Zugriffsbereich der Vorschrift über eigentliche Wettbewerbsstörungen hinaus erweitert. Ein angestrebtes Ziel des sog. „**more economic approach**", der von der Kommission bereits in den Bereichen vertikaler Vereinbarungen und Zusammenschlüsse zugrundegelegt wurde, nämlich die verstärkte Orientierung an negativen Auswirkungen für die Konsumentenwohlfahrt, liegt damit bei genauer Betrachtung seit langem auf der Linie der Rechtsprechung. Demgegenüber folgt die Europäische Rechtsprechung der Kommission nicht, wenn sie bei der Begründung des Behinderungsmissbrauchs im Rahmen von Art. 102 AEUV aufwendige Untersuchungen zur wettbewerbswidrigen Marktverschließung oder zu den tatsächlichen negativen Marktauswirkungen anstellt.[194] Insoweit wird weitgehend an Formaltatbeständen festgehalten, wobei der Schutz der Marktstruktur immer wieder als selbständiges Begründungselement betont wird.[195] Im Hinblick auf letzteren wurde regelmäßig auf Art. 3 Abs. 1 lit. g EGV verwiesen. Nunmehr wurde das bisher in Art. 3 Abs. 1 lit. g EGV der Gemeinschaft aufgegebene Ziel der Schaffung eines Systems zum Schutz des Wettbewerbs vor Verfälschungen durch den Vertrag von Lissabon aber jedenfalls aus dem EU-Vertrag sowie dem Vertrag über die Arbeitsweise der Europäischen Union (AEUV) verbannt. Damit war aber keine sachliche Änderung verbunden. In Protokoll 27 über den Binnenmarkt und den Wettbewerb wird klargestellt, dass eben dieses System als Bestandteil des nach wie vor in Art. 3 67

191 *Köhler*, in: Köhler/Bornkamm, Einl. UWG, Rn 6.13. Die Botschaft zu einem Bundesgesetz gegen den unlauteren Wettbewerb (UWG) vom 18. Mai 1983, BBl. 1983 II 1009, 1039 (151.3), spricht im Zusammenhang der Revision des schweizerischen UWG von unterschiedlichen „Stoßrichtungen". Zum österreichischen Recht unterscheidet *Koppensteiner*, § 2, Rn 2, den „Existenzschutz" vom „Qualitätsschutz".

192 Für das deutsche UWG vgl Harte/Henning/*Podszun*, § 1 UWG, Rn 63 f; § 3 UWG, Rn 108; *Köhler*, in: Köhler/Bornkamm, § 3 UWG, Rn 96. Für das schweizerische UWG vgl Botschaft, S. 1038 (151.2). Für das österreichische UWG vgl *Koppensteiner*, § 32, Rn 26.

193 Exemplarisch die Praxis, potentiellen Wettbewerb nur dann im Rahmen der Frage nach der Marktbeherrschung zu berücksichtigen, wenn die Expansion bzw. der Markteintritt eines Wettbewerbers wahrscheinlich, absehbar und ausreichend ist, vgl. Bekanntmachung der Kommission über die Definition des relevanten Marktes im Sinne des Wettbewerbsrechts der Gemeinschaft, ABl. 1997 Nr. C 372/5, Rn 24; Mitteilung der Kommission — Erläuterungen zu den Prioritäten der Kommission bei der Anwendung von Artikel 82 des EG-Vertrags auf Fälle von Behinderungsmissbrauch durch marktbeherrschende Unternehmen, ABl. 2009 Nr. C 45/02, Rn 16, mwN). Auch in der kurzen Frist soll Verbraucherschutz durch Kartellrecht gewährt werden.

194 Entscheidung 2000/74/EG der Kommission vom 14. Juli 1999 – IV/D-2/34.780 – British Airways, ABl. 2000, Nr. L 30/1, Rn 103 zu Treuerabatten; Entscheidung 2007/53/EG der Kommission vom 24. März 2004 – COMP/C-3/37.792 – Microsoft, ABl. 2007 Nr. L 32/23, Rn 28 f zu Koppelungen.

195 EuGH, Rs. C-95/04 P (British Airways), Slg 2007, I-2331, Rn 106; EuGH, Rs. C-202/07 P (France-Télecom), Slg 2009, I-2369, Rn 105; EuG, Rs. T-201/04 (Microsoft), Slg 2007, II-3601, Rn 664; EuGH, Rs. C-52/09 (Konkurrensverket/TeliaSonera Sverige AB), Slg 2011, I-527, Rn 108; EuGH, Rs. C-209/10 (Post Danmark/Konkurrencerådet), noch nicht in Slg, Rn 20.

Abs. 3 EUV nF als Ziel aufgegebenen Binnenmarktes anzustreben ist. Auch die Protokolle der Unionsverträge stellen gem. Art. 51 EUV nF verbindliches und zu beachtendes Primärrecht dar.[196] Der EuGH hat sich beeilt klarzustellen, dass die Verschiebung zu keinen Änderungen für die europäische Wirtschaftsverfassung geführt hat.[197]

B. Die bestehenden Einzelrechtsakte

I. Irreführungsrichtlinie 1984/2006

68 Im Jahr 1984 wurde die Irreführungsrichtlinie[198] erlassen. In den Erwägungsgründen wird betont, dass die in den Mitgliedstaaten geltenden Vorschriften stark voneinander abwichen, was sich auf die Errichtung und das Funktionieren des Gemeinsamen Marktes nachteilig auswirke. **Irreführende Werbung verfälsche den Wettbewerb.** Im Hinblick auf die bereits seinerzeit in den Vordergrund getretenen Verbraucherinteressen heben die Erwägungsgründe in ihrer ursprünglichen Fassung hervor, dass die Werbung, unabhängig davon, ob sie zum Abschluss eines Vertrags führe, die wirtschaftlichen Interessen der Verbraucher berühre. Irreführende Werbung könne den Verbraucher zu nachteiligen Entscheidungen beim Erwerb von Waren oder anderen Gütern oder bei der Inanspruchnahme von Dienstleistungen veranlassen. Es liege im Interesse der Allgemeinheit der Verbraucher sowie all derer, die im Gemeinsamen Markt bei der Ausübung eines Handels, Gewerbes, Handwerks oder freien Berufs miteinander im Wettbewerb ständen, die einzelstaatlichen Bestimmungen zum Schutz gegen irreführende Werbung einander anzugleichen. Dem entspricht die Übernahme der sog. „Schutzzwecktrias“ (Schutz von Verbrauchern, Gewerbetreibenden und der Allgemeinheit) in Art. 1 der Richtlinie in ihrer bis 2005 geltenden Fassung. Im Jahr 1997 wurde die Richtlinie über irreführende Werbung durch die Richtlinie über vergleichende Werbung[199] umbenannt und gegenständlich erweitert. Die Richtlinie über unlautere Geschäftspraktiken[200] bewirkte im Jahr 2005, dass der Schutz der Verbraucher vor Irreführungen als Zweck der Richtlinie sowie Irreführungen von Verbrauchern als ihr Gegenstand vom Anwendungsbereich der Irreführungsrichtlinie ausgenommen wurden. Im Hinblick auf all diese Änderungen wurde die Irreführungsrichtlinie in kodifizierter Fassung als Richtlinie 2006/114/EG[201] neu erlassen (Artikelbezeichnungen beziehen sich nachfolgend, soweit nicht anders angegeben, auf die in der Richtlinie 2006/114/EG verwendete Zählung). Die Irreführungsrichtlinie enthält bezogen auf das Irreführungsverbot im Kern nur zwei Regelungen: Sie **definiert** zunächst in Art. 2 lit. b[202] **irreführende Werbung** als „jede Werbung, die in irgendeiner Weise – einschließlich ihrer Aufmachung – die Personen, an die sie sich richtet oder die von ihr erreicht werden, täuscht oder zu täuschen geeignet ist und die infolge der ihr innewohnenden Täuschung ihr wirtschaftliches Verhalten beeinflussen kann

196 So etwa *Behrens*, EuZW 2008, 193.

197 EuGH, Rs. C-52/09 (Konkurrensverket/TeliaSonera Sverige AB), Slg 2011, I-527, Rn 20; vgl bereits *Rabe*, NJW 2007, 3153, 3154; Streinz, ZG 2008, 105, 115; *Hatje/Kindt*, NJW 2008, 1761, 1765; *Terhechte*, EuR 2008, 143, 176 f.

198 RL 84/450/EWG des Rates vom 10. September 1984 zur Angleichung der Rechts- und Verwaltungsvorschriften der Mitgliedstaaten über irreführende Werbung, ABl. 1984 Nr. L 250/17, in kodifizierter Fassung neu erlassen durch RL 2006/114/EG.

199 RL 97/55/EG des Europäischen Parlaments und des Rates vom 6. Oktober 1997 zur Änderung der Richtlinie 84/450/EWG über irreführende Werbung zwecks Einbeziehung der vergleichenden Werbung, ABl. 1997 Nr. L 290/18.

200 RL 2005/29/EG vom 11. Mai 2005 über unlautere Geschäftspraktiken im binnenmarktinternen Geschäftsverkehr zwischen Unternehmen und Verbrauchern und zur Änderung der Richtlinien 84/450/EWG, 97/7/EG, 98/27/EG und 2002/65/EG sowie der Verordnung (EG) Nr. 2006/2004 des Europäischen Parlaments und des Rates (Richtlinie über unlautere Geschäftspraktiken), ABl. 2007 Nr. L 149/22.

201 RL 2006/114/EG des Europäischen Parlaments und des Rates vom 12. Dezember 2006 über irreführende und vergleichende Werbung, ABl. 2006 Nr. L 376/21.

202 Vgl dazu *Trägner*, S. 64 ff; *Ludwig*, S. 259.

oder aus diesen Gründen einen Mitbewerber schädigt oder zu schädigen geeignet ist".[203] Bei der **Beurteilung** der Frage, ob eine Werbung irreführend ist, sind gem. Art. 3 der Richtlinie **alle ihre Bestandteile zu berücksichtigen.** Die darauf folgende Aufzählung ist nicht abschließend, wie sich aus der Formulierung „insbesondere" ergibt. Daneben ordnet die Richtlinie in Art. 5 Abs. 1 an, dass die „Mitgliedstaaten für geeignete und wirksame Mittel zur Bekämpfung der irreführenden Werbung" sorgen.

Sämtliche europarechtlichen Irreführungstatbestände bis hin zur Richtlinie über unlautere Geschäftspraktiken enthalten jedoch an zwei „Schaltstellen" Lücken, welche die angestrebte Harmonisierung zunächst vereitelt haben:[204] Zum einen fehlt eine **Normierung des Irreführungsstandards** selbst. Das bezieht sich sowohl auf das intellektuelle Niveau der zu schützenden Adressaten, insbesondere der zu schützenden Verbraucher, als auch auf die zugrundezulegende **Wahrnehmungssituation.** Soll die Beurteilung von einem aufmerksamen, Werbung kritisch analysierenden und sämtliche Aufklärungshinweise sorgfältig studierenden Verbraucher ausgehen oder, wofür unter informationsökonomischen Gesichtspunkten vieles spricht, von einem Verbraucher, dessen knappe Zeit ihm nur gestattet, Werbeanzeigen „quer" zu lesen, der bei der Wiedererkennung von ihm geschätzter Produkte auf optische Schlüsselsignale vertraut und der nicht bereit ist, für einen halben Einkaufswagen voller Lebensmittel unverständliche Zutatenverzeichnisse im Detail zu prüfen. Zum Zweiten legt die Richtlinie **in methodischer Hinsicht** nicht fest, ob die Verkehrsauffassung empirisch oder nach eigener Sachkunde der Richterinnen und Richter ermittelt werden soll.[205] 69

Auch die Richtlinie über vergleichende Werbung behandelt allein die Zulässigkeit vergleichender Werbung und nimmt zur Frage des Verbraucherleitbildes[206] bzw der objektiven oder normativen Feststellung der Irreführung nicht Stellung. Deswegen gelangen die nationalen Rechtsordnungen in gleichgelagerten Fällen oft zu unterschiedlichen Ergebnissen.[207] 70

Durch die Judikatur des EuGH wurden die Probleme teilweise gelöst: Im Hinblick auf die **Methode zur Feststellung der Irreführungsgefahr** gestattet der EuGH den mitgliedstaatlichen Gerichten die Ermittlung auf der Grundlage tatsächlicher Untersuchungen (vgl dazu bereits oben Rn 34). Im Hinblick auf die materiellrechtlichen Anforderungen ist die Regelungsgewalt der Mitgliedstaaten nach oben hin durch die Grundfreiheiten auf den Schutz „normal informierter und angemessen aufmerksamer und verständiger Durchschnittsverbraucher" beschränkt, obwohl die Irreführungsrichtlinie lediglich einen Minimalschutz gebietet (vgl dazu bereits oben Rn 34). Diese Formulierung gestattet aber die Berücksichtigung der Wahrnehmungssituation, wie sich insbesondere aus der englischen und französischen Sprachfassung ergibt. Bemerkenswerterweise fehlt es – trotz des Charakters der Richtlinie als Mindestschutzrichtlinie – bis heute an konkretisierender Judikatur zu der Frage, welcher (Mindest-)Irreführungsschutz von Europarechts wegen geboten ist. Auch im Verhältnis zwischen Unternehmen ist irreführende Werbung nach wie vor ein virulentes Problem.[208] 71

---

203 Mängel der deutschen Übersetzung von EuGH, Rs. C-373/90 (Nissan), Slg 1992, I-131, Rn 15, verleiteten zu der Annahme, der EuGH gestatte die Annahme einer Irreführung nur, wenn tatsächliche Täuschungen vorgekommen seien, vgl *Deutsch*, GRUR 1997, 44. In EuGH, Rs. C-313/94 (Fratelli Graffione), Slg 1996, I-6039, Rn 24, stellte der EuGH jedoch klar, dass auch die Gefahr einer Irreführung ein Verbot rechtfertigt.

204 Skeptisch *Springer*, S. 49; *Ludwig*, S. 261; *Münker*, WRP 1996, 990; *Dethloff*, S. 12.

205 Darin ist allerdings kein Versäumnis des Gesetzgebers der Richtlinie über irreführende und vergleichende Werbung zu erkennen. Zur Möglichkeit einer Harmonisierung der nationalen Gerichtsverfahren vgl *Schelo*, Zur Rechtsangleichung im Europäischen Zivilprozessrecht: EG-Kompetenzen und Modellgesetz, 1999, passim.

206 Zu den in den Mitgliedstaaten zugrundegelegten Verbraucherleitbildern vgl die Darstellung von *Hucke*, S. 126 ff.

207 Vgl beispielhaft den Fall Direct Shopping, ausführlich beschrieben bei *Micklitz*, JCP 1993, 411 ff. Vgl zur Kritik an der Richtlinie i.ü. *Keilholz*, GRUR Int. 1987, 390, 392; *ders.*, in: FS Simon, S. 681, 688; *Schricker*, GRUR Int. 1990, 112, 121; *Leible*, WRP 1992, 1, 2; *Henning-Bodewig*, GRUR Int. 2002, 389, 393.

208 Vgl Mitteilung der Kommission v. 27.11.2012 an das Europäische Parlament, den Rat, den Europäischen Wirtschafts- und Sozialausschuss und den Ausschuss der Regionen: Schutz von Unternehmen vor irreführenden Vermarktungspraktiken und Gewährleistung der wirksamen Durchsetzung. Überarbeitung der Richtlinie 2006/114/EG über irreführende und vergleichende Werbung, KOM [2012] 702 endg.

II. Richtlinie über vergleichende Werbung 1997/2006

1. Entwicklung

72 Seit dem Erlass der Richtlinie über vergleichende Werbung im Jahr 1997[209] blieben die diesbezüglichen Vorschriften der Irreführungsrichtlinie weitgehend unverändert. Mit Erlass der UGP-Richtlinie wurde zwar der Schutzzweck der Irreführungsrichtlinie im Hinblick auf irreführende Werbung reduziert, doch wurde ihr gegenständlicher Anwendungsbereich nicht eingeschränkt. Überdies blieb der auf „Festlegung der Bedingungen für zulässige vergleichende Werbung" gerichtete Schutzzweck erhalten. Der Verbotsgrund der Begründung einer Irreführungsgefahr knüpft – wegen des nicht eingeschränkten Anwendungsbereichs ohne Not – gespalten an. Die Reihenfolge der Zulässigkeitserfordernisse wurde geändert und Art. 3 a Abs. 2 IrreführungsRL 1997 wurde gestrichen. Mit der Kodifizierung in der Richtlinie 2006/114 ging eine Neunummerierung einher. Daneben wurde der bisherige Art. 7 Abs. 2 IrreführungsRL 1997 zu Art. 8 Abs. 1 Unterabs. 2 IrreführungsRL, so dass die auf Absatz 1 beschränkte Verweisung in Art. 4 IrreführungsRL (vorher Art. 3 lit. a IrreführungsRL 1997) in ihrem Sinn verändert wurde (vgl dazu sogl.).

2. Totalharmonisierung

73 Anders als noch bei der Irreführungsrichtlinie 1984 strebte der Europäische Gesetzgeber bei Erlass der Richtlinie über vergleichende Werbung 1997 bereits eine **Totalharmonisierung** an. Die Mindestharmonisierungsklausel in Art. 7 IrreführungsRL 1984 wurde zu diesem Zweck durch Einfügung eines Absatzes 2 modifiziert, wonach die Mindeststandardklausel des Absatzes 1 „nicht für vergleichende Werbung (gilt, d. Verf.), soweit es sich um den Vergleich handelt". Im Rahmen des Zulässigkeitskataloges wurde bei der Verweisung auf die Begründung einer Irreführungsgefahr ausdrücklich auf Art. 7 Abs. 1 IrreführungsRL 1997 verwiesen. Insbesondere der deutsche Gesetzgeber ging davon aus, dadurch sei sichergestellt worden, dass die Möglichkeit der Mitgliedstaaten, ein höheres Schutzniveau gegen irreführende Werbung zu gewährleisten, auch bei Irreführungen im Rahmen vergleichender Werbung bestehe.[210]

74 Im Vorlageverfahren *Pippig ./. Hartlauer*[211] nutzte der österreichische Oberste Gerichtshof die Gelegenheit,[212] um zunächst eine grundlegende Frage nach dem Verhältnis der Verweisung in Art. 3 a Abs. 1 lit. a auf Art. 7 Abs. 1 IrreführungsRL 1997 zu klären.[213] Der EuGH nahm an, dass der Verweis in Art. 3 a Abs. 1 lit. a IrreführungsRL 1997 auf die gem. Art. 7 Abs. 1 IrreführungsRL 1997 möglichen strengeren Standards der Mitgliedstaaten zwar durch Art. 7 Abs. 2 IrreführungsRL 1997 insgesamt derogiert werde. Diesen **„scheinbar bestehenden Widerspruch"** löste der EuGH aber dadurch auf, dass er die Richtlinie anhand ihrer Ziele, dh insbesondere des Ziels der Marktintegration durch Totalharmonisierung der vergleichenden Werbung, auslegte und so zum **Vorrang** der Regelung in Art. 7 Abs. 2 IrreführungsRL 1997 gelangte (EuGH – *Pippig*, Rn 42 ff). Dieses Vorgehen mag aus dogmatischer und historischer Sicht kritikwürdig sein – bei einer solchen Auslegung hätte sich der Europäische Gesetzgeber den Verweis in Art. 3 a Abs. 1 lit. a auf Art. 7 Abs. 1 IrreführungsRL 1997 sparen können -, aus integrationspolitischer Sicht war es unabdingbar! Im Zuge der **Kodifizierung der Richtlinie über irreführende und vergleichende Werbung wurde die Normstruktur des bisherigen Art. 7, dessen Regelungsgehalt sich nunmehr in Art. 8 findet, verändert.** Aus dem bisherigen Absatz 2 wurde Unterabsatz 2 des ersten Absatzes. Die soeben geschilderte Auslegungsproblematik wurde mit dieser redaktionellen Änderung behoben, da nunmehr Art. 4 lit. a für die vergleichende Werbung insgesamt auch auf die Regelung in Art. 8

209 Zur Entwicklung bis dahin vgl GK/*Glöckner*, § 6 UWG, Rn 43 ff.

210 Begründung RegE, BT-Drucks. 14/2959, S. 7.

211 EuGH, Rs. C-44/01 (Pippig), Slg 2003, I-3095.

212 Was GA *Tizzano*, Schlussanträge Rn 38, zu EuGH, Rs. C-44/01 (Pippig), Slg 2003, I-3095, dazu veranlasste, diese Vorlagefrage wegen mangelnder Bestimmtheit und des hypothetischen Charakters dieses Teils der Frage, für unzulässig zu halten.

213 Vgl dazu GA *Tizzano*, Schlussanträge Rn 40 ff, zu EuGH, Rs. C-44/01 (Pippig), Slg 2003, I-3095; *Naumann*, ELR 2003, 250, 253 mwN.

Abs. 1 Unterabs. 2 verweist. Die Rechtsprechung des EuGH wird damit positiv-rechtlich unterfüttert. Kritikwürdig ist ein solches Verfahren allerdings insoweit, als das **Kodifikationsverfahren keine materiell-inhaltlichen Änderungen zur Folge haben darf.**[214] Nur im Hinblick darauf rechtfertigt sich das **vereinfachte Gesetzgebungsverfahren**.

3. Struktur

In Art. 2 lit. c IrreführungsRL wird die **vergleichende Werbung definiert** als: 75
„jede Werbung, die unmittelbar oder mittelbar einen Mitbewerber oder die Erzeugnisse oder Dienstleistungen, die von einem Mitbewerber angeboten werden, erkennbar macht“.
Vergleichende Werbung ist gem. Art. 4 IrreführungsRL **zulässig, sofern** sie nicht irreführend ist (lit. a), Waren oder Dienstleistungen für den gleichen Bedarf oder die gleiche Zweckbestimmung vergleicht (lit. b), eine oder mehrere wesentliche, relevante, nachprüfbare und typische Eigenschaften, zu denen auch der Preis gehören kann, objektiv vergleicht (lit. c), Mitbewerber oder deren Erzeugnisse oder Kennzeichen nicht herabsetzt oder verunglimpft (lit. d), sich bei Waren mit Ursprungsbezeichnungen in jedem Fall auf Waren mit derselben Bezeichnung bezieht (lit. e), den Ruf einer Marke, einer Firma, anderer Kennzeichen eines Mitbewerbers oder Ursprungsbezeichnungen von Konkurrenzerzeugnissen nicht in unlauterer Weise ausnutzt (lit. f), die Ware oder Dienstleistung nicht als Imitation oder Nachahmung einer anderen Ware oder Dienstleistung mit geschützter Marke oder geschütztem Handelsnamen darstellt (lit. g) und schließlich auf dem Markt keine Verwechslungsgefahr zwischen dem Werbenden und einem Mitbewerber oder deren Kennzeichen verursacht (lit. h).[215] Die Erfordernisse sind kumulativ zu erfüllen, EGr. 11 S. 1 IrreführungsRL. Im Hinblick auf Verstöße ordnen die Art. 5–7 IrreführungsRL dieselben Sanktionen an wie für Verstöße gegen das Verbot irreführender Werbung.

4. Anwendungsbereich

Die weite Definition vergleichender Werbung ermöglicht es, alle Arten der vergleichenden Werbung abzudecken.[216] Erfasst wird jede **bezugnehmende Werbung**, dh die persönliche, die sachlich kritisierende und die anlehnend vergleichende Werbung.[217] Es genügt die nur **mittelbare Bezugnahme** auf einen Mitbewerber oder die von ihm angebotenen Leistungen.[218] 76

a) Werbung

„Werbung“ ist in Art. 2 lit. a IrreführungsRL definiert als „jede Äußerung bei der Ausübung eines Handels, Gewerbes, Handwerks oder freien Berufs mit dem Ziel, den Absatz von Waren oder die Erbringung von Dienstleistungen, einschließlich unbeweglicher Sachen, Rechte und Verpflichtungen zu fördern. Aus Art. 2 lit. d UGP-RL ergibt sich, dass die Werbung einen Teilbereich der geschäftlichen Handlung ausmacht. Überdies lässt sich festhalten, dass beide Begriffe sich strukturell entsprechen: Während eine geschäftliche Handlung aber in jeglichem Verhalten erkannt werden kann, setzt die Werbung eine Äußerung, mithin nach dem objektiven Erscheinungsbild einen Kommunikationsakt voraus. Unternehmensbezug wird in beiden Fällen verlangt. Umstritten ist, ob daneben ein besonderer Marktbezug vorausgesetzt wird. Hinsichtlich der Wettbewerbsförderung genügt bei der geschäftlichen Handlung ein objektiver Zusammenhang, während bei der Werbung ein finaler Zusammenhang vorliegen muss. 77

214 Vorschlag der Europäischen Kommission vom 19.5.2006 für eine Richtlinie des Europäischen Parlaments und des Rates über irreführende und vergleichende Werbung (kodifizierte Fassung), KOM (2006) 222 endg., Begr. Nr. 4.
215 Vgl dazu *Tilmann*, GRUR 1997, 790, 795 ff; *Ritscher/Beutler* sic! 1998, 261, 262 ff; *Hucke*, S. 446 ff.
216 EuGH, Rs. C-44/01 (Pippig), Slg 2003, I-3095, Rn 35.
217 MüKo-UWG/*Micklitz*, EG F Rn 273 ff.
218 EuGH, Rs. C-44/01 (Pippig), Slg 2003, I-3095, Rn 35.

b) Erkennbarmachen eines Mitbewerbers oder seiner Produkte

aa) Mitbewerber

78 In der Rechtssache *de Landtsheer Emmanuel*[219] ging es um einen Vergleich eines Bieres mit Champagner. Den belgischen Gerichten stellte sich in lauterkeitsrechtlicher Hinsicht zunächst die Frage, ob es sich überhaupt um vergleichende Werbung handelte, die einen Mitbewerber erkennbar mache. Fraglich ist nämlich, ob es sich bei den Herstellern von Champagner um „**Mitbewerber**" iSd Art. 2 lit. c IrreführungsRL im Verhältnis zum Hersteller eines Bieres handelt. Die Problematik schöpft im Wesentlichen zum einen aus den überschießenden Zulässigkeitserfordernissen in Art. 4 IrreführungsRL, zum anderen aus dem Erfordernis des Vergleichs von Produkten für den gleichen Bedarf oder dieselbe Zweckbestimmung gem. Art. 4 lit. c IrreführungsRL: Würde im Rahmen von Art. 2 lit. c IrreführungsRL ein enges Wettbewerbsverhältnis verlangt, so liefe das Zulässigkeitserfordernis in Art. 4 lit. c IrreführungsRL im Wesentlichen leer (EuGH – *de Landtsheer Emmanuel,* Rn 45). Überdies würde das Harmonisierungsziel nur sehr eingeschränkt erreicht. Würde der Mitbewerberbegriff demgegenüber sehr weit – ähnlich wie in § 2 Abs. 1 Nr. 3 UWG – ausgelegt, so begründete Art. 4 lit. c IrreführungsRL ein weitreichendes *per se*-Verbot bloß bezugnehmender Werbung.

79 Der EuGH löste dieses Problem sehr pragmatisch: Die Einstufung von Unternehmen als „**Mitbewerber**" beruhe „definitionsgemäß auf der **Substituierbarkeit** der Waren oder Dienstleistungen, die sie auf dem Markt anbieten" (EuGH – *de Landtsheer Emmanuel,* Rn 28). Um das oben angesprochene Problem zu umgehen, verweist der EuGH allerdings auf eigene Entscheidungen zu Art. 110 AEUV. Im Kontext der mitgliedstaatlichen Kontrolle diskriminierender Besteuerungssysteme hatte der EuGH bereits entwickelt, dass von einem gewissen Grad der Substitution zwischen Waren ausgegangen werden könne, wenn Waren in gewisser Weise gleichen Bedürfnissen dienen können.[220] Für die konkrete Beurteilung dieses Substitutionsgrades sind die nationalen Gerichte zuständig. Die Beurteilung ist im Licht der Ziele der Irreführungsrichtlinie und der in der Rechtsprechung des Gerichtshofs herausgearbeiteten Grundsätze vorzunehmen. Zumindest zwischen einem Teil der von den betreffenden Unternehmen angebotenen Produktpalette muss ein Wettbewerbsverhältnis bestehen. Fraglich bleibt insoweit, wie weit die **lauterkeitsrechtliche Betrachtung im Ergebnis von der kartellrechtlichen abweicht.**[221] Einer weitgehenden Festlegung hat der EuGH sich enthalten und dem mitgliedstaatlichen Gericht stattdessen aufgegeben abzustellen auf (1) den augenblicklichen Zustand des Marktes und die Verbrauchsgewohnheiten und ihre Entwicklungsmöglichkeiten, (2) den Teil des Gemeinschaftsgebiets, in dem die Werbung verbreitet wird, ohne jedoch gegebenenfalls die Auswirkungen, die die Entwicklung der in anderen Mitgliedstaaten festgestellten Verbrauchsgewohnheiten auf den in Frage stehenden innerstaatlichen Markt haben kann, auszuschließen, sowie (3) die besonderen Merkmale der Ware, für die geworben werden soll, und das Image, das der Werbende ihnen geben will (EuGH – *de Landtsheer Emmanuel,* Rn 42).

80 Diese Kriterien entsprechen den für die Prüfung des Erfordernisses des Vergleichs von Produkten für den gleichen Bedarf oder dieselbe Zweckbestimmung gem. Art. 4 lit. c IrreführungsRL anzulegenden. Während jedoch die Definition der vergleichenden Werbung in Art. 2 lit. c IrreführungsRL das Bestehen eines Wettbewerbsverhältnisses zwischen Unternehmen erfordert, wofür die Prüfung genügt, ob die von ihnen angebotenen Waren untereinander in allgemeiner Weise einen gewissen Grad an Substituierbarkeit aufweisen, verlangt Art. 4 lit. c IrreführungsRL eine individuelle und konkrete Beurteilung der speziellen Waren, die in der Werbeaussage miteinander verglichen werden, um zu ermitteln, ob sie wirklich untereinander substituierbar sind (EuGH – *de Landtsheer Emmanuel,* Rn 47, 48).

---

219 EuGH, Rs. C-381/05 (de Landtsheer Emmanuel), Slg 2007, I-3115.

220 EuGH, Rs. 170/78 (Komm ./. Vereinigtes Königreich), Slg 1980, 417 Rn 14; EuGH, Rs. 356/85 (Komm ./. Belgien), Slg 1987, 3299 Rn 10.

221 MüKo-UWG/*Micklitz* EG F Rn 305.

bb) Erkennbar machen und abstrakte Bezugnahmen

81 In der Rechtssache *de Landtsheer Emmanuel* hatte der Bierhersteller sein Produkt abstrakt mit Champagner in Bezug gesetzt. So stellte sich die weitere Frage, ob dadurch einzelne Mitbewerber, nämlich sämtliche Hersteller von Champagner, erkennbar gemacht wurden. Der EuGH stellte klar, dass der Umstand, dass ein Unternehmen in seiner Werbeaussage nur auf eine Warengattung Bezug nehme, nicht von vornherein das Erkennbarmachen eines Mitbewerbers ausschließt. Unerheblich ist auch, dass eine solche abstrakte Bezugnahme wegen der Struktur des in Frage stehenden Marktes mehrere Mitbewerber oder die von ihnen angebotenen Waren oder Dienstleistungen erkennbar macht (EuGH – *de Landtsheer Emmanuel*, Rn 18 ff). Durch den abstrakten Vergleich des Bieres mit Champagner im Fall *de Landtsheer Emmanuel* werden dessen Hersteller dann erkennbar gemacht, wenn es möglich ist, diese Unternehmen oder die von ihm angebotenen Waren konkret als diejenigen zu erkennen, auf welche die Werbeaussage Bezug nimmt (EuGH – *de Landtsheer Emmanuel*, Rn 24). Dies festzustellen obliegt dem mitgliedstaatlichen Gericht. Es hat unter Berücksichtigung aller relevanten Umstände der Streitsache zu prüfen, ob eine Werbung ein oder mehrere bestimmte Unternehmen oder die von ihnen gelieferten Waren oder erbrachten Dienstleistungen unmittelbar oder mittelbar für den Verbraucher als diejenigen erkennbar macht, auf die die Werbeaussage sich konkret bezieht. Dabei hat es – wie stets – auf die mutmaßliche Wahrnehmung des normal informierten und angemessen aufmerksamen und verständigen Durchschnittsverbrauchers abzustellen (EuGH – *de Landtsheer Emmanuel*, Rn 22, 23).

c) Vergleichserfordernis; insb. Konkordanzlisten

82 Ob ein Mitbewerber oder seine Produkte erkennbar gemacht werden, hängt von der jeweiligen Äußerung im Kontext der Marktbedingungen. Umstritten ist indes, ob auch die **einseitige Bezugnahme** ohne eigentlichen Werbevergleich von der Richtlinie erfasst wird.[222] Insoweit ist zu differenzieren: Trotz missverständlicher Äußerungen des EuGH[223] ist davon auszugehen, dass die Regelung in Art. 2 lit. c IrreführungsRL über das bloße Erkennbarmachen des Mitbewerbers hinaus ein Element des Inbezugsetzens verlangt. Einige jüngere Entscheidungen des EuGH machen dies hinreichend deutlich.[224] Der Bundesgerichtshof ist – nach gewissem Mäandern[225] – ebenfalls zu dieser Auffassung gelangt.[226] Ein solches Inbezugsetzen kann implizit durch die Gegenüberstellung als kompatibles Ersatzprodukt (Verbrauchsmaterialien, Ersatzteile, Zubehör) geschehen. Mehr ist den Entscheidungen *Toshiba*[227] und *Siemens*[228] nicht zu entnehmen: An den offenen Wortlaut der Irreführungsrichtlinie anknüpfend führte der EuGH in der Entscheidung *Toshiba* zunächst aus, dass vergleichende Werbung im Sinne der Irreführungsrichtlinie bereits dann vorliege, wenn ein Mitbewerber oder dessen Erzeugnisse oder Dienstleistungen unmittelbar oder mittelbar erkennbar gemacht werden (EuGH – *Toshiba*, Rn 29). Im Hinblick auf die Auslegung zog der EuGH zutreffend EGr. 6 IrreführungsRL 1997 heran, wonach der Begriff der vergleichenden Werbung breit gefasst werden solle, um alle Arten der vergleichenden Werbung abzudecken (EuGH – *Toshiba*, Rn 30). Anschließend folgt aber die bei weitem überschießende Aussage, dass es sich schon dann um vergleichende Werbung handele, wenn eine Äußerung in einer beliebigen Form vorliege, die auf einen Mitbewerber oder seine Produkte bezugnehme. Hierbei sei es ohne Belang, ob ein Vergleich

---

222 Vgl *Sack*, WRP 2001, 327, 335 m.w.N.; *ders.*, u. § 6 Rn 76 ff; MüKo-UWG/*Micklitz*, EG F Rn 279 ff. Dagegen wohl BGH, 21.6.2001 – I ZR 69/99 (Soooo … billig), GRUR 2002, 75, 77.

223 BGH, 19.5.2011 – I ZR 147/09 (Coaching-Newsletter), GRUR 2012, 74, 76.

224 EuGH, Rs. C-356/04 (Lidl ./. Colruyt), Slg 2006, I-8501 Rn 24 ff; EuGH, Rs. C-381/05 (de Landtsheer Emmanuel), Slg 2007, I-3115, Rn 52. Vgl dazu GK/*Glöckner*, § 6 UWG, Rn 259 ff, 269.

225 Zunächst einen Werbevergleich verlangend BGH, 25.3.1999 – I ZR 77/97 (Generika-Werbung), GRUR 1999, 1100, 1101; BGH, 21.6.2001 – I ZR 69/99 (Soooo … billig), GRUR 2002, 75, 76; BGH, 25.4.2002 – I ZR 272/99 (DIE „STEINZEIT" IST VORBEI!), GRUR 2002, 982, 983; dann ablehnend BGH, 5.2.2004 – I ZR 171/01 (Genealogie der Düfte), GRUR 2004, 607, 611.

226 BGH, 19.5.2011 – I ZR 147/09 (Coaching-Newsletter), GRUR 2012, 74, 76.

227 EuGH, Rs. 112/99 (Toshiba), Slg 2001, I-7945.

228 EuGH, Rs. 59/05 (Siemens ./. VIPA), Slg 2006, I-2147.

zwischen den vom Werbenden angebotenen Erzeugnissen und Dienstleistungen und denjenigen des Mitbewerbers vorliege (EuGH – *Toshiba*, Rn 31).

83 Die vom EuGH zunächst zugrundegelegte Annahme, dass in der „schlichten Angabe der Marke des Herstellers der Originalmodelle oder der Referenzen der Modelle …, für die die Ersatzteile und Verbrauchsmaterialien hergestellt werden", kein Vergleich zu erkennen sein dürfte (EuGH – *Toshiba*, Rn 33) war im Ausgangspunkt verfehlt. Der EuGH selbst erkannte dies auch im weiteren Fortgang der Urteilsgründe (EuGH – *Toshiba*, Rn 39) an. Diese scheinbare (man beachte die vorsichtige Formulierung, wonach die Gegenüberstellung keinen Vergleich begründen „dürfte"; EuGH – *Toshiba*, Rn 33 a.E.) Widersprüchlichkeit liegt indes wohl daran, dass der EuGH unbedacht die damals in Deutschland herrschende Meinung übernahm,[229] die unter der Geltung des Verbotsprinzips darauf zurückzuführen ist, dass die Bejahung eines Werbevergleichs im Regelfall in die Unzulässigkeit führte. Um diese unangemessene Rechtsfolge bei wettbewerbsfördernden Substitutionshinweisen zu vermeiden, hatte man bei bloßen Gegenüberstellungen das Vorliegen vergleichender Werbung abgelehnt und derartige Hinweise unter den flexibleren Standards der offenen Anlehnung geprüft.[230] Unter dem neuen Regelungsregime führte die Ablehnung des Vergleichs indes zum genau entgegengesetzten Ergebnis, nämlich der Unzulässigkeit gem. Art. 4 lit. b, c IrreführungsRL. Bei unvorbelasteter Betrachtung lag dem Rechtsstreit *Toshiba* aber ohne weiteres ein Werbevergleich zugrunde. Nach Maßgabe von nicht nur in Deutschland und Österreich[231] anerkannten lauterkeitsrechtlichen Grundsätzen, wonach für die Behandlung des Wettbewerbsverhaltens seine Wirkung aus der Sicht der angesprochenen Verkehrskreise maßgebend ist, wurde durch die listenförmige Gegenüberstellung in erster Linie eine konkludente Kompatibilitätsbehauptung („passend für …"; „unsere Produkte sind geeignet für den Betrieb in …"; „unsere Produkte können als Ersatz für … verwendet werden") aufgestellt, die die Voraussetzung für die Annahme vergleichender Werbung erfüllt.[232] Bei der Kompatibilität handelt es sich ohne weiteres um eine „wesentliche, relevante, nachprüfbare und typische Eigenschaft" der Waren. Unerheblich ist insoweit, ob der Werbende unmittelbar auf das zu ersetzende Ersatzteil bezugnimmt („ersetzt …") oder auf den Verwendungszweck im Hauptprodukt („passend für …"), da auch in letzterem Fall der Vergleichsgegner, der Hersteller des Originalersatzteils, erkennbar ist. Auf die Frage, ob ein Vergleichserfordernis zum Tatbestand vergleichender Werbung gehört, kam es deshalb gar nicht an.[233]

84 Bestätigt wird diese Interpretation durch die jüngere Vorabentscheidung *Simatic*:[234] Seit 1983 benutzt Siemens für Zusatzteile zu seinen unter der Marke **„Simatic"** vertriebenen speicherprogrammierbaren Steuerungen ein Bestellnummernsystem, das aus der Kombination mehrerer Großbuchstaben und Zahlen besteht und das für eine Zusatzkomponente zur Steuerung S 5 etwa „6ES5 928-3UB21" lauten kann. Das Bestellnummernsystem ist in Fachkreisen bekannt. Die Beklagte stellt **kompatible Zusatzkomponenten** her und **übernimmt für diese Teile den Kern der Siemens-Bestellnummer**. Lediglich die erste Zeichengruppe wird ersetzt. Aus „6ES5 928-3UB21" würde so „V 928-3UB21". Verglichen mit einer bloßen Konkordanzliste macht diese Praxis den Abnehmern die Substitution noch leichter; sie greift aber auch stärker in die Interessen der Originalherstellerin ein. Der EuGH ging davon aus, die wesentlichen Probleme des Falls schon in seiner Toshiba-Entscheidung gelöst zu haben, was nicht zuletzt daran deutlich wird, dass auf Schlussanträge des Generalanwalts verzichtet wurde. Noch drängender als in *Toshiba* stellt sich jedoch die Frage, ob es sich überhaupt um vergleichende Werbung handelt, da auf den ersten Blick gar kein Vergleich zu den Produkten der Klägerin angestellt wurde. Auf der Grundlage der oben entwickelten Differenzierung lässt sich diese Entscheidung gut begründen. Wegen der **Verkehrsbekanntheit des Num-**

229 Vgl etwa Hefermehl/*Köhler*/Bornkamm, 23. Aufl., 2004, § 6 Rn 25.
230 Vgl etwa BGH, 28.3.1996 – I ZR 39/94 (Verbrauchsmaterialien), GRUR 1996, 781, 782.
231 Vgl GA *Léger*, Schlussanträge, Rn 47 ff, zu EuGH, Rs. 112/99 (Toshiba), Slg 2001, I-7945.
232 Vgl Harte/Henning/*Sack*, § 6 UWG Rn 55.
233 Ähnlich auch Harte/Henning/*Sack*, § 6 Rn 88; *Ohly*, GRUR 2007, 3, 5; *Köhler*, GRUR 2005, 273, 275; *Nordmann*, GRUR Int. 2002, 297, 298. AA noch Hefermehl/*Köhler*/Bornkamm, 23. Aufl., 2004, § 6 Rn 18.
234 EuGH, Rs. 59/05 (Siemens ./. VIPA), Slg 2006, I-2147.

mernsystems von Siemens wirkte die Übernahme der Bestellnummernkomponenten von Siemens wie eine Konkordanzliste. Insoweit begründete die Übernahme dieser Nummern-Bestandteile eine **Behauptung der Kompatibilität zu den entsprechenden Siemens-Produkten.**

d) Zeitlicher Anwendungsbereich

Die Richtlinie über vergleichende Werbung ist zunächst bei der Auslegung der zu ihrer Umsetzung[235] mit Wirkung vom 14. September 2000 erlassenen §§ 2, 4 UWG aF bzw des § 6 zu berücksichtigen. Daneben hat sie aber auch für **„Alt-Fälle"** Bedeutung. Der Bundesgerichtshof begründete die Änderung seiner Rechtsprechung zur vergleichenden Werbung noch vor dem Inkrafttreten der UWG-Novelle vom 1. September 2000 damit, dass ein Verhalten, das der europäische Gesetzgeber als grundsätzlich zulässig bezeichnet habe, nicht als sittenwidrig im Sinne des § 1 UWG bezeichnet werden könne – unabhängig davon, ob die **Umsetzungsfrist** noch laufe.[236] Mit dieser Begründung fand die Entscheidung durchweg Zustimmung.[237] 85

5. Zulässigkeitserfordernisse

Die bei der Umsetzung in § 6 Abs. 2 UWG weitestgehend übernommenen Zulässigkeitserfordernisse werden nicht im Detail erläutert. An dieser Stelle sollen allein einige im strukturellen Kontext des Europarechts stehende Gesichtspunkte hervorgehoben werden. 86

a) Verbotskatalog, Liberalisierungszweck und Günstigkeitsprinzip

Die in Art. 4 IrreführungsRL aufgezählten Zulässigkeitserfordernisse gestatten vergleichende Werbung nur unter sehr **restriktiven Bedingungen**. So erlaubt etwa Art. 4 lit. b IrreführungsRL seinem Wortlaut nach ausschließlich Produktvergleiche, scheint aber unternehmensbezogenen Vergleichen entgegenzustehen. Weiter verlangt Art. 4 lit. c IrreführungsRL, dass diese Vergleiche sachbezogen und objektiv sind. Damit wären alle Vergleiche, die auf subjektiv wahrgenommene Qualitäten wie etwa das Aussehen, den physiologischen Geschmack oder die subjektiven Präferenzen abstellen, stets unzulässig. Gemäß Art. 4 lit. g IrreführungsRL könnten Produkte, die unter geschützten Kennzeichen vertrieben werden, zwar von Mitbewerbern nachgeahmt werden, die Mitbewerber dürften die Nachahmung aber in der Werbung nicht hervorheben. Schließlich würde Art. 4 lit. e IrreführungsRL sämtliche Vergleiche von Waren mit Ursprungsbezeichnungen mit Waren ohne dieselbe Ursprungsbezeichnung ausschließen. Vor diesem Hintergrund war vor allem unmittelbar nach Verabschiedung der Richtlinie über vergleichende Werbung vertreten worden, dass Art. 3 a IrreführungsRL 1997 (inzwischen Art. 4 IrreführungsRL) lediglich eine Reihe von Zulässigkeitsvoraussetzungen aufstelle, unter denen vergleichende Werbung auf alle Fälle zulässig sein müsse (**Zulässigkeitskatalog**). Der Wortlaut spricht vor allem unter Berücksichtigung der Entstehungsgeschichte[238] durchaus für eine solche wettbewerbsfreundliche Interpretation. Es war zunächst nicht klar, ob der Regelung daneben zu entnehmen ist, dass die Mitgliedstaaten vergleichende Werbung auch stets zu verbieten haben (**Verbotskatalog**), wenn die wie gezeigt sehr restriktiven Zulässigkeitsbedingungen 87

235 Gesetz zur vergleichenden Werbung und zur Änderung wettbewerbsrechtlicher Vorschriften vom 1. September 2000, BGBl. I, S. 1374. Vgl dazu *Plaß*, Die gesetzliche Neuregelung der vergleichenden Werbung, NJW 2000, 3161 ff. In Österreich wurde die Richtlinie über vergleichende Werbung umgesetzt durch Art. II des Bundesgesetzes, mit dem Bestimmungen über den Vertragsabschluss im Fernabsatz in das Konsumentenschutzgesetz eingefügt und das Bundesgesetz gegen den unlauteren Wettbewerb 1984 sowie das Produkthaftungsgesetz geändert werden (Fernabsatz-Gesetz), BGBl. I, Nr. 185/1999. Vgl dazu *Hucke,* S. 240.

236 BGH, 5.2.1998 – I ZR 211/95 (Testpreis-Angebot), GRUR 1998, 824, 827. Vgl dazu auch *Bornkamm,* in: Werbung und Werbeverbote, S. 134, 136 ff. Ebenso OGH, 29.9.1998 – 4 Ob 235/98(AMC/ATC), GRUR Int. 1999, 794.

237 *Ohly*, Anm. zu BGH, 5.2.1998 – I ZR 211/85 (Testpreisangebote), GRUR 1998, 824, GRUR 1998, 828; *Sack,* WRP 1998, 241, 244; *Ehricke,* EuZW 1999, 553, 556. *Nordemann,* in: Werbung und Werbeverbote, S. 148, 149.

238 Während der Wortlaut des Geänderten Vorschlags für eine Richtlinie des Europäischen Parlaments und des Rates über vergleichende Werbung und zur Änderung der Richtlinie 84/450/EWG über irreführende Werbung, KOM (94) 151 endg., ABl. 1994 Nr. C 136/4, noch ein im Sinne des Verbotsprinzips klarstellendes „nur" enthielt, wurde dieses „nur" im Gemeinsamen Standpunkt wieder fallen gelassen.

nicht erfüllt sind. Mit dem **totalharmonisierenden Regelungsziel** ist indes nur letztere Interpretation zu vereinbaren, wie der EuGH in der Entscheidung *Pippig* hinreichend deutlich gemacht hat.[239] Auch der deutsche Gesetzgeber ging bei der Umsetzung von einem Verbotskatalog aus.[240]

88 So stellt sich umso dringlicher die Frage, ob das mit der Richtlinie über vergleichende Werbung zumindest auch verfolgte Liberalisierungsanliegen inzwischen völlig aufgegeben wurde. Tatsächlich darf aber zunächst nicht vernachlässigt werden, dass im Kernbereich nicht durch Auskunft oder Abwehr veranlasster sachbezogener Vergleiche durchaus eine Liberalisierung stattgefunden hat: Die der vergleichenden Werbung immanente Herabsetzung[241] und Rufausnutzung,[242] die in Deutschland über Jahrzehnte das Verbot vergleichender Werbung[243] trugen, müssen bei der Anwendung von Art. 4 lit. d, f IrreführungsRL außer Betracht bleiben.[244] Insoweit wurde nicht allein die Regelungsstruktur (vom Verbots- zum Missbrauchprinzip), sondern auch die Grundsatzentscheidung über die Zulässigkeit vergleichender Werbung paradigmatisch geändert. Die inzwischen wohl allgemein (an-)erkannte **überschießende Wirkung der Zulässigkeitserfordernisse** in Art. 4 IrreführungsRL[245] muss auf andere Weise korrigiert werden. In diesem Sinne betont der EuGH seit den ersten Entscheidungen, dass die an die vergleichende Werbung gestellten Anforderungen in dem für sie **günstigsten Sinn** ausgelegt werden müssen.[246] Während die erste Entscheidung *Toshiba* diesen Grundsatz noch aus den in den Begründungserwägungen genannten Zielen ableitete, wonach vergleichende Werbung dazu beitragen solle, die Vorteile der verschiedenen vergleichbaren Erzeugnisse objektiv herauszustellen und so den Wettbewerb zu fördern,[247] zog die unmittelbar folgende Entscheidung *Pippig* ihn bereits zur Auflösung eines „scheinbar bestehenden Widerspruchs" heran.[248] Spätere Entscheidungen verwendeten den nun schon als „ständige Rechtsprechung" bezeichneten[249] und abstrakt der Prüfung vorangestellten Grundsatz kaum verhohlen dazu, übermäßig restriktive Zulässigkeitsvoraussetzungen gegen ihren eindeutigen Wortlaut richterrechtlich zurückzustutzen,[250] oder eine offene Abwägung wettbewerbsfördernder und wettbewerbsbeschränkender Auswirkungen zu ermöglichen.[251]

b) EU-grundrechtskonforme Auslegung

89 Die beschriebene Entwicklung des **Günstigkeitsprinzips** ist methodisch angreifbar: Tatsächlich lassen sich den Quellen der Richtlinie über vergleichende Werbung nämlich keine auf die Existenz eines solchen Prinzips deutenden Hinweise entnehmen. Ein Liberalisierungsanliegen ist, soweit es über die grundsätzliche Entscheidung über die Zulässigkeit vergleichender Werbung hinausgeht, im Gesetzgebungsverfahren in den Hintergrund getreten, was bereits der deutsche Gesetzgeber bei der Umsetzung aussprach.[252] Im Verlauf des Europäischen Gesetzgebungsverfahrens wurde die Rege-

239 EuGH, Rs. C-44/01 (Pippig), Slg 2003, I-3095 Rn 54, 70.

240 Begründung RegE, BT-Drucks. 14/2959, S. 6.

241 Vgl dazu in Deutschland grundlegend *J. Kohler*, Persönliche und sachliche Reklame in der Großindustrie MuW XVI, 127, 128.

242 Vgl dazu in Deutschland grundlegend *Lobe*, Der Hinweis auf fremde gewerbliche Leistung als Mittel zur Reklame, MuW XVI, 129, 131.

243 Grundlegend RG, 6.10.1931 – II.495/30 (Hellegold), GRUR 1931, 1299, 1301.

244 *Köhler*/Bornkamm, § 6 Rn 170; MüKo-UWG/*Menke*, § 6 Rn 197 ff, 199.

245 Vgl Harte/Henning/*Sack*, § 6 Rn 82 ff; *Peifer*, WRP 2011, 1, 3 ff; *Glöckner*, IIC 2012, 35.

246 EuGH, Rs. 112/99 (Toshiba), Slg 2001, I-7945, Rn 37; EuGH, Rs. 44/01 (Pippig), Slg 2003, I-3095, Rn 42; EuGH, Rs. C-356/04 (Lidl ./. Colruyt), Slg 2006, I-8501, Rn 22, 32; EuGH, Rs. 381/05 (de Landtsheer Emmanuel), Slg 2007, I-3115, Rn 35, 63; EuGH, Rs. C 487/07 (L'Oréal), Slg 2009, I-5185, Rn 69; EuGH, Rs. C-159/09 (Lidl ./. Vierzon), Slg 2010, I-11761, Rn 21. Ausf. GK/*Glöckner*, § 6 UWG, Rn 299 ff.

247 EuGH, Rs. 112/99 (Toshiba), Slg 2001, I-7945, Rn 36.

248 EuGH, Rs. 44/01 (Pippig), Slg 2003, I-3095, Rn 42. Ähnlich zog EuGH, Rs. C-356/04 (Lidl ./. Colruyt), Slg 2006, I-8501, Rn 32, ihn zur Auslegung eines offenen Wortlauts heran.

249 Vgl dazu die inhaltsanalytische Untersuchung von *Dederichs*, Die Methodik des EuGH, 2004, S. 23, 37 ff.

250 EuGH, Rs. 381/05 (de Landtsheer Emmanuel), Slg 2007, I-3115, Rn 63.

251 EuGH, Rs. C-487/07 (L'Oréal), Slg 2009, I-5185, Rn 69; EuGH, Rs. C-159/09 (Lidl ./. Vierzon), Slg 2010, I-11761, Rn 21.

252 Begründung RegE, BT-Drucks. 14/2959, S. 6.

lung mit immer mehr die vergleichende Werbung einschränkenden Anforderungen belastet. Das Ergebnis ist eine „kleinkarierte und materiell nicht überzeugende" Regelung.[253] Ein „Günstigkeitsprinzip" kann nicht als Leitmotiv der Gesamtregelung vergleichender Werbung abgeleitet, sondern muss ihm vielmehr – aus anderen Rechtsgründen entwickelt – entgegengesetzt werden.

Diese Rechtsgründe sind in den beim Erlass der Richtlinie über vergleichende Werbung in ihrer Bedeutung noch nicht erkannten **Unionsgrundrechten** zu erkennen. **Die Geltung der Meinungsäußerungsfreiheit im Unionsrecht** ist anerkannt, wobei der EuGH sich bei seinen Begründungen **ausdrücklich an Art. 10 EMRK orientiert.**[254] Gebunden wird namentlich die Union selbst.[255] Auch wird die **Wirtschaftswerbung vom Schutzbereich umfasst.**[256] Eingriffe können aufgrund der in Art. 10 Abs. 2 EMRK genannten Ziele des Schutzes des Rufs und der Rechte anderer gerechtfertigt werden.[257] Insoweit gilt jedoch ein **Verhältnismäßigkeitsvorbehalt.** Die Interessenabwägung zwischen der Meinungsäußerungsfreiheit und dem Schutz der Rechte anderer, der gem. Art. 10 Abs. 2 EMRK in einer demokratischen Gesellschaft unabdingbar ist, wird vom EGMR sehr weitreichend untersucht. Gestützt wird die über Art. 6 Abs. 3 EUV vermittelte Anwendung von Art. 10 EMRK durch Art. 11 GRC. Bedeutung hat die **EU-grundrechtskonforme Auslegung** vor allem bei den Zulässigkeitsvoraussetzungen in Art. 4 lit. b, c, e, g IrreführungsRL sowie im Hinblick auf die Frage nach dem Bestehen eines quantitativen Spürbarkeitserfordernisses. 90

aa) Persönlich vergleichende Werbung und unternehmensbezogene Vergleiche und Art. 4 lit. b IrreführungsRL

Nach dem ursprünglichen Vorschlag für eine Richtlinie über vergleichende Werbung war auch die **persönlich vergleichende Werbung** zulässig, wenn der Name in Verbindung mit wahren Tatsachenangaben genannt wird und darin insbesondere keine Herabsetzung lag. Indem der Vorschlag auf ein "hauptsächliches Abzielen auf Rufausbeutung" abstellte, sah er wohl in der bloßen Nennung eines fremden Namens oder einer fremden Marke auch noch keine anlehnende vergleichende Werbung. In der verabschiedeten und bis heute geltenden Fassung ist die persönlich vergleichende Werbung jedoch **unzulässig,**[258] weil persönlich vergleichende Werbung zwar vergleichende Werbung iSd Art. 2 lit. c IrreführungsRL ist, aber der Anforderung des Art. 4 lit. b, c nicht genügt, wonach zulässige Werbung lediglich relevante Eigenschaften von Waren und Dienstleistungen vergleichen darf. Die Voraussetzungen des Art. 4 IrreführungsRL gelten kumulativ, vgl EGr. 11 IrreführungsRL. Auch vor **anlehnender vergleichender Werbung** wird durch das Verbot der unlauteren Ausnutzung fremden Rufes angemessen geschützt.[259] Von persönlich vergleichender Werbung sind allerdings solche **unternehmensbezogenen Vergleiche** zu unterscheiden, bei denen Aussagen gemacht werden, die allein formal unternehmensbezogen sind (zB Alter, Qualifikation, Kapitalausstattung etc.), in der Sache aber die Qualität der Produkte beschreiben. Das ist insbesondere bei **Dienstleistungen** (Qualifikation der tatsächlichen Erbringer) oder bei **Vertrauensqualitäten** von Waren (Verlässlichkeit, auch in Zukunft Reparaturservices oder langjährige Haltbarkeitsgarantien in Anspruch nehmen zu können. 91

bb) Vergleiche subjektiver Produkteigenschaften und Art. 4 lit. c IrreführungsRL

Der Regelung in Art. 4 lit. c IrreführungsRL, wonach nachprüfbare Eigenschaften objektiv verglichen werden müssen, ist weiter zu entnehmen, dass allein sachliche Produktvergleiche zulässig sein sollen. Vergleiche, bei denen mit der **subjektiven Wahrnehmung** sich verändernde Qualitäten wie **Geschmack, Schönheit oder sozialer Zusatznutzen wie Image, Prestige** etc. angesprochen werden, 92

253 *Ohly*, Das neue UWG – Mehr Freiheit für den Wettbewerb?, GRUR 2004, 889, 896.
254 Vgl nur EuGH, Rs. C-368/95 (Vereinigte Familiapress), Slg 1997, I-3689, Rn 25.
255 EuGH, verb. Rs. 43, 63/82 (VBVB), Slg 1984, 19, Rn 34; EuGH, Rs. 100/88 (Oyowe und Traore), Slg 1989, 4285, Rn 16. Vgl dazu *Buschle*, S. 138.
256 EuGH, Rs. C-71/02 (Karner), Slg 2004, I-3025 Rn 51.
257 EGMR, Rs. 39069/97(Krone Verlag./ Österreich), Rn 27 = M&R 2004, 43.
258 Vgl auch *Köhler*/Bornkamm, § 6 Rn 16 mwN.
259 Vgl dazu EuGH, Rs. C-112/99 (Toshiba), Slg 2001, I-7945.

sind danach *per se* verboten. In der Rechtfertigungslogik der Irreführungsrichtlinie ist das konsequent und gewollt, denn die zur Rechtfertigung des Eingriffs in die Persönlichkeitsrechte der Mitbewerber (vgl EGr. 9 IrreführungsRL: „die Mitbewerber schädigen") herangezogene Markttransparenz (vgl EGr. 8 IrreführungsRL: „zulässiges Mittel zur Unterrichtung der Verbraucher über ihre Vorteile") wird durch solche nicht sachbezogenen Vergleiche nicht gefördert. Vernachlässigt wird bei einer derart verengten Perspektive indes, dass auch nicht sachlich vergleichende Werbung den Wettbewerb fördert, indem sie den Adressaten die Existenz substitutionsfähiger Angebote unmittelbar vor Augen führt. Die die Mitbewerber schädigende Wirkung wird gleichzeitig durch den Umstand minimiert, dass auch ein formal als Urteil des Werbenden erscheinender Vergleich (zB „schöner als Golf") ohne weiteres das eigene Urteil des Adressaten anspricht und dadurch in seiner herabsetzenden Wirkung relativiert wird. Vor diesem Hintergrund bedarf es im Lichte der **Meinungsäußerungsfreiheit** einer **engen Auslegung** des Zulässigkeitserfordernisses.

cc) Vergleiche von Produkten mit geschützten Herkunftsangaben und Art. 4 lit. e IrreführungsRL

93 Im Vorabentscheidungsverfahren *de Landtsheer*, bei dem es um die Anlehnung der Werbung von Bier an Champagner ging, hatte die vorlegende Cour d'appel de Bruxelles beinahe ungläubig die Frage gestellt, ob nach Art. 3 a Abs. 1 lit. f IrreführungsRL 1997 (nunmehr Art. 4 lit. e IrreführungsRL) tatsächlich jeder Vergleich unzulässig sei, der sich bei Waren ohne Ursprungsbezeichnung auf Waren mit Ursprungsbezeichnung beziehe.[260] GA *Mengozzi* bejahte in seinen Schlussanträgen diese Frage und hielt „keinen ernsthaften Zweifel an der Auslegung dieser Bestimmung" für möglich.[261] Der Lesart, dass nur dann, wenn Erzeugnisse mit Ursprungsbezeichnungen miteinander verglichen würden, es sich um dieselben Ursprungsbezeichnungen handeln müsse, die Vorschrift dem Vergleich von Erzeugnissen ohne Ursprungsbezeichnung mit Erzeugnissen mit Ursprungsbezeichnung aber nicht entgegenstehe, hielt er das *argumentum a maiore ad minus* entgegen: Es erscheine „etwas merkwürdig und unwahrscheinlich, dass sich der Gemeinschaftsgesetzgeber bei der Festlegung der Bedingungen für die Zulässigkeit des Werbevergleichs darum bemüht haben sollte, den Vergleich zwischen Erzeugnissen mit unterschiedlichen Ursprungsbezeichnungen zu verbieten, ohne gleichzeitig darum bemüht zu sein, den Vergleich zwischen einem Erzeugnis mit Ursprungsbezeichnung und einem Erzeugnis ohne Ursprungsverzeichnis durch ein entsprechendes Verbot zu regeln" (Schlussanträge Rn 119).[262] Dass die Vorschrift den Wettbewerb zugunsten der Erzeugnisse mit Ursprungsbezeichnungen erheblich beschränke, erkannte GA *Mengozzi* zwar, fügte sich aber der bewussten Entscheidung des Gemeinschaftsgesetzgebers, die nicht über den Weg der Auslegung zur Diskussion gestellt werden könne (Schlussanträge Rn 124).

94 Der EuGH[263] legte sich weniger Zurückhaltung gegenüber dem Europäischen Gesetzgeber auf: Er verwies zunächst auf die in EGr. 12 IrreführungsRL 1997 (nunmehr EGr. 12 IrreführungsRL) zum Ausdruck gebrachte Absicht des Gesetzgebers, die sondergesetzlichen Wertungen zu schützen (EuGH – *de Landtsheer,* Rn 59), und führte aus, welche Nutzungen einer Ursprungsbezeichnung im Widerspruch zu Art. 13 Abs. 1 GGA/GUB-VO stehen (EuGH – *de Landtsheer,* Rn 60). Die Zulässigkeitsvoraussetzung in Art. 3 a Abs. 1 lit. f IrreführungsRL 1997 (nunmehr Art. 4 lit. e IrreführungsRL) prüfte der EuGH demgegenüber primär unter Zugrundelegung der eigenen Funktionalität der Irreführungsrichtlinie (EuGH – *de Landtsheer,* Rn 61) und nannte insoweit die **Möglichkeit verbesserter Verbraucherinformation** (EuGH – *de Landtsheer,* Rn 62). Im Hinblick darauf setzte er seine ständige Rechtsprechung fort, wonach die an vergleichende Werbung gestellten Anforderungen so günstig wie möglich für diese Werbung auszulegen sind (EuGH – *de Landtsheer,* Rn 63). Vor diesem Hintergrund schränkte der EuGH den Anwendungsbereich der Zulässigkeits-

260 EuGH, Rs. C-381/05 (de Landtsheer Emmanuel), Slg 2007, I-3115, 4. Vorlagefrage.

261 GA *Mengozzi*, Schlussanträge Rn 116, zu EuGH, Rs. C-381/05 (de Landtsheer Emmanuel), Slg 2007, I-3115. In diesem Sinne wurde die gegenteilige Entscheidung des EuGH in der Literatur als „sensationell" wahrgenommen, vgl *Fusi*, Anm. zu EuGH v. 19.4.2007, C-381/05, Diritto Industriale 2007, 393, 394.

262 Das Beispiel war bereits von *Meli*, La pubblicità comparativa fra vecchia e nuova disciplina, Giur. comm. 1999, 267, 288/I, bemüht worden.

263 EuGH, Rs. C-381/05 (de Landtsheer Emmanuel), Slg 2007, I-3115.

voraussetzung drastisch ein: Sofern alle anderen Zulässigkeitsvoraussetzungen für vergleichende Werbung eingehalten seien, erscheine ein Schutz von Ursprungsbezeichnungen, der sich im Sinne eines **absoluten Verbots** von Vergleichen zwischen Waren ohne Ursprungsbezeichnung und Waren mit Ursprungsbezeichnung auswirkte, **nicht gerechtfertigt** und ohne berechtigte Grundlage in Art. 3 a Abs. 1 lit. f IrreführungsRL 1997 (nunmehr Art. 4 lit. e IrreführungsRL; EuGH – *de Landtsheer,* Rn 70). So anerkennenswert die Entscheidung aus wettbewerblicher Perspektive erscheint, so schwer ist sie methodisch nachzuvollziehen. Der EuGH besteht darauf, dass ein *per se*-Verbot des Vergleichs mit Erzeugnissen mit Ursprungsbezeichnungen sich nicht ausdrücklich aus dem Wortlaut ergebe, sondern eine extensive Auslegung dieser Zulässigkeitsvoraussetzung für vergleichende Werbung voraussetze (EuGH – *de Landtsheer,* Rn 71). Diese Einschätzung kann nur schwer geteilt werden. Tatsächlich nimmt der EuGH eine teleologische Reduktion des übermäßig weiten Wortlautes der Zulässigkeitsvoraussetzung vor und rechtfertigt diese mit dem Günstigkeitsprinzip.

dd) „Offene" Imitationswerbung und Art. 4 lit. g IrreführungsRL

Ähnlich problematisch erscheint das pauschale Verbot der Darstellung eines Produkts als Imitation 95
oder Nachahmung eines kennzeichengeschützten Produkts in Art. 4 lit. g IrreführungsRL ohne Rücksicht darauf, ob der Vertrieb dieses nachgeahmten Produkts zulässig ist. Die auch sog. „**Parfümklausel**" geht auf das Interesse Frankreichs zurück, im Interesse seiner Hersteller von Luxusparfums die Verwendung von Duftvergleichslisten untersagen zu können. So nimmt es nicht wunder, dass der EuGH sich in der Vorabentscheidung *L'Oréal,*[264] in deren Ausgangsverfahren es um genau solche **Duftvergleichslisten** ging, sehr weitreichende Annahmen aufstellte: Es seien „nicht nur Werbebotschaften verboten, die den Gedanken an eine Imitation oder Nachahmung **ausdrücklich** wecken, sondern auch solche Botschaften, die in Anbetracht ihrer Gesamtdarstellung und des wirtschaftlichen Kontextes im jeweiligen Fall **geeignet** … [seien, d. Verf.], den betreffenden Verkehrskreisen diesen Gedanken implizit zu vermitteln" (EuGH – *L'Oréal*, Rn 75; Hervorhebungen d. Verf.).

Wichtig bleibt jedoch, im Auge zu behalten, dass Art. 4 lit. g IrreführungsRL gerade die **Darstel-** 96
lung als Imitation oder Nachahmung verlangt. Darauf sind auch die Ausführungen des EuGH, die eine implizite Vermittlung genügen lassen, bezogen. Auf diese Weise gelingt es, diese Entscheidung zu Duftvergleichslisten von der ständigen **wettbewerbsfreundlichen Rechtsprechung** des EuGH **zu Konkordanzlisten** bei Verbrauchsmaterialien oder Zubehörteilen[265] **abzugrenzen**. Unter Zugrundelegung des Günstigkeitsprinzips stellt sich Art. 4 lit. g als **Konkretisierung des Rufausbeutungstatbestandes** in Art. 4 lit. f IrreführungsRL dar. Konkordanzlisten nützen im Regelfall nicht den besonderen Ruf, sondern allein die Marktverbreitung eines Hauptprodukts aus. Nach der Grundsatzentscheidung zugunsten vergleichender Werbung muss dies zulässig sein, weil der Werbevergleich eben auch mit sogar unter bekannten Marken vertriebenen Produkten gestattet wird (EGr. 14, 15 IrreführungsRL). Wegen der Marktbesonderheiten bei Parfums, namentlich der besonders hohen Gefährdung gegenüber Trittbrettfahrern, und dem Umstand, dass dort nicht die bloße Marktverbreitung, sondern der gute Ruf, wie er in der Bekanntheit des Duftes zum Ausdruck kommt, ausgenutzt wird, kann die Vorschrift bei einer in diesem Sinne restriktiven Auslegung im Sinne des Günstigkeitsprinzips wettbewerblich gerechtfertigt werden.

ee) Vergleichende Werbung und Spürbarkeitserfordernis

Durch § 6 Abs. 2 UWG wird zunächst die in § 3 Abs. 1 UWG vorausgesetzte **Unlauterkeit** der 97
geschäftlichen Handlung **konkretisiert**. Der dem UWG zugrundeliegenden Systematik folgend müsste vergleichende Werbung, welche die Anforderungen des § 6 Abs. 2 UWG nicht erfüllt, also überdies geeignet sein, die **Interessen** von Mitbewerbern, Verbrauchern oder sonstigen **Marktteil-**

264 EuGH, Rs. 487/07 (L'Oréal), Slg 2009, I-5185; vgl dazu *Dreher,* ELR 2009, 309.
265 Vgl EuGH, Rs. C-112/99 (Toshiba), Slg 2001, I-7945, Rn 31; EuGH, Rs. C-59/05 (Siemens ./. VIPA), Slg 2006, I-2147, Rn 12.

nehmern spürbar zu beeinträchtigen. Vor der Einführung dieses Erfordernisses durch die UWG-Novelle 2008 galt entsprechendes im Hinblick auf die Erheblichkeitsschwelle des § 3 UWG 2004.[266] Europarechtlich problematisch könnte die Anwendung dieser Spürbarkeitsschwelle auf vergleichende Werbung sein, weil Art. 4 IrreführungsRL anders als die UGP-Richtlinie, auf die § 3 Abs. 1 UWG insoweit abgestimmt ist,[267] ein derartiges Erfordernis nicht kennt. Das Problem hat zwei deutlich zu unterscheidende Facetten: Zum einen geht es um die allgemeine und strukturrelevante Frage, ob das plakativ als **Bagatellklausel** bezeichnete[268] Erfordernis in § 3 Abs. 1 UWG auch auf Fälle vergleichender Werbung angewandt werden kann. Zum anderen geht es um die besondere Frage, ob die teilweise übermäßig restriktiv ausgefallenen Zulässigkeitserfordernisse des Art. 4 IrreführungsRL bzw § 6 Abs. 2 UWG über das Spürbarkeitserfordernis in ihrer Schärfe reduziert werden können. Die Zulässigkeitsvoraussetzungen in § 6 Abs. 2 Nr. 4, 5 UWG sind zwar bereits auf der Tatbestandsebene einer Abwägung zugänglich, so dass es möglich ist, wettbewerblich unschädlichen geschäftlichen Handlungen bereits das Unlauterkeitsverdikt zu ersparen. Von Bedeutung bleibt die Frage aber insbesondere für § 6 Abs. 2 Nr. 2 UWG, der keine solche „immanente Erheblichkeitsschwelle“ enthält.[269]

98 Bei der Beantwortung der gestellten Fragen sollten die bereits erkannten Problemschwerpunkte differenziert behandelt werden: Die Lösung des Problems überschießender Verbotstatbestände kann weder aus dem nationalen Recht in das Europarecht getragen werden – dem steht der Vorrang des Europarechts entgegen – noch methodenehrlich im Wege der isolierten Auslegung der Irreführungsrichtlinie gewonnen werden: Wortlaut, innere Systematik und Entstehungsgeschichte belegen, dass die Regelungen der Irreführungsrichtlinie über vergleichende Werbung genau so „kleinkariert und materiell nicht überzeugend“ gemeint sind, wie sie erscheinen. Die in der Sache unangemessenen Tatbestände sollten methodisch überzeugender durch eine EU-grundrechtskonforme Auslegung der Zulässigkeitsvoraussetzungen in Art. 4 IrreführungsRL eingeschränkt werden. Die wettbewerblichen Auswirkungen der beanstandeten vergleichenden Werbung gehen dann bereits in die Reichweite des Unlauterkeitstatbestandes ein. Einer selbständigen Prüfung der Spürbarkeit bedarf es nicht mehr.

99 Der so beschriebene, dem Prinzip der **Rechtfertigung aufgrund überwiegenden Interesses** verpflichtete Lösungsansatz der **EU-grundrechtskonformen Auslegung** verfängt indes nicht im Hinblick auf die allgemeine Frage, ob das als Ausprägung des **Prinzips mangelnden Interesses** erscheinende **Spürbarkeitserfordernis** auf unlauter vergleichende Werbung anzuwenden ist. Das bei irreführender Werbung sowohl nach den Regelungen der UGP-Richtlinie als auch nach den Regelungen der Irreführungsrichtlinie bestehende Erfordernis der Geschäftsentscheidungsrelevanz spiegelt das gewachsene Bewusstsein wider, dass bei einem Interessenschutz der Marktteilnehmer die Wahrheit oder Richtigkeit von Werbeaussagen, der Ruf oder die Leistung von Mitbewerbern nicht als Werte an und für sich, sondern um der wirtschaftlichen Interessen von Abnehmern oder Mitbewerbern willen geschützt werden. Wo diese Interessen nicht spürbar berührt werden, eben weil die Adressaten nicht zu einer anderen geschäftlichen Entscheidung veranlasst werden, bedarf es keiner lauterkeitsrechtlichen Intervention. Letztlich stützt auch der grundrechtliche Gesetzesvorbehalt diese Einschränkung: **Wettbewerblich unerhebliche und deshalb nicht spürbare Verletzungen rechtfertigen keinen Eingriff in die Meinungsfreiheit** und dürfen deshalb bereits von Europarechts wegen keinen Sanktionen im weiteren Sinne unterworfen werden.[270]

---

266 Vgl Harte/Henning/*Sack,* § 6 Rn 237.
267 Vgl Begründung RegE, BT-Drucks. 16/10145, S. 22.
268 ZB *Köhler*/Bornkamm, § 3 Rn 114.
269 Vgl Harte/Henning/*Sack,* § 6 Rn 244; *Ohly,* in: Ohly/Sosnitza, § 6 Rn 40.
270 EGMR, Rs. 39069/97(Krone Verlag./ Österreich), Rn 31 ff = M&R 2004, 43.

III. Verbraucherrechterichtlinie 2011

Die Verbraucherrechterichtlinie[271] (nachfolgend VerbraucherrechteRL) führt im Wesentlichen die Haustürgeschäfterichtlinie[272] und die Fernabsatzrichtlinie[273] in aktualisierter und vereinfachter Fassung in einem einheitlichen Regelwerk zusammen. In den Art. 5, 6 weitet die Verbraucherrechterichtlinie jedoch die bisher im Wesentlichen nur für den Fernabsatzbereich geltenden **Informationspflichten** (Art. 4 FernabsatzRL) – mit Ausnahme der in Art. 3 Abs. 3 VerbraucherrechteRL aufgelisteten Verträge – auf Haustürgeschäfte und Verbraucherverträge im Allgemeinen aus. Zugleich vollzieht die Richtlinie für das Vertragsrecht die werberechtlichen Informationspflichten gem. Art. 7 Abs. 4 UGP-RL nach und schafft so einen weitgehenden **Gleichlauf zwischen Werbe- und Vertragsrecht**. Diese Angleichung war notwendig, weil die UGP-Richtlinie gem. Art. 3 Abs. 2 zwar ausdrücklich „das Vertragsrecht und insbesondere die Bestimmungen über die Wirksamkeit, das Zustandekommen oder die Wirkungen eines Vertrags unberührt" lässt, sich gleichwohl aber faktisch auf das Vertragsrecht auswirken kann,[274] etwa wenn werberechtlich vorgeschriebene Informationen die Sollbeschaffenheit der geschuldeten Leistung mitbestimmen. 100

Das in der ursprünglichen Fassung der Fernabsatzrichtlinie als Ausnahme vom Grundsatz eines unbeschränkten europäischen Fernabsatzmarktes vorgesehene **Verbot der Zusendung unbestellter Waren** gem. Art. 9 wurde zwischenzeitlich in Art. 5 Abs. 5 iVm Anh. I Nr. 29 UGP-RL übernommen. Die vertragsrechtlich korrespondierende Vorschrift, dh die **Befreiung** des Verbrauchers **von der Gegenleistungspflicht**, wurde in Art. 27 VerbraucherrechteRL übernommen. 101

Von dem Mindestharmonisierungsansatz der ursprünglichen, in ihr zusammengefassten Richtlinien rückt die Verbraucherrechterichtlinie in Art. 4 zugunsten einer **Totalharmonisierung** ab.[275] Die Richtlinie sieht allerdings eine Reihe von **Mindestklauseln** vor, die es den Mitgliedstaaten ermöglichen, zugunsten eines höheren Verbraucherschutzniveaus von einzelnen Bestimmungen der Richtlinie abzuweichen. So können die Mitgliedstaaten etwa gem. Art. 5 Abs. 4 bzw. Art. 6 Abs. 8 zusätzliche Informationspflichten vorsehen. Derartige Abweichungen nach oben werden von der UGP-Richtlinie ausdrücklich geduldet, vgl EGr. 15 UGP-RL, was wiederum die **Wechselwirkung zwischen werbe- und vertragsrechtlichen Informationspflichten** verdeutlicht. Die Verbraucherrechterichtlinie wurde in Deutschland durch das **Gesetz zur Umsetzung der Verbraucherrechterichtlinie und zur Änderung des Gesetzes zur Regelung der Wohnungsvermittlung** umgesetzt.[276] 102

IV. Richtlinie über den Fernabsatz für Finanzdienstleistungen 2002

Die von der Richtlinie über den Fernabsatz von Finanzdienstleistungen[277] aufgestellten **allgemeinen Marktverhaltensregeln entsprechen** – anders als noch im Geänderten Vorschlag vorgesehen – **den-** 103

271 RL 2011/83/EU des Europäischen Parlaments und des Rates vom 25. Oktober 2011 über die Rechte der Verbraucher, zur Abänderung der Richtlinie 93/13/EWG des Rates und der Richtlinie 1999/44/EG des Europäischen Parlaments und des Rates sowie zur Aufhebung der Richtlinie 85/577/EWG des Rates und der Richtlinie 97/7/EG des Europäischen Parlaments und des Rates, ABl. Nr. L 304/64.

272 Richtlinie 85/577/EWG des Rates vom 20. Dezember 1985 betreffend den Verbraucherschutz im Falle von außerhalb von Geschäftsräumen geschlossenen Verträgen, ABl. 1985 Nr. L 372/31, aufgehoben mit Wirkung vom 13.6.2014 durch Art. 31 Abs. 1 RL 2011/83/EU.

273 Richtlinie 97/7/EG des Europäischen Parlaments und des Rates vom 20. Mai 1997 über den Verbraucherschutz bei Vertragsabschlüssen im Fernabsatz, ABl. 1997 Nr. L 144/19, geändert durch Art. 89 RL 2007/64/EG vom 13. November 2007, ABl. 2007 Nr. L 319/1, aufgehoben mit Wirkung vom 13.6.2014 durch RL 2011/83/EU.

274 GAin *Trstenjak*, Schlussanträge v. 29.11.2011 Rn 88 ff, zu EuGH, Rs. C-453/10 (Pereničová), noch nicht in Slg, m.Anm. *Micklitz/Reich*, EuZW 2012, 126, 127, dagegen beließ es der EuGH in seinem Urteil v. 15.3.2012, Rs. C-453/10 (Pereničová), noch nicht in Slg, Rn 45 f, bei einem Hinweis auf Art. 3 Abs. 2 UGP-RL und die darin postulierte Unabhängigkeit vom Vertragsrecht. Vgl auch *Köhler*, WRP 2009, 898, 912.

275 EGr. 2 Verbraucherrechte-RL. Vgl auch die einleitenden Ausführungen im Regierungsentwurf zum Umsetzungsgesetz, BT-Drucks. 17/12637, S. 1.

276 Gesetz zur Umsetzung der Verbraucherrechterichtlinie und zur Änderung des Gesetzes zur Regelung der Wohnungsvermittlung, 20.9.2013, BGBl. 2013 Teil I Nr. 58.

277 RL 2002/65/EG des Europäischen Parlaments und des Rates vom 23. September 2003 über den Fernabsatz von Finanzdienstleistungen an Verbraucher und zur Änderung der RL 90/619/EWG des Rates und der RL 97/7/EG und 98/27/EG, ABl. 2002 Nr. L 271/16, zuletzt geändert durch RL 2007/64/EG, ABl. 2007 Nr. L 319/1.

jenigen der (ursprünglichen) allgemeinen Fernabsatzrichtlinie. Mit der Richtlinie über den Fernabsatz von Finanzdienstleistungen ist allein eine gesetzgebungstechnische Änderung der Regelung unerwünschter Mitteilungen verbunden: Die Richtlinie über den Fernabsatz von Finanzdienstleistungen ist zwar formal dem Prinzip der Totalharmonisierung verpflichtet, überlässt die Behandlung unerwünschter Mitteilungen jedoch im Ergebnis ebenfalls dem Gutdünken der Mitgliedstaaten, die alternativ entweder dem in Deutschland und Österreich verfolgten opt-in-Prinzip (Werbemitteilung sind nur mit vorangegangener Zustimmung der Adressaten zulässig) oder dem vor allem in Großbritannien etablierten sog. opt-out-Prinzip (Werbemitteilungen sind zwar ohne vorherige Zustimmung der Adressaten zulässig; die Werbetreibenden müssen jedoch sog. „Robinson-Listen" beachten) folgen können, Art. 10 Abs. 2.[278]

V. Richtlinie über den elektronischen Geschäftsverkehr 2000

104 Die Richtlinie über den elektronischen Geschäftsverkehr[279] enthält ihrer Struktur nach lauterkeitsrechtliche Regelungen in den Art. 6, 7. Kommerzielle Kommunikation im elektronischen Geschäftsverkehr muss gem. Art. 6 lit. a, b insgesamt klar gekennzeichnet, ihr Auftraggeber identifizierbar sein. Besondere Kennzeichnungspflichten bestehen für Verkaufsförderungsmaßnahmen (lit. c) sowie Preisausschreiben und Gewinnspiele (lit. d), die jeweils als solche klar erkennbar und mit leicht zugänglichen, klaren und unzweideutigen Teilnahmebedingungen versehen sein müssen. Auch durch elektronische Post (E-Mail) übermittelte unerbetene kommerzielle Kommunikationen müssen bei Eingang beim Nutzer klar und unzweideutig als solche bezeichnet sein, Art. 7 Abs. 1. Im Geänderten Vorschlag wurde darüber hinausgehend eine Angleichung an entsprechende Regelungen in den Fernabsatzrichtlinien vorgenommen, indem die Mitgliedstaaten in Art. 7 Abs. 2 der Richtlinie über den elektronischen Geschäftsverkehr dazu verpflichtet werden sicherzustellen, dass Diensteanbieter, die unerbetene kommerzielle Informationen durch elektronische Post übermitteln, regelmäßig sog. **„Robinson-Listen"** konsultieren, in die sich natürliche Personen eintragen können, die keine derartigen Informationen zu erhalten wünschen, und dass die Diensteanbieter diese Listen beachten. Durch Art. 7 Abs. 2 der Richtlinie wird jedoch nicht etwa das opt-out-System im Bereich der E-Mail-Werbung materiellrechtlich vorgegeben. Die Standards der Fernabsatzrichtlinien werden nicht modifiziert. Die Regelung setzt vielmehr voraus, dass die nationalen Rechtsordnungen dem opt-out-System folgen. Wenn das der Fall ist, muss die Beachtung der Robinson-Listen gewährleistet sein. Für Mitgliedstaaten, die nach den Vorgaben der Fernabsatzrichtlinien zulässigerweise dem opt-in-System folgen, hat Artikel 7 keinen Anwendungsbereich.[280]

105 Die Art. 12 bis 15 der Richtlinie über den elektronischen Geschäftsverkehr enthalten die **Regelungen zur Verantwortlichkeit der Anbieter**[281] und erlangen für das Lauterkeitsrecht auf der Sanktionenseite Relevanz. Die Richtlinie will mit den Bestimmungen zur Verantwortlichkeit sämtliche Haftungsbereiche erfassen, also das Urheberrecht ebenso wie das Marken- und Lauterkeitsrecht, und versteht sich damit als Querschnitts- oder „horizontale Regelung". Ihr Anwendungsbereich ist beschränkt auf „in der Regel gegen Entgelt" erbrachte Dienstleistungen, wie sich aus der Verweisung innerhalb der Definition des Begriffs der „Dienste der Informationsgesellschaft" in Art. 2 lit. a der Richtlinie über den elektronischen Geschäftsverkehr auf Art. 1 Nr. 2 der sog. Transparenzrichtlinie[282] ergibt. Die Haftungsvorschriften in der Richtlinie über elektronischen Geschäftsverkehr

---

278 Vgl dazu im Einzelnen *Glöckner*, ELR 2003, 26.

279 RL 2000/31/EG des Europäischen Parlaments und des Rates vom 8. Juni 2000 über bestimmte rechtliche Aspekte der Dienste der Informationsgesellschaft, insbesondere des elektronischen Geschäftsverkehrs, im Binnenmarkt („RL über den elektronischen Geschäftsverkehr"), ABl. 2000 Nr. L 178/1.

280 Wie hier *Dethloff*, S. 31.

281 Vgl dazu *Holznagel/Holznagel*, K&R 1999, 103 ff.

282 RL 98/34/EG des Europäischen Parlaments und des Rates vom 22. Juni 1998 über ein Informationsverfahren auf dem Gebiet der Normen und technischen Vorschriften, ABl. 1998 Nr. L 204/37, zuletzt geändert durch VO (EU) Nr. 1025/2012, ABl. 2012 Nr. L 316/12: „Dienstleistung der Informationsgesellschaft, d. h. jede in der Regel gegen Entgelt elektronisch im Fernabsatz und auf individuellen Abruf eines Empfängers erbrachte Dienstleistung".

knüpfen an die technischen Gegebenheiten (caching, hosting) an. Die reine Durchleitung soll gem. Art. 12 im Regelfall keine Haftung begründen. Unterlassungsansprüche des Geschädigten müssen von der Privilegierung ausgenommen werden. Die Betreiber von E-Mail-Diensten werden damit zwar von der Haftung freigestellt, bei Anbietern von mailing lists ist die Rechtslage demgegenüber zweifelhaft. Jedenfalls bei moderierten mailing lists greift die Haftungsprivilegierung in Art. 12 nicht ein.[283] Die europäische Lösung stellt hinsichtlich des Caching und des Hosting in den Art. 13 und 14 unterschiedliche Bedingungen auf. Artikel 14 der Richtlinie verlangt, dass der Anbieter beim Hosting unverzüglich tätig wird, um die Information zu entfernen oder den Zugang zu ihr zu sperren, nachdem er erfahren hat oder ihm bewusst geworden ist, dass die Tätigkeit rechtswidrig ist. Schutzbehauptungen im Hinblick auf die Kenntnis der Rechtswidrigkeit wird dadurch vorgebeugt, dass die Kenntnis von Tatsachen oder Umständen, aus denen die Rechtswidrigkeit offensichtlich wird, zur Begründung der zivilrechtlichen Haftung auf Schadenersatz ausreicht. Überwachungspflichten im Hinblick auf die Inhalte werden in Art. 15 der Richtlinie über den elektronischen Geschäftsverkehr ausdrücklich ausgeschlossen. Die Haftung für Hyperlinks wird nicht geregelt.[284] Zur Umsetzung wurde das Gesetz über rechtliche Rahmenbedingungen für den elektronischen Geschäftsverkehr vom 14. Dezember 2001 erlassen,[285] das am 21. Dezember 2001 in Kraft trat. Die Regelung in Art. 7 Abs. 2 der Richtlinie ist in Deutschland gegenstandslos. Artikel 7 Abs. 1 findet sich in § 7 Abs. 2 Nr. 3 UWG. Die Vorschriften über die Haftung wurden ohne Änderungen in den §§ 7 ff des Telemediengesetzes (TMG)[286] übernommen. Die maßgebliche Folge der Haftungsprivilegierung ist darin zu erkennen, dass die erstmalige Rechtsverletzung durch einen Anbieter noch keine Rechtsverletzung durch den Provider darstellt, an welche sich die Indizwirkung für einen Verletzungsunterlassungsanspruch knüpfen könnte. Erst wenn es nach der Kenntnisverschaffung zu einer weiteren Rechtsverletzung unter Verwendung der Dienste des Providers kommt, wird ein Unterlassungsanspruch nach § 8 Abs. 1 S. 1 UWG begründet.[287]

VI. Datenschutzrichtlinie für elektronische Kommunikation 2002

In Art. 12 Abs. 2 der Richtlinie 97/66/EG[288] (sog. Datenschutzrichtlinie) wurden die Mitgliedstaaten bereits verpflichtet, entweder auf der Grundlage des opt-in- oder des opt-out-Modells Schutzvorkehrungen gegen unerbetene Anrufe für Zwecke der Direktwerbung zu treffen. Andere Mittel der Direktwerbung wurden jedoch nicht erfasst. Die Richtlinie sollte insgesamt an die Entwicklungen der Märkte und Technologien für elektronische Kommunikationsdienste angepasst werden, um den Nutzern öffentlich zugänglicher elektronischer Kommunikationsdienste unabhängig von der zugrunde liegenden Technologie den gleichen Grad des Schutzes personenbezogener Daten und der Privatsphäre zu bieten.[289] Im Hinblick auf das Verbot der Werbung unter Verwendung von Anrufmaschinen und durch Telefax ohne vorherige Einwilligung bestand seit jeher breiter Konsens. Bemerkenswerterweise verbietet Art. 13 Nr. 1 der am 12. Juli 2002 erlassenen Datenschutzrichtlinie für elektronische Kommunikation allerdings nunmehr auch **E-Mail- und SMS-Werbung** ohne vorherige Einwilligung generell und legt damit die Mitgliedstaaten diesbezüglich auf das sog. opt- **106**

283 *Spindler*, MMR 1999, 199, 201. Zur Umsetzung im TDG vgl *ders.*, NJW 2002, 921; *ders.*, WRP 2003, 1. EuGH, Rs. C-324/09 (L'Oréal/eBay), Slg 2011, I-6011, Rn 113, stellt im Rahmen des Art. 14 auf die „aktive Rolle" ab, die einem Dienstleister eine Kenntnis dieser Daten oder eine Kontrolle über sie verschaffen konnte.

284 BGH, 1.4.2004 – I ZR 317/01 (Schöner Wetten), GRUR 2004, 693; *Waldenberger*, EuZW 1999, 296, 302; *Holznagel/Holznagel*, K&R 1999, 103, 106; *Spindler*, MMR 1999, 199, 204.

285 BGBl. 2001, I S. 3721.

286 Art. 1 des Gesetzes zur Vereinheitlichung von Vorschriften über bestimmte elektronische Informations- und Kommunikationsdienste (Elektronischer-Geschäftsverkehr-Vereinheitlichungsgesetz – ElGVG), BGBl. 2007, I S. 179.

287 BGH, 17.8.2011 – I ZR 57/09 (Stiftparfüm), GRUR 2011, 1038 Rn 39.

288 RL 97/66/EG des Europäischen Parlaments und des Rates vom 15. Dezember 1997 über die Verarbeitung personenbezogener Daten und den Schutz der Privatsphäre im Bereich der Telekommunikation. ABl. 1998 Nr. L 24/1.

289 EGr. 4 RL 2002/58/EG des Europäischen Parlaments und des Rates vom 12. Juli 2002 über die Verarbeitung personenbezogener Daten und den Schutz der Privatsphäre in der elektronischen Kommunikation (Datenschutzrichtlinie für elektronische Kommunikation), ABl. 2002 Nr. L 201/37, zuletzt geändert durch RL 2009/136/EG, ABl. 2009 Nr. L 337/11.

in-Modell fest. Begründet wird dies in Begründungserwägung 40 mit dem Harmonisierungsziel. Was damit gemeint ist, machte der Richtlinienvorschlag noch deutlicher: Die Koexistenz mit auf Robinson-Listen basierenden Schutzsystemen (opt-out-Modell) gestatte nicht die erwünschte Marktintegration, weil aus den E-Mail-Adressen häufig nicht hervorgehe, in welchen Mitgliedstaaten die Adressaten wohnten,[290] und die maßgeblichen Rechtsgrundsätze – insoweit greift das Herkunftslandprinzip der Richtlinie über den elektronischen Geschäftsverkehr nicht ein, vgl deren Art. 3 Abs. 2 – von den Werbetreibenden daher nicht zu ermitteln seien. Der Schutz der Datenschutzrichtlinie gegen unerwünschte Werbe-E-Mails geht damit über den Schutz in der Richtlinie über den Fernabsatz von Finanzdienstleistungen hinaus.[291] Ein Konflikt entsteht daraus gleichwohl nicht, da gem. EGr. 26 der letztgenannten Richtlinie „die zusätzlichen Garantien unberührt bleiben, die dem Verbraucher aufgrund gemeinschaftsrechtlicher Regelungen über den Schutz der Privatsphäre und personenbezogener Daten zustehen". Zur Umsetzung der Datenschutzrichtlinie für elektronische Kommunikation 2002 und anderer Richtlinien dient das Telekommunikationsgesetz vom 22. Juni 2004,[292] das am 26. Juni 2004 größtenteils in Kraft trat. Es wurde am 1. April 2007 durch das Telemediengesetz (TMG)[293] abgelöst, ohne dass die hier relevanten Regelungen geändert wurden.

107 Für andere als die in Art. 13 Abs. 1 der Richtlinie genannten Werbemedien (automatische Anrufmaschinen, Telefax, elektronische Post), dh insbesondere die einfache Telefonwerbung, gestattet Art. 13 Abs. 3 allerdings – ebenso wie die allgemeine Fernabsatzrichtlinie und die Fernabsatzrichtlinie für Finanzdienstleistungen – nach wie vor den Mitgliedstaaten, alternativ dem opt-out- oder dem opt-in-Modell zu folgen.

VII. Fernsehrichtlinie 1989/1997 – Richtlinie über audiovisuelle Mediendienste 2007/2010

108 Einen erheblichen Anteil des vom Lauterkeitsrecht angesprochenen Marktverhaltens machen die verschiedenen Formen der Werbung aus. Auch europarechtliche **Werberegelungen**[294] haben daher zT lauterkeitsrechtliche Inhalte.

109 Im Anschluss an das Grünbuch **„Fernsehen ohne Grenzen"**[295] wurde bereits im Jahr 1989 die Richtlinie 89/552/EWG[296] erlassen. Die Richtlinie entstand parallel zur Europaratskonvention über grenzüberschreitendes Fernsehen vom 15. März 1989,[297] die ähnliche Grundsätze niederlegt. Die Fernsehrichtlinie wurde im Jahr 1997 durch die Richtlinie 97/36/EG[298] an die in der Zwischenzeit eingetretenen tatsächlichen und rechtlichen Veränderungen angepasst. Am 11.12.2007 wurde die **Richtlinie „Audiovisuelle Mediendienste ohne Grenzen"** verabschiedet, die einen wettbewerbsfreundlichen Rahmen für fernsehähnliche Dienste schaffen sollte, ohne hierüber den Verbraucher-

290 Vgl Begründung Nr. 3 zum Vorschlag für eine RL des Europäischen Parlaments und des Rates über die Verarbeitung personenbezogener Daten und den Schutz der Privatsphäre in der elektronischen Kommunikation, ABl. 2000 Nr. C 365 E/223.

291 *Leistner/Pothmann*, WRP 2003, 815, 823 ff.

292 BGBl. 2004, I S. 1190.

293 Art. 1 des Gesetzes zur Vereinheitlichung von Vorschriften über bestimmte elektronische Informations- und Kommunikationsdienste (Elektronischer-Geschäftsverkehr-Vereinheitlichungsgesetz – ElGVG), BGBl. 2007, I S. 179.

294 Vgl dazu *Perau*, S. 67 ff; *Meyer*, in: Neuordnung des Wettbewerbsrechts, S. 93 ff.

295 Fernsehen ohne Grenzen. Grünbuch über die Errichtung des gemeinsamen Marktes für den Rundfunk, insbesondere über Satellit und Kabel (Mitteilung der Kommission an den Rat), KOM (84) 300 endg.

296 RL 89/552/EWG des Rates vom 3. Oktober 1989 zur Koordinierung bestimmter Rechts- und Verwaltungsvorschriften der Mitgliedstaaten über die Ausübung der Fernsehtätigkeit, ABl. 1989 Nr. L 298/23.

297 European Convention on Transfrontier Television v. 5. Mai 1989, abgeändert durch das Protocol amending the European Convention on Transfrontier Television ETS No. 171, in Kraft seit dem 1.3.2002, bereitgehalten unter <*http://conventions.coe.int/Treaty/EN/treaties/Html/132.htm*> (site zul. besucht am 28.3.2014).

298 RL 97/36/EG des Europäischen Parlaments und des Rates vom 30. Juni 1997 zur Änderung der RL 89/552/EWG des Rates zur Koordinierung bestimmter Rechts- und Verwaltungsvorschriften der Mitgliedstaaten über die Ausübung der Fernsehtätigkeit, ABl. 1997 Nr. L 202/60.

schutz zu vernachlässigen.[299] Mit der Neuregelung sollte vor allem der **Medienkonvergenz** Rechnung getragen werden. Der Titel der Richtlinie wurde daher zunächst geändert und bezieht sich nunmehr auf „audiovisuelle Mediendienste", Art. 1 Nr. 1 der Änderungsrichtlinie 2007/65/EG. Aufgrund der weitreichenden Änderungen wurde die Richtlinie 2010 aus Gründen der Klarheit und der Übersichtlichkeit in kodifizierter Fassung (im Folgenden: RL 2010/13/EU) neu erlassen.[300] Eine entsprechende Definition der audiovisuellen Mediendienste wurde in Art. 1 Abs. 1 lit. a, allgemeine Vorschriften für alle audiovisuellen Mediendienste wurden in Kap. III der Richtlinie eingefügt. Sonderbestimmungen gelten hingegen für audiovisuelle Mediendienste auf Abruf (Kap. IV). Kapitel VII, das in der Fassung der Änderungsrichtlinie 97/36/EG noch „Fernsehwerbung, Sponsoring und Teleshopping" regelte, wurde auf „Fernsehwerbung und Teleshopping" reduziert. Unter „Teleshopping" versteht man gem. Art. 1 lit. l RL 2010/13/EU Sendungen direkter Angebote an die Öffentlichkeit für den Absatz von Waren oder die Erbringung von Dienstleistungen, einschließlich unbeweglicher Sachen, Rechte und Verpflichtungen, gegen Entgelt.

Werberegelungen finden sich nunmehr zunächst in den allgemeinen Vorschriften für alle audiovisuellen Mediendienste. Diese gelten **unabhängig vom verwendeten Medium** innerhalb des Anwendungsbereich der Richtlinie gem. Art. 2 Abs. 1. „Audiovisuelle Mediendienste" sind gem. Art. 1 Abs. 1 lit. a RL 2010/13/EU zum einen Dienstleistungen, für die ein Mediendiensteanbieter die redaktionelle Verantwortung trägt und deren Hauptzweck die Bereitstellung von Sendungen zur Information, Unterhaltung oder Bildung der allgemeinen Öffentlichkeit über elektronische Kommunikationsnetze ist (sublit. i), zum anderen die audiovisuelle kommerzielle Kommunikation (sublit. ii). Bei den Dienstleistungen gem. sublit. i handelt es sich entweder um Fernsehprogramme oder um audiovisuelle Mediendienste auf Abruf. Die Dienstleistung beruht demgemäß auf „Sendungen", worunter eine Abfolge von bewegten Bildern mit oder ohne Ton verstanden wird, Art. 1 Abs. 1 lit. b RL 2010/13/EU. 110

Audiovisuelle kommerzielle Kommunikation muss gem. Art. 9 Abs. 1 lit. a RL 2010/13/EU leicht als solche zu erkennen sein; „Schleichwerbung"[301] ist verboten. Gemäß Art. 9 Abs. 1 lit. b RL 2010/13/EU dürfen in der kommerziellen Kommunikation keine subliminalen Techniken eingesetzt werden. Product-Placement ist zwar gem. Art. 11 Abs. 1, 2 RL 2010/13/EU für alle ab dem 19. Dezember 2009 produzierten Sendungen im Grundsatz verboten; die Ausnahmeregelung in Art. 11 Abs. 2 RL 2010/13/EU gestattet indes das Product-Placement in an Erwachsene gerichteten Kinofilmen, Filmen und Serien, Sportsendungen und Sendungen der leichten Unterhaltung, wenn insbesondere kein Entgelt geleistet wurde und auf das Product-Placement hingewiesen wird. Die Einhaltung des Trennungsprinzips wird bei gesponserten[302] Sendungen besonders problematisch.[303] Dazu stellt Art. 10 RL 2010/13/EU besondere Anforderungen an zulässiges Sponsoring. 111

299 RL 2007/65/EG des Europäischen Parlaments und des Rates vom 11. Dezember 2007 zur Änderung der RL 89/552/EWG des Rates zur Koordinierung bestimmter Rechts- und Verwaltungsvorschriften der Mitgliedstaaten über die Ausübung der Fernsehtätigkeit, ABl. 2007 Nr. L 332/27, teilweise aufgehoben und in kodifizierter Fassung neu erlassen durch RL 2010/13/EU, ABl. 2010 Nr. L 95/1, berichtigt ABl. 2010 Nr. L 263/15.

300 EGr. 1 RL 2010/13/EU des Europäischen Parlaments und des Rates vom 10. März 2010 zur Koordinierung bestimmter Rechts- und Verwaltungsvorschriften der Mitgliedstaaten über die Bereitstellung audiovisueller Mediendienste (Richtlinie über audiovisuelle Mediendienste) (kodifizierte Fassung), ABl. 2010 Nr. L 95/1, berichtigt ABl. 2010 Nr. L 263/15.

301 Die Richtlinie definiert in Art. 1 Abs. 1 lit. j Schleichwerbung als die Erwähnung oder Darstellung von Waren, Dienstleistungen, Namen, Marke oder Tätigkeiten eines Herstellers von Waren oder eines Erbringers von Dienstleistungen in Sendungen, wenn sie vom Mediendiensteanbieter absichtlich zu Werbezwecken vorgesehen ist und die Allgemeinheit über ihren eigentlichen Zweck irreführen kann. Eine Erwähnung oder Darstellung gilt insbesondere dann als beabsichtigt, wenn sie gegen Entgelt oder eine ähnliche Gegenleistung erfolgt.

302 Sponsoring ist gem. Art. 1 Abs. 1 lit. k RL 2010/13/EU jeder Beitrag von nicht im Bereich der Bereitstellung von audiovisuellen Mediendiensten oder in der Produktion von audiovisuellen Werken tätigen öffentlichen oder privaten Unternehmen oder natürlichen Personen zur Finanzierung von audiovisuellen Mediendiensten oder Sendungen mit dem Ziel, ihren Namen, ihre Marke, ihr Erscheinungsbild, ihre Tätigkeit oder ihre Leistungen zu fördern.

303 Vgl dazu *Henning-Bodewig*, in: Werbung und Werbeverbote, S. 170 ff.

112 In Art. 9 Abs. 1 lit. c RL 2010/13/EU werden bestimmte Werbeformen aus allgemeinen **gesellschaftspolitischen Erwägungen** verboten. Damit wird zT über den traditionell verstandenen Regelungsbereich des Lauterkeitsrechts hinausgegangen: Audiovisuelle kommerzielle Werbung darf nicht die Menschenwürde verletzen, keine Diskriminierungen nach Rasse, Geschlecht oder ethnischer Herkunft, Staatsangehörigkeit, Religion oder Glauben, Behinderung, Alter oder sexueller Ausrichtung beinhalten oder fördern, sowie keine Verhaltensweisen fördern, welche die Gesundheit oder Sicherheit oder den Schutz der Umwelt gefährden.

113 Die Art. 9 Abs. 1 lit. d-f RL 2010/13/EU enthalten schließlich gegenständlich anknüpfende Werbeverbote. Gemäß Art. 3 e Abs. 1 lit. d RL 2010/13/EU ist jede Form der audiovisuellen kommerziellen Kommunikation für Zigaretten und andere Tabakerzeugnisse untersagt. Weiter darf audiovisuelle kommerzielle Kommunikation gem. Art. 3 a Abs. 1 lit. e RL 2010/13/EU für alkoholische Getränke weder speziell an Minderjährige gerichtet sein noch den übermäßigen Genuss solcher Getränke fördern. Audiovisuelle kommerzielle Kommunikation für verschreibungspflichtige Arzneimittel und Behandlungen ist gem. Art. 3 e Abs. 1 lit. f RL 2010/13/EU untersagt. Die Werbeverbote für Tabak und Arzneimittel werden durch das an die Hersteller solcher Erzeugnisse gerichtete Verbot des Sponsoring in Art. 10 Abs. 2, 3 RL 2010/13/EU abgesichert.

114 Artikel 9 Abs. 1 lit. g RL 2010/13/EU dient unmittelbar dem **Jugendschutz.** Nach der Generalklausel, wonach die audiovisuelle kommerzielle Kommunikation **nicht zu körperlichen oder seelischen Beeinträchtigungen Minderjähriger** führen darf, werden im Einzelnen folgende Anforderungen zum Schutz Minderjähriger aufgestellt: Minderjährige dürfen zunächst **keinen direkten Kaufappellen** ausgesetzt werden, die ihre **Unerfahrenheit und Leichtgläubigkeit ausnutzen,** und sie dürfen auch nicht unmittelbar dazu aufgefordert werden, ihre Eltern oder Dritte zum Kauf der beworbenen Ware oder Dienstleistung zu bewegen. Weiter darf **nicht das besondere Vertrauen ausgenutzt** werden, das Minderjährige zu Eltern, Lehrern und anderen Vertrauenspersonen haben. Schließlich dürfen Minderjährige **nicht ohne berechtigten Grund in gefährlichen Situationen** gezeigt werden.

115 In ihrem Kapitel VII enthält die Richtlinie besondere Schranken für die Fernsehwerbung sowie das Teleshopping sowohl in qualitativer als auch in quantitativer Hinsicht. Artikel 19 RL 2010/13/EU gibt die qualitativen Mindestanforderungen vor, denen Fernsehwerbung stets zu genügen hat, und konkretisiert zugleich das Gebot redaktioneller Trennung:[304] Fernsehwerbung und Teleshopping müssen als solche leicht erkennbar und durch optische und/oder akustische und/oder räumliche Mittel eindeutig von anderen Programmteilen getrennt sein (Abs. 1). Einzeln gesendete Werbe- und Teleshoppingspots müssen die Ausnahme bilden (Abs. 2).

VIII. Arzneimittelwerbungsrichtlinie 1992 – Humanarzneimittelrichtlinie 2001

116 Bereits die Fernsehrichtlinie hatte die Fernsehwerbung für verschreibungspflichtige Arzneimittel verboten. Der europäische Gesetzgeber fand, dass dieser Grundsatz auf die übrigen Medien auszudehnen sei und erließ zu diesem Zweck die Arzneimittelwerbungsrichtlinie 1992.[305] Diese wurde zwischenzeitlich zwar aufgehoben, ihre Regelungen befinden sich aber nun in der Humanarzneimittelrichtlinie.[306] (im Folgenden: RL 2001/83/EG)Die Richtlinie unterscheidet wie bereits vordem die Arzneimittelwerbungsrichtlinie die in Art. 88 ff RL 2001/83/EG geregelte Öffentlichkeitswerbung von der in Art. 91 ff RL 2001/83/EG geregelten Werbung bei den im Gesundheitswesen tätigen Personen.

117 Gemäß Art. 88 Abs. 1 RL 2001/83/EG ist die Öffentlichkeitswerbung für Arzneimittel, die nur auf ärztliche Verschreibung abgegeben werden dürfen oder die psychotrope Substanzen oder Suchtstoffe im Sinne der internationalen Übereinkommen enthalten, **stets unzulässig.** Gleiches gilt gemäß

304 Vgl dazu *Castendyk* in: Werbung und Werbeverbote, S. 151, 158 ff.

305 RL 92/28/EWG des Rates vom 31. März 1992 über die Werbung für Humanarzneimittel, ABl. 1992 Nr. L 113/13, aufgehoben durch Art. 128 Abs. 1 RL 2001/83/EG, Rn 4.

306 RL 2001/83/EG des Europäischen Parlaments und des Rates vom 6. November 2001 zur Schaffung eines Gemeinschaftskodexes für Humanarzneimittel, ABl. Nr. L 311/67, berichtigt ABl. 2003 Nr. L 302/40, zuletzt geändert durch RL 2012/26/EU, ABl. Nr. L 299/1.

Art. 88 Abs. 2 RL 2001/83/EG für Arzneimittel, die nach ihrer Zusammensetzung und Zweckbestimmung so beschaffen und konzipiert sind, dass sie ohne Tätigwerden eines Arztes für die Diagnose, Verschreibung oder Behandlung nicht verwendet werden können.

Zulässig bleibt gem. Art. 88 Abs. 2 RL 2001/83/EG nur Öffentlichkeitswerbung für Arzneimittel, die nach ihrer Zusammensetzung und Zweckbestimmung so beschaffen und konzipiert sind, dass sie ohne Tätigwerden eines Arztes für die Diagnose, Verschreibung oder Behandlung verwendet werden können. Im Übrigen unterliegt die **zulässige Öffentlichkeitswerbung** strengen Anforderungen: Artikel 89 Abs. 1 lit. a, b RL 2001/83/EG statuieren zunächst detaillierte Informationspflichten. In Art. 90 RL 2001/83/EG wird das Irreführungsverbot des Art. 87 Abs. 3 RL 2001/83/EG im Hinblick auf die besondere suggestive Wirkung (vgl die Formulierung „nahe legen") einer Arzneimittelwerbung konkretisiert. Zunächst darf Öffentlichkeitswerbung für ein Arzneimittel keine Elemente enthalten, die eine ärztliche Untersuchung oder einen chirurgischen Eingriff als überflüssig erscheinen lassen, insbesondere dadurch, dass sie eine Diagnose anbieten oder eine Behandlung auf dem Korrespondenzwege empfehlen. Die Werbung darf weiterhin weder nahe legen, dass die Wirkung des Arzneimittels ohne Nebenwirkungen garantiert wird oder einer anderen Behandlung oder einem anderen Arzneimittel entspricht oder überlegen ist, noch dass die normale gute Gesundheit des Patienten durch die Verwendung des Arzneimittels verbessert oder (außer bei Impfkampagnen iSv Art. 88 Abs. 4 RL 2001/83/EG) im Falle der Nichtverwendung des Arzneimittels beeinträchtigt werden könnte. 118

Öffentlichkeitswerbung darf darüber hinaus keine Umstände enthalten, die ausschließlich oder hauptsächlich für Kinder gelten. Die Ausnutzung fachlicher Autorität durch Bezugnahme auf eine Empfehlung von Wissenschaftlern, von im Gesundheitswesen tätigen Personen oder von Personen, die aufgrund ihrer Bekanntheit zum Arzneimittelverbrauch anregen können, ist ebenso unzulässig. Dasselbe gilt für die Verharmlosung der von Arzneimittel ausgehenden Gefahren durch die Gleichsetzung mit einem Lebensmittel, einem kosmetischen Mittel oder anderen Gebrauchsgütern. 119

Im Hinblick auf die irreführende Tendenz des Begriffs ist es unzulässig nahe zu legen, die Sicherheit oder Wirksamkeit des Arzneimittels sei darauf zurückzuführen, dass es sich um ein „Naturprodukt" handle. Genauso unzulässig ist die missbräuchliche, besorgniserregende oder irreführende Bezugnahme auf Genesungsbescheinigungen und die Verwendung bildlicher Darstellungen der Veränderungen des menschlichen Körpers aufgrund von Krankheiten oder Schädigungen oder der Wirkung eines Arzneimittels im menschlichen Körper oder in Körperteilen. Schließlich ist es verboten, durch eine ausführliche Beschreibung oder Darstellung der Anamnese zu einer falschen Selbstdiagnose zu verleiten. 120

In Art. 91 ff RL 2001/83/EG wird die an im Gesundheitswesen tätige Personen gerichtete Werbung geregelt. Die Richtlinie wechselt hier die Perspektive. An die Stelle des prinzipbedingt unkundigen, die Gefährlichkeit des Medikaments nicht erkennenden, seine therapeutische Wirkung überschätzenden, autoritätsgläubigen und durch Schreckensbilder zu verängstigenden Patienten tritt das sachkundige Fachpersonal. Insoweit konnte der Gesetzgeber es bei der Absicherung hinreichender Informationsmöglichkeiten belassen. Alle Werbeunterlagen über ein Arzneimittel müssen die in Art. 91 Abs. 1 RL 2001/83/EG genannten Informationen einschließen, ergänzt um die Angabe des Zeitpunkts, zu dem die Unterlagen erstellt oder zuletzt geändert worden sind, Art. 92 Abs. 1 RL 2001/83/EG. Alle in den Werbeunterlagen enthaltenen Informationen müssen genau, aktuell, überprüfbar und vollständig genug sein, um dem Empfänger die Möglichkeit zu geben, sich persönlich von dem therapeutischen Wert des Arzneimittels ein Bild zu machen. Schließlich müssen die aus medizinischen Zeitschriften oder wissenschaftlichen Werken entnommenen Zitate, Tabellen und sonstigen Illustrationen, die in den Werbeunterlagen verwendet werden, wortgetreu übernommen werden; dabei ist die genaue Quelle anzugeben. 121

Im Vorabentscheidungsverfahren *Gintec* ging es um die Frage, ob die Richtlinie nur einen Mindest- oder zugleich einen abschließenden Höchststandard für die Verbote der Öffentlichkeitswerbung für 122

Arzneimittel setzt.[307] Der *Gintec International Import-Export GmbH* wurde im Ausgangsverfahren vorgeworfen, dass die Werbung für ihr frei verkäufliches Arzneimittel „Roter Ginseng“ verbotene Hinweise auf Äußerungen Dritter im Sinne von § 11 Abs. 1 Nr. 11 HWG enthalte, soweit mit Ergebnissen einer Konsumentenbefragung beworben wurde. Das vorlegende Gericht stellte die Frage nach dem Grad der mit der Richtlinie erreichten Harmonisierung, um die Regelung in § 11 Abs. 1 Nr. 11 HWG beurteilen zu können. Für eine unvollständige Harmonisierung des Bereichs der Arzneimittelwerbung wurde unter anderem EGr. 42. RL 2001/83/EG angeführt, wonach Maßnahmen, die aufgrund der Richtlinie über irreführende und vergleichende Werbung[308] getroffen wurden, durch die Richtlinie nicht berührt werden dürfen. Dass Art. 7 IrreführungsRL 1997den Mitgliedstaaten gestatte, Bestimmungen aufrechtzuerhalten oder zu erlassen, die einen weiter reichenden Schutz der Verbraucher als den der Richtlinie vorsähen, lasse den Grad der mit der Richtlinie erreichten Harmonisierung erkennen. Der EuGH entgegnete demgegenüber, dass die IrreführungsRL 1997 nach Art. 7 Abs. 3 unbeschadet der Rechtsvorschriften der Gemeinschaft gelte, die auf die Werbung für bestimmte Waren oder Dienstleistungen anwendbar seien. Da die Richtlinie spezielle Vorschriften über die Arzneimittelwerbung enthalte, stelle sie eine Sonderregelung gegenüber der in der Richtlinie 84/450/EWG (2006/114/EG) vorgesehenen allgemeinen Regelungen des Schutzes gegen irreführende Werbung dar. Die Mindestharmonisierung der Richtlinie über irreführende und vergleichende Werbung sei daher für die Frage, wie weit die Harmonisierung der Humanarzneimittelrichtlinie gehe, unerheblich.[309] Vielmehr kam der EuGH zu dem Ergebnis, „dass mit der Richtlinie 2001/83/EG eine vollständige Harmonisierung des Bereichs der Arzneimittelwerbung erfolgt ist, wobei die Fälle, in denen die Mitgliedstaaten befugt sind, Bestimmungen zu erlassen, die von der in dieser Richtlinie getroffenen Regelung abweichen, ausdrücklich aufgeführt sind. Die Richtlinie ist somit dahin auszulegen, dass ein Mitgliedstaat in seinen innerstaatlichen Rechtsvorschriften kein uneingeschränktes und unbedingtes Verbot vorsehen darf, in der Öffentlichkeitswerbung für Arzneimittel Äußerungen Dritter zu verwenden, während deren Verwendung nach der Richtlinie nur wegen ihres konkreten Inhalts oder der Eigenschaft ihres Urhebers eingeschränkt werden darf.“[310]

IX. Tabakwerbungsrichtlinien 1998/2003

123 Zunächst wurden, gleichsam in Erweiterung der Tabakkennzeichnungspflicht, Packungshinweise auf die Gesundheitsgefahren verlangt. Für Zigaretten wurde die Richtlinie 89/622[311] erlassen. Die darin niedergelegten Packungskennzeichnungspflichten wurden durch die Richtlinie 92/41[312] auf andere Tabakerzeugnisse erweitert. Die Richtlinie 98/43[313] ging über die Begründung spezifischer Aufklärungsgebote hinaus. Stattdessen statuierte sie ein schlichtes Verbot jeder Form der Werbung und des Sponsoring in der Gemeinschaft.[314] Zulässig blieb allein die Verwendung eines Namens,

307 EuGH, Rs. C-374/05 (Gintec), Slg 2007, I-9517.

308 Die RL 84/450/EWG wurde durch die RL 2006/114/EG kodifiziert.

309 EuGH, Rs. C-374/05 (Gintec). Slg 2007, I-9517, Rn 31.

310 EuGH, Rs. C-374/05 (Gintec), Slg 2007, I-9517, Rn 39.

311 RL 89/622/EWG des Rates vom 13. November 1989 zur Angleichung der Rechts- und Verwaltungsvorschriften der Mitgliedstaaten über die Etikettierung von Tabakerzeugnissen, ABl. 1989 Nr. L 359/1; vgl dazu EuGH, Rs. C-222/91, (Philip Morris II) Slg 1993, I-3469. Aufgehoben und ersetzt durch die RL 2001/37/EG des Europäischen Parlaments und des Rates vom 5. Juni 2001 zur Angleichung der Rechts- und Verwaltungsvorschriften der Mitgliedstaaten über die Herstellung, die Aufmachung und den Verkauf von Tabakerzeugnissen, ABl. 2001 Nr. L 194/26.

312 RL 92/41/EWG des Rates vom 15. Mai 1992 zur Änderung der RL 89/622/EWG zur Angleichung der Rechts- und Verwaltungsvorschriften der Mitgliedstaaten über die Etikettierung von Tabakerzeugnissen, ABl. 1992 Nr. L 158/30.

313 RL 98/43/EG des Europäischen Parlaments und des Rates vom 6. Juli 1998 zur Angleichung der Rechts- und Verwaltungsvorschriften der Mitgliedstaaten über Werbung und Sponsoring zugunsten von Tabakerzeugnissen, ABl. 1998 Nr. L 213/9, für nichtig erklärt durch EuGH, Rs. C-376/98 (Bundesrepublik Deutschland ./. Parlament und Rat), Slg 2000, I-8419.

314 Art. 3 Abs. 1 der RL. Zur Kritik vgl *Ukena/Opfermann*, WRP 1999, 141, 142 ff; *Stein*, in: Werbung und Werbeverbote, S. 52, 55.

der bereits guten Glaubens sowohl für Tabakerzeugnisse als auch für andere Erzeugnisse oder Dienstleistungen verwendet wurde, die von ein und demselben Unternehmen oder von verschiedenen Unternehmen vor dem 30. Juli 1998 in Verkehr gebracht oder angeboten worden war, in der Werbung für die anderen Erzeugnisse oder Dienstleistungen (zB „Camel Boots", „Davidoff" Parfums).

Auf eine Klage der Bundesrepublik Deutschland hin beanstandete der EuGH am 5. Oktober 2000 die gewählte Rechtsgrundlage[315] und erklärte die Richtlinie insgesamt für nichtig. Allerdings wies er darauf hin, dass auf der Grundlage von Art. 100 a EGV Maastrichter Fassung (jetzt Art. 114 AEUV; ex Art. 95 EGV) der Erlass einer Richtlinie, die bestimmte Formen der Werbung und des Sponsoring zugunsten von Tabakerzeugnissen verboten hätte, zulässig gewesen wäre.[316] 124

Bereits am 30. Mai 2001 unterbreitete die Kommission einen neuen Vorschlag,[317] der das inhaltliche Anliegen der für nichtig erklärten Richtlinie weiterverfolgte. Am 26. Mai 2003 wurde die Richtlinie 2003/33 (nachfolgend: RL 2003/33/EG) verabschiedet.[318] Die neue Tabakwerbungsrichtlinie greift ebenfalls auf ein generelles Verbot von Tabakwerbung in Printmedien, im Rundfunk sowie im Internet zurück, Art. 3, 4 RL 2003/33/EG. Daneben wird das Sponsoring von Veranstaltungen oder Aktivitäten verboten, die eine grenzüberschreitende Wirkung haben, Art. 5 Abs. 1 RL 2003/33/EG. Im Zusammenhang mit solchem Sponsoring wird auch die kostenlose Verteilung von Tabakerzeugnissen mit dem Ziel oder der direkten oder indirekten Wirkung, den Verkauf dieser Erzeugnisse zu fördern, verboten. Immerhin wurde auf ein Verbot indirekter Werbung ebenso verzichtet wie auf ein Verbot von Plakat- oder Kinowerbung, um den vom EuGH angemahnten Binnenmarktbezug sicherzustellen.[319] Auch gegen diese Richtlinie bzw deren Art. 3 und 4 klagte die Bundesrepublik Deutschland vor dem EuGH. Allerdings wurden alle fünf vorgebrachten Klagegründe als unbegründet zurückgewiesen und die Klage abgewiesen.[320] Erst am 21.12.2006 wurde die Richtlinie schließlich durch das Erste Gesetz zur Änderung des Vorläufigen Tabakgesetzes[321] in nationales Recht umgesetzt. 125

Zwischen dem Ablauf der Umsetzungsfrist der Richtlinie am 31.7.2005 und dieser Entscheidung des EuGH hatte der BGH bereits einen Fall zu entscheiden, der in den grundsätzlichen Regelungsbereich der Richtlinie fällt und die Frage aufwarf, ob die Unterlassung eines Hinweises auf die gesundheitsgefährdende Wirkung von Zigarillos in der Werbung unlauter sei.[322] Die Tabakwerbungsrichtlinie, die in Art. 3 eine entsprechende Pflicht begründet hätte, war noch nicht umgesetzt und vermochte zulasten der Bürger keine unmittelbare Wirkung zu entfalten. In Fortsetzung seiner älteren Rechtsprechung zum aUWG, wonach es angesichts der besonderen Bedeutung der menschlichen Gesundheit unlauter sei, Zigaretten zu bewerben und damit auch zum Rauchen aufzufordern, ohne zugleich durch einen Warnhinweis das Bewusstsein der Schädlichkeit des Rauchens wach zu halten,[323] nahm der BGH an, dass dasselbe nunmehr unter § 4 Nr. 1 UWG gelte. Denn auch eine solche Werbung führe im Ergebnis dazu, dass bestehende Gesundheitsrisiken verharmlost würden und der Verbraucher dadurch zu einem Tabakkonsum verleitet werden könnte, von 126

315 EuGH, Rs. C-376/98 (Bundesrepublik Deutschland/Parlament und Rat), Slg 2000, I-8419, Rn 109 ff.

316 EuGH, Rs. C-376/98 (Bundesrepublik Deutschland /Parlament und Rat), Slg 2000, I-8419, Rn 117.

317 Vorschlag für eine RL des Europäischen Parlaments und des Rates zur Angleichung der Rechts- und Verwaltungsvorschriften der Mitgliedstaaten über Werbung und Sponsoring zugunsten von Tabakerzeugnissen vom 30. Mai 2001, KOM (2001) 283 endg.

318 RL 2003/33/EG des Europäischen Parlaments und des Rates vom 26. Mai 2003 zur Angleichung der Rechts- und Verwaltungsvorschriften der Mitgliedstaaten über Werbung und Sponsoring zugunsten von Tabakerzeugnissen, ABl. 2003 Nr. L 152/16, berichtigt ABl. 2004 Nr. L 67/34.

319 Vgl EGr. 12. Krit. dazu *Dauses*, EuZW 2001, 577. Daneben hat der Rat eine Empfehlung vom 2. Dezember 2002 zur Prävention des Rauchens und für Maßnahmen zur gezielteren Eindämmung des Tabakkonsums ausgesprochen, ABl. 2003 Nr. L 22/31.

320 EuGH, Rs. C-380/03 (Bundesrepublik Deutschland/Parlament und Rat), Slg 2006, I-11573.

321 BGBl. 2006, I S. 3365.

322 BGH, 13.7.2006 – I ZR 234/03 (Warnhinweis II), GRUR 2006, 953.

323 BGH, 25.11.1993 – I ZR 259/91 (Warnhinweis I), GRUR 1994, 219.

dem er bei einem zugleich erfolgten Warnhinweis abgesehen hätte.[324] Dem mag im Ergebnis aus gesundheits- und gesellschaftspolitischen Gründen zuzustimmen sein;[325] die Verortung der Begründung in § 4 Nr. 1 UWG vermag indes nicht zu überzeugen. Der durch jene Vorschrift geschützte Entscheidungsprozess wird durch das Unterlassen von Warnhinweisen nicht berührt. Durch die Verharmlosung von Gesundheitsrisiken wird allenfalls die Entscheidungsgrundlage betroffen.

X. Verordnung über nährwert- und gesundheitsbezogene Angaben über Lebensmittel 2006

127 Am 19. Januar 2007 ist die Verordnung über gesundheitsbezogene Angaben[326] in Kraft getreten, die europaweit einheitliche Regeln für die Verwendung nährwert- und gesundheitsbezogener Angaben bei Lebensmitteln einführt.[327] Zweck der Verordnung ist nach ihrem Art. 1 Abs. 1 neben der Gewährleistung des Funktionierens des Binnenmarktes vor allem ein hohes Verbraucherschutzniveau im Hinblick auf Ernährungsfragen. Die Verbraucher sollen dazu animiert werden, sich „richtig", also gesund zu ernähren, um durch Fehlernährung ausgelöste Gesundheitsrisiken zu vermeiden.[328] Dazu regelt die Verordnung die Zulässigkeit nährwert- und gesundheitsbezogener Angaben im Rahmen von Werbemaßnahmen und auf Etiketten.

128 Die Verordnung über gesundheitsbezogene Angaben ist Teil eines verzweigten Systems von Vorschriften über den Vertrieb von Lebensmitteln. So verweist Art. 1 Abs. 5 VO Nr. 1924/2006auf verschiedene Richtlinien und ihnen nachfolgende Rechtsakte, die teilweise speziellere Regelungen enthalten.[329] Außerdem wurde zeitgleich mit der Verordnung über gesundheitsbezogene Angaben eine weitere Verordnung erlassen, die den Zusatz von Vitaminen und Mineralstoffen zu Lebensmitteln regelt.[330] Insbesondere die Verordnung über gesundheitsbezogene Angaben löste indes eine kontroverse Diskussion aus: Die Kritiker bezweifeln bereits die Gesetzgebungskompetenz der Gemeinschaft und halten die Verordnung für das falsche Regelungsinstrument.[331] Die gewichtigste inhaltliche Kritik knüpft an einen vermeintlichen Verstoß gegen das primäre materielle Recht, insbesondere die Warenverkehrsfreiheit.[332] Schließlich wurde der Wechsel der Verfahrensweise ange-

---

324 BGH, 13.7.2006 – I ZR 234/03 (Warnhinweis II), GRUR 2006, 953, 954.

325 Vgl in diese Richtung *Leistner*, S. 130.

326 VO (EG) Nr. 1924/2006 des Europäischen Parlaments und des Rates vom 20. Dezember 2006 über nährwert- und gesundheitsbezogene Angaben über Lebensmittel, ABl. 2006 Nr. L 404/9, berichtigt ABl. 2009 Nr. L 198/87 und ABl. 2013 Nr. L 160/15, zuletzt geändert durch VO (EU) 1047/2012, ABl. Nr. L 310/36.

327 Vgl dazu Harte/Henning/*v. Jagow*, Einl. I, Rn 15 ff.

328 *Buchner/Rehberg*, GRUR Int. 2007, 394, 395.

329 VO (EU) Nr. 609/2013 des Europäischen Parlaments und des Rates vom 12. Juni 2013 über Lebensmittel für Säuglinge und Kleinkinder, Lebensmittel für besondere medizinische Zwecke und Tagesrationen für gewichtskontrollierende Ernährung und zur Aufhebung der Richtlinie 92/52/EWG des Rates, der Richtlinien 96/8/EG, 1999/21/EG, 2006/125/EG und 2006/141/EG der Kommission, der Richtlinie 2009/39/EG des Europäischen Parlaments und des Rates sowie der Verordnungen (EG) Nr. 41/2009 und (EG) Nr. 953/2009 des Rates und der Kommission, ABl. 2013 Nr. L 181/35; RL 80/777/EWG des Rates vom 15. Juli 1980 zur Angleichung der Rechtsvorschriften der Mitgliedstaaten über die Gewinnung von und den Handel mit natürlichen Mineralwässern ABl. 1980 Nr. L 229/1, aufgehoben durch RL 2009/54/EG des Europäischen Parlaments und des Rates vom 18. Juni 2009 über die Gewinnung von und den Handel mit natürlichen Mineralwässern (Neufassung), ABl. 2009 Nr. L 164/45; RL 98/83/EG des Rates vom 3. November 1998 über die Qualität von Wasser für den menschlichen Gebrauch, ABl. 1998 Nr. L 330/32, berichtigt ABl. 2009 Nr. L 45/55, zuletzt geändert durch VO (EG) Nr. 596/2009, ABl. 2009 Nr. L 188/14, berichtigt ABl. 2012 Nr. L86/25, geändert durch VO (EU) Nr. 1169/2011, ABl. 2011 Nr. L 304/18; RL 2002/46/EG vom 10. Juni 2002 zur Angleichung der Rechtsvorschriften der Mitgliedstaaten über Nahrungsergänzungsmittel, ABl. 2002 Nr. L 183/51, zuletzt geändert durch VO (EU) Nr. 1161/2011, ABl. 2011 Nr. L 296/29.

330 VO (EG) Nr. 1925/2006 des Europäischen Parlaments und des Rates vom 20. Dezember 2006 über den Zusatz von Vitaminen und Mineralstoffen sowie bestimmten anderen Stoffen zu Lebensmitteln, ABl. 2006 Nr. L 404/26, berichtigt ABl. 2008 Nr. L 50/71, zuletzt geändert durch VO (EU) Nr. 1169/2011, ABl. 2011 Nr. L 304/18.

331 *Hüttebräuker*, WRP 2004, 188, 193 f mwN.

332 *Loosen*, ZLR 2006, 521, 522; *Meisterernst/Haber*, WRP 2007, 363, 365; *v. Danwitz*, ZLR 2005, 201, 222, 223. Letzerer bezieht sich noch auf die ursprüngliche Fassung, allerdings blieben die von ihm kritisierten Punkte zumindest in Grundzügen erhalten.

griffen: Bislang war die Verwendung von nährwert- und gesundheitsbezogenen Angaben bei Lebensmitteln grundsätzlich erlaubt, und es fand eine nachträgliche Kontrolle statt. Die Verordnung führt in Art. 10 Abs. 1 das System des präventiven Verbots mit Erlaubnisvorbehalt ein, wobei die Art. 13 ff verschiedene Arten des Genehmigungsverfahrens vorsehen.[333] Insbesondere die Einzelzulassung stellt den Verwender vor größere Schwierigkeiten. Um eine solche zu erlangen, muss unter anderem dargelegt werden, dass eine gesundheitsbezogene Angabe die Anforderungen der Verordnung erfüllt, Art. 15 Abs. 3 lit. c VO Nr. 1924/2006.[334]

Gleichzeitig wurden die materiellen Voraussetzungen für die Zulässigkeit von nährwert- und gesundheitsbezogenen Angaben erhöht. Bisher galt „nur" ein Irreführungsverbot unter Zugrundelegung des in der Rechtsprechung des EuGH entwickelten Modelladressaten. Die Verordnung regelt nunmehr im Einzelnen, wann eine Angabe erlaubt ist (vgl Art. 8 Abs. 1 VO Nr. 1924/2006). Unter anderem ist die Nachprüfbarkeit der Angaben nach anerkannten wissenschaftlichen Erkenntnissen erforderlich. Die Zulässigkeit solcher Angaben richtet sich darüber hinaus nach Nährwertprofilen, aufgrund derer die einzelnen Produkte eingeteilt werden. Die Profile sollten durch die Kommission bis zum 19. Januar 2009 festgelegt werden, Art. 4 Abs. 1 VO Nr. 1924/2006. Lebensmittel ohne ein bestimmtes (erwünschtes) Nährwertprofil, zu denken ist an Süßwaren, Snacks mit hohem Salz- und Fettgehalt, Kekse und Kuchen, dürfen im Grundsatz – die Ausnahmen regelt Art. 4 Abs. 2 VO Nr. 1924/2006 – gar keine nährwert- und gesundheitsbezogenen Angaben enthalten. Damit werden auch Angaben unzulässig, die für sich betrachtet der Wahrheit entsprächen. Diese Einschränkung der Meinungsäußerungsfreiheit kann auch unter lauterkeitsrechtlicher Perspektive gerechtfertigt werden: Ein Produkt soll nicht mit einem für sich genommen zutreffenden Aspekt beworben werden, der auf eine gesunde Ernährung hindeutet, wenn die Ware tatsächlich insgesamt als gesundheitsgefährdend eingestuft werden muss (zB „enthält Vitamin C" für Biskuits mit Orangenmarmelade). Auch wahre Angaben können irreführend sein. Die Veröffentlichung der Nährwertprofile wurde aufgrund starken politischen Widerstands verschoben; ein Ende der Arbeiten ist bis heute nicht absehbar.[335] Nach Inkrafttreten der Lebensmittelinformationsverordnung (vgl dazu unten Rn 130) sind die Profile jedoch kaum noch erforderlich. Im selben Zusammenhang steht der zentrale Vorwurf, an welchen der vermeintliche Verstoß gegen das Primärrecht geknüpft wird, dem Verbraucher werde zu wenig Eigenverantwortung abverlangt.[336] Betroffen ist das Spannungsverhältnis zwischen Informationsbedarf[337] und Verbraucherentmündigung.[338] Zugegebenermaßen lässt sich das der Verordnung zugrundegelegte Regelungsbedürfnis nicht ohne weiteres mit dem vom EuGH entwickelten Verbraucherleitbild vereinbaren.[339] Zu berücksichtigen ist jedoch, dass das im Rahmen der *Cassis*-Rechtsprechung zu den Grundfreiheiten 129

333 Nach Art. 13 VO Nr. 1924/2006ist für bestimmte Angaben die allgemeine Zulassung möglich. Die betreffenden Angaben werden in einer Liste aufgeführt, die am 16. Mai 2012 als Verordnung (EU) Nr. 432/2012 der Kommission zur Festlegung einer Liste zulässiger anderer gesundheitsbezogener Angaben über Lebensmittel als Angaben über die Reduzierung eines Krankheitsrisikos sowie die Entwicklung und die Gesundheit von Kindern, ABl. 2012 Nr. L 136/1, zuletzt geändert durch VO (EU) Nr. 851/2013, ABl. 2013 Nr. L 235/3, erlassen wurde. Weiter gibt es die Möglichkeit der Einzelzulassung gemäß Art. 15 und ein beschleunigtes Zulassungsverfahren gem. Art. 17 VO Nr. 1924/2006.

334 *v. Danwitz*, GRUR 2005, 896, 901, weist zutreffend darauf hin, dass zu den allgemeinen Beweisproblemen der Zulassungsfähigkeit auch die geforderten Formulierungsvorschläge in allen Mitgliedsprachen Schwierigkeiten bereiten dürften.

335 Vgl USDA, Nutrition & Health Claims, Stand: 2.8.2013, <http://www.usda-eu.org/trade-with-the-eu/eu-import-rules/nutrition-health-claims/> (site zul. besucht am 28.3.2014).

336 Zum Teil wird von Vorzensur oder Überreglementierung gesprochen, vgl *Buchner/Rehberg*, GRUR Int. 2007, 394, die einen Teil der diesbezüglichen Kritik zusammengefasst haben. Es handelt sich um einen der wenigen Versuche deutscher Autoren, die Verordnung zu rechtfertigen.

337 *Buchner/Rehberg*, GRUR Int. 2007, 394, 396.

338 *v. Danwitz*, ZLR 2005, 201.

339 Es ist bezeichnend, dass der EuGH ein absolutes, von einer Irreführungsgefahr unabhängiges, Verbot, bestimmte Angaben über das „Schlankerwerden" oder „ärztliche Empfehlungen" in die Werbung für Lebensmittel aufzunehmen, als nicht gerechtfertigte Verletzung der Warenverkehrsfreiheit betrachtet hat, EuGH, Rs. C-239/02 (Douwe Egberts), Slg 2004, I-7007, Rn 59.

entwickelte Verbraucherleitbild das Ergebnis einer Abwägung der konkurrierenden Allgemeininteressen an Wettbewerbsintensivierung durch Marktintegration einerseits und Verbraucherschutz bzw Schutz des Wettbewerbs gegen Verfälschungen durch Irreführung andererseits darstellt. Eine solche ist notwendig, solange ein Rechtsgebiet nur teilharmonisiert ist. Das erklärt, weshalb der EuGH im Anwendungsbereich der Irreführungsrichtlinie auf denselben Modelladressaten zurückgegriffen hat.[340] Sobald aber eine Vollharmonisierung des Rechtsgebiets vorgenommen wird, muss dem Ziel der Marktintegration nicht mehr im Rahmen der Bestimmung des Modelladressaten Rechnung getragen werden. Insofern ist ein anderer Zugang rechtspolitisch legitim.[341] Überdies ist zu berücksichtigen, dass diese Verordnung – anders als das Lauterkeitsrecht im Allgemeinen – weniger die wirtschaftlichen Interessen der Verbraucher als das Allgemeininteresse an gesunder Ernährung schützt. Auch vor diesem Hintergrund kann die Verwendung unterschiedlicher Schutzstandards und eines patriarchalischeren Regelungszugangs gerechtfertigt werden. Einen Verstoß gegen höherrangiges Primärrecht kann die Zugrundelegung eines anderen Verbraucherleitbildes bereits deshalb nicht begründen, weil die *Cassis*-Doktrin, in deren Rahmen die Abwägung mit zwingenden Erfordernissen des Verbraucherschutzes und das Verbraucherleitbild entwickelt wurden, nur in Ermangelung gemeinschafts- bzw unionsrechtlicher Harmonisierung auf Maßnahmen der mitgliedstaatlichen Rechtsordnungen Anwendung findet, die, ohne Diskriminierungen zu begründen, den zwischenstaatlichen Handel behindern. Vorliegend handelt es sich aber gerade um eine Harmonisierungsmaßnahme, die ihrerseits allein an Art. 34 AEUV als Diskriminierungsverbot zu messen ist. Eine weitergehende Kontrolle der Reichweite unionsrechtlicher Werbebeschränkungen könnte allein – und müsste! – über die Unionsgrundrechte erfolgen. Wo der materielle Schutzzweck harmonisierender Sekundärrechtsakte nicht berührt ist, sollten abstrakte Verbote im Wege EU-grundrechtskonformer Auslegung eingeschränkt werden. Diesbezüglich legt der EuGH jedoch überaus große Zurückhaltung an den Tag.[342] Eine direkte Verknüpfung der Verordnung über gesundheitsbezogene Angaben mit dem nationalen Lauterkeitsrecht ist über § 4 Nr. 11 UWG gegeben, da demnach eine unlautere Handlung iSd § 3 UWG vorliegt, wenn sie gegen eine gesetzliche Vorschrift verstößt, die auch dazu bestimmt ist, im Interesse der Marktteilnehmer das Marktverhalten zu regeln.[343]

XI. Lebensmittelinformationsverordnung 2011

130 Im Jahr 2011 wurde die **Lebensmittelinformationsverordnung** Nr. 1169/2011[344] erlassen. In ihren wesentlichen Teilen gilt sie gem. Art. 55 seit dem 13. Dezember 2014 und ersetzt zu diesem Zeitpunkt unter anderem die ältere Etikettierungsrichtlinie[345] und bestehende nationalen Vorschriften wie die deutsche Lebensmittel-Kennzeichnungsverordnung (LMKV). Sie verpflichtet die Unternehmen, Lebensmittel nur mit folgenden Angaben in den Verkehr zu bringen: Angaben über die Bezeichnung des Lebensmittels, das Verzeichnis der Zutaten, bestimmte Zutaten und Verarbei-

340 EuGH, Rs. C-129/91 (Nissan), Slg 1992, I-131.

341 Vgl bereits *Beater*, GRUR Int. 2000, 963, 973; *Glöckner*, Europäisches Lauterkeitsrecht, S. 486; MüKo-UWG/*Leible*, EG A, Rn 123.

342 Vgl EuGH, Urteil v. 6.9.2012, Rs. C-544/10 (Deutsches Weintor), noch nicht in Slg, Rn 43 ff: Bezeichnung eines feststellbar säurearmen und deshalb magenfreundlicheren Weißweins als „bekömmlich" unzulässig wegen Verstoßes gegen Art. 4 Abs. 3 VO (EG) Nr. 1924/2006; EuGH, Urteil v. 18.10.2012, Rs. C-428/11 (Purely Creative), noch nicht in Slg, Rn 54: Werbung mit als „gratis" beworbenen Warengewinnen Verstoß gegen Nr. 1 Anh. I UGP-RL, weil für deren Inanspruchnahme evtl. Portokosten (ohne Mehrwertdienste) anfallen.

343 *Jung*, WRP 2007, 389, 397.

344 VO (EU) Nr. 1169/2011 des Europäischen Parlaments und des Rates vom 25. Oktober 2011 betreffend die Information der Verbraucher über Lebensmittel und zur Änderung der Verordnungen (EG) Nr. 1924/2006 und (EG) Nr. 1925/2006 des Europäischen Parlaments und des Rates und zur Aufhebung der Richtlinie 87/250/EWG der Kommission, der Richtlinie 90/496/EWG des Rates, der Richtlinie 1999/10/EG der Kommission, der Richtlinie 2000/13/EG des Europäischen Parlaments und des Rates, der Richtlinien 2002/67/EG und 2008/5/EG der Kommission und der Verordnung (EG) Nr. 608/2004 der Kommission, ABl. 2011 Nr. L 304/18.

345 RL 2000/13/EG des Europäischen Parlaments und des Rates vom 20. März 2000 zur Angleichung der Rechtsvorschriften der Mitgliedstaaten über die Etikettierung und Aufmachung von Lebensmitteln sowie die Werbung hierfür, ABl. 2000 Nr. L 109/29.

tungshilfsstoffe, die Allergien und Unverträglichkeiten auslösen, die Menge bestimmter Zutaten oder Klassen von Zutaten, die Nettofüllmenge des Lebensmittels, das Mindesthaltbarkeitsdatum oder das Verbrauchsdatum, gegebenenfalls besondere Anweisungen für Aufbewahrung und/oder Anweisungen für die Verwendung, Name oder Firma und Anschrift des Lebensmittelunternehmers, Ursprungsland oder Herkunftsort, wo dies vorgesehen ist, eine Gebrauchsanleitung, falls es schwierig wäre, das Lebensmittel ohne eine solche angemessen zu verwenden, für Getränke mit einem Alkoholgehalt von mehr als 1,2 Volumenprozent die Angabe des vorhandenen Alkoholgehalts in Volumenprozent sowie eine Nährwertdeklaration. Im Übrigen bestehen zahlreiche produktbezogene Informationspflichten.

XII. Dienstleistungsrichtlinie 2006

Als Teil der Ausführung der sogenannten Lissabon-Strategie[346] sollte die Dienstleistungsrichtlinie[347] mithelfen, die Ziele dieser Strategie zu erreichen, namentlich dazu beitragen, Arbeitsplätze zu schaffen und die **Wettbewerbsfähigkeit bzw. Produktivität zu steigern.** Um diese Ziele verfolgen zu können, müssten auch auf dem Dienstleistungsmarkt – der diesbezüglich bisher eher stiefmütterlich behandelt wurde – **Beschränkungen des Freiverkehrs iSd Art. 56 AEUV abgebaut** und dadurch der Dienstleistungsverkehr zwischen den Mitgliedstaaten vereinfacht werden. 131

Eine werberelevante Regelung findet sich in Art. 24 Abs. 1 DienstleistungsRL, mit der die Mitgliedstaaten verpflichtet werden, **sämtliche absoluten Werbeverbote für reglementierte Berufe aufzuheben.** Inhaltliche Anforderungen an die Werbung durch **berufsrechtliche Regelungen** bleiben zulässig, Art. 24 Abs. 2 DienstleistungsRL. Sie werden aber einem **Rechtfertigungsvorbehalt** unterworfen,[348] dh sie müssen nicht-diskriminierend, durch einen zwingenden Grund des Allgemeininteresses gerechtfertigt und verhältnismäßig sein. Absolute Werbeverbote für freie Berufe bestehen in Deutschland schon seit längerem nicht mehr, so dass das deutsche Recht insoweit mit Art. 24 Abs. 1 vereinbar ist.[349] Ein Umsetzungsbedarf könnte sich angesichts der vielfältigen berufsrechtlichen Werbebeschränkungen aber aus dem recht strengen[350] Rechtfertigungsvorbehalt in Art. 24 Abs. 2 DienstleistungsRL ergeben.[351] Vor diesem Hintergrund wird etwa das **Verbot der Einzelfallwerbung** für Steuerberater (§ 57a StBerG) und Rechtsanwälte (§ 43b BRAO) als **überprüfungsbedürftig** angesehen.[352] Obwohl die Bundesrechtsanwaltsordnung und das Steuerberatergesetz bereits zum Gegenstand von Umsetzungsmaßnahmen gemacht wurden,[353] blieb das Verbot der Einzelfallwerbung bislang unangetastet. 132

346 Die Lissabon-Strategie bezeichnet eine Agenda, die auf einem Sondergipfel der Staats- und Regierungschefs der EU beschlossen wurde. Nach dieser sollte neben den bereits erwähnten Zielen auch eine soziale Komponente verfolgt werden. Alles in allem war das angestrebte Ziel, die Union bis zum Jahr 2010 zum „wettbewerbsfähigsten und dynamischsten wissensbasierten Wirtschaftsraum" zu machen. Nachdem die Kernziele der Lissabon-Strategie indes nicht erreicht wurden, vgl dazu das Arbeitsdokument der Kommission zur Bewertung der Lissabon-Strategie, SEK (2010) 114 endg., S. 3, wurde zur Bewältigung der globalen Wirtschafts- und Finanzkrise die Wachstumsstrategie „Europa 2020" verabschiedet, vgl die Schlussfolgerungen des Europäischen Rates vom 17.6.2010, EUCO 13/10, S. 1; zu Europa 2020 vgl die Mitteilung der Kommission zu Europa 2020, KOM (2010) 2020 endg.

347 RL 2006/123/EG des Europäischen Parlaments und des Rates vom 12. Dezember 2006 über Dienstleistungen im Binnenmarkt, ABl. 2006 Nr. L 376/36. Ausführlich zur Dienstleistungsrichtlinie und ihrem Verhältnis zur UGP-Richtlinie Harte/Henning/*Glöckner*, Einl B, Rn 118 ff; MüKo-UWG/*Glöckner*, EG C, Rn 4 ff.

348 Schlachter/Ohler/*Leible*, Art. 24 Rn 1.

349 Dies betrifft auch das Werbeverbot für Notare gem. § 29 BNotO, da die Tätigkeit der Notare gem. Art. 2 Abs. 2 lit. l aus dem Anwendungsbereich der Dienstleistungsrichtlinie ausgenommen ist, Schlachter/Ohler/*Leible*, Art. 24 Rn 15.

350 Wie ein Vergleich mit der Rechtsprechung des BVerfG zu Art. 12 Abs. 1 GG zeigt, *Köhler*, DStR 2011, 428; *Köhler*, in: Köhler/Bornkamm, § 4 Rn 11.84.

351 Schlachter/Ohler/*Leible*, Art. 24 Rn 15.

352 *Köhler*, DStR 2011, 428, 430; vgl *Köhler*, in: Köhler/Bornkamm, § 4 Rn 11.84, 11.96; aA wohl *Hatje*, NJW 2007, 2357, 2363, der das anwaltliche Werberecht in Deutschland für richtlinienkonform erachtet.

353 Vgl Art. 1 und 5 des Gesetzes zur Umsetzung der Dienstleistungsrichtlinie in der Justiz und zur Änderung weiterer Vorschriften, BGBl. 2010, I S. 2248.

C. Partielle Vollharmonisierung durch die Richtlinie über unlautere Geschäftspraktiken

I. Entwicklung

133 Die Harmonisierung des Lauterkeitsrechts war traditionell federführend von der Generaldirektion Binnenmarkt („DG MARKT") betrieben worden. Sie hatte nach dem Scheitern der Gesamtharmonisierungsbemühungen in den Jahren 1996 und 1998 ein Grünbuch[354] sowie ein Folgedokument[355] über kommerzielle Kommunikationen vorgelegt, und darin einen neuen Regulierungsansatz entwickelt. Auf diesen Arbeiten baute nicht zuletzt ein (Geänderter) Vorschlag für eine Verordnung über Verbrauchsförderungsmaßnahmen auf.[356]

134 Für die jüngeren Entwicklungen der Europäischen Gesetzgebung zeichnet demgegenüber die Generaldirektion Gesundheit und Verbraucherschutz („DG SANCO") verantwortlich. 1999 setzten Bestrebungen ein, die Haustürgeschäfterichtlinie[357] zu reformieren, um den bestehenden Verbraucherschutz durch die Gewährung eines Widerrufsrechts mit strukturell lauterkeitsrechtlichen Verhaltensregeln zu ergänzen.[358] Im Jahr 2000 nahm die DG SANCO ein weitergehendes Vorhaben in Angriff und beauftragte das Institut für Europäisches Wirtschafts- und Verbraucherrecht e.V. mit einer Studie über die **Realisierbarkeit eines allgemeinen Rechtsrahmens zur Lauterkeit im Handelsverkehr,** die unter der Federführung von *Hans-W. Micklitz* im November 2000 erstellt wurde.[359] Im Hintergrund der Studie sind einerseits die internationalen Entwicklungen – insbesondere die aus TRIPs resultierenden Verpflichtungen – zu erkennen. Andererseits geht die Studie auf „hausgemachte" Probleme des Europarechts zurück: Zunächst sollten die Schwierigkeiten behoben werden, die aus den divergierenden Standards bei der Anwendung der Irreführungsrichtlinie resultieren.[360] Vor allem aber sollte mit der Studie das Ziel verfolgt werden, die disparaten und nicht ganz widerspruchsfreien Regelungen, die auf unterschiedliche Weise ins Lauterkeitsrecht intervenieren (vgl dazu oben), durch ein kohärentes System zu ersetzen.

135 *Micklitz*' Studie mündete in einen Regulierungsvorschlag, der zwei Kernbestandteile hatte: Zunächst schlug *Micklitz* den Erlass einer **Rahmenrichtlinie** vor, die auf einer **Generalklausel** ruhte und nicht ausschließlich verbraucherrechtliche Ziele verfolgte, sondern der bereits in der Irreführungsrichtlinie niedergelegten **Schutzzwecktrias** verpflichtet war. Ergänzt werden sollte die Rahmenrichtlinie nach dem aus dem technischen Normenwesen bekannten Modell der **Ko-Regulierung** durch **Marketing Standards:** Handel, Industrie und Verbraucherverbände sollten ermutigt werden, Marketing Standards zu entwickeln, um die Generalklausel auszufüllen.[361] Diese Ko-Regulierung sollte sich allerdings von der überkommenen Selbstregulierung dadurch unterscheiden, dass die koregulatorischen Normen einem rechtlichen Rahmen untergeordnet sind. Der rechtliche Rahmen

---

354 Grünbuch der Kommission vom 8. Mai 1996, Kommerzielle Kommunikationen im Binnenmarkt, KOM (96) 192 endg.

355 Mitteilung der Kommission an den Rat, das Europäische Parlament und den Wirtschafts- und Sozialausschuss, Folgedokument zum Grünbuch über kommerzielle Kommunikationen im Binnenmarkt, KOM (98) 121 endg.

356 Mitteilung der Kommission, Verkaufsförderung im Binnenmarkt, vom 2.10.2001, KOM (2001) 546 endg.; Geänderter Vorschlag, KOM (2002) 585 endg. Vgl dazu im Einzelnen Harte/Henning/*Glöckner*, Einl. B, Rn 115 ff.

357 RL 85/577/EWG des Rates vom 20. Dezember 1985 betreffend den Verbraucherschutz im Falle von außerhalb von Geschäftsräumen geschlossenen Verträgen, ABl. 1985 Nr. L 372/31, aufgehoben durch RL 2011/83/EU, ABl. 2011 Nr. L 304/64.

358 Vgl dazu die Studie des Instituts für Europäisches Wirtschafts- und Verbraucherrecht e.V., Door-to-door selling – Pyramid selling – Multi level marketing, vom November 1999, bereitgehalten im Internet unter <http://ec.europa.eu/dgs/health_consumer/library/surveys/sur10_de.html> (site zul. besucht am 28.3.2014).

359 Die Studie ist unterteilt in drei Abschnitte. Band III dient der Bestandsaufnahme, Band II, <http://ec.europa.eu/consumers/cons_int/safe_shop/fair_bus_pract/green_pap_comm/studies/sur21_vol2_en.pdf> (site zul. besucht am 28.3.2014), als Brücke zum abschließenden Vorschlag mit Begründung, der in Band I präsentiert wird., vgl *Micklitz-Studie*, I, *<http://ec.europa.eu/consumers/cons_int/safe_shop/fair_bus_pract/green_pap_comm/studies/sur21_vol1_en.pdf>* (site zul. besucht am 28.3.2014), S. 3.

360 Micklitz-Studie, I, S. 12.

361 Micklitz-Studie, I, S. 60.

sollte aus mandatory requirements bestehen, die ihrerseits als Ausprägungen der Generalklausel verstanden werden sollten.[362]

136 Am 2. Oktober 2001 wurde ein **Grünbuch zum Verbraucherschutz in der Europäischen Union** verabschiedet.[363] Sein Titel ist an sich irreführend (in verschiedenen Publikationen wird es treffender als „Grünbuch über lautere Geschäftspraktiken" bezeichnet),[364] denn in der Sache zielt es allein auf die gemeinschaftsrechtliche Regelungen „in Sachen lauterer/guter Geschäftspraktiken".[365] Mit ihm sollte „eine breit angelegte Debatte darüber in Gang gesetzt werden, wie das Funktionieren des Binnenmarkts im B2C-Bereich,[366] dh Transaktionen zwischen gewerblichem Handel und Endverbrauchern, verbessert werden kann".[367] Das ist der Kommission gelungen, denn tatsächlich antworteten nicht weniger als 169 Organisationen auf das Grünbuch. Eine deutliche Mehrheit sprach sich für eine auf einer allgemeinen Generalklausel basierende Rahmenrichtlinie aus.[368]

137 Am 12. Juni 2005 trat die EG-Richtlinie 2005/29/EG über unlautere Geschäftspraktiken[369] (im Folgenden: UGP-Richtlinie, UGP-RL) in Kraft. Sie war bis zum 12.6.2007 umzusetzen und spätestens ab dem 12.12.2007 anzuwenden. Seit diesem Zeitpunkt bestand eine Pflicht zu richtlinienkonformer Auslegung des geltenden Rechts. Am 30.12.2008 trat das zur Umsetzung der UGP-Richtlinie erlassene Änderungsgesetz zum UWG in Kraft.

II. Inhalt

1. Anwendungsbereich

138 Der sachliche Geltungsbereich der Richtlinie wird von dem **weit gefassten Konzept der „lauteren Geschäftspraktiken"** bestimmt (Art. 3 Abs. 1 UGP-RL). Während die Richtlinie in der Fassung des ursprünglichen Vorschlags – anders als insbesondere die Irreführungsrichtlinie – allein dem Schutz der Verbraucher dienen sollte, Art. 1, 5 Abs. 2 2. Spiegelstr. des urspr. Vorschlags, wurde in der endgültigen Fassung klargestellt, dass die Richtlinie daneben mittelbar die wirtschaftlichen Interessen der Mitbewerber schützt, EGr. 6 S. 1, 8 S. 2 UGP-RL. Folgerichtig sollen auch Mitbewerber aktivlegitimiert sein, Art. 11 Abs. 1 UGP-RL. Allerdings konnten sich die durchaus zahlreichen Stimmen,[370] die einen umfassenden Anwendungsbereich der Richtlinie gefordert hatten, nicht durchsetzen: Erfasst wird nur verbrauchergerichtetes Marktverhalten der Unternehmen. Die erfassten Geschäftspraktiken müssen nämlich **unmittelbar mit der Absatzförderung, dem Verkauf oder der Lieferung eines Produkts an Verbraucher zusammenhängen (EGr. 8 S. 1, Art. 2 lit. d, 3 Abs. 1 UGP-RL).**

139 Die gegen den ursprünglichen Vorschlag gerichtete, grundlegende Kritik, dass ein solcher trennender Zugang **die wesensmäßige Verknüpfung von Verbraucher- und Wettbewerberinteressen im**

362 Micklitz-Studie, I, S. 61.

363 Grünbuch zum Verbraucherschutz in der Europäischen Union vom 2. Oktober 2001, KOM (2001) 531 endg.

364 ZB Pressemitteilung vom 2. Oktober 2001, IP/01/1354.

365 Grünbuch zum Verbraucherschutz in der Europäischen Union vom 2. Oktober 2001, KOM (2001) 531 endg., S. 2.

366 Dotcom-deutsch für: „business-to-consumer", d. Verf.

367 Pressemitteilung vom 2. Oktober 2001, IP/01/1354.

368 Mitteilung der Kommission vom 11.6.2002, Folgemaßnahmen zum Grünbuch über Verbraucherschutz in der EU, KOM (2002) 289 endg., S. 2.

369 RL 2005/29/EG des Europäischen Parlaments und des Rates über unlautere Geschäftspraktiken von Unternehmen gegenüber Verbrauchern im Binnenmarkt und zur Änderung der RL 84/450/EWG des Rates, der Richtlinien 97/7/EG, 98/27/EG und 2002/65/EG des Europäischen Parlaments und des Rates sowie der VO (EG) Nr. 2006/2004 des Europäischen Parlaments und des Rates (Richtlinie über unlautere Geschäftspraktiken), ABl. 2005 Nr. L 149/22, berichtigt ABl. 2009 Nr. L 253/18.

370 Vgl Österreichische Stellungnahme zum Grünbuch Verbraucherschutz in der EU, <http://ec.europa.eu/consumers/policy/developments/fair_comm_pract/responses/governments/austria_de.pdf> (site zul. besucht am 28.3.2014); Stellungnahme der Bundesregierung zum Grünbuch der Europäischen Kommission zum Verbraucherschutz in der Europäischen Union v. 28.1.2002, <http://ec.europa.eu/consumers/policy/developments/fair_comm_pract/responses/governments/germany_de.pdf> (site zul. besucht am 28.3.2014).

Wettbewerb[371] **ignoriere**, wurde zwar gehört. Tatsächlich hat selbst Wettbewerbsverhalten gegenüber Nicht-Verbrauchern wie etwa die individuelle Behinderung oder die Ausbeutung Auswirkungen auf den Wettbewerb und damit letztlich für die Verbraucher, ebenso wie in entgegengesetzter Richtung Wettbewerbsverhalten gegenüber Verbrauchern wie etwa Irreführungen oder aggressive Werbung wegen der damit verbundenen Bedarfsumleitung die Wettbewerber schädigt.

140 In der verabschiedeten Fassung wurde demgemäß die wesensimmanente Verknüpfung der betroffenen Interessen ausdrücklich anerkannt (EGr. 6 S. 1, EGr. 8 UGP-RL) und den Mitbewerbern die Klagebefugnis erteilt (Art. 11 Abs. 1 UGP-RL: „einschließlich Mitbewerbern“). Mittelfristig soll die im B2B-Bereich nach wie vor bestehende Rechtsspaltung durch weitergehende Harmonisierungsbemühungen beseitigt werden (vgl EGr. 8 S. 3 UGP-RL). In diesem Zusammenhang ist ein Richtlinienvorschlag über den Schutz von Geschäftsgeheimnissen bis ins Stadium des Gemeinsamen Standpunktes des Rates gelangt.[372] Weitere Aktivitäten gelten den unlauteren Handelspraktiken zwischen Unternehmen in der Lebensmittelversorgungskette.[373] Die vorerst eintretende Rechtsspaltung führt allerdings zum Fortgelten der oben unter A., B. dargestellten Grundsätze für den B2B-Bereich.

141 Unbefriedigend bleibt aber der mit einer solchen Beschränkung des Anwendungsbereichs zugrundeliegende Zugang,[374] weil zumindest eines der Regelungsziele der UGP-Richtlinie, nämlich die „Vereinfachung der bestehenden Vorschriften und, soweit möglich, Entreglementierung als prioritäres Anliegen“,[375] aufgegeben wurde: Durch die Beschränkung des gegenständlichen Anwendungsbereichs der Richtlinie kann es zu einer **weiteren Rechtsspaltung** im Recht des unlauteren Wettbewerbs kommen, wenn die Mitgliedstaaten die Richtlinie nicht überschießend umsetzen, wie es etwa in Deutschland geschehen ist: An die Stelle der unterschiedlichen Behandlung nationaler und europäischer Sachverhalte auf der Grundlage der Negativ-Integration durch die Grundfreiheiten und der unterschiedlichen Behandlung von Offline- und Online-Marketing auf der Grundlage der Richtlinie über den elektronischen Geschäftsverkehr tritt die Verschiedenheit der Regelungen des Wettbewerbsverhaltens gegenüber Verbrauchern im Verhältnis zum Wettbewerbsverhalten gegenüber gewerblich tätigen Abnehmern.[376] Die damit einhergehende Rechtsspaltung ist insoweit umso überflüssiger, als die Irreführungsrichtlinie zum Schutz gewerblicher Adressaten fortbesteht.

142 Immerhin scheint die Praxis des EuGH die negativen Folgen dieser Trennung zumindest partiell zu überwinden. Sie macht sich eine **unzureichende Anpassung des Anwendungsbereichs der UGP-Richtlinie**, der auf eine Handlung eines Gewerbetreibenden abstellt, die unmittelbar mit der Absatzförderung an Verbraucher zusammenhängt (vgl Art. 3 Abs. 1 iVm Art. 2 lit. d) **mit ihrem begrenzten Regelungszweck**, allein solche Rechtsvorschriften der Mitgliedstaaten zu harmonisieren, die geschäftliche Handlungen regeln, die wirtschaftliche Interessen der Verbraucher unmittelbar schädigen, vgl EGr. 6 S. 1, zunutze. Dieser begrenzte Harmonisierungszweck wurde vom EuGH in einer Entscheidung zum belgischen Koppelungsverbot geflissentlich übersehen. In der Entscheidung *VTB* hat der EuGH entschieden, dass auch Kopplungsangebote aufgrund der Anzie-

371 *Henning-Bodewig/Schricker*, GRUR Int. 2002, 319, 320; *Köhler/Bornkamm/Henning-Bodewig*, WRP 2002, 1317, 1324; *Gamerith*, WRP 2003, 143, 162.

372 Vorschlag für eine Richtlinie des Europäischen Parlaments und des Rates über den Schutz vertraulichen Know-hows und vertraulicher Geschäftsinformationen (Geschäftsgeheimnisse) vor rechtswidrigem Erwerb sowie rechtswidriger Nutzung und Offenlegung, KOM [2013] 813 endg.; Rat der EU v. 19.5.2014, 9870/14, Interinstitutional File 2013/0402 (COD).

373 Vgl Mitteilung der Kommission v. 15.07.2014 an das Europäische Parlament, den Rat, den Europäischen Wirtschafts- und Sozialausschuss und den Ausschuss der Regionen: Gegen unlautere Handelspraktiken zwischen Unternehmen in der Lebensmittelversorgungskette, KOM [2014] 472 final.

374 Zur Kritik vgl bereits *Henning-Bodewig/Schricker*, GRUR Int. 2002, 319, 320; *Gamerith*, WRP 2003, 143, 162; ausf. *ders.*, WRP 2005, 391, 413.

375 Mitteilung der Kommission vom 11.6.2002, Folgemaßnahmen zum Grünbuch über Verbraucherschutz in der EU, KOM (2002) 289 endg., S. 10.

376 *Henning-Bodewig/Schricker*, GRUR Int. 2002, 319, 320; *Henning-Bodewig*, GRUR 2002, 389, 396; *dies.*, in: FS Tilmann, S. 149, 157; GRUR Stellungnahme Grünbuch Verbraucherschutz, GRUR 2002, 408, 410; *Bakardjieva Engelbrekt*, S. 611.

hungskraft, die sie auf Verbraucher ausüben, als Geschäftsstrategie anzusehen sind, deshalb unmittelbar mit der Absatzförderung und dem Verkauf zusammenhängen und damit dem Anwendungsbereich der Richtlinie unterfallen.[377] Damit ist als Bezugspunkt der Unmittelbarkeit jedenfalls nach der Rechtsprechung des EuGH allein maßgeblich, ob die Geschäftspraktik gegenüber den Verbrauchern unmittelbar ausgeübt wird,[378] nicht jedoch ob wirtschaftliche Verbraucherinteressen unmittelbar geschädigt werden. Verbraucherinteressen wurden in dem der Entscheidung *VTB* zugrundeliegenden Ausgangsverfahren nämlich nicht – jedenfalls nicht unmittelbar – beeinträchtigt, da die Verbraucher ohne weitere Kosten auf einem hochtransparenten Markt für das Hauptprodukt (Benzin) eine in ihrem Wert ebenfalls gut einzuschätzende Zusatzleistung erhielten. Es ist daher nicht auszuschließen, dass die UGP-Richtlinie auf eine Vielzahl von Geschäftspraktiken angewendet wird, die klassischerweise als mitbewerberbezogene Fallgruppen unlauteren Wettbewerbs betrachtet werden: Auf die Vermarktung von Produktnachahmungen weisen die Begründungserwägungen der UGP-Richtlinie selbst hin – allerdings steht hier ein direkter Verbraucherschaden über die Begründung einer Verwechslungsgefahr im Raum. Doch auch die bloß rufausbeutende Produktnachahmung ohne Begründung einer Herkunftstäuschung, vgl § 4 Nr. 9 lit. b 1. Alt. UWG, praktisch alle Maßnahmen der Preisgestaltung gegenüber Verbrauchern, wie zB Koppelungspraktiken, der Preiskampf in Vernichtungsabsicht, der Verkauf unter Einstandspreis sowie Rechtsverstöße im Zusammenhang mit lediglich direkt an Verbraucher gerichteten Geschäftspraktiken werden nach der Logik der Entscheidung in der Rechtssache *VTB* erfasst.[379] Diese Praxis wurde zunächst in den Entscheidungen *Plus,*[380] *Mediaprint*[381], *Wamo*[382] und *Euronics*[383] bestätigt. In der Vorabentscheidung *RLvS*[384] war wohl der offensichtliche Grundrechtsbezug maßgeblich für die Zurückhaltung des EuGH, gesponserte redaktionelle Beiträge von Anzeigenblättern dem Anwendungsbereich der UGP-Richtlinie zu unterwerfen. Im Übrigen bleibt allein die Bereitschaft des EuGH erkennbar, mitgliedstaatliche Regelungen dem Anwendungsbereich der UGP-Richtlinie zu entziehen, wenn sie nicht dem Verbraucherschutz dienen soll.[385]

Weil „Geschäftspraktiken“ iSd Art. 3 Abs. 1, 5 Abs. 1 UGP-RL gem. Art. 2 lit. d UGP-RL nur von Gewerbetreibenden vorgenommen werden können, und **Gewerbetreibende** gem. Art. 2 lit. b UGP-RL „im Geschäftsverkehr ... im Rahmen ihrer gewerblichen, handwerklichen oder beruflichen Tätigkeit“ handeln müssen, ist allerdings der Kreis der Normadressaten nach der Richtlinie weitaus kleiner als nach dem UWG. Der Begriff der „Geschäftspraktik“ wird in Art. 2 lit. d UGP-RL definiert als, jede Handlung, Unterlassung, Verhaltensweise oder Erklärung, kommerzielle Mitteilung einschließlich Werbung und Marketing eines Gewerbetreibenden, die unmittelbar mit der Absatzförderung, dem Verkauf oder der Lieferung eines Produkts an Verbraucher zusammenhängt. 143

377 EuGH, verb. Rs. C-261, 299/07 (VTB-VAB), Slg 2009, I-2949, Rn 50.

378 Es mag ein Zufall sein, dass die deutsche Sprachfassung der UGP-Richtlinie relativ kurz nach Ergehen der Entscheidung VTB in der Weise berichtigt wurde, dass nunmehr durchweg von „Geschäftspraktiken von Unternehmen gegenüber Verbrauchern“ die Rede ist, vgl Berichtigung der Richtlinie 2005/29/EG des Europäischen Parlaments und des Rates vom 11. Mai 2005 über unlautere Geschäftspraktiken im binnenmarktinternen Geschäftsverkehr zwischen Unternehmen und Verbrauchern und zur Änderung der Richtlinie 84/450/EWG des Rates, der Richtlinien 97/7/EG, 98/27/EG und 2002/65/EG des Europäischen Parlaments und des Rates sowie der Verordnung (EG) Nr. 2006/2004 des Europäischen Parlaments und des Rates (Richtlinie über unlautere Geschäftspraktiken), ABl. 2009 Nr. L 253/18. Vgl auch den Ersten Bericht der Kommission vom 14. März 2013 über die Anwendung der Richtlinie über unlautere Geschäftspraktiken, COM(2013) 139 final, S. 6 ff, abrufbar unter <*http://eur-lex.europa.eu/LexUriServ/LexUriServ.do?uri=COM:2013:0139:FIN:DE:PDF*> (site zul. besucht am 25.3.2014).

379 EuGH, verb. Rs. C-261, 299/07 (VTB-VAB), Slg 2009, I-2949, Rn 50.

380 EuGH, Rs. C-304/08 (Plus), Slg 2010, I-217.

381 EuGH, Rs. C-540/08 (Mediaprint), Slg 2010, I-10909.

382 EuGH, Rs. C-288/10 (Wamo), Slg 2011, I-5835, Rn 20 ff.

383 EuGH, v. 7.3.2013 – Rs. C-343/12 (Euronics), noch nicht in Slg, Rn 22.

384 EuGH, v. 17.10.2013 – Rs. C-391/12 (RLvS), noch nicht in Slg.

385 EuGH, v. 7.3.2013 – Rs. C-343/12 (Euronics), noch nicht in Slg, Rn 17, 31.

2. Herkunftslandprinzip

144 Wie bereits die Richtlinie über den elektronischen Geschäftsverkehr und der Vorschlag für eine Verordnung über Verkaufsförderung begründete der Richtlinienvorschlag eine Verpflichtung des Herkunftsstaates, die Geschäftspraktiken der in ihm niedergelassenen Gewerbetreibenden zu kontrollieren (Prinzip der „**Kontrolle an der Quelle**“, Art. 4 Abs. 1 des urspr. Vorschlags) und gestattete den Gewerbetreibenden zugleich, sich darauf zu verlassen, dass es mit der Einhaltung der Vorschriften ihres Herkunftsstaates sein Bewenden hat („**Herkunftslandprinzip ieS**“, Art. 4 Abs. 2 des urspr. Vorschlags).[386]

145 Bezeichnenderweise wurde nur die Anwendung des Herkunftslandprinzips begründet: Die durch die Richtlinie herbeigeführte Konvergenz schaffe die Voraussetzungen für die Einführung des **Grundsatzes der gegenseitigen Anerkennung.**[387] Dieser Grundsatz der gegenseitigen Anerkennung (**Herkunftslandprinzip ieS**) fügt sich als materiellrechtliches Prinzip in die Dogmatik der Grundfreiheiten und insbesondere die *Cassis*-Rechtsprechung des EuGH,[388] auch wenn er **im Fall der Totalharmonisierung** an sich als **überflüssig** erscheint.[389]

146 Dogmatische Schwierigkeiten bereitet dagegen die Verankerung des ergänzenden Prinzips der „**Kontrolle an der Quelle**“.[390] Es tritt – jedenfalls beim reinen Wettbewerbsexport – in **Konflikt mit dem kollisionsrechtlichen Marktortprinzip** gem. Art. 6 Abs. 1 Rom II-VO (vgl dazu u. Rn 207 ff). Angesichts dessen ist es zu begrüßen, dass nach der politischen Einigung auf die Niederlegung des Prinzips der Kontrolle an der Quelle verzichtet wurde.

147 Zugleich zeichnete sich jedoch ab, dass über den **rechtlichen Gehalt** des in Art. 4 UGP-RL geregelten **Herkunftslandprinzips unterschiedliche Vorstellungen** bestehen: Während insbesondere die deutsche Regierung davon ausging, dass mit der politischen Einigung das Herkunftslandprinzip „gestrichen“ worden sei bzw es sich bei der in Art. 4 des Vorschlags enthaltenen Regelung um einen akzeptablen Kompromiss handele, nahm die Kommission an, dass mit dieser Regelung die **Möglichkeit der Rechtfertigung durch zwingende Erfordernisse** ausgeschlossen werden soll.[391] Letzteres ist richtig. Die allein beschlossene Aufgabe des Prinzips der Kontrolle an der Quelle führt zwar zur Kollisionsrechtskompatibilität der Gesamtregelung, da das international-privatrechtliche Marktortprinzip auch beim reinen Exportwettbewerb nicht durchbrochen werden muss, lässt aber die Geltung des Herkunftslandprinzips ieS bestehen. Die dagegen vorgetragenen Argumente (Konterkarierung des Verbraucherschutzziels; politischer Druck auf die Mitgliedstaaten – „race to the bottom“; Notwendigkeit der Anwendung ausländischen Rechts durch die Gerichte) werden indes durch die materielle Harmonisierung gemildert und **idealiter** auf Null reduziert, wenn und weil die rechtlichen Anforderungen des Herkunftsstaates gleich (hoch) sind oder zumindest sein müssen wie die des Marktortstaates. Insoweit zutreffend wurde festgestellt, dass das angestrebte Konzept des „Ursprungslandes“ durch die umfassende Harmonisierung irrelevant geworden sei.[392]

148 Es bleibt allerdings der nicht ganz von der Hand zu weisende Einwand bestehen, dass die Herstellung dieser vollharmonisierten Rechtslage in einer Union von 28 Mitgliedstaaten nicht von heute auf morgen zu erreichen sein wird. Das Europäische Markenrecht zeigt zwar, dass die Entwicklung einer in sich weitgehend stimmigen Dogmatik durch die Europäischen Gerichte möglich ist, aber eben auch zugleich, dass sie – selbst in einem gegenständlich sehr viel begrenzteren und homogene-

386 Vgl dazu ausf. *Stuyck*, Rev. Eur. Dr. Consomm. 2003, 238, 263 ff.

387 Begründung des Vorschlags für eine RL über unlautere Geschäftspraktiken, KOM (2003) 356 endg., Rn 47, sowie Begründungserwägung 8.

388 Vgl dazu bereits o. sowie Harte/Henning/*Glöckner*, Einl. B, Rn 284 ff.

389 Die Begründung des Vorschlags für eine RL über unlautere Geschäftspraktiken, KOM (2003) 356 endg., Rn 49, führt dazu aus, dass es sich um eine Art von Reserveregelung für den Fall handle, in dem der Zielstaat unter der Generalklausel strengere Anforderungen stelle als der Herkunftsstaat.

390 Vgl dazu Harte/Henning/*Glöckner*, Einl. C, Rn 46 ff, 55.

391 Vgl die Protokollerklärung der Kommission zur politischen Einigung.

392 IP/04/658 v. 18.5.2004, S. 2. *Stuyck*, bezeichnet die Kombination als “mariage surprenante”, Rev. Eur. Dr. Consomm. 2003, 238, 269.

ren Rechtsgebiet – über mehr als ein Jahrzehnt dauern kann. So lange kann es auf der Grundlage des Herkunftslandprinzips gem. Art. 4 UGP-RL zur Inländerdiskriminierung kommen. Sie zu verhindern, bleibt Aufgabe der mitgliedstaatlichen Gerichte.

3. Bedeutung der Ko-Regulierung

Die Ko-Regulierung wurde im Richtlinienvorschlag als Regelungsinstrument weitgehend aufgegeben. Immerhin gestattet Art. 10 den Mitgliedstaaten, die **Kontrolle unlauterer Geschäftspraktiken** durch die **Urheber nationaler Kodizes** zuzulassen, sofern diese Kontrolle nur **neben der staatlichen Kontrolle** steht. 149

III. Die Generalklausel

Die UGP-Richtlinie begründet in der **Generalklausel** des Art. 5 Abs. 1 ein zwingendes **Verbot unlauterer Praktiken.** Eine Geschäftspraxis[393] gilt gem. Art. 5 Abs. 2 UGP-RL als unlauter, wenn sie zum einen den Erfordernissen der **beruflichen Sorgfaltspflicht** widerspricht und zum anderen das **wirtschaftliche Verhalten des angesprochenen Durchschnittsverbrauchers wesentlich beeinflusst oder dazu geeignet** ist. Gemäß EGr 18 S. 2 UGP-RL wird damit auf den in der Rechtsprechung des EuGH entwickelten Durchschnittsverbraucher Bezug genommen. Mit Art. 5 Abs. 3 UGP-RL werden allerdings explizit darüber hinausgehend Verbrauchergruppen geschützt, die auf Grund von geistigen oder körperlichen Gebrechen, Alter oder Leichtgläubigkeit besonders schutzwürdig sind. Hierdurch soll aber weder zu dem „leichtgläubigen Verbraucher" zurückgekehrt, noch der Gewerbetreibende übermäßig belastet werden.[394] Zu diesem Zweck bindet die Vorschrift die Anknüpfung an solche Verbrauchergruppen an die Voraussetzungen, dass diese Gruppen eindeutig identifizierbar sind und die Geschäftspraktiken für den Gewerbetreibenden voraussehbar nur die Entscheidungen dieser Gruppe wesentlich beeinflussen. Ähnlich wie vorher bereits zB das schweizerische oder spanische Lauterkeitsrecht lässt die UGP-Richtlinie auf die Generalklausel einen gestuften **Beispielskatalog** unlauterer Geschäftspraktiken folgen. 150

1. Inhaltsbestimmung

Die Richtlinie erklärt Geschäftspraktiken für unlauter, die den Erfordernissen der **beruflichen Sorgfaltspflicht widersprechen,** Art. 5 Abs. 2 lit. a UGP-RL, und definiert die berufliche Sorgfalt als Standard an Fachkenntnissen und Sorgfalt, bei denen billigerweise davon ausgegangen werden kann, dass der Gewerbetreibende sie gegenüber dem Verbraucher gemäß den **anständigen Marktgepflogenheiten** und/oder dem allgemeinen Grundsatz von **Treu und Glauben** in seinem Tätigkeitsbereich anwendet, Art. 2 lit. h UGP-RL. Der Begriff der beruflichen Sorgfalt ist unglücklich gewählt, weil er die Existenz außerlauterkeitsrechtlicher („exogener") Pflichten impliziert, deren Verletzung lauterkeitsrechtlich sanktioniert wird. Tatsächlich begründet aber das Lauterkeitsrecht selbst die Verhaltenspflichten. Durch die Ausfüllung anhand der anständigen Marktgepflogenheiten wird zwar ein Anschluss an Art. 10bis PVÜ und damit eine genuin lauterkeitsrechtliche Regelung hergestellt. Mit dieser, beinahe 90 Jahre alten, Regelung muss die Definition jedoch die Kritik teilen, auf einem überkommenen, an der Geschäftsmoral und den selbst in Deutschland seit den 1960er-Jahren überholten[395] „allgemein gültigen Grundsätzen wirtschaftlicher Betriebsführung" der *Diamantine*-Entscheidung[396] orientierten Wettbewerbsmodell zu beruhen. Bezeichnenderweise hat sich auch die den Model Provisions der WIPO aus dem Jahr 1996, die an sich die Verpflich- 151

393 Obgleich die Richtlinie selbst den Singular „Geschäftspraxis" zu „Geschäftspraktiken" bildet, soll im Folgenden die sprachlich korrekte Begrifflichkeit, vgl dazu *Fezer*, WRP 2006, 781, 785 Fn 23, Verwendung finden.

394 Vgl dazu auch *Glöckner/Henning-Bodewig*, WRP 2005, 1311, 1330; *Henning-Bodewig*, WRP 2006, 621, 624; MüKo-UWG/*Micklitz*, EG D, Rn 54 ff.

395 Insoweit ausdr. aufgegeben in BGH, 26.2.1965 – Ib ZR 51/63 (Kleenex), BGHZ 43, 278, 283; 22.1.1969 – I ZR 49/67 (Goldener Oktober), GRUR 1969, 295, 296.

396 RG 27.3.1936 – II 229/35, (Diamantine), GRUR 1936, 810, 812.

tung der Verbandsstaaten aus Art. 10bis PVÜ konkretisieren sollen,[397] zugrundeliegende Konzeption verschoben: Zwischen den Parteien muss kein Wettbewerbsverhältnis mehr bestehen[398] und der Konsumentenschutz wurde in den Zweck der Regelungen aufgenommen.[399] Vor diesem Hintergrund erscheint die Wiederaufnahme der ehrwürdigen Formulierung als allzu rückwärtsgerichtet.[400]

152 Die alternative oder kumulative Begründung über einen Verstoß gegen **Treu und Glauben** verdankt ihre Existenz dem Begehren des Europäischen Parlaments, das anders keine Rechtssicherheit schaffen zu können glaubte.[401] Immerhin bietet die Richtlinie mit der Anknüpfung an die Treuwidrigkeit ein erhebliches **Maß an Offenheit** im Hinblick auf die einzubeziehenden Elemente. Das schweizerische UWG macht hinreichend deutlich, dass die Anknüpfung an die Treuwidrigkeit sehr gut mit einer **wettbewerbsbezogen-funktionalen Betrachtung des Lauterkeitsrechts,** die auch den Unlauterkeitsbegriff des § 3 Abs. 1 UWG ausfüllt, harmonieren kann.[402] Der EuGH hat trotz einer inzwischen beeindruckenden Zahl von Vorabentscheidungen zur Auslegung der UGP-Richtlinie dem Inhalt der Generalklausel bislang keine weiteren Konturen verliehen.

2. Verhältnis zu Sondertatbeständen und „black list"

153 **Konkretisiert** wird das generelle Verbot unlauterer Geschäftspraktiken durch die **Sondertatbestände** (EGr. 13 S. 4 UGP-RL). Selbstverständlich bedarf es nach der Bejahung der Tatbestandsmerkmale eines Sondertatbestandes keiner Prüfung der Voraussetzung der Generalklausel mehr.[403] Die Sondertatbestände umschreiben aber **nicht abschließend** die unlauterkeitsbegründenden Umstände. Art. 5 Abs. 4 UGP-RL belegt diese Deutung durch die Formulierung „insbesondere".

154 Im Gegensatz dazu ist die sog. **„black list"**, der in **Anhang I** enthaltene Katalog von Geschäftspraktiken, in dem Sinne **abschließend**, dass nur bei den dort umschriebenen Geschäftspraktiken gem. Art. 5 Abs. 5 UGP-RL „unter allen Umständen" die Unlauterkeit zu bejahen ist (vgl EGr. 17 S. 2 UGP-RL). Aufgrund des abschließenden Charakters ist es den Mitgliedstaaten im Anwendungsbereich der Richtlinie verwehrt, Geschäftspraktiken, die nicht von den in der „black list" enthaltenen Tatbeständen erfasst werden, ohne Prüfung des Einzelfalls generell und präventiv zu untersagen.[404] Andererseits steht der zwingende Charakter der per se-Verbote in Anh. I UGP-RL einer einschränkenden Auslegung etwa im Sinne eines Verhältnismäßigkeitsvorbehaltes entgegen.[405]

155 Allerdings bedeutet dies nicht, dass aus der detaillierten Umschreibung der Geschäftspraktiken in Anh. I ein Gegenschluss des Inhalts gezogen werden dürfte, Geschäftspraktiken, die den im Anhang beschriebenen zwar ähneln, aber den Verbotstatbestand nicht erfüllen, zwingend zulässig sein müssten. Bei den in Anh. I geregelten Tatbeständen handelt es sich technisch um sog. **per se-Verbote**, wie sie etwa aus dem Kartellrecht bekannt sind. Für die Verwendung von per se-Verboten spricht in erster Linie die **Rechtssicherheit,** dh die Vermeidung von Informationskosten. Im wettbewerblichen Kontext ist jedoch zu beachten, dass durch per se-Verbote uU auch Wettbewerbsverhalten verhindert wird, das wettbewerbsneutral oder womöglich gar erwünscht ist. Aus diesem Grund müssen per se-Verbote besonders eng gefasst werden. Sie benötigen einen „Sicherheitsabstand" zum zulässigen Wettbewerbsverhalten. Im **Umfeld oder Vorfeld der Katalogtatbestände**

---

397 WIPO-MP, Note 1.01. Zum materiellen Gehalt der Model Provisions vgl Micklitz-Studie, III, S. 473 ff.

398 WIPO-MP, Note 1.06.

399 WIPO-MP, Note 1.06, 1.10.

400 Krit. auch Harte/Henning/*Podszun*, § 3 UWG, Rn 105 ff.

401 Änderungsantrag 21 des EP, vgl Bericht des Ausschusses für Recht und Binnenmarkt v. 18.3.2004, A5-0188/2004 (endg.).

402 Vgl Art. 1, 2 chUWG und dazu die Erläuterungen von *Baudenbacher*, Art. 1, Rn 12 ff.

403 EuGH, v. 19.9.2013, Rs. C-435/11 (CHS Tours), noch nicht in Slg.

404 EuGH, verb. Rs. C-261, 299/07 (VTB-VAB), Slg 2009, I-2949, Rn 61 f; EuGH, Rs. C-304/08 (Plus), Slg 2010, *I-217; Rs. C-540/08 (Mediaprint), Slg 2010, I-10909*; EuGH, Rs. C-288/10 (Wamo), Slg 2011, I-5835; v. 17.1.2013, Rs. C-206/11 (Köck), noch nicht in Slg, Rn 43 ff, zu Verboten mit Erlaubnisvorbehalt, wenn die Verfahrensausgestaltung zu einem de-facto-Verbot führt.

405 EuGH, v. 18.10.2012, Rs. C-428/11 (Purely Creative), noch nicht in Slg, Rn 46.

müssen aber die **Generalklausel** bzw die **Sondertatbestände** zur Anwendung gelangen. Es bedarf dann freilich einer Beurteilung des Einzelfalls (EGr. 17 S. 3 UGP-RL).

IV. Irreführung

In Art. 5 Abs. 4 lit. a iVm 6 ff UGP-RL werden **irreführende Handlungen** näher geregelt. Im Hinblick auf die darin erfolgende Einbeziehung des allgemeinen Irreführungsverbots wurde zugleich die Irreführungsrichtlinie dahingehend modifiziert, dass ihr Zweck auf den Schutz von Gewerbetreibenden beschränkt wurde, Art. 14 UGP-RL. Bemerkenswert an den Regelungen der Richtlinie über unlautere Geschäftspraktiken ist die detaillierte Regelung des **irreführenden Unterlassens** in Art. 7 UGP-RL. Als irreführend gilt danach auch das **Vorenthalten** von unter Würdigung aller tatsächlicher Umstände **wesentlichen Informationen.** Spezifische lauterkeitsrechtliche Informationspflichten werden nicht begründet. Allerdings werden bei Aufforderungen zum Kauf die **wesentlichen Merkmale des Produkts, der Handelsname des Anbieters, der Preis einschl. Neben- und Zusatzkosten, die Allgemeinen Geschäftsbedingungen und das Bestehen eines Widerrufsrechts** in Art. 7 Abs. 4 UGP-RL **ausdrücklich als wesentlich** erklärt. Informationen, welche Gewerbetreibende aufgrund anderer Akte des Unionsrechts verschaffen müssen, sind gem. Art. 7 Abs. 5 UGP-RL stets wesentlich.[406] 156

V. Unangemessene Beeinflussung

Aggressive Geschäftspraktiken, wie sie in Art. 8, 9 UGP-RL näher geregelt sind, sind gem. Art. 5 Abs. 4 lit. b UGP-RL ebenfalls unlauter. Das Regelungsmodell des Art. 8 UGP-RL erscheint jedoch wenig geglückt. Die Vorschrift verlangt, dass die Entscheidungsfreiheit des Verbrauchers durch „unzulässige Beeinflussung ... erheblich beeinträchtigt wird" und der Verbraucher dadurch „veranlasst wird, eine geschäftliche Entscheidung zu treffen, die er anderenfalls nicht getroffen hätte". Im Hinblick auf das Erfordernis der „unzulässigen" Beeinflussung gibt Art. 9 UGP-RL lediglich Hinweise, welche Umstände bei der Wertung zu berücksichtigen sind. Das zweite Erfordernis, die Veranlassung zu einer geschäftlichen Entscheidung, die anderenfalls nicht getroffen worden wäre, ist bei weitem überschießend, denn es ist – auch legitimer Werbung – eigen, die Abnehmer zu Entscheidungen zu bewegen, die sie ohne die Werbemaßnahme nicht träfen. 157

VI. Im Einzelnen verbotene Geschäftspraktiken

Schließlich verweist Art. 5 Abs. 5 UGP-RL auf die „**schwarze Liste**" von in Anhang I konkret aufgelisteten Geschäftspraktiken, die unter allen Umständen als unlauter anzusehen sind. Dazu zählen u.a. **Lockangebote, bait-and-switch, redaktionelle Werbung, Schneeballsysteme, hartnäckige und unerwünschte Telefon-, Telefax-, E-Mail- und SMS-Werbung, an Kinder gerichtete Werbung** und die **Zusendung unbestellter Waren.** 158

Bei den **Sondertatbeständen** wird die Unlauterkeit zwar gesetzgebungstechnisch durch die Fiktion der irreführenden Wirkung bzw der Aggressivität bewirkt (Art. 6 – 8 UGP-RL: „gilt als"), die entsprechenden Tatbestandsvoraussetzungen eröffnen aber weite Wertungsspielräume (zB Art. 6 Abs. 1 UGP-RL: Irreführungseignung, Wettbewerbsrelevanz; Art. 8 UGP-RL: Beeinträchtigung der Entscheidungsfreiheit, Wettbewerbsrelevanz). Entsprechend gehen die Begründungserwägungen davon aus, dass bei den Sondertatbeständen wie bei der Generalklausel eine **Beurteilung des Einzelfalles erforderlich** ist (EGr. 17 UGP-RL). Demgegenüber enthält der **Anhang I** Geschäftspraktiken, die **unter allen Umständen als unlauter** anzusehen sein sollen. Hier soll nach der Vorstellung des Gesetzgebers keine Einzelfallprüfung mehr vorgenommen werden (Art. 5 Abs. 5 UGP-RL; vgl oben). Die vom EuGH gebilligten Ergebnisse dieser strengen Bindung führen bisweilen zu aus grundrechtlicher Perspektive fragwürdigen Ergebnissen.[407] 159

Die kasuistische Regelungstechnik im Anhang ermöglicht das zwar im Grundsatz. Einzelne der im Anhang enthaltenen Geschäftspraktiken sind aber **keineswegs trennscharf genug umschrieben**, um 160

406 Zum Konkurrenzverhältnis im Einzelnen vgl *Schulte-Nölke/Busch*, ZEuP 2004, 99, 107 ff.

407 EuGH, v. 18.10.2012, Rs. C-428/11 (Purely Creative), noch nicht in Slg, Rn 57, zu Nr. 31 Anh. I UGP-RL.

das in Art. 5 Abs. 5 UGP-RL angeordnete per se-Verbot angemessen erscheinen zu lassen: Die Regulierung von Lockangeboten in Nr. 5 enthält zB zahlreiche Tatbestandserfordernisse, welche die vom Gesetzgeber im Interesse von Verbrauchern und Normadressaten angestrebte Rechtssicherheit verhindern: Wann hat der Gewerbetreibende hinreichenden Grund zu der Annahme, die beworbenen Produkte nicht in angemessenem Umfang liefern zu können? Welche Menge wäre überhaupt „in Bezug auf das Produkt, den Umfang der für das Produkt eingesetzten Werbung und den Angebotspreis angemessen"? Das „Cold Calling" wird in Nr. 26 geregelt: Das per-se-Verbot setzt aber nach der Richtlinie voraus, dass Kunden durch „hartnäckiges und unerwünschtes" Ansprechen geworben werden sollen. Wann wird ein potentieller Kunde durch einen unerwünschten Werbeanruf „hartnäckig" geworben?

161 Die vom Gesetzgeber beabsichtigte Verschiedenheit besteht daher in Wirklichkeit allein darin, dass das Vorliegen einer irreführenden Wirkung bzw hinreichenden Aggressivität sowie die Wettbewerbsrelevanz bei den im Anhang genannten Geschäftspraktiken nicht mehr begründet werden müssen. Der **Argumentationsaufwand verschiebt sich** damit auf die Frage nach dem Vorliegen der **Tatbestandsmerkmale** der einzelnen „unter allen Umständen" unlauteren Geschäftspraktiken.

VII. Umsetzung und Anwendung im nationalen Recht

1. Umsetzung von Generalklauseln

162 Durch Generalklauseln delegiert der Gesetzgeber Konkretisierungsbefugnisse an die Rechtsprechung. Im europarechtlichen Kontext wird die Folgefrage aufgeworfen, ob damit zugleich eine (Auslegungs-) Kompetenzverlagerung **an die Mitgliedstaaten und deren Gerichte** verbunden ist. Sie wäre nur dann zu bejahen, wenn die in der Richtlinie und insbesondere der Generalklausel verwendeten **Rechtsbegriffe nicht europarechtlich autonom** auszulegen wären. Dabei ist von dem Grundsatz auszugehen, dass in auf Rechtsharmonisierung gerichteten Unionsrechtsakten verwendete Rechtsbegriffe stets solche des Unionsrechts sind, die folgerichtig unabhängig von der Bedeutung, die sie im Kontext des nationalen Rechts haben mögen, dh „autonom" auszulegen sind, weil anderenfalls der Harmonisierungszweck verfehlt würde.[408] Zwar sind ausdrückliche oder gar stillschweigende Verweisungen auf das nationale Recht möglich.[409] Letztere können aber allein dann angenommen werden, wenn Richtlinien nur eine teilweise Harmonisierung des betreffenden Rechtsgebiets erreichen wollen.[410] Mit der **Richtlinie über unlautere Geschäftspraktiken** wurde jedoch eine **Totalharmonisierung** angestrebt. Die Annahme einer konkludenten Verweisung auf die nationalen Begriffe der Unlauterkeit verträgt sich damit nicht.

163 Zu untersuchen bleibt, ob daneben der Umstand der denkbar **offenen Formulierungen** („unlauter", „berufliche Sorgfaltspflicht", „anständige Marktgepflogenheiten", „Treu und Glauben") zu einer anderen Wertung zwingt. Tatsächlich lassen sich zwar Entscheidungen nachweisen, in denen der EuGH den Mitgliedstaaten einen „gewissen **Ermessensspielraum"** bei der Auslegung unbestimmter Rechtsbegriffe des Gemeinschaftsrechts eingeräumt hat.[411] Es stellt sich jedoch die Frage, ob sich daraus ein allgemeiner Rechtsgrundsatz des Inhalts ableiten lässt, dass bei fehlenden Konkretisierungsmöglichkeiten von offenen Rechtsbegriffen oder bei Schwierigkeiten zu autonomer Begriffsbildung wegen erheblicher Unterschiede in den nationalen Rechtsordnungen entsprechende Ermessensspielräume der Mitgliedstaaten anzuerkennen sind.[412]

164 Unbestimmte Rechtsbegriffe im Europäischen Sekundärrecht sollten indes nicht als Indiz dafür gewertet werden, dass der europäische Gesetzgeber ihre Auslegung ins Ermessen, dh Belieben, der

408 Vgl bereits *Franzen*, S. 475 ff, 482.

409 Zusammenfassende Darstellung bei *Franzen*, S. 478 ff.

410 EuGH, Rs. 53/81 (Levin), Slg 1982, 1035, Rn 11.

411 EuGH, Rs. 51/76 (Verbond van Nederlandse Ondernemingen), Slg 1977, 113, Rn 14/17: „Investitionsgüter". Die zweite Umsatzsteuerrichtlinie hatte es unterlassen, konkrete Hinweise auf die Schlüsselbegriffe der „Langlebigkeit", des „Wertes" und der „Abschreibungsregeln" zu geben.

412 IdS bereits *Bleckmann*, RIW 1987, 929, 934 ff; *ders.*, ZGR 1992, 364, 373 ff; *Taschner*, in: FS *Steffen*, S. 479, 484 ff. Zusammenfassend *Franzen*, S. 482, 495.

mitgliedstaatlichen Organe gestellt hat. Vielmehr unterliegt die mitgliedstaatliche Regelung auch insoweit voller **europarechtlicher Kontrolle**. Es wird allenfalls ein Umsetzungsspielraum eröffnet, der zwar mit der Offenheit der von der Richtlinie verwendeten Begriffe wächst. Anders als bei der Verweisung auf das nationale Recht ordnet sich das Europarecht im Fall der Verwendung unbestimmter Rechtsbegriffe aber nicht unter. Den gewährten Umsetzungsspielraum macht die Formulierung in EGr. 14 S. 5 UGP-RL sehr deutlich: Die Richtlinie ordnet an, dass eine unlautere Irreführung auch durch die Unterlassung wesentlicher Angaben erfolgen kann, Art. 7 Abs. 1 UGP-RL. Der genannte Erwägungsgrund stellt klar, dass der Umstand der Totalharmonisierung die Mitgliedstaaten nicht daran hindert, in ihren nationalen Rechtsvorschriften für bestimmte Produkte, zB Sammlerstücke oder elektrische Geräte, ausdrücklich die wesentlichen Kennzeichen festzulegen, bei denen die Unterlassung entsprechender Angaben rechtserheblich wäre. Dieser Hinweis ist sicher verallgemeinerungsfähig.

Im Ergebnis ist davon auszugehen, dass sich der verbleibende Regelungsspielraum der Mitglied- 165
staaten im B2C-Verhältnis auf die Formulierung des Begriffs der Unlauterkeit[413] und der konkretisierenden Tatbestände beschränkt, dass aber im Anwendungsbereich der UGP-Richtlinie materiell ein einziger Begriffsinhalt der Unlauterkeit europaweit gelten soll.[414] Dem entspricht die Einschätzung der Kommission, das Herkunftslandprinzip könne als Folge der vollständigen Harmonisierung aufgegeben werden.[415] In der Konsequenz bedeutet dies, dass Entscheidungsbegründungen im Anwendungsbereich der UGP-Richtlinie unvollständig sind, die sich allein auf die unter dem alten Recht etablierten Grundsätze stützen.

Der deutsche Gesetzgeber hat am Tatbestand der Generalklausel in § 3 Abs. 1 UWG zu Recht fest- 166
gehalten. Das deutsche Recht verbietet unlautere geschäftliche Handlungen. Der Begriff der Lauterkeit wird indes nach wie vor nicht definiert, sondern lediglich in Sondertatbeständen konkretisiert. **Unlauter** sollen nach den Ausführungen in der Begründung des Regierungsentwurfs zum UWG 2004 alle Handlungen sein, die den **anständigen Gepflogenheiten** im Handel, Gewerbe, Handwerk oder selbständiger beruflicher Tätigkeit zuwiderlaufen.[416] Diese Formulierung ist angelehnt an die Definition unlauteren Wettbewerbs in der PVÜ. Mit ihr muss sie die Kritik teilen, zum einen einem klassisch individual- und konkurrentenschützenden Zugang verhaftet zu sein, und zum anderen eher nach dem Maßstab der Geschäftsmoral denn dem der Wettbewerbsschädlichkeit ausgefüllt zu werden (vgl o.). Immerhin entspricht sie der in Art. 5 Abs. 2 lit. a, 2 lit. b UGP-RL enthaltenen Hilfsformulierung über die anständigen Marktgepflogenheiten.[417] Dennoch hat der Gesetzgeber Umsetzungsbedarf insbesondere im Hinblick auf die geforderte klarstellende Wirkung gegenüber Marktteilnehmern aus anderen Mitgliedstaaten erkannt.[418] Dazu wurde in § 3 Abs. 2 UWG der Wortlaut von Art. 5 Abs. 2 UGP-RL im Wesentlichen aufgenommen und die fachliche Sorgfalt in § 2 Abs. 1 Nr. 7 UWG definiert. Trotz der Anpassung der Formulierung erscheint der Begriff zumindest vor dem Hintergrund der deutschen Haftungsrechtsdogmatik eher irreführend: auch der Begriff „fachliche Sorgfalt“ legt nahe, es werde auf Pflichten verwiesen, die dem Unternehmer unabhängig vom Lauterkeitsrecht auferlegt würden, vergleichbar etwa den leistungs- und nicht leistungsbezogenen Nebenpflichten gem. § 241 BGB, den Sorgfaltspflichten im Deliktsrecht oder besonderen Pflichten öffentlich-rechtlicher Natur. Dies trifft aber nicht zu, da im Rahmen des Art. 5 UGP-RL das Lauterkeitsrecht selbst die Verhaltensnormen aufstellt.[419]

413 Differenzierend MüKo-UWG/*Micklitz*, EG D, Art. 5 Rn 8, 9: keine Relativität der Begrifflichkeit, aber Offenheit bei Übersetzung, solange gewählter Begriff nicht im Widerspruch zum Regelungskonzept der Richtlinie steht.

414 *Henning-Bodewig*, GRUR Int. 2004, 183, 190; Henning/Harte/*Glöckner*, Einl. B Rn 184; MüKo-UWG/*Leible*, EG A, Rn 189; *Ohly*, in: Ohly/Sosnitza, Einf. C, Rn 45.

415 Pressemitteilung der Kommission v. 18.5.2004, Kommission begrüßt Einigung im Rat zu unlauteren Geschäftspraktiken: EU verbietet aggressives Marketing, IP/04/658.

416 Begründung Regierungsentwurf, BT-Drucks. 15/1487, S. 16.

417 Ebenso Begründung Regierungsentwurf, BT-Drucks. 16/10145, S. 15. Vgl bereits *Glöckner/Henning-Bodewig*, WRP 2005, 1311, 1327.

418 Ebenso Begründung Regierungsentwurf, BT-Drucks. 16/10145, S. 15.

419 Vgl bereits *Glöckner/Henning-Bodewig*, WRP 2005, 1311, 1327. Ebenso *Sosnitza*, WRP 2008, 1014, 1018.

167 In der Literatur war darauf hingewiesen worden, dass Art. 5 Abs. 1 UGP-RL unlautere Geschäftspraktiken schlechthin für unzulässig erkläre, während § 3 UWG die Eignung verlange, den Wettbewerb nicht nur unerheblich zu beeinträchtigen.[420] Wegen des unterschiedlichen Schutzzwecks der Richtlinie entspreche das Erfordernis der Eignung zur wesentlichen Beeinflussung des Verbraucherverhaltens in Art. 5 Abs. 2 lit. b UGP-RL nicht dem Erfordernis der Wettbewerbsbeeinträchtigungseignung des deutschen Rechts. Tatsächlich korrespondiert das zweite Tatbestandsmerkmal in § 3 Abs. 1 UWG – jedenfalls nach Anpassung der Standards (Spürbarkeit statt Nicht-Unerheblichkeit im UWG 2004) – mit dem Erfordernis der wesentlichen Beeinflussung des Verbraucherverhaltens in Art. 5 Abs. 2 lit. b UGP-RL: Gewisse nach wie vor bestehende Unterschiede gehen auf die unterschiedlichen Regelungstechniken von UGP-Richtlinie und UWG zurück: Während die UGP-Richtlinie unter den Unlauterkeitsbegriff ein qualitatives (Verstoß gegen die berufliche Sorgfaltspflicht) und ein quantitatives (wesentliche Beeinflussung des wirtschaftlichen Verhaltens) Element[421] fasst, verwendet das UWG den Begriff der Unlauterkeit lediglich für das qualitative Element und baut hierauf das System der Konkretisierungen in den §§ 4-6 UWG auf, so dass formal und anwendungstechnisch für jedes nach diesen Vorschriften unlautere Wettbewerbsverhalten das quantitative Element der spürbaren Interessenbeeinträchtigung aus § 3 Abs. 1 UWG zu prüfen bleibt.

168 Weil die UGP-Richtlinie in den Art. 6-8 aber nicht allein das qualitative Element (etwa: „Ein Verstoß gegen die beruflichen Sorgfaltspflichten liegt insbesondere vor, wenn …"), sondern über Art. 5 Abs. 4 UGP-RL die Unlauterkeit insgesamt konkretisiert, findet das Kriterium der wesentlichen Beeinträchtigung der wirtschaftlichen Entscheidung gem. Art. 5 Abs. 2 lit. b UGP-RL, wie definiert in Art. 2 lit. e und k UGP-RL (geschäftliche Entscheidung), ausschließlich im Rahmen der Generalklausel Anwendung. Die Sondertatbestände der Art. 6-8 UGP-RL werden demgegenüber – anders als die § 4-6 UWG – sprachlich mit der Notwendigkeit belastet, auch das quantitative Element mitregeln zu müssen. Sie tun dies durch die (leider nicht einheitlich gebrauchte) Formulierung „und die somit einen Durchschnittsverbraucher zu einer geschäftlichen Entscheidung veranlasst oder zu veranlassen geeignet ist, die er sonst nicht getroffen hätte" (so in Art. 7 Abs. 1 UGP-RL; ähnlich Art. 6 Abs. 1, 2, Art. 7 Abs. 2, Art. 8 UGP-RL). Dieses Kriterium entspricht der Definition der wesentlichen Beeinflussung in Art. 2 lit. e UGP-RL aber nur partiell,[422] nämlich im Hinblick auf deren letzten Halbsatz, nicht aber im Hinblick auf das vorgelagerte und zugleich weitergehende Erfordernis, „die Fähigkeit des Verbrauchers, eine informierte Entscheidung zu treffen, spürbar zu beeinträchtigen". Weitergehende Begründungen, insbesondere zur spürbaren Beeinträchtigung der Fähigkeit, eine informierte Entscheidung zu treffen, bedarf es daher im Rahmen der Sondertatbestände nicht. Wegen der Totalharmonisierung darf auch im Rahmen der deutschen Umsetzungstatbestände (§ 4 Nr. 1, 2, §§ 5, 5 a UWG) nichts anderes gelten. Insoweit indiziert bereits die besondere Verletzungsform die Spürbarkeit der Interessenverletzung. Separat zu prüfen bleibt allein die wettbewerbliche Relevanz der Irreführung bzw unangemessenen Einflussnahme.[423] Im Ergebnis verlangt die UGP-Richtlinie damit innerhalb der Fallgruppen der Irreführung und der unangemessen Einflussnahme nicht mehr als die Eignung zur Veranlassung einer geschäftlichen Entscheidung, die andernfalls nicht getroffen worden wäre.[424] Verkürzt wurde diese Eignung als „Relevanz für die Verbraucherentscheidung"[425] oder „geschäftliche Relevanz"[426] bezeichnet.

169 Die Struktur der objektiven Verhaltensnormen der UGP-Richtlinie macht allerdings nicht deutlich, ob diese geschäftliche Relevanz der konkreten Geschäftspraktik insgesamt oder allein ihrem spezi-

---

420 *Köhler/Lettl*, WRP 2003, 1019, 1051.

421 Ähnlich in der Bewertung MüKo/*Drexl*, IntUnlWettbR, Rn 14; *Köhler*, WRP 2008, 10, 12: Eigenart und Wirkungsweise; *Bakardjieva Engelbrekt*, S. 612: materiality condition codifying a de minimis rule. Ganz anders in der Deutung wohl MüKo-UWG/*Micklitz*, EG D, Art. 5 Rn 30 ff, 33 ff, 35: berufliche Sorgfalt wegen Scheitern von Kodizes unerheblich; maßgebend demgegenüber die Beeinträchtigung der informierten Entscheidung.

422 Ähnlich *Radeideh*, S. 261.

423 Richtig daher BGH, 28.6.2007 – I ZR 153/04 (Telefonaktion), GRUR 2008, 186.

424 So auch BGH, 29.4.2010 – I ZR 99/08 (Preiswerbung ohne Umsatzsteuer), GRUR 2011, 82, 84.

425 *Steinbeck*, WRP 2006, 632.

426 *Köhler*, WRP 2008, 10, 12.

fischen Unlauterkeitsgehalt anhaften muss. Der deutschen Lauterkeitsrechtsordnung sind beide Aspekte vertraut: Im Rahmen des allgemeinen Erfordernisses der Wettbewerbshandlung wurde traditionell verlangt, dass sich das geschäftliche Verhalten eines Gewerbetreibenden auf gegenwärtige oder potentielle Mitbewerber auswirken kann.[427] Bei unmittelbar verbraucherbezogenem Verhalten ist dies der Fall, wenn deren geschäftliche Entscheidung beeinflusst wird. Im Rahmen der Wettbewerbsrelevanz wird auf das gesamte konkrete Wettbewerbsverhalten abgestellt, durch welches der Wettbewerber auf den tatsächlichen oder potentiellen Kundenkreis Einfluss zu nehmen sucht. Daneben wird im deutschen Recht insbesondere im Rahmen des Irreführungstatbestandes seit jeher die wettbewerbliche Relevanz geprüft. Insoweit geht es nicht um die Relevanz der konkreten angegriffenen Geschäftspraktik – etwa eines Plakats oder eines Fernsehspots –, sondern um die spezifische Relevanz ihres werbeverfälschenden Bestandteils, dh der irreführenden Angabe. Die UGP-Richtlinie ist insoweit mehrdeutig. Zumindest in den Art. 7 Abs. 1, 2 und Art. 8 wird durch die Verwendung von „somit" bzw „dadurch" (engl. *thereby*) bzw „und dies veranlasst" sprachlich klargestellt, dass das Erfordernis geschäftlicher Relevanz sich auf das irreführende Unterlassen bzw die unzulässige Beeinflussung beziehen muss. In Art. 6 Abs. 1, 2 UGP-RL fehlt ein solcher Hinweis jedoch – Analogie oder Umkehrschluss? Ein schlüssiges System ergibt sich allein, wenn das Erfordernis geschäftlicher Relevanz in den Sondertatbeständen durchweg auf die unlauterkeitsbegründenden Umstände gestützt wird, wie es die oben zitierten Formulierungen verlangen.[428] Zunächst spricht gegen einen Umkehrschluss, dass der Gesetzgeber bei der Formulierung der jeweiligen Passagen offensichtlich unsorgfältig war. Für die Analogie spräche demgegenüber die sinnvolle Folge, dass Werbung mit falschen, aber nicht irreführenden Tatsachen mangels Wettbewerbsrelevanz der Irreführung nicht verboten werden müsste.[429] Schließlich gestattet eine solche Auslegung einen Gleichlauf mit der an Nicht-Verbraucher gerichteten irreführenden Werbung, die gem. Art. 2 lit. b IrreführungsRL geeignet sein muss, „infolge der ihr innewohnenden Täuschung" das wirtschaftliche Verhalten ihrer Adressaten zu beeinflussen. Eine solche Deutung „passt" nicht zuletzt zu dem Verzicht auf das weitere Erfordernis der spürbaren Beeinträchtigung der Fähigkeit des Verbrauchers, eine informierte Entscheidung zu treffen, wie es für die Generalklausel in Art. 5 Abs. 2 lit. b, 2 lit. e UGP-RL erforderlich ist: Soweit die Irreführung bzw die unangemessene Einflussnahme nämlich wettbewerblich relevant sind, weil sie geeignet sind, die geschäftliche Entscheidung der Adressaten zu beeinflussen, ergibt sich bereits aus der Natur der Lauterkeitsverstöße, dass sie den Wettbewerb auch spürbar beeinflussen. Bei den besonders groben Verstößen, die in Anhang I aufgezählt sind, wird die wettbewerbliche Relevanz ebenfalls fingiert.

Bedeutung hat die Frage nach der Umsetzung des Art. 5 Abs. 2 lit. b bzw 2 lit. e UGP-RL demnach 170
ausschließlich im originären Anwendungsbereich der der europäischen Generalklausel. Hier bedarf es für die Annahme der geschäftlichen Relevanz einer Begründung der spürbaren Beeinträchtigung der Fähigkeit der Verbraucher, eine informierte Entscheidung zu treffen. Nach der Begründung des Regierungsentwurfs zum UWG 2004 war zwar unter der in § 3 UWG verlangten Verfälschung des Wettbewerbs „von vornherein nicht eine Verfälschung des Wettbewerbs als Institution der Marktwirtschaft" zu verstehen, sondern die Wirkungen wettbewerbswidrigen Verhaltens auf das Marktgeschehen.[430] Eine Aufspaltung der Begriffe des Wettbewerbs im lauterkeitsrechtlichen Sinne auf der einen Seite und des Begriffs des „Wettbewerbs als Institution der Markwirtschaft" auf der anderen war jedoch niemals sinnvoll.[431] Im Ergebnis führt jede Beeinflussung des wirtschaftlichen Verbraucherverhaltens durch unlautere Geschäftspraktiken zu einer Beeinträchtigung des Wettbewerbs.[432] Diese Deutung wurde durch die Übernahme des Spürbarkeitskriteriums bestätigt.[433]

427 Vgl zB Baumbach/Hefermehl/*Köhler*, Wettbewerbsrecht, 17. Aufl., 1993, Einl. UWG, Rn 214.
428 Ebenso *Radeideh*, S. 276.
429 Vgl dazu bereits *Glöckner/Henning-Bodewig*, WRP 2005, 1311, 1330.
430 Begründung Regierungsentwurf, BT-Drucks. 15/1487, S. 17.
431 Vgl dazu bereits ausf. *Glöckner/Henning-Bodewig*, WRP 2005, 1311, 1328; *Keßler*, WRP 2007, 714, 716.
432 *Köhler*, in: Köhler/Bornkamm, § 3 UWG, Rn 52; *Köhler*, WRP 2008, 10, 11.
433 Vgl bereits *Glöckner/Henning-Bodewig*, WRP 2005, 1311, 1328.

Allein eine solche Interpretation des Spürbarkeitserfordernisses steht im Einklang mit der Funktion des Lauterkeitsrechts, kollektive Verbraucherinteressen durch unverfälschten Wettbewerb sowie den unverfälschten Wettbewerb im Interesse aller Marktteilnehmer zu schützen. Der häufig verwendete Ausdruck „Bagatellklausel“[434] ist insoweit missverständlich, als er darauf hinzudeuten scheint, dass zwar eine Rechtsverletzung vorliegt, diese aber wegen ihrer geringen Bedeutung die Inanspruchnahme der staatlichen Rechtsdurchsetzungsmechanismen nicht rechtfertigen („de minimis non curat praetor“).[435] Vor dem Hintergrund der Schutzzweckbestimmung des § 1 S. 2 UWG lässt sich die Norm indes besser in dem Sinne deuten, dass Verstöße gegen objektive Verhaltensgebote von vornherein nur dann **wettbewerbs**rechtsrelevant sind, wenn sie zu einer Wettbewerbsbeeinträchtigung führen (können). Weiter stellte sich zum UWG 2004 die Frage, ob die nach der Richtlinie erforderliche „Wesentlichkeit“ der Beeinflussung der nach deutschem Recht geforderten „Nicht-Unerheblichkeit“ der Wettbewerbsbeeinträchtigung entsprach. Dies wurde unter Hinweis auf die Gesetzgebungsgeschichte bezweifelt.[436] Im Hinblick auf die Übernahme des Spürbarkeitskriteriums im UWG 2008 sollte die Gleichstellung nunmehr bejaht werden können. Nach der Legaldefinition in Art. 2 lit. e UGP-RL wird „wesentlich“ gleichgesetzt mit einer spürbaren Beeinträchtigung der Fähigkeit des Verbrauchers, eine informierte Entscheidung zu treffen.

171 *Sack* hat auf den Konflikt hingewiesen, der aus den §§ 6 Abs. 2 iVm 3 UWG resultiert: Danach ist auch unlauter vergleichende Werbung nur dann unzulässig, wenn sie die Spürbarkeitsschwelle des § 3 Abs. 1 UWG erfüllt, wohingegen das europäische Recht in der Richtlinie über irreführende und vergleichende Werbung – anders als Art. 5 Abs. 2 lit. b UGP-RL – über keine Wesentlichkeitsschwelle verfügt.[437] Eine Korrektur des Wertungswiderspruchs dürfte im Wege einer EU-grundrechtskonformen Auslegung der Richtlinie über irreführende und vergleichende Werbung zu erzielen sein.[438]

172 Der Gesetzgeber hat zur Umsetzung der UGP-Richtlinie den Weg beschritten, die bewährte Generalklausel mit gewissen Modifikationen in § 3 Abs. 1 UWG beizubehalten, gleichzeitig aber eine den Art. 5 Abs. 2, 2 lit. e, h UGP-RL annähernd wortlautidentische Fassung in §§ 3 Abs. 2 iVm 2 Abs. 1 Nr. 7 UWG aufzunehmen. Beide Regelungen sind durch die Formulierung verbunden, dass geschäftliche Handlungen gegenüber Verbrauchern „jedenfalls dann unzulässig“ seien, wenn sie die Voraussetzungen des § 3 Abs. 2 UWG erfüllten. Die gewählte Regelungstechnik wirft verschiedene Probleme auf. Uneingeschränkt zuzustimmen ist der Einschätzung des Gesetzgebers, wonach mit der Neuregelung keine wesentlichen Änderungen einhergehen.[439] Die Schaffung einer zweiten Generalklausel kompromittiert jedoch im günstigsten Fall das vom deutschen Gesetzgeber ebenfalls verfolgte Ziel, an dem einheitlichen und integrierten Schutz gegen alle Formen unlauteren Wettbewerbsverhaltens festzuhalten[440] und verstößt im ungünstigeren Fall gegen die Vorgaben der UGP-Richtlinie: Durch die Verwendung des Begriffs „jedenfalls“ in § 3 Abs. 2 UWG wird zwar zutreffend klargestellt, dass die Erfüllung der in § 3 Abs. 2 UWG niedergelegten Voraussetzungen der UGP-Richtlinie die Unzulässigkeit selbständig begründet.[441] Die Formulierung „jedenfalls“ legt aber zugleich sprachlich nahe, dass geschäftliche Handlungen gegenüber Verbrauchern auch dann nach § 3 Abs. 1 UWG unzulässig sein können, wenn die Voraussetzungen des § 3 Abs. 2 UWG nicht erfüllt sind, was zugleich unterstellt, dass der Maßstab des § 3 Abs. 1 UWG ein möglicherweise anderer als der des § 3 Abs. 2 UWG ist. Geht man davon aus, dass durch die Formulierung „geschäftliche Handlung gegenüber Verbrauchern“ der gesamte Anwendungsbereich der UGP-

434 Begründung Regierungsentwurf, BT-Drucks. 15/1487, S. 17; *Köhler*, GRUR 2005, 1.
435 In diesem Sinne insb. *Köhler*, GRUR 2005, 1, 2.
436 *Fezer*, WRP 2006, 781, 783.
437 *Sack*, WRP 2004, 30. AA Fezer/*Koos*, § 6 UWG, Rn 34: teleologische Reduktion des Verbotsbereichs der Richtlinie auf der Grundlage des allgemeinen wettbewerblichen Spürbarkeitserfordernisses.
438 Ebenso *Köhler*, WRP 2008, 10, 11.
439 Ebenso Begründung Regierungsentwurf, BT-Drucks. 16/10145, S. 15.
440 Begründung Regierungsentwurf, BT-Drucks. 16/10145, S. 11, 21.
441 In diesem Sinne auch *Sosnitza*, WRP 2008, 1014, 1018.

Richtlinie erfasst und durch die Formulierung des § 3 Abs. 2 die gesamte Definition der Unlauterkeit gem. Art. 5 Abs. 2 UGP-RL abgebildet werden sollte, so ist demgegenüber wegen der mit der UGP-Richtlinie angestrebten Totalharmonisierung die Annahme weitergehender Unzulässigkeit nicht zu vereinbaren. Innerhalb des Anwendungsbereich der UGP-Richtlinie enthält deren Generalklausel den einzigen, unionsweit geltenden Maßstab (vgl EGr. 13 S. 2 UGP-RL). Der materielle Gehalt des Art. 5 Abs. 2 UGP-RL „sperrt" daher für von der Richtlinie erfasste Geschäftspraktiken den Rückgriff auf andere Maßstäbe. Als Lösungsmöglichkeit bleibt daher, entweder im Wege richtlinienkonformer Auslegung bei der Anwendung der Generalklausel auf geschäftliche Handlungen gegenüber Verbrauchern den Begriff „jedenfalls" zu ignorieren und diese ausschließlich an § 3 Abs. 2 UWG zu messen[442] oder aber der Gesamtregelung zu entnehmen, dass der Standard des § 3 Abs. 2 UWG demjenigen des § 3 Abs. 1 UWG entspricht. Erstere Interpretation hätte zwar den Vorteil, die vom Gesetzgeber sprachlich nahegelegte Unterscheidung ernst zu nehmen, letztere Interpretation gestattet aber, eine formale und inhaltliche Spaltung der Lauterkeitsmaßstäbe für geschäftliche Handlungen gegenüber Verbrauchern und sonstige geschäftliche Handlungen zu verhindern. Da die richtlinienkonforme Auslegung von § 3 Abs. 2 UWG ohnehin die auf die Generalklausel in § 3 Abs. 1 UWG gestützte Sanktionierung einer nach erstgenannter Norm zulässigen geschäftlichen Handlung verbietet, ist die zweite Alternative richtlinienkonformer Auslegung vorzugswürdig.

2. Umsetzung von Einzeltatbeständen

Die UGP-Richtlinie verknüpft Verstöße gegen die in Anh. I geregelten Tatbestände über Art. 5 Abs. 5 mit dem Unterlauterkeitsurteil „unter allen Umständen". Der deutsche Gesetzgeber ist dem Regelungsmodell der UGP-Richtlinie gefolgt und hat die Einzeltatbestände der „Schwarzen Liste" in einen Anhang überführt, der über § 3 Abs. 3 UWG mit der Verbotsnorm verknüpft wird. Der erforderliche Ausschluss der Wertungsmöglichkeit wird durch die Formulierung „stets unzulässig" bewirkt. 173

Im Bereich der Sondertatbestände, insbesondere zur Irreführung, finden sich zwar in den Details zahlreiche Abweichungen der Regelungen im UWG von den Vorgaben der Richtlinie.[443] Fraglich ist jedoch, ob die Richtlinie als solche zu einem Paradigmenwechsel im Hinblick auf das gesamte Irreführungsverbot zwingt.[444] Der Gesetzgeber hat zunächst durch die Anknüpfung an „irreführende geschäftliche Handlungen" den Anwendungsbereich von § 5 UWG erweitert. Dies begründete er insbesondere damit, dass von Art. 6 nicht nur Werbung erfasst werde, während § 5 UWG 2004 auf diese beschränkt sei.[445] Insbesondere die berüchtigte Versendung von Zahlungsträgern für vermeintlich abgeschlossene Insertionsverträge wird so unproblematisch vom Irreführungstatbestand erfasst.[446] 174

Anders als Art. 2 IrreführungsRL – und der diese fast wörtlich übernehmende § 5 Abs. 2 UWG 2004 – nennt Art. 6 UGP-RL alternativ „unwahre" oder zur Täuschung geeignete Angaben. Bei einer unwahren Behauptung, dh einer Behauptung, die falsche Tatsachen enthält, sollte es demnach nicht mehr auf die Irreführungseignung ankommen.[447] Die unterlassene Umsetzung bleibt immerhin im Ergebnis unerheblich, da auch nach der UGP-Richtlinie der Einsatz falscher, aber nicht irreführender Tatsachen nicht zwingend zu verbieten ist. Da in beiden Fällen die wettbewerbliche Relevanz zu prüfen[448] und die geschäftliche Entscheidung beim Fehlen einer Irreführungsgefahr 175

442 Im Sinne einer Interpretation eines Dualismus von zwei Lauterkeitsrechtsordnungen „unter einem regelungstechnischen Dach" *Fezer*, WRP 2009, 1163.

443 Vgl *Köhler/Lettl*, WRP 2003, 1019, 1052.

444 Insb. *Fezer*, WRP 2006, 781, 787; MüKo-UWG/*Micklitz*, 1. Aufl., EG D, Rn 10, 24.

445 Begründung Regierungsentwurf, BT-Drucks. 16/10145, S. 16; ebenso *Steinbeck*, WRP 2006, 623, 633.

446 Offen in der Begründung etwa BGH, 26.1.1995 – I ZR 39/03 (Folgeverträge II), GRUR 1995, 358, 359: Teil eines auf Täuschung angelegten Gesamtkonzepts; vgl dazu Harte/Henning/*Völker*, 1. Aufl., § 5 UWG, Rn 516. Ausdr. nunmehr Begründung Regierungsentwurf, BT-Drucks. 16/10145, S. 16.

447 *Ohly*, in: Ohly/Sosnitza, Einf. C, Rn 54.

448 *Steinbeck*, WRP 2006, 632, 634; *Ohly*, in: Ohly/Sosnitza, Einf. C, Rn 54.

nicht auf die falschen Tatsachen zurückzuführen ist,[449] konnte ein solches Verhalten gestattet werden.[450]

176 Im Vergleich zur Irreführungsrichtlinie, deren Art. 3 lit. a–c die bisherige Regelung in § 5 Abs. 2 UWG 2004 nachgebildet war, nennt Art. 6 Abs. 1 UGP-RL erheblich mehr einzelne Irreführungsgegenstände. Das Fehlen der Einleitung „insbesondere“ weist darauf hin, dass die in der Richtlinie enthaltene Aufzählung anders als die in der Irreführungsrichtlinie enthaltene abschließend sein soll. Der Gesetzgeber erkannte insoweit Umsetzungsbedarf.[451]

177 Traditionell wird davon ausgegangen, dass ein Mitgliedstaat seiner Umsetzungspflicht nicht dadurch genügen kann, dass er die Anpassung des Rechts seinen Gerichten überlässt.[452] Wenn das Europarecht allerdings selbst auf der Grundlage einer Generalklausel operiert, muss angenommen werden, dass dem Mitgliedstaat dieselbe Möglichkeit eröffnet wird. Vorliegend ist jedoch die Kombinierung der Generalklausel mit Einzeltatbeständen bzw der schwarzen Liste im Anh. I UGP-RL zu beachten. Die **Umsetzungspflicht** dient nämlich zugleich der **Herstellung von Publizität, Klarheit und Bestimmtheit.**[453]

178 In der Entscheidung *Kommission/Schweden*[454] hat der EuGH seine ständige Rechtsprechung in der Weise zusammengefasst, dass jeder Mitgliedstaat, der Adressat einer Richtlinie ist, die Verpflichtung hat, in seiner nationalen Rechtsordnung alle erforderlichen Maßnahmen zu ergreifen, um die volle Wirksamkeit der Richtlinie gemäß ihrer Zielsetzung zu gewährleisten. **Unerlässlich** ist es, dass die sich **aus den nationalen Umsetzungsmaßnahmen ergebende Rechtslage hinreichend bestimmt und klar** ist und dass die **Begünstigten** in die Lage versetzt werden, **von allen ihren Rechten Kenntnis** zu erlangen und diese gegebenenfalls vor den nationalen Gerichten geltend zu machen.[455] Besonders wichtig ist die letztere Voraussetzung, wenn die Richtlinie darauf abzielt, den Angehörigen anderer Mitgliedstaaten Ansprüche zu verleihen.

179 Daraus folgt indes nicht, dass alle Bestandteile der Richtlinie im Umsetzungsrechtsakt womöglich gar wortlautidentisch zu übernehmen wären. Da die **Sondertatbestände** den Unionsbürgern **nicht mehr Rechte als die Generalklausel** geben,[456] sondern diese lediglich „konkretisieren“ (EGr. 13 UGP-RL), hätte es genügt, im nationalen Recht die Einzeltatbestände approximativ zu formulieren,[457] solange sichergestellt ist, dass zum einen der materielle Schutzstandard, welchen die Richtlinie vorsieht, hergestellt wird, und zum anderen die geschützten Verbraucher unschwer Kenntnis über die ihnen gewährten Rechte erlangen können.

180 Artikel 6 Abs. 2 UGP-RL enthält zwei Fälle bestimmter Irreführungen. Das ist zunächst die Begründung einer Verwechslungsgefahr bei der Vermarktung eines Produkts. Der Gesetzgeber hat diesbezüglich zu Recht keinen bedeutenden Unterschied zur Täuschung über die kommerzielle Herkunft erkannt.[458] Da letztere bereits im Rahmen der Umsetzung der Richtlinie über irreführende Werbung durch § 5 Abs. 2 Nr. 1 UWG eingeführt wurde, besteht zumindest insofern keine erneute Umsetzungspflicht. Nicht geklärt blieb zunächst die Frage, ob die sich nicht aus dem Gesetzeswort-

---

449 Zust. *Sosnitza*, WRP 2008, 1014, 1028.

450 Begründung Regierungsentwurf, BT-Drucks. 16/10145, S. 23.

451 Begründung Regierungsentwurf, BT-Drucks. 16/10145, S. 16.

452 Vgl *Franzen*, S. 365 ff mwN.

453 Bereits EuGH, Rs. C-96/95 (Kommission/Deutschland), Slg 1997, I-1653, Rn 39. *Säcker*, WRP 2004, 1199, 1201, begründet die Notwendigkeit konkretisierender Tatbestände mit dem deutschen Verfassungsrecht.

454 EuGH, Rs. C-478/99 (Kommission/Schweden), Slg 2002, I-4147, Rn 15 ff, m.Anm. *Wittwer*, ELR 2002, 245.

455 Vgl insb. EuGH, Rs. C-144/99 (Kommission/Niederlande), Slg 2001, I-3541, Rn 17, m.Anm. *Wittwer*, ELR 2001, 334.

456 Auf diesen Gesichtspunkt hat der EuGH, Rs. C-478/99 (Kommission/Schweden), Slg 2002, I-4147, Rn 21, abgestellt.

457 In diesem Sinne ist wohl auch EuGH, Rs. C-300/95 (Kommission/Großbritannien), Slg 1997, I-2649, Rn 33, 37, zu verstehen. Darin hat der EuGH klargestellt, dass bei der Frage, ob eine nationale Umsetzungsmaßnahme ungeeignet sei, der „allgemeine rechtliche Kontext“ zu berücksichtigen sei.

458 Begründung Regierungsentwurf, BT-Drucks. 16/10145, S. 16, 17. Anders jedoch *Steinbeck*, WRP 2006, 632, 637 f.

laut ergebende Einschränkung der Anwendung der Irreführung über die betriebliche Herkunft bei der Begründung einer kennzeichenrechtlichen Verwechslungsgefahr auf Fälle der sog. „qualifizierten Herkunftstäuschung“ aufrechterhalten werden konnte und sollte.[459] Der Gesetzgeber erkannte das Problem und ging davon aus, dass die UGP-Richtlinie keinen „Vorrang des Markenrechts“ kenne,[460] auf welchen die Einschränkung des Irreführungstatbestandes zurückgehe. Dass der Gesetzgeber meinte, die weitere Entwicklung des Verhältnisses zwischen kennzeichenrechtlichen und lauterkeitsrechtlichen Ansprüchen der Rechtsprechung überlassen zu können,[461] mag im Hinblick auf den Umsetzungsauftrag kritisiert werden. Nicht übersehen werden darf freilich, dass die Fragestellung im Europarecht weder diskutiert wurde, noch in ihrer praktischen Konsequenz (Aktivlegitimation!) auftauchte, da es insoweit an einer Harmonisierung mangelt. Im Übrigen hat die Rechtsprechung inzwischen die Anwendbarkeit des Lauterkeitsrechts für Fälle einfacher Herkunftstäuschung bejaht.[462] Die Behandlung vergleichender Werbung zwischen harmonisiertem Markenrecht (vgl Art. 6 Abs. 1 Markenrechts-RL: zulässig ist lauterer hinweisender Gebrauch), Irreführungsrichtlinie (vgl Art. 4 lit. h: solange sie keine Verwechslungsgefahr begründet) und UGP-Richtlinie (Art. 6 Abs. 2 lit. a: darf keine Verwechslungsgefahr begründen) ist trotz der Versicherung des Europäischen Gesetzgebers in EGr. 9 S. 2 UGP-RL nicht geklärt.[463] Durch Art. 14 Abs. 3 UGP-RL wurde lediglich der bislang in Art. 3 a Abs. 1 lit. d IrreführungsRL 1997 je nach den angesprochenen Verkehrskreisen gewährte Schutz aufgeteilt: Nur noch die Verwechslungsgefahr bei angesprochenen Gewerbetreibenden wird in Art. 4 lit. h IrreführungsRL geregelt; die Verwechslungsgefahr bei angesprochenen Verbrauchern demgegenüber in Art. 6 Abs. 2 lit. a UGP-RL. Das Verhältnis von Art. 6 Abs. 2 lit. a zu Art. 6 Abs. 1 UGP-RL – Irreführung über die betriebliche Herkunft – ist ebenfalls nicht klar. *Steinbeck* entnimmt den unterschiedlichen Formulierungen die Möglichkeit unterschiedlicher Anforderungen im Hinblick auf das Genügen einer abstrakten oder konkreten Verwechslungs**gefahr** bzw das Erfordernis **tatsächlicher Verwechslungen.**[464] Letztere Abschichtung verfehlt den Zweck der Normen und ist nicht weiterführend. Insoweit hat der Gesetzgeber zu Recht in Umsetzung von Art. 14 Nr. 3 UGP-RL den Begriff „Verwechslungen“ in § 6 Abs. 2 Nr. 3 UWG durch „Gefahr von Verwechslungen“ ersetzt.[465] Die im Markenrecht zu prüfende Verwechslungsgefahr ist ebenso konkret wie die lauterkeitsrechtliche Irreführungsgefahr.[466] So bleibt im Ergebnis nur die Feststellung, dass das Markenrecht die Verwendung fremder Marken zu hinweisenden Zwecken, worunter auch der Werbevergleich zählt, gestattet, solange die Verwendung lauter ist. Insoweit wird ein **Vorrang des Lauterkeitsrechts** begründet.

Der zweite Fall des Art. 6 Abs. 2 UGP-RL betrifft die **Nichteinhaltung von Verhaltenskodizes.** 181
Sofern diese den Unternehmer verpflichten und er auf sie hingewiesen hat, sich dann aber gerade nicht an sie hält, ist darin eine Irreführung zu erkennen. Da das UWG 2004 keine vergleichbare Regelung kannte, kam der Gesetzgeber seiner Umsetzungspflicht durch Einfügung des § 5 Abs. 1 S. 2 Nr. 6 UWG nach.

Das traditionelle lauterkeitsrechtliche Regelungsmodell der Irreführung beruht auf der Verhinde- 182
rung von auf Tatsachen bezogenen **Fehlvorstellungen** der Adressaten. Davon ist die **Nicht-Vorstellung**, das schlichte Unwissen, zu unterscheiden. Mit dieser Begründung wurde die Erfassung unterbliebener Information durch das Irreführungsverbot stets abgelehnt. Eine Nicht-Information begründet nach bisheriger Lesart erst dann eine Irreführung, wenn eine bestimmte Angabe durch

459 Vgl dazu *Ingerl*, WRP 2004, 809; *Bornkamm*, GRUR 2005, 97; *Glöckner*, in: Geistiges Eigentum und Gemeinfreiheit, S. 145, 165 ff; *Steinbeck*, WRP 2006, 632, 638 ff; *Fezer*, WRP 2006, 781, 790; *ders.*, WRP 2008, 1; *Köhler*, GRUR 2007, 548; Zur Abgrenzung Markenrecht/UWG bereits ausführlich *Henning-Bodewig/Kur*, Marke und Verbraucher, Band II, 1988/89.

460 Begründung Regierungsentwurf, BT-Drucks. 16/10145, S. 17.

461 Begründung Regierungsentwurf, BT-Drucks. 16/10145, S. 17.

462 BGH, 15.8.2013 – I ZR 188/11 (Hard Rock Cafe), GRUR 2013, 1161, 1165.

463 Vgl dazu *Sack*, GRUR 2008, 201.

464 *Steinbeck*, WRP 2006, 632, 637.

465 Begründung Regierungsentwurf, BT-Drucks. 16/10145, S. 17.

466 Vgl dazu auch EuGH, Rs. C-533/06 (O2), Slg 2008, I-4231, Rn 49, 64 ff.

sie irreführend wurde. Wirbt etwa ein Kfz-Vertragshändler in einer Zeitungsannonce für Fahrzeuge eines bestimmten aktuellen Typs und einer bestimmten Ausstattung lediglich mit einem Preis, ohne ein Baujahr zu nennen oder sonst einen Hinweis zu geben, dass es sich um Gebrauchtfahrzeuge handelt, so wird der Verkehr annehmen, dass Neufahrzeuge beworben werden. Im Kern des Vorwurfs steht indes nicht die unterbliebene Information und die daraus resultierende Unkenntnis der Adressaten über das Alter der Fahrzeuge, sondern die Begründung der Gefahr konkreter Fehlvorstellungen der Adressaten, nämlich dass hier Neufahrzeuge beworben würden. Tatsächlich ist es in solchen Fällen beliebig,[467] ob man an die Werbung als positives Tun anknüpft und deren Irreführungseignung prüft, oder an die unterlassene Angabe, dass es sich um Gebrauchtfahrzeuge handele. Maßgebend ist in beiden Fällen die **konkrete Fehlvorstellung** der Adressaten. Weil die Annahme europaweit konsensfähig war (vgl EGr 14 S. 2 UGP-RL), dass der Verkehr jedenfalls bei für den Vertragszweck wesentlichen Informationen vom Werbenden deren Offenlegung erwartet und aus ihrem Fehlen anderweitige Schlüsse zieht, regeln Art. 7 Abs. 1, 2 UGP-RL, dass ein diesbezügliches Unterlassen der Irreführung gleichzustellen ist.

183 Dem Verweis in Art. 7 Abs. 1 UGP-RL auf die Vereitelung der „informierten geschäftlichen Entscheidung" ist nicht zu entnehmen, dass das bloßen Fehlen bestimmter Information bereits die Unlauterkeit begründen soll. Gemäß EGr. 14 S. 2 UGP-RL sollen durch die getrennte Regelung irreführender Handlungen und Unterlassungen in den Art. 6, 7 UGP-RL insgesamt sämtliche irreführenden Praktiken erfasst werden. In EGr. 14 S. 1 UGP-RL wird jedoch deutlich gemacht, dass der Mangel an Information per se noch nicht die Unlauterkeit begründet: Vielmehr sollen sämtliche Praktiken umfasst werden, welche den Verbraucher „durch Täuschung" von der informierten Entscheidung abhalten. Dieser strukturelle Zusammenhang macht das fortbestehende Erfordernis einer Fehlvorstellung auch bei der Täuschung durch Unterlassen deutlich.[468]

184 Wenngleich also den Ausgangsregelungen der Richtlinie keine selbständigen und vom Bestehen einer Irreführungsgefahr unabhängigen lauterkeitsrechtlichen Informationspflichten zu entnehmen sind,[469] gehen die detaillierten Regelungen der Art. 7 Abs. 4, 5 UGP-RL doch erheblich über das Maß hinaus, das § 5 Abs. 2 S. 2 UWG 2004 vorsah.[470] Der Gesetzgeber hat daher mit gutem Grund entschieden, die weitreichenden Vorgaben in § 5 a UWG zu übernehmen.[471] Anders als bei der gescheiterten Verordnung über Verkaufsförderungsmaßnahmen sollten durch die UGP-Richtlinie **keine originären Informationspflichten** geschaffen werden. Deutlich wird dies durch die **Anbindung des Art. 7 an die Irreführung** gem. Art. 5 Abs. 4 lit. a, 6 UGP-RL. Homogen fügt sich insbesondere Art. 7 Abs. 1 UGP-RL in die allgemeine Irreführungsdogmatik ein: Von einer „vorenthaltenen"[472] Information lässt sich nur sprechen, wenn der Adressat einer Geschäftspraktik diese Information erwartet – und wegen ihrer Wesentlichkeit für die Erreichung des Vertragszwecks erwarten darf – und die Geschäftspraktik aus der Sicht des maßgeblichen Durchschnittsadressaten deshalb als Folge der unterlassenen Information irreführend wird. Dasselbe gilt für die Regelung in Art. 7 Abs. 2 UGP-RL im Hinblick auf die gleichgestellten Formen der Zugangsverhinderung zu

467 MüKo-UWG/*Micklitz*, EG D, Art. 7 Rn 11: Frage der Wertung.

468 *Steinbeck*, WRP 2006, 632, 636; aA *Fezer*, WRP 2006, 781; MüKo-UWG/*Micklitz*, Einl. D, Art. 7 Rn 5; *Keßler*, WRP 2007, 714, 720 f.

469 *Walter*, S. 128.

470 *Steinbeck*, WRP 2006, 632, 635. Nach *Fezer* ist Art. 7 UGP-RL „Ausdruck eines Paradigmenwechsels im europäischen Wettbewerbsrecht, dessen Politikansatz ein Informationsmodell des lauterkeitsrechtlichen Verbraucherschutzes ist", WRP 2006, 781, 787. Nach *Keßler* konstituiert die Norm durch die Begründung marktbezogener Informationspflichten die Funktionsbedingungen einer „*workable competition*", WRP 2007, 714, 721. Vgl hierzu auch ausf. MüKo-UWG/*Micklitz*, EG D, Art. 7 Rn 4. Von einer „Zweiteilung" geht *Bornkamm*, in: Köhler/Bornkamm, § 5 a UWG Rn 4, aus.

471 Begründung Regierungsentwurf, BT-Drucks. 16/10145, S. 17.

472 Es soll zwar nicht vorenthalten werden, dass dem in der deutschen Fassung verwendeten Begriff „vorenthalten" in anderen Sprachfassungen keine vergleichbar deutlichen Begriffe entsprechen: engl. *omit*, frz. *omettre*, worauf *Steinbeck*, WRP 2006, 632, 635 Fn 31, bereits hingewiesen hat. Es ist aber nicht zu verkennen, dass der sprachliche Sinngehalt auch dieser Begriffe – weglassen, auslassen – davon ausgeht, dass eine Teil-Nichtaussage eine Gesamtaussage verfälscht. Ausgelassen werden kann nur, was eigentlich dazugehört.

wesentlichen Informationen. Die Anknüpfung der Informationspflicht an eine Irreführung wird auch durch die Entwicklung einer Theorie gestufter Informationspflichten gestützt,[473] die sich in der Regelung des Art. 7 Abs. 3 UGP-RL erkennen lässt. Der Werbeadressat erwartet schließlich nur mediums- bzw verhandlungsstandskonforme Informationen: Je großvolumiger das eingesetzte Werbematerial, je höher der selbstgesetzte Anspruch des kommerziellen Kommunikationsakts, je fortgeschrittener das Verhandlungsverhältnis, desto mehr steigen die schutzwürdigen Erwartungen des Adressaten und desto näher wird liegen, dass eine Nichtinformation einen Irrtum begründet.

Verschiedene der in den weiteren Regelungen genannten Informationen scheinen sich freilich nur schwierig in dieses Regelungskonzept einzufügen. Gemäß Art. 7 Abs. 5 UGP-RL sind die europarechtlich geschuldeten Informationen stets als wesentlich zu behandeln. In diesen Fällen wird regelungstechnisch tatsächlich aus der bloßen Nichtinformation unabhängig von deren objektivem Verständnis eine Irreführung. Systemgerecht lässt sich die Vorschrift allein als abstrakter Gefährdungstatbestand im Hinblick auf die Möglichkeit der Begründung einer Irreführungsgefahr interpretieren.[474] Auch die in Art. 7 Abs. 4 UGP-RL genannten Informationen, die bei Aufforderungen zum Kauf zu verschaffen sind, scheinen auf den ersten Blick nicht in ein Modell zu passen, das keine selbständigen Informationspflichten begründet. Begründungserwägung 13 S. 3 bezeichnet sie als Basisinformation. Gesetzgebungstechnisch, aber auch in der Sache, handelt es sich indes um Konkretisierungen der „wesentlichen Informationen" gem. Art. 7 Abs. 1 UGP-RL, die der Durchschnittsverbraucher benötigt, um eine informierte Entscheidung zu treffen. 185

Artikel 8 UGP-RL regelt als zweiten Beispielsfall der Unlauterkeit die **aggressiven Geschäftspraktiken.** Sie müssen zunächst durch die Mittel der **Belästigung, Nötigung** oder **unzulässigen Beeinflussung** erfolgen. Für alle drei Mittel der Aggression gleichermaßen gilt Art. 9 UGP-RL, der allerdings lediglich Beurteilungskriterien zur Bestimmung der unzulässigen Beeinflussung bzw der (nicht näher definierten) Belästigung und Nötigung enthält. Danach aggressive Geschäftspraktiken sind allerdings nur dann unlauter, wenn sie die Entscheidungs- oder Verhaltensfreiheit des Durchschnittsverbrauchers „tatsächlich oder voraussichtlich erheblich beeinträchtigen" und ihn dadurch zumindest voraussichtlich zu einer ansonsten nicht getroffenen Entscheidung zu veranlassen. 186

Die **Nötigung** wird innerhalb der UGP-Richtlinie zwar nicht definiert, aber konkretisiert durch die Anwendung körperlicher Gewalt. Typische Nötigungsfälle dürften daher in der Anwendung von *vis absoluta* zu erkennen sein. Nicht allein wegen der sprachlichen Übereinstimmung mit § 7 UWG scheint das Beeinflussungsmittel der **Belästigung** dem deutschen Juristen vertraut. Die Richtlinie geht zudem davon aus, dass bestimmte typische Belästigungsformen jedenfalls grundsätzlich im Anwendungsbereich der Richtlinie liegen können; so enthält der Anhang in Nr. 26 das per se-Verbot des „hartnäckigen und unerwünschten Ansprechens über Telefon, Fax, E-Mail" und des unerbetenen Zusendens von Waren in Nr. 29. Gleichwohl wäre es verfehlt, die Belästigungsbegriffe in Art. 8, 9 der Richtlinie und § 7 UWG inhaltlich gleichzusetzen.[475] Wenn Art. 8 UGP-RL von der „Belästigung" spricht, so ist nicht die allein wegen des unzumutbaren Eingriffs in die Individualsphäre unlautere Belästigung des § 7 UWG gemeint, was sich bereits daraus ergibt, dass im Fall der Belästigung gem. Art. 8 UGP-RL ebenso wie im Fall der unzulässigen Beeinflussung gem. Art. 2 lit. j UGP-RL durch sie die Entscheidungs- oder Verhaltensfreiheit des Verbrauchers beeinträchtigt werden muss.[476] Die im Sinne von Art. 8 UGP-RL zu verstehende Belästigung muss demgemäß 187

473 Vgl dazu *Steinbeck*, WRP 2006, 632, 635. Ähnlich *Walter*, S. 311 ff: Theorie des dynamischen Transparenzgebotes.

474 Ähnlich *Bornkamm*, in: Köhler/Bornkamm, § 5 a UWG Rn 5: unwiderlegliche Vermutung der Fehlvorstellung.

475 *Ohly*, in: Ohly/Sosnitza, Einf. C, Rn 44, 56, *Steinbeck*, WRP 2008, 865. Anders nunmehr *Köhler*, in: Köhler/Bornkamm, § 4 UWG, Rn 1.10; *ders.*, GRUR 2012, 217, 218 f.

476 Fraglich ist, ob belästigende Werbung, die nicht die Entscheidungsfreiheit der Verbraucher beeinträchtigt, von der Binnenmarktklausel des Art. 4 der Richtlinie umfasst wird. Nimmt man EGr. 7 S. 2 UGP-RL ernst, so ist diese und damit ihr Art. 4 auf solche Fälle nicht anwendbar, so etwa *Köhler*, in: Köhler/Bornkamm, Einl. UWG, Rn 3.57; vgl auch *Ohly*, in: Ohly/Sosnitza, § 7 UWG, Rn 11 mwN. Es bleibt dann bei der Geltung der Grundfreiheiten.

intensiv genug sein, um auf die Entscheidungsfreiheit einwirken zu können.[477] Deutlich macht dies der Umstand, dass auch das unerwünschte Ansprechen durch Telekommunikationsmittel in Nr. 26 des Anhangs „hartnäckig“ zu erfolgen hat.

188 Die die Entscheidungsfreiheit beeinträchtigende Belästigung wird regelmäßig übergehen in die **unzulässige Beeinflussung** gem. Art. 2 lit. j UGP-RL. Die beanstandete „Blässe“ der Begriffe der Nötigung und Belästigung[478] schadet deswegen auch nicht. Beide Begriffe gehen in dem in Art. 2 lit. j UGP-RL definierten Begriff der **unzulässigen Beeinflussung** auf. Nach Art. 2 lit. j UGP-RL muss es sich um „die Ausnutzung einer Machtposition“ gegenüber dem Verbraucher handeln, welche die „Fähigkeit des Verbrauchers zu einer informierten Entscheidung wesentlich einschränkt“. Diese Definition ist jedenfalls bei unbefangenem Verständnis sprachlich misslungen, denn Machtpositionen beeinträchtigen von vornherein nicht die informierte, sondern allein die freie Entscheidung. Die Entscheidung selbst wird statt durch Täuschung durch Aggression beeinträchtigt.[479] Nötigungen, Belästigungen und unzulässige Beeinflussungen werden jedenfalls vom deutschen Begriff der unangemessenen Einflussnahme des § 4 Nr. 1 UWG erfasst.[480] Im Ergebnis durfte der Gesetzgeber zu Recht annehmen, dass der Oberbegriff der unzulässigen Beeinflussung sowohl begrifflich als auch inhaltlich durch den in § 4 Nr. 1, 2 UWG enthaltenden Begriff der unangemessenen Einflussnahme abgebildet wird.[481] Im Sinne der richtlinienkonformen Auslegung sollte § 4 Nr. 1 UWG indes nicht entnommen werden, dass die Unterlassung von Warnhinweisen, durch welche bestehende Gesundheitsrisiken verharmlost werden, den Vorwurf einer unangemessen Einflussnahme begründen.[482] Der Struktur der Art. 8, 9 UGP-RL entspricht allein die Erfassung von Sachverhalten, in welchen vom Werbenden ein besonderer, von der Rechtsordnung nicht gebilligter Entscheidungsdruck auf den Adressaten aufgebaut und so der Entscheidungsprozess in seiner Freiheit beeinträchtigt wird. Daran fehlt es beim Unterlassen von Warnhinweisen ganz und gar.

189 Der deutsche Gesetzgeber hat den Weg beschritten, an der Regelung der – nicht unzulässig in den Entscheidungsprozess eingreifenden – Belästigung in § 7 UWG festzuhalten. Die „Öffnungsklausel“ gem. EGr. 7 S. 3 UGP-RL hat er aber nicht für tragfähig gehalten, die weitreichenden Einschränkungen des Direktmarketing in § 7 UWG aF aufrechtzuerhalten.[483] Stattdessen soll die Norm zum einen aus europäischen Rechtsquellen außerhalb der UGP-Richtlinie, zum anderen aus Nr. 26 Anh. I sowie Art. 5 gespeist werden. Geht man in diesem Sinne davon aus, dass die Belästigung, verstanden als Überziehen mit unerwünschten Werbemaßnahmen, vom Anwendungsbereich der Richtlinie erfasst wird, so erscheint es immerhin folgerichtig, dass der Gesetzgeber zunächst „Werbung“ als Anknüpfungspunkt der Regelung durch die „geschäftliche Handlung“ ersetzt hat. Verschiedene europäische Rechtsakte gestatteten eine weitestgehende Beibehaltung der bisherigen Regelungen: So verlangt Art. 13 Abs. 1 der Datenschutzrichtlinie für die elektronische Kommunikation ein Verbot der Verwendung von automatischen Anrufmaschinen, Faxgeräten oder elektronischer Post für die Zwecke der Direktwerbung ohne die vorherige Einwilligung der Adressaten. Es findet sich in § 7 Abs. 2 Nr. 3 UWG wieder. Darüber hinausgehend verlangt Nr. 26 Anh. I, dass das hartnäckige Ansprechen über für den Fernabsatz geeignete Medien „unter allen Umständen“ verboten sein soll. Dies wird für die Telefonwerbung in § 7 Abs. 2 Nr. 2 UWG umgesetzt, wobei allerdings bereits der erste unerwünschte Werbeanruf unzulässig ist. Insoweit stützt der Gesetzgeber sich ebenfalls zu Recht auf die Datenschutzrichtlinie für elektronische Kommunikation,[484] die in Art. 13 Abs. 3 den Mitgliedstaaten im Hinblick auf die Telefonwerbung das Festhalten an sog. opt-in-Systemen gestat-

477 Ebenso MüKo-UWG/*Micklitz*, EG D, Art. 8 Rn 16.
478 MüKo-UWG/*Micklitz*, EG D, Art. 8 Rn 15.
479 Richtig *Radeideh*, S. 215: es geht um die Möglichkeit, eine Entscheidung gemäß den Präferenzen zu treffen; MüKo-UWG/*Micklitz*, EG D, Art. 8 Rn 16: Mittel der Beeinflussung ist nicht Täuschung, sondern Aggression.
480 Fezer/*Steinbeck*, § 4–1 UWG, Rn 57 ff; *Henning-Bodewig*, WRP 2006, 621, 626.
481 Begründung Regierungsentwurf, BT-Drucks. 16/10145, S. 18; *Steinbeck*, WRP 2008, 865, 870.
482 BGH, 13.7.2006 – I ZR 234/03 (Warnhinweis II), GRUR 2006, 953, 954.
483 Begründung Regierungsentwurf, BT-Drucks. 16/10145, S. 29.
484 Begründung Regierungsentwurf, BT-Drucks. 16/10145, S. 29.

tet. In EGr. 14 S. 9 hat der europäische Gesetzgeber ausdrücklich klargestellt, dass diese Vorschrift unberührt bleiben solle. Mit § 7 Abs. 2 Nr. 4 UWG wird Art. 13 Abs. 4 der Datenschutzrichtlinie für die elektronische Kommunikation umgesetzt. Soweit die Vorschrift im Anwendungsbereich über die Richtlinie (E-Mail) hinausgeht, kann dies mit der allgemein auf den Gesichtspunkt der Irreführung bzw Verschleierung gestützten Unlauterkeit begründet werden. Außerhalb des Anwendungsbereichs anderer, vorrangiger Rechtsakte des Unionsrechts wird § 7 UWG, insbesondere § 7 Abs. 1 UWG, durch die UGP-Richtlinie gespeist: Die Vorschrift ist insoweit als mitgliedstaatliche Konkretisierung der Generalklausel in Art. 5 UGP-RL zu verstehen, da es an der von Art. 8 UGP-RL vorausgesetzten Aggressivität gerade mangelt. Ein generelles Verbot der Belästigung ohne Wertungsmöglichkeit vermag die UGP-Richtlinie insoweit allerdings nicht zu tragen.[485] Das Tatbestandselement des § 7 Abs. 1 UWG, innerhalb dessen diese Wertung vorzunehmen ist, ist die Unzumutbarkeit der Belästigung. Hierbei handelt es sich um eine „spezielle Bagatellschwelle“, welche die allgemeine erforderliche Prüfung der spürbaren Interessenbeeinträchtigung überflüssig erscheinen lasse.[486] Unter diesem Gesichtspunkt seien Werbeformen wie das Ansprechen in der Öffentlichkeit oder die „Scheibenwischerwerbung“ zu prüfen.[487] Bemerkenswert erscheint aber immerhin, dass der Gesetzgeber diese, von ihm selbst erforderlich gehaltene, Bewertung des Einzelfalls antizipiert und determiniert, indem er in § 7 Abs. 1 S. 2 UWG „klarstellt“, dass die Unzumutbarkeit stets zu bejahen ist, wenn erkennbar ist, dass der von einer Werbung angesprochene Marktteilnehmer diese nicht wünscht. Die vom Gesetzgeber bewusst aus § 7 Abs. 2 Nr. 1 UWG 2004 „ausgegliederten“ und nunmehr § 7 Abs. 1 S. 2 UWG zugeordneten Sachverhalte sollen im Ergebnis genauso zu beurteilen sein wie bisher.[488]

3. Die Bedeutung der Harmonisierung für die Praxis der Rechtsanwendung

a) UWG als Umsetzungsgesetz

Durch das Inkrafttreten der UGP-Richtlinie und ihre Umsetzung im UWG 2008 hat sich der **Charakter des UWG** trotz seiner sehr weitreichenden begrifflichen und strukturellen Kontinuität grundlegend geändert. Aus einem – von punktuellen Einflüssen und einer grundfreiheitsrechtlichen Überlagerung durch das Europarecht (vgl oben) abgesehen – autonomen deutschen Gesetz ist innerhalb des Anwendungsbereichs der UGP-Richtlinie ein Ausführungsgesetz geworden. Deshalb hat mit der UWG-Novelle 2008 bzw der Pflicht zur richtlinienkonformen Auslegung seit Ablauf der Umsetzungsfrist ein **„reload“** der bekannten Institutionen und Begriffe stattgefunden. Dass dieser reload für die Praxis zu keinen grundstürzenden Änderungen geführt hat, liegt allein daran, dass das deutsche Recht zum einen durch die deutliche Akzentverschiebung der höchstrichterlichen Rechtsprechung bereits unter der Geltung des aUWG,[489] zum anderen durch die Berücksichtigung der Entwicklungen im Europarecht im Zuge der UWG-Novelle 2004[490] einen Großteil der von Europarechts wegen geforderten Regelungen und Nicht-Regelungen vorweggenommen hat. 190

Weniger denn je kann es darum gehen, allein das Ergebnis der autonomen Anwendung des mitgliedstaatlichen Recht in einer zweiten Stufe einer Konformitätsprüfung zu unterziehen, sondern **autonom europarechtliche Grundsätze** füllen im Anwendungsbereich der UGP-Richtlinie bereits den **Gesamttatbestand der wettbewerbsrelevanten Unlauterkeit** aus. Das meint der Europäische Gesetzgeber, wenn er von einem **Ersetzen der** in den Mitgliedstaaten geltenden **Generalklauseln und Rechtsgrundsätze** spricht. 191

485 Begründung Regierungsentwurf, BT-Drucks. 16/10145, S. 29.
486 Begründung Regierungsentwurf, BT-Drucks. 16/10145, S. 28.
487 Begründung Regierungsentwurf, BT-Drucks. 16/10145, S. 29.
488 Begründung Regierungsentwurf, BT-Drucks. 16/10145, S. 29.
489 Vgl dazu Harte/Henning/*Keller*, Einl. A, Rn 24 mwN.
490 Vgl nur *Fezer*, WRP 2001, 989; *Köhler/Bornkamm/Henning-Bodewig*, WRP 2002, 1317.

b) Keine unmittelbare Anwendung der UGP-Richtlinie

192 Die Formulierung vom „Ersetzen“ der Generalklauseln und Rechtsgrundsätze bedeutet indes nicht, dass auf die Regelungen der UGP-Richtlinie unmittelbar zurückgegriffen werden könnte.[491] Der Europäische Gesetzgeber hat zur Harmonisierung vom Instrument der Richtlinie Gebrauch gemacht, welche der Umsetzung durch die Mitgliedstaaten bedarf. Nach der etablierten Rechtsprechung wird dem Staat lediglich im Vertikalverhältnis, dh zwischen Mitgliedstaat und Bürger, versagt, sich auf seine Säumnis bei der Umsetzung zu berufen.[492] An der Trennung zwischen vertikaler und horizontaler Direktwirkung der Richtlinien hält die Europäische Rechtsprechung bis heute fest.[493] Wird eine Richtlinie zulässigerweise (vgl Art. 11 Abs. 1 UGP-RL) durch die Gewährung von Ansprüchen im Zivilrechtsverhältnis umgesetzt, so bleibt es beim Ausschluss des unmittelbaren Rückgriffs auf die Richtlinie.

193 Diesem vergleichsweise klaren Befund scheinen Äußerungen entgegenzustehen, wonach mitgliedstaatliche Gerichte verpflichtet sind, nationale Rechtsnormen, die im Widerspruch zu europarechtlichen Vorgaben stehen, unangewendet zu lassen, wenn sie sich zu einer europarechtskonformen Auslegung außerstande sehen. Insoweit ist zu differenzieren: Eine Rechtsprechungslinie, die in großer Eindeutigkeit Gebrauch von dieser Formel macht, bezieht sich auf Fälle, in denen das Verhältnis zwischen Staat und Bürger betroffen war.[494] In demselben Kontext steht das Verbot der Anwendung richtlinienwidrige staatliche Verbotsgesetze innerhalb des Rechtsverhältnisses zwischen Privaten, wenn sie gleichsam als Vorfrage relevant sind.[495] Die Urteile lassen sich daher auch nicht verallgemeinern.[496] Wo demgegenüber Rechtsverhältnisse zwischen Privaten als solche betroffen waren, äußert sich der EuGH sehr viel eingeschränkter.[497] Eine einzige echte Ausnahme macht der EuGH bei Diskriminierungsverboten: Hier sind auch im Rechtsverhältnis zwischen Privaten etwaige entgegenstehende Normen unanwendbar, selbst wenn dadurch ein nationales Verwerfungsmonopol überwunden wird.[498] Diese Ausnahme ist allerdings darauf zurückzuführen, dass – selbst durch Richtlinien ausgeformte – Diskriminierungsverbote auf das allgemeine Diskriminierungsverbot oder aber das Verbot der Diskriminierung aufgrund der Staatsangehörigkeit gem. Art. 18 AEUV zurückzuführen sind. Dabei handelt es sich indes um primärrechtliche Diskriminierungsverbote, die auch Rechtsetzungsakte erfassen.[499] Ihre Direktwirkung[500] ist eine „echte“ Direktwirkung im Gegensatz zu der faktischen Direktwirkung von Richtlinien, die allein darauf gestützt wird, dass es den Mitgliedstaaten verwehrt sein muss, sich auf die eigene Säumnis zu stützen. Solche Diskriminierungsverbote stehen im Lauterkeitsrecht nicht im Raum.

c) Richtlinienkonforme Auslegung

194 **Reichweite:** Im Ergebnis kann daran festgehalten werden, dass bei der Anwendung der lauterkeitsrechtlichen Vorschriften allein der Rückgriff auf die richtlinienkonforme Auslegung möglich bleibt,

---

491 Anders wohl *Fezer*, WRP 2006, 781, 782.

492 EuGH, Rs. 41/74 (Van Duyn), Slg 1974, 1337, Rn 12.

493 Ausdr. gegen sog. horizontale Direktwirkung bereits EuGH, Rs. C-192/94 (El Corte Inglès), Slg 1996, I-1281, Rn 15 ff. Zul. EuGH, Rs. C-555/07 (Seda Kücükdeveci), Slg 2010, I-365, Rn 46.

494 Vgl EuGH, Rs. C-327/00 (Santex), Slg 2003, I-1877, Rn 64; Rs. C-241/06 (Lämmerzahl), Slg 2007, I-8415, Rn 63; Rs. C-406/08 (Uniplex/NHS Business), Slg 2010, I-817, Rn 49: durchweg Vergaberecht. EuGH, Rs. C-347/96 (Solred), Slg 1998, I-937, Rn 30: Abgabenrecht.

495 EuGH, Rs. C-194/94 (CIA Security International), Slg 1996, I-2201, Rn 42; Rs. C-443/98 (Unilever), Slg 2000, I-7535, Rn 39 ff, 42.

496 So aber *Nettesheim*, in: Grabitz/Hilf/Nettesheim, Art. 288 AEUV, Rn 163.

497 EuGH, verb. Rs. C-397, 403/01 (Pfeiffer u.a.), Slg 2004, I-8835, Rn 100 f, 120.

498 EuGH, Rs. C-281/98 (Angonese), Slg 2000, I-4139, Rn 34. Zul. EuGH, Rs. C-555/07 (Seda Kücükdeveci), Slg 2010, I-365, Rn 51.

499 Groeben/Schwarze/*Zuleeg*, Art. 12 EG, Rn 7.

500 Vgl EuGH, Rs. C-281/98 (Angonese), Slg 2000, I-4139, Rn 34; EuGH, Rs. C-555/07 (Seda Kücükdeveci), Slg 2010, I-365, Rn 51.

soweit Rechtsverhältnisse zwischen Privaten betroffen sind.[501] Insoweit gilt es allerdings zu beachten, dass der deutsche Gesetzgeber in der UWG-Novelle 2008 ausdrücklich seinen Willen geäußert hat, die Vorgaben der UGP-Richtlinie umzusetzen.[502] Soweit er an anderer Stelle einen Willen auf Setzung einer Rechtsfolge geäußert hat, die mit der UGP-Richtlinie nicht vereinbar ist, muss immerhin in Anwendung der in der *Quelle*-Entscheidung des Bundesgerichtshofs zugrundegelegten Logik eine gleichsam perplexe Erklärung des Gesetzgebers angenommen werden, welche die Annahme einer planwidrigen Lücke gestattet, aufgrund derer der Rückgriff auf gesetzeswortlautübersteigende Auslegungsmethoden eröffnet wird.[503] In diesem Sinne wird etwa § 4 Nr. 6 UWG von der Rechtsprechung teleologisch reduziert.[504]

Richtlinienkonforme Auslegung von Generalklauseln und unbestimmten Rechtsbegriffen: Gleichwohl ist die **Anwendung des UWG schwieriger** geworden. Weniger denn je kann es genügen, das Unlauterkeitsurteil auf seit den 1920er- oder 1930er-Jahren in Kommentarliteratur und Lehrbüchern fortgetragene Sentenzen oder eine Rechtsprechungslinie aus den 1960er- oder 1970er-Jahren zu stützen.[505] Der beeindruckende und international wohl einmalige Erfahrungsschatz des deutschen Lauterkeitsrechts wurde mit der Umsetzung der Richtlinie zwar nicht wertlos. Es bedarf in einer Phase des Umbruchs aber des bewussten **Nach-Denkens** und **Hinterfragens.**[506] Sicher gelangt man in der überwiegenden Zahl der Fälle zu keinen neuen Lösungen. Entscheidend ist aber die **Begründungskultur.** 195

Spezialtatbestände: Den natürlichen Lebensraum der richtlinienkonformen Auslegung bilden die lauterkeitsrechtlichen Generalklauseln und unbestimmten Rechtsbegriffe. Probleme bereiten indes enger formulierte Spezialtatbestände des nationalen Rechts. Sie mögen bereits deshalb richtlinienwidrig sein, weil sie eine Wertungsmöglichkeit nehmen, wo die UGP-Richtlinie eine solche gebietet[507] oder aber, weil die in ihnen zugrundegelegte inhaltliche Wertung von der UGP-Richtlinie nicht geteilt wird. Die Pflicht zur richtlinienkonformen Auslegung reicht nur soweit diese dem mitgliedstaatlichen Gericht im Hinblick auf seine verfassungsrechtliche Stellung möglich ist.[508] Wenn der Wortlaut der mitgliedstaatlichen Norm eindeutig ist und vom geäußerten Willen des Gesetzgebers gestützt wird, kann ein deutsches Gericht kaum Gebrauch von wortlautübersteigenden Auslegungsmethoden machen. Während angesichts der umfassenden Novellierung des UWG und des diesbezüglich ausdrücklich geäußerten Anpassungswillens des Gesetzgebers im Hinblick auf unmittelbar verbraucherschützende Tatbestände ggf von einer Lücke ausgegangen werden kann (vgl bereits o.), wird angesichts der eher überraschenden Ausdehnung des Anwendungsbereichs der UGP-Richtlinie, wie sie in der Rechtssache *VTB* beispielhaft deutlich wurde, ein solcher Anpassungswille im Hinblick auf Vorschriften im GWB (zB § 20 Abs. 4 GWB: Verkauf unter Einstandspreis) oder auf Sondertatbestände (zB § 4 Nr. 9 lit. b UWG) kaum anzunehmen sein. 196

d) Auslegungsfragen und Vorlageverfahren

Der Begriff der Unlauterkeit bedarf der Ausfüllung. Oben wurde ausgeführt, dass die nationalen Behörden und Gerichte durch die in der Richtlinie verwendeten unbestimmten Rechtsbegriffe zwar 197

501 In diesem Sinne auch Commission Staff Working Document, Guidance on the Implementation/Application of Directive 2005/29/EC on Unfair Commercial Practices, SEC (2009) 1666, S. 16 f. Ausführlich zur richtlinienkonformen Auslegung *Glöckner*, GRUR 2013, 224 ff.

502 Begründung Regierungsentwurf, BT-Drucks. 16/10145, S. 1, 10.

503 BGH, 26.11.2008 – VIII ZR 200/05 (Quelle), BGHZ 179, 27 LS. 2.

504 BGH, 5.10.2010 – I ZR 4/06 (Millionen-Chance II), GRUR 2011, 532.

505 Harte/Henning/*Podszun*, § 3 UWG, Rn 18, 24.

506 Vgl BGH, 5.6.2008 – I ZR 4/06 (Millionen-Chance), GRUR 2008, 807; BGH, 22.4.2009 – I ZR 14/07 (0,00 Grundgebühr), GRUR 2009, 1180; BGH, 16.7.2009 – I ZR 50/07 (Kamerakauf im Internet), BB 2010, 322; BGH 17.7.2008 – I ZR 160/05 (Sammelaktion für Schoko-Riegel), GRUR 2009, 71.

507 Vgl etwa EuGH, verb. Rs. C-261, 299/07 (VTB-VAB), Slg 2009, I-2949, Rn 65 f; Rs. C-304/08 (Plus), Slg 2010, I-217, zu § 4 Nr. 6 UWG.

508 Ausdrücklich EuGH, Rs. C-212/04 (Adeneler), Slg 2006, I-6057, Rn 110; Vgl auch EuGH, Rs. 80/86 (Kolpinghuis Nijmegen), Slg 1987, 3969, Rn 13; EuGH, Rs. C-91/92 (Paola Faccini Dori), Slg 1994, I-3325, Rn 26 f; EuGH, verb. Rs. C-397, 403/01 (Pfeiffer u.a.), Slg 2004, I-8835, Rn 113 ff.

zunächst einen gewissen Umsetzungsspielraum genießen konnten. Dieser Spielraum wird aber durch die konkretisierende Rechtsprechung des EuGH schrumpfen. Wettbewerbliche Zweifelsfälle müssen auf der Grundlage von Art. 267 AEUV in Vorlagen an den EuGH münden.[509] Die sog. *Acte Clair*-Doktrin[510] kann nur zum Zuge kommen, wenn Wettbewerbsverhalten entweder eindeutig zulässig oder eindeutig unzulässig ist. Vorlageabstinenz wird keineswegs dazu führen, dass das traditionelle Lauterkeitsrecht deutscher Prägung fortbestehen kann. Im Gegenteil haben deutsche Gerichte dank der hohen Prozessfrequenz und dem entwickelten Problembewusstsein am besten die Möglichkeit, die Entwicklung eines Europäischen Lauterkeitsrechts zu fördern, indem sie geeignete Fälle mit konkretem Konfliktpotential auswählen, und dazu (europarechtlich!) begründete qualifizierte Entscheidungsvorschläge unterbreiten. Die markenrechtliche Praxis zeigt, dass der EuGH sich einer solchen Kooperation mit den mitgliedstaatlichen Gerichten nicht verschließt.[511]

e) Reichweite der Binnenmarktklausel

198 Die Richtlinie über unlautere Geschäftspraktiken enthält keine Mindestklausel. Angestrebt wurde eine **Totalharmonisierung** – ein **level playing field** für die Anbieter innerhalb der Union. Unterschiedliche Schutzstandards in Portugal, Belgien, Österreich, Estland oder Deutschland sollen im Ergebnis ausgeschlossen sein. Das von der Richtlinie geforderte **Verbot** ist **einzig, allen Mitgliedstaaten gemeinsam** und seiner **Natur nach generell.** Da die UGP-Richtlinie aber mit einer Generalklausel operiert, die durch weitere wertungsoffene Regelungen konkretisiert wird, ist naheliegend, dass die zu ihrer Umsetzung erlassenen Tatbestände in der näheren Zukunft in den Mitgliedstaaten unterschiedlich ausgelegt werden. In einer solchen Situation soll der Gewerbetreibende sich beim Importwettbewerb am Marktort darauf berufen dürfen, dass sein Wettbewerbsverhalten am Herkunftsort für rechtmäßig gehalten wird. Diesen Einwand eröffnet ihm Art. 4 UGP-RL ausdrücklich. Die mitgliedstaatlichen Gerichte haben auf ihn einzugehen. Die für die Anwendung des materiellrechtlich verstandenen Herkunftslandprinzips typische Doppelprüfung wird den Gerichten also nicht erspart bleiben.

199 Mitgliedstaatliche Gerichte könnten nun auf den Gedanken verfallen, das Prinzip der Totalharmonisierung unmittelbar fruchtbar zu machen, die UGP-Richtlinie auszulegen – was wohl kaum ohne zumindest unbewussten Rückgriff auf das eigene und national geprägte Vorverständnis geschehen könnte – und daraufhin den Einwand des Gewerbetreibenden mit der Begründung zurückzuweisen, wenn eine Geschäftspraxis im Herkunftsstaat nicht für unlauter gehalten werde, so verstoße dies gegen die Richtlinie und sei damit irrelevant.[512]

200 Richtig ist daran zwar, dass in allen Mitgliedstaaten das Gebot richtlinienkonformer Auslegung und gegebenenfalls auch unionsrechtskonformer Rechtsfortbildung gilt. Dieses Gebot ist jedoch an das Erfordernis der Möglichkeit solcher Auslegung oder Rechtsfortbildung geknüpft.[513] Entscheidend ist damit die innerstaatliche Kompetenzverteilung zwischen Judikative und Legislative im Herkunftsstaat. Mitgliedstaaten, bei denen die Gerichte einen weiten Spielraum zur uU wortlaut-

---

509 Vgl bereits EuGH, verb. Rs. C-261, 299/07 (VTB-VAB), Slg 2009, I-2949; Rs. C-522/08 (Telekomunikacja Polska), Slg 2010, I-2079, jeweils zum Verbot von Koppelungsangeboten; Rs. C-304/08 (Plus), Slg 2010, I-217, zum Verbot akzessorischer Werbegewinnspiele; verb. Rs. C-236-238/08 (Vuitton ./. Google), Slg 2010, I-2417; Rs. C-91/09 (Eis.de/BBY), Slg 2010, I-43; Rs. C-278/08 (Bergspechte), Slg 2010, I-2517; Rs. C-558/08 (Portakabin/Primakabin), Slg 2010, I-6963, jeweils zum Keyword Advertising.; Rs. C-540/08 (Mediaprint), Slg 2010, I-10909, zu Verboten von Koppelungsangeboten auf dem Mediensektor; Rs. C-288/10 (Wamo), Slg 2011, I-5835; Beschl. v. 15.12.2011, Rs. C-126/11 (INNO), nicht in Slg, jeweils zum Verbot der Ankündigung von Preisermäßigungen vor Schlussverkaufszeiten; Urteil v. 17.1.2013, Rs. C-206/11 (Köck), noch nicht in Slg, zum Verbot der Ankündigung eines Ausverkaufs ohne behördliche Bewilligung.

510 EuGH, Rs. 283/81 (C.I.L.F.I.T.), Slg 1982, 3415, Rn 13 ff.

511 Besonders deutlich in den Entscheidungen des EuGH, verb. Rs. C-53-55/01 (Linde u.a.), Slg 2003, I-3161; Rs. C-292/00 (Davidoff), Slg 2003, I-389. Ähnlich nunmehr in EuGH, v. 17.10.2013 – Rs. C-391/12 (RLvS), noch nicht in Slg.

512 In diese Richtung geht der Vorschlag von *Ohly*, GRUR Int. 2001, 899, 903.

513 EuGH, Rs. C-106/89 (Marleasing), Slg 1990, I-4135, Rn 8.

übersteigenden Auslegung haben, haben davon Gebrauch zu machen.[514] Wo dies nicht der Fall ist, scheitert auch die richtlinienkonforme Auslegung bzw Rechtsfortbildung,[515] da eine Pflicht zur Rechtsfortbildung *contra legem* nicht besteht.[516] Kann eine nationale Rechtsnorm nach mitgliedstaatlichem Verfassungsrecht nicht europarechtskonform ausgelegt werden, so führt im horizontalen Verhältnis die richtlinienkonforme Auslegung nicht weiter.[517] Schon aus diesem Grund wird ein unmittelbarer Rückgriff der Gerichte des Marktortstaates auf die richtlinienkonforme Auslegung scheitern. Daneben haben die mitgliedstaatlichen Gerichte sich bei der Erforschung des rechtlichen Gehalts der Richtlinie von den jeweiligen nationalen Traditionen zu lösen. Auch hier ist der oben angesprochene reload des UWG zu berücksichtigen. Wo mitgliedstaatliche Gerichte zu dem Ergebnis gelangen, dass die eigene Rechtsordnung zwar zum Ergebnis der Unlauterkeit gelangt, die Rechtsordnung des Herkunftsstaates aber mit ebenfalls guten Gründen nicht, müssen die abweichenden Ergebnisse zu einer Vorlage an den EuGH führen.[518]

f) Verfahren

Bislang hatte der EuGH den Mitgliedstaaten die Möglichkeit offengehalten, das Bestehen einer **Irreführungsgefahr** auf der Grundlage **tatsächlicher Erhebungen** zu beurteilen (vgl oben). Die Richtlinie scheint nunmehr auf den ersten Blick, diese Möglichkeit auszuschließen. „Die nationalen Gerichte und Verwaltungsbehörden müssen sich bei der Beurteilung der Frage, wie der Durchschnittsverbraucher in einem gegebenen Fall typischerweise reagieren würde, auf ihre eigene Urteilsfähigkeit unter Berücksichtigung der Rechtsprechung des Gerichtshofs verlassen“ (EGr. 18 aE). 201

Das steht sicher der Praxis entgegen, die Irreführungsgefahr oder die Gefahr der unzulässigen Beeinflussung unmittelbar auf tatsächliche Feststellungen zu stützen. Es handelt sich dabei um Rechtsbegriffe, die ein wertendes Abwägen verlangen. Offen bleibt aber die Frage, ob diese wertende Abwägung uU beeinflusst werden kann durch tatsächliche Erhebungen. Tatsächlich muss die Intensität der Irreführungsgefahr (Anteil der potentiell Irrenden; wirtschaftliche Relevanz, dh Fortwirken der Irreführung in der wirtschaftlichen Entscheidung) eine entscheidende Rolle für das Abwägungsergebnis spielen. Es erscheint nicht als sinnvoll, wertvolle Instrumente bei der Rationalisierung dieser wertenden Entscheidung von vornherein auszuschließen. In diesem Sinne kann insbesondere die Formulierung „eigene Urteilsfähigkeit **unter Berücksichtigung der Rechtsprechung des Gerichtshofs**“ (Hervorhebung d. Verf.) verstanden werden. Denn der EuGH hat stets hervorgehoben, dass er sein Urteil über das Vorliegen einer Irreführungsgefahr auf seine eigene, jeweils bejahte Urteilsfähigkeit gestützt hatte, aber zugleich anerkannt, dass mitgliedstaatliche Gerichte anders verfahren könnten, wenn sie ihre eigene Urteilsfähigkeit verneinten (vgl bereits o. Rn 34). 202

D. Durchsetzung

I. Sanktionen

Nach einem im Europarecht etablierten Grundsatz bleibt das Prozessrecht Sache der Mitgliedstaaten und wird nur dort durch Harmonisierungsmaßnahmen berührt, wo anderenfalls der Harmonisierungszweck vereitelt würde.[519] Dieser Grundsatz ist maßgeblich für den Umgang der Mitglied- 203

514 EuGH, verb. Rs. C-397, 403/01 (Pfeiffer u.a.), Slg 2004, I-8835, Rn 116 ff; EuGH, Rs. C-212/04 (Adeneler), Slg 2006, I-6057, Rn 110 ff.

515 EuGH, Rs. C-212/04 (Adeneler), Slg 2006, I-6057, Rn 110 ff; ist eine unionsrechtskonforme Auslegung durch den nationalen Richter nicht möglich, berührt dies jedoch nicht die Zulässigkeit eines Vorabentscheidungsverfahren, vgl EuGH, Rs. C-404/06 (Quelle), Slg 2008, I-2685, Rn 18 ff.

516 EuGH, Rs. C-212/04 (Adeneler), Slg 2006, I-6057, Rn 110.

517 EuGH, verb. Rs. C-397, 403/01 (Pfeiffer u.a.), Slg 2004, I-8835, Rn 108. Insoweit missverständlich sind die Ausführungen der GAin *Trstenjak* Schlussanträge Rn 22, zu EuGH, verb. Rs. C-261, 299/07 (VTB-VAB), Slg 2009, I-2949, die in einer derartigen Konstellation von der „unmittelbaren Anwendbarkeit“ spricht.

518 So bereits *Ohly*, GRUR Int. 1999, 899, 903.

519 EuGH, verb. Rs. C-430, 431/93 (Schijndel/Stichting Pensioensfonds), Slg 1995, I-4705, Rn 17 mwN.

staaten mit der Klagebefugnis. Im Hinblick auf die Auswahl potentieller Kläger zur Durchsetzung lauterkeitsrechtlicher Ansprüche erfasst dieser Grundsatz die Klageberechtigung von Verbänden, da durch die besonderen Voraussetzungen der Verbandsklage sowohl die materiellrechtliche Aktivlegitimation als auch die prozessuale Klagebefugnis geregelt werden. Insoweit, dh allein bei der Ausgestaltung der Verbandsklage, bleibt es bei der Regelungssouveränität[520] der mitgliedstaatlichen Gesetzgeber. Im Hinblick auf die materiellrechtliche Aktivlegitimation greift der Grundsatz der prozessrechtlichen Autonomie der Mitgliedstaaten nicht ein.

204 Insoweit regeln die Richtlinien über irreführende und vergleichende Werbung bzw über unlautere Geschäftspraktiken die Aktivlegitimation der „natürlichen Kläger“ selbst: Aus der Formulierung in Art. 11 Abs. 1 UGP-RL (entsprechend Art. 5 Abs. 1 IrreführungsRL), wonach nur „Personen oder Organisationen, die **nach dem nationalen Recht** ein berechtigtes Interesse an der Bekämpfung unlauterer Geschäftspraktiken haben“ Durchsetzungsmöglichkeiten zu eröffnen sind, wird allerdings entnommen, dass auch der Umgang mit der Aktivlegitimation dem nationalen Recht überlassen bleibt.[521]

205 Die Einfügung des Zusatzes „einschließlich Mitbewerbern“ in die verabschiedete Fassung der UGP-Richtlinie wirft nun allerdings die Frage auf, ob diese Delegation auch im Rahmen ihres Anwendungsbereichs angenommen werden darf. Die UGP-Richtlinie bezweckt ausdrücklich den unmittelbaren Schutz der Verbraucher und mittelbar den Schutz der Mitbewerber (EGr. 8). Das legt es nahe, den Relativsatz „die nach dem nationalen Recht ein berechtigtes Interesse … haben“ allein auf die Organisationen zu beziehen. Nur solche Organisationen haben ein Interesse „an der Bekämpfung unlauterer Geschäftspraktiken“. Die unmittelbar bzw mittelbar geschützten Verbraucher und Mitbewerber haben demgegenüber kein abstraktes Interesse an der Bekämpfung unlauterer Geschäftspraktiken, sondern vielmehr ein eigenes Rechtsschutzinteresse. Indem in der Fassung des Gemeinsamen Standpunkts die Mitbewerber ausdrücklich in den Kreis der Klageberechtigten gem. Art. 11 Abs. 1 UGP-RL aufgenommen, allerdings erst nach dem einschränkenden Relativsatz angefügt wurden (ebenso die englische, französische, italienische und spanische Fassung), wurde zugleich deutlich gemacht, dass sich dieser Relativsatz nur auf die Organisationen beziehen kann, nicht aber auf die Verletzten.

II. Der grenzüberschreitende Zivilprozess

1. Internationale Zuständigkeit

206 Bei Wettbewerbsstreitigkeiten mit Auslandsberührung stellt sich systematisch wie praktisch an erster Stelle die Frage nach dem **Gerichtsstand**: Welchen Staates Gerichte haben über den Rechtsstreit zu befinden? Die sog. **Internationale Zuständigkeit** ist damit der örtlichen Zuständigkeit vorgelagert.[522] Das österreichische wie das deutsche IPR enthalten traditionell keine Sondervorschriften zur Internationalen Zuständigkeit. Beide gehen vom Grundsatz der **lex fori des Prozessrechts** aus, dh jedes Gericht wendet im Grundsatz sein eigenes Prozessrecht an.[523] Auf dieser Grundlage sind die Vorschriften zur örtlichen Zuständigkeit **doppelfunktional**:[524] Ist ein Gericht im Geltungsbereich des UWG örtlich zuständig, so begründet dies zugleich seine internationale Zuständigkeit. Vorrangig zu beachtende Sonderregelungen über die internationale Zuständigkeit enthalten die

520 Insoweit greift die RL über Unterlassungsklagen, dh in Deutschland § 8 Abs. 3 Nr. 3 UWG, ein, wodurch EG-ausländischen qualifizierten Einrichtungen die Klagemöglichkeit eröffnet wird.

521 Vgl nur *Lettl*, WRP 2004, 1079, 1129.

522 Zur Notwendigkeit einer gedanklichen Trennung vgl *Zöller/Geimer*, IZPR, Rn 38.

523 *Zöller/Geimer*, IZPR, Rn 1; *Kropholler*, IPR § 56 IV, S. 578.

524 OLG Stuttgart,22.8.1986 – 2 U 54/86 (expo data), GRUR 1987, 925; *Zöller/Geimer*, IZPR, Rn 37; *Kropholler*, IPR, § 58 II, S. 593. Einschr. *Staudinger/Fezer/Koos*, IntWirtschR, Rn 813: analoge Anwendung der Vorschriften über die örtliche Zuständigkeit mit bloßer Indizwirkung.

durch die „Vergemeinschaftung“[525] des **Übereinkommens von Brüssel von 1968** über die gerichtliche Zuständigkeit und die Vollstreckung gerichtlicher Entscheidungen in Zivil- und Handelssachen[526] entstandene und am 1. März 2002 in Kraft getretene **EuGVVO**,[527] die mit Wirkung vom 10. Januar 2015 durch eine Neufassung[528] ersetzt wurde, sowie das **Übereinkommen von Lugano**[529] (vgl dazu näher *Staudinger*, § 22, Rn 179 ff).

2. Internationales Lauterkeitsrecht

a) Rom II-Verordnung

Seit längerem wurde an der **Vereinheitlichung des auf außervertragliche Verpflichtungen anzuwendenden Rechts** gearbeitet. Seit dem 11. Januar 2009 gilt die Verordnung (EG) Nr. 864/2007 des Europäischen Parlaments und des Rates vom 11. Juli 2007 über das auf außervertragliche Schuldverhältnisse anzuwendende Recht (Rom II).[530] In Anlehnung an die geläufige Bezeichnung des Übereinkommens von Rom über das auf vertragliche Schuldverhältnisse anzuwendende Recht von 1980 wird im Allgemeinen von der „Rom II-Verordnung“ gesprochen. Die Rom II-Verordnung (im Folgenden: Rom II-VO) gilt für außervertragliche Schuldverhältnisse in Zivil- und Handelssachen. Letzterer Begriff ist autonom und insbesondere unter Rückgriff auf die Judikatur des EuGH zur EuGVVO bzw zum EuGVÜ auszulegen.[531] Zivilrechtliche Ansprüche aus Wettbewerbsverletzungen gehören jedenfalls dazu. 207

Die fraglichen Schuldverhältnisse müssen weiter eine Verbindung zum Recht verschiedener Staaten aufweisen, Art. 1 Abs. 1 Rom II-VO. Der Geltungsbereich der Verordnung beschränkt sich damit nicht auf Rechtsstreitigkeiten, deren Anknüpfungsmomente ein internationales Verhältnis innerhalb der Union begründen, sondern die Verordnung regelt innerhalb ihres gegenständlichen Anwendungsbereichs **universell** das Internationale Privatrecht aller Mitgliedstaaten[532] mit Ausnahme Dänemarks.[533] Im Hinblick auf die auf diese Weise verhinderte Rechtsspaltung (Verordnungsrecht für Unionssachverhalte – autonomes mitgliedstaatliches Kollisionsrecht für Drittsachverhalte) ist die Ausdehnung des Anwendungsbereichs zu begrüßen.[534] 208

Entsprechendes gilt im Hinblick auf die Rechtsfolge: Sie kann nämlich nicht nur in der Anwendung des Rechts eines Mitgliedstaates, sondern gemäß den Anknüpfungsregeln der Verordnung auch in der Anwendung des Rechts eines Drittstaates bestehen, Art. 3 Rom II-VO. Eine ausdrückliche Einschränkung des Anwendungsbereichs der Verordnung im Hinblick auf den Vorrang speziellerer unionsrechtlicher Kollisionsnormen fehlt in der verabschiedeten Fassung zwar. Nach dem allgemei- 209

525 Vgl dazu den Vorschlag für eine VO (EG) des Rates über die gerichtliche Zuständigkeit und die Anerkennung und Vollstreckung von Entscheidungen in Zivil- und Handelssachen, KOM (99) 348 endg., Tz. 1.2.; *Kropholler*, Einl., Rn 15.

526 Übereinkommen von Brüssel von 1968 über die gerichtliche Zuständigkeit und die Vollstreckung gerichtlicher Entscheidungen in Zivil- und Handelssachen, ABl. 1972 Nr. L 299/32.

527 VO (EG) Nr. 44/2001 des Rates vom 22. Dezember 2000 über die gerichtliche Zuständigkeit und die Anerkennung und Vollstreckung von Entscheidungen in Zivil- und Handelssachen, ABl. 2001 Nr. L 12/1, berichtigt ABl. 2001 Nr. L 307/28 sowie ABl. 2010 Nr. L 328/36, zuletzt geändert durch VO (EU) Nr. 566/2013, ABl. 2013 Nr. L 167/29.

528 VO (EU) Nr. 1215/2012 des Europäischen Parlaments und des Rates vom 12. Dezember 2012 über die gerichtliche Zuständigkeit und die Anerkennung und Vollstreckung von Entscheidungen in Zivil- und Handelssachen, ABl. 2012 Nr. L 351/1.

529 Übereinkommen über die gerichtliche Zuständigkeit und die Vollstreckung gerichtlicher Entscheidungen in Zivil- und Handelssachen. Abgeschlossen in Lugano am 16. September 1988, BGBl. 1994, II S. 2658. Vgl den Überblick von *Jametti Greiner*, ZBJV 128 (1992), 42; *Baudenbacher/Glöckner*, Art. 12, Rn 9 ff.

530 ABl. 2007 Nr. L 199/40.

531 Vorschlag der Kommission vom 22.7.2003 für eine VO des Europäischen Parlaments und des Rates über das auf außervertragliche Schuldverhältnisse anzuwendende Recht („Rom II“), KOM (2003) 427 endg.

532 *Staudinger/Fezer/Koos*, IntWirtschR, Rn 439; MüKo-UWG/*Mankowski*, IntWettbR, Rn 33; *Handig*, GRUR Int. 2008, 24.

533 Art. 1 Abs. 4 Rom II-VO.

534 Zustimmend auch *Leible/Lehmann*, RIW 2007, 721, 724. Kritisch demgegenüber *Wagner*, IPRax 2006, 372, 389.

nen Grundsatz *lex specialis derogat legi generali* verdrängen in spezielleren Rechtsakten enthaltene Regelungen aber die Allgemeineren.

210 Dass unlauterer Wettbewerb als unerlaubte Handlung zu qualifizieren ist, ergibt sich mittelbar aus Art. 6 Rom II-VO, der eine Sonderanknüpfung bereithält. Im Regelfall ist auf unerlaubte Handlungen das Recht des Ortes anzuwenden, an welchem der Schaden eintritt, Art. 4 Abs. 1 Rom II-VO (sog. *lex loci damni*; vgl EGr. 16, 18). Indirekte Folgen sind damit aber nicht gemeint, wie EGr. 13 Rom II-VO klarstellt. Beispielhaft wird darauf hingewiesen, dass bei Personen- oder Sachschäden als Staat, in dem der Schaden eintritt, der Staat gelten solle, in dem der Personen- oder Sachschaden tatsächlich eingetreten sei, (ergänze:) nicht aber derjenige Staat, in dem die negativen Vermögensfolgen eintreten. Als Ausnahme von dieser allgemeinen Regel (EGr. 18) ordnet Art. 4 Abs. 2 Rom II-VO an, dass das Recht des Aufenthaltsorts anzuwenden ist, wenn die Person, deren Haftung geltend gemacht wird, und die Person, die geschädigt wurde, zum Zeitpunkt des Schadenseintritts ihren gewöhnlichen Aufenthalt in demselben Staat haben.

211 Den Rückgriff auf die Rechtsordnung eines anderen Staates gestattet Art. 4 Abs. 3 Rom II-VO als „Ausweichklausel", wenn sich aus der Gesamtheit der Umstände ergibt, dass die unerlaubte Handlung eine offensichtlich engere Verbindung mit diesem als dem in den Absätzen 1 oder 2 bezeichneten Staat aufweist. Der Anwendungsbereich dieser Norm für Lauterkeitsverstöße ist begrenzt, weil im Regelfall die Präzisierungen des Schadensorts in Art. 6 Abs. 1, 2 Rom II-VO auf die denkbar engste Verbindung abstellen.[535] Eine offensichtlich engere Verbindung mit einem anderen Staat könnte sich aber immerhin aus einem bereits bestehenden Rechtsverhältnis zwischen den Parteien – wie einem Vertrag – ergeben, das mit der betreffenden unerlaubten Handlung in enger Verbindung steht, Art. 4 Abs. 3 S. 2 Rom II-VO.

212 Gemäß Art. 6 Abs. 1 Rom II-VO ist auf außervertragliche Schuldverhältnisse aus unlauterem Wettbewerbsverhalten das Recht des Staates anzuwenden, in dessen Gebiet die Wettbewerbsbeziehungen oder die kollektiven Interessen der Verbraucher beeinträchtigt worden sind oder wahrscheinlich beeinträchtigt werden. Durch diese Anknüpfung soll die Kollisionsnorm die Wettbewerber, die Verbraucher und die Öffentlichkeit schützen und das reibungslose Funktionieren der Marktwirtschaft sicherstellen (EGr. 21 S. 2). Wenn ein unlauteres Wettbewerbsverhalten ausschließlich die Interessen eines bestimmten Wettbewerbers beeinträchtigt, bleibt demgegenüber Art. 4 anwendbar, Art. 6 Abs. 2 Rom II-VO.

213 Eine vorherige Rechtswahl wird angesichts der Natur von Wettbewerbsbeziehungen bereits selten praktisch werden. Doch auch die nicht fern liegende Möglichkeit einer nachträglichen Rechtswahl wird nach Art. 6 Abs. 4 Rom II-VO ausgeschlossen.

b) Herkunftslandprinzip

aa) Kollisionsrecht und Cassis-Rechtsprechung

214 In der Literatur wird zT die Auffassung vertreten, der in den Art. 34, 36 AEUV niedergelegten **Warenverkehrsfreiheit** in ihrer Deutung durch den EuGH in der Rechtssache *Cassis de Dijon* (vgl dazu o. Rn 30 ff) sei eine kollisionsrechtliche Anknüpfung des internationalen Wettbewerbsrechts an das Recht des Herkunftslandes zu entnehmen.[536] Eine solche Interpretation ist indes weder zwingend noch sinnvoll. Freilich liegt auf der Hand, dass dem europarechtlichen Herkunftslandprinzip auch durch eine entsprechende kollisionsrechtliche Anknüpfung genügt werden kann. „Warum also „nicht gleich" an das Recht des Ursprungslandes anknüpfen?"[537] Der Grund dafür liegt in der *Cassis*-Rechtsprechung selbst. Der Schutz der Lauterkeit des Handels ist ein „zwingender Grund" des öffentlichen Interesses, welcher die durch eine diskriminierungsfreie Anwendung des Marktortrechts uU eintretende Beschränkung des Warenverkehrs rechtfertigen kann. Die in der

535 Fezer/*Hausmann/Obergfell*, Einl. I, Rn 226, zum dt. Recht.

536 *Bernhard*, EuZW 1992, 437 mwN in Fn 1; *Basedow*, RabelsZ 59 (1995), 1, 12 ff; *Drasch*, S. 313, 365; *Grandpierre*, S. 106 ff, 118. Offen lassend *Kropholler*, IPR, § 53 VI 1, S. 534.

537 *Bernhard*, EuZW 1992, 437, 440.

Cassis-Formel zum Ausdruck gebrachte **Notwendigkeit der Abwägung** würde durch eine **kollisionsrechtliche Deutung des Herkunftslandprinzips umgangen.**[538] Aus den **Grundfreiheiten des Europarechts** sind daher **keine Kollisionsnormen** abzuleiten.[539]

bb) Fernsehrichtlinie 1989/97 – Richtlinie über audiovisuelle Mediendienste 2007/2010

In dem Bestreben, einen einheitlichen europäischen Fernsehmarkt zu schaffen, wurde 1989 die **Fernsehrichtlinie**[540] erlassen (vgl. o. Rn 109 ff). Als Folge der Medienkonvergenz wurde die Richtlinie überarbeitet und durch die Änderungsrichtlinie 2007/65 umbenannt in „Richtlinie über audiovisuelle Mediendienste".[541] Am Herkunftslandprinzip wurde bis heute festgehalten. Begründungserwägung 27 der Änderungsrichtlinie bezeichnet es, ebenso wie die nunmehr geltende kodifizierte Fassung aus 2010,[542] als Kernbestandteil der Richtlinie und unverzichtbar für die Schaffung des Binnenmarktes. In den Begründungserwägungen der Änderungsrichtlinie von 2007 wird ausgeführt, dass alle Beschränkungen der Freiheit, innerhalb der Gemeinschaft Sendungen auszustrahlen, gemäß dem EG-Vertrag aufzuheben seien. Eine derartige Aufhebung müsse indes mit einer Koordinierung der geltenden Rechtsvorschriften einhergehen. Zweck dieser Koordinierung sei es, die Ausübung der betreffenden Berufstätigkeiten und allgemein den freien Verkehr von Informationen und Ideen innerhalb der Gemeinschaft zu erleichtern. Daher sei es notwendig und ausreichend, dass alle Fernsehsendungen dem Recht des Mitgliedstaats entsprächen, in dem sie ihren **Ursprung** hätten. Dementsprechend gebietet Art. 2 Abs. 1 RL 2010/13 jedem Mitgliedstaat, dafür zu sorgen, dass alle audiovisuellen Mediendienste, die von seiner Rechtshoheit unterworfenen Mediendiensteanbietern übertragen werden, die auf für die Allgemeinheit bestimmte audiovisuelle Mediendienste in diesem Mitgliedstaat anwendbar sind. Insoweit **verpflichtet** Art. 4 Abs. 6 RL 2010/13 **die Mitgliedstaaten** dazu, mit geeigneten Mitteln im Rahmen ihrer Rechtsvorschriften dafür zu sorgen, dass die ihrer Rechtshoheit unterworfenen Mediendiensteanbieter die im Folgenden durch die Richtlinie niedergelegten Mindestbestimmungen einhalten. Die **Kehrseite** dessen ist die in Art. 3 Abs. 1 RL 2010/13 niedergelegte **Verpflichtung der jeweils anderen Mitgliedstaaten, den freien Empfang zu gewährleisten** und die Weiterverbreitung von audiovisuellen Mediendiensten aus anderen Mitgliedstaaten in ihrem Hoheitsgebiet nicht aus Gründen zu behindern, die in mit dieser Richtlinie koordinierte Bereiche fallen (sog. **Sendestaatsprinzip**). Sie bleiben gem. Art. 3 Abs. 2 RL 2010/13 allein unter engen Voraussetzungen befugt, die Weiterverbreitung von Fernsehsendungen vorübergehend auszusetzen. Für Abrufdienste gelten die 2007 neu eingeführten Regelungen des Art. 3 Abs. 4. 215

Von der ganz herrschenden Meinung wurde der Anordnung des Sendestaatsprinzips **kollisionsrechtlicher Gehalt** beigemessen.[543] Für ein kollisionsrechtliches Verständnis spricht vor allem die 216

538 *Bernhard*, EuZW 1992, 437, 443; *Sack*, WRP 1994, 281, 289; *Staudinger/v. Hoffmann*, Art. 40 EGBGB, Rn 295. *Drasch*, S. 328 ff, 366, *Grandpierre*, S. 183 ff, korrigieren dieses Ergebnis wiederum, indem sie die Keck- und Cassis-Rechtsprechung innerhalb der kollisionsrechtlichen Anknüpfungsregel berücksichtigen.

539 *Rüffler*, S. 145; *Fezer/Koos*, IPRax 2000, 349, 350; *Dethloff*, S. 269 ff, 275; *Ahrens*, CR 2000, 835, 838; *Ohly*, GRUR Int. 2001, 899, 901; *Halfmeier*, ZEuP 2001, 837, 853; MüKo/*Drexl*, IntUnlWettbR, Rn 48; MüKo-UWG/*Mankowski*, IntWettbR, Rn 155; *Staudinger/Fezer/Koos*, IntWirtschR, Rn 425.

540 RL 89/552/EWG des Rates vom 3. Oktober 1989 zur Koordinierung bestimmter Rechts- und Verwaltungsvorschriften der Mitgliedstaaten über die Ausübung der Fernsehtätigkeit, ABl. 1989 Nr. L 298/23, berichtigt ABl. 1989 Nr. L 331/51, aufgehoben durch RL 2010/13/EU, ABl. 2010 Nr. L 95/1.

541 RL 2007/65/EG des Europäischen Parlaments und des Rates vom 11. Dezember 2007 zur Änderung der RL 89/552/EWG des Rates zur Koordinierung bestimmter Rechts- und Verwaltungsvorschriften der Mitgliedstaaten über die Ausübung der Fernsehtätigkeit, ABl. 2007 Nr. L 332/27, teilweise aufgehoben und in kodifizierter Fassung neu erlassen durch RL 2010/13/EU, ABl. 2010 Nr. L 95/1.

542 RL 2010/13/EU des Europäischen Parlaments und des Rates vom 10. März 2010 zur Koordinierung bestimmter Rechts- und Verwaltungsvorschriften der Mitgliedstaaten über die Bereitstellung audiovisueller Mediendienste (Richtlinie über audiovisuelle Mediendienste) (kodifizierte Fassung), ABl. 2010 Nr. L 95/1, berichtigt ABl. 2010 Nr. L 263/15.

543 *Roth*, IPRax 1994, 165, 171, 174; GK/*Schricker*, 9. Lieferung, 1994, Einl., Rn F 159; *Staudinger/v. Hoffmann*, Art. 40 EGBGB, Rn 300; *Rüffler*, S. 148; *Grandpierre*, S. 18; *Dethloff*, S. 51; *Mankowski*, ZVglRWiss 100 (2001), 137, 142. AA *Halfmeier*, ZEuP 2001, 837, 858; *Staudinger/Fezer/Koos*, IntWirtschR, Rn 572.

Formulierung in EGr. 14 in der bis 2010 geltenden Fassung.[544] Es ist allerdings zweifelhaft, ob insoweit tatsächlich eine echte Ausnahme von dem im Übrigen nachweisbaren materiellrechtlichen Verständnis des Herkunftslandprinzips begründet werden sollte. Mit Bezug auf die Parallelregelung in Art. 1 Abs. 2 lit. b der später erlassenen **Satelliten- und Kabelweiterverbreitungsrichtlinie**[545] wurde im Grünbuch der Kommission „Urheberrecht und verwandte Schutzrechte in der Informationsgesellschaft" ausdrücklich festgestellt, dass die Richtlinie nicht auf die Frage des Kollisionsrechts eingehen wolle, sondern lediglich den Sendeakt definiere, gegenüber dem Rechtsschutz gesucht werde.[546]

217 Jedenfalls reicht der **Geltungsanspruch** eines kollisionsrechtlich verstandenen Herkunftslandprinzips nicht weiter als der **sachliche Anwendungsbereich** der Richtlinie, dh ihr **koordinierter Bereich,**[547] wie Entscheidungen des EFTA-Gerichtshofs[548] und des EuGH[549] zur Reichweite der Fernsehrichtlinie deutlich gemacht haben.[550]

cc) Richtlinie über den elektronischen Geschäftsverkehr 2000

218 Im Anwendungsbereich der **Richtlinie über den elektronischen Geschäftsverkehr**[551] wird wie bereits bei der Fernsehrichtlinie vom **Herkunftslandprinzip** ausgegangen, Art. 3 Abs. 2. Das Herkunftslandprinzip wird im lauterkeitsrechtlichen Bereich allerdings teilweise durchbrochen. Für die grenzüberschreitende E-Mail-Werbung ergibt sich dies aus Art. 3 Abs. 3 iVm Anh. Spiegelstr. 8. Daneben beruft sich die Rechtsprechung auf die Einschränkung des Art. 3 Abs. 4 lit. a Spiegelstr. 1, wenn es um die Beurteilung von Werbung für im Inland nicht zugelassene Arzneimittel geht.[552]

219 Durch **Art. 1 Abs. 4** der Richtlinie über den elektronischen Geschäftsverkehr[553] und einen Hinweis im zweiten Halbsatz in EGr. 23[554] hat der Europäische Gesetzgeber deutlich gemacht, dass das Herkunftslandprinzip, verstanden als Prinzip der gegenseitigen Anerkennung, keinerlei kollisionsrechtliche Normen begründet. Es kann auch – was systematisch besser zu seiner eigenen Herkunft passt – sachrechtlich interpretiert werden. Der **Grundsatz gegenseitiger Anerkennung** wurde vom EuGH im Fall *Cassis-de-Dijon*[555] entwickelt und ging im Zuge der seit der Einheitlichen Europä-

---

544 „Im Gemeinsamen Markt müssen alle Fernsehsendungen, die ihren Ursprung in der Gemeinschaft haben und für den Empfang in der Gemeinschaft bestimmt sind, speziell diejenigen, welche für den Empfang in einem anderen Mitgliedstaat bestimmt sind, dem auf die zum Empfang durch die Allgemeinheit im Ursprungsmitgliedstaat bestimmten Fernsehsendungen anwendbaren Recht dieses Mitgliedstaats ebenso wie dieser Richtlinie entsprechen". Vgl bereits die Ausführungen in Fernsehen ohne Grenzen. Grünbuch über die Errichtung des gemeinsamen Marktes für den Rundfunk, insbesondere über Satellit und Kabel (Mitteilung der Kommission an den Rat), KOM (84) 300 endg., S. 147 ff.

545 RL 93/83/EWG des Rates vom 27. September 1993 zur Koordinierung bestimmter urheber- und leistungsschutzrechtlicher Vorschriften betreffend Satellitenrundfunk und Kabelweiterverbreitung, ABl. 1993 Nr. L 248/15.

546 Grünbuch der Kommission v. 19.7.1995 – Urheberrecht und verwandte Schutzrechte in der Informationsgesellschaft, KOM (95) 382 endg., S. 40.

547 *Staudinger/v. Hoffmann*, Art. 40 EGBGB, Rn 300; *Rüffler*, S. 149 ff; *Dethloff*, S. 52.

548 EFTA-GH, verb. Rs. E-8, 9/94 (Mattel, Lego) 1994/95 EFTA Ct. Rep. 113.

549 EuGH, Rs. C-34/95 (De Agostini), Slg 1997, I-3843, Rn 62.

550 Vgl Harte/Henning/*Glöckner*, Einl. C, Rn 29 ff.

551 RL 2000/31/EG des Europäischen Parlaments und des Rates vom 8. Juni 2000 über bestimmte rechtliche Aspekte der Dienste der Informationsgesellschaft, insbesondere des elektronischen Geschäftsverkehrs, im Binnenmarkt, ABl. 2000 Nr. L 178/1.

552 BGH, 30.3.2006 – I ZR 24/03 (Arzneimittelwerbung im Internet), GRUR 2006, 513.

553 „Diese Richtlinie schafft weder zusätzliche Regeln im Bereich des internationalen Privatrechts, noch befasst sie sich mit der Zuständigkeit der Gerichte." Vgl dazu *Crabit*, R.D.U.E. 2000, 749, 798 ff.

554 Die Begründungserwägung lautet vollständig: „(23) Diese Richtlinie zielt weder darauf ab, zusätzliche Regeln im Bereich des internationalen Privatrechts hinsichtlich des anwendbaren Rechts zu schaffen, noch befasst sie sich mit der Zuständigkeit der Gerichte; Vorschriften des anwendbaren Rechts, die durch Regeln des Internationalen Privatrechts bestimmt sind, dürfen die Freiheit zur Erbringung von Diensten der Informationsgesellschaft im Sinne dieser Richtlinie nicht einschränken."

555 EuGH, Rs. 120/78 (Cassis de Dijon), Slg 1979, 649.

ischen Akte verfolgten sog. „Neuen Strategie“[556] in das Harmonisierungskonzept der EG ein. Ein so verstandenes Herkunftslandprinzip führt als materiellrechtliche Regel des Europarechts vermittelt durch dessen Vorrang allein zu einer fallweisen Begrenzung des Geltungsanspruchs des anwendbaren Sachrechts und ist kollisionsrechtlich tatsächlich neutral. Die sich für die Rechtsanwender uU ergebende Notwendigkeit, gleichsam einen Parallelslalom im Recht des Marktorts und dem Recht des Herkunftslandes zu fahren,[557] ist zwar methodisch aufwendig und mühsam, aber gleichwohl keine Besonderheit: Sie bestand als Konsequenz der Negativ-Integration durch die Grundfreiheiten seit jeher.

Im Rahmen der Richtlinie über den elektronischen Geschäftsverkehr übermittelt allein Art. 3 Abs. 2 diesen Regelungsgehalt. Die Vorschrift wurde durch § 3 Abs. 2 TMG umgesetzt. 220

Das eigentliche **kollisionsrechtliche Problem** entsteht demgemäß nicht aus Art. 3 Abs. 2 der Richtlinie, sondern aus der **Anordnung der Kontrolle durch das Recht des Niederlassungsstaates** in Art. 3 Abs. 1 der Richtlinie. Sie hat **mit dem Herkunftslandprinzip im Sinne eines Prinzips gegenseitiger Anerkennung gar nichts** zu tun. Die in Art. 3 Abs. 1 der Richtlinie getroffene Regelung ist insoweit allenfalls die **sachnotwendige Voraussetzung**, um im **Binnenmarkt** (vgl die Überschrift der Vorschrift!) dem Herkunftslandprinzip folgen zu können: Es muss gewährleistet sein, dass der Niederlassungsstaat selbst die Kontrolle vornimmt. Die Richtlinie bringt das mit der Formulierung zum Ausdruck: „Jeder Mitgliedstaat **trägt dafür Sorge**, dass die Dienste der Informationsgesellschaft, die von einem in seinem Hoheitsgebiet niedergelassenen Diensteanbieter erbracht werden, den in diesem Mitgliedstaat geltenden innerstaatlichen Vorschriften entsprechen, ...“ (Hervorhebung d. Verf.). 221

Die **Reichweite des europarechtlichen Regelungsauftrags** ist indes vor allem in der deutschen Literatur umstritten. Weitgehend klar erscheint allein, dass zu den „geltenden innerstaatlichen Vorschriften“ iSd Art. 3 Abs. 1 der Richtlinie nicht auch das Kollisionsrecht gehören kann. Eine **Gesamtverweisung** wäre sinnlos, da es in allen Fällen, in denen das nationale Kollisionsrecht des Herkunftslandes an den Marktort anknüpft, zu eben der Rechtskumulation käme, die durch die Richtlinie vermieden werden soll.[558] Erst recht gilt dies unter Zugrundelegung der Regelung in Art. 6 Abs. 1 Rom II-VO. 222

Eine **bloße Sachnormverweisung** soll ebenfalls nicht in Frage kommen, weil sie jedenfalls in Fällen echten off shore-Marketings (der in Mitgliedstaat A niedergelassene Anbieter wird ausschließlich auf den Märkten anderer Mitgliedstaaten aktiv) in Konflikt mit der berufenen kollisionsrechtlichen Neutralität der Richtlinie träte:[559] Nach dem vermeintlich unberührten Kollisionsrecht des Herkunftsstaates komme in solchen Fällen vielmehr das Recht des Marktortes zur Anwendung. Für die **erste Alternative,** in welcher das Recht des **Marktortes strengere Anforderungen** stellt als das Herkunftsrecht, wird eine teleologische Reduktion des in Art. 3 Abs. 2 der Richtlinie niedergelegten Herkunftslandprinzips gefordert,[560] weil das Ziel der Richtlinie, dem „gutgläubig“ multinational agierenden Unternehmen zu ermöglichen, sich auf lediglich eine, nämlich seine Heimatrechtsordnung einzustellen, beim off shore-Marketing nicht gefährdet sei.[561] Der Gewerbetreibende habe sich insoweit auf die rechtlichen Anforderungen des Zielstaates einzustellen. Für die **zweite Alternative**, in welcher das Recht des **Herkunftsorts strengere Anforderungen** stellt als das Recht des Marktortes, wird die Anwendung des Herkunftsortsrechts erst recht abgelehnt, weil am Marktort kein entsprechendes Regelungsbedürfnis bestehe. In der Konsequenz wurde verschiedentlich die 223

556 Vgl dazu das Weißbuch der Kommission an den Europäischen Rat „Vollendung des Binnenmarkts“, KOM (85) 310 endg., S. 6 Rn 13, S. 19 Rn 65 ff.
557 *Ohly*, GRUR Int. 2001, 899, 902; *Halfmeier*, ZEuP 2001, 837, 864.
558 *Fezer/Koos*, IPrax 2000, 349, 353; *Staudinger/Fezer/Koos*, IntWirtschR, Rn 583; *Crabit*, R.D.U.E. 2000, 749, 803; *Ohly*, GRUR Int. 2001, 899, 905; *Sack*, WRP 2002, 271, 274; *Lurger/Vallant*, MMR 2002, 203, 205.
559 *Sack*, WRP 2002, 271, 274.
560 *Sack*, WRP 2002, 271, 278 ff.
561 *Sack*, WRP 2002, 271, 276, 278 ff, 280.

Ansicht vertreten,[562] Art. 3 Abs. 1 der Richtlinie bzw § 3 Abs. 1 TMG seien eng auszulegen bzw teleologisch zu reduzieren mit der Folge, dass reine Exportsachverhalte nach wie vor dem Recht des Marktortes unterworfen wären.

224 Sämtliche Argumente sind inhaltlich berechtigt und aus der Sicht des Wettbewerbsjuristen wohl fundiert. Dennoch hat sich die Europäische Gemeinschaft zur Verabschiedung der in Art. 3 Abs. 1 der Richtlinie enthaltenen Regelung entschlossen. Insoweit sollte zunächst klargestellt werden, dass **Art. 3 Abs. 1** der Richtlinie **auch und gerade bei reinem off shore-Wettbewerb** anzuwenden ist.[563] Die eintretenden adversen Effekte für den Wettbewerb sind weder Redaktionsversehen noch bei der Verabschiedung unbekannt gewesen. Sie sind untrennbar mit dem mit der Vorschrift angestrebten Regelungsmodell verbunden und wurden daher bewusst in Kauf genommen. Artikel 3 Abs. 1 der Richtlinie in Verbindung mit EGr. 22 schafft ein neuartiges Modell der **Aufgabenteilung im Binnenmarkt:** Die Rechtspflege wird nicht mehr durch diejenigen Rechtsordnungen durchgeführt, die von einer Wettbewerbshandlung **betroffen** sind, sondern vielmehr gleichsam treuhänderisch **für alle Unionsbürger**vorgenommen vom jeweiligen Niederlassungsstaat. Es handelt sich in der Sache um **stellvertretende Rechtspflege** im Interesse anderer Gemeinwesen.[564]

225 Die Richtlinie begründet das **Prinzip der „Kontrolle an der Quelle"** mit dem Binnenmarktgedanken. In der Kommission wird darüber hinausgehend für die Anwendbarkeit des Prinzips auf off shore-Marketing das Argument angeführt, man wolle „Rechtsdumping" verhindern. Es solle Unternehmen nicht gestattet werden, nationale Standards zu missachten,[565] weil ihr Marktverhalten „nur" auf das EU-Ausland gerichtet sei.[566] Die **Erfassung von off shore-Marketing** ist **keine unbeabsichtigte überschießende Rechtsfolge**, sondern durchaus **angestrebt.**

226 Spätestens **an dieser Stelle muss** bei der Umsetzung **mit dem vermeintlichen Dogma der kollisionsrechtlichen Neutralität gebrochen werden.** Denn anders lassen sich die klaren Ziele der Richtlinie nicht umsetzen: Agierte zB ein in Deutschland niedergelassener Anbieter **ausschließlich** in Frankreich, so wäre nach dem (unberührten!) Kollisionsrecht auf der Grundlage der Marktortregel in Art. 6 Abs. 1 Rom II-VO nur diese Rechtsordnung anwendbar.[567] Gleichzeitig müsste aber nach dem eindeutigen Regelungsauftrag der Richtlinie sichergestellt werden, dass die erbrachten Dienste den im Niederlassungsstaat geltenden, dh den deutschen Vorschriften entsprechen. Das nach Frankreich verweisende allgemeine Kollisionsrecht muss im Fall des Off shore-Marketings also überwunden werden durch eine Norm, welche die Geltung des deutschen Rechts für diesen Fall anordnet. Hier muss die **Anwendbarkeit des** deutschen **Rechts** erst gegen die Marktortregel **positiv begründet** werden.

227 Dazu bedarf es in Deutschland allerdings kollisionsrechtlicher Vorschriften. Das Postulat kollisionsrechtlicher Neutralität des § 1 Abs. 5 TMG wird durch § 3 Abs. 1 TMG tatsächlich Lügen gestraft. Das deutsche Recht hätte eine kollisionsrechtliche Sondervorschrift schaffen müssen, um dem europäischen Regelungsauftrag gerecht zu werden. Es hat dies jedoch nicht getan und stattdessen festgehalten, dass keine zusätzlichen Kollisionsnormen geschaffen werden.[568] Es ist insoweit der **Dogmatik aufgegeben, eine Lösung zu finden,** welche dem europarechtlichen Regelungsauftrag gerecht wird, die dogmatische Trennung von Kollisions- und Sachrecht berücksichtigt und zugleich

562 *Sack*, WRP 2002, 271, 276 ff; *ders.*, WRP 2008, 845, 856; *Ohly*, GRUR Int. 2001, 899, 902 (allerdings noch auf der Grundlage des Regierungsentwurfs zum EGG).

563 *Crabit*, R.D.U.E. 2000, 749, 800.

564 Ganz in diesem Sinne Art. 11 Abs. 1 VO (EG) Nr. 2006/2004 über die Zusammenarbeit im Verbraucherschutz. Vgl dazu *Glöckner*, WRP 2005, 795.

565 Vgl insoweit den nicht untypischen Fall BGH, 26.11.1997 – I ZR 148/95 (Gewinnspiel im Ausland), GRUR 1998, 419.

566 *Crabit, R.D.U.E. 2000, 749, 760.*

567 Vgl BGH, 26.11.1997 – I ZR 148/95 (Gewinnspiel im Ausland), GRUR 1998, 419.

568 In Österreich wurde dieser Fehler vermieden, vgl dazu *Lurger/Vallant*, MMR 2002, 203, 204 ff.

den widersprüchlichen Normen des nationalen Rechts jeweils einen sinnvollen Anwendungsbereich belässt.[569]

Die **disparaten Regelungsgehalte** der in Art. 3 der Richtlinie bzw § 3 TMG enthaltenen Anordnungen legen nahe, die Vorschrift nicht einheitlich kollisions- oder materiellrechtlich, sondern **differenziert auszulegen:**[570] Auf „**Importsachverhalte**",[571] bei denen deutsche Gerichte als **Marktortgerichte** zuständig sind, ist ausschließlich die **materiellrechtliche Lösung** des § 3 Abs. 2 TMG anzuwenden. Auf der Ebene des Kollisionsrechts bleibt es bei der Anwendung der allgemeinen Grundsätze. Das Recht des **Herkunftsorts** wirkt **materiell begrenzend**, wenn es niedrigere Anforderungen stellt als das Recht des Marktorts.[572] Das entspricht dem bekannten Vorgehen auf der Grundlage der Negativ-Integration durch die Grundfreiheiten, mit der Ausnahme, dass innerhalb des koordinierten Bereichs der Richtlinie keine Rechtfertigung durch die Schutzgüter der *Cassis*-Formel möglich ist. Auf „**Exportsachverhalte**", in denen deutsche Gerichte als Sitzstaatsgerichte zuständig sein mögen, ist gem. § 3 Abs. 1 TMG als Sonderkollisionsnorm deutsches Recht anzuwenden. Die Begrenzung des Anwendungsbereichs von § 3 Abs. 1 TMG als Sonderkollisionsnorm für Exportsachverhalte beruht auf der Formulierung „In der Bundesrepublik Deutschland ... niedergelassene Diensteanbieter". Die Annahme einer allseitigen Kollisionsnorm lässt sich im Hinblick auf den eindeutigen Wortlaut und die intensive Diskussion dieses Problems im Gesetzgebungsverfahren nicht begründen. Zumindest auf der europäischen Ebene wäre eine einheitliche Lösung sicher sinnvoller. 228

Höhere rechtliche Anforderungen des Herkunftsstaates müssten von deutschen Marktortgerichten demgegenüber zunächst kollisionsrechtlich zur Geltung gebracht werden. Insoweit besteht jedoch eine **Regelungslücke**. Wegen des klaren Wortlauts der Vorschrift handelt es sich bei der in § 3 **Abs. 1 TMG** enthaltenen Kollisionsnorm nämlich um eine **einseitige Kollisionsnorm**. Insoweit bleibt eine systemwidrige Lücke bei der Rechtsdurchsetzung. Denn einerseits steht das Regelungsziel nach der Intention des europäischen Gesetzgebers fest: Es ist die Durchsetzung der höheren Standards des Herkunftsstaates. Andererseits können diese Standards nur im Herkunftsland durchgesetzt werden. Dem deutschen Gesetzgeber kann insoweit allerdings kein Vorwurf gemacht werden. Denn diese Lücke ist tatsächlich bereits in der Formulierung von Art. 3 Abs. 1 der Richtlinie angelegt. Man hätte die Richtlinie daher „überschießend" durch eine **allseitige Kollisionsnorm** umsetzen müssen, wie es in Österreich geschehen ist,[573] um ihren eingebauten Systemfehler zu korrigieren. 229

3. (Verbands-) Klagebefugnis

Kollektive Verbraucherinteressen gebieten die Durchsetzung von Verhaltensnormen durch öffentliche oder mediatisierte Institutionen. Auch der Durchsetzung individueller Verbraucherinteressen kann eine kollektive Dimension verliehen werden. In diesem Zusammenhang sind vor allem **Verbandsklagen** zu sehen. 230

Letztere Möglichkeit wurde bereits in mehreren Verbraucherschutzrichtlinien vorgesehen. Dabei traten jedoch regelmäßig Probleme bei der grenzüberschreitenden Rechtsverfolgung auf. Sie wur- 231

569 Spöttisch diesbezüglich *Mankowski*, IPrax 2002, 257, 258, Fn 18: „verzweifelt zu nennendes Bemühen, sowohl ein sinnhaftes Konzept zu entwickeln, als auch nicht in Gegensatz zu Wortlaut ... zu geraten".

570 Dagegen wohl *Mankowski*, IPrax 2002, 257, 262.

571 Ähnliche Begriffe („Wettbewerbsimport" bzw „-export") verwendet *Schricker*, IPRax 1983, 103; GK/*Schricker*, 9. Lieferung, 1994, Einl., Rn F 178.

572 Der Beschl. des OLG Hamburg 9.2.2004 – 3 W 1/04 (Active Two), GRUR 2004, 880, m.Anm. *Henning-Bodewig*, GRUR 2004, 822, ist daher nur unter der Voraussetzung richtig begründet, dass die wettbewerblichen Interessen der Parteien auch in den Niederlanden kollidieren.

573 § 20 Abs. 1 ECG, vgl dazu *Lurger/Vallant*, MMR 2002, 203, 207.

den durch die **Richtlinie über Unterlassungsklagen** behoben.[574] Die Richtlinie fasst die europarechtlichen Normen, mit welchen kollektive Verbraucherinteressen geschützt werden, in Anhang I zusammen. Auf der Grundlage von Art. 16 UGP-RL wurde auch diese Richtlinie in den Anhang der Richtlinie über Unterlassungsklagen aufgenommen.

232 Artikel 2 der Richtlinie verpflichtet zunächst die Mitgliedstaaten, die institutionelle Infrastruktur zur wirksamen Bekämpfung von Verstößen gegen kollektive Verbraucherinteressen bereitzustellen. Sie haben die **zuständigen Gerichte oder Verwaltungsbehörden** für die Entscheidung über die von qualifizierten Einrichtungen eingelegten Rechtsbehelfe **zu bestimmen.** Bei ihnen müssen **Rechtsbehelfe** eingelegt werden können, die auf eine mit aller gebotenen Eile und gegebenenfalls im Rahmen eines Dringlichkeitsverfahrens ergehende **Anordnung der Einstellung** oder des Verbots eines Verstoßes, auf Maßnahmen wie die **Publikation des Urteils** oder einer **Richtigstellung,** um die fortdauernde Wirkung des Verstoßes abzustellen, sowie, wenn dies nach dem Recht des Mitgliedstaats zulässig ist, auf eine **Zwangsgeldanordnung** gerichtet sind.

233 **„Qualifizierte Einrichtung"** in diesem Sinne ist gem. Art. 3 der Richtlinie jede Stelle oder Organisation, die nach dem Recht eines Mitgliedstaats ordnungsgemäß errichtet wurde und ein berechtigtes Interesse daran hat, die Einhaltung der in Art. 1 genannten verbraucherschützenden Bestimmungen sicherzustellen; der Begriff bezeichnet in Mitgliedstaaten, in denen solche Stellen bestehen, unabhängige öffentliche Stellen, die speziell für den Schutz der kollektiven Verbraucherinteressen zuständig sind, und/oder Organisationen, deren Zweck im Schutz der kollektiven Verbraucherinteressen besteht, entsprechend den im Rahmen der nationalen Rechtsvorschriften festgelegten Kriterien. Die Vorschrift basiert auf einem **bei der Kommission geführten Verzeichnis** „qualifizierter Einrichtungen", die von den Mitgliedstaaten mitgeteilt werden. Die Gerichte oder Verwaltungsbehörden akzeptieren das Verzeichnis als Nachweis der Berechtigung der qualifizierten Einrichtung zur Klageerhebung unbeschadet ihres Rechts zu prüfen, ob der Zweck der qualifizierten Einrichtung deren Klageerhebung in einem speziellen Fall rechtfertigt.

4. Grenzüberschreitende Vollstreckung

234 Wurde ein Urteil etwa am Marktort erstritten, so kommt eine Vollstreckung am Sitz des Beklagten auf der Grundlage von Art. 36 ff EuGVVO in Betracht. Seit der Novellierung der EuGVVO bedarf es keines Exequatur-Verfahrens mehr.

III. Verordnung über die Zusammenarbeit im Verbraucherschutz 2004

235 Im Hintergrund des vergleichsweise plötzlichen Interesses der DG SANCO für das Lauterkeitsrecht stehen rechtlich vergleichsweise einfach gelagerte Sachverhalte, in denen ganz eindeutig unseriöse Geschäftemacher das Durchsetzungsdefizit ausnutzen, welches beim sog. Off shore-Wettbewerb entsteht. Beispielhaft sei der Fall genannt, welcher der Entscheidung des deutschen Bundesgerichtshofs aus dem Jahr 1997 – **Werbegewinnspiel im Ausland**[575] – zugrundelag:

Der Beklagte betrieb in Deutschland einen Einzelhandel. In Frankreich wohnhafte Verbraucher erhielten in französischer Sprache abgefasste Schreiben, in denen ihnen die Zusendung von Waren mit einem zugesicherten Wert von mehr als 600 FF versprochen wurde, falls der Einsender seinerseits zuvor 99 FF per Scheck oder internationaler Postanweisung an den Beklagten übersende. In anderen Schreiben wurde die Zusendung von Geld- oder Sachpreisen im Wert von 100 bis 10.000 FF versprochen, wenn die Empfänger zuvor an ihn eine Summe von 59,90 FF schickten. Wer zahlte, erhielt entweder Waren unter dem versprochenen Wert oder überhaupt nichts. Der Kläger war ein in Bonn ansässiger Verbraucherschutzverein, und beanstandete das Verhalten des Beklag-

574 RL 98/27/EG des Europäischen Parlaments und des Rates vom 19. Mai 1998 über Unterlassungsklagen zum Schutz der Verbraucherinteressen, ABl. 1998 Nr. L 166/51. Inzwischen in kodifizierter Fassung neu erlassen als Richtlinie 2009/22/EG des Europäischen Parlaments und des Rates vom 23. April 2009 über Unterlassungsklagen zum Schutz der Verbraucherinteressen, ABl. 2009 Nr. L 110/30, zuletzt geändert durch VO (EU) Nr. 524/2013, ABl. 2013 Nr. L 165/1.

575 BGH, 26.11.1997 – I ZR 148/95 (Gewinnspiel im Ausland), GRUR 1998, 419.

ten als einen Verstoß gegen § 1 und § 3 aUWG. Seine Klagebefugnis gemäß § 13 Abs. 2 Nr. 3 aUWG sei unabhängig davon zu bejahen, dass sich der Wettbewerbsverstoß nur gegenüber Endverbrauchern in Frankreich auswirke.

Der BGH wies die Klage als unbegründet ab. Anwendbar sei auf der Grundlage der Marktortregel allein französisches Recht. Das deutsche UWG könne daher keinen Unterlassungsanspruch begründen. Auf die Verletzung französischen Rechts habe der Kläger sich aber nicht berufen. Immerhin ließ der BGH offen, ob die Klagebefugnis des deutschen Verbrauchervereins uU auch Verletzungen des französischen Wettbewerbsrechts umfasse. Der kaltschnäuzige Umgang der deutschen Justiz mit den Interessen der geschädigten französischen Konsumenten ist bei der Kommission nicht unbemerkt geblieben. Das Durchsetzungsdefizit war eines der von DG SANCO seit dem Grünbuch über Verbraucherschutz verfolgten Kernthemen. Es wurde erkannt, dass bei so evidenten Wettbewerbsverstößen ein verwaltungsrechtlicher Durchsetzungsmechanismus unabdingbar ist. Am 18.7.2003 legte die Kommission deshalb einen Vorschlag für eine Verordnung über die Zusammenarbeit im Verbraucherschutz vor.[576] Die daraus resultierende Verordnung ist am 29.12.2004 in Kraft getreten.[577] 236

Der Schutz der Verbraucher gegen grenzüberschreitende Verstöße erfordere die Einrichtung eines **Netzes öffentlicher Durchsetzungsbehörden** im gesamten Binnenmarkt (EGr. 6). Die bestehenden nationalen Durchsetzungsregelungen für die Gesetze zum Schutz der Verbraucherinteressen seien nicht an die Erfordernisse einer Durchsetzung im Binnenmarkt angepasst. Eine wirksame und effiziente Zusammenarbeit bei der Durchsetzung sei in solchen Fällen gegenwärtig nicht möglich (EGr. 2). Die Verordnung regelt die Bedingungen, unter denen die **zuständigen Behörden** in den Mitgliedstaaten, die als die für die Durchsetzung der Gesetze zum Schutz der Verbraucherinteressen verantwortlich benannt wurden, miteinander und mit der Kommission zusammenarbeiten sollen, um im Interesse des Schutzes der wirtschaftlichen Interessen der Verbraucher zu gewährleisten, dass die entsprechenden Rechtsvorschriften eingehalten und das reibungslose Funktionieren des Binnenmarkts garantiert wird, Art. 1. Die für den Anwendungsbereich der Verordnung maßgebenden Gesetze zum Schutz der Verbraucherinteressen werden gem. Art. 3 lit. a im Anhang der Verordnung abschließend aufgeführt. Dabei handelt es sich um den **Gesamtbestand der Richtlinien zum Schutz der wirtschaftlichen Verbraucherinteressen.** Dazu zählt auch die **UGP-Richtlinie**, vgl Art. 16 Nr. 2. 237

Jeder Mitgliedstaat hat gem. Art. 4 Abs. 1 die **zuständigen Behörden** und eine zentrale Verbindungsstelle zu benennen, die für die Anwendung dieser Verordnung verantwortlich sind. Die zuständigen Behörden müssen gem. Art. 4 Abs. 3 über die **erforderlichen Ermittlungs- und Durchsetzungsbefugnisse** verfügen. Zu diesen Befugnissen muss gem. Art. 4 Abs. 6 mindestens das Recht gehören, relevante Unterlagen aller Art und jeder Form einzusehen (lit. a), von jedermann einschlägige Auskünfte anzufordern und erforderlichenfalls durch gerichtliche Anordnung zu erzwingen (lit. b), Ermittlungen vor Ort durchzuführen (lit. c), Verkäufer oder Dienstleistungserbringer schriftlich aufzufordern, Verstöße einzustellen bzw von ihnen eine verbindliche Verpflichtung einzuholen, den innergemeinschaftlichen Verstoß einzustellen und diese schriftliche Verpflichtung zu veröffentlichen (lit. d), eine Verpflichtung des Verletzers zu erwirken (lit. d) bzw die Einstellung oder das Verbot eines innergemeinschaftlichen Verstoßes zu fordern (lit. e), jeweils einschl. des Rechts, die entsprechenden Entscheidungen zu veröffentlichen, eine gerichtliche Anordnung zu erwirken, sowie schließlich im Falle der Nichtbeachtung einer Entscheidung von der unterlegenen beklagte Partei zu verlangen, einen bestimmten Betrag in eine öffentliche Kasse oder an einen ande- 238

576 Vorschlag für eine VO des Europäischen Parlaments und des Rates über die Zusammenarbeit zwischen den für die Durchsetzung der Verbraucherschutzgesetze zuständigen nationalen Behörden („VO über die Zusammenarbeit im Verbraucherschutz"), KOM (2003) 443 endg.

577 VO (EG) Nr. 2006/2004 des Europäischen Parlaments und des Rates vom 27. Oktober 2004 über die Zusammenarbeit zwischen den für die Durchsetzung der Verbraucherschutzgesetze zuständigen nationalen Behörden („VO über die Zusammenarbeit im Verbraucherschutz"), ABl. 2004 Nr. L 364/1, zuletzt geändert durch Art. 22 RL 2013/11/EU, ABl. 2013 Nr. L 165/63.

ren im Rahmen einzelstaatlicher Rechtsvorschriften bezeichneten Begünstigten zu zahlen (lit. g). Die im Vorschlag noch vorgesehene Möglichkeit der Beschlagnahme von Vermögen wurde nicht verfolgt. Die zuständigen Behörden sollen im Wege der **Amtshilfe** tätig werden (Kap. II), dh auf Antrag der ersuchenden Behörde. Die Amtshilfe beschränkt sich zunächst auf die **Lieferung von Informationen**, Art. 6 Abs. 1. Die ersuchte Behörde stellt erforderlichenfalls entsprechende Ermittlungen an oder trifft andere notwendige Maßnahmen, um die angeforderten Informationen zu beschaffen, Art. 6 Abs. 2. Auch ohne einen Antrag liefern die zuständigen Behörden alle erforderlichen Informationen, wenn sie feststellen, dass ein innergemeinschaftlicher Verstoß vorliegt, Art. 7 Abs. 1.

239 Sehr viel weiterreichend ist das **Durchsetzungsersuchen** gem. Art. 8: Auf Antrag einer ersuchenden Behörde hat die ersuchte Behörde nämlich alle erforderlichen Durchsetzungsmaßnahmen zu treffen, um unverzüglich eine Einstellung oder ein Verbot des innergemeinschaftlichen Verstoßes zu bewirken. Dazu gehört gegebenenfalls, dass vor einem höheren Gericht Rechtsmittel eingelegt werden, falls ein Klageverfahren vor Gericht nicht erfolgreich ist.

240 Die Erfüllung eines Durchsetzungsersuchens steht unter dem Vorbehalt der Verhältnismäßigkeit, Art. 8 Abs. 2 S. 2. Das ursprünglich vorgesehene Ablehnungsverfahren wurde gestrichen.

241 Die Bestimmungen über die gegenseitige Amtshilfe gelten jedoch lediglich für **innergemeinschaftliche Verstöße**, Art. 2 Abs. 1. Darunter werden Handlungen oder Unterlassungen verstanden, die gegen die im Anhang aufgeführten Gesetze zum Schutz der Verbraucherinteressen (vgl dazu oben) verstoßen und die **Kollektivinteressen** von Verbrauchern schädigen oder schädigen können, die **in einem anderen Mitgliedstaat** oder anderen Mitgliedstaaten als dem Mitgliedstaat ansässig sind, in dem der Verstoß seinen Ursprung hatte oder stattfand, Art. 3 lit. b.

242 In Deutschland trat am 21. Dezember 2006 das Gesetz über die Durchführung der Verbraucherschutzgesetze bei innergemeinschaftlichen Verstößen (Verbraucherschutz-Durchsetzungsgesetz; VSchDG)[578] in Kraft, welches der Durchführung der Verordnung 2006/2004/EG über die Zusammenarbeit im Verbraucherschutz dient. Dieses Gesetz benennt in § 2 die für die Durchführung der Verordnung in Deutschland zuständigen Behörden. Für Verstöße gegen die Irreführungs-, UGP-Richtlinie sowie gegen die Fernabsatzrichtlinien ist gemäß § 2 Nr. 1 lit. a VSchDG das Bundesamt für Verbraucherschutz und Lebensmittelsicherheit (BVL) zuständige Behörde iSd Art. 4 Abs. 1, 3 lit. c der Verordnung. Als zentrale Verbindungsstelle im Sinne des Art. 4 Abs. 1, 3 lit. d der Verordnung wird in § 3 Abs. 1 VSchDG ebenfalls das Bundesamt für Verbraucherschutz und Lebensmittelsicherheit festgelegt. Von der Möglichkeit des Art. 4 Abs. 2 S. 2 wurde Gebrauch gemacht: Gemäß § 7 Abs. 1 VSchDG soll die zuständige Stelle, bevor sie eine Durchsetzungsmaßnahme ergreift, eine gem. UKlaG oder § 8 Abs. 3 Nr. 2-4 genannten Stellen beauftragen, auf das Abstellen innergemeinschaftlicher Verstöße hinzuwirken. Der beauftragte Dritte muss in die Beauftragung einwilligen und hinreichend Gewähr für die ordnungsgemäße Erfüllung der Aufgabe bieten. Solche Beauftragungen können gem. § 7 Abs. 3 VSchDG auch in Rahmenvereinbarungen zustande kommen. Rahmenvereinbarungen wurden zwischen dem Bundesamt für Verbraucherschutz einerseits sowie dem Verbraucherzentrale Bundesverband e.V. sowie der Zentrale zur Bekämpfung unlauteren Wettbewerbs e.V. („Wettbewerbszentrale“) andererseits geschlossen.

578 BGBl. 2006, I S. 3367.

§ 18 Gesellschafts- und Unternehmensrecht, kleinere und mittlere Unternehmen

Literatur: *Achleitner/Behr*, Internationale Rechnungslegung, 4. Auflage, München, 2009; *Arbeitskreis „Unternehmerische Mitbestimmung"*, Entwurf einer Regelung zur Mitbestimmungsvereinbarung sowie zur Größe des mitbestimmten Aufsichtsrats, ZIP 2009, 885; *Baumbach/Hopt* (Hrsg.), Handelsgesetzbuch, 35. Auflage, München, 2012; *Baums/Andersen*, The European Model Company Law Act Project, Frankfurt a.M., 2008; *Beck'scher Bilanzkommentar*, Handels- und Steuerrecht, 7. Auflage, München, 2010; *Behrens*, Gesellschaftsrecht, in: Dauses (Hrsg.), Handbuch des EU-Wirtschaftsrechts, Abschnitt E, München, Loseblatt Stand: Juli 2013; *Brandt/Scheifele*, Die Europäische Aktiengesellschaft und das anwendbare Recht, DStR 2002, 547; *Brechmann*, Die richtlinienkonforme Auslegung – Zugleich ein Beitrag zur Dogmatik der EG-Richtlinie, Diss. München, München, 1994 (Sondereinband 1996); *Coenenberg*, Jahresabschluss und Jahresabschlussanalyse, 22. Auflage, Stuttgart, 2012; *Edwards*, EC Company Law, Oxford, 1999; *ders.*, The Directive on Takeover Bids – Not Worth the Paper It's written on, 2 ECFR 416 (2005); *Eidenmüller/Engert/Hornuf*, Die Societas Europaea: Empirische Bestandsaufnahme und Entwicklungslinien einer neuen Rechtsform, AG 2008, 721; *Eidenmüller/Engert/Hornuf*, Vom Wert der Wahlfreiheit: Eine Empirische Analyse der Societas Europaea als Rechtsformalternative, AG 2009, 845; *Eidenmüller/Engert/Hornuf*, Incorporating under European Law: The Societas Europaea as a Vehicle for Legal Arbitrage, 10 EBOR 1 (2009); *Fleischer*, Empfiehlt es sich, im Interesse des Anlegerschutzes und zur Förderung des Finanzplatzes Deutschland das Kapitalmarkt- und Börsenrecht neu zu regeln?, Gutachten F zum 64. Deutschen Juristentag, München, 2002; *ders.*, Der Einfluss der Societas Europaea auf die Dogmatik des deutschen Gesellschaftsrechts, AcP 204 (2004), 503; *ders.*, Finanzinvestoren im ordnungspolitischen Gesamtgefüge von Aktien-, Bankaufsichts- und Kapitalmarktrecht, ZGR 2008, 185; *Forum Europaeum Konzernrecht*, Konzernrecht für Europa, ZGR 1998, 672; *Franzen*, Privatrechtsangleichung durch die europäische Gemeinschaft, Berlin, 1999; *Großfeld/Luttermann*, Bilanzrecht, 4. Auflage, Heidelberg, 2005; *Grundmann*, Richtlinienkonforme Auslegung im Bereich des Privatrechts – insbesondere: der Kanon der nationalen Auslegungsmethoden als Grenze?, ZEuP 1996, 399; *ders.* (Hrsg.), Systembildung und Systemlücken in Kerngebieten des Europäischen Privatrechts, Tübingen, 2000; *ders.*, Europäisches Gesellschaftsrecht, Heidelberg, 1. Auflage, 2004, 2. Auflage, 2011; *Habersack/Verse*, Europäisches Gesellschaftsrecht, 4. Auflage, München, 2011 (mit Abdruck der Gesetzesquellen); *Hadding/Kießling*, Die Europäische Privatgesellschaft (Societas Privata Europaea – SPE), WM 2009, 145; *Heine/Kerber*, European Corporate Laws, Regulatory Competition and Path Dependence, 13 European Journal of Law and Economics 47 (2002); *Hirte*, Die Europäische Aktiengesellschaft, NZG 2002, 1; *Hirte/Bücker* (Hrsg.), Grenzüberschreitende Gesellschaften, 2. Auflage, Köln, 2006; *Hirte/Möllers* (Hrsg.), KK-WpHG, 2. Auflage, Köln, 2014; *Hohloch*, EU-Handbuch Gesellschaftsrecht, Loseblatt; *Hommelhoff*, Auf dem Weg zur Europäischen Privatgesellschaft (SPE), DStR 2008, 925; *ders.*, Die Europäische Privatgesellschaft (SPE): Auswirkungen auf die nationale GmbH, GesRZ 2008, 337; *Hommelhoff/ Helms* (Hrsg.), Neue Wege in die Europäische Privatgesellschaft, Köln, 2001; *Hommelhoff/Hopt/von Werder* (Hrsg.), Handbuch Corporate Governance, Leitung und Überwachung börsennotierter Unternehmen in der Rechts- und Wirtschaftspraxis, 2. Auflage, Stuttgart, 2009; *Hommelhoff/Lutter/Schmidt/Schön/Ulmer* (Hrsg.), Corporate Governance – Aktienrecht für globalisierte Märkte, ZHR 166 (2002), Beiheft 71; *Hopt*, Gemeinsame Grundsätze der Corporate Governance in Europa, ZGR 2000, 779; *ders.*, Europäisches Gesellschaftsrecht und deutsche Unternehmensverfassung, ZIP 2005, 461; *Hopt/Kanda/Roe/Wymeersch/Prigge* (Hrsg.), Comparative Corporate Governance – The State of the Art and Emerging Research, Oxford, 1998; *Hopt/Wymeersch* (Hrsg.), Capital Markets and Company Law, Oxford, 2003; *Hopt/Wymeersch* (Hrsg.), European Company and Financial Law – Texts and Leading Cases, 3rd edition, Berlin, 2004; *Hopt/Voigt* (Hrsg.), Prospekt- und Kapitalmarktinformationshaftung, Tübingen, 2005; *Horn*, Europäisches Finanzmarktrecht, Entwicklungsstand und rechtspolitische Aufgaben, München, 2004; *Hüffer*, Aktiengesetz, 10. Auflage, München, 2012; *Kieninger*, Wettbewerb der Rechtsordnungen im Europäischen Binnenmarkt, Tübingen, 2002; *Kort*, Infotechnologie im Aktienrecht: Zum Stand der „elektronischen Hauptversammlung", NZG 2007, 653; *Kuhner*, Zur Zukunft der Kapitalerhaltung durch bilanzielle Ausschüttungssperren im Gesellschaftsrecht der Staaten Europas, ZGR 2005, 753; *Lanfermann/Röhricht*, Stand der europäischen Diskussion zur Kapitalerhaltung, BB-Beilage 5/2007, 8; *Lutter*, Das Europäische Unternehmensrecht im 21. Jahrhundert, ZGR 2000, 1; *ders.*, Europäische Aktiengesellschaft – Rechtsfigur mit Zukunft?, BB 2002, 1; *ders.* (Hrsg.), Umwandlungsgesetz, 4. Auflage, Köln, 2009; *Lutter/Bayer/Schmidt*, Europäisches Unternehmens- und Kapitalmarktrecht, 5. Auflage, Berlin/Boston, 2012 (mit Abdruck der Gesetzesquellen); *Manz/Mayer/Schröder* (Hrsg.), Europäische Aktiengesellschaft SE, Baden-Baden, 2005; *Menjucq*, Droit international et européen des sociétés, Paris, 2001; *Merkt*, Das Europäische Gesellschaftsrecht und die Idee des „Wettbewerbs der Gesetzgeber", RabelsZ 59 (1995), 545; *ders.*, Unternehmenspublizität – Offenlegung von Unternehmensdaten als Korrelat der Marktteilnahme, Tübingen, 2001; *Meyer-Landrut*, Das Recht der Europäischen wirtschaftlichen Interessenvereinigung (EWIV) – Gründungsvertrag und innere Verfassung einer EWIV mit Sitz in der Bundesrepublik Deutschland, Stuttgart, 1988; *Möllers*, Doppelte Rechtsfortbildung contra legem?, EuR 1998, 20; *ders.*, Anlegerschutz durch Aktien- und Kapitalmarktrecht, ZGR 1997, 334; *ders.*, Die Rolle des Rechts im Rahmen der europäischen Integration, Tübingen, 1999; *ders.*, Das Verhältnis der Haftung wegen sittenwidriger Schädigung zum gesellschaftsrechtlichen Kapitalerhaltungsgrundsatz, BB 2005, 1637; *ders.*, Europäische Methoden- und Gesetzgebungslehre im Kapitalmarktrecht, ZEuP 2008, 480; *ders.*, Konkrete Kausalität, Preiskausalität und uferlose Haftungsausdehnung – ComROAD I – VIII, NZG 2008, 413; *ders.*, Die unionskonforme und richtlinienkonforme Interpretation, in: Gedächtnisschrift für Manfred Wolf, München, 2011, S. 669; *Möllers/Christ*, Cooling-off-Periode beim Wechsel eines Vorstandsmitglieds in den Aufsichtsrat, ZIP 2009, 2278; *Möllers/Holzner*, Die Offenlegungspflichten des Risikobegrenzungsgesetzes (§ 27 II WpHG-E), NZG 2008, 166; *Möllers/Rotter* (Hrsg.), Ad-hoc-Publizität, München, 2003; *Möllers/Möhring*, Recht und Pflicht zur richtlinienkonformen Rechtsfortbildung bei generellen Umsetzungswillen des Gesetzgebers, JZ 2008, 919; *Möllers/Kernchen*, Information Overload am Kapitalmarkt – Plädoyer zur Einführung eines Kurzfinanzberichts auf empirischer, psychologischer und rechtsvergleichender Basis, ZGR 2011, 1; *Mülbert*, Aktiengesellschaft, Unternehmensgruppe und Kapitalmarkt, 2. Auflage, München, 1996; *Pennington*, Pennington's Company Law, 8th edition, Oxford, 2001; *Riesenhuber*, System und Prinzipien des Europäischen Vertragsrechts, Berlin, 2003; *Roth*, Vorgaben der Niederlassungsfreiheit für das Kapitalgesellschaftsrecht, München, 2010; *Ruge*, Goldene Aktien und EG-Recht, EuZW 2003, 540; *K. Schmidt*, Gesellschaftsrecht, 4. Auflage, Köln, 2002; *Schnelle*, Das europäische Gesellschaftsrecht, in: Schnelle/Bartosch (Hrsg.), Europarecht in der Unternehmens- und Beratungspraxis, 1. Teil, Heidelberg, 2004; *Schwarz*, Europäisches Gesellschaftsrecht, Baden-Baden, 2000; *Teichmann*, Die Einführung der Europäischen Aktiengesellschaft – Grundlagen der Ergänzung des europäischen Statuts durch den deutschen Gesetzgeber, ZGR 2002, 383; *Theisen/Wenz* (Hrsg.), Die Europäische Aktiengesellschaft – Recht, Steuern und Betriebswirtschaft der Societas Europaea (SE), 2. Auflage, Stuttgart, 2005; *Werlauf*, EC Company Law – the common denominator for business undertakings in 12 states, Copenhagen, 1993.

Abschnitt 1:
Übersicht zu Gesetzgebung und Rechtsprechung

Abschnitt 2:
Analyse und Darstellung der Einwirkungspraxis des Europarechts auf das Gesellschaftsrecht

Abschnitt 1: Übersicht zu Gesetzgebung und Rechtsprechung

A. Gesetzgebung

I. Primärrecht

Art. 49 bis Art. 55 AEUV; Art. 63 bis Art. 65 AEUV.

II. Sekundärrecht[1]

Verordnungen:

Verordnung (EWG) Nr. 2137/85 des Rates v. 25.7.1985 über die Schaffung einer europäischen Interessenvereinigung (EWIV) [**EWIV-VO Nr. 2137/85**], ABl. 1985 Nr. L 199, 1 v. 31.7.1985; **Verordnung (EG) Nr. 2157/2001** des Rates v. 8.10.2001 über das Statut der Europäischen Gesellschaft, ABl. 2001 Nr. L 294, 1 v. 10.11.2001; **Verordnung (EG) Nr. 1606/2002** des Europäischen Parlaments und des Rates v. 19.7.2002 betreffend die Anwendung internationaler Rechnungslegungsstandards [**IFRS-VO Nr. 1606/2002**], ABl. 2002 Nr. L 243, 1 v. 11.9.2002; **Verordnung (EG) Nr. 1435/2003** des Rates v. 22.7.2003 über das Statut der Europäischen Genossenschaft (SCE – Societas Cooperativa Europaea) [**SCE-VO Nr. 1435/2003**], ABl. 2003 Nr. L 207, 1 v. 18.8.2003; **Verordnung (EG) Nr. 1725/2003** der Kommission v. 29.9.2003 betreffend die Übernahme bestimmter internationaler Rechnungslegungsstandards in Übereinstimmung mit der Verordnung (EG) Nr. 1606/2002 des Europäischen Parlaments und des Rates, ABl. 2003 Nr. L 261, 1 v. 13.10.2003; **Verordnung (EG) Nr. 707/2004** der Kommission v. 6.4.2004 zur Änderung der Verordnung (EG) Nr. 1725/2003 betreffend die Übernahme bestimmter internationaler Rechnungslegungsstandards in Übereinstimmung mit der Verordnung (EG) Nr. 1606/2002 des Europäischen Parlaments und des Rates, ABl. 2004 Nr. L 111, 3 v. 17.4.2004; **Verordnung (EU) Nr. 1095/2010** des Europäischen Parlaments und des Rates v. 24.11.2010 zur Errichtung einer Europäischen Aufsichtsbehörde (Europäische Wertpapier- und Marktaufsichtsbehörde) zur Änderung des Beschlusses Nr. 716/2009/EG und zur Aufhebung des Beschlusses 2009/77/EG der Kommission, ABl. EU 2010 Nr. L 331, 84 v. 15.12.2010.

1 Eine umfangreiche Gesetzgebungsübersicht zum europäischen Gesellschafts- und Kapitalmarktrecht findet sich unter http://www.kapitalmarktrecht-im-internet.eu.

Richtlinien:

Richtlinie 68/151/EWG des Rates v. 9.3.1968 zur Koordinierung der Schutzbestimmungen, die in den Mitgliedstaaten den Gesellschaften im Sinne des Artikels 58 Absatz 2 des Vertrages im Interesse der Gesellschafter sowie Dritter vorgeschrieben sind, um diese Bestimmungen gleichwertig zu gestalten [**Publizitäts-RL 68/151/EWG (1. Gesellschafts-RL)**], ABl. 1968 Nr. L 65, 8 v. 14.3.1968, aufgehoben durch **Richtlinie 2009/101/EG** des Europäischen Parlaments und des Rates v. 16.9.2009 zur Koordinierung der Schutzbestimmungen, die in den Mitgliedstaaten den Gesellschaften im Sinne des Artikels 48 Absatz 2 des Vertrags im Interesse der Gesellschafter sowie Dritter vorgeschrieben sind, um diese Bestimmungen gleichwertig zu gestalten [**Publizitäts-RL 2009/101/EG**], ABl. 2009 Nr. L 258, 11 v. 1.10.2009; **Richtlinie 77/91/EWG** des Rates v. 13.12.1976 zur Koordinierung der Schutzbestimmungen, die in den Mitgliedstaaten den Gesellschaften im Sinne des Artikels 58 Absatz 2 des Vertrages im Interesse der Gesellschafter sowie Dritter für die Gründung der Aktiengesellschaft sowie für die Erhaltung und Änderung ihres Kapitals vorgeschrieben sind, um diese Bestimmungen gleichwertig zu gestalten [**Kapital-RL 77/91/EWG (2. Gesellschafts-RL)**], ABl. 1976 Nr. L 26, 1 v. 31.1.1977, aufgehoben durch **Richtlinie 2012/30/EU** des Europäischen Parlaments und des Rates v. 25.10.2012, ABl. EU 2012 Nr. L 315, 74 v. 14.11.2012; **Richtlinie 78/855/EWG** des Rates v. 9.10.1978 gemäß Artikel 54 Absatz 3 Buchstabe g) des Vertrages betreffend die Verschmelzung von Aktiengesellschaften [**Verschmelzungs-RL 78/855/EWG (3. Gesellschafts-RL)**], ABl. 1976 Nr. L 295, 36 v. 20.10.1978, aufgehoben durch **Richtlinie 2011/35/EU** des Europäischen Parlaments und des Rates v. 5.4.2011 über die Verschmelzung von Aktiengesellschaften, ABl. 2011 Nr. L 110, 1 v. 29.4.2011; **Richtlinie 78/660/EWG** des Rates v. 25.7.1978 aufgrund von Artikel 54 Absatz 3 Buchstabe g) des Vertrages über den Jahresabschluss von Gesellschaften bestimmter Rechtsformen [**Jahresabschluss-RL 78/660/EWG (4. Gesellschafts-RL)**], ABl. 1978 Nr. L 222, 11 v. 14.8.1978, aufgehoben durch **Richtlinie 2013/34/EU** des Europäischen Parlaments und des Rates v. 26.6.2013 über den Jahresabschluss, den konsolidierten Abschluss und damit verbundene Berichte von Unternehmen bestimmter Rechtsformen und zur Änderung der Richtlinie 2006/43/EG des Europäischen Parlaments und des Rates und zur Aufhebung der Richtlinien 78/660/EWG und 83/349/EWG des Rates [**Bilanz-RL 2013/34/EU**], ABl. EU 2013 Nr. L 182, 13 v. 29.6.2013; **Richtlinie 82/891/EWG** des Rates v. 17.12.1982 gemäß Artikel 54 Absatz 3 Buchstabe g) des Vertrages betreffend die Spaltung von Aktiengesellschaften [**Spaltungs-RL 82/891/EWG (6. Gesellschafts-RL)**], ABl. 1982 Nr. L 378 v. 31.12.1982, zuletzt geändert durch **Richtlinie 2009/109/EG** des Europäischen Parlaments und des Rates v. 2.10.2009 zur Änderung der Richtlinien 77/91/EWG, 78/855/EWG und 82/891/EWG des Rates sowie der Richtlinie 2005/56/EG hinsichtlich der Berichts- und Dokumentationspflicht bei Verschmelzungen und Spaltungen [**RL 2009/109/EG**], ABl. 2009 Nr. L 259, 14 v. 2.10.2009; **Richtlinie 83/349/EWG** des Rates v. 13.6.1983 aufgrund von Artikel 54 Absatz 3 Buchstabe g) des Vertrages über den konsolidierten Abschluß [**Konzernabschluss-RL 83/349/EWG (7. Gesellschafts-RL)**], ABl. 1983 Nr. L 193, 1 v. 18.7.1983, aufgehoben durch **Richtlinie 2013/34/EU** des Europäischen Parlaments und des Rates v. 26.6.2013 über den Jahresabschluss, den konsolidierten Abschluss und damit verbundene Berichte von Unternehmen bestimmter Rechtsformen und zur Änderung der Richtlinie 2006/43/EG des Europäischen Parlaments und des Rates und zur Aufhebung der Richtlinien 78/660/EWG und 83/349/EWG des Rates [**Bilanz-RL 2013/34/EU**], ABl. EU 2013 Nr. L 182, 13 v. 29.6.2013; **Richtlinie 84/253/EWG** des Rates v. 10.4.1984 aufgrund von Artikel 54 Absatz 3 Buchstabe g) des Vertrages über die Zulassung der mit der Pflichtprüfung der Rechnungslegungsunterlagen beauftragten Personen [**Prüferbefähigungs-RL 84/253/EWG (8. Gesellschafts-RL)**], ABl. 1984 Nr. L 126, 20 v. 12.5.1984, aufgehoben durch Richtlinie 2006/43/EG des Europäischen Parlaments und des Rates v. 17.5.2006 über Abschlussprüfungen von Jahresabschlüssen und konsolidierten Abschlüssen, zur Änderung der Richtlinien 78/660/EWG und 83/349/EWG des Rates und zur Aufhebung der Richtlinie 84/253/EWG des Rates [**Prüferbefähigungs-RL 2006/43/EG**], ABl. 2006 Nr. L 157, 87 v. 6.9.2006; **Richtlinie 2005/56/EG** des Europäischen Parlaments und des Rates v. 26.10.2005 über die Verschmelzung von Kapitalgesellschaften aus verschiedenen Mitgliedstaaten [**Grenzüberschreitende Verschmelzungs-RL 2005/56/EG (10.Gesellschafts-RL)**], ABl. 2005 Nr. L 310, 1 v. 25.11.2005, zuletzt geändert durch **Richtlinie 2012/17/EU** des Europäischen Parlaments und des Rates v. 13.6.2012 zur Änderung der Richtlinien 89/666/EWG, 2005/56/EG und 2009/101/EG in Bezug auf die Verknüpfung von Zentral-, Handels- und Gesellschaftsregistern [**RL 2012/17/EU**], ABl. EU 2012 Nr. L 156, 1 v. 16.6.2012; **Richtlinie 89/666/EWG** des Rates v. 21.12.1989 über die Offenlegung von Zweigniederlassungen, die in einem Mitgliedstaat von Gesellschaften bestimmter Rechtsformen errichtet wurden, die dem Recht eines anderen Staates unterliegen [**Zweigniederlassungs-RL 89/666/EWG (11. Gesellschafts-RL)**], ABl. 1989 Nr. L 395, 36 v. 31.12.1989, zuletzt geändert durch **Richtlinie 2012/17/EU** des Europäischen Parlaments und des Rates v. 13.6.2012 zur Änderung der Richtlinien 89/666/EWG, 2005/56/EG und 2009/101/EG in Bezug auf die Verknüpfung von Zentral-, Handels- und Gesellschaftsregistern [**RL 2012/17/EU**], ABl. EU 2012 Nr. L 156, 1 v. 16.6.2012; **Richtlinie 89/667/EWG** des Rates v. 21.12.1989 auf dem Gebiet des Gesellschaftsrechts betreffend Gesellschaften mit beschränkter Haftung mit einem einzigen Gesellschafter [**Einpersonengesellschafts-RL 89/667/EWG (12. Gesellschafts-RL)**], ABl. 1989 Nr. L 395, 40 v. 30.12.1989, aufgehoben durch **Richtlinie 2009/102/EG** des Europäischen Parlaments und des Rates v. 16.9.2009 auf dem Gebiet des Gesellschaftsrechts betreffend der Gesellschaften mit beschränkter Haftung mit einem einzigen Gesellschafter [**Einpersonengesellschafts-RL 2009/102/EG**], ABl. 2009 Nr. L 258, 20 v. 1.10.2009; **Richtlinie 2004/25/EG** des Europäischen Parlaments und des Rats v. 21.4.2004 betreffend Übernahmeangebote [**Übernahmeangebote-RL 2004/25/EG (13. Gesellschafts-RL)**], ABl. 2004 Nr. L 142, 12 v. 30.4.2004; **Richtlinie 2001/86/EG** des Rates v. 8.10.2001 zur Ergänzung des Statuts der Europäischen Gesellschaft hinsichtlich der Beteiligung der Arbeitnehmer [**SE-RL 2001/86/EG**], ABl. 2001 Nr. L 294, 22 v. 10.11.2001; **Richtlinie 2007/36/EG** des Europäischen Parlaments und des Rates v. 11.7.2007 über die Ausübung bestimmter Rechte von Aktionären in börsennotierten Gesellschaften [**Aktionärsrechts-RL 2007/36/EG**], ABl. 2007 Nr. L 184, 7 v. 14.7.2007; **Richtlinie 2009/101/EG** des Europäischen Parlaments und des Rates v. 16.9.2009 zur Koordinierung der Schutzbestimmungen, die in den Mitgliedstaaten den Gesellschaften im Sinne des Artikels 48 Absatz 2 des Vertrags im Interesse der Gesellschafter sowie Dritter vorgeschrieben sind, um diese Bestimmungen gleichwertig zu gestalten [**Publizitäts-RL 2009/101/EG**], ABl. 2009 Nr. L 258, 11 v. 1.10.2009, zuletzt geändert durch **Richtlinie 2012/17/EU** des Europäischen Parlaments und des Rates v. 13.6.2012 zur Änderung der Richtlinien 89/666/EWG, 2005/56/EG und 2009/101/EG in Bezug auf die Verknüpfung von Zentral-, Handels- und Gesellschaftsregistern [**RL 2012/17/EU**], ABl. EU 2012 Nr. L 156, 1 v. 16.6.2012; **Richtlinie 2013/34/EU** des Europäischen Parlaments und des Rates v. 26.6.2013 über den Jahresabschluss, den konsolidierten Abschluss und damit verbundene Berichte von Unternehmen bestimmter Rechtsformen und zur Änderung der Richtlinie 2006/43/EG des Europäischen Parlaments und des Rates und zur Aufhebung der Richtlinien 78/660/EWG und 83/349/EWG des Rates [**Bilanz-RL 2013/34/EU**], ABl. EU 2013 Nr. L 182, 13 v. 29.6.2013.

Kapitalmarkt-, arbeits- und steuerrechtliche Richtlinien und Verordnungen:

Richtlinie 2003/71/EG des Europäischen Parlaments und des Rates v. 4.11.2003 betreffend den Prospekt, der beim öffentlichen Angebot von Wertpapieren oder bei deren Zulassung zum Handel zu veröffentlichen ist, und zur Änderung der Richtlinie 2001/34/EG [**Prospekt-RL 2003/71/EG**], ABl. 2003 Nr. L 345, 64 v. 31.12.2003; **Richtlinie 2004/109/EG** des Europäischen Parlaments und des Rates v. 15.12.2004 zur Harmonisierung der Transparenzanforderungen in Bezug auf Informationen über Emittenten, deren Wertpapiere zum Handel auf einem geregelten Markt zugelassen sind, und zur Änderung der Richtlinie 2001/34/EG [**Transparenz-RL 2004/109/EG**], ABl. 2004 Nr. L 390, 38 v. 31.12.2004; **Richtlinie 2004/39/EG** des Europäischen Parlaments und des Rates v. 21.4.2004 über Märkte für Finanzinstrumente, zur Änderung der Richtlinien 85/611/EWG und 93/6/EWG des Rates und der Richtlinien 2000/12/EG des europäischen Parlaments und des Rates und zur Aufhebung der Richtlinie 93/22/EWG des Rates [**Finanzinstrumente-RL oder MiFiD 2004/39/EG**], ABl. 2004 Nr. L 145, 1 v. 30.4.2004; **Richtlinie 2003/6/EG** des Europäischen Parlaments und des Rates v. 28.1.2003 über Insider-Geschäfte und Marktmanipulation [**Marktmissbrauchs-RL 2003/6/EG**], ABl. 2003 Nr. L 96, 16 v. 12.4.2003; **Richtlinie 2001/34/EG** des Europäischen Parlaments und des Rates v. 28.5.2001 über die Zulassung von Wertpapieren zur amtlichen Börsennotierung und über die hinsichtlich dieser Wertpapiere zu veröffentlichenden Informationen [**Börsen-RL 2001/34/EG**], ABl. 2001 Nr. L 184, 1 v. 6.7.2001;

Richtlinie 2009/38/EG des Europäischen Parlaments und des Rates v. 6.5.2009 über die Einsetzung eines Europäischen Betriebsrats oder die Schaffung eines Verfahrens zur Unterrichtung und Anhörung der Arbeitnehmer in gemeinschaftsweit operierenden Unternehmen und Unternehmensgruppen [**Europäische Betriebsräte-RL 2009/38/EG**], ABl. 2009 Nr. L 122, 28 v. 16.5.2009;

Richtlinie 90/434/EWG des Rates v. 23.7.1990 über das gemeinsame Steuersystem für Fusionen, Spaltungen, die Einbringung von Unternehmensteilen und den Austausch von Anteilen, die Gesellschaften verschiedener Mitgliedstaaten betreffen [**Grenzüberschreitende Verschmelzungsbesteuerungs-RL 90/434/EWG**], ABl. 1990 Nr. L 225 v. 20.8.1990, aufgehoben durch **Richtlinie 2009/133/EG** des Rates v. 19.10.2009 über das gemeinsame Steuersystem für Fusionen, Spaltungen, Abspaltungen, die Einbringung von Unternehmensteilen und den Austausch von Anteilen, die Gesellschaften verschiedener Mitgliedstaaten betreffen, sowie für die Verlegung des Sitzes einer Europäischen Gesellschaft oder einer Europäischen Genossenschaft von einem Mitgliedstaat in einen anderen Mitgliedstaat [**Konzernbesteuerungs-RL 2009/133/EG**], ABl. 2009 Nr. L 310, 34 v. 25.11.2009;

Richtlinie 90/435/EWG des Rates v. 23.7.1990 über das gemeinsame Steuersystem der Mutter- und Tochtergesellschaften verschiedener Mitgliedstaaten [**Mutter-Tochter-RL 90/435/EWG**], ABl. 1990 L 225 v. 20.8.1990, aufgehoben durch **Richtlinie 2011/96/EU** des Rates v. 30.11.2011 über das gemeinsame Steuersystem der Mutter- und Tochtergesellschaften verschiedener Mitgliedstaaten [**Mutter-Tochter-RL 2011/96/EU**], ABl. 2011 Nr. L 345, 384 v. 29.12.2011;

Richtlinie 90/604/EWG des Rates v. 8.11.1990 zur Änderung der Richtlinie 78/660/EWG über den Jahresabschluß und der Richtlinie 83/349/EWG über den konsolidierten Abschluß hinsichtlich der Ausnahme für kleine und mittlere Gesellschaften sowie der Offenlegung von Abschlüßen in Ecu [**Mittelstands-RL 90/604/EWG**], ABl. 1990 Nr. L 317, 57 v. 16.11.1990.

Änderungsrichtlinien:

Richtlinie 2003/58/EG des Europäischen Parlaments und des Rates v. 15.7.2003 zur Änderung der Richtlinie 68/151/EWG des Rates in Bezug auf die Offenlegungspflichten von Gesellschaften bestimmter Rechtsformen [**RL 2003/58/EG**], ABl. 2003 Nr. L 221, 13 v. 4.9.2003; **Richtlinie 2006/68/EG** des Europäischen Parlaments und des Rates v. 6.9.2006 zur Änderung der Richtlinie 77/91/EWG des Rates in Bezug auf die Gründung von Aktiengesellschaften und die Erhaltung und Änderung ihres Kapitals [**RL 2006/68/EG**], ABl. 2006 Nr. L 264, 32 v. 25.9.2006; **Richtlinie 2007/63/EG** des Europäischen Parlaments und des Rates v. 13.11.2007 zur Änderung der Richtlinien 78/855/EWG und 82/891/EWG des Rates hinsichtlich des Erfordernisses der Erstellung eines Berichts durch einen unabhängigen Sachverständigen anlässlich der Verschmelzung oder der Spaltung von Aktiengesellschaften [**RL 2007/63/EG**], ABl. 2007 Nr. L 300, 47 v. 17.11.2007; **Richtlinie 2008/30/EG** des Europäischen Parlaments und des Rates v. 11.3.2008 zur Änderung der Richtlinie 2006/43/EG über Abschlussprüfungen von Jahresabschlüssen und konsolidierten Abschlüssen im Hinblick auf die der Kommission übertragenen Durchführungsbefugnisse [**RL 2008/30/EG**], ABl. 2008 Nr. L 81, 53 v. 20.3.2008; **Richtlinie 2009/49/EG** des Europäischen Parlaments und des Rates v. 18.6.2009 zur Änderung der Richtlinien 78/660/EWG und 83/349/EWG des Rates im Hinblick auf bestimmte Angabepflichten mittlerer Gesellschaften sowie die Pflicht zur Erstellung eines konsolidierten Abschlusses, [**RL 2009/49/EG**], ABl. 2009 Nr. L 164, 42 v. 26.6.2009; **Richtlinie 2009/109/EG** des Europäischen Parlaments und des Rates v. 2.10.2009 zur Änderung der Richtlinien 77/91/EWG, 78/855/EWG und 82/891/EWG des Rates sowie der Richtlinie 2005/56/EG hinsichtlich der Berichts- und Dokumentationspflicht bei Verschmelzungen und Spaltungen [**RL 2009/109/EG**], ABl. 2009 Nr. L 259, 14 v. 2.10.2009; **Richtlinie 2012/6/EU** des Europäischen Parlaments und des Rates v. 14.3.2012 zur Änderung der Richtlinie 78/660/EWG des Rates über den Jahresabschluss von Gesellschaften bestimmter Rechtsformen hinsichtlich Kleinstbetrieben [**RL 2012/6/EU**], ABl. EU 2012 Nr. L 81, 3 v. 21.3.2012; **Richtlinie 2012/17/EU** des Europäischen Parlaments und des Rates v. 13.6.2012 zur Änderung der Richtlinien 89/666/EWG, 2005/56/EG und 2009/101/EG in Bezug auf die Verknüpfung von Zentral-, Handels- und Gesellschaftsregistern [**RL 2012/17/EU**], ABl. EU 2012 Nr. L 156, 1 v. 16.6.2012.

Gescheiterte Richtlinienentwürfe:

5. Richtlinie (Vorschlag): Dritte Änderung des Vorschlags für eine fünfte Richtlinie des Rates nach Art. 54 EWG-Vertrag über die Struktur der Aktiengesellschaft sowie die Befugnisse und Verpflichtungen ihrer Organe v. 20.11.1991, ABl. 1991 Nr. C 321/9 = KOM(91) 372 endg.; jetzt als Ersatz verabschiedet: Richtlinie 2007/36/EG des Europäischen Parlamentes und des Rates v. 11.7.2007 über die **Ausübung bestimmter Rechte von Aktionären** in börsennotierten Gesellschaften ABl. 2007 Nr. L 184, 17 v. 14.7.2007; **9. Richtlinie (Vorentwurf):** Vorentwurf für eine Neunte Richtlinie auf der Grundlage von Art. 54 Abs. 3 Buchstabe g) des EWG-Vertrages über die Verbindungen zwischen Unternehmen, insbesondere über Konzerne, DOK Nr. III/1639/84, Abdruck: ZGR 1985, 446; **14. Richtlinie (Vorentwurf):** Vorentwurf für eine vierzehnte Richtlinie des Europäischen Parlaments und des Rates über die Verlegung des Sitzes einer Gesellschaft in einen anderen Mitgliedstaat mit Wechsel des für die Gesellschaft maßgebenden Rechts v. 20.4.1997, Abdruck: ZIP 1997, 1721; ZGR 1999, 157.

Empfehlungen, Aktionspläne und sonstige Initiativen:

Aktionsplan der Kommission zur Modernisierung des Gesellschaftsrechts v. 21.5.2003, KOM(2003) 284 endg., abrufbar unter www.dnoti.de/DOC/2003/Aktionsplan01.pdf; Aktionsplan der Kommission zur Umsetzung des Finanzmarktrahmens v. 11.5.1999, KOM(1999) 232 endg.; Aktionsplan der Kommission zum Europäischen Gesellschaftsrecht und Corporate Governance v. 12.12.2012, KOM(2012) 740 endg.;

Empfehlung der Kommission zur Unabhängigkeit von Pflichtprüfer v. 16.5.2002, ABl. 2002 Nr. L 191, 22; Empfehlung **2004/913/EG** der Kommission zur Vergütung von Mitgliedern der Unternehmensleitung börsennotierter Gesellschaften v. 14.12.2004, ABl. 2004 Nr. L 385, 55; Empfehlung **2005/162/EG** der Kommission zu den Aufgaben der nicht geschäftsführenden Direktoren/Aufsichtsratsmitglieder v. 15.2.2005, ABl. 2005 Nr. L 52, 51; **Empfehlung 2009/385/EG** der Kommission zur Ergänzung der Empfehlung der Kommission zur Ergänzung der Empfehlungen 2004/913/EG und 2005/162/EG zur Regelung der Vergütung von Mitgliedern der Unternehmensleitung börsennotierter Gesellschaften v. 30.4.2009, ABl. 2009 Nr. L 120, 28 v. 15.5.2009; **Empfehlung 2009/384/EG** der Kommission vom 30.4.2009 zur Vergütungspolitik im Finanzdienstleistungssektor, ABl. 2009 Nr. L 120, 22 v. 15.5.2009;

SLIM, Simpler Legislation for the Internal Market v. 4.2.2000, KOM(2000) 56 endg.; **High Level Group I**, Bericht der High Level Group of Corporate Law Experts v. 10.1.2001; **High Level Group II**, Bericht der High Level Group v. 4.11.2002, abrufbar unter http://ec.europa.eu/internal_market/company/docs/modern/report_de.pdf; **Lamfalussy Bericht**, Schlussbericht des Ausschusses der Weisen über die Regulierung der europäischen Wertpapiermärkte unter dem Vorsitz von Baron Alexandre Lamfalussy v. 15.2.2001, abrufbar unter http://ec.europa.eu/internal_market/securities/docs/lamfalussy/wisemen/final-report-wise-men_de.pdf; **Larosière Group**, Report of the High-Level Group on Financial Supervision in the EU v. 25.2.2009, abrufbar unter http://ec.europa.eu/internal_market/finances/docs/de_larosiere_report_en.pdf.

B. Rechtsprechung („Leading Cases")

Publizitäts-RL 68/151/EWG (1. Gesellschafts-RL) – jetzt RL 2009/101/EG: EuGH, Rs. 32/74 (Haaga), Slg 1974, 1201; EuGH, Rs. 136/87 (Ubbink Isolatie BV/Dak- en Wandtechniek BV), *Slg 1988, 4665; EuGH, Rs. C-297/88* und C-197/89 (Dzodzi), Slg 1990, I-3763; EuGH, Rs. C-106/89 (Marleasing), Slg 1990, I-4135; EuGH, Rs. C-97/96 (Verband deutscher Daihatsu-Händler e.V./Daihatsu Deutschland GmbH), Slg 1997, I-6843; EuGH, Rs. C-104/96 (Coöperatieve

Rabobank »Vecht en Plassengebied« BA/Erik Aarnoud Minclerhoud), Slg 1997, I-7219; EuGH, Rs. C-191/95 (Kommission/Deutschland), Slg 1998, I-5549;

Kapital-RL 77/91/EWG (2. Gesellschafts-RL) – jetzt RL 2012/30/EU: EuGH, Rs. C-19/90 und C-20/90, Slg 1991, I-2691; EuGH, Rs. C-381/89 (Evangelikis Ekklissias), Slg 1992, I-2111; EuGH, Rs. C-83/91 (Meilicke), Slg 1992, I-4871; EuGH, Rs. C-134/91 und C-135/91 (Kerafina), Slg 1992, I-5699 Rn 13 ff; EuGH, Rs. C-42/95 (Siemens/Nold), Slg 1996, I-601; EuGH, Rs. C-441/93 (Pafitis), Slg 1996, I-1347; EuGH, Rs. C-367/96 (Kefalas), Slg 1998, I-2843 Rn 20 ff; EuGH, Rs. C-373/97 (Diamantis), Slg 2000, I-1750;

Jahresabschluss-RL 78/660/EWG (4. Gesellschafts-RL) – jetzt RL 2013/34/EU: EuGH, Rs. C-234/94 (Tomberger), Slg 1996, I-3133; EuGH, Rs. C-272/97 (Kommission/Deutschland), Slg 1999, I-2175; EuGH, Rs. C-275/97 (DE + ES Bauunternehmung), Slg 1999, I-5331; EuGH, Rs. C-306/99 (Banque internationale/FG Hamburg), Slg 2003, I-0001; EuGH, Rs. T-47/02 (Danzer), Slg 2006, II-1779;

Unternehmensübernahmen und Kapitalverkehrsfreiheit (Art. 63 AEUV, ex. Art. 56 EG): EuGH, Rs. C-503/99 (Kommission/Belgien), Slg 2002, I-4809 – Goldene Aktie I; EuGH, Rs. C-483/99 (Kommission/Frankreich), Slg 2002, I-4781 – Goldene Aktie II; EuGH, Rs. C-367/98 (Kommission/Portugal), Slg 2002, I-4731 – Goldene Aktie III; EuGH, Rs. C-463/00 (Kommission/Spanien), Slg 2003, I-4581 – Goldene Aktie IV; EuGH, Rs. C-98/01 (Kommission/Vereinigtes Königreich und Nordirland), Slg 2003, I-4641 – Goldene Aktie V; EuGH, Rs. C-174/04 (Kommission/Italien), Slg 2005, I-4933 – Goldene Aktie VI; EuGH, Rs. C-282/04 (Kommission/Niederlande), Slg 2006, I-9141 = NZG 2006, 942 – Goldene Aktie VII; EuGH, Rs. C-112/05 (Kommission/Deutschland), Slg 2008, I-8995 – VW-Gesetz; EuGH, Rs. C-207/07 (Kommission/Spanien), Slg 2008, I-0111; EuGH, Rs. C-244/11 (Kommission/Griechenland), EuZW 2013, 29;

Zweigniederlassungs-RL 89/666/EWG (11. Gesellschafts-RL): EuGH, Rs. C-33/78 (Somafer), Slg 1978, 2183; EuGH, Rs. C-167/01 (Inspire Art), Slg 2003, I-10155;

Niederlassungsfreiheit (Art. 49 AEUV, ex. Art. 43 EG)/ Sitzverlegung: EuGH, Rs. 79/85 (Segers), Slg. 1986, 2375; EuGH, Rs. 81/87 (Daily Mail), Slg 1988, 5483; EuGH, Rs. C-212/97 (Centros), Slg 1999, I-1459; EuGH, verb. Rs. C-397/98 und C-410/98 (Metallgesellschaft Ltd und Hoechst AG), Slg 2001, I-1727; EuGH, Rs. C-208/00 (Überseering), Slg 2002, I-9919; EuGH, Rs. C-167/01 (Inspire Art), Slg 2003, I-10155; EuGH, Rs. C-9/02 (Lasteyrie du Saillant), Slg 2004, I-2409; EuGH, Rs. C-411/03 (SEVIC System AG), Slg 2005, I-10805; EuGH, Rs. C-196/04 (Cadbury-Schweppes), Slg. 2006 I-7995; EuGH, Rs. 210/06 (Cartesio), Slg 2008, I-9641; EuGH, Rs. C-311/08 (Société de Gestion Industrielle (SGI)), Slg 2010, I-487; EuGH, Rs. C-337/08 (X Holding BV), Slg 2010, I-1215; EuGH, Rs. C-378/10 (VALE), NJW 2012, 2715; EuGH, Rs. C-95/12, ZIP 2013, 2103 = NZG 2013, 1308 – VW-Gesetz II);

EWIV-VO (EWG) Nr. 2137/85: EuGH, Rs. C-402/96 (European Information Technology Observatory, Europäische Wirtschaftliche Interessenvereinigung), Slg 1997, I-7515.

Abschnitt 2: Analyse und Darstellung der Einwirkungspraxis des Europarechts auf das Gesellschaftsrecht

A. Grundlagen

I. Überblick

1. Geschichte des Europäischen Gesellschaftsrechts

Können Unternehmen den Mitgliedstaat mit dem attraktivsten Gesellschafts-, Kapitalmarkt- und Steuerrecht wählen, oder können die Behörden den Wegzug oder Zuzug von Unternehmen verhindern?[2] Können Mitgliedstaaten durch sog. „golden shares" (hierzu unten Rn 118 ff) Übernahmen verhindern – oder können und sollen Unternehmen in einem Binnenmarkt ohne Grenzen agieren? 1

2 Zu „Daily Mail", „Centros", „Inspire Art" etc. s.u. Rn 154 ff.

2 Die Harmonisierung des Gesellschaftsrechts verdeutlicht die Harmonisierungsbestrebungen der letzten Jahre auf europäischer Ebene par excellence: Mit mehr als 15 Richtlinien und vier Verordnungen zählt das Rechtsgebiet zu den „erfolgreichsten" überhaupt; die Publizitäts-RL 68/151/EWG[3] war die erste Richtlinie im Zivilrecht überhaupt (siehe unten Rn 26). Allerdings sind auch einige Richtlinienentwürfe endgültig gescheitert; bei anderen, wie der Europäischen Aktiengesellschaft oder der Übernahmerichtlinie 2004/25/EG, dauerte der Kompromiss mehrere Jahrzehnte. Die Harmonisierungsbestrebungen verlaufen in Wellen: Während in den 80iger Jahren recht erfolgreich zahlreiche Richtlinien beschlossen werden konnten,[4] kamen die Harmonisierungsbemühungen in den 90iger Jahren des letzten Jahrhunderts ins Stocken – man sprach von der Krise des Gesellschaftsrechts.[5] Erst nach dem Aktionsplan der EG-Kommission zur Modernisierung des Gesellschaftsrechts beginnt sich in jüngster Zeit das Rad wieder zu drehen; ja man kann von einem neuen Schub zur Harmonisierung des Gesellschaftsrechts sprechen.[6]

3 Im Einzelnen handelt es sich beim Europäischen Gesellschaftsrecht um folgende Richtlinien:

- Publizitäts-RL 2009/101/EG – vormals RL 68/151/EWG (1. Gesellschafts-RL);[7]
- Kapital-RL 2012/30/EU – vormals RL 77/91/EWG (2. Gesellschafts-RL);[8]
- Verschmelzungs-RL 2011/35/EU – vormals RL 78/855/EWG (3. Gesellschafts-RL);[9]
- Bilanz-RL 2013/34/EU – vormals Bilanz-RL 78/660/EWG (4. Gesellschafts-RL) und Konzernbilanz-RL 83/349/EWG (7. Gesellschafts-RL);[10]
- Spaltungs-RL 82/891/EWG (6. Gesellschafts-RL);[11]
- Prüferbefähigungs-Richtlinie 2006/43/EG – vormals RL 84/253/EWG (8. Gesellschafts-RL);[12]
- Zweigniederlassungs-RL 89/666/EWG (11. Gesellschafts-RL);[13]
- Einpersonengesellschafts-RL 2009/102/EG – vormals 89/667/EWG (12. Gesellschafts-RL);[14]
- Übernahmeangebote-RL 2004/25/ EG (ursprünglich 13. Gesellschafts-RL);
- SE-RL 2001/86/EG;
- Grenzüberschreitende Verschmelzungs-RL 2005/56/EG;[15]
- Aktionärsrechte-RL 2007/36/EG;
- Grenzüberschreitende Verschmelzungsbesteuerungs-RL 2009/133/EG – vormals RL 90/434/EWG;[16]
- Grenzüberschreitende Konzernbesteuerungs-RL 2011/96/EU – vormals RL 90/435/EWG;[17]
- Europäische Betriebsräte-RL 2009/38/EG.

Mehrere Richtlinien wurden ergänzt. Von besonderer Bedeutung ist die IFRS-VO (EG) Nr. 1606/2002, welche für börsennotierte Konzerne seit dem 1.1.2005 gilt. Zudem gibt es in jüngerer Zeit mehrere Empfehlungen zur Unabhängigkeit der Pflichtprüfer, zur Stärkung der Unabhängigkeit von nicht geschäftsführenden Direktoren sowie zur Vergütung von Direktoren.

3 Inzwischen aufgehoben und neugefasst durch RL 2009/101/EG.
4 Die erste Zahl der RL nennt das Jahr, in welchem die RL verabschiedet wurde.
5 *Behrens*, in: FS Mestmäcker, 1996, S. 831; *Hopt*, ZIP 1998, 96.
6 S. hierzu Rn 18 ff. Ein Aufsatztitel lautet: Die Struktur des Europäischen Gesellschaftsrechts von der Krise zum Boom, s. *Grundmann*, ZIP 2004, 2401.
7 S. Anhang II Teil A der RL 2009/101/EG v. 16.9.2009, ABl. 2009 Nr. L 258, 18; zuletzt geändert durch RL 2012/17/EU, ABl. EU 2012 Nr. L 156, 1.
8 Richtlinie 2012/30/EU des Europäischen Parlaments und des Rates v. 14.11.2012, ABl. EU 2012 Nr. L 315, 74.
9 Richtlinie 2011/35/EU des Europäischen Parlaments und des Rates v. 5.4.2011, ABl. EU 2011 Nr. L 110, 1.
10 Richtlinie 2013/34/EU des Europäischen Parlaments und des Rates v. 26.6.2013, ABl. EU 2013 Nr. L 182, 19 ff.
11 Zuletzt geändert durch Art. 3 der RL 2009/109/EG v. 2.10.2009, ABl. 2009 Nr. L 259, 18 ff.
12 Zuletzt geändert durch Art. 35 der RL 2013/34/EU, ABl. EU 2013 Nr. L 182, 19 ff.
13 Zuletzt geändert durch RL 2012/17/EU, ABl. EU 2012 Nr. L 156, 1.
14 S. Anhang II Teil A der RL 2009/102/EG v. 16.9.2009, ABl. 2009 Nr. L 258, 24; zuletzt geändert durch RL 2012/17/EU, ABl. EU 2012 Nr. L 156, 1.
15 Zuletzt geändert durch RL 2012/17/EU, ABl. EU 2012 Nr. L 156, 1.
16 S. Anhang II Teil A der RL 2009/133/EG v. 25.11.2009, ABl. 2009 Nr. L 310, 34.
17 Richtlinie 2011/96/EU des Rates v. 30.11.2011, ABl. EU 2011 Nr. L 345, 8.

Gescheitert sind dagegen Entwürfe zu einer Struktur-RL (5. Gesellschafts-RL), einer Konzernrechts-RL (9. Gesellschafts-RL), einer Sitzverlegungsrichtlinie (14. Gesellschafts-RL) sowie einer Liquidations-RL.[18] 4

Während die Richtlinien das Gesellschaftsrecht der einzelnen Mitgliedstaaten harmonisieren, greifen drei Verordnungen supranationale Gesellschaftsformen auf: Gesellschaften verschiedener Mitgliedstaaten können sich zusammenschließen zu einer Europäischen Aktiengesellschaft – SE – (VO (EG) Nr. 2157/2001), zu einer Europäischen Wirtschaftlichen Interessenvereinigung – EWIV – (VO (EWG) Nr. 2137/85) oder zu einer Europäischen Genossenschaft – SCE – (VO (EG) Nr. 1435/2003). 5

Verschiedene Initiativen und Vorschläge gibt es zu einer Europäischen Privatgesellschaft (SPE), einem Europäischen Verein (EUV/AE), einer Europäischen Gegenseitigkeitsgesellschaft (EUGGES/ME) sowie zu einer Europäischen Stiftung (FE). 6

2. Systematisierung des Europäischen Gesellschaftsrechts

a) Rechtsformen – der Anwendungsbereich der Richtlinien und Verordnungen

Eine Darstellung des Europäischen Gesellschaftsrechts anhand einer chronologischen Darstellung der Richtlinien erscheint wenig sinnvoll. Vielmehr bedarf es der Systematisierung. Eine wichtige Ausgangsfrage ist der Anwendungsbereich des Europäischen Gesellschaftsrechts.[19] Weil Art. 50 Abs. 2 lit. g) AEUV eine Rechtsangleichung für alle Gesellschaften erlaubt, die sich auf die Niederlassungsfreiheit berufen können, wäre es denkbar, das Europäische Recht auf alle Gesellschaftsformen zu erstrecken. Tatsächlich ist der Anwendungsbereich aber deutlich geringer: Mit Ausnahme der Einpersonengesellschafts-RL 2009/102/EG und der Prüferbefähigungs-RL 84/253/EWG beziehen sich alle Richtlinien auf die Aktiengesellschaft – public limited company – société anonyme.[20] Auf supranationaler Ebene ist die Europäische Aktiengesellschaft – SE zu nennen. Für börsennotierte Konzerne ist die IFRS-VO (EG) Nr. 1606/2002, für börsennotierte Aktiengesellschaften die Übernahmeangebot-RL 2004/25/EG relevant. 7

Der Anwendungsbereich ist deutlich eingeschränkter für Kommanditgesellschaften auf Aktien (KGaA) sowie GmbHs. Für sie gelten hauptsächlich die Publizitätsvorschriften der Publizitäts-RL 2009/101/EG (ex. RL 68/151/EWG), der Zweigniederlassungs-RL 89/666/EWG sowie der EU-Bilanz-RL 2013/34/EU. Nur für die KGaA gilt die Übernahmeangebot-RL 2004/25/EG, nur für GmbHs (wahlweise auch für AGs) die Einpersonengesellschafts-RL 2009/102/EG. Für offene Handelsgesellschaften gilt nur die Bilanz-RL 2013/34/EU. 8

Damit zeigt sich ganz deutlich, dass von einem europäischen Gesellschaftsrecht nur für die Aktiengesellschaft gesprochen werden kann, nicht dagegen für die GmbH oder die offene Handelsgesellschaft. Dies ist zum Teil kritisiert worden,[21] lässt sich ökonomisch aber durchaus rechtfertigen: Aktionäre verdienen in anonymen Gesellschaftsformen stärkeren Schutz durch Informationspflichten als Gesellschafter, die in einer OHG oder GmbH regelmäßig unternehmerisch tätig sind.[22] Die Bemühungen um eine Europäische Privatgesellschaft (SPE) verdeutlichen auch das Interesse, besonders kleinen und mittleren Unternehmen eine attraktive Rechtsform in Europa anzubieten. 9

---

18 Vorentwurf einer Liquidations-RL, DOK Nr. XV/43/87-DE, abgedruckt bei *Lutter/Bayer/Schmidt*, S. 299 ff; hierzu *Schwarz*, Rn 850 ff.

19 S. die Überblicke bei *Behrens*, Gesellschaftsrecht, in: Dauses (Hrsg.), E.III., Rn 16 f; *Schwarz*, Rn 283; *Grundmann*, Rn 14; *Kindler*, in: MünchKomm, BGB, InGesR, 5. Aufl. 2010, Rn 33 ff.

20 Eine Übersicht über vergleichbare Kapitalgesellschaften in den anderen Mitgliedstaaten geben *Schwarz*, Rn 268 ff, *Grundmann*, Rn 13. Im Übrigen wird in Art. 1 der jeweiligen RL definiert, welche Gesellschaftsform dem Anwendungsbereich der jeweiligen RL unterfällt.

21 *Habersack/Verse*, § 4, Rn 7.

22 *Grundmann*, Rn 75.

b) Rechtsgebiete

10 Denkbar ist eine Unterscheidung des Europäischen Gesellschaftsrechts nach materiellem Recht, also nach den verschiedenen Rechtsgebieten des Gesellschaftsrechts. Das harmonisierte Gesellschaftsrecht lässt sich wie folgt strukturieren:[23]

- Errichtung und laufendes Geschäft,[24]
- Rechnungslegung der Gesellschaften,[25]
- Publizitätspflichten für Kapitalmärkte,[26]
- Struktur der Gesellschaft und Gesellschafterrechte,[27]
- Nationale Umwandlungen von Verbandsorganisation,[28]
- Grenzüberschreitende Veränderungen von Verbandsorganisationen.[29]

Über Richtlinien erfolgte weitgehend eine Rechtsharmonisierung der nationalen Gesellschaftsrechtsordnungen der verschiedenen Mitgliedstaaten (s. sogleich B.), während die supranationalen Gesellschaftsformen Gesellschaften von mindestens zwei verschiedenen Mitgliedstaaten voraussetzen (C.).

c) Verhältnis zum Kapitalmarktrecht

11 Unternehmen sind regelmäßig auf Fremdkapital angewiesen. Dieses kann nicht nur von Banken, sondern auch über die Börsen zur Verfügung gestellt werden. Für börsennotierte Unternehmen gelten zahlreiche Informationspflichten, die eine ausreichende Information der Investoren sicherstellen sollen. Die EU-Bilanz-RL 2013/34/EU und die IFRS-VO (EG) Nr. 1606/2002 haben unmittelbare Relevanz für die kapitalmarktrechtlichen Jahres-, Zwischenbilanz- und Quartalsberichtspflichten. Die Vernetzung[30] von gesellschaftsrechtlichen und kapitalmarktrechtlichen Informationspflichten erlaubt es daher nicht mehr, das Kapitalmarktrecht auszublenden.[31]

II. Ziele und Rechtsgrundlagen der Rechtsharmonisierung

1. Gegenseitige Anerkennung, Minimal- und Vollharmonisierung

12 Lange Jahre zielte die Rechtsharmonisierung der EG-Kommission auf eine Vollrechtsharmonisierung. So waren sowohl die geplante Struktur-RL als auch die geplante Konzernrechts-RL vom deutschen Recht geprägt und zielten ursprünglich auf Vollharmonisierung. Vergleichbares galt für die Europäische Aktiengesellschaft. Die rechtlichen Rahmenbedingungen sind in den verschiedenen Mitgliedstaaten jedoch auch weiterhin sehr unterschiedlich, so dass sich die Vollharmonisierung nicht durchsetzen ließ: Man denke nur an den Unterschied zwischen dem zweiteiligen Vorstand/Aufsichtrat (two-tier – dualistisches System) und dem einteiligen Verwaltungsrat (one-tier – monistisches System) sowie an die verschiedenen Formen der Mitbestimmung. Ferner existieren unterschiedliche Kontrollsysteme: In Großbritannien besteht ein externes Kontrollsystem, bei dem eine Steuerung der Geschäftsleitung in erster Linie durch die Marktkräfte und den Kapitalmarkt erfolgt.

---

23 Zu ähnlichen Versuchen eines Regelungsprogrammes bereits *Behrens*, in: Dauses (Hrsg.), E.III., Rn 18 ff.

24 Publizitäts-RL 2009/101/EG; Einpersonengesellschafts-RL 2009/102/EG, Kapital-RL 2012/30/EU.

25 Bilanz-RL 2013/34/EU; Prüferbefähigungs-RL 2006/43/EG; IFRS-VO (EG) Nr. 1606/2002.

26 Börsenrechts-RL 2001/34/EG; Transparenz-RL 2004/109/EG; Marktmissbrauchs-RL 2003/6/EG und die Übernahmeangebot-RL 2004/25/EG. Hierzu unten Rn 95 ff.

27 Entwurf einer Struktur-RL und Corporate Governance.

28 Verschmelzungs-RL 2011/35/EU; Spaltungs-RL 82/891/EWG.

29 Zweigniederlassungs-RL 89/666/EWG, Entwurf einer Sitzverlegungs-RL; Übernahmeangebot-RL 2004/25/EG; Grenzüberschreitende Verschmelzungs-RL 2005/56/EG sowie Entwurf einer Konzernrechts-RL; Grenzüberschreitende Verschmelzungsbesteuerungs-RL 2009/133/EG und Grenzüberschreitende Konzernbesteuerungs-RL 2011/96/EU.

30 S. dazu u. die Graphik unter Rn 102.

31 Zu diesem Ansatz bereits *Grundmann; Lutter; Menjucy; Hopt/Wymeersch; Edwards; Möllers*, ZGR 1997, 334; *Hommelhoff*, ZGR 2000, 748; *Mülbert*; *Horn*, S. 51. Das Kapitalmarktrecht dagegen ausblendend *Schwarz*; *Habersack/Verse*.

Bei dem in Deutschland geltenden internen Kontrollsystem erfolgt die Kontrolle der Geschäftsleitung dagegen primär über innergesellschaftliche Überwachungs- und Steuerungsmechanismen.[32]

Die jetzt für die Europäische Aktiengesellschaft gefundene Lösung kombiniert **gegenseitige Anerkennung und Mindestharmonisierung** und erlaubt so eine Vielzahl unterschiedlicher Regelungsmöglichkeiten – von „der" Europäischen Aktiengesellschaft kann deshalb kaum noch gesprochen werden.[33] Starken Kompromisscharakter hat die EU-Bilanz-RL 2013/34/EU, weil sie einerseits dem englischen true-and-fair-view-Prinzip und anderseits dem Gläubigerschutz Rechnung trägt.[34] 13

2. Subsidiarität und Wettbewerb der Rechtsordnungen

Hintergrund des rechtlichen Regelungskonzepts zwischen Mindest- und Vollharmonisierung ist das Selbstverständnis der Europäischen Union. Einerseits strebt sie zwar einen Binnenmarkt, einen Raum ohne Grenzen an, Art. 26 Abs. 2 AEUV. Andererseits verlangt das Prinzip der Einzelermächtigung eine Kompetenzgrundlage zum Erlass von Harmonisierungsmaßnahmen (Art. 5 EUV), die zudem dem **Subsidiaritätsprinzip** unterliegen. Danach dürfen Rechtsakte nur erlassen werden, wenn die angestrebten Ziele von der Union besser als von den Mitgliedstaaten erreicht werden können, Art. 5 Abs. 3 EUV. 14

Vor diesem Hintergrund kann es nicht überraschen, dass Rechtsangleichungsmaßnahmen in den letzten Jahren durchaus kritischer betrachtet werden. Gegen eine Rechtsharmonisierung sprechen demnach die daraus resultierende Versteinerung und größere Komplexität des Rechts.[35] Umgekehrt könnten die Mitgliedstaaten mit ihren unterschiedlichen Rechtsordnungen der Gesellschaft verschiedene Regelungskonzepte an die Hand geben, so dass es zu einem konstruktiven Wettbewerb der Rechtsordnungen kommen würde.[36] Ungeklärt ist bisher allerdings die Frage, ob ein **Wettbewerb der Rechtsordnungen** zu einem „race to the bottom"[37] oder einem „race to the top"[38] führen würde. Hierfür ist das Beispiel der USA, in denen ein Wettbewerb zwischen 50 verschiedenen Gesellschaftsrechtsordnungen existiert, nur bedingt auf Europa übertragbar. Denn in allen Bundesstaaten der USA gilt die Gründungstheorie, während in zahlreichen Mitgliedstaaten der EU bisher die Sitztheorie vorherrschte. Das hat zur Folge, dass ein Unternehmen bei Sitzverlegung aufgelöst, liquidiert und neu in dem Zuzugsstaat gegründet werden muss (siehe unten Rn 156). Zudem ist jede Gesellschaft in einen kulturellen, historischen und traditionellen Zusammenhang eingebettet, welcher nicht ohne weiteres einen Wechsel der Rechtsordnung zulässt.[39] 15

3. Die Rechtsprechung des EuGH

Neben der EU-Kommission muss auch der EuGH als „Quasigesetzgeber" berücksichtigt werden. Er versteht sich als Integrationsmotor der Union[40] und hat gerade in jüngerer Zeit dort verdienstvoll die Rechtsharmonisierung wieder zum Laufen gebracht, wo sie stockte. So prüfte er die Grundfreiheiten und erachtete „golden shares" als unzulässige Beeinträchtigung der Kapitalverkehrsfreiheit, die eine Übernahme einer Gesellschaft vereitelt. Die Sitzverlegung von Gesellschaften erleichterte er mit seiner Centros-Rechtsprechung.[41] 16

---

32 So *Schmidt/Grohs*, in: Grundmann (Hrsg.), S. 145, 149.

33 Zu dieser Problematik s.u. Rn 172. Allgemein zur Mindestharmonisierung s. *Remien*, § 14, Rn 42 ff.

34 S. u. Rn 48 f und vorher schon *Möllers*, S. 16 ff zur Jahresabschluss-RL 78/660/EWG und zur Konzernrechnungs-RL 83/349/EWG.

35 *Schön*, in: Everling/Roth (Hrsg.), Mindestharmonisierung im Europäischen Binnenmarkt, S. 55, 69.

36 Hierzu *Kötz*, RabelsZ 50 (1986), 1; *Kübler*, KritV 1994, 79, 87 ff; *Dreher*, JZ 1999, 105, 109; *Van Hulle*, EWS 2000, 521, 522 f; *Ebke*, in: FS Lutter, 2000, S. 17; *Grundmann*, ZGR 2001, 783; *Heine*, Regulierungswettbewerb im Gesellschaftsrecht, Zur Funktionsfähigkeit eines Wettbewerbs der Rechtsordnungen im europäischen Gesellschaftsrecht, 2003.

37 *Merkt*, RabelsZ 59 (1995), 545, 560 ff; *Reher*, Gesellschaftsrecht in Gemeinsamen Märkten, 1997, S. 139.

38 *Heine/Kerber*, 13 European Journal of Law and Economics 47 (2002).

39 Zu dieser sog. Pfadabhängigkeit *Heine/Kerber*, 13 European Journal of Law and Economics, 47, 54 ff (2002).

40 *Pernice/Mayer*, in: Grabitz/Hilf (Hrsg.), Art. 220, Rn 31.

41 S. u. Rn 156 ff.

4. Neue Dynamisierung des Europäischen Gesellschaftsrechts

17 Der Europäische Gesetzgeber und der EuGH folgen in weiten Bereichen dem **Informationsmodell,** wonach der Betroffene durch ausreichende Informationen geschützt werden kann und nur bedingt weitere zwingende Schutznormen erforderlich sind.[42] Die neueren Entwicklungen sind von zwei Tendenzen geprägt.[43] Einerseits wird in weiten Bereichen das Konzept der Vollharmonisierung aufgegeben. Mangels Notwendigkeit harmonisiert man beispielsweise nicht die Leitungsstruktur der Gesellschaft, sondern lässt vielmehr ein Nebeneinander von one-tier und two-tier-System zu. Folglich gilt beispielsweise die Struktur-RL als tot.[44] Umgekehrt hat man allerdings auch erkannt, dass gerade ein funktionierender Kapitalmarkt verlässiche Unternehmensdaten verlangt. In diesem Bereich hat sich das Gesellschaftsrecht, auch auf Grund der jüngsten Skandale, deutlich **dynamisiert**. Allerdings zielt man weniger auf ein Gesamtkonzept als auf die Regelung von Einzelfragen, also ein gesetzgeberisches Regelungsverfahren, was im anglo-amerikanischen und skandinavischen Rechtskreis[45] bekannt ist.

18 Zahlreiche kapitalmarktrechtliche Richtlinien sind ein wesentlicher Bestandteil des EU-Aktionsplans für Finanzdienstleistungen (FSAP)[46] zur Schaffung eines integrierten Finanzbinnenmarktes aus dem Jahr 2003. In einem **Aktionsplan zur Modernisierung des Gesellschaftsrechts**[47] hat die Kommission 24 Vorhaben genannt, von welchen sie die meisten bereits umgesetzt hat. Nur zwei der geplanten Maßnahmen wurden endgültig aufgegeben. Am 12.12.2012 hat die Kommission einen weiteren Aktionsplan vorgelegt, der das Ziel verfolgt, europäische Unternehmen nachhaltiger und wettbewerbsfähiger zu machen.[48] Der Aktionsplan beschränkt sich im Wesentlichen auf punktuelle Modifikationen des bestehenden Rechts.[49] Hauptsächlich zielt der Aktionsplan auf eine Verbesserung der Corporate Governance börsennotierter Gesellschaften durch den Ausbau der Transparenzpflichten, eine verstärkte Einbeziehung der Aktionäre in die Überwachung börsennotierter Gesellschaften sowie eine Verbesserung des Rechtsrahmens für grenzüberschreitende Tätigkeiten.

19 Neben dem zunehmenden Einfluss des Kapitalmarktrechts ist die **Privatisierung des Rechts** ein weiterer Wesenszug der neuen Rechtsentwicklung. Im Kapitalmarktrecht werden die Rahmenrichtlinien im sog. Komitologieverfahren oder Lamfalussy-Verfahren durch weitere Durchführungsrichtlinien und Verordnungen ausgefüllt und präzisiert. Die Kommission wird hierbei vom Ausschuss der Europäischen Wertpapieraufsichtsbehörden (Committee on European Securities Regulators – CESR) sowie vom Europäischen Wertpapierausschuss (European Securities Committee – ESC) unterstützt. Im Gesellschaftsrecht werden die International Financial Reporting Standards (IFRS) durch das International Accounting Standards Board (IASB) erlassen. Vergleichbares gilt für die nationalen Corporate Governance Kodizes.

---

42 S. *Merkt*, 1 ECFR 3 (2004); *Eidenmüller*, JZ 2004, 27, 29; *Kindler*, in: MünchKomm, IntGesR, 5. Aufl. 2010, Rn 9, 34. *Behrens*, Gesellschaftsrecht, in: Dauses, E.III. Rn 23. S. aber unten Rn 196.

43 Vgl. *Bayer*, BB 2004, 1; *Habersack*, NZG 2004, 1; *Wiesner*, ZIP 2000, 1792; *Drygala*, ZEuP 2004, 337; *Grundmann*, ZIP 2004, 2401; *Hopt*, ZIP 2005, 461.

44 Sie wurde auch offiziell von der Kommission zurückgezogen s.u. Rn 82.

45 Allg. hierzu *Zweigert/Kötz*, Einführung in die Rechtsvergleichung auf dem Gebiet des Privatrechts, 3. Aufl. 1996, S. 197 ff, 271 ff.

46 Aktionsplan der Kommission zur Umsetzung des Finanzmarktrahmens v. 11.5.1999, KOM(1999), 232 endg.; s. hierzu u. Rn 98.

47 Aktionsplan der Kommission zur Modernisierung des Gesellschaftsrechts v. 21.5.2003, KOM(2003) 284 endg.; s. hierzu u. Rn 82.

48 Mitt. der Kommission v. 12.12.2012, Aktionsplan: Europäisches Gesellschaftsrecht und Corporate Governance – ein moderner Rechtsrahmen für engagiertere Aktionäre und besser überlebensfähige Unternehmen, KOM (2012) 740.

49 Vgl die Kommentierung von *Teichmann*, BB 2013, Heft 3, Die erste Seite, “Ein großer Wurf sieht anders aus.”

III. Umsetzung von europäischem Recht in nationales Recht

1. Rechtsgrundlage und Rechtsquellen

Neben dem AEUV als Primärrecht kann die Union Sekundärrecht schaffen. Dazu bedarf es einer Ermächtigungsgrundlage, Art. 5 Abs. 2 EUV. Im Gesellschaftsrecht ist das üblicherweise Art. 50 Abs. 2 lit. g) AEUV, der ausdrücklich zur Rechtsharmonisierung von Schutzbestimmungen zugunsten von Gesellschaftern und Dritten durch Richtlinien ermächtigt. Verordnungen können auf Art. 114 AEUV[50] oder Art. 352 AEUV[51] gestützt werden. Als europäische Rechtsquellen kommen Verordnungen, Richtlinien und Empfehlungen in Betracht. Verordnungen wirken unmittelbar und binden jedermann, Art. 288 Abs. 2 AEUV. Richtlinien müssen dagegen in nationales Recht umgesetzt werden und wenden sich damit nur an den nationalen Gesetzgeber, Art. 288 Abs. 3 AEUV. Die Richtlinien ermöglichen den Mitgliedstaaten, den Normtext der Richtlinie in den systematischen Zusammenhang ihrer nationalen Gesetze einzubauen. Eine Richtlinie kann allerdings auch unmittelbare Wirkung zugunsten Einzelner gegen staatliche Stellen entfalten, sog. **vertikale Drittwirkung**. Eine unmittelbare Wirkung der Richtlinie zwischen Privaten, sog. **horizontale Drittwirkung**, tritt dagegen nicht ein.[52] Empfehlungen sind im Gegensatz zu Verordnung und Richtlinie nicht verbindlich, Art. 288 Abs. 5 AEUV. 20

2. Auslegungsfragen

a) Umsetzungspflichten und Auslegungsgrundsätze

Jeder Mitgliedstaat ist zur Umsetzung der Richtlinien verpflichtet; nur wenn das vorherige nationale Recht schon dem Normtext der Richtlinie entspricht, kann eine Umsetzung unterbleiben. Soweit die Richtlinie Einzelnen Rechte und Pflichten verleiht, verlangt der EuGH, dass die Rechtslage hinreichend bestimmt und klar sein muss, um den Begünstigten in die Lage zu versetzen, von seinen Rechten Kenntnis zu erlangen und diese gegebenenfalls vor nationalen Gerichten durchzusetzen.[53] Das können Entscheidungen von Gerichten nicht leisten.[54] Grundsätzlich gelten auch bei der Auslegung europäischen Rechts die von *Savigny* entwickelten **Auslegungsgrundsätze**, nach denen man Wortlaut, Systematik, historischen Willen und teleologische Normzwecküberlegungen berücksichtigt.[55] Allerdings ist dieser Auslegungskodex an das europäische Recht anzupassen. So ist zu berücksichtigen, dass der Normtext einer Richtlinie oder Verordnung autonom auszulegen ist, also unabhängig vom Normverständnis des nationalen Rechtsanwenders.[56] 21

b) Auslegung von unbestimmten Rechtsbegriffen

Auch Generalklauseln sind grundsätzlich autonom auszulegen.[57] Anders ist dies nur, wenn es auf europäischer Ebene an Konkretisierungsmaßstäben fehlt und dem innerstaatlichen Gesetzgeber insoweit ein Kodifikationsermessen zukommt.[58] Dies muss für jeden Einzelfall durch Auslegung festgestellt werden. Ein Hinweis ist dabei die Frage, ob die Richtlinienbestimmung nur eine Min- 22

50 So die IFRS VO (EG) Nr. 1606/2002.

51 So die VO (EG) Nr. 2157/2001 v. 8.10.2001 über das Statut der Europäischen Gesellschaft.

52 EuGH, Rs. 91/92 (Faccini Dori), Slg 1994, I-3325, Rn 22; EuGH, Rs. C-192/94 (El Corte Inglès), Slg 1996, I-1281, Rn 17; S. *Pache*, § 10, Rn 7 f.

53 EuGH, Rs. 29/84 (Deutsches Krankenhauspersonal), Slg 1985, 1661, Rn 23; EuGH, Rs. C-208/90 (Emmott), Slg 1991, I-4269, Rn 19; EuGH, Rs. C-365/93 (Anerkennung der Hochschuldiplome), Slg 1995, I-499, Rn 9; EuGH, Rs. C-144/99 (Transparenzgebot in AGB-RL), Slg 2001, I-3541, Rn 17; *Nettesheim*, in: Grabitz/Hilf (Hrsg.), § 249, Rn 139 f.

54 *Larenz*, Methodenlehre der Rechtswissenschaft, 6. Aufl. 1991, S. 431 f; *Köhler*, JR 1984, 45 ff.

55 *Pernice/Mayer*, in: Grabitz/Hilf (Hrsg.), Art. 220, Rn 42 ff; s. *Borchardt*, § 15, Rn 31 ff.

56 S. etwa EuGH, Rs. 152/73 (Sotgiu), Slg 1974, 154, Rn 5; EuGH, Rs. 283/81 (C.L.I.F.I.T.), Slg 1982, 3415, 3430 f; *Franzen*, in: Streinz (Hrsg.), § 39, Rn 148 für Art. 39 EGV.

57 *Franzen*, S. 536 f; *Riesenhuber*, S. 79.

58 *Franzen*, S. 493 ff.

dest- oder aber eine Vollharmonisierung bezweckt.[59] Ein Beispiel hierfür bildet der Streit um die Umsetzung des true-and-fair-view-Prinzips in das deutsche Recht (siehe unten Rn 48).

23 Noch wenig gesichert ist die Frage, in welchem Umfang richtlinienkonforme Rechtsfortbildung erlaubt und erforderlich ist. In der Marleasing-Entscheidung verpflichtet der EuGH einerseits die Mitgliedstaaten zur richtlinienkonformen Auslegung (nur) „unter voller Ausschöpfung des Beurteilungsspielraums, den (ihnen) das nationale Recht einräumt".[60] Andererseits hat er in dem Urteil eine Entscheidung gegen den eindeutigen Wortlaut gefordert und das nationale Gericht verpflichtet, „bei der Anwendung nationalen Rechts (...), seine Auslegung soweit wie möglich am Wortlaut und Zweck der Richtlinie"[61] auszurichten. In Deutschland,[62] aber auch in anderen Mitgliedstaaten[63] lehnt die bisher noch herrschende Meinung eine **richtlinienkonforme Rechtsfortbildung** gegen den Wortlaut des Gesetzes ab. Die Gegenansicht geht von einem Vorrang der richtlinienkonformen Auslegung gegenüber nationalen Interpretationsregeln aus und erlaubt dem nationalen Richter auch eine richtlinienkonforme Rechtsfortbildung gegen den eindeutigen Wortlaut des nationalen Normtextes für die Fälle, dass der Gesetzgeber die Richtlinie richtig umsetzen wollte.[64] Inzwischen haben auch verschiedene Senate des BGH anerkannt, dass eine Rechtsfortbildung gegen den Wortlaut des Gesetzes möglich ist.[65]

c) Auslegung von überschießendem Recht

24 Ungeklärt ist auch die Frage, in welchem Umfang der Richtlinientext auf nationales Recht wirkt, welches der nationale Gesetzgeber **überschießend** normiert hat. Beispielsweise wurden die Informationspflichten der Publizitäts-RL 2009/101/EG nicht nur für Kapitalgesellschaften, sondern für alle Kaufleute umgesetzt (siehe unten Rn 28). Oder es ist zu prüfen, ob die Vorgaben der Verschmelzungs-RL 2011/35/EU und der Spaltungs-RL 82/891/EWG auch für den Allgemeinen Teil des UmwG (siehe unten Rn 140) gelten. In einem ersten Schritt hat der EuGH das Vorabentscheidungsverfahren für Fälle, die außerhalb des unmittelbaren Anwendungsbereichs der Richtlinie liegen, für zulässig erachtet, wenn das nationale Gericht der Ansicht ist, dass im konkreten Fall die Beantwortung der europäischen Auslegungsfrage erforderlich ist.[66]

25 Daneben ist dann in sachlicher Hinsicht zu fragen, ob für das überschießende Recht eine **gespaltene Auslegung** oder eine **Ausstrahlungswirkung** der Richtlinie gilt. Die wohl überwiegende Literatur favorisiert eine gespaltene Auslegung, will also für den Bereich des überschießenden Rechts eine

59 *Möllers*, ZEuP 2008, 480, 499 ff.

60 EuGH, Rs. 14/83 (von Colson und Kamann), Slg 1984, 1891, Rn 26, 28.

61 EuGH, Rs. C-106/89 (Marleasing SA), Slg 1990, I-4135, 4159, Rn 8; EuGH, Rs. C 91/92 (Faccini Dori), Slg 1994, I-3325, 3357, Rn 26.

62 BAG, 5.3.1996, 1 AZR 590/92, NJW 1996, 2529, 2533 und LS. 3 – *Kalanke*, allerdings ohne Begründung; *Di Fabio*, NJW 1990, 947, 953; *Gellermann*, Beeinflussung des bundesdeutschen Rechts durch Richtlinien der EG, 1994, S. 107 ff; *Heß*, JZ 1995, 150, 151; *Jarass*, Grundfragen der innerstaatlichen Bedeutung des EG-Rechts, 1994, S. 93 ff; *Zöckler*, Probleme der richtlinienkonformen Auslegung des nationalen Zivilrechts, Jahrbuch Junger Zivilrechtswissenschaftler, 1992, S. 141, 150 ff; *Brechmann*, S. 266 ff; *Scherzberg*, Jura 1993, 225, 232; *Klein*, in: FS Everling, S. 641, 646; *Steindorff*, in: FS Everling, S. 1455, 1458; *Basedow*, in: FS Brandner, S. 651, 658; *Reich*, EuZW 1996, 709, 710; *Rüffler*, ÖJZ 1997, 121, 126; *Habersack/Verse*, § 3 Rn 55. Zum Ganzen s. *Remien*, § 14, Rn 30 f; *Borchardt*, § 15, Rn 70 ff.

63 Für das österreichische Recht VwGH, 23.10.1995, Recht der Umwelt (RdU) 1996/98, 127; für das bisherige englische Recht s. Duke v. GEC Reliance Ltd. (1988) All E.R. 626. Für einen instruktiven Überblick s. *Vogenauer*, ZEuP 1997, 158, 169.

64 *Curtin*, 27 CMLRev. 709, 724 f (1990); *Grundmann*, Rn 153; *Grundmann*, ZEuP 1996, 399, 420 ff; *Möllers*, EuR 1998, 20, 44; *Posch*, ZEuP 1998, 521, 536; *W.-H. Roth*, in: Riesenhuber, Europäische Methodenlehre, 2006, § 14, Rn 63. Ausführlich *Möllers/Möhring*, JZ 2008, 919, 922 ff; *Gsell*, JZ 2009, 522; *Möllers*, in: GS Wolf, 669 ff.

65 BGH, 9.4.2002, XI ZR 91/99, BGHZ 150, 248 – § 312 Abs. 1 BGB, früher § 5 Abs. 2 HWiG; BGH, 26.11.2008, VIII ZR 200/05, BGHZ 179, 27.

66 EuGH, Rs. C-297/88 und C-197/89 (Dzodzi), Slg 1990, I-3763, Rn 36; kritisch *Habersack/Mayer*, JZ 1999, 913, 918 f. Zum Ganzen s. *Remien*, § 14, Rn 34.

gemeinschaftsrechtliche Verpflichtung zur richtlinienkonformen Auslegung verneinen.[67] Die Gegenansicht bejaht dagegen eine Ausstrahlungswirkung zumindest dann, wenn eine solche Ausstrahlungswirkung vom nationalen Gesetzgeber intendiert war.[68] Allerdings wird sich ein solcher Wille selten explizit feststellen lassen, so dass eine Orientierung an der Richtlinie je eher in Betracht kommt, desto stärker sich der überschießende Teil an dem Normtext der Richtlinie orientiert.[69]

B. Angleichung des Gesellschaftsrechts in den Mitgliedstaaten durch Richtlinien

I. Errichtung und laufendes Geschäft

1. Publizität, Wirksamkeit und Vertretung (Publizitäts-RL 2009/101/EG, Einpersonengesellschafts-RL 2009/102/EG)

a) Bedeutung und Anwendungsbereich der Publizitäts-RL 2009/101/EG

Die auf Art. 50 Abs. 2 lit. g AEUV (ex Art. 44 Abs. 2 lit. g EGV) gestützte Publizitäts-RL 68/151/EWG (1. Gesellschafts-RL)[70] war die erste Gesellschaftsrichtlinie, ja die erste Harmonisierungsrichtlinie im Zivilrecht auf europäischer Ebene überhaupt. Sie ist durch die RL 2009/101/EG abgelöst worden, welche jüngst durch die Änderungs-RL 2012/17/EU um die Verknüpfung der nationalen Handelsregister zu einem einheitlichen Netzwerk modernisiert wurde.[71] Sie gilt für alle Kapitalgesellschaften, in Deutschland also für die AG, die GmbH und die Kommanditgesellschaft auf Aktien, Art. 1 Abs. 1. Um Dritte, insbesondere Vertragspartner der Gesellschaft zu schützen, regelt sie die Offenlegung wesentlicher Angaben (b), die Wirksamkeit der für die Gesellschaft eingegangen Verpflichtungen (c) und die Nichtigkeit der Gesellschaft (d). 26

Die Registerpublizität wird ergänzt durch die Publizitätspflichten, wie sie sich aus der Bilanz-RL 2013/34/EU und der IFRS-VO (EG) Nr. 1606/2002,[72] der Zweigniederlassungs-RL 89/666/EWG, der Kapital-RL 2012/30/EU, der Verschmelzungs-RL 2011/35/EU sowie der Spaltungs-RL 82/891/EWG ergeben. Da die Richtlinie 68/151/EWG ganz überwiegend vom deutschen Recht beeinflusst wurde und zudem überwiegend nur einen Mindeststandard vorgibt, waren nur unwesentliche Umsetzungsmaßnahmen in Deutschland erforderlich.[73] Die **negativen Publizitätswirkungen** gelten – weitergehend als in der Richtlinie – in § 15 Abs. 3 HGB für alle Kaufleute, nicht nur für Kapitalgesellschaften. 27

b) Offenlegungspflichten

Bisher war in jedem Mitgliedstaat bei einem **zentralen Register** für jede dort eingetragene Gesellschaft eine Akte anzulegen, Art. 3 Abs. 1. Dort waren die Angaben zu hinterlegen oder einzutragen, Art. 3 Abs. 2. Sodann waren sie in einem Amtsblatt bekanntzumachen, Art. 4. Seit 1.1.2007 ist das Register in jedem Mitgliedstaat auch **in elektronischer Form** einzurichten; der Inhalt der nationalen 28

67 *Franzen*, S. 372; *Canaris*, in: FS Bydlinski, 2002, S. 47, 74; *Habersack/Verse*, § 3 Rn 60; *Schnorbus*, RabelsZ 65 (2001), 654, 685 f; *Schroeder*, in: Streinz (Hrsg.), Art. 288, Rn 131; *Nettesheim*, in: Grabitz/Hilf (Hrsg.), § 249, Rn 151; OLG Stuttgart, 4.12.1996, 8 W 43/93, AG 1997, 136, 137; BayObLG, 17.9.1998, 3 Z BR 37/98, AG 1999, 185, 187.

68 *W.-H. Roth*, in: Grundmann/Medicus/Rolland (Hrsg.), Europäisches Kaufgewährleistungsrecht, 2000, S. 113, 128 f. Zur Ablehnung einer gespaltenen Auslegung und damit Bejahung einer Ausstrahlungswirkung BGH, 9.4.2002, XI ZR 91/99, BGHZ 150, 248 – § 312 Abs. 1 BGB; aA *Habersack/Mayer*, WM 2002, 253, 257 f; BGH, 18.10.2004, II ZR 352/02, NJW-RR-180 – Beitritt zu Anlagegesellschaften in Haustürsituationen m.Anm. *Möllers*, LMK *2005*, 34 f.

69 *Jäger*, Materiell und prozessrechtliche Folgen einer überschießenden EG-Richtlinienumsetzung im Privatrecht, 2005, S. 140, 146.

70 Publizitäts-RL 68/151/EWG (1. Gesellschafts-RL) v. 9.3.1968, ABl. 1968 Nr. L 65, 8.

71 Änderungs-RL 2012/17/EU v. 13.6.2012, ABl. EU 2012 Nr. L 156, 1. Zu der Initiative Simpler Legislation for the Internal Market (SLIM) v. 4.2.2000, KOM(2000), 56 endg. Hierzu auch *Noack*, Modern communications methods and company law, 8 EBLR 100 (1998); *Lutter*, ZGR 2000, 1, 10.

72 Zur Bilanz-RL 2013/34/EU und IFRS-VO (EG) Nr. 1606/2002 s.u. Rn 45 ff.

73 S. das entsprechende Umsetzungsgesetz v. 15.8.1969, BGBl. I, S. 1146.

Register wird zudem zu einem **europäischen Registernetzwerk** verknüpft, Art. 3 a Abs. 2, Art. 4 a.[74] Nach den Plänen der Kommission sollte die Veröffentlichung in den nationalen Amtsblättern entfallen, um eine Doppelbelastung durch die Veröffentlichung in den bisherigen Registern und die Veröffentlichung in den neu eingeführten elektronischen Registern zu vermeiden.[75] Dieser Vorschlag ist allerdings am Widerstand mehrerer Mitgliedstaaten gescheitert.[76]

29 Die Gesellschaft hat die für die Gläubiger wichtigen Informationen mitzuteilen, also den **Inhalt der Satzung**, die **Besetzung der Organe** und die **Regelung der Vertretungsmacht**. Da auch alle Änderungen der Satzung mitzuteilen sind, erhalten Dritte einen aktuellen Stand über die betroffenen Gesellschaften.[77]

Auch wenn sich der Umfang der Vertretungsmacht schon aus nationalem Recht ergibt, muss er aus Gründen der Rechtssicherheit immer für das Register mitgeteilt werden, Art. 2 Abs. 1 lit. d).[78] Auch die **Rechnungslegungsunterlagen** sind zu publizieren, Art. 2 Abs. 1 lit. f). Die Mitgliedstaaten haben bei einer unterbliebenen Offenlegung für geeignete Sanktionen zu sorgen, Art. 7. In Deutschland hatten früher 80-85% von „kleineren" Gesellschaften ihren Jahresabschluss nicht veröffentlicht, weil man glaubte, dass eine Veröffentlichung die Wettbewerbsfähigkeit dieser Unternehmen beeinträchtige.[79] Die Sanktionsnormen liefen weitgehend leer, Sanktionen wurden kaum verhängt, weil sie nur von Gesellschaftern, Gläubigern und dem Gesamtbetriebsrat beantragt werden konnten, § 335 S. 1 Nr. 6, S. 2 HGB aF. Der EuGH sah darin einen Verstoß gegen Art. 7 (vormals Art. 6);[80] der deutsche Gesetzgeber schuf daraufhin § 335 a HGB,[81] der zwischenzeitlich durch § 335 HGB n. F. mit dem dort vorgesehenen Amtsverfahren abgelöst wurde.

30 Die Offenlegung führt zu Publizitätswirkungen. Negativ kann die Gesellschaft sich erst dann Dritten gegenüber auf Angaben berufen, wenn sie diese bekannt gemacht hat, Art. 3 Abs. 6. Unabhängig davon, können sich Dritte immer auf die wahre Rechtslage berufen, Art. 3 Abs. 7. Wie der EuGH in der Daihatsu-Entscheidung[82] betonte, kann jedermann ohne Nachweis eines berechtigten Interesses einen Registerauszug der Unternehmensdaten, seit 1.1.2007 in elektronischer Form, einfordern.[83]

c) Wirksamkeit

31 Dem Schutz Dritter dient auch die Gültigkeit der von der Gesellschaft eingegangenen Verpflichtungen, Art. 8-10. So haften diejenigen Personen, die im Namen einer in Gründung befindlichen Kapitalgesellschaft gehandelt haben, Art. 8. Diese persönliche Haftung der handelnden Personen bildet einen Ausgleich für den erst mit der Entstehung der Gesellschaft eingreifenden Schutz des Rechtsverkehrs.[84] Das nationale Recht bestimmt dagegen, wann die Gesellschaft Rechtsfähigkeit erlangt;[85] auch die Haftung der Vorgesellschaft bestimmt sich allein nach nationalem Recht.[86] Mängel in der Vertretungsmacht können Dritten nicht entgegengehalten werden, wenn die Formalien der Offenlegung eingehalten wurden, Art. 9. Schließlich gilt der Grundsatz der unbeschränkten Vertretungsmacht. Allerdings beschränkt sich diese Vertretungsmacht auf den Zuständigkeitsbe-

74 Vgl. die Änderungs-RL 2012/17/EU, ABl. EU 2012 Nr. L 156, 1.
75 Die Kommission rechnet mit einer Ersparnis für die Unternehmen von mindestens 610 Mio. EUR, Richtlinienvorschlag, KOM(2008) 194 endg., S. 4 f.
76 Vgl. 16. Bericht der Kommission „Bessere Rechtssetzung" 2008, KOM(2009), 504, S. 8.
77 *Lutter/Bayer/Schmidt*, § 7, Rn 2, 6.
78 EuGH, Rs. 32/74 (Haaga), Slg 1974, 1201, Rn 6; hierzu *Habersack/Verse*, § 5 Rn 15. Auch die Befreiung von den Beschränkungen des § 181 BGB ist einzutragen, BGH, 28.3.1983, II ZR 8/82, BGHZ 87, 59, 61 f.
79 *Grundmann*, Rn 256; *Edwards*, S. 19, 22 f.
80 EuGH, Rs. C-97/96 (Verband deutscher Daihatsu-Händler e.V./Daihatsu Deutschland GmbH), Slg 1997, I-6843, Rn 22 sowie EuGH, Rs. 191/95 (Vertragsverletzungsverfahren gegen § 335 HGB), Slg 1998, I-5549.
81 Eingeführt durch das Kapitalgesellschaften- und Co-Richtliniegesetz (KapCoRiLiG) v. 24.2.2000, BGBl. I, S. 154.
82 S. Fn 81.
83 *Lutter*, in: Grundmann (Hrsg.), S. 121, 124; *Grundmann*, Rn 265; aA *Schwarz*, Rn 317.
84 *Habersack/Verse*, § 5, Rn 26.
85 EuGH, Rs. C-136/87 (Ubbink Isolatie BV/DAK-EN Wandtechniek BV), Slg 1988, 4665, Rn 13 ff.
86 BGH, 27.1.1987, II ZR 123/94, BGHZ 134, 333, 334 ff.

reich des jeweiligen Organs, Art. 10 Abs. 1 Unterabs. 1 2. Hs. Eine Vertretungsbefugnis scheitert auch, wenn zwischen der Gesellschaft und dem Organ ein Interessenkonflikt besteht und insoweit der nationale Gesetzgeber ein Vertretungsverbot vorsieht, wie dies mit Art. 2:256 des niederländischen BW[87] oder § 181 BGB[88] der Fall ist.

d) Nichtigkeit der Gesellschaft

Zum Schutz des Rechtsverkehrs werden die **Nichtigkeitsgründe** durch die Publizitäts-RL 2009/101/EG abschließend geregelt, Art. 12 S. 2. Die Mitgliedstaaten können zwar die in der Richtlinie genannten Nichtigkeitsgründe noch weiter einschränken („kann"); sie dürfen aber keine weiteren nationalen Nichtigkeitsgründe einführen. In den in Art. 12 S. 1 lit. b) aufgezählten Nichtigkeitsgründen ist das Verbot einer Einmann-Kapitalgesellschaft für GmbHs nach deren Zulassung durch die Ein-Personen-GmbH-RL[89] nicht enthalten; es ist damit hinfällig. Der EuGH legt den ordre public-Vorbehalt („Verstoß gegen die öffentliche Ordnung", Art. 12 S. 1 lit. b) ii) (vormals Art. 11 S. 1 Nr. 2 lit. b) eng aus: Unter Bezugnahme auf den Verhältnismäßigkeitsgrundsatz seien danach grundsätzlich Gesetzesverstöße statt mit Nichtigkeit nur mit Einschränkungen der Vertretungsmacht oder Haftungsfolgen zu sanktionieren.[90] Eine GmbH kann jedoch nichtig sein, wenn sie nicht im öffentlichen Register eingetragen ist, weil die vom nationalen Recht geforderten Errichtungsformalitäten nicht erfüllt wurden.[91] Ist eine Kapitalgesellschaft nicht wirksam errichtet worden, muss dies durch gerichtliche Entscheidung festgestellt werden, Art. 12 S. 1 lit. a), es folgt dann die Liquidation, Art. 13 Abs. 2. 32

e) Publizität nach der Kapital-RL 2012/30/EU

Die Kapital-RL 2012/30/EU ergänzt die Publizitäts-RL 2009/101/EG sowie die Zweigniederlassungs-RL 89/666/EWG. Nach dieser müssen in der Satzung einer Aktiengesellschaft das gezeichnete Kapital (Art. 2 lit. c)) sowie ein etwaiges genehmigtes Kapital (Art. 2 lit. d)) benannt werden. Diese Angaben müssen dann in einem Register offen gelegt werden, Art. 3 iVm Art. 3 der Publizitäts-RL 2009/101/EG. Ist die Eintragung der Gesellschaft von einer Genehmigung abhängig, muss der Mitgliedstaat Haftungsvorschriften für Verbindlichkeiten vorsehen, welche die Gesellschaft schon vor der Genehmigung getätigt hat, Art. 4. 33

f) Einpersonengesellschafts-RL 2009/102/EG

Ziel der Einpersonengesellschafts-RL 2009/102/EG[92] (vormals RL 89/667/EWG [12. Gesellschafts-RL]) ist die Förderung von kleinen und mittleren Unternehmen. Zu diesem Zweck sind die Gründung und die nachträgliche Entstehung von Einpersonengesellschaften zuzulassen, Art. 2. Die Einpersonengesellschafts-RL 2009/102/EG gilt zwingend für GmbHs, vgl Art. 1, und kann von den Mitgliedstaaten auf AGs und damit Einpersonen-AGs erweitert werden, Art. 6. In Deutschland war bereits 1980 die Einpersonen-GmbH zugelassen worden, so dass sich das Umsetzungsgesetz[93] auf wenige Normen beschränken konnte. 1994 wurde in Deutschland dann die Einpersonen-AG zugelassen.[94] In diesem Fall sind die Vorschriften zum Mindestkapital der Kapital-RL 2012/30/EU einzuhalten. 34

Bei einer Einpersonengesellschaft fällt die Trennung zwischen Leitung und Kontrolle schwer. Nach Art. 4 Abs. 1 übt der Gesellschafter die Befugnisse der Gesellschafterversammlung aus. Die Gefahr 35

87 EuGH, Rs. C-104/96 (Coöperatieve Rabobank »Vecht en Plassengebied« BA/Erik Aarnoud Minclerhoud), Slg 1997, I-7219, Rn 22 ff.
88 *Kindler*, in: FS Lutter, 2000, S. 483, 486 f.
89 In Deutschland wurde bereits im Jahr 1980 die Einpersonen-GmbH zugelassen s.u. Rn 34.
90 EuGH, Rs. C-106/89 (Marleasing), Slg 1990, I-4135, Rn 9 ff, mit Besprechung *Stuyck/Wytinck*, 28 CML-Rev. 205 ff (1991); *Grundmann*, Rn 204.
91 EuGH, Rs. 136/87 (Ubbink Isolatie BV/DAK-EN Wandtechniek BV), Slg 1988, 4665, Rn 13 ff.
92 Einpersonen Gesellschafts-RL 2009/102/EG (12. Gesellschafts-RL) v. 16.9.2009, ABl. 2009 Nr. L 258, 20.
93 Umsetzungsgesetz v. 18.12.1991, BGBl. I, S. 2206.
94 Gesetz für kleine Aktiengesellschaften v. 2.8.1994, BGBl. I, S. 1961.

von Interessenkollisionen liegt bei Insichgeschäften auf der Hand. Insichgeschäfte sind nicht verboten; allerdings sind Verträge zwischen Gesellschaft und Gesellschafter in einer Niederschrift aufzunehmen oder schriftlich abzufassen, Art. 5 Abs. 1. Für laufende Geschäfte müssen die Mitgliedstaaten nicht von dieser Pflicht Gebrauch machen, Art. 5 Abs. 2. Deutschland geht mit § 35 Abs. 3 S. 2 GmbH daher über die europarechtlichen Vorgaben hinaus, weil hiernach nicht nur Verträge, sondern jedes Rechtsgeschäft von der Pflicht zur Niederschrift umfasst ist. Auch laufende Geschäfte sind nicht ausgenommen; überdies ist die „unverzügliche" Aufnahme vorgeschrieben.

2. Der Grundsatz der Kapitalerhaltung (Kapital-RL 2012/30/EU)

a) Anwendungsbereich und Regelungszweck

36 Die Kapital-RL 2012/30/EU[95] – vormals 77/91/EWG – (2. Gesellschafts-RL) bezweckt zum Schutz der Aktionäre und der Gläubiger die Angleichung der Vorschriften über die Aufbringung und Erhaltung eines Mindestkapitals für Aktiengesellschaften.[96] Auf der einen Seite sind die Aufbringung und Erhaltung eines Mindestkapitals das notwendige Gegengewicht für die fehlende persönliche Haftung der Gesellschafter. Deshalb überrascht es nicht, dass gerade von deutscher Seite die Ausweitung der Regeln auf kleinere Unternehmen, wie die GmbH, gefordert wurde, ist hier die Insolvenzquote doch besonders hoch.[97]

37 Auf der anderen Seite hat die Vorgänger-Richtlinie der Kapital-RL, die Richtlinie 77/91/EWG, gerade von britischer Seite viel Kritik erfahren: Bemängelt wird, dass die Kapitalerhaltungsregeln im Zweifel in der Insolvenz doch versagten und strenge Publizitätsvorschriften im Ergebnis deutlich effektiver seien. Eine Ausdehnung der Vorschriften auf die GmbH ist deshalb nicht wahrscheinlich. Vielmehr stehen Deregulierungsbemühungen im Vordergrund. So wurde durch die Änderungs-RL 92/101/EWG[98] die Möglichkeit des Erwerbs eigener Aktien eingeführt, Art. 24 a. Weitere Änderungen sind in Folge der **SLIM-Initiative** eingeführt worden.[99] Die Einbringung von Sacheinlagen und der Erwerb eigener Aktien wurden erleichtert.[100] Schließlich hat der EuGH mit seiner Centros-Rechtsprechung die Tore dafür geöffnet, dass GmbHs aus Mitgliedstaaten, die keine Mindestkapitalvorschriften kennen, grenzüberschreitend tätig werden können, ohne die Mindestkapitalvorschriften des Gastlandes erfüllen zu müssen (siehe hierzu unten Rn 162 ff).

38 Strittig ist, ob die Kapital-RL 2012/30/EU nur eine Mindestharmonisierung vorsieht, also strengeres nationales Recht erlaubt.[101] Die Richtlinie regelt Offenlegungspflichten (vgl Rn 33), Vorschriften zur Aufbringung (s. sogleich b), Erhaltung (c) und Änderung des Kapitals (d). Deutschland hat die ursprüngliche Kapitalrichtlinie u.a. mit der Einführung der §§ 36 a, 53 a, 57, 71 d AktG umgesetzt;[102] es folgten weitere Änderungen aufgrund der jüngsten Änderungsrichtlinien durch das Gesetz zur Umsetzung der Aktionärsrechterichtlinie vom 30.7.2009 (ARUG)[103] und das Dritte Gesetz zur Änderung des Umwandlungsgesetzes vom 11.7.2011.[104] Die Neukodifizierung der

95 RL 2012/30/EU, ABl. EU 2012 Nr. L 315, 74.
96 Erwägungsgrund 3 der Kapital-RL 2012/30/EU.
97 *Fleischer*, DStR 2000, 1015, 1020 f; *Lutter*, ZGR 2000, 1, 9 f.
98 Änderungs-RL 92/101/EWG v. 23.11.1992, ABl. 1992 Nr. L 347, 64.
99 „Simpler Legislation for the Internal Market" (SLIM) v. 4.2.2000, KOM(2000) 56 endg.; s. auch Higher Level Group II v. 4.11.2002, S. 119 ff; Aktionsplan der Kommission v. 21.5.2003, KOM(2003) 284 endg. Sowie Vorschlag einer Änderungs-RL v. 21.9.2004, KOM(2004) endg.
100 RL 2006/68/EG v. 6.9.2006, ABl. 2006 Nr. L 264, 32.
101 So zur Kapital-RL 77/91/EWG EuGH, Rs. C-42/95 (Siemens/Nold), Slg 1996, I-6017, Rn 15 ff; EuGH, Rs. C-338/06 (Kommission/Spanien), Slg 2008, I-10139, Rn 23 ff; EuGH, Rs. C-101/08 (Audiolux), Slg 2009, I-9823, Rn 39; aA *Edwards*, S. 56. Für Deutschland s. BGH, 23.6.1997, BGHZ 136, 133 – Siemens/Nold; BGH, 10.10.2005, NZG 2005, 18 – Commerzbank I; BGH, 10.10.2005, NZG 2005, 20 – Commerzbank II.
102 Umsetzungsgesetz v. 13.12.1978, BGBl. I, S. 1959.
103 BGBl. I, S. 2479.
104 BGBl. I, S. 1138.

Kapitalrichtlinie durch die Richtlinie 2012/30/EU brachte keine inhaltlichen Änderungen, sondern erfolgte als Neufassung aus Gründen der Klarheit.[105]

b) Aufbringung des Kapitals

Die Aktiengesellschaft muss über ein gezeichnetes Mindestkapital von 25.000 Euro verfügen (Art. 6 Abs. 1), das der Gesellschaft nicht entzogen werden darf. Es ist damit gebundenes Kapital, welches die Gläubiger schützen soll, wenn alles andere Fremdkapital aufgebraucht ist. Das Mindestkapital ist in Aktien zerlegt; jede Aktie verkörpert die mitgliedschaftliche Verpflichtung, die auf sie entfallende Einlage zu erbringen. Innerhalb einer Aktiengattung sind Aktionäre gleich zu behandeln, Art. 42. Bareinlagen werden durch die Zahlung von Geld erbracht, Sacheinlagen durch die Einbringung anderer Vermögensgegenstände, deren wirtschaftlicher Wert feststellbar sein muss. Sacheinlagen können keine Arbeits- oder Dienstleistungen sein (Art. 7 S. 2), weil solche Forderungen nur schwer durchsetzbar sind.[106] Zudem müssen sie durch einen unabhängigen Sachverständigen geprüft werden, Art. 10. Interessanterweise müssen bei Gründung der AG nur 25% der Bareinlagen erbracht sein, Sacheinlagen müssen spätestens fünf Jahre nach der Gründung vollständig bewirkt sein, Art. 9. 39

Um Umgehungsversuche zu verhindern, sind eine Wertprüfung und die Genehmigung der Hauptversammlung erforderlich, wenn vor Ablauf von mindestens zwei Jahren nach der Gründung eine Sacheinlage von einem Gründer eingebracht wird, Art. 13.[107] In Deutschland ist auch die **verdeckte Sacheinlage** unzulässig, soweit die Sacheinlage nicht in der Satzung festgelegt wurde, § 27 Abs. 3 S. 1 AktG. Von verdeckter Sacheinlage spricht man, wenn der wirtschaftlich einheitliche Vorgang in rechtlich getrennte Geschäfte aufgespalten wird, von denen eines als Bareinlage erscheint, während das andere zu einem Abfluss der Geldmittel bei der Gesellschaft führt und zugleich der Annahme anderer Vermögensgegenstände als Leistung auf die Einlagenschuld dient. [108] Hier bleibt die Verpflichtung zur Sacheinlage bestehen, § 27 Abs. 3 S. 3 AktG. Weil der BGH Art. 13 (früher Art. 11 der RL 77/91/EWG) als Mindestvorschrift ansieht, sah er im Sinne der acte-clair-Doktrin von einer Vorlage an den EuGH ab.[109] Im Gegensatz zur Vorgängerregelung des § 27 Abs. 3 S. 1 AktG aF sind Verträge über verdeckte Sacheinlagen jedoch nicht mehr unwirksam, s. § 27 Abs. 3 S. 2 AktG. Vielmehr kommt es zu einer Anrechnung des eingebrachten Vermögensgegenstandes auf die fortbestehende Geldeinlagepflicht, § 27 Abs. 3 S. 1 AktG. Danach reduziert sich die Einlageschuld des Aktionärs auf die Differenz, die nach Abzug des eingebrachten Werts von der ursprünglich geschuldeten Geldeinlage verbleibt.[110] 40

c) Erhaltung des Kapitals

Um das Kapital zu erhalten, darf nur der Bilanzgewinn an die Aktionäre ausgeschüttet werden, Art. 17. Umstritten ist in diesem Zusammenhang, ob kapitalmarktrechtliche Haftungsansprüche Dritter gegen die Gesellschaft gegen den Grundsatz der Kapitalerhaltung verstoßen. Der BGH hat dies zu Recht verneint.[111] Der EuGH hat nun über diese Frage zu urteilen.[112] Bei grober Fahrlässigkeit haben die Aktionäre die über den Bilanzgewinn hinausgehende Ausschüttung zurück zu 41

105 Erwägungsgrund 1 der RL 2012/30/EU.

106 *Habersack/Verse*, § 6, Rn 29.

107 Vgl die sog. Nachgründung im deutschen Aktienrecht, § 52 AktG.

108 *Hüffer*, § 27, Rn 25.

109 BGH, 15.1.1990, III ZR 277/90, BGHZ 110, 47, 68 ff – IBH/Lemmertz; BGH, 13.4.1992, II ZR 277/90, BGHZ 118, 83, 103 f – BuM. Der EuGH hat eine Anfrage mangels Erheblichkeit zurückgewiesen, EuGH, Rs. 83/91 (Meilicke), Slg 1992, I-4871. Aus Gründen des effet utile im Ergebnis zustimmend *Habersack/Verse*, § 6, Rn 39.

110 *Hüffer*, § 27, Rn 34.

111 So BGH, 9.5.2005, II ZR 287/02, NJW 2005, 2450 – EM.TV mit umfangreicher Besprechung von *Möllers*, BB 2005, 1637; *Möllers/Leisch*, in: KK-WpHG, 2. Aufl. 2014, §§ 37 b, c, Rn 38 ff. AA wohl *Habersack/Verse*, § 6 Rn 42.

112 Handelsgericht Wien, Beschl. 26.3.2012 GesRZ 2012, 196 m.Anm. *Eckert*, BankArchiv 2013, 64 = Rs. C-174/12 (Alfred Hirmann/Immofinanz AG), ABl. Nr. C 209 v. 14.7.2012, S. 2. Hierzu auch *Fleischer/Schneider/Thaten*, NZG 2012, 801 ff.; *Hopt* WM 2013, 101.

gewähren, Art. 18. In Deutschland existiert mit § 92 Abs. 2 Satz 3 AktG eine darüber hinausgehende Ausschüttungssperre. Dies wird mit der Überlegung als zulässig erachtet, dass die Kapital-RL 2012/30/EU nur eine Mindestharmonisierung darstellt und deshalb weitergehendes nationales Recht zulässig ist.[113] Mit dem gleichen Gedanken konnte im deutschen Recht auch die Haftung der Aktionäre auf einfache Fahrlässigkeit ausgedehnt werden, § 62 Abs. 1 Satz 2 AktG.

42 Bei schweren Verlusten des gezeichneten Kapitals muss die Hauptversammlung einberufen werden, damit diese über weitere Schritte beschließen kann, Art. 19; dabei liegt es im Entscheidungsermessen der Mitgliedstaaten, die Höhe des Verlusts und die Einberufungsfrist zu bestimmen, Art. 19 Abs. 2. Eine entsprechende Vorschrift gab es im deutschen Aktienrecht bereits mit § 92 AktG. Strittig bleibt, ob der Einzelne Schadensersatzansprüche hat, wenn eine solche Einberufung der Hauptversammlung unterbleibt.[114] Grundsätzlich darf die Gesellschaft auch keine eigenen Aktien zeichnen, Art. 20. Art. 28 erstreckt das Verbot auf abhängige Gesellschaften. Mit dem Erwerb eigener Aktien ist die Gefahr verbunden, dass so die geschuldete Einlage unterbleibt oder der Vorstand die Willensbildung durch die Hauptversammlung vereiteln kann.[115] Allerdings kann es sinnvoll sein, die Vorstände mit Aktienoption zu bezahlen oder den Kurs durch den Rückerwerb eigener Aktien pflegen zu können. Art. 21 erlaubt deshalb den Mitgliedstaaten, den Erwerb voll eingezahlter eigener Aktien ausnahmsweise unter den in Art. 21 Abs. 1 Satz 2 genannten Mindestvoraussetzungen zuzulassen. Verstößt die Gesellschaft gegen diese Vorgaben, muss sie die erworbenen Aktien veräußern bzw. nach einem Jahr einziehen, Artt. 22 Abs. 3, 23.

d) Änderungen des Kapitals

43 Es kann die Notwendigkeit bestehen, das gezeichnete Kapital zu erhöhen oder herabzusetzen. Während bei der Kapitalherabsetzung die Interessen der Gläubiger berührt sind, sind bei der Kapitalerhöhung die Interessen der Altaktionäre angemessen zu berücksichtigen. Bei einer Kapitalerhöhung verringert sich der Einfluss der Altaktionäre auf das Unternehmen, den sie beispielsweise aufgrund ihrer Mehrheit oder Sperrminorität ausüben können. Deshalb muss die Hauptversammlung über die Kapitalerhöhung entscheiden,[116] Art. 29. Durch den Staat vorgesehene Zwangsabwicklungen sind deshalb unzulässig.[117] Der Kapitalerhöhungsbeschluss ist zu veröffentlichen, Art. 29 Abs. 1 S. 2. Grundsätzlich haben die Altaktionäre bei Bareinlagen ein Bezugsrecht, um damit ihren Einfluss wahren zu können, Art. 33. Allerdings kann dieses Bezugsrecht durch einen Beschluss der Hauptversammlung ausgeschlossen werden. Bei Sacheinlagen gibt es von vornherein kein Bezugsrecht, da die Erbringung von nicht marktfähigen Gegenständen nicht von jedermann erfüllt werden kann. In Deutschland gibt es zwar ein Bezugsrecht für Sacheinlagen; dieses kann jedoch ausgeschlossen werden, wenn die Gesellschaft ein berechtigtes Interesse an der Sacheinlage hat und diese nicht mit einer Bareinlage und dem anschließenden Erwerb des Gegenstandes befriedigt werden kann.[118] Der EuGH erachtet diese Rechtsprechung als zulässig.[119] Auch bei der Kapitalherabsetzung hat die Hauptversammlung zu entscheiden, Art. 34. Es ist sicherzustellen, dass das Mindestkapital erhalten bleibt, Art. 38.

---

113 *Habersack/Verse*, § 6, Rn 42.

114 Bejahend *Habersack/Verse*, § 6, Rn 54; aA *Schwarz*, Rn 598.

115 *Habersack/Verse*, § 6, Rn 55.

116 In dem Fall hat das Verwaltungs- oder Leitungsorgan einen schriftlichen Bericht über die Gründe zu erstatten und den vorgeschlagenen Ausgabekurs zu begründen, Art. 29 Abs. 4 Satz 3.

117 EuGH, Rs. C-19/20 und C-20/90, Slg 1991, I-2691, Rn 26 ff; EuGH, Rs. C-381/89 (Evangelikis Ekklissias), Slg 1992, I-2111, Rn 24 ff; EuGH, Rs. C-134/91 und C-135/91 (Kerafina), Slg 1992, I-5699, Rn 13 ff; EuGH, Rs. C-441/93 (Pafitis), Slg 1996, I-1347, Rn 18 ff; EuGH, Rs. C-367/96 (Kefalas), Slg 1998, I-2843, Rn 20 ff.

118 BGH, 18.3.1978, II ZR 142/76, BGHZ 71, 40, 46 – Kali & Salz; BGH, 19.4.1982, II HZR 55/81, BGHZ 83, 319, 321 ff; *Hüffer*, § 186, Rn 34 ff.

119 EuGH, Rs. C-42/95 (Siemens/Nold), Slg 1996, I-6028, Rn 19 ff.

e) Ausblick

Das bestehende System der Kapitalerhaltung hatte in den vergangenen Jahren erheblichen Widerstand erfahren. Verschiedene Expertengruppen[120] forderten die Aufhebung des starren Systems der Ausschüttungssperren hin zu „situativen Ausschüttungssperren".[121] Die Europäische Kommission gab daraufhin eine Machbarkeitsstudie bei KPMG in Auftrag, welche 2008 veröffentlicht wurde. Die Studie kam zu dem Ergebnis, dass das aktuelle System die Eigenkapitalbeschaffung der Unternehmen nicht sonderlich behindert und daher einen Systemwechsel nicht zwingend erforderlich macht.[122] Änderungen der Kapitalrichtlinie stehen aber bei Inkrafttreten der in Kürze zu erwartenden Krisenmanagement-RL[123] insofern an, als die vorgesehenen Regeln zum Schutz der Aktionäre und der Gläubiger im Rahmen von Kapitalmaßnahmen unter bestimmten Voraussetzungen (zur Sanierung und Abwicklung von Banken im Krisenfall) außer Kraft gesetzt werden können. 44

II. Rechnungslegung in den Gesellschaften

1. Grundlagen und Bedeutung

a) Überblick

Das **europäische Bilanzrecht** besteht hauptsächlich aus der Bilanz-RL 2013/34/EU (vormals Jahresabschluss-RL 78/660/EWG [4. Gesellschafts-RL] und Konzernabschluss-RL 83/349/EWG [7. Gesellschafts-RL], die beide durch die neue Bilanz-RL im Jahr 2013 aufgehoben wurden), der RL über die Abschlussprüfungen 2006/43/EG, der IFRS-VO (EG) Nr. 1606/2002 sowie der branchenspezifischen Bankenbilanz-RL 86/635/EWG und der Versicherungsbilanz-RL 91/674/EWG. 45

Die Publizitäts-RL 2009/101/EG verpflichtet sämtliche Kapitalgesellschaften, ihre Rechnungslegungsunterlagen offenzulegen, Art. 2 Abs. 1 lit. f). Gläubiger, Geschäftspartner, Anleger oder ganz einfach interessierte Dritte sollen damit die Möglichkeit erhalten, die Vermögens-, Finanz- und Ertragslage des Unternehmens zu beurteilen. 46

Mit der Jahresabschluss-RL 78/660/EWG sollte ein gemeinschaftsweit gleichwertiges und verlässliches Informationssystem geschaffen werden, um so Wettbewerbsverzerrungen abzubauen.[124] Die Konzernabschluss-RL 83/349/EWG erstreckte diese Informationspflichten auf den Konzern als Ganzes, verpflichtete also die Muttergesellschaft zu einer konsolidierten (zusammengefassten) Rechnungslegung. Beide Richtlinien wurden durch die Bilanz-RL 2013/34/EU aufgehoben und zu einer Richtlinie, die jetzt den Jahresabschluss und den konsolidierten Abschluss regelt, zusammengefasst. Bilanz, Gewinn- und Verlustrechnung und Anhang werden zwar vom Unternehmen erstellt; um eine Vergleichbarkeit des Zahlenwerkes sicherzustellen, verpflichten die RL 2013/34/EU und die RL 2006/43/EG dazu, die Rechenwerke von Sachverständigen überprüfen zu lassen; zudem stellt die Richtlinie 2006/43/EG bestimmte Anforderungen hinsichtlich Unabhängigkeit und Sachverstand an die Sachverständigen.

Die EU-Bilanz-RL gilt für Kapitalgesellschaften und Personengesellschaften, bei denen alle Gesellschafter tatsächlich nur beschränkt haften, also in Deutschland für AG, KGaA und GmbH, außerdem für die GmbH & Co. KG, Art. 1. Die Richtlinie enthält für kleinere und mittlere Unternehmen Erleichterungen insbesondere hinsichtlich Anhang und Lagebericht sowie Offenlegungspflichten, die zum Teil schon auf die Mittelstands-RL 90/604/EWG, aber auch auf die Micro-RL 2012/6/EU 47

---

120 S. *Lanfermann/Röhricht*, BB-Beilage 5/2007, 8, 10 ff: Vorschläge kamen u.a. von der High Level Group of Company Law Experts, der Rickford Gruppe und der niederländischen Gruppe Boschma/Lennarts/Schutte-Veenstra, lediglich die Lutter-Gruppe votierte für die Beibehaltung des bestehenden Systems.

121 *Kuhner*, ZGR 2005, 753, 777.

122 Abrufbar unter: http://ec.europa.eu/internal_market/company/docs/capital/feasbility/study-annex2_en.pdf, S. 395, letzter Abruf v. 3.9.2014.

123 Vorschlag für eine Richtlinie zur Festlegung eines Rahmens für die Sanierung und Abwicklung von Kreditinstituten und Wertpapierfirmen v. 6.6.2012, KOM(2012), 280; vgl. dazu *Chattopadhyay*, WM 2013, 405 ff.

124 Vgl. auch Erwägungsgrund 8 der RL 2013/34/EU.

zurückgehen.[125] Getreu dem Motto „Think small first" ist es ein besonderes Anliegen der Bilanz-RL, gerade kleinen und mittleren Unternehmen durch die Verringerung des Verwaltungsaufwandes entgegenzukommen.[126] Während die Jahresabschluss-RL 78/660/EWG und die Konzernabschluss-RL 83/349/EWG nicht für bestimmte Branchen galten (Art. 1 Abs. 2 bzw. Art. 40) und deshalb die speziellen Vorschriften der branchenspezifischen Bankenbilanz-RL 86/635/EWG[127] und der Versicherungsbilanz-RL 91/674/EWG[128] ergänzt wurden, gilt die Bilanz-RL 2013/34/EU auch für Kreditinstitute und Versicherungsunternehmen, Art. 2 Nr. 1 b), c). Die vormaligen Bilanzrichtlinien wurden durch das sog. Bilanzrichtliniengesetz v. 19.12.1985[129] in einem eigenen „Dritten Buch" des HGB in deutsches Recht umgesetzt. Die Bilanz-RL 2013/34/EU ist bis zum 20.7.2015 in nationales Recht umzusetzen.

b) Mindestharmonisierung – Gläubigerschutz contra Anlegerinformation (true and fair view)

48 In zahlreichen Mitgliedstaaten sollen Bilanzen dem **Gläubigerschutzprinzip** Rechnung tragen: Werte und Forderungen sind danach gar nicht oder mit dem gänzlich abgesicherten Wert abzusichern, Risiken mit dem höchstdenkbaren oder zumindest wahrscheinlichen Betrag. In Deutschland steht der Jahresabschluss in engem Zusammenhang mit der für die Gewinnfeststellung maßgeblichen Handels- und Steuerbilanz.[130] Im Gegensatz dazu möchte das **true-and-fair-view-Prinzip**, welches im anglo-amerikanischen Rechtskreis dominiert, Inhaber und Anleger möglichst realistisch über die tatsächliche Vermögenslage des Unternehmens informieren. Symptomatisch für diesen Interessengegensatz zwischen Gläubigerschutz und Inhaber- bzw. Anlegerinformation sind **„stille Reserven"**, die sich aus gesetzlichen Ansatz- und Bewertungswahlrechten oder auf Grund der Bildung von Rückstellungen ergeben.[131]

Darüber hinaus spricht man von stillen Reserven (im engeren Sinn), wenn dem Kaufmann aufgrund seiner freien Unterbewertungsentscheidung das Recht zukommt, zwischen normalem und weiter erniedrigtem Buchwert zu unterscheiden. Während in gewissem Umfang die Bildung stiller Reserven iwS als erforderlich erachtet wird, lehnt die ganz herrschende Meinung die Bildung stiller Reserven, also ein Entscheidungsrecht des Unternehmens ab. Mit einer solchen Wahlmöglichkeit würde nicht nur die Selbstinformation des Kaufmanns verfälscht, sondern vor allem der Gläubigerschutz tangiert, etwa wenn diese aufgelöst und damit eine ungünstige Unternehmensentwicklung verschleiert würde.[132] Wenn den Gesellschaftern ihre Gewinne vorenthalten werden, ist schließlich auch der Gesellschafterschutz beeinträchtigt.[133] Im Interesse besserer Anlegerinformation wurde § 253 Abs. 4 HGB daher im Rahmen des Bilanzrechtsmodernisierungsgesetzes (BilMoG) gestrichen.

---

125 Mittelstands-RL 90/604/EWG v. 8.11.1990, ABl. 1990 Nr. L 317, 57; Richtlinie 2012/6/EU über den Jahresabschluss von Gesellschaften bestimmter Rechtsformen hins. Kleinstbetrieben v. 14.3.2012, ABl. EU 2012 Nr. L 81, 3 (Micro-RL).

126 S. Erwägungsgrund 1 der RL 2013/34/EU.

127 RL 86/635/EWG v. 8.12.1986 betreffend den Jahresabschluss und Konzernabschluss von Banken und anderen Finanzinstituten, ABl. 1986 Nr. L 372, 1.

128 RL 91/674/EWG v. 19.12.1991 betreffend den Jahresabschluss und Konzernabschluss von Versicherungsunternehmen, ABl. 1991 Nr. L 374, 7.

129 Bilanzrichtliniengesetz v. 19.12.1985 (BiRiLiG), BGBl. I, S. 2355. Ein Fundstellenverzeichnis zur Umsetzung der Bilanz-RL in anderen Mitgliedstaaten findet sich bei *Schwarz*, Rn 388 ff.

130 *Grundmann*, Rn 495 ff, 497.

131 Das Zusammenspiel von Vorsichts-, Imparitäts-, Realisations- und Niederstwertprinzip fordert in Deutschland das Gesetz im Dienste einer Kapitalerhaltung und Gewinnminimierung die Unterbewertung von unternehmerischen Chancen sowie die Überbewertung von unternehmerischen Risiken und trägt so zur Bildung stiller Reserven bei, *Moxter*, Bilanzlehre, Bd. 1, 3. Aufl. 1984, S. 93 ff; *Winkeljohann/Büssow*, in: Beck'scher Bilanzkommentar, § 252, Rn 29 ff.

132 Kritisch bereits *Hopt*, ZHR 141 (1977), 389, 403; *Merkt*, in: Baumbach/Hopt, § 253, Rn 28; *Schulze-Osterloh*, ZHR 150 (1986), 403, 417 ff; *Ballwieser/Kuhner*, Rechnungslegungsvorschriften und wirtschaftliche Stabilität, 1994, S. 110 ff; deutlich *Kübler*, ZHR 159 (1995), 550, 560 ff.

133 Zum Ganzen s. *Merkt*, in: Baumbach/Hopt, § 252, Rn 14 ff.

Auf europäischer Ebene hat man sich nicht für eines dieser Prinzipien entschieden, sondern mit der 4. und 7. Gesellschaftsrichtlinie, jetzt der Bilanz-RL 2013/34/EU, einen Kompromiss gesucht, der die Eigenarten der nationalen Rechnungslegungssysteme widerspiegeln soll.[134] Die Generalklausel verlangt zwar das true-and-fair-view-Prinzip, Art. 4 Abs. 3. Dieses auch als Einblicksgebot bezeichnete Prinzip wird aber bereits dadurch konterkariert, dass die Richtlinie zahlreiche unterschiedliche Bewertungsvorschriften zulässt.[135] Damit erlauben die in Einzelvorschriften niedergelegten Wahlrechte Bilanzansätze, die zwar nach den Grundsätzen ordnungsgemäßer Buchführung (GoB) formal und materiell rechtmäßig sind,[136] jedoch nicht unbedingt die tatsächlichen Verhältnisse der Kapitalgesellschaft widerspiegeln.[137] Auch wenn die Bilanz-RL 2013/34/EU zu einer Verringerung der Wahlrechte geführt hat, hat dies nur bedingt zu einer nennenswerten Harmonisierung geführt.[138] 49

c) Neuere Entwicklungen

Unternehmen benötigen die Kapitalmärkte zur Finanzierung. Zahlreiche europäische Unternehmen, die ihre Aktien in New York gelistet haben wollten, mussten sich schon in den letzten Jahren den dort geltenden Standards, den US-amerikanischen „Generally Accepted Accounting Principles" (**US-GAAP**) unterwerfen.[139] Im Sinne eines modernen europäischen Bilanzrechtes wäre es erfreulich gewesen, wenn man sich auf europäischer Ebene geeinigt hätte, die Bilanzwahlrechte deutlicher einzuschränken. Denkbar wäre auch eine Übernahme der US-GAAP gewesen. Stattdessen ist die Europäische Union einen dritten Weg gegangen. 50

Ein Gegengewicht zu den GAAP bilden die europäischen „**International Accounting Standards**" (**IAS**), nach neuer Terminologie „**International Financial Reporting Standards**" (**IFRS**), die von dem International Accounting Standards Board (IASB) als privater Institution entwickelt wurden. Diese wurden von der EG maßgeblich unterstützt[140] und mündeten in der **IFRS-VO (EG) Nr. 1606/2002**, welche die IFRS für kapitalmarktorientierte Konzerne ab dem 1.1.2005 für verpflichtend erklärt und ansonsten den Mitgliedstaaten die Option einräumt, die IFRS zu übernehmen. Voraussetzung für die Rechtsverbindlichkeit der IFRS/IAS ist ihre Anerkennung („endorsement') durch die EU. Im **Anerkennungsverfahren** wird die Kommission von einem politischen Ausschuss, dem Regelungsausschuss (Accounting Regulatory Committee – ARC), bei der Entscheidung unterstützt, ob ein einzelner IAS/IFRS in der EU unverändert, mit Änderungen oder gar nicht zur Anwendung kommt. Der Regelungsausschuss wird von Sachverständigen beraten, die Mitglied der European Financial Reporting Advisory Group (EFRAG) sind. Die IFRS wurde nun durch die EU-Kommission im Wege des sog. **Endorsement-Verfahrens** bis auf wenige Ausnahmen als EU-verbindliches Recht akzeptiert und im europäischen Amtsblatt veröffentlicht.[141] 51

---

134 Vgl schon zur Jahresabschluss-RL 78/660/EWG: *Jonas*, DB 1978, 1361, 1365; *Grund*, DB 1996, 1293.

135 Vgl die Wahlrechte in Art. 7 Abs. 1, Art. 8 Abs. 1, Art. 9 Abs. 7; vgl. zu den vormaligen Richtlinien: *Niehus*, ZGR 1985, 536, 543 ff.

136 *Merkt*, in: Baumbach/Hopt, § 243, Rn 5.

137 *Möllers*, S. 16 ff.

138 *Scheffler*, AG 2013, R 228, 230, spricht von einem „unbefriedigenden Umfang" der Einschränkung der Wahlrechte.

139 Zur weiteren Entwicklung in Deutschland s.u. Rn 60.

140 Mitteilung der Kommission KOM(1995), 508 endg.; hierzu *Hommelhoff*, RabelsZ 62 (1998), 381, 384 f sowie Mitteilung der Kommission zur Rechnungslegungsstrategie der EU v. 13.6.2000, KOM(2000), 359 endg.

141 VO (EG) Nr. 1725/2003 v. 29.3.2003, ABl. 2003 Nr. L 261, 1; VO (EG) Nr. 707/2004 v. 6.4.2004, ABl. 2004 Nr. L 111, 3; VO (EG) Nr. 2236/2004 v. 29.12.2004, ABl. 2004 Nr. L 392, 1; VO (EG) Nr. 2237/2004 v. 29.12.2004, ABl. 2004 Nr. L 393, 1; VO (EG) Nr. 2238/2004 v. 29.12.1002, ABl. 2004 Nr. L 394, 1; VO (EG) Nr. 211/2005 v. 4.2.2005, ABl. 2005 Nr. L 52, 51. VO (EG) Nr. 1751/2005 v. 25.10.2005, ABl. 2005 Nr. L 282, 3; VO (EG) Nr. 1864/2005 v. 15.11.2005, ABl. 2005 Nr. L 299, 45; VO (EG) Nr. 1910/2005 v. 8.11.2005, ABl. 2005 Nr. L 305, 4; VO (EG) Nr. 108/2006 v. 11.1.2006, ABl. 2006 Nr. L 24, 1; VO (EG) Nr. 1347/2007 v. 16.11.2007, ABl. 2007 Nr. L 300, 32, mit Berichtigung ABl. 2007 Nr. L 301, 28; VO (EG) Nr. 1358/2007 v. 21.11.2007, ABl. 2007 Nr. L 304, 9; VO (EG) Nr. 1004/2008 v. 15.10.2008, ABl. 2008 Nr. L 275, 37.

52 Daneben wurden die oben genannten ursprünglich vier Jahresabschluss- und Konzernabschlussrichtlinien der internationalen Rechnungslegung angepasst. Die **Fair-value-RL 2001/65/EG**[142] änderte die einschlägigen Jahresabschluss- und Konzernabschlussrichtlinien dahin, dass bestimmte Finanzinstrumente zum Marktwert oder anhand international gebräuchlicher Bewertungsmethoden anzusetzen sind. Eine entsprechende Vorschrift zur Bewertung von Finanzinstrumenten findet sich jetzt in Art. 8 Abs. 1, Abs. 7 der RL 2013/34/EU. Zudem wurden die vormaligen Richtlinien mit der Änderungs-RL 2003/51/EG[143] in zentralen Punkten der IFRS-VO (EG) Nr. 1606/2002 mit Wirkung ab 1.1.2005 angenähert. In den folgenden Jahren wurde durch die Richtlinie 2006/46/EG zudem eine Verantwortlichkeit der Vorstandsmitglieder für die Jahresabschlüsse und die Verpflichtung zur Abgabe einer Entsprechenserklärung zur Corporate Governance begründet, die jetzt in Art 33 der RL 2013/34/EU kodifiziert sind.[144] Die Änderungsrichtlinie 2012/6/EU vom 14.3.2012 erleichterte Kleinstunternehmen die Erstellung eines Lageberichts nebst Anhang und gab ihnen die Möglichkeit einer verkürzten Bilanz und Gewinn- und Verlustrechnung.[145] Der deutsche Gesetzgeber hat von den Möglichkeiten zur Erleichterung für Kleinstunternehmen durch das MicroBilG vom 20.12.2012 Gebrauch gemacht.[146]

2. Bilanz-RL 2013/34/EU (vormals Jahresabschluss-RL 78/660/EWG und Konzernabschluss-RL 83/349/EWG)

a) Der Jahresabschluss

aa) Anwendungsbereich

53 Die Bilanz-RL 2013/34/EU enthält für den Jahresabschluss keine rechtsformspezifischen Sondervorschriften, sondern macht die Anwendbarkeit der einschlägigen Vorschriften **von der Größe des Unternehmens abhängig**. Während für „große“ Unternehmen (Art. 3 Abs. 4) alle Vorschriften gelten, gibt es für „mittlere“ Unternehmen“ (Art. 3 Abs. 3) und für „kleine“ Unternehmen (Art. 3 Abs. 2) Privilegierungen in Bezug auf Gliederung (Art. 14 Abs. 1 und 2), Anhang (Art. 16 Abs. 3) und Lagebericht (Art. 19 Abs. 4). Für „Kleinstunternehmen“ (Art. 3 Abs. 1) wurde mit Art. 36 eine gesonderte Befreiungsvorschrift geschaffen. „Kleine“ und „mittlere“ Unternehmen sowie „Kleinstunternehmen“ treffen auch weniger intensive Offenlegungspflichten, Artt. 31, 36 Abs. 1 lit. d). Kleine Unternehmen und Kleinstunternehmen sind schließlich von der Pflichtprüfung befreit, Art. 34. Diese Privilegierungen für kleine und mittlere Unternehmen gelten allerdings dann nicht, wenn diese „Unternehmen von öffentlichem Interesse“ iSd Art. 2 Nr. 1 sind; mithin entfallen die Privilegien unter anderem für sämtliche börsennotierte Gesellschaften, Art. 40.

bb) Bestandteile der Rechnungslegung

54 Die Rechnungslegung erfolgt durch Jahresabschluss und Lagebericht. Der **Jahresabschluss** setzt sich aus Bilanz, Gewinn- und Verlustrechnung und Anhang zusammen, Art. 4 Abs. 1. In der Bilanz werden Vermögen und Schulden der Gesellschaft gegenübergestellt. Dabei zeigt die Passivseite die Mittelherkunft, also das Fremd- und Eigenkapital. Die Aktivseite gibt Auskunft über die Mittelverwendung, nennt also die einzelnen Gegenstände. Die Bilanz-RL 2013/34/EU enthält neben den besonderen Vorschriften für die einzelnen Posten der Bilanz in Art. 12 mit den Artt. 6 ff. allgemeine Bestimmungen zur Bewertung. Dabei gilt gemäß Art. 6 Abs. 1 lit. i) der Grundsatz, dass die Posten im Abschluss gemäß dem Anschaffungs- und Herstellungskostenprinzip zu bewerten sind. Artt. 7 und 8 räumen den Mitgliedstaaten indes Wahlrechte zur abweichenden Bewertung zu Neubewertungsbeträgen und zum Zeitwert ein. Insbesondere Finanzinstrumente können nach Art. 8 Abs. 1 lit. a) zum Zeitwert oder – soweit ein entsprechender Markt auch für gleichartige Finanzinstru-

142 Fair-value-RL 2001/65/EG v. 27.9.2001, ABl. 2001 Nr. L 283, 28.
143 RL 2003/51/EG v. 18.6.2003, ABl. 2003 Nr. L 178, 16.
144 S. sogleich Rn 63.
145 Micro-RL 2012/6/EU, ABl. EU 2012 Nr. L 81, 3.
146 Kleinstkapitalgesellschaften-Bilanzrechtsänderungsgesetz (MicroBilG), BGBl. I, S. 2751.

mente fehlt – anhand allgemein anerkannter Bewertungsmodelle und -methoden, hilfsweise zu den Anschaffungs- und Herstellungskosten angesetzt werden, Art. 8 Abs. 1, 7.

Die Gewinn- und Verlustrechnung ist zweiter Bestandteil des Jahresabschlusses und stellt Aufwendungen und Erträge der Gesellschaft innerhalb eines Geschäftsjahres gegenüber. Während die Bilanz das Jahresergebnis pauschal als Differenz zwischen Aktiva und Passiva aufzeigt, gliedert die Gewinn- und Verlustrechnung im Einzelnen Erträge und Aufwendungen auf. Die Richtlinie erlaubt den Mitgliedstaaten, zwischen zwei verschiedenen Schemata zu wählen, Art. 13 Abs. 1, wobei Art. 13 Abs. 2 eine weitere Differenzierungsmöglichkeit einräumt. 55

Dem Anhang kommt zur Bilanz und Gewinn- und Verlustrechnung Ergänzungsfunktion zu; er soll beides erläutern, Artt. 16-18. Zudem hat er die nicht aus der Bilanz ersichtlichen Verpflichtungen der Gesellschaft anzugeben, Art. 16 Abs. 1 lit. d). Grundsätzlich sind nur die Vorstandsbezüge zusammengefasst im Anhang auszuweisen, Art. 17 Abs. 1 lit. d).[147] 56

Der **Lagebericht**, der neben den Jahresabschluss tritt, verbalisiert Geschäftsverlauf, Geschäftsergebnis und die Lage der Gesellschaft. Er soll dem nicht mit dem Bilanzrecht vertrauten Leser ein zukunftsorientiertes Bild von den Verhältnissen der Gesellschaft vermitteln, so dass dieser Chancen und Risiken des Unternehmens abschätzen kann,[148] Art. 19 Abs. 1. 57

cc) Grundsätze und das true-and-fair-view-Prinzip als Zielbestimmung

Zahlreiche Grundsätze des Jahresabschlusses können in der Praxis problemlos angewendet werden. Dazu zählt beispielsweise die Verpflichtung, den Jahresabschluss klar und übersichtlich darzustellen, Art. 4 Abs. 2. Der **Grundsatz der formellen und materiellen Bilanzkontinuität** soll ermöglichen, die Geschäftsentwicklung der Gesellschaft über einen längeren Zeitraum zu verfolgen, Art. 6 Abs. 1 lit. a) und b). Das **Vorsichtsprinzip** ist in Art. 6 Abs. 1 lit. c) normiert. Konkretisierungen sind das Realisationsprinzip, welches den Ausweis nicht realisierter Gewinne verbietet, und das Imparitäts- und Niederstwertprinzip, welches gebietet, Wertminderungen auszuweisen, und damit zu „Abschreibungen" verpflichtet. Nach dem **Grundsatz der Periodenabgrenzung** sind Aufwendungen und Erträge im Zeitpunkt der Verursachung maßgebend, Art. 6 Abs. 1 lit. d). In der Bilanz-RL 2013/34/EU wurden außerdem der Grundsatz der wirtschaftlichen Betrachtungsweise (Art. 6 Abs. 1 lit. h)) und der Grundsatz der Wesentlichkeit, wonach Anforderungen der Richtlinie in Bezug auf Ansatz, Bewertung, Darstellung und Offenlegung dann nicht erfüllt werden müssen, wenn ihre Auswirkungen unwesentlich sind (Art. 6 Abs. 1 lit. j)), neu kodifiziert. 58

Das **true-and-fair-view-Prinzip**[149] verpflichtet dazu, dass der Jahresabschluss (Art. 4 Abs. 3) und der Lagebericht (Art. 19 Abs. 1 Unterabs. 1) ein den tatsächlichen Verhältnissen entsprechendes Bild der Vermögens-, Finanz- und Ertragslage der Kapitalgesellschaft wiedergibt.[150] Allerdings kann es einen Zielkonflikt mit dem Vorsichtsprinzip geben. Diese Problematik wurde bereits bei den „stillen Reserven"[151] aufgezeigt. Der EuGH hatte darüber zu urteilen, ob ein Verstoß gegen den Grundsatz der Periodenabgrenzung vorliegt, wenn eine Tochtergesellschaft die Gewinne zu einem anderen Zeitpunkt als die Muttergesellschaft bilanziert. Der EuGH konnte zwar einen Verstoß gegen diesen Grundsatz nicht feststellen, betonte allerdings, dass das true-and-fair-view-Prinzip eine alle Normen prägende Zielbestimmung der Jahresabschluss-RL 78/660/EWG sei.[152] 59

147 Weitergehend die High Level Group II, Bericht der High Level Group v. 4.11.2002, S. 70. In Deutschland wird darüber hinaus eine individualisierte Aufdeckung für jedes Vorstandsmitglied gefordert, s. Ziff. 4.2.4 und 5.4.5 Deutscher Corporate Governance Kodex (DCGK); das VorstAG v. 31.7.2009, BGBl. I, S. 2509, hat die Pflichtangaben deutlich verschärft (§§ 285 Satz 1 Nr. 9 lit. a) Satz 6, 314 Abs. 1 Nr. 6 lit. a) Satz 6 HGB), es existiert aber die Möglichkeit eines „Opt-out", § 286 Abs. 5, 314 Abs. 2 Satz 2 HGB.

148 *Habersack/Verse*, § 9, Rn 27.

149 Zur Entstehungsgeschichte dieses auf den englischen Sec. 149 Abs. 1 Companies Act 1948 zurückgehenden Prinzips *Alsheimer*, RIW 1992, 645, 646.

150 Vgl. Erwägungsgrund 9 der RL 2013/34/EU.

151 S. o. Fn 132.

152 EuGH, Rs. C-234/94 (Tomberger), Slg 1996, I-3133, Rn 17 ff; EuGH, Rs. C-275/97 (DE + ES Bauunternehmung), Slg 1999, I-5331, Rn 26.

60 In Deutschland wurde das true-and-fair-view-Prinzip in § 264 Abs. 2 S. 1 HGB umgesetzt. Umstritten ist weiterhin, ob dem true-and-fair view-Prinzip nur Subsidiaritätscharakter zukommt, soweit die Gläubigerschutzfunktion der Rechnungslegungsvorschriften sichergestellt ist. Demnach sei für das true-and-fair-view-Prinzip nur der Anhang maßgeblich (sog. Abkoppelungsthese).[153] Nach der inzwischen herrschenden Gegenansicht ist jedoch das true-and-fair-view-Prinzip auch in der Bilanz zu berücksichtigen.[154]

dd) Prüfung und Offenlegung

61 Um die Verlässlichkeit von Jahresabschluss und Lagebericht sicherzustellen, muss deren Richtigkeit in einer Abschlussprüfung durch einen Sachverständigen festgestellt und durch einen Bestätigungsvermerk versehen werden, Art. 34 f. Zudem ist der Jahresabschluss nach dem Verfahren der Publizitäts-RL 2009/101/EG offen zu legen, Art. 30,[155] wobei Art. 31 Vereinfachungen für kleine und mittlere Unternehmen und Art. 36 Abs. 1 lit. d) Ausnahmen für „Kleinstunternehmen“ vorsehen. Weitergehende Offenlegungspflichten wurden zuvor schon durch die Änderungsrichtlinie 2006/46/EG[156] eingeführt und nun in der RL 2013/34/EU fortgeführt. Gem. Art. 17 Abs. 1 lit. r) sind alle Geschäfte des Unternehmens mit nahestehenden Personen und Unternehmen[157] einschließlich Angaben zu deren Wert und zur Art der Beziehung offenzulegen. Dies gilt nicht nur – wie vor Erlass der RL 2006/46/EG – für börsennotierte Unternehmen, die ihre Jahresabschlüsse nach den IFRS aufstellen, sondern auch für mittlere und große Unternehmen und Unternehmen von öffentlichem Interesse iSd Art. 2 Nr. 1. Kleinstunternehmen und kleine Unternehmen sind hiervon also nicht betroffen, es sei denn, es handelt sich um Unternehmen von öffentlichem Interesse.

62 Ebenfalls auf die RL 2006/46/EG geht die Bestimmung in Art. 20 Jahresabschluss-RL 2013/34/EU zurück. Danach besteht für börsennotierte Unternehmen die Verpflichtung, eine Erklärung über ihren Unternehmensführungskodex abzugeben. Nach Art. 20 Abs. 1 lit. b) muss die Entsprechenserklärung zusätzlich eine Begründung für etwaige Abweichungen von den Kodexempfehlungen enthalten (*comply-or-explain*). Diese Regelung entspricht der in Deutschland geltenden Rechtslage des § 161 AktG. Vor der Änderung des § 161 AktG durch das BilMoG[158] enthielt der im Rahmen des Transparenz- und Publizitätsgesetzes 2002 statuierte § 161 AktG lediglich eine Erklärungspflicht zum Corporate Governance Kodex. Diese sah nur die Erklärung vor, welche Regelungen des Deutschen Corporate Governance Kodex nicht angewendet wurden (*comply-or-disclose*). Im Gegensatz zur alten Rechtslage hat die Unternehmensführung also nicht nur darzulegen, welche Empfehlungen *nicht* angewandt wurden, sondern auch *warum* diese Empfehlungen nicht befolgt wurden.[159] Zudem wurde im Rahmen des BilMoG beschlossen, dass die Entsprechenserklärung auf der Internetseite der Gesellschaft dauerhaft öffentlich zugänglich zu machen ist (§ 161 Abs. 2 AktG). Während diese Verpflichtung bisher nur den Aktionären gegenüber bestand (s. § 161 S. 2 AktG), wird der gesetzlich vorgegebene Adressatenkreis dadurch auf die gesamte Öffentlichkeit ausgedehnt.

63 Ferner ist in Art. 33 die Verantwortung der Verwaltungs-, Leitungs- und Aufsichtsorgane statuiert. Diese haben dafür Sorge zu tragen, dass die Jahresabschlüsse, der Lagebericht und die Entsprechenserklärung aufgestellt werden und dem geltenden Recht entsprechen, Art. 33 Abs. 1. Außerdem sollen die Mitgliedstaaten jedenfalls eine Haftung gegenüber der Gesellschaft normieren, wenn gegen diese Verpflichtungen verstoßen wird, Art. 33 Abs. 2.[160] Aufgrund der Transparenz wurde

---

153 *Moxter*, in: FS Budde, 1995, S. 419 f, 426 ff.
154 *Großfeld/Luttermann*, Rn 63 ff; *Großfeld*, in: FS Fikentscher 1998, S. 864 ff; *Klinke*, ZGR 1998, 212, 231; *Merkt*, in: Baumbach/Hopt, § 264, Rn 11 m. Hinweis auf die Tomberger-Entscheidung.
155 Erwägungsgrund 38 der RL 2013/34/EU.
156 RL 2006/46/EG v. 14.6.2006, ABl. 2006 Nr. L 224, 1.
157 S. die Definition in Art. 2 Nr. 3.
158 Bilanzrechtsmodernisierungsgesetz (BilMoG) v. 25.3.2009, BGBl. I, S. 1102.
159 *Tödtman/Schauer*, ZIP 2009, 995, 997.
160 Hierzu *Möllers/Leisch*, in: KK-WpHG, 2. Aufl. 2014, §§ 37 b, c, Rn 19 ff.

zudem der „Bilanzeid" eingeführt.[161] Er wurde mit den §§ 264 Abs. 2, 289 Abs. 1, 297 Abs. 2, 315 a Abs. 1, 325 Abs. 2 a HGB in nationales Recht umgesetzt und eine Verletzung ist unter Strafe gestellt, § 331 HGB.

b) Der Konzernabschluss

aa) Hintergrund

Europaweit sind heutzutage – auch für den Mittelstand – überwiegend Konzerne tätig. Zwar ist das Konzernrecht seinerseits noch nicht harmonisiert (siehe hierzu unten Rn 170 f). Gleichwohl hat sich schon früh die Erkenntnis durchgesetzt, dass die wirtschaftliche Situation eines Konzerns nicht einfach durch eine Addition der Rechnungslegung aller Konzernmitglieder angemessen dargestellt werden kann. Dies liegt schon deshalb auf der Hand, weil wegen des Kompromisscharakters der Jahresabschluss-RL 78/660/EWG bzw. nunmehr der RL 2013/34/EU in den verschiedenen Mitgliedstaaten ganz unterschiedliche Bewertungsmaßstäbe angewendet werden können. Auf Grundlage des Art. 50 Abs. 2 lit. g) AEUV wurde deshalb fünf Jahre nach der Jahresabschluss-RL 78/660/EWG die Konzernabschluss-RL 83/349/EWG (7. Gesellschafts-RL)[162] erlassen und zwischenzeitlich mehrfach geändert. Nach Erlass der RL 2013/34/EU sind die Regeln über den konsolidierten Abschluss nicht mehr in einem separaten Regelwerk enthalten, sondern in die einheitliche Bilanzrichtlinie im Kapitel 6 (Konsolidierte Abschlüsse und Berichte) inkorporiert. Für Konzerne, die ihre Wertpapiere am Kapitalmarkt handeln, tritt die IFRS-VO (EG) Nr. 1606/2002 an die Stelle der Bilanzrichtlinie. Die schon durch die Änderungsrichtlinie 2003/51/EG an die International Financial Reporting Standards angepasste Konzernabschluss-RL 83/349/EWG bzw. jetzt die Bilanz-RL 2013/34/EU gilt damit nur noch für Konzerne, deren Wertpapiere nicht an den Börsen gehandelt werden. 64

Die **Umsetzung** der Konzernabschluss-RL 83/349/EWG erfolgte durch das **Bilanzrichtliniengesetz,**[163] das **Kapitalgesellschaften und Co.-Richtliniengesetz**[164] und in den **§§ 290-315 HGB.**[165] Umsetzungsdefizite sind bisher nicht aufgetaucht. Die Bilanz-RL 2013/34/EU ist bis zum 20.7.2015 in nationales Recht umzusetzen. 65

bb) Anwendungsbereich

Ursprünglich sollte die Jahresabschluss-RL 78/660/EWG (Konzernabschluss-RL) dem in Deutschland geltenden **Beherrschungskonzept** folgen. Maßgeblich wäre danach gewesen, wer die Tochtergesellschaft maßgeblich beeinflusst. Durchgesetzt hat sich das in Großbritannien übliche **Kontrollkonzept**. Danach reicht es für die Konsolidierungspflicht aus, wenn aufgrund von Stimmrechten und Besetzungsrechten die Möglichkeit besteht, Kontrolle auf das Tochterunternehmen auszuüben. Die Konsolidierungspflicht knüpft hierbei an das Recht des Sitzes der Muttergesellschaft an, Art. 21. 66

Die vormalige Konzernabschluss-RL 83/349/EWG war anwendbar, wenn entweder die Mutter oder die Tochter eine Aktiengesellschaft oder eine atypische Personenhandelsgesellschaft war. Gemäß der RL 2013/34/EU kommt es jetzt nur noch auf die Rechtsform der Muttergesellschaft an, wobei den Mitgliedstaaten eine Erweiterung des Anwendungsbereichs möglich ist, Art. 21.[166] In welchem Umfang die Vorschriften Anwendung finden, ist wiederum größenabhängig. Während alle Vorschriften für „große Gruppen" iSd Art. 3 Abs. 7 gelten, sind „kleine Gruppen" iSd Art. 3 Abs. 5 – soweit es sich nicht um Unternehmen von öffentlichem Interesse iSd Art. 2 Nr. 1 handelt – von der Verpflichtung zur Erstellung eines konsolidierten Abschlusses und Lageberichts befreit, Art. 23 Abs. 1. „Mittlere Gruppen" iSd Art. 3 Abs. 6 können mit Ausnahme der Unternehmen von 67

161 S. unten Rn 112.
162 Konzernabschluss-RL 83/349/EWG (7. Gesellschafts-RL) v. 13.6.1983, ABl. 1983 Nr. L 193, 1.
163 S. Fn 130.
164 „Kapitalgesellschaften & Co-Richtliniengesetz" (KapCoRiLiG) v. 24.2.2000, BGBl. I, S. 154.
165 S. *Großfeld/Luttermann*, Rn 524 ff.
166 S. Erwägungsgrund 30 der RL 2013/34/EU.

öffentlichem Interesse nach der Entscheidung des Mitgliedstaates von der Konsolidierung befreit werden, Art. 23 Abs. 2. Weitere Privilegierungen für „kleine“ und „mittlere“ Unternehmen sind in Art. 23 Abs. 3 vorgesehen, indes gelten diese nicht, wenn die Unternehmen börsennotiert sind.

cc) Grundsatz der Vollkonsolidierung und Grundsätze einer ordnungsgemäßen Konzernrechnungslegung

68 Die Rechnungslegung erfolgt durch Jahresabschluss und Lagebericht, Artt. 24 und 29. Von besonderer Bedeutung ist der **Grundsatz der Vollkonsolidierung**, Art. 24 Abs. 2. Danach ist die Vermögens-, Finanz- und Ertragslage der einbezogenen Unternehmen so auszuweisen, als ob sie ein einziges Unternehmen wären, Art. 24 Abs. 7. Die Töchterunternehmen werden zum Zwecke der Konzernrechnungslegung als unselbständige Betriebsabteilungen betrachtet, so dass alle Positionen einheitlich nach den Bewertungsgrundsätzen der Muttergesellschaft bilanziert werden, Art. 24 Abs. 10, 11. Zudem sind Forderungen und Verbindlichkeiten, Aufwendungen und Erträge zwischen den in die Konsolidierung einbezogenen Unternehmen wegzulassen, Art. 24 Abs. 7 lit. a), b) und c).

69 Aufgrund der Verweisung des Art. 24 Abs. 1 gelten die Kapitel 2 und 3 auch für den konsolidierten Abschluss. Mithin sind die **Grundsätze einer ordnungsgemäßen Konzernrechnungslegung** identisch mit den für die Rechnungslegung des Einzelunternehmens geltenden Grundsätzen. Maßgeblich ist das true-and-fair-view-Prinzip, Art. 4 Abs. 3, 24. Konsequenterweise wird die in Deutschland zum Teil vertretene Abkoppelungsthese als unvereinbar mit dem true-and-fair-view-Prinzip erachtet.[167]

70 Um die Verlässlichkeit des konsolidierten Abschlusses und des konsolidierten Lageberichtes sicherzustellen, müssen diese durch eine Abschlussprüfung durch einen Sachverständigen auf ihre Richtigkeit überprüft (Art. 30 Abs. 3) und nach dem Verfahren der Publizitäts-RL 2009/101/EG offen gelegt werden, Art. 34 Abs. 2. Wie auch beim Jahresabschluss des Einzelunternehmens ist in Art. 33 Abs. 1 lit. b) – zurückgehend auf die Änderungsrichtlinie 2006/46/EG[168] – die Verantwortung und Haftung der Verwaltungs-, Leitungs- und Aufsichtsorgane geregelt.

3. RL über Abschlussprüfungen von Jahresabschlüssen und konsolidierten Abschlüssen (RL 2006/43/EG)

71 Der Jahresabschluss muss nach der Bilanz-RL 2013/34/EU zwar durch einen Sachverständigen geprüft und testiert werden; die Voraussetzungen hierfür werden aber nicht weiter genannt. Bislang schloss die Prüferbefähigungs-RL 84/253/EWG (8. Gesellschafts-RL)[169] diese Lücke. Diese Richtlinie wurde mit Wirkung zum 29.6.2006 aufgehoben. Der europäische Gesetzgeber sah die Zulassung von Prüfern nicht als „ausreichendes Mittel zur Gewährleistung einer angemessenen Prüfungsinfrastruktur“ an.[170] Durch die Richtlinie 2006/43/EG[171] wurden nun auf europäischer Ebene Regelungen eingeführt, die die Unabhängigkeit und Neutralität der Abschlussprüfer weiter stärken sollten. Die Richtlinie macht Vorgaben zur theoretischen und praktischen Ausbildung, die es in dieser Form bisher noch nicht gab, Artt. 8 und 10. Zugelassene Abschlussprüfer und Prüfungsgesellschaften müssen in einem Register eingetragen werden, Art. 15. Des Weiteren sind die Berufsgrundsätze (Artt. 21 ff) und Prüfungsstandards (Art. 26) in dieser Richtlinie niedergelegt. Außerdem werden die Mitgliedstaaten zur Einführung von Qualitätssicherungssystemen verpflichtet, Art. 29. Im Jahr 2008 wurden einige Bestimmungen überarbeitet, ohne aber das Grundgerüst zu verändern.[172] Zuletzt wurde durch Art. 35 der RL 2013/34/EU eine Änderung vorgenommen,

---

167 *Großfeld/Luttermann*, Rn 568; *Habersack/Verse*, § 9, Rn 37.
168 S. oben Rn 61 ff.
169 Prüferbefähigungs-RL 84/253/EWG (8. Gesellschafts-RL) v. 10.4.1984, ABl. 1984 Nr. L 126, 20.
170 Erwägungsgrund 34 der Richtlinie 2006/43/EG v. 17.5.2006, ABl. 2006 Nr. L 157, 87.
171 Richtlinie 2006/43/EG v. 17.5.2006, ABl. 2006 Nr. L 157, 87.
172 Richtlinie 2008/30/EG v. 11.3.2008, ABl. 2008 Nr. L 81, 53.

indem der Inhalt des sog. Bestätigungsvermerks (Art. 28) modifiziert wurde. Die Umsetzung der Richtlinie 2006/43/EG erfolgte in Deutschland durch das BilMoG.[173]

4. IFRS-VO (EG) Nr. 1606/2002

a) Rechtsquellen

Ziel der auf Art. 114 AEUV gestützten IFRS-VO (EG) Nr. 1606/2002[174] ist es, die internationale Vergleichbarkeit von europäischen Konzernen zu steigern und damit die Wettbewerbsfähigkeit von kapitalmarktorientierten Konzernen an den internationalen Kapitalmärkten zu verbessern. Auch kostspielige doppelte Bilanzen sollen damit vermieden werden. Mit der IFRS-VO (EG) Nr. 1606/2002 verweist die Kommission auf privatrechtliche Regelwerke, nämlich die **International Financial Reporting Standards** (IFRS),[175] die ursprünglich von dem International Accounting Standards Committee (IASC) und nun von dem **International Accounting Standards Board** (IASB) entwickelt werden, Artt. 3 und 6. Durch das Endorsement-Verfahren der Kommission erlangen sie Rechtsverbindlichkeit.[176] Die Mitgliedstaaten müssen diese Prinzipien anwenden und können sie nicht modifizieren; auch ein Rückgriff auf die Bilanzrichtlinien ist nicht möglich.[177] 72

b) Anwendungsbereich

Die International Financial Reporting Standards gelten zwingend seit 1.1.2005 für Konzerne, deren Mutter oder deren Tochter Effekten auf einen geregelten Markt im Sinne des Art. 1 Nr. 13 Wertpapierdienstleistungs-RL 93/22/EWG (s. hierzu unten Rn 98) brachte, Art. 4. Für andere Konzerne räumt die IFRS-VO (EG) Nr. 1606/2002 den Mitgliedstaaten folgendes Wahlrecht ein: Unterscheiden können diese nach Art. 5 zum einen zwischen Konzernen, welche die Kapitalmärkte nicht in Anspruch nehmen (1.), welche Einzelabschlüsse erstellen und die Kapitalmärkte in Anspruch nehmen (2.), und welche Einzelabschlüsse erstellen und die Kapitalmärkte nicht in Anspruch nehmen (3.). Zum anderen haben sie ein Wahlrecht diesbezüglich, ob sie für jede dieser drei Arten von Konzernen die Anwendung der IFRS-Regeln zur Pflicht machen, fakultativ anbieten oder verbieten. Theoretisch besteht damit ein neunfaches Wahlrecht dahingehend, inwieweit sich die IFRS-Verordnung VO (EG) Nr. 1606/2002 auf nicht kapitalmarktorientierte Konzerne erstrecken soll. 73

c) Grundsätze der Verständlichkeit, Verlässlichkeit und Vergleichbarkeit

Die IFRS bestehen aus Bilanz, Gewinn- und Verlustrechnung, Kapitalflussrechnung, Anhang und Eigenkapitalspiegel. Die Standards verlangen keinen Lagebericht, er wird den Unternehmen aber dennoch empfohlen.[178] Auch gilt das true-and-fair-view-Prinzip als allgemeiner Grundsatz.[179] Die International Financial Reporting Standards richten sich durch ein Höchstmaß an Information unmittelbar an Investoren und Marktteilnehmer. Im Vordergrund stehen nicht nur der true-and fair-view-Grundsatz, sondern auch **Verständlichkeit, Verlässlichkeit** und **Vergleichbarkeit**, Art. 3 Abs. 2. Der Gläubigerschutz durch die Bildung stiller Reserven und hohe steuerliche Abschreibungsmöglichkeiten, wie er durch das HGB gegeben ist, ist dagegen nicht relevant.[180] Abschreibungen für Abnutzung orientieren sich damit ausschließlich an der wirtschaftlichen Nutzung.[181] 74

173 Fn 159.

174 IFRS-VO (EG) Nr. 1606/2002 v. 19.7.2002 betreffend die Anwendung internationaler Rechnungslegungsstandards, ABl. 2002 Nr. L 243, 1. Zum Endorsement-Verfahren s.o. Rn 51.

175 Die IFRS bestehen aus den International Financial Reporting Standards, den International Accounting Standards, den International Financial Reporting Interpretation Standards und den Interpretations of the Standard Interpretation Committee, *Wulf/Klein/Azaiz*, DStR 2005, 260, 263.

176 Ebenso *Merkt*, in: Baumbach/Hopt, § 292, Rn 1; *Habersack/Verse*, § 9, Rn 67; aA *Kirchhoff*, ZGR 2000, 681 ff.

177 *Grundmann*, Rn 600 unter Hinzuziehung von Erwägungsgrund 4 der Änderungs-RL 2003/51/EG.

178 IAS 1.13; s. *Merkt*, in: Baumbach/Hopt, § 289, Rn 6.

179 *Coenenberg*, S. 63 f.

180 Kritisch hierzu *Schön*, ZHR 166 (2002), 1; *ders.*, WPg-Sonderheft 2001, S. 74 ff; *Niehues*, WPg, 2001, 1209 ff.

181 IAS 16.60 ff.

d) Umsetzung in das deutsche Recht und Bewertung

75 In Deutschland ist es seit 1996 nach § 292 a HGB aF[182] möglich, unter bestimmten Voraussetzungen Konzernabschlüsse nach international anerkannten Rechnungslegungsgrundsätzen, also den IFRS oder den US-GAAP, aufzustellen. Diese Vorschrift trat zum 31.12.2004 außer Kraft. Stattdessen hat der deutsche Gesetzgeber mit dem **Bilanzrechtsreformgesetz**[183] einen neuen **§ 315 a HGB** normiert, durch den die Wahlrechte der IFRS-VO (EG) Nr. 1606/2002 ausgeübt werden. Das Wahlrecht für nicht kapitalmarktorientierte Konzerne, die IFRS zu übernehmen, hat der deutsche Gesetzgeber an diese Unternehmen weitergegeben, § 315 a Abs. 3 HGB. Dagegen müssen Einzelabschlüsse weiterhin nach HGB erstellt werden; der deutsche Gesetzgeber hat hier sein Wahlrecht also negativ ausgeübt.

76 Die seit 1996 durch § 292 a HGB aF schon angelegte Zweiteilung wird sich also dadurch weiter verschärfen, dass kapitalmarktorientierte Konzerne nun zwingend die IFRS befolgen müssen, während die anderen Konzerne und Einzelunternehmen weiterhin nach HGB bilanzieren werden.[184] Für Unternehmen, die nach IFRS bilanzieren, werden ein besseres Rating und damit bessere Refinanzierungsmöglichkeiten prognostiziert.[185]

III. Struktur der Gesellschaft und Gesellschafterrechte (Gescheiterte Struktur-RL und Corporate Governance)

1. Ordnungskriterien und Regelungsdichte

a) Begriff

77 Seit mehr als 15 Jahren besteht in Europa und Deutschland eine intensive Diskussion im Rahmen der Corporate Governance.[186] Den Begriff **„Corporate Governance"** kann man eher enger verstehen und damit die aktienrechtlichen Sachgebiete „Leitungsorgane", „Aktionäre und Anleger", „Unternehmensfinanzierung" sowie „Publizität", „Rechnungslegung" und „Prüfung" meinen, wie sie sich im AktG, im HGB und im MitbestG wiederfinden. Beispielsweise hatte das KonTraG 1998[187] ein Risikoüberwachungssystem eingeführt und die Rolle des Aufsichtsrates und Wirtschaftsprüfers deutlich verstärkt.[188] Im internationalen Vergleich wird Corporate Governance aber weiter verstanden und umfasst auch den Bereich Banken, Börsen und Kapitalmärkte[189] und insbesondere den Markt für Unternehmensübernahmen.[190] Im Ergebnis geht es dabei um ein Zusammenspiel von gesellschaftsrechtlichen Informations- und Kontrollpflichten (interne Governance) und kapitalmarktrechtlichen Informationspflichten (externe Governance).[191] Rechnungslegung und Übernahmerecht verdeutlichen diese Zwitterstellung.

78 Corporate Governance bezeichnet also Unternehmensführung und Unternehmenskontrolle. Die Unternehmensführung bedarf einer Zielführung durch die Geschäftsleitung. Diese hat ihre Entscheidungen zu verantworten (s. sogleich 2.). Die Anteilseigner (Prinzipal) müssen in der Lage sein, die Unternehmensleitung zu überwachen. Das geschieht durch Treuhänder, entweder durch Aufsichtsrat oder Executive Directors im Verwaltungsrat oder den Abschlussprüfer (s. sogleich 3.a). Schließlich müssen gewisse Rechte den Anteilseignern in der Hauptversammlung zustehen (3.b).[192]

---

182 Kapitalmarktaufnahmeerleichterungsgesetz (KapAEG) v. 20.4.1998, BGBl. I, S. 707. S. hierzu auch *Möllers*, AG 1999, 433, 435 f mwN.

183 Bilanzrechtsreformgesetz (BilReG) v. 10.12.2004, BGBl. I, S. 3166.

184 Zu dieser Zweiteilung schon *Busse von Colbe*, BB 2002, 1530, 1531 f.

185 *Wulf/Klein/Azaiz*, DStR 2005, 260, 262.

186 Zur Einführung des Begriffs in Deutschland seit April 1995 s. *Hopt*, GesRZ 2002, 4.

187 Gesetz zur Kontrolle und Transparenz im Unternehmensbereich (KonTraG) v. 27.4.1998, BGBl. I, S. 786.

188 *Hommelhoff/Matheus*, AG 1998, 249; *Möllers*, AG 1999, 433.

189 S. *Hopt/Kanda/Roe/Wymeersch/Prigge* (Hrsg.); *Hopt*, in: Hommelhoff/Lutter/Schmidt/Schön/Ulmer (Hrsg.), S. 27, 31; *Cioffi*, 48 Am.J.Comp.L. 501 (2000).

190 *Hopt*, GesRZ 2002, 4, 5.

191 Hierzu u. Rn 100 ff.

192 Schön zusammenfassend *Grundmann*, Rn 486.

b) Gründe für den gescheiterten Entwurf einer Struktur-RL

Unter den Mitgliedstaaten ist das gesellschaftsrechtliche Organisationsrecht höchst unterschiedlich ausgestaltet. Großbritannien kennt beispielsweise nur den Verwaltungsrat (Board of Directors), welcher geschäftsführende und überwachende Geschäftsführer (Executive and Outside Directors) umfasst (**one-tier – monistisches System**). Deutschland geht von Vorstand und einem davon getrennten Aufsichtsrat aus (**two-tier – dualistisches System**). Staaten wie Frankreich und Italien überlassen den Unternehmen die Wahl. Während in Staaten wie Schweden oder Deutschland die **Mitbestimmung** stark ausgeprägt ist, ist sie in Großbritannien und Belgien nicht vorhanden. In Deutschland und Österreich sind die aktienrechtlichen Regelungen zwingend (§ 23 Abs. 5 AktG), in Großbritannien können sie jederzeit abbedungen werden.[193] Verstärkt wird diese Flexibilität durch die sog. Gründungstheorie, welche dem Unternehmen die Wahl erlaubt, nach welchem Recht es gegründet werden soll (hierzu unten Rn 154). **79**

Auf europäischer Ebene wurde der erste Entwurf einer Struktur-RL (5. Gesellschafts-RL) 1972, der zweite 1990 und der dritte 1991[194] von der Kommission vorgeschlagen. Der dritte Entwurf sah ein grundsätzliches Wahlrecht zwischen monistischem und dualistischem System, aber eine zwingende Mitbestimmung ab 1.000 Mitarbeitern vor. Die Hauptversammlung sollte danach eine Reihe von Zuständigkeiten haben, ohne dass ein klarer Zuständigkeitskatalog definiert war. Im Ergebnis scheiterte die geplante Struktur-RL jedoch daran, dass zwar die Art des Leitungsgremiums gewählt werden konnte, nicht aber die Art der Mitbestimmung. Hinsichtlich der Europäischen Aktiengesellschaft (SE)[195] wurde eine Lösung für den deutschen Sonderweg gefunden. Hinter dem Streit um die richtige Organisationsverfassung steht die Frage nach dem Selbstverständnis von Recht. Soll die Organisationsverfassung zum Schutz der Gläubiger und Aktionäre paternalistisch Rechtsregeln vorgeben? Oder lassen sich nicht vielmehr Effizienzgewinne erzielen, wenn jede Gesellschaft selbst die Entscheidung hinsichtlich ihrer Organisationsstruktur treffen kann und diese Strukturen für Dritte transparent sind?[196] Hier kommt der Gedanke des Wettbewerbs der Rechtsordnungen (siehe oben Rn 15), der insbesondere auch durch die Centros-Rechtsprechung des EuGH (siehe unten Rn 162 ff) vorgegeben wird, wieder zum Tragen. Das angloamerikanische Recht weist in die zweite, liberalere Richtung, und dahin deuten auch die jüngsten Entwicklungen im europäischen Recht. **80**

c) Corporate Governance Kodizes und neuere Aktivitäten der Europäischen Kommission

Regelwerke privater Organisationen, die **Corporate Governance Codices**,[197] erlangen nicht nur bei der Rechnungslegung Bedeutung,[198] sondern auch im Rahmen der Corporate Governance. In Großbritannien ist der „Code of Best Practice (Combined Code)"[199] für börsennotierte Unternehmen zu berücksichtigen; in Deutschland existiert der „Corporate Governance Kodex",[200] in Frankreich „The Corporate Governance of listed companies". Inhaltlich zeigen die Kodizes ein hohes Maß an Übereinstimmung.[201] So sind beispielsweise die Gehälter der Geschäftsleitung individuell auszuweisen. Jeweils muss das Unternehmen nach englischem Vorbild erklären, ob es diese Vorgaben einhält oder von ihnen abweicht („**Comply or explain**"), in Deutschland umgesetzt durch **81**

193 Ein rechtsvergleichender Überblick findet sich bei *Grundmann*, § 11.

194 Dritte Änderung des Vorschlages einer Struktur-RL (5. Gesellschafts-RL) v. 20.11.1991, KOM(91) 372 endg. = ABl. 1991 Nr. L 321, 9.

195 S.u. Rn 182.

196 So der britische Companies Act (CA); *Pennington*, S. 30.

197 *Hopt*, in: Hommelhoff/Hopt/von Werder (Hrsg.), S. 29, 30; *Borges*, ZGR 2003, 508, 509.

198 Zum IFSR-Board s.o. Rn 51.

199 The Combined Code, abrufbar unter http://www.ucema.edu.ar/cegopp-base/download/TheCombinedCode.pdf.

200 Der Kodex ist veröffentlicht im elektronischen Bundesanzeiger unter www.corporate-governance-code.de sowie www.bundesanzeiger.de. S. *Ulmer*, ZHR 166 (2002), 150, 157.

201 S. die Studie von *Weil/Gotshal/Manges*, Corporate Governance Codes relevant to the Member States and its Member States, abrufbar unter www.ecgi.org/codes/documents/comparative_study_eu_i_to_v_en.pdf.

§ 161 AktG.[202] Ob es zu einem europäischen Corporate Governance Code kommt oder aber zu einem Wettbewerb der nationalen Kodizes,[203] ist noch ungewiss.

82 Die Kommission hat den dritten Entwurf einer Struktur-RL (5. Gesellschafts-RL) zurückgezogen.[204] Wichtige Bereiche des Corporate Governance haben aber schon in einzelnen Empfehlungen oder Richtlinien gemündet. Entsprechende Stellungnahmen existieren bereits im Rahmen des Aktionsplans der EG-Kommission zur Umsetzung des Finanzmarktrahmens bzw. zur Modernisierung des Gesellschaftsrechts sowie vom Ausschuss der Weisen im Rahmen des Lamfalussy-Berichts und von der High Level Expert Group,[205] neuerdings auch im Aktionsplan der Kommission zum Europäischen Gesellschaftsrecht und zur Corporate Governance vom 12.12.2012.[206] Geäußert wurden schon **Empfehlungen zur Stärkung der Unabhängigkeit** von nicht geschäftsführenden Direktoren[207] der **Vergütung von Direktoren.**[208] Die Abgabe von Entsprechenserklärungen und die Stärkung der Aktionärsrechte[209] wurden bereits in Richtlinien festgehalten.

83 Infolge der Finanzkrise, die nach Ansicht der Europäischen Kommission unter anderem auf unangemessene Vergütungspraktiken im Finanzdienstleistungssektor zurückzuführen ist,[210] sah sich die Kommission veranlasst, strengere Vergütungsvorschriften für den Finanzsektor vorzusehen. So gab die Kommission am 30.4.2009 eine Empfehlung zur Vergütungspolitik im Finanzdienstleistungssektor ab,[211] in der sie ihre Vorstellung von einer angemessenen Vergütungspolitik darlegte. Nach Ansicht der Kommission ist es Aufgabe der Finanzinstitute, eine Vergütungspolitik festzulegen, umzusetzen und aufrecht zu erhalten, die mit einem soliden und wirksamen Risikomanagement vereinbar ist und keine Anreize zum Eingehen übermäßiger Risiken enthält (Ziff. 3.1).[212] Des Weiteren müsse die Vergütungspolitik auf die Geschäftsstrategie, die Ziele und Werte des Finanzinstituts sowie auf dessen langfristige Interessen abgestimmt sein. Zudem fordert die Kommission eine Begrenzung der variablen Vergütungsbestandteile und eine Stärkung fixer Vergütungselemente (Ziff. 4.1/4.2) sowie eine langfristige Ausrichtung von Boni-Zahlungen, die den noch ausstehenden Risiken Rechnung zu tragen hat (Ziff. 4.3/4.4). Ein Großteil dieser Anregungen findet sich auch in der Richtlinie 2010/76/EU v. 24.11.2010 (Eigenkapitalrichtlinie CRD III) wieder.[213] Im Grünbuch „Corporate Governance in Finanzinstituten und Vergütungspolitik“[214] findet sich weitergehend die Erwägung, Abfindungszahlungen auf EU-Ebene verbindlich zu regeln bzw. sogar ganz zu verbieten.

---

202 S. oben Rn 62.

203 Hierfür *Bernhardt*, RIW 2004, 401, 406.

204 Mitteilung der Kommission v. 2.12.2001, KOM(2001) 763 endg., S. 22.

205 Alle Nachweise finden sich im Literaturverzeichnis, zum Inhalt s. Rn 98 f.

206 Abrufbar unter http://europa.eu/rapid/press-release_IP-12-1340_de.htm.

207 Empfehlung 2005/162/EG der Kommission zu den Aufgaben der nicht geschäftsführenden Direktoren/Aufsichtsratsmitglieder.

208 Empfehlung 2004/913/EG der Kommission zur Vergütung von Mitgliedern der Unternehmensleitung börsennotierter Gesellschaften.

209 S. unten Rn 92.

210 S. Erwägungsgrund 2 der Empfehlung der Kommission zur Vergütungspolitik im Finanzdienstleistungssektor v. 30.4.2009, KOM (2009) 3159, S. 2; ebenso Erwägungsgrund 1 der Richtlinie 2010/76/EU des europäischen Parlaments und des Rates v. 24.11.2010, ABl. EU 2010 Nr. L 329, 3.

211 S. Empfehlung 2009/384/EG der Kommission v. 30.4.2009 zur Vergütungspolitik im Finanzdienstleistungssektor, ABl. EU 2009, Nr. L 120, 22.

212 Empfehlung 2009/384/EG der Kommission v. 30.4.2009 zur Vergütungspolitik im Finanzdienstleistungssektor, ABl. EU 2009 Nr. L 120, 22.

213 S. Richtlinie 2010/76/EU des europäischen Parlaments und des Rates v. 24.11.2010 zur Änderung der Richtlinien 2006/48/EG und 2006/49/EG im Hinblick auf die Eigenkapitalanforderungen für Handelsbuch und Weiterverbriefungen und im Hinblick auf die aufsichtliche Überprüfung der Vergütungspolitik, ABl. EU 2010 Nr. L 329, 3.

214 Grünbuch „Corporate Governance in Finanzinstituten und Vergütungspolitik“, 2.6.2010, KOM(2010) 284, 5.7 (S. 20).

Über die Finanzinstitute hinaus hat die EG ihre Empfehlung 2004/913/EG ergänzt.[215] Die Vergütung soll auf die langfristige Unternehmensentwicklung ausgerichtet sein, Abfindungszahlungen nicht mehr als zwei Jahreseinkommen betragen und ein Vergütungsausschuss die Unternehmenspolitik festlegen, Abschnitt II, III. Dem Thema Transparenz der Vergütungspolitik und der Vergütung der einzelnen Mitglieder der Unternehmensführung hat sich der Aktionsplan der Kommission vom 12.12.2012[216] verschrieben, ohne allerdings genaue Maßnahmen zu nennen. 84

In Deutschland wurde den Vorschlägen der Kommission mit Verabschiedung des Gesetzes zur Angemessenheit der Vorstandsvergütung (VorstAG)[217] weitestgehend entsprochen. Die Neufassung des § 87 Abs. 1 AktG orientiert sich stark an den Vorgaben der Kommission, geht aber zum Teil über den Adressatenkreis der Kommissionsempfehlung hinaus. Ähnlich wie die Vorschläge der Kommission zielt das VorStAG ausschließlich auf Aktiengesellschaften ab, obwohl weit überdurchschnittliche Vergütungen auch in mittelständischen oder Familiengesellschaften erzielt werden und möglicherweise auch dort Handlungsbedarf bestanden hätte.[218] Anders als die Empfehlung 2004/913/EG bzw. die ergänzende Empfehlung 2009/385/EG hat das VorStAG jedoch nicht nur die Vorstände börsennotierter Aktienunternehmen im Blickfeld, sondern erfasst auch die Vorstände nicht börsennotierter Unternehmen. Überwiegend orientiert sich das VorstAG an den Empfehlungen, wie etwa das zentrale Erfordernis der „Üblichkeit" der Vergütung verdeutlicht. So forderte die Kommission in Ziff. 9.3. der Empfehlung, dass die Vergütung einzelner Vorstandsmitglieder in einem angemessenen Verhältnis zur Vergütung anderer Personalmitglieder der Gesellschaft zu stehen habe.[219] Nach Ansicht der Kommission ergibt sich die Üblichkeit einer Vergütungsregelung vor allem aus einem unternehmens*internen* Vergleich des Vorstandmitglieds mit seinen Vorstandskollegen (*horizontale Vergleichbarkeit*) und den sonstigen Personalmitgliedern der Gesellschaft (*vertikale Vergleichbarkeit*). Die deutsche Neufassung des § 87 AktG hat ebenfalls einen mehrdimensionalen Charakter, geht in Teilen aber über die Forderungen der Kommission hinaus. So sind nach Ansicht des Gesetzgebers für die horizontale Vergleichbarkeit auch unternehmens*externe* Faktoren, wie bspw. die Branchen-, Größen- und Landesüblichkeit der Vergütungsregelung in die Betrachtung mit einzubeziehen.[220] Ganz im Sinne des Kommissionsvorschlags hat der Aufsichtsrat aber auch nach deutschem Recht bei der Festsetzung der Gesamtbezüge künftig auf das Lohn- und Gehaltsgefüge im Unternehmen Rücksicht zu nehmen (*vertikaler Vergleich*).[221] 85

Im Sinne einer nachhaltigen Vergütungsregelung sieht der Gesetzgeber bei Vorstands-Aktienoptionsprogrammen nunmehr in § 193 Abs. 2 Nr. 4 AktG statt einer zweijährigen Mindestausübungsfrist eine Frist von vier Jahren vor. Insofern geht die deutsche Regelung auch hier weiter als die Empfehlung der EU-Kommission, die lediglich eine Mindestfrist von drei Jahren vorsieht.[222] Des Weiteren wurde im Rahmen des VorstAG die aktienrechtliche Zuständigkeit für die Vergütungsfestsetzung neu geregelt. Nach der bisherigen Regelung war es zulässig, sämtliche Vergütungsfragen auf einen entsprechenden (Personal)Ausschuss zu delegieren und diesen die Vergütungsfrage beraten und beschließen zu lassen. Nunmehr darf die Vergütungsfrage nicht mehr auf einen Unterausschuss delegiert werden, § 107 Abs. 3 S. 3 AktG, sondern ist im Aufsichtsratsplenum zu

215 Empfehlung 2009/385/EG der Kommission zur Ergänzung der Empfehlungen 2004/913/EG und 2005/162/EG zur Regelung der Vergütung von Mitgliedern der Unternehmensleitung börsennotierter Gesellschaften v. 30.4.2009, ABl. 2009 Nr. L 120, 28.

216 S. Fn 207.

217 S. Gesetz zur Angemessenheit der Vorstandsvergütung (VorStAG) v. 31.7.2009, BGBl. I, S. 2509; vgl. auch die Sonderregeln für Kreditinstitute und Versicherungsunternehmen in §§ 3 ff InstitutsVergV und §§ 3 ff VersVergV.

218 S. *Hohenstatt*, ZIP 2009, 1349.

219 S. Ziff. 9.3 der Empfehlung 2009/385/EG: „Der Vergütungsausschuss sollte bei der Wahrnehmung seiner Aufgaben sicherstellen, dass die Vergütung einzelner geschäftsführender Direktoren oder Vorstandsmitglieder in einem angemessen Verhältnis zur Vergütung anderer geschäftsführender Direktoren oder Vorstandsmitglieder sowie anderer Personalmitglieder der Gesellschaft steht."

220 S. Begr. der Beschlussempfehlung, BT-Drucks. 16/13433, S. 6, 15.

221 Begr. RegE, BT-Drucks. 16/12278, S. 6 sowie Begr. der Beschlussempfehlung, BT-Drucks. 16/13433, S. 15; kritisch hierzu *Goette*, Stellungnahme zum VorstAG, S. 4.

222 S. Ziff. 4.1 der Empfehlung 2009/385/EG.

beschließen. Somit kommt dem Personalausschuss fortan nur noch eine vorbereitende Funktion zu. Somit geht der deutsche Gesetzgeber auch hier über die Vorgaben der Kommission hinaus, die lediglich die Zusammensetzung der Ausschüsse (Ziff. 7.1),[223] deren Aufgaben (Ziff. 8)[224] sowie deren Arbeitsweise (Ziff. 9) neu regeln wollte, nicht hingegen deren Kompetenzen.

Obwohl die Kommission den Gesellschaften Vereinbarungen nahelegt, nach denen sich variable Vergütungskomponenten zurückfordern lassen, wenn die Zahlung auf offenkundig falscher Grundlage erfolgte (Ziff. 3.4) und auch ein Abfindungs-Cap (Ziff.3.5) empfohlen wird, sieht der Kommissionsvorschlag keine explizite Regelung vor, mit der sich Vorstandsgehälter an die wirtschaftliche Situation des Unternehmens anpassen lassen. Im deutschen Recht hat der Aufsichtsrat dennoch die Möglichkeit, nach § 87 Abs. 2 AktG die Bezüge auf eine angemessene Höhe *herab*zusetzen, wenn sich die Lage der Gesellschaft nach der Festsetzung der Bezüge so verschlechtert, dass die Weitergewährung unbillig für die Gesellschaft wäre.

2. Aufgaben und Pflichten der Geschäftsleitung

86 Immer noch umstritten ist die Frage, wessen Interessen die Gesellschaftsleitung zu vertreten hat. Vordergründig sind das die Aktionärsinteressen („**shareholder value**"). Fraglich ist, ob auch die Interessen anderer Gruppen, wie beispielsweise die der Arbeitnehmer und Kreditgeber, zu berücksichtigen sind („**stakeholder value**"). Schließlich lassen sich karitative oder umweltpolitische Interessen auch als erweiterte Interessen der Aktionäre deuten („enlightened shareholder value").[225] Die Gesellschaftsleitung hat einen objektiven Sorgfaltsmaßstab einzuhalten, wobei ihr ein Ermessensspielraum („**business judgement rule**") zukommt. Als Ausfluss der Treuepflicht hat die Geschäftsführung zudem Interessenkonflikte zu vermeiden. Das gilt für Insichgeschäfte und Wettbewerbshandeln.[226] Schadensersatzansprüche bei Pflichtverletzungen werden inzwischen auf europäischer Ebene zunehmend diskutiert.[227] In Deutschland wurden die Aktiengesellschaften zur Offenlegung der Vorstandsbezüge verpflichtet.[228]

3. Überwachung

a) Kontrolle durch Beauftragte (Aufsichtsrat, Outside Directors, Abschlussprüfer)

87 Das gesellschaftsrechtliche Organisationsrecht ist in den verschiedenen Mitgliedstaaten unterschiedlich gestaltet, man unterscheidet zwischen monistischem und dualistischem System. Allerdings ist die Trennung zwischen Geschäftsleitung und Kontrolle auch im monistischen System anerkannt. Die Kontrolle findet dann nicht durch einen Aufsichtsrat, sondern durch nicht geschäftsführende Direktoren (**Outside Directors**) sowie **Abschlussprüfer** statt.

88 Der Schutz der Aktionäre, der Beschäftigten und der Öffentlichkeit in Bezug auf potenzielle Interessenkonflikte durch eine unabhängige Überprüfung von Entscheidungen der Geschäftsleitung ist nach Ansicht der Kommission nach den jüngsten Skandalen besonders wichtig, um das Vertrauen in die Finanzmärkte wiederherzustellen. Die Europäische Kommission hat daher die Mitgliedstaaten mit einer **Empfehlung 2005/162/EG**[229] förmlich aufgefordert, die Präsenz und die Stellung unabhängiger nicht geschäftsführender Direktoren in Verwaltungs- bzw. Aufsichtsräten börsenno-

---

223 So sieht der Kommissionsvorschlag bspw. vor, dass mindestens ein Mitglied des Vergütungsausschusses über Fachkenntnis und Erfahrungen im Bereich der Vergütungspolitik verfügen sollte.

224 Ziff. 8.1: „Der Vergütungsausschuss sollte die Vergütungspolitik für geschäftsführende Direktoren und Vorstandsmitglieder, einschließlich der Politik für aktienbezogene Vergütungen, und deren Umsetzung in regelmäßigen Abständen überprüfen."

225 S. zum Ganzen *Kübler*, in: FS Zöllner 1998, S. 321; *Hopt*, ZGR 2000, 779; *Teichmann*, ZGR 2000, 2001, 645, 649; *Grundmann*, Rn 457.

226 *Möllers*, in: Hommelhoff/Hopt/von Werder (Hrsg.), S. 405 ff.

227 Zu Art. 50 b der Jahresabschluss-RL 78/660/EWG (jetzt Art. 33 BilanzRL 2013/34/EU) s. Fn 159 und Art. 7 Transparenz-RL 2004/109/EG s. Rn 116.

228 Gesetz zur Offenlegung von Vorstandsbezügen v. 3.8.2005, BGBl. I, S. 2267. Zum Mannesmannprozess s.u. Fn 312.

229 S.o. Fn 208.

tierter Unternehmen zu stärken. Darüber hinaus soll die fachliche Kompetenz sichergestellt werden (Nr. 11 der Empfehlung). Der Professionalisierung des Kontrollorgans soll zudem die Einrichtung von Ausschüssen dienen (Nr. 5 iVm Anhang I). Ferner soll sichergestellt werden, dass alle Direktoren ihren Aufgaben die erforderliche Zeit und Aufmerksamkeit widmen (Nr. 12). Ähnlich wie die Abschlussprüfer sollen auch der nicht geschäftsführende Direktor bzw. das Aufsichtsratsmitglied unabhängig sein. Als unabhängig gilt, wer frei von jeder geschäftlichen, familiären oder anderweitigen Beziehung zu der Gesellschaft, ihrem Mehrheitsaktionär oder dessen Geschäftsführung ist, die einen Interessenkonflikt begründet, der sein oder ihr Urteilsvermögen beeinträchtigen könnte (Nr. 13 iVm Anhang II).

Die in Deutschland lange Zeit übliche Praxis, dass ehemalige Vorstände ohne zeitliche Zäsur von dem Vorstand in den Aufsichtsrat wechseln, war insofern nicht unbedenklich. Aus diesem Grund wurde unter dem Einfluss der Finanzkrise im Rahmen des Gesetzes zur Angemessenheit der Vorstandsvergütung (VorStAG)[230] in § 100 Abs. 2 S. 2 Nr. 4 AktG eine zweijährige Cooling-Off-Periode für Vorstandsmitglieder kodifiziert.[231] Die deutsche Regelung bleibt insofern jedoch weit hinter den Empfehlungen der Kommission[232] zurück, die eine mindestens fünfjährige Karenzfrist für ehemalige Vorstandsmitglieder vorsieht, bevor diese ein Aufsichtsratsmandat desselben Unternehmens wahrnehmen dürfen.[233] 89

Die Kontrolle durch die Abschlussprüfer wurde durch die Prüferbefähigungs-RL 84/253/EWG (8. Gesellschafts-RL) vereinheitlicht, abgelöst durch die RL 2006/43/EG (siehe oben Rn 71). 90

b) Kontrolle durch die Hauptversammlung, insbesondere Aktionärsrechte-RL 2007/36/EG

Die Aktionäre sind die wahren Eigentümer der Aktiengesellschaft; der Hauptversammlung kommt damit eine gewichtige Aufgabe zu. Zur Kontrolle hat nun die Kommission eine **Empfehlung über die Vergütung von Mitgliedern** der Unternehmensleitung börsennotierter Gesellschaften vorgelegt.[234] In dieser Empfehlung wird nicht nur die Offenlegung der individuellen Vergütung gefordert (Nr. 5.1.), sondern auch die Abstimmung darüber in einem eigenen Tagungsordnungspunkt der Hauptversammlung (Nr. 4.1.). In einem Bericht über die Umsetzung dieser Empfehlungen stellte die Kommission fest, dass die Offenlegung der Vergütung heute zwar häufig erfolgt, der Einbeziehung der Aktionäre aber noch mit Skepsis begegnet wird.[235] 91

Die Rechte, welche die Aktionäre in der Hauptversammlung geltend machen können, divergierten in den verschiedenen Mitgliedstaaten bisher noch stark.[236] Die Aktionärsrechte-RL 2007/36/EG bezweckt, dem Aktionär die Ausübung des Stimmrechtes zu erleichtern.[237] Nach dieser RL muss die Hauptversammlung regelmäßig spätestens am 21. Tag vor dem Tag der Versammlung einberufen werden, Art. 5 Abs. 1. Die Mitgliedstaaten stellen sicher, dass alle Aktionäre Punkte auf die Tagesordnung setzen und Beschlussvorlagen zu den Tagesordnungspunkten einbringen können, Art. 6 Abs. 1. Die Mitgliedstaaten dürfen für diese Rechte eine Mindestbeteiligung von höchstens 5% des Aktienkapitals festlegen, Art. 6 Abs. 2. Ebenso darf jeder Aktionär Fragen zu den Punkten auf der Tagesordnung stellen, Art. 9. 92

---

230 S. Gesetz zur Angemessenheit der Vorstandsvergütung (VorStAG) v. 31.7.2009, BGBl. I, S. 2509.

231 Ausführlich zur Neuregelung und der unzureichenden Umsetzung der Empfehlung, s. *Möllers/Christ*, ZIP 2009, 2278 ff.

232 S. Empfehlung 2005/162/EG v. 15.12.2005, ABl. 2005 Nr. L 52, 51 ff.

233 Anhang II Nr. 1.a) formuliert deutlich, dass ein Aufsichtsratsmitglied kein Vorstandsmitglied in den vergangenen fünf Jahren gewesen sein darf. Allerdings kann der Aufsichtsrat feststellen, dass in concreto die Unabhängigkeit doch gewahrt ist, Nr. 13.2. S. 3 2. Hs. Problematisch insoweit die Beteiligung von Ferdinand Piëch als Aufsichtsratsvorsitzender der Volkswagen AG; s. auch *Spindler*, ZIP 2005, 2033, 2042.

234 S.o. Fn 209.

235 Report on the application by Member States of the EU of the Commission recommendation on directors' remuneration v. 13.7.2007, SEC(2007) 1022.

236 *Grundmann*, Rn 400.

237 Erwägungsgrund 2 der Richtlinie 2007/36/EG v. 11. Juli 2007, ABl. 2007 Nr. L 184, 17.

93 Des Weiteren müssen die Mitgliedstaaten den Unternehmen gestatten, den Aktionären die Teilnahme an der Hauptversammlung in elektronischer Form anzubieten, Art. 8. Als Formen der Teilnahme nennt die Richtlinie die Direktübertragung, Art. 8 Abs. 1 lit. a), die Zweiweg-Direktverbindung, Art. 8 Abs. 1 lit. b), und sonstige Verfahren, die es ermöglichen das Stimmrecht auszuüben, ohne in der Versammlung persönlich anwesend zu sein oder einen Vertreter zu bestimmen, Art. 8 Abs. 1 lit. c). Daneben erlauben die Mitgliedstaaten auch die Abstimmung mittels Brief, Art. 12. Als weitere Erleichterung der Stimmabgabe sind die Mitgliedstaaten verpflichtet, die Bestellung eines Vertreters zu erlauben. Der Vertreter hat die gleichen Rechte wie der Aktionär, Art. 10 Abs. 1 S. 2. Er ist verpflichtet, Interessenskonflikte offenzulegen (Art. 10 Abs. 3) und muss das Stimmrecht entsprechend den Anweisungen des Vertretenen ausüben, Art. 10 Abs. 4.

94 Eine Umsetzung der Richtlinie ist in Deutschland durch das Gesetz zur Umsetzung der Aktionärsrechterichtlinie (ARUG) erfolgt.[238] Allerdings bestand in Deutschland nur ein geringfügiger Anpassungsbedarf im Bereich der elektronischen Stimmrechtsabgabe.[239]

IV. Publizitätspflichten für Kapitalmärkte

1. Relevanz des Kapitalmarktrechts für Unternehmen

a) Überblick über die kapitalmarktrechtlichen Richtlinien

95 Unternehmen sind regelmäßig auf Fremdkapital angewiesen. Dieses können nicht nur Banken, sondern auch Börsen zur Verfügung stellen. Für börsennotierte Unternehmen gelten zahlreiche Informationspflichten, die eine ausreichende Information der Investoren sicherstellen sollen. Es gilt deshalb das Zusammenspiel von gesellschaftsrechtlichen und kapitalmarktrechtlichen Informationspflichten kurz darzustellen.[240]

96 Im Rahmen kapitalmarktrechtlicher Informationspflichten kann man zwischen Primärmarkt und Sekundärmarkt unterscheiden.[241] Der Primärmarkt umfasst den erstmaligen Absatz von Wertpapieren. Zur Information des Anlegers dienten bisher vor allem der Börsenzulassungsprospekt, der Unternehmensbericht und der Verkaufsprospekt. Auf dem Sekundärmarkt werden die Wertpapiere dann gehandelt. Hier stehen vor allem die Regelpublizität, wie Zwischenberichts-, Halbjahres- und Jahresbericht, und die anlassbezogene Publizität, wie Ad-hoc-Publizität, Insiders' Dealing und Beteiligungspublizitätspflichten als Informationsgrundlage im Vordergrund. Die kapitalmarktrechtlichen Informationspflichten stehen im besonderem Maße unter dem Gebot der Effizienz;[242] in letzter Zeit wird die Informationsüberflutung („Information overload") beklagt; Abhilfe versuchen Zusammenfassungen zu schaffen, wie etwa die Prospektzusammenfassung.[243]

97 Alle Informationspflichten beruhen unmittelbar auf europäischen Grundlagen.[244] Maßgeblich waren hier auf dem **Primärmarkt** zunächst die Börsenzulassungs-RL 79/279/EWG, die Börsenzulassungsprospekt-RL 80/390/EWG, die Zwischenberichts-RL 82/121/EWG, die Beteiligungstransparenz-RL 88/627/EWG sowie die Emissionsprospekt-RL 89/298/EWG.[245] Diese wurden dann von der Kapitalmarktpublizitäts-RL 2001/34/EG[246] abgelöst, die dann aber wieder in die Prospekt-

238 S. Gesetz zur Umsetzung der Aktionärsrechterichtlinie (ARUG) v. 30.7.2009, BGBl. I, S. 2479.

239 *Kort*, NZG 2007, 653, 655.

240 S. bereits oben Fn 32.

241 *Loistl*, Kapitalmarkttheorie, 3. Aufl. 1994, S. 15; *Claussen*, Bank- und Börsenrecht, 3. Aufl. 2003, § 9, Rn 1 a.

242 *Möllers*, AcP 208 (2008), 1; s. auch *Köndgen*, in: Fleischer/Zimmer (Hrsg.), Effizienz als Regelungsziel im Handels- und Wirtschaftsrecht, Beiheft ZHR 2009, S. 100; *Sester*, ZGR 2009, 310.

243 § 5 Abs. 2 WpPG, beruhend auf der Prospektrichtlinie 2003/71/EG. Weitere Vorschläge s. *Möllers/Kernchen*, ZGR 2011, 1 ff.

244 Für einen Überblick s. *Hopt*, in: Grundmann (Hrsg.), 2000, S. 307 ff.

245 Börsenzulassungs-RL 79/279/EWG v. 16.3.1979, ABl. 1979 Nr. L 66, 21; Börsenzulassungsprospekt-RL 80/390/EWG v. 17.3.1980, ABl. 1980 Nr. L 100, 1; Zwischenberichts-RL 82/121/EWG v. 15.2.1982, ABl. 1982 Nr. L 48, 26; Beteiligungstransparenz-RL 88/627/EWG v. 12.12.1988, ABl. 1988 Nr. L 124, 8; Emissionsprospekt-RL 89/298/EWG v. 17.4.1989, ABl. 1989 Nr. L 124, 8.

246 Die Kapitalmarktpublizitäts-RL 2001/34/EG v. 28.5.2001, ABl. 2001 Nr. L 184, 1, bereinigt ABl. 2001 Nr. L 217, 18.

RL 2003/71/EG (s. unten 2), die Marktmissbrauchs-RL 2003/6/EG sowie die Transparenz-RL 2004/109/EG zerlegt wurde.[247] Die Informationspflichten auf dem **Sekundärmarkt** werden durch die Transparenz-RL 2004/109/EG, die Marktmissbrauchs-RL 2003/6/EG[248] und die Übernahmeangebot-RL 2004/25 geregelt (s. unten V.1). Pflichten der Finanzintermediäre regelt die MiFiD-RL 2004/39/EG,[249] welche die Wertpapierdienstleistungs-RL 93/22/EWG[250] ersetzt.

Die neuen Richtlinien sind ein wesentlicher Bestandteil des **EU-Aktionsplans für Finanzdienstleistungen** (FSAP)[251] zur Schaffung eines integrierten Finanzbinnenmarktes. Bei den neueren Richtlinien handelt es sich um Rahmenrichtlinien, die im Rahmen des sog. Komitologieverfahrens oder Lamfalussy-Verfahrens[252] von der Kommission inhaltlich durch weitere Durchführungsrichtlinien und Verordnungen auszufüllen und zu präzisieren sind. Die Kommission wird hierbei vom Ausschuss der Europäischen Wertpapieraufsichtsbehörden (Committee on European Securities Regulators – CESR), vom Europäischen Wertpapierausschuss (European Securities Committee – ESC), vom Ausschuss der Europäischen Bankenaufsicht (Committee of European Banking Supervisors – CEBS) und weiteren Ausschüssen unterstützt.[253] 98

Die Finanzkrise hat weiteren Handlungsbedarf offenbart: Der *Larosière* Bericht[254] hat eine Aufwertung der Ausschüsse und damit ein dreiteiliges Aufsichtsregime auf europäischer Ebene vorgeschlagen, das von der Kommission aufgenommen wurde.[255] Im Jahr 2010 schuf die ESMA-VO Nr. 1095/2010[256] ein Europäisches Finanzaufsichtssystem („European System of Financial Supervisors"/ESFS) bestehend aus den nationalen Finanzaufsichtsbehörden und den Europäischen Aufsichtsbehörden („European Supervisory Authorities"/ESA). Die ESA besteht wiederum aus einer Europäischen Bankenaufsichtsbehörde („European Banking Authority"/EBA),[257] einer Europäischen Aufsichtsbehörde für das Versicherungswesen und die betriebliche Altersversorgung („European Insurance and Occupational Pensions Authority"/EIOPA)[258] und einer Europäischen Wertpapier- und Marktaufsichtsbehörde („European Securities and Markets Authority"/ESMA).[259] Die ESMA arbeitet zudem mit dem Europäischen Ausschuss für Systemrisiken (*„European Systemic Risc Board"/ESRB*) zusammen, Artt. 2 Abs. 3, 36.[260] 99

247 Von gesetzgeberischem „Kindermord" spricht *Grundmann*, Rn 656.

248 Diese ersetzt die bisherige Richtlinie 89/592/EWG des Rates v. 13.11.1989 zur Koordinierung der Vorschriften betreffend Insider-Geschäfte, ABl. 1989 Nr. L 334, 30.

249 Finanzinstrumente-RL (MiFiD) 2004/39/EG v. 21.4.2004, ABl. 2004 Nr. L 145, 1.

250 Wertpapierdienstleistungs-RL 93/22/EWG v. 10.5.1993, ABl. 1993 Nr. L 141, 27.

251 Aktionsplan der Kommission zur Umsetzung des Finanzmarktrahmens v. 11.5.1999, KOM(1999) 232 endg.

252 S. zu dem vierstufigen Rechtsetzungskonzept den Schlussbericht des Ausschusses der Weisen über die Regulierung der europäischen Wertpapiermärkte unter dem Vorsitz von Baron Alexandre Lamfalussy v. 15.2.2001, S. 10 (http://ec.europa.eu/internal_market/securities/docs/lamfalussy/wisemen/final-report-wise-men_de.pdf).

253 Weiterführend *Möllers*, ZEuP 2008, 480 ff; *Kopp-Colomb/Lenz*, AG 2002, 24, 25 f; *Seitz*, BKR 2002, 340, 341 f.

254 *Larosière Group*, Report of the High-Level Group on Financial Supervision in the EU v. 25.2.2009, abrufbar unter http://ec.europa.eu/internal_market/securities/docs/lamfalussy/wisemen/final-report-wise-men_de.pdf.

255 *Europäische Kommission*, Mitteilung der Kommission über die Europäische Finanzaufsicht v. 27.5.2009, KOM(2009)252 endg. 10, S. 9.

256 Verordnung (EU) Nr. 1095/2010 des Europäischen Parlaments und des Rates v. 24.11.2010 zur Errichtung einer Europäischen Aufsichtsbehörde (Europäische Wertpapier- und Marktaufsichtsbehörde), ABl. EU 2010 Nr. L 331, 84.

257 Verordnung (EU) Nr. 1093/2010 des Europäischen Parlaments und des Rates v. 24.11.2010 zur Errichtung einer Europäischen Aufsichtsbehörde (Europäische Bankenaufsichtsbehörde), ABl. EU 2010 Nr. L 331, 12.

258 Verordnung (EU) Nr. 1094/2010 des Europäischen Parlaments und des Rates v. 24.11.2010 zur Errichtung einer Europäischen Aufsichtsbehörde (Europäische Aufsichtsbehörde für das Versicherungswesen und die betriebliche Altersversorgung), ABl. EU 2010 Nr L 331, 48.

259 Verordnung (EU) Nr. 1095/2010 des Europäischen Parlaments und des Rates v. 24.11.2010 zur Errichtung einer Europäischen Aufsichtsbehörde (Europäische Wertpapier- und Marktaufsichtsbehörde), ABl. EU 2010 Nr. L 331, 84.

260 Zum Ganzen s. *Hopt*, NZG 2009, 1401 ff; *Möllers*, NZG 2010, 285 ff.

b) Zum Zusammenwirken von gesellschaftsrechtlichen und kapitalmarktrechtlichen Informationspflichten

100 Auf europäischer Grundlage basieren die gesellschaftsrechtlichen Rechnungslegungsvorschriften. Daneben gibt es nationale Informationspflichten des Unternehmens und Informationsansprüche des Aktionärs. In Deutschland hat das Transparenz- und Publizitätsgesetz[261] mit verschiedenen Maßnahmen den Corporate Governance Kodex (siehe oben Rn 85) verrechtlicht. Neben der Erklärungspflicht nach § 161 AktG werden nach § 285 HGB die Pflichtangaben im Anhang des Jahresabschlusses um eine Nr. 16 mit dem Inhalt ergänzt, dass die nach § 161 AktG vorgeschriebene Erklärung abgegeben und wo sie öffentlich zugänglich gemacht worden ist. Eine entsprechende Pflicht besteht für den Konzernanhang gem. § 314 Abs. 1 Nr. 8 HGB. Neben dem Jahresabschluss ist die nach § 161 AktG vorgeschriebene Erklärung im elektronischen Bundesanzeiger gem. § 325 HGB einzureichen.

101 Daneben hat ein Unternehmen den Erwerb einer Mehrheitsbeteiligung von mehr als 25% an einer anderen Kapitalgesellschaft mit Sitz im Inland mitzuteilen, § 21 Abs. 1 S. 1 AktG. Für börsennotierte Gesellschaften gelten dagegen die §§ 21 ff WpHG. Der Aktionär hat in der Hauptversammlung ein Auskunftsrecht, § 131 Abs. 1 AktG. Macht der Aktionär sein Auskunftsrecht geltend, muss der Vorstand auf der Hauptversammlung alle die Gesellschaft und ihre Angelegenheiten betreffenden Fragen beantworten.[262] Diese einzelnen Pflichten haben zum Teil kapitalmarktrechtliche Relevanz. So gilt die Rechnungslegung unmittelbar für die Verpflichtung zur Veröffentlichung eines Jahresfinanz- und Halbjahresfinanzberichts. Zusammenfassend lässt sich das Zusammenspiel zwischen gesellschaftsrechtlichen und kapitalmarktrechtlichen Informationspflichten wie folgt darstellen.[263]

102 Übersicht: Gesellschaftsrechtliche und kapitalmarktrechtliche Publizitätspflichten

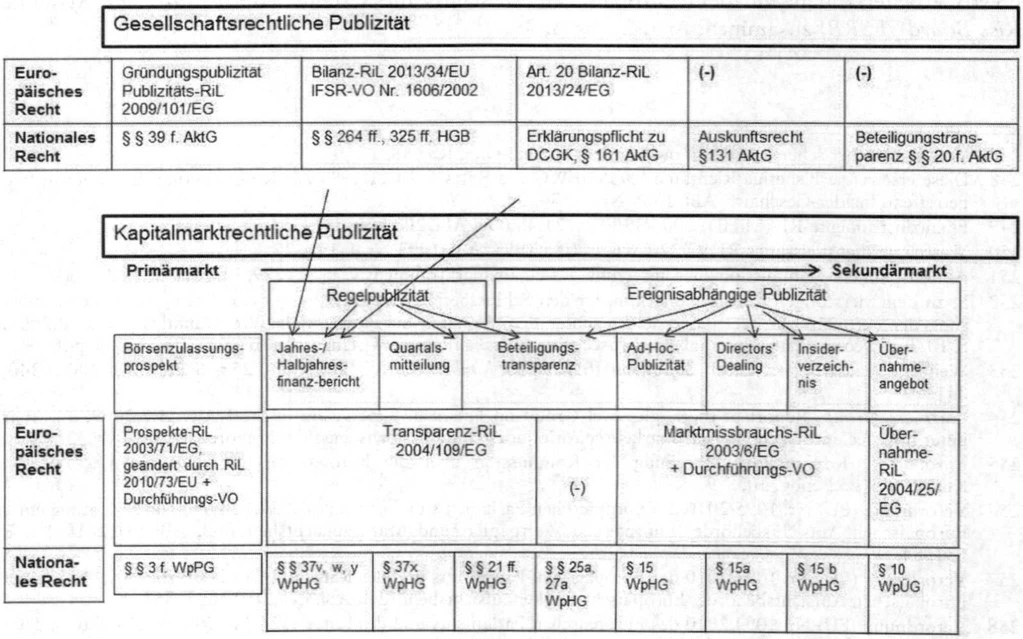

261 Transparenz- und Publizitätsgesetz (TransPuG) v. 19.7.2002, BGBl. I, S. 2681.
262 Weitere Auskunftsansprüche ergeben sich aus den §§ 293g Abs. 3, 295 Abs. 1 S. 2, Abs. 2 S. 3, 326 AktG. § 293g Abs. 3 AktG wurde anstelle des § 93 Abs. 4 AktG 1965 eingeführt.
263 S. *Möllers*, in: Möllers/Rotter (Hrsg.), § 2; eine Übersicht ohne europäische Bezüge findet sich in § 2, Rn 50.

2. Informationspflichten auf dem Primärmarkt (Prospektpflicht) – Die Prospekt-RL 2003/71/EG und VO EG Nr. 809/2004

Die früher maßgeblichen Richtlinien – Börsenprospekt-RL 80/390/EWG und Emissionsprospekt-RL 89/298/EWG – erlaubten verschiedene Prospekte, je nach dem, auf welchem Markt die Wertpapiere des Unternehmens zugelassen waren. So unterschied man bislang zwischen dem Börsenzulassungsprospekt, dem Unternehmensbericht und dem Verkaufsprospekt. Die Prospekt-RL 2003/71/EG[264] ersetzt die Börsenprospekt-RL 80/390/EWG und die Emissionsprospekt-RL 89/298/EWG. Sie wird durch die VO (EG) Nr. 809/2004 weiter präzisiert.[265] Der Ausschuss der Europäischen Wertpapieraufsichtsbehörden (CESR) hat in mehreren Stellungnahmen häufige Fragen in Zusammenhang mit Wertpapierprospekten zusammengefasst und beantwortet.[266] Ebenso hat er eine Empfehlung zur Durchführungsverordnung (EG) Nr. 809/2004 auf Stufe 3 des Lamfalussy-Verfahrens abgegeben.[267] Die Prospekt-RL 2003/71/EG schafft nun einen einheitlichen Standard für das Prospekt unabhängig vom Marktsegment. Nach neuem Recht verpflichtet nicht mehr nur die Zulassung des Wertpapiers auf einem Markt zur Erstellung eines Prospektes, Art. 3 Abs. 3. Für die Prospektpflicht reicht vielmehr schon ein „öffentliches Angebot", Art. 3 Abs. 1 iVm Art. 2 Abs. 1 lit. d). Nach Prüfung und Billigung durch die Aufsichtsbehörde ist das Prospekt zu veröffentlichen, Art. 13 f. Die Bescheinigung über die Billigung, die sog. Notifizierung (Art. 18), schafft einen **„Europäischen Pass"**; die erneute Prüfung durch die Behörde des Aufnahmestaates entfällt, Art. 17 Abs. 1. 103

Mit Art. 1 des Prospektrichtlinie-Umsetzungsgesetzes wurde in Deutschland das sog. **Wertpapierprospektgesetz (WpPG)**[268] erlassen. Die bisherige Differenzierung der Prospekte danach, ob ein öffentliches Angebot von Wertpapieren oder eine Börsenzulassung erfolgen soll, entfällt. Die bestehende Zersplitterung der Zuständigkeiten hinsichtlich der Prospektprüfung wurde beendet, da nun die Bundesanstalt für Finanzdienstleistungsaufsicht (BaFin) die zentrale zuständige Prospektprüfstelle ist, sowohl für öffentlich angebotene Wertpapiere als auch für solche Wertpapiere, die zur Börse zugelassen werden.[269] 104

Der Prospekt soll dem Anleger ein fundiertes Urteil über Vermögenswerte und Verbindlichkeiten, Finanzlage, Gewinne und Verluste sowie die Zukunftsaussichten des Emittenten ermöglichen,[270] Art. 5 Abs. 1. Hierzu ist eine Fülle von Einzelinformationen erforderlich.[271] Zudem ordnet die Prospekt-RL 2003/71/EG eine zivilrechtliche Haftung an, Art. 6.[272] Hier gelten weiterhin die schon bestehenden § 13 VerkProspG iVm §§ 47 – 47 BörsG, § 13 a VerkProspG. 105

3. Informationspflichten auf dem Sekundärmarkt

Die Informationspflichten auf dem Sekundärmarkt werden durch die Marktmissbrauchs-RL 2003/6/EG, die Transparenz-RL 2004/109/EG und die Übernahmeangebot-RL 2004/25/EG geregelt sowie einer Reihe von konkretisierender Durchführungsrichtlinien. 106

---

264 Prospekt-RL 2003/71/EG v. 4.11.2003 ABl. 2003 Nr. L 345, 64.

265 VO (EG) Nr. 809/2004 v. 29.4.2004, ABl. 2004 Nr. L 149, 1, berichtigt ABl. 2004 Nr. L 215, 3.

266 Frequently asked questions regarding Prospectuses: Common positions agreed by CESR Members, 6th Updated Version – August 2008, CESR/ 08~602, abrufbar unter http://www.kapitalmarktrecht-im-internet.eu.

267 CESR's recommendations for the consistent implementation of the European Commission's Regulation on Prospectuses n° 809/2004, CESR/ 05~054 b, abrufbar unter http://www.kapitalmarktrecht-im-internet.eu.

268 Gesetz über die Erstellung, Billigung und Veröffentlichung des Prospekts, der beim öffentlichen Angebot von Wertpapieren oder bei Zulassung von Wertpapieren zum Handel an einem organisierten Markt zu veröffentlichen ist (Wertpapierprospektgesetz – WpPG) v. 22.6.2005, BGBl. I, S. 1698, zuletzt geändert durch Gesetz vom 19.12.2008, BGBl. I, S. 2794.

269 *Weber*, NJW 2004, 3674, 3677 sowie die Stellungnahme des Bundesrates, BT-Drucks. 15/5219. Zum bisherigen Recht s. *Fleischer*, BKR 2004, 339.

270 Zur Frage, über welchen Sachverstand der Anleger zur Beurteilung der Finanzlage verfügen muss, s. *Fleischer*, S. 42 ff; *Wieneke*, NZG 2005, 109, 111.

271 S. Art. 5 Abs. 2, Art. 7 sowie die Anhänge I – IV und die VO (EG) Nr. 809/2004.

272 S. hierzu jetzt umfangreich *Hopt/Voigt* (Hrsg.); *Holzborn/Israel*, ZIP 2005, 1668, 1675. Bisher gab es in Deutschland schon eine Börsenprospekthaftung gem. §§ 44 f BörsG.

a) Marktmissbrauchs-RL 2003/6/EG

107 Die ergebnisabhängige Publizität ist überwiegend in der Marktmissbrauchs-RL 2003/6/EG[273] sowie in deren drei Durchführungsrichtlinien und einer Verordnung[274] konkretisiert: Die **Ad-hoc-Publizität, Director's Dealings** und das Führen von **Insiderverzeichnissen.**

108 Die Ad-hoc-Publizität steht in engem Zusammenhang mit dem Insiderrecht: Insiderinformationen können nicht mehr missbraucht werden, sobald sie der Öffentlichkeit bekannt gegeben wurden. Die Voraussetzungen der Ad-hoc-Publizität nehmen unmittelbar auf den Insiderbegriff Bezug. Der Emittent von Wertpapieren hat eine neue, nicht öffentlich bekannte und ihn betreffende Insiderinformation unverzüglich zu veröffentlichen, wenn sie geeignet ist, den Börsenpreis erheblich zu beeinflussen, Art. 6 Abs. 1, 1 Nr. 1.

109 Zudem sieht die Marktmissbrauchs-RL 2003/6/EG die Verpflichtung vor, dass Personen mit Führungsaufgaben, wenn sie Wertpapiere der eigenen Gesellschaft erwerben oder veräußern, dies unverzüglich der Aufsichtsbehörde und dem Anlegerpublikum mitteilen, Art. 6 Abs. 4. Die Kenntnis über solche Transaktionen ist für den Markt häufig von großer Bedeutung, da diese Anhaltspunkte für die Einschätzung der weiteren Geschäftsaussichten durch die Unternehmensleitung geben.[275] Die Emittenten haben des Weiteren Insiderverzeichnisse zu führen, welche die Personen aufzuführen haben, die Zugang zu Insiderinformationen haben, Art. 6 Abs. 3 Unterabs. 3.

110 Die Richtlinie untersagt zudem **Insidergeschäfte** und **Marktmanipulationen,** vgl Artt. 4, 5. Der EuGH hat inzwischen Gelegenheit gehabt, in verschiedenen Entscheidungen den Insiderbegriff zu präzisieren.[276]

111 Das Ende Oktober 2004 in Kraft getretene Anlegerschutzverbesserungsgesetz (AnSVG)[277] setzt die Marktmissbrauchs-RL 2003/6/EG in den §§ 15, 15 a, 15 b etc. WpHG um. Die Richtlinie verlangt wirksame und abschreckende Sanktionen, Art. 14. Deutschland hatte schon vorher – vorauseilend – eine Reihe von Pflichten[278] mit dem Vierten Finanzmarktförderungsgesetz[279] und zivilrechtliche Schadensersatzansprüche mit den §§ 37 b, 37 c WpHG eingeführt.[280] Der BGH hatte einen Schadensersatzanspruch wegen fehlerhafter Ad-hoc-Mitteilung aufgrund einer Verletzung des § 826 BGB[281] bzw. wegen §§ 37 b, c WpHG[282] zugesprochen. Für Verletzungen des Insiderverbotes und der Kurspreismanipulation fehlen dagegen spezialgesetzliche Schadensersatzansprüche. Ob weitere Informationspflichten Schutzcharakter im Sinne von § 823 Abs. 2 BGB besitzen, ist heftig

273 Marktmissbrauchs-RL 2003/6/EG v. 28.1.2003, ABl. 2003 Nr. L 96, 16; s. *Grimme/von Buttlar*, WM 2003, 901; *Möllers*, in: Möllers/Rotter (Hrsg.), § 17, Rn 11 ff; *Büche*, Die Neuregelung der Pflicht zur Ad-hoc-Publizität im Zuge der Vollendung des Binnenmarkts für Finanzdienstleistungen, Diss. Augsburg 2005.

274 Durchführungs-RL 2003/124/EG v. 24.12.2003, ABl. 2003 Nr. L 339, 70; RL 2003/125/EG v. 22.12.2003, ABl. 2003 Nr. L 229, 73; RL 2004/72/EG v. 29.4.2004, ABl. 2004 Nr. L 162, 70 und VO (EG) Nr. 2273/2003 v. 22.12.2003, ABl. 2003 Nr. L 366, 33.

275 S. hierzu http://www.insiderdaten.de.

276 EuGH, Rs. C-384/02 (Knud Grøngaard und Allan Bang), Slg 2005, I-9939; EuGH, Rs. C-391/04 (Georgikas), Slg 2007, I- 3741; EuGH, Rs. C-45/08 (Spector Photo Group), Slg 2009, I-12073; EuGH, Rs. C-19/11 (Markus Gertl/Daimler), NJW 2012, 2787 m. Anmerkungen *Möllers/Seidenschwann*, NJW 2012, 2762 ff.

277 S. Anlegerschutzverbesserungsgesetz v. 1.7.2004, BGBl. I, S. 2630; *Holzborn/Israel*, WM 2004, 1948; *Kuthe*, ZIP 2004, 883; *Ziemons*, NZG 2004, 537; *Diekmann/Sustmann*, NZG 2004, 929; *Spindler*, NJW 2004, 3449, 3451; *Bürgers*, BKR 2004, 424; *Cahn*, Der Konzern 2005, 5; *Simon*, Der Konzern 2005, 13. Das europäische und deutsche Gesetzgebungsverfahren findet sich unter http://www.kapitalmarktrecht-im-internet.eu/de/wiki/28.htm.

278 S. zB § 15 a WpHG s. hierzu *Schneider*, BB 2002, 1817 ff; *Schneider*, AG 2002, 473 ff.

279 Viertes Finanzmarktförderungsgesetz (FFG) v. 21.6.2002, BGBl. I, S. 2010.

280 Hierzu umfassend *Möllers/Leisch*, in: Möllers/Rotter (Hrsg.), § 14; *dies.*, in: KK-WpHG, 2. Aufl. 2014, §§ 37 b, c.

281 BGH, 19.7.2004, II ZR 402/02, BGHZ 160, 149 – Infomatec m.Anm. *Möllers*, JZ 2005, 75 ff; BGH, 9.5.2005, II ZR 287/02, NJW 2005, 2450 – EM.TV; hierzu *Möllers*, BB 2005, 1637; *Kort*, NZG 2005, 708; BGH, 3.3.2008, II ZR 310/06, NZG 2008, 286 – Comroad; hierzu *Möllers*, NZG 2008, 413 ff.

282 BGH, 13.12.2011, XI ZR 51/10, BGHZ 192, 90 – IKB; ausführlich *Möllers/Leisch*, in: KK-WpHG, 2. Aufl. 2014, §§ 37 b, c.

umstritten, so etwa hinsichtlich des Insiderverstoßes,[283] der Marktmanipulation,[284] Directors' Dealings[285] oder des Führens von Insiderverzeichnissen.[286] Zudem existiert nun mit dem **Kapitalanleger-Musterverfahrensgesetz (KapMuG)**[287] die Möglichkeit, in einem Musterverfahren ein Feststellungsziel rechtlich für alle Parteien bindend klären zu lassen. Das Gesetz ist inzwischen novelliert worden und gilt nun bis zum 1.1.2020.[288]

b) Transparenz-RL 2004/109/EG

Mit der Transparenz-RL 2004/109/EG bezweckt die EU ein gemeinschaftsweit einheitliches Transparenz- und Informationsniveau, das den Zielen eines soliden Anlegerschutzes und der Markteffizienz gerecht wird.[289] Sie wird durch die RL 2007/14/EG ergänzt.[290] Der Emittent ist zu jährlichen (Art. 4) und halbjährlichen (Art. 5) Finanzberichten verpflichtet. Der **Jahresfinanzbericht** umfasst den geprüften Jahresabschluss, den Lagebericht sowie eine Versicherung der verantwortlichen Organmitglieder, dass die im Jahresfinanzbericht enthaltenen Informationen mit den Tatsachen übereinstimmen und der Bericht frei von Auslassungen ist, die seine Aussagekraft beeinträchtigen könnten („Bilanzeid"), Art. 4 Abs. 2 lit. c). Eine vergleichbare Versicherung muss auch der **Halbjahresfinanzbericht** enthalten, Art. 5 Abs. 2 lit. c). Ähnlichkeiten mit dem Sarbanes-Oxley-Act,[291] der einen Eid des Vorstandes für Bilanzen vorsieht, sind insoweit unverkennbar. Bedeutend ist die Tatsache, dass sowohl der Jahres- als auch der Halbjahresfinanzbericht die Vorgaben der IFRS-VO (EG) Nr. 1606/2002 einhalten muss, Art. 4 Abs. 3, 5 Abs. 3. Der Bezug zum gesellschaftsrechtlichen Rechnungslegungsrecht ist damit unmittelbar hergestellt. 112

Auf europäischer Ebene neu ist die Regelung, dass das Unternehmen für das erste und das dritte Quartal des Geschäftsjahres bestimmte Finanzinformationen durch sog. Zwischenmitteilungen offen zu legen hat, Art. 6. In Deutschland sahen eine Reihe von privatrechtlichen Regelwerken bisher schon eine **Quartalsberichtserstattung** vor.[292] Ursprünglich sollte zudem mit einer unionsweit einheitlichen Quartalsinformationspflicht auch eine Angleichung an die US-amerikanischen Vorschriften erfolgen, die bereits seit 1946 Quartalsberichte verlangen.[293] Die Einführung dieser Quartalsberichtspflicht war allerdings auch wegen der hohen Kosten und des Einflusses saisonaler Sondereinflüsse nicht unumstritten.[294] Die Europäische Kommission hat daher der Kritik Rechnung getragen und den Umfang der Pflicht zur Zwischenmitteilung (Quartalsberichtspflicht) deutlich reduziert. Im Unterschied zur Halbjahresberichtspflicht genügt für die Quartalsberichte nicht eine Rechnungslegung nach IFRS, sondern eine tabellarische Übersicht über Nettoumsatzerlöse und das 113

283 § 13 WpHG. Ablehnend wegen des fehlenden Nachweises der Kausalität nach geltendem Recht s. *Assmann*, in: Assmann/Schneider, WpHG, 6. Aufl. 2012, § 14, Rn 208 ff. In den USA ist eine zivilrechtliche Haftung bei Insiderverstößen denkbar. Beruhend auf dem Insider Trading and Securities Fraud Enforcement Act 1988, 15 U.S.C.A. § 78t-1(a). Der Nachweis der konkreten Kausalität ist nicht erforderlich, weil es ausreicht, zur selben Zeit wie der Insider gekauft bzw verkauft zu haben S. In Re American Business Computers Corp. Securities Regulation Ligitation, 1994 WL 848690 [1995 Transfer Binner] Fes.Sec.L.Pre. (CCH) S.D.N.Y. 1994.

284 § 20 a WpHG. Ablehnend BGH, 13.12.2011, XI ZR 51/10, BGHZ 192, 90 Rn 19 ff - IKB.

285 § 15 a WpHG. Ablehnend *Heinrich*, in: KK-WpHG, 2. Aufl. 2014, § 15 a, Rn 84; *Sethe*, in: Assmann/Schneider, WpHG, 6. Aufl. 2012, § 15 a, Rn 140; *Zimmer/Osterloh*, in: Schwark, KMRK, 4. Aufl. 2010, § 15 a, Rn 110.

286 § 15 b WpHG. Ablehnend *Sethe*, in: Assmann/Schneider, WpHG, 6. Aufl. 2012, § 15 b, Rn 84.

287 Gesetz zur Einführung von Kapitalanleger-Musterverfahren v. 16.8.2005, BGBl. I, S. 2437, s. hierzu *Möllers/Weichert*, NJW 2005, 2737 ff; *Reuschle*, Das Kapitalanleger-Musterverfahrensgesetz, 2006; *Hess/Reuschle/Veil* (Hrsg.), KK-KapMuG, 2007.

288 Gesetz zur Reform des Kapitalanleger-Musterverfahrensgesetzes und zur Änderung anderer Vorschriften v. 19.10.2012, BGBl. I, S. 2182; *Möllers/Leisch*, in: KK-WpHG, 2. Aufl. 2014, §§ 37 b, c, Rn 523 ff.

289 Erwägungsgrund 1 der Transparenz-RL 2004/109/EG v. 15.12.2004, ABl. 2004 Nr. L 390, 38.

290 RL 2007/14/EG v. 8.3.2007, ABl. 2007 Nr. L 69, 27.

291 S. Sarbanes-Oxley-Act, 15 U.S.C. § 409 (2003), *Lanfermann/Maul*, DB 2002, 1725 ff.

292 Das gilt für den DAX-30, M-DAX, Tec-DAX, S-DAX und das bisherige Regelwerk des Neuen Marktes, s. Abschn. 2 Ziff. 7.1., s. *Ammedick/Strieder*. Im Übrigen kennen Österreich, Belgien, Spanien, Frankreich, Finnland, Griechenland, Italien und Portugal gesetzliche Vorgaben für Quartalsberichte.

293 Begründung des Vorschlags der EG-Kommission für eine neue Transparenz-RL v. 22.3.2003, KOM(2003) 138, S. 16, 20; s. auch *Merkt/Göthel*, RIW 2003, 23 ff.

294 Die Porsche AG hat beispielsweise den M-DAX verlassen, s. zB SZ v. 25.3.2003, S. 20.

Ergebnis nach Steuern und Erläuterungen; die Angabe zur voraussichtlichen Entwicklung des Emittenten ist freiwillig. Jahresfinanz-, Halbjahresbericht und Quartalsberichtserstattung wurden mit den §§ 37 v ff WpHG umgesetzt.

114 Börsennotierte Unternehmen müssen **Änderungen ihrer Beteiligungen** an anderen Unternehmen anzeigen. Hiermit soll der Missbrauch von Insiderwissen verhindert werden. Das Über- oder Unterschreiten bestimmter Beteiligungsschwellen (5%, 10%, 15%, 20%, 25%, 30%, 50%, 75%) löst eine Mitteilungspflicht gegenüber dem Erwerber aus, Art. 9 Abs. 1. Hierdurch wird die Zielgesellschaft schon im Vorfeld des Übernahmerechts rechtlich geschützt. Der deutsche Gesetzgeber hat die Richtlinie überschießend umgesetzt, indem er eine weitere Schwelle bei 3% setzt (§ 21 Abs. 1 WpHG). Zudem wurden mit § 27 a WpHG zusätzliche Offenlegungspflichten eingeführt, wonach Investoren ab einer Meldeschwelle von 10% zur Offenlegung der Ziele ihres Investments verpflichtet sein können.[295]

115 Mangels Harmonisierung führt die Publikation von Kapitalmarktinformationen momentan noch zu einer enormen Vielfalt an Informationskanälen, so dass in vielen Mitgliedstaaten Informationen über ein und denselben Emittenten nicht über eine einzige, sondern nur über verschiedene Informationsquellen erhältlich sind. Dies steht im Gegensatz zu dem von der SEC in den USA eingeführten EDGAR-System und zu der von der französischen Aufsichtsbehörde COB etablierten SOPHIE-Datenbank, die einen einfachen und zentralen Zugang zu allen Informationen über den Emittenten gewährleisten. Während die Marktmissbrauchs-RL 2003/6/EG nur den Emittenten zur Veröffentlichung der Ad-hoc-Mitteilung im Internet verpflichtet, zielt die Transparenz-RL 2004/109/EG darüber hinaus: Die jeweiligen Aufsichtsbehörden der Mitgliedstaaten sollen Leitlinien erstellen, um sämtliche für Anleger bedeutsame Informationen, die sich aus der Prospekt-, Marktmissbrauchs- und Transparenz-RL 2004/109/EG ergeben, auf einer elektronischen Plattform zur Verfügung zu stellen. Die Kommission hat auf Grundlage eines „technical advice" des Ausschusses der Europäischen Wertpapieraufsichtsbehörden (CESR)[296] eine Empfehlung zur Errichtung einer gemeinschaftsweiten Plattform ausgesprochen. Um den Systemen die nötige Flexibilität zu gewährleisten, erfolgt die Umsetzung nur auf freiwilliger Basis.[297]

116 Die Transparenz-RL 2004/109/EG wurde durch das Gesetz über elektronische Handelsregister und Genossenschaftsregister sowie das Unternehmensregister[298] und das Gesetz zur Umsetzung der Richtlinie 2004/109/EG[299] umgesetzt. Die Mitgliedstaaten müssen sicherstellen, dass der Emittent oder das Verwaltungs-, Leitungs- oder Aufsichtsorgan haften, wenn gegen die Vorschriften zum Jahres-, Halbjahresfinanzbericht oder Zwischenbericht verstoßen wird, vgl Art. 7.[300] Das Haftungsausmaß können die Mitgliedstaaten dagegen frei bestimmen.[301] Nach bisheriger Rechtslage kommt einzelnen Normen Schutzgesetzqualität nach § 823 Abs. 2 BGB zu.[302]

c) Übernahmeangebot-RL 2004/25/EG

117 Für die Übernahme eines Unternehmens verpflichtet die Übernahmeangebot-RL 2004/25/EG die Bietergesellschaft, ein Übernahmeangebot zu publizieren, damit die Aktionäre der Bietergesellschaft entscheiden können, ob sie dieses Angebot annehmen.[303]

---

295 Gesetz zur Begrenzung der mit Finanzinvestitionen verbundenen Risiken (Risikobegrenzungsgesetz) v. 12.8.2008, BGBl. I, S. 1666; s. hierzu *Möllers/Holzner*, NZG 2008, 166, 171 ff; *Fleischer*, ZGR 2008, 185, 190 ff.

296 CESR'S final technical advice on possible implementing measures concerning the transparency directive, storage of regulated information and filing of regulated information, CESR /06-292.

297 Erwägungsgrund 4 der Empfehlung der Kommission (2007/657/EG) v. 11.10.2007, ABl. 2007 Nr. L 267, 16.

298 Gesetz über elektronische Handelsregister und Genossenschaftsregister sowie das Unternehmensregister (EHUG) v. 10.11.2006, BGBl. I, S. 2553.

299 Transparenzrichtlinie-Umsetzungsgesetz v. 5.1.2007, BGBl. I, S. 10.

300 *Möllers*, in: Möllers/Rotter (Hrsg.), § 17, Rn 45 ff.

301 Erwägungsgrund 17 der Prospekt-RL 2001/34/EG.

302 Zu § 400 AktG, § 323 HGB, § 40 BörsG s. die Nachweise bei *Ehricke*, in: Hopt/Voigt (Hrsg.), S. 187, 303.

303 Hierzu u. Rn 118.

V. Unternehmensübernahmen und Kapitalverkehrsfreiheit

1. Die Übernahmeangebot-RL 2004/25/EG

a) Geschichte und wirtschaftliche Bedeutung

Erste Bemühungen um eine gemeinschaftsweite Regulierung der Übernahmeangebote reichen in die 70iger Jahre zurück. Ein erster Entwurf aus dem Jahre 1989, geplant als 13. Gesellschaftsrechtliche Richtlinie, konnte sich ebenso wenig durchsetzen, wie ein zweiter Versuch, der unter dem Druck Deutschlands im Europäischen Parlament scheiterte.[304] Deutschland bemängelte vor allem das fehlende **„level playing field"**,[305] weil andere Mitgliedstaaten durch zahlreiche nach nationalem Recht zulässige Übernahmehindernisse eine Übernahme verhindern konnten. Den gordischen Knoten hat schließlich der EuGH mit seinen Golden-Shares-Entscheidungen durchschnitten, in welchen er die nationalen Übernahmehindernisse auf ein unabdingbar notwendiges Maß beschränkte (siehe unten Rn 128 ff). Im Jahre 2004 wurde dann die lang ersehnte Übernahmeangebot-RL 2004/25/EG erlassen;[306] der deutsche Gesetzgeber hat diese Richtlinie mit Wirkung zum 14.7.2006 durch das Übernahmerichtlinie-Umsetzungsgesetz umgesetzt.[307] Dazu musste er das schon vor der RL zum 1.1.2002 erlassene **Wertpapiererwerbs- und Übernahmegesetz** (WpÜG)[308] nur noch in einigen Teilen nachbessern.[309] Ökonomisch wächst die Bedeutung von Übernahmen immens; die Hälfte aller Übernahmen weltweit findet auf den europäischen Märkten statt.[310] Als Beispiele seien nur genannt: Im Jahre 1999/2000 hatte in Deutschland mit der Übernahme von Mannesmann durch Vodafone zu einem Preis von 180 Mrd. Euro die bisher weltweit teuerste Übernahme stattgefunden;[311] im Jahr 2004 übernahm das französische Unternehmen Sanofi den deutschen Konzern Aventis und ist nun das drittgrößte Pharmaunternehmen der Welt.[312] 118

b) Wirtschaftliche Relevanz für die Unternehmen und Grundsätze zum Schutz der Beteiligten

Unternehmensübernahmen zielen auf Synergieeffektive zwischen Bieter- und Zielgesellschaft;[313] daneben kann die Effizienz wenig effektiver Unternehmen durch die Übernahme gesteigert werden. Allerdings können Minderheitsaktionäre und Arbeitnehmer der Zielgesellschaft geschädigt werden.[314] Die in Art. 3 der Übernahmeangebot-RL 2004/25/EG formulierten Grundsätze, die sich an dem Londoner **City Code on Takeovers and Mergers** (**City Code**)[315] orientieren, wollen deshalb in besonderem Maße die Aktionäre der Zielgesellschaft schützen, indem sie etwa ein Gebot zur Gleichbehandlung, die Pflicht zur ausreichenden Information oder die Verpflichtung der Leitungsorgane, im Interesse der Gesellschaft zu handeln, postulieren. Zudem sind die Aktionäre der Ziel- 119

304 Ablehnung im Parlament am 4.7.2001 bei Stimmengleichheit (273:273), ABl. 2001 Nr. C 65, E 112.

305 Angesprochen in Erwägungsgrund 1 der Übernahmeangebot-RL 2004/25/EG.

306 RL 2004/25/EG v. 21.4.2004 betreffend Übernahmeangebote, ABl. 2004 Nr. L 142, 12.

307 Übernahmerichtlinie-Umsetzungsgesetz v. 8.7.2006, BGBl. I, S. 1426.

308 Wertpapiererwerbs- und Übernahmegesetz v. 20.12.2001, BGBl. I, S. 3822. Hierzu zB *Geibel/Süßmann* (Hrsg.), WpÜG, 2. Aufl. 2008; *von Bülow/Hirte* (Hrsg.), KK-WpÜG, 2. Auflage 2010; *Steinmeyer/Häger* (Hrsg.), WpÜG, 2. Aufl. 2007; *Haarmann/Schüppen* (Hrsg.), Frankfurter Kommentar zum WpÜG, 3. Aufl. 2008; *Noack*, in: Schwark (Hrsg.), Kapitalmarktrechtskommentar, 4 Aufl. 2010, WpÜG; *Baums/Thoma* (Hrsg.), WpÜG 2004.

309 Beschlussempfehlung und Bericht des Finanzausschusses, BT-Drucks. 16/1541.

310 *van der Elst*, in: Hopt/Wymeersch (Hrsg.), S. 3, 37 ff.

311 Das Verfahren gegen Klaus Esser, der als Vorstandsvorsitzender eine Abfindung von insgesamt DM 59 Mio. erhielt, wurde gegen eine Geldauflage gem. § 153 a Abs. 2 StPO Ende 2006 eingestellt. Vorab hatte der BGH den Freispruch des LG Düsseldorf aufgehoben, BGH v. 21.12.2005, 3 StR 470/04, BGHSt 50, 331. Mehr als 200 veröffentlichte Angebotsunterlagen gem. § 14 WpÜG finden sich auf der Internetseite der Bundesanstalt für Finanzdienstleistungsaufsicht, www.bafin.de unter Datenbanken.

312 Vgl FAZ v. 5.11.2004.

313 Zu den Begriffsbestimmungen s. Art. 2.

314 Zu den verschiedenen Argumenten s. *Coffee*, 84 Colum.L.Rev. 1145, 1166 f (1984); *Bradley*, Interfirm Tender Offers and the Market for Corporate Control, 53 J. Bus. 345 ff (1980); *Mülbert/Birke*, WM 2001, 705, 707 f; *Mühle*, Das Wertpapiererwerbs- und Übernahmegesetz, Diss. Augsburg, 2002, S. 54 ff; *Hirte*, in: KK-WpÜG, 2010, Einl. 12 ff.

315 Zu finden unter www.thetakeoverpanel.org.uk.

gesellschaft[316] in einer einzuberufenden Hauptversammlung grundsätzlich Herren des Verfahrens (siehe unten Rn 131 ff).

c) Das Übernahmerecht als Querschnittsgebiet und Überblick

120 Das Recht der Unternehmensübernahme verdeutlicht par excellence, wie Gesellschafts- und Kapitalmarktrecht ineinander wirken. Anwendung findet die Übernahmeangebot-RL 2004/25/EG nur für Wertpapiere, die an einem geregelten Markt zugelassen sind. Die Bietergesellschaft hat die Entscheidung über ein Angebot unverzüglich bekannt zu machen, Art. 6. Dies dient dazu, einem Insiderhandel vorzubeugen. Marktverzerrung durch eine künstliche Beeinflussung der Wertpapierkurse ist unzulässig, Art. 3 Abs. 1 lit. e). Eine Aufsichtsbehörde[317] hat das Verfahren zu überwachen, Art. 4. Gesellschaftsrechtlicher Natur sind Regelungen, welche die einzelnen Organe der Zielgesellschaft schützen sollen. Das Angebot, das der Bieter macht, richtet sich an den Aktionär der Zielgesellschaft; in dieser Eigenschaft ist er zugleich Kapitalanleger und Investor. Überschneidungen ergeben sich mit dem Konzernrecht, das nach einer erfolgreichen Übernahme eingreifen kann.[318] Daneben muss die Kartellbehörde die Übernahme auf seine wettbewerbsrelevanten Implikationen prüfen.

121 Die Übernahme lässt sich in drei Phasen unterteilen, die **Angebotsphase**, Artt. 5-8 (sogleich 2.); die **Verteidigungsphase**, Artt. 9-11 (3.) und die **Abschlussphase** zur Bereinigung der Aktionärsstruktur, Artt. 15-16 (4.). Die Übernahmeangebot-RL 2004/25/EG ist eine Mischung aus Mindest- und Maximalharmonisierung, Art. 2 Abs. 2.[319] Sie regelt als Rahmenrichtlinie nur den Kernbestand des Übernahmerechts, so dass sich zahlreiche Verweise auf das nationale Recht finden.[320] Neben der Überwachung müssen Sanktionen effektiv sein, Art. 17. Nicht auf europäischem Recht beruhen daher Schadensersatzansprüche, wie die Haftung für fehlerhafte Angebotsunterlagen gem. § 12 WpÜG,[321] oder die Frage, inwieweit Aktionäre in einem Verwaltungsverfahren der BaFin zur Überprüfung der Angemessenheit des Preises zu beteiligen sind.[322]

2. Angebotsverfahren und Information von Aktionären und Arbeitnehmern

a) Freiwilliges Angebot und Pflichtangebot

122 Zu unterscheiden ist zwischen freiwilligen und Pflichtangeboten. Freiwillige Übernahmeangebote können, müssen sich aber nicht auf einen Kontrollerwerb der Zielgesellschaft richten. Hierbei müssen alle Aktionäre sowohl gleich behandelt als auch hinreichend informiert werden. Denkbar ist beispielsweise ein Angebot, 70% der Aktien eines Unternehmens zu erwerben. Das Pflichtangebot geht darüber hinaus. Wer bereits die Kontrolle über die Zielgesellschaft erreicht hat, muss allen verbliebenen Minderheitsaktionären ein Pflichtangebot machen, ihre Aktien gegen Aktien des Bieters oder eine Geldforderung zu tauschen, Art. 5. Während die Kontrollmehrheit in dem ersten Entwurf einer Übernahmerichtlinie noch bei 1/3 aller Stimmrechte vorgesehen war, verweist die Übernahmeangebot-RL 2004/25/EG auf das Sitzrecht des Bieters, Art. 5 Abs. 3. Die Kontrollschwelle wird wohl wegen der geringen Präsenz auf den Hauptversammlungen deutlich unter 50% liegen müssen.[323] Wird allerdings nur eine Sperrminorität von 25% angestrebt, greift das Übernahmerecht nicht ein.

---

316 Die Aktionäre der Bietergesellschaft werden dagegen nicht eigens geschützt, kritisch deshalb *Grundmann*, Rn 981.

317 In Deutschland die Bundesanstalt für Finanzdienstleistungsaufsicht (BaFin). Allerdings erlaubt Art. 4 Abs. 1 S. 2 die Aufsicht durch private Einrichtungen nach Art des englischen Takeover-Panels.

318 *Fleischer*, NZG 2002, 545, 547 f.

319 Ausführlich *Mülbert*, NZG 2004, 633, 635 ff.

320 ZB Artt. 5 Abs. 3, Abs. 5 Unterabs. 3, 5 Abs. 3, 13, 15 Abs. 2 Unterabs. 2, Abs. 5 S. 2.

321 Hierzu zB *Möllers*, in: KK-WpÜG, 2010, § 12.

322 Verneinend OLG Frankfurt aM, 4.7.2003, NZG 2003, 1120 – Wella; bestätigt durch BVerfG, 2.4.2004, NZG 2004, 617 – Wella. S. auch den Verweis auf das nationale Recht in Art. 4 Abs. 6.

323 § 29 Abs. 2 WpÜG verlangt 30%; *Habersack/Verse*, § 11, Rn 18.

b) Gleichbehandlung und angemessener Preis

Die Gleichbehandlung bezieht sich aber nur auf Wertpapiere innerhalb einer Gruppe, Art. 3 Abs. 1 lit. a). Der Bieter kann damit Stamm-, Vorzugsaktien und Aktien mit Mehrfachstimmrecht unterschiedlich behandeln.[324] Als Gegenleistung kommen liquide, auf dem Markt zugelassene Wertpapiere – regelmäßig also Wertpapiere des Bieters – und/oder eine Geldleistung in Betracht. Als angemessen gilt der höchste Preis, der vom Bieter oder einer mit ihm handelnden Person in den letzten sechs bis zwölf Monaten vor dem Angebot für die gleichen Wertpapiere gezahlt wurde, Art. 5 Abs. 4, 5. 123

c) Transparenz und angemessene Überlegungsfrist

Der Bieter hat in einem ersten Schritt die Entscheidung über die Abgabe eines Angebotes unverzüglich bekannt zu machen, Art. 6 Abs. 1. Danach hat er das Angebot durch eine hinreichend bestimmte Angebotsunterlage zu konkretisieren und bekannt zu machen, Art. 8. In der Angebotsunterlage hat er u.a. die Bedingungen der Übernahme und seine Absichten in Bezug auf die künftige Geschäftstätigkeit der Zielgesellschaft darzustellen, Art. 6, insbesondere Abs. 3 lit. i). Die Annahmefrist muss zwischen zwei und zehn Wochen liegen, Art. 7 Abs. 1. Angebotsunterlage und Frist sollen dem Aktionär der Zielgesellschaft ausreichend Zeit und ausreichende Information geben, um über das Angebot entscheiden zu können, Art. 3 Abs. 1 lit. b). Dazu kommt die Stellungnahme des Leitungs- oder Verwaltungsorgans (s. sogleich Rn 131). 124

d) Informationspflichten zugunsten der Arbeitnehmer

Auch die Arbeitnehmer von Bieter- und Zielgesellschaft sollen über die Übernahme Bescheid wissen. Sie sind über die Abgabe des Angebotes (Art. 6 Abs. 1 S. 3) sowie die Bekanntgabe der Angebotsunterlage (Art. 8 Abs. 2) zu informieren. 125

3. Verteidigungsmaßnahmen

a) Potentielle Verteidigungsmaßnahmen der Zielgesellschaft und Neutralitätspflicht

In den USA haben seit den 80iger Jahren zahlreiche Übernahmeschlachten stattgefunden. Dort haben sich zahlreiche **Abwehrmaßnahmen gegen Übernahmen** entwickelt. Als Beispiele seien genannt: die Ausgabe von Vorzugsaktien ohne Stimmrecht, die Veränderung der Kapitalstruktur, beispielsweise Kapitalerhöhung durch Ausschluss des Bezugsrechtes oder die Ausgabe von Wandel- oder Optionsanleihen, der Verkauf von wesentlichem Gesellschaftsvermögen („Crown Jewels"), die Einschaltung eines konkurrierenden Bieters („White Knight"), Gegenangebote auf die Aktien des Bieters („Pac-Man") sowie hohe Abfindungszahlungen, welche die Kündigung der Anstellungsverträge von Organmitgliedern durch einen Übernehmer erschweren („Golden Parachutes").[325] Auch Sonder- und Mehrfachstimmrechte können Übernahmen vereiteln. 126

Eine Neutralitätspflicht der Leitungs- oder Verwaltungsorgane der Zielgesellschaft soll sicherstellen, dass die Entscheidung über ein Angebot ausschließlich von der Hauptversammlung getroffen wird, weil die Aktionäre und nicht etwa die Leitungs- oder Verwaltungsorgane die Eigentümer des Unternehmens darstellen. 127

Allerdings hätte dies ein **„level playing field"** in allen Mitgliedstaaten vorausgesetzt. Dies besteht allerdings nicht, weil der Entwurf einer Struktur-RL gescheitert ist,[326] man sich also bisher auf die Struktur einer AG und Stimmrechte der Aktionäre nicht geeinigt hat. Zahlreiche Mitgliedstaaten kennen beispielsweise Sonder- und Mehrfachstimmrechte, die etwa Deutschland durch das KonTraG[327] abgeschafft hatte. Der zweite Richtlinienentwurf scheiterte deshalb auch an den in den

---

324 So geschehen durch die Übernahme von Wella-Stamm- und Wella-Vorzugsaktionären durch Procter & Gamble, hierzu *Heidel*, Financial Times Deutschland v. 8.4.2003, S. 32.

325 *Liebscher*, ZIP 2001, 853, 866; *Hirte*, in: KK-WpÜG, 2010, § 33, Rn 58 ff.

326 S.o. Rn 80.

327 §§ 12 Abs. 2, 134 Abs. 1 S. 2 AktG in der Fassung durch das KonTraG v. 27.4.1998, BGBl. I, S. 786.

verschiedenen Mitgliedstaaten unterschiedlich starken Verteidigungsmöglichkeiten, mit denen ein Übernahmeversuch erfolgreich zu verhindern ist.

b) Kapitalverkehrsfreiheit und die Rechtsprechung des EuGH zu „Golden Shares"

128 Hier half der EuGH weiter: In inzwischen zahlreichen Entscheidungen zu sog. „goldenen Aktien" – **„golden shares"** – hat der EuGH erstmals Direktinvestitionen in Form der Beteiligung an einem Unternehmen durch den Erwerb von Aktien und beim Erwerb von Wertpapieren auf dem Kapitalmarkt der Kapitalverkehrsfreiheit gem. Art. 63 AEUV unterworfen.[328] Direktinvestitionen sind durch die Möglichkeit gekennzeichnet, sich tatsächlich an der Verwaltung einer Gesellschaft und an deren Kontrolle zu beteiligen.[329] Einschränkungen der Grundfreiheit sind grundsätzlich nur zulässig, wenn sie gerechtfertigt und insbesondere verhältnismäßig sind. Solche Einschränkungen bilden beispielsweise Sonderaktien („golden shares"), welche die Übertragung von Unternehmensteilen verhindern können,[330] vorherige staatliche Genehmigungen[331] oder die Begrenzung des Erwerbs von Anteilen für Ausländer.[332]

129 Art. 245 AEUV besagt, dass die Eigentumsordnungen der verschiedenen Mitgliedstaaten unberührt bleiben sollen. Diese Norm stellt nach der Rechtsprechung des EuGH jedoch keinen Rechtfertigungsgrund im Rahmen der Kapitalverkehrsfreiheit dar.[333] Dagegen lässt der EuGH beispielsweise für Bereiche der Daseinsfürsorge, wie Erdölprodukte, Elektrizität und Telekommunikationsdienstleistungen, als Rechtfertigungsgrund des Art. 65 AEUV die öffentliche Sicherheit gelten, um dem Mitgliedstaat zu ermöglichen, im Krisenfall die Versorgung mit solchen Produkten oder Dienstleistungen sicherzustellen.[334] Tabakunternehmen oder Banken gehören dagegen nicht zur Daseinsfürsorge und können sich nicht auf die Sicherstellung der öffentlichen Sicherheit berufen.[335] Vorherige Genehmigungen durch den Staat sind in der Regel zu unbestimmt und einer hinreichenden gerichtlichen Kontrolle nicht zugänglich und deshalb unverhältnismäßige Maßnahmen des Mitgliedstaates.[336] Im Ergebnis betrachtete der EuGH ein nach dem Übernahmeangebot stattfindendes Genehmigungsverfahren als noch verhältnismäßige und damit zulässige Rechtfertigungsmaßnahme.[337]

130 Nach dem VW-Gesetz waren die Bundesrepublik Deutschland und das Land Niedersachsen berechtigt, je zwei Aufsichtsratsmitglieder in den Aufsichtsrat zu entsenden (§ 4 Abs. 1). Mit einem Höchststimmrecht (§ 4 Abs. 1) durfte zudem kein Aktionär mehr als 20% der Stimmen auf der Hauptversammlung geltend machen, selbst wenn er über mehr Anteile am Kapital verfügt. Schließlich war die Sperrminorität auf 20% der Aktien herabgesetzt (§ 4 Abs. 3). Weil das Land Nieder-

---

328 Hier bezieht sich der EuGH auf die RL 88/361/EWG, ABl. 1988 Nr. L 178, 5; s. EuGH, Rs. C-503/99 (Kommission/Belgien), Slg 2002, I-4809, Rn 38– Goldene Aktie I.

329 EuGH, Rs. C-367/98 (Kommission/Portugal), Slg 2002, I-4731, Rn 38– Goldene Aktie III.

330 EuGH, Rs. C-503/99 (Kommission/Belgien), Slg 2002, I-4809 – Goldene Aktie I.

331 EuGH, Rs. C-483/99 (Kommission/Frankreich), Slg 2002, I-4781 – Goldene Aktie II; EuGH, Rs. C-463/00 (Kommission/Spanien), Slg 2003, I-4581 – Goldene Aktie IV; EuGH, Rs. C-98/01 (Kommission/Vereinigtes Königreich und Nordirland), Slg 2003, I-4641 – Goldene Aktie V, m.Anm. *Ruge*, EuZW 2003, 540; EuGH, Rs. C-174/04 (Kommission/Italien), Slg 2005, I-4933; EuGH, Rs. C-244/11 (Kommission/Griechenland), EuZW 2013, 29.

332 Da diese Vorschriften diskriminierender Natur waren, konnten sie nicht gerechtfertigt werden, EuGH, Rs. C-367/98 (Kommission/Portugal), Slg 2002, I-4731, Rn 44 – Goldene Aktie III.

333 EuGH, Rs. C-463/00 (Kommission/Spanien), Slg 2003, I-4581, Rn 41 ff – Goldene Aktie IV.

334 EuGH, Rs. C-503/99 (Kommission/Belgien), Slg 2002, I-4809 – Goldene Aktie I; EuGH, Rs. C-483/99 (Kommission/Frankreich), Slg 2002, I-4781 – Goldene Aktie II. Weitergehend werden auch Flug- und Eisenbahnverkehr als Daseinsvorsorge genannt, *Ruge*, EuZW 2003, 540, 541. Dazu zählt auch die Gewährleistung eines postalischen Universaldienstes, EuGH, Rs. C-282/04 (Kommission/Niederlande), Slg I-9141, Rn 38 – Goldene Aktie VII.

335 EuGH, Rs. C-463/00 (Kommission/Spanien), Slg 2003, I-4581, Rn 35 – Goldene Aktie IV.

336 EuGH, Rs. C-483/99 (Kommission/Frankreich), Slg 2002, I-4781 – Goldene Aktie II; EuGH, Rs. C-463/00 (Kommission/Spanien), Slg 2003, I-4581, Rn 69 ff – Goldene Aktie IV; EuGH, Rs. C-244/11 (Kommission/Griechenland), EuZW 2013, 29.

337 EuGH, Rs. C-503/99 (Kommission/Belgien), Slg 2002, I-4809 – Goldene Aktie I.

sachsen 20% der Aktien hält, war VW vor Übernahmen geschützt.[338] Als zwingende Interessen der Allgemeinheit und damit als Rechtfertigung führte die Bundesrepublik Deutschland an, die Interessen der Arbeitnehmer und die Rechte von Minderheitsaktionären zu schützen.[339] Der EuGH erkannte diese Interessen dem Grunde nach zwar an, stellte aber zugleich fest, diese müssten auch dem Grundsatz der Verhältnismäßigkeit entsprechen.[340] Da die Bundesrepublik Deutschland aber nicht ausreichend darlegen konnte, inwieweit das Gesetz zur Erreichung dieser Ziele geeignet und erforderlich war, entschied der EuGH, dass das Entsenderecht einerseits und die Kombination von Höchststimmrecht und Sperrminorität andererseits gegen die Kapitalverkehrsfreiheit nach Art. 63 Abs. 1 AEUV verstoßen. Die Bundesregierung hob daraufhin das Entsenderecht und das Höchststimmrecht auf, hielt aber an der Sperrminorität von 20% fest (§ 4 Abs. 3).[341] Die Kommission erachtete die neue Fassung des Gesetzes für europarechtswidrig und leitete vor dem EuGH ein Vollstreckungsverfahren gegen die Bundesrepublik Deutschland ein. Mit Urteil vom 22.10.2013 wies der EuGH die Klage ab, weil das VW-Gesetz in seiner neuen Fassung nicht gegen die Vorgaben aus dem VW-I-Urteil verstoßen. Da in den Vollstreckungsverfahren nur die Einhaltung der Vorgaben aus dem ersten Urteil Gegenstand des Verfahrens war, hatte der EuGH nicht die Frage zu beurteilen, ob die Sperrminorität für sich die Freiheit des Kapitalverkehrs beeinträchtigt.[342]

c) Konkretes Verfahren für die Verteidigungsmaßnahmen gem. Art. 9-12

Nach den „golden shares"-Entscheidungen des EuGH konnte die High-Level-Group die Vorgaben des zweiten Entwurfs modifizieren: Danach ist sicherzustellen, dass sich das Leitungs- bzw Verwaltungsorgan an die Neutralitätspflicht hält. Die Hauptversammlung ist alleinige Herrin des Verfahrens; sie entscheidet darüber, ob Maßnahmen ergriffen werden, welche das Übernahmeangebot vereiteln können, Art. 9.[343] Zur Hilfestellung für die Aktionäre muss das Leitungs- und Verwaltungsorgan zudem eine Stellungnahme zu dem Angebot abgeben, Art. 9 Abs. 5. Dieses muss sich auch auf voraussichtliche Auswirkungen auf Arbeitsplätze und Standorte beziehen. Die Informationsgrundlage der Aktionäre wird somit um eine zweite Stellungnahme erweitert, die bei einer freundlichen Übernahme aber wohl nicht allzu kritisch ausfallen wird.[344] **131**

Weil eine Harmonisierung und eine Abschaffung der zahlreichen nationalen Übernahmebeschränkungen nicht zu erreichen war, behalf sich die High Expert Group[345] mit einem Kniff, dem die EU mit der sog. **Durchbruchsregel** in Art. 11 folgte: Danach können für die Dauer des Angebotes auf der Hauptversammlung keine Übertragungsbeschränkungen oder Stimmrechtsbeschränkungen geltend gemacht werden, die auf der Satzung des Unternehmens beruhen. Zudem muss das Unternehmen in seinem Lagebericht über Anteilsbeschränkungen und faktische Strukturen informieren, Art. 10; aufgrund dessen können sich potentielle Bieter schon vor einem Angebot einen Überblick über ihre Erfolgschancen machen. **132**

Zum Teil wird allerdings bezweifelt, ob das oben geforderte „level playing field" durch die Übernahmeangebot-RL 2004/25/EG verwirklicht wurde. Denn einerseits können die Mitgliedstaaten zahlreiche Beschränkungen beibehalten; so gilt beispielsweise Art. 11 nicht für gesetzliche Beschränkungen, wie beispielsweise das Mehrfachstimmrecht. Zudem wurde mit einem komplizier- **133**

338 S. auch *Ruge*, EuZW 2002, 421, *Krause*, NJW 2002, 2747. Auch wenn das ursprüngliche VW-Gesetz für europarechtswidrig erklärt wurde, ist die Volkswagen AG inzwischen durch eine weitere mehr als 20%ige Beteiligung der Porsche AG geschützt.

339 EuGH, Rs. C-112/05 (Kommission/Deutschland), Slg I-8995, Rn 70 – VW-Gesetz.

340 EuGH, Rs. C-112/05 (Kommission/Deutschland), Slg 2007, I-8995, Rn 74 – VW-Gesetz I.

341 Gesetz über die Überführung der Anteilsrechte an der VW-Gesellschaft mbH in private Hand v. 21.7.1960, BGBl. I, S. 585 zuletzt geändert v. 8.12.2008, BGBl. I, S. 2369.

342 EuGH, Rs. C-95/12, ZIP 2013, 2103 = NZG 2013, 1308 Rn 44 f – VW-Gesetz II. Hierzu etwa *Kalss*, EuZW 2013, 946, 948 f.

343 Nur die Suche nach einem konkurrierenden Angebot („white knight") ist durch das Leitungs- oder Verwaltungsorgan zulässig, weil das Hinzukommen eines weiteren Angebots die Lage der Aktionäre nur verbessert, *Grundmann*, Rn 989.

344 Eine Stellungnahme durch einen neutralen Dritten ist dagegen nicht vorgesehen.

345 High Expert Group I, S. 29 ff.

ten doppelten **Optionsmodell** sowohl den Mitgliedstaaten als auch der Hauptversammlung das Recht eingeräumt, Artt. 9 und 11 abzubedingen, vgl Art. 12.[346] Die Mitgliedstaaten können somit ihre Barrieren aufrechterhalten. Auf der anderen Seite haben Staaten wie etwa Deutschland Mehrfachstimmrechte durch das KonTraG schon abgeschafft; es kann Unternehmen wie RWE oder E.On nicht durch Goldene Aktien oder dergleichen schützen.[347] Zudem ist zu bedenken, dass das US-amerikanische Recht nicht die Neutralitätspflicht der Zielgesellschaft kennt.[348]

134 Weil die Aktienkultur in Deutschland im Vergleich zu den USA und Großbritannien immer noch unterentwickelt ist, muss es nicht verwundern, dass US-amerikanische Pensionsfonds in den letzten Jahren zahlreiche unterbewertete Nebenwerte übernommen haben. Bisher konnte der Aufsichtsrat oder die Hauptversammlung den Vorstand zu Abwehrmaßnahmen durch Vorratsbeschluss ermächtigen, § 33 Abs. 1 S. 2, Abs. 2 WpÜG. Zudem war der Vorstand seinerseits zu Abwehrmaßnahmen berechtigt, wenn dies einer ordentlichen und gewissenhaften Geschäftsleitung entsprach, § 33 Abs. 1 S. 1 WpÜG. Durch § 33 a WpÜG fand insoweit ein Systemwechsel statt, als die Satzung und damit die Hauptversammlung die Rechte des § 33 WpÜG einschränken kann.[349]

4. Ausschluss- und Andienungsrecht, Art. 15, 16

135 Nach erfolgreicher Übernahme kann die Bietergesellschaft die Minderheitsaktionäre der Zielgesellschaft, welche das Übernahmeangebot nicht angenommen haben, zwingen, die verbleibenden Wertpapiere der Zielgesellschaft zu einen angemessenen Preis zu veräußern (**Squeeze-out**), Art. 15. Umgekehrt können die Minderheitsaktionäre der Zielgesellschaft, welche im Übernahmeverfahren das Angebot nicht angenommen haben, nach erfolgter Übernahme ihre Wertpapiere der Bietergesellschaft andienen (**Sell-out**), Art. 16.

Einerseits wird damit dem Bedürfnis der Bietergesellschaft Rechnung getragen, die Zielgesellschaft vollständig zu übernehmen und in der Zukunft nicht mit widerborstigen Minderheitsaktionären zusammenarbeiten zu müssen.[350] Andererseits sollen die Aktionäre, die nicht das Übernahmeangebot angenommen haben, nun nicht durch einen zu niedrigen Kaufpreis übervorteilt werden. Deshalb kommt der Frage nach der angemessenen Abfindung entscheidende Bedeutung zu.

136 Wenn der Bieter mindestens 90% der vom Angebot betroffenen stimmberechtigten Wertpapiere erworben hat, gilt bei einem freiwilligen Angebot die im Übernahmeverfahren angebotene Abfindung als angemessen. Bei einem Pflichtangebot gilt die dort angebotene Abfindung als angemessen, Art. 15 Abs. 5 Unterabs. 2, 3, Art. 16 Abs. 3. Die Mitgliedstaaten können vorsehen, dass zumindest wahlweise eine Barabfindung angeboten werden muss, Art. 15 Abs. 5 Unterabs. 1 S. 3, Art. 16 Abs. 3. Der europäische Gesetzgeber schafft mit dem Begriff „gilt“[351] eine widerlegbare Vermutung.[352] Damit bleibt es weiterhin – wie nach deutschem Aktienrecht – möglich, die Höhe der Barabfindung erst durch den Hauptaktionär bestimmen (§ 327 b AktG) und die Abfindung gerichtlich in einem Spruchverfahren überprüfen zu lassen, § 327 f AktG.[353]

137 Zudem haben die Mitgliedstaaten die Möglichkeit, die Schwelle für das Abfindungs- bzw Andienungsverfahren auf höchstens 95% zu heben, wenn der Bieter unter Hinzurechnung früherer Bestände über mindestens 90% der stimmberechtigten Wertpapiere der Zielgesellschaft verfügt, Art. 15 Abs. 2 Unterabs. 2. In Deutschland wurde mit den §§ 39 a ff WpÜG ein übernahmerechtliches Squeeze-out- und Sell-out-Verfahren geschaffen, welches das aktienrechtliche squeeze-out-Ver-

346 Kritisch *Edwards*, 2 ECFR 416 (2005) mit seinem Aufsatztitel “The Directive on Takeover Bids – Not Worth the Paper It's written on”.
347 *Ruge*, EuZW 2003, 440, 542.
348 *Hopt*, ZGR 2000, 779; *Schaefer/Eichner*, NZG 2003, 150.
349 *Röh*, in: Haarmann/Schüppen (Hrsg.), Frankfurter Kommentar zum WpÜG, 3. Aufl. 2008, § 33, Rn 2.
350 Hierzu schon *Schiessl*, AG 1999, 442, 451.
351 „presumed“, „presumée“ s. High Level Group I, S. 14; *Mülbert*, NZG 2004, 633, 634.
352 Strittig, vgl die Darstellung bei *Grundmann*, Rn 138 ff, Fn 552 f.
353 In jüngster Zeit mehren sich in Deutschland Fälle, in denen Unternehmen teuer an die Börse gebracht werden und dann billig wieder eingezogen werden, zu T-Online und Tiscon s. Wirtschaftswoche v. 10.3.2005, S. 144.

fahren nach §§ 327 a ff AktG gemäß § 39 a Abs. 6 WpÜG für den Zeitraum nach Stellung eines Antrags bis zum rechtskräftigen Abschluss des Ausschlussverfahrens verdrängt.

VI. Nationale Umwandlungen von Verbandsorganisationen

1. Vorbemerkung

Nach deutscher Sichtweise umfasst die Umwandlung im Sinne des Umwandlungsgesetzes (UmwG) **Verschmelzung** (§§ 2-122), **Spaltung** (§§ 123-173), **Vermögensübertragung** (§§ 174-189) und **Formwechsel** (§§ 190-304).[354] Funktional mit der Fusion verwandt ist die **Übernahme** von Gesellschaften, in Deutschland geregelt durch das Wertpapiererwerbs- und Übernahmegesetz (WpÜG). 138

Im europäischen Recht sind die Verschmelzung durch die Verschmelzungs-RL 2011/35/EU (vormals Verschmelzungs-RL 78/855/EWG) (2.) und die Abspaltung durch die Spaltungs-RL 82/891/EWG (3.) geregelt. Beide betreffen aber nur das nationale Recht. Grenzüberschreitende Sachverhalte regelt hingegen die grenzüberschreitende Verschmelzungs-RL 2005/56/EG. Daneben kommen für Gesellschaften weitere Handlungsformen in Betracht (VII.), welche ihnen durch die Zweigniederlassungs-RL 89/666/EWG und durch den Vorschlag einer Sitzverlegungs-RL an die Hand gegeben werden. Eine steuerrechtliche Harmonisierung erfolgte mit der Grenzüberschreitenden Verschmelzungsbesteuerungs-RL 2009/133/EG und der Grenzüberschreitenden Konzernbesteuerungs-RL 2011/96/EU. Nationale und grenzüberschreitende Sachverhalte betrifft die Übernahmeangebot-RL 2004/25/EG (oben V. 1). Von elementarer Bedeutung ist schließlich die Rechtsprechung zur Niederlassungs- und Kapitalverkehrsfreiheit. 139

2. Verschmelzungs-RL 2011/35/EU

a) Anwendungsbereich und Umsetzung

Wie Unternehmensübernahmen sollen oft auch Verschmelzungen Synergien zwischen einzelnen Gesellschaften ermöglichen, indem Entscheidungsstrukturen vereinfacht werden. Die auf Art. 50 Abs. 2 lit. g) AEUV gestützte Verschmelzungs-RL 2011/35/EU,[355] die die vormals geltende und mehrfach geänderte 3. Gesellschafts-RL 78/855/EWG[356] ablöste, – auch Fusions-RL genannt – regelt die Verschmelzung mehrerer Aktiengesellschaften in einem Mitgliedstaat, Art. 2. In Deutschland wurde die 3. Gesellschafts-RL 78/855/EWG 1982 umgesetzt,[357] 1994 hat man dann ein gänzlich neues Umwandlungsgesetz (UmwG) geschaffen.[358] Aufgrund mehrfacher Änderungen dieser RL aus dem Jahr 1978 erfolgte durch die RL 2011/35/EU eine Neukodifizierung. Diese brachte aber keine inhaltlichen Änderungen mit sich.[359] Während die Verschmelzungs-RL 2011/35/EU nur für Aktiengesellschaften Anwendung findet (Art. 1 Abs. 1), gilt das UmwG auch für andere Rechtsträger. Deutschland hat also die ursprüngliche Verschmelzungs-RL 78/855/EWG und die jetzt geltende RL 2011/35/EU überschießend umgesetzt.[360] Die Verschmelzungs-RL 2011/35/EU gilt nur für Verschmelzungen in einem Mitgliedstaat, das UmwG nur für Rechtsträger mit Sitz in Deutschland, § 1 Abs. 1.[361] Für Kapitalgesellschaften wurde inzwischen die **grenzüberschreitende Verschmelzungs-RL 2005/56/EG** erlassen.[362] 140

354 *K. Schmidt*, § 12 I.2, S. 333; *Hommelhoff/Riesenhuber*, in: Grundmann, S. 259, 260.

355 RL über die Verschmelzung von Aktiengesellschaften 2011/35/EU v. 5.4.2011, ABl. 2011 Nr. L 110, 1.

356 RL betreffend die Verschmelzung von Aktiengesellschaften 78/855/EWG v. 9.10.1978, ABl. 1978 Nr. L 295, 36.

357 Verschmelzungsrichtliniegesetz v. 25.10.1982, BGBl. I, S. 1425.

358 UmwG v. 28.10.1994, BGBl. I, S. 3210.

359 S. Erwägungsgrund 1 der RL über die Verschmelzung von Aktiengesellschaften 2011/35/EU v. 5.4.2011, ABl. 2011 Nr. L 110, 1.

360 Für den überschießenden Teil soll es nicht zur richtlinienkonformen Auslegung kommen, BayObLG, 17.9.1998, 3 ZBR 37/98, ZIP 1998, 2002, 2004 f – Magna Media/WEKA; *Habersack/Verse*, § 8, Rn 5. S. aber o. Rn 25.

361 *K. Schmidt*, § 12 I.7., S. 339 f.

362 RL 2005/56/EG v. 26.10.2005, ABl. 2005 Nr. L 310, 1; s.u. Rn 165.

b) Verschmelzungstatbestände

141 Eine Verschmelzung findet statt, indem entweder eine oder mehrere Gesellschaften ihre Aktiv- und Passivvermögen auf eine andere Gesellschaft übertragen, sog. **Aufnahme** (Artt. 3, 5-22). Daneben kann eine Gesellschaft **neu gegründet** werden; in diese neue Gesellschaft übertragen die übertragenden Gesellschaften ihr Aktiv- und Passivvermögen im Wege der Verschmelzung, Artt. 4, 23.

Schließlich kann eine **Tochter- mit der Muttergesellschaft** verschmolzen werden, Art. 24.

Dabei werden die Aktien der übertragenden Gesellschaft in Aktien der übernehmenden Gesellschaft umgetauscht. Um dem unterschiedlichen Wertverhältnis der Aktien Rechnung zu tragen, ist eine „bare Zuzahlung" von bis zu 10% des Nennwertes der Aktie bzw des rechnerischen Wertes möglich, Artt. 3 Abs. 1, 4 Abs. 1. Die Verschmelzung hat rechtlich drei bedeutende Rechtsfolgen: Das Aktiv- und Passivvermögen der übertragenden Gesellschaft geht auf die übernehmende Gesellschaft über, die Aktionäre der übertragenden Gesellschaft werden Aktionäre der übernehmenden Gesellschaft; sie erhalten Aktien der übernehmenden Gesellschaft. Schließlich erlischt die übertragende Gesellschaft, Art. 19 Abs. 1. Alle drei Rechtsfolgen finden ipso iure statt, ohne dass es einer Abwicklung bedarf. Die Mitgliedstaaten dürfen den Eintritt der Rechtsfolgen von keinen weiteren Voraussetzungen abhängig machen. Die Nichtigkeitsgründe sind abschließend in der Richtlinie genannt, Art. 22.

c) Schutz von Aktionären, Gläubigern und Arbeitnehmern

142 Bei einer Fusion erlischt regelmäßig eine der beteiligten Gesellschaften. Deshalb gilt es, Aktionäre, Gläubiger und Arbeitnehmer zu schützen.[363] Der Schutz der Aktionäre soll durch Information sichergestellt werden. Hier geht es vor allem darum, dass die Aktien in einem angemessenen Umtauschverhältnis stehen, die Aktionäre der übertragenen Gesellschaft also nicht zu wenig, aber auch nicht zu viel bekommen, weil Letzteres die Rechte der Aktionäre der übernehmenden Gesellschaft tangieren würde.[364] Die Aktionäre haben umfangreiche Informationsrechte. Zu Beginn der Fusion ist ein **Verschmelzungsplan** zu erstellen, der u.a. das Umtauschverhältnis der Aktien regelt, Art. 5. Dieser Verschmelzungsplan ist durch Sachverständige zu prüfen, Art. 10; diese haben zugunsten der Aktionäre einen schriftlichen Bericht darüber zu verfassen. Der Sachverständigenbericht muss insbesondere zur Angemessenheit des Umtauschverhältnisses Stellung nehmen, Art. 10 Abs. 2. Der BGH hatte im Rahmen einer Klage über die Rechtsmissbräuchlichkeit einer Anfechtungsklage einen Verschmelzungsbericht für fehlerhaft befunden,[365] die Klage aber nicht dem EuGH vorgelegt, da der EuGH schon vorab über rechtsmissbräuchliche Klagen entschieden hatte.[366] Zudem haben die Aktionäre Anspruch auf die Jahresabschlüsse und Geschäftsberichte der letzten drei Jahre, Art. 11 Abs. 1 Unterabs. 1 lit. b), ggf. auch auf eine Zwischenbilanz, Art. 11 Abs. 1 Unterabs. 1 lit. c).

143 Bei börsennotierten Gesellschaften kann die Zwischenbilanz nunmehr durch einen Halbjahresfinanzbericht ersetzt werden, Art. 11 Abs. 1 Unterabs. 2 Satz 1 der RL 2011/35/EU. Im Rahmen der RL 2009/109/EG wurden zudem die Berichts- und Dokumentationspflichten reformiert und an das digitale Zeitalter angepasst. So kann die Offenlegung des Verschmelzungs- und Spaltungsplans nun auch über die Internetseite der Gesellschaft erfolgen, Art. 6 der RL 2011/35/EU.[367] Jeder Mitgliedstaat kann jedoch alternativ bestimmen, dass die Veröffentlichung über die zentrale elektronische Plattform gem. Art. 3 Abs. 5 der RL 2009/101/EG oder eine andere von ihm benannte Internetseite erfolgt, Art. 6 Abs. 3 Satz 1, 2 der RL 2011/35/EU. Außerdem kann die Auslegung von Unterlagen im Vorfeld der Hauptversammlung durch eine Veröffentlichung auf der Internetseite ersetzt werden, Art. 11 Abs. 4. Die Hauptversammlungen der verschmelzenden Unternehmen müssen der Verschmelzung zustimmen, Art. 7. Zuvor haben die Verwaltungs- und Leitungsorgane der sich ver-

363 Erwägungsgründe 5, 6 und 7 der Fusions-RL 2011/35/EU.
364 *Lutter*, in: Lutter (Hrsg.), § 5, Rn 9 ff, 18 ff; *Habersack/Verse*, § 8, Rn 15.
365 BGH, 22.5.1989, II ZR 206/88, BGHZ 107, 296, 305 ff; hierzu *Heinze*, in Grundmann (Hrsg.), S. 235, 254 ff.
366 S. hierzu die Rspr des EuGH zur Kapital-RL 71/91/EWG, Fn 120.
367 S. Art. 2 Nr. 2 der Änderungs-RL 2009/109/EG.

schmelzenden Gesellschaften einen ausführlichen schriftlichen Bericht zu erstellen, in dem der Verschmelzungsplan und das Umtauschverhältnis der Aktien rechtlich und wirtschaftlich erläutert und begründet werden und auf die besonderen mit der Bewertung verbundenen Schwierigkeiten hingewiesen wird, Art. 9 Abs. 1. Zudem trifft die Leitungs- und Verwaltungsorgane die Pflicht, die Hauptversammlung über wesentliche Änderungen des Aktiv- oder Passivvermögens zu unterrichten, Art. 9 Abs. 2. Allerdings steht es den Mitgliedstaaten frei, die nationale Regelung so auszugestalten, dass auf die Berichts- und Unterrichtungspflicht verzichtet werden kann, wenn alle Aktionäre und Inhaber anderer mit einem Stimmrecht verbundener Wertpapiere der an der Verschmelzung beteiligten Gesellschaften darauf verzichtet haben, Art. 9 Abs. 3. Schließlich müssen die Mitgliedstaaten eine zivilrechtliche Haftung bei schuldhaftem Verhalten der Organe bzw des Sachverständigen gegenüber den Aktionären vorsehen, Art. 20 f.

Auch die Gläubiger können durch Verschmelzungen in ihren Interessen beeinträchtigt sein. Denn die übertragende Gesellschaft kann weniger liquide sein als die übernehmende Gesellschaft und umgekehrt. Gläubiger der an der Verschmelzung beteiligten Gesellschaften haben daher einen Anspruch auf Sicherheitsleistung, wenn die finanzielle Lage der Gesellschaften einen solchen Anspruch erfordert, Art. 13 Abs. 2.[368] Gemäß Art. 13 Abs. 2 Unterabs. 2 Satz 2 haben die Mitgliedstaaten sicher zu stellen, dass die Gläubiger das Recht haben, bei der zuständigen Verwaltungsbehörde oder dem zuständigen Gericht angemessene Sicherheiten zu beantragen, wenn sie nachweisen können, dass die Befriedigung ihrer Forderungen durch die Verschmelzung gefährdet ist und sie von der Gesellschaft keine angemessenen Sicherheiten erhalten haben. Arbeitnehmer werden über die Betriebsüberlassungs-RL 2001/23/EG geschützt, auf die ausdrücklich verwiesen wird, Art. 12. 144

Die Verschmelzung soll außer durch Sachverständige noch von dritter Seite geprüft werden. Dazu ist die Verschmelzung vorbeugend entweder gerichtlich oder behördlich zu kontrollieren. Alternativ sind die Hauptversammlungsbeschlüsse und der darauffolgende Verschmelzungsvertrag öffentlich zu beurkunden, Art. 16 Abs. 1. Für diesen Fall hat der Notar die Rechtmäßigkeit des Verschmelzungsplanes zu prüfen und zu bestätigen, Art. 16 Abs. 2. Da es sich um Mindestnormen handelt, ist eine Kumulation von Beurkundungserfordernis und gerichtlicher Kontrolle möglich.[369] 145

3. Spaltungs-RL 82/891/EWG (6. Gesellschafts-RL)

a) Anwendungsbereich und Umsetzung

Die auf Art. 50 Abs. 2 lit. g) AEUV gestützte Spaltungs-RL 82/891/EWG (6. Gesellschafts-RL)[370] wird als Gegenstück zur Verschmelzungs-RL 2011/35/EU betrachtet. Während bei der Verschmelzung Vermögen zusammengelegt wird, kommt es bei der Spaltung zur Aufspaltung des Vermögens.[371] Eine Spaltung kann bezwecken, zu hohe Verwaltungs- und Überwachungskosten abzubauen, die durch Synergien nicht kompensiert werden.[372] In Deutschland wurde die Spaltungs-RL 82/891/EWG im UmwG[373] umgesetzt. 146

b) Spaltungstatbestände

Die Spaltungs-RL 82/891/EWG unterscheidet zwischen der **Spaltung durch Gründung** mindestens zweier neuer Gesellschaften und der **Spaltung durch Übernahme**. Bei der Spaltung durch Übernahme überträgt die gespaltene Gesellschaft ihr gesamtes Aktiv- und Passivvermögen im Wege der Auflösung ohne Abwicklung an mehrere „begünstigte Gesellschaften". Dies geschieht dadurch, dass die Aktionäre der zu spaltenden Gesellschaft Aktien der „begünstigten Gesellschaften" gegebenenfalls nebst einer „baren Zuzahlung" erhalten, Art. 2 Abs. 1, Artt. 2-20, 23. Bei der Spaltung durch Gründung werden mindestens zwei „begünstigte Gesellschaften" neu gegründet, Artt. 21 f. 147

---

368 Für das deutsche Recht s. §§ 22 f UmwG.
369 *Kort*, Bestandsschutz fehlerhafter Strukturveränderungen im Kapitalgesellschaftsrecht, 1998.
370 Spaltungs-RL 82/891/EWG (6. Gesellschafts-RL) v. 17.12.1982, ABl. 1982 Nr. L 295, 36.
371 *Habersack/Verse*, § 8, Rn 31.
372 *Grundmann*, Rn 870.
373 §§ 123-137 sowie 141-146 UmwG, s.o. Fn 359.

Denkbar ist auch eine Mischung aus beiden Formen, Art. 1 Abs. 3. Die Rechtsfolgen sind vergleichbar mit der Verschmelzungs-RL 2011/35/EU.

148 Die Richtlinie beinhaltet keine abschließende Aufzählung der in Betracht kommenden Spaltungsvorgänge. So können die Mitgliedstaaten den **Tatbestand der Abspaltung einführen**, Art. 25. Dieses zeichnet sich dadurch aus, dass die gespaltene Gesellschaft fortbesteht.[374] Es findet damit auch kein Aktientausch statt, sondern die Aktionäre der gespaltenen Gesellschaft erhalten zusätzliche Aktien der begünstigten Gesellschaft.[375]

c) Schutz von Aktionären, Gläubigern und Arbeitnehmern

149 Ähnlich wie bei der Verschmelzungs-RL 2011/35/EU ist ein **Spaltungsplan** zu entwerfen (Art. 3), der von Sachverständigen geprüft werden muss, Art. 8. Die beteiligten Gesellschaften haben Berichte vorzulegen, Art. 7. Informationsansprüche der Gesellschafter beziehen sich darüber hinaus auf die Jahresabschlüsse der letzten drei Jahre sowie ggf die Zwischenbilanz, Art. 9. Auch hier ist die gesonderte Erstellung einer Zwischenbilanz entbehrlich, wenn die Gesellschaft gem. Art. 5 der RL 2004/109/EG einen Halbjahresfinanzbericht veröffentlicht und den Aktionären zur Verfügung stellt, Art. 9 Abs. 1 Unterabs. 2. Grundsätzlich bedarf es auch der Zustimmung der Hauptversammlung, Art. 5 f. Haftungsansprüche der Aktionäre können durch schuldhaftes Handeln der Organe bzw des Sachverständigen entstehen, Art. 18. Für Gläubiger (Art. 12 Abs. 2) und Arbeitnehmer (Art. 11) gilt das zur Verschmelzungs-RL 2011/35/EU Gesagte. Art. 14 verweist bezüglich der gerichtlichen bzw behördlichen Vorabkontrolle und der notariellen Beurkundung unmittelbar auf Art. 16 der Verschmelzungs-RL 2011/35/EU.

VII. Grenzüberschreitende Veränderungen von Verbandsorganisationen

1. Zweigniederlassungs-RL 89/666/EWG

150 Im Jahr 1989 wurden die Zweigniederlassungs-RL 89/666/EWG (11. Gesellschafts-RL)[376] sowie die Bankenzweigniederlassungs-RL 89/117/EWG[377] erlassen. Während Tochtergesellschaften eines Unternehmens die Offenlegungspflichten der Publizitäts-RL 2009/101/EG und der Jahresabschluss-RL 2013/34/EU (vormals RL 78/660/EWG) einhalten müssen, galt dies früher nicht für Zweigniederlassungen einer Gesellschaft. Eine entsprechende Transparenz war jedoch umso wichtiger, weil die Zweigniederlassungen dem Recht der Hauptniederlassung unterliegen. Mit einer **Offenlegungspflicht für Zweigniederlassungen** in einem anderen Mitgliedstaat kommt man nun dem Informationsbedürfnis der Gläubiger entgegen. Die Richtlinie gilt jedoch nicht für Zweigniederlassungen inländischer Gesellschaften.

151 Eine Definition des Begriffs der „Zweigniederlassung" findet sich nicht in der Richtlinie. Nach dem EuGH ist eine Zweigniederlassung eine auf Dauer angelegte, organisatorisch und rechtlich unselbständige Einheit, welche befugt ist, im Namen der Hauptniederlassung Rechtsgeschäfte vorzunehmen.[378] In Deutschland wurde die Zweigniederlassungs-RL 89/666/EWG im Jahr 1993 umgesetzt.[379] Die Übersetzung der erforderlichen Dokumente in die Amtssprache des jeweiligen Mitgliedstaates, in welchem die Zweigniederlassung betrieben wird, stellt für viele Unternehmen ein Problem dar. Daher hat die Kommission einen Richtlinienvorschlag entworfen, nach dem es ausreichend sein soll, die Dokumente in einer der Amtssprachen der EU vorzulegen. Dazu ist es erforderlich, dass die Dokumente zuvor in dem Mitgliedstaat beglaubigt wurden, in dem sie ausgestellt wurden.[380]

---

374 Vgl im deutschen Umwandlungsgesetz § 123 Abs. 2 sowie ferner die Ausgliederung, § 123 Abs. 3.

375 Bei der Ausgliederung nach § 123 Abs. 3 UmwG erhält der übertragende Rechtsträger, nicht dessen Aktionäre Aktien der begünstigten Gesellschaft.

376 Zweigniederlassungs-RL 89/666/EWG (11. Gesellschafts-RL) v. 21.12.1989, ABl. 1989 Nr. L 395, 36.

377 Bankenzweigniederlassungs-RL 89/117/EWG v. 13.2.1989, ABl. 1989 Nr. L 44, 40.

378 EuGH, Rs. C-33/78 (Somafer), Slg 1978, 2183, Rn 12 zu Art. 5 Nr. 5 EuGVÜ; s. *Schwarz*, Rn 375.

379 Zu dem Umsetzungsgesetz v. 22.7.1993, s. BGBl. I, S. 1282.

380 Richtlinienvorschlag v. 17.4.2008, KOM(2008) 194 endg.; der Vorschlag wurde bislang nicht aufgegriffen.

Die Zweigniederlassungs-RL 89/666/EWG ergänzt die Offenlegungspflichten der Publizitäts-RL 2009/101/EG für Kapitalgesellschaften, die Zweigniederlassungen in anderen Mitgliedstaaten haben. Art. 2 umschreibt die veröffentlichungspflichtigen Angaben der Zweigniederlassung. So sind beispielsweise die vertretungsbefugten Personen zu nennen, Art. 2 Abs. 1 lit. e). Zudem sind die Bilanz und die Gewinn- und Verlustrechnung für jedes Jahr offenzulegen, Art. 2 Abs. 1 lit. g), Art. 3. 152

2. Sitzverlegung

a) Kollisionsrecht: Sitz- und Gründungstheorie

In den verschiedenen Mitgliedstaaten regelt im Rahmen des Internationalen Gesellschaftsrechts entweder die Gründungs- oder die Sitztheorie das Gesellschaftsstatut.[381] Dabei ist darauf zu achten, dass zwischen Satzungssitz und Verwaltungssitz unterschieden werden muss. Der Satzungssitz ist der im Gesellschaftsvertrag angegebene Sitz; der Verwaltungssitz der Ort, an welchem die Gesellschaft die grundlegenden Entscheidungen trifft.[382] 153

Die u.a. in Großbritannien, den Niederlanden, Dänemark, Italien, der Schweiz und Österreich geltende **Gründungstheorie** knüpft das Gesellschaftsstatut an den Gründungsort der Gesellschaft; regelmäßig reicht der Satzungssitz als Anknüpfungspunkt.[383] Verlegt die Gesellschaft ihren Sitz, ist das Recht des Gründungsortes auch in einem anderen Mitgliedstaat anwendbar. Die in Deutschland geltende **Sitztheorie** macht dagegen das Gesellschaftsstatut vom Verwaltungssitz, also dem tatsächlichen Sitz der Gesellschaft, abhängig.[384] Verlegt eine deutsche Gesellschaft ihren Sitz ins Ausland, muss sie aufgelöst und liquidiert werden. Die **Sitzverlegung** ist damit **nicht identitätswahrend.** Möchte eine ausländische Gesellschaft ihren Verwaltungssitz nach Deutschland legen, muss sie sich neu gründen und ins Handelsregister eintragen lassen. Tut sie dies nicht, wird sie zu einer Gesellschaft bürgerlichen Rechts oder zu einer OHG; die Mitglieder haften dann persönlich und unbeschränkt.[385] 154

b) Vorentwurf einer Sitzverlegungs-RL – 14. Gesellschafts-RL

Weil die Neugründung einer Gesellschaft nicht nur mit Kosten, sondern wegen der Aufdeckung von stillen Reserven oft mit hohen Steuern gem. §§ 11, 12 KStG verbunden ist, hatte die EG-Kommission einen Vorentwurf einer Sitzverlegungs-RL vorgelegt.[386] Diese sah ein Nebeneinander von Gründungs- und Sitztheorie vor. Im Jahr 2007 hat die Kommission von diesem Vorschlag Abstand genommen,[387] um zunächst die Auswirkungen der Rechtsprechung des EuGH und der grenzüberschreitenden Verschmelzungs-RL 2005/56/EG abwarten zu können. Im Jahr 2013 hat die Kommission eine öffentliche Konsultation eingeleitet, um den Bedarf und die Machbarkeit einer Richtlinie zu ermitteln. Die Entscheidung über ein Wiederaufgreifen des Richtlinienvorschlags bleibt damit offen. 155

c) Zuzugs- und Wegzugsfälle unter der EuGH-Rechtsprechung zur Niederlassungsfreiheit (Centros, Überseering, Inspire Art, de Laysterie du Saillant etc.)

Bei der Frage, ob Beschränkungen der Sitzverlegung gegen die **Niederlassungsfreiheit** der Artt. 49, 54 AEUV verstoßen, ist zwischen Zuzugs- und Wegzugsfällen zu unterscheiden. 156

---

381 *Großfeld*, in: Staudinger, BGB, Internationales Gesellschaftsrecht, 1998, Rn 20 ff; *Kindler*, in: MünchKomm, BGB, IntGesR, 5. Aufl. 2010, Rn 351.

382 *Großfeld*, in: Staudinger, BGB, Internationales Gesellschaftsrecht, 1998, Rn 227.

383 *Großfeld*, in: Staudinger, BGB, Internationales Gesellschaftsrecht, 1998, Rn 31.

384 *Großfeld*, in: Staudinger, BGB, Internationales Gesellschaftsrecht, 1998, Rn 26.

385 S. zB BGH 29.1.2001, II ZR 331/00, BGHZ 146, 341.

386 Vorentwurf einer Sitzverlegungs-RL (14. Gesellschafts-RL) v. 20.4.1997, abgedruckt in ZIP 1997, 1721= ZGR 1999, 157.

387 Commission staff working document, Impact assessment on the Directive on the cross-border transfer of registered office v. 12.12.2007, SEC(2007) 1707, abrufbar unter http://www.europarl.europa.eu/oeil/popups/printsummary.pdf?id=1019087&l=en&t=D.

157 Die erste Entscheidung des EuGH in diesem Zusammenhang – **„Daily Mail"** – betraf eine Investmentholdinggesellschaft, die ihren Sitz von Großbritannien in die Niederlande verlegen wollte. Das Treasury Departement verweigerte die erforderliche Zustimmung. Nach damaliger Ansicht des EuGH verstieß diese **Wegzugsschranke nicht** gegen die Niederlassungsfreiheit, weil im Unterschied zu natürlichen Personen bei juristischen Personen die Mitgliedstaaten über die Richtung und Funktionsweise der Gesellschaften entscheiden dürften. Eine Rechtsangleichung hätte im Wege der Rechtssetzung zu geschehen.[388] Mehr als 10 Jahre später präzisierte der EuGH in einer Reihe von Entscheidungen die Niederlassungsfreiheit von Gesellschaften weiter.[389]

158 Die niederländische Gesellschaft **„Überseering BV"** kaufte ein Grundstück in Düsseldorf und beauftragte die Gesellschaft „NCC" mit der Sanierung eines Gebäudes. Wegen Mängeln verklagte die „Überseering BV" die „NCC" auf Schadensersatz. Die Klage wurde abgewiesen. Das OLG Düsseldorf lehnte die hiergegen gerichtete Berufung ab, weil die niederländische Gesellschaft zwar ihren Hauptverwaltungssitz nach Düsseldorf verlegt hatte, nicht aber in das Handelsregister eingetragen und damit neu gegründet wurde und somit weder rechts- noch parteifähig sei. Hier bejahte der EuGH einen Verstoß gegen die Niederlassungsfreiheit mit der Begründung, dass die Notwendigkeit einer Neugründung nach der **Sitztheorie** einer Negierung der Niederlassungsfreiheit gleichkomme.[390] Im Unterschied zu Daily Mail handelte es sich bei der „Überseering"-Entscheidung um einen **Zuzugsfall.**[391] Die durch die Sitztheorie erzwungene Umwandlung von einer Kapitalgesellschaft in eine Personengesellschaft führt wegen der persönlichen Haftung der Gesellschafter zu einer Beschränkung der Niederlassungsfreiheit.[392]

159 Auch der ungarischen Kommanditgesellschaft **Cartesio** wurde die Eintragung einer Sitzverlegung nach Italien unter Beibehaltung der alten Rechtsform und des alten Personalstatuts in das Handelsregister verweigert. Das zuständige Registergericht verweigerte die beantragte Eintragung dieser Sitzverlegung unter Berufung auf eine Regelung des ungarischen Registerrechts, wonach in Ungarn gegründete und registrierte Gesellschaften ihren Verwaltungssitz nicht unter Beibehaltung ihrer ungarischen Rechtsform ins Ausland verlegen können. Der EuGH urteilte, dass er diese Verwaltungspraxis für europarechtskonform hält.[393] Nach Ansicht der Richter steht die Niederlassungsfreiheit einer nationalen Regelung nicht entgegen, die einer in einem Mitgliedstaat gegründeten Gesellschaft die Verlegung ihres Verwaltungssitzes in einen anderen Mitgliedstaat unter Beibehaltung ihrer bisherigen Rechtsform verwehrt. Die Mitgliedstaaten können den Gesellschaften folglich ihren inländischen Status aberkennen, wenn diese ihren Sitz in das EU-Ausland verlegen.[394] Insofern bleibt der EuGH seiner Linie für **Wegzugsfälle** treu, die er in der bereits erwähnten **„Daily-Mail-Entscheidung"** eingeschlagen hatte.

160 Indessen bleibt die Warnung des EuGH an die Mitgliedstaaten, ihre Befugnis, über die Anknüpfungsmerkmale ihrer nationalen Gesellschaften frei bestimmen zu können, nicht missbräuchlich einzusetzen. Eine unzulässige Beschränkung der Niederlassungsfreiheit liegt nach Ansicht des EuGH in seinem Urteil **„VALE"** dann vor, wenn die Gesellschaft ihren Sitz aus einem Mitgliedstaat in einen anderen Mitgliedstaat unter Umwandlung in eine dem nationalen Recht des zweiten Mitgliedstaats unterliegende Gesellschaftsform verlegt und der Zuzugsstaat diesen Formwechsel verwehrt. Entsprechende gesetzliche Regelungen des Zuzugsmitgliedstaates, die die ausländische Gesellschaft daran hindern, sich in eine Gesellschaft nach dem nationalen Recht dieses Mitgliedstaats umzuwandeln, obwohl der Zuzugsstaat nach seinem Recht gegründeten Gesellschaften den

388 EuGH, Rs. 81/87 (Daily Mail), Slg 1988, 5483, Rn 19, 23.

389 S. beispielsweise *Eidenmüller/Rehm*, ZGR 2004, 159; *Horn*, NJW 2004, 893; *Kieninger*, ZEuP 2004, 685; *Kindler*, in: MünchKomm, BGB, IntGesR, 5. Aufl. 2010, Rn 110 ff; *ders.*, NJW 2007, 1785; *Paefgen*, DB 2003, 487; *Ulmer*, NJW 2004, 1201; *Thüsing*, ZIP 2004, 381; *von Halen*, WM 2003, 571; *Zimmer*, NJW 2003, 3585.

390 EuGH, Rs. C-208/00 (Überseering), Slg 2002, I-9919, Rn 81.

391 EuGH, Rs. C-208/00 (Überseering), Slg 2002, I-9919, Rn 62.

392 So aber noch BGH, 1.7.2002, II ZR 380/00, BGHZ 151, 204; aufgegeben durch BGH, 2.6.2003, II ZR 134/02, NJW 2003, 2609.

393 EuGH, Rs. C-210/06 (Cartesio), Slg 2008, I-09641; ausführlich *Mörsdorf*, EuZW 2009, 97.

394 S. EuGH, Rs. C-210/06 (Cartesio), Slg 2008, I-9641, Rn 110.

Formwechsel ermöglicht, stellen eine Beschränkung der Niederlassungsfreiheit der betreffenden Gesellschaft nach Art. 49 AEUV dar, die verboten ist, soweit sie nicht zwingenden Gründen des Allgemeininteresses entspricht.[395]

Im Ergebnis verneint die Cartesio-Rechtsprechung also ein Anrecht auf rechtsformwahrende Verlegung des Verwaltungssitzes, so dass der Gründungsstaat das Fortbestehen seiner Gesellschaften weiterhin von der Existenz des Satzungs- und Verwaltungssitzes im Inland abhängig machen kann. Die Zweispurigkeit der Niederlassungsfreiheit für Zuzugs- und Wegzugsfälle wird durch dieses Urteil erneut bestätigt.[396] Im Gegenzug gewährt der EuGH nunmehr – und mit seiner VALE-Rechtsprechung konsequenterweise – aber das Recht auf grenzüberschreitenden Formwechsel.[397] 161

In **„Centros Ltd."** war von einem dänischen Ehepaar in Großbritannien eine „private limited company" gegründet worden, ohne dass diese eine Geschäftstätigkeit im Gründungsstaat entfaltete. Als das Ehepaar die Eintragung einer Zweigniederlassung in Dänemark beantragte, lehnte die dänische Zentralverwaltung für Handel und Gesellschaften dies mit folgender Begründung ab: Weil die Centros Ltd. in Großbritannien keine Geschäftstätigkeit ausübte und von Dänemark aus verwaltet wurde, sei sie allein zur Umgehung der dänischen Vorschriften zum Eigenkapital gegründet worden. Nach Ansicht des EuGH war diese **Verweigerung des Zuzugs eine unzulässige Beschränkung** der Niederlassungsfreiheit, da aus der Niederlassungsfreiheit gerade das Recht folge, Zweigniederlassungen in anderen Mitgliedstaaten zu gründen.[398] **„Inspire Art"** wurde nach englischem Recht als „company limited by shares" (GmbH) gegründet. Eine Zweigniederlassung befand sich in den Niederlanden, wo auch der einzige Geschäftsführer der Gesellschaft wohnte. Das niederländische Recht folgt zwar ebenso wie Großbritannien der Gründungstheorie, verlangt aber ein Mindestkapital; bei Nichterbringung des Mindestkapitals haftet der Geschäftsführer persönlich. Der EuGH sah einen Verstoß gegen die Niederlassungsfreiheit, wenn in einem anderen Mitgliedstaat gegründete Gesellschaften verpflichtet werden sollen, die Vorschriften des **Zuzugstaates** über das Mindestkapital und die Haftung der Geschäftsführer zu beachten.[399] 162

Zwingende Gründe des Allgemeininteresses können allerdings die Beschränkung der Niederlassungsfreiheit auch bei **Zuzugsfällen** rechtfertigen, wenn sie verhältnismäßig sind. Dabei sind als zwingende Gründe die gewerberechtliche Zuverlässigkeit,[400] der Gläubiger- und Minderheitenschutz, der Verbraucherschutz, aber auch die Lauterkeit des Handelsverkehrs anerkannt.[401] Ein Missbrauch liegt noch nicht in der Wahl vorteilhafter Rechtsvorschriften anderer Staaten.[402] Das Ziel der Niederlassungsfreiheit ist die Möglichkeit, in stabiler und kontinuierlicher Weise am Wirtschaftsleben eines anderen Mitgliedstaates teilzunehmen. In **Cadbury-Schweppes** ließ der EuGH zwingende Gründe des Allgemeininteresses als Rechtfertigung zu, wenn eine Briefkastengesellschaft ausschließlich deshalb gegründet wurde, um die Gewinne dorthin zu verlagern.[403] 163

d) Neuere Entwicklungen in der EU und Deutschland: die Unternehmergesellschaft

In Deutschland hat die neue Rechtslage zur Gründung zahlreicher privater Limited Companies nach englischem Recht geführt. Der deutsche Gesetzgeber sah sich gezwungen, zu reagieren. Während es EU-Auslandsgesellschaften nach der Rechtsprechung des EuGH erlaubt ist, ihren Verwaltungssitz etwa auch nach Deutschland zu verlagern, ohne den Satzungssitz in einem anderen EU-Mitgliedstaat aufgeben zu müssen, war dies den deutschen Unternehmen bislang aufgrund von 164

395 S. EuGH, Rs. C-378/10 (VALE), NJW 2012, 2715.
396 Kritisch hierzu *Mörsdorf*, EuZW 2009, 97, 98 f.
397 S. EuGH, Rs. C-210/06 (Cartesio), Slg 2008, I-9641, Rn 111.
398 EuGH, Rs. C-212/97 (Centros), Slg 1999, I-1459, Rn 24 ff.
399 EuGH, Rs. C-167/01 (Inspire Art), Slg 2003, I-10155, Rn 104 f.
400 Hierzu BGH, 7.5.2007, II ZB 7/06, NJW 2009, 2328.
401 EuGH, Rs. C-167/01 (Inspire Art), Slg 2003, I-10155, Rn 135, 140.
402 EuGH, Rs. C-212/97 (Centros), Slg 1999, I-1459, Rn 27; EuGH, Rs. C-208/00 (Überseering), Slg 2002, I-9919, Rn 92; EuGH, Rs. C-167/01 (Inspire Art), Slg 2003, I-10155, Rn 95 f; *Bayer*, AG 2004, 534; *Hirsch/Britain*, NZG 2003, 110, 1101.
403 EuGH, Rs. C-196/04 (Cadbury-Schweppes), Slg 2006 I-7995, Rn 53 ff.

§ 4 a Abs. 2 GmbHG und § 5 Abs. 2 AktG verwehrt.[404] Mit dem MoMiG hat der deutsche Gesetzgeber auf die Rechtsprechung des EuGH reagiert und den bisherigen § 4 a Abs. 2 GmbHG und § 5 Abs. 2 AktG gestrichen.[405] Zudem wurde mit § 5 a GmbHG die Unternehmergesellschaft als neue Rechtsform geschaffen, die ein Mindeststammkapital von 1 EUR ausreichen lässt und deren Gründung weniger aufwendig als der Gründungsakt der GmbH ist.[406] Dadurch soll ein Wettbewerbsnachteil für deutsche Unternehmen behoben werden. Der Gesetzgeber übernimmt auf sachenrechtlicher Ebene die Gründungstheorie. Ebenso wurde ein Referentenentwurf eines Gesetzes zum Internationalen Privatrecht der Gesellschaften, Vereine und juristischen Personen ausgearbeitet.[407] Mit diesem Gesetz sollte die Gründungstheorie in das deutsche Recht übertragen werden.[408] Aufgrund politischer Widerstände wurde der Entwurf indes nicht weiterverfolgt.[409] Ansonsten ist auch im Anwendungsbereich der unionsrechtlichen Niederlassungsfreiheit die Sitztheorie für Zuzugsfälle nicht mehr anwendbar.[410] In Ermangelung staatsvertraglicher Regelungen gilt die Sitztheorie aber gewohnheitsrechtlich weiterhin bei Gesellschaften aus Drittstaaten für Zuzugsfälle.[411]

3. Grenzüberschreitende Verschmelzungen

a) Grenzüberschreitende Verschmelzungs-RL 2005/56/EG (10. Gesellschafts-RL)

165 Eine gemeinschaftsrechtliche Regelung von grenzüberschreitenden Verschmelzungen schien schon früh äußerst dringlich. Denn grenzüberschreitende Fusionen sind nur bedingt zulässig[412] und haben in der Vergangenheit zu kostspieligen juristischen Hilfskonstruktionen geführt. Gleichwohl wurde der Vorschlag einer grenzüberschreitenden Verschmelzungs-RL (10. Gesellschafts-RL) aus dem Jahre 1985[413] nicht verabschiedet, weil letztlich keine Einigung über die Mitbestimmung erzielt werden konnte. Im Jahre 2003 hat die Kommission einen neuen Vorschlag unterbreitet, der 2005 in die grenzüberschreitende Verschmelzungs-RL 2005/56/EG[414] mündete. Voraussetzung ist, wie bei der Europäischen Aktiengesellschaft, ein grenzüberschreitender Sachverhalt, der sich hier aus der grenzüberschreitenden Verschmelzung ergibt. Eine solche liegt vor, wenn mindestens zwei der sich verschmelzenden Gesellschaften dem Recht verschiedener Mitgliedstaaten unterliegen, Art. 1. Im Unterschied zum ursprünglichen Vorschlag von 1985 bezieht die RL nicht nur Aktiengesellschaften, sondern alle Kapitalgesellschaften in den Anwendungsbereich ein, Art. 1. Die Richtlinie soll damit auch kleineren und mittleren Unternehmen die Verschmelzung erleichtern.

166 Die Richtlinie verpflichtet die Mitgliedstaaten dazu, grenzüberschreitende Verschmelzungen zuzulassen. Eine von der Richtlinie nicht erfasste Konstellation ist indes die Verschmelzung zweier

---

404 Begründung des Entwurfs eines Gesetzes zur Modernisierung des GmbH-Rechts und zur Bekämpfung von Missbräuchen (MoMiG), BT-Drucks. 16/6140, S. 68.

405 *Fingerhuth/Rumpf*, FPRax 2008, 90.

406 Art. 1 Nr. 4 b) und Nr. 5 b) Gesetz zur Modernisierung des GmbH-Rechts und zur Bekämpfung von Missbräuchen (MoMiG) v. 23.10.2008, BGBl. I, S. 2026.

407 S. Referentenentwurf v. 7.1.2008 und die künftige Entwicklung, abrufbar unter: http://www.kapitalmarktrecht-im-internet.eu/de/Rechtsgebiete/Gesellschaftsrecht/Artikelgesetze/80/MoMiG.htm.

408 Begründung des Referentenentwurfes (Fn 408), S. 37.

409 *Thorn*, in: Palandt, BGB, 73. Aufl. 2014, Art. 12 EGBGB Anh. Rn 1.

410 BGH, 13.3.2003, VII ZR 370/98, BGHZ 154, 185; BGH, 5.7.2004, II ZR 389/02, NJW-RR 2004, 1618; BGH, 13.9.2004, II ZR 276/02, NJW 2004, 2706, 3707; s. darüber hinaus die Nachweise bei: *Kindler*, in: MünchKomm, BGB, IntGesR, 5. Aufl. 2010, Rn 144 ff; *Thorn*, in: Palandt, BGB, 73. Aufl. 2014, Art. 12 EGBGBAnh. Rn 1, 9; *Ebke*, JZ 2003, 927, 928 f; *Ulmer*, NJW 2004, 1201 ff.

411 *Thorn*, in: Palandt, BGB, 73. Aufl. 2014, Art. 12 EGBGB Anh. Rn 1, 9; BGH, 27.10.2008, II ZR 158/06, BGHZ 178, 192.

412 So wird bis dato die Hereinverschmelzung einer ausländischen AG auf eine inländische AG wegen des Analogieverbotes des § 1 Abs. 2 UmwG für unzulässig erachtet, s. *Kindler*, in: MünchKomm, BGB, IntGesR, 5. Aufl. 2010, Rn 906 mwN zum Streitstand; aA *Lutter*, in: Lutter (Hrsg.), § 1, Rn 10.

413 Vorschlag einer Verschmelzungs-RL (10. Gesellschafts-RL) v. 8.1.1985, ABl. 1985 Nr. C 23, 11 = KOM(1985), 84 endg. Dieser Entwurf wurde zwischenzeitlich zurückgezogen, s. Mitteilung der Kommission v. 2.12.2001, KOM(2001) 763 endg., S. 22.

414 RL 2005/56/EG v. 26.10.2005, ABl. 2005 Nr. L 310, 1.

Gesellschaften desselben Rechts zur Neugründung einer Gesellschaft anderen Rechts.[415] Das anwendbare Recht bestimmt sich kollisionsrechtlich: Danach ist das für die Gesellschaft geltende innerstaatliche Recht maßgeblich, Art. 16 Abs. 1. Die Mitbestimmung wird so zum Teil exportiert: Unterliegt mindestens eine der Gesellschaften nach dem auf sie anwendbaren maßgeblichen Recht zwingenden Vorschriften in Bezug auf die Mitbestimmung und sieht das für die aus der Verschmelzung hervorgegangene Gesellschaft maßgebende Recht keine zwingende Mitbestimmung vor, so gelten die Regeln der Europäischen Aktiengesellschaft, Art. 16 Abs. 3.[416] Allerdings müssen in mindestens einer der beteiligten Gesellschaften wenigstens 500 Arbeitnehmer beschäftigt sein und in dieser Gesellschaft ein System der Mitbestimmung existieren, Art. 16 Abs. 2.[417]

Daneben wird das anwendbare Recht um Sachnormen zum Schutz der Gläubiger, Aktionäre und Arbeitnehmer ergänzt. In dieser Hinsicht ähneln die Vorschriften sehr stark der Verschmelzungs-RL 2011/35/EU: So sind ein Verschmelzungsplan (Art. 5) und ein Sachverständigenbericht zu erstellen (Art. 8) sowie die Hauptversammlung einzuberufen (Art. 9). Stärker noch als in der Verschmelzungs-RL 2011/35/EU haben Behörden die Verschmelzung zu prüfen (Art. 11). Auch die Rechtsfolgen sind mit denen der Verschmelzungs-RL vergleichbar, vgl Art. 14. Die RL wurde mit den §§ 122a-122l UmwG[418] in deutsches Recht umgesetzt. Die Regelungen zur Arbeitnehmermitbestimmung nach Art. 16 der RL wurden in das Gesetz über die Mitbestimmung der Arbeitnehmer bei grenzüberschreitenden Verschmelzungen (MgVG) übernommen.[419] 167

b) Grenzüberschreitende Verschmelzungsbesteuerungs-RL 2009/133/EG

Kapitalgesellschaften zahlen Körperschaftssteuer für Gewinne aus laufendem Geschäft oder für Umstrukturierungsmaßnahmen. Die Besteuerung von stillen Reserven könnte grenzüberschreitende Verschmelzungen faktisch verhindern.[420] Daher wurde die grenzüberschreitende Verschmelzung steuerrechtlich durch die „Grenzüberschreitende Verschmelzungsbesteuerungs-RL" 90/434/EWG[421] harmonisiert. Soweit stille Reserven nicht aufgelöst werden, sollen diese danach auch nicht besteuert werden.[422] Diese steuerliche Neutralität wurde sowohl für die Gesellschaften als auch deren Gesellschafter eingeführt. Sie gilt für Fusionen und Spaltungen, aber auch für andere wirtschaftlich vergleichbare Sachverhalte, Art. 2. Die Richtlinie 90/434/EWG wurde durch die Richtlinie 2005/19/EG[423] ergänzt und mittlerweile durch die Fusionsbesteuerungsrichtlinie 2009/133/EG vom 19.10.2009 abgelöst.[424] Nun werden neben der Aktiengesellschaft, Kommanditgesellschaft auf Aktien und GmbH unter anderem auch die Europäische Gesellschaft (SE) und die Europäische Genossenschaft (SCE) von der Richtlinie erfasst. 168

---

415 Vgl *Bayer*, in: Lutter (Hrsg.), § 122 a, Rn. 25, *Habersack/Verse*, § 8, Rn. 57; aA: *Grundmann*, 1. Auflage, Rn 901.

416 S.o. Fn 416.

417 Zum Verhältnis der verschiedenen Ausnahmeregelungen des Art. 16 Abs. 2 s. EuGH, Rs. C-635/11 (Kommission/Niederlande), AG 2013, 592, Rn 10; kritisch: *Forst*, AG 2013, 588, 589 f.

418 Zweites Gesetz zur Änderung des Umwandlungsgesetzes v. 19.4.2007, BGBl. I, S. 542; eine geringfügige Änderung erfolgte nach Erlass der Änderungsrichtlinie 2009/109/EG durch das Dritte Gesetz zur Änderung des Umwandlungsgesetzes v. 11.7.2011, BGBl. I, S. 1338.

419 Gesetz zur Umsetzung der Regelungen über die Mitbestimmung der Arbeitnehmer bei einer Verschmelzung von Kapitalgesellschaften aus verschiedenen Mitgliedstaaten v. 21.12.2006, BGBl. I, S. 3332.

420 *Merkt*, *RabelsZ 59 (1995), 545, 561* f.

421 Grenzüberschreitende Verschmelzungsbesteuerungs-RL 90/434/EWG v. 23.7.1990, ABl 1990, Nr. L 225, 1. Hierzu *Sarrazin*, ZGR 1994, 66 ff; *Thömmes/Fuks* (Hrsg.), EC Corporate Tax Law – Commentary on the EC Direct Tax Measures and Member States Implementation, Loseblatt 2002 ff.

422 S. Erwägungsgründe 4 – 6 der Grenzüberschreitenden Verschmelzungsbesteuerungs-RL 90/434/EWG.

423 Änderungs-RL 2005/19/EG v. 17.2.2005, ABl. 2005 Nr. L 58, 19.

424 Richtlinie 2009/133/EG über das gemeinsame Steuersystem für Fusionen, Spaltungen, die Einbringung von Unternehmensteilen und den Austausch von Anteilen, die Gesellschaften verschiedener Staaten betreffen, ABl. 2009 Nr. L 310, 34.

4. Konzernrecht

a) Vorentwurf einer Konzernrechts-RL – 9. Gesellschafts-RL

169 Große Aktiengesellschaften sind heutzutage regelmäßig in Konzernen verbunden; der Konzern ist die dominierende Organisationsform.[425] Die Kommission legte mehrere Vorentwürfe einer **Konzernrechts-RL** vor, zuletzt einen aus dem Jahre 1984.[426] Probleme entstanden deshalb, weil nur Deutschland, Portugal und Slowenien über ein systematisch kodifiziertes Aktienkonzernrecht verfügen, während andere Mitgliedstaaten konzernrechtliche Probleme nur punktuell lösen. Umstritten ist beispielsweise, ob ein Konzern gegenüber abhängigen Unternehmen nachteilige Entscheidungen ohne entsprechenden Ausgleich treffen darf.[427] In der Wissenschaft sind weitere Vorschläge für ein Europäisches Konzernrecht unterbreitet worden.[428] Eine zumindest punktuelle Weiterentwicklung kann angesichts des Aktionsplans der Kommission vom 12.12.2012[429] erwartet werden, indem dort unter anderem eine Reglung konzerninterner Transaktionen angestrebt wird.

b) Grenzüberschreitende Konzernbesteuerungs-RL 2011/96/EU

170 Die „Grenzüberschreitende Konzernbesteuerungs-RL" 2011/96/EU (vormals RL 90/435/EWG)[430] will grenzüberschreitende Aktivitäten erleichtern; daher sollen grenzüberschreitende Konzerne nicht schlechter gestellt werden als rein nationale Konzerne. Deshalb soll grundsätzlich der Gewinn bei der Tochter anfallen und dieser Gewinn bei der Mutter angerechnet werden, Art. 4 Abs. 1.[431] Die Richtlinie 90/435/EWG wurde durch das Steueränderungsgesetz[432] mit den §§ 43 b EStG, 26 Abs. 2 a KStG aF und § 8 b Abs. 1 KStG in deutsches Recht umgesetzt.

C. Supranationale Rechtsformen

I. Die Europäische Aktiengesellschaft (SE)

1. Grundlagen

a) Geschichte, Regelungsziel und wirtschaftlicher Hintergrund

171 Die Idee einer Europäischen Aktiengesellschaft („SE" = „**Societas Europaea**") geht auf das Ende der 50iger Jahre zurück.[433] Ein erster Vorschlag aus dem Jahre 1970 enthielt mit über 400 Artikeln ein komplettes Europäisches Aktiengesetz und lehnte sich stark an das deutsche Recht an. Mit detaillierten Regelungen zu einem zweigliedrigen Leitungsorgan und Mitbestimmungsrechten von Arbeitnehmern[434] hatte diese Fassung gerade nach dem Beitritt von Großbritannien zur damaligen EWG keine Chance auf Erfolg. Unter dem Kommissionspräsidenten *Delors* folgte dann 1989 ein stark entschlackter Entwurf mit 138 Artikeln, weil umstrittene Bereiche wie das Konzern-, Betriebsverfassungs- und Steuerrecht ausgespart wurden. Die Mitbestimmung wurde in einer separaten Richtlinie geregelt. Ein nochmals geänderter Entwurf modifizierte 1998 die Mitbestimmungs-

---

425 *Grundmann*, Rn 1006.
426 Vorentwurf einer Konzernrechts-RL (9. Gesellschafts-RL), DOK Nr. III/1639/84, abgedruckt in ZGR 1995, 446.
427 *Windbichler*, 1 EBOR 265, 272 f (2000).
428 Forum Europaeum Konzernrecht, Konzernrecht für Europa, ZGR 1998, 672; hierzu *Windbichler*, 1 EBOR 265 (2000); Report of the Reflection Group On the Future of EU Company Law, 5.4.2011, S. 59 ff., abrufbar unter http://ec.europa.eu/internal_market/company/docs/modern/reflectiongroup_report_en.pdf.
429 Aktionsplan Europäisches Gesellschaftsrecht und Corporate Governance, KOM(2012) 740; vgl. hierzu *Ekkenga*, AG 2013, 181.
430 Grenzüberschreitende Konzernbesteuerungs-RL 2011/96/EU des Rates v. 30.11.2011, ABl. EU 2011 Nr. L 345, 8. Mit der Richtlinie wurde die bis dahin geltende RL 90/435/EWG v. 23.7.1990, ABl. Nr. L 225, 6 aufgehoben.
431 *Voß*, Steuerrecht, in: Dauses (Hrsg.), F., Rn 136 ff.
432 StÄndG 1992 v. 25.2.1992, BGBl. I, S. 297.
433 *Blanquet*, ZGR 2002, 20, 21 ff.
434 *Hirte*, NZG 2002, 1.

fragen, so dass die SE-VO (EG) Nr. 2157/2001 mit dann noch 70 Artikeln[435] und einer ergänzende Richtlinie[436] nach mehr als 30 Jahren am 8.10.2001 auf der Grundlage von Art. 352 AEUV verabschiedet werden konnte; beide traten am 20.8.2004 in Kraft. In Deutschland wurde das nationale Ausführungsgesetz im Dezember 2004 erlassen.[437]

Hoffnungen und Kritik, die mit der SE verbunden sind, halten sich die Waage. Auf der einen Seite kritisiert man das Statut mit seiner Mindestharmonisierung als „Rumpfgesetz“ oder – freundlicher – Rahmenrichtlinie;[438] „die“ Europäische Aktiengesellschaft sei ein Etikettenschwindel, weil durch die Verweisungen auf das nationale Recht und weitere Wahloptionen im Ergebnis zahllose Europäische Aktiengesellschaften unterschiedlicher Couleur entstehen würden.[439] Die SE-VO (EG) Nr. 2157/2001 ähnele damit der Spitze eines Eisberges, dessen größter Teil im Meer nationaler Aktienrechte verborgen bleibt.[440] Da die Vorschriften zur Ertragssteuer nicht harmonisiert wurden, sei zweifelhaft, ob von dem Angebot überhaupt Gebrauch gemacht werde; der Erfolg würde wesentlich von der steuerlichen Behandlung in den Mitgliedstaaten abhängen.[441] Auch wird die zwingende Mitbestimmung deutscher Unternehmen als Nachteil erachtet.[442] 172

Auf der anderen Seite wird betont, dass mehr an Einheit politisch nicht möglich war und eine geringere Regelungsdichte die Wahlfreiheit und damit den Wettbewerb der Rechtsordnungen fördert: Standorte, Rechtsformen und Strukturtypen können miteinander konkurrieren.[443] Die Rechtsform der SE ermögliche, europaweit mit einer Gesellschaftsform zu agieren; bisher mussten Unternehmen mit einem verzweigten Netz von Holding- und Tochtergesellschaften arbeiten. Man erhofft sich Kosteneinsparungen in Höhe von 30 Mrd. US-Dollar.[444] Die Hoffnung auf Einsparung umfangreicher Rechtsberatungskosten wird sich wegen den häufigen Verweisungen auf das nationale Recht wohl allerdings nur bedingt verwirklichen.[445] Vorteilhaft sind aber die Möglichkeit der Sitzverlegung oder der grenzüberschreitenden Verschmelzung, wie sie bisher im Gesellschaftsrecht der Mitgliedstaaten nicht möglich waren. Man hofft auf Reformimpulse für das deutsche Gesellschaftsrecht, insbesondere in Bezug auf einen Abbau der Wegzugsbarrieren.[446] Bis Juni 2008 wurden europaweit bereits 216 SE gegründet, davon allein in Deutschland 74.[447] Nach Angaben des European Trade Union Instituts hat sich die Zahl der gegründeten SEs mittlerweile auf 1.322 erhöht; davon hatten mehr als 200 ihren Sitz in Deutschland, fast 700 in der Tschechischen Republik.[448] 173

435 Europäische Gesellschaft ist die wörtliche Übersetzung des lateinischen Namens „Societas Europaea.“ Die Aktiengesellschaft ist dagegen ein Kind der Neuzeit.

436 VO (EG) Nr. 2157/2001 v. 8.10.2001 über das Statut der Europäischen Gesellschaft (SE-VO), ABl. 2001 Nr. L 294, 1; RL 2001/86/EG v. 8.10.2001 zur Ergänzung des Statuts der Europäischen Gesellschaft hinsichtlich der Beteiligung der Arbeitnehmer (SE-RL), ABl. 2001 Nr. L 294, 22.

437 Ausführungsgesetz zur Einführung der Europäischen Gesellschaft v. 22.12.2004 (SEAG), BGBl. I, S. 3675.

438 Von einem „gesellschaftsrechtlichen Torso“ spricht *Fleischer*, AcP 204 (2004), 502, 506.

439 *Jaeger*, Die Europäische Aktiengesellschaft, 1994; zusammenfassend *Schröder/Fuchs*, in: Manz/Mayer/Schröder (Hrsg.), Teil A, Rn 19, 79 ff.

440 Hierzu schon *Storm*, 5 CMLRev. 1967/1968, 265, 275.

441 *Hommelhoff*, AG 2001, 279, 285; *Lutter*, BB 2002, 1, 6; *Schnelle*, in: Schnelle/Bartosch (Hrsg.), S. 41, 111; *Habersack/Verse*, Rn 393.

442 *Lutter*, BB 2001, 2, 5; *Heinze*, ZGR 2002, 66, 94 f.

443 *Teichmann*, ZGR 2002, 383, 400 f; *Fleischer*, AcP 203 (2003), 502, 511; *Enriques*, ZGR 2004, 735.

444 S. *Monti*, WM 1997, 607; *Teichmann*, ZGR 2002, 383, 384 ff.

445 *Schnelle*, in: Schnelle/Bartosch (Hrsg.), S. 41, 112.

446 *Fleischer*, AcP 204 (2004), 502, 519 ff.

447 *Eidenmüller*, AG 2008, 721, 723 ff; im Amtsblatt der EU wurden dagegen nur 136 SE-Eintragungen bekannt gemacht. Eidenmüller begründet seine deutlich höheren Zahlen damit, dass seine Untersuchung direkt auf den Eintragungen in den nationalen Registern beruht und vielen Registergerichten und SE nicht bekannt ist, dass eine Veröffentlichungspflicht nach Art. 14 SE-VO besteht.

448 Stand: 8.7.2013. Allerdings werden in den Statistiken auch die gegründeten Mantelgesellschaften erfasst, so dass die Zahl der wirtschaftlich aktiven SEs in Deutschland weitaus geringer liegen dürfte. Eine aktuelle Darstellung der gegründeten SEs findet sich auf der Website des European Trade Union Instituts, online verfügbar unter: http://www.libertas-institut.com/de/SE/SE_Statistics.pdf.

b) Überblick und anwendbares Recht

174 Die SE-VO besteht aus 70 Artikeln in sieben Titeln nebst zwei Anhängen. Sie umfasst Regeln zur Gründung, Organisation, Bilanz, Auflösung und Liquidation. Wichtig ist die verbürgte Freiheit, zwischen **monistisch** und **dualistisch** verfasstem Leitungsorgan zu wählen, Art. 38 lit. b).[449] Die für die SE geltenden Rechtsnormen bestehen aus einem abgestuften System von Anwendungsregeln.[450] Neben Art. 9 existieren 84 weitere Verweisungen.[451] Nach Art. 9 Abs. 1 lit. a) gelten die Vorschriften der VO vorrangig, sodann gelten die Regeln der Satzung der jeweiligen Gesellschaft, soweit sie auf Ermächtigungen der VO beruhen. Lücken sollen durch europäisches Recht geschlossen werden.[452] Für Bereiche, die nur teilweise oder nicht durch die VO geregelt sind, gilt an dritter Stelle nationales Recht. Vorrangig sind nationale Ausführungsbestimmungen, die die VO konkretisieren. Nationales Recht darf keine Regelungen einführen, welche die SE gegenüber nationalen Aktiengesellschaften diskriminieren, Art. 10 und Erwägungsgrund 5. Wird kein spezielles Recht erlassen, gilt das nationale Aktienrecht bzw das Satzungsrecht, wie es nach nationalem Recht zulässig ist. Für Bereiche, die nicht in den Regelungsbereich der VO fallen, gilt dagegen das Internationale Privatrecht; das sind für das Konzernrecht[453] und damit für Europäische Aktiengesellschaften mit Sitz in Deutschland die §§ 15 ff, 219 ff, 311 ff AktG.[454] Die Vorschriften des IPR sind auch anwendbar für das Steuerrecht oder das Individualarbeitsrecht.[455]

2. Rechtsnatur, Gründung und Sitzverlegung

a) Rechtsnatur

175 Die SE ist eine Gesellschaft mit eigener Rechtspersönlichkeit, Art. 1 Abs. 3. Ihr Kapital ist in Aktien zerlegt. Das Mindestkapital muss 120 000 Euro betragen, Art. 4 Abs. 2. Jeder Aktionär haftet nur in Höhe des gezeichneten Kapitals, also der Einlage; für Verbindlichkeiten haftet er nicht, Art. 1 Abs. 2 Satz 2. Die SE darf nur von solchen Aktiengesellschaften gegründet werden, die im Anhang I der SE-VO aufgelistet sind. Die GmbH ist nur zur Gründung einer Holding- oder Tochter-SE zugelassen, Art. 2 Abs. 2, 3. Dagegen kann die SE nicht von natürlichen Personen gegründet werden. Die Gesellschaft ist im Register einzutragen, die Eintragung im Amtsblatt der Europäischen Gemeinschaften zu veröffentlichen und die Firma der Gesellschaft mit dem Zusatz „SE" zu verbinden (Artt. 11-14); hier folgt die VO weitgehend den Vorgaben der Publizitäts-RL 2009/101/EG. Die Gründung folgt dem Recht des Sitzstaates, Art. 15 Abs. 1.

b) Einzelne Gründungsformen

176 Die SE-VO sieht als abschließenden numerus clausus insgesamt fünf verschiedene Gründungsverfahren vor.[456] Am praxisrelevantesten ist wohl die Gründung von zwei Aktiengesellschaften aus verschiedenen Mitgliedstaaten durch **Verschmelzung**, Artt. 17-31. Dabei können die Gründungsgesellschaften wählen, ob sie eine neue Gesellschaft gründen oder die aufnehmende Gesellschaft zur SE umwandeln. Vorgaben macht hier die Verschmelzungs-RL 2011/35/EU, Art. 18. Die **Holding-SE** ist die zweite Gründungsform. Dabei bleiben die zwei Gründungsgesellschaften erhalten und geben mindestens 50% ihrer Anteile in die Holding-SE, Artt. 32-34. Im Gegensatz dazu kann als dritte Möglichkeit eine **Tochter-SE von zwei Gesellschaften** gegründet werden, Artt. 35 f. Viertens kann eine SE durch die **Umwandlung** einer bestehenden Aktiengesellschaft entstehen, wenn sie seit mindestens zwei Jahren eine Tochtergesellschaft hat, die dem Recht eines anderen Mitgliedstaates

---

449 *Grundmann*, Rn 1068; *Eidenmüller*, AG 2008, 721, 725.

450 Von „kunstvoll aufgeschichteter Rechtsquellenpyramide" spricht *Hommelhoff*, AG 2001, 279, 285.

451 *Brandt/Scheifele*, DStR 2002, 547; *Teichmann*, ZGR 2002, 383, 394 ff.

452 Der Anwendungsbereich ist allerdings streitig s. *Brand/Scheifele*, DStR 2002, 547, 553 ff und *Wagner*, NZG 2002, 985, 988 f.

453 Erwägungsgrund 15 der VO.

454 *Maul*, Die faktisch abhängige SE (Societas Europaea) im Schnittpunkt zwischen deutschem und europäischem Recht, 1998, S. 33 ff.

455 *Brand/Scheifele*, DStR 2002, 547, 549.

456 Näher *Bungert/Beier*, EWS 2002, 1, 6 ff; *Teichmann*, ZGR 2002, 383, 409 ff.

unterliegt, Artt. 2 Abs. 4, 37. In diesem Fall wird nicht eine neue juristische Person gegründet, sondern die alte Gesellschaft bleibt mit neuem Namen bestehen. Schließlich kann eine **SE eine Tochter-SE** gründen, Art. 3 Abs. 2 S. 1.

c) Sitz und Sitzverlegung

177 Der satzungsmäßige Sitz muss in der Europäischen Union liegen und zwar in dem Mitgliedstaat, in dem sich die Hauptverwaltung befindet, Art. 7. Der Streit zwischen Sitz- und Gründungstheorie sollte damit jedoch nicht entschieden werden.[457] Das wird verdeutlicht durch die rechtlichen Konsequenzen der Sitzverlegung: Der Sitztheorie folgend ist die Verlegung der Hauptverwaltung nicht möglich, vielmehr ist die Gesellschaft im Falle der Verlegung der Hauptverwaltung zu liquidieren, Art. 64 Abs. 2. Ganz im Sinne der Gründungstheorie ist die Verlegung des *Satzungs*sitzes dagegen innerhalb der Union zulässig; die Identität der SE bleibt davon unberührt, Art. 8 Abs. 1. Damit ist dann ein Statutenwechsel verbunden, es ist also das Recht des Aufnahmestaates anzuwenden.[458] Die Bestimmungen über die Sitzverlegung lehnen sich an den Vorschlag der Kommission zur Sitzverlegung[459] an und dienen dem Schutz der Minderheitsaktionäre und der Gläubiger, Artt. 8-13.

3. Organisationsverfassung

a) Monistisch und dualistisch verfasstes Leitungsorgan

178 Der Aufbau der SE ist in den Artt. 38-60 geregelt. Art. 38 lit. b) erlaubt den Gesellschaften (nicht etwa dem Mitgliedstaat) die Wahl, ob es einen Aufsichtsrat und ein Leitungsorgan (**dualistisches System**) einführt oder sich auf den Verwaltungsrat (**monistisches System**) beschränkt. Dieses **Wahlrecht** darf nicht ausgeschlossen werden[460] und führt dazu, dass Mitgliedstaaten, die bisher über kein monistisches System verfügten, nähere Ausführungsbestimmungen erlassen müssen.[461] Allgemeine Bestimmungen zu monistischem und dualistischem System regeln eine sechsjährige Dauer für die Organe, Art. 46. Eine vorzeitige Abberufung bestimmt sich nach nationalem Recht und soll nur aus wichtigem Grund möglich sein.[462] Die Organe trifft eine Verschwiegenheitspflicht, Art. 49. Im Übrigen haften sie der Gesellschaft wegen Schäden nach dem Sitzlandrecht, Art. 51.[463] Nicht geregelt ist die Haftung gegenüber Dritten; auch sie bestimmt sich nach nationalem Recht, Art. 9 Abs. 1 lit. c).[464] Die Satzung kann bestimmen, welche Geschäfte der Zustimmungspflicht des Aufsichtsrates bzw. eines ausdrücklichen Beschlusses des Verwaltungsrates unterliegen, Art. 48.

179 Im dualistischen System verfügt die SE über ein Leitungsorgan, welches die Geschäfte führt, Art. 39 Abs. 1 Satz 1. Die Vertretungsmacht wurde nicht ausdrücklich geregelt. Die Mitglieder des Aufsichtsrates werden von der Hauptversammlung gewählt, Art. 40 Abs. 2 Satz 1. Der Aufsichtsrat überwacht die Geschäftsführung, Art. 40 Abs. 1 Satz 1. Dazu muss ihn das Leitungsorgan unterrichten; dem Aufsichtsrat stehen zudem Informations- und Überprüfungsrechte zu, Art. 41. Wird aufgrund der Mitbestimmung der Aufsichtsrat zur Hälfte von Arbeitnehmern bestellt, kann nur ein von der Hauptversammlung gewähltes Aufsichtsratsmitglied Vorsitzender des Gremiums werden, Art. 42 Satz 2.

180 Das monistische System besteht nur aus dem Verwaltungsrat. Jedem Mitgliedstaat steht es frei, Regelungen einzuführen, wonach ein oder mehrere Geschäftsführer die laufenden Geschäfte in eigener Verantwortung führen, Art. 43 Abs. 1 S. 2. Es bleibt damit den Mitgliedstaaten überlassen, zwischen „executive directors“ und „outside directors“ zu unterscheiden. Diese Unterscheidung

---

457 Erwägungsgrund 27 der VO; *Schwarz*, ZIP 2001, 1849; *Hirte*, NZG 2002, 1, 4. *Fuchs*, in: Manz/Mayer/Schröder (Hrsg.), Art. 7 SE-VO, Rn 10.

458 Dies ergibt sich nur mittelbar aus Art. 9 Abs. 1 lit. c) ii und iii.

459 S.o. Fn 387.

460 *Teichmann*, ZGR 2002, 383, 442; *Habersack/Verse*, § 13, Rn 28; zweifelnd *Bungert/Beier*, EWS 2002, 1, 3.

461 Diese finden sich in den §§ 20-49 des deutschen Ausführungsgesetzes (Fn 435).

462 *Hommelhoff*, AG 2001, 279, 283; *Hirte*, NZG 2002, 1, 5.

463 Hierzu *Hommelhoff*, AG 2001, 279, 283; *Hirte*, NZG 2002, 1, 5; *Theisen/Hölzl*, Corporate Governance, in: Theisen/Wenz (Hrsg.), S. 247, 262, 264; *Merkt*, ZGR 2003, 650, 674 f.

464 Hierzu *Fleischer*, ZGR 2004, 437, 439 f.

hat auch der deutsche Gesetzgeber inzwischen eingeführt.[465] Ein solcher Verwaltungsrat könnte sich auch in Deutschland und Österreich auf Vorläufer berufen und hätte gegenüber dem dualistischen System vor allem den Vorteil der besseren Informationsversorgung. Noch nicht vollständig geklärt ist, wie die Arbeitnehmermitbestimmung in ein monistisch verfasstes Leitungsorgan integriert werden kann.[466]

b) Die Hauptversammlung

181 Jede SE verfügt über eine Hauptversammlung als Willensbildungsorgan; die Vorschriften zur Hauptversammlung sind allerdings knapp: Einmal im Jahr ist eine Hauptversammlung abzuhalten; eine Aktionärsminderheit von 10% kann die Tagesordnung ergänzen; Beschlüsse bedürfen der einfachen Mehrheit, die Änderung der Satzung der qualifizierten Mehrheit von 2/3 der Stimmen, Artt. 54-60. Wichtige Fragen wie beispielsweise Organisation, Ablauf, Auskunfts-[467] und Stimmrecht oder Anfechtungsmöglichkeiten sind dagegen nicht geregelt.[468] Hier wird auf das Sitzlandrecht verwiesen, Artt. 52 f.

c) Arbeitnehmermitbestimmung

182 Die Mitbestimmung der Arbeitnehmer wird im dualistischen System im Aufsichtsrat und im monistischen System im Verwaltungsrat wahrgenommen. Die deutschen Arbeitnehmermitbestimmungsregeln hatten über Jahrzehnte jede Einigung über eine SE blockiert. Nach Aufgabe der Harmonisierungsversuche[469] hat man in der SE-RL 2001/86/EG[470] die Mitbestimmung mit zwei Verfahren geregelt. Vorrangig ist die Verhandlungslösung.[471] Danach können die Mitglieder das bisher höchste Mitbestimmungsniveau erhalten oder ausbauen, aber auch mit 2/3 Mehrheit der Arbeitnehmer reduzieren, Art. 3 Abs. 4. Nach erfolglosem Ablauf der Verhandlungsfrist tritt dann als nachrangiges Verfahren die Auffanglösung ein, Art. 7. Im Ergebnis wird dann der höchste Standard in den beteiligten Gesellschaften erhalten, Anhang Teil 3 lit. b). Diese Lösung ist inzwischen für die Europäische Genossenschaft (SCE) übernommen worden, gilt mit gewissen Abstrichen auch bei der Verschmelzung von Kapitalgesellschaften aus unterschiedlichen Mitgliedstaaten[472] und soll ebenfalls für Richtlinienvorschläge zur grenzüberschreitenden Sitzverlegung maßgeblich sein.[473] De lege ferenda hofft man, das deutsche Mitbestimmungsrecht nach den europäischen Vorgaben modernisieren zu können, indem die Mitbestimmung nicht zwingend gestaltet, sondern als nachgiebiges Recht der Vertragsautonomie der Parteien überlassen wird.[474]

4. Bewertung und Ausblick

183 In der Anfangszeit der SE-VO wurde diese vor allem als rechtssicheres Mittel für eine grenzüberschreitende Verschmelzung geschätzt. Mit Umsetzung der internationalen Verschmelzungsrichtlinie kann eine solche Verschmelzung auch ohne Gründung einer SE vollzogen werden,[475] weshalb eine geplante länderübergreifende Verschmelzung nicht mehr zwangsweise über das Statut der SE zu erfolgen hat. Ihre große Attraktivität gewinnt die SE vor allem dadurch, dass eine grenzüberschreitende Sitzverlegung der SE in einem rechtssicheren Verfahren möglich ist (Art. 8 SE-VO). Der Sitz der Gesellschaft entscheidet nicht nur darüber, welches nationale (Aktien-)Recht neben der SE-VO

465 §§ 40 ff des deutschen Ausführungsgesetzes (Fn 438).

466 *Fleischer*, AcP 204 (2004), 503, 533 ff; *Kallmeyer*, ZIP 2003, 1531, 1534 ff; *Teichmann*, NN 2004, 53, 57.

467 S. *Pelzer*, Das Auskunftsrecht der Aktionäre in der Europäischen Union, 1993.

468 *Theisen/Hölzl*, in: Theisen/Wenz (Hrsg.), S. 247, 262, 264; *Hommelhoff*, AG 2003, 179, 183.

469 Wegbereiter war hier die Betriebsräte-RL 94/45/EG v. 22.9.1994, ABl. 1994 Nr. L 254, 64, die nur Verfahrensfragen klärte, aber auf eine inhaltliche Angleichung verzichtete.

470 Hierzu *Heinze*, ZGR 2002, 66, 77 ff.

471 S.o. Rn 79. Zum Pro und Contra *Fleischer*, AcP 204 (2004), 503, 533 ff.

472 S. Art. 16 der RL 2005/56/EG.

473 S. oben Fn 427; *Behrens*, Gesellschaftsrecht, in: Dauses (Hrsg.), E.III., Rn 67.

474 *Wißmann*, in: FS Däubler, 1999, S. 385, 396 ff; *Fleischer*, AcP 204 (2004), 503, 539 f; *Teichmann*, BB 2004, 53, 56; s. hierzu auch *Arbeitskreis „Unternehmerische Mitbestimmung“*, ZIP 2009, 885.

475 S. oben Rn 165.

Anwendung findet (Art. 9 Abs. 1 lit. c) ii SE-VO), sondern ist zugleich Anknüpfungspunkt für viele steuerliche Normen wie bspw § 1 KStG.[476] Für viele Unternehmen bietet die Sitzverlegung wirtschaftliche Chancen, die sich am ehesten über die supranationale Rechtsform der SE nutzen lassen, nachdem die geplante Sitzverlegungsrichtlinie für nationale Gesellschaften von der Kommission nicht mehr weiter verfolgt wird (s. oben Rn 4).[477] Ein weiteres Motiv für die Gründung einer SE ist in vielen Fällen das „internationalere" Image der SE, das den Eindruck eines modernen europäischen Unternehmens vermitteln soll.[478]

Für viele Unternehmen gewinnt die SE deshalb an Reiz, weil sie eine Wahlmöglichkeit zwischen monistischer und dualistischer Führungsstruktur eröffnet. So dominiert auf internationaler Ebene in der Mehrzahl der SEs das monistische System eines einheitlichen Verwaltungsrats, während die zweigliedrige Struktur mit Aufsichts- und Leitungsorgan nur auf nachrangige Akzeptanz stößt. Dieses wird als zu kostspielig und hinderlich angesehen.[479] Wie eine Untersuchung aus dem Jahr 2009 zeigt, halten die großen deutschen börsennotierten SEs hingegen durchweg am dualistischen System fest und nutzen allenfalls die Möglichkeit einer zahlenmäßigen Verkleinerung ihres Aufsichtsorgans.[480] In kleineren deutschen Unternehmen, die sich für die Rechtsform der SE entschieden haben, ist allerdings ein Trend zum monistischen System erkennbar. 184

Von besonderem Reiz scheinen für die Gesellschaften die neuen Varianten der unternehmerischen Mitbestimmung zu sein.[481] Umfang und Ausgestaltung der unternehmerischen Mitbestimmung mit den Arbeitnehmern lassen sich im Rahmen des Besonderen Verhandlungsgremiums weitestgehend frei aushandeln (Art. 12 Abs. 2-4 SE-VO, Artt. 3 ff SE-RL,[482] §§ 4, 21 SEBG). Damit lässt sich etwa das Niveau der Mitbestimmung auf dem Stand der SE-Gründung „einfrieren"– eine einmal getroffene Mitbestimmungsvereinbarung hat also auch dann noch Bestand, wenn die Gesellschaft die entsprechenden Schwellenwerte nach dem bis dato anwendbaren nationalen Recht überschreitet. Zudem legt die SE-VO Wert darauf, dass die Mitbestimmung nicht einseitig durch die Arbeitnehmer eines einzelnen Landes erfolgt, sondern dass sie entsprechend den jeweiligen Anteilen der in den einzelnen Mitgliedstaaten beschäftigten Arbeitnehmer der SE ausgeübt wird.[483] Ein weiterer Vorteil der Verhandlungslösung besteht darin, dass das Aufsichtsorgan bzw. der Verwaltungsrat gegenüber der Mitbestimmung in einer deutschen Gesellschaft nach § 7 Abs. 1 MitbestG verkleinert werden kann (§ 35 Abs. 2 S. 2 SEBG). 185

Diese arbeitgeberfreundliche Ausgestaltungsmöglichkeit der SE führt dazu, dass sich die SE trotz ihrer derzeit noch vergleichsweise geringen Verbreitung zu einer ernstzunehmenden Konkurrenz für die nationalen Rechtsformen entwickelt. Vergleichbar mit der erhöhten Attraktivität der Ltd. durch die Rechtsprechung des EuGH[484] ist deshalb zu prüfen, ob der deutsche Gesetzgeber das deutsche Aktien- und Mitbestimmungsrecht so anzupassen hat, dass die deutsche Aktiengesellschaft weiterhin attraktiv bleibt und nicht im Verhältnis zur SE ins Hintertreffen gerät. Erste Ansätze werden bereits in der Wissenschaft diskutiert, so dass Vereinbarungen über die Mitbestimmung und die Größe des mitbestimmten Aufsichtsrats, wie sie derzeit nur in der SE möglich sind, 186

476 *Eidenmüller*, AG 2009, 845, 846 f.

477 Zur Folgenabschätzung der Europäischen Kommission und dem aktuellen Stand des Verfahrens, s. http://ec.europa.eu/internal_market/company/seat-transfer/index_de.htm.

478 So etwa die Pressemitteilung der Linde AG v. 17.3.2008: „The SE is the legal structure that best reflects our international focus."; s. auch *Eidenmüller*, AG 2009, 845, 847 f.

479 *Eidenmüller*, AG 2009, 845, 849. Folglich hat sich bislang keine SE aus einer ausschließlich „monistischen" Rechtsordnung für das dualistische System entschieden, *Eidenmüller/Engert/Hornuf*, 10 EBOR 1, 25 (2009).

480 So reduzierten die Allianz SE und die BASF SE die Zahl ihrer Aufsichtsratsmitglieder von vormals 20 auf 16 Mitglieder, s. *Eidenmüller*, AG 2009, 845, 849.

481 *Eidenmüller*, AG 2008, 721, 729.

482 S. Richtlinie 2001/86/EG des Rates v. 8.10.2001 zur Ergänzung des Statuts der Europäischen Gesellschaft hinsichtlich der Beteiligung der Arbeitnehmer, ABl. 2001 Nr. L 294, 22.

483 S. Anhang Teil 3 Buchst. b Abs. 3 der RL 2001/86/EG v. 8.10.2001 (SE-RL).

484 S. oben Rn 156 ff.

in Zukunft auch bei der AG möglich sein könnten.[485] Abzuwarten bleibt zudem, wie sich die geplante Einführung einer Europäischen Privatgesellschaft (SPE) als kleine Kapitalgesellschaft europäischen Rechts auf die Attraktivität der SE auswirken wird.

II. Die Europäische wirtschaftliche Interessenvereinigung

1. Grundlagen

a) Wirtschaftlicher Hintergrund und Bedeutung

187 Die Europäische wirtschaftliche Interessenvereinigung (EWIV) wurde Mitte der 70er Jahre vorgeschlagen und die ihr zugrunde liegende **EWIV-Verordnung** (EWG) Nr. 2137/85 Mitte der 80er Jahre auf Grundlage des Art. 308 EGV (jetzt: Art. 352 AEUV) verabschiedet.[486] Sie geht als Rechtsform auf das französische groupement d'intérêt économique (G.I.E.) zurück. Nach dem Erwägungsgrund der Präambel sollte Unternehmen und Einzelpersonen ein Rechtsinstrument für eine grenzüberschreitende Zusammenarbeit an die Hand gegeben werden. Damit wollte man insbesondere die kleineren und mittleren Unternehmen fördern, denen es schwerer als Großunternehmen fällt, sich den europäischen Markt zu erschließen.[487] Bis zu diesem Zeitpunkt mussten sich Unternehmen, die grenzüberschreitend wirtschaftlich kooperierten, der Rechtsform eines Mitgliedstaates unterwerfen. Allerdings blieben die tatsächlichen Gründungen hinter den Erwartungen zurück: Die Zahl der EWIVs lag 1997 europaweit bei 741,[488] im Juli 2013 bei 2.234. Die höchste Anzahl an Neugründungen wurde 2000 registriert. Seither sind die Zahlen rückläufig.[489] Das liegt wohl daran, dass die eigentlichen Unternehmen erhalten bleiben, die EWIV also nur dienende Funktion hat und zudem weitgehend nationales Recht zur Anwendung kommen kann.

b) Überblick und anwendbares Recht

188 Die EWIV-Verordnung (EWG) Nr. 2137/85 besteht aus 43 Artikeln und regelt Gründung, rechtliche Existenz und innere Verfassung der EWIV. Schon die knappe Anzahl der Artikel verdeutlicht, dass sie nur einen gemeinschaftsrechtlichen Rechtsrahmen[490] zur Verfügung stellt. In verschiedenen Normen[491] ist vorgesehen, dass die Gesetzgeber der Mitgliedstaaten weitere Ausführungsbestimmungen zu erlassen haben.[492] Außerdem verweisen Art. 2 Abs. 1 und zahlreiche weitere Bestimmungen[493] auf das Recht des Mitgliedstaates, in welchem die Vereinigung ihren Sitz hat. Auch außerhalb des Regelungsgegenstandes der EWIV-Verordnung (EWG) Nr. 2137/85 gilt nationales Recht, also beispielsweise im Bereich des Arbeits- und Sozialrechts.[494]

2. Regelungszweck, Rechtsnatur, Gründung und Sitzverlegung

189 Die EWIV als supranationale Gesellschaftsform verlangt, dass ihre Mitglieder ihre Hauptverwaltung oder bei natürlichen Person ihre Haupttätigkeit in verschiedenen Mitgliedstaaten haben müssen, Art. 4 Abs. 1 lit. a) und b). Die EWIV wird ausschließlich zu dem Zweck gegründet, die wirtschaftliche Tätigkeit ihrer Mitglieder zu erleichtern oder zu entwickeln; sie darf nicht den Zweck verfolgen, eigene Gewinne zu erwirtschaften. Auch ist jegliche Form einer Konzernleitung oder einer Holding verboten, Art. 3 Abs. 1, 2. Die EWIV hat damit nur Hilfscharakter gegenüber seinen

485 S. *Arbeitskreis „Unternehmerische Mitbestimmung"*, ZIP 2009, 885.
486 VO (EWG) Nr. 2137/85 über die Schaffung einer europäischen Interessenvereinigung (EWIV), ABl. 1985 Nr. L 199, 1; deutsches EWIV-Ausführungsgesetz v. 14.4.1988, BGBl. I, S. 514. Fundstellenverzeichnisse der Ausführungsgesetze anderer Mitgliedstaaten finden sich bei *Schwarz*, Rn 965.
487 *Müller-Gugenberger*, NJW 1989, 1449, 1450.
488 *Neye*, DB 1997, 861.
489 Aktuelle Daten abrufbar unter: http://www.libertas-institut.com/de/EWIV/statistik.pdf, letzter Abruf v. 30.9.2014.
490 *Gleichmann*, ZHR 149 (1985), 633, 648.
491 S. zB Artt. 1 Abs. 3, 8 S. 3, 27 Abs. 2 S. 2, 39, 41 EWIV-VO.
492 Das deutsche Ausführungsgesetz verweist für die EWIV auf die §§ 105-160 HGB.
493 *Grundmann*, Rn 1100 spricht von weit gehendem Fehlschlag.
494 S. Erwägungsgrund 15 der EWIV-VO.

Mitgliedern. Als Beispiele für „EWIVs" werden gemeinsame Forschungstätigkeiten, Transportgemeinschaften, gemeinsamer Ein- und Verkauf, gemeinsame Produktion bestimmter Teile oder gemeinsame Werbung genannt.[495]

Ob die EWIV **Rechtspersönlichkeit** besitzt, können die Mitgliedstaaten selbst bestimmen, Art. 1 Abs. 3. Mit Ausnahme von Deutschland und Italien haben die anderen Mitgliedstaaten die EWIV mit Rechtspersönlichkeit ausgestattet. 190

Die Gründung einer EWIV setzt einen Gründungsvertrag und die Eintragung in ein Register voraus, Art. 1 Abs. 1, 6. Der Sitz der Vereinigung, der im Gründungsvertrag anzugeben ist, richtet sich nach der Hauptverwaltung der Vereinigung oder dem Ort, an dem eines der Mitglieder seine Hauptverwaltung hat, Art. 12. Die Verordnung folgt damit im Grundsatz der Sitztheorie.[496] Im Gegensatz zu dieser kann eine EWIV jedoch ihren Sitz innerhalb der Union verlegen, ohne aufgelöst zu werden, Art. 13. Art. 5 verlangt zwar eine Reihe von Mindestangaben im Gründungsvertrag, wie beispielsweise den Namen,[497] Sitz, Unternehmensgegenstand und Angaben über die Mitglieder, ansonsten besteht aber weitgehende Gestaltungsfreiheit.[498] 191

3. Organisationsverfassung

Die EWIV hat mindestens zwei Organe: die Mitglieder und die Geschäftsführer; die Satzung lässt weitere Organe zu, Art. 16 Abs. 1. Denkbar ist etwa die Einsetzung eines Aufsichtsrates, Beirates oder Abschlussprüfers.[499] Vertreten wird die EWIV durch den Geschäftsführer, Art. 20. Die Willensbildung der EWIV erfolgt durch die Gemeinschaft der Mitglieder und deren Beschluss, Art. 16 Abs. 2. Von dem Grundsatz, dass jedem Mitglied eine Stimme zukommt, kann im Gründungsvertrag abgewichen werden, Art. 17 Abs. 1. Förderungs- und Treuepflicht werden zwar nicht ausdrücklich normiert, mittelbar aber vorausgesetzt: Art. 27 Abs. 2 ist zu entnehmen, dass jedes Mitglied seine vertraglichen Pflichten zu erfüllen und Störungen der Arbeit zu unterlassen hat.[500] Als Kontrollrecht nicht abdingbar ist das Recht jedes Mitgliedes, Auskünfte über die Geschäfte der Vereinigung zu erhalten und in die Bücher und Geschäftsunterlagen Einsicht zu nehmen, Art. 18. 192

Informationsansprüche zur Ausübung von Kontrolle sind unabdingbar, weil die Mitglieder unbeschränkt und gesamtschuldnerisch für Verbindlichkeiten jeder Art haften, Art. 24. Zwar ist diese Haftung gegenüber der Haftung der EWIV subsidiär. Weil die Verordnung kein Mindestkapital vorschreibt, die Haftung Verbindlichkeiten jeglicher Art umfasst[501] und unmittelbar gegenüber den Gläubigern besteht, ist Art. 24 jedoch ein relativ scharfes Schwert. Die Haftung trifft grundsätzlich auch später eintretende und ausgeschiedene Mitglieder, Art. 26 Abs. 2 bzw Art. 34 EWIV-Verordnung (EWG) Nr. 2137/85. Vor Eintragung in das Handelsregister haften die Handelnden nach Art. 9 Abs. 2. 193

Mitglieder können ihre Mitgliedschaft übertragen, wenn alle anderen Mitglieder zustimmen, Art. 22 Abs. 1; sie können unter bestimmten Bedingungen kündigen oder ausscheiden, Artt. 27 f. In diesem Fall haben sie einen Anspruch auf das Auseinandersetzungsguthaben, Art. 33. 194

495 *Gleichmann*, ZHR 149 (1985), 633, 635; *Ganske*, Das Recht der Europäischen wirtschaftlichen Interessenvereinigung (EWIV) – Systematische Darstellung mit Texten und Materialien, 1988, S. 32.

496 *Habersack/Verse*, Rn 359; aA *Meyer-Landrut*, S. 32 f, *Schwarz*, Rn 1001, die einen Kompromiss von Sitz- und Gründungstheorie bejahen.

497 Die EWIV-VO verlangt nur den Begriff EWIV als Namenszusatz. Ansonsten richtet sich der Name nach nationalem Recht s. EuGH, Rs C-402/96 (European Information Technology Observatory, Europäische Wirtschaftliche Interessenvereinigung), Slg 1997, I-7515, Rn 19 ff.

498 S. Erwägungsgrund 4 EWIV-VO.

499 *Von der Heydt/von Rechenberg*, Die Europäische wirtschaftliche Interessenvereinigung unter besonderer Berücksichtigung gesellschafts-, steuer- und kartellrechtlicher Aspekte, 1991, S. 61; *Meyer-Landrut*, S. 62.

500 *Schwarz*, Rn 1032.

501 Erwägungsgrund 10 EWIV-VO nennt beispielhaft Steuerschulden und Sozialversicherungsabgaben.

4. Publizität

195 Zum Schutze des Rechtsverkehrs wurden in der EWIV-VO ähnliche Regelungen zur Publizität aufgenommen, wie sie schon in der Publizitäts-RL 2009/101/EG enthalten sind. Die einzelnen Publizitätsgegenstände sind durch Eintragung, Hinterlegung sowie Bekanntgabe zu bewirken, Artt. 6-8. Eintragung, Hinterlegung und Bekanntmachung richten sich nach dem Recht des Sitzstaates, Art. 39 Abs. 1.

5. Auflösung und Beendigung

196 Nichtigkeitsgründe werden durch die EWIV-Verordnung (EWG) Nr. 2137/85 nicht geregelt, weil dies einen zu tiefen Eingriff in die Gesellschaftsrechtsordnungen der einzelnen Mitgliedstaaten bedeutet hätte.[502] Deshalb verweist Art. 15 Abs. 1 S. 1 auf das innerstaatliche Recht des Sitzstaates der EWIV. Die Auflösung der EWIV wurde dagegen in der EWIV-Verordnung (EWG) Nr. 2137/85 abschließend geregelt: Die EWIV kann entweder durch Mitgliederbeschluss oder durch gerichtliche Entscheidung aufgelöst werden, Artt. 31 f. Die Bestimmungen bei Insolvenz richten sich nach dem innerstaatlichen Recht, Art. 36 S. 1.

III. Weitere geplante Gesellschaftsformen und supranationale Rechtsformen

1. Europäische Privatgesellschaft (SPE)

a) Wirtschaftlicher Hintergrund

197 Die Vorarbeiten für eine Europäische Privatgesellschaft („SPE“ = „Societas Privata Europaea“) gehen in die 90iger Jahre des letzten Jahrhunderts zurück. Sie zielen auf eine Kapitalgesellschaft, die **beschränkt haftet und nicht kapitalmarktfähig** ist. Die SPE soll gerade kleineren und mittleren Unternehmen (KMU) den grenzüberschreitenden Verkehr erleichtern. Nachdem sich die Europäische Union in den letzten Jahrzehnten sehr auf die Aktiengesellschaft konkretisiert hat, ist die Initiative zu begrüßen, auch kleineren mittelständischen Unternehmen eine europaweite Gesellschaftsform anbieten zu können.[503] Seit dem 25.6.2008 liegt ein Verordnungsvorschlag der Europäischen Kommission zur Einführung der SPE vor.[504] Dieser Entwurf ist im Mai 2011 insbesondere mit Blick auf die unternehmerische Mitbestimmung am Widerstand Deutschlands und Schwedens gescheitert.[505] Zuletzt wurde im Jahr 2011 von der Ungarischen Ratspräsidentschaft ein Kompromissvorschlag unterbreitet,[506] jüngst hat auch die Kommission in ihrem Aktionsplan vom 12.12.2012 angekündigt, an einem „follow up“ zu arbeiten.[507]

b) Überblick

198 Die Europäische Privatgesellschaft, die in Deutschland mit der GmbH vergleichbar ist, ist vor allem dadurch gekennzeichnet, dass nicht wie im Aktienrecht der Grundsatz der Satzungsstrenge, sondern vielmehr der Grundsatz der Gestaltungsfreiheit gilt, weil die Gesellschaft nicht auf Aktionäre Rücksicht nehmen muss.[508] Das hat den Vorteil, dass zahlreiche verbandsrechtliche Fragen nicht durch den Gesetzgeber, sondern allein durch die Gesellschaftssatzung geregelt werden können. Der Anhang des Verordnungsvorschlags enthält lediglich eine Liste mit Mindestinhalten einer Satzung.

199 Die SPE kann durch Neugründung, Umwandlung, Verschmelzung oder Spaltung gegründet werden, Art. 5 Abs. 1; die Eintragung in das Unternehmensregister des Landes, in dem die SPE ihren Satzungssitz hat, ist konstitutiv, Art. 9. Auf die Rechtsprechung des EuGH zur Niederlassungsfrei-

502 *Ganske*, Das Recht der Europäischen wirtschaftlichen Interessenvereinigung (EWIV) Systematische Darstellung mit Texten und Materialien, 1988, S. 67; *Schwarz*, Rn 1076.

503 Positive Bewertung bei *Habersack/Verse*, § 15, Rn 1; *Grundmann*, Rn 1123.

504 Vorschlag für eine Verordnung über das Statut der Europäischen Privatgesellschaft v. 25.6.2008, KOM(2008) 396 endg. Hierzu *Hommelhoff*, DStR 2008, 925; *Hadding/Kießling*, WM 2009, 145.

505 *Ulrich*, GmbHR 2011, Rn 229.

506 Vgl. hierzu *Bormann/Böttcher*, NZG 2011, 411 ff.

507 Aktionsplan Europäisches Gesellschaftsrecht und Corporate Governance, KOM(2012) 740.

508 S. Erwägungsgründe 3, 13; zu früheren Ideen s. *Boucourechliev/Hommelhoff* (Hrsg.).

heit aufbauend sieht der Verordnungsentwurf die Möglichkeit vor, Satzungssitz und Verwaltungssitz zu trennen.[509] Entgegen der Leitidee einer transnationalen Gesellschaftsform fordert der derzeitige Verordnungsentwurf in seiner Fassung des Kompromissvorschlags der ungarischen Ratspräsidentschaft keinerlei grenzüberschreitenden Bezug.[510] Eine SPE kann also auch ohne Zweigniederlassungen im Ausland gegründet werden. Daher steht sie im direkten Wettbewerb zu den nationalen Rechtsformen.[511] Die Artt. 35 ff sehen ein Verfahren zur Verlegung des eingetragenen Sitzes in einen anderen Mitgliedstaat vor. Im Gegensatz zum ursprünglichen Kommissionsvorschlag, der ein Mindestkapital der SPE von 1 EUR vorgesehen hatte, belässt der jüngste Kompromissvorschlag den Mitgliedstaaten die Bestimmung des Mindestkapitals, das zwischen 1 EUR und 8.000 EUR liegen kann. Die Regeln über die Arbeitnehmermitbestimmung sollen sich grundsätzlich nach dem Recht des Mitgliedstaates richten, in dem die SPE ihren Satzungssitz hat. In Kombination mit der Möglichkeit der Unternehmen, einen vom Satzungssitz verschiedenen Verwaltungssitz zu wählen (§ 7 Abs. 2), könnten aber die Mitbestimmungsregeln nahezu beliebig unterlaufen werden. Um einen effektiven Mitbestimmungsschutz zu gewährleisten, schlug das Europäische Parlament daher Ausnahmetatbestände vom Grundsatz der Maßgeblichkeit des Satzungssitzes vor,[512] wohingegen die Bundesrepublik Deutschland auf ein Verbot der Aufspaltung von Satzungs- und Verwaltungssitz drängt.

2. Europäische Genossenschaft, Europäischer Verein, Europäische Gegenseitigkeitsgesellschaft und Europäische Stiftung

200 Zu der Europäischen Genossenschaft, dem Europäischen Verein (EUV/AE)[513] und der Europäischen Gegenseitigkeitsgesellschaft (EUGGES/ME)[514] hat die Kommission Anfang der 90er Jahre Verordnungsvorschläge unterbreitet. Zur Europäischen Genossenschaft („**SCE**" – „**Societas Cooperativa Europaea**") ist inzwischen eine VO (EG) Nr. 1435/2003 und eine Richtlinie[515] ergangen. Alle Projekte betreffen Rechtsformen mit speziell zugeschnittener Zweckbestimmung („economie sociale"). Die Europäische Genossenschaft dient dazu, die wirtschaftliche oder soziale Tätigkeit der Mitglieder zu fördern; der Europäische Gegenseitigkeitsverein begleicht die Verbindlichkeiten der Mitglieder aus satzungsgemäß abgeschlossenen Geschäften und der Europäische Verein ist primär gemeinnützig ausgerichtet und dient wiederum der Förderung der Interessen seiner Mitglieder.[516] Unlängst hat die Kommission zudem einen Verordnungsvorschlag zur Europäischen Stiftung („**FE**" – „**Fundatio Europaea**")[517] vorgelegt.

201 Die Verordnungsvorschläge enthalten Regelungen zum Zweck der jeweiligen Vereinigung, Gründung, Satzung, Kapital, Sitz, Sitzverlegung, Organe, Jahresabschluss, Auflösung und Liquidation.

509 Erwägungsgrund 4.

510 *Habersack/Verse*, § 15, Rn 9.

511 S. dazu ausführlich *Hommelhoff*, GesRZ 2008, 337, 341 ff.

512 Sofern die SPE über 1.000 Mitarbeiter hat und über 25 Prozent der Mitarbeiter gewöhnlich in einem oder mehreren Mitgliedstaaten arbeiten, die einen größeren Umfang an Mitbestimmung vorsehen als der Mitgliedstatt, in dem die SPE ihren eingetragenen Sitz hat, sollen die Regeln über die Arbeitnehmermitbestimmung der Richtlinie 2001/86/EG entsprechend zur Anwendung kommen. s. EuZW 2009, 278; näher hierzu die Legislative Entschließung des Europäischen Parlaments vom 10. März 2009 zu dem Vorschlag für eine Verordnung des Rates über das Statut der Europäischen Privatgesellschaft (KOM(2008)0396 – C6-0283/2008 – 2008/0130(CNS)), S. 29, online verfügbar unter http://www.europarl.europa.eu/sides/getDoc.do?pubRef=-//EP//TEXT+REPORT+A6-2009-0044+0+DOC+XML+V0//DE (30.9.2014); *Hommelhoff*, GesRZ 2008, 337, 341.

513 Geänderter Vorschlag für eine VO über das Statut des Europäischen Vereins (EUV) v. 6.7.1993, ABl. 1993 Nr. C 236, 1 = KOM(1993) 252 endg.

514 Geänderter Vorschlag für eine VO über das Statut einer Europäischen Gegenseitigkeitsgesellschaft (EUGGES) v. 6.7.1993, ABl. 1993 Nr. C 236, 40 = KOM(1993) 242 endg.

515 VO (EG) Nr. 1435/2003 v. 22.7.2003 über das Statut der Europäischen Genossenschaft (SCE – Societas Cooperativa Europaea), ABl. 2003 Nr. L 207, 1 sowie RL 2003/72/EG v. 22.7.2003 zur Ergänzung des Status hinsichtlich der Rechte der Arbeitnehmer, ABl. 2003 Nr. L 207, 25.

516 *Grundmann*, Rn 1098. Zu den jeweiligen nationalen Rechtsformen s. *Schwarz*, Rn 1231.

517 Vorschlag über eine Verordnung über das Statut der Europäischen Stiftung (FE) v. 8.2.2012, KOM(2012) 35; vgl hierzu *Weitemeyer*, NZG 2012, 1001 ff.

Allen Statuten gemeinsam sind die strengen Publizitätsvorschriften, die der Publizitäts-RL 2009/101/EG entlehnt sind. Zudem muss der Gründerkreis ein Element der Internationalität aufweisen, also regelmäßig aus Mitgliedern verschiedener Mitgliedstaaten bestehen,[518] bzw die Stiftung eine Tätigkeit in mindestens zwei Mitgliedstaaten vorsehen.[519]

IV. The European Model Company Law Act Project

202 Im Jahr 2007 traf erstmals eine Expertengruppe[520] zusammen, die ein Gesetz für eine „Modellgesellschaft" entwerfen will. Anlass dieses Projektes waren die vergeblichen Bemühungen des europäischen Gesetzgebers, das europäische Gesellschaftsrecht in wichtigen Punkten weiter zu harmonisieren.[521] Ziel ist es folglich nicht, eine weitere supranationale Rechtsform zu schaffen, sondern man will Standards entwerfen, die die Mitgliedstaaten auf freiwilliger Basis implementieren können.[522] Die Standards sollen den Mitgliedstaaten dann helfen, die Freiräume auszufüllen, die ihnen die Mindestharmonisierung bietet.

518 Art. 2 EuGen-VO, Art. 3 EuV-VO, Art. 2 Abs. 1 EuGgsG-VO. Hierzu *Schwarz*, Rn 1258, 1306, 1373–1377.
519 Art. 6 FE-VO.
520 Die Expertengruppe setzt sich aus je einem Vertreter der Mitgliedstaaten zusammen.
521 S. auch oben Rn 12.
522 *Baums/Andersen*, The European Model Company Law Act Project, S. 1, 4.

§ 19 Handelsrecht – Unternehmensrecht*

Literatur: *Ankele*, Die Anpassung des deutschen Rechts an die Erste gesellschaftsrechtliche Richtlinie des Rates der Europäischen Gemeinschaften und ihre Auswirkungen für die GmbH, GmbHR 1969, 52-57; *Basedow*, Über Privatrechtsangleichung und Marktintegration, in: Festschrift Mestmäcker, Baden-Baden, 1996; *Baumbach/Hopt*, Handelsgesetzbuch, 36. Aufl., München, 2014; *Beuthien*, Sinn und Grenzen der Rechtsscheinhaftung nach § 15 III HGB, in: Festschrift Reinhardt, Köln-Marienburg, 1972; *Bokelmann*, Zur Entwicklung des deutschen Firmenrechts unter den Aspekten des EG-Vertrages, ZGR 1994, 324-352; *Brandner*, Die überschießende Umsetzung von Richtlinien, Frankfurt a.M. u.a., 2003; *Canaris*, Handelsrecht, 24. Aufl., München, 2006; *Dajczak/Knothe*, Deutsches Sachenrecht in polnischer Gerichtspraxis, Berlin, 2005; *Ebenroth/Boujong/Joost/Strohn*, Kommentar zum Handelsgesetzbuch, 2. Aufl., München, 2008; *Einmahl*, Die erste gesellschaftsrechtliche Richtlinie des Rates der Europäischen Gemeinschaften und ihre Bedeutung für das deutsche Aktienrecht, AG 1969, 131-139; *Eiselsberg*, Anforderungen der Praxis an das Europäische Handelsregister, in: Reichelt (Hrsg.), Europäisches Handelsregister II, 65-70; *Fabis*, Anmerkung zu BAG, Urteil v. 8.6.1999 – 3 AZR 136/98, ZIP 1999, 1683-1684; *Fezer*, Kommentar zum Markengesetz, 4. Aufl., München, 2009; *ders.*, Liberalisierung und Europäisierung des Firmenrechts, ZHR 161 (1997), 52-64; *Finke*, Die Auswirkungen der europäischen technischen Normen und des Sicherheitsrechts auf das nationale Haftungsrecht, München, 2001; *Fleischhauer*, Europäisches Gemeinschaftsrecht und notarielles Berufsrecht, DNotZ 2002, 325-367; *Franck*, Europäisches Absatzrecht, Berlin 2006; *Freitag*, Ein Europäisches Verzugsrecht für den Mittelstand?, EuZW 1998, 559-562; *Gardiner*, The EC (Commercial Agents) Directive: Twenty Years After its Introduction, Divergent Approaches Still Emerge from Irish and UK Courts, [2007] J.B.L. 412-441; *Gebauer/Wiedmann* (Hrsg.), Zivilrecht unter europäischem Einfluss, 2. Aufl., Stuttgart u.a., 2010; *Görk*, Die Auswirkungen der Gesellschaftssteuerrichtlinie 69/335/EWG auf die Notargebühren in Deutschland, DNotZ 1999, 851 – 876; *Grundmann*, EG-Richtlinie und nationales Privatrecht, JZ 1996, 274-287; *ders.*, Europäisches Schuldvertragsrecht, Berlin, 1999; *Grundmann*, Rechtsvergleichung und Europäisches Handelsregister, in: Reichelt (Hrsg.), Perspektiven eines einheitlichen Europäischen Handelsregisters, 11-23; *ders.*, Europäisches Gesellschaftsrecht. Eine systematische Darstellung unter Einbeziehung des Europäischen Kapitalmarktrechts, 2. Aufl., Heidelberg, 2011; *Gsell*, Der EU-Richtlinienentwurf zur Bekämpfung von Zahlungsverzug im Handelsverkehr, ZIP 1998, 1569-1579; *dies.*, EG-Verzugsrichtlinie und Reform der Reform des Verzugsrechts in Deutschland, ZIP 2000, 1861-1876; *Guski*, Der Ausgleichsanspruch des Handelsvertreters und seine Verwirkung: zur prinzipienorientierten Teleologie des Gemeinschaftsprivatrechts, GPR 2009, 286-293; *Habersack/Verse*, Europäisches Gesellschaftsrecht, 4. Aufl., München, 2011; *Hagemeister*, Der Handelsvertreter im englischen Recht und seine Ansprüche bei Beendigung des Vertretervertrages, Münster 2004; *Hau*, Richterrecht, Gesetzesrecht, Europarecht – Zur Fortentwicklung des englischen Vertragsrechts am Beispiel des gesetzlichen Zinsanspruchs, ZVglRWiss 98 (1999), 260-283; *Herresthal*, Vertragsrecht, in: Langenbucher, Europäisches Privat- und Wirtschaftsrecht, 3. Aufl., Baden-Baden, 2013, 67-180; *Hirte*, Daihatsu – Durchbruch für die Publizität, NJW 1999, 36-38; *Hopt*, Neue Selbständigkeit und Scheinselbständigkeit in: Festschrift Medicus, Köln u.a., 1999, 235-258; *van Hulle*, Gemeinschaftsrechtliche Perspektiven für ein Europäisches Handelsregister, in: Reichelt (Hrsg.), Europäisches Handelsregister II, 7-11; *U.Huber*, Das Gesetz zur Beschleunigung fälliger Zahlungen und die europäische Richtlinie zur Bekämpfung von Zahlungsverzug im Geschäftsverkehr, JZ 2000, 957-967; *Hussey*, The commercial agents directive: its impact in ireland 1994-2004, (2006) ILT 85-90 und 102-106; *Jochum*, Zukunft der Unternehmensbesteuerung in Europa, in: Unternehmen und Steuern in Europa, EuR-Beiheft, 33-56, hrsg. von *Hatje und Terhechte*, Baden-Baden, 2005; *Kapp/Schumacher*, Die kartellrechtliche Zulässigkeit des Provisionsweitergabeverbots in Handelsvertreterverhältnissen, WuW 2007, 26-32; *Kegel/Schurig*, Internationales Privatrecht, 9. Aufl., München, 2004; *Kenyon-Slade/Thornton*, Schmitthoff's Agency and Distribution Agreements, London, 1992; *Kiene*, Der Ausgleichsanspruch des Handelsvertreters: die Nachfolge in den Vertrag nach deutschem und französischem Recht, Aachen 2004; *Knechtel/Reichelt/Zib*, Europäisches Handelsregister, Wien, 2000; *Körber*, Grundfreiheiten und Privatrecht, Tübingen, 2004; *Krebs*, Die EU-Richtlinie zur Bekämpfung des Zahlungsverzugs im Geschäftsverkehr – Eine Chance zur Korrektur des neuen § 284 Abs. 3 BGB, DB 2000, 1697-1701; *Kronke*, Einheitliches Zivilrecht und Europäisches Handelsregister, in: Reichelt (Hrsg.), Perspektiven eines einheitlichen Europäischen Handelsregisters, 3-10; *Kropholler*, Internationales Privatrecht, 6. Aufl. Tübingen, 2006; *Langner*, Das Kaufrecht auf dem Prüfstand der Warenverkehrsfreiheit

* Meiner Mitarbeiterin Christina Kopp danke ich für ihre tatkräftige Unterstützung.

des EG-Vertrages, RabelsZ 65 (2001), 222-244; *Lardeux*, La lutte contre le retard de paiement dans les transactions commerciales, J.C.P. Éd. E 2000, 1318; *Leible*, Die Regelung des Leistungsverzugs im gemeinschaftlichen Sekundärrecht, in: Schulte-Nölke/Schulze (Hrsg.), Europäisches Vertragsrecht im Gemeinschaftsrecht, Köln, 2002, 151-167; *ders.*, Bilanzpublizität und Effektivität des Gemeinschaftsrechts, ZHR 162 (1998), 594-618; *Löwisch*, Die horizontale Direktwirkung der Europäischen Grundfreiheiten: zur Frage der unmittelbaren Verpflichtung Privater durch die Grundfreiheiten des EG-Vertrages, Baden-Baden 2009; *Lutter*, Die erste Angleichungs-Richtlinie zu Art. 54 Abs. 3 lit. g) EWGV und ihre Bedeutung für das geltende deutsche Unternehmensrecht, EuR 1969, 1-19; *Lutter/Bayer/Schmidt*, Europäisches Unternehmens- und Kapitalmarktrecht, 5. Aufl., Berlin, 2012; *Mankowski*, Handelsvertreterverträge im Internationalen Prozess- und Privatrecht, in: Europäisierung des Handels- und Wirtschaftsrechts, hrsg. von *Hopt und Tzouganatos*, Tübingen 2006, S. 131-154; *Mühlbert*, Privatrecht, die EG-Grundfreiheiten und der Binnenmarkt, ZHR 159 (1995), 2-33; *Müller-Graff*, Gemeinschaftsrecht und Europäisches Handelsregister, in: Reichelt (Hrsg.), Perspektiven eines einheitlichen Europäischen Handelsregisters, 25-36; Münchner Kommentar zum Bürgerlichen Gesetzbuch, hrsg. von *Säcker und Rixecker*, 6. Aufl., München, 2012-2013; Münchner Kommentar zum Handelsgesetzbuch, hrsg. von *K.Schmidt*, 3. Aufl., München, 2010-2013; Palandt, Bürgerliches Gesetzbuch, 73. Aufl., München, 2014; *Pasa/Benacchio*, The Harmonization of Civil and Commercial Law in Europe, Budapest/New York, 2005; *Plesse*, Neuregelung des Rechts der Offenlegung von Zweigniederlassungen – Gesetzentwurf zur Umsetzung der Elften gesellschaftsrechtlichen EG-Richtlinie in deutsches Recht, DStR 1993, 133-134; *Randolph/Davey/Sidkin*, United Kingdom in: Commercial Agency and Distribution Agreements, 3. Aufl., London, 2000; *Rauscher*, Europäisches Zivilprozessrecht, 2. Aufl., München, 2006; *Reichelt* (Hrsg.), Europäisches Handelsregister II, Wien, 2001; *dies.* (Hrsg.), Perspektiven eines einheitlichen Europäischen Handelsregisters, Wien, 2003; *Remien*, Grenzen der gerichtlichen Privatrechtsangleichung mittels der Grundfreiheiten des EG-Vertrages, JZ 1994, 349-353; *ders.*, Zwingendes Vertragsrecht und Grundfreiheiten des EG-Vertrages, Tübingen, 2003; *Riehm*, Handelsrecht, in: Langenbucher, Europäisches Privat- und Wirtschaftsrecht, 3. Aufl., Baden-Baden, 2013, 207-237; *Riesenhuber*, System und Prinzipien des Europäischen Vertragsrecht, Berlin, 2003; *ders.*, Europäisches Vertragsrecht, 2. Aufl. Berlin, 2006; *ders.*, EU-Vertragsrecht, Tübingen, 2013; *Rittner*, Das EuG und das europäische Handelsvertreter-Kartellrecht, WuW 2007, 365 – 367; *Sangiovanni*, Handelsvertretervertrag und Handelsvertreterbegriff – Ein Vergleich zwischen italienischem und deutschem Recht, ZVglRWiss 104 (2005), 519-542; *Saintier*, Commercial Agency Law, Burlington, 2002; *dies.*, Termination payments: a survey of the impact of the Directive 86/653 relating to self-employed commercial agents in France and in the UK, GPR 2003/04, 143-148; *Schemmann*, Die Neufassung der ersten gesellschaftsrechtlichen Richtlinie, GPR 2003/04, 92-94; *Schlechtriem/Schwenzer*, CISG-Kommentar, 6. Aufl., München, 2013; *Schmidt-Kessel/Leutner/Müther*, Handelsregisterrecht, München, 2010; *Schmidt-Kessel/Baldus/Jung/Najork/Schumacher*, Editorial, GPR 2003/04, 1-3; *Schmidt-Kessel/Thies*, Anmerkung zu BGH, Vorlagebeschluss vom 29.4.2009, VIII ZR 226/07, GPR 2009, 238-242; *Schmidt-Kessel*, Auf dem Weg zum gemeinsamen Referenzrahmen: Anmerkungen zur Mitteilung der Kommission vom 11. Oktober 2004, GPR 2005, 2-4; *ders.*, Zahlungsverzug im Handelsverkehr – ein neuer Richtlinienentwurf, JZ 1998, 1135-1145; *ders.*, Entwurf der Richtlinie zum Zahlungsverzug und die Folgen für die Vertragsgestaltung, ZNotP 1999, 95 – 104; *ders.*, Der Rückgriff des Letztverkäufers, ÖJZ 2000, 668-674; *ders.*, Rechtsmißbrauch im Gemeinschaftsprivatrecht – Folgerungen aus den Rechtssachen Kefalas und Diamantis, JbJZivRWiss 2000, 61-83; *ders.*, Die Zahlungsverzugsrichtlinie und ihre Umsetzung, NJW 2001, 97-103; *ders.*, Das Gemeinschaftsrecht des Handelsregisters, GPR 2006, 6-17; *Schmidt-Kessel* (Hrsg.), Der Gemeinsame Referenzrahmen – Entstehung, Inhalte, Anwendung, München 2009; *Schmidt, J.*, Vertragsfreiheit und EG-Handelsvertreterrichtlinie, ZHR 156 (1992), 512-520; *Schröder*, Risikoverteilung in Vertriebsverträgen und die Auswirkung auf deren wettbewerbsrechtliche Zulässigkeit in Deutschland und England, Marburg 2009; *Schulte-Braucks*, Zahlungsverzug in der Europäischen Union, NJW 2001, 103-108; *ders.*, in: *Schwintowski* (Hrsg.), Entwicklungen im deutschen und europäischen Wirtschaftsrecht – Symposium zum 65. Geburtstag von Ulrich Immenga, Baden-Baden, 75-94 (zit.: Symp. Immenga); *Schürnbrand*, Vollharmonisierung im Gesellschaftsrecht, in: *Gsell/Herresthal* (Hrsg.), Vollharmonisierung im Privatrecht: die Konzeption der Richtlinie am Scheideweg?, Tübingen 2009, 273-288; *Schwarz*, Europäisches Gesellschaftsrecht, Baden-Baden, 2000; *Seibert*, Die Umsetzung der Zweigniederlassungs-Richtlinie der EG in deutsches Recht, GmbHR 1992, 738-741; *Staudinger*, Kommentar zum Bürgerlichen Gesetzbuch mit *Einführungsgesetz und Nebengesetzen*, 13. Bearb. seit 1993 und nachfolgende Neubearbeitungen seit 1998; *Steindorff*, EG-Vertrag und Privatrecht, Baden-Baden, 1996; *ders.*, Unvollkommener Binnenmarkt, ZHR 158 (1994), 149-169; *Steinhauer*, Auswirkungen der Neufassung des § 89 b I HGB, EuZW

2009, 887-889; *Streinz* (Hrsg.), EUV/AEUV-Kommentar, 2. Aufl., München, 2012; *Streinz/Leible*, Die unmittelbare Drittwirkung von Grundfreiheiten, EuZW 2000, 459-467; *Tassikas*, Dispositives Recht und Rechtswahlfreiheit als Ausnahmebereiche der EG-Grundfreiheiten, Tübingen, 2004; *Tassinari*, Neue Perspektiven für ein Europäisches Handelsregister, in: Reichelt (Hrsg.), Perspektiven eines einheitlichen Europäischen Handelsregisters, 37-53; *Tellis*, Handelsvertreter- und Vertriebsrecht: Privatrechtliche Fragen der Handelsvertreterrichtlinie aus griechischer Sicht, in: Europäisierung des Handels- und Wirtschaftsrechts, hrsg. von *Hopt und Tzouganatos*, Tübingen 2006, S. 155-173; *de Theux*, Aperçu comparatif du statut des représentants de commerce salariés dans les états membres de la C.E.E.: inventaire en vue d'une harmonisation législative; douze rapports nationaux, Bruxelles 1990; *ders.*, Le statut européen de l'agent commercial: approche critique de droit comparé, Bruxelles 1992; *Thume*, Der neue § 89 b Abs. 1 HGB und seine Folgen, BB 2009, 2490-2495; *Tiedtke*, Notarielles Kostenrecht: Die wichtigsten Gesetzesänderungen seit Juli 2004, ZNotP 2005, 294-300; *Ultsch*, Der einheitliche Verbraucherbegriff, Baden-Baden, 2006; *Vogel*, Rechtliche Probleme der neuen europäischen Gruppenfreistellungsverordnung 1400/2002 für den Kraftfahrzeugsektor, GPR 2003/04, 40-49; *Wachter*, Insichgeschäfte bei englischen private limited companies, NZG 2005, 338-341; *Willemart/Willemart*, Examen de jurisprudence: 1995-2004. Le contrat d'agence commerciale (Loi du 13 avril 1995), Journal des tribunaux 2005, 89-98; *Zib*, Gemeinschaftsrechtliche Vorgaben für ein Europäisches Handelsregister, in: Knechtel/Reichelt/Zib, 11-47.

Abschnitt 1: Übersicht zu Gesetzgebung und Rechtsprechung

A. Gesetzgebung

I. Primärrecht

Freiheit des Warenverkehrs (Art. 34 ff AEUV), Freiheit des Dienstleistungsverkehrs (Art. 56 ff AEUV), Freiheit des Kapitalverkehrs (Art. 63 ff AEUV), Niederlassungsfreiheit (Art. 49 ff AEUV) sowie die Wettbewerbsregeln (Art. 101 ff AEUV).

II. Sekundärrecht

Richtlinien:

Erste **Richtlinie 68/151/EWG** des Rates vom 9. März 1968 zur Koordinierung der Schutzbestimmungen, die in den Mitgliedstaaten den Gesellschaften im Sinne des Artikels 58 Absatz 2 des Vertrages im Interesse der Gesellschafter sowie Dritter vorgeschrieben sind, um diese Bestimmungen gleichwertig zu gestalten (**PublizitätsRL aF**), ABl. EG Nr. L 65 vom 14.3.1968, S. 8, aufgehoben durch Richtlinie 2009/101/EG (PublizitätsRL); **Richtlinie 69/335/EWG** des Rates vom 17. Juli 1969 betreffend die indirekten Steuern auf die Ansammlung von Kapital (**Gesellschaftssteuerrichtline aF**), ABl. EG Nr. L 249 vom 3.10.1969, S. 25, aufgehoben durch Richtlinie 2008/7/EG (GesellschaftssteuerRL); Sechste **Richtlinie 77/388/EWG** des Rates vom 17. Mai 1977 zur Harmonisierung der Rechtsvorschriften der Mitgliedstaaten über die Umsatzsteuern – Gemeinsames Mehrwertsteuersystem: einheitliche steuerpflichtige Bemessungsgrundlage (**MehrwertsteuerRL aF**), ABl. EG Nr. L 145 vom 13.6.1977, S. 1, aufgehoben durch Richtlinie 2006/112/EG (MehrwertsteuerRL); Vierte **Richtlinie 78/660/EWG** des Rates vom 25. Juli 1978 aufgrund von Artikel 54 Absatz 3 Buchstabe g) des Vertrages über den Jahresabschluß von Gesellschaften bestimmter Rechtsformen (**BilanzRL aF**), ABl. EG Nr. L 222 vom 14.8.1978, S. 11, aufgehoben durch Richtlinie 2013/34/EU (BilanzRL); Siebente **Richtlinie 83/349/EWG** des Rates vom 13. Juni 1983 aufgrund von Artikel 54 Absatz 3 Buchstabe g) des Vertrages über den konsolidierten Abschluss (**KonzernbilanzRL aF**), ABl. EG Nr. L 193 vom 18.7.1983, S. 1, aufgehoben durch Richtlinie 2013/34/EU (BilanzRL); Achte **Richtlinie 84/253/EWG** des Rates vom 10. April 1984 aufgrund von Artikel 54 Absatz 3 Buchstabe g) des Vertrages über die Zulassung der mit der Pflichtprüfung der Rechnungslegungsunterlagen beauftragten Personen (**AbschlussprüferRL aF**), ABl. EG Nr. L 126 vom 12.5.1984, S. 20, aufgehoben durch Richtlinie 2006/43/EG (AbschlussprüferRL); **Richtlinie 86/653/EWG** des Rates vom 18. Dezember 1986 zur Koordinierung der Rechtsvorschriften der Mitgliedstaaten betreffend die selbständigen Handelsvertreter (**HandelsvertreterRL**), ABl. EG Nr. L 382 vom 31.12.1986, S. 17; Elfte **Richtlinie 89/666/EWG** des Rates vom 21. Dezember 1989 über die Offenlegung von Zweigniederlassungen, die in einem Mitgliedstaat von Gesellschaften bestimmter Rechtsformen errichtet wurden, die dem Recht eines anderen Staates unterliegen (**ZweigniederlassungsRL**), ABl. EG Nr. L 395 vom 30.12.1989, S. 36, zuletzt geändert durch Richtlinie 2012/17/EU des Europäischen Parlaments und des Rates vom 13. Juni 2012 zur Änderung der Richtlinie 89/666/EWG des Rates sowie der Richtlinien 2005/56/EG und 2009/101/EG des Europäischen Parlaments und des Rates in Bezug auf die Verknüpfung von Zentral-, Handels- und Gesellschaftsregistern (Text von Bedeutung für den EWR), ABl. EU Nr. L 156 vom 16.6.2012, S. 1; Zwölfte **Richtlinie 89/667/EWG** des Rates vom 21. Dezember 1989 auf dem Gebiet des Gesellschaftsrechts betreffend Gesellschaften mit beschränkter Haftung mit einem einzigen Gesellschafter (**EinpersonenGRL aF**), ABl. EG Nr. L 395 vom 30.12.1989, S. 40, aufgehoben durch Richtlinie *2009/102/EG (EinpersonenGRL)*; **Richtlinie 98/34/EG** des Europäischen Parlaments und des Rates vom 22. Juni 1998 über ein Informationsverfahren auf dem Gebiet der Normen und technischen Vorschriften (**NotifizierungsRL**), ABl. EG Nr. L 204 vom 21.7.1998, S. 37, zuletzt geändert durch

Verordnung (EU) Nr. 1025/2012 des Europäischen Parlaments und des Rates vom 25. Oktober 2012 zur europäischen Normung, zur Änderung der Richtlinien 89/686/EWG und 93/15/EWG sowie der Richtlinien 94/9/EG, 94/25/EG, 95/16/EG, 97/23/EG, 98/34/EG, 2004/22/EG, 2007/23/EG, 2009/23/EG und 2009/105/EG des Europäischen Parlaments und des Rates und zur Aufhebung des Beschlusses 87/95/EWG des Rates und des Beschlusses Nr. 1673/2006/EG des Europäischen Parlaments und des Rates (Text von Bedeutung für den EWR), ABl. EU Nr. L 316 vom 14.11.2012, S. 12; **Richtlinie 2000/35/EG** des Europäischen Parlaments und des Rates vom 29. Juni 2000 zur Bekämpfung von Zahlungsverzug im Geschäftsverkehr (**ZahlungsverzugsRL aF**), ABl. EG Nr. L 200 vom 8.8.2000, S. 35, aufgehoben durch Richtlinie 2011/7/EU (VerzugsRL); **Richtlinie 2006/43/EG** des Europäischen Parlaments und des Rates vom 17. Mai 2006 über Abschlussprüfungen von Jahresabschlüssen und konsolidierten Abschlüssen, zur Änderung der Richtlinien 78/660/EWG und 83/349/EWG des Rates und zur Aufhebung der Richtlinie 84/253/EWG des Rates (Text von Bedeutung für den EWR) (AbschlussprüferRL), ABl. EU Nr. L 157 vom 9.6.2006, S. 87, zuletzt geändert durch Richtlinie 2013/34/EU (BilanzRL); **Richtlinie 2006/112/EG** des Rates vom 28. November 2006 über das gemeinsame Mehrwertsteuersystem (**MehrwertsteuerRL**), Abl. EU Nr. L 347 vom 11.12.2006, S. 1, zuletzt geändert durch Richtlinie 2013/61/EU des Rates vom 17.12.2013 zur Änderung der Richtlinien 2006/112/EG und 2008/118/EG hinsichtlich der französischen Regionen in äußerster Randlage, insbesondere Mayotte, ABl. EU Nr. L 353 vom 28.12.2013, S. 5; **Richtlinie 2006/123/EG** des Europäischen Parlaments und des Rates vom 12. Dezember 2006 über Dienstleistungen im Binnenmarkt (**DienstleistungsRL**), ABl. 2006 Nr. L 376, S. 36; **Richtlinie 2008/7/EG** des Rates vom 12. Februar 2008 betreffend die indirekten Steuern auf die Ansammlung von Kapital (**GesellschaftssteuerRL**), ABl. EU Nr. L 46 vom 21.2.2008, S. 11, zuletzt geändert durch die Richtlinie 2013/13/EU des Rates vom 13. Mai 2013 zur Anpassung bestimmter Richtlinien im Bereich Steuern anlässlich des Beitritts der Republik Kroatien, Abl. EU Nr. 141 vom 28.5.2013, S. 30; **Richtlinie 2009/101/EG** des Europäischen Parlaments und des Rates vom 16. September 2009 zur Koordinierung der Schutzbestimmungen, die in den Mitgliedstaaten den Gesellschaften im Sinne des Artikels 48 Absatz 2 des Vertrags im Interesse der Gesellschafter sowie Dritter vorgeschrieben sind, um diese Bestimmungen gleichwertig zu gestalten (**PublizitätsRL**), ABl. EU Nr. L 258 vom 1.10.2009, S. 11, zuletzt geändert durch Richtlinie 2013/24/EU des Rates vom 13.5.2013 zur Anpassung bestimmter Richtlinien auf dem Gebiet des Gesellschaftsrechts aufgrund des Beitritts der Republik Kroatien, ABl. EU Nr. L 158 vom 10.6.2013, S. 365; **Richtlinie 2009/102/EG** des Europäischen Parlaments und des Rates vom 16. September 2009 auf dem Gebiet des Gsellschaftsrechts betreffend Gesellschaften mit beschränkter Haftung mit einem einzigen Gesellschafter (kodifizierte Fassung) (Text von Bedeutung für den EWR) (**EinpersonenGRL**), ABl. EU Nr. L 258 vom 1.10.2009, S. 20; **Richtlinie 2011/7/EU** des Europäischen Parlaments und des Rates vom 16.2.2011 zur Bekämpfung von Zahlungsverzug im Geschäftsverkehr (Neufassung) (Text von Bedeutung für den EWR) (**ZahlungsverzugsRL**), ABl. EU Nr. L 48 vom 23.2.2011, S. 1; **Richtlinie 2013/34/EU** des Europäischen Parlaments und Rates vom 26. Juni 2013 über den Jahresabschluss, den konsolidierten Abschluss und damit verbundene Berichte von Unternehmen bestimmter Rechtsformen und zur Änderung der Richtlinie 2006/43/EG des Europäischen Parlaments und des Rates und zur Aufhebung der Richtlinien 78/660/EWG und 83/349/EWG des Rates (Text von Bedeutung für den EWR) (**BilanzRL**), ABl. EU Nr. L 182 vom 29.6.2013, S. 19.

Verordnungen:

Verordnung (EG) Nr. 2679/98 des Rates vom 7. Dezember 1998 über das Funktionieren des Binnenmarktes im Zusammenhang mit dem freien Warenverkehr zwischen den Mitgliedstaaten, ABl. EG Nr. L 337 vom 12.12.1998, S. 8; **Verordnung (EG) Nr. 1606/2002** des Europäischen Parlaments und des Rates vom 19. Juli 2002 betreffend die Anwendung internationaler Rechnungslegungsstandards (**IAS-Verordnung**), ABl. EG Nr. L 243 vom 11.9.2002, S. 1, zuletzt geändert durch Verordnung (EG) Nr. 297/2008 des Europäischen Parlaments und des Rates vom 11. März 2008 zur Änderung der Verordnung (EG) Nr. 1606/2002 betreffend die Anwendung internationaler

Rechnungslegungsstandards im Hinblick auf die der Kommission übertragenen Durchführungsbefugnisse, ABl. EU Nr. L 97 vom 09.4.2008, S. 62; **Verordnung (EU) Nr. 330/2010** der Kommission vom 20. April 2010 über die Anwendung von Artikel 101 Abs. 3 des Vertrags über die Arbeitsweise der Europäischen Union auf Gruppen von vertikalen Vereinbarungen und abgestimmten Verhaltensweisen (Text von Bedeutung für den EWR), ABl. EU Nr. L 102 vom 23.4.2010, S. 1; **Verordnung (EU) Nr. 461/2010** der Kommission vom 27. Mai 2010 über die Anwendung von Art. 101 Abs. 3 des Vertrags über die Arbeitsweise der Europäischen Union auf Gruppen von vertikalen Vereinbarungen und abgestimmten Verhaltensweisen im Kraftfahrzeugsektor (Text von Bedeutung für den EWR), ABl. EU Nr. L 129 vom 28.5.2010, S. 52.

Völkerrechtliche Verträge:

Abkommen über das Einheitliche Scheckgesetz vom 19. 3. 1930; Abkommen über das einheitliche Wechselgesetz vom 7.6.1930; Übereinkommen der Vereinten Nationen über Verträge über den internationalen Warenverkauf – CISG – vom 11. 4. 1980; Übereinkommen zur Vereinheitlichung bestimmter Vorschriften über die Beförderung im internationalen Luftverkehr vom 28.5.1999 (Montreal-Übereinkommen); Übereinkommen über internationale Sicherungsrechte an beweglicher Ausrüstung vom 16.11.2001 (Übereinkommen von Kapstadt); Protokoll zum Übereinkommen über internationale Sicherungsrechte an beweglicher Ausrüstung betreffend Besonderheiten der Luftfahrzeugausrüstung vom 16. November 2001; Protokoll zum Übereinkommen über internationale Sicherungsrechte an beweglicher Ausrüstung betreffend Besonderheiten des rollenden Eisenbahnmaterials vom 23. Februar 2007; Protokoll zum Übereinkommen über internationale Sicherungsrechte an beweglicher Ausrüstung betreffend Besonderheiten des Weltraumeigentums vom 9. März 2012.

Principles und Modellregeln:

Principles of European Contract Law; Principles of International Commercial Contracts; Draft Common Frame of Reference.

B. Rechtsprechung

EuGH, Rs. 8/74 (Dassonville); EuGH, Rs. 32/74 (Haaga); EuGH, Rs. C-33/74 (van Binsbergen); EuGH, Rs. 36/74 (Walrave); EuGH, Rs. 33/78 (Somafer/Saar-Ferngas); EuGH, Rs. 120/78 (Cassis de Dijon); EuGH, Rs. 139/80 (Blanckaert & Willems/Trost); EuGH, Rs. 177/83 (r + r); EuGH, Rs. C-81/87 (Daily Mail); EuGH Rs. 340/87 (Kommission/Italien); EuGH, Rs. C-339/89 (Alsthom Atlantique); EuGH, Rs. C-76/90 (Säger); EuGH, Rs. C-71/91 und C-178/91 (Ponente Carni und Cispadana Costruzioni); EuGH, Rs. C-267/91 und C-268/91 (Keck und Mithouard); EuGH, Rs. 384/93 (Alpine Investments); EuGH, Rs. C-415/93 (Bosman); EuGH, Rs. C-111/94 (Job Centre); EuGH, Rs. C-55/94 (Gebhard); EuGH, Rs. C-236/95, (Kommission/Griechenland); EuGH, Rs. C-104/95 (Georgios Kontogeorgas); EuGH, Rs. C-265/95 (Kommission/Frankreich); EuGH, Rs. C-97/96 (Daihatsu); EuGH, Rs. C-104/96 (Rabobank); EuGH, Rs. C-376/96 (Arblade und Leloup); EuGH, Rs. C-212/97 (Centros); EuGH, Rs. C-215/97 (Bellone) EuGH, Rs. C-255/97 (Pfeiffer/Löwa); EuGH, Rs. C-412/97 (ED Srl.); EuGH, Rs. C-56/98 (Modelo); EuGH, Rs. C-35/98 (Verkoijen); EuGH Rs. C-281/98 (Angonese); EuGH, Rs. C-456/98 (Centrosteel); EuGH, Rs C-443/98 (Unilever Italia SpA v. Central Food SpA); EuGH, Rs. C-381/98 (Ingmar GB); EuGH, Rs. C-405/98 (Gourmet International); EuGH, Rs. C-206/99 (SONAE); EuGH, Rs. C-483/99 (Goldene Aktien II); EuGH, Rs. C-86/00 (HSB Wohnungsbau GmbH); EuGH, Rs. C-154/00 (Kommission/Griechenland); EuGH, Rs. C-182/00 (Lutz GmbH); EuGH, Rs. C-447/00 (Holto Ltd.); EuGH, Rs. 264/00 (Gründerzentrum-Betriebs-GmbH); EuGH, Rs. C-388/01 (Kommission/Italien); EuGH, Rs. T-325/01 (DaimlerChrysler); EuGH, Rs. C-485/01 (Francesca Caprini); EuGH, Rs. C-85/03 (Mavrona & Sia OE); EuGH, Rs. C-148/03 (Nürnberger Allgemeine Versicherungs AG v. Portbridge Transport International BV); EuGH, Rs. C-165/03 (Mathias Längst); EuGH, Rs. C-466/03 (Albert Reiss Beteiligungsgesellschaft mbH); EuGH, Rs. C-3/04 (Poseidon Chartering BV); EuGH, Rs. C-193/04 (Organon Portuguesa); EuGH, Rs. C-453/04 (innoventif); EuGH, Rs. C-465/04

(Honyvem Informazioni Commerciali Srl.); EuGH, Rs. C-217/05 (Confederación/CEPSA); EuGH, Rs. C-210/06 (Cartesio); EuGH, Rs. C-306/06 (01051 Telecom/Deutsche Telekom); EuGH, Rs. C-19/07 (Paul Chevassus-Marche/Group Danone); EuGH, Rs. C-348/07 (Turgay Semen); EuGH, Rs. C-443/09 (CCIAA/Grillo Star) EuGH, Rs. C-351/08 (Grimme); EuGH, Rs. C-203/09 (Volvo Car Germany); EuGH, Rs. C-378/10 (Vale); EuGH, Rs. C-184/12 (Unamar).

Abschnitt 2: Analyse und Darstellung der Einwirkungspraxis des Europarechts auf das deutsche Handelsrecht

A. Grundfragen

I. Unternehmensaußenrecht statt Handelsrecht

1 Das Unionsrecht kennt in dem sich allmählich entwickelnden System des Unionsprivatrechts[1] kein Handelsrecht im deutschen Sinne als eigenständigen Topos.[2] Dieses kennt insbesondere kein Handelsrecht im Sinne eines „Sonderprivatrechts für Kaufleute".[3] Der Grund dieses handelsrechtlichen Agnostizismus ist ein doppelter: Zum einen bestehen in den Mitgliedstaaten divergierende Traditionen. Zum anderen steht der herkömmliche deutsche Handelsstand in einem strukturellen Spannungsverhältnis zur grundlegenden Status- und Standesfeindlichkeit des Unionsrechts.[4]

2 Die herkömmliche Vorreiterrolle des Handelsrechts bei der Rechtsvereinheitlichung[5] knüpft historisch an einen Handelsstand im *ancien regime* an; mit der Beseitigung der ständischen Ordnung entfällt historisch der Ansatzpunkt des Handelsrechts beim Handelsstand, weswegen, soweit ein eigenes Handelsrecht überhaupt noch besteht, heute funktional („subjektives System") oder nach Geschäftstypen („objektives System") angeknüpft wird. Dem subjektiven – ständischen Vorstellungen noch eng verwandten – System ist vor allem das deutsche Recht zuzurechnen. Dort finden sich jedoch bereits Aufweichungen, etwa in den §§ 451 ff dt. HGB (Beförderung von Umzugsgut), welche auch auf Verbrauchergeschäfte Anwendung finden und damit letztlich einem objektiven System folgen. Auch das österreichische Recht folgt formal einem subjektiven System und knüpft in § 1 UGB an die Begriffe des Unternehmers und des Unternehmens an; durch die damit verbundene Ausweitung der Anknüpfung an alle Arten von auf Dauer angelegter Organisation selbständiger wirtschaftlicher Tätigkeit wird die Funktion der Anknüpfung an die Person des Unternehmers freilich erheblich reduziert.[6] Paradigma für ein objektives System ist das französische Recht, für welches Art. L121-1 C.com. statuiert: „*Sont commerçants ceux qui exercent des actes de commerce et en font leur profession habituelle.*" Bei dieser Anknüpfung nach Geschäftstypen verschwindet jedoch der Unterschied zum allgemeinen Zivilrecht weitgehend, weswegen schon seit Anfang des 20. Jahrhunderts ein gesetzessystematischer Unterschied zwischen Zivil- und Handelsrecht vielfach nicht mehr gemacht wird. Bereits das schweizerische Obligationenrecht hat auf ein gesondertes Handelsgesetzbuch verzichtet, und das italienische Recht ist diesem Vorbild später gefolgt. Das niederländische Recht befindet sich nach wie vor in einer Übergangsphase, welche durch die schrittweise Überführung der herkömmlich im Handelsgesetzbuch geregelten Materien in das neue Bürgerliche Gesetzbuch gekennzeichnet ist.

3 Die zentralen Konstituenten des materiellen Unionsrechts, nämlich die Grundfreiheiten und die Wettbewerbsregeln, stehen in einem ausgeprägten Spannungsverhältnis zu jeder Form von Restbe-

1 Zum Begriff s. *Baldus/Grundmann/Jaeger/Weatherill/Zaccaria/Zoll/Müller-Graff*, Forum: Gemeinschaftsprivatrecht, Unionsprivatrecht, Europäisches Privatrecht?, GPR 2011, 270 ff; ferner *Schmidt-Kessel/Baldus/Jung/Najork/Schumacher*, Editorial, GPR 2003/04, 1 ff.

2 Vgl für die umgekehrte Perspektive vom deutschen Handelsrecht auf das Gemeinschaftsrecht MüKo-HGB/*K.Schmidt* vor § 1, Rn 1 ff. Ein etwas abweichendes Grundverständnis vom Handelsrecht zeigt *Remien*, Zwingendes Vertragsrecht und Grundfreiheiten des EG-Vertrages, S. 101 ff.

3 Vgl *Riehm*, Handelsrecht, Rn 1.

4 S. ferner Rn 3.

5 Vgl *Riehm*, Handelsrecht, Rn 2.

6 *Krejci/Dehn*, vor § 1 UGB, Rn 1 ff sowie § 1 UGB Rn 6.

ständen ständischer Ordnung.[7] Diesen kommt in der Tendenz in jedem Falle eine beschränkende, diskriminierende und wettbewerbsbeschränkende Wirkung zu. Sonderregeln für eine bestimmte Personengruppe bedürfen danach immer einer besonderen Rechtfertigung. Die unionsrechtlichen Anforderungen an diese Rechtfertigung orientieren sich jedenfalls im Ausgangspunkt an den Voraussetzungen der Rechtfertigung der Beschränkung von Grundfreiheiten sowie der Freistellung von Wettbewerbsbeschränkungen. Soweit insbesondere aus dem deutschen subjektiven System des Handelsrechts Beschränkungen von Grundfreiheiten oder diskriminierende Effekte folgen, sind diese gegebenenfalls mit den Mitteln des Kollisionsrechts zu korrigieren.[8]

4 Mit den klassischen Fragestellungen des Handelsrechts beschäftigt sich das Unionsrecht aus zweierlei Perspektiven: Einerseits verfügt es über ein sich stark entwickelndes Unternehmensaußenrecht, also über zahlreiche Regeln, welche das Auftreten von Unternehmen am Markt behandeln. Die entsprechende Grundidee *Karsten Schmidts*[9] ist insoweit unionsrechtlich längst Realität. Der allergrößte Teil dieser Regeln behandelt Rechtsverhältnisse zwischen Unternehmern und Verbrauchern und ist insoweit nicht Gegenstand dieses Kapitels.[10] Letzteres gilt auch für die Sondermaterien des Bank- und Versicherungsrechts, des öffentlichen Auftragswesens, des Geld- und Währungsrechts, des Transportrechts und des Arbeitsrechts.[11] Damit freilich ist – wie sich im Folgenden zeigen wird – der Bestand an Regelungen des Unternehmensaußenrechts nicht erschöpft. Andererseits behandelt vor allem das Europäische Gesellschaftsrecht in großem Umfang Fragestellungen des klassischen allgemeinen Handelsrechts,[12] welche hier zu berichten sind, soweit dies nicht im gesellschaftsrechtlichen Abschnitt geschieht.[13]

II. Auswirkungen der Grundfreiheiten auf das Unternehmensaußenrecht

5 Der Binnenmarkt und seine „Spielregeln" sind in ganz besonderer Weise an die Unternehmen gerichtet. Die Grundfreiheiten, welche zusammen mit den Wettbewerbsregeln den Kern dieser „Spielregeln" bilden, dienen daher in ganz besonderem Maße dazu, den Unternehmen Freiräume für ihre Betätigung zu verschaffen. Entsprechend der historischen Entwicklung im Umgang mit den Grundfreiheiten sind diese zunächst Diskriminierungsverbote,[14] welche die grundsätzliche Gleichbehandlung der Unternehmen am Markt sicherstellen sollen.[15] Die Fortentwicklung der Grundfreiheiten zu Beschränkungsverboten[16] macht Konflikte mit nicht diskriminierenden Regeln des Handelsrechts möglich. Beschränkende Wirkungen können dabei in erster Linie die hoheitlichen Schranken für den Marktzugang entfalten.[17] Dieselbe Möglichkeit besteht für zwingende Normen

---

7 Zu den parallelen Auswirkungen im Sachenrecht *Schmidt-Kessel*, Sachenrecht im Gemeinschaftsprivatrecht: Gemeinschaftssachenrecht – eine Skizze, in: Dajczak/Knothe, Deutsches Sachenrecht in polnischer Gerichtspraxis, S. 341, 344 ff.

8 Vgl zur Anknüpfung der Kaufmannseigenschaft MüKo/*Kindler*, Internationales Handels- und Gesellschaftsrecht, Rn 157 ff.; Schmidt-Kessel/Leutner/Müther/*Schmidt-Kessel*, HRegR, Einleitung Rn 69 ff. Zur Erlangung der Kaufmannseigenschaft durch Eintragung einer Zweigniederlassung s. Schmidt-Kessel/Leutner/Müther/*Schmidt-Kessel*, HRegR, HGB § 13 d Rn 102.

9 Etwa MüKo-HGB/*K.Schmidt*, vor § 1, Rn 5 ff mwN. Vgl für Österreich *Krejci/Dehn*, vor § 1 UGB, Rn 1.

10 S. *Schulte-Nölke*, § 23 sowie für das Lauterkeitsrecht *Haedicke*, § 21.

11 Dazu *Jung*, § 20, *Noch*, § 29, *Gaitanides*, § 31, *Sendmeyer*, § 34 und *Schlachter*, § 39.

12 *Riehm*, Handelsrecht, Rn 1.

13 S. *Möllers*, § 18. Insbesondere ist auf die dortigen Ausführungen zum Bilanzrecht hinzuweisen.

14 S. *Pache*, § 10, Rn 21 ff.

15 Zu den Schranken allg. *Pache*, § 10, Rn 52 ff.

16 Vgl *Pache*, § 10, Rn 23 ff.

17 Zur öffentlich-rechtlichen Natur des Handelsregisterrechts s. *Riehm*, Handelsrecht, Rn 1.

des Vertragsrechts;[18] bei dispositiven Regeln ist die Möglichkeit einer beschränkenden Wirkung hingegen umstritten.[19]

Umgekehrt erscheint es jedenfalls denkbar, dass die Grundfreiheiten und die zu ihrer Durchsetzung erlassenen Rechtsakte den Erlass handelsrechtlicher Normen durch die Mitgliedstaaten erzwingen:[20] Für die Dienstleistungsfreiheit hat der Gerichtshof eine entsprechende Schutzpflicht ausdrücklich angenommen.[21] Zur Durchsetzung der Warenverkehrsfreiheit hat der Rat im Jahre 1998 eine Verordnung erlassen, die bei gegen Art. 30-36 EGV (jetzt Art. 36-42 AEUV) verstoßenden Behinderungen, etwa im Falle von Boykotten, von den Mitgliedstaaten ein Eingreifen und damit gegebenenfalls auch die Setzung von Normen verlangt.[22] 6

Die Freiheit des Warenverkehrs (Art. 34 ff AEUV) ist – bislang noch – die praktisch wichtigste der Grundfreiheiten. Das gilt für das Handelsrecht im klassischen Sinne freilich nur in etwas eingeschränktem Maße, will man nicht Zölle oder hoheitliche Produktstandards als Teil dieses Rechtsgebiets betrachten. Da es sich bei den einschlägigen handelsrechtlichen Bestimmungen nicht um mengenmäßige Einfuhrbeschränkungen handelt, ist die Schlüsselfrage für ihre Kontrolle am Maßstab der Warenverkehrsfreiheit ihre Qualifikation als Maßnahme gleicher Wirkung iSv Art. 34 AEUV. Nach der sog. Dassonville-Formel, welche hierzu sämtliche Maßnahmen der Mitgliedstaaten zählt, die geeignet sind, den innergemeinschaftlichen Handel unmittelbar oder mittelbar, tatsächlich oder potentiell zu beschränken,[23] wären weite Teile der nationalen Handelsrechte jedenfalls insoweit rechtfertigungsbedürftig gewesen, als sie den Teilnehmern am Handelsverkehr zwingende Vorgaben machen. Nach dem Zurückschneiden dieser Formel durch die *Keck*-Rechtsprechung ist zu unterscheiden: Reine Verkaufsmodalitäten und absatzbezogene Regelungen fallen danach – im Gegensatz zu produktbezogenen Regelungen – nicht unter das Verbot von Maßnahmen gleicher Wirkung.[24] Soweit die Abgrenzung dieser beiden Kategorien voneinander Schwierigkeiten bereitet, stellt der Gerichtshof zusätzlich darauf ab, ob die betreffende Regelung ein Marktzugangshindernis begründet.[25] Eine produktbezogene Regelung ist nur dann gerechtfertigt, wenn sie hinzunehmen ist, um zwingenden Erfordernissen gerecht zu werden (*Cassis*-Formel).[26] 7

Für das Handelsrecht kann Art. 34 AEUV insbesondere dort berührt sein, wo im Warenaustausch Produktstandards eine Rolle spielen. Soweit es sich dabei um öffentlich-rechtliche Standards handelt, ist nicht nur die primärrechtliche Warenverkehrsfreiheit einschlägig. Vielmehr ist durch die oder unter der Ägide der Union eine Flut von sekundärrechtlichen oder doch sekundärrechtlich verankerten harmonisierten Produktstandards geschaffen worden, die entsprechende Hindernisse beim grenzüberschreitenden Handel minimieren sollen.[27] Durch die Richtlinie 98/34/EG des Europäischen Parlaments und des Rates vom 22. Juni 1998 über ein Informationsverfahren auf 8

18 Grundlegend *Remien*, Zwingendes Vertragsrecht und Grundfreiheiten des EG-Vertrages.

19 Dafür: *Steindorff*, EG-Vertrag und Privatrecht S. 79; *Tassikas*, Dispositives Recht und Rechtswahlfreiheit als Ausnahmebereiche der EG-Grundfreiheiten, 382-384. Dagegen: *Basedow*, in: FS Mestmäcker, S. 347, 354; *Grundmann*, JZ 1996, 274, 278 f; *Riesenhuber*, EU-Vertragsrecht, § 2, Rn 35, 36; *Remien*, Zwingendes Vertragsrecht und Grundfreiheiten des EG-Vertrages, 212 f. verneint bereits die Beschränkungswirkung zwingenden Rechts bei bestehender Rechtswahlmöglichkeit.

20 Dazu allg. *Pache*, § 10, Rn 43 ff.

21 EuGH, Rs. C-265/95 (Kommission/Frankreich), Rn 56 ff.

22 VO (EG) Nr. 2679/98 des Rates vom 7. Dezember 1998 über das Funktionieren des Binnenmarktes im Zusammenhang mit dem freien Warenverkehr zwischen den Mitgliedstaaten, ABl. EG Nr. L 337 vom 12.12.1998, S. 8.

23 EuGH, Rs. 8/74 (Dassonville), Rn 5.

24 EuGH, Rs. C-267/91 und C-268/91 (Keck und Mithouard), Rn 16.

25 EuGH, Rs. C-405/98 (Gourmet International), Rn 18; *Herresthal*, Vertragsrecht, Rn 56; *Mülbert*, ZHR 159 (1995), 2, 21 ff.

26 EuGH, Rs. C-120/78 (Cassis de Dijon), Rn 8.

27 Dazu etwa *Finke*, Die Auswirkungen der europäischen technischen Normen und des Sicherheitsrechts auf das nationale Haftungsrecht, S. 81 ff.

dem Gebiet der Normen und technischen Vorschriften[28] werden die Mitgliedstaaten zudem in ihrem Bestreben gebremst, zusätzliche eigene Produktstandards festzulegen. Über die Auswirkungen dieser Regeln auf Rechtsverhältnisse zwischen Privaten, also insbesondere auf internationale Warenkäufe, bestehen Unsicherheiten. Diese betreffen sowohl die Auswirkungen der unionsrechtlichen Produktstandards auf die Regime vertraglicher und außervertraglicher Haftung[29] als auch die Frage, wie Konflikte rein privatrechtlich entwickelter Produktstandards mit der Warenverkehrsfreiheit und dem Sekundärrecht zu vereinbaren sind.[30] Wie weit das Unionsrecht allerdings eingreifen kann, zeigt sich in der sog. *Unilever*-Entscheidung: Danach darf ein Gericht eine Vertragswidrigkeit der Ware in einem Handelskauf nicht aus einer nationalen öffentlich-rechtlichen Norm ableiten, die im Widerspruch zur Richtlinie 83/189/EWG (der Vorgängerin der Richtlinie 98/34/EG) erlassen worden ist.[31]

9 Von zunehmender Bedeutung auch für das Handelsrecht ist außerdem die Dienstleistungsfreiheit (Art. 56 ff AEUV).[32] Das klassische Handelsrecht ist zwar an Warenströmen orientiert, erfasst aber in großer Zahl auch Dienstleistungen iSv Art. 57 AEUV; die Vorschrift hat dem in Abs. II lit. b durch die ausdrückliche Erwähnung kaufmännischer Tätigkeiten Rechnung getragen. Wie alle Grundfreiheiten enthält die Dienstleistungsfreiheit auch ein Beschränkungsverbot.[33] Auch hier stellt sich jedoch die Frage, wie weit dieses Verbot reicht und ob von ihm auch mittelbare und potentielle Beschränkungen erfasst werden. Eine Übertragung der Grundsätze der *Keck*-Rechtsprechung auf die Dienstleistungsfreiheit muss freilich schon deshalb Schwierigkeiten bereiten, weil bei Dienstleistungen Verkaufsmodalitäten und absatzbezogene Regelungen häufig untrennbar mit dem „Produkt" verbunden sind. Entsprechend streitig ist denn auch die Frage der Übertragbarkeit in der Lehre.[34] Die Rechtsprechung hat – wobei die Einzelheiten der Deutung in der Lehre umstritten sind – immerhin erkennen lassen, dass der Kreis möglicher Beschränkungen nicht beliebig weit zu ziehen ist.[35] Weitgehend Einigkeit besteht jedenfalls insoweit, als dass dem Kriterium des Marktzugangs wiederum entscheidende Bedeutung zukommt.[36] Umstritten ist, wie unterhalb dieser Schwelle zu verfahren ist. Für die Rechtfertigung maßgebend ist auch hier wiederum die Cassis-Formel, wonach die Beschränkung nur durch zwingende Gründe des Allgemeinwohls zu rechtfertigen ist. Der Erlass der DienstleistungsRL 2006/123/EG hat den erwähnten Streitigkeiten die praktische Relevanz weitgehend genommen.[37]

10 Von Relevanz für das klassische Handelsrecht ist insbesondere die Erfassung von Erlaubnispflichten,[38] Registrierungserfordernissen[39] sowie Pflichten zur Aktenführung und -aufbewahrung[40]

---

28 ABl. EG Nr. L 204, S. 37 zuletzt geändert durch Verordnung (EU) Nr. 1025/2012 des Europäischen Parlaments und des Rates vom 25. Oktober 2012 zur europäischen Normung, zur Änderung der Richtlinien 89/686/EWG und 93/15/EWG des Rates sowie der Richtlinien 94/9/EG, 94/25/EG, 95/16/EG, 97/23/EG, 98/34/EG, 2004/22/EG, 2007/23/EG, 2009/23/EG und 2009/105/EG des Europäischen Parlaments und des Rates und zur Aufhebung des Beschlusses 87/95/EWG des Rates und des Beschlusses Nr. 1673/2006/EG des Europäischen Parlaments und des Rates, ABl. EG Nr. L 316, S. 12. Die Europäische Kommission hat 2010 den Vorschlag einer Kodifizierungsrichtlinie vorgelegt (KOM(2010)179 endg.), zu dem seit Ende 2013 ein geänderter Vorschlag vorliegt (KOM(2013)932 endg.).

29 Dazu ausführlich *Finke*, Die Auswirkungen der europäischen technischen Normen und des Sicherheitsrechts auf das nationale Haftungsrecht. Vgl zu den Auswirkungen öffentlich-rechtlicher Produktstandards auf die Vertragsgemäßheit der Ware *Schlechtriem/Schwenzer*, Art. 35 CISG, Rn 17 f.

30 Vgl *Finke*, S. 109 ff.

31 EuGH, Rs. C-443/98 (Unilever Italia SpA v. Central Food SpA).

32 Zum folgenden ausführlich auch *Pache*, § 10, Rn 130 ff.

33 Grundlegend EuGH, Rs. C-33/74 (van Binsbergen), Rn 10.

34 Dagegen etwa Streinz/*Müller-Graff*, Art. 56 AEUV, Rn 88. Dafür hingegen *Riesenhuber*, EU-Vertragsrecht, § 2, Rn 34.

35 EuGH, Rs. 384/93 (Alpine Investments), Rn 33-39.

36 *Herresthal*, Vertragsrecht, Rn 61; Streinz/*Müller-Graff*, Art. 56 AEUV, Rn 88.

37 Siehe unten Rn 20.

38 EuGH, Rs. C-76/90 (Säger).

39 EuGH, Rs. C-388/01 (Kommission/Italien), Rn 27.

40 EuGH, Rs. C-376/96 (Arblade und Leloup).

durch das der Dienstleistungsfreiheit inhärente Beschränkungsverbot; von diesen Instrumenten wird – mit der regelmäßigen Folge einer Nichtigkeit der betreffenden Verträge – sehr viel häufiger Gebrauch gemacht als beim Warenverkehr, wo es für die Effektivität des staatlichen Eingriffs regelmäßig genügt, auf das Produkt selbst zuzugreifen. Als zwingendes Allgemeininteresse, welches derartige Eingriffe rechtfertigen kann, sind in der Rechtsprechung unter anderem die Lauterkeit des Handelsverkehrs, der Schutz vor unqualifizierter Beratung sowie der Schutz des Persönlichkeitsrechts anerkannt worden.[41] Der primärrechtlich noch relevante Verbraucherschutz ist durch die DienstleistungsRL weitgehend zurückgedrängt worden.[42]

Die Niederlassungsfreiheit (Art. 49 ff AEUV)[43] ist für das Handels- und Unternehmensrecht von 11
besonderer Bedeutung, handelt es sich doch – in Abgrenzung von der Arbeitnehmerfreizügigkeit nach Art. 45 ff AEUV und zur Freizügigkeit der Unionsbürger nach Art. 21 AEUV – um eine Norm, welche gerade auf selbständige Personen im Wirtschaftsleben gemünzt ist.[44] Art. 54 AEUV stellt klar, dass zu diesen Personen auch Gesellschaften zählen. Geschützt wird sowohl die Begründung eines Hauptsitzes für die geschäftliche Tätigkeit (primäre Niederlassungsfreiheit, Art. 49 Abs. 1 S. 1, Abs. 2 AEUV) als auch die Gründung von Agenturen, Zweigniederlassungen und Tochtergesellschaften (sekundäre Niederlassungsfreiheit, Art. 49 Abs. 1 S. 2 AEUV). Die Träger der Niederlassungsfreiheit sind – in beiden Varianten – sowohl gegen Diskriminierungen zu schützen als auch vor Beschränkungen möglichst zu bewahren. Praktischer Schwerpunkt ist – vom Steuerrecht abgesehen[45] – heute auch bei dieser Grundfreiheit das Beschränkungsverbot, bei welchem sich wiederum die Frage nach dessen Grenzen stellt. Zumindest in Anlehnung an die *Keck*-Rechtsprechung kommt es dafür richtigerweise darauf an, ob der Marktzugang behindert wird oder lediglich bestimmte Ausübungsmodalitäten geregelt werden.[46] Handelsrechtlich von Interesse sind insoweit etwa Verbote zur Führung einer bestimmten Geschäftsbezeichnung, welche als Beschränkung aufgefasst werden, weil sie sich auf den Marktzugang auswirken können,[47] oder die strafbewehrte Pflicht zur Eintragung der Zweigstelle in ein Register (dazu unten Rn 51 ff). Das Schwergewicht der Diskussion liegt derzeit jedoch selbstverständlich im Gesellschaftsrecht und bei der hier nicht zu behandelnden Frage, wie viel an eigenen Regeln der Staat des faktischen Sitzes einer Gesellschaft fremden Rechts dieser Gesellschaft aufzwingen darf.[48] Für den Wegzug juristischer Personen hat die Rechtsprechung zwischenzeitlich geklärt, dass die Mitgliedstaaten einen identitätswahrenden Wegzug grundsätzlich nicht unterbinden dürfen; ihnen steht jedoch die Möglichkeit offen, durch Beschränkung des Anwendungsbereichs des eigenen Gesellschaftsrechts einen Statutenwechsel zu erzwingen.[49]

Für das Recht des internationalen Handels ist außerdem die Freiheit des Kapital- und Zahlungsver- 12
kehrs (Art. 63 ff AEUV)[50] von erheblicher Bedeutung. Sie schützt als Zahlungsverkehrsfreiheit nach Art. 63 Abs. 2 AEUV vor allem die Kehrseite der unter den anderen Grundfreiheiten erbrachten Leistungen, nämlich die Bewirkung der Gegenleistung. Darüber hinaus schützt die Kapitalverkehrsfreiheit jegliche Übertragung oder Begründung eines Wertes in Form von Geld- oder Sachkapital (Art. 63 Abs. 1 AEUV). Die vergleichsweise junge unmittelbare Geltung dieser Grundfreiheit seit dem Vertrag von Maastricht und damit verbunden die relativ geringe Zahl von Entscheidungen führt dazu, dass bei ihr Schutzbereich, Eingriffsformen und Rechtfertigungen noch weniger gesichert sind als bei den übrigen Grundfreiheiten. Einigkeit besteht aber auch hier, dass neben dem

41 EuGH, Rs. C-55/94 (Gebhard), Rn 52; aus der privatrechtlichen Literatur etwa *Herresthal*, Vertragsrecht, Rn 64.
42 Vgl Rn 20 sowie Schlachter/Ohler/*Schmidt-Kessel*, Art. 16, Rn 43.
43 Zum folgenden ausführlich auch *Pache*, § 10, Rn 167 ff.
44 Zu dieser Zwecksetzung Streinz/*Müller-Graff*, Art. 49 AEUV, Rn 5.
45 Dazu *Jochum*, in: Hatje/Terhechte, Unternehmen und Steuern in Europa, 33 ff.
46 In der Sache ebenso Streinz/*Müller-Graff*, Art. 49 AEUV, Rn 62 ff.
47 EuGH, Rs. C-255/97 (Pfeiffer/Löwa).
48 S. *Pache*, § 10, Rn 174 ff; *Möllers*, § 18, Rn 177 ff.
49 EuGH, Rs. C-210/06 (Cartesio); dazu *Schmidt-Kessel*, GPR 2009, 26 ff. Ferner *Möllers*, § 18, Rn 159.
50 Ausführlich zu ihr *Pache*, § 10, Rn 203 ff.

Diskriminierungsverbot auch Art. 63 ff AEUV ein Beschränkungsverbot zu entnehmen ist.[51] Dessen Grenzen sind wiederum bislang nicht geklärt, auch wenn die Abgrenzung zwischen Handelsmodalitäten und Zugang auch hier propagiert wird.[52] Für die Zahlungsverkehrsfreiheit hat der Gerichtshof immerhin ausgesprochen, dass der Ausschluss des Mahnverfahrens gegen einen in einem anderen Mitgliedstaat ansässigen Schuldner lediglich eine Verfahrensmodalität und keine Beschränkung darstelle;[53] allerdings ist diese Entscheidung durch die nachträgliche Entwicklung des Sekundärrechts weitestgehend überholt.[54]

13 Die genannten Grundfreiheiten schützen im Grundsatz den Einzelnen gegen die öffentliche Gewalt des Mitgliedstaats. Für eine sogenannte horizontale Drittwirkung sind die Grundfreiheiten nicht vorgesehen. Nach der Systematik des EG-Vertrages sind die Wirtschaftsteilnehmer insoweit auf die Wettbewerbsregeln der Art. 101, 102 AEUV verwiesen. Privaten ist es daher etwa grundsätzlich gestattet, den Vertragsschluss mit im Ausland ansässigen Dienstleistern oder Dienstleistungsempfängern allein aufgrund des Ortes der Niederlassung zu verweigern.[55] Während der Gerichtshof diese Systematik für die Warenverkehrsfreiheit bislang strikt durchgehalten hat, hat er für die Dienstleistungsfreiheit und die Arbeitnehmerfreizügigkeit auch solche Private zu Adressaten dieser Grundfreiheiten erklärt, die über die tatsächliche Macht und die rechtliche Autonomie verfügen, um in einem oder mehreren Mitgliedstaaten allgemeine Regelungen für eine unbestimmte Zahl von Personen zu erlassen.[56] Diese restriktive Haltung schließt freilich nicht aus, dass die Grundfreiheiten mittelbar – etwa über die Verdrängung nicht rechtfertigungsfähiger zwingender vertragsrechtlicher Normen – Wirkungen zwischen Privaten entfalten.

III. Überblick über die sekundärrechtlichen Regelungen

14 Das Unionsrecht weist eine hohe Zahl sekundärrechtlicher Regeln auf, welche – jedenfalls aus deutscher Sicht – handelsrechtliche Sachverhalte behandeln oder jedenfalls im Wege überschießender Umsetzung mit erfassen. Wichtigstes Sachgebiet dabei ist das unionsrechtliche Gesellschaftsrecht, welches der deutsche Gesetzgeber in vielen Punkten überschießend als allgemeines Handelsrecht umgesetzt hat. Von gesellschaftsrechtlichen Richtlinien beherrscht sind dabei insbesondere Teile des Handelsregisterrechts sowie das Bilanzrecht. Auf Ersteres haben insbesondere eingewirkt: die PublizitätsRL (und deren Vorgängerin, die PublizitätsRL aF als „Erste gesellschaftsrechtliche Richtlinie")sowie die ZweigniederlassungsRL (Elfte gesellschaftsrechtliche Richtlinie).

15 Das – hier nicht näher zu behandelnde – Bilanzrecht[57] des HGB dient in wesentlichen Teilen der Umsetzung zweier Richtlinien, nämlich der BilanzRL (und deren Vorgängerinnen, der BilanzRL aF [Vierte gesellschaftsrechtliche Richtlinie] und der KonzernbilanzRL aF [Siebente gesellschaftsrechtliche Richtlinie]) sowie der AbschlussprüferRL (und deren Vorgängerin, der AbschlussprüferRL aF [Achte gesellschaftsrechtliche Richtlinie]). Erhebliche Ausstrahlungswirkungen sind insoweit auch von der Verordnung (EG) Nr. 1606/2002 des Europäischen Parlaments und des Rates vom 19. Juli 2002 betreffend die Anwendung internationaler Rechnungslegungsstandards[58] zu erwarten. Diese gilt unmittelbar nur für die konsolidierten Abschlüsse kapitalmarktorientierter Gesellschaften (Art. 4 IAS-Verordnung), kann aber von den Mitgliedstaaten auch auf deren Jahresabschlüsse sowie auf die Jahresabschlüsse und konsolidierten Abschlüsse solcher Gesellschaften ausgedehnt werden, die nicht kapitalmarktorientiert sind (Art. 5 IAS-Verordnung); die Mitgliedstaaten haben

51 EuGH, Rs. C-35/98 (Verkoijen), Rn 34 ff; EuGH, Rs. C-483/99 (Goldene Aktien II), Rn 41.
52 *Pache*, § 10, Rn 217.
53 EuGH, Rs. C-412/97 (ED Srl.), Rn 17.
54 S. *Staudinger*, § 22, Rn 199 ff.
55 Von der Groeben/Schwarze/*Tiedje/Troberg*, Art. 49 EG, Rn 127. Zu den gegebenenfalls eingreifenden Regelungen des überwiegend auf Art. 19 AEUV gestützten Antidiskriminierungsrechts s. *Schlachter/Seifert*, § 39, Rn 68 ff.
56 EuGH, Rs. 36/74 (Walrave); EuGH, Rs. C-415/93 (Bosman); EuGH, Rs. C-281/98 (Angonese). Für eine erhebliche Ausweitung der Anwendung unter Privaten *Löwisch*, Die horizontale Direktwirkung, der S. 225-278 ausführlich auch Folgefragen seiner Auffassung behandelt.
57 Dazu *Möllers*, § 18, Rn 45 ff.
58 ABl. EG Nr. L 243 vom 11.9.2002, S. 1.

dabei die Wahl, ob sie die Regeln der IAS-Verordnung den betreffenden Gesellschaften zur Wahl stellen oder sie ihnen vorschreiben. Auch insoweit betrifft die Verordnung jedoch lediglich Kapitalgesellschaften und solche Personengesellschaften, deren unbeschränkt haftende Gesellschafter sämtlich Kapitalgesellschaften sind, in Deutschland also insbesondere die GmbH & Co KG. Eine Übertragung auf Personengesellschaften und Einzelkaufleute steht den Mitgliedstaaten zwar – in den von der Niederlassungsfreiheit gezogenen Schranken – grundsätzlich frei; dies steht jedoch auch künftig weder zu erwarten, noch wäre es wegen der für kleine Unternehmen ungeeigneten Zielrichtung der IAS- oder IFRS-Standards überhaupt erwägenswert.

Außer dem Handelsregister- und dem Bilanzrecht sind auch die Handelsgeschäfte – aus unionsrechtlicher Sicht richtiger: Unternehmensgeschäfte – Gegenstand des Einflusses von EU-Rechtsakten. Das gilt zunächst ganz allgemein für die ZahlungsverzugsRL (und deren Vorgängerin, der ZahlungsverzugsRL aF). Mit dem Vorschlag für ein Gemeinsames Europäisches Kaufrecht unternimmt es die Europäische Kommission nunmehr, für den Warenkauf als dem (immer noch) wichtigsten Vertragstyp des Binnenmarktes ein eigenes unionsrechtliches Modell zu etablieren; der Vorschlag baut dabei auf breiten internationalen und europäischen Vorarbeiten auf, die ihren Ausgangspunkt im internationalen Einheitskaufrecht genommen haben und über die Principles of European Contract Law und die Principles for International Commercial Contracts mit dem Draft Common Frame of Reference nunmehr über einen eigenen wissenschaftlich abgesicherten Standard verfügen.[59] Mit der HandelsvertreterRL hat das Unionsrecht bereits jetzt einen der klassischen Vertriebsverträge in großem Umfang selbst geregelt. Ebenfalls großen Einfluss auf die Gestaltung von Vertriebsverträgen hat das Wettbewerbsrecht der Union, welches hier vertikalen Wettbewerbsbeschränkungen entgegentritt; prägend für die vertragliche Risikoverteilung sind dabei nicht zuletzt die einschlägigen Gruppenfreistellungsverordnungen sowie die Leitlinien der Kommission;[60] auf sie ist im Abschnitt zum Wettbewerbsrecht näher einzugehen.[61] Das unionsrechtlich determinierte Transportrecht schließlich wird in diesem Werk ebenfalls gesondert behandelt.[62] 16

Der größte Teil des unionsrechtlich determinierten Unternehmensaußenrechts wird gewöhnlich gerade nicht dem Handelsrecht, sondern dem Verbraucherschutzrecht zugerechnet, obwohl bisweilen auch das deutsche Handelsgesetzbuch Durchbrechungen in dieser Hinsicht kennt.[63] Gleichwohl enthalten auch die Verbraucherschutzrichtlinien[64] gelegentlich solche Regelungen, die nicht oder nicht nur auf eine Anwendung im Verhältnis zwischen Unternehmen und Verbraucher zielen, sondern (auch) Rechtsverhältnisse zwischen Unternehmen im Auge haben. Wichtigstes Beispiel ist insoweit Art. 4 VerbrKaufRL, welcher viel schlichter, als die hochkomplizierte Umsetzung in §§ 478, 479 BGB dies zeigt, sicherstellen will, dass der Letztverkäufer, welcher dem Verbraucher gegenüber für einen Mangel haftet, den er selbst weder verursacht noch zu verantworten hat, seine Belastungen an oder jedenfalls in Richtung des Verursachers zurückreichen kann.[65] In Deutschland wird derzeit die Ausweitung dieses Mechanismus zur Stärkung von Rückgriffsrechten von Bauhandwerkern gegen Lieferanten von Materialien diskutiert, die bislang nicht in den Genuss der Rückgriffserleichterungen der §§ 478, 479 BGB kommen. 17

Schließlich wirken sich nicht selten auch steuerrechtliche Vorgaben unmittelbar auf handelsrechtliche Regelungen aus. Schon klassisch ist der Konflikt der Handelsregister- und Notargebühren mit der GesellschaftssteuerRL (und deren Vorgängerin, der GesellschaftssteuerRL aF) auf den unten noch einzugehen sein wird.[66] Erhebliche Auswirkungen auf die Abwicklung von Handelsgeschäften 18

59 Zu diesem Vorschlag unten Rn 21, 22 und 186 ff.

60 Zu diesen s.u. Rn 89. Zur Frage der vertraglichen Risikoverteilung und ihrer Auswirkungen auf die wettbewerbsrechtliche Bewertung vgl EuGH, Rs. T-325/01 (DaimlerChrysler); EuGH, Rs. C-217/05 (Confederación/CEPSA) m.Anm. *Rittner*, WuW 2007, 365; rechtsvergleichend *Schröder*, Risikoverteilung in Vertriebsverträgen.

61 Dazu *Mäger*, § 16, Rn 122 ff.

62 *Otte*, § 34.

63 S. insbesondere §§ 451 ff HGB.

64 Zu diesen *Schulte-Nölke*, § 23.

65 Zu den Auswirkungen auf die kaufmännische Rügeobliegenheit s.u. Rn 190.

66 S. u. Rn 35 ff.

hat zudem die MehrwertsteuerRL (und deren Vorgängerin, die MehrwertsteuerRL aF), welche insbesondere Anforderungen an die Rechnungsstellung enthält.

19 Für das richtige Verständnis dieses Regelungsbündels ist es von entscheidender Bedeutung, dass hier überwiegend, dh von der ZahlungsverzugsRL abgesehen, eine Vollharmonisierung stattfindet. Das gilt insbesondere für die HandelsvertreterRL[67] und die beiden auf Registerpublizität zielenden Richtlinien, nämlich die PublizitätsRL und die ZweigniederlassungsRL.[68] Diese Richtlinien enthalten – anders als die meisten Verbraucherschutzrichtlinien und anders als Art. 153 Abs. 4 AEUV für das Arbeitsrecht – keine Mindestschutzklauseln,[69] ohne welche nach allgemeinen Regeln des Unionsrechts von einer abschließenden Regelung der aufgegriffenen Sach- und Rechtsfragen durch die Richtlinie, also einer Vollharmonisierung, auszugehen ist.[70] Dieser Ausgangspunkt ergibt sich bereits aus der Bindung der Mitgliedstaaten an das Regelungsziel der Union durch Art. 288 Abs. 3 AEUV. Für das Gesellschaftsrecht ergibt sich aus Art. 50 Abs. 2 lit. g AEUV nichts anderes: die Schutzrichtung dieser Kompetenznorm (zugunsten der Gesellschafter sowie Dritter) wird nämlich durch den ausdrücklichen Zweck begrenzt, die auf ihrer Basis erlassenen Bestimmungen „gleichwertig zu gestalten".[71] Die Mitgliedstaaten dürfen also im Anwendungsbereich der getroffenen Regelungen über die unionsrechtlichen Standards nicht hinausgehen. Das schließt nicht aus, dass die Auslegung einzelner Richtlinienbestimmungen – teilweise ganz erhebliche – Umsetzungsspielräume für die Mitgliedstaaten offenbart. Einen Grundsatz, dass die betreffenden Richtlinien lediglich Mindeststandards im technischen Sinne enthielten, kennt das Europäische Unternehmensrecht jedoch nicht.

20 Ganz erhebliche Auswirkungen auf das Handelsrecht entfaltet auch die DienstleistungsRL:Vom Kern des Handelskaufs abgesehen,[72] fällt nämlich nahezu jede handelsrechtliche Geschäftstätigkeit in den Anwendungsbereich dieser Richtlinie. Die Richtlinie hat primär eine wirtschaftsverwaltungsrechtliche Stoßrichtung, ist jedoch auch nicht frei von privatrechtlichen Elementen. Diese finden sich insbesondere in Kapitel 5, welches die Qualität von Dienstleistungen behandelt. Für das Handelsrecht bedeutsam sind hierin in erster Linie die sich aus Art. 22 der Richtlinie ergebenden Informationspflichten des Dienstleisters, denen nach richtiger Auffassung zumindest auch eine privatrechtliche Natur zu Eigen ist.[73] Die bislang in § 6 c GewO iVm der darauf beruhenden Rechtsverordnung erfolgte Umsetzung ist allerdings rein öffentlich-rechtlicher Natur[74] und daher unionsrechtswidrig. Über die privatrechtlich zu qualifizierenden Richtlinienbestimmungen hinaus wirkt die Richtlinie direkt außerdem auf solche Bestimmungen des deutschen Handelsrechts ein, denen – neben einer privatrechtlichen – auch eine wirtschaftsverwaltungsrechtliche Funktion zukommt. Ein Beispiel dafür ist die durch § 103 HGB auch ordnungsrechtlich ausgeflaggte Tagebuchpflicht des Handelsvertreters nach § 100 HGB; diese wird bei in anderen Mitgliedstaaten der Europäischen Union niedergelassenen Handelsvertretern öffentlich-rechtlich nicht durchsetzbar sein.[75]

---

67 *Franck*, Europäisches Absatzrecht, S. 147 f (auch zu Ausnahmen); *Schmidt-Kessel/Thies*, GPR 2009, S. 238, 239.

68 MüKo-HGB/*Krebs* § 15, Rn 4 (für die Publizitätswirkungen); Schmidt-Kessel/Leutner/Müther/*Schmidt-Kessel*, HRegR, Einl. Rn 28. Wie hier nun auch *Habersack/Verse*, Europäisches Gesellschaftsrecht, § 3 Rn 66, § 5 Rn 51. Unklar *Pasa/Benacchio*, S. 274 f; *Schürnbrand*, in: Gsell/Herresthal, Vollharmonisierung im Privatrecht, S. 273 ff.

69 Zutreffend *Habersack/Verse*, Europäisches Gesellschaftsrecht, § 3 Rn 65.

70 S. EuGH, Rs. C-154/00 (Kommission/Griechenland), Rn 10 ff.

71 Skeptisch gegenüber dieser Argumentation auch *Schürnbrand* in Gsell/Herresthal, Vollharmonisierung im Privatrecht, 273, 276.

72 Ob die primärrechtlich der Warenverkehrsfreiheit zugeschlagenen sogenannten Begleitdienstleistungen (Organisation der Verwendung, Lieferung frei Haus, Montage etc.) aus dem Anwendungsbereich der Richtlinie herausfallen (dafür Schlachter/Ohler/*Streinz/Leible*, Europäische Dienstleistungsrichtlinie, Einleitung Rn 1), ist bislang ungeklärt.

73 Schlachter/Ohler/*Schmidt-Kessel*, Europäische Dienstleistungsrichtlinie, Art. 22, Rn 3.

74 *Busch/Kopp/McGuire/Zimmermann*, GPR 2009, 150, 153.

75 Eine privatrechtliche Anbindung scheidet regelmäßig schon deshalb aus, weil sich ohne Rechtswahl der Handelsvertretervertrag nach dem Recht des Staates richtet, in dem der Handelsvertreter seinen gewöhnlichen Aufenthalt hat (Art. 4 lit. b Rom I-Verordnung).

IV. Einheitsrecht, Principles und Modellregeln

Neben den Richtlinien und Verordnungen des Sekundärrechts sind für das Handelsrecht der Union auch andere Instrumente der europäischen oder internationalen Rechtsvereinheitlichung von Belang. Das gilt zunächst für das durch völkerrechtliche Konventionen gesetzte Einheitsrecht, welches die Union teilweise förmlich ratifiziert,[76] teilweise ausdrücklich rezipiert[77] oder gar als Teil eines quasi-*acquis communautaire* auffasst.[78] Andere Abkommen sind bislang vom Unionsrecht und der Union völlig unberührt geblieben.[79] 21

Berührungspunkte des Unionsrechts bestehen auch mit den an international tätige Unternehmen gerichteten *Principles of International Commercial Contracts* sowie mit den auf das allgemeine Vertragsrecht fokussierten *Principles of European Contract Law*. Der *Entwurf für einen Gemeinsamen Referenzrahmen (Draft Common Frame of Reference, DCFR)*, der auf den *Principles of European Contract Law* fußt, hat nunmehr auch eine ganze Reihe von Handelsgeschäften zum Gegenstand.[80] Der *DCFR* erfasst unter anderem den Handelskauf, die Gebrauchsüberlassung beweglicher Sachen sowie Dienstleistungen einschließlich des Auftrags und einer Reihe von Vertriebsverträgen; ferner finden sich Regeln zu Darlehensverträgen sowie Personal- und Realsicherheiten. Das politische Schicksal des Entwurfs ist freilich derzeit offen.[81] Eine kollisionsrechtliche Wählbarkeit iSv Art. 3 Abs. 1 Rom I-Verordnung wird sowohl für den Entwurf, als auch für die genannten Prinzipien von der herrschenden Auffassung verneint.[82] Die Kommission hat sich im Gesetzgebungsverfahren mit ihrem Vorschlag einer Öffnung der Rom I-Verordnung für die Wahl nichtstaatlicher Prinzipienkataloge leider nicht durchsetzen können.[83] 22

V. Gemeinsames Europäisches Kaufrecht

Mit ihrem Vorschlag für ein Gemeinsames Europäisches Kaufrecht (GEKR) vom 11. Oktober 2011 versucht die Kommission nun, ein eigenes europäisches Einheitskaufrecht auch für Handelskäufe zu etablieren.[84] Dieser Vorschlag, dessen politisches Schicksal nach wie vor ungewiss ist, unternimmt es, die erwähnten einheitsrechtlichen Ausarbeitungen (s. Rn 22) mit dem acquis des Unionsrechts zusammenzuführen.[85] 23

76 So das Abkommen von Montreal und das Abkommen von Kapstadt einschließlich des Protokolls über Sicherungsrechte an Flugzeugen und Flugzeugteilen.

77 So das CISG durch die VerbrauchsgüterkaufRL.

78 Das CISG wird im Rahmen der Entwicklung zum Gemeinsamen Referenzrahmen für ein Europäisches Vertragsrecht von der Kommission als quasi-acquis behandelt, s. nächste Rn.

79 Genfer Wechsel- und Scheckrecht (s. aber *Schmidt-Kessel*, JZ 1998, 1135); CMR (s. aber EuGH, Rs. C-148/03 [Nürnberger Allgemeine Versicherungs AG/Portbridge Transport International BV]).

80 Vgl die Beiträge – auch zu den Einflüssen auf das Gemeinschaftsrecht (jetzt Unionsrecht)– in *Schmidt-Kessel* (Hrsg.), Der Gemeinsame Referenzrahmen.

81 Zuletzt etwa *von Bar*, Der Draft Common Frame of Reference als Toolbox, in: Busch/Kopp/McGuire/Zimmermann (Hrsg.), JbJZivRWiss 2009, 11 ff.

82 *Mankowski*, CFR und Rechtswahl, in: Schmidt-Kessel (Hrsg.), Der Gemeinsame Referenzrahmen 389.

83 Vgl erste Auflage, Rn 19.

84 Zum Vorschlag s. *Schmidt-Kessel* (Hrsg.), Ein einheitliches europäisches Kaufrecht, München 2012; ferner: *Gebauer* (Hrsg.), Gemeinsames Europäisches Kaufrecht – Anwendungsbereich und kollisionsrechtliche Einbettung, München 2013; *Hahn* (Hrsg.), Gemeinsames europäisches Kaufrecht moderner Ansatz oder praxisferne Vision? Anhörung der Konferenz der Justizministerinnen und Justizminster am 24. Mai 2012 in Frankfurt, München 2012; *Remien/Herrler/Limmer* (Hrsg.), Gemeinsames Europäisches Kaufrecht für die EU?, München 2012; *Schulte-Nölke/Zoll/Jansen/Schulze* (Hrsg.), Der Entwurf für ein optionales europäisches Kaufrecht, München 2012; *Wendehorst/Zöchling-Jud* (Hrsg.), Am Vorabend eines Gemeinsamen Europäischen Kaufrechts. Zum Verordnungsentwurf der Europäischen Kommission vom 11.10.2011, Wien 2012; ferner die auf der Sondertagung der Zivilrechtslehrervereinigung 20./21.4.2012 gehaltenen Referate, welche in der AcP 112 (2012) veröffentlicht sind. Eine erste Kommentierung findet sich bei *Schulze* (Hrsg.), Common European Sales Law (CESL) – Commentary –, München 2012. Siehe ferner das von *Wendehorst/Thomas/Sorabji/Storme* u.a. erarbeitete Statement of the European Law Institute on the Proposal for a Regulation on a CommonEuropean Sales Law, http://www.europeanlawinstitute.eu/fileadmin/user_upload/p_eli/Publications/S-2-2012_Statement_on_the_Proposal_for_a_Regulation_on_a_Common_European_Sales_Law.pdf.

85 Zu weiteren Einzelheiten s.u. Rn 186 ff.

B. Europäischer Unternehmerbegriff

24 Einen durch ein Handelsrecht organisierten europäischen Handelsstand kennt das Unionsrecht nicht.[86] Art. 57 Abs. 2 lit. b AEUV ist ebenso wenig stilprägend geworden wie seine Vorgänger. Soweit das Unionsrecht Unternehmensaußenrecht zum Gegenstand hat, knüpft es dieses vielmehr ganz überwiegend entweder an einen Unternehmerbegriff an, nämlich bei den vertragsrechtlichen Richtlinien, oder es wählt die Rechtsform zum Ausgangspunkt, so bei den gesellschaftsrechtlichen Richtlinien. Aus diesem Grunde ist der Anwendungsbereich des Unternehmensaußenrechts der Union bei weitem nicht mit dem durch §§ 1 ff HGB beschriebenen kongruent. Soweit an den Unternehmer als Adressat bestimmter Normgruppen angeknüpft wird, ist deren Anwendungsbereich vielmehr deutlich weiter. Die Regeln der gesellschaftsrechtlichen Richtlinien sind hingegen – unionsrechtlich – auf die in der Liste in Art. 1 PublizitätsRL genannten GmbH, AG und KGaA beschränkt; für die Bilanzrichtlinien kommen die Kapitalgesellschaften & Co. hinzu. Soweit allerdings der deutsche Gesetzgeber diese Richtlinien in allgemeinen Regeln des Handelsgesetzbuchs, also überschießend, umgesetzt hat, ist der Anwendungsbereich der richtliniendeterminierten Bestimmungen – ebenso wie das Gebot einer richtlinienkonformen Auslegung[87] – nicht auf die genannten Gesellschaftsformen beschränkt. Insoweit bestimmen vielmehr in erster Linie §§ 1 ff HGB den Anwendungsbereich des Umsetzungsrechts.

25 Der Unternehmerbegriff des Unionsrechts, wie er seine allgemeine Übernahme in § 14 BGB gefunden hat, ist zunächst ein Kind des Verbraucherrechts[88] und dementsprechend auf diese Funktion bezogen. Danach ist Unternehmer jede natürliche oder juristische Person, die bei Abschluss des betreffenden Rechtsgeschäfts im Rahmen ihrer gewerblichen oder beruflichen Tätigkeit handelt. Ein Unterschied zur Regelung in § 14 BGB ist dabei das Fehlen des Wortes „selbständig" in den verschiedenen Definitionen der verbraucherschützenden Richtlinien.[89] Allerdings ist das deutsche Recht damit nur scheinbar enger als die unionsrechtlichen Vorgaben dies erfordern: Wer im Rahmen seiner unselbständigen Tätigkeit handelt, handelt für einen Geschäftsherrn, der seinerseits dann derjenige Unternehmer ist, auf den die Richtlinien zielen. Damit könnte sich eine Differenz zwischen Unionsrecht und § 14 BGB nur ergeben, wenn einerseits die Zurechnung an den Geschäftsherrn (etwa mangels Vertretungsmacht) ausscheidet und andererseits das Unionsrecht für diesen Fall die Anwendung der Richtlinienregeln im Verhältnis des Verbrauchers zum Handelnden (etwa dem *falsus procurator*) fordert. Ein solcher Inhalt lässt sich den Richtlinien aber weder mit Blick auf deren Wortlaut noch mit Blick auf ihren Zweck entnehmen. Gerade die verschiedenen Widerrufsrechte verfehlen ihren Zweck, wenn der Verbraucher ohnehin vom Vertrag abgehen kann.

26 Einen leicht abweichenden Akzent setzen demgegenüber die Definitionen des Unternehmers und des Geschäftsverkehrs in Art. 2 Nr. 1 ZahlungsverzugsRL. Obwohl diese Definitionen bislang keine erneute Verwendung gefunden haben, kommt ihnen doch eine besondere Bedeutung zu, weil durch sie der Anwendungsbereich von Unternehmensaußenrecht nicht lediglich mit Blick auf die Abgrenzung des Verbrauchergeschäfts beschrieben wird, sondern die Richtlinie eine positive Beschreibung des Anwendungsbereichs von Regeln für Geschäftsbeziehungen zwischen professionell und mit Erwerbszweck Tätigen unternimmt. Danach bedeutet Geschäftsverkehr „Geschäftsvorgänge zwischen Unternehmen oder zwischen Unternehmen und öffentlichen Stellen, die zu einer Lieferung von Gütern oder Erbringung von Dienstleistungen gegen Entgelt führen". Während für den Begriff der öffentlichen Stelle an die Regeln des Vergaberechts angeknüpft wird, versteht die Richtlinie unter einem Unternehmen „jede im Rahmen ihrer unabhängigen wirtschaftlichen oder beruflichen Tätigkeit handelnde Organisation, auch wenn die Tätigkeit von einer einzelnen Person ausgeübt wird". Diese Definition des Unternehmens weicht ihrem Wortlaut nach von den bisheri-

86 *Riehm*, Handelsrecht, Rn 11.
87 Etwas zurückhaltender Riesenhuber/*Habersack*/*Mayer*, Europäische Methodenlehre, § 15, Rn 24 ff.
88 S. dementsprechend *Schulte-Nölke*, § 23.
89 Zur umgekehrten Problematik bei § 13 BGB s. *Ultsch*, Der einheitliche Verbraucherbegriff, 21 ff.

gen verbraucherrechtlichen ab und hat insbesondere das Wort gewerblich durch das Wort wirtschaftlich ersetzt. Mag damit auch keine sachliche Änderung verbunden sein,[90] so ergibt sich doch aus der positiven Definition eine neue Chance zur Systembildung. Dies gilt um so mehr, als die neue Definition des Geschäftsverkehrs eben auch die öffentliche Hand mit einbezieht, womit eine erste handhabbare Definition eines B2B-Bereichs entsteht, welcher unionsrechtlich an die Stelle des Handelsverkehrs treten könnte. Dass die Definition die primäre Funktion hat, Verbraucher aus dem Anwendungsbereich der Richtlinie herauszunehmen,[91] ist dem nicht abträglich. Die mit der Richtlinie verbundene Erkenntnis, dass dispositives Vertragsrecht der Mittelstandsförderung dient,[92] lässt auf die Dauerhaftigkeit dieser eigenen Begriffsbildung hoffen.[93]

Die zahlreichen gesellschaftsrechtlichen Richtlinien setzen hingegen nicht an den Tätigkeitsfeldern 27
der am Rechtsverkehr beteiligten Personen, sondern schlicht formal an den verschiedenen Gesellschaftsformen an (siehe oben Rn 5, 14 ff). Damit leisten sie keinen eigenen Beitrag zu einem unionsrechtlichen Unternehmensbegriff, wenn es sich auch bei Rechtsgeschäften, an welchen sie beteiligt sind, fast ausschließlich um Geschäfte im Sinne der beiden Definitionen handeln dürfte. Allgemeine Bedeutung können diese Richtlinien freilich dort erlangen, wo sie – wie zu wichtigen Teilen in Deutschland – als allgemeines Handelsrecht umgesetzt werden.

Gleich, ob der verbraucherrechtliche oder der mittelstandsrechtliche Unternehmensbegriff 28
zugrunde gelegt wird, ergeben sich nicht unerhebliche Differenzen zum deutschen Kaufmannsbegriff der §§ 1 ff HGB. Das Unionsrecht verwendet nämlich keinen generell-personenbezogenen Begriff des Kaufmanns als dem Angehörigen des Handelsstands (s.o. Rn 2), sondern einen „konkret-funktionalen“ Begriff des Unternehmers, dessen Blick dem jeweils geregelten Geschäftstyp gilt.[94] Dementsprechend erfasst dieser nicht nur Gewerbetreibende iSv § 1 Abs. 1 HGB, sondern auch andere Selbständige, namentlich Freiberufler und Landwirte.[95] Auch kommt es anders als nach § 1 Abs. 2 HGB nicht auf den Umfang der Tätigkeit an und Optionsmöglichkeiten, welche § 2 HGB vergleichbar wären, wird man vergeblich suchen. Schließlich wäre auch die Anknüpfung an bestimmte Rechtsformen, wie sie § 6 HGB vorsieht, mit dem Ansatz des Unionsrechts unvereinbar.

C. Handelsregister und Unternehmensregister

Unionsrechtlich determiniert sind weite Teile des Handelsregister- und des Unternehmensregister- 29
rechts. Das gilt sowohl für die Grundfragen etwa der Notwendigkeit und Ausgestaltung des Handelsregisters, seiner Bewertung am Maßstab der Grundfreiheiten sowie der weit reichenden gebührenrechtlichen Vorgaben (I.) als auch für die Formen der Herstellung der gebotenen Publizität (II.). Ebenfalls unionsrechtlich grundgelegt sind die Vorschriften über die Eintragung von Zweigniederlassungen (III.) und auch die Publizitätswirkungen (IV.) sind vom Unionsrecht nicht unbeeinflusst geblieben. Schließlich verlangt dieses auch eine effektive Sanktionierung von Verstößen gegen die publizitätsrechtlichen Vorgaben (V.).

I. Grundfragen

1. Errichtung des Registers

Die Mitgliedstaaten müssen ein Handels- oder Gesellschaftsregister errichten und unterhalten; das 30
ordnet Art. 3 Abs. 1 PublizitätsRL an. Während diese unionsrechtliche Pflicht schon seit 1968 besteht, verlangen – ursprünglich als Folge einer Änderung der PublizitätsRL aF im Jahr 2003 – seit 1.1.2007 Art. 3 Abs. 2 ff PublizitätsRL auch die Unterhaltung eines elektronischen Handelsre-

90 In diesem Sinne Gebauer/Wiedmann/*Schmidt-Kessel*, Verzug, Rn 11, Fn 55.
91 Vgl nochmals Gebauer/Wiedmann/*Schmidt-Kessel*, Verzug, Rn 11, Fn 55.
92 Gebauer/Wiedmann/*Schmidt-Kessel*, Verzug, Rn 4, 7.
93 Die Idee der Mittelstandsförderung setzt sich nunmehr im GEKR fort: Schmidt-Kessel/*Schmidt-Kessel*, Einleitung, Rn 17 f. Hingegen bleibt es für den Unternehmerbegriff in Art. 2 lit. e GEKR-VO beim klassischen Ansatz der Verbraucherrechte.
94 *Riehm*, Handelsrecht, Rn 12.
95 Vgl zum deutschen Recht die entsprechende Stoßrichtung bei MüKo-HGB/*K.Schmidt*, vor § 1, Rn 8.

gisters.[96] Die Umsetzung dieser Vorgaben ist in Deutschland durch das Gesetz über elektronische Handelsregister und Genossenschaftsregister sowie das Unternehmensregister (EHUG)[97] erfolgt, welches die allgemeinen Regeln über das Handelsregister in §§ 8 ff HGB erheblich modifiziert hat.[98] Das Gesetz zur Modernisierung des GmbH-Rechts und zur Bekämpfung von Missbräuchen (MoMiG)[99] hat weitere Änderungen herbeigeführt, welche insbesondere einer präziseren Umsetzung der ZweigniederlassungsRL dienen (s.u. Rn 51 ff).

2. Funktionen des Registers

31 Die unionsrechtlich vorgegebene Funktion des Registers ist enger als diejenige des deutschen Handelsregisters.[100] Insbesondere kommt dem Register aus der Perspektive des Unionsrechts weder eine Regulierungs- und Aufsichtsfunktion noch die Aufgabe zu, den Zugang zum Handelsstand zu steuern. Da Art. 8 PublizitätsRL den Registereintrag auch nicht zur Voraussetzung der Rechtsfähigkeit der erfassten Gesellschaften macht, fehlt es dem Register des Unionsrechts auch an einer Kreationsfunktion. Funktion des Handelsregisters ist damit allein die Publizität zur Information und zum Schutz des Rechtsverkehrs.[101] Dieses von den §§ 8 ff HGB abweichende Telos der unionsrechtlichen Vorgaben kann im Einzelfall auch zu abweichenden Auslegungsergebnissen führen.

3. Register und Grundfreiheiten

32 Von den Grundfreiheiten tangiert das Registererfordernis primär die Niederlassungsfreiheit der Art. 49, 54 AEUV. Diese umfasst in erster Linie „die Aufnahme und Ausübung selbständiger Erwerbstätigkeiten sowie die Gründung und Leitung von Unternehmen, insbesondere von Gesellschaften im Sinne des Art. 54 Abs. 2 [i.e. Gesellschaften des bürgerlichen und des Handelsrechts], nach den Bestimmungen des Aufnahmestaats für seine eigenen Angehörigen" (Art. 49 Abs. 2 AEUV). Geschützt wird außerdem die „Gründung von Agenturen, Zweigniederlassungen oder Tochtergesellschaften durch Angehörige eines Mitgliedstaats, die im Hoheitsgebiet eines Mitgliedstaats ansässig sind" (Art. 49 Abs. 1 S. 2 AEUV). Die Niederlassungsfreiheit verbietet einerseits die Diskriminierung von Angehörigen anderer Mitgliedsstaaten, soweit diese entsprechende Akte vornehmen wollen und begründet andererseits ein Beschränkungsverbot, Art. 49 Abs. 1 S. 1 AEUV (siehe bereits oben Rn 11). Beide Verbote erfassen den gesamten Bereich der vom deutschen Handelsrecht abgedeckten (grenzüberschreitenden) Aktivitäten; sie sind insbesondere nicht auf die Niederlassung von Gesellschaften beschränkt.

33 Eine verbotene Diskriminierung durch registerrechtliche Vorschriften kommt insbesondere im Hinblick auf die besonderen Anforderungen in Betracht, welche §§ 13d-13g HGB an die Gründung von Zweigniederlassungen durch ausländische Unternehmer stellen. Die unzweifelhaft gegebene Ungleichbehandlung ist nicht schon dadurch gerechtfertigt, dass sie – partiell – auf der Umsetzung der Zweigniederlassungsrichtlinie in das deutsche Recht beruht;[102] auch diese müsste sich nämlich am Maßstab der Grundfreiheiten messen lassen. Jedoch werden die Vorschriften nach ganz herrschender Auffassung als gerechtfertigt angesehen, weil sie lediglich formal und nicht belastend wir-

96 Zur Einführung des elektronischen Handelsregisters seinerzeit *Schemmann*, GPR 2003/04, 92-94 sowie – noch aus der Entstehensphase des Richtlinienentwurfs – *van Hulle*, in: Reichelt (Hrsg.), Europäisches Handelsregister II, S. 7-11.

97 Gesetz über elektronische Handelsregister und Genossenschaftsregister sowie das Unternehmensregister v. 10. November 2006 (EHUG), BGBl. I 2006, S. 2553.

98 Schmidt-Kessel/Leutner/Müther/*Schmidt-Kessel*, HRegR, Einleitung Rn 14.

99 Gesetz zur Modernisierung des GmbH-Rechts und zur Bekämpfung von Missbräuchen v. 23. Oktober 2008 (MoMiG), BGBl. I 2008, S. 2026.

100 Zu dessen Funktionen s. Schmidt-Kessel/Leutner/Müther/*Schmidt-Kessel*, HRegR, Einleitung Rn 2 ff.

101 Diese Funktion kommt dem Register nach allgemeiner Meinung zu, etwa: MüKo-HGB/*Krafka*, § 8, Rn 3-7. Die *Ausschließlichkeit dieser Funktion für das Unionsrecht* wird hingegen regelmäßig nicht gesehen. Wegweisend zur historischen Entwicklung und vor allem zur dogmatischen Grundlegung der Informationsfunktion *Merkt*, Unternehmenspublizität.

102 Vgl die Argumentation bei *Riehm*, Handelsrecht, Rn 19.

ken.[103] Zudem diene die registerrechtliche Prüfung der einzutragenden Zweigniederlassung dem Schutz des Allgemeininteresses.[104] Nicht rechtfertigungsfähig ist freilich die Schlechterbehandlung ausländischer Kapitalgesellschaften mit mehreren Zweigniederlassungen im Inland, die sich aus der Notwendigkeit der jeweils gesonderten Anmeldung, Eintragung und Bekanntmachung nach § 13 e Abs. 5 HGB ergibt. Allerdings entspricht § 13 e Abs. 5 HGB ohnehin nicht den Vorgaben der ZweigniederlassungsRL (s. Rn 58), welche in Art. 6, 10 Abs. 2 ausländischen Gesellschaften generell die Offenlegung beim Register einer der verschiedenen Zweigniederlassungen gestatten. Für andere Kaufleute ist die Diskriminierung durch eine unionsrechtskonforme Auslegung von § 13 d Abs. 3 HGB zu beseitigen: Die sinngemäße Geltung der Vorschriften über die Hauptniederlassung muss daher die Konzentration der Anmeldepflichten nach § 13 HGB einschließen.[105]

Darüber hinaus wird die Frage erörtert, ob die verschiedenen Registererfordernisse nicht ganz generell eine verbotene Beschränkung der Niederlassungsfreiheit begründen. Die Modalitäten einer Zulassung zum Markt, worunter auch die Publizitätserfordernisse fallen, werden von der Niederlassungsfreiheit denn auch grundsätzlich geschützt.[106] Allerdings wird auch die beschränkende Wirkung dieser Erfordernisse ganz überwiegend als gerechtfertigt angesehen, weil sie auf zwingenden Gründen des Allgemeinwohls, nämlich dem gebotenen Gläubigerschutz, beruhe und die Beschränkung auch nicht – etwa durch eine Nichtigkeitsdrohung für die abgeschlossenen Geschäfte – übermäßig ausfalle.[107] Für die gebührenrechtliche Seite des Registerzwangs gilt diese Rechtfertigung freilich nur sehr eingeschränkt (siehe sogleich Rn 35 ff). 34

4. Register- und Notarsgebühren

Das durch das Handelsregistergebühren-Neuordnungsgesetz vom 3.7.2004[108] in einigen, aber nicht allen zentralen Punkten geänderte Recht der Register- und Notarsgebühren ist vor allem an zwei Punkten der Kontrolle am Maßstab des Unionsrechts unterworfen, welche ihrerseits jeweils nicht das gesamte Feld des Gebührenrechts erfassen. Insbesondere greift die betroffene Niederlassungsfreiheit zwar unabhängig von der Rechtsform des Marktteilnehmers, schützt aber nur grenzüberschreitende Vorgänge, während die Gesellschaftssteuerrichtlinie auch rein inländische Akte, aber lediglich die in Art. 2 der Richtlinie genannten Kapitalgesellschaften erfasst. Im Registerrecht selbst enthält lediglich Art. 3 Abs. 4 Unterabs. 3 PublizitätsRL den Hinweis, die Gebühren der Erstellung eines Handelsregisterauszugs (dazu unten Rn 47) dürften die Verwaltungskosten nicht übersteigen. Soweit – abgesehen von dieser Spezialregelung – weder die Niederlassungsfreiheit noch die Gesellschaftssteuerrichtlinie eingreifen, bleiben die nationalen Gesetzgeber in der Ausgestaltung der Gebührenordnungen frei.[109] 35

a) Grenzen durch die Niederlassungsfreiheit

Die Erhebung von Registergebühren stellt nach heute wohl allgemeiner Auffassung eine Beschränkung der Niederlassungsfreiheit dar. Rechtfertigen lässt sich diese richtigerweise, soweit die Gebührenerhebung nur zum Zwecke der Kostendeckung nach tatsächlichem Aufwand erfolgt. Dabei ist eine Pauschalierung zwar grundsätzlich zulässig; diese darf freilich nicht zur Quersubventionierung anderer Behördenzweige führen.[110] Für die Gebühren des Handelsregisters selbst ist die Einhaltung dieser Maßstäbe seit 2004 durch § 79 a S. 2 KostO iVm der HandelsregistergebührenVO[111] sichergestellt: Letztere bestimmt – anders als das frühere Recht, das an den Gegenstands- 36

103 Streinz/*Müller-Graff*, Art. 49 AEUV, Rn 53.
104 Baumbach/*Hopt*, HGB, § 13 d, Rn 1.
105 Schmidt-Kessel/Leutner/Müther/*Schmidt-Kessel*, HRegR, HGB § 13 d, Rn 86.
106 Streinz/*Müller-Graff*, Art. 49 AEUV, Rn 67.
107 EuGH, Rs. C-55/94 (Gebhard), Rn 37.
108 BGBl. I 2004, 1410.
109 EuGH, Rs. C-193/04 (Organon Portuguesa), Rn 23 (von der GesellschaftssteuerRL nicht erfasste, nach Wert übertragener Geschäftsanteile gestaffelte Gebühren).
110 So jedenfalls für die Warenverkehrsfreiheit EuGH, Rs. 340/87 (Kommission/Italien), Rn 15.
111 BGBl. I 2004, 2562.

wert und damit an das nominelle Gesellschaftskapital anknüpfte – fixe Gebührensätze und löst damit die frühere Verbindung von Gebühr und Geschäftswert auf, welche dem Erfordernis der Kostendeckung gerade nicht genügte. Darüber hinaus ist es mit der Niederlassungsfreiheit vereinbar, einen Vorschuss auf die zu erwartenden Kosten der Veröffentlichung einer Registereintragung zu erheben.[112]

37 Anders verhält es sich bei den Gebühren der notariellen Beurkundung. Für diese ist es in den neuen §§ 41a-41 c KostO bei der ursprünglichen Verknüpfung von Gebühr und Geschäftswert geblieben.[113] Für deren Bewertung ist zu differenzieren: Bei Einzelkaufleuten sollte mit den §§ 36, 32, 41 a Abs. 3 Nr. 1 KostO die Relation zum Aufwand wohl noch gewahrt sein.[114] Hingegen kann bei den Kapitalgesellschaften die – der Höhe nach unbegrenzte – Verknüpfung von Gegenstandswert (Gesellschaftskapital: § 41 a Abs. 1 KostO) und Gebühr bereits für sich eine Beschränkung der Niederlassungsfreiheit darstellen, für die eine Rechtfertigung nicht zu erkennen ist. Dem steht nicht entgegen, dass es sich bei den Gebühren um eine – der Höhe nach staatlicherseits festgelegte – Gegenleistung handelt. Deutsche Notare sind nämlich auch insoweit Adressaten der Niederlassungsfreiheit, als sie nicht – wie im Bezirk des OLG Karlsruhe – als Amtsnotare tätig werden. Ihnen kommt vielmehr – nicht zuletzt im Blick auf Art. 51 Abs. 1 AEUV (ex Art. 45 Abs. 1 EGV) – zumindest die Position einer sog. intermediären Gewalt zu, welche durch die Grundfreiheiten ebenfalls verpflichtet wird.[115] Der Verstoß gegen die Niederlassungsfreiheit führt unmittelbar zur Unanwendbarkeit der Gebührentatbestände soweit sie außer Verhältnis zum tatsächlichen Arbeitsaufwand stehen.[116] Ohne eine Änderung der KostO dürfen Notare daher im Anwendungsbereich der Niederlassungsfreiheit nur zum Mindestsatz abrechnen, der sich aus dem minimalen Gegenstandswert von 25.000 € ableitet. Für die Neugestaltung der Gebühren ließe sich aber immerhin als zusätzlicher Faktor für die Bestimmung der Gebührenhöhe das je nach realem Geschäftswert schwankende Haftungsrisiko berücksichtigen, weil sich dieses in Form einer – fiktiven und pauschalierbaren – Versicherungsprämie als Aufwand qualifizieren lässt.

b) Grenzen durch die Gesellschaftssteuerrichtlinie

38 Wegen der weitgehenden Unbedenklichkeit der geltenden Gebührensätze für Einzelkaufleute und der gleichzeitigen Beschränkung der Grundfreiheiten auf grenzüberschreitende Konstellationen, kommt der – auch auf inländische Sachverhalte ausgerichteten – GesellschaftssteuerRL für die Frage der Gebühren entscheidende Bedeutung zu. Die Richtlinie dient der Harmonisierung der Steuern und Abgaben auf Kapitalzuführungen an Kapitalgesellschaften (AG, KGaA, GmbH) durch die Gesellschaftssteuer. Zugleich verbietet Art. 5 GesellschaftssteuerRL den Mitgliedstaaten die Erhebung anderer Steuern als auf die von der GesellschaftssteuerRL benannten Sachverhalte. Zulässig bleiben aber Abgaben mit Gebührencharakter (Art. 6 lit. e GesellschaftssteuerRL). Entscheidend für die Bewertung der Register- und Notarsgebühren ist daher zunächst die Grenze zwischen Abgaben im Allgemeinen und Gebühren iSv Art. 6 lit. e GesellschaftssteuerRL. Außerdem kommt es bei den Notargebühren darauf an, ob der betreffende Notar dem Staat iSd Richtlinie zuzurechnen ist. Hingegen steht die Richtlinie der Erhebung tatsächlich entstandener Kosten und von Vorschüssen auf diese nicht entgegen.[117]

39 Die zur Abgrenzung von Abgaben im Allgemeinen und Gebühren iSv Art. 6 lit. e GesellschaftssteuerRL ergangene Rechtsprechung hat der Gerichtshof etwa in der Entscheidung *Gründerzentrum-Betriebs-GmbH* zusammengefasst: „Nach ständiger Rechtsprechung [bringt es] die Unterscheidung

---

112 EuGH, Rs. C-453/04 (innoventif), Rn 43 ([kostenträchtige] Bekanntmachung des Geschäftsgegenstands einer Ltd. im Rahmen der Offenlegung einer Zweigniederlassung).

113 Vgl *Tiedtke*, ZNotP 2005, 294, 297.

114 Ebenso *Riehm*, Handelsrecht, Rn 21.

115 *Riehm*, Handelsrecht, Rn 22. Vgl EuGH, Rs. C-281/98 (Angonese), Slg 2000, I-4139; *Streinz/Leible*, EuZW 2000, 459, 460; *Körber*, Grundfreiheiten und Privatrecht, S. 680.

116 Wie hier *Riehm*, Handelsrecht, Rn 22.

117 OLG Karlsruhe, NZG 2003, 487, 489; OLG Stuttgart, NJOZ 2005, 5164, 5166.

zwischen den nach Artikel 10 der Richtlinie 69/335[118] verbotenen Steuern und den Abgaben mit Gebührencharakter, deren Erhebung erlaubt ist, an erster Stelle mit sich, dass zu Letzteren nur die Abgaben zu rechnen sind, deren Höhe sich nach den Kosten der erbrachten Dienstleistung richtet. Eine Abgabe, deren Höhe keinen Zusammenhang mit den tatsächlichen Aufwendungen für diese bestimmte Dienstleistung aufweist oder sich nicht nach den Aufwendungen, für die sie die Gegenleistung darstellt, sondern nach den gesamten Betriebs- und Investitionskosten der mit dem betreffenden Vorgang befassten Stelle richtet, ist als Abgabe anzusehen, für die allein das Verbot des Artikels 10 der Richtlinie 69/335 gilt[119]".[120] Während das neue Handelsregistergebührenrecht diesen Anforderungen genügen dürfte, bleiben die deutschen Notargebühren auch nach der Neuregelung in §§ 41a-41c KostO problematisch. Für die (Amts-)Notare des OLG-Bezirks Karlsruhe[121] sowie die beamteten Notare des OLG-Bezirks Stuttgart[122] ist die Frage bereits zu Lasten der Notare entschieden: Deren Gebühren müssen nach den Maßstäben von Art. 6 lit. e GesellschaftssteuerRL an den tatsächlichen Aufwand angepasst werden.[123]

Die in ihrem Anwendungsbereich unmittelbar anwendbare Richtlinie schließt die Anwendung von §§ 41 a ff KostO (und für Baden-Württemberg § 11 Abs. 1 S. 2 LJKG) aus.[124] Da das Abgrenzungskriterium nach der Richtlinie und die Anforderungen an die Rechtfertigungsfähigkeit gegenüber der Niederlassungsfreiheit identisch sind, gilt das oben in Rn 32 ausgeführte. Die Notare sind daher ohne Änderung der KostO auch bei Registervorgängen der von der Richtlinie erfassten Kapitalgesellschaften lediglich zum Mindestsatz abzurechnen befugt. Für die Neugestaltung wäre auch hier eine Differenzierung der Gebühren anhand fiktiver Versicherungsprämien möglich. Soweit Gebühren gleichwohl erhoben sind, besteht ein Erstattungsanspruch.[125] 40

Die dargestellten Regeln gelten jedenfalls für die (Amts-)Notare des OLG-Bezirks Karlsruhe sowie die beamteten Notare des OLG-Bezirks Stuttgart. Daran ändert der Umstand, dass die Notare selbst Gläubiger der Gebühren sind, schon deshalb nichts, weil es nicht darauf ankommt wer die Gebühren einzieht, sondern wem sie zufließen.[126] Eine Weiterleitung von 15% der Gebühren genügt jedenfalls für eine Einordnung als Steuer.[127] Ob diese Einordnung freilich auch dann gilt, wenn die Gebühren vollständig beim Notar verbleiben, ist offen. Der Gerichtshof hat eine diesbezügliche Vorlagefrage mangels Zulässigkeit nicht entschieden.[128] Eine Übertragung der Grundlinie auf die freiberuflich tätigen Notare ist dementsprechend nach wie vor umstritten und wird von der weit überwiegenden Auffassung im Schrifttum mit dem Argument abgelehnt, die Einnahmen flös- 41

---

118 Nunmehr Art. 5 der GesellschaftssteuerRL.

119 Nunmehr Art. 5 der GesellschaftssteuerRL.

120 EuGH, Rs. C-264/00 (Gründerzentrum-Betriebs-GmbH), Rn 31; EuGH, Rs. C-71/91 und C-178/91 (Ponente Carni und Cispadana Costruzioni), Rn 41 und 42; EuGH, Rs. C-56/98 (Modelo I), Rn 29; EuGH, Rs. C-206/99 (SONAE), Rn 32; EuGH, Rs. C-193/04 (Organon Portuguesa), Rn 17. Siehe aber für die Zulässigkeit einer hinsichtlich des Umsatzes abhängigen Handelskammerabgabe EuGH, Rs. C-443/09 (CCIAA/Grillo Star).

121 EuGH, Rs. C-264/00 (Gründerzentrum-Betriebs-GmbH), Rn 31 (zum früheren Gebührenrecht); EuGH, Rs. C-466/03 (Albert Reiss Beteiligungsgesellschaft mbH), Rn 42 (neue Rechtslage). Ebenso OLG Karlsruhe, FGPrax 2002, 275; OLG Karlsruhe, NZG 2002, 474; OLG Karlsruhe, NZG 2003, 487, 489.

122 EuGH, Rs. C-165/03 (Mathias Längst), Rn 45. Ebenso OLG Stuttgart, NJOZ 2005, 5164, 5166.

123 Zu möglichen Grenzen der Anwendbarkeit der GesellschaftssteuerRL etwa OLG Karlsruhe, NJOZ 2005, 2606 (nicht bei Verschmelzungen von Tochtergesellschaften auf die Muttergesellschaft); OLG Karlsruhe, NJOZ 2005, 2609 (Gebühren für nicht zwingend vorgeschriebene Beurkunden [hier: Erklärung der Übernahme von Stammeinlagen]); OLG Karlsruhe, OLGR München 2007, 192 (Beurkundung eines Einbringungsvertrags); OLG Karlsruhe, FGPrax 2008, 219 (Schenkweise Übertragung von GmbH-Anteilen).

124 OLG Karlsruhe, NZG 2011, 194, 195.

125 OLG Stuttgart, NJOZ 2005, 5164, 5167.

126 EuGH, Rs. C-165/03 (Mathias Längst), Rn 42 f; EuGH, Rs. C-466/03 (Albert Reiss Beteiligungsgesellschaft mbH), Rn 44.

127 EuGH, Rs. C-466/03 (Albert Reiss Beteiligungsgesellschaft mbH), Rn 44, 46;OLG Karlsruhe, NZG 2011, 194, 195 (Erlass des Justizministeriums Baden-Württemberg jedenfalls nicht ausreichend).

128 EuGH, Rs. C-165/03 (Mathias Längst), Rn 29-35 (hypothetische Frage nach den Folgen des Verzichts des Staates auf Weiterleitung der vereinnahmten Beträge unzulässig) In der Entscheidung EuGH, Rs. C-466/03 (Albert Reiss Beteiligungsgesellschaft mbH) waren die im Text erwähnten 15% als „pauschale Aufwandsentschädigung" an den Staat abzuführen, was für die Qualifikation als Steuer genügte.

sen dem Notar zu und nicht dem Staat.[129] Allerdings ist die Argumentation jedenfalls für solche Gebiete fragwürdig, in welchen Ergänzungen des Berufseinkommens durch Landesnotarkassen bis zur Höhe der Besoldungsstufe R1 landesgesetzlich vorgesehen sind (vgl §§ 113 Abs. 3 Nr. 1, 113 a Abs. 3 Nr. 1 BNotO) und sich das jeweilige Bundesland damit durch die Gebühreneinnahmen die Vergütung des Notars erspart. Darüber hinaus ist darüber nachzudenken, ob der Notar als Inhaber eines öffentlichen Amtes – auch unter dem Gesichtspunkt von Art. 51 Abs. 1 AEUV – Staatsfunktion in einem solchen Maße erfüllt, dass er sogar unmittelbarer Adressat der Umsetzungsverpflichtung nach Art. 288 Abs. 3 AEUV und mithin dem Staat zuzurechnen ist.

5. Prozessuale Fragen

42 Auch wenn das Handelsregister in Deutschland jedenfalls nach wie vor[130] durch die Amtsgerichte geführt wird, sind diese nicht zur Vorlage nach Art. 267 Abs. 2 AEUV berechtigt.[131] Ihre Tätigkeit weist nämlich funktional keinen Rechtsprechungscharakter auf, sondern ist administrativ geprägt. Vorlageberechtigt sind daher nur die Rechtsmittelgerichte.[132]

43 Mit der Frage der Einordnung eng zusammen hängt die Frage nach der Möglichkeit einer Kontrolle der Eintragungsanträge durch den Registerrichter. Für das deutsche Recht gilt heute als weitgehend selbstverständlich, dass das Registergericht zur Prüfung des Eintragungsantrags in formeller und materieller Hinsicht berechtigt und verpflichtet ist.[133] Allerdings sehen weder die PublizitätsRL noch die ZweigniederlassungsRL eine solche Prüfung ausdrücklich vor.[134] Es fragt sich daher, ob diese mit der Richtlinie vereinbar ist. Dieselbe Frage lässt sich mit Blick auf die Niederlassungsfreiheit für die Eintragung sowohl von Tochtergesellschaften als auch von Zweigniederlassungen stellen. Das von der Publizitätsrichtlinie gezeichnete Bild kommt ohne eine entsprechende Prüfung aus und rückt die Anlegung der Akte mit den von der Gesellschaft eingereichten Angaben und Urkunden in den Mittelpunkt.[135] Auch wenn die verschiedenen formellen und materiellen Vorgaben der Richtlinien ein Prüfungsrecht jedenfalls nicht fernliegend erscheinen lassen, bleiben jedoch Zweifel daran, wie weit dieses reicht. In der *Centros*-Entscheidung hat der Gerichtshof immerhin keine grundsätzlichen Einwände gegen eine Prüfung durch die registerführende Stelle als solche erkennen lassen.[136]

II. Unionsrechtlich veranlasste allgemeine Registerpublizität bestimmte Gesellschaften

44 Art. 2 PublizitätsRL listet die Angaben und Dokumente auf, welche die von der Richtlinie erfassten Kapitalgesellschaften – in Deutschland AG, KGaA, GmbH[137] – zum Register einreichen müssen. Genannt werden insbesondere der Errichtungsakt und die Satzung der Gesellschaft einschließlich deren späterer Änderungen oder Sitzverlegungen (lit. a-c, g), die zur Vertretung, Verwaltung, Beaufsichtigung und Kontrolle der Gesellschaft als Organe oder Organmitglieder bestellten Personen (lit. d) einschließlich etwaiger Notgeschäftsführer und Notvorstandsmitglieder,[138] das gezeichnete Kapital und die Unterlagen der Rechnungslegung (lit. e, f) sowie die Auflösung oder Nichtiger-

129 Etwa *Fabis*, ZIP 1999, 1683, 1684; *Fleischhauer*, DNotZ 2002, 325, 330; *Görk*, DNotZ 1999, 851, 856 ff.

130 Zu früheren Reformüberlegungen S. MüKo-HGB/*Krafka* § 8, Rn 16 a f (4. Aufl.).

131 EuGH, Rs. 86/00 (HSB Wohnungsbau GmbH), Rn 11 ff (deutsches Amtsgericht); EuGH, Rs. C-182/00 (Lutz GmbH), Rn 13 ff; EuGH, Rs. C-447/00 (Holto Ltd.), Rn 17 ff (jeweils österreichische Landgerichte).

132 EuGH, Rs. C-111/94 (Job Centre I), Rn 11; EuGH, Rs. 86/00 (HSB Wohnungsbau GmbH), Rn 15.

133 Statt aller MüKo-HGB/*Krafka* § 8, Rn 8, 57 ff. Anders noch RGZ 1, 242, 244. Kritisch zu einer zu weit ausgedehnten materiellen Prüfung durch das Registergericht *Eiselsberg*, in: Reichelt (Hrsg.), Europäisches Handelsregister II, 65, 67.

134 Vgl *Zib*, in: Knechtel/Reichelt/Zib, S. 11, 44 f.

135 Vgl *Zib*, in: Knechtel/Reichelt/Zib, S. 11, 33 („auch die Einreichung zur Urkundensammlung nach österreichischem Recht").

136 S. EuGH, Rs. C-212/97, (Centros). Siehe auch EuGH, Rs. C-485/01, (Francesca Caprini), Rn 15 (Registrierungserfordernis für Handelsvertreter *[dazu noch unten Rn 102]* bei natürlicher Person als Voraussetzung der Anmeldung zum Handelsregister zulässig).

137 Für andere Mitgliedstaaten s. Art. 1 PublizitätsRL.

138 *Zib*, in: Knechtel/Reichelt/Zib, S. 11, 20.

klärung der Gesellschaft nebst Angaben zur anschließenden Liquidation und zu den damit betrauten Personen (lit. h-k). Dabei handelt es sich, wie Art. 2 Abs. 1 PublizitätsRL ausdrücklich klarstellt, nur um die unionsrechtlichen Mindestangaben, denen die Mitgliedstaaten weitere hinzufügen können.

Praktische Probleme haben von den genannten Gegenständen vor allem Fragen des Umfangs und der Modalitäten der Vertretungsbefugnis erlangt. Art. 2 Abs. 1 lit. d Ziff. i) S. 2 PublizitätsRL verlangt ausdrücklich den Eintrag, ob Gesamt- oder Einzelvertretungsbefugnis besteht. Das gilt nach der Rechtsprechung auch dann, wenn lediglich ein einziger vertretungsberechtigter Organwalter vorhanden ist.[139] Der Grund dafür liegt im unionsrechtlich begründeten Zweck der Eintragung, Außenstehenden, von denen keine (vollständige) Kenntnis der einschlägigen Rechtsvorschriften erwartet werden kann, über die Vertretungsmacht zu unterrichten.[140] Da Art. 10 Abs. 2 PublizitätsRL weitergehende Einschränkungen der Befugnisse – etwa im Sinne einer *ultra vires*-Lehre – verbietet, bedarf es im Übrigen keiner näheren Mitteilung über deren Umfang im Blick auf außenstehende Dritte.[141] Die ganz herrschende Auffassung in Deutschland verlangt jedoch – im Einklang mit der grundsätzlichen unionsrechtlichen Zwecksetzung – außerdem die Eintragung einer Befreiung von den Beschränkungen des § 181 BGB[142] und begründet sie für die einschlägigen Gesellschaftsformen nicht zuletzt mit einer richtlinienkonformen Auslegung.[143] Das gilt richtigerweise auch dann, wenn lediglich eine teilweise oder anderweit eingeschränkte Befreiung erteilt wird.[144] Nach den Maßstäben der Richtlinie genügt dafür freilich regelmäßig die Einreichung der die Befreiung enthaltenen Gesellschaftssatzung zum Register, während Freistellungen im Einzelfall ohnehin nicht eintragungsfähig sind.[145] 45

Hinsichtlich dieser Angaben und Urkunden bestimmt die Richtlinie die „Formalitäten der Offenlegung“. Dabei handelt es sich, wie Art. 3 Abs. 7 PublizitätsRL zeigt, um einen *terminus technicus*. Dieser umfasst als die primären Publizitätsmittel[146] sowohl den Registereintrag nach Art. 3 Abs. 1, Abs. 3 PublizitätsRL als auch die Bekanntmachung nach Art. 3 Abs. 5 PublizitätsRL in einem Amtsblatt. Von dieser beide Elemente umfassenden Terminologie der Offenlegung sind die gesellschaftsrechtlichen Richtlinien soweit ersichtlich bislang nur in Art. 3 EinpersGRL abgewichen.[147] Nicht zu den Formalitäten der Offenlegung zählen die weiteren in der Richtlinie angesprochenen (sekundären) Publizitätsmittel, nämlich der Registerauszug und die Registerangabe auf geschäftlicher Korrespondenz. 46

Zweck des Handelsregisters ist die Publizität zur Information und zum Schutz des Rechtsverkehrs.[148] Dazu dient auch die in Art. 3 Abs. 4 PublizitätsRL geregelte Möglichkeit, einen Auszug aus dem Register – in elektronischer Fassung, Unterabs. 2, 5 – zu erhalten. Entsprechend dem Zweck des Registers hat nach der Rechtsprechung des Gerichtshofs jedermann das Recht zur Ein- 47

139 EuGH, Rs. 32/74 (Haaga), Rn 6.

140 *Habersack/Verse*, Europäisches Gesellschaftsrecht, § 5 Rn 15; *Zib*, in: Knechtel/Reichelt/Zib, S. 11, 21. S. auch die Fortentwicklung dieser Linie durch BGH, NJW 1998, 1071, 1072 (Eintragung des Geschäftsführers ohne Stellvertretungszusatz).

141 *Zib*, in: Knechtel/Reichelt/Zib, S. 11, 22.

142 BGHZ 87, 59, 60 f; MüKo-HGB/*Krafka* § 8, Rn 41. Zu der zeitweise umstrittenen (gesellschaftsrechtlichen) Frage, ob nationale Selbstkontrahierungsverbote wie § 181 BGB in Anbetracht von Art. 9 I PublizitätsRL überhaupt zulässig sind: EuGH, Rs. C-104/96 (Rabobank), Rn 22 ff. Die Frage der Eintragungspflichtigkeit hat der EuGH hingegen bislang nicht entschieden.

143 MüKo-HGB/*Krafka* § 8, Rn 43 (GmbH).

144 MüKo-HGB/*Krafka* § 8, Rn 44.

145 Richtig *Zib*, in: Knechtel/Reichelt/Zib, S. 11, 23.

146 Begriff bei *Merkt*, Unternehmenspublizität, S. 133.

147 S. *Zib*, in: Knechtel/Reichelt/Zib, S. 11, 32: Dort genügt für die Tatsache, dass sich alle Anteile der Gesellschaft in einer Hand befinden, der Registereintrag ohne die Notwendigkeit der Bekanntmachung.

148 Allgemeine Meinung, etwa: MüKo-HGB/*Krafka* § 8, Rn 3-7. Wegweisend zur historischen Entwicklung und vor allem zur dogmatischen Grundlegung *Merkt*, Unternehmenspublizität.

sichtnahme;[149] dementsprechend sieht für das deutsche Recht § 9 HGB ein solches Recht vor.[150] Die Publizitätsrichtlinie enthält keine Antragsvoraussetzungen, daher dürfen die Mitgliedstaaten keine hinzufügen.[151] Insbesondere kommt es nicht darauf an, ob der Antragsteller bereits in einer Rechtsbeziehung mit der Gesellschaft steht. Außerdem dürfen von der registerführenden Stelle Gebühren für die Erstellung von Auszügen nur zur Kostendeckung verlangt werden (Unterabs. 3).

48 Um den Zugang zum richtigen Register zu ermöglichen schreibt die Richtlinie in Art. 5 PublizitätsRL außerdem vor, dass Geschäftsbriefe der registerpflichtigen Gesellschaften die notwendigen Angaben zur Identifizierung des zuständigen Registers enthalten müssen. In der deutschen Umsetzung decken §§ 80, 278 Abs. 3 AktG und, § 35 a GmbHG diesen Punkt vollständig ab, während §§ 37 a, 125 a, 177 a HGB über die Anforderungen der Richtlinie hinausgehen. Eine richtlinienkonforme Auslegung der letztgenannten Vorschriften ist daher nur wegen des vom Gesetzgeber gewollten Gleichlaufs geboten.

49 Die Sprache des Handelsregisters richtet sich nach den Regeln des Staates, in welchem es sich befindet; das wird seit der Novelle 2003 durch die Richtlinie ausdrücklich ausgesprochen (Art. 4 Abs. 1 PublizitätsRL). Die Mitgliedstaaten müssen jedoch außerdem die zusätzliche freiwillige Offenlegung in jeder Amtssprache der Union ermöglichen. Dabei können sie allerdings vorschreiben, dass die dazu erfolgten Übersetzungen beglaubigt werden (Art. 4 Abs. 2 Unterabs. 2 PublizitätsRL). Für die Zulassung weiterer Sprachen eröffnet Art. 4 Abs. 3 PublizitätsRL den Mitgliedstaaten ein Optionsrecht, von dem Deutschland in § 11 HGB für die Amtssprachen der übrigen Mitgliedstaaten Gebrauch gemacht hat.[152]

50 Ungeregelt ist allerdings die – mit Blick auf die Publizitätswirkungen (siehe unten Rn 61, 62 ff) durchaus wichtige – Frage geblieben, ob die Gesellschaft nachfolgende Änderungen auch zusätzlich in den Sprachen einer früheren freiwilligen Offenlegung vornehmen muss, um deren Publizitätswirkungen zu beseitigen.[153] Soweit dies in der Lehre mangels Zumutbarkeit und unter Hinweis auf das dann zu erwartende Leerlaufen der Regelung verneint wird,[154] ist freilich der Zweck der Offenlegung nicht richtig erkannt: Diese verlangt eine Fortschreibung des einmal eröffneten fremdsprachigen Rechtsverkehrs. Für das deutsche Recht erlauben §§ 9 Abs. 1 S. 3, 15 S. 1 HRV dem Register zudem die Reaktion auf spätere Veränderungen der deutschen Fassung: Frühere Eintragungen in anderen Sprachen sind dann so zu kennzeichnen, das deutlich wird, dass die Übersetzung nicht mehr dem aktuellen Stand der Registereintragung entspricht. Diese Kennzeichnung ist zu entfernen, sobald eine aktualisierte Übersetzung eingereicht wird.[155] Ungeklärt ist bislang, welche Publizitätswirkungen ein solcher Divergenzvermerk hat. Die Richtlinie sieht einen entsprechenden Vermerk nicht vor. Allerdings geben weder die PublizitätsRL noch die ZweigniederlassungsRL genau vor, wie das Verhältnis von Berichtigungen und unionsrechtlich gebotenen Publizitätswirkungen ist. Richtigerweise besteht hier ein – dem Zweck der Publizität konform zu füllender – Spielraum der Mitgliedstaaten. Folglich ist es unionsrechtlich zulässig, einem entsprechenden Vermerk den abstrakten Verkehrsschutz zerstörende Wirkungen zuzumessen. Er steht daher richtigerweise der Kenntnis von der Divergenz gleich. Die Wirkungen des Divergenzvermerks enden mit der Entfernung.[156]

---

149 EuGH Rs. C-97/96 (Daihatsu), Rn 20 ff; Baumbach/*Hopt*, § 9, Rn 1; *Grundmann*, Europäisches Gesellschaftsrecht, Rn 265.

150 BT-Drucks. V/3862, S. 10.

151 *Grundmann*, Europäisches Gesellschaftsrecht, Rn 265.

152 Schmidt-Kessel/Leutner/Müther/*Schmidt-Kessel*, HRegR, HGB § 11 Rn 6 (dort auch zur Frage der damit ermöglichten Nutzung von Regionalsprachen).

153 *Schemmann*, GPR 2003/04, 92, 94.

154 In diesem Sinne *Schemmann*, GPR 2003/04, 92, 94.

155 Schmidt-Kessel/Leutner/Müther/*Schmidt-Kessel*, HRegR, HGB § 11 Rn 8.

156 Schmidt-Kessel/Leutner/Müther/*Schmidt-Kessel*, HRegR, HGB § 11 Rn 17.

III. Publizität von Zweigniederlassungen (§§ 13d-13g HGB)

1. Allgemeine Fragen

Nicht in der allgemeinen PublizitätsRL sondern in der ZweigniederlassungsRL finden sich die Regeln über die für Zweigniederlassungen geltenden Publizitätsregeln. Zu deren Zielsetzungen[157] gehört es einerseits, die Publizität der betreffenden Gesellschaft in das Gastland zu tragen. Andererseits sollen die Bedingungen der Gründung einer Tochtergesellschaft und einer Zweigniederlassung einander angeglichen werden. Die damit verbundene Belastung der Errichtung von Zweigniederlassungen mit einem Registerzwang ist freilich Gegenstand rechtspolitischer Kritik. Mittelfristig ist daher angestrebt, an die Stelle der Kumulation der nationalen Registererfordernisse ein allgemeines Europäisches Handelsregister treten zu lassen.[158] 51

Bei der Bestimmung des Anwendungsbereichs der ZweigniederlassungsRL geht es zunächst um die betroffenen Kapitalgesellschaften. Erfasst werden nach Art. 1 Abs. 1 ZweigniederlassungsRL zunächst solche Gesellschaften im Sinne der PublizitätsRL, welche dem Recht eines Mitgliedstaats (oder eines EWR-Staats)[159] unterliegen und die in einem anderen Mitgliedstaat eine Zweigniederlassung errichten. Nach der Novelle der PublizitätsRL ist insoweit unmittelbar auf deren Art. 1 und die dort enthaltene Aufzählung abzustellen.[160] Anzuwenden ist die ZweigniederlassungsRL nach ihrem Art. 7 Abs. 1 außerdem auf Zweigniederlassungen vergleichbarer Gesellschaften aus Drittstaaten.[161] Die insoweit einschlägigen Art. 7-10 ZweigniederlassungsRL enthalten weitgehend identische Regeln wie Art. 1-6 ZweigniederlassungsRL für in der Union ansässige Gesellschaften. Einige Ausnahmen finden sich hinsichtlich der Gegenstände der Publizität. Anders als Art. 2 ZweigniederlassungsRL ist zudem der Katalog der Publizitätsgegenstände in Art. 8 ZweigniederlassungsRL nicht abschließend, sondern setzt für die Mitgliedstaaten nur einen Mindeststandard. Keine Anwendung findet die Richtlinie schließlich auf Zweigniederlassungen einer Gesellschaft in deren Herkunftsstaat, allerdings ist aus Art. 18 AEUV zu folgern, dass die Mitgliedstaaten hier ebenfalls einen Registerzwang anordnen müssen.[162] 52

Der Begriff der Zweigniederlassung ist weder primärrechtlich noch in der Richtlinie näher definiert. Er ist jedenfalls autonom zu bestimmen.[163] In der Literatur findet sich insoweit das auf die Entstehungsgeschichte der Richtlinie zurückgehende Plädoyer zur Übernahme des vom Gerichtshof zu Art. 5 Nr. 5 EuGVÜ entwickelten und auf Art. 5 Nr. 5 Brüssel I-VO zu übertragenden Begriffs.[164] Danach „ist mit dem Begriff der Zweigniederlassung [...] ein Mittelpunkt geschäftlicher Tätigkeit gemeint, der auf Dauer als Außenstelle eines Stammhauses hervortritt, eine Geschäftsführung hat und sachlich so ausgestattet ist, dass er in der Weise Geschäfte mit Dritten betreiben kann, dass diese, obgleich sie wissen, dass möglicherweise ein Rechtsverhältnis mit dem im Ausland ansässigen Stammhaus begründet wird, sich nicht unmittelbar an dieses zu wenden brauchen, sondern Geschäfte an dem Mittelpunkt geschäftlicher Tätigkeit abschließen können, der dessen Außenstelle ist."[165] Seit der *Centros*-Entscheidung des EuGH[166] steht außerdem fest, dass eine Zweigniederlassung jedenfalls im Sinne der Niederlassungsfreiheit nicht voraussetzt, dass die 53

157 Dazu *Grundmann*, Europäisches Gesellschaftsrecht, Rn 816.

158 Vgl KOM(2000) 56 endg. 13; *Seibert*, GmbHR 1992, 733, 739.

159 MüKo-HGB/*Krafka* § 13 d, Rn 6.

160 *Habersack/Verse*, Europäisches Gesellschaftsrecht, § 5 Rn 52. Der Gesetzgeber hat die aktualisierte Liste der Gesellschaftsformen aus der EinpersonenGRL hierher übertragen.

161 Zur Qualifikation s. Schmidt-Kessel/Leutner/Müther/*Schmidt-Kessel*, HRegR, HGB § 13 f Rn 9-14, 16 f, § 13 g Rn 7-11.

162 Richtig *Habersack/Verse*, Europäisches Gesellschaftsrecht, § 5 Rn 54.

163 *Habersack/Verse*, Europäisches Gesellschaftsrecht, § 5 Rn 56.

164 Dafür *Grundmann*, Europäisches Gesellschaftsrecht, Rn 825 und *Habersack/Verse*, Europäisches Gesellschaftsrecht, § 5 Rn 56.

165 EuGH, Rs. 33/78 (Somafer/Saar-Ferngas), Rn 12.

166 EuGH, Rs. C-212/97 (Centros).

Gesellschaft am Stammsitz Geschäftstätigkeit entfaltet.[167] Die Richtlinie – wie auch die deutsche Umsetzung in §§ 13 d ff HGB – erfasst damit auch inländische Gesellschaften ausländischen Rechts.[168]

2. Gegenstände der Publizität

54 Die Gegenstände der Publizität sind in Art. 2, 8 ZweigniederlassungsRL aufgelistet. Teilweise sind sie für die Mitgliedstaaten zwingend vorgeschrieben. Diese zwingenden Angaben betreffen einerseits die Gesellschaft selbst, wobei sie für Gesellschaften aus Drittstaaten umfangreicher ausfallen: Anzugeben sind die Registerdaten der Gesellschaft (Art. 2 lit. c, 8 lit. d), die Rechtsform und die Firma[169] (Art. 2 lit. d, 8 lit. f und g), die organschaftlichen Vertreter der Gesellschaft (Art. 2 lit. e, 8 lit. h),[170] gegebenenfalls Informationen über eine Liquidation der Gesellschaft, über die bestellten Liquidatoren sowie über ein eingeleitetes Insolvenzverfahren (Art. 2 lit. f, 8 lit. i) und schließlich näher bestimmte Unterlagen der Rechnungslegung (Art. 2 lit. g, 8 lit. j). Für Gesellschaften aus Drittstaaten sind nach Art. 8 ZweigniederlassungsRL als weitere Grunddaten über die Gesellschaft das auf sie anwendbare Recht, der Errichtungsakt und die Satzung (lit. c und e), Sitz, Gegenstand und gezeichnetes Kapital der Gesellschaft (lit. f), der Umfang der organschaftlichen Vertretungsbefugnisse (lit. h) sowie gegebenenfalls zusätzlich Unterlagen der Rechnungslegung (lit. j iVm Art. 9) mitzuteilen.

55 Homogener sind hingegen die erforderlichen Angaben über die Zweigniederlassung. Erforderlich sind insoweit Angaben zu Anschrift und Tätigkeit der Zweigniederlassung (Art. 2 lit. a und b, 8 lit. a und b), die Firma der Zweigniederlassung sowie ein ständiger Vertreter für diese samt Mitteilung seiner Befugnisse (Art. 2 lit. e, 8 lit. h) sowie schließlich die Aufhebung der Zweigniederlassung. Wegen der in Art. 2 Abs. 1 ZweigniederlassungsRL vorgenommenen Vollharmonisierung sind die Mitgliedstaaten daran gehindert, Angaben über weitere Gegenstände zu verlangen, soweit nicht die Richtlinie selbst ihnen Optionen einräumt. Dies geschieht für eine begrenzte Zahl möglicher weiterer Angaben über die ausländische Gesellschaft und die Zweigniederlassung in Art. 2 Abs. 2 lit. a-d ZweigniederlassungsRL (Hinterlegung von Unterschriften der Vertretungsberechtigten, Errichtungsakt, Nachweis über das Bestehen der Gesellschaft durch Bescheinigung des Heimatregisters und Angaben zu Sicherheiten, deren Bestand eine Registereintragung voraussetzt). Hingegen begründet Art. 8 ZweigniederlassungsRL für Zweigniederlassungen von Kapitalgesellschaften aus Drittstaaten hinsichtlich der erfassten Publizitätsgegenstände nur einen Mindeststandard („mindestens“), über den die Mitgliedstaaten ohne weiteres hinausgehen können.[171]

56 Hinsichtlich der Firma der Zweigniederlassung ist die Frage umstritten, wie weit die Prüfungsbefugnis des Registergerichts reicht: Auf diese verfahrensrechtliche Frage ist deutsches Recht anzuwenden.[172] Materiell-rechtlicher Ausgangspunkt für Unternehmen aus den Mitgliedstaaten ist dabei die sekundäre Niederlassungsfreiheit, wonach das ausländische Unternehmen seine Firma grundsätzlich auch im Inland führen darf (siehe unten Rn 87). Damit begegnet zunächst die Auffassung Bedenken, wonach die Zweigniederlassung des ausländischen Unternehmens immer einen Firmenzusatz führen muss, welcher auf die Zweigstelleneigenschaft und die ausländische Rechtsträgerschaft hinweist.[173] Allerdings kann ein solcher Zusatz gefordert sein, um die erhebliche Gefahr

---

167 *Habersack/Verse*, Europäisches Gesellschaftsrecht, § 5 Rn 56; MüKo-HGB/*Krafka* § 13, Rn 4 a, § 13 d, Rn 12.

168 Schmidt-Kessel/Leutner/Müther/*Schmidt-Kessel*, HRegR, HGB § 13 d Rn 81, § 13 e Rn 28-30.

169 Die Firma ist ggf zu transkribieren: MüKo-HGB/*Krafka* § 13 d, Rn 19.

170 Es geht insoweit um die Organwalter nach dem ausdrücklich in Bezug genommenen Art. 2 Abs. 1 lit. d PublizitätsRL und nicht etwa um sonstige gewillkürte Vertreter; anders, jedoch ohne Begründung *Zib*, in: Knechtel/Reichelt/Zib, S. 11, 29.

171 *Grundmann*, Europäisches Gesellschaftsrecht, Rn 832; *Habersack/Verse*, Europäisches Gesellschaftsrecht, § 5 Rn 51.

172 *Kegel/Schurig*, IPR, § 17 IV 3; Schmidt-Kessel/Leutner/Müther/*Schmidt-Kessel*, HRegR, HGB § 13 d Rn 95.

173 Wie hier MüKo-HGB/*Krafka* § 13 d, Rn 20. Anders die wohl bislang noch herrschende Auffassung: BT-Drucks. 12/3908, S. 15; Baumbach/*Hopt*, HGB, § 13 d, Rn 4.

einer Irreführung zu bannen.[174] Hingegen steht dem Registergericht eine uneingeschränkte Anwendung von § 18 Abs. 2 HGB im Sinne der bisherigen deutschen Rechtsprechung (siehe unten Rn 88) nicht zu.[175] Zu weiteren unionsrechtskonformen Beschränkungen siehe unten Rn 85 ff.

Soweit in Art. 2 lit. e, 8 lit. h ZweigniederlassungsRL für die Zweigniederlassung die Angabe eines ständigen Vertreters, regelmäßig eines Filialprokuristen,[176] vorgeschrieben ist, ist für die deutsche Umsetzung in § 13e Abs. 2 S. 4 Nr. 3 HGB umstritten, ob ein solcher Vertreter Prokurist iSv §§ 48 ff HGB sein muss oder ob auch ein Handlungsbevollmächtigter iSv § 54 HGB genügt.[177] Diese Frage ist in der Tat klärungsbedürftig, weil die auf eine Zweigniederlassung bezogene Vertretungsbefugnis von solchen ständigen kaufmännischen Hilfspersonen unbeschadet Art. 12 EGBGB nicht dem Gesellschaftsstatut, sondern dem Recht der betreffenden Zweigniederlassung, im Anwendungsbereich der §§ 13d ff HGB also deutschem Recht und damit auch den deutschen Typen der rechtsgeschäftlichen Vertretung folgt.[178] Nach der Begründung des Regierungsentwurfs ging es bei der Formulierung von § 13e Abs. 2 S. 4 Nr. 3 HGB gerade darum, dass auch Handlungsbevollmächtigte zum Handelsregister eingetragen werden sollten.[179] Der im Gesetzestext enthaltene Verweis auf die Befugnis zur gerichtlichen Vertretung wurde eingefügt, um den Kreis der eintragungsfähigen Handlungsbevollmächtigten auf solche zu reduzieren, welche über eine entsprechende zusätzliche Ermächtigung nach § 54 Abs. 2 HGB verfügen.[180] Den unionsrechtlichen Vorgaben entsprechen freilich beide Auffassungen nicht: Zunächst gestatten Art. 2 lit. e, 8 lit. h ZweigniederlassungsRL der ausländischen Gesellschaft die Bestellung eines Vertreters, welcher nicht mit den weitreichenden und weitgehend unbeschneidbaren Befugnissen eines Prokuristen ausgestattet ist.[181] Das ergibt sich bereits aus der Vorgabe, dass die Befugnisse des ständigen Vertreters gesondert anzugeben sind.[182] Dass damit nicht nur die Frage einer Gesamt- oder Einzelvertretung gemeint sein kann, zeigt die differenziertere Formulierung in Art. 8 lit. h S. 2 ZweigniederlassungsRL, wo außer auf jene Frage auch auf den Umfang der Vertretungsmacht verwiesen wird. Auch wenn die Richtlinie damit gerade keinerlei gesetzliche Formalisierung der Stellung des ständigen Vertreters vorsieht,[183] verlangt sie jedenfalls substantielle Befugnisse des Vertreters und die Dauerhaftigkeit seiner Stellung.[184] Die Fähigkeit zur gerichtlichen Vertretung verlangt die Richtlinie hingegen nicht ausdrücklich und – soweit es nicht um die Anmeldung zum Handelsregister selbst geht – auch nicht ihrem Zweck nach.[185] § 13e Abs. 2 S. 4 Nr. 3 HGB ist daher richtlinienkonform dahingehend auszulegen, dass die nur außergerichtliche Vertretungsbefugnis eines Handlungsbevollmächtigten genügt.[186] Das deutsche Registergericht darf die Eintragung wegen des Fehlens der gerichtlichen Vertretungsbefugnis daher nicht zurückweisen. Erforderlich ist allerdings, dass die bestehenden Befugnisse des ständigen Vertreters hinreichend ausführlich und präzise wiedergegeben werden. 57

174 S. zu Einzelheiten MüKo-HGB/*Krafka* § 13d, Rn 21.

175 Richtig MüKo-HGB/*Krafka* § 13d, Rn 20. Zu weiteren Einzelheiten Schmidt-Kessel/Leutner/Müther/*Schmidt-Kessel*, HRegR, HGB § 13d Rn 95-98.

176 Auf diese Figur ist die Regelung jedenfalls zugeschnitten: *Zib*, in: Knechtel/Reichelt/Zib, S. 11, 29.

177 Für die Beschränkung auf Prokuristen Baumbach/*Hopt*, HGB, § 13e, Rn 3; anders die wohl überwiegende Auffassung: MüKo-HGB/*Krafka* § 13e, Rn 14 sowie Schmidt-Kessel/Leutner/Müther/*Schmidt-Kessel*, HRegR, HGB § 13e Rn 55 f jeweils mwN.

178 Insoweit besteht wohl Einigkeit: BGHZ 43, 21, 26; *Kegel/Schurig*, IPR, § 17 V 2a; *Kropholler*, Internationales Privatrecht, S. 302; MüKo-HGB/*Krafka* § 13d, Rn 17.

179 BT-Drucks. 13/3908, S. 16.

180 *Plesse*, DStR 1993, 133; *Seibert*, GmbHR 1992, 738, 740.

181 AA ohne Begründung Baumbach/*Hopt*, HGB, § 13e, Rn 3.

182 *Zib*, in: Knechtel/Reichelt/Zib, S. 11, 29. Vgl *Habersack/Verse*, Europäisches Gesellschaftsrecht, § 5 Rn 59.

183 *Zib*, in: Knechtel/Reichelt/Zib, S. 11, 29.

184 Ähnlich *Habersack*, Europäisches Gesellschaftsrecht, Rn 130.

185 Anders nunmehr unter Verweis auf den Eingangssatz von Art. 2 Abs. 1 lit. e *Habersack/Verse*, Europäisches Gesellschaftsrecht, § 5 Rn 59.

186 Schmidt-Kessel/Leutner/Müther/*Schmidt-Kessel*, HRegR, HGB § 13e Rn 55.

58 Schwierigkeiten bereitet die korrekte Eintragung des Umfangs der Vertretungsmacht des organschaftlichen Vertreters der die Zweigniederlassung begründenden Gesellschaft in das deutsche Handelsregister. Das gilt insbesondere für die korrekte Eintragung von Befreiungen vom Verbot des Selbstkontrahierens bei britischen *private limited companies*.[187] Die Vertretungsmacht der Organe richtet sich selbstverständlich (auch) insoweit nach dem Gesellschaftsstatut,[188] so dass ihr Umfang dem jeweiligen Heimatrecht der Gesellschaft unterliegt.[189] Eine schlichte registerrechtliche „Übersetzung“, etwa von Befreiungen vom Verbot des Selbstkontrahierens in den Eintrag, dass der Geschäftsführer von den Beschränkungen des § 181 BGB befreit ist,[190] gibt daher die tatsächlichen Verhältnisse nicht wieder und darf daher – auch nach unionsrechtlichen Maßstäben (siehe oben Rn 45) – nicht erfolgen.[191] Die Zwecke der Offenlegung verlangen stattdessen eine – hinreichend ausführliche wie präzise – Darstellung der bestehenden Beschränkungen der Vertretungsbefugnis nach dem Gesellschaftsstatut.[192] Für die ständigen Vertreter der Zweigniederlassung besteht dieses Problem so nicht, weil sich deren Vertretungsmacht ohnehin nach dem Recht am Ort der Niederlassung richtet (siehe oben Rn 52) und es insoweit beim deutschen Handelsregister auch zur Anwendung deutschen Rechts kommt.[193]

59 Sonderregeln enthält die Richtlinie für die Publizität des Errichtungsakts und – hier nicht weiter zu behandeln – für die auf die Zweigniederlassung bezogenen Unterlagen der Rechnungslegung.[194] Vor allem kann nach Art. 4 ZweigniederlassungsRL vom Errichtungsakt der Gesellschaft, soweit ein Mitgliedsstaat dessen Offenlegung nach Art. 2 Abs. 2 lit. b ZweigniederlassungsRL vorschreibt, im Staat der Zweigniederlassung eine – ggf zu beglaubigende – Übersetzung gefordert werden. Bestehen in einem Mitgliedstaat mehrere Zweigstellen einer Gesellschaft, kann nach Art. 5 ZweigniederlassungsRL die Offenlegung des Errichtungsakts auf ein Register beschränkt werden und im Übrigen ein Verweis erfolgen. Entsprechendes ergibt sich für Gesellschaften aus Drittstaaten jeweils aus Art. 9 Abs. 2 ZweigniederlassungsRL.[195]

3. Publizitätsmittel

60 Für die vorzusehenden Publizitätsmittel verweisen Art. 1 Abs. 1, 6, 7 Abs. 1 ZweigniederlassungsRL auf Art. 3, 5 der PublizitätsRL. Die Formalitäten der Offenlegung bestehen daher aus Registereintrag (Art. 3 Abs. 1, Abs. 3 PublizitätsRL) und Bekanntmachung (Art. 3 Abs. 5 PublizitätsRL). Daneben stehen als sonstige Publizitätsmittel der Registerauszug (Art. 3 Abs. 4 PublizitätsRL) und die Pflicht zu Angaben auf Geschäftsbriefen (Art. 1 Abs. 1, 6, 7 Abs. 1, 10 ZweigniederlassungsRL mit impliziten Verweis auf Art. 5 PublizitätsRL) zur Verfügung.

4. Besondere Publizitätswirkungen

61 Die Publizitätswirkungen der Offenlegung nach der ZweigniederlassungsRL entsprechen im Wesentlichen denjenigen nach der PublizitätsRL (dazu sogleich Rn 62 ff).[196] Für das Verhältnis zwischen Sitzstaat und Staat der Zweigniederlassung enthalten Art. 1 Abs. 2, 7 Abs. 2 ZweigniederlassungsRL jedoch eine ergänzende Regel: Weichen die Offenlegungen im Sitzstaat und im Staat der Zweigniederlassung voneinander ab, ist im Geschäftsverkehr mit der Zweigniederlassung deren Eintragung maßgebend. § 15 Abs. 4 S. 1 HGB setzt dies mit der Abweichung um, dass die Eintra-

187 Vgl zu Einzelheiten des englischen Rechts *Wachter*, NZG 2005, 338-341.
188 Statt aller *Kropholler*, Internationales Privatrecht, S. 567.
189 OLG München, NJW-RR 2005, 1487.
190 So etwa LG Freiburg, NZG 2004, 1170; LG Ravensburg, GmbHR 2005, 489, 490; LG Augsburg, NZG 2005, 356; LG Chemnitz, NZG 2005, 760.
191 In diesem Sinne nunmehr – ohne Bezugnahme auf das Gemeinschaftsrecht – auch OLG München, NJW-RR 2005, 1487; ebenso LG Leipzig, NZG 2005, 759.
192 *Schall*, NZG 2006, 54; Schmidt-Kessel/Leutner/Müther/*Schmidt-Kessel*, HRegR, HGB § 13 g Rn 29.
193 Schmidt-Kessel/Leutner/Müther/*Schmidt-Kessel*, HRegR, HGB § 13 e Rn 61.
194 Zu Einzelheiten im letzteren Fall *Grundmann*, Europäisches Gesellschaftsrecht, Rn 830.
195 Die Notwendigkeit der Offenlegung des Errichtungsakts ist freilich nach Art. 8 lit. e ZweigniederlassungsRL zwingend.
196 *Grundmann*, Europäisches Gesellschaftsrecht, Rn 828. Offenbar übersehen von *Plesse*, DStR 1993, 133.

gung der Zweigniederlassung generell – und damit nicht nur im Falle der Divergenz von der Hauptniederlassung – für den Geschäftsverkehr mit der Zweigniederlassung maßgebend ist. Diese Abweichung kann zu unterschiedlichen Ergebnissen führen, wenn in Fällen von gleichermaßen fehlerhaften Bekanntmachungen für Haupt- und Zweigniederlassung ein Dritter Kenntnis nur von der Eintragung bei der Hauptniederlassung hat. Die Richtlinien schließen eine positive Publizität in diesem Falle aus. Nach deutschem Recht gelänge dies nur bei einer entsprechend weiten Auslegung von § 15 Abs. 3 HGB, welche die Kenntnis der Divergenz zur Eintragung der Hauptniederlassung der Kenntnis von der Unrichtigkeit gleichsetzte.

IV. Publizitätswirkungen (§ 15 HGB)

Die für das deutsche Recht in § 15 HGB niedergelegten Wirkungen der Registerpublizität finden ihre unionsrechtliche Basis in der PublizitätsRL und zwar in Art. 3 Abs. 6 u. 7, 4 Abs. 4 PublizitätsRL für die allgemeinen Regeln, in Art. 9 PublizitätsRL für die organschaftliche Vertretungsbefugnis sowie in Art. 1, 2, 7, 8 ZweigniederlassungsRL für die Publizität der Zweigniederlassung. Vor allem die beiden letzteren Bindungen werden in der deutschen Literatur nicht selten übersehen. In allen Fällen erstrecken sich die Publizitätswirkungen seit der Novelle der PublizitätsRL von 2003 auch auf das elektronische Handelsregister.[197] Die Neufassung der PublizitätsRL hat daran nichts geändert. Bei der Registerpublizität handelt es sich damit um ein Grundprinzip des Unionsrechts.[198] 62

Die unionsrechtlich begründeten Wirkungen der Registerpublizität folgen einer Reihe von Grundprinzipien, welche sich aus den verschiedenen Vorgaben in Art. 3 Abs. 6 u. 7, 4 Abs. 4, 9 PublizitätsRL und Art. 1, 2, 7, 8 ZweigniederlassungsRL ableiten lassen: 63

(1) Zunächst einmal kann sich ein Dritter auf die tatsächliche Sachlage immer berufen (Art. 3 Abs. 7 Unterabs. 3 PublizitätsRL).[199] Bei fehlenden konstitutiven Eintragungen ist freilich zu beachten, dass das Fehlen der Offenlegung zu einer Rechtslage führt, welche dem Register entspricht.
(2) Ordnungsgemäß offen gelegte Tatsachen können dem Dritten unabhängig von dessen Kenntnis entgegengehalten werden („*constructive knowledge*“; Umkehrschluss aus Art. 3 Abs. 6 PublizitätsRL);[200] für Vorgänge innerhalb der ersten 15 Tage nach der Offenlegung steht dem Dritten jedoch der Beweis offen, dass es ihm unmöglich war, den Registerinhalt zu kennen.[201]
(3) Umgekehrt können eintragungspflichtige Tatsachen Dritten nur entgegengehalten werden, wenn die Formalitäten der Offenlegung erfüllt sind (Art. 3 Abs. 6, Abs. 7 Unterabs. 2 Hs 1, 9 PublizitätsRL).
(4) Fehler bei den Formalitäten der Offenlegung gehen grundsätzlich zulasten der Gesellschaft (Art. 3 Abs. 7 Unterabs. 2, Art. 4 Abs. 4 PublizitätsRL), weil diese über die besseren Kontroll- und Korrekturmöglichkeiten verfügt.[202]
(5) Bei Kenntnis des Dritten von der wahren Sachlage ist der Schutz des Rechtsverkehrs nicht erforderlich. Daher kann dieser sich dann nicht auf eine von der tatsächlichen Sachlage abweichende Offenlegung berufen (siehe Rn 61, 65 ff und 68 ff).[203]

Die Regeln der PublizitätsRL zu den Publizitätswirkungen gelten auch für die Offenlegung von Zweigniederlassungen. Dies vermitteln die Art. 1, 2, 7, 8 ZweigniederlassungsRL. Insbesondere verweisen Art. 1 Abs. 1, 7 Abs. 1 dieser Richtlinie auf Art. 3 PublizitätsRL insgesamt; dadurch finden Art. 3 Abs. 6 u. 7 PublizitätsRL auch auf die nach Art. 2, 8 ZweigniederlassungsRL offen zu 64

197 *Schemmann*, GPR 2003/04, 92, 93.
198 OLG Düsseldorf, NJOZ 2012, 1930 Rn 51.
199 Zur dogmatischen Begründung dieser Regel aus dem Verkehrsschutzgedanken s. *Merkt*, Unternehmenspublizität, S. 241.
200 *Grundmann*, Europäisches Gesellschaftsrecht, Rn 273 f.
201 Zur Umsetzung in § 15 Abs. 2 HGB s. BT-Drucks. V/3862, S. 10.
202 *Grundmann*, Europäisches Gesellschaftsrecht, Rn 271.
203 Zur dogmatischen Begründung dieser Regel wiederum *Merkt*, Unternehmenspublizität, S. 241.

legenden Tatsachen Anwendung, soweit es um den Geschäftsverkehr mit der Zweigniederlassung geht. Richtigerweise gilt das auch für Regelung der Publizitätswirkungen freiwilliger Übersetzungen in Art. 4 Abs. 4 PublizitätsRL; die bei den Novellen der PublizitätsRL nicht geänderte ZweigniederlassungsRL konnte diese 2003 neu eingefügte und 2009 nur umnummerierte neue Vorschrift noch nicht in Bezug nehmen, der Zweck der Registerpublizität verlangt aber nach ihrer Einbeziehung. Art. 1 Abs. 2, 7 Abs. 2 ZweigniederlassungsRL verdeutlichen die Anwendbarkeit der allgemeinen Publizitätswirkungen zusätzlich dadurch, dass sie den Konflikt zwischen Inhalten der Offenlegung bei der Gesellschaft und bei der Zweigniederlassung zugunsten letzterer entscheiden. Zur Anwendbarkeit von Art. 9 PublizitätsRL auf die vertretungsberechtigten Personen nach Art. 2 Abs. 1 lit. e, 8 lit. h Spiegelstrich 2 ZweigniederlassungsRL siehe unten Rn 74.

1. Negative Publizität des Registers

65 Die Richtlinie verlangt von den Mitgliedstaaten in Art. 3 Abs. 6 PublizitätsRL die Begründung einer negativen Publizität des Handelsregisters. Diese greift ein, wenn und solange für eine eintragungspflichtige Tatsache die Formalien der Offenlegung, also die Eintragung und die Bekanntmachung,[204] nicht erfüllt sind. Art. 3 Abs. 6 Unterabs. 2 PublizitätsRL lässt zudem die Wirkungen der Offenlegung erst ab dem 16. Tag nach der Offenlegung eintreten. Der Eintragungspflichtige, also die betreffende Kapitalgesellschaft, kann sich – richtigerweise auch im Falle der fehlenden Voreintragung[205] – auf die betreffende Tatsache gegenüber Dritten grundsätzlich nicht berufen und zwar unabhängig davon, ob ihm das Unterbleiben der Offenlegung zuzurechnen ist.[206] Das gilt freilich nicht, soweit ein betroffener Dritter die Tatsache kennt. Vor Bekanntmachung kann diese Kenntnis etwa von der Vorlage eines Registerauszugs oder einer Einsichtnahme in das Register herrühren. Hingegen dürften schlichte Angaben auf dem Geschäftsbrief für sich allein wohl kaum ausreichen, um die erforderliche positive Kenntnis zu begründen.[207] Die Umsetzung dieser Vorgaben erfolgt durch § 15 Abs. 1 HGB.[208]

66 Gemäß Art. 1 Abs. 1, 7 Abs. 1 ZweigniederlassungsRL erfolgt die Offenlegung der für die Zweigniederlassung offen zu legenden Urkunden und Angaben nach dem Recht des Staates der Zweigniederlassung im Einklang mit Art. 3 der PublizitätsRL. Dadurch gelangt auch Art. 3 Abs. 6 PublizitätsRL zur Anwendung, womit auch die der Offenlegung unterliegenden Urkunden und Angaben der Zweigniederlassung an der negativen Publizität des Handelsregisters teilhaben. Sofern es an der ordnungsgemäßen Offenlegung fehlt, können die betreffenden Angaben Dritten von der betreffenden Gesellschaft nicht entgegengehalten werden, soweit es um die Zweigstelle geht. Im Falle des Konflikts mit der Offenlegung im Heimatstaat, geht nach Art. 1 Abs. 2, 7 Abs. 2 ZweigniederlassungsRL – für die Zweigniederlassung – diejenige Offenlegung vor, welche im Zweigniederlassungsstaat erfolgt. Die fehlende Offenlegung des Ausscheidens eines Organmitglieds der Gesellschaft im Zweigniederlassungsstaat (vgl Art. 2 Abs. 1 lit. e, 8 h ZweigniederlassungsRL) kann also unter Umständen selbst dann noch zur Verpflichtung der Gesellschaft führen, wenn das Ausscheiden im Sitzstaat offen gelegt ist; das betreffende Geschäft und damit das Handeln des früheren Organmitglieds muss lediglich dem „Geschäftsverkehr mit der Zweigniederlassung" zuzurechnen sein. Allerdings ist zu bedenken, dass auch für die negative Publizität der Offenlegung in den Fällen der Art. 1 Abs. 1, 7 Abs. 1 ZweigniederlassungsRL der Ausschluss bei Kenntnis nach Art. 3 Abs. 6 PublizitätsRL gilt. Diese kann sich freilich nicht allein aus einer Differenz zwischen Heimatregister und Zweigniederlassungsregister ergeben (*argumentum ex* Art. 1 Abs. 2, 7 Abs. 2 ZweigniederlassungsRL).

---

204 *Zib*, in: Knechtel/Reichelt/Zib, S. 11, 37.
205 Wie hier MüKo-HGB/*Krebs* § 15, Rn 36.
206 So ausdrücklich für die RL *Zib*, in: Knechtel/Reichelt/Zib, S. 11, 37.
207 Missverständlich insoweit *Grundmann*, Europäisches Gesellschaftsrecht, Rn 275.
208 OLG Düsseldorf, NJOZ 2012, 1930 Rn 51.

2. Positive Publizität des Registers

Für bestimmte Fälle verlangen Art. 3 Abs. 7 Unterabs. 2, 9 PublizitätsRL sowie Art. 1, 7 ZweigniederlassungsRL von den Mitgliedstaaten außerdem die Begründung einer positiven Publizität des Handelsregisters. Diese betrifft Situationen, in welchen die Formalien der Offenlegung zwar grundsätzlich erfüllt sind, der offen gelegte Sachverhalt jedoch nicht zutrifft. Soweit dem Register auf diese Weise positive Publizitätswirkungen zukommen, kann sich ein Dritter auf den – unrichtigen – Registerinhalt berufen. Fälle positiver Publizität können sich auch daraus ergeben, dass verschiedene Publizitätsmittel inhaltlich divergieren; in diesem Falle stellt sich zusätzlich die Frage, welchem der betreffenden Publizitätsmittel diese Wirkung zukommt. Die deutsche Umsetzung der Vorgaben zur positiven Publizität des Handelsregisters erfolgt durch § 15 Abs. 3 HGB.[209] 67

a) Ausdrückliche Anordnungen positiver Publizität

Für die PublizitätsRL regelt Art. 3 Abs. 7 Unterabs. 2 einen Grundfall positiver Publizität, nämlich die Divergenz zwischen Registerinhalt und Bekanntmachung. Rechtsfolge dieser Divergenz ist dabei nicht nur, dass der Text der Bekanntmachung dem Dritten nach Art. 3 Abs. 7 Unterabs. 2 Hs 1 PublizitätsRL nicht entgegen gehalten werden kann. Vielmehr – und hierin erst liegt die Anordnung positiver Publizität – kann sich der Dritte nach Art. 3 Abs. 7 Unterabs. 2 Hs 2 PublizitätsRL sogar auf den bekannt gemachten Text berufen. Das gilt freilich jeweils nicht, wenn der Dritte Kenntnis vom Eintrag im Register hatte (Art. 3 Abs. 7 Unterabs. 2 Hs 2 aE PublizitätsRL). Im letzteren Fall ist er nämlich nicht schutzwürdig. Dementsprechend schadet dem Dritten nicht nur die Kenntnis von einem zutreffenden Registerinhalt, sondern auch diejenige von einem anderweitig unrichtigen; entscheidend ist die das Vertrauen zerstörende Divergenz. Beide Fälle sind freilich im Wortlaut von § 15 Abs. 3 HGB nicht hinreichend abgebildet: Kenntnis von der Divergenz zwischen Registerinhalt und Bekanntmachung ist keine Kenntnis von der Unrichtigkeit der Bekanntmachung.[210] Eine teleologische Reduktion der Vorschrift[211] löst das Problem jedoch nur punktuell und lässt die weiteren Fälle, in welchen Verkehrsschutz gewährleistet, bei Kenntnis jedoch ausgeschlossen ist (siehe Rn 73 und 77 f), unberücksichtigt. Für die hier zu behandelnde Konstellation bleibt daher nur die Lösung, die Kenntnis der Divergenz der Kenntnis der Unrichtigkeit gleichzustellen.[212] 68

Anders als Art. 3 Abs. 6 PublizitätsRL enthält Abs. 7 Unterabs. 2 hingegen keine explizite Ausnahme von den Publizitätswirkungen für den Fall der Kenntnis von der Unrichtigkeit der Bekanntmachung als solche. Insoweit unterscheidet sich die Regelung auch vom Wortlaut des § 15 Abs. 3 HGB, wonach die Kenntnis der Unrichtigkeit schadet. Daher ist zu fragen, ob die positive Kenntnis von der Unrichtigkeit der Bekanntmachung unabhängig davon schadet, ob der Dritte vom Registerinhalt überhaupt Kenntnis hat. Richtigerweise ist dies zu bejahen: Andernfalls wirkte die – unrichtige – Offenlegung konstitutiv, was nicht dem Richtlinienzweck entspricht. Nicht ausreichend für eine Kenntnis von der Unrichtigkeit ist allerdings die Kenntnis von einer Übersetzung, welche den korrekten Inhalt wiedergibt; diese kann nach Art. 4 Abs. 4 Hs 1 PublizitätsRL einem Dritten nämlich nicht entgegengehalten werden.[213] Im Einzelfall wird freilich das Verschließen der Augen vor der inneren Widersprüchlichkeit der Offenlegung eine Berufung auf diese ausschließen können. 69

Betrifft die Divergenz zwischen Registerinhalt und Bekanntmachung nicht die Gesellschaft als solche, sondern eine Zweigniederlassung, so greift kraft der Verweisung in Art. 1 Abs. 1, 7 Abs. 1 ZweigniederlassungsRL die positive Publizität nach Art. 3 Abs. 7 Unterabs. 2 Hs 2 PublizitätsRL für den Geschäftsverkehr mit der Zweigniederlassung ein. Auch hier schadet dem Dritten, welcher sich auf den Inhalt der Bekanntmachung beruft, die Kenntnis vom – richtigen oder unrich- 70

209 Allg. Auffassung, etwa *Schemmann*, GPR 2003/04, 92, sowie OLG Düsseldorf, NJOZ 2012, 1930 Rn 51.
210 MüKo-HGB/*Krebs* § 15, Rn 94.
211 So der Vorschlag von MüKo-HGB/*Krebs* § 15, Rn 94.
212 Schmidt-Kessel/Leutner/Müther/*Schmidt-Kessel/Kopp*, HRegR, HGB § 15 Rn 71.
213 Treffender Hinweis bei *Schemmann*, GPR 2003/04, 92, 94.

tigen – abweichenden Registerinhalt; hingegen zeigen Art. 1 Abs. 2, 7 Abs. 2 ZweigniederlassungsRL auch hier, dass die Kenntnis vom abweichenden Inhalt der Offenlegung beim Heimatregister unschädlich ist.

71 Fraglich erscheint, ob Art. 3 Abs. 7 Unterabs. 2 PublizitätsRL es zulässt, dass im deutschen Recht für die positive Publizität als zusätzliche Voraussetzung die Zurechenbarkeit der Offenlegungsakte im Sinne eines Veranlassungsprinzips gefordert wird.[214] Der Wortlaut der Richtlinie bietet dafür keine Basis.[215] Der Zweck der Richtlinie, der Dritt- und Verkehrsschutz[216] und zwar gerade im grenzüberschreitenden Verkehr,[217] steht einer zusätzlichen Voraussetzung nach Art des Veranlassungsprinzips ebenfalls entgegen.[218] Für die rechtspolitische Bewertung ist zudem zu bedenken, dass die betroffene Gesellschaft die Richtigkeit der Offenlegung besser überwachen kann als jeder andere Akteur und ihr auch aus diesem Grunde der Rückgriff gegen den Urheber der Unrichtigkeit der Bekanntgabe leichter möglich sein wird als Dritten.[219] Eine richtlinienkonforme Auslegung von § 15 Abs. 3 HGB gebietet also das Absehen vom Veranlassungsprinzip.[220] Dass sich die Vorschrift damit nicht mehr auf der Basis der klassischen Rechtsscheindogmatik erklären lässt,[221] ist unschädlich: Geschützt wird nämlich nicht das Vertrauen des Einzelnen, sondern die Sicherheit des Rechtsverkehrs.[222]

72 Die überschießende Umsetzung von Art. 3 Abs. 7 Unterabs. 2 PublizitätsRL für alle Kaufleute[223] begründet aber zusätzlich die Frage danach, ob eine derartige zusätzliche Voraussetzung der positiven Publizität außerhalb des Anwendungsbereichs der Richtlinie – also vor allem für Einzelkaufleute, Personengesellschaften oder die Prokura – möglich ist.[224] Im Blick auf die umsetzungsrechtlich erforderliche Normtransparenz steht dem freilich richtigerweise das Gebot einer einheitlichen Auslegung der Norm entgegen. Hinzu kommt, dass aus der Sicht des deutschen Rechts kein Grund für eine Übertragung der allgemeinen Regeln einer Vertrauenshaftung auf den gesetzlich geregelten Tatbestand zu erkennen ist,[225] zumal dieser Regelung bewusst kein zusätzliches Erfordernis der Veranlassung beigefügt wurde.[226]

73 Einen Sonderfall positiver Publizität, der im deutschen Recht nicht Gegenstand gesonderter Umsetzung ist, regelt Art. 9 PublizitätsRL.[227] Die Vorschrift betrifft Personen, die als Organe zur Vertretung der Gesellschaft befugt wären, deren Bestellung jedoch – nach dem anwendbaren Gesellschaftsstatut[228] – an einem Mangel leidet. Werden hinsichtlich solcher Organe oder Organmitglie-

---

214 Dafür: Baumbach/*Hopt*, § 15, Rn 19; *Beuthien* in: FS Reinhardt 1972, S. 199, 202-204; *Habersack/Verse*, Europäisches Gesellschaftsrecht, § 5 Rn 24; *Lutter*, EuR 1969, 1, 13-16; *Schwarz*, Europäisches Gesellschaftsrecht, Rn 321; *Lutter/Bayer/Schmidt*, § 19 Rn 52. Dagegen: *Grundmann*, Europäisches Gesellschaftsrecht, Rn 278; MüKo-HGB/*Krebs*, § 15 Rn 83 ff; *Riehm*, Handelsrecht, Rn 30; Schmidt-Kessel/Leutner/Müther/*Schmidt-Kessel/Kopp*, HRegR, HGB § 15 Rn 65;in diesem Sinne jetzt auch OLG Düsseldorf, NJOZ 2012, 1930 Rn 52. Auf die Notwendigkeit einer Entscheidung des EuGH verweisend *Canaris*, Handelsrecht, § 6 Rn 53.

215 Auf die Notwendigkeit einer Entscheidung des EuGH verweisend *Canaris*, Handelsrecht, § 6 Rn 53. *Riehm*, Handelsrecht, Rn 30; *Schmidt-Kessel*, GPR 2006, 6, 14.

216 *Grundmann*, Europäisches Gesellschaftsrecht, Rn 278; MüKo-HGB/*Krebs* § 15, Rn 10-12.

217 *Riehm*, Handelsrecht, Rn 30.

218 AA offenbar *Zib*, in: Knechtel/Reichelt/Zib, S. 11, 38, jedoch ohne nähere Begründung.

219 *Grundmann*, Europäisches Gesellschaftsrecht, Rn 278; *Riehm*, Handelsrecht, Rn 30.

220 In diesem Sinne bereits der Regierungsentwurf: BT-Drucks. V/3862, S. 9 und 10. So auch die im Vordringen begriffene Auffassung in der Literatur, s. die Nachweise oben Rn 5.

221 Dazu insbesondere *Merkt*, Unternehmenspublizität, S. 229 ff.

222 *Merkt*, Unternehmenspublizität, S. 240 und öfter.

223 Vgl *Brandner*, Die überschießende Umsetzung von Richtlinien, S. 58.

224 Für ein Veranlassungserfordernis außerhalb des Anwendungsbereichs der RL *Canaris*, Handelsrecht, § 6 Rn 53; *Riehm*, Handelsrecht, Rn 31 f.

225 S. nochmals *Merkt*, Unternehmenspublizität, S. 229 ff.

226 BT-Drucks. V/3862 S. 10.

227 Die Vorschrift wird häufig übersehen, so etwa von *Brandner*, Die überschießende Umsetzung von Richtlinien, S. 57 ff. S. aber *Habersack*, Europäisches Gesellschaftsrecht, Rn 93 (2. Aufl.) (der Verweis ist freilich entfallen bei *Habersack/Verse*, Europäisches Gesellschaftsrecht, 4. Aufl.) und *Zib*, in: Knechtel/Reichelt/Zib, S. 11, 38 f.

228 *Habersack/Verse*, Europäisches Gesellschaftsrecht, § 5 Rn. 29.

der die Formalitäten der Offenlegung, also Registereintrag und Bekanntmachung, erfüllt, kann der Mangel der Vertretungsbefugnis einem Dritten nicht entgegengehalten werden. Das gilt freilich nicht, wenn der Dritte den Mangel der Bestellung kennt. Dementsprechend dient § 15 Abs. 3 HGB nach Auffassung des deutschen Gesetzgebers auch zur Umsetzung von Art. 9 PublizitätsRL.[229]

Dieselbe Regel gilt auch für den ständigen Vertreter einer Zweigniederlassung iSv Art. 2 Abs. 1 lit. e Spiegelstrich 2 und Art. 8 lit. h Spiegelstrich 2 ZweigniederlassungsRL, also in deutscher Terminologie vor allem für den Filialprokuristen, aber auch für den in seiner Vertretungsmacht auf die Zweigniederlassung beschränkten Handlungsbevollmächtigten (siehe oben Rn 57). Zwar verweisen Art. 1 Abs. 1, 7 Abs. 1 ZweigniederlassungsRL lediglich auf Art. 3 PublizitätsRL und erwähnen deren Art. 9 nicht. Freilich handelt es sich dabei nicht um eine bewusste Auslassung, sondern um ein offensichtliches Redaktionsversehen. Die ohnehin häufig übersehene Regel des Art. 9 PublizitätsRL[230] muss nämlich auch für die Angaben nach Art. 2 Abs. 1 lit. e Spiegelstrich 2 und Art. 8 lit. h Spiegelstrich 2 ZweigniederlassungsRL gelten; das ergibt sich aus den Zwecken der Richtlinie, nämlich dem Verkehrsschutz einerseits und der weitgehenden Angleichung der Errichtungsformalitäten von Zweigniederlassung und Tochtergesellschaft. Werden also für die Zweigniederlassung die Formalitäten der Offenlegung hinsichtlich eines ständigen Vertreters erfüllt, dessen Bestellung jedoch nicht oder nicht wirksam erfolgt ist, kann der Mangel der Vertretungsbefugnis einem unwissenden Dritten nicht entgegengehalten werden. Auch insoweit fehlt es allerdings an einer ausdrücklichen Umsetzung ins deutsche Recht. **74**

Weichen die Offenlegungen im Sitzstaat und im Staat der Zweigniederlassung voneinander ab, ist im Geschäftsverkehr mit der Zweigniederlassung deren Offenlegung maßgebend (Art. 1 Abs. 2, 7 Abs. 2 ZweigniederlassungsRL). Für die positive Publizität des Handelsregisters im Staat der Zweigniederlassung hat dies zur Folge, dass sie nicht durch eine abweichende Offenlegung im Sitzstaat zerstört werden kann. Darin liegt zwar kein eigenständiger Fall positiver Publizität des Handelsregisters; jedoch wird die besondere Reichweite auch der Offenlegung hinsichtlich der Zweigniederlassung deutlich, die sogar bei Geschäften zum Tragen kommen kann, welche die Zweigniederlassung im Heimatstaat der Gesellschaft abschließt. **75**

Einen zusätzlichen Fall positiver Publizität regelt seit der Novelle von 2003 Art. 4 Abs. 4 PublizitätsRL (bis 2009 Art. 3 Abs. 4 PublizitätsRL aF):[231] Die Vorschrift behandelt das Sprachrisiko, soweit die publizitätspflichtige Gesellschaft von den durch Art. 4 Abs. 2 und Abs. 3 PublizitätsRL eröffneten Möglichkeiten Gebrauch macht, die Offenlegung zusätzlich in einer anderen Sprache als der des Registers vorzunehmen. Eine solche weitere Offenlegung kann im Falle der Abweichung von der obligatorischen Offenlegung einem Dritten zwar nicht entgegengehalten werden (Art. 4 Abs. 4 Hs 1 PublizitätsRL). Der Dritte selber kann sich jedoch auf den Text der zusätzlichen Offenlegung berufen, soweit ihm nicht die Fassung der obligatorischen Offenlegung bekannt war. Nicht ausreichend ist hingegen die Kenntnis einer abweichenden anderen Übersetzung.[232] Die Umsetzung dieser Vorgabe ist nicht in oder unter Verweis auf § 15 Abs. 3 HGB, sondern in einem neuen § 11 Abs. 2 HGB erfolgt. Zur Begründung wird ausgeführt, die Wirkungen des § 15 HGB bezögen sich nur auf den vom Registerrichter verfügten Text der Eintragung. Eine solche Verfügung sieht die PublizitätsRL jedoch gar nicht vor und die durch sie ausgeübte Kontrolle ist unionsrechtlich zumindest nicht zweifelsfrei (siehe oben Rn 41). Vor allem aber handelt es sich bei den eingereichten Übersetzungen um einen freiwilligen Teil der Offenlegung nach Art. 3 PublizitätsRL. Kohärent wäre es daher gewesen, insoweit auf die Wirkungen von § 15 HGB[233] zu verwei- **76**

229 BT-Drucks. V/3862, S. 9 und 11; Schmidt-Kessel/Leutner/Müther/*Schmidt-Kessel/Kopp*, HRegR, HGB § 15 Rn 58 (jeweils noch zu Art. 8 PublizitätsRL aF).

230 S. oben die Nachweise in Rn 73.

231 Dazu *Schemmann*, GPR 2003/04, 92, 93 f.

232 Richtig *Schemmann*, GPR 2003/04, 92, 94.

233 Selbstverständlich nicht auf die im Wortlaut ihres Abs. 3 zu eng geratene Vorschrift als solche. Nur insoweit zutreffend die Begründung des RegE, BR-Drucks. 942/05, S. 111.

sen. Die grundsätzliche Notwendigkeit einer ergänzenden Regelung ergibt sich aber schon daraus, dass die Neuregelung keine eintragungspflichtigen Tatsachen behandelt.[234]

b) Positive Publizität über den Wortlaut hinaus

77 Art. 3 Abs. 7 Unterabs. 2 PublizitätsRL regelt ausdrücklich nur den Fall einer Divergenz der beiden Elemente der Offenlegung, Registerinhalt und Bekanntmachung, und schützt Dritte hinsichtlich des Inhalts der Bekanntmachung, soweit diesen der Registerinhalt nicht bekannt ist. Ob diese Wirkungen der positiven Publizität auch dann auftreten, wenn Registerinhalt und Bekanntmachung falsch sind, jedoch nicht in unterschiedlicher Weise (dazu Rn 76) sondern mit identischem, unrichtigem Inhalt, ist umstritten.[235] Vom Wortlaut der Vorschrift ist dieser Fall zweifellos nicht gedeckt. Kein entscheidendes Argument ergibt sich ferner daraus, dass in Art. 9 PublizitätsRL ein derartiger Fall ausdrücklich geregelt ist: Der argumentative Wert der Vorschrift ist nämlich ambivalent, weil sie sowohl als Anwendungsfall einer durch Erweiterung von Art. 3 Abs. 7 Unterabs. 2 PublizitätsRL gewonnenen Regel als auch als Ausnahme von der restriktiveren Gegenauffassung gedeutet werden kann.[236] Richtigerweise ergibt sich die Anwendbarkeit von Art. 3 Abs. 7 Unterabs. 2 PublizitätsRL jedoch *a maiore*:[237] Kann die Kenntnis vom abweichenden Registerinhalt die positive Publizität ausschließen, kann es bei Unkenntnis davon nicht darauf ankommen, ob die Eintragung denselben Fehler aufweist. Auch die Interessenlage der Beteiligten spricht für eine positive Publizität in diesem Falle: Anders als die einmalige Bekanntmachung unterliegt der Registereintrag *de facto* einer größeren Kontrolle der Richtigkeit, sodass es der betroffenen Gesellschaft im Falle der doppelten Fehlerhaftigkeit sogar leichter fällt, den Fehler zu bemerken und die Publizitätswirkungen durch die Veranlassung einer Berichtigung der Eintragung und gegebenenfalls deren Bekanntmachung zu beseitigen.[238] Die Novelle des Jahres 2003 bestätigte diese Auffassung durch den seinerzeit neu eingefügten Art. 3 a Abs. 4 PublizitätsRL aF. Die 2009 in Art. 4 Abs. 4 PublizitätsRL umnummerierte Bestimmung ordnet eine positive Publizität der weiteren Sprachfassungen ganz unabhängig davon an, ob die Abweichung der Übersetzung von der Fassung der obligatorischen Offenlegung nur das Register, oder auch die Bekanntmachung betrifft.[239] Kraft des Verweises in Art. 1 Abs. 1 Art. 7 Abs. 1 ZweigniederlassungsRL gilt dasselbe auch für Zweigniederlassungen. Konsequenz dieser Auffassung ist das Leerlaufen von Art. 3 Abs. 7 Unterabs. 2 Hs 2 aE PublizitätsRL; da keine Divergenz der Offenlegungselemente vorliegt, kann die positive Publizität nicht auf diesem Wege ausgeschlossen sein. Es bleibt freilich beim Ausschluss der Publizitätswirkungen gegenüber solchen Dritten, welche positive Kenntnis von der Unrichtigkeit der Offenlegung haben. Insoweit gibt Art. 9 aE PublizitätsRL in der Tat die allgemeine Regel wieder.

78 Umstritten ist ferner, ob Art. 3 Abs. 6 Unterabs. 2 PublizitätsRL wiederum über den Wortlaut hinaus auch auf den Fall zu erstrecken ist, dass nicht die Bekanntmachung, sondern lediglich der Registerinhalt fehlerhaft ist und ein Dritter auf diesen vertraut.[240] Da die Richtlinie insgesamt und

234 Schmidt-Kessel/Leutner/Müther/*Schmidt-Kessel*, HRegR, HGB § 11 Rn 11.

235 Dafür: *Einmahl*, AG 1969, 131, 137 f; *Grundmann*, Europäisches Gesellschaftsrecht, Rn 278. Dagegen: *Habersack*/Verse, Europäisches Gesellschaftsrecht, § 5 Rn 19; MüKo-HGB/*Krebs*, § 15, Rn 81; *Schwarz*, Europäisches Gesellschaftsrecht, Rn 321; entsprechend wohl auch schon der Regierungsentwurf zum Umsetzungsgesetz: BT-Drucks. V/3862, S. 11. Übersehen wird dieser Punkt bei *Brandner*, Die überschießende Umsetzung von Richtlinien, S. 58.

236 So vermutlich *Habersack/Verse*, Europäisches Gesellschaftsrecht, § 5 Rn 28; deutlicher noch die Vorauflage *Habersack*, Europäisches Gesellschaftsrecht, Rn 99: „Keine überflüssige Vorschrift".

237 *Grundmann*, Europäisches Gesellschaftsrecht, Rn 278; Schmidt-Kessel/Leutner/Müther/*Schmidt-Kessel/Kopp*, HRegR, HGB § 15 Rn 55.

238 Vgl für Deutschland §§ 142, 141 Abs. 3, Abs. 4, 143 FGG und dazu Baumbach/*Hopt*, § 8, Rn 12-15, § 15, Rn 23.

239 Schmidt-Kessel/Leutner/Müther/*Schmidt-Kessel/Kopp*, HRegR, HGB § 15 Rn 55.

240 Dafür: *Einmahl*, *AG 1969*, *131*, *137*; *Lutter*, EuR 1969, 1, 13-15; Schmidt-Kessel/Leutner/Müther/*Schmidt-Kessel/Kopp*, HRegR, HGB § 15 Rn 56. Dagegen: *Ankele*, GmbHR 1969, 52, 54; *Habersack/Verse*, Europäisches Gesellschaftsrecht, § 5 Rn 19; *Schwarz*, Europäisches Gesellschaftsrecht, Rn 321; so auch der Regierungsentwurf BT-Drucks. V/3862, S. 11.

insbesondere hinsichtlich der Publizitätswirkungen eine Vollharmonisierung begründet,[241] würde die Entscheidung dieses Streits auch den entsprechenden zu § 15 Abs. 3 HGB[242] entscheiden. Selbstverständlich wäre auch diese Erweiterung der Publizitätswirkungen nicht vom Wortlaut gedeckt und auch hier ist der Verweis darauf, dass Art. 9 PublizitätsRL einen solchen Fall (mit-)regelt, ambivalent (siehe oben Rn 73). Für die Ausweitung von Art. 3 Abs. 7 Unterabs. 2 PublizitätsRL streitet vor allem das folgende Argument: Wenn schon die – trotz Archivierung – flüchtigere Bekanntmachung eine positive Publizität begründet, sollte dies erst recht für den dauerhaft und systematisch zugänglichen Registerinhalt gelten. Zudem trägt die obige (Rn 77) Überlegung zur Interessenlage auch hier: Für die Gesellschaft ist die positive Publizität des Registerinhalts besser erträglich, weil sie diesen sehr viel leichter aus der Welt schaffen kann als die Bekanntmachung, deren Fehlerhaftigkeit für die Gesellschaft sehr viel weniger leicht erkennbar wird.[243] Schließlich wirkt die Novelle des Jahres 2003 hier ebenfalls bestätigend, indem der seinerzeit neu eingefügte Art. 3 a Abs. 4 PublizitätsRL aF (jetzt Art. 4 Abs. 4 PublizitätsRL) auch dann eingreift, wenn lediglich eine bekannt gemachte zusätzliche Sprachfassung vom Text der obligatorischen Offenlegung abweicht. Nimmt man danach richtigerweise eine Erstreckung auf die Fälle des Vertrauens in den Registerinhalt an, kommt wiederum die allgemeine Regel zur Anwendung, wonach die positive Kenntnis von der Unrichtigkeit des Publizitätsmittels – hier des Registerinhalts – die Publizitätswirkungen ausschließt. Zudem muss die hier vertretene Lösung auch eine entsprechende Anwendung von Art. 3 Abs. 6 Unterabs. 2 Hs 2 aE PublizitätsRL nach sich ziehen: Die positive Kenntnis von der Divergenz von Registerinhalt und Bekanntmachung beraubt den Dritten der Schutzwürdigkeit und schließt die Publizitätswirkungen daher auch dann aus, wenn der Dritte keine positive Kenntnis von der Unrichtigkeit des Registers hat. Kraft des Verweises in Art. 1 Abs. 1, 7 Abs. 1 ZweigniederlassungsRL gilt dasselbe auch für Zweigniederlassungen.

c) Nicht erfasste Konstellationen

Keine positive Publizität wird durch die obligatorischen Angaben auf Geschäftsbriefen begründet.[244] Das verlangt nicht allein der Wortlaut, sondern ergibt sich auch aus dem Fehlen der für jedermann öffentlichen Absicherung der Vertrauensposition des Dritten, wie sie dem Registerinhalt und der Bekanntmachung eigen ist. Die Funktion von Art. 5 PublizitätsRL erschöpft sich vielmehr in der Rechtfertigung der Publizitätswirkungen gegenüber Dritten: Deren Zugang zum Register soll erleichtert werden. Gegebenenfalls kommt zudem die Berücksichtigung als Element einer Rechtsscheinbegründung nach allgemeinen Regeln in Betracht, soweit diesen ein Anwendungsbereich verbleibt (siehe Rn 81). 79

Ebenfalls keine positive Publizität kann eine fehlerhafte Abschrift aus dem Register begründen.[245] 80 Auch hier steht nicht allein der Wortlaut entgegen. Vielmehr beschränkt sich die Abschrift auf eine Momentaufnahme, welche die Gefahr nachträglicher Änderungen in sich trägt. Insoweit besteht auch ein Unterschied zur Bekanntmachung, die bei nachträglicher Änderung zu erneuern ist und sich daher zur Anknüpfung von Publizitätswirkungen eignet. Auch die fehlerhafte Registerabschrift kann freilich gegebenenfalls zur Begründung eines nach allgemeinen Regeln wirksamen Rechtsscheins beitragen, sofern und soweit dieser im Anwendungsbereich der Richtlinie(n) noch relevant sein kann (siehe wiederum Rn 81).

3. Anwendung allgemeiner Regeln neben den Publizitätswirkungen?

Die nach Art. 3 Abs. 6 u. 7, Art. 9 PublizitätsRL zu begründenden und durch Art. 1 Abs. 1, Art. 7 81 Abs. 1 ZweigniederlassungsRL auf Zweigniederlassungen erstreckten Publizitätswirkungen des Handelsregisters stellen nicht etwa einen Mindeststandard dar: Vielmehr handelt es sich um eine

241 S. oben Rn 19.
242 S. die Nachweise bei MüKo-HGB/*Krebs* § 15, Rn 89.
243 Schmidt-Kessel/Leutner/Müther/*Schmidt-Kessel/Kopp*, HRegR, HGB § 15 Rn 56.
244 AA *Grundmann*, Europäisches Gesellschaftsrecht, Rn 278.
245 *Grundmann*, Europäisches Gesellschaftsrecht, Rn 278.

Vollharmonisierung, welche es den Mitgliedstaaten auch verbietet, über die unionsrechtlich geregelten Vorgaben hinauszugehen.[246] Richtigerweise dürfen die Richtlinien in ihrem Regelungsbereich – und mit ihnen das Umsetzungsrecht in § 15 HGB – daher nicht durch allgemeine Rechtsscheintatbestände, etwa durch die Regeln der Duldungs- und Anscheinsvollmacht oder der §§ 169-173 BGB, ergänzt werden.[247] Für die von den Richtlinien erfassten Kapitalgesellschaften sind die durch § 15 HGB begründeten Vollmachten und Rechtsscheinvollmachten also abschließend. Die – bislang vor allem zum Umsetzungsrecht formulierte – Gegenauffassung[248] will hier teilweise mit der Unterscheidung zwischen abstraktem und konkretem Verkehrsschutz helfen.[249] Maßgebend ist jedoch der Umstand, dass PublizitätsRL und ZweigniederlassungsRL – im Blick auf ihre Entlastungsfunktion für den Rechtsverkehr – ein vollständiges System des Verkehrsschutzes anstreben, das durch den Rückgriff auf Tatbestände des konkreten Vertrauensschutzes unterlaufen würde. Die Richtlinie verbietet daher grundsätzlich den Rückgriff auf allgemeine Regeln der Rechtsscheinhaftung.[250] Allenfalls erscheinen ein Schutz von Vertrauen gegen das Register oder die Berufung auf das unionsrechtliche Verbot des Rechtsmissbrauchs denkbar.[251]

82 Der Ausschluss sonstiger Rechtsscheintatbestände reicht freilich nur soweit, als die Richtlinien Vorgaben machen: Zu Lasten der übrigen von § 15 HGB erfassten Kaufleute (Einzelkaufleute und Personenhandelsgesellschaften) ist die Anwendung der allgemeinen Rechtsscheinregeln nach wie vor statthaft. Da die Richtlinien nur Regeln zu eintragungspflichtigen Tatsachen treffen, kommt eine ergänzende Anwendung allgemeiner Rechtsscheinregeln außerdem auch für eintragungsfähige Tatsachen in Betracht; das gilt auch dann, wenn man § 15 Abs. 1, Abs. 3 HGB entgegen der jeweils herrschenden Auffassung auch auf diese Tatsachen anwendet.[252] Da die Publizitätswirkungen den Rechtsverkehr nicht hinsichtlich der richtigen Einordnung einer „Filiale" als Tochtergesellschaft oder Zweigniederlassung schützen, kommt eine Rechtsscheinverantwortlichkeit der Muttergesellschaft für die inländische Tochter auch jenseits der Publizitätswirkungen in Betracht.[253]

V. Sanktionen (§ 14 HGB)

83 Die beiden Richtlinien zur Registerpublizität sehen in Art. 7 PublizitätsRL sowie in Art. 12 ZweigniederlassungsRL vor, dass die Mitgliedstaaten nicht näher spezifizierte „geeignete Maßnahmen" für den Fall androhen, dass die gebotene Offenlegung unterbleibt. Während Art. 12 ZweigniederlassungsRL dabei sämtliche Offenlegungspflichten anspricht, verlangt Art. 7 PublizitätsRL seinem Wortlaut nach lediglich für zwei Verstöße Sanktionen, nämlich für die fehlende Veröffentlichung der Rechnungslegung und für den Verstoß gegen die Pflicht zu Angaben auf Geschäftsbriefen. Diese beschränkte Sanktionsforderung wird freilich durch das allgemeine Gebot ergänzt, dem Unionsrecht den *effet utile* zu verschaffen (vgl Art. 4 Abs. 3 EUV);[254] Art. 7 PublizitätsRL schränkt dieses Gebot nicht ein.[255]

84 Welcher Art die gebotenen Sanktionen sein müssen, wird aus dem Richtlinientext jeweils nicht deutlich. Dass sie hinsichtlich der Folgen unterbliebener oder pflichtwidriger Offenlegung im Handelsregister nicht auf dessen Publizitätswirkungen beschränkt sein können, versteht sich von selbst.

---

246 In diesem Sinne bereits o. Rn 19. Speziell für die Publizitätswirkungen vor allem MüKo-HGB/*Krebs*, § 15, Rn 4.

247 Dazu ausführlich Schmidt-Kessel/Leutner/Müther/*Schmidt-Kessel/Kopp*, HRegR, HGB § 15 Rn 14-19.

248 Etwa MüKo-HGB/*Krebs*, § 15, Rn 17.

249 MüKo-HGB/*Krebs*, § 15, Rn 17. Gemeinschaftsrechtlich argumentiert *Habersack/Verse*, Europäisches Gesellschaftsrecht, § 5 Rn 22.

250 Schmidt-Kessel/Leutner/Müther/*Schmidt-Kessel/Kopp*, HRegR, HGB § 15 Rn 18. Mit leicht abweichender Begründung noch die erste Auflage sowie *Schmidt-Kessel*, GPR 2006, 6, 16.

251 Für den zweiten Fall in diesem Sinne *Habersack/Verse*, § 5 Rn 22. Zum Rechtsmissbrauchsverbot des Unionsrechts allgemein *Schmidt-Kessel*, JbJZivRW 2000, 61-83.

252 S. MüKo-HGB/*Krebs*, § 15, Rn 27 und 87.

253 OLG Düsseldorf, NJOZ 2012, 1930 Rn 53 ff (einheitlicher Firmenauftritt, Bezeichnung der Tochtergesellschaft als „Vertriebsniederlassung").

254 S. in diesem Werk vor allem *Borchardt*, § 15, Rn 47, *Marauhn*, § 7, Rn 32 und *König*, § 2, Rn 52 ff; außerdem *Magiera*, § 13, Rn 6 und *Remien*, § 14, Rn 36.

255 *Grundmann*, Europäisches Gesellschaftsrecht, Rn 283.

Auch die Begründung von Ansprüchen auf Erfüllung oder Schadensersatz genügen hierfür nicht.[256] Der Gerichtshof verlangt darüber hinaus die Möglichkeit der Verhängung einer Maßregel und hat zu § 335 HGB aF entschieden, dass es nicht ausreicht, wenn eine solche nur auf Antrag verhängt wird und die Antragsbefugnis nur einem beschränkten Personenkreis (Gläubiger und Betriebsrat) zusteht.[257] Richtigerweise verletzt freilich bereits das in § 335 HGB nach wie vor enthaltene Antragserfordernis das Gebot einer effizienten Umsetzung: das Registergericht muss von Amts wegen einschreiten können.[258] Insoweit jedenfalls bestehen gegenüber der registerrechtlichen Sanktion nach § 14 HGB keine Bedenken. Solche können sich freilich im Blick auf die Beschränkung des Zwangsgelds auf 5.000 € ergeben, zumal andere Höchstsummen (§ 888 Abs. 1 S. 2 ZPO: 25.000 €; § 915 h Abs. 1 Nr. 4 ZPO: 25.000 €) sich auf ein Mehrfaches belaufen.

D. Firmenrecht

Das Unionsrecht kennt kein eigenständiges Firmenrecht. Von den gesellschaftsrechtlichen Richtlinien enthält allein diejenige zu den Zweigniederlassungen einige Andeutungen. Während nämlich Art. 2 PublizitätsRL die Firma der betreffenden Gesellschaften nicht in den Katalog derjenigen Urkunden und Angaben aufgenommen hat, auf welche sich die Pflicht zur Offenlegung erstreckt, verlangen Art. 2 Abs. 1 lit. d, 8 lit. g ZweigniederlassungsRL sowohl die Offenlegung der Firma der Gesellschaft als auch der Firma der Zweigniederlassung, sofern diese nicht mit der Firma der Gesellschaft übereinstimmt. Insoweit sind über die Verweise in Art. 1 Abs. 1, 7 Abs. 1 ZweigniederlassungsRL auf Art. 3 PublizitätsRL auch etwa Rechtsformzusätze als Gegenstand der Publizitätswirkungen nach § 15 HGB unionsrechtlich determiniert. 85

Gewisse Auswirkungen auf das Firmenrecht hat außerdem das Europäische Markenrecht; dies kann angesichts des immaterialgüterrechtlichen Elements des Firmenrechts[259] nicht verwundern. Allerdings enthalten weder die MarkenRL 2008/95/EG noch die GemeinschaftsmarkenVO 207/2009 eine §§ 1 Nr. 2, 5 MarkenG entsprechende Regelung, welche ausdrücklich auf die als Marke schutzfähige Firma Bezug nimmt. Gleichwohl bestehen – nicht zuletzt als Folge der überschießenden Umsetzung der MarkenRL durch §§ 1 Nr. 2, 5 MarkenG[260] – Auswirkungen auf das autonome Firmenrecht. Insbesondere lässt sich die Firma dadurch auch mit den Mitteln des Markenrechts schützen.[261] In Umsetzung von Art. 13 der Richtlinie 2004/48/EG des Europäischen Parlaments und des Rates vom 29. April 2004 zur Durchsetzung der Rechte des geistigen Eigentums sehen §§ 14 Abs. 6 S. 2, 15 Abs. 5 S. 2 MarkenG unionsrechtlich determinierte Gewinnabschöpfungsansprüche vor. Möglich sind außerdem Kollisionen von Firmen mit den unionsrechtlich determinierten markenrechtlichen Rechtspositionen.[262] Der Eintrag in das Handelsregister genügt dann zur Auslösung einer Unterlassungs- oder Untersagungsanordnung nach Art. 11 Richtlinie 2004/48/EG respektive §§ 14 Abs. 5, 15 Abs. 4 MarkenG.[263] 86

Für das nationale Firmenrecht ist schließlich auch die primärrechtliche Niederlassungsfreiheit (Art. 49 ff AEUV)[264] von erheblicher praktischer Bedeutung, nämlich im Blick auf die von ihr erfassten Zweigniederlassungen und Tochtergesellschaften. Diese steht in einem Spannungsverhältnis zur klassischen kollisionsrechtlichen Vorgabe des internationalen Firmenrechts: Maßgeblich ist danach das Recht der Zweigniederlassung respektive des Sitzes der Tochtergesellschaft.[265] Da die Niederlassungsfreiheit grundsätzlich auch das Recht schützt, seine Firma als Firma der Zweignie- 87

---

256 *Grundmann*, Europäisches Gesellschaftsrecht, Rn 283; *Hirte*, NJW 1999, 36, 38.
257 EuGH, Rs. C-97/96 (Daihatsu), Rn 23. Dazu vor allem *Leible*, ZHR 162 (1998) 594, 611 ff.
258 *Grundmann*, Europäisches Gesellschaftsrecht, Rn 283.
259 Vgl etwa *Merkt*, Unternehmenspublizität, S. 244 ff sowie *Fezer*, Markenrecht § 15 MarkenG, Rn 106 a.
260 Vgl *Riehm*, Handelsrecht, Rn 34.
261 Dazu *Fezer*, ZHR 161 (1997), 52, 64 ff.
262 Dazu *Fezer*, Markenrecht § 14 MarkenG, Rn 510.
263 S. *Fezer*, Markenrecht § 14 MarkenG, Rn 510.
264 Dazu schon o. Rn 11.
265 Vgl *Bokelmann*, ZGR 1994, 324, 329 ff; *Riehm*, Handelsrecht, Rn 34.

derlassung zu führen,[266] – und damit funktional eine abweichend, nämlich an das Heimatrecht, anknüpfende Kollisionsnorm begründet – kann es zum Konflikt von Niederlassungsfreiheit und dem Sachrecht des Staats der Zweigniederlassung kommen, wenn die Firma mit dessen Regeln unvereinbar ist.

88 Eine Beschränkung der Niederlassungsfreiheit ist auch im Bereich des Firmenrechts nur aus zwingenden Gründen des Gemeinwohls möglich und dies auch nur dann, wenn sie geeignet, erforderlich und angemessen ist.[267] Die Zahl zwingender Gründe des Gemeinwohls ist freilich beschränkt: Zulässig ist nach der Rechtsprechung jedenfalls die zwingende Vorgabe des Rechtsformzusatzes;[268] das liegt – obwohl insoweit nicht durch die Publizitätsrichtlinie determiniert – in der Konsequenz des bisherigen *acquis*. Außerdem wird man angesichts der Funktion der Firma eine Kennzeichnungseignung verlangen dürfen.[269] Diese könnte etwa – unionsrechtskonform – verneint werden, soweit fremden Schriftzeichen (etwa griechisch, kyrillisch) mangels Erkennbarkeit für die angesprochenen Verkehrskreise die kennzeichnende Wirkung fehlt oder soweit die Firma für diese nicht lesbar oder nicht aussprechbar ist.[270] Anerkannt ist ferner das Verbot solcher Firmen, bei denen eine Verwechslungsgefahr mit einer im Zweitniederlassungsstaat eingetragenen Firma besteht und somit die erforderliche Unterscheidungskraft fehlt.[271] Dasselbe gilt für verwechslungsfähige Rechtsformzusätze.[272] Zu weit geht freilich – auch nach der Handelsrechtsreform von 1998 – das allgemeine Irreführungsverbot in § 18 Abs. 2 S. 1 HGB, dessen Wortlaut nicht vor Beschränkungen Halt macht, welche den unionsrechtlichen Anforderungen nicht genügen. Die Konkretisierung dieser Generalklausel muss daher im Blick auf die Anforderungen der Niederlassungsfreiheit erfolgen.[273] Dem scheint eine weit verbreitete Praxis der Registergerichte und der Industrie- und Handelskammern bislang nicht zu genügen.[274]

E. Handelsvertreterrecht

89 In sehr großem Umfang unionsrechtlich determiniert ist das Handelsvertreter- und insgesamt das Vertriebsrecht. Dabei spielen zwei sehr unterschiedliche Gruppen von Vorgaben eine zentrale Rolle. Einerseits hat der Unionsgesetzgeber durch die Richtlinie 86/653/EWG des Rates vom 18. Dezember 1986 zur Koordinierung der Rechtsvorschriften der Mitgliedstaaten betreffend die selbständigen Handelsvertreter (HandelsvertreterRL)[275] den Vertragstyp des Handelsvertretervertrages weitgehend unionsrechtlich geregelt und damit zugleich in weitem Umfang Grundvorstellungen des deutschen Rechts rezipiert.[276]

90 Andererseits ist das Vertriebsrecht in weitem Umfang Gegenstand der Regeln über vertikale Wettbewerbsbeschränkungen, welche in Art. 101, 102 AEUV ihren Ausgangspunkt finden. Zentrale Regelungsorte sind insoweit die beiden auf Art. 101 Abs. 3 AEUV gestützten Gruppenfreistellungsverordnungen der Kommission über vertikale Wettbewerbsbeschränkungen, nämlich die Verordnung (EU) Nr. 330/2010 vom 20. April 2010 über die Anwendung von Artikel 101 Abs. 3 des Vertrags über die Arbeitsweise der Europäischen Union auf Gruppen von vertikalen Vereinbarungen

266 EuGH, Rs. 177/83 (r + r), Rn 20; MüKo-HGB/*Krafka* § 13 d Rn 20, 23.
267 EuGH, Rs. C-55/94 (Gebhard), Rn 37; s.o. Rn 11.
268 EuGH, Rs. C-255/97 (Pfeiffer/Löwa), Rn 22.
269 *Riehm*, Handelsrecht, Rn 36.
270 *Riehm*, Handelsrecht, Rn 38.
271 EuGH, Rs. C-255/97 (Pfeiffer/Löwa), Rn 22.
272 MüKo-HGB/*Krafka* § 13 d, Rn 21.
273 EuGH, Rs. C-55/94 (Gebhard), Rn 37; *Bokelmann*, ZGR 1994, 324, 348; MüKo-HGB/*Heidinger*, § 18, Rn 47; *Riehm*, Handelsrecht, Rn 40.
274 MüKo-HGB/*Heidinger*, vor § 17, Rn 20.
275 ABl. EG Nr. L 382 vom 31.12.1986, S. 17.
276 *Riehm*, Handelsrecht, Rn 42; *J. Schmidt*, ZHR 156 (1992), 512, 514.

und abgestimmten Verhaltensweisen[277] und Verordnung (EU) Nr. 461/2010 vom 27. Mai 2010 über die Anwendung von Art. 101 Abs. 3 des Vertrags über die Arbeitsweise der Europäischen Union auf Gruppen von vertikalen Vereinbarungen und abgestimmten Verhaltensweisen im Kraftfahrzeugsektor.[278] Genuin handelsrechtliche Fragen werden hier nur insoweit erfasst, als der vertraglichen Risikoverteilung bei der wettbewerbsrechtlichen Beurteilung von Abreden entscheidende Bedeutung zukommen kann;[279] insbesondere beinhalten die klassischen Handelsvertreterverträge in der Regel gerade keine Wettbewerbsbeschränkungen iSv Art. 101 Abs. 1 AEUV.[280] Für die Einzelheiten im Übrigen ist daher auf das Kapitel zum Wettbewerbsrecht zu verweisen.[281]

I. Anwendungsbereich der HandelsvertreterRL

1. Sachlicher Anwendungsbereich

Nach Art. 1 Abs. 2 HandelsvertreterRL ist Handelsvertreter im Sinne der Richtlinie, wer als selbständiger Gewerbetreibender ständig damit betraut ist, für einen Unternehmer den Verkauf oder den Ankauf von Waren zu vermitteln oder diese Geschäfte im Namen und für Rechnung des Unternehmers abzuschließen.[282] Damit ist die Richtlinie auf den Warenverkehr beschränkt, während die §§ 84 ff HGB für die Vermittlung von Geschäften aller Art gelten.[283] Gleichwohl sind Vorlagen an den Gerichtshof auch in den Bereichen der überschießenden Umsetzung möglich.[284] Der Begriff „vermitteln" setzt dabei keinen großen Spielraum des Handelsvertreters voraus, insbesondere geht es nicht notwendig darum den Preis zu verhandeln.[285] 91

Eine bloß vorübergehende Tätigkeit genügt für die Anwendung der Richtlinie nicht.[286] Das bedeutet nicht, dass die Anwendung schon bei Betreuung von nur einem Kunden ausgeschlossen ist; maßgebend ist vielmehr die Dauerhaftigkeit, für welche die Zahl der vermittelten Geschäfte nur ein Indikator ist.[287] Das kann für solche Rechtsordnungen Schwierigkeiten bereiten, in denen von vornherein keine Verträge auf unbestimmte Zeit geschlossen werden, sondern viele befristete Verträge hintereinander. Soweit solche Verhältnisse gleichwohl auf Dauer angelegt sind, werden sie von der Richtlinie erfasst. Zweifelhaft war dies aber im Falle einer Koppelung der Vermittlung an nur einen vermittelten Vertrag und dessen mehrfache Verlängerung.[288] Der Gerichtshof überließ die Feststellung der Dauerhaftigkeit in diesem Falle dem vorlegenden Gericht.[289] 92

Keine Anwendung findet die Richtlinie nach Art. 1 Abs. 3 außerdem in drei ausdrücklich genannten Fällen, die der Abgrenzung zu bestimmten gesellschafts- und insolvenzrechtlichen Gestaltungen 93

277 ABl. EU Nr. L 102 vom 23.4.2010, S. 1. Dazu die Leitlinien der Kommission für vertikale Beschränkungen, ABl. EU Nr. C 130, vom 19.5.2010, S. 1.

278 ABl. EU Nr. L 129 vom 28.5.2010, S. 52.

279 Dazu ausführlich und im Vergleich mit dem englischen Recht *Schröder*, Risikoverteilung in Vertriebsverträgen.

280 Leitlinien der Europäischen Kommission für vertikale Beschränkungen, ABl. EU Nr. C 130, vom 19.5.2010, S. 1, 4 f (Nr. 12 ff). Für eine mögliche Ausnahme bei der Beurteilung von vereinbarten Provisionsweitergabeverboten s. *Kapp/Schumacher*, WuW 2007, 26 ff.

281 S. *Mäger*, § 16, Rn 120 ff. Außerdem etwa MüKo-HGB/*von Hoyningen-Huene*, vor § 84, Rn 23-25 b.

282 Näher zum Begriff *Sangiovanni*, ZVglRWiss 104 (2005), 519 ff. Zu den Schwierigkeiten, welche dieser Begriff für das englische Recht bereitet s. *Gardiner*, (2007) J.B.L. 412, 414 ff.

283 Baumbach/*Hopt*, HGB, § 84, Rn 26; *Riehm*, Handelsrecht, Rn 44. Das kann theoretisch auch die Handelsvertretung für Grundstücke einschließen, anders das französische Recht: Cass.com. 7.7.2004, Annonces de la Seine, 13.12.2004, 2.

284 So ausdrücklich für den Fall der Vermittlung von Schiffscharterverträgen EuGH, Rs. C-3/04 (Poseidon Chartering BV), Rn 14-19.

285 Unrichtig daher *Parks v. Esso Petroleum Co. Ltd.* (2000) E.C.C. 25 (Tankstellenpächter kein Handelsvertreter, da keine *negotiation* mit den Kunden); wie hier *Hussey*, (2006) Irish Law Times 85, 102, 103. Die missglückte Übersetzung von vermitteln mit *negotiate* bereitet für das Verständnis der Richtlinie ganz generell Schwierigkeiten: *Gardiner*, (2007) J.B.L. 412, 414 ff.

286 Alleinvertretung ist dafür aber nicht erforderlich: *Willemart/Willemart*, Journal des tribunaux 2005, 89, 91.

287 EuGH, Rs. C-3/04 (Poseidon Chartering BV), Rn 25.

288 EuGH, Rs. C-3/04 (Poseidon Chartering BV); dazu Anm. *Riehm*, GPR 2007, 134 sowie *Malaurie-Vignal*, Contrats Concurrence Consommation 2006 Nr. 131.

289 EuGH, Rs. C-3/04 (Poseidon Chartering BV), Rn 26.

dienen und letztlich die Konsequenz der Rezeption einer vielen mitgliedstaatlichen Rechtsordnungen so nicht bekannten Vertragsgestaltung sind: Kein Handelsvertreter ist danach eine Person, die als Organ befugt ist, für eine Gesellschaft oder Vereinigung verbindlich zu handeln, ein Gesellschafter, der rechtlich befugt ist, für die anderen Gesellschafter verbindlich zu handeln und schließlich ein Zwangsverwalter (receiver), ein gerichtlich bestellter Vermögensverwalter (receiver and manager), ein Liquidator (liquidator) oder ein Konkursverwalter (trustee in bankruptcy).

94 Anders als manche mitgliedstaatliche Umsetzungen[290] beschränkt sich die Richtlinie bereits nach der Definition des Handelsvertreters in Art. 1 Abs. 2 HandelsvertreterRL auf Selbständige und schließt damit abhängig beschäftigte Vertriebspersonen von der Anwendung der Richtlinie aus. Der Begriff unterliegt in seiner Konkretisierung selbstverständlich der Prüfungskompetenz des EuGH.[291] Das in § 84 Abs. 1 S. 2 HGB niedergelegte Kriterium der persönlichen Freiheit, also der Möglichkeit, im Wesentlichen frei seine Tätigkeit zu gestalten und seine Arbeitszeit zu bestimmen, ist für eine Konkretisierung des unionsrechtlichen Begriffes zwar nicht maßgebend. Allerdings hat sich der Gerichtshof in seiner Rechtsprechung zu Art. 5 Nr. 5 EuGVÜ (heute Art. 5 Nr. 5 Brüssel I-VO) diesen Kriterien deutlich angenähert: „Ist ein Handelsvertreter (Vermittlungsvertreter) in dem Sinne selbständig, dass er aufgrund seiner rechtlichen Stellung im Wesentlichen frei seine Tätigkeit gestalten und die Arbeitszeit bestimmen kann, die er einem Unternehmer widmet, dessen Vertretung er übernimmt, kann ihm ferner der vertretene Unternehmer nicht untersagen, gleichzeitig mehrere auf dem gleichen Produktions- oder Vertriebssektor miteinander konkurrierende Unternehmer zu vertreten, und beschränkt er sich außerdem darauf, Aufträge an das Stammhaus weiterzuleiten, ohne an deren Abwicklung oder Ausführung beteiligt zu sein, so liegen die Merkmale einer Zweigniederlassung, einer Agentur oder einer sonstigen Niederlassung im Sinne von Art. 5 Nr. 5 des Übereinkommens nicht vor."[292] Der Gerichtshof nennt also außer der Freiheit bei der Arbeitsgestaltung und der Arbeitszeit zwei weitere Gesichtspunkte, nämlich die fehlende Bindung an einen Unternehmer und die Nichtbefassung mit der Vertragsabwicklung. Zu beachten ist freilich, dass der Gerichtshof diese Kriterien mit Blick auf den zusätzlichen Gerichtsstand nach Art. 5 Nr. 5 des Brüssel I-Regime entwickelt hat; insbesondere das Letztgenannte ist durch diesen Umstand zweifellos entscheidend beeinflusst.

95 Keine Anwendung findet die Richtlinie nach Art. 2 Abs. 1 auf Handelsvertreter, die für ihre Tätigkeit kein Entgelt erhalten oder an Handelsbörsen oder auf Rohstoffmärkten tätig sind; die Vorschrift nimmt außerdem die unter der Bezeichnung „Crown Agents for Overseas Governments and Administrations" bekannte Körperschaft, wie sie im Vereinigten Königreich nach dem Gesetz von 1979 über die „Crown Agents" eingeführt worden ist, sowie deren Tochterunternehmen ausdrücklich aus. Deutschland hat von diesen Ausnahmen keinen ausdrücklichen Gebrauch gemacht und damit die Richtlinie in diesem Punkt überschießend umgesetzt.[293] Die Mitgliedstaaten können außerdem nach Art. 2 Abs. 2 HandelsvertreterRL nebenberuflich tätige Handelsvertreter von der Anwendung der Richtlinie ausnehmen. Hiervon hat Deutschland in § 92 b HGB partiell Gebrauch gemacht. Für die Bestimmung des Anwendungsbereichs von § 92 b HGB[294] ist daher zu beachten, dass die Nebenberuflichkeit der Tätigkeit des Handelsvertreters unionsrechtskonform zu bestimmen ist.[295]

---

290 Etwa das italienische Recht in Art. 1742 I Codice civile und dazu *Sangiovanni*, ZVglRWiss 104 (2005), 519, 525 ff. Vgl auch *Willemart/Willemart*, Journal des tribunaux 2005, 89, 91 zur widerleglichen Vermutung des belgischen Rechts für einen Arbeitsvertrag.

291 Dafür Baumbach/*Hopt*, § 84, Rn 3; *Grundmann*, Europäisches Schuldvertragsrecht, 3.80, Rn 24; sehr stark einschränkend *Riehm*, Handelsrecht, Rn 46.

292 Vgl EuGH, Rs. 139/80 (Blanckaert & Willems/Trost), Rn 13. Dazu auch *Hopt*, in: FS Medicus, S. 235, 246 f. Die Entscheidung wird bei *Sangiovanni*, ZVglRWiss 104 (2005), 519, 525 ff übergangen.

293 S. aber § 2 Abs. 3 Nr. 3 WpHG. Die Anwendung der §§ 84 ff HGB auf unentgeltlich handelnde Handelsvertreter ist ohne praktische Bedeutung.

294 Vgl MüKo-HGB/*von Hoyningen-Huene*, § 92 b, Rn 9 f.

295 S. *McAdam* v. *Boxpak Ltd.* (Ex Div.) 2006 S.L.T. 217. Zu den Schwierigkeiten des englischen Rechts bei der Konkretisierung der *secondary activity* s. *Gardiner*, (2007) J.B.L. 412, 421 ff.

Der Handelsvertretervertrag ist – unter der Richtlinie wie unter den verschiedenen mitgliedstaatlichen Regeln – von anderen Vertriebsverträgen abzugrenzen.[296] Für das deutsche Recht sind insoweit vor allem der Kommissionär, der Kommissionsagent, der Vertragshändler sowie der Franchisenehmer zu beachten. Auch insoweit hat die Abgrenzung grundsätzlich nach den – bislang nicht weiter konkretisierten – Maßstäben des Unionsrechts zu erfolgen. Deutlich ist immerhin, dass auch dieses voraussetzt, dass der Handelsvertreter jedenfalls in fremdem Namen tätig wird, sodass die Richtlinie auf den Kommissionär, Kommissionsagent, Vertragshändler sowie Franchisenehmer keine Anwendung findet.[297] Einer gesetzgeberischen Ausweitung des Anwendungsbereichs der Umsetzungsvorschriften oder einer Analogie durch die nationalen Gerichte steht die Richtlinie aber nicht entgegen.[298] Der Gerichtshof selbst hat sich jedoch eines eigenen Analogieschlusses enthalten.[299] Abgesehen von den besonderen wettbewerbsrechtlichen Vorschriften (siehe oben Rn 16) kennt das Unionsrecht daher keine Regeln für Kommission, Kommissionsagentur, Vertragshändler und Franchisenehmer. Für letztere ist freilich der *Code of Ethics* der *European Franchise Federation* von 1972[300] zu beachten, der lauterkeitsrechtlich durchaus Bedeutung erlangen kann. Darüber hinaus strahlt die HandelsvertreterRL in bemerkenswertem Umfang auf sonstige Vertriebsverträge aus: Die analoge Anwendung des Umsetzungsrechts,[301] insbesondere der Regelung zum Ausgleichsanspruch, kann hier zur – überschießenden – Anwendung der Regeln der Richtlinie führen. 96

2. Internationaler Anwendungsanspruch

Die Richtlinie regelt – anders als eine Reihe späterer Richtlinien im Bereich des Verbraucherschutzes[302] – ihren **internationalen Anwendungsbereich** nicht ausdrücklich.[303] Sie ist zugleich nicht auf grenzüberschreitende Geschäfte beschränkt,[304] sondern vereinheitlicht das auf Handelsvertreterverträge anzuwendende Sachrecht der Mitgliedsstaaten ganz generell. Nach dem Zweck der Richtlinie, nämlich Wettbewerb im Binnenmarkt vor Verfälschungen zu schützen, will die Richtlinie – unabhängig von Art. 3, 4 Rom I-VO – alle Verträge von Handelsvertretern erfassen, welche ihre Tätigkeit im Gebiet der Union und des EWR ausüben.[305] Diese Anknüpfung entspricht im Kern der Vermutung nach Art. 4 Abs. 1 lit. f. Rom I-VO.[306] 97

Die Richtlinie steht außerdem einer Abwahl der Umsetzungsnormen durch Bestimmung einer drittstaatlichen *lex contractus* nicht grundsätzlich entgegen. Das ist insbesondere im Blick auf die Zwingendstellungen in Art. 19, 20 Abs. 3 HandelsvertreterRL (dazu Rn 164 und 110 ff) von Interesse.[307] Allerdings darf eine solche Rechtswahl nicht dazu führen, dass dadurch die zwingenden Vorschriften über den Ausgleichs- oder Schadensersatzanspruch bei Vertragsende sowie die zeitliche Begrenzung von Wettbewerbsabreden auf zwei Jahre unterlaufen werden. Für den Anspruch 98

296 Ausführlich hierzu *Schröder*, Risikoverteilung in Vertriebsverträgen, 109 ff.

297 EuGH, Rs. C-85/03 (Mavrona & Sia OE), Rn 18 (Kommissionäre; vor Richtlinienumsetzung in Griechenland gleich behandelt). Zu den Abgrenzungen nach deutschem Recht s. MüKo-HGB/*von Hoyningen-Huene*, vor § 84, Rn 9 ff. Ähnliche Abgrenzungen sind auch in anderen Staaten erforderlich: für das belgische Recht s. *Willemart/Willemart*, Journal des tribunaux 2005, 89, 91; für das englische und irische Recht s. *Gardiner*, (2007) J.B.L. 412, 414-420 sowie *Hussey*, (2006) Irish Law Times 85 f.

298 EuGH, Rs. C-85/03 (Mavrona & Sia OE), Rn 20.

299 EuGH, Rs. C-85/03 (Mavrona & Sia OE), Rn 19.

300 http://www.eff-franchise.com/IMG/article_PDF/article_a13.pdf.

301 Dazu etwa MüKo-HGB/*von Hoyningen-Huene*, vor § 84, Rn 12 (Kommissionär und Kommissionsagent), 16 (Vertragshändler) und 21 (Franchisenehmer).

302 S. *Staudinger*, § 22, Rn 131 ff.

303 *Zur internationalen Zuständigkeit vgl* Rn 94 sowie OLG Hamburg, NJW 2004, 3126 (Zulässigkeit internationaler Gerichtsstandsvereinbarungen; keine Analogie zu den Verbraucherschutznormen Art. 15, 17, 18, 19, 21 Brüssel I-VO).

304 EuGH, Rs. C-456/98 (Centrosteel), Rn 13.

305 Vgl EuGH, Rs. C-381/98 (Ingmar GB), Rn 24 f. Zu den Konsequenzen daraus beim Beitritt der neuen Mitgliedstaaten s. *Thume* BB 2004, 2473, 2476 f.

306 Dazu Palandt/*Thorn* Art. 4 Rom I-VO Rn 19.

307 Weitere Zwingendstellungen enthält die RL in Art. 5, 10 Abs. 4, 11 Abs. 3, 12 Abs. 3 (s. u. Rn 124, 143, 146 und 150). Ob diese ebenfalls international zwingend sind, ist ungeklärt.

nach Art. 17 und 18 HandelsvertreterRL hat der Gerichtshof dies bereits ausdrücklich entschieden,[308] für das nachvertragliche Wettbewerbsverbot gilt richtigerweise entsprechendes.[309] Eine von den Vorgaben der Richtlinie abweichende Vereinbarung kommt überhaupt nur dann in Betracht, wenn der Handelsvertreter seine Tätigkeit nicht im Gebiet der Union und des EWR ausübt: **Art. 17-19, 20 Abs. 3** HandelsvertreterRL sind insoweit **international zwingend** also Eingriffsnormen iSv Art. 9 Rom I-VO.[310] Im Verhältnis zu Mitgliedstaaten spielt diese Einordnung freilich nur insoweit eine Rolle als diese die betreffenden Bestimmungen der Richtlinie nicht hinreichend umgesetzt haben.[311] Zum Schutz der betreffenden Richtlinienbestimmungen wird teilweise sogar das Verbot einer aus dem EWR hinaus verweisenden Gerichtsstandsvereinbarung oder Schiedsklausel angenommen, soweit die Gefahr einer Umgehung besteht.[312] Darüber hinaus wird man gegebenenfalls einen Gerichtsstand innerhalb der Union nach Art. 5 Nr. 1 lit. b Brüssel I-VO überhaupt erst begründen müssen.[313]

99 Für die abdingbaren Regelungen der Richtlinie gilt die Einordnung als Eingriffsnormen selbstverständlich nicht.[314] § 92 c Abs. 1 HGB wird dem freilich nicht gerecht, weil die Vorschrift bei ausschließlicher Aktivität des Handelsvertreters außerhalb des EWR nicht nur die Eigenschaft als international zwingendes – also auch unter fremdem Vertragsstatut anwendbares – Recht beseitigt, sondern zugleich – unter Verstoß gegen die Richtlinie – eine vollständige Abdingbarkeit auch für die deutsche *lex contractus* herbeiführt.

100 Der Gerichtshof hat darüber hinaus erkennen lassen, dass er den Bereich der kollisionsrechtlichen Zwingendstellung auf sämtliche Sachverhalte mit einem „starken Gemeinschaftsbezug" ausweiten könne: Die Tätigkeit im Gebiet eines Mitgliedstaats wird insoweit lediglich beispielhaft („etwa") erwähnt.[315] Nach wie vor offen ist damit die Einordnung der Vorschriften im Blick auf Verträge, welche durch andere Faktoren (etwa Sitz des Unternehmers oder Sitz des Handelsvertreters) einen starken Bezug zum Gebiet des EWR aufweisen.

3. Vollharmonisierung

101 Für die Bewertung des Umsetzungsrechts ist zudem der Umstand von entscheidender Bedeutung, dass die Richtlinie keinen Mindeststandard, sondern eine **Vollharmonisierung** enthält. Einzige Ausnahme davon ist Art. 20 Abs. 4 HandelsvertreterRL, wonach die durch die Richtlinie statuierten Anforderungen an und Beschränkungen von nachvertraglichen Wettbewerbsabreden nur einen Mindeststandard begründen. Frei sind die Mitgliedstaaten im Übrigen daher nur insoweit, als die Richtlinie ihren Anwendungsbereich selbst einschränkt (siehe oben Rn 19). In den erfassten Bereichen sind hingegen weder Abweichungen zugunsten des Unternehmers noch zugunsten des Handelsvertreters mit dem Unionsrecht vereinbar.[316] Schwierigkeiten bereitet dies insbesondere, soweit nationale Umsetzungsgesetze zusätzliche Pflichten oder Rechtsbehelfe regeln. Das gilt nicht, soweit die Richtlinie entsprechende Unberührtheitsklauseln enthält wie etwa in Art. 12 Abs. 4 HandelsvertreterRL für das Einsichtsrecht in die Bücher des Unternehmers.

---

308 EuGH, Rs. C-381/98 (Ingmar GB), Rn 26 (Anwendung der Umsetzungsbestimmungen zu Artt. 17, 18 HandesvertreterRL bei Wahl kalifornischen Rechts).

309 *Willemart/Willemart*, Journal des tribunaux 2005, 89, 92.

310 OLG München, IHR 2006, 166; Ferrari/*Schmidt-Kessel*, Art. 9 Rom I-VO Rn 19; *Willemart/Willemart*, Journal des tribunaux 2005, 89, 92.

311 EuGH, Rs. C-184/12 (Unamar), Rn 51.

312 OLG München, IHR 2006, 166 (vereinbarter Gerichtsstand in Kalifornien sowie Schiedsklausel unbeachtlich) m. zust. Anm. *Thume*; dazu auch Anm. *Emde*, EWiR 2006, 621. In dieselbe Richtung schon früher *Mankowski*, in: Europäisierung des Handels- und Wirtschaftsrechts, 131, 149. Vgl auch *Willemart/Willemart*, Journal des tribunaux 2005, 89, 92.

313 *Emde*, EWiR 2006, 621, 622; *ders.*, RIW 2003, 505 ff; ebenso *Willemart/Willemart*, Journal des tribunaux 2005, 89, 92.

314 Ferrari/*Schmidt-Kessel*, Art. 9 Rom I-VO Rn 1; zu weitgehend daher Palandt/*Thorn*, Art. 4 Rom I-VO Rn 19, der die Richtlinie insgesamt für international zwingend hält.

315 EuGH, Rs. C-381/98 (Ingmar GB), Rn 25; dazu *Staudinger*, § 22, Rn 135.

316 Missverständlich daher *Riehm*, Handelsrecht, Rn 48.

II. Abschluss und Beendigung des Handelsvertretervertrags

1. Gültigkeitserfordernisse

Die Richtlinie selbst sieht für den Abschluss des Handelsvertretervertrags keinerlei Formerfordernisse vor. Art. 13 Abs. 2 HandelsvertreterRL eröffnet lediglich den Mitgliedstaaten die Möglichkeit, ein Schriftformerfordernis zu begründen. Die Mitgliedstaaten müssen allerdings nach Art. 13 Abs. 1 HandelsvertreterRL einen unabdingbaren vertraglichen Anspruch des Handelsvertreters auf Aushändigung einer Urkunde über den Vertragsinhalt begründen. Deutschland hat dies in § 85 HGB getan, ohne zugleich ein Schriftformerfordernis einzuführen. 102

Die Begründung anderer Gültigkeitserfordernisse durch die Mitgliedstaaten (etwa ein Registereintrag des Handelsvertreters) ist daher unzulässig.[317] Wegen des freiheitsbeschränkenden Charakters zusätzlicher Gültigkeitserfordernisse ist nicht auszuschließen, dass es insoweit zu unmittelbaren Wirkungen der Richtlinie kommt.[318] Das Verbot gilt freilich nicht für allgemein anzuwendende Gründe der Unwirksamkeit (etwa Irrtum, Sittenwidrigkeit). 103

2. Ende des Vertrags durch Fristablauf

Nach der Richtlinie endet ein Handelsvertretervertrag zunächst durch Fristablauf; das ergibt ein Rückschluss aus Art. 14 HandelsvertreterRL und für das deutsche Umsetzungsrecht entsprechend aus § 89 Abs. 3 HGB. Diese Bestimmungen beschränken sich auf die Regelung der Folgen einer Fortsetzung der Vertragsdurchführung nach Fristablauf. Diese führt zur Umwandlung des befristeten Vertrags in einen auf unbestimmte Zeit geschlossenen Vertrag und begründet damit die Notwendigkeit der ordentlichen Kündigung nach Art. 15 HandelsvertreterRL; für die Frist ist nach Art. 15 Abs. 6 HandelsvertreterRL die Dauer des befristeten Vertrags mit zu berücksichtigen. Auch insoweit erfolgt die Umsetzung durch § 89 Abs. 3 HGB. 104

3. Ende des Vertrags durch ordentliche Kündigung

Der unbefristete Handelsvertretervertrag endet nach Art. 15 HandelsvertreterRL durch ordentliche Kündigung. Dieses – in § 89 Abs. 1 HGB ordnungsgemäß umgesetzte – Kündigungsrecht besteht für beide Seiten (Art. 15 Abs. 2 HandelsvertreterRL und § 89 Abs. 2 HGB). Die Kündigung erfolgt jeweils zum Monatsende (Art. 15 Abs. 4 HandelsvertreterRL), wobei die deutsche Umsetzungsvorschrift, § 89 Abs. 1 S. 3 HGB, mit Recht ausdrücklich auf die Abdingbarkeit dieser Vorgabe verweist. 105

Die in Art. 15 Abs. 2 S. 1 HandelsvertreterRL grundsätzlich vorgegebene **Kündigungsfrist** beträgt einen Monat je Vertragsjahr, jedoch höchstens drei Monate. Die Mitgliedstaaten können die Kündigungsfrist für das vierte bis sechste Jahr sowie für die folgenden um jeweils einen Monat auf maximal sechs Monate ausdehnen (Art. 15 Abs. 3 S. 1 HandelsvertreterRL). Deutschland hat die Grundregelung in § 89 Abs. 1 S. 1 HGB umgesetzt und in Abs. 1 S. 2 ab Beginn des sechsten Vertragsjahrs eine sechsmonatige Kündigungsfrist angeordnet. Darin dürfte eine zulässige Ausfüllung des in Art. 15 Abs. 3 S. 1 HandelsvertreterRL begründeten Spielraums liegen. 106

Bei den Wirkungen einer diesen Anforderungen nicht entsprechenden Kündigung ist Vorsicht geboten: Die Idee des deutschen Gestaltungsdogmas, nach der – von den Fällen der Kündigung zur Unzeit nach §§ 627 Abs. 2 S. 2, 671 Abs. 2 S. 2 BGB abgesehen – die rechtswidrige Kündigung unwirksam ist, wird nicht überall geteilt.[319] Vielfach ist danach die **rechtswidrige Kündigung wirk-** 107

317 Siehe allgemein EuGH, Rs. C-215/97 (Bellone), Rn 15 (Registrierung als Wirksamkeitserfordernis) sowie EuGH, Rs. C-456/98 (Centrosteel), Rn 17-19 (zur Unbeachtlichkeit des Registrierungserfordernisses zwischen Privaten). Andererseits EuGH, Rs. C-485/01 (Francesca Caprini), Rn 15 (Registrierungserfordernis als Voraussetzung der Anmeldung zum Handelsregister zulässig).

318 Zurückhaltend noch EuGH, Rs. C-456/98 (Centrosteel), Rn 17-19 mit der Aufforderung zu – im vorliegenden Falle wohl möglicher – richtlinienkonformer Auslegung.

319 Siehe nur für das irische (und englische) Recht *Hussey*, (2006) Irish Law Times 85, 88. Ähnliches lässt sich – im Grundsatz – auch für Frankreich sagen.

sam und verpflichtet den Kündigenden zum **Schadensersatz**. Es spricht manches dafür, dass sich der Gerichtshof im Streitfalle dieser Auffassung anschließen würde.

108 Die durch die Richtlinie vorgegebenen Kündigungsfristen sind **nur teilweise dispositiv**. Insbesondere ist jede Verkürzung ausgeschlossen (Art. 15 Abs. 2 S. 2, Abs. 3 S. 2 HandelsvertreterRL), was sich der deutschen Umsetzung nur durch einen Umkehrschluss aus § 89 Abs. 2 S. 1 HGB entnehmen lässt. Die Verlängerung ist hingegen möglich, wenn die Frist für den Handelsvertreter zumindest gleich lang ist wie diejenige für den Unternehmer (Art. 15 Abs. 4 HandelsvertreterRL). Eine Sanktion für die Vereinbarung einer kürzeren Frist enthält die Richtlinie nicht. § 89 Abs. 2 HGB schließt diese Lücke dadurch, dass er – neben der Umsetzung – an die Stelle einer kürzeren Frist für den Unternehmer die für den Handelsvertreter vereinbarte Frist treten lässt. Diese Lösung wird den Vorgaben der Richtlinie gerecht, auch wenn sie für den Unternehmer vergleichsweise risikofrei ist und damit durchaus die Frage nach einer abschreckenden und damit effektiven Durchsetzung der Richtlinienvorgabe gestellt werden kann.

4. Ende des Vertrags durch außerordentliche Kündigung

109 Eine eigenständige Regelung zur außerordentlichen Kündigung enthält die Richtlinie nicht. Art. 16 HandelsvertreterRL verdeutlicht jedoch nicht nur, dass entsprechende Regelungen vorausgesetzt werden, sondern die Vorschrift nennt auch die Fälle, in welchen eine solche nach nationalem Recht erfolgende Kündigung mit der Richtlinie vereinbar ist: Zulässig sind danach die Kündigung wegen Pflichtverletzung einer Partei (Art. 16 lit. a HandelsvertreterRL) und die Kündigung wegen außergewöhnlicher Umstände (Art. 16 lit. b HandelsvertreterRL). Etwas zu unbestimmt regelt dementsprechend § 89 a Abs. 1 HGB: „Das Vertragsverhältnis kann von jedem Teil aus wichtigem Grund ohne Einhaltung einer Kündigungsfrist gekündigt werden. Dieses Recht kann nicht ausgeschlossen oder beschränkt werden." Diese Vorschrift ist nur dann richtlinienkonform, wenn lediglich die beiden angesprochenen Fälle als Gründe einer außerordentlichen Kündigung anerkannt werden.[320] Die Unabdingbarkeit, die mit Blick auf die generalklauselartige Fassung von § 89 a Abs. 1 HGB ohnehin nur begrenzte Wirkungen entfalten kann, dürfte mit der Richtlinie vereinbar sein.

5. Nachvertragliche Wettbewerbsabreden

110 Die Richtlinie enthält in ihrem Art. 20 HandelsvertreterRL außerdem auch Vorgaben für nachvertragliche Wettbewerbsabreden. Darunter versteht sie die Einschränkung der gewerblichen Tätigkeit nach Beendigung des Vertrags (Art. 20 Abs. 1 HandelsvertreterRL). Dieser Begriff entspricht auch demjenigen von § 90 a Abs. 1 S. 1 HGB: „Eine Vereinbarung, die den Handelsvertreter nach Beendigung des Vertragsverhältnisses in seiner gewerblichen Tätigkeit beschränkt (Wettbewerbsabrede) [...]." Nach Abs. 4 der Vorschrift begründet diese lediglich einen **Mindestschutz**, über welchen die Mitgliedstaaten hinausgehen können. § 90 a HGB macht von dieser Möglichkeit in mehrfacher Hinsicht Gebrauch; insbesondere verpflichtet § 90 a Abs. 1 S. 3 HGB den Unternehmer, dem Handelsvertreter für die Dauer der Wettbewerbsbeschränkung eine angemessene Entschädigung zu zahlen.

111 Art. 20 Abs. 2 HandelsvertreterRL legt zwei **Gültigkeitsvoraussetzungen** für nachvertragliche Wettbewerbsabreden fest: Zum einen ist Schriftform erforderlich (Art. 20 Abs. 2 lit. a HandelsvertreterRL), worüber § 90 a Abs. 1 S. 1 HGB noch hinaus geht: „Eine [Wettbewerbsabrede] bedarf der Schriftform und der Aushändigung einer vom Unternehmer unterzeichneten, die vereinbarten Bestimmungen enthaltenden Urkunde an den Handelsvertreter." Das Erfordernis der Übergabe der Urkunde ist wegen des erwähnten Charakters von Art. 20 HandelsvertreterRL als Mindeststandard unproblematisch. Unverändert umgesetzt ist hingegen das zweite Gültigkeitserfordernis, wonach die Wettbewerbsabrede auf den Bezirk respektive Kundenkreis und die Warengattung beschränkt sein muss (Art. 20 Abs. 2 lit. b HandelsvertreterRL und § 90 a Abs. 1 S. 2 Hs 2 HGB).

---

320 Abweichend Ebenroth/Boujong/Joost/Strohn/*Löwisch* § 89 a Rn 85, der aufgrund der Entstehungsgeschichte der Richtlinie den Spielraum der Mitgliedstaaten nicht beschränkt sieht.

Kein Gültigkeitserfordernis, sondern eine zeitliche Wirksamkeitsschranke begründet schließlich Art. 20 Abs. 3 HandelsvertreterRL. Danach ist eine nachvertragliche Wettbewerbsabrede längstens für zwei Jahre nach Vertragsbeendigung wirksam. § 90 a Abs. 1 S. 2 Hs 1 HGB geht darüber hinaus und wandelt die Höchstfrist für die Wirksamkeit aus der Richtlinie seinem Wortlaut nach in ein Gültigkeitserfordernis um, welches zur Nichtigkeit von Abreden mit längeren Fristen führt. Das ist im Blick auf Art. 20 Abs. 4 HandelsvertreterRL zulässig. 112

III. Pflichtengefüge

1. Pflichten des Handelsvertreters

Die unionsrechtlich begründeten Pflichten des Handelsvertreters teilt Art. 3 HandelsvertreterRL in zwei Generalklauseln in Abs. 1 und drei in Abs. 2 gesondert aufgeführte Pflichteninhalte auf. Die Umsetzung folgt dabei den Vorgaben der Richtlinie nicht exakt, sondern weicht an mehreren Stellen ab. Außerdem kennt das deutsche Recht in § 90 HGB zusätzlich Pflichten zur Wahrung von Geschäfts- und Betriebsgeheimnissen des Unternehmers (siehe Rn 167). 113

Bei den enumerativ aufgelisteten Pflichten verlangt zunächst Art. 3 Abs. 2 lit. a HandelsvertreterRL vom Handelsvertreter angemessenen Einsatz für Vermittlung und gegebenenfalls den Abschluss der Verträge in angemessener Weise. Damit obliegt ihm weder eine Umsatzgarantie[321] noch eine allgemeine Pflicht zur Markt-, Produkt- und Kundenpflege. Diese sind auch der Umsetzung in § 86 Abs. 1 HGB nicht zu entnehmen: „Der Handelsvertreter hat sich um die Vermittlung oder den Abschluss von Geschäften zu bemühen; er hat hierbei das Interesse des Unternehmers wahrzunehmen."[322] Das fehlende Attribut der Angemessenheit des Einsatzes findet sich übertragen in den Sorgfaltsmaßstab des § 86 Abs. 3 HGB. 114

Art. 3 Abs. 2 lit. b HandelsvertreterRL verlangt ferner eine Pflicht des Handelsvertreters zur Übermittlung der erforderlichen Informationen an den Unternehmer. § 86 Abs. 2 HGB konkretisiert dies in zulässiger Weise dadurch, dass er „namentlich" verlangt, dem Unternehmer „von jeder Geschäftsvermittlung und von jedem Geschäftsabschluss unverzüglich Mitteilung zu machen." Das Verhältnis dieser Informationspflicht zu denjenigen nach Art. 22 DienstleistungsRL ist unklar: Zwar kommt der HandelsvertreterRL nach Art. 3 DienstleistungsRL im Konfliktfalle der Vorrang zu, es ist jedoch fraglich, ob dieser Vorrang auch die Anordnung der Vollharmonisierung erfasst. Richtigerweise ist dies nicht der Fall, sondern es bedarf eines konkreten Konfliktes,[323] an dem es angesichts der generalklauselartigen Fassung von Art. 4 Abs. 2 lit. b Alt. 1 HandelsvertreterRL fehlt. Die – weitgehend vorvertraglichen – Informationspflichten des Dienstleisters nach Art. 22 DienstleistungsRL treffen also auch den Handelsvertreter. 115

Keine ausdrückliche Umsetzung hat hingegen Art. 3 Abs. 2 lit. c HandelsvertreterRL erfahren, welche vom Handelsvertreter das Befolgen von angemessenen Weisungen verlangt.[324] Insoweit teilt das Handelsvertreterrecht eines der allgemeinen Regelungsdefizite des Dienstleistungsrechts. Die Folgen dieses Umsetzungsdefizits lassen sich freilich durch Anwendung von § 315 BGB weitgehend auffangen. Der in der Richtlinie nicht vorgesehene Mechanismus nach § 315 Abs. 3 S. 2 BGB gestattet die prozedurale Sicherung der Angemessenheit von Weisungen und ist daher mit der Richtlinie vereinbar. Die außerdem in § 665 BGB, aber nicht in der Richtlinie vorgesehene Berechtigung zur Abweichung von Weisungen im Interesse des Unternehmers stellt bereits eine – zulässige – Konkretisierung der allgemeinen Pflicht des Handelsvertreters zur Interessenwahrnehmung nach Art. 3 Abs. 1 Alt. 1 HandelsvertreterRL dar und ist damit ebenfalls unionsrechtskonform.[325] 116

321 Zur Möglichkeit eine solche zu vereinbaren s. Rn 125.
322 S. Baumbach/*Hopt*, HGB, § 86, Rn 13, 14.
323 Schlachter/Ohler/*Schmidt-Kessel*, vor Art. 22 Rn 9.
324 Der Regierungsentwurf zum Umsetzungsgesetz (BT-Drucks. 11/3077) hatte insoweit noch eine ausdrückliche Regelung vorgesehen.
325 Anders MüKo-HGB/*von Hoyningen-Huene*, § 86 Rn 2 und Ebenroth/Boujong/Joost/Strohn/*Löwisch*, § 86 Rn 59, freilich ohne Eingehen auf §§ 315, 665 BGB.

117 Generalklauselartig begründet Art. 3 Abs. 1 Alt. 1 HandelsvertreterRL ferner eine allgemeine Pflicht des Handelsvertreters zur Wahrnehmung der Interessen des Unternehmers. Diese Pflicht geht bereits ihrem Wortlaut nach weiter als die Umsetzung in § 86 Abs. 1 HGB, wonach der Handelsvertreter lediglich bei dem Bemühen um Vermittlung und Abschluss die Interessen wahrzunehmen hat. Die insoweit wiederum defizitäre Umsetzung, lässt sich bei der Rechtsanwendung freilich durch Rückgriff auf die allgemeinen Regeln der Vertragsergänzung überwinden, zumal die allgemeine Interessenwahrung für den dem Handelsvertreter zugrunde liegenden allgemeinen Geschäftsbesorgungsvertrag gerade konstitutiv ist.[326]

118 Auch die weitere Generalklausel für die Vertreterpflichten entbehrt einer eigenen Umsetzungsnorm: Art. 3 Abs. 1 Alt. 2 HandelsvertreterRL verlangt vom Handelsvertreter, dass er sich bei der Ausübung seiner Tätigkeit nach den Geboten von Treu und Glauben verhalten muss. Eine ähnlich allgemeine Vorgabe findet sich für das deutsche Handelsvertreterrecht nur in § 86 Abs. 3 HGB: „Er hat seine Pflichten mit der Sorgfalt eines ordentlichen Kaufmanns wahrzunehmen.“ Dies ist freilich nicht ausreichend, weil insoweit nur ein objektiver Standard begründet wird, welcher hinter dem – auch auf den subjektiven Einzelfall anzuwendenden – Gebot von Treu und Glauben erheblich zurückbleibt.[327] Als Umsetzungsnorm von Art. 3 Abs. 1 Alt. 2 HandelsvertreterRL in das deutsche Recht verbleibt daher lediglich § 242 BGB, der insoweit richtlinienkonform zu konkretisieren ist.[328]

2. Pflichten des Unternehmers

119 Zu den Pflichten des Unternehmers zählt nach der Richtlinie in erster Linie selbstverständlich die Entrichtung des Entgelts (siehe oben Rn 89). Nach dem Bild der Richtlinie geht es ausweislich ihrer Art. 6-12 dabei vorrangig um Vergütungen in Form von Provisionen, auf welche unten noch gesondert einzugehen sein wird (siehe unten Rn 128-150). Art. 6 Abs. 3 HandelsvertreterRL verdeutlicht jedoch den Umstand, dass die Vereinbarung einer Provision keine zwingende Voraussetzung für die Qualifikation als Handelsvertretervertrag ist. §§ 87 ff HGB kennen eine solche geschriebene Ausnahme nicht; § 87 Abs. 1 S. 1 HGB erhebt vielmehr lediglich den Provisionsanspruch zur regelmäßigen Rechtsfolge des Handelsvertretervertrags. Da die Vorschrift abdingbar ist,[329] ergibt sich für das deutsche Recht dasselbe Regel-Ausnahme-Verhältnis wie für die Richtlinie. Hierin mag man zwar eine defizitäre Richtlinienumsetzung erblicken; angesichts der – gebotenen – Praxis des Unionsrechts, dispositive Normen nicht und nur zwingende Normen als solche zu kennzeichnen, dürfte eine Formel wie „soweit nicht ein Anderes bestimmt ist“ aber entbehrlich sein.

120 Der Handelsvertreter bedarf zur Erbringung seiner Leistung hinreichender Unterstützung durch den Unternehmer. Dementsprechend verlangt die Richtlinie von Letzterem sowohl, dass er die erforderlichen **Unterlagen** dem Handelsvertreter zur Verfügung stellt (Art. 4 Abs. 2 lit. a HandelsvertreterRL), als auch, dass er diesem die erforderlichen **Informationen** übermittelt (Art. 4 Abs. 2 lit. b Alt. 1 HandelsvertreterRL). § 86 a Abs. 1 HGB konkretisiert die Pflicht zur Überlassung von Unterlagen durch unproblematische Beispiele („Muster, Zeichnungen, Preislisten, Werbedrucksachen, Geschäftsbedingungen“), welche sich auch in Auslegung der Richtlinie ohne weiteres ergeben würden. Nahezu wörtlich fällt – ausnahmsweise – die Umsetzung der Informationspflicht in § 86 a Abs. 2 S. 1 HGB aus: „Der Unternehmer hat dem Handelsvertreter die erforderlichen Nachrichten zu geben.“

121 Einen davon unabhängigen Fall behandelt Art. 4 Abs. 2 lit. b Alt. 2 HandelsvertreterRL. Danach hat der Unternehmer binnen angemessener Frist den Vertreter zu benachrichtigen, wenn er absieht, dass der **Umfang der Geschäfte erheblich geringer** sein wird, als der Handelsvertreter dies erwarten darf. Hierbei geht es darum, den Handelsvertreter rechtzeitig vor zu erwartenden Umsatzeinbrüchen zu warnen. Daher ist die deutsche Umsetzung in § 86 a Abs. 2 S. 3 HGB auch zu eng, welche

326 Vgl nur Jauernig/*Mansel* § 662, Rn 9; § 675, Rn 7.
327 Kritisch zur Richtlinienkonformität daher Ebenroth/Boujong/Joost/Strohn/*Löwisch*, § 86 Rn 57.
328 Ebenroth/Boujong/Joost/Strohn/*Löwisch*, § 86 Rn 57; Prütting/Wegen/Weinreich/*Schmidt-Kessel*, § 242 Rn 2.
329 S. Baumbach/*Hopt*, HGB, § 87, Rn 5.

nämlich nur auf die erheblich geringere Zahl von Abschlüssen abstellt und damit den wichtigen – und vor allem provisionsrelevanten (siehe Rn 143) – Fall unerwähnt lässt, dass der Unternehmer die Nichtausführung abgeschlossener Verträge voraussehen kann. Trotz gegenläufiger systematischer Argumente (§ 86 a Abs. 2 S. 2 HGB erwähnt Abschluss und Nichtausführung) lässt sich dieses Defizit wohl durch eine entsprechende richtlinienkonforme Extension bewältigen.

Ebenfalls im Blick auf die Provisionsfrage (vergleiche Rn 138 ff) ist es für den Handelsvertreter von Bedeutung, dass er innerhalb angemessener Frist Kenntnis von der Annahme, der Ablehnung oder der Nichtausführung eines vermittelten Geschäfts erhält (Art. 4 Abs. 3 HandelsvertreterRL). Die Umsetzung der betreffenden Pflicht des Unternehmers in § 86 a Abs. 2 S. 2 HGB ist freilich wiederum nicht ganz gelungen: Da Art. 4 Abs. 3 HandelsvertreterRL – wie die ganze Richtlinie (siehe Rn 101) – keinen Mindeststandard begründet, hätte die Vorschrift die Pflicht nicht dahingehend verschärfen dürfen, dass der Unternehmer unverzüglich, also ohne schuldhaftes Zögern (§ 121 Abs. 1 S. 1 BGB), zu unterrichten hat. Die gängige Streitfrage, ob die Mitteilungspflicht entsprechend dem Wortlaut auf vom Handelsvertreter vermittelte Verträge beschränkt ist,[330] lässt sich durch den insoweit identischen Wortlaut der Richtlinie nicht klären. Der Zweck der Richtlinienbestimmung legt hier freilich eine weite – die Fälle von Art. 7 Abs. 2 HandelsvertreterRL umfassende – Auslegung nahe, welche zugleich in der einschränkenden Formulierung in Art. 4 Abs. 3 HandelsvertreterRL ein Redaktionsversehen erblicken müsste. 122

Wie bei Art. 3 Abs. 1 Alt. 2 HandelsvertreterRL fehlt es schließlich auch für Art. 4 Abs. 1 HandelsvertreterRL an einer speziellen Umsetzungsnorm in das deutsche Recht. Die dort statuierte allgemeine Pflicht zum Verhalten nach den Geboten von Treu und Glauben findet ihre Umsetzung daher wiederum lediglich in § 242 BGB.[331] Sie schließt nach dem Zweck der Richtlinie die Pflicht ein, Praktiken im Vertriebsnetz des Unternehmers, welche eine alleinige Bezirksvertretung eines Handelsvertreters zu unterlaufen drohen, unverzüglich zu unterbinden.[332] 123

3. Zwingendstellung der Vertragspflichten

Deutlich unzureichend ist demgegenüber die Umsetzung der Zwingendstellung des vertraglichen Pflichtenprogramms durch Art. 5 HandelsvertreterRL. Diese umfasst alle in Art. 3, 4 HandelsvertreterRL angesprochenen Pflichten. Die Umsetzung für die Pflichten des Handelsvertreters in § 86 Abs. 4 HGB lässt jedoch die Pflichten zur Befolgung von Weisungen, zur Interessenwahrnehmung (partiell) und zum Verhalten nach Treu und Glauben ohne Zwingendstellung.[333] Ein etwas geringeres Defizit weist § 86 a Abs. 3 HGB auf, welcher nur die Pflicht zum Verhalten nach Treu und Glauben ohne Zwingendstellung lässt. Beide Defizite sind für das deutsche Recht auch deshalb bedauerlich, weil nun die generelle Frage nach Möglichkeit und Grenzen einer Abdingbarkeit von § 242 BGB[334] eine zusätzliche unionsrechtliche Dimension erhält, die sich leicht hätte vermeiden lassen. Für die Richtlinienkonformität der Rechtsanwendung lassen sich die richtigen Ergebnisse allerdings jeweils in Anwendung von § 138 BGB erzielen. 124

Die unionsrechtlich vorgegebenen Grenzen der Gestaltung von Handelsvertreterverträgen werden – auch soweit §§ 86 Abs. 4, 86 a Abs. 3 HGB anwendbar sind – selten praktisch angewandt. So wird etwa in Deutschland die Auffassung vertreten, dass dem Handelsvertreter über die Bemühenspflicht nach § 86 Abs. 1 Hs 1 HGB hinaus durch vertragliche Vereinbarung eine Umsatzgarantie auferlegt werden kann.[335] Dies ist angesichts der generellen Zwingendstellung des Pflichtenprogramms freilich fragwürdig, soweit und solange der Handelsvertreter selbständig ist und damit der Richtlinie unterfällt. 125

330 Dafür Baumbach/*Hopt*, HGB, § 86 a, Rn 10.
331 Prütting/Wegen/Weinreich/*Schmidt-Kessel*, § 242 Rn 2.
332 Angedeutet durch EuGH, Rs. C-19/07 (Paul Chevassus-Marche/Groupe Danone), Rn 22.
333 Wie hier Ebenroth/Boujong/Joost/Strohn/*Löwisch*, § 86 Rn 60.
334 Dazu allgemein etwa Prütting/Wegen/Weinreich/*Schmidt-Kessel*, § 242 Rn 11.
335 Baumbach/*Hopt*, HGB, § 86, Rn 14.

IV. Vergütungs- und Provisionsanspruch

126 Die Richtlinie geht grundsätzlich von einer erfolgsabhängigen Vergütung des Handelsvertreters aus, der Provision. Diese Vergütungsform ist aber nicht zwingend. Vielmehr enthält Art. 6 HandelsvertreterRL in den Regelungen über die Bestimmung der Vergütung mehrere Verweise auf – übliche oder angemessene – Vergütungen, ohne dass deren Erfolgsabhängigkeit festgeschrieben würde.

127 Nach Art. 6 Abs. 2 HandelsvertreterRL ist Provision jeder Teil der Vergütung, der nach Zahl oder Wert der Geschäfte schwankt. Das entspricht der herrschenden Auffassung auch in Deutschland, welche jede irgendwie nach dem Umfang vergütungspflichtiger Geschäfte bemessene Zahlung als Provision ansieht.[336] Eine ausdrückliche Umsetzung von Art. 6 Abs. 2 HandelsvertreterRL fehlt jedoch; insoweit ist die Richtlinie unzureichend umgesetzt, ohne dass sich daraus zunächst ernstliche Konsequenzen ergeben könnten (siehe jedoch Rn 166).

1. Höhe der Vergütung

128 Die Umsetzung der Vergütungsregelungen durch den deutschen Gesetzgeber ist über weite Strecken mangelhaft: Besonders problematisch ist die Abweichung des Umsetzungsrechts von Art. 6 Abs. 1 S. 2 HandelsvertreterRL. Während dort angeordnet ist, dass mangels einer diesbezüglichen Vereinbarung die am Tätigkeitsort übliche Vergütung geschuldet ist, regelt § 87 b Abs. 1 HGB: „Ist die Höhe der Provision nicht bestimmt, so ist der übliche Satz als vereinbart anzusehen." Und § 87 b Abs. 2S. 1 HGB ergänzt: „Die Provision ist von dem Entgelt zu berechnen, das der Dritte oder der Unternehmer zu leisten hat." Die Üblichkeit iSv Art. 6 Abs. 1 S. 2 HandelsvertreterRL wird dadurch zum einen auf Provisionen und zum anderen auf den üblichen Satz von der Gegenleistung des vermittelten oder abgeschlossenen Geschäfts eingeschränkt. Außerdem finden sich dort detaillierte Regeln zur Berücksichtigung von Preisnachlässen und Nebenkosten insbesondere der Umsatzsteuer.[337] Diese Konkretisierungen beschränken den nach der Richtlinie dem Richter zu eröffnenden Spielraum und lassen sich nur sehr begrenzt durch die Annahme eines Handelsbrauchs nach § 346 HGB wieder einfangen. Auch dem in Art. 6 Abs. 2 HandelsvertreterRL niedergelegten Grundverständnis der Richtlinie von der Provision, welches jede erfolgsabhängige Zahlung erfasst und nicht auf Anteile an der Gegenleistung beschränkt ist (siehe oben Rn 126), wird diese Umsetzung nicht gerecht. Richtlinienkonforme Ergebnisse lassen sich außer über § 346 HGB allenfalls im Wege der ergänzenden Vertragsauslegung erzielen: Eine von § 87 b Abs. 1, Abs. 2 HGB abweichende Übung wäre dann mit Hilfe von § 157 BGB durchzusetzen.

129 Ebenfalls ohne ausdrückliche Umsetzung in das deutsche Recht ist Art. 6 Abs. 1 S. 2 HandelsvertreterRL geblieben; soweit eine übliche Höhe der Provision nicht festzustellen ist, hat der Handelsvertreter einen Anspruch auf Vergütung in angemessener Höhe. Da auch § 612 Abs. 2 BGB lediglich auf die übliche Vergütung verweist, liegt auch hier ein Umsetzungsdefizit vor. Einige Stimmen verweisen an dieser Stelle auf das Regime der §§ 315, 316 BGB, also auf eine Bestimmung der Vergütung nach billigem Ermessen durch den Handelsvertreter.[338] Diese mag zwar zu ähnlichen Ergebnissen führen, verlagert aber die Befugnis für die Konkretisierung des Vertrags – ebenso einseitig wie richtlinienwidrig – auf den Handelsvertreter. Richtlinienkonform ist diese Lösung daher im Ergebnis allein dann, wenn der Maßstab von Art. 6 Abs. 1 S. 2 HandelsvertreterRL auch die Konkretisierung des billigen Ermessens und gegebenenfalls auch das Verfahren nach § 315 Abs. 3 S. 2 BGB determiniert.[339]

---

336 Baumbach/*Hopt*, HGB, § 87, Rn 2.

337 Vgl auch § 87 b Abs. 2 S. 2 und 3: „Nachlässe bei Barzahlung sind nicht abzuziehen; dasselbe gilt für Nebenkosten, namentlich für Fracht, Verpackung, Zoll, Steuern, es sei denn, dass die Nebenkosten dem Dritten besonders in Rechnung gestellt sind. Die Umsatzsteuer, die lediglich auf Grund der steuerrechtlichen Vorschriften in der Rechnung gesondert ausgewiesen ist, gilt nicht als besonders in Rechnung gestellt."

338 Baumbach/*Hopt*, HGB, § 87 b, Rn 3; vgl BGH, LM § 87 b HGB Nr. 1; BGH, WM 2005, 1041.

339 Optimistischer Ebenroth/Boujong/Joost/Strohn/*Löwisch*, § 87 b Rn 37 („In der Praxis dürften hieraus vom Ergebnis her keine großen Probleme erwachsen").

130 Abgesehen von den Maßstäben der Üblichkeit und Angemessenheit enthält Art. 6 Abs. 1 S. 1 HandelsvertreterRL einen Vorbehalt zugunsten mitgliedstaatlicher Vorschriften über die Höhe von Vergütungen. Deutschland hat diesen Vorbehalt genutzt und in § 92 a Abs. 1 HGB eine Verordnungsermächtigung geschaffen, aufgrund der für Handelsvertreter, welche an einen Unternehmer gebunden sind, Mindestarbeitsbedingungen, insbesondere Mindestvergütungen, festgesetzt werden können. Allerdings ist von dieser Ermächtigung bislang kein Gebrauch gemacht worden.[340]

2. Voraussetzungen des Provisionsanspruchs

131 Die Voraussetzungen des Entstehens des Provisionsanspruchs regelt die Richtlinie in Art. 7 HandelsvertreterRL. Danach ist eine Provision vor allem auf solche Geschäfte zu gewähren, welche auf die Tätigkeit des Handelsvertreters zurückzuführen sind (Art. 7 Abs. 1 lit. a HandelsvertreterRL). Dem entspricht der Sache nach auch die deutsche Umsetzung in § 87 Abs. 1 S. 1 Fall 1 HGB. Außerdem partizipiert der Handelsvertreter an den Erträgen aus der früheren Werbung von Kunden, wenn diese weitere Geschäfte mit dem Unternehmer tätigen (Art. 7 Abs. 1 lit. b HandelsvertreterRL und § 87 Abs. 1 S. 1 Fall 2 HGB).

132 Ist dem Handelsvertreter ein bestimmter Bezirk oder Kundenkreis zugewiesen, schützt Art. 7 Abs. 2 HandelsvertreterRL ihn zusätzlich: Unabhängig von einer Verbindung zu seiner Tätigkeit erhält er eine Provision, wenn der Unternehmer ein Geschäft im zugewiesenen Bezirk oder Kundenkreis abschließt. Auf eine Ursächlichkeit von Aktivitäten des Handelsvertreters kommt es dabei nicht an[341] und zwar auch dann nicht, wenn keine Ausschließlichkeit der Handelsvertretung vereinbart ist.[342] Den Mitgliedstaaten steht es jedoch frei, für diesen Provisionsanspruch zusätzlich Alleinvertretung vorauszusetzen. Der deutsche Gesetzgeber hat bei der Umsetzung in § 87 Abs. 2 S. 1 HGB von der Möglichkeit eines solchen zusätzlichen Erfordernisses keinen Gebrauch gemacht.

133 Bei der Zuweisung eines Bezirks können – insbesondere bei juristischen Personen – Schwierigkeiten dann entstehen, wenn der Sitz des Kunden und der Ort der im konkreten Fall maßgebenden Geschäftstätigkeit auseinanderfallen. Maßgebend ist dann jeweils der Ort der tatsächlichen geschäftlichen Tätigkeit.[343] Übt der Kunde seine geschäftliche Tätigkeit an verschiedenen Orten aus oder wird der Handelsvertreter in mehreren Bezirken tätig, können für die Feststellung des Schwerpunktes des vorgenommenen Geschäfts andere Elemente berücksichtigt werden. Diese sind insbesondere der Ort der Verhandlungen mit dem Handelsvertreter, der Lieferort der Ware sowie der Ort der handelnden Niederlassung des Kunden.[344]

134 Die Zuweisung eines Bezirks schützt den Handelsvertreter aber nicht notwendig davor, dass Kunden aus diesem Bezirk Produkte des Unternehmers auf anderen Wegen als von diesem beziehen. Das ist etwa der Fall, wenn diese Kunden von Zwischenhändlern beliefert werden, die außerhalb des Bezirks sitzen.[345] Insoweit folgt die Richtlinie dem Grundsatz der Relativität der berücksichtigten Vertragsverhältnisse. Lässt sich der Handelsvertreter den Alleinvertrieb zusagen, kann freilich eine Vertragsverletzung des Unternehmers vorliegen, deren Rechtsfolgen allerdings nicht mehr von der Richtlinie beherrscht werden.[346]

3. Provision bei Wechsel des Handelsvertreters

135 Grundsätzlich endet die Möglichkeit der Entstehung des Provisionsanspruchs mit dem Ende des Handelsvertretervertrags. Davon macht allerdings Art. 8 HandelsvertreterRL für bestimmte später abgeschlossene Geschäfte zwei Ausnahmen. Art. 8 lit. a HandelsvertreterRL gibt einen Provisions-

340 MüKo-HGB/*von Hoyningen-Huene*, § 92 a Rn 4.
341 EuGH, Rs. C-104/95 (Georgios Kontogeorgas), Rn 19.
342 EuGH, Rs. C-104/95 (Georgios Kontogeorgas), Rn 17 f.
343 EuGH, Rs. C-104/95 (Georgios Kontogeorgas), Rn 30.
344 EuGH, Rs. C-104/95 (Georgios Kontogeorgas), Rn 30.
345 EuGH, Rs. C-19/07 (Paul Chevassus-Marche/Groupe Danone), Rn 21.
346 S. den Hinweis auf die Treuepflicht nach Art. 4 HandelsvertreterRL in EuGH, Rs. C-19/07 (Paul Chevassus-Marche/Groupe Danone), Rn 22.

anspruch zunächst dann, wenn der Abschluss überwiegend auf die Tätigkeit des Handelsvertreters während des Vertragsverhältnisses zurückzuführen ist und der Abschluss innerhalb einer angemessenen Zeit nach Beendigung erfolgt. Dem entspricht § 87 Abs. 3 S. 1 Nr. 1 HGB, welcher freilich zusätzlich erfordert, dass der Handelsvertreter „das Geschäft vermittelt hat oder es eingeleitet und so vorbereitet hat, dass der Abschluss überwiegend auf seine Tätigkeit zurückzuführen ist". Diese Voraussetzungen verengen den Tatbestand gegenüber der Richtlinienvorgabe, nach welcher nicht notwendig eine individuelle Vorbereitung des Geschäfts erforderlich ist; auch hier lässt sich freilich Abhilfe schaffen, indem in den zusätzlichen Merkmalen lediglich Beispiele gesehen werden.

136 Für den Bezirks- oder Kundenkreisschutz reichen die Fälle der überwiegenden Rückführbarkeit auf das Wirken des Handelsvertreters nicht aus. Art. 8 lit. b HandelsvertreterRL lässt es daher zusätzlich ausreichen, dass die Bestellung eines Dritten vor Beendigung des Vertrages beim Unternehmer oder beim Handelsvertreter eingegangen ist. Diese Bestellung muss die Voraussetzungen zumindest eines Falles von Art. 7 HandelsvertreterRL erfüllen. Dem entspricht der Verweis auf § 87 Abs. 1 S. 1 und Abs. 2 S. 1 HGB in der Umsetzungsnorm § 87 Abs. 3 S. 1 Nr. 2 HGB.

137 Soweit Provisionen noch dem bisherigen Handelsvertreter zustehen, muss der Anspruch des Nachfolgers ausgeschlossen sein. Art. 9 HandelsvertreterRL und die Umsetzungsnormen in § 87 Abs. 1 S. 2 und Abs. 2 S. 2 HGB ordnen dies ausdrücklich an. Freilich enthält Art. 9 HandelsvertreterRL zugleich die Ausnahme, dass keine Umstände vorliegen dürfen, welche die Teilung der Provision zwischen den Handelsvertretern rechtfertigen. Die Umsetzung in § 87 Abs. 3 S. 2 HGB fügt diesen Umständen das Attribut „besondere" hinzu, womit freilich lediglich der Ausnahmecharakter der Provisionsteilung und die auch in der Richtlinie vorgesehene Beweislastverteilung zulasten des Nachfolgers verdeutlicht werden. Eine Zwingendstellung der Teilungsregelung schreibt die Richtlinie nicht vor[347] und ist dementsprechend im deutschen Recht auch nicht erfolgt.

4. Fälligkeit des Provisionsanspruchs

138 Die in Art. 10 HandelsvertreterRL geregelten Voraussetzungen der Fälligkeit des Provisionsanspruchs sind in § 87a HGB umgesetzt worden. Erforderlich ist jeweils zunächst die Ausführung des vermittelten Geschäfts: Diese kann zunächst durch den Unternehmer erfolgen; § 87a Abs. 1 S. 1 HGB setzt insoweit Art. 10 Abs. 1 lit. a HandelsvertreterRL korrekt um. Der Ausführung durch den Unternehmer gleichgestellt ist in Art. 10 Abs. 1 lit. b HandelsvertreterRL der Fall, dass der Unternehmer den vermittelten Vertrag hätte ausführen sollen. Insoweit fehlt es an einer hinreichend genauen Umsetzung, weil die Regelung über das Fehlverhalten des Unternehmers in § 87a Abs. 3 S. 1 HGB – bei der die Umsetzung von Art. 10 und 11 HandelsvertreterRL miteinander verbunden werden (s. unten Rn 143) – dem Wortlaut nach voraussetzt, dass die Nichtausführung des Geschäfts feststeht; damit sind die tatsächlichen Anforderungen höher als nach der Richtlinie, die lediglich Fälligkeit des Anspruchs des Unternehmers voraussetzt.

139 Außerdem sieht § 87a Abs. 3 S. 2 HGB ein Entfallen des Provisionsanspruchs für den Fall vor, dass der Unternehmer die Nichtausführung des Geschäfts mit dem Dritten nicht zu vertreten hat. Dieser Entlastungsgrund ist – bezogen auf Art. 10 Abs. 1 lit. b HandelsvertreterRL – schlicht richtlinienwidrig, soweit das Leistungshindernis nicht zugleich die Fälligkeit des Anspruchs des Dritten beseitigt. Hier wird man allenfalls über die Konkretisierung der Maßstäbe des § 276 BGB helfen können, der insoweit Umsetzungsnorm ist. Insbesondere die Entlastung wegen Irrtums kann dem Unternehmer daher nicht zustehen. Außerdem hat der Unternehmer auch solche Umstände zu vertreten, die dem unternehmerischen oder betrieblichen Risikobereich zuzuordnen sind; dazu zählt auch die Insolvenz des Unternehmers.[348] Bei der Untervertretung haftet der Hauptvertreter auch für das Vertretenmüssen seines Auftraggebers.[349]

347 Ebenroth/Boujong/Joost/Strohn/*Löwisch*, § 87 Rn 66.

348 BGH, NJOZ 2008, 2440, Rn 18. Erheblich großzügiger noch RGZ 63, 69, 71 f (Freiwerden bei höherer Gewalt) jedoch auf Grundlage der Rechtslage vor Umsetzung der HandelsvertreterRL.

349 Im Ergebnis ebenso BGH, NJOZ 2008, 2440, Rn 13, in dem der Auftraggeber des Hauptvertreters zum Unternehmer iSv § 87a Abs. 2, Abs. 3 HGB erklärt wird.

Nach Art. 10 Abs. 1 lit. c, Abs. 2 Alt. 1 HandelsvertreterRL wird die Provision ferner auch dann fällig, wenn die Ausführung des Geschäfts durch den Dritten erfolgt oder nach Art. 10 Abs. 2 Alt. 2 HandelsvertreterRL, wenn sie durch den Dritten erfolgt wäre, hätte sich der Unternehmer vertragsgemäß verhalten. Von diesen beiden Alternativen ist nur die erste in das deutsche Recht, nämlich in § 87a Abs. 1 S. 3 HGB, umgesetzt.[350] Für die zweite genügt die Umsetzung in § 87a Abs. 3 HGB wiederum nicht. Zur Herstellung der Richtlinienkonformität wäre daher ein Rückgriff auf allgemeine Regeln (§ 87a Abs. 3 HGB beruht auf dem Grundgedanken des § 162 BGB)[351] oder eine teleologische Extension von § 87a Abs. 3 HGB erforderlich, welche dem Unternehmer die Berufung auf die Nichtausführung durch den Dritten abschneiden. 140

Unrichtig umgesetzt ist ferner Art. 10 Abs. 3 HandelsvertreterRL. Danach ist die Provision jeweils einen Monat nach Ende des Quartals fällig, in welchem der Provisionsanspruch durch die Ausführung entstanden ist. Davon deutlich abweichend regelt § 87a Abs. 4 HGB: „Der Anspruch auf Provision wird am letzten Tag des Monats fällig, in dem nach § 87c Abs. 1 über den Anspruch abzurechnen ist." Da nach § 87c Abs. 1 HGB – unter Verstoß gegen die Richtlinie (siehe unten Rn 146) – grundsätzlich monatlich abzurechnen ist, tritt nach deutschem Recht die Fälligkeit vielfach früher ein, als nach der Richtlinie erlaubt. Hierin liegt – trotz des Konflikts der Richtlinienbestimmung mit Art. 3 Abs. 1 lit. b ZahlungsverzugsRL (siehe unten Rn 177) – eine defizitäre Umsetzung der Richtlinie, welche sich auch durch eine richtlinienkonforme Auslegung nicht beseitigen lässt. 141

Art. 10 Abs. 4 HandelsvertreterRL setzt abweichenden Vereinbarungen zum Nachteil des Handelsvertreters Grenzen. Spätestens wenn der Dritte das Geschäft ausgeführt hat oder ohne einen Vertragsbruch des Unternehmers ausgeführt hätte, muss der Anspruch entstehen (Art. 10 Abs. 4 iVm Abs. 2 HandelsvertreterRL), und spätestens am letzten Tag des Monats, der auf das betreffende Quartal folgt, muss die Provision ausgezahlt werden (Art. 10 Abs. 4 iVm Abs. 3 HandelsvertreterRL). Die deutsche Umsetzung in § 87a Abs. 1 S. 2 und 3, Abs. 5 Var. 3 HGB weicht jedoch in mehrfacher Hinsicht von diesen Vorgaben ab: Das gilt zunächst für § 87a Abs. 1 S. 3 HGB, welcher lediglich die Erfüllung durch den Dritten als spätesten Zeitpunkt des Entstehens des Anspruchs anspricht und den Fall deren Ausbleibens wegen Vertragsbrüchigkeit des Unternehmers auslässt. Insoweit lässt sich Abhilfe auf der Basis von § 138 BGB schaffen. Ausgeschlossen ist solche Abhilfe wegen des klaren Wortlauts jedoch im Hinblick auf § 87a Abs. 1 S. 2 HGB, welcher die Abweichung vom Zeitpunkt der Vertragsausfüllung zulässt und dem Unternehmer zugleich eine – unionsrechtlich nicht vorgesehene – Vorschusspflicht auferlegt, welche spätestens am letzten Tag des folgenden Monats fällig wird. Diese der Richtlinie unbekannte Vorschusspflicht benachteiligt den Unternehmer in unzulässiger Weise gegenüber den Vorgaben des Unionsrechts. Ebenfalls unionsrechtswidrig ist schließlich die Zwingendstellung der monatlichen Abrechnung und der daran geknüpften Fälligkeit des Provisionsanspruchs in § 87a Abs. 5 Var. 3 HGB. 142

5. Nachträgliches Erlöschen des Provisionsanspruchs

Art. 11 HandelsvertreterRL behandelt das nachträgliche Erlöschen des Provisionsanspruchs, welches eintritt wenn feststeht, dass der Vertrag nicht ausgeführt wird und die Nichtausführung vom Unternehmer nicht zu vertreten ist (Art. 11 Abs. 1 HandelsvertreterRL). Auch insoweit ist die Richtlinienumsetzung unzureichend: Zunächst teilt § 87a die Fälle des Feststehens der Nichtausführung auf zwei Absätze auf, ohne dass die Abgrenzung zwischen den Absätzen deutlich wird. § 87a Abs. 2 Hs 1 HGB ordnet schlicht an: „Steht fest, dass der Dritte nicht leistet, so entfällt der *Anspruch auf Provision;* [...]." § 87a Abs. 3 S. 1 HGB ergänzt: „Der Handelsvertreter hat auch dann einen Anspruch auf Provision, wenn feststeht, dass der Unternehmer das Geschäft ganz oder teilweise nicht oder nicht so ausführt, wie es abgeschlossen worden ist." Die weitere Voraussetzung, dass die Nichtausführung vom Unternehmer nicht zu vertreten ist, findet sich lediglich für den zweiten Fall, nämlich die Nichtausführung durch den Unternehmer (§ 87a Abs. 3 S. 2 HGB). 143

350 Zu der dort mitgeregelten Frage der Abdingbarkeit s.o. Rn 142.

351 Ebenroth/Boujong/Joost/Strohn/*Löwisch*, § 87a Rn 16.

In strikter Anwendung dieser Vorschriften entfiele der Provisionsanspruch damit etwa dadurch, dass der Dritte aufgrund einer vom Unternehmer zu vertretenen Pflichtverletzung vom vermittelten Vertrag zurücktritt, ohne dass zugleich eine Nichtausführung durch den Unternehmer vorläge (etwa im Fall von § 324 BGB). Hierin kann freilich nur ein Redaktionsversehen erblickt werden, so dass letztlich eine richtlinienkonforme Auslegung möglich erscheint, welche § 87 a Abs. 2 Hs 1, Abs. 3 S. 1 HGB im Sinne der Richtlinie zusammenfasst und § 87 a Abs. 3 S. 2 HGB zur generellen Ausnahme für beide Absätze macht.[352]

144 Art. 11 Abs. 2 HandelsvertreterRL ordnet sodann für die Fälle des rückwirkenden Erlöschens nach Abs. 1 die Rückabwicklung bereits empfangener Provisionen an. Auch insoweit ist die deutsche Umsetzung (§ 87 a Abs. 2 Hs 2 HGB) dem Normtext nach unzureichend, weil sie nach ihrer systematischen Stellung auf den Fall des endgültigen Ausbleibens der Leistung des Dritten nach § 87 a Abs. 2 Hs 1 HGB beschränkt ist. Auch hier ist die redaktionelle Verwirrung jedoch dadurch zu beheben, dass § 87 a Abs. 2 Hs 1, Abs. 3 S. 1 HGB im Sinne der Richtlinie zusammengefasst werden und die Geltung der Rückgewährpflicht für beide Fälle angenommen wird. Andernfalls wäre im einen Fall der vertragliche Rückgewähranspruch nach § 87 a Abs. 2 Hs 2 HGB[353] einschlägig und im anderen – streng genommen – Bereicherungsrecht. Die deutsche Rechtsprechung verneint aber ohnehin die Anwendung von § 818 Abs. 3 BGB[354] und kommt damit unbeabsichtigt zum richtlinienkonformen Ergebnis.

145 Korrekt umgesetzt ist hingegen Art. 11 Abs. 3 HandelsvertreterRL. Diese Vorschrift – und ihre Umsetzung durch § 87 a Abs. 5 Var. 1 und 2 HGB – schließt zwar eine vertragliche Abweichung vom Erlöschen der Provisionspflicht aus, gestattet jedoch eine abweichende und damit vor allem einschränkende Behandlung der Rückabwicklung oder gar deren Ausschluss.

6. Abrechnungspflicht des Unternehmers

146 Der Unternehmer hat nach Art. 12 HandelsvertreterRL über die geschuldeten Provisionen regelmäßig abzurechnen (Abs. 1 S. 1). Die Umsetzung dieser Pflicht erfolgt durch § 87 c Abs. 1 S. 1 HGB. Dabei weicht allerdings der dort genannte Termin für die Abrechnungen von dem nach der Richtlinie vorzusehenden ab. Während nämlich Art. 12 Abs. 1 S. 1 HandelsvertreterRL die Fälligkeit der Abrechnung einen Monat nach Quartalsende eintreten lässt, ordnet § 87 c Abs. 1 S. 1 HGB an: „Der Unternehmer hat über die Provision, auf die der Handelsvertreter Anspruch hat, monatlich abzurechnen; der Abrechnungszeitraum kann auf höchstens drei Monate erstreckt werden. Die Abrechnung hat unverzüglich, spätestens bis zum Ende des nächsten Monats, zu erfolgen.“ Diese Umsetzung ist unionsrechtswidrig[355] und lässt sich wegen der klaren Vorgaben auch nicht richtlinienkonform korrigieren.

147 Unpräzise umgesetzt sind außerdem die inhaltlichen Anforderungen an die Abrechnung, welche nach Art. 12 Abs. 1 S. 2 HandelsvertreterRL auch die wesentlichen Berechnungsgrundlagen wiedergeben muss. § 87 c Abs. 3 HGB gibt dem Handelsvertreter hingegen einen zusätzlichen Anspruch auf Mitteilung aller Umstände, „die für den Provisionsanspruch, seine Fälligkeit und seine Berechnung wesentlich sind.“ Das Nebeneinander zweier getrennter Ansprüche ist zwar richtlinienwidrig, dieser Verstoß wiegt jedoch nicht schwer, weil der Handelsvertreter gleichermaßen instand gesetzt wird, die Abrechnung nachzuvollziehen.

148 Art. 12 Abs. 2 HandelsvertreterRL gewährt dem Handelsvertreter zur Nachprüfung des ihm auszuzahlenden Betrags außerdem einen begleitenden Auskunftsanspruch einschließlich eines Rechts auf Erteilung eines Auszugs aus den Büchern des Unternehmers. Dieser Auskunftsanspruch ist in § 87 c Abs. 2 HGB nur partiell, nämlich beschränkt auf die Erteilung des Buchauszugs, umgesetzt. Hingegen genügt der bereits angesprochene Anspruch in § 87 c Abs. 3 HGB nicht den Anforderungen der

352 Ähnlich BGH, NJOZ 2008, 2440, Rn 12 ff (Vorrang von Abs. 3).
353 Vgl BGH, NJOZ 2008, 2440, Rn 15 (Anwendung der §§ 346 f BGB); Ebenroth/Boujong/Joost/Strohn/*Löwisch*, § 87 a Rn 40 (Anwendung der §§ 346 f BGB sowie von §§ 352 f HGB).
354 BGH, BB 1963, 8; BAG, MDR 2000, 818.
355 AA Ebenroth/Boujong/Joost/Strohn/*Löwisch*, § 87 c Rn 91.

Richtlinie, weil sein Zweck, die Nachprüfung der Abrechnung zu ermöglichen, nicht hinreichend deutlich wird. Eine richtlinienkonforme Lösung bei der Anwendung der Umsetzungsnormen lässt sich – durch Beachtung des Richtlinienzwecks – gleichwohl erreichen.

Neben den Auskunftsrechten können die Mitgliedstaaten nach Art. 12 Abs. 4 HandelsvertreterRL dem Handelsvertreter außerdem ein Einsichtsrecht in die Bücher des Unternehmers gewähren. § 87 c Abs. 4 HGB macht von diesem Optionsrecht Gebrauch, indem der Handelsvertreter Einsicht verlangen kann, die nach Wahl des Unternehmers entweder ihm oder „einem von ihm zu bestimmenden Wirtschaftsprüfer oder vereidigten Buchsachverständigen" zu gewähren ist. Diese differenzierte Ausübung des Optionsrechts steht richtigerweise im Einklang mit dem durch Art. 12 Abs. 4 HandelsvertreterRL eröffneten Rahmen.[356] 149

Art. 12 Abs. 3 HandelsvertreterRL stellt die Auskunftsrechte des Handelsvertreters zwingend. § 87 c Abs. 5 HGB stellt außer diesen auch das differenzierte Einsichtsrecht nach § 87 c Abs. 4 HGB zwingend. Dies hält sich ebenfalls im Rahmen der Richtlinienvorgabe. 150

V. Ausgleichsanspruch

Als Folge der Beendigung des Vertreterverhältnisses begründet Art. 17 Abs. 1 HandelsvertreterRL einen Anspruch des Handelsvertreters auf Ausgleich (Abs. 2) oder Schadensersatz (Abs. 3). Den Mitgliedstaaten steht insoweit ein Wahlrecht zwischen dem herkömmlichen französischen und dem herkömmlichen deutschen Modell zu.[357] Deutschland hat in § 89 b HGB für den Ausgleichsanspruch optiert. Frankreich hingegen bevorzugt den Anspruch auf Schadensersatz, während das englische Recht dem Handelsvertreter ein Wahlrecht zwischen beiden Alternativen eröffnet. 151

1. Voraussetzungen und Ausschlussgründe

Voraussetzung für das Entstehen des Ausgleichsanspruchs nach Art. 17 Abs. 2 HandelsvertreterRL ist das Ende des Vertrags. Dazu zählen auch die Beendigung durch Zeitablauf (vgl Art. 17 Abs. 1 iVm Art. 14 HandelsvertreterRL)[358] sowie die Beendigung durch Tod des Handelsvertreters (Art. 17 Abs. 4 HandelsvertreterRL), welche im deutschen Recht nicht ausdrücklich umgesetzt wird; dieses Defizit wirkt sich freilich praktisch nicht aus, weil der auf eine natürliche Person bezogene Handelsvertretervertrag auch nach deutscher Auffassung mit dem Tod des Handelsvertreters *ipso iure* endet.[359] 152

Art. 18 HandelsvertreterRL schließt den Ausgleichsanspruch für drei Fälle ausdrücklich aus. Kein Ausgleichsanspruch besteht nach lit. a (und § 89 b Abs. 3 Nr. 2 HGB) zunächst für den Fall, dass der Unternehmer den Vertrag wegen eines schuldhaften Verhaltens beendet, welches – nach nationalem Recht – eine fristlose Beendigung rechtfertigt. Dies schließt – entgegen der erklärten Auffassung des EuGH[360] – auch die Möglichkeit ein, Kündigungsgründe nachzuschieben und erfasst sogar Fehlverhalten, das erst nach einer bereits ausgesprochenen ordentlichen Kündigung des Handelsvertretervertrags geschieht und den Unternehmer zur Kündigung berechtigt hätte.[361] Das Argument des EuGH, Art. 18 lit. a HandelsvertreterRL sei als Ausnahme eng auszulegen,[362] ist zwar methodisch korrekt (ebenso wie die Argumente zu Wortlaut und Entstehungsgeschichte), passt jedoch nicht zum telos der Norm und zum Vereinheitlichungszweck; das Unionsrecht stellt nämlich nicht sicher, dass der Unternehmer nach Kenntniserlangung vom Fehlverhalten erneut außerordentlich kündigen kann, was aber für eine einheitliche Rechtsanwendung erforderlich wäre. Schwierigkeiten kann die Bestimmung freilich bei Ketten befristeter Verträge bereiten, wenn der Unternehmer angesichts eines ohnehin bevorstehenden Endes der Vertragslaufzeit einfach auslau- 153

356 Wie hier Ebenroth/Boujong/Joost/Strohn/*Löwisch*, § 87 c Rn 91.
357 Vgl zu den Konsequenzen für die Auslegung *Gardiner*, (2007) J.B.L. 412, 428 ff.
358 S. Cass.com., 23.4.2003, Annonces de la Seine, 13. 12. 2004, 6; *Gardiner*, (2007) J.B.L. 412, 431 f.
359 Ebenroth/Boujong/Joost/Strohn/*Löwisch*, § 89 b Rn 188; vgl Baumbach/*Hopt*, HGB, § 89 b, Rn 9.
360 EuGH, Rs. C-203/09 (Volvo Car Germany), Rn 43.
361 BGH, ZGS 2009, 344; dazu *Guski*, GPR 2009, 286 ff sowie *Schmidt-Kessel/Thies*, GPR 2009, 238 ff.
362 EuGH, Rs. C-203/09 (Volvo Car Germany), Rn 43.

fen lässt. Richtigerweise verlangt Art. 18 lit. a HandelsvertreterRL nämlich mehr als das bloße Vorliegen eines Kündigungsgrundes, so dass in diesem Falle der Ausgleichsanspruch nicht ausgeschlossen ist. Das gilt erst recht, wenn der Unternehmer eine Frist zur außerordentlichen Kündigung versäumt hat und ihm dieses Recht damit nicht mehr zur Verfügung steht.[363] Erklärt allerdings der Unternehmer – rechtzeitig und in der gegebenenfalls für die Kündigung erforderlichen Form – er werde den Vertrag wegen des Fehlverhaltens nicht verlängern, erfüllt dies den Zweck des Ausschlusstatbestandes unabhängig davon, ob eine Kündigung zu diesem Zeitpunkt formal noch möglich ist.

154 Art. 18 lit. b HandelsvertreterRL schließt den Ausgleichsanspruch zudem grundsätzlich dann aus, wenn der Handelsvertreter den Vertrag beendet. Dazu zählt auch der Fall der einvernehmlichen Vertragsaufhebung.[364] Die Umsetzung dieser Ausnahme in § 89 b Abs. 3 Nr. 1 HGB schließt auch die beiden in der Richtlinie vorgesehenen Gegenausnahmen ein; diese betreffen zum einen Umstände, die dem Unternehmer zuzurechnen sind, und zum anderen die Unzumutbarkeit der Fortsetzung für den Handelsvertreter wegen Alters, Gebrechens oder Krankheit. Zur erstgenannten Gruppe gehört auch der Fall, dass der Unternehmer trotz mehrfacher Aufforderung der Pflicht nach Art. 13 Abs. 2 HandelsvertreterRL zur Erstellung und Aushändigung einer den Vertragsinhalt wiedergebenden Urkunde nicht nachkommt.[365]

155 Ausgenommen vom Ausgleichsanspruch sind schließlich nach Art. 18 lit. c HandelsvertreterRL Nachfolgevereinbarungen zwischen dem Unternehmer und dem Handelsvertreter, aufgrund derer der Handelsvertreter den Vertrag auf einen Dritten überträgt. Die Umsetzung in § 89 b Abs. 3 Nr. 3 HGB ist leider nicht ganz präzise und schränkt die Möglichkeit solcher Vereinbarungen zudem in unzulässiger Weise ein, indem sie anordnet: „die Vereinbarung kann nicht vor Beendigung des Vertragsverhältnisses getroffen werden." Diese hoheitliche Beschränkung der Privatautonomie wird hier durch die Richtlinie verdrängt und entfaltet damit richtigerweise auch keine Wirkung *inter partes*; es kommt also zur mittelbaren horizontalen Drittwirkung der Richtlinienbestimmung.

156 Voraussetzung für den Ausgleichsanspruch ist nach der Richtlinie ferner, dass der Handelsvertreter seinen Anspruch innerhalb eines Jahres geltend macht (Art. 17 Abs. 5 HandelsvertreterRL). Dem entspricht die Umsetzung in § 89 b Abs. 4 S. 2 HGB.

2. Höhe des Ausgleichsanspruchs

157 Wenig gelungen ist hingegen die Umsetzung der Regeln zur Höhe des Ausgleichsanspruchs (Art. 17 Abs. 2 HandelsvertreterRL). Nach diesen ist der Ausgleich geschuldet, soweit einerseits der Handelsvertreter neue Kunden geworben oder bestehende Verbindungen wesentlich erweitert hat, sofern der Unternehmer daraus immer noch erhebliche Vorteile zieht (Art. 17 Abs. 2 lit. a Spiegelstrich 1 HandelsvertreterRL), und andererseits die Ausgleichszahlung unter Berücksichtigung aller Umstände, zu welchen insbesondere die entgehenden Provisionen zählen, der Billigkeit entspricht (Art. 17 Abs. 2 lit. a Spiegelstrich 2 HandelsvertreterRL).

158 Die frühere deutsche Umsetzung wich davon in unionsrechtswidriger Weise dadurch ab, dass sie aus diesen beiden Voraussetzungen drei machte, indem sie – neben dem weiteren Profitieren des Unternehmers und der Billigkeit – das Entgehen von Provisionen zur eigenständigen Voraussetzung des Ausgleichsanspruchs erhob und damit auch zur Obergrenze des Ausgleichsanspruchs machte. Richtigerweise konnte insoweit zwar mit richtlinienkonformer Auslegung geholfen werden.[366] Auf die zu Recht gleichwohl erfolgte Rüge des Gerichtshofs[367] erfolgte aber die sehr zügige Anpassung

363 So die Konstellation in *Cooper* v. *Pure Fishing (U.K.) Ltd.* (C.A.) (2004) 2 Lloyd's Rep. 518.
364 *Willemart/Willemart*, Journal des tribunaux 2005, 89, 94.
365 Richtig BGH, BB 2006, 905 (ohne Bezugnahme auf die RL).
366 Siehe erste Auflage Rn 138 sowie Ebenroth/Boujong/Joost/Strohn/*Löwisch*, § 89 b Rn 187; *Kindler*, RIW 1990, 358, 362; *Thume*, BB 2004, 2473, 2474.
367 EuGH, Rs. C-348/07 (Turgay Semen), Rn 23-25; dazu Anm. *Bodnar*, GPR 2010, 94.

durch den Gesetzgeber, sodass § 89 b Abs. 1 HGB nunmehr dieselben beiden Kriterien enthält wie Art. 17 Abs. 2 lit. a HandelsvertreterRL.[368]

Die Billigkeitsklausel in Art. 17 Abs. 2 lit. a Spiegelstrich 2 HandelsvertreterRL ist ausweislich des Wortlauts primär dazu gedacht, die Höhe des Ausgleichs an der Höhe der entgangenen Provision zu orientieren; eine Fixierung im Sinne der früheren deutschen Rechtslage soll aber nicht erfolgen. Zugleich ermöglicht die Vorschrift die Berücksichtigung anderer Gesichtspunkte. Hierzu zählen nach der Rechtsprechung des EuGH insbesondere Fälle von Fehlverhalten des Handelsvertreters, die nach der engen Rechtsprechung des Gerichtshofs nicht von Art. 18 lit. a nicht erfasst werden.[369] Zu möglichen Abschlägen aus Billigkeitsgründen zählt auch der Umstand, dass der Unternehmer dem Handelsvertreter über die Provision hinaus eine Alters- und/oder Hinterbliebenenversorgung gewährt hat. 159

Die Mitgliedstaaten können außerdem die Einbeziehung einer nachvertraglichen Wettbewerbsabrede vorsehen (Art. 17 Abs. 2 lit. a Spiegelstrich 2 S. 2 HandelsvertreterRL). Hingegen wird die Amortisation von Kosten und Aufwendungen anders als in Art. 17 Abs. 3 Unterabs. 1 HandelsvertreterRL nicht gesondert angesprochen. Angesichts der Wertungsoffenheit der Billigkeitsklausel darf freilich auch diese Berücksichtigung finden. 160

Bei der Bestimmung der Vorteile müssen solche Vorteile nicht mit einbezogen werden, welche nicht dem Unternehmer selbst, sondern einer anderen konzernangehörigen Gesellschaft zufließen.[370] Ihre Einbeziehung zugunsten des Handelsvertreters kann aber selbstverständlich vereinbart werden.[371] Denkbar ist außerdem, dass zwischen dem Handelsvertreter und anderen konzernangehörigen Gesellschaften ebenfalls Handelsvertreterverträge bestehen, die womöglich nicht schriftlich fixiert sind. 161

Die Schließung des Unternehmens entwertet die Position des Handelsvertreters nahezu vollständig. Die dem Unternehmer etwa entstandenen Vorteile sind ebenso allenfalls noch minimal wie die dem Handelsvertreter entgangenen Provisionen. Beendet der Unternehmer seine Aktivitäten und daher auch sein Verhältnis zum Handelsvertreter, schließt das im Blick auf Art. 10 Abs. 1 lit. b HandelsvertreterRL zwar den Ausgleichsanspruch nicht aus, reduziert jedoch dessen Höhe dramatisch.[372] Da bei der Schadensersatzlösung nach Art. 17 Abs. 3 HandelsvertreterRL verbleibende Vorteile des Unternehmers nur hinsichtlich verlorener Provisionsansprüche relevant sind und die ausbleibende Amortisation von Investitionen, die der Handelsvertreter auf Empfehlung des Unternehmers gemacht hat, keinen solchen Vorteil voraussetzt, ist die Schadensersatzlösung dann für den Handelsvertreter erheblich günstiger. 162

Höchstbetrag des Ausgleichsanspruchs ist der Jahresdurchschnittsbetrag der Provisionen der letzten fünf Jahre (Art. 17 Abs. 2 lit. b HandelsvertreterRL).[373] § 89 b Abs. 2 HGB fügt dem in Umsetzung eines auch in der Richtlinie vorhandenen Vorbehalts hinzu, dass bei kürzerer Dauer des Vertragsverhältnisses der Durchschnitt während der Dauer der Tätigkeit maßgebend ist. Beim Schadensersatzanspruch nach Art. 17 Abs. 3 HandelsvertreterRL ist hingegen ein solcher Höchstbetrag nicht vorgesehen. Das ist – rechtspolitisch – unschädlich, weil diese Grenze einen weitergehenden Schadensersatz nicht ausschließt (Art. 17 Abs. 2 lit. c HandelsvertreterRL). Diese – im Grunde selbstverständliche – Regelung hat Deutschland nicht ausdrücklich umgesetzt. Immerhin verweist § 89 a Abs. 2 HGB auf einen möglichen Ersatz des Kündigungsschadens. 163

---

368 Zur Neuregelung bereits *Steinhauer*, EuZW 2009, 887 ff sowie *Thume*, BB 2009, 2490 ff mit im Einzelnen divergierender Bewertung.

369 EuGH, Rs. C-203/09 (Volvo Car Germany), Rn 44.

370 EuGH, Rs. C-348/07 (Turgay Semen), Rn 32.

371 EuGH, Rs. C-348/07 (Turgay Semen), Rn 31.

372 In diesem Sinne auch *Lonsdale* v. *Howard & Hallam Ltd.* (HL(E)) [2007] UKHL 32, [2008] Bus.L.R. 789, wo lediglich der aus dem Verkauf des Goodwill an einen Dritten erzielte Erlös als verbleibender Vorteil feststellbar war. Der Kläger hatte hier allerdings keinen Ausgleich, sondern den Schadensersatz nach Art. 17 Abs. 3 HandelsvertreterRL (s.o. Rn 151) verlangt.

373 Zur Berechnung s. BGHZ 133, 391 einerseits und *Thume*, BB 2004, 2473, 2475 andererseits.

3. Zwingendstellung

164 Der Ausgleichsanspruch ist dem Unionsgesetzgeber von solch herausragender Bedeutung, dass die Mitgliedstaaten ihn nach Art. 19 HandelsvertreterRL zugunsten des Handelsvertreters zwingend stellen müssen; der deutsche Gesetzgeber hat dies in § 89 b Abs. 4 S. 1 HGB allerdings nicht ausreichend getan, weil dort nur der Ausschluss des Anspruchs nicht aber – wie von der Richtlinie außerdem gefordert[374] – eine Verkürzung desselben verboten wird.[375] Begünstigende Vereinbarungen sowie Vereinbarungen nach Beendigung des Vertrags sind aber möglich.

165 Wegen der häufigen Nähe des Handelsvertretervertrages zur abhängigen Beschäftigung stellt sich in machen Mitgliedstaaten die Frage nach dem Verhältnis des Ausgleichsanspruchs zu tarifvertraglich festgelegten Abfindungen.[376] Solche tarifvertraglichen Regelungen sind aber gleichfalls den Regeln von Art. 19 HandelsvertreterRL unterworfen und haben daher nur Bestand, wenn *ex ante* feststeht, dass sie sich bei Beendigung des Vertragsverhältnisses nicht als für den Handelsvertreter nachteilig erweisen werden.[377] Im Blick darauf, dass Art. 19 HandelsvertreterRL nur halbzwingendes Recht verlangt, wird man zudem eine tarifvertragliche Regelung unionsrechtlich nur akzeptieren können, wenn diese im Sinne eines Günstigkeitsprinzips zugunsten des Handelsvertreters überwindbar ist.

VI. Problematische zusätzliche Normen

166 Die §§ 84 ff HGB enthalten eine Reihe weiterer Vorschriften, welche in der Richtlinie nicht vorgesehen sind.[378] Bedenklich sind insoweit vor allem mehrere Regelungen zur Provision. Das gilt zunächst für die zusätzlichen Provisionstatbestände in § 86 b HGB (Delkredereprovision) und § 87 Abs. 4 HGB (Inkassoprovision), die in der Richtlinie nicht vorgesehen und daher in ihren Formulierungen einzuschränken sind. Das gilt hingegen nicht für § 87 b Abs. 3 HGB (Provisionen für die Vermittlung von Gebrauchsüberlassungs- und Nutzungsverträgen), der eine von der Richtlinie nicht geregelte Konstellation betrifft. Regelrecht unzulässig ist mE die in § 87 a Abs. 1 S. 2 HGB geregelte Vorschusspflicht des Unternehmers in einem bestimmten Fall der Verschiebung der Provisionsfälligkeit (siehe oben Rn 142). Bedenken bestehen außerdem gegen die Berechnungsvorgaben in § 87 b Abs. 2 HGB (siehe oben Rn 128).

167 Andere Ergänzungen begegnen hingegen keinen durchgreifenden Bedenken, weil sie Fragen jenseits des Anwendungsbereichs der Richtlinie behandeln. Das gilt insbesondere für den Anspruch des Handelsvertreters auf Aufwendungsersatz nach § 87 d HGB, für die Zwingendstellung und Modifikation des allgemeinen Zurückbehaltungsrechts nach § 273 BGB, §§ 369-372 HGB durch § 88 a HGB und für den Anspruch auf Ersatz des Kündigungsschadens nach § 89 a Abs. 2 HGB. Eine – zulässige – Konkretisierung der Richtlinienvorgaben stellt die ausdrückliche Anordnung des Schutzes von Geschäfts- und Betriebsgeheimnissen (§ 90 HGB) dar. Die in § 91 Abs. 1 und Abs. 2 HGB geregelte Vollmacht des Abschlussvertreters und die Befugnisse des Nicht-Abschlussvertreters fallen ebenfalls aus dem Anwendungsbereich der Richtlinie heraus.

F. Unternehmergeschäfte

168 Zu sonstigen Unternehmergeschäften regelt das Unionsrecht vergleichsweise wenig. Eine wichtige Ausnahme davon ist die weitgehende Determinierung des Verzugsrechts durch die Richtlinie über Zahlungsverzug im Handelsverkehr. Gewisse Anhaltspunkte gibt es außerdem für eine unions-

374 EuGH, Rs. C-236/95 (Kommission/Griechenland).

375 Ebenroth/Boujong/Joost/Strohn/*Löwisch*, § 89 b Rn 189.

376 Um einen solchen Tarifvertrag ging es in der Entscheidung EuGH, Rs. C-465/04 (Honyvem Informazioni Commerciali Srl.). Dieser sollte zudem ausdrücklich der Konkretisierung des Billigkeitskriteriums nach der Umsetzungsbestimmung zu Art. 17 HandelsvertreterRL dienen.

377 EuGH, Rs. C-465/04 (Honyvem Informazioni Commerciali Srl), Rn 27. S. auch dort Rn 28-32 zu den anzulegenden Kriterien.

378 Vgl die Übersicht ähnlicher Ergänzungen der Regelungen der Richtlinie in anderen Mitgliedstaaten bei *Hussey*, (2006) Irish Law Times 85, 88.

rechtliche Einordnung von Handelsbräuchen. Von den einzelnen Vertragstypen lässt sich – außerhalb des Transportrechts[379] – sinnvoll nur auf den Handelskauf eingehen.

I. Allgemeine Regeln

1. Handelsbräuche

Das Unionsrecht kennt Ansätze einer Anerkennung von Handelsbräuchen und beeinflusst außerdem auf gewissen Feldern deren Entstehung. Paradigma für die internationale **Anerkennung von Handelsbräuchen** als Elemente der Vertragsinhaltsbestimmung ist Art. 9 CISG. Danach werden diese im Sinne einer Vertragsergänzung nach dem Vorbild der englischen *implication of terms* Teil des individuellen Vertragsinhalts.[380] Insoweit bestehen gewisse Unterschiede zu der § 346 HGB zugrunde liegenden Vorstellung einer (normativen) Geltung von Handelsbräuchen. Die Union beginnt hier, sich der moderneren Auffassung des UN-Kaufrechts anzuschließen, und hat dessen Ansatz in Art. 23 Abs. 1 S. 3 lit. c Brüssel I-VO[381] explizit übernommen. Aus dieser Übernahme lässt sich schließen, dass örtliche wie internationale Handelsbräuche[382] sich grundsätzlich **auch gegenüber dispositiven Normen des Unionsrechts** durchsetzen. Das kann insbesondere für Zinssätze Bedeutung erlangen, die von den Vorgaben der ZahlungsverzugsRL abweichen. 169

Auch die Beiträge der Union zur Entwicklung internationaler Handelsbräuche sollten nicht unterschätzt werden. So wird etwa die Auffassung vertreten, das System der EAN-Artikelnummern[383] begründe einen solchen Handelsbrauch. Dasselbe findet sich für die Standardisierungen durch die drei großen europäischen Normungsorganisationen CEN (*Comité Européen de Normalisation*), CENELEC (*Comité Européen de Normalisation Electrotechnique*) und ETSI (*European Telecommunications Standards Institute*).[384] Deren privatrechtliche Wirkungen werden zusätzlich durch das sog. neue Konzept für die Durchsetzung der Warenverkehrsfreiheit verstärkt, welches einen Großteil von ihnen für die – öffentlich-rechtliche – Produktzulassung privilegiert.[385] 170

2. Zahlungszeit und Zahlungsverzug

Mit der Richtlinie über Zahlungsverzug im Geschäftsverkehr hat sich der Unionsgesetzgeber erstmals allgemeiner Regeln über Unternehmensgeschäfte angenommen.[386] Gedacht ist die Richtlinie als ein Akt der Mittelstandsförderung, also der Förderung kleiner und mittlerer Unternehmen.[387] Die Union versucht mit ihr, auch in der Neufassung von 2011,[388] dem für diese Unternehmen besonders schädlichen so genannten unfreiwilligen Lieferantenkredit beizukommen.[389] Die Richtlinie richtet sich damit vor allem gegen den Missbrauch von Nachfragemacht und dabei in erster Linie gegen die problematische Zahlungspraxis der öffentlichen Hand.[390] Zugleich berücksichtigt der Gesetzgeber, dass er sich mit dieser Zielrichtung nicht im Bereich des Verbraucherschutzes, 171

379 *Sendmeyer*, § 34.

380 Schlechtriem/Schwenzer/*Schmidt-Kessel*, Art. 9, Rn 2.

381 Zur Anlehnung an Art. 9 Abs. 2 CISG s. Rauscher/*Mankowski*, Europäisches Zivilprozessrecht, Art. 23 Brüssel I-VO, Rn 31 sowie Schlechtriem/Schwenzer/*Schmidt-Kessel*, Art. 9, Rn 4.

382 Anders das CISG, welches auf Gebräuche des internationalen Handels beschränkt ist: Schlechtriem/Schwenzer/*Schmidt-Kessel*, Art. 9, Rn 18.

383 S. http://www.ean-int.org/.

384 Dafür etwa *Riehm*, Handelsrecht, Rn 63.

385 Dazu *Meyer*, Der Einfluss technischer Vorschriften auf den Bauvertrag im englischen, französischen und deutschen Recht, Jena 2013, 91 ff (mit großer Skepsis gegenüber dem Vorliegen der tatsächlichen Voraussetzungen für die Einordnung als Handelsbrauch).

386 S. (auch zum Folgenden) Gebauer/Wiedmann/*Schmidt-Kessel*, Verzug (§§ 280 Abs. 1, Abs. 2, 286, 288).

387 Vgl Erwägungsgrund (6); AnwKomm-BGB/*Schulte-Nölke*, Verzugs-RL, Präambel, Rn 1, 6; *Schulte-Braucks*, NJW 2001, 103, 104; *Schmidt-Kessel*, ZNotP 1999, 95.

388 Zum Entwurf bereits *Aspöck*, GPR 2009, 270 ff sowie die Bemerkungen bei Gebauer/Wiedmann/*Schmidt-Kessel*, Zahlungszeit (§§ 269 bis 271 BGB) und Verzug (§§ 280 Abs. 1 und 2, 286, 288 BGB). Zur verabschiedeten Richtlinie *Oelssner*, GPR 2013, 182 ff. Zum Umsetzungsvorhaben der Bundesregierung *von Westphalen*, ZRP 2013, 5 sowie *ders.*, BB 2013, 515.

389 Vgl Erwägungsgrund (7); *Schulte-Braucks*, NJW 2001, 103 f.

390 AnwKomm-BGB/*Schulte-Nölke*, Verzugs-RL, Präambel, Rn 1.

sondern des Geschäftsverkehrs bewegt: Als wichtigste allgemeine Konsequenz der intendierten Mittelstandsförderung und anders als im Verbraucherschutzrecht verlangt die Richtlinie von den Mitgliedstaaten deshalb grundsätzlich nur die Setzung dispositiven Rechts;[391] lediglich dem Missbrauch der Vertragsfreiheit will sie – und auch dies nur punktuell – vorbeugen.[392]

172 Die Neufassung der Richtlinie verlangt unter anderem die Einordnung der Geldschuld als Bringschuld, eine deutliche Erhöhung des Verzugszinssatzes, die Festsetzung einer Pauschale von nun 40 Euro für Rechtsdurchsetzungskosten sowie die Beschränkung der Dispositivität der Fälligkeit auf 60 Tage. Die Umsetzungsfrist der Richtlinie endete am 16.3.2013. Das Umsetzungsverfahren ist bislang aber nicht abgeschlossen.[393]

173 Gegenstand der Richtlinie ist die Regelung der verspäteten Erfüllung bestimmter Geldforderungen. Art. 1 Abs. 2, 2 Nr. 1-3 und Erwägungsgrund (8) ZahlungsverzugsRL stellen zunächst klar, dass es dabei nur um solche Geldforderungen geht, welche auf die Gegenleistung in einem entgeltlichen Vertrag gerichtet sind.[394] Dabei ist die Richtlinie jedoch nicht auf Verhältnisse beschränkt, die vertraglich zu qualifizieren sind: Entscheidend ist nur der Austausch von Leistung gegen Geld.[395] Entsprechend ihrem Schutzzweck erfasst die Richtlinie nur Entgelte, die im Geschäftsverkehr zu zahlen sind. Die in Art. 2 Nr. 1 ZahlungsverzugsRL enthaltene umfängliche Definition des Geschäftsverkehrs soll vor allem die Einbeziehung der öffentlichen Hand in den Anwendungsbereich der Richtlinie klarstellen.[396] Nach Art. 12 Abs. 3 setzt die Richtlinie nur gläubigerschützende Mindeststandards; diese „Zauberformel“ hat den Mitgliedstaaten die Integration des Umsetzungsrechts in die allgemeinen Regeln des Leistungsstörungsrechts erheblich erleichtert[397] und zugleich die Tendenz zur überschießenden Umsetzung gefördert. Art. 1 Abs. 3 erlaubt den Mitgliedstaaten außerdem solche Forderungen, „die Gegenstand eines gegen den Schuldner eingeleiteten Insolvenzverfahrens sind“, von der Anwendbarkeit des Umsetzungsrechts auszunehmen, wovon Deutschland dadurch eingeschränkt Gebrauch gemacht hat, dass es die Zinsforderungen ab Insolvenzeröffnung nachrangig behandelt, § 39 InsO.

174 Die Richtlinie verlangt von den Mitgliedstaaten die Regelung bestimmter Fragen der Leistungszeit und des Zahlungsverzugs. Der deutsche Gesetzgeber hatte die Richtlinie im Zuge der Schuldrechtsmodernisierung 2001/02 weit überschießend umgesetzt; die Umsetzung der Änderungen durch die Novelle 2011 steht noch aus. Durch die überschießende Umsetzung kommt der richtlinienkonformen Auslegung auch dort eine erhebliche Bedeutung zu, wo der betreffende Fall nicht in den Anwendungsbereich der Richtlinie fällt. Nur dort, wo die Umsetzungsnormen selbst in unionsrechtskonformer Weise einschränkende Voraussetzungen enthalten, findet auch die richtlinienkonforme Auslegung eine Grenze.

a) Zahlungszeit

175 Die Richtlinie regelt die Zahlungszeit selbst nicht, gibt jedoch Rahmenbedingungen für die Rechtzeitigkeit der Zahlung vor, die nicht erst den Zahlungsverzug, sondern bereits die Fälligkeit der Zahlungen betreffen. Insbesondere verlangt die Richtlinie, dass Zahlungen innerhalb der nach der Richtlinie oder aus dem Vertrag zu bestimmenden Zahlungsfrist den Gläubiger erreichen müs-

---

391 Art. 3 Abs. 3 e contrario; Erwägungsgrund (28); *Gsell*, ZIP 2000, 1861, 1871; *U.Huber*, JZ 2000, 957, 958 f; *Lardeux*, J.C.P. Éd. E 2000, 1318, 1319; *Schulte-Braucks*, NJW 2001, 103, 106.

392 S. Art. 3 Abs. 3-5; dazu u. Rn 181. Die RL belegt insoweit – wie etwa auch die AGB-Richtlinie – die im Gemeinschaftsrecht verbreitete Vorstellung der Beschränkung von Freiheitsrechten durch das Verbot des Rechtsmissbrauchs; vgl *Schmidt-Kessel*, JbJZiWiss 2000, 61.

393 Zu den Rechtsfolgen des Umsetzungsverzugs s. *Oelssner*, NJW 2013, 2469.

394 Die Vorschläge der Kommission waren insoweit noch deutlich weiter: *Hau*, ZVglRWiss 98 (1999) 260, 275; *Schmidt-Kessel*, ZNotP 1999, 95, 96. Zu eng hingegen nunmehr *U.Huber*, JZ 2000, 957.

395 S. Gebauer/Wiedmann/*Schmidt-Kessel*, Zahlungszeit (§§ 269 bis 271 BGB) und Verzug (§§ 280 Abs. 1 und 2, 286, 288 BGB), Rn 37 (insbesondere zu den verschiedenen Formen gerichtlich kontrollierter Treuhänder).

396 AnwKomm-BGB/*Schulte-Nölke*, Verzugs-RL, Art. 2, Rn 2; *Schulte-Braucks*, Symp. Immenga 75, S. 90.

397 Vgl *Schmidt-Kessel*, JZ 1998, 1135, 1138 f; *ders.*, ZNotP 1999, 95, 96; *ders.*, NJW 2001, 97, 98.

sen.[398] Das Verzugsrisiko darf der Gläubiger daher – anders als nach früherer deutscher Rechtslage – nicht tragen.[399] Für außergewöhnliche Verzugsgründe wird er sich freilich entlasten können (siehe Rn 178).

Zusätzlich beschränken Art. 3 Abs. 5, Art. 4 Abs. 3 die Freiheit zur Vereinbarung von Zahlungsfristen: bei Leistungen an öffentliche Stellen besteht nunmehr eine absolute Höchstfrist von 60 Tagen und für Zahlungsfristen die länger sind als 30 Kalendertage bedarf es einer Inhaltskontrolle; im Geschäftsverkehr zwischen Unternehmern findet nur letztere statt und dies auch erst ab einer Zahlungsfrist von mehr als 60 Tagen.[400] 176

b) Die Voraussetzungen des Verzugs

Die Rechte des Gläubigers setzen nach Art. 3 Abs. 1 lit. a ZahlungsverzugsRL voraus, dass der Schuldner seine eigenen Verpflichtungen erfüllt hat. Dies gilt nunmehr kraft des Verweises in Art. 6 Abs. 1 auch für den Ersatz der Beitreibungskosten und der Pauschale. Der europäische Gesetzgeber hat damit seinen früheren Standpunkt nach Art. 3 Abs. 1 lit. e ZahlungsverzugsRL aF korrigiert.[401] Der Verzug des Gläubigers schließt nach ganz herrschender Auffassung den Schuldnerverzug im Sinne der Richtlinie aus.[402] 177

Während das deutsche Recht die Mahnung nach wie vor in § 286 Abs. 1 BGB besonders hervorhebt, kennt die Richtlinie ein solches Erfordernis nicht. Mit Art. 3 Abs. 3 lit. a ZahlungsverzugsRL erhebt sie im Gegenteil den Grundsatz *dies interpellat pro homine* zum Regelfall des unionsprivatrechtlichen Verzugseintritts. Die Beibehaltung des Mahnungserfordernisses in § 286 Abs. 1 BGB als Ausgangsregel des Verzugseintritts ist umsetzungsrechtlich sogar nicht unbedenklich: Die Mahnung als ergänzender Mechanismus der Verzugsbegründung lässt sich zwar angesichts von Art. 12 Abs. 3 ZahlungsverzugsRL als solche ohne weiteres mit der Richtlinie vereinbaren. Unter dem Gesichtspunkt der Umsetzungsklarheit ist die Beibehaltung der bisherigen Systematik freilich problematisch: Sie leistet der Fortschreibung der bisherigen Verkehrsauffassung Vorschub, welche die Mahnung – vom Falle kalendermäßiger Bestimmung abgesehen – bislang für den einzigen Weg zur Herbeiführung des Verzugs hielt. Für den deutschen Richter folgt aus dieser Lage das Gebot eines zurückhaltenden Umgangs mit der Ableitung impliziter Mahnungserfordernisse bei vereinbartem Termin im Wege der Vertragsauslegung. 178

Von den Fällen der Entbehrlichkeit der Mahnung nach § 286 Abs. 2 BGB tangiert die Richtlinie die Nr. 1, 2 und 4. Verzug tritt danach insbesondere nach Verstreichen des kalendermäßig bestimmten oder – in Abhängigkeit von einem vorangehenden Ereignis – bestimmbaren Termins ein (§ 286 Abs. 2 Nr. 1, 2 BGB). Hingegen lässt die Richtlinie nach richtiger Auffassung die Bestimmbarkeit des Zahlungszeitpunkts als solche bereits ausreichen;[403] mit dem Verstreichen des Zahlungstermins oder dem Ablauf der Zahlungsfrist tritt automatisch Verzug ein. § 286 Abs. 2 Nr. 2 BGB fordert hingegen eine angemessene Zeit für die Leistung und schließt damit – jedenfalls nach herrschender Auffassung – die Berücksichtigung einer „Nullfrist“ ab diesem Ereignis aus;[404] dadurch tut sich eine Lücke in der Umsetzung auf:[405] Eine Vereinbarung der „Zahlung bei Lieferung“ muss zwar nach Art. 3 Abs. 3 lit. a ZahlungsverzugsRL den Verzug herbeiführen,[406] genügt nach § 286 Abs. 2 179

398 EuGH, Rs. C-306/06 (01051 Telecom/Deutsche Telekom); OLG Köln, BeckRS 2009, 22908.
399 Prütting/Wegen/Weinreich/*Zöchling-Jud*, § 270 Rn 7.
400 Zu Fragen der Inhaltskontrolle s.u. Rn 181 ff.
401 Zu den geringeren Voraussetzungen nach deutschem Recht siehe Vorauflage Rn 173.
402 Staudinger-*Löwisch/Feldmann* (2009) § 286, Rn 56; Gebauer/Wiedmann/*Schmidt-Kessel*, Zahlungszeit (§§ 269 bis 271 BGB) und Verzug (§§ 280 Abs. 1 und 2, 286, 288 BGB), Rn 26.
403 Zutreffend die Begründung zu § 283 Abs. 2 S. 1 Nr. 2 BGB-DE sowie *Krebs*, DB 2000, 1697, 1700; *Gsell*, ZIP 2000, 1861, 1868; *U.Huber*, JZ 2000, 957, 960.
404 MüKo-BGB/*Ernst*, § 286, Rn 62; Palandt/*Grüneberg*, § 286, Rn 23; Staudinger-*Löwisch/Feldmann* (2009) § 286, Rn 80.
405 AA Staudinger-*Löwisch/Feldmann* (2009) § 286, Rn 82.
406 AnwKomm-BGB/*Schulte-Nölke*, Verzugs-RL, Art. 3, Rn 5.

Nr. 1, 2 BGB hingegen nicht.[407] Die praktische Lösung dieser Fälle hat im Wege der richtlinienkonformen Konkretisierung der Generalklausel des § 286 Abs. 2 Nr. 4 BGB zu erfolgen:[408] Bei Entgeltansprüchen ist der sofortige Eintritt des Verzugs mit Fälligkeit „aus besonderen Gründen unter Abwägung der beiderseitigen Interessen ... gerechtfertigt".

180 Nach § 286 Abs. 3 S. 1 BGB tritt der Verzug mit einer Entgeltforderung außerdem 30 Tage nach Zugang einer Rechnung oder einer gleichwertigen Zahlungsaufforderung ein. Das entspricht im Wesentlichen der Regelung von Art. 3 Abs. 3 lit. b ZahlungsverzugsRL:[409] Der Eingang der Rechnung beim Schuldner setzt nach der in lit. b Ziff. i) niedergelegten Grundregel eine dreißigtägige Frist in Lauf, nach deren Ende der Schuldner automatisch in Verzug gerät. Ist der Zeitpunkt des Eingangs unsicher, beginnt die Frist mit der Leistung durch den Preisgläubiger (Ziff. ii)); wenn § 286 Abs. 3 S. 3 BGB hier statt „Eingang" von „Zugang" spricht, dürfte diese Anknüpfung an den Begriff der allgemeinen Rechtsgeschäftslehre einer späteren Konkretisierung des Begriffs „Eingang" durch den EuGH genügen. Den Eingang respektive Zugang als solchen muss jedenfalls der Gläubiger nachweisen. Während die Richtlinie die 30-Tage-Frist frühestens mit der Erbringung der eigenen Leistung durch den Gläubiger beginnen lässt (Ziff. iii), knüpfen § 286 Abs. 3 S. 1 BGB statt dessen und Satz 3 zusätzlich an die Fälligkeit des Entgelts an. Damit hängt die Richtlinienkonformität der Regelung von den auf diese Weise in Bezug genommenen Regeln über die Fälligkeit ab.[410] Problematisch sind dabei solche Situationen, in welchen die Fälligkeit der Gegenleistung *ex lege* erst zu einem Zeitpunkt nach Rechnungsstellung und Erbringung der Sachleistung (vgl lit. b Ziff. ii)) eintritt. Den wichtigsten Fall dieser Art, nämlich die Fälligkeit durch nachträgliche Abnahme, hat die Richtlinie in Art. 3 Abs. 3 lit. b Ziff. iv) selbst bedacht.[411] Verschiebungen der Fälligkeit durch Leistungsstörungen wären nach Art. 3 Abs. 1 ZahlungsverzugsRL zu rechtfertigen. Für die Richtlinienkonformität der Regelung im Übrigen genügt allerdings nicht der Hinweis, nach § 271 Abs. 1 BGB würden Ansprüche grundsätzlich sofort fällig. Der Gesetzgeber hätte sicherstellen müssen, dass gar keine Fälle „verspäteter" Fälligkeit im Gesetz verbleiben.[412] Er hat dies zumindest für die von der HandelsvertreterRL nicht erfassten Vertreter von Dienstleistungen nicht getan;[413] unzureichend ist die Regelung zudem im Falle von Leistungsbestimmungsrechten des Schuldners oder Dritter.[414]

181 Art. 3 Abs. 3 lit. b Ziff. iv) ZahlungsverzugsRL gibt den Mitgliedstaaten zudem die Möglichkeit, für den Verzugseintritt eine vorherige billigende Abnahme der Leistung des Entgeltgläubigers – etwa nach § 641 BGB – oder ein sonstiges Überprüfungsverfahren zu fordern.[415] Die Zwecksetzung der Richtlinie gebietet es allerdings, die Vorschrift nicht anzuwenden, wenn der Preisschuldner die Abnahme missbräuchlich verweigert[416] oder ein mit dem Überprüfungsverfahren betrauter Dritter die Überprüfung durch sein Fehlverhalten verzögert. Einen nicht unwichtigen Anhalt für die Schranken noch zulässiger Verzögerungen bietet dabei die Frist von 90 Kalendertagen nach Art. 10 ZahlungsverzugsRL: in ihr zeigt sich die unionsrechtliche „Schmerzgrenze" für von dritter Seite zu verantwortenden Verzögerungen. Verfahren iSv Art. 3 Abs. 3 lit. b Ziff. iv) ZahlungsverzugsRL liegen auch in der hoheitlichen Festsetzung der Vergütungen für treuhänderische Tätigkeiten durch ein amtliches Organ oder einen Träger eines privaten Amtes.

407 Richtig *Gsell*, ZIP 2000, 1861, 1868.
408 AnwKomm-BGB/*Schulte-Nölke*, Verzugs-RL, Art. 3, Rn 5.
409 *Leible*, in: Europäisches Vertragsrecht S. 151, 158.
410 Skeptisch auch *Krebs*, DB 2000, 1697, 1700 und *Gsell*, ZIP 2000, 1861, 1865, letztere unter Hinweis auf § 614 BGB.
411 Dazu sogleich Rn 181.
412 Bedenken offenbar auch bei AnwKomm-BGB/*Schulte-Nölke*, Verzugs-RL, Art. 3, Rn 17.
413 Gebauer/Wiedmann/*Schmidt-Kessel*, Zahlungszeit (§§ 269 bis 271 BGB) und Verzug (§§ 280 Abs. 1 und 2, 286, 288 BGB), Rn 38. Zu den von der HandelsvertreterRL erfassten Fällen s. oben Rn 90.
414 Gebauer/Wiedmann/*Schmidt-Kessel*, Zahlungszeit (§§ 269 bis 271 BGB) und Verzug (§§ 280 Abs. 1 und 2, 286, 288 BGB), Rn 35-37.
415 *Schmidt-Kessel*, NJW 2001, 97, 98.
416 Vgl *Schmidt-Kessel*, JbJZivRWiss 2000, 61, 80.

Nach § 280 Abs. 1 S. 2 und § 286 Abs. 4 BGB setzen sowohl der Ersatz des Verzögerungsschadens als auch die Verzugsfolgen voraus, dass der Schuldner seine Pflichtverletzung, die Verzögerung, zu vertreten hat. In ähnlicher Weise fordern Art. 3 Abs. 3 lit. c Ziff. ii) und Art. 6 Abs. 3 ZahlungsverzugsRL für den Verzugseintritt zusätzlich, dass der Schuldner für die Verzögerung verantwortlich ist. Die Mitgliedstaaten können also eine Entlastungsmöglichkeit für den Schuldner vorsehen, soweit diese dem Zweck der Richtlinie nicht zuwiderläuft.[417] Die mit „es sei denn" eingeleiteten Formulierungen beider Vorschriften weisen dem Schuldner die Beweislast für das Fehlen seiner Verantwortlichkeit zu;[418] das entspricht der Rechtslage bei §§ 280 Abs. 1 S. 2, 286 Abs. 4 BGB. Der europäische Gesetzgeber hatte jedoch bei der Formulierung des Erfordernisses die Verantwortlichkeit des Schuldners Art. 79 CISG im Blick.[419] In der Literatur ist daher Streit darüber entstanden, ob dieser Standard eng im Sinne des UN-Kaufrechts oder weit im Sinne des „Verschuldensprinzips" aufzufassen ist.[420] Dieser Streit ist auch mit der Frage nach der Richtlinienkonformität der deutschen Umsetzung verknüpft. Jedenfalls richtlinienkonform ist hingegen der vom Vertretenmüssen unabhängige Anspruch auf die Prozesszinsen nach § 291 BGB. 182

c) Rechtsfolgen der Verzuges

Von den Rechtsfolgen der §§ 280 Abs. 1, Abs. 2, 286 ff BGB behandelt die Richtlinie lediglich die Verzinsung (Art. 3 Abs. 1 lit. a-d ZahlungsverzugsRL) und den Ersatz der Beitreibungskosten (Art. 6 Abs. 3 ZahlungsverzugsRL) und berührt damit nur Ansprüche aus §§ 288, 247, 286 und §§ 280 Abs. 1, Abs. 2, 286 Abs. 1-3 BGB. Die Umsetzungsregelung zu den Verzugszinsen entspricht in ihrer Technik nunmehr der neuen Richtlinienfassung, indem von der Rechtsfolgennorm (Art. 3 Abs. 3 iVm Art. 2 Nr. 5, 6 ZahlungsverzugsRL und entsprechend § 288 Abs. 2 BGB) nicht unmittelbar auf die Leitzinsen der Europäischen Zentralbank, sondern auf den – in Art. 2 Nr. 7 ZahlungsverzugsRL und § 247 BGB definierten – Bezugszinssatz respektive Basiszinssatz verwiesen wird. Dieser ist an die Bewegungen des in Art. 2 Punkt 7 lit. a ZahlungsverzugsRL in Bezug genommenen Zinssatzes gekoppelt, nämlich den jeweils für die jüngste Hauptrefinanzierungsoperation der Europäischen Zentralbank vor dem ersten Kalendertag des betreffenden Halbjahres maßgeblichen. Der vom deutschen Recht angeordnete Aufschlag liegt mit 8 % einen Punkt höher, als die Richtlinie dies bislang forderte; Art. 2 Nr. 6 ZahlungsverzugsRL verlangt nunmehr jedoch auch eine Spannung von 8 % über dem Basiszinssatz. Die Regelung ist damit auch insgesamt richtlinienkonform. 183

Für Beitreibungskosten gewährt Art. 6 Abs. 1 ZahlungsverzugsRL dem Gläubiger nunmehr einen auch neben Schadensersatzforderungen zu zahlenden Pauschalbetrag von mindestens 40 Euro. Die Formulierung von Art. 6 Abs. 3 ZahlungsverzugsRL ist insoweit freilich nicht eindeutig, weil Art. 6 Abs. 3 aE eine Anrechnung vorzusehen scheint, die mit dem Wort „zusätzlich" am Beginn des Satzes nicht so recht vereinbar ist. Richtigerweise verlangt die Richtlinie mit Blick auf die angestrebte Abschreckungswirkung daher ein Nebeneinander von Pauschalbetrag und Ersatzbetrag der entstandenen Beitreibungskosten.[421] 184

Hinsichtlich der nach Art. 6 Abs. 3 ZahlungsverzugsRL neben dem Zins zu ersetzenden Beitreibungskosten hat der Gesetzgeber keinen Umsetzungsbedarf gesehen. Anspruchsgrundlage ist § 280 Abs. 1 BGB, wobei die Ersatzfähigkeit des hier vorliegenden Verzögerungsschadens nach Abs. 2 von den zusätzlichen Voraussetzungen des § 286 BGB abhängt. Den Vorgaben von Art. 6 Abs. 3 ZahlungsverzugsRL ist damit grundsätzlich genüge getan. Die frühere Rechtsprechung zu den Kos- 185

417 Zur abweichenden Lage nach den früheren Entwürfen s. *Freitag*, EuZW 1998, 559, 561; *Gsell*, ZIP 1998, 1569, 1573; *Schmidt-Räntsch*, ZfIR 2000, 484.

418 AnwKomm-BGB/*Schulte-Nölke*, Verzugs-RL, Art. 3, Rn 24; *Leible*, in: Europäisches Vertragsrecht S. 151, 160; *Gsell*, ZIP 1999, 1281, 1282; *Schulte-Braucks*, NJW 2001, 103, 105.

419 *Schulte-Braucks*, NJW 2001, 103, 105 f; *ders.*, Symp. Immenga S. 75, 88.

420 Für eine enge Auslegung *Schulte-Braucks*, NJW 2001, 103, 106; *ders.*, Symp. Immenga S. 75, 88; für eine weite hingegen AnwKomm-BGB/*Schulte-Nölke*, Verzugs-RL, Art. 3, Rn 24; *Leible*, in: Europäisches Vertragsrecht S. 151, 160 f.

421 AA offenbar *Oelssner*, NJW 2013, 2469, 2471.

ten der außer- und vorgerichtlichen Rechtsverfolgung hat hier ihre Bedeutung behalten.[422] Zu beachten ist freilich die Bindung an die unionsrechtliche Vorgabe in Art. 6 Abs. 3 S. 2 ZahlungsverzugsRL, welche den Ausschluss bestimmter Arten von Beitreibungskosten unzulässig macht.[423] Dies wird über kurz oder lang die Klärung der Erstattungsfähigkeit der Kosten eines Inkassounternehmens durch den Europäischen Gerichtshof erforderlich machen.[424] Dasselbe gilt für die internen Verwaltungskosten des Gläubigers.[425] Gegen die generelle Schranke des § 254 Abs. 2 S. 1 BGB bestehen jedoch keine Bedenken, sofern deren Ausfüllung im Einzelfall unionsrechtskonform erfolgt.

d) Grenzen abweichender Vereinbarungen

186 Der Unionsgesetzgeber hat in Art. 7 Abs. 1, 4 ZahlungsverzugsRL umfängliche Sonderregelungen zur Inhaltskontrolle abweichender Vereinbarungen angeordnet. Abs. 1 betrifft zunächst die individuelle Inhaltskontrolle. Danach sind Vereinbarungen, welche als grob nachteilig für den Gläubiger anzusehen sind, nicht anzuwenden. Die Generalklauseln des BGB sind allerdings nicht hinreichend bestimmt, um den formalen Anforderungen an die Umsetzung dieser Vorgabe genügen zu können; das gilt insbesondere für die von der Richtlinie geforderte[426] Inhaltskontrolle von Individualvereinbarungen, welche nach geltendem Recht außerhalb von Verbraucherverträgen nur an Hand der §§ 138, 242 BGB möglich ist.[427] Geboten ist damit eine richtlinienkonforme Konkretisierung der Generalklauseln unter Beachtung der Maßstäbe der Richtlinie, die sich durch die Neufassung freilich zugunsten des Schuldners verschoben haben: insbesondere zeigt Art. 3 Abs. 5, dass zwischen Unternehmern auch Zahlungsfristen von mehr als 60 Tagen der Inhaltskontrolle standhalten können, obwohl 60 Tage als Leitbild angegeben sind (zur früheren Fassung siehe Vorauflage, Rn 181). Für die öffentliche Hand bildet die 60-Tages-Frist ohnehin die Obergrenze der Vereinbarungsfähigkeit bei einem gesetzlichen Leitbild von 30 Kalendertagen, Art. 4 Abs. 5, 6 ZahlungsverzugsRL.

187 Anders als nach der alten Richtlinienfassung[428] kommt eine gegen Art. 7 verstoßende Vereinbarung nicht mehr in Betracht. Damit ist auch bei der von der deutschen Rechtsprechung unter § 306 BGB gelegentlich für möglich gehaltenen ergänzenden Vertragsauslegung[429] Vorsicht geboten.[430]

188 Art. 7 Abs. 4 ZahlungsverzugsRL verlangt von den Mitgliedstaaten schließlich die Bereitstellung angemessener und wirksamer Mittel, um der Verwendung von grob nachteiligen Klauseln ein Ende zu setzen. Zu diesen Mitteln gehört nach Abs. 5 auch die Einführung einer Unterlassungsklage oder eines entsprechenden Verwaltungsverfahrens gegen den Verwender grob nachteiliger Allgemeiner Geschäftsbedingungen. Antragsbefugt sind Organisationen mit berechtigtem Interesse an der Vertretung kleiner und mittlerer Unternehmen und als solche offiziell anerkannte Einrichtungen. Die Umsetzung dieser Vorgabe ist durch das Unterlassungsklagengesetz (UKlaG) erfolgt. § 1 UKlaG begründet einen Anspruch auf Unterlassung der Verwendung von Klauseln, welche gegen § 307 BGB verstoßen. § 3 UKlaG spricht diesen Anspruch unter anderem Interessenverbänden mit bestimmter Mitgliederstruktur und entsprechend gestalteter Satzung sowie den Industrie- und Handelskammern und den Handwerkskammern zu. Allerdings weist auch dieses Verfahren eine Lücke bei solchen Vereinbarungen auf, die keine Allgemeinen Geschäftsbedingungen iSv § 305 I BGB

422 Vgl MüKo-BGB/*Ernst*, § 286, Rn 154-159; Staudinger-*Löwisch/Feldmann* (2009) § 286, Rn 212-236.

423 Zur früheren Fassung ebenso *Leible*, in: Europäisches Vertragsrecht S. 151, 162; AnwKomm-BGB/*Schulte-Nölke*, Verzugs-RL, Art. 3, Rn 32.

424 Vgl *Freitag*, EuZW 1998, 559, 561; *Freudenthal/Milo*, NTBR 1999, 153, 156; *Freudenthal/Milo/Schelhaas*, NTBR 2000, 293, 295 f; *Gsell*, ZIP 2000, 1861, 1867; *Leible*, in: Europäisches Vertragsrecht S. 151, 162.

425 AnwKomm-BGB/*Schulte-Nölke*, Verzugs-RL, Art. 3, Rn 33.

426 *Schmidt-Kessel*, NJW 2001, 97, 101; AnwKomm-BGB/*Schulte-Nölke*, Verzugs-RL, Art. 3, Rn 35.

427 S. schon *Schmidt-Kessel*, NJW 2001, 97, 101 sowie nunmehr AnwKomm-BGB/*Schulte-Nölke*, Verzugs-RL, Art. 3, Rn 39.

428 S. Vorauflage Rn 182.

429 Vgl die Nachweise bei Palandt/*Grüneberg* § 306, Rn 13.

430 Von der in Art. 7 Abs. 1 Unterabs. 1 ZahlungsverzugsRL benannten Möglichkeit, dem grob benachteiligten Gläubiger einen unabdingbaren Schadensersatzanspruch zu gewähren (vgl zur Höhe *Schmidt-Kessel*, NJW 2001, 97, 101) hat Deutschland keinen Gebrauch gemacht.

sind. Hier wird man – soweit möglich – mit § 8 UWG helfen müssen; jedenfalls hat die Richtlinie insoweit auch eine wettbewerbsschützende Funktion.

II. Warenkauf

Für den Warenkauf ist zunächst von Bedeutung, dass das Unionsrecht Einfluss auf die kaufrechtlich geschuldeten Qualitätsstandards nimmt. Das gilt zunächst für die bereits angesprochene *Unilever*-Entscheidung des Gerichtshofs (siehe oben Rn 8) sowie – wegen ihrer überschießenden Umsetzung in das deutsche Recht – für die Standards unter der Verbrauchsgüterkaufrichtlinie.[431] Originär unionsrechtlich sind jedoch die Maßstäbe, welche sich aus der Warenverkehrsfreiheit für die gesetzlichen Produktstandards des Handelskaufs ergeben können. Allerdings ist deren Einordnung streitig: Teile der Lehre sprechen sich für eine Einordnung als produktbezogene Regel[432] und damit als Beschränkung der Warenverkehrsfreiheit aus, während andere in den gesetzlichen Qualitätsanforderungen reine Vertriebsmodalitäten erblicken.[433] Richtigerweise ist das entscheidende Kriterium für die Einordnung die Frage, ob sich aus dem jeweiligen Qualitätsstandard ein Marktzugangshindernis ergibt.[434] Soweit diese Frage bejaht wird, lassen sich Qualitätsstandards nur aus zwingenden Gründen des Allgemeinwohls rechtfertigen. Dies gilt freilich nicht für vertraglich vereinbarte Produktstandards. Diese können die Warenverkehrsfreiheit nämlich nicht in unzulässiger Weise beschränken, sonst würde Art. 34 AEUV (ex Art. 28 EGV) die vertragliche Bindung und damit die Vertragsfreiheit beschränken.[435] 189

Unmittelbare Auswirkungen auf die Regeln des Handelskaufs könnte auch der Rückgriffsanspruch nach Art. 4 VerbrauchsgüterkaufRL haben: Diskutiert wird nämlich, ob die effektive Umsetzung dieses Anspruchs es ausschließt, die Ansprüche im Rückgriffsverhältnis weiterhin mit der strengen Untersuchungs- und Rügeobliegenheit nach § 377 HGB einzuschränken.[436] Zu verweisen ist insoweit freilich auf Art. 5 Abs. 2 VerbrauchsgüterkaufRL, welcher eine entsprechende Obliegenheit sogar zulasten des Verbrauchers ermöglicht. Diese muss dem mitgliedstaatlichen Gesetzgeber erst recht im Rückgriffsverhältnis offen stehen.[437] 190

Mit dem Vorschlag für ein Gemeinsames Europäisches Kaufrecht hat die Europäische Kommission im Herbst 2011 nunmehr das Ziel einer Europäisierung des Handelskaufs ausgerufen. Dabei sollen die nationalen Kaufrechte nicht – zumindest nicht normativ – verdrängt werden; vielmehr wird den Vertragsparteien auch im unternehmerischen Geschäftsverkehr die Option eröffnet, das gemeinsame Europäische Kaufrecht ihren Aktivitäten zugrunde zu legen. Nach der bislang noch maßgebenden ursprünglichen Fassung des Entwurfs, setzt die Anwendung freilich voraus, daß im unternehmerischen Geschäftsverkehr mindestens eine der Parteien ein kleines oder mittleres Unternehmen ist (Art. 7 GEKR-VO). Diese Voraussetzung wird vermutlich in der Endfassung des Instruments nicht mehr enthalten sein, so dass – im Anwendungsbereich des Instruments – tatsächlich auch ein einheitliches Handelskaufrecht entsteht. 191

431 Dazu *Schulte-Nölke*, § 23, Rn 175 ff.
432 *Langner*, RabelsZ 65 (2001), 222, 232 ff.
433 *Remien*, JZ 1994, 349, 353.
434 *Herresthal*, Vertragsrecht, Rn 56; *Mülbert*, ZHR 159 (1995), 2, 21 ff.
435 So *Herresthal*, Vertragsrecht, Rn 54.
436 Dafür etwa *Kircher*, ZRP 1997, 290, 294; *Reich*, NJW 1999, 2397, 2400.
437 *Schmidt-Kessel*, ÖJZ 2000, 668, 672.

192 Der Vorschlag der Kommission ist in verschiedenerlei Hinsicht in der europäischen Fachöffentlichkeit streitig behandelt worden.[438] Nach den Änderungsanträgen des Parlaments ist für das endgültige Instrument mit einer Beschränkung des Anwendungsbereichs auf reine Online-Verträge zu rechnen. An der gleichermaßen bestehenden Anwendbarkeit für Verbraucherverträge und Verträge des unternehmerischen Geschäftsverkehrs dürfte sich freilich nichts ändern. Ob sich die Bedenken eines Teils der Mitgliedstaaten gegen das Instrument als solches ausräumen lassen werden, wird die Zukunft zeigen. Mit dem Europäischen Parlament steht jedenfalls ein mächtiger Unterstützer zur Verfügung. Insoweit ist damit zu rechnen, dass vor der nächsten Auflage dieses Handbuchs das Europäische Handelsrecht hinsichtlich des Warenkaufs in eine neue Ära aufbrechen wird.

438 Zuletzt *Schmidt-Kessel* (Hrsg.), Kommentar zum Gemeinsamen Europäischen Kaufrecht, München 2014. Siehe ferner *Gebauer* (Hrsg.), Gemeinsames Europäisches Kaufrecht – Anwendungsbereich und kollisionsrechtliche Einbettung, München 2013; *Hahn* (Hrsg.), Gemeinsames europäisches Kaufrecht moderner Ansatz oder praxisferne Vision? Anhörung der Konferenz der Justizministerinnen und Justizminster am 24. Mai 2012 in Frankfurt, München 2012; *Remien/Herrler/Limmer* (Hrsg.), Gemeinsames Europäisches Kaufrecht für die EU?, München 2012; *Schmidt-Kessel* (Hrsg.), Ein einheitliches europäisches Kaufrecht, München 2012; *Schulte-Nölke/Zoll/Jansen/Schulze* (Hrsg.), Der Entwurf für ein optionales europäisches Kaufrecht, München 2012; *Wendehorst/Zöchling-Jud* (Hrsg.), Am Vorabend eines Gemeinsamen Europäischen Kaufrechts. Zum Verordnungsentwurf der Europäischen Kommission vom 11. 10. 2011, Manz: Wien 2012; ferner die auf der Sondertagung der Zivilrechtslehrervereinigung 20./21. 4. 2012 gehaltenen Referate, welche in der AcP 112 (2012) veröffentlicht sind. Eine weitere Kommentierung findet sich bei *Schulze* (Hrsg.), Common European Sales Law (CESL) – Commentary –,München 2012. Siehe ferner das von *Wendehorst/Thomas/Sorabji/Storme* u.a. erarbeitete Statement of the European Law Institute on the Proposal for a Regulation on a CommonEuropean Sales Law, http://www.europeanlawinstitute.eu/fileadmin/user_upload/p_eli/Publications/S-2-2012_Statement_on_the_Proposal_for_a_Regulation_on_a_Common_European_Sales_Law.pdf.

§ 20 Finanzdienstleistungsrecht[1]

Allgemeine Literatur (s. auch die Literaturhinweise zu den einzelnen Spezialthemen): *Acharya/Richardson* (eds.), Restoring Financial Stability: How to Repair a Failed System, Hoboken, 2009; *Assies/Beule/Heise/Strube* (Hrsg.), Handbuch des Fachanwalts Bank- und Kapitalmarktrecht, 3. Aufl., Köln, 2012; *Assmann/Schneider* (Hrsg.), Wertpapierhandelsgesetz (WpHG) – Kommentar, 6. Aufl., Köln, 2012; *Bartels et al* (Hrsg.), Kreditwirtschaftlich wichtige Vorhaben der EU, 21. Aufl., Berlin, 2013; *ders.*, European Banking and Financial Services Law, 5th ed., Brussels, 2012; *Bartsch*, Finanzmarktkrise – Die Stunde der Rechtssetzer?, ZRP 2009, 97 ff; *Baur/Boegl*, Die neue europäische Finanzmarktaufsicht – Der Grundstein ist gelegt, BKR 2011, 177 ff; *Binder*, Auf dem Weg zu einer europäischen Bankenunion? Erreichtes, Unerreichtes, offene Fragen, ZBB 2013, 297 ff; *ders.*, Krisenbewältigung im Spannungsfeld zwischen Aufsichts-, Kapitalmarkt- und Gesellschaftsrecht – Anwendungsprobleme des Finanzmarktstabilisierungsgesetzes, WM 2008, 2340; *Binder/Broichhausen*, Entwicklungslinien und Perspektiven des Europäischen Kapitalmarktrechts – Eine Bestandsaufnahme aus Anlass des „Weißbuchs zur Finanzdienstleistungspolitk für die Jahre 2005-2010", ZBB 2006, 85 ff; *Birkmose/Neville/Sørensen* (eds.), The European Financial Market in Transition, Alphen aan den Rijn, 2012; *Blaurock et al* (Hrsg.), Das Bankwesen im Gemeinsamen Markt, Baden-Baden, 1981; *Bonin/Glos*, Die neuere Rechtsprechung der europäischen Gerichte im Bereich des Bank- und Kapitalmarktrechts, WM 2012, 917 ff und WM 2013, 1201 ff; *Braumüller/Ennöckl/Gruber/Raschauer* (Hrsg.), Die neue europäische Finanzmarktaufsicht, ZFR Spezial 2012; *Bredt*, Das Börsenrecht als Ausgleichsinstrument zwischen öffentlichem Auftrag, Trägerinteresse und Anforderungen der internationalen Finanzmärkte, WM 2013, 1839 ff; *Breidenbach*, Basel III und das Risikomanagement der Banken: Maßnahmen zur Stabilisierung des Bankensektors in Europa, Hamburg, 2011; *Buck-Heeb*, Kapitalmarktrecht, 6. Aufl., Heidelberg, 2013; *Ceyssens*, Teufelskreis zwischen Banken und Staatsfinanzen – Der neue Europäische Bankaufsichtsmechanismus, NJW 2013, 3704 ff; *Cherednychenko/Jansen*, Principles of European Law on Financial Service Contracts?, ERPL 2008, 443 ff; *Chiu*, Regulatory Convergence in EU-Securities Regulation, London, 2008; *Claussen* (Hrsg.), Bank- und Börsenrecht, 4. Aufl., München, 2008; *Cranston* (ed.), European Banking Law: The Banker-Customer Relationship, 2nd ed., London, 1999; *Derleder/Knops/Bamberger* (Hrsg.), Handbuch zum deutschen und europäischen Bankrecht, 2. Aufl., Berlin, 2009; *Digel*, Die primärrechtlichen Grundlagen des Europäischen Finanzmarktes, Tübingen, 2006; *Dombret/*Kenadjian (eds.), The Bank Recovery and Resolution Directive. Europe's Solution for „Too Big To Fail"?, Berlin, 2013; *Einsele*, Bank- und Kapitalmarktrecht. Nationale und internationale Bankgeschäfte, 2. Aufl., Tübingen, 2010; *Enoch/Everaert/Tressel/Zhou* (eds.), From Fragmentation to Financial Integration in Europe, Washington, 2013; *van Empel* (ed.), Financial Services in Europe – An Introductory Overview, Alphen aan den Rijn, 2008; *Ferran*, Building an EU Securities Market, Cambridge, 2004; *Florstedt*, Finanzkrise als Krise der Normbehauptung, ZBB 2013, 81 ff; *Freixas/Hartmann/Mayer* (eds.), Handbook of European Financial Markets and Institutions, Oxford, 2012; *Fuchs* (Hrsg.), Wertpapierhandelsgesetz (WpHG) – Kommentar, München, 2009; *Gebauer/Wiedmann* (Hrsg.), Zivilrecht unter europäischem Einfluss, 2. Aufl., Stuttgart, 2010; *Giovanoli et al* (ed.), International Monetary and Financial Law: the Global Crisis, Oxford, 2010; *Groß*, Kapitalmarktrecht: Kommentar zum Börsengesetz, zur Börsenzulassungs-Verordnung und zum Wertpapierprospektgesetz, 5. Aufl., München, 2012; *Handoll*, Capital, payments and money laundering in the EU, Oxford, 2007; *Heimann*, Zwingender Verbraucherschutz und Grundfreiheiten im Bereich der Finanzdienstleistungen, Karlsruhe, 2005; *Heinze*, Europäisches Kapitalmarktrecht – Recht des Primärmarktes, München, 1999; *Herdegen*, Bankenaufsicht im europäischen Verbund, Berlin, 2010; *ders.*, Europäische Bankenunion: Wege zu einer einheitlichen Bankenaufsicht, WM 2012, 1889 ff; *Hofmann* (Hrsg.), Basel III und MaRisk – Regulatorische Vorgaben, bankinterne Verfahren, Risikomanagement, Frankfurt aM, 2011; *Hopt*, Auf dem Weg zu einer neuen europäischen und internationalen Finanzmarktarchitektur, NZG 2009, 1401 ff; *Hopt/Veil/Kämmerer* (Hrsg.), Kapitalmarktgesetzgebung im europäischen Binnenmarkt, Tübingen, 2008; *Hopt/Wymeersch* (eds.), European Company and Financial Law – Texts and Leading Cases, 4th ed., Oxford, 2007; *Jung/Schwarze* (Hrsg.), Finanzmarktregulierung in der Krise, Tübingen 2014; *Kern*, Reforming European Financial Supervision: Some of the Legal and Institutional Challenges, EuZ 2011, 50 ff; *Kaulbach* (Hrsg.), Versicherungsaufsichtsgesetz: VAG; mit Solvabilität II, Anlageverordnung und Kapitalausstattungsverordnung, Kommentar, 5. Aufl., München 2012; *Klöhn*, Kapitalmarktrecht, § 6, in: Langenbucher (Hrsg.), Europäisches Privat- und Wirtschafts-

1 Der Beitrag ist auf dem Stand vom 31.7.2014; die Autoren danken Frau *Olga Simonius* und Herrn *Simon Bangert* für die hilfreichen Recherchen zu den Rechtsquellen und zur Literatur.

recht, 3. Aufl., Baden-Baden, 2013; *Kohtamäki*, Die Reform der Bankenaufsicht in der Europäischen Union, Tübingen, 2012; *Kotz*, Nach der Krise: Neue Herausforderungen für die Bankenregulierung, ZBB 2012, 322 ff; *Krimphove*, Gesetzgebung im europäischen Bank- und Kapitalmarktrecht – eine ökonomisch-historische Betrachtung, EuR 2007, 597 ff; *Kümpel/Wittig* (Hrsg.), Bank- und Kapitalmarktrecht, 4. Aufl., Köln, 2011; *Lehmann/Manger-Nestler*, Einheitlicher Europäischer Aufsichtsmechanismus: Bankenaufsicht durch die EZB, ZBB 2014, 2 ff; *Lembke*, Eine Aufsichtsbehörde für den europäischen Kapitalmarkt, Frankfurt aM, 2010; *Lenenbach*, Kapitalmarktrecht und kapitalmarktrelevantes Gesellschaftsrecht, 3. Aufl., Köln, 2014 (im Erscheinen); *Lutter/Bayer/Schmidt*, Europäisches Unternehmens- und Kapitalmarktrecht, 5. Aufl., Berlin, 2012; *Macht*, Der Baseler Ausschuss für Bankenaufsicht und Basel II: Bankenregulierung auf einem internationalen level playing field, Baden-Baden, 2007; *Möllers*, Europäische Methoden- und Gesetzgebungslehre im Kapitalmarktrecht – Vollharmonisierung, Generalklauseln und soft law im Rahmen des Lamfalussy-Verfahrens als Mittel zur Etablierung von Standards, ZEuP 2008, 480 ff; *Moloney*, EC Securities Regulation, 2 ed., Oxford, 2008; *ders.*, Financial Market Regulation after the Crisis, CMLRev. 2010, 1317 ff; *H. Müller*, Versicherungsbinnenmarkt – Die europäische Integration im Versicherungswesen, München, 1995; *Oechsler*, Bankenaufsicht nach der Finanzmarktkrise, NZG 2012, 538 ff; *Ohler*, Der Status von Finanzdienstleistungen in EGV und GATS, ZEuS 2002, 321 ff; ders., Europäische Kapital- und Zahlungsverkehrsfreiheit: Kommentar zu den Artikeln 56 bis 60 EGV, der Geldwäscherichtlinie und Überweisungsrichtlinie, Berlin, 2002; *ders.*, in: Ruffert (Hrsg.), Europäisches Sektorales Wirtschaftsrecht (EnzEuR Bd. 5), § 10 (Finanzmarktregulierung und -aufsicht), Baden-Baden, 2013; *Panasar/Boeckman* (Hrsg.), European Securities Law, Oxford, 2010; *Parmentier*, Die Entwicklung des europäischen Kapitalmarktrechts 2012–2013, EuZW 2014, 50 ff; *Proctor*, The Law and Practice of International Banking, Oxford, 2010; *W. H. Roth*, Die Vollendung des Europäischen Binnenmarktes für Versicherungen, NJW 1993, 3028 ff; *Rötting/Lang*, Das Lamfalussy-Verfahren im Umfeld der Neuordnung der europäischen Finanzaufsichtsstrukturen, EuZW 2012, 8 ff; *Rühl*, Common Law, Civil Law, and the Single European Market for Insurances, ICLQ, 2006, 879 ff; *Schimansky/Bunte/Lwowski* (Hrsg.), Bankrechts-Hdb, Bd. II 4. Aufl. 2011; *Schmies*, Codes of Conduct in der Bankwirtschaft, ZBB 2003, 277 ff; *Schmolke*, Der Lamfalussy-Prozess im Europäischen Kapitalmarktrecht – eine Zwischenbilanz, NZG 2005, 912 ff; *U. H. Schneider*, Europäische und internationale Harmonisierung des Bankvertragsrechts, NJW 1991, 1985 ff; *ders.*, Inconsistencies and unsolved Problems in the European Banking Union, EuZW 2013, 452 ff; *A. K. Schnyder*, Europäisches Banken- und Versicherungsrecht, Heidelberg, 2005; *Schorkopf*, Finanzkrisen als Herausforderung der internationalen, europäischen und nationalen Rechtsetzung, VVDStRL 2012, 183 ff; *Schwark* (Hrsg.), Kapitalmarktrechts-Kommentar, 4. Aufl., München, 2008; *Schwintowski*, MiFID, VVR – Zeit für die Neuorientierung bei den deutschen Finanzdienstleistern, 2007; *Schwintowski/Schäfer*, Bankrecht: Commercial banking – Investment banking, 2. Aufl., Köln, 2004; *Sielecki*, Creating and Governing an Integrated Market for Retail Banking Services in Europe, Frankfurt aM, 2011; *Strub*, Bankdienstleistungen im Binnenmarkt, München, 1994; *Stünkel*, EG-Grundfreiheiten und Kapitalmärkte: die Auswirkungen der Grundfreiheiten auf die Integration der Sekundärmärkte, Baden-Baden, 2005; *Usher*, The law of money and financial sevices in the EU, 3rd ed., Oxford, 2008; *Valdez/Molyneux*, An introduction to global financial markets, 7th ed., Basingstoke, 2013; *Veil* (Hrsg.), Europäisches Kapitalmarktrecht, Tübingen, 2011; *Walker*, European Banking Law – Policy and Programme Construction, London, 2007; *Weber-Rey/Horak*, Europäischer Finanzsektor und Gesetzgebungsverfahren – Ein Zwischenbericht am Beispiel des Versicherungssektors, WM 2013, 721 ff; *Wernicke*, Privates Bankvertragsrecht im EG-Binnenmarkt, Baden-Baden, 1996; *v. Wilmowsky*, Europäisches Kreditsicherungsrecht, Tübingen, 1996; *Woopen*, Banken und Versicherungen im Binnenmarkt – will die EU ihren Bürgern die Märkte wirklich öffnen?, EuZW 2007, 495 ff; *Wymeersch*, Das neue europäische Finanzmarktregulierungs- und Aufsichtssystem, ZGR 2011, 443 ff; *Wymeersch/Hopt/Ferrarini* (ed.), Financial Regulation and Supervision, Oxford, 2012; *Zeitler*, Vergessene Ursachen der Banken- und Finanzkrise, WM 2012, 673 ff; *M. Zimmermann*, Privatrecht im Kapitalmarktrecht der Gemeinschaft, GPR 2008, 38 ff.

Abschnitt 1: Übersicht zu Gesetzgebung und Rechtsprechung

A. Gesetzgebung

I. Primärrecht

EUV: *Art. 3;* **AEUV:** *Art. 3 I lit.* b, c und e, Art. 4 II lit. a, f und j, Art. 5 Abs. 1, Art. 6 lit. g, Art. 12, Art. 26, Art. 49 ff, Art. 56 ff, Art. 63 ff, Art. 101 ff, Art. 114 f, Art. 124, Art. 127 Abs. 5, Abs. 6, Art. 136, Art. 169, Art. 290 f; **GRC:** Art. 8, Art. 15 ff, Art. 20 f, Art. 23, Art. 36, Art. 38.

II. Völkerrechtliche Rechtsquellen (Verträge, Soft Law) – Auswahl

OECD-Code of Liberalization of Invisible Operations (1961), Beilage zum Bundesanzeiger Nr. 154 v. 21.8.1964; OECD-Code of Liberalization of Capital Movements (1961; Novelle von 1984), Beilage zum Bundesanzeiger Nr. 236 v. 16.12.1965; General Agreement on Trade in Services (GATS), BGBl. 1994 II, 1643 mit 5. Protokoll v. 27.2.1998 über Finanzdienstleistungen, BGBl. 1999 II, 312 ff (engl.) bzw 328 ff (dt.); Straßburger Übereinkommen über die obligatorische Haftpflichtversicherung für Kraftfahrzeuge v. 20.4.1959, BGBl. 1965 II, 282 ff; **Basler** Konkordat von 1975 (Principles for the Supervision of Banks Foreign Establishments); **Basler** Eigenkapitalakkord von 1988 (International Convergence of Capital Measurement and Capital Standards; kurz: Basel I); Basler Eigenkapitalakkord v. 1.6.2004 mit Revisionen und Ergänzungen v. 1.7.2005, 1.10.2007, 1.7.2008, 1.7.2009 und 1.12.2009 (International Convergence of Capital Measurement and Capital Standards – A Revised Framework; kurz: Basel II; dt. Fassung des Originaldokuments von 2004 unter http://www.bis.org/publ/bcbs107ger.htm); Weiterentwicklung des Basler Eigenkapitalakkords v. 1.6.2004 durch Beschlüsse v. 1.7.2009, 31.12.2010, 20.5.2011 und 1.11.2011 (kurz: **Basel II plus**); A global regulatory framework for more resilient banks and banking systems v. Dezember 2010 in revidierter Fassung v. Juni 2011 (dt. Fassung unter http://www.bis.org/publ/bcbs189_de.pdf) sowie mit ändernden und ergänzenden Beschlüssen v. 25.7.2012 (Capital requirements for bank exposures to central counterparties; dt. Fassung unter http://www.bis.org/publ/bcbs227_de.pdf]), 7.1.2013 (The Liquidity Coverage Ratio and liquidity risk monitoring tools; dt. Fassung unter http://www.bis.org/publ/bcbs238_de.pdf), 17.12.2013 und 12.1.2014 (Liquidity coverage ratio and restricted-use committed liquidity facilities; dt. Fassung unter http://www.bis.org/press/p140112d_de.pdf) (kurz: **Basel III**); **Empfehlungen des Basler Ausschusses für Bankenaufsicht** (BCBS): „Customer due diligence for banks" v. Oktober 2001 mit Ergänzung „Consolidated KYC Risk Management" v. Oktober 2004; „Compliance and the compliance function in banks" v. April 2005; „The internal audit function in banks" v. Juni 2012; **FATF Recommendations 2012**: International Standards on Combating Money Laundering and the Financing of Terrorism & Proliferation v. Februar 2012 (abrufbar unter http://www.fatf-gafi.org/media/fatf/documents/recommendations/pdfs/FATF_Recommendations.pdf).

III. Sekundärrecht (Auswahl)

Verordnungen:

Verordnung (EWG) Nr. 1534/91 des Rates v. 31.5.1991 über die Anwendung von Art. 85 III des EG-Vertrages auf Gruppen von Vereinbarungen, Beschlüssen und aufeinander abgestimmten Verhaltensweisen im Bereich der Versicherungswirtschaft, ABl. L 143 v. 7.6.1991, S. 1, geändert durch VO (EG) Nr. 1/2003 (ABl. L 1 v. 4.1.2003, S. 1); **Verordnung (EG) Nr. 1103/97 (Euro-VO I)** des Rates v. 17.6.1997 über bestimmte Vorschriften im Zusammenhang mit der Einführung des Euro, ABl. L 162 v. 19.6.1997, S. 1, geändert durch VO (EG) Nr. 2595/2000 (ABl. L 300 v. 29.11.2000, S. 1); **Verordnung (EG) Nr. 974/98 (Euro-VO II)** des Rates v. 3.5.1998 über die Einführung des Euro, ABl. Nr. L 139 v. 11.5.1998, S. 1, geändert durch VO (EG) Nr. 2596/2000 (ABl. L 300 v. 29.11.2000, S. 2), VO (EG) Nr. 2169/2005 (ABl. L 346 v. 29.12.2005, S. 1), VO (EG) Nr. 2169/2005 (ABl. L 346 v. 29.12.2005, S. 1), VO (EG) Nr. 1647/2006 (ABl. L 309 v. 9.11.2006, S. 2), VO (EG) Nr. 835/2007 (ABl. L 186 v. 18.7.2007, S. 1), VO (EG) Nr. 693/2008 (ABl. L 195 v. 24.7.2008, S. 1) und VO (EU) Nr. 670/2010 (ABl. L 196 v. 28.7.2010, S. 1);**Verordnung (EG) Nr. 2866/98 (Euro-VO III)** des Rates v. 31.12.1998 über die Umrechnungskurse zwischen dem Euro und den Währungen der Mitgliedstaaten, die den Euro einführen, ABl. L 359 v. 31.12.1998, S. 1, geändert durch VO (EG) Nr. 1478/2000 (ABl. L 167 v. 7.7.2000, S. 1), VO (EG) Nr. 1086/2006 (ABl. L 195 v. 15.7.2006, S. 1), VO (EG) Nr. 1135/2007 (ABl. L 256 v. 2.10.2007, S. 2), VO (EG) Nr. 694/2008 (ABl. L 195 v. 24.7.2008, S. 3), VO (EU) Nr. 671/2010 (ABl. L 196 v. 28.7.2010, S. 4) und VO (EU) Nr. 870/2013 (ABl. L 243 v. 12.9.2013, S. 1); **Verordnung (EG) Nr. 1225/99** der Kommission v. 27.5.1999 betreffend die Definition von Merkmalen der Statistik der Versicherungsdienstleistungen, ABl. L 154 v. 19.6.1999, S. 1; **Verordnung (EG) Nr. 1226/99**

der Kommission v. 28.5.1999 betreffend die zuzulassenden Abweichungen bei der Statistik der Versicherungsdienstleistungen, ABl. L 154 v. 19.6.1999, S. 46; **Verordnung (EG) Nr. 1227/99** der Kommission v. 28.5.1999 betreffend das technische Format für die Übermittlung der Statistik der Versicherungsdienstleistungen, ABl. L 154 v. 19.6.1999, S. 75, geändert durch Akte über die Bedingungen des Beitritts der Tschechischen Republik, der Republik Estland, der Republik Zypern, der Republik Lettland, der Republik Litauen, der Republik Ungarn, der Republik Malta, der Republik Polen, der Republik Slowenien und der Slowakischen Republik und die Anpassungen der die Europäische Union begründenden Verträge (ABl. L 236 v. 23.9.2003, S. 561) und VO (EG) Nr. 1792/2006 (ABl. L 362 v. 20.12.2006, S. 1); **Verordnung (EG) Nr. 1228/99** der Kommission v. 28.5.1999 über die zu erstellenden Datenserien für die Statistik der Versicherungsdienstleistungen, ABl. L 154 v. 19.6.1999, S. 91, geändert durch Akte über die Bedingungen des Beitritts der Tschechischen Republik, der Republik Estland, der Republik Zypern, der Republik Lettland, der Republik Litauen, der Republik Ungarn, der Republik Malta, der Republik Polen, der Republik Slowenien und der Slowakischen Republik und die Anpassungen der die Europäische Union begründenden Verträge (ABl. L 236 v. 23.9.2003, S. 561) und VO (EG) Nr. 1792/2006 (ABl. L 362 v. 20.12.2006, S. 1); **Verordnung (EG) Nr. 1346/2000** des Rates v. 29.5.2000 über Insolvenzverfahren, ABl. L 160 v. 30.6.2000, S. 1, Anhänge mehrmals geändert (DVO (EU) Nr. 663/2014 ersetzt die Anhänge A, B und C); **Verordnung (EG) Nr. 2560/2001** des Europäischen Parlaments und des Rates v. 19.12.2001 über grenzüberschreitende Zahlungen in Euro, ABl. L 344 v. 28.12.2001, S. 13, aufgehoben durch VO (EG) Nr. 924/2009 (ABl. L 266 v. 9.10.2009, S. 11); Verordnung (EG) Nr. 2273/2003 (ab 3.7.2016 aufgehoben durch VO (EU) Nr. 596/2014) der Kommission v. 22.12.2003 zur Durchführung der Richtlinie 2003/6/EG des Europäischen Parlaments und des Rates – Ausnahmeregelungen für Rückkaufprogramme und Kursstabilisierungsmaßnahmen, ABl. L 336 v. 23.12.2003, S. 33; **Verordnung (EG) Nr. 785/2004** des Europäischen Parlaments und des Rates v. 21.4.2004 über Versicherungsanforderungen an Luftfahrtunternehmen und Luftfahrzeugbetreiber, ABl. L 138 v. 30.4.2004, S. 1, geändert durch VO (EG) Nr. 1137/2008 (ABl. L 311 v. 21.11.2008, S. 1) und VO (EU) Nr. 285/2010 (ABl. L 87 v. 7.4.2010, S. 19); **Verordnung (EG) Nr. 809/2004** der Kommission v. 29.4.2004 zur Umsetzung der Richtlinie 2003/71/EG des Europäischen Parlaments und des Rates betreffend die in Prospekten enthaltenen Informationen sowie das Format, die Aufnahme von Informationen mittels Verweis und die Veröffentlichung solcher Prospekte und die Verbreitung von Werbung, ABl. L 149 v. 30.4.2004, S. 1, geändert durch VO (EG) Nr. 1787/2006 (ABl. L 337 v. 5.12.2006, S. 17), VO (EG) Nr. 211/2007 (ABl. L 61 v. 28.2.2007, S. 24), VO (EG) Nr. 1289/2008 (ABl. L 340 v. 19.12.2008, S. 17, DelVO (EU) Nr. 311/2012 (ABl. L 103 v. 13.4.2012, S. 13), DelVO (EU) Nr. 486/2012 (ABl. L 150 v. 9.6.2012, S. 1), DelVO (EU) Nr. 862/2012 (ABl. L 256 v. 22.9.2012, S. 4) und DelVO (EU) Nr. 759/2013 (ABl. L 213 v. 8.8.2013, S. 1); **Verordnung (EG) Nr. 1287/2006** der Kommission v. 10.8.2006 zur Durchführung der Richtlinie 2004/39/EG des Europäischen Parlaments und des Rates betreffend die Aufzeichnungspflichten für Wertpapierfirmen, die Meldung von Geschäften, die Markttransparenz, die Zulassung von Finanzinstrumenten zum Handel und bestimmte Begriffe im Sinne dieser Richtlinie, ABl. L 241 v. 2.9.2006, S. 1; **Verordnung (EG) Nr. 1781/2006** des Europäischen Parlaments und des Rates v. 15.11.2006 über die Übermittlung von Angaben zum Auftraggeber bei Geldtransfers, ABl. L 345 v. 8.12.2006, S. 1; **Verordnung (EG) Nr. 1569/2007** der Kommission v. 21.12.2007 über die Einrichtung eines Mechanismus zur Festlegung der Gleichwertigkeit der von Drittstaatemittenten angewandten Rechnungslegungsgrundsätze gemäß den Richtlinien 2003/71/EG und 2004/109/EG des Europäischen Parlaments und des Rates, ABl. L 340 v. 22.12.2007, S. 66, geändert durch DelVO (EU) Nr. 310/2012 (ABl. L 103 v. 13.4.2012, S. 11); **Verordnung (EG) Nr. 924/2009 (SEPA-VO)** des Europäischen Parlaments und des Rates v. 16.9.2009 über grenzüberschreitende Zahlungen in der Gemeinschaft und zur Aufhebung der Verordnung (EG) Nr. 2560/2001, ABl. L 266 v. 9.10.2009, S. 11, geändert durch VO (EU) *Nr. 260/2012 (ABl. L 94 v. 30.3.2012, S. 22)*; **Verordnung (EG) Nr. 1060/2009 (CRA I)** des Europäischen Parlaments und des Rates v. 16.9.2009 über Ratingagenturen, ABl. L 302

v. 17.11.2009, S. 1, geändert durch RL 2011/61/EU (ABl. L 174 v. 1.7.2011, S. 1), VO (EU) Nr. 513/2011 (ABl. L 145 v. 31.5.2011, S. 30), VO (EU) Nr. 462/2013 (ABl. L 146 v. 31.5.2013, S. 1) und RL 2014/51/EU (ABl. L 153 v. 22.5.2014, S. 1); **Verordnung (EU) Nr. 267/2010** der Kommission v. 24.3.2010 über die Anwendung von Artikel 101 Absatz 3 des Vertrags über die Arbeitsweise der Europäischen Union auf Gruppen von Vereinbarungen, Beschlüssen und abgestimmten Verhaltensweisen im Versicherungssektor, ABl. L 83 v. 30.3.2010, S. 1 (Ende der Gültigkeit 31.3.2017); **Verordnung (EU) Nr. 407/2010** des Rates v. 11.5. 2010 zur Einführung eines europäischen Finanzstabilisierungsmechanismus, ABl. L 118 v. 12.5.2010, S. 1; **Verordnung (EU) Nr. 583/2010** der Kommission v. 1.7.2010 zur Durchführung der Richtlinie 2009/65/EG des Europäischen Parlaments und des Rates im Hinblick auf die wesentlichen Informationen für den Anleger und die Bedingungen, die einzuhalten sind, wenn die wesentlichen Informationen für den Anleger oder der Prospekt auf einem anderen dauerhaften Datenträger als Papier oder auf einer Website zur Verfügung gestellt werden, ABl. L 176 v. 10.7.2010, S. 1; **Verordnung (EU) Nr. 584/2010** der Kommission v. 1.7.2010 zur Durchführung der Richtlinie 2009/65/EG des Europäischen Parlaments und des Rates im Hinblick auf Form und Inhalt des Standardmodells für das Anzeigeschreiben und die OGAW-Bescheinigung, die Nutzung elektronischer Kommunikationsmittel durch die zuständigen Behörden für die Anzeige und die Verfahren für Überprüfungen vor Ort und Ermittlungen sowie für den Informationsaustausch zwischen zuständigen Behörden, ABl. L 176 v. 10.7.2010, S. 16; **Verordnung (EU) Nr. 1092/2010** des Europäischen Parlaments und des Rates v. 24.11.2010 über die Finanzaufsicht der Europäischen Union auf Makroebene und zur Errichtung eines Europäischen Ausschusses für Systemrisiken, ABl. L 331 v. 15.12.2010, S. 1; **Verordnung (EU) Nr. 1093/2010** (EBA-VO) des Europäischen Parlaments und des Rates v. 24.11.2010 zur Errichtung einer Europäischen Aufsichtsbehörde (Europäische Bankenaufsichtsbehörde), zur Änderung des Beschlusses Nr. 716/2009/EG und zur Aufhebung des Beschlusses 2009/78/EG der Kommission, ABl. L 331 v. 15.12.2010, S. 12, geändert durch VO (EU) Nr. 1022/2013 (ABl. L 287 v. 29.10.2013, S. 5), RL 2014/17/EU (ABl. L 60 v. 28.2.2014, S. 34), RL 2014/59/EU (ABl. L 173 v. 12.6.2014, S. 190) und VO Nr. 806/2014; **Verordnung (EU) Nr. 1094/2010** (EIOPA-VO) des Europäischen Parlaments und des Rates v. 24.11.2010 zur Errichtung einer Europäischen Aufsichtsbehörde (Europäische Aufsichtsbehörde für das Versicherungswesen und die betriebliche Altersversorgung), zur Änderung des Beschlusses Nr. 716/2009/EG und zur Aufhebung des Beschlusses 2009/79/EG der Kommission, ABl. L 331 v. 15.12.2010, S. 48, geändert durch RL 2014/51/EU (ABl. L 153 v. 22.5.2014, S. 1); **Verordnung (EU) Nr. 1095/2010** (ESMA-VO) des Europäischen Parlaments und des Rates v. 24.11.2010 zur Errichtung einer Europäischen Aufsichtsbehörde (Europäische Wertpapier- und Marktaufsichtsbehörde), zur Änderung des Beschlusses Nr. 716/2009/EG und zur Aufhebung des Beschlusses 2009/77/EG der Kommission, ABl. L 331 v. 15.12.2010, S. 84, geändert durch RL 2011/61/EU (ABl. L 174 v. 1.7.2011, S. 1) und RL 2014/51/EU (ABl. L 153 v. 22.5.2014, S. 1); **Verordnung (EU) Nr. 1096/2010** des Rates v. 17.11.2010 zur Betrauung der Europäischen Zentralbank mit besonderen Aufgaben bzgl der Arbeitsweise des Europäischen Ausschusses für Systemrisiken, ABl. L 331 v. 15.12.2010, S. 162; **Verordnung (EU) Nr. 513/2011** (CRA II) des Europäischen Parlaments und des Rates v. 11.5.2011 zur Änderung der Verordnung (EG) Nr. 1060/2009 über Ratingagenturen, ABl. L 145 v. 31.5.2011, S. 30; **Verordnung (EU) Nr. 236/2012** des Europäischen Parlaments und des Rates v. 14.3.2012 über Leerverkäufe und bestimmte Aspekte von Credit Default Swaps, ABl. L 86 v. 24.3.2012, S. 1; **Verordnung (EU) Nr. 260/2012** des Europäischen Parlaments und des Rates v. 14.3.2012 zur Festlegung der technischen Vorschriften und der Geschäftsanforderungen für Überweisungen und Lastschriften in Euro und zur Änderung der Verordnung (EG) Nr. 924/2009, ABl. L 94 v. 30.3.2012, S. 22, geändert durch VO (EU) Nr. 248/2014 (ABl. L 84 v. 20.3.2014, S. 1); **Verordnung (EU) Nr. 648/2012** (EMIR) des Europäischen Parlaments und des Rates v. 4.7.2012 über OTC-Derivate, zentrale Gegenparteien und Transaktionsregister, ABl. L 201 v. 27.7.2012, S. 1, geändert durch DelVO (EU) Nr. 1002/2013 (ABl. L 279 v. 19.10.2013, S. 2), RL 2014/59/EU (ABl. L 173 v. 12.6.2014, S. 190) und VO (EU) Nr. 600/2014 (ABl. L 173

v. 12.6.2014, S. 84); **Verordnung (EU) Nr. 1011/2012** der Europäischen Zentralbank v. 17.10.2012 über die Statistiken über Wertpapierbestände, ABl. L 305 v. 1.11.2012, S. 6; **Verordnung (EU) Nr. 345/2013** des Europäischen Parlaments und des Rates v. 17.4.2013 über Europäische Risikokapitalfonds, ABl. L 115 v. 25.4.2013, S. 1; **Verordnung (EU) Nr. 346/2013** des Europäischen Parlaments und des Rates v. 17.4.2013 über Europäische Fonds für soziales Unternehmertum, ABl. L 115 v. 25.4.2013, S. 18; **Verordnung (EU) Nr. 462/2013** (CRA III) des Europäischen Parlaments und des Rates v. 21.5.2013 zur Änderung der Verordnung (EG) Nr. 1060/2009 über Ratingagenturen, ABl. L 146 v. 31.5.2013, S. 1; **Verordnung (EG) Nr. 472/2013** des Europäischen Parlaments und des Rates v. 21.5.2013 über den Ausbau der wirtschafts- und haushaltspolitischen Überwachung von Mitgliedstaaten im Euro-Währungsgebiet, die von gravierenden Schwierigkeiten in Bezug auf ihre finanzielle Stabilität betroffen oder bedroht sind, ABl. L 140 v. 27.5.2013, S. 1; **Verordnung (EU) Nr. 524/2013** (ODR-VO) des Europäischen Parlaments und des Rates v. 21.5.2013 über die Online-Beilegung verbraucherrechtlicher Streitigkeiten und zur Änderung der Verordnung (EG) Nr. 2006/2004 und der Richtlinie 2009/22/EG (Verordnung über Online-Streitbeilegung in Verbraucherangelegenheiten), ABl. L 165 v. 18.6.2013, S. 1; **Verordnung (EU) Nr. 575/2013** (CRR) des Europäischen Parlaments und des Rates v. 26.6.2013 über Aufsichtsanforderungen an Kreditinstitute und Wertpapierfirmen und zur Änderung der Verordnung (EU) Nr. 646/2012, ABl. L 176 v. 27.6.2013, S. 1; **Verordnung (EU) Nr. 1022/2013** (EBA-Bankenaufsichts-VO) des Europäischen Parlaments und des Rates v. 22.10.2013 zur Änderung der Verordnung (EU) Nr. 1093/2010 zur Errichtung einer Europäischen Aufsichtsbehörde (Europäische Bankenaufsichtsbehörde) hinsichtlich der Übertragung besonderer Aufgaben auf die Europäische Zentralbank gemäß der Verordnung (EU) Nr. 1024/2013, ABl. L 287 v. 29.10.2013, S. 5; **Verordnung (EU) Nr. 1024/2013** (SSM-VO) des Rates v. 15.10.2013 zur Übertragung besonderer Aufgaben im Zusammenhang mit der Aufsicht über Kreditinstitute auf die Europäische Zentralbank, ABl. L 287 v. 29.10.2013, S. 63; **Verordnung (EU) Nr. 1072/2013** der Europäischen Zentralbank v. 24.9.2013 über die Statistik über die von monetären Finanzinstituten angewandten Zinssätze (Neufassung), ABl. L 297 v. 7.11.2013, S. 51, geändert durch VO (EU) Nr. 756/2014 (ABl. L 205 v. 12.7.2014, S. 14); **Verordnung (EU) Nr. 248/2014** des Europäischen Parlaments und des Rates v. 26.2.2014 zur Änderung der Verordnung (EU) Nr. 260/2012 in Bezug auf die Umstellung auf unionsweite Überweisungen und Lastschriften, ABl. L 84 v. 20.3.2014, S. 1; **Verordnung (EU) Nr. 258/2014** des Europäischen Parlaments und des Rates v. 3.4.2014 zur Auflegung eines Unionsprogramms zur Unterstützung spezieller Tätigkeiten im Bereich Rechnungslegung und Abschlussprüfung für den Zeitraum 2014-2020 und zur Aufhebung des Beschlusses Nr. 716/2009/EG, ABl. L 105 v. 8.4.2014, S. 1; **Verordnung (EU) Nr. 468/2014** (SSM-Rahmenverordnung) der Euopäischen Zentralbank v. 16.4.2014 zur Einrichtung eines Rahmenwerks für die Zusammenarbeit zwischen der Europäischen Zentralbank und den nationalen zuständigen Behörden und den nationalen benannten Behörden innerhalb des einheitlichen Aufsichtsmechanismus, ABl. L 141 v. 14.5.2014, S. 1; **Verordnung (EU) Nr. 537/2014** des Europäischen Parlaments und des Rates v. 16.4.2014 über spezifische Anforderungen an die Abschlussprüfung bei Unternehmen von öffentlichem Interesse und zur Aufhebung des Beschlusses 2005/909/EG der Kommission, ABl. L 158 v. 27.5.2014, S. 77; **Verordnung (EU) Nr. 596/2014** (Marktmissbrauchs-VO, MAR) des Europäischen Parlaments und des Rates v. 16.4.2014 über Marktmissbrauch (Marktmissbrauchsverordnung) und zur Aufhebung der Richtlinie 2003/6/EG des Europäischen Parlaments und des Rates und der Richtlinien 2003/124/EG, 2003/125/EG und 2004/72/EG der Kommission, ABl. L 173 v. 12.6.2014, S. 1; **Verordnung (EU) Nr. 600/2014** (MiFIR) des Europäischen Parlaments und des Rates v. 15.5.2014 über Märkte für Finanzinstrumente und zur Änderung der Verordnung (EU) Nr. 648/2012, ABl. L 173 v. 12.6.2014, S. 84; **Verordnung (EU) Nr. 651/2014** der Kommission v. 17.6.2014 zur Feststellung der Vereinbarkeit bestimmter Gruppen von Beihilfen mit dem Binnenmarkt in Anwendung der Artikel 107 und 108 des Vertrags über die Arbeitsweise der Europäischen Union, ABl. L 187 v. 26.6.2014, S. 1; **Verordnung (EU) Nr. 655/2014** des Europäischen Parlaments und des Rates v. 15.5.2014 zur Einführung eines Verfahrens für einen Europäischen Beschluss zur vorläufigen

Kontenpfändung im Hinblick auf die Erleichterung der grenzüberschreitenden Eintreibung von Forderungen in Zivil- und Handelssachen, ABl. L 189 v. 27.6.2014, S. 59; **Verordnung** (EU) **Nr. 756/2014** der Europäischen Zentralbank v. 8.7.2014 zur Änderung der Verordnung (EU) Nr. 1072/2013 (EZB/2013/34) über die Statistik über die von monetären Finanzinstituten angewandten Zinssätze (EZB/2014/30), ABl. L 205 v. 12.7.2014, S. 14; **Verordnung** (EU) **Nr. 795/2014** der Europäischen Zentralbank v. 3.7.2014 zu den Anforderungen an die Überwachung systemrelevanter Zahlungsverkehrssysteme (EZB/2014/28), ABl. L 217 v. 23.7.2014, S. 16; **Verordnung** (EU) **Nr. 806/2014** (**SRM-VO**) des Europäischen Parlaments und des Rates v. 15.7.2014 zur Festlegung einheitlicher Vorschriften und eines einheitlichen Verfahrens für die Abwicklung von Kreditinstituten und bestimmten Wertpapierfirmen im Rahmen eines einheitlichen Abwicklungsmechanismus und eines einheitlichen Abwicklungsfonds sowie zur Änderung der Verordnung (EU) Nr. 1093/2010, ABl. L 225 v. 30.7.2014, S. 1.

Richtlinien:

Richtlinie 64/225/EWG (ab 1.1.2016 aufgehoben durch RL 2009/138/EG, ABl. L 335 v. 17.12.2009, S. 1) des Rates v. 25.2.1964 zur Aufhebung der Beschränkungen der Niederlassungsfreiheit und des freien Dienstleistungsverkehrs auf dem Gebiet der Rückversicherung und Retrozession, ABl. L 56 v. 4.4.1964, S. 878; **Richtlinie 72/166/EWG** (1. Kfz-Haftpflichtversicherung-RL, ab 26.10.2009 aufgehoben durch RL 2009/103/EG) Rates v. 24.4.1972 betreffend die Angleichung der Rechtsvorschriften der Mitgliedstaaten bezüglich der Kraftfahrzeug-Haftpflichtversicherung und der Kontrolle der entsprechenden Versicherungspflicht, ABl. L 103 v. 2.5.1972, S. 1; **Richtlinie 73/183/EWG** (Niederlassungs-RL, ab 14.6.2000 aufgehoben durch RL 2000/12/EG) des Rates v. 28.6.1973 zur Aufhebung der Beschränkungen der Niederlassungsfreiheit und des freien Dienstleistungsverkehrs für selbständige Tätigkeiten der Kreditinstitute und anderer finanzieller Einrichtungen, ABl. L 194 v. 16.7.1973, S. 1; **Richtlinie 73/239/EWG** (1. Koordinierungs-RL Schaden, ab 1.1.2016 aufgehoben durch RL 2009/138/EG) des Rates v. 24.7.1973 zur Koordinierung der Rechts- und Verwaltungsvorschriften betreffend die Aufnahme und Ausübung der Tätigkeit der Direktversicherung (mit Ausnahme der Lebensversicherung), ABl. L 228 v. 16.8.1973, S. 3; **Richtlinie 73/240/EWG** (ab 1.1.2016 aufgehoben durch RL 2009/138/EG) des Rates v. 24.7.1973 zur Aufhebung der Beschränkungen der Niederlassungsfreiheit auf dem Gebiet der Direktversicherung mit Ausnahme der Lebensversicherung, ABl. L 228 v. 16.8.1973, S. 20; **Richtlinie 77/92/EWG** (Vermittler-RL, ab 14.1.2005 aufgehoben durch RL 2002/92/EG) des Rates v. 13.12.1976 über Maßnahmen zur Erleichterung der tatsächlichen Ausübung der Niederlassungsfreiheit und des freien Dienstleistungsverkehrs für die Tätigkeiten des Versicherungsagenten und des Versicherungsmaklers (aus ISIC-Gruppe 630), insbesondere Übergangsmaßnahmen für solche Tätigkeiten, ABl. L 26 v. 31.1.1977, S. 14; **Richtlinie 77/780/EWG** (1. Bankrechtskoordinierungs-RL, ab 14.6.2000 aufgehoben durch RL 2000/12/EG) des Rates v. 12.12.1977 zur Koordinierung der Rechts- und Verwaltungsvorschriften über die Aufnahme und Ausübung der Tätigkeit der Kreditinstitute, ABl. L 322 v. 17.12.1977, S. 30; **Richtlinie 78/473/EWG** (Mitversicherungs-RL, ab 1.1.2016 aufgehoben durch RL 2009/138/EG) des Rates v. 30.5.1978 zur Koordinierung der Rechts- und Verwaltungsvorschriften auf dem Gebiet der Mitversicherung auf Gemeinschaftsebene, ABl. L 151 v. 7.6.1978, S. 25; **Richtlinie 79/267/EWG** (1. Koordinierungs-RL Leben, ab 18.12.2002 aufgehoben durch RL 2002/83/EG) des Rates v. 5.3.1979 zur Koordinierung der Rechts- und Verwaltungsvorschriften über die Aufnahme und Ausübung der Direktversicherung (Lebensversicherung), ABl. L 63 v. 13.3.1979, S. 1; **Richtlinie 84/5/EWG** (2. Kfz-Haftpflichtversicherung-RL, ab 26.10.2009 aufgehoben durch RL 2009/103/EG) des Rates v. 30.12.1983 betreffend die Angleichung der Rechtsvorschriften der Mitgliedstaaten bezüglich der Kraftfahrzeug-Haftpflichtversicherung, ABl. L 8 v. 11.1.1984, S. 17; **Richtlinie 84/641/EWG** (ab 1.1.2016 aufgehoben durch RL 2009/138/EG) des Rates v. 10.12.1984 zur insbesondere auf die touristische Beistandsleistung bezüglichen Änderung der Ersten Richtlinie 73/239/EWG zur Koordinierung der Rechts- und Verwaltungsvorschriften betreffend die Aufnahme und Ausübung der Tätigkeit der Direktversicherung (mit Ausnahme der

Lebensversicherung), ABl. L 339 v. 27.12.1984, S. 21; **Richtlinie 85/611/EWG** (OGAW I-RL, aufgehoben ab 1.7.2011 durch RL 2009/65/EG) des Rates v. 20.12.1985 zur Koordinierung der Rechts- und Verwaltungsvorschriften betreffend bestimmte Organismen für gemeinsame Anlagen in Wertpapieren (OGAW), ABl. L 375 v. 31.12.1985, S. 3; **Richtlinie 86/635/EWG** (Bankbilanz-RL) des Rates v. 8.12.1986 über den Jahresabschluß und den konsolidierten Abschluß von Banken und anderen Finanzinstituten, ABl. L 372 v. 31.12.1986, S. 1, geändert durch RL 2001/65/EG (ABl. L 283 v. 27.10.2001, S. 28), RL 2003/51/EG (ABl. L 178 v. 17.7.2003, S. 16) und RL 2006/46/EG (ABl. L 224 v. 16.8.2006, S. 1); **Richtlinie 87/102/EWG** (1. Verbraucherkredit-RL, ab 10.6.2010 aufgehoben durch RL 2008/48/EG) des Rates v. 22.12.1986 zur Angleichung der Rechts- und Verwaltungsvorschriften der Mitgliedstaaten über den Verbraucherkredit, ABl. L 42 v. 12.2.1987, S. 48; **Richtlinie 87/343/EWG** (Spartentrennungs-RL Kreditversicherung/Kautionsversicherung; Ende der Gültigkeit: 1.11.2012) des Rates v. 22.6.1987 zur Änderung hinsichtlich der Kreditversicherung und der Kautionsversicherung der Ersten Richtlinie 73/239/EWG zur Koordinierung der Rechts- und Verwaltungsvorschriften betreffend die Aufnahme und Ausübung der Tätigkeit der Direktversicherung (mit Ausnahme der Lebensversicherung), ABl. L 185 v. 4.7.1987, S. 72; **Richtlinie 87/344/EWG** (Spartentrennungs-RL Rechtsschutzversicherung, ab 1.1.2016 aufgehoben durch RL 2009/138/EG) des Rates v. 22.6.1987 zur Koordinierung der Rechts- und Verwaltungsvorschriften für die Rechtsschutzversicherung, ABl. L 185 v. 4.7.1987, S. 77; **Richtlinie 88/220/EWG** (1. OGAW-Änderungs-RL, ab 1.7.2011 aufgehoben durch RL 2009/65/EG), des Rates v. 22.3.1988 zur Änderung der Richtlinie 85/611/EWG des Rates zur Koordinierung der Rechts- und Verwaltungsvorschriften betreffend bestimmte Organismen für gemeinsame Anlagen in Wertpapieren (OGAW) in Bezug auf die Anlagenpolitik bestimmter OGAW, ABl. L 100 v. 19.4.1988, S. 31; **Richtlinie 88/357/EWG** (2. Koordinierungs-RL Schaden, ab 1.1.2016 aufgehoben durch RL 2009/138/EG) des Rates v. 22.6.1988 zur Koordinierung der Rechts- und Verwaltungsvorschriften für die Direktversicherung (mit Ausnahme der Lebensversicherung) und zur Erleichterung der tatsächlichen Ausübung des freien Dienstleistungsverkehrs sowie zur Änderung der Richtlinie 73/239/EWG, ABl. L 172 v. 4.7.1988, S. 1; **Richtlinie 88/361/EWG** des Rates v. 24.6.1988 zur Durchführung von Artikel 67 des Vertrages, ABl. L 178 v. 8.7.1988, S. 5; **Richtlinie 89/117/EWG** (Bankzweigstellen-RL) des Rates v. 13.2.1989 über die Pflichten der in einem Mitgliedstaat eingerichteten Zweigniederlassungen von Kreditinstituten und Finanzinstituten mit Sitz außerhalb dieses Mitgliedstaates zur Offenlegung von Jahresabschlußunterlagen, ABl. L 44 v. 16.2.1989, S. 40; **Richtlinie 89/299/EWG** (Eigenmittel-RL, ab 14.6.2000 aufgehoben durch RL 2000/12/EG) des Rates v. 17.4.1989 über die Eigenmittel von Kreditinstituten, ABl. L 124 v. 5.5.1989, S. 16; **Richtlinie 89/592/EWG** (Insider-RL, ab 11.4.2003 aufgehoben durch RL 2003/6/EG) des Rates v. 13.11.1989 zur Koordinierung der Vorschriften betreffend Insider-Geschäfte, ABl. L 334 v. 18.11.1989, S. 30; **Richtlinie 89/646/EWG** (2. Bankrechtskoordinierungs-RL, ab 14.6.2000 aufgehoben durch RL 2000/12/EG) des Rates v. 15.12.1989 zur Koordinierung der Rechts- und Verwaltungsvorschriften über die Aufnahme und Ausübung der Tätigkeit der Kreditinstitute und zur Änderung der Richtlinie 77/780/EWG, ABl. L 386 v. 30.12.1989, S. 1; **Richtlinie 89/647/EWG** (Solvabilitäts-RL, ab 14.6.2000 aufgehoben durch RL 2000/12/EG) des Rates v. 18.12.1989 über einen Solvabilitätskoeffizienten für Kreditinstitute, ABl. L 386 v. 30.12.1989, S. 14; **Richtlinie 90/88/EWG** des Rates v. 22.2.1990 zur Änderung der Richtlinie 87/102/EWG zur Angleichung der Rechts- und Verwaltungsvorschriften der Mitgliedstaaten über den Verbraucherkredit, ABl. L 61 v. 10.3.1990, S. 14; **Richtlinie 90/232/EWG** (3. Kfz-Haftpflichtversicherung-RL, ab 26.10.2009 aufgehoben durch RL 2009/103/EG) des Rates v. 14.5.1990 zur Angleichung der Rechtsvorschriften der Mitgliedstaaten über die Kraftfahrzeug-Haftpflichtversicherung, ABl. L 129 v. 19.5.1990, S. 33; **Richtlinie 90/618/EWG** (KfZ-Haftpflichtversicherung-Ergänzungs-RL; Ende der Gültigkeit: 1.11.2012) des Rates v. 8.11.1990 zur Änderung der Richtlinie 73/239/EWG und der Richtlinie 88/357/EWG zur Koordinierung der Rechts- und Verwaltungsvorschriften für die Direktversicherung (mit Ausnahme der Lebensversicherung), insbesondere bezüglich der Kraftfahrzeug-Haftpflichtversicherung, ABl. L 330 v. 29.11.1990, S. 44; **Richtlinie 90/619/EWG** (2. Koordinierungs-RL Leben, ab 18.12.2002 aufgehoben durch RL 2002/83/EG) des Rates v. 8.11.1990 zur Koordinierung der Rechts- und Verwaltungsvorschriften für die Direktversicherung (Lebensversicherung) und zur Erleichterung der tatsächlichen Ausübung des freien Dienstleistungsverkehrs sowie zur Änderung der Richtlinie 79/267/EWG, ABl. L 330 v. 29.11.1990, S. 50; **Richtlinie 91/308/EWG** (1. Geldwäsche-RL, ab 14.12.2005 aufgehoben durch RL 2005/60/EG) v. 10.6.1991 zur Verhinderung der Nutzung des Finanzsystems zum Zwecke der Geldwäsche, ABl. L 166 v. 28.6.1991, S. 77; **Richtlinie 91/674/EWG** (Versicherungsbilanz-RL) des Rates v. 19.12.1991 über den Jahresabschluß und den konsolidierten Abschluß von Versicherungsunternehmen, ABl. L 374 v. 31.12.1991, S. 7, geändert durch RL 2003/51/EG (ABl. L 178 v. 17.7.2003, S. 16) und RL 2006/46/EG (ABl. L 224 v. 16.8.2006, S. 1); **Richtlinie 91/675/EWG** des Rates v. 19.12.1991 über die Einrichtung eines Versicherungsausschusses, ABl. L 374 v. 31.12.1991, S. 32, geändert durch RL 2005/1/EG (ABl. L 79 v. 24.3.2005, S. 9) und RL 2008/21/EG (ABl. L 76 v. 19.3.2008, S. 48); **Richtlinie 92/30/EWG** (Konsolidierungs-RL, ab 19.6.2000 aufgehoben durch RL 2000/12/EG) des Rates v. 6.4.1992 über die Beaufsichtigung von Kreditinstituten auf konsolidierter Basis, ABl. L 110 v. 28.4.1992, S. 52; **Richtlinie 92/49/EWG** (3. Koordinierungs-RL Schaden, ab 1.1.2016 aufgehoben durch RL 2009/138/EG) des Rates v. 18.6.1992 zur Koordinierung der Rechts- und Verwaltungsvorschriften für die Direktversicherung (mit Ausnahme der Lebensversicherung) sowie zur Änderung der Richtlinien 73/239/EWG und 88/357/EWG, ABl. L 228 v. 11.8.1992, S. 1; **Richtlinie 92/96/EWG** (3. Koordinierungs-RL Leben, ab 18.12.2002 aufgehoben durch RL 2002/83/EG) des Rates v. 10.11.1992 zur Koordinierung der Rechts- und Verwaltungsvorschriften für die Direktversicherung (Lebensversicherung) sowie zur Änderung der Richtlinien 79/267/EWG und 90/619/EWG, ABl. L 360 v. 9.12.1992, S. 1; **Richtlinie 92/121/EWG** (Großkredit-RL, ab 14.6.2000 aufgehoben durch RL 2000/12/EG) des Rates v. 21.12.1992 über die Überwachung und Kontrolle der Großkredite von Kreditinstituten, ABl. L 29 v. 5.2.1993, S. 1; **Richtlinie 93/6/EWG** (Kapitaladäquanz-RL, ab 19.7.2006 aufgehoben durch RL 2006/49/EG) des Rates v. 15.3.1993 über die angemessene Eigenkapitalausstattung von Wertpapierfirmen und Kreditinstituten, ABl. L 141 v. 11.6.1993, S. 1; **Richtlinie 93/22/EWG** (Wertpapierdienstleistungs-RL, ab 31.10.2007 aufgehoben durch RL 2004/39/EG) des Rates v. 10.5.1993 über Wertpapierdienstleistungen, ABl. L 141 v. 11.6.1993, S. 27; **Richtlinie 94/19/EG** (Einlagensicherungs-RL, ab 4.7.2019 aufgehoben durch RL 2014/49/EU) des Europäischen Parlaments und des Rates v. 30.5.1994 über Einlagensicherungssysteme, ABl. L 135 v. 31.5.1994, S. 5, geändert durch RL 2005/1/EG (ABl. L 79 v. 24.3.2005, S. 9) und RL 2009/14/EG (ABl. L 68 v. 13.3.2009, S. 3); **Richtlinie 95/26/EG** (BCCI-RL, teilweise aufgehoben durch RL 2000/12/EG und RL 2002/83/EG) des Europäischen Parlaments und des Rates v. 29.6.1995 zur Änderung der Richtlinien 77/780/EWG und 89/646/EWG betreffend Kreditinstitute, der Richtlinien 73/239/EWG und 92/49/EWG betreffend Schadenversicherungen, der Richtlinien 79/267/EWG und 92/96/EWG betreffend Lebensversicherungen, der Richtlinie 93/22/EWG betreffend Wertpapierfirmen sowie der Richtlinie 85/611/EWG betreffend bestimmte Organismen für gemeinsame Anlagen in Wertpapieren (OGAW) zwecks verstärkter Beaufsichtigung dieser Finanzunternehmen, ABl. L 168 v. 18.7.1995, S. 7; **Richtlinie 97/5/EG** (Überweisungs-RL, ab 31.10.2008 aufgehoben durch RL 2007/64/EG) des Europäischen Parlaments und des Rates v. 27.1.1997 über grenzüberschreitende Überweisungen, ABl. L 43 v. 14.2.1997, S. 25; **Richtlinie 97/9/EG** (Anlegerentschädigungs-RL) des Europäischen Parlaments und des Rates v. 3.3.1997 über Systeme für die Entschädigung der Anleger, ABl. L 84 v. 26.3.1997, S. 22; **Richtlinie 98/7/EG** des Europäischen Parlaments und des Rates v. 16.2.1998 zur Änderung der Richtlinie 87/102/EWG zur Angleichung der Rechts- und Verwaltungsvorschriften der Mitgliedstaaten über den Verbraucherkredit, ABl. L 101 v. 1.4.1998, S. 17; **Richtlinie 98/26/EG** (Finalitäts-RL oder Zahlungssicherungs-RL) des Europäischen Parlaments und des Rates v. 19.5.1998 über die Wirksamkeit von Abrechnungen in Zahlungs- sowie Wertpapierliefer- und -abrechnungssystemen, ABl. L 166 v. 11.6.1998, S. 45, geändert durch RL 2009/44/EG (ABl. L 146 v. 10.6.2009, S. 37), RL 2010/78/EU (ABl. L 331 v. 15.12.2010, S. 120) und VO (EU) Nr. 648/2012 (ABl. L 201 v. 27.7.2012, S. 1); **Richtlinie 98/29/EG** (Exportversicherungs-RL) des Rates v. 7.5.1998 zur Harmonisierung der wichtigsten Bestimmungen über die Exportkreditversicherung zur Deckung mittel- und langfristiger Geschäfte, ABl. L 148 v. 19.5.1998, S. 22, geändert durch VO (EG) Nr. 806/2003 (ABl. L 122 v. 16.5.2003, S. 1); **Richtlinie 98/78/EG** (Versicherungsgruppen-RL, ab 1.1.2016 aufgehoben durch RL 2009/138/EG) des Europäischen Parlaments und des Rates v. 27.10.1998 über die zusätzliche Beaufsichtigung der einer Versicherungsgruppe angehörenden Versicherungsunternehmen, ABl. L 330 v. 5.12.1998, S. 1; **Richtlinie 2000/12/EG** (kodifizierte Banken-RL, ab 19.7.2006 aufgehoben durch RL 2006/48/EG) des Europäischen Parlaments und des Rates v. 20.3.2000 über die Aufnahme und Ausübung der Tätigkeit der Kreditinstitute, ABl. L 126 v. 26.5.2000, S. 1; **Richtlinie 2000/26/EG** (4. Kfz-Haftpflichtversicherung-RL, ab 26.10.2009 aufgehoben durch RL 2009/103/EG) des Europäischen Parlaments und des Rates v. 16.5.2000 zur Angleichung der Rechtsvorschriften der Mitgliedstaaten über die Kraftfahrzeug-Haftpflichtversicherung, und zur Änderung der Richtlinien 73/239/EWG und 88/357/EWG des Rates, ABl. L 181 v. 20.7.2000, S. 65; **Richtlinie 2000/31/EG** (RL über den elektronischen Geschäftsverkehr; e-commerce-RL) des Europäischen Parlaments und des Rates v. 8.6.2000 über bestimmte rechtliche Aspekte der Dienste der Informationsgesellschaft, insbesondere des elektronischen Geschäftsverkehrs, im Binnenmarkt, ABl. L 178 v. 17.7.2000, S. 1; **Richtlinie 2000/46/EG** (E-Geld-Institute-RL, ab 30.10.2009 aufgehoben durch RL 2009/110/EG) des Europäischen Parlaments und des Rates v. 18.9.2000 über die Aufnahme, Ausübung und Beaufsichtigung der Tätigkeit von E-Geld-Instituten, ABl. L 275 v. 27.10.2000, S. 39; **Richtlinie 2000/64/EG** (teilweise aufgehoben durch RL 2002/83/EG) des Europäischen Parlaments und des Rates v. 7.11.2000 zur Änderung der Richtlinien 85/611/EWG, 92/49/EWG, 92/96/EWG und 93/22/EWG des Rates im Hinblick auf den Informationsaustausch mit Drittländern, ABl. L 290 v. 17.11.2000, S. 27; **Richtlinie 2001/17/EG** (Versicherungsinsolvenz-RL, ab 1.1.2016 aufgehoben durch RL 2009/138/EG) des Europäischen Parlaments und des Rates v. 19.3.2001 über die Sanierung und Liquidation von Versicherungsunternehmen, ABl. L 110 v. 20.4.2001, S. 28; **Richtlinie 2001/24/EG** (Bankeninsolvenz-RL) des Europäischen Parlaments und des Rates v. 4.4.2001 über die Sanierung und Liquidation von Kreditinstituten, ABl. L 125 v. 5.5.2001, S. 15, geändert durch RL 2014/59/EU (ABl. L 173 v. 12.6.2014, S. 190); **Richtlinie 2001/34/EG** (Kapitalmarktpublizitäts-RL oder Börsenzulassungs-RL) des Europäischen Parlaments und des Rates v. 28.5.2001 über die Zulassung von Wertpapieren zur amtlichen Börsennotierung und über die hinsichtlich dieser Wertpapiere zu veröffentlichenden Informationen, ABl. L 184 v. 6.7.2001, S. 1, geändert durch RL 2003/6/EG (ABl. L 96 v. 12.4.2003, S. 16), RL 2003/71/EG (ABl. L 345 v. 31.12.2003, S. 64), RL 2004/109/EG (ABl. L 390 v. 31.12.2004, S. 38) und RL 2005/1/EG (ABl. L 79 v. 24.3.2005, S. 9); **Richtlinie 2001/65/EG** des Europäischen Parlaments und des Rates v. 27.9.2001 zur Änderung der Richtlinien 78/660/EWG, 83/349/EWG und 86/635/EWG des Rates im Hinblick auf die im Jahresabschluss bzw im konsolidierten Abschluss von Gesellschaften bestimmter Rechtsformen und von Banken und anderen Finanzinstituten zulässigen Wertansätze, ABl. L 283 v. 27.10.2001, S. 28, teilweise aufgehoben ab 19.7.2013 durch RL 2013/34/EU (ABl. L 182 v. 29.6.2013, S. 19); **Richtlinie 2001/97/EG** (2. Geldwäsche-RL) des Europäischen Parlaments und des Rates v. 4.12.2001 zur Änderung der Richtlinie 91/308/EWG des Rates zur Verhinderung der Nutzung des Finanzsystems zum Zwecke der Geldwäsche, ABl. L 344 v. 28.12.2001, S. 76; **Richtlinie 2001/107/EG** (2. OGAW-Änderungs-RL, ab 1.7.2011 aufgehoben durch RL 2009/65/EG) des Europäischen Parlaments und des Rates v. 21.1.2002 zur Änderung der Richtlinie 85/611/EWG des Rates zur Koordinierung der Rechts- und Verwaltungsvorschriften betreffend bestimmte Organismen für gemeinsame Anlagen in Wertpapieren (OGAW) zwecks Festlegung von Bestimmungen für Verwaltungsgesellschaften und vereinfachte Prospekte, ABl. L 41 v. 13.2.2002, S. 20; **Richtlinie 2001/108/EG** (3. OGAW-Änderungs-RL, ab 1.7.2011 aufgehoben durch RL 2009/65/EG) des Europäischen Parlaments und des Rates v. 21.1.2002 zur Änderung der RL 85/611/EWG des Rates zur Koordinierung der Rechts- und Verwaltungsvorschriften betreffend bestimmte Organismen für gemeinsame Anlagen in Wertpapieren (OGAW) hinsichtlich der Anlagen der OGAW, ABl. L 41 v. 13.2.2002, S. 35; **Richtlinie 2002/12/EG** (ab 18.12.2002 aufgehoben durch RL 2002/83/EG) des Europäischen Parlaments und des Rates v. 5.3.2002 zur Änderung der Richtlinie 79/267/EWG des Rates hinsichtlich der Bestimmungen über die Solvabilitätsspanne für Lebensversicherungsunternehmen, ABl. L 77 v. 20.3.2002, S. 11; **Richtlinie 2002/13/EG** des Europäischen Parlaments und des Rates v. 5.3.2002 zur Änderung der Richtlinie 73/239/EWG des Rates hinsichtlich der Bestimmungen über die Solvabilitätsspanne für Schadenversicherungsunternehmen, ABl. L 77 v. 20.3.2002, S. 17; **Richtlinie 2002/47/EG** (Finanzsicherheiten-RL) des Europäischen Parlaments und des Rates v. 6.6.2002 über Finanzsicherheiten, ABl. L 168 v. 27.6.2002, S. 43, geändert durch RL 2009/44/EG (ABl. L 146 v. 10.6.2009, S. 37) und RL 2014/59/EU (ABl. L 173 v. 12.6.2014, S. 190); **Richtlinie 2002/65/EG** (Finanzdienstleistungs-Fernabsatz-RL) des Europäischen Parlaments und des Rates v. 23.9.2002 über den Fernabsatz von Finanzdienstleistungen an Verbraucher und zur Änderung der Richtlinie 90/619/EWG des Rates und der Richtlinien 97/7/EG und 98/27/EG, ABl. L 271 v. 9.10.2002, S. 16, geändert durch RL 2005/29/EG (ABl. L 149 v. 11.6.2005, S. 22) und RL 2007/64/EG (ABl. L 319 v. 5.12.2007, S. 1); **Richtlinie 2002/83/EG** (Gesamt-RL Leben, ab 1.1.2016 aufgehoben durch RL 2009/138/EG) des Europäischen Parlaments und des Rates v. 5.11.2002 über Lebensversicherungen, ABl. L 345 v. 19.12.2002, S. 1; **Richtlinie 2002/87/EG** (Finanzkonglomerate-RL) des Europäischen Parlaments und des Rates v. 16.12.2002 über die zusätzliche Beaufsichtigung der Kreditinstitute, Versicherungsunternehmen und Wertpapierfirmen eines Finanzkonglomerats und zur Änderung der Richtlinien 73/239/EWG, 79/267/EWG, 92/49/EWG, 92/96/EWG, 93/6/EWG und 93/22/EWG des Rates und der Richtlinien 98/78/EG und 2000/12/EG des Europäischen Parlaments und des Rates, ABl. L 35 v. 11.2.2003, S. 1, geändert durch RL 2005/1/EG (ABl. L 79 v. 24.3.2005, S. 9), RL 2008/25/EG (ABl. L 81 v. 20.3.2008, S. 40), RL 2010/78/EU (ABl. L 331 v. 15.12.2010, S. 120), RL 2011/89/EU (ABl. L 326 v. 8.12.2011, S. 113) und RL 2013/36/EU (ABl. L 176 v. 27.6.2013, S. 338); **Richtlinie 2002/92/EG** (IMD I) des Europäischen Parlaments und des Rates v. 9.12.2002 über Versicherungsvermittlung, ABl. L 9 v. 15.1.2003, S. 3, geändert durch RL 2014/65/EU (ABl. L 173 v. 12.6.2014, S. 349); **Richtlinie 2003/6/EG** (Marktmissbrauchs-RL, ab 3.7.2016 aufgehoben durch VO (EU) Nr. 596/2014) des Europäischen Parlaments und des Rates v. 28.1.2003 über Insider-Geschäfte und Marktmanipulationen, ABl. L 96 v. 12.4.2003, S. 16, geändert durch RL 2008/26/EG (ABl. L 81 v. 20.3.2008, S. 42) und RL 2010/78/EU (ABl. L 331 v. 15.12.2010, S. 120); **Richtlinie 2003/41/EG** (EbAV I) des Europäischen Parlaments und des Rates v. 3.6.2003 über die Tätigkeiten und die Beaufsichtigung von Einrichtungen der betrieblichen Altersversorgung, ABl. L 235 v. 23.9.2003, S. 10, geändert durch RL 2009/138/EG (ABl. L 335 v. 17.12.2009, S. 1), RL 2010/78/EU (ABl. L 331 v. 15.12.2010, S. 120), RL 2011/61/EU (ABl. L 174 v. 1.7.2011, S. 1) und RL 2013/14/EU (ABl. L 145 v. 31.5.2013, S. 1); **Richtlinie 2003/48/EG** (Zinsbesteuerungs-RL) des Rates v. 3.6.2003 im Bereich der Besteuerung von Zinserträgen, ABl. L 157 v. 26.6.2003, S. 38, geändert durch RL 2004/66/EG (ABl. L 168 v. 1.5.2004, S. 35), Entscheidung 2004/587/EG (ABl. L 257 v. 4.8.2004, S. 7), RL 2006/98/EG (ABl. L 363 v. 20.12.2006, S. 129) und RL 2014/48/EU (ABl. L 111 v. 15.4.2014, S. 50); **Richtlinie 2003/51/EG** (ab 19.7.2013 teilweise aufgehoben durch RL 2013/34/EU) des Europäischen Parlaments und des Rates v. 18.6.2003 zur Änderung der Richtlinien 78/660/EWG, 83/349/EWG, 86/635/EWG und 91/674/EWG über den Jahresabschluss und den konsolidierten Abschluss von Gesellschaften bestimmter Rechtsformen, von Banken und anderen Finanzinstituten sowie von Versicherungsunternehmen, ABl. L 178 v. 17.7.2003, S. 16; **Richtlinie 2003/71/EG** (Prospekt-RL) des Europäischen Parlaments und des Rates v. 4.11.2003 betreffend den Prospekt, der beim öffentlichen Angebot von Wertpapieren oder bei deren Zulassung zum Handel zu veröffentlichen ist, und zur Änderung der Richtlinie 2001/34/EG, ABl. L 345 v. 31.12.2003, S. 64, geändert durch RL 2008/11/EG (ABl. L 76 v. 19.3.2008, S. 37), RL 2010/73/EU (ABl. L 327 v. 11.12.2010, S. 1), RL 2010/78/EU (ABl. L 331 v. 15.12.2010, S. 120), RL 2013/50/EU (ABl. L 294 v. 6.11.2013, S. 13) und RL 2014/51/EU (ABl. L 153 v. 22.5.2014, S. 1); **Richtlinie 2003/124/EG** (ab 3.7.2016 aufgehoben durch VO (EU) Nr. 596/2014) der Kommission v. 22.12.2003 zur Durchführung der Richtlinie 2003/6/EG des Europäischen Parlaments und des Rates betreffend die Begriffsbestimmung und die Veröffentlichung von Insider-Informationen und die Begriffsbestimmung der Marktmanipulation, ABl. L 339 v. 24.12.2003, S. 70; **Richtlinie 2003/125/EG** (ab 3.7.2016 aufgehoben durch VO (EU) Nr. 596/2014) der Kommission v. 22.12.2003 zur Durchführung der Richtlinie 2003/6/EG des Europäischen Parlaments und des Rates in Bezug auf die sachgerechte Darbietung von Anlageempfehlungen und die Offenlegung von Interessenkonflikten, ABl. L 339 v. 24.12.2003, S. 73; **Richtlinie 2004/39/EG** (MiFID, teilweise aufgehoben durch RL 2009/65/EG, ab 3.1.2017 aufgehoben durch RL 2014/65/EU) des Europäischen Parlaments und des Rates v. 21.4.2004 über Märkte für Finanzinstrumente, zur Änderung der Richtlinien 85/611/EWG und 93/6/EWG des Rates und der Richtlinie 2000/12/EG des Europäischen Parlaments und des Rates und zur Aufhebung der Richtlinie 93/22/EWG des Rates, ABl. L 145 v. 30.4.2004, S. 1, geändert durch RL 2006/31/EG (ABl. L 114 v. 27.4.2006, S. 60), RL 2007/44/EG (ABl. L 247 v. 21.9.2007, S. 1), RL 2008/10/EG (ABl. L 76 v. 19.3.2008, S. 33) und RL 2010/78/EU (ABl. L 331 v. 15.12.2010, S. 120); **Richtlinie 2004/72/EG** (ab 3.7.2016 aufgehoben durch VO (EU) Nr. 596/2014) der Kommission v. 29.4.2004 zur Durchführung der Richtlinie 2003/6/EG des Europäischen Parlaments und des Rates – Zulässige Marktpraktiken, Definition von Insider-Informationen in Bezug auf Warenderivate, Erstellung von Insider-Verzeichnissen, Meldung von Eigengeschäften und Meldung verdächtiger Transaktionen, ABl. L 162 v. 30.4.2004, S. 70; **Richtlinie 2004/109/EG** (Transparenz-RL II) des Europäischen Parlaments und des Rates v. 15.12.2004 zur Harmonisierung der Transparenzanforderungen in Bezug auf Informationen über Emittenten, deren Wertpapiere zum Handel auf einem geregelten Markt zugelassen sind, und zur Änderung der Richtlinie 2001/34/EG, ABl. L 390 v. 31.12.2004, S. 38, geändert durch RL 2008/22/EG (ABl. L 76 v. 19.3.2008, S. 50), RL 2010/73/EU (ABl. L 327 v. 11.12.2010, S. 1), RL 2010/78/EU (ABl. L 331 v. 15.12.2010, S. 120) und RL 2013/50/EU (ABl. L 294 v. 6.11.2013, S. 13); **Richtlinie 2004/113/EG** des Rates v. 13.12.2004 zur Verwirklichung des Grundsatzes der Gleichbehandlung von Männern und Frauen beim Zugang zu und bei der Versorgung mit Gütern und Dienstleistungen, ABl. L 373 v. 21.12.2004, S. 37; **Richtlinie 2005/1/EG** (Ausschussstruktur-RL, teilweise aufgehoben durch RL 2009/65/EG) des Europäischen Parlaments und des Rates v. 9.3.2005 zur Änderung der Richtlinien 73/239/EWG, 85/611/EWG, 91/675/EWG, 92/49/EWG und 93/6/EWG des Rates sowie der Richtlinien 94/19/EG, 98/78/EG, 2000/12/EG, 2001/34/EG, 2002/83/EG und 2002/87/EG des Europäischen Parlaments und des Rates zur Schaffung einer neuen Ausschussstruktur im Finanzdienstleistungsbereich, ABl. L 79 v. 24.3.2005, S. 9; **Richtlinie 2005/14/EG** (5. Kfz-Haftpflichtversicherungs RL, ab 26.10.2009 aufgehoben durch RL 2009/103/EG) des Europäischen Parlaments und des Rates v. 11.5.2005 zur Änderung der Richtlinien 72/166/EWG, 84/5/EWG, 88/357/EWG und 90/232/EWG des Rates sowie der Richtlinie 2000/26/EG des Europäischen Parlaments und des Rates über die Kraftfahrzeug-Haftpflichtversicherung, ABl. L 149 v. 11.6.2005, S. 14; **Richtlinie 2005/60/EG** (3. Geldwäsche-RL) des Europäischen Parlaments und des Rates v. 26.10.2005 zur Verhinderung der Nutzung des Finanzsystems zum Zwecke der Geldwäsche und der Terrorismusfinanzierung, ABl. L 309 v. 25.11.2005, S. 15, geändert durch RL 2007/64/EG (ABl. L 319 v. 5.12.2007, S. 1), RL 2008/20/EG (ABl. L 76 v. 19.3.2008, S. 46), RL 2009/110/EG (ABl. L 267 v. 10.10.2009, S. 7) RL 2010/78/EU (ABl. L 331 v. 15.12.2010, S. 120); **Richtlinie 2005/68/EG** (ab 1.1.2016 aufgehoben durch RL 2009/138/EG) des Europäischen Parlaments und des Rates v. 16.11.2005 über die Rückversicherung und zur Änderung der Richtlinien 73/239/EWG, 92/49/EWG des Rates sowie der Richtlinien 98/78/EG und 2002/83/EG, ABl. L 323 v. 9.12.2005, S. 1; **Richtlinie 2006/43/EG** des Europäischen Parlaments und des Rates v. 17.5.2006 über Abschlussprüfungen von Jahresabschlüssen und konsolidierten Abschlüssen, zur Änderung der Richtlinien 78/660/EWG und 83/349/EWG des Rates und zur Aufhebung der Richtlinie 84/253/EWG des Rates, ABl. L 157 v. 9.6.2006, S. 87, teilweise aufgehoben ab 19.7.2013 durch RL 2013/34/EU (ABl. L 182 v. 29.6.2013, S. 19), geändert durch RL 2014/56/EU (ABl. L 158 v. 27.5.2014, S. 196); **Richtlinie 2006/48/EG** (Banken-RL, ab 1.1.2014 aufgehoben durch *RL 2013/36/EU) des Europäischen* Parlaments und des Rates v. 14.6.2006 über die Aufnahme und Ausübung der Tätigkeit der Kreditinstitute (Neufassung), ABl. L 177 v. 30.6.2006, S. 1; **Richtlinie**

2006/49/EG (Kapitaladäquanz-RL, ab 1.1.2014 aufgehoben durch RL 2013/36/EU) des Europäischen Parlaments und des Rates v. 14.6.2006 über die angemessene Eigenkapitalausstattung von Wertpapierfirmen und Kreditinstituten (Neufassung), ABl. L 177 v. 30.6.2006, S. 201; **Richtlinie 2006/70/EG** der Kommission v. 1.8.2006 mit Durchführungsbestimmungen für die Richtlinie 2005/60/EG des Europäischen Parlaments und des Rates hinsichtlich der Begriffsbestimmung von politisch exponierten Personen und der Festlegung der technischen Kriterien für vereinfachte Sorgfaltspflichten sowie für die Befreiung in Fällen, in denen nur gelegentlich oder in sehr eingeschränktem Umfang Finanzgeschäfte getätigt werden, ABl. L 214 v. 4.8.2006, S. 29; **Richtlinie 2006/73/EG** der Kommission v. 10.8.2006 zur Durchführung der Richtlinie 2004/39/EG des Europäischen Parlaments und des Rates in Bezug auf die organisatorischen Anforderungen an Wertpapierfirmen und die Bedingungen für die Ausübung ihrer Tätigkeit sowie in Bezug auf die Definition bestimmter Begriffe für die Zwecke der genannten Richtlinie, ABl. L 241 v. 2.9.2006, S. 26; **Richtlinie 2007/14/EG** der Kommission v. 8.3.2007 mit Durchführungsbestimmungen zu bestimmten Vorschriften der Richtlinie 2004/109/EG zur Harmonisierung der Transparenzanforderungen in Bezug auf Informationen über Emittenten, deren Wertpapiere zum Handel an einem geregelten Markt zugelassen sind, ABl. L 69 v. 9.3.2007, S. 27, geändert durch RL 2013/50/EU (ABl. L 294 v. 6.11.2013, S. 13; **Richtlinie 2007/16/EG** der Kommission v. 19.3.2007 zur Durchführung der Richtlinie 85/611/EWG des Rates zur Koordinierung der Rechts- und Verwaltungsvorschriften betreffend bestimmte Organismen für gemeinsame Anlagen in Wertpapieren (OGAW) im Hinblick auf die Erläuterung gewisser Definitionen, ABl. L 79 v. 20.3.2007, S. 11; **Richtlinie 2007/44/EG** (teilweise aufgehoben durch RL 2013/36/EU) des Europäischen Parlaments und des Rates v. 5.9.2007 zur Änderung der Richtlinie 92/49/EWG des Rates sowie der Richtlinien 2002/83/EG, 2004/39/EG, 2005/68/EG und 2006/48/EG in Bezug auf Verfahrensregeln und Bewertungskriterien für die aufsichtsrechtliche Beurteilung des Erwerbs und der Erhöhung von Beteiligungen im Finanzsektor, ABl. L 247 v. 21.9.2007, S. 1; **Richtlinie 2007/64/EG** (Zahlungsdienste-RL bzw PSD I, teilweise aufgehoben durch RL 2013/36/EU) des Europäischen Parlaments und des Rates v. 13.11.2007 über Zahlungsdienste im Binnenmarkt, zur Änderung der Richtlinien 97/7/EG, 2002/65/EG, 2005/60/EG und 2006/48/EG sowie zur Aufhebung der Richtlinie 97/5/EG, ABl. L 319 v. 5.12.2007, S. 1; **Richtlinie 2008/7/EG** des Rates v. 12.2.2008 betreffend die indirekten Steuern auf die Ansammlung von Kapital, ABl. L 46 v. 21.2.2008, S. 11, geändert durch RL 2013/13/EU (ABl. L 141 v. 28.5.2013, S. 30); **Richtlinie 2008/11/EG** des Europäischen Parlaments und des Rates v. 11.3.2008 zur Änderung der Richtlinie 2003/71/EG betreffend den Prospekt, der beim öffentlichen Angebot von Wertpapieren oder bei deren Zulassung zum Handel zu veröffentlichen ist, im Hinblick auf die der Kommission übertragenen Durchführungsbefugnisse, ABl. L 76 v. 19.3.2008, S. 37; **Richtlinie 2008/18/EG** (ab 1.7.2011 aufgehoben durch RL 2009/65/EG) des Europäischen Parlaments und des Rates v. 11.3.2008 zur Änderung der Richtlinie 85/611/EWG des Rates zur Koordinierung der Rechts- und Verwaltungsvorschriften betreffend bestimmte Organismen für gemeinsame Anlagen in Wertpapieren (OGAW) im Hinblick auf die der Kommission übertragenen Durchführungsbefugnisse, ABl. L 76 v. 19.3.2008, S. 42; **Richtlinie 2008/19/EG** (Ende der Gültigkeit: 1.11.2012) des Europäischen Parlaments und des Rates v. 11.3.2008 zur Änderung der Richtlinie 2002/83/EG über Lebensversicherungen im Hinblick auf die der Kommission übertragenen Durchführungsbefugnisse, ABl. L 76 v. 19.3.2008, S. 44; **Richtlinie 2008/22/EG** des Europäischen Parlaments und des Rates v. 11.3.2008 zur Änderung der Richtlinie 2004/109/EG zur Harmonisierung der Transparenzanforderungen in Bezug auf Informationen über Emittenten, deren Wertpapiere zum Handel auf einem geregelten Markt zugelassen sind, im Hinblick auf die der Kommission übertragenen Durchführungsbefugnisse, ABl. L 76 v. 19.3.2008, S. 50; **Richtlinie 2008/25/EG** des Europäischen Parlaments und des Rates v. 11.3.2008 zur Änderung der Richtlinie 2002/87/EG über die zusätzliche Beaufsichtigung der Kreditinstitute, Versicherungsunternehmen und Wertpapierfirmen eines Finanzkonglomerats im Hinblick auf die der Kommission übertragenen Durchführungsbefugnisse, ABl. L 81 v. 20.3.2008, S. 40; **Richtlinie 2008/26/EG** des Europäischen Parlaments und des Rates v. 11.3.2008 zur Änderung der Richtlinie 2003/6/EG über Insider-Geschäfte und Marktmanipulation (Marktmissbrauch) im Hinblick auf die der Kommission übertragenen Durchführungsbefugnisse, ABl. L 81 v. 20.3.2008, S. 42; **Richtlinie 2008/36/EG** des Europäischen Parlaments und des Rates v. 11.3.2008 zur Änderung der Richtlinie 92/49/EWG des Rates zur Koordinierung der Rechts- und Verwaltungsvorschriften für die Direktversicherung (mit Ausnahme der Lebensversicherung) im Hinblick auf die der Kommission übertragenen Durchführungsbefugnisse, ABl. L 81 v. 20.3.2008, S. 69; **Richtlinie 2008/37/EG** (Ende der Gültigkeit: 1.11.2012) des Europäischen Parlaments und des Rates v. 11.3.2008 zur Änderung der Richtlinie 2005/68/EG über die Rückversicherung im Hinblick auf die der Kommission übertragenen Durchführungsbefugnisse, ABl. L 81 v. 20.3.2008, S. 71; **Richtlinie 2008/48/EG** (2. Verbraucherkredit-RL) des Europäischen Parlaments und des Rates v. 23.4.2008 über Verbraucherkreditverträge und zur Aufhebung der Richtlinie 87/102/EWG des Rates, ABl. L 133 v. 22.5.2008, S. 66, geändert durch RL 2011/90/EU (ABl. L 296 v. 15.11.2011, S. 35) und RL 2014/17/EU (ABl. L 60 v. 28.2.2014, S. 34); **Richtlinie 2009/14/EG** des Europäischen Parlaments und des Rates v. 11.3.2009 zur Änderung der Richtlinie 94/19/EG über Einlagensicherungssysteme im Hinblick auf die Deckungssumme und die Auszahlungsfrist, ABl. L 68 v. 13.3.2009, S. 3; **Richtlinie 2009/44/EG** des Europäischen Parlaments und des Rates v. 6.5.2009 zur Änderung der Richtlinie 98/26/EG über die Wirksamkeit von Abrechnungen in Zahlungs- sowie Wertpapierliefer- und -abrechnungssystemen und der Richtlinie 2002/47/EG über Finanzsicherheiten im Hinblick auf verbundene Systeme und Kreditforderungen, ABl. L 146 v. 10.6.2009, S. 37; **Richtlinie 2009/65/EG** (OGAW IV-RL) des Europäischen Parlaments und des Rates v. 13.7.2009 zur Koordinierung der Rechts- und Verwaltungsvorschriften betreffend bestimmte Organismen für gemeinsame Anlagen in Wertpapieren (OGAW), ABl. L 302 v. 17.11.2009, S. 32, geändert durch RL 2010/78/EU (ABl. L 331 v. 15.12.2010, S. 120), RL 2011/61/EU (ABl. L 174 v. 1.7.2011, S. 1) und RL 2013/14/EU (ABl. L 145 v. 31.5.2013, S. 1); **Richtlinie 2009/103/EG** (Kodifizierte Kfz-Haftpflichtversicherungs-RL) des Europäischen Parlaments und des Rates v. 16.9.2009 über die Kraftfahrzeug-Haftpflichtversicherung und die Kontrolle der entsprechenden Versicherungspflicht, ABl. L 263 v. 7.10.2009, S. 11; **Richtlinie 2009/110/EG** (E-Geld-RL, teilweise aufgehoben durch RL 2013/36/EU) des Europäischen Parlaments und des Rates v. 16.9.2009 über die Aufnahme, Ausübung und Beaufsichtigung der Tätigkeit von E-Geld-Instituten, zur Änderung der Richtlinien 2005/60/EG und 2006/48/EG sowie zur Aufhebung der Richtlinie 2000/46/EG, ABl. L 267 v. 10.10.2009, S. 7; **Richtlinie 2009/111/EG** (CRD II-RL) des Europäischen Parlaments und des Rates v. 16.9.2009 zur Änderung der Richtlinien 2006/48/EG, 2006/49/EG und 2007/64/EG hinsichtlich Zentralorganisationen zugeordneter Banken, bestimmter Eigenmittelbestandteile, Großkredite, Aufsichtsregelungen und Krisenmanagement, ABl. L 302 v. 17.11.2009, S. 97, geändert durch RL 2013/36/EU (ABl. L 176 v. 27.6.2013, S. 338); **Richtlinie 2009/138/EG** (Solvabilität II-RL) des Europäischen Parlaments und des Rates v. 25.11.2009 betreffend die Aufnahme und Ausübung der Versicherungs- und der Rückversicherungstätigkeit (Solvabilität II), ABl. L 335 v. 17.12.2009, S. 1, geändert durch RL 2011/89/EU (ABl. L 326 v. 8.12.2011, S. 113), RL 2012/23/EU (ABl. L 249 v. 14.9.2012, S. 1), RL 2013/58/EU (ABl. L 341 v. 18.12.2013, S. 1) und RL 2014/51/EU (ABl. L 153 v. 22.5.2014, S. 1); **Richtlinie 2010/44/EU** der Kommission v. 1.7.2010 zur Durchführung der Richtlinie 2009/65/EG des Europäischen Parlaments und des Rates in Bezug auf Bestimmungen über Fondsverschmelzungen, Master-Feeder-Strukturen und das Anzeigeverfahren, ABl. L 176 v. 10.7.2010, S. 28 (dort irrtümlich 2010/42/EU); **Richtlinie 2010/43/EU** der Kommission v. 1.7.2010 zur Durchführung der Richtlinie 2009/65/EG des Europäischen Parlaments und des Rates im Hinblick auf organisatorische Anforderungen, Interessenkonflikte, Wohlverhalten, Risikomanagement und den Inhalt der Vereinbarung zwischen Verwahrstelle und Verwaltungsgesellschaft, ABl. L 176 v. 10.7.2010, S. 42; **Richtlinie 2010/73/EU** (Wertpapierprospekt-RL) des Europäischen Parlaments und des Rates v. 24.11.2010 zur Änderung der Richtlinie 2003/71/EG betreffend den Prospekt, der beim öffentlichen Angebot von Wertpapieren oder bei deren Zulassung zum Handel zu veröffentlichen ist, und der Richtlinie 2004/109/EG zur Harmonisierung der Transparenzanforderungen in Bezug auf

Informationen über Emittenten, deren Wertpapiere zum Handel auf einem geregelten Markt zugelassen sind, ABl. L 327 v. 11.12.2010, S. 1; **Richtlinie 2010/76/**EU (CRD III-RL, ab 1.1.2014 aufgehoben durch RL 2013/36/EU) des Europäischen Parlaments und des Rates v. 24.11.2010 zur Änderung der Richtlinien 2006/48/EG und 2006/49/EG im Hinblick auf die Eigenkapitalanforderungen für Handelsbuch und Wiederverbriefungen und im Hinblick auf die aufsichtliche Überprüfung der Vergütungspolitik, ABl. L 329 v. 14.12.2010, S. 3; **Richtlinie 2010/78/EU** (Omnibus I-RL) des Europäischen Parlaments und des Rates v. 24.11.2010 zur Änderung der Richtlinien 98/26/EG, 2002/87/EG, 2003/6/EG, 2003/41/EG, 2003/71/EG, 2004/39/EG, 2004/109/EG, 2005/60/EG, 2006/48/EG, 2006/49/EG und 2009/65/EG im Hinblick auf die Befugnisse der Europäischen Aufsichtsbehörde (Europäische Bankenaufsichtsbehörde), der Europäischen Aufsichtsbehörde (Europäische Aufsichtsbehörde für das Versicherungswesen und die betriebliche Altersversorgung) und der Europäischen Aufsichtsbehörde (Europäische Wertpapier- und Marktaufsichtsbehörde), ABl. L 331 v. 15.12.2010, S. 120; **Richtlinie 2011/7/EU** (Zahlungsverzugs-RL)des Europäischen Parlaments und des Rates v. 16.2.2011 zur Bekämpfung von Zahlungsverzug im Geschäftsverkehr, ABl. L 48 v. 23.2.2011, S. 1; **Richtlinie 2011/61/EU** (AIFM-RL) des Europäischen Parlaments und des Rates v. 8.6.2011 über die Verwalter alternativer Investmentfonds und zur Änderung der Richtlinien 2003/41/EG und 2009/65/EG und der Verordnungen (EG) Nr. 1060/2009 und (EU) Nr. 1095/2010, ABl. L 174 v. 1.7.2011, S. 1, geändert durch RL 2013/14/EU (ABl. L 145 v. 31.5.2013, S. 1) und RL 2014/65/EU (ABl. L 173 v. 12.6.2014, S. 349); **Richtlinie 2011/89/EU** (FiCoD I-RL, teilweise aufgehoben durch RL 2013/36/EU) des Europäischen Parlaments und des Rates v. 16.11.2011 zur Änderung der Richtlinien 98/78/EG, 2002/87/EG, 2006/48/EG und 2009/138/EG hinsichtlich der zusätzlichen Beaufsichtigung der Finanzunternehmen eines Finanzkonglomerats, ABl. L 326 v. 8.12.2011, S. 113; **Richtlinie 2013/14/EU** des Europäischen Parlaments und des Rates v. 21.5.2013 zur Änderung der Richtlinie 2003/41/EG über die Tätigkeiten und die Beaufsichtigung von Einrichtungen der betrieblichen Altersversorgung, der Richtlinie 2009/65/EG zur Koordinierung der Rechts- und Verwaltungsvorschriften betreffend bestimmte Organismen für gemeinsame Anlagen in Wertpapieren (OGAW) und der Richtlinie 2011/61/EU über die Verwalter alternativer Investmentfonds im Hinblick auf übermäßigen Rückgriff auf Ratings, ABl. L 145 v. 31.5.2013, S. 1; **Richtlinie 2013/11/EU** (ADR-RL) des Europäischen Parlaments und des Rates v. 21.5.2013 über die alternative Beilegung verbraucherrechtlicher Streitigkeiten und zur Änderung der Verordnung (EG) Nr. 2006/2004 und der Richtlinie 2009/22/EG (Richtlinie über alternative Streitbeilegung in Verbraucherangelegenheiten), ABl. L 165 v. 18.6.2013, S. 63; **Richtlinie 2013/34/EU** (Bilanz-RL) des Europäischen Parlaments und des Rates v. 26.6.2013 über den Jahresabschluss, den konsolidierten Abschluss und damit verbundene Berichte von Unternehmen bestimmter Rechtsformen und zur Änderung der Richtlinie 2006/43/EG des Europäischen Parlaments und des Rates und zur Aufhebung der Richtlinien 78/660/EWG und 83/349/EWG des Rates, ABl. L 182 v. 29.6.2013, S. 19; **Richtlinie 2013/36/EU** (CRD IV) des Europäischen Parlaments und des Rates v. 26.6.2013 über den Zugang zur Tätigkeit von Kreditinstituten und die Beaufsichtigung von Kreditinstituten und Wertpapierfirmen, zur Änderung der Richtlinie 2002/87/EG und zur Aufhebung der Richtlinien 2006/48/EG und 2006/49/EG, ABl. L 176 v. 27.6.2013, S. 338, geändert durch RL 2014/17/EU (ABl. L 60 v. 28.2.2014, S. 34) und RL 2014/59/EU (ABl. L 173 v. 12.6.2014, S. 190); **Richtlinie 2013/50/EU** des Europäischen Parlaments und des Rates v. 22.10.2013 zur Änderung der Richtlinie 2004/109/EG des Europäischen Parlaments und des Rates zur Harmonisierung der Transparenzanforderungen in Bezug auf Informationen über Emittenten, deren Wertpapiere zum Handel auf einem geregelten Markt zugelassen sind, der Richtlinie 2003/71/EG des Europäischen Parlaments und des Rates betreffend den Prospekt, der beim öffentlichen Angebot von Wertpapieren oder bei deren Zulassung zum Handel zu veröffentlichen ist, sowie der Richtlinie 2007/14/EG der Kommission mit Durchführungsbestimmungen zu bestimmten Vorschriften der Richtlinie 2004/109/EG, ABl. L 294 v. 6.11.2013, S. 13; **Richtlinie 2014/17/EU** des Europäischen Parlaments und des Rates v. 4.2.2014 über Wohnimmobilienkreditverträge für Verbraucher und zur Änderung der Richtlinien 2008/48/EG und 2013/36/EU und der Verordnung (EU) Nr. 1093/2010, ABl. L 60 v. 28.2.2014, S. 34; **Richtlinie 2014/48/EU** des Rates v. 24.3.2014 zur Änderung der Richtlinie 2003/48/EG im Bereich der Besteuerung von Zinserträgen, ABl. L 111 v. 15.4.2014, S. 50; **Richtlinie 2014/49/EU** (Einlagensicherungs-RL) des Europäischen Parlaments und des Rates v. 16.4.2014 über Einlagensicherungssysteme (Neufassung), ABl. L 173 v. 12.6.2014, S. 149; **Richtlinie 2014/51/EU** (Omnibus II) des Europäischen Parlaments und des Rates v. 16.4.2014 zur Änderung der Richtlinien 2003/71/EG und 2009/138/EG und der Verordnungen (EG) Nr. 1060/2009, (EU) Nr. 1094/2010 und (EU) Nr. 1095/2010 im Hinblick auf die Befugnisse der Europäischen Aufsichtsbehörde (Europäische Aufsichtsbehörde für das Versicherungswesen und die betriebliche Altersversorgung) und der Europäischen Aufsichtsbehörde (Europäische Wertpapier- und Marktaufsichtsbehörde), ABl. L 153 v. 22.5.2014, S. 1; **Richtlinie 2014/57/EU** (Marktmissbrauchssanktions-RL, CRIM-MAD) des Europäischen Parlaments und des Rates v. 16.4.2014 über strafrechtliche Sanktionen bei Marktmanipulation (Marktmissbrauchsrichtlinie), ABl. L 173 v. 12.6.2014, S. 189; **Richtlinie 2014/59/EU** (BRRD) des Europäischen Parlaments und des Rates v. 15.5.2014 zur Festlegung eines Rahmens für die Sanierung und Abwicklung von Kreditinstituten und Wertpapierfirmen und zur Änderung der Richtlinie 82/891/EWG des Rates, der Richtlinien 2001/24/EG, 2002/47/EG, 2004/25/EG, 2005/56/EG, 2007/36/EG, 2011/35/EU, 2012/30/EU und 2013/36/EU sowie der Verordnungen (EU) Nr. 1093/2010 und (EU) Nr. 648/2012 des Europäischen Parlaments und des Rates, ABl. L 173 v. 12.6.2014, S. 190; **Richtlinie 2014/65/EU** (MiFID II) des Europäischen Parlaments und des Rates v. 15.5.2014 über Märkte für Finanzinstrumente sowie zur Änderung der Richtlinien 2002/92/EG und 2011/61/EU (Neufassung), ABl. L 173 v. 12.6.2014, S. 349.

Delegierte Verordnungen:

DelVO (EU) Nr. 272/2012 der Kommission v. 7.2.2012 zur Ergänzung der Verordnung (EG) Nr. 1060/2009 des Europäischen Parlaments und des Rates in Bezug auf die Gebühren, die den Ratingagenturen von der Europäischen Wertpapier- und Marktaufsichtsbehörde in Rechnung gestellt, ABl. L 90 v. 28.3.2012, S. 6; **DelVO (EU) Nr. 310/2012** der Kommission v. 21.12.2011 zur Änderung der Verordnung (EG) Nr. 1569/2007 über die Einrichtung eines Mechanismus zur Festlegung der Gleichwertigkeit der von Drittstaatemittenten angewandten Rechnungslegungsgrundsätze gemäß den Richtlinien 2003/71/EG und 2004/109/EG des Europäischen Parlaments und des Rates, ABl. L 103 v. 13.4.2012, S. 11; **DelVO (EU) Nr. 311/2012** der Kommission v. 21.12.2011 zur Änderung der Verordnung (EG) Nr. 809/2004 zur Umsetzung der Richtlinie 2003/71/EG des Europäischen Parlaments und des Rates im Hinblick auf bestimmte Angaben für den Prospekt und auf Werbung, ABl. L 103 v. 13.4.2012, S. 13; **DelVO (EU) Nr. 446/2012** der Kommission v. 21.3.2012 zur Ergänzung der Verordnung (EG) Nr. 1060/2009 des Europäischen Parlaments und des Rates in Bezug auf technische Regulierungsstandards für Inhalt und Format der periodischen Übermittlung von Ratingdaten durch die Ratingagenturen an die Europäische Wertpapier- und Marktaufsichtsbehörde, ABl. L 140 v. 30.5.2012, S. 2; **DelVO (EU) Nr. 447/2012** der Kommission v. 21.3.2012 zur Ergänzung der Verordnung (EG) Nr. 1060/2009 des Europäischen Parlaments und des Rates über Ratingagenturen durch Festlegung technischer Regulierungsstandards für die Bewertung der Normgerechtheit der Ratingmethoden, ABl. L 140 v. 30.5.2012, S. 14; **DelVO (EU) Nr. 448/2012** der Kommission v. 21.3.2012 zur Ergänzung der Verordnung (EG) Nr. 1060/2009 des Europäischen Parlaments und des Rates im Hinblick auf technische Regulierungsstandards für die Präsentation der Informationen, die Ratingagenturen in einem von der Europäischen Wertpapier- und Marktaufsichtsbehörde eingerichteten zentralen Datenspeicher zur Verfügung stellen, ABl. L 140 v. 30.5.2012, S. 17; **DelVO (EU) Nr. 449/2012** der Kommission v. 21.3.2012 zur Ergänzung der Verordnung (EG) Nr. 1060/2009 des Europäischen Parlaments und des Rates im Hinblick auf technische Regulierungsstandards für Informationen zur Registrierung und Zertifizierung von Ratingagenturen ABl. L 140 v. 30.5.2012, S. 32; **DelVO (EU) Nr. 486/2012** der Kommission v. 30.3.2012 zur Änderung der Verordnung (EG) Nr. 809/2004 in Bezug auf Aufmachung und Inhalt des Prospekts, des Basisprospekts, der Zusammenfassung und der endgültigen Bedingungen und in Bezug auf die Angabepflichten, ABl. L 150 v. 9.6.2012, S. 1;

DelVO (EU) Nr. 826/2012 der Kommission v. 29.6.2012 zur Ergänzung der Verordnung (EU) Nr. 236/2012 des Europäischen Parlaments und des Rates im Hinblick auf technische Regulierungsstandards für die Melde- und Offenlegungspflichten in Bezug auf Netto-Leerverkaufspositionen, die Einzelheiten der in Bezug auf Netto-Leerverkaufspositionen an die Europäische Wertpapier- und Marktaufsichtsbehörde zu übermittelnden Informationen und die Methode zur Berechnung des Umsatzes zwecks Ermittlung der unter die Ausnahmeregelung fallenden Aktien, ABl. L 251 v. 18.9.2012, S. 1; **DelVO (EU) Nr. 862/2012** der Kommission v. 4.6.2012 zur Änderung der Verordnung (EG) Nr. 809/2004 in Bezug auf die Zustimmung zur Verwendung des Prospekts, die Informationen über Basisindizes und die Anforderungen eines von unabhängigen Buchprüfern oder Abschlussprüfern erstellten Berichts, ABl. L 256 v. 22.9.2012, S. 4; **DelVO (EU) Nr. 918/2012** der Kommission v. 5.7.2012 zur Ergänzung der Verordnung (EU) Nr. 236/2012 des Europäischen Parlaments und des Rates über Leerverkäufe und bestimmte Aspekte von Credit Default Swaps im Hinblick auf Begriffsbestimmungen, die Berechnung von Netto-Leerverkaufspositionen, gedeckte Credit Default Swaps auf öffentliche Schuldtitel, Meldeschwellen, Liquiditätsschwellen für die vorübergehende Aufhebung von Beschränkungen, signifikante Wertminderungen bei Finanzinstrumenten und ungünstige Ereignisse, ABl. L 274 v. 9.10.2012, S. 1; **DelVO (EU) Nr. 919/2012** der Kommission v. 5.7.2012 zur Ergänzung der Verordnung (EU) Nr. 236/2012 des Europäischen Parlaments und des Rates über Leerverkäufe und bestimmte Aspekte von Credit Default Swaps im Hinblick auf technische Regulierungsstandards für die Methode zur Berechnung der Wertminderung bei liquiden Aktien und anderen Finanzinstrumenten, ABl. L 274 v. 9.10.2012, S. 16; **DelVO (EU) Nr. 946/2012** der Kommission v. 12.7.2012 zur Ergänzung der Verordnung (EG) Nr. 1060/2009 des Europäischen Parlaments und des Rates im Hinblick auf Verfahrensvorschriften für von der Europäischen Wertpapier- und Marktaufsichtsbehörde (ESMA) Ratingagenturen auferlegte Geldbußen, einschließlich der Vorschriften über das Recht auf Verteidigung und Fristen, ABl. L 282 v. 16.10.2012, S. 23; **DelVO (EU) Nr. 148/2013** der Kommission v. 19.12.2012 zur Ergänzung der Verordnung (EU) Nr. 648/2012 des Europäischen Parlaments und des Rates über OTC-Derivate, zentrale Gegenparteien und Transaktionsregister bezüglich technischer Regulierungsstandards für die Mindestangaben der Meldungen an Transaktionsregister, ABl. L 52 v. 23.2.2013, S. 1; **DelVO (EU) Nr. 149/2013** der Kommission v. 19.12.2012 zur Ergänzung der Verordnung (EU) Nr. 648/2012 des Europäischen Parlaments und des Rates im Hinblick auf technische Regulierungsstandards für indirekte Clearingvereinbarungen, die Clearingpflicht, das öffentliche Register, den Zugang zu einem Handelsplatz, nichtfinanzielle Gegenparteien und Risikominderungstechniken für nicht durch eine CCP geclearte OTC-Derivatekontrakte, ABl. L 52 v. 23.2.2013, S. 11; **DelVO (EU) Nr. 150/2013** der Kommission v. 19.12.2012 zur Ergänzung der Verordnung (EU) Nr. 648/2012 des Europäischen Parlaments und des Rates über OTC-Derivate, zentrale Gegenparteien und Transaktionsregister durch technische Regulierungsstandards, in denen die Einzelheiten eines Antrags auf Registrierung als Transaktionsregister festgelegt werden, ABl. L 52 v. 23.2.2013, S. 25; **DelVO (EU) Nr. 151/2013** der Kommission v. 19.12.2012 zur Ergänzung der Verordnung (EU) Nr. 648/2012 des Europäischen Parlaments und des Rates über OTC-Derivate, zentrale Gegenparteien und Transaktionsregister im Hinblick auf technische Regulierungsstandards für die von Transaktionsregistern zu veröffentlichenden und zugänglich zu machenden Daten sowie operationelle Standards für die Zusammenstellung und den Vergleich von Daten sowie den Datenzugang, ABl. L 52 v. 23.2.2013, S. 33; **DelVO (EU) Nr. 152/2013** der Kommission v. 19.12.2012 zur Ergänzung der Verordnung (EU) Nr. 648/2012 des Europäischen Parlaments und des Rates im Hinblick auf technische Regulierungsstandards für die Eigenkapitalanforderungen an zentrale Gegenparteien, ABl. L 52 v. 23.2.2013, S. 37; **DelVO (EU) Nr. 153/2013** der Kommission v. 19.12.2012 zur Ergänzung der Verordnung (EU) Nr. 648/2012 des Europäischen Parlaments und des Rates in Bezug auf technische Regulierungsstandards für Anforderungen an zentrale Gegenparteien, ABl. L 52 v. 23.2.2013, S. 41; **DelVO (EU) Nr. 231/2013** der Kommission v. 19.12.2012 zur Ergänzung der Richtlinie 2011/61/EU des Europäischen Parlaments und des Rates im Hinblick auf Ausnahmen, die Bedingungen für die Ausübung der Tätigkeit, Verwahrstellen, Hebelfinanzierung, Transparenz und Beaufsichtigung, ABl. L 83 v. 22.3.2013, S. 1; **DelVO (EU) Nr. 759/2013** der Kommission v. 30.4.2013 zur Änderung der Verordnung (EG) Nr. 809/2004 in Bezug auf die Angabepflichten bei wandelbaren und umtauschbaren Schuldtiteln, ABl. L 213 v. 8.8.2013, S. 1; **DelVO (EU) Nr. 876/2013** der Kommission v. 28.5.2013 zur Ergänzung der Verordnung (EU) Nr. 648/2012 des Europäischen Parlaments und des Rates im Hinblick auf technische Regulierungsstandards bezüglich Kollegien für zentrale Gegenparteien, ABl. L 244 v. 13.9.2013, S. 19; **DelVO (EU) Nr. 1002/2013** der Kommission v. 12.7.2013 zur Änderung der Verordnung (EU) Nr. 648/2012 des Europäischen Parlaments und des Rates über OTC-Derivate, zentrale Gegenparteien und Transaktionsregister in Bezug auf die Liste der von ihrem Anwendungsbereich ausgenommenen Stellen, ABl. L 279 v. 19.10.2013, S. 2; **DelVO (EU) Nr. 1003/2013** der Kommission v. 12.7.2013 zur Ergänzung der Verordnung (EU) Nr. 648/2012 des Europäischen Parlaments und des Rates in Bezug auf die Gebühren, die den Transaktionsregistern von der Europäischen Wertpapier- und Marktaufsichtsbehörde in Rechnung gestellt werden, ABl. L 279 v. 19.10.2013, S. 4; **DelVO (EU) Nr. 183/2014** der Kommission v. 20.12.2013 zur Ergänzung der Verordnung (EU) Nr. 575/2013 des Europäischen Parlaments und des Rates über Aufsichtsanforderungen an Kreditinstitute und Wertpapierfirmen durch technische Regulierungsstandards zur Festlegung der Berechnung der spezifischen und allgemeinen Kreditrisikoanpassungen, ABl. L 57 v. 27.2.2014, S. 3; **DelVO (EU) Nr. 241/2014** der Kommission v. 7.1.2014 zur Ergänzung der Verordnung (EU) Nr. 575/2013 des Europäischen Parlaments und des Rates im Hinblick auf technische Regulierungsstandards für die Eigenmittelanforderungen an Institute, ABl. L 74 v. 14.3.2014, S. 8; **DelVO (EU) Nr. 285/2014** der Kommission v. 13.2.2014 zur Ergänzung der Verordnung (EU) Nr. 648/2012 des Europäischen Parlaments und des Rates im Hinblick auf technische Regulierungsstandards in Bezug auf unmittelbare, wesentliche und vorhersehbare Auswirkungen von Kontrakten innerhalb der Union und die Verhinderung der Umgehung von Vorschriften und Pflichten, ABl. L 85 v. 21.3.2014, S. 1; **DelVO (EU) Nr. 342/2014** der Kommission v. 21.1.2014 zur Ergänzung der Richtlinie 2002/87/EG des Europäischen Parlaments und des Rates und der Verordnung (EU) Nr. 575/2013 des Europäischen Parlaments und des Rates durch technische Regulierungsstandards, in denen die Bedingungen für die Anwendung der Methoden zur Berechnung der Eigenkapitalanforderungen für Finanzkonglomerate festgelegt werden, ABl. L 100 v. 3.4.2014, S. 1; **DelVO (EU) Nr. 382/2014** der Kommission v. 7.3.2014 zur Ergänzung der Richtlinie 2003/71/EG des Europäischen Parlaments und des Rates im Hinblick auf technische Regulierungsstandards für die Veröffentlichung eines Prospektnachtrags, ABl. L 111 v. 15.4.2014, S. 36; **DelVO (EU) Nr. 523/2014** der Kommission v. 12.3.2014 zur Ergänzung der Verordnung (EU) Nr. 575/2013 des Europäischen Parlaments und des Rates durch technische Regulierungsstandards, in denen festgelegt wird, was eine enge Übereinstimmung zwischen dem Wert der gedeckten Schuldverschreibungen und dem Wert der Aktiva eines Instituts darstellt, ABl. L 148 v. 20.5.2014, S. 4; **DelVO (EU) Nr. 524/2014** der Kommission v. 12.3.2014 zur Ergänzung der Richtlinie 2013/36/EU des Europäischen Parlaments und des Rates durch technische Regulierungsstandards, in denen festgelegt wird, welche Informationen die zuständigen Behörden von Herkunfts- und Aufnahmemitgliedstaaten einander zur Verfügung stellen müssen, ABl. L 148 v. 20.5.2014, S. 6; **DelVO (EU) Nr. 525/2014** der Kommission v. 12.3.2014 zur Ergänzung der Verordnung (EU) Nr. 575/2013 des Europäischen Parlaments und des Rates durch technische Regulierungsstandards zur Definition des Terminus „Markt", ABl. L 148 v. 20.5.2014, S. 15; **DelVO (EU) Nr. 526/2014** der Kommission v. 12.3.2014 zur Ergänzung der Verordnung (EU) Nr. 575/2013 des Europäischen Parlaments und des Rates durch technische Regulierungsstandards für die Ermittlung eines Näherungswerts für die Risikoprämie und für die Bestimmung begrenzter kleinerer Portfolios für das Risiko einer Anpassung der Kreditbewertung, ABl. L 148 v. 20.5.2014, S. 17; **DelVO (EU) Nr. 527/2014** der Kommission v. 12.3.2014 zur Ergänzung der Richtlinie 2013/36/EU des Europäischen Parlaments und des Rates durch technische Regulierungsstandards zur Bezeichnung der Klassen von Instrumenten, die die Bonität eines Instituts unter der Annahme der Unternehmensfortführung angemessen widerspiegeln und die für eine Verwendung zu Zwecken der variablen Vergütung geeignet sind,

ABl. L 148 v. 20.5.2014, S. 21; **DelVO (EU) Nr. 528/2014** der Kommission v. 12.3.2014 zur Ergänzung der Verordnung (EU) Nr. 575/2013 des Europäischen Parlaments und des Rates durch technische Regulierungsstandards für Nicht-Delta-Risiken von Optionen gemäß dem standardisierten Marktrisiko-Ansatz, ABl. L 148 v. 20.5.2014, S. 29; **DelVO (EU) Nr. 529/2014** der Kommission v. 12.3.2014 zur Ergänzung der Verordnung (EU) Nr. 575/2013 des Europäischen Parlaments und des Rates durch technische Regulierungsstandards für die Beurteilung der Wesentlichkeit von Erweiterungen und Änderungen des auf internen Beurteilungen basierenden Ansatzes und des fortgeschrittenen Messansatzes, ABl. L 148 v. 20.5.2014, S. 36; **DelVO (EU) Nr. 530/2014** der Kommission v. 12.3.2014 zur Ergänzung der Richtlinie 2013/36/EU des Europäischen Parlaments und des Rates durch technische Regulierungsstandards, in denen für interne Ansätze zur Ermittlung spezifischer Risiken im Handelsbuch bedeutende Risikopositionen und Schwellen definiert werden, ABl. L 148 v. 20.5.2014, S. 50; **DelVO (EU) Nr. 604/2014** der Kommission v. 4.3.2014 zur Ergänzung der Richtlinie 2013/36/EU des Europäischen Parlaments und des Rates im Hinblick auf technische Regulierungsstandards in Bezug auf qualitative und angemessene quantitative Kriterien zur Ermittlung der Mitarbeiterkategorien, deren berufliche Tätigkeit sich wesentlich auf das Risikoprofil eines Instituts auswirkt, ABl. L 167 v. 6.6.2014, S. 30; **DelVO (EU) Nr. 625/2014** der Kommission v. 13.3.2014 zur Ergänzung der Verordnung (EU) Nr. 575/2013 des Europäischen Parlaments und des Rates durch technische Regulierungsstandards zur Präzisierung der Anforderungen, denen Anleger, Sponsoren, ursprüngliche Kreditgeber und Originatoren in Bezug auf Risikopositionen aus übertragenen Kreditrisiken unterliegen, ABl. L 174 v. 13.6.2014, S. 16; **DelVO (EU) Nr. 667/2014** der Kommission v. 13.3.2014 zur Ergänzung der Verordnung (EU) Nr. 648/2012 des Europäischen Parlaments und des Rates im Hinblick auf Verfahrensvorschriften für von der Europäischen Wertpapier- und Marktaufsichtsbehörde (ESMA) Transaktionsregistern auferlegte Sanktionen, einschließlich Vorschriften über das Verteidigungsrecht und Fristen, ABl. L 179 v. 19.6.2014, S. 31; **DelVO (EU) Nr. 694/2014** der Kommission v. 17.12.2013 zur Ergänzung der Richtlinie 2011/61/EU des Europäischen Parlaments und des Rates im Hinblick auf technische Regulierungsstandards zur Bestimmung der Arten von Verwaltern alternativer Investmentfonds, ABl. L 183 v. 24.6.2014, S. 18; **DelVO (EU) Nr. 342/2014** der Kommission v. 21.1.2014 zur Ergänzung der Richtlinie 2002/87/EG des Europäischen Parlaments und des Rates und der Verordnung (EU) Nr. 575/2013 des Europäischen Parlaments und des Rates durch technische Regulierungsstandards, in denen die Bedingungen für die Anwendung der Methoden zur Berechnung der Eigenkapitalanforderungen für Finanzkonglomerate festgelegt werden, ABl. L 100 v. 3.4.2014, S. 1; **DelVO (EU) Nr. 604/2014** der Kommission v. 4.3.2014 zur Ergänzung der Richtlinie 2013/36/EU des Europäischen Parlaments und des Rates im Hinblick auf technische Regulierungsstandards in Bezug auf qualitative und angemessene quantitative Kriterien zur Ermittlung der Mitarbeiterkategorien, deren berufliche Tätigkeit sich wesentlich auf das Risikoprofil eines Instituts auswirkt, ABl. L 167 v. 6.6.2014, S. 30.

Durchführungsverordnungen:

DVO (EU) Nr. 827/2012 der Kommission v. 29.6.2012 zur Festlegung technischer Durchführungsstandards in Bezug auf die Verfahren für die Offenlegung von Nettopositionen in Aktien gegenüber der Öffentlichkeit, das Format, in dem der Europäischen Wertpapier- und Marktaufsichtsbehörde Informationen zu Netto-Leerverkaufspositionen zu übermitteln sind, die Arten von Vereinbarungen, Zusagen und Maßnahmen, die angemessen gewährleisten, dass Aktien oder öffentliche Schuldtitel für die Abwicklung des Geschäfts verfügbar sind, und die Daten, zu denen die Ermittlung des Haupthandelsplatzes einer Aktie erfolgt, sowie den Zeitraum, auf den sich die betreffende Berechnung bezieht, gemäß der Verordnung (EU) Nr. 236/2012 des Europäischen Parlaments und des Rates über Leerverkäufe und bestimmte Aspekte von Credit Default Swaps, ABl. L 251 v. 18.9.2012, S. 11; **DVO (EU) Nr. 1247/2012** der Kommission v. 19.12.2012 zur Festlegung technischer Durchführungsstandards im Hinblick auf das Format und die Häufigkeit von Transaktionsmeldungen an Transaktionsregister gemäß der Verordnung (EU) Nr. 648/2012 des Europäischen Parlaments und des Rates über OTC-Derivate, zentrale Gegenparteien und Transaktionsregister, ABl. L 352 v. 21.12.2012, S. 20; **DVO (EU) Nr. 1248/2012** der Kommission v. 19.12.2012 zur Festlegung technischer Durchführungsstandards für das Format von Anträgen auf Registrierung von Transaktionsregistern gemäß der Verordnung (EU) Nr. 648/2012 des Europäischen Parlaments und des Rates über OTC-Derivate, zentrale Gegenparteien und Transaktionsregister, ABl. L 352 v. 21.12.2012, S. 30; **DVO (EU) Nr. 1249/2012** der Kommission v. 19.12.2012 zur Festlegung technischer Durchführungsstandards im Hinblick auf das Format der gemäß der Verordnung (EU) Nr. 648/2012 des Europäischen Parlaments und des Rates über OTC-Derivate, zentrale Gegenparteien und Transaktionsregister von zentralen Gegenparteien aufzubewahrenden Aufzeichnungen, ABl. L 352 v. 21.12.2012, S. 32; **DVO (EU) Nr. 447/2013** der Kommission v. 15.5.2013 zur Festlegung des Verfahrens für AIFM, die beschließen, sich der Richtlinie 2011/61/EU des Europäischen Parlaments und des Rates zu unterwerfen, ABl. L 132 v. 16.5.2013, S. 1; **DVO (EU) Nr. 448/2013** der Kommission v. 15.5.2013 zur Festlegung eines Verfahrens für die Bestimmung des Referenzmitgliedstaats eines Nicht-EU-AIFM gemäß der Richtlinie 2011/61/EU, ABl. L 132 v. 16.5.2013, S. 3; **DVO (EU) Nr. 1423/2013** der Kommission v. 20.12.2013 zur Festlegung technischer Durchführungsstandards für die Offenlegungspflichten der Institute in Bezug auf Eigenmittel gemäß der Verordnung (EU) Nr. 575/2013 des Europäischen Parlaments und des Rates, ABl. L 355 v. 31.12.2013, S. 60; **DVO (EU) Nr. 484/2014** der Kommission v. 12.5.2014 zur Festlegung technischer Durchführungsstandards bezüglich des hypothetischen Kapitals einer zentralen Gegenpartei gemäß der Verordnung (EU) Nr. 648/2012 des Europäischen Parlaments und des Rates, ABl. L 138 v. 13.5.2014, S. 57; **DVO (EU) Nr. 591/2014** der Kommission v. 3.6.2014 zur Verlängerung der in der Verordnung (EU) Nr. 575/2013 und der Verordnung (EU) Nr. 648/2012 des Europäischen Parlaments und des Rates vorgesehenen Übergangszeiträume in Bezug auf die Eigenmittelanforderungen für Risikopositionen gegenüber zentralen Gegenparteien, ABl. L 165 v. 4.6.2014, S. 31; **DVO (EU) Nr. 593/2014** der Kommission v. 3.6.2014 zur Festlegung technischer Durchführungsstandards für das Format der Notifizierung nach Artikel 16 Absatz 1 der Verordnung (EU) Nr. 345/2013 des Europäischen Parlaments und des Rates über Europäische Risikokapitalfonds, ABl. L 165 v. 4.6.2014, S. 41; **DVO (EU) Nr. 594/2014** der Kommission v. 3.6.2014 zur Festlegung technischer Durchführungsstandards für das Format der Notifizierung nach Artikel 17 Absatz 1 der Verordnung (EU) Nr. 346/2013 des Europäischen Parlaments und des Rates über Europäische Fonds für soziales Unternehmertum, ABl. L 165 v. 4.6.2014, S. 44; **DVO (EU) Nr. 602/2014** der Kommission v. 4.6.2014 zur Festlegung technischer Durchführungsstandards zur Erleichterung der Konvergenz der Aufsichtspraxis bezüglich der Anwendung zusätzlicher Risikogewichte gemäß Verordnung (EU) Nr. 575/2013 des Europäischen Parlaments und des Rates, ABl. L 166 v. 5.6.2014, S. 22; **DVO (EU) Nr. 620/2014** der Kommission v. 4.6.2014 zur Festlegung technischer Durchführungsstandards in Bezug auf den Informationsaustausch zwischen den zuständigen Behörden von Herkunfts- und Aufnahmemitgliedstaaten gemäß der Richtlinie 2013/36/EU des Europäischen Parlaments und des Rates, ABl. L 172 v. 12.6.2014, S. 1; **DVO (EU) Nr. 643/2014** der Kommission v. 16.6.2014 zur Festlegung technischer Durchführungsstandards für die Meldung der für den Bereich der betrieblichen Altersversorgungssysteme relevanten nationalen Aufsichtsvorschriften gemäß Richtlinie 2003/41/EG des Europäischen Parlaments und des Rates, ABl. L 177 v. 17.6.2014, S. 34; **DVO (EU) Nr. 650/2014** der Kommission v. 4.6.2014 zur Festlegung technischer Durchführungsstandards für das Format, den Aufbau, das Inhaltsverzeichnis und den Zeitpunkt der jährlichen Veröffentlichung der von den zuständigen Behörden gemäß der Richtlinie 2013/36/EU des Europäischen Parlaments und des Rates zu veröffentlichenden Informationen, ABl. L 185 v. 25.6.2014, S. 1; **DVO (EU) Nr. 663/2014** des Rates v. 5.6.2014 zur Ersetzung der Anhänge A, B und C der Verordnung (EG) Nr. 1346/2000 über Insolvenzverfahren, ABl. L 179 v. 19.6.2014, S. 4; **DVO (EU) Nr. 680/2014** der Kommission v. 16.4.2014 zur Festlegung technischer Durchführungsstandards für die aufsichtlichen Meldungen der Institute gemäß der Verordnung (EU) Nr. 575/2013 des Europäischen Parlaments und des Rates, ABl. L 191 v. 28.6.2014, S. 1; **DVO (EU) Nr. 710/2014** der Kommission v. 23.6.2014 zur Festlegung technischer Durchführungsstandards im Hinblick auf das Vorgehen bei der Beschlussfassung in Bezug auf gemeinsame Entscheidungen über institutsspezifische Aufsichtsanforderungen gemäß der Richtlinie 2013/36/EU des Europäischen Parlaments und des Rates, ABl. L 188 v. 27.6.2014, S. 19.

Entscheidungen der EU-Kommission:

Entscheidung 2003/20/EG v. 27.12.2002 zur Anwendung des Artikels 6 der Richtlinie 2000/26/EG des Europäischen Parlaments und des Rates zur Angleichung der Rechtsvorschriften der Mitgliedstaaten über die Kraftfahrzeug-Haftpflichtversicherung und zur Änderung der Richtlinien 73/239/EWG und 88/357/EWG des Rates, KOM(2002) 5304, ABl. L 8 v. 14.1.2003, S. 35; **Entscheidung 2003/564/EG** v. 28.7.2003 zur Durchführung der Richtlinie 72/166/EWG des Rates in Bezug auf die Kontrolle der Kraftfahrzeug-Haftpflichtversicherung, KOM(2003) 2626, ABl. L 192 v. 31.7.2003, S. 23; **Entscheidung 2004/332/EG** v. 2.4.2004 zur Durchführung der Richtlinie 72/166/EWG des Rates in Bezug auf die Kontrolle der Kraftfahrzeug-Haftpflichtversicherung, KOM(2004) 1235, ABl. L 105 v. 14.4.2004, S. 39; **Entscheidung 2005/849/EG** v. 29.11.2005 zur Durchführung der Richtlinie 72/166/EWG des Rates in Bezug auf die Kontrolle der Kraftfahrzeug-Haftpflichtversicherung, KOM(2005) 4580, ABl. L 315 v. 1.12.2005, S. 16; **Entscheidung 2006/891/EG** v. 4.12.2006 betreffend die Verwendung von im Rahmen der international anerkannten Rechnungslegungsstandards erstellten Informationen durch Drittstaatemittenten von Wertpapieren, KOM(2006) 5804, ABl. L 343 v. 8.12.2006, S. 96; **Entscheidung 2007/482/EG** v. 9.7.2007 zur Durchführung der Richtlinie 72/166/EWG des Rates in Bezug auf die Kontrolle der Kraftfahrzeug-Haftpflichtversicherung, KOM(2007) 3291, ABl. L 180 v. 10.7.2007, S. 42.

Empfehlungen der EU-Kommission:

Empfehlung 73/185/EWG v. 15.5.1973 zur Anwendung durch die ursprünglichen Mitgliedstaaten der Richtlinie des Rates v. 24.4.1972 betreffend die Angleichung der Rechtsvorschriften der Mitgliedstaaten bezüglich der Kraftfahrzeughaftpflichtversicherung und der Kontrolle der entsprechenden Versicherungspflicht, ABl. L 194 v. 16.7.1973, S. 13; **Empfehlung 74/165/EWG** v. 6.2.1974 zur Anwendung der Richtlinie des Rates v. 24.4.1972 betreffend die Angleichung der Rechtsvorschriften der Mitgliedstaaten bezüglich der Kraftfahrzeug-Haftpflichtversicherung und der Kontrolle der entsprechenden Versicherungspflicht, ABl. L 87 v. 30.3.1974, S. 12; **Empfehlung 81/76/EWG** v. 8.1.1981 zur Beschleunigung der Regelung von Schadensfällen im Rahmen der Haftpflichtversicherung für Kraftfahrzeuge, ABl. L 57 v. 4.3.1981, S. 27; **Empfehlung 87/598/EWG** v. 8.12.1987 für einen Verhaltenskodex im Bereich des elektronischen Zahlungsverkehrs (Beziehungen zwischen Finanzinstituten, Händlern/Dienstleistungserbringern und Verbrauchern), ABl. L 365 v. 24.12.1987, S. 72; **Empfehlung 88/590/EWG** v. 17.11.1988 zu Zahlungssystemen, insbesondere zu den Beziehungen zwischen Karteninhabern und Kartenausstellern, ABl. L 317 v. 24.11.1988, S. 55; **Empfehlung 90/109/EWG** v. 14.2.1990 zur Transparenz der Bankkonditionen bei grenzüberschreitenden Finanztransaktionen, ABl. L 67 v. 15.3.1990, S. 39; **Empfehlung 92/48/EWG** v. 18.12.1991 über Versicherungsvermittler ABl. L 19 v. 28.1.1992, S. 32; **Bekanntmachung v. 27.9.1995** über die Anwendung der EG-Wettbewerbsregeln auf grenzüberschreitende Überweisungen, ABl. C 251 v. 27.9.1995, S. 3; **Empfehlung 97/489/EG** v. 30.7.1997 zu den Geschäften, die mit elektronischen Zahlungsinstrumenten getätigt werden (besonders zu den Beziehungen zwischen Emittenten und Inhabern solcher Instrumente), ABl. L 208 v. 2.8.1997, S. 52; **Empfehlung 2000/408/EG** v. 23.6.2000 zur Offenlegung von Informationen über Finanzinstrumente und andere ähnliche Instrumente in Ergänzung der Offenlegung gemäß der Richtlinie 86/635/EWG über den Jahresabschluß und den konsolidierten Abschluß von Banken und anderen Finanzinstituten, ABl. L 154 v. 27.6.2000, S. 36; **Empfehlung 2007/657/EG** v. 11.10.2007 zum elektronischen Netz amtlicher bestellter Systeme für die Zentrale Speicherung vorgeschriebener Informationen gemäß der Richtlinie 2004/109/EG des Europäischen Parlaments und des Rates, ABI. L 267 v. 12.10.2007, S. 16; **Empfehlung 2009/384/EG** v. 30.4.2009 zur Vergütungspolitik im Finanzdienstleistungssektor, ABl. L 120 v. 15.5.2009, S. 22.

Mitteilungen der EU-Kommission (Auswahl):

Mitteilung KOM(87) 550 endg. v. 4.11.1987 „Schaffung eines Europäischen Finanzraums", Ratsdokument 9510/87, BR-Drucks. 509/87 v. 16.11.1987; **Mitteilung v. 20.6.1997** zu Auslegungsfragen über den freien Dienstleistungsverkehr und das Allgemeininteresse in der Zweiten Bankenrichtlinie, ABl. C 209 v. 10.7.1997, S. 6; **Mitteilung KOM(1999) 232 endg.** v. 11.5.1999 „Finanzdienstleistungen – Umsetzung des Finanzmarktrahmens: Aktionsplan", ZBB 1999, S. 254; **Mitteilung** zu Auslegungsfragen – Freier Dienstleistungsverkehr und Allgemeininteresse im Versicherungswesen, ABl. C 43 v. 16.2.2000, S. 5; **Mitteilung KOM(2000) 36 endg.** v. 31.1.2000 an den Rat und das Europäische Parlament „Massenzahlungsverkehr im Binnenmarkt"; **Mitteilung KOM(2003) 718 endg.** v. 2.12.2003 an den Rat und das Europäische Parlament „Ein neuer Rechtsrahmen für den Zahlungsverkehr im Binnenmarkt (Konsultationspapier)"; **Mitteilung KOM(2004) 312 endg.** v. 28.4.2004 an den Rat und das Europäische Parlament „Clearing und Abrechnung in der Europäischen Union – Künftige Maßnahmen"; **Mitteilung KOM(2007) 556 endg.** v. 25.9.2007 an das Europäische Parlament, den Rat, den Europäischen Wirtschafts- und Sozialausschuss sowie den Ausschuss der Regionen „Untersuchung der Unternehmensversicherungen gemäß Artikel 17 der Verordnung (EG) Nr. 1/2003"; **Mitteilung** „Die Anwendung der Vorschriften für staatliche Beihilfen auf Maßnahmen zur Stützung von Finanzinstituten im Kontext der derzeitigen globalen Finanzkrise", ABl. C 270 v. 25.10.2008, S. 8; **Mitteilung** „Die Rekapitalisierung von Finanzinstituten in der derzeitigen Finanzkrise: Beschränkung der Hilfen auf das erforderliche Minimum und Vorkehrungen gegen unverhältnismäßige Wettbewerbsverzerrungen", ABl. C 10 v. 15.1.2009, S. 2; **Mitteilung KOM(2009) 114 endg.** v. 4.3.2009 für die Frühjahrstagung des Europäischen Rates „Impulse für den Aufschwung in Europa – Teil 1"; **Mitteilung** über die Behandlung wertgeminderter Aktiva im Bankensektor der Gemeinschaft, ABl. C 72 v. 26.3.2009, S. 1; **Mitteilung** „Änderung des vorübergehenden Gemeinschaftsrahmens für staatliche Beihilfen zur Erleichterung des Zugangs zu Finanzierungsmitteln in der gegenwärtigen Finanz- und Wirtschaftskrise", ABl. C 303 v. 15.12.2009, S. 6; **Mitteilung KOM(2009) 204 endg.** v. 30.4.2009 an das Europäische Parlament und den Rat „Anlageprodukte für Kleinanleger"; **Mitteilung KOM(2009) 252 endg.** v. 27.5.2009 „Europäische Finanzaufsicht"; **Mitteilung KOM(2009) 332 endg.** v. 3.7.2009 „Gewährleistung effizienter, sicherer und solider Derivatemärkte"; **Mitteilung v 19.8.2009** über die Wiederherstellung der Rentabilität und die Bewertung von Umstrukturierungsmaßnahmen im Finanzsektor im Rahmen der derzeitigen Krise gemäß den Beihilfevorschriften, ABl. C 195 v. 19.8.2009, S. 9; **Mitteilung KOM(2009) 471 endg.** v. 10.9.2009 „Vollendung des Einheitlichen Euro-Zahlungsverkehrsraums SEPA: Fahrplan 2009-2012"; **Mitteilung KOM(2009) 561 endg.** v. 20.10.2009 an das Europäische Parlament, den Rat, den Europäischen Wirtschafts- und Sozialausschuss, den Europäischen Gerichtshof und die Europäische Zentralbank „Ein EU-Rahmen für das grenzübergreifende Krisenmanagement im Bankensektor"; **Mitteilung KOM(2010) 301 endg.** v. 2.6.2010 an das Europäische Parlament, den Rat, den Europäischen Wirtschafts- und Sozialausschuss und die Europäische Zentralbank „Regulierung der Finanzdienstleistungen für nachhaltiges Wachstum"; **Mitteilung KOM(2010) 716 endg.** v. 8.12.2010 an das Europäische Parlament, den Rat, den Europäischen Wirtschafts- und Sozialausschuss und den Ausschuss der Regionen „Stärkung der Sanktionsregelungen im Finanzdienstleistungssektor"; **Mitteilung KOM(2011) 870 endg.** v. 7.12.2011 an den Rat, das Europäische Parlament, den Ausschuss der Regionen und den Europäischen Wirtschafts- und Sozialausschuss „Aktionsplan zur Verbesserung des Finanzierungszugangs für KMU"; **Mitteilung KOM(2012) 510 endg.** v. 12.9.2012 an das Europäische Parlament und den Rat „Fahrplan für eine Bankenunion"; **Mitteilung KOM(2012) 777 endg./2** v. 30.11.2012 (ersetzt KOM(2012) 777 endg. v. 28.11.2012) „Ein Konzept für eine vertiefte und echte Wirtschafts- und Währungsunion: Auftakt für eine europäische Diskussion"; **Mitteilung KOM(2013) 614 endg.** v. 4.9.2013 an den Rat und das Europäische Parlament „Schattenbankwesen – Eindämmung neuer Risikoquellen im Finanzsektor"; **Mitteilung KOM(2014) 168 endg.** v. 27.3.2014 an das Europäische Parlament und den Rat über die langfristige Finanzierung der europäischen Wirtschaft; **Mitteilung KOM(2014) 172 endg.** v. 27.3.2014 an das Europäische Parlament, den Rat und den Europäischen Wirtschafts- und Sozialausschuss und den Ausschuss der Regionen „Freisetzung des Potenzials von Crowdfunding in der Europäischen Union"; **Mitteilung KOM(2014) 279 endg.** v. 15.5.2014 an das Europäische Parlament, den Rat, den Europäischen Wirtschafts- und Sozialausschuss und den Ausschuss der Regionen „Ein reformierter Finanzsektor für Europa".

Aktuelle Vorschläge der EU-Kommission zur Rechtssetzung:

Vorschlag KOM(2011) 594 endg. v. 28.9.2011 für eine Richtlinie des Rates über das gemeinsame Finanztransaktionssteuersystem und zur Änderung der Richtlinie 2008/7/EG; **Vorschlag KOM(2012) 73 endg.** v. 7.3.2012 für eine Verordnung des Europäischen Parlaments und des Rates zur Verbesserung der Wertpapierabrechnungen in der Europäischen Union und über Zentralverwahrer sowie zur Änderung der Richtlinie 98/26/EG; **Vorschlag KOM(2012) 350 endg.** (OGAW V) v. 3.7.2012 für eine Richtlinie des Europäischen Parlaments und des Rates zur Änderung der Richtlinie 2009/65/EWG des Rates zur Koordinierung der Rechts- und Verwaltungsvorschriften betreffend bestimmte Organismen für gemeinsame Anlagen in Wertpapieren (OGAW) im Hinblick auf die Aufgaben der Verwahrstelle, die Vergütungspolitik und Sanktionen; **Vorschlag KOM(2012) 352 endg.** (zunächst PRIPs, jetzt PRIIPs) v. 3.7.2012 für eine Verordnung des Europäischen Parlaments und des Rates über Basisinformationsblätter für Anlageprodukte; **Vorschlag KOM(2012) 360 endg.** (IMD II) v. 3.6.2012 für eine Richtlinie des Europäischen Parlaments und des Rates über Versicherungsvermittlung (Neufassung); **Vorschlag KOM(2013) 44 endg.** v. 5.2.2013 für eine Verordnung des Europäischen Parlaments und des Rates über die Übermittlung von Angaben bei Geldtransfers; **Vorschlag KOM(2013) 71 endg.** v. 14.2.2013 für eine Richtlinie des Rates über die Umsetzung einer Verstärkten Zusammenarbeit im Bereich der Finanztransaktionssteuer; **Vorschlag KOM(2013) 266 endg.** v. 8.5.2013 für eine Richtlinie des Europäischen Parlaments und des Rates über die Vergleichbarkeit von Zahlungskontogebühren, den Wechsel von Zahlungskonten und den Zugang zu Zahlungskonten mit grundlegenden Funktionen; **Vorschlag KOM(2013) 462 endg.** (ELTIF) v. 26.6.2013 für eine Verordnung des Europäischen Parlaments und des Rates über europäische langfristige Investmentfonds; **Vorschlag KOM(2013) 547 endg.** (PSD II) v. 24.7.2013 für eine Richtlinie des Europäischen Parlaments und des Rates über Zahlungsdienste im Binnenmarkt, zur Änderung der Richtlinien 2002/65/EG, 2013/36/EU und 2009/110/EG sowie zur Aufhebung der Richtlinie 2007/64/EG; **Vorschlag KOM(2013) 550 endg.** (MIF) v. 24.7.2013 für eine Verordnung des Europäischen Parlaments und des Rates über Interbankenentgelte für kartengebundene Zahlungsvorgänge; **Vorschlag KOM(2013) 615 endg.** v. 4.9.2013 für eine Verordnung des Europäischen Parlaments und des Rates über Geldmarktfonds; **Vorschlag KOM(2013) 641 endg.** v. 18.9.2013 für eine Verordnung des Europäischen Parlaments und des Rates über Indizes, die bei Finanzinstrumenten und Finanzkontrakten als Benchmark verwendet werden; **Vorschlag KOM(2014) 40 endg.** v. 29.1.2014 für eine Verordnung des Europäischen Parlaments und des Rates über die Meldung und Transparenz von Wertpapierfinanzierungsgeschäften; **Vorschlag KOM(2014) 43 endg.** (Trennbanken-VO) v. 29.1.2014 für eine Verordnung des Europäischen Parlaments und des Rates über strukturelle Maßnahmen zur Erhöhung der Widerstandsfähigkeit von Kreditinstituten in der Union; **Vorschlag KOM(2014) 167 endg.** (EbAV II) v. 27.3.2014 für eine Richtlinie des Europäischen Parlaments und des Rates über die Tätigkeiten und die Beaufsichtigung von Einrichtungen der betrieblichen Altersvorsorge.

Grünbücher und Weissbücher:

KOM(2005) 177 endg. v. 3.5.2005 „Grünbuch zur Finanzdienstleistungspolitik 2005-2010"; **KOM(2005) 314 endg.** v. 12.7.2005 „Grünbuch – Ausbau des Europäischen Rahmens für Investmentfonds"; **KOM(2005) 327 endg.** v. 19.7.2005 „Grünbuch – Hypothekarkredite in der EU"; **KOM(2005) 629 endg.** v. 5.12.2005 „Weißbuch zur Finanzdienstleistungspolitik für die Jahre 2005-2010"; **KOM(2006) 686 endg.** v. 15.11.2006 „Weißbuch für den Ausbau des Binnenmarktrahmens für Investmentfonds"; **KOM(2007) 226 endg.** v. 30.4.2007 „Grünbuch über Finanzdienstleistungen für Privatkunden im Binnenmarkt"; **KOM(2007) 807 endg.** v. 18.12.2007 „Weißbuch über die Integration der EU-Hypothekarkreditmärkte"; **KOM(2010) 284 endg.** „Grünbuch Corporate Governance in Finanzinstituten und Vergütungspolitik"; **KOM(2010) 370 endg.**

v. 12.7.2010 „Weißbuch Sicherungssysteme für Versicherungen"; **KOM(2012) 102 endg.** v. 19.3.2012 „Grünbuch – Schattenbankwesen"; **KOM(2013) 150 endg./2** v. 9.4.2013 „Grünbuch – Langfristige Finanzierung der Europäischen Wirtschaft".

Sonstige Beschlüsse (Auswahl):

Gemeinsame Maßnahme 98/699/JI des Rates v. 3.12.1998 betreffend Geldwäsche, die Ermittlung, das Einfrieren, die Beschlagnahme und die Einziehung von Tatwerkzeugen und Erträgen aus Straftaten, ABl. L 333 v. 9.12.1998, S. 1, geändert durch Rahmenbeschluss 2001/500/JI des Rates v. 26.6.2001 (ABl. L 182 v. 5.7.2001, S. 1); Rahmenbeschluss 2001/413/JI des Rates v. 28.5.2001 zur Bekämpfung von Betrug und Fälschung im Zusammenhang mit unbaren Zahlungsmitteln, ABl. L 149 v. 2.6.2001, S. 1; Kommissionsbeschluss 2001/528/EG v. 6.6.2001 zur Einsetzung des Europäischen Wertpapierausschusses, ABl. L 191 v. 13.7.2001, S. 45, geändert durch Kommissionsbeschluss 2004/8/EG v. 5.11.2003 (ABl. L 3 v. 7.1.2004, S. 33); Kommissionsbeschluss 2004/9/EG v. 5.11.2003 zur Einsetzung des Europäischen Ausschusses für das Versicherungswesen und die betriebliche Altersversorgung, ABl. L 3 v. 7.1.2004, S. 34; **Kommissionsbeschluss 2007/47/EG** der Europäischen Zentralbank v. 18.12.2006 zur Bestimmung der Maßnahmen, die zur Einzahlung des Kapitals der Europäischen Zentralbank durch die nicht teilnehmenden nationalen Zentralbanken erforderlich sind (EZB/2006/26), ABl. L 24 v. 31.1.2007, S. 15; **Beschluss 2011/199/EU** des Europäischen Rates v. 25.3.2011 zur Änderung des Artikels 136 des Vertrags über die Arbeitsweise der Europäischen Union hinsichtlich eines Stabilitätsmechanismus für die Mitgliedstaaten, deren Währung der Euro ist, ABl. L 91 v. 6.4.2011, S. 1; **Durchführungsbeschluss 2011/754/EU** der Kommission v. 22.11.2011 zur Durchführung der Richtlinie 2009/103/EG des Europäischen Parlaments und des Rates in Bezug auf die Kontrolle der Kraftfahrzeug-Haftpflichtversicherung, ABl. L 310 v. 25.11.2011, S. 17; **Beschluss Nr. 83/2013** des Gemeinsamen EWR-Ausschusses v. 3.5.2013 zur Änderung von Anhang IX (Finanzdienstleistungen) des EWR-Abkommens, ABl. L 291 v. 31.10.2013, S. 44; **Durchführungsbeschluss 2013/797/EU** des Rates v. 16.12.2013 zur Durchführung der Verordnung (EU) Nr. 1024/2013 v. 15.10.2013 zur Übertragung besonderer Aufgaben im Zusammenhang mit der Aufsicht über Kreditinstitute auf die Europäische Zentralbank, ABl. L 352 v. 24.12.2013, S. 50; **Durchführungsbeschluss 2014/77/EU** des Rates v. 11.2.2014 zur Durchführung der Verordnung (EU) Nr. 1024/2013 zur Übertragung besonderer Aufgaben im Zusammenhang mit der Aufsicht über Kreditinstitute auf die Europäische Zentralbank, ABl. L 41 v. 12.2.2014, S. 19; **Beschluss 2014/123/EU** der Europäischen Zentralbank v. 4.2.2014 zur Bestimmung der Kreditinstitute, die der umfassenden Bewertung unterliegen, ABl. L 69 v. 8.3.2014, S. 107; **Beschluss 2014/337/EU** der Europäischen Zentralbank v. 5.6.2014 über die Verzinsung von Einlagen, Guthaben und Überschussreserven (EZB/2014/23), ABl. L 168 v. 7.6.2014, S. 115; **Beschluss 2014/434/EU** der Europäischen Zentralbank v. 31.1.2014 über die enge Zusammenarbeit mit den nationalen zuständigen Behörden teilnehmender Mitgliedstaaten, deren Währung nicht der Euro ist (EZB/2014/5), ABl. L 198 v. 5.7.2014, S. 7.

B. Rechtsprechung

EuGH/EuG/EGMR:

EuGH, Rs. 172/80 (Züchner/Bayerische Vereinsbank), Slg 1981, 2021; EuGH, Rs. 205/84 (Kommission/Deutschland), Slg 1986, 3755; EuGH, Rs. 45/85 (Verband der Sachversicherer), Slg 1987, 405; EuGH, verb. Rs. 286/82 und 26/83 (Luisi und Carbone), Slg 1984, 377; EuGH, Rs. C-384/93 (Alpine Investments), Slg 1995, I-1141; EuGH, verb. Rs. C-163/94, 165/94 und 250/94 (Sanz de Lera u.a.), Slg 1995, I-4821; EuGH, Rs. C-233/94 (Deutschland/Parlament und Rat), Slg 1997, I-2405; EuGH, Rs. C-222/95 (Parodi), Slg 1997, I-3899; EuGH, Rs. C-222/97 (Trummer und Mayer), Slg 1999, I-1661; EuGH, Rs. C-302/97 (Konle), Slg 1999, I-3099; EuGH, Rs. C-367/98 (Kommission/Portugal), Slg 2002, I-4731; EuGH, Rs. C-101/94 (SIM), Slg 1996, I-2691; EuGH, *Rs. C-28/99 (Verdonck), Slg 2001, I-3399*; EuGH, Rs. C-481/99 (Heininger), Slg 2001, I-9945; EuGH, Rs. C-483/99 (Kommission/Frankreich, "Goldene Aktien II"), Slg 2002, I-4781; EuGH, Rs. C-503/99 (Kommission/Belgien, "Goldene Aktien III") Slg 2002, I-4809; EuGH, verb.

Rs. C-515/99, C-519/99 bis C-524/99 und C-526/99 bis 540/99 (Reisch u.a.), Slg 2002, I-2157; EuGH, Rs. C-356/00 (Testa und Lazzeri), Slg 2002, I-1079; EuGH, Rs. C-386/00 (Axa Royale), Slg 2002, I-2209; EuGH, Rs. C-463/00 (Kommission/Spanien, "Goldene Aktien IV"); Slg 2003, I-4581; EuGH, Rs. C-98/01 (Kommission/Vereinigtes Königreich), Slg 2003, I-4641; EuGH, Rs. C-222/02 (Paul), Slg 2004, I-9425; EuGH, Rs. C-315/02 (Lenz), Slg 2004, I-7063; EuGH, Rs. C-347/02 (Kommission/Frankreich), Slg 2004, I-7557; EuGH, Rs. C-384/02 (Knud Grøngaard/Allan Bang), Slg 2005, I-9939; EuGH, Rs. C-295/04 (Manfredi), Slg 2006, I-6619; EuGH, Rs. C-391/04 (Georgakis), Slg 2007, I-3741; EuGH, Rs. C-452/04 (Fidium Finanz AG), Slg 2006, I-9521; EuGH, Rs. C-157/05 (Holböck), Slg 2007, I-4051; EuGH, Rs. C-356/05 (Elaine Farrell/Alan Whitty), Slg 2007, I-3067; EuGH, Rs. C-430/05 (Ntionik Anonymi), Slg 2007, I-5835; EuGH, Rs. C-518/07 (Kommission/Deutschland), Slg 2010, I-1885; EuGH, Rs. C-569/07 (HSBC Holdings), Slg 2009, I-9047; EuGH, Rs. C-45/08 (Spector Photo Group), Slg 2009, I-12073; EuGH, Rs. C-236/09 (Test-Achats), Slg 2011, I-773; EuGH, Rs. C-275/10 (Residex), WM 2012, 926; EuGH, Rs. C-19/11 (Geltl), EuZW 2012, 708 ff; EuGH, Rs. C-248/11 (Rareş Doralin Nilaş u.a.), EuZW 2012, 350; EuGH, Rs. C-212/11 (Jyske-Bank Gibraltar Ltd), EuZW 2013, 635 ff; EuGH, Rs. C-604/11 (Genil 48 SL u.a.), EuZW 2013, 557 ff; EuGH, Rs. C-85/12 (Landsbanki Islands HF), DZWIR 2014, 68 ff; EuGH, Rs. C-174/12 (Hirmann), ZBB 2014, 80; EuGH, Rs. C-209/12 (Endress), VersR 2014, 225; EuGH, Rs. C-224/12 P (Kommission/Niederlande), EuZW 2014, 473; EuGH, Rs. C-265/12 (Citroën Belux NV), WM 2013, 2145 ff; EuGH, Rs. C-270/12 (Großbritannien und Nordirland/Parlament und Rat), NJW 2014, 1359 ff; EuGH, Rs. C-359/12 (Timmel), EuZW 2014, 581; EuGH, Rs. C-370/12 (Pringle), NJW 2013, 29 ff; EuGH, Rs. C-565/12 (LCL Le Crédit Lyonnais), NJW 2014, 1941 ff.

Deutsche Gerichte (Vorabentscheidungsverfahren, Auswahl): BGH v. 29.11.1999 XI ZR 91/99, WM 2000, 26 (Beschluss Heininger); BGH v. 9.4.2002 XI ZR 91/99 BGHZ 150, 248 (Urteil Heininger); BGH v. 16.5.2002 III ZR 48/01 WM 2002, 1266 (Beschluss Paul); BGH v. 20.1.2005 III ZR 48/01 WM 2005, 369 ff (Urteil Paul); VG Frankfurt/M. v. 11.10.2004 9 E 993/04 WM 2005, 503 (Beschluss Fidium Finanz AG); VG Frankfurt/M. v. 19.2.2013 NVwZ 2013, 742 (Rs. C-140/13); BGH v. 23.4.2013 II ZB 7/09 NJW 2013, 2114 (Beschluss Geltl).

Abschnitt 2: Analyse und Darstellung der Einwirkung des Europarechts auf das Finanzdienstleistungsrecht

A. Einführung

I. Branchenübergreifende Darstellung des Finanzdienstleistungsrechts

Das Finanzdienstleistungsrecht der EU (insb. **Bank-, Kapitalmarkt- und Versicherungsrecht**) wird 1
im Folgenden zusammen dargestellt. Dies geschieht nicht nur aus Platzgründen, sondern auch im Interesse der Offenlegung gemeinsamer Grundstrukturen. Außerdem kann damit der wachsenden wirtschaftlichen und aufsichtsrechtlichen **Verflechtung** der verschiedenen Bereiche des Finanzdienstleistungsrechts, die ihren Ausdruck zunehmend auch in branchenübergreifenden Rechtsakten und einer zunehmend koordinierten Finanzaufsicht findet, besser Rechnung getragen werden. Auch die Kommission hat bereits erwogen, eine Durchführbarkeitsstudie betreffend die langfristige Zusammenfassung aller einschlägigen Vorschriften in einem einzigen „Finanzdienstleistungsregelwerk" in Auftrag zu geben.[2] Zu den Finanzdienstleistungen zählen Bankdienstleistungen (vgl Anh. I RL 2013/36 EU), Zahlungsdienste (vgl Anh. RL 2007/64/EG), Wertpapierdienstleistungen (vgl Anh. I Abschn. A und B RL 2014/65/EU), die betriebliche Altersversorgung (vgl RL 2003/41/EG), Direkt- und Rückversicherungstätigkeiten (vgl die in den ab 1.1.2016 geltenden Anhängen I und II der RL 2009/138/EG aufgeführten Tätigkeiten), die Organisation und der Vertrieb gemeinsamer Kapitalanlagen (Rn 74 ff, 172), die Dienstleistungen von Ratingagenturen (Rn 73, 125), Zentralen Gegenparteien (Rn 84) undTransaktionsregistern (Rn 84), von Datenbereitstellungs-

2 Grünbuch zur Finanzdienstleistungspolitik (2005–2010), S. 10, Fn 17.

diensten (Rn 72) und von Verwahrstellen (Rn 74 ff).[3] Alle diese Dienstleistungen sind vom Anwendungsbereich der allg. Dienstleistungs-RL 2006/123/EG ausgenommen und unterliegen einer intensiven Sonderregulierung.[4] **Behandelt werden** die aufsichts-, privat- und strafrechtliche Regulierung des Finanzdienstleistungssektors durch die EU unter Hinweis auf die deutschen Umsetzungs- und Ausführungsbestimmungen. Nahezu außer Betracht bleiben die schwerpunktmäßig in anderen Bereichen liegenden und daher in anderen Kapiteln dieses Handbuchs behandelten Fragen des Grundrechtsschutzes durch die nunmehr über Art. 6 EUV nF als gleichrangig mit den Verträgen anerkannte Grundrechtecharta, des Verbraucherschutzes (zB Verbraucherkredit, Fernabsatz von Finanzdienstleistungen; *Schulte-Nölke*, § 23, Rn 66 ff und 206), des Gesellschaftsrechts (zB Übernahmerecht, Corporate Governance, Transparenz börsennotierter Gesellschaften; *Möllers*, § 18, Rn 118 ff,81 ff,95 ff), des Steuerrechts (zB Zins-, Dividenden- und Umsatzbesteuerung;[5] *Wernsmann*, § 30) und der Währungspolitik (zB Währungsunion, ESZB; *Gaitanides/Hettinger*, § 31). Hinsichtlich der Grundfreiheiten, des Kartell-, Beihilfen- und Vergaberechts wird lediglich auf besondere Aspekte des Finanzdienstleistungssektors eingegangen.

II. Entwicklungslinien im EU-Finanzdienstleistungsrecht

2 Der Finanzdienstleistungssektor hat seit dem 2. Weltkrieg ökonomisch eine Multinationalisierung, Verbreiterung und Revolutionierung des Geschäfts sowie eine Globalisierung der Märkte erlebt.[6] Für die damalige EWG hat bereits der sog. **Segré-Bericht**[7] aus dem Jahre 1966 die herausragende Bedeutung des Kapitalmarkts für die Unternehmensfinanzierung betont sowie zur Schaffung einer größeren Marktliquidität die Öffnung und Integration der engen nationalen Kapitalmärkte gefordert. Die zunächst anvisierte **Totalharmonisierung**[8] des Aufsichtsrechts über Kreditinstitute mit einer europaweit agierenden Aufsichtsbehörde scheiterte insb. am Widerstand Großbritanniens.[9] Mit dem Weißbuch der Europäischen Kommission zur Vollendung des Binnenmarkts (Art. 26 AEUV) und der Einheitlichen Europäischen Akte vom 28.2.1986 erfolgte dann der Übergang zum Konzept eines die Grundfreiheiten verwirklichenden **Finanzbinnenmarkts.**[10] Seither ist das EU-Finanzdienstleistungsrecht durch das Sitzlandprinzip (Rn 96 ff) und eine weite Bereiche erfassende **Mindestharmonisierung** der nationalen Aufsichtsrechte (Rn 91 f) gekennzeichnet. Das Aufsichtsrecht der EWG bzw später der EG beschäftigte sich seit Mitte der 1960er Jahre zunächst mit den Versicherungen und Einlagenkreditinstituten und erst seit 1993 zur Vermeidung von Wettbewerbsverzerrungen auch mit den Wertpapierdienstleistungsunternehmen. Die Rechtsetzung erfasste mit der Verbraucherkredit-RL 87/102/EWG (jetzt RL 2008/48/EG), der Überweisungs-RL 97/5/EG (jetzt RL 2007/64/EG), der Finalitäts-RL 98/26/EG, den Insolvenz-RL 2001/17/EG bzw 2001/24/EG, der Finanzsicherheiten-RL 2002/47/EG und der Fernabsatz-Finanzdienstleistungs-RL 2002/65/EG auch das Privatrecht.

---

3 Vgl dazu auch Art. 2 lit. b RL 2002/65/EG und Art. 2 II lit. b RL 2006/123/EG sowie die noch weitere Begriffsbestimmung in Abs. 5 lit. a des 5. Protokolls zum GATS v. 27.2.1998 über Finanzdienstleistungen, die etwa auch die Bereitstellung und Übermittlung von Finanzinformationen, die Verarbeitung von Finanzdaten, Kreditauskünfte und Bonitätsprüfungen erfasst.

4 Art. 2 Abs. 2 lit. b und Erwägungsgrund 18 Dienstleistungs-RL 2006/123/EG.

5 So wäre etwa die in Deutschland immer wieder geforderte Wiedereinführung der Börsenumsatzsteuer kaum mit Art. 5 Abs. 2 lit. a RL 2008/7/EG und mit Art. 11 RL 69/335/EWG vereinbar; zu Art. 11 EuGH, Rs. C-569/07 (HSBC Holdings plc), ABl. C-282 v. 21.11.2009, S. 2 und EuGH, Rs. C-415/02 (Kommission/Belgien), EuZW 2004, 635; zur geplanten Finanztransaktionssteuer (KOM(2013) 71 endg.) *Liepe/Pielka/Malaviya*, WM 2013, 1344 ff, *Sester*, WM 2012, 529 ff und *Wernsmann/Zirkl*, EuZW 167 ff.

6 Dazu *Möschel*, in: Fehl (Hrsg.), Probleme, 1990, S. 151 ff.

7 Kommission der Europäischen Gemeinschaften, Der Aufbau eines europäischen Kapitalmarkts: Bericht einer von der EWG-Kommission eingesetzten Sachverständigengruppe, 1966.

8 S. dazu etwa den Kommissionse. einer RL zur Koordinierung der Rechts- und Verwaltungsvorschriften für die Aufnahme und Ausübung der selbständigen Tätigkeit der Kreditinstitute vom Juli 1972, Dok. XIV/508/72-D.

9 Dazu nur *Horn*, ZBB 1989, 107, 111.

10 S. dazu die Mitteilung der Kommission zur Schaffung eines europäischen Finanzraums KOM(87) 550 endg., Ratsdokument 9510/87, BR-Drucks. 509/87 v. 16.11.1987; *Servais*, Ein Europäischer Finanzraum, 3. Aufl. 1995.

Mit dem Aktionsplan für den Finanzbinnenmarkt vom 11.5.1999 (**FSAP**)[11] wurde die Regulierung im Rahmen des seit 1986 verfolgten Binnenmarktansatzes noch erheblich verstärkt und beschleunigt. Es kam zur Kodifikation von Teilbereichen[12] und wenig später wieder zu einer teilweisen Dekodifikation.[13] Zwischen 2002 und 2010 (Wertpapierdienstleistungen) bzw zwischen 2005 und 2010 (andere Finanzdienstleistungen)[14] vollzog sich die Rechtsetzung und Durchführung im vierstufigen sog. **Lamfalussy-Prozess.**[15] 3

Seit geraumer Zeit ist die rechtsangleichende und -vereinheitlichende Finanzmarktregulierung der EU durch eine **formelle Überregulierung** von ausgesprochen technischer Natur[16] mit einem selbst für den überzeugten Europäer fragwürdigen Verhältnis von Nutzen und Aufwand in Rechtsetzung, Umsetzung und Durchsetzung gekennzeichnet. Die unablässige und rasche Folge kleiner, zunehmend differenzierter,[17] nicht hinreichend aufeinander abgestimmter, sich überlagernder sowie der politischen Konjunktur und intensiven Lobbyarbeit[18] unterliegender Integrationsschritte im Geflecht von politischen Grundsatzbeschlüssen, Ankündigungen, Anhörungen, Expertenberichten, Grün- und Weißbüchern, Aktionsplänen, Mitteilungen, Bekanntmachungen, Leitlinien, Empfehlungen, Erwägungsgründen, Rahmen- und Durchführungsregelungen, Gesetzgebungsakten und Delegierten Rechtsakten, Änderungen, Konsolidierungen, Aufhebungen, kleinen und großen Ausnahmeregelungen, Optionsregelungen für Mitgliedstaaten und Unternehmen, uneinheitlichen Begriffskatalogen, Kodifikationen, Dekodifikationen, Übergangsregelungen, ausdifferenzierten Inkraftsetzungen, Umsetzungen, ständigen Evaluationen, Peer-Reviews, Berichten etc. erschwert nicht allein die sorgfältige wissenschaftliche Aufbereitung und Strukturierung der Materie. Sie führt auch zu Ungleichbehandlungen[19] und bereitet gerade auch den betroffenen Unternehmen und ihren immer größer werdenden Compliance-Abteilungen **erhebliche Kosten und Probleme.**[20] Die vor diesem Hintergrund sehr löbliche Absicht der EU-Kommission, sich auf Anraten von vier Sachverständigenkommissionen bis 2010 vor allem auf die Konsolidierung, Verbesserung und Umsetzung des Erreichten beschränken zu wollen,[21] hat immerhin zu einer Zusammenführung der versicherungsrechtlichen Richtlinien in der RL 2009/138/EG geführt. 4

11 KOM(1999) 232 endg.; s. zur Planverwirklichung auf EU-Ebene und den Umsetzungsmaßnahmen in Deutschland die Datenbankangaben unter http://ec.europa.eu/internal_market/finances/actionplan/transposition/database/germany_en.htm; zu den Wirkungen des Aktionsplans s. den Bericht von *Malcolm/Tilden/Wilsdon*, Evaluation of the economic impacts of the Financial Services Action Plan, London 2009.

12 S. dazu die kodifizierenden RL 2000/12/EG – jetzt 2013/36/EU (Kreditinstitute), 2002/83/EG (Lebensversicherung), 2001/34/EG (Kapitalmarktpublizität), 2004/39/EG – ab 3.1.2017 RL 2014/65/EU (Wertpapierhandel) und 2009/138/EG (Versicherungsunternehmen).

13 Dies gilt insb. für die Kapitalmarktpublizitäts-RL 2001/34/EG, die nur kurze Zeit nach ihrem Erlass bereits wieder weitgehend aufgehoben wurde, da die meisten Regelungsmaterien in andere RL (Prospekt-RL 2003/71/EG und Transparenz-RL II 2004/109/EG) überführt wurden; mit Recht krit. *Sousi*, Recueil Dalloz 2003, S. 2219.

14 Erstreckung durch entsprechende Beschlüsse der Kommission und die RL 2005/1/EG.

15 S. dazu § 20, Rn 3 der Voraufl. und den Schlussbericht des Ausschusses der Weisen über die Regulierung der europäischen Wertpapiermärkte v. 15.2.2001, Text abrufbar unter: http://ec.europa.eu/internal_market/securities/docs/lamfalussy/wisemen/final-report-wise-men_de.pdf.

16 Krit. auch *Reifner*, in: Derleder/Knops/Bamberger (Hrsg.), Hdb zum dt. und europ. BankR, 2. Aufl. 2009, § 72, Rn 19 f („die Bezugnahme auf die Anglizismen betriebswirtschaftlicher Produktkategorien ... erzeugt einen unangebrachten Experteneffekt").

17 So gelten etwa der ESM-Vertrag (Rn 14), der SKS-Vertrag (Rn 14) und die Rechtsakte der sog. Bankenunion (Rn 7) nicht für alle EU-Mitgliedstaaten.

18 Dazu *Hertig*, ZBB 2011, 329 ff und *Ullner*, EuR 2014, 346 ff.

19 Zur Zulässigkeit solcher unvermeidbaren und im Rahmen des Ermessensspielraums der Unionsorgane liegenden Ungleichbehandlungen EuGH, Rs. C-63/89 (Assurances du Credit SA), Slg 1991, I-1799, Rn 10 ff.

20 Im Grünbuch zur Finanzdienstleistungspolitik (2005–2010), S. 6 räumt auch die Kommission „beträchtliche ex-ante-Anpassungskosten" ein; s. dazu auch den Bericht "Study on the Cost of Compliance with Selected FSAP Measures – Final Report by Europe Economics" v. 5.1.2009; zur Perspektive eines Versicherungsunternehmens *Glaesner*, in: Jung/Schwarze (Hrsg.), Finanzmarktregulierung in der Krise, S. 113 ff.

21 S. zu dieser als „dynamische Konsolidierung" bezeichneten Strategie das Grünbuch zur Finanzdienstleistungspolitik (2005–2010), KOM(2005) 177 und das Weißbuch zur Finanzdienstleistungspolitik für die Jahre 2005–2010; auch das Grünbuch zum Ausbau des europäischen Rahmens für Investmentfonds (Mitteilung KOM(2005) 314) legte das Schwergewicht auf die Analyse und enthielt insb. keine Pläne zur Ausarbeitung weiterer Richtlinien.

5 Durch die **Finanzkrise** seit 2008 sowie die darauf folgende Eurokrise wurden die Konsolidierungspläne durchkreuzt. Im Oktober 2008 wurde als beratendes ad hoc-Gremium zu Fragen der Regulierung des Finanzsektors die High-Level Group on Financial Supervision in the EU (sog. de Larosière-Gruppe) eingesetzt, die im Februar 2009 ihren Abschlussbericht mit umfangreichen Reformvorschlägen vorlegte.[22] Auf dieser Grundlage und im Lichte der Beschlüsse des G20-Gipfels von Pittsburgh vom 24./25.9.2009 kündigte die Kommission am 2.6.2010 ein ehrgeiziges und umfassendes Paket legislativer Maßnahmen an, das ursprünglich bereits bis Ende 2011 verabschiedet und bis Ende 2012 in nationales Recht umgesetzt werden sollte.[23] Dieser Ankündigung folgte ein bislang beispielloser Regulierungsaktivismus,[24] der sowohl zu einer Reform des institutionellen und verfahrensmäßigen Rahmens (Rn 7, 10 ff) als auch zur Änderung zahlreicher materieller Regelungen geführt hat und führen wird (s. v.a. Rn 6 ff, 65, 70 ff, 76, 84, 112, 122, 124 ff, 127 ff, 143, 146, 149, 162 ff, 169 ff, 197, 199 ff, 202, 203 und 221).

6 Im materiellen Aufsichtsrecht strebt die EU neuerdings wieder nach einer **Vollharmonisierung** („Single Rule Book"), die ihren Ausdruck auch in einer vermehrten Regulierung mittels direkt anwendbarer Verordnungen[25] findet, die den Mitgliedstaaten allerdings bisweilen in eng umschriebenen Bereichen noch Raum zum Erlass strengerer Vorschriften lassen (s. zB Erwägungsgrund 12, 16 sowie Art. 124 Abs. 2 und 3 VO (EU) Nr. 575/2013). Darüber hinaus sollen verbindliche technische Regulierungs- und Durchführungsstandards zu einem einheitlichen europäischen Regelwerk der Rechtsvorschriften über Finanzdienstleistungen beitragen (s. Erwägungsgründe 9 ff RL 2010/78/EU sowie Art. 8 Abs. 1 lit. a, b und Art. 10 ff bzw 15 ESA-VO (EU) Nr. 1093-1095/2010). Hierzu ermächtigt die sog. Omnibus I-RL 2010/78/EU durch eine Änderung diverser aufsichtsrechtlicher Richtlinien die jeweils zuständige europäische Aufsichtsbehörde zur Ausarbeitung und die EU-Kommission zum Erlass dieser Standards für bestimmte Bereiche in Form von Delegierten Verordnungen und Durchführungsverordnungen (Art. 290 f AEUV), sog. technische Regulierungsstandards (RTS) und technische Durchführungsstandards (ITS). Inzwischen sind zahlreiche derartige Verordnungen ohne Gesetzescharakter ergangen, die in der Übersicht des Sekundärrechts zwar weitgehend aufgeführt sind, in der folgenden Darstellung aus Platzgründen und aufgrund ihrer Wandelbarkeit aber nur zu einem kleineren Teil berücksichtigt werden konnten.[26] Mit der sog. Omnibus II-RL 2014/51/EU wurden durch die Änderung der Prospekt- und der Solvabilität II-RL die Befugnisse der ESMA und EIOPA zur Entwicklung von technischen Standards ausgedehnt und die Schlichtungskompetenz für die EIOPA im Bereich der Solvabilität II-RL konkretisiert. Die einheitliche Anwendung des EU-Rechts soll schließlich noch durch den Erlass von nicht bindenden Leitlinien und Empfehlungen erreicht werden, welche sich nach dem „Comply or explain"-Prinzip an die zuständigen nationalen Behörden und auch an die Finanzinstitute richten (Art. 16 Abs. 3 Unterabs. 2 und 3 ESA-VO). Im Bereich der Aufsicht über Ratingagenturen (Rn 73) und Transaktionsregister (Rn 84) wurde inzwischen sogar eine **Totalharmonisierung** (Rn 2) verwirklicht (Rn 101).

7 Bis zu den Neuwahlen zum Europaparlament im Mai 2014 arbeitete der Europäische Gesetzgeber zudem mit Hochdruck an der sog. **Bankenunion**[27], welche die Banken im EWR und speziell in den sog. SSM-Staaten, dh im Euroraum und fakultativ in weiteren Mitgliedstaaten, widerstandsfähiger

---

22 The High-Level Group on Financial Supervision in the EU, Report, 25.2.2009, abrufbar unter http://ec.europa.eu/internal_market/finances/docs/de_larosiere_report_de.pdf.

23 Kom(2010) 301 endg.

24 Eine chronologische Übersicht findet sich unter http://ec.europa.eu/internal_market/publications/docs/financial-reform-for-growth_de.pdf.

25 S. zB VO (EU) Nr. 575/2013 (CRR), VO (EU) Nr. 648/2012 (EMIR), VO (EU) Nr. 1060/2009 (CRA I), VO (EU) Nr. 600/2014 (MiFIR), VO (EU) Nr. 596/2014 (MAR).

26 S. zB die Liste der RTS und ITS zu CRD IV und CRR (abrufbar unter http://ec.europa.eu/internal_market/bank/regcapital/acts_en.htm#rts).

27 S. dazu auch die Vorschläge für eine europäische Bankenunion (EBU) in der Entschließung des Europäischen Parlaments v. 13.9.2012 zu dem Thema „Auf dem Weg zu einer Bankenunion", ABl. C 353E v. 3.12.2013, S. 138; dazu etwa *Binder*, ZBB 2013, 297 ff; *Peters*, WM 2014, 396 ff und *Ruthig*, ZHR 2014, 443 ff; zum die Bankenunion betreffenden Maßnahmenpaket der Bundesregierung s. die Pressemitteilung des BMF v. 9.7.2014.

machen soll, damit sie künftig in einer Krise nicht mehr mit Steuergeldern aufgefangen werden müssen. Hierzu wird in einem ersten Schritt (sog. 1. Säule) ein einheitlicher Aufsichtsmechanismus eingerichtet (**Single Supervisory Mechanism, SSM**),[28] um in allen Mitgliedstaaten eine kohärente, gleichmäßige und von aufsichtsfremden Überlegungen freie Bankenaufsicht sicherzustellen (Erwägungsgrund 9 RL 2013/36/EU). In Ergänzung der hierzu bereits seit 2010 im Europäischen Finanzaufsichtssystem eingeleiteten Maßnahmen (Rn 11 f) wurde der EZB mit der VO (EU) Nr. 1024/2013 insb. die letztinstanzliche Zuständigkeit für die Zulassung, den Entzug der Zulassung und die laufende Beaufsichtigung aller Kreditinstitute (Rn 65) aus Mitgliedstaaten der Bankenunion (derzeit ca. 6000) übertragen (Art. 4 Abs. 1, Art. 14). Bei der Wahrnehmung ihrer Aufgaben ab November 2014 arbeitet die EZB eng mit den zuständigen nationalen Aufsichtsbehörden (National Competent Authorities, NCAs) zusammen, wobei sie zugleich für das wirksame und einheitliche Funktionieren des SSM verantwortlich ist (Art. 6). Dabei wird sich die EZB insb. um die Aufsicht über die bedeutendsten Kreditinstitute im SSM-Raum (derzeit 128) kümmern,[29] kann jederzeit aber auch die Aufsicht über einzelne Kreditinstitute von untergeordneter Bedeutung selbst übernehmen. Detaillierte Ausführungsbestimmungen enthält die SSM-Rahmenverordnung (EU) Nr. 468/2014. Die 2. Säule der Bankenunion soll der einheitliche Abwicklungsmechanismus für Banken (**Single Resolution Mechanism, SRM**) bilden. Ihr zentraler Bestandteil ist die heftig diskutierte und für alle Mitgliedstaaten geltende RL 2014/59/EU betreffend die Sanierung und Abwicklung von Kreditinstituten und Wertpapierfirmen (**BRRD**). Diese wird in den Euro-Ländern und den sich freiwillig der EZB-Kontrolle unterstellenden Mitgliedstaaten (sog. teilnehmenden Mitgliedstaaten)[30] ergänzt durch die VO (EU) Nr. 806/2014 zur Festlegung einheitlicher Vorschriften und eines einheitlichen Verfahrens für die Abwicklung von Kreditinstituten und bestimmten Wertpapierfirmen (**SRM-VO**). Während die BRRD mit der Einrichtung nationaler Abwicklungsbehörden sowie nationaler Abwicklungsfonds (sog. Abwicklungsfinanzierungsmechanismen; näher Rn 164) einen dezentralen Ansatz verfolgt, sieht die SRM-VO eine zentralisierte institutionelle Abwicklung mit einem europäischen Abwicklungsfonds vor (sog. Single Resolution Fund, SRF), der vorbehaltlich eines hierzu noch zu schließenden Übereinkommens zwischen den teilnehmenden Mitgliedstaaten (Art. 1 Abs. 3 SRM-VO) innerhalb von acht Jahren mit 1 % aller gedeckten Vermögen, d.h. mit rund 55 Mrd. EUR, ausgestattet und schrittweise vergemeinschaftet werden soll (näher Rn 165). Die BRRD verlangt von den Banken die Erstellung von Sanierungs- und Abwicklungsplänen (Rn 124 ff) und stellt sicher, dass die Behörden über die nötigen Instrumente verfügen, um bei sich abzeichnenden Problemen bereits in einem frühen Stadium effektiv eingreifen zu können. Einer in Schieflage geratenen Bank sollen die für die Fortführung der Geschäftstätigkeit benötigten Mittel in der Regel von vorfinanzierten nationalen Abwicklungsfonds sowie durch Beiträge der Anteilseigner und Gläubiger (sog. „Bail-in"-Mechanismus) zumindest solange zugeführt werden, bis sie geordnet abgewickelt werden können. Die Entscheidung über die Anwendung des SRM auf ein Kreditinstitut oder eine Wertpapierfirma soll der EZB zustehen. Die 3. Säule der Bankenunion bildet die harmonisierte dezentrale Einlagensicherung über einen oder mehrere vorfinanzierte nationale Sicherungsfonds (**Deposit Guarantee Schemes, DGS**). Hierzu wurde eine neue Einlagensicherungs-RL 2014/49/EU erlassen, welche die Vorgänger-RL 94/19/EG mit Wirkung vom 4.7.2019 aufhebt (Rn 169 ff). Schließlich soll mit einer 4. Säule in Zukunft die Möglichkeit bestehen, Banken, welche unmittelbar durch die EZB beaufsichtigt werden (Rn 7), durch den ESM direkt zu rekapitalisieren. Die sog. Bankenunion wirft schwierige primärrechtliche Fragen rund um

28 *Tröger*, ZBB 2013, 373 ff; *Wolfers/Voland*, BKR 2014, 177 ff.

29 Die EZB hat im Herbst 2014 hinsichtlich der bedeutenden Banken insb. zusammen mit der EBA einen sog. Stresstest und zusammen mit den nationalen Aufsichtsbehörden eine Prüfung der Aktiva-Qualität (AQR) durchgeführt.

30 Teilnehmende Mitgliedstaaten sind nach Art. 2 Nr. 1 VO (EU) Nr. 1024/2013 zum einen Euro-Staaten und zum anderen Nicht-Euro-Staaten, die nach Art. 7 mit der EZB eng zusammenarbeiten.

die sog. differenzierte Integration[31] auf und zwingt im Sekundärrecht zu weiteren Unterscheidungen (Rn 101).

8 Der europäische Gesetzgeber dürfte seine hohe Schlagzahl beim Erlass neuer Regelungen im Finanzdienstleistungsrecht auch in den kommenden Monaten und Jahren beibehalten. So stehen Vorschläge für eine VO über Basisinformationsblätter für Anlageprodukte (PRIIPs; s. Rn 146),[32] für eine RL über Zahlungskonten (s. Rn 191),[33] für eine VO zur Verbesserung der Wertpapierabrechnungen in der EU[34] und für eine Reform (Organisation, Aufgaben und Haftung von Verwahrstellen, Vergütungspolitik, Sanktionen) der OGAW-RL (OGAW V)[35] kurz vor der Verabschiedung. Ferner liegen insbesondere[36] Vorschläge für eine Revision der Zahlungsdienste-RL (PSD II),[37] für eine VO über langfristige Investmentfonds (ELTIF),[38] für eine Neufassung der Versicherungsvermittlungs-RL (IMD II)[39] und der Pensionsfonds-RL (EbAV II),[40] für eine VO über Geldmarktfonds,[41] für eine VO über Interbankenentgelte für kartengebundene Zahlungsvorägnge (MIF),[42] eine VO zur Übermittlung von Angaben bei Geldtransfers[43] und für eine sog. Trennbanken-VO[44] auf dem Tisch. Schließlich sind noch Regulierungen in den Bereichen Crowdfunding[45] und Schattenbanking[46] sowie zur Systemrelevanz von OGAW und ihren Anlagetechniken (OGAW VI)[47] angedacht.

9 Trotz einiger Erfolge bei der Rechtsangleichung, der wechselseitigen Anerkennung der Aufsichtsmaßnahmen und der behördlichen Zusammenarbeit konnte die vollständige Integration der Finanzdienstleistungsmärkte und die damit einhergehende Verhinderung der Aufsichtsarbitrage[48] bis heute nicht verwirklicht werden.[49] Das **Sitzlandprinzip** unterliegt zahlreichen Einschränkungen und Ausnahmen (Rn 96 ff). Da die Finanzprodukte als Rechtsprodukte[50] vollständig in die nationalen Rechtsordnungen eingebunden sind, bekommen ihre Anbieter die **Rechtsunterschiede**, die primärrechtlich wegen der berührten Allgemeininteressen und sekundärrechtlich wegen der grds. lediglich punktuellen Mindestharmonisierung (Rn 91 f) fortbestehen, in besonderer Weise als

31 Zur Bankenunion als verdeckter Umwandlung der EU in einen Bundesstaat Seidel, EuZW 2013, 841 f; vgl zum ESM EuGH, Rs. C-370/12 (Pringle), NJW 2013, 29; zur differenzierten Integration *Jung*, in Jung/Baldus (Hrsg.), Differenzierte Integration im Gemeinschaftsprivatrecht, 2007, S. 1 ff.

32 Vorschlag KOM(2012) 352 endg. v. 3.7.2012; Annahme aller Änderungen des Europäischen Parlaments vom 15.4.2014 durch die Kommission am 9.7.2014; dazu *Seitz/Juhnke/Seibold*, BKR 2013, 1 ff; *Mückler*, WM 2012, 974 ff; *Schäfer/Schäfer*, ZBB 2013, 23 ff; *Podewils*, ZBB 2011, 169 ff.

33 KOM(2013) 266 endg. v. 8.5.2013; Annahme aller Änderungen des Europäischen Parlaments vom 15.4.2014 durch die Kommission am 9.7.2014 und Zustimmung des Rates am 23.7.2014; dazu *Günther*, WM 2014, 1369 ff.

34 KOM(2012) 73 endg. v. 7.3.2012; Annahme aller Änderungen des Europäischen Parlaments vom 15.4.2014 durch die Kommission am 9.7.2014 und Zustimmung des Rates am 23.7.2014.

35 KOM(2012) 350 endg. v. 3.7.2012; Annahme aller Änderungen des Europäischen Parlaments vom 15.4.2014 durch die Kommission am 9.7.2014 und Zustimmung des Rates am 23.7.2014; dazu *Jesch*, BB 2012, 2895, 2896 f.

36 Zu weiteren Vorschlägen s. die eingangs dieses Beitrags abgedruckte Liste.

37 KOM(2013) 547 endg. v. 24.7.2013; dazu *Linardatos*, WM 2014, 300 ff und *Spindler/Zahrte*, BKR 2014, 265 ff.

38 KOM(2013) 462 endg. v. 26.6.2013.

39 KOM(2012) 360 endg. v. 3.6.2012; dazu *Werber*, VersR 2012, 1467 ff.

40 KOM(2014) 167 endg. v. 27.3.2014.

41 KOM(2013) 615 endg. v. 4.9.2013.

42 KOM(2013) 550 endg.v. 24.7.2013.

43 KOM(2013) 44 endg. v. 5.2.2013.

44 KOM(2014) 43 endg. v. 29.1.2014; dazu und zum sog. Liikanen-Report v. 2.10.2012 *Schelo/Steck*, ZBB 2013, 227 ff.

45 S. dazu die Mitteilung der Kommission KOM(2014) 172 endg. v. 27.3.2014.

46 S. dazu die Mitteilung der Kommission KOM(2013) 614 endg. v. 4.9.2013.

47 S. dazu das Konsultationspapier v. 26.7.2012 „Organismen für gemeinsame Anlagen in Wertpapieren (OGAW) – Produktvorschriften, Liquiditätsmanagement, Verwahrstelle, Geldmarktfonds, langfristige Anlagen (OGAW VI)".

48 S. dazu etwa Erwägungsgrund 14 VO (EU) Nr. 575/2013.

49 Im Grünbuch zur Finanzdienstleistungspolitik (2005–2010), S. 6 spricht auch die Kommission von teilweise fragmentierten und undurchdringbaren Märkten, so dass im Finanzdienstleistungsbereich noch „viel zu tun" bleibe.

50 S. dazu für Versicherungen *Dreher*, Die Versicherung als Rechtsprodukt, S. 145 ff und passim.

Beschränkungen ihrer Dienstleistungsfreiheit zu spüren. Abhilfe könnte hier nur die schrittweise angestrebte vollständige Vereinheitlichung der Rechtsregeln und ihrer Anwendung schaffen (s. Rn 6 f). Über die aktuellen Entwicklungen informiert die EU-Kommission in einem jährlichen European Financial Stability and Integration Report (**EFSIR**).[51]

III. Europäische Einrichtungen im Finanzdienstleistungsbereich

1. Europäische Zentralbank[52]

Das Europäische System der Zentralbanken (ESZB; eingehend *Gaitanides/Hettinger*, § 31, Rn 7 ff), bestehend aus der Europäischen Zentralbank (EZB) und den nationalen Zentralbanken (Art. 282 Abs. 1 AEUV), hat nach Art. 127 Abs. 5 AEUV u.a. die Aufgabe, zur reibungslosen Durchführung der von den zuständigen Behörden auf dem Gebiet der Aufsicht über die Kreditinstitute und der Stabilität des Finanzsystems ergriffenen Maßnahmen beizutragen. Hierzu können der EZB vom Rat der EU nach Anhörung des Europäischen Parlaments und der EZB gemäß Art. 127 Abs. 6 AEUV besondere Aufgaben im Zusammenhang mit der Aufsicht über Kreditinstitute und sonstige Finanzinstitute mit Ausnahme von Versicherungsunternehmen übertragen werden. Von dieser Kompetenz hat der Rat im Nachgang zur jüngsten Finanzkrise Gebrauch gemacht und der EZB zunächst eine Schlüsselrolle in der makroprudentiellen Aufsicht des europäischen Finanzsystems eingeräumt (VO (EU) Nr. 1096/2010).[53] So ist die EZB auch personell auf verschiedenen Stufen mit dem **Europäischen Ausschuss für Systemrisiken** (European Systemic Risk Board, ESRB, Rn 11) verbunden (VO (EU) Nr. 1096/2010). Zur Stabilisierung des Finanzsystems kann das ESZB nach Maßgabe des sog. OMT-Beschl.[54] zudem Staatsanleihen ankaufen.[55] Gemeinsam mit der EU-Kommission erstattet die EZB den jährlichen Bericht zur Europäischen Finanzmarktstabilität und -integration (EFSIR). Schließlich hat der Rat der EZB gemäß Art. 127 Abs. 6 AEUV mit der VO (EU) Nr. 1024/2013 die zentrale Rolle im einheitlichen Aufsichtsmechanismus (**SSM**) zugewiesen (Rn 7). Die Wahrnehmung der neuen Aufsichtsfunktionen ab November 2014 ist dabei von den traditionellen geldpolitischen Aufgaben durch die Schaffung eines insb. auch personell eigenständigen Aufsichtsgremiums zu trennen (Art. 25 f VO (EU) Nr. 1024/2013). Zur Sicherstellung dieser namentlich in Krisenzeiten nicht einfach durchzuhaltenden wichtigen Trennung hat die EZB eine Schlichtungsstelle einzurichten. 10

2. Europäisches Finanzaufsichtssystem (ESFS)[56]

Zum 1.1.2011 wurde das European System of Financial Supervision (ESFS) eingerichtet. Es soll als Antwort auf die im Zuge der vorangegangenen Finanzkrise festgestellten Schwachstellen der europäischen Finanzdienstleistungsaufsicht die angemessene Anwendung der für den Finanzsektor geltenden Vorschriften gewährleisten (s. jeweils Art. 2 Abs. 2 VO (EU) Nr. 1093, 1094 und 1095/2010). Das ESFS besteht zunächst auf Ebene der **Makroaufsicht** (dazu VO (EU) Nr. 1092/2010 und VO (EU) Nr. 1096/2010) aus dem bei der EZB (Rn 10) angesiedelten unabhängigen Europäischen Ausschuss für Systemrisiken (European Systemic Risk Board, **ESRB**, Frankfurt/M).[57] Aufgabe des nicht mit einer eigenen Rechtspersönlichkeit ausgestatteten ESRB ist es, die Risiken aller Institute, Märkte, Marktinfrastrukturen und Produkte im Finanzbereich für die Stabi- 11

51 Bis 2007 Financial Integration Monitor und Single Market in Financial Services Progress Report; bis 2009 European Financial Integration Report.

52 *Athanassiou*, in: Jung/Schwarze (Hrsg.), Finanzmarktregulierung in der Krise, S. 71 ff; krit. *Ladler*, GPR 2013, 328 ff; *Peters*, WM 2014, 396 ff und *U. H. Schneider*, EuZW 2013, 452 ff.

53 *Mayer*, ZBB 2011, 25 ff.

54 Beschluss des EZB-Rates v. 6.9.2012 über Technical features of Outright Monetary Transactions.

55 Zur fehlenden unmittelbaren Betroffenheit der gegen den Ankauf klagenden EU-Bürger EuG T-492/12 EuZW 2014, 156; s. auch noch den Vorlagebeschl. des BVerfG zum OMT-Beschl. (BVerfG 2 BvR 2728/13 v. 14.1.2014 EuZW 2014, 192; dazu *Herrmann*, EuZW 2014, 161 f).

56 *Naumann*, IRZ 2014, 45 ff; *Walla*, BKR 2012, 265 ff; *Fischer-Appelt*, Law and Financial Markets Review 2011, 21 ff; *Lehmann/Manger-Nestler*, EuZW 2010, 87 ff; *dies.*, ZBB 2014, 2 ff; *Lembke*, Eine Aufsichtsbehörde für den europäischen Kapitalmarkt, Frankfurt/M, 2010; *Sonder*, BKR 2012, 8 ff.

57 Näher *Kaufhold*, WM 2013, 1877 ff.

lität des gesamten Finanzsystems zu überwachen, zu bewerten und vor ihnen zu warnen (Art. 3 iVm Art. 2 lit. b VO (EU) Nr. 1092/2010 und VO (EU) Nr. 1096/2010). Der ESRB hat eine primär beratende Funktion, wobei er auch an die Adresse der Mitgliedstaaten, der ESA (Rn 12) oder der nationalen Aufsichtsbehörden vertrauliche allg. oder spezifische Warnungen bzw konkrete Empfehlungen mit einem zeitlichen Rahmen für die zu treffenden politischen Maßnahmen abgeben kann (Art. 16 VO (EU) Nr. 1092/2010). Die konkrete Umsetzung bzw die Nichtumsetzung von Empfehlungen haben die Adressaten gegenüber dem ESRB und dem Rates zu begründen („comply or explain"). Nach vorgängiger Anhörung des Rates kann der Verwaltungsrat des ESRB mit einer Zweidrittelmehrheit Warnungen und Empfehlungen auch veröffentlichen (Art. 18 VO (EU) Nr. 1092/2010).

12 Auf Ebene der **Mikroaufsicht** über einzelne Finanzdienstleistungsunternehmen besteht der ESFS nach Art. 1 Abs. 3 VO (EU) Nr. 1092/2010 nebst den **Aufsichtsbehörden der Mitgliedstaaten** (Art. 1 Abs. 3 lit. f VO (EU) Nr. 1092/2010) aus drei selbständigen europäischen Finanzaufsichtsbehörden (European Supervisory Authorities, **ESA**), dh der Europäischen Bankaufsichtsbehörde (**EBA**, London; VO (EU) Nr. 1093/2010), der Europäischen Wertpapier- und Marktaufsichtsbehörde (**ESMA**, Paris; VO (EU) Nr. 1095/2010) und der Europäischen Aufsichtsbehörde für das Versicherungswesen und die betriebliche Altersversorgung (**EIOPA**, Frankfurt/M.; VO (EU) Nr. 1094/2010). Die ESA ersetzen die im Rahmen der Stufe 3 des vierstufigen Lamfalussy-Prozesses (Rn 3) errichteten drei Fachausschüsse, namentlich den Europäischen Bankenausschuss (European Banking Committee/EBC), den Europäischen Wertpapierausschuss (European Securities Committee/ESC) und den Europäischen Ausschuss für das Versicherungswesen und die betriebliche Altersversorgung (European Insurance and Occupational Pensions Committee/EIOPC) (hierzu mwN § 20 Rn 8 f der Voraufl.). Die **Aufgaben der drei ESA** (Übersicht in Art. 8 ESA-VO (EU) Nr. 1093-1095/2010) bestehen insb. darin, der Kommission Vorschläge für technische Regulierungs- und Durchführungsstandards zu unterbreiten (Art. 10 ff), die kohärente, effiziente und wirksame Anwendung des EU-Aufsichtsrechts zu gewährleisten (Art. 8 Abs. 1 lit. b, Art. 21; s. auch Rn 6), an Behörden und Institute gerichtete Leitlinien und Empfehlungen („comply or explain") auszuarbeiten (Art. 16; s. auch Rn 6), vergleichende Analysen (sog. Peer-Reviews) zu erstellen (Art. 8 Abs. 1 lit. e), den Verbraucherschutz zu fördern (Art. 9), zum effizienten, wirksamen und kohärenten Funktionieren der Aufsichtskollegien (zu diesen s. Art. 116 RL 2013/36/EU) beizutragen (Art. 21) sowie auch Meinungsstreitigkeiten zwischen den nationalen Aufsichtsbehörden verbindlich zu entscheiden (s. Art. 8 Abs. 1 lit. b, Art. 19). Die gegenseitige Information der drei ESA, die sektorübergreifende Abstimmung insb. in Bezug auf Finanzkonglomerate, Rechnungslegung, Rechnungsprüfung, Geldwäsche und Anlageprodukte für Kleinanleger sowie die Beilegung von sektorübergreifenden Meinungsverschiedenheiten zwischen den zuständigen Behörden erfolgt über den **Gemeinsamen Ausschuss der Europäischen Aufsichtsbehörden** (Joint Committee of the European Supervisory Authorities, Art. 1 Abs. 3 lit. e VO (EU) Nr. 1092/2010 sowie Art. 20, 22 Abs. 5, 32 Abs. 4, 54 ff VO (EU) Nr. 1093-1095/2010). Als weitere gemeinsame Einrichtung der drei ESA besteht zudem ein **Beschwerdeausschuss** (Board of Appeal of the European Supervisory Authorities).

3. Europäischer Stabilitätsmechanismus (ESM)[58]

13 Der Europäische Stabilitätsmechanismus (European Stability Mechanism, ESM) ist eine von der Steuer und der Finanzaufsicht befreite und mit voller Rechtspersönlichkeit ausgestattete internationale **Finanzinstitution** mit Sitz in Luxemburg (Art. 1 Abs. 1, 31 Abs. 1, 32 Abs. 1, 36 ESM-Vertrag).[59] Nach Art. 3 Abs. 1 ESM-Vertrag soll der ESM Finanzmittel mobilisieren, um ESM-Mit-

58 *Bark/Gilles*, EuZW 2013, 367 ff; *Calliess*, NVwZ 2013, 97 ff; *Kube*, WM 2013, 57 ff; *Kube/Reimer*, NJW 2010, 1911 ff.

59 Die gesetzlichen Grundlagen und Guidelines sind auf der Webseite des ESM abrufbar (http://www.esm.europa.eu/about/legal-documents/index.htm).

gliedstaaten,[60] die schwerwiegende Finanzierungsprobleme haben oder denen solche drohen, unter strikten, dem gewählten Finanzhilfeinstrument angemessenen Auflagen (Art. 12 f ESM-Vertrag) eine **Stabilitätshilfe** (notfalls auch eine vorsorgliche Finanzhilfe nach Art. 14 ESM-Vertrag) in Form von günstigen Krediten oder Bürgschaften (auch sog. Haftungsgarantien) bereitzustellen, wenn dies zur Wahrung der Finanzstabilität des Euro-Währungsgebiets insgesamt und seiner Mitgliedstaaten unabdingbar ist. Der ESM hat seine Arbeit am 8.10.2012 aufgenommen und mit Wirkung vom 1.7.2013 den in der Eurokrise 2010 zunächst provisorisch errichteten Europäischen Finanzstabilisierungsmechanismus (EFSM) und die zu diesem gehörende Europäische Finanzstabilisierungsfazilität (EFSF) abgelöst, die seither nur noch Altfälle abwickeln.

Grundlage des ESM ist der am 23.1.2012 von den Finanzministern der Euro-Mitgliedstaaten beschlossene und am 2.2.2012 von deren EU-Botschaftern unterzeichnete **ESM-Vertrag**, der nach Erfüllung von Auflagen des BVerfG[61] am 27.9.2012 von Deutschland ratifiziert wurde und in Kraft trat.[62] Die hierzu ebenfalls erforderliche und vom EuGH[63] gutgeheißene Erweiterung von Art. 136 AEUV erfolgte durch Beschl. des Europäischen Rates vom 25.3.2011.[64] Flankiert wird der ESM-Vertrag zudem durch den Vertrag über die Stabilität, Koordinierung und Steuerung in der Wirtschafts- und Währungsunion (**SKS-Vertrag**), durch den nach Art. 1 die wirtschaftliche Säule der Wirtschafts- und Währungsunion mit Hilfe von Vorschriften zur Haushaltsdisziplin (sog. Fiskalpakt) und zur Koordinierung der Wirtschaftspolitiken (sog. Pakt für nachhaltiges Wachstum, Beschäftigung, Wettbewerbsfähigkeit und sozialen Zusammenhalt) gestärkt werden soll. In Teilen (Art. 12 f) gilt der am 2.3.2012 von den damaligen EU-Mitgliedstaaten mit Ausnahme Großbritanniens und Tschechiens unterzeichnete und zum 1.1.2013 in Kraft getretene SKS-Vertrag auch für Mitgliedstaaten, die nicht der Eurozone angehören bzw für die eine Ausnahmeregelung iSv Art. 139 Abs. 1 AEUV oder eine Freistellung gemäß dem den Verträgen zur Europäischen Union beigefügten Protokoll (Nr. 16) zur Anwendung kommt (Art. 14 Abs. 4 SKS-Vertrag). Die Zustimmung des betroffenen Staats zum SKS-Vertrag ist Bedingung für eine Hilfeleistung durch den ESM. 14

Finanziell basiert der ESM im Gegensatz zur EFSF nicht mehr nur auf Garantien, sondern verfügt über ein genehmigtes Stammkapital von 700 Mrd. Euro, von denen bei einem deutschen Anteil von gut 27 % 80 Mrd. Euro eingezahlt und 620 Mrd. Euro als Garantien geleistet wurden (Art. 8 ESM-Vertrag mit Anh. I). Zur Erfüllung seiner Aufgaben kann der ESM auch Kapital aufnehmen (Art. 21 ESM-Vertrag). Das anfängliche maximale Darlehensvolumen des ESM beträgt 500 Mrd. EUR einschließlich der ausstehenden EFSF-Stabilitätshilfe (Art. 39 ESM-Vertrag). Es wird eine enge fachliche und finanzielle Zusammenarbeit mit dem IWF angestrebt (Erwägungsgrund 8 ESM-Vertrag). Billigt der Gouverneursrat des ESM (Art. 5 ESM-Vertrag) das **Stabilitätshilfeersuchen** eines ESM-Mitgliedstaats im Grundsatz, beauftragt dieser die EU-Kommission damit, im Benehmen mit der EZB und nach Möglichkeit unter Mitwirkung des IWF mit dem betroffenen ESM-Mitgliedstaat ein Memorandum of Understanding (**MoU**) über die mit der Hilfe verbundenen Auflagen auszuhandeln und zusammen mit einer Vereinbarung über Art, Umfang und Konditionen der gewährten Finanzhilfefazilität nach Zustimmung durch den Gouverneursrat im Namen des ESM zu unterzeichnen (Art. 13 ESM-Vertrag). 15

4. Beratende Gremien und Ausschüsse im Gesetzgebungsverfahren

In den letzten Jahren wurden immer wieder Gremien zur fachlichen **Beratung** der EU-Kommission in rechtlichen und wirtschaftlichen Fragen sowie zur **Einbindung von Interessengruppen** dauerhaft oder ad hoc eingerichtet. So lässt sich die EU-Kommission zB in Fragen von Clearing und Abrech- 16

---

60 Nach Art. 15 ESM-Vertrag kann dem Mitgliedstaat die Hilfe auch zum Zwecke der Rekapitalisierung von Finanzinstituten gewährt werden.

61 BVerfG v. 7.9.2011 BVerfGE 129, 124 ff.

62 Anträge auf Erlass einer einstweiligen Anordnung zur Verhinderung der Ratifikation hatte das BVerfG zuvor abgelehnt (BVerfG, v. 12.9.2012, WM 2012, 1812 ff.); zur endg. Abweisung der gegen den ESM und den Fiskalpakt geltend gemachten Bedenken s. BVerfG, 2 BVR 1390/12, v. 18.3.2014 NJW 2014, 1505.

63 EuGH, Rs. C-370/12 (Pringle), NJW 2013, 29.

64 Beschluss des Europäischen Rates 2011/199/EU, ABl. L 91 v. 6.4.2011, S. 1 f.

nung (v. a. Beseitigung der sog. Giovannini-Barrieren, Rn 71 mit Fn 298) von der Sachverständigengruppe für Clearing und Abrechnung (Giovannini-Gruppe, CESAME 2004-2008; **CESAME II** seit 2008) beraten.[65] Im Bereich des Zahlungsverkehrs übernimmt diese Aufgabe der Europäische Zahlungsverkehrsausschuss (European Payments Council, **EPC**) nach Art. 85 I RL 2007/64/EG. Zur Einbindung der Dienstleistungsnehmer und Verbraucher in das Rechtssetzungsverfahren hat die EU-Kommission zudem die Financial Services User Group (**FSUG**) eingerichtet (vormals FIN-USE-Forum und FSCG). Ferner besteht beim Rat ein gesonderter Ausschuss für Finanzdienstleistungen (**FSC**), während im Europäischen Parlament allg. der Wirtschafts- und Sozialausschuss (**EWSA**) zuständig ist. Schließlich werden je nach Bedarf weitere **Ad-hoc-Gremien** wie etwa im Oktober 2008 die sog. de Larosière-Gruppe (Rn 5) eingerichtet.

5. Institutionen der außergerichtlichen Streitschlichtung

17 Als Maßnahme insb. des Verbraucherschutzes fördert die EU seit längerem die Einrichtung von Institutionen der außergerichtlichen Streitbeilegung.[66] Dies gilt auch für neuere EU-Richtlinien im Finanzdienstleistungsbereich.[67] So bestehen inzwischen in allen EWR-Staaten Einrichtungen zur außergerichtlichen Streitschlichtung im Finanzdienstleistungssektor.[68] Am 1.2.2001 hat die EU-Kommission zudem das Cross-border Out-of-Court Complaints Network for Financial Services (**FIN-NET**)[69] gegründet. Es handelt sich um einen Zusammenschluss von derzeit 56 Einrichtungen der außergerichtlichen Streitbeilegung im Finanzsektor bzw Verbraucherschutzbereich aus 24 verschiedenen EWR-Mitgliedstaaten. Zur Unterstützung von Verbrauchern bei grenzüberschreitenden Streitigkeiten sollen über das Netzwerk Informationen bereitgestellt und Mindeststandards[70] in der außergerichtlichen Streitbeilegung gesichert werden. Von besonderem Interesse für Verbraucher ist die Möglichkeit, in jedem Fall eine Beschwerde in der eigenen Sprache bei der im eigenen Land zuständigen Streitbeilegungseinrichtung einzureichen, die sich dann um die weitere Bearbeitung der Beschwerde durch die zuständige Stelle kümmert.[71]

18 Mit der **ADR-RL 2013/11/EU** soll die alternative Streitbeilegung,[72] wie sie etwa im Rahmen des FIN-NET erfolgt, durch eine Mindestharmonisierung der bis Juli 2015 umzusetzenden Anforderungen an die Zulassung von Streitschlichtern bzw Streitbeilegungsstellen (Kompetenzen, Unabhängigkeit, Transparenz), die Ernennung von Streitschlichtern (Ernennung durch einen paritätisch aus Vertretern von Verbraucherverbänden und des Unternehmers zusammengesetztes Gremium) und Regelungen zum Verfahren (Einfachheit, Abschluss möglichst innerhalb von 90 Tagen, möglichst Kostenfreiheit) weiter gestärkt werden (Erwägungsgründe 4, 7 und 53).[73] Die **ODR-VO (EU) Nr. 524/2013** ergänzt die ADR-RL, indem die EU-Kommission ermächtigt wird, bis Januar 2016

65 KOM(2004) 312 endg.

66 S. dazu nur das 1. Verbraucherschutzprogramm v. 14.4.1975, ABl. C 92 v. 25.4.1975, S. 2, Tz. 33; die aktuelle Verbraucherpolitische Strategie der EU (2007–2013) v. 30.3.2007, KOM(2007) 99 endg./2, ABl. C 166 v. 20.7.2007, S. 1, Ziff. 5.3. sowie die Empfehlung der Kommission 98/257 v. 30.3.1998 betreffend die Grundsätze für Einrichtungen, die für die außergerichtliche Streitbeilegung von Verbraucherrechtsstreitigkeiten zuständig sind, ABl. L 115 v. 17.4.1998, S. 31 ff, und die Empfehlung über die Grundsätze für an der einvernehmlichen Beilegung von Verbraucherstreitigkeiten beteiligte außergerichtliche Einrichtungen, ABl. L 109 v. 19.4.2001, S. 56 ff.

67 S. etwa Art. 14 RL 2002/65/EG und (bis 2.1.2017) Art. 53 RL 2004/39/EG (Pflicht der Mitgliedstaaten zur Förderung) und Art. 83 RL 2007/64/EG sowie (ab 3.1.2017) Art. 75 RL 2014/65/EU (Pflicht der Mitgliedstaaten zur Sicherstellung der Einrichtung).

68 S. zum durch AGB-Vereinbarung vorgeschalteten kostenfreien Ombudsmann-Verfahren zur internen Konfliktbereinigung nach der Verfahrensordnung für die Schlichtung von Kundenbeschwerden im deutschen Bankgewerbe (abgedruckt in *Derleder/Knops/Bamberger* (Hrsg.), Hdb zum dt. und europ. BankR, 2. Aufl. 2009, § 66, Rn 73) etwa *Brömmelmeyer*, WM 2012, 337 ff; *Scherpe*, Außergerichtliche Streitbeilegung in Verbrauchersachen, 2002; *ders.*, WM 2001, 2321 ff; *Steuer*, Die Bank 2002, 460 ff und *v. Hippel*, Der Ombudsmann im Banken- und Versicherungswesen, 2000.

69 Nähere Informationen unter http://ec.europa.eu/internal_market/fin-net/index_en.htm.

70 S. dazu auch Rn 18.

71 S. dazu auch Art. 14 Abs. 2 und den Erwägungsgrund 28 RL 2002/65/EG.

72 Zu ADR und ODR *Meller-Hannich/Höland/Krausbeck*, ZEuP 2014, 8 ff.

73 S. dazu auch bereits die Kommissionsempfehlung 98/257/EG v. 30.3.1998, ABl. L 115 v. 17.4.1998, S. 31.

eine Online-Anlaufstelle für Streitigkeiten einzurichten (sog. Online-Streitbeilegungsplattform, OS-Plattform; Art. 5), über welche Streitfälle an die für die außergerichtliche Streitbeilegung zuständige Stelle (AS-Stelle) weiterleitet werden (Art. 10). Auch jeder Mitgliedstaat hat eine OS-Kontaktstelle zu benennen (Art. 7).

IV. Das europäische Recht der Finanzdienstleistungen im internationalen Kontext[74]

Auf die internationalen Bezüge des europäischen Finanzdienstleistungsrechts kann aus Platzgründen nur kurz hingewiesen werden. Bedeutung für die EU-Rechtsetzung haben zunächst das General Agreement on Trade in Services (**GATS**)[75] mit den integral dazugehörigen (Art. XXIX GATS) Anhängen über Finanzdienstleistungen, dem 5. Protokoll v. 27.2.1998 über Finanzdienstleistungen[76] sowie den sektorspezifischen Listen der einzelnen Mitgliedstaaten zum Marktzugang und zur Inländerbehandlung (Art. XVI Abs. 1 iVm XX GATS)[77] bzw zu Ausnahmen von der Meistbegünstigungsverpflichtung (Art. II Abs. 2 GATS) und Ministererklärungen über weitere Arbeitsprogramme. Auch die EU ist neben ihren Mitgliedstaaten[78] Mitglied dieses multilateralen Abkommens des GATT/WTO-Vertragssystems.[79] Sachlich betrifft das GATS nicht nur grenzüberschreitende Dienstleistungen, sondern auch die Geschäftstätigkeit von Tochtergesellschaften, Auslandsniederlassungen und Repräsentanzen eines Dienstleistungsunternehmens. Private Rechtssubjekte können sich nicht unmittelbar auf das Abkommen berufen, da es noch der Umsetzung durch nationale bzw sekundärrechtliche Regelungen bedarf.[80] 19

Aufgrund ihres begrenzten Anwendungsbereichs und bestehender Vorbehalte und Ausnahmerechte haben die **OECD-Kodizes**[81] nur eine geringe praktische Bedeutung.[82] Einen starken Einfluss auf die Rechtsetzung der EU im Finanzdienstleistungsbereich üben hingegen die Empfehlungen des Versicherungsausschusses der OECD und der von der OECD eingerichteten Financial Action Task Force on Money Laundering (**FATF**; Rn 217, 219) aus. Gleiches gilt für die formal nicht bindenden Konkordate und Beschlüsse des bei der Bank für Internationlen Zahlungsausgleich (BIZ) in Basel angesiedelten **Basler Ausschusses für Bankenaufsicht** (Committee on Banking Supervision, BCBS) 20

74 *Barth/Putscher*, Die Bank 1994, 132 ff; *ders.*, Die Bank 1995, 632 ff; *ders.*, Die Bank 1998, 101 ff; *ders.*, ZEuS 2000, 273 ff; *Eckert*, Die Liberalisierung internationaler Finanzdienstleistungen durch das General Agreement on Trade in Services (GATS), 1997; *Hopt*, NZG 2009, 1401 ff; *Leroux*, JWT 2002, 413 ff; *Möschel*, in: Fehl u.a. (Hrsg.), Probleme der internationalen Koordination der Wirtschaftspolitik, 1990, S. 151 ff; *Ohler*, ZEuS 2002, 321 ff; *Panourgias*, Banking Regulation and World Trade Law: GATS, EU and „Prudential" Instititution Building, 2006; *Vahldiek*, BKR 2003, 971 ff; *Werner*, Das WTO-Finanzdienstleistungsabkommen, 1999.

75 BGBl. 1994 II, 1643; generell zum GATS *Weiss*, CMLRev 32 (1995), 1177 ff.

76 Fünftes Protokoll zum Allgemeinen Übereinkommen über den Handel mit Dienstleistungen, BGBl. 1999 II, 312 ff (engl.) bzw 328 ff (dt.); näher zu den Regelungen für den Finanzsektor *Ohler*, ZEuS 2002, 321, 346 ff; *Kokott*, RIW 2000, 401 ff; *Barth*, Die Bank 1994, 132, 133 ff; *ders.*, Die Bank 1998, 101 ff.

77 Für den Bereich der Finanzdienstleistungen besteht insoweit mit dem „Understanding on Commitments in Financial Services" (BGBl. 1994 II, 1675) eine multilateral vereinbarte Ministererklärung, deren Inhalt insgesamt als Mindeststandard in die einzelnen Zugeständnislisten übernommen werden kann und von der EU sowie ihren Mitgliedstaaten auch übernommen wurde; dazu näher *Ohler*, ZEuS 2002, 321, 356 ff.

78 In Deutschland gilt das GATS aufgrund des Gesetzes zu dem Übereinkommen vom 15.4.1994 zur Errichtung der Welthandelsorganisation und zur Änderung anderer Gesetze v. 30.8.1994, BGBl. 1994 II, 1438 ff.

79 S. zu den Grenzen der Abschlusskompetenz der EU (früher EG) EuGH, Gutachten 1/94, Slg 1994, I-5267, Rn 41 ff.

80 *Ohler*, ZEuS 2002, 321, 347; *Vahldiek*, BKR 2003, 971 mit Fn 9.

81 S. dazu die erstmals 1961 veröffentlichten sowie zuletzt 2009 neu herausgebrachten bindenden Liberalisierungskodizes Code of Liberalisation of Capital Movements und Code of Liberalisation of Current Invisible Operations.

82 *Möschel*, in: Fehl (Hrsg.), Probleme, S. 151, 160.

zu den Aufsichtsstandards[83] sowie zur Eigenmittelausstattung und Liquidität (Basel I-III).[84] Das BCBS besteht aus Vertretern der Bankaufsichtsbehörden der weltweit wichtigsten Industrieländer und Bankenmärkte (darunter die neun EU-Mitgliedstaaten B, D, E, F, I, L, NL, S und UK), wobei auch die Kommission als Beobachterin an dessen Arbeiten beteiligt ist. Die EU ist zudem Mitglied in dem aus Anlass der jüngsten Finanzkrise bei der BIZ in Basel neu eingerichteten Financial Stability Board (**FSB**; bis 2009 Financial Stability Forum). Im Versicherungsbereich setzt die **IAIS** mit den Insurance Core Principles wichtige Standards.[85] Schließlich wurden von der Internationalen Handelskammer (**ICC**) Einheitliche Richtlinien und Gebräuche für Dokumenten-Akkreditive (ERA/UCP 600, letzte Revision 2007), Einheitliche Richtlinien für Inkassi (ERI/URC 522, letzte Revision 1995), Einheitliche Richtlinien für Rembourse zwischen Banken unter Dokumenten-Akkreditiven (ERR/URR 525, letzte Revision 1996) und Einheitliche Richtlinien für auf Anfordern zahlbare Garantien (URDG 758, letzte Revision 2010), bei denen es sich um international vorformulierte Allgemeine Geschäftsbedingungen handelt.[86]

B. Die Politiken der Europäischen Union mit besonderem Bezug zum Finanzdienstleistungsrecht

I. Grundfreiheiten[87]

21 Ziel der Freizügigkeitsregelungen im Finanzdienstleistungsbereich ist die Schaffung eines **europäischen Finanzraums,**[88] der aus einem integrierten Wertpapier-, Banken- und Versicherungsmarkt ohne Beschränkungen des Dienstleistungs-, Kapital- und Zahlungsverkehrs besteht (Art. 26 Abs. 2 AEUV). Ein Emittent bzw ein Investor soll an allen europäischen Börsen Wertpapiere platzieren bzw erwerben können. Banken, Wertpapierhäuser und Versicherungen sollen ihre Finanzprodukte grds. überall im Binnenmarkt anbieten können. Die Grundfreiheiten bilden über Art. 50 AEUV, Art. 53 Abs. 1 und Art. 62 AEUV eine wichtige Kompetenzgrundlage für Rechtsangleichungsmaß-

83 Basel Core Principles for Effective Banking Supervision (September 1997); Principles for the Supervision of Banks Foreign Establishments (Mai 1983); Customer due diligence for banks (Oktober 2001) mit Ergänzung „Consolidated KYC Risk Management" (Oktober 2004); Compliance and the compliance function in banks (April 2005); The internal audit function in banks (Juni 2012).

84 *Basel I (1988)*: International Convergence of Capital Measurement and Capital Standards; *Basel II (2004-2009)*: International Convergence of Capital Measurement and Capital Standards – A Revised Framework mit Revisionen und Ergänzungen vom 1.7.2005, 1.10.2007, 1.7.2008, 1.7.2009 und 1.12.2009; *Basel II plus (2009-2011)*: Weiterentwicklung des Basler Eigenkapitalakkords vom 1.6.2004 durch Beschlüsse vom 1.7.2009, 31.12.2010, 20.5.2011 und 1.11.2011; *Basel III (ab 2010)*: A global regulatory framework for more resilient banks and banking systems vom Dezember 2010 in revidierter Fassung vom Juni 2011 (dt. Fassung unter http://www.bis.org/publ/bcbs189_de.pdf) sowie mit ändernden und ergänzenden Beschlüssen vom 25.7.2012 (Capital requirements for bank exposures to central counterparties; dt. Fassung unter http://www.bis.org/publ/bcbs227_de.pdf]), 7.1.2013 (The Liquidity Coverage Ratio and liquidity risk monitoring tools; dt. Fassung unter http://www.bis.org/publ/bcbs238_de.pdf), 17.12.2013 und 12.1.2014 (Liquidity coverage ratio and restricted-use committed liquidity facilities; dt. Fassung unter http://www.bis.org/press/p140112d_de.pdf).

85 Letzte Version der ICP vom 1.10.2011 abrufbar unter http://www.iaisweb.org/ICP-on-line-tool-689.

86 ERA und ERI abgedruckt bei *Baumbach/Hopt* (Hrsg.), Handelsgesetzbuch, 36. Aufl., 2014, Anh. 11 und 12.

87 *Biagosch*, Europäische Dienstleistungsfreiheit und deutsches Versicherungsvertragsrecht, 1991; *Büttiker-Biel*, Die Entwicklung der Kapitalverkehrsfreiheit im Recht der Europäischen Union, Bern, 2012; *Digel*, Die primärrechtlichen Grundlagen des Europäischen Finanzmarktes, 2006; *Dopsch/Wutscher*, EuZW 2014, 729 ff; *Haferkamp*, Die Kapitalverkehrsfreiheit im System der Grundfreiheiten des EG-Vertrags, 2003; *Heimann*, Zwingender Verbraucherschutz und Grundfreiheiten im Bereich der Finanzdienstleistungen, 2005; *v. Hippel*, EuZW 2005, 7 ff; *Kemmerer*, Kapitalverkehrsfreiheit und Drittstaaten, Baden-Baden, 2010; *Körber*, Grundfreiheiten und Privatrecht, 2004; *Kort*, JZ 1996, 132 ff; *Müller*, Kapitalverkehrsfreiheit in der Europäischen Union, 2000; *Ohler*, Europäische Kapital- und Zahlungsverkehrsfreiheit, 2002; *ders.*, ZEuS 2002, 321 ff; *Riesenhuber*, in: Hopt/Veil/Kämmerer (Hrsg.), Kapitalmarktgesetzgebung im Europäischen Binnenmarkt, 2008, 23 ff; *Roth*, VersR 1993, 129; *ders.*, ZEuP 1994, 5 ff; *Schöne*, WM 1989, 873 ff; *Schreiner*, Die Zahlungsverkehrsfreiheit des EG-Vertrages: Rechtsdogmatische Überlegungen anhand der Rechtsprechung des Gerichtshofes der Europäischen Gemeinschaften, Baden-Baden, 2010; *Stünkel*, EG-Grundfreiheiten und Kapitalmärkte, 2005.

88 S. dazu die Mitteilung der Kommission zur Schaffung eines europäischen Finanzraums KOM(87) 550 endg. v. 4.11.1987, Ratsdokument 9510/87, ABl. C 26 v. 1.2.1988, S. 1 BR-Drucks. 509/87 v. 16.11.1987; *Servais*, Ein Europäischer Finanzraum,1995.

nahmen.[89] Sie sind zudem unmittelbar anwendbar und sorgen damit auch dort für die **Verwirklichung des Binnenmarkts**, wo es an sekundärrechtlichen Regelungen fehlt. Inwieweit dies allerdings auch eine unmittelbare Einwirkung auf zwingende und dispositive Privatrechtsnormen sowie die Vertragsfreiheit von Privaten (sog. unmittelbare Drittwirkung) bedingt, ist umstritten.[90] An dieser Stelle kann nur auf die spezifische Bedeutung der Grundfreiheiten für den Finanzdienstleistungssektor hingewiesen werden. Im Übrigen ist auf die detaillierte Darstellung der Grundfreiheiten in diesem Handbuch zu verweisen (*Pache* § 10).

1. Niederlassungsfreiheit

Die Träger von Finanzdienstleistungsunternehmen können ihren Sitz unionsweit grds. frei wählen 22
und verlegen (primäre Niederlassungsfreiheit).[91] Sie können zudem grds. ohne Beschränkungen Agenturen, Zweigniederlassungen oder Tochtergesellschaften gründen und über diese umfassende Dienstleistungen anbieten (sekundäre Niederlassungsfreiheit).[92] Grundsätzlich verboten sind offene und versteckte bzw indirekte Diskriminierungen sowie sonstige Beschränkungen, insb. durch Zulassungsprüfungen, Genehmigungs- und Registrierungserfordernisse, Bedürfnisprüfungen, Quotierungen, staatliche Monopole oder Investitionsgrenzen (dazu *Pache* § 10, Rn 184 ff). Im Sekundärrecht der Finanzdienstleistungen wird die Niederlassungsfreiheit für unselbständige Zweigniederlassungen durch das **Sitzlandprinzip** (Rn 96 ff) verwirklicht und näher ausgestaltet. Auch die Aufhebung der staatlichen Versicherungsmonopole durch Art. 3 RL 92/49/EWG diente der Verwirklichung der Niederlassungsfreiheit. Die verbliebenen **Spartentrennungsgebote** (Rn 111) stellen zwar eine Beschränkung der sekundären Niederlassungsfreiheit dar, sind jedoch aus Gründen des Versichertenschutzes als einem anerkannten Allgemeininteresse gerechtfertigt. Noch ungeklärt ist die Vereinbarkeit des Namensschutzes für Sparkassen nach § 40 KWG mit der Niederlassungs- und Kapitalfreiheit.[93]

2. Dienstleistungsfreiheit

a) Anwendungsbereich

Im EWR ansässige[94] Banken, Wertpapierdienstleister und Versicherungen gehören zu den wirt- 23
schaftlich bedeutsamsten Erbringern von Dienstleistungen iSv Art. 57 AEUV. Ihre Dienstleistungen werden zwar nicht von der allg. Dienstleistungs-RL 2006/123/EG erfasst,[95] bei **zwischenstaatlichen Dienstleistungen**, die nicht mit der Ausübung öffentlicher Gewalt verbunden sind,[96] kommt ihnen jedoch die primärrechtliche Dienstleistungsfreiheit zugute. Das Kriterium der Zwischenstaatlichkeit

89 S. etwa RL 2009/138/EG (Art. 47 Abs. 2, 55 EGV, jetzt Art. 53 Abs. 1, 62 AEUV); RL 2013/36/EU (Art. 53 Abs. 1 AEUV), RL 2004/39/EG bzw ab 3.1.2017 RL 2014/65/EU (Art. 47 Abs. 2 EGV, jetzt Art. 53 Abs. 1 AEUV), RL 2003/41/EG (Art. 47 Abs. 2, 55, 95 Abs. 1 EGV, jetzt Art. 53 Abs. 1, 62, 114 Abs. 1 AEUV), RL 2001/17/EG (Art. 47 Abs. 2, 55 EGV, jetzt Art. 53 Abs. 1, 62 AEUV), RL 89/117/EWG (Art. 54 EGV, jetzt Art. 50 AEUV) und RL 86/635/EWG (Art. 54 Abs. 3 lit. g EGV, jetzt Art. 50 Abs. 2 lit. g AEUV); vgl auch EuGH, Rs. C-233/94 (Deutschland/Parlament und Rat), Slg 1997, I-2405, Rn 10 ff: Bestätigung des Art. 47 Abs. 2 EGV (jetzt Art. 53 Abs. 1 AEUV) als Kompetenzgrundlage für den Erlass der Einlagensicherungs-RL 94/19/EG).

90 S. dazu allg. *Streinz/Leible*, EuZW 2000, 459 und *Körber*, EuR 2000, 932; s. ferner EuGH, Rs. 36/74 (Walrave), Slg 1974, 1405, Rn 16, 19 und EuGH, Rs. 13/76 (Donà), Slg 1976, 1333, Rn 17 f (Bindung von autonomen und kollektiv handelnden Verbänden an die Dienstleistungsfreiheit) sowie *Glaesner*, in: Schwarze (Hrsg.), EU-Kommentar, 3. Aufl., 2012, Art. 63 AEUV, Rn 17 (keine Drittwirkung der Kapitalverkehrsfreiheit zwischen Privaten); für das Versicherungsrecht näher *Roth*, in: Honsell (Hrsg.), VVG Europ. VersR Rn 31 ff.

91 Art. 49 Abs. 1 S. 1 AEUV und Art. 54 AEUV; näher dazu *Schuster/Binder*, WM 2004, 1665 ff und generell zur Freiheit der Sitzverlegung *Jung*, in: Schwarze (Hrsg.), EU-Kommentar, 3. Aufl., 2012, Art. 54 AEUV Rn 27 ff.

92 Art. 49 Abs. 1 S. 2 AEUV und Art. 54 AEUV; s. dazu etwa EuGH, Rs. C-442/02 (CaixaBank France), EuZW 2004, 701, Rn 12 ff (Verbot der Verzinsung von Sichteinlagen durch die Tochtergesellschaft eines in einem anderen Mitgliedstaat niedergelassenen Kreditinstituts als unzulässige Beschränkung der Niederlassungsfreiheit).

93 Dazu näher *Geschwandtner/Bach*, NJW 2007, 129 ff; *Witte/Gregoritza*, WM 2007, 151 ff; vgl auch Art. 19 RL 2013/36/EU.

94 Zum Ansässigkeitserfordernis etwa EuGH, Rs. C-290/04 (Scorpio), Slg 2006, I-9461, Rn 67.

95 Art. 2 II lit. b und Erwägungsgrund 18 Dienstleistungs-RL 2006/123/EG.

96 Auf sie findet die Dienstleistungsfreiheit nach Art. 62 AEUV iVm Art. 51 AEUV (ex-Art. 45 EGV) grds. keine Anwendung.

ist erfüllt, wenn der Dienstleister, der Leistungsempfänger oder die Dienstleistung eine mitgliedstaatliche Grenze überschreiten.[97] Zu der zuletzt genannten Konstellation kommt es insb. bei sog. Korrespondenzdienstleistungen, aber auch dann, wenn der Leistungserbringer und der Leistungsempfänger zwar im selben Mitgliedstaat ansässig sind, die Dienstleistung jedoch in einem anderen Mitgliedstaat erbracht wird.[98] Bei der Erbringung von Finanzdienstleistungen kann es auch zu **Überschneidungen mit anderen Grundfreiheiten** kommen. Während der eigentliche Geschäftsabschluss und der Werteübertrag der Kapitalverkehrsfreiheit (zB Kreditvalutierung,[99] Abschluss einer Lebensversicherung) bzw der Zahlungsverkehrsfreiheit (zB Zinszahlungen) zuzurechnen sind (Rn 29 ff), unterfallen die in diesem Zusammenhang erbrachten Beratungs-, Betreuungs-, Verwahrungs- und Verwaltungsleistungen der Dienstleistungsfreiheit nach Art. 56 ff AEUV.[100] So kommt es zur alleinigen Anwendbarkeit der Art. 56 ff AEUV, wenn die Leistungen gerade auch von Nichtfinanzdienstleistern (zB Rechtsanwälten) getrennt von einem Kapitalverkehrsgeschäft erbracht werden können (zB selbständige Analyse und Beratung, reine Schadenversicherungen).[101] Häufig sind die Bestimmungen über den freien Dienstleistungs- sowie den freien Kapital- und Zahlungsverkehr im Finanzsektor jedoch nebeneinander und dann auch gleichrangig anwendbar.[102] Art. 57 Abs. 1 AEUV ist insoweit lediglich als Legaldefinition und nicht als eine die bloß subsidiäre Geltung der Art. 56 ff AEUV anordnende Vorschrift zu verstehen.[103] Zur Anwendung beider Grundfreiheiten kommt es insb. dann, wenn die Dienstleistungs- und Kapitalverkehrselemente eigenständige Bestandteile eines einheitlichen Geschäfts sind[104] und sich die Beschränkung der Kapitalverkehrsfreiheit nicht als eine notwendige Folge aus der vorgängigen Beschränkung der Dienstleistungsfreiheit ergibt.[105] Es setzt sich dann die jeweils restriktivere Regelung zum Schutz der Freizügigkeit durch (**Zwei-Schranken-Theorie**, hierzu auch Rn 39).[106] Dieses Nebeneinander ergibt sich auch aus Art. 58 Abs. 2 AEUV, wonach die Liberalisierung der mit dem Kapitalverkehr verbundenen Dienstleistungen der Banken und Versicherungen im Einklang mit der Liberalisierung des Kapitalverkehrs durchzuführen ist. Mit dieser Kopplung der mit dem Kapitalverkehr verbundenen Finanzdienstleistungen an den jeweils aktuellen Liberalisierungsstand der Kapitalverkehrsfreiheit, der immer noch durch eine abweichende Schrankenregelung gekennzeichnet ist, behält Art. 58 Abs. 2 AEUV auch eine gewisse praktische Bedeutung.[107] Nach der Rechtsprechung des EuGH soll Art. 58 Abs. 2 AEUV umgekehrt auch für die Dienstleistungsfreiheit gelten.[108]

b) Inhalt

24 Die Dienstleistungsfreiheit garantiert den Selbständigen (Staatsangehörige aus Mitgliedstaaten, Gesellschaften iSv Art. 54 AEUV) die möglichst weitgehende Freiheit, grenzüberschreitend Dienst-

---

97 EuGH, Rs. C-384/93 (Alpine Investments), Slg 1995, I-1141, Rn 22, 30; *Kort*, JZ 1996, 132, 133 f.

98 *Ohler*, ZEuS 2002, 321, 326 f nennt als Bsp. eine Überweisung auf ein ausländisches Konto.

99 EuGH, Rs. C-484/93 (Svensson), Slg 1995, I-3955, Rn 10; EuGH, Rs. C-222/95 (Parodi), Slg 1997, I-3899, Rn 17.

100 *Kluth*, in: Calliess/Ruffert (Hrsg.), EUV/AEUV, 4. Aufl., 2011, Art. 56/57 AEUV, Rn 19; *Glaesner*, in: Schwarze (Hrsg.), EU-Kommentar, 3. Aufl., 2012, Art. 63 AEUV, Rn 13 f; zu Beispielen aus der Rspr EuGH, Rs. 15/78 (Société générale de banque alsacienne/Koestler), Slg 1978, 1971, Rn 3; EuGH, Rs. 205/84 (Kommission/Deutschland), Slg 1986, 3755; EuGH, Rs. C-484/93 (Svensson), Slg 1995, I-3955, Rn 11; EuGH, Rs. C-452/04(Fidium Finanz AG), Slg 2006, I-9521, Rn 37 ff.

101 *Ohler*, ZEuS 2002, 321, 333.

102 Eingehend dazu *Ohler*, ZEuS 2002, 321, 330 ff und 336 ff; *Schön*, in: GS Knobbe-Keuk 1997, S. 743, 753; aA *Schöne*, WM 1989, 873 (Subsidiarität der Dienstleistungsfreiheit).

103 *Holoubek*, in: Schwarze (Hrsg.), EU-Kommentar, 3. Aufl., 2012, Art. 56/57 AEUV, Rn 4 ff und 9.

104 *Schön*, in: GS Knobbe-Keuk 1997, S. 743, 754.

105 EuGH, Rs. C-452/04 (Fidium Finanz AG), Slg 2006, I-9521, Rn 49 f.

106 *Ohler*, ZEuS 2002, 321, 332.

107 *Ohler*, ZEuS 2002, 321, 331; krit. hingegen *Schöne*, WM 1989, 873, 874 f und *Bröhmer*, in: Calliess/Ruffert (Hrsg.), EUV/AEUV, 4. Aufl., 2011, Art. 63 AEUV, Rn 32 ff.

108 EuGH, Rs. C-267/86 (Van Eycke), Slg 1988, 4769, Rn 22.

leistungen in einem anderen Mitgliedstaat anzubahnen[109] und zu erbringen, ohne dort eine ständige Niederlassung errichten zu müssen (**positive bzw aktive Dienstleistungsfreiheit**). Damit wird zugleich die Freiheit der Nachfrager geschützt, Dienstleistungen in oder aus einem anderen Mitgliedstaat zu erhalten (**negative bzw passive Dienstleistungsfreiheit**).[110] Das Recht auf Dienstleistungsfreiheit richtet sich damit gegen diskriminierende und alle anderen beschränkenden Maßnahmen, die eine Transaktion unterbinden, behindern oder weniger attraktiv machen und mithin abschreckende Wirkung entfalten.[111] Hierzu gehören insb. Regelungen über die Organisation, Befähigung, Berufspflichten, Kontrolle, Verantwortlichkeit und Haftung. Die Dienstleistungsfreiheit verbietet nicht nur Diskriminierungen und Beschränkungen des Aufnahmestaats, sondern auch solche des Herkunftsstaats.[112]

Es ist fraglich und umstritten, ob und wie der **Gedanke der Keck-Rechtsprechung** zur Warenverkehrsfreiheit auch auf die Dienstleistungsfreiheit übertragen werden kann.[113] Der EuGH hat sich hierzu bislang nicht ausdrücklich geäußert und in problematischen Fällen jedenfalls eine Beschränkung der Dienstleistungsfreiheit angenommen.[114] Im Falle einer Übertragung, für die die Konvergenz der Grundfreiheitendogmatik spräche, wären alle Regelungen von **Dienstleistungsmodalitäten**, die die Erbringung von Dienstleistungen durch Inländer und Ausländer im Inland rechtlich wie tatsächlich in der gleichen Weise berühren und daher den Marktzugang nicht beeinträchtigen, nicht als Beschränkungen der Dienstleistungsfreiheit anzusehen.[115] Mit dieser Differenzierung wäre die bei Dienstleistungen noch schwieriger zu beantwortende Frage aufgeworfen, was im Einzelfall unter beschränkenden Regelungen des Dienstleistungsprodukts und was unter nicht beschränkenden Regelungen des Dienstleistungsvertriebs verstanden werden müsste. Zu den produktbezogenen Vorschriften wären hier nicht nur die auf den Vertragsinhalt bezogenen Vorschriften, sondern auch die bestimmte Verhaltensweisen vorschreibenden Regelungen (zB Aufklärungspflichten, Wohlverhaltensregeln) zu zählen. Zu den vertriebsbezogenen Regelungen dürften etwa die Regelungen zum Fernabsatz oder zum Haustürvertrieb von Finanzdienstleistungsprodukten sowie die allg. Rahmenbedingungen der Tätigkeit (zB Arbeits- und Sozialrecht) gehören. 25

Nicht diskriminierende Beschränkungen der Dienstleistungsfreiheit sind zudem dann zulässig, wenn sie aus zwingenden Gründen des **Allgemeinwohls erforderlich** sind.[116] Gründe des Allgemeinwohls sind insb. der Verbraucher- und Anlegerschutz sowie soziale und steuerliche Belange, denen nicht bereits hinreichend durch entspr. Regelungen im Herkunftsmitgliedstaat Rechnung getragen 26

---

109 Nach EuGH, Rs. C-384/93 (Alpine Investments), Slg 1995, I-1141, Rn 19 wird bereits die Anbahnung einer Dienstleistung, insb. das Angebot auf Abschluss eines Vertrags über die Erbringung einer Dienstleistung (in casu: Warentermingeschäfte), von der Dienstleistungsfreiheit erfasst.

110 EuGH, Rs. C-451/99 (Cura Anlagenbau GmbH), Slg 2002, I-3193, Rn 37 (Erfordernis einer inländischen Zulassung beim Leasing eines in einem anderen Mitgliedstaat zugelassenen Kraftfahrzeugs); *Zäch*, Grundzüge des Europ. Wirtschaftsrechts, 2. Aufl. 2005, Rn 451.

111 EuGH, Rs. C-222/95 (Parodi), Slg 1997, I-3899, Rn 18; EuGH, Rs. 205/84 (Kommission/Deutschland), Slg 1986, 3755, Rn 25; EuGH, Rs C-355/00 (Dimosio), Slg 2003, I-5263, Rn 63.

112 EuGH, Rs. C-384/93 (Alpine Investments), Slg 1995, I-1141, Rn 30.

113 Befürwortend *Roth*, in: Honsell (Hrsg.), VVG Europ. VersR, Rn 22 ff; *Feiden*, Die Bedeutung der „Keck"-Rechtsprechung im System der Grundfreiheiten, 2003, S. 146 ff; ablehnend unter Hinweis auf entsprechende Tendenzen in der Rechtsprechung *Holoubek*, in: Schwarze (Hrsg.), EU-Kommentar, 3. Aufl., 2012, Art. 56/57 AEUV, Rn 73 und *Tiedje/Troberg*, in: v. d. Groeben/Schwarze (Hrsg.), Art. 49 EGV, Rn 102 (anders noch die Voraufl.).

114 EuGH, Rs. C-384/93 (Alpine Investments), Slg 1995, I-1141, Rn 39.

115 Vgl dazu EuGH, Rs. C-384/93 (Alpine Investments), Slg 1995, I-1141, Rn 33 ff; *Kort*, JZ 1996, 132, 136 f.

116 Für den Bereich der Finanzdienstleistungen EuGH, Rs. C-384/93 (Alpine Investments), Slg 1995, I-1141, Rn 40 ff und EuGH, Rs. 205/84 (Kommission gegen Deutschland), Slg 1986, 3755, Rn 27 sowie EuGH, Rs. C-265/12 (Citroën Belux NV), WM 2013, 2145 ff; s. dazu auch die Mitteilung der Kommission v. 20.6.1997 zu Auslegungsfragen über den freien Dienstleistungsverkehr und das Allgemeininteresse in der Zweiten Bankenrichtlinie (ABl. C 209 v. 10.7.1997, S. 6) und die Mitteilung der Kommission v. 2.2.2000 zu Auslegungsfragen – Freier Dienstleistungsverkehr und Allgemeininteresse im Versicherungswesen (ABl. C 43 v. 16.2.2000, S. 5); zur Unvereinbarkeit des die Schiedsfähigkeit im Bereich der Wertpapiergeschäfte stark einschränkenden § 37 h WpHG mit der Dienstleistungsfreiheit *Jordans*, EuZW 2007, 655 ff.

wird.[117] Auch die Bekämpfung der Geldwäsche und der Terrorismusfinanzierung ist ein tauglicher Grund des Allgemeinwohls.[118] Fraglich ist, ob der Herkunftsstaat mit seinen Regelungen dabei auch Belange des Tätigkeitsstaats wie namentlich ausländische Verbraucherinteressen schützen kann oder nicht.[119] Möglich ist ihm dies jedenfalls dann, wenn die Regelung dabei zugleich auch innerstaatliche Belange wie den guten Ruf des eigenen Finanzdienstleistungssektors schützt.[120] Rein wirtschaftliche Überlegungen wie namentlich der Schutz inländischer Unternehmen sind hingegen keine hinreichenden Allgemeininteressen.[121] Die Maßnahme muss außerdem geeignet sein, die Verwirklichung des mit ihr verfolgten Ziels zu gewährleisten und darf nicht über das hinausgehen, was zur Erreichung dieses Ziels erforderlich ist.[122] In der Praxis werden insb. doppelte Zulassungen und Kontrollen vor dem Hintergrund des Sitzlandprinzips grds. als unverhältnismäßig angesehen.[123] Auch ein Niederlassungserfordernis als Zulässigkeitsvoraussetzung ist als Negation der Dienstleistungsfreiheit überhaupt unzulässig.[124]

c) Rechtfertigung von Eingriffen

27 Offene und versteckte bzw indirekte Diskriminierungen können nach Art. 62 iVm Art. 52 AEUV nur aus Gründen der öffentlichen Ordnung, Sicherheit oder Gesundheit unter Beachtung des Verhältnismäßigkeitsgrundsatzes gerechtfertigt werden.[125]

3. Freiheit des Kapital- und Zahlungsverkehrs

28 Der Freiheit des Kapital- und Zahlungsverkehrs gem. Art. 63 AEUV kommt im Binnenmarkt eine wichtige Funktion zu. Zum einen geht es darum, den Marktakteuren, die überwiegend mit Fremdkapital arbeiten, den unionsweit freien Kapitalzugang zu eröffnen und zum anderen die Grundlagen für die effektive Ausübung der anderen Grundfreiheiten auf der Entgeltseite zu schaffen.

a) Anwendungsbereich

aa) Sachlicher Anwendungsbereich

29 Die **Begriffe** des Kapital- und des Zahlungsverkehrs werden vom AEUV nicht definiert, sondern vorausgesetzt. Nach Ansicht des EuGH[126] werden zum Kapital- und Zahlungsverkehr zumindest die im nicht abschließenden Anh. der RL 88/361/EWG genannten Transaktionen gerechnet.[127] Abstrakt gesehen, ist Kapitalverkehr nach hL jede Werteübertragung in Form von Sach- oder Geldkapital, die nicht Gegenleistung eines Austauschverhältnisses ist und in der Regel zu Investitions-

117 Für den Bereich der Finanzdienstleistungen etwa EuGH, Rs. 205/84 (Kommission gegen Deutschland), Slg 1986, 3755, Rn 40 f (mit Einschränkungen für den damaligen Stand des Gemeinschaftsrechts).

118 EuGH, Rs. C-212/11 (Jyske-Bank Gibraltar Ltd), EuZW 2013, 635 ff.

119 Für eine europaweite Bestimmung des Gemeinwohls *Kort*, JZ 1996, 132, 138 f; aA die hM (dazu nur *Hailbronner/Nachbaur*, EuZW 1992, 105, 110).

120 So EuGH, Rs. C-384/93 (Alpine Investments), Slg 1995, I-1141, Rn 43.

121 Vgl dazu auch Art. 11 RL 2013/36/EU (Kreditinstitute) und Art. 6 VI RL 2002/83/EG (Lebensversicherung) bzw ab 1.1.2016 Art. 22 RL 2009/138/EG.

122 EuGH, Rs. C-452/01 (Ospelt und Schlössle Weissenberg), Slg 2003, I-9743, Rn 34; EuGH, Rs. C-302/97 (Konle) Slg 1999, I-3099, Rn 40.

123 EuGH, verb. Rs. 110 u. 111/78, (van Wesemael) Slg 1979, 35, Tz. 28; EuGH, Rs 279/80 (Webb) Slg 1981, 3305, Rn 17.

124 Für den Bereich der Finanzdienstleistungen etwa EuGH, Rs. 205/84 (Kommission gegen Deutschland), Slg 1986, 3755, Rn 63.

125 Näher dazu *Pache*, § 10, Rn 147.

126 Dazu nur EuGH, verb. Rs. C-515/99, C-519/99 bis C-524/99 und C-526/99 bis 540/99 (Reisch u.a.), Slg 2002, *I-2157, Rn 30*.

127 Genannt werden dort Direktinvestitionen, Grundstücksverkehrsgeschäfte, Wertpapiergeschäfte, Anleihen, Bankgeschäfte, Kreditgeschäfte, Sicherheiten und Garantien, Finanztransaktionen im Zusammenhang mit Versicherungsverträgen, individuellen Zahlungsverkehr, physische Geldtransporte und andere Kapitalbewegungen.

und Anlagezwecken erfolgt.[128] Eine andere Auffassung sieht das Wesen des Kapitalverkehrs in der Begründung und Übertragung von geldwerten Rechten.[129] Der Begriff des Zahlungsverkehrs umfasst alle Zahlungen, die als Entgelt für gelieferte Waren, geleistete Dienste, von veräußerten oder gemieteten Immobilien oder von bereitgestelltem Kapital erfolgen sowie andere physische Transfers von Geld, Schecks, Wechseln oder Wertpapieren.[130] Die Abgrenzung zwischen Kapital- und Zahlungsverkehr ist insofern noch von Bedeutung, als Art. 64 AEUV und Art. 66 AEUV nur den Kapital- und Art. 143 f AEUV nur den Zahlungsverkehr betreffen. Angesichts der schwierigen und umstrittenen Begriffsbestimmungen bereitet auch die **Abgrenzung zu anderen Grundfreiheiten** erhebliche Schwierigkeiten:[131]

Die Übertragung von Geldmünzen, Geldscheinen und Wertpapieren in körperlicher Form unterliegt den Bestimmungen über die **Warenverkehrsfreiheit**, wenn sie ihre Eigenschaft als gesetzliche Zahlungsmittel verloren haben[132] bzw kein Mitgliedschaftsrecht mehr verbriefen.[133] Auch der Handel mit Edelmetallen und Edelsteinen unterfällt auch dann der Warenverkehrsfreiheit, wenn er zu Anlagezwecken erfolgt.[134] 30

Überschneidungen mit der **Arbeitnehmerfreizügigkeit** können sich beim Erwerb von Immobilien ergeben. In Konkretisierung von Art. 45 Abs. 2 AEUV gewährt nämlich Art. 9 der VO (EWG) Nr. 1612/68 dem Wanderarbeitnehmer das Recht auf Gleichbehandlung bei der Wohnraumbeschaffung. Im Übrigen ist ausschließlich die Kapitalverkehrsfreiheit einschlägig. Die Lohn- und Gehaltszahlungen fallen unter die Zahlungsverkehrsfreiheit.[135] 31

Die Regelungen zur **Niederlassungsfreiheit** bzw zur Kapital- und Zahlungsverkehrsfreiheit stehen unter einem wechselseitigen Vorbehalt nach Art. 49 Abs. 2 AEUV bzw Art. 65 Abs. 2 AEUV, so dass es zu einem unbeeinträchtigten Nebeneinander beider Freiheitsgewährleistungen kommen kann.[136] Eine beide Grundfreiheiten betreffende Maßnahme (zB Direktinvestitionen, Erwerb von Wertpapieren) muss daher grds. die Anforderungen beider Grundfreiheiten erfüllen (sog. Zwei-Schranken-Theorie; hierzu auch Rn 23),[137] wobei im Falle des Verstoßes gegen eine der beiden Grundfreiheiten sich die Prüfung am Maßstab der anderen erübrigt.[138] Nur in Fällen, in denen eine Direktinvestition ausschließlich zu Niederlassungszwecken getätigt wird und der Kapitalverkehr eine bloße notwendige Begleiterscheinung der Niederlassung ist, kommt nur das Niederlassungsrecht zur Anwendung (sog. Schwerpunkttheorie).[139] 32

Auch mit der **Dienstleistungsfreiheit** kommt es zu Überschneidungen.[140] Dabei unterfällt nur der eigentliche Geschäftsabschluss und Wertetransfer der Kapitalverkehrsfreiheit (zB Kreditvalutierung, Abschluss einer Lebensversicherung) bzw der Zahlungsverkehrsfreiheit (zB Zinszahlun- 33

128 Dazu nur EuGH, verb. Rs. 286/82 und 26/83 (Luisi und Carbone), Slg 1984, 377, Rn 21; *Schöne*, WM 1989, 873, 874 und *Bröhmer*, in: Calliess/Ruffert (Hrsg.), EUV/AEUV, 4. Aufl., 2011, Art. 63 AEUV Rn 8; krit. *Ohler*, ZEuS 2002, 321, 325 f und (unter Hinweis auf EuGH, Rs. C-364/01 – Erben von H. Barbier, EuZW 2004, 123) *v. Hippel*, EuZW 2005, 7 ff.

129 *Ohler*, ZEuS 2002, 321, 328.

130 Vgl dazu nur EuGH, verb. Rs. 286/82 und 26/83 (Luisi und Carbone), Slg 1984, 377, Rn 21 und *Bröhmer*, in: Calliess/Ruffert (Hrsg.), EUV/AEUV, 4. Aufl., 2011, Art. 63 AEUV, Rn 66.

131 Dazu auch bereits o. Rn 23; ferner etwa *Ohler*, ZEuS 2002, 321, 324 ff; *Schöne*, WM 1989, 873 ff.

132 EuGH, Rs. 7/78 (Thompson), Slg 1978, 2247, Rn 26.

133 *Glaesner*, in: Schwarze (Hrsg.), EU-Kommentar, 3. Aufl., 2012, Art. 63 AEUV, Rn 10.

134 *Glaesner*, in: Schwarze (Hrsg.), EU-Kommentar, 3. Aufl., 2012, Art. 63 AEUV, Rn 10.

135 *Bröhmer*, in: Calliess/Ruffert (Hrsg.), EUV/AEUV, 4. Aufl., 2011, Art. 63 AEUV, Rn 30 f, 66, 69.

136 EuGH, Rs. C-302/97 (Konle), Slg 1999, I-3099, Rn 22; EuGH, Rs. C-452/01 (Ospelt und Schlössle Weissenberg), Slg 2003, I-9743, Rn 24; *Bröhmer*, in: Calliess/Ruffert (Hrsg.), EUV/AEUV, 4. Aufl., 2011, Art. 63 AEUV, Rn 27.

137 Nach Ansicht von *Sedlaczek/Züger*, in: Streinz (Hrsg.), Art. 63 AEUV, Rn 33 mwN setzt sich hingegen mehr und mehr die sog. Ausschließlichkeitstheorie durch.

138 EuGH, Rs. C-367/98 (Kommission/Portugal), Slg 2002, I-4731, Rn 56; EuGH Rs. C-98/01 (Kommission/Vereinigtes Königreich), Slg 2003, I-4641, Rn 52.

139 *Bröhmer*, in: Calliess/Ruffert (Hrsg.), EUV/AEUV, 4. Aufl., 2011, Art. 63 AEUV, Rn 29.

140 Dazu bereits o. Rn 23.

gen).[141] Ergeben sich Beschränkungen der Kapitalverkehrsfreiheit allein als notwendige Folge einer vorgängigen Beschränkung der Dienstleistungsfreiheit, tritt die Kapitalverkehrsfreiheit hinter dieser zurück.[142]

bb) Räumlicher Anwendungsbereich

34 Die Kapital- und Zahlungsverkehrsfreiheit setzt wie die anderen Grundfreiheiten einen grenzüberschreitenden Sachverhalt voraus. Es muss daher zumindest ein Element über die Grenzen eines Mitgliedstaats hinausweisen.[143] Das Verbot von Beschränkungen des Kapital- und Zahlungsverkehrs gilt aber auch für die rechtlichen Regelungen der Mitgliedstaaten gegenüber Drittstaaten. Dieses sog. **„erga omnes"-Prinzip** stellt eine Besonderheit im Recht der Grundfreiheiten dar. Allerdings handelt es sich nur um ein einseitiges und nicht auch um ein gegenseitiges Verbot. Außerdem finden sich in den Art. 64-66 und 75 AEUV zusätzliche Möglichkeiten einer Beschränkung des Zahlungs- und Kapitalverkehrs gegenüber Drittstaaten (Rn 40).

b) Inhalt der Kapital- und Zahlungsverkehrsfreiheit

35 Obwohl dies nicht ausdrücklich in Art. 63 AEUV Erwähnung gefunden hat, verbietet die Vorschrift zunächst alle offenen und indirekten bzw versteckten **Diskriminierungen**. Diskriminierende Regelungen können grds. nur aus vom AEUV anerkannten Gründen gerechtfertigt werden.[144]

36 Auch die Kapital- und Zahlungsverkehrsfreiheit bedingt ein **Beschränkungsverbot.**[145] Damit sind grds. auch alle unterschiedslos für Gebietsansässige wie Gebietsfremde geltenden innerstaatlichen Maßnahmen verboten, die den Zufluss, Abfluss oder Durchfluss von Kapital oder Zahlungsmitteln der Form, dem Wert oder der Menge nach dauerhaft oder zeitweise untersagen, beschränken, behindern oder weniger attraktiv machen.[146] Sofern man auch im Rahmen von Art. 63 AEUV für eine Übernahme der **Grundsätze der Keck-Rechtsprechung** (Rn 25) eintritt, sind alle Regelungen, die Inländer und Ausländer im Inland rechtlich wie tatsächlich in der gleichen Weise berühren und folglich den Marktzugang nicht beeinträchtigen („Modalitäten"), nicht als Beschränkungen der Kapital- und Zahlungsverkehrsfreiheit anzusehen.[147] Hierzu könnte man etwa allgemeine Regelungen des Anlegerschutzes und des Steuerwesens zählen.[148] Gegen das Beschränkungsverbot verstoßen aber etwa Regelungen, die für den Erwerb einer über eine bestimmte Höhe hinausgehenden Beteiligung an bestimmten inländischen Unternehmen das Erfordernis einer behördlichen Genehmigung vorsehen, da sie trotz ihrer unterschiedslosen Geltung auch für Inländer Anleger aus anderen Mitgliedstaaten davon abhalten könnten, in das Kapital dieser Unternehmen zu investieren.[149] Unter das Beschränkungsverbot fallen auch nicht diskriminierende Regelungen, die den Erwerb eines Baugrundstücks von einer vorherigen grundverkehrsrechtlichen Genehmigung abhängig

---

141 *Glaesner*, in: Schwarze (Hrsg.), EU-Kommentar, 3. Aufl., 2012, Art. 63 AEUV, Rn 13.

142 EuGH, Rs. C-452/04(Fidium Finanz AG), Slg 2006, I-9521, Rn 49 f.

143 EuGH, Rs. C-478/98 (Kommission/Belgien), Slg 2000, I-7587, Rn 16.

144 EuGH, Rs. C-302/97 (Konle), Slg 1999, I-3099, Rn 24; fraglich ist, ob darüber hinaus auch (zumindest verdeckte) Diskriminierungen durch ungeregelte zwingende Erfordernisse des Allgemeininteresses gerechtfertigt werden können (vgl dazu im Anwendungsbereich anderer Grundfreiheiten etwa EuGH, Rs. C-379/98 (Preussen Elektra) Slg 2001, I-2099, Rn 72 ff und *Weiß*, EuZW 1999, 493, 497).

145 EuGH, Rs. C-367/98 (Kommission/Portugal), Slg 2002, I-4731, Rn 43 ff; EuGH Rs. C-98/01 (Kommission/Vereinigtes Königreich), Slg 2003, I-4641, Rn 43.

146 EuGH, Rs. C-222/95 (Parodi), Slg 1997, I-3899, Rn 18; *Zäch*, Grundzüge des Europ. Wirtschaftsrechts, 2005, Rn 545.

147 EuGH Rs. C-98/01 (Kommission/Vereinigtes Königreich), Slg 2003, I-4641, Rn 52; vgl auch zur Dienstleistungsfreiheit EuGH, Rs. C-384/93 (Alpine Investments), Slg 1995, I-1141, Rn 33 ff.

148 *Bröhmer*, in: Calliess/Ruffert (Hrsg.), EUV/AEUV, 4. Aufl., 2011, Art. 63 AEUV, Rn 58, 62.

149 EuGH, Rs C-367/98 (Kommission/Portugal), Slg 2002, I-4731, Tz. 45.

machen,[150] den Erwerb von Gesellschaftsanteilen in der Höhe beschränken[151] oder Inländern den Erwerb von Papieren einer Auslandsanleihe untersagen.[152]

Wie bei den anderen Grundfreiheiten sind auch im Anwendungsbereich der Kapital- und Zahlungsverkehrsfreiheit **ungeschriebene Einschränkungen des Tatbestands** von Art. 63 AEUV anerkannt. Beschränkungen sind danach dann ausnahmsweise zulässig, wenn sie einem im Allgemeininteresse liegenden Ziel dienen, in nicht diskriminierender Weise angewandt werden, und den Grundsatz der Verhältnismäßigkeit (Geeignetheit und Erforderlichkeit) beachten.[153] Als anerkennenswerte Allgemeininteressen wurden etwa der Schutz des Vertrauens der Kapitalanleger in die nationalen Kapitalmärkte,[154] Aspekte der Raumplanung,[155] die Verhinderung des Austauschs strategischer Informationen und von Wettbewerbsverzerrungen im Energiesektor[156] oder die Erhaltung der landwirtschaftlichen Bevölkerung[157] betrachtet. Rein finanzielle Interessen sind hingegen kein Rechtfertigungsgrund.[158] 37

c) Rechtfertigung von Eingriffen

aa) Rechtfertigung nach Art. 65 AEUV

Art. 65 Abs. 1 AEUV sieht verschiedene Möglichkeiten zur Beschränkung des Zahlungs- und Kapitalverkehrs zwischen den Mitgliedstaaten und gegenüber Drittstaaten vor. Dies gilt für steuerrechtliche Differenzierungen (lit. a) sowie für die Verhinderung von Zuwiderhandlungen gegen innerstaatliche Rechts- und Verwaltungsvorschriften, für Meldeverfahren und Maßnahmen aus Gründen der öffentlichen Ordnung oder Sicherheit (lit. b).[159] **Gründe der öffentlichen Ordnung oder Sicherheit** können allerdings nur unter fünf Voraussetzungen geltend gemacht werden:[160] Zunächst muss eine tatsächliche und hinreichend schwere Gefährdung vorliegen, die ein Grundinteresse der Gesellschaft berührt, wobei diese Gründe nicht von ihrer eigentlichen Funktion losgelöst und in Wirklichkeit für wirtschaftliche Zwecke geltend gemacht werden dürfen. Die einschlägigen Normen sind bestimmt genug zu formulieren und es muss jedem Betroffenen ein Rechtsbehelf zur Verfügung stehen. Der Einsatz des konkreten Mittels muss schließlich zum Schutz der ins Auge gefassten Belange geeignet und erforderlich sein. 38

Gerechtfertigt sind nach Art. 65 Abs. 2 AEUV auch Beschränkungen der Kapitalverkehrsfreiheit, die mit zulässigen Beschränkungen des Niederlassungsrechts verbunden sind. Unzulässig sind nach Art. 65 Abs. 3 AEUV in jedem Fall aber Maßnahmen und Verfahren, die zu einer willkürlichen Diskriminierung oder verschleierten Beschränkung des freien Kapital- und Zahlungsverkehrs füh- 39

150 EuGH, Rs. C-300/01 (Salzmann), Slg 2003, I-4899, Rn 41.

151 EuGH, Rs. C-483/99 (Elf Aquitaine), Slg 2002, I-4781, Rn 50 f; EuGH, Rs. C-174/04 (Kommission/Italien), http://lexetius.com/2005, 1040.

152 EuGH, Rs. C-478/98 (Kommission/Belgien), Slg 2000, I-7587, Rn 17 f.

153 Gegeben im Fall EuGH, Rs. C-300/01 (Salzmann), Slg 2003, I-4899, Rn 42; nicht gegeben im Fall EuGH, verb. Rs. C-515/99, C-519/99 bis C-524/99 und C-526/99 bis 540/99 (Reisch u.a.), Slg 2002, I-2157, Rn 37 ff.

154 EuGH, Rs. C-384/93 (Alpine Investments), Slg 1995, I-1141, Rn 40 ff (das Gericht prüfte den Fall allerdings nur iRd Dienstleistungsfreiheit).

155 EuGH, verb. Rs. C-515/99, C-519/99 bis C-524/99 und C-526/99 bis 540/99 (Reisch u.a.), Slg 2002, I-2157, Rn 34.

156 EuGH, verb. Rs. C-105-107/12 (Niederlande/Essent NV u.a.), EuZW 2014, 61.

157 EuGH, Rs. C-452/01 (Ospelt und Schlössle Weissenberg), Slg 2003, I-9743, Rn 39.

158 EuGH, Rs. C-367/98 (Kommission/Portugal), Slg 2002, I-4731, Rn 52.

159 Erfasst werden etwa Maßnahmen zur Sicherstellung der Wirksamkeit der Steueraufsicht und zur Bekämpfung rechtswidriger Handlungen (zB Steuerhinterziehung, Geldwäsche, Drogenhandel, Terrorismus); s. dazu auch EuGH, verb. Rs. C-163/94, 165/94 und 250/94 (Sanz de Lera u.a.), Slg 1995, I-4821, Rn 22 (Zulässigkeit einer Meldepflicht bei der Ausfuhr von Hartgeld, Banknoten oder Inhaberschecks) und EuGH, Rs. C-439/97 (Sandoz), Slg 1999, I-7041, Rn 24 (Zulässigkeit einer nicht diskriminierend von der Steuerverwaltung erhobenen und der gleichmäßigen Steuerbelastung dienenden Gebühr in Höhe von 0,8 % des Werts von Darlehen, die ein gebietsansässiger Darlehensnehmer bei einem gebietsfremden Darlehensgeber aufnahm).

160 Zum Folgenden EuGH, Rs. C-54/99 (Eglise de scientologie), Slg 2000, I-1335, Rn 17 f und 22.

ren. Daher ist bspw eine Regelung unzulässig, die lediglich ausländische Direktinvestitionen einer Pflicht zur vorherigen Genehmigung unterwirft.[161]

bb) Beschränkungen gegenüber Drittstaaten

40 Der freie Kapital- und teilweise auch der Zahlungsverkehr mit Drittländern kann in einem größeren Maße beschränkt werden. Nach Art. 64 Abs. 1 AEUV bleiben die am 31.12.1993 gegenüber Drittstaaten geltenden mitgliedstaatlichen oder gemeinschaftlichen Regelungen im Zusammenhang mit Direktinvestitionen einschließlich Anlagen in Immobilien, mit der Niederlassung, der Erbringung von Finanzdienstleistungen oder der Zulassung von Wertpapieren zu den Kapitalmärkten von Art. 63 AEUV unberührt. Das Europäische Parlament und der Rat können zudem nach Art. 64 Abs. 2 AEUV weitere beschränkende Maßnahmen in den genannten Bereichen ergreifen. Nach Art. 66 AEUV sind gegenüber Drittstaaten zudem auf max. sechs Monate beschränkte Maßnahmen des Rates (nicht auch der Mitgliedstaaten) zum Schutz des Funktionierens der **Wirtschafts- und Währungsunion** denkbar. Diese Maßnahmen dürfen jedoch nur aus wirtschaftlichen und nicht auch aus politischen Gründen ergriffen werden. Dies ist anders bei Art. 75 AEUV, der zur Verhütung und Bekämpfung des Terrorismus und damit verbundener Aktivitäten Verwaltungsmaßnahmen in Bezug auf Kapitalbewegungen und Zahlungen (zB Einfrieren von Geldern, finanziellen Vermögenswerten oder wirtschaftlichen Erträgen) zulässt.

cc) Schutzmaßnahmen bei Zahlungsbilanzkrisen

41 Soweit sich ein nicht an der Währungsunion beteiligter Mitgliedstaat in **Zahlungsbilanzschwierigkeiten** befindet oder solche ernstlich drohen, kann er nach Art. 143 f AEUV ggf unter Mitwirkung der Kommission bzw anderer Mitgliedstaaten entspr. Schutzmaßnahmen ergreifen und hierzu die Zahlungsverkehrsfreiheit einschränken.

II. Wettbewerbspolitik[162]

42 Die kartellrechtlichen Regelungen der Art. 101 ff AEUV und des Sekundärrechts (zB die Verordnungen (EG) Nr. 1/2003, (EWG) Nr. 1534/91, (EG) Nr. 358/2003, (EG) Nr. 139/2004) gelten unmittelbar auch für die im Gemeinsamen Markt tätigen Finanzdienstleistungsunternehmen.[163] Es gibt **keine Bereichsausnahme für die Kredit- oder Versicherungswirtschaft**. Auch die Sonderregelung des Art. 106 Abs. 2 AEUV für Unternehmen, die mit Dienstleistungen von allg. Interesse betraut sind, gilt für Finanzdienstleister nur dann, wenn sie ausnahmsweise mit der betreffenden

---

161 EuGH, Rs. C-54/99 (Eglise de scientologie), Slg 2000, I-1335, Rn 21 f; vgl auch generell EuGH, Rs. C-439/97 (Sandoz), Slg 1999, I-7041, Rn 25 f.

162 *Brinker/Schädle*, VersR 2004, 673 ff; *Brühmann*, Grenzüberschreitende Kooperation und Konzentration deutscher Kreditinstitute im Gemeinsamen Markt, 1980; *Bunte*, in: Schimansky/Bunte/Lwowski (Hrsg.), Bankrechts-Hdb, Bd. II 4. Aufl. 2011, § 141; *Chiriță*, European Competition Journal 2012, 403 ff; *Dreher*, VersR 2004, 1 ff; *ders.*, in: FS 100 Jahre DVS 2001, S. 83 ff; *ders.*, in: FS Immenga, 2004; *Dreher/Kling*, Kartell- und Wettbewerbsrecht der Versicherungsunternehmen, 2007; *Esser-Wellié/Hohmann*, VersR 2004, 1211 ff; *Eufinger*, WM 2014, 1113 ff; *Freigang/Grün*, WM 2005, 681 ff; *Frisinger/Behr*, RIW 1995, 708 ff; *Frömke*, Die Stellung der Kreditinstitute im Wettbewerbsrecht der Europäischen Wirtschaftsgemeinschaft nach Art. 90 II EWG-Vertrag, 1987; *von Fürstenwerth*, WM 1994, 365; Greaves, Competition Law, 2003, *dies.*, EC Competition Law: Banking and Insurance Services, 1992; *Gleske*, Wettbewerb öffentlicher und privater Kreditinstitute in Deutschland, 1996; *Gyselen*, in: Fordham Corporate Law Institute, International Antitrust Law & Policy, 1997; *Habersack*, ZHR 159 (1995), 663 ff; *Immenga/Rudo*, Gewährträgerhaftung und Anstaltslast der Sparkassen und Landesbanken als Beihilfen nach europäischem Beihilfenrecht, 1997; *Koenig*, EuZW 1995, 595 ff; *Kuhlmann*, Versicherungsrecht und Europäisches Kartellrecht, 1987; *Leiner*, Staatsbürgschaften und EG-vertragliches Beihilfeverbot, 2002; Massari, Das Wettbewerbsrecht der Banken – Regulierung des Wettbewerbs der Banken durch Kartellrecht, Bankaufsichtsrecht und Lauterkeitsrecht, 2006; *Möschel*, in: FS für Raisch, S. 469 ff; *H. A. Schmidt*, Die Europäisierung des Kartellrechts im Bereich der Kredit- und Versicherungswirtschaft, 1995; *Schneider/Busch*, EuZW 1995, 602 ff; *Schütte/Kirchhoff*, EWS 1996, 189 ff; *Thode/Peres*, VerwArch 1998, 439 ff; *Van Gerven*, in: *Fordham Corporate Law Institute*, International Antitrust Law & Policy, 2003.

163 S. dazu nur die Leitentsch. EuGH, Rs. 172/80 (Züchner/Bayerische Vereinsbank), Slg 1981, 2021 (abgestimmte Erhebung einer Überweisungsgebühr); EuGH, Rs. 45/85 (Verband der Sachversicherer), Slg 1987, 405 (Empfehlung eines Verbandes zur pauschalen und kollektiven Anhebung von Versicherungsprämien).

Dienstleistung durch Hoheitsakt betraut wurden, wobei die hoheitliche Finanzdienstleistungsaufsicht keine derartige Betrauung darstellt.[164] Mit Hilfe des Kartellrechts soll insb. verhindert werden, dass die aufsichtsrechtliche Liberalisierung durch private Kartellabsprachen eingeschränkt wird. Im Folgenden soll lediglich auf die für Finanzdienstleistungsunternehmen bestehenden kartellrechtlichen Besonderheiten eingegangen werden.

1. Kartellverbot

a) Wettbewerbsbeschränkung

Nach Art. 101 AEUV sind horizontale und vertikale Vereinbarungen zwischen Unternehmen, Beschlüsse von Unternehmensvereinigungen und aufeinander abgestimmte Verhaltensweisen, welche den Handel zwischen Mitgliedstaaten zu beeinträchtigen geeignet sind und eine Verhinderung, Einschränkung oder Verfälschung des Wettbewerbs innerhalb des Gemeinsamen Marktes bezwecken oder bewirken, grds. verboten. Beispiele für Vereinbarungen iSv Art. 101 AEUV aus dem Finanzdienstleistungssektor bilden Vereinbarungen über Entgelte (zB Kunden- und Schnittstellengebühren,[165] Verrechnungsgebühren bei Kreditkartenzahlungen),[166] Verrechnungs- und Abrechnungssysteme,[167] Referenzzinssätze (LIBOR/EURIBOR-Skandal),[168] Banköffnungszeiten[169] und Allgemeine Geschäftsbedingungen[170] sowie Absprachen über ein dauerhaftes und planmäßiges gemeinsames Angebot.[171] Beschlüsse von Unternehmensvereinigungen wie Banken- und Versicherungsverbänden über Wettbewerbsbedingungen sind auch dann kartellrechtlich relevant, wenn sie zwar als unverbindlich bezeichnet werden, jedoch eine faktische Bindungswirkung erzeugen.[172] Das Verbot aufeinander abgestimmter Verhaltensweisen hat insb. im Bereich der Vereinheitlichung von Zinssätzen, Prämien und Gebührenregelungen eine Bedeutung.[173] Es besteht zwar **kein allg. Empfehlungsverbot**, doch können Empfehlungen Ausdruck bzw Grundlage von abgestimmten Verhaltensweisen sein.[174] Staatliche Regelungen wie etwa die deutschen Provisionsabgabeverbote auf der Grundlage von § 81 Abs. 2 S. 4 VAG sind dann mit Art. 101 AEUV vereinbar, wenn diese Regelungen in keinem Zusammenhang mit abgestimmten Verhaltensweisen der betroffenen Unternehmen stehen.[175] 43

Keine Wettbewerbsbeschränkung liegt jedoch regelmäßig vor, wenn sich die Kooperationen in notwendigen Regelungen zur Standardisierung, Vereinfachung und Zentralisierung der Verfahren erschöpfen und die Freiheit der beteiligten Unternehmen, die Leistungen, Preise und Bedingungen eigenständig festzulegen, nicht beeinträchtigt wird. Von Bedeutung ist in diesem Zusammenhang insb. der sog. **Arbeitsgemeinschaftsgedanke**, wonach eine Kooperation, die die für ein bestimmtes 44

164 EuGH, Rs. 172/80 (Züchner/Bayerische Vereinsbank), Slg 1981, 2021, 2030.

165 Ziff. 40 ff der Bekanntmachung der Kommission v. 27.9.1995 über die Anwendung der EG-Wettbewerbsregeln auf grenzüberschreitende Überweisungssysteme, ABl. C 251 v. 27.9.1995, S. 3; Entsche. der Kommission v. 24.7.2002, KOM(2002) 2698, ABl. L 318 v. 22.11.2002, S. 17.

166 Zu den sog. multilateral interchange fees (MIFs) im Kreditkartenzahlungsverkehr COMP/39.398 – VISA MIF; COMP/34.579 – MasterCard; COMP/36.518 – EuroCommerce; COMP/38.580 – Commercial Card; s. dazu jetzt auch den Verordnungsvorschlag KOM(2013) 550 endg.

167 Kommission v. 10.12.1984 (Einheitliche eurocheques I), ABl. L 35 v. 7.2.1985, S. 43.

168 Kommission v. 4.12.2013 (Euro Interest Rate Derivatives), Fall AT.39914 (noch nicht veröffentlicht; Pressemitteilung der EU-Kommission IP/13/1208); zu Schadensersatzklagen vor deutschen Gerichten im Zusammenhang mit der Manipulation von Referenzzinssätzen *Bausch/Wittmann*, WM 2014, 494 ff.

169 Kommission v. 30.9.1986 (Irish Banks), ABl. L 295 v. 18.10.1986, S. 28.

170 Kommission v. 19.7.1989 (Niederländische Banken), ABl. L 253 v. 30.8.1989, S. 1.

171 Sog. Ad-hoc-Konsortien sind kartellrechtlich unbedenklich (dazu bereits Kommission, 2. Bericht über die Wettbewerbspolitik 1973, S. 69 Fn 3).

172 EuGH, Rs. 45/85 (Verband der Sachversicherer), Slg 1987, 405.

173 EuGH, Rs. 172/80 (Züchner/Bayerische Vereinsbank), Slg 1981, 2021 und zur Einleitung des entsprechenden Vorabentscheidungsverfahrens AG Rosenheim, WM 1982, 82, 84.

174 EuGH, Rs. 45/85 (Verband der Sachversicherer), Slg 1987, 405, 455; EuGH, Rs. 172/80 (Züchner/Bayerische Vereinsbank), Slg 1981, 2021, 2030.

175 EuGH, Rs. C 2/91, Slg 1993, I-5751 (Meng), VersR 1994, 161; vor diesem Hintergrund krit. zum Provisionsabgabeverbot in der Lebensversicherung *Winter*, VersR 2002, 1055 ff und *Dreher*, VersR 2001, 1 ff.

Angebot erforderliche Kapazität überhaupt erst herstellt, keine Wettbewerbsbeschränkung iSv Art. 101 Abs. 1 AEUV darstellt.[176] Dies gilt auch für den Fall, dass die Marktgegenseite die Kooperation bestimmter Unternehmen ausdrücklich wünscht, wie dies etwa bei einem Emissions-, Kredit- oder Mitversicherungskonsortium häufig der Fall ist.[177]

b) Spürbarkeit

45 Wegen ihrer geringen Bedeutung fallen alle Maßnahmen von Unternehmen, deren Marktanteil in einem wesentlichen Teil des gemeinsamen Marktes zusammen 10 % (horizontale Wettbewerbsbeschränkung) bzw 15 % (vertikale Wettbewerbsbeschränkung) nicht überschreitet, nicht unter das Verbot.[178] Sachlich insoweit voneinander zu unterscheidende Märkte sind nach dem **Bedarfsmarktkonzept** im Banksektor das Einlagen-, Giro-, Kredit-, Emissions-, Effekten-, Depot- und Fondsgeschäft, wobei teilweise noch zwischen dem Privat- und Großkundengeschäft zu trennen ist. Im Versicherungssektor hat man zunächst zwischen den Bereichen Leben, Nichtleben und Rückversicherung und sodann nach den einzelnen Versicherungsprodukten für die unterschiedlichen Risiken zu unterscheiden.[179] Ein wesentlicher Teilmarkt kann gerade im noch stark fragmentierten Versicherungsbereich[180] auch der Markt in einem einzelnen Mitgliedstaat sein, wobei dann aber dem Zwischenstaatlichkeitserfordernis besondere Aufmerksamkeit zu schenken ist.[181]

c) Beeinträchtigung des zwischenstaatlichen Handels

46 Die sog. **Zwischenstaatlichkeitsklausel** wird grds. weit verstanden, so dass auch mittelbare oder potentielle Gefährdungen des zwischenstaatlichen Wirtschaftsverkehrs ausreichen und insb. die Beeinträchtigung des zwischenstaatlichen Handels dann vermutet wird, wenn das Spürbarkeitskriterium erfüllt ist.[182] Da bei der entspr. Beurteilung auch künftige Entwicklungen zu berücksichtigen sind, können selbst aktuell noch rein national wirkende Wettbewerbsbeschränkungen wegen ihrer künftig wahrscheinlich grenzüberschreitenden Wirkung das Zwischenstaatlichkeitskriterium erfüllen.[183] Die Beteiligung ausländischer (Tochter-)Gesellschaften an wettbewerbsbeschränkenden Maßnahmen bildet zwar ein wichtiges Kriterium für die Annahme zwischenstaatlicher Auswirkungen, begründet diese für sich genommen jedoch noch nicht.[184] Andererseits genügt der Umstand, dass ein Kartell nur die Vermarktung von Produkten in einem einzigen Mitgliedstaat bezweckt, nicht, um die Möglichkeit einer Beeinträchtigung des Handels zwischen Mitgliedstaaten auszuschließen.[185]

d) Legalausnahme

47 Außerdem sind Wettbewerbsbeschränkungen unter den vier Voraussetzungen des Art. 101 Abs. 3 AEUV von Rechts wegen freigestellt. Für die Konkretisierung dieser unbestimmten Ausnahmerege-

---

176 S. dazu die Leitlinien der Kommission zur Anwendbarkeit des Art. 81 auf Vereinbarungen über horizontale Zusammenarbeit v. 6.1.2001, ABl. C 3 v. 6.1.2001, S. 2.

177 Zu Versicherungsgemeinschaften s. Art. 7 und 8 GVO (EG) Nr. 358/2003 und die Mitteilung KOM(2007) 556 endg. v. 25.9.2007, Ziff. 2.2; sowie näher *Esser-Wellié/Hohmann*, VersR 2004, 1211 ff und *Brinker/Schädle*, VersR 2003, 1475 ff.

178 Vgl Tz. 7 der sog. „de minimis-Bekanntmachung" der Kommission vom 22.12.2001, ABl. C 368 v. 22.12.2001, S. 13.

179 In der Entsch. Winterthur/Schweizer Rück v. 14.3.1995 (IV/M 518, ABl. C 73 v. 25.3.1995, S. 18) unterschied die Kommission zB zwischen Assistance-, Feuer-, Haftpflicht-, Kfz-, Kredit-/Kautions-, Lebens-, Rechtsschutz-, Sach- und Vermögens-, Transport-, Unfall- und Rückversicherungsmärkten; näher *Brinker/Schädle*, VersR 2004, 673 ff mwN.

180 S. dazu etwa die Entsch. der Kommission v. 3.4.1995 IV/M 539 (Allianz/Elvia/Adriatico), ABl. C 180 v. 14.7.1995, S. 4 und die Mitteilung KOM(2007) 556 endg. v. 25.9.2007, Ziff.1.5.

181 S. dazu etwa den Fall Kommission v. 19.7.1989 (Niederländische Banken), ABl. L 253 v. 30.8.1989, S. 1, Tz. 58.

182 St. Praxis seit EuGH, Rs. 56/64 (Grundig/Consten), Slg 1966, 389; zur zwischenstaatlichen Bedeutung nationaler Bankenentgelte *Freigang/Grün*, WM 2005, 683, 684 f.

183 *Bunte*, in: Schimansky/Bunte/Lwowski (Hrsg.), Bankrechts-Hdb, Bd. II 4. Aufl. 2011, § 141, Rn 22.

184 EuGH, Rs. C-295/04 (Manfredi), Slg 2006, I-6619, Rn 44; Kommission v. 19.7.1989 (Niederländische Banken), ABl. L 253 v. 30.8.1989, S. 1, Rn 58.

185 EuGH, Rs. C-295/04 (Manfredi), Slg 2006, I-6619, Rn 45 ff.

lung kommt im Versicherungssektor der seit 1.4.2010 geltenden und auch für das deutsche Recht maßgeblichen (vgl § 2 Abs. 2 GWB) Gruppenfreistellungsverordnung (GVO) (EU) Nr. 267/2010 eine besondere Bedeutung zu.[186] Die von der EU-Kommission aufgrund einer Ermächtigung des Rats vom 31.5.1991[187] erlassene GVO stellt kartellrechtlich relevante Verhaltensweisen nur noch dann generell frei, wenn sie sich auf die gemeinsame Erhebung und Verbreitung von Daten (Erhebungen, Tabellen und Studien) zur Risiko- und Folgenabschätzung (Art. 2) oder auf die gemeinsame Deckung bestimmter Arten von Risiken in der Form der Mitversicherung bzw der Mit-Rückversicherung (Art. 5) beziehen und die weiteren Freistellungsvoraussetzungen erfüllen (Art. 3 f bzw 6 f). Danach müssen sie insb. für die beteiligten Unternehmen ausdrücklich als unverbindlich erklärt worden bzw kündbar sein.[188] Die erhobenen Daten müssen zudem auch anderen Versicherungsunternehmen sowie Verbraucher- und Kundenorganisationen zu angemessenen Konditionen und diskriminierungsfrei zugänglich gemacht werden.[189] Außerdem kann die Kommission den Vorteil der Gruppenfreistellung im Einzelfall auch wieder entziehen, wenn sie feststellt, dass die freigestellte Maßnahme mit den in Art. 101 Abs. 3 AEUV genannten Voraussetzungen unvereinbare Wirkungen zeigt (Art. 29 Abs. 2 VO (EG) Nr. 1/2003). Für die vor Erlass und neben der GVO erfolgten Einzelfreistellungen im Versicherungssektor sei auf das Spezialschrifttum verwiesen.[190]

Im Bereich der Zahlungsdienste kann zur Konkretisierung von Art. 101 Abs. 3 AEUV zunächst auf 48
die Bekanntmachung der Kommission vom 27.9.1995 über die Anwendung der EG-Wettbewerbsregeln auf grenzüberschreitende Überweisungssysteme[191] sowie auf Art. 28 RL 2007/64/EG zurückgegriffen werden.[192] Außerhalb des Anwendungsbereichs der genannten Bekanntmachung und der Zahlungsdienste-RL lassen sich vornehmlich aus der früheren Einzelfreistellungspraxis der Kommission wichtige Hinweise für die nunmehr erforderliche Selbstveranlagung gewinnen.[193] Danach wurden entgeltbezogene Vereinbarungen mit einer den Wettbewerb gegenüber Kunden beeinträchtigenden Wirkung grds. nicht freigestellt, während entspr. Kooperationen im Interbankenverkehr eher als gerechtfertigt betrachtet wurden.[194] Sofern die Kooperationen Standardisierungen und Rationalisierungen betrafen, die eine Qualitätssteigerung und Kostensenkung bei ausreichendem Restwettbewerb um Kunden ermöglichen, sind diese regelmäßig vom Verbot freigestellt worden.[195]

2. Verbot des Missbrauchs einer marktbeherrschenden Stellung

Nach Art. 102 AEUV ist Finanzdienstleistungsunternehmen, die einzeln oder aufgrund einer Koor- 49
dination gemeinsam marktbeherrschend sind, der Missbrauch dieser Stellung auf dem Gemeinsamen Markt oder einem wesentlichen Teil desselben verboten. So müssen insb. wesentliche Einrich-

186 Näher dazu *Ellger*, in Immenga/Mestmäcker (Hrsg.), Wettbewerbsrecht, Bd. 1 EU/Teil 1, Kommentar zum europäischen Kartellrecht, 5. Aufl. 2012, S. 1223 ff sowie zur Vorgängerverordnung (EG) Nr. 358/2003 *Brinker/Schädle*, VersR 2003, 1475 ff und *Esser-Wellié/Hohmann*, VersR 2004, 1211 ff.

187 VO (EWG) Nr. 1534/91 des Rats v. 31.5.1991 über die Anwendung von Art. 85 III des EG-Vertrages auf Gruppen von Vereinbarungen, Beschlüssen und aufeinander abgestimmten Verhaltensweisen im Bereich der Versicherungswirtschaft, ABl. L 143 v. 7.6.1991, S. 1 (näher dazu *H. Müller*, Versicherungsbinnenmarkt, Rn 127 ff).

188 Art. 3 Abs. 2 lit. b, Art. 7 lit. a.

189 Art. 3 Abs. 2 lit. d, e.

190 *H. Müller*, Versicherungsbinnenmarkt, Rn 126 mit Fn 121.

191 ABl. C 251 v. 27.9.1995 S. 3.

192 Leitlinien für das Eingehen von Kooperationen zur Durchführung von grenzüberschreitenden Überweisungen, Gewährung eines diskriminierungsfreien Zugangs, Möglichkeiten zur Beschränkung des Wettbewerbs im Interbankenverkehr etc.; vgl zur Umsetzung in Deutschland § 7 ZAG.

193 Näher dazu *Bunte*, in: Schimansky/Bunte/Lwowski (Hrsg.), Bankrechts-Hdb, Bd. II 4. Aufl. 2011, § 141, Rn 28 ff.

194 Kommission v. 11.12.1986 (Belgische Bankenvereinigung), ABl. L 7 v. 9.1.1987, S. 27, Tz. 46 ff; Kommission v. 12.12.1986 (ABI), ABl. L 43 v. 13.2.1987, S. 51, Tz. 53 ff; vgl dazu auch betreffend Austauschgebühren im grenzüberschreitenden Überweisungsverkehr Ziff. 35 sowie 40 ff der Bekanntmachung der Kommission v. 27.9.1995 über die Anwendung der EG-Wettbewerbsregeln auf grenzüberschreitende Überweisungssysteme, ABl. C 251 v. 27.9.1995, S. 3.

195 Kommission v. 24.6.1996 (BNP/Dresdner Bank), ABl. L 188 v. 27.7.1996, S. 37, Tz. 18 ff.

tungen wie etwa ein kollektives Überweisungssystem[196] oder geregelte Märkte[197] weiteren Wettbewerbern unter objektiv ausgestalteten, gerechtfertigten und nicht diskriminierend angewendeten Voraussetzungen zugänglich sein.

3. Fusionskontrolle

50 Seit 1990 unterliegen Unternehmenszusammenschlüsse sowie bestimmte Gemeinschaftsunternehmen einer **präventiven Fusionskontrolle** durch die EU-Kommission, sofern der Jahresumsatz bestimmte Schwellenwerte übersteigt, die von Art. 1 Abs. 2, Abs. 3 VO (EG) Nr. 139/2004 (FKVO)[198] festgelegt werden (Aufgreifkriterien). An die Stelle der Umsatzschwellen treten nach Art. 5 Abs. 3 lit. a und b bei Finanzdienstleistungsunternehmen allerdings ein Bruchteil (1/10) der gesamten bzw auf die Gemeinschaftstätigkeit bezogenen Bilanzsumme (Finanzinstitute) bzw die Summe der insgesamt bzw unionsweit erzielten Bruttoprämien (Versicherungsunternehmen). Um das Emissions- und Wertpapiergeschäft von Banken, sonstigen Finanzinstituten und Versicherungsunternehmen nicht zu beeinträchtigen, sind Finanzdienstleistungsunternehmen nach Art. 3 Abs. 5 lit. a FKVO (EG) Nr. 139/2004 (sog. Bankenklausel) zudem insoweit von der Fusionskontrolle befreit, als sie mit dem lediglich vorübergehenden Erwerb von Gesellschaftsanteilen keinen unternehmerischen Einfluss nehmen. Im Übrigen gelten für die Finanzdienstleistungsunternehmen die allg. Regelungen. Die Kommission hatte seit 1990 über einige angemeldete Fusionen von Finanzdienstleistungsunternehmen zu entscheiden.[199] Neben der wettbewerbsrechtlichen kommt es noch zu einer finanzaufsichtsrechtlichen Fusionskontrolle.[200]

4. Verbot staatlicher Beihilfen[201]

51 Das in den Art. 107 ff AEUV geregelte Verbot wettbewerbsverfälschender Beihilfen (präventives Verbot mit Erlaubnisvorbehalt) richtet sich an die Mitgliedstaaten. Kreditinstitute sind nicht nur als mögliche Empfänger von Beihilfen,[202] sondern gerade auch deshalb von diesen Regelungen betroffen, weil sie vielfach an der Vergabe von Beihilfen mitwirken oder als Vertragspartner (zB als Kreditgeber) von der geleisteten Beihilfe (zB Zinszuschuss, Staatsbürgschaft) profitieren. Hinsichtlich der Anwendung der Art. 107 ff AEUV[203] ist aus Platzgründen im Wesentlichen auf die gesonderte Darstellung in diesem Handbuch (*Beljin*, § 28) sowie das übrige Spezialschrifttum[204] zu verweisen. Hier sollen lediglich drei praktisch besonders relevante und heftig diskutierte Fragen herausgegriffen werden.

---

196 S. dazu Art. 28 Zahlungsdienste-RL 2007/64/EG und Ziff. 23 ff der Bekanntmachung der Kommission v. 27.9.1995 über die Anwendung der EG-Wettbewerbsregeln auf grenzüberschreitende Überweisungssysteme?, ABl. C 251 v. 27.9.1995, S. 3.

197 S. dazu Art. 42 Abs. 1 RL 2004/39/EG bzw ab 3.1.2017 Art. 53 RL 2014/65/EU.

198 VO (EG) Nr. 139/2004 des Rates v. 20.1.2004 über die Kontrolle von Unternehmenszusammenschlüssen (FKVO), ABl. v. 29.1.2004, L 24, S. 1.

199 S. dazu die Übersichten bei *H. Müller*, Versicherungsbinnenmarkt, Rn 162 mit Fn 164.

200 Dazu *Hoger*, WM 2007, 1053 ff; s. etwa zur Verschmelzung von OGAW Art. 37 ff RL 2009/65/EG mit Detailregelungen in RL 2010/44/EU.

201 *Arhold*, EuZW 2008, 713 ff; *Deselaers/Küpper*, EWS 2009, 212 ff; *Hadding*, WM 2005, 485 ff; *Jestaedt/Wiemann*, WuW 2009, 606 ff; *Koenig/Haratsch*, WM 2005, 1005 ff; *Schütterle*, EuZW 1995, 392 ff; speziell zur jüngsten Finanzkrise *Herrmann*, WiVerw 2010, 36 ff; *Ohler*, WiVerw 2010, 47 ff; *Soltész/Köckritz*, WM 2010, 241 ff; *Soltész*, WM 2012, 923 ff; *Zimmer/Blaschczok*, WuW 2010, 142 ff; speziell zur Unterstützung staatlicher Banken *Behnsen*, BB 2008, 2582 ff; *Fehling*, EuR 2010, 598 ff; *Hennecke*, DVBl. 2010, 472 ff.

202 S. dazu etwa EuGH, Rs. C-224/12 P (Kommission/Niederlande), EuZW 2014, 473.

203 S. dazu auch die VO (EU) Nr. 651/2014 der Kommission v. 17.6.2014 zur Feststellung der Vereinbarkeit bestimmter Gruppen von Beihilfen mit dem Binnenmarkt in Anwendung der Art. 107 und 108 des Vertrags über die Arbeitsweise der Europäischen Union, ABl. L 187 v. 26.6.2014, S. 1.

204 S. etwa *Bartosch*, EU-Beihilfenrecht – Kommentar, 2009; *Heidenhain*, Hdb des Europäischen Beihilferechts, 2003; *Lübbig/Martín-Ehlers*, Beihilfenrecht der EU – Das Recht der Wettbewerbsaufsicht über staatliche Beihilfen in der Europäischen Union, 2. Aufl., 2009.

a) Beihilferechtliche Zulässigkeit von staatlichen Rettungsmaßnahmen in der jüngsten Finanzkrise

Bei den staatlichen Maßnahmen zur Stabilisierung des Finanzsektors in der jüngsten Finanzkrise handelte es sich ganz überwiegend um anmeldepflichtige Beihilfen. Die Rettungsmaßnahmen zugunsten einzelner Institute[205] und die namentlich ab Herbst 2008 gewährten Systemhilfen (sog. Rettungspakete)[206] wurden von der Kommission nach den relativ strengen sog. **R&U-Leitlinien**[207] bzw ab Herbst 2008 zusätzlich nach den großzügigeren und auf Art. 88 Abs. 3 lit. b EGV (jetzt Art. 108 AEUV) gestützten sog. **Finanzmarkt-Leitlinien**[208] auf ihre Genehmigungsfähigkeit hin überprüft.[209] Der Rat hat trotz des erheblichen Ausmaßes der Krise und der staatlichen Beihilfen nicht von seiner Genehmigungskompetenz nach Art. 88 Abs. 2 Unterabs. 3 EGV (jetzt Art. 108 Abs. 2 Unterabs. 3 AEUV) Gebrauch gemacht, sondern die entspr. Entscheidungen der Kommission überlassen. Nach den R&U-Leitlinien, auf denen die Finanzmarkt-Leitlinien aufbauen, müssen alle Unternehmen, die sich in Schwierigkeiten befinden, entweder die Rettungsbeihilfe nach sechs Monaten zurückzahlen oder einen Umstrukturierungs- bzw Liquidationsplan bei der EU-Kommission einreichen (Ziff. 25 c), wobei sie sich an den Umstrukturierungskosten mit einem Eigenbetrag von 25 %, 40 % bzw 50 % zu beteiligen haben (Ziff. 44). Nach der Mitteilung der Kommission zur Rekapitalisierung von Finanzinstituten v. 5.12.2008 trifft diese Pflicht jedoch nur die grds. nicht gesunden Banken. Die grds. gesunden Banken, die lediglich aufgrund der allg. Finanzmarktkrise in Not geraten sind, werden hingegen bevorzugt behandelt.[210] Mit der Siebten Bankenmitteilung vom Juli 2013[211] hat die EU-Kommission das Sonderregime der Beihilfekontrolle teilweise wieder normalisiert, das Verfahren gestrafft, die Lastenverteilung neu geregelt und die Vergütungspolitik beihilfebedürftiger Banken einer strengen Kontrolle unterworfen. 52

b) Beihilferechtliche Stellung der Banken bei staatlichen Garantien für Kredite an geförderte Unternehmen

Hat eine Bank einen durch eine staatliche Garantie (v.a. Bürgschaft) gesicherten Kredit gewährt, fragt es sich, ob die Bank den Staat auch dann aus der Garantie in Anspruch nehmen kann bzw ob eine bereits erbrachte Garantieleistung als rechtswidrige Beihilfe vom Staat zurückgefordert werden kann bzw muss, wenn die Garantie aufgrund eines Verstoßes gegen die Notifizierungspflicht nach Art. 108 Abs. 3 AEUV oder aufgrund ihrer materiellen Unvereinbarkeit mit Art. 107 AEUV rechts- 53

205 S. etwa zu den der deutschen IKB-Bank gewährten diversen Beihilfen die Pressemitteilung der EU-Kommission v. 17.8.2009.

206 S. dazu für Deutschland insb. das FMStG (BGBl. 2008 I, 1982) v. 17.10.2008 (mit FMStFG und FMSBeschlG) und das FMStErgG v. 7.4.2009 (BGBl. 2009 I, 725) sowie die mit ihnen verbundenen Ausführungs-VO; dazu näher *Jaletzke/Veranneman* (Hrsg.) Finanzmarktstabilisierungsgesetz einschließlich Finanzmarktstabilisierungsfonds-Verordnung und Kurzdarstellungen der Finanzmarktstabilisierungsgesetze in den U.S.A., England und Frankreich, 2009; *Ewer/Behnsen*, NJW 2008, 3457 ff; *Wolfers/Rau*, NJW 2009, 1297 ff; speziell zu verfassungsrechtlichen Aspekten *Ruffert*, NJW 2009, 2093 ff.

207 Aktuelle Version gemäß Mitteilung der Kommission – Leitlinien der Gemeinschaft für staatliche Beihilfen zur Rettung und Umstrukturierung von Unternehmen in Schwierigkeiten, ABl. C 244 v. 1.10.2004, S. 2.

208 Mitteilung der Kommission – Die Anwendung der Vorschriften für staatliche Beihilfen auf Maßnahmen zur Stützung von Finanzinstituten im Kontext der derzeitigen globalen Finanzkrise, ABl. C 270 v. 25.10.2008, S. 8; Mitteilung der Kommission – Vorübergehender Gemeinschaftsrahmen für staatliche Beihilfen zur Erleichterung des Zugangs zu Finanzierungsmitteln in der gegenwärtigen Finanz- und Wirtschaftskrise, C 83 v. 7.4.2009, S. 1 (mehrfach geändert; s. zuletzt ABl. C 303 v. 15.12.2009, S. 6); Mitteilung der Kommission – Die Rekapitalisierung von Finanzinstituten in der derzeitigen Finanzkrise: Beschränkung der Hilfen auf das erforderliche Minimum und Vorkehrungen gegen unverhältnismäßige Wettbewerbsverzerrungen, ABl. C 10 v. 15.1.2009, S. 2; Mitteilung der Kommission über die Wiederherstellung der Rentabilität und die Bewertung von Umstrukturierungsmaßnahmen im Finanzsektor im Rahmen der derzeitigen Krise gemäß den Beihilfevorschriften, ABl. C 195 v. 19.8.2009, 9; näher dazu *Deselaers/Küpper*, EWS 2009, 212 ff.

209 S. dazu etwa die Entsch. zur Genehmigung des deutschen FMStG K(2008) 8629 v. 12.12.2008 – Staatliche Beihilferegelung Nr. N 625/2008.

210 S. dazu näher etwa die sog. Rekapitalisierungsmitteilung der Kommission v. 5.12.2008, ABl. C 10 v. 15.1.2009, S. 2.

211 ABl. C 216 v. 30.7.2013, S. 1 ff.

widrig ist.[212] Diese Fragen sind noch weitgehend ungeklärt. Nach Ansicht des EuGH kann die Bürgschaft auch ohne Zustimmung der Gläubigerbank aufgehoben werden,[213] weshalb einer Gläubigerbank zu raten ist, sich vor der Valutierung eines Darlehens über die beihilferechtliche Zulässigkeit der Garantie zu vergewissern[214] bzw vertraglich die Valutierungspflicht von einer Genehmigung der Beihilfe durch die EU-Kommission abhängig zu machen.[215]

54 Zivilrechtliche Ansprüche der Bank gegen den Staat aus dem Garantievertrag sind jedenfalls dann ausgeschlossen, wenn man nicht nur den Kreditnehmer, sondern auch den Kreditgeber als Beihilfeempfänger ansehen kann. Die schlichte Erhöhung des Kreditvolumens stellt dabei für die Bank aber noch keinen beihilferechtlich relevanten Vorteil dar. Beihilfewirkungen können beim Kreditgeber nur dann entstehen, wenn die staatliche Bürgschaft für eine bereits bestehende vertragliche Verpflichtung oder eine diese ersetzende Verpflichtung übernommen wird (Nachbesicherung), ohne dass die entspr. Kreditkonditionen an diese neue Situation angepasst werden.[216] Dies gilt insb. dann, wenn hierdurch der Bank ein erhöhtes Eigenrisiko abgenommen wird.[217] Aber auch in denjenigen Fällen, in denen nur der Kreditnehmer als Beihilfeempfänger anzusehen ist, führt der Vorrang der unionsrechtlichen Beihilferegelungen und ihre effektive Durchsetzung im nationalen Recht nach Art. 134 BGB zur Unwirksamkeit des Garantievertrags und des Kreditvertrags als privatrechtlichen Ausführungsverträgen.[218] Auf einen **Vertrauensschutz** kann sich der Kreditgeber nur in Ausnahmefällen berufen.[219] Ihm verbleibt allenfalls ein **Amtshaftungsanspruch** nach § 839 BGB iVm Art. 34 GG. In der Praxis ist den Kreditinstituten daher zu raten, die Konformität der Beihilfe mit dem Unionsrecht nicht nur selbst zu prüfen, sondern sich diese auch zur möglichen Begründung von Amtshaftungsansprüchen von der staatlichen Stelle unmissverständlich bestätigen zu lassen.[220]

55 Sofern der Staat bereits Garantieleistungen an den Kreditgeber erbracht hat, können diese nur dann nach Art. 14 VO (EG) Nr. 659/1999 zurückgefordert werden, wenn auch der Kreditgeber selbst als Empfänger einer unionsrechtswidrigen Beihilfe gelten kann (Rn 54). Ist dies nicht der Fall, scheidet die Rückforderung aus, da insoweit der Rückzahlungsanspruch des Kreditinstituts gegen den Kreditnehmer auf den Staat übergeht (§ 774 Abs. 1 BGB) und die Rückforderung der Kreditzahlungen vom Kreditnehmer zu einer effektiven Beseitigung der Beihilfewirkungen führt.[221]

c) Anstaltslast und Gewährträgerhaftung als Beihilfe

56 2001 wurde in Übereinstimmung mit beihilferechtlichen Grundsätzen zwischen der EU-Kommission und der Bundesrepublik Deutschland eine Verständigung in dem die Anstaltslast und Gewährträgerhaftung betreffenden Streit erzielt.[222] Danach wurde die in den Landes-Sparkassengesetzen vorgesehene unmittelbare und unbeschränkte Ausfallhaftung des Gewährträgers eines öffentlich-rechtlichen Kreditinstituts gegenüber dessen Gläubigern (**Gewährträgerhaftung**) bis Juli 2005 schrittweise abgeschafft. Die Pflicht der Errichtungskörperschaft zur Sicherung der wirtschaftlichen Basis und Funktionsfähigkeit eines öffentlich-rechtlichen Kreditinstituts während der gesamten

212 *Schütterle*, EuZW 1995, 392.
213 EuGH, Rs. C-404/97 (Kommission/Portugal), Slg 2000, I-4897; EuGH, Rs. C-275/10 (Residex), WM 2012, 926 mit Anm. *Soltész*, WM 2012, 923 ff.
214 Wird der Verstoß gegen das Beihilferecht vor der Valutierung offenbar, kann der Kreditgeber schlicht die Valutierung des Kredits unter Berufung auf die Unwirksamkeit des Kreditvertrags nach § 134 BGB verweigern; auf die Ausübung eines Kündigungsrechts nach § 490 Abs. 1 BGB kommt es nicht an.
215 *Bunte*, in: Schimansky/Bunte/Lwowski (Hrsg.), Bankrechts-Hdb, Bd. II 4. Aufl. 2011, § 142, Rn 20.
216 S. dazu Ziff. 2.2.2. der Mitteilung der Kommission v. 24.11.1999 über die Anwendung der Art. 87 und 88 EGV auf staatliche Beihilfen in Form von Haftungsverpflichtungen und Bürgschaften, ABl. C 71 v. 11.3.2000, S. 14.
217 Dazu etwa *Schütte/Kirchhoff*, EWS 1996, 189, 190.
218 *Bunte*, in: Schimansky/Bunte/Lwowski (Hrsg.), Bankrechts-Hdb, Bd. II 3. Aufl. 2007, § 142, Rn 42 ff (in der 4. Aufl. herausgekürzt); aA *Klanten*, ZBB 1999, 398.
219 EuGH, Rs. 24/95 (Alcan), Slg 1997, I-1607, Rn 24.
220 *Hopt/Mestmäcker*, WM 1996, 753, 810.
221 *Schütte/Kirchhoff*, EWS 1996, 189, 190.
222 *Bunte*, in: Schimansky/Bunte/Lwowski (Hrsg.), Bankrechts-Hdb, Bd. II 4. Aufl. 2011, § 142, Rn 24.

Dauer seines Bestehens (Anstaltslast) wurde durch eine normale Anteilseignerbeziehung ohne wirtschaftliche Unterstützungsverpflichtungen des Trägers ersetzt. Danach darf der Staat die Sparkasseninstitute nur noch in demselben Maße unterstützen wie ein privater Anteilseigner, so daß alle Maßnahmen zulässig sind, die auch ein privater Investor in einer vergleichbaren Situation getroffen hätte (sog. private investor test[223] als Sonderfall des sog. market economy test). Außerdem kann der Staat finanzielle Beiträge leisten, damit die öffentlich-rechtlichen Kreditinstitute die ihnen übertragenen Sonderaufgaben wahrnehmen können, sofern hierdurch nicht die Entwicklung des Handelsverkehrs in einer dem Interesse der Union zuwiderlaufenden Maße beeinträchtigt wird (vgl Art. 106 Abs. 2 AEUV).[224] Die Instituts- und damit auch die vollständige Einlagensicherung obliegen damit künftig im Krisenfall allein den bestehenden Sicherungssystemen des Sparkassensektors (Rn 168).

5. Ausfuhrbeihilfen[225]

Eine finanzielle Ausfuhrförderungspolitik der Mitgliedstaaten ist grds. zulässig. Da auch die staatlich betriebene oder unterstützte **Exportkreditversicherung** eine derartige Exportbeihilfe darstellt, wurden die mitgliedstaatlichen Systeme dieser Versicherung auf der Grundlage von ex Art. 132 bzw 112 EGV durch die RL 98/29/EG angeglichen, um Wettbewerbsverzerrungen aufgrund unterschiedlicher Praktiken der öffentlichen mittel- und langfristigen Exportkreditversicherungssysteme zu vermeiden und die Vereinbarkeit mit den GATT-Verpflichtungen sicherzustellen. Die aus wirtschaftspolitischen Gründen stark umkämpfte Richtlinie findet Anwendung auf die Deckung von Geschäften im Zusammenhang mit dem Export von Waren und/oder Dienstleistungen mit Ursprung in einem Mitgliedstaat, sofern diese Unterstützung mittelbar oder unmittelbar auf Rechnung oder mit Unterstützung eines oder mehrerer Mitgliedstaaten gewährt wird und die Risikolaufzeit, dh die Rückzahlungszeit einschließlich der Herstellungszeit insgesamt mindestens zwei Jahre beträgt (Art. 1).[226] Die Deckung hat nach den im Anh. der Richtlinie im Einzelnen formulierten Bedingungen zu erfolgen. Sie betreffen die Art und den Umfang der Deckung, die Schadensursache, den Haftungsausschluss, die Entschädigungsleistung, das Entgelt, die länderbezogene Deckungspolitik und die Notifikationsverfahren. 57

6. Vergabe von Finanzdienstleistungen

Öffentliche Aufträge für Finanzdienstleistungen unterliegen im Binnenmarkt ab bestimmten Schwellenwerten dem unionsrechtlich beeinflussten[227] Vergaberecht. Insoweit stellen sich insb. Fragen der Teilbarkeit bzw notwendigen Gesamtbetrachtung des Auftrags bei der Berechnung des Auftragswerts, der Wahl des Vergabeverfahrens und der Einbeziehung von Dritten bei der Auftragsvergabe[228] sowie der Reichweite der Befreiung von Inhouse-Geschäften.[229] 58

---

223 Zur Anwendbarkeit des Tests auf staatliche Interventionen auch mit rein hoheitlichem Charakter EuGH, Rs. C-124/10 (Kommission/EDF), EuZW 2012, 581 ff; dazu *Melcher*, EuZW 2012, 576 ff.

224 Vgl dazu *Gärtner*, ZBB 1998, 6, 7.

225 *Backhaus*, ZfBw 2000, 827 ff; *Bödeker*, Staatliches Exportkreditversicherungssystem, 1992; *Klanten*, ZIP 1995, 535 ff; *Koch*, ZBB 1998, 393 ff; *Martinius*, Staatliche Exportkreditversicherungen und Gemeinschaftsrecht, 1996.

226 Ausgenommen sind die Deckung von Bietungs-, Vorauszahlungs-, Ausführungs- und Einbehaltsrückzahlungsgarantien sowie von Risiken im Zusammenhang mit Baugerät und -material, wenn dieses der Erfüllung des Handelsvertrags vor Ort dient.

227 S. dazu insb. die mehrfach geänderte RL 2004/18/EG des Europäischen Parlaments und des Rates v. 31.3.2004 über die Koordinierung der Verfahren zur Vergabe öffentlicher Bauaufträge, Lieferaufträge und Dienstleistungsaufträge, ABl. L 134 v. 30.4.2004, S. 114.

228 Näher *Dreher*, VersR 2000, 666 ff; *Werber*, VersR 2001, 1313 ff.

229 S. dazu OLG Koblenz v. 15.7.2005 (6 U 17/05) EuZW 2005, 637.

III. Wirtschafts- und Währungspolitik

59 Der Währungsunion mit der Einrichtung des Europäischen Systems der Zentralbanken (ESZB; Rn 10) ist in diesem Handbuch ein spezielles Kapitel (*Gaitanides/Hettinger*, § 31, Rn 9 ff) gewidmet, so dass an dieser Stelle auf die damit zusammenhängenden Rechtsfragen nicht einzugehen ist.

IV. Sozialpolitik[230]

60 Aus dem Bereich der Sozialpolitik hat insb. das primärrechtlich in Art. 157 AEUV für Arbeitsentgelte sowie in Art. 21, 23 GRC und in verschiedenen Sekundärrechtsakten[231] genereller normierte Gebot der **Gleichstellung** von Männern und Frauen eine besondere Bedeutung für den Finanzdienstleistungssektor erlangt. Zu den Arbeitsentgelten gehören auch Leistungen im Rahmen eines Betriebsrentensystems, die ihren Ursprung in einer Vereinbarung zwischen Arbeitgeber und Arbeitnehmer haben, und Bestandteil des Arbeitsvertrages sind. Die auf Art. 13 EGV (jetzt Art. 19 AEUV) gestützte **RL 2004/113/EG**[232] untersagt nicht nur allen Personen, die Güter und Dienstleistungen bereitstellen, die der Öffentlichkeit ohne Ansehen der Person zur Verfügung stehen und außerhalb des Privatbereichs angeboten werden (Art. 3 Abs. 1), jede unmittelbare oder mittelbare Diskriminierung von Männern und Frauen (Art. 4 Abs. 1), sondern für die nach dem 21.12.2007 neu abgeschlossenen Verträge auch ausdrücklich die bis dahin weit verbreitete (vgl Erwägungsgrund 18) Berücksichtigung des Faktors Geschlecht bei der Berechnung von Prämien und Leistungen im Bereich des Versicherungswesens und verwandter Finanzdienstleistungen (Art. 5 Abs. 1). Insb. Kosten im Zusammenhang mit Schwangerschaft und Mutterschaft dürfen auf keinen Fall zu unterschiedlichen Prämien und Leistungen führen (Art. 4 Abs. 3). Vor diesem Hintergrund hat der EuGH in der **Rs. C-236/09 (Test-Achats)**[233] Frauen und Männer als versicherungsrechtlich wesentlich gleich iSd Art. 21 und 23 GRC eingestuft, weil nach Art. 5 Abs. 1 der RL 2004/113/EG (vgl dazu auch Erwägungsgrund 18) die Berücksichtigung geschlechtsspezifischer versicherungsmathematischer Faktoren nicht zu Unterschieden bei den Prämien und Leistungen führen sollte, und die Gewährung von Ausnahmen nach Art. 5 Abs. 2 RL 2004/113/EG (Berücksichtigung des Geschlechts, wenn dieses bei einer auf relevanten und genauen versicherungsmathematischen und statistischen Daten beruhenden Risikobewertung ein bestimmender Faktor ist)[234] als folglich unvereinbar mit den Art. 21, 23 der GRC angesehen. Obwohl die Argumentation des EuGH rechtlich fragwürdig ist,[235] weil sie mit Hilfe eines sekundärrechtlichen Grundsatzes (Art. 5 Abs. 1 RL 2004/113/EG) eine primärrechtliche Auslegungsfrage beantwortet (Missachtung der Normenhierarchie) und gestützt auf diese Auslegung die in Art. 5 Abs. 2 RL 2004/113/EG ausdrücklich vorgesehene Ausnahme durch die Mitgliedstaaten für unbeachtlich erklärt (widersprüchlicher Zirkelschluss, Anwendung des unionsrechtlichen Gleichbehandlungsgrundsatzes auf eine Öffnungsklausel zugunsten des nationalen Rechts), und obwohl die absolute versicherungsrechtliche Gleichbehandlung von Männern und Frauen versicherungsmathematisch eine auch ökonomisch angreifbare Quersubventionierung durch das jeweils risikoärmere Geschlecht und einen erheblichen Eingriff in die wettbewerbsrechtlich relevante Tarifgestaltungsfreiheit darstellt, wurde das Verbot geschlechtsbezogener Differenzierungen mit Wirkung für Neuverträge ab dem 21.12.2012 auch in

---

230 *Riesenhuber/Franck*, EWS 2005, 245 ff; *Wandt*, VersR 2004, 1341 ff.

231 S. insb. RL 2004/113/EG sowie u.a. die RL 2006/54/EG zur Verwirklichung des Grundsatzes der Chancengleichheit und Gleichbehandlung von Männern und Frauen in Arbeits- und Beschäftigungsfragen (Neufassung), ABl. L 204 v. 26.7.2006, S. 23; RL 79/7/EWG des Rates v. 19.12.1978 zur schrittweisen Verwirklichung des Grundsatzes der Gleichbehandlung von Männern und Frauen im Bereich der sozialen Sicherheit, ABl. L 6 v. 10.1.1979, S. 24; RL 86/378/EWG des Rates v. 24.7.1986 zur Verwirklichung des Grundsatzes der Gleichbehandlung von Männern und Frauen bei den betrieblichen Systemen der sozialen Sicherheit, ABl. L 225 v. 12.8.1986, S. 40, neu gefasst durch RL 96/97/EG v. 20.12.1996.

232 Zur Umsetzung in Deutschland und den insoweit einschlägigen Gesetzen s. insb. BT-Drucks. 16/1780.

233 EuGH, Rs. C-236/09 (Test-Achats), Slg 2011, I-773; hierzu: *Höfer*, DB 2011, 1334 ff sowie *Lüttringhaus*, EuZW 2011, 296 ff und *Kahler*, NJW 2011, 894 ff; zu den Rechtsfolgen für das deutsche Versicherungsvertragsrechts *Purnhagen*, NJW 2013, 113 ff.

234 Zu möglichen Ausnahmen s. noch § 20, Rn 53 der Voraufl.

235 Krit. auch etwa *Lüttringhaus*, EuZW 2011, 296 ff; *Armbrüster*, VersR 2010, 1571, 1579.

Deutschland Gesetz (Streichung von § 20 Abs. 2 S. 2 AGG aF). Für Neuverträge gelten damit sog. **Unisex-Tarife**. Nach dem Kommissionse. für eine Fünfte Antidiskriminierungs-RL[236] sollen im Interesse einer risikoadäquaten Tarifgestaltung hinsichtlich anderer Kriterien (insb. Behinderung) unter bestimmten Voraussetzungen allerdings durchaus noch Differenzierungen möglich sein.

V. Verbraucherschutz[237]

Der Verbraucherschutz wird in diesem Handbuch eingehend von *Schulte-Nölke* (§ 23) behandelt. **61**
An dieser Stelle sei daher nur auf einige spezifisch finanzdienstleistungsrechtliche Punkte hingewiesen: Die **horizontale Verbraucherschutz-RL** 2011/83/EU gilt nicht für Verträge über Finanzdienstleistungen (Art. 3 Abs. 3 lit. d iVm Art. 2 Nr. 12 und Erwägungsgrund 32).[238] Klassische verbraucherschutzrechtliche Regelungen finden sich jedoch in der RL 2008/48/EG über den **Verbraucherkredit**[239] und der RL 2002/65/EG über den **Fernabsatz** von Finanzdienstleistungen.[240] Das Verhältnis dieser beiden sektorspezifischen Regelungen zur horizontalen, auch auf Online-Finanzdienstleistungen anwendbaren[241] RL 2000/31/EG über den elektronischen Geschäftsverkehr hat die Kommission in einer Mitteilung präzisiert.[242] Neu hinzugekommen ist die RL 2014/17/EU über **Wohnimmobilienkreditverträge** für Verbraucher.[243] Mit der MiFIR wird den Aufsichtsbehörden (auch der ESMA) im Interesse des Anlegerschutzes zudem die Kompetenz gegeben, die Vermarktung, den Vertrieb oder den Verkauf von bestimmten Finanzinstrumenten oder von Finanzinstrumenten mit bestimmten Merkmalen oder eine Form der Finanztätigkeit oder -praxis vorüberge-

---

236 KOM(2008) 426 endg.

237 *Buck-Heeb*, ZHR 177 (2013), 310 ff; *Cartwright*, Banks, Consumers and Regulation, Oxford 2004; *Clouth*, ZHR 177 (2013), 212 ff; *Danco*, WM 2003, 853 ff; *Devenney/Kenny* (Hrsg.), Consumer Credit, Debt and Investment in Europe, Cambridge 2012; *Dörrie*, ZBB 2005, 121 ff; *Dreher*, VersR 2013, 401 ff; *Ferrarini/Wymeersch*, (Hrsg.), Investor Protection in Europe: Corporate Law Making, the MiFID and Beyond, Oxford 2006; *Felke/Jordans*, NJW 2005, 710 ff; *Fleischer*, in: Schulte-Nölke/Schulze (Hrsg.), Europäisches Vertragsrecht im Gemeinschaftsrecht, 2002, S. 171 ff; *Grigoleit*, ZHR 177 (2013), 264 ff; *Härting/Schirmbacher*, CR 2002, 809 ff; *Heidrich*, Verbraucherschutz in der Kreditwirtschaft, 2000; *Heiss*, IPRax 2003, 100 ff; *Hoppmann/Moos*, NVersZ 1999, 197 ff; *Kessler/Micklitz*, Anlegerschutz in Deutschland, Schweiz, Großbritannien, USA und der Europäischen Gemeinschaft, Baden-Baden 2004; *Klöhn*, ZHR 177 (2013), 349 ff; *Koch/Maurer*, WM 2002, 2443 ff; *König*, WM 2013, 1688 ff; *Matusche*, EU-Verbraucherschutz und deutsches Bankvertragsrecht, 1998; *Moloney*, How to Protect Investors – Lessons from the EC and the UK, Cambridge 2010; *ders.*, EBOR 2012, 169 ff; *Möllers*, N.C.J.Int'l. L. & Com. Reg., 38 (2010/11), 57 ff; *Mülbert*, ZHR 177 (2013), 160 ff; *Reich*, VuR 1993, 10 ff; *Riesenhuber*, WM 1999, 1441 ff; *ders.*, ZBB 2003, 325 ff; *ders.*, ZBB 2014, 134 ff; *Schneider*, VersR 2004, 696 ff; *Schwintowski*, FS für Kümpel, S. 501 ff; *Veil*, ZBB 2006, 162 ff; *Williams*, Law & Policy 2007, 226 ff.

238 Das Gesetz zur Umsetzung der Verbraucherrechterichtlinie wird zum 13.6.2014 in Kraft treten (BGBl. 2013 I, 3642); zur Einbeziehung von Finanzdienstleistungen *Loewenich*, NJW 2014, 1409 ff.

239 Vorgängerin war die RL 87/102/EWG, geändert durch RL 90/88/EWG und RL 98/7/EG und umgesetzt im VerbrKrG (bis 31.12.2001) bzw in §§ 491-507 BGB (ab 1.1.2002); näher zur neuen Verbraucherkredit-RL *Paetz*, WM 2009, 1061 ff; *Piekenbrock/Ludwig*, WM 2012, 2349 ff; *Rott*, WM 2008, 1104 ff; *Siems*, EuZW 2008, 454 ff; zur historischen Entwicklung *Schnauder*, WM 2014, 783 ff.

240 Die RL soll einen der allg. Fernabsatz-RL 97/7/EG, die Finanzdienstleistungen ausnimmt (vgl auch § 312 b Abs. 3 Nr. 3 BGB aF), vergleichbaren Verbraucherschutz sicherstellen und zugleich den besonderen Verhältnissen des Finanzdienstleistungssektors gerecht werden; Umsetzung in Deutschland durch das ÄndG der Vorschriften über Fernabsatzverträge bei Finanzdienstleistungen v. 2.12.2004, BGBl. 2004 I, 3102 in §§ 312b-312 d, 355, 357 BGB, § 1 BGB-InfoV, §§ 5 a, 8, 48a-48 e VVG aF (jetzt §§ 8 f., 152 VVG) und § 14 UklaG; dazu näher *Imschweiler*, Der Fernabsatz von Finanzdienstleistungen, 2008, *Schneider*, VersR 2004, 696 ff; *Riesenhuber*, WM 1999, 1441 ff, *Hoppmann/Moos*, NVersZ 1999, 197 ff; *Heiss*, IPRax 2003, 100 ff; speziell zur Umsetzung *Felke/Jordans*, NJW 2005, 710 ff; *Riehm*, ZBB 2013, 93 ff und *Schultze*, Europarechtliche Grenzen für die nationale Gesetzgebung im Bereich des Electronic Commerce, eine Untersuchung anhand der deutschen Umsetzung der Fernabsatz-Richtlinien sowie der E-Commerce-Richtlinie, Baden-Baden, 2010.

241 S. dazu auch die Mitteilung KOM(2003) 259 der Kommission v. 14.5.2003 an den Rat, das Europäische Parlament und die Europäische Zentralbank „Anwendung von Art. 3 IV bis VI der RL über den elektronischen Geschäftsverkehr auf Finanzdienstleistungen".

242 Mitteilung KOM(2001) 66 der Kommission v. 7.2.2001 an den Rat und das Europäische Parlament über den elektronischen Geschäftsverkehr und die Finanzdienstleistungen.

243 Dazu *König*, WM 2013, 1688 ff; *ders.*, VersR 2013, 1238 ff; *Schürnbrand*, ZBB 2014, 168 ff.

hend oder dauerhaft bzw vorsorglich oder endg. zu verbieten (sog. **Produktintervention**).[244] Die Richtlinie betreffend **Haustürgeschäfte** (RL 85/577/EWG) gilt zwar für Bank- und Wertpapierdienstleistungen unter Einschluss verbundener Geschäfte (zB Kreditgewährung zum Erwerb sog. Schrottimmobilien),[245] nicht jedoch für Versicherungsverträge, da der Abschluss von Versicherungsverträgen an der Haustür einer bis heute nicht verabschiedeten Sonderrichtlinie unterworfen werden sollte.[246] Die RL 93/13/EWG über **AGB**[247] erfasst zwar grds. auch alle Verträge über Finanzdienstleistungen, doch dürfen nach Art. 4 Abs. 2 diejenigen Klauseln, die den Hauptgegenstand eines Vertrages oder das Preis-/Leistungsverhältnis der Dienstleistung beschreiben, nicht als missbräuchlich beurteilt werden.[248] Daher können auch Versicherungsvertragsklauseln, in denen das versicherte Risiko und die Verpflichtung des Versicherers genau festgelegt oder abgegrenzt werden (v. a. Risikoausschlüsse), nicht als missbräuchlich beurteilt werden, sofern diese Einschränkungen bei der Berechnung der vom Verbraucher gezahlten Prämie Berücksichtigung finden.[249] Sie können dann allenfalls in die Beurteilung der Missbräuchlichkeit anderer Klauseln einfließen. Die Klauselkontrolle aufgrund der Richtlinie darf zudem nur nachträglich erfolgen und insb. nicht als Ersatz für die 1994 abgeschaffte präventive Kontrolle von Allgemeinen Versicherungsbedingungen fungieren.[250] Schließlich sieht die am 15.4.2014 verabschiedete RL über die Vergleichbarkeit von Zahlungskontogebühren, den Wechsel von Zahlungskonten und den Zugang zu Zahlungskonten mit grundlegenden Funktionen auf Unionsebene verbraucherfreundliche Transparenzanforderungen im Zusammenhang mit Bankkonten vor (s. Rn 185).

62 Neben den genannten klassischen Verbraucherschutzrichtlinien dienen auch alle aufsichtsrechtlichen Regelungen einschließlich der Richtlinien 94/19/EG (jetzt 2014/49/EU) und 97/9/EG über Einlagensicherungs- bzw Anlegerentschädigungssysteme[251] mittelbar (wenn auch nicht nur) dem Verbraucherschutz (Rn 88). Insoweit wird der Verbraucher im Finanzdienstleistungsbereich auch als Anleger, Einleger, Versicherungsnehmer, Begünstigter oder Zahlungsdienstenutzer geschützt. Daher gehört der Verbraucherschutz inzwischen auch ausdrücklich zu den Aufgaben von EBA, ESMA und EIOPA.[252] Im Finanzdienstleistungsbereich können die allg. verbraucherschutzrechtlichen Grundsätze und Rechtsinstitute (zB Widerrufsrecht)[253] jedoch nicht ohne weiteres zur Anwendung gelangen, da der subjektive Anwendungsbereich der Regelungen nicht an den Status als Verbraucher anknüpft und auch die Verbraucher bei der Inanspruchnahme von Finanzdienstleistungen andere Schutzinteressen (zB langfristiger Schutz während der Dauer der Anlage) als etwa

244 Art. 39 ff VO (EU) 600/2014 (MiFIR); vgl auch Erwägungsgrund 159 und Art. 90 Abs. 1 lit. d RL 2014/65/EU (MiFID II); näher (noch zu den Entwürfen) *Cahn/Müchler*, BKR 2013, 45 ff; *Möllers/Poppele*, ZGR 2013, 437, 463 f.

245 S. dazu nur EuGH, Rs. 229/04 (Crailsheimer Volksbank eG), Slg 2005, I-9215 sowie *Häublein*, NJW 2006, 1553 ff, *Tonner/Tonner*, WM 2006, 505 ff und *Jungmann*, NJW 2007, 1562 ff.

246 Art. 3 Abs. 2 lit. d RL 85/577/EWG, umgesetzt in § 312 Abs. 3 BGB; vgl dazu aber auch noch die Regelung zum Rücktrittsrecht des Lebensversicherungsnehmers in Art. 35 RL 2002/83/EG bzw ab 1.1.2016 in Art. 186 RL 2009/138/EG; s. zudem die für alle Versicherungsnehmer geltende Widerrufsregelung in §§ 8 f VVG und speziell für Lebensversicherungen in § 152 VVG.

247 RL 93/13/EWG des Rates v. 5.4.1993 über missbräuchliche Klauseln in Verbraucherverträgen, ABl. L 95 v. 21.4.1993, S. 29; s. speziell zur Auslagenersatzklausel in den AGB der Banken und Sparkassen *Bork*, WM 2013, 1101 ff.

248 S. hierzu auch *Henkel*, Inhaltskontrolle von Finanzprodukten nach der Richtlinie 93/13/EWG über mißbräuchliche Klauseln in Verbraucherverträgen, Berlin 2004.

249 S. dazu Erwägungsgrund 19 RL 93/13/EWG.

250 S. dazu Erwägungsgrund 23 RL 93/13/EWG.

251 Richtlinien in Deutschland umgesetzt durch das Gesetz zur Umsetzung der EG-Einlagensicherungsrichtlinie und der EG-Anlegerentschädigungsrichtlinie v. 16.7.1998, BGBl. I 1998, 1842; s. auch §§ 1 ff EAEG.

252 S. jeweils Art. 1 Abs. 5 lit. f und Art. 9 ESA-VO (EU) Nr. 1093-1095/2010; zur EIOPA *Dreher*, VersR 2013, 401 ff.

253 *Braunschmidt*, NJW 2014, 1558 ff.

bei dem Kauf eines Verbrauchsguts oder der Inanspruchnahme einer anderen Dienstleistung haben.[254]

Instrumente des klassischen Verbraucherschutzes im Finanzdienstleistungsbereich sind wie sonst auch Informationspflichten,[255] Formvorschriften,[256] Widerrufs- und Rücktrittsrechte,[257] der Schutz vor aufgedrängten Leistungen[258] und unerwünschten Mitteilungen,[259] die Klauselkontrolle,[260] Anforderungen zur Sicherstellung der Seriosität der Anbieter,[261] Beweiserleichterungen[262] sowie wirksame Beschwerde- und Abhilfeverfahren zur Streitbeilegung.[263] Aktuell arbeitet die EU-Kommission vornehmlich in den Bereichen Produktaufklärung (s. hierzu Rn 146) und Vertrieb an diversen Maßnahmen zum Schutz sog. Kleinanleger.[264] 63

254 Näher dazu *Kingsford Smith*, in: Howells et al. (Hrsg.), Handbook of Research on International Consumer Law, Cheltenham 2010, S. 431 ff.

255 S. etwa Art. 3 f RL 2002/65/EG, Art. 4 ff RL 2008/48/EG, Art. 18 Abs. 2, 19 Abs. 3 und Abs. 8 RL 2004/39/EG (ab 3.1.2017 Art. 24 RL 2014/65/EU und Art. 46 VO (EU) Nr. 600/2014) sowie Art. 36 RL 2002/83/EG (ab 31.3.2015 Art. 185 RL 2009/138/EG), Art. 12 f RL 2002/92/EG und Art. 3 ff RL 2010/44/EU.

256 S. etwa Art. 5 RL 2002/65/EG.

257 S. Art. 6 f RL 2002/65/EG, Art. 35 RL 2002/83/EG (ab 1.1.2016 Art. 186 RL 2009/138/EG) und Art. 12 RL 2008/48/EG.

258 S. Art. 9 RL 2002/65/EG.

259 S. Art. 10 RL 2002/65/EG.

260 Nach der grds. Abschaffung der präventiven AVB-Kontrolle im Versicherungsbereich (s. dazu auch die Nachweise in Fn 421) findet sich eine Präventivkontrolle (systematische Vorabmitteilung, aber keine Genehmigungspflicht) nur noch im Bereich der Pflichtversicherungen und der substitutiven Krankenversicherung (s. dazu Art. 6 Abs. 5 und 34 RL 2002/83/EG sowie Art. 8 Abs. 3 RL 73/239/EWG idF der RL 92/49/EWG und Art. 29, 30 Abs. 2, 39, 54 Abs. 1 RL 92/49/EWG; vgl ab 1.1.2016 auch Art. 21, 154, 181, 206 Abs. 1 lit. b RL 2009/138/EG; iÜ kommt es nur zu einer allg. Legalitätskontrolle (Art. 11, 40 Abs. 3 RL 92/49/EWG bzw Art. 13, 45 RL 2002/83/EG bzw ab 31.3.2015 Art. 34 Abs. 1 und ab 1.1.2016 154 Abs. 2, 155 Abs. 1 RL 2009/138/EG) und zur Missbrauchskontrolle nach der Klausel-RL 93/13/EWG (dazu Rn 61).

261 S. etwa Art. 20 RL 2008/48/EG und Art. 4 RL 2002/92/EG.

262 S. etwa Art. 15 RL 2002/65/EG.

263 S. etwa Art. 14 RL 2002/65/EG und Art. 53 RL 2004/39/EG (ab 3.1.2017 Art. 75 RL 2014/65/EU) sowie allg. zur alternativen Streitbeilegung die ADR-RL 2013/11/EU (zur Bedeutung der RL für den Finanzsektor s. Erwägungsgrund 53) und die ODR-VO (EU) Nr. 524/2013; näher zur Förderung der außergerichtlichen Streitbeilegung Rn 17 f.

264 Mitteilung KOM(2009) 204 v. 30.4.2009 Anlageprodukte für Kleinanleger; s. auch schon KOM(2007) 226 endg. Grünbuch über Finanzdienstleistungen für Privatkunden im Binnenmarkt; Vorschlag KOM(2012) 352 endg. v. 3.7.2012 für eine Verordnung des Europäischen Parlaments und des Rates über Basisinformationsblätter für Anlageprodukte.

C. Finanzdienstleistungsaufsicht im Binnenmarkt[265]

I. Anwendungsbereich der Finanzdienstleistungsaufsicht

1. Subjektiver Anwendungsbereich

64 Mit der Umschreibung des subjektiven Anwendungsbereichs des EU-Rechts der Finanzdienstleistungsaufsicht sollen zugleich wichtige Grundbegriffe des EU-Finanzdienstleistungsrechts überhaupt vorgestellt werden. Die Begrifflichkeit des EU-Sekundärrechts ist jedoch bereits in sich nicht einheitlich und stimmt insb. auch nicht mit der durch die Definitionen von § 1 KWG vorgegebenen und ihrerseits systematisch unbefriedigenden deutschen Begrifflichkeit überein. Die Begriffsdefinitionen unterliegen zudem stetem Wandel, was sogar für den Begriff des Kreditinstituts gilt.[266] Zu Recht wird daher von einer nicht nur das KWG betreffenden **babylonischen Begriffsverwirrung** gesprochen.[267] Sie ist zugleich Ausdruck des stets harten Ringens um den subjektiven Anwendungsbereich einer Regulierungsmaßnahme im Gesetzgebungsverfahren und der ausdifferenzierten Regelungsziele.

a) Kreditinstitute[268]

65 Kreditinstitut ist nach Art. 3 Abs. 1 Nr. 1 RL 2013/36/EU (CRD IV) iVm Art. 4 Abs. 1 Nr. 1 VO (EU) Nr. 575/2013 (CRR)[269] ein Unternehmen, dessen Tätigkeit darin besteht, Einlagen oder andere rückzahlbare Gelder des Publikums entgegenzunehmen und Kredite für eigene Rechnung zu gewähren. Das europäische Bankenaufsichtsrecht ist damit durch einen engen Bankbegriff gekennzeichnet. Denn als Kreditinstitute wurden seit der 1. Bankrechtskoordinierungs-RL 77/780/EWG zunächst nur solche privaten oder öffentlich-rechtlichen Unternehmen angesehen, die das klassische Bankgeschäft betreiben, dh als **Einlagenkreditinstitute** gewerbsmäßig Einlagen[270] und andere

265 *Bader*, EuZW 1990, 117; *Balzer*, ZBB 2003, 177 ff; *Baumann*, VersR 1996, 1; *Binder*, ZBB 2009, 187 ff; *Boos*, EuZW 1992, 574 ff; *ders.*, EuZW 1992, 406 ff; *Calliess*, EWS 2000, 432 ff; *Fahr*, VW 1990, 152 ff; *Gratias*, Staatshaftung für fehlerhafte Banken- und Versicherungsaufsicht im Europäischen Binnenmarkt, 1999; Grundmann, Das Europäische Bankaufsichtsrecht wächst zum System, 1990; *Gruner-Schenk*, Harmonisierung des Bankaufsichtsrechts, 1995; *Hahn/Wild*, Grenzüberschreitende Bankdienstleistungen in der EU, EuZW 2006, 107 ff; *Hammen*, WM 1998, 741 ff; *Hanten*, ZBB 2002, 245 ff; *Heinrich*, ZBB 2003, 230 ff; *Hellenthal*, Das Bankenaufsichtsrecht der Europäischen Gemeinschaft, 1992; *Höhns*, Die Aufsicht über Finanzdienstleister, 2002; *Jörgens*, Die koordinierte Aufsicht über europaweit tätige Bankengruppen, 2002; Lehmann, Ordo 2013, 327 ff; *Lehmann/Manger-Nestler*, EuZW 2010, 87 ff; *dies.*, ZBB 2014, 2 ff; *Lembke*, Eine Aufsichtsbehörde für den europäischen Kapitalmarkt, Frankfurt/M, 2010; *Mönnig*, VW 1999, 636 ff; *Mülbert*, BKR 2006, 349; *H. Müller*, Versicherungsbinnenmarkt, 1995; *Präve*, ZfV 1996, 58 ff; *Norton/Cheng/Fletcher* (Hrsg.), International Banking Regulation and Supervision, 1994; *Ohler*, Europäische Kapital- und Zahlungsverkehrsfreiheit, 2002; *ders.*, DVBl. 2002, 880 ff; *ders.*, WM 2002, 162 ff; *Pitschas* (Hrsg.), Integrierte Finanzdienstleistungsaufsicht, 2002; *Pitschas/Gille*, Verwaltungs-Archiv 2003, 68 ff; *Royla*, Grenzüberschreitende Finanzmarktaufsicht in der EG, 2000; *Schlag*, Grenzüberschreitende Verwaltungsbefugnisse im EG-Binnenmarkt, 1998; *U. H. Schneider/Troberg*, WM 1990, 165 ff; *Schnyder*, Internationale Versicherungsaufsicht zwischen Kollisionsrecht und Wirtschaftsrecht, 1989; *Strub*, Bankdienstleistungen im Binnenmarkt, 1994; *Usher*, The Law of Money and Financial Services in the European Community, 2. Aufl. 2000; *Voge*, WM 2007, 381; *Winkelmüller*, Verwaltungskooperation bei der Wirtschaftsaufsicht im EG-Binnenmarkt, 2002; *Wymeersch*, CMLRev. 2005, 987.

266 S. zu vier unterschiedlichen Definitionen in zehn Jahren Art. 1 Nr. 1 RL 2000/12/EG, Art. 1 Nr. 1 RL 2000/28/EG, Art. 20 Nr. 1 lit. a RL 2009/110/EG und Art. 4 Abs. 1 Nr. 1 VO (EU) Nr. 575/2013; s. zum Begriff des Kreditinstituts noch näher Rn 65.

267 *Weber/Nägele*, ZKW 1998, 753.

268 *Kusserow*, WM 2013, 1581 ff; *Tröger*, ZBB 2013, 373 ff; *Tusch*, WM 2013, 632 ff; *van Kann/Rosak*, NZG 2013, 572 ff; *Velte/Buchholz*, ZBB 2013, 400 ff.

269 Umgesetzt in Deutschland durch das Gesetz zur Umsetzung der Richtlinie 2013/36/EU über den Zugang zur Tätigkeit von Kreditinstituten und die Beaufsichtigung von Kreditinstituten und Wertpapierfirmen und zur Anpassung des Aufsichtsrechts an die Verordnung (EU) Nr. 575/2013 über Aufsichtsanforderungen an Kreditinstitute und Wertpapierfirmen (CRD-IV-Umsetzungsgesetz) v. 28.8.2013, BGBl. I 2013, 3395.

270 Der Begriff wird in der RL 2013/36/EU bzw VO (EU) Nr. 575/2013 nicht näher definiert; Art. 4 Abs. 1 Nr. 1 VO (EU) Nr. 575/2013 lässt lediglich erkennen, dass es sich um rückzahlbare Gelder des Publikums handelt; nähere Anhaltspunkte vermag jedoch noch Art. 1 Nr. 1 RL 94/19/EG über Einlagensicherungssysteme zu geben.

rückzahlbare Gelder[271] des Publikums entgegennehmen, um damit Kredite[272] für eigene Rechnung zu gewähren. Die damit verbundene Verzerrung des Wettbewerbs zwischen Banken und reinen Wertpapierdienstleistungsunternehmen wurde erst durch die Wertpapierdienstleistungs-RL 93/22/EWG weitgehend beseitigt. Soweit Kreditinstitute auch Wertpapierdienstleistungen erbringen, gilt ergänzend die RL 2004/39/EG (ab 3.1.2017 RL 2014/65/EU).[273] Betreibt ein Unternehmen gewerbsmäßig nur das Einlagengeschäft, ist dieses kein Kreditinstitut und kann für diese grds. von den Mitgliedstaaten zu verbietende Tätigkeit grds. auch keine Zulassung erhalten (Art. 9 RL 2013/36/EU).

b) E-Geld-Institute[274]

Art. 2 Nr. 1 **RL 2009/110/EG**[275] definiert das E-Geld-Institut als eine juristische Person, die nach Titel II der RL eine Zulassung für die Ausgabe von E-Geld erhalten hat. E-Geld (zB Geldkarte, PayPal) ist dabei jeder elektronisch (auch magnetisch) gespeicherte Wert in Form einer Forderung gegenüber dem Emittenten, der gegen Zahlung eines Geldbetrags ausgestellt wird, um damit Zahlungsvorgänge iSv Art. 4 Nr. 5 RL 2007/64/EG durchzuführen, und der auch von anderen natürlichen oder juristischen Personen als dem E-Geld-Emittenten angenommen wird (Art. 2 Nr. 2 RL 2009/110/EG). Da E-Geld für Zahlungen und nicht zu Sparzwecken verwendet wird, stellt die Ausgabe von E-Geld als solche keine Entgegennahme von Einlagen iSv Art. 4 Abs. 1 Nr. 1 VO (EU) Nr. 575/2013 dar. Die RL 2009/110/EG verweist an zahlreichen Stellen auf die Bestimmungen der RL 2006/48/EG (solche Verweise sind gemäß Erwägungsgrund 97 RL 2013/36/EU als Verweis auf diese RL zu lesen), um soweit wie möglich gleiche Wettbewerbsbedingungen zwischen E-Geld- und Kreditinstituten herzustellen. Sie enthält daneben aber auch einige teils strengere und teils weniger strenge Sonderregelungen (zB Erfordernis eines Anfangskapitals von 350.000 EUR, Eigenmittelanforderungen), um den spezifischen Risiken des E-Geld-Geschäfts angemessen Rechnung zu tragen. E-Geld-Instituten ist es insb. nicht gestattet, Kredite aus Geldern zu gewähren, die sie für die Durchführung von E-Geld-Transaktionen entgegennehmen oder halten, bzw für E-Geld-Guthaben Zinsen oder andere Vorteile zu gewähren. 66

c) Finanzinstitute

Der Begriff des Finanzinstituts wird im Unionsrecht **nicht einheitlich** verwendet. Im Bankenaufsichtsrecht bezeichnet er zunächst gem. Art. 4 Abs. 1 Nr. 26 VO (EU) Nr. 575/2013 in einem engen Sinne ein Unternehmen, das kein Kreditinstitut (Rn 65) und keine Wertpapierfirma (Rn 69) ist und dessen Haupttätigkeit darin besteht, Beteiligungen zu erwerben oder eines oder mehrere der Geschäfte zu betreiben, die in den Nr. 2 bis 12 und 15 von Anh. I der RL 2013/36/EU aufgelistet sind (zB Finanzierungsleasing, Wertpapierhandel, Geldwechselgeschäfte). In anderen Bereichen werden hingegen unter dem Begriff des Finanzinstituts wie auch demjenigen des Finanzunternehmens[276] oder des Unternehmens der Finanzbranche[277] (fast) alle Finanzdienstleistungsunternehmen (Kreditinstitute, Versicherungsunternehmen, Wertpapierfirmen und OGAW) zusammengefasst,[278] 67

271 Hierzu zählen Finanzierungsinstrumente (Schuldverschreibungen, andere Wertpapiere), bei denen die Rückzahlbarkeit zum Wesen gehört oder vereinbart wurde; dazu EuGH, Rs. C-366/97 (Romanelli), Slg 1999, I-855, Rn 15 ff; zur Regulierung *Kusserow*, WM 2013, 1581 ff.

272 Anhaltspunkte für den Begriff des Kredits lassen sich der für einen Teilbereich der RL aus der Definition des Begriffs der „Risikoposition" in Art. 389 VO (EU) Nr. 575/2013 entnehmen (vgl auch früher Art. 106 Abs. 1 Unterabs. 1 RL 2006/48/EG).

273 S. dazu die Verweisnorm Art. 1 Abs. 2 RL 2004/39/EG (ab 3.1.2017 Art. 1 Abs. 3 RL 2014/65/EU).

274 *Hladjk*, MMR 2001, 731 ff.

275 Umgesetzt in Deutschland durch das Gesetz zur Umsetzung der Zweiten E-Geld-Richtlinie v. 1.3.2011, BGBl. I 2011, 288.

276 S. dazu etwa Art. 1 RL 95/26/EG.

277 S. dazu etwa Art. 4 Abs. 1 Nr. 27 VO (EU) Nr. 575/2013 (in der Definition bezeichnet der Begriff des Finanzinstituts dabei dann eine Untergruppe von Unternehmen der Finanzbranche).

278 Art. 127 Abs. 6 AEUV.

wobei wiederum teilweise die Kreditinstitute[279] oder die Versicherungsunternehmen[280] ausgenommen werden. Finanzinstitute ieS genießen die sekundärrechtliche Freizügigkeit im Binnenmarkt nach Art. 35 RL 2013/36/EU nur als Tochtergesellschaft eines Kreditinstituts und unter den weiteren dort genannten Voraussetzungen.

d) Zahlungsinstitute[281]

68 Eine juristische Person, die kein Kreditinstitut (Rn 65), E-Geld-Institut (Rn 66), Postscheckamt, keine Zentralbank, kein Mitgliedstaat und keine Gebietskörperschaft ist, jedoch gewerblich Zahlungsdienste im EWR erbringen möchte (Zahlungsinstitut iSv Art. 4 Nr. 4 iVm Art. 10 RL 2007/64/EG), bedarf hierfür grds. (Art. 29; Ausnahmen nach Art. 26) einer Zulassung im Herkunftsmitgliedstaat nach Art. 10 iVm Art. 5 ff RL 2007/64/EG. Die Zulassung ist zu beantragen (Art. 5), ist insb. an bestimmte Eigenmittelanforderungen gebunden (Art. 6 ff), wird registriert (Art. 13), kann entzogen werden (Art. 12) und erstreckt sich ggf noch auf weitere als die im Anh. der Richtlinie aufgeführten Zahlungsdienste (Art. 16). Die Durchführung der Aufsicht richtet sich nach Art. 20 ff (zu den privatrechtlichen Regelungen der RL 2007/64/EG s. Rn 183 f). Die aufsichtsrechtlichen Teile der RL 2007/64/EG wurden mit dem Zahlungsdiensteaufsichtsgesetz (ZAG)[282] und der Zahlungsinstituts-Eigenkapitalverordnung (ZIEV)[283] umgesetzt. Aktuell steht der Vorschlag der EU-Kommission für eine neue Zahlungsdienste-RL (PSD II) im Raum.[284]

e) Wertpapierfirmen[285]

69 Der wegen der gleichzeitigen Verwendung des Begriffs der Firma als bloßer Name (vgl zB Art. 19 RL 2013/36/EU und §§ 17 ff HGB) problematische Begriff der Wertpapierfirma wird im Unionsrecht **nicht einheitlich** definiert. Nach Art. 4 Abs. 1 Nr. 1 der **MiFID I-RL 2004/39/EG** (ab 3.1.2017 Art. 4 Abs. 1 Nr. 1 **MiFID II-RL 2014/65/EU**), die durch die RL 2006/73/EG konkretisiert und 2007 in Deutschland umgesetzt wurde,[286] handelt es sich grds. um eine juristische Person, die im Rahmen ihrer üblichen beruflichen oder gewerblichen Tätigkeit gewerbsmäßig eine oder mehrere Wertpapierdienstleistungen für Dritte erbringt und/oder eine oder mehrere Anlagetätigkeiten ausübt. Wertpapierdienstleistungen und Anlagetätigkeiten sind dabei nach Art. 4 Abs. 1 Nr. 2 RL 2004/39/EG (bzw RL 2014/65/EU) die in Anh. I Abschn. A genannten Tätigkeiten,[287] die sich auf eines der Finanzinstrumente in Anh. I Abschn. C[288] der RL 2004/39/EG (bzw RL 2014/65/EU) bezieht. Nur teilweise erfasst werden die in Anh. I Abschn. B aufgeführten Nebendienstleistun-

---

279 So in Art. 3 Nr. 2 RL 2005/60/EG.

280 So noch in Art. 1 Abs. 2 Jahresabschluss-RL 78/660/EWG (aufgehoben durch RL 2013/34/EU) und in dem auf ihn verweisenden Art. 2 Abs. 1 lit. b RL 86/635/EWG.

281 *Derleder*, NJW 2009, 3195 ff; *Lohmann/Koch*, WM 2008, 57 ff; *Manger-Nestler*, EuZW 2008, 332 ff; *Schäfer/Lang*, BKR 2009, 11 ff.

282 Gesetz über die Beaufsichtigung von Zahlungsdiensten (ZAG) v. 26.6.2009, BGBl. 2006 I, 1506.

283 Verordnung über die angemessene Eigenkapitalausstattung von Zahlungsinstituten (Zahlungsinstituts-Eigenkapitalverordnung – ZIEV), BGBl. 2009 I, 3643 ff.

284 KOM(2013) 547 endg.; dazu *Linardatos*, WM 2014, 300 ff und *Spindler/Zahrte*, BKR 2014, 265 ff.

285 *Balzer*, ZBB 2003, 177 ff; *Fuchs*, Wertpapierhandelsgesetz (WpHG) – Kommentar, 2009; *Gomber/Jäger*, ZBB 2014, 40 ff; *Hirschberg*, AG 2006, 398 ff; *Hirte/Möllers*, Kölner Kommentar zum Wertpapierhandelsgesetz (WpHG), Köln 2007; *Kühne*, BKR 2005, 275 ff; *Seyfried*, WM 2006, 1375 ff; *Spindler/Kasten*, AG 2006, 785 ff; *Weichert/Wenninger*, WM 2007, 627 ff.

286 Gesetz zur Umsetzung der Richtlinie über Märkte für Finanzinstrumente (RL 2004/39/EG, MiFID) und der Durchführungsrichtlinie (RL 2006/73/EG) der Kommission (Finanzmarkt-Richtlinie-Umsetzungsgesetz, FRUG) v. 16.7.2007, BGBl. I 2007, 1330; näher zur Umsetzung *Fleischer*, BKR 2006, 389 ff; *Kasten*, BKR 2007, 261 ff; *Mülbert*, WM 2007, 1149 ff; *Schlicht*, BKR 2006, 469 ff; *Spindler/Kasten*, WM 2007, 1245 ff; *Zingel*, BKR 2007, 173 ff.

287 Erfasst sind (bezogen auf Finanzinstrumente) die Annahme und Übermittlung von Aufträgen, die Ausführung von Aufträgen im Namen von Kunden, der Handel für eigene Rechnung, die Portfolio-Verwaltung (s. dazu auch *EuGH, Rs. C-356/00 (Testa und Lazzeri)*, Slg 2002, I-10797), die Anlageberatung, die Emission, die Platzierung mit und ohne feste Übernahmeverpflichtung und der Betrieb eines MTF und nach MiFID II auch eines OTF.

288 Erfasst sind übertragbare Wertpapiere, Geldmarktinstrumente, OGAW-Anteile und verschiedene Derivatkontrakte sowie nach MiFID II auch Emissionszertifikate.

gen.[289] Nicht erfasst sind nach wie vor Dienstleistungen auf dem sog. grauen Kapitalmarkt etwa im Zusammenhang mit Beteiligungen an geschlossenen Immobilienfonds oder Publikumspersonengesellschaften. Die Mitgliedstaaten können zudem Personengesellschaften und natürliche Personen als Wertpapierfirmen ansehen, wenn Dritte durch zusätzliche Voraussetzungen und Vorkehrungen in vergleichbarer Weise geschützt sind. Eine besondere Art von Wertpapierfirmen sind sog. **„systematische Internalisierer"**, die in organisierter und systematischer Weise häufig in erheblichem Umfang und außerhalb eines Handelsplatzes (geregelter Markt, MTF, OTF) Handel für eigene Rechnung treiben (vgl Art. 4 Abs. 1 Nr. 7 RL 2004/39/EG bzw Art. 4 Abs. 1 Nr. 20 RL 2014/65/EU). Die Wertpapierfirmen unterliegen den aufsichtsrechtlichen Regelungen der Art. 5 ff RL 2004/39/EG (ab 3.1.2017 Art. 5 ff RL 2014/65/EU). Enger wird der Begriff der Wertpapierfirma im Bankenaufsichtsrecht durch Art. 3 Abs. 1 Nr. 2 **RL 2013/36/EU** iVm Art. 4 Abs. 1 Nr. 2 VO (EU) Nr. 575/2013 definiert, da dort insb. Kreditinstitute und lokale Firmen explizit ausgeschlossen werden. Dafür enthält die RL 2013/36/EU zahlreiche Regelungen für die Aufsicht über „Institute", einem Begriff, unter dem nach Art. 3 Abs. 1 Nr. 3 RL 2013/36/EU iVm Art. 4 Abs. 1 Nr. 3 VO (EU) Nr. 575/2013 Kreditinstitute und Wertpapierfirmen zusammengefasst werden. Mit der **RL 2014/65/EU (MiFID II)**,[290] die bis 3.7.2016 umzusetzen und ab 3.1.2017 anzuwenden sein wird (Art. 93 MiFID II), werden die Wertpapierfirmen einer umfassenden Neuregelung unterworfen. Mit der neuen RL wird eine deutliche Ausweitung des Anwendungsbereichs (Einbeziehung u.a. von Warenderivaten, Energiekontrakten mit effektiver Lieferung, Emissionszertifikaten und strukturierten Finanzprodukten) verbunden sein (s. auch noch Rn 70). Die Regeln zu Vermögensverwaltung und Anlageberatung (zB Honoraranlageberatung)[291] sowie zur Sanktionierung wurden neu gefasst, um insb. den Anlegerschutz zu verstärken. Der Hochfrequenzhandel (HFT; High-Frequency Trading),[292] bei dem ein Handelssystem Daten oder Signale des Marktes in hoher Geschwindigkeit analysiert und anschließend innerhalb einer sehr kurzen Zeit der Analyse entsp. Aufträge in großer Anzahl sendet oder aktualisiert bzw storniert (s. Erwägungsgrund 61), wird nicht verboten, sondern verlangsamt. Er ist zudem mit Notfallsicherungen (circuit breakers) auszustatten, damit der Handel bei kurzfristig erheblichen Preisbewegungen vorübergehend eingeschränkt oder eingestellt werden kann (Art. 48). Sodann sollen Obergrenzen für Positionen im Handel mit Rohstoffen ohne zugrunde liegende reale Handelsgeschäfte helfen, starke Schwankungen bei Lebensmittel- und Energiepreisen zu verhindern. Weiter wird der Marktzugang für Wertpapierfirmen aus Drittstaaten (sog. Drittlandfirmen) einheitlich geregelt (Art. 39 ff).

f) Marktbetreiber und Handelsplätze (RM, MTF, OTF)[293]

Nach Art. 4 Abs. 1 Nr. 13 RL 2004/39/EG (bzw Art. 4 Abs. 1 Nr. 18 MiFID II-RL 2014/65/EU) 70
sind **Marktbetreiber** Personen (oder auch nur eine Person), die das Geschäft eines geregelten Marktes verwalten und/oder betreiben, wobei der geregelte Markt auch selbst Marktbetreiber sein kann. Als **geregelten Markt** (Regulated Market, RM) definiert Art. 4 Abs. 1 Nr. 14 RL 2004/39/EG (bzw Art. 4 Abs. 1 Nr. 21 MiFID II) ein von einem Marktbetreiber betriebenes und/oder verwaltetes multilaterales System (dazu jetzt Art. 4 Abs. 1 Nr. 19 MiFID II), das die Interessen einer Vielzahl Dritter am Kauf und Verkauf von Finanzinstrumenten innerhalb des Systems und nach seinen nichtdiskretionären Regeln in einer Weise zusammenführt oder das Zusammenführen fördert, die zu einem Vertrag in Bezug auf Finanzinstrumente führt, die gemäß den Regeln und/oder den Syste-

289 Zu diesen gehören (bezogen auf Finanzinstrumente) die Verwahrung und Verwaltung für Rechnung von Kunden, die Gewährung von Krediten oder Darlehen an Anleger für Geschäfte unter Beteiligung des Darlehensgebers, die finanzmarktorientierte Unternehmensberatung, Devisengeschäfte, die Wertpapier- und Finanzanalyse, emissionsbezogene Dienstleistungen und konnexe Dienstleistungen hinsichtlich der Basiswerte bestimmter nicht auf Finanzinstrumente bezogener Derivate.

290 S. dazu auch das Konsultationspapier 2014/549 der ESMA vom 22.5.2014; noch zu den Entwürfen von MiFID II *Geier/Schmitt*, WM 2013, 915 ff und *Veil/Lerch*, WM 2012, 1557 ff, 1605 ff.

291 S. zu dieser in Deutschland das Honoraranlageberatungsgesetz BGBl. 2013 I, 2390 sowie (auch zum EU-Recht) *Herresthal*, WM 2014, 773 ff; *Müchler/Trafkowski*, ZBB 2013, 101 ff und *Reiter/Methner*, WM 2013, 2053 ff.

292 Dazu *Kindermann/Coridaß*, ZBB 2014, 178 ff.

293 *Gomber/Hirschberger*, AG 2006, 777 ff; *Gomber/Chlistalla/Groth*, ZBB 2008, 2 ff.

men des Marktes zum Handel zugelassen wurden, sowie eine Zulassung erhalten hat und ordnungsgemäß und gemäß den Bestimmungen der Art. 36 ff (bzw Art. 44 ff MiFID II) funktioniert.[294] Ein (börsenähnliches) **multilaterales Handelssystem** (Multilateral Trading Facility, MTF) ist nach Art. 4 Abs. 1 Nr. 15 RL 2004/39/EG (bzw Art. 4 Abs. 1 Nr. 22 MiFID II) ein von einer Wertpapierfirma (Rn 69) oder einem Marktbetreiber betriebenes multilaterales System, das die Interessen einer Vielzahl Dritter am Kauf und Verkauf von Finanzinstrumenten innerhalb des Systems und nach nichtdiskretionären Regeln in einer Weise zusammenführt, die zu einem Vertrag gemäß den Bestimmungen der Art. 5 ff RL 2004/39/EG (bzw Art. 5 ff MiFID II) führt. MiFID II sieht für MTF, die auf die Bedürfnisse kleinerer und mittlerer Emittenten zugeschnitten sind, auch eine Möglichkeit zur Registrierung als sog. „KMU-Wachstumsmarkt“ vor (Art. 33). Die Definition der MTF erfasst nur einen Teil der bestehenden börsenähnlichen Systeme.[295] Mit ihrer Zulassung und dem Wegfall des Börsenvorrangs[296] wollte die RL 2004/39/EG den Wettbewerb der Ausführungsplätze fördern.[297] Mit MiFID II und MiFIR werden nunmehr – wenn auch weniger streng – zusätzlich sog. **organisierte Handelssysteme** (Organised Trading Facilities, OTF) reguliert, dh andere, zumeist automatisierte Formen der organisierten Zusammenführung von Kauf- und Verkaufsinteressen, die zu einem Vertrag nach Art. 5 ff RL 2014/65/EU führen (Art. 4 Abs. 1 Nr. 22 MiFID II) und auf den Handel von Anleihen und Derivaten (nicht aber Aktien) beschränkt sind. Im Gegensatz zu geregelten Märkten und MTF besteht bei OTF ein Ermessensspielraum bei der Zusammenführung von Kundenaufträgen. Geregelte Märkte, MTF und OTF haben somit gemeinsam, dass dort Handel betrieben wird, weshalb MiFID II hierfür auch den Oberbegriff „Handelsplatz“ verwendet (Art. 4 Abs. 1 Nr. 24). MiFID II strebt damit an, ab 3.1.2017 alle multilateralen Systeme für Finanzinstrumente zu erfassen und – wenn auch nicht einheitlich – zu regulieren (s. Art. 1 Abs. 7 RL 2014/65/EU).

71 Geregelte Märkte und ihre Betreiber unterliegen der Aufsicht nach Art. 36 ff RL 2004/39/EG (Art. 44 MiFID II). Für die Marktbetreiber von MTF (ab 3.1.2017 auch OTF) gelten unter MiFID II weiterhin die aufsichtsrechtlichen Zulassungsregelungen (Art. 5 ff MiFID II) für Wertpapierfirmen (Art. 5 Abs. 2) mit einigen besonderen Anforderungen (Art. 18 bis 20 MiFID II) und Zusatzbestimmungen (zB Art. 19 f, 31 f, 38 MiFID II), da der Betrieb von MTF und OTF als **Wertpapierdienstleistung** gilt (Art. 4 Abs. 1 Nr. 2 iVm Anh. I Abschn. A Nr. 8 und 9 MiFID I und II). Die damit ermöglichte größere Freizügigkeit bedeutet für alle drei Markttypen, dass sie auch in anderen Mitgliedstaaten grds. ohne weitere Anforderungen Handelssysteme zum Zwecke der Herstellung des Marktzugangs, der Orderausführung und der Abrechnung betreiben bzw nutzen können (Art. 33 ff MiFID I bzw Art. 36 ff MiFID II).[298] Der deutsche Gesetzgeber ist den sich aus den MTF-Regelungen ergebenden Vorgaben in Art. 31 f, 31 g und 36 a WpHG[299] nachgekommen, womit er entgegen der Forderung des Finanzausschusses und des Bundesrats, die MTF im BörsG zu regeln,[300] der unionsrechtlichen Regelungssystematik (Qualifikation des Betriebs eines MTF als Wertpapierdienstleistung) gefolgt ist und die MTF der Aufsicht durch die BaFin unterstellt hat. Die Umsetzung von MiFID II hat bis zum 3.7.2016 zu erfolgen.

---

294 Dazu EuGH, Rs. C-248/11 (Rareş Doralin Nilaş u.a.), EuZW 2012, 350 (Eintragung in das Register nach Art. 47 MiFID nicht konstitutiv).

295 *Balzer*, ZBB 2003, 177, 181 f.

296 Dazu eingehend *Bodura*, Die Frage des Börsenzwangs in der deutschen börsenrechtlichen Diskussion des 20. Jahrhunderts, 2010; mit MiFiD II sollen allerdings wieder Obergrenzen für den außerbörslichen Handel von Aktien eingeführt werden.

297 *Weber*, NJW 2007, 3688, 3689 f.

298 In diesem Bereich bemüht sich die von einer Sachverständigengruppe (CESAME; seit 2008 CESAME II) beratene EU-Kommission seit längerem (s. dazu insb. KOM(2004) 312 endg.) um eine Beseitigung der zahlreichen technischen und rechtlichen Abwicklungshemmnisse, die im Anschluss an zwei Berichte der sog. Giovannini-Gruppe von 2001 und 2003 als "Giovannini-Barrieren" (sechs Hindernisse im Bereich der Nachhandelstätigkeiten und neun dem öffentlichen Sektor zugeschriebene Hindernisse) bezeichnet werden.

299 Näher *Fuchs*, in: Fuchs (Hrsg.), § 31 f und § 31 g WpHG und *Schlette/Bouchon*, in: Fuchs (Hrsg.), § 36 a WpHG.

300 BR-Drucks. 833/06, S. 11 und BT-Drucks. 16/4037, S. 4.

g) Datenbereitstellungsdienste (APA, CTP, ARM)

Die **RL 2014/65/EU** (**MiFID II**) statuiert für die drei Datenbereitstellungstätigkeiten APA, CTP und ARM eine Zulassungspflicht durch die Herkunftsmitgliedstaaten, sofern die Datenbereitstellung als übliche berufliche oder gewerbliche Tätigkeit ausgeübt wird (Art. 59). Die Zulassung als Genehmigtes Veröffentlichungssystem (Approved Publication Arrangement, **APA**) gibt die Berechtigung, im Namen von Wertpapierfirmen die nach Art. 20 f MiFIR und Art. 64 Abs. 2 MiFID II vorgeschriebenen Handelsauskünfte zu veröffentlichen (Art. 4 Abs. 1 Nr. 52 MiFID II). Die zugelassenen Bereitsteller konsolidierter Datenticker (Consolidated Tape Providers, **CTP**) haben das Recht, verschiedene Informationen, die zu Finanzinstrumenten nach MiFIR zu veröffentlichen sind, auf RM, MTF, OTF (Rn 70) und APA zu erheben, um sie in einem kontinuierlichen elektronischen Live-Datenstrom zu konsolidieren, über den Preis- und Handelsvolumendaten pro Finanzinstrument abrufbar sind (Art. 4 Abs. 1 Nr. 53 MiFID II und Art. 65 Abs. 1 MiFID II). Genehmigte Meldemechanismen (Approved Reporting Mechanisms, **ARM**) können schließlich im Namen von Wertpapierfirmen Einzelheiten zu Geschäften an die zuständigen Behörden oder die ESMA melden (Art. 4 Abs. 1 Nr. 54 MiFID II). Die Zulassung für den Betrieb eines Handelsplatzes durch Wertpapierfirmen und Marktbetreiber schließt die Erbringung von Datenbereitstellungsdienstleistungen mit ein, sofern die diesbzgl Voraussetzungen erfüllt sind (Art. 59 Abs. 2 MiFID II). 72

h) Ratingagenturen[301]

Die Ratingagenturen wurden mit der **VO (EG) Nr. 1060/2009** (CRA I; grundlegend novelliert durch die CRA II-VO (EU) Nr. 513/2011 und die CRA III-VO (EU) Nr. 462/2013) einer Regulierung und Aufsicht unterworfen (s. auch noch Rn 149).[302] Nach Art. 1 soll die VO die Integrität, Transparenz, Verantwortung, gute Unternehmensführung und Verlässlichkeit von Ratingtätigkeiten fördern und zur Verbesserung der Qualität von in der EU abgegebenen Ratings beitragen und gleichzeitig ein hohes Maß an Verbraucher- und Anlegerschutz gewährleisten. Hierzu werden die Bedingungen für die Abgabe von Ratings sowie Organisations- und Verhaltensregeln für Ratingagenturen festgelegt, die Interessenkonflikte vermeiden sowie deren Unabhängigkeit und den Verbraucher- bzw Anlegerschutz fördern sollen. Ratingagenturen sind nach Art. 3 Abs. 1 lit. b Rechtspersönlichkeiten, deren Tätigkeit die gewerbsmäßige Abgabe von Ratings umfasst. Dies sind Bonitätsurteile in Bezug auf ein Unternehmen oder ein Finanzinstrument bzw dessen Emittenten anhand eines festgelegten und definierten Einstufungsverfahrens für Ratingkategorien (Art. 3 Abs. 1 lit. a und h). Hat die Ratingagentur ihren Sitz in der EU, bedarf sie zur Ausübung ihrer Tätigkeit (Art. 2 Abs. 1) der Registrierung (Art. 14 ff idF der VO (EU) Nr. 513/2011; dazu Rn 101) und unterliegt der kontinuierlichen Aufsicht (Art. 21 ff idF der VO (EU) Nr. 513/2011) durch die ESMA. Die Aufsicht umfasst namentlich die Verfahren und Methoden zur Abgabe und Überprüfung von Ratings sowie die Handhabung von Interessenkonflikten. Hingegen dürfen die ESMA, die Kommission und die Behörden der Mitgliedstaaten keinen Einfluss auf den Inhalt der Ratings oder die Methoden nehmen (Art. 23 idF der VO (EU) Nr. 513/2011). Die registrierten Ratingagenturen sind auf der Webseite der ESMA publiziert.[303] Bei Nichtregistrierung hat die betroffene Agentur die Möglichkeit zur Beschwerde beim gemeinsamen Beschwerdeausschuss der drei ESA.[304] Mit der CRA III-Reform (Rn 149) sollte die Qualität des Ratingprozesses (insb. Verringerung von Interes- 73

301 *Amort*, EuR 2013, 272 ff; *Arntz*, ZBB 2013, 318 ff; *Blaurock*, ZGR 2007, 603 ff; *ders.*, EuZW 2013, 608 ff; *Boxberger/Klebeck*, BKR 2013, 441 ff; *Däubler*, NJW 2003, 1096 f; *Deipenbrock*, WM 2009, 1165 ff; *Dutta*, WM 2013, 1729 ff; *Eisen*, Haftung und Regulierung internationaler Ratingagenturen, 2008; *Gietzelt/Ungerer*, GPR 2013, 333 ff; *Jobst/Kapoor*, WM 2013, 680 ff; *Meeh-Bunse/Hermeling/Schomaker*, WM 2014, 1464 ff; *Möllers*, JZ 2009, 861 ff; *Röh*, BKR 2008, 174 ff; *Wojcik*, NJW 2013, 2385 ff.

302 S. für Deutschland auch noch das Ausführungsgesetz zur EU-Ratingverordnung (RatingVAG) vom 14.6.2010, BGBl. 2010 I, S. 786.

303 http://www.esma.europa.eu/page/List-registered-and-certified-CRAs.

304 Zu einem Beispiel s. Board of Appeal of the European Supervisory Authorities v. 13.1.2014 (http://www.eba.europa.eu/-/board-of-appeal-of-the-european-supervisory-authorities-dismisses-appeal-made-by-a-refused-cra-applicant-against-esma).

senkonflikten) und der Länderratings erhöht, mehr Transparenz durch eine europäische Ratingplattform geschaffen sowie das Abstützen der Märkte auf Ratings reduziert werden. Außerdem sollten Ratingagenturen bei vorsätzlichen oder grob fahrlässigen Verstössen gegen die Ratingagenturen-VO für Schäden haftbar gemacht werden können. Am 5.5.2014 hat die EU-Kommission zudem mit dem Ziel der Wettbewerbsförderung einen Bericht über die mögliche Vernetzung von kleineren Ratingagenturen verabschiedet.

i) Organismen für gemeinsame Anlagen[305]

aa) Organismen für gemeinsame Anlagen in Wertpapieren (OGAW)

74 Organismen für gemeinsame Anlagen in Wertpapieren (OGAW) sind nach Art. 1 Abs. 2 **RL 2009/65/EG**[306] (zuvor Art. 1 Abs. 2 RL 85/611/EWG) Unternehmen, deren ausschließlicher Zweck es ist, beim Publikum beschaffte Gelder für gemeinsame Rechnung nach dem Grundsatz der Risikostreuung in Wertpapieren und/oder anderen in Art. 50 Abs. 1 genannten liquiden Finanzanlagen, welche die Kommission durch delegierte Rechtsakte weiter präzisieren kann (Abs. 4), anzulegen, und deren Anteile auf Verlangen der Anteilsinhaber zu Lasten des Vermögens dieser Organismen zurückgenommen oder ausgezahlt werden. Wertpapiere sind nach Art. 2 lit. n Aktien und andere, den Aktien gleichwertige Wertpapiere, Schuldverschreibungen und sonstige verbriefte Schuldtitel sowie alle anderen marktfähigen Wertpapiere, die zum Erwerb solcher Wertpapiere durch Zeichnung oder Austausch berechtigen. Andere Finanzanlagen als Wertpapiere sind nach Art. 50 Abs. 1 OGAW-Anteile, Derivate, kurzfristige Bankeinlagen und Geldmarktinstrumente iSv Art. 2 lit. o. Nicht zu den OGAW gehören nach Art. 3 geschlossene Fonds, nicht beim Publikum beworbene interne Sondervermögen und Drittlandfonds. Die OGAW können je nach einzelstaatlichem Recht die **Rechtsform** eines von einer Verwaltungsgesellschaft verwalteten Investmentfonds, eines Trusts oder einer Investmentgesellschaft haben (Art. 1 Abs. 3). Das deutsche KAGB sieht danach als Rechtsformen das Sondervermögen, die offene und geschlossene InvestAG[307] sowie die offene und geschlossene InvestKG[308] vor.

75 Ein OGAW unterliegt zunächst selbst als Investmentfonds (einschließlich Trusts) oder Investmentgesellschaft (dann zusätzlich Anwendung der Art. 27 ff) dem Zulassungs- und Aufsichtserfordernis nach Art. 5 ff RL 2009/65/EG sowie der Durchführungs-RL 2010/43/EU.[309] Daneben gilt dies aber auch und vor allem für die Verwaltungsgesellschaft (Art. 6 ff) und die Verwahrstelle (Art. 22 ff und 32 ff), die getrennt voneinander von dem OGAW mit der Verwaltung bzw der Verwahrung des Sondervermögens betraut wurden. Für OGAW und die von ihnen eingeschalteten Institutionen gelten seit 2001 **dies. aufsichtsrechtlichen Prinzipien** wie für andere Finanzdienstleister. Die damit vergleichbare Grundstruktur der Aufsichtsregelungen wird lediglich aufgrund von Besonderheiten der kollektiven Anlage nach dem Grundsatz der Risikostreuung und durch das erforderliche Zusammenspiel der Aufsicht über mehrere Institutionen durch Spezialregelungen der RL 2009/65/EG variiert. Besondere Bedeutung haben die Anforderungen an die Anlagepolitik der OGAW (Art. 50 ff RL 2009/65/EG) sowie die Prospekt- und Berichtspflichten der Verwaltungsgesellschaft (Art. 68 ff RL 2009/65/EG). Die EU-Kommission legt im Fondsrecht zudem besonderen

305 *Blankenheim*, ZBB 2011, 344 ff; *Emde* (Hrsg.), Kommentar zum Investmentgesetz mit Bezügen zum Kapitalanlagegesetzbuch, München, 2013; *Ferrarini* (Hrsg.), The Investment Services Directive and Beyond, 1998; *Köndgen/Schmies*, WM Sonderbeilage 1/2004; *Pluskat*, WM 2005, 772 ff; *Steffen/Sachse*, ZBB 2011, 33 ff; *Szylar* (ed.), UCITS Handbook, London, 2012; s. auch die Literaturhinweise zu den AIF (Fn 315) und zum KAGB (Fn 313).

306 Umgesetzt in Deutschland durch das Gesetz zur Umsetzung der Richtlinie 2009/65/EG zur Koordinierung der Rechts- und Verwaltungsvorschriften betreffend bestimmte Organismen für gemeinsame Anlagen in Wertpapieren (OGAW-IV-Umsetzungsgesetz) v. 22.6.2011, BGBl. I 2011, 1126.

307 Zu dieser näher *Fischer/Friedrich*, ZBB 2013, 153 ff; *Hermanns*, ZIP 2004, 1297 ff; *Pluskat*, WM 2005, 772 ff; *Steck/Schmitz*, AG 2004, 658 ff.

308 Zu dieser näher *Fischer/Friedrich*, ZBB 2013, 153 ff und *Wiedemann*, NZG 2013, 1041 ff.

309 In Deutschland umgesetzt durch OGAW-IV-Umsetzungsgesetz v. 22.6.2011, BGBl. I 2011, 1126.

Wert auf den Schutz von Kleinanlegern.[310] Mit der Omnibus I-RL 2010/78/EU[311] wurde der Kommission verschiedentlich die Kompetenz eingeräumt, auf der Grundlage von Entwürfen der ESMA technische Regulierungsstandards zu erlassen. Das an die unionsrechtlichen Vorgaben angepasste deutsche Investmentrecht wurde Ende 2003 im Investmentgesetz (InvG)[312] zusammengeführt, welches 2013 mit Umsetzung der AIFM-RL 2011/61/EU (Rn 76) durch das **Kapitalanlagegesetzbuch** (KAGB)[313] abgelöst wurde. Die EU-Kommission plant nach der kürzlich im Trilogverfahren erfolgten Annahme von OGAW V mit OGAW VI eine weitere Revision der RL 2009/65/EG.[314]

bb) Alternative Investmentfonds (AIF)[315]

Nach Art. 4 Abs. 1 lit. a der AIFM-RL 2011/61/EU[316] ist ein AIF ein Organismus für gemeinsame Anlagen (einschließlich Teilfonds), der keine Genehmigung nach Art. 5 OGAW-RL 2009/65/EG benötigt, weil er das eingesammelte Kapital nach der festgelegten Anlagestrategie zum Nutzen der Anleger nicht vornehmlich in Wertpapiere (dazu Rn 74) investiert. Bei den AIF kann es sich um offene oder geschlossene Fonds in beliebiger Rechtsform handeln, wobei es keine Rolle spielt, ob sie börsennotiert sind oder nicht (Art. 2 Abs. 2 und Erwägungsgrund 6 RL 2011/61/EU). AIF sollen grds. nur an sog. professionelle Anleger iSv Art. 4 Abs. 1 lit. ag AIFM-RL iVm Anh. II RL 2004/39/EG bzw RL 2014/65/EU vertrieben werden.[317] Mit der **AIFM-RL 2011/61/EU** werden ergänzend zur OGAW-RL **allg. geltende Vorschriften** für die Zulassung, die laufende Tätigkeit und die Transparenz von im EWR tätigen Verwaltern bzw Vertreibern (Art. 4 Abs. 1 lit. w und lit. x) alternativer Investmentfonds (Alternative Investment Fund Managers, AIFM) festgelegt (Art. 1). Dabei geht es im Hinblick auf die von der AIFM-RL erfassten (Art. 2 Abs. 1) sog. EU-AIFM (AIFM mit Satzungssitz in der EU) und sog. Nicht-EU-AIFM (trotz Satzungssitzes in einem Drittstaat Verwaltung eines AIF mit Zulassung oder Registrierung in einem Mitgliedstaat der EU oder Vertrieb eines AIF in der EU) insb. um die Festlegung der zugelassenen Tätigkeiten (Art. 6),[318] organisatorische und finanzielle Anforderungen (Art. 8 f), die Vereinbarkeit der Vergütungspolitik mit einem soliden und wirksamen Risikomanagement (Art. 13 iVm Anh. II),[319] die Vermeidung, Steuerung und Offenlegung von Interessenkonflikten (Art. 14), die Gewährleistung eines angemessenen Risiko- und Liquiditätsmanagements (Art. 15 f), die Anforderungen an die von einem Ver- 76

310 Mitteilung KOM(2009) 204 endg. v. 30.4.2009 Anlageprodukte für Kleinanleger.

311 Umgesetzt in Deutschland durch das Gesetz zur Umsetzung der Richtlinie 2010/78/EG v. 24.11.2010 im Hinblick auf die Errichtung des Europäischen Finanzaufsichtssystems v. 4.12.2011, BGBl. I 2011, 2427.

312 Dazu nur *Köndgen/Schmies*, WM Sonderbeilage 1/2004; *Lang*, WM 2004, 53 ff; *Nickel*, ZBB 2004, 197 ff; *Kaune/Oulds*, ZBB 2004, 114 ff.

313 Dazu nur *Beck/Wollenhaupt*, DB 2013, 675 ff; *Burgard/Heimann*, WM 2014, 821 ff; *Fischer/Friedrich*, ZBB 2013, 153 ff; *Keiluweit/Kann/Redeker*, DStR 2013, 1483 ff; *Koch*, WM 2014, 433 ff; *Patz*, BKR 2014, 271 ff; *Seibt*, DB 2013, 2433 ff; *Servatius*, ZfIR 2013, 709 ff; *Sprengnether/Wächter*, WM 2014, 877 ff; *Weitnauer*, AG 2013, 672 ff.

314 S. dazu das Konsultationspapier v. 26.7.2012 „Organismen für gemeinsame Anlagen in Wertpapieren (OGAW) – Produktvorschriften, Liquiditätsmanagement, Verwahrstelle, Geldmarktfonds, langfristige Anlagen (OGAW VI)".

315 Zur AIFM-RL näher *Athanassiou*, Hedge Fund Regulation in the European Union, 2009; *Kramer/Recknagel*, DB 2011, 2077 ff; *Möllers/Hailer*, ZBB 2012, 178 ff; *Möllers/Harrer/Krüger*, WM 2011, 1537; *Niewerth/Rybarz*, WM 2013, 1154 ff; *Spindler/Tancredi*, WM 2011, 1393 ff und 1441 ff; *Zetzsche*, ZBB 2014, 22 ff; *Zetzsche/Preiner*, WM 2013, 2101 ff.

316 Umgesetzt in Deutschland durch das Gesetz zur Umsetzung der Richtlinie 2011/61/EG über die Verwalter alternativer Investmentfonds (AIFM-Umsetzungsgesetz) v. 4.7.2013, BGBl. I 2013, 1981.

317 Art. 31 Abs. 6, 32 Abs. 9, 35 Abs. 17, 39 Abs. 11 und 40 Abs. 17 RL 2011/61/EU mit einer generellen und an zusätzliche Voraussetzungen gebundenen Öffnungsklausel zugunsten der Mitgliedstaaten in Art. 43 Abs. 1 der RL.

318 Ein AIFM darf grds. keine anderen als die in Anh. I der RL genannten Tätigkeiten ausüben (Art. 6 Abs. 2), wobei die Mitgliedstaaten einem externen AIFM die Erbringung zusätzlicher in Art. 6 Abs. 4 genannter Nebendienstleistungen bewilligen können (individuelle Verwaltung einzelner Portfolios; Anlageberatung; Verwahrung und Verwaltung von OGAW-Anteilen; Annahme und Übermittlung von Aufträgen). Für die grenzüberschreitende Verwaltungs- und Vertriebstätigkeit enthalten die Art. 31 ff Sonderregelungen für EU-AIFM und Nicht-EU-AIFM.

319 *Möllers/Hailer*, ZBB 2012, 178 ff.

walter eingeschaltete Verwahrstelle (Art. 21) und die Festschreibung bestimmter Aufklärungspflichten (Art. 23), wobei noch besondere Anforderungen an die Verwalter von hebelfinanzierten AIF und von den Kontrollerwerb über nicht börsennotierte Unternehmen und Emittenten anstrebenden Fonds gestellt werden (Art. 25 ff).[320] **Verordnungen** enthalten darüber hinaus **Sonderregelungen** für die Verwalter von AIF mit einer besonders geschützten Bezeichnung. Bis 31.7.2014 waren dies die VO (EU) Nr. 345/2013 (s. auch § 337 KAGB) betreffend die Fonds für Risikokapital (European Venture Capital Funds, **EuVECA**)[321] und die VO (EU) Nr. 346/2013 (s. auch § 338 KAGB) betreffend die Fonds für soziales Unternehmertum (European Social Entrepreneurship Funds, **EuSEF**).[322] Die EU-Kommission hat zudem eine Verordnung für langfristig orientierte Investmentfonds (European Long-Term Investment Funds, **ELTIF**)[323] und (als Folge der Untersuchung zum Schattenbankwesen)[324] eine Verordnung zur Regelung von **Geldmarktfonds**[325] vorgeschlagen, wobei sich letztere an der Schnittstelle zur OGAW-Regulierung bewegen wird, weil zu den zulässigen Anlagen auch kurzfristige Schuldtitel gehören sollen.

j) Versicherungsunternehmen[326]

77 Der aufsichtsrechtliche Begriff der Versicherung wird im Unionsrecht wie auch in den Aufsichtsgesetzen der meisten Mitgliedstaaten **nicht definiert.**[327] Die Rechtsakte umschreiben auch den Begriff des Versicherungsunternehmens nur durch eine indirekte Bezugnahme auf ihren jeweiligen Anwendungsbereich, indem sie als Versicherungsunternehmen ein Unternehmen bezeichnen, das für im Rechtsakt selbst oder durch Verweis bestimmte (Versicherungs-)Tätigkeiten der Zulassung bedarf.[328] 1981 haben rechtsvergleichende Arbeiten der damals bestehenden Konferenz der Europäischen Versicherungsaufsichtsbehörden ergeben, dass das Versicherungsgeschäft in den EU-Mitgliedstaaten durchgehend lediglich durch drei kumulative Elemente gekennzeichnet ist (Ungewissheit über den Eintritt eines Ereignisses, Versprechen einer vermögenswerten Leistung für den Fall des Eintritts des Ereignisses, Selbständigkeit der Zusage), die meisten nationalen Aufsichtsbehörden bzw Gerichte darüber hinaus jedoch weitere Merkmale verlangen (v. a. Kalkulation nach dem Gesetz der großen Zahl, Schutzbedürfnis der Versicherungsnehmer).

78 Versicherungsunternehmen unterliegen als **Direktversicherer** in den Bereichen der Schaden- oder Lebensversicherung der Aufsicht im Binnenmarkt. Vom Anwendungsbereich der versicherungsaufsichtsrechtlichen Richtlinien sind dabei insb. die Sozialversicherer,[329] bestimmte Versicherungsvereine auf Gegenseitigkeit[330] und Einrichtungen der betrieblichen Altersversorgung (Rn 82)[331] ausgenommen. Die Aufsicht über Unternehmen, die ausschließlich Rückversicherungsgeschäfte betreiben (sog. **Berufsrückversicherer**), wurde erst mit der RL 2005/68/EG koordiniert, die sich an den Regelungen zur Direktversicherung orientierte und damit das Zulassungserfordernis, das Sitzlandprinzip und den Grundsatz der Mindestharmonisierung mit insb. vergleichbaren Anforderungen an die Solvabilität übernahm. Die Richtlinienvorgaben wurden vom deutschen Gesetzgeber bereits vor-

320 S. dazu auch für die Verwalter von EuVECA bzw EuSEF Art. 5 ff VO (EU) Nr. 345/2013 bzw 346/2013.
321 *Jesch*, BB 2012, 2895, 2896; *Philipp*, EuZW 2013, 283; *Siering/Izzo-Wagner*, BKR 2014, 242 ff.
322 *Philipp*, EuZW 2013, 283.
323 KOM(2013) 462 endg. v. 26.6.2013.
324 KOM(2013) 614 endg. v. 4.9.2013.
325 KOM(2013) 615 endg. v. 4.9.2013.
326 *Baltzer/Weber-Rey*, WM 2007, 2184 ff; *Bürkle*, WM 2012, 878 ff; *Dreher*, VersR 2013, 929 ff; *ders.*, VersR 2013, 401 ff; *ders.*, VersR 2012, 1061 ff; *Fischer/Lepper*, BB 2009, 962 ff; *Gal/Sehrbrock*, Die Umsetzung der Solvency-II-Richtlinie durch die 10. VAG-Novelle, Karlsruhe, 2013; *Geier,* ZBB 2011, 45 ff; *Wandt/Dreher*, Solvency II in der Rechtsanwendung 2013, Frankfurt/M., 2014; *Wolf*, VersR 2013, 678 ff.
327 Näher und zu den damit verbundenen Problemen *Müller*, Versicherungsbinnenmarkt, Rn 36 und 370 ff.
328 S. zB Art. 13 Nr. 1 iVm Art. 14 RL 2009/138/EG und Art. 2 Nr. 1 RL 2002/92/EG.
329 S. Art. 3 Nr. 4 RL 2003/83/EG und Art. 2 Nr. 1 lit. d RL 73/239/EWG (ab 1.1.2016 Art. 3 RL 2009/138/EG); zu Art. 2 Abs. 2 RL 92/49/EWG auch EuGH, Rs. C-238/94 (Jose García u.a./Mutuelle de prévoyance sociale d'Aquitaine), EuZW 1996, 511.
330 S. Art. 3 Nr. 6 RL 2002/83/EG und Art. 3 RL 73/239/EWG (ab 1.1.2016 Art. 7 RL 2009/138/EG).
331 S. Art. 3 Nr. 3 RL 2002/83/EG (ab 1.1.2016 Art. 9 Abs. 2 RL 2009/138/EG).

auseilend in den §§ 119 ff VAG berücksichtigt.[332] Die Regelungen der RL 2005/68/EG gehen spätestens mit Wirkung vom 1.1.2016 in der RL 2009/138/EG auf. Aufgrund verschiedener Ergänzungen der RL 2009/138/EG durch die Omnibus II-RL 2014/511/EU wurden der EIOPA Kompetenzen für die Ausarbeitung technischer Durchführungsstandards (Art. 290 AEUV)[333] und der Kommission verschiedene Befugnisse zum Erlass delegierter Rechtsakte (Art. 291 AEUV) eingeräumt.

Bestimmte in Art. 213 Abs. 2 iVm 212 RL 2009/138/EG idF von Art. 4 RL 2011/89/EU genannte **gruppenzugehörige Versicherungsunternehmen** unterliegen einer zusätzlichen, zwischen den mitgliedstaatlichen Behörden koordinierten Gruppenaufsicht (sog. Solo-Plus-Aufsicht), um über die bestehende Einzelaufsicht hinaus der Gruppenzugehörigkeit bei der Finanzaufsicht Rechnung zu tragen (Art. 218 ff RL 2009/138/EG; bislang RL 98/78/EG). Daher werden zum einen wichtige gruppeninterne Geschäfte (zB Kredite, Garantien, Kapitalanlagen) einer jährlichen Meldepflicht und einer Kontrolle im Hinblick auf Gefährdungen der Eigenmittelausstattung unterstellt (Art. 245 RL 2009/138/EG). Durch eine bereinigte Solvabilitätsberechnung soll zudem die Doppelbelegung von Eigenmitteln (sog. double gearing) verhindert werden (Art. 218 f, 258 Abs. 1 RL 2009/138/EG). **79**

k) Finanzdienstleistungsvermittler[334]

Mit der 2007 umgesetzten[335] und ggf demnächst neugefassten[336] RL 2002/92/EG wurden auch die Aufnahme und Ausübung der **(Rück-)Versicherungsvermittlung** durch natürliche oder juristische Personen, die in einem Mitgliedstaat niedergelassen sind oder sich dort niederlassen möchten, einer harmonisierten Regelung unterstellt. Ausgenommen sind unter bestimmten Voraussetzungen die nebenberufliche Vermittlung bestimmter Versicherungen wie etwa der Gepäck- und Reiseversicherung sowie Vermittlungstätigkeiten, die im Zusammenhang mit Risiken und Verpflichtungen stehen, die außerhalb der Union bestehen bzw eingegangen worden sind (Art. 1). (Rück-)Versicherungsmittler ist jede natürliche oder juristische Person, die die Tätigkeit der (Rück-)Versicherungsvermittlung gegen Entgelt aufnimmt oder ausübt (Art. 2 Nr. 5 und 6). Als (Rück-)Versicherungsvermittlung gilt nach Art. 2 Nr. 3 bzw 4 das Anbieten, Vorschlagen oder Durchführen anderer Vorbereitungsarbeiten zum Abschließen von Versicherungsverträgen, das Abschließen von Versicherungsverträgen oder das Mitwirken bei der Verwaltung und Erfüllung, insb. im Schadensfall, sofern dieses nicht durch das Versicherungsunternehmen selbst oder einen Angestellten geschieht oder es sich lediglich um eine beiläufige Aktivität im Zusammenhang mit anderen beruflichen Tätigkeiten handelt. Die erfassten (Rück-)Versicherungsvermittler müssen sich in ihrem Herkunftsmitgliedstaat in ein behördliches **Register** eintragen, wobei die Eintragung und ihr Fortbestand von bestimmten, vom Herkunftsmitgliedstaat festgelegten Kenntnissen und Fertigkeiten, dem Nachweis einer Berufshaftpflicht, einer ausreichenden Vermögenstrennung bzw finanziellen Leistungsfähigkeit sowie einem guten Leumund abhängig gemacht werden muss (Art. 3 Abs. 1, Abs. 3 iVm Art. 4; zur Sanktionierung Art. 8). Den Vermittler treffen zudem zahlreiche **Informationspflichten** gegenüber dem Kunden (Art. 12 f). Für den Vertrieb von **Versicherungsanlageprodukten** stellen die durch die RL 2014/65/EU (MiFID II) eingefügten Art. 13 a bis 13 e zusätzliche Anforderungen. Danach sind insb. Interessenkonflikte zu verhüten bzw im Falle ihrer **80**

332 Näher dazu *Fricke*, VersR 2005, 161, 167 ff; *Baltzer/Weber-Rey*, WM 2007, 2184 ff; eine „Restumsetzung" (vgl BT-Drucks. 16/1937, S. 1) der RL erfolgte durch das 8. VAGÄndG v. 28.5.2007, BGBl. I 2007, 923.

333 Zu den Auswirkungen der EIOPA-Leitlinien auf die Compliance in Versicherungsunternehmen *Bürkle*, VersR 2014, 529 ff.

334 *Abram*, VersR 2002, 1355 ff; *Hübner*, EuZW 2007, 353; *Koch*, VersR 2014, 916 ff; *Krauss*, in: Basedow/Meyer/Schwintoski (Hrsg.), Versicherungswissenschaftliche Studien 4, 1996, 127 ff; *Lehrl/Wolf*, BKR 2009, 497 ff; *Reiff*, VersR 2004, 142 ff; *Schwintowski*, MiFID, VVR – Zeit für die Neuorientierung bei den deutschen Finanzdienstleistern, 2007; *Taupitz*, in: Basedow/Meyer/Schwintowski (Hrsg.), Versicherungswissenschaftliche Studien 4, 1996, 105 ff; *Teichler*, VersR 2002, 385 ff; *Werber*, VersR 2012, 1467 ff.

335 Gesetz zur Neuregelung des Versicherungsvermittlerrechts v. 19.12.2006, BGBl. 2006 I, 3232 ff (in Kraft seit 22.5.2007); dazu *Hübner*, EuZW 2007, 353.

336 S. zum Vorschlag für eine Neufassung KOM(2012) 360 endg. v. 3.6.2012; dazu *Werber*, VersR 2012, 1467 ff.

Unvermeidbarkeit gegenüber den Kunden offenzulegen. Sodann verlangen die neuen Regeln eine ehrliche, redliche, eindeutige, nicht irreführende und professionelle Kundeninformation. Den Mitgliedstaaten verbleibt die Möglichkeit, die Ausrichtung von Gebühren, Provisionen oder anderen monetären Vorteilen beim Vertrieb von Versicherungsanlageprodukten zu untersagen (Art. 13 d Abs. 3).

81 Ein vergleichbares Registrierungssystem wird von Art. 23 Abs. 3-6 RL 2004/39/EG (ab 3.1.2017 Art. 29 Abs. 3-6 RL 2014/65/EU) auch für die gebundenen **Vermittler einer Wertpapierfirma** vorgesehen. Dabei handelt es sich nach Art. 4 Nr. 25 RL 2004/39/EG (bzw Art. 4 Abs. 1 Nr. 29 RL 2014/65/EU) um natürliche oder juristische Personen, die unter unbeschränkter und vorbehaltloser Haftung einer einzigen Wertpapierfirma, für die sie tätig sind, Wertpapier- und/oder Nebendienstleistungen für Kunden oder potentielle Kunden erbringen, entspr. Weisungen oder Aufträge des Kunden annehmen und weiterleiten, Finanzinstrumente platzieren und/oder Kunden oder potentielle Kunden bzgl dieser Finanzinstrumente oder Dienstleistungen beraten. Die Kommission hat im Bereich der Finanzdienstleistungsvermittlung weitere Maßnahmen ins Auge gefasst.[337]

l) Einrichtungen der betrieblichen Altersversorgung (Pensionsfonds)

82 Eine Einrichtung der betrieblichen Altersversorgung (EbAV) ist nach Art. 6 lit. a RL 2003/41/EG[338] ungeachtet der jeweiligen Rechtsform eine nach dem Kapitaldeckungsverfahren arbeitende Einrichtung, die **rechtlich unabhängig** von einem Trägerunternehmen oder einer Träger-Berufsvereinigung zu dem Zweck eingerichtet ist, auf der Grundlage einer individuell oder kollektiv zwischen Arbeitnehmer(n) und Arbeitgeber(n) oder deren Vertretern oder einer mit Selbständigen in Einklang mit den Rechtsvorschriften des Herkunfts- und des Tätigkeitsmitgliedstaats getroffenen Vereinbarung bzw eines geschlossenen Vertrages an die Ausübung einer beruflichen Tätigkeit geknüpfte Altersversorgungsleistungen zu erbringen, und die damit unmittelbar im Zusammenhang stehende Tätigkeit ausübt. Nicht erfasst sind mithin die Betreiber von Systemen der sozialen Sicherheit,[339] nach dem Umlageverfahren arbeitende Einrichtungen, lediglich Pensionsrückstellungen bildende Unternehmen sowie Kreditinstitute (Rn 65), OGAW (Rn 74) und grds. auch Versicherungsunternehmen (Rn 77 ff).[340] Nach Art. 7 RL 2003/41/EG dürfen die Einrichtungen der betrieblichen Altersversorgung nur das Altersversorgungsgeschäft betreiben. Die Kommission präsentierte am 27.3.2014 einen Vorschlag zur Überarbeitung der EbAV I-RL.[341]

m) Finanzkonglomerate

83 Ein Finanzkonglomerat ist nach Art. 2 Nr. 14 RL 2002/87/EG[342] idF der RL 2011/89/EU eine schwerpunktmäßig in der Finanzbranche tätige Gruppe oder Untergruppe von zumindest zum Teil beaufsichtigten Unternehmen, die dadurch eine erhebliche branchenübergreifende Tätigkeit entfalten, dass mindestens eines ein Unternehmen der Versicherungsbranche und mindestens eines ein Unternehmen entweder der Banken- oder der Wertpapierdienstleistungsbranche ist und die Tätigkeit die Kriterien von Art. 3 idF der RL 2011/89/EU (v. a. relative bzw absolute Schwellenwerte) erfüllt. Eine vom Gemeinsamen Ausschuss der ESA (Rn 12) aktuell gehaltene Liste der Finanzkon-

337 Grünbuch zur Finanzdienstleistungspolitik (2005 – 2010), KOM(2005), 177, S. 15; Mitteilung KOM(2009) 204 der Kommission v. 30.4.2009 Anlageprodukte für Kleinanleger.

338 Umsetzung in Deutschland durch das Siebte ÄndG des Versicherungsaufsichtsgesetzes v. 29.8.2005, BGBl. I 2005, 2546.

339 Sie können lediglich nach Art. 3 RL 2003/41/EG insoweit der RL unterfallen, als sie fakultativ ein zusätzliches betriebliches Altersversorgungsgeschäft (Rn 82) betreiben.

340 Von den Mitgliedstaaten kann nach Art. 4 RL 2003/41/EG eine teilweise Anwendung der RL auf Lebensversicherungsunternehmen vorgesehen werden.

341 KOM(2014) 167 endg.

342 Umsetzung in Deutschland durch das Gesetz zur Umsetzung der Richtlinie 2002/87/EG des Europäischen Parlaments und des Rates v. 16.12.2002 (Finanzkonglomeraterichtlinie-Umsetzungsgesetz) v. 21.12.2004, BGBl. I 2004, 3610.

glomerate ist über die Webseiten der ESA abrufbar.[343] Die RL 2002/87/EG enthält **aufsichtsrechtliche Sonderregelungen**, um trotz des grds. sektorspezifischen Regelungsansatzes des Unionsrechts (Rn 89 f) eine gruppenweite und den besonderen Bedingungen angepasste Aufsicht über branchenübergreifend tätige Unternehmen zu gewährleisten. Hierzu enthält die Richtlinie zunächst zahlreiche von der RL 2013/36/EU (CRD IV) und der RL 2009/138/EG (Solvency II) abweichende Anpassungsregelungen betreffend Solvabilität, Risikokonzentration und gruppeninterne Geschäfte, um insb. einerseits im Interesse der wettbewerblichen Chancengleichheit mit den sog. homogenen Finanzgruppen eine Doppelbelegung des Eigenkapitals (sog. double gearing) zu vermeiden und andererseits dem besonderen Risiko einer wechselseitigen Ansteckungsgefahr von Banken- und Versicherungssparte zu begegnen (Art. 6 ff und 22 ff). Zur Verbesserung der Aufsicht wird eine zusätzliche Aufsicht bestimmter Unternehmen der Gruppe (Art. 5) sowie eine Koordination der Zusammenarbeit durch eine der beteiligten Aufsichtsbehörden (Art. 10 ff) angeordnet. Mit der **Änderungs-RL 2011/89/EU** (auch sog. FiCoD-I)[344] wurde u.a. die Beaufsichtigung von Versicherungs- und Bankengruppen eingeführt, die Teil einer gemischten Finanzholdingsgesellschaft sind (Erwägungsgrund 2), der internationale Informationsaustausch unter Einbezug der ESA sowie des Gemeinsamen Ausschusses und die gegenseitige Abstimmung von Aufsichtsmaßnahmen verbessert (Erwägungsgrund 4 f). Aktuell arbeitet die Kommission an einer weiteren Reform-RL (sog. FiCoD II).[345] Die einheitliche Durchführung der RL 2002/87/EG soll zudem mit Leitlinien sichergestellt werden, welche die ESA im Rahmen des Gemeinsamen Ausschusses erarbeiten (Art. 21 b RL 2002/87/EG idF der RL 2011/89/EU). Der deutsche Gesetzgeber hat die Umsetzung der Reform-RL 2011/89/EU dazu genutzt, die ursprünglich[346] in die bestehenden Aufsichtsgesetze integrierten Regelungen der mehrfach geänderten RL 2002/87/EG mit Wirkung vom 4.7.2013 in einem eigenen Finanzkonglomerate-Aufsichtsgesetz (**FKAG**) zusammenzuführen.[347]

n) Zentrale Gegenparteien und Transaktionsregister[348]

Eine Zentrale Gegenpartei (ZGP) bzw Central Counterparty (**CCP**) ist nach Art. 2 Nr. 1 iVm Art. 1 VO (EU) Nr. 648/2012[349] (European Market Infrastructure Regulation, EMIR) eine juristische Person, die Clearingdienstleistungen erbringt, dh zwischen die Gegenparteien der auf einem oder mehreren Märkten außerbörslich gehandelten Derivatekontrakte (sog. OTC-Derivate iSv Art. 2 Nr. 7 EMIR) tritt und somit als Käufer für jeden Verkäufer und als Verkäufer für jeden Käufer fungiert. Die Zulassung von CCPs durch einen Mitgliedstaat erfolgt für bestimmte Derivate-Kategorien mit Wirkung in der ganzen EU (Art. 14 ff).[350] Ein **Transaktionsregister** ist eine in der EU niedergelassene juristische Person, welche die Aufzeichnungen zu Derivaten zentral sammelt und verwahrt (Art. 2 Nr. 2 EMIR). Die Registrierung erfolgt durch die ESMA (Art. 55 ff, 78 ff EMIR; dazu auch Rn 101), auf deren Webseite die betreffenden Institute veröffentlicht werden.[351] Mit der Erstreckung der Aufsicht auf CCPs und Transaktionsregister durch EMIR erfolgt nunmehr auch eine intensivere **Regulierung der OTC-Derivatemärkte**, nachdem Spekulationen und Missbräuche auf 84

343 Art. 4 Abs. 3 RL 2002/87/EG idF der RL 2011/89/EU; zum Stand der Liste Ende 2012 s. unter https://eiopa.europa.eu/joint-committee/.

344 Umsetzung in Deutschland durch das Gesetz zur Umsetzung der Richtlinie 2011/89/EU des Europäischen Parlaments und des Rates v. 16.11.2011 zur Änderung der Richtlinien 98/78/EG, 2006/48/EG und 2009/138/EG hinsichtlich der zusätzlichen Beaufsichtigung der Finanzunternehmen eines Finanzkonglomerats v. 27.6.2013, BGBl. I 2013, 1862.

345 Bericht der Kommission v. 20.12.2012 über die Überprüfung der Richtlinie 2002/87/EG, KOM(2012) 785 endg.

346 S. dazu das Finanzkonglomeraterichtlinie-Umsetzungsgesetz (BGBl. 2004 I, 3610 ff) und insb. die §§ 13 d, 51 a ff KWG aF und 104 k ff VAG aF.

347 BGBl. I 2013, 1862 ff.

348 *Diekmann/Fleischmann*, WM 2011, 1105 ff; *Funke*, WM 2012, 202 ff; *von Hall*, WM 2013, 673 ff; *Jaskulla*, BKR 2012, 441 ff; *Jobst*, ZBB 2010, 384 ff; *Köhling/Adler*, WM 2012, 2125 ff und 2173 ff; *Nietsch/Graef*, BB 2010, 1361 ff; *Schuster/Ruschkowski*, ZBB 2014, 123 ff; *Singh*, IMF Working Paper WP/10/99, 2010.

349 Vgl hierzu auch das EMIR-Ausführungsgesetz v. 13.2.2013, BGBl. I 2013, 174.

350 Näher zur Zulassung und Aufsicht über CCPs *Jaskulla*, BKR 2012, 441 ff und *Funke*, WM 2012, 202, 206 ff.

351 S. unter http://www.esma.europa.eu/page/Registered-Trade-Repositories.

diesen Märkten als eine der Ursachen der Finanzkrise von 2007/2008 identifiziert wurden.[352] Nach EMIR, seinen bis 31.7.2014 veröffentlichten sieben Regulierungs- und drei Durchführungsstandards sowie den nationalen Ausführungsbestimmungen[353] besteht für alle Derivatkontrakte eine Meldepflicht bei einem von der ESMA registrierten bzw anerkannten Transaktionsregister, für bestimmte OTC-Derivatekontrakte eine Clearingpflicht und für nicht geclearte OTC-Derivatekontrakte eine Pflicht zur Senkung des operationellen Risikos und des Gegenparteiausfallrisikos durch bestimmte Maßnahmen (näher Rn 203). Ab 3.1.2017 müssen finanzielle und bestimmte nichtfinanzielle Gegenparteien die der Handelspflicht nach Art. 32 MiFIR unterliegenden und bei der ESMA nach Art. 34 MiFIR verzeichneten Derivatkontrakte zudem grds. über einen regulierten Markt (RM, MTF, OTF, ggf Drittlandhandelsplatz) abschließen (sog. Plattformpflicht nach Art. 28 MiFIR).

2. Sachlicher Anwendungsbereich

85 Der sachliche Anwendungsbereich **korrespondiert mit dem subjektiven.** Von den aufsichtsrechtlichen Regelungen werden grds. alle Tätigkeiten der jeweils der Aufsicht unterliegenden Unternehmen erfasst. Es gibt jedoch in den Regelungen zum Anwendungsbereich der Richtlinien zahlreiche Ausnahmen, um politische Rücksichten zu nehmen,[354] Sonderbereiche ganz von der Harmonisierung auszuklammern[355] oder wegen Anwendbarkeit anderer Richtlinien eine Doppelaufsicht zu vermeiden.[356] Teilweise werden die erfassten Finanzdienstleistungen im Anh. der jeweiligen Richtlinie aufgeführt.[357] Bisweilen geschieht dies auch unter Einbeziehung von Nebentätigkeiten.[358] Versicherungsunternehmen dürfen nach den Richtlinien versicherungsfremde Geschäfte ohnehin nur dann betreiben, wenn sie in unmittelbarem Zusammenhang mit der Versicherungstätigkeit stehen.[359] Tätigkeiten ohne direkten Kundenbezug fallen nicht unter die Aufsicht und genießen damit auch nicht das mit dem Sitzlandprinzip (Rn 96 ff) der Richtlinien verbundene Privileg. So gelten etwa für die Marktbeobachtung, Risikoanalyse und Werbetätigkeit lediglich die Grundfreiheiten und ggf andere Sonderregelungen des Unionsrechts.

3. Territorialer Anwendungsbereich

86 Die Aufsicht erstreckt sich auf alle Finanzdienstleister mit **Sitz in einem EU-Mitgliedstaat.** Sie erfasst dabei nicht nur deren inländische, sondern auch deren ausländische Aktivitäten. Die Zulassung von in einem Mitgliedstaat tätigen Tochtergesellschaften von Muttergesellschaften mit Sitz in einem Drittstaat unterliegt im Finanzdienstleistungsbereich ebenfalls dem durch Richtlinien angeglichenen mitgliedstaatlichen Recht. Die mit Sitz in einem Mitgliedstaat gegründete Tochtergesellschaft genießt zudem alle einschlägigen Grundfreiheiten im Binnenmarkt (Rn 21 ff). Die Aufnahme- und Ausübungskontrolle der **Zweigstellen von Drittlandunternehmen** wird vom Unionsrecht hingegen grds. (zu Ausnahmen Rn 87) nicht erfasst und richtet sich damit nach dem betreffenden

---

352 S. dazu etwa die Mitteilungen der EU-Kommission vom 3.7.2009 KOM(2009) 332 endg. und vom 20.10.2009 KOM(2009) 563 endg.

353 EMIR-Ausführungsgesetz v. 13.2.2013, BGBl. I 2013, 174.

354 S. dazu etwa die Ausnahmeregelungen von Art. 3 Nr. 6 und 7 RL 2002/83/EG bzw Art. 7 und 10 Nr. 2 RL 2009/138/EG.

355 Dies gilt insb. für die Sozialversicherung (zB Art. 3 Nr. 4 RL 2002/83/EG, Art. 2 II lit. a RL 2003/41/EG und ab 1.1.2016 Art. 3 RL 2009/138/EG).

356 Ein Bsp. bildet Art. 3 Nr. 3 RL 2002/83/EG (ab 1.1.2016 Art. 9 Nr. 2 RL 2009/138/EG).

357 S. zB Anh. I RL 2013/36/EU und Anh. I Abschn. A und B RL 2004/39/EG bzw ab 3.1.2017 RL 2014/65/EU); Anh. I RL 2011/61/EU.

358 S. zB Anh. I Abschn. B RL 2004/39/EG bzw ab 3.1.2017 RL 2014/65/EU; weiter reicht insoweit der Finanzdienstleistungsbegriff von Abs. 5 lit. a des 5. Protokolls zum GATS v. 3.12.1997 über Finanzdienstleistungen.

359 Art. 8 I lit. b RL 73/239/EWG idF der RL 92/49/EWG (Schadenversicherung; dazu auch EuGH, Rs. C-109/99 – Association basco-béarnaise des opticiens indépendants, VersR 2001, 313 ff); Art. 6 Abs. 1 lit. b (Lebensversicherung) und Art. 18 Abs. 1 lit. a und lit. b RL 2009/138/EG; näher *H. Müller*, Versicherungsbinnenmarkt, Rn 388 ff.

nationalen Recht.[360] Aus dem EU-Recht ergibt sich insoweit lediglich die Vorgabe, dass für die Aufnahme von Finanzdienstleistungsaktivitäten durch diese Zweigstellen überhaupt eine Zulassung und eine laufende Aufsicht erforderlich sind.[361] Auch mit einer etwaigen Zulassung in einem Mitgliedstaat genießt die Zweigstelle mit Ausnahme der erga omnes wirkenden Kapitalverkehrsfreiheit nicht die Grundfreiheiten im Binnenmarkt. Zu beachten sind hier aber auch noch die Marktzugangsregelungen bilateraler Abkommen[362] und des GATS (dazu Rn 19).[363] Außerdem dürfen die Mitgliedstaaten Zweigstellen von Drittlandunternehmen nicht besser behandeln als solche von Mitgliedstaatsunternehmen (Meistbegünstigung). Besonderheiten gelten nach neueren Rechtsakten für die Verwalter alternativer Investmentfonds mit Satzungssitz in einem Drittland (sog. Nicht-EU-AIFM; Art. 37 ff RL 2011/61/EU) und die in Drittstaaten ansässigen Zentralen Gegenparteien (CCP; Art. 25 VO (EU) Nr. 648/2012).

Harmonisierende und ab 3.1.2017 anzuwendende Marktzutrittsregelungen bringen die Art. 39 bis 43 der **RL 2014/65/EU (MiFID II)** für sog. **Drittlandfirmen**, dh für Wertpapierfirmen oder für Wertpapierdienstleistungen erbringende oder Anlagetätigkeiten ausführende Kreditinstitute iSd RL mit Sitz oder Hauptverwaltung außerhalb der Union (Art. 4 Abs. 1 Nr. 57). Ein Mitgliedstaat kann danach vorsehen, dass Drittlandfirmen eine **Zweigniederlassung zu errichten** (Art. 39 Abs. 1) und für diese vorab in dem Mitgliedstaat eine **Zulassung einzuholen** haben, welche nur unter den von den Mitgliedstaaten weder zu erweiternden noch einzuschränkenden (Art. 41 Abs. 2 Unterabs. 2) Voraussetzungen der Richtlinie gewährt wird (Art. 41 Abs. 1 iVm Art. 39 Abs. 2 und 41 Abs. 2 Unterabs. 1). Voraussetzungen einer Zulassung sind zunächst nach Art. 39 Abs. 2 lit. a bis lit. f MiFID II die Beaufsichtigung der betreffenden Dienstleistungen im Herkunftsstaat unter Berücksichtigung der internationalen Standards zur Bekämpfung von Geldwäsche und Terrorismusfinanzierung, die Kooperation zwischen den im Herkunfts- und Aufnahmestaat jeweils zuständigen Behörden auf der Basis einer den Informationsaustausch vorsehenden zwischenbehördlichen Vereinbarung und einer insb. den Standards von Art. 26 OECD-Muster-DBA gerecht werdenden zwischenstaatlichen Vereinbarung, die ausreichende Anfangskapitalisierung der Zweigniederlassung, die Bestellung und Eignung ihres Leitungspersonals (vgl Art. 9 Abs. 1 MiFID II iVm Art. 91 CRD IV; dazu Rn 115) sowie die Zugehörigkeit der Drittlandfirma zu einem im Einklang mit der Richtlinie 97/9/EG (Rn 169 ff) zugelassenen oder anerkannten Anlegerentschädigungssystem. Außerdem wird die Zulassung nach Art. 41 Abs. 1 lit. b iVm Abs. 2 nur erteilt, wenn die Zweigniederlassung des Drittlandes in der Lage ist, die die Organisation und das Verhalten betreffenden Verpflichtungen der Art. 16 bis 20, 23, 24, 25, 27, 28 Abs. 1, 30, 31 und 32 MiFID II, der Art. 3 bis 26 MiFIR sowie der zu diesen Regelungen erlassenen Ausführungsbestimmungen einzuhalten. **Ohne eine zugelassene Zweigniederlassung** können lediglich die nach Art. 46 MiFIR bei der ESMA registrierten Drittlandfirmen aus einem von der Kommission anerkannten Drittland (sog. Gleichwertigkeitsbeschl. nach Art. 47 MiFIR) Wertpapierdienstleistungen erbringen und Anlagetätigkeiten durchführen und dies auch nur gegenüber geeigneten in der gesamten Union ansässigen Gegenparteien und professionellen Kunden (Anh. II Abschn. I MiFID II). Weder eine zugelassene Zweigniederlassung noch eine Registrierung benötigen Drittlandfirmen, wenn Kleinanleger oder „gekorene" professionelle Kunden (Anh. II Abschn. II MiFID II) die Erbringung einer Wertpapierdienstleistung oder die Ausübung einer Anlagetätigkeit durch die Drittlandfirma ausschließlich in Eigeninitiative veranlassen (Art. 42 MiFID II). 87

360 S. zur Behandlung von Zweigniederlassungen von Drittstaatsunternehmen etwa *Schnyder*, Europ. Banken- und Versicherungsrecht, 2005, Rn 99 ff und 207 ff.

361 Vgl dazu zB für Kreditinstitute Art. 8, 9 und 16 Abs. 1 RL 2013/36/EU.

362 S. dazu etwa das Abkommen zwischen der EWG und der Schweizerischen Eidgenossenschaft betreffend die Direktversicherung mit Ausnahme der Lebensversicherung, ABl. L 205 v. 27.7.1991, S. 3.

363 Vgl dazu auch etwa den Hinweis in Art. 47 Abs. 3 RL 2013/36/EU.

II. Schutzzwecke der Finanzdienstleistungsaufsicht

88 Die aufsichtsrechtlichen Regelungen des Unionsrechts im Finanzdienstleistungssektor dienen der Stabilität und dem guten Ruf des Finanzsystems (Funktionsschutz) sowie dem Schutz der Kunden und Anleger[364] bzw der Versicherungsnehmer[365] (Individualschutz). Besonders umstritten ist, ob auch die einzelnen Kunden aus dieser doppelten Schutzrichtung Ansprüche auf ein Tätigwerden der Aufsichtsbehörden und insb. auch Amtshaftungsansprüche bei schuldhaft fehlerhafter Durchführung der Aufsicht ableiten können. Damit zusammen hängt auch die Frage, ob ein Ausschluss von Staatshaftungsansprüchen durch einen Mitgliedstaat, wie dies etwa in Deutschland mit § 4 Abs. 4 FinDAG (vgl auch § 4 Abs. 2 WpHG aF und § 6 Abs. 4 KWG aF) geschehen ist,[366] als unionsrechtswidrig anzusehen ist.[367] Betrachtet man mit der sog. **Schutztheorie** den Kundenschutz als gleichberechtigtes Ziel der Aufsichtsregelungen und nicht nur mit der **sog. Strukturtheorie** als bloßen Reflex des Funktionsschutzes, so wird man einigen aufsichtsrechtlichen Regelungen durchaus drittschützenden Charakter beimessen können.[368] Nach Ansicht des EuGH[369] ist eine die Amtshaftung ausschließende Regelung allerdings zumindest insoweit mit den verschiedenen Unionsrechtsakten zur Harmonisierung des Bankenaufsichtsrechts vereinbar, als diese lediglich allg. präventive Regelungen enthalten und nicht wie etwa die Einlagensicherungsrichtlinie den Fall einer akuten Finanzkrise von Kreditinstituten betreffen. Die diese bankenaufsichtsrechtliche Entsch. tragenden Grundsätze wird man auch auf das Versicherungsaufsichtsrecht übertragen können, obwohl dieses traditionell dem Kundenschutz stärker verhaftet ist.[370] Damit dürften gegen § 4 Abs. 4 FinDAG allenfalls noch verfassungsrechtliche Bedenken geäußert werden können.[371]

III. Grundprinzipien der Finanzdienstleistungsaufsicht

1. Prinzip der sektorspezifischen Regelung

89 Das EU-Aufsichtsrecht im Finanzdienstleistungsbereich ist zunächst durch eine grds. **regelungstechnische Trennung** zwischen dem Aufsichtsrecht über Banken, Kapitalmärkte und Versicherungen gekennzeichnet. Im Bankenaufsichtsrecht wird daneben noch zwischen Kreditinstituten (mit Sonderregelungen für E-Geld-Institute; Rn 65 f) und Finanzinstituten (Rn 67) unterschieden. Im Kapitalmarktrecht kennt das Unionsrecht Wertpapierfirmen (Rn 69), Marktbetreiber (Rn 70), Datenbereitstellungsdienste (Rn 72), OGAW/AIF (Rn 74 ff) sowie Zentrale Gegenparteien (Rn 84) und Transaktionsregister (Rn 84). Das Versicherungsaufsichtsrecht differenziert zwischen Direkt- und Rückversicherung sowie insb. zwischen Lebens- und Schadenversicherung mit ihren jeweiligen Versicherungssparten (Rn 77 ff) und unterscheidet hiervon die Pensionsfonds (Rn 82). Hinzu kommen Sonderregelungen zur Mitversicherung (Rn 97). Die sektorspezifische Kontrolle führt dabei insb. dazu, dass die für einen Tätigkeitsbereich erteilte Zulassung auch nur die Niederlassungs- und

364 S. dazu etwa die Erwägungsgründe 12, 26, 30, 40, 47, 51, 67, und 81, Art. 7 RL 2013/36/EU sowie EuGH, Rs. C-366/97 (Romanelli), Slg 1999, I-855, Rn 12.

365 S. dazu etwa die Erwägungsgründe 14, 16 f und 43 f RL 2009/138/EG.

366 Danach nimmt die BaFin die ihr zugewiesenen Aufgaben und Befugnisse nur im öffentlichen Interesse wahr; zum hierdurch vom Gesetzgeber bezweckten Amtshaftungsausschluss vgl bereits die Begr. RegE KWG-Novelle 1984, BT-Drucks. 10/1441, S. 20.

367 Dazu eingehend und für eine Gemeinschaftsrechtswidrigkeit des Haftungsausschlusses eintretend *Gratias*, Staatshaftung für fehlerhafte Banken- und Versicherungsaufsicht im Europäischen Binnenmarkt, 1999; *ders.*, NJW 2000, 786, 788; zur Gegenposition *Höhns*, Die Aufsicht über Finanzdienstleister, 2002, S. 88 f; vgl dazu auch LG Bonn v. 16.4.1999 (1 O 186/98) WM 1999, 1972, 1977 f.

368 So auch *Assmann*, in: Gebauer/Wiedmann (Hrsg.), Zivilrecht unter europ. Einfluss, 2. Aufl. 2010, Kap. 22, Rn 12; zur früheren deutschen Rechtslage in diesem Sinne namentlich auch BGH v. 15.2.1979, (III ZR 108/76), BGHZ 74, 144, 152 f.

369 EuGH, Rs. C-222/02 (Paul), NJW 2004, 3479; dazu auch *Binder*, GPR 2005, 28 ff und *Hafke*, ZKW 2005, 409 ff; s. zum Vorabentscheidungsersuchen BGH v. 16.5.2002, (C III ZR 48/01), WM 2002, 1266 und zum *Urteil BGH v. 20.1.2005, (III ZR 48/01)*, WM 2005, 369 ff.

370 Dazu etwa *Höhns*, Die Aufsicht über Finanzdienstleister, Berlin 2002, S. 52 f.

371 Für eine Vereinbarkeit mit deutschem Verfassungsrecht aber BGH v. 20.1.2005, (III ZR 48/01), WM 2005, 369, 373 ff.

Dienstleistungsfreiheit für die entspr. Tätigkeiten gewährt.[372] Durch die sektorspezifischen Regelungen kann den besonderen Bedingungen und Risiken des jeweiligen Geschäfts sowie dem besonderen Bedürfnis nach Funktionsschutz im Bank- und Kapitalmarktrecht bzw dem Kundenschutz im Versicherungsrecht Rechnung getragen werden.[373]

Die formale Trennung und Berücksichtigung inhaltlicher Besonderheiten dürfen aber auch nicht über die strukturell parallele und inhaltlich zum Teil identische Regelung zahlreicher Bereiche hinwegtäuschen. Daneben gibt es zunehmend **branchenübergreifende Regelungen**, die wie die 3. Geldwäsche-RL 2005/60/EG, die BCCI-RL 95/26/EG, die Finanzdienstleistungs-Fernabsatz-RL 2002/65/EG, die Finanzkonglomerate-RL 2002/87/EG und die Ausschuss-RL 2005/1/EG jeweils weite Teile des Finanzdienstleistungssektors unter Einschluss von Kreditinstituten, Wertpapierfirmen und Versicherungen betreffen. 90

2. Grundsatz der Mindestharmonisierung

Die **Richtlinien** zur Harmonisierung des Aufsichtsrechts schrieben bis zur Aufarbeitung der jüngsten Finanzkrise grds. nur einen Mindeststandard vor.[374] Im Anwendungsbereich der Mindestharmonisierung darf ein Mitgliedstaat für die seinem Recht unterworfenen Finanzdienstleistungsunternehmen strengere Regelungen aufstellen, was dann aber vielfach zu einer sog. Inländerdiskriminierung führt, da er nach dem Sitzlandprinzip allen ausländischen Unternehmen, die nach den zumeist nur dem Mindeststandard entspr. Regelungen ihres Herkunftsstaats beaufsichtigt werden, Marktzutritt zu gewähren hat. Teilweise verbieten die Richtlinien im Interesse einer Liberalisierung des Marktzugangs und der Aufsichtsregeln sowie der Wettbewerbsgleichheit aber auch bestimmte strengere nationale Aufsichtsregelungen.[375] Dem allg. Trend folgend, finden sich inzwischen auch im Finanzdienstleistungsrecht Richtlinien, die ausdrücklich eine grds. Vollharmonisierung anstreben und den Mitgliedstaaten nur noch einzelne Optionsrechte einräumen.[376] In den nicht ausdrücklich geregelten Fällen ist die Zulässigkeit strengerer nationaler Regelungen eine Frage der Auslegung. Seit der jüngsten **Finanzkrise** wird durch detaillierte Bestimmungen in RL und den Erlass von direkt anwendbaren einheitlichen Verordnungsbestimmungen (zB VO (EU) Nr. 575/2013, Nr. 596/2014, Nr. 600/2014) verstärkt auf eine Vollharmonisierung hingewirkt (**„Single Rulebook"**). Von diesen Vorschriften können die Mitgliedstaaten nur unter den im Rechtsakt umschriebenen Bedingungen abweichen.[377] Die Koordinierung, Harmonisierung und Überwachung der einheitlichen Anwendung und Aufsichtspraxis sowie die Vermittlung erfolgt durch die ESA (s. zB Erwägungsgrund 11 f RL 2013/36/EU), welchen nebst aufsichtsrechtlichen Befugnissen auch regulatorische Kompetenzen (Erlass von Leitlinien und Empfehlungen, E. technischer Standards) zustehen (Erwägungsgrund 10 RL 2013/36/EU und Rn 12). Soweit bestimmte Vorschriften in den Gesetzgebungsakten der Union nicht vollständig harmonisiert sind und ein 91

372 Vgl die Tätigkeitslisten im Anh. I zur RL 2013/36/EU und im Anh. I zur RL 2004/39/EG (bzw ab 3.1.2017 RL 2014/65/EU) sowie für den Versicherungsbereich Art. 5 Abs. 2 iVm Anh. I RL 2002/83/EG und Art. 7 Abs. 2 RL 73/239/EWG idF der RL 92/49/EWG iVm den Buchstaben A und B des Anh. (ab 1.1.2016 Art. 15 Abs. 2 iVm Anh. I und II RL 2009/138/EG).

373 Dazu auch *Höhns*, Die Aufsicht über Finanzdienstleister, 2002, S. 285 f.

374 S. dazu zB Art. 17 Abs. 1 lit. e RL 2006/48/EG (Kreditinstitute; jetzt Art. 18 lit. e RL 2013/36/EU); Art. 5 a Abs. 1 RL 85/611/EWG (Verwaltungsgesellschaften von OGAW; jetzt Art. 7 Abs. 1 RL 2009/65/EG); Art. 9 Abs. 3 RL 2003/41/EG (Pensionsfonds); Erwägungsgrund 8 RL 92/49/EWG (Schadenversicherung); Art. 4 Abs. 6 RL 2002/92/EG (Versicherungsvermittlung).

375 Bsp. sind Art. 11 RL 2013/36/EU (Verbot der Prüfung eines wirtschaftlichen Erfordernisses bei der Zulassung), Art. 8 Abs. 3 RL 73/239/EWG idF der RL 92/49/EWG (grds. Verbot der präventiven Prämien- und AVB-Kontrolle; dazu auch bei Fn 421), Art. 36 Abs. 3 RL 2002/83/EG und Art. 185 Abs. 7 RL 2009/138/EG (grds. Verbot einer Erweiterung von Informationspflichten) sowie Art. 18 Abs. 5 Unterabs. 3, Abs. 6, 19 RL 2003/41/EG (Anlagepolitik von Pensionsfonds); vgl für Drittlandwertpapierfirmen auch Art. 41 Abs. 2 Unterabs. 2 RL 2014/65/EU.

376 Ein Beispiel im Aufsichtsrecht bildet Art. 86 RL 2007/64/EG.

377 S. zB Art. 458 VO (EU) Nr. 575/2013 (Feststellung eines Makroaufsichts- oder Systemrisikos); Art. 14 Abs. 5 VO (EU) Nr. 648/2012 (Zulassungsbedingungen für CCPs); Art. 43 Abs. 1 RL 2011/61/EU (Vertrieb von AIF durch AIFM an Kleinanleger).

Ermessensspielraum besteht, sollten die verbindlichen technischen Standards die Mitgliedstaaten nicht davon abhalten, gemäß dem Vorsorgeprinzip im Zusammenhang mit der Aufsicht zusätzliche Angaben zu verlangen oder strengere Vorschriften vorzusehen (Erwägungsgrund 14 RL 2010/78/EU).

92 Die aufsichtsrechtlichen Regelungen sind von den Mitgliedstaaten – soweit es sich nicht um direkt und einheitlich anwendbare Bestimmungen handelt – zudem mittels **zwingenden Rechts** umzusetzen bzw auszuführen.[378] Dies gilt auch für diejenigen Regelungen, denen wie etwa den Wohlverhaltensregeln für Wertpapierfirmen (Rn 142 ff) eine privatrechtliche, insb. auch schadensersatzbewehrte Reflexwirkung zukommt. Die insoweit praktisch besonders relevante Frage der Abdingbarkeit von Aufklärungs- und Warnpflichten in execution only-Vereinbarungen mit sog. Discount-Brokern[379] wurde durch die zwingenden Vorgaben in Art. 19 Abs. 6 RL 2004/39/EG gelöst.

3. Materielle Aufnahme- und Ausübungskontrolle

93 Im Anwendungsbereich der aufsichtsrechtlichen Rechtsakte bedürfen alle Unternehmen für die Aufnahme ihrer Tätigkeit im Binnenmarkt einer Zulassung[380] durch die zuständigen Behörden im Herkunftsmitgliedstaat[381] bzw durch die EZB[382] oder einer Registrierung durch die ESMA[383] oder einer Genehmigung durch den Referenzmitgliedstaat[384] (zum Verfahren Rn 152). Die **Zulassung** muss das mitgliedstaatliche Recht an Voraussetzungen knüpfen, die zumindest den Anforderungen des EU-Rechts gerecht werden.[385] Sie ist regelmäßig zu verweigern, wenn die wirksame Wahrnehmung der Aufsichtsfunktion durch den Herkunftsmitgliedstaat u.a. wegen Schwierigkeiten bei der Durchsetzung der Rechts- und Verwaltungsvorschriften verhindert wird.[386] Die Zulassung kann nur dann entzogen werden, wenn von der Zulassung binnen zwölf Monaten kein Gebrauch gemacht wird, ausdrücklich auf sie verzichtet wird oder die Tätigkeit seit mehr als sechs Monaten eingestellt wurde, die Zulassung aufgrund falscher Erklärungen oder sonst auf ordnungswidrige Weise erlangt wurde, die an die Zulassung geknüpften Voraussetzungen nicht mehr erfüllt sind, das Institut nicht mehr über ausreichende Eigenmittel verfügt oder nicht mehr die Gewähr für die

---

378 Dazu näher *Reich*, WM 1997, 1601, 1602 und 1604.

379 S. dazu die noch im Lichte der RL 93/22/EWG (aufgehoben durch RL 2004/39/EG) ergangene Entsch. BGH v. 11.11.2003 (XI ZR 21/03), WM 2004, 24 (keine Pflicht zur Aufklärung gegen den erklärten Willen eines ausreichend informierten Kunden) sowie *Rost*, Informationspflichten von Wertpapierdienstleistern ohne Beratungsangebot (Discount-Broker), 2001; *Schwintowsky*, ZBB 1999, 385 ff; *Siol*, in: FS Schimansky, S. 781 ff.

380 S. zum Zulassungserfordernis Art. 8 RL 2013/36/EU (Kreditinstitute), Art. 5 Abs. 1, 36 Abs. 1 RL 2004/39/EG bzw ab 3.1.2017 Art. 5 Abs. 1, 44 Abs. 1 RL 2014/65/EU (Wertpapierfirmen, geregelte Märkte), Art. 5 (OGAW), Art. 6 Abs. 1 (OGAW-Verwaltungsgesellschaft), Art. 23 und 33 (OGAW-Verwahrstelle), Art. 27 (OGAW-Investmentgesellschaft) RL 2009/65/EG, Art. 6 RL 2011/61/EU (AIFM) sowie Art. 4 RL 2002/83/EG, Art. 4 RL 92/49/EWG und Art. 14 RL 2009/138/EG (Versicherungsunternehmen).

381 Bei CCPs hat die zuständige Behörde des Sitzlandes noch vorgängig ein Kollegium mit Vertretern supranationaler und nationaler Herkunft (v.a. ESMA, ESZB, Aufsichtsbehörden und Zentralbanken aus betroffenen Mitgliedstaaten) einzurichten und zu konsultieren (Art. 18 f VO (EU) Nr. 648/2012), wobei dem Kollegium nach Art. 17 Abs. 4 Unterabs. 3 bei weitgehender Einigkeit über die Nichtzulassung sogar ein Veto-Recht zukommt.

382 Zur Übertragung der letztinstanzlichen Zulassungskompetenz auf die EZB in der sog. Bankenunion Rn 101.

383 Einer Registrierung durch die ESMA bedürfen Ratingagenturen (Art. 14 ff VO (EG) Nr. 1060/2009) und Transaktionsregister (Art. 55 ff VO (EU) Nr. 648/2012), wobei bei den zuletzt Genannten ggf noch eine Konsultation der nationalen Aufsichtsbehörde erfolgt (Art. 57).

384 Einer Genehmigung durch den Referenzmitgliedstaat bedürfen Nicht-EU-AIFM nach Art. 37 RL 2011/61/EU.

385 S. zu den jeweiligen Zulassungsvoraussetzungen Art. 12 ff RL 2013/36/EU (Kreditinstitute), Art. 5 Abs. 4, Art. 9 bis 15 und 36 ff RL 2004/39/EG bzw ab 3.1.2017 Art. 5 Abs. 4, Art. 9 bis 20 und 44 ff (Wertpapierfirmen, RM, MTF und ab 3.1.2017 auch OTF), Art. 5 Abs. 2 bis Art. 36 RL 2009/65/EG (OGAW, Verwaltungsgesellschaften, Verwahrstellen, Investmentgesellschaften), Art. 6 ff RL 2011/61/EU (AIFM), Art. 7 ff RL 2003/41/EG (Pensionsfonds) sowie Art. 6 ff RL 92/49/EWG, Art. 6 ff RL 2002/83/EG und (weitgehend erst ab 1.1.2016) Art. 17 ff RL 2009/138/EG (Versicherungsunternehmen).

386 S. etwa Art. 8 Abs. 3 RL 2011/61/EU.

Erfüllung seiner Verpflichtungen gegenüber den Gläubigern bietet oder ein sonstiger, in den einzelstaatlichen Rechtsvorschriften vorgesehener Entzugsfall vorliegt.[387]

Nach dem vor der jüngsten Finanzkrise durchgängig praktizierten Sitzlandprinzip gilt die Zulassung auch für die Zweigstellen und die Geschäftstätigkeit (nicht jedoch für Tochtergesellschaften) in anderen Mitgliedstaaten (Rn 96 ff; zu Besonderheiten bei der Zulassung bzw Registrierung durch EZB und ESA s. Rn 101). Die Aufnahme einer rechtlich unselbständigen Tätigkeit in anderen Mitgliedstaaten ist lediglich mit bestimmten Angaben anzuzeigen. Diese **Anzeige** ist bei den zuständigen Behörden im Herkunftsmitgliedstaat zu erstatten, die die Angaben dann regelmäßig an die Behörden des Aufnahmemitgliedstaats weiterleiten.[388] Bei der Errichtung von Zweigstellen erfolgt allerdings nicht nur eine aufsichtsrechtliche Überprüfung des Vorhabens durch die Behörden im Herkunftsmitgliedstaat, sondern es kann auch dazu kommen, dass die Behörden im Aufnahmestaat innerhalb von zwei Monaten Bedingungen festlegen, die für die Ausübung der Tätigkeit im Aufnahmemitgliedstaat aus Gründen des Allgemeininteresses gelten.[389] OGAW und AIF (Rn 74 ff), die ihre Anteile in einem anderen Mitgliedstaat vertreiben wollen, müssen dies den zuständigen Behörden ihres Herkunftsmitgliedstaats anzeigen und diesen bestimmte Unterlagen zur Prüfung vorlegen, die nach Vollständigkeitsprüfung an die Behörden im Aufnahmemitgliedstaat weitergeleitet werden.[390] 94

Die mitgliedstaatlichen Aufsichtsbehörden bzw die EZB (Rn 7) bzw die ESA (Rn 12, 84) haben zudem durch eine **laufende Aufsicht** sicherzustellen, dass die aufsichtspflichtigen Unternehmen auch weiterhin die Zulassungsvoraussetzungen erfüllen, ihren Publizitätspflichten nachkommen (Schutz durch Information), die übrigen gesetzlichen Vorschriften einhalten (System der Normativbestimmungen) und bestmöglich die Interessen der Kunden, Anleger und Versicherungsnehmer wahren (materielle Ausübungskontrolle).[391] 95

4. Sitzlandprinzip

a) Grundsatz

Das Sitzlandprinzip (auch Heimat- oder Herkunftslandprinzip, home country control) ist Ausdruck des durch die Grundfreiheiten vorgegebenen Anerkennungsprinzips und in zahlreichen Sekundärrechtsakten verankert. Es besagt, dass ein Finanzdienstleistungsunternehmen hinsichtlich aller Aktivitäten im Binnenmarkt grds. nur von der zuständigen Aufsichtsbehörde und nach dem Recht desjenigen EWR-Mitgliedstaats zugelassen (auch Prinzip der Einmalzulassung, Europäischer Pass, 96

387 S. dazu Art. 18 RL 2013/36/EU (Kreditinstitute), Art. 8, 36 Abs. 5 RL 2004/39/EG bzw ab 3.1.2017 Art. 8, 44 Abs. 5 RL 2014/65/EU (Wertpapierfirmen, geregelte Märkte), Art. 7 Abs. 5 RL 2009/65/EG (OGAW-Verwaltungsgesellschaften), Art. 29 Abs. 4 RL 2009/65/EG (OGAW-Investmentgesellschaften), Art. 11 RL 2011/61/EU (AIFM), Art. 39 RL 2002/83/EG, Art. 22 RL 73/239/EWG idF der RL 92/49/EWG und Art. 144 RL 2009/138/EG (Versicherungsunternehmen).

388 So Art. 35 Abs. 1, 3 und Art. 39 Abs. 1, 2 RL 2013/36/EU (Kreditinstitute); Art. 31 Abs. 2-6 (Wertpapierfirmen); Art. 17 f RL 2009/65/EG (Verwaltungsgesellschaften von OGAW); Art. 40 Abs. 1, 3 RL 2002/83/EG, Art. 10 Abs. 1, 3 RL 73/239/EWG idF der RL 92/49/EWG und Art. 145 Abs. 1 Unterabs. 1, Art. 146 Abs. 1, 2 RL 2009/138/EG (Versicherungsunternehmen).

389 Art. 36 Abs. 1 RL 2013/36/EU (Kreditinstitute); Art. 32 Abs. 6, Abs. 7 RL 2004/39/EG bzw ab 3.1.2017 Art. 35 Abs. 6, Abs. 8 RL 2014/65/EU (Wertpapierfirmen); Art. 17 Abs. 6 RL 2009/65/EG (Verwaltungsgesellschaften von OGAW); Art. 40 Abs. 4 RL 2002/83/EG, Art. 10 Abs. 4 RL 73/239/EWG idF der RL 92/49/EWG und Art. 146 Abs. 3 RL 2009/138/EG (Versicherungsunternehmen).

390 Art. 93 RL 2009/65/EG; Art. 33 RL 2011/61/EU.

391 S. zB Art. 16 ff RL 2004/39/EG (ab 3.1.2017 Art. 21 ff RL 2014/65/EU), Art. 10 ff RL 2002/83/EG, Art. 4 Abs. 5 RL 2002/92/EG und Art. 27 ff RL 2009/138/EG.

Single Licence-System)[392] und überwacht (Prinzip der Herkunftslandkontrolle)[393] wird, in dem es seinen **Hauptverwaltungs- und Satzungssitz**[394] hat. Von der Beaufsichtigung durch Behörden anderer Mitgliedstaaten und der Beachtung von deren Aufsichtsrecht (sog. Tätigkeits- oder Gastlandprinzip) ist es grds. befreit. Es besteht lediglich eine Pflicht, die Aufnahme der Tätigkeit in anderen Mitgliedstaaten den zuständigen Behörden im Herkunftsmitgliedstaat mit bestimmten Angaben (Geschäftsplan, Anschrift im Aufnahmemitgliedstaat, Namen der verantwortlichen Geschäftsführer der Zweigstelle) mitzuteilen, die diese Information dann nach (Errichtung von Zweigstellen) oder ohne Prüfung an die Behörden des Aufnahmemitgliedstaats weiterleiten.[395] Überwachungszuständigkeiten besitzen die Behörden im Aufnahmemitgliedstaat nur noch dort, wo ihnen diese ausdrücklich zugewiesen sind.[396]

97 Das Sitzlandprinzip dient der Gewährleistung der Niederlassungs- und insb. der **Dienstleistungsfreiheit** (Rn 22 ff). Mit ihm ist zugleich der (neuerdings nicht mehr durchgängige; dazu Rn 101) Verzicht auf eine zentrale Zulassung und Kontrolle aufgrund supranationalen Einheitsrechts (sog. Konzept der Totalharmonisierung) verbunden. Es setzt eine gewisse Mindestharmonisierung der Aufsichtsrechte der Mitgliedstaaten und deren jeweils effektive Anwendung sowie eine enge Zusammenarbeit der Aufsichtsbehörden des Herkunftslandes und des Gastlandes (Rn 91, 152 ff) voraus. Daher wird diese Zusammenarbeit nunmehr auch intensiv durch die ESA gefördert (Rn 12). Seit Verabschiedung der allerdings wenig erfolgreichen[397] und im Anwendungsbereich stark beschränkten[398] **Mitversicherungs-RL** 78/473/EWG[399] wurde das Sitzlandprinzip nicht zuletzt auch mit Hilfe des EuGH[400] schrittweise im Finanzdienstleistungssektor durchgesetzt.

---

392 Art. 17 und 33 f RL 2013/36/EU (Kreditinstitute, Finanzinstitute); Art. 5, 25 RL 2007/64/EG (Zahlungsinstitute); Art. 5 Abs. 1, Art. 6 Abs. 3 RL 2004/39/EG bzw ab 3.1.2017 Art. 5 Abs. 1, Art. 6 Abs. 3 RL 2014/65/EU (Wertpapierfirmen); ab 3.1.2017 Art. 59 Abs. 1, 60 Abs. 2 RL 2014/65/EU (Datenbereitstellungsdienste); Art. 5 Abs. 1, 16 Abs. 2 RL 2009/65/EG (OGAW, Verwaltungsgesellschaften); Art. 31 f RL 2011/61/EU (AIFM); Art. 9 Abs. 5, 20 Abs. 2 RL 2003/41/EG (Pensionsfonds); Art. 4 f RL 92/49/EWG (Schadenversicherung); Art. 4 f RL 2002/83/EG (Lebensversicherung); Art. 3 Abs. 1 RL 2002/92/EG (Registereintrag von Versicherungsvermittlern) und Art. 14 f RL 2009/138/EG (Versicherungsunternehmen; Geltung von Art. 15 ab 1.1.2016).

393 Art. 49 RL 2013/36/EU (Kreditinstitute); Art. 31 Abs. 1, Art. 32 Abs. 1 RL 2004/39/EG bzw ab 3.1.2017 Art. 34 Abs. 1, Art. 35 Abs. 1 RL 2014/65/EU (Wertpapierfirmen); Art. 10 Abs. 2 (OGAW-Verwaltungsgesellschaften), Art. 31 RL 2009/65/EG (OGAW-Investmentgesellschaften), Art. 97 Abs. 3 RL 2009/65/EG (OGAW); Art. 13 Abs. 1 RL 73/239/EWG idF der RL 92/49/EWG, Art. 10 RL 2002/83/EG und Art. 30 Abs. 1 RL 2009/138/EG (Versicherungsunternehmen).

394 Zur Maßgeblichkeit und zum notwendigen Zusammenfallen von Hauptverwaltungs- und Satzungssitz für die Zulassung s. etwa Art. 13 Abs. 2 RL 2013/36/EU und ab 1.1.2016 Art. 20 RL 2009/138/EG; dazu auch *Jentsch*, WM 1983, 2189, 2192.

395 S. dazu etwa Art. 35 Abs. 1, 3 und Art. 39 Abs. 1, 2 RL 2013/36/EU (Kreditinstitute) sowie Art. 33 f RL 2011/61/EU (Verwaltung und Vertrieb von AIF in anderen Mitgliedstaaten).

396 Wichtige Bsp. bilden (bis 2.1.2017) die Liquiditätskontrolle nach Art. 156 RL 2013/36/EU und die Überwachung der Wohlverhaltensregeln nach Art. 32 Abs. 7 RL 2004/39/EG bzw (ab 3.1.2017) die Überwachung der Einhaltung der Anlegerschutzbestimmungen, der Transparenzanforderungen sowie der Meldepflichten (Art. 35 Abs. 8 RL 2014/65/EU).

397 Näher *Müller*, Versicherungsbinnenmarkt, Rn 33 ff.

398 Die RL 78/473/EWG gilt nur für die Mitversicherung (zum Begriff Art. 2 Abs. 1) sowie nur für Risiken der See- und Transportversicherung, der Luftfahrtversicherung, der Versicherung von Feuer- und anderen Sachschäden sowie der Haftpflichtversicherung (ohne Kfz-, Atom- und Pharmarisiken), sofern diese nach Art und Umfang die Beteiligung mehrerer Versicherer erfordern (hierzu wurden von den meisten Aufsichtsbehörden Schwellenwerte festgelegt; s. zB VerBAV 1981, S. 158).

399 Entsprechend dem Sitzlandprinzip sieht die noch bis zum 31.12.2015 geltende RL 78/473/EWG vor, dass Versicherungsunternehmen, die in einem Mitgliedsland über die Zulassung für den entsprechenden Versicherungszweig verfügen, sich in allen anderen Mitgliedsländern auch ohne eine dortige Zulassung unter den abschließend *von der RL genannten wenigen* Voraussetzungen an einer Mitversicherung der in den Anwendungsbereich fallenden Schadensrisiken beteiligen dürfen (näher *Levie*, ZVersWiss 1978, 341 ff und *Lemor*, VW 1981, 1178 ff).

400 S. dazu insb. die Leitentsch. für den Bereich der (Mit-)Versicherung EuGH, Rs. 205/84 (Kommission/Deutschland), Slg 1986, 3755.

b) Einschränkungen

aa) Anwendungsbereich

Das Sitzlandprinzip gilt nur für die Tätigkeit eines beaufsichtigten Unternehmens über rechtlich unselbständige Betriebsteile (Zweigstellen)[401] und nicht über **Tochtergesellschaften**. Im Ausland domizilierteTochtergesellschaften unterliegen als rechtlich verselbständigte Einheiten vielmehr ihrerseits dem Sitzlandprinzip. Lediglich das Prinzip der konsolidierten Aufsicht führt dazu, dass die Aufsichtsbehörde, die die Muttergesellschaft eines Finanzdienstleistungskonzerns beaufsichtigt, auch die Eigenmittelausstattung der Tochtergesellschaften im Ausland zu überprüfen hat. Außerdem sieht Art. 16 Abs. 1 RL 2013/36/EU vor einer Zulassungsentsch. die Konsultation der zuständigen Behörden des anderen Mitgliedstaats vor. 98

Das Sitzlandprinzip des Finanzdienstleistungsaufsichtsrechts kommt zudem nur beim Betreiben genehmigungsbedürftiger Bank-, Kapitalmarkt- und Versicherungsgeschäfte zur Anwendung. Diese **Finanzdienstleistungen** sind in den Anhängen der jeweiligen Richtlinien aufgeführt.[402] Für andere Tätigkeiten von ausländischen Zweigstellen (zB Marktbeobachtung, Risikoanalysen, Werbetätigkeit) gelten lediglich die Grundfreiheiten und gegebenenfalls andere Sonderregelungen des Unionsrechts. 99

Die Tätigkeiten, die im Aufnahmemitgliedstaat ausgeübt werden sollen, müssen ferner von der Zulassung im Herkunftsmitgliedstaat abgedeckt sein und von dort aus auch laufend **beaufsichtigt** werden. Hier gilt es mithin insb. das Prinzip der sektorspezifischen Aufsicht (Rn 89 f) zu beachten. Das Sitzlandprinzip gilt schließlich nur für den eigentlichen Bereich des Banken- und Versicherungsaufsichtsrechts. Damit bleiben etwa währungspolitische und **steuerrechtliche Regelungen** des Gastlandes anwendbar, sofern sie mit den Grundfreiheiten in Einklang stehen.[403] 100

bb) Modifikationen bei zentraler Zulassung bzw Registrierung

Die Zulassung und Beaufsichtigung von **Kreditinstituten** (Rn 65) mit Sitz in einem an der sog. **Bankenunion** (Rn 7) teilnehmenden Mitgliedstaat erfolgt nach der VO (EU) Nr. 1024/2013 letztlich zentral durch die EZB. Das Sitzlandprinzip wird hierdurch jedoch nicht aufgehoben, sondern entspr. der mit der Bankenunion verbundenen differenzierten Integration und dem eigenartigen Zusammenwirken von zentraler und dezentraler Aufsicht lediglich modifiziert. So ist die Zulassung als Kreditinstitut nicht bei der EZB, sondern der zuständigen nationalen Behörde des Sitzmitgliedstaats zu beantragen, die im Falle von aus ihrer Sicht gegebenen Zulassungsvoraussetzungen zu Händen der EZB einen Zulassungsbeschlusse erlässt.[404] Außerdem wenden die zuständige nationale Behörde und die EZB bei der Prüfung des Zulassungsantrags neben dem unmittelbar auch im Sitzmitgliedstaat geltenden EU-Recht das nationale Recht des Sitzstaats an.[405] Entsprechendes gilt für den Entzug der Zulassung. Das Herkunftslandprinzip behält schließlich noch insofern seine Bedeutung, als die Zulassung durch die EZB einem Kreditinstitut, das in einem an der Bankenunion teilnehmenden Mitgliedstaat ansässig ist, auch in den an der Bankenunion nicht teilnehmenden Mitgliedstaaten die Möglichkeit gibt, nach bloßer Anzeige (Rn 96) bei der EZB eine Zweigstelle zu errichten oder grenzüberschreitend Dienstleistungen zu erbringen.[406] Bei der **zentralen Registrierung** von Ratingagenturen (Rn 73) und Transaktionsregistern (Rn 84) durch die **ESMA** wird das Sitzlandprinzip hingegen zugunsten des Prinzips der Totalharmonisierung (Rn 2) prak- 101

401 Zu diesen kann auch ein selbständiger Vermittler gehören, wenn er Geschäfte mit bindender Wirkung für das Finanzdienstleistungsunternehmen abschließen kann, dessen Weisungen zu folgen hat und ausschließlich für dieses tätig ist; dazu EuGH, Rs. 205/84 (Kommission/Deutschland), VersR 1986, 1225.

402 S. zB Anh. I RL 2013/36/EU, Anh. I Abschn. A und B RL 2004/39/EG bzw ab 3.1.2017 RL 2014/65/EU, Anh. A RL 73/239/EWG und Anh. I RL 2002/83/EG (ab 1.1.2016 Anhänge I und II RL 2009/138/EG).

403 S. dazu etwa die steuerkollisionsrechtliche Regelung in Art. 50 RL 2002/83/EG (ab 1.1.2016 Art. 157 RL 2009/138/EG).

404 Art. 14 Abs. 1, 2 VO (EU) Nr. 1024/2013.

405 Art. 4 Abs. 3 Unterabs. 1 und Art. 14 Abs. 1, 2 VO (EU) Nr. 1024/2013.

406 Art. 4 Abs. 1 lit. b VO (EU) Nr. 1024/2013.

tisch **aufgegeben**. Die Registrierungsvoraussetzungen beurteilen sich allein nach dem EU-Verordnungsrecht.[407] Die zentral bei der ESMA zu beantragende Registrierung gilt unmittelbar im gesamten Gebiet der EU.[408] Die zuständige nationale Aufsichtsbehörde im Sitzstaat ist allenfalls noch zu unterrichten und zu konsultieren.[409]

cc) Ausnahmen

102 Da das Sitzlandprinzip nicht im AEUV verankert ist und es der Unionsgesetzgeber auch nicht uneingeschränkt gewährleisten wollte, sind schließlich noch Ausnahmen möglich.[410] Einige finden sich bereits ausdrücklich im Sekundärrecht.[411] So können die Finanzdienstleister hinsichtlich der Gestaltung und des Vertriebs von Finanzdienstleistungsprodukten dann an zusätzliche bzw strengere Bestimmungen des Gastlandes gebunden sein, wenn diese Bestimmungen im **Allgemeininteresse**, dh vor allem des Kundenschutzes, zwingend erforderlich sind (näher Rn 26 f).[412] Für die Errichtung von Zweigstellen in anderen Mitgliedstaaten wird diese Möglichkeit des Aufnahmemitgliedstaats vom aufsichtsrechtlichen Sekundärrecht ausdrücklich durch entspr. Verfahrensregelungen bestätigt (Rn 157).[413] Im Übrigen ist allerdings zu berücksichtigen, dass insoweit das Sekundärrecht bereits zu einem umfangreichen Mindestschutz geführt hat, der regelmäßig das Bedürfnis nach weiteren nationalen Regelungen ausschließt.[414]

5. Diskriminierungsverbot

103 Soweit ein Finanzdienstleistungsunternehmen aus einem anderen Mitgliedstaat im Aufnahmemitgliedstaat hinsichtlich seiner Zweigstellen oder sonstigen Aktivitäten besonderen nationalen Vorschriften unterliegt, müssen diese unterschiedslos auch für inländische Unternehmen gelten und angewendet werden (Rn 21 ff).

407 Art. 16 Abs. 1 und 17 Abs. 1 VO (EG) Nr. 1060/2009 idF der VO (EU) Nr. 513/2011 (Ratingagenturen); Art. 55 Abs. 2 iVm Art. 78 ff VO (EU) Nr. 648/2012 (Transaktionsregister).

408 Art. 15 Abs. 1 und Art. 14 Abs. 2 VO (EG) Nr. 1060/2009 idF der VO (EU) Nr. 513/2011 (Ratingagenturen); Art. 56 Abs. 1 und Art. 55 Abs. 3 VO (EU) Nr. 648/2012 (Transaktionsregister).

409 Art. 57 VO (EU) Nr. 648/2012 (Transaktionsregister); für das Verfahren zur Registrierung von Ratingagenturen fehlt eine entsprechende Regelung (vgl dort allerdings noch die allg. Kooperationsregelungen in Art. 26 f VO (EG) Nr. 1060/2009 idF der VO (EU) Nr. 513/2011).

410 EuGH, Rs. C-233/94 (Deutschland/Parlament und Rat), Slg 1997, I-2405, Rn 61 ff (zum sog. *topping up* nach Art. 4 II der Einlagensicherungs-RL unten Rn 171).

411 Praktisch wichtige Ausnahmen sind: Art. 156 RL 2013/36/EU (Überwachung der Liquidität von Zweigstellen eines Kreditinstituts und Maßnahmen zur Durchführung der Geldpolitik durch den Aufnahmemitgliedstaat) und (bis 2.1.2017) Art. 32 Abs. 7 RL 2004/39/EG (Überwachung der Wohlverhaltensregeln von Zweigniederlassungen einer Wertpapierfirma durch die zuständigen Behörden im Aufnahmemitgliedstaat) bzw (ab 3.1.2017) Art. 35 Abs. 8 RL 2014/65/EU (Überwachung der Einhaltung der Anlegerschutzbestimmungen, der Transparenzanforderungen sowie der Meldepflichten).

412 S. dazu insb. Art. 44, 46 RL 2013/36/EU und die Mitteilung der Kommission v. 20.6.1997 zu Auslegungsfragen über den freien Dienstleistungsverkehr und das Allgemeininteresse in der Zweiten Bankenrichtlinie (ABl. C 209 v. 10.7.1997, S. 6) sowie Art. 28 RL 92/49/EWG, Art. 33 RL 2002/83/EG und (ab 1.1.2016) Art. 180 RL 2009/138/EG; s. auch die Mitteilung der Kommission v. 2.2.2000 zu Auslegungsfragen – Freier Dienstleistungsverkehr und Allgemeininteresse im Versicherungswesen (ABl. C 43 v. 16.2.2000, S. 5).

413 S. etwa Art. 41Abs. 1, 44 und 46 RL 2013/36/EU (Kreditinstitute), Art. 20 Abs. 9, Abs. 10 RL 2003/41/EG (Pensionsfonds).

414 Vgl dazu aus dem Recht der Niederlassungsfreiheit von Gesellschaften EuGH, Rs. C-167/01 (Inspire Art), Slg 2003, I-10155 Rn 135.

6. Prinzip der konsolidierten Aufsicht

Während für **Kreditinstitute** (Rn 65) und (gemischte) Finanzholdinggesellschaften[415] das Prinzip der konsolidierten Aufsicht seit Mitte der 80er Jahre **gilt**,[416] ist es im **Versicherungsbereich nur ansatzweise** insoweit verwirklicht, als dort im Rahmen der Einzelaufsicht von gruppenzugehörigen Versicherungsunternehmen (Art. 213 Abs. 1 Unterabs. 2 RL 2009/138/EG) auch gruppenspezifische Aspekte berücksichtigt werden (Art. 213 Abs. 1 Unterabs. 1 iVm 218 ff 2009/138/EG; sog. Solo-Plus-Aufsicht; dazu Rn 70, 118). Für die **bilanztechnische** Konsolidierung gelten dabei die beiden mehrfach geänderten Richtlinien 86/635/EWG (Banken und andere Finanzinstitute) und 91/674/EWG (Versicherungsunternehmen) sowie 2013/34/EU (Kapitalgesellschaften). Für die **aufsichtsrechtliche** Konsolidierung enthalten die Richtlinien zunächst materiell-rechtliche Sonderregelungen zur Berechnung der Eigenmittel und Risiken bei verbundenen Unternehmen, um eine doppelte Berücksichtigung zu vermeiden und die sog. Ansteckungsgefahren in Rechnung zu stellen (Rn 118 ff, 139). Außerdem finden sich Bestimmungen zur Konzentration der Aufsichtszuständigkeit und zur Koordinierung der Aufsichtsmaßnahmen.[417] Für die Aufsichtsbefugnisse gegenüber dem konsolidierungspflichtigen Unternehmen gelten die allg. Regelungen (Rn 151 ff). Das Prinzip der konsolidierten Aufsicht steht dem Umstand nicht entgegen, dass **einzelne Pflichten** von den Unternehmen **auf Einzelbasis** zu erfüllen sind.[418] 104

7. Liberalisierung und Reregulierung

Mit der Einführung des Prinzips der Totalharmonisierung (Rn 2) im Bereich der Registrierung von Ratingagenturen und Transaktionsregistern (Rn 101) sowie des Sitzlandprinzips (Rn 96 ff) im übrigen Finanzdienstleistungssektor ist nicht nur eine **Vereinfachung des grenzüberschreitenden Marktzugangs** für die Dienstleister („Pass"), sondern auch eine größere **Produktauswahlfreiheit** für die Kunden verbunden. Diese sog. passive Dienstleistungsfreiheit ist sowohl primärrechtlich (Art. 56 AEUV) wie bisweilen auch sekundärrechtlich[419] verankert. So darf etwa im Versicherungsbereich der Mitgliedstaat, in dem das Risiko belegen ist, den Versicherungsnehmer nicht daran hindern, einen Vertrag zu unterzeichnen, der mit einem nach Art. 14 RL 2009/138/EG zugelassenen Versicherungsunternehmen abgeschlossen wurde, solange der Vertrag nicht im Widerspruch zu den in dem Mitgliedstaat, in dem das Risiko belegen ist, geltenden Rechtsvorschriften des Allgemeininteresses steht.[420] Auch die grds. Abschaffung der präventiven Prämien- und AVB-Kontrolle (Grundsatz der Tariffreiheit)[421] im Versicherungsaufsichtsrecht bedeutete für einige Länder (darunter 105

415 S. zu einer aktuellen Definition der Begriffe Finanzholdinggesellschaft und gemischte Finanzholdinggesellschaft Art. 3 Abs. 1 Nr. 19, 20 iVm Art. 4 Abs. 1 Nr. 20, 21 VO (EU) Nr. 575/2013.

416 Art. 49 Abs. 2, 111 ff et passim RL 2013/36/EU (zuvor Art. 40 Abs. 2, 125 f et passim RL 2006/48/EG; zuvor Art. 26 Abs. 2, 52 ff et passim 2000/12/EG; zuvor Art. 13 Abs. 3 RL 89/646/EWG iVm RL 83/350/EWG bzw dann RL 92/30/EWG); bei gemischten Unternehmen wird aufsichtsrechtlich nur der Finanzbereich konsolidiert (Art. 119 Abs. 1 RL 2013/36/EU iVm Art. 18 VO (EU) Nr. 575/2013).

417 Art. 111 ff RL 2013/36/EU (Kreditinstitute und Wertpapierfirmen), Art. 10 ff RL 2002/87/EG (Finanzkonglomerate), Art. 247 ff RL 2009/138/EG (Versicherungsgruppen).

418 S. zB Art. 109 Abs. 1 RL 2013/36/EU iVm Art. 6 Abs. 1 VO (EU) Nr. 575/2013.

419 S. Art. 28 RL 92/49/EWG und Art. 33 RL 2002/83/EG (ab 1.1.2016 Art. 180 RL 2009/138/EG).

420 Näher zur umstrittenen Auslegung der (Vorgänger-)Regelungen *Roth*, VersR 1993, 129, 133 ff.

421 Art. 6 V und 34 RL 2002/83/EG (Lebensversicherung), Art. 8 Abs. 3 RL 73/239/EWG idF des Art. 6 RL 92/49/EWG, Art. 29, 39 RL 92/49/EWG (Schadenversicherung) bzw ab 1.1.2016 Art. 21 RL 2009/138/EG (Versicherungsunternehmen); dazu auch EuGH, Rs. C-59/01 (Kommission/Italien) zur Unzulässigkeit des unterschiedslosen Einfrierens von Versicherungstarifen und EuGH, Rs. C-296/98 (Kommission/Frankreich), Slg 2000, I 3025 zur Unzulässigkeit einer systematischen Vorlage von und Auskunft über AVB); Ausnahmen (dh eine systematische Vorabmitteilung, aber keine Genehmigungspflicht) bestehen bei der substitutiven Krankenversicherung und den Pflichtversicherungen (Art. 30 Abs. 2, 54 Abs. 1 RL 92/49/EWG); zur ausnahmsweisen Zulässigkeit der Mitteilungspflicht und des Genehmigungserfordernisses im Rahmen eines allg. Preiskontrollsystems (Art. 8 Abs. 3 Unterabs. 3 RL 73/239/EWG idF des Art. 6 RL 92/49/EWG) s. auch EuGH, Rs. C-347/02 (Kommission/Frankreich), EuZW 2004, 597 (Zulässigkeit der staatlichen Einführung eines Bonus-Malus-Systems in Kraftfahrzeug-Versicherungsverträgen mangels unmittelbarer Festlegung der Tarife).

Deutschland) eine wichtige Liberalisierung.[422] Die Aufsicht über Wertpapierfirmen (Rn 69) und Zentrale Gegenparteien (Rn 84) wurde durch die unionsrechtlichen Regelungen allerdings erheblich ausgeweitet sowie für Ratingagenturen (Rn 73, 101), Transaktionsregister (Rn 84, 101) und Datenbereitstellungsdienste (Rn 72) überhaupt erst begründet. Mit der aktuell intensiven **Reregulierung** (Rn 5 f) folgt die EU allerdings dem internationalen Trend nach Ausbruch der Finanzkrise von 2007/2008.[423]

IV. Gegenstände der Finanzdienstleistungsaufsicht[424]

1. Organisationsaufsicht

a) Rechtsform

106 Versicherungsunternehmen können in Deutschland nur von einer Aktiengesellschaft, einer SE, einem Versicherungsverein auf Gegenseitigkeit oder einem öffentlich-rechtlichen Wettbewerbsversicherungsunternehmen betrieben werden.[425] Da ein Kreditinstitut (Rn 65) nach Art. 12 Abs. 1 RL 2013/36/EU grds. über getrennte Eigenmittel verfügen muss, kann es praktisch nicht als einzelkaufmännisches Unternehmen geführt werden, da bei derartigen Unternehmen anders als bei einer Unternehmensträgerschaft durch juristische Personen oder Gesamthandsgesellschaften das Privat- und das Betriebsvermögen nicht klar voneinander geschieden werden können. Bei OGAW (Rn 74) in der Form von Investmentgesellschaften bestimmen die Mitgliedstaaten die Rechtsform (Art. 27 RL 2009/65/EG).[426]

b) Sitznahme

107 Die mitgliedstaatliche Zulassung juristischer Personen als Finanzdienstleitungsunternehmen ist davon abhängig zu machen, dass sich die Hauptverwaltung im selben Mitgliedstaat wie der satzungsmäßige Sitz der Gesellschaft befindet.[427] Bei Kreditinstituten (Rn 65) und Wertpapierfirmen (Rn 69), die nicht von juristischen Personen betrieben werden, soll sich die Hauptverwaltung in dem Mitgliedstaat befinden, der die Zulassung erteilt hat und in dem sie **effektiv tätig** sind. Durch diese Anforderungen soll nicht nur eine effektive Aufsicht sichergestellt, sondern auch verhindert werden, dass sich ein Unternehmen den strengeren Anforderungen des Mitgliedstaats seiner Haupttätigkeit entzieht.[428]

---

422 Näher *Rabe*, Liberalisierung und Deregulierung im Europäischen Binnenmarkt für Versicherungen, 1997, S. 61 ff.

423 S. dazu etwa auch den US-amerikanischen Dodd-Frank Wall Street Reform and Consumer Protection Act 2010 Dodd-Frank Wall Street Reform and Consumer Protection Act 2010, Pub, L. No. 111/203 (July 21, 2010) Pub. L. No. 124 Stat. 1376 (dazu näher *Avgouleas*, in: Jung/Schwarze (Hrsg.), Finanzmarktregulierung in der Krise, S. 19 ff) und das deutsche Gesetz zur Stärkung der Finanzmarkt- und der Versicherungsaufsicht (FMVAStärkG) v. 29.7.2009, BGBl. 2009 I, 2305, das den laufenden Reformvorhaben auf europäischer und internationaler Ebene allerdings nicht vorgreifen wollte.

424 Neben der hier zugrunde gelegten Unterteilung in Organisations-, Finanz- und Verhaltensaufsicht finden sich auch die Unterscheidung zwischen Zulassungsaufsicht und laufender Aufsicht sowie zwischen Finanzaufsicht und sonstiger Aufsicht.

425 Art. 8 Abs. 1 lit. a RL 73/239/EWG idF der RL 92/49/EWG und Art. 6 Abs. 1 lit. a RL 2002/83/EG; ab 1.1.2016 Art. 17 iVm Anh. III A Nr. 5 und B Nr. 5 RL 2009/138/EG.

426 S. in Deutschland §§ 108 ff, 124 ff, 140 ff und 149 ff KAGB.

427 Art. 13 Abs. 2 RL 2013/36/EU (Kreditinstitute); Art. 5 Abs. 4 RL 2004/39/EG bzw ab 3.1.2017 Art. 5 Abs. 4 lit. a RL 2014/65/EU (Wertpapierfirmen); Art. 7 Abs. 1 lit. d RL 2009/65/EG (OGAW); Art. 8 Abs. 1 lit. e *RL 2011/61/EU (AIFM)*; Art. 6 III RL 2002/83/EG (Lebensversicherungsunternehmen); Art. 8 Abs. 1 a RL 73/239/EWG idF der RL 95/26/EG (Schadenversicherung) und ab 1.1.2016 Art. 20 RL 2009/138/EG (Versicherungsunternehmen).

428 Dazu *Jörgens*, Die koordinierte Aufsicht, 2002, S. 80 und Erwägungsgrund 16 RL 2013/36/EU.

c) Verwaltungsstruktur

Alle Finanzdienstleistungsunternehmen müssen über eine ordnungsgemäße Verwaltung und Rechnungslegung sowie über interne Kontrollverfahren verfügen (Governance,[429] Qualitätssicherung, Compliance-System,[430] Innenrevision[431] etc.).[432] Verschiedentlich wird dabei für bedeutende Institute sogar unmittelbar die Einrichtung von bestimmten Ausschüssen (insb. Risikoausschuss,[433] Nominierungsausschuss,[434] Vergütungsausschuss[435]) oder die Bestellung einer bestimmten Person[436] vorgeschrieben bzw empfohlen. Große Bedeutung haben das Risikomanagement (Rn 109) und die Funktionstrennung zur Vermeidung von Interessenkonflikten (Rn 110). Die Überprüfung der entspr. Anforderungen hat bei der Zulassung insb. anhand des vorzulegenden Geschäfts- bzw Tätigkeitsplans und im Rahmen der laufenden Aufsicht insb. anhand der erstatteten Berichte (v.a. der sog. internen Rechnungslegung)[437] und Meldungen zu erfolgen.[438] 108

d) Risikomanagement

Die Anforderungen an das Risikomanagement[439] sind seit der Finanzkrise 2007/2008 deutlich verschärft worden.[440] Das Leitungsorgan von Kreditinstituten, Wertpapierfirmen und Versicherungen hat die Strategien und Grundsätze für die Übernahme, Steuerung, Überwachung und Minderung von Risiken zu genehmigen und regelmäßig zu überwachen sowie der Erörterung von Risiken hinreichend Zeit zu widmen.[441] AIFM und CCPs haben das Risikomanagement funktional und hierar- 109

429 Zu aufsichtsrechtlichen Organisationsregelungen unter diesem Modebegriff s. etwa Art. 41 ff RL 2009/138/EG; dazu *Bürkle*, WM 2012, 878 ff und *Wolf*, VersR 2013, 678 ff.

430 S. dazu etwa Art. 46 RL 2009/138/EG, Art. 5 f DelVO (EU) Nr. 153/2013, Art. 26 Abs. 2 und Art. 78 Abs. 3 VO (EU) Nr. 648/2012; näher *Bauer/Brinkmann/Meierhöfer/Schäfer* (Hrsg.), Compliance in der Kreditwirtschaft, 2004; *Dreher*, VersR 2013, 929 ff; *Ehrler*, Compliance in Universalbanken, 1997; *Lösler*, Compliance im Wertpapierdienstleistungskonzern, 2003; *ders.*, NZG 2005, 104 ff; *Röh*, BB 2008, 398 ff; *Spindler*, WM 2008, 905 ff; *Veil*, WM 2008, 1093 ff.

431 S. dazu etwa Art. 11 DelVO (EU) Nr. 153/2013.

432 S. dazu neben den soeben aufgeführten Regelungen auch noch Art. 74 RL 2013/36/EU (Kreditinstitute), Art. 12 RL 2009/65/EG (OGAW-Verwaltungsgesellschaften), Art. 31 RL 2009/65/EG (OGAW-Investmentgesellschaften); Art. 18 Abs. 1 RL 2011/61/EU iVm Art. 57 ff DelVO (EU) Nr. 231/2013 (AIFM).

433 Einrichtung durch bedeutende Kreditinstitute und Wertpapierfirmen (Art. 76 Abs. 3-5 RL 2013/36/EU) sowie alle CCPs (Art. 28 VO (EU) Nr. 648/2012).

434 Einrichtung durch bedeutende Kreditinstitute und Wertpapierfirmen (Art. 88 Abs. 2 RL 2013/36/EU) sowie bedeutende Marktbetreiber (Art. 45 Abs. 4 RL 2014/65(EU).

435 Einrichtung durch bedeutende Kreditinstitute (Art. 95 RL/2013/36/EU) und bedeutende AIFM (Anh. II Ziff. 3 RL 2011/61/EU).

436 Im Protokoll zur Annahme der RL 92/96/EWG wurde den Mitgliedstaaten die Einführung des aus dem angelsächsischen Recht bekannten Verantwortlichen Aktuars zur Gewährleistung einer versicherungsmathematisch ordnungsgemäßen Prämienberechnung und Deckungsrückstellung im Bereich der Lebensversicherung empfohlen (vgl auch § 11 a VAG).

437 Die nur wenig harmonisierte sog. interne Rechnungslegung der Finanzdienstleistungsunternehmen gegenüber den Aufsichtsbehörden orientiert sich weitgehend an den sog. externen Rechnungslegungspflichten gegenüber der Öffentlichkeit (Rn 160 f), sie ist aber detaillierter (zB auch Möglichkeit der Pflicht zur Vorlage von Spartenerfolgsrechnungen).

438 S. insb. Art. 10, 74 RL 2013/36/EU, Art. 393 VO (EU) Nr. 575/2013 (Kreditinstitute); Art. 13, 17 f RL 2004/39/EG bzw ab 3.1.2017 Art. 16, 22 f RL 2014/65/EU (Wertpapierfirmen); Art. 9 Abs. 1 lit. c, 10 RL 2003/41/EG (Pensionsfonds); Art. 23, 35 RL 2009/138/EG (Versicherungsunternehmen) und Art. 9 RL 2002/87/EG (Finanzkonglomerate).

439 S. zur konkreten Anwendung in Deutschland die BaFin-Rundschreiben 3/2009 (VA) v. 22.1.2009 und 10/2012 (BA) v. 14.12.2012 mit Mindestanforderungen für das Risikomanagement (MaRisk) von Versicherungsunternehmen bzw von Kredit- und Finanzdienstleistungsinstituten; näher *Binder*, in: Romeike (Hrsg.), Rechtliche Grundlagen des Risikomanagements, 2007, 133 ff; speziell zum Verhältnis zur gesellschaftsrechtlichen Corporate Governance *ders.*, JbJZRWiss 2007, 2008, 145 ff; *Hofmann* (Hrsg.), Basel III und MaRisk, 2011.

440 S. KOM(2010) 284 endg. Grünbuch Corporate Governance in Finanzinstituten und Vergütungspolitik, S. 7 f; dazu *Hopt*, EuZW 2010, 561.

441 Art. 76 Abs. 1 und 2 RL 2013/36/EU; Art. 44 Abs. 1 RL 2009/138/EG; ähnlich für AIFM Art. 15 Abs. 2 RL 2011/61/EU.

chisch klar von den übrigen (insb. auch den operativen) Tätigkeiten zu trennen.[442] Detaillierte Vorschriften bestehen für die Berechnung von und den Umgang mit einzelnen Risiken.[443] Zum Management verschiedener Risiken gehören zudem periodisch durchzuführende interne Stresstest-Verfahren bzw -Programme, welche Anforderungen wie „geeignet", „solide", „fundiert", „rigoros", „umfassend" oder „streng" zu erfüllen haben.[444] Für diverse Finanzdienstleistungserbringer gilt ein Verbot der ausschließlichen und automatischen Verwendung von Ratings (Rn 149). Einzelne Risiken sind zudem mit Eigenkapital zu unterlegen (Rn 128 ff). Ein Teil der genannten Regelungen fand Eingang in das KAGB.[445]

e) Umgang mit Interessenkonflikten und Gebote organisatorischer Trennung

110 Finanzdienstleistungen sind durch Interessenkonflikte geprägt. Im **Bankbereich** haben daher Kreditinstitute (Rn 65),[446] CCPs (Rn 84)[447] und Transaktionsregister (Rn 84)[448] sowie insb. Wertpapierfirmen (Rn 69)[449] und die Verwalter von OGAW bzw AIF (Rn 74 ff)[450] wirksame organisatorische und verwaltungsmäßige Vorkehrungen für angemessene Maßnahmen zur Vermeidung und Steuerung von Interessenkonflikten bzw zumindest zu deren Offenlegung zu treffen (zB gesellschaftsrechtliche Ausgliederung von Funktionen, Einrichtung sog. Chinese Walls, Verbot der Entgegennahme oder mindestens Offenlegung und Abführung von monetären oder nichtmonetären Vorteilen; s. insb. auch Rn 144 und 146). Bei den OGAW und AIF bestehen noch besondere Vorschriften zur organisatorischen und aufgabenmäßigen Trennung von Verwaltungsgesellschaft bzw Investmentgesellschaft und Verwahrstelle sowie zur Unabhängigkeit der Bewertung der Fondsvermögenswerte.[451] Zur Entschärfung der Beeinflussung von **Ratings** (Rn 73, 149) durch Interessenkonflikte sowie durch wirtschaftliche und politische Beeinflussungen bestehen detaillierte Vorschriften zur Organisation und Operation, zur Beteiligungsverflechtung und zu persönlichen Anforderungen an die mit Ratingtätigkeiten befassten Personen.[452] Bietet ein Transaktionsregister Nebendienstleistungen an, muss es diese betrieblich von seiner Aufgabe der zentralen Registrierung von Derivatekontrakten getrennt halten.[453]

---

442 Art. 15 Abs. 1 RL 2011/61/EU iVm Art. 38 ff DelVO (EU) Nr. 231/2013; Art. 26 Abs. 4 VO (EU) Nr. 648/2012.

443 S. etwa Art. 79 ff RL 2013/36/EU (Umgang von Kreditinstituten und Wertpapierfirmen mit dem Kredit-, Gegenparteiausfall-, Rest-, Konzentrations-, Verbriefungs-, Markt-, Zinsänderungs-, operationellen und dem Liquiditätsrisiko sowie dem Risiko einer übermäßigen Verschuldung); Art. 79 Abs. 1 VO (EU) Nr. 648/2012 (Umgang von Transaktionsregistern mit operationellen Risiken); Art. 40 ff RL 2010/43/EU (Berechnung von und Umgang mit Anlagerisiken durch OGAW); Art. 132 RL 2009/138/EG (Umgang von Versicherungen mit Anlagerisiken); zur Eigenmittelunterlegung dieser Risiken näher Rn 128 ff.

444 S. insb. Art. 177, 186 lit. g, Art. 221 Abs. 4 lit. g, Art. 286 Abs. 8, Art. 290 f, 302, 368, 376 f, 401, 406, 409 VO (EU) Nr. 575/2013.

445 Dazu *Sprengnether/Wächter*, WM 2014, 877 ff.

446 Art. 88 Abs. 1 Unterabs. 1 RL 2013/36/EU.

447 Art. 33 VO (EU) Nr. 648/2012.

448 Art. 78 Abs. 2 VO (EU) Nr. 648/2012.

449 Art. 13 Abs. 3, Art. 18 RL 2004/39/EG (ab 3.1.2017 Art. 16 Abs. 13, Art. 23 RL 2014/65/EU); umgesetzt in § 33 WpHG und der WpDVerOV.

450 OGAW-Verwaltungsgesellschaften und AIFM haben alle angemessenen organisatorischen und administrativen Maßnahmen zu treffen, um Interessenkonflikte innerhalb des Organismus, zwischen Organismen, im Verhältnis zu ihren Kunden sowie den Kunden untereinander zu vermeiden, zu ermitteln, offenzulegen sowie nach Recht und Billigkeit zu behandeln (Art. 12 Abs. 1 Unterabs. 2 lit. b, Abs. 3 und Art. 14 Abs. 1 lit. d, Abs. 2 lit. c RL 2009/65/EG iVm Art. 17 ff RL 2010/43/EU; Art. 12 Abs. 1 Unterabs. 1 lit. d und Art. 14 RL 2011/61/EU iVm Art. 30 ff DelVO (EU) Nr. 231/2013).

451 Art. 25 und 35 RL 2009/65/EG (OGAW-Verwaltungs- und Investmentgesellschaften), Art. 19 Abs. 4, Art. 21 RL 2011/61/EU und Art. 83 ff DelVO (EU) Nr. 231/2013 (AIFM).

452 Art. 6 und 6 a iVm Anh. I Abschn. A und B VO (EG) Nr. 1060/2009 idF der VO (EU) Nr. 462/2013 (zB Besetzung des Aufsichtsorgans mit nicht an der Ratingtätigkeit beteiligten Personen, erfolgsunabhängige Vergütung, Ratingverbote bei bestimmten Verflechtungen); Art. 7 iVm Anh. I Abschn. C VO (EG) Nr. 1060/2009 idF der VO (EU) Nr. 462/2013 (zB Tätigkeitsbeschränkungen, Geheimhaltungspflichten, Investitionsverbote, Meldepflichten).

453 Art. 78 Abs. 5 VO (EU) Nr. 648/2012; derartige Nebendienstleistungen sind zB Geschäftsbestätigung, Geschäftsabgleich, Dienstleistungen bei Kreditereignissen, Portfolioabgleich oder Portfoliokomprimierung.

Im **Versicherungsbereich** bestehen bestimmte **Spartentrennungsgebote.**[454] Danach dürfen das Lebens- und Schadenversicherungsgeschäft grds. nicht zusammen betrieben werden,[455] damit der Vermögensschutz von Versicherungsnehmern einer Lebensversicherung nicht unter dem aleatorischen Risiko des Schadenversicherungsgeschäfts leidet.[456] Ausnahmen bestehen für die Kranken- und Unfallversicherung. Versicherungsunternehmen, die aufgrund von Ausnahmen oder eines Bestandsschutzes zugleich das Schaden- und Lebensversicherungsgeschäft betreiben dürfen, haben für eine getrennte Verwaltung der beiden Versicherungsbereiche zu sorgen.[457] Auch die Einrichtungen der **betrieblichen Altersversorgung** (Rn 82) dürfen nach Art. 7 RL 2003/41/EG nur das Altersversorgungsgeschäft betreiben. Die übrigen, allein in Deutschland praktizierten Spartentrennungsgebote wurden zumindest für ausländische[458] Versicherer durch verschiedene EWG-Richtlinien schrittweise abgeschafft.[459] Den Schutzzwecken der Spartentrennungsgebote (Vermeidung von Ansteckungsgefahren und Interessenkonflikten) wurde dabei auf andere Weise Rechnung getragen. So sieht die RL 87/343/EWG für die **Kredit- und Kautionsversicherung** zum Ausgleich für das Verbot einer Spartentrennungsverpflichtung eine Erhöhung des Mindestgarantiebetrags und eine verbindliche Schwankungsrückstellung vor, um der besonderen Gefährlichkeit dieses Versicherungszweigs Rechnung zu tragen.[460] Die RL 87/344/EWG stellt den Mitgliedstaaten drei verschiedene Lösungsmodelle zur Wahl, um in der **Rechtsschutzversicherung** allfällige Interessenkonflikte bei Kompositversicherern, die daneben etwa noch die Haftpflichtversicherung betreiben, zu vermeiden.[461] 111

f) Vergütungspolitik und -praxis[462]

Mit der Finanzkrise 2007/2008 ist die Vergütungspolitik von Finanzdienstleistern in das Blickfeld der Regulierung gerückt. Daher verlangen fast alle neueren Regelungen zu organisatorischen Anforderungen an Finanzdienstleister, dass diese hinsichtlich der Mitarbeiter mit wesentlichem Einfluss auf das Risikoprofil eine jährlich zu überprüfende Vergütungspolitik und -praxis verfolgen, die mit einem soliden und wirksamen Risikomanagement vereinbar und diesem förderlich ist.[463] Im Wertpapierhandel soll die Vergütungsstruktur nicht mit der Pflicht kollidieren, im bestmöglichen Interesse der Kunden zu handeln (Art. 24 Abs. 10 MiFID II). Für Banken und Wertpapierfirmen gelten aufgrund von Art. 92 ff RL 2013/36/EU (CRD IV) und Art. 450 VO (EU) Nr. 575/2013 (CRR) umfangreiche Anforderungen an Inhalt und Publizität von Vergütungssystemen. Hierzu gehört auch ein sog. Bonus-Deckel, wonach variable Vergütungsbestandteile den festen Bestanteil der Gesamtvergütung für jede einzelne Person nur auf der Grundlage eines von den 112

454 Vgl § 8 Abs. 1 a VAG.
455 Art. 18 f RL 2002/83/EG.
456 *Meyer*, in: Frey (Hrsg.), Versicherungswirtschaft im Gemeinsamen Markt, 1967, S. 119, 120.
457 Art. 18 Abs. 3 iVm Art. 19 RL 2002/83/EG und Art. 73 f RL 2009/138/EG (Art. 74 ab 31.3.2015).
458 Die Spartentrennung darf weiterhin von Unternehmen mit Sitz in Deutschland verlangt werden (s. dazu auch die Antwort der EG-Kommission auf die schriftliche Anfrage Nr. 2640/91 des EP-Abgeordneten Merz, ABl. L 386 v. 30.12.1989, S. 1).
459 Zuletzt für die Krankenversicherung mit der Änderung von Art. 7 RL 73/239/EWG durch Art. 5 RL 92/49/EWG.
460 S. dazu etwa *Koch*, ZBB 1998, 393 ff.
461 Art. 3 Abs. 2 RL 87/344/EWG (ab 1.1.2016 Art. 200 RL 2009/138/EG); vgl auch Art. 126 Abs. 1 VVG.
462 *Becker*, BKR 2014, 151 ff; *Insam/Hinrichs/Hörtz*, WM 2014, 1415 ff.
463 Art. 74 Abs. 1, 75 und 92 ff RL 2013/36/EU und Art. 450 VO (EU) Nr. 575/2013 (Kreditinstitute und Wertpapierfirmen); Art. 13 iVm Anh. II RL 2011/61/EU (AIFM); Art. 26 Abs. 5 VO (EU) Nr. 648/2012 iVm Art. 8 DelVO (EU) Nr. 153/2013 (CCPs); s. zu den am 4.3.2014 verabschiedeten Durchführungsstandards http://europa.eu/rapid/press-release_IP-14-210_de.htm; s. dazu in Deutschland auch noch die Verordnung über die aufsichtsrechtlichen Anforderungen an Vergütungssysteme von Instituten (Institutsvergütungsverordnung – InstitutsVergV) v. 16.12.2013 (BGBl. I, 4270) und die Verordnung über die aufsichtsrechtlichen Anforderungen an Vergütungssysteme im Versicherungsbereich (Versicherungs-Vergütungsverordnung – VersVergV) v. 6.10.2010 (BGBl. I, 1379) idF durch Art. 7 der Verordnung vom 20.9.2013 (BGBl. I, 3672).

Anteilseignern bzw Eigentümern bzw Gesellschaftern des Instituts mit qualifizierter Mehrheit[464] zu fassenden Beschlüs se und maximal um das Doppelte überschreiten dürfen (Art. 94 Abs. 1 lit. g RL 2013/36/EU; s. hierzu auch DelVO (EU) Nr. 527/2014).

g) Vermögenstrennung

113 Die Mitgliedstaaten müssen dafür sorgen, dass Finanzdienstleistungsunternehmen, die Vermögenswerte von Kunden halten oder deren Vermögen treuhänderisch verwalten, eine hinreichende rechtliche und verwaltungsmäßige Trennung der Vermögensmassen vornehmen, um insb. bei einer Insolvenz des Finanzdienstleisters einen Zugriff von dessen Gläubigern auf die Vermögenswerte der Kunden unmöglich zu machen.[465] Dem deutschen Gesetzgeber wurde auch das Recht belassen, den Lebens- und Krankenversicherern mit Sitz in Deutschland vorzuschreiben, das Deckungsstockvermögen als vom übrigen Vermögen des Versicherers getrenntes Sondervermögen durch einen vom Aufsichtsrat bestellten unabhängigen Treuhänder verwahren und mitverwalten zu lassen.[466]

h) Bezeichnungen

114 Kreditinstitute und OGAW können ungeachtet der nationalen Vorschriften über die Verwendung entspr. Worte wie zB „Bank", „Sparkasse" und „Investmentfonds" im gesamten Binnenmarkt dies. Namen und Bezeichnungen verwenden.[467] Besonders geschützt sind die AIF-Bezeichnungen EuSEF und EuVECA (Rn 75).

i) Qualifikation des Leitungspersonals und Vieraugenprinzip

115 Eine Zulassung darf nicht erteilt bzw Aufsichtsmaßnahmen müssen ergriffen werden, wenn die Personen, welche Mitglieder des Leitungsorgans sind[468] bzw die Geschäfte tatsächlich leiten[469] bzw Schlüsselaufgaben wahrnehmen[470] nicht gut beleumundet sind oder nicht die erforderliche Zuverlässigkeit und Erfahrung bzw Fachkompetenz aufweisen, um eine umsichtige und ordnungsgemäße

---

464 Die Anteilseigner bzw Eigentümer bzw Gesellschafter des Instituts haben den Beschl. mit einer Mehrheit von mindestens 66 % (sofern mindestens 50 % der Anteile oder der entsprechenden Eigentumsrechte vertreten sind) oder andernfalls mit einer Mehrheit von mindestens 75 % der vertretenen Eigentumsrechte zu fassen.

465 Art. 13 Abs. 7, Abs. 8 RL 2004/39/EG bzw ab 3.1.2017 Art. 16 Abs. 8 und 9 RL 2014/56/EU (Wertpapierfirmen; strenger umgesetzt in § 34 a WpHG; dazu auch BVerwG v. 24.4.2002 6 C 2.02, ZIP 2002, 1569 ff: Eine getrennte Verwahrung von Kundengeldern auf Unterkonten sei nicht ausreichend); Art. 8 RL 2003/41/EG (Pensionsfonds); Art. 39 VO (EU) Nr. 648/2012 (CCPs).

466 S. dazu die Erklärung des Rates und der Kommission in den Protokollen über die Annahme der Dritten Richtlinien, abgedruckt bei *Müller*, Versicherungsbinnenmarkt, Rn 508 mit Fn 269.

467 Art. 19 RL 2013/36/EU (ggf mit erläuterndem nationalem Zusatz), Art. 96 RL 2009/65/EG; zum problematischen Schutz der Bezeichnung „Sparkasse" durch § 40 KWG s. Rn 22.

468 Art. 13 Abs. 1 Unterabs. 2 iVm Art. 91 Abs. 1 RL 2013/36/EU (Kreditinstitute); jeweils ab 3.1.2017 Art. 9 Abs. 1 RL 2014/65/EU iVm Art. 91 RL 2013/36/EU (Wertpapierfirmen), Art. 45 Abs. 1 RL 2014/65/EU (Marktbetreiber) und Art. 63 Abs. 1 RL 2014/65/EU (Datenbereitstellungsdienste); ferner Art. 27 Abs. 2 Unterabs. 2, 78 Abs. 6 iVm Art. 2 Nr. 29 VO (EU) Nr. 648/2012 (CCP, Transaktionsregister), wobei die Definition des Leitungsorgans unterschiedlich vorgenommen wird (vgl einerseits Art. 3 Abs. 1 Nr. 7 RL 2013/36/EU sowie Art. 4 Abs. 1 Nr. 36 RL 2014/65/EU (ab 3.1.2017) und andererseits Art. 2 Nr. 27 VO (EU) Nr. 648/2012).

469 Art. 9 Abs. 1 und 37 RL 2004/39/EG (Wertpapierfirmen und geregelte Märkte bis 2.1.2017); Art. 18 Abs. 1 lit. g iVm Art. 42 RL 2009/138/EG (Versicherungsunternehmen); Art. 8 Abs. 1 lit. e RL 73/239/EWG idF der RL 92/49/EWG (Schadenversicherung; Aufhebung per 1.1.2016 durch Art. 310 RL 2009/138/EG); Art. 7 Abs. 1 lit. b RL 2009/65/EG (OGAW-Verwaltungsgesellschaft); Art. 8 Abs. 1 lit. c RL 2011/61/EU (AIFM); Art. 9 Abs. 1 lit. b RL 2003/41/EG (Pensionsfonds); Art. 27 Abs. 1 und 78 Abs. 6 iVm Art. 2 Nr. 29 VO (EU) Nr. 648/2012 (CCP, Transaktionsregister); ähnlich Art. 5 Abs. 4 RL 2009/65/EG (OGAW-Verwahrstellen) und Art. 29 Abs. 1 Unterabs. 2 lit. b RL 2009/65/EG (OGAW-Investmentgesellschaft).

470 Art. 18 Abs. 1 lit. g iVm Art. 42 RL 2009/138/EG (Versicherungsunternehmen); dazu *Dreher*, VersR 2012, 1061 ff; *Louven/Ernst*, VersR 2014, 151 ff.

Geschäftsführung zu gewährleisten.[471] Teilweise ist von den Mitgliedstaaten auch dem Vieraugenprinzip Geltung zu verschaffen[472] bzw auf eine Bandbreite an Eigenschaften und Fähigkeiten im Leitungsorgan (Förderung der Diversität)[473] zu dringen.

j) Zuverlässigkeit von Inhabern qualifizierter Beteiligungen

Eine **Zulassung** darf nur erteilt werden, wenn der zuständigen Behörde die Identität und der Beteiligungsbetrag der Mitglieder, die als juristische oder natürliche Personen eine qualifizierte Beteiligung[474] an der Finanzdienstleistungsgesellschaft halten, mitgeteilt wurden und die benannten Personen den im Interesse der Gewährleistung einer soliden und umsichtigen Führung des Finanzdienstleistungsinstituts zu stellenden Anforderungen genügen.[475] Bei Beteiligungen an Kreditinstituten sind dabei insb. der Leumund und die finanzielle Solidität der Anteilseigner bzw Gesellschafter zu prüfen sowie die Frage, ob das Kreditinstitut aufgrund der Gruppenorganisation sämtlichen Aufsichtsanforderungen nachzukommen vermag und die Beaufsichtigung durch die Behörde durchgeführt werden kann.[476] 116

Zudem hat jede natürliche oder juristische Person, die beabsichtigt, **später** eine qualifizierte Beteiligung direkt oder indirekt zu halten, zuvor die zuständigen Behörden zu unterrichten und den Betrag dieser Beteiligung mitzuteilen.[477] Dies gilt auch für den Fall, dass sie beabsichtigt, den Betrag der qualifizierten Beteiligung derart zu erhöhen, dass die Schwellen von 20 %, 30 % (ggf 33 %) oder 50 % der Stimmrechte oder des Kapitals erreicht oder überschritten werden oder dass das Kreditinstitut ihr Tochterunternehmen wird.[478] Die zuständige Behörde beurteilt dann innerhalb von regelmäßig max. 60 Arbeitstagen die Eignung des interessierten Erwerbers und die finanzielle Solidität des beabsichtigten Erwerbs. Sie kann die erforderlichen Maßnahmen ergreifen (zB Anordnungen, Sanktionen gegen die Unternehmensleiter, Aussetzung des Stimmrechts), falls die Meldepflichtigen ihren Meldepflichten nicht nachkommen oder einen Einfluss ausüben, der sich zum Nachteil einer soliden und umsichtigen Geschäftsführung des Finanzdienstleistungsunternehmens auswirken könnte. Wird eine Beteiligung trotz Einspruchs der Aufsichtsbehörden erworben werden, ruhen zumindest die entspr. Stimmrechte. Eine dennoch erfolgende Stimmrechtsausübung 117

471 So in der Sache mit unterschiedlichen Formulierungen die zuvor erwähnten Regelungen; besonders detaillierte und teilweise weitergehende Anforderungen stellen Art. 91 RL 2013/36/EU (Kreditinstitute), Art. 9 bzw 39 Abs. 2 lit. d RL 2014/65/EU iVm Art. 91 RL 2013/36/EU (Wertpapierfirmen bzw Zweigniederlassungen aus Drittländern) sowie Art. 45 RL 2014/65/EU (Marktbetreiber), namentlich guter Leumund, ausreichende Kenntnisse und Fähigkeiten individuell wie kollektiv, ausreichend Zeit, grds. nicht mehr als vier Aufsichtsmandate oder ein Leitungsmandat mit zwei Aufsichtsmandaten, Integrität, Aufrichtigkeit und Unvoreingenommenheit, Berücksichtigung einer großen Bandbreite von Eigenschaften und Fähigkeiten (Diversität); hierzu auch *Langenbucher*, ZHR 176 (2012), 652 ff; *Bischof*, GPR 2013/6, 321 ff.

472 Art. 13 Abs. 1 RL 2013/36/EU, Art. 9 Abs. 4 RL 2004/39/EG (ab 3.1.2017 Art. 9 Abs. 6 RL 2014/65/EU), Art. 7 Abs. 1 lit. b und 29 Abs. 1 lit. b RL 2009/65/EG.

473 S. zB Art. 91 Abs. 10 RL 2013/36/EU; s. dazu auch allg. die Vorschläge der EU-Kommission KOM(2012) 614 endg. (Gewährleistung einer ausgewogeneren Vertretung von Frauen und Männern unter den nicht geschäftsführenden Direktoren/Aufsichtsratsmitgliedern börsennotierter Gesellschaften) und KOM(2013) 207 endg. (Berichtspflichten mittlerer und großer Unternehmen zur Diversität).

474 Dies ist eine direkte oder indirekte Beteiligung von mindestens 10 % des Kapitals bzw der Stimmrechte oder die Möglichkeit der Wahrnehmung eines maßgeblichen Einflusses auf die Geschäftsführung eines Unternehmens, an dem eine Beteiligung gehalten wird (Art. Art. 4 Abs. 1 Nr. 36 VO (EU) Nr. 575/2013, Art. 2 Abs. 1 lit. j RL 2009/65/EG, Art. 4 Nr. 27 RL 2004/39/EG (ab 3.1.2017 Art. 4 Abs. 1 Nr. 31 RL 2014/65/EU), Art. 13 Nr. 21 RL 2009/138/EG).

475 Art. 14 RL 2013/36/EU; Art. 10 Abs. 1, Abs. 2, 38 RL 2004/39/EG (ab 3.1.2017 Art. 10 Abs. 1 und 2, Art. 46 RL 2014/56/EU); Art. 8 Abs. 1 RL 2009/65/EG; Art. 8 Abs. 1 lit. d RL 2011/61/EU; Art. 8 RL 92/49/EWG; Art. 8 RL 2002/83/EG (ab 1.1.2016 Art. 24 RL 2009/138/EG); Art. 30 Abs. 2 VO (EU) Nr. 648/2012.

476 Art. 14 Abs. 2 iVm 23 Abs. 1 RL 2013/36/EU.

477 Art. 22 Abs. 1 RL 2013/36/EU, Art. 10 Abs. 3 Unterabs. 1 RL 2004/39/EG (ab 3.1.2017 Art. 11 Abs. 1 RL 2014/65/EU), Art. 11 RL 2009/65/EG, Art. 15 Abs. 1 RL 92/49/EWG, Art. 15 Abs. 1 RL 2002/83/EG und ab 1.1.2016 Art. 57 Abs. 1 RL 2009/138/EG, Art. 31 Abs. 2 VO (EU) Nr. 648/2012.

478 Art. 22 Abs. 1 RL 2013/36/EU, Art. 10 Abs. 3 Unterabs. 1 RL 2004/39/EG (ab 3.1.2017 Art. 11 Abs. 1 RL 2014/65/EU), Art. 11 RL 2009/65/EG, Art. 15 Abs. 1 RL 92/49/EWG, Art. 15 Abs. 1 RL 2002/83/EG und ab 1.1.2016 Art. 57 Abs. 1 RL 2009/138/EG, Art. 31 Abs. 2 VO (EU) Nr. 648/2012.

ist ungültig oder kann zumindest für nichtig erklärt werden.[479] Entsprechende Mitteilungspflichten (nicht jedoch eine Einspruchsmöglichkeit) bestehen auch im Falle der Aufgabe bzw schwellenwertrelevanten Herabsetzung einer Beteiligung.[480] Der Transparenz der Beteiligungsverhältnisse dient auch die Pflicht einer Finanzdienstleistungsgesellschaft, den zuständigen Behörden einmal pro Jahr über die Inhaber und den jeweiligen Betrag qualifizierter Beteiligungen Auskunft zu erteilen.[481]

k) Verbundene Unternehmen

118 Verbundene Unternehmen unterliegen zum Teil einer zusätzlichen, zwischen den mitgliedstaatlichen Behörden koordinierten Gruppenaufsicht (sog. Solo-Plus-Aufsicht), um über die bestehende Einzelaufsicht hinaus der Gruppenzugehörigkeit Rechnung zu tragen.

aa) Gewährleistung einer effektiven Aufsicht bei Konzernbindung

119 Seit Verabschiedung der BCCI-RL 95/26/EG[482] darf die Zulassung einem Finanzunternehmen nur dann erteilt werden, wenn die Beaufsichtigung nicht durch natürliche oder juristische Personen, zu denen das Unternehmen enge Verbindungen hat, oder durch Rechts- und Verwaltungsvorschriften eines Drittlands, denen diese Personen unterstehen, bzw durch Schwierigkeiten bei deren Anwendung beeinträchtigt wird.[483]

bb) Beteiligungsverhältnisse

120 Kreditinstitute und Versicherungsunternehmen müssen die zuständigen Behörden über den Erwerb oder die Abtretung von Kapitalbeteiligungen unterrichten, aufgrund deren ihre Beteiligung am Träger eines Finanzdienstleistungsunternehmens 20 %, 30 % (ggf 33 %) oder 50 % der Stimmrechte oder des Kapitals erreicht bzw über- oder unterschreitet, sobald sie von dem Erwerb oder der Abtretung Kenntnis erhalten.[484]

cc) Gruppeninterne Geschäfte

121 Wichtige gruppeninterne Geschäfte unterliegen nach branchenspezifischen Vorschriften und den Regelungen der mehrfach geänderten Finanzkonglomerate-RL 2002/87/EG einer zusätzlichen Beaufsichtigung.[485] Hierzu statuieren die Richtlinien entspr. Meldepflichten,[486] die Einrichtung von unternehmensinternen Erfassungs- und Kontrollsystemen[487] sowie Pflichten zur Offenlegung der Rechtsstruktur und der Governance- bzw Organisationsstruktur der Gruppe einschließlich von Tochtergellschaften, bedeutenden Zweigniederlassungen und von Inhabern qualifizierter Beteili-

---

479 Art. 26 Abs. 2 RL 2013/36/EU, Art. 10 Abs. 4-6, 10 a, 10 b RL 2004/39/EG (ab 3.1.2017 Art. 11 Abs. 2 und 3, Art. 12 f RL 2014/65/EU), Art. 11 RL 2009/65/EG, Art. 15 a ff RL 2002/83/EG, Art. 15 a ff RL 92/49/EWG und ab 1.1.2016 Art. 58 ff RL 2009/138/EG.

480 Art. 25 RL 2013/36/EU, Art. 10 Abs. 3 Unterabs. 2 RL 2004/39/EG (ab 3.1.2017 Art. 11 Abs. 1 Unterabs. 2 und 3 RL 2014/65/EU), Art. 11 RL 2009/65/EG, Art. 15 Abs. 2 RL 92/49/EWG, Art. 15 Abs. 2 RL 2002/83/EG und ab 1.1.2016 Art. 57 Abs. 2 RL 2009/138/EG.

481 Art. 26 Abs. 1 Unterabs. 2 RL 2013/36/EU, Art. 10 Abs. 5 Unterabs. 2 RL 2004/39/EG (ab 3.1.2017 Art. 11 Abs. 3 Unterabs. 2 RL 2014/65/EU), Art. 11 RL 2009/65/EG, Art. 15 Abs. 3 Unterabs. 2 RL 92/49/EWG, Art. 15 Abs. 3 Unterabs. 2 RL 2002/83/EG und ab 1.1.2016 Art. 61 Unterabs. 2 RL 2009/138/EG.

482 Umgesetzt in Deutschland durch das Gesetz zur Umsetzung von EG-Richtlinien zur Harmonisierung bank- und wertpapieraufsichtsrechtlicher Vorschriften v. 22.10.1997, BGBl. I 1997, 2518.

483 Art. 2 Abs. 2 RL 95/26/EG; Art. 14 Abs. 3 RL 2013/36/EU; Art. 6 Abs. 2 RL 2002/83/EG (ab 1.1.2016 Art. 19 RL 2009/138/EG); Art. 30 Abs. 3 VO (EU) 648/2012; zum Begriff der engen Verbindung s. nur Art. 2 Abs. 1 RL 95/26/EG und Art. 4 Abs. 1 Nr. 35 RL 2014/65/EU).

484 S. dazu Rn 117.

485 Für Finanzkonglomerate Art. 8, 9 Abs. 3 lit. b RL 2002/87/EG idF der RL 2011/89/EU und Art. 123 RL 2013/36/EU (in Deutschland umgesetzt durch das Finanzkonglomerate-Aufsichtsgesetz – FKAG, BGBl. 2013 I, 1862 ff); für Versicherungsgruppen Art. 245 f, 258 Abs. 1 RL 2009/138/EG (umgesetzt in § 104 e VAG).

486 Für Finanzkonglomerate Art. 8 Abs. 2 RL 2002/87/EG und für Versicherungsgruppen Art. 246 RL 2009/138/EG (bislang Art. 8 Abs. 2 RL 98/78/EG).

487 Art. 9 Abs. 3 lit. b RL 2002/87/EG.

gungen am Mutterunternehmen.[488] Die Mitgliedstaaten können vorbehaltlich einer weiteren Koordinierung die gruppeninternen Geschäfte im Umfang begrenzen bzw Auflagen hinsichtlich ihrer Art vorsehen.[489]

l) Spezifische Organisationspflichten der Marktbetreiber, CCPs und Transaktionsregister

Neben der Einrichtung eines effektiven, fairen und sicheren Marktes haben die Betreiber geregelter Märkte Vorgaben für die Zulassung von Instrumenten zum Handel sowie den transparenten und nichtdiskriminierenden **Marktzugang** zu erfüllen.[490] Analoges gilt für CCPs[491] und Transaktionsregister.[492] Ab 3.1.2017 sind nach der neuen MiFIR-VO (EU) Nr. 600/2014 für alle Handelsplätze (RM, MTF und OTF; dazu Rn 70) detaillierte **Handelstransparenzvorschriften** anzuwenden. Diese gelten für Eigenkapitalinstrumente (Art. 3 bis 7 MiFIR) wie auch für Nichteigenkapitalinstrumente (Art. 8 bis 11 MiFIR). Die Vorhandelstransparenzdaten (insb. Kursdaten) und Nachhandelstransparenzdaten (Preis, Volumen, Zeitpunkt der Transaktionen) sind gesondert zu veröffentlichen und zu angemessenen kaufmännischen Bedingungen zugänglich zu machen (Art. 12 f MiFIR). Die über RM, MTF oder OTF getätigten Geschäfte mit Finanzinstrumenten sind von ihren Betreibern auf marktstörende oder marktmissbrauchende Verhaltensweisen hin zu **überwachen**. Schwerwiegende Verstöße sind der zuständigen Behörde, die in ihren Ermittlungen zu unterstützen ist, zu **melden**.[493] Der Abschluss von Vereinbarungen über die Zusammenarbeit von CCPs (sog. Interoperabilitätsvereinbarungen) bedarf einer vorgängigen Genehmigung durch die für die beteiligten CCPs zuständigen Behörden.[494] 122

m) Datenübermittlung, -speicherung und -schutz

Schließlich haben die beaufsichtigten Unternehmen neben den allg. datenschutzrechtlichen Bestimmungen[495] noch spezifische Vorschriften zur Geheimhaltung, zum Schutz vor Datenmissbrauch und zur Datenspeicherung einzuhalten.[496] Für die Übermittlung von personenbezogenen Daten zwischen den zuständigen Behörden (uU auch in Drittländern) wird regelmäßig auf die Datenschutz-RL 95/46/EG und in neueren Rechtsakten auch auf die VO (EU) Nr. 45/2001 verwiesen.[497] 123

n) Ausarbeitung von Sanierungs-, Abwicklungs- und Fortführungsplänen[498]

Nach Art. 5 RL 2014/59/EU (BRRD) stellen die zuständigen Bankenaufsichtsbehörden[499] sicher, dass ihnen alle nicht zu einer auf konsolidierter Basis beaufsichtigten Gruppe gehörenden **Kreditinstitute, Wertpapierfirmen** und anderen **Finanzinstitute** im Anwendungsbereich der BRRD einen laufend, mindestens jährlich zu aktualisierenden **Sanierungsplan** zur Prüfung und Genehmigung 124

488 Art. 12 Abs. 1 lit. a RL 2002/87/EG idF der RL 2011/89/EU.

489 Art. 8 Abs. 3 RL 2002/87/EG.

490 Art. 39 ff RL 2004/39/EG (ab 3.1.2017 Art. 47 ff, insb. Art. 53 RL 2014/65/EU sowie Art. 35 f VO (EU) Nr. 600/2014).

491 CCPs haben nach Art. 36 Abs. 1 und 37 Abs. 1 VO (EU) Nr. 648/2012 einen fairen, nichtdiskriminierenden, transparenten, objektiven und offenen Zugang zur CCP sicherzustellen. Ein solches Zugangsrecht besteht explizit auch für Wertpapierfirmen aus anderen Mitgliedstaaten (s. Art. 37 RL 2014/65/EU).

492 Nach Art. 78 Abs. 7 VO (EU) Nr. 648/2012 haben Transaktionsregister den Meldepflichtigen diskriminierungsfreien Zugang zur Registrierung und den externen Dienstleistungsanbietern (sofern die jeweiligen Gegenparteien dem zugestimmt haben) entsprechenden Zugang zu den Informationen im Transaktionsregister zu gewähren.

493 Art. 43, 26 RL 2004/39/EG (ab 3.1.2017 Art. 54, 31 RL 2014/65/EU).

494 Zum Verfahren und den Genehmigungsvoraussetzungen Art. 51 ff VO (EU) Nr. 648/2012.

495 S. dazu va die RL 95/46/EG.

496 S. dazu etwa Art. 80 VO (EU) Nr. 648/2012.

497 S. dazu etwa Art. 39 f VO (EU) Nr. 236/2012; Art. 51 Abs. 1 und Art. 52 RL 2011/61/EU; Art. 28 f VO (EU) Nr. 596/2014 (MAR).

498 *Chattopadhyay*, WM 2013, 405 ff; *Cichy/Behrens*, WM 2014, 438 ff; *Schelo/Steck*, ZBB 2013, 227, 236 ff.

499 Die BRRD spricht verschiedentlich von der „zuständigen Behörde“, wobei es sich nicht um die als solche bezeichnete Abwicklungsbehörde (Art. 3 BRRD), sondern um die nationale Aufsichtsbehörde für Kreditinstitute und Wertpapierfirmen iSv Art. 4 Abs. 1 Nr. 40 der VO (EU) Nr. 575/2013 bzw (im Rahmen ihrer spezifischen Aufsichtskompetenzen nach der VO VO (EU) Nr. 1024/2013 v.a. über systemrelevante Banken) die EZB handelt (Art. 2 Abs. 1 Nr. 21 BRRD).

vorlegen. In diesem Sanierungsplan ist unter Beachtung der Mindestvorgaben des Abschn. A des Anh. zur BRRD und der noch zu erlassenden technischen Regulierungsstandards (Rn 6) darzulegen, mit welchen vom Institut zu treffenden Maßnahmen bei einer erheblichen Verschlechterung der Finanzlage eines Instituts dessen finanzielle Stabilität wiederhergestellt werden soll (Art. 5). Bestandteil des Planes ist auch ein Rahmenwerk von qualitativen und quantitativen **Indikatoren** (v.a. Schwellenwerte), anhand welcher der Eintritt einer Krise des Instituts zuverlässig und einfach beurteilt werden kann (Art. 9 BRRD). Die Aufsichtsbehörde legt den Sanierungsplan der Abwicklungsbehörde vor, damit diese den Sanierungsplan prüfen kann, um Maßnahmen in dem Sanierungsplan zu ermitteln, die sich nachteilig auf die Abwicklungsfähigkeit des Instituts auswirken können, und um der zuständigen Behörde diesbzgl Empfehlungen zu geben (Art. 6 Abs. 4 BRRD). Bei einem auch nach Überarbeitung weiterhin ungenügenden Sanierungsplan kann die Aufsichtsbehörde unbeschadet der in Art. 104 RL 2013/36/EU (CRD IV) vorgesehenen Maßnahmen dem Institut Anweisungen erteilen (zB Erhöhung des Eigenkapitals, Reduktion des Risikoprofils, Änderung der Unternehmensstrategie, organisatorische Anpassungen), um die Unzulänglichkeiten oder Hindernisse bei der Durchführung des Sanierungsplans zu beheben (Art. 6 Abs. 6 BRRD). Analoges gilt für Unionsmuttergesellschaften, die sich von den konsolidierenden Aufsichtsbehörden und zuständigen Behörden der Tochterunternehmen (Art. 8) einen **Gruppensanierungsplan** genehmigen zu lassen haben, der u.a. für eine Koordination und Kohärenz der Maßnahmen auf verschiedenen Gruppenebenen sorgt und nebst den Inhaltsanforderungen für Sanierungspläne nach Art. 5 auch Regelungen für eine gruppeninterne finanzielle Unterstützung (hierzu Art. 19) vorsehen kann (Art. 7). Die Entsch., ob in einer konkreten Situation eine im Sanierungsplan genannte Maßnahme getroffen wird, verbleibt im Ermessen des Leitungsorgans (Art. 9), wobei die Aufsichtsbehörde vom Leitungsorgan des Instituts die Durchführung verlangen kann (Art. 27 Abs. 1 lit. a; dazu Rn 135).

125 Im Gegensatz zu den Sanierungsplänen werden die **Abwicklungspläne** durch die nationalen Abwicklungsbehörden und **Gruppenabwicklungspläne** durch die für die Gruppenabwicklung zuständigen Behörden gemeinsam mit den Abwicklungsbehörden der Tochterunternehmen und nach Anhörung der Abwicklungsbehörden der bedeutenden Zweigstellen erstellt, wobei die Behörden die Unterstützung[500] der Institute verlangen können (Art. 10 ff BRRD). Diese Pläne sind ebenfalls ständig und mindestens jährlich zu aktualisieren (Art. 10 Abs. 6 und Art. 13 Abs. 3 BRRD). Planinhalt und zu berücksichtigende Aspekte ergeben sich insb. aus Art. 10 Abs. 7, Art. 12, Abschn. C des Anh. und aus noch zu erlassenden technischen Regulierungsstandards (Rn 7), wobei die Pläne nicht von der Gewährung einer außerordentlichen finanziellen Unterstützung aus öffentlichen Mitteln oder einer (Notfall-)Liquiditätshilfe der Zentralbanken ausgehen dürfen (Art. 10 Abs. 3; Art. 12 Abs. 3 lit. f BRRD). Ein Institut bzw eine Gruppe ist abwicklungsfähig, wenn aus Sicht der Abwicklungsbehörde entweder die Liquidation des Instituts bzw eines Unternehmens der Gruppe im Rahmen eines regulären Insolvenzverfahrens oder die Abwicklung durch Anwendung verschiedener Abwicklungsinstrumente und -befugnisse durchführbar und glaubwürdig ist (Art. 15 Abs. 1; Art. 16 Abs. 1). Die VO (EU) Nr. 806/2014 (**SRM-VO**) sieht für die in einem SSM-Staat ansässigen Institute noch weitere Regelungen zur Abwicklungsplanung vor (Art. 8 ff; dazu Rn 165).

126 **Zentrale Gegenparteien** haben ebenfalls eine angemessene Strategie zur Fortführung des Geschäftsbetriebs sowie einen Notfallwiederherstellungsplan festzulegen, umzusetzen und zu befolgen, um eine Aufrechterhaltung der Funktionen, eine rechtzeitige Wiederherstellung des Geschäftsbetriebs sowie die Erfüllung der Pflichten der CCP zu gewährleisten.[501] Eine ähnliche, wenn auch knapper formulierte Pflicht obliegt den **Transaktionsregistern** nach Art. 79 Abs. 2 VO (EU) Nr. 648/2012.

500 S. zu den Informationen, die bei den Instituten angefordert werden können, Art. 11 und Anh. Abschn. B BRRD.
501 Art. 34 Abs. 1 VO (EU) Nr. 648/2012 iVm Art. 17 ff DelVO (EU) Nr. 153/2013.

2. Finanzaufsicht

a) Eigenmittelausstattung[502]

aa) Anfangskapital und Kapitalanforderung

Eine Zulassung wird nach Art. 12 RL 2013/36/EU (CRD IV) grds. nur erteilt, wenn das **Kreditinstitut** über durch gesellschaftsrechtliche Sonderung getrennte Eigenmittel und ein Anfangskapital[503] von mindestens 5 Mio. EUR verfügt. Auch im laufenden Betrieb dürfen die Eigenmittel diesen Betrag grds. nicht unterschreiten (Art. 93 VO (EU) Nr. 575/2013). **Wertpapierfirmen** müssen je nach Tätigkeit und dem Vorhandensein alternativer Sicherungen gemäß Art. 12 RL 2004/39/EG (bzw ab 3.1.2017 Art. 15 RL 2014/65/EU) iVm Art. 28 ff RL 2013/36/EU (CRD IV) ein Anfangskapital von grds. mindestens 25.000 EUR[504] bzw 50.000 EUR[505] bzw 125.000 EUR[506] bzw 730.000 EUR[507] aufweisen.[508] Für die Verwaltungsgesellschaften, Investmentgesellschaften und Verwahrstellen eines **OGAW**[509] sowie für **AIFM**[510] bestehen vergleichbare, allerdings teilweise weniger konkrete Anforderungen. Im Augenblick der Zulassung muss auch dem Vorstand eines **Versicherungsunternehmens** ein Mindestmaß an anrechnungsfähigen Eigenmitteln zur Verfügung stehen (sog. Mindestgarantiefonds bzw jetzt Mindestkapitalanforderung).[511] **CCPs** haben schließlich über ein ständiges und verfügbares Anfangskapital in Höhe von mindestens 7,5 Mio. EUR zu verfügen.[512] 127

bb) Laufende Eigenmittelausstattung

Wichtigster Gegenstand der laufenden Finanzaufsicht über **Kreditinstitute** (Rn 65) **und Wertpapierfirmen** (Rn 69) ist die angemessene **Deckung von** diversen aktuellen und etwaigen künftigen **Risiken** durch bestimmte Eigenmittel und Kapitalpuffer.[513] Die insoweit nach der RL 2013/36/EU (CRD IV) und namentlich der VO (EU) Nr. 575/2013 (CRR) geltenden Regelungen (sog. **CRD IV-Paket**) unterscheiden zunächst zwischen verschiedenen zu gewichtenden Risiken (Rn 129 ff) sowie 128

502 *Kern*, ZBB 2011, 337 ff; *Leistikow/Bertelmann*, WM 2012, 731 ff; *Manns/Schulte-Mattler*, WM 2010, 1577 ff; *Paul/Stein/Kaltofen*, DStR 2013, 1849 ff; *Schmitt*, BB 2011, 105 ff und 2347 ff.

503 Der Begriff des Anfangskapitals (auch hartes Kernkapital) ist in Art. 12 Abs. 2 iVm Art. 26 Abs. 1 lit. a bis e VO (EU) Nr. 575/2013 definiert.

504 Dieses Anfangskapital gilt gemäß Art. 31 Abs. 2 lit. a RL 2013/36/EU für die auch nach der Versicherungsvermittlungs-RL 2002/92/EG eingetragenen Firmen.

505 Dieses Anfangskapital gilt grds. nach Art. 30 VO (EU) Nr. 575/2013 für lokale Firmen iSv Art. 4 Abs. 1 Nr. 4 VO (EU) Nr. 575/2013 und nach Art. 31 RL 2013/36/EU für Wertpapierfirmen iSv Art. 4 Abs. 2 lit. c VO (EU) Nr. 575/2013 (bloße Anlageberatung und bloße Weitergabe von Kundenaufträgen) ohne hinreichende Berufshaftpflichtversicherung.

506 Dieses Anfangskapital gilt grds. (Öffnungsklausel in Abs. 3) nach Art. 29 Abs. 1 RL 2013/36/EU für Wertpapierfirmen, die zwar keinen Eigenhandel betreiben, jedoch im Rahmen des Fremdhandels oder des Portfoliomanagements im Kundenauftrag Gelder und/oder Wertpapiere verwalten.

507 Dieses Anfangskapital gilt grds. nach Art. 28 Abs. 2 RL 2013/36/EU für alle übrigen Wertpapierfirmen, die auch den Eigenhandel betreiben.

508 Die im Bemühen um sachgerechte Differenzierungen und unter dem Einfluss von Lobbyisten sehr kompliziert geratene Regelung eines eigentlich einfachen Sachverhalts (Höhe des Mindestanfangskapitals) ist ein Musterbeispiel für die gegenwärtigen Probleme der zunehmend untragbaren europäischen Regulierung der Finanzdienstleistungen.

509 S. dazu die Mindestregelungen in RL 2009/65/EG: Art. 7 (Verwaltungsgesellschaft: grds. mind. 125.000 EUR Anfangskapital), Art. 23 Abs. 2 (Verwahrstelle: ausreichende finanzielle Mittel zur ordnungsgemäßen Wahrnehmung der jeweiligen Aufgaben), Art. 29 Abs. 1 (Investmentgesellschaft: mind. 300.000 EUR Anfangskapital).

510 Art. 8 Abs. 1 lit. b iVm Art. 9 Abs. 1, 2 RL 2011/61/EU (interner AIF-Verwalter: Anfangskapital mind. 300.000 EUR; externer AIF-Verwalter: mind. 125.000 EUR), wobei bei AIF-Portfolios über 250 Mio. EUR zusätzliche Eigenmittel erforderlich sind (Art. 9 Abs. 3 und 6).

511 S. insbes. Art. 18 Abs. 1 lit. d, lit. f, Abs. 2 Unterabs. 2, Abs. 3 lit. a, Abs. 4 lit. a (Voraussetzung der Zulassung), 128 ff (Berechnung), Art. 139 (Nichtbedeckung) und Art. 144 Abs. 1 Unterabs. 2 (Entzug der Zulassung) RL 2009/138/EG.

512 Art. 16 VO (EU) Nr. 648/2012.

513 Die maßgeblichen Regelungen sind für die nach der RL 2013/36/EU (CRD IV) beaufsichtigten Kreditinstitute und Wertpapierfirmen in Art. 73, 76 ff, 128 ff CRD IV und namentlich in der VO (EU) Nr. 575/2013 (CRR) sowie für Versicherungsunternehmen in den Art. 87 ff RL 2009/138/EG enthalten.

zwischen diversen nach der Verfügbarkeit unterschiedlich deckungsgeeignete Eigenmittelarten (Rn 132), bevor sie die Deckungsquoten in differenzierter Weise festlegen und zusätzliche Kapitalpuffer vorsehen (Rn 133). Die EU-Regelungen folgen dabei den internationalen Standards für Banken, die in der Folge der Finanzkrise von 2007/2008 sehr viel detaillierter und strenger wurden.[514] Mit der Reform wurden insb. die Vorschriften für die Zuordnung von Aktiven zu den verschiedenen Eigenkapitalkategorien verschärft (Rn 132), Eigenkapitalanforderungen für regelmäßig nur kurzfristig gehaltene Positionen im Handelsbuch und für Verbriefungen vorgesehen bzw erweitert (Rn 130), die Quote für sog. hartes Kernkapital erhöht und verschiedene zusätzliche Kapitalpuffer eingeführt (Rn 133). Verschärft werden schließlich auch die Anforderungen an die Offenlegung von Risiken (Art. 431 ff CRR; dazu Rn 134).

129 Auf der **Risikoseite** wird grds. zwischen sog. Kreditrisiken, Marktrisiken und operationellen Risiken[515] unterschieden.[516] Die für Kreditinstitute und Wertpapierfirmen nach Art. 107 Abs. 1 iVm Art. 92 Abs. 3 lit. a und f VO (EU) 575/2013 (CRR) als sog. **Kreditrisiken** (auch Adressrisiken) zusammengefassten Risiken (Forderungsausfallrisiken, [517] Verwässerungsrisiken,[518] Gegenparteiausfallrisiken)[519] sind entweder mit dem Kreditrisiko-Standardansatz (KSA; Art. 111 ff CRR) oder dem auf eigenen Beurteilungen des Instituts beruhenden, an bestimmte Voraussetzungen für die erforderliche aufsichtsbehördliche Gestattung gebundenen und den großen und komplexen Instituten ausdrücklich durch Art. 77 Abs. 1 RL 2013/36/EU (CRD IV) zur Anwendung empfohlenen sog. Internal Rating Based-Approach (IRBA, Art. 142 ff CRR) zu gewichten und durch Eigenmittel zu unterlegen (Art. 107 ff CRR). So wird bspw eine in der Bilanz als Aktivum aufgeführte Forderung auf Rückzahlung eines Darlehens (Kreditrisikoposition) nach dem KSA zunächst bewertet (Forderungswert nach Art. 111 CRR) und einer der nach Schuldnertypen gebildeten Forderungsklassen zugeordnet (Art. 112 CRR). Unter zumeist zusätzlicher Berücksichtigung der Bonität des Schuldners anhand von sechs Bonitätsstufen, zu deren Beurteilung auch Ratings einer anerkannten externen Ratingagentur (ECAI) oder einer Exportversicherungsagentur herangezogen werden können (Art. 113 Abs. 1 CRR), wird sodann das sog. Risikogewicht für die Forderungen der einzelnen Klassen bestimmt (zB für Forderungen gegenüber Zentralstaaten und -banken 0 %, 20 %, 50 %, 100 % und 150 %).[520] Aus der Multiplikation von Risikopositionswert (hier Forderungswert) und Risikogewicht ergibt sich schließlich der grds. für die Eigenmittelunterlegung maßgebliche sog. risikogewichtete Positionsbetrag (Art. 113 Abs. 2 CRR). Unter bestimmten Voraussetzungen können allerdings noch besondere risikomindernde Umstände (zB Bestellung von Sicherheiten, teilweise oder vollständige Weitergabe von Forderungsrisiken durch deren Verbriefung) berücksichtigt wer-

---

514 S. ab 2010 insb. die Empfehlungen des Basel Committee on Banking Supervision „A global regulatory framework for more resilient banks and banking systems" vom Dezember 2010 in revidierter Fassung vom Juni 2011 (dt. Fassung unter http://www.bis.org/publ/bcbs189_de.pdf) sowie mit ändernden und ergänzenden Beschlüssen vom 25.7.2012 (Capital requirements for bank exposures to central counterparties; dt. Fassung unter http://www.bis.org/publ/bcbs227_de.pdf]), 7.1.2013 (The Liquidity Coverage Ratio and liquidity risk monitoring tools; dt. Fassung unter http://www.bis.org/publ/bcbs238_de.pdf), 17.12.2013 und 12.1.2014 (Liquidity coverage ratio and restricted-use committed liquidity facilities; dt. Fassung unter http://www.bis.org/press/p140112d_de.pdf), kurz: Basel III.

515 S. dazu in Deutschland auch das BaFin-Rundschreiben 10/2012 (BA) v. 14.12.2012 mit Mindestanforderungen für das Risikomanagement (MaRisk) von Kredit- und Finanzdienstleistungsinstituten; näher *Hofmann* (Hrsg.), Basel III und MaRisk, 2011.

516 Dabei herrscht insb. im Rahmen der CRR ein gegenüber dem üblichen Level nochmals gesteigertes Begriffschaos, da die Grundbegriffe entweder nicht oder unzureichend und viele Begriffe in der zudem unübersichtlich gegliederten CRR nur noch für einzelne Abschnitte definiert werden.

517 Nach Art. 92 Abs. 3 lit. a CRR handelt es sich dabei um das Risiko des Ausfalls (Art. 4 Abs. 1 Nr. 54 ff CRR) von sich nicht aus der Handelsbuchtätigkeit ergebenden Forderungen wie insb. Kreditforderungen.

518 Nach Art. 4 Abs. 1 Nr. 53 CRR handelt es sich dabei um das Risiko, dass sich ein Forderungsbetrag einer angekauften Forderung durch bare oder unbare Ansprüche des Forderungsschuldners vermindert.

519 Nach Art. 92 Abs. 3 lit. f CRR handelt es sich dabei um das Risiko des Ausfalls bestimmter Forderungen aus der *Handelsbuchtätigkeit (Forderungen aus* Derivatgeschäften, Pensions- und Leihgeschäften, Lombardgeschäften und Geschäften mit langfristiger Abwicklung).

520 So beträgt das Risikogewicht einer Forderung gegen die EZB wegen deren hoher Bonität zB 0 % (Art. 114 Abs. 3 VO (EU) Nr. 575/2013).

den.[521] Andererseits haben die Institute noch gesondert das Risiko einer Bonitätsverschlechterung der Gegenpartei und einer dadurch notwendig werdenden Anpassung der Risikogewichtung (sog. CVA-Risiko) durch Eigenmitttel zu unterlegen (Art. 381 ff CRR).

Die für Kreditinstitute und Wertpapierfirmen nach Art. 325 ff, 445 iVm Art. 92 Abs. 3 lit. b und c CRR als sog. **Marktrisiken** zusammengefassten Risiken (sog. Positionsrisiken,[522] Großkreditrisiken,[523] Fremdwährungsrisiken,[524] Abwicklungsrisiken,[525] Warenpositionsrisiken[526]) sind ebenfalls entweder mit den in der CRR näher geregelten Standardansätzen (Art. 326 ff CRR) oder dem auf eigenen Beurteilungen des Instituts beruhenden, an bestimmte Voraussetzungen für die erforderliche aufsichtsbehördliche Gestattung gebundenen und den großen und komplexen Instituten ausdrücklich durch Art. 77 Abs. 3 RL 2013/36/EU (CRD IV) zur Anwendung empfohlenen internen Modellen (Art. 362 ff CRR) zu gewichten und durch Eigenmittel zu unterlegen. Institute mit geringfügiger sog. Handelsbuchtätigkeit[527] können die Marktrisiken unter den Voraussetzungen von Art. 94 CRR statt nach den Marktrisikogrundsätzen auch nach den Kreditrisikogrundsätzen (Rn 129) gewichten und unterlegen. 130

Die nach der RL 2013/36/EU (CRD IV) beaufsichtigten Kreditinstitute und Wertpapierfirmen haben das sog. **operationelle Risiko** nach Art. 312 ff VO (EU) Nr. 575/2013 (CRR) zusätzlich mit Eigenmitteln zu unterlegen. Dabei handelt es sich um das Risiko von Verlusten, die unter Einschluss von Rechtsrisiken durch die Unangemessenheit oder das Versagen von internen Verfahren, Menschen und Systemen (zB deliktisches Verhalten von Mitarbeitern, Computerausfall) oder durch externe Ereignisse (zB Naturkatastrophen) verursacht werden (Art. 4 Abs. 1 Nr. 52 CRR). Sie werden entweder gemäß einem Basisindikatoransatz (Art. 315 ff VO CRR), einem Standardansatz (Art. 317 ff CRR) oder (unter besonderen Gestattungsvoraussetzungen) nach fortgeschrittenen Messansätzen (Advanced Measurement Approaches; AMA; Art. 321 ff CRR) gewichtet und mit Eigenmitteln unterlegt. Die Eigenkapitalanforderung beträgt für das operationelle Risiko beim Basisindikatoransatz 15 % des Dreijahresdurchschnitts der Summe aus Nettozinserträgen und zinsunabhängigen Nettoerträgen (Art. 315 Abs. 1 CRR). 131

Auf der **Eigenmittelseite** wird bei Kreditinstituten und Wertpapierfirmen nach der VO (EU) Nr. 575/2013 (CRR) anhand der Verfügbarkeit zwischen dem **Kernkapital** (Tier 1 Capital, T1) mit den beiden Unterkategorien hartes Kernkapital (Common Equity Tier 1; CET1; Art. 26 ff CRR)[528] und zusätzliches Kernkapital (Additional Tier 1; AT1; Art. 51 ff CRR)[529] sowie dem **Ergänzungskapital** (Tier 2 Capital; T2; Art. 62 ff CRR)[530] als Kategorien des anrechenbaren Eigenkapitals 132

---

521 S. dazu die Begriffsdefinitionen in Art. 4 Abs. 1 Nr. 57 ff sowie die Regelungen in Art. 192 ff VO (EU) Nr. 575/2013; zur Art der Berücksichtigung im Rahmen des KSA s. noch Art. 110 Abs. 1 iVm Art. 62 lit. c VO (EU) 575/2013.

522 Risiken im Zusammenhang mit dem Handel von Schuldtiteln und Aktieninstrumenten sind nach Art. 326 ff CRR zu gewichten und mit Eigenmitteln zu unterlegen.

523 Nach Art. 92 Abs. 3 lit. b ii) CRR handelt es sich dabei um Großkredite oberhalb der Obergrenzen der Art. 395 bis 401 CRR, soweit dem Institut eine Überschreitung jener Obergrenzen gestattet ist.

524 Risiken im Zusammenhang mit Devisen- und Goldpositionen sind nach Art. 351 ff CRR zu gewichten und mit Eigenmitteln zu unterlegen.

525 Risiken im Zusammenhang mit Geschäften über Schuldtitel, Eigenkapitalinstrumente, Fremdwährungen und Waren (mit Ausnahme von Pensions- und Leihgeschäften), die nach dem festgesetzten Liefertag noch nicht abgewickelt wurden, sind nach Art. 378 ff CRR zu gewichten und mit Eigenmitteln zu unterlegen.

526 Risiken im Zusammenhang mit dem Handel von Waren sind nach Art. 355 ff CRR zu gewichten und mit Eigenmitteln zu unterlegen.

527 Zum Handelsbuch zählen nach Art. 4 Abs. 1 Nr. 86 alle Positionen in Finanzinstrumenten und Waren, die ein Institut entweder mit Handelsabsicht oder zur Absicherung anderer mit Handelsabsicht gehaltener Positionen des Handelsbuchs hält.

528 Das harte Kernkapital besteht nach Art. 50 CRR aus den Posten des harten Kernkapitals nach den gemäß den Art. 32 bis 35 erforderlichen Anpassungen, den in Art. 36 vorgesehenen Abzügen und nach Anwendung der in den Art. 48, 49 und 50 beschriebenen Ausnahmen und Alternativen.

529 Das zusätzliche Kernkapital besteht nach Art. 61 CRR aus den Posten des zusätzlichen Kernkapitals nach Abzug der in Art. 56 genannten Posten und nach Anwendung des Art. 79.

530 Das Ergänzungskapital besteht nach Art. 71 CRR aus den Posten des Ergänzungskapitals nach den Abzügen gemäß Art. 66 und nach Anwendung des Art. 79.

unterschieden (Art. 72). Eigenmittel müssen im Umfang der Anrechnung vollständig einbezahlt oder betriebsintern generiert sein sowie den nichtnachrangigen Forderungen aller übrigen Gläubiger im Falle der Liquidation, des Konkurses oder eines Sanierungsverfahrens nachgehen.[531] Sie sollen Verluste absorbieren können.[532] Bei den Versicherungen wird zwischen Basiseigenmitteln und ergänzenden Eigenmitteln unterschieden (Art. 88 f RL 2009/138/EG), wobei die ergänzenden Eigenmittel von der Aufsichtsbehörde gesondert zu genehmigen sind (Art. 90).

133 Die **Eigenmittelanforderungen** für Kreditinstitute und Wertpapierfirmen[533] berechnen sich nach Art. 92 Abs. 1, 2 VO (EU) Nr. 575/2013 (CRR) für jede Eigenmittelkategorie (Rn 132) als Quote des sog. Gesamtforderungsbetrags iSv Art. 92 Abs. 3 und 4 CRR, dh der Summe aller nach den genannten Grundsätzen (Rn 129 ff) gewichteten Risikopositionen aus der Geschäftstätigkeit eines Instituts, wobei bestimmte Risikopositionen (zB Risiken aus der Handelsbuchtätigkeit, operationelles Risiko) noch mit dem Faktor 12,5 zu multiplizieren sind. Danach ist die Quote für das harte Kernkapital schrittweise bis 2015 von bislang 2 % auf 4,5 % zu erhöhen. Die Quote für das zusätzliche Kernkapital beträgt 1,5 % und diejenige für das Ergänzungskapital ist schrittweise (Art. 494 CRR) auf 2 % herunterzufahren. Daraus ergibt sich eine **Gesamtkapitalquote** von **8 %** (Art. 92 Abs. 1 lit. c CRR). Zusätzlich haben Institute ab 1.1.2016[534] verschiedene sog. **Kapital(erhaltungs)puffer** nach Art. 129 ff RL 2013/36/EU (CRD IV) einzurichten, welche zwar ebenfalls Eigenmittel darstellen, aber anders als Mindestkapital zu einer in einer Krise wichtigen Verlustdeckung eingesetzt werden können. So sind aus hartem Kernkapital grds.[535] ein sog. Kapitalerhaltungspuffer von 2,5 % des Gesamtrisikobetrages des Institutes (schrittweise bis 2019) und ein sog. institutsspezifischer antizyklischer Kapitalpuffer[536] aufzubauen. Der antizyklische Puffer soll zyklischen Systemrisiken (zB starke Ausweitung der Kreditvergabe) entgegenwirken. Weitere Kapitalpuffer aus hartem Kernkapital sind von global systemrelevanten Instituten (sog. G-SRI-Puffer in einer von der Bedeutung des Instituts nach Art. 131 Abs. 9 CRD IV abhängigen Höhe zwischen 1 % und 3,5 %) und von anderweitig systemrelevanten Instituten (sog. A-SRI Puffer in Höhe von bis zu 2 % des Gesamtrisikobetrags) vorzuhalten. Schließlich können die Mitgliedstaaten nach Art. 133 noch einen sog. Systemrisikopuffer aus hartem Kernkapital einführen, um von der CRR nicht erfasste langfristige nicht-zyklische Systemrisiken oder Makroaufsichtsrisiken (Störung des Finanzsystems mit möglichen ernsthaften nachteiligen Auswirkungen auf das Finanzsystem und die Realwirtschaft in einem spezifischen Mitgliedstaat) zu vermeiden und zu mindern.

134 Mit der **Verschuldungsquote** (auch sog. Leverage Ratio) wurde in Anlehnung an internationale Standards[537] durch Art. 429 ff VO (EU) Nr. 575/2013 (CRR) noch ein zusätzliches Instrument der laufenden Finanzaufsicht über Kreditinstitute und Wertpapierfirmen eingeführt, das abgesehen von Pflichten zur Meldung und Offenlegung (Art. 430 ff) aber einstweilen nur nach Ermessen der Aufsichtsbehörde (sog. Beobachtungsphase) zur Anwendung kommen und erst ab 1.1.2018 mit einer Quote in Höhe von voraussichtlich 3-4 % für Großbanken verbindlich gemacht werden soll.[538] Die Verschuldungsquote iSd CRR gibt an, zu wieviel Prozent die Summe der bilanzierten Aktiva

---

531 Art. 12 Abs. 2 CRD iVm Art. 28 Abs. 1 CRR (Anfangskapital); Art. 28 Abs. 1, Art. 52 Abs. 1 und Art. 62 CRR (übrige Eigenmittel).

532 Art. 26 Abs. 1 Unterabs. 2, Art. 36 Abs. 1 lit. a, Art. 28 Abs. 1 lit. i und Art. 73 Abs. 2 lit. b CRR.

533 Für bestimmte Wertpapierfirmen gelten noch Erleichterungen nach Art. 95 ff CRR; s. zudem Art. 129 Abs. 2-4 bzw Art. 130 Abs. 2-4 RL CRD IV.

534 S. zu den differenzierten Übergangsregelungen Art. 162 CRD IV.

535 S. noch die Öffnungsklauseln von Art. 129 Abs. 2-4 bzw Art. 130 Abs. 2-4 CRD IV zugunsten von kleinen und mittleren Wertpapierfirmen, deren mögliche mitgliedstaatliche Freistellung die Stabilität des Finanzsystems des betreffenden Mitgliedstaats aber nicht gefährden darf.

536 Ermittelt wird diese Pufferanforderung nach Art. 130 Abs. 1 CRD IV durch Multiplikation des Gesamtrisikobetrags iSv Art. 92 Abs. 3, 4 CRR mit dem gewichteten Durchschnittswert der antizyklischen Pufferquoten, die gemäß Art. 140 nach Maßgabe des Teils 1 Titel II CRR auf Einzel- oder auf konsolidierter Basis berechnet werden.

537 S. dazu aktuell die Basel III leverage ratio framework and disclosure requirements v. 12.1.2014 (dt. Fassung abrufbar unter http://www.bis.org/publ/bcbs270_de.pdf).

538 Erwägungsgründe 92 ff CRR und Beschl. des BCBS vom 12.1.2014 (Fn 537).

(Bilanzsumme) und der außerbilanziellen Posten durch Kernkapital gedeckt ist. Um den nach IFRS bilanzierenden Instituten die Erfüllung der künftig verbindlichen Verschuldungsquote zu erleichtern bzw für Wettbewerbsgleichheit zu sorgen, soll ihnen wie bei einer Bilanzierung nach US-GAAP insb. die Verrechnung von kurzfristigen Derivatkontraktpositionen bei der Berechnung der Verschuldungsquote gestattet werden.

Erfüllt ein Institut im Sinne der RL 2013/36/EU (CRD IV) innerhalb der nächsten zwölf Monate die Eigenmittelanforderungen der VO (EU) Nr. 575/2013 (CRR) voraussichtlich **nicht mehr** (Art. 102 CRD IV) können die zuständigen Behörden aufgrund der ihnen von den Mitgliedstaaten zwingend mindestens einzuräumenden Befugnisse zusätzliche Informations- und Meldepflichten anordnen, zusätzliche Eigenmittelanforderungen für nicht durch CRR erfasste Risiken stellen, Maßnahmen der internen Unternehmensführung und Vergütungspolitik verlangen, einen Zeit- und Maßnahmenplan für die Rückkehr zur Erfüllung der Aufsichtsanforderungen von CRD IV und CRR einfordern, Vorgaben für die Behandlung von Aktiven (zB Rückstellungen) und die Verwendung von Gewinnen sowie die Einschränkung oder Begrenzung der Geschäftstätigkeit bis hin zur Veräußerung von risikoträchtigen Geschäftszweigen machen (Art. 104 CRD IV). Sodann sollen die Aufsichtsbehörden auch beurteilen dürfen, ob besondere Liquiditätsanforderungen vorzuschreiben sind (Art. 105). Sollten diese Maßnahmen nicht ausreichen, sehen die Art. 27 ff der RL 2014/50/EU (BRRD) unter dem Titel III „Frühzeitiges Eingreifen" weitere Maßnahmen wie die Anordnung der Durchführung von Maßnahmen gem. Sanierungsplan (Rn 124), die Anordnung oder Einberufung einer Anteilseignerversammlung mit Vorgabe von Traktanden, die Entlassung von Mitgliedern des Leitungsorgans und der Geschäftsleitung oder die Anordnung einer Änderung der rechtlichen bzw operativen Strukturen oder der Geschäftsstrategie. Sollten mit den Maßnahmen der Aufsichtsbehörden und der Privatwirtschaft der wahrscheinliche Ausfall eines Instituts innerhalb eines angemessenen Zeitrahmens nicht verhindert werden können, können unter der weiteren Voraussetzung eines gegebenen öffentlichen Interesses die Abwicklungsmaßnahmen nach der RL 2014/59/EU (BRRD) eingeleitet werden (näher Rn 163). 135

Versicherungsunternehmen (Rn 77 ff) unterliegen neben der Pflicht zur Bildung von Rückstellungen (Rn 138) und zur Erfüllung einer Mindestkapitalanforderung (Rn 127) spezifischen Solvenzkapitalanforderungen (Art. 100 ff RL 2009/138/EG), um auch unvorhergesehene Risiken im Versicherungsgeschäft und sonstige Risiken (Marktrisiken,[539] Kreditrisiken,[540] operationelle Risiken[541]) abzusichern sowie die dauernde und jederzeitige Erfüllbarkeit aller denkbaren Verpflichtungen möglichst gewährleisten zu können.[542] Dabei können sie für die mindestens einmal pro Jahr vorzunehmende Risikobewertung zwischen einer Standardformel (Art. 103 ff)[543] und (unter bestimmten Voraussetzungen) internen Modellen in Form von Voll- oder Partialmodellen (Art. 112 ff) wählen. Die Solvenzkapitalanforderung (SCR) ergibt sich nach der Standardformel gem. Art. 103 aus der Summe der Basissolvenzkapitalanforderung (BSCR; Art. 104 ff und Anh. IV), der Kapitalanforderung für das operationelle Risiko (Art. 107) sowie der Anpassung für die Verlustausgleichsfähigkeit der versicherungstechnischen Rückstellungen und latenten Steuern (Art. 108). Dabei wird bei der Bewertung der versicherungstechnischen und operationellen Risiken naturgemäß noch zwischen Schaden-, Lebens- und Krankenversicherung differenziert (Art. 105, Anh. IV Nr. 2, 3). Als Solvenzkapital kommen Basiseigenmittel und von der Aufsicht genehmigte ergänzende Eigenmittel in Betracht (Art. 88 ff). Die nach wiederholter Verlängerung nunmehr bis 31.3.2015 umzusetzenden EU-Regelungen (s. Art. 1 RL 2013/58/EU) orientieren sich dabei an den internationalen Standards 136

539 Die Deckung von Marktrisiken iSv Art. 13 Nr. 31 erfolgt nach Art. 101 Abs. 4 lit. d, 105 Abs. 5 RL 2009/138/EG (Umsetzung bis 31.3.2015 nach RL 2013/58/EU).

540 Die Deckung von Kreditrisiken iSv Art. 13 Nr. 32 erfolgt nach Art. 101 Abs. 4 lit. e RL 2009/138/EG (Umsetzung bis 31.3.2015 nach RL 2013/58/EU).

541 Die Deckung von operationellen Risiken iSv Art. 13 Nr. 33 erfolgt nach Art. 101 Abs. 4 lit. f, 107 RL 2009/138/EG (Umsetzung bis 31.3.2015 nach RL 2013/58/EU).

542 S. dazu Erwägungsgründe 16 f RL 2009/138/EG.

543 Dazu etwa *Hübel*, Aufsichtsrechtliche Eigenmittelanforderungen an Kompositversicherungsunternehmen unter Solvency II nach dem Standardmodell, 2013.

für Versicherungsunternehmen[544] und den Basel II-Eigenmittelstandards für Banken.[545] Für **Zentrale Gegenparteien** (Rn 84) bestehen Pflichten zur laufenden Eigenmittelunterlegung nach Art. 16, 41 ff VO (EU) 648/2012 und Art. 1 ff DelVO (EU) Nr. 152/2013, damit diese eine geordnete Abwicklung oder Umstrukturierung notfalls sicherstellen sowie vorhandene Betriebs-, Rechts-, Markt-, Kredit- und Geschäftsrisiken abdecken können.

cc) Liquidität

137 In der Folge der Finanzkrise von 2007/2008 wurden die bislang in nur geringem Maße[546] harmonisierten Anforderungen an die Liquidität[547] von Finanzdienstleistern einer eingehenderen Regelung unterworfen.[548] In Anlehnung an die **Vorgaben von Basel III** (Rn 20) müssen Kreditinstitute (Rn 65) und Wertpapierfirmen (Rn 69) sowie alle Teile einer Finanzgruppe nach Art. 411 ff VO (EU) Nr. 575/2013 (CRR) schrittweise bis 1.1.2018 (Art. 460 Abs. 2 CRR) einzeln über hinreichend liquide Aktiva verfügen, um den möglichen Gesamtwert der Netto-Zahlungsmittelabflüsse der nächsten 30 Tage auch unter bestimmten Stressbedingungen abdecken zu können (Art. 412 CRR; sog. Liquiditätsdeckungsquote oder Liquidity Coverage Ratio, LCR).[549] Hinzutreten soll die nach einer Beobachtungsphase voraussichtlich erst ab 1.1.2018 als Mindeststandard verbindliche sog. strukturelle Liquiditätsquote (Net Stable Funding Ratio, NSFR),[550] welche die Institute verpflichten soll, ihre langfristigen Verbindlichkeiten auch unter „angespannten Umständen" durch eine breite Vielfalt von Instrumenten der stabilen Refinanzierung zu unterlegen (Art. 413 CRR), um damit die Liquidität angemessen (gem. Basel III für mindestens 12 Monate) zu sichern. Unter Umständen kann die zuständige Aufsichtsbehörde besondere Liquiditätsanforderungen vorschreiben, um Liquiditätsrisiken zu unterlegen (Art. 105 CRD IV). Für **Versicherungsunternehmen** gelten bislang nur die bis 31.3.2015 umzusetzenden Art. 44 Abs. 2 lit. d und Art. 132 Abs. 2 Unterabs. 2 RL 2009/138/EG. Schließlich haben nunmehr auch **AIFM** ein Liquiditätsmanagement einzurichten, das es ermöglicht, Liquiditätsrisiken des AIF zu überwachen und zu gewährleisten, dass sich das Liquiditätsprofil der Anlagen des AIF auch unter bestimmten Stressannahmen mit seinen zugrunde liegenden Verbindlichkeiten deckt.[551]

dd) Versicherungstechnische Rückstellungen

138 Versicherungsunternehmen (Rn 77 ff) und Einrichtungen der betr. Altersversorgung (Rn 82) müssen nach dem Vorsichtsprinzip hinreichende, von einem Versicherungsmathematiker o. ä. für jeden Vertrag getrennt berechnet e versicherungstechnische Rückstellungen zum „besten Schätzwert" zuzüglich einer Risikomarge bilden.[552] Im handelsrechtlichen Sinne handelt es sich um Verbindlichkeiten, Rückstellungen und passive Rechnungsabgrenzungsposten, die gemäß der Versicherungsbilanz-RL 91/674/EWG sämtlich auf der **Passivseite der Bilanz** auszuweisen sind. Nach Art. 51 Abs. 1 lit. d RL 2009/138/EG müssen die Mitgliedstaaten den Versicherungsunternehmen die jährliche Veröffentlichung der Berechnungsgrundlagen- und -methoden ihrer Rückstellungen vorschreiben. In der Lebens- und Krankenversicherung müssen die Prämien hoch genug sein, um

544 Die ausführlichen, wenn auch wenig vereinheitlichenden Insurance Core Principles (ICP 17: Capital Adequacy) der International Association of Insurance Supervisors (letzte Version vom 1.10.2011) sind abrufbar unter http://www.iaisweb.org/ICP-on-line-tool-689); vgl zu künftigen Entwicklungen auch noch den IAIS-Vorschlag vom 16.12.2013 „Basic Capital Requirements for Global Systemically Important Insurers G-SIIs – Proposal".

545 Dazu näher *Laas/Siegel*, Basel Accords versus Solvency II, 2014.

546 S. zur Einrichtung eines Liquiditätsrisikomanagements Anh. V Nr. 14 und 15 der aufgehobenen RL 2006/48/EG.

547 Nach Art. 13 Nr. 34 RL 2009/138/EG ist das Liquiditätsrisiko das Risiko, dass Versicherungs- und Rückversicherungsunternehmen nicht in der Lage sind, Anlagen und andere Vermögenswerte zu realisieren, um ihren finanziellen Verpflichtungen bei Fälligkeit nachzukommen.

548 Vgl dazu für Deutschland die VO über die Liquidität der Institute (LiqV) v. 14.12.2006, BGBl. 2006 I, 3117.

549 Die Anforderungen sind von der EU-Kommission per 1.1.2015 zu konkretisieren.

550 S. dazu Erwägungsgrund 111 f CRR.

551 Art. 16 RL 2011/61/EU iVm Art. 46 ff DelVO (EU) Nr. 231/2013.

552 Art. 76 ff RL 2009/138/EG (Versicherungsunternehmen; Umsetzung bis 31.3.2015), Art. 9 Abs. 1 lit. d und e, 15 ff RL 2003/41/EG (Pensionsfonds).

die Verpflichtungen erfüllen und die erforderlichen Rückstellungen bilden zu können,[553] was den Aufsichtsbehörden insoweit eine mittelbare ex-post-Tarifkontrolle ermöglicht. Bei den Vermögenswerten, die die Rückstellungen bedecken, ist die Sicherheit, der Ertrag und die Realisierbarkeit sowie die Mischung und Streuung der Anlagen zu gewährleisten.[554]

b) Großkredite und qualifizierte Beteiligungen

Die Regelungen betreffend **Großkredite**[555] sollen bei Kreditinstituten (Rn 65) und Wertpapierfirmen (Rn 69) einer übermäßigen Risikokonzentration (sog. Klumpenrisiko) entgegenwirken. Nach Art. 392 VO (EU) Nr. 575/2013 (CRR) wird unter einem Großkredit eine Risikopostion iSv Art. 389 iVm 111 ff CRR (va Forderungen) an einen Kunden bzw eine Gruppe verbundener Kunden (Art. 4 Abs. 1 Nr. 39 CRR) verstanden, dessen grds. zu 100 % angesetzter Wert 10 % der Eigenmittel des Kreditinstituts erreicht oder überschreitet (Art. 392). Für derartige Kredite bestehen eine Meldepflicht (Art. 394 CRR) sowie Obergrenzen von grds. 25 % der anrechenbaren Eigenmittel (max. 150 Mio. EUR bei Krediten an Kreditinstitute, Wertpapierfirmen sowie verbundene Unternehmen). Wird die Obergrenze ausnahmsweise überschritten, entstehen grds. (vgl zu Ausnahmen Art. 400 CRR) zusätzliche Eigenmittelanforderungen in Abstufungen zwischen 200 % und 900 % (Art. 397 CRR). Für **qualifizierte Beteiligungen** iSv Art. 4 Abs. 1 Nr. 36 CRR an außerhalb des Finanzsektors tätigen Gesellschaften gelten entspr. Regelungen mit grds. Obergrenzen von 15 % der Eigenmittel für Einzelbeteiligungen und 60 % der anrechenbaren Eigenmittel für sämtliche qualifizierte Beteiligungen (Art. 89 ff CRR). 139

c) Aufsichtsrechtliche Stresstests

Die **ESA**-VO (EU) Nr. 1093-1095/2010 (Rn 6, 12) räumen der EBA, der ESMA sowie der EIOPA die grds. Kompetenz ein, unionsweite Stresstest durchzuführen, um die Widerstandsfähigkeit von Instituten sowie des Systems gegenüber ungünstigen Marktentwicklungen zu bewerten (Art. 21 Abs. 2 lit. b).[556] Hierzu können die ESA über den Gemeinsamen Ausschuss und in Zusammenarbeit mit dem ESRB entspr. Parameter erarbeiten (Art. 9 b RL 2002/87/EG idF der RL 2011/89/EU). Zudem haben die jeweils **zuständigen Aufsichtsbehörden** bei Kreditinstituten (Rn 65) und Wertpapierfirmen (Rn 69) jährlich aufsichtsrechtliche Stresstests durchzuführen Art. 100 RL 2013/36/EU, CRD IV). Damit sollen die Risiken unter Berücksichtigung der Art, des Umfangs und der Komplexität der Geschäfte eines Instituts ermittelt (Art. 97 Abs. 1 lit. c CRD IV) und die Institute identifiziert werden, von denen ein Systemrisiko ausgehen könnte (Art. 22 Abs. 2 VO (EU) Nr. 1093/2010). Bei Finanzkonglomeraten werden Stresstests durch den für die Beaufsichtigung zuständigen Mitgliedstaat (sog. Koordinator nach Art. 10 f RL 2002/87/EG) durchgeführt (Art. 9 b Abs. 1 RL 2002/87/EG idF der RL 2011/89/EU). Das Durchführungsverfahren legt die EBA fest (Art. 22 Abs. 2 Unterabs. 2 VO (EU) Nr. 1093/2010). Die Ergebnisse werden veröffentlicht (Art. 52 CRD IV). 140

d) Sonstige Maßnahmen der Gläubigersicherung

Kreditinstitute und Wertpapierfirmen müssen einem System der **Einlagensicherung** bzw Anlegerentschädigung angehören (näher Rn 169 ff). Zur Begrenzung des Ausfallrisikos sind CCPs (Rn 84) zunächst verpflichtet, von ihren Clearingmitgliedern ständig anzupassende sog. Einschusszahlungen (**Margins**) einzuziehen, um die bis zur Liquidierung der relevanten Position bestehenden poten- 141

553 Art. 21 RL 2002/83/EG und Art. 54 Abs. 2 RL 92/49/EWG (ab 1.1.2016 Art. 206, 209 RL 2009/138/EG).

554 Art. 20 ff RL 92/49/EWG, Art. 22 ff RL 2002/83/EG und Art. 132 RL 2009/138/EG.

555 Art. 387 ff VO (EU) Nr. 575/2013 (CRR); im deutschen Recht bestehen noch ergänzende Regelungen in den §§ 13, 14 KWG und der Verordnung zur Ergänzung der Großkreditvorschriften nach der Verordnung (EU) Nr. 575/2013 des Europäischen Parlaments und des Rates v. 26.6.2013 über Aufsichtsanforderungen an Kreditinstitute und Wertpapierfirmen und zur Änderung der Verordnung (EU) Nr. 646/2012 und zur Ergänzung der Millionenkreditvorschriften nach dem Kreditwesengesetz (Großkredit- und Millionenkreditverordnung – GroMiKV) v. 6.12.2013 (BGBl. I 2013, 4183).

556 S. dazu die weiterführenden Informationen auf den Webseiten der EBA (http://www.eba.europa.eu/risk-analysis-and-data/eu-wide-stress-testing) und der EIOPA (https://eiopa.europa.eu/activities/financial-stability/index.html).

ziellen Risiken und die Verluste aus mindestens 99 % der Forderungsveränderungen über einen angemessenen Zeithorizont zu decken sowie um die Risikopositionen gegenüber allen Clearingmitgliedern und vertraglich verbundenen CCPs im vollen Umfang mindestens auf Tagesbasis zu besichern.[557] Darüber hinaus haben CCPs Pflichtbeiträge zur Errichtung eines **Ausfallfonds** zu erheben (Art. 42 VO (EU) Nr. 648/2012 iVm Art. 29 DelVO (EU) Nr. 153/2013), um die durch die Margins nicht gedeckten Verluste abzusichern, die aus der Eröffnung eines Insolvenzverfahrens oder aus dem Ausfall eines oder mehrerer Clearingmitglieder entstehen. Schließlich hat eine CCP ausreichend vorfinanzierte „sonstige Finanzmittel" vorzuhalten, um jederzeit, dh auch unter extremen, aber plausiblen Marktbedingungen (s. hierzu Art. 30 DelVO (EU) Nr. 153/2013) einen Ausfall mindestens der beiden Clearingmitglieder, gegenüber denen die CCP die höchsten Risikopositionen hält, aufzufangen (Art. 43 VO (EU) Nr. 648/2012). Die Eintragung in das Register für Versicherungsvermittler setzt das Bestehen einer **Berufshaftpflichtversicherung** oder vergleichbaren Garantie voraus (Art. 4 Abs. 3 RL 2002/92/EG). Über eine Berufshaftpflichtversicherung müssen auch die intern verwalteten AIF und externen AIFM verfügen (Art. 8 Abs. 7 lit. b RL 2011/61/EU).

3. Verhaltensaufsicht

142 Namentlich die Wertpapierfirmen unterliegen grds.[558] umfangreichen **Wohlverhaltensregeln,** die im Komitologieverfahren (§ 20 Rn 3 der Voraufl.) weiter konkretisiert und insb. nach der Schutzbedürftigkeit der Kunden ausdifferenziert wurden (dazu Rn 143).[559] Die Einhaltung der Wohlverhaltensregeln durch ausländische Zweigniederlassungen einer Wertpapierfirma wird dabei durch die zuständigen Behörden im Aufnahmemitgliedstaat überwacht.[560] Spezifischen Wohlverhaltensregeln unterliegen auch die Verwalter von OGAW und AIF sowie die CCPs.[561] Die Regelungen zur Anlageberatung und Vermögensverwaltung werden durch MiFID II grundlegend reformiert.[562]

143 Wie bis anhin unterscheidet auch MiFID II (anzuwenden ab 3.1.2017) zwei **Kundenkategorien,** die „professionellen Kunden" und alle anderen Kunden, die sog. „Kleinanleger"[563] (Art. 4 Abs. 1 Nr. 11 MiFID II). Als professionelle Kunden gelten im Wesentlichen andere Finanzdienstleistungserbringer, große Unternehmen,[564] Regierungen sowie institutionelle Anleger, deren Haupttätigkeit in der Anlage in Finanzinstrumenten besteht (s. Anh. II Abschn. I; „geborene" professionelle Kunden). Sodann können Kleinanleger unter den im Anh. II Abschn. II aufgeführten Voraussetzungen auf Antrag als professionelle Kunden behandelt werden („gekorene" professionelle Anleger). Schließlich verwendet MiFID II insb. im Zusammenhang mit dem Anlegerschutz eine dritte Kundenkategorie, die „geeigneten Gegenparteien".[565] Die Wohlverhaltensregeln für die verschiedenen Kundenkategorien ergeben sich im Wesentlichen aus den Bestimmungen zum Anlegerschutz (insb. Art. 24 bis 30 MiFID II). Dabei gelten für die Kleinanleger die umfangreichsten Schutzbestimmungen, während bei Geschäften mit geeigneten Gegenparteien gem. Art. 30 Abs. 1 MiFID II grds. nur Informations- (Art. 24 Abs. 4 und 5) und Berichtspflichten (Art. 25 Abs. 6) sowie die Pflicht zur kundengünstigsten Auftragsbearbeitung (Art. 27) und -ausführung (Art. 28 Abs. 1) bestehen.

---

557 Art. 41 VO (EU) Nr. 648/2012 iVm Art. 24 ff DelVO (EU) Nr. 153/2013.

558 Bis 2.1.2017 (zur Regelung ab 3.1.2017 s. Rn 143) gelten nach Art. 24 Abs. 1 RL 2004/39/EG die Art. 19, 21 und 22 Abs. 1 nicht gegenüber bestimmten geeigneten Gegenparteien iSv Abs. 2 (andere beaufsichtigte Institute, staatliche und internationale Einrichtungen), sofern diese generell mit diesem Status einverstanden sind.

559 Art. 19 ff RL 2004/39/EG, umgesetzt in Art. 31 ff WpHG und der WpDVerOW; ab 3.1.2017 Art. 24 ff RL 2014/65/EU.

560 Art. 32 Abs. 7 RL 2004/39/EG (ab 3.1.2017 Art. 38 Abs. 8 RL 2014/65/EU).

561 Art. 14 RL 2009/65/EG (OGAW-Verwalter); Art. 12 ff RL 2011/61/EU (AIFM); Art. 38 VO (EU) Nr. 648/2012 (Verhaltenspflichten von CCPs gegenüber Clearingmitgliedern und deren Kunden).

562 Näher (noch zum Kommissionsentwurf) *Loff/Hahne*, WM 2012, 1512 ff; *Veil/Lerch*, WM 2012, 1605, 1608 ff.

563 Anh. II Abschn. I Abs. 4 Unterabs. 2 MiFID II verwendet hier den sonst nirgends in der RL gebrauchten Begriff „nichtprofessionelle Kunden".

564 Diese Unternehmen erfüllen mind. zwei der folgenden Anforderungen: Bilanzsumme 20 Mio. EUR, Nettoumsatz 40 Mio. EUR, Eigenmittel 2 Mio. EUR.

565 S. Erwägungsgründe 86, 103 und 104 MiFID II; eine allgemeingültige Definition der geeigneten Gegenpartei enthalten weder MiFID II noch MiFIR, da die Begriffsumschreibung in Art. 30 Abs. 2 Unterabs. 1 MiFID II nur „für die Zwecke dieses Artikels" Gültigkeit hat.

a) Interessenwahrungs- und Erkundigungspflichten

Nach der Generalklausel des Art. 19 Abs. 1 RL 2004/39/EG (bzw ab 3.1.2017 Art. 24 Abs. 1 und Art. 30 Abs. 1 Unterabs. 2 RL 2014/65/EU) hat eine Wertpapierfirma (Rn 69) ehrlich, redlich und professionell im bestmöglichen Interesse ihrer Kunden zu handeln. Ähnliches gilt für AIFM (Rn 76).[566] Dies bedingt für Wertpapierfirmen nicht nur eine Pflicht zur **Erkundigung über den Anleger** und dessen Bedürfnisse (sog. know your customer-rule), sondern auch eine Pflicht zum Verständnis der angebotenen oder empfohlenen Finanzinstrumente (know your products) sowie eine Pflicht zur etwaigen **Warnung** der Kunden (Art. 24 Abs. 4 lit. b MiFID II). Sodann bedingt die Pflicht zur Interessenwahrung auch ausreichende Kenntnisse und Kompetenzen der Kundenberater (Art. 25 Abs. 1 MiFID II) und eine Absenz adverser Anreizstrukturen, die Mitarbeiter verleiten könnten, einem Kleinanleger Finanzinstrumente anzubieten, die seinen Bedürfnissen nicht am besten entspr. (Art. 24 Abs. 10). Eine Pflicht zur empfehlenden **Beratung** besteht nach Art. 19 Abs. 4 und 5 MiFID I bzw Art. 25 Abs. 2 und 3 MiFID II nur, wenn sich die Wertpapierfirma auch zur Anlageberatung[567] oder zum Portfoliomanagement verpflichtet hat.[568] Dann haben die Finanzberater mögliche Produkte, Produktpakete und Dienstleistungen einer Eignungsprüfung (Suitability Test) zu unterziehen, was gem. MiFID II Informationen zu den Kenntnissen und Erfahrungen des (potentiellen) Kunden, seinen Anlagezielen und seiner Risikotoleranz sowie zu seinen finanziellen Verhältnissen einschließlich der Fähigkeit, Verluste zu tragen, voraussetzt (Art. 25 Abs. 2 MiFID II). Ansonsten hat lediglich eine Angemessenheitsprüfung (Appropriateness Test) zu erfolgen, dh der Kunde ist zu warnen, wenn ein Produkt oder eine Wertpapierdienstleistung aufgrund seiner Kenntnisse und Erfahrungen im Anlagebereich nicht angemessen ist (Art. 25 Abs. 3 MiFID II). Bei sog. Execution-Only-Geschäften kann auch hierauf unter bestimmten Voraussetzungen verzichtet werden (Art. 25 Abs. 4 MiFID II). In Art. 21 f MiFID I bzw Art. 27 f MiFID II wird zudem die **Pflicht zur günstigsten, unverzüglichen, redlichen und raschen Ausführung von Kundenaufträgen** konkretisiert (Festlegung von Grundsätzen der Auftragsausführung, Wahl günstiger Handelsplätze, effiziente Ausführungssysteme). Interessenkonflikte sind zu vermeiden bzw offen zu legen (Art. 13 Abs. 3 und Art. 18 MiFID I bzw Art. 16 Abs. 3 und Art. 23 MiFID II), weshalb eine Wertpapierfirma auch etwa für die Weiterleitung von Kundenaufträgen zu einem bestimmten Handels- oder Ausführungsplatz keine Vergütungen, Rabatte oder nicht-monetären Vorteile erhalten darf (Art. 27 Abs. 2 MiFID II). Gegen die Interessenwahrungspflicht verstoßen namentlich auch die Abrechnung zu anderen als den effektiv erzielten Kursen (sog. **Kursschnitte**), der vorgängige Abschluss von Eigengeschäften unter Ausnutzung von Kenntnissen über bevorstehende Kundentransaktionen (sog. **Front Running**) bzw Anlageempfehlungen (sog. **Scalping**)[569] sowie die Gebührenschinderei (sog. **Churning**). Besondere Bedeutung kommt in diesem Zusammenhang schließlich der Einhaltung der Vorschriften zur Verhinderung eines **Marktmissbrauchs** (näher Rn 199 ff) zu. Ab 3.1.2017 sind Wertpapierfirmen verpflichtet, nur Finanzinstrumente zu konzipieren, die den Bedürfnissen eines bestimmten Zielmarktes innerhalb der jeweiligen Kundenkategorie entspr. und auch nur angeboten oder empfohlen werden, wenn dies im Interesse des Kunden liegt (Art. 24 Abs. 2 RL MiFID II). 144

b) Anlagepolitik[570]

Die Anlage durch einen Finanzdienstleister von Vermögenswerten, die er für eigene Rechnung hält, treuhänderisch verwaltet bzw zur Bedeckung von versicherungstechnischen Rückstellungen ver- 145

566 Art. 12 RL 2011/61 und jeweils auch Art. 7 VO (EU) Nr. 345/2013 (EuVECA) bzw VO (EU) Nr. 346/2013 (EuSEF).

567 Zum Begriff der Anlageberatung EuGH, Rs. C-604/11 (Genil 48 SL u.a.), EuZW 2013, 557 ff.

568 Zu den Pflichten nach Art. 19 IV, V MiFID beim Anbieten von Zinsswaps und den Folgen einer Verletzung (Vertragsnichtigkeit) EuGH, Rs. C-604/11 (Genil 48 SL u.a.), EuZW 2013, 557 ff.

569 Zum Scalping als Marktmanipulation s. BGH v. 6.11.2003 (1 StR 24/03), BB 2004, 11 ff.

570 Zu den Anlagevorschriften für Versicherungen *Geier,* ZBB 2011, 45 ff.

wendet, hat nach dem **Vorsichtsprinzip** zu erfolgen.[571] Dieses bedingt insb. eine vorrangige Anlage in an geregelten Märkten gehandelten Wertpapieren,[572] Auflagen und Begrenzungen für Anlagen in Derivaten,[573] die Einrichtung eines Risikomanagements,[574] eine Risikostreuung[575] und ein grds. Verbot der Kreditaufnahme.[576] Besonders restriktiv sind dabei die Bedingungen für CCPs.[577] Besondere Regeln zur Anlagepolitik gelten für AIF (Rn 76), welche die besonders geschützten Bezeichnungen EuVECA (VO (EU) Nr. 345/2013) bzw EuSEF (VO (EU) Nr. 346/2013) verwenden wollen.[578]

c) Informationspflichten

146 Die Finanzdienstleister unterliegen diversen zumeist sowohl für das Aufsichts- wie das Privatrecht relevanten Informationspflichten, die in erster Linie dem **Individualschutz** von Bankkunden, Anlegern und Versicherungsnehmern dienen. So sind **Wertpapierfirmen** (Rn 69) zur nicht irreführenden, sachangemessenen und individuellen Information des Kunden sowie zur Dokumentation der Vertragsbedingungen und zur Berichterstattung nach Erbringung der Dienstleistung verpflichtet (s. Rn 148 zu den ab 3.1.2017 bestehenden Dokumentationspflichten gem. MiFID II und MiFIR).[579] Weitergehende Informationspflichten statuieren die RL 2014/65/EU (MiFID II) und die VO (EU) 600/2014 (MiFIR) betreffend die Unabhängigkeit,[580] den Analyseumfang,[581] die Beurteilungsperiodizität,[582] die (Gesamt-)Kosten und Nebenkosten des Finanzinstruments und der Wertpapierdienstleistung (Art. 24 Abs. 4 Unterabs. 2), die Höhe der Provisionen und anderer monetärer

---

571 Art. 47 Abs. 1 VO (EU) Nr. 648/2012 (CCPs); Art. 18 Abs. 1 RL 2003/41/EG (Pensionsfonds); Art. 50 ff RL 2009/65/EG (OGAW); Art. 15 Abs. 3 lit. c und Abs. 4 RL 2011/61/EU iVm Art. 44 f DelVO (EU) Nr. 231/2013 (AIFM); Art. 20 ff RL 92/49/EWG, Art. 22 ff RL 2002/83/EG und Art. 132 RL 2009/138/EG (Versicherungsunternehmen; dazu *Sonntag*, Kapitalanlagepolitik von Lebensversicherungsunternehmen unter Solvency II, 2013).

572 S. Art. 50 RL 2009/65/EG (OGAW), Art. 18 Abs. 1 lit. c RL 2003/41/EG (Pensionsfonds) und Art. 132 Abs. 4 Unterabs. 3 RL 2009/138/EG (Versicherungsunternehmen).

573 S. etwa Art. 50 Abs. 1 lit. g, Art. 51 Abs. 2 Unterabs. 2, Abs. 3, 52 Abs. 1 Unterabs. 1 RL 2009/65/EG (OGAW), Art. 15 Abs. 4 RL 2011/61/EU (AIFM), Art. 18 Abs. 1 lit. d RL 2003/41/EG (Pensionsfonds) und Art. 132 Abs. 4 Unterabs. 2 RL 2009/138/EG (Versicherungsunternehmen).

574 S. etwa Art. 51 Abs. 1 RL 2009/65/EG iVm Art. 38 ff Durchführungs RL 2010/43/EU (OGAW) und Art. 44 Abs. 2 lit. c, 132 Abs. 2 Unterabs. 1 RL 2009/138/EG (Versicherungsunternehmen); Art. 15 RL 2011/61/EU iVm Art. 38 ff DelVO (EU) Nr. 231/2013 (AIFM).

575 S. etwa Art. 52 ff RL 2009/65/EG (OGAW), Art. 18 Abs. 1 lit. e RL 2003/41/EG (Pensionsfonds) und Art. 132 Abs. 4 Unterabs. 4, Art. 5 RL 2009/138/EG (Versicherungsunternehmen).

576 S. etwa Art. 83 RL 2009/65/EG (OGAW), Art. 18 Abs. 2 RL 2003/41/EG (Pensionsfonds).

577 Art. 47 VO (EU) Nr. 648/2012 iVm Art. 43 ff DelVO (EU) Nr. 153/2013.

578 Diese Fondsarten haben 70 % des Kapitals in qualifizierte Anlagen anzulegen. Dies sind bei EuVECA vor allem Eigenkapitalinstrumente von nicht notierten Unternehmen mit weniger als 250 Personen und einem Jahresumsatz von höchsten 50 Mio. EUR (Art. 3 lit. e VO (EU) Nr. 345/2013) sowie bei EuSEF vor allem Eigenkapitalinstrumente von nicht notierten Unternehmen (oder deren Finanziers), die satzungsmäßig vorrangig entweder schutzbedürftigen, marginalisierten, benachteiligten oder ausgegrenzten Personen Dienstleitungen oder Güter bereitstellen oder die bei der Güterproduktion oder Dienstleistungserbringen ein soziales Ziel verfolgen (Art. 3 Abs. 1 lit. e, d VO (EU) Nr. 346/2013).

579 Art. 19 Abs. 2, 3, 7, 8 RL 2004/39/EG; zu den „Lehman-Zertifikate"-Entsch. des BGH im Lichte des Unionsrechts *Roth*, ZBB 2012, 429 ff.

580 Eine unabhängige Anlageberatung setzt die Berücksichtigung einer ausreichend breit gestreuten Palette von auf dem Markt angebotenen Finanzinstrumenten voraus und verbietet wie beim Portfolio-Management (Art. 24 Abs. 7) die Annahme von Vermittlungsprovisionen und anderen monetären und nichtmonetären Vorteilen (Art. 24 Abs. 4 lit. a/i).

581 *Angabe, ob die Beratung auf der Grundlage* umfangreicher (dh Berücksichtigung verschiedener Arten von Finanzinstrumenten) oder restriktiver Marktanalysen erfolgt (Art. 24 Abs. 4 lit. a/ii).

582 Angabe, ob eine laufende Beurteilung der Eignung der empfohlenen Finanzinstrumente erfolgt (Art. 24 Abs. 4 lit. a/iii).

und nichtmonetärer Vorteile.[583] Registrierte Drittlandfirmen treffen weitere Offenlegungspflichten (Art. 46 Abs. 5 und 6 MiFIR).[584] Die Informationen sind auf einem dauerhaften Datenträger (Art. 25 Abs. 6 MiFID II), verständlich und so zur Verfügung zu stellen, dass sie (potentiellen) Kunden eine informierte Anlageentscheidung ermöglichen (Art. 24 Abs. 5 MiFID II). Anbieter von **Zahlungsdiensten** treffen diverse Informationspflichten rund um die von ihnen angebotenen Dienstleistungen (dazu Rn 151, 183 f). **CCPs** (Rn 84) und **Transaktionsregister** (Rn 84) haben insb. transparent über die Preise, Entgelte, Abschläge und Rabatte inkl. der diesbzgl Bedingungen für jede separat erbrachte Dienstleistung und Aufgabe zu informieren sowie die Risiken darzulegen.[585] **OGAW** müssen einen umfassenden Prospekt (Anlage Schema A), ein kurzes Dok. mit wesentlichen Informationen für den Anleger,[586] einen Jahres- und Halbjahresbericht (Schema B) sowie ständig Informationen über die Verkaufspreise der Anteile veröffentlichen (Art. 68 ff RL 2009/65/EG). Nach einer am 15.4.2014 vom Europäischen Parlament verabschiedeten und am 9.7.2014 von der Kommission angenommenen Verordnung sollen max. drei A4-seitige, präzise, klare, verständlich und prägnant formulierte, redliche und nicht irreführende Basisinformationsblätter (KID; Key Information Document) Kleinanlegern einen besseren Einblick in sog. „verpackte" Anlageprodukte (v.a. Fondsprodukte, Zertifikate und kapitalbildende Lebensversicherungen; wegen deren Einbeziehung jetzt sog. packaged retail and insurance based investment products und damit **PRIIPs** statt bislang PRIPs) verschaffen und es ermöglichen, die grundlegenden Merkmale und Risiken der verschiedenen Klassen zugeordneten PRIIPs zu verstehen und zu vergleichen.[587] Aus diesem Grund schreibt die Verordnung eine bestimmte einzuhaltende Reihenfolge der Informationen vor (Art. 8). Auch **AIFM** haben die Anleger relativ detailliert über die von ihnen verwalteten EU-AIF bzw die von ihnen in der EU vertriebenen AIF zu informieren.[588] Die Versorgungsanwärter von Einrichtungen der **betrieblichen Altersversorgung** (Rn 82) sind über ihre Rechte und Pflichten sowie die Risiken, die Geschäftsentwicklung und die Grundsätze der Anlagepolitik hinreichend zu informieren (Art. 9 Abs. 1 lit. f, Art. 11 RL 2003/41/EG). Aufsichtsrechtliche Rückwirkungen haben schließlich auch die verschiedenen, in der Schadenversicherung allerdings eher rudimentär geregelten Informationspflichten der **Versicherer.**[589] Versicherungsunternehmen sind zudem zur Veröffentlichung der Berechnungsgrundlagen und -methoden ihrer versicherungstechnischen Rückstellungen verpflichtet.[590]

d) Externe Publizitätspflichten

Auch das Finanzdienstleistungsaufsichtsrecht statuiert nicht nur interne Mitteilungspflichten gegenüber der Aufsichtsbehörde, sondern zunehmend auch externe Publizitätspflichten, die neben die unternehmensrechtlichen Publizitätspflichten (Rn 160 f) treten, um die hoheitliche Aufsicht um eine **Kontrolle durch die Marktteilnehmer** zu ergänzen. Dies gilt insb. für die Offenlegungspflichten der 147

583 Die Beratung auf Provisionsbasis ist weiterhin zulässig, doch sind die Entschädigungen grds. offen zu legen. Die Offenlegungspflicht erstreckt sich auf alle erhaltenen finanziellen Vorteile, unabhängig davon, ob sie als Rückvergütung oder Innenprovision eingeordnet werden. Monetäre und nichtmonetäre Vorteile sind bei der unabhängigen Anlageberatung (Art. 24 Abs. 7 lit. b) und im Rahmen des Portfolio-Managements (Art. 24 Abs. 8) verboten; zur Honoraranlagenberatung Fn 291.

584 Fehlende Berechtigung zur Erbringung von Dienstleistungen für andere Kunden als zulässige Gegenparteien oder professionelle Kunden, fehlende Aufsicht in der Union, Angabe von Name und Anschrift der für die Aufsicht im Drittland zuständigen Behörde, Pflichtangebot eines (Schieds-) Gerichtsstands in einem Mitgliedstaat.

585 Art. 38 und 78 Abs. 8 VO (EU) Nr. 648/2012.

586 Art. 78 RL 2009/65/EG iVm DVO (EU) Nr. 583/2010 (eingeführt als damals sog. vereinfachter Prospekt durch die RL 2001/107/EG).

587 S. zu dieser noch nicht veröffentlichten Verordnung den Vorschlag KOM(2012) 352 endg. v. 3.7.2012 (seinerzeit noch PRIPs); dazu näher *Seitz/Juhnke/Seibold*, BKR 2013, 1 ff; *Müchler*, WM 2012, 974 ff; *Schäfer/Schäfer*, ZBB 2013, 23 ff; *Podewils*, ZBB 2011, 169 ff.

588 Art. 23 RL 2011/61/EU iVm DelVO (EU) Nr. 231/2013 sowie speziell für EuVECA Art. 13 VO (EU) Nr. 345/2013 und EuSEF Art. 14 VO (EU) Nr. 346/2013.

589 S. dazu insb. Art. 31, 43 RL 92/49/EWG bzw Art. 36 RL 2002/83/EG; überschießend umgesetzt in § 10 a VAG iVm Anl. Teil D; s. ferner Art. 183 ff RL 2009/138/EG (ab 1.1.2016).

590 Art. 51 Abs. 1 lit. d RL 2009/138/EG.

Banken, Wertpapierfirmen und Versicherungsunternehmen betreffend die Angaben zur **Eigenmitteldeckung** und zum **Risikomanagement** bzw zur Governance.[591] Versicherungsunternehmen sind darüber hinaus zur Veröffentlichung der Berechnungsgrundlagen und -methoden ihrer versicherungstechnischen Rückstellungen verpflichtet.[592] AIFM haben ihre Anleger entsprechend den Vertragsbedingungen oder der Satzung des AIF jährlich über die Bewertung und Berechnung der AIF zu informieren.[593]

e) Dokumentation und Transparenz von Transaktionen

148 **Wertpapierfirmen** haben unbeschadet der Marktmissbrauchsregelungen (Rn 199 ff) die Geschäfte mit Finanzinstrumenten zu Aufsichtszwecken mit bestimmten Angaben zu dokumentieren, spätestens am Ende des folgenden Werktages den Aufsichtsbehörden zu melden und mindestens fünf Jahre lang zur Verfügung zu halten.[594] Die Aufzeichnungen umfassen Telefongespräche und elektronische Kommunikation zu Kundenaufträgen (Annahme, Übermittlung, Ausführung) und zum Eigenhandel (Art. 16 Abs. 6 und 7 MiFID II und Art. 25 f MiFIR). Detaillierte Aufzeichnungs- und zehnjährige Aufbewahrungspflichten über erbrachte Dienstleistungen, ausgeübte Tätigkeiten und abgewickelte Kontrakte obliegen auch den CCPs.[595] Teil der Regelungen zur Markttransparenz und -integrität sind auch die Vorschriften zur internen Orderabwicklung durch Wertpapierfirmen im Aktienhandel, die sich auf die Stellung und Veröffentlichung marktgerechter Kursofferten sowie eine Veröffentlichung der getätigten Geschäfte beziehen (Art. 27 f RL 2004/39/EG bzw ab 3.1.2017 Art. 14 f, 17 f, 20 f MiFIR). Hierdurch wird der Rechtsrahmen für die interne Geschäftsabwicklung derjenigen für MTF angenähert. Die im Rahmen der Internalisierung auf MTF, OTF und auf geregelten Märkten erfolgten Geschäftsabschlüsse und die sich ergebenden Kurse sind von den Wertpapierfirmen bzw Betreibern schließlich offen zu legen.[596] **Unternehmensgruppen** und -konglomerate haben ihre gruppeninternen Transaktionen ebenfalls zu Aufsichtszwecken zu dokumentieren (Rn 83, 121).

f) Verhaltenspflichten im Zusammenhang mit Ratings

149 Nach der VO (EG) Nr. 1060/2009 idF der VO (EU) Nr. 462/2013[597] unterliegen zunächst die **Ratingagenturen** spezifischen Verhaltenspflichten namentlich in Bezug auf Interessenkonflikte (Art. 6 ff; dazu auch bereits Rn 110). So darf etwa die vertraglich vereinbarte Abgabe von Ratings für Wiederverbriefungen, denen Aktiva desselben Originators zugrunde liegen, während max. vier Jahren erfolgen (Art. 6 b; sog. Rotationsprinzip). Einer vier-, fünf- oder siebenjährigen Rotationspflicht unterliegen auch Ratinganalysten (Art. 7 Abs. 4 iVm Anh. I Abschn. C Nr. 8). Ferner müssen die Agenturen Ratings und den Abbruch von Ratings unterschiedslos und rechtzeitig bekannt geben, wobei ein Abbruch vollständig zu begründen ist (Art. 10 iVm Anh. I Abschn. D). Ratingagenturen haben zudem die Methoden, Modelle und grundlegenden Annahmen der Ratingtätigkeit (Art. 8 Abs. 1 iVm Anh. I Abschn. E Teil I Nr. 5, Art. 10 Abs. 4) sowie ihre Zusammenarbeit mit dem aus eigener Initiative bewerteten Unternehmen (Art. 10 Abs. 5) offen zu legen. Sie haben ihre Ratings und die zugrundeliegenden Methoden nach besonderen Sorgfaltsanforderungen zu erstellen, zu überwachen sowie mindestens einmal jährlich (Länderratings mindestens alle sechs Monate) und bei begründetem Anlass zu überprüfen (Art. 8 Abs. 2-6, Art. 8 a, Art. 9). Werden Fehler in Bezug auf die Methoden oder ihre Anwendung festgestellt, sind neben der ESMA auch alle betrof-

591 Beispiele bilden die Art. 431 ff VO (EU) Nr. 575/2013 (Eigenmittelpublizität von Kreditinstituten und Wertpapierfirmen als sog. dritter Säule von Basel III), Art. 51 ff RL 2009/138/EG (Versicherungsunternehmen) und Art. 38 VO (EU) Nr. 648/2012 (Transparenz von CCPs).

592 Art. 51 Abs. 1 lit. d RL 2009/138/EG.

593 Art. 19 Abs. 3 Unterabs. 5 RL 2011/61/EU.

594 Art. 25 Abs. 2-7 RL 2004/39/EG (ab 3.1.2017 Art. 16 Abs. 7 Unterabs. 9 RL 2014/65/EU).

595 Art. 29 VO (EU) Nr. 648/2012 iVm Art. 12 ff DelVO (EU) Nr. 153/2013.

596 Art. 28, 30 und 45 RL 2004/39/EG (ab 3.1.2017 Art. 6 f, 20 VO (EU) Nr. 600/2014).

597 S. zudem das Ausführungsgesetz zur Verordnung (EG) Nr. 1060/2009 des Europäischen Parlaments und des Rates v. 16.9.2009 über Ratingagenturen, BGBl. 2010 I, 786.

fenen bewerteten Unternehmen sowie über die Website die Allgemeinheit zu informieren (Art. 8 Abs. 7). Eine Ratingagentur haftet Anlegern und Emittenten für einen Schaden, wenn dieser durch eine im Anh. III aufgeführte Zuwiderhandlung entstanden ist, diese Zuwiderhandlung vorsätzlich oder grob fahrlässig begangen wurde und wenn sich diese Zuwiderhandlung auf ein Rating ausgewirkt hat (Art. 35 a).[598] **Emittenten**, die für sog. strukturierte Finanzprodukte ein Ranking in Auftrag geben möchten, haben mindestens zwei Ratings einzuholen (Art. 8 c). In diesem Fall gelten dann wie auch allg. bei der Beauftragung mehrerer Ratingagenturen noch die Pflichten nach Art. 8 d. Trotz aller Regulierung scheint der EU-Gesetzgeber den Ratingagenturen (und insbesondere denjenigen aus Drittstaaten) noch nicht vollends zu vertrauen. Er möchte daher ihren erheblichen Einfluss auf die Finanzmärkte dadurch begrenzen, dass er die nach EU-Recht beaufsichtigten Finanzdienstleistungsunternehmen als potenzielle **Verwender** von Ratings unter Androhung von Sanktionen durch die Mitgliedstaaten (Art. 36) dazu anhält, für aufsichtsrechtliche Zwecke grds. nur Ratings von Agenturen mit Sitz in der EU zu verwenden (Art. 4) und Ratings weder automatisch noch ausschließlich zur Bewertung der Bonität eines Unternehmens oder eines Finanzinstruments heranzuziehen, sondern vielmehr eigene Bewertungen vorzunehmen (Art. 5 a, Änderungs-RL 2013/14/EU).[599] Die Vermeidungspflicht gilt zudem für den ESRB und die drei ESA (Rn 11 f), die mit ihren Warnungen, Leitlinien, Empfehlungen und Entwürfen technischer Standards keine unnötigen Anreize zur Verwendung von Ratings geben und erlassene Regeln daraufhin durchforsten sollen (Art. 5 b).[600] Die EU-Kommission unterliegt einer analogen Pflicht (Art. 5 c).

g) Mitteilungs- und Meldepflichten gegenüber Behörden

Die Beaufsichtigten und deren Leitungsorgane unterliegen einer Vielzahl von Mitteilungs- und Mel- 150
depflichten gegenüber den zuständigen (Aufsichts-)Behörden. Wichtige **Beispiele** bilden die Mitteilung der Eigengeschäfte von Führungskräften nach Art. 19 VO (EU) Nr. 596/2014 (MAR), die Mitteilung eines drohenden Ausfalls des Instituts bzw des Unternehmens einer Gruppe nach Art. 81 RL 2014/59/EU (BRRD) und die spätestens am folgenden Arbeitstag vorzunehmende Mitteilung von Geschäften mit Finanzinstrumenten nach Art. 26 VO (EU) Nr. 600/2014, die unabhängig davon besteht, ob die Geschäfte an einem Handelsplatz abgeschlossen werden oder nicht.

V. Durchführung der Finanzdienstleistungsaufsicht

1. Befugnisse der Finanzdienstleistungsaufsichtsbehörden

Seit der Einführung des ESFS (Rn 11 f) erfolgt die Aufsicht über den Finanzdienstleistungssektor 151
nicht mehr ausschließlich über die Mitgliedstaaten, sondern auch – und teils ausschließlich (Ratingagenturen, Transaktionsregister) – durch die drei europäischen Finanzaufsichtsbehörden (ESA) sowie im Rahmen der Bankenunion (Rn 7, 10) durch die EZB. Soweit die Aufsicht durch die Mitgliedstaaten erfolgt, müssen diese den zuständigen nationalen Aufsichtsbehörden alle zur Erfüllung ihrer Aufgaben **erforderlichen Zuständigkeiten** und Befugnisse verleihen. Auch wenn die aufsichtsrechtlichen Richtlinien dies nicht ausdrücklich vorsehen,[601] ergibt sich eine entsprechende Verpflichtung aus dem Grundsatz der Unionstreue (Art. 4 Abs. 3 EUV) und aus dem Gebot des effet utile.

598 *Wojcik*, NJW 2013, 2385 ff.

599 Mit dieser RL (ABl. L 145 v. 31.5.2013, S. 1) wurden in den jeweils einschlägigen aufsichtsrechtlichen RL spezifische Vermeidungspflichten für EbAV (Änderung der RL 2003/41/EG), OGAW-Verwaltungs- und Investmentgesellschaften (Änderung der RL 2009/65/EG) und für AIFM (Änderung der RL 2011/61/EU) statuiert.

600 S. dazu EBA, EIOPA and ESMA, Final Report on Mechanistic references to credit ratings in the ESAs' guidelines and recommendations (JC 2014 004) vom 6.2.2014, abrufbar unter: http://www.eba.europa.eu/regulation-and-policy/credit-risk/mechanicistic-references-to-credit-ratings/-/regulatory-activity/press-release).

601 So aber etwa Art. 50 Abs. 1 RL 2004/39/EG (ab. 3.1.2017 Art. 69 Abs. 1 RL 2014/65/EU), Art. 27 RL 2009/138/EG und Art. 46 Abs. 2 lit. i RL 2011/61/EU

a) Erlaubnis- und Genehmigungsbefugnisse

152 Aufgrund des Zulassungs- bzw Registrierungserfordernisses für zahlreiche Finanzdienstleistungstätigkeiten im Binnenmarkt (Rn 93) ist die Zuständigkeit für **Zulassungen** bzw **Registrierungen** die wichtigste Befugnis der jeweils zuständigen nationalen oder supranationalen Aufsichtsbehörden. Der Antrag auf Zulassung bzw Registrierung ist grds. bei der hierfür zuständigen Behörde zu stellen. Lediglich der Antrag auf Zulassung zur Aufnahme der Tätigkeit eines Kreditinstituts in einem SSM-Staat ist an die Aufsichtsbehörde im Herkunftsmitgliedstaat und nicht an die EZB zu richten (zum Verfahren Art. 14 VO (EG) Nr. 1024/2013). Unter Umständen besteht vor einer Entsch. über die Zulassung bzw Registrierung die Pflicht zur Konsultation eines besonderen Gremiums[602] oder der zuständigen Behörden in anderen Mitgliedstaaten[603] bzw der zuständigen Behörde im Herkunftsmitgliedstaat.[604] Die Zulassung ist dem Antragsteller mitzuteilen.[605] Die EU-Kommission bzw die drei ESA führen zudem zentrale Register bzw Listen mit den von ihnen selbst bzw den nationalen Behörden registrierten bzw zugelassenen Finanzdienstleistern, die über das Amtsblatt oder die Website der Behörde bekannt gemacht werden.[606] Eine Ablehnung ist dem Antragsteller regelmäßig[607] binnen sechs Monaten nach Eingang des Antrags bzw nach Vervollständigung der Antragsunterlagen und max. nach zwölf Monaten in einer begründeten und Rechtsmitteln zugänglichen Form bekannt zu geben.[608] Die Zulassung darf mit Bedingungen und Auflagen versehen werden.[609] Auch der Entzug der Zulassung ist zu begründen und den Betroffenen mitzuteilen sowie teilweise der Kommission und/oder der zuständigen ESA (Rn 12) zu melden.[610] Den Aufsichtsbehörden stehen ferner Eingriffsmöglichkeiten bei **Anteilsübertragungen**,[611] **Geschäftsleiterwechseln**,[612] **Bestandsübertragungen**[613] und **Aufgabenübertragungen**[614] zu.

602 S. etwa Art. 18 f VO (EU) Nr. 648/2012 (Zentrale Gegenparteien).

603 S. etwa Art. 16 RL 2013/36/EU (Kreditinstitute); Art. 60 RL 2004/39/EG bzw ab 3.1.2017 Art. 84 RL 2014/65/EU (Wertpapierfirmen); Art. 8 Abs. 2 RL 2011/61/EU (AIFM bei bestimmten Kontroll-/Tochter-/Mutterkonstellationen).

604 S. etwa Art. 57 VO (EU) Nr. 648/2012 (Transaktionsregister).

605 Art. 7 Abs. 3 RL 2004/39/EG (ab 3.1.2017 Art. 7 Abs. 3 RL 2014/65/EU).

606 Art. 20 RL 2013/36/EU (Kreditinstitute); Art. 5 Abs. 3 (Wertpapierfirmen) und Art. 47 (geregelte Märkte) RL 2004/39/EG bzw ab 3.1.2017 Art. 5 Abs. 3 (Wertpapierfirmen), Art. 33 Abs. 6 (KMU-Wachstumsmärkte), Art. 56 (geregelte Märkte) und Art. 59 Abs. 3 Unterabs. 2 (Datenbereitstellungsdienste) RL 2014/65/EU; Art. 59 Abs. 3 RL 2014/65/EU (Datenbereitstellungsdienste); Art. 48 VO (EU) Nr. 600/2014 (Drittlandfirmen); Art. 18 Abs. 3 VO (EG) 1060/2009 (Ratingagenturen); Art. 25 Abs. 4 Unterabs. 6 (CCPs) und Art. 59 Abs. 3 (Transaktionsregister) VO (EU) Nr. 648/2012; Art. 6 Abs. 1 Unterabs. 2 RL 2009/65/EG idF der RL 2010/78/EU (OGAW-Verwaltungsgesellschaft); Art. 7 Abs. 5 RL 2011/61/EU (AIFM), Art. 59 Abs. 3 RL 2014/65/EU (Datenbereitstellungsdienste).

607 Bei AIFM beträgt die Frist grds. drei und nur ausnahmsweise sechs Monate (Art. 8 Abs. 5 RL 2011/61/EU).

608 Art. 15, 72 RL 2013/36/EU (Kreditinstitute), Art. 7 Abs. 3, Art. 52 RL 2004/39/EG (Wertpapierfirmen) bzw ab 3.1.2017 Art. 7 Abs. 3 (Wertpapierfirmen), Art. 61 Abs. 3 (Datenbereitstellungsdienste) und Art. 41 Abs. 1 (Zweigstellen von Drittlandwertpapierfirmen) sowie Art. 74 (Rechtsmittel) RL 2014/65/EU; ähnlich Art. 7 Abs. 3, Art. 29 Abs. 2 und 107 Abs. 1, 2 RL 2009/65/EG (OGAW).

609 Dies folgt indirekt etwa aus Art. 18 Abs. 1 lit. c RL 2013/36/EU (Kreditinstitute), Art. 8 lit. c, 36 Abs. 5 lit. c RL 2004/39/EG (Wertpapierfirmen, geregelte Märkte) bzw ab 3.1.2017 Art. 8 lit. c, Art. 44 Abs. 5 lit. c und Art. 62 lit. c RL 2014/65/EU (Wertpapierfirmen, geregelte Märkte, Datenbereitstellungsdienste), Art. 7 Abs. 5 lit. c bzw Art. 29 Abs. 4 lit. c RL 2009/65/EG (Verwaltungsgesellschaften bzw Investmentgesellschaften von OGAW), Art. 22 Abs. 1 lit. b RL 73/239/EWG idF der RL 92/49/EWG (Schadenversicherungsunternehmen).

610 S. dazu etwa Art. 20 Abs. 5 RL 2013/36/EU, Art. 107 Abs. 1 RL 2009/65/EG und Art. 7 Abs. 5 RL 2011/61/EU.

611 S. Rn 117.

612 S. etwa Art. 9 Abs. 2, Abs. 3 RL 2004/39/EG bzw ab 3.1.2017 Art. 9 Abs. 4 und 5 RL 2014/65/EU (Mitteilungspflicht und Möglichkeit des Zulassungsentzugs).

613 Art. 12 RL 92/49/EWG sowie Art. 14 und 53 RL 2002/83/EG (Genehmigungspflicht), umgesetzt in § 14 Abs. 1 a *und § 111 d VAG; ferner Art. 39 RL 2009/138/EG*; näher zur grenzüberschreitenden Bestandsübertragung Bälz, VersR 2005, 310 ff; *Lüttringhaus*, VersR 2008, 1036 ff und *Müller*, Versicherungsbinnenmarkt, Rn 785 ff.

614 Art. 13, 30 RL 2009/65/EU und Art. 32 ff Durchführungs-RL 2010/43/EU (OGAW); Art. 20 (AIFM) und Art. 21 Abs. 11 (Verwahrstellen) RL 2011/61/EU.

b) Informations-, Prüfungs- und Teilnahmerechte

Die Informationsbefugnisse der zuständigen Aufsichtsbehörden finden ihren Ausdruck in Pflichten der Betroffenen zur Einreichung von Unterlagen (Geschäftspläne, Rechnungslegungsunterlagen etc.), zur Meldung und zur Auskunft.[615] Die Behörde hat zudem Einsichtsrechte und die Möglichkeit zu Nachprüfungen vor Ort mit Zutritts- und Durchsuchungsbefugnissen.[616] Zur Prüfung von Unterlagen kann sie auch Untersuchungsbeauftragte (zB Wirtschaftsprüfer und Sachverständige) einschalten.[617] Sodann können nach MiFID II ab 3.1.2017 bei begründetem Verdacht eines Verstoßes von Telekommunikationsbetreibern bereits existierende, relevante Aufzeichnungen von Datenübermittlungen angefordert werden, soweit dies nach nationalem Recht zulässig ist.[618] Schließlich räumt die RL 2014/65/EU den Behörden auch die Kompetenz für öffentliche Bekanntmachungen ein (Art. 69 Abs. 2 lit. q MiFID II). 153

c) Anordnungsbefugnisse

Die zuständigen Behörden können zudem nicht nur Untersagungsverfügungen,[619] sondern aufgrund einiger ausdrücklicher Ermächtigungen[620] sowie der Rechtsprechung des EuGH zum effet utile-Gebot[621] auch Gebotsverfügungen erlassen, um Missstände zu unterbinden bzw diesen entgegenzuwirken. Eine erhebliche Erweiterung der Anordnungsbefugnisse bringen ab 3.1.2017 die RL 2014/65/EU (MiFID II) und die VO (EU) Nr. 600/2014 (MiFIR), indem die Aufsichtsbehörden (ESMA oder EBA) unter bestimmten Voraussetzungen eine Einschränkung oder Aussetzung der Vermarktung, des Vertriebs oder des Verkaufs von Finanzinstrumenten und strukturierten Anlagen anordnen sowie bestimmte Personen anweisen können, die Größe von Positionen oder offenen Forderungen zu verringern und auch Positionen in Warenderivaten zu limitieren oder zu verbieten.[622] Schließlich kann die Aufsichtsbehörde dann auch die Abberufung einer natürlichen Person aus dem Leitungsorgan einer Wertpapierfirma oder eines Marktbetreibers verlangen.[623] Weitreichende Informations- und Massnahmenbefugnisse stehen den zuständigen Behörden im Zusammenhang mit Eigenmittelanforderungen von Kreditinstituten und Wertpapierfirmen (hierzu Rn 135) bzw der Sanierung und Abwicklung von Finanzdienstleistungsunternehmen (hierzu Rn 163) zu. Sofern die ESA-VO (EU) Nr. 1093-1095/2010 keine Regelungen enthalten, können den drei ESA (Rn 12) auch gestützt auf Art. 114 AEUV bestimmte und gerichtlich überprüfbare Eingriffskompetenzen übertragen werden.[624] Zur Abwehr von erheblichen Gefahren und bei Untätigkeit der zuständigen Behörden kann die ESMA zudem konkrete Weisungen gegenüber Nicht-EU-AIFM erteilen (Art. 47 RL 2011/61/EU). 154

615 S. etwa Art. 50 Abs. 2 lit. a, b, d und h RL 2004/39/EG (ab 3.1.2017 Art. 69 Abs. 2 lit. a, b, d, g und j RL 2014/65/EU), Art. 23 b ff VO (EG) Nr. 1060/2009 idF der VO (EU) Nr. 462/2013 sowie Art. 31 und 61 VO (EU) Nr. 648/2013.

616 S. etwa Art. 50 Abs. 2 lit. c RL 2004/39/EG (ab 3.1.2017 Art. 69 Abs. 2 lit. c RL 2014/65/EU), Art. 63 VO (EU) Nr. 648/2012 und Art. 37 VO (EU) Nr. 236/2012.

617 S. etwa Art. 50 Abs. 2 lit. m RL 2004/39/EG (ab 3.1.2017 Art. 69 Abs. 2 lit. i RL 2014/65/EU) und Art. 62 ff VO (EU) Nr. 648/2012.

618 Art. 69 Abs. 2 lit. r RL 2014/65/EU.

619 S. etwa Art. 50 Abs. 2 lit. e, g, j und k RL 2004/39/EG (ab 3.1.2017 Art. 69 Abs. 2 lit. f, k, m und n RL 2014/65/EU).

620 Art. 10 Abs. 6, Art. 50 Abs. 2 lit. f und i RL 2004/39/EG (ab 3.1.2017 Art. 10 Abs. 3, Art. 11 Abs. 4, Art. 69 Abs. 2 lit. e und lit. l RL 2014/65/EU); Art. 26 Abs. 2, 64 RL 2013/36/EU; Art. 46 Abs. 2 RL 2011/61/EU; Art. 24 VO (EU) Nr. 1060/2009 idF der VO (EU) Nr. 513/2011; Art. 64 VO (EU) Nr. 648/2012; Art. 18 ff VO (EU) Nr. 236/2012.

621 S. dazu generell nur EuGH, Rs. 68/88 (Kommission/Griechenland), Slg 1989, 2965, Rn 25 und EuGH, Rs. C-326/88 (Hansen), Slg 1990, I-2911, Rn 17.

622 Art. 69 Abs. 2 lit. o, p, s und t RL 2014/65/EU; Art. 39 bis 45 VO (EU) Nr. 600/2014.

623 Art. 69 Abs. 2 lit. u RL 2014/65/EU.

624 EuGH, Rs. C-270/12 (Großbritannien und Nordirland/Parlament und Rat), NJW 2014, 1359 (dazu *Kohtamäki*, EuR 2014, 321 ff).

d) Sanktionsbefugnisse

155 Unbeschadet des Verfahrens zum Entzug der Zulassung haben die Mitgliedstaaten auch wirksame, verhältnismäßige und abschreckende **Verwaltungssanktionen** vorzusehen und durchzusetzen. Während sich hierzu einige vor allem ältere Rechtsakte mit einer allg. gehaltenen Umschreibung begnügen,[625] legen die neueren Richtlinien und Verordnungen jeweils einen Kanon der von den Mitgliedstaaten mindestens vorzusehenden Sanktionen fest. Zu diesem Kanon gehören regelmäßig Geldbußen,[626] Tätigkeitsverbote,[627] und die öffentliche Bekanntgabe von Verstößen bzw Sanktionen (sog. naming and shaming[628]). Gelegentlich wird auch eine Gewinnabschöpfung[629] oder ein Stimmrechtsausübungsverbot[630] vorgesehen. Die zu verhängenden Geldbußen werden neuerdings durch absolute oder (in Abhängigkeit vom erzielten Gewinn bzw Gesamtnettoumsatz zu bestimmende) relative Unter- bzw Obergrenzen näher eingegrenzt.[631] Sodann nennen die jüngeren Erlasse die bei der Festlegung der Art und der Höhe bzw des Umfangs einer verwaltungsrechtlichen Sanktion oder Maßnahme zu berücksichtigenden Umstände wie die Schwere und die Dauer eines Verstoßes, den Grad an Verantwortung der verantwortlichen Person, deren Finanzkraft und die Höhe der von ihr erzielten Gewinne bzw verhinderten Verluste bzw der bei Dritten entstandenen Verluste, die Kooperationsbereitschaft oder das Vorhandensein früherer Verstöße.[632] Teilweise haben die drei ESA die Kompetenz erhalten, Leitlinien zur Sanktionierung zu erlassen.[633] Mit diesen genaueren Vorgaben soll die nach Ansicht der EU-Kommission früher teilweise unzureichende Durchsetzung der Regulierung verbessert werden.[634] Im Bereich ihrer supranationalen Aufsichtszuständigkeiten verfügen schließlich die EZB[635] und die ESMA[636] über Sanktionsbefugnisse ausdrücklich rein administrativen Charakters. Die **strafrechtlichen Sanktionen** werden gesondert am Ende dieses Beitrags behandelt (Rn 217 ff).

2. Kooperation der Aufsichtsbehörden

156 Die aufsichtsrechtlichen Richtlinien enthalten zahlreiche Vorschriften für die Zusammenarbeit zwischen den Aufsichtsbehörden ein und desselben Mitgliedstaats, für deren grenzüberschreitende Kooperation sowie für die enge Zusammenarbeit mit dem ESRB, den drei ESA bzw deren Gemeinsamem Ausschuss und der EU-Kommission.[637] Gegenstand dieser Regelungen sind die Kompetenzverteilung, der Informationsaustausch und die Koordinierung von Aufsichtsmaßnahmen. Für die

---

625 S. etwa Art. 51 Abs. 1 RL 2004/39/EG (bis 2.1.2017); Art. 12 VO (EU) Nr. 648/2012; Art. 41 VO (EU) Nr. 236/2012; Art. 48 Abs. 1 RL 2011/61/EU; Art. 110 RL 2014/59/EU.

626 S. etwa Art. 66 Abs. 2 lit. c bis e RL 2013/36/EU und (ab 3.1.2017) Art. 70 Abs. 6 lit. f bis lit. h RL 2014/65/EU.

627 S. etwa Art. 67 Abs. 2 lit. d RL 2013/36/EU und (ab 3.1.2017) Art. 70 Abs. 6 lit. d RL 2014/65/EU.

628 S. etwa Art. 66 Abs. 2 lit. a RL 2013/36/EU (CRD IV); Art. 12 Abs. 2 VO (EU) Nr. 648/2012 (EMIR); Art. 36 VO (EG) Nr. 1060/2009 idF der VO (EU) Nr. 513/2011; Art. 41 Abs. 4 VO (EU) Nr. 236/2012; Art. 48 Abs. 2 RL 2011/61/EU (AIFM); Art. 34 VO (EU) Nr. 596/2014 (MAR); Art. 112 RL 2014/59/EU (BRRD) und (Geltung ab 3.1.2017) Art. 70 Abs. 6 lit. a, 71 RL 2014/65/EU (MiFID II).

629 S. etwa Art. 30 Abs. 2 lit. b VO (EU) Nr. 596/2014 (Geltung ab 3.7.2016).

630 S. etwa Art. 66 Abs. 2 lit. f RL 2013/36/EU.

631 S. etwa Art. 30 Abs. 2 lit. h bis lit. j VO (EU) Nr. 596/2014 (Geltung ab 3.7.2016); Art. 66 Abs. 2 lit. c bis e RL 2013/36/EU und (Geltung ab 3.1.2017) Art. 70 Abs. 6 lit. f bis lit. h RL 2014/65/EU.

632 S. etwa Art. 70 RL 2013/36/EU (CRD IV), Art. 72 RL 2014/65/EU (MiFID II), Art. 114 RL 2014/59/EU (BRRD).

633 S. etwa Art. 41 Abs. 2 VO (EU) Nr. 236/2012.

634 Mitteilung der EU-Kommission KOM(2010) 716 endg. v. 8.12.2010.

635 Grundlage des Sanktionsrechts der EZB bilden Art. 132 Abs. 3 AEUV und die VO (EG) Nr. 2532/98 des Rates (ABl. L 318 v. 27.11.1998, S. 4); hinsichtlich der Aufsichtsaufgaben ergeben sich die Sanktionsbefugnisse der EZB aus Art. 18 SSM-VO (EU) Nr. 1024/2013 und der SSM-Rahmenverordnung (EU) Nr. 468/2014 (EZB/2014/17), ABl. L 141 v. 14.5.2014, S. 1 (v.a. Art. 120 ff); zu den Sanktionsbefugnissen der EZB im Bereich der Geldpolitik s. VO (EG) Nr. 2157/1999 (EZB/1999/4), ABl. L 264 v. 12.10.1999, S. 21.

636 *Art. 23 e, 36 a ff VO (EG) Nr. 1060/2009* idF der VO (EU) Nr. 462/2013 und iVm DelVO (EU) Nr. 946/2012 (Ratingagenturen); Art. 65 ff VO (EU) Nr. 648/2012 (Transaktionsregister).

637 S. hierzu die mit der Omnibus-I-RL 2010/78/EU in verschiedene Rechtsakte eingefügten Informations- und Kooperationspflichten; dazu grundlegend *Lehmann*, Ordo 2013, 327 ff.

bei **Finanzkonglomeraten** besonders bedeutsame Kompetenzverteilung und Zusammenarbeit bestehen dabei zusätzliche Regelungen.[638]

a) Kompetenzverteilung

Die Mitgliedstaaten sind zunächst zu einer klaren nationalen Zuständigkeitsabgrenzung im Finanzdienstleistungsbereich verpflichtet.[639] Sofern nicht inzwischen wie für Ratingagenturen (Rn 73) und Transaktionsregister (Rn 84) eine einheitliche supranationale Aufsicht eingerichtet wurde, sehen die einschlägigen Regelungen für die grenzüberschreitende Aufsicht in Übereinstimmung mit dem Sitzlandprinzip (Rn 96 ff) eine primäre Aufsichtszuständigkeit der **Behörden des Herkunftsmitgliedstaats** vor.[640] Damit diese ihre Aufgaben effektiv wahrnehmen können, dürfen sie auch in den im Aufnahmemitgliedstaat errichteten Zweigstellen Prüfungen vor Ort vornehmen.[641] Ihnen stehen dort allerdings keine eigenen Zwangsbefugnisse zu.[642] Andererseits können die Behörden im Aufnahmemitgliedstaat zwar ebenfalls Untersuchungen vor Ort in den Zweigstellen vornehmen,[643] doch können sie ein Unternehmen in der Regel lediglich auffordern, die vorschriftswidrige Situation zu beenden, und dies auch nur dann, wenn das Unternehmen eine Zweigstelle in ihrem Hoheitsgebiet hat oder dort Dienstleistungen erbringt und der Rechtsverstoß Vorschriften betrifft, die in Anwendung der eine Zuständigkeit der Behörden des Aufnahmemitgliedstaats beinhaltenden Richtlinienbestimmungen vom Aufnahmemitgliedstaat erlassen wurden.[644] Anordnungen, Zwangsmaßnahmen und Sanktionen dürfen auch insoweit grds. nur die zuständigen Behörden des Herkunftsmitgliedstaats treffen. Ausnahmsweise können die **Behörden im Aufnahmemitgliedstaat** allerdings weitere Rechtsverstöße verhindern bzw ahnden und erforderlichenfalls eine Geschäftstätigkeit auch ganz verbieten, wenn Maßnahmen der Behörden des Herkunftsstaats ganz fehlen oder diese ungeeignet sind oder wenn diese aus zwingenden Gründen des Allgemeininteresses im Aufnahmestaat bzw in dringenden Fällen zum Schutz der Dienstleistungsempfänger notwendig sind (Sicherungsmaßnahmen).[645] Bei deren Untätigkeit im Falle von Kreditinstituten kann sich die Behörde des Aufnahmemitgliedstaats auch an die EBA wenden (Art. 41 Abs. 2 RL 2013/36/EU, CRD IV). 157

b) Wechselseitige Information und Verschwiegenheitspflichten

Die aufsichtsrechtlichen Richtlinien sehen umfassende wechselseitige Informationspflichten aller auf nationaler und supranationaler Ebene zuständigen Behörden hinsichtlich aller für die Aufsicht 158

638 Art. 4 und 12 ff RL 2002/87/EG idF der RL 2011/89/EU.

639 S. etwa Art. 49 Unterabs. 1 RL 2004/39/EG (ab 3.1.2017 Art. 68 Abs. 1 RL 2014/65/EU) und Art. 46 Abs. 1 RL 2011/61/EU.

640 Art. 49 Abs. 1 RL 2013/36/EU (Kreditinstitute), Art. 31 f RL 2004/39/EG bzw ab 3.1.2017 Art. 34 ff RL 2014/65/EU (Wertpapierfirmen), Art. 9 Abs. 5, 20 Abs. 2-6 RL 2003/41/EG (Pensionsfonds).

641 S. dazu etwa Art. 52 Abs. 1 RL 2006/48, Art. 57 RL 2004/39/EG (ab 3.1.2017 Art. 80 RL 2014/65/EU), Art. 110 Abs. 1 RL 2009/65/EG und Art. 14 f RL 2002/87/EG; Art. 46 Abs. 2 lit. c RL 2011/61/EU.

642 *Ohler*, DVBl. 2002, 880, 881.

643 S. dazu etwa Art. 52 Abs. 3 RL 2013/36/EU.

644 S. dazu etwa Art. 41 Abs. 1 RL 2013/36/EU, Art. 62 Abs. 2 RL 2004/39/EG (ab 3.1.2017 Art. 86 Abs. 2 RL 2014/65/EU) und Art. 21 Abs. 3 RL 2009/65/EG.

645 S. dazu etwa Art. 44 RL 2013/36/EU, Art. 62 Abs. 1 Unterabs. 2 RL 2004/39/EG (ab 3.1.2017 Art. 86 Abs. 1 Unterabs. 2 RL 201/65/EU), Art. 21 Abs. 4-6 RL 2009/65/EG, Art. 20 Abs. 10 RL 2003/41/EG und Art. 40 Abs. 5-8 RL 92/49/EWG; näher dazu die Mitteilung der Kommission v. 20.6.1997 zu Auslegungsfragen über den freien Dienstleistungsverkehr und das Allgemeininteresse in der Zweiten Bankenrichtlinie, ABl. C 209 v. 10.7.1997, S. 6 und die Mitteilung der Kommission zu Auslegungsfragen: Freier Dienstleistungsverkehr und Allgemeininteresse im Versicherungswesen, ABl. C 43 v. 16.2.2000, S. 5; ferner *Schnyder*, Europ. Banken- und Versicherungsrecht, 2005, Rn 124 ff.

wesentlichen Umstände vor.[646] Der Informationsaustausch unterliegt dabei allerdings noch gewissen datenschutzrechtlichen Einschränkungen und Auflagen sowie dem Berufsgeheimnis.[647] Zum Verhältnis zwischen der Verschwiegenheitspflicht der Aufsichtsbehörde und dem Auskunftsanspruch des Bürgers wird sich demnächst der EuGH zu äußern haben.[648]

c) Amtshilfe

159 Einige Rechtsakte enthalten zur effektiveren Gestaltung der Aufsicht eine ausdrückliche Verpflichtung zur Amtshilfe zwischen den nationalen Aufsichtsbehörden[649] und zur Amtshilfe der nationalen zugunsten der supranationalen Aufsichtsbehörden[650] sowie die Pflicht zur Bestimmung einer der beteiligten Behörden als Kontaktstelle[651] bzw Koordinatorin.[652] Zahlreiche Bestimmungen regeln die Zusammenarbeit,[653] Anhörung[654] und gegenseitige Information[655] der beteiligten Behörden. Mit Drittländern sind nach Möglichkeit entsprechende Kooperationsvereinbarungen zu schließen.[656]

D. Unternehmensrecht der Finanzdienstleister

I. Externe Rechnungslegung und Publizität[657]

160 Die Harmonisierung der sog. externen[658] Rechnungslegung von Finanzdienstleistungsunternehmen soll (auch zur Erleichterung der Aufsicht) den Vergleich der Jahresabschlüsse von Unternehmen aus verschiedenen Mitgliedstaaten ermöglichen. Für die Rechnungslegung von Finanzdienstleistungsunternehmen gelten zunächst einige **Sonderregelungen** aufgrund zweier mehrfach geänderter Bilanzrichtlinien für Banken und andere Finanzinstitute (RL 86/635/EWG, **Bankbilanz-RL**) sowie für Versicherungsunternehmen (RL 91/674/EWG, **Versicherungsbilanz-RL**),[659] die beide durch die RL 2003/51/EG[660] mit den Regelungen der IAS-Verordnung[661] abgestimmt wurden. Im Übrigen verweisen die beiden Richtlinien auf die allg. gesellschaftsrechtlichen Vorschriften zur Rechnungs-

---

646 S. zum Informationsaustausch etwa Art. 50 ff RL 2013/36/EU (Kreditinstitute), Art. 49, 54, 58 (Wertpapierfirmen, geregelte Märkte), Art. 101 ff RL 2009/65/EG iVm Art. 12 f DVO (EU) Nr. 584/2010 (OGAW); Art. 12 und 14 RL 2002/87/EG (Finanzkonglomerate), Art. 20 V, VIII RL 2003/41/EG (Pensionsfonds), Art. 22, 24 RL 2007/64/EG (Zahlungsinstitute), Art. 21, 23 und 84 VO (EU) Nr. 648/2012 (CCP), Art. 25, 50 und 53 f RL 2011/61/EU (AIFM), Art. 35 VO (EU) Nr. 236/2012 (Leerverkäufe), Art. 90 RL 2014/59/EU (BRRD), Art. 8 Abs. 1 lit. d und Art. 35 fESA-VO (EU) Nr. 1093-1095/2010 (ESA, ESRB und nationale Behörden).

647 S. explizit zum Berufsgeheimnis Art. 32 VO (EU) Nr. 1060/2009 idF der VO (EU) Nr. 515/2011 (Ratingagenturen), Art. 83 VO (EU) Nr. 648/2012 (EMIR); Art. 34 VO (EU) Nr. 236/2012 (Leerverkäufe), Art. 27 Abs. 2 und 3 RL 2011/61/EU (AIFM), Art. 27 VO (EU) Nr. 596/2014 (MAR), Art. 84 RL 2014/59/EU (BRRD) sowie Art. 70 VO (EU) Nr. 1093-1095/2010 (ESA).

648 Rs. C-140/13 betr. das Vorabentscheidungsersuchen des VG Frankfurt/M. NVwZ 2013, 742.

649 S. etwa Art. 16 Abs. 1 RL 2003/6/EG, Art. 56 Abs. 1 Unterabs. 2 RL 2004/39/EG (ab 3.1.2017 Art. 79 Abs. 1 RL 2014/65/EU) und Art. 6 ff DVO (EU) Nr. 584/2010.

650 S. etwa Art. 6, Art. 11 Abs. 2 Unterabs. 2 und Art. 12 Abs. 5 VO (EU) Nr. 1024/2013, Art. 63 Abs. 7 VO (EU) Nr. 648/2012 sowie Art. 128 RL 2014/59/EU.

651 Art. 56 Abs. 1 Unterabs. 3 RL 2004/39/EG bzw ab 3.1.2017 Art. 79 Abs. 1 Unterabs. 5 RL 2014/65/EU (Wertpapierfirmen).

652 Art. 10 f RL 2002/87/EG (Finanzkonglomerate).

653 Art. 87 ff RL 2014/59/EU (BRRD).

654 Art. 87 RL 2014/58/EU (BRRD).

655 Art. 113 RL 2014/59/EU (BRRD).

656 S. etwa Art. 38 VO (EU) Nr. 236/2012; Art. 26 VO (EU) Nr. 596/2014 (MAR); Art. 93 ff RL 2014/59/EU (BRRD); Art. 39 Abs. 2 lit. b RL 2014/65/EU (MiFID II).

657 *Bauer*, WM 1987, 861 ff; *Rixen*, WM 1989, 905 ff.

658 Zur sog. internen Rechnungslegung gegenüber den Aufsichtsbehörden s. Rn 108.

659 Eingehend dazu *Müller*, Versicherungsbinnenmarkt, Rn 545 ff.

660 Umsetzung in Deutschland durch das Gesetz zur Einführung internationaler Rechnungslegungsstandards und zur *Sicherung der Qualität der Abschlussprüfung* (Bilanzrechtsreformgesetz) v. 4.12.2004, BGBl. I 2004, 3166; vgl hierzu auch *Busse von Colbe*, BB 2004, 2063 ff.

661 VO (EG) Nr. 1606/2002 v. 19.7.2002 betreffend die Anwendung internationaler Rechnungslegungsstandards, ABl. L 243 v. 11.9.2002, S. 1.

legung und Abschlussprüfung.[662] Während die allg. Bilanzrichtlinien nur Kapitalgesellschaften betreffen, gelten die Bank- und Versicherungsbilanzrichtlinie grds. für alle Unternehmensformen mit Ausnahme der Einzelbankiers[663] bzw kleiner Unternehmen auf Gegenseitigkeit.[664] Beide Sonderrichtlinien enthalten einzelne Regeln zum genauen Inhalt und zur Gliederung der Bilanz, der Gewinn- und Verlustrechnung sowie des Anh. Ferner regeln sie Fragen der Bewertung, der Aufstellung der konsolidierten Abschlüsse sowie der Offenlegung von Jahresabschlüssen und Lageberichten. Schließlich verlangen die beiden Richtlinien, dass die Jahresabschlüsse und konsolidierten Abschlüsse von Kreditinstituten und Versicherungsgesellschaften von einer oder mehreren nach Unionsrecht zur Durchführung solcher Prüfungen berechtigten Personen geprüft werden.[665] Analoges gilt für Emittenten von Wertpapieren, die zum Handel an einem geregelten Markt zugelassen sind,[666] Zahlungsinstitute,[667] OGAW,[668] E-Geld-Institute,[669] und AIF.[670] Die Voraussetzungen für die Zulassung der für die Abschlussprüfung zuständigen Personen sowie die Mindestanforderungen an die Durchführung dieser Prüfungen sind in der RL 2006/43/EG festgelegt. Spezifische Anforderungen gelten neuerdings für die Abschlussprüfung bei **Unternehmen von öffentlichem Interesse.**[671] Von den **Rechnungslegungsstandards** betreffen IFRS 4 Versicherungsverträge sowie IFRS 7, IAS 32 und IAS 39 Finanzinstrumente.

Während die Offenlegung von Jahresabschlussunterlagen durch **Zweigniederlassungen** ausländi- **161**
scher Banken und anderer Finanzinstitute durch die RL 89/117/EWG spezifisch angeglichen und insb. mit dem Verzicht auf einen gesonderten Jahresabschluss auch eine Gleichstellung mit den Zweigniederlassungen von Banken in demselben Mitgliedstaat erreicht wurde (vgl auch Art. 14 Abs. 1 RL 89/666/EWG), fehlt eine entsprechende Regelung für die ausländischen Zweigniederlassungen von Versicherungsunternehmen. Diese unterliegen vielmehr Art. 2 Abs. 1 lit. g iVm Art. 3 der allg. Zweigniederlassungs-RL 89/666/EWG.

II. Finanzdienstleistungsunternehmen in der Krise[672]

1. Sanierung und Abwicklung nach der BRRD und SRM-VO

Mit der RL 2014/59/EU (**BRRD**) sind neue Regelungen für die Sanierung und Abwicklung von in **162**
der Union niedergelassenen Kreditinstituten, Wertpapierfirmen, bestimmten Finanzinstituten, (gemischten) (Finanz-)Holdinggesellschaften, (gemischten) (Unions-)Mutterfinanzholdinggesellschaften und Zweigstellen von Drittlandinstituten in Kraft getreten.[673] Auf die nach der BRRD geltenden Anforderungen an die Sanierungs- und **Abwicklungsplanung** (Art. 4 ff BRRD) wurde bereits ebenso hingewiesen (Rn 124 ff) wie auf die Möglichkeiten eines **frühzeitigen Eingreifens** der zuständigen Aufsichtsbehörde nach Art. 27 BRRD, wenn ein Kreditinstitut oder eine Wertpapierfirma gegen eine der Anforderungen der VO (EU) Nr. 575/2013 (CRR), der RL 2013/36/EU (CRD IV) oder des Titels II der Richtlinie 2014/65/EU (MiFID II) oder einen der Art. 3 bis 7, 14 bis 17 sowie 24, 25 und 26 der VO (EU) Nr. 600/2014 (MiFIR) verstößt oder in naher Zukunft dagegen zu verstoßen droht (Rn 135). Zur **Sanierung** enthalten darüber hinaus die Art. 3 ff der RL 2001/17/EG

---

662 S. dazu RL 2013/34/EU (früher RL 78/660/EWG und RL 83/349/EWG) und RL 2006/43/EG.
663 Art. 2 Abs. 1 lit. a RL 86/635/EWG.
664 Art. 2 Abs. 1 lit. a und b RL 91/674/EWG.
665 Art. 1 Abs. 1 RL 86/635/EWG, Art. 1 Abs. 1 RL 91/674/EWG.
666 Art. 4 Abs. 4 RL 2004/109/EG.
667 Art. 15 Abs. 2 RL 2007/64/EG.
668 Art. 73 RL 2009/65/EG.
669 Art. 3 Abs. 1 RL 2009/110/EG.
670 Art. 22 Abs. 3 RL 2011/61/EU.
671 VO (EU) Nr. 537/2014 (zur Begriffsbestimmung Art. 2 RL 2006/43/EG).
672 *Binder*, Bankeninsolvenzen im Spannungsfeld zwischen Bankaufsichts- und Insolvenzrecht, 2005; *Chattopadhyay*, WM 2013, 405 ff; *Cichy/Behrens*, WM 2014, 438 ff; *Lehmann*, WM 2013, 1389 ff; *Ruzik*, BKR 2009, 133 ff; *Schnyder*, Europ. Banken- und Versicherungsrecht, 2005, Rn 260 ff; *Wimmer*, ZInsO 2002, 897 ff; s. auch noch die Literaturhinweise in Fn 695, 719 und 729.
673 Zum Anwendungsbereich Art. 1 Abs. 1 und zu den Begriffsbestimmungen Art. 2 Abs. 1 Nr. 2-4, 9-15 und 23 RL 2014/59/EU.

(Versicherungsunternehmen) und die Art. 3 ff der RL 2001/24/EG (Kreditinstitute)[674] Sonderregelungen. Im Fall einer Anwendung der Abwicklungsinstrumente und -befugnisse der BRRD gilt die RL 2001/24/EG auch für alle sonst in den subjektiven Anwendungsbereich der BRRD fallenden Unternehmen.[675]

163 Die gegenüber der Liquidation im regulären Insolvenzverfahren (Rn 166 f) vorrangigen[676] Regelungen zur **Abwicklung** (Art. 31 ff BRRD) kommen nach Art. 32 f BRRD zur Anwendung, wenn erstens der Ausfall eines Kreditinstituts bzw einer Wertpapierfirma etc. durch Maßnahmen der Privatwirtschaft (u.a. Maßnahmen im Rahmen von institutsbezogenen Sicherungssystemen) oder der Aufsichtsbehörden (u.a. Frühinterventionsmaßnahmen nach Art. 27 BRRD, s. auch Rn 135; Kapitalherabschreibung oder -umwandlung nach Art. 59 BRRD) innerhalb eines angemessenen Zeitrahmens wahrscheinlich nicht abgewendet werden kann und wenn zweitens ein öffentliches Interesses an der Abwicklung besteht, was der Fall ist, wenn die Abwicklungsmaßnahme für die Erreichung mindestens eines der in Art. 31 Abs. 2 genannten Abwicklungsziele[677] erforderlich und mit Blick auf diese Ziele verhältnismäßig ist und wenn dies bei einer Liquidation des Instituts im Wege eines regulären Insolvenzverfahrens nicht in demselben Umfang der Fall wäre. Die Bestimmungen zum **Abwicklungsverfahren** verlangen vom Leitungsorgan eines betroffenen Instituts oder Unternehmens einen (drohenden) Ausfall den Aufsichtsbehörden mitzuteilen, welche ihrerseits die Abwicklungsbehörden unterrichten (Art. 81 BRRD). Diese erlässt und veröffentlicht eine Entscheid über das Vorliegen der Abwicklungsvoraussetzungen und die zu treffenden Abwicklungsmaßnahmen, der ggf der gerichtlichen Zustimmung bzw Anfechtung unterliegt (Art. 82 und 85 BRRD). Vor der Anwendung von Abwicklungsinstrumenten hat eine faire, vorsichtige und realistische Bewertung der Vermögenswerte und Verbindlichkeiten des Instituts bzw Unternehmens durch einen unabhängigen Dritten zu erfolgen (Art. 36 BRRD). Im Abwicklungsverfahren hat die Abwicklungsbehörde darauf zu achten (Art. 34 Abs. 1 BRRD), dass die Verluste primär von den Anteilseignern und sekundär von den Gläubigern (grds. in der Rangfolge des regulären Insolvenzverfahrens und mit Ausnahme der vollständig gesicherten gedeckten Einlagen) des in Abwicklung befindlichen Instituts getragen werden und dass die Gläubiger keine größeren Verluste erleiden als im Wege eines regulären Insolvenzverfahrens nach Maßgabe der Schutzbestimmungen von Art. 73-75 BRRD. Nach Art. 37 Abs. 3 BRRD müssen die Mitgliedstaaten mindestens[678] vier kombinierbare **Abwicklungsinstrumente** vorsehen: Erstens Unternehmensveräußerungen an Dritte, die kein Brückeninstitut sind (Art. 38 f BRRD), zweitens Unternehmensveräußerungen an ein sog. Brückeninstitut, das eigens für diese Veräußerung als eine mindestens teilweise im Eigentum öffentlicher Stellen stehende juristische Person für grds. zwei Jahre gegründet wurde, von der Abwicklungsbehörde kontrolliert wird und deren Leitungsorgane und Geschäftsleiter maximal für grobe Fahrlässigkeit haften (Art. 40 f BRRD), drittens die Ausgliederung von Vermögenswerten, Rechten und Verbindlichkeiten auf eine Zweckgesellschaft (sog. Bad Bank), die für die Vermögensverwaltung als eine mindestens teilweise im Eigentum öffentlicher Stellen stehende juristische Person gegründet wurde, von der Abwicklungsbehörde kontrolliert wird und welche die ihr übertragenen Vermögenswerte zum höchstmöglichen Preis verkaufen soll (Art. 42 BRRD) und viertens das sog. Bail-in-Instrument, mit dem die Abwicklungsbehörde bestimmte Verbindlichkeiten (Art. 44 BRRD) in einer vorgegebenen Reihenfolge (Aktionäre vor den Gläubigern; s. Art. 48 BRRD) herabschreiben und/oder in Eigenkapital umwandeln kann,[679] um das Institut zu rekapitalisieren oder die anderen Abwicklungsmaßnahmen (Art. 43-58 BRRD) zu ermöglichen. Der nach Anwendung der drei erstgenann-

674 Dazu EuGH, Rs. C-85/12 (Landsbanki Islands HF), DZWIR 2014, 68 ff.
675 Art. 1 Abs. 4 RL 2001/24/EG idF der RL 2014/59/EU.
676 S. dazu auch Art. 37 Abs. 6 BRRD.
677 Zu diesen gehören die Sicherstellung der Kontinuität kritischer Funktionen, die Vermeidung erheblicher negativer Auswirkungen auf die Finanzstabilität, der Schutz öffentlicher Mittel, der der Schutz von Einlegern und Anlegern und der Schutz von Kundenvermögen.
678 Es bleibt den Mitgliedstaaten gem. Art. 37 Abs. 9 BRRD unbenommen, den Abwicklungsbehörden zusätzliche Instrumente an die Hand zu geben und ihnen weitere Befugnisse zu übertragen.
679 Art. 2 Abs. 1 Nr. 57 RL 2014/59/EU.

ten Abwicklungsinstrumente (Art. 37 Abs. 3 lit. a, b und c BRRD) verbleibende Teil des Instituts oder Unternehmens wird im Wege eines regulären Insolvenzverfahrens liquidiert (Art. 37 Abs. 6 BRRD). Führt die Anwendung eines Abwicklungsinstruments bei Gläubigern zu Verlusten oder einer Umwandlung ihrer Forderungen, ist mindestens gleichzeitig auch eine Herabschreibung oder Umwandlung von Kapitalinstrumenten (Art. 59-62 BRRD) durchzuführen (Art. 37 Abs. 2 BRRD). Im Zusammenhang mit diesen einschneidenden Abwicklungsinstrumenten haben die Mitgliedstaaten den Abwicklungsbehörden nach den Vorgaben der BRRD äußerst weitreichende und grds. auch in anderen Mitgliedstaaten durchsetzbare (Art. 66 BRRD) **Abwicklungsbefugnisse** einzuräumen, die etwa die Übertragung von Vermögenswerten und den Eingriff in laufende Verträge (Art. 63 f), die Anordnung von Unterstützungsleistungen durch das Institut oder die Entlassung von Leitungsorganen bzw Geschäftsleitern und die Übernahme der Kontrolle und Leitung (Art. 72 BRRD) oder der Bestellung eines Sonderverwalters (Art. 35 BRRD) reichen (Art. 63 ff BRRD). Dabei soll den Interessen von Anteilseignern und Gläubigern durch spezielle **Schutzbestimmungen** Rechnung getragen werden (Art. 73 ff; dazu Rn 178).

Jeder Mitgliedstaat muss seinen nationalen Abwicklungsmechanismen für die effektive Anwendung 164
der Abwicklungsinstrumente und -befugnisse finanzielle Mittel zur Verfügung stellen und hierfür mindestens einen sog. **Abwicklungsfinanzierungsmechanismus** als Fonds einrichten. Diesem Fonds kann ein Mitgliedstaat zwar die Nutzung der Verwaltungsstruktur des nationalen Einlagensicherungssystems, nicht aber ders. Mittel gestatten (Art. 100 BRRD). Die nationalen Finanzierungsmechanismen sind mit jährlichen Beiträgen, deren Höhe vom Risikoprofil des Instituts abhängt, grds. bis zum 31.12.2024 (bei vorzeitigen Ausschüttungen im Umfang von mindestens 0.5 % verlängerbar um max. vier Jahre) mit mindestens 1 % der gedeckten Einlagen aller im Hoheitsgebiet zugelassenen Institute auszustatten, wobei diese Zielausstattung innerhalb von sechs Jahren wieder zu erreichen ist, wenn diese unter 0,66 % gefallen sein sollte (Art. 102 f BRRD). Die nationalen Finanzierungsmechanismen müssen voneinander (Art. 106) und von Dritten (Art. 105) Kredite aufnehmen können. Die Abwicklungsfinanzierungsmechanismen der SSM-Staaten sollen schrittweise vergemeinschaftet werden (dazu Rn 165).

Für die in einem **SSM-Staat** (Rn 7) niedergelassenen Kreditinstitute und die nach Art. 4 Abs. 1 lit. g 165
der VO (EU) Nr. 1024/2013 der konsolidierten Aufsicht durch die EZB unterstehenden und in einem SSM-Staat niedergelassenen Mutterunternehmen sowie die in diese konsolidierte Aufsicht einbezogenen und in einem SSM-Staat niedergelassenen Wertpapierfirmen und Finanzinstitute (Anwendungsbereich gem. Art. 2) sieht die VO (EU) Nr. 806/2014 (**SRM-VO**) weitere Regelungen zur **Abwicklungsplanung** (Art. 8 ff), zur **Frühintervention** (Art. 13) und **Abwicklung** (Art. 14 ff) vor. Diese einheitlichen Vorschriften werden von einem gemäß Art. 42 als EU-Agentur errichteten Ausschuss für die einheitliche Abwicklung („Ausschuss“; Art. 42 ff) in Zusammenarbeit mit dem Rat und der Kommission sowie den nationalen Abwicklungsbehörden angewandt (zur Behördenzusammenarbeit s. Art. 30 ff). Dabei wird dieser sog. einheitliche Abwicklungsmechanismus durch einen einheitlichen **Abwicklungsfonds** (Single Resolution Fund, SRF) unterstützt (Art. 1 Abs. 2 und Art. 60), der vom Ausschuss als Teil II seines vom Unionshaushalt getrennten Haushalts verwaltet und vorbehaltlich eines hierzu noch zwischen den teilnehmenden Staaten zu schließenden Übereinkommens innerhalb von acht Jahren analog den Vorgaben der BRRD mit einem Endvolumen von mind. 1 % der gedeckten Einlagen aller zugelassenen Kreditinstitute der teilnehmenden Mitgliedstaaten (dies entspricht derzeit einem Volumen von rund 55 Mrd. Euro) ausgestattet werden soll. Hierzu sollen die in den Anwendungsbereich fallenden Kreditinstitute etc. zunächst auf nationaler Ebene Beiträge erbringen und der Fonds dann schrittweise vergemeinschaftet werden (Art. 67 Abs. 4, 69, 70 und 71). Die Fondsgelder sollen vor allem für Abwicklungsmaßnahmen iSv Art. 76 verwendet werden.

2. Reguläres Sanierungs- und Insolvenzverfahren

Ist der Anwendungsbereich von BRRD bzw SRM-VO nicht eröffnet oder liegen die Voraussetzun- 166
gen für eine Abwicklung nicht vor oder verbleibt nach der vorrangigen Abwicklung noch ein zu

liquidierender Unternehmensteil zurück (vgl Rn 162 ff), kommt es zu einem regulären Sanierungs- bzw Insolvenzverfahren, das von den aufsichtsrechtlichen Sanierungs- und Abwicklungsmaßnahmen zu unterscheiden ist. Auf dieses Verfahren findet die EuInsVO keine Anwendung, da Versicherungsunternehmen, Kreditinstitute und Wertpapierfirmen, die Dienstleistungen erbringen, welche die Haltung von Geldern oder Wertpapieren Dritter umfassen, sowie OGAW vom Anwendungsbereich der EuInsVO ausdrücklich ausgenommen sind.[680] Stattdessen bestehen nach der **RL 2001/24/EG** und der RL **2001/17/EG**[681] einige im Jahre 2003 in das deutsche Recht umgesetzte[682] Sonderregelungen für die Sanierung und Liquidation von Kreditinstituten und Direktversicherungsunternehmen[683] mit Hauptsitz und/oder[684] Zweigniederlassungen im EWR. Ziel der Regelungen, ist es, im Interesse aller Gläubiger, Anleger und Versicherten die Aufsichtsbehörden in das Zwangsliquidationsverfahren einzubinden und sicherzustellen, dass zur Vermeidung von Kompetenzkonflikten und Ungleichbehandlungen nur **ein einziges Liquidationsverfahren** mit unionsweiter Wirkung im Mitgliedstaat des satzungsmäßigen Sitzes von dessen Aufsichtsbehörde eröffnet und nach dessen Recht durchgeführt wird.[685] Die Richtlinien folgen mit dieser Vermeidung von Sekundärverfahren dem Universalitäts- und Sitzlandprinzip (dazu Rn 96 ff). Ziel dieser Prinzipien ist die Konzentration des Liquidationsverfahrens an dem Ort, an dem sich regelmäßig der Großteil der Gläubiger des Kreditinstituts aufhält und das meiste Vermögen des Kreditinsituts belegen ist (Grundsatz der engsten Verbindung).[686] Befindet sich der Sitz in einem Drittstaat, gilt der Mitgliedstaat, in dem die Zweigstelle niedergelassen ist, als Herkunftsland.[687] Die einleitende Behörde sowie die Aufsichtsbehörden im Herkunfts- und in den Aufnahmestaaten unterrichten sich gegenseitig.[688] Mit der Verfahrenseröffnung ist der Widerruf der aufsichtsrechtlichen Zulassung verbunden, sofern keine Sanierungsmaßnahmen eingeleitet werden bzw diese scheitern. Die Publizität der Verfahren wird durch Bekanntmachungen im EU-Amtsblatt und in zwei überregionalen Zeitungen jedes Aufnahmemitgliedstaats sichergestellt.[689] Die Gläubiger können ihre Forderungen in der Amtssprache des eigenen Mitgliedstaats anmelden und werden dann von den Liquidatoren regelmäßig über den Fortgang der Liquidation unterrichtet.

167 Das Verfahren richtet sich nach dem **Recht des Herkunftsmitgliedstaats**, das auch in Aufnahmestaaten durch die Behörden des Herkunftsstaates gegebenenfalls zwangsweise durchgesetzt werden kann.[690] Zum Schutz besonderer Gläubigergruppen bestehen jedoch weit reichende Ausnahmen. Die Richtlinien enthalten **Sonderanknüpfungen** für Arbeitsverhältnisse (Vertragsstatut), Verträge über den Erwerb oder die Nutzung eines unbeweglichen Gegenstands (lex rei sitae), Rechte an ein-

680 Art. 1 Abs. 2 VO (EG) Nr. 1346/2000 des Rates v. 29.5.2000 über Insolvenzverfahren, ABl. L 160 v. 30.6.2000, S. 1.

681 Ab 1.1.2016 Art. 267 ff RL 2009/138/EG.

682 Gesetz zur Umsetzung aufsichtsrechtlicher Bestimmungen zur Sanierung und Liquidation von Versicherungsunternehmen und Kreditinstituten, BGBl. 2003 I, 2478; vgl auch §§ 46 e f KWG.

683 Rückversicherer gelten nach Art. 2 lit. a bzw Art. 13 Nr. 1 nicht als Versicherungsunternehmen iSv Art. 1 Abs. 1 RL 2001/17/EG bzw ab 1.1.2016 Art. 267 ff RL 2009/138/EG.

684 Während bei Kreditinstituten neben dem Hauptsitz im EWR auch noch mindestens eine Zweigniederlassung in einem anderen EWR-Staat bzw bei einem nicht im EWR liegenden Hauptsitz mindestens zwei Zweigniederlassungen in unterschiedlichen EWR-Staaten vorhanden sein müssen (Art. 1 RL 2001/24/EG), genügen bei Direktversicherungsunternehmen ein Hauptsitz im EWR oder eine Zweigniederlassung im EWR (Art. 1 RL 2001/17/EG bzw ab 1.1.2016 Art. 267 RL 2009/138/EG).

685 Art. 3 Abs. 1, Abs. 2, Art. 9 Abs. 1 und 10 RL 2001/24/EG sowie Art. 4, 8 Abs. 1, Abs. 2 und Art. 9 RL 2001/17/EG bzw ab 1.1.2016 Art. 269, 273 Abs. 1, Abs. 2 und Art. 274 RL 2009/138/EG.

686 *Willemer*, in: Schwennicke/Auerbach, Kreditwesengesetz, 2. Aufl. 2013, § 46 e Rn 7.

687 Bei mehreren Zweigniederlassungen in unterschiedlichen Mitgliedstaaten werden diese als gesonderte Unternehmen behandelt (Art. 30 Abs. 2 RL 2001/17/EG bzw ab 1.1.2016 Art. 296 RL 2009/138/EG sowie Erwägungsgrund 22, Art. 8 und 19 RL 2001/24/EG).

688 Art. 4 und 5 RL 2001/24/EG sowie Art. 5 und 8 Abs. 3 RL 2001/17/EG bzw ab 1.1.2016 Art. 270 und 273 Abs. 3 RL 2009/138/EG.

689 Art. 13 ff RL 2001/24/EG sowie Art. 14 ff RL 2001/17/EG bzw ab 1.1.2016 Art. 280 ff RL 2009/138/EG.

690 *Schmitt*, ZIP 2009, 1989 ff; *Willemer*, in: Schwennicke/Auerbach (Hrsg.), Kreditwesengesetz, 2. Aufl., 2013, § 46 e Rn 8.

tragungspflichtigen unbeweglichen Gegenständen oder eintragungsfähigen Vermögenswerten (Recht des Registerstaats), Pensionsgeschäfte (Vertragsstatut), Wertpapiere (Recht des Registerstaats), Zahlungs- und Abrechnungssysteme (Recht des Systems; dazu Rn 179), dingliche Rechte und Aufrechnungen (Recht der Forderung des Finanzdienstleisters).[691] Die Wirkungen von Sanierungs- oder Liquidationsmaßnahmen auf einen anhängigen Rechtsstreit richten sich nach dem Recht desjenigen Mitgliedstaats, in dem der Rechtsstreit anhängig ist.[692]

3. Schutz von Gläubigern und Anlegern

a) Institutssicherung

Eine Gläubigersicherung kann zunächst durch eine Sicherung des Unternehmens insgesamt, die mittelbar auch den Gläubigern zugutekommt, erfolgen.[693] Die in Deutschland etablierten Institutssicherungssysteme[694] der Sparkassen- und Giroverbände und der Genossenschaftsbanken sind aufgrund der von Deutschland wahrgenommenen Möglichkeit eines Bestandsschutzes mit dem Unionsrecht vereinbar. In der Folge der Finanzkrise von 2007/2008 wurden zudem national (Sonderfonds Finanzmarktstabilisierung, SoFFin) und supranational (zur bislang nur indirekten Unterstützung von Banken durch den ESM Rn 13) Hilfsfonds zur Existenzsicherung von Banken eingerichtet. Mit den Richtlinien 2014/59/EU (BRRD), 2001/17/EG und 2001/24/EG sowie der SRM-VO (EU) Nr. 806/2014 nimmt die Institutssicherung durch Sanierungs- und Abwicklungsplanung, Frühintervention, Sanierung und Abwicklung inzwischen einen breiten Raum im Regulierungsrahmen der Union ein (dazu näher Rn 162 ff). 168

b) Einlagensicherung und Anlegerentschädigung[695]

Die mit dem Einlagensicherungs- und Anlegerentschädigungsgesetz von 1998 (EAEG)[696] umgesetzten Richtlinien über Einlagensicherungssysteme (RL 94/19/EG) und Anlegerentschädigung (RL 97/9/EG) bezwecken die **Harmonisierung des Schutzes der Einleger** bzw **Anleger** im Falle der Insolvenz von Kreditinstituten bzw von Wertpapierhandelsunternehmen und damit die Gewährleistung der Stabilität des Bankensystems insgesamt (v. a. Verhinderung eines sog. *bank run*). Die Regelungen zur Organisation und Finanzierung der Sicherungssysteme obliegen auch nach der Einführung der neuen Einlagensicherungs-RL 2014/49/EU grds. noch immer den Mitgliedstaaten, was zwar die Beibehaltung und Anpassung der bestehenden Systeme erleichterte, den Harmonisierungserfolg aber letztlich in Frage stellt.[697] Die Kommission hatte daher bereits nach einer Überprüfung der RL 94/19/EG die Kreditinstitute im Jahre 2006 zu Verbesserungen im Wege der Selbstregulierung aufgefordert.[698] Mit der im Zuge der jüngsten Finanzkrise erfolgten Änderung der RL 94/19/EG durch die RL 2009/14/EG[699] wurden insb. die Deckungssumme erhöht (näher Rn 172) und die Deckungsfrist deutlich verkürzt (näher Rn 173). Mit der neuen **Einlagensicherungs-RL 2014/49/EU** werden nunmehr die in jedem Mitgliedstaat zu errichtenden Einlagensicherungssysteme ex ante durch jährliche Beiträge aller zugelassenen Kreditinstitute (näher Rn 172) so finanziert, dass die Finanzmittel eines Systems bis 3.7.2024 insgesamt 0,8 % (ausnahmsweise 0,5 %) der bei seinen Mitgliedern gedeckten Einlagen entsprechen, wovon 70 % in bar einbezahlt 169

691 Art. 20 ff RL 2001/24/EG sowie Art. 19 ff RL 2001/17/EG bzw ab 1.1.2016 Art. 285 ff RL 2009/138/EG.
692 Art. 32 RL 2001/24/EG sowie Art. 26 RL 2001/17/EG bzw ab 1.1.2016 Art. 292 ff RL 2009/138/EG.
693 Dazu auch *Ricke*, BKR 2002, 899, 890.
694 § 12 EAEG; zur Abschaffung von Anstaltslast und Gewährträgerhaftung s.o. Rn 56.
695 *Everling*, ZHR 1998, 403; *Grüneberg*, WM 2012, 1365 ff; *Hoeren*, EuZW 1994, 750 ff; *Kessel*, AG 1997, 313; *Roth*, ZBB 1997, 373 ff; *Ricke*, BKR 2002, 899, 900; *Sethe*, ZBB 1998, 305 ff; *Zetzsche/Grünewald*, WM 2013, 1337 ff.
696 Gesetz zur Umsetzung der EG-Einlagensicherungsrichtlinie und der EG-Anlegerentschädigungsrichtlinie v. 16.7.1998, BGBl. I 1998, 1842; s. auch noch Fn 699.
697 Näher *Sethe*, ZBB 1998, 305, 309.
698 KOM(2006) 729 endg.
699 Umgesetzt mit dem ÄndG des Einlagensicherungs- und Anlegerentschädigungsgesetzes und anderer Gesetze v. 25.6.2009, BGBl. 2009 I, 1528 ff.

sein müssen.[700] Unionsweit geht es um einen Betrag von ca. 60 Mrd. EUR. Die Beiträge der einzelnen Mitglieder ergeben sich aus der Höhe der gedeckten Einlagen und des Risikos, dem das Institut ausgesetzt ist (vgl Art. 13 RL 2014/49/EU). Entgegen dem ursprünglichen Kommissionsvorschlag besteht keine Pflicht zur wechselseitigen Kreditgewährung zwischen den Einlagensicherungssystemen. Doch können die Mitgliedstaaten solche Kreditgewährungen innerhalb der Union auf freiwilliger Basis vorsehen, sofern verschiedene Kriterien und Bedingungen erfüllt werden (vgl Art. 12 RL 2014/49/EU). Es besteht zudem die Möglichkeit, die Einlagensicherungssysteme verschiedener Mitgliedstaaten zusammenzulegen oder ein grenzüberschreitendes Einlagensicherungssystem zu errichten (Art. 4 Abs. 1 Unterabs. 2 RL 2014/49/EU). Die Art. 20 und 22 der RL 2014/49/EU sehen eine differenzierte Fristenregelung für die Inkraftsetzung der nationalen Umsetzungsvorschriften (bis zum 3.7.2015 bzw 31.5.2016) und der unmittelbar anwendbaren Bestimmungen der Richtlinie vor, während die alte RL 94/19/EG nach Art. 21 RL 2014/49/EU mit Wirkung zum 4.7.2019 aufgehoben wird. Die EU-Kommission hat am 12.7.2010 zudem ein „Weißbuch Sicherungssysteme für **Versicherungen**“[701] publiziert, in dem sie unter anderem die Vorschläge einer zwischen 2002 und 2005 mit diesem Thema beschäftigten Expertengruppe und den OXERA-Bericht über Insurance Guarantee Schemes vom November 2007 berücksichtigt. Die öffentliche Konsultation wurde 2010 abgeschlossen. Ein Richtlinienvorschlag liegt derzeit noch nicht vor.

170 Die von den Mitgliedstaaten einzuführenden und offiziell anzuerkennenden Einlagensicherungssysteme betreffen nur **Einlagen**, dh Guthaben, die sich aus auf einem Konto verbliebenen Beträgen oder aus Zwischenpositionen im Rahmen von normalen Bankgeschäften ergeben und vom Kreditinstitut nach den geltenden gesetzlichen und vertraglichen Bedingungen zurückzuzahlen sind, einschließlich von Festgeld- und Spareinlagen (Art. 2 Abs. 1 Nr. 3 RL 2014/49/EU). Der Einlagenbegriff ist damit weiter als derjenige der RL 2013/36/EU (CRD IV).[702] Ausgenommen sind im Wesentlichen besonders gedeckte Schuldverschreibungen, Einlagen von Finanzdienstleistungserbringern (dh Versicherungs- und Rückversicherungsunternehmen, Finanzinstituten, Wertpapierfirmen, OGAW, Pension- und Rentenfonds) und staatlichen Stellen (Ausnahmen möglich für Gebietskörperschaften mit einem Jahreshaushalt bis 500.000 EUR) sowie Gelder aus Geldwäschestraftaten und sämtliche Eigenmittel des Kreditinstituts.[703] Nach der RL 2014/49/EU sind auch Einlagen in fremder Währung geschützt.

171 Die Einlagen von Kunden **bei ausländischen Zweigniederlassungen** werden grds. im Herkunftsmitgliedstaat des Kreditinstituts abgesichert (Art. 14 Abs. 1 RL 2014/49/EU). Unter der RL 94/19/EG war umstritten,[704] ob nach Art. 4 II RL 94/19/EG ein freiwilliger Beitritt zum Einlagensicherungssystem des Aufnahmemitgliedstaats (sog. *topping up* im Aufnahmestaat) möglich ist (§ 13 EAEG).[705] Besonders umstritten[706] war das in Art. 4 Abs. 1 Unterabs. 2 RL 94/19/EG bis zum 31.12.1999 geltende sog. Exportverbot, wonach den Einlegern von Zweigstellen in anderen Mitgliedstaaten mit niedrigerem Schutzniveau nur die danach vorgesehenen niedrigeren Entschädigungen geleistet werden durften (so auch noch § 14 EAEG aF). Hierdurch sollte in der Übergangszeit verhindert werden, dass die Höhe und der Umfang der angebotenen Deckung zu einem die nationalen Märkte erheblich störenden Instrument des Wettbewerbs werden.[707] Nach der neuen RL 2014/49/EU (v.a. Art. 14) unterstehen die Einleger von Zweigstellen dem Einlagensicherungs-

700 Art. 10 RL 2014/49/EU.

701 KOM(2010) 370 endg.

702 Vgl dazu Erwägungsgrund 14 RL 2013/36/EU.

703 Art. 5 Abs. 1 RL 2014/49/EU, wobei die Mitgliedstaaten in wenigen Spezialfällen Ausnahmen vorsehen können (Abs. 2 und 3).

704 Dazu näher EuGH, Rs. C-233/94 (Deutschland/Parlament und Rat), Slg 1997, I-2405, Rn 60 ff.

705 Zu dem damit aufgeworfenen Problemen der grenzüberschreitenden Zugehörigkeit zu Sicherungssystemen *Weber*, Die Bank 1994, 476, 478; zulässig ist es auch, ein sog. *topping up* im Herkunftsstaat auf das Schutzniveau im Aufnahmestaat vorzusehen (vgl Erwägungsgrund 15 RL 97/9/EG).

706 Dazu näher EuGH, Rs. C-233/94 (Deutschland/Parlament und Rat), Slg 1997, I-2405, Rn 60 ff.

707 S. zur Nichtverlängerung dieser Regelung den Bericht der EU-Kommission v. 22.12.1999 über die Anwendung der „Exportverbotsklausel“ (Art. 4 Abs. 1) der RL 94/19/EG, KOM(1999) 722.

system und damit den Deckungssummen des Hauptsitzes des Kreditinstituts, wobei die Erstattung durch das Einlagensicherungssystem im Aufnahmemitgliedstaat im Namen und auf Kosten des Einlagensicherungssystems des Herkunftsmitgliedstaats erfolgt (Art. 14 Abs. 2 RL 2014/49/EU). **Kreditinstitute mit Sitz außerhalb der Union** müssen eine vergleichbare Absicherung für die bei ihren innergemeinschaftlichen Zweigstellen gehaltenen Einlagen gewährleisten (Art. 15 RL 2014/49/EU).

Es besteht einerseits eine **Pflichtmitgliedschaft** aller im betreffenden Mitgliedstaat gem. Art. 8 RL 2013/36/EU zugelassenen Kreditinstitute (Art. 4 Abs. 3 RL 2014/49/EU bzw Art. 3 Abs. 1 RL 94/19/EG, § 2 EAEG)[708] und andererseits ein **Aufnahmezwang.**[709] Die Aufsichtsbehörden haben ggf durch Sanktionen bis hin zum Zulassungsentzug sicherzustellen, dass die angeschlossenen Institute ihren gegenüber dem Sicherungssystem bestehenden Pflichten nachkommen (Art. 4 Abs. 4 und 5 RL 2014/49/EU).[710] Seit 31.12.2010 beträgt die **Deckungssumme** pro Anleger grds.[711] 100.000 EUR (Art. 7 Abs. 1, 1 a RL 94/19/EG idF der RL 2009/14/EG), wobei die neue Richtlinie präzisiert, dass dieser Betrag pro Institut gilt (Art. 6 Abs. 1 iVm Art. 7 Abs. 1 RL 2014/49/EU). Die EU-Kommission kann den Betrag der Deckungssumme inflationsbedingt durch eine DelVO anheben (Art. 6 Abs. 7 RL 2014/49/EU). Hinsichtlich bestimmter als besonders schutzwürdig angesehener Einlagen[712] müssen die Mitgliedstaaten gewährleisten, dass diese für eine Dauer von mindestens drei und höchstens 12 Monaten nach Gutschrift des Betrags oder nach dem Zeitpunkt, ab dem diese Einlagen auf rechtlich zulässige Weise übertragen werden können, über den Betrag von (aktuell) 100.000 EUR hinaus geschützt sind (Art. 6 Abs. 2 RL 2014/49/EU). Nach Art. 19 Abs. 4 RL 2014/49 können die Mitgliedstaaten, die am 1.1.2008 eine Deckungssumme zwischen 100.000 EUR und 300.000 EUR vorgesehen hatten, diese höhere Deckungssumme zudem bis zum 31.12.2018 weiter anwenden, wobei die Zielausstattung und die Beiträge der Kreditinstitute entsprechend anzupassen sind. 172

Art. 7 Abs. 6 RL 94/19/EG bzw Art. 9 Abs. 1 RL 2014/29/EU gewährt den Einlegern, dh den wirtschaftlich Berechtigten, einen individuellen **Auszahlungsanspruch** (vgl auch § 3 Abs. 1 EAEG). Ordnungsgemäß überprüfte Einlageforderungen sind seit der Änderungs-RL 2009/14/EG grds.[713] innerhalb von 20 Arbeitstagen nach der behördlichen oder gerichtlichen Feststellung der Nichtverfügbarkeit iSv Art. 1 Nr. 3 RL 94/19/EG vom Systemträger zu befriedigen (Art. 10 Abs. 1 RL 94/19/EG, §§ 3 ff EAEG). Mit der neuen RL 2014/49/EU wird diese Frist schrittweise verkürzt, nämlich auf zunächst 15 (1.1.2019 bis 31.12.2020), dann zehn (1.1.2021 bis 31.12.2013) und schließlich sieben Arbeitstage (ab 1.1.2024).[714] Die Mitgliedstaaten hatten bisher die Möglichkeit, eine Ausschlussfrist für die Geltendmachung des Sicherungsanspruchs vorzusehen (in Deutschland ein Jahr), wenn sie gleichzeitig eine entsprechende Information der Einleger über den Sicherungsfall gewährleisteten (Art. 10 Abs. 3, 4 RL 94/19/EG, § 5 Abs. 2, 3 EAEG). Eine solche Ausschlussfrist ist in der RL 2014/49/EU nicht mehr vorgesehen. Das Einlagensicherungssystem hat eine Forde- 173

708 Deutschland hat allerdings von der RL-Option Gebrauch gemacht, solche Institute von der Pflichtmitgliedschaft auszunehmen, die wie die Sparkassen und Girozentralen sowie die Volks- und Raiffeisenbanken einer institutssichernden Einrichtung angehören (§ 12 EAEG).

709 Deutschland hat allerdings von der RL-Option (Art. 3 Abs. 3 RL 94/19/EG, neu Art. 4 Abs. 5 RL 2014/49/EU) Gebrauch gemacht, dass Institute bei einem Verstoß gegen die Beitrags- und Mitwirkungspflichten (nicht bei einem Verstoß gegen kundenbezogene Pflichten) aus einer Sicherungseinrichtung ausgeschlossen werden können (§ 11 EAEG).

710 Zur Vereinbarkeit der Beiträge zum Sicherungsfonds als Sonderabgaben mit dem Grundgesetz BVerwG v. 21.4.2004 (6 C 20.03), ZIP 2004, 1847; zur fehlenden Staatshaftung bei pflichtwidriger Wahrnehmung der Aufsicht über die Pflichtmitgliedschaft durch die zuständige Behörde s. EuGH, Rs. C-222/02 (Paul), Slg 2004, *I-9425*.

711 Nach Art. 7 Abs. 3 verbleibt den Mitgliedstaaten die Möglichkeit, für bestimmte Arten von Einlagen insb. aus sozialen Erwägungen (zB Altersversorgung) eine volle Deckung beizubehalten.

712 Hierzu gehören Einlagen, die auf Transaktionen mit privat genutzten Wohnimmobilien beruhen, Einlagen, die soziale Zwecke erfüllen und an Ereignisse wie Heirat, Scheidung, Renteneintritt, Kündigung, Entlassung, Invalidität oder Tod anknüpfen, Einlagen, die auf Versicherungsleistungen oder Entschädigungszahlungen für aus Straftaten herrührende Körperschäden oder wegen falscher strafrechtlicher Verurteilung beruhen.

713 Die RL 2009/14/EG gestattet nur noch eine einmalige Verlängerungsmöglichkeit um lediglich zehn Arbeitstage.

714 Art. 8 RL 2014/49/EU.

rung in der Höhe der von ihm an die Einleger geleisteten Zahlungen gegen das betreffende Kreditinstitut (Art. 9 Abs. 2 RL 2014/49/EU bzw Art. 11 RL 94/19/EG, § 5 Abs. 5 EAEG).

174 Die **RL 97/9/EG** enthält der ursprünglichen RL 94/19/EG vergleichbare Regelungen für die Verpflichtungen von Wertpapierdienstleistungsunternehmen auf Rückgewähr von Wertpapieren oder Geldern aus **Wertpapiergeschäften**. Auch diese RL soll den Anlegern künftig einen besseren Schutz bieten.[715] So soll die Deckungssumme von mindestens 20.000 EUR auf 50.000 EUR angehoben werden. Außerdem soll die Möglichkeit der Mitgliedstaaten, einen Selbstbehalt von bis zu 10 % vorzusehen (Art. 4 Abs. 1, 4 RL 97/9/EG, § 4 Abs. 2 S. 1 Nr. 2 EAEG), wegfallen. Universalbanken müssen nur einem Sicherungssystem angehören, sofern dieses Verbindlichkeiten sowohl aus dem Einlagen- wie dem Wertpapiergeschäft abdeckt. Auch ein Kunde, der über ein einziges Institut Einlagen- und Wertpapiergeschäfte tätigt, hat zwei Sicherungsansprüche nach den jeweiligen Bestimmungen der Richtlinien bzw des EAEG. Wie die Einleger sollen künftig auch die Anleger klarer und umfassender über die Rechtslage informiert werden. Schließlich sollen auch die Anlegerentschädigungssysteme hinreichend durch die Wertpapierfirmen finanziert sein.

175 Zur Umsetzung der Richtlinien wurden in Deutschland[716] bei der KfW drei nicht rechtsfähige Sondervermögen für private und öffentlich-rechtliche Universalbanken sowie Wertpapierdienstleistungsunternehmen als Einlagensicherungssysteme iSd Richtlinien geschaffen. Die bislang bestehenden **freiwilligen privatrechtlichen Einlagensicherungssysteme** können die gesetzlichen Mindestaufgaben durch Beleihung übernehmen und/oder daneben eine freiwillige zusätzliche Entschädigung garantieren. Als hundertprozentige Tochtergesellschaften des Bundesverbandes der deutschen Banken bzw des Bundesverbandes der öffentlichen Banken Deutschlands haben die Entschädigungseinrichtung deutscher Banken GmbH bzw die Entschädigungseinrichtung der öffentlichen Banken Deutschlands GmbH die Aufgabe der richtlinienkonformen Mindestsicherung der Einlagen privater Kreditinstitute und Bausparkassen bzw öffentlicher Banken durch Beleihungen v. 24.8.1998 übernommen. Die traditionellen Einlagensicherungsfonds beider Verbände gewährleisten daneben noch eine praktisch unbegrenzte Zusatzsicherung,[717] die nach den Vorgaben der Richtlinien zum sog. *topping up* auch ausländischen Zweigstellen offenstehen muss. Die Umsetzung in Deutschland erfolgte weitgehend richtlinienkonform.[718]

c) Gläubigerschutz bei Finanzsicherheiten[719]

176 Die 2004 umgesetzte[720] und durch die RL 2009/44/EG[721] geänderte Finanzsicherheiten-RL 2002/47/EG enthält insolvenz- und allg. privatrechtliche Mindestregelungen zur Bestellung (Art. 3), Übertragung (Art. 5) und Verwertung (Art. 4, 7 f) von Sicherheiten in Form von Wertpapieren und Barguthaben im Geschäftsverkehr unter Beteiligung von Finanzinstitutionen (**Interbankenverkehr, Geschäftskundenverkehr**). Damit ergänzt sie auch die RL 98/26/EG (Rn 179), die lediglich u.a. die Sicherung von Finanzsicherheiten in Abrechnungssystemen betrifft. Die RL 2002/47/EG ist nicht auf grenzüberschreitende Sachverhalte beschränkt, sie betrifft aber nur

---

715 S. dazu die Vorschläge der EU-Kommission v. 12.7.2010 KOM(2010) 371 endg.; krit. dazu *Steffen/Sachse*, ZBB 2011, 33 ff.

716 Näher *Sethe*, ZBB 1998, 305, 317 ff; zum Entschädigungsanspruch wegen verspäteter Umsetzung der RL 94/19/EG LG Bonn v. 16.4.1999 (1 O 186/98), NJW 2000, 815 ff.

717 Zum Nebeneinander *Steuer*, WM 1998, 2449, 2455 und *Weber*, DB 1998, 470, 474.

718 Umsetzungsfehler erkennt *Sethe*, ZBB 1998, 305, 321 ff, in § 11 Abs. 1 EAEG (fehlendes Erfordernis der Zustimmung des Aufsichtsamts zur Ausschlusserklärung) und in § 23 a KWG (Information nur der Neukunden; hier jedoch Möglichkeit der richtlinienkonformen Auslegung).

719 *Schlaegel*, Die Finanzsicherheiten-Richtlinie (2002/47/EG) und ihre Umsetzung in das deutsche Recht, 2008; *Ehricke*, ZIP 2003, 1065 ff; *ders.*, ZIP 2003, 2141 ff; *Einsele*, WM 2001, 7; *Flöther/Bräuer*, DZWIR 2004, 89 ff; *Hölzle*, ZIP 2003, 2144 ff; *Keller*, BKR 2002, 347 ff; *Kieper*, ZInsO 2003, 1109 ff; *Kollmann*, WM 2004, 1012 ff; *Obermüller/Hartenfels*, BKR 2004, 440 ff.

720 Gesetz zur Umsetzung der Richtlinie 2002/47/EG v. 6.6.2002 über Finanzsicherheiten und zur Änderung des Hypothekenbankgesetzes und anderer Gesetze, BGBl. I 2004, 502.

721 Gesetz zur Umsetzung der geänderten Bankenrichtlinie und der geänderten Kapitaladäquanzrichtlinie v. 19.11.2010, BGBl. I 2010, 1592.

die **Verpfändung und Vollrechtsübertragung von Finanzsicherheiten**, dh Barsicherheiten,[722] Finanzinstrumenten[723] und ggf Kreditforderungen. Nicht erfasst sind damit etwa die Sicherungsübereignung von beweglichen Sachen sowie die Sicherungsabtretung von Lieferantenforderungen oder GmbH-Anteilen. Mit den genannten Finanzsicherheiten können auch nur solche Verbindlichkeiten abgesichert werden, die ein Recht auf Barzahlung[724] und/oder Lieferung von Finanzinstrumenten begründen (sog. maßgebliche Verbindlichkeiten iSv Art. 2 Abs. 1 lit. f RL 2002/47/EG). Im Ergebnis werden damit nur bestimmte Sicherungsgläubiger durch eine Freistellung von privat- und insolvenzrechtlichen Regelungen privilegiert.[725] Der deutsche Gesetzgeber hat diese Beschränkungen grds. übernommen und lediglich einerseits überschießend auch Sicherungsvereinbarungen zwischen „sonstigen Unternehmen" einbezogen sowie andererseits durch von der RL zugelassenes Opt-out die eigenen Anteile und Anteile an verbundenen Unternehmen dieser sonstigen Unternehmen von den Sicherheiten ausgenommen (§ 1 Abs. 17 Abs. 1 KWG).[726]

Die von der RL angestrebte Privilegierung der Besicherung von Finanzmarktgeschäften besteht zunächst in einer in Deutschland bereits zuvor gegebenen weitgehenden **Befreiung von Formerfordernissen** bei der Bestellung von Finanzsicherheiten (Art. 3 RL 2002/47/EG). Außerdem können die Sicherheiten nicht nur in der Form von beschränkt dinglichen Rechten, sondern wie bereits zuvor in Deutschland auch im Wege der Vollrechtsübertragung, die von den Mitgliedstaaten nicht einfach in ein beschränkt dingliches Recht umqualifiziert werden kann, bestellt werden (Art. 6 Abs. 1 RL 2002/47/EG). Um die Liquidität der Finanzmärkte zu stärken, sollen die Mitgliedstaaten zudem sicherstellen, dass der Sicherungsnehmer unter der Voraussetzung einer entsprechenden Parteivereinbarung ein **Verfügungsrecht** über die bestellte Finanzsicherheit zu eigenen Zwecken in Form eines beschränkt dinglichen Rechts ausüben kann, wobei der Sicherungsnehmer durch eine entsprechende Verfügung verpflichtet wird, spätestens zum Fälligkeitstermin der zu sichernden Verbindlichkeit eine Ersatzsicherheit zu stellen (Art. 5 RL 2002/47/EG).[727] Im Verwertungs- oder Beendigungsfall iSv Art. 2 Abs. 1 lit. l RL 2002/47/EG sollen die Mitgliedstaaten sicherstellen, dass die Finanzsicherheiten durch Verkauf bzw Aneignung (Finanzinstrumente) oder Aufrechnung bzw Verwendung an Zahlungs statt (Barsicherheiten) **verwertet werden können**, wobei keine Voraussetzungen aufgestellt werden dürfen, die über die in der RL genannten hinausgehen (Art. 4; umgesetzt in §§ 1259, 1279 und 1295 BGB sowie § 166 InsO). Die Wirksamkeit der Aufrechnung infolge Beendigung darf dabei nicht durch Liquidations- oder Sanierungsmaßnahmen sowie durch behauptete Verfügungen über die betroffenen Rechte beeinträchtigt werden (Art. 7 Abs. 1 RL 2002/47/EG). Die Wirksamkeit der Finanzsicherheitenbestellung (einschließlich der Bestellung **sog. Aufstockungssicherheiten** zum Ausgleich nachträglicher Wertänderungen des Sicherungsobjekts oder der Sicherheit), die bei Gutgläubigkeit sogar bis zum Ende des Tages der Insolvenzeröffnung geschützt wird, darf auch nicht durch eine etwaige Rückwirkung des Insolvenzeröffnungsbeschl. auf den Tagesanfang (sog. **Null-Uhr-Regelungen**) oder Verdachtsfristen in Frage gestellt werden (Art. 8 177

722 Barsicherheit ist nach Art. 2 Abs. 1 lit. d ein in beliebiger Währung auf einem Konto gutgeschriebener Betrag oder vergleichbare Geldforderungen wie zB eine Geldmarkt-Sichteinlage.

723 Finanzinstrumente sind nach Art. 2 Abs. 1 lit. e Aktien und andere, diesen gleichzustellende Wertpapiere, Schuldverschreibungen und sonstige verbriefte und unverbriefte Schuldtitel, die auf dem Kapitalmarkt gehandelt werden können, und alle anderen üblicherweise gehandelten Titel, die zum Erwerb solcher Aktien, Schuldverschreibungen oder anderer Wertpapiere durch Zeichnung, Kauf oder Austausch berechtigen oder zu einer Barzahlung führen (zB Optionen, Futures), mit Ausnahme von Zahlungsmitteln, einschließlich Anteilen an OGAW, Geldmarktinstrumenten sowie jegliche Rechte oder Ansprüche im Zusammenhang mit irgendeinem der vorgenannten Aktiva.

724 Da es in der RL 2002/47/EG nur um die Besicherung von Finanzmarktgeschäften geht, sind mit den Barzahlungsforderungen nicht etwa auch Kreditrückzahlungsforderungen gemeint, sondern nach zutreffender Auffassung nur Barausgleichsforderungen aufgrund der Glattstellung von Finanztermingeschäften („cash settlement"); näher *Ehricke*, ZIP 2003, 1065 ff.

725 Krit. *Ehricke*, ZIP 2003, 1065 ff.

726 Näher *Kollmann*, WM 2004, 1012, 1014 ff.

727 Nach Ansicht des deutschen Gesetzgebers bestand insoweit kein Umsetzungsbedarf (Begr. RegE ZIP 2003, 1563, 1567); krit. *Kieper*, ZInsO 2003, 1109, 1114 f.

RL 2002/47/EG). Die Regelungen zur Insolvenzfestigkeit wurden in § 21 Abs. 2 S. 2, § 81 Abs. 3 S. 2, § 96 Abs. 2, § 104 (v. a.), § 130 Abs. 1, § 160, § 166 und § 223 Abs. 1 S. 2 InsO umgesetzt.[728]

d) Schutz von Anteilseigenern und Gläubigern bei Abwicklungen

178 Erfolgt im Rahmen einer Abwicklung nach den Regeln der RL 2014/59/EU (**BRRD**; dazu Rn 162 ff) lediglich eine partielle Übertragung der Rechte, Vermögenswerte und Verbindlichkeiten des in Abwicklung befindlichen Instituts oder wird ein Bail-in durchgeführt, so soll eine unabhängige Person möglichst bald nach Durchführung der Abwicklungsmaßnahme ermitteln, ob die Anteilseigner und Gläubiger, deren Forderungen nicht übertragen bzw herabgeschrieben oder in Eigenkapital umgewandelt worden sind, finanziell schlechter gestellt sind, als wenn ein reguläres Insolvenzverfahren durchgeführt worden wäre (Art. 73 f). Im Falle einer Schlechterstellung besteht ein Anspruch des Betroffenen auf Auszahlung des Differenzbetrags aus den nach der BRRD einzurichtenden Abwicklungsfinanzierungsmechanismen (Art. 75).

4. Zahlungssicherung in Abrechnungssystemen[729]

179 Mit der durch die RL 2009/44/EG geänderten RL 98/26/EG[730] sollen die systembedingten Risiken in Zahlungs- sowie Wertpapierliefer- und -abrechnungssystemen,[731] die dem Recht eines Mitgliedstaats unterliegen, sowie insb. die durch die **Insolvenz eines Teilnehmers** an einem solchen System ausgelösten Störungen möglichst verringert werden.[732] Die Richtlinie möchte auf diese Weise den freien Kapital- und Dienstleistungsverkehr im Binnenmarkt durch eine effiziente und kostengünstige Abwicklung entsprechender Verrechnungen fördern. Daher bleiben nach Art. 3 und 7 RL 98/26/EG Zahlungs- und Überweisungsaufträge sowie durchgeführte Verrechnungen auch dann gegenüber Dritten wirksam, wenn ein Systemteilnehmer nachträglich oder ohne Kenntnis bzw Kennenmüssen der zentralen Vertragspartei oder Clearingstelle insolvent wird (umgesetzt in § 116, § 96 Abs. 2, § 147 Abs. 1 S. 2 InsO).[733] Zahlungs- bzw Übertragungsaufträge können ab dem vom jeweiligen System bestimmten Zeitpunkt **nicht mehr widerrufen** werden (Art. 5 RL 98/26/EG; umgesetzt in §§ 675 b BGB). Für das Insolvenzverfahren eines Teilnehmers gilt hinsichtlich der sich aus der Systemteilnahme ergebenden Rechte und Pflichten das für das System maßgebliche Recht (Art. 8 RL 98/26/EG, umgesetzt in Art. 102 Abs. 4 EGInsO). Die Rechte der Teilnehmer und Zentralbanken an den von einem Teilnehmer geleisteten Sicherheiten werden von der Eröffnung eines Insolvenzverfahrens über das die Sicherheit leistende Institut nicht berührt (Art. 9 Abs. 1 RL 98/26/EG; umgesetzt in §§ 166 Abs. 2 S. 2, 223 Abs. 1 InsO).[734] Der Begriff der Insolvenz ist für sämtliche Vorschriften weit zu verstehen und erfasst damit auch vorläufige Sicherungsmaßnahmen.[735] Für Nettingsysteme besteht eine Anzeigepflicht (Art. 10 Abs. 1 Unterabs. 2 RL 98/26/EG). Sie können von den Mitgliedstaaten zudem einer **Beaufsichtigung** oder Genehmigungspflicht unterworfen werden (Art. 10 Abs. 1 Unterabs. 3 RL 98/26/EG).[736] Jeder Inhaber eines berechtigten Interesses kann von einem Institut Auskunft über die Systeme verlangen, an denen es beteiligt ist, sowie über die wesentlichen Regeln für das Funktionieren dieser Systeme (Art. 10 Abs. 1 Unterabs. 4 RL 98/26/EG).

---

728 *Kollmann*, WM 2004, 1012, 1020 ff.

729 *Keller*, BKR 2002, 347 ff; *ders.*, WM 2000, 1269 ff.

730 Umsetzung in Deutschland durch das ÄndG insolvenzrechtlicher und kreditwesenrechtlicher Vorschriften v. 8.12.1999, BGBl. I 1999, 2384.

731 In Deutschland fallen die in § 1 Abs. 16 KWG genannten Systeme unter die RL 98/26/EG.

732 Erwägungsgründe 1 und 4.

733 Zur Umsetzung näher *Keller*, WM 2000, 1269, 1275 ff und 1278 f.

734 Zur Umsetzung näher *Keller*, WM 2000, 1269, 1279 f.

735 So nunmehr auch nach Beanstandung durch die Kommission berücksichtigt in § 21 Abs. 2 S. 2 InsO nF.

736 In Deutschland besteht für derartige Systeme lediglich eine Anzeigepflicht nach § 24 b Abs. 1 KWG.

E. Regulierung der Finanzdienstleistungsgeschäfte

I. Commercial Banking

1. Einlagengeschäft

Das Einlagengeschäft von Kreditinstituten ist unionsrechtlich insb. durch die RL 94/19/EG über Einlagensicherungssysteme (Rn 169 ff) geprägt. Bedeutung hat zudem die **Zinsbesteuerungs-RL** 2003/48/EG,[737] die dazu beitragen will, dass Erträge, die durch Zinszahlungen iSv Art. 6 zugunsten von natürlichen und in einem anderen Mitgliedstaat steuerlich ansässigen Personen erzielt werden, nach den Rechtsvorschriften dieses Mitgliedstaats effektiv besteuert werden (Art. 1). Mit der RL 2014/48/EU hat der Rat zur Schließung von Besteuerungslücken und zur wirkungsvolleren Bekämpfung von Steuerbetrug und Steuerhinterziehung sowie zur Abstimmung mit dem OECD-Standard eine Änderung der RL 2003/48/EG ab 1.1.2017 beschlossen. Damit sind u.a. ein Wechsel von der Quellensteuer zum automatischen Informationsaustausch und eine Verpflichtung der Banken zur Einhaltung eines Transparenzkonzepts zur Feststellung der Kundenidentität verbunden. 180

2. Zahlungsdienste[738]

Die schnelle, zuverlässige und kostengünstige Abwicklung von grenzüberschreitenden **Überweisungen** ist für die im Binnenmarkt agierenden Privatpersonen und Unternehmen von besonderer Bedeutung.[739] Seit Erlass einer unverbindlichen und kaum wirksamen Empfehlung im Jahre 1990[740] versucht die Kommission daher, die Dienstleistungen im Bereich der grenzüberschreitenden Überweisungen stetig zu verbessern. Nachdem auch die 1997 erlassene, vom UNCITRAL-Modellgesetz zur grenzüberschreitenden Überweisung von 1992[741] beeinflusste und inzwischen durch die RL 2007/64/EG (Rn 183 f) abgelöste Richtlinie 97/5/EG[742] nicht die von der EU-Kommission gewünschten Effekte erzielte,[743] wurden mit dem 1999 eingeführten Trans-European Automated Real-Time Gross Settlement Express Transfer-System (TARGET) und der inzwischen durch die VO (EG) Nr. 924/2009 (Rn 185) ersetzten VO (EG) Nr. 2560/2001 weitere Hindernisse für grenzüberschreitende Zahlungen beseitigt. Im Bereich der Zahlungsdienste ist sodann auch die neue VO (EU) Nr. 655/2014 zur vorläufigen **Kontopfändung** von Bedeutung.[744] Diese bietet einem Gläubiger im Sinne einer Sicherungsmaßnahme die Möglichkeit, einen sog. „Beschluss zur vorläufi- 181

737 Vgl hierzu die Zinsinformationsverordnung (ZIV) der Bundesregierung v. 26.1.2004, BGBl. I 2004, 128.

738 *Blaurock* (Hrsg.), Das Recht der grenzüberschreitenden Überweisung, 2000; *ders.*, in: FS Söllner, 2000, S. 153 ff; *Breidenstein/Scheibengruber*, WM 2009, 1393 ff; *Burghardt*, WM 2013, 62 ff; *Derleder*, NJW 2009, 3195 ff; *Einsele*, JZ 2000, 9 ff; *Favre-Bulle*, Les paiements transfrontières dans un espace financier européen, 1998; *Fischer zu Cramburg*, NZG 2009, 824 ff; *Göbel*, WM 1997, 1832; *Gößmann/v. Look*, Sonderbeilage Nr. 1 WM 2000; F II; *Hadding*, ZBB 2012, 149 ff; *Herdegen*, WM 2001, 2081 ff; *Hoffmann*, EuZW 2002, 69 ff; *Hofmann*, BKR 2014, 105 ff; *Horn*, ZBB 1995, 273 ff; *Knieper*, WiRO 2001, 353 ff; *Langner*, BKR 2004, 131 ff; *Linardatos*, WM 2014, 300 ff; *Lohmann/Koch*, WM 2008, 57 ff; *Manger-Nestler*, EuZW 2008, 332 ff; *Schinkels*, in: Gebauer/Wiedmann (Hrsg.), Zivilrecht unter europ. Einfluss, 2. Aufl. 2010, Kap. 16; *U. H. Schneider*, EuZW 1997, 589 ff; *Schneider/Hadding*, (Hrsg.), Grenzüberschreitender Zahlungsverkehr in der EU, 1997; *Spindler/Zahrte*, BKR 2014, 265 ff; *Werner*, BKR 2010, 9 ff; *ders.* WM 2014, 243 ff; *Zahrte*, WM 2013, 1207 ff.

739 S. nur Erwägungsgrund 1 RL 2007/64/EG.

740 Empfehlung 90/109/EWG der Kommission v. 14.2.1990 über die Transparenz bei grenzüberschreitenden Finanztransaktionen, ABl. L 67 v. 15.3.1990, S. 39.

741 Abgedruckt in WM 1993, 664 ff; dazu *Hadding/Schneider*, WM 1993, 629 ff; *Wulf*, Das UNCITRAL-Modellgesetz über den grenzüberschreitenden Überweisungsverkehr, 1998.

742 Die Richtlinie wurde vom deutschen Gesetzgeber in den §§ 675 a, 676 a bis 676 g BGB aF und §§ 12 f BGB-InfoV aF überschießend umgesetzt (näher *Schinkels*, in: Gebauer/Wiedmann (Hrsg.), Zivilrecht unter europ. Einfluss, 2. Aufl. 2010, Kap. 16, Rn 10 ff.

743 S. dazu sowie zu einzelnen Problemen insb. im Bereich der Informationspflichten, der doppelten Gebührenbelastung und der Streitbeilegungsverfahren den Bericht der Kommission v. 29.11.2002, KOM(2002) 663; s. generell zu Problemen des Zahlungsverkehrs im Binnenmarkt ferner die Mitteilung der Kommission v. 31.1.2000 an den Rat und das Europ. Parlament über den Massenzahlungsverkehr im Binnenmarkt, KOM(2000) 36 sowie die Mitteilung der Kommission an den Rat und das Europäische Parlament – Ein neuer Rechtsrahmen für den Zahlungsverkehr im Binnenmarkt (Konsultationspapier), KOM(2003) 718 endg.

744 VO (EU) Nr. 655/2014; noch zum Kommissionsentwurf krit. *Häcker*, WM 2012, 2180 ff und *Stamm*, IPRax 2014, 124 ff.

gen Pfändung“ eines in einem Mitgliedstaat geführten Bankkontos zu erwirken, wenn die Gefahr besteht, dass eine spätere Vollstreckung gegenüber diesem Schuldner ohne eine solche Maßnahme unmöglich oder erheblich erschwert wird. Mit einer am 15.4.2014 vom Europäischen Parlament verabschiedeten und am 9.7.2014 von der Kommission angenommenen Richtlinie[745] wurden ferner drei seit längerem gehegte Wünsche der Kommission verwirklicht: Zum einen soll die **Vergleichbarkeit von Zahlungskontogebühren** verbessert werden. Hierfür sollen die wichtigsten gebührenpflichtigen Dienste für ein Zahlungskonto mittels technischer Regulierungsstandards der EBA terminologisch standardisiert, die Gebühren transparent offengelegt und auf kostenlos zugänglichen Vergleichswebsites publiziert werden. Zweitens soll ein Wechsel von Zahlungskonten erleichtert werden (sog. **Kontowechsel-Service**), indem das Vorgehen und die Fristen in Art. 10 festgelegt werden. Für die Sicherstellung angemessener, kostendeckender Gebühren sind die Mitgliedstaaten zuständig (Art. 11 f). Drittens soll der diskriminierungsfreie Zugang zu Zahlungskonten mit grundlegenden Funktionen garantiert werden. Im Zusammenhang mit diesem sog. **Basiskonto** sind mindestens die folgende Dienste zu erbringen: Eröffnung, Führung und Schließung des Kontos, Möglichkeiten für Einzahlungen eines Geldbetrages, Barbezüge an Bankschaltern und Geldautomaten in der Union sowie die Ausführung von Lastschriften, Online-Zahlungen und Überweisungen (einschließlich Daueraufträgen). Die Höhe angemessener Gebühren ist durch die Mitgliedstaaten festzulegen (Art. 18). Aktuell stehen schließlich Vorschläge der EU-Kommission für eine neue Zahlungsdienste-RL (**PSD II**),[746] eine VO über Interbankenentgelte für kartengebundene Zahlungsvorgänge (**MIF**),[747] eine VO zur Übermittlung von Angaben bei Geldtransfers[748] im Raum.

182 Aufgrund der RL 2007/64/EG, der VO (EG) Nr. 924/2009 und der VO (EU) Nr. 260/2012 idF der VO (EU) Nr. 248/2014 besteht nach einer zusätzlichen Übergangsfrist bis 1.2.2016 ein einheitlicher Euro-Zahlungsverkehrsraum (**Single Euro Payments Area, SEPA**). In der SEPA sollen alle Zahlungen unabhängig davon, ob sie die Grenze überschreiten oder nicht, gleich behandelt werden. Hierzu wurden vom Europäischen Zahlungsverkehrsrat (European Payments Council, **EPC**), einem Gremium der nationalen Bankenverbände und großen Kreditinstitute, einheitliche Zahlungsinstrumente mit einheitlichen technischen **Standards** (zB einheitliche Kontonummern-Systematik mit IBAN (International Bank Account Number) und BIC (Bank Identifier Code) statt Kontonummer und Bankleitzahl) entwickelt (sog. SEPA-Überweisung seit Anfang 2008,[749] SEPA-Lastschrift seit Ende 2009,[750] SEPA-Kartenzahlungen[751]). Dabei ging es auch um die Schaffung eines wettbewerbspolitisch erwünschten einheitlichen Zahlungsdienstemarkts. Zur SEPA gehören vor allem die Mitglieder der WWU, daneben aber auch die anderen EU-Mitgliedstaaten, die EWR-Mitgliedstaaten und die Schweiz. In Deutschland bedeutet etwa die inzwischen in einer Basisvariante und einer Variante für den Verkehr mit Geschäftskunden (sog. Firmenlastschrift) eingeführte **SEPA-Lastschrift** (Fn 750) eine erhebliche Veränderung, da das SEPA-Mandat nicht nur den Zahlungsempfänger, sondern auch den Zahlungsdienstleister des Zahlungspflichtigen zur Einlösung der Lastschrift ermächtigt. Deshalb müssen die bisherigen Lastschriftmandate auf SEPA-Lastschriften umgestellt werden. Die hierfür zur Entlastung der Zahlungsteilnehmer vorgesehene automatische Umstellung nach Ablauf einer Widerspruchsfrist von zwei Monaten wurde nicht Gesetz, da sich der Deutsche Bundestag nicht von der Notwendigkeit überzeugt zeigte, die Einführung der SEPA-Lastschrift, die sich vielmehr im Wettbewerb beweisen und die gegen sie vorgebrachten Einwände

745 Zu der bislang noch nicht im Amtsblatt veröffentlichten Richtlinie s. noch den Kommissionsvorschlag KOM(2013) 266 endg.; dazu *Günther*, WM 2014, 1369 ff.

746 KOM(2013) 547 endg.; dazu *Linardatos*, WM 2014, 300 ff und *Spindler/Zahrte*, BKR 2014, 265 ff.

747 KOM(2013) 550 endg. v. 24.7.2013.

748 KOM(2013) 44 endg. v. 5.2.2013.

749 Grundlage ist das SEPA Credit Transfer (SCT) Scheme.

750 Grundlagen sind das SEPA Direct Debit (SDD) Core Scheme und das SEPA Business to Business Direct Debit Scheme; zur Internet-Lastschrift in der SEPA *Hoeren*, WM 2014, 1061 ff.

751 Der EPC hat Ende 2008 ein Rahmenwerk zur Standardisierung von Kartenzahlungen (SEPA Cards Framework, SCF) verabschiedet; s. auch den Vorschlag für eine VO über Interbankenentgelte bei Kreditkartenzahlungen (MIF) KOM(2013) 550 endg.

wichtiger Endnutzergruppen selbst überwinden solle, durch eine gesetzliche Übergangsregelung zu unterstützen.[752] Für neue Lastschriftmandate haben die deutschen Zahlungsdienstleister für die Übergangszeit doppelte sog. Kombimandate entwickelt.

a) Richtlinie über Zahlungsdienste im Binnenmarkt[753]

Die 2009 in deutsches Recht umgesetzte[754] **RL 2007/64/EG** über Zahlungsdienste im Binnenmarkt, welche die RL 97/5/EG sowie die Empfehlung 97/489/EG[755] und vereinzelte Regelungen zum Zahlungskartenmissbrauch[756] abgelöst hat und die ihrerseits demnächst durch eine neue RL (**PSD II**)[757] ersetzt werden dürfte, soll durch eine grds. **Vollharmonisierung** (Art. 86) einheitliche aufsichts- und privatrechtliche Bedingungen für Zahlungsdienste im EWR schaffen und damit die Rechtsgrundlage für den einheitlichen Euro-Zahlungsverkehrsraum (SEPA) bilden.[758] Der **Anwendungsbereich** der RL 2007/64/EG ist deutlich weiter als derjenige der RL 97/5/EG: Sie gilt nach Art. 2 grds. (zu Ausnahmen Art. 2 Abs. 3 und Art. 3) für alle Zahlungsdienste iSv Art. 4 Nr. 3 und Anh.,[759] die innerhalb des EWR von Zahlungsdienstleistern (Art. 1)[760] geleistet werden, wobei die Art. 30 bis 83 jedoch mit Ausnahme von Art. 73 nur dann zur Anwendung gelangen, wenn sowohl der Zahlungsdienstleister des Zahlers als auch der des Zahlungsempfängers im EWR ansässig sind oder – falls nur ein einziger Zahlungsdienstleister an dem Zahlungsvorgang beteiligt ist – dieser im EWR ansässig ist. 183

Die RL 2007/64/EG behandelt neben dem speziell für Zahlungsinstitute geltenden Aufsichtsrecht (zu diesem Rn 68) zahlreiche privatrechtliche Fragen, die sich im Vorfeld sowie bei der Durchführung und (Rück-)Abwicklung diverser Zahlungen stellen. Hierzu gehören zunächst die Haftung von Zahlungsinstituten für Dritte (Art. 18) und der Anspruch auf diskriminierungsfreien Zugang (Art. 28) sowie die Änderung und Kündigung von Zahlungsdiensterahmenverträgen (Art. 44 f). Sehr ausführlich werden die Anforderungen an die Transparenz von Vertragsbedingungen sowie die vorvertraglichen und vertragsbegleitenden Informationspflichten des Zahlungsdienstleisters vor allem gegenüber Verbrauchern geregelt (Art. 30 ff). Den zweiten Schwerpunkt bilden die **Rechte und Pflichten der Parteien** bei der Erbringung und Nutzung von Zahlungsdiensten (Art. 50 ff). Geregelt werden Fragen zum Entgelt (Art. 52), zur Autorisierung von Zahlungsvorgängen (Art. 54 ff), zur Haftung des Zahlungsdienstleisters für nicht autorisierte Zahlungsvorgänge (Art. 60), zur Haftung des Zahlers bei nicht autorisierter Nutzung des Zahlungsinstruments (Art. 61), zur Erstattung eines von einem oder über einen Zahlungsempfänger ausgelösten Zahlungsvorgangs (Art. 62 ff), zum Eingang, zur Ablehnung, zur Unwiderruflichkeit und zur zeitli- 184

752 Beschluss des Deutschen Bundestages v. 8.7.2009 zu BR-Drucks. 639/09, S. 3; vgl demgegenüber noch BT-Drucks. 16/11643 Nr. 23.

753 *Derleder*, NJW 2009, 3195 ff; *Fornasier*, WM 2013, 205 ff; *Laitenberger*, NJW 2010, 192 ff; *Lohmann/Koch*, WM 2008, 57 ff; *Manger-Nestler*, EuZW 2008, 332 ff; *Scheibengruber*, BKR 2010, 15 ff.

754 Die privatrechtlichen Teile wurden in den §§ 675 c ff BGB (Zahlungsdienstevertrag) und in Art. 248 §§ 1-16 EGBGB (Informationspflichten) umgesetzt (s. BGBl. I 2009, 2355); zu den öffentlich-rechtlichen Teilen Rn 68 sowie BGBl. I 2009, 1506.

755 Empfehlung 97/489/EG der Kommission v. 30.7.1997 zu den Geschäften, die mit elektronischen Zahlungsinstrumenten getätigt werden (besonders zu den Beziehungen zwischen Emittenten und Inhabern solcher Instrumente), ABl. L 208 v. 2.8.1997, S. 52.

756 Art. 8 RL 97/7/EG und Art. 8 RL 2002/65/EG (beide aufgehoben durch RL 2007/64/EG).

757 S. dazu den Vorschlag KOM(2013) 547 endg.; *Linardatos*, WM 2014, 300 ff und *Spindler/Zahrte*, BKR 2014, 265 ff.

758 Erwägungsgründe 1 ff.

759 Erfasst werden insbes. Bareinzahlungen und -abhebungen auf ein/von einem Zahlungskonto, Überweisungen, Lastschriften und Kartenzahlungen.

760 Erfasst werden nach Art. 1 Abs. 1 Kreditinstitute, E-Geld-Institute, Postscheckämtern, die nach Art. 10 gesondert zugelassenen Zahlungsinstitute, die EZB und die nationalen Zentralbanken (sofern nicht währungspolitisch tätig oder nach Art. 2 Abs. 3 national ausgenommen), die Mitgliedstaaten und ihre regionalen oder lokalen Gebietskörperschaften (sofern diese nicht in ihrer Eigenschaft als Behörden handeln).

chen[761] Ausführung von Zahlungsaufträgen (Art. 64 ff) sowie zur Haftung und zum Regress des Zahlungsdienstleisters bei nicht erfolgter oder fehlerhafter Ausführung (Art. 74 ff). Die Richtlinie enthält schließlich noch Vorgaben für Beschwerde- und Streitbeilegungsverfahren (Art. 80 ff).

b) Verordnung über grenzüberschreitende Zahlungen in der Gemeinschaft

185 Die **VO (EG) Nr. 924/2009**, die ab 1.11.2009 die VO (EG) Nr. 2560/2001 abgelöst hat, stellt nach Art. 1 Abs. 1 und Art. 3 Abs. 1 sicher, dass für grenzüberschreitende Zahlungen und die mit ihnen zusammenhängenden Dienstleistungen[762] innerhalb des EWR die gleichen Entgelte erhoben werden wie für vergleichbare Zahlungsvorgänge innerhalb eines Mitgliedstaats (**Grundsatz der Gebührengleichheit**).[763] Die VO und die durch sie angeordnete Gleichbehandlung gelten im Einklang mit der RL 2007/64/EG für grenzüberschreitende Zahlungen bis 50.000 EUR, die in Euro oder der Landeswährung eines Mitgliedstaats, der die Anwendung der VO auf seine Landeswährung beschlossen und mitgeteilt hat (Art. 3 Abs. 3, Art. 14), getätigt werden, wobei Zahlungen, die Zahlungsdienstleister auf eigene Rechnung oder für Rechnung anderer Zahlungsdienstleister vornehmen, ausgenommen sind (Art. 1 Abs. 2, 3). Unter einer grenzüberschreitenden Zahlung versteht die VO einen in Papierform oder in bar ausgelösten oder abgeschlossenen und im Zuge der Zahlungsausführungskette elektronisch verarbeiteten Zahlungsvorgang, der von einem Zahler oder von einem oder über einen Zahlungsempfänger ausgelöst wird und bei dem der Zahlungsdienstleister des Zahlers und der Zahlungsdienstleister des Zahlungsempfängers in unterschiedlichen Mitgliedstaaten ansässig sind.[764] Je nach Art der Zahlung gelten für die Gleichstellung gewisse Voraussetzungen wie etwa die Angabe der ISO-Codes IBAN und BIC, die die vollautomatische Bearbeitung von Überweisungen ermöglichen (Art. 4 Abs. 3 iVm Abs. 2). Die Einhaltung der Verordnung ist durch wirksame, verhältnismäßige und abschreckende Sanktionen der Mitgliedstaaten zu gewährleisten (Art. 13). Zur Ergänzung der als unzureichend erachteten SEPA-Selbstregulierung des europäischen Bankensektors sowie zur Ergänzung bzw Änderung der VO (EG) Nr. 924/2009 wurden mit der **VO (EU) Nr. 260/2012** technische Vorschriften und Geschäftsanforderungen für Überweisungen und Lastschriften in Euro erlassen.[765]

c) E-Geld-Zahlungen

186 Während die Abwicklung von E-Geld-Zahlungen in den Anwendungsbereich der Zahlungsdienste-**RL 2007/64/EG** fällt, wird die Ausgabe von Geld von der vor allem Aufsichtsfragen betreffenden **RL 2009/110/EG (E-Geld-Richtlinie)** erfasst.[766] Die zuletzt genannte Richtlinie enthält neben einer Definition des Begriffs des E-Geldes (Art. 2 Nr. 2) noch eine privatrechtlich relevante Regelung, wonach dem Inhaber von E-Geld innerhalb der Gültigkeitsdauer ein Anspruch gegen die ausgebende Stelle auf Rücktausch zum Nennwert in Münzen und Banknoten oder in Form einer Überweisung auf ein Konto zu vertraglich eindeutig benannten Bedingungen einzuräumen ist (Art. 11 Abs. 2-7; umgesetzt in § 22 a KWG).

d) Sonstige Maßnahmen

187 Die **RL 98/26/EG** zur Zahlungssicherung in Abrechnungssystemen wurde bereits im Zusammenhang mit den insolvenzrechtlichen Regelungen behandelt (Rn 179). Auf den Rahmenbeschl. zur Bekämpfung von **Betrug und Fälschung** im Zusammenhang mit bargeldlosen Zahlungsmitteln

761 Die Ausführungsfristen für den nationalen und grenzüberschreitenden Zahlungsverkehr in Europa dürfen nur noch drei bzw ab 2012 nur noch einen Bankgeschäftstag betragen.

762 Erfasst werden etwa auch die Entgelte für Daueraufträge sowie für die Ausgabe von Zahlungs-, Debit- oder Kreditkarten, nicht jedoch (Art. 3 Abs. 4) für eine allfällige Währungsumrechnung.

763 Krit. zur Vorgänger-VO *Hoffmann*, EuZW 2002, 69, 71 ff und *Herdegen*, WM 2001, 2081 ff.

764 Vgl Art. 2 Nr. 1 und Nr. 7 sowie Erwägungsgründe 5 f; erfasst werden insbes. grenzüberschreitende Überweisungen, Lastschriften, Geldabhebungen am Geldautomaten, Zahlungen per Kredit- und Debitkarte sowie Finanztransfers, nicht jedoch Scheckzahlungen.

765 Vgl hierzu auch das SEPA-Begleitgesetz v. 3.4.2013, BGBl. I 2013, 610.

766 Vgl auch Erwägungsgrund 9 RL 2007/64/EG.

(Rn 220) wird ebenso im Rahmen der strafrechtlichen Regelungen eingegangen wie auf die der Geldwäschebekämpfung dienenden strengeren Aufzeichnungs- und **Kontrollpflichten bei Geldtransfers** nach der VO (EG) Nr. 1781/2006 (Rn 219). Seit längerem sind zudem Maßnahmen im Bereich Clearing und Abrechnung geplant.[767]

3. Kreditgeschäft[768]

a) Verbraucherkredit und Wohnimmobilienkredit

Auf die bereits kurz erwähnten (Rn 61) Richtlinien über den Verbraucherkredit (RL 2008/48/EG; zuvor RL 87/102/EWG) und über Wohnimmobilienkreditverträge für Verbraucher (RL 2014/17/EU) wird in diesem Handbuch im Zusammenhang mit dem Verbraucherschutz näher eingegangen (*Schulte-Nölke*, § 23, Rn 66 ff). 188

b) Kreditsicherung

Die **Grundfreiheiten** können sich unmittelbar oder mittelbar über das gesicherte Geschäft auf Bestellung, Bestand, Übertragung und Verwertung eines Sicherungsrechts auswirken.[769] Damit bedürfen nationale Regelungen des Sachenrechts (v. a. Bestellungsverbote und -einschränkungen, Publizität von Sicherungsrechten, insolvenzrechtliche Eingriffe in Verwertungsbefugnisse und Verteilungsrechte) und des Kollisionsrechts (v. a. Anknüpfung an den Lagerort und damit Rechtswechsel bei einer grenzüberschreitenden Verbringung von Sicherungsgut) der Rechtfertigung. Als Rechtfertigungsgründe kommen dabei insb. der Verbraucherschutz, der Verkehrsschutz durch Publizität und die Funktionsfähigkeit von Insolvenzverfahren in Betracht.[770] 189

Das Sekundärrecht der Kreditsicherheiten steht noch am Anfang und befasst sich bislang nur mit Einzelaspekten. So gelten die **Finanzsicherheiten-RL** 2002/47/EG (Rn 176 f) nur für den Interbanken- und Geschäftskundenverkehr, bestimmte Sicherungsgegenstände und insb. nicht für herkömmliche Investitionskredite und die **Finalitäts-RL** 98/26/EG (Rn 179) lediglich u.a. für die Sicherung von Finanzsicherheiten in Abrechnungssystemen. In Art. 9 der Zahlungsverzugs-RL 2011/7/EU findet sich zwar eine allg. gehaltene Regelung zum Eigentumsvorbehalt, doch ist unklar, ob diese überhaupt eine Verpflichtung der Mitgliedstaaten zu dessen Einführung und wenn ja mit welchem Inhalt begründet.[771] Die Art. 4 I, 5 und 7 EuInsVO (EG) Nr. 1346/2000[772] sowie die Art. 3 Abs. 2, Art. 10, 21 f RL 2001/24/EG und die Art. 20 f RL 2001/17/EG schützen die Sicherungsrechte einschließlich von Eigentumsvorbehalten vor Einschränkungen durch das Insolvenzrecht, sofern sich der Sicherungsgegenstand in einem anderen Mitgliedstaat als dem des Insolvenzverfahrens befindet.[773] Die von der Kommission vorgeschlagene[774] Richtlinie über die Niederlassungsfreiheit und den freien Dienstleistungsverkehr auf dem Gebiet des Hypothekarkredits wurde bislang nicht verabschiedet. Der Bericht der sog. Forum-Gruppe zum **Grundpfandkredit** hat die Diskussion um die unionsweite Einführung eines harmonisierten Grundpfandrechts (sog. Eurohy- 190

767 S. dazu die Mitteilung KOM(2004) 312 endg.

768 *Basedow/Remien/Wenckstern* (Hrsg.), Europäisches Kreditsicherungsrecht, 2009; *Benjamin/Yates*, The Law of Global Custody, 3. Aufl., 2009; *Eilmansberger*, EuZW 1991, 691 ff; *Eidenmüller/Kieninger* (Hrsg.), The Future of Secured Credit in Europe, 2008; *Goode*, Legal Problems of Credit and Security, 4. Aufl. 2008; *Kieninger*, Mobiliarsicherheiten im Europäischen Binnenmarkt, 1996; *Köndgen/Stöcker*, ZBB 2005, 112 ff; v. *Wilmovsky*, Europäisches Kreditsicherungsrecht, 1996; s. auch noch die Literaturhinweise in Fn 719.

769 EuGH, Rs. C-222/97 (Trummer und Mayer), Slg 1999, I-1661, Rn 20 ff (grenzüberschreitende Bestellung einer Hypothek als Ausübung der Kapitalverkehrsfreiheit einerseits und Erstreckung der für die grenzüberschreitende Grundstücksveräußerung geltenden Kapitalverkehrsfreiheit auf die Bestellung der Hypothek andererseits).

770 Näher *v. Wilmovsky*, in: Hdb zum dt. und europ. BankR, 2. Aufl. 2009, § 75, Rn 3 ff.

771 Zur identisch lautenden Regelung in Art. 4 der aufgehobenen RL 2000/35/EG bejahend *Schmidt-Kessel*, NJW 2001, 97, 102; verneinend *Kieninger*, in: Basedow u.a. (Hrsg.), Aufbruch nach Europa, S. 151, 161 ff; zur Umsetzung der neuen Zahlungsverzugs-RL *Graf v. Westphalen*, ZRP 2013, 5 ff.

772 Vgl hierzu auch das Gesetz zur Neuregelung des Internationalen Insolvenzrechts v. 14.3.2003, BGBl. I 2003, 345.

773 Näher dazu *Keller*, BKR 2002, 347, 349.

774 Kommission v. 22.5.1987, KOM(1987) 255, ABl. C 161 v. 19.6.1987, S. 4; dazu *Eilmansberger*, EuZW 1991, 691 ff.

pothek) jedoch wieder belebt.[775] Die EU-Kommission hat hierzu zudem am 19.7.2005 ein umstrittenes Grünbuch und am 18.12.2007 ein Weißbuch vorgelegt.[776]

4. Garantiegeschäft

191 Die von der Kommission vorgeschlagene[777] Verordnung über Bürgschaften von Kreditinstituten und Versicherungsunternehmen, die die öffentlichen Behörden zur Annahme von Bürgschaften von in einem Mitgliedstaat zugelassenen Kreditinstituten oder Versicherungsunternehmen verpflichten sollte, wurde bislang nicht verabschiedet. Im Bereich des Garantiegeschäfts ist es daher von Bedeutung, dass die von einem Kreditinstitut oder Versicherungsunternehmen aus einem anderen Mitgliedstaat geleisteten Sicherheiten aufgrund der Gewährleistung der Dienstleistungs- und Kapitalverkehrsfreiheit als gleichwertig anzuerkennen sind. Dies steht insb. einer Regelung entgegen, die von einem Sicherungsgeber aus einem anderen Mitgliedstaat eine zusätzliche Vereinbarung des Sicherungsgebers mit einem im Inland ansässigen Kreditinstitut oder Versicherungsunternehmen verlangt.[778]

II. Investment Banking

1. Emissionsgeschäft

a) Prospektpflicht[779]

192 Mit der Prospekt-RL 2003/71/EG (umgesetzt im WpPG)[780] wurde das bisherige Nebeneinander von Börsenzulassungsprospekten[781] und Verkaufsprospekten[782] für öffentliche Angebote aufgehoben und eine **einheitliche Prospektpflicht** begründet. Ohne einen behördlich zugelassenen und veröffentlichten Prospekt dürfen danach grds.[783] keine öffentlichen Angebote von Wertpapieren gemacht bzw Wertpapiere zum Handel an einem geregelten Markt zugelassen werden.[784] Die Richtlinie bestätigt diesbzgl das mit der insoweit aufgehobenen Kapitalmarktpublizitäts-RL 2001/34/EG begründete System der einheitlichen Prospektzulassung (**Europäischer Pass**), die grds. durch die im Sitzstaat des Emittenten zuständige Behörde erfolgt.[785] Die RL 2003/71/EG wurde durch die RL 2010/73/EU mit dem Ziel geändert, den Anlegerschutz weiter zu verbessern, die Klarheit und Wirksamkeit der Rechtsvorschriften über Prospekte zu erhöhen und den Verwaltungsaufwand der Unternehmen bei der Kapitalbeschaffung an den europäischen Wertpapiermärkten zu verringern. In Deutschland wurden die Änderungen mit dem Gesetz vom 26.6.2012[786]

775 Näher zur jüngeren Diskussion *Köndgen/Stöcker*, ZBB 2005, 112 ff und *P. Meyer*, EuZW 2004, 389; grundlegend *Stöcker*, Die Eurohypothek, 1992.

776 KOM(2005) 327 endg. bzw KOM(2007) 807 endg.

777 Kommission v. 15.1.1989 KOM(1988) 805, ABl. C 51 v. 28.2.1989, S. 6; geänderter Vorschlag der Kommission v. 25.1.1991, KOM(1990) 567, ABl. C 53 v. 28.2.1991, S. 74.

778 S. dazu EuGH, Rs. C-410/96 (Ambry), Slg 1998, I-7875 Rn 30.

779 *Crüwell*, AG 2003, 243 ff; *Elsen/Jäger*, BKR 2010, 97 ff; *Holzborn/Schwarz-Gondek*, BKR 2003, 927 ff; *König*, GPR 2003/04, 152 ff; *Kunold/Schlitt*, BB 2004, 501 ff; *Sandberger*, EWS 2004, 297 ff; *Schammo*, EU Prospectus Law: New Perspectives on Regulatory Competition in Securities Markets, Cambridge, 2011; *von Kopp-Colomb/Seitz*, WM 2012, 1220 ff; *Weber*, NZG 2004, 360 ff.

780 Prospektrichtlinie-Umsetzungsgesetz v. 22.6.2005, BGBl. I 2005, 1698; zur Umsetzung näher *Kullmann/Sester*, ZBB 2005, 209 ff; *dies.*, WM 2005, 1068 ff; *Kunold/Schlitt*, BB 2004, 501 ff.

781 S. dazu die aufgehobenen Art. 20-41 RL 2001/34/EG, die insoweit ihrerseits mit der Aufhebung der Börsenzulassungsprospekt-RL 80/390/EWG verbunden war.

782 S. dazu die aufgehobene Emissionsprospekt-RL 89/298/EWG.

783 Einschränkungen des Anwendungsbereichs finden sich in Art. 1 Abs. 2 (v.a. OGAW) und Ausnahmen in den Art. 3 Abs. 2, Art. 4 Abs. 1, 2 RL 2003/71/EG idF der RL 2010/78/EU.

784 Art. 1 Abs. 1, Art. 3 Abs. 1 iVm den Legaldefinitionen in Art. 2 Abs. 1 lit. a, d und j RL 2003/71/EG idF der RL 2010/71/EG; näher *Kunold/Schlitt*, BB 2004, 501, 502 ff.

785 Art. 13 und Art. 17 f RL 2003/71/EG; Herkunftsmitgliedstaat ist nach Art. 2 Abs. 1 lit. m grds. der Staat des Sitzes des Emittenten; nach Art. 13 Abs. 5 kann die Zuständigkeit zudem nach Information der ESMA auf die zuständige und damit einverstandene Behörde eines anderen Mitgliedstaats übertragen werden.

786 Gesetz zur Umsetzung der Richtlinie 2010/73/EU und zur Änderung des Börsengesetzes v. 26.6.2012, BGBl. 2012 I, S. 1375.

umgesetzt. Mit der Omnibus II-RL 2014/51/EU wird die ESMA zwecks weiterer Harmonisierung mit der Ausarbeitung von Entwürfen technischer Regulierungsstandards (Art. 291 AEUV) beauftragt.

Zum Zwecke des Anlegerschutzes und der unionsweiten Anerkennungsfähigkeit der Zulassung stellt die RL 2003/71/EG Mindestanforderungen an den **Prospektinhalt.**[787] Die Informationen sind in der Form eines Prospekts zu veröffentlichen, der wahlweise aus drei Teilen (Registrierungsformular mit emittentenbezogenen Angaben,[788] Wertpapierbeschreibung,[789] Zusammenfassung mit allen „Schlüsselinformationen" iSv Art. 2 Abs. 1 lit. s und von idR nicht mehr als 2500 Worten)[790] oder aus einem Teil (eigentlich zwei, nämlich Text und Zusammenfassung)[791] besteht (Art. 5 Abs. 2, 3). Der Prospekt ist nach den ausgesprochen detaillierten Vorgaben der Durchführungs-VO (EG) Nr. 809/2004 zu gestalten (Kap. II, III sowie Anhänge) und zu veröffentlichen (Kap. V). Die Angaben sollen vollständig,[792] wahr, klar, kontinuierlich, international und sachdienlich sein, damit sich die Anleger ein fundiertes Urteil über die Vermögenswerte und Verbindlichkeiten, die Finanzlage, die Gewinne und Verluste, die Zukunftsaussichten des Emittenten und jedes Garantiegebers sowie über die mit den Wertpapieren verbundenen Rechte bilden können (Art. 5 Abs. 1). Es besteht die Möglichkeit der Verweisung (incorporation by reference).[793] Eine Übersetzung kann in anderen Mitgliedstaaten nur noch hinsichtlich der Zusammenfassung bzw dann verlangt werden, wenn der Prospekt nicht in einer in internationalen Finanzkreisen gebräuchlichen Sprache erstellt wurde (Art. 19 Abs. 2). Es besteht eine Aktualisierungspflicht, die mit einem Widerrufsrecht verbunden ist, wenn zwischen Billigung und Angebotsschluss bzw Handelseröffnung wichtige neue Umstände oder wesentliche Unrichtigkeiten offenbar werden (Art. 16 Abs. 1 und 2 idF der RL 2010/73/EU). Der Prospekt hat eine Gültigkeit von max. einem Jahr nach seiner Genehmigung, sofern er in dieser Zeit um erforderliche Nachträge ergänzt wird (Art. 9 Abs. 1 idF der RL 2010/73/EU iVm Art. 16 Abs. 1). 193

Die im Prospekt ausdrücklich zu benennenden Prospektverantwortlichen[794] soll zudem eine **Prospekthaftung** treffen (Art. 6), die in ihren Voraussetzungen und Rechtsfolgen von der Richtlinie allerdings nicht näher bzw nur rudimentär hinsichtlich der Haftungssubjekte harmonisiert wurde und sich daher inhaltlich weiterhin nach den divergierenden nationalen Haftungsregelungen richtet.[795] Regelungen bestehen schließlich noch zur Emissionswerbung,[796] zu den Aufsichtsbefugnissen, Sanktionen und Rechtsmitteln (Art. 21, 25 f), zur grenzüberschreitenden Behördenzusammenarbeit (Art. 22) und zu den möglichen Vorsichtsmaßnahmen der Behörden des Aufnahmemitgliedstaats (Art. 23). 194

787 Art. 5, 7 RL 2003/71/EG und Kapitel II VO (EG) Nr. 809/2004.

788 S. dazu Art. 5 Abs. 2, Anh. II RL 2003/71/EG.

789 S. dazu Art. 5 Abs. 2, Anh. III RL 2003/71/EG.

790 S. dazu Art. 5 Abs. 2, Anh. IV RL 2003/71/EG; zum Richtwert der 2500 Worte s. Erwägungsgrund 21 RL 2003/71/EG; zum Haftungsrisiko *Weber*, NZG 2004, 360, 366.

791 S. dazu Art. 5 Abs. 3, Anh. I RL 2003/71/EG.

792 Ausnahmen enthalten Art. 5 Abs. 4 (sog. Basisprospekt) und Art. 8 RL 2003/71/EG (unvollständiger Emissionsprospekt); zur Frage, welche Informationen bereits in den Basisprospekt und welche erst in die endgültigen Bedingungen aufgenommen werden müssen bzw können, EuGH, Rs. C-359/12 (Timmel), EuZW 2014, 581 und *Buck-Heeb/Dieckmann*, LMK 2014, 359156.

793 Art. 11 RL 2003/71/EG idF der RL 2010/73/EU und Art. 28 VO (EG) Nr. 809/2004 idF der DelVO (EU) Nr. 486/2012; zum Haftungsrisiko *Weber*, NZG 2004, 360, 366.

794 Dies sind „je nach Fall" zumindest der Emittent oder dessen Verwaltungs-, Management- bzw Aufsichtsstellen, der Anbieter, die Person, die die Zulassung zum Handel an einem geregelten Markt beantragt, oder der Garantiegeber (Art. 6 Abs. 1); Ersteller von Zusammenfassungen und deren Übersetzer sind beim Fehlen wesentlicher Informationen nur bei vorhandenem Warnhinweis grds. ausgenommen (Art. 6 Abs. 2 Unterabs. 2 idF der RL 2010/73/EU); vgl auch zur verwaltungsrechtlichen Verantwortlichkeit von nicht ausdrücklich als verantwortlich bezeichneten Mitgliedern des Verwaltungsrats EuGH, Rs. C-430/05 (Ntionik Anonymi), EuZW 2007, 570.

795 Krit. *Assmann*, in: Gebauer/Wiedmann (Hrsg.), Zivilrecht unter europ. Einfluss, 2. Aufl. 2010, Kap. 22, Rn 65; zum Vorrang der Haftungsregelung gegenüber dem Kapitalschutz nach der RL 77/91/EWG EuGH, Rs. C-174/12 (Hirmann), ZBB 2014, 80.

796 Art. 15 RL 2003/71/EG und Art. 34 VO (EG) Nr. 809/2004.

b) Laufende Publizitätspflichten von Emittenten und ihren Aktionären[797]

195 Emittenten, deren Wertpapiere bereits zum Handel auf einem geregelten Markt zugelassen sind, unterliegen nach der **Transparenz-RL II 2004/109/EG**[798] grds.[799] umfangreichen Publizitätsanforderungen für die Dauer der Zulassung, auf die hier nur der Vollständigkeit hingewiesen sei (näher *Möllers*, § 18, Rn 95 ff). Diese bestehen zunächst in periodischen **Berichtspflichten** nach Art. 4 ff RL 2004/109/EG (Jahres-, Halbjahresfinanzbericht für alle Emittenten sowie Zwischenmitteilungen der Geschäftsführung von Aktienemittenten in der ersten und zweiten Hälfte des Geschäftsjahres). Nach Art. 9 ff RL 2004/109/EG (**Beteiligungspublizität**) haben die Mitgliedstaaten sicherzustellen, dass ein Aktionär einem Emittenten und der zuständigen Aufsichtsbehörde mitteilt, welchen Anteil an den Stimmrechten des Emittenten er hält, wenn er durch Erwerb oder Veräußerung von Aktien des Emittenten, die zum Handel an einem geregelten Markt zugelassen sind und an die Stimmrechte geknüpft sind, die Schwelle von 5 %, 10 %, 15 %, 20 %, 25 %, 30 % (optional, falls 1/3-Schwelle vorgesehen), 50 % oder 75 % (optional, falls 2/3-Schwelle vorgesehen) erreicht, über- oder unterschreitet (Art. 9, 19 Abs. 3). Dies gilt auch für Personen, die in den in Art. 10 genannten Fällen zum Erwerb, zur Veräußerung oder zur Ausübung von Stimmrechten berechtigt sind und nach Art. 13 für Personen, die direkt oder indirekt Finanzinstrumente halten, die ihrem Inhaber das Recht verleihen, von sich aus im Rahmen einer förmlichen Vereinbarung mit Stimmrechten verbundene und bereits ausgegebene Aktien des Emittenten zu erwerben. Der Emittent bzw ggf die Aufsichtsbehörde haben die ihnen gemachten Mitteilungen unverzüglich zu veröffentlichen (Art. 12 Abs. 6, 7).

196 Ein Emittent unterliegt zudem den in den Art. 14 und 16 RL 2004/109/EG geregelten besonderen Veröffentlichungspflichten sowie einer umfassenden und die Gleichbehandlung aller Aktionäre wahrenden **Informationspflicht** (Art. 17 RL 2004/109/EG). Die Emittenten von zum Handel an einem geregelten Markt zugelassenen Schuldtiteln haben die Informationspflichten nach Art. 18 RL 2004/109/EG zu erfüllen. Die RL 2004/109/EG enthält grds. Mindeststandards, teilweise aber auch Höchststandards.[800] Sie unterliegen der Kontrolle durch den Herkunftsmitgliedstaat (Art. 19). Zur Sprache und zur Zugänglichkeit der Informationen enthalten die Art. 20 f RL 2004/109/EG eine differenzierte Regelung. Abschließend finden sich Vorschriften zu den Aufsichtsbefugnissen, Sanktionen, Maßnahmen und Rechtsmitteln (Art. 24, 28 f idF der RL 2013/50/EU), zur grenzüberschreitenden Behördenzusammenarbeit (Art. 25) und zu den möglichen Vorsichtsmaßnahmen der Behörden des Aufnahmemitgliedstaats (Art. 26). Die RL 2004/109/EG wurde 2006/2007 durch das **TUG** und **EHUG** umgesetzt.[801] Nach Art. 21 a idF der RL 2013/50/EU richtet die ESMA bis 2018 ein Webportal für den zentralen Zugang zu den nach der RL publizitätspflichtigen Daten ein. Art. 7 Omnibus I-RL 2010/78/EU räumt der EU-Kommission zudem bei zahlreichen Bestimmungen die Kompetenz ein, die Transparenz-RL II im Lichte der technischen Entwicklungen auf den Finanzmärkten durch delegierte Rechtsakte zu präzisieren und zu ergänzen.

---

797 *Di Noia/Milič/Spatola*, ZBB 2014, 96 ff; *Fleischer/Schmolke*, NZG 2010, 1241 ff; *Fürhoff/Schuster*, BB 2005, 785 ff; *Hannich*, WM 2013, 449 ff; *Hopt*, WM 2013, 101 ff; *Kocher*, WM 2013, 1305 ff; *Körner*, NJW 2004, S. 3386 ff; *Letzel*, WM 2003, 1757 ff; *Nietsch*, WM 2012, 2217 ff; *Riedel*, wistra 2001, 447 ff; *Ringe*, AG 2007, 809 ff; *Schlitt/Singhof/Schäfer*, BKR 2005, 251 ff; *Seibt/Wollschläger*, ZIP 2014, 545 ff; *Veil*, ZBB 2014, 85 ff; *Veith*, NZG 2005, 254.

798 S. zu dieser RL auch die Durchführungs-RL 2007/14/EG; zur Neufassung der RL *Veil*, WM 2012, 53 ff; umgesetzt in Deutschland mit dem Transparenzrichtlinie-Umsetzungsgesetz v. 5.1.2007 (BGBl. I 2007, 10) sowie dem EHUG v. 10.11.2006 (BGBl. I 2006, 2553).

799 Begrenzungen des Anwendungsbereichs bzw Ausnahmen enthalten Art. 1 Abs. 2 (v.a. OGAW), Art. 8 RL 2004/109/EG.

800 S. dazu insb. Art. 3 RL 2004/109/EG.

801 Gesetz v. 5.1.2007 zur Umsetzung der Richtlinie 2004/109/EG des Europäischen Parlaments und des Rates v. 15.12.2004 zur Harmonisierung der Transparenzanforderungen in Bezug auf Informationen über Emittenten, deren Wertpapiere zum Handel auf einem geregelten Markt zugelassen sind, und zur Änderung der Richtlinie 2001/34/EG (Transparenzrichtlinie-Umsetzungsgesetz – TUG), BGBl. 2007 I, 10, sowie Gesetz v. 10.11.2006 über elektronische Handelsregister und Genossenschaftsregister sowie das Unternehmensregister (EHUG), BGBl. 2006 I, 2553.

Nach Art. 17 der Marktmissbrauchs-VO (EU) Nr. 596/2014 (**MAR**) besteht schließlich noch als insiderrechtliche Präventivmaßnahme eine Pflicht des Emittenten zur **Ad-hoc-Publizität** von Insiderinformationen iSv Art. 7.[802] Der Emittent kann die Bekanntgabe (gerade auch bei einem zeitlich gestreckten Vorgang)[803] aufschieben, wenn diese seine Interessen schädigen könnte und kein Informationsleck bzw kein ausreichend präzises Gerücht im Hinblick auf die Insiderinformation besteht (Art. 17 Abs. 4 und Abs. 7 MAR). Die Offenlegungsvorschriften der Marktmissbrauchs-VO verlangen von einem Emittenten darüber hinaus die Aufstellung von sog. **Insiderlisten**, welche die von ihr beschäftigten Personen mit Zugang zu Insiderinformationen aufführen und bei der zuständigen Behörde einzureichen sind (Art. 18 MAR). Außerdem hat ein Emittent die **Eigengeschäfte von Führungskräften** (Begriffsbestimmung in Art. 3 Nr. 25 MAR) und von mit diesen eng verbundenen Personen (Begriffsbestimmung in Art. 3 Nr. 25 MAR) mit Finanzinstrumenten des bzw mit Bezug zum betreffenden Emittenten an die zuständige Behörde und die anderen Anleger zu melden, sofern ein jährliches Gesamtvolumen von mindestens 5.000 EUR überschritten wird (Art. 19 MAR; sog. Directors' Dealings). Neuerdings gelten die Offenlegungsvorschriften nicht mehr nur für Eigengeschäfte an geregelten Märkten, sondern auch für solche auf einem multilateralen oder organisierten Handelssystem (Art. 19 Abs. 4 MAR). Sie werden jetzt zudem durch Handelsverbote während eines geschlossenen Zeitraums von 30 Kalendertagen vor Ankündigung eines Zwischenberichts oder eines Jahresabschlussberichts, zu deren Veröffentlichung der Emittent verpflichtet ist, ergänzt (sog. **Closed Periods**, Art. 19 Abs. 11 MAR). 197

2. Handel mit Wertpapieren und anderen Finanzinstrumenten[804]

a) Wohlverhaltensregeln

Aufgrund ihrer Doppelnatur prägen die aufsichtsrechtlichen **Wohlverhaltensregeln** (Art. 11 RL 93/22/EWG, Art. 19 ff RL 2004/39/EG, Art. 24 ff RL 2014/65/EU; dazu Rn 142 ff) in ihrem Anwendungsbereich (dazu Rn 69) auch das privatrechtliche Vertragsverhältnis zwischen dem Träger des Wertpapierdienstleistungsunternehmens und dem Kunden, indem sie die Aufklärungs-, Sorgfalts- und Interessenwahrungspflichten einer Wertpapierfirma näher bestimmen. Die Vorgaben der einschlägigen RL 93/22/EWG und 2004/39/EG wurden in §§ 31 f WpHG umgesetzt. Die Regelungen zur Anlageberatung und Vermögensverwaltung (sog. Portfolio-Management) werden mit der MiFID II-RL 2014/65/EU grundlegend reformiert (Rn 142 ff).[805] 198

b) Marktmissbrauch[806]

Die neue Marktmissbrauchs-VO (EU) Nr. 596/2014 (**MAR**), die mit der diesbzgl DVO die bisherige Marktmissbrauchs-RL 2003/6/EG[807] ersetzt und noch durch die auf Art. 83 Abs. 2 AEUV 199

802 *Di Noia/Milič/Spatola*, ZBB 2014, 96 ff; *Veil*, ZBB 2014, 85 ff; zu einer hängigen Vorlage der Cour de Cassation betreffend den Begriff der „präzisen Information" (Rs. C-628/13, Lafonta/AMF) *Klöhn*, ZIP 2014, 945 ff.

803 Dazu jetzt Art. 17 Abs. 4 Unterabs. 2 MAR; zum Zeitpunkt der Ad-hoc-Publizität bei gestrecktem Sachverhalt jetzt auch ausdrücklich Art. 7 Abs. 2 und 3 MAR; vgl dazu auch (noch zu Art. 6 Abs. 1 RL 2006/6/EG) EuGH, Rs. C-19/11 (Geltl), EuZW 2012, 708 ff (Veröffentlichung von Informationen über den Wechsel des Vorstandsvorsitzenden – Fall Schrempp); dazu *Langenbucher*, BKR 2012, 145 ff; *Mennicke*, ZBB 2013, 244 ff; *Mock*, ZBB 2012, 286 ff und *Möllers/Seidenschwann*, NJW 2012, 2762 ff; *Parmentier*, WM 2013, 970 ff.

804 *Balzer*, ZBB 2003, 177 ff; *Caspari*, NZG 2005, 98, 103; *Christoph/Spindler*, BB 2004, 2197 ff; *Hopt*, in: FS Schimansky, 1999, S. 631; *Klages*, Die Richtlinie der EG über den Börsenzulassungsprospekt, 1981; *Kühne*, BKR 2005, 275 ff; *Kunold/Schlitt*, BB 2004, 501 ff; *Möllers*, ZBB 2003, 390 ff; *Moloney*, EC Securities Regulation, 2. Aufl., 2008; *Mülbert*, WM 2001, 2085; *Seitz*, BKR 2002, 340.

805 Näher *Loff/Hahne*, WM 2012, 1512 ff; *Veil/Lerch*, WM 2012, 1605, 1608 ff.

806 *Di Noia/Milič/Spatola*, ZBB 2014, 96 ff; *Fischer zu Cramburg*, NZG 2009, 580 ff; *Krauel*, Insiderhandel, 2000; *Langenbucher/Brenner/Gellings*, BKR 2010, 133 ff; *Leppert/Stürwald*, ZBB 2002, 90 ff; *Merkner/Sustmann*, NZG 2005, 729 ff; *dies.*, AG 2012, 315 ff; *Seibt/Wollenschläger*, AG 2014, 593 ff; *Tountopoulos*, WM 2013, 351 ff; *Trüg*, NJW 2014, 1346 ff; *ders.*, NZG 2014, 809 ff; *Veil*, ZBB 2014, 85 ff; *Veil/Koch*, WM 2011, 2297; *Weber*, EuZW 2002, 43 ff.

807 Umsetzung in Deutschland durch das Gesetz zur Verbesserung des Anlegerschutzes v. 28.10.2004, BGBl. I 2004, 2630; dazu *Bürgers*, BKR 2004, 424 ff; *Diekmann/Sustmann*, NZG 2004, 929 ff; *Holzborn/Israel*, WM 2004, 1948 ff.

gestützte Marktmissbrauchssanktions-RL 2014/57/EU (**CRIM-MAD**) zur Harmonisierung der einschlägigen Straftatbestände ergänzt wird, untersagt u.a. Insidergeschäfte und Marktmanipulationen, um die Integrität der europäischen Finanzmärkte und die Gleichbehandlung aller Anleger sicherzustellen und hierdurch das Vertrauen der Anleger in die Finanzmärkte zu stärken. Der Schutzbereich der neuen Rechtsakte erstreckt sich auf alle Handelsplattformen (auch OTF) und Finanzinstrumente iSd neuen Bestimmungen von MiFID II und MiFIR. Das neue **Insider-Handelsverbot** betrifft zunächst wie das bisherige sog. Primärinsider, dh Organmitglieder und Anteilseigner des Emittenten sowie andere Personen, die aufgrund entsprechender Aufgaben oder krimineller Handlungen Zugang zu Insider-Informationen haben (Art. 8 MAR). Außerdem gilt es für alle anderen über Insider-Informationen verfügenden Personen, sofern diese wussten oder hätten wissen können, dass es sich um derartige Informationen handelt (sog. Sekundärinsider iSv Art. 8 Abs. 4 Unterabs. 2 MAR). Eine Insider-Information ist eine nicht öffentlich bekannte präzise Information, die direkt oder indirekt einen oder mehrere Emittenten von Finanzinstrumenten oder ein oder mehrere Finanzinstrumente betrifft, und die, wenn sie öffentlich bekannt würde, geeignet wäre (Betrachtung ex ante), den Kurs dieses(r) Finanzinstruments(e) oder sich darauf beziehender Derivate erheblich zu beeinflussen (näher Art. 7 MAR).[808] Die öffentliche Bekanntmachung, zu welcher der Emittent baldmöglichst verpflichtet ist (sog. Ad-hoc-Publizität nach Art. 17; dazu Rn 197), nimmt der Information den Insidercharakter. Das Insiderhandelsverbot umfasst die Ausnutzung der Insider-Information beim (seit 2003 ggf auch nur versuchten) Erwerb oder der Veräußerung der betroffenen Finanzinstrumente für eigene oder fremde Rechnung (Art. 14 MAR).[809] Außerdem ist es Primär- und Sekundärinsidern untersagt, ihre Insider-Informationen an Dritte weiterzugeben, soweit dies nicht im normalen Rahmen der Ausübung ihrer Arbeit oder ihres Berufes oder der Erfüllung ihrer Aufgaben geschieht,[810] oder auf der Grundlage von Insider-Informationen Empfehlungen zu einschlägigen Transaktionen zu geben (Art. 14 MAR). Zur besseren Verfolgung von Insiderverstößen sind die Emittenten verpflichtet, ein Verzeichnis der Insider zu führen (Art. 18 MAR) und die Eigengeschäfte der Führungspersonen und der diesen nahe stehenden Personen mit Finanzinstrumenten des betreffenden Emittenten bzw mit Bezug zu diesem zu melden (Art. 19 MAR; dazu Rn 197). Aufgrund der MAR gelten als Insidergeschäft neuerdings auch die Nutzung von Insiderinformationen in Form der Stornierung oder Änderung eines Auftrags in Bezug auf ein Finanzinstrument, auf das sich die Informationen beziehen, wenn der Auftrag vor Erlangen der Insiderinformation erteilt wurde (Art. 8 Abs. 1), und das Handeln aufgrund einer Empfehlung (Art. 8 Abs. 3). Demgegenüber statuiert Art. 9 MAR nunmehr auch explizit legitime Handlungen. Schließlich enthält die MAR Bedingungen für eine zulässige sog. Marktsondierung (market sounding), dh die Übermittlung von Informationen vor der Ankündigung eines Geschäfts an potenzielle Anleger, um das Interesse von potenziellen Anlegern an diesem Geschäft und dessen Bedingungen (insb. seiner preislichen Gestaltung) abzuschätzen (Art. 11 MAR).

200 **Marktmanipulationen** und nunmehr auch der Versuch hierzu sind ebenfalls grds. verboten (Art. 15 MAR). Dabei geht es zunächst um sog. handelsgestützte Marktmanipulationen. Hierzu zählen zum einen Geschäfte oder Geschäftsaufträge, die falsche oder irreführende Signale in Bezug auf Finanzinstrumente geben oder geben könnten bzw die den Kurs von Finanzinstrumenten in anormaler oder künstlicher Weise beeinflussen, sofern diese Transaktionen nicht durch legitime Gründe gerechtfertigt und auf dem betreffenden geregelten Markt zulässig sind (näher Art. 12 Abs. 1 lit. a und v.a. Anh. I lit. A MAR). Zum anderen werden Geschäfte oder Geschäftsaufträge unter Vorspiegelung falscher Tatsachen oder unter Verwendung sonstiger Kunstgriffe oder Formen der Täuschung erfasst (näher Art. 12 Abs. 1 lit. b und v.a. Anh. I lit. B MAR). Sodann betrifft das Verbot noch sog. informationsgestützte Marktmanipulationen durch die Verbreitung von Informationen,

---

808 S. auch EuGH, Rs. C-391/04 (Georgakis), Slg 2007, I-3741.

809 Vgl zum Begriff der Ausnutzung auch EuGH, Rs. 45/08 (Spector Photo Grpoup NV), Slg 2009, I-12073 und EuGH, Rs. C-391/04 (Georgakis), Slg 2007, I-3741.

810 Dazu auch EuGH, Rs. C-384/02 (Knud Grøngaard/Allan Bang), EuZW 2006, 25 (Arbeitnehmervertreter in Gesellschaftsorganen) und *Sethe*, ZBB 2006, 243 ff.

die falsche oder irreführende Signale in Bezug auf Finanzinstrumente geben oder geben könnten, wenn der Verbreiter der Informationen wusste oder hätte wissen müssen, dass diese falsch oder irreführend waren (Art. 12 Abs. 1 lit. c MAR).[811] Schließlich gilt nun aufgrund des Libor-Skandals[812] auch die Übermittlung falscher oder irreführender Angaben oder die Bereitstellung falscher oder irreführender Ausgangsdaten bzgl eines Referenzwerts als Marktmanipulation (Art. 12 Abs. 1 lit. d). Die abstrakten Definitionen werden durch einen positiven, nicht abschließenden Beispielskatalog in Art. 12 Abs. 2 MAR,[813] durch einen negativen Beispielskatalog in Art. 13 MAR (sog. safe harbours),[814] die Regelung zur Erstellung und Weitergabe von Finanzanalysen und anderen wichtigen Informationen (Art. 20 Abs. 1) sowie die noch zu erlassenden delegierten Rechtsakte der Kommission und technische Regulierungsstandards konkretisiert. Weitere Aufschlüsse gibt der regelmäßig neu aufgelegte Emittentenleitfaden der BaFin.[815]

Die Mitgliedstaaten müssen zur **Verfolgung von Marktmissbräuchen** eine einzige Behörde mit bestimmten Mindestkompetenzen benennen (Art. 22 f MAR), die mit den Behörden anderer Mitgliedstaaten und der ESMA kooperiert und diesen Amtshilfe leistet (Art. 25 MAR). Sodann soll durch Kooperationsvereinbarungen mit Drittstaaten zumindest ein wirksamer Informationsaustausch sichergestellt werden (Art. 26 MAR, s. auch Rn 159). Die Verordnung sieht unbeschadet einer strafrechtlichen Sanktionierung eine angemessene verwaltungsrechtliche Ahndung der Verstöße durch die Mitgliedstaaten vor, wobei die Verordnung klare Mindestvorgaben hinsichtlich Art und Umfang statuiert (Art. 30 MAR; s. dazu generell Rn 155). Sanktionen sind der ESMA zu melden (Art. 33 MAR) und auf der Webseite der zuständigen nationalen Behörden während fünf Jahren zu publizieren (Art. 34 MAR; sog. naming and shaming). Weitere bis 3.7.2016 umzusetzende Vorgaben strafrechtlichen Charakters enthält die neue Marktmissbrauchssanktions-RL 2014/57/EU (CRIM-MAD; näher Rn 221). 201

c) Leerverkäufe[816]

Leerverkäufe werden derzeit durch die **Leerverkaufs-VO (EU) Nr. 236/2012**[817] sowie drei DelVO (EU) Nr. 826/2012, 918/2012, 919/2012 und eine DVO (EU) Nr. 827/2012 reguliert. Bei einem Leerverkauf im Zusammenhang mit Aktien oder Schuldinstrumenten werden diese veräußert, ohne sich zum Zeitpunkt des Verkaufs im Eigentum des Veräußerers zu befinden.[818] Die Regeln der Leerverkaufs-VO betreffen gem. Art. 1 einerseits unabhängig vom Ort der Transaktion Finanzinstrumente,[819] die an einem Handelsplatz in der EU (geregelter Markt, MTF oder OTF; Rn 70) zugelassen sind, und andererseits Schuldinstrumente der Mitgliedstaaten oder der Union (insb. der Europäischen Investitionsbank) sowie jeweils die auf diese Finanz- bzw Schuldinstrumente oder deren Emittenten bezogenen Derivate. Für Aktien, die zwar auch in der EU, aber hauptsächlich an einem Handelsplatz in einem Drittland gehandelt werden, gilt die Leerverkaufs-VO ebenso nur zum Teil (Art. 16) wie für Market-Making-Tätigkeiten iSv Art. 2 Abs. 1 lit. k, Primärmarkttätigkeiten und Kursstabilisierungsmaßnahmen (Art. 17). Die Leerverkaufs-VO enthält in Art. 5 f zunächst 202

811 Näher für das bisherige deutsche Recht die konkretisierende MaKonV und *Fleischer*, in: Fuchs (Hrsg.), § 20 a WpHG Rn 15 ff.

812 Dazu *Bausch/Wittmann*, WM 2014, 494 ff.

813 Genannt werden der Missbrauch einer marktbeherrschenden Stellung, das Beeinflussen der Schlusskurse durch börsenschlussnahe Geschäfte (sog. Marking the Close) und die öffentliche Stellungnahme zu Finanzinstrumenten im Anschluss an diese betreffende Eigengeschäfte ohne Offenlegung des Interessenkonflikts (sog. Scalping).

814 Hierzu zählen der Handel mit eigenen Aktien im Rahmen von Rückkaufprogrammen und Kursstabiliserungsmaßnahmen (näher VO (EG) Nr. 2273/2003; ab 3.7.2016 aufgehoben durch VO (EU) Nr. 596/2014).

815 Die vierte Aufl. des über die Homepage der BaFin abrufbaren Leitfadens stammt vom 8.11.2013; zum Leitfaden näher *Merkner/Sustmann*, NZG 2009, 813 ff.

816 *Krüger/Ludewig*, WM 2012, 1942 ff; *Ludewig/Geilfus*, WM 2013, 1533 ff; *Mülbert/Sajnovits*, ZBB 2012, 266 ff; *Zimmer/Beisken*, WM 2010, 485 ff.

817 Vgl hierzu auch das EU-Leerverkaufs-Ausführungsgesetz v. 6.11.2012, BGBl. I 2012, 2286.

818 Art. 2 Abs. 1 lit. b Leerverkaufs-VO mit Präzisierungen in Art. 3 DelVO (EU) Nr. 918/2012.

819 Der Begriff des Finanzinstruments umfasst nach Art. 2 Abs. 1 lit. a Leerverkaufs-VO alle im Anh. I Abschn. C der RL 2004/39/EG (ab 3.1.2017 Anh. I Abschn. C RL 2014/65/EU) aufgeführten Instrumente (übertragbare Wertpapiere, Geldmarktinstrumente, Fondsanteile, Derivate etc.).

Pflichten des Halters von Aktien (auch bei Sitz außerhalb der EU; Art. 10) zur behördlichen **Meldung** (ab 0,2 % des ausgegebenen Aktienkapitals jeweils in Schritten von 0,1 %) und zur **Offenlegung** (ab 0,5 % des ausgegebenen Aktienkapitals jeweils in Schritten von 0,1 %) auf einer Webseite der nationalen Behörde (Art. 9 Abs. 4) von Netto-Leerverkaufspositionen (Art. 3 Abs. 4) in Aktien. Nach Art. 7 trifft zudem die Halter signifikanter Netto-Leerverkaufspositionen in ausgegebenen öffentlichen Schuldtiteln eine behördliche Meldepflicht, wobei die Meldeschwellen je nach Emittent variieren und von der EU-Kommission festgesetzt werden. Des Weiteren statuiert die Leerverkaufs-VO ein grds. **Verbot von ungedeckten Leerverkäufen** von Aktien (Art. 12) und öffentlichen Schuldtiteln (Art. 13). Ein Leerverkauf ist ungedeckt, wenn sich der Verkäufer die entsprechenden Aktien bzw Schuldtitel weder geliehen hat, noch einen vertraglich oder eigentumsrechtlich unbedingt durchsetzbaren Anspruch auf Übertragung des Eigentums an diesen hat und auch nicht über die Zusage eines Dritten verfügt, damit er die verkauften Aktien bzw Schuldtitel bei Fälligkeit verfügbar machen kann (Art. 12 Abs. 1 und Art. 13 Abs. 1 sowie Erwägungsgrund 13). Grundsätzlich verboten sind schließlich noch **ungedeckte Credit Default Swaps** iSv Art. 4 auf öffentliche Schuldtitel (Art. 14). Die gegen die ausnahmsweisen Eingriffsbefugnisse der ESMA nach Art. 28 gerichtete Nichtigkeitsklage hat der EuGH abgewiesen.[820]

d) Handel mit Derivaten[821]

203 Zur Erhöhung der Transparenz und zur frühzeitigen Identifizierung etwaiger systemischer Risiken von Derivatemärkten statuiert die noch durch zahlreiche Regulierungs-[822] und Durchführungsstandards[823] sowie nationale Ausführungsbestimmungen[824] ergänzte **EMIR-VO (EU) Nr. 648/2012** zunächst eine **Meldepflicht für alle** Verträge über Derivate iSv Art. 2 Nr. 5 EMIR iVm Anh. I Abschn. C Nr. 4 bis 10 MiFID I-RL 2004/39/EG (bzw ab 3.1.2017 MiFID II-RL 2014/65/EU). Aufgrund der Meldepflicht sind Identifizierungsmerkmale der Gegenparteien sowie bestimmte Details des Derivatekontrakts (DelVO (EU) Nr. 148/2013) spätestens an dem auf die Transaktion (Vertragsabschluss, -änderung, -beendigung) folgenden Arbeitstag an ein registriertes (Art. 55 EMIR) oder anerkanntes (Art. 77 EMIR) Transaktionsregister (Rn 84) mit Sitz in der EU zu übermitteln (Art. 9 f EMIR). Darüber hinaus sind **bestimmte**[825] durch ihre hinreichende Standardisie-

820 EuGH, Rs. C-270/12 (Großbritannien und Nordirland/Parlament und Rat), EWS 2013, 398 ff; eingehend zu den abweichenden Schlussanträgen von GA Jääskinen *Orator*, EuZW 2013, 852 ff.

821 *Diekmann/Fleischmann*, WM 2011, 1105 ff; *Funke*, WM 2012, 202 ff; *von Hall*, WM 2013, 673 ff; *Jaskulla*, BKR 2012, 441 ff; *Jobst*, ZBB 2010, 384 ff; *Köhling/Adler*, WM 2012, 2125 ff und 2173 ff; *Nietsch/Graef*, BB 2010, 1361 ff; *Pankoke/Wallus*, WM 2014, 4 ff; *Schuster/Ruschkowski*, ZBB 2014, 123 ff; *Singh*, IMF Working Paper WP/10/99, 2010.

822 Als sog. technische Regulierungsstandards (Regulating Technical Standards/RTS) bestanden bis 31.7.2014: DelVO (EU) Nr. 148/2013 (Mindestangaben der Meldungen an Transaktionsregister); DelVO (EU) Nr. 149/2013 (Indirekte Clearingvereinbarungen, die Clearingpflicht, das öffentliche Register, den Zugang zu einem Handelsplatz, nichtfinanzielle Gegenparteien und Risikominderungstechniken für nicht durch eine CCP geclearte OTC-Derivatekontrakte); DelVO (EU) Nr. 150/2013 (Festlegung der Einzelheiten eines Antrags auf Registrierung als Transaktionsregister); DelVO (EU) Nr. 151/2013 (von Transaktionsregistern zu veröffentlichende und zugänglich zu machende Daten sowie operationelle Standards für die Zusammenstellung und den Vergleich von Daten sowie den Datenzugang); DelVO (EU) Nr. 152/2013 (Eigenkapitalanforderungen an CCPs); DelVO (EU) Nr. 153/2013 (Anforderungen an CCPs); DelVO (EU) Nr. 285/2014 (Technische Regulierungsstandards in Bezug auf unmittelbare, wesentliche und vorhersehbare Auswirkungen von Kontrakten sowie zur Verhinderung von Umgehungen).

823 Als sog. technische Durchführungsstandards (Implementing Technical Standards/ITS) bestanden bis 31.7.2014: DVO (EU) Nr. 1247/2012 (Format und die Häufigkeit von Transaktionsmeldungen an Transaktionsregister); DVO (EU) Nr. 1248/2012 (Format von Anträgen auf Registrierung von Transaktionsregistern); DVO (EU) Nr. 1249/2012 (Format der von zentralen Gegenparteien aufzubewahrenden Aufzeichnungen).

824 Der deutsche Gesetzgeber hat mit dem Ausführungsgesetz zur Verordnung (EU) Nr. 648/2012 über OTC-Derivate, zentrale Gegenparteien und Transaktionsregister (EMIR-Ausführungsgesetz) v. 13.2.2013, BGBl. I, 174, u. a. das WpHG um die §§ 18 bis 20 und 48 ergänzt.

825 Nach Art. 5 Abs. 2 EMIR werden die von der Clearingpflicht betroffenen Derivatekategorien von der EU-Kommission auf Vorschlag der ESMA in der Form technischer Regulierungsstandards iSd Art. 10 bis 14 der VO (EU) Nr. 1095/2010 festgelegt; die ESMA führt nach Art. 6 EMIR ein öffentliches Register der clearingpflichtigen Kategorien von OTC-Derivaten.

rung charakterisierte sog. **OTC-Derivatekontrakte**, dh außerhalb eines geregelten Marktes iSd MiFID gehandelte Derivategeschäfte (Art. 1 Abs. 1 iVm Art. 2 Ziff. 7 EMIR; „over the counter"/ OTC) bei Abschluss oder Verlängerung über mitgliedstaatlich beaufsichtigte (Art. 14 ff EMIR) bzw von der ESMA anerkannte (Art. 25 EMIR) CCPs (Rn 84) abzuwickeln, sofern es sich bei den Parteien nach Art. 4 Abs. 1 EMIR entweder um in der EU beaufsichtigte oder diesen gleichzustellende drittstaatliche finanzielle Gegenparteien iSv Art. 2 Nr. 8 EMIR[826] oder um nichtfinanzielle Gegenparteien iSv Art. 2 Nr. 9 und Art. 10 EMIR[827] handelt (Art. 4 ff EMIR; sog. Clearing- oder **CCP-Pflicht**).[828] Grundsätzlich keiner Clearingpflicht unterliegen gruppeninterne Geschäfte (Art. 4 Abs. 2 iVm Art. 3 EMIR). Schließen finanzielle oder nichtfinanzielle Gegenparteien ein nicht der Clearingpflicht unterliegendes **sonstiges OTC-Derivategeschäft** ab (gem. Art. 4 Abs. 2 EMIR auch gruppeninterne Geschäfte), müssen sie mit der gebührenden Sorgfalt sicherstellen, dass angemessene Verfahren und Vorkehrungen bestehen, um das operationelle **Risiko** und das Gegenparteiausfallrisiko zu ermessen, zu beobachten und zu **mindern**.[829] Dabei geht es insb. um die rechtzeitige Bestätigung der Bedingungen des OTC-Derivatekontrakts, die tägliche Validierung des Werts ausstehender Derivatekontrakte, die Sicherstellung eines rechtzeitigen und angemessenen Austauschs von Sicherheiten sowie (bei finanziellen Gegenparteien) hinreichende Eigenkapitalabsicherungen. Hierzu und insb. zur Sicherstellungspflicht wird die EU-Kommission noch technische Regulierungsstandards erlassen, die sich an internationalen Standards[830] orientieren werden. Die RL 2013/36/EU (CRD IV) und die VO (EU) Nr. 575/2013 (CRR) enthalten zudem Regelungen für Kreditinstitute (Rn 65) und Wertpapierfirmen (Rn 69) zur Eigenmittelunterlegung der Risiken aus OTC-Derivatkontrakten.[831] Ab 3.1.2017 müssen finanzielle und bestimmte nichtfinanzielle Gegenparteien die der Handelspflicht nach Art. 32 MiFIR unterliegenden und bei der ESMA nach Art. 34 MiFIR verzeichneten Derivatkontrakte zudem grds. über einen regulierten Markt (RM, MTF, OTF, ggf Drittlandhandelsplatz) abschließen (sog. **Plattformpflicht** nach Art. 28 MiFIR). Die zugelassenen bzw anerkannten CCPs und die Handelsplätze haben sich **wechselseitig Zugang** zu gewähren, sofern hierfür jeweils die diskriminierungsfrei angewendeten begründeten Voraussetzungen erfüllt sind (Art. 7 f EMIR sowie DelVO (EU) Nr. 149/2013).

3. Fondsgeschäft[832]

Auch für das Fondsgeschäft im Zusammenhang mit OGAW (Rn 74 f) und AIF (Rn 76) ist zunächst 204
auf die zivilrechtlichen Auswirkungen der aufsichtsrechtlichen Regelungen über die **Verhaltenspflichten** von OGAW, OGAW-Verwaltungsgesellschaften, Investmentgesellschaften, Verwahrstellen und AIFM hinzuweisen (s. insb. Art. 12 ff, 30 f, 32 III und 35 RL 2009/65/EG sowie Art. 12 ff RL 2011/61/EU; dazu auch Rn 142 ff). Daneben enthalten die Art. 68 ff RL 2009/65/EG und die DVO (EU) Nr. 583/2010 bzw die Art. 22 ff RL 2011/61/EU umfangreiche Regelungen zur spezifischen **Prospekt-, Informations- und Berichtspflicht** von OGAW-Verwaltungsgesellschaften bzw AIFM, die daher auch weitgehend vom Anwendungsbereich der Prospekt-RL 2003/71/EG (dort Art. 2 Abs. 2 lit. a) und der Transparenz-RL II 2004/109/EG (dort Art. 1 Abs. 2) ausgenommen

826 Hierzu gehören die entspr. den einschlägigen aufsichtsrechtlichen Richtlinien zugelassenen Kreditinstitute (Rn 65), Wertpapierfirmen (Rn 69), (Rück-)Versicherungsunternehmen (Rn 77 ff), OGAW (inkl. ihrer Verwalter; Rn 74), Einrichtungen der betrieblichen Altersversorgung (Rn 82) sowie die alternativen Investmentfonds (inkl. ihrer Verwalter; Rn 76).

827 Hierzu gehören andere in der EU niedergelassene Unternehmen, die in einem größeren Umfang Derivate zur Absicherung von nicht aus ihrer Geschäftstätigkeit rührenden Risiken einsetzen.

828 Näher zur Clearingpflicht *Köhling/Adler*, WM 2012, 2125, 2129 ff; näher zu den Methoden des Clearings und zur Abwicklung von Geschäften in der Insolvenz eines Clearingmitglieds *von Hall*, WM 2013, 673, 674 ff.

829 Art. 11 EMIR und Art. 12 ff DelVO (EU) Nr. 149/2013; näher *Köhling/Adler*, WM 2012, 2125, 2173 ff.

830 BCBS/IOSCO-Margin requirements for non-centrally cleared derivatives vom 2.9.2013 (abrufbar unter: https://www.bis.org/publ/bcbs261.pdf).

831 S. insb. Art. 300 ff CRR (Eigenmittelanforderungen für Forderungen an eine zentrale Gegenpartei) und Art. 381 ff CRR (Eigenmittelanforderungen für das Risiko einer Anpassung der Kreditbewertung; sog. CVA-Risiko); dazu noch auf der Grundlage des Verordnungsvorschlags *Köhling/Adler*, WM 2012, 2173, 2178 f.

832 *Blankenheim*, ZBB 2011, 344 ff; *Engert*, ZBB 2014, 108 ff; *Steffen/Sachse*, ZBB 2011, 33 ff; *Szylar* (ed.), UCITS Handbook, London, 2012; s. noch die Literaturhinweise zur AIFM-RL in Fn 312 und zum dt. KAGB in Fn 313.

sind. Danach sind ein vollständiger und ein vereinfachter Prospekt (OGAW) bzw diverse Informationsmaterialien (AIF) sowie ein Jahres- und (bei OGAW) ein Halbjahresbericht zu erstellen, zu aktualisieren und zu veröffentlichen. Nach Art. 84 RL 2009/65/EG ist der OGAW auf Verlangen eines Anteilsinhabers zur Rücknahme oder Auszahlung seiner Anteile verpflichtet, sofern nicht in außergewöhnlichen Fällen eine Aussetzung möglich ist. Die Bewertung des Sondervermögens bzw die Berechnung des Ausgabe- und Verkaufspreises und des Rücknahme- oder Auszahlungspreises der Anteile (Art. 85), die Ausschüttung und Wiederanlage (Art. 86) sowie die Fondsverwaltungskosten (Art. 90) müssen in den gesetzlichen Vorschriften oder in den Vertragsbedingungen des Investmentfonds bzw in der Satzung der Investmentgesellschaft geregelt sein. Außerdem bestehen grds. Verbote betreffend die Kreditaufnahme, Kreditvergabe, Bürgschaftsübernahme und Wertpapierleerverkäufe durch OGAW und ihre Gesellschaften für Rechnung des Fonds (Art. 83, 88 f). Produktbezogene Sonderregelungen bestehen zudem noch für Fonds mit einer besonders geschützten Bezeichnung wie derzeit den Fonds für Risikokapital (European Venture Capital Funds, **EuVECA**)[833] und den Fonds für soziales Unternehmertum (European Social Entrepreneurship Funds, **EuSEF**),[834] zu denen demnächst noch Regelungen für langfristig orientierte Investmentfonds (European Long-Term Investment Funds, **ELTIF**)[835] und für Geldmarktfonds[836] hinzutreten dürften. Die OGAW-RL und die AIFM-RL enthalten schließlich kollisions- und sachrechtliche Regelungen zur **Haftung** der Verwaltungsgesellschaft und insb. der Verwahrstelle.[837] Nach Art. 30 AIFM-RL 2011/61/EU bestehen zudem noch Wartefristen für bestimmte Maßnahmen zum Zerschlagen von Unternehmen durch Private Equity Fonds. Mit zwei weiteren Revisionen der RL 2009/65/EG sollen insb. die stärker an den Interessen der Anleger orientierte Vergütung der Fondsverwaltung und die Haftung der Verwahrstellen (sog. OGAW V-RL)[838] sowie die Regelungen zur Systemrelevanz von OGAW und ihren Anlagetechniken (sog. OGAW VI-RL)[839] harmonisiert werden.

III. Versicherungsdienstleistungen[840]

205 Die seit 1965 andauernden und 1979 in einen Richtlinienvorschlag[841] mündenden sowie von der Wissenschaft unterstützten[842] Bemühungen der Kommission um eine Vereinheitlichung des allg. materiellen Versicherungsvertragsrechts waren bislang nicht von Erfolg gekrönt.[843] Die Harmonisierung des materiellen Versicherungsvertragsrechts beschränkt sich daher auf **vereinzelte Sonderre-**

833 VO (EU) Nr. 345/2013 (s. auch § 337 KAGB); dazu *Jesch*, BB 2012, 2895, 2896; *Philipp*, EuZW 2013, 283.

834 VO (EU) Nr. 346/2013 (s. auch § 338 KAGB); dazu *Philipp*, EuZW 2013, 283.

835 KOM(2013) 462 endg. v. 26.6.2013.

836 KOM(2013) 615 endg. v. 4.9.2013.

837 Art. 13 Abs. 2, Art. 22 Abs. 2, Art. 24, 32 Abs. 2 und Art. 34 RL 2009/65/EG bzw Art. 20, 21 RL 2011/61/EU.

838 KOM(2012) 350 endg. v. 3.7.2012; dazu *Jesch*, BB 2012, 2895, 2896 f.; krit. *Engert*, ZBB 2014, 108 ff.

839 S. dazu das Consultation Document v. 26.7.2012 „Undertakings for Collective Investment in Transferable Securities (UCITS) – Product Rules, Liquidity Management, Depositary, Money Market Funds, Long-term Investments".

840 *Armbrüster*, Zur Harmonisierung des Privatversicherungsrechts in der EG, Jahrbuch Junger Zivilrechtswissenschaftler 1991, S. 89 ff; *Basedow*, EuZW 2014, 1 ff; *Basedow/Birds/Clarke/Cousy/Heiss/ Loacker*, Principles of European Insurance Contract Law (PEICL), 2009; *Beckmann*, ZEuP 1999, 809 ff; *Biagosch*, Europäische Dienstleistungsfreiheit und deutsches Versicherungsvertragsrecht, 1991; *Heiss*, Stand und Perspektiven der Harmonisierung des Versicherungsvertragsrechts in der EG, 2005; *ders.*, VersR 2005, 1 ff; *Hübner*, ZVersWiss. 1982, 221 ff; *Lemor*, VW 1992, 17 ff; *Müller*, VW 1988, 1354 ff; *G. Schwarz*, ZfS 1991, 361 ff.

841 Vorschlag der EWG-Kommission v. 5.7.1979 für eine RL des Rates zur Koordinierung der Rechts- und Verwaltungsvorschriften betreffend die Aufnahme und Ausübung der Tätigkeit der Direktversicherung, ABl. C 190 v. 28.7.1979, S. 2; Änderung des Vorschlags für eine RL des Rates zur Koordinierung der Rechts- und Verwaltungsvorschriften über Versicherungsverträge, ABl. C 355 v. 31.12.1980, S. 30; dazu *Steindorff*, ZHR 144 (1980), 447 ff.

842 *Basedow/Birds/Clarke/Cousy/Heiss/Loacker* (Hrsg), Principles of European Insurance Contract Law (PEICL), 2009; *Heiss* (Hrsg), Principles of European Insurance Contract Law: A Model Optional Instrument, 2011.

843 Näher *Roth*, in Honsell (Hrsg.) VVG, Europ. VersR Rn 108 ff; s. aber auch die positive Stellungnahme des EWSA zur Initiative „Europäischer Versicherungsvertrag", ABl. C 157 v. 28.6.2005, 1.

gelungen in den mit Ausnahme der Kfz-Haftpflicht-Richtlinien vor allem dem Aufsichtsrecht gewidmeten Spartenrichtlinien.

1. Regelungen mit spartenübergreifender Bedeutung

Eine spartenübergreifende Bedeutung haben zunächst verschiedene, in der Schadenversicherung allerdings noch sehr rudimentäre Regelungen über **allg. Informationspflichten** der Versicherer[844] und Versicherungsvermittler.[845] Um den grenzüberschreitenden Vertrieb von Versicherungsprodukten zu erleichtern, können diese Informationspflichten von den Mitgliedstaaten nur insoweit erweitert werden, als sie „für das tatsächliche Verständnis der wesentlichen Bestandteile der Versicherungspolice durch den Versicherungsnehmer notwendig sind".[846] **Übertragungen des Versicherungsbestands**, zu denen es insb. bei Sanierungen und Umstrukturierungen kommt, werden im Interesse aller Beteiligten dadurch erleichtert, dass Versicherer und Zweigniederlassungen ihren Versicherungsbestand ganz oder teilweise ohne die nach den zivilrechtlichen Regelungen der Mitgliedstaaten erforderliche Zustimmung der Versicherungsnehmer (Gläubiger) übertragen können, sofern das übernehmende Unternehmen über entsprechende Eigenmittel zur Bedeckung der Solvabilitätsspanne verfügt und die zuständige Stelle die Genehmigung erteilt.[847] Allgemeiner Natur sind auch die Regelungen zum Verbraucherschutz beim **Fernabsatz** von Finanzdienstleistungen (Rn 61) sowie zur **Gleichstellung** von Männern und Frauen im Dienstleistungsbereich (Rn 60). 206

2. Regelungen mit spartenspezifischer Bedeutung

a) Kraftfahrzeug-Haftpflichtversicherung

Die bislang aus fünf einander ergänzenden Richtlinien[848] bestehende Regelung der Kfz-Haftpflichtversicherung wurde mit der **RL 2009/103/EG kodifiziert**. Die kodifizierende Kfz-Richtlinie bezweckt unverändert zum einen die Angleichung des Verbraucher- und Opferschutzes und zum anderen die Herstellung von Wettbewerbsgleichheit auf Seiten der Versicherungsanbieter in materiell-rechtlicher Hinsicht. Sie basiert wie die aufgehobenen Vorgängerrichtlinien auf dem sog. Straßburger Übereinkommen von 1959[849] und dem **Grüne-Karte-System**,[850] in dessen Rahmen die Kfz-Haftpflichtversicherer in jedem daran teilnehmenden Land ein Büro errichten, dem sie als Mitglieder angehören. Die Büros erfüllen ihre Aufgaben zum einen als sog. Zahlendes Büro durch Ausgabe von internationalen Versicherungskarten für den Kraftverkehr (sog. grüne Karten) und zum anderen als sog. Behandelndes Büro durch die Abwicklung der Schadensersatzansprüche von Ver- 207

844 Nach Art. 31, 43 RL 92/49/EWG, Art. 36 RL 2002/83/EG und Art. 183 ff RL 2009/138/EG (Art. 183 f ab 1.1.2016) muss der Versicherungsnehmer vor Eingehung irgendeiner Verpflichtung bestimmte Angaben erhalten und (bei der Lebensversicherung) während der gesamten Vertragsdauer über die Änderung bestimmter Angaben auf dem Laufenden gehalten werden; s. zudem zum „ewigen" Widerrufsrecht bei unterlassener ordnungsgemäßer Belehrung über das Widerrufsrecht EuGH, Rs. C-209/12 (Endress), VersR 2014, 225 Rn 32 und 39 (dazu Rn 209).

845 Art. 12 f RL 2002/92/EG.

846 Art. 185 VII RL 2009/138/EG; zur entspr. Interpretation der Vorgängerregelung des Art. 31 RL 92/96/EWG als grds. Höchststandard EuGH, Rs. C-386/00 (Axa Royale), VersR 2002, 1011; zur insoweit fraglichen Vereinbarkeit der Reformvorschläge zum VVG-Recht der Obliegenheiten mit dem EG-Recht *Herrmann*, VersR 2003, 1333 ff.

847 S. dazu und zur stattdessen erfolgenden Kontrolle der Übertragung durch die zuständigen Behörden oder Gerichte der Mitgliedstaaten Art. 12 RL 92/49/EWG sowie Art. 14 und 53 RL 2002/83/EG (Genehmigungspflicht), umgesetzt in § 14 Abs. 1 a und § 111 d VAG; ferner Art. 39 RL 2009/138/EG; näher zur grenzüberschreitenden Bestandsübertragung *Bälz*, VersR 2005, 310 ff und *Müller*, Versicherungsbinnenmarkt, Rn 785 ff.

848 1. Kfz-Haftpflicht-RL 72/166/EWG, 2. Kfz-Haftpflicht-RL 84/5/EWG, 3. Kfz-Haftpflicht-RL 90/232/EG, 4. Kfz-Haftpflicht-RL 2000/26/EG und 5. Kfz-Haftpflicht-RL 2005/14/EG.

849 Europäisches Übereinkommen über die obligatorische Haftpflichtversicherung für Kraftfahrzeuge v. 20.4.1959, BGBl. 1965 II, 282 ff.

850 Empfehlung Nr. 5 des Unterausschusses für Straßenverkehr des Binnenverkehrsausschusses der Wirtschaftskommission der Vereinten Nationen für Europa vom 25.1.1949; am 1.1.1953 in Kraft gesetzt durch Beschl. Nr. 43 desselben Gremiums vom 5.6.1952, abrufbar unter http://www.gruene-karte.de, Link Agreements, „1949 Geneva Recommendation"; *Müller*, Versicherungsbinnenmarkt, Rn 113 ff; näher *W. Schmitt*, System der Grünen Karte, 1968.

kehrsopfern in ihrem Land gegen ausländische Kraftfahrer. Maßgeblich ist hierfür das Recht des Besuchslandes, um eine Angleichung des divergierenden nationalen Versicherungsschutzes an die im Besuchsland geltenden Anforderungen zu erreichen.

208 Schon die RL 72/166/EWG ermöglichte den grds. Verzicht auf die Kontrolle der Grünen Karte beim Grenzübertritt, indem sie eine **Pflicht zur Haftpflichtversicherung** für alle Fahrzeuge im EWR mit einer sich obligatorisch auf das ganze EWR-Gebiet erstreckenden Deckung einführte (jetzt Art. 3 ff RL 2009/103/EG).[851] Dieser Haftpflichtschutz wurde durch die RL 84/5/EWG Sachschäden erweitert sowie durch die Festlegung von **Mindestdeckungssummen** und die Einrichtung eines Entschädigungsfonds zum Opferschutz in Fällen der Schadensverursachung durch ein nicht ermitteltes oder nicht versichertes Fahrzeug verbessert (jetzt Art. 3 Abs. 14, Art. 9 und 10 RL 2009/103/EG). Die RL 90/232/EG schloss weitere Lücken im Versicherungsschutz, indem sie insb. vorsah, dass sich die Versicherungspflicht auf alle Fahrzeuginsassen[852] mit Ausnahme des Fahrers erstreckt (jetzt Art. 12 Abs. 1 RL 2009/103/EG) und dass die Ersatzpflicht des Entschädigungsfonds unabhängig von einem Nachweis der verweigerten oder nicht möglichen Zahlung des Haftpflichtigen durch das Unfallopfer bestehen muss (jetzt Art. 10 Abs. 1 Unterabs. 2 S. 2 RL 2009/103/EG). Zur Vervollständigung des Grüne-Karte-Systems und der drei bisherigen Kfz-Haftpflicht-Richtlinien, deren Regelungen ausschließlich Verkehrsunfälle erfassen, die sich im Wohnsitzland des Unfallopfers ereignet haben, sah die RL 2000/26/EG[853] Regelungen zum Ersatz von Personen- und Sachschäden vor, die bei einem **Unfall in einem anderen Mitgliedstaat** als dem Wohnsitzmitgliedstaat des Geschädigten durch die Nutzung eines Fahrzeugs verursacht worden sind, das in einem Mitgliedstaat versichert ist und dort seinen gewöhnlichen Standort hat (jetzt Art. 20 Abs. 1 RL 2009/103/EG). Vorgesehen wurden ein **Direktanspruch** des Geschädigten gegen das die Haftpflicht des Unfallverursachers deckende Versicherungsunternehmen (jetzt Art. 18 RL 2009/103/EG) und die Verpflichtung der Mitgliedstaaten zur Benennung eines Schadenregulierungsbeauftragten (jetzt Art. 21 RL 2009/103/EG) sowie zur Einrichtung von **Auskunfts-** (jetzt Art. 23 RL 2009/103/EG) und **Entschädigungsstellen** (jetzt Art. 24 RL 2009/103/EG). Die RL 2005/14/EG, die die vorangegangenen Richtlinien modifizierte, diente schließlich insb. dazu, den Abschluss einer Versicherung bei einem vorübergehenden Aufenthalt in einem anderen Mitgliedstaat zu erleichtern (jetzt Art. 14 lit. a RL 2009/103/EG) sowie den Abschluss einer kurzfristigen Versicherung für ein außerhalb des Wohnsitzlandes des Eigentümers erworbenes Fahrzeug zu ermöglichen (jetzt Art. 15 RL 2009/103/EG). Die Mindestdeckungssumme bei Personenschäden wurde auf 1 Mio. EUR pro Unfallopfer und 5 Mio. EUR pro Schadensfall festgelegt (jetzt Art. 9 Abs. 1 RL 2009/103/EG). Fahrzeuginsassen, die um die Alkoholisierung uä des Fahrers wissen, bleibt der Versicherungsschutz seither erhalten (jetzt Art. 13 Abs. 3 RL 2009/103/EG). Die Regelungen beeinflussen auch die Auslegung der deutschen Vorschriften über die vorsätzliche Herbeiführung des Versicherungsfalls.[854]

b) Sonstige spartenspezifische Regelungen

209 Beim Abschluss eines **Lebensversicherungsvertrags** hat der Versicherungsnehmer nach Art. 35 RL 2002/83/EG ein Rücktrittsrecht innerhalb einer Frist von mindestens 14 und höchstens 30 Tagen nach Inkenntnissetzung vom Vertragsschluss. Seit 1.1.2008 findet sich die deutsche Umsetzungsregelung in den §§ 8 f und 152 VVG, die bei Lebensversicherungsverträgen ein allg. Widerrufsrecht innerhalb von 30 Tagen vorsehen, wobei der Versicherer auch den Rückkaufswert einschließlich der Überschussanteile nach § 169 VVG zu zahlen hat. Bei fehlender ordnungsgemäßer Belehrung über das Widerrufsrecht (§ 8 Abs. 2 S. 1 Nr. 2 VVG) besteht das Widerrufsrecht entge-

851 S. dazu auch EuGH, Rs. C-129/94 (Ruiz Bernaldez), EuZW 1996, 735 (Pflicht zur Ersatzleistung an den Geschädigten auch bei Trunkenheit des Fahrers, aber Regressmöglichkeit für den Versicherer).

852 Zum Begriff des Fahrzeuginsassen der RL s. EuGH, Rs. C-356/05 (Elaine Farrell/Alan Whitty), Slg 2007, I-3067 mit Anm. *Looschelders*, GPR 2007, 273 ff.

853 Näher *Looschelders*, NZV 1999, 57 ff.

854 Näher *Franck*, VersR 2014, 13 ff.

gen dem europarechtswidrigen[855] und zum 1.1.2008 aufgehobenen, aber noch für zwischen Ende 1994 und Ende 2007 zustande gekommene Verträge relevanten § 5 a Abs. 2 S. 4 VVG aF (Einjahresfrist ab erster Prämienzahlung) vorbehaltlich einer allfälligen Verwirkung unbegrenzt.[856]

Die RL 87/344/EWG zur **Rechtsschutzversicherung**[857] sichert dem Versicherungsnehmer ein Recht auf grds. freie Anwaltswahl[858] und verpflichtet den Versicherer zur Einrichtung eines Streitschlichtungsverfahrens bei Meinungsverschiedenheiten zwischen ihm und dem Versicherungsnehmer über die im Streitfall einzunehmende Haltung.[859] Den Rechtsschutzversicherer treffen zudem diesbzgl Hinweispflichten.[860] 210

Nach Art. 54 Abs. 2 RL 92/49/EWG (ab 1.1.2016 Art. 206 II RL 2009/138/EG) können die Mitgliedstaaten vorsehen, dass die **substitutive Krankenversicherung**[861] nach Art der Lebensversicherung zu betreiben ist, wenn bestimmte Bedingungen, die u.a. auch Auswirkungen auf das private Versicherungsverhältnis zeitigen (Kündigungsfrist des Versicherers, Beitragsanpassungen, Vertragsumwandlungsrecht des Versicherungsnehmers), erfüllt sind. 211

IV. Europäisches Kollisionsrecht der Finanzdienstleistungsverträge[862]

1. Europäisches Kollisionsrecht der Bankverträge und Wertpapiergeschäfte

Für das europäische Internationale Bankvertragsrecht gelten im Vergleich zum allg. Internationalen Vertragsrecht keine Besonderheiten, so dass insoweit auf die allg. Ausführungen zu diesem Thema und insb. zu Art. 3 ff der VO (EG) Nr. 593/2008 (**Rom I**) in diesem Bd. verwiesen werden kann. Häufig wird sich in den Individualverträgen bzw AGB[863] eine ggf auch nur konkludente Rechtswahl iSv Art. 3 Rom I-VO finden, für die bei Verbraucherverträgen aber auch noch Art. 6 Abs. 2 Rom I-VO zu beachten ist. Zum Zwecke der subsidiären objektiven Anknüpfung werden die meisten Verträge (Zahlungsverkehrs-, Effekten-, Einlagen- und Depotgeschäfte) als **Dienstleistungsverträge iSv Art. 4 Abs. 1 lit. b** Rom I-VO zu qualifizieren sein, so dass auf sie vorbehaltlich von Art. 6 Rom I-VO das Recht desjenigen Staates zur Anwendung gelangt, in dem das Kreditinstitut etc. seine Hauptverwaltung (Art. 19 Abs. 1 Unterabs. 1 Rom I-VO) hat.[864] Kredit-, Bürgschafts- und Garantieverträge fallen trotz der weiten Auslegung des Dienstleistungsbegriffs zwar vorbehaltlich von Art. 6 unter die allg. Regel von Art. 4 Abs. 2 Rom I-VO, doch führt auch diese zum Recht am Ort der Hauptverwaltung des Kreditinstituts, da dieses die jeweils charakteristische Leistung erbringt.[865] Nach der objektiven Sonderanknüpfung von **Art. 4 Abs. 1 lit. h** Rom I-VO unterliegen 212

855 Zur Unvereinbarkeit von § 5 a Abs. 2 S. 4 VVG aF mit dem seinerzeit noch maßgeblichen Art. 15 Abs. 1 Unterabs. 1 RL 90/619/EWG idF der RL 92/96/EWG iVm Art. 31 Abs. 1 RL 92/96/EWG s. EuGH, Rs. C-209/12 (Endress), VersR 2014, 225 Rn 32 und 39 (dazu *Brand*, WM 2014, 269 ff).

856 Dazu und zur Beschränkung der unbegrenzten Dauer des Widerspruchsrechts auf noch nicht beidseitig vollständig erfüllte Verträge *Armbrüster*, NJW 2014, 497 f.

857 S. zu einer Begriffsdefinition Art. 2 RL 87/344/EWG (ab 1.1.2016 Art. 198 Abs. 1 RL 2009/138/EG).

858 Art. 4 f RL 87/344/EWG (ab 1.1.2016 Art. 201 f RL 2009/138/EG); umgesetzt in § 127 VVG.

859 Art. 6 RL 87/344/EWG (ab 1.1.2016 Art. 203 RL 2009/138/EG); umgesetzt in § 128 VVG.

860 Art. 7 RL 87/344/EWG (ab 31.3.2015 Art. 204 RL 2009/138/EG); umgesetzt in §§ 126 und 128 VVG.

861 S. zu einer Begriffsdefinition Art. 54 Abs. 1 RL 92/49/EWG (ab 1.1.2016 Art. 206 Abs. 1 RL 2009/138/EG).

862 Allgemein zu Finanzdienstleistungen unter der Rom I-Verordnung: *Einsele*, WM 2009, 289 ff; *Mankowski*, RIW 2009, 98 ff; *Mattout*, Droit bancaire international, 4. Aufl., 2009; speziell zu den versicherungsrechtlichen Regelungen: *Deutsch*, MedR 2009, 576 ff; *Fricke*, VersR 2008, 443 ff; *Heiss*, in: FS Kropholler, 2008, 459 ff; *Looschelders/Smarowos*, VersR 2010, 1 ff; *Perner*, IPRax 2009, 218 ff; noch zum alten Recht: *Hub*, Internationale Zuständigkeit in Versicherungssachen nach der VO 44/01/EG (EuGVVO), 2005; *Liauh*, Internationales Versicherungsvertragsrecht, 2000; *W. H. Roth*, Internationales Versicherungsvertragsrecht, 1985; *Staudinger*, VersR 1999, 401 ff; *Woopen*, EuZW 2007, 495 ff.

863 S. etwa Ziff. 6 I AGB der privaten Banken bzw AGB der Sparkassen.

864 Näher *Freitag*, in: Derleder/Knops/Bamberger (Hrsg.), Handbuch zum deutschen und europäischen Bankrecht, 2. Aufl., 2009, § 62.

865 Näher MüKo-*Martiny*, Bd. 10, 5. Aufl., 2009, Rom I-VO Art. 4 Rn 170 ff, 181, 188 ff.

schließlich Verträge, die innerhalb eines multilateralen Systems[866] geschlossen werden, das die Interessen einer Vielzahl Dritter am **Kauf und Verkauf von Finanzinstrumenten** iSv Art. 4 Abs. 1 Nr. 17 RL 2004/39/EG (ab 3.1.2017 Art. 4 Abs. 1 Nr. 15 RL 2014/65/EU) nach nichtdiskretionären Regeln und nach Maßgabe eines einzigen Rechts zusammenführt oder das Zusammenführen fördert, im Interesse einer einheitlichen Anknüpfung diesem Recht.[867] Verträge über Anlageberatung und Wertpapierkommission unterliegen jedoch Art. 4 Abs. 1 lit. b, Art. 6 Rom I-VO.

2. Europäisches Kollisionsrecht der Versicherungsverträge

213 Die ebenfalls nach der VO (EG) Nr. 593/2008 (**Rom I**)[868] erfolgende Bestimmung des auf Versicherungsverträge anwendbaren Rechts ist abhängig von der Art der Versicherung und des Versicherungsnehmers sowie der Art und der Belegenheit des Risikos.[869] Zur Gewährleistung eines angemessenen Schutzes des Versicherungsnehmers führen die Regelungen bei den Massenrisikenversicherungen zumeist zur Anwendung des dem Versicherungsnehmer eher vertrauten Heimatrechts und bei Großrisiken zur freien Rechtswahl. Vorbehalten bleiben stets die international zwingenden Eingriffsnormen und der ordre public (Art. 9 und 21).

214 Nach Art. 7 Abs. 2 Rom I-VO, der gegenüber dem übrigen sekundären Gemeinschaftsrecht (Art. 23) und den allg. Regelungen der Art. 3, 4 und 6 (vgl Art. 4 Abs. 1, Art. 6 Abs. 1) in seinem Anwendungsbereich (Art. 7 Abs. 1) Vorrang beansprucht, unterliegen **Direktversicherungsverträge,** die innerhalb und außerhalb des EWR[870] belegene **Großrisiken** iSv Art. 13 Nr. 27 RL 2009/138/EG decken, primär dem von den Parteien nach Art. 3 der VO gewählten Recht. Soweit die Parteien keine Rechtswahl getroffen haben, unterliegt der Versicherungsvertrag dem Recht des Staats, in dem der Versicherer seinen gewöhnlichen Aufenthalt hat. Ergibt sich aus der Gesamtheit der Umstände (v.a. Belegenheit des Risikos), dass der Vertrag eine offensichtlich engere Verbindung zu einem anderen Staat aufweist, ist das Recht dieses anderen Staates anzuwenden. Direktversicherungsverträge, die **im EWR belegene Massenrisiken** (dh keine Großrisiken) betreffen, unterliegen Art. 7 Abs. 3 Rom I-VO, der die Möglichkeiten einer nach Art. 3 zu treffenden Rechtswahl in unterschiedlicher Weise einschränkt: Wenn der Versicherungsnehmer eine gewerbliche, industrielle oder freiberufliche Tätigkeit ausübt und der Versicherungsvertrag zwei oder mehr Risiken abdeckt, die mit dieser Tätigkeit in Zusammenhang stehen und in unterschiedlichen Mitgliedstaaten belegen sind, ist die Wahl auf das Recht eines betroffenen Mitgliedstaats oder das Recht des Staates des gewöhnlichen Aufenthalts des Versicherungsnehmers beschränkt (lit. e). Für alle anderen Direktversicherungsverträge iSv Art. 7 Abs. 1, 3 kann grds. nur das Recht eines jeden Mitgliedstaats, in dem zum Zeitpunkt des Vertragsschlusses das Risiko belegen ist (lit. a), bzw das Recht des Staates des gewöhnlichen Aufenthalts des Versicherungsnehmers (lit. b) gewählt werden. Räumen die betreffenden Mitgliedstaaten in den Fällen von lit. a, b und e eine größere Wahlfreiheit bzgl des auf den Versicherungsvertrag anwendbaren Rechts ein, so können die Parteien hiervon Gebrauch machen. Bei Lebensversicherungsverträgen kann zudem das Recht des Mitgliedstaats gewählt werden, dessen Staatsangehörigkeit der Versicherungsnehmer besitzt (lit. c). Deckt die Versicherung allein Schadensfälle in anderen Mitgliedstaaten als dem Mitgliedstaat, in dem das Risiko belegen ist, ist auch das Recht eines dieser anderen Staaten wählbar (lit. d). Soweit die Parteien keine nach

866 Gemeint sind der geregelte Märkte (Art. 4 Abs. 1 Nr. 14 MiFID I bzw ab 3.1.2017 Art. 4 Abs. 1 Nr. 21 MiFID II) und MTF (Art. 4 Abs. 1 Nr. 15 MiFID I bzw Nr. 22 MiFID II) sowie ab 3.1.2017 auch OTF (Art. 4 Abs. 1 Nr. 23 MiFID II); bloße Abwicklungs- und Abrechnungssysteme fallen nicht unter lit. h.

867 Näher MüKo-*Martiny*, Bd. 10, 5. Aufl., 2009, Rom I-VO Art. 4 Rn 133 ff.

868 Die Art. 7 ff EGVVG wurden durch Art. 2 Abs. 4 Nr. 2 des Gesetzes v. 25.6.2009 zur Anpassung der Vorschriften des Internationalen Privatrechts an die VO (EG) Nr. 593/2008 (BGBl. 2009 I, 1574) aufgehoben.

869 Die Belegenheit des Risikos in einem Mitgliedstaat iSv Art. 7 VO (EG) Nr. 593/2008 bestimmt sich nach Art. 7 Abs. 6 iVm Art. 13 Nr. 14 (Lebensversicherungen) bzw Nr. 13 RL 2009/138/EG (sonstige Direktversicherungen).

870 Nach Art. 1 Abs. 4 S. 2 VO (EG) Nr. 593/2008 bezeichnet der Begriff „Mitgliedstaat" in dem für Versicherungsverträge gesonderte Regelungen enthaltenden Art. 7 alle Mitgliedstaaten der EU, dh auch unter Einschluss derjenigen Mitgliedstaaten (DK sowie unabhängig von einem „opt in" auch GB und IRL), für die die VO nicht (bzw nur aufgrund eines „opt in") gilt. Die VO hat zudem Bedeutung für den EWR.

Art. 3 und 7 Abs. 3 wirksame Rechtswahl getroffen haben, unterliegt der Vertrag dem Recht des Mitgliedstaats, in dem zum Zeitpunkt des Vertragsschlusses das Risiko belegen ist. Deckt der Vertrag in mehr als einem Mitgliedstaat belegene Risiken, so ist der Vertrag als aus mehreren Verträgen bestehend anzusehen, von denen sich jeder auf jeweils nur einen Mitgliedstaat bezieht (Art. 7 Abs. 5).

Pflichtversicherungsverträge werden grds. ebenfalls nach Art. 7 Abs. 2 (Großrisiken) bzw Art. 7 Abs. 3 (Massenrisiken) Rom I-VO angeknüpft. Sie genügen der Versicherungspflicht nach Art. 7 Abs. 4 Rom I-VO jedoch nur, wenn sie den von dem die Versicherungspflicht auferlegenden EWR-Mitgliedstaat vorgeschriebenen besonderen Bestimmungen für diese Versicherung entsprechen. Widersprechen sich das Recht des Mitgliedstaats, in dem das Risiko iSv Art. 13 Nr. 13 RL 2009/138/EG belegen ist, und dasjenige des Mitgliedstaats, der die Versicherungspflicht vorschreibt, so hat das letztere Vorrang (Art. 7 Abs. 4 lit. a). Ein Mitgliedstaat kann zudem, wie dies auch Deutschland getan hat,[871] abweichend von Art. 7 Abs. 2, 3 und damit auch rechtswahlfest vorschreiben, dass auf den Versicherungsvertrag das Recht des Mitgliedstaats anzuwenden ist, der die Versicherungspflicht vorschreibt (Art. 7 Abs. 4 lit. b). Deckt der Vertrag in mehr als einem Mitgliedstaat belegene Risiken, so ist der Vertrag als aus mehreren Verträgen bestehend anzusehen, von denen sich jeder auf jeweils nur einen Mitgliedstaat bezieht (Art. 7 Abs. 5). 215

Massenrisikenverträge,[872] die außerhalb eines EWR-Mitgliedstaats belegene Risiken betreffen, **und alle Rückversicherungsverträge** unterliegen als Nichtverbraucherverträge der freien Rechtswahl nach Art. 3 und subsidiär der objektiven Anknüpfung nach Art. 4 Abs. 1 lit. b Rom I-VO, wonach das Recht des Staates des gewöhnlichen Aufenthalts (Art. 19) des Versicherers zur Anwendung kommt. Für Verbraucherverträge gilt die Sonderregelung von Art. 6, wonach regelmäßig das Recht des Staates des gewöhnlichen Aufenthalts (Art. 19) des Versicherungsnehmers zur Anwendung gelangt. Eine vorrangige Rechtswahl bleibt zwar möglich, doch darf diese nicht dazu führen, dass dem Verbraucher der Schutz der zwingenden Regelungen des Rechts desjenigen Staates, in dem er seinen gewöhnlichen Aufenthalt hat, entzogen wird. 216

F. Maßnahmen mit strafrechtlichem Bezug[873]

I. Geldwäsche und Terrorismusfinanzierung[874]

Wie schon die vorangegangenen Richtlinien 91/308/EWG[875] und 2001/97/EG[876] orientieren sich auch die diese ablösende 3. Geldwäsche-RL 2005/60/EG[877] und die Durchführungs-RL 2006/70/EG an den internationalen Empfehlungen zur Geldwäsche- und Terrorismusbekämpfung der Financial Action Transaction Force (FATF). Mit einer VO zur Übermittlung von Angaben bei Geldtransfers sollen demnächst auch die FATF-Empfehlungen von 2012 zur lückenlosen Rück- 217

871 Art. 46 c EGBGB.

872 Hierbei handelt es sich um Direktversicherungsverträge, die keine Großrisiken iSv Art. 13 Nr. 27 RL 2009/138/EG decken.

873 Vgl dazu im deutschen Recht *Hohnel*, Kapitalmarktstrafrecht, Kommentar, München, 2013; *Park* (Hrsg.), Kapitalmarktstrafrecht: Straftaten, Ordnungswidrigkeiten, Finanzaufsicht, Compliance, Handkommentar, 3. Aufl., Baden-Baden, 2013; aktuell: *Ahlbrecht*, BKR 2014, 98 ff.

874 *Ackmann/Reder*, WM 2009, 158 ff und 200 ff; *Handoll*, Capital, payments and money laundering in the EU, 2007; *Hetzer*, ZfZ 2004, 362 ff; *Pieth/Aiolfi*, A Comparative Guide to Anti-Money Laundering – A Critical Analysis of systems in Singapore, Switzerland, the UK and the USA, 2004; *C. Schröder*, ZBB 2013, 312 ff; *Sommer*, AnwBl. 2005, 50 ff; *Sotiriadis/Heimerdinger*, BKR 2009, 234 ff.

875 Hier stand das Wiener UN-Übereinkommen vom 19.12.1988 gegen den illegalen Handel mit Betäubungsmitteln und psychotropen Stoffen (United Nations, Treaty Series, vol. 1582, No. I-27627) Pate.

876 Laut Erwägungsgrund 7 RL 2001/97/EG orientierte man sich an den 40 Empfehlungen zur Bekämpfung der Geldwäsche von 1996 der bei der OECD angesiedelten Financial Action Task Force on Money Laundering (FATF).

877 Laut Erwägungsgrund 5 der RL 2005/60/EG fanden die 2003 überarbeiteten 40 Empfehlungen der FATF (http://www.fatf-gafi.org) und deren inzwischen neun Sonderempfehlungen zur Bekämpfung der Terrorismusfinanzierung Berücksichtigung.

verfolgbarkeit von Geldtransfers umgesetzt werden.[878] Der **Begriff** der Geldwäsche wird von den Richtlinien in Übereinstimmung mit dem Wiener UN-Übereinkommen von 19.12.1988 gegen den illegalen Handel mit Betäubungsmitteln und psychotropen Stoffen[879] definiert (aktuell Art. 1 Abs. 2 RL 2005/60/EG). Relevante Vortaten sind nicht nur Drogendelikte, sondern seit der RL 2001/97/EG alle schweren Straftaten, zu denen nunmehr neben zB organisierter Kriminalität, Terrorismus und Betrug zu Lasten des Unionshaushalts alle Straftaten gehören, die mit einer Höchststrafe von mindestens einem Jahr Freiheitsstrafe bedroht sind (Art. 3 Nr. 5 lit. f RL 2005/60/EG).[880] Der **subjektive Anwendungsbereich** der Geldwäscheregelungen wurde durch die Richtlinien schrittweise ausgeweitet. Nunmehr unterliegen ihnen Kreditinstitute, Finanzinstitute ieS und bestimmte selbständig beruflich tätige natürliche oder juristische Personen, zu denen Abschlussprüfer, externe Buchprüfer, Steuerberater, Immobilienmakler, Kasinos, Treuhand- und Unternehmensdienstleister, unter zusätzlichen Voraussetzungen Notare und Rechtsanwälte sowie Barzahlungen in Höhe von mindestens 15.000 EUR in einer einzigen oder offenbar zusammenhängenden Transaktion entgegennehmende Händler von Gütern gehören (Art. 2 Abs. 1 Nr. 1-3). Was die durch die 3. Geldwäsche-RL nunmehr erfasste Finanzierung des **Terrorismus** anbelangt, fällt diese auch dann unter die Richtlinie, wenn die Finanzierung durch rechtmäßig erworbene Vermögensgegenstände erfolgt.

218 Die Richtlinie enthält neben dem hinreichend zu sanktionierenden **Verbot der Geldwäsche** (Art. 1 Abs. 1, Art. 34) eine grds. **Pflicht zur Feststellung der Kundenidentität** und der Kundenabsichten sowie Aufzeichnungs- und Kontrollpflichten bei Geschäftseröffnung, Transaktionen ab 15.000 EUR und Verdacht auf Geldwäsche oder Terrorismusfinanzierung (Art. 9 ff). Vorgesehen ist zudem eine geheim zu haltende (Art. 28) Kooperation der Finanzdienstleister etc. mit den weisungsbefugten (Art. 24) (Strafverfolgungs-)Behörden (Art. 22 Abs. 1: Meldepflicht- und Auskunftspflicht,[881] Art. 24: Aussetzen von und ggf Verzicht auf Transaktionen, Art. 26: Befreiung vom Bankgeheimnis). Durch Art. 25 wird schließlich noch eine Meldepflicht der zuständigen Aufsichtsbehörden statuiert. Die drei Geldwäsche-RL wurden in § 261 StGB und dem Gesetz über das Aufspüren von Gewinnen aus schweren Straftaten (Geldwäschegesetz – GwG)[882] umgesetzt. Die Bekämpfung der Geldwäsche und der Terrorismusfinanzierung stellt einen einen tauglichen Grund des Allgemeinwohls zur Beschränkung der Dienstleistungsfreiheit nach Art. 56 AEUV dar.[883]

219 Seit 2006 wird die Geldwäsche-RL noch durch die VO (EG) Nr. 1781/2006 über die Übermittlung von **Angaben zum Auftraggeber bei Geldtransfers** ergänzt. Danach müssen Zahlungsverkehrsdienstleister mit Sitz im EWR bei jedem Schritt eines Geldtransfers[884] vollständige Angaben[885] zum Auftraggeber[886] weiterleiten bzw einfordern. Die VO dient der Umsetzung der Sonderempfehlung VII der FATF in EU-Recht und ist Teil des EU-Aktionsplans zur Bekämpfung des Terrorismus.

---

878 KOM(2013) 44 endg. v. 5.2.2013.

879 Art. 3 Abs. 1 lit. b und c (Nachweis in Fn 875).

880 S. dazu auch bereits die Gemeinsame Maßnahme 98/699/JI v. 3.12.1998 betreffend Geldwäsche, die Ermittlung, das Einfrieren, die Beschlagnahme und die Einziehung von Tatwerkzeugen und Erträgen aus Straftaten, ABl. L 333 v. 9.12.1998, S. 1.

881 Zur Koordination der Arbeit der nationalen Meldestellen hat die EU-Kommission eine informelle Plattform der Zentralstellen für Verdachtsanzeigen (FIUs) eingerichtet.

882 Das aktuelle Gesetz stammt v. 13.8.2008, BGBl. 2008 I, 1690 ff.

883 Zur Meldepflicht EuGH, Rs. C-212/11 (Jyske-Bank Gibraltar Ltd), EuZW 2013, 635 ff.

884 Geldtransfer ist nach Art. 2 Nr. 7 jede Transaktion, die im Namen eines Auftraggebers über einen Zahlungsverkehrsdienstleister auf elektronischem Wege mit dem Ziel abgewickelt wird, einem Begünstigten bei einem Zahlungsverkehrsdienstleister einen Geldbetrag zur Verfügung zu stellen, unabhängig davon, ob Auftraggeber und Begünstigter dies. Person sind; ausgenommen sind nach Art. 3 Abs. 2-7 ggf Kartenzahlungen, Transfers von elektronischem Geld bis 1000 EUR, Zahlungen über IT-Geräte (zB Mobiltelefon), Zahlungen als Gegenleistung für die Lieferung von Waren oder Dienstleistungen sowie Barabhebungen vom eigenen Konto und einige Sonderzahlungen.

885 Nach Art. 4 sind dies grds. Name, Anschrift, Kontonummer und ggf alternativ Geburtsdatum und Geburtsort, die Kundennummer oder die Identifikationsnummer des Kunden.

886 Auftraggeber ist nach Art. 2 Nr. 3 entweder der Kontoinhaber oder bei einem fehlenden Kontobezug der Auftraggeber ieS.

II. Bekämpfung von Betrug und Fälschung im Zusammenhang mit Zahlungsmitteln[887]

Der Rahmenbeschl. zur Bekämpfung von Betrug und Fälschung im Zusammenhang mit bargeldlosen Zahlungsmitteln sieht vor, dass Betrugs- und Fälschungshandlungen im bargeldlosen Zahlungsverkehr sowie deren Vorbereitung[888] in allen Mitgliedstaaten als **Straftat** behandelt und mit wirksamen, verhältnismäßigen und abschreckenden Sanktionen gegen natürliche bzw juristische Personen belegt werden (Art. 2, 3 und 4 Abs. 2). Außerdem enthält der Beschl. Bestimmungen zur internationalen Zuständigkeit und zur Sicherstellung der Strafverfolgung bei Nichtauslieferung von Staatsangehörigen durch den Mitgliedstaat. Das deutsche Straf- und Ordnungswidrigkeitenrecht entsprach bereits weitgehend den Vorgaben und wurde daher nur geringfügig durch das 35. StrÄndG in den §§ 146 ff und 263 a StGB angepasst.[889] 220

III. Strafrechtliche Sanktionen im Aufsichtsrecht

Die Regelungen zur Finanzdienstleistungsaufsicht (Rn 64 ff) sind von den Mitgliedstaaten effektiv zu sanktionieren (näher Rn 155), was insb. auch die jeweils ausdrücklich erwähnten strafrechtlichen Sanktionen einschließt.[890] Besonders erwähnenswert sind in diesem Zusammenhang die Marktmissbrauchs-VO (EU) Nr. 596/2014 (MAR) sowie die RL 2014/57/EU über strafrechtliche Sanktionen bei Marktmanipulation (CRIM-MAD). So sollen nach der auf Art. 83 Abs. 2 AEUV gestützten und von den Mitgliedstaaten bis zum 3.7.2016 umzusetzenden **CRIM-MAD** effektive, angemessene und abschreckende strafrechtliche Sanktionen eingeführt werden (Art. 7 Abs. 1 CRIM-MAD). Dazu gehören Freiheitsstrafen im Höchstmaß von mindestens vier Jahren für vorsätzliche Verstöße gegen das Insiderhandels- und Marktmanipulationsverbot sowie das Empfehlungs- und Verleitungsverbot (Art. 7 Abs. 2 iVm Art. 3 bis 5 CRIM-MAD) und Freiheitsstrafen im Höchstmaß von mindestens zwei Jahren für vorsätzliche Verstöße gegen das Weitergabeverbot (Art. 7 Abs. 3 iVm Art. 4 CRIM-MAD). Kumulativ zur Strafbarkeit von natürlichen Personen haben die Mitgliedstaaten sicherzustellen, dass juristische Personen für die in den Art. 3 bis 6 CRIM-MAD genannten Straftaten zur Verantwortung gezogen werden können, wenn diese zu ihren Gunsten von einem Leitungsorganmitglied begangen wurde oder wenn es die mangelnde Überwachung oder Kontrolle durch ein Leitungsorganmitglied einer diesem unterstellten Person ermöglicht hat, eine der in den Art. 3 bis 6 genannten Straftaten zugunsten der juristischen Person zu begehen (Art. 8 CRIM-MAD). Auch verpflichtet die RL die Mitgliedstaaten zu wirksamen, verhältnismäßigen und abschreckenden Sanktionen, die Geldstrafen oder nichtstrafrechtliche Geldbußen umfassen müssen, aber auch andere Sanktionen (zB Handelsverbot, Auflösung) einschließen können (Art. 9 CRIM-MAD). 221

---

887 *Husemann*, NJW 2004, 104 ff.

888 Erfasst sind Handlungen im Zusammenhang mit dem Zahlungsmittel selbst, seiner Herstellung, der Auftragserteilung, der Einziehung des Betrags, der Bearbeitung, Verrechnung und Leistung der Zahlung.

889 Näher *Husemann*, NJW 2004, 104 ff.

890 S. etwa Art. 51 Abs. 1 RL 2004/39/EG (ab 3.1.2017 Art. 70 Abs. 1 RL 2014/65/EU), Art. 64 ff RL 2013/36/EU.

§ 21 Recht des geistigen Eigentums

Literatur: *Benkard,* Europäisches Patentübereinkommen, 2. Aufl., München, 2012; *Busse,* Patentgesetz, 7. Aufl., Berlin, 2013; *Dreier/Schulze,* Urheberrechtsgesetz, 4. Aufl., München, 2013; *Eisenführ/Schennen,* Gemeinschaftsmarkenverordnung, 4. Aufl., Köln u.a., 2014; *Fezer,* Markenrecht, 4. Aufl., München, 2009; *Haedicke/Timmann,* Handbuch des Patentrechts, München, 2012; *Heinemann,* Immaterialgüterschutz in der Wettbewerbsordnung, Tübingen, 2002; *Hilty/Geiger,* Impulse für eine europäische Harmonisierung des Urheberrechts, Berlin, Heidelberg, 2007; *Ingerl/Rohnke,* Markengesetz, 3. Aufl., München, 2010; *Kraßer,* Patentrecht, 6. Aufl., München, 2009; *Leistner,* Konsolidierung und Entwicklungsperspektive des Europäischen Urheberrechts, Bonn, 2008; *Loewenheim,* Handbuch des Urheberrechts, 2. Aufl., München, 2010; *Mestmäcker/Schweitzer,* Europäisches Wettbewerbsrecht, 2. Aufl., München, 2004; *Schricker/Loewenheim* (Hrsg.), Urheberrecht, 4. Aufl., München, 2010, *Walter,* (Hrsg.), Europäisches Urheberrecht, Wien, New York, 2001.

Abschnitt 1: Übersicht zu Gesetzgebung und Rechtsprechung

A. Gesetzgebung

I. Primärrecht

Art. 114 AEUV; Art. 53 Abs. 1 Hs. 2 AEUV, Art. 56 AEUV, Art. 62 AEUV, Art. 118 AEUV, Kompetenzgrundlagen für die Gesetzgebung; Art. 34, 36 AEUV; Art. 18 AEUV, Beschränkung der Ausübung von Rechten des geistigen Eigentums.

II. Sekundärrecht

Urheberrecht:

Richtlinie 91/250/EWG vom 14.5.1991 über den Rechtsschutz von Computerprogrammen, ABl. L 122/44 v. 17.5.1991 in der kodifizierten Fassung der **Richtlinie 2009/24/EG** vom 23.4.2009, ABl. L 111/16 v. 5.5.2009; **Richtlinie 92/100/EWG** des Rates vom 19.11.1992 zum Vermietrecht und Verleihrecht sowie zu bestimmten dem Urheberrecht verwandten Schutzrechten im Bereich des geistigen Eigentums, ABl. L 346/61 v. 27.11.1992, in der kodifizierten Fassung der **Richtlinie 2006/115/EG** vom 12.12.2006, ABl. L 376/28 v. 27.12.2006; **Richtlinie 93/83/EWG** vom 27.9.1993 zur Koordinierung bestimmter urheber- und leistungsschutzrechtlicher Vorschriften betreffend Satellitenrundfunk und Kabelweiterverbreitung, ABl. L 248/15 v. 6.10.1993; **Richtlinie 93/98/EWG** vom 29.10.1993 zur Harmonisierung der Schutzdauer des Urheberrechts und bestimmter verwandter Schutzrechte, ABl. L 290/12 v. 24.11.1993, in der kodifizierten Fassung der **Richtlinie 2006/116/EG** vom 12.12.2006, ABl. L 372/12 v. 27.12.2006; **Richtlinie 96/9/EWG** vom 11.3.1996 über den rechtlichen Schutz von Datenbanken, ABl. L 77/20 v. 27.3.1996; **Richtlinie 2001/29/EG** vom 22.5.2001 zur Harmonisierung bestimmter Aspekte des Urheberrechts und der verwandten Schutzrechte in der Informationsgesellschaft, ABl. L 167/10 v. 22.6.2001; **Richtlinie 2001/84/EG** vom 27.9.2001 über das Folgerecht des Urhebers des Originals eines Kunstwerks, ABl. L 272/32 v. 13.10.2001; **Richtlinie 2006/116/EG** vom 12.12.2006 über die Schutzdauer des Urheberrechts und bestimmter verwandter Schutzrechte, ABl. 372/12 v. 27.12.2006, geändert durch **Richtlinie 2011/77/EU** vom 27.9.2011, ABl. L 265/1 v. 11.10.2011; **Richtlinie 2012/28/EU** vom 25.10.2012 über bestimmte zulässige Formen der Nutzung verwaister Werke, ABl. L 299/5 v. 27.10.2012; Richtlinie des Europäischen Parlaments und des Rates über kollektive Wahrnehmung von Urheber- und verwandten Schutzrechten und die Vergabe von Mehrgebietslizenzen für die Online-Nutzung von Rechten an Musikwerken im Binnenmarkt, ABl. L 84/72 v. 20.3.2014.

Markenrecht und geographische Herkunftsangaben:

Erste Richtlinie 89/104/EG vom 21.12.1988 zur Angleichung der Rechtsvorschriften der Mitgliedstaaten über die Marken (**Markenrechtsrichtlinie**), ABl. L 40/1 v. 11.2.1989 in der kodifizierten Fassung der **Richtlinie 2008/95/EG** vom 22.10.2008 zur Angleichung der Rechtsvorschriften der Mitgliedstaaten über die Marken, ABl. L 299/25 v. 8.11.2008; **Verordnung (EG) Nr. 40/94** vom 20.12.1993 über die Gemeinschaftsmarke, ABl. L 11/1 v. 14.1.1994, geändert durch **Verordnung (EG) Nr. 3288/94** des Rates vom 22.12.1994 zur Änderung der Verordnung (EG) Nr. 40/94 über die Gemeinschaftsmarke zur Umsetzung der im Rahmen der Uruguay-Runde geschlossenen Übereinkünfte, ABl. L 349/83 v. 31.12.1994, in der kodifizierten Fassung der **Verordnung (EG) Nr. 207/2009** vom 26.2.2009, ABl. L 78/1 v. 24.3.2009; **Verordnung (EG) Nr. 2081/92** vom 14.7.1992 zum Schutz von geographischen Angaben und Ursprungsbezeichnungen für Agrarerzeugnisse und Lebensmittel, ABl. L 208/1, geändert durch Beitrittsakte idF des Beschl. v. 1.1.1994 (Abl. L 1/73), VO v. 17.3.1997 (ABl. L 83/3), VO v. 12.6.1997 (ABl. L 156/10), VO v. 8.4.2003 (ABl. L 99/1), VO v. 14.4.2003 (ABl. L 122/1), ersetzt durch die **Verordnung (EG) Nr. 510/2006** vom 20.3. 2006, ABl. L 93/12, geändert durch VO v. 20.11.2006 (ABl. L 363/1), VO v. 8.5.2008 (ABl. L 125/27).

Geschmacksmusterrecht:

Richtlinie 98/71/EG des Europäischen Parlaments und des Rates über den rechtlichen Schutz von Mustern und Modellen vom 13.10.1998, ABl. L 289/28 v. 28.10.1998; **Verordnung (EG)**

Nr. 6/2002 des Rates über das Gemeinschaftsgeschmacksmuster vom 12.12.2001, ABl. L 3/1 v. 5.1.2002, berichtigte Fassung ABl. L 179/31 v. 9.7.2002, geändert durch **Verordnung (EG) 1891/2006** vom 18.12.2006, ABl. L 386/14 v. 29.12.2006; **Verordnung (EG) Nr. 2245/2002** der Kommission vom 21.10.2002 zur Durchführung der Verordnung (EG) Nr. 6/2002, ABl. L 341/28 v. 17.12.2002, geändert durch die **Verordnung (EG) 876/2007** vom 24.7.2007, ABl. L 193/13 v. 25.7.2007.

Patentrecht:

Verordnung (EWG) Nr. 1786/92 des Rates über die Schaffung eines ergänzenden Schutzzertifikates für Arzneimittel vom 18.6.1992, ABl. L 182/1 v. 2.7.2002, geändert durch Anh. I zu Art. 29 der Beitrittsakte idF des Beschlusses vom 1.1.1995, ABl. L 1/1 v. 1.1.1995 und durch **Verordnung (EG) Nr. 1901/2006** des Europäischen Parlaments und des Rates vom 12.12.2006, ABl. L 378/1 v. 27.12.2006; **Verordnung (EG) Nr. 1610/96** des Europäischen Parlaments und des Rates vom 23.7.1996 über die Schaffung eines ergänzenden Schutzzertifikates für Pflanzenschutzmittel, ABl. L 198/30 v. 8.8.1996; **Richtlinie 98/44/EG** des Europäischen Parlaments und des Rates über den rechtlichen Schutz biotechnologischer Erfindungen vom 6.7.1998, ABl. L 213/13 v. 6.7.1998; **Verordnung (EG) Nr. 816/2006** des Europäischen Parlaments und des Rates vom 17.5.2006 über Zwangslizenzen für Patente an der Herstellung von pharmazeutischen Erzeugnissen für die Ausfuhr in Länder mit Problemen im Bereich der öffentlichen Gesundheit, ABl. L 157/1 v. 9.6.2006; **Verordnung (EU) Nr. 1257/2012** des Europäischen Parlaments und des Rates vom 17.12.2012 über die Umsetzung der Verstärkten Zusammenarbeit im Bereich der Schaffung eines einheitlichen Patentschutzes, ABl. L 361/1 v. 31.12.2012; **Verordnung (EU) Nr. 1260/2012** des Rates vom 17.12.2012 über die Umsetzung der verstärkten Zusammenarbeit im Bereich der Schaffung eines einheitlichen Patentschutzes im Hinblick auf die Anzuwendenden Übersetzungsregelungen, ABl. L 361/89 v. 31.12.2012; Übereinkommen über ein Einheitliches Patentgericht vom 11.1.2013.

Sortenschutzrecht:

Verordnung (EG) Nr. 2100/94 des Rates über den gemeinschaftlichen Sortenschutz vom 27.7.1994, ABl. L 227/1 v. 1.9.1994, zuletzt geändert durch **Verordnung (EG) Nr. 873/2004** vom 29.4.2004, ABl. L 162/38 v. 30.4.2004.

Sektorübergreifendes Sekundärrecht:

Richtlinie 2004/48/EG des Europäischen Parlaments und des Rates vom 29.4.2004 zur Durchsetzung der Rechte des geistigen Eigentums, ABl. L 157/45 v. 30.4.2004; berichtigte Fassungen ABl. L 195/16 v. 2.6.2004 und ABl. L 204/27 v. 4.8.2007; **Verordnung (EU) Nr. 608/2013** des Europäischen Parlaments und des Rates vom 12.6.2013 zur Durchsetzung der Rechte geistigen Eigentums durch die Zollbehörden und zur Aufhebung der Verordnung 1383/2003 des Rates (**Produktpiraterieverordnung**); **Verordnung (EG) Nr. 864/07** des Europäischen Parlaments und des Rates über das auf außervertragliche Schuldverhältnisse anzuwendende Recht vom 11.7.2007, ABl. Nr. L 199/40 v. 31.7.2007 (**Rom II**).

B. Rechtsprechung („Leading Cases")

I. Urheberrecht

EuGH, Rs. 56/64 und 58/64 (Consten und Grundig), Slg 1966, 322, NJW 1966, 1585, GRUR Int. 1966, 589; EuGH, Rs. 78/70 (Deutsche Grammophon/Metro), Slg 1971, 487, NJW 1971, 1533; EuGH, Rs. 127/73 (BRT/Sabam und Fonior – „BRT II"), Slg 1974, 313; EuGH, Rs. 51/75 (EMI Records/CBS United Kingdom), Slg 1976, 811, NJW 1976, 1579, GRUR Int. 1976, 398; EuGH, Rs. 55/80 und 57/80 (Gebührendifferenz II), Slg 1981, 147, NJW 1981, 1143, GRUR Int. 1981, 229; EuGH, Rs. 62/79 (Coditel/Ciné Vog Films – „Coditel I"), Slg 1980, 881, NJW 1980, 2011; EuGH, Rs. 262/81 (Coditel/Ciné Vog Films – „Coditel II"), Slg 1982, 3381; EuGH, Rs. 402/85 *(Basset/SACEM), Slg 1987, 1747, GRUR* Int. 1988, 243; EuGH, Rs. 341/87 (EMI-Electrola/Patricia Im- und Export Verwaltungsgesellschaft), Slg 1989, 79, NJW 1989, 1428; EuGH, Rs. 395/87 (Ministère Public/Tournier), Slg 1989, 2521, GRUR Int. 1990, 622; EuGH, Rs. C-92/92 und

C-326/92 (Phil Collins/Imtrat – „Phil Collins“), Slg 1993, I-5145, NJW 1994, 375, GRUR Int. 1994, 53; EuGH, Rs. C-360/00 (Ricordi), Slg 2002, I-5089, NJW 2002, 2858; EuGH, Rs. C-241/91 und C-242/91 (RTE und ITP/Kommission – „Magill“), Slg 1995, I-743; EuGH, Rs. C-481/01 P (R), (NDC Health/IMS Health und Kommission), Slg 2002 I-3401, GRUR Int. 2002, 852; EuGH vom 29.4.2004, Rs. C-418/01 (IMS Health/NDC Health), Slg 2004, I-05039; EuGH, Rs. C-203/02 (The British Horseracing Board/William Hill Organization), Slg 2004, I-10415, GRUR Int. 2005, 247; EuGH, Rs. C-338/02 (Fixtures marketing/Svenska Spel), Slg 2004, I-10497, GRUR Int. 2005, 243; EuGH, Rs. C-28/04 (Tod's und Tod's France), Slg 2005, I-5781, GRUR 2005, 755; EuGH, Rs. C-169/05, Slg 2006, I-4973, GRUR 2006, 752; EuGH, Rs. C-479/04 (Laserdisken), Slg 2006, I-8113, GRUR Int. 2007, 237; EuGH, Rs. C-306/05 (SGAE/Rafael), Slg 2006, I-11543, GRUR Int. 2007, 316; EuGH, Rs. C-275/06 (Promusicae/Telefónica), Slg 2008, I-271, GRUR 2008, 241; EuGH, Rs. C-456/06 (Peek & Cloppenburg KG/Cassina SpA – Le Corbusier-Möbel II), Slg 2008, I-2731, GRUR Int. 2008, 593; EuGH, Rs. C-304/07 (Directmedia Publishing GmbH/Albert-Ludwigs-Universität Freiburg – BGH-Vorlagebeschluss Gedichttitelliste II), Slg 2008, I-7565, GRUR 2008, 1077; EuGH, Rs. C-5/08 (Infopaq/DDF), Slg 2009 I-06569, GRUR 2009, 1041; EuGH, Rs. C-393/09 (BSA/Kulturministerium), Slg 2010, I-13971, GRUR Int. 2011, 148; EuGH, Rs. C-403/08 und C-429/08 (Football Association Premier League), Slg 2011, I-09083, GRUR Int. 2011, 1063; EuGH, Rs. C-145/10 (Painer), GRUR 2012, 166, ZUM-RD 2012, 1; EuGH, Rs. C-604/10 (Football Dataco/Yahoo), GRUR Int. 2013, 435, ZUM-RD 2012, 181; EuGH, Rs. C-406/10 (SAS Institute), GRUR Int. 2012, 534, EuZW 2012, 584; EuGH, Rs. C-128/11 (UsedSoft/Oracle), GRUR 2012, 904.

II. Markenrecht

EuGH, Rs. 192/73 (van Zuylen/Hag – „HAG I“), Slg 1974, 731, GRUR Int. 1974, 338; EuGH, Rs. 15/74 (Centrafarm/Sterling Drug), Slg 1974, 1147, NJW 1975, 516, GRUR Int. 1974, 454; EuGH, Rs. 119/75 (Terranova/Terrapin), Slg 1976, 1039; EuGH, Rs. C-9/93 (IHT Internationale Heiztechnik und Danziger – „Ideal Standard II“), Slg 1994 I-2789, NJW 1995, 3244 (L), GRUR Int. 1994, 614; EuGH, Rs. C-10/89 (HAG GF – „HAG II“), Slg 1990, I-3711, NJW 1991, 626, GRUR Int. 1990, 960; EuGH, Rs. C-251/95 (Sabèl/Puma – „Springende Raubkatze II“), Slg 1997, I-6191, NJW 1998, 741, GRUR Int. 1998, 56; EuGH, Rs. C-355/96 (Silhouette International Schmied/Hartlauer Handelsgesellschaft – „Silhouette“), Slg 1998, I-4799, NJW 1998, 3185, GRUR Int. 1998, 695; EuGH, Rs. C-39/97 (Canon Kabushiki Kaisha/Metro-Goldwyn-Mayer – „CANNON/Canon“), Slg 1998, I-5507, GRUR Int. 1998, 875; EuGH, Rs. C-63/97 (BMW/Ronald Karel Deenik – „BMW“), Slg 1999, I-0905, GRUR Int. 1999, 438; EuGH, Rs. C-108/97 und C-109/97 („Chiemsee“), Slg 1999, I-2779, GRUR Int. 1999, 728; EuGH, Rs. C-300/98 und C-392/98 (Parfums Christian Dior/Tuc Consultancy – „TRIPS-Abkommen“), Slg 2000, I-11307, NJW 2001, 1267; EuGH, Rs. C-206/01 (Arsenal Football Club/Matthew Reed – „Arsenal“), Slg 2002, I-10273; EuGH, Rs. C-292/00 (Davidoff/Gofkid – „Davidoff“), Slg 2003, I-00389; EuGH, Rs. C-112/99 (Toshiba/Katun), Slg 2001, I-07945, NJW 2002, 425; EuGH, Rs. C-273/00 (Ralf Sieckmann/Deutsches Patent- und Markenamt – „Riechmarke“), Slg 2002, I-11737, GRUR Int. 2003, 449; EuGH, Rs. C-283/01 (Shield Mark/Kist – „Für Elise“), Slg 2003, I-14313, GRUR 2003, 604; EuGH, Rs. C-104/01 (Libertel Groep/Benelux-Merkenbureau – „Farbe Orange“), Slg 2003, I-03793, GRUR Int. 2003, 638; EuGH, Rs. C-405/03 (Class International – Colgate Palmolive), Slg 2005, I-8761, GRUR 2006, 146; EuGH, Rs. C-59/08 (Copad/Christian Dior u.a. – Copad), GRUR Int. 2009, 716; EuGH, Rs. C-487/07 (L'Oréal/Bellure), Slg 2009 I-05185, GRUR 2009, 756; EuGH, Rs. C-236/08, C-237/08, C-238/08 (Google und Google France), GRUR 2010, 445; EuGH, Rs. C-323/09 (Interflora), Slg 2011 I-08625, GRUR 2011, 1124; EuGH, Rs. C-421/13 (Apple Inc/Deutsches Patent- und Markenamt), GRUR 2014, 866; EuG, Rs. T-434/12 (Margarete Steiff GmbH/Harmonisierungsamt für den Binnenmarkt, GRUR 2014, 285.

III. Geschmacksmusterrecht

EuGH, Rs. 144/81 („Keurkoop"), Slg 1982, 2853; EuGH, Rs. 53/87 („Renault"), Slg 1988, 6039; EuGH, Rs. 238/87 („Volvo"), Slg 1988, 6211; EuGH, Rs. C-281/10 (PepsiCo), Slg 2011, I-10153, GRUR 2012, 506, GRUR Int. 2012, 43.

IV. Patentrecht

EuGH, Rs. 24/67 (Parke, Davis & Co./Probel, Reese u. a – „Parke Davis"), Slg 1968, 85, NJW 1968, 1961, GRUR Int. 1869, 99; EuGH, Rs. 15/74 (Centrafarm/Sterling Drug), Slg 1974, 1147, NJW 1975, 516, GRUR Int. 1974, 454; EuGH, Rs. 187/80 (Merck/Stephar und Exler – „Merck I"), Slg 1981, 2063, NJW 1981, 2633, GRUR Int. 1981, 47; EuGH, Rs. 19/84 (Pharmon/Hoechst), Slg 1985, 2281; EuGH, Rs. 434/85 (Allen and Hanburys/Generics – „Allen"), Slg 1988, 1245; EuGH, Rs. 35/87 (Thetford/Fiamma), Slg 1988, 3585, GRUR Int. 1989, 669; EuGH, Rs. C-267/95 und 268/95 (Merck und Beecham – „Merck II"), Slg 1996, I-6285, GRUR Int. 1997, 250; EuGH, Rs. C-4/03 (GAT/LuK – „GAT"), Slg 2006, I-6509, GRUR 2007, 49; EuGH, Rs. C-34/10 (Brüstle), Slg 2011, I-09821, GRUR Int. 2011, 1045.

Abschnitt 2: Analyse und Darstellung der Einwirkungspraxis des Europarechts auf das Recht des geistigen Eigentums

A. Vorbemerkung und Überblick

I. Bedeutung der Harmonisierung des Rechts des geistigen Eigentums für den Gemeinsamen Markt

1 Werthafte immaterielle Güter, die durch Rechte des geistigen Eigentums geschützt sind, wie beispielsweise Kennzeichen, technische Erfindungen und Geisteswerke, sind ihrer Natur nach an jedem Ort – und somit im gesamten Gebiet der Europäischen Union[1] – gleichzeitig nutzbar. Um einen effektiven Schutz geistigen Eigentums zu gewährleisten, ist es daher notwendig, dass der Schutz der Rechte des geistigen Eigentums nicht an den nationalen Grenzen halt macht. Dennoch ist das Recht des geistigen Eigentums auch innerhalb der Europäischen Union vom **Territorialitätsprinzip** beherrscht, dh grundsätzlich haben sämtliche EU–Mitgliedstaaten gesonderte nationale Rechte des geistigen Eigentums, die nur innerhalb der Grenzen des jeweiligen Mitgliedstaates Schutz gewähren und die nicht notwendigerweise Ausländern Schutz gewähren müssen.[2] Somit hat der Rechtsinhaber grundsätzlich nicht ein einheitliches, europaweit gültiges Recht, sondern ein Bündel nationaler Rechte des geistigen Eigentums. Diese können in den einzelnen Staaten nach Inhaberschaft, Inhalt, Umfang und Schutzdauer unterschiedlich ausgestaltet sein. Länderübergreifende Schutzrechte entstehen nur, wenn die EU-Mitgliedsstaaten entsprechende Vereinbarungen treffen.

2 Das Territorialitätsprinzip gewährleistet einerseits die Koexistenz unterschiedlicher Schutzrechte, begründet aber andererseits auch ein **Spannungsverhältnis** zwischen dem **Recht des geistigen Eigentums und der Waren- bzw Dienstleistungsverkehrsfreiheit.** Aufgrund des unterschiedlichen immaterialgüterrechtlichen Schutzniveaus in den einzelnen Mitgliedstaaten können sich **Handelshemmnisse** ergeben. Behinderungen des freien Warenverkehrs entstehen ebenfalls, wenn die einzelstaatlich und territorial gewährten Rechte innerhalb der Union zum Zweck der **Marktaufteilung und -abschottung** eingesetzt werden. Dies betrifft Marktstrategien, aufgrund derer sich der Rechtsinhaber einem europaweiten Vertrieb unter Berufung auf seine Rechte des geistigen Eigentums wider-

---

1 Mit Inkrafttreten der Änderungen durch den Lissabon-Vertrag zum 1.12.2009 wird die Bezeichnung „Europäische Gemeinschaft" durch „Europäische Union" ersetzt. Der Beitrag ist hieran angepasst. Betreffend Rechtsakte, die vor dem 1.12.2009 ergangen sind, wird weiterhin die alte Terminologie verwendet.

2 Grundlegend *Ulmer*, Die Immaterialgüterrechte im internationalen Privatrecht, München 1975; s. auch *Katzenberger*, in: Schricker/Loewenheim (Hrsg.), UrhG, Vor §§ 120 ff, Rn 120; *Dreier/Schulze*, UrhG, Vor § 120, Rn 1 ff; vgl auch BGH Urt. v. 2.10.1997, I ZR 88/95, BGHZ 136, 380 (Spielbankaffäre).

setzt. Die Trennung der Märkte ermöglicht dem Rechtsinhaber die Ausnutzung unterschiedlicher Preisniveaus in den verschiedenen Staaten und begünstigt die Praktizierung oligopolistischer Marktstrategien zwischen nationalen Gruppen.[3]

Die **wichtigste Aufgabe** der Europäischen Union auf dem Gebiet des geistigen Eigentums besteht darin, diese **Handelshemmnisse durch Rechtsangleichung und/oder durch Schaffung einheitlicher Schutzrechte abzubauen.** Gleichzeitig muss aber auch gewährleistet sein, dass Rechte des geistigen Eigentums geschützt werden und so ein Markt für entsprechende Produkte entsteht. Da heute an einem Großteil der europaweit vertriebenen Waren Rechte des geistigen Eigentums bestehen, kann die Bedeutung dieser Aufgabe für die Verwirklichung des Gemeinsamen Marktes kaum überschätzt werden. Die Angleichung der Rechte des geistigen Eigentums hat auf einem **hohen Schutzniveau** zu erfolgen. Denn wie der europäische Gesetzgeber wiederholt festgestellt hat,[4] ist ein effektiver unionsweiter Schutz geistigen Eigentums für Innovation und Wettbewerbsfähigkeit innerhalb des Binnenmarktes von größter Bedeutung.[5] 3

II. Überblick über Harmonisierungsansätze

In Abhängigkeit vom Entwicklungsgrad des Gemeinschaftsrechts und entsprechend der Vielgestaltigkeit der Situationen, in denen Rechte des geistigen Eigentums handelshemmende Wirkungen entfalten können, kennt das europäische Recht **unterschiedliche Harmonisierungsansätze.** Insbesondere in der Frühphase der Europäischen Gemeinschaft stand das Bemühen des **EuGH** im Vordergrund, einen Interessenausgleich zwischen der Warenverkehrsfreiheit (Art. 34, 36 AEUV) und dem Schutz der Rechte des geistigen Eigentums zu erzielen. In erster Linie wurde die Möglichkeit zur handelshemmenden Geltendmachung nationaler Schutzrechte beschränkt. Anhand der **Grundfreiheiten** entwickelte der EuGH das Rechtsinstitut der **europäischen Erschöpfung.** Dieser heute allgemein anerkannte Rechtsgrundsatz fand später in zahlreiche Richtlinien und Verordnungen Eingang (vgl hierzu ausführlich unten Rn 24 ff). 4

Immer stärker rückte auch das Bemühen um einen **Ausgleich von Unterschieden zwischen den materiell-rechtlichen Regelungen** der Rechte des geistigen Eigentums in den einzelnen Mitgliedstaaten in den Vordergrund. Es wurde zunehmend deutlich, dass Abweichungen in der inhaltlichen Ausgestaltung der Rechte des geistigen Eigentums zu Wettbewerbsverzerrungen führen und den freien Verkehr von Waren und Dienstleistungen behindern können. Die anfänglichen Bemühungen um die Schaffung von **völkerrechtlichen Konventionen** zur Etablierung einheitlicher europäischer Schutzrechte blieben **ohne Erfolg.** Das seitdem bevorzugte und bislang am häufigsten verwendete Mittel zur Rechtsangleichung sind die **Richtlinien** (Art. 115 iVm Art. 288 AEUV). Durch diese kann eine Harmonisierung der unterschiedlichen Rechtsordnungen durch Rechtsangleichung bewirkt werden, ohne dass die Eigenständigkeit der nationalen Schutzrechtssysteme und deren Territorialität aufgegeben werden müsste. Bedeutende **Richtlinien** wurden insbesondere im Urheber-, Marken- und Geschmacksmusterrecht erlassen. 5

Die fortbestehende Selbständigkeit der nationalen Schutzrechtsordnungen stellt aus der Perspektive des Binnenmarktes einen entscheidenden Nachteil der Rechtsangleichung durch Richtlinien dar. Ein alternativer Ansatz zur Harmonisierung der nationalen Rechtsordnungen, der diesen Nachteil nicht aufweist, besteht in der Einführung **einheitlicher, europaweit wirksamer Schutzrechte.** Diese können insbesondere durch **Verordnung** iSv Art. 288 Abs. 2 AEUV geschaffen werden. Solche Gemeinschaftsschutzrechte bestehen unabhängig von der Territorialität des Rechts der Mitgliedstaaten und verwirklichen den Binnenmarkt in besonders hohem Maße. Regelmäßig stößt die Einführung solcher Einheitsschutzrechte jedoch auf größere Bedenken der Mitgliedstaaten als die Har- 6

3 Dazu *Mestmäcker/Schweitzer*, § 26, Rn 9.

4 Vgl zB Erwägungsgrund 1 der VO (EG) Nr. 40/94 über die Gemeinschaftsmarke; Erwägungsgrund 1 der RL 2001/29/EG über das Urheberrecht in der Informationsgesellschaft; Erwägungsgrund 1 der „Durchsetzungs"-RL 2004/48/EG.

5 Die Bedeutung des geistigen Eigentums wird auch durch dessen Aufnahme in den Katalog der Grundfreiheiten des – mittlerweile gescheiterten – EU-Verfassungsvertrags bestätigt, vgl Art. II-77 EVV.

monisierung der nationalen Rechtsordnungen durch Richtlinien. Deshalb war über eine lange Zeit hinweg die Harmonisierung durch Richtlinien erfolgreicher als die Schaffung einheitlicher Schutzrechte. Später wurden allerdings im **Marken- und Geschmacksmusterrecht** einheitliche europäische Schutzrechte begründet.[6] Diese ersetzen aber nicht die einzelstaatlichen Schutzrechte, sondern stehen neben den – ihrerseits durch Richtlinien harmonisierten – nationalen Rechten. Mit der geplanten Schaffung des einheitlichen Patentsystems wird nun durch Verordnung ein einheitliches Schutzrecht geschaffen, das für die am Einheitlichen Patentsystem beteiligten Mitgliedsstaaten mittelfristig die nationalen Patente ersetzen wird.

7 Die europäischen Richtlinien hatten zunächst im Wesentlichen spezifische Rechte des geistigen Eigentums im Auge und zielten vor allem auf die **Angleichung der Schutzvoraussetzungen** der einzelnen Rechte ab. Dies hat sich in jüngerer Zeit geändert. Seit einiger Zeit bemüht sich die Kommission um die Angleichung von Sanktionen und verfahrensrechtlichen Instrumenten. Die **Durchsetzungsrichtlinie,**[7] die für alle Rechte des geistigen Eigentums gilt, verpflichtet die EU-Mitgliedstaaten erstmals zur Einführung bestimmter **Sanktionen bei Schutzrechtsverletzungen und** bestimmter **verfahrensrechtlicher Instrumente**. Das Einheitliche Patentsystem zielt darauf ab, ein umfassendes materielles Patentrecht und Patentprozessrecht bereitzustellen. Damit greifen die jüngsten Harmonisierungsmaßnahmen auf dem Gebiet des geistigen Eigentums weitaus stärker als die bisherigen Initiativen in die nationalen Rechtssysteme ein.

III. Stand der Harmonisierung

8 Als europaweit einheitliche Schutzrechte wurden bisher vor allem die Gemeinschaftsmarke und das Gemeinschaftsgeschmacksmuster geschaffen. Das **Marken- und Geschmacksmusterrecht** weist auch den **stärksten**, durch Richtlinien bewirkten **Harmonisierungsgrad** auf. Demgegenüber konnte man jedenfalls bis vor kurzem trotz umfassender Harmonisierungsbemühungen **kaum** von einem **europäischen Urheberrecht** sprechen. Auf der Grundlage von zwischenzeitlich sieben spezifisch zum Urheberrecht ergangenen Richtlinien wurde zwar die Harmonisierung stark vorangetrieben. Es handelt sich aber dennoch um eine im Wesentlichen nur **punktuelle Angleichung** nationaler Rechte. Diese erfolgte in einigen Bereichen des Urheberrechts, die nach Auffassung der Kommission für die Schaffung des Binnenmarktes von besonderer Bedeutung sind, insbesondere, weil unterschiedliche nationale Regelungen das Ziel des Gemeinsamen Marktes in diesen Bereichen besonders beeinträchtigen und zu nicht hinnehmbaren Wettbewerbsverzerrungen führen.[8] Dies hat sich in den vergangenen Jahren geändert. Der EuGH setzt heute starke Akzente, indem er zu Fragen des Schutzgegenstands, zu Schutzvoraussetzungen und zu den einzelnen Befugnissen des Urhebers rechtsfortbildend tätig wird. Die **geringsten Harmonisierungserfolge** konnte die Europäische Union bisher auf dem Gebiet des **Patentrechts** verbuchen. Eine Richtlinie hat die Union bislang lediglich im Bereich der Patentierbarkeit biotechnologischer Erfindungen verabschieden können.[9] Diese „Biopatentrichtlinie" wurde in Deutschland erst verspätet im Jahre 2005 unter dem Eindruck einer Klage der Kommission umgesetzt. Eine geplante Richtlinie über die Patentierbarkeit computerimplementierter Erfindungen[10] ist am Widerstand des Europäischen Parlaments gescheitert. Außerdem ist eine Verordnung über Zwangslizenzen für die Herstellung von Generika und deren Ausfuhr in Entwicklungsländer erlassen worden.[11] Eine äußerst erfolgreiche und umfassende **Europäisierung des Patentrechts** hat stattdessen innerhalb der – von der Europäischen Union gänzlich unabhängigen – **Europäischen Patentorganisation** stattgefunden. Einen besonderen Harmoni-

---

6 Zur GemeinschaftsmarkenVO und der GemeinschaftsgeschmacksmusterVO vgl u. Rn 69 ff, 77 ff.

7 RL 2004/48/EG vom 29.4.2004, ABl. L 157/45 v. 30.4.2004.

8 *Dreier/Schulze*, UrhG, Einl., Rn 48.

9 RL 98/44/EG vom 6.7.1998, ABl. L 213/13 v. 30.7.1998.

10 Vorschlag für eine RL des Europäischen Parlaments und des Rates über die Patentierbarkeit computerimplementierter Erfindungen, KOM 2002, 92 endg. – COD 2002, 47, ABl. C 151/129 E v. 25.6.2002.

11 VO (EG) Nr. 816/2006 vom 17.5.2006 über Zwangslizenzen für Patente an der Herstellung von pharmazeutischen Erzeugnissen für die Ausfuhr in Länder mit Problemen im Bereich der öffentlichen Gesundheit, ABl. L 157/1.

sierungsschritt unternahm die EU Ende 2012 allerdings mit der Verabschiedung der Regeln zum Einheitlichen Patentsystem.

IV. Geistiges Eigentum und EU-Kartellrecht

1. Allgemeines

Es gibt zahlreiche Berührungspunkte zwischen dem Recht des geistigen Eigentums und dem Kartellrecht. Im Folgenden sollen nur einige der wichtigsten und aktuellsten Problemkreise kurz skizziert werden. Für eine nähere Darstellung muss auf die kartellrechtliche Spezialliteratur[12] verwiesen werden. Die durch die Rechte des geistigen Eigentums gewährten Rechte und das Kartellrecht stehen in einem **Spannungsverhältnis.**[13] Während das Kartellrecht die Märkte frei von Monopolen halten und den Missbrauch von Marktmacht verhindern will, gewährt das Recht des geistigen Eigentums dem Rechtsinhaber Befugnisse zur ausschließlichen Nutzung. Rechte des geistigen Eigentums tragen allerdings auch selbst zur Förderung des Wettbewerbs bei, indem sie zur Schaffung neuer, schutzwürdiger Leistungen anspornen. Rechte des geistigen Eigentums sind keine Monopole, sondern abstrakte Vermögensrechte.[14] Durch sie werden werthafte unkörperliche Güter zu verkehrsfähigen Gegenständen des Wirtschaftsverkehrs ausgestaltet. Dementsprechend begründen Rechte des geistigen Eigentums als solche keine marktbeherrschende Stellung. Jedoch können Schutzrechte dazu verwendet werden, den Wettbewerb zu beschränken. Dies kann dadurch geschehen, dass neue Produkte verhindert werden, indem Lizenzen verweigert werden. Die Ausübung von Schutzrechten kann unter Art. 101, 102 AEUV fallen, wenn sie den Gegenstand, das Mittel oder die Folge eines Kartells darstellt[15] bzw wenn Schutzrechte zum Missbrauch einer marktbeherrschenden Stellung eingesetzt werden. Die Grenzziehung zwischen der erlaubten und der wettbewerbswidrigen Ausübung von Rechten des geistigen Eigentums stößt dabei auf erhebliche Schwierigkeiten. 9

2. Wettbewerbsbeschränkende Vereinbarungen, Art. 101 AEUV

Keinesfalls kann jeder ausschließliche **Lizenzvertrag** per se als wettbewerbsbeschränkende Vereinbarung iSv Art. 101 AEUV angesehen werden, auch wenn hierin notwendigerweise eine Vereinbarung über die exklusive Nutzung des Schutzrechts liegt. Anderenfalls würden die Rechte des geistigen Eigentums weitgehend ihrer wirtschaftlichen Verwertbarkeit beraubt. Der Inhaber eines Rechts des geistigen Eigentums muss von seinem Ausschließlichkeitsrecht auch in der Weise profitieren können, dass er anderen daran eine Lizenz erteilt, da Lizenzverträge wirtschaftlich sinnvoll und wünschenswert sind. Sie ermöglichen eine effiziente Nutzung von Rechten des geistigen Eigentums, indem sie die Verbreitung von Technologie fördern, parallelen Forschungs- und Entwicklungsaufwand reduzieren, den Anreiz zur Aufnahme von Forschungs- und Entwicklungsarbeiten fördern und Wettbewerb auf den Produktmärkten erzeugen.[16] Ungeachtet dessen können Lizenzverträge im Einzelfall wettbewerbsbeschränkende Vereinbarungen enthalten und damit in den Anwendungsbereich von **Art. 101 Abs. 1 AEUV** fallen.[17] Für den Bereich der praktisch besonders wichtigen **Patent- und Know-how-Lizenzverträge** gilt deshalb die **Technologietransfer-Gruppenfreistellungsverordnung VO(EU) 316/2014.**[18] Darin werden allgemein die Gruppen von Vereinbarungen beschrieben, die von dem Verbot freigestellt sind, solange die Marktmacht eine bestimmte Schwelle nicht überschreitet. Daneben enthält die VO unter anderem eine „schwarze Liste" von Klauseln, die Lizenzverträge keinesfalls enthalten dürfen. 2010 ist eine weitere das Recht des geistigen Eigen- 10

12 S. grundlegend *Mestmäcker/Schweitzer*, 7. Kapitel, §§ 26 ff; *Heinemann*, S. 288 ff mwN.; s. auch *Haedicke*, in: Haedicke/Timmann, Hdb PatR § 1 E Rn 94 ff mwN.

13 Vgl hierzu ausführlich *Mestmäcker/Schweitzer*, § 28.

14 Ausführlich *Mestmäcker/Schweitzer*, § 28, Rn 16 ff; s. zB auch *Kur*, GRUR Int. 1996, 879 mwN.

15 EuGH, Rs. 51/75 (EMI Records/CBS United Kingdom), Slg 1976, 811, 851.

16 Vgl Erwägungsgrund 5 der VO (EG) Nr. 772/2004 (TT-GVO), ABl. L 123/11 v. 27.4.2004.

17 EuGH, Rs. 258/78 (Nungesser/Kommission – „Maissaatgut"), Slg 1982, 2015, NJW 1982, 1929, GRUR Int. 1982, 530.

18 VO (EU) Nr. 316/2014, ABl. L 93/17 v. 28.3.2014.

tums betreffende Verordnung neu erlassen worden. Diese betrifft die Freistellung bestimmter Gruppen von Vereinbarungen über Forschung und Entwicklung.[19] Hiernach werden Vereinbarungen, die auf die Übertragung von Rechten des geistigen Eigentums oder die Erteilung diesbezüglicher Lizenzen zu Forschungs- und Entwicklungszwecken gerichtet sind, unter bestimmten Voraussetzungen vom Anwendungsbereich des Art. 101 Abs. 1 AEUV ausgeschlossen und damit als kartellrechtlich zulässig erachtet.

11 Auch patentrechtliche Vergleichsvereinbarungen zwischen Pharmaunternehmen sind zunehmend in den Fokus der Europäischen Kommission gerückt. Hintergrund ist der Vorwurf der Kommission, dass jene Vergleiche die Markteinführung von Generika verzögern und somit wettbewerbswidrige Vereinbarungen darstellen können. Bisher hat die Kommission in drei Fällen einen kartellrechtlichen Verstoß gegen Art. 101 AEUV angenommen.[20]

3. Missbrauch einer marktbeherrschenden Stellung durch Lizenzverweigerung, Art. 102 AEUV

12 Viel diskutiert wird in letzter Zeit die Frage, ob bzw unter welchen Umständen die Ausübung der Ausschließlichkeitsrechte des geistigen Eigentums – insbesondere die **Verweigerung einer Lizenz** – die missbräuchliche Ausnutzung einer beherrschenden Stellung iSv **Art. 102 AEUV** darstellen kann. Grundsätzlich ist die Ausübung von Ausschließlichkeitsrechten des geistigen Eigentums kein Missbrauch gem. Art. 102 AEUV. Deshalb steht es dem Rechtsinhaber im Regelfall frei, die Lizenzvergabe zu verweigern, auch wenn er eine marktbeherrschende Stellung innehat.[21] Nur unter außerordentlichen Umständen liegt der Missbrauch einer marktbeherrschenden Stellung vor. Hierzu kann es insbesondere kommen, wenn Dritte den immateriellen Schutzgegenstand nutzen müssen, um auf **benachbarten Märkten** kompatible oder Mehrwertprodukte[22] bzw auf demselben Markt Wettbewerbsprodukte herzustellen. Ein Missbrauch ist insbesondere anzunehmen, wenn die (1) Lizenzverweigerung das Auftreten eines neuen Erzeugnisses verhindert, nach dem eine potenzielle Nachfrage der Verbraucher besteht, (2) die Lizenzverweigerung nicht gerechtfertigt ist und (3) die Lizenzverweigerung geeignet ist, jeglichen Wettbewerb auf einem abgeleiteten Markt auszuschließen. [23]

13 Auch stellt sich die Frage, unter welchen Voraussetzungen ein Lizenzsucher im Falle der Lizenzverweigerung ein standard-essentielles Patent benutzen darf. Der BGH[24] hat hierzu entschieden, dass Unterlassungsansprüche durch den Patentinhaber geltend gemacht werden können, sofern nicht der Lizenzsucher ein unbedingtes Angebot auf Abschluss eines Lizenzvertrags macht, das der Patentinhaber nicht ablehnen kann, ohne gegen die kartellrechtlichen Bindungen zu verstoßen. Voraussetzung ist weiter, dass sich der Lizenzsucher, der bereits vor Erteilung der Lizenz mit der Nutzung beginnen will, an die Verpflichtungen hält, die der abzuschließende Lizenzvertrag an die Benutzung des lizenzierten Gegenstandes knüpft. Dementsprechend hat er insbesondere die Pflicht zur Rechnungslegung und zur Zahlung bzw Hinterlegung von Lizenzgebühren. Diese durch den BGH entwickelten Grundsätze sind durch einen Vorlagebeschluss des LG Düsseldorf zur Überprüfung gestellt worden.[25] Die Kommission hat in zwei Mitteilungen angedeutet, dass sie dem durch den BGH entwickelten Orange-Book-Standard kritisch gegenübersteht.[26] Eine Entscheidung des EuGH steht zum Zeitpunkt des Redaktionsschlusses noch aus.

---

19 VO (EU) Nr. 1217/2010, ABl. L 335 v. 18.12.2010.

20 Europäische Kommission, PM vom 19.6.2013, IP/13/563; PM vom 10.12.2013, IP/13/1233; IP/14/799 vom 9.7.2014.

21 EuGH, Rs. C-418/01 (IMS Health/NDC Health), Slg 2004, I-05039, GRUR 2004, 524; zum deutschen Recht vgl BGH, GRUR 2004, 966, 968 – Standard-Spundfass.

22 EuGH, Rs. C-241/91 und C-242/91 (RTE und ITP/Kommission -„Magill"), Slg 1995, I-743, EuZW 1995, 339.

23 EuGH, Rs. C-418/01 (IMS Health/NDC Health), Slg 2004, I-05039, GRUR 2004, 524.

24 BGH, GRUR 2009, 694 – Orange Book-Standard.

25 Beschluss vom 21.3.2013 – 4 b O 104/12, GRUR 2013, 614, GRUR-RR 2013, 196.

26 Europäische Kommission, PM vom 21.12.2012, IP/12/1448; PM vom 6.5.2013, IP/13/406.

4. Kartellrechtliche Bewertung der urheberrechtlichen Verwertungsgesellschaften

Das EU-Kartellrecht hat sich wiederholt mit den urheberrechtlichen **Verwertungsgesellschaften** befasst.[27] Bei diesen handelt es sich um Unternehmen im Sinne von Art. 101, 102 AEUV, die den Wettbewerbsregeln unterworfen sind. Wettbewerbsbeschränkungen können sich im Verhältnis zwischen Wahrnehmungsberechtigten und Verwertungsgesellschaften, zwischen Lizenznehmern und Verwertungsgesellschaften sowie im Verhältnis der Verwertungsgesellschaften untereinander ergeben. Im zwischenstaatlichen Kontext ergeben sich kartellrechtliche Fragestellungen insbesondere daraus, dass zwischen unterschiedlichen Verwertungsgesellschaften in einzelnen EU-Mitgliedsstaaten kein Wettbewerb besteht, da regelmäßig eine Verwertungsgesellschaft allein im jeweiligen Staat über die Rechte der Wahrnehmungsberechtigten verfügt. Es bestehen **Vereinbarungen zwischen den Verwertungsgesellschaften,** die die jeweiligen nationalen Verwertungsgesellschaften zur Wahrnehmung auch des ausländischen Repertoires berechtigen. Diese Verträge enthalten üblicherweise eine Klausel, die es den vertragsschließenden Verwertungsgesellschaften untersagt, ihre Dienstleistungen im jeweils anderen Staatsgebiet anzubieten. Durch den **Ausschluss der gegenseitigen Konkurrenz** durch die Verwertungsgesellschaften ergibt sich die Gefahr einer Wettbewerbsverzerrung, etwa in Bezug auf möglicherweise unangemessene Preise für die Benutzung des Repertoires. Andererseits mag diese Wettbewerbsbeschränkung effizient sein, weil der Kontroll- und Überwachungsapparat, der von den Verwertungsgesellschaften vorgehalten werden muss, sehr aufwändig ist und ein paralleles Vorhalten solcher Einrichtungen zu unnötigen Doppelungen führen kann. 14

Vor diesem Hintergrund wird die Tätigkeit der Verwertungsgesellschaften vom EuGH als grundsätzlich kartellrechtlich zulässig angesehen. Dies gilt insbesondere auch für die Wahrnehmungsverträge zwischen den individuellen Urhebern und den Verwertungsgesellschaften[28] sowie für die Blankettlizenzen, mit denen nur en bloc das gesamte Repertoire der Verwertungsgesellschaft lizenziert wird.[29] Inzwischen wurde die **Richtlinie über die kollektive Wahrnehmung von Urheber- und verwandten Schutzrechten und die Vergabe von Mehrgebietslizenzen für die Online-Nutzung von Rechten an Musikwerken im Binnenmarkt** erlassen.[30] Durch sie erhofft sich die Kommission mehr Transparenz und Kontrolle und ein verbessertes Management der Verwertungsgesellschaften insbesondere durch verstärkte Berichterstattungspflichten durch die Rechteinhaber.[31] 15

B. Rechtsgrundlagen

I. EU-vertragliche Gesetzgebungskompetenz im Bereich des geistigen Eigentums

Die Europäische Gemeinschaft hatte über eine lange Zeit hinweg **keine eigenständige Gesetzgebungskompetenz auf dem Gebiet des geistigen Eigentums.** Daher musste auf die allgemeinen Befugnisnormen, insbesondere Art. 53 Abs. 1 Hs 2, Art. 62 und Art. 114 AEUV zurückgegriffen werden. Diese Vorschriften ermächtigen die Union allerdings lediglich zum Erlass von Maßnahmen, die zur Koordinierung und Angleichung von Rechtsvorschriften zum Zwecke des freien Waren- und Dienstleistungsverkehrs sowie der Erreichung und des Funktionierens des Binnenmarktes dienen.[32] Bezüglich der Richtlinie zur Harmonisierung des Urheberrechts in der Informationsgesellschaft[33] 16

27 EuGH, Rs. 127/73 (BRT/Sabam und Fonior – "BRT II"), Slg 1974, 313; EuGH, Rs. 7/82 (GVL/Kommission – "GVL"), Slg 1983, 483, NJW 1984, 2755, GRUR Int. 1983, 734; EuGH, Rs. 395/87 (Ministère Public/Tournier), Slg 1989, 2521, GRUR Int. 1990, 622; Vgl ausführlich *Mestmäcker/Schweitzer*, § 30 mwN; *Goldmann*, Die kollektive Wahrnehmung musikalischer Rechte in den USA und Deutschland, 2001, S. 224 ff.

28 Grundlegend EuGH, Rs. 127/73 (BRT/SABAM und Fonior), Slg 1974, 313.

29 EuGH, Rs. 395/87 (Ministère Public/Tournier), Slg 1989, 2521, GRUR Int. 1990, 622.

30 Vorschlag für eine RL des Europäischen Parlaments und des Rates über kollektive Wahrnehmung von Urheber- und verwandten Schutzrechten und die Vergabe von Mehrgebietslizenzen für die Online-Nutzung von Rechten an Musikwerken im Binnenmarkt vom 11.7.2012, KOM 2012, 0372 endg., COD 2012, 180.

31 Europäische Kommission, PM vom 11.7.2012, IP/12/772.

32 Vgl ausführlich *v. Lewinski*, in: Walter (Hrsg.), Einl., Rn 13 ff.

33 RL 2001/29/EG vom 22.5.2001, ABl. L 167/10.

hat der EuGH mittlerweile im *Laserdisken*-Urteil[34] entschieden, dass die Art. 53 Abs. 1 Hs 2, Art. 62 und Art. 114 AEUV eine ausreichende Rechtsgrundlage für diese Richtlinie darstellen.

17 Für **Verordnungen** iSv Art. 288 Abs. 2 AEUV, zu deren Erlass der frühere EGV wie auch der AEUV keine ausdrückliche Ermächtigung beinhaltet, war eine besondere Begründung gem. Art. 352 AEUV erforderlich.[35] Zur Begründung der Gemeinschaftskompetenz für den Erlass der Gemeinschaftsmarkenverordnung heißt es beispielsweise, dass das für die Ziele der Gemeinschaft erforderliche Markensystem im Wege der Angleichung der Rechtsvorschriften nicht verwirklicht werden könne, weil durch die Angleichung das Hindernis der territorialen Beschränkung der Rechte, die dem Markeninhaber nach den Rechtsvorschriften der Mitgliedstaaten zustehen, nicht beseitigt werden könne.[36]

18 Art. 34, 36 AEUV regeln das **Verhältnis zwischen freiem Warenverkehr und den Rechten des geistigen Eigentums**. Zwar können Rechte des geistigen Eigentums Ausnahmen von der Warenverkehrsfreiheit gem. Art. 34 AEUV rechtfertigen. Allerdings dürfen die Rechte des geistigen Eigentums nicht als Mittel zur willkürlichen Diskriminierung oder zur verschleierten Handelsbeschränkung zwischen den Mitgliedstaaten verwendet werden. Art. 34, 36 AEUV bilden insbesondere die **Grundlage für die Rechtsprechung des EuGH zur Erschöpfung.**

19 Gem. Kap. II Art. 17 Abs. 2 der **EU-Grundrechte-Charta** ist der Schutz des geistigen Eigentums in die Charta der Grundrechte aufgenommen worden. Der am 1.12.2009 in Kraft getretene **Lissabon-Vertrag,**[37] der auch die Rechtsverbindlichkeit der EU-Grundrechte-Charta regelt, sieht in einem **neu eingefügten Art. 118 AEUV** darüber hinaus die Schaffung einer eigenständigen Rechtsgrundlage zum Erlass von europäischen Regelungen über den Schutz des geistigen Eigentums in der Union vor. Richtlinien auf dem Gebiet des geistigen Eigentums müssen folglich nicht mehr auf die allgemeinen Befugnisnormen in Art. 53 Abs. 1 Hs 2, Art. 62 und Art. 114 AEUV gestützt werden. Im Ergebnis hat sich dadurch allerdings wenig geändert, weil auch diese allgemeinen Kompetenzen bisher weit ausgelegt wurden.

II. Sekundärrecht

20 Die frühere schmale EG-vertragliche Gesetzgebungskompetenz der Gemeinschaft steht in deutlichem Gegensatz zur großen Zahl der europäischen Gesetzgebungsakte auf dem Gebiet des geistigen Eigentums. In erster Linie sind die **zahlreichen immaterialgüterrechtlichen Richtlinien und Verordnungen** zu nennen, die unmittelbar die Ausgestaltung und Durchsetzung der Rechte des geistigen Eigentums zum Gegenstand haben. Auch kommt **verfahrensrechtlichen Rechtsquellen**[38] sowie **Normen des internationalen Privatrechts**[39] erhebliche Bedeutung zu. Die folgende Darstellung der unterschiedlichen Harmonisierungsansätze wird sich auf diejenigen europäischen Rechtsetzungsakte beschränken, die spezifisch die einzelnen Rechte des geistigen Eigentums betreffen bzw unmittelbar deren verfahrensrechtliche Durchsetzung zum Gegenstand haben.

21 Das europäische Recht **durchdringt die nationalen Rechtsordnungen des Immaterialgüterrechtsschutzes teilweise bis ins Detail**. So sind beispielsweise das Marken- und das Geschmacksmusterrecht heute in wesentlichen Teilen Europarecht. Auch einige Bereiche des Urheberrechts beruhen ausschließlich auf europäischem Recht, wobei der EuGH gerade in jüngerer Zeit in verstärktem Maße rechtsfortbildend tätig wird. Die vorliegende Darstellung muss sich auf die Grundzüge beschränken; für Einzelthemen ist auf die immaterialgüterrechtliche Literatur zu verweisen. Schwerpunktmäßig wird im Folgenden die Frage zu behandeln sein, wie die europäischen Einflüsse

34 EuGH, Rs. C-479/04 (Laserdisken), Slg 2006, 8113.

35 Vgl näher *Mestmäcker/Schweizer*, § 27, Rn 6 mwN.

36 Erwägungsgrund 3 der VO (EG) Nr. 40/94 (GemeinschaftsmarkenVO); ähnlich Erwägungsgrund 5, 6 der VO (EG) Nr. 6/2002 (GemeinschaftsgeschmacksmusterVO).

37 Vertrag von Lissabon zur Änderung des Vertrages über die Europäische Union und des Vertrages zur Gründung der Europäischen Gemeinschaft, unterzeichnet in Lissabon am 13.12.2007, ABl. 2007, C 306/01.

38 Vgl hierzu *Walter*, in: Loewenheim, § 58, Rn 90 ff.

39 Vgl hierzu ausführlich *Walter*, in: Loewenheim, § 58, Rn 20 ff.

auf das nationale Recht systematisiert werden können und welche Auswirkungen die europäischen Rechtsetzungsakte auf das nationale Recht haben.

C. Sektorübergreifende Harmonisierungsschritte

I. Freier Warenverkehr und Rechte des geistigen Eigentums

Art. 34 AEUV steht Beschränkungen des freien Warenverkehrs nicht entgegen, die gem. Art. 36 AEUV zum Schutz des gewerblichen und kommerziellen Eigentums gerechtfertigt sind. Allerdings dürfen diese weder ein Mittel zur willkürlichen Diskriminierung noch eine verschleierte Beschränkung des Handels zwischen den Mitgliedstaaten darstellen. Verhindert werden soll eine missbräuchliche Ausübung der Rechte des geistigen Eigentums, die geeignet ist, künstliche Abschottungen innerhalb des Gemeinsamen Marktes beizubehalten oder zu schaffen.[40] Um auf der Grundlage von Art. 34, 36 AEUV einen Ausgleich der gegenläufigen Interessen zu finden, ging der EuGH ursprünglich davon aus, dass zwar der **Bestand** der Rechte des geistigen Eigentums gewährleistet sei, ihre **Ausübung** aber im Interesse der Warenverkehrsfreiheit beschränkt werden könne.[41] Dieser Ansatz ist scharf kritisiert worden.[42] Der EuGH stellt seit längerer Zeit stattdessen darauf ab, ob die Geltendmachung von Rechten des geistigen Eigentums zum Schutz des jeweiligen **spezifischen Gegenstands** erforderlich ist. Hierdurch wird Raum für die Prüfung eröffnet, ob die von der Ausübung des Ausschlussrechts ausgehenden restriktiven Wirkungen mit dem Binnenmarkt vereinbar sind.[43] 22

Vor diesem Hintergrund hat der EuGH den spezifischen Gegenstand der meisten Immaterialgüterrechte umschrieben.[44] So liegt der **spezifische Gegenstand des Patentrechts** darin, dass der Inhaber das ausschließliche Recht erlangt, eine Erfindung in Hinblick auf die Produktion und das erste Inverkehrbringen industrieller Erzeugnisse entweder selbst oder durch Lizenzvergabe an Dritte zu verwerten und sich gegen jede Zuwiderhandlung zu wehren.[45] Zum **spezifischen Gegenstand des Urheberrechts** zählen das Urheberpersönlichkeitsrecht und die Verwertungsrechte.[46] Der **spezifische Gegenstand des Markenrechts** beinhaltet die Befugnis, ein Erzeugnis in den Verkehr zu bringen und dabei das Warenzeichen zu benutzen, wobei der Inhaber Schutz vor den Konkurrenten erlangt, die unter Missbrauch der aufgrund des Warenzeichens erworbenen Stellung und Kreditwürdigkeit widerrechtlich mit diesem Zeichen versehene Erzeugnisse veräußern und den mit dem Zeichen verbundenen Ruf für sich ausnutzen wollen.[47] Weiter unterstreicht der EuGH, dass dem Verbraucher die Ursprungsidentität des gekennzeichneten Erzeugnisses garantiert werde. Ihm soll es ermöglicht werden, dieses Erzeugnis ohne Verwechslungsgefahr von Erzeugnissen anderer Herkunft zu unterscheiden.[48] 23

40 EuGH, Rs. 341/87 (EMI-Electrola/Patricia Im- und Export Verwaltungsgesellschaft), Slg 1989, 79, 95, NJW 1989, 1428.

41 Grundlegend EuGH, Rs. 24/67 (Parke, Davis & Co/Probel, Reese u. a – „Parke Davis"), Slg 1968, 85, NJW 1968, 1961, GRUR Int. 1968, 99; EuGH, Rs. 78/70 (Deutsche Grammophon/Metro), Slg 1971, 487, NJW 1971, 1533.

42 Vgl den umfassenden Überblick bei *Heinemann*, S. 217 ff mwN.

43 Näher dazu *Mestmäcker/Schweitzer*, § 27, Rn 19; *Ullrich*, in: Immenga/Mestmäcker, EG-Wettbewerbsrecht, Bd. 1, GRUR A, Rn 48; vgl auch *Heinemann*, S. 239 ff.

44 *Vgl hierzu ausführlich Heinemann*, S. 242 ff; Mestmäcker/Schweitzer, § 27, Rn 19 ff.

45 EuGH, Rs. 15/74 (Centrafarm/Sterling Drug), Slg 1974, 1147, NJW 1975, 516; GRUR Int. 1974, 454 (dort noch mit einem Hinweis auf den Belohnungsgedanken; vgl dazu *Heinemann*, S. 242, 247, 261 ff); EuGH, Rs. C-235/89 (Kommission/Italienische Republik), Slg 1992, I 777 (I-824); EuGH, Rs. C-267/95 und 268/95 (Merck und Beecham – „Merck II"), Slg 1996, I-6285, I-6384, GRUR Int. 1997, 250.

46 EuGH, Rs. C-92/92 und C-3 26/92 (Phil Collins/Imtrat – "Phil Collins"), Slg 1993, I-5145, 5179, NJW 1994, 375 (L), GRUR Int. 1994, 53.

47 EuGH, Rs. C-10/89 (HAG GF- „HAG II"), Slg 1990, I-3711, I-3758, NJW 1991, 626, GRUR Int. 1990, 960.

48 EuGH, Rs. C-10/89 (HAG GF- „HAG II"), Slg 1990, I-3711, I-3758, NJW 1991, 626, GRUR Int. 1990, 960.

II. Europäische Erschöpfung

24 Von besonderer Bedeutung für das Recht des geistigen Eigentums und für den Binnenmarkt insgesamt ist das Rechtsinstitut der europäischen Erschöpfung.[49] Die Lehre von der europäischen Erschöpfung besagt, dass immer dann, wenn Waren, an denen Rechte des geistigen Eigentums bestehen, vom Rechtsinhaber oder von einem Dritten mit Zustimmung des Rechtsinhabers innerhalb der Union in Verkehr gebracht worden sind, sich das immaterialgüterrechtliche Verbotsrecht erschöpft. Die weitere Verbreitung des jeweiligen in Verkehr gebrachten körperlichen Exemplars innerhalb der gesamten Union kann dann nicht mehr untersagt werden. Die Erschöpfungswirkung kann sowohl mit dem Interesse am ungehinderten Handel als auch damit gerechtfertigt werden, dass der Rechtsinhaber mit dem ersten Inverkehrbringen der Ware bereits die Möglichkeit gehabt hat, seine geistige Leistung zu verwerten.[50]

25 Die Lehre von der europäischen Erschöpfung wurde vom EuGH auf **Basis der Warenverkehrsfreiheit** (Art. 34, 36 AEUV) entwickelt. Hintergrund hierfür war, dass der Rechtsinhaber nach den allgemeinen Grundsätzen des **Territorialitätsprinzips** auf jeweils einen Mitgliedstaat beschränkte Lizenzen einräumen konnte. Damit hätte der Rechtsinhaber die Befugnis, Lieferungen von Waren, die durch seine Rechte des geistigen Eigentums geschützt sind, zwischen den Staaten der Union zu verbieten. Diese für jeden Mitgliedstaat bestehende immaterialgüterrechtliche **Verbotsbefugnis kollidiert** mit dem Ziel der Europäischen Union, einen **einheitlichen Wirtschaftsraum** mit freiem Warenverkehr zu schaffen und Handelsschranken zwischen den Mitgliedstaaten abzubauen. Deshalb stellt nach st. Rspr des EuGH die Ausübung eines Rechts des geistigen Eigentums, um die Einfuhr eines Erzeugnisses aus einem Mitgliedstaat, in dem das Erzeugnis von dessen Inhaber oder mit seiner Zustimmung rechtmäßig in den Verkehr gebracht worden ist, in einen anderen Mitgliedstaat zu verhindern, eine nicht gerechtfertigte Maßnahme gleicher Wirkung wie eine mengenmäßige Beschränkung gemäß Art. 34 AEUV dar.[51]

26 Eine Erweiterung erfuhr die Lehre von der europäischen Erschöpfung der Sache nach durch das Urteil des EuGH zu der Frage, ob die Übertragungsrechte für Spiele der Premier League durch die Rechteinhaberin, Football Association Premier League (FAPL), für die EU-Mitgliedstaaten unterschiedlich lizensiert werden dürfen mit der Folge einer territorialen Aufspaltung.[52] Die FAPL hatte ihre Übertragungsrechte in verschiedenen Mitgliedstaaten zu unterschiedlichen Preisen verkauft und gleichzeitig ihren Lizenznehmern verboten, die Decodervorrichtung, die den Zugang zu verschlüsselten Satellitensendungen aus einem anderen Mitgliedsstaat ermöglichen, außerhalb ihres Mitgliedstaates zu veräußern. So war es ihr möglich, ein System der Preisdifferenzierung aufzubauen. Der EuGH hat entschieden, dass eine entsprechende Marktaufteilung einen ungerechtfertigten Eingriff in die Dienstleistungsfreiheit darstelle. Überdies verstießen die Vertriebsvereinbarungen zwischen der FAPL und ihren Lizenznehmern mit ihrem Veräußerungsverbot in andere EU-Staaten gegen Art. 101 Abs. 1 AEUV und seien wettbewerbswidrig. Auch in Bezug auf Computerprogramme stellte der EuGH in seiner UsedSoft-Entscheidung klar, dass die Erschöpfung des Verbreitungsrechts nicht nur für körperliche Programmkopien (CD-ROM, DVD), sondern auch für nicht-

---

49 St. Rspr, vgl Urheberrecht: zB EuGH, Rs. 55/80 und 57/80 (Gebührendifferenz II), Slg 1981, 147; Patentrecht: vgl EuGH, Rs. 15/74 (Centrafarm/Sterling Drug), Slg 1974, 1147, NJW 1975, 516, GRUR Int. 1974, 474; EuGH, Rs. 187/80 (Merck/Stephar und Exler – „Merck I"), Slg 1981, 2063, NJW 1981, 2633, GRUR Int. 1981, 47; EuGH, Rs. C-267/95 und 268/95 (Merck und Beecham – "Merck II"), Slg 6285, 6384, GRUR Int. 1997, 250; Markenrecht: vgl EuGH, Rs. 192/73 (van Zuylen/Hag – „HAG I"), Slg 1974, 731, GRUR Int. 1974, 338; EuGH, Rs. C – 15/74 (Centrafarm/Sterling Drug), Slg 1974, 1174, NJW 1975, 516, GRUR Int. 1974, 454; EuGH, Rs. C – 119/75 (Terranova/Terrapin), Slg 1981, 181; EuGH, Rs. C-9/93 (IHT Internationale Heiztechnik und Danziger – „Ideal Standard II"), Slg 1994 I 2789, NJW 1995, 3244 (L), GRUR Int. 1994, 614; EuGH, Rs. C-10/89 (HAG GF- „HAG II"), Slg 1990, I-3711, I-3758, NJW 1991, 626, GRUR Int. 1990, 960.

50 Vgl im Einzelnen *Joos*, Die Erschöpfungslehre im Urheberrecht, 1991, S. 51 ff.

51 ZB EuGH, Rs. 55/80 und 57/80 (Gebührendifferenz II), Slg 1981, 147, NJW 1981, 1143, GRUR Int. 1981, 229.

52 EuGH, Rs. C-403/08, C-429/08 (Football Association Premier League u.a.), Slg 2011 I-09083, GRUR Int. 2011, 1063.

körperliche Kopien von Computerprogrammen gelte, die bereits bei ihrem Erstverkauf aus dem Internet direkt heruntergeladen werden.[53]

Rechtsgrundlage für die europäische Erschöpfung waren ursprünglich ausschließlich die Vorschriften des EG-Vertrags. Später wurde die Erschöpfungslehre in zahlreiche europäische Gesetzgebungsakte aufgenommen, und sie fand Eingang in die nationale Gesetzgebung. Eine **ausdrückliche nationale gesetzliche Regelung** der europäischen Erschöpfung enthalten u.a. § 24 Abs. 1 MarkenG, Art. 13 GMV, §§ 17 Abs. 2, 69 c Nr. 3 UrhG, § 48 GeschmMG, Art. 21 GeschmMVO. Allerdings gilt die **europaweite Erschöpfung unabhängig von den einzelgesetzlichen sekundärrechtlichen Harmonisierungsregelungen.** Die Erschöpfungslehre ist deshalb auch auf Rechte anwendbar, für die sie nicht ausdrücklich gesetzlich geregelt ist, wie beispielsweise für das Patentrecht. Rechtsgrundlage ist hier nach wie vor Art. 34, 36 AEUV.[54] 27

Die Grundsätze der europaweiten Erschöpfung werden vom EuGH als abschließend angesehen. Eine **internationale Erschöpfung** findet nicht statt. Das nationale Recht kann die internationale Erschöpfung nicht mehr zulassen.[55] Art. 4 Abs. 2 der Richtlinie zur Harmonisierung des Urheberrechts in der Informationsgesellschaft enthält mittlerweile zumindest für das Urheberrecht ein ausdrückliches Verbot der internationalen Erschöpfung.[56] Dies hat zur Folge, dass der Inhaber eines Rechts des geistigen Eigentums verhindern kann, dass Waren in die EU eingeführt werden, die er selbst außerhalb der EU in Verkehr gebracht hat oder die mit seiner Zustimmung außerhalb dieses Gebiets erstmals in Verkehr gebracht worden sind. Außerhalb des Gebietes der Union kann der Rechtsinhaber daher sein Recht nicht nur für einzelne Staaten getrennt vergeben, sondern er kann sich auch der Einfuhr dieser Waren in die Union widersetzen.[57] 28

III. Grenzbeschlagnahmeverordnung (Produktpiraterieverordnung)

Es besteht ein besonderes Bedürfnis zur Harmonisierung der Befugnisse und Verfahren, unter denen die Zollbehörden an den EU-Außengrenzen gegen die Einfuhr schutzrechtsverletzender Waren vorgehen können. Geregelt wird dies seit dem 1. Januar 2014 durch die neue Produktpiraterieverordnung **VO (EU) 608/2013 zur Durchsetzung der Rechte geistigen Eigentums durch die Zollbehörden**, die die bisherige **VO (EG) 1383/2003 zur Grenzbeschlagnahme** ablöst.[58] Werden rechtswidrige Vervielfältigungsstücke oder Nachahmungen zur Überführung in den zollrechtlich freien Verkehr, zur Ausfuhr oder zur Wiederausfuhr angemeldet, oder werden solche Waren in das Zollgebiet oder aus dem Zollgebiet der Union verbracht, so werden die Zollbehörden nach Maßgabe dieser Verordnung tätig. Änderungen enthält die neue Produktpiraterieverordnung in Bezug auf die Behandlung von rechtsverletzenden Waren auf der Basis von Internetbestellungen. Außerdem wurde der Anwendungsbereich durch weitere Schutzrechte (Gebrauchsmuster und Halbleitertopografien) ergänzt. 29

IV. Richtlinie zur Durchsetzung der Rechte des geistigen Eigentums

Im Jahr 2004 wurde die Richtlinie zur Durchsetzung der Rechte des geistigen Eigentums[59] verabschiedet. Zur Vermeidung von Wettbewerbsverzerrungen und zur Gewährleistung eines einheitlichen hohen Schutzstandards wurden die Instrumente zur Durchsetzung der Rechte des geistigen Eigentums und die Rechtsfolgen von Schutzrechtsverletzungen auf hohem Schutzniveau harmoni- 30

53 EuGH, Rs. C-128/11 (UsedSoft/Oracle), GRUR 2012, 904; Vorlage durch BGH, GRUR 2011, 418.

54 EuGH, Rs. C-427/93, C-429/93 und C-436/93 (Bristol–Myers Squibb), Slg 1996, I 3457, NJW 1997, 1627, GRUR Int. 1996, 1144; BGH, GRUR 2000, 299 – Karate; s. auch *Keukenschrijver*, in: Busse, PatG, § 9, Rn 161 ff; *Kraßer*, S. 793 ff.

55 EuGH, Rs. C-355/96 (Silhouette International Schmied/Hartlauer Handelsgesellschaft – „Silhouette“), Slg 1998, I-4822, NJW 1998, 3185, GRUR Int. 1998, 695.

56 RL 2001/29/EG v. 22.5.2001, ABl. L 167/10; s. dazu außerdem das Laserdisken-Urteil, Fn 34.

57 Vgl zur Silhouette-Entscheidung ausführlich *Joller*, GRUR Int. 1998, 751 ff.

58 VO (EU) 608/2013 zur Durchsetzung der Rechte geistigen Eigentums durch die Zollbehörden, ersetzt die VO (EG) 1383/03 zur Grenzbeschlagnahme (ProduktpiraterieVO).

59 RL 2004/48/EG zur Durchsetzung der Rechte des geistigen Eigentums.

siert. Insbesondere wurde den Inhabern von Rechten des geistigen Eigentums die **prozessuale Durchsetzung ihrer Rechte erleichtert.** Die Richtlinie zur Durchsetzung der Rechte des geistigen Eigentums ist mit dem Gesetz zur Verbesserung der Durchsetzung von Rechten des geistigen Eigentums vom 7.7.2008 verspätet umgesetzt worden.[60]

31 Bei Verdacht einer Schutzrechtsverletzung wird die Informationslage zur Erhärtung des Verdachts vor und während des Verletzungsprozesses verbessert. Hierzu sind umfassende **Beweisvorlagepflichten** (Art. 6) und die Einführung eines weitreichenden **vorprozessualen Beweissicherungsverfahrens** (Art. 7) vorgeschrieben. Zudem enthält die Richtlinie äußerst weitgehende **innerprozessuale Auskunftspflichten**, denen sogar Dritte unterworfen sein sollen, die an der Schutzrechtsverletzung nicht unmittelbar beteiligt waren. Daneben sollen bestimmte **einstweilige Maßnahmen und Sicherungsmaßnahmen** (Art. 10) eingeführt werden. Materiell-rechtlich von großer Bedeutung ist die **Schadensersatzvorschrift** des Art. 13 der Richtlinie. Bei der Bemessung des vom Verletzer zu zahlenden Schadensersatzes ist neben dem Ersatz des konkret berechneten Schadens die Schadensberechnung in Form der Gewinnherausgabe und der Lizenzanalogie zuzulassen.

32 Im Jahr 2006 schlug die Kommission zudem den Erlass einer **Richtlinie über strafrechtliche Maßnahmen** als Ergänzung zur Durchsetzungsrichtlinie vor, die ein effizienteres Vorgehen gegen Nachahmung und Produktpiraterie ermöglichen soll.[61] Gem. Art. 3 des Richtlinienentwurfs soll jede vorsätzliche, gewerbsmäßige Verletzung von Rechten des geistigen Eigentums sowie die Teilnahme hieran geahndet werden. Dieses Vorhaben wird, soweit ersichtlich, zur Zeit nicht weiter verfolgt.

V. Rom II-VO über das auf außervertragliche Schuldverhältnisse anzuwendende Recht

33 Die Rom-II-Verordnung[62] des Europäischen Parlaments und Rates regelt seit dem 11.1.2009 das anwendbare Recht für außervertragliche Schuldverhältnisse. In Art. 8 der Rom II-VO ist eine **spezielle Regelung für die Rechte des geistigen Eigentums** enthalten. Hiernach ist bei einer Verletzung von Rechten des geistigen Eigentums gem. Art. 8 Abs. 1 Rom-II-VO stets das Recht des Staates anzuwenden, für den der Schutz beansprucht wird. Damit wurde lediglich das bislang bereits **allgemein anerkannte Schutzlandprinzip** normiert. Für gemeinschaftsweit einheitliche Rechte des geistigen Eigentums, namentlich also für die Gemeinschaftsmarke, das Gemeinschaftsgeschmacksmusterrecht, das Gemeinschaftssortenschutzrecht und die geografischen Herkunftsangaben nach der EG-VO Nr. 510/2006, sieht Art. 8 Abs. 2 Rom-II-VO eine Sonderregelung vor. Es gilt das Recht des Staates, in dem die Verletzung begangen wurde. Hiervon nicht erfasst ist allerdings das europäische Patent.

D. Harmonisierung des Urheberrechts

I. AEUV, insbesondere Diskriminierungsverbot (Art. 18 AEUV)

34 Die Harmonisierung im Bereich des Urheberrechts ist durch die Vorgaben des AEUV sowie durch die bisher ergangenen Urheberrechtsrichtlinien bestimmt. Obwohl sich im Zuge der fortschreitenden europäischen Rechtsharmonisierung der Akzent immer stärker auf die Rechtsangleichung durch Richtlinien verschoben hat, kommt dem **Primärrecht weiterhin unmittelbare Bedeutung für die Rechtsangleichung** zu. Dabei ist nicht nur die Lehre von der **unionsweiten Erschöpfung** (vgl oben Rn 24 ff) zu beachten, sondern auch das **Diskriminierungsverbot** gem. Art. 18 AEUV. Danach dürfen bei der Bestimmung von Inhalt und Umfang des Bürgern anderer EU-Mitgliedstaaten zu gewährenden Schutzes diese im Schutzland nicht schlechter als Inländer behandelt werden. Dies gilt unabhängig davon, ob und in welcher Weise Bürger anderer EU-Mitgliedstaaten in dem jeweiligen Herkunftsland des Schutzsuchenden Urheberrechtsschutz genießen. EU-Ausländer sind somit

60 BGBl. 2008 I, S. 1191.

61 *Geänderter Vorschlag mit Begründung vom 26.4.2006*, ABl. C 303/92, KOM 2006, 168 endg., GRUR Int. 2006, 719.

62 VO (EG) 864/07 über das auf außervertragliche Schuldverhältnisse anzuwendende Recht, ABl. L 199/40 v. 31.7.2007.

generell gleich mit Inländern zu behandeln. Dementsprechend hat der EuGH im *Phil-Collins-*Urteil[63] entschieden, dass ein **Schutzfristenvergleich**, aufgrund dessen der Schutz ausländischer Urheber im Inland auf die Dauer des Schutzes in deren Heimatland beschränkt wird, gegenüber Angehörigen von EU-Mitgliedstaaten nicht zulässig ist.[64] Infolgedessen ist § 120 UrhG dahingehend angepasst worden, dass Staatsangehörige anderer Mitgliedstaaten den gleichen urheberrechtlichen Schutz wie deutsche Staatsangehörige genießen.

II. Überblick über die Urheberrechtsrichtlinien und ihre Umsetzung

Bislang sind neun spezifisch urheberrechtliche Richtlinien verabschiedet worden. Um zu einem EU-weit einheitlichen Gesetzeswortlaut beizutragen, ist ihr Text vielfach wörtlich in das UrhG übernommen worden. Entsprechend der starken Durchdringung des UrhG durch europäische Richtlinien sind wesentliche Vorschriften des nationalen Urheberrechts richtlinienkonform auszulegen. Im Folgenden können aufgrund der Vielzahl der Regelungen nur einige Grundzüge dargestellt werden. 35

1. Softwarerichtlinie

Die Softwarerichtlinie[65] aus dem Jahr 1991 war die erste Richtlinie, die auf dem Gebiet des Urheberrechts erlassen wurde. Für den Schutz von Computerprogrammen gibt sie dem Urheberrecht Vorzug gegenüber einem *sui generis*-Schutz. Damit beendete die Richtlinie einen heftigen Meinungsstreit darüber, welches Schutzregime für den Softwareschutz geeigneter sei. Paralleler patentrechtlicher oder sonstiger Schutz wird durch die Richtlinie nicht ausgeschlossen (Art. 9). 36

Zur Umsetzung wurden §§ 69 a ff. UrhG als eigenständiger Abschnitt in das UrhG eingefügt.[66] Damit wurde die Softwarerichtlinie im Wesentlichen wörtlich umgesetzt. Hierdurch sollten die Voraussetzungen für eine möglichst einheitliche Auslegung der Richtlinie in den Mitgliedstaaten geschaffen werden.[67] Kennzeichnend für den richtliniengemäßen urheberrechtlichen Schutz von Software – und damit auch für §§ 69 a ff. UrhG – ist, dass der Schutz umfassender ausgestaltet ist und an **niedrigeren Schwellen** anknüpft als der Schutz sonstiger urheberrechtlicher Werke. Auf diese Weise soll den hohen Investitionen, die für die Erstellung von Software erforderlich sind, sowie der leichten Kopierbarkeit von Computerprogrammen Rechnung getragen werden.[68] 37

So fordert das UrhG allgemein als grundlegende Schutzvoraussetzung, dass es sich bei dem zu schützenden Werk um eine **persönliche geistige Schöpfung** handelt (§ 2 Abs. 2 UrhG). Computerprogramme sind nun schon dann geschützt, wenn es sich um individuelle Werke in dem Sinn handelt, dass sie das Ergebnis der **eigenen geistigen Schöpfung** des Urhebers sind. 38

2. Vermiet- und Verleihrichtlinie

Die Vermiet- und Verleihrichtlinie[69] regelt einerseits das Vermiet- und Verleihrecht und sieht andererseits die Einführung der sog. vier **europäischen Leistungsschutzrechte** (Leistungsschutz für ausübende Künstler, Tonträgerhersteller, Laufbildhersteller und Rundfunkunternehmer) vor. Der Zusammenhang zwischen diesen Regelungsgegenständen besteht darin, dass die Einführung eines Vermiet- bzw Verleihrechts für Leistungsschutzberechtigte nur sinnvoll ist, wenn diesen dem Grunde nach die entsprechenden Leistungsschutzrechte einschließlich des Vervielfältigungsrechts 39

63 EuGH, Rs. C-92/92 und C-3 26/92 (Phil Collins/Imtrat – „Phil Collins"), Slg 1993, I-5145, NJW 1994, 375 (L), GRUR Int. 1994, 53.

64 EuGH, Rs. C-92/92 und C-326/92 (Phil Collins/Imtrat – „Phil Collins), Slg 1993, I-5145, NJW 1994, 375 (L), *GRUR Int. 1994, 53;* EuGH, Rs. C-360/00 (Ricordi), Slg 2002, I-5089, NJW 2002, 2858.

65 RL 91/250/EWG vom 14.5.1991, ABl. L 122/42, in der kodifizierten Fassung der RL 2009/24/EG v. 23.4.2009, ABl. L 111/16.

66 2. UrhÄndG v. 9.6.1993 (BGBl. I S. 910), vgl auch *Loewenheim*, in: Schricker/Loewenheim (Hrsg.), UrhG, Vor §§ 69 a ff, Rn 4 ff.

67 Amtl. Begründung BT-Drucks. 12/4022 S. 8.

68 Erwägungsgrund 2 der RL 91/250/EWG vom 14.5.1991, ABl. L 122/44.

69 RL 92/100/EWG vom 19.11.1992, ABl. L 346/61, in der kodifizierten Fassung der RL 2006/115/EG v. 27.12.2006, ABl. L 376/28.

zustehen.[70] In Umsetzung der Richtlinie wurde ein **ausschließliches Vermietrecht** eingefügt (§ 27 Abs. 1 UrhG). Für das **Verleihen** wurde der schon zuvor bestehende gesetzliche **Vergütungsanspruch** unter Ausweitung des Kreises der Anspruchsberechtigten beibehalten (§ 27 Abs. 2, 3 UrhG). Hinsichtlich der **Leistungsschutzrechte** bestand in Deutschland **kein wesentlicher Umsetzungsbedarf**, da das UrhG diese Leistungsschutzrechte bereits anerkannte.[71]

3. Satelliten- und Kabelrichtlinie

40 Mit der zunehmenden Verkabelung stellte sich im europäischen Rahmen immer drängender die Frage, ob und in welcher Weise der Urheber an der Nutzung seiner Werke im Rahmen der **Kabelweiterleitung** beteiligt werden soll. Der grenzüberschreitende Empfang kann dadurch beeinträchtigt werden, dass den Rechteinhabern eine territorial aufgespaltene Rechtevergabe möglich ist und sie sich daher gegen die Kabelweiterleitung wenden können.[72] Aus europäischer Sicht erschien es hingegen geboten, in den verkabelten Privathaushalten einen geordneten, möglichst ununterbrochenen und grenzüberschreitenden Empfang zu gewährleisten. Dennoch sollten die Rechte der Urheber nicht unangemessen beeinträchtigt werden. Dementsprechend fordert die Satelliten- und Kabelrichtlinie[73] die Einführung der **Verwertungsgesellschaftspflichtigkeit für das Recht der Kabelweitersendung** (Art. 9). Auf diese Weise wird einerseits dem Interesse der Urheber an der Wahrung ihrer Rechtsposition Rechnung getragen. Andererseits wird berücksichtigt, dass ein rechtzeitiger **Einzelerwerb der Rechte durch das Kabelunternehmen**, das die Sendung zeitgleich weitersenden will, **praktisch nicht möglich** ist. Das Kabelunternehmen muss **nur einen Vertrag** mit der Verwertungsgesellschaft schließen, um sich sämtliche Rechte einräumen zu lassen. Die Vorgaben der Richtlinie wurden insoweit in **§ 20 b UrhG** umgesetzt.

41 Bei den **Satellitensendungen** ergab sich die Notwendigkeit harmonisierter Regelungen daraus, dass über Satellit ausgestrahlte Signale nicht nur im Sendeland, sondern in der gesamten Ausleuchtungszone („footprint") empfangen werden können. Die Inhaber von Urheber- und Leistungsschutzrechten wollten ihre Rechtsposition innerhalb der gesamten Ausleuchtungszone gewährleistet wissen.[74] Ziel der Richtlinie war es insoweit, den Urhebern das **Recht der Wiedergabe ihrer Werke durch Satellit** zu geben. Die Richtlinie, die insofern in **§ 20 a UrhG** umgesetzt wurde, fordert ein **eigenständiges Verwertungsrecht der europäischen Satellitensendung** (Art. 2). Daneben bestand Unklarheit darüber, ob für eine grenzüberschreitende Programmverbreitung via Satellit nur die Rechte des Sendelandes oder zusätzlich auch die Rechte in allen Empfangsländern benötigt werden. Die Richtlinie spricht sich für das **Sendelandprinzip** aus: Wird die Satellitensendung innerhalb der EU ausgeführt, so gilt sie ausschließlich als in dem Mitgliedsstaat oder Vertragsstaat erfolgt, in dem sie ausgeführt worden ist (Art. 1 Abs. 2 b). Daraus folgt, dass sich das Recht des Urhebers an der Satellitensendung nach dem **nationalen Urheberrecht des Sendelandes** richtet. Andere Staaten können dem Urheber keine weiteren Rechte geben, die an andere bei einer Satellitensendung verwirklichte Tatbestände anknüpfen, zB die Abstrahlung zum Satelliten. Der gegenläufigen sog. **Bogsch-Theorie**[75] wurde damit eine klare **Absage** erteilt.

4. Schutzdauerrichtlinie

42 Gelten für urheberrechtlich geschützte Werke in den einzelnen EU-Mitgliedstaaten unterschiedliche Schutzfristen, so führt dies dazu, dass Werke in einem Mitgliedstaat noch geschützt, in einem ande-

---

70 Ausführlich *v. Lewinski*, Vermiet- und Verleih-RL, in: Walter (Hrsg.), vor Art. 1, Rn 3.
71 Vgl *v. Lewinski*, Vermiet- und Verleih-RL, in: Walter (Hrsg.), Art. 6, Rn 6.
72 EuGH, Rs. 62/79 (Coditel/Ciné Vog Films – "Coditel I"), Slg 1980, 881, NJW 1980, 2011, GRUR Int. 1980, 602.
73 RL 93/83/EWG v. 27.9.1993, ABl. L 248/15. in der kodifizierten Fassung der RL 2006/116/EG v. 12.12.2006, ABl. 376/12.
74 Näheres bei *Dreier*, in: Walter (Hrsg.), Vor Art. 1, Rn 4 ff.
75 *Katzenberger*, in: Schricker/Loewenheim (Hrsg.), UrhR, Vor §§ 120 ff, Rn 141.

ren aber bereits gemeinfrei sein können.[76] Das Ziel der Schutzdauerrichtlinie[77] bestand darin, die hiermit verbundene **Wettbewerbsverzerrung** durch die Harmonisierung der Schutzfristen zu **beseitigen** und gleichzeitig ein **hohes Schutzniveau** zu gewährleisten. Die Schutzdauerrichtlinie legt weitgehend **zugleich Mindest- und Maximalschutz** fest, von dem die Mitgliedstaaten weder nach oben noch nach unten abweichen dürfen. Die grundlegende Regelung der Schutzdauerrichtlinie für urheberrechtlich geschützte Werke besteht in der Festlegung einer **allgemeinen urheberrechtlichen Schutzfrist von 70 Jahren** *post mortem auctoris* (Art. 1 Abs. 1). Damit harmonisiert die Richtlinie die Schutzdauer auf einem hohen Schutzniveau (vgl Erwägungsgrund 10, 11). Insbesondere geht die Schutzdauer über die 50-jährige Mindestschutzdauer gem. Art. 7 der **Berner Konvention** hinaus, die kraft Verweisung mittelbar auch für das **TRIPS-Abkommen** gilt (Art 9 TRIPS). Weiter enthält die Richtlinie Vorschriften zur Schutzdauer von **verwandten Schutzrechten.** Diesen wird **grundsätzlich ein 50-jähriger Schutz** zuerkannt (Art. 3). Daneben beinhaltet die Richtlinie Regelungen zu Einzelfragen der Schutzfristenbemessung sowie zur Schutzdauer bei besonderen Werkkategorien, insbesondere Filmwerken.

43 Die Schutzdauerrichtlinie wurde durch das **dritte Urheberrechtsänderungsgesetz** im Jahr 1995 **umgesetzt.**[78] Allerdings sieht das UrhG bereits seit 1965 eine siebzigjährige Regelschutzfrist *post mortem auctoris* für urheberrechtlich geschützte Werke vor. Insoweit bestand kein Umsetzungsbedarf. Jedoch musste die in § 64 Abs. 2 UrhG aF enthaltene Sonderschutzfrist für posthum veröffentlichte Werke aufgehoben werden.[79] Auch war die Schutzfristenberechnung für anonyme und pseudonyme Werke zu ändern. Weiter wurde die leistungsschutzrechtliche Schutzfrist einheitlich auf 50 Jahre festgelegt. Für die unternehmensbezogenen Leistungsschutzrechte der Tonträgerhersteller (§ 85 UrhG), der Sendeunternehmen (§ 87 UrhG) und der Filmhersteller (§ 94 UrhG) führte dies zu einer Verdoppelung ihrer bisher 25-jährigen Schutzfrist. Auch wurde der Schutz für einfache Lichtbilder (§ 72 UrhG) allgemein auf 50 Jahre festgesetzt.

44 Durch die **Richtlinie 2011/77/EU** wurde die Schutzdauer für ausübende Künstler und Tonträgerhersteller von 50 auf 70 Jahre angehoben.[80] Eine Anhebung der Schutzdauer soll dem kreativen und künstlerischen Beitrag gerecht werden. Begründet wird diese Anhebung mit dem Schutzbedürfnis der ausübenden Künstler. Ein Schutz von 50 Jahren berge die Gefahr in sich, dass durch das Auslaufen des Schutzes für Werke aus den Anfängen der Laufbahn eines Künstlers für diesen zum Ende seines Lebens eine Einkommenslücke entstehe.[81] Einnahmen aus den Rechten sollen den Künstlern jedoch während ihres gesamten Lebens zur Verfügung stehen.[82] Deshalb wurde außerdem die Möglichkeit für Künstler geschaffen, ihre Rechte zurückzufordern, wenn der Hersteller die Aufnahme während der erweiterten Schutzfrist nicht weiter vermarktet. Gem. Art. 3 der nun geänderten **RL 2006/116/EG** bleibt es hingegen bei einem 50-jährigen Schutz für Darbietungen, die nicht auf Tonträgern aufgezeichnet worden sind. Eine weitere Harmonisierung erfolgt in Bezug auf Musikkompositionen mit Text. Der Schutz hierfür erlischt unabhängig von Miturhebern 70 Jahre nach dem Tod des Textverfassers und des Komponisten. Die entsprechende Umsetzung in deutsches Recht erfolgte durch eine Änderung des Urheberrechtsgesetzes, die am 6.7.2013 in Kraft trat.[83]

---

76 Vgl EuGH, Rs. 341/87 (EMI Electrola/Patricia Im- und Export Verwaltungsgesellschaft), Slg 1989, 79, NJW 1989, 1428, wonach die Schutzfristenunterschiede mangels Harmonisierung hinzunehmen sind und nicht gegen Art. 30 AEUV (ex Art. 30 EGV) verstoßen.

77 RL 93/98/EWG vom 29.10.1993, ABl. L 290/12.

78 Drittes Gesetz zur Änderung des Urheberrechtsgesetzes vom 23.6.1995, BGBl. I 1995, 842.

79 *Katzenberger*, in: Schricker/Loewenheim (Hrsg.), UrhG, § 64, Rn 66 ff.

80 RL 2011/77/EU v. 27.9.2011 zur Änderung der RL 2006/116/EG über die Schutzdauer des Urheberrechts und bestimmter verwandter Schutzrechte, ABl. L 265/1 v. 11.10.2011.

81 Siehe Erwägungsgrund 5 der RL 2011/77/EU v. 27.9.2011.

82 Siehe auch Begründung des Gesetzesentwurfs des 8. UrhÄndG, BT-Drucks. 17/12013, S. 8.

83 Neuntes Gesetz zur Änderung des Urheberrechtsgesetzes v. 2.7.2013, BGBl. I 2013, S. 1949 v. 5.7.2013.

5. Datenbankrichtlinie

45 Elektronische Datenbanken sind regelmäßig auf Vollständigkeit und die systematische Anordnung ihres Inhaltes ausgerichtet. Üblicherweise liegt jedoch in dem **Bemühen um Vollständigkeit** der Datensammlung **keine persönlich-geistige Schöpfung** iSv § 2 Abs. 2 UrhG. Deshalb sind elektronische Datenbanken zumeist nicht urheberrechtlich geschützt. Jedoch erscheint die **Investition** des Datenbankerstellers in Überprüfung, Aufbereitung und Darbietung des Inhalts der Datenbank als schutzwürdig.[84] Deshalb schützt die Datenbankrichtlinie[85] Sammlungen von Werken, Daten oder anderen unabhängigen Elementen, die systematisch oder methodisch angeordnet und einzeln mit elektronischen Mitteln oder auf andere Weise zugänglich sind (Art. 1 Abs. 2, Art. 3).

46 Die Datenbankrichtlinie wurde als Teil des Gesetzes zur Regelung der Rahmenbedingungen für Informations- und Kommunikationsdienste (**IuKDG**)[86] in das deutsche UrhG implementiert. Soweit Datenbanken im Einzelfall als persönlich-geistige Schöpfungen gem. § 2 Abs. 2 UrhG zu qualifizieren sind, werden sie als Sammelwerke iSv § 4 UrhG unter Schutz gestellt. Zur Verdeutlichung wurde die in Art. 1 Abs. 2 der Datenbankrichtlinie enthaltene Definition der Datenbank in § 4 Abs. 2 UrhG wörtlich übernommen, und die **schöpferische Datenbank** wird als Spezialfall eines Sammelwerkes nach Abs. 1 definiert.

47 Vor allem aber wurde ein ***sui generis*-Schutz für Datenbanken als verwandtes Schutzrecht** eingeführt.[87] Hierzu wurden §§ 87 a ff UrhG als eigener Abschnitt in das UrhG eingefügt. Geschützt sind nur elektronische Datenbanken, die eine wesentliche Investition darstellen (§ 87 a Abs. 1 UrhG).[88] Das ausschließliche Recht ist auf die Nutzung der Datenbank in ihrer Gesamtheit oder in wesentlichen Teilen beschränkt (§ 87 b UrhG).[89]

6. Richtlinie zur Harmonisierung des Urheberrechts in der Informationsgesellschaft

a) Überblick und Entwicklung

48 Die Fortschritte in der Informationstechnologie, insbesondere die Digitalisierung, haben die Möglichkeiten zur Herstellung und Verwertung von urheberrechtlich geschützten Werken vervielfacht. Die Richtlinie zur Harmonisierung des Urheberrechts in der Informationsgesellschaft[90] soll diesen Entwicklungen Rechnung tragen und will das Urheberrecht der Mitgliedstaaten auch insoweit auf hohem Niveau harmonisieren. Die Richtlinie zielt darauf ab, dem Urheber ein umfassendes **Ausschlussrecht hinsichtlich** der digitalen, insbesondere **online-Verwertung seiner Werke** zu sichern (Art. 2, 3). Außerdem sollen die **Schrankenbestimmungen harmonisiert** werden (Art. 5). Weiter werden die Mitgliedstaaten verpflichtet, einen angemessenen **Rechtsschutz gegen die Umgehung technischer Schutzmaßnahmen** vorzusehen (Art. 6).

49 Der erste Teil der Umsetzung der Richtlinie erfolgte im **Gesetz zur Regelung des Urheberrechts in der Informationsgesellschaft** vom 10.9.2003.[91] Weitere Gesetzesänderungen wurden zum 1.1.2008 im Rahmen des **Zweiten Korbes** durch das **Zweite Gesetz zur Regelung des Urheberrechts in der Informationsgesellschaft** eingefügt.[92] Mit dem Zweiten Korb erfolgte die Regelung solcher Punkte,

---

84 Näher dazu EuGH, Rs. C-2003/03 (The British Horseracing Board/William Hill Organization), GRUR Int. 2005, 247.

85 RL 96/9/EWG vom 11.3.1996, ABl. L 77/20.

86 Informations- und Kommunikationsdienstegesetz (IuKDG) v. 22.7.1997, BGBl. 1997 I 1870 (Art. 7 zur Änderung des UrhG).

87 Zu weiteren Änderungen vgl *Dreier/Schulze*, UrhG, Vor §§ 87 a ff, Rn 2.

88 Zur Auslegung dieses Begriffs vgl EuGH, Rs. C-2003/03 (The British Horseracing Board Ltd. u.a./William Hill Organization Ltd.), GRUR Int. 2005, 247; EuGH, Rs. C-338/02 (Fixtures Marketing/Svenska Spel), GRUR Int. 2005, 243; vgl auch *Dreier/Schulze*, UrhG, § 87 a, Rn 11.

89 Zum Begriff der Entnahme von Daten aus einer Datenbank, die dem Schutz des sui-generis-Rechts unterliegt s. EuGH, Rs. C-304/07 (Directmedia Publishing GmbH/Albert-Ludwigs-Universität Freiburg – BGH-Vorlagebeschluss Gedichttitelliste II), GRUR 2008, 1077.

90 RL 2001/29/EG vom 22.5.2001, ABl. L 167/10.

91 BGBl. I, S. 1774.

92 BGBl. 2007 I, 2513.

die angesichts der kurzen Umsetzungsfrist im ersten Gesetz zur Regelung des Urheberrechts in der Informationsgesellschaft unberücksichtigt bleiben mussten. Im Jahr 2011 veröffentlichte die Kommission zudem ein **Grünbuch** über den Online-Vertrieb von audiovisuellen Werken.[93] Jüngst begannen umfassende Konsultationen zur Überprüfung der Regeln des EU-Urheberrechts.[94]

b) Umsetzung der Richtlinie

Vor Einführung von **§ 19 a UrhG** war die dort erfasste Befugnis – das sog. **„Online-Recht"** – dem Urheber als unbenanntes Verwertungsrecht der öffentlichen Wiedergabe vorbehalten.[95] Durch § 19 a UrhG wird klargestellt, dass diese Befugnis ein **eigenständiges Recht der öffentlichen Wiedergabe** gem. § 15 Abs. 2 UrhG, dh ein Recht der Werkwiedergabe in unkörperlicher Form ist. Wichtige Konsequenz hieraus ist, dass **keine Erschöpfung** des Online-Rechts stattfindet. Denn Erschöpfung tritt gem. § 17 Abs. 2 ausschließlich bei der Verbreitung körperlicher Originale bzw Vervielfältigungsstücke ein.[96] 50

Die **§§ 31 a, 32 c UrhG** sehen neue Regelungen für unbekannte und später bekannte Nutzungsarten vor. Anlass für deren Einfügen in das UrhG war das schnelle Voranschreiten technischer Entwicklungen.

Ein weiteres Ziel der Richtlinie besteht darin, die **Schranken** des Urheberrechts für digitale Nutzungen zu **harmonisieren.** Auf Druck der Mitgliedstaaten wurde ein kaum übersehbarer Katalog von weitestgehend fakultativen Schrankenbestimmungen in Art. 5 der Richtlinie aufgenommen. Dieser Katalog knüpft an die jeweiligen nationalen Traditionen an, so dass auch zukünftig die jeweiligen nationalen Schrankenregelungen im Wesentlichen beibehalten werden können. Der Versuch der **Harmonisierung** muss daher **insoweit als gescheitert** angesehen werden.[97] Aufgrund der Richtlinie sind insbesondere die folgenden Schrankenbestimmungen des UrhG geändert oder eingefügt worden: **§§ 44 a, 45 a, 51, 52 a, 52 b, 53 a UrhG.**

Von einem **Verbot der digitalen Privatkopie** wurde bei Umsetzung der Richtlinie **abgesehen.** Die Richtlinie sieht ein solches Verbot nicht zwingend vor. Ebenso wurde auf die Durchsetzung technischer Schutzmaßnahmen gegenüber der Privatkopie verzichtet.

In die **§§ 54 ff UrhG** ist eine flexiblere Gestaltung der pauschalen Vergütung für Privatkopien im Hinblick auf neue Vervielfältigungstechniken, insbesondere unter Beachtung der Entwicklung neuer Geräte und Speichermedien sowie der Technologie des digital rights management (DRM), erfolgt.

§ 95 a UrhG schreibt in **beinahe wörtlicher Umsetzung von Art. 6 Abs. 1 der Richtlinie** das Verbot der Umgehung technischer Schutzmaßnahmen vor.

7. Folgerechtsrichtlinie

Das Folgerecht gewährleistet die **Gewinnbeteiligung des Urhebers** an nach der Erstveräußerung erfolgenden **weiteren Veräußerungen seines Werkes.** Es stellt sicher, dass nicht nur der Eigentümer, insbesondere der Kunsthändler oder Versteigerer, sondern auch der Urheber von Wertsteigerungen des Werkes profitiert, die sich bei Weiterveräußerungen des Werkes manifestieren. Eine Beteiligung des Urhebers an mit seinen Werken realisierten Gewinnen erscheint dann als angemessen, wenn der Urheber – insbesondere am Anfang seines Werkschaffens – seine Werke zu sehr günstigen Preisen veräußern musste und der Erwerber die Werke später mit erheblichen Gewinnen weiterveräußert. 51

In den meisten EU-Mitgliedstaaten war das Folgerecht anerkannt, nicht jedoch insbesondere in Großbritannien, einem der weltweit wichtigsten Zentren des Kunstmarktes. Das **Ausweichen des Kunsthandels,** insbesondere von Auktionshäusern, **in EU-Mitgliedstaaten ohne Folgerecht** kann zu 52

93 Grünbuch über den Online-Vertrieb von audiovisuellen Werken in der Europäischen Union: Chancen und Herausforderungen für den digitalen Binnenmarkt vom 13.7.2011, KOM 2011, 427 endg.

94 Europäische Kommission, PM vom 5.12.2013, IP/13/1213.

95 BGH, 17.7.2003, I ZR 259/00 (Paperboy), GRUR 2003, 958.

96 Vgl auch Art. 3 Abs. 3 der RL 2001/29/EG zum Urheberrecht in der Informationsgesellschaft.

97 Kritisch auch *Dreier/Schulze*, UrhG, Vor §§ 44 a, Rn 5 mwN.

Wettbewerbsverzerrungen führen. Um eine Harmonisierung auf hohem Schutzniveau zu gewährleisten, hat die EG eine Richtlinie über das Folgerecht[98] erlassen, die dem Urheber im Fall der Veräußerung von Werken der bildenden Kunst eine degressive Beteiligung je nach der Höhe des Veräußerungserlöses gewährleistet. Die Folgerechtsrichtlinie wurde durch das Fünfte Gesetz zur Änderung des UrhG vom 10.11.2006 umgesetzt.[99] Die bereits zuvor vorhandene Regelung des Folgerechts gem. § 26 UrhG aF wurde angepasst und die Höhe des Anspruchs wurde abhängig vom Kaufpreis entsprechend den Vorgaben der Richtlinie degressiv gestaffelt.

8. Richtlinie über verwaiste Werke

53 Bibliotheken, Archive, Bildungseinrichtungen sowie Museen sind zunehmend damit befasst, ihre Bestände zu digitalisieren. Für die Vervielfältigung und die öffentliche Zugänglichmachung ist grundsätzlich die vorherige Zustimmung des Rechteinhabers notwendig. Bei verwaisten Werken ist dies jedoch nicht möglich. Hierunter versteht man Werke, denen zwar noch urheberrechtlicher Schutz zukommt, deren Urheber jedoch nicht bekannt sind oder nicht gefunden oder kontaktiert werden können. Mit der **Richtlinie 2012/28/EU über verwaiste Werke** soll den genannten Einrichtungen ein Rechtsrahmen zur Verfügung gestellt werden, der die Regelung des Status als verwaistes Werk und deren Folgen in Bezug auf die zulässigen Nutzer und zulässigen Nutzungsformen zum Gegenstand hat.[100] Sie bestimmt, dass bei der Feststellung, ob es sich um ein verwaistes Werk handelt, eine sorgfältige Suche nach bestimmten Kriterien vorzunehmen ist (Art. 3). Ein verwaistes Werk darf sodann von genannten Einrichtungen sowohl vervielfältigt als auch öffentlich zugänglich gemacht werden, solange hiermit Gemeinwohlzwecke erfüllt werden (Art. 6). Eingang ins deutsche Recht hat die Richtlinie über §§ 61-61 c UrhG als Schrankenregelung gefunden.[101] Das deutsche Gesetz umfasst neben der Richtlinienumsetzung außerdem Regelungen zu vergriffenen Werken sowie das Zweitverwertungs- oder Zweitveröffentlichungsrecht der Urheber wissenschaftlicher Sammelbeiträge.[102]

9. Richtlinie über Verwertungsgesellschaften

54 Im Februar 2014 hat der Rat der Europäischen Union die **Richtlinie über kollektive Wahrnehmung von Urheber- und verwandten Schutzrechten und die Vergabe von Mehrgebietslizenzen für die Online-Nutzung von Rechten an Musikwerken im Binnenmarkt** angenommen.[103] Ziel dieser Richtlinie ist es, die Transparenz und Effizienz bei der Wahrnehmung von Urheberrechten durch Verwertungsgesellschaften zu erhöhen. Dies soll insbesondere durch verstärkte Berichterstattungspflichten erreicht werden.[104] Ebenso soll ein Rahmen geschaffen werden, der die Vergabe von Mehrgebietslizenzen speziell für Musikwerke im Online-Bereich einfacher macht. Bisher müssen Online Dienstleister die Lizenzen für ein EU-weites Angebot in jedem einzelnen Mitgliedstaat der jeweiligen Verwertungsgesellschaft erwerben. Diese „Fragmentierung" soll in Zukunft durch die Richtlinie vermieden werden, indem Verwertungsgesellschaften Lizenzen für mehrere Mitgliedstaaten vergeben dürfen, was durch die Richtlinie näher geregelt wird. Beispielsweise dürfen sich die Vertretungsverträge zwischen Verwertungsgesellschaften lediglich auf nicht-exklusive Lizenzen beziehen (Art. 28 der RL).

---

98 RL 2001/84/EG vom 27.9.2001, ABl. L 272/32.

99 BGBl. 2006 I, S. 2587.

100 RL 2012/28/EU über bestimmte zulässige Formen der Nutzung verwaister Werke vom 25.10.2012, ABl. L 299/5 v. 27.2.2012.

101 Achtes Gesetz zur Änderung des Urheberrechtsgesetzes vom 7.5.2013, BGBl. I 2013, 1161.

102 Eingehend hierzu: *Pfeifer*, Die gesetzliche Regelung über verwaiste und vergriffene Werke, NJW 2014, 6.

103 RL des Europäischen Parlaments und des Rates über kollektive Wahrnehmung von Urheber- und verwandten Schutzrechten und die Vergabe von Mehrgebietslizenzen für die Online-Nutzung von Rechten an Musikwerken im Binnenmarkt, ABl. L 84/72 v. 20.3.2014.

104 Art. 18 ff der RL; Europäische Kommission, PM vom 11.7.2012, IP/12/772.

III. Rechtsfortbildung durch den EuGH

In jüngster Zeit ist der EuGH verstärkt rechtsfortbildend im Bereich des Urheberrechts tätig geworden. Das Spektrum der Entscheidungen reicht von Fragen der Schutzvoraussetzungen und Inhaberschaft über die einzelnen Befugnisse des Urhebers bis hin zu den Urheberrechtsschranken.[105] Es würde den Rahmen der vorliegenden Abhandlung sprengen, die vielfältige Judikatur des EuGH darzustellen. Beispielhaft soll im Folgenden die Rechtsprechung zum Werkbegriff, zum Verbreitungsrecht sowie zu den Schrankenregelungen und dem Recht der öffentlichen Wiedergabe überblicksartig dargestellt werden. 55

1. Werkbegriff

Zentraler Begriff im deutschen wie im europäischen Urheberrecht ist das geschützte Werk. Auf europäischer Ebene ist der Werkbegriff in drei Richtlinien und damit für drei Werkarten ausgestaltet worden, nämlich in der Software-Richtlinie, der Datenbankrichtlinie und der Schutzdauer-Richtlinie (für Fotografien).[106] Seit 2009 hat der EuGH im Wege einer richtlinienübergreifenden Gesamtanalogie in einer Reihe von Entscheidungen allgemeine Kriterien eines Werkbegriffs herausgearbeitet.[107] Der EuGH entschied, dass dem Gesamtzusammenhang der Berner Übereinkunft sowie den genannten Richtlinien ein allgemeiner Werkbegriff zu entnehmen sei.[108] Verlangt wird, dass es sich bei einem Werk um eine **eigene geistige Schöpfung handelt** (Originalität). Diese Originalität kommt laut EuGH zustande, wenn der Urheber „seine schöpferischen Fähigkeiten zum Ausdruck bringen konnte, indem er frei kreative Entscheidungen trifft" und damit dem Werk eine persönliche Note verleiht.[109] Einer grafischen Benutzeroberfläche eines Computerprogramms fehle es an der nötigen Originalität, wenn der Ausdruck durch die technische Funktion vorgegeben sei und so die Idee und ihr Ausdruck zusammenfallen.[110] Ein urheberrechtlich geschütztes Werk liege mangels geistiger Schöpfung auch dann nicht vor, wenn die konkrete Ausprägung allein auf bedeutendem Arbeitsaufwand und Sachkenntnis beruht.[111] Weitere Voraussetzung für ein Werk ist laut EuGH das Ausnutzen eines gewissen Gestaltungsspielraums. Ein solcher Gestaltungsspielraum besteht beispielsweise bei Sportereignissen nicht, da angesichts der Spielregeln der künstlerischen Freiheit kein Raum gelassen werde.[112] 56

2. Rechte des Urhebers

Ein wesentliches Verwertungsrecht ist das **Verbreitungsrecht** (§ 17 UrhG). Dieses umfasste nach bisherigem deutschem Verständnis sowohl die Eigentumsübertragung als auch die Besitzüberlassung.[113] Der EuGH entschied jedoch, dass unter den europäischen Verbreitungsbegriff lediglich Handlungen fielen, die mit einer Eigentumsübertragung verbunden seien. Damit verletzt nach der Rechtsprechung des EuGH eine lediglich vorübergehende Besitzüberlassung nicht das Verbrei- 57

105 Vgl den Überblick bei *Dreier/Schulze*, UrhG, Einl. Rn 53 ff; *Berger*, ZUM 2012, 353; *Metzger*, GRUR 2012, 118.

106 Art. 1 Abs. 3 RL 2009/24/EG (Software-RL); Art. 3 Abs. 1 RL 96/9/EG (Datenbank-RL); Art. 6 2006/116/EG (Schutzdauer-RL); vgl den Überblick bei *Leistner*, ZGE 2013, 4.

107 EuGH, Rs. C-5/08 (Infopaq/DDF), Slg 2009, I-6569, GRUR 2009, 1041; EuGH, Rs. C-393/09 (BSA/Kulturministerium), Slg 2010 I-13971, GRUR Int. 2011, 148; EuGH, Rs. C-168/09 (Flos/Semeraro), Slg 2011 I-181, GRUR Int. 2011, 235; EuGH, Rs. C-403/08, C-429/08 („Football Association Premier League" und „Murphy"), Slg 2011 I-09083, GRUR Int. 2011, 1063; EuGH, Rs. C-145/10 (Painer), GRUR 2012, 166, GRUR Int. 2012, 158; EuGH, Rs. C-604/10 (Football Dataco u. a./Yahoo u.a.), ZUM-RD 2012, 181; EuGH, Rs. C-406/10 (*SAS-Institute*), GRUR Int. 2012, 534.

108 EuGH, Rs. C-5/08 (Infopaq/DDF), Slg 2009, I-6569, Rn 33 ff.

109 EuGH, Rs. C-145/10 (Painer), Rn 89 ff.

110 EuGH, Rs. C-393/09 (BSA/Kulturministerium), Slg 2010 I-13971, Rn 48 f, GRUR Int. 2011, 148; so im Ergebnis auch in Bezug auf die Schutzfähigkeit eines Programmiercodes in EuGH, Rs. C-406/10 (SAS-Institute), Rn 46.

111 EuGH, Rs. C-604/10 (Football Dataco u. a./Yahoo u.a.), Rn 42.

112 EuGH, Rs. C-403/08, C-429/08 („Football Association Premier League" und „Murphy"), Slg 2011 I-09083, Rn 98 f.

113 BGH, GRUR 2007, 50 (Le-Corbusier-Möbel I).

tungsrecht des Urhebers.[114] Der EuGH legt hierfür den Verbreitungsbegriff in Art. 4 der Richtlinie zur Harmonisierung des Urheberrechts in der Informationsgesellschaft im Lichte des Völkerrechts aus (Art. 6 Abs. 1 WCT-Vertrag und Art. 8, 12 WPPT-Vertrag).[115] Das hierbei erzielte Ergebnis ist zum Teil auf erhebliche Kritik gestoßen.[116] Demnächst wird der EuGH die ihm vom BGH vorgelegte Frage beantworten, ob das Verbreitungsrecht auch das öffentliche Angebot zum Erwerb des Originals oder Vervielfältigungsstücken umfasst.[117]

58 Erst kürzlich setzte sich der EuGH in der Sache *Svensson* mit der Auslegung der Bestimmungen zur **öffentlichen Zugänglichmachung** auseinander. [118] Der EuGH führt zunächst aus, dass das Setzen eines **Hyperlinks**, der den Anwender auf eine Seite mit urheberrechtlich geschütztem Material leitet, grundsätzlich eine öffentliche Handlung der Wiedergabe darstellt.[119] Diese sei jedoch nur dann als öffentliche Zugänglichmachung iSd Art. 3 Abs. 1 der Richtlinie zur Harmonisierung des Urheberrechts in der Informationsgesellschaft zu verstehen, wenn durch die Verlinkung ein neues Publikum angesprochen werde.[120] Dies sei dann nicht der Fall, wenn die Seite, auf der sich das urheberrechtlich geschützte Material befindet, selbst keine Zugangsbeschränkung aufstellt und sich damit bereits an jedermann richtet. Anders bewertet der EuGH eine Verlinkung, mit der es den Nutzern ermöglicht wird, beschränkende Maßnahmen der Ursprungsseite – etwa eine Zugangsbeschränkung für Nicht-Abonnenten – zu umgehen.[121] Diese Entscheidung stimmt im Ergebnis mit der bisherigen Rechtsprechung des BGH in Sachen *Paperboy* überein.[122]

3. Schrankenbestimmungen

59 Auch in Bezug auf die Auslegung der Schrankenbestimmungen hat sich der EuGH in den letzten Jahren immer wieder geäußert. In der *Infopaq*-Entscheidung betonte der EuGH zunächst den **Grundsatz der engen Schrankenauslegung**, den er später in *Football Association Premier League* und *Painer* jedoch durch die Feststellung relativierte, dass die Schrankenregelungen ihrem Zweck nach auszulegen seien, weshalb sie die Entwicklung und den Einsatz neuer Technologien ermöglichen und gewährleisten müssen.[123]

E. Marken- und Zeichenrecht

I. Überblick

60 Die Anerkennung von **Markenrechten** ist eine der **grundlegenden Voraussetzungen für die Errichtung des Gemeinsamen Marktes.** Wettbewerb zwischen konkurrierenden Waren und Dienstleistungen ist nur möglich, wenn die Anbieter ihre Produkte ausdifferenzieren, mit Produktbotschaften versehen und mit Hilfe markenmäßiger Kennzeichnung unterscheidbar machen können. Nur auf diese Weise ist es den Nachfragern möglich, Produkte mit hoher Qualität wieder zu erkennen und

114 EuGH, Rs. C-456/06 (Peek & Cloppenburg KG/Cassina SpA), Slg 2008 I-02731, GRUR 2008, 604, ZUM 2008, 508, Rn 36.

115 EuGH, Rs. C-456/06 (Peek & Cloppenburg KG/Cassina SpA), Slg 2008 I-02731, Rn 29 ff.

116 *Dreier/Schulze*, UrhG, § 17, Rn 4 a: wonach die durch den EuGH vorgenommene Auslegung nicht zwingend sei, weil die völkerrechtlichen Bestimmungen lediglich einen Mindeststandard formulieren, über den der europäische Gesetzgeber hätte hinausgehen können.

117 BGH, GRUR 2013, 1137 (Marcel-Breuer-Möbel).

118 EuGH, Rs. C-466/12 (Svensson/Retriever).

119 EuGH, Rs. C-466/12 (Svensson/Retriever), Rn 20 ff.

120 EuGH, Rs. C-466/12 (Svensson/Retriever), Rn 25 ff.

121 EuGH, Rs. C-466/12 (Svensson/Retriever), Rn 31.

122 BGH, GRUR 2003, 958, 962; näher zur bisherigen deutschen und europäischen Rechtsprechung: *Hendel*, ZUM 2014, 102.

123 EuGH, Rs. C-5/08 (Infopaq/DDF), Slg 2009, I-6569, Rn 56; EuGH, Rs. C-403/08, C-429/08 („Football Association Premier League“ und „Murphy“), Slg 2011 I-09083, Rn 162 ff; EuGH, Rs. C-145/10 (Painer), Rn 133.

eine Auswahl zu treffen. Deshalb ist das Markenrecht innerhalb des Binnenmarktes ein Gut von hohem Rang.[124]

Zur Verwirklichung des Gemeinsamen Marktes auf dem Gebiet des Markenrechts kommt – ebenso wie bei den anderen Rechten des geistigen Eigentums – die Schaffung eines einheitlichen Markenrechts und/oder die Harmonisierung der nationalen Markenrechte in Betracht.[125] Beide Harmonisierungsansätze wurden im Markenrecht erfolgreich parallel verfolgt. Die **Markenrechtsrichtlinie** hat die nationalen Markenrechtsordnungen der einzelnen Mitgliedstaaten weitgehend harmonisiert. Mit der **Gemeinschaftsmarkenverordnung** wurde parallel dazu ein einheitliches Markensystem geschaffen, bei dem in einem einzigen Verfahren ein Schutzrecht erworben werden kann, das im gesamten Gebiet der EU einheitlich Schutz genießt. 61

II. Markenrechtsrichtlinie

Ziel der Markenrechtsrichtlinie[126] (MRRL) ist die Harmonisierung der nationalen Markenrechtsordnungen der EU-Mitgliedstaaten mit dem Ziel der Herstellung des Binnenmarktes. Die MRRL bewirkt eine **Rechtsangleichung auf hohem Niveau** und führt zu einer gemeinschaftsweiten Verstärkung des Markenrechts. Ihr materiell-rechtlicher **Regelungsbereich ist sehr weit gespannt.** Die Vorgaben der Richtlinie – und die damit verbundene verbindliche Auslegung des Markenrechts durch den EuGH – lassen nur noch wenig Raum für nationale Besonderheiten. Bis hin zu Detailfragen erfasst die Richtlinie **Erwerb, Aufrechterhaltung und Schutzumfang des Markenrechts.** Im Wesentlichen bleiben nur das Eintragungsverfahren, das Recht nicht eingetragener, durch Benutzung entstehender Marken sowie die Rechtsdurchsetzung in der MRRL ungeregelt. Von den zahlreichen Regelungsbereichen der MRRL können im Folgenden nur einige der wichtigsten genannt werden. 62

In Deutschland sowie in zahlreichen anderen EU-Mitgliedstaaten stand früher die Funktion der Marke im Vordergrund, die gleich bleibende Herkunft von Produkten – und damit regelmäßig auch deren gleich bleibende Beschaffenheit und Qualität – zu gewährleisten. Diese Ausrichtung des Markenrechts an der **Herkunftsfunktion** wurde als zu eng empfunden, da der Marke auch als Kommunikationsinstrument und als Vehikel zum Transport von Goodwill erhebliche wirtschaftliche Bedeutung zukommt.[127] Zwar hält die MRRL an der **Herkunftsfunktion als einer grundlegenden Markenfunktion** fest.[128] Sie berücksichtigt aber auch **andere Markenfunktionen** wie die Werbefunktion, die Kommunikationsfunktion und die Garantiefunktion. Damit kann der Bedeutung der Marke als vermögenswertes Gut und dem praktischen Bedürfnis nach der umfassenden Verwertbarkeit dieses Gutes stärker als früher Rechnung getragen werden.[129] 63

Dementsprechend wurde der Richtlinie ein **weiter Markenbegriff** zugrunde gelegt. Der nicht abschließende Katalog des Art. 2 MRRL erfasst auch **dreidimensionale Marken, abstrakte Farbmarken,**[130] **Hörmarken**[131] sowie **Riechmarken.**[132] Weitere neue Markenformen sind ebenfalls 64

---

124 EuGH, Rs. C-10/89 (Hag GF – "HAG II"), Slg 1990, I-3711, NJW 1991, 626, GRUR Int. 1990, 960; Joliet, 177, 180 f.

125 Vgl zu den unterschiedlichen Harmonisierungsansätzen o. Rn 5.

126 RL 89/104/EG (Markenrechts-RL).

127 Zu den einzelnen Markenfunktionen vgl *Fezer*, Markenrecht, Einl. D, Rn 1 ff; zur Marke als produktidentifizierendes Unterscheidungszeichen vgl *Fezer*, Markenrecht, § 3, Rn 9 ff.

128 Erwägungsgrund 10 der Markenrechts-RL 89/104/EG vom 21.12.1988, ABl. L 40/1.

129 EuGH, Rs. C-487/07 (L'Oréal/Bellure), Slg 2009 I-05185, GRUR 2009, 756; EuGH, Rs. C-236/08, C-237/08, C-238/08 (Google und Google France); EuGH, Rs. C-323/09 (Interflora), Slg 2011 I-08625, GRUR 2011, 1124.

130 EuGH, Rs. C-104/01 (Libertel Groep/Benelux-Merkenbureau – „Farbe Orange"), Slg 2003 I-3793, GRUR Int. 2003, 638.

131 EuGH, Rs. C-283/01 (Shield Mark/Kist – „Für Elise"), Slg 2003, I-14313, GRUR 2003, 604.

132 EuGH, Rs. C-273/00 (Ralf Sieckmann /Deutsches Patent- und Markenamt – „Riechmarke"), Slg 2002, I-1737, GRUR Int. 2003, 449.

grundsätzlich schutzfähig, soweit sie graphisch darstellbar und geeignet sind, der Unterscheidung von Waren bzw Dienstleistungen zu dienen.[133]

65 Mit der Richtlinie wird die Marke als **ausschließliches Recht** ausgestaltet (Art. 5 Abs. 1 S. 1 MRRL). Der **Schutzbereich** des Markenrechts wird neu bestimmt (Art. 5 Abs. 1 MRRL). Für das Vorliegen von **Verwechslungsgefahr** kommt es auf die Kriterien der Ähnlichkeit der Zeichen und die Ähnlichkeit der Waren oder Dienstleistungen an (Art. 5 Abs. 1 S. 2 lit. b).[134] Zeichen- und Warenähnlichkeit stehen in einer engen Wechselbeziehung: Je stärker die Warenähnlichkeit ist, desto geringere Anforderungen sind an die Zeichenähnlichkeit zu stellen; je stärker die Zeichenähnlichkeit ist, desto weniger hoch muss der Ähnlichkeitsgrad zwischen den Waren ausfallen. Somit findet zur Ermittlung der Verwechslungsgefahr, anders als dies nach früherem deutschem Recht der Fall war, eine abstrakte Vorprüfung der Warengleichartigkeit nicht statt. Je stärker und bekannter die Marke ist, desto umfassender ist ihr Schutzbereich.[135] Überdies können die EU-Mitgliedstaaten für bekannte Marken **fakultativ Schutz auch außerhalb des Warenähnlichkeitsbereiches** gewähren (Art. 5 Abs. 2 MRRL).[136]

66 Während die Übertragbarkeit des Markenrechts in der MRRL nicht geregelt – aber auch nicht untersagt – ist, ist die Befugnis des Rechtsinhabers zur Einräumung **ausschließlicher Markenlizenzen** vorgesehen. Weiter enthält die Richtlinie detaillierte Bestimmungen über Eintragungshindernisse (Art. 3, 4), über Schranken des Markenrechts (Art. 6, 7, 9, 10, 11) und über Verfallsgründe (Art. 12).

67 In Deutschland ist im Jahr 1994 zur **Umsetzung der Markenrechtsrichtlinie** das **MarkenG** erlassen worden.[137] Mit diesem wurde das Warenzeichengesetz abgelöst. Das MarkenG hat zu einer grundlegenden Umgestaltung des gesamten deutschen Kennzeichenrechts geführt. Das MarkenG **setzt die moderne Konzeption der Richtlinie** um. Zahlreiche Regelungen aus der Richtlinie wurden wörtlich übernommen. Teilweise geht das **MarkenG** über die Vorgaben der Richtlinie hinaus. So wird die **Marke als frei übertragbares, nichtakzessorisches Recht** ausgestaltet (§ 27 MarkenG). Außerdem werden geschäftliche Bezeichnungen (§§ 5, 15 MarkenG) und geographische Herkunftsangaben (§§ 126 ff MarkenG) vom Regelungsbereich des Gesetzes erfasst.

III. Gemeinschaftsmarkenverordnung

68 Dem Bedürfnis nach Schaffung eines **europaweit einheitlichen Markenrechts** wurde daneben mit der am 15.3.1994 in Kraft getretenen Gemeinschaftsmarkenverordnung[138] (GMV) nach mehr als 30-jähriger Diskussion und 18 Jahre nach der Veröffentlichung der „Denkschrift der Kommission der Europäischen Gemeinschaften zur Schaffung einer EWG-Marke“[139] Rechnung getragen. Das Gemeinschaftsmarkensystem trat im Frühjahr 1996 in Kraft. Verwaltet wird die Gemeinschaftsmarke durch das **Harmonisierungsamt für den Binnenmarkt (HABM)** in Alicante.

69 Das Recht der Gemeinschaftsmarke ist als autonomes, in sich geschlossenes gemeinschaftsrechtliches Schutzsystem konzipiert (**Grundsatz der Autonomie**).[140] Die Gemeinschaftsmarke unterliegt ausschließlich dem Recht der GMV (vgl Art. 15 Abs. 1 GMV). Einzelstaatliche Vorschriften finden

133 Ausführlich *Fezer*, Markenrecht, § 3, Rn 504 ff; *Ingerl/Rohnke*, § 3, Rn 37.

134 Grundlegend: EuGH, Rs. C-251/95 (Sabèl/Puma – „Springende Raubkatze II“), Slg 1997, I-6214, NJW 1998, 741, GRUR Int. 1998, 56.

135 Ausführlich *Ingerl/Rohnke*, MarkenG, § 14, Rn 361 ff; *Fezer*, Markenrecht, § 14, Rn 222 ff.

136 Vgl § 14 Abs. 2 Nr. 3 MarkenG.

137 Gesetz zur Reform des Markenrechts und zur Umsetzung der Ersten Richtlinie 89/104/EG des Rates vom 21.12.1988 zur Angleichung der Rechtsvorschriften der Mitgliedstaaten über die Marken (Markenrechtsreformgesetz) vom 25.10.1994, BGBl. I, 3092. Zur Entwicklung vgl *Fezer*, Markenrecht, Einl. A, Rn 1 ff, insb. Rn 32 ff.

138 VO (EG) Nr. 40/94 vom 20.12.1993, ABl. L 1994, 11/1. in der kodifizierten Fassung der VO (EU) Nr. 207/2009 vom 26.2.2009, ABl. L 2009, 78/1.

139 Denkschrift der Kommission der Europäischen Gemeinschaften zur Schaffung einer EWG-Marke vom 6.7.1976, GRUR Int. 1976, 481.

140 Ausführlich zu den nachfolgend genannten Prinzipien *Eisenführ/Schennen*, Gemeinschaftsmarkenverordnung, Art. 1, Rn 1 ff; *Fezer*, Markenrecht, Einl. F, Rn 4 ff.

grundsätzlich keine Anwendung. Die Gemeinschaftsmarke kann nur für das gesamte Gebiet der EU eingetragen bzw übertragen werden bzw Gegenstand eines Nichtigkeitsverfahrens sein (Art. 1 Abs. 2 GMV). Liegt nur in einem Staat ein Eintragungshindernis vor, so wird die Marke nicht erteilt. Dementsprechend hat die Gemeinschaftsmarke einheitliche Wirkung für die gesamte Union (**Grundsatz der Einheitlichkeit**). Neben der Gemeinschaftsmarke ist der Bestand nationaler Marken- und Kennzeichenrechte gesichert und anerkannt. Nationale Marken können gegenüber kollidierenden Gemeinschaftsmarken durchgesetzt werden. Ist ein Anmelder oder ein Inhaber einer Gemeinschaftsmarke bereits Inhaber einer identischen älteren nationalen Marke für die gleichen Waren und Dienstleistungen, kann er deren Zeitrang (Seniorität) in Anspruch nehmen (Art. 34 GMV). Damit stehen Gemeinschaftsmarke und nationale Marke in einem Koexistenzverhältnis (**Grundsatz der Koexistenz**).

In den **Beitrittsverträgen** mit den neuen EU-Mitgliedstaaten ist eine automatische Erstreckung aller 70 angemeldeten und eingetragenen Gemeinschaftsmarken vorgesehen. Zudem wird die Möglichkeit beschränkt, Gemeinschaftsmarken aus Gründen anzugreifen, die sich nur aufgrund des Beitritts ergeben.[141]

Mit dem Anliegen, den Markenschutz in Europa insbesondere für Unternehmen einfacher, wirksa- 71 mer und kostengünstiger zu gestalten, hat die Europäische Kommission im Jahr 2013 ein Reformpaket initiiert, das sowohl die MRRL als auch die MarkenVO erneuern soll.[142] Die Änderung der MRRL stellt dabei einen nächsten Harmonisierungsschritt dar, der nach wie vor bestehende Unterschiede in den Mitgliedstaaten beseitigen soll.[143] Die Reform soll jedoch explizit keine grundlegende Überarbeitung darstellen, sondern soll das Markensystem modernisieren.[144] Konkret sollen Rechte von Markeninhabern in Bezug auf die Bekämpfung von Produktpiraterie im Fall von Waren, die das Gebiet der EU passieren, gestärkt werden (Art. 10, 11). Ein weiteres Ziel ist es, die Zusammenarbeit zwischen den Markenämtern der Mitgliedstaaten und der EU-Agentur für Marken (HABM) zu erleichtern (Art. 52, 53).[145] Außerdem sollen nationale Markenrechte und Verfahren stärker mit dem Gemeinschaftsmarkensystem in Einklang gebracht werden.

IV. Geographische Herkunftsangaben

Anders als die Marke gewährt die geographische Herkunftsangabe **keine Individualrechte**.[146] Viel- 72 mehr handelt es sich um **kollektiven Goodwill**, der mit einer bestimmten Region verbunden ist. Die Berechtigung zur Nutzung knüpft an das rein tatsächliche Moment der Herkunft der Produkte sowie die Verkehrsauffassung an.[147] Der Schutz geographischer Herkunftsangaben kann in Deutschland aufgrund **unterschiedlicher, teilweise europarechtlicher Rechtsgrundlagen** erreicht werden. Dies sind zum einen die Vorschriften des **MarkenG** (§§ 126-139). Zum anderen können die geographischen Herkunftsangaben gemäß der **VO (EWG) Nr. 510/2006** des Rates zum Schutz von geographischen Angaben und Ursprungsbezeichnungen für Agrarerzeugnisse und Lebensmittel vom 20. März 2006[148] registriert werden. §§ 130-136 MarkenG regeln die Verfahrensschritte, die der Anmelder einer geographischen Herkunftsangabe bei der Registrierung durch das DPMA vornehmen muss. Die VO (EWG) Nr. 510/2006 bezieht sich nur auf bestimmte Agrarerzeugnisse und

141 Mitteilung Nr. 05/03 des Präsidenten des Amtes vom 16.10.2003 über die Erweiterung der Europäischen Union im Jahr 2004; s.a. Art. 165 GMV.

142 Vorschlag für eine RL des Europäischen Parlamentes und des Rates zur Angleichung der Rechtsvorschriften der Mitgliedstaaten über die Marken, KOM 2013, 162 endg. vom 27.3.2013 sowie Vorschlag für eine VO des Europäischen Parlamentes und des Rates zur Änderung der Verordnung (EG) 207/2009 über die Gemeinschaftsmarke, KOM 2013, 161 endg. vom 27.3.2013; siehe auch die Studie über das Markensystem in Europa vorgelegt vom Max-Planck-Institut vom 15.2.2011.

143 Siehe Erwägungsgrund 8 und 9 des Richtlinienvorschlags KOM 2013, 162 endg. v. 27.3.2013.

144 Vgl. hierzu die Begründung des Richtlinienvorschlags KOM 2013, 162 endg. v. 27.3.2013.

145 Siehe Erwägungsgrund 37 des Richtlinienvorschlags KOM 2013, 162 endg. v. 27.3.2013.

146 BGH, 2.7.1998, I ZR 55/96 (Warsteiner II), GRUR 1999, 252, 253, *Ingerl/Rohnke*, MarkenG, Vor §§ 126-139, Rn 1.

147 *Ingerl/Rohnke*, MarkenG, Vor §§ 126-139, Rn 1.

148 ABl. EG Nr. L 93 v. 31.3.2006, S. 12 ff.

Lebensmittel, die in ihrem Anhang aufgelistet sind. Voraussetzung für den Schutz der geographischen Herkunftsangabe nach der Verordnung ist die Eintragung in das von der Kommission geführte Verzeichnis. Daneben besteht auch Schutz auf der Basis **zweiseitiger Verträge**. Solche Verträge wurden zwischen Deutschland und der Schweiz, Frankreich, Italien, Griechenland und Spanien abgeschlossen.[149]

F. Geschmacksmusterrecht

73 Ebenso wie im Markenrecht erfolgt die Harmonisierung auf dem Gebiet des Geschmackmusterrechts zweispurig. Zum einen harmonisiert die **Geschmacksmusterrichtlinie**[150] die nationalen Rechtsordnungen. Zum anderen wurde mit der **GeschmacksmusterVO**[151] das **Gemeinschaftsgeschmacksmuster** als **einheitliches europäisches Geschmacksmuster** geschaffen.

I. Geschmacksmusterrichtlinie und Geschmacksmustergesetz

74 Die Geschmacksmusterrichtlinie hat einen vergleichbar **umfassenden Regelungsansatz** wie die Markenrechtsrichtlinie. Gegenstand der Geschmacksmusterrichtlinie sind u.a. die Definition des Schutzgegenstandes, die Festlegung der Schutzvoraussetzungen einschließlich der Ausschlussgründe, Umfang und Dauer des Schutzes, Gründe für die Zurückverweisung und Nichtigkeit sowie die Bestimmung der sich aus dem Muster ergebenden Rechte einschließlich der Erschöpfung. Die Regelung des Eintragungs- und Löschungsverfahrens bleibt hingegen den Mitgliedstaaten vorbehalten.

75 Der deutsche Gesetzgeber nahm die Umsetzung der Geschmacksmusterrichtlinie zum Anlass, um das im Jahr 1876 erlassene **Geschmacksmustergesetz umfassend zu reformieren.** Insbesondere wurde das Geschmacksmusterrecht konzeptionell **vom Urheberrecht gelöst** und als **eigenständiges gewerbliches Schutzrecht** ausgestaltet. Nach früherem Recht war der Schöpfer eines Musters nur gegen Nachbildungen durch Dritte geschützt. Dafür musste der Dritte das Muster gekannt und seine Merkmale in sein eigenes Muster übernommen haben. Nach neuem Recht sind solche **Parallelschöpfungen nicht zulässig.** Stattdessen kann sich der Inhaber eines Geschmacksmusters unabhängig davon auf sein Recht berufen, ob der Verletzer von der Existenz des Musters wusste. Hieraus folgt auch, dass der Inhaber eines prioritätsälteren Rechts einen Löschungsanspruch gegen eine spätere kollidierende Eintragung hat (§ 34 GeschmMG).

II. Gemeinschaftsgeschmacksmuster

76 Ebenso wie die Gemeinschaftsmarke hat das Gemeinschaftsgeschmacksmuster, das durch die Gemeinschaftsgeschmacksmusterverordnung (GVV) eingeführt worden ist, in der gesamten Europäischen Union einheitliche Wirkung (Art. 1 Abs. 1 GGV). Es beruht ebenfalls auf den Prinzipien der **Autonomie,** der **Einheitlichkeit** und der **Koexistenz** (vgl oben Rn 69).

Zu unterscheiden ist zwischen dem **eingetragenen** (Art. 1 Abs. 2 b GGV) und dem **nicht eingetragenen** (Art. 1 Abs. 2 a GGV) Geschmacksmuster. Voraussetzung des Schutzes ist jeweils, dass das Muster neu ist (Art. 5 GGV) und Eigenart aufweist (Art. 6 GGV). Dies entspricht den Schutzvoraussetzungen der Geschmacksmusterrichtlinie. Für das eingetragene Geschmackmuster wird eine **Neuheitsschonfrist** von 12 Monaten gewährt (Art. 7 Abs. 2 (b) GGV).

Der Schutz des **nicht eingetragenen Geschmacksmusters** beginnt mit dem Tag, an dem es der Öffentlichkeit zugänglich gemacht worden ist und dauert **drei Jahre** (Art. 11 GGV). Der Schutz des **eingetragenen Gemeinschaftsgeschmacksmusters** beginnt mit dessen Anmeldung beim Deutschen Patent- und Markenamt oder beim Harmonisierungsamt für den Binnenmarkt in Alicante, wo auch das Register geführt wird. Die Schutzfrist beträgt maximal 25 Jahre ab Anmeldung (Art. 12 GGV).

---

149 Abgedruckt bei *Fezer*, Markenrecht, 3. Aufl., S. 2079 ff.
150 RL 98/71/EG (Geschmacksmuster-RL).
151 VO (EG) Nr. 6/2002 über das Gemeinschaftsgeschmacksmuster.

Auch hinsichtlich des **Schutzumfangs** unterscheiden sich das eingetragene und das nicht eingetragene Gemeinschaftsgeschmacksmuster. Das eingetragene Geschmacksmuster gewährt dem Inhaber das volle Verbietungs- und Benutzungsrecht (Art. 19 Abs. 1 GGV), während nicht eingetragene Rechte nur zur Abwehr von Nachahmungen des geschützten Musters, nicht aber gegen unabhängig geschaffene kollidierende Muster eingesetzt werden können (Art. 19 Abs. 2 GGV).

Sehr umstritten war, ob der Musterschutz auch sichtbaren **Ersatzteilen für Kraftfahrzeuge** eingeräumt werden sollte.[152] Der GGV liegt ein Kompromiss zugrunde. Grundsätzlich wird Geschmacksmusterschutz für Ersatzteile gewährt. Allerdings besteht gem. Art. 8 Abs. 2 GGV eine Ausnahme für Anschlussteile, sog. **„must-fit"-Ersatzteile**, die genau nachgebaut werden müssen, damit das Erzeugnis, in dem das Ersatzteil aufgenommen werden soll, mit einem anderen Erzeugnis mechanisch verbunden werden kann, so dass beide Erzeugnisse ihre Funktion erfüllen können. Gem. Art. 110 GGV besteht gegenwärtig ebenfalls eine Ausnahme vom Geschmacksmusterschutz für so genannte **„must-match"-Ersatzteile**, die zur Reparatur komplexer Erzeugnisse verwendet werden und die die gleiche Form wie die Originalteile haben müssen, um dem komplexen Erzeugnis wieder sein ursprüngliches Erscheinungsbild zu geben. Dies betrifft vor allem Karosserieteile wie zB Autotüren und Kotflügel sowie Autoglas und Beleuchtung. Dieser Ausschluss besteht gem. Art. 110 GGV nur bis zu einem Änderungsvorschlag der Kommission. Bislang wurde ein Vorschlag der Kommission[153] diskutiert, der sich gegen den Geschmacksmusterschutz für diese „must-match"-Teile ausspricht und damit den Regelungsansatz der GGV bestätigt. Dieser Ausschluss soll nach dem Willen der Kommission auch auf die Geschmacksmusterrichtlinie ausgedehnt werden, die diese Frage bislang ausklammert (Art. 14, 18 der Gemeinschaftsgeschmacksmusterrichtlinie). Hierzu ist die Stellungnahme des Europäischen Parlaments ohne Änderungsvorschlag[154] ergangen. Weitere Schritte sind seitdem nicht erfolgt. 77

G. Patentrecht

I. Überblick

Trotz zahlreicher Initiativen und langjähriger Anstrengungen der beteiligten Kreise konnte jedenfalls bis vor kurzem **nicht** von einem **EU-Patentrecht** gesprochen werden. Stattdessen erfolgt die Entwicklung des Patentrechts in Europa im Wesentlichen innerhalb der Europäischen Patentorganisation (EPO), einer von der Europäischen Union vollständig unabhängigen Internationalen Organisation. Allerdings hat der EU-Gesetzgeber auf die nationalen Patentrechtsordnungen und damit mittelbar auch auf das Recht der EPO Einfluss genommen. Auch bemüht sich die EU bereits seit langer Zeit um die Schaffung eines **Gemeinschaftspatents** sowie eines einheitlichen europäischen Patentgerichts. 78

Demgegenüber sind auf dem Gebiet des **Gebrauchsmusterrechts** zurzeit keine Harmonisierungsansätze festzustellen. Ein Richtlinienvorschlag für ein europäisches Gebrauchsmuster aus dem Jahr 1999[155] ist nicht weiter verfolgt worden.

152 Vgl hierzu zB *Beier*, GRUR Int. 1994, 716 ff; *Eichmann*, GRUR Int. 1996, 859, 865 ff; *Drexl/Hilty/Kur*, GRUR Int. 2005, 449 ff; *Kroher*, GRUR Int. 1993, 457 ff; *ders.*, GRUR Int. 1996, 876; *Kur*, GRUR Int. 1993, 71 ff; *Straus*, GRUR Int. 2005, 965 ff.

153 Vorschlag für eine RL des Europäischen Parlaments und des Rates zur Änderung der RL 98/71/EG über den rechtlichen Schutz von Mustern und Modellen, SEK 2004, 1097, KOM 2004, 582 endg. – COD 2004, 203; vgl auch Erwägungsgrund 13 der GGV.

154 Legislative Entschließung des Europäischen Parlaments vom 12.12.2007, ABl. C 323E 2008/276.

155 Geänderter Vorschlag für eine RL des Europäischen Parlaments und des Rates über die Angleichung der Rechtsvorschriften betreffend den Schutz von Erfindungen durch Gebrauchsmuster, KOM 1999, 309 endg. – COD 1997, 356, ABl. C 248/56 E v. 29.8.2000.

II. Europäische Union und Europäische Patentorganisation (EPO)

79 Bei der **Europäischen Patentorganisation** (EPO) und dem von ihr verwalteten Europäischen Patentübereinkommen (EPÜ)[156] handelt es sich um ein von den nationalen Rechtssystemen ebenso wie vom Recht der Europäischen Union **unabhängiges, eigenständiges und autonomes Patentrechtssystem** (vgl Art. 1 und 2 Abs. 2 EPÜ).[157] Die Mitgliedstaaten der EPO sind mit den Staaten der Europäischen Union **nicht deckungsgleich.** Der Beitritt zur EPO steht auch europäischen Nicht-EU-Staaten offen. Allerdings sind die EU-Mitgliedstaaten zum größten Teil gleichzeitig auch EPO-Staaten.

80 Das vom Europäischen Patentamt nach Maßgabe des EPÜ erteilte europäische Patent wird aufgrund eines einheitlichen Erteilungsverfahrens gewährt (Art. 1, 90 ff EPÜ). Es handelt sich um ein **Bündelpatent,** dh das Patent hat in jedem für den Patentschutz benannten Staat die Wirkung eines nationalen Patents (Art. 64 Abs. 1 EPÜ).[158] Da sich die Wirkung europäischer Patente somit nach dem Recht der jeweils benannten EPO-Mitgliedstaaten richtet, von denen ein Großteil EU-Mitgliedstaaten sind, hat das **EU-Recht auch Auswirkungen auf europäische Patente.** Insbesondere gilt deshalb der Grundsatz der **unionsweiten Erschöpfung auch für europäische Patente.**[159] Wegen der Richtlinie zur Durchsetzung der Rechte des geistigen Eigentums (vgl oben Rn 30 f), die die Rechtsfolgen von Schutzrechtsverletzungen allgemein harmonisieret hat, richten sich **auch die Rechtsfolgen der Verletzung europäischer Patente insoweit nach EU-Recht.**

81 Auch wurden die die **Schutzvoraussetzungen für biotechnologische Erfindungen** betreffenden Bestimmungen der Biopatent-Richtlinie in **die Ausführungsordnung zum EPÜ übernommen.** Gem. Regel 23 b Abs. 1 der AusführungsVO zum EPÜ[160] sind für europäische Anmeldungen und Patente, die biotechnologische Erfindungen zum Gegenstand haben, die maßgebenden Bestimmungen des EPÜ in Übereinstimmung mit den Vorschriften der Richtlinie anzuwenden.

III. Ansätze für ein materielles EU-Patentrecht

1. Biopatentrichtlinie

82 Nach knapp 10-jährigen Beratungen und einer wechselvollen Gesetzgebungsgeschichte[161] wurde im Jahr 1998 die Richtlinie über den Schutz biotechnologischer Erfindungen[162] verabschiedet. Die „Biopatentrichtlinie" zielt darauf ab, **wirksamen harmonisierten Schutz für Erfindungen aus dem Gebiet der Biotechnologie und Gentechnik** zu gewährleisten.[163] Dadurch soll insbesondere auch **Rechtssicherheit** für die auf diesem Gebiet tätigen Unternehmen geschaffen werden. Insgesamt soll der erheblichen wirtschaftlichen Bedeutung von Biotechnologie und Gentechnik Rechnung getragen werden.[164]

83 Die Richtlinie verpflichtet die Mitgliedstaaten, **biotechnologische Erfindungen durch das nationale Patentrecht zu schützen.** Sie stellt klar, dass neue, auf erfinderischer Tätigkeit beruhende und gewerblich anwendbare Erfindungen auch dann patentiert werden können, wenn sie ein Erzeugnis aus biologischem Material oder ein biologisches Verfahren betreffen (Art. 3 Abs. 1). Dies gilt auch dann, wenn dieses in der Natur schon vorhanden war (Art. 3 Abs. 2). **Ethischen Fragen** räumt die

---

156 Übereinkommen über die Erteilung europäischer Patente v. 5.10.1973, BGBl. 1976 II, 826 ff, zuletzt geändert durch die Akte zur Revision des Übereinkommens über die Erteilung europäischer Patente v. 29.11.2000, in Kraft getreten am 13.12.2007, BGBl. 2007 II, 1083.

157 EPA vom 11.6.1981, J 15/80 (Prioritätsrecht), ABl. 1981, 215; siehe auch *Jestaedt/Kolle*, in: Benkard, EPÜ, Art. 1, Rn 2 ff.

158 Näher *Jestaedt/Kolle*, in: Benkard, EPÜ, Art. 2, Rn 2 ff.

159 EuGH, Rs. C-267/95 und C-268/95 (Merck II), GRUR Int. 1997, 250; *Joliet*, GRUR Int. 1989, 177; *Jestaedt/Kolle*, in: Benkard, EPÜ, Art. 1, Rn 7; Art. 64, Rn 10 ff; vgl o. Rn 24.

160 BGBl. 1976 II S. 915.

161 Im Jahr 1995 war bereits ein Richtlinienvorschlag an der Ablehnung durch das Europäische Parlament gescheitert.

162 RL 98/44/EG über den rechtlichen Schutz biotechnologischer Erfindungen („Biopatent-RL").

163 Erwägungsgrund 3 der RL 98/44/EG.

164 Erwägungsgrund 1 der RL 98/44/EG.

Biopatentrichtlinie ein besonderes Gewicht ein. Sie enthält ein allgemeines Verbot der Patentierung von Erfindungen, deren gewerbliche Verwertung gegen die öffentliche Ordnung oder die guten Sitten verstößt und zählt Praktiken auf, die einen solchen Verstoß darstellen (Art. 5). Auch wird klargestellt, dass der menschliche Körper in allen Phasen seiner Entwicklung sowie die bloße Entdeckung seiner Bestandteile von der Patentierung ausgeschlossen sind (Art. 6). Der **Umfang des Patentschutzes** erstreckt sich auf biologisches Material, das aus dem ursprünglichen Material durch Vermehrung gewonnen wird und mit denselben Eigenschaften ausgestattet ist (Art. 8). Bezieht sich das Patent auf eine genetische Information, erstreckt sich der Schutz grundsätzlich auf jedes Material, in das dieses Erzeugnis Eingang findet und in dem die Information enthalten ist (Art. 9). Art. 5 Abs. 3 fordert, dass die **gewerbliche Anwendbarkeit einer Gensequenz** in der Patentanmeldung konkret beschrieben sein muss. Der Anmelder muss deutlich machen, **welches Protein** hergestellt werden soll und **welche Funktion** es haben soll.[165]

Obwohl die Richtlinie von den Mitgliedstaaten bis zum 30.7.2000 umzusetzen war, ist das deutsche **Umsetzungsgesetz**[166] erst am 28.2.2005 in Kraft getreten. Das Umsetzungsgesetz setzt die Richtlinie in weiten Teilen wortlautgemäß um. Bestätigt wird die bereits seit langem anerkannte Praxis, Patente auch für Erfindungen zu erteilen, die biologisches Material betreffen. Zudem wird klargestellt, dass Naturstoffe unter bestimmten Voraussetzungen patentierbar sind (§ 1 Abs. 2 PatG). 84

2. Gescheiterter Entwurf einer Computerpatentrichtlinie

Ähnlich umstritten wie die Biopatentrichtlinie war der Entwurf der Richtlinie über die Patentierbarkeit computerimplementierter Erfindungen.[167] Die Richtlinie hätte sicherstellen sollen, dass die Erfinder neuer, auf computerimplementierte Technologien gestützter Produkte für ihre Erfindungen Patentschutz erhalten. Gleichzeitig hätte die Rechtslage europaweit vereinheitlicht werden sollen. Es fehlte jedoch ein gesellschaftlicher Konsens über die patentrechtliche Schutzfähigkeit und den Schutzumfang von Computerprogrammen. Dies kam insbesondere durch den Widerstand des Europäischen Parlaments gegen die Richtlinie zum Ausdruck, an dem die Richtlinie endgültig gescheitert ist.[168] 85

3. Ergänzendes Schutzzertifikat

Die Laufzeit eines Patents beträgt 20 Jahre ab Anmeldung (§ 16 PatG, Art. 63 EPÜ). Der Zweck des Patentschutzes, den Erfinder zu entlohnen und ihm einen Anreiz für weitere Erfindungen zu geben, ist gefährdet, wenn das Inverkehrbringen der patentgeschützten Ware durch zeitaufwendige öffentlich-rechtliche Genehmigungsverfahren verzögert wird. Insbesondere bei **Arzneimitteln** und **Pflanzenschutzmitteln** bestehen solche langwierigen Zulassungsverfahren. Deshalb kann für Erzeugnisse, die durch ein nationales oder europäisches Patent (sog. Grundpatent) geschützt sind und die vor dem Inverkehrbringen einer arzneimittelrechtlichen bzw pflanzenschutzmittelrechtlichen Genehmigung bedürfen, von den nationalen Behörden für den jeweiligen Mitgliedstaat ein ergänzendes Schutzzertifikat erteilt werden. Dieses bewirkt die **Verlängerung des Patentschutzes um 5 Jahre** auf maximal 25 Jahre.[169] 86

4. Verordnung über Zwangslizenzen für Patente an pharmazeutischen Erzeugnissen

Die Verordnung 816/2006[170] soll einen sicheren Rahmen für eine einheitliche Umsetzung der dort normierten Vorgaben schaffen. Sie basiert auf Art. 31bis TRIPS und verfolgt den Zweck, den 87

165 Erwägungsgrund 24 der RL 98/44/EG.

166 Gesetz zur Umsetzung der RL über den rechtlichen Schutz biotechnologischer Erfindungen, BGBl. 2005 I, S. 146.

167 Aus der kaum übersehbaren Lit. s. *Kraßer*, § 12, S. 150 ff; insb. S. 173 ff; *Bacher/Melullis*, in: Benkard, PatG, 10. Aufl., § 1, Rn 104 ff.

168 Vgl das Bulletin der EU, Bulletin, 2005/7/8 1.3.33.

169 Vgl. ausführlich *Stief/Bühler,* in: Haedicke/Timmann, Hdb PatR § 14, S. 1365 ff.

170 VO (EG) Nr. 816/2006 vom 17.5.2006, ABl. L 157/1.

Zugang zu wirksamen, sicheren und erschwinglichen Arzneimitteln in Entwicklungsländern zu gewährleisten.

5. Entwurf einer Richtlinie über Know-how-Schutz

88 Kürzlich wurde ein Entwurf einer **Richtlinie über den Schutz vertraulichen Know-hows und vertraulicher Geschäftsinformationen (Geschäftsgeheimnisse) vor rechtswidrigem Erwerb sowie rechtswidriger Nutzung und Offenlegung** vorgelegt.[171] Er sieht eine einheitliche Definition des Begriffs des Geschäftsgeheimnisses vor und enthält einzelne Verletzungstatbestände für den rechtswidrigen Erwerb und die Benutzung sowie hieran anknüpfende Rechte und Ansprüche des Know-how-Inhabers.

IV. Entwicklung des EU-Patentsystems

1. Initiativen für ein Gemeinschaftspatent und Einführung des Einheitlichen Patentsystems

89 Bereits seit langer Zeit plant die Europäische Union die Schaffung eines einheitlichen europäischen Patents und einer einheitlichen Patentgerichtsbarkeit.[172] Im Unterschied zu dem durch das EPÜ gewährten Bündelpatent soll ein solches Patent **einheitlich** und **autonom** sein. Es soll in allen EU-Mitgliedstaaten die gleiche Wirkung haben und nur in allen Staaten gleichzeitig entstehen bzw für nichtig erklärt werden können. Das zu diesem Zweck im Jahr 1975 geschlossene und 1989 überarbeitete[173] **Gemeinschaftspatentübereinkommen** (GPÜ)[174] ist nicht in Kraft getreten. Widerstände ergaben sich insbesondere, weil das Gemeinschaftspatentsystem als für die Nutzer zu teuer und als unpraktikabel angesehen wurde. Insbesondere wäre gemäß Art. 30 GPÜ die Patentanmeldung in alle Sprachen der Europäischen Union zu übersetzen gewesen. Weiter bestanden Bedenken dagegen, dass eine große Zahl von – möglicherweise nicht hinreichend qualifizierten – Gerichten der Mitgliedstaaten über die Rechtsgültigkeit von Patenten Entscheidungen mit europaweiter Wirkung treffen hätten können.[175] Das Inkrafttreten des GPÜ steht nicht mehr zu erwarten.

90 Der jüngste Ansatz geht nun dahin, ein europäisches Einheitliches Patentsystem zu schaffen. Dieses besteht aus der **Einheitspatentverordnung** (EPatVO, Nr. 1257/2012), der zugehörigen **Übersetzungsverordnung** (EPatÜbersVO, Nr. 1260/2012) und dem **Übereinkommen über ein Einheitliches Patentgericht** (EPGÜ). Die Verordnungen sind europarechtlichen Ursprungs, während das EPGÜ ein völkerrechtliches Übereinkommen ist. Trotz dieser verschiedenen Rechtsquellen handelt es sich um einen integrierten Normbestand, was bei der Rechtsfindung zu berücksichtigen ist.[176] Dabei ist freilich umstritten, welche Rolle der EuGH bei der Auslegung der jeweiligen Normen spielen soll.[177]

91 **Organisatorisch** soll das Einheitspatent mit dem EPÜ verflochten werden. Anders als noch für das Gemeinschaftspatent geplant, ist kein Beitritt der EU zur EPO beabsichtigt.[178] Die Verflechtung mit

---

171 Vorschlag für eine RL des Europäischen Parlaments und des Rates über den Schutz vertraulichen Know-hows und vertraulicher Geschäftsinformationen (Geschäftsgeheimnisse) vor rechtswidrigem Erwerb sowie rechtswidriger Nutzung und Offenlegung vom 28.11.2013, KOM 2013, 813, end. – COD 2013, 402.

172 Vgl schon den Vorentwurf eines Abkommens über ein Europäisches Patentrecht aus dem Jahr 1962, vgl dazu *Haertel*, Die geschichtliche Entwicklung des europäischen Patentrechts, EPÜ-Gemeinschaftskommentar, 1. Lfg., 1984, S. 5 ff, Rn 4.

173 Vgl den Bericht von *A. Krieger/Brouer/Schennen*, GRUR Int. 1990, 173 ff über die Diplomatische Konferenz in Luxemburg von 1989.

174 Vereinbarung über das Gemeinschaftspatent, geschlossen in Luxemburg am 15.12.1989, ABl. L 401/1; BGBl. 1991 II, S. 1361; Begleitet wurden diese Vorschläge von einem Protokoll zur Schaffung eines gemeinschaftlichen Berufungsgerichts (sog. COPAC-Protokoll), GRUR Int. 1986, 67; GRUR Int. 1986, 293.

175 Näher *Tilmann*, GRUR Int. 2003, 381, 382; *Luginbühl*, GRUR Int. 2004, 357, 358 f; s. auch *Ullmann/Grabinski*, in: Benkard, EPÜ, Vor Präambel, Rn 19 ff.

176 *Haedicke*, GRUR Int. 2013, 609ff. Kritisch zu der Entwicklung des Einheitlichen Patentsystems aus zweierlei Rechtsquellen *Jaeger*, EuZW 2013, 15, 16; *Ullrich*, Select from Within the System, Max Planck Institute for Intellectual Property & Competition Law Research Paper No. 12-11.

177 *Haedicke*, GRUR Int. 2013, 609, 614 ff; *Tilmann*, GRUR 2013, 157, 15; *Thiem* GRUR Prax. 2012, 182, 183.

178 *Lutz*, GRUR Int. 2012, 331, 331.

dem EPÜ gelingt vielmehr dadurch, dass die EPatVO ein „besonderes Übereinkommen" im Sinne von Art. 142 Abs. 1 EPÜ ist, wonach eine Gruppe von Vertragsstaaten vorsehen kann, dass Patente für alle beteiligten Staaten einheitlich erteilt werden. Dem Europäischen Patentamt werden gemäß Art. 9 EPatVO weitreichende Verwaltungsaufgaben übertragen. Es führt insbesondere das Register für den einheitlichen Patentschutz, in das die einheitliche Wirkung gemäß Art. 3 Abs. 1 EPatVO einzutragen ist. Ein solchermaßen eingetragenes Einheitliches Patent wird sich dann ausschließlich nach dem Recht des Einheitlichen Patentsystems – und nicht wie das EPÜ-Bündelpatent nach dem nationalen Patentrecht der Mitgliedstaaten – richten, Art. 5 Abs. 2 EPatVO. Die Wirkungen des Einheitlichen Patents werden wiederum nicht in der EPatVO geregelt, die insoweit auf das Recht der teilnehmenden Mitgliedstaaten verweist, Art. 5 Abs. 3 EPatVO. Dieses nationale Recht sind dann wiederum vor allem die (harmonisierten) Regeln des EPÜ und des EPGÜ.[179]

Das Einheitliche Patent hat in allen teilnehmenden Mitgliedstaaten die **gleiche Wirkung** und bietet 92
so einen einheitlichen Schutz, Art. 3 Abs. 2 EPatVO. Es kann nur einheitlich beschränkt, übertragen oder für nichtig erklärt werden. Eine Vernichtung oder eine Beschränkung des Europäischen Patents, auf dem die einheitliche Wirkung aufbaut, führt zugleich zu einer entsprechenden Vernichtung oder Beschränkung der einheitlichen Wirkung; es besteht Akzessorietät. Lizenzen können hingegen entweder für alle Mitgliedstaaten, oder aber nur für einen Teil der Mitgliedstaaten erteilt werden.

Die politisch umstrittene **Sprachenregelung**[180] hat dazu geführt, dass die europarechtlichen Verord- 93
nungen nur im Wege einer verstärkten Zusammenarbeit zustande kommen konnten.[181] Spanien hat sich dem nun umgesetzten Kompromiss entgegen gestellt und nimmt vorerst nicht an dem Einheitlichen Patentsystem teil. Spanien hat nun auch Klagen gegen die Einheitspatents-Verordnungen angestrengt, über die nun der EuGH zu befinden hat.[182] Die nun beschlossene Sprachenregelung knüpft an die des EPÜ an, Art. 3 Abs. 1 EPatÜbersVO iVm Art. 14 Abs. 6 EPÜ. Es genügt damit zunächst, wenn das Europäische Patent in den drei Amtssprachen (Art. 14 Abs. 1 EPÜ: Deutsch, Englisch, Französisch) vorliegt. Nur in dem Fall eines Rechtsstreits muss der Patentinhaber gegebenenfalls eine Übersetzung nachreichen, wie etwa bei einer Verletzungsklage in die Sprache des Mitgliedstaats der Verletzungshandlung oder des Sitzes des Verletzers, Art. 4 EPatÜbersVO. Daneben müssen gemäß Art. 6 EPatÜbersVO in einer Übergangszeit weitere Übersetzungen beigefügt werden, die nach Art. 6 Abs. 2 Satz 2 EPatÜbersVO aber nur Informationszwecken dienen und nicht rechtsverbindlich sind.

2. Errichtung des Einheitlichen Patentgerichts

Reformbedarf besteht auch im Bereich des **Gerichtswesens.** Das gegenwärtige, rein nationale Streit- 94
regelungssystem für europäische Patente ist für die Nutzer teilweise unbefriedigend. Insbesondere kann es erforderlich sein, in einzelnen Mitgliedstaaten jeweils **eigenständige Verletzungsverfahren mit erheblichen Kosten** durchzuführen. Die getrennten Verletzungsverfahren bewirken **Rechtsunsicherheit,** da sie zu **unterschiedlichen Ergebnissen** führen können.[183] Schwierigkeiten bei der Rechtsverfolgung ergeben sich auch im Rahmen grenzüberschreitender Streitigkeiten.

---

179 *Eck*, GRUR Int. 2014, 114, 115; *Haberl/Schallmoser*, GRUR Prax. 2013, 1.

180 Die Sprachenregelung war bereits in dem Entstehungsprozess des Gemeinschaftspatents streitig, vgl dazu kritisch *Tilmann*, GRUR Int. 2003, 381, 385 f.

181 Beschl. 2011/167/EU des Rates über die Ermächtigung zu einer Verstärkten Zusammenarbeit im Bereich der Schaffung eines einheitlichen Patentschutzes v. 10.3.2011, ABl. 2011, L 76, S. 53 ff. Die Klagen Italiens und Spaniens hiergegen sind von dem EuGH abgewiesen worden, EuGH, GRUR Int. 2013, 542 ff – Spanien u.a. / Rat.

182 Anhängig unter den Aktenzeichen C-146/13 und C-147/13.

183 Vgl zB die „Epilady-Fälle": OLG Düsseldorf vom 27.10.1988 (Epilady I); Court of Appeal vom 12.8.1988 (Epilady II); Handelsgericht Zürich vom 20.6.1990, (Epilady VI), Tribunale di Milano vom 4.5.1992 (Epilady XI). S. auch aus rechtsvergleichender Sicht Thomas Adam, Der sachliche Schutzbereich des Patents in Großbritannien und Deutschland, 2003.

95 Nach dem Scheitern früherer Ansätze hat die EU-Kommission eine neue Initiative für ein europäisches Patentgerichtssystem auf der Ebene der EU gestartet.[184] In diesem Zuge hat der Rat ein Gutachten des EuGH zur Vereinbarkeit des geplanten Übereinkommens mit dem EG-Vertrag (jetzt AEUV) in Auftrag gegeben.[185] In dem daraufhin von dem EuGH erteilten Gutachten 1/09 hat dieser das geplante Patentgerichtssystem für europarechtswidrig befunden.[186] Das geplante Gericht stehe außerhalb des institutionellen und gerichtlichen Rahmens der Union.[187] Der EuGH hat kritisiert, dass das geplante Gericht nicht nur ein gemeinsames Gericht von Mitgliedstaaten der EU sein sollte, sondern dass auch Nicht-EU-Mitgliedsstaaten daran beteiligt seien; damit würde die Wirksamkeit des Unionsrechts nicht in hinreichendem Maß gewährleistet.[188] Es wurde mithin insbesondere eine fehlende Durchsetzbarkeit der Vorabentscheidungspflicht des geplanten Patentgerichts gerügt.[189]

96 Aus dem Gutachten 1/09 des EuGH hat man allgemein die Schlussfolgerung gezogen, dass ein europäisches Patentgerichtssystem allein für EU-Mitgliedstaaten – unter Ausschluss von Drittstaaten – errichtet werden darf.[190] In der Konsequenz sind an dem nun auf den Weg gebrachten Einheitlichen Patentsystem nur Mitgliedstaaten der EU beteiligt. Nachdem auch unter diesen Staaten eine Einigung bezüglich der Sprachenregelung wegen eines abweichenden Standpunktes von Spanien und Italien nicht möglich war, haben die übrigen 25 Mitgliedstaaten im Rat eine verstärkte Zusammenarbeit zur Schaffung des Einheitlichen Patentsystems vereinbart. Aus dieser sind dann die EPatVO und die EPatÜbersVO hervorgegangen, und es wurde parallel das EPGÜ geschlossen, welches insbesondere auch Italien – trotz Nichtteilnahme an der verstärkten Zusammenarbeit – unterzeichnet hat. Die Ratifizierung ist für die Jahre 2014 und 2015 geplant. Gleichzeitig ist die Verabschiedung einer umfassenden Verfahrensordnung für das Einheitliche Patentgericht geplant.

97 Das EPGÜ sieht die Errichtung des Einheitlichen Patentgerichts vor, das derzeit in der Entstehung befindlich ist. Das Gericht besteht gemäß Art. 6 Abs. 1 EPGÜ aus einem Gericht erster Instanz, einem Berufungsgericht mit Sitz in Luxemburg (Art. 9 Abs. 5 EPGÜ) und einer bei dem Berufungsgericht angesiedelten Kanzlei (Art. 10 Abs. 1 EPGÜ). Das Gericht erster Instanz umfasst gemäß Art. 7 Abs. 1 EPGÜ eine Zentralkammer (mit Sitz in Paris und Abteilungen in London und München, Art. 7 Abs. 2 EPGÜ) sowie Lokal- und Regionalkammern. Eine Lokalkammer kann in einem einzelnen Mitgliedstaaten errichtet werden, während Regionalkammern für zwei oder mehr Mitgliedstaaten errichtet werden können, Art. 7 Abs. 3 und Abs. 5 EPGÜ.

98 Das Einheitliche Patentgericht ist gemäß Art. 32 Abs. 1 EPGÜ ausschließlich und umfassend für patentrechtliche Streitigkeiten um europäische Patente zuständig. Die Zuständigkeit umfasst gemäß Art. 3 EPGÜ europäische Patente mit einheitlicher Wirkung und grundsätzlich auch solche, die keine einheitliche Wirkung haben. Für letztere gilt jedoch gemäß Art. 83 Abs. 1 EPGÜ eine Übergangsfrist von sieben Jahren, in der auch – wie bisher – die nationalen Gerichte zuständig bleiben („*opt-out*").

99 Die gemeinsame Zuständigkeit des Gerichts erster Instanz sowohl für Verletzungs- als auch für Nichtigkeitsklagen ist ein Kompromiss zwischen **Trennungsprinzip** und dem **Einheitsprinzip** dar. Das Trennungsprinzip gilt vor allem in Deutschland, wo Verletzungs- und Nichtigkeitsprozesse prinzipiell getrennt geführt werden. Das Einheitsprinzip ist demgegenüber international weit verbreitet. Es bezeichnet Patentrechtsordnungen, in denen der Verletzungsbeklagte die Nichtigkeit des Patents in dem Verletzungsprozess einwenden oder per Widerklage geltend machen kann.[191] Die

184 Empfehlung der Kommission an den Rat v. 20.3.2009, SEK(2009) 330 endg.
185 Vermerk des Rats v. 18.5.2009, Dok. Nr. 9669/09 PI 42 Cour 35, ABl. EU Nr. C 220 v. 12.9.2009, S. 15; GRUR Int. 2009, 968.
186 EuGH, Gutachten 1/09 v. 8.3.2011, Slg 2011 I-01137 – Einheitliches europäisches Patentgerichtssystem.
187 EuGH, Gutachten 1/09 v. 8.3.2011, Slg 2011 I-01137, Rn 71 – Einheitliches europäisches Patentgerichtssystem.
188 EuGH, Gutachten 1/09 v. 8.3.2011, Slg 2011 I-01137, Rn 82 – Einheitliches europäisches Patentgerichtssystem.
189 Müller, EuR 2011, 575, 577.
190 Vermerk des Rats v. 26. 5.2011, Dok. Nr. 10630/11 PI 54 COUR 28, Anlage II (S. 6 f und S. 8).
191 Vgl *Micsunescu*, Amtsermittlungsgrundsatz, S. 225; *Pitz*, Festschrift 50 Jahre BPatG, 427, 427.

genaue Durchführung der Verschränkung des Verletzungs- und des Nichtigkeitsprozesses liegt in dem Ermessen des Gerichts ist noch nicht endgültig geklärt.

Ebenfalls noch unklar ist das Verhältnis des Einheitlichen Patentgerichts zu dem EuGH. Dabei geht es vor allem um die Fragen, welche Regelungen der Auslegungshoheit des EuGH unterfallen[192] und wie die Vorabentscheidungspflicht ausgestaltet ist.[193] 100

H. Ausblick

Kein Rechtsgebiet hat auf europäischer Ebene eine vergleichbar dynamische Entwicklung genommen wie das Recht des geistigen Eigentums. Während beispielsweise das Schuldrecht bisher nur punktuell harmonisiert werden konnte, ist die Angleichung wichtiger Teile des Rechts des geistigen Eigentums weit fortgeschritten. Insbesondere im Bereich des Marken- und Geschmacksmusterrechts ist der Grad der Rechtsangleichung beispiellos. In diesen wirtschaftlich äußerst bedeutsamen Rechtsgebieten hat sich durch Schaffung eines einheitlichen europäischen Schutzrechts ein europäisches Einheitsrecht entwickelt. Sollte das Einheitliche Patentsystem erfolgreich sein, sind vergleichbare Entwicklungen auch für das Patentrecht zu erwarten. Das Recht des Geistigen Eigentums ist damit Vorreiter bei der Harmonisierung des Privatrechts. 101

192 Dazu *Haedicke*, GRUR Int. 2013, 609.
193 Vgl dazu *Haedicke*, GRUR 2014, 119, 121 f.

§ 22 Internationales Privat- und Zivilverfahrensrecht

Literatur: *Abmeier*, Die Europäische Wirtschaftliche Interessenvereinigung und nationales Recht, NJW 1986, 2987; *Ahrens*, Neues zur Annahmeverweigerung im europäischen Zustellungsrecht, NJW 2008, 2817; *ders.*, Mediationsgesetz und Güterichter – Neue gesetzliche Regelungen der gerichtlichen und außergerichtlichen Mediation, NJW 2012, 2465; *Alexander*, Gemeinschaftsrechtliche Perspektiven der kollektiven Rechtsdurchsetzung, WRP 2009, 683; *Althammer*, Kollisionsrechtliche Fragestellungen bei der Anwendung ausländischen Rechts durch die Amtsgerichte gem. § 119 Abs. 1 Nr. 1 c GVG (zu BGH, 18.1.2007 – V ZB 129/06), IPRax 2007, 514; *ders.*, Verfahren mit Auslandsbezug nach dem neuen deutschen FamFG, IPRax 2009, 381; *Antomo*, Zum Verhältnis zwischen § 89 b HGB sowie anderen Eingriffsnormen und internationalen Gerichtsstands- oder Schiedsvereinbarungen, IHR 2013, 225; *Arkan* (Hrsg.), Festschrift für Tugrul Ansay zum 75. Geburtstag, Alphen aan den Rijn, 2006 (zit.: Bearbeiter, in: FS Ansay); *Armbrüster*, Verteilung nicht ausreichender Versicherungssummen in D&O-Innenhaftungsfällen, VersR 2014, 1; *Aubart*, Die Behandlung der dépeçage im europäischen Internationalen Privatrecht, 2013; *Aukhatov*, Durchgriffs- und Existenzvernichtung im deutschen und russischen Sach- und Kollisionsrecht, 2009; *Bach*, Grenzüberschreitende Vollstreckung in Europa, Tübingen, 2008; *ders.*, Anmerkung zum Urteil des EuGH vom 15.3.2012 (C-292/10; EuZW 2012, 381) – Zur Frage der fiktiven Zustellung und Vollstreckung eines Versäumnisurteils, EuZW 2012, 381; *ders.*, Anmerkung zum Urteil des EuGH vom 21.2.2013 (C-332/11; EuZW 2013, 313) – Zur Frage nach dem Charakter der Verordnung (EG) Nr. 1206/2001, EuZW 2013, 315; *Bachmeier*, Probleme der Auslandsunfallschadensregulierung aus richterlicher Sicht, DAR-Extra 2009, 753; *Baetge* u.a. (Hrsg.), Festschrift für Jan Kropholler zum 70. Geburtstag, Tübingen, 2008 (zit.: Bearbeiter, in: FS Kropholler); *Balthasar/Richers*, Europäisches Verfahrensrecht und das Ende der anti-suit injunction, RIW 2009, 351; *Balz*, Das neue Insolvenzübereinkommen, ZIP 1996, 948; *Bamberger/Roth* (Hrsg.), Kommentar zum Bürgerlichen Gesetzbuch, 3. Aufl., München, 2012 (zit.: Bamberger/Roth/Bearbeiter); *Bar, C. von*, Anmerkung zu EuGH 28.3.2000 (Krombach ./. Bamberski), JZ 2000, 725; *ders.* u.a., Principles, Definitions and Model Rules of European Private Law – Draft Common Frame of Reference (DCFR), 2009; *ders ./Schulte-Nölke*, Gemeinsamer Referenzrahmen für europäisches Schuld- und Sachenrecht, ZRP 2005, 165; *Basedow*, Zulässigkeit und Vertragsstatut der Kabotagetransporte, ZHR 156 (1992), 413; *ders.*, Anm. zu BGH 16.9.1993 – IX ZB 82/90 (Haftungsersetzung durch Versicherungsschutz – ein Stück ordre public?), IPRax 1994, 85; *ders.*, Der kollisionsrechtliche Gehalt der Produktfreiheiten im europäischen Binnenmarkt – favor offerentis, RabelsZ 59 (1995), 1; *ders.* u.a. (Hrsg.), Festschrift für Ulrich Drobnig zum 70. Geburtstag, Tübingen, 1998 (zit.: Bearbeiter, in: FS Drobnig); *ders.*, Der Raum des Rechts – ohne Justiz, ZEuP 2001, 437; *Baudenbacher/Buschle*, Niederlassungsfreiheit für EWR-Gesellschaften nach Überseering, IPRax 2004, 26; *Bauer, F.*, Neues europäisches Kollisions- und Verfahrensrecht auf dem Weg: Stellungnahme des Deutschen Rates für IPR zum internationalen Erb- und Scheidungsrecht, IPRax 2006, 202; *Bauer/Röben*, Anmerkung zu EuGH, Rs. C-11/11 (Folkerts), EuZW 2013, 437; *Baur* (Hrsg.), Systemwechsel im europäischen Kollisionsrecht: Fachtagung der Bayer-Stiftung für deutsches und internationales Arbeits- und Wirtschaftsrecht am 17. und 18. Mai 2001, München, 2002 (zit.: Bearbeiter, in: Baur); *Becker*, Insolvenz in der Europäischen Union – Zur Verordnung des Rates über Insolvenzverfahren, ZEuP 2002, 287; *Beckstein*, Einschränkungen des Schutzlandprinzips, Tübingen, 2010; *Behme*, Der grenzüberschreitende Formwechsel von Gesellschaften nach Cartesio und Vale, NZG 2012, 936; *Behrens*, Das Internationale Gesellschaftsrecht nach dem Überseering-Urteil des EuGH und den Schlussanträgen zu Inspire Art, IPRax 2003, 193; *ders.*, Anm. zu EuGH, Rs C-167/01 (Gemeinschaftliche Grenzen der Anwendung inländischen Gesellschaftsrechts auf Auslandsgesellschaften nach Inspire Art), IPRax 2004, 20; *Bellinghausen/Paheenthararajah*, Gegenangriff – Schadensersatzklage gegen US-Klägeranwälte wegen der Erhebung offenkundig missbräuchlicher US-Sammelklagen gegen deutsche Unternehmen, ZIP 2008, 492; *Benecke*, Auf dem Weg zu Rom II – Der Vorschlag für eine Verordnung zur Angleichung des Internationalen Privatrechts der außervertraglichen Schuldverhältnisse, RIW 2003, 830; *Berger* u.a. (Hrsg.), Festschrift für Otto Sandrock, 2000 (zit. Bearbeiter, in: FS Sandrock); *Berger*, Die internationale Zuständigkeit bei Urheberrechtsverletzungen in Internet-Websites aufgrund des Gerichtsstands der unerlaubten Handlung nach Art. 5 Nr. 3 EuGVO, GRURInt 2005, 465; *ders ./Wilske*, Der U.S. Supreme Court und Punitive Damages – Eine überraschende Erkenntnis aus einer Nicht-Entscheidung, RIW 2007, 245; *Bernitt*, Die Anknüpfung von Vorfragen im europäischen Kollisionsrecht, Tübingen, 2010; *Beyer*, Handlungsfelder der deutschen EU-Ratspräsidentschaft im Familienrecht – Die europäischen Verordnungsvorschläge zum internationalen Scheidungs- und Unterhaltsrecht, FF 2007, 20; *Binz/Mayer*, Die Rechtsstellung von Kapitalgesellschaften aus Nicht-EU/EWR/USA-Staaten mit Verwaltungssitz in Deutschland, BB 2005, 2361; *Bismarck, K. von/Schümann-Kleber*, Insolvenz eines ausländischen Sicherungsgebers – Anwendung deutscher Vorschriften auf die Verwertung in Deutschland belegener Kreditsicherheiten, NZI 2005, 147; *Bitter*, Auslegungszusammenhang zwischen der Brüssel I-Verordnung und der künftigen Rom I-Verordnung, IPRax 2008, 96; *ders.*, Die Crux mit der obligatorischen Streitschlichtung nach § 15 a EGZPO – Zulässige und unzulässige Strategien zur Vermeidung des Schlichtungsverfahrens, NJW 2005, 1235; *Bitterich*, Die analoge Anwendung des Art. 29 a Abs. 1, 2 EGBGB auf Verbraucherschutzrichtlinien ohne kollisionsrechtlichen Rechtsetzungsauftrag – zugleich eine Besprechung von EuGH, Rs C-381/98 (Ingmar GB Ltd ./Eaton Leonhard Technologies Inc.), VuR 2002, 155; *ders.*, Der Rückgriff des Letztverkäufers – Auslegungsprobleme der §§ 478, 479 BGB einschließlich internationaler Aspekte, JR 2004, 485; *ders.*, Kollisionsrechtlicher Verbraucherschutz, Eingriffsnormen und Binnenmarktstandards – Bestandsaufnahme und Ausblick auf den Rom I-Vorschlag, GPR 2006, 161; *ders.*, Kollisionsrechtliche Absicherung gemeinschaftsrechtlicher Standards im Bereich des Verbraucherschutzes: Der Vorschlag für eine Rom I-Verordnung, RIW 2006, 262; *Bittmann*, Die Voraussetzungen der Zwangsvollstreckung eines Europäischen Vollstreckungstitels, IPRax 2008, 445; *Blanquet*, Das Statut der Europäischen Aktiengesellschaft (Societas Europea „SE“), ZGR 2002, 20; *Blobel*, Isolierte Gewinnzusagen im europäischen Zivilprozessrecht, VuR 2005, 164; *Bodewig*, Elektronischer Geschäftsverkehr und Unlauterer Wettbewerb, GRURInt 2000, 475; *dies.*, Herkunftslandsprinzip im Wettbewerbsrecht: Erste Erfahrungen, GRUR 2004, 822; *Bollweg*, Die Kundenrechte des Flug-, Bahn- und Busverkehrs im Vergleich, RRa 2010, Heft 3; *Bonomi*, Conversion of the Rome Convention on contracts into an EC Instrument: Some Remarks on the Green Paper of the EC Commission, Yearbook of Private International Law 2004, 53; *Boele-Woelki*, Brüssel II: Die Verordnung über die Zuständigkeit und die Anerkennung von Entscheidungen in Ehesachen, ZfRV 2001, 121; *dies ./Fuchs* (Hrsg.), Legal Recognition of Same-Sex Couples in Europe, Antwerpen u.a., 2003; *Borges*, Gläubigerschutz bei ausländischen Gesellschaften mit inländischem Sitz, ZIP 2004, 733; *Bork* u.a. (Hrsg.), Festschrift für Helmuth Kollhosser zum 70. Geburtstag, Karlsruhe, 2004 (zit.: Bearbeiter, in: FS Kollhosser); *Brand, P.-A ./Karpenstein*, Die Berufungszuständigkeit der Oberlandesgerichte für Rechtsstreitigkeiten mit Auslandsberührung, NJW 2005, 1319; *Brandt, U.*, Ein Überblick über die Europäische Aktiengesellschaft (SE) in Deutschland, BB-Special 3/2005, 1; *Brandt, U ./Scheifele*, Die Europäische Aktiengesellschaft und das anwendbare Recht, DStR 2002, 547; *Breidenbach* (Hrsg.), Konsensuale Streitbeilegung, Bielefeld, 2001 (zit.: Bearbeiter in Breidenbach); *Brinkmann*, Der Vertragsgerichtsstand bei Klagen aus Lizenzverträgen unter der EuGVVO, IPRax 2009, 487; *Brokamp*, Das Europäische Verfahren für geringfügige Forderungen, Tübingen, 2008; *Bruns*, Zur Reichweite des EuGVÜ in Fällen mit Drittstaatenberührung, JZ 2005, 890; *Buchner*, Rom II und das internationale Immaterialgüter- und Wettbewerbsrecht, GRURInt 2005, 1004; *Bücken*, Intertemporaler Anwendungsbereich der Rom II-VO, IPRax 2009, 125; *Bülow/Böckstiegel/Geimer/Schütze*, Internationaler Rechtsverkehr in Zivil- und Handelssachen, Loseblatt-Handbuch mit Texten, Kommentierungen und Länderberichten; *Burbank*, Jurisdictional Equilibration; the Proposed Hague Convention and Progress in National Law, The American Journal of Comparative Law 2001, 203; *Busch/Rölke*, Europäisches Kinderschutzrecht mit offenen Fragen, FamRZ 2004, 1338; *Buschbaum*, Vom Königsweg der Kollisionsrechtsharmonisierung als Leitlinie für das Mehrjahresprogramm für die EU-Ziviljustiz 2015-2020, GPR 2014, 4; *Buschbaum/Simon*, Die Vorschläge der EU-Kommission zur Harmonisierung des Güterkollisionsrechts für Ehen und eingetragene Partnerschaften – eine erste kritische Analyse, GPR 2011, 262 (erster Teil), 305 (zweiter Teil); *dies.*, EuErbVO: Das Europäische Nachlasszeugnis, ZEV 2012, 525; *Cadet*, Main features of the revised Brussels I Regulation, EuZW 2013, 218; *Canaris* u.a. (Hrsg.), 50 Jahre Bundesgerichtshof: Festgabe aus der Wissenschaft, Band III: Zivilprozeß, Insolvenz, Öffentliches Recht, München, 2000 (zit.: Bearbeiter, in: Canaris); *Carl*, Die Aufhebung der Rechtsmittelzuständigkeit des Oberlandesgerichts nach § 119 Abs. 1 Nr. 1 b und c GVG durch das FFG-RG – eine „Haftungsfalle“, VersR 2009, 1471; *Cerioni*, Das Statut der Europäischen Gesellschaft (SE) und das Statut der Europäischen Genossenschaft: Ein Vergleich zwischen den zwei neuen supranationalen Statuten, The European Legal Forum (D) 2004, 296; *Clausnitzer/Woopen*, Internationale Vertragsgestaltung – Die neue EG-Verordnung für grenzüberschreitende Verträge (Rom I-VO), BB 2008, 1798; *Coester*, u.a. (Hrsg.), Privatrecht in Europa: Vielfalt, Kollision, Kooperation. Festschrift für Hans Jürgen Sonnenberger zum 70. Geburtstag, München, 2004 (zit. Bearbeiter, in: FS Sonnenberger); *Coester-Waltjen*, Die Berücksichtigung der Kindesinteressen in der neuen EU-Verordnung Brüssel IIa, FamRZ 2005, 241; *dies.*, Anerkennung im Internationalen Personen-, Familien- und Erbrecht und das Europäische Kollisionsrecht, IPRax 2006, 392; *Corrigan/Wilske*, Punitive Damages wieder vor dem U.S. Supreme Court – Entwarnung noch immer nicht in Sicht, RIW 2007, 32; Cortese, Verbraucherschutz im digitalen Zeitalter: Zum Europäischen IPR für online-Verbraucherverträge, GRURInt

2005, 192;*Czaplinksi*, Das Internationale Straßenverkehrsunfallrecht nach Inkrafttreten der Rom II-VO – Zur Kündigung des Haager Übereinkommens über das auf Straßenverkehrsunfälle anzuwendende Recht, erscheint 2014; *ders ./Kassing*, Ungewollte Familien- und Existenzgründung, JA 2009, 584; *Czernich/Heiss* (Hrsg.), EVÜ – Das Europäische Schuldvertragsübereinkommen, 1999 (zit.: Czernich/Heiss/ Bearbeiter); *Czernich/Tiefenthaler/Kodek*, Europäisches Gerichtsstands- u. Vollstreckungsrecht, 3. Aufl. 2009; *Czerwenka*, Das Protokoll von 2002 zum Athener Übereinkommen von 1974 über die Beförderung von Reisenden und ihrem Gepäck auf See, RRa 2003, 158; *Dahl*, Internationales Insolvenzrecht in der EU, NJW-Spezial 2009, 245; *Dammann*, Anm. zu BGH, 29.1.2003 – VIII ZR 155/02 (Amerikanische Gesellschaften mit Sitz in Deutschland), RabelsZ 68 (2004), 607; *Dauner-Lieb/Heidel/Ring* (Hrsg.), Anwaltkommentar, Band 1: Allgemeiner Teil mit EGBGB, 2. Aufl., Bonn, 2012 (zit.: Anwaltkommentar/ Bearbeiter); *Deipenbrock*, Das neue europäische Internationale Insolvenzrecht, EWS 2001, 113; *ders.*, Corporate Governance in der Europäischen Economie Sociale – Unternehmenskontrolle und -steuerung im Vorschlag über ein Statut der Europäischen Genossenschaft, EWS 2002, 410; *de Lind van Wijngaarden-Maack*, Internationale Zustellung nach der EuZVO und internationale Zuständigkeit bei Klage auf Feststellung des Nichtbestehens eines Exklusivvertriebsvertrages, IPRax 2004, 212; *Diederichsen*, Angehörigenschmerzensgeld "Für und Wider", DAR 2011, 122; *Dierksmeier*, Die englische Ltd. in Deutschland – Haftungsrisiko für Berater, BB 2005, 1516; *Dörner*, Anm. zu BGH 13.10.2004 – I ZR 245/01 (Geringe Anforderungen an den „genuine link" einer im Inland tätigen US-Gesellschaft – GEDIOS Corporation), LMK 2005, 48; *ders.*, Das Grünbuch Erb- und Testamentsrecht der Europäischen Kommission, ZEV 2005, 137; *ders.*, EuErbVO: Die Verordnung zum Internationalen Erb- und Erbverfahrensrecht ist in Kraft!, ZEV 2012, 505; *Dörner/Hertel/Lagarde/Riering*, Auf dem Weg zu einem europäischen Internationalen Erb- und Erbverfahrensrecht, IPRax 2005, 1; *Drappatz*, Die Überführung des internationalen Zivilverfahrensrechts in eine Gemeinschaftskompetenz nach Art. 65 EGV, Tübingen, 2002; *Dutta*, Staatliches Wächteramt und europäisches Kindschaftsverfahrensrecht, FamRZ 2008, 835; *ders ./Volders*, Was lange währt, wird endlich gut? – Zur Auslegungskompetenz des EuGH für das EVÜ, EuZW 2004, 556; *ders ./Heinze*, Anti-suit injunction und Zuständigkeitssystem des VollstrZustÜbk, ZEuP 2005, 431; *ders.*, Succession an Wills in the Conflict of Laws on the Eve of the Europeanisation, RabelsZ 73 (2009), 547; *Duursma-Kepplinger/Duursma/Chalupsky* (Hrsg.), Kommentar zur Europäischen Insolvenzverordnung, Wien/New York, 2002 (zit.: Duursma-Kepplinger); *Eberl*, Probleme und Auswirkungen der EG-Vorschriften zum Kulturgüterschutz, NVwZ 1994, 729; *Ebke*, Anm. zu BGH 5.7.2004 – II ZR 389/02 (Gesellschaften aus Delaware auf dem Vormarsch: Der BGH macht es möglich), RIW 2004, 740; *ders.*, Anm. zu BGH 13.10.2004 – I ZR 245/01 (Rechtspersönlichkeit einer US-amerikanischen Gesellschaft), JZ 2005, 299; *Ehle*, Das Grünbuch „Rom I" – Die Modernisierung des EVÜ steht bevor, GPR 2003-04, 49; *Ehricke*, Die neue Europäische Insolvenzordnung und grenzüberschreitende Konzerninsolvenzen, EWS 2002, 101; *ders.*, Konzeptionelle Probleme der Europäischen Privatgesellschaft, KSzW 2010, 6; *ders.*, Überblick über Regelungsansätze zur Verbraucherinsolvenz und/oder zur Restschuldbefreiung in den Mitgliedstaaten der Europäischen Union, ZVI 2005, 285; *Eidenmüller*, Europäische Verordnung über Insolvenzverfahren und zukünftiges deutsches internationales Insolvenzrecht, IPRax 2001, 2; *ders.* (Hrsg.), Ausländische Kapitalgesellschaften im deutschen Recht, München, 2004 (zit.: Bearbeiter, in: Eidenmüller); *ders.*, Der Markt für internationale Konzerninsolvenzen: Zuständigkeitskonflikte unter der EuInsVO, NJW 2004, 3455; *ders.*, Establishing a Legal Framework for Mediation in Europe: The Proposal for an EC Mediation Directive, SchiedsVZ 2005, 124; *ders.*, Geschäftsleiter- und Gesellschafterhaftung bei europäischen Auslandsgesellschaften mit tatsächlichem Inlandssitz, NJW 2005, 1618; *ders.*, Rechtsmissbrauch im Europäischen Insolvenzrecht, KTS 2009, 137; *ders ./Prause*, Die europäische Mediationsrichtlinie – Perspektiven für eine gesetzliche Regelung der Mediation in Deutschland, NJW 2008, 2738; *ders ./Rehm*, Niederlassungsfreiheit versus Schutz des inländischen Rechtsverkehrs: Konturen des Europäischen Internationalen Gesellschaftsrechts, ZGR 2004, 169; *Eisenführ/Schennen*, Gemeinschaftsmarkenverordnung, Kommentar, Köln u.a., 4. Aufl. 2014 (zit.: Eisenführ/Schennen); *Eisner*, Kapitalersatz- und Insolvenzverschleppungshaftung im Fall der Scheinauslandsgesellschaft, ZInsO 2005, 20; *El Bitar*, Das Verhältnis zwischen „Freiem Geleit" und gemeinschaftsrechtlicher Rückgabeklage, EuZW 2005, 173; *El Mahi*, Die Europäische Genossenschaft, DB 2004, 967; *Elsing*, Anm. zu BGH, 13.10.2004 – I ZR 245/01, BB 2004, 2596; *Emde*, Zur Unwirksamkeit einer Gerichtsstandsvereinbarung in einem internationalen Handelsvertretervertrag (Anmerkung zu OLG München, Urteil vom 17.5.2006, 7 U 1781/06), EWiR 2006, 621; *Engert, A.*, Der international privatrechtliche und sachrechtliche Anwendungsbereich der Europäischen Aktiengesellschaft, ZVglRWiss 104 (2005), 444; *Erman* (Begr.)/ *Westermann* (Hrsg.), Handkommentar zum Bürgerlichen Gesetzbuch, 12. Aufl., Münster, 2008 (zit.: Erman/Bearbeiter); *Fach/Tirado*, Die jüngste konkursrechtliche Rechtsprechung des EuGH: Schritte zu mehr Rechtssicherheit, GPR 2007, 40; *Fehrenbach*, Die Zuständigkeit für insolvenzrechtliche Annexverfahren (Zu EuGH, 12.2.2009 – Rs. C-339/07 – Christopher Seagon als Insolvenzverwalter der Frick Teppichboden Supermärkte GmbH ./. Deko Marty Belgium NV und BGH, 19.5.2009 – IX ZR 39/06), IPRax 2009, 492; *Felke/Jordans*, Umsetzung der Fernabsatz-Richtlinie für Finanzdienstleistungen, NJW 2005, 710; *dies.*, Gewinnzusage aus dem Ausland: Internationale Zuständigkeit für die Klage auf Auszahlung des Preises, EWS 2005, 229; *Ferrari/Leible*, Ein neues Internationales Vertragsrecht für Europa, Jena, 2007 (zit.: Ferrari/Leible/Bearbeiter); *dies.*, Rome I Regulation, München, 2009; *Ferrari* u.a. (Hrsg.), Internationales Vertragsrecht, 2. Aufl., München, 2011; *Fetsch*, Eingriffsnormen und EG-Vertrag, Tübingen 2002 (zit.: Fetsch); *Fey*, Neue Vorschriften der Europäischen Union (EU) für den Personenverkehr mit Omnibussen, TransportR 1998, 286; *Feyock/Jacobsen/Lemor*, Kraftfahrtversicherung, 3. Aufl., München, 2009; *Fischer*, Die Verlagerung des Gläubigerschutzes vom Gesellschafts- in das Insolvenzrecht nach „Inspire Art", ZIP 2004, 1477; *Fleischer*, Gläubigerschutz im Recht der Delaware corporation, RIW 2005, 92; *Finger*, Grünbuch der Europäischen Kommission über das anzuwendende Recht und die gerichtliche Zuständigkeit in Scheidungssachen, FF 2007, 35; *Font i Segura*, Anm. zu EuGH, Rs C-381/98, The European Legal Forum (D) 2000/01, 179; *Forsthoff*, Anm. zu BGH 30.3.2000 – VII ZR 370/98 (Rechts- und Parteifähigkeit ausländischer Gesellschaften mit Verwaltungssitz in Deutschland? – Die Sitztheorie vor dem EuGH), DB 2000, 1109; *ders.*, EuGH fördert Vielfalt im Gesellschaftsrecht, DB 2002, 2471; *Frank*, Die Entscheidung des EuGH in Sachen Garcia Avello und ihre Auswirkung auf das internationale Namensrecht, StAZ 2005, 161; *Freitag*, Der Einfluss des europäischen Gemeinschaftsrechts auf das internationale Produkthaftungsrecht, Tübingen, 2000 (zit.: Freitag); *ders.*, Anwendung von EuGVÜ, EuGVO und LugÜ auf öffentlich-rechtliche Forderungen, IPRax 2004, 305; *ders ./Leible*, Ergänzung des kollisionsrechtlichen Verbraucherschutzes durch Art. 29 a EGBGB, EWS 2000, 342; *dies.*, Erleichterung der grenzüberschreitenden Forderungsbeitreibung in Europa: Das Europäische Mahnverfahren, BB 2008, 2750; *dies.*, Erleichterung der grenzüberschreitenden Forderungsbeitreibung in Europa: Das europäische Verfahren für geringfügige Forderungen, BB 2009, 2; *Fricke*, Das Internationale Privatrecht der Versicherungsverträge nach Inkrafttreten der Rom-I-Verordnung, VersR 2008, 443; *ders.*, Der Abschnitt über Versicherungssachen (Art. 8-14) in der Revision der EuGVVO, VersR 2009, 429; *Fritz/Bähr*, Die Europäische Verordnung über Insolvenzverfahren – Herausforderung an Gerichte und Insolvenzverwalter, DZWir 2001, 221; *Fuchs*, Kulturgüterschutz im Kulturgutsicherungsgesetz, IPRax 2000, 281; *Führich*, Neues Gesetz zur Schlichtung im Luftverkehr, MDR 2013, 749; *Gade*, Schwerpunktbereich IPR: Die Rom III-VO, JuS 2013, 779; *Ganske*, Das Recht der Europäischen Wirtschaftlichen Interessenvereinigung (EWIV), München, 1988 (zit.: Ganske); *Gärtner*, Die Privatscheidung im deutschen und gemeinschaftsrechtlichen Internationalen Privat- und Verfahrensrecht, Tübingen 2008; *Gebauer/Wiedmann* (Hrsg.), Zivilrecht unter europäischem Einfluss, Stuttgart, 2005 (zit.: Gebauer/Wiedmann/Bearbeiter), soweit verfügbar 2. Aufl., Stuttgart, 2010 (zit.: Gebauer/Wiedmann/Bearbeiter, 2. Aufl. 2010); *Gebauer/Völker/Christian*: Zur Dogmatik des ordre public: die Vorbehaltsklauseln bei der Anerkennung fremder gerichtlicher Entscheidungen und ihr Verhältnis zum ordre public des Kollisionsrechts (1998), RabelsZ 65 (2001), 324; *Geimer*, Auslegung des Begriffs "Zivil- und Handelssachen" und internationaler Gerichtsstand der Erfüllung nach ZustZHÜbk, NJW 1977, 492; *ders.*, Neuordnung des internationalen Zustellungsrechts, Berlin 1999; *ders. u.a.* (Hrsg.), Wege zur Globalisierung des Rechts: Festschrift für Rolf A. Schütze zum 65. Geburtstag, München, 1999 (zit.: Bearbeiter, in: FS Rolf A Schütze); *ders.*, Zur Auslegung des Begriffs öffentliche Ordnung des Vollstreckungsstaats im Sinne des VollstrZustÜbk Art 27 Nr 1, ZIP 2000, 863; *ders.*, Salut für die Verordnung (EG) Nr. 44/2001 (Brüssel I-VO), IPRax 2002, 69; *ders.*, Öffentlich rechtliche Streitgegenstände, IPRax 2003, 512; *ders.*, Enge Auslegung der Ausnahmeklausel des Art. 34 Nr. 2 EuGVVO – Der EuGH marginalisiert den Federstrich des Reformgesetzgebers, IPRax 2008, 498; *ders.*, Internationales Zivilprozessrecht, 6. Aufl., Köln, 2009; *Geimer/Schütze*, Europäisches Zivilverfahrensrecht, 3. Aufl., München, 2010 (zit.: Geimer/Schütze); *Gewaltig*, Von der nationalen zur europäischen Zuständigkeitsregelung im Familienrecht, Frankfurt a.M. u.a., 2008; *Gleichmann*, Europäische wirtschaftliche Interessenvereinigung, ZHR 149 (1985), 633; *Glöckner*, Keine klare Sache: der zeitliche Anwendungsbereich der Rom II-Verordnung, IPRax 2009, 121; *Gloria/Karbowski*, Die Europäische Wirtschaftliche Interessenvereinigung (EWIV), WM 1990, 1313; *Goette*, Anm. zu BGH 13.10.2004 – I ZR 245/01 („Scheinauslandsgesellschaft": Anerkennung US-amerikanischer Kapitalgesellschaft mit Sitz im Inland), DStR 2004, 2113; *ders.*, Wo steht der BGH nach Centros und Inspire Art?, DStR 2005, 197; *Gottwald* (Hrsg.), Revision des EuGVÜ, 2000; *ders.*, Grundlagen der Anerkennung und Vollstreckung ausländischer Entscheidungen in Zivilsachen, ZZP 103 (1990), 257; *ders.*, Anmerkung zu BGH XII ZB 240/05, FamRZ 2008, 591; *Gómez Jene*, Internationale Schiedsgerichtsbarkeit und Binnenmarkt, IPRax 2005, 84; *Grabau/*

Hennecke, Entwicklung des weltweiten Zuständigkeits- und Anerkennungsübereinkommens – Aktueller Überblick, RIW 2001, 569; *Grabitz* (Begr.)/*Hilf* (Hrsg.), Das Recht der Europäischen Union, Sekundärrecht, Band A, München, 40. Ergänzungslieferung 2009 (zit.: Bearbeiter, in: Grabitz/Hilf); *Graf v. Bernstorff*, Mahnverfahren, Forderungsdurchsetzung und Kontenpfändung in der EU, RIW 2007, 88; *Grimme/Voll*, Nochmals: Die Aufhebung der Rechtsmittelzuständigkeit des Oberlandesgerichts nach § 119 Abs. 1 Nr. 1 b und c GVG durch das FGG-RG – eine "Haftungsfalle"?, VersR 2009, 1602; *Grobys*, Das geplante Umsetzungsgesetz zur Arbeitnehmerbeteiligung in der Europäischen Aktiengesellschaft, NZA 2004, 779; *Gronemeyer*, Die neue EU-Kabotage-Verordnung und ihre Auswirkungen auf das deutsche Güterkraftverkehrsrecht, EuZW 1994, 523; *Gross*, Zur Anwendung der ordre-public-Klausel des VollstrZustÜbk Art 27 Abs 1 aufgrund gemeineuropäischer Rechtsüberzeugung, JZ 2000, 1068; *Großfeld/Beckmann*, Rechtskultur und Internationales Gesellschaftsrecht, ZVglRWiss 91 (1992), 351; *Gruber*, Das neue Internationale Familienrechtsverfahrensgesetz, FamRZ 2005, 1603; *ders.*, Die neue EheVO und die deutschen Ausführungsgesetze, FamRZ 2005, 293; *ders.*, Das HKÜ, die Brüssel II a-Verordnung und das Internationale Familienrechtsverfahrensgesetz, FPR 2008, 214; *ders.*, Die Brüssel IIa-VO und öffentlich-rechtliche Schutzmaßnahmen, IPRax 2008, 490; *Grundmann*, Das Internationale Privatrecht der E-Commerce-Richtlinie – was ist kategorial anders im Kollisionsrecht des Binnenmarkts und warum?, RabelsZ 67 (2003), 246; *Grunsky*, Anm. zu BGH 10.7.1986 – IX ZB 27/86 (Zur Vollstreckung eines im Ausland erschlichenen rechtskräftigen Urteils), IPRax 1987, 219; *Gundel*, Die Krombach-Entscheidung des EGMR – Europäischer Menschenrechtsschutz mit (Durchsetzungs-)Schwächen, NJW 2001, 2380; *Haanappel*, The New EU Denied Boarding Compensation Regulation of 2004, ZLW 2005, 22; *Haas*, Aktuelle Rechtsprechung zum Kapitalersatzrecht, NZI 2002, 457; *Habersack u.a.* (Hrsg.), Festschrift für Peter Ulmer zum 70. Geburtstag, Berlin, 2003 (zit.: Bearbeiter, in: FS Ulmer); *Habersack/Verse*, Wrongful Trading – Grundlage einer europäischen Insolvenzverschleppungshaftung?, ZHR 168 (2004), 174; *Häcker*, Europäisch-zivilverfahrensrechtliche und international-privatrechtliche Probleme grenzüberschreitender Gewinnzusagen – zugleich zu einem europarechtlichen Begriff der unerlaubten Handlung, ZVglRWiss 103 (2004), 464; *ders.*, Geltendmachung von Schmerzensgeldansprüchen bei Unfällen mit europäischem Auslandsbezug, DAR 2013, 758; *Haibach*, Zur Einführung des ersten europäischen Zivilprozessverfahrens: Verordnung (EG) Nr. 861/2007, EuZW 2008, 137; *ders.*, The Commission Proposal for a Regulation Establishing a European Small Claims Procedure An Analysis, European Review of Private Law 2005, 593; *Hartley*, Choice of Law for Non-Contractual Liability: Selected Problems under the Rome II Regulation, ICLQ 57 (2008), 899; *Hau*, Zustellung ausländischer Prozeßführungsverbote: Zwischen Verpflichtung zur Rechtshilfe und Schutz inländischer Hoheitsrechte, IPRax 1997, 245; *ders.*, Ablehnung der Anerkennung ausländischer Urteile unter Hinweis auf den ordre public, EWiR 2000, 441; *ders.*, Der Einwand des Prozessbetrugs im Brüssel I-Exequaturverfahren, IPRax 2006, 20; *ders.*, Gerichtsstandsvertrag und Vertragsgerichtsstand beim innereuropäischen Versendungskauf, IPRax 2009, 44; *ders.*, Unterlassungsklage eines deutschen Verbraucherschutzvereins gegen ein lettisches Luftverkehrsunternehmen, LMK 2009, 293079; *Hatje,* Gemeinschaftsrechtliche Grenzen der Rechtskraft gerichtlicher Entscheidungen – zur Entscheidung des EuGH in der Rs. C-119/05 (Lucchini) vom 18. Juli 2007, EuR 2007, 654; *Haubold*, Mitgliedstaatenbezug, Zuständigkeitserschleichung und Vermögensgerichtsstand im Internationalen Insolvenzrecht, IPRax 2003, 34; *Hausmann*, Internationales und Europäisches Ehescheidungsrecht, Kommentar, München, 2013 (zit.: Hausmann); *Heckel*, Die fiktive Inlandszustellung auf dem Rückzug – Rückwirkungen des europäischen Zustellungsrechts auf das nationale Recht, IPRax 2008, 218; *Heiderhoff*, Keine Rangordnung der Zustellungsarten (zu EuGH, 9.2.2006 – Rs. C-473/04 – Plumex ./. Young Sports NV), IPRax 2007, 293; *Heidrich*, Amts- und Parteizustellungen im internationalen Rahmen: Status quo und Reformbedarf, EuZW 2005, 743; *Hein, J. von*, Grenzüberschreitende Produkthaftung für „Weiterfresserschäden“: Anknüpfung an den Marktort ist interessengerechter, RIW 2000, 820; *ders.*, Die Berufungszuständigkeit der Oberlandesgerichte bei amtsgerichtlichen Entscheidungen mit Auslandsberührung (§ 119 I Nr. 1 lit. b und c GVG), ZZP 2003, 335, 361; *ders.*, Zur Kodifikation des europäischen Übernahmekollisionsrechts, ZGR 2005, 528; *ders.*, Deliktischer Kapitalanlegerschutz im europäischen Zuständigkeitsrecht, IPRax 2005, 17; *ders.*, Kapitalanlegerschutz im Verbrauchergerichtsstand zwischen Fernabsatz und konventionellem Vertrieb: Zur Konkretisierung der Ausrichtung in Art. 15 Abs. 1 lit. c EuGVO, IPRax 2006, 16; *ders.*, Die Kodifikation des europäischen außervertraglichen IPR vor dem Abschluss?, VersR 2007, 440; *ders.*, BVerfG gestattet Zustellung einer US-amerikanischen Klage auf Punitive Damages – Entspannung im transatlantischen *Justizkonflikt?, RIW 2007, 249*; *ders.*, Europäisches Internationales Deliktsrecht nach der Rom II-Verordnung, ZEuP 2009, 6; *Heinig*, Die Konkurrenz der EuGVVO mit dem übrigen Gemeinschaftsrecht, GPR 2010, 36; *Heinze*, Die Europäische Aktiengesellschaft, ZGR 2002, 66; *ders.*, Beweissicherung im europäischen Zivilprozessrecht, IPRax 2008, 480; *ders* ./*Dutta*, Ungeschriebene Grenzen für europäische Zuständigkeiten bei Streitigkeiten mit Drittstaatenbezug, IPRax 2005, 224; *Heiss*, Die Richtlinie über den Fernabsatz von Finanzdienstleistungen an Verbraucher aus Sicht des IPR und des IZVR, IPRax 2003, 100; *ders.*, Das Kollisionsrecht der Versicherungsverträge nach Rom I und II, VersR 2006, 185; *ders.*, Die Direktklage vor dem EuGH, VersR 2007, 327; *Heiss/Loacker*, Die Vergemeinschaftung des Kollisionsrechts der außervertraglichen Schuldverhältnisse durch Rom II, JBl 2007, 613; *Heiss/Mayr*, Neuerungen im österreichischen internationalen Verfahrens- und Vertragsrecht, IPRax 1999, 305; *Hellgard/Illmer*, Wiederauferstehung der Sitztheorie?, NZG 2009, 94; *Helms*, Die Anerkennung ausländischer Entscheidungen im Europäischen Eheverfahrensrecht, FamRZ 2001, 257; *Hennrichs/Pöschke/von der Lage/Klavina*, Die Niederlassungsfreiheit der Gesellschaften in Europa, WM 2009, 2009; *Henrich*, Kollisionsrechtliche Fragen der eingetragenen Lebenspartnerschaft, FamRZ 2002, 137; *Herchen*, Das Übereinkommen über Insolvenzverfahren der Mitgliedstaaten der Europäischen Union vom 23.11.1995, Würzburg, 2000 (zit.: Herchen); *ders.*, Das Prioritätsprinzip im internationalen Insolvenzrecht (Zugleich Besprechung Stadtgericht Prag, Beschl. v 26-4-2005 – 78 K 6/05-127, ZIP 2005, 1431), ZIP 2005, 1401; *Herzog*, Das französische Groupement d'intérêt économique, Zürich, 1977 (zit.: Herzog, Das französische Groupement d'intérêt économique); *Heß*, Neues deutsches und europäisches Zustellungsrecht, NJW 2002, 2417; *Hess*, Die "Europäisierung" des internationalen Zivilprozessrechts durch den Amsterdamer Vertrag – Chancen und Gefahren; NJW 2000, 23; *ders.*, Die Anerkennung eines Class Action Settlement in Deutschland, JZ 2000, 373; *ders.*, Urteilsfreizügigkeit und ordre-public-Vorbehalt bei Verstößen gegen Verfahrensgrundrechte und Marktfreiheiten, IPRax 2001, 301; *ders.*, Die Integrationsfunktion des Europäischen Zivilverfahrensrechts, IPRax 2001, 389; *ders.*, Aktuelle Perspektiven der europäischen Prozeßrechtsangleichung, JZ 2001, 573; *ders.*, Rechtsfragen des Vorabentscheidungsverfahrens, RabelsZ 66 (2002), 470; *ders.*, Transatlantischer Rechtsverkehr heute: Von der Kooperation zum Konflikt?, JZ 2003, 923; *ders.*, Die intertemporale Anwendung des europäischen Zivilprozessrechts in den EU-Beitrittsstaaten, IPRax 2004, 374; *ders.*, Europäischer Vollstreckungstitel und nationale Vollstreckungsgegenklage, IPRax 2004, 493; *ders.*, Die Konstitutionalisierung des europäischen Privat- und Prozessrechts, JZ 2005, 540; *ders.*, Übersetzungserfordernisse im europäischen Zivilverfahrensrecht (zu EuGH, 8.5.2008, Rs. C-14/07 – Ingenieurbüro Michael Weiss & Partner GbR ./. Industrie- und Handelskammer Berlin), IPRax 2008, 400; *ders.*, Mediation und andere Formen konsensualer Streitbeilegung, Gutachten zum 67. Juristentag 2008; *Hess/Bittmann*, Die Effektuierung des Exequaturverfahrens nach der Europäischen Gerichtsstands- und Vollstreckungsverordnung, IPRax 2007, 277; *dies.*, Die Verordnungen zur Einführung eines Europäischen Mahnverfahrens und eines europäischen Verfahrens für geringfügige Forderungen – ein substantieller Integrationsschritt im Europäischen Zivilprozessrecht, IPRax 2008, 305; *Hess/Laukemann/Seagon*, Europäisches Insolvenzrecht nach Eurofood: Methodische Standortbestimmung und praktische Schlussfolgerungen, IPrax 2007, 89; *Hess/Pfeiffer/Schlosser*, The Brussels I Regulation 44/2001, München, 2008; *Hess/Zhou*, Beweissicherung und Beweisbeschaffung im europäischen Justizraum (zu EuGH, 28.4.2005 – Rs. C-104/03 – St. Paul Dairy Industries ./. Unibel Exser), IPRax 2007, 183; *Hilbig-Lugani*, Divergenz und Transparenz: Der Begriff des gewöhnlichen Aufenthalts der privat handelnden natürlichen Person im jüngeren EuIPR und EuZVR, GPR 2014, 8; *Himmelreich/Halm* (Hrsg.), Handbuch des Fachanwalts Verkehrsrecht, 3. Aufl., Köln, 2010 (zit.: Bearbeiter, in: Hdb Fa Verkehrsrecht); *Hirsch*, Die Bedeutung der Zusage „freien Geleits" für Kulturgüter, NJW 2001, 1627; *Hoeren/Sieber*, Handbuch Multimedia-Recht, 35. Aufl., München, 2013 (zit.: Bearbeiter, in: Hoeren/Sieber); *Hoffmann, B. von/Thorn*, Internationales Privatrecht, 8. Aufl., München, 2005 (zit.: von Hoffmann/Thorn); *Hoffmann, J.*, Inhalt und Rechtsfolgen der Verordnung über grenzüberschreitende Zahlungen in Euro, WM 2002, 1517; *Hohloch* u.a. (Hrsg.), Festschrift für Hans Stoll zum 75. Geburtstag, 2001 (zit.: Bearbeiter, in: FS Stoll); *ders.*, Absehen von Kindesanhörung im Adoptionsverfahren, JuS 2001, 817; *Hök*, Die grenzüberschreitende Forderungs- und Kontopfändung, MDR 2005, 306; *Holzmann*, Brüssel IIa VO: Elterliche Verantwortung und internationale Kindesentführungen, 2008; *Hommelhoff/Teichmann*, Die Europäische Aktiengesellschaft – das Flaggschiff läuft vom Stapel, SZW/RSDA 2002, 1; *Honsell* (Hrsg.), Berliner Kommentar zum Versicherungsvertragsgesetz, Berlin, 1999 (zit.: Berliner Kommentar/Bearbeiter); *Hirte*, Die Europäische Aktiengesellschaft, NZG 2002, 1; *Hopt*, Europäische Aktiengesellschaft – per aspera ad astra?, EuZW 2002, 1; *Horn*, Die Europa-AG im Kontext des deutschen und europäischen Gesellschaftsrecht, DB 2005, 147; *Hölzle*, Die Sanierung von Unternehmen im Spiegel des Wettbewerbs der Rechtsordnungen in Europa, KTS 2011, 291; *Huber*, Kein Angehörigenschmerzensgeld de lege lata, NZV 2012, 5; *ders.*, Internationales Insolvenzrecht in Europa – Das internationale Privat- und Verfahrensrecht der Europäischen Insolvenzverordnung, ZZP 114 (2001), 133; *Hübner, U.*, Das Kollisionsrecht nach Rom I – ein Sonderweg für Versicherungsverträge?, EuZW 2006, 449; *Hüßtege*,

Der Europäische Vollstreckungstitel in der Praxis, IPRax 2009, 321; *Idot*, Anm. zu EuGH, Rs C-381/98, Rev. crit. dr. internat. privé 2001, 107; *Ilchmann*, Zuwendungen unter Lebenden auf den Todesfall – Lebzeitige Rechtsgeschäfte oder Verfügungen von Todes wegen?, Hamburg, 2010; *Isermann*, Das neue Gesetz zur Schlichtung im Luftverkehr, RRa 2013, 158; *Jakob*, Die eingetragene Lebenspartnerschaft im Europarecht, FamRZ 2002, 501; *Janköster*, Fluggastrechte im internationalen Luftverkehr, Tübingen, 2009; *Jahn*, Das Europäische Verfahren für geringfügige Forderungen, NJW 2007, 2890; *Jastrow*, EG-Richtlinie 8/2003 – Grenzüberschreitende Prozesskostenhilfe in Zivilsachen, MDR 2004, 75; *Jayme*, Kulturgüterschutz in ausgewählten europäischen Ländern, ZVglRWiss 95 (1996), 158; *ders./Geckler*, Internationale Kunstausstellungen: „Freies Geleit" für Leihgaben, IPRax 2000, 156; *Jayme/Kohler*, Europäisches Kollisionsrecht 1994: Quellenpluralismus und offene Kontraste, IPRax 1994, 405; *dies.*, L ´interaction des règles de conflit contenues dans le droit dérivé de la communauté européene et des conventions de Bruxelles et de Rome, Rev. crit. dr. internat. privé, (84) 1995, 1; *dies.*, Europäisches Kollisionsrecht 2000: Interlokales Privatrecht oder universelles Gemeinschaftsrecht?, IPRax 2000, 454; *dies.*, Europäisches Kollisionsrecht 2001 – Anerkennungsprinzip statt IPR?, IPRax 2001, 501; *dies.*, Europäisches Kollisionsrecht 2005: Hegemonialgesten auf dem Weg zu einer Gesamtvereinheitlichung, IPRax 2005, 481; *dies.*, Europäisches Kollisionsrecht 2006: Eurozentrismus ohne Kodifikationsidee?, IPRax 2006, 537, 543; *dies.*, Europäisches Kollisionsrecht 2007: Windstille im Erntefeld der Integration, IPRax 2007, 493; *Jud*, Rechtswahl im Erbrecht: Das Grünbuch der Europäischen Kommission zum Erb- und Testamentsrecht, GPR 2005, 133; *Jungemeyer*, Kaufvertragliche Durchgriffsrechte in grenzüberschreitenden Lieferketten und ihr Verhältnis zum Einheitlichen UN-Kaufrecht, 2008; *Junker*, Vom Citoyen zum Consommateur – Entwicklungen des internationalen Verbraucherschutzrechts, IPRax 1998, 65; *ders.*, Vom Brüsseler Übereinkommen zur Brüsseler Verordnung – Wandlungen des Internationalen Zivilprozessrechts, RIW 2002, 569; *ders.*, Internationales Arbeitsrecht in der geplanten Rom I-Verordnung, RIW 2006, 401; *ders.*, Die Rom II-Verordnung: Neues Internationales Deliktsrecht auf europäischer Grundlage, NJW 2007, 3675; *ders.*, Das Internationale Privatrecht der Straßenverkehrsunfälle nach der Rom II-Verordnung, JZ 2008, 169; *ders.*, Das Internationale Privat- und Verfahrensrecht der Nichtdiskriminierung im Arbeitsverhältnis, NZA 2008 Beil. Nr. 2, 59; *Kadner Graziano*, The Law Applicable to Non-Contractual Obligations (Rome II Regulation), RabelsZ 73 (2009), 1; *ders.*, Das auf außervertragliche Schuldverhältnisse anzuwendende Recht nach Inkrafttreten der Rom II-Verordnung, RabelsZ 73 (2009), 1; *Kammel*, Die Bestimmung der zuständigen Gerichte bei grenzüberschreitenden Konzerninsolvenzen, NZI 2006, 334; *Karsten*, Im Fahrwasser der Athener Verordnung zu Seereisenden: Neuere Entwicklungen des europäischen Passagierrechts, VuR 2009, 213; *Kayser*, Alternative Formen gerichtlicher und außergerichtlicher Streitbeilegung im deutschen und französischen Zivilprozess, Frankfurt a.M., 2005; *Kegel/Schurig*, Internationales Privatrecht, 9. Aufl., München, 2004 (zit.: Kegel/Schurig); *Keiler/Binder,* Der EuGH lässt ausrichten: kein Zusammenhang von Ursache und Wirkung beim Verbrauchergerichtsstand – zugleich Besprechung der Rs. C-218/12 (Emrek), euvr 2013, 230; *Keller*, Die EG-Richtlinie 98/26 vom 19.5.1998 über die Wirksamkeit von Abrechnungen in Zahlungs- sowie Wertpapierliefer- und -abrechnungssystemen und ihre Umsetzung in Deutschland, WM 2000, 1269; *ders.*, Gesetzlicher Forderungsübergang auf den SVT und Prozessstandschaft, VersR 2006, 1607; *Kelp*, Time-Sharing-Verträge, Baden-Baden, 2005 (zit.: Kelp); *Kemper*, Die Verordnung (EG) Nr. 1346/2000 über Insolvenzverfahren, ZIP 2001, 1609; *Kerameus*, Angleichung des Zivilprozessrechts in Europa, RabelsZ 66 (2002), 1; *ders.*, Die Angleichung des Zivilverfahrensrechts in der Europäischen Union vor dem Hintergrund der Schaffung eines Europäischen Zivilgesetzbuches, in: Untersuchung der Privatrechtsordnungen der EU im Hinblick auf Diskriminierungen und die Schaffung eines Europäischen Zivilgesetzbuches, in: Arbeitsdokument des Europäischen Parlamentes, Reihe Rechtsfragen, Juri 103 DE, 10 – 1999, 85 (zit.: Kerameus, in: Arbeitsdokument des Europäischen Parlamentes); *Kersting*, Societas Europaea: Gründung und Vorgesellschaft, DB 2001, 2079; *Kirchhof, H.-P.*, u.a. (Hrsg.), Münchener Kommentar zur Insolvenzordnung, Band 3, §§ 270-335, Internationales Insolvenzrecht, Insolvenzsteuerrecht, 2. Aufl., München, 2008 (zit.: MünchKomm-InsO/Bearbeiter); *Kiendl*, Unfaire Klauseln in Verbraucherverträgen, Wien, 1997 (zit.: Kiendl); *Kieninger*, Internationales Gesellschaftsrecht nach „Centros", „Überseering" und „Inspire Art": Antworten, Zweifel und offene Fragen, ZEuP 2004, 685; *Kindler*, Anm. zu EuGH, Rs C-381/98 (Rechtswahlfestigkeit des Handelsvertreterausgleichs bei Tätigkeitsausübung in Mitgliedstaat, aber Sitz des Unternehmers in Drittstaat), BB 2001, 11; *ders.*, Anerkennung der Scheinauslandsgesellschaft und Niederlassungsfreiheit, IPRax 2003, 41; *ders.*, Internationales Gesellschaftsrecht 2009: *MoMiG, Trabrennbahn, Cartesio* und die Folgen, IPRax 2009, 189; *ders.*, Vom Staatsangehörigkeits- zum Domizilprinzip: das künftige internationale Erbrecht der Europäischen Union, IPRax 2010, 44; *Klaka/Schulz*, Die europäische Gemeinschaftsmarke, Bonn, 1996 (zit.: Klaka/Schulz); *Klauer*, Das europäische Kollisionsrecht der Verbraucherverträge zwischen Römer EVÜ und EG-Richtlinien, Tübingen, 2002 (zit.: Klauer); *Klöhn/Berner*, Zur internationalen Zuständigkeit für insolvenzbezogene Annexverfahren, ZIP 2007, 1418; *Kluth, D.*, Die Grenzen des kollisionsrechtlichen Verbraucherschutzes, Jena, 2009; *Kluth, F.*, Das Marktauswirkungsprinzip im Kollisionsrecht des Kartell- und Lauterkeitsrechts, Jena, 2014; *Knapp/Kohler*, Gemeinschaftsrecht und Privatrecht Zur Rechtsprechung des EuGH im Jahre 1999, ZEuP 2001, 116; *Kniffka* u.a. (Hrsg.), Festschrift für Reinhold Thode zum 65. Geburtstag, München, 2005 (zit.: Bearbeiter, in: FS Thode); *Knobbe-Keuk*, Umzug von Gesellschaften in Europa, ZHR 154 (1990), 325; *Knof*, Der Ordre-public-Vorbehalt nach Art. 26 EuInsVO – eine Allzweckwaffe gegen forum shopping im europäischen Insolvenzrecht? (Zugleich eine Anmerkung zu den Entscheidungen im Insolvenzverfahren der Hans Brochier Holdings Ltd.), ZInsO 2007, 629; *Knöfel*, Kommendes Internationales Arbeitsrecht: Der Vorschlag der Kommission der Europäischen Gemeinschaften vom 15.12.2005 für eine "Rom I"-Verordnung, RdA 2006, 269; *ders.*, Internationales Arbeitskampfrecht nach der Rom II-Verordnung, EuZA 2008, 228; *ders.*, Vier Jahre Europäische Beweisaufnahmeverordnung – Bestandsaufnahme und aktuelle Entwicklungen, EuZW 2008, 267; *ders.*, Freier Beweistransfer oder "Exklusivität" der Rechtshilfe in Zivilsachen? (zu EuGH, 6.9.2012 – Rs. C-170/11 – Lippens ./. Kortekass), IPRax 2013, 231; *Koch, H.*, Gerichtliche Mediation – gerichtsverfassungs- und verfahrensrechtliche Rahmenbedingungen, NJ 2005, 97; *ders ./Horlach/Thiel*, US-Sammelklage gegen deutsches Unternehmen? – Napster und die bittere Pille danach, RIW 2006, 356; *Koch, R.*, Kollisions- und versicherungsvertragliche Probleme bei internationalen D&O-Haftungsfällen, VersR 2009, 141; *ders.*, D&O-Versicherung, VersR 2013, 1522; *Kohler*, Internationales Verfahrensrecht für Ehesachen in der Europäischen Union – Die Verordnung "Brüssel II", NJW 2001, 10; *ders.*, Auf dem Weg zu einem europäischen Justizraum für das Familien- und Erbrecht, FamRZ 2002, 709; *ders.*, Einheitliche Kollisionsnormen für Ehesachen in der Europäischen Union: Vorschläge und Vorbehalte, FPR 2008, 193; *ders.*, Zur Gestaltung des europäischen Kollisionsrechts für Ehesachen: Der steinige Weg zu einheitlichen Vorschriften über das anwendbare Recht für Scheidung und Trennung, FamRZ 2008, 1673; *ders ./Pintens*, Ehe und Familie im europäischen Recht – Entwicklungen und Tendenzen, FamRZ 2007, 1481; *dies.*, Entwicklungen im europäischen Personen- und Familienrecht 2012-2013, FamRZ 2013, 1437; *Köke*, Die englische Limited in der Insolvenz, ZinsO 2005, 354; *Kondring*, Voraussetzungen, Wirkung, Wirksamkeit und Rechtswirkung der Zustellung (Eine scheinbar babylonische Begriffsverwirrung um das auf die internationale Zustellung anwendbare Recht. Zugleich ein Beitrag zur entgegenstehenden Rechtshängigkeit zu OHG, 26.4.2005 – 4 Ob 60/05 k), IPRax 2007, 138; *König/Mayr P.*, Europäisches Zivilverfahrensrecht in Österreich II, Wien, 2009 (zit.: Bearbeiter in König/Mayr, S.); *Kowalski/Bormann*, Beteiligung einer ausländischen Person als Komplementärin einer deutschen KG, GmbHR 2005, 1045; *Krause*, Turner/Grovit – Der EuGH erklärt Prozessführungsverbote für unvereinbar mit dem EuGVÜ, RIW 2004, 533; *Krapfl*, Zur Zulässigkeit des Erfolgshonorars für Rechtsanwälte und Steuerberater bei hinreichendem Auslandsbezug, IPRax 2002, 380; *Krebber*, Die volle Wirksamkeit von Richtlinien in länderübergreifenden Sachverhalten, ZVglRWiss 97 (1998), 124; *ders.*, Europäische Insolvenzverordnung, Drittstaatengesellschaften, Drittstaatensachverhalte und innerstaatliche Konflikte, IPRax 2004, 540; *Kronke*, Electronic Commerce und Europäisches Verbrauchervertrags-IPR, RIW 1996, 985; *Kropholler*, Europäisches Zivilprozeßrecht, 9. Aufl., Frankfurt a.M., 2011 (zit.: Kropholler, Art. Rn); *ders.*, Internationales Privatrecht, 6. Aufl., Tübingen, 2006 (zit.: Kropholler, IPR, S.); *Krümmel/Sauer*, Neue kollektive Rechtsschutzinstrumente im europäischen Wettbewerbs- und Verbraucherrecht, BB 2008, 2586; *Kuhlen* (Hrsg.), Rechtliche Fragen der Pasagierschifffahrt auf Binnenwasserstraßen, Band 10, Baden-Baden 2010; *Kunz*, Internationales Privat- und Zivilverfahrensrecht, GPR 2013, 293; *Kuhn*, Angehörigenschmerzensgeld – eine Schadensposition auch in Deutschland? SVR 2012, 288; *Kuntz*, Die Insolvenz der Limited mit deutschem Veraltungssitz – EU-Kapitalgesellschaften in Deutschland nach „Inspire Art“, NZI 2005, 424; *ders.*, Zweigniederlassungsfreiheit und Begriff der Zweigniederlassung von EU-Auslandsgesellschaften im Handel- und Gesellschaftsrecht, Bank- und Versicherungsaufsichtsrecht, ZBB 2005, 412; *Kurt*, Culpa in contrahendo im europäischen Kollisionsrecht der vertraglichen und außervertraglichen Schuldverhältnisse, *2009; Lagoni*, Die Haftung des Beförderers von Reisenden auf See und im Binnenschiffsverkehr und das Gemeinschaftsrecht, ZEuP 2007, 1079; *Lahann*, Die neue Mediationsrichtlinie, ZEuS 2008, 359; *Langenbucher* (Hrsg.), Europarechtliche Bezüge des Privatrechts, 2. Aufl., Baden-Baden, 2008 (zit.: Bearbeiter, in: Langenbucher); *Lando*, Der Aktionsplan der EG-Kommission zum europäischen Vertragsrecht, RIW 2005, 1; *Lauda*, Standardvertragsklauseln zur Übermittlung personenbezogener Daten, EuZW 2005, 99; *Lawlor*, Die Anwendbarkeit englischen Gesellschaftsrechts bei Insolvenz einer englischen Limited in Deutschland, NZI 2005, 432; *Lechner*, Die EuErbVO im Spannungsfeld zwischen Erbstatut und Sachenrecht, IPRax 2013, 497; *Leffers*, Verbesserung der Passagierrechte bei Überbuchungen und Verspätungen, Jahrbuch der Deutschen Gesellschaft für Reiserecht (DGfR) 2003, Baden-Baden, 2004 (zit.: Leffers); *Lehmann, D.*, Internationale Reaktionen auf das Grünbuch zum Erb- und Testamentsrecht, IPRax 2006, 204; *ders.*, Ernüchternde Entwicklung beim Europäischen Erbrecht?, FPR 2008, 203; *ders.*, Die EU-Erbrechtsverordnung zur Abwicklung grenzüberschreitender Nachlässe, DStR 2012, 2085; *Lehmann, M.*, Fällt die Sitztheorie jetzt auch international? – Zur Vereinbarkeit der kollisionsrechtlichen Anknüpfung an den Gesellschaftssitz mit dem GATS, RIW 2004, 816; *ders.*, Zur Frage der Auslegung von Artikel 5 Nummer 1 EuGVO, ZZPInt 2007, 206; *ders.*, Anti-suit injunctions zum Schutz internationaler Schiedsvereinbarungen und EuGVVO, NJW 2009, 1645; *Lehr*, Die neue EG-Verordnung über Insolvenzverfahren und deren Auswirkung für die Unternehmenspraxis, KTS 2000, 577; *Leible*, Bingo! – Gewinnbestätigung jetzt auch aus Karlsruhe, NJW 2003, 407; *ders.* (Hrsg.), Das Grünbuch zum Internationalen Vertragsrecht: Beiträge zur Fortentwicklung des Europäischen Kollisionsrecht der vertraglichen Schuldverhältnisse, München, 2004 (zit.: Bearbeiter, in: Leible, Grünbuch); *ders.*, Niederlassungsfreiheit und Sitzverlegungsrichtlinie, ZGR 2004, 531; *ders.*, Luxemburg locuta – Gewinnmitteilung finita?, NJW 2005, 796; *ders.*, Anmerkung zu EuGH Urteil C-386/05 v. 3.5.2007, EuZW 2007, 372; *ders.*, Was tun mit dem Gemeinsamen Referenzrahmen für das Europäische Privatrecht – Plädoyer für ein optionales Instrument, BB 2008, 1469; *ders.*, Europäisches Privatrecht am Scheideweg, NJW 2008, 2558; *ders.*, Zur Frage des zuständigen Gerichts für Entschädigungsansprüche von Flugpassagieren – Anmerkung zum EuGH-Urteil vom 9.7.2009 (C-204/08, EuZW 2009, 569), EuZW 2009, 571; *Leible/Engel*, Der Vorschlag der EG-Kommission für eine Rom II-Verordnung, EuZW 2004, 7; *Leible/Hoffmann, J.*, Wie inspiriert ist Inspire Art?, EuZW 2003, 677; *dies.*, "Überseering" und das (vermeintliche) Ende der Sitztheorie, RIW 2003, 925; *dies.*, Handelndenhaftung des Geschäftsführers einer in Deutschland nicht eingetragenen Limited, Anm. zu BGH 14.3.2005 – II ZR 5/03, RIW 2005, 544; *dies.*, Kommentar zum Urteil des BGH vom 19. September 2005: Rechtsfähigkeit einer in Liechtenstein gegründeten AG mit Verwaltungssitz in Deutschland, RIW 2005, 947; *dies.*, Grenzüberschreitende Verschmelzungen im Binnenmarkt nach „Sevic“, RIW 2006, 161; *dies.*, Cartesio – fortgeltende Sitztheorie, grenzüberschreitender Formwechsel und Verbot materiellrechtlicher Wegzugsbeschränkungen, BB 2009, 58; *Leible/Lehmann*, Die Verordnung über den Europäischen Vollstreckungstitel für unbestrittene Forderungen und ihre Auswirkungen auf die notarielle Praxis, NotBZ 2004, 453; *dies.*, Die neue EG-Verordnung über das auf außervertragliche Schuldverhältnisse anzuwendende Recht („Rom II“), RIW 2007, 721; *dies.*, Die Verordnung über das auf vertragliche Schuldverhältnisse anzuwendende Recht („Rom I“), RIW 2008, 528; *Leible/Leitner,* Das Kollisionsrecht des Timesharing nach der Richtlinie 2008/122/EGG, IPRax 2013, 37; *Leible/Reinert*, Zur Frage der Möglichkeit der Einlegung eines Rechtsbehelfs als Ausnahme vom Anerkennungshindernis des Art. 34 Nr. 2 der EG Verordnung 44/2001 ZZPInt 11 (2006), 196; *Leible/Röder*, Missbrauchskontrolle von Gerichtsstandsvereinbarungen im Europäischen Zivilprozessrecht, RIW 2007, 481; *dies.*, Anmerkung zu EuGH, Urteil vom 02.10.07 – C-372/07, NZG 2009, 29; *Leible/Staudinger*, Die europäische Verordnung über Insolvenzverfahren, KTS 2000, 533; *dies.*, Art. 65 EGV im System der EG-Kompetenzen, The European Legal Forum (D) 2000/01, 225; *Leible/ Unberath (Hrsg.),* Brauchen wir eine Rom 0-Verordnung?; *Lentner*, Das Gesellschaftsrecht der Europäischen wirtschaftlichen Interessenvereinigung (EWIV), Baden-Baden, 1994 (zit.: Lentner); *Lienhard*, Europäisches Schuldrecht im Flugverkehr, GPR 2004, 259; *Lindacher*, Europäisches Zustellungsrecht – Die VO (EG) Nr 1348/2000 – Fortschritte, Auslegungsbedarf, Problemausblendung, ZZP 114 (2001) 179; *Leutner*, Die vollstreckbare Urkunde im europäischen Rechtsverkehr, Berlin, 1997 (zit.: Leutner); *Liersch*, Sicherungsrechte im internationalen Insolvenzrecht, Frankfurt a.M., 2001 (zit.: Liersch); *Looschelders*, Internationales Privatrecht – Art. 3-43, Berlin, 2004 (zit.: Looschelders); *ders.*, Internationale Zuständigkeit für Ansprüche aus Darlehen nach dem EuGVÜ, IPRax 2006, 14; *ders.*, Die Europäisierung des internationalen Verfahrensrechts für Entscheidungen über die elterliche Verantwortung, JR 2006, 45; *ders.*, Zulässigkeit der Direktklage am Wohnsitz des Geschädigten, ZZPInt 2007, 247; *ders.*, Zuständigkeit des Gerichts am Unfallort für Direktklage des Sozialversicherungsträgers gegen den Haftpflichtversicherer des Schädigers aus übergegangenem Recht, IPRax 2013, 370; *ders ./Smarowos*, Das Internationale Versicherungsvertragsrecht nach Inkrafttreten der Rom-I-Verordnung, VersR 2010, 1; *Linke*, Zur grenzüberschreitenden Wirkung konkursbedingter Vollstreckungsbeschränkungen, insbesondere nach Art. 169 des französischen Insolvenzgesetzes vom 25.1.1985 (zu EuGH, 29.4.1999 – Rs. C-267/97 – Coursier ./. Fortis Bank SA), IPRax 2000, 8; *López-Rodríguez*, The Rome Convention of 1980 and its Revision at the Crossroads of the European Contract Law Project, European Review of Private Law 12 2004, *167; Lorenz/Unberath*, Der Bürgenregress im Vertragsgerichtsstand – Mutation durch Gläubigerwechsel?, IPRax 2004, 298; *dies.*, Gewinnmitteilungen und kein Ende? – Neues zur internationalen Zuständigkeit, IPRax 2005, 219; *Lorenz* u.a. (Hrsg.), Festschrift für Andreas Heldrich zum 70. Geburtstag, München, 2005 (zit.: Bearbeiter, in: FS Heldrich); *Lowe*, Negotiating the Revised Brussels II Regulation, IFL 2004, 205; *Lüdemann/Adams*, Die elektronische Signatur in der Rechtspraxis, K&R 2002, 8; *Lüttringhaus*, Das internationale Privatrecht der culpa in contrahendo nach den EG-Verordnungen Rom I und Rom II, RIW 2008, 193; *ders.*, Der Direktanspruch im vergemeinschafteten IZVR und IPR nach der Entscheidung EuGH VersR 2009, 1512 (Vorarlberger Gebietskrankenkasse), VersR 2010, 183; *Luckey*, Die Aufrechnungserklärung als erledigendes Ereignis bei einer Aufrechnungslage vor Klagezustellung, VersR 2004, 128; *ders.*, Der Europäische Vollstreckungstitel (EG-VO Nr. 805/2004), ZGS 2005, 420; *ders.*, He blew his mind out in a car ... Ansprüche naher Angehöriger beim Unfalltod, SVR 2012, 1; *ders.*, Der Verkehrsunfall im Ausland, SVR 2014, 361; *Magnus*, Die Rom I-Verordnung, IPRax 2010, 27; *Mähler/Kerntke*, Initiativen der EU: Verhaltenskodex und Richtlinienvorschlag, ZKM 2004, 151; *Mankowski*, Zustellung einer antisuit injunction in Deutschland, EWiR 1996, 321; *ders.*, Das Herkunftslandprinzip als Internationales Privatrecht der e-commerce-Richtlinie, ZVglRWiss 100 (2001), 137; *ders.*, Herkunftslandprinzip und deutsches Umsetzungsgesetz zur e-commerce-Richtlinie, IPRax 2002, 257; *ders.*, Das Grünbuch zur Rom I-Verordnung, ZEuP 2003, 483; *ders.*, Die Qualifikation der culpa in contrahendo – Nagelprobe für den Vertragsbegriff des europäischen IZPR und IPR, IPRax 2003, 127; *ders.*, Entwicklungen im Internationalen Privat- und Prozessrecht 2003/2004 (Teil 1), RIW 2004, 481; *ders.*, Anmerkung zu BGH, Beschl. v. 24.7.2003 – IX ZR 313/00, AnwBl. 2004, 63; *ders.*, Entwicklungen im Internationalen Privat- und Prozessrecht 2003/2004 (Teil 2), RIW 2004, 587; *ders.*, Was soll der Anknüpfungsgegenstand des (europäischen) Internationalen Wettbewerbsrechts sein?, GRURInt 2005, 634; *ders.*, Grenzüberschreitender Umzug und das center of main interests im europäischen Internationalen Insolvenzrecht, NZI 2005, 368; *ders.*, Entwicklungen im Internationalen Privat- und Prozessrecht 2004/2005 (Teil 1), RIW 2005, 481; *ders.*, Entwicklungen im Internationalen Privat- und Prozessrecht 2004/2005 (Teil 2), RIW 2005, 561; *ders.*, Gemischte Verträge und der persönliche Anwendungsbereich des Internationalen Verbraucherschutzrechts, IPRax 2005, 503; *ders.*, Anmerkung zu EuGH-Urteil vom 17.1.2006, Rs. C-1/04, NZI 2006, 154; *ders.*, Der Vorschlag für die Rom I-Verordnung, IPRax 2006, 101; *ders.*, Zum Begriff des "Ausrichtens" auf den Wohnsitzstaat des Verbrauchers unter Art. 15 Abs. 1 lit. c EuGVVO – zugleich Anmerkung zu BGH, Urt. vom 30.3.2006 – VII ZR 249/04, VuR 2006, 289; *ders.*, Mehrere Lieferorte beim Erfüllungsortgerichtsstand unter Art. 5 Nr. 1 lit. b EuGVVO, IPRax 2007, 404; *ders.*, Die Rom I-Verordnung – Änderungen im europäischen IPR für Schuldverträge, IHR 2008, 133; *ders.*, Muss zwischen ausgerichteter Tätigkeit und konkretem Vertrag bei Art. 15 Abs. 1 lit. c EuGVVO ein Zusammenhang bestehen? (OLG Karlsruhe, S. 348), IPRax 2008, 333; *ders.*, Das neue Internationale Kartellrecht des Art. 6 Abs. 3 der Rom II-Verordnung, RIW 2008, 177; *ders.*, Zur internationalen Zuständigkeit beim Anlagebetrug, EWiR 2008, 215; *ders.*, Zu den Verfahrenswirkungen der Eröffnung eines inländischen Insolvenzverfahrens in Kenntnis eines englischen Hauptinsolvenzverfahrens, NZI 2008, 575; *ders.*, Insolvenznahe Verfahren und Sicherung eines Eigentumsvorbehalts im Grenzbereich zwischen EuInsVO und EuGVVO; NZI 2008, 604; *ders.*, Neues zum „Ausrichten" unternehmerischer Tätigkeit unter Art. 15 Abs. 1 lit. c EuGVVO (BGH, S. 258), IPRax 2009, 238; *ders.*, Zur Bestimmung des Dienstleistungsbegriffs, JZ 2009, 958; *ders.*, Zur Frage der Anerkennung von Entscheidungen eines anderen Mitgliedstaats zur Verfügungsbefugnis des Konkursverwalters, NZI 2009, 571; *ders.*, Zum Erfüllungsort bei Beförderungsverträgen, EWiR 2009, 607; *ders.*, Gerichtsstandsvereinbarungen in Tarifverträgen und Art. 23 EuGVVO, NZA 2009, 584; *ders.*, Rom I-VO und Schiedsverfahren, RIW 2011, 30; *ders.*, Gelten die bilateralen Staatsverträge der BRD im Internationalen Erbrecht nach dem Wirksamwerden der EuErbVO weiter?, ZEV 2013, 529; *ders.*, Anmerkung zum Urteil des EuGH vom 17.12.2013, Az. C-218/12 – Zur Auslegung von Art. 15 Abs. 1 Buchst. C EuGVVO, EWiR 2013, 717; *Mankowski/Willemer*, Die internationale Zuständigkeit für Insolvenzanfechtungsklagen, RIW 2009, 669; *Mansel*, u.a. (Hrsg.), Festschrift für Erik Jayme, München, 2004 (zit. Bearbeiter, in: FS Jayme); *ders.*, Grenzüberschreitende Prozeßführungsverbote (antisuit injunctions) und Zustellungsverweigerung, EuZW 1996, 335; *ders.*, Anerkennung als Grundprinzip des Europäischen Rechtsraums, RabelsZ 70 (2006), 651; *Mansel/Thorn/Wagner, R.*, Europäisches Kollisionsrecht *2008: Fundamente* der Europäischen IPR-Kodifikation, IPRax 2009, 1; *dies.*, Europäisches Kollisionsrecht 2010: Hoffnung durch den Vertrag von Lissabon, IPRax 2010, 1; *dies.*, Europäisches Kollisionsrecht 2013: Atempause im status quo, IPRax 2014, 1; *Margonski*, Ausländische Vindikationslegate nach der EU-Erbrechtsverordnung, GPR 2013, 106; *Martiny*, Internationales Vertragsrecht im Schatten des Europäischen Gemeinschaftsrechts, ZEuP 2001, 308; *ders.*, Unterhaltsrückgriff durch öffentliche Träger im europäischen internationalen Privat- und Verfahrensrecht, IPRax 2004, 195; *ders.*, Die Entwicklung des Europäischen Internationalen Familienrechts – ein juristischer Hürdenlauf, FPR 2008, 187; *ders.*, Das Grünbuch zum Internationalen Ehegüterrecht – Erste Regelungsvorschläge, FPR 2008, 206;

ders., Europäisches Internationales Vertragsrecht in Erwartung der Rom I-Verordnung, ZEuP 2008, 7; *ders.*, Die Kommissionsvorschläge für das internationale Ehegüterrecht sowie das internationale Güterrecht eingetragener Partnerschaften, IPRax 2011, 437; *Mark/Gärtner*, Gerichtsstandsvereinbarungen zwischen Kaufleuten im internationalen Rechtsverkehr, MDR 2009, 837; *Martiny*, Neues deutsches internationales Vertragsrecht, RIW 2009, 737; *Marx*, Der verfahrensrechtliche ordre public bei der Anerkennung und Vollstreckung ausländischer Schiedssprüche in Deutschland, Frankfurt a.M., 1994 (zit.: Marx); *Matscher*, Der verfahrensrechtliche ordre public im Spannungsfeld von EMRK und Gemeinschaftsrecht, IPRax 2001, 428; *Mattil/Desoutter*, Die europäische Sammelklage – Rechtsvergleichende und EU-rechtliche Betrachtungen, WM 2008, 521; *Mauer/Sadtler*, Rom I und das internationale Arbeitsrecht, DB 2007, 1586; *dies.*, Die Vereinheitlichung des internationalen Arbeitsrechts durch die EG-Verordnung Rom I, RIW 2008, 544; *Max-Planck-Institut für ausländisches und internationales Privatrecht, Hamburg* (Hrsg.), Handbuch des Internationalen Zivilverfahrensrechts, Tübingen, 1982 (zit.: Bearbeiter, in: Handbuch des Internationalen Zivilverfahrensrechts); *dass.*, Comments on the European Commission's Proposal for a Regulation of the European Parliament and of the Council on jurisdiction, applicable law, recognition an enforcement of decisions and authentic instruments in matters of succession an the creation of a European Certificate of Succession, RabelsZ 74 (2010), 522; *Mayer/Lindemann*, Zu den Entwicklungen um das Gemeinsame Europäische Kaufrecht auf EU-Ebene, ZEuP 2014, 1; *Mayr*, Besprechung von Rauscher, Europäisches Zivilprozessrecht, 2004, RabelsZ 69 (2005), 558; *ders ./ Weber*, Europäische Initiativen zur Förderung der alternativen Streitbeilegung, ZfRV 2007, 163; *McEleavy/Cuniberti*, Forum non conveniens and the Brussels Convention, ICLQ 2005, 973; *McGuire*, Grenzen der Rechtswahlfreiheit im Schiedsverfahrensrecht?, SchiedsVZ 2011, 257; Meckbach, Zivilrechtliche Ansprüche bei Tötung eines Menschen – Bestandsaufnahme, Bewertung, Fortentwicklung, 2011; *Meeusen/Pertegás/Straetmans* (Hrsg.), Enforcement of International Contracts in the European Union: Convergence and Divergence between Brussels I and Rome I, Antwerpen/New York, 2004 (zit.: Meeusen/Pertegás/Straetmans, Enforcement of International Contracts); *Mehren, A.T. von*, The Hague Jurisdiction and Enforcement Convention Project Faces an Impasse – A Diagnosis and Guidelines for a Cure, IPRax 2000, 465; *ders.*, Drafting a Convention on International Jurisdiction and the Effects of Foreign Judgements Acceptable World-wide: Can the Hague Conference Project Succeed?, The American Journal of Comparative Law 2001, 191; *ders.*, La rédaction d'une convention universellement acceptable sur la compétence judiciare internationale et les effets des jugements étrangers: Le projet de la Conférence de La Haye peut-il aboutir?, Rev. crit. dr. internat. privé 2001, 85; *Mellert*, Anm. zu BGH 5.7.2004 – II ZR 389/02, BB 2004, 1869; *ders.*, Anm. zu BGH 5.7.2004 – II ZR 389/02, BB 2004, 1869; *Micha*, Der Direktanspruch im europäischen Internationalen Privatrecht, 2012; *Micklitz/Rott*, Vergemeinschaftung des EuGVÜ in der Verordnung (EG) Nr. 44/2001, EuZW 2002, 15; *Mock*, Die Europäische Genossenschaft, GPR 2004, 213; *ders.*, Steine statt Brot? – Verfahrenskonzentration bei grenzüberschreitenden Insolvenzanfechtungsklagen und fehlende örtliche Zuständigkeiten (zugleich Anmerkung zu EuGH v. 12.2.2009 – Rs. C-339/07), ZInsO 2009, 470; *ders.*, Das (geplante) neue europäische Insolvenzrecht nach dem Vorschlag der Kommission zur Reform der EuInsVO, GPR 2013, 156; *Mörsdorf-Schulte*, Revisibler internationaler Verbrauchergerichtsstand für den bloßen Gewinner – eine Auslegungsfrage europäischen Rechts, ZZPInt 8 (2003), 407; *dies.*, Autonome Qualifikation der isolierten Gewinnzusage, JZ 2005, 770; *dies.*, Geschlossene europäische Zuständigkeitsordnung und die Frage der vis attractiva concursus, NZI 2008, 282; *Motzer*, Prozesskostenhilfe in Familiensachen mit Auslandsbezug, FamRBint 2008, 16; *Mühlendal, A. von/Ohlgart/Bomhard, V. von*, Die Gemeinschaftsmarke, Bern, 1998 (zit.: Mühlendahl/Ohlgart/Bomhard); *Müller, H.-F.*, Insolvenz ausländischer Kapitalgesellschaften mit inländischem Verwaltungssitz, NZG 2003, 414; *Müller, M.*, Anmerkung zum Urteil des EuGH vom 14. 11. 2013 (C-478/12; EuZW 2014, 34) – Zu der Anwendbarkeit des Art. 16 Abs. 1 Alt. 2, 15 Abs. 1 c der Verordnung (EG) Nr. 44/2001 für einen Reiseveranstalter für den der Auslandsbezug fehlt, EuZW 2014, 34; *Müller-Graff*, Europäisches Gemeinschaftsrecht und Privatrecht, NJW 1993, 13; *ders.* (Hrsg.), Der Raum der Freiheit, der Sicherheit und des Rechts, Baden-Baden, 2005 (zit.: Bearbeiter, in: Müller-Graff); *Müller-Gugenberger*, Die „Europäische wirtschaftliche Interessengemeinschaft", AWD 1972, 110; *Musielak* (Hrsg.), Kommentar zur Zivilprozessordnung, 10. Aufl., München, 2013 (zit.: Musielak/Bearbeiter); *Nagel/Gottwald*, Internationales Zivilprozessrecht, 6. Aufl., Köln, 2007; *Navrátilová*, Familienrechtliche Aspekte im europäischen Erbkollisionsrecht. Unter Einbeziehung der Rechtsetzungskompetenz nach dem Vertrag von Lissabon, GPR 2008, 144; *Nehne*, Die Internationale Geschäftsführung ohne Auftrag nach der Rom-II-Verordnung – Anknüpfungsgegenstand und Anknüpfungspunkte, IPRax 2012, 50; *Nemeth/Rudisch*, EuGH 9.11.2000 Rs C-381/98 „Ingmar" – wichtige Klärungen im europäischen IPR, ZfRV 2001, 179; *Neumayer*, Betrachtungen zum internationalen Konzernrecht, ZVglRWiss 83 (1984),

129; *Neuner,* Das Schmerzensgeld, Jus 2013, 577; *Neye*, Die neue Richtlinie zur grenzüberschreitenden Verschmelzung von Kapitalgesellschaften, ZIP 2005, 1893; *Nielsen*, Brussels I and Denmark, IPRax 2007, 506; *Obergfell*, Deutscher Urheberschutz auf internationalem Kollisionskurs, K&R 2003, 118; *Oberhammer*, Deutsche Grundrechte und die Zustellung US-amerikanischer Klagen im Rechtshilfeweg (zu BVerfG, 25.7.2003 – 2 BvR 1198/03), IPRax 2004, 40; *Oechsler*, Der Kapitalersatz als Kreditsicherheit, ZHR 169 (2005), 61; *Ofner*, Die Rom II Verordnung, Neues Internationales Privatrecht für außervertragliche Schuldverhältnisse in der Europäischen Union, ZfRV 2008, 13; *Ohly*, Zu den Voraussetzungen einer Markenverletzung durch ein im Inland abrufbares Angebot ausländischer Dienstleistungen, JZ 2005, 738; *Otte/Rietschel*, Freifahrschein für den grenzüberschreitenden Rechtsformwechsel nach "Cartesio"?, GmbHR 2009, 983; *Paal*, Anm. zu BGH 13.10.2004 – I ZR 245/01 (Deutsch-amerikanischer Freundschaftsvertrag und genuine link: Ein ungeschriebenes Tatbestandsmerkmal auf dem Prüfstand), RIW 2005, 735; *Pabst*, Kollisionsrechtliche Absicherung der Umwandlung einer Ehetrennung in eine Ehescheidung?, FPR 2008, 230; *Paefgen*, Kollisionsrechtlicher Verbraucherschutz im Internationalen Vertragsrecht und europäisches Gemeinschaftsrecht, ZEuP 2003, 266; *ders.*, Handelndenhaftung bei europäischen Auslandsgesellschaften, GmbHR 2005, 957; *Palandt* (Begr.), Bürgerliches Gesetzbuch, 73. Aufl., München, 2014; (zit.: Palandt/Bearbeiter); *ders.*, Bürgerliches Gesetzbuch, 67. Aufl., 2008 (Palandt/Bearbeiter, 67. Aufl., 2008); *Pannen*, Europäische Insolvenzverordnung, Berlin, 2007; *Pannen/Riedemann*, Checkliste: Die englische „Ltd." mit Verwaltungssitz in Deutschland in der Insolvenz, MDR 2005, 496; *dies.*, Zur Frage von Gläubigeransprüchen bei einer englischen Limited mit Geschäftstätigkeit in Deutschland, NZI 2005, 413; *Pasche*, Auf Scheidungsfolgesachen anwendbares Recht bei Auslandsbezug, NJW-Spezial 2013, 324; *Paulus*, Änderungen des deutschen Insolvenzrechts durch die Europäische Insolvenzordnung, ZIP 2002, 729; *ders.*, Zuständigkeitsfragen nach der Europäischen Insolvenzverordnung, ZIP 2003, 1725; *ders.*, Grundlagen des neuen Insolvenzrechts, DStR 2005, 334; *ders.*, Ausländisches und Internationales Insolvenzrecht, NZI 2005, 62; *ders.*, Die ersten Jahre mit der Europäischen Insolvenzverordnung, RabelsZ 70 (2006), 458; *ders.*, Der EuGH und das moderne Insolvenzrecht, NZG 2006, 609; *ders.*, Europäische Insolvenzverordnung, Kommentar, 4. Aufl., Frankfurt a.M., 2013; *ders.*, Die EuInsVO – wo geht die Reise hin?, NZI 2008, 1; *Pedersen/Nebauer*, Erste Erfahrungen mit der Sammelklage in Europa am Beispiel Skandinavien – Neue Haftungsrisiken für die Assekuranz?, ZfV 2007, 212; *Penzlin/Riedemann*, Bestimmung des Mittelpunktes der hauptsächlichen Interessen des Schuldners – MG Rover, NZI 2005, 469; *Perner*, Das Internationale Versicherungsvertragsrecht nach Rom I, IPRax 2009, 218; *Petersen*, Die Änderungen im Recht der US-Sammelklagen durch den Class Action Fairness Act of 2005, RIW 2005, 812; *Pfeiffer*, Die Entwicklung des Internationalen Vertrags-, Schuld- und Sachenrechts 1997-1999, NJW 1999, 3674; *ders.*, Der Stand des Internationalen Sachenrechts nach seiner Kodifikation, IPRax 2000, 270; *ders.*, Zur Frage des Erfüllungsortes und Lieferortes bei einer FOB-Klausel, LMK 2009, 286480; *Philipp*, Grenzüberschreitende Verschmelzung von Kapitalgesellschaften, EuZW 2005, 355; *Pichler*, Maßgeblichkeit der zeitlichen Abfolge bei der Entscheidung über die Ausstellung der Bestätigung als Europäischer Vollstreckungstitel, GPR 2008, 99; *Picht,* Von eDate zu Wintersteiger – Die Ausformung des Art. 5 Nr. 3 EuGVVO für Internetdelikte durch die Rechtsprechung des EuGH, GRUR Int 2013, 19; *Piekenbrock*, Ordre-public-Verstoß durch Inanspruchnahme exorbitanter Zuständigkeit und Verurteilung im strafrechtlichen Abwesenheitsverfahren?, IPRax 1998, 177; *ders.*, Kann der Ausschluß des ordre public in Art. 28 Abs. 3 EuGVÜ ausnahmslos gelten?, IPRax 2000, 364; *ders.*, Die Bedeutung des Herkunftslandprinzips im europäischen Wettbewerbsrecht, GRURInt 2005, 997; *ders.*, Zur Zustellung kartellrechtlicher treble damages-Klagen in Deutschland – zu OLG Koblenz, 27.6.2005 – 12 VA 2/04, IPRax 2006, 4; *Piltz*, Gerichtsstand des Erfüllungsortes in UN-Kaufverträgen, IHR 2006, 53; *Pintens*, Harmonisierung im europäischen Familien- und Erbrecht, FamRZ 2005, 1597; *Pinterich*, Das grenzüberschreitende europäische Insolvenzverfahren nach der EuInsVO, ZfRV 2008, 221; *Piroutek/Reinhold,* Wrong Direction? – Causality between Commercial Activity and Conclusion of Contract in Art. 15 Para 1 lit c Brussels I Regulation, euvr 2014, 41; *Pirrung,* Gewöhnlicher Aufenthalt des Kindes bei internationalem Wanderleben und Voraussetzungen für die Zulässigkeit einstweiliger Maßnahmen in Sorgerechtssachen nach der EuEheVO, IPRax 2011, 50; *Pluskat,* Die neuen Vorschläge für die Europäische Aktiengesellschaft, EuZW 2001, 524; *Pohl*, Die Neufassung der EuGVVO – im Spannungsfeld zwischen Vertrauen und Kontrolle, IPRax 2013, 109; Preuschen, Kulturgutsicherungsgesetz und EG-Recht, EuZW 1999, 40; *Priester*, Die deutsche GmbH nach „Inspire Art" – brauchen wir eine neue?, DB 2005, 1315; *Prütting/Wegen/Weinreich*, BGB Kommentar, 8. Aufl., München, 2013 (zit. Prütting/Wegen/Weinreich/Bearbeiter); *Prütting*, Mediation und weitere Verfahren konsensualer Streitbeilegung – Regelungsbedarf im Verfahrens- und Berufsrecht?, JZ 2008, 847; *Rahlf/Gottschalk*, Das Europäische Zustellungsrecht, EWS 2004, 303; *Rajak*, Britisches Recht und der Vorschlag einer 14.

Richtlinie, ZGR 1999, 111; *ders.*, The English Limited Company as an Alternative Form for German Enterprise, EWS 2005, 538; *Ramming*, Die neue Rom-I-Verordnung und die Rechtsverhältnisse der Schifffahrt, HZSchR 2009, 21; *Rausch*, Elterliche Verantwortung – Verfahren mit Auslandsbezug vor und nach „Brüssel IIa", FuR 2005, 53; *ders.*, Vereinfachte Unterhaltsvollstreckung in der EU mit dem neuen Europäischen Vollstreckungstitel, FuR 2005, 437; *Rauscher* (Hrsg.), Europäisches Zivilprozeß- und Kollisionsrecht,, Band 1, EG-VollstrTitelVO, EG-MahnVO, EG-BagatellVO, EG-ZustellVO 2007, EG-BewVO, EG-InsVO, München, 2010; Band 2, Brüssel IIa-VO, EG-UntVO, EG-ErbVO-E, HUntSt-Prot 2007, München, 2010; Band 3, Brüssel I-VO, LugÜbk 2007, München, 2011; Band 4, Rom I-VO, Rom II-VO, München, 2011, 3. Aufl., (zit.: Rauscher/Bearbeiter); *ders.*, Unzulässigkeit einer anti-suit injunction unter Brüssel I, IPRax 2004, 405; *ders.*, Heilung von Zustellungsmängeln nach Europarecht, JZ 2006, 251; *ders.*, Gerichtsstandsvereinbarungen in Unterhaltssachen mit Auslandsberührung, FamFR 2013, 25; *ders.*, Anpassung des IPR an die Rom III-VO, FPR 2013, 257; *Rebmann* u.a. (Hrsg.), Münchener Kommentar zum Bürgerlichen Gesetzbuch, Band 5, Schuldrecht Besonderer Teil III, §§ 705-853, Partnerschaftsgesellschaftsgesetz, Produkthaftungsgesetz, 6. Aufl., München, 2013 (zit.: MünchKomm-BGB/Bearbeiter); Band 10, Einführungsgesetz zum Bürgerlichen Gesetzbuch (Art. 1-38) Internationales Privatrecht, 5. Aufl., München, 2010 (zit.: MünchKomm/Bearbeiter, Internationales Privatrecht); Band 10, Einführungsgesetz zum Bürgerlichen Gesetzbuche (Art. 1-38) Internationales Privatrecht, Internationales Sachenrecht, 4. Aufl., München, 2006 (zit.: MünchKomm-EGBGB/Bearbeiter und MünchKomm/Bearbeiter, Internationales Sachenrecht); Band 10, Einführungsgesetz zum Bürgerlichen Gesetzbuche (Art. 1-38) Internationales Privatrecht, Internationales Sachenrecht, 3. Aufl., München, 1998 (zit.: MünchKomm/Bearbeiter, Internationales Sachenrecht, 3. Aufl., 1998); Band 11, Internationales Handels- und Gesellschaftsrecht, Einführungsgesetz zum Bürgerlichen Gesetzbuche (Art. 50-237), 4. Aufl., München, 2006 (zit.: MünchKomm/Bearbeiter, Internationales Gesellschaftsrecht, 4. Aufl., 2006); Band 11, Internationales Handels- und Gesellschaftsrecht, Einführungsgesetz zum Bürgerlichen Gesetzbuche (Art. 50-237), 3. Aufl., München, 1999 (zit.: MünchKomm/Bearbeiter, Internationales Gesellschaftsrecht, 3. Aufl. 1999); *Reich*, Anmerkung zu EuGH C-464/01, EuZW 2005, 244; *Reinhart*, Die Bedeutung der EuInsVO im Insolvenzeröffnungsverfahren – Besonderheiten paralleler Eröffnungsverfahren, NZI 2009, 201; *Reithmann/Martiny* (Hrsg.), Internationales Vertragsrecht: Das Internationale Privatrecht der Schuldverträge, 7. Aufl., Köln, 2010 (zit.: Bearbeiter, in Reithmann/Martiny); *Rellermeyer*, Der Europäische Vollstreckungstitel für unbestrittene Forderungen, RPfleger 2005, 389; *Remien*, European Private International Law, the European Community and Its Emerging Area of Freedom, Security and Justice, CML Rev 38 (2001), 53; *Richter*, Die EU-Verfassung ist tot, es lebe der Reformvertrag!, EuZW 2007, 631; *Rieck*, Kindesentführung und die Konkurrenz zwischen dem HKÜ und der EheEuGVVO 2003 (Brüssel II a), NJW 2008, 182; *ders.*, Anerkennung des Familiennamens in Mitgliedstaaten – Grunkin-Paul, NJW 2009, 125; *ders.*, Anwendungsprobleme der EuErbVO im deutsch-britischen Rechtsverkehr, ZEV 2012, 576; *Riehm*, Vom Gesetz, das klüger ist als seine Verfasser – Zu Revisibilität ausländischen Rechts, JZ 2014, 73; Rixe, Der EGMR als Motor einer Harmonisierung des Familienrechts in Europa, FPR 2008, 222; *Rogler*, Die Entscheidung des BVerfG vom 24.1.2007 zur Zustellung einer US-amerikanischen Klage auf Strafschadensersatz: Ist das Ende des transatlantischen Justizkonflikts erreicht?, IPRax 2009, 223; *Rösler/Siepmann*, Die geplante Reform der europäischen Zustellungsverordnung, RIW 2006, 512; *dies.*, Zum Sprachenproblem im Europäischen Zustellungsrecht, NJW 2006, 475; *Roßnagel*, Das neue Recht elektronischer Signaturen, NJW 2001, 1817; *ders.*, Die fortgeschrittene elektronische Signatur, MMR 2003, 164; *Roth, H.*, Zur Anerkennung einer ausländischen Entscheidung über eine Verpflichtung aus einer Bürgschaft, JZ 1999, 1119; *ders.*, Illusion und Realität im europäischen Zivilprozessrecht, IPRax 2006, 466; *Roth, W.-H.*, "Centros": viel Lärm um Nichts?, ZGR 2000, 311; *Rothe*, Zustellung einer US-amerikanischen Schadensersatzklage nach dem HZÜ: Verstoß gegen das Rechtsstaatsprinzip? (Anmerkung zu BVerfG, Beschluss vom 25.7.2003 – 2 BvR 1198/ 03), RIW 2003, 859; *Röthel*, Internationales Sachenrecht im Binnenmarkt, JZ 2003, 1027; *dies ./Sparmann*, Der europäische Vollstreckungstitel für unbestrittene Forderungen, WM 2006, 2285; *Röthel/Sparmann*, Das europäische Mahnverfahren, WM 2007, 1101; *Rott*, BB-Gesetzgebungsreport: Die Umsetzung der Richtlinie über den Fernabsatz von Finanzdienstleistungen im deutschen Recht, BB 2005, 53; *ders.*, Bedrohung des Verbraucherschutzes im Internationalen Verfahrens- und Privatrecht durch den Binnenmarkt, EuZW 2005, 167; *Rüfner*, Zur internationalen Zuständigkeit nach der EGV 44/2001, ZEuP 2008, 168; *Rühl, C.*, § 12 AGBGB im System des internationalen Verbraucherschutzrechts, RIW 1999, 321; *Rühl, G.*, Das Haager Übereinkommen über die Vereinbarung gerichtlicher Zuständigkeiten: Rückschritt oder Fortschritt?, IPRax 2005, 410; *dies.*, Alternative und Online-Streitbeilegungn in Verbrauchersachen – Neues aus Brüssel, ZRP 2014, 8; *dies.*, Kausalität zwischen ausgerichteter Tätigkeit und Vertragsschluss: Neues zum situativen Anwendungsbereich der Art. 15 ff. EuGVVO, IPRax 2014, 41; *Saenger* (Hrsg.), Handkommentar Zivilprozessordnung, 5. Aufl., Baden-Baden, 2013 (zit.: Hk-ZPO/Bearbeiter); *Sandrock*, Niederlassungsfreiheit und Internationales Gesellschaftsrecht, EWS 2005, 528; *Schack*, Internationales Zivilverfahrensrecht, 6. Aufl., München, 2014 (zit.: Schack); *ders.*, Das neue Internationale Eheverfahrensrecht in Europa, RabelsZ 65 (2001), 615; *ders.* (Hrsg.), Gedächtnisschrift für Alexander Lüderitz, München 2000, (zit.: Bearbeiter, in: GS Lüderitz); *Schaper/Eberlein*, Die Behandlung von Drittstaaten – Gerichtsstandvereinbarungen vor europäischen Gerichten – de lege lata und de lege ferenda, RIW 2012, 43; *Schaub*, Grundlagen und Entwicklungstendenzen des europäischen Kollisionsrechts, JZ 2005, 328; *Schäuble*, Die Erbscheinserteilung in internationalen Erbfällen nach neuer Rechtslage, ZErb 2009, 200; *Schefold*, Grenzüberschreitende Wertpapierübertragungen und Internationales Privatrecht, IPRax 2000, 468; *Schelo*, Rechtsangleichung im Europäischen Zivilprozessrecht: EG-Kompetenzen und Modellgesetz, Münster, 1999 (zit.: Schelo); *Schilf*, Römische IPR-Verordnungen – kein Korsett für internationale Schiedsgerichte, RIW 2013, 678; *Schlauß*, Neuordnung des internationalen Familienrechts – der Entwurf eines Familienrechts-Ausführungsgesetzes, FPR 2004, 279; *ders.*, Das neue Gesetz zum internationalen Familienrecht – Das internationale Familienrechtsverfahrensgesetz (IntFamRVG), Köln 2005; *Schlosser*, EU-Zivilprozessrecht, 3. Aufl., München, 2009 (zit.: Schlosser); *ders.*, EuGVVO und einstweiliger Rechtsschutz betreffend schiedsbefangene Ansprüche, IPRax 2009, 416; *ders.*, "Brüssel I" und Schiedsgerichtsbarkeit, SchiedsVZ 2009, 129; *Schlüter*, Das Groupement d´intérêt économique, Zürich, 1977 (zit.: Schlüter, Das Groupement d´intérêt économique); *Schmid*, Das Zusammenspiel von internationalen und europäischen Vorschriften zur Haftung für Passagier- und Gepäckschäden im internationalen Luftverkehr, RRa 2004, 198; *Schmid/Degott/Hopperdietzel*, Praktiker-Kommentar Fluggastrechte, 2014; *Schmidt-Kessel*, Niederlassungsfreiheit gestattet Wegzugsbeschränkungen – Anmerkung zum EuGH-Urteil vom 16.12.2008 (C-210/06), GPR 2009, 26; *Schmidt-Westphal/Sander*, Anmerkung zu EuGH, Urteil vom 17. 3. 2006 – C-234/04 Rosmarie Kapferer/Schlank & Schick GmbH, EuZW 2006, 242 ff; *Schneider*, Anmerkung zur Entscheidung des OLG Koblenz vom 13.10.2012 (Az: 12 u 1528/11; DAR 2013, 30) – „ Zur Frage der internationalen Zuständigkeit von Schadensersatzklagen eines Bundeslandes im besonderen Gerichtsstand für Klagen gegen Haftpflichtversicherer, DAR 2013, 31, *Schoppe*, Die Übergangsbestimmungen zur Rechtswahl im internationalen Erbrecht: Anwendungsprobleme und Gestaltungspotential, IPRax 2014, 27; *Schramm*, Haftung für Tötung, 2010; *Schroeder*, Zur Frage der Vereinbarkeit von Anti-suit injunctions mit dem EuGVÜ, EuZW 2004, 470; *ders.*, Zum gemeinschaftswidrigen gerichtlichen Verbot der Klageerhebung wegen Schiedsvereinbarung – Anmerkung zum EuGH-Urteil vom 10.2.2009 (C-185/07, EuZW 2009, 215), EuZW 2009, 218; *Schulte-Bunert*, Die Vollstreckung von Entscheidungen über die elterliche Verantwortung nach der VO (EG) 2201/2003 in Verbindung mit dem IntFamRVG, FamRZ 2007, 1608; *Schulte-Nölke/Schulze, R.* (Hrsg.), Europäische Rechtsangleichung und nationale Privatrechte, Baden-Baden, 1999 (zit.: Bearbeiter, in: Schulte-Nölke/Schulze); *Schulte-Nölke*, Arbeiten an einem europäischen Vertragsrecht – Fakten und populäre Irrtümer, NJW 2009, 2161; *Schultheiß*, Anmerkung zur Entscheidung des EuGH vom 17.10.2013 (C-218/12; EuZW 2013, 943) – Zur Frage des Kausalzusammenhangs zwischen der Ausrichtung der Gewerbetätigkeit und dem Ort des Vertragsschlusses, EuZW 2013, 944; *Schulz, Andrea*, Die Verordnung (EG) Nr. 2201/2003 (Brüssel IIa) – eine Einführung, NJW 2004, Beilage zu Heft 18; *Schulz, Andreas/Geismar*, Die Europäische Aktiengesellschaft – Eine kritische Bestandsaufnahme, DStR 2001, 1078; *Schulz, Andreas/Wasmeier*, Geschäftsleiterhaftung bei Auslandsgesellschaften, RIW 2010, 657; *Schulze, G.*, Anerkennung einer ausländischen Entscheidung bei Einwand strukturell ungleicher Verhandlungsstärke und nicht wirksamer Vertretung im Erstverfahren (Art. 27 Nr. 1 und Nr. 2 EuGVÜ), IPRax 1999, 342; *Schulze, R.*, Handkommentar BGB, 8. Aufl., Baden-Baden, 2014; Handkommentar BGB (zit.: Hk-BGB/Bearbeiter); *Schütze*, Zum Stand des deutsch-amerikanischen Justizkonflikts, RIW 2004, 162; *ders.*, Übersetzung im europäischen und internationalen Zivilprozessrecht – Probleme der Zustellung, RIW 2006, 352; *Schwab*, Der verbraucherschützende Widerruf und die Grenzen der Rechtskraft, JZ 2006, 170; *Schwarz, G. C.*, Europäisches Gesellschaftsrecht, Baden-Baden, 2000 (zit.: Schwarz); *ders.*, Zum Statut der Europäischen Aktiengesellschaft, ZIP 2001, 1847; *Schwarz, S.*, Das internationale Handelsvertreterrecht im Lichte von „Ingmar“ – Droht das Ende der Parteiautonomie im Gemeinschaftsprivatrecht?, ZVglRWiss 101 (2002), 45; *Schwarze* (Hrsg.), EU- Kommentar, 3. Aufl., Baden- Baden, 2012 (zit.: Bearbeiter, in: Schwarze); *Schwemmer*, Die Verlegung des centre of main interests (COMI) im Anwendungsbereich der EuInsVO, NZI 2009, 355; *Schwenzer* u.a. (Hrsg.), Festschrift für Peter Schlechtriem zum 70. Geburtstag, Tübingen, 2003 (zit.: Bearbeiter, in: FS Schlechtriem); *Schwintowski/C. Schah Sedi/M. Schah Sedi*, Angehörigenschmerzensgeld – Überwindung eines zivilrechtlichen Dogmas, ZfSch 2012, 6; *Sedlmeier*, Internationales und europäisches Verfahrensrecht. Neuere Entwicklungen bei der gegenseitigen Urteilsanerkennung in Europa und weltweit, EuLF 2002, 35; *Selbherr* u.a. (Hrsg.), Kommentar zur Europäischen Wirtschaftlichen Interessenvereinigung (EWIV), Baden-Baden, 1995 (zit.: Selbherr/Bearbeiter); *Sendmeyer*, Der Unternehmerregress nach Maßgabe der §§ 478, 479 BGB, 2008; *Sethe/Winzer*, Der Umzug von Gesellschaften in Europa nach dem Cartesio-Urteil, WM 2009, 536, 537; *Siehr*, Handel mit Kulturgütern in der EWG, NJW 1993, 2206; *ders.*, Vereinheitlichung des Mobiliarsachenrechts in Europa, insbesondere im Hinblick auf Kulturgüter, RabelsZ 59 (1995), 454; *ders.*, Internationales Privatrecht: deutsches und europäisches Kollisionsrecht für Studium und Praxis, Heidelberg, 2001 (zit.: Siehr); *ders.*, Kindesentführung und EuEheVO, IPRax 2012, 316; *Simon/Buschbaum*, Die neue EU-Erbrechtsverordnung, NJW 2012, 2393; *Simotta*, Die Gerichtsstandsvereinbarung nach der neuen EuGVVO, IJPL 2013, 58; *Sinewe*, Eintragungsfähigkeit grenzüberschreitender Verschmelzungen, DB 2005, 2061; *Sladic*, Anmerkungen zum beschleunigten Verfahren im EG- Prozessrecht, EuZW 2005, 712; *Smid*, Gegen den Strom – Eröffnet das deutsche Insolvenzgericht durch Bestellung eines vorläufigen Insolvenzverwalters ein Hauptinsolvenzverfahren?, NZI 2009, 150; *Soergel* (Begr.), Bürgerliches Gesetzbuch mit Einführungsgesetz und Nebengesetzen, Band 10 Einführungsgesetz, 12. Aufl., Stuttgart u.a., 1996 (zit.: Soergel/Bearbeiter); *Solomon*, „Brüssel IIa" – Die neuen europäischen Regeln zum internationalen Verfahrensrecht in Fragen der elterlichen Verantwortung, FamRZ 2004, 1409; *ders.*, The private international law of contract in Europe: Advances and retreats, Tulane Law Review Vol 82 Nr. 5 (2008), 1709; *Sonnenberger*, Die Umsetzung kollisionsrechtlicher Regelungsgebote in EG-Richtlinien, ZEuP 1996, 382; *ders.*, Europarecht und Internationales Privatrecht, ZVglRWiss 95 (1996), 3; Festschrift für Hans Jürgen Sonnenberger zum 70. Geburtstag, München, 2004 (zit.: Bearbeiter, in: FS Sonnenberger); *Spickhoff*, Die Restkodifikation des Internationalen Privatrechts: Außervertragliches Schuld- und Sachenrecht, NJW 1999, 2209; *Spindler*, Herkunftslandprinzip und Kollisionsrecht – Binnenmarktintegration ohne Harmonisierung? Die Folgen der Richtlinie im elektronischen Geschäftsverkehr für das Kollisionsrecht, RabelsZ 66 (2002), 633; *ders.*, Herkunftslandprinzip und Kollisionsrecht – Binnenmarktintegration ohne Harmonisierung? Die Folgen der Richtlinie im elektronischen Geschäftsverkehr für das Kollisionsrecht, RabelsZ 66 (2002), 633; *Springer*, Die direkte Postzustellung gerichtlicher Schriftstücke nach der Europäischen Zustellungsverordnung (EG) Nr. 1348/2000, Baden-Baden, 2008; *Stadler*, Der Zivilprozeß und neue Formen der Informationstechnik, ZZP 115 (2002), 413; *dies.*, Kritische Anmerkungen zum Europäischen Vollstreckungstitel, RIW 2004, 801; *dies.*, Ordnungsgemäße Zustellung im Wege der remise au parquet und Heilung von Zustellungsfehlern nach der Europäischen Zustellungsverordnung (zu EuGH, 8.11.2005 – Rs. C-443/03 – Leffler ./. Berlin Chemie AG und EuGH, 13.10.2005 – Rs. C-522/03 – Scania Finance France SA ./. Rockinger GmbH & Co.), IPRax 2006, 116; *dies.*, Zur Frage einer wirksamen Zustellung für den Fall, dass die Klageschrift ohne die in Bezug genommenen Anlagen zugestellt werden, ZZPInt 11 (2006), 227; *dies.*, Zur Zustellung von US-amerikanischen Klagen an deutsche Beklagte nach dem Haager Übereinkommen, JZ 2007, 1047; *Staudenmeyer*, Weitere Schritte im Europäischen Vertragsrecht, EuZW 2005, 103; *Staudinger, A.*, Artikel 6 Absatz 2 der Klauselrichtlinie und § 12 AGBG, 1998; *ders.*, Zur Vollstreckbarerklärung eines ausländischen Bürgschaftsanspruchs, JR 1999, 373; *ders.*, Art. 29 a EGBGB des Referentenentwurfs zum Fernabsatzgesetz, IPRax 1999, 414; *ders.*, Internationales Verbraucherschutzrecht made in Germany, RIW 2000, 416; *ders.*, Das Transportrechtsreformgesetz und seine Bedeutung für das Internationale Privatrecht, IPRax 2001, 183; *ders.*, Anm. zu EuGH, Rs C-381/98 (Die ungeschriebenen kollisionsrechtlichen Regelungsgehalte der Handelsvertreter-, Haustürwiderrufs- und Produkthaftungsrichtlinie), NJW 2001, 1974; *ders.*, Die Mitteilung der Kommission zum Europäischen Vertragsrecht, VuR 2001, 353; *ders.*, Anm. zu EuGH, Rs C-381/98 (Die ungeschriebenen kollisionsrechtlichen Regelungsgehalte der Handelsvertreter-, Haustürwiderrufs- und Produkthaftungsrichtlinie), NJW 2001, 1974; *ders.*, Anm. zu EuGH, Rs C-481/99 (Der Widerruf bei Haustürgeschäften – eine unendliche Geschichte?), NJW 2002, 653; *ders.*, Der Rückgriff des Unternehmers in grenzüberschreitenden Sachverhalten, ZGS 2002, 63; *ders.*, Internationale Zuständigkeit bei Klage eines Verbrauchers wegen einer Gewinnzusage nach BGB § 661 a, JZ 2003, 852; *ders.*, Zur Zuständigkeitskonzentration im europäischen Zivilprozessrecht, ZEuP 2004, 767; *ders.*, Editorial: Die Haftungsfalle: § 119 Abs. 1 Nr. 1 lit. b), c) GVG, ZGS 2004, 161; *ders.*, Anm. zu EuGH, Rs C-96/00 (Gewinnzusagen aus dem Ausland und die Frage der Zuständigkeitskonzentration im Europäischen Zivilprozessrecht), ZEuP 2004, 767; *ders.*, Erfolgshonorare und quota litis-Vereinbarungen im Internationalen Privatrecht, IPRax 2005, 129; *ders.*, Schadensersatzrecht – Wettbewerb der Ideen und Rechtsordnungen, NJW 2006, 2433; *ders.*, Rechtsvereinheitlichung Europas: Rom I und Rom II, AnwBl 2008, 8; *ders.*, Existenzvernichtender Eingriff und Haftung des Gesellschafters, AnwBl 2008, 316; *ders.*, Zweifelsfragen der Verordnung (EG) Nr. 1371/2007 des Europäischen Parlaments und des Rates vom 23.10.2007 über die Rechte und Pflichten der Fahrgäste im Eisenbahnverkehr, EuZW 2008, 751; *ders.*,

Licht am Ende des Tunnels? Streitfragen zur Verordnung 1371/2007/EG im Eisenbahnverkehr sowie zur außergerichtlichen Streitbeilegung, in: *Keiler/Stangl/Pezenka* (Hrsg.), Reiserecht, 2008, S. 141; *ders.*, Die Eisenbahnpassagierrechteverordnung, in: *Reiffenstein/Blaschek* (Hrsg.), Konsumentenpolitisches Jahrbuch 2007-2008, 2009, S. 97; *ders.*, Neueste Rechtsentwicklungen innerhalb Europas – Rom I und Rom II, Mitteilungsblatt „Internationaler Rechtsverkehr" der Arbeitsgemeinschaft für Internationalen Rechtsverkehr im Deutschen Anwaltverein 2/2007, 28; *ders.*, Anmerkung zu BGH VI ZR 200/05, NJW 2007, 73; *ders.*, Reichweite des Verbraucherschutzgerichtsstandes nach Art. 15 Abs. 2 EuGVVO, Anmerkung zu BGH, 12.6.2007 – XI ZR 290/06, IPRax 2008, 107; *ders.*, Rezension: Reithmann/Martiny: Internationales Vertragsrecht, 6. Auflage, 2004, RabelsZ 72 (2008), 630; *ders.*, Anm. zu EuGH Rs. C-306/06 (Zahlungsverzug bei Banküberweisung), DNotZ 2009, 198; *ders.*, Zur Verjährungsregelung bei der EGV 261/2004, RRa 2009, 195; *ders.*, Praktikertipps zum Erfüllungsortsgerichtsstand im Luftverkehr, RRa 2009, 219; *ders.*, Morgen, Kinder, wird's was geben, RRa 2009, 257; *ders.*, Ausgewählte Probleme der D&O-Versicherung im Internationalen Zivilverfahrens-, Kollisions- und Sachrecht, Karlsruher Forum 2009, S. 41; *ders.*, Internationale Zuständigkeit, Dreiteilung des Internationalen Privatrechts sowie Zustellung der Klageschrift bei Verkehrsunfällen mit grenzüberschreitendem Bezug, DAR 2009, 738; *ders.*, Verbraucher- und Verkehrsopferschutz im Lichte der Rom I-, Rom II- sowie Brüssel I-Verordnung, in: *Graf von Westphalen*, Deutsches Recht im Wettbewerb, 2009, S. 102; *ders.*, Die Haftung in der Fahrgastschiffahrt im Lichte des Athener Übereinkommens, in: Kuhlen (Hrsg.), Baden-Baden, 2010; *ders.*, Das Urteil des EuGH in den Rechtssachen Sturgeon und Böck, RRa 2010, 10; *ders.*, Streitfragen zum Erfüllungsortsgerichtsstand im Luftverkehr, Zu EuGH, 9.7.2009 – Rs. C-204/08 – Peter Rehder ./. Air Baltic Corporation, IPRax 2010, 140; *ders.*, Geschädigte im Sinne von Art. 11 Abs. 2 EuGVVO – zu EuGH, 17.9.2009 – Rs. C-347/08 – Vorarlberger Gebietskrankenkasse ./. WGV-Schwäbische Allgemeine Versicherungs AG, IPRax 2011, 229; *ders.*, Straßenverkehrsunfall, Rom II-Verordnung und Anscheinsbeweis, NJW 2011, 650; *ders.*, Sah ein Kunde einen Anspruch entstehen – zu EuGH, Rs. C-83/10, RRa 2011, 265; *ders.*, Skyfall – oder warum man mit dem Urteil "Sturgeon II" des EuGH teils aus allen Wolken fällt, RRa 2012, 261; *ders.*, Vom Ausbau des § 844 Abs. 2 S. 1 BGB, über den erleichterten Nachweis eines Schockschadens bis hin zur Angehörigenentschädigung, DAR 2012, 280; *ders.*, Anmerkung zum Urteil des EuGH vom 17.10.2013 (C-218/12, DAR 2013, 695) – Zur Kausalität zwischen Ausrichtung der Tätigkeit und Vertragsschluss, DAR 2013, 697; *ders.*, Anm. zu EuGH, Rs. C-478/12 (Der Schutzgerichtsstand im Sinne des Art. 15 Abs. 1 lit. c Brüssel-VO bei Klagen gegen Reiseveranstalter und Vermittler), RRa 2014, 10; *ders.*, Unanwendbarkeit verbraucherprozessrechtlicher Vorschriften auf Verträge zwischen Verbrauchern, LMK 2014, 841; *ders.*, Verbraucherverträge im Lichte der Rechtssache Emrek – Schutzgerichtsstand und anwendbares Recht, JM 2014, 229; *ders.*, Negative Feststellungsklage des gegnerischen Haftpflichtversicherers in grenzüberschreitenden Verkehrsunfällen, DAR 2014, 557; *ders ./Czaplinski*, Rückruf und Kostentragungspflicht des Produzenten bei In- und Auslandssachen, JA 2008, 401; *dies.*, Anmerkung zur Entscheidung des Bundesgerichtshofes vom 9.7.2009, NJW 2009, 3375; *dies.*, Verkehrsopferschutz im Lichte der Rom I-, Rom II- sowie Brüssel I-Verordnung, NJW 2009, 2249; *dies.*, Internationale Zuständigkeit bei Verbrauchermietverträgen – Anmerkung zu OLG Köln, Urt. v. 21. Januar 2010, Az 12 U 49/09, NZM 2010, 461; *Staudinger, A ./Bauer*, Die Entwicklung des Reiserechts im zweiten Halbjahr 2013, NJW 2014, 895; *Staudinger, A ./Bauer/Röben*, Die Entwicklung des Reiserechts im ersten Halbjahr 2013; NJW 2013, 3760; *Staudinger, A ./Krüger*, Die Entwicklung im Reiserecht im Jahr 2012, NJW 2013, 913; *dies.*, Die Entwicklung des Reiserechts in den Jahren 2011/2012, NJW 2012, 2853; *Staudinger, A ./Richters*, D&O-Versicherung: Anforderungen an den Eintritt des Versicherungsfalls nach Abtretung des Freistellungsanspruchs, DB 2013, 2442; *Staudinger, A ./ Schmidt-Bendun*, Neuregelung über Ausgleichs- und Unterstützungsleistungen für Fluggäste, NJW 2004, 1897; *dies.*, Das Zusammenspiel der Verordnung (EG) Nr. 261/2004 über Ausgleichs- und Unterstützungsleistungen für Fluggäste mit völkervertraglichen, europäischen sowie nationalen Vorschriften, VersR 2004, 971; *Staudinger, A ./Schürmann*, Pauschalreise-, Luftverkehrs- sowie Eisenbahnrecht zur Rechtsprechung aus dem Jahr 2008/2009 sowie aktuelle Entwicklungen, NJW 2009, 2788; *Staudinger, A ./Steinrötter*, Verfahrens- sowie kollisionsrechtlicher Verbraucherschutz bei Online-Geschäften, EWS 2011, 70; *dies.*, Anmerkung zu einer Entscheidung des EuGH, Urteil vom 17.10.2013 (C-218/12, NJW 2013, 3504), NJW 2013, 3505; *Staudinger, J. von* (Begr.), Kommentar zum Bürgerlichen Gesetzbuch mit Einführungsgesetz und Nebengesetzen, (zit: Staudinger/Bearbeiter); – §§ 826 – 829, Produkthaftungsgesetz: Zweites Buch, Recht der Schuldverhältnisse, Neubearb., Berlin, 2009; – Einführungsgesetz zum Bürgerlichen Gesetzbuche/IPR, Internationales Verfahrensrecht in Ehesachen, Neubearb., Berlin, 2005; – Einführungsgesetz zum Bürgerlichen Gesetzbuche, IPR Einleitung zu Art 27 ff. EGBGB; Art 27-37 EGBGB, 13. Bearb., Berlin, 2002; – Einführungsgesetz zum Bürgerlichen Gesetzbuche, IPR Art 38-42

EGBGB, Neubearb., Berlin, 2001; – Einführungsgesetz zum Bürgerlichen Gesetzbuche, IPR Internationales Gesellschaftsrecht, Neubearb., Berlin, 1998; – Einführungsgesetz zum Bürgerlichen Gesetzbuche, Art 219-222; 230-236 EGBGB; Gesetzesanhang zu Art 230 – 236 EGBGB, 13. Bearb., Berlin, 2003; *Stein, A.*, Der Europäische Vollstreckungstitel für unbestrittene Forderungen – Einstieg in den Ausstieg aus dem Exequaturverfahren bei Auslandsvollstreckung, EuZW 2004, 679; *ders.*, Der Europäische Vollstreckungstitel für unbestrittene Forderungen tritt in Kraft – Aufruf zu einer nüchternen Betrachtung, IPRax 2004, 181; *Stein, F ./Jonas* (Hrsg.), Kommentar zur Zivilprozessordnung, 22. Aufl., Tübingen, 2006 (zit.: Stein/Jonas/Bearbeiter); *Steinrötter,* Einheitliche Anknüpfung an den Gründungsort im Internationalen Gesellschaftsrecht wider die „Geschöpf-" und die „Wechselbalgtheorie", GPR 2012, 119; *ders.*, Zuständigkeits- und kollisionsrechtliche Implikationen des europäischen Haftungstatbestands für fehlerhaftes Rating, ZIP 2014, erscheint demnächst; *Storme*, Freedom of contract: Mandatory and Non-Mandatory Rules in European Contract Law, European Review of Private Law 2007, 233; *ders.*, Procedural Law and the Reform of Justice: From Regional to Universal Harmonisation, Uniform Law Review 2001-4, 763; *ders.*, Rechtsvereinheitlichung in Europa – Ein Plädoyer für ein einheitliches europäisches Prozeßrecht, RabelsZ 56 (1992), 290; *Strasser*, Abänderung und Vollstreckung von Unterhaltstiteln aus dem EU-Ausland in Deutschland, FPR 2007, 451; *Strauß, T.*, Insolvenzbezogene Geschäftsleiterhaftung in Europa, Berlin, 2002 (zit.: Strauß); *Strub*, Das Europäische Konkursübereinkommen, EuZW 1996, 71; *Stumpf*, Europäisierung des Erbrechts: Das Grünbuch zum Erb- und Testamentsrecht, EuZW 2006, 587; *Stürner, M.*, Verletzung der Hoheitsrechte der Bundesrepublik Deutschland durch eine antisuit injunction eines britischen Gerichts?, ZZP 109 (1996) 224; *ders.*, Zur Anerkennung US-amerikanischer Gesellschaften in Deutschland, IPRax 2005, 305; *ders.*, The Principles of Transnational Civil Procedure. An Introduction to Their Basic Conceptions., RabelsZ 69 (2005), 201; *ders.*, Die verweigerte Zustellungshilfe für U.S.-Klagen oder der Schuss übers Grab – Einige Bemerkungen zu den Bemühungen des Bundesverfassungsgerichts um das internationale Zivilprozessrecht, JZ 2006, 60; *ders.*, Gerichtsstands- und Erfüllungsortvereinbarungen im europäischen Zivilprozessrecht, GPR 2013, 305; *Sujecki*, Europäisches Mahnverfahren nach dem Verordnungsvorschlag der Europäischen Kommission, EuZW 2005, 45; *ders.*, Verordnungsvorschlag zur Änderung der Europäischen Zustellungsverordnung – Ein Schritt in die richtige Richtung, EuZW 2006, 1; *ders.*, Bestimmung des zuständigen Gerichts gem. Art. 5 Nr. 1 lit. b EuGVO bei mehreren Erfüllungsorten in einem Mitgliedstaat, EWS 2007, 398; *ders.*, Europäische Zustellungsverordnung – Zur Auslegung des EGV 1348/2000 Art. 8 Abs. 1 im Hinblick auf das Übersetzungserfordernis, Heilung eines Verstoßes gegen dieses Erfordernis, ZEuP 2007, 358; *ders.*, Das Annahmeverweigerungsrecht im Europäischen Zustellungsrecht, EuZW 2007, 363; *ders.*, Das Europäische Mahnverfahren, NJW 2007, 1622; *ders.*, Zum Annahmeverweigerungsrecht gem. Art. 8 EuZVO bei vertraglicher Bestimmung der Vertragssprache, EuZW 2008, 37; *ders.*, Zur Anwendbarkeit des Mehrparteiengerichtsstands nach EGV 44/2001 Art. 6 auf individuelle Arbeitsverträge, EuZW 2008, 371; *ders.*, Die reformierte Zustellungsverordnung, NJW 2008, 1628; *ders.*, Verbesserung der grenzüberschreitenden Forderungsdurchsetzung und Zustellung, EuZW 2008, 417; *ders.*, Die Möglichkeiten und Grenzen der Abschaffung des ordre public-Vorbehalts im Europäischen Zivilprozessrecht, ZEuP 2008, 458; *ders.*, Anmerkung zu EuGH, Urteil vom 2.4.2009, C-394/07, EuZW 2009, 424; *ders.*, Die Rom II-Verordnung, EWS 2009, 310; *ders.*, Die Entwicklung des europäischen Privat- und Zivilprozessrechts im Jahr 2011, EuZW 2012, 327; *ders.*, Anmerkung zur Entscheidung des EuGH vom 13.12.2012 (Az: C-215/11; EuZW 2013, 147) – "Zur Frage der Konkretisierung der EuMVVO durch nationales Recht", EuZW 2013, 150; *ders.*, Die Entwicklung des europäischen Privat- und Zivilprozessrechts im Jahr 2012, EuZW 2013, 408; *ders.*, Anmerkung zu EuGH, Urteil vom 5.12.2013, C-508/12, EuZW 2014, 149; *Süß*, Häufige Probleme mit Zweigniederlassungen englischer Limited Companies, DNotZ 2005, 180; *ders.*, Das Grünbuch der EG zum ehelichen Güterrecht, ZErb 2006, 326; *ders.*, Der Vorschlag der EG-Kommission zu einer Erbrechtsverordnung (Rom IV-Verordnung) vom 14. Oktober 2009, ZErb 2009, 342; *Tarzia*, Harmonisation ou unification transnationale de la procédure civile, Rivista di diritto internazionale e processuale 2001, 869; *Tamm*, Die Bestrebungen der EU-Kommission im Hinblick auf den Ausbau des kollektiven Rechtsschutzes für Verbraucher, EuZW 2009, 439; *Taschner/Frietsch*, Produkthaftungsgesetz und EG-Produkthaftungsrichtlinie, 2. Aufl., München, 1990 (zit.: Taschner/Frietsch); *Taupitz*, Das zukünftige europäische Internationale Insolvenzrecht – insbesondere aus international-privatrechtlicher Sicht –, ZZP 111 (1998), 315; *Teichmann*, Die Einführung der Europäischen Aktiengesellschaft, ZGR 2002, 383; *ders.*, Binnenmarktmobilität von Gesellschaften nach "Sevic", ZIP 2006, 355; *ders.*, Cartesio – *Die Freiheit zum formwechselnden* Wegzug, ZIP 2009, 393; *Telkamp*, Anmerkung zu EuGH, Urteil vom 9. Februar 2006, C-473/04 – Plumex/Young Sports NV, GPR 2006, 145; *Terhechte* (Hrsg.), Internationales Kartell- und Fusionsverfahrensrecht, 2008; *Thiede*, Internationale Persönlichkeitsrechtsverletzungen, Wien/Berlin, 2010; *Thole/Swierczok*, Der Kommissionsvorschlag zur Reform der EuInsVO, ZIP 2013, 550; *Thölke*, Anm. zu BGH 13.10.2004 – I ZR 245/01 (Anerkennung der Rechtspersönlichkeit einer US-amerikanischen Gesellschaft), DNotZ 2005, 142; *Thomale*, Brüssel I und die EU-Osterweiterung- Zum raumzeitlichen Anwendungsbereich der EuGVVO, IPRax 2014, 239; *Thomas/Putzo*, Kommentar zur Zivilprozessordnung, 34. Aufl., München, 2013; *Thomas/Wilske*, Die Exxon Valdez-Entscheidung des U.S. Supreme Court und deren Bedeutung für die künftige Höhe von Punitive Damages – Trendwende oder more bark than bite?, RIW 2008, 668; *Thorn*, Verbraucherschutz bei Verträgen in Fernabsatz, IPRax 1999, 1; *ders.*, Das Centros-Urteil des EuGH im Spiegel der deutschen Rechtsprechung, IPRax 2001, 102; *Thume*, Der Ausgleichsanspruch des Handelsvertreters gem. § 89 b HGB im Lichte der Europäischen Union, BB 2004, 2473; *Thünken*, Die EG-Richtlinie über den elektronischen Geschäftsverkehr und das internationale Privatrecht des unlauteren Wettbewerbs, IPRax 2001, 15; *Tonner*, Die EG-Verordnung über Ausgleichsleistungen bei Nichtbeförderung, Annullierung und großer Verspätung – ein wichtiger Beitrag des Rechts zur Qualitätssicherung im Luftverkehr, RRa 2004, 59; *ders ./ Berlin*, Zur Umsetzung des AS-Richtlinie (Richtlinie 2013/11/EU) nebst Entwurf eines Gesetzes über alternative Streitbeilegung, Gutachten erstattet im Auftrag des Verbraucherzentrale Bundesverbandes e.V., 2014; *Triebel/Otte/Kimpel*, Die englische Limited Liability Partnership in Deutschland: Eine attraktive Rechtsform für deutsche Beratungsgesellschaften?, BB 2005, 1233; *Ubertazzi*, Die EG-Beweisaufnahmeverordnung und die Beschreibung einer Verletzung des geistigen Eigentums, GRUR Int 2008, 807; *Ulmer*, Gläubigerschutz bei Scheinauslandsgesellschaften – Zum Verhältnis zwischen gläubigerschützendem nationalem Gesellschafts-, Delikts- und Insolvenzrecht und der EG-Niederlassungsfreiheit, NJW 2004, 1201; *Ungan*, Gläubigerschutz nach dem EuGH-Urteil in „Inspire Art" – Möglichkeiten einer Sonderanknüpfung für die Durchgriffshaftung in der Insolvenz?, ZVglRWiss 104 (2005), 355; *Vallender*, Aufgaben und Befugnisse des deutschen Insolvenzrichters in Verfahren nach der EuInsVO, KTS 2005, 283; *Vékás*, Die Reform des internationalen Zivilverfahrensrechts in Ungarn, IPRax 2002, 142; *Virgós/ Schmit*, Erläuternder Bericht zu dem EU-Übereinkommen über Insolvenzverfahren, in: Vorschläge und Gutachten zur Umsetzung des EU-Übereinkommens über Insolvenzverfahren im deutschen Recht, vorgelegt von *Hans Stoll*, Tübingen, 1997 (zit.: Virgós/Schmit, Erläuternder Bericht); *von Hein*, Die Neufassung der Europäischen Gerichtsstands- und Vollstreckungsverordnung (EuGVVO), RIW, 2013, 97; *Vogl*, Zur Auslegung des EGV 44/2001 Art. 34 Nr. 2, EWiR 2007, 79; *Vollkommer/Huber*, Neues Europäisches Zivilverfahrensrecht in Deutschland, NJW 2009, 1105; *Wachter*, Anm. zu LG Frankfurt a.M., 3.2.2005 – 3-16 T 42/04 (Notwendigkeit eines Zweigniederlassungszusatzes bei inländischer Zweigniederlassung einer englischen plc?), BB 2005, 1289; *Wagner, G.*, Die neue Rom-II-Verordnung, IPRax 2008, 1; *ders.*, Entwicklungstendenzen und Forschungsperspektiven im Zivilprozess- und Insolvenzrecht, ZEuP 2008, 6; *ders ./Thole*, Die neue EU-Richtlinie zur Mediation, ZKM 2008, 36; *Wagner, J.*, Die Bestimmung des auf die SE anwendbaren Rechts, NZG 2002, 985; *Wagner, R.*, Zusammenführung verbraucherschützender Kollisionsnormen aufgrund EG-Richtlinien in einem neuen Art. 29 a EGBGB, IPRax 2000, 249; *ders.*, Das neue Internationale Privat- und Verfahrensrecht zur eingetragenen Lebenspartnerschaft, IPRax 2001, 281; *ders.*, Vom Brüsseler Übereinkommen über die Brüssel I-Verordnung zum europäischen Vollstreckungstitel, IPRax 2002, 75; *ders.*, Zur Vereinheitlichung des internationalen Zivilverfahrensrechts vier Jahre nach In-Kraft-Treten des Amsterdamer Vertrags, NJW 2003, 2344; *ders.*, Überlegungen zur Vereinheitlichung des Internationalen Privatrechts in Ehesachen in der Europäischen Union, FamRZ 2003, 803; *ders.*, EG-Kompetenz für das Internationale Privatrecht in Ehesachen?, RabelsZ 68 (2004), 120; *ders.*, Zur Vereinheitlichung des Internationalen Privat- und Zivilverfahrensrechts fünf Jahre nach In-Kraft-Treten des Amsterdamer Vertrags, NJW 2004, 1835; *ders.*, Die neue EG-Verordnung zum Europäischen Vollstreckungstitel, IPRax 2005, 189; *ders.*, Der Europäische Vollstreckungstitel, NJW 2005, 1157; Das Gesetz zur Durchführung der Verordnung (EG) Nr. 805/2004 zum Europäischen Vollstreckungstitel – unter besonderer Berücksichtigung der Vollstreckungsabwehrklage, IPRax 2005, 401; *ders.*, Ein neues unterhaltsrechtliches Übereinkommen aus Den Haag, FamRZ 2005, 410; *ders.*, Die Aussagen zur justiziellen Zusammenarbeit im Haager Programm, IPRax 2005, 66; *ders.*, Die zivil(-verfahrens-)rechtlichen Komponenten des Aktionsplans zum Haager-Programm, IPRax 2005, 494; *ders.*, Zur Vereinheitlichung des Internationalen Privat- und Zivilverfahrensrechts sechs Jahre nach In-Kraft-Treten des Amsterdamer Vertrags, NJW 2005, 1754; *ders.*, Zur Vereinheitlichung des Internationalen Privat- und Zivilverfahrensrechts sieben Jahre nach In-Kraft-Treten des Amsterdamer Vertrags, EuZW 2006, 424; *ders.*, Zur Vereinheitlichung des Internationalen Privat- und Zivilverfahrensrechts acht Jahre nach Inkrafttreten des Amsterdamer Vertrags, EuZW 2007, 626; *ders.*, Unter besonderer Berücksichtigung des Kommissionsvorschlags zum internationalen Scheidungsrecht, StAZ 2007, 101; *ders.*, Änderungsbedarf im autonomen deutschen internationalen Privatrecht aufgrund der Rom II-Verordnung? – Ein Überblick über den Regierungsentwurf eines Gesetzes zur Anpassung der Vorschriften des Internationalen Privatrechts an die Rom II-Verordnung, IPRax 2008, 314; *ders.*, Der Grundsatz der Rechtswahl und das mangels Rechtswahl anwendbare Recht (Rom I-Verordnung), IPRax 2008, 377; *ders.*, Vereinheitlichung des Internationalen Privat- und Zivilverfahrensrechts neun Jahre nach dem Inkrafttreten des Amsterdamer Vertrags, NJW 2008, 2225; *ders.*, Konturen eines Gemeinschaftsinstruments zum internationalen Güterrecht unter besonderer Berücksichtigung des Grünbuchs der Europäischen Kommission, FamRZ 2009, 269; *ders.*, Die politischen Leitlinien zur justiziellen Zusammenarbeit in Zivilsachen im Stockholmer Programm, IPRax 2010, 97; *ders.*, Anmerkung zu EuGH Rs C-204/08, IPRax 2010, 143; *ders.*, Die Rechtsinstrumente der justiziellen Zusammenarbeit in Zivilsachen – Eine Bestandsaufnahme, NJW 2013, 3128; *ders ./Beckmannm,* Beibehaltung oder Abschaffung des Vollstreckbarerklärungsverfahrens in der EuGVVO?, RIW 2011, 44; *ders ./Winkelmann,* Sonderanknüpfung für Verjährungsfragen bei Straßenverkehrsunfällen nach der Rom II-VO, RIW 2012, 277; *Walden/Meyer-Landrut*, Die grenzüberschreitende Verschmelzung zu einer Europäischen Gesellschaft: Planung und Vorbereitung, DB 2005, 2119; *Wandt*, Internationale Produkthaftung, Heidelberg, 1995 (zit.: Wandt); *ders.* u.a. (Hrsg.), Festschrift für Egon Lorenz zum 70. Geburtstag, Karlsruhe, 2004 (zit.: Bearbeiter, in: FS E. Lorenz); *Weber, A.*, Vom Verfassungsvertrag zum Vertrag von Lissabon, EuZW 2008, 7; *Wegner*, Internationaler Verbraucherschutz für Time-Sharing-Erwerber nach dem neuen Art 29a EGBGB, VuR 2000, 227; *Weidenbach/Saller*, Das Weißbuch der Europäischen Kommission zu kartellrechtlichen Schadensersatzklagen – Darstellung und erste Bewertung wesentlicher Aspekte, BB 2008, 1020; *Weller*, Scheinauslandsgesellschaften nach Centros, Überseering und Inspire Art: Ein neues Anwendungsfeld für die Existenzvernichtungshaftung, IPRax 2003, 207; *ders.*, Forum Shopping im Internationalen Insolvenzrecht? (zu BGH, 27.11.2003 – IX ZB 418/02 und AG Düsseldorf, 12.3.2004 – 502 IN 126/03 und AG München, 4.5.2004 – 1501 IE 1276/04), IPRax 2004, 412; *ders.*, Die Rechtsquellendogmatik des Gesellschaftskollisionsrechts, IPRax 2009, 202; *Westphalen, Graf von* (Hrsg.), Produkthaftungshandbuch, Band 2, München, 1991 (zit.: Bearbeiter, in: Graf von Westphalen); *Wiebusch,* Internationales Konzerninsolvenzrecht, Jena, 2014; *Wiedemann/Spelsberg-Korspeter*, Überlegungen zur Verbesserung der zivilrechtlichen Rechtsstellung der Angehörigen von Unfallopfern, NZV 2012, 471; *Wienberg/Sommer*, Anwendbarkeit von deutschem Eigenkapitalersatzrecht auf EU-Kapitalgesellschaften am Beispiel eines Partikularinsolvenzverfahrens im engeren Sinne nach Art. 3 II, IV EuInsVO, NZI 2005, 353; *Wilhelm*, Kapitalgesellschaftsrecht, 3. Aufl., Berlin, 2009 (zit.: Wilhelm); *Wilhelmi*, Der Wegzug von Gesellschaften im Lichte der Rechtsprechung des EuGH zur Niederlassungsfreiheit, DB 2008, 1611; *Wilmowsky, P. von*, Der internationale Verbrauchervertrag im EG-Binnenmarkt, ZEuP 1995, 735; *ders.*, Sicherungsrechte im Europäischen Insolvenzübereinkommen, EWS 1997, 295; *ders.*, EG-Vertrag und kollisionsrechtliche Rechtswahlfreiheit, RabelsZ 62 (1998), 1; *Wimmer*, Die Verordnung EG Nr. 1346/2000 über Insolvenzverfahren, ZinsO 2001, 97; *ders.*, Die EU-Verordnung zur Regelung grenzüberschreitender Insolvenzverfahren, NJW 2002, 2427; *Windolf/Zemmrich*, Der Europäische Vollstreckungstitel – Schon jetzt ein Dauerbrenner im Europäischen Zivilprozessrecht?, JuS 2007, 803; *Wolf/Lange*, Zeitpunkt der Erklärung der Aufrechnung maßgeblich für die Erledigung, JZ 2004, 416; *Wozniewski*, Die neue Mediationsrichtlinie der EU in der Praxis des Handels- und Gesellschaftsrechts, NZG 2008, 410; *Wunderer*, Auswirkungen des Europäischen Übereinkommens über Insolvenzverfahren auf Bankgeschäfte, WM 1998, 793; *Zekoll*, Neue Maßstäbe für Zustellungen nach dem Haager Zustellungsübereinkommen?, NJW 2003, 2885; *Zimmer*, Nach „Inspire Art" – Grenzenlose Gestaltungsfreiheit für deutsche Unternehmen?, NJW 2003, 3585; *ders ./Naendrup*, Das Cartesio-Urteil des EuGH: Rück- oder Fortschritt für das internationale Gesellschaftsrecht?, NJW 2009, 545; *Zimmermann/Janssen*, Was ist und wozu der DCFR?, NJW 2009, 3401; *Zöller*, Kommentar zur Zivilprozessordnung, 30. Aufl., Köln, 2014; *Zwanzger*, Das Gemeinschaftsgeschmacksmuster zwischen Gemeinschaftsrecht und nationalem Recht, Tübingen, 2010.

Abschnitt 1:
Übersicht zu Gesetzgebung und Rechtsprechung

Abschnitt 2:
Darstellung und Analyse der Einwirkung des Europarechts auf das Internationale Privat- und Zivilverfahrensrecht

Kapitel 1:
Internationales Privatrecht

Kapitel 2:
Internationales Zivilverfahrensrecht

Abschnitt 1: Übersicht zu Gesetzgebung und Rechtsprechung

A. Gesetzgebung

I. Primärrecht (Ermächtigungsgrundlagen, Normen mit unmittelbarer Anwendbarkeit)

AEUV:

Art. 18 AEUV, Diskriminierungsverbot; **Art. 34-37** AEUV, Warenverkehrsfreiheit; **Art. 49-55** AEUV, Niederlassungsfreiheit; **Art. 56-62** AEUV, Dienstleistungsfreiheit; **Art. 81** AEUV, Justizielle Zusammenarbeit in Zivilsachen; **Art. 169** AEUV, Verbraucherschutz; **Art. 267** AEUV, Vorabentscheidungsverfahren; **Art. 288** AEUV, Rechtsakte; **Art. 352** AEUV, Kompetenzergänzungsklausel.

EGV:

Art. 10 EGV; **Art. 12** EGV; Diskriminierungsverbot; **Art. 23** EGV-**Art. 31** EGV, Warenverkehrsfreiheit; **Art. 43** EGV-**Art. 48** EGV, Niederlassungsfreiheit; **Art. 49** EGV-**Art. 55** EGV, Dienstleistungsfreiheit; **Art. 56** EGV-**Art. 60** EGV, Kapitalverkehrsfreiheit; **Art. 61** EGV-**Art. 69** EGV, Visa, Asyl und andere Politiken betreffend den freien Personenverkehr; **Art. 75** EGV, Beitrag der Gemeinschaft; **Art. 81** EGV, **Art. 153** EGV, Schutzklausel; **Art. 234** EGV, Vorabentscheidungsverfahren; **Art. 249** EGV; **Art. 254** EGV; **Art. 274** EGV; **Art. 299** EGV; **Art. 300** EGV.

II. Völkerrechtliche Verträge

Haager Übereinkommen über den Zivilprozess v. 1. März 1954 (**HaagZivPrÜbk**), BGBl. 1958 II, S. 577 ff; **Deutsch-amerikanischer Freundschafts-, Handels- und Schifffahrtsvertrag** v. 19. Oktober 1954, BGBl. 1956 II, S. 487 ff; **Haager Übereinkommen** über das auf Unterhaltspflichten gegenüber Kindern anwendbare Recht v. 24. Oktober 1956, BGBl. 1961 II, S. 1013 ff; **Haager Übereinkommen** über das auf die Form letztwilliger Verfügungen anzuwendende Recht v. 5. Oktober 1961, BGBl. 1965 II, S. 1145 ff; **Europäisches Übereinkommen über Auskünfte in Zivil- und Handelssachen**, BGBl. 1974 II, S. 938; **Haager Übereinkommen** über die Zustellung gerichtlicher und außergerichtlicher Schriftstücke im Ausland in Zivil- oder Handelssachen v. 15. November 1965 (**HZÜ**), BGBl. 1977 II, S. 1453 ff; **Brüsseler EWG-Übereinkommen** über die gerichtliche Zuständigkeit und die Vollstreckung gerichtlicher Entscheidungen in Zivil- und Handelssachen v. 27. September 1968 (**EuGVÜ**), BGBl. 1972 II, S. 774 ff, idF des 4. Beitrittsübereinkommens v. 29. November 1996, BGBl. 1998 II, S. 1412 ff; **Haager Übereinkommen** über die Beweisaufnahme im Ausland in Zivil- und Handelssachen v. 18. März 1970 (**HBÜ**), BGBl. 1977 II, S. 1472 ff; **Deutsch-Spanisches Niederlassungsabkommen** v. 23. April 1970, BGBl. 1972 II, S. 1041 ff; **Haager Übereinkommen** über das auf Verkehrsunfälle anzuwendende Recht v. 4. Mai 1971, abrufbar unter www.hcch.net; **Römisches EWG-Übereinkommen** über das auf vertragliche Schuldverhältnisse anzuwendende Recht v. 19. Juni 1980 (**EVÜ**), BGBl. 1986 II, S. 810 ff, idF des 3. Beitrittsübereinkommens v. 29 November 1996, BGBl. 1999 II, S. 7; **Haager Übereinkommen** über die zivilrechtlichen Aspekte internationaler Kindesentführung v. 25. Oktober 1980 (**HKÜ**), BGBl. 1990 II, S. 207 ff; **Luganer Übereinkommen** über die gerichtliche Zuständigkeit und die Vollstreckung gerichtlicher Entscheidungen in Zivil- und Handelssachen v. 16. September 1988 (**Lugano-Übereinkommen**), BGBl. 1994 II, S. 2660 ff, zwischenzeitlich revidiert, s.u.; **Haager Übereinkommen** über die Zuständigkeit, das anzuwendende Recht, die Anerkennung, Vollstreckung und Zusammenarbeit auf dem Gebiet der elterlichen Verantwortung und der Maßnahmen zum Schutz von Kindern v. 19. Oktober 1996 (**KSÜ**), abgedruckt bei *Jayme/Hausmann*, Internationales Privat- und Verfahrensrecht, 14. Aufl., 2009, Nr. 54; **Haager Übereinkommen** v. 30. Juni 2005 über Gerichtsstandsvereinbarungen, ABl. L 133 v. 29. Mai 2009, S. 1 ff; **Haager Protokoll** über das auf Unterhaltspflichten anzuwendende Recht, ABl. L 331 v. 16. Dezember 2009, S. 19 ff; **Abkommen zwischen der Europäischen Gemeinschaft und dem Königreich Dänemark über die gerichtliche Zuständigkeit und die Anerkennung und Vollstreckung von Entscheidungen in Zivil- und Handelssachen** v. 19. Oktober 2005, ABl. L 299 v. 16. November 2005, S. 62; **Übereinkommen über die gerichtliche Zuständigkeit und die Anerkennung und Vollstreckung von Entscheidungen in Zivil- und Handelssachen** v. 21. Dezember 2007 (**rev. Lugano-Übereinkommen**), ABl. L 339 v. 21. Dezember 2007, S. 3 ff.

III. Sekundärrecht

Verordnungen:

Verordnung (EWG) **Nr. 1408/71** des Rates vom 14. Juni 1971 über die Anwendung der Systeme der sozialen Sicherheit auf Arbeitnehmer und Selbständige sowie deren Familienangehörige, die innerhalb der Gemeinschaft zu- und abwandern, ABl. EG 149 v. 5. Juli 1971, S. 2 ff; **Verordnung** (EWG) **Nr. 2187/85** des Rates v. 25. Juli 1985 über die Schaffung einer Europäischen wirtschaftlichen Interessenvereinigung (**EWIV-VO**), ABl. L 199 v. 31. Juli 1985, S. 1 ff; **Verordnung** (EWG) **Nr. 3921/91** des Rates v. 16. Dezember 1991 über die Bedingungen für die Zulassung von Verkehrsunternehmen zum Binnenschiffsgüter- und -personenverkehr innerhalb eines Mitgliedstaates, in dem sie nicht ansässig sind (**Binnenschifffahrts-VO**), ABl. L 373 v. 31. Dezember 1991, S. 1 ff; **Verordnung** (EWG) **Nr. 684/92** des Rates v. 16. März 1992 zur Einführung gemeinsamer Regeln für den grenzüberschreitenden Personenverkehr mit Kraftomnibussen, ABl. L 074 v. 20. März 2002, S. 1 ff, idF der **Verordnung** (EG) **Nr. 11/98** des Rates v. 11. Dezember 1997 zur Änderung der VO (EWG) 684/92 zur Einführung gemeinsamer Regeln für den grenzüberschreitenden Personenverkehr mit Kraftomnibussen, ABl. L 004 v. 8. Januar 1998, S. 1 ff; **Verordnung** (EWG) **Nr. 881/92** des Rates v. 26. März 1992 über den Zugang zum Güterkraftverkehrsmarkt in der Gemeinschaft für Beförderungen aus oder nach einem Mitgliedstaat oder durch einen oder mehrere Mitgliedstaaten, ABl. L 095 v. 9. April 1992, S. 1 ff, idF der **Verordnung** (EG) **484/2002** des Europäischen Parlaments und des Rates v. 1. März 2002 zur Änderung der VO (EWG) Nr. 881/92 und der VO (EWG) Nr. 3118/93 des Rates hinsichtlich der Einführung einer Fahrerbescheinigung, ABl. L 076 v. 19. März 2002, S. 1 ff; **Verordnung** (EG) **Nr. 3577/92** des Rates v. 7. Dezember 1992 zur Anwendung des Grundsatzes des freien Dienstleistungsverkehrs auf den Seeverkehr in den Mitgliedstaaten (Seekabotage) (**Kabotage-VO**), ABl. L 364 v. 12. Dezember 1992, S. 7 ff; **Verordnung** (EWG) **Nr. 3911/92** des Rates v. 09. Dezember 1992 über die Ausfuhr von Kulturgütern (**VO über die Ausfuhr von Kulturgütern**), ABl. L 395 v. 31. Dezember 1992, S. 1 ff; **Verordnung** (EWG) **Nr. 3118/93** des Rates v. 25. Oktober 1993 zur Festlegung der Bedingungen für die Zulassung von Verkehrsunternehmen zum Güterkraftverkehr innerhalb eines Mitgliedstaates, in dem sie nicht ansässig sind (**Güterkraftverkehrs-VO**), ABl. L 279 v. 12. November 1993, S. 1 ff, idF der **Verordnung** (EG) **Nr. 3315/94** des Rates v. 22. Dezember 1994 zur Änderung der VO (EWG) Nr. 3118/93 zur Festlegung der Bedingungen für die Zulassung von Verkehrsunternehmen zum Güterkraftverkehr innerhalb eines Mitgliedstaates, in dem sie nicht ansässig sind, ABl. L 350 v. 31. Dezember 1994, S. 9 ff und idF der **Verordnung** (EG) **Nr. 484/2002** des Europäischen Parlaments und des Rates v. 1. März 2002 zur Änderung der VO (EWG) Nr. 881/92 und der VO (EWG) Nr. 3118/93 des Rates hinsichtlich der Einführung einer Fahrerbescheinigung, ABl. L 076 v. 19. März 2002, S. 1 ff; **Verordnung** (EG) **Nr. 40/94** des Rates über die Gemeinschaftsmarke v. 20. Dezember 1993 (**GM-VO**), ABl. L 011 v. 14. Januar 1994, S. 1 ff, idF der **Verordnung** (EG) **Nr. 3288/94** des Rates v. 22. Dezember 1994 zur Änderung der VO (EG) Nr. 40/94 über die Gemeinschaftsmarke zur Umsetzung der im Rahmen der Uruguay-Runde geschlossenen Übereinkünfte, ABl. L 349 v. 31. Dezember 1994, S. 83 f; **Verordnung** (EG) **Nr. 2868/95** der Kommission v. 13. Dezember 1995 zur Durchführung der VO (EG) Nr. 40/94 des Rates über die Gemeinschaftsmarke (**D-VO**), ABl. L 303 v. 15. Dezember 1995, S. 1 ff; **Verordnung** (EG) **Nr. 1356/96** des Rates v. 8. Juli 1996 über gemeinsame Regeln zur Verwirklichung der Dienstleistungsfreiheit im Binnenschiffsgüter- und -personenverkehr (**Binnenschiffsgüter- und -personenverkehr-VO**), ABl. L 175 v. 13. Juli 1996, S. 7 f; **Verordnung** (EG) **Nr. 12/98** des Rates v. 11. Dezember 1997 über die Bedingungen für die Zulassung von Verkehrsunternehmen zum Personenkraftverkehr innerhalb eines Mitgliedstaates, in dem sie nicht ansässig sind (**Personenverkehrs-VO**), ABl. L 004 v. 8. Januar 1998, S. 10 ff; **Verordnung** (EG) **Nr. 1346/2000** des Rates v. 29. Mai 2000 über Insolvenzverfahren (**EuIns-VO**), ABl. L 160 v. 30. Juni 2000, S. 1 ff; **Verordnung** (EG) **Nr. 1348/2000** *des Rates v. 29. Mai 2000 über die Zustellung* gerichtlicher und außergerichtlicher Schriftstücke in Zivil- oder Handelssachen in den Mitgliedstaaten (**EuZ-VO**, aufgehoben durch die **EuZ-VOa**), ABl. L 160 v. 30. Juni 2000, S. 37 ff; **Verordnung** (EG) **Nr. 44/2001** des Rates v. 22. Dezember

2000 über die gerichtliche Zuständigkeit und die Anerkennung und Vollstreckung von Entscheidungen in Zivil- und Handelssachen (**Brüssel I-VO**), ABl. L 012 v. 16. Januar 2001, S. 1 ff, idF der Verordnung (EG) Nr. 2245/2004 der Kommission vom 27. Dezember 2004 zur Änderung der Anhänge I, II, III und IV der Verordnung (EG) Nr. 44/2001 des Rates über die Gerichtliche Zuständigkeit und die Anerkennung und Vollstreckung von Entscheidungen zu Zivil- und Handelssachen, ABl. L 381 v. 28. Dezember 2004, S. 10 f; **Verordnung (EG) Nr. 1206/2001** des Rates v. 28. Mai 2001 über die Zusammenarbeit zwischen den Gerichten der Mitgliedstaaten auf dem Gebiet der Beweisaufnahme in Zivil- und Handelssachen (**EuB-VO**), ABl. L 174 v. 27. Juni 2001, S. 1 ff; **Verordnung (EG) Nr. 2157/2001** des Rates v. 8. Oktober 2001 über das Statut der Europäischen Gesellschaft (**SE-VO**), ABl. L 294 v. 10. November 2001, S. 1 ff; **Verordnung (EG) Nr. 2560/2001** des Europäischen Parlaments und des Rates v. 19. Dezember 2001 über grenzüberschreitende Zahlungen in Euro (**Euro-Überweisungs-VO**), ABl. L 344 v. 28. Dezember 2001, S. 13 ff; **Verordnung (EG) Nr. 743/2002** des Rates v. 25. April 2002 über eine allgemeine Rahmenregelung der Gemeinschaft für Aktivitäten zur Erleichterung der justiziellen Zusammenarbeit in Zivilsachen, ABl. L 115 v. 1. Mai 2002, S. 1 ff; **Verordnung (EG) Nr. 1435/2003** des Rates v. 22. Juli 2003 über das Statut der Europäischen Genossenschaft (**SCE-VO**), ABl. L 207 v. 18. August 2003, S. 1 ff; **Verordnung (EG) Nr. 2201/2003** des Rates v. 27. November 2003 über die Zuständigkeit und die Anerkennung und Vollstreckung von Entscheidungen in Ehesache und betreffend die elterliche Verantwortung und zur Aufhebung der Verordnung (EG) Nr. 1347/2000 (**Brüssel IIa-VO**), ABl. L 338 v. 23. Dezember 2003, S. 1 ff, idF der **Verordnung (EG) Nr. 2116/2004** des Rates v. 2. Dezember 2004 zur Änderung der VO (EG) Nr. 2201/2003 des Rates über die Zuständigkeit und die Anerkennung und Vollstreckung von Entscheidungen in Ehesachen und in Verfahren betreffend die elterliche Verantwortung und zur Aufhebung der VO (EG) Nr. 1347/2000 in Bezug auf Verträge mit dem Heiligen Stuhl, ABl. L 367 v. 14. Dezember 2004, S. 1 ff; **Verordnung (EG) Nr. 261/2004** des Europäischen Parlaments und des Rates v. 11. Februar 2004 über eine gemeinsame Regelung für Ausgleichs- und Unterstützungsleistungen für Fluggäste im Fall der Nichtbeförderung und bei Annullierung oder großer Verspätung von Flügen und zur Aufhebung der VO (EWG) Nr. 295/91 (**Denied Boarding-VO**), ABl. L 046 v. 17. Februar 2004, S. 1 ff; **Verordnung (EG) Nr. 805/2004** des Europäischen Parlamentes und des Rates v. 21. April 2004 zur Einführung eines europäischen Vollstreckungstitels für unbestrittene Forderungen (**EuVT-VO**), ABl. L 143 v. 30. April 2004, S. 15 ff; **Verordnung (EG) 883/04** des Europäischen Parlaments und des Rates vom 29. April 2004 zur Koordinierung der Systeme der sozialen Sicherheit, ABl. L 166 v. 30. April 2004, S. 1 ff in der durch die Verordnung (EG) 988/09 vom 16. September 2009, ABl. L 284 v. 30. Oktober 2009, geänderten Fassung; **Verordnung (EG) Nr. 1896/2006** des Europäischen Parlaments und des Rates vom 12. Dezember 2006 zur Einführung eines Europäischen Mahnverfahrens (**EG-Mahn-VO**), ABl. L 399 v. 30. Dezember 2006, S. 1 ff; **Verordnung (EG) Nr. 861/2007** des Europäischen Parlaments und des Rates v. 11. Juli 2007 zur Einführung eines europäischen Verfahrens für geringfügige Forderungen (**EG-Bagatell-VO**), ABl. L 199 v. 31. Juli 2007, S. 1 ff; **Verordnung (EG) Nr. 864/2007** des Europäischen Parlaments und des Rates v. 11. Juli 2007 über das auf außervertragliche Schuldverhältnisse anzuwendende Recht (**Rom II-VO**), ABl. L 199 v. 31. Juli 2007, S. 40 ff; **Verordnung (EG) Nr. 1393/2007** des Europäischen Parlaments und des Rates v. 13. November 2007 über die Zustellung gerichtlicher und außergerichtlicher Schriftstücke in Zivil- oder Handelssachen in den Mitgliedstaaten („Zustellung von Schriftstücken") und zur Aufhebung der Verordnung (EG) Nr. 1348/2000 des Rates (**EuZ-VOa**), ABl. L 324 v. 10. Dezember 2007, S. 79 ff; **Verordnung (EG) Nr. 593/2008** des Europäischen Parlaments und des Rates vom 17. Juni 2008 über das auf vertragliche Schuldverhältnisse anzuwendende Recht (**Rom I-VO**), ABl. L 177 v. 04. Juli 2008, S. 6 ff; **Verordnung (EG) Nr. 4/2009** des Rates v. 18. Dezember 2008 über die Zuständigkeit, das anwendbare Recht, die Anerkennung und Vollstreckung von Entscheidungen und die Zusammenarbeit in Unterhaltssachen (**EG-Unterhalts-VO**), ABl. L 7 v. 10. Januar 2009, S. 1 ff in der durch die ABl. L 131 v. 18. Mai 2011, S. 26; ABl. L 8 v. 12. Januar 2013, S. 19; ABl. L 158 v. 10. Juni 2013, 1 ff; ABl. L

281 v. 23. Oktober 2013, S. 29, berichtigten Fassung; **Verordnung (EG) Nr. 207/2009** des Rates vom 26. Februar 2009 über die Gemeinschaftsmarke, ABl. L 78 v. 24. März 2009, S. 1 ff; **Verordnung (EG) Nr. 392/2009** des Europäischen Parlaments und des Rates vom 23. April 2009 über die Unfallhaftung von Beförderern von Reisenden auf See angenommen, ABl. L 131 v. 28. Mai 2009, S. 24; **Verordnung (EU) Nr. 913/2010** des Europäischen Parlaments und des Rates v. 22. September zur Schaffung eines europäischen Schienennetzes für einen wettbewerbsfähigen Güterverkehr, ABl. L 276 v. 20. Oktober 2010, S. 22 ff; **Verordnung (EU) Nr. 1259/2010** des Rates v. 20. Dezember 2010 zur Durchführung einer verstärkten Zusammenarbeit im Bereich des auf die Ehescheidung und Trennung ohne Auflösung des Ehebandes anzuwendenden Rechts (**Rom III-VO**), ABl. L 343 v. 29. Dezember 2010, S. 10 ff; **Verordnung (EU) Nr. 650/2012** des Europäischen Parlaments und des Rates v. 4. Juli 2012 über die Zuständigkeit, das anzuwendende Recht, die Anerkennung und Vollstreckung von Entscheidungen und die Annahme und Vollstreckung öffentlicher Urkunden in Erbsachen sowie zur Einführung eines Europäischen Nachlasszeugnisses (**EuErb-VO**), ABl. L 201 v. 27. Juli 2012, S. 107 ff; **Verordnung (EU) Nr. 1215/2012** des Europäischen Parlaments und des Rates v. 12. Dezember 2012 über die gerichtliche Zuständigkeit und die Anerkennung und Vollstreckung von Entscheidungen in Zivil- und Handelssachen und zur Aufhebung der Verordnung (EG) Nr. 44/2001 (**Brüssel Ia-VO**), ABl. L 351 v. 20. Dezember 2012, S. 1 ff; **Verordnung (EU) Nr. 606/2013** des Europäischen Parlaments und des Rates v. 12. Juni 2013 über die gegenseitige Anerkennung von Schutzmaßnahmen.

Richtlinien:

Dritte Richtlinie 78/855/EWG des Rates v. 9. Oktober 1978 gem. Art. 54 Abs. 3 lit. g) des Vertrages betreffend die Verschmelzung von Aktiengesellschaften, ABl. L 295 v. 20. Oktober 1978, S. 36 ff; **Richtlinie 85/374/EWG** des Rates v. 25. Juli 1985 zur Angleichung der Rechts- und Verwaltungsvorschriften der Mitgliedstaaten über die Haftung für fehlerhafte Produkte (**Produkthaftungs-RL**), ABl. L 210 v. 7. August 1985, S. 29 ff, idF der **Richtlinie 1999/34/EG** v. 10. Mai 1999, ABl. L 141 v. 4. Juni 1999, S. 20 f; **Richtlinie 85/577/EWG** des Rates v. 20. Dezember 1985 betreffend den Verbraucherschutz im Falle von außerhalb von Geschäftsräumen geschlossenen Verträgen (**Haustürwiderrufs-RL**), ABl. L 372 v. 31. Dezember 1985, S. 31 ff; **Richtlinie 86/653/EWG** des Rates v. 18. Dezember 1986 zur Koordinierung der Rechtsvorschriften der Mitgliedstaaten betreffend die selbständigen Handelsvertreter (**Handelsvertreter-RL**), ABl. L 382 v. 31. Dezember 1986, S. 17 ff; **Richtlinie 88/357/EWG** des Rates v. 22. Juni 1988 zur Koordinierung der Rechts- und Verwaltungsvorschriften für die Direktversicherung (mit Ausnahme der Lebensversicherung) und zur Erleichterung der tatsächlichen Ausübung des freien Dienstleistungsverkehrs sowie zur Änderung der RL 73/239/EWG (**2. Schadensversicherungs-RL**), ABl. L 172 v. 4. Juli 1988, S. 1 ff, idF der **Richtlinie 92/49/EWG** des Rates v. 18. Juni 1992 zur Koordinierung der Rechts- und Verwaltungsvorschriften für die Direktversicherung (mit Ausnahme der Lebensversicherung) sowie zur Änderung der RL 73/239/EWG und 88/357/EWG (**3. Schadensversicherungs-RL**), ABl. L 228 v. 11. August 1992, S. 1 ff; **Erste Richtlinie 89/104/EWG** des Rates v. 21. Dezember 1988 zur Angleichung der Rechtsvorschriften der Mitgliedstaaten über die Marken (**Marken-RL**), ABl. L 040 v. 11. Februar 1989, S. 1 ff, berichtigt durch ABl. L 159 v. 10. Juni 1989, S. 60; **Elfte Richtlinie 89/666/EWG** des Rates v. 21. Dezember 1989 über die Offenlegung von Zweigniederlassungen, die in einem Mitgliedstaat von Gesellschaften bestimmter Rechtsformen errichtet wurden, die dem Recht eines anderen Staates unterliegen (**Elfte RL zur Offenlegung von Zweigniederlassungen**), ABl. L 395 v. 30. Dezember 1989, S. 36 ff; **Richtlinie 90/314/EWG** des Rates v. 13. Juni 1990 über Pauschalreisen (**Pauschalreise-RL**), ABl. L 158 v. 23. Juni 1990, S. 59 ff; **Richtlinie 90/434/EWG** des Rates v. 23. Juli 1990 über das gemeinsame Steuersystem für Fusionen, Spaltungen, die Einbringung von Unternehmensteilen und den Austausch von Anteilen, die Gesellschaften verschiedener Mitgliedstaaten betreffen (**Fusions-RL**), ABl. L 225 v. 20. August 1990, S. 1 ff, idF der **Richtlinie 2005/19/EG** des Rates v. 17. Februar 2005 zur Änderung der Richtlinie 90/434/EG über das gemeinsame Steuersystem für Fusionen, Spaltungen, die Einbringung von Unternehmensteilen und den Austausch von Anteilen, die Gesellschaft verschiedener Mitgliedstaaten betreffen, ABl. L 58

v. 4. März 2005, S. 19 ff; **Richtlinie 93/7/EWG** des Rates v. 15. März 1993 über die Rückgabe von unrechtmäßig aus dem Hoheitsgebiet eines Mitgliedstaates verbrachten Kulturgütern (**Kulturgüter-RL**), ABl. L 074 v. 27. März 1993, S. 74 ff; **Richtlinie 93/13/EWG** des Rates v. 5. April 1993 über missbräuchliche Klauseln in Verbraucherverträgen (**Klausel-RL**), ABl. L 095 v. 21. April 1993, S. 29 ff; **Richtlinie 94/47/EG** des Europäischen Parlaments und des Rates v. 26. Oktober 1994 zum Schutz der Erwerber im Hinblick auf bestimmte Aspekte von Verträgen über den Erwerb von Teilnutzungsrechten an Immobilien (**Timesharing-RL**), ABl. L 280 v. 29. Oktober 1994, S. 83 ff; **Richtlinie 96/71/EG** des Europäischen Parlaments und des Rates v. 16. Dezember 1996 über die Entsendung von Arbeitnehmern im Rahmen der Erbringung von Dienstleistungen (**Arbeitnehmerentsende-RL**), ABl. L 018 v. 21. Januar 1997, S. 1 ff; **Richtlinie 97/5/EG** des Europäischen Parlaments und des Rates v. 27. Januar 1997 über grenzüberschreitende Überweisungen (**Überweisungs-RL**), ABl. L 043 v. 14. Februar 1997, S. 25 ff; **Richtlinie 97/7/EG** des Europäischen Parlaments und des Rates v. 20. Mai 1997 über den Verbraucherschutz bei Vertragsschlüssen im Fernabsatz (**Fernabsatz-RL**), ABl. L 144 v. 04. Juni 1997, S. 19 ff; **Richtlinie 98/26/EG** des Europäischen Parlaments und des Rates v. 19. Mai 1998 über die Wirksamkeit von Abrechnungen in Zahlungs- sowie Wertpapierliefer- und Abrechnungssystemen (**Finalititäts-RL**), ABl. L 166 v. 11. Juni 1998, S. 45 ff; **Richtlinie 98/27/EG** des Europäischen Parlaments und des Rates v. 19. Mai 1998 über Unterlassungsklagen zum Schutz der Verbraucherinteressen (**Unterlassensklagen-RL**), ABl. L 166 v. 11. Juni 1998, S. 51 ff; **Richtlinie 98/34/EG** des Europäischen Parlaments und des Rates v. 22. Juli 1998 über ein Informationsverfahren auf dem Gebiet der Normen und technischen Vorschriften, ABl. L 204 v. 21. Juli 1998, S. 37 ff, idF der **Richtlinie 98/48/EG** des Europäischen Parlaments und des Rates v. 20. Juli 1998 zur Änderung der RL 98/34/EG über ein Informationsverfahren auf dem Gebiet der Normen und technischen Vorschriften, ABl. L 217 v. 5. August 1998, S. 18 ff; **Richtlinie 99/44/EG** des Europäischen Parlaments und des Rates v. 25. Mai 1999 zu bestimmten Aspekten des Verbrauchsgüterkaufs und der Garantien für Verbrauchsgüter (**Verbrauchsgüterkauf-RL**), ABl. L 171 v. 7. Juli 1999, S. 12 ff; **Richtlinie 99/93/EG** des Europäischen Parlaments und des Rates v. 13. Dezember 1999 über gemeinschaftliche Rahmenbedingungen für elektronische Signaturen (**Elektronische Signaturen-RL**), ABl. L 013 v. 19. Januar 2000, S. 12 ff; **Richtlinie 2000/31/EG** des Europäischen Parlaments und des Rates v. 8. Juni 2000 über bestimmte rechtliche Aspekte der Dienste der Informationsgesellschaft, insbesondere des elektronischen Geschäftsverkehrs, im Binnenmarkt (**e-commerce-RL**), ABl. L 178 v. 17. Juli 2000, S. 1 ff; **Richtlinie 2000/35/EG** des Europäischen Parlaments und des Rates v. 29. Juni 2000 zur Bekämpfung von Zahlungsverzug im Geschäftsverkehr (**Zahlungsverzugs-RL**), ABl. L 200 v. 8. August 2000, S. 35 ff; **Richtlinie 2001/17/EG** des Europäischen Parlaments und des Rates v. 19. März 2001 über die Sanierung und Liquidation von Versicherungsunternehmen (**Sanierungs-RL-I**), ABl. L 110 v. 20. April 2001, S. 28 ff; **Richtlinie 2001/24/EG** des Europäischen Parlaments und des Rates v. 4. April 2001 über die Sanierung und Liquidation von Kreditinstituten (**Sanierungs-RL-II**), ABl. L 125 v. 5. Mai 2001, S. 15 ff; **Richtlinie 2001/86/EG** des Rates v. 8. Oktober 2001 zur Ergänzung des Statuts der Europäischen Aktiengesellschaft hinsichtlich der Beteiligung der Arbeitnehmer (**SE-Mitbestimmungs-RL**), ABl. L 294 v. 10. November 2001, S. 22 ff; **Richtlinie 2002/65/EG** des Europäischen Parlaments und des Rates v. 23. September 2002 über den Fernabsatz von Finanzdienstleistungen an Verbraucher und zur Änderung der RL 90/619/EWG des Rates und zur Änderung der RL 97/7/EG und 98/27/EG (**Finanzdienstleistungs-RL**), ABl. L 271 v. 9. Oktober 2002, S. 16 ff; **Richtlinie 2002/83/EG** des Europäischen Parlaments und des Rates v. 5. November 2002 über Lebensversicherungen (**Lebensversicherungs-RL**), ABl. L 345 v. 19. Dezember 2002, S. 1 ff; **Richtlinie 2003/8/EG** des Rates v. 27. Januar 2003 zur Verbesserung des Zugangs zum Recht bei Streitsachen mit grenzüberschreitendem Bezug durch Festlegung gemeinsamer Mindeststandards für die Prozesskostenhilfe in derartigen Streitsachen (**PKH-RL**), ABl. L 026 v. 31. Januar 2003, S. 41 ff, berichtigt durch ABl. L 032 v. 7. Februar 2003, S. 15; **Richtlinie 2003/72/EG** des Rates v. 22. Juli 2003 zur Ergänzung der Europäischen Genossenschaft hinsichtlich der Beteiligung der Arbeitnehmer (**SCE-Mitbestimmungs-RL**), ABl. L 207

v. 18. August 2003, S. 25 ff; **Richtlinie 2004/25/EG** des Europäischen Parlaments und des Rates v. 21. April 2004 betreffend Übernahmeangebote (**Übernahme-RL**), ABl. L 142 v. 30. April 2004, S. 12 ff; **Richtlinie 2005/14/EG** des Europäischen Parlaments und des Rates v. 11. Mai 2005 zur Änderung der RL 72/166/EWG, 88/357/EWG und 90/232/EWG des Rates sowie der RL 2000/26/EG des Europäischen Parlaments und des Rates über die Kraftfahrzeughaftpflichtversicherung (5. Kraftfahrzeughaftpflicht-RL), ABl. L 149 v. 11. Juni 2005, S. 14 ff; **Richtlinie 2005/56/EG** des Europäischen Parlaments und des Rates v. 26. Oktober 2005 über die Verschmelzung von Kapitalgesellschaften aus verschiedenen Mitgliedstaaten (**Verschmelzungs-RL**), ABl. L 310 v. 25. November 2005, S. 1 ff; **Richtlinie 2008/122/EG** des Europäischen Parlaments und des Rates v. 14. Januar 2009 über den Schutz der Verbraucher im Hinblick auf bestimmte Aspekte von Teilzeitnutzungsverträgen, Verträgen über langfristige Urlaubsprodukte sowie Wiederverkaufs und Tauschverträgen (**Timesharing-RL II**), ABl. L 033 v. 3. Februar 2009, S. 10 ff; **Richtlinie 2008/48/EG** des Europäischen Parlaments und des Rates v. 23. April 2008 über Verbraucherkreditverträge und zur Aufhebung der Richtlinie 87/102/EWG des Rates (**Verbraucherkredit-RL II**), ABl. L 133 v. 22. Mai 2008, S. 66 ff; **Richtlinie 2008/52/EG** des Europäischen Parlaments und des Rates vom 21. Mai 2008 über bestimmte Aspekte der Mediation in Zivil- und Handelssachen (**Mediations-RL**), ABl. L 136 v. 24. Mai 2008, S. 3 ff; **Richtlinie 2009/109/EG** des Europäischen Parlaments und des Rates v. 16. September 2009 zur Änderung der Richtlinien 77/91/EWG, 78/855/EWG und 82/891/EWG des Rates, sowie der Richtlinie 2005/56/EG hinsichtlich der Berichts- und Dokumentationspflicht bei Verschmelzungen und Spaltungen, ABl. L 259 v. 2. Oktober 2009, S. 14 ff; **Richtlinie 2011/7/EU** des Europäischen Parlaments und des Rates v. 16. Februar 2011 zur Bekämpfung von Zahlungsverzug im Rechtsverkehr, Neufassung und somit Aufhebung der Richtlinie 2000/35/EG (**Zahlungsverzugs-RL**), ABl. L 48 v. 23. Februar 2011, S. 1 ff; **Richtlinie 2011/83/EU** des Europäischen Parlaments und des Rates v. 25 Oktober 2011 über die Rechte der Verbraucher, zur Abänderung der Richtlinie 93/13/EWG des Rates und der Richtlinie 1999/44/EG des Europäischen Parlaments und des Rates sowie zur Aufhebung der Richtlinie 85/577/EWG des Rates und der Richtlinie 97/7/EG des Europäischen Parlaments und des Rates (**Verbraucherrechte-RL**), ABl. L 304 v. 22. November 2011, S. 64 ff; **Richtlinie 2012/17/EU** des Europäischen Parlaments und des Rates vom 13. Juni 2012 zur Änderung der Richtlinie 89/666/EWG des Rates sowie der Richtlinien 2005/56/EG und 2009/101/EG des Europäischen Parlaments und des Rates in Bezug auf die Verknüpfung von Zentral-, Handels- und Gesellschaftsregistern, ABl. L 156 v. 16. Juni 2012, S. 1 ff; **Richtlinie 2013/11/EU** des Europäischen Parlaments und des Rates vom 21. März 2013 über die alternative Beilegung verbraucherrechtlicher Streitigkeiten und zur Änderung der Verordnung (EG) Nr. 2006/2004 und der Richtlinie 2009/22/EG (**AS-RL**), ABl. L 165 v. 18. Juni 2013, S. 63 ff.

B. Rechtsprechung

EuGH, Rs. 13/61 (De Geus), Slg 1962, 97 ff; EuGH, Rs. 6/64 (Costa), Slg 1964, 1253 ff; EuGH, Rs. 8/74 (Staatsanwaltschaft), Slg 1974, 837 ff; EuGH, Rs. 12/76 (Tessili), Slg 1976, 1473 ff; EuGH, Rs. 14/76 (De Bloos), Slg 1976, 1497 ff; EuGH, Rs. 21/76 (Bier), Slg 1976, 1735 ff; EuGH, Rs. 29/76 (LTU), Slg 1976, 1541 ff; EuGH, Rs. 120/78 (Kommission der EG), Slg 1979, 649 ff; EuGH, Rs. 133/78 (Gourdain), Slg 1979, 733 ff; EuGH, Rs. 814/79 (Niederländischer Staat), Slg 1980, 3807 ff; EuGH, Rs. 13/83 (Parlament), Slg 1985, 1513 ff; EuGH, Rs. 266/85 (Shenvai), Slg 1987, 239 ff; EuGH, Rs. 81/87 (Daily Mail), Slg 1988, 5483 ff; EuGH, Rs. 189/87 (Kalfelis), Slg 1988, 5565 ff; EuGH, Rs. C-65/90 (Parlament), Slg 1992, 4593 ff; EuGH, Rs. C-89/91 (Shearson Lehman Hutton Inc.) Slg 1993, I-139 ff; EuGH, Rs. C-288/92 (Custom Made Commercial), Slg 1994, I-2913 ff; EuGH, Rs. C-398/92 (Mund & Fester), Slg 1994, I-467 ff; EuGH, Rs. C-68/93 (Fiona Sheville Ixora Trading Inc., Chequepoint SARL, Chequepoint International Ltd.), Slg 1995, *I-415 ff; EGMR, Urt. v. 20.7.2001* (Pellegrini), Application no. 30882/96, Reports of Judgements and Decisions 2001-VIII, S. 371;; EuGH, Rs. C-51/97, (Réunion européenne SA), Slg 1998, I-6511 ff; EuGH, Rs. C-126/97 (Eco Swiss China Time Ltd), Slg 1999, I-3055 ff; EuGH,

Rs. C-212/97 (Centros), Slg 1999, I-1459 ff; EuGH, Rs. C-420/97 (Leathertex Divisione Sintetici SpA), Slg 1999, I-6747 ff; EuGH, Rs. C-440/97 (Group Concorde), Slg 1999, I-6307; EuGH, Rs. C-7/98 (Krombach), Slg 2000, I-1935 ff; EuGH, Rs. C-38/98 (Renault SA), Slg 2000, I-2973 ff; EuGH, Rs. C-240/98 bis C-244/98 (Océano Grupo Editorial SA), Slg 2000, I-4941 ff; EuGH, Rs. C-381/98 (Ingmar), Slg 2000, I-9305 ff; EuGH, Rs. C-412/98 (Group Josi Reinsurance Company SA), Slg 2000, I-5925 ff; EuGH, Rs. C-478/99 (Kommission der EG), Slg 2002, I-4147 ff; EuGH, Rs. C-481/99 (Heininger), Slg 2001, I-9945 ff; EuGH, Rs. C-96/00 (Gabriel), Slg 2002, I-6367 ff; EuGH, Rs. C-208/00 (Überseering), Slg 2002, I-9919 ff; EuGH, Rs. 256/00 (Besix), Slg 2002, I-1699 ff; EuGH, Rs. C-334/00 (Fonderie Officine Meccaniche Tacconi SpA), Slg 2000, I-7357 ff; EuGH, Rs. C-360/00 (Land Hessen), Slg 2002, I-5089 ff; EuGH, Rs. C-167/01 (Inspire Art), Slg 2003, I-10155 ff; EuGH, Rs. C-266/01 (Preservatrice fonciere TIARD SA), Slg 2003, I-4867 ff; EuGH, Rs. C-433/01 (Freistaat Bayern), Slg 2004, I-981 ff; EuGH, Rs. C-464/01 (Gruber) = EuZW 2005, 241 ff; EuGH, Rs. C-9/02 (Hughes de Lasteyrie), Slg 2004, I-2409 ff; EuGH, Rs. C-27/02 (Engler ./. Janus Versand GmbH) = EWS 2005, 228 f; EuGH, Rs. C-148/02 (Carlos Garcia Avello), Slg 2003, I-11613 ff; EuGH, Rs. C-159/02 (Turner), Slg 2004, I-3565 ff; EuGH, Rs. C-168/02 (Kronhofer) = EWS 2004, 432 f; EuGH, Rs. C-265/02 (Frahuil SA), Slg 2004, I-1543 ff; EuGH, Rs. C-281/02 (Owusu) = RIW 2005, 292 ff; EuGH, Rs. C-70/03 (Kommission der EG), Slg 2004, I-7999; EuGH, Rs. C-70/03, RIW 2005, 142; EuGH, Rs. C-112/03 (Société financière et industrielle du Peloux) = NJW 2005, 2135 ff; EuGH, Rs. C-235/03 (QDQ Media SA) = EuZW 2005, 248 ff; EuGH, Rs. C-555/03 (Magali Warbecq), Slg 2004, I-6041; EuGH, Rs. C-77/04 (Groupement d'intérêt économique (GIE) Réunion européene u.a.) = VersR 2005, 1001 ff; EuGH Rs. C-94/04 (Cipolla) Slg 2006, I-11421 ff; EuGH, Rs. C-125/04 (Guy Denuit, Betty Condenier) = RIW 2005, 454 f;; EuGH, Rs. C-234/04 (Rosmarie Kapferer ./. Schlank & Schick GmbH) = EuZW 06, 241; EuGH, Rs. C-306/06 (01051 Telecom GmbH, Deutsche Telekom AG), Slg 2008, I-1923 = NJW 2008, 1935; EuGH, Rs. C-443/03 (Götz Leffler, Berlin Chemie AG), Slg I-2005, 9611 ff; EuGH, Rs. C-522/03 (Scania Finance France SA, Rockinger), Slg I-2005, 8639 ff; EuGH, Rs. C-1/04 (Staubitz-Schreiber), Slg 2006, I-701 ff; EuGH, Rs. C-341/04 (Eurofood), Slg 2006, I-3813 ff; EuGH, Rs. C-473/04 (Plumex, Young Sports NV), Slg 2006, I-1417 ff; EuGH, Rs. C-119/05 (Ministero dell'Industria, del Commercio e dell'Artigianato ./. Lucchini SpA) = EuZW 07, 511; EuGH, Rs. C-283/05 (ASML Netherlands BV, SEMIS), Slg 2006, I-12041 ff; EuGH, Rs. C-353/06 (Grunkin Paul) ABl. C 313 v. 6. Dezember 2008, S. 3 = NJW 2009, 135; EuGH Rs. C-412/06 (Hamilton) Slg 2008, I-2383 ff; EuGH, Rs. C-463/06 (FBTO, Jack Odenbreit), Slg 2007, I-11321 ff; EuGH, Rs. C-386/05 (Color Drack GmbH, Lexx International Vertriebs GmbH), Slg 2007, I-3699 f; EuGH, Rs. C-435/06 Slg 2007, I-10141 ff; EuGH, Rs. C-462/06 (Glaxosmithkline) = EuZW 2008, 369 ff; EuGH, Rs. C-14/07 (Ingenieurbüro Michael Weiss und Partner GbR, Industrie- und Handelskammer Berlin) = NJW 2008, 1721 ff; EuGH, Rs. C 173/07 (Emirates Airlines ./. Schenkel), RRa 2008, 237; EuGH Rs. C-523/07 (A, Perusturvalautakunta [Ausschuss zur Sicherung des Grundbedarfs – Sicherungsausschuss]) FamRZ 2009, 843 ff; EuGH, Rs. C-549/07 (Wallentin-Herman, Alitalia ./. Linee Aeree Italiane SpA), NJW 2009, 347 ff; EuGH, Rs. C-111/08 (SCT Industri AB i likvidation) = NZI 2009, 570 ff; EuGH, Rs. C-185/07 (West Tankers) = NJW 2009, 1655 f; EuGH, Rs. C-533/07 (Falco Privatstiftung u. Rabitsch, Weller-Lindhorst) = NJW 2009, 1865 ff; EuGH Rs. C-168/08 (Laszlo Hadadi [Hadady], Csilla Marta Mesko, verheiratete Hadadi [Hadady]) EuZW 2009, 619 ff; EuGH, Rs. C-189/08 (Zuid-Chemie) = NJW 2009, 3501 ff; EuGH, Rs. C-243/08 (Pannon GSM Zrt., Erzsébet Sustikné Györfi) = GPR 2009, 220 ff; EuGH, Rs. C-180/06 (Renate Ilsinger, Martin Dreschers) = EuZW 2009, 489 ff; EuGH, Rs. C-167/08 (Draka NK Cables Ltd. u.a., Omnipol Ltd.) = NJW 2009, 1937 f; EuGH, Rs. C-372/07 (Hassett – South Eastern Health Board u. Cheryl) = NZG 2009, 28 f; EuGH, Rs. C-394/07 (Marco Gambazzi, DaimlerChrysler Canada Inc. u.a.) = EuZW 2009, 422 ff; EuGH, Rs. C-339/07 (Christopher Seagon) = IPRax 2009, 513 ff; EuGH, Rs. C-292/08 (German Graphics Graphische Maschinen GmbH) = EuZW 2009, 785 ff; EuGH, Rs. C-14/08 (Roda Golf & Beach Resort, S.L.) =NJW 2009, 2513; EuGH, Rs. C-133/08, ABl. C 158 v. 21. Juni 2008, S. 10 =

EuZW 2009, 822; EuGH, Rs. C-204/08 (Peter Rheder, Air Baltic Corporation) = NJW 2009, 2801 ff = RRa 2009, 234; EuGH, Rs. C-347/08 (Voralberger Gebietskrankenkasse, WGV-Schwäbische Allgemeine Versicherung AG) = DAR 2009, 638 ff; EuGH, Rs. C-339/07 (Frick Teppichboden Supermärkte GmbH gegen Deko Marty Belgium N.V.) = NJW 2009, 2189; EuGH, Rs. C-402/07 und C-432/07 (Sturgeon und Böck) = NJW 2010, 43 = RRa 2009, 282; EuGH, Rs. C-208/09 (Ilonka Sayn-Wittgenstein) = FamRZ 2011, 1486; EuGH, Rs. C-381/08 (Car Trim GmbH ./. KeySafety Systems Srl) = NJW 2010, 1059; EuGH, Rs, C-585/08 (Peter Pammer ./. Reederei Karl Schlüter GmbH & Co. KG) und C-144/09 (Hotel Alpenhof GesmbH ./. Oliver Heller) = MMR 2011, 132; EuGH, Rs. C-111/09 (Česká podnikatelská pojišťovna as u.a., Michal Bilas) = NJW 2011, 510 ff; EuGH, Rs. C-29/10 (Koelzsch) = IPRax 2011, 582 ff; EuGH, Rs. C-87/10 (Electrosteel Europe SA ./. Edil Centro SpA) = NJW 2011, 3018 f; EuGH, Rs. C-83/10 (Sousa Rodríguez ./. Air France SA) = NJW 2011, 3776; EuGH, Rs. C-139/10 (Prism Investments BV/Jaap Anne van der Meer) = NJW 2011, 3506; EuGH, Rs. C-292/10 (G ./. de Visser) = EuZW 2012, 381; EuGH, Rs. C-497/10 PPU (Mercredi – Chaffe) = IPRax 2012, 340; EuGH, Rs. C-509/09 und C-161/10 (eDate Advertising) = NJW 2012, 137 ff; EuGH, Rs. C-412/10 (Homawoo ./. GMF Assurances SA) = NJW 2012, 441 f; EuGH, Rs. C-581/10 (Nelson) = NJW 2013, 671; EuGH, Rs. C-378/10 (Vale) = NJW 2012, 2715; EuGH, Rs. C-190/11 (Mühlleitner ./. Yusufi) = NJW 2012, 3225; EuGH, Rs. C-523/10 (Wintersteiger) = EuZW 2012, 513 ff; EuGH, Rs. C- 321/11 (Germán Rodríguez Cachafeiro, María de los Reyes Martínez-Reboredo Varela-Villamor ./. Iberia, Líneas Aéreas de España SA) = NJW 2013, 363 = RRa 2012, 279; EuGH, Rs. C-581/10, C-629/10 (Emeka Nelson ./. Deutsche Lufthansa AG und The Queen ./. Civil Aviation Authority) = NJW 2013, 671; EuGH, Rs. C-514/10 (Wolf Naturprodukte GmbH ./. SEWAR spol. s r.o) = NJW-RR 2012, 152; EuGH, Rs. C- 139/11 (Joan Cuadrench Moré ./. Koninklijke Luchtvaart Maatschappij NV), NJW 2013, 365 (Ls.) = RRa 2013, 17; EuGH, Rs. C-11/11 (Folkerts) = NJW 2013, 1291; EuGH, Rs. C-12/11 (McDonagh ./. Ryanair Ltd.) = NJW 2013, 921; EuGH, Rs. C-22/11 (Finnair) = NJW 2013, 361; EuGH, Rs. 139/11 (Cuadrench Moré) = RRa 2013, 17; EuGH, Rs. C-321/11 (Cachafeiro) = NJW 2013, 363; EuGH, Rs. C-154/11 (Mahamdia ./. Demokratische Volksrepublik Algerien) = NZA 2012, 935; EuGH, Rs. C-133/11 (Folien Fischer AG, Fofitec AG ./. Ritma SpA) = NJW 2013, 287 ff; EuGH, Rs. C-170/11 (Lippens ./. Kortekass) = NJW 2012, 3771; EuGH, Rs. C-215/11 (Iwona Szyrocka ./. Siger Technologie GmbH) = EuZW 2013, 147; EuGH, Rs. C-419/11 (Česká spořitelna) = RIW 2013, 292 ff; EuGH, Rs. C-325/11 (Alder, Alder – Orlowska, Orlowski) = NJW 2013, 443 ff; EuGH, Rs. C-509/11 (ÖBB-Personenverkehr AG) = NJW 2013, 3429; EuGH, Rs. C-9/12 (Corman-Collins SA ./. La Maison du Whisky SA), = EuZW 2014, 181; EuGH, Rs. C-537/12, C-116/13 (Banco Popular Español SA ./. Rivas Quichimbo, Cun Pérez und Banco de Valencia SA ./. Valldeperas Tortosa, Miret Jaume) = EWS 2013, 481; EuGH, Rs. C-147/12 (ÖFAB) = EuZW 2013, 703 ff; EuGH, Rs. C 64/12 (Schlecker) = EuZW 2013, 825 ff; EuGH, Rs. C-49/12 (Commissioners for Her Majesty's Revenue and Customs ./. Sunico ApS, M & B Holding ApS, Harwani) = EuZW 2013, 828 ff; EuGH, Rs. C-184/12 (Unamar) = EuZW 2013, 956 ff; EuGH, Rs. C-645/11 (Sapir u.a.) = NJW 2013, 1661 ff; EuGH, Rs. C-228/11 (Melzer) = NJW 2013, 2099 ff; EuGH, Rs. C-488/11 (Asbeek Brusse, Man Garabito ./. Jahani BV) = NJW 2013, 2579; EuGH, Rs. C-218/12 (Lokman Emrek ./. Vlado Sabranovic) = NJW 2013, 3504 f; EuGH, Rs. C-170/12 (Pinckney, KDG Mediatech AG) = NJW 2013, 3627 ff; Vorabentscheidungsersuchen des Satakunnan käräjäoikeus (Finnland) an den EuGH, Rs. C- 396/13 (Sähköalojen ammattiliitto ry ./. Elektrobudowa Spolka) = ABl. C 260 v. 7. September 2013, S. 37 f; Vorabentscheidungsersuchen des BGH an den EuGH, Rs. C-503/13 (Boston Scientific Medizintechnik GmbH ./. AOK Sachsen-Anhalt) = ABl. C 352 v. 30. November 2013, S. 8; Vorabentscheidungsersuchen des BGH an den EuGH, Rs. C-504/13 (Boston Scientific Medizintechnik GmbH ./. Betriebskrankenkasse RWE) = ABl. C 352 v. 30. November 2013, S. 8; EuGH, Rs. C-306/12 (Spedition Welter) = NJW 2014, 44 f; EuGH, Rs. C-478/12 (Armin Maletic, Marianne Maletic ./. lastminute.com *GmbH, TUI* Österreich GmbH) = RRa 2014, 13 ff; EuGH, Rs. C-508/12 (Walter Vapenik ./. Josef Thurner) = EuZW 2014, 147 ff; EuGH, Rs. C-469/12 (Krejci Lager & Umschlagbetrieb ./. Olbrich Transport und Logistik GmbH) = TranspR 2014, 38 ff; EuGH, Rs. C-45/13 (Kainz) = LMK 2014, 355576; EuGH, Rs. C-555/13 (Merck Canada Inc. ./. Accord Healthcare Ltd) = BeckRS 2014, 80428; EuGH, Rs. C-470/12 (Pohotovosť s. r. o. ./. Miroslav Vašuta) = BeckRS 2014, 80462.

Abschnitt 2: Darstellung und Analyse der Einwirkung des Europarechts auf das Internationale Privat- und Zivilverfahrensrecht

Kapitel 1: Internationales Privatrecht

A. Einleitung

1 Während die Harmonisierung des Internationalen Privatrechts zunächst auf der Grundlage von zwei-, vor allem aber mehrseitigen Staatsverträgen wie dem Römischen Schuldvertragsübereinkommen (EVÜ) erfolgte, hat das Kollisionsrecht in den letzten Jahren seine Prägung mehr und mehr durch Sekundärrechtsakte des Gemeinschaftsgesetzgebers erfahren.[1] Dieser Prozess der Europäisierung von Anknüpfungsregeln zeichnet sich durch eine besondere Dynamik aus, wie sich anhand des Inkrafttretens der Verordnungen Rom I und II zum Internationalen Privatrecht der vertraglichen und außervertraglichen Schuldverhältnisse zeigt. Im Zentrum des nachfolgenden Überblicks steht zunächst diese aktive Rechtsangleichung in Form von Verordnungen (VOen) und Richtlinien (RLen), welche thematisch zusammengefasst werden. Dem schließen sich Ausführungen zum Primärrecht an, das nicht nur als Quelle, sondern auch Schranke des Kollisionsrechts fungiert. Der Beitrag endet mit einem Blick in die Zukunft des Europäischen Kollisionsrechts.

Bereits die vorangehende Einführung zeigt, dass sich das Gebiet des Internationalen Privatrechts durch eine besondere **Quellenvielfalt** auszeichnet, da Anknüpfungsregeln teils unmittelbare, teils mittelbare gemeinschaftsrechtliche Wurzeln haben, teils völkervertragsrechtlichen Ursprungs oder auf autonome Rechtsetzung der jeweiligen nationalen Legislative zurückzuführen sind. Dies ist nicht nur im Hinblick auf die **Auslegung der Kollisionsnormen,** sondern auch für den **Instanzenzug** von Bedeutung. In diesem Zusammenhang war bis zum 1. September 2009 § 119 Abs. 1 Nr. 1 lit. c) GVG aF[2] beachtlich, welcher für Berufungen gegen Entscheidungen der Amtsgerichte, in denen das Gericht ausländisches Recht[3] angewendet und dies in den Entscheidungsgründen ausdrücklich festgestellt hat, die Oberlandesgerichte für zuständig erklärte. Durch das FGG-Reformgesetz wurde diese Vorschrift allerdings aufgehoben.[4] Sie stellte in der Praxis oftmals eine Haftungsfalle dar.[5]

2 Der Quellenpluralismus wirkt sich weitergehend im Rahmen der Frage aus, welche nationalen Gerichte den EuGH um **Vorabentscheidung** anrufen können bzw sogar müssen. So befasst sich der Gerichtshof nicht mit Auslegungsfragen zu **rein nationalen Anknüpfungsregeln**. Ebenso wenig

1 Vgl hierzu den aktuellen Überblick bei *Mansel/Thorn/R. Wagner*, IPRax 2010, 1 ff. Im Folgenden beziehen sich die Begriffe Gemeinschaftsgesetzgeber und -recht auf in der Vergangenheit liegende Vorgänge. Für solche nach Inkrafttreten des Vertrags von Lissabon ab dem 1. Dezember 2009 wurden die Termini Unionsgesetzgeber und -recht gewählt.

2 Hierzu noch *Brand/Karpenstein*, NJW 2005, 1319 ff; BGH, IPRax 2007, 528 f m.Anm. *Althammer* 514 ff sowie OLG Düsseldorf, ZEV 2008, 82 f und OLG Köln, FamRZ 2008, 1091 f. Zum ebenfalls gestrichenen Art. 1 Nr. 1 lit. b) GVG aF s. noch BGH, NJW-RR 2007, 574 f; BGH, IPRax 2008, 133 ff; BGH, IPRax 2008, 135 f; sowie BGH, NJW 2009, 1610; BGH, NJW-RR 2008, 144.

3 Zum ausländischen Recht zählten dabei zwar nicht die unmittelbar geltenden Rechtsakte wie VOen, wohl aber ausländische Transformationsvorschriften von RLen sowie das Internationale Privatrecht eines anderen Staates, sofern dieses völkervertragsrechtlicher oder autonomer Natur war. Unerheblich erschien, ob lediglich eine Vorfrage kraft unselbstständiger Anknüpfung derartigen ausländischen Anknüpfungsregeln unterlag, sich eine Teilfrage nach ausländischem Recht bestimmte oder ein Renvoi zum deutschen Sachrecht zurückführte; überzeugend *von Hein*, ZZP 2003, 335, 361.

4 Art. 22 Nr. 14 des FGG-RG v. 17. Dezember 2008, BGBl. I, S. 2586, 2696; hierzu *Carl*, VersR 2009, 1471 ff.

5 Wurde abweichend von § 119 Abs. 1 Nr. 1 lit. c) GVG aF etwa Berufung beim LG eingelegt, kam eine Verweisung analog § 281 ZPO oder § 17 a Abs. 2 GVG nicht in Betracht; BGH, NJW 2003, 2686, 2687; NJW-RR 2005, 780, 781; *Staudinger*, ZGS 2004, 161; *ders.*, ZEuP 2004, 767, 781; s. auch BGH, NJW 2012, 78.

erstreckt sich das Vorlageverfahren vom Grundsatz her auf **völkervertragsrechtlich geprägte Kollisionsnormen.** Abweichendes gilt etwa für den Fall, dass die Europäische Union selbst Vertragspartei einer Konvention wird.[6]

3 Im Hinblick auf **Vorlagefragen zu Sekundärrechtsakten** war vor dem Inkrafttreten des Vertrags von Lissabon[7] am 1. Dezember 2009 danach zu unterscheiden, auf welchem Kompetenztitel sie basierten, da Art. 234 EGV durch die Sondervorschrift in Art. 68 Abs. 1 EGV modifiziert wurde.[8] Danach waren allein letztinstanzliche Spruchkörper zur Vorlage berechtigt und wohl auch verpflichtet, wobei nach nahezu einhelliger Auffassung eine konkrete bzw funktionelle Betrachtungsweise geboten und auf die jeweilige Verfahrensart abzustellen war.[9] Nunmehr ist der „Vertrag über die Arbeitsweise der Europäischen Union" (AEUV)[10] an die Stelle des EGV getreten und Art. 68 EGV sowie Art. 234 EGV sind in Art. 267 AEUV aufgegangen. Nach Art. 267 AEUV ist der Gerichtshof auch für Vorabentscheidungsersuchen unterinstanzlicher Spruchkörper zuständig.[11] Die Norm statuiert für diese eine Vorlagemöglichkeit und eine -pflicht für letztinstanzliche Gerichte. Unklar bleibt jedoch, inwieweit Art. 267 AEUV für bereits am 1.12.2009 anhängige Rechtsstreitigkeiten Geltung beansprucht oder vielmehr Art. 68 Abs. 1 EGV maßgeblich bleibt. Zwar ist mangels ausdrücklicher Aussagen des Unionsgesetzgebers einer entsprechenden Rückwirkung grds. entgegenzutreten. Zur Sicherstellung des effet utile im Gemeinschaftsrecht erscheint es dagegen durchaus gerechtfertigt, mithilfe von Art. 267 AEUV die einheitliche Auslegung und Anwendung des Unionsrechts zu gewährleisten. Daher entfallen ab dem 1. Dezember 2009 die Einschränkungen des Art. 68 Abs. 1 EGV auch in bereits anhängigen Rechtssachen, sofern das Vorabentscheidungsersuchen nach diesem Zeitpunkt gestellt wird. Nichts geändert hat sich an der Tatsache, dass vertragliche Schiedsgerichte nicht in einen Dialog mit dem EuGH eintreten können, da sie nicht zum Kreis der Spruchkörper im Sinne der Norm zählen.[12]

4 Zum 1. März 2008 wurde in der Satzung und Verfahrensordnung des EuGH ein **Eilverfahren** im Bereich des Raums der Freiheit, der Sicherheit und des Rechts geschaffen.[13] Hierauf nimmt der Unionsgesetzgeber nunmehr jedenfalls zum Teil in Art. 267 AEUV ausdrücklich Bezug.

5 Seit der Ablösung des EVÜ durch die Rom I-VO ab dem 17. Dezember 2009 ist die dem EuGH durch das 1. und 2. Protokoll zum Übereinkommen zustehende Auslegungskompetenz nur noch für Altfälle relevant.[14] Hiernach sind – die intertemporale Anwendbarkeit vorausgesetzt – allerdings selbst Höchstgerichte nicht verpflichtet, eine Vorabentscheidung einzuholen. Vielmehr sind neben den letztinstanzlichen Spruchkörpern nach Art. 2 lit. a) auch solche anderer Rechtsmittelinstanzen gem. Art. 2 lit. b) des 1. Auslegungsprotokolls berechtigt dem EuGH Rechtsfragen vorle-

6 Beispielsweise hat die Europäische Gemeinschaft das Montrealer Übereinkommen abgeschlossen und in einen Sekundärrechtsakt eingekleidet (ABl. L 194 v. 18. Juli 2001, S. 38 ff), so dass Vorschriften dieser Konvention ebenfalls dem Auslegungsmonopol des Gerichtshofs unterliegen; ausführlich hierzu *Basedow*, in: FS Schlechtriem, S. 165, 185 f. Vgl EuGH, Rs. C-204/08 (Peter Rheder, Air Baltic), NJW 2009, 2801 ff = RRa 2009, 234 ff; vgl *Staudinger*, IPRax 2010, 140; s. auch *ders.*, Rn 110; *R. Wagner*, IPRax 2010, 143.

7 Auch EU-Grundlagenvertrag bzw Reformvertrag, ABl. C 115 v. 9. Mai 2008, S. 1 ff; dazu *Richter*, EuZW 2007, 631 ff; *Weber*, EuZW 2008, 7 ff.

8 Beachte die Änderung der Verfahrensordnung des Gerichtshofs der Europäischen Gemeinschaften, ABl. L 203 v. 4. August 2005, S. 19 ff.

9 Rauscher/*Staudinger*, Einl. Brüssel I-VO, Rn 43 ff; *ders.*, ZEuP 2004, 767, 780.

10 ABl. C 115 v. 9. Mai 2008, S. 40 ff.

11 Vgl *Weber*, EuZW 2008, 7, 11.

12 S. zu Art. 234 sowie Art. 68 Abs. 1 EGV: EuGH, Rs. C-555/13 (Merck Canada Inc. ./. Accord Healthcare Ltd), BeckRS 2014, 80428; EuGH, Rs. C-125/04 (Guy Denuit, Betty Condenier), RIW 2005, 454.

13 Vgl Art. 23 a EuGH-Satzung.

14 Zu den Protokollen s. die Angaben bei *Jayme/Hausmann*, Nr. 71, S. 161 Fn 1, Nr. 72 S. 164 Fn 1. BGBl. 2005 II, S. 147, 149. Beachte das Vorabentscheidungsersuchen zum EVÜ durch den Cour d'appel de Luxembourg: EuGH, Rs. C-29/10 (Koelzsch), IPRax 2011, 582 ff.

gen.[15] Das Übereinkommen war zwar von Deutschland ratifiziert,[16] indes von einer unmittelbaren innerstaatlichen Geltung ausgenommen worden. Stattdessen hatte sich der Gesetzgeber für eine Inkorporationslösung entschieden und die Vorschriften des Übereinkommens in systematisch abweichender Anordnung insbesondere[17] in die Art. 27 bis 37 EGBGB aF aufgenommen. Zwar dürfen dem Gerichtshof keine Auslegungsfragen zu diesen Transformationsnormen, sondern allein zum EVÜ unterbreitet werden. Dieses kann aber mangels unmittelbarer Geltung im Inland für einen Richter streng genommen nicht entscheidungserheblich sein. Dennoch war davon auszugehen, dass ebenso **deutsche Gerichte ein Vorlageverfahren** betreiben durften.[18]

B. Sekundärrecht als Quelle des Internationalen Privatrechts

I. Verordnungen und Richtlinien auf dem Gebiet des Internationalen Privatrechts

1. Internationales Schuldvertragsrecht, Rom I-VO

Mit Geltung vom 17. Dezember 2009 an hat der Sekundärrechtsgeber das EVÜ in die Verordnung **6**
„Rom I"[19] überführt.[20] Sie stellt neben der Verordnung **„Rom II"**[21] einen zentralen Baustein der Vergemeinschaftung des Internationalen Privatrechts dar. Durch das Gesetz zur Anpassung der Vorschriften des Internationalen Privatrechts an die Verordnung (EG) Nr. 593/2008[22] hat die Legislative Art. 3 Nr. 1 EGBGB dahin neu gefasst, dass dieser ausdrücklich auf den Vorrang der Rom I-VO verweist. Ferner wurden die Art. 27-37 EGBGB aF vom 17. Dezember 2009 an weithin aufgehoben. Aufgrund der fortbestehenden kollisionsrechtlichen Regelungsgebote zahlreicher Verbraucherschutzrichtlinien, deren Umsetzung Art. 29 a EGBGB aF diente, wurde als dessen Nachfolger Art. 46 b EGBGB nF geschaffen.[23] Darüber hinaus sind die Art. 7-15 EGVVG entfallen. Art. 46 c EGBGB nF enthält nunmehr die Durchführungsbestimmungen zur Regelung des auf Pflichtversicherungsverträge anwendbaren Rechts nach Art. 7 Abs. 4 lit. b) Rom I-VO.[24]

---

15 Zwar ist von einem gebundenen Ermessen auszugehen, eine Reduktion des Ermessens auf Null im Sinne einer strikten Vorlagepflicht erscheint indes methodisch nicht überzeugend; s. aber auch die Ausführungen von *Mankowski*, RIW 2005, 481, 490.

16 BGBl. 1986 II, S. 810.

17 Die Art. 11 und 12 EGBGB setzten ebenfalls – zumindest teilweise – Vorgaben aus dem EVÜ um.

18 So auch *Dutta/Volders*, EuZW 2004, 556, 557.

19 ABl. L 177 v. 4. Juli 2008, S. 6 ff; beachte das zum zeitlichen Anwendungsbereich veröffentlichte Corrigendum, ABl. L 309 v. 24. 11. 2009, S. 87.

20 Vgl *Clausnitzer/Woopen*, BB 2008, 1798 ff; *Ferrari/Leible*, Rome I Regulation, 2009; *Ferrari/u.a.*, Internationales Vertragsrecht, Art 24 Rom I-VO, Rn 2; *Leible/Lehmann*, RIW 2008, 528 ff; *Magnus*, IPRax 2010, 27 ff; *Mankowski*, IHR 2008, 133 ff; *Martiny*, ZEuP 2008, 79 ff; *ders.*, RIW 2009, 737; *Solomon*, Tulane Law Review Vol 82 Nr. 5 (2008), 1709 ff; *Staudinger*, AnwBl 2008, 8 ff; zu Versicherungsverträgen: *Fricke*, VersR 2008, 443 ff; *Heiss*, VersR 2006, 185 ff; *Hübner*, EuZW 2006, 449 ff; Ferrari/*Staudinger*, 2. Aufl., Art. 7 Rom I-VO; mit Blick auf **D&O-Versicherungen:** *Koch*, VersR 2009, 141 ff; *Looschelders/Smarowos*, VersR 2010, 1 ff; *W.-H. Roth*, in: FS E. Lorenz, S. 631 ff; *Staudinger*, Karlsruher Forum 2009, S. 41 ff; zum **Internationalen Arbeitsrecht:** *Junker*, NZA 2008 Beil Nr. 2, 59 ff; *ders.*, RIW 2006, 401 ff; *Maurer/Sadtler*, RIW 2008, 544 ff; zur **culpa in contrahendo:** *Kurt*, 2009; *Lüttringhaus*, RIW 2008, 193 ff; zum **Auslegungszusammenhang** zwischen Brüssel I und Rom I-VO: *Bitter*, IPRax 2008, 96 ff. Zur **Vorgeschichte** s. Grünbuch der Kommission vom 14. Januar 2003, KOM (2002) 654 endg.; s. hierzu die Beiträge in *Leible*, Das Grünbuch zum Internationalen Vertragsrecht, 2004; ferner *Basedow*, in: FS Jayme, S. 3 ff; *Bonomi*, Yearbook of Private International Law 2004, 53 ff; *Ehle*, GPR 2003, 49 ff; *Looschelders*, in: FS E. Lorenz, S. 441 ff; *López-Rodríguez*, EurRevPrivLaw 2004, 167 ff; *Mankowski*, ZEuP 2003, 483 ff; *Meeusen/Pertegás/Straetmans*, Enforcement of International Contracts in the European Union, 2004; *W.-H. Roth*, in: FS Sonnenberger, S. 591 ff.

21 ABl. L 199 v. 31. Juli 2007, S. 40 ff. Vgl *Staudinger*, Rn 36 ff.

22 BGBl. I 2009, S. 1574.

23 Vgl hierzu *Martiny*, RIW 2009, 737 ff. Im Einzelnen s. *Staudinger*, Rn 118; zum Verhältnis zwischen Rom I-VO und Richtlinienkollisionsrecht beachte *Staudinger*, Rn 74.

24 S. *Staudinger*, Rn 30.

a) Anwendungsbereich

7 Hinsichtlich seines **räumlichen** Anwendungsbereichs gilt der Sekundärrechtsakt für alle Mitgliedstaaten mit Ausnahme Dänemarks.[25] Das Vereinigte Königreich stimmte entgegen seinem ursprünglichen Standpunkt für ein „opt-in", was Kommission und Rat begrüßten.[26] Irland hatte sich von vorneherein an der Verordnung beteiligt.[27]

8 Die Rom I-VO differenziert nicht zwischen **Gemeinschafts**- und **Drittstaatensachverhalten,** so dass auch ein nur geringer oder allein durch die Klageerhebung vermittelter Binnenmarktbezug die Geltung des Sekundärrechtsakts rechtfertigt.[28] Art. 2 Rom I-VO normiert den **universellen Charakter** der Harmonisierungsmaßnahme, so dass die berufene Rechtsordnung selbst dann heranzuziehen ist, wenn sie eine nicht mitgliedstaatliche ist (***loi uniforme***). Mit Blick auf Dänemark, welches durch den Sekundärrechtsakt (bislang) nicht gebunden wird und sich seinerseits auf das EVÜ stützt, bedeutet dies, dass die Gerichte der übrigen Mitgliedstaaten auch in Fällen mit Bezug zu Dänemark auf die Rom I-VO zurückgreifen.[29] Der Gemeinschaftsgesetzgeber hat die Problematik gesehen, wie sich aus der in Art. 1 Abs. 4 Rom I-VO geregelten Ausnahme für Art. 3 Abs. 4 Rom I-VO ergibt. Durch diese wird klargestellt, dass die Rom I-VO selbst Sachverhalte erfasst, in denen ein Drittstaatenrecht gewählt wurde, aber ansonsten ein ausschließlicher Bezug zum Binnenmarkt – unter Einschluss Dänemarks – besteht. Diese Konstellation kann aber nur dann auftreten, wenn das Gericht eines Mitgliedstaates, in welchem die Rom I-VO gilt, mit der Sache befasst ist. Ergo hat jenes in der genannten Konstellation ebenso auf (gemischte) Sachverhalte mit Bezug zu diesem Staat die Rom I-VO anzuwenden. Bei einem anderen Ergebnis drohte in Fällen, die teils Bezüge zu Dänemark, teils zu anderen Mitglied- bzw echten Drittstaaten aufweisen, eine praxisuntaugliche Parallelität mehrerer Anknüpfungsregime.

9 **Sachlich** erfasst die Verordnung vertragliche Schuldverhältnisse zivil- und handelsrechtlicher Art,[30] die eine Verbindung zum Recht verschiedener Staaten aufweisen (Art. 1 Abs. 1 Rom I-VO).[31] Eine Antwort auf die Frage, ob eine Zivil- oder Handelssache vorliegt, lässt sich aufgrund des gleichlautenden Begriffs in der Brüssel I-VO aus der diesbezüglichen EuGH-Judikatur ableiten.[32] Schieds- und Gerichtsstandsvereinbarungen unterliegen laut Art. 1 Abs. 2 lit. e) Rom I-VO nicht der Verordnung. Diese sind als Prozessverträge dem IZVR zuzurechnen. Allerdings sollte im Wege einer gebotenen restriktiven Auslegung der Ausnahmetatbestand nicht auch auf das Schiedsverfahren in toto und dessen Gegenstand ausgedehnt werden.[33] Ausgenommen sind ferner nach Art. 1 Abs. 2 lit. i) Rom I-VO etwa solche Schuldverhältnisse aus Verhandlungen vor Abschluss eines Vertrages (vgl Art. 12 Rom II-VO) und Fragen des Gesellschafts- bzw Vereinsrechts sowie das Recht der juristischen Personen.[34]

---

25 Vgl Erwägungsgründe 45, 46; dazu *Leible/Lehmann*, RIW 08, 528, 532. Die Sonderposition Dänemarks ergibt sich aus den dem Vertrag über die Europäische Union und den dem Vertrag über die Europäische Gemeinschaft beigefügten Protokollen Nr. 5. Gem. Art. 1 Abs. 4 S. 2 Rom I-VO ist Dänemark aber im Hinblick auf die besondere Rechtswahlschranke in Art. 3 Abs. 4 Rom I-VO und auch für die Zwecke des Art. 7 Rom I-VO zum Kreis der Mitgliedstaaten zu zählen.

26 ABl. L 10 v. 15. Januar 2009, S. 22.

27 Vgl Erwägungsgrund Nr. 44 Rom I-VO.

28 Vgl Art. 1 Abs. 1 Rom I-VO: „**Verbindung zum Recht verschiedener Staaten**", nicht Mitgliedstaaten.

29 Vgl *Leible/Lehmann*, RIW 2008, 528, 532; aA mit Blick auf den zweideutigen Wortlaut von Art. 1, 2 des Protokolls über die Position Dänemarks: Prütting/Wegen/Weinreich/*Brödermann/Wegen*, Art. 2 Rom I-VO, Rn 3.

30 Zum Begriff s. die Angaben bei Hk-BGB/*Staudinger*, Art. 1 Rom-I, Rn 2.

31 S. zur Qualifikation von Ansprüchen gegen das ausführende Luftfahrtunternehmen nach Art. 27 ff EGBGB aF bei Vertragsschluss mit einer anderen Fluggesellschaft (sog. Codesharing): BGH, NJW 2010, 1070; kritisch hierzu *Staudinger*, IPRax 2010, 140; zum Begriff der Zivil- und Handelssache vgl die zur Brüssel I-VO ergangene Judikatur, *Staudinger*, Rn 180; s. die Angaben bei Hk-BGB/*Staudinger*, Art. 1 Rom-I, Rn 2.

32 Vgl Erwägungsgrund Nr. 7 Rom II-VO; s. Palandt/*Thorn*, Art. 1 Rom II-VO, Rn 6; zum Begriff der Zivil- und Handelssache vgl die zur Brüssel I-VO ergangene Judikatur, *Staudinger*, Rn 180; s. die Angaben bei Hk-BGB/*Staudinger*, Art. 1 Rom-I, Rn 2.

33 So *Mankowski, RIW* 2011, 30 ff; zustimmend *McGuire*, SchiedsVZ 2011, 257 ff; aA Prütting/Wegen/Weinreich/*Brödermann/Wegen*, Art. 1 Rom I-VO, Rn 20; ebenfalls *Schilf*, RIW 2013, 678 ff.

34 Zum Vertrag mit Schutzwirkung für Dritte s. *Czaplinski/Kassing*, JA 2009, 584 ff.

Zeitlich ist die Rom I-VO gem. Art. 28 auf Verträge anwendbar, welche ab dem 17. Dezember 2009 geschlossen wurden.[35] Zum gleichen Zeitpunkt gelangte auf nationaler Ebene das Gesetz zur Anpassung der Vorschriften des Internationalen Privatrechts an die Verordnung (EG) Nr. 593/2008 zur Anwendung.[36] Die Rom I-VO gilt ebenso hinsichtlich solcher **Dauerschuldverhältnisse, die über diesen Stichtag hinaus andauern**, da der Sekundärrechtsgeber von einer besonderen intertemporalen Regelung für derartige Konstellationen (vgl Art. 24 Rom I-VO-E) Abstand nahm. Bei Alt- und Neuverträgen besteht somit ein Nebeneinander von zwei Anknüpfungssystemen. Wenngleich diese Lösung auf den ersten Blick befremdlich erscheint, verdient sie angesichts ihrer Klarheit Zustimmung.

b) Einzelregelungen

aa) Rechtswahl, Art. 3 Rom I-VO

Das anwendbare Recht können die Parteien nach **Art. 3 Abs. 1 Rom I-VO** grds. frei wählen. Diese 10 subjektive Anknüpfung mag konkludent[37] oder explizit vorgenommen werden und darf sich auch bloß auf einen Teil des Vertrags beziehen (*dépeçage*). Zustandekommen und Wirksamkeit der Vereinbarung sind nach dem (hypothetischen) Vertragsstatut zu beurteilen (Art. 3 Abs. 5 iVm Art. 10 Rom I-VO); Rechtsfragen zur Form gesondert anzuknüpfen (Art. 3 Abs. 5 iVm Art. 11 Rom I-VO). Es handelt sich um Sachnormverweisungen (Art. 20 Rom I-VO). Abs. 2 stellt klar, dass das Statut auch nachträglich festgelegt werden kann, Rechte Dritter und Formfragen aber unberührt bleiben.

Wählbar sind nur staatliche Rechte, wie sich im Umkehrschluss aus Art. 3 Abs. 2 Rom I-E ergibt, 11 in welchem noch Gegenteiliges vorgesehen war.[38] Dem steht auch Erwägungsgrund Nr. 13 Rom I-VO nicht entgegen, welcher besagt, dass die Parteien auf ein nichtstaatliches Recht oder ein internationales Übereinkommen Bezug nehmen dürfen. Hierbei handelt es sich um keine echte Rechtswahl.[39] Machen die Parteien von dieser Möglichkeit Gebrauch und verweisen auf etwaige Principles, wie den als Vorstufe zu einem möglichen Common Frame of Reference (CFR) vorliegenden Draft CFR,[40] wird dies als materiellrechtliche Verweisung zu werten sein.[41] Sollte der CFR hingegen künftig in eine Empfehlung iSd Art. 288 Abs. 5 AEUV eingestellt oder als optionales Instrument in Form einer Verordnung verabschiedet werden, welche sich auf Art. 288 Abs. 2, 352 AEUV stützt, könnte seine kollisionsrechtliche Wahl durch den Sekundärrechtsgeber gestattet werden.[42]

Die Parteiautonomie ist beschränkt: Einerseits bestimmt **Art. 3 Abs. 3 Rom I-VO** für reine **Inlands-** 12 **sachverhalte**, dass zumindest das ius cogens des entsprechenden Staates anwendbar bleibt. Andererseits greift die in **Art. 3 Abs. 4 Rom I-VO** festgelegte Rechtswahlschranke (**„Binnenmarktabgrenzungsregel"**) dann, wenn trotz ausschließlichem Binnenmarktbezugs (beachte insofern Art. 1 Abs. 4 S. 2 Rom I-VO) ein Drittstaatenrecht gewählt wurde. Gem. Art. 1 Abs. 4 Rom I-VO ist auch Dänemark zu den Mitgliedstaaten im Sinne von Art. 3 Abs. 4 Rom I-VO zu zählen. Jenes hat zur Folge, dass zwingende gemeinschaftsrechtliche Vorgaben in der Umsetzungsform der lex fori eingreifen.[43] Anders als bei Art. 29 a EGBGB aF kann dies nicht nur im „B2C"-, sondern auch im „B2B"-Bereich relevant werden, wenngleich zwingende Normen sekundärrechtlichen Ursprungs

---

35 S. hierzu das Ratsdokument 13497/09, abrufbar unter: http://register.consilium.europa.eu/pdf/en/09/st13/st13497.en09.pdf.

36 BGBl. 2009 I, S. 1574.

37 Dazu *Leible/Lehmann*, RIW 2008, 532 f.

38 Vgl *Leible/Lehmann*, RIW 2008, 528, 533; *Mankowski*, IHR 2008, 133, 136; *R. Wagner*, IPRax 2008, 377 ff.

39 *Leible/Lehmann*, RIW 2008, 533.

40 *Von Bar/Clive*, Principles, Definitions and Model Rules of European Private Law – Draft Common Frame of Reference (DCFR), 2009.

41 *Mankowski*, IHR 2008, 133, 136.

42 Vgl Erwägungsgrund Nr. 14 Rom I-VO; allg. hierzu: *Leible*, BB 2008, 1469 ff; *ders.*, NJW 2008, 2558 ff; *Schulte-Nölke*, NJW 2009, 2161 ff; *Staudinger*, VuR 2001, 358 f; *Zimmermann/Janssen*, NJW 2009, 3401 ff.

43 Zu diesen Normen: *Storme*, EurRevPriv Law 2007, 233 ff

dort seltener sind. Prominentes Beispiel ist indes die Handelsvertreter-RL.[44] Im Gegensatz zur Ingmar-Doktrin erfordert Art. 3 Abs. 4 Rom I-VO jedoch nicht bloß einen engen, sondern ausschließlichen Binnenmarktbezug. Legislatorisch stellt die Norm daher im Ergebnis zum einen in Bezug auf die Voraussetzungen eine ausschnittsweise Kodifikation der Ingmar-Doktrin[45] und zum anderen hinsichtlich der Rechtsfolge ihre Verallgemeinerung dar. Für die verbleibenden Fälle eines engen, aber nicht ausschließlichen Binnenmarktbezugs kommt eine Berücksichtigung von Richtlinienvorgaben über die Sonderanknüpfung in Art. 6 Rom I-VO in Betracht. Schließlich können auch Umsetzungsbestimmungen zu den Eingriffsnormen iSv Art. 9 Rom I-VO zählen. Bedeutsam ist dies neben der Handelsvertreter- etwa für die Zahlungsverzugs-RL 2011/7/EU.[46] Ungeklärt erscheint allerdings bislang, unter welchen Voraussetzungen Verbraucherschutzvorschriften zu den international zwingenden Regeln iSv Art. 9 Rom I-VO gehören.

13 Art. 3 Abs. 4 Rom I-VO wirft eine Reihe von **Zweifelsfragen** auf. Dies betrifft beispielsweise den Fall der strengeren Transformation von Richtlinien.[47] Dieselben Unklarheiten bestehen im Fall der überschießenden Umsetzung, wenn sich etwa ein Mitgliedstaat dazu entscheidet, für Verbraucher konzipierte Schutzinstrumente auch anderen Personengruppen an die Hand zu geben. Als Beispiel mag die Einbeziehung bestimmter Gewerbetreibender in den Adressatenkreis des Widerrufsrechts nach § 8 VVG im Wege der deutschen Umsetzung der RL über den Fernabsatz bei Finanzdienstleistungen 2002/65/EG dienen.

14 Sollte der Anwendungsbefehl – wie der Wortlaut („in der vom Mitgliedstaat des angerufenen Gerichts umgesetzten Form") nahelegt – überobligatorische Transformationsnormen einschließen, würde dies einerseits die Rechtswahlfreiheit als fünfte Grundfreiheit einschränken und andererseits einen Anreiz zum „forum shopping" setzen. Geht man vom Gegenteil aus, droht die Schieflage, dass eine auf den Mindeststandard der Harmonisierungsmaßnahme abgesenkte nationale Vorschrift in dieser „Form" nicht existiert, die horizontale Direktwirkung der Richtlinie ausscheidet und der Richter aber an die vom nationalen Gesetzgeber gewählte Ausgestaltung der Umsetzung gebunden bleibt (Art. 20 Abs. 3 GG). In der Folge könnten Parteien versucht sein, durch *forum shopping* die Transformationsnormen eines bestimmten Staates zur Anwendung zu bringen.

15 Ein verwandtes Problem stellt sich dort, wo Gemeinschaftsrechtsrecht allein das „Ob" der Regelung etwa eines Durch- bzw Rückgriffs zwingend vorgibt, indes das „Wie" den Mitgliedstaaten anheim gestellt bleibt.[48] So hat der Sekundärrechtsgeber in Bezug auf den Unternehmerregress nach Art. 4 Verbrauchsgüterkauf-RL 1999/44/EG den Mitgliedstaaten ausdrücklich einen Gestaltungsspielraum eröffnet.[49]

16 Eine weitere Zweifelsfrage im Zusammenhang mit Art. 3 Abs. 4 Rom I-VO entsteht immer dann, wenn die Anwendung dieser Norm mit einem **Günstigkeitsvergleich**, etwa nach Art. 6 Abs. 2 oder

---

44 *Mankowski*, IHR 2008, 133, 136; noch zur Auslegung des EVÜ in Verbindung mit der Handelsvertreter-RL in Bezug auf nach Kündigung eines Handelsvertretervertrages zu zahlende Entschädigungen vgl EuGH, Rs. C-184/12 (Unamar), EuZW 2013, 956 ff; s. auch Hk-BGB/*Staudinger*, Art. 3 Rom I-VO, Rn 8.

45 Vgl EuGH, Rs. C-381/98, EuGHE I 2000, 9305, 9335 = NJW 2001, 2007, 2008 m.Anm. *Staudinger*, NJW 2001, 1974 ff; BGH, IHR 2013, 35 f; hierzu *Antomo*, IHR 2013, 225 ff; OLG München, IPRax 2007, 322 ff; hierzu *Emde*, EWiR 2006, 621 f.

46 S. *Mankowski*, IHR 2008, 133, 136; beachte EuGH, NJW 2008, 1935 m.Anm. *Staudinger*, DNotZ 2009, 198; in der Folge OLG Köln, Urt. v. 12. März 2009, Az 18 U 101/08; vergleiche die vorherige Zahlungsverzugs-RL 2000/35/EG, welche durch die Richtlinie 2011/7/EU des Europäischen Parlaments und des Rates v. 16. Februar 2011 zur Bekämpfung von Zahlungsverzug im Rechtsverkehr (Zahlungsverzugs-RL), ABl. L 48 v. 23. Februar 2011, S. 1 ff., aufgehoben wurde. Beachte das Umsetzungsgesetz zur RL „Gesetz zur Bekämpfung von Zahlungsverzug im Geschäftsverkehr und zur Änderung des Erneuerbare-Energien-Gesetzes" vom 22. Juli 2014, BGBl. 2014 I, S. 1218 ff.

47 S. den Ausbau des Anwendungsbereichs beim Verbraucherkreditrecht ggü. Art. 2 Abs. 1 lit. f) der (alten) Verbraucherkreditrichtlinie 87/102/EWG; die deutsche überschießende Transformation wird allerdings mit dem Inkrafttreten des Umsetzungsgesetzes zur neuen vollharmonisierenden Verbraucherkreditrichtlinie 08/48/EG am 2. Juni 2010 aufgehoben, BGBl. 2009 I, S. 2355. Fortbestehen wird indes die nationale Schutzverstärkung bei Haustürsituationen im Hinblick auf ein Fortdauern der Überrumpelung.

48 S. *Mankowski*, IHR 2008, 133, 136.

49 Vgl den Wortlaut in Art. 4 S. 2 Verbrauchsgüterkaufrichtlinie.

Art. 8 Abs. 1 Rom I-VO, kollidiert. In diesem Fall droht die paradoxe Situation, dass ein Verbraucher beispielsweise aufgrund des nach Art. 6 Abs. 2 Rom I-VO anzustellenden Vergleichs im konkreten Einzelfall womöglich besser gestellt wäre als nach Art. 3 Abs. 4 Rom I-VO, ihm aber dieses günstigere Recht durch die Binnenmarktschutzklausel versagt bliebe.

bb) Objektive Anknüpfung, Art. 4 Rom I-VO

Art. 4 Abs. 1 Rom I-VO sieht ausdrückliche Regelungen für die **objektive Anknüpfung** einzelner Vertragstypen vor. Diese orientieren sich weitestgehend an der in Art. 4 Abs. 2 Rom I-VO für alle übrigen Rechtsgeschäfte normierten Maßgeblichkeit des Ortes, an dem sich der Erbringer der charakteristischen Leistung gewöhnlich aufhält (vgl Art. 19 Rom I-VO). Eine Ausnahme enthält Art. 4 Abs. 1 lit. c) Rom I-VO, welcher dingliche Rechte und Verträge über Miete oder Pacht von Immobilien der lex rei sitae unterstellt. Bei offensichtlich engerer Verbindung zu einem anderen Staat als dem nach Abs. 1 oder 2 ermittelten, ist laut der Ausweichklausel in Art. 4 Abs. 3 Rom I-VO dessen Recht berufen. Lässt sich das Statut nicht nach Abs. 1 oder 2 bestimmen, erklärt Art. 4 Abs. 4 Rom I-VO das Recht des Landes für anwendbar, welcher die engste Verbindung zum Rechtsgeschäft aufweist.[50] 17

cc) Sonderanknüpfungen

(1) Beförderungsverträge, Art. 5 Rom I-VO

Art. 5 Abs. 1 Rom I-VO enthält eine spezielle Anknüpfungsregel für **Gütertransportverträge**. Vorbehaltlich einer Rechtswahl gem. Art. 3 Rom I-VO ist danach das Heimatrecht des Beförderers heranzuziehen, sofern in diesem Staat auch der Übernahme- oder Ablieferungsort bzw der gewöhnliche Aufenthalt des Absenders liegt. Andernfalls findet das Recht des Ablieferungsorts Anwendung. Für **Personenbeförderungsverträge** sieht Art. 5 Abs. 2 Rom I-VO zum einen Rechtswahlschranken, zum anderen subsidiär vor, dass unter bestimmten engen Voraussetzungen das Aufenthaltsstatut des Passagiers kraft objektiver Anknüpfung berufen wird. Das stellt eine Verbesserung des Schutzes im Vergleich zum bisherigen status quo dar. Relevanz kommt der Sonderregel dann zu, wenn die Rechtswahl unwirksam ist, etwa wegen mangelnder Einbeziehung der von einem Unternehmer gestellten Geschäftsbedingungen in den Vertrag aufgrund der Besonderheiten des elektronischen Rechtsverkehrs. Rechtswahlklauseln geraten immer mehr auf den Prüfstand. Dabei ist davon auszugehen, dass die (vorformulierte) Vereinbarung etwa des Rechts am Sitz des Luftbeförderers nach Art. 5 Abs. 2 S. 3 lit. b) in Verbindung mit Art. 19 Abs. 1 S. 1 Rom I-VO zulässig ist. Auch im Lichte der Klauselrichtlinie kann eine solche Abrede Verbrauchern gegenüber nicht nach § 307 Abs. 1 S. 1 BGB als inhaltlich unangemessen eingestuft werden. Ebenso wenig erscheint eine derartige Formularabrede am Ende nach § 305 c Abs. 1 als überraschend bzw laut § 307 Abs. 1 S. 2 BGB als intransparent. Da Art. 6 Abs. 2 S. 2 nach Abs. 4 lit. b) Rom I-VO ohnehin nicht einschlägig ist, steht dem auch nicht das Fehlen eines Günstigkeitsvergleichs entgegen. Selbst bei Anwendbarkeit in Pauschalreiseverträgen lässt sich kein Verstoß gegen das Transparenzgebot herleiten. Letztlich ist ebenfalls der mangelnde Hinweis auf das Bestehen etwaiger Ansprüche nach der VO 261/2004 bzw dem Montrealer Übereinkommen kein Anlass, die Wahl des Sitzrechtes des Luftbeförderers als intransparent im Sinne des § 307 Abs. 1 S. 2 BGB anzusehen.[51] Das AG Bremen[52] hielt eine solche Klausel hingegen für unwirksam. 18

(2) Verbraucherverträge, Art. 6 Rom I-VO

Die **Verbraucherkollisionsnorm** in **Art. 6 Rom I-VO modifiziert** ebenfalls die subjektive (Abs. 2) und objektive Anknüpfung (Abs. 1). **Sachlich** unterliegen im Grundsatz sämtliche Verträge der Sonderregel, wobei es nach Art. 6 Abs. 4 Rom I-VO bei einem Ausnahmenkatalog bleibt. Gewinnzusagen werden weiterhin nicht ausdrücklich geregelt. In seinem Anwendungsbereich verdrängt Art. 6 19

50 Im Einzelnen s. *Leible/Lehmann*, RIW 2008, 528, 534 ff.
51 S. bereits *Staudinger/Bauer*, NJW 2014, 895, 896.
52 AG Bremen, BeckRS 2013, 21519.

Rom I-VO dabei die in einigen Verbraucherschutzrichtlinien enthaltenen kollisionsrechtlichen Regelungsgebote, denen der hiesige Gesetzgeber in Art. 46 b EGBGB weiterhin Rechnung trägt.[53] **Persönlich** erfordert Art. 6 Rom I-VO explizit einen „B2C"-Kontrakt. In **situativer Hinsicht** greift die Anknüpfungsregel ein, wenn der Unternehmer seine berufliche oder gewerbliche Tätigkeit unter anderem in dem Mitgliedstaat, in welchem der Verbraucher seinen gewöhnlichen Aufenthalt[54] hat, ausübt oder eine solche zumindest auf diesen Staat ausgerichtet hat. Fraglich erscheint, ob hierfür auch das Vorhalten einer passiven Homepage genügt, oder diese interaktiv gestaltet sein muss. Ferner ist Voraussetzung, dass das Rechtsgeschäft in den Bereich der ausgerichteten Tätigkeit fällt, was im Lichte des Erwägungsgrunds Nr. 25 aE Kausalität bedeutet. Der EuGH lehnt das Erfordernis eines derartigen Ursachenzusammenhangs in seiner Entscheidung vom 17.10.2013 in der Rechtsache Emrek[55] ab. Dies überzeugt wohl in Anbetracht des Ausgangssachverhalts, stößt jedenfalls bei der Begründung zumindest teilweise auf Bedenken. Dogmatisch zutreffend verweist er insofern auf den Wortlaut, die historische, systematische sowie teleologische Interpretation des Art 15 Abs. 1 lit. c) Brüssel I-VO. Kritikwürdig erscheint allerdings, dass der EuGH den Art 6 Abs. 1 lit. b) Rom I-VO im Wege der übergreifenden systematischen Betrachtung gänzlich ausspart. Diese Vorschrift sieht eine Sonderanknüpfung zugunsten von Verbrauchern vor und erweist sich insofern als das kollisionsrechtliche Gegenstück zu Art 15 Abs. 1 lit. c) Brüssel I-VO im Internationalen Zivilverfahrensrecht. Zu Art 6 Abs. 1 lit. b) Rom I-VO wiederum hat der Europäische Gesetzgeber im Erwägungsgrund 25 S. 2 Rom I-VO die Vorgabe aufgestellt, dass der Vertragsschluss auf das Ausrichten der Tätigkeit zurückzuführen sein muss. Nun ist die Rom I-VO im Nachgang zur Brüssel I-VO geschaffen worden. Gerade der Erwägungsgrund 7 Rom I-VO legt allerdings nahe, dass sämtliche europäischen Rechtsakte harmonisch interpretiert werden sollen, um zwischen Europäischem Zivilverfahrens- und Internationalen Privatrecht einen Gleichklang zu erzielen. Dieses Gebot der harmonischen Auslegung hat der Gerichtshof in der Vergangenheit in den Rechtsachen Pammer sowie Mühlleitner im Ausgangspunkt auch beachtet.[56] Umso mehr ist nicht nachzuvollziehen, weshalb die Luxemburger Richter nunmehr den Erwägungsgrund 25 S. 2 Rom I-VO nicht ansprechen. Allerdings ist zu bedenken, dass es sich bei dem Erwägungsgrund 25 S. 2 Rom I-VO lediglich um den „Subtext" zu Art 6 Abs. 1 lit. b) Rom I-VO handelt. Die Formulierungen von Art 15 Abs. 1 lit. c) Brüssel I-VO sowie Art 6 Abs. 1 lit. b) Rom I-VO erweisen sich auf der Ebene des Haupttextes als deckungsgleich, weil dort jeweils eine Kausalitätsprüfung nicht ausdrücklich vorgeschrieben ist. Festzuhalten bleibt, dass dem Unternehmer nach Ansicht des EuGH bereits ein abstraktes „Ausrichten" zum Vorwurf gereicht. Ob der spätere Vertragsschluss mit einem Verbraucher konkret-individuell hierauf basiert, ist irrelevant. Ausreichend erscheint vielmehr, dass der Kunde zum Kreis der potenziellen Adressaten zählt. Der EuGH spricht dem Ursachenzusammenhang als Filter allerdings auch nicht jede Relevanz ab. Vielmehr sieht er in der nachgewiesenen Kausalität ein Indiz, welches den Rückschluss auf das Ausrichten der Tätigkeit im Sinne des Art 15 Abs. 1 lit. c) Brüssel I-VO erlaubt. Der Gerichtshof erweitert demzufolge den in der Rechtsache Pammer entwickelten Katalog von objektiven Kriterien, anhand derer die mitgliedstaatlichen Gerichte den subjektiven Willen des Unternehmers ermitteln können, sich unter anderem auf den Wohnsitzstaat des Kunden auszurichten. Sicherlich wird das LG Saarbrücken bzw AG Saarbrücken letzte Zweifel mit Blick auf den Erwägungsgrund 25 S. 2 in Bezug auf Art 6 Abs. 1 lit. b) Rom I-VO klären müssen. Als letztinstanzlicher Spruchkörper besteht an sich bei einer offenen und entscheidungserheblichen Frage eine Vorlagepflicht nach Art 267 Abs. 3 AEUV. Behelfen mag man sich – auch wenn dies ein Stück weit kühn erscheint – womöglich mit der act claire-Doktrin. Ein Ausrichten erst im Nach-

53 Zum Verhältnis von Rom I-VO und Art. 46 b EGBGB s. *Staudinger*, Rn 35.

54 Zum Begriff des gewöhnlichen Aufenthalts einer privat handelnden natürlichen Person s. *Hilbig-Lugani*, GPR 2014, 8 ff.

55 EuGH, Rs. C-218/12 (Lokman Emrek ./. Vlado Sabranovic), EWS 2013, 442 ff; hierzu *Mankowski*, EWiR 2013, 717; *Piroutek/Reinhold*, euvr 2014, 41; *Rühl*, IPRax 2014, 41; *Schultheiß*, EuZW 2013, 944; *Staudinger/Steinrötter*, NJW 2013, 3505; *Staudinger*, DAR 2013, 697; *ders.*, JM 2014, erscheint demnächst.

56 Dies betraf den Erwägungsgrund 24 S. 3 Rom I-VO, den der Gerichtshof dann allerdings als nicht bindend einstufte; hierzu *Staudinger/Steinrötter*, EWS 2011, 70, 73 ff.

gang zum Vertragsschluss kann hingegen dem Unternehmer hierauf bezogen nicht „rückwirkend" zum Nachteil gereichen.[57] Mit Blick auf das IPR folgt dies bereits aus Art 19 Abs. 3 Rom I-VO. Hiernach ist allein der gewöhnliche Aufenthalt in dem Moment entscheidend, wenn das Rechtsgeschäft zustande kommt. Zu diesem Zeitpunkt muss das Vertragsstatut nach Art 6 Abs. 1 lit. b) bzw 2 Rom I-VO feststehen. Dies ergibt sich auch aus Erwägungsgrund 6 Rom I-VO. Letztlich erweist sich demnach das auf den Verbrauchervertrag anwendbare Sachrecht aus Gründen der Rechtssicherheit und -vorhersehbarkeit als unwandelbar. Die Entscheidung des EuGH in der Rechtssache Emrek erzwingt keine abweichende Lesart. Vielmehr lässt sich den Randnummern 9 und 10 des Urteils entnehmen, dass im konkreten Verfahren der Gebrauchtwagenhändler bereits zum maßgeblichen Zeitpunkt eine Internetseite unterhielt.[58]

Art. 6 Abs. 2 Rom I-VO erklärt die **subjektive Anknüpfung** nach Art. 3 Abs. 1 Rom I-VO trotz Vorliegen der Voraussetzungen des Abs. 1 („ungeachtet") ausdrücklich für zulässig. Zur Anwendung berufen sind indes ebenso die Beschränkungen in Art. 3 Abs. 3, Abs. 4 Rom I-VO. Die Rechtswahl darf nach Art. 6 Abs. 2 Rom I-VO nicht dazu führen, dass dem Konsumenten der Schutz durch zwingende (Verbraucherschutz-)Vorschriften der Rechtsordnung seines gewöhnlichen Aufenthaltsstaates entzogen wird. Rechtsfolge ist damit ein konkreter **Günstigkeitsvergleich.** Nach diesem dürfte selbst ein Gericht, welches üblicherweise der ***fact doctrine*** folgt, gehalten sein, den Schutzstandard des ausländischen Rechts von Amts wegen zu ermitteln und dieses ggf anzuwenden. Bliebe der Kläger hierfür darlegungs- und beweisbelastet, liefe der Günstigkeitsvergleich oftmals leer. 20

Mangels Rechtswahl wird das Verbrauchervertragsstatut bei Vorliegen der Voraussetzungen von Art. 6 Abs. 1 lit. a) oder b) Rom I-VO **objektiv** durch den **gewöhnlichen Aufenthaltsort** des Verbrauchers als Anknüpfungspunkt bestimmt. Fällt der Vertrag nicht unter Art. 6 Abs. 1 Rom I-VO, so verweist Art. 6 Abs. 3 Rom I-VO auf die Art. 3 und 4 Rom I-VO.[59] 21

Art. 6 Rom I-VO erfasst **Pauschalreise-[60] und Timesharingverträge.[61]** Zweifelhaft erscheint, ob und inwieweit **Beherbergungs-, Ferienhausmiet- und Bootscharter-**, und so genannte **Incentive-Reisen** Art. 6 Rom I-VO unterliegen.[62] 22

(3) Versicherungsverträge, Art. 7 Rom I-VO

Art. 7 Rom I-VO gilt als Sonderkollisionsnorm für alle Versicherungsverträge über Großrisiken und solche mit Belegenheitsort im Binnenmarkt,[63] nimmt Rückversicherungsverträge aber aus. Für Verträge über Großrisiken ist Art. 7 Abs. 2 Rom I-VO maßgeblich. Die subjektive Anknüpfung der übrigen Verträge folgt den in Art. 7 Abs. 3 Rom I-VO festgelegten Regeln. Die Mitgliedstaaten haben die Möglichkeit, den Parteien zusätzliche Optionen einzuräumen (Art. 7 Abs. 3 S. 2 Rom I-VO). Liegt keine Rechtswahl vor, verweist Art. 7 Abs. 3 S. 3 Rom I-VO zur Bestimmung des Belegenheitsort des versicherten Risikos auf Art. 7 Abs. 6 Rom I-VO. Bei D&O-Versicherungen ist die Risikobelegenheit am gewöhnlichen Aufenthaltsort des Versicherten anzunehmen.[64] 23

57 So aber wohl *Keiler/Binder*, euvr 2013, 230 ff.

58 S. auch *Staudinger*, DAR 2013, 697 ff.

59 Umfassend zu diesen: *R. Wagner*, IPRax 2008, 377 ff.

60 Vgl EuGH, verb. Rs. C-585/08 (Peter Pammer ./. Reederei Karl Schlüter GmbH & Co. KG) und C-144/09 (Hotel Alpenhof GesmbH ./. Oliver Heller), MMR 2011, 132 ff.; Hk-BGB/*Staudinger*, Art. 6 Rom I, Rn 7.

61 S. Gebauer/Wiedmann/*Staudinger*, Kap. 10, 2. Aufl., 2010. Der Verweis in Art. 6 Abs. 4 lit. c) Rom I-VO wird wohl dynamisch auf die Timesharing-RL II zu erstrecken sein. Andernfalls drohen Widersprüche hinsichtlich Art. 3 Abs. 3 und 4 Rom I-VO. Aus rechtsstaatlichen Erwägungen erscheint es geboten, Art. 6 Abs. 1 lit. c) Rom I-VO bei Zeiten anzupassen.

62 Hierzu s. HK-BGB/*Staudinger*, Art. 6 Rom I, Rn 8.

63 Ausf. *Fricke*, VersR 2008, 443 ff; *Koch*, VersR 2009, 141, 145; *Looschelders*, VersR 2010, 1 ff; *Perner*, IPRax 2009, 218 ff; Ferrari/*Staudinger*, Art. 7 Rom I-VO. Gem. Art. 1 Abs. 4 Rom I-VO ist auch Dänemark als Mitgliedstaat iSv Art. 7 Rom I-VO anzusehen.

64 *Staudinger*, Karlsruher Forum 2009, S. 41, 58; Zu D&O-Versicherungen s. *Armbrüster*, VersR 2014, 1 ff; *Koch*, VersR 2013, 1522 ff; *Staudinger/Richters*, DB 2013, 2442 ff.

24 Bei Pflichtversicherungsverträgen sieht Art. 7 Abs. 4 Rom I-VO ergänzende Bestimmungen vor: Falls eine Divergenz besteht, geht gem. Abs. 4 lit. a) Rom I-VO das Recht des Mitgliedstaates, welcher die Versicherungspflicht vorschreibt, demjenigen vor, welches kraft Risikobelegenheit berufen wird. Dies kann zur Geltung unterschiedlicher Rechte für den Vertrag führen. Um dem vorzubeugen, können die nationalen Gesetzgeber gem. Abs. 4 lit. b) festschreiben, dass für den Versicherungsvertrag ausschließlich das Recht maßgeblich ist, welches die Pflichtversicherung vorschreibt. Eine abweichende (Teil-)Rechtswahl wäre dann unzulässig. Dies hat die hiesige Legislative in Art. 46 c EGBGB nF vorgesehen. Art. 7 Abs. 4 Rom I-VO greift nicht, wenn das Risiko in einem Drittstaat belegen ist. Zur Vermeidung widersprüchlicher Ergebnisse erscheint eine analoge Anwendung der Norm angezeigt.[65]

25 Gem. Art. 7 Abs. 2 S. 1 Rom I-VO bestimmt sich die subjektive Anknüpfung von **Versicherungsverträgen über Großrisiken** nach Art. 3 Rom I-VO und die objektive anhand Art. 7 Abs. 2 S. 2 Rom I-VO. Dabei kommt es nach dem Wortlaut von Art. 7 Abs. 1 Rom I-VO nicht auf den Belegenheitsort an. Zur Bestimmung des Großrisikos nimmt Art. 7 Abs. 2 Rom I-VO nunmehr Bezug auf die Richtlinie 73/239/EWG.

26 Versicherungsverträge, welche ein **außerhalb des Binnenmarkts** belegenes Risiko abdecken, sind grds. nach den allgemeinen Regeln, Art. 3,4 und 6 Rom I-VO, anzuknüpfen.[66] Gleiches gilt für **Rückversicherungsverträge.** Damit entfällt zwar der bisherige Quellenpluralismus im Internationalen Versicherungsrecht,[67] es bleibt aber bei einer Mehrspurigkeit innerhalb der Rom I-VO.

27 Gelangt man zur Anwendung von Art. 4 Rom I-VO, stellt sich die Frage, ob es sich beim (Rück-)Versicherungsvertrag um einen Dienstleistungsvertrag iSv Art. 4 Abs. 1 lit. b) Rom I-VO,[68] oder um einen Rechtsgeschäft sui generis handelt, welches laut Art. 4 Abs. 2 Rom I-VO anzuknüpfen wäre. Mit der Geldleistungstheorie könnte man ferner über Art. 4 Abs. 4 Rom I-VO, wie auch direkt über Art. 4 Abs. 3 Rom I-VO zum Ort der Risikobelegenheit als Anknüpfungspunkt gelangen.[69] Vorzugswürdig erscheint die Einordnung als Dienstleistungsvertrag iSv Art. 4 Abs. 1 lit. b) Rom I-VO.[70] Zur Anwendung berufen ist daher das Recht des Staates, in welchem sich die Hauptniederlassung des (Rück-)Versicherers befindet.[71]

28 Gem. Art. 7 Abs. 5 Rom I-VO ist bei **Massenrisikoverträgen** mit Belegenheitsorten in **mehreren Mitgliedstaaten** hinsichtlich der subjektiven (Art. 7 Abs. 3 S. 2 Rom I-VO) wie objektiven Anknüpfung Art. 7 Abs. 3 S. 3 Rom I-VO) fiktiv davon auszugehen, es handele sich um mehrere Rechtsgeschäfte, welche sich jeweils nur auf ein Land beziehen. Dies gilt allerdings nicht, sofern es sich um Verträge über Großrisiken handelt. Auch für den Fall der **Mehrfachbelegenheit** von derartigen Risiken in **Mitglieds- und Drittstaaten** kommt es gem. Erwägungsgrund Nr. 33 zu einer **gespaltenen Anknüpfung.** In diesen Konstellationen ist also nicht auf den Schwerpunkt des Vertrags abzustellen, sondern eine Differenzierung vorzunehmen. Falls nur Mitgliedstaaten betroffen sind, richtet sich das anwendbare Recht nach dem jeweiligen Belegenheitsort. Befinden sich die Risiken teilweise im Binnenmarkt, gilt die Sonderkollisionsnorm ihrem Wortlaut gem. für diese. Hingegen greifen die allgemeinen Regeln (Art. 3, 4 Rom I-VO) Platz,[72] sofern ausschließlich Drittstaaten betroffen sind.

29 Zur Bestimmung des Belegenheitsorts werden durch Art. 7 Abs. 6 Rom I-VO bei Direktversicherungen Art. 2 lit. d) der Zweiten Direktversicherungs-RL 88/357/EWG und bei Lebensversicherungen Art. 1 Abs. 1 lit. g) Lebensversicherungs-RL 2002/83/EG inkorporiert. Ihren eigenständigen

65 So *Perner*, IPRax 2009, 218, 222.
66 Vgl *Fricke*, VersR 2008, 443, 452.
67 Vgl *Staudinger*, Rn 30.
68 Dafür *Leible/Lehmann*, RIW 2008, 528, 539.
69 Dafür *Fricke*, VersR 2008, 443, 452.
70 Dazu *Leible/Lehmann*, RIW 2008, 528, 539; aA *Fricke*, VersR 2008, 443, 445 f.
71 Vgl hierzu Art. 19 Rom I-VO.
72 Dies entspricht der bislang vorherrschend vertretenen gespaltenen Anknüpfung; vgl Berliner Kommentar/*Dörner*, Art. 7 EGVVG, Rn 31 ff mwN; aA: *Fricke*, VersR 2008, 443, 448.

kollisionsrechtlichen Regelungsgehalt haben beide Harmonisierungsmaßnahmen indes gem. Art. 23 Rom I-VO verloren.

Mit Inkrafttreten der **Rom I-VO** am 17. Dezember 2009 wurden die Art. 7-15 EGVVG aF als Umsetzungsbestimmungen der versicherungsrechtlichen Richtlinien obsolet. Der Gesetzgeber hat daher diese Vorschriften folgerichtig aufgehoben.[73] Der bisherige Quellenpluralismus gilt fort für „Altfälle", also vor dem 17. Dezember 2009 abgeschlossene Versicherungsverträge. Dem dürfte angesichts ihres Dauerschuldcharakters hohe praktische Relevanz zukommen. Neu geschaffen hat die Legislative Art. 46 c EGBGB nF,[74] welcher die Durchführungsbestimmungen zur Regelung des auf Pflichtversicherungsverträge anwendbaren Rechts nach Art. 7 Abs. 4 lit. b) Rom I-VO enthält und inhaltlich weitgehend Art. 12 Abs. 1 und Abs. 2 EGVVG aF entspricht. 30

(4) Individuelle Arbeitsverträge, Art. 8 Rom I-VO

Art. 8 Rom I-VO bringt, was den Begriff des individuellen Arbeitsvertrages angeht, keine inhaltlichen Neuerungen mit sich. Vielmehr verfolgt der Sekundärrechtsgeber das Ziel, einen Gleichklang mit der Brüssel I-VO zu schaffen.[75] Dem Anwendungsbereich unterfallen Formulararbeits- und Gruppenarbeitsverträge, nicht hingegen Kollektivabreden wie Betriebsvereinbarungen und Tarifverträge.[76] Auch im Internationalen Arbeitsrecht gilt der **Grundsatz der Rechtswahlfreiheit.** Die Sonderkollisionsnorm des Art. 8 Rom I-VO nimmt in ihrem Abs. 1 insofern Bezug auf die in Art. 3 Abs. 1, Abs. 2 Rom I-VO genannte Parteiautonomie,[77] und damit ebenso auf die in Art. 3 Abs. 3, Abs. 4 Rom I-VO normierten Rechtswahlschranken. Darüber hinaus erfährt die Parteiautonomie in Art. 8 Abs. 1 S. 2 Rom I-VO insoweit eine **Einschränkung**, als dem Arbeitnehmer nicht der kraft zwingender Vorschriften des objektiven Beschäftigungsvertragsstatuts (Abs. 2-4) gewährte Schutz entzogen werden darf. Rechtsfolge ist ein konkreter Günstigkeitsvergleich. Bei Fehlen einer Rechtswahl unterliegt der Arbeitsvertrag dem Recht des Staates, **in dem** oder andernfalls **von dem aus** der Arbeitnehmer in Erfüllung des Vertrags gewöhnlich seine Tätigkeit verrichtet.[78] Die Neuformulierung soll vor allem das Bordpersonal von Flugzeugen erfassen. Jenes kehrt häufig zu einer bestimmten Basis zurück, auf welcher es ggf auch ergänzende Tätigkeiten ausübt und von der aus die Arbeit organisiert wird.[79] Demgegenüber könnte nach anderer Ansicht der Registrierungsort des Luftfahrzeugs maßgeblich sein.[80] Abs. 2 S. 2 stellt zudem klar, dass der gewöhnliche Arbeitsort keiner Änderung unterliegt, wenn der Beschäftigte seine Tätigkeit vorübergehend in einem anderen Staat verrichtet. Dies wird konkretisiert durch **Erwägungsgrund Nr. 36 S. 1**, wonach eine Entsendung vorübergehend ist, wenn der Arbeitnehmer nach einem Einsatz im Ausland seine Tätigkeit im Herkunftsstaat wiederaufzunehmen hat. Zudem stellt **S. 2** klar, dass der Abschluss eines neuen Arbeitsvertrags mit dem ursprünglichen oder einem Arbeitgeber, der zur selben Unternehmensgruppe gehört, die vorübergehende Entsendung nicht ausschließt.[81] Sollte die maßgebliche Rechtsordnung nicht nach Abs. 2 bestimmt werden können, verweist Art. 8 Abs. 3 Rom I-VO auf das Recht des Staates, in dem sich die Niederlassung[82] befindet, die den Arbeitnehmer eingestellt hat. 31

73 BGBl. I 2009, S. 1574.
74 Vgl *Staudinger*, Rn 6.
75 KOM (2005) 650 endg., S. 5.
76 *Junker*, RIW 2006, 401, 402.
77 *Junker*, RIW 2006, 401, 403.
78 Vgl zum Internationalen Zivilverfahrensrecht: EuGH, Rs. C-125/92, IPRax 1997, 110, 111; EuGH, Rs. C-383/95, RIW 1997, 231, 233; s. noch zum EVÜ EuGH, Rs. C-29/10 (Koelzsch), IPRax 2011, 582 ff.
79 KOM (2005) 650 endg., S. 8; *Knöfel*, RdA 2006, 269, 274; *Mauer/Sadtler*, DB 2007, 1586, 1588.
80 *Junker*, RIW 2006, 401, 407 f.
81 EuGH, Rs. C-437/00, IPRax 2004, 336.
82 Beachte hierzu EuGH, Rs. C-154/11 (Mahamdia ./. Demokratische Volksrepublik Algerien), NZA 2012, 935 ff. zum Begriff der Niederlassung im Sinne der Brüssel I-VO.

Art. 8 Abs. 4 Rom I-VO enthält eine Ausweichklausel für den Fall, dass sich aus der Gesamtheit der Umstände eine engere Verbindung zu einer anderen Rechtsordnung ergibt.[83]

c) Eingriffsnormen, Art. 9 Rom I-VO

32 Abweichend von der bisherigen Rechtslage nach dem EVÜ sieht der Gemeinschaftsgesetzgeber nunmehr eine **Legaldefinition der „Eingriffsnorm"** in **Art. 9 Abs. 1 Rom I-VO** vor.[84] Die Formulierung orientiert sich an der Judikatur des EuGH.[85] Erwägungsgrund Nr. 37 S. 2 Rom I-VO macht deutlich, dass der Begriff der Eingriffsnorm enger zu verstehen ist, als eine „Bestimmung, von der nicht durch Vereinbarung abgewichen werden kann".[86] Der Rückgriff auf das Instrument der Eingriffsnorm iSd Art. 9 Rom I-VO wird nach Ansicht der Kommission[87] auch nicht durch Art. 6 Rom I-VO gesperrt.[88] Ein derartiger pauschaler Ansatz vermag indes methodisch nicht zu überzeugen. Zweifelsohne verbietet sich die Qualifikation von Verbraucherschutznormen als international zwingend nicht a priori. Allerdings drohte bei überbordender Durchsetzung solcher Bestimmungen, dass das aufeinander abgestimmte Schutzkonzept der Rom I-VO infolge – möglicherweise primärrechtswidriger – nationaler Alleingänge unterlaufen wird. Insbesondere erscheint unklar, welche Bedeutung das Tatbestandsmerkmal „ausrichten" für den nötigen Inlandsbezug einer Eingriffsnorm entfalten kann, wenn der Sachverhalt nicht Art. 6 Rom I-VO unterfällt. Ob und in welchem Umfang es einem Mitgliedstaat tatsächlich freigestellt ist, seine Eingriffsnormen in Stellung zu bringen, vermag letztlich allein der EuGH zu klären.

33 Eine weitere Neuregelung besteht darin, dass die Rom I-VO – abweichend von **Art. 22 EVÜ**[89] – nach ihrem Art. 9 Abs. 3 den Mitgliedstaaten nicht das Recht gewährt, einen Vorbehalt gegenüber der Geltung **ausländischer Eingriffsnormen** zu erklären. Vielmehr ist es den Gerichten gestattet, die international zwingenden Normen anderer Staaten zur Anwendung zu bringen. Im Einzelfall mag sich aus dem Prinzip der Gemeinschafts- respektive Unionstreue, sogar eine derartige Verpflichtung ergeben. Diese Möglichkeit wurde aber auf die Eingriffsnormen derjenigen Mitgliedstaaten beschränkt, in denen die Verbindlichkeit zu erfüllen ist und deren Beachtung die Erfüllung des Vertrags unrechtmäßig werden ließe. Bei der Bestimmung des Erfüllungsorts muss der Auslegungszusammenhang mit der Brüssel I-VO berücksichtigt werden.[90] Im ersten Zugriff ist daher mit Blick auf Art. 5 lit. b) Brüssel I-VO davon auszugehen, dass es bei Bestimmung des Gerichtsstands nicht auf die strittige Verpflichtung ankommt, sondern sich um einen einheitlichen Erfüllungsort handelt.[91] Damit überträgt man allerdings die bekannten Probleme, etwa bei Ermittlung des Gerichts-

83 Noch zu Art 6 EVÜ entschied der EuGH, „dass auch dann, wenn ein Arbeitnehmer die Arbeit in Erfüllung des Arbeitsvertrags gewöhnlich, dauerhaft und ununterbrochen in ein- und demselben Staats verrichtet, das nationale Gericht das in diesem Land anwendbare Recht ausschließen kann, wenn sich aus der Gesamtheit der Umstände ergibt, dass eine engere Verbindung zwischen diesem Vertrag und einem anderen Land besteht", EuGH, Rs. C-64/12 (Schlecker), EuZW 2013, 825.

84 Mangels hinreichender tatbestandlicher Eingrenzung krit. zum ähnlichen Wortlaut des Verordnungsentwurfs *Mankowski*, IPRax 2006, 101, 109 f; hierzu *Bitterich*, GPR 2006, 161 ff; Ferrari/Leible/*Thorn*, Ein neues Internationales Vertragsrecht für Europa, S. 129 ff; im Gegensatz zu Art. 9 Abs. 1 Rom I-VO erfolgt in **Art. 16 Rom II-VO** lediglich eine Klarstellung zugunsten des Bestehens international zwingender Vorschriften auf dem Gebiet der außervertraglichen Schuldverhältnisse; krit. zum gleichlautenden Art. 12 Abs. 2 im Verordnungsvorschlag: *Leible/Engel*, EuZW 2004, 7, 16; wünschenswert wäre gewesen, dass beide Sekundärrechtsakte eine übereinstimmende Definition von Eingriffsnormen enthalten.

85 Vgl EuGH, Rs. C-369/96 und C-374/96, EuGHE I 1999, 8453, 8512 Rn 30 = NZA 2000, 85, 87; worauf die Kommission in ihrem Verordnungsvorschlag ausdrücklich Bezug nahm: KOM (2005) 650 endg., S. 8.

86 Vgl Art. 3 Abs. 3 Rom I-VO.

87 Vgl Grünbuch der Kommission, KOM (2002) 654 endg, S. 40 f.

88 Zustimmend wohl *Bitterich*, RIW 2006, 262, 264; *ders.*, GPR 2006, 161, 163.

89 Hierzu Czernich/Heiss/*Helmberg*, Art. 22 EVÜ, Rn 1.

90 Vgl Erwägungsgrund Nr. 7 Rom I-VO.

91 Vgl OGH, IPRax 2004, 349; HK-ZPO/*Dörner*, Art. 5 EuGVVO, Rn 13.

stands bei Onlineerfüllung oder Teilleistungen an mehreren Erfüllungsorten[92] oder typengemischten Verträgen.[93] Abseits von Art. 9 Abs. 3 Rom I-VO besteht nunmehr für das angerufene Gericht auch vor dem Hintergrund des Prinzips der Gemeinschafts- oder Unionstreue keine Möglichkeit mehr, ausländische Eingriffsnormen heranzuziehen.

Neben den genannten Sonderkollisionsnormen sind im zweiten Kapitel der Rom I-VO Vorgaben zur Einigung und materiellen Wirksamkeit (Art. 10 Rom I-VO), der Form (Art. 11 Rom I-VO), dem Geltungsbereich des anwendbaren Rechts (Art. 12 Rom I-VO), zur Rechts-, Geschäfts- und Handlungsunfähigkeit (Art. 13 Rom I-VO), zur Übertragung von Forderungen (Art. 14 Rom I-VO),[94] zum gesetzlichen Forderungsübergang (Art. 15 Rom I-VO), der mehrfachen Haftung (Art. 16 Rom I-VO), Aufrechnung (Art. 17 Rom I-VO) und zum Beweis (Art. 18 Rom I-VO) enthalten. 34

d) Sonstige Bestimmungen

Das dritte Kapitel des Sekundärrechtsaktes ist mit „sonstige Bestimmungen" überschrieben. Diese beziehen sich etwa auf den gewöhnlichen Aufenthalt (Art. 19 Rom I-VO), den Sachnormverweis (Art. 20 Rom I-VO) und den ordre public-Vorbehalt (Art. 21 Rom I-VO). Für Mehrrechtsstaaten sieht Art. 22 Rom I-VO Sonderregeln vor. 35

Der Begriff des gewöhnlichen Aufenthalts als wandelbarer Anknüpfungspunkt ist nicht ausschließlich gemeinschaftlich-autonom zu interpretieren, vielmehr erscheint im Hinblick auf die Staatsverträge eine global-einheitliche Auslegung geboten.[95] Im Rahmen der Interpretation bzw Konkretisierung sind objektive sowie subjektive Kriterien heranzuziehen[96] Zu beachten bleibt, dass es sich bei der Länge des Aufenthalts als objektives Kriterium lediglich um ein Indiz handelt. Eine starre Grenze von sechs Monaten bzw eine dahingehende Faustformel, wonach ein gewöhnlicher Aufenthalt nach Ablauf der zuvor genannten Zeitspanne zu vermuten ist, besteht nicht.[97] Entscheidende Bedeutung kommt sicherlich dem Aufenthaltswillen als einem subjektiven Element zu.

Gem. Art. 23 Rom I-VO bleiben besondere Anknüpfungsregeln für vertragliche Schuldverhältnisse aus anderen Gemeinschaftsrechtsakten von diesem Sekundärrechtsakt unberührt.[98] Daher gilt für sein Verhältnis zu den in einzelnen Verbraucherschutz-RLen enthaltenen kollisionsrechtlichem Regelungsgeboten, dass die Rom I-VO den Transformationsakt in Art. 46 b EGBGB zwar nicht verdrängt, wohl aber vorrangig geprüft werden sollte.[99] An dieser, schon vor der Neufassung im Verhältnis zu Art. 29 EGBGB aF (bzw Art. 5 EVÜ) bestehenden Rechtslage hat sich insofern nichts geändert.[100] Wiederum lässt sich jedenfalls hierdurch sicherstellen, dass der in Art. 6 Abs. 2 S. 2 Rom I-VO vorgeschriebene Günstigkeitsvergleich nicht unterlaufen wird. Subsidiär kann die Funktion des Art. 46 b Abs. 1 EGBGB darin bestehen, eine Schutzlücke der Verordnung etwa in dem Fall zu schließen, dass ein Unternehmer den Teilzeit-Wohnrechtevertrag kraft Wahl zwar einem Drittstaatenrecht unterstellt, allerdings weder ein reiner Inlands- bzw Binnenmarktsachverhalt vorliegt, so dass Art. 3 Abs. 3 und 4 Rom I-VO insofern ausscheiden, noch jener seine Tätigkeit (zumindest auch) auf den Aufenthaltsstaat des Verbrauchers ausgerichtet hat, wodurch eine

92 Beachte EuGH, Rs. C-204/08 (Peter Rehder, Air Baltic), NJW 2009, 2801= RRa 2009, 234 ff m.Anm. *Staudinger*, IPRax 2010, 140; *R. Wagner*, IPRax 2010, 143; *Staudinger*, Rn 111.; hierzu auch *Karsten*, VuR 2009, 213; ferner EuGH, EuZW 2007, 370 m.Anm. *Leible*, ebd., 372 f; *Leible/Lehmann*, RIW 2008, 528, 543; *Mankowski*, IHR 133, 148.

93 S. BGH, EuZW 2008, 704.

94 Beachte zu Art. 14 Abs. 2 Rom I-VO das jüngst ergangene Vorabentscheidungsersuchen des Satakunnan käräjäoikeus (Finnland) an den EuGH, Rs. C- 396/13 (Sähköalojen ammattiliitto ry ./. Elektrobudowa Spolka), ABl. C 260 v. 7. September 2013, S. 37 f.

95 Staudinger/*Magnus*, Art. 19 Rom I-VO, Rn 7.

96 EuGH, Rs. C-523/07 (Korkein hallinto-oikeus), IPRax 2011, 76 ff.; dazu *Pirrung*, IPRax 2011, 50.

97 Hk-BGB/*Staudinger*, Art. 19 Rom I-VO, Rn 1.

98 Vgl *Staudinger*, Rn 112.

99 S. *Martiny*, RIW 2009, 737 ff. Vgl *Staudinger*, Rn 6.

100 Vgl BT-Drucks. 14/2658, S. 50 und BT-Drucks. 16/12104, S. 10, 13 f. Im Ergebnis ebenso Palandt/*Thorn*, Art. 6 Rom I-VO, Rn 2. Vgl *Kluth*, Die Grenzen des kollisionsrechtlichen Verbraucherschutzes, 2009, S. 314 ff.

Anknüpfung nach Art. 6 Abs. 1 Rom I-VO ausgeschlossen ist. Ebenso wenig kann jede Umsetzung einer Richtlinienvorgabe zu den Eingriffsnormen iSv Art. 9 Rom I-VO gezählt werden. Sollte der Sachverhalt dennoch einen engen Zusammenhang zum Gebiet eines oder mehrerer Mitgliedstaaten aufweisen, greift zumindest die Rechtswahlschranke von Art. 46 b Abs. 1 EGBGB Platz.

Der Gemeinschaftsgesetzgeber legt in Art. 24 Rom I-VO den Vorrang des Sekundärrechtsakts gegenüber dem EVÜ indes laut dessen Art. 25 Rom I-VO dahingehend fest, dass jener die Anwendung von Konventionen, welche besondere Kollisionsnormen für vertragliche Schuldverhältnisse enthalten, nur im Verhältnis zwischen Mitgliedstaaten verdrängt.

2. Internationales Recht der außervertraglichen Schuldverhältnisse, Rom II-VO

36 Am 11. Juli 2007 haben Europäisches Parlament und Rat die VO (EG) Nr. 864/2007 über das auf außervertragliche Schuldverhältnisse anzuwendende Recht („Rom II") erlassen.[101] Sie zielt auf eine Harmonisierung bestimmter Ausschnitte des Internationalen Privatrechts und löst innerhalb ihres Anwendungsbereichs in Deutschland die Art. 38-42 EGBGB ab.[102] Letztere bleiben maßgeblich beispielsweise für Pressedelikte oder Persönlichkeitsrechtsverletzungen.[103] Angestrebt wird ein erhöhtes Maß an Rechtssicherheit für den internationalen Wirtschaftsverkehr, vor allem aber auch zwischen den Bürgern der EU.

a) Anwendungsbereich

37 Der **räumliche Anwendungsbereich** der Rom II-VO folgt aus ihrem Art. 1 Abs. 4 sowie den Erwägungsgründen Nr. 39 und 40 Rom II-VO. Danach gilt sie wegen eines fehlenden „opt-in"[104] mit Ausnahme Dänemarks binnenmarktweit. Das Vereinigte Königreich sowie Irland beteiligen sich an der Annahme der Rom II-VO.[105] Es fehlt allerdings eine Art. 1 Abs. 4 S. 2 Rom I-VO entsprechende Regelung, wonach im Hinblick auf die besondere Rechtswahlschranke in Art. 14 Abs. 3 Rom II-VO Dänemark zum Kreis der Mitgliedstaaten zu zählen ist. Der Regelungsgehalt von Art. 1 Abs. 4 S. 2 Rom I-VO sollte daher im Wege einer übergreifenden systematischen Auslegung in Art. 1 Abs. 4 Rom II-VO hineingelesen werden.[106] Ob durch ein Übereinkommen zwischen der EG und Dänemark – wie zuvor in den Fällen der Brüssel I-[107] und alten Zustellungs-VO[108] – ein

---

101 ABl. L 199 v. 31. Juli 2007, S. 40 ff; nachfolgend Rom II-VO. S. den Überblick bei *von Hein*, ZEuP 2009, 7 ff; *Heiss/Loacker*, JBl. 2007, 613 ff; *Kadner Graziano*, RabelsZ 73 (2009), 1 ff; *Junker*, NJW 2007, 3675 ff; *Leible/Lehmann*, RIW 2007, 721 ff; *Ofner*, ZfRV 2008, 13 ff; *Sujecki*, EWS 2009, 310 ff; *G. Wagner*, IPRax 2008, 1 ff; ferner die Kommentierungen bei Bamberger/Roth/*Spiekhoff*, Rom II-VO; MünchKomm-BGB/*Junker*, Internationales Privatrecht, Rom II-VO; Palandt/*Thorn*, Rom II-VO.

102 Beachte das Anpassungsgesetz, BGBl. 2008 I, 2401.

103 S. *Staudinger*, Rn 38. Hierzu umfassend *Thiede*.

104 Die Sonderposition Dänemarks ergibt sich aus den dem Vertrag über die Europäische Union und den dem Vertrag über die Europäische Gemeinschaft beigefügten Protokollen Nr. 5.

105 Vgl Erwägungsgrund Nr. 39 Rom II-VO.

106 Ebenso Palandt/*Thorn*, Art. 1 Rom II-VO, Rn 17.

107 VO (EG) Nr. 44/2001 des Rates vom 22. Dezember 2000 über die gerichtliche Zuständigkeit und die Anerkennung und Vollstreckung von Entscheidungen in Zivil- und Handelssachen, ABl. L 12 v. 16. Januar 2001, S. 1 ff. Vornehmlich um der Rechtslage in den neuen Beitrittsstaaten Rechnung zu tragen, wurden die Anhänge I bis IV durch die VO (EG) Nr. 2245/2004 der Kommission (ABl. L 381 v. 28. Dezember 2004, S. 10 f) modifiziert; beachte die Anpassungen infolge des Beitritts von Bulgarien und Rumänien, ABl. L 363 v. 20. Dezember 2006, S. 1 ff.

108 VO (EG) Nr. 1393/2007 des Europäischen Parlaments und des Rates vom 13. November 2007 über die Zustellung gerichtlicher und außergerichtlicher Schriftstücke in Zivil- oder Handelssachen in den Mitgliedstaaten (EG-ZustellVOa) und zur Aufhebung der VO (EG) Nr. 1348/2000 des Rates vom 29. Mai 2000 über die Zustellung gerichtlicher und außergerichtlicher Schriftstücke in Zivil- oder Handelssachen in den Mitgliedstaaten (EG-Zustell-VO), in Kraft seit dem 13. November 2008.

Gleichlauf erzielt wird,[109] erscheint derzeit offen. Auszugehen ist jedenfalls augenblicklich davon, dass dänische Gerichte vom Stichtag des 11. Januar 2009 an nicht der Rom II-VO unterworfen sind und weiterhin ihr nationales Kollisionsrecht heranziehen.[110]

Sachlich sind laut Art. 1 Abs. 1 S. 1 Rom II-VO „außervertragliche Schuldverhältnisse in Zivil- und Handelssachen“[111] erfasst. Der Begriff des außervertraglichen Schuldverhältnisses ist nach Maßgabe des Europäischen Gesetzgebers autonom auszulegen[112] und wird in Art. 2 Rom II-VO konkretisiert. Eine Antwort auf die Frage, ob eine Zivil- oder Handelssache vorliegt, lässt sich aufgrund des gleichlautenden Begriffs in der Brüssel I-VO aus der diesbezüglichen EuGH-Judikatur ableiten.[113] Nicht erfasst werden nach Art. 1 Abs. 1. S. 2 Rom II-VO Steuer- und Zollsachen, verwaltungsrechtliche Angelegenheiten oder die Haftung des Staates für Handlungen oder Unterlassungen im Rahmen der Ausübung hoheitlicher Rechte. Vom Anwendungsbereich des Sekundärrechtsakts ausgenommen sind im Lichte des Katalogs in Art. 1 Abs. 2 Rom II-VO ebenso erb-, unterhalts- und güterrechtliche Ansprüche, Pressedelikte und Persönlichkeitsrechtsverletzungen. Vor dem Hintergrund des in Art. 1 Abs. 1 lit. d) Rom II-VO normierten – mit Blick auf den internationalen Entscheidungseinklang restriktiv auszulegenden – Ausnahmetatbestands für außervertragliche Schuldverhältnisse, die im Gesellschafts-, Vereinsrecht und dem Recht der juristischen Personen wurzeln, stellt sich die Frage, ob die vom BGH neu geschaffene Existenzvernichtungshaftung nach § 826 BGB[114] von der Rom II-VO erfasst wird.[115] Es handelt sich nach der Trihotel-Doktrin allerdings nicht um eine persönliche Einstandspflicht des Gesellschafters für Verbindlichkeiten der Gesellschaft, sondern vielmehr um ein eigenständiges, im Deliktsrecht wurzelndes außervertragliches Schuldverhältnis. Auch eine insolvenzrechtliche Qualifikation verbietet sich vor dem Hintergrund der EuIns-VO.[116] Daher hindert Art. 1 Abs. 1 lit. d) Rom II-VO die Anwendung des Sekundärrechtsakts auf die Existenzvernichtungshaftung nicht.[117] Damit besteht die Möglichkeit, diese auf Scheinauslandsgesellschaften zu erstrecken.[118] 38

Im Hinblick auf die im Vorfeld angezweifelte Geltung des Sekundärrechtsaktes im Rahmen von Schiedsverfahren hat der Gemeinschaftsgesetzgeber in Erwägungsgrund Nr. 8 der Verordnung festgeschrieben, dass diese unabhängig von der Art des angerufenen Spruchkörpers eingreift. Damit unterliegen auch die Schiedsgerichte den Anknüpfungsregeln. Für das Verhältnis zu den § 1051 ZPO gilt daher, dass die Rom II-VO Anwendungsvorrang genießt.[119] Im Hinblick auf das Vorlageverfahren nach Art. 267 AEUV ergibt sich in der Konsequenz die Schieflage, dass Schiedsgerichte 39

---

109 Abkommen vom 19. Oktober 2005 zwischen der Europäischen Gemeinschaft und dem Königreich Dänemark über die gerichtliche Zuständigkeit und die Anerkennung und Vollstreckung von Entscheidungen in Zivil- und Handelssachen, ABl. L 299 v. 16. November 2005, S. 62 ff; Dänemark zählte zwar ursprünglich nicht zu den Mitgliedstaaten im Sinne der Zustell-VOa, hat aber im Rahmen seines Abkommens mit der Europäischen Gemeinschaft über die Zustellung gerichtlicher und außergerichtlicher Schriftstücke in Zivil- oder Handelssachen, ABl. L 300 v. 17. November 2005, S. 55, der Kommission mit Schreiben vom 20. November 2007 mitgeteilt, dass es den Inhalt der Zustell-VOa (EG) Nr. 1393/2007 umsetzen wird. Erklärung, ABl. L 331 v. 10. Dezember 2008, S. 21.

110 Zur Anwendbarkeit der Verordnung gegenüber Dänemark s. *Staudinger*, Rn 46.

111 Zum Begriff s. die Angaben bei Hk-BGB/*Staudinger*, Art. 1 Rom I-VO, Rn 2.

112 Erwägungsgrund (11) Rom II-VO.

113 Vgl Erwägungsgrund Nr. 7 Rom II-VO; s. auch Palandt/*Thorn*, Art. 1 Rom II-VO, Rn 6; zum Begriff der Zivil- und Handelssache vgl die zur Brüssel I-VO ergangene Judikatur, *Staudinger*, Rn 180; s. ebenso die Angaben bei Hk-BGB/*Staudinger*, Art. 1 Rom I-VO, Rn 2.

114 Vgl BGH, NJW 2007, 2689 ff; ferner Hk-BGB/*Staudinger*, § 826 BGB, Rn 15, 20; Aukhatov, Durchgriffs- und Existenzvernichtung im deutschen und russischen Sach- und Kollisionsrecht; Gebauer/Wiedmann/*Staudinger*, Art. 1 Rom II-VO Rn 12, Art. 4 Rom II-VO Rn 33.

115 Dazu umfassend: *Staudinger*, AnwBl 2008, 316 ff; s. auch *G. Wagner*, IPRax 2008, 1, 2 f.

116 Näher hierzu *Staudinger*, AnwBl 2008, 316, 317 f. Zur Reichweite der EuIns-VO in Bezug auf Insolvenzanfechtungen beachte EuGH, Rs. C-339/07 (Frick Teppichboden Supermärkte GmbH, Deko Marty Belgium N.V.), NJW 2009, 2189.

117 Ebenso Palandt/*Thorn*, Art. 1 Rom II-VO, Rn 12.

118 Ebenso *G. Wagner*, IPRax 2008, 1, 2.

119 *G. Wagner*, IPRax 2008, 1, 3; s. dazu *Staudinger*, Rn 9.

zwar der Rom II-VO unterworfen sind, jedoch nicht in einen Dialog mit dem EuGH eintreten können.[120]

40 Die **intertemporale Reichweite** des Sekundärrechtsaktes hat der Gemeinschaftsgesetzgeber in Art. 31 und 32 Rom II-VO festgelegt. Gem. Art. 31 Rom II-VO werden schadensbegründende Ereignisse nach dessen Inkrafttreten erfasst. Dieser Zeitpunkt ist – mangels abweichender Angabe in der Rom II-VO – eigentlich gem. Art. 254 Abs. 1 EGV der zwanzigste Tag nach der Verlautbarung im Amtsblatt. Die Berechnung der Frist richtet sich nach Art. 3 Abs. 1 S. 2 der VO 1182/71 zur Festlegung der Regeln für die Fristen, Daten und Termine.[121] Nicht berücksichtigt wird demzufolge der Tag der Veröffentlichung selbst. Nach dieser formaljuristischen Betrachtungsweise trat die Rom II-VO an sich bereits am 20. August 2007 in Kraft.[122]

41 Demgegenüber folgt der Zeitpunkt der Anwendung des Sekundärrechtsaktes aus dessen Art. 32. Entscheidend bleibt hiernach der 11. Januar 2009.[123] Die Verordnung ist daher in der Gesamtschau von diesem Stichtag heranzuziehen auf „schadensbegründende Ereignisse", welche am oder nach dem 20. August 2007 vorgefallen sind.[124] Relevant wird dies für gestreckte Tatbestände. Denn wie ein Vergleich mit Art. 4 Abs. 1 Rom II-VO zeigt, ist der zuvor genannte Terminus mit der deliktischen Handlung gleichzusetzen.[125] Entsprechendes gilt in Bezug auf Dauerdelikte, wie beispielsweise Immissionsschäden. Bei ihnen ist auf den Zeitpunkt der Immission abzustellen.[126] Darüber hinaus gilt wohl europaweit der Grundsatz, dass derjenige, welcher eine Forderung geltend macht, alle anspruchsrelevanten Tatsachen darzulegen und gegebenenfalls zu beweisen hat.[127] Dies schließt den Zeitpunkt des „schadensbegründenden Ereignisses" mit ein.[128] Vermag der Kläger mithin nicht den Nachweis zu führen, ob etwa die Immission vor oder nach dem 20. August 2007 stattfand, greift das für den (möglichen) Schädiger günstigere Kollisionsrecht ein.[129]

42 Das Auseinanderfallen von Inkrafttreten und zeitlicher Anwendbarkeit der Verordnung mag auf Bedenken stoßen. Hierfür spricht allerdings neben dem Wortlaut[130] auch Art. 29 Abs. 1 Rom II-VO. Hiernach sind die Mitgliedstaaten gehalten, der Kommission bis zum 11. Juni 2008 eine Liste derjenigen Konventionen zu übermitteln, welche sie in Geltung gesetzt haben. Ein Sekundärrechtsakt, der weder in Kraft getreten noch anwendbar ist, vermag indes kaum derartige Rechtspflichten zu begründen. Beachtung verdient in diesem Zusammenhang allerdings die wohl erste Entschei-

120 Vgl *Staudinger*, Rn 3; s. EuGH, Rs. C-555/13 (Merck Canada Inc. ./. Accord Healthcare Ltd), BeckRS 2014, 80428; EuGH, Rs. C-125/04 (Guy Denuit, Betty Condenier), RIW 2005, 454 f.

121 ABl. L 124 v. 8. Juni 1971, S. 1 f. Vgl auch die Bezugnahme auf diesen Sekundärrechtsakt in Erwägungsgrund Nr. 13 der Timesharing-RL II, ABl. L 33 v. 3. Februar 2009, S. 10, 11 und in Erwägungsgrund Nr. 14 der Verbraucherrechte-RL (2011/83/EU).

122 Für den 19. August 2008: *Hartley*, ICLQ 57 (2008), 899 (Fn 2); *Kadner Graziano*, RabelsZ 73 (2008), 1, 3.

123 Beachte das zeitgleich in Kraft tretende Gesetz zur Anpassung der Vorschriften des Internationalen Privatrechts an die VO (EG) Nr. 864/2007 vom 10.12.2008, BGBl. I, S. 2401 f; zum Gesetzesentwurf: R. *Wagner*, IPRax 2008, 314 ff; *ders.*, NJW 2008, 2225 ff.

124 Ebenso *Glöckner*, IPRax 2009, 121, 123; *Hartley*, ICLQ 57 (2008), 899 (Fn 2 – für den 19. August 2007); wohl auch *Jayme/Kohler*, IPRax 2007, 493, 494 (Fn 17 – die Autoren gehen von einem Redaktionsversehen aus, welches sich nicht durch einfache Berichtigung bereinigen lasse); *Kadner Graziano*, RabelsZ 73 (2008), 1, 3 (für den 19. August 2007); *Staudinger*, AnwBl. 2008, 316, 322; *Staudinger/Czaplinski*, JA 2008, 401, 407. Dagegen und für eine Anwendung der VO auf schadensbegründende Ereignisse ab dem 11. Januar 2009: *Bücken*, IPRax 2009, 125, 128; *Hein*, ZEuP 2009, 6, 11; MünchKomm-BGB/*Junker*, Internationales Privatrecht, Art. 31 Rom II VO, Rn 4; Palandt/*Thorn*, Art. 32 Rom II-VO, Rn 1; *R. Wagner*, IPRax 2008, 314, 316 (Fn 29) und wohl auch *G. Wagner*, IPRax 2008, 1, 17. Das Problem außer Acht lassend, gleichwohl für den 11. Januar 2009 plädierend: Bamberger/Roth/*Spickhoff*, Art 32 Rom II-VO, Rn 3 f.; *Mansel/Thorn/Wagner*, IPRax 2009, 1, 21 f; vgl zum zeitlichen Anwendungsbereich der Rom II-VO auch EuGH, Rs. C-412/10 (Homawoo ./. GMF Assurances SA), NJW 2012, 441 f.

125 *G. Wagner*, IPRax 2008, 1, 17.

126 Palandt/*Thorn*, Art. 32 Rom II-VO, Rn 1 f.

127 Bamberger/Roth/*Spickhoff*, Art 32 Rom II-VO, Rn 151.

128 S. Palandt/*Thorn*, Art. 32 Rom II-VO, Rn 3; aA OLG Stuttgart, OLGR 2005, 1 Nr. 23.

129 Nunmehr auch Palandt/*Thorn*, Art. 32 Rom II-VO, Rn 3.

130 *Jayme/Kohler*, IPRax 2007, 493, 494 (Fn 17) sprechen von einem „Redaktionsversehen".

dung des BGH[131] zur Rom II-VO vom 9. Juli 2009. Ohne zwischen Inkrafttreten des Sekundärrechtsakts im Sinne von Art. 31 Rom II-VO am 20.8.2007 und seiner späteren Anwendbarkeit gem. Art. 32 ab dem 11. Januar 2009 zu unterscheiden, rekurriert der Senat allein auf den letztgenannten Zeitpunkt. Differenzierter äußert sich demgegenüber der englische High Court, nach dessen Rechtsauffassung ab dem 11. Januar 2009 die Rom II-VO auf schadensbegründende Ereignisse anzuwenden ist, die nach dem 20. August 2007 eingetreten sind.[132]

Nach rein grammatikalischer Auslegung unterfallen dem Begriff des „**schadensbegründenden Ereignisses**" keine Ansprüche aus Geschäftsführung ohne Auftrag oder ungerechtfertigter Bereicherung. Mit Blick auf Art. 2 Abs. 1 Rom II-VO ist in einem solchen Fall jedoch auf dasjenige Ereignis abzustellen, welches die Aufwendung oder Bereicherung ausgelöst hat.[133] Als relevant erscheint somit der Zeitpunkt, in dem jene getätigt wurde bzw die Leistung oder der Eingriff erfolgte. 43

Art. 3 Rom II-VO normiert den universellen Charakter der Harmonisierungsmaßnahme (***loi uniforme***). Danach ist die berufene Rechtsordnung selbst dann heranzuziehen, wenn es sich um eine nichtmitgliedstaatliche handelt. Dies deckt sich mit Art. 2 Rom I-VO. Dabei sprechen die Kollisionsnormen des Sekundärrechtsaktes laut Art. 24 Rom II-VO[134] Sachnormverweise aus. 44

Mit Blick auf **Drittstaatensachverhalte** ist die Anwendbarkeit der Rom II-VO nicht auf rein intrakommunitäre Fallgestaltungen beschränkt. Ebenfalls erfasst sind solche mit lediglich geringem Binnenmarktbezug bis hin zu reinen Drittstaatensachverhalten. Überzeugend wird dabei eine Parallele zur Brüssel I-VO gezogen, welche ebenfalls bestimmte Fälle mit Drittstaatenberührung regelt.[135] Darüber hinaus soll die Gefahr etwaiger Wettbewerbsverzerrungen gebannt werden, die daraus zu resultieren drohen, dass bei Anwendung divergierender Kollisionsnormen unterschiedliche Sachrechte Geltung erlangen könnten. Eine Zweispurigkeit im IPR dahin, dass inner- und außergemeinschaftliche Sachverhalte abweichend geregelt werden, indem einerseits sekundärrechtliche, andererseits nationale Kollisionsnormen eingreifen, wäre ferner mit dem Gebot der Rechtseinheit und -sicherheit unvereinbar. Allenfalls mag man in Zweifel ziehen, ob dem europäischen Gesetzgeber überhaupt die Rechtssetzungsbefugnis für Sachverhalte zustand, die keinen oder einen lediglich schwachen Binnenmarktbezug aufweisen. Nach zutreffender Einschätzung bot der EGV jedoch eine hinreichende Kompetenz für den Erlass eines solchen universalen Rechtsaktes. Das reibungslose Funktionieren des Binnenmarkts im Sinne des Art. 65 EGV ist schon deshalb betroffen, weil jeder Mitgliedstaat nach der Brüssel I-VO Urteile aus einem anderen Mitgliedstaat anerkennen und für vollstreckbar erklären lassen muss. Diese Zirkulation von Gerichtsurteilen unter Ausschluss einer Überprüfung in der Sache (Art. 36, 45 Abs. 2 Brüssel I-VO, Verbot einer *révision au fond*) ist nur dann gerechtfertigt, wenn die Kollisionsnormen im Erst- wie im Zweitstaat übereinstimmen. Allein angesichts der von der Brüssel I-VO vorgesehenen Titelfreizügigkeit muss ein einheitliches Anknüpfungsregime im Binnenmarkt herrschen, und zwar gleichermaßen für Drittstaatensachverhalte. Dies gilt umso mehr im Lichte der VO (EG) Nr. 805/2004[136] des Europäischen Parlaments und des Rates, da hiernach der Europäische Vollstreckungstitel für unbestrittene Geldforderungen im Zweitstaat ohne ein vorheriges Zwischenverfahren vollstreckt werden kann.[137] Weiterhin hat der Gemeinschaftsgesetzgeber am 11. Juli 2007 die EG-Bagatell-VO zur Einführung eines europä- 45

131 BGH, NJW 2009, 3371 ff m.Anm. *Staudinger/Czaplinski*, NJW 2009, 3375 ff; hierzu auch *Hau*, LMK 2009, 293079.

132 Vgl England and Wales High Court (Queen's Bench Division) Decisions, Maher & Maher v. Groupama Grand EST [2009] EWHC 38 (QB), 23.1.2009, para 16; anders dagegen EuGH, Rs. C-412/10 (Deo Antoine Homawoo ./.GMF Assurances SA), NJW 2012, 441 f.

133 So überzeugend *G. Wagner*, IPRax 2008, 1, 17.

134 Vgl Art. 24; dort auch zur *fact doctrine*.

135 Vgl Rauscher/*Staudinger*, Einl. Brüssel I-VO, Rn 20.

136 VO (EG) Nr. 805/2004 vom 21. April 2004 zur Einführung eines europäischen Vollstreckungstitels für unbestrittene Forderungen, ABl. L 143 v. 30. April 2004, S. 15 ff.

137 S. auch *Bach*, Grenzüberschreitende Vollstreckung in Europa, 2008.

ischen Verfahrens für geringfügige Forderungen[138] erlassen,[139] welche für grenzüberschreitende Sachverhalte innerhalb des Binnenmarkts mit Ausnahme Dänemarks[140] gilt. Die Verordnung ist am 1. August 2007 in Kraft getreten und gilt ab dem 1. Januar 2009.[141] Auch nach diesem Sekundärrechtsakt bedarf es keines Zwischenverfahrens mehr.

46 Nicht ganz eindeutig erscheint vor diesem Hintergrund, ob die Rom II-VO auch gegenüber **Dänemark** gilt oder beispielsweise ein deutsches Gericht die Art. 40 ff EGBGB[142] anzuwenden hat. Da Dänemark gem. Art. 1 Abs. 4 Rom II-VO nicht als Mitgliedstaat im Sinne des Sekundärrechtsaktes gilt, könnte es gleich einem Drittstaat zu behandeln sein. Damit würde die Rom II-VO im Verhältnis zu Dänemark gelten.[143] Gegen ein solches Ergebnis könnte zunächst der Wille des Gemeinschaftsgesetzgebers sprechen, wie er beispielsweise seinen Ausdruck in der neuen Zustellungs-VO gefunden hat.[144] Diese Lücke wurde allerdings mittlerweile durch ein Sonderübereinkommen der Gemeinschaft mit diesem Staat geschlossen, entsprechend der Praxis zur Brüssel I-VO.[145] In der Rom II-VO fehlt eine vergleichbare Aussage des Sekundärrechtsgebers.

47 Ein anderes Argument gegen die Geltung der Rom II-VO im Verhältnis zu Dänemark könnte sich aus dem (unklaren) Wortlaut von Art. 2 des Protokolls Nr. 5 über die Position Dänemarks ergeben.[146] Danach sollen Maßnahmen auf dem Gebiet des IV. Titels des EGV nicht gegenüber diesem Staat zur Anwendung gelangen. Aus dem Blickwinkel eines deutschen Gerichts spräche das dafür, die Art. 40 ff EGBGB heranzuziehen, sofern keine völkervertraglichen Bindungen existieren. Ein solches Ergebnis stünde allerdings im Widerspruch zur Systematik der Rom II-VO. Der Gemeinschaftsgesetzgeber differenziert weder danach, ob es sich um einen rein intrakommunitären Sachverhalt oder einen solchen mit Drittstaatenbezug handelt, noch danach, ob ein Mitglied- oder Drittstaatenrecht berufen wird. In Fallkonstellationen, die ein Näheverhältnis zu echten Drittstaaten und auch Dänemark aufwiesen, ergäben sich einerseits Abgrenzungsschwierigkeiten, andererseits erschiene es ungereimt, zwar im Verhältnis zu jenen auf die Rom II-VO abzustellen, nicht indes gegenüber Dänemark. Schließlich bedeutete der Rückgriff auf das jeweils nationale Kollisionsrecht, dass das Ziel eines einheitlichen Anknüpfungssystems[147] im Binnenmarkt weithin verfehlt würde. Somit folgt aus dem Grundsatz der Effektivität (*effet utile*) des Gemeinschaftsrechtsrechts, dass die Rom II-VO zwar für dänische Gerichte nicht bindend ist, hingegen etwa ein deutscher Spruchkörper in einem Sachverhalt mit Bezug (auch) zu Dänemark diesen Sekundärrechtsakt zu beachten hat.

b) Kollisionsrechtliches System der Rom II-VO

48 Die Vorschriften zur Anknüpfung außervertraglicher Schuldverhältnisse sind in den Kapiteln II „unerlaubte Handlungen" und III „ungerechtfertigte Bereicherung, Geschäftsführung ohne Auftrag und Verschulden bei Vertragsverhandlungen" festgelegt. Kapitel IV behandelt die Rechtswahl und

138 VO (EG) Nr. 861/2007 des Europäischen Parlaments und des Rates vom 11. Juli 2007 zur Einführung eines europäischen Verfahrens für geringfügige Forderungen, ABl. L 199 v. 31. Juli 2007, S. 1 ff; dazu *Brokamp*, 2008.

139 Wie bei der Mahn-VO hat der Gemeinschaftsgesetzgeber von einem gleichermaßen auch reine Inlandsfälle erfassenden Rechtsakt Abstand genommen, vgl hierzu KOM (2005) 87, S. 5 ff; *Leible/Staudinger*, EuLF (D) 2000/2001, 225, 228; beachte den Vorschlag der Kommission bezüglich einer Erhöhung der Streitwertgrenze auf 10.000 Euro, KOM (2013) 794 endg.

140 Vgl Erwägungsgrund (38) sowie Art. 2 Abs. 3 EG-Bagatell-VO.

141 Zu den Durchführungsvorschriften §§ 1097-1109 ZPO s. das am 12. Dezember 2008 in Kraft getretene Gesetz zur Verbesserung der grenzüberschreitenden Forderungsdurchsetzung und Zustellung vom 30. Oktober 2008, BGBl. I, S. 2122 ff; vgl auch *Hess/Bittmann*, IPRax 2008, 305 ff; *Freitag/Leible*, BB 2009, 2 ff; *Sujecki*, EuZW 2008, 417 f.

142 Hierfür scheinbar *von Hein*, VersR 2007, 440, 442 f; anders etwa *Jayme/Kohler*, IPRax 2007, 493, 494; *Junker*, JZ 2008, 169, 170.

143 S. *Staudinger*, Rn 45.

144 S. *Staudinger*, Rn 37.

145 S. *Staudinger*, Fn 97.

146 ABl. C 340 v. 10. November 1997, S. 101 f.

147 S. etwa die Erwägungsgründe (6) und (16) Rom II-VO.

Kapitel V beinhaltet gemeinsame Kollisionsnormen. Abschließend finden sich „sonstige Vorschriften“ in Kapitel VI.

aa) Unerlaubte Handlungen

Es bestehen besondere Anknüpfungsregeln für spezielle unerlaubte Handlungen nach den Art. 5-9 Rom II-VO. Art. 4 Abs. 1 Rom II-VO greift ein, soweit keine Rechtswahl nach Art. 14 Rom II-VO getroffen wurde und weder ein gemeinsamer gewöhnlicher Aufenthalt entsprechend Art. 4 Abs. 2 Rom II-VO noch eine wesentlich engere Verbindung zu einer anderen Rechtsordnung gem. Art. 4 Abs. 3 Rom II-VO besteht. Das objektiv berufene Deliktsstatut ist ein Einheitsstatut. Die Möglichkeit einer Aufspaltung der objektiven Anknüpfung (*dépeçage*) wird von der Verordnung nicht gestattet.[148] So indiziert schon der Wortlaut „unerlaubte Handlung“, dass eine Gesamtbetrachtung vorzunehmen ist.[149] Darüber hinaus kennt Art. 4 Abs. 2 Rom II-VO selbst keinerlei Anhaltspunkte im Tatbestand, wonach möglicherweise etwa hinsichtlich der verschiedenen Schadenspositionen zu differenzieren ist. Gleichermaßen stellt Art. 4 Abs. 3 S. 1 Rom II-VO auf die Geltung einer Rechtsordnung ab („Recht dieses anderen Staates“). Die Maßgeblichkeit eines Einheitsstatuts als Regel wird überdies augenfällig durch Art. 15 Rom II-VO.[150] Zudem spricht die historische Auslegung gegen eine Abspaltung, da sich der Art. 4 Abs. 4 Parlamentsentwurf 2005,[151] welcher eine solche beim Deliktsstatut vorsah, nicht durchsetzen konnte.[152] Gegen eine Aufspaltung im Rahmen der objektiven Anknüpfung lässt sich ebenso im Wege übergreifender Systematik der Erwägungsgrund 7 der Rom I- wie II-VO ins Feld führen. Aus der Entstehungsgeschichte gerade der Rom I-VO folgt, dass der europäische Gesetzgeber bewusst von einer Spaltung des objektiv berufenen Statutes Abstand genommen hat. So kennt Art. 4 Rom I-VO eine solche nicht mehr. Hingegen war beim Vorläufermodell in Art. 4 Abs. 1 S. 2 EVÜ bzw Art. 28 Abs. 1 S. 2 EGBGB eine derartige Spaltung in Ausnahmefällen vorgesehen.[153] Die Möglichkeit für den Richter, einen Vertrag aufzuspalten und in Teilen unterschiedlichen Rechten zu unterstellen, wurde als zu problematisch eingestuft und dementsprechend im Zuge der Überarbeitung aufgehoben.[154] Neben dem drohenden Verstoß gegen den Grundsatz der materiellen Harmonie[155] erschien gleichermaßen die Notwendigkeit dieses Instruments in der Praxis fraglich, da die Möglichkeit der Teilrechtswahl zumindest im Rahmen der Parteiautonomie (Art. 3 Abs. 1 S. 2 Rom I-VO) fortbesteht.[156] 49

(1) Regelanknüpfung gemäß Art. 4 Abs. 1 Rom II-VO

Nach Art. 4 Abs. 1 Rom II-VO ist das Recht desjenigen Staates zur Anwendung berufen, in dem der Schaden eintritt oder einzutreten droht. Im Ergebnis wird damit das **Erfolgsortrecht** zur Anwendung berufen. Dabei scheidet laut Art. 24 Rom II-VO eine Rück- und Weiterverweisung (Renvoi) aus. Art. 4 Abs. 1 Rom II-VO stimmt mit der Rechtslage in den meisten Mitgliedstaaten[157] überein, bedeutet indes eine Abkehr von dem in Deutschland vorher geltenden **Ubiquitäts-** 50

148 Vgl MünchKomm-BGB/*Junker*, Art. 4 Rom II-VO, Rn 47; Rauscher/*Unberath/Cziupka*, Art. 4 Rom II-VO, Rn 89.

149 *Von Hein*, FS Kropholler 2008, S. 553, 564.

150 Rauscher/*Unberath/Cziupka*, Art. 4 Rom II-VO Rn 89.

151 Legislative Entschließung des Europäischen Parlaments zu dem Vorschlag für eine Verordnung des Europäischen Parlaments und des Rates über das auf außervertragliche Schuldverhältnisse anzuwendende Recht („Rom II“) (KOM (2003) 427 endg. v. 22.7.2003).

152 Rauscher/*Unberath/Cziupka*, Art. 4 Rom II-VO, Rn 89.

153 So auch Rauscher/*Thorn*, Art. 4 Rom I-VO, Rn 21; Ferrari/*Ferrari*, Internationales Vertragsrecht, 2. Aufl. 2012, Art. 4 Rom I-VO, Rn 8 f; Staudinger/*Magnus*, Art. 4 Rom I-VO, Rn 96; Palandt/*Thorn*, Art. 4 Rom I-VO, Rn 30.

154 Staudinger/*Magnus* aaO; ebenso Ferrari/Leible/*Magnus*, Rome I Regulation, 2009, S. 27, Rn 31; Reithmann/Martiny/*Martiny*, Rn 119.

155 Staudinger/*Magnus*, Art. 28 EGBGB, Rn 55 ff; Reithmann/Martiny/*Martiny*, Internationales Vertragsrecht, 7. Aufl. 2010, Rn 119.

156 Rauscher/*Thorn*, Art. 4 Rom I-VO, Rn 21; Staudinger/*Magnus*, Art. 4 Rom I-VO, Rn 96.

157 S. die Angaben bei *Leible/Engel*, EuZW 2004, 7, 10.

prinzip.[158] Sicherlich mag man den fehlenden Gleichlauf mit Art. 5 Nr. 3 Brüssel I-VO monieren,[159] da der Tatortgerichtsstand dem Kläger die Wahl[160] zwischen Handlungs- und Erfolgsort eröffnet.[161] Dennoch ist auch das Argument der Kommission nicht von der Hand zu weisen, die Maßgeblichkeit allein des Erfolgsorts nach Art. 4 Abs. 1 Rom II-VO solle die Möglichkeit des **forum shoppings** im Interesse der Rechtssicherheit einschränken.[162] Zu bedenken ist überdies, dass sich ein Gleichlauf zwischen Verfahrens- und materiellem Recht ohnehin selbst dann nicht erzielen ließe, wenn Art. 4 Abs. 1 Rom II-VO um den Anknüpfungspunkt des Handlungsortes erweitert würde. Den Interessen des Opfers einer Körperverletzung wird darüber hinaus in Erwägungsgrund Nr. 33 Rom II-VO Rechnung getragen. Danach soll das mit der Sache befasste Gericht bei der Schadensberechnung alle relevanten tatsächlichen Umstände des Opfers berücksichtigen. Diese Vorschrift wirft allerdings eine Reihe von Zweifelsfragen auf und ermöglicht jedenfalls keine Sonderanknüpfung.

51 Die Verordnung sieht in **Art. 4 Abs. 2 Rom II-VO** eine **Auflockerung** für den Fall vor, dass der Schädiger sowie der Geschädigte zum Zeitpunkt des Schadenseintrittes ihren **gewöhnlichen Aufenthalt** in demselben Staat haben. Zutreffend erscheint, dass der europäische Gesetzgeber dem Richter insofern keinen Beurteilungsspielraum einräumt, sondern die allgemeine Anknüpfung in Art. 4 Abs. 1 Rom II-VO zwingend durchbrochen wird, sofern Art. 4 Abs. 2 Rom II-VO tatbestandlich vorliegt. In Einzelfällen mag man die Sachgerechtigkeit dieser Ausnahmevorschrift in Zweifel ziehen. So setzt Art. 4 Abs. 2 Rom II-VO etwa bei einem **internationalen Verkehrsunfall**[163] nicht voraus, dass der übereinstimmende gewöhnliche Aufenthalt kraft weiterer Faktoren verstärkt wird, etwa durch die Zulassung und Versicherung beider oder eines der beteiligten Kfz im gemeinsamen Aufenthaltsstaat. Ist aber der schädigende PKW, zB ein Mietwagen, im Tatortstaat zugelassen und versichert, so besteht die Gefahr, dass die nach dem Recht am gemeinsamen gewöhnlichen Aufenthalt begründeten Schadensersatzansprüche den Umfang des Versicherungsschutzes (in einem Drittstaat) übersteigen. In einer solchen Fallkonstellation bietet gegebenenfalls Art. 4 Abs. 3 S. 1 Rom II-VO einen Ausweg, indem angesichts der Zulassung und Versicherung des schädigenden PKWs eine engere Verbindung zum Tatortrecht angenommen wird.

52 Die weitere Auflockerung in **Art. 4 Abs. 3 S. 1 Rom II-VO** spiegelt eines der Grundprinzipien im Kollisionsrecht wider, nämlich dasjenige **der engsten Verbindung.** Art. 4 Abs. 3 S. 2 Rom II-VO sieht eine Vermutung dahingehend vor, dass sich eine offensichtlich engere Verbindung mit einem anderen Staat insbesondere aus einem **Vertrag** ergeben kann. Diese Sonderverbindung prägt vielfach das Verhältnis zwischen den Parteien auch im Hinblick auf eine Haftung aus Delikt, sofern der Vertrag mit der betreffenden unerlaubten Handlung in enger Verbindung steht. Zutreffend eröffnet der europäische Gesetzgeber dem Rechtsanwender einen Spielraum. Dies wird durch das Wort „kann" in Art. 4 Abs. 3 S. 2 Rom II-VO ebenso deutlich wie aus einer Reihe von ausfüllungsbedürftigen Tatbestandsmerkmalen. Kritikwürdig erscheint allerdings, dass die Norm allein das Beispiel des Vertrags aufführt. Sicherlich stellt die Formulierung „insbesondere" klar, dass es sich nicht um eine abschließende Aufzählung handelt. Dennoch besteht die Gefahr, dass der Rechtsanwender von einer **akzessorischen Anknüpfung** absieht, wenn beispielsweise keine rechtsgeschäftlich, sondern eine gesetzlich begründete Beziehung zwischen den Beteiligten besteht. So ist es beispielsweise denkbar, dass gleichermaßen eine familienrechtliche Sonderbeziehung eine Auflocke-

---

158 Vgl *Leible/Engel*, EuZW 2004, 7, 10.

159 S. die Stellungnahme des Instituts für ausländisches und internationales Privat- und Wirtschaftsrecht der Universität Heidelberg, S. 5, abrufbar unter www.ipr.uni-heidelberg.de/Forschung/IntPrivatrecht/ForIntPrivatrecht.htm.

160 Vgl *Geimer/Schütze*, Art. 5 Brüssel I VO, Rn 239.

161 S. EuGH, Rs. 21/76 (Bier), Slg 1976, 1735, 1746 Nr. 15 = NJW 1977, 493. Vgl auch die Ausführungen bei *Staudinger*, Rn 170.

162 KOM (2003) 427 endg., S. 3, 12.

163 Beachte in diesem Kontext zum Beweisrecht beim Auffahrunfall AG Geldern, NJW 2011, 686 ff; hierzu *Staudinger*, NJW 2011, 650 ff; zur Anwendung von § 287 ZPO durch ein deutsches Gericht trotz eines ausländischen Erfolgsortsrechts s. LG Saarbrücken, DAR 2012, 265: dazu *Sujecki*, EuZW 2013, 408, 414 mwN.

rung im Sinne des Art. 4 Abs. 3 S. 1 Rom II-VO rechtfertigt.[164] Im Einzelfall mag es sachgerecht erscheinen, deliktische Ansprüche zwischen Ehegatten oder Eltern und Kindern akzessorisch an das **Ehewirkungs-** bzw **Kindschaftsstatut** anzuknüpfen, sofern das Delikt in engem Zusammenhang mit einer solchen Sonderverbindung steht.

Lückenhaft erscheint Art. 4 Abs. 3 S. 2 Rom II-VO auch im Hinblick auf eine rein tatsächliche Beziehung zwischen den Beteiligten. Illustrieren lässt sich dies am Beispiel einer **Gefälligkeitsfahrt,** für welche nach altem Recht die Möglichkeit bestand, sie – abweichend vom an sich maßgeblichen Tatortrecht – dem Recht an ihrem Ausgangspunkt zu unterwerfen.[165] Sicherlich lässt sich dieser Fall unter Art. 4 Abs. 3 S. 1 Rom II-VO subsumieren. Indes könnte das in Art. 4 Abs. 3 S. 2 Rom II-VO ausdrücklich aufgeführte Beispiel des Vertrages den Blick dafür verstellen, dass ggf auch eine lediglich faktische **Sonderbeziehung** die akzessorische Anknüpfung ermöglicht. 53

(2) Sonderkollisionsnormen für spezielle unerlaubte Handlungen, Art. 5 ff Rom II-VO

Die Art. 5 bis 9 Rom II-VO enthalten besondere Anknüpfungsregeln für spezielle **unerlaubte Handlungen.** 54

Art. 5 Rom II-VO betrifft beispielsweise die **Produkthaftung.** Dabei wurde davon abgesehen, den Begriff „Produkt" zu definieren. Die Kommission hat sich in ihrer Begründung für einen Rückgriff auf Art. 2 und 6 der RL 85/374/EWG ausgesprochen.[166] 55

Art. 6 Rom II-VO betrifft die **Anknüpfung wettbewerbsrechtlicher Ansprüche.**[167] Der unlautere Wettbewerb im Sinne der vorgeschlagenen Harmonisierungsmaßnahme erfasst nach Ansicht der Kommission unter anderem solche Verhaltensweisen, „die auf die Nachfrage Einfluss zu nehmen trachten (...), Handlungen, die das Angebot von Wettbewerbern behindern sollen (...), oder Handlungen, mit denen Vorteile eines Wettbewerbers missbraucht werden (...)".[168] Die Kollisionsnorm differenziert zwischen den in Abs. 1 geregelten Wettbewerbsbeziehungen oder kollektiven Verbraucherinteressen und dem in Abs. 2 normierten unlauteren Verhalten, welches nur eine individuelle Person betrifft. Dabei beruft Art. 6 Abs. 1 Rom II-VO das Recht desjenigen Staates zur Anwendung, in dessen Gebiet die wettbewerbsrechtlichen Belange beeinträchtigt werden. Art. 6 Abs. 2 Rom II-VO verweist demgegenüber auf Art. 4 Rom II-VO und erklärt folglich das Recht des **gemeinsamen gewöhnlichen Aufenthaltes,** beziehungsweise dasjenige der **engsten Verbindung** für anwendbar. Die Kommission verfolgt mit dem Anknüpfungspunkt das Ziel eines umfassenden Schutzes der Wettbewerber und Verbraucher sowie der Öffentlichkeit.[169] Art. 6 Abs. 1 Rom II-VO stimmt mit dem bisherigen kollisionsrechtlichen Modell in den Mitgliedstaaten überein[170] und ist geeignet, dem Schutzzweck des Wettbewerbsrechts angemessen Rechnung zu tragen.[171] 56

164 Im Rahmen der Informationshaftung des Kapitalmarktes spricht sich *Steinrötter,* ZIP 2014 (erscheint demnächst) für eine akzessorische Anknüpfung des Haftungsrechts an das international zwingende Ordnungsstatut aus.

165 S. *Looschelders,* Art. 40 EGBGB, Rn 56, Art. 41 EGBGB, Rn 16; *Spickhoff,* NJW 1999, 2209, 2213.

166 KOM (2003) 427 endg., S. 15; beachte folgende Judikatur des EuGH im Hinblick auf die Auslegung der Richtlinie: EuGH C-495/10, VersRAl 2012, 34 ff; zum Verhältnis zur deutschen Arzneimittelhaftung s. BGH VersR 2013, 904; zur Produkthaftung bei implantierten Herzschrittmachern bzw Defibrillatoren ferner Vorabentscheidungsersuchen des BGH an den EuGH, Rs. C-503/13 (Boston Scientific Medizintechnik GmbH ./. AOK Sachsen-Anhalt), ABl. C 352 v. 30. November 2013, S. 8; dazu auch Vorabentscheidungsersuchen des BGH an den EuGH, Rs. C-504/13 (Boston Scientific Medizintechnik GmbH ./. Betriebskrankenkasse RWE), ABl. C 352 v. 30. November 2013, S. 8; beachte eingehend zur Gefährdungshaftung nach Produkthaftungsgesetz Hk-BGB/*Staudinger,* § 823 BGB, Rn 189 ff.

167 Hierzu *Mankowski,* GRURInt 2005, 634 ff; *Buchner,* GRURInt 2005, 1004 ff; s. in weiterem Zusammenhang auch *Piekenbrock,* GRURInt 2005, 997 ff; s. eingehend zu Art. 6 Rom II-VO. *Kluth,* Das Marktauswirkungsprinzip im Kollisionsrecht des Kartell- und Lauterkeitsrechts, 2014, S. 177 ff.

168 KOM (2003) 427 endg., S. 17.

169 KOM (2003) 427 endg., S. 17.

170 S. *Benecke,* RIW 2003, 830, 834. Zur Marktortanknüpfung im deutschen Kollisionsrecht beachte BGH, RIW 2005, 465, 466 f; RIW 2004, 940 f.

171 Vgl *Leible/Engel,* EuZW 2004, 7, 12.

Bei Art. 6 Abs. 3 Rom II-VO handelt es sich um eine Sonderanknüpfung für Kartellrechtsverstöße.[172] Dabei erschließt sich der sachliche Anwendungsbereich einerseits im Lichte des Erwägungsgrundes Nr. 23. Der dortige Katalog von Tatbeständen hat allerdings lediglich beispielhaften Charakter.[173] Andererseits ergibt sich der Geltungsbereich aus Art. 1 Abs. 1 Rom II-VO sowie der Systematik von Art. 6 Abs. 3 Rom II-VO selbst. Danach scheinen die besseren Argumente dafür zu sprechen, behördliches Kartellrecht auszunehmen und den Anwendungsbefehl auf das Kartellprivatrecht zu beschränken.[174] Die Klärung dieser Frage obliegt dem EuGH. Art. 6 Abs. 3 Rom II-VO bezieht jedenfalls, wie sich dem Erwägungsgrund Nr. 22 entnehmen lässt, nicht nur das nationale, sondern ebenso das gemeinschaftliche Kartellrecht mit ein. Art. 6 Abs. 3 lit. a) Rom II-VO beruft das Sachrecht[175] desjenigen Staates zur Anwendung, dessen Markt infolge des den Wettbewerb einschränkenden Verhaltens betroffen ist oder wahrscheinlich beeinträchtigt wird.[176] Liegt eine wettbewerbsbeschränkende Verhaltensweise vor, die mehrere Märkte (wahrscheinlich) beeinträchtigt, eröffnet Art. 6 Abs. 3 lit. b), 1. Hs Rom II-VO dem Geschädigten die Option, den gesamten Schaden nach der *lex fori* zu liquidieren. Dies gilt allerdings nur unter der Voraussetzung, dass der Prozess gegen den einen Beklagten in dessen Wohnsitzstaat geführt wird und der Markt im Forumstaat unmittelbar und wesentlich betroffen ist. Mit Hilfe einer solchen Konzentration von Kartellklagen sollen die mit der Anwendung fremden Rechts ansonsten verbundenen Schwierigkeiten und Kosten in multistate-Sachverhalten vermieden werden. Alternativ kann der Geschädigte nach Art. 5 Nr. 3 Brüssel I-VO[177] vor den Gerichten derjenigen Staaten Klage erheben, in denen der Kartellist gehandelt hat bzw handeln wird. Fallen allerdings Forum- und Wohnsitzstaat nicht zusammen, kommt es nach Art. 6 Abs. 3 lit. a) Rom II-VO zur Anwendung der Mosaiktheorie.[178]

57 Prozessiert der Geschädigte (etwa nach Art. 2 Abs. 1, 6 Nr. 1 Brüssel I-VO)[179] im Wohnsitzstaat eines Schädigers gegen mehr als einen Beklagten, eröffnet Art. 6 Abs. 3 lit. b), 2. Hs Rom II-VO nur dann die Option, den gesamten Schaden der *lex fori* zu unterstellen, wenn das den Wettbewerb beschränkende Verhalten, auf dem der Anspruch gegen jeden der Beklagten basiert, ebenso den Markt im Forumstaat unmittelbar und wesentlich betrifft. Zweifelsohne schafft der Sekundärrechtsgeber hierdurch Anreize zum *forum shopping*.[180]

58 In Art. 7 Rom II-VO sieht der Gemeinschaftsgesetzgeber eine Sonderkollisionsnorm für **Umweltschädigungen** vor.[181]

59 **Art. 8 Rom II-VO** betrifft die Verletzung von Immaterialgüterrechten. Entsprechend dem Erwägungsgrund 26 des Sekundärrechtsaktes erstreckt sich der Begriff auf „Rechte an geistigem Eigentum, Urheberrechte, verwandte Schutzrechte, das *sui generis* Datenbankschutzrecht und gewerbliche Schutzrechte“. Laut Art. 8 Abs. 1 Rom II-VO sind die Vorschriften desjenigen Staates heranzuziehen, in welchem der Schutz geltend gemacht wird. Dies entspricht dem herrschenden **Territorialitäts- bzw Schutzlandprinzip,**[182] welches bei Anwendung der Grundsätze in Art. 3 Rom II-VO unterlaufen würde.[183] Abweichendes gilt gem. Art. 8 Abs. 2 Rom II-VO für die „Verletzung

172 Eingehend hierzu *Gebauer/Staudinger*, in: Terhechte (Hrsg.), 2008, § 7.
173 *Mankowski*, RIW 2008, 177, 179.
174 So *Mankowski*, RIW 2008, 177, 180 ff; abweichend wohl *Heiss/Loacker*, JBl 2007, 613, 631; offen gelassen von *Junker*, NJW 2007, 3675, 3679.
175 Vgl Art. 24 Rom II-VO.
176 Letzteres steht im Einklang mit Art. 2 Abs. 3 Rom II-VO.
177 S. zur negativen Feststellungsklage: EuGH, Rs. C-133/11 (Folien Fischer, Fotitec AG ./. Ritma SpA), NJW 2013, 287; nachgehend BGH, GRUR-RR 2013, 228.
178 *Gebauer/Staudinger*, in: Terhechte (Hrsg.), 2008, § 7 Rn 43; *Leible/Lehmann*, RIW 2007, 721, 730.
179 *Leible/Lehmann*, RIW 2007, 721, 730; eine subjektive Klagehäufung lässt sich ferner auf Art. 5 Nr. 3 Brüssel I-VO stützen; hierzu *Mankowski*, RIW 2008, 177, 191.
180 *Heiss/Loacker*, JBl 2007, 613, 630.
181 Kritisch hierzu *Leible/Engel*, EuZW 2004, 7, 13.
182 S. mit Blick auf das deutsche Internationale Deliktsrecht: BGH, JZ 2005, 736 m.Anm. *Ohly*, 738 ff. Zum Schutzlandprinzip (lex loci protectionis) und zur Einschränkung des Anknüpfungsmoments in Art. 8 Abs. 1 Rom II-VO: *Beckstein*, S. 128 f, 356.
183 Vgl *Leible/Engel*, EuZW 2004, 7, 13.

eines einheitlichen gemeinschaftsrechtlichen gewerblichen Schutzrechts", da insofern grundsätzlich vorrangig das **Recht der Europäischen Gemeinschaft** eingreift. Betroffen ist etwa die Gemeinschaftsmarke.[184] Nur zur Lückenfüllung ist auf die Rom II-VO zurückzugreifen.[185]

Die Sonderanknüpfung nach **Art. 9 in Verbindung mit den Erwägungsgründen Nr. 27, 28 Rom II-VO** bezieht sich auf deliktische Ansprüche, welche aus **Arbeitskampfmaßnahmen** resultieren. Die Qualifikation eines Verhaltens als eine solche erfolgt gem. Erwägungsgrund Nr. 27 Rom II-VO nach dem innerstaatlichen Recht der Mitgliedstaaten.[186] Gem. Art. 9 Rom II-VO ist, wenn kein gemeinsamer gewöhnlicher Aufenthalt nach Art. 9 iVm 4 Abs. 2 Rom II-VO besteht, das Recht desjenigen Staates anzuwenden, in dem die Arbeitskampfmaßnahme ergriffen wurde oder erfolgen soll.[187] Mangels entsprechender Verweisung greift Art. 4 Abs. 3 Rom II-VO nicht ein. Trotz des Fehlens eines expliziten Rechtswahlausschlusses wie bei Art. 6 und 8 Rom II-VO ist die subjektive Anknüpfung angesichts des Zwecks der Norm, die Anwendung ausländischen Recht auf inländische Arbeitskampfmaßnahmen zu unterbinden, ausgeschlossen.[188] Ohnehin wäre eine solche, da Arbeitnehmer(-verbände) nicht kommerziell tätig werden, nur auf nachträgliche Vereinbarungen beschränkt und daher praktisch nicht sonderlich relevant.[189] 60

bb) Ungerechtfertigte Bereicherung, Art. 10 Rom II-VO

Für **ungerechtfertigte Bereicherungen** genießt laut Art. 10 Abs. 1 Rom II-VO **die akzessorische Anknüpfung** an ein bestehendes Rechtsverhältnis mit enger Verbindung zur ungerechtfertigten Bereicherung Vorrang. Dies gilt auch dann, wenn Leistungen auf einen intendierten Vertragsabschluss hin erbracht wurden, dieser jedoch ausblieb.[190] Dies stellt für die Leistungskondiktion den Gleichlauf mit dem (hypothetischen) Vertragsstatut sicher.[191] Scheidet eine akzessorische Anknüpfung über Art. 10 Abs. 1 Rom II-VO aus, greift gem. Abs. 2 das Recht des gemeinsamen gewöhnlichen Aufenthaltsstaates, ansonsten kraft Abs. 3 dasjenige am Bereicherungsort. Insofern besteht für die Eingriffskondiktion eine Parallelität mit dem Deliktsstatut. Nicht erfasst werden Eingriffe in Immaterialgüterrechte, welche gem. Art. 13 nach Art. 8 Rom II-VO anzuknüpfen sind. 61

Seit Geltung der Rom I-VO ab dem 17. Dezember 2009 ist Art. 12 Abs. 1 lit. e) Rom I-VO gem. Art. 27 Rom II-VO als *lex specialis* im Verhältnis zu Art. 10 Abs. 1 Rom II-VO anzusehen.[192] Im Ergebnis dürften sich keine Abweichungen ergeben. Denn auch nach der zuletzt genannten Vorschrift unterliegen die Folgen der Nichtigkeit eines Rechtsgeschäftes insoweit akzessorisch dem (hypothetischen) Vertragsstatut.[193] 62

cc) Geschäftsführung ohne Auftrag, Art. 11 Rom I-VO

Gem. Art. 11 Abs. 1 Rom II-VO ist die akzessorische Anknüpfung an ein bestehendes Rechtsverhältnis auch bezüglich der Geschäftsführung ohne Auftrag vorrangig.[194] Da derartige Ansprüche bei Vorliegen vertraglicher Forderungen oftmals ausgeschlossen sind, dürfte dies jedoch eher eine Ausnahme darstellen. Denkbar erscheint grundsätzlich die Anknüpfung an ein zwischen den Par- 63

184 Hierzu s. *Staudinger*, Rn 117. Zum Vorrang von § 89 Abs. 1 lit. d) der Gemeinschaftsgeschmacksmusterverordnung vor Art. 8 Abs. 2 Rom II-VO vgl *Zwanzger*, S. 110, 123, 124 ff, 302 ff.

185 Vgl Palandt/*Thorn*, Art. 8 Rom II-VO, Rn 8.

186 Bamberger/Roth/*Spickhoff*, Art. 9 Rom II-VO, Rn 1; Palandt/*Thorn*, Art. 9 Rom II-VO, Rn 2.

187 Ausführlicher Überblick bei: *Knöfel*, EuZA Bd. 1 (2008), 228 ff.

188 AA Palandt/*Thorn*, Art. 9 Rom II-VO, Rn 3.

189 *G. Wagner*, IPRax 2008, 1, 10.

190 Ausreichend ist auch das hypothetische Vertragsstatut *Leible/Lehmann*, RIW 2007, 721, 732.

191 *Leible/Lehmann*, RIW 2008, 528, 532.

192 Palandt/*Thorn*, Art. 10 Rom II-VO, Rn 4.

193 Zur Konkurrenz mit dem EVÜ s. Gebauer/Wiedmann/*Staudinger*, Rn 111.

194 S. allgemein hierzu *Nehne*, Die Internationale Geschäftsführung ohne Auftrag nach der Rom II-Verordnung, IPRax 2012, 136 ff.

teien begründetes deliktisches Rechtsverhältnis.[195] Subsidiär greift gem. Abs. 2 das Recht am gemeinsamen gewöhnlichen Aufenthaltsort. Liegt auch ein solcher nicht vor, ist kraft Abs. 3 das Recht am Vornahmeort der Geschäftsführung maßgeblich. Für die vorgehenden Absätze legt Art. 11 Abs. 4 Rom II-VO fest, dass bei einer offensichtlich engeren Verbindung zu einem anderen Staat dessen Recht zur Anwendung berufen wird.

64 Bei der Bestimmung des Vornahmeorts der Geschäftsführung nach Art. 11 Abs. 3 Rom II-VO ist in den seltenen Fällen der Divergenz von Handlungs- und Erfolgsort an den manipulationsfesten Erfolgsort anzuknüpfen, um den Gleichlauf mit konkurrierenden deliktischen Ansprüchen herzustellen. Eine Ausnahme gilt für den Fall, dass die Geschäftsführung nacheinander in mehreren Staaten erfolgt. Hier ist im Interesse der Rechtssicherheit auf den Beginn der Geschäftsführung abzustellen.

dd) Verschulden bei Vertragsschluss, Art. 12 Rom I-VO

65 Gem. Art. 12 Abs. 1 Rom II-VO in Verbindung mit Erwägungsgrund Nr. 30 Rom II-VO ist für die Anknüpfung von Ansprüchen aus Verschulden bei Vertragsschluss – unabhängig von einem tatsächlichen Zustandekommen des Vertrages – auf das Recht abzustellen, das auf das Geschäft anzuwenden gewesen wäre. Kann das hypothetische Vertragsstatut nicht bestimmt werden, ist nach Art. 12 Abs. 2 lit. a), b) Rom II-VO an den Erfolgsort oder den gemeinsamen gewöhnlichen Aufenthalt anzuknüpfen. Ungeklärt ist bislang, ob die beiden Tatbestände in einem Alternativ- oder Subsidiaritätsverhältnis stehen, oder es sich um eine Anknüpfungsleiter handelt. Das Wort „oder" bzw „or" im Englischen sowie ein Umkehrschluss zu Art. 5 Abs. 1 lit. a) und b) Rom II-VO („andernfalls"; „or, failing that") deuten auf Ersteres hin.[196] Dies wirft allerdings die Anschlussfrage auf, ob dem Opfer ein Wahlrecht zustehen soll oder das Gericht *ex officio* das günstigere Recht ermitteln muss.[197] Für eine gestufte Anknüpfung spricht der Vergleich mit Art. 4 Abs. 2 Rom II-VO aufgrund dessen man in Art. 12 Abs. 2 lit. b) Rom II-VO ein „jedoch" hineinlesen könnte. Dies hätte zur Folge, dass der gemeinsame gewöhnliche Aufenthalt dem Erfolgsortrecht vorginge.[198] Jedenfalls bestimmt Art. 12 Abs. 2 lit. c) Rom II-VO, dass abweichend von lit. a) und b) Rom II-VO das Recht desjenigen Staates eingreift, zu dem eine offensichtlich engere Verbindung besteht.

66 Ungeklärt erscheint, welche Kriterien zur Abgrenzung von Art. 12 Abs. 1 und Abs. 2 Rom II-VO heranzuziehen sind, da sich das hypothetische Vertragsstatut praktisch immer ermitteln lässt.[199] Denkbar wäre, dass die Parteien einen Vertragsschluss noch gar nicht in Blick genommen haben. Für diesen Fall ist dem Erwägungsgrund Nr. 30 S. 3 und 4 Rom II-VO zu entnehmen, dass die Sonderanknüpfung in Art. 12 des Sekundärrechtsaktes allein außervertragliche Schuldverhältnisse erfasst, welche im unmittelbaren Zusammenhang mit den Verhandlungen vor Vertragsschluss stehen. Erleidet hingegen eine Person während dieses Vorstadiums einen Körperschaden, sind Ansprüche wegen Verletzung des Integritätsinteresses Art. 4 Rom II-VO oder anderen Sonderkollisions-

---

195 Bamberger/Roth/*Spickhoff*, Art. 11 Rom II-VO, Rn 4; MünchKomm-BGB/*Junker*, Internationales Privatrecht, Art. 11 Rom II-VO, Rn 12 f; Prütting/Wegen/Weinrich/*Fehrenbacher*, Art. 11 Rom II-VO, Rn 1; zurückhaltender: Palandt/*Thorn*, Art. 10 Rom II-VO, Rn 7, welcher den Schwerpunkt des Rechtsverhältnisses bei der GoA sieht und daher deliktsrechtliche Ansprüche nach Art. 4 Abs. 3 Rom II-VO akzessorisch an jene anknüpfen möchte.

196 Dafür: *Lüttringhaus*, RIW 2008, 193, 197.

197 Dies könnte im Widerspruch zur in England herrschenden fact doctrine (hierzu s. *Schack*, IZVR, Rn 728 ff) stehen, wonach der Kläger hinsichtlich der Geltung ausländischen Rechts die Darlegungs- und Beweislast trägt. Eine Anwendung dieser Grundsätze hätte zur Folge, dass ein etwaiger Günstigkeitsvergleich oftmals leer liefe. Daher sollte in einem solchen Fall auch ein englisches Gericht gehalten sein, den Schutzstandard nach ausländischem Recht *ex officio* zu ermitteln und gegebenenfalls anzuwenden. Zur im Gemeinschaftsrecht wurzelnden Pflicht zur Prüfung missbräuchlicher Klauseln von Amts wegen s. jüngst: EuGH, Rs. C-537/12, C-116/13 (Banco Popular Español SA ./. Rivas Quichimbo, Cun Pérez und Banco de Valencia SA ./. Valldeperas Tortosa, Miret Jaume), EWS 2013, 481 sowie EuGH, Rs. C-488/11 (Asbeek Brusse, Man Garabito ./. Jahani BV), NJW 2013, 2579.

198 Dafür: Bamberger/Roth/*Spickhoff*, Art. 12 Rom II-VO, Rn 9; Palandt/*Thorn*, Anh. Art. 38-42 EGBGB, Art. 12 Rom II-VO, Rn 4; *Kadner Graziano*, RabelsZ 73 (2009), 1, 64; *G. Wagner*, IPRax 2008, 1, 12.

199 Vgl *G. Wagner*, IPRax 2008, 1, 12.

normen unterstellt. Auch hier greift Art. 12 Abs. 2 Rom II-VO nicht ein, dem folglich eine geringe Praxisrelevanz zukommen dürfte.

ee) Rechtswahl gemäß Art. 14 Rom II-VO

Grundsätzlich besteht nach Art. 14 Abs. 1 lit. a) Rom II-VO ex post **Parteiautonomie**. Allein 67
gewerbliche Akteure vermögen nach Art. 14 Abs. 1 lit. b) Rom II-VO bereits im Vorfeld das im Schadensfall anwendbare Rechts frei auszuhandeln. Letzteres scheint zu einem Ausschluss von Formularabreden zu führen. Angesichts des den Erfordernissen des modernen Handelsverkehrs nicht entsprechenden Ergebnisses, liegt der Rückschluss nahe, dass diese Einschränkung vom Gemeinschaftsgesetzgeber nicht gewollt war. Vielmehr sollte eine Einzelfallprüfung dahin erfolgen, ob es sich um eine überraschende Rechtswahl oder durch Täuschung zustande gekommene Klausel handelt.[200] Art. 14 Abs. 1 Rom II-VO weicht insoweit vom Grundprinzip der Rechtswahlfreiheit in Art. 3 Abs. 1 S. 1 Rom I-VO ab. Allerdings wird nach herrschender Meinung[201] vor dem Hintergrund der harmonischen Interpretation und dem Erwägungsgrund 7 Rom II- wie Rom I-VO darauf verwiesen, dass in Art. 3 Abs. 1 S. 3 Rom I-VO eine Teilrechtswahl wie auch schon beim Vorläufermodell in Art. 3 Abs. 1 S. 3 EVÜ (Art. 27 Abs. 1 S. 3 EGBGB) zulässig ist. Im Lichte der übergreifenden Systematik wird demnach bei Art. 14 Abs. 1 S. 1 lit. a) Rom II-VO eine Teilrechtswahl[202] nach Eintritt des schadensbegründenden Ereignisses zwischen Schädiger und Opfer wohl für zulässig erachtet. Ebenso wie bei dieser Norm stellt sich bei Art. 14 Rom II-VO die Frage, ob lediglich die Wahl staatlichen Rechts erfasst wird, oder sich die Parteiautonomie gleichfalls auf **nichtstaatliche Regelwerke** erstreckt. In Kohärenz mit der Rom I-VO sollte davon ausgegangen werden, dass dies nicht der Fall ist.[203] Andernfalls liefen auch die Regelungen in Abs. 2 und 3 leer.[204] Einen Gleichlauf mit Art. 3 Abs. 4 Rom I-VO stellt ebenfalls Art. 14 Abs. 3 Rom II-VO her. Hiernach kann die Anwendung der unabdingbaren Regeln des Gemeinschaftsrechtsrechts durch die Wahl des Rechts eines Drittstaates nicht ausgeschlossen werden, soweit der Sachverhalt ansonsten lediglich Bezugspunkte zu den Mitgliedstaaten der Europäischen Gemeinschaft aufweist. Im Ergebnis bleiben damit infolge von Art. 14 Abs. 3 Rom II-VO die Transformationsvorschriften des Forumstaats unberührt.

ff) Reichweite des Statuts, Art. 15 Rom II-VO, Eingriffsnormen, Art. 16 Rom II-VO

Art. 15 Rom II-VO legt die Reichweite des Statuts fest. So schließt etwa das zur Anwendung beru- 68
fene Recht nach Art 15 lit. a) und b) Rom II-VO ebenso die Teilfrage der Deliktsfähigkeit im Sinne der §§ 827 f oder etwaige Privilegierungen wie §§ 1359, 1664 BGB mit ein. Aus Art. 1 Abs. 2 lit. a) Rom II-VO folgt ferner kein Ausschluss deliktischer Ansprüche mittelbar Geschädigter als Unterhaltsgläubiger. Vielmehr bestimmt Art. 15 lit. f) Rom II-VO, dass sich aus dem Deliktsstatut ergibt, ob eine andere als die unmittelbar geschädigte Person den Ersatz eines mittelbaren Schadens verlangen kann. Dieser Schaden kann immaterieller oder materieller Natur sein, etwa in Gestalt eines Unterhaltsschadens von Kindern oder überlebenden Eheleuten. Das Deliktsstatut gibt allerdings nicht Auskunft darüber, ob das verstorbene Unfallopfer zu Lebzeiten dem mittelbar Geschädigten gegenüber zur Unterhaltszahlung verpflichtet war. Diese Vorfrage über das Bestehen eines derartigen Rechtsverhältnisses ist vielmehr nach herrschender Meinung[205] in Deutschland selbstständig anzuknüpfen, derzeit nach Art. 18 EGBGB, ansonsten nach dem betreffenden Haager Unterhaltsübereinkommen. Zu beachten ist überdies die Unterhalts-VO. Bereits heute sollte eine unselbst-

200 Vgl Palandt/*Thorn*, Anh. Art. 38-42 EGBGB, Art. 14 Rom II-VO, Rn 9.

201 MünchKomm-BGB/*Junker*, Art. 14 Rom II-VO Rn 37; *Leible*, RIW 2008, 257, 260; Bamberger/Roth/*Spickhof*, Art. 14 Rom II-VO Rn 2; Palandt/*Thorn*, Art. 14 Rom II-VO Rn 4.

202 Zur Teilrechtswahl beachte *Aubart*, Die Behandlung der dépeçage im europäischen Internationalen Privatrecht.

203 Vgl *Staudinger*, Rn 11.

204 MünchKomm-BGB/*Junker*, Art. 14 Rom II-VO, Rn 15.

205 S. hierzu *Bernitt* mwN. Auch wenn sich die nachfolgenden Ausführungen im Ergebnis mit denjenigen von *Bernitt* decken (vgl dort S. 147, 175 ff, 196 ff), befürwortet die Autorin vom Grundsatz her eine strikte selbstständige Anknüpfung von Vorfragen.

ständige Anknüpfung solcher Vorfragen jedenfalls dann angedacht werden, wenn diese in einem anderen mitgliedstaatlichen Deliktstatut aufgeworfen werden. Art. 16 Rom II-VO enthält eine dahingehende Klarstellung, dass **Eingriffsnormen** ebenso bei außervertraglichen Schuldverhältnissen bestehen können. Laut Art. 16 Rom II-VO kann das angerufene Gericht entsprechend Art. 9 Abs. 2 Rom I-VO die Eingriffsnormen der lex fori heranziehen. Eine Legaldefinition wie in Art. 9 Abs. 1 Rom I-VO fehlt allerdings. Die Formulierung im Erwägungsgrund Nr. 32 S. 1 Rom II-VO deutet jedoch darauf hin, dass die international zwingenden Bestimmungen dem Schutz des „öffentlichen Interesses" dienen müssen. Dies scheint aber nicht *a priori* dagegen zu sprechen, etwa Verbraucherschutznormen zum Kreis der international zwingenden Vorschriften zu zählen, was entsprechend für Art. 9 Rom I-VO gilt.

69 Während nach Art. 9 Abs. 3 Rom I-VO ebenso international zwingende Bestimmungen eines anderen Staates unter engen Voraussetzungen zur Anwendung gelangen können, sieht die Rom II-VO entgegen vorangegangener Vorschläge hiervon ab. Es dürfte sich daher wohl nicht um ein Redaktionsversehen handeln. Unter der Prämisse, dass die Rom II-VO ein abschließendes Anknüpfungssystem schafft, ist es einem Gericht vielmehr verwehrt, eine derartige Norm – und sei es auch unter Rückgriff auf das Prinzip der Gemeinschafts- bzw Unionstreue – heranzuziehen.[206]

gg) Sicherheits- und Verhaltensregeln, Art. 17 Rom II-VO

70 Art. 17 Rom II-VO stellt in Verbindung mit Erwägungsgrund Nr. 34 Rom II-VO klar, dass unabhängig vom anzuwendenden Recht die **Sicherheits- und Verhaltensregeln** am Ort und zum Zeitpunkt des haftungsbegründenden Ereignisses für die Prüfung der Rechtswidrigkeit und des Verschuldens zu berücksichtigen sind. Zwar legen der Wortlaut von Art. 17 Rom II-VO sowie Erwägungsgrund Nr. 34 eine restriktive Auslegung nahe. Stellt man hingegen auf den Sinn und Zweck der Vorschrift ab, sollten nicht nur geschriebene Regeln, sondern auch ungeschriebene lokale Verhaltensmaßstäbe beachtet werden.[207] Mit der Formulierung „faktisch und soweit angemessen [...] zu berücksichtigen" wurde klargestellt, dass den Verkehrsregeln und Sicherheitsvorschriften als *local data* allein eine Tatbestandswirkung zukommt. Bedeutung erlangt diese Differenzierung etwa dann, wenn der Richter nach seinem Prozessrecht ausländische Normen von Amts wegen ermittelt und anwendet, hingegen Tatsachen von den jeweiligen Parteien dargelegt und bewiesen werden müssen.[208] Um widersprüchliche Ergebnisse zu vermeiden, ist Art. 17 Rom II-VO in analoger Anwendung auf das Opferverhalten zu erstrecken. Das erklärt sich daraus, dass die Frage nach dem Verschulden des Täters gleichzeitig diejenige nach dem Mitverschulden des Opfers aufwirft. Dies gilt insbesondere für Verkehrsunfälle, bei denen sich häufig Täter- und Opferrolle nicht strikt einer Person zuweisen lässt.[209]

hh) Direktklage gegen den Versicherer des Ersatzpflichtigen, Art. 18 Rom II-VO

71 **Art. 18 Rom II-VO** räumt – im Ergebnis überzeugend – dem Geschädigten eine **Wahl zwischen Delikts- und Versicherungsvertragsstatut** ein.[210] Die erste Alternative, wonach das Recht des Geschädigten, unmittelbar gegen den Versicherer vorzugehen, dem für das außervertragliche Schuldverhältnis maßgebenden Recht unterliegt, wirft allerdings Zweifelsfragen auf. Von der Systematik her wird man nicht nur auf Art. 4 Abs. 1 Rom II-VO und damit das **Erfolgsortrecht** abstellen dürfen. Art. 18 1. Alt. Rom II-VO verweist wohl ebenso auf Art. 4 Abs. 2 Rom II-VO und mithin

206 Ebenso: Bamberger/Roth/*Spickhoff*, Art 16 Rom II-VO, Rn 4; *G. Wagner*, IPRax 2008, 1, 15; aA: *Leible/Lehmann*, RIW 2007, 721, 736; *Kadner Graziano*, RabelsZ 73 (2009), 1, 72; Palandt/*Thorn*, Anh. Art. 38-42 EGBGB, Art. 16 Rom II-VO, Rn 3.

207 So Palandt/*Thorn*, Anh. Art. 38-42 EGBGB, Art. 17 Rom II-VO, Rn 1; *G. Wagner*, IPRax 2008, 1, 6.

208 S. auch den Prüfauftrag in Art. 30 Abs. 1 Rom II-VO sowie die Erklärung der Kommission hierzu im Anhang der Verordnung Rom II.

209 So überzeugend: *G. Wagner*, IPRax 2008, 1, 6; ihm folgend: Palandt/*Thorn*, Anh. Art. 38-42 EGBGB, Art. 17 Rom II-VO, Rn 5; anders *Heiss/Loacker*, JBl 2007, 613, 637.

210 Vgl hierzu *Lüttringhaus*, VersR 2010, 183 ff; s. auch *Czaplinski*, Das Internationale Straßenverkehrsunfallrecht nach dem Inkrafttreten der Rom II-VO – Zur Kündigung des Haager Übereinkommens über das auf Straßenverkehrsunfälle anzuwendende Recht; *Micha*, Der Direktanspruch im europäischen Internationalen Privatrecht.

das **gemeinsame Aufenthaltsrecht** sowie auf Art. 4 Abs. 3 Rom I-VO. Sicherlich ist Art. 18 Rom II-VO ferner dahin zu verstehen, dass als Deliktstatut auch das im Wege einer (an sich vorrangigen) **nachträglichen Rechtswahl** im Sinne von Art. 14 Abs. 1 lit. a) Rom II-VO bestimmte Sachrecht gilt. Die Interessen des Versicherers werden jedenfalls insofern gewahrt, als die Rechte Dritter nach Art. 14 Abs. 1 S. 2 Rom II-VO aE unberührt bleiben. Art. 18 Rom II-VO bestimmt nur über das „Ob" der Direktklage. Ein Günstigkeitsvergleich hinsichtlich des Inhalts und Umfangs eines solchen Anspruchs lässt sich hieraus wohl nicht ableiten.[211]

ii) Ausschluss der Rück- und Weiterverweisung, Art. 24 Rom II-VO

Wie bereits eingangs ausgeführt, schließt Art. 24 Rom II-VO die **Rück- und Weiterverweisung** aus. 72
Dies verdient uneingeschränkte Zustimmung und steht im Einklang mit Art. 20 Rom I-VO.

jj) Allgemeine ordre public-Klausel in Art. 26 Rom II-VO

Gem. Art. 26 Rom II-VO ist in Ausnahmefällen von der Anwendung einer Sachnorm abzusehen, 73
soweit das Ergebnis einen **Verstoß gegen die öffentliche Ordnung** begründet.[212] Dieser Begriff, der sich auch in anderen internationalen Regelwerken wiederfindet,[213] wird zutreffend nicht näher präzisiert. Die Mitgliedstaaten besitzen trotz des gemeinschaftsrechtlichen Standorts der Vorschrift die **Definitionshoheit** und können festlegen, welche Vorschriften zum Kreis ihrer nationalen öffentlichen Ordnung zählen.[214] Die Aufgabe, hier die Grenzen aufzuzeigen und sicherzustellen, dass das gemeinschaftsrechtliche Anknüpfungssystem nicht konterkariert wird, obliegt dem EuGH. Dies entspricht der Rechtslage bei der Brüssel I-VO.[215] Art. 26 Rom II-VO enthält abweichend etwa vom deutschen Pendant in Art. 6 EGBGB **keinen ausdrücklichen Verweis auf die nationalen Grundrechte**. Da diese jedoch anerkanntermaßen zu den wesentlichen Grundsätzen eines Staates zählen,[216] erscheint ein gesonderter Hinweis entbehrlich. Dies gilt ebenso für einen Verweis auf die Europäische Menschenrechtskonvention (EMRK) [217] sowie die Grundrechtecharta.[218] Art. 26 Rom II-VO setzt zwar dem Wortlaut nach keinen **Inlandsbezug** voraus. Trotzdem stellt dieser ein **ungeschriebenes Korrektiv** dar, um die ultima ratio-Funktion des ordre public-Vorbehalts sicherzustellen.[219] Auch wenn Art. 26 Rom II-VO einen etwaigen Strafschadensersatz (*punitive damages*) nicht ausdrücklich anführt, folgt hieraus keine Einschränkung der Abwehrfunktion der Vorbehaltsklausel.[220] Vielmehr bleibt es laut Erwägungsgrund Nr. 32 S. 2 Rom II-VO jedem Mitgliedstaat überlassen, sich auf diese zu berufen. Im Gegensatz dazu ist bei einem Angehörigenschmerzensgeld[221] davon auszugehen, dass ein solches nicht *per se* im Widerspruch zur hiesigen öffentlichen Ordnung steht.[222] Der Koalitionsvertrag zwischen CDU, CSU und SPD aus der 18. Legislaturperiode sieht

---

211 AA Bamberger/Roth/*Spickhoff*, Art 18 Rom II-VO, Rn 1; Palandt/*Thorn*, Anh. Art. 38-42 EGBGB, Art. 18 Rom II-VO, Rn 2.

212 KOM (2003) 427 endg., S. 31.

213 Vgl etwa Art. 7 des Haager Übereinkommens über das auf letztwillige Verfügungen anzuwendende Recht sowie Art. 4 über das auf Unterhaltspflichten gegenüber Kindern anzuwendende Recht.

214 KOM (2003) 427 endg., S. 31.

215 Vgl EuGH, Rs. C-38/98 (Renault), Slg 2000, I-2973 ff; s. hierzu die Ausführungen bei *Staudinger*, Rn 177 ff.

216 BVerfGE 31, 58 ff, BvR 636/68; vgl auch EuGH, Rs. C-7/98 (Krombach), Slg 2000, I-1956, 1965.

217 BGBl. 1952 II, S. 685, 953.

218 Zur Berücksichtigung der Grundrechtecharta bei der Auslegung des Sekundärrechts s. etwa EuGH, Rs. C-470/12 (Pohotovosť s. r. o. ./. Miroslav Vašuta), BeckRS 2014, 80462.

219 MünchKomm-BGB/*Junker*, Art. 26 Rom II-VO, Rn 20.

220 Palandt/*Thorn*, Anh. Art. 38-42 EGBGB, Art. 26 Rom II-VO, Rn 2; G. *Wagner*, IPRax 2008, 1, 16 f.

221 Zur Einführung eines Angehörigenschmerzensgeldes in Deutschland: *Diederichsen*, DAR 2011, 122; *Huber*, NZV 2012, 5; *Kuhn*, SVR 2012, 288; *Luckey*, SVR 2012, 1; *Meckbach*, Zivilrechtliche Ansprüche bei Tötung eines Menschen – Bestandsaufnahme, Bewertung, Fortentwicklung; *Neuner*, JuS 2013, 577; *Schramm*, Haftung für Tötung; *Schwintowski/C. Schah Sedi/M. Schah Sedi*, ZfSch 2012, 6; *Staudinger*, DAR 2012, 280; *Wiedemann/Spelsberg-Korspeter*, NZV 2012, 471; s. zu Schmerzensgeldansprüchen bei Verkehrsunfällen mit europäischem Auslandsbezug: *Häcker*, DAR 2013, 758.

222 Dazu s. *Staudinger*, NJW 2006, 2433, 2435 f; *ders.*, Mitteilungsblatt der Arbeitsgemeinschaft für Internationalen Rechtsverkehr im Deutschen Anwaltverein, 2/2007, 30 ff.

auf der S. 146 einen eigenständigen Schmerzensgeldanspruch vor, welcher sich in das System des Schadensersatzrechts einfügt. Dieser soll indes allein demjenigen gewährt werden, der einen nahen Angehörigen durch Verschulden eines Dritten verliert. Hieraus ergeben sich streng nach dem Wortlaut eine Reihe von Restriktionen, wie etwa der Ausschluss schwerster Verletzungen, der Gefährdungshaftung sowie entfernter Angehöriger. Hier drohen Brüche etwa mit § 253 Abs. 2 BGB, der gerade die Gefährdungshaftung nicht ausspart. Es fehlt im Koalitionsvertrag indes eine Beschränkung auf den Straßenverkehr bzw Felder, in denen eine Haftpflichtversicherung besteht.[223] Jedenfalls dürfte sich das Opferentschädigungsgesetz (OEG) als Standort verbieten.

c) Verhältnis zu anderen Rechtsakten, Art. 27 Rom II-VO

74 **Art. 27 Rom II-VO** regelt das Verhältnis dieses Sekundärrechtsaktes zu anderen Harmonisierungsmaßnahmen. Zweifelsfragen ergeben sich etwa im Verhältnis zur e-commerce-RL. Dies gilt allerdings nur unter der Voraussetzung, dass dem aus Art. 3 dieser RL folgenden Herkunftslandprinzip ein kollisionsrechtlicher Regelungsgehalt zugesprochen wird.[224] Darüber hinaus gehört Art. 12 Abs. 1 lit. e) Rom I-VO für die Rückabwicklung nichtiger Verträge seit dem 17. Dezember 2009 zum Kreis der Spezialnormen.[225] Ferner geht Art. 93 Abs. 1 der Verordnung (EWG) 1408/71[226] als zentrale Norm des Auslandsregresses von Sozialversicherungsträgern Art. 19 Rom II-VO insoweit vor, als danach das Bestehen sowie der Umfang des Regressanspruchs den Bestimmungen im Sitzstaat des leistenden Trägers unterliegen.[227] Hiervon unberührt bleibt jedoch der Rückgriff auf das Anknüpfungssystem der Rom II-VO zur Bestimmung des Deliktsstatuts, welches das Entstehen, die Übertragbarkeit von Schadensersatzforderungen sowie ihre Durchsetzbarkeit in Gestalt etwaiger Einreden und Einwendungen regelt.[228] Schließlich ist bei Verletzung von gemeinschaftsweit einheitlichen Rechten des geistigen Eigentums schon nach Art. 8 Abs. 2 Rom II-VO zunächst auf den entsprechenden Sekundärrechtsakt abzustellen. Lediglich zur Lückenfüllung greift die Anknüpfung nach der Rom II-VO Platz. Dies betrifft etwa die Gemeinschaftsmarke.[229]

d) Verhältnis zu bestehenden Konventionen, Art. 28 Rom II-VO

75 **Art. 28 Rom II-VO** betrifft das **Konkurrenzverhältnis** zu bestehenden Konventionen. Art. 28 Abs. 1 Rom II-VO belässt den Mitgliedstaaten dabei die Möglichkeit, weiterhin die Kollisionsnormen internationaler Übereinkommen heranzuziehen, denen sie und andere Drittstaaten[230] zum Zeitpunkt der Annahme des Rechtsaktes angehören. Wie sich der Begründung der Kommission entnehmen lässt, zählt zu diesem Kreis beispielsweise das Haager Übereinkommen über das auf Verkehrsunfälle anzuwendende Recht (HStrÜ).[231] Zu nennen ist zudem das Produkthaftungsübereinkommen (ProdHaftÜ), welches Deutschland ebenso wenig wie das erste ratifiziert hat.

76 Das HStrÜ hat aus einer Reihe von Sachgründen innerhalb des Binnenmarkts bislang nur in begrenztem Maße Anklang gefunden. Hauptkritikpunkt ist die Beschränkung der Konvention auf die **außervertragliche Haftung**, wodurch eine akzessorische Anknüpfung ausgeschlossen wird. Eine

---

223 Hk-BGB/*Staudinger*, Vor §§ 823-853, Rn 8.

224 Vgl hierzu die Ausführungen bei *Staudinger*, Rn 143.

225 S. Palandt/*Thorn*, Anh. Art. 38-42 EGBGB, Art. 27 Rom II-VO, Rn 3.

226 VO (EWG) Nr. 1408/71 des Rates vom 14. Juni 1971 über die Anwendung der Systeme der sozialen Sicherheit auf Arbeitnehmer und Selbständige sowie deren Familienangehörige, die innerhalb der Gemeinschaft zu- und abwandern, ABl. 149 v. 5. Juli 1971, S. 2 ff. Beachte auch Art. 85 Abs. 1 VO 883/04, ABl. L 166 v. 30. April 2004, S. 1 ff.

227 Feyock/Jacobsen/Lemor/*Backu*, 4. Teil, E. Internationales Verfahrens- und Privatrecht, Rn 51 f.

228 Vgl *Junker*, NJW 2007, 3675, 3681.

229 Hierzu *Staudinger*, Rn 59. Zum Vorrang von § 89 Abs. 1 lit. d) der Gemeinschaftsgeschmacksmusterverordnung vor Art. 8 Abs. 2 Rom II-VO vgl *Zwanzger*, S. 110, 123, 124 ff, 302 ff.

230 Sofern es sich um eine Konvention allein zwischen Mitgliedstaaten handelt, genießt die Rom II-VO laut ihrem Art. 28 Abs. 2 Vorrang. Dies betrifft etwa das Verhältnis dieses Sekundärrechtsakts zum Römischen Schuldvertragsübereinkommen (EVÜ) im Falle etwaiger tatbestandlicher Überschneidungen.

231 Beachte hierzu LG Frankenthal, IPRspr 2011 Nr. 38, Rn 91 f. Ein Sachnormverweis besteht selbst dann, wenn in das Sachrecht eines Mitgliedstaates verwiesen wird, in welchem das HStrÜ auf der Ebene des IPR maßgeblich ist.

weitere Schwäche des Abkommens liegt in der komplizierten Kasuistik. Dessen ungeachtet sind aber jedenfalls etwa die Konventionsstaaten Belgien, Frankreich, Österreich, Niederlande, Luxemburg, Spanien und Polen infolge des Art. 28 Rom II-VO von den im Binnenmarkt geltenden Anknüpfungsregeln zum Teil freigestellt. Diese Länder ziehen vielmehr auch in Zukunft die Haager Konvention heran. Für Straßenverkehrsunfälle und somit für einen Kernbereich des Internationalen Deliktsrechts verfehlt damit die Kommission das selbst gesteckte Ziel, nämlich über eine Vereinheitlichung des IPR die Anreize zum **„forum shopping"** zu mindern und zur Rechtssicherheit beizutragen.

Als wenig konsequent erscheint es darüber hinaus, dass **Art. 24 Rom II-VO** eine **Rück- oder Weiterverweisung** kategorisch ausschließt. Anders als nach dem alten deutschem Internationalen Deliktsrecht (Art. 4 Abs. 1 EGBGB) wird demnach ein deutsches Gericht zukünftig nach Maßgabe von Art. 24 Rom II-VO unmittelbar das Sachrecht eines Staates anwenden, auch wenn dieser die Haager Konvention ratifiziert hat. Sicherlich ist der Ausschluss eines **Renvoi** sachgerecht. Dann muss aber das seitens der Kommission verfolgte Ziel von Rechtseinheit und -sicherheit konsequenterweise dadurch verwirklicht werden, dass die Haager Konvention entweder von einer europäischen Lösung vollkommen verdrängt oder im Wege der Inkorporation in die Rom II-VO für alle Mitgliedstaaten verbindlich erklärt wird. Angesichts der zuvor dargelegten Kritik an dem Übereinkommen dürfte der letzte Weg wohl ausscheiden. Dabei sollte insbesondere bedacht werden, dass die durch die Rom I-VO erzielte Vereinheitlichung des Kollisionsrechts für vertragliche Schuldverhältnisse teilweise durch die Haager Konvention unterlaufen würde, da sie eine **akzessorische Anknüpfung** ausschließt. Divergenzen ergeben sich ferner im Hinblick auf den **Direktanspruch** gegenüber dem Versicherer. So sieht Art. 18 Rom II-VO eine wahlweise Anknüpfung vor, die von Art. 9 der Haager Konvention abweicht. Die Zulässigkeit eines Direktanspruchs richtet sich laut dem völkervertragsrechtlichen Modell primär nach dem **Deliktstatut** (Abs. 1), hilfsweise nach dem **Recht des Unfallorts** (Abs. 2) und wiederum hilfsweise nach demjenigen des **Versicherungsvertrags** (Abs. 3).

Im Ergebnis droht damit innerhalb des Binnenmarkts ein dreispuriger Weg: Während einige Mitgliedstaaten Verkehrsunfälle nach der Rom II-VO beurteilen, stützen sich andere auf die Haager Konvention und Dänemark – wegen mangelndem „opt-in" – auf sein rein nationales System.[232] In der Gesamtschau erscheint es mithin vorzugswürdig, für den europäischen Rechtsschutzraum ein **einheitliches Anknüpfungsmodell nach der Rom II-VO** vorzusehen.[233] Gelegenheit, eine Reform anzuregen, bietet der Kommissionsbericht über die Auswirkungen von Art. 28 Abs. 1 Rom II-VO im Hinblick auf das HStrÜ, welcher nach Art. 30 Abs. 1 lit. ii) Rom II-VO bis zum 20. August 2011 vorzulegen ist.

3. Internationales Unterhaltsrecht

Am 10. Januar 2009 wurde die Verordnung Nr. 4/2009 des Rates über die Zuständigkeit, das anwendbare Recht, die Anerkennung und Vollstreckung von Entscheidungen und die Zusammenarbeit in Unterhaltssachen („Unterhalts-VO") veröffentlicht, welche nach ihrem Art. 76 zwanzig Tage später, also am 30. Januar 2009 in Kraft getreten[234] und in weiten Teilen ab dem 18. Juni 2011 anwendbar ist. Dies gilt nicht für ihre Art. 2 Abs. 2, Art. 47 Abs. 3, Art. 71, 72 und 73, welche ab dem 18. September 2010 gelten. Die Unterhalts-VO konkurriert nicht mit der Rom II-VO, da diese nach Art. 2 Abs. 2 lit. a) Unterhaltssachen von ihrem Geltungsbereich ausnimmt. Gleiches 77

232 Vgl Feyock/Jacobsen/Lemor/*Backu*, 4. Teil, E. Internationales Verfahrens- und Privatrecht, Rn 44.

233 Hierzu *Staudinger*, DAR 2009, 738 ff; *ders.*, in: Graf von Westphalen, Deutsches Recht im Wettbewerb, 2009, S. 102 ff.

234 Hierzu *Mansel/Thorn/R. Wagner*, IPRax 2010, 1, 6 ff; *Fucik*, in: König/Mayr (Hrsg.), S. 105 ff; zur Anpassung der Unterhalts-VO aufgrund des Beitritts von Kroatien durch die VO (EU) Nr. 517/2013, ABl. L 158 v. 10. Juni 2013, S. 1 ff; beachte ferner die Durchführungsverordnung (EU) Nr. 1142/2011 der Kommission zur Festlegung der Anhänge X und XI der Unterhalts-VO, ABl. L 293 v. 11. November 2011, S. 24 ff; besagte VO gilt auch für Dänemark, ABl. L 195 v. 18. Juli 2013, S. 1.

gilt für die Rom I-VO.[235] Art. 15 Unterhalts-VO verweist zur Bestimmung des anwendbaren Rechts auf das Haager Protokoll von 2007.[236] Insofern hat der supranationale Gesetzgeber sein Vorgehen mit der Haager Konferenz koordiniert. Die Unterhalts-VO verdrängt innerhalb ihres sachlichen Anwendungsbereichs die Brüssel I-VO.[237] In Bezug auf sämtliche Unterhaltssachen – hierzu zählen ebenfalls Klagen des Sozialversicherungsträgers aus übergegangenem Recht – bleibt die Brüssel I-VO demnach vom Grundsatz her nur noch für Verfahren maßgeblich, die vor dem 18. Juni 2011 eingeleitet wurden.[238] Aufgrund des Umstands, dass das Haager Protokoll über das auf Unterhaltspflichten anzuwendende Recht vom 23. November 2007 in der Gemeinschaft bisher noch nicht in Kraft getreten ist, greift die Unterhalts-VO ab dem Tag des Beginns der Anwendbarkeit jenes Protokolls im Binnenmarkt Platz.[239] Folgerichtig verbleibt es bei einem Rückgriff auf die Brüssel I-VO. Der Unterhalts-VO vorangegangen war ein Verordnungsvorschlag vom 15. Dezember 2005[240] und das am 14. April 2004 veröffentlichte Grünbuch[241] zu **„Unterhaltspflichten“**, welches auf die **Tampere-Schlussfolgerungen**[242] zurückging, über diese jedoch inhaltlich hinausreichte.

4. Internationales Eherecht, Rom III-VO

78 Am 21. Juni 2012 trat die Verordnung Nr. 1259/2010 des Rates zur Durchführung einer Verstärkten Zusammenarbeit im Bereich des auf die Ehescheidung und Trennung ohne Auflösung des Ehebandes anzuwendenden Rechts („Rom III-VO“)[243] in Kraft.[244] Die Rom III-VO lässt dabei die Verordnung (EG) Nr. 2201/2003 unberührt. Inhaltlich zielt jener Sekundarrechtsakt nicht auf eine Vereinheitlichung der materiellen Scheidungsrechtskonzepte der Mitgliedstaaten ab. Vielmehr dient dieser der Bestimmung des nationalen Scheidungsrechts. Gem. Art. 5 Rom III-VO können die Ehegatten das Scheidungsstatut wählen.[245] Fehlt eine wirksame Vereinbarung, ist das anzuwendende Recht objektiv gem. Art. 8 Rom III-VO[246] zu ermitteln. Geltung findet die Rom III-VO nur für die teilnehmenden Mitgliedsländer, dh für die 14 Unterzeichner (Belgien, Bulgarien, Deutschland, Frankreich, Italien, Lettland, Luxemburg, Malta, Österreich, Rumänien, Slowenien, Spanien und Ungarn) sowie die bereits beigetretenen Staaten (Litauen[247] und Griechenland).[248]

---

235 Vgl Art. 1 Abs. 2 lit. b) Rom I-VO.

236 Dieses hat der Rat mit Beschluss vom 30. November 2009 im Namen der Europäischen Gemeinschaft angenommen, ABl. L 331 v. 16. Dezember 2009, S. 17 ff.

237 Art. 68 Abs. 1 sowie Erwägungsgrund Nr. 44 EG-Unterhalts-VO.

238 Art. 75 Abs. 1, 76 Unterhalts-VO; s. ferner Rauscher/*Andrae*, Art. 4 EG-UntVO, Rn 72, zur Wirksamkeit von Gerichtsstandvereinbarungen gem. Art. 23 Abs. 1 Brüssel I-VO, die nach dem 18. Juni 2011 gem. Art. 4 Unterhalts-VO unwirksam wären; eingehend zu Gerichtsstandsvereinbarungen in Familiensachen *Rauscher*, FamFR 2013, 25 ff.

239 Art. 76 Unterhalts-VO.

240 KOM (2005) 649 endg.

241 KOM (2004) 254 endg.; hierzu *R. Wagner*, FamRZ 2005, 410, 411 f; *ders.*, NJW 2005, 1754, 1757.

242 S. den Text in NJW 2000, 1925.

243 ABl. L 343 v. 29. Dezember 2010, S. 10 ff; zur Rom III-VO s. auch: *Hausmann*, S. 67 ff; *Gade*, JuS 2013, 779; *Pasche*, NJW-Spezial 2013, 324; *Wagner, R.*, NJW 2013, 3128, 3131.

244 Beachte dazu das Gesetz zur Anpassung der Vorschriften des Internationalen Privatrechts an die Verordnung (EU) Nr. 1259/2010 und zur Änderung von anderen Vorschriften des Internationalen Privatrechts vom 23. Januar 2013, BGBl. I, S. 101, hierzu vertiefend *Rauscher*, FPR 2013, 257.

245 Für eine wirksame Rechtswahl ist die Formvorschrift des Art. 7 Rom III-VO zu wahren.

246 Die Vorschrift stellt einen Katalog subsidiärer Anknüpfungskriterien auf.

247 Beschluss der Kommission zur Teilnahme Litauens an der Rom III-VO v. 21. November 2012 (2012/714/EU), ABl. L 323 v. 22. November 2012.

248 Beschluss der Kommission zur Teilnahme Griechenlands an der Rom III-VO v. 27. Januar 2014 (2014/39/EU), ABl. L 23 v. 28. Januar 2014.

5. Internationales Erbrecht, EuErb-VO

Die Europäische Erbrechtsverordnung (**im Folgenden: EuErb-VO**)[249] ist gemäß ihres Art. 84 Abs. 1 am zwanzigsten Tag nach ihrer Veröffentlichung,[250] mithin am 16. August 2012 in Kraft getreten. Sie gilt laut Art. 84 Abs. 2 EuErb-VO für alle Mitgliedstaaten der EU, mit Ausnahme des Vereinten Königreichs, Irlands und Dänemarks,[251] ab dem 17. August 2015.[252] Die Verordnung lässt sich systematisch in drei Teile gliedern; einerseits in den Abschnitt zum Internationalen Privatrecht, zum anderen in denjenigen zum Europäischen Nachlasszeugnis und letztlich zur Zuständigkeit und Vollstreckung. Nicht von der EuErb-VO erfasst sind laut Art. 1 Abs. 2 lit. g) und Erwägungsgrund Nr. 14 der Verordnung Schenkungen von Todes wegen. Diese unterliegen weiterhin zwangsläufig der Rom I- bzw Brüssel I-VO.[253] 79

a) IPR

aa) Objektive Anknüpfung

Die **bedeutendste Änderung** durch die neue Verordnung lässt sich Art. 21 Abs. 1 EuErb-VO entnehmen. Demzufolge unterliegt die Rechtsnachfolge von Todes wegen den am letzten gewöhnlichen Aufenthalt des Erblassers geltenden Sachnormen. Eine **Durchbrechung** des Art. 21 Abs. 1 EuErb-VO erlaubt Art. 21 Abs. 2 EuErb-VO ausnahmsweise, wenn der Erblasser im Zeitpunkt seines Todes eine **offensichtlich engere Verbindung** zu einem anderen Staat hatte. Der Anknüpfung an die **Staatsangehörigkeit** (status quo in den meisten EU-Staaten wie auch in der BRD) wurde damit **zutreffend eine Absage erteilt:** Das Anknüpfungsmoment des gewöhnlichen Aufenthaltsortes ist rechtspolitisch aus Gründen der Förderung der Integration im Lichte der Freizügigkeit innerhalb des Binnenmarktes erwünscht und zudem europarechtlich unbedenklich.[254] 80

Ebenfalls entfällt eine gespaltene Anknüpfung. Die Rechtsnachfolge **beurteilt sich vielmehr nach einem** einzigen **Statut.** Das heißt es gibt insbesondere keine nachlassspaltende Rechtswahl (Art. 25 Abs. 2 EGBGB), sowie kein vorrangiges Einzelstatut (Art. 3 a Abs. 2 EGBGB).[255] Die **Einheit des Erbstatuts wird durch Art. 30 EuErb-VO** bei bestimmten Vermögenswerten aufgrund wirtschaftlicher, familiärer oder sozialer Erwägungen **ausnahmsweise durchbrochen,** indem nationale Vorschriften unabhängig vom Erbstatut zur Anwendung gelangen.[256] Das Merkmal **„gewöhnlicher Aufenthalt"** ist **mangels Legaldefinition autonom zu interpretieren,** wobei insoweit eine Anlehnung an die EuGH-Judikatur zu anderen EU-Rechtsakten angezeigt erscheint. Jedenfalls wird man auf den **Lebensmittelpunkt,** mithin **objektive und subjektive Elemente,** abstellen müssen.

Der EuGH[257] verstand hierunter in einer Entscheidung zu Art. 8 Abs. 1 Brüssel IIa-VO den Ort, der „Ausdruck einer gewissen sozialen und familiären Integration (...) ist. Hierfür sind insbesondere die Dauer, die Regelmäßigkeit und die Umstände des Aufenthalts in einem Mitgliedstaat sowie die Gründe für diesen Aufenthalt und den Umzug (...) in diesen Staat (...) zu berücksichtigen. Es ist

249 Verordnung (EU) Nr. 650/2012 des Europäischen Parlaments und des Rates v. 4. Juli 2012 über die Zuständigkeit, das anzuwendende Recht, die Anerkennung und Vollstreckung von Entscheidungen und die Annahme und Vollstreckung öffentlicher Urkunden in Erbsachen sowie zur Einführung eines Europäischen Nachlasszeugnisses; die Verordnung ist auch unter dem Namen Rom IV-VO gängig.

250 ABl. L 201 v. 27. Juli 2012, S. 107 ff.

251 Erwägungsgründe 82 und 83.

252 Eingehend zur EuErb-VO *Margonski,* GPR 2013, 106 ff; *Kunz,* GPR 2013, 293; *Lechner,* IPRax 2013, 497.

253 Dazu Hk-BGB/*Staudinger*, Art. 25 EGBGB, Rn 7; vgl *Ilchmann*, Zuwendungen unter Lebenden auf den Todesfall, Lebzeitige Rechtsgeschäfte oder Verfügungen von Todes wegen?; aA *Dörner*, ZEV 2012, 505, 508. Die reale Vermögensverschiebung erfolge erst postmortal, so dass eine erbrechtliche Qualifikation angezeigt erscheine; zurückhaltend *Simon/Buschbaum*, NJW 2012, 2393, 2394.

254 Demgegenüber droht beim Anknüpfungspunkt der Staatsangehörigkeit ein Konflikt mit dem Diskriminierungsverbot des Art. 18 AEUV, vgl nur EuGH, NJW 2009, 135 ff.

255 Zu Anwendungsproblemen die Rechtswahl im Internationalen Erbrecht betreffend s. *Schoppe*, IPRax 2014, 27.

256 Erwägungsgrund 54.

257 Urteil vom 2.4.2009, C-523/07 = IPRax 2011, 76; dazu *Pirrung*, IPRax 2011, 50; s. auch Urteil vom 22.12.2010, C-497/10, IPRax 2012, 340, dazu *Siehr*, IPRax 2012, 316.

Sache des nationalen Gerichts, unter Berücksichtigung aller tatsächlichen Umstände des Einzelfalls den gewöhnlichen Aufenthalt (...) festzustellen."

Inwieweit diese Definition, welche sich auf den Aufenthaltsort eines Kindes bezieht, übertragbar ist, bleibt offen. Unzweifelhaft bedarf es zur Begründung des gewöhnlichen Aufenthalts keines rechtsgeschäftlichen Willens, den „Daseinsmittelpunkt" zum Zentrum seiner Lebensverhältnisse zu machen. Eine Mindestdauer ist ebenfalls nicht zu fordern, wohl aber eine gewisse Beständigkeit/ Regelmäßigkeit des Aufenthalts.[258]

Der Vorzug des gewöhnlichen Aufenthalts als Anknüpfungspunkt liegt im **Gleichlauf von internationaler Zuständigkeit und anwendbarem Recht.** Dies dient der Verfahrensökonomie und Gerechtigkeit. Allerdings ist im internationalen Zuständigkeitsrecht erforderlich, schnell anhand von objektiven Kriterien eine Entscheidung zu fällen. In den Erwägungsgründen Nr. 23 und Nr. 24 sind Kriterien aufgezählt, die der Bestimmung des gewöhnlichen Aufenthalts dienen.

bb) Subjektive Anknüpfung

81 Ferner enthält Art. 22 Abs. 1 EuErb-VO (für Erbverträge: Art. 25 Abs. 3 EuErb-VO) eine subjektive Anknüpfung, welche es dem Erblasser ermöglicht, sein **Heimatrecht zu wählen.** Die „innere Berechtigung" der kollisionsrechtlichen Parteiautonomie ist die auch im Gemeinschaftsrecht geschützte Testierfreiheit. Der Erblasser kann das Recht des Staates wählen, dem er im **Zeitpunkt der Rechtswahl** oder im **Todeszeitpunkt** angehört; dies erleichtert aus deutscher Sicht den Systemwechsel zur Aufenthaltsanknüpfung. Personen mit **doppelter Staatsangehörigkeit,** können das Recht eines dieser Staaten wählen (Art. 22 Abs. 1 S. 2 EuErb-VO). Von Bedeutung ist überdies der Erwägungsgrund Nr. 41 (Die Frage ob jemand Staatsangehöriger eines Staates ist, unterliegt dem innerstaatlichen Recht und fällt nicht unter die Verordnung).

Allerdings stellt sich die Frage, wie der Fall eines **Staatenlosen** zu beurteilen ist. Hier könnte auf das „New Yorker Staatenlosenabkommen von 1954" zurückgegriffen werden. Das Personalstatut bestimmt sich nach Gesetzen des Landes seines Wohnsitzes oder seines Aufenthaltslandes. Die Wählbarkeit anderer Rechtsordnungen bleibt hingegen ausgeschlossen. Im Vergleich zu Art. 25 Abs. 2 EGBGB erscheint die Anknüpfungsregel wegen ihrer allseitigen Ausgestaltung zwar „liberaler", dennoch hätte ein Ausbau der Parteiautonomie angedacht werden sollen.

Eine Rechtswahl muss gem. Art. 22 Abs. 2 EuErb-VO **ausdrücklich**[259] in einer Erklärung in **Form einer Verfügung von Todes wegen** getroffen werden oder sie ergibt sich **„aus den Bestimmungen einer solchen Verfügung".** Zur Erläuterung dient insofern Erwägungsgrund Nr. 39. Die **Wahlmöglichkeit** dient als Ausgleich für die sich aus der Anknüpfung an den gewöhnlichen Aufenthalt ergebenden Nachteile; denn dieser zuletzt genannte Anknüpfungspunkt ist mitunter schwer zu bestimmen (dies gilt für die Definition und die hierunter durchzuführende Subsumtion/Qualifikation) und zudem wandelbar, was zu entsprechenden „Fehlsteuerungen" etwa hinsichtlich des Pflichtteilsrechts führen kann.

cc) Formgültigkeit

82 Die Formgültigkeit (**Formstatut**) von letztwilligen Verfügungen wird in Art. 27 EuErb-VO geregelt. Formwirksamkeit beurteilt sich nach dem Recht des Staates:

- lit. a) – in dem die Verfügung errichtet wurde
- lit. b) – dem zumindest einer der Verfügenden im Zeitpunkt der Errichtung oder im Zeitpunkt des Todes angehörte
- lit. c) – seinen Wohnsitz hatte
- lit. d) – seinen gewöhnlichen Aufenthalt hatte
- lit. e) – bei unbeweglichem Vermögen, Formerfordernisse des Staates in dem sich die Immobilie befindet.

---

258 *Dörner*, ZEV 2012, 505, 510; *Lehmann*, DStR 2012, 2085, 2085 f; Problemfälle: Grenzpendler, „internationales Wanderleben", Auslandssemester usw.; vgl dazu *Lehmann*, DStR 2012, 2085, 2086 f.

259 Problem: Laien bleibt idR die ihnen unbekannte Rechtswahlmöglichkeit versperrt.

Nach Art. 3 Abs. 1 lit. d) EuErb-VO ist auch ein Erbvertrag eine „Verfügung von Todes wegen". Laut Erwägungsgrund Nr. 52 sollen diese Vorschriften mit dem Haager Testamentsformübereinkommen vom 5. Oktober 1961 im Einklang stehen. Die Regelung des Formstatuts ist bereits deshalb zu begrüßen, weil nur 16 Mitgliedstaaten den völkerrechtlichen Vertrag ratifiziert haben.[260]

Für die **Vertragsstaaten gilt das Haager Übereinkommen** in Bezug auf die **Formgültigkeit von Testamenten vorrangig (Art. 75 Abs. 1 S. 2 EuErb-VO)**.

dd) Sachnormverweis und „loi uniforme"

83 Die Verordnung findet ihre **Geltung** für mitgliedstaatliche Rechtsanwender selbst **bei Bezügen zu Drittstaaten** und – erst Recht – **Großbritannien, Irland sowie Dänemark.**[261] Diese Ausgestaltung wird als **„loi uniforme"** bezeichnet, dh laut Art. 20 EuErb-VO ist auch der Verweis auf Drittstaatenrecht möglich. In dem Entwurf der Verordnung[262] sah Art. 26 VO-E ausschließlich **Sachnormverweisungen** vor; dadurch entfällt eine drohende Nachlassspaltung infolge von (teilweiser) Rück-/Weiterverweisung.

Die Endfassung **differenziert in Art. 34 Abs. 1 EuErb-VO:**

Ein **renvoi** durch das Kollisionsrecht eines **Drittstaats** wird zugelassen, wenn es sich um eine **Rück- und Weiterverweisung** auf:

- lit. a) – das Recht eines Mitgliedstaats
- lit. b) – das Recht eines anderen Drittstaats handelt, der sein eigenes Recht anwendete. Hierdurch soll ein internationaler Entscheidungseinklang gewährt werden.[263]

Abs. 2 erklärt die **Rück- u. Weiterverweisungen** durch die in den dort aufgezählten Artikeln genannten Rechtsordnungen für **unbeachtlich**; bspw, wenn der Erblasser gem. Art. 22 EuErb-VO eine Rechtswahl zugunsten des Rechts eines Drittstaats getroffen hat (s. auch Erwägungsgrund 57); andernfalls handelt es sich um **Sachnormverweise**.

ee) Ordre public und Pflichtteilsrecht

84 Die subjektive oder objektive Anknüpfung mag aus deutschem Blickwinkel auf Bedenken stoßen, wenn die berufene ausländische Rechtsordnung einen geringeren oder keinen Pflichtteil vorsieht.[264] Nicht ausgeschlossen erscheint, dass das laut BVerfG **von Art. 14 GG geschützte Pflichtteilsrecht**[265] insofern einen unentziehbaren Kern aufweist, dessen Beeinträchtigung möglicherweise bei hinreichendem Inlandsbezug den **ordre public** (Art. 35 EuErb-VO) „aktiviert".[266]

In dem Entwurf[267] sah Art. 27 Abs. 2 VO-E noch vor, dass ein ordre public-Verstoß nicht schon vorliegt, wenn das anwendbare Statut den Pflichtteilsanspruch anders regelt als das Recht des Forums. Dies wurde in der EuErb-VO in Art. 35 (ordre public) **nicht** übernommen.

Zwar ist Unionsrecht seit der Solange-Rspr. nicht mehr anhand deutscher Grundrechte zu prüfen. Gleichwohl betonte das BVerfG in seinem „Lissabon-Urteil", dass das **Eigentum** eine **herausgehobene sozial- und gesellschaftspolitische Bedeutung** aufweist,[268] so dass hier Raum für Art. 35 EuErb-VO bestehen könnte.

ff) Vorrang von Konvention unter Beteiligung von Drittstaaten

85 Art. 75 Abs. 1, 2 EuErb-VO normiert einen **Vorbehalt zu Gunsten von Staatsverträgen, soweit nicht lediglich Mitgliedstaaten beteiligt** sind. Angesichts dessen droht der Sekundärrechtsgeber, die

260 *Simon/Buschbaum*, NJW 2012, 2393, 2396.
261 Zutreffend *Richters*, ZEV 2012, 576 ff mit Nachweisen zur Gegenauffassung.
262 KOM (2009) 154 endg.
263 Erwägungsgrund 57.
264 Beachte im weiteren Zusammenhang die BGH-Urteile vom 28. April 2010 zu Pflichtteilsergänzungsansprüchen bei Lebensversicherungsverträgen, NJW 2010, 3232; VersR 2010, 1067.
265 S. NJW 2005, 1561.
266 Hierzu KG Berlin, IPRax 2009, 263; beachte auch *Dörner*, ZEV 2012, 505, 512.
267 KOM (2009) 154 endg.
268 BVerfG, NJW 2009, 2267, 2291, Rn 377.

von ihm angestrebte Rechtsvereinheitlichung sowie das Ziel der Integration ein Stück weit zu konterkarieren.

Dies betrifft etwa § 14 I der Anlage zu Art. 20 des **deutsch-türkischen Konsularvertrages**, wonach die Staatsangehörigkeit (bei beweglichen Sachen) als Anknüpfungspunkt fort gilt.

Im Verhältnis zum **Iran** ist das **deutsch-persische Niederlassungsabkommen** zu berücksichtigen. Dessen Art. 8 Abs. 3 bestimmt, dass sämtliche erbrechtliche Fragen (Anknüpfungsgegenstand) dem Heimatrecht des Erblassers unterliegen (Staatsangehörigkeit als Anknüpfungspunkt). Sofern die Parteiautonomie als von dem Staatsvertrag nicht erfasst angesehen wurde, verblieb bislang auch bei iranischen Erblassern womöglich der Ausweg laut Art. 25 Abs. 2 EGBGB (str.). Dieser Weg ist durch Art. 22 Abs. 1 EuErb-VO versperrt, da hiernach allein die Wahl gerade des Heimatrechts zum Zeitpunkt der Rechtswahl oder des Todes eröffnet wird.[269]

gg) Intertemporale Fragestellungen

86 Die EuErb-VO ist am 16. August 2012 **in Kraft getreten** und hat eine verbindliche **Geltung** ab dem 17. August 2015, indes sind **Vorwirkungen** zu berücksichtigen.

Probleme drohen angesichts eines kritikwürdigen Übergangsrechts: Durch die Veränderung des Anknüpfungspunktes können sich zum einen **Informationsdefizite** in der Bevölkerung zu deren Lasten auswirken. Zum anderen stellt sich die Frage, wie **Testamente** zu behandeln sind, **die vor Anwendbarkeit der EuErb-VO errichtet wurden.**

Zu beachten ist Art. 83 EuErb-VO. Demnach bleibt die Rechtswahl bzgl Verfügungen von Todes wegen vor dem 17. August 2015 (bei Todesfall an diesem Datum oder danach) wirksam, wenn sie die Voraussetzungen des Kapitels III erfüllt oder wenn sie nach den zum Zeitpunkt der Rechtswahl geltenden Vorschriften in dem Staat des gewöhnlichen Aufenthalts oder nach dem Heimatrecht wirksam ist. Bei einem **Erbfall vor dem 17. August 2015** verbleibt es bei der Maßgeblichkeit des Erbstatuts, das die einschlägigen innerstaatlichen IPR-Normen berufen (Art. 83 EuErb-VO im Umkehrschluss). Dies gilt auch für solche Rechtsfragen, welche sich erst nach jenem Stichtag stellen.[270]

Bereits jetzt sollte in Testamenten und Erbverträgen **vorsorglich eine Rechtswahlklausel** zugunsten des deutschen Heimatrechts aufgenommen werden. Überdies sollten frühere auf Art. 25 Abs. 2 EGBGB gestützte „limitierte" Rechtswahlklauseln überprüft werden, da nunmehr kraft Parteiautonomie der Grundsatz der Nachlasseinheit gilt.

Prognose: Das Vereinigte Königreich hat sich mangels „opt in" nicht an der EuErb-VO beteiligt. In Anbetracht dessen sowie durch den Vorrang von Konventionen mit Drittstaaten wird das Ziel der Rechtsvereinheitlichung nur teilweise erreicht.

b) Europäisches Nachlasszeugnis

87 Art. 62 bis 73 EuErb-VO enthalten Regelungen zum europäischen Nachlasszeugnis (im Folgenden: ENZ), d.h. einem **europaweit gültigen Erbnachweis.**[271] Es dient dem Nachweis der Stellung als Erbe, Testamentsvollstrecker oder Nachlassverwalter in einem **anderen Mitgliedstaat** (Art. 63 EuErb-VO) und wird auf Antrag dieser Personen ausgefertigt (Art. 65 Abs. 1 EuErb-VO). Die Verwendung ist nicht verpflichtend (Art. 62 Abs. 2 EuErb-VO) und es ersetzt bzw verdrängt nicht die nationalen Erbnachweise (Art. 62 Abs. 3 EuErb-VO). Zuständig für die Erteilung des Zeugnisses ist der Mitgliedstaat, dessen Gerichte nach Kapitel II international zuständig sind (Art. 64 EuErb-VO).

Das ENZ weist die nach dem anwendbaren Erbrecht bestehende Rechtslage aus (Art. 69 Abs. 2 EuErb-VO). Es besteht **Gutglaubensschutz** bezüglich der Richtigkeit und Vollständigkeit außer bei

---

269 Zur Geltung bilateraler Staatsverträge der Bundesrepublik im Internationalen Erbrecht nach dem Wirksamwerden der EuErbVO, besonders mit Blick auf das deutsch-türkische Nachlass- bzw deutsch-persische Niederlassungsabkommen, s. *Mankowski*, ZEV 2013, 529, 530 ff.

270 *Dörner*, ZEV 2012, 505, 506.

271 S. *Dörner*, ZEV 2012, 505, 506: „heimliche(r) Schwerpunkt des Rechtsinstruments".

Kenntnis oder grob fahrlässiger Unkenntnis (Art. 69 Abs. 3, 4 EuErb-VO). Der im Vergleich zum KOM-Vorschlag[272] entsprechend geänderte Wortlaut des Art. 69 Abs. 4 EuErb-VO legt nahe, dass für den Schutz des guten Glaubens die Vorlage des Dokuments nicht erforderlich ist.[273]

Von Praxisrelevanz ist Art. 70 EuErb-VO; dem Antragsteller wird (anders als im hiesigen Erbscheinsverfahren) nur eine **beglaubigte Abschrift des Zeugnisses** ausgehändigt, während die ausstellende Behörde die Urschrift verwahrt und ein Verzeichnis mit der Ausgabe jener Abschrift führt. Nach sechs Monaten „verfällt" der Beglaubigungsvermerk; diese Kombination („Beglaubigungsmonopol" der Behörde und „Verfallsdatum") soll der Gefahr begegnen, dass unrichtige Nachlasszeugnisse womöglich in großer Zahl im Umlauf sind. Träger des öffentlichen Glaubens (Art. 69 EuErb-VO) ist die Ab-, nicht die Urschrift.

Die Berichtigung, Änderung oder der Widerruf des Zeugnisses erfolgt durch die Ausstellungsbehörde auf Verlangen jedweder Person, die ein berechtigtes Interesse nachweist, oder von Amts wegen gem. Art. 71 EuErb-VO. Ebenso besteht die Möglichkeit der Anfechtungsklage (vgl Art. 72 EuErb-VO).[274]

c) Zuständigkeitsrecht und Vollstreckung

Die **örtliche Zuständigkeit** richtet sich im hiesigen Recht nach § 27 ZPO. Sie bleibt durch die Ver- 88
ordnung mithin durch ihren Art. 2 EuErb-VO unberührt. **International** sind die Gerichte des Mitgliedstaats **zuständig**, in dessen Hoheitsgebiet der Erblasser im Zeitpunkt seines Todes seinen gewöhnlichen Aufenthalt hatte (s. Art. 4 ff EuErb-VO). Ziel des Sekundärrechtsakts ist der Gleichlauf von forum und ius.[275]

Die Vereinbarung von **Gerichtsstandsabreden** (Art. 5 EuErb-VO) ist möglich, allerdings beschränkt auf den Staat, aus dessen Rechtsordnung die gewählte lex causae stammt; die Parteiautonomie kann ausweislich Art. 22 Abs. 1 EuErb-VO wiederum allein zu Gunsten des Heimatrechts des Erblassers ausgeübt werden. Fehlt eine solche Vereinbarung, sieht im Grundsatz Art. 4 EuErb-VO denjenigen Mitgliedstaat als international zuständig an, in dessen Hoheitsgebiet der Erblasser seinen **gewöhnlichen Aufenthalt** im Zeitpunkt des Ablebens aufwies. In Ermangelung einer derartigen Verbindung (Aufenthalt außerhalb der Union) sind subsidiär die Gerichte in demjenigen Mitgliedstaat zur Entscheidung berufen, in welchem sich **Nachlassvermögen** befindet (Art. 10 EuErb-VO).[276]

Art. 11 EuErb-VO regelt schließlich ein **forum necessitatis**: Besteht ein „ausreichender Bezug" zum angerufenen mitgliedstaatlichen Spruchkörper, kann dieser „in Ausnahmefällen" in einer Erbsache entscheiden, wenn kein Gericht eines anderen Unionslandes zuständig ist. Dies steht jedoch unter dem Vorbehalt, dass es „nicht zumutbar" bzw „unmöglich" erscheint, das Verfahren in einem Drittstaat zu führen (zB bei Bürgerkriegen, persönlicher Verfolgung eines Beteiligten usw.).

Regelungen hinsichtlich der Anerkennung und Vollstreckung von Entscheidungen enthält Kapitel IV, Art. 39 bis 58 EuErb-VO. Nach Maßgabe von Art. 39 Abs. 1 EuErb-VO werden sämtliche gerichtliche Entscheidungen ohne besonderes Verfahren anerkannt. Bildet die Frage, ob eine Entscheidung anzuerkennen ist, als solche den Gegenstand eines Streits, soll eine dahingehende Feststellung im Vollstreckbarkeitserklärungsverfahren nach Maßgabe der Art. 45 bis 58 EuErb-VO erfolgen (Art. 39 Abs. 2 EuErb-VO). Diese Bestimmungen greifen kraft des Verweises in Art. 43 EuErb-VO auch hinsichtlich der Vollstreckbarkeit Platz, wobei Art. 40 des Rechtsaktes spezielle Nichtanerkennungsgründe enthält.

Die Annahme und Vollstreckbarerklärung von Urkunden (Art. 59 und 60 EuErb-VO) erfährt angesichts ihrer Bedeutung für die Erbrechtspraxis dadurch eine Erleichterung, dass die formelle

272 KOM (2009) 154 endg.
273 *Buschbaum/Simon*, ZEV 2012, 525, 528.
274 Eingehend zum europäischen Nachlasszeugnis zuletzt *Buschbaum/Simon*, ZEV 2012, 525.
275 S. Erwägungsgrund 27.
276 Zu Gerichtsstandsvereinbarungen in Unterhaltssachen mit Auslandsberührung bezugnehmend auf die EuErb-VO s. *Rauscher*, FamFR 2013, 25 ff.

Beweiskraft lediglich aufgrund eines ordre public- Verstoßes (Art. 59 Abs. 1 EuErb-VO) versagt werden kann oder keine Beweiskraft entfaltet, solange sie aufgrund von Einwänden bei dem zuständigen Gericht anhängig ist (Art. 59 Abs. 2, 3 EuErb-VO).

Das im Vorschlag[277] verwendete Wort der „Anerkennung" wurde in der Endfassung durch „Annahme" ersetzt.[278] Dadurch sollte die Unklarheiten beseitigt werden, ob der Urkundeninhalt Gegenstand einer „kollisionsrechtlichen Anerkennung" ist.[279] Art. 59 Abs. 1 EuErb-VO betrifft nunmehr ausdrücklich allein die formelle Beweiskraftwirkung, welche der Ursprungsmitgliedstaat der Urkunde zumisst. Jene ist auf den Zweitstaat zu erstrecken. Sofern sich methodisch Derartiges verbietet, entfaltet die Urkunde dort die am ehesten äquivalente Wirkung.

6. Internationales Gesellschaftsrecht

89 Auf dem Feld des Gesellschaftsrechts besteht mittlerweile eine Vielzahl von Sekundärrechtsakten mit kollisionsrechtlichem Regelungsgehalt: Dies betrifft die VO über die Europäische wirtschaftliche Interessenvereinigung (**EWIV-VO**)[280] sowie diejenige hinsichtlich der Gründung einer Europäischen Aktiengesellschaft (**SE-VO,**[281] Societas Europaea)[282] und die VO über das Statut der Europäischen Genossenschaft (**SCE-VO,**[283] Societas Cooperativa Europaea).[284] Die beiden zuletzt genannten Harmonisierungsmaßnahmen werden ihrerseits durch Mitbestimmungs-RL ergänzt. Sowohl die EWIV als auch SE und SCE stellen neuartige, im Gemeinschaftsrecht wurzelnde supranationale Gesellschaftsformen[285] dar. Diese erlangen losgelöst von nationalen Schranken Geltung[286] und dienen dem Ziel, eine länderübergreifende Unternehmenstätigkeit zu erleichtern.[287] Der nachfolgende kursorische Überblick endet mit Ausführungen zu den (geplanten) RLen zur **Übernahme, Verschmelzung und Sitzverlegung.**

a) EWIV

90 Begrifflich handelt es sich bei der EWIV um ein kooperationsförderndes Rechtsinstrument des sekundären Gemeinschaftsrechts.[288]

aa) Entwicklungsgeschichte

91 Ein erster Entwurf datiert aus dem Jahre 1973[289] und ging von dem Modell des französischen **„Groupement d´intérêt économique"** aus.[290] Im Nachgang zu Stellungnahmen des Wirtschafts- und Sozialausschusses sowie des Europäischen Parlaments[291] veröffentlichte die EU-Kommission

277 KOM (2009) 154 endg.

278 Dies begrüßend *Simon/Buschbaum*, NJW 2012, 2393.

279 Zur Methodendiskussion der Verdrängung des traditionellen IPR durch ein EU-Anerkennungsprinzip s. bereits *Jayme/Kohler*, IPRax 2001, 501.

280 Beachte das Gesetz zur Ausführung der EWG-VO über die Europäische wirtschaftliche Interessenvereinigung v. 14. April 1988 (EWIV-Ausführungsgesetz), BGBl. I, S. 541.

281 S. auch das Gesetz zur Einführung der Europäischen Gesellschaft v. 22. Dezember 2004 (SEEG), BGBl. I, S. 3675, welches in seinem Art. 1 das SE-Ausführungsgesetz (SEAG) enthält. Artikel 2 SEEG betrifft das Gesetz über die Beteiligung der Arbeitnehmer (SEBG).

282 Vgl *Hopt*, EuZW 2002, 1; *Hirte*, NZG 2002, 1.

283 Am 19. Oktober 2005 hat das Bundesjustizministerium einen Referentenentwurf zur Einführung der Europäischen Genossenschaft und zur Änderung des Genossenschaftsrechts erlassen.

284 S. *Engert*, in: Langenbucher, S. 280.

285 Allg. zu EWIV- und SE-VO *Schwarz*, S. 567 ff; speziell zur EWIV-VO *Selbherr/Manz*, Vorbem. Rn 11, hinsichtlich der SE beachte *Schulz/Geismar*, DStR 2001, 1078 ff.

286 S. zur SE *Schulz/Geismar*, DStR 2001, 1078.

287 Vgl hinsichtlich der EWIV *Gleichmann*, ZHR 149 (1985), 633.

288 S. *Ganske*, S. 11; *Selbherr/Manz*, Art. 3 EWIV-VO, Rn 1.

289 VO-Vorschlag v. 21. Dezember 1973, ABl. C 14 v. 15. Februar 1974, S. 30 ff, s. dazu *Müller-Gugenberger*, AWD 1972, 110 ff.

290 S. zu dieser Gesellschaftsform *Schlüter*, Das Groupement d´intérêt économique; *Herzog*, Das französische Groupement d´intérêt économique.

291 Vgl ABl. C 108 v. 15. Mai 1975, S. 46 ff sowie ABl. C 163 v. 11. Juli 1977, S. 17 ff.

schließlich einen geänderten Vorschlag.[292] Erst sieben Jahre später ist der Rechtsakt nach zahlreichen Veränderungen verabschiedet worden.

bb) Zielsetzung

Die Gründung der EWIV unterliegt nicht den Vorgaben einer bestimmten mitgliedstaatlichen Rechtsordnung. Vielmehr bietet die EWIV-VO selbst einen binnenmarktweit einheitlichen Rechtsrahmen.[293] Dabei ist die **Gewinnerzielung** der jeweiligen Interessenvereinigung nicht bezweckt.[294] Vielmehr fungiert die EWIV als Hilfskonstrukt. Der Gemeinschaftsgesetzgeber verfolgt hiermit das Ziel einer **erleichterten internationalen Zusammenarbeit**, indem insbesondere rechtliche und steuerliche Hindernisse überwunden werden. Die hierdurch vereinfachte grenzüberschreitende Kooperation soll dabei vorrangig **kleineren** und **mittelständischen Unternehmen** dienen, für die sich die Erschließung des Binnenmarkts als eine wesentlich größere Herausforderung darstellt als es für konkurrierende Großunternehmen der Fall ist.[295] 92

cc) Wesentliche Inhalte

Gem. Art. 1 Abs. 1 S. 2 EWIV-VO entsteht eine Europäische Interessenvereinigung durch **Vertragsschluss** und **Eintragung** in das betreffende Register. Neben natürlichen können nach Art. 4 Abs. 1 EWIV-VO auch juristische Personen Mitglieder eines solchen Zusammenschlusses sein. Voraussetzung ist eine **grenzüberschreitende Tätigkeit** der EWIV, dh die beteiligten Gesellschaften oder natürlichen Personen müssen ihre Hauptverwaltung in verschiedenen Mitgliedstaaten haben bzw ihre Haupttätigkeit in unterschiedlichen EU-Staaten ausüben.[296] Die EWIV selbst darf gem. Art. 3 Abs. 2 lit. c) EWIV-VO nicht mehr als fünfhundert Mitarbeiter beschäftigen, für die Mitglieder gilt diese Eingrenzung jedoch nicht.[297] Entsprechend Art. 12 des Sekundärrechtsaktes muss sich der gründungsvertraglich benannte **Sitz** der EWIV im Gemeinschaftsgebiet – einschließlich Dänemarks – befinden. 93

Als Organe einer EWIV handeln nach Art. 16 EWIV-VO ihre Mitglieder oder aber die jeweiligen Geschäftsführer. Sämtliche Teilhaber einer EWIV haften unbeschränkt und gesamtschuldnerisch für die Verbindlichkeiten der Interessenvereinigung.[298] Ihre Existenz endet durch Beschluss oder Auflösung.[299] 94

dd) Rechtsquellen

Ungeachtet seines Ursprungs regelt der Sekundärrechtsakt die EWIV auf supranationaler Ebene nicht abschließend. Vielmehr verweist der Gemeinschaftsgesetzgeber auch auf die **nationalen Rechtsordnungen.**[300] Daraus ergibt sich folgende Hierarchie der Rechtsquellen: Vorrangig zu beachten sind zunächst die in der **EWIV-VO** selbst verankerten Vorschriften. Des Weiteren ist auf die jeweiligen Regeln des **Gründungsvertrages** abzustellen. Schließlich verbleibt der Rückgriff auf **bestimmte Normen in den Rechtsordnungen der einzelnen Mitgliedstaaten.**[301] Vorrang genießen insoweit die nationalen **Durchführungsbestimmungen** wie etwa das in Deutschland geltende **EWIV-Ausführungsgesetz.**[302] Demzufolge muss der Rechtsanwender zunächst zwischen den auf- 95

292 Vgl ABl. C 103 v. 28. April 1978, S. 4 ff.
293 S. *Ganske*, S. 11; *Schwarz*, S. 584.
294 Vgl Art. 3 Abs. 1 EWIV-VO; dazu auch *Abmeier*, NJW 1986, 2987, 2988 und *Engert*, in: Langenbucher, S. 272.
295 Vgl *Schwarz*, S. 584.
296 S. Art. 4 Abs. 2 EWIV-VO.
297 S. *Abmeier*, NJW 1986, 2987, 2988.
298 Vgl Art. 24 EWIV-VO.
299 S. Art. 31 und Art. 32 EWIV-VO.
300 S. *Abmeier*, NJW 1986, 2987, 2988; *Gleichmann*, ZHR 149 (1985), 633, 648.
301 Vgl Art. 2 Abs. 1 EWIV-VO; ausführlich zu diesem Rangverhältnis *Schwarz*, S. 587; *Ganske*, S. 17 ff.
302 Zur Fundstelle vgl *Staudinger*, Fn 211.

grund der EWIV-VO erlassenen nationalen Ausführungsbestimmungen sowie der subsidiär anwendbaren lex fori unterscheiden.[303]

Hinsichtlich der ersten Gruppe von Normen ist zu differenzieren: Teils verpflichtet die EWIV-VO zum Erlass bestimmter Regelungen (Art. 39 Abs. 1 EWIV-VO; Art. 39 Abs. 1 iVm Art. 6 und 10 EWIV-VO; Art. 39 Abs. 1 iVm Art. 7, 8, 10 und 11 EWIV-VO; Art. 39 Abs. 3 EWIV-VO iVm Art. 7, 8, 10 und 25 EWIV-VO). Teils sind die Mitgliedstaaten zur Einführung entsprechender Vorschriften befugt, nicht indes verpflichtet (Art. 4 Abs. 3 EWIV-VO; Art. 4 Abs. 4 EWIV-VO; Art. 14 Abs. 4 EWIV-VO; Art. 19 Abs. 2 EWIV-VO; Art. 28 Abs. 1 Unterabs. 2 EWIV-VO).

Wie bei den Durchführungsbestimmungen ist gleichermaßen im Rahmen der subsidiär zur Anwendung berufenen lex fori zu unterscheiden. Teils nutzt der Sekundärrechtsgeber für konkrete Einzelfragen das Instrument der **Spezialverweisung** (etwa Art. 8 aE EWIV-VO; Art. 9 Abs. 1 EWIV-VO; Art. 19 Abs. 1 EWIV-VO; Art. 24 Abs. 1 S. 2 EWIV-VO; Art. 35 Abs. 2 EWIV-VO; Art. 36 EWIV-VO), andernfalls verbleibt der **Generalverweis** in Art. 2 EWIV-VO. Danach findet auf den Gründungsvertrag und die Verfassung der Interessenvereinigung das Recht desjenigen Staates Anwendung, in dem die EWIV ihren **gründungsvertraglich bestimmten Sitz** hat. In Art. 2 Abs. 1 EWIV-VO nimmt der Gemeinschaftsgesetzgeber bewusst das **innerstaatliche Recht** in Bezug und spricht damit einen **Sachnormverweis** aus.[304]

Dieses Ergebnis lässt sich hingegen nicht unbesehen auf sämtliche Spezialverweise übertragen. Die überwiegende Anzahl – etwa Art. 8 aE EWIV-VO; Art. 9 Abs. 1 EWIV-VO; Art. 24 Abs. 1 S. 2 EWIV-VO; Art. 35 Abs. 2 EWIV-VO und Art. 36 S. 1 EWIV-VO – enthält **Gesamtnormverweise.**[305] Dies folgt aus dem Wortlaut der Vorschriften, wonach der Sekundärrechtsgeber auf das **einzelstaatliche,** nicht jedoch das **innerstaatliche** Recht abstellt.[306] Eine Ausnahme hiervon macht der Gemeinschaftsgesetzgeber in Art. 19 Abs. 1 EWIV-VO, da er insoweit wie in Art. 2 Abs. 1 EWIV-VO einen Verweis auf das **anwendbare** bzw **innerstaatliche Recht** vorsieht.

96 Von der EWIV-VO ausdrücklich ausgenommen bleiben gem. Art. 2 Abs. 1 EWIV-VO Fragen, welche die Rechts-, Geschäfts- sowie Handlungsfähigkeit und damit das **Personalstatut** der EWIV-Mitglieder betreffen. Dieses ist unter Rückgriff auf das Internationale Privatrecht zu ermitteln.[307]

b) Europäische Aktiengesellschaft

97 Nach Maßgabe des Wortlauts von Art. 1 SE-VO ist unter der SE eine rechtsfähige Handelsgesellschaft zu verstehen, deren Kapital in Aktien zerlegt wird.

aa) Entwicklungsgeschichte

98 Die SE-VO ist – vergleichbar der EWIV-VO – das Ergebnis einer langjährigen Gesetzgebungsgeschichte.[308] Ein erster Vorschlag datiert aus dem Jahre 1970[309] und wurde dem Ministerrat nach Überarbeitung im Jahre 1975[310] erneut vorgelegt. Eine politische Einigung scheiterte indes – dies gilt ebenso für darauf folgende VO- und RL-Entwürfe aus dem Jahre 1989[311] – an den Fragen zur **Arbeitnehmermitbestimmung** sowie **steuerrechtlichen Regeln.**[312] Ein Kompromiss ließ sich schließlich im Dezember 2000 dadurch erzielen,[313] dass die geltende SE-VO Vorschriften auf dem Gebiet

303 Vgl *Abmeier*, NJW 1986, 2987, 2988.
304 S. *Engert*, in: Langenbucher, S. 273; *Lentner*, S. 39; *Schaub*, JZ 2005, 328, 331.
305 Vgl auch *Lentner*, S. 39.
306 Zu dieser Unterscheidung im Rahmen der EWIV-VO auch *Gloria/Karbowski*, WM 1990, 1313, 1315; *Ganske*, S. 18.
307 S. Erwägungsgrund 11 der EWIV-VO; dazu auch *Selbherr/Manz*, Art. 2 EWIV-VO, Rn 4 f.
308 Vgl ausführlich zur Entstehungsgeschichte der SE-VO *Heinze*, ZGR 2002, 66 ff; *Blanquet*, ZGR 2002, 20, 21 ff.
309 ABl. C 124 v. 10. Oktober 1970, S. 1 ff.
310 S. KOM (75) 150 endg.
311 ABl. C 263 v. 16. Oktober 1989, S. 41 ff.
312 Vgl *Pluskat*, EuZW 2001, 524; *Schulz/Geismar*, DStR 2001, 1078; *Hirte*, NZG 2002, 1.
313 S. *Schwarz*, ZIP 2001, 1847; *Hopt*, EuZW 2002, 1.

des Steuerrechts gänzlich ausspart und durch eine RL zur Mitbestimmung von Arbeitnehmern ergänzt wird.

bb) Zielsetzung

Mit der SE-VO verfolgt der Sekundärrechtsgeber das Ziel, eine neue europäische Gesellschaftsform zu schaffen, welche von territorialen Grenzen unabhängig ist.[314] Losgelöst von der angestrebten Rechtseinheit auf dem Gebiet des Gesellschaftsrechts[315] soll die SE zur **Senkung der Verwaltungskosten** führen, indem Mutter- und Tochtergesellschaften dem Dach der SE unterstellt werden. Dies wiederum erlaubt eine **erleichterte Geschäftsführung** sowie ein **vereinfachtes Berichtssystem.**[316] Schließlich wird international tätigen Unternehmen eine **grenzüberschreitende Sitzverlegung** ermöglicht, ohne dass dies gegebenenfalls eine Auflösung und Neugründung der Gesellschaft bewirkt.[317] Der Rechtsakt richtet sich – anders als die EWIV-VO – vorrangig an **Großunternehmen.**[318] 99

cc) Wesentliche Inhalte

Die Gründung einer SE kann auf unterschiedliche Weise erfolgen. Zunächst ist die **Verschmelzung** zweier oder mehrerer in verschiedenen Mitgliedstaaten tätiger Aktiengesellschaften denkbar.[319] Dabei erfolgt das Verfahren der Verschmelzung durch **Aufnahme** gem. Art. 3 Abs. 1 der RL 78/855/EWG oder **Gründung einer neuen Gesellschaft** nach Art. 4 Abs. 1 RL 78/855/EWG.[320] Im ersten Fall nimmt die aufnehmende Gesellschaft die Form einer SE an, in letzterem die neu gegründete.[321] Die Leitungs- oder Verwaltungsorgane der Gesellschaften müssen nach Maßgabe des Art. 20 SE-VO einen **Verschmelzungsplan** aufstellen. Die deutschen Ausführungsbestimmungen sichern bei dieser Art der Gründung nach §§ 5 ff SEAG den Wertausgleich für die Aktien am übertragenden Unternehmen.[322] 100

Des Weiteren kommt die Bildung einer **SE-Holdinggesellschaft** in Betracht, die auf bereits in verschiedenen EU-Staaten bestehenden Aktiengesellschaften fußt.[323] Hierbei handelt es sich um eine „Sachgründung durch Einbringung von Unternehmensanteilen".[324] Die Leitungs- oder Verwaltungsorgane der beteiligten Gesellschaften erstellen einen **Gründungsplan**, der u.a. darlegt, welche Auswirkungen die Gründung für Aktionäre und Arbeitnehmer nach sich zieht.[325] Dabei müssen mindestens 50 % der Stimmrechte an jeder Gesellschaft in die SE eingebracht werden.[326] Der notwendige grenzüberschreitende Bezug besteht darin, dass entweder mindestens zwei beteiligte Gesellschaften dem Recht verschiedener Mitgliedstaaten unterliegen, oder seit wenigstens zwei Jahren eine der Rechtsordnung eines anderen EU-Staates unterworfene **Tochtergesellschaft** oder eine in einem anderen Mitgliedstaat gelegene **Zweigniederlassung** bestehen muss.[327] §§ 9 ff SEAG sehen bezüglich der Gründung einer SE-Holdinggesellschaft Bestimmungen zum **Abfindungsangebot** im

314 S. *Hirte*, NZG 2002, 1, 2; *Schulz/Geismar*, DStR 2001, 1078.
315 Vgl *Schulz/Geismar*, DStR 2001, 1078; *Hirte*, NZG 2002, 1, 2.
316 Vgl *Blanquet*, ZGR 2002, 20, 35; *Hirte*, NZG 2002, 1, 3.
317 S. Art. 8 Abs. 2 SE-VO; Einzelheiten bei *Hommelhoff/Teichmann*, SZW/RSDA 2002, 1, 10 f.
318 Vgl *Hommelhoff/Teichmann*, SZW/RSDA 2002, 1, 3.
319 S. Art. 2 Abs. 1 SE-VO sowie Art. 17-31 SE-VO. Vgl ausführlich zu den verschiedenen Gründungsmöglichkeiten *Schulz/Geismar,* DStR 2001, 1078, 1079 ff sowie *Hirte*, NZG 2002, 1, 3 ff; *Horn*, DB 2005, 147, 148 und *Walden/Meyer-Landrut*, DB 2005, 2119 ff.
320 S. Art. 17 Abs. 2 lit. a) und b) SE-VO.
321 Vgl Art. 17 Abs. 2 aE SE-VO.
322 S. *Wilhelm*, S. 42; Einzelheiten bei *Brandt*, BB-Special 3/2005, 1.
323 Vgl Art. 2 Abs. 2 lit. a) und b) SE-VO sowie Art. 32-34 SE-VO.
324 S. *Brandt*, BB-Special 2005, 1, 2.
325 S. Art. 32 Abs. 1 SE-VO.
326 Vgl Art. 32 Abs. 2 aE SE-VO.
327 S. Art. 2 Abs. 2 lit. a) und lit. b) SE-VO.

Gründungsplan, Einzelheiten hinsichtlich des Zustimmungsbeschlusses sowie der Gewährleistung eines **angemessenen Umtauschverhältnisses** vor.[328]

Ferner ist die grenzüberschreitende Gründung einer **SE-Tochtergesellschaft** in Betracht zu ziehen.[329] In diesem Fall errichten zwei oder mehrere Gesellschaften eine Tochtergesellschaft in Form der SE.[330] Die Anforderungen an den grenzüberschreitenden Bezug entsprechen denjenigen bei der SE-Holdinggesellschaft.[331] Nach Art. 3 Abs. 2 besteht zudem die Möglichkeit, dass bereits existierende SE-Gesellschaften eine oder mehrere Tochtergesellschaften in einer derartigen Form gründen.

Schließlich können vorhandene Aktiengesellschaften in solche nach der Form der SE **umgewandelt** werden.[332] Voraussetzung ist, dass die betroffene Aktiengesellschaft eine seit mindestens zwei Jahren existierende, dem Recht eines anderen Mitgliedstaates unterliegende **Tochtergesellschaft** hat.[333] Dem Leitungs- oder Verwaltungsorgan der Gesellschaft obliegt es in diesem Fall, einen **Umwandlungsplan** zu erstellen, der unter anderem die Folgen der Umwandlung für Arbeitnehmer und Aktionäre aufzeigt.[334]

Bei der Errichtung einer SE stehen ein **monistisches** sowie ein **dualistisches System** zur Auswahl.[335] Hinsichtlich des erstgenannten Modells ist allein das jeweilige Verwaltungsorgan für die Geschäftsführung und Vertretung im Außenverhältnis zuständig.[336] Nach dem dualistischen System, welches sich an die Rechtslage in Deutschland anlehnt,[337] besteht neben dem geschäftsführenden Leitungsorgan der Aufsichtsrat als Kontrollinstanz.[338] In Bezug auf dieses zweite Modell enthält das SEAG in den §§ 15 ff dem **deutschen Aktienrecht** entsprechende[339] Einzelregelungen. Die §§ 20 ff SEAG betreffen indes das bislang in der deutschen lex fori unbekannte monistische System. Dabei besteht der in § 20 SEAG genannte **Verwaltungsrat** bei Gesellschaften, deren Grundkapital 3 Mio. Euro übersteigt, nach § 23 Abs. 1 S. 2 2. Hs SEAG aus **mindestens drei Mitgliedern**. Entsprechend § 40 Abs. 1 SEAG benennt der Verwaltungsrat den oder die geschäftsführenden **Direktor/en**, welche/r die Gesellschaft nach Maßgabe des § 41 SEAG gerichtlich und außergerichtlich vertritt/vertreten.

Entsprechend Art. 7 SE-VO muss sich der Sitz einer SE im Gemeinschaftsgebiet befinden, und zwar innerhalb desjenigen Staates, in dem auch die Hauptverwaltung angesiedelt ist.[340]

Nach Art. 1 Abs. 2 SE-VO haftet jeder Aktionär lediglich bis zur Höhe des von ihm eingebrachten Kapitals. Insofern haben Gläubiger nur Zugriff auf das Gesellschafts-, nicht indes das Privatvermögen der Teilhaber.[341]

Eine SE kann gem. Art. 8 Abs. 1 SE-VO unter den Voraussetzungen des Art. 8 Abs. 2-16 SE-VO in einen anderen Mitgliedstaat verlegt[342] werden, ohne dass dies eine Auflösung der SE oder die Gründung einer neuen juristischen Person nach sich zieht. Im Lichte der deutschen Ausführungsbestimmungen muss der **Verlegungsplan** in solchen Fällen ein angemessenes **Abfindungsangebot** vorsehen (§ 12 Abs. 1 SEAG) und der Schutz von Gläubigern sichergestellt werden (§ 13 SEAG).

---

328 S. *Wilhelm*, S. 42.
329 Vgl Art. 2 Abs. 3 lit. a) und b) SE-VO, Art. 35, 36 SE-VO.
330 Hierzu *Engert*, in: Langenbucher, S. 275.
331 Vgl Art. 2 Abs. 3 lit. a) und b) EWIV-VO.
332 S. Art. 2 Abs. 4 SE-VO; Art. 37 SE-VO.
333 Vgl Art. 2 Abs. 4 SE-VO.
334 Vgl Art. 37 Abs. 4 SE-VO.
335 Beachte die detaillierte Darstellung bei *Teichmann*, ZGR 2002, 383, 441 ff; *Schwarz*, ZIP 2001, 1847, 1854 ff; *Horn*, DB 2005, 147, 149.
336 S. Art. 43-45 SE-VO.
337 Vgl *Pluskat*, EuZW 2001, 524, 527.
338 S. Art. 39-42 SE-VO.
339 S. *Wilhelm*, S. 42.
340 Vgl im Einzelnen zur Sitzfestlegung und -verlegung *Schwarz*, ZIP 2001, 1847, 1849 ff.
341 S. *Pluskat*, EuZW 2001, 524, 526.
342 Einzelheiten zur Verlegung einer SE regelt die Fusions-RL in ihrer geänderten Fassung.

dd) Rechtsquellen

Eine SE unterliegt – im Einklang mit den Ausführungen zur EWIV – verschiedenen Rechtsquellen. 101
Laut Art. 9 Abs. 1 lit. a) SE-VO genießen die **Vorschriften des Sekundärrechtsaktes** Vorrang. Subsidiär greifen nach Art. 9 Abs. 1 lit. b) SE-VO die Regeln der jeweiligen **Satzung** ein, soweit die SE-VO dies ausdrücklich zulässt, wie beispielsweise in Art. 39 Abs. 4 SE-VO hinsichtlich der Mitgliederzahl des Leitungsorgans. Danach ist gem. Art. 9 Abs. 1 lit. c) SE-VO auf das **nationale Recht** abzustellen, und zwar vorrangig auf die **Ausführungsbestimmungen** zur SE-VO[343] und erst im Anschluss auf die lex fori.[344] Den Schlusspunkt bilden entsprechend Art. 9 Abs. 1 lit. c) iii) SE-VO nach Maßgabe des sitzstaatlichen Aktienrechts einschlägige **Satzungsregelungen**.

Im Hinblick auf den Erlass etwaiger Ausführungsbestimmungen unterliegen die Mitgliedstaaten nach der SE-VO partiell einer dahingehenden Pflicht (etwa Art. 12 Abs. 1 SE-VO; Art. 64 Abs. 1 lit. a) und lit. b), Abs. 2, Abs. 3 SE-VO; Art. 68 Abs. 1, Abs. 2 SE-VO). Teilweise eröffnet der Gemeinschaftsgesetzgeber lediglich einen Gestaltungsspielraum, schreibt indes nicht zwingend legislative Maßnahmen auf nationaler Ebene vor.[345]

Der Sekundärrechtsakt sieht bezüglich des sonstigen, subsidiär anzuwendenden nationalen Rechts neben etlichen **Spezialverweisungen**[346] einen **Generalverweis** in Art. 9 Abs. 1 lit. c) ii) SE-VO vor, welcher im Einklang mit den Ausführungen zur EWIV-VO auf das **Sitzstatut** der SE abstellt.

Ob die Spezialvorschriften ausschließlich **Sachnormverweisungen** aussprechen[347] (jedenfalls etwa Art. 5 Abs. 1 SE-VO sowie Art. 15 SE-VO),[348] oder im Einzelfall einen **Gesamtverweis**[349] vorsehen, geht aus der Harmonisierungsmaßnahme nicht eindeutig hervor. Zwar scheint der Wortlaut einiger Vorschriften für die Annahme eines Gesamtverweises zu sprechen. So stellen etwa Art. 47 Abs. 4 SE-VO und Art. 49 SE-VO auf das **einzelstaatliche** Recht ab. Die SE-VO unterscheidet aber, anders als die EWIV-VO, nicht streng zwischen **einzel- und innerstaatlichem** Recht.[350] Für einen Sachnormverweis lässt sich das Bedürfnis anführen, den Unternehmen mit der SE eine **Gesellschaftsform** zur Verfügung zu stellen, die innerhalb des Binnenmarkts möglichst auf einheitlichen Grundsätzen basiert.[351]

Vergleichbare Zweifelsfragen wirft der **Generalverweis** in Art. 9 Abs. 1 lit. c) ii) SE-VO auf. Der Wortlaut von Art. 9 Abs. 1 lit. c) ii) SE-VO stellt auf die „Rechtsvorschriften der Mitgliedstaaten, die auf eine nach dem Recht des Sitzstaates der SE gegründete Aktiengesellschaft Anwendung finden würden", ab. Dies deutet auf einen **Gesamtnormverweis** hin. Hiergegen spricht, dass ein möglicher Rück- oder Weiterverweis das Ziel zu konterkarieren droht, mit der SE eine Gesellschaftsform anzubieten, die möglichst binnenmarktweit auf einheitlichen Prinzipien beruht. Im Ergebnis erscheint es deshalb vorzugswürdig, davon auszugehen, dass der Gemeinschaftsgesetzgeber in

343 Vgl Art. 9 Abs. 1 lit. c) i) SE-VO.

344 S. Art. 9 Abs. 1 lit. c) ii) SE-VO.

345 Beachte etwa Art. 2 Abs. 5 SE-VO; Art. 8 Abs. 5, Abs. 7 Unterabs. 2, Abs. 14 SE-VO; Art. 12 Abs. 4 Unterabs. 2 SE-VO; Art. 19 SE-VO; Art. 24 Abs. 2 SE-VO; Art. 31 Abs. 2 Unterabs. 2 SE-VO; Art. 34 SE-VO; Art. 37 Abs. 8 SE-VO; Art. 39 Abs. 1, Abs. 2 Unterabs. 2, Abs. 3 S. 4, Abs. 4 S. 2, Abs. 5 SE-VO; Art. 40 Abs. 3 S. 2 SE-VO; Art. 41 Abs. 3 S. 2 SE-VO; Art. 43 Abs. 1 S. 2, Abs. 2 S. 2, Abs. 4 SE-VO; Art. 48 Abs. 1 Unterabs. 2, Abs. 2 SE-VO; Art. 50 Abs. 3 SE-VO, Art. 67 Abs. 2 S. 2 SE-VO.

346 So etwa in Art. 5 SE-VO; Art. 8 Abs. 7 Unterabs. 3 SE-VO; Art. 15 Abs. 1 SE-VO; Art. 18 SE-VO; Art. 24 Abs. 1 SE-VO; Art. 25 Abs. 1, Abs. 3 SE-VO, Art. 29 Abs. 3 SE-VO; Art. 31 Abs. 1 S. 2, Abs. 2 SE-VO; Art. 36 SE-VO; Art. 37 Abs. 7 S. 2 SE-VO; Art. 47 Abs. 1, Abs. 2 lit. a), Abs. 4 SE-VO; Art. 49 SE-VO; Art. 51 SE-VO; Art. 52 SE-VO; Art. 53 SE-VO; Art. 54 S. 1 SE-VO; Art. 55 SE-VO; Art. 57 SE-VO; Art. 59 Abs. 1 SE-VO; Art. 61 SE-VO; Art. 62 Abs. 1, 2 SE-VO; Art. 63 SE-VO; Art. 65 SE-VO; Art. 66 Abs. 6 S. 2 SE-VO.

347 So wohl *Brandt/Scheifele*, DStR 2002, 547, 553; *J. Wagner*, NZG 2002, 985, 987.

348 Vgl *Engert*, in: Langenbucher, S. 277; zu Art. 5 Abs. 1 SE-VO auch *J. Wagner*, NZG 2002, 985, 987; bezüglich Art. 15 SE-VO ebenso *Kersting*, DB 2001, 2079, 2080; zu Art. 5 Abs. 1 SE-VO ebenfalls *Schaub*, JZ 2005, 328, 331.

349 Hierzu tendiert anscheinend *Teichmann*, ZGR 2002, 383, 397 f.

350 S. *Engert*, in: Langenbucher, S. 277; *Teichmann*, ZGR 2002, 383, 396 f.

351 Vgl *J. Wagner*, NZG 2002, 985, 989.

Art. 9 Abs. 1 lit. c) ii) SE-VO qua **Sachnormverweis** unmittelbar auf das innerstaatliche Sachrecht rekurriert.[352]

c) Europäische Genossenschaft

102 Bei der SCE handelt es sich um eine Gesellschaftsform mit eigener Rechtspersönlichkeit,[353] deren Grundkapital in Geschäftsanteile zerlegt ist.[354]

aa) Entstehung und Zielsetzung

103 Nach mehrere Jahre andauernden Beratungen[355] wurde am 22. Juli 2003 die SCE-VO verabschiedet. Geltung erlangte das Regelwerk allerdings erst ab dem 1. August 2006.[356] Die SCE-VO ergänzt die EWIV- sowie SE-VO. Der Sekundärrechtsgeber verfolgt das Ziel einer Vereinheitlichung des Gesellschaftsrechts, indem eine **europaweit anerkannte Gesellschaftsform** geschaffen wird.[357] Der hauptsächliche Regelungszweck der SCE-VO besteht darin, **natürlichen Personen** mit Wohnsitz in verschiedenen Mitgliedstaaten oder nach dem Recht verschiedener EU-Staaten gegründeten **juristischen Personen** die Bildung einer SCE zu ermöglichen.[358] Die SCE selbst ist darauf ausgerichtet, „den Bedarf ihrer Mitglieder zu decken und/oder deren wirtschaftliche und/oder soziale Tätigkeit zu fördern",[359] indem sie mit der SCE beispielsweise Vereinbarungen über **Warenlieferungen** oder Erbringungen von **Dienstleistungen** abschließen.[360] Dritte dürfen Tätigkeiten einer SCE hingegen allein dann in Anspruch nehmen, wenn dies in der **Satzung** vorgesehen ist.[361]

bb) Wesentliche Inhalte

104 Die Gründung einer SCE kann auf verschiedene Weisen erfolgen. Art. 2 Abs. 1 Spiegelstrich 1 SCE-VO sieht als eine Möglichkeit den Zusammenschluss mindestens fünf **natürlicher Personen** vor, von denen wenigstens zwei in unterschiedlichen Mitgliedstaaten beheimatet sind (**Unternehmer-SCE**).[362] In Betracht kommt des Weiteren die Gründung einer SCE auf der Grundlage bereits bestehender Unternehmen, soweit diese den Rechtsvorschriften zumindest zweier Mitgliedstaaten unterliegen[363] (**Unternehmens-SCE**).[364] Als weitere Option erlaubt der Sekundärrechtsgeber ein **Kooperationsmodell**[365] aus wenigstens fünf natürlichen Personen und bereits existierenden Gesellschaften.[366] Hierfür ist erforderlich, dass die Wohnsitze der natürlichen Personen in mindestens zwei Mitgliedstaaten liegen und die Gesellschaften dem Recht wenigstens zweier EU-Staaten unterfallen. Die Neugründung einer SCE erfolgt durch **eine Satzung**, deren Mindestangaben Art. 5 Abs. 4 SCE-VO festlegt.

Art. 2 Abs. 1 Spiegelstrich 4 SCE-VO iVm Art. 19 ff SCE-VO ermöglicht ferner eine **Verschmelzung** bereits bestehender **Genossenschaften.** Dies setzt voraus, dass jene nach mitgliedstaatlichem Recht gegründet wurden, Sitz wie Hauptverwaltung im Binnenmarkt angesiedelt sind und mindestens zwei von ihnen dem Recht verschiedener Mitgliedstaaten unterliegen. Abweichend von der SE-

352 S. *Engert*, in: Langenbucher, S. 277; *ders.*, ZVglRWiss 104 (2005), 444, 447; *Casper*, in: FS Ulmer, S. 51, 66; zum VO-Vorschlag *Schwarz*, S. 650 f; *Horn*, DB 2005, 147.
353 S. Art. 1 Abs. 5 SCE-VO.
354 Vgl Art. 1 Abs. 2 Unterabs. 1 SCE-VO.
355 S. *Mock*, GPR 2004, 213; *Cerioni*, The European Legal Forum (D) 2004, 296.
356 Vgl Art. 80 SCE-VO.
357 Vgl *Cerioni*, The European Legal Forum (D) 2004, 296; s. auch Erwägungsgründe 2 und 6 SCE-VO.
358 S. Erwägungsgrund 13 SCE-VO; zum VO-Vorschlag schon *Deipenbrock*, EWS 2002, 410, 411.
359 Vgl Art. 1 Abs. 3 S. 1 1. Hs SCE-VO.
360 Vgl Art. 1 Abs. 3 S. 1 2. Hs SCE-VO.
361 So Art. 1 Abs. 4 SCE-VO.
362 Vgl *El Mahi*, DB 2004, 967, 968.
363 S. Art. 2 Abs. 1 Spiegelstrich 3 SCE-VO.
364 S. *El Mahi*, DB 2004, 967, 968.
365 Vgl *El Mahi*, DB 2004, 967, 968.
366 Vgl Art. 2 Abs. 1 Spiegelstrich 2 SCE-VO.

VO[367] ist hinsichtlich des **Verschmelzungsverfahrens** nicht auf die Vorgaben der RL 78/855/EWG abzustellen, da Genossenschaften nicht in den Anwendungsbereich dieser Harmonisierungsmaßnahme fallen.[368] Vielmehr regelt die SCE-VO das Verfahren selbst und eröffnet nur in Ausnahmefällen den Rückgriff auf das jeweilige nationale Aktienrecht.[369] Die Leitungs- oder Verwaltungsorgane der Genossenschaften müssen einen **Verschmelzungsplan** aufstellen, welcher sich nach Art. 22, 23 SCE-VO richtet. In einem **schriftlichen Bericht** sind überdies rechtliche und wirtschaftliche Aspekte der Verschmelzung aufzuführen.

Schließlich kann die Gründung einer SCE durch **Umwandlung** einer bestehenden Genossenschaft erfolgen. Jene bestimmt sich nach den Vorgaben in Art. 2 Abs. 1 Spiegelstrich 5 SCE-VO iVm Art. 35 ff SCE-VO. Neben dem Erfordernis, dass die Genossenschaft im Einklang mit einer mitgliedstaatlichen Rechtsordnung gegründet wurde und Sitz wie Hauptverwaltung im Gemeinschaftsgebiet lokalisiert sind, muss ein **Tochterunternehmen** oder eine **Niederlassung** seit mindestens zwei Jahren in Übereinstimmung mit den Rechtsnormen eines anderen Mitgliedstaates bestehen.

Strukturell entspricht die SCE weitgehend der SE, da wie bei dieser[370] zwischen einem **monistischen**[371] und einem **dualistischen**[372] **System** unterschieden werden kann.

Die Mitglieder einer SCE haften grundsätzlich nur in Höhe des von ihnen jeweils eingezahlten Geschäftsanteils.[373] Allerdings kann in der Satzung eine unbeschränkte **Einstandspflicht** vorgesehen werden. Andernfalls ist der Zusatz SCE „mit beschränkter Haftung" vorzusehen.

Sitz und Hauptverwaltung einer SCE müssen gem. Art. 6 SCE-VO innerhalb des Gemeinschaftsgebietes und zudem in demselben Mitgliedstaat angesiedelt sein. Nach Art. 7 Abs. 1 SCE-VO kann eine SCE unter den Voraussetzungen des Art. 7 Abs. 2-16 SCE-VO ihren satzungsmäßig bestimmten Sitz[374] in einen anderen Mitgliedstaat verlegen,[375] ohne dass dies zu ihrer Auflösung oder Gründung einer neuen juristischen Person führt.

cc) Rechtsquellen

Aus Art. 8 SCE-VO folgt eine **Rechtsquellenhierarchie**, welche weitgehend mit denjenigen der SE- und EWIV-VO übereinstimmt. Maßgeblich sind zunächst die im Sekundärrechtsakt verankerten Vorgaben.[376] Danach verbleibt der Rückgriff auf **satzungseigene Vorschriften**[377] und – sofern die SCE-VO dies ausdrücklich zulässt – subsidiär auf die Rechtsordnung des **Sitzstaates**. Den Schlusspunkt bilden **übrige Satzungsbestimmungen**, die unter denselben Voraussetzungen wie im Falle einer nach Maßgabe des **Sitzstatuts** gegründeten Genossenschaft eingreifen.[378] Innerhalb des nationalen Rechts genießen wiederum[379] **Ausführungsbestimmungen** zur SCE-VO Vorrang vor den übrigen Vorschriften der lex fori.[380] Teils sind die Mitgliedstaaten zum Erlass derartiger Durchfüh- 105

367 Hierzu *Staudinger*, Rn 86 ff.
368 Vgl *El Mahi*, DB 2004, 967, 968.
369 So etwa nach Art. 20 SCE-VO und Art. 22 Abs. 3 SCE-VO.
370 Nähere Angaben zu diesen Organisationsformen bei *Staudinger*, Rn 89.
371 Vgl Art. 37 ff SCE-VO.
372 Vgl Art. 42 ff SCE-VO.
373 Vgl Art. 1 Abs. 2 Unterabs. 3 SCE-VO.
374 S. Art. 5 Abs. 4 Spiegelstrich 4 SCE-VO.
375 Regelungen zur Verlegung einer SCE trifft die Fusions-RL in ihrer geänderten Fassung.
376 So Art. 8 Abs. 1 lit. a) SCE-VO.
377 S. Art. 8 Abs. 1 lit. b) SCE-VO.
378 Beachte hinsichtlich der letzten beiden Anknüpfungspunkte Art. 8 Abs. 1 lit. c) i), ii) und iii) SCE-VO.
379 S. zu EWIV- und SE-VO schon die Ausführungen bei *Staudinger*, Rn 84, 90.
380 Vgl auch *Mock*, GPR 2004, 213, 214; *El Mahi*, DB 2004, 967, 968.

rungsvorschriften verpflichtet,[381] teils ist es den Adressaten des Sekundärrechtsaktes frei gestellt, konkretisierende Regelungen in ihrem jeweiligen nationalen Recht vorzusehen.[382]

Vergleichbar der Ausgangslage bei der EWIV- und SE-VO[383] gibt der Gemeinschaftsgesetzgeber im Hinblick auf das subsidiär anzuwendende innerstaatliche Recht in der SCE-VO eine Vielzahl von **Spezialverweisen**[384] vor. Hiervon zu unterscheiden ist der auf das Recht des Sitzstaates abstellende **Generalverweis** in Art. 8 Abs. 1 lit. c) ii) SCE-VO. Anders als die EWIV-VO[385] und im Einklang mit der SE-VO[386] unterscheidet der hier in Rede stehende Sekundärrechtsakt nicht streng zwischen **inner-** und **einzelstaatlichem** Recht. Infolgedessen lässt sich nicht zweifelsfrei klären, ob die kollisionsrechtlichen Bestimmungen einen **Gesamt-** oder **Sachnormverweis** aussprechen. Letzteres erscheint im Interesse einer möglichst weitgehenden Vereinheitlichung des Gesellschaftsstatuts einer SCE vorzugswürdig. Jedenfalls ist davon auszugehen, dass Art. 8 Abs. 1 lit. c) ii) SCE-VO aus dem zuvor genannten Grund auf der Rechtsfolgenseite einen Sachnormverweis vorsieht.[387]

d) Arbeitnehmerbeteiligung

106 Die Mitbestimmungs-RLen sind integraler Bestandteil von SE- und SCE-VO.[388] Sie dienen der Förderung gemeinschaftsrechtlicher Ziele im sozialen Bereich, indem die **Beteiligungsrechte** der Arbeitnehmer bei Gründung einer SE oder SCE sichergestellt werden sollen.[389] Beide Harmonisierungsmaßnahmen gehen vorrangig von einer **Verhandlungslösung** aus, subsidiär finden **Auffangregeln** Anwendung.[390] Dabei besteht ein **„Vorher-Nachher-Prinzip"**,[391] dh ohne Einverständnis der Arbeitnehmer dürfen sie im Hinblick auf ihre Beteiligungsrechte nach Gründung einer SE oder SCE nicht schlechter gestellt werden. Als Transformationsakt zu den SE-Mitbestimmungs-RLen dient das **SEBG.** Die SCE-Mitbestimmungs-RL wurde umgesetzt durch das EGSCE.[392]

aa) SE-Mitbestimmungs-RL und ihre Umsetzung

107 Planen Leitungs- oder Verwaltungsorgane von Gesellschaften die Gründung einer SE, haben jene die hiervon betroffenen Arbeitnehmervertretungen unverzüglich zu informieren.[393] Auf Arbeitnehmerseite wird daraufhin ein **besonderes Verhandlungsgremium** eingesetzt (bVG), das als **multinationales Kollektivorgan** mit den Leitungsorganen der Gründungsgesellschaft in Verhandlung

381 Dies gilt etwa im Hinblick auf Art. 73 Abs. 3, 4 SCE-VO; Art. 78 Abs. 1, 2 SCE-VO.

382 Dies betrifft beispielsweise Art. 6 S. 2 SCE-VO; Art. 7 Abs. 7 Unterabs. 2, Abs. 14 SCE-VO; Art. 11 Abs. 4 Unterabs. 2 SCE-VO; Art. 12 Abs. 2 S. 2 SCE-VO; Art. 21 SCE-VO; Art. 28 Abs. 2 SCE-VO; Art. 35 Abs. 7 SCE-VO; Art. 37 Abs. 1 S. 2, Abs. 2 Unterabs. 2, Abs. 5 SCE-VO; Art. 40 Abs. 3 S. 2 SCE-VO; Art. 42 Abs. 1 S. 2, Abs. 4 SCE-VO; Art. 47 Abs. 2 Unterabs. 2; Abs. 4 S. 1 SCE-VO; Art. 48 Abs. 3 SCE-VO; Art. 54 Abs. 1 S. 2 SCE-VO; Art. 61 Abs. 3 Unterabs. 2 S. 2 SCE-VO; Art. 77 Abs. 2 S. 2 SCE-VO.

383 S. *Staudinger*, Rn 84, 90.

384 Beispielsweise Art. 3 Abs. 3 SCE-VO; Art. 4 Abs. 6 SCE-VO; Art. 5 Abs. 2 S. 1, Abs. 3 SCE-VO; Art. 7 Abs. 7 Unterabs. 3 SCE-VO; Art. 9 SCE-VO; Art. 10 Abs. 1 S. 1 SCE-VO; Art. 11 Abs. 1, Abs. 5 SCE-VO; Art. 12 Abs. 1, Abs. 2 S. 1 SCE-VO; Art. 14 Abs. 1 Unterabs. 2 S. 1 SCE-VO; Art. 15 Abs. 1 Spiegelstrich 7 SCE-VO; Art. 17 Abs. 1 SCE-VO; Art. 20 SCE-VO; Art. 22 Abs. 3 SCE-VO; Art. 26 Abs. 3 SCE-VO; Art. 28 Abs. 1 SCE-VO; Art. 29 Abs. 1, Abs. 3 S. 1 SCE-VO; Art. 32 SCE-VO; Art. 33 Abs. 3 SCE-VO; Art. 35 Abs. 4, Abs. 5 SCE-VO; Art. 46 Abs. 1, Abs. 2 Spiegelstrich 1, Abs. 3 SCE-VO; Art. 52 SCE-VO; Art. 53 SCE-VO; Art. 54 Abs. 2 S. 1 SCE-VO; Art. 58 Abs. 2 SCE-VO; Art. 59 Abs. 2 Unterabs. 1 S. 1, Unterabs. 2 S. 1, Unterabs. 3; Abs. 3 S. 1; Abs. 4 SCE-VO; Art. 61 Abs. 4 S. 2 SCE-VO; Art. 63 Abs. 1 SCE-VO; Art. 65 Abs. 1 SCE-VO; Art. 68 Abs. 1 S. 1 SCE-VO; Art. 69 Abs. 1, Abs. 2 SCE-VO; Art. 71 SCE-VO; Art. 72 SCE-VO; Art. 74 SCE-VO; Art. 75 S. 1 SCE-VO; Art. 76 Abs. 1 S. 1; Abs. 4, Abs. 5, Abs. 6 S. 2 SCE-VO; Art. 77 Abs. 1 SCE-VO.

385 Vgl *Staudinger*, Rn 84.

386 S. *Staudinger*, Rn 90.

387 So auch *Schaub*, JZ 2005, 328, 331.

388 Vgl Art. 1 Abs. 1 und Erwägungsgrund 3 der Mitbestimmungs-RLen.

389 S. Erwägungsgründe 3 SE-VO und 3 SCE-VO.

390 Vgl zur SE-Mitbestimmungs-RL *Brandt*, BB-Special 3/2005, 1, 4; zum RLen-Vorschlag *Herfs-Röttgen*, NZA 2001, 424, 425; bezüglich der SCE-Mitbestimmungs-RL *El Mahi*, DB 2004, 967, 971; *Mock*, GPR 2004, 213, 217.

391 S. zur SE-Mitbestimmungs-RL *Brandt*, BB-Special 3/2005, 1, 4.

392 BGBl. I 2006, S. 1911.

393 Vgl Art. 3 Abs. 1 SE-Mitbestimmungs-RL sowie § 4 Abs. 2 SEBG.

tritt.[394] In Deutschland erfolgt die Vergabe der Sitze im bVG gem. §§ 8, 9 SEBG durch ein **Wahlgremium.** Ziel der Verhandlungen zwischen bVG und Leitungsorgan ist eine Verständigung über die **Arbeitnehmerbeteiligung.**[395] Erfolgt eine Vereinbarung, richtet sich deren Inhalt nach Art. 4 SE-VO und § 21 SEBG. Danach sind u.a. Reichweite und Geltungsdauer der Vereinbarung, Regeln zur Anhörung und Unterrichtung sowie gegebenenfalls Vorschriften zur Mitbestimmung festzulegen.

Schlägt eine **einvernehmliche Lösung** fehl, greift die **Auffangregel** des Art. 7 SE-Mitbestimmungs-RL, welche durch §§ 22 ff und §§ 34 ff SEBG umgesetzt wurde. Voraussetzung ist neben dem Fehlen einer Vereinbarung, dass im Falle einer SE-Gründung durch **Umwandlung** bereits zuvor Mitbestimmungsregeln eines Mitgliedstaates galten und bei einer **Verschmelzung** 50 % sowie hinsichtlich der Errichtung einer **SE-Holding-** oder **Tochtergesellschaft** 25 % der Arbeitnehmer Mitbestimmungsregeln unterworfen sind. Im dt. Recht müssen bezüglich der gesetzlichen Arbeitnehmerbeteiligung zwei Ebenen unterschieden werden: Anhörungs- und Unterrichtungsrechte nimmt der **SE-Betriebsrat** wahr,[396] darüber hinaus erfolgt eine Arbeitnehmermitbestimmung durch das **Entsenden von Vertretern in das Verwaltungs- oder Aufsichtsorgan,**[397] je nachdem, ob die SE **monistisch** oder **dualistisch** organisiert ist. Die Mitbestimmungsregeln kraft Gesetzes in §§ 34 ff SEBG entsprechen den Vorgaben des Art. 7 SE-Mitbestimmungs-RL iVm deren Anhang. Bei einer Gründung durch Umwandlung bleibt nach § 35 Abs. 1 SEBG das **bestehende Mitbestimmungssystem erhalten.** In allen anderen Fällen richtet sich die Anzahl der Vertreter im Aufsichts- oder Verwaltungsorgan nach dem **höchsten Mitbestimmungsniveau** in den beteiligten Gesellschaften.

Die Vorschriften des SEBG bezüglich des bVG und – falls keine Einigung erzielt werden kann – zur Auffanglösung hinsichtlich der Arbeitnehmerbeteiligung greifen nur dann ein, wenn **eine SE einen Sitz in Deutschland** anstrebt.[398] Ansonsten sind entsprechend Art. 6, 7 Abs. 1 Unterabs. 2 SE-VO die Regeln des zukünftigen Sitzstaates heranzuziehen. Jedenfalls bei Art. 7 Abs. 1 Unterabs. 2 SE-VO ist angesichts seines Wortlauts davon auszugehen, dass er einen **Sachnormverweis auf das innerstaatliche Recht ausspricht.** Weniger eindeutig erscheint dies hinsichtlich des Art. 6 SE-VO, welcher lediglich auf „das Recht des Mitgliedstaates (....), in dem die SE ihren Sitz haben wird" abstellt. Das Gebot der Rechtseinheit lässt sich jedoch dafür ins Felde führen, bei Art. 6 SE-VO gleichermaßen von einem Sachnormverweis auszugehen.

bb) SCE-Mitbestimmungs-RL

Die Vorschriften der SCE-Mitbestimmungs-RL stehen zumindest bei Beteiligung juristischer Perso- 108
nen weitgehend mit den zuvor besprochenen Regeln im Einklang.[399] Gleichermaßen strebt die vorliegende Harmonisierungsmaßnahme eine **Verhandlungslösung** an und sieht lediglich subsidiär eine **Auffangregelung** vor.[400]

Sofern Leitungs- oder Verwaltungsorgane der betroffenen Unternehmen die Gründung einer SCE planen, sind nach Maßgabe der SCE-Mitbestimmungs-RL ebenfalls die Arbeitnehmervertretungen zu informieren,[401] um ihnen die Bildung eines **bVG** zu ermöglichen.[402] Wird zwischen diesem Gremium und den zuständigen Organen der beteiligten juristischen Personen eine Einigung erzielt, greift Art. 4 SE-Mitbestimmungs-RL ein. Hiernach muss der Konsens Regelungen etwa zur Anhörung und Unterrichtung des Vertretungsorgans, gegebenenfalls hinsichtlich der Arbeitnehmermitbestimmung sowie bezüglich Geltungsdauer und etwaiger Neuverhandlungen beinhalten.[403] Das auf ein Verfahren **anwendbare Recht** bestimmt sich wie im Rahmen der SE-Mitbestimmungs-

394 Vgl *Grobys*, NZA 2004, 779, 780; *Brandt*, BB-Special 3/2005, 1, 4.
395 Vgl § 4 Abs. 1 S. 1 SEBG.
396 S. § 2 Abs. 7 SEBG iVm §§ 22 ff SEBG.
397 Vgl § 2 Abs. 12 iVm §§ 34 ff SEBG.
398 S. § 3 Abs. 1 S. 1 SEBG.
399 S. *El Mahi*, DB 2004, 967, 971.
400 Vgl *El Mahi*, DB 2004, 967, 972; zum RLen-Entwurf *Deipenbrock*, EWS 2002, 410, 411.
401 Vgl Art. 3 Abs. 1 SCE-Mitbestimmungs-RL.
402 Beachte diesbezüglich Art. 3 Abs. 2 SCE-Mitbestimmungs-RL.
403 Vgl Art. 4 SCE-Mitbestimmungs-RL.

RL gem. Art. 6 SCE-Mitbestimmungs-RL nach den Vorschriften des Mitgliedstaates, in dem die SCE ihren Sitz anstrebt.[404] Für den Fall, dass die Verhandlungen zu keinem einvernehmlichen Ergebnis führen, haben die Mitgliedstaaten nach Art. 7 SCE-Mitbestimmungs-RL iVm deren Anhang Auffangregeln einzuführen. Diese Vorgaben der SCE-Mitbestimmungs-RL orientieren sich wiederum an den entsprechenden Vorschriften der SE-Mitbestimmungs-RL, namentlich an deren Art. 7 iVm dem betreffenden Anhang. Die SCE-Mitbestimmungs-RL legt damit grundsätzlich ebenso ein **Vorher-Nachher-Prinzip** fest.[405]

Die zuvor genannten Vorgaben finden laut Art. 8 Abs. 1 SCE-Mitbestimmungs-RL auch auf eine SCE Anwendung, welche ausschließlich von natürlichen Personen oder solchen und **einer juristischen Person** gegründet wird, wenn diese in wenigstens zwei Mitgliedstaaten mindestens fünfzig Arbeitnehmer beschäftigt. Andernfalls richtet sich die Arbeitnehmerbeteiligung vom Grundsatz her nach Art. 8 Abs. 2 SCE-Mitbestimmungs-RL. Die SCE selbst unterliegt in solchen Fällen denjenigen Bestimmungen des **Sitzstaates**, welche für andere Rechtspersönlichkeiten desselben Typs gelten. Hinsichtlich bereits bestehender **Tochtergesellschaften** und **Betrieben** erlangen die Bestimmungen des Mitgliedstaates Geltung, in welchem jene angesiedelt sind. Auf Antrag der Arbeitnehmer müssen jedoch unter bestimmten Voraussetzungen die Vorgaben in Art. 3-7 SCE-Mitbestimmungs-RL beachtet werden.

e) Europäische Privatgesellschaft, SPE

109 Derzeit liegt ein Verordnungsvorschlag der Kommission zur Schaffung einer Europäischen Privatgesellschaft (SPE) für kleinere und mittlere Unternehmen vor.[406] Dieser stellt eine Ergänzung zur SE dar und ermöglicht im Falle seiner Annahme die Gründung bestimmter Kapitalgesellschaften nach europaweit einheitlichen Voraussetzungen.

f) Übernahme

110 Mit der Übernahme-RL[407] verfolgt der Gemeinschaftsgesetzgeber vor allem das Ziel, die Schutzbestimmungen im Fall **transnationaler Übernahmevorgänge** von Gesellschaften anzugleichen, die dem Recht eines Mitgliedstaates unterliegen.

Laut Art. 4 Abs. 2 lit. a) dieser Harmonisierungsmaßnahme ist der Sitz der **„Zielgesellschaft"** (Gesellschaft, deren **Wertpapiere** Ziel eines Angebots sind)[408] für die Bestimmung der zuständigen Aufsichtsbehörde entscheidend, soweit die **Wertpapiere** auf einem geregelten Markt des Sitzstaates zugelassen sind. Aus Art. 4 Abs. 2 lit. e) Übernahme-RL folgt, dass die zuständigen Behörden jeweils ihr eigenes Recht anwenden.[409] Der Sekundärrechtsakt geht mithin von einem **Gleichlaufprinzip** aus.

Besonderheiten gelten allerdings, wenn Sitzstaat und Marktort divergieren. Gem. Art. 4 Abs. 2 lit. b) S. 1 Übernahme-RL sind in solchen Fällen die Aufsichtbehörden desjenigen Mitgliedstaates als zuständig anzusehen, auf dessen Markt Wertpapiere einer Gesellschaft zum Handel zugelassen werden. Kommen mehrere Märkte in Betracht, richtet sich die Zuständigkeit entsprechend Art. 4 Abs. 2 lit. b) S. 2 Übernahme-RL nach dem **Prioritätsprinzip,**[410] entscheidend ist mithin, auf welchem Markt die Wertpapiere zuerst zugelassen wurden. Ist dies gleichzeitig auf mehreren Märkten geschehen, so obliegt es gem. Art. 4 Abs. 2 lit. c) der Harmonisierungsmaßnahme der Zielgesellschaft, die Zuständigkeit der Aufsichtsbehörden zu bestimmen. Hinsichtlich des anwendbaren Rechts ist zwischen den Fallkonstellationen von Art. 4 Abs. 2 lit. b) und lit. c) der Übernahme-RL zu unterscheiden. In Bezug auf die angebotene Gegenleistung und das Angebotsverfahren rich-

---

404 S. insofern auch die Ausführungen zu Art. 6 SE-Mitbestimmungs-RL.
405 Dazu *Staudinger*, Rn 96.
406 KOM (2008) 396 endg. Dazu *Ehricke*, KSzW 2010, 6 ff.
407 Hierzu *von Hein*, ZGR 2005, 528 ff.
408 Vgl Art. 2 Abs. 1 lit. b) Übernahme-RL.
409 S. *von Hein*, ZGR 2005, 528, 537.
410 Hierzu *von Hein*, ZGR 2005, 528, 538.

tet sich das anwendbare Recht nach der zuständigen Aufsichtsstelle (Art. 4 Abs. 2 lit. e) S. 1 Übernahme-RL). Im Hinblick auf die Unterrichtung der Arbeitnehmer sowie gesellschaftsrechtliche Angelegenheiten[411] ist hingegen das Recht des Sitzmitgliedstaates der betroffenen Zielgesellschaft maßgeblich (Art. 4 Abs. 2 lit. e) S. 2 Übernahme-RL).

Obwohl dem Sitz in Anbetracht von Art. 4 Übernahme-RL maßgebliche Bedeutung zukommt, hat der Sekundärrechtsgeber von einer Legaldefinition abgesehen. Im Lichte der **Judikatur des EuGH zur Niederlassungsfreiheit juristischer Personen** sowie unter Hinweis auf die „von der Richtlinie gewährten großzügigen materiellrechtlichen Optionsmöglichkeiten" befürwortet das Schrifttum, im Rahmen von Art. 4 Abs. 2 Übernahme-RL allein auf den **Satzungs-**, nicht indes auf den jeweiligen Verwaltungssitz abzustellen.[412]

Ferner tritt die Lehre dafür ein, Art. 4 Übernahme-RL als **einseitige Kollisionsnorm** ins deutsche Recht umzusetzen.[413] Gegen eine mehrseitige Ausgestaltung der Anknüpfungsregel spreche, dass die Zuständigkeit von Aufsichtbehörden anderer Mitgliedstaaten verbindlich nur deren eigenes Recht festlegen könne.[414]

g) Verschmelzung

Das Ziel der Verschmelzungs-RL[415] besteht darin, die Fusion von Kapitalgesellschaften aus verschiedenen Mitgliedstaaten zu erleichtern. Bisher lassen nicht sämtliche Rechtsordnungen innerhalb des Binnenmarkts solche grenzüberschreitenden Zusammenschlüsse zu.[416] Demzufolge kann das für die Gesellschaft jeweils maßgebliche Sachrecht gegebenenfalls zu einem Eingriff in die **Niederlassungsfreiheit** führen.[417] Nach Art. 4 lit. b) der Harmonisierungsmaßnahme erfolgt die Verschmelzung grundsätzlich nach den für vergleichbare innerstaatliche Fusionen maßgeblichen Regeln.[418] Die rechtliche Beurteilung des Verschmelzungsvorgangs richtet sich also für jede beteiligte Gesellschaft nach den für sie einschlägigen mitgliedstaatlichen Normen. Neben Verfahrensregelungen gilt dies insbesondere für den Schutz der Gläubiger, Wertpapierinhaber und Arbeitnehmer. Auch die von der RL vorgeschriebene Kontrolle der Verschmelzung nehmen die Behörden der jeweiligen Mitgliedstaaten nur insoweit wahr, als eine dem innerstaatlichen Recht unterliegende Gesellschaft betroffen ist.[419] 111

Die notwendige Offenlegung der Fusion richtet sich nach dem Recht desjenigen Mitgliedstaates, dem die verschmelzenden Gesellschaften unterlagen.[420] Ab dem Zeitpunkt, von dem an die Verschmelzung wirksam wird, greift das Recht ein, dem die infolge der Verschmelzung entstandene

411 Hierbei handelt es sich gem. Art. 4 Abs. 2 lit. e) S. 2 Übernahme-RL insbesondere um solche Fragen, „betreffend den Anteil an Stimmrechten, der die Kontrolle begründet, und von der Verpflichtung zur Abgabe eines Angebots abweichende Regelungen sowie für die Bedingungen, unter denen das Leitungs- bzw Verwaltungsorgan der Zielgesellschaft Maßnahmen ergreifen kann, die das Angebot vereiteln könnten".

412 S. *von Hein*, ZGR 2005, 528, 566.

413 Vgl *von Hein*, ZGR 2005, 528, 545, 565.

414 S. *von Hein*, ZGR 2005, 528, 544 f.

415 Zum RL-Vorschlag der Kommission über die Verschmelzung von Kapitalgesellschaften s. *Philipp*, EuZW 2005, 355.

416 Beachte in diesem Zusammenhang die Vorlage des LG Koblenz, DB 2003, 2428 f zur Vereinbarkeit des § 1 Abs. 1 Nr. 1 UmwG mit Art. 43, 48 EGV bei grenzüberschreitender Verschmelzung; die Schlussanträge des Generalanwalts *Tizzano* vom 7. Juli 2005 sind abgedruckt in DB 2005, 1510 ff; hierzu *Sinewe*, DB 2005, 2061 f; beachte EuGH, Rs. C-411/03 (SEVIC Systems), NJW 2006, 425 f; dazu *Leible/Hoffmann*, RIW 2006, 161 ff; *Teichmann*, ZIP 2006, 355 ff, zu den Art. 49 und 54 AEUV hat sich der EuGH dahingehend geäußert, dass diese gleichermaßen einer Vorschrift entgegenstehen, welche anders als § 1 UmwG nicht an den inländischen Sitz, sondern die nationale Rechtsform der umzuwandelnden Gesellschaft anknüpft, s. dazu EuGH, Rs. C-378/10 (Vale), NJW 2012, 2715 sowie *Behme*, NZG 2012, 936.

417 Begründung der Kommission zum Richtlinienentwurf, S. 2.

418 Zuletzt geändert durch Richtlinie 2012/17/EU; Zur Verschmelzungs-RL als Überblick: *Neye*, ZIP 2005, 1893 ff.

419 Art. 11 Abs. 1 Verschmelzungs-RL.

420 Art. 6 Abs. 1 Verschmelzungs-RL.

Gesellschaft unterworfen ist.[421] Mit der Fusion gehen die Vermögensmassen auf die entstandene Gesellschaft über, die verschmolzenen Gesellschaften erlöschen demgegenüber.[422]

Art. 14 RL verfolgt den Zweck, die **Beteiligungsrechte** der Arbeitnehmer aus den verschmelzenden Gesellschaften zu sichern. Wird die aus der Fusion entstehende Gesellschaft in einem Mitgliedstaat errichtet, der keine Mitwirkungsrechte der Arbeitnehmer vorsieht, unterlag aber zumindest eine der aufgegangenen Gesellschaften einem solchen Mitbestimmungssystem, so bestehen diese Rechte der Arbeitnehmer fort.[423]

h) Sitzverlegung

112 Die Kommission verfolgte das Vorhaben einer Sitzverlegungs-RL.[424] Die Arbeiten hieran wurden zunächst unterbrochen, um das Urteil des EuGH in der Rechtssache Cartesio[425] abzuwarten,[426] bislang aber noch nicht wieder aufgenommen.[427]

7. Internationales Insolvenzrecht

113 Auf dem Gebiet des Internationalen Insolvenzrechts bestehen derzeit im Wesentlichen drei Sekundärrechtsakte. Dabei handelt es sich um die VO über Insolvenzverfahren (EuIns-VO) sowie zwei RLen bezüglich der Sanierung und Liquidation von Versicherungsunternehmen und Kreditinstituten.

a) EuIns-VO[428]

114 Nach Art. 1 Abs. 1 EuIns-VO erfasst diese Harmonisierungsmaßnahme von ihrem sachlichen Anwendungsbereich her „Gesamtverfahren, welche die Insolvenz des Schuldners voraussetzen und den vollständigen oder teilweisen Vermögensbeschlag gegen den Schuldner sowie die Bestellung eines Verwalters zur Folge haben". Ausgenommen bleiben laut Art. 1 Abs. 2 EuIns-VO Insolvenzverfahren, welche etwa über das Vermögen von **Versicherungsunternehmen** und **Kreditinstituten** eröffnet werden.

aa) Entstehungsgeschichte

115 Die Arbeiten an einem europäischen Insolvenzübereinkommen reichen in die sechziger Jahre zurück. Erst 1995 wurde jedoch die endgültige Fassung einer völkervertragsrechtlichen Konvention veröffentlicht.[429] Das Vereinigte Königreich ließ allerdings – aus sachfremden, politischen Grün-

---

421 Art. 12 Verschmelzungs-RL.

422 S. Art. 14 Verschmelzungs-RL, der dem Art. 19 der RL 78/855/EWG entspricht.

423 Entsprechendes geht nunmehr aus Art. 16 Abs. 2, 3 lit. h) Verschmelzungs-RL hervor.

424 Bisher ist lediglich die öffentliche Konsultation zu Fragen des Inhalts einer möglichen RL abgeschlossen, der angekündigte RL-Vorschlag wurde von der Kommission noch nicht vorgelegt. Es existiert ein Vorentwurf zur Sitzverlegungs-RL aus dem Jahre 1997. Dieser ist in ZGR 1999, 157 ff abgedruckt. Hierzu *Rajak*, ZGR 1999, 111 ff; allg. zur Notwendigkeit einer Sitzverlegungs-RL: *Leible*, ZGR 2004, 531 ff.

425 EuGH, Rs. C-210/06, DStR 2009, 121 ff.

426 Vgl die Aussage der Bundesregierung in BT-Drucks. 16/6218, S. 28.

427 Vgl hierzu *Leible/Hoffmann*, BB 2009, 58 ff; *Otte/Rietschel*, GmbHR 2009, 983 ff.

428 S. hinsichtlich des intertemporalen, räumlichen sowie sachlichen Anwendungsbereichs die Ausführungen bei *Staudinger*, Rn 195.

429 Abgedruckt in ZIP 1996, 976 f; zur Konvention s. *Balz*, ZIP 1996, 948 ff; *Strub*, EuZW 1996, 71 ff.

den – die Zeichnungsfrist ungenutzt verstreichen. Als Maßnahme auf dem Gebiet justizieller Zusammenarbeit nach Art. 61 lit. c), Art. 65 EGV erließ schließlich der EU-Rat die EuIns-VO.[430]

bb) Zielsetzung

Die EuIns-VO bezweckt eine verbesserte Zusammenarbeit auf dem Gebiet der grenzüberschreitenden Insolvenzen, um ein reibungsloses Funktionieren des Binnenmarkts sicherzustellen.[431] Das **vereinheitlichte Rechtssystem** soll vor allem verhindern, dass zum Wohle einzelner Gläubiger Vermögensgegenstände in einen anderen Mitgliedstaat verbracht werden und darüber hinaus einem forum shopping vorbeugen.[432] 116

cc) Wesentliche Inhalte

Neben **verfahrensrechtlichen Vorschriften**[433] über die gerichtliche Zuständigkeit, Anerkennung und Vollstreckbarerklärung von Entscheidungen sowie **sachrechtlichen Regeln** enthält der Sekundärrechtsakt insbesondere **Kollisionsnormen.** 117

(1) Art. 4 EuIns-VO als Generalverweis

Art. 4 EuIns-VO weist die zentrale Kollisionsnorm der Harmonisierungsmaßnahme auf. Hiernach unterliegt das jeweilige Insolvenzverfahren grundsätzlich dem Insolvenzrecht desjenigen Mitgliedstaates, in welchem es eröffnet wurde (**lex fori concursus**). Art. 4 EuIns-VO spricht nach überwiegender Ansicht einen **Sachnormverweis**[434] aus. Dieser Auffassung ist insbesondere unter Berücksichtigung des Wortlauts der Norm zuzustimmen. Demzufolge beruft Art. 4 EuIns-VO unter Ausschluss eines Rück- und Weiterverweises (Renvoi) unmittelbar das Sachrecht zur Anwendung. Der Rechtsanwendungsbefehl erfasst ausschließlich das Insolvenzrecht eines Mitglied-, nicht hingegen eines Drittstaates.[435] Der Sekundärrechtsgeber hat demnach Art. 4 EuIns-VO als mehrseitige, nicht aber als allseitige Kollisionsnorm ausgestaltet.[436] 118

Zweifelhaft erscheint die Reichweite des in Art. 4 EuIns-VO verankerten Anknüpfungsgegenstandes, der sich auf das **Insolvenzverfahren** und **seine Wirkungen** erstreckt. Zwar besteht Einigkeit darüber, dass das ermittelte Statut neben Eröffnung, Durchführung und Abschluss sämtliche verfahrens- sowie materiellrechtlichen Effekte des Verfahrens erfasst, sofern sie insolvenzrechtlicher

430 S. allg. zur EuIns-VO: *Becker*, ZEuP 2002, 287 ff; *Deipenbrock*, EWS 2001, 113 ff; *Ehricke*, EWS 2002, 101 ff; *Eidenmüller*, IPRax 2001, 2 ff; *Fach/Tirado*, GPR 2007, 40 ff; *Haubold*, IPRax 2003, 34 ff; *Huber*, ZZP 114 (2001), 133 ff; *Kemper*, ZIP 2001, 1609 ff; *Leible/Staudinger*, KTS 2000, 533 ff; *Paulus*, ZIP 2002, 729 ff; *ders.*, DStR 2005, 334, 336 ff; *ders.*, RabelsZ 70 (2006), 458 ff; *ders.*, NZI 2008, 1 ff; *Wagner*, ZEuP 2008, 6 ff; *Wimmer*, ZinsO 2001, 97 ff; *ders.*, NJW 2002, 2427 ff; speziell zu Konzerninsolvenzen und grenzüberschreitender Sitzverlegung zwecks Ausnutzung eines vorteilhaften ausländischen Insolvenzrechts EuGH, Rs. C-341/04 (Eurofood IFSC Ltd) EuGHE I 2006 3813 ff = NZI 2006, 360 ff m.Anm. *Kammel*, 334 ff = IPRax 2007, 120 ff m.Anm. *Hess/Laukemann*, 89 ff = NZG 2006, 633 ff m.Anm. *Paulus*, 609 ff; s. eingehend zur supranationalen Konzerninsolvenz *Wiebusch*, Internationales Konzerninsolvenzrecht; zur Abgrenzung der Brüssel I-VO und der EG-Ins-VO in Bezug auf die **Insolvenzanfechtungsklage** s. die Vorabentscheidung des EuGH, Rs. C-339/07 (Christopher Seagon/Deko Marty Belgium NV), IPRax 2009, 513 ff m.Anm. *Fehrenbach*, 492 ff; s. auch *Mankowski/Willemer*, RIW 2009, 669 ff; beachte ebenso in Bezug auf Eigentumsvorbehalte EuGH, Rs. C-292/08 (German Graphics Graphische Maschinen GmbH), EuZW 2009, 785 ff; dazu *Jayme/Kohler*, IPRax 2007, 493, 503; *Klöhn/Berner*, ZIP 2007, 1418 ff; *Mansel/Thorn/Wagner*, IPRax 2009, 1, 20; *Mörsdorf-Schulte*, NZI 2008, 282 ff; ferner *Pannen*, 2007.

431 Vgl Erwägungsgrund 2 EuIns-VO; zu deren Zielsetzungen auch *Leible/Staudinger*, KTS 2000, 533, 537 f.

432 S. Erwägungsgrund 4 EuIns-VO; *Leible/Staudinger*, KTS 2000, 533, 537.

433 Eingehend hierzu *Staudinger*, Rn 195.

434 Vgl *Leible/Staudinger*, KTS 2000, 533, 549; hinsichtlich des Übereinkommens auch *Taupitz*, ZZP 111 (1998), 315, 329.

435 Soweit die EuIns-VO nicht ausnahmsweise selbst Vorschriften enthält, welche auch im Verhältnis zu Drittstaaten gelten sollen, kommen daher die §§ 335 ff InsO zur Anwendung. Die §§ 335 ff InsO gelten auch, wenn ein Hauptverfahren in einem Drittstaat eröffnet wird, da in diesem Fall der räumliche Anwendungsbereich der EuIns-VO nicht einschlägig ist, vgl zum örtlichen Regelungsbereich Erwägungsgründe 32 und 33 EuIns-VO; *Virgós/Schmit*, Erläuternder Bericht, Rn 44; zum autonomen deutschen Internationalen Insolvenzrecht: *Paulus*, DStR 2005, 334, 339 ff.

436 Gebauer/Wiedmann/*Haubold*, Kap. 30, Rn 108.

Natur sind.[437] Dazu zählt u.a. die **Einstandspflicht des Insolvenzverwalters** für Fehler bei der Verwaltung der Masse.[438] Diesem Ergebnis steht nicht entgegen, dass eine derartige Haftung nicht ausdrücklich in Art. 4 Abs. 2 S. 2 EuIns-VO angeführt ist, da es sich um keine abschließende Aufzählung handelt.

Etwaige Abgrenzungsschwierigkeiten[439] ergeben sich bei der **Haftung wegen Insolvenzverschleppung bzw Masseschmälerung.**[440] Eine solche Einstandspflicht wird innerhalb des Binnenmarkts von ihrer Rechtsnatur her zum Teil insolvenz-, zum Teil aber auch gesellschaftsrechtlich eingeordnet.[441] Nicht in Betracht kommen dürfte wohl eine deliktsrechtliche Qualifikation, so dass die Rom II-VO[442] wie auch die Art. 40 ff EGBGB nicht einschlägig sind. Hiervon zu trennen ist die Verantwortlichkeit wegen eines „existenzvernichtenden" Eingriffs, der eine gesellschaftsrechtliche Durchgriffshaftung sowie mitunter eine Einstandspflicht nach § 826 BGB begründen kann.[443]

Da der Tatbestand der Insolvenzverschleppung der Effektuierung der Antragspflicht und daher spezifisch insolvenzrechtlichen Zwecken dient, erscheint eine Zuordnung zum Kreis der von Art. 4 EuIns-VO berufenen Bestimmungen vorzugswürdig.[444] Folglich haftet ein Geschäftsführer einer ausländischen Gesellschaft bei einem deutschen Partikularverfahren grundsätzlich nach hiesigem Insolvenzverschleppungsrecht.[445] Dass die Organe ausländischer Kapitalgesellschaften analog des rechtsformspezifischen § 64 Abs. 1 GmbHG und § 92 Abs. 2 AktG zu einem entsprechenden Insolvenzantrag verpflichtet werden können, erscheint damit zwar aus Gründen der Rechtsklarheit wünschenswert, ist jedoch keineswegs gesichert.[446] Endgültig wird diese Frage wohl erst durch eine Vereinheitlichung auf supranationaler Ebene geklärt werden können.[447]

Zweifelsfragen warf ferner die Qualifikation der Vorschriften des deutschen **Eigenkapitalersatzrechts** auf.[448] Nach § 135 Abs. 1 Nr. 2 InsO lässt sich die Rückzahlung solcher Darlehen anfechten, wenn sie innerhalb eines Jahres vor der Stellung des Insolvenzantrags erfolgte. Die Anfechtung

---

437 S. *Duursma-Kepplinger*, Art. 4 EuIns-VO, Rn 9; *Fritz/Bähr*, DZWir 2001, 221, 226; *Kemper*, ZIP 2001, 1609, 1615; *Lehr*, KTS 2000, 577, 579; *Leible/Staudinger*, KTS 2000, 533, 549; *Wimmer*, ZinsO 2001, 97, 100.

438 Gebauer/Wiedmann/*Haubold*, Kap. 30, Rn 90; *Paulus*, ZIP 2002, 729, 734.

439 Zum Gläubigerschutz im Falle der Insolvenz einer „Ltd.": *Köke*, ZinsO 2005, 354 ff; *Kuntz*, NZI 2005, 424 ff; *Ungan*, ZVglRWiss 2005, 355 ff; zum englischen Gesellschaftsrecht: *Lawlor*, NZI 2005, 432 ff; als Arbeitshilfe in der Praxis mag auch die (nicht abschließende) Checkliste dienen von *Pannen/Riedemann*, MDR 2005, 496 ff.

440 Beachte auch die weiteren Angaben bei *Staudinger*, Rn 156.

441 S. in Deutschland § 64 Abs. 1 GmbHG bzw § 92 Abs. 2 AktG iVm § 823 Abs. 2 BGB sowie § 64 Abs. 2 GmbHG, § 92 Abs. 3 Nr. 6 AktG; zur Qualifikation beachte *Eidenmüller*, NJW 2005, 1618, 1620 f; für eine rechtsvergleichende Übersicht und Gegenüberstellung der Regelungen vgl *Strauß*.

442 Dazu *Staudinger*, Rn 36 ff.

443 Vgl BGH, NJW 2007, 2689 ff; ferner Hk-BGB/*Staudinger*, § 826 BGB, Rn 15, 20; *Aukhatov*, Durchgriffs- und Existenzvernichtung im deutschen und russischen Sach- und Kollisionsrecht; Gebauer/Wiedmann/*Staudinger*, Art. 1 Rom II-VO, Rn 12, Art. 4 Rom II-VO, Rn 33.

444 So auch *Eidenmüller*, in: Eidenmüller, S. 318 unter Verweis auf EuGH, Rs. C-133/78 (Gourdain), Slg 1979, 733, Rn 3 ff; *Eisner*, ZInsO 2005, 20, 22; Gebauer/Wiedmann/*Haubold*, Kap. 30, Rn 92; *Müller*, NZG 2003, 414, 417; MünchKomm-InsO/*Reinhart*, Art. 4 EGInsO, Rn 7, 11; aA *Ulmer*, NJW 2004, 1201, 1207; s. auch AG Bad Segeberg, ZIP 2005, 812, 813 f = NZI 2005, 411, 412 f mit insoweit krit. Anm. *Pannen/Riedemann*, NZI 2005, 413, 414.

445 Im umgekehrten Fall der Eröffnung eines Insolvenzverfahrens über eine deutsche Gesellschaft mit Interessensmittelpunkt im Ausland käme es dann aber möglicherweise zu Schutzlücken, da ohne Verletzung der Insolvenzantragspflicht nach § 64 Abs. 1 GmbHG auch keine Schutzgesetzverletzung iSd § 823 Abs. 2 BGB vorliegt. Ob das über Art. 4 EuIns-VO berufene ausländische Recht hinreichende Haftungsinstrumente vorsieht, ist eine Frage der Substitution; hierzu allg. *Habersack/Verse*, ZHR 168 (2004), 174, 177; zur Substitution *Siehr*, S. 475; beachte in diesem Zusammenhang auch AG Köln, EuZW 2005, 704.

446 *Fischer*, ZIP 2004, 1477, 1481 f macht auf dieses Problem des „Normenmangels" im deutschen Recht aufmerksam; *Müller*, NZG 2003, 414, 417 und *Zimmer*, NJW 2003, 3585, 3589 f verweisen demgegenüber auf die Rechtsformgebundenheit der inländischen Normen.

447 Vgl den Aktionsplan der Kommission „Modernisierung des Gesellschaftsrechts und Verbesserung der Corporate Governance in der Europäischen Union (KOM (2003) 284 endg., S. 19) mit Bezugnahme auf den Bericht der *„High Level Group of Company Law Experts"*, A Modern Regulatory Framework for Company Law in Europe, 2002, abrufbar unter http://www.europa.eu.int.

448 Für einen Überblick zum damaligen Streitstand s. *Eisner*, ZInsO 2005, 20, 22; *Wienberg/Sommer*, NZI 2005, 353 ff; zur Qualifikation des Kapitalersatzes als Kreditsicherheit sui generis: *Oechsler*, ZHR 169 (2005), 61 ff.

gehört zu den ausdrücklich in Art. 4 Abs. 2 lit. m) EuIns-VO genannten Bereichen und wird damit insolvenzrechtlich qualifiziert.

Ob ein Darlehen eigenkapitalersetzenden Charakter hatte, war hingegen primär eine gesellschaftsrechtliche Frage, denn sie betraf die ordnungsgemäße Kapitalausstattung der Gesellschaft und die Finanzierungsverantwortung der Gesellschafter.[449] Da der Charakter eines Darlehens in so engem Zusammenhang mit den Kapitalisierungserfordernissen einer Gesellschaft steht, erschien nicht zuletzt im Lichte der Inspire Art-Entscheidung[450] des EuGH ebenso eine gesellschaftsrechtliche Anknüpfung vertretbar. Stellt man auf die vom Gerichtshof befürwortete **Gründungstheorie**[451] ab, würde damit eine wirksam im Ausland entstandene Gesellschaft nicht den Regeln des deutschen Kapitalersatzrechts unterworfen.[452] Inzwischen finden sich die entsprechenden, Gesellschafterdarlehen betreffende Vorschriften im Zuge der Reformen durch das MoMiG vom 23. Oktober 2008[453] nunmehr in §§ 19 Abs. 2, 39 Abs. 1 Nr. 5, Abs. 4 und 5 sowie §§ 44 a und 135 InsO. Das – vornehmlich aus Richterrecht resultierende – Eigenkapitalersatzrecht besteht als solches folglich nicht mehr. Vor diesem Hintergrund mag man nunmehr eine insolvenzrechtliche Anknüpfung in Betracht ziehen. Unabhängig von der Qualifikation ist jedoch zu beachten, dass jede Kollisionsnorm – dies gilt sowohl für Art. 4 EuIns-VO als auch eine autonome (un-)geschriebene Anknüpfungsregel wie etwa die **Sitztheorie** im Internationalen Gesellschaftsrecht – am Maßstab der höherrangigen **Grundfreiheiten** zu überprüfen ist.[454] Die Qualifikation kann damit im Ergebnis nicht zu einem Ausschluss des primärrechtlichen Kontrollmaßstabs führen, selbst wenn das Schrifttum die Vereinbarkeit von Art. 4 EuIns-VO mit den Marktfreiheiten im Ergebnis nicht in Zweifel zieht.[455]

(2) Ausnahmen von der lex fori concursus

Der **Generalverweis** in Art. 4 EuIns-VO gilt nur, **soweit die VO keine gegenteiligen Bestimmungen enthält.** So schränkt der Sekundärrechtsgeber die Reichweite des Insolvenzstatuts insbesondere durch die Art. 5-15 EuIns-VO ein. Art. 5 EuIns-VO legt beispielsweise fest, dass dingliche Rechte eines Gläubigers oder Dritter an im EU-Ausland belegenen Teilen des Schuldnervermögens vom Hauptinsolvenzverfahren **nicht berührt** werden.[456] Art. 7 Abs. 1 EuIns-VO trifft eine vergleichbare Regelung für den (einfachen) Eigentumsvorbehalt. Der Gemeinschaftsgesetzgeber privilegiert somit dingliche Rechte im Insolvenzfall dadurch, dass er sie von der **Geltung der lex fori concursus ausnimmt.** Auf jene findet **nicht** das **Insolvenzrecht** des Eröffnungsstaates Anwendung, sondern – kraft der allgemeinen Anknüpfungsregel der lex rei sitae wie etwa in Art. 43 Abs. 1 EGBGB – in den meisten Fällen das Recht desjenigen Mitgliedstaates, in welchem die Vermögensgegenstände belegen sind.[457] Entgegen seiner systematischen Stellung beinhaltet Art. 5 EuIns-VO keine Kollisionsnorm, sondern stellt eine **materiell-rechtliche Ausnahmevorschrift** dar.[458] Der sachrechtliche Regelungsgehalt der Bestimmung erschöpft sich in einem Verbot, die in einem anderen Mitgliedstaat belegenen Sicherungsrechte zu beschneiden.[459] Überwiegend wird angesichts des Wortlauts sowie der Entstehungsgeschichte des Art. 5 EuIns-VO die Ansicht vertreten, dass jedwede Beschränkung ausländischer Sicherungsrechte unzulässig sei. Die von Art. 5 EuIns-VO erfassten dinglichen Rechte sollen danach von den Wirkungen des Eröffnungsbeschlusses selbst dann **völlig unberührt blei-** 119

449 Kapitalersatzprobleme tauchen vorwiegend bei Gesellschaften in der Rechtsform der GmbH auf. S. zur früheren Rechtslage §§ 32 a und b GmbHG iVm §§ 39 Abs. 1 Nr. 5, 135 InsO aF.

450 EuGH, Rs. C-167/01 (Inspire Art), Slg 2003, I-10155 ff.

451 Hierzu *Staudinger*, Rn 152.

452 S. zu dieser Frage die divergierenden Stellungnahmen von *Müller*, NZG 2003, 414, 417; *Zimmer*, NJW 2003, 3585, 3589; aA *Haas*, NZI 2002, 457, 466; *Ulmer*, NJW 2004, 1201, 1207.

453 BGBl. I 2008, 2026.

454 Vgl hierzu die Ausführungen bei *Staudinger*, Rn 148.

455 *Wienberg/Sommer*, NZI 2005, 353, 356; *Ulmer*, NJW 2004, 1201, 1205, 1207.

456 Vgl *Huber*, ZZP 114 (2001), 133, 153 f.

457 S. *Leible/Staudinger*, KTS 2000, 533, 550.

458 Vgl *Herchen*, S. 76 ff; *Taupitz*, ZZP 111 (1998), 315, 329; *von Wilmkowsky*, EWS 1997, 295, 297.

459 S. *Leible/Staudinger*, KTS 2000, 533, 551.

ben,[460] wenn die lex rei sitae ansonsten Beschränkungen dinglicher Sicherungsrechte in der Insolvenz des Schuldners vorsieht.[461] Dabei werden nur die dinglichen Rechte, **nicht** aber die **belasteten Gegenstände** selbst privilegiert.[462] Damit bleiben letztere Bestandteil der Masse. Der Insolvenzverwalter kann mithin einen bei der Verwertung erzielten **Überschuss zugunsten der Insolvenzmasse** einfordern.[463]

120 **Art. 6 EuIns-VO** stellt ebenfalls eine Ausnahmeregelung zu Art. 4 EuIns-VO dar. Danach beeinträchtigt die Eröffnung des Insolvenzverfahrens über das Schuldnervermögen nicht das Recht des Gläubigers, mit seinen Forderungen gegen solche des Schuldners aufzurechnen, sofern dies nach dem für die Forderung des **Insolvenzschuldners** maßgeblichen Statut zulässig ist. Daher bleiben vertragliche oder gesetzliche Rechte zur Aufrechnung unabhängig von dem ansonsten maßgeblichen Insolvenzstatut bestehen. Ferner sehen die **Art. 8-14 EuIns-VO** Ausnahmen von der Regelanknüpfung in Art. 4 EuIns-VO vor. So gilt beispielsweise für Verträge über unbewegliche Gegenstände entsprechend Art. 8 EuIns-VO die lex rei sitae.

Die Liste von Insolvenzverfahren, Liquidationsverfahren und Verwaltern in den Anhängen A, B und C der EuIns-VO wurde durch die VO (EG) Nr. 694/2006 des Rates vom 27. April 2006 geändert.[464]

b) Sanierungs-RLen

121 Die beiden Sanierungs-RLen, deren räumlicher Anwendungsbereich Dänemark einschließt,[465] dienen dazu, eine bestehende Schutzlücke zu schließen. Diese folgt aus der Bereichsausnahme in Art. 1 Abs. 2 EuIns-VO für die grenzüberschreitende Insolvenz **beaufsichtigter Finanzinstitutionen.** Dabei betrifft die erste Harmonisierungsmaßnahme die „Sanierung und Liquidation von Versicherungsunternehmen", während der zweite Rechtsakt diejenige von Kreditinstituten regelt. Der Sekundärrechtsgeber verfolgt allerdings nicht das Ziel der Harmonisierung mitgliedstaatlicher Vorschriften, sondern der gemeinschaftsweiten Anerkennung und Wirksamkeit der im Herkunftsmitgliedstaat der Assekuranz bzw Bank erlassenen Sanierungs- oder Liquidationsmaßnahmen.[466] Wurde vor Erlass der RLen ein Versicherungsunternehmen bzw Kreditinstitut mit **Zweigniederlassungen** in anderen Mitgliedstaaten liquidiert, konnten die Behörden in diesen Staaten jeweils unabhängig voneinander Insolvenzverfahren eröffnen. Die aus der Vielzahl der Verfahren resultierenden Kompetenzkonflikte bedeuteten jedoch eine Gefährdung der Interessen der Versicherungsnehmer bzw Gläubiger. Unabhängig von ihrem Wohnort im Binnenmarkt sollte daher zum Wohle sämtlicher Anleger nur ein Liquidationsverfahren eröffnet werden. Dabei obliegt es den Behörden oder Gerichten des jeweiligen **Herkunftsstaates,**[467] derartige Verfahrensschritte einzuleiten. Als Herkunfts- ist derjenige Mitgliedstaat zu verstehen, in welchem der Betrieb des Unternehmens zugelassen wurde.[468] Eine Kontrolle der ausländischen Entscheidungen anhand des inländischen ordre public scheidet insofern aus.[469] Inhaltlich sind die RLen dem Grundsatz der **strengen Universalität**

---

460 Vgl von *Bismarck/Schümann-Kleber*, NZI 2005, 89 ff, 147 ff.

461 S. *Liersch*, S. 42 ff; *Taupitz*, ZZP 111 (1998), 315, 335; *Wunderer*, WM 1998, 793, 798; aA *Flessner*, in: FS Drobnig, S. 277, 282.

462 S. *Leible/Staudinger*, KTS 2000, 533, 552.

463 Vgl Erwägungsgrund 25 EuIns-VO; *Huber*, ZZP 114 (2001), 133, 154; *Virgós/Schmit*, Erläuternder Bericht, Rn 95, 99.

464 ABl. L 121 v. 6. Mai 2006, S. 1 f.

465 Im Gegensatz zur EuIns-VO beruhen die Sanierungs-RLen auf Art. 47 Abs. 2, Art. 55 EGV aF und nicht auf Art. 65 EGV aF. Aus diesem Grund findet Art. 69 EGV aF und mithin das „Protokoll Nr. 26 zum EGV über einige Bestimmungen betreffend Dänemark" keine Anwendung.

466 Vgl Erwägungsgrund 9 Sanierungs-RL I und Erwägungsgrund 7 Sanierungs-RL II.

467 Vgl Art. 4 Abs. 1 und Art. 8 Abs. 1 sowie Erwägungsgrund 10 Sanierungs-RL I bzw Art. 3 Abs. 1 und Art. 9 Abs. 1 *Sanierungs-RL II.*

468 Dies ergibt sich aus Art. 2 lit. e) der Sanierungs-RL I bzw Art. 2 1. Spiegelstrich iVm Art. 1 Nr. 6 der RL 2000/12/EG.

469 Gebauer/Wiedmann/*Haubold*, Kap. 30, Rn 270.

verpflichtet, indem sie ergänzende Sekundärverfahren generell ausschließen.[470] Das in der Sache anwendbare Recht unterliegt – vorbehaltlich anderslautender Bestimmungen in den Rechtsakten – ebenfalls dem **Herkunftslandprinzip.**[471] Die RLen mussten bis zum 20. April 2004 bzw 5. Mai 2004 in nationales Recht umgesetzt werden.[472] In Deutschland waren sie Auslöser zur Einführung der §§ 335-358 InsO[473] und zur Modifikation weiterer Gesetze bzw VOen.[474]

8. Internationales Transportrecht

a) Fluggastrechte-VO[475]

Im Bereich der internationalen Fluggastrechte hat die Europäische Gemeinschaft 2002 das Montrealer Übereinkommen[476] abgeschlossen,[477] und in einen Sekundärrechtsakt eingekleidet,[478] so dass die Vorschriften jener Konvention ebenfalls dem Auslegungsmonopol des EuGH unterliegen.[479] Tritt der Fluggast seine Reise entweder auf einem Flughafen im Gebiet eines Mitglied- oder Drittstaates an, wobei im letzten Fall das Ziel im Binnenmarkt liegt und das ausführende Luftfahrtunternehmen eines der Gemeinschaft ist, schreibt die VO (EG) Nr. 261/2004 (VO)[480] bestimmte Leistungen für den Fall der vertragswidrigen Nichtbeförderung, Annullierung sowie bei einer großen Verspätung von Flügen vor.[481] Der Sekundärrechtsakt geht damit über den Anwendungsbereich seines Vorgängers[482] hinaus, der allein Mindestausgleichsleistungen infolge einer Nichtbeförderung vorsah. Die Kommission unterbreitete am 13. März 2013 einen Vorschlag für eine neue 122

470 Dieser Grundsatz kommt in Art. 8 der Sanierungs-RL I und den Art. 3, 9, 10 der Sanierungs-RL II zum Ausdruck.

471 So sehen die Art. 19-26 Sonderregeln zu der in Art. 4 Abs. 2, Art. 9 Sanierungs-RL I festgelegten Geltung der Rechtsvorschriften des Herkunftsmitgliedstaates vor. Im Rahmen der Sanierungs-RL II legen Art. 20-27 die Ausnahmen des über Art. 3 Abs. 2, Art. 10 Sanierungs-RL II berufenen Statuts fest. Diese entsprechen damit weitgehend denen der EuIns-VO. Insbesondere werden dingliche Rechte von Gläubigern oder Dritten an Gegenständen des Schuldners, die sich zum Eröffnungszeitpunkt außerhalb des Herkunftsstaates befinden, nicht vom Insolvenzverfahren erfasst, vgl Art. 20 Sanierungs-RL I bzw Art. 21 Sanierungs-RL II.

472 Dieser Verpflichtung entsprach der deutsche Gesetzgeber durch das Gesetz v. 14. März 2003 zur Neuregelung des Internationalen Insolvenzrechts (BGBl. 2003 I, S. 345 ff) und das Gesetz v. 10. Oktober 2003 zur Umsetzung aufsichtsrechtlicher Bestimmungen zur Sanierung und Liquidation von Versicherungsunternehmen und Kreditinstituten (BGBl. 2003 I, S. 2469 ff).

473 Die Verweisungsvorschrift des § 335 InsO aF findet sich infolge des Änderungsgesetzes nunmehr in § 359 InsO nF.

474 Hierzu zählen das Versicherungsaufsichtsgesetz, das Gesetz über das Kreditwesen, das Finanzdienstleistungsaufsichtsgesetz, das Gesetz über die Kreditanstalt für Wiederaufbau und die Kapitalausstattungs-VO.

475 VO (EG) Nr. 261/2004 des Europäischen Parlaments und des Rates über eine gemeinsame Regelung für Ausgleichs- und Unterstützungsleistungen für Fluggäste im Fall der Nichtbeförderung und bei Annullierung oder großer Verspätung von Flügen und zur Aufhebung der VO (EWG) Nr. 295/91 v. 11.2.2004 (ABl. 2004 L 46 v. 17. Februar 2004, S. 1); s. dazu Schmid/Degott/Hopperdietzel, Praktiker-Kommentar Fluggastrechte; Staudinger/Keiler, HandK-zur Fluggastrechte-VO; hierzu beachte EuGH, Rs. C-344/04 (The Queen International Air Transport Association European Low Fares Airline Association Hapag-Lloyd Express GmbH ./. Department of Transport), NJW 2006, 351 ff.

476 Übereinkommen zur Vereinheitlichung bestimmter Vorschriften über die Beförderung im internationalen Luftverkehr v. 28. Mai 1999, ABl. L 194 v. 18. Juni 2001, S. 39. Beachte die veränderten Haftungshöchstgrenzen, BGBl. 2009 II, S. 1258.

477 ABl. L 194 v. 18. Juli 2001, S. 38 ff.

478 VO (EG) Nr. 889/2002 des Europäischen Parlaments und des Rates vom 13.5.2002 zur Änderung der VO (EG) Nr. 2027/97 des Rates über die Haftung von Luftfahrtunternehmen bei Unfällen, ABl. L 140 v. 30. Mai 2002, S. 2 ff.

479 Ausführlich hierzu *Basedow*, in: FS Schlechtriem, S. 165, 185 f; s. auch *Staudinger/Schmidt-Bendun*, VersR 2004, 971 ff; *dies.* NJW 2004, 1897 ff; *Staudinger*, RRa 2009, 195, 197. Vgl EuGH, Rs. C-204/08 (Peter Rehder, Air Baltic) = NJW 2009, 2801 ff = RRa 2009, 234 ff m.Anm. *Staudinger*, RRa 2009, 219 ff; vgl auch *Staudinger*, IPRax 2010, 140; *R. Wagner*, IPRax 2010, 143.

480 *Haanappel*, ZLW 2005, 22 ff; *Janköster*, 2009; *Leffers*, S. 21 ff; *Lienhard*, GPR 2004, 259 ff; *Schmid*, RRa 2004, 198 ff; *Staudinger/Schmidt-Bendun*, NJW 2004, 1897 ff; *dies.*, VersR 2004, 971 ff; *Staudinger/Schürmann*, NJW 2009, 2788; Gebauer/Wiedmann/*Tonner*, Kapitel 13 a; *ders.*, RRa 2004, 59 ff.

481 Der Sekundärrechtsakt ist gem. seinem Art. 19 am 17. Februar 2005 in Kraft getreten.

482 VO (EWG) Nr. 295/1991, ABl. L 36 v. 8. Februar 1991, S. 5 ff.

Fluggastrechte-VO.[483] Der Entwurf stieß im Europäischen Parlament allerdings auf erhebliche Vorbehalte.[484] Zudem wurde am 11.6.2013 das Gesetz zur Schlichtung im Luftverkehr[485] beschlossen, welches am 1. November 2013 in Kraft trat. Die in § 57c enthaltene Verordnungsermächtigung gilt bereits seit dem 21. Juni 2013. Nach ihrem Art. 3 Abs. 1 lit. a) gilt die Fluggastrechte-VO zunächst für Personen, die ihre Reise auf Flughäfen im Gebiet eines Mitgliedstaates antreten, und zwar unter Einschluss von Inlandsflügen. Diese Vorschrift lässt sich von ihrer Funktion her als Kollisionsnorm begreifen.[486] Grundsätzlich nicht erfasst werden Rückflüge aus einem Drittstaat, auch wenn sie gemeinsam mit einem Hinflug gebucht wurden.[487] Art. 3 Abs. 1 lit. b) VO erstreckt den Sekundärrechtsakt aber auf ausführende Luftfahrtunternehmen der Gemeinschaft,[488] sofern der Flug aus einem Drittstaat zu einem Flughafen im Binnenmarkt erfolgt und im Drittstaat noch keine Gegen-, Ausgleichs- und Unterstützungsleistungen erbracht wurden.[489] Demzufolge ist unter den zuvor genannten Voraussetzungen ebenfalls ein Kunde anspruchsberechtigt, der etwa aus der Türkei in einen Mitgliedstaat fliegt. Die VO bezieht sich gleichermaßen auf Linien- wie Nichtlinienflüge (so genannter Bedarfsflug) und somit auch auf Beförderungen innerhalb einer Pauschalreise.[490] Allerdings bleiben nach Art. 3 Abs. 6 S. 1 VO Fluggastrechte, welche auf die RL 90/314/EWG[491] zurückgehen, unberührt. Der Gemeinschaftsgesetzgeber sieht keine Privilegierung von Billigfliegern (Low Cost Carrier) vor. Vielmehr stellt Art. 3 Abs. 3 S. 2 VO klar, dass der Sekundärrechtsakt gleichermaßen diejenigen Passagiere einbezieht, die ihren Flugschein im Rahmen eines Kundenbindungsprogramms (zB Bonusmeilen) oder infolge anderer Werbemaßnahmen erstanden haben. Anspruchsteller ist der Fluggast, und zwar unabhängig davon, ob es sich um einen Verbraucher oder Unternehmer handelt. Als Anspruchsgegner gilt stets und allein das ausführende Luftfahrtunternehmen (Art. 3 Abs. 5; Art. 2 lit. b) VO; Erwägungsgrund 7). Sofern einer der drei Tatbestände in Art. 4 bis 6 VO erfüllt ist, greifen verschiedene Sanktionen ein. So mag die Fluggesellschaft mitunter etwa die Pflicht treffen, dem Gast einen pauschalierten Ausgleich nach Art. 7 Abs. 1 sowie Betreuungsleistungen laut Art. 9 VO zu gewähren. Diesbezüglich verstärkte der EuGH jüngst erneut den Kundenschutz. Er stellte klar, dass ein Luftfahrtunternehmen Passagiere, deren Flug aufgrund der Schließung des Luftraums nach einem Vulkanausbruch annulliert wurde, gemäß Art. 9 Abs. 1 VO betreuen muss. Der Entlastungsgrund des außergewöhnlichen Umstands gemäß Art. 5 Abs. 3 VO lässt diese Verpflichtung nicht entfallen.[492] Darüber hinaus kann sich der Fluggast für den Kostenersatz nunmehr unmittelbar auf Art. 8 und 9 VO als Anspruchsgrundlage stützen. Diese Schlussfolgerung deutete sich bereits in der Judikatur des EuGH aus dem Jahr 2011 an.[493] Aus einem weiteren aktuellen Urteil des EuGH[494] folgt, dass sich die Durchsetzbarkeit einer auf Art. 8 und 9 VO gestützten Forderung hingegen nach dem mit Hilfe des einschlägigen Kollisionsrechts (Rom I- bzw Rom II-VO) zu bestimmenden Verjährungsregime richtet. Sofern die §§ 195, 199 Abs. 1 BGB eingreifen, können Kunden somit ihre Ansprüche aus Art. 9 VO auf finanziellen Ausgleich zumindest bis Ende des Jahres 2013 geltend machen. Bei Pauschalreisen ist auf § 651g Abs. 2 S. 2 BGB abzustellen. Für die Durchsetzbarkeit von Ausgleichszahlungen nach Art. 5

483 KOM(2013) 130 final.

484 S. den Bericht des Ausschusses für Verkehr und Fremdenverkehr des Europäischen Parlaments v. 22. Januar 2014, A7-0020/2014.

485 BGBl. 2013 I Nr. 29 v. 20. Juni 2013, S. 1545; s. dazu *Isermann*, RRa 2013, 158 und *Führich*, MDR 2013, 749.

486 S. etwa das LG Frankfurt aM, NJW-RR 1998, 1589f zur VO (EWG) Nr. 295/91; so auch *Schaub*, JZ 2005, 328, 329, 330.

487 Vgl EuGH, Rs. C 173/07 (Emirates Airlines ./. Schenkel), RRa 2008, 237ff m.Anm. *Schmid*, RRa 2008, 202ff.

488 Vgl Art. 2 lit. b, c) VO.

489 S. auch Erwägungsgründe Nr. 6, 23 der VO.

490 Erwägungsgrund 5 der VO.

491 ABl. L 158 v. 23. Juni 1990, S. 59ff.

492 EuGH, Rs. C-12/11 (Denise McDonagh ./. Ryanair Ltd.), NJW 2013, 921.

493 EuGH, Rs. C-83/10 (Aurora Sousa Rodríguez ./. Air France SA), NJW 2011, 3776; s. auch *Staudinger/Krüger*, NJW 2012, 2853, 2856; vgl vormals dazu *Staudinger*, RRa 2011, 265.

494 EuGH, Rs. C- 139/11 (Joan Cuadrench Moré ./. Koninklijke Luchtvaart Maatschappij NV), NJW 2013, 365 (Ls.) = RRa 2013, 17.

und 7 VO hatte der Gerichtshof in dem genannten Urteil[495] ausdrücklich auf das nationale Verjährungsrecht verwiesen. Der Sekundärrechtsakt selbst weise insofern eine Regelungslücke auf. Eine Analogie zu Art. 29 WarschAbk und Art. 35 Abs. 1 MÜ verbiete sich, da die in Art. 5 und 7 VO vorgesehene pauschalierte Ausgleichsleistung den beiden völkerrechtlichen Ab- bzw Übereinkommen wesensfremd seien.[496] Art. 15 Abs. 1 VO verbietet die Beschränkung bzw den Ausschluss der aus der VO resultierenden Rechte insbesondere durch Formularabreden. Zur Illustration soll folgendes Beispiel dienen: Annulliert ein Flugunternehmen einen Langstreckenflug, hat der Kunde einen Anspruch auf einen pauschalen Ausgleich in Höhe von 600 EUR laut Art. 7 Abs. 1 S. 1 VO. Dies gilt nicht, sofern sich der Beförderer auf eine Entlastung nach Art. 5 Abs. 3 VO und damit das Vorliegen eines außergewöhnlichen Umstandes berufen kann. Der EuGH hat allerdings bereits klargestellt, dass ein technischer Defekt an einem Flugzeug in der Regel nicht unter diesen Entlastungstatbestand fällt.[497] Der BGH orientierte sich im Nachgang zu diesem Urteil an den dort aufgestellten Vorgaben und hielt in zwei Fällen einen durch Vogelschlag verursachten Turbinenschaden, der zu Verspätung oder Annullierung des Fluges geführt hatte, für einen außergewöhnlichen Umstand im Sinne des Art. 5 Abs. 3 VO.[498] Abhängig vom Zeitverlust am Ankunftsort kann sich jedoch gegebenenfalls eine Kürzung der Forderung aus Art. 7 Abs. 2 VO ergeben. Eine Nichtbeförderung gemäß Art. 2 lit. j) VO ist nach Ansicht des EuGH[499] nicht auf Fälle von Überbuchungen beschränkt. Der Tatbestand ist beispielsweise selbst bei einer Störung aus betrieblichen Gründen einschlägig.[500] Des Weiteren entschied der Gerichtshof, dass Art. 2 lit. j) iVm Art. 3 Abs. 2 und Art. 4 Abs. 3 VO auch dann Platz greift, wenn der Carrier die Beförderung verweigert, weil es auf der ersten im Flugschein ausgewiesenen Teilstrecke zu einer von ihm verursachten Verspätung gekommen sei und das Unternehmen in der irrigen Annahme, die Fluggäste würden den zweiten Flug nicht rechtzeitig erreichen, die Plätze anderweitig vergeben habe.[501] Denn die Formulierung in Art. 2 lit. j) VO lasse eine Nichtbeförderung, welche auf derartige betriebliche Gründe zurückgehe, nicht als vertretbar erscheinen. Nach Auffassung des BGH ist eine Weigerung des Luftfahrtunternehmens, den Fluggast zu befördern, zudem nur dann anzunehmen, wenn sie dem Kunden gegenüber ausdrücklich geäußert wird.[502] Notwendig dafür sei, dass der Passagier am Flugsteig anwesend war. Das bloße Einfinden am Ende der Schlange, ohne aufgrund von langen Wartezeiten letztlich rechtzeitig abgefertigt zu werden, genüge diesem Erfordernis hingegen nicht. In einer dogmatisch kritikwürdigen Entscheidung hat der Gerichtshof[503] den pauschalen Ausgleichsanspruch in Art. 7 Abs. 1 VO kraft Richterrechts auf den Fall einer „Verspätung" von über drei Stunden am Ankunftsort erstreckt. Die vom Gerichtshof befürwortete Rechtsanalogie soll dabei ebenso den Entlastungstatbestand in Art. 5 Abs. 3 sowie die Möglichkeit einer Kürzung nach Maßgabe von Art. 7 Abs. 2 VO einschließen. Diese Judikatur bekräftigte der EuGH unlängst durch mehrere Entscheidungen. In der Rechtssache Nelson[504] bezeichnete er den erlittenen Zeitverlust als bloße Unannehmlichkeit, weswegen ein konkret-individueller Vermögensnachteil als Schaden im Sinne des Art. 19 und 29 MÜ fehle. Eine Völkervertragswidrigkeit drohe daher nicht. Dies wirft Folgefragen in Bezug auf Art. 12 S. 2 VO auf.[505] Die Ausgleichspflicht stehe überdies mit den Geboten der

495 EuGH, Rs. C- 139/11 (Joan Cuadrench Moré ./. Koninklijke Luchtvaart Maatschappij NV), NJW 2013, 365 (Ls.) = RRa 2013, 17.
496 So bereits BGH, NJW 2010, 1526 = RRa 2010, 90.
497 EuGH, Rs. C-549/07 (Wallentin-Herman, Alitalia ./. Linee Aeree Italiane SpA), NJW 2009, 347.
498 BGH, NJW 2014, 861.
499 EuGH, Rs. C-22/11 (Finnair Oyj ./. Timy Lassooy), NJW 2013, 361.
500 Vorliegend ging es um die Umorganisierung von Flügen wegen eines Streiks des Flughafenpersonals.
501 EuGH, Rs. C- 321/11 (Germán Rodríguez Cachafeiro, María de los Reyes Martínez-Reboredo Varela-Villamor ./. Iberia, Líneas Aéreas de España SA), NJW 2013, 363 = RRa 2012, 279.
502 BGH, NJW-RR 2013, 1462 = MDR 2013, 1088.
503 EuGH, Rs. C-402/07 und C-432/07 (Sturgeon und Böck), NJW 2010, 43 = RRa 2009, 282; hierzu *Staudinger*, Editorial zu Heft 6, RRa 2009; *ders.*, RRa 2010, 10 ff.
504 EuGH, Rs. C-581/10, C-629/10 (Emeka Nelson ./. Deutsche Lufthansa AG und The Queen ./. Civil Aviation Authority), NJW 2013, 671; krit. hierzu *Staudinger*, RRa 2012, 261.
505 S. bereits *Staudinger/Krüger*, NJW 2013, 913, 915.

Verhältnismäßigkeit sowie Rechtssicherheit im Einklang. Zudem seien die Wirkungen des Urteils zeitlich nicht zu begrenzen, so dass Sachverhalte vom 17. Februar 2005 an, dem Tag des Inkrafttretens der VO, einbezogen werden. Anschließend erachteten sowohl das AG Rüsselsheim[506] als auch das AG Frankfurt a.M.[507] eine dreistündige Ankunftsverspätung des Fluggastes an seinem Endziel als ausreichende Anspruchsvoraussetzung für eine Ausgleichsleistung. Auf eine Abflugverspätung komme es hingegen nicht (mehr) an. Auf Vorlage des BGH[508] bejahte es der EuGH in der Rechtssache Folkerts,[509] reine Ankunftsverspätungen zu sanktionieren. Im Nachgang hierzu sprach der BGH in zwei Fällen[510] den Klägern einen Ausgleichsanspruch analog Art. 7 Abs. 1 VO zu. Er orientierte sich an der Judikatur des EuGH und hielt ebenfalls die verzögerte Ankunft am Endziel für maßgeblich, Zwischenlandungen dürften dabei nicht berücksichtigt werden. Dies gelte selbst dann, wenn Zubringer-und Anschlusssegment jeweils als eigenständiger Flug im Sinne der VO einzustufen seien und die Passagiere den nicht verspäteten Anschluss- auf Grund des verzögerten Starts des Zubringerflugs verpassten. Anders bewertet werden müsse die Situation, wenn es erst auf einem späteren Streckenabschnitt, der für sich genommen nicht mehr in den Anwendungsbereich der VO falle, zu Unregelmäßigkeiten komme. Dies könne keinen Ausgleichsanspruch begründen.[511] Ferner hat der BGH in einer älteren Entscheidung die Übertragung der Ausschlussfrist in Art. 35 Abs. 1 des Montrealer Übereinkommens auf Ausgleichszahlungen nach der Fluggastrechte-VO zu Recht abgelehnt.[512] Das LG Frankfurt a.M.[513] ersuchte jüngst den EuGH um Vorabentscheidung zu Art. 12 Abs. 1 S. 2 VO. Zum einen geht es um die Anwendbarkeit der Vorschrift für den nicht ausdrücklich normierten Fall einer Anrechnung von Schadensersatzforderungen im Sinne des Art. 12 Abs. 1 S. 1 VO auf Ausgleichsansprüche. Um eine sachlich nicht gerechtfertigte Überkompensation zu vermeiden, dürfte der EuGH diese umgekehrte Konstellation der Anrechnungsregelung ebenfalls unterstellen.[514] Zum anderen wollte das LG Frankfurt a.M. wissen, ob im Falle der Anrechnung gleichermaßen Ansprüche auf Minderung im Sinne der nationalen deutschen Rechtsordnung von Art. 12 Abs. 1 S. 1 VO erfasst sind. Maßgeblich zur Beantwortung dieser zweiten Vorlagefrage ist die Definition der in Art. 12 Abs. 1 S. 1 VO genannten, insoweit unionsrechtlich autonom auszulegenden, Rechte. Der BGH[515] rechnete hierzu bereits Minderungs- den Schadensersatzansprüchen im Sinne des Art. 12 Abs. 1 S. 1 VO. Dies erscheint insbesondere im Hinblick auf die englische Sprachfassung, die den weitern Begriff „compensation" verwendet, überzeugend.[516]

b) Fahrgastrechte-VO

123 Am 4. Dezember 2009 ist die Verordnung (EG) Nr. 1371/2007 des Europäischen Parlaments und des Rates vom 23. Oktober 2007 über die Rechte und Pflichten der Fahrgäste im Eisenbahnverkehr in Kraft getreten und nach ihrem Art. 37 seit dem 3. Dezember 2009 anwendbar.[517] Der deutsche Gesetzgeber hatte sich allerdings dazu entschlossen, Fahrgastrechte aus diesem Sekundär-

---

506 AG Rüsselsheim, RRa 2013, 27.
507 AG Frankfurt a.M., RRa 2013, 26.
508 BGH, NJW 2011, 880 (Ls.) = RRa 2011, 84.
509 EuGH, Rs. C-11/11 (Air France SA/Heinz ./. Gerke Folkerts u. a.), NJW 2013, 1291 = RRa 2013, 78 = EuZW 2013, 434 m.Anm. *Bauer/Röben*.
510 BGH, NJW-RR 2013, 1065.
511 S. *Staudinger/Bauer/Röben*, NJW 2013, 3760, 3761.
512 BGH, Urt. v. 10. Dezember 2009, Az Xa ZR 61/09. Zu Ansprüchen des Fluggastes bei wetterbedingter Annullierung vgl BGH, RRa 2010, 221.
513 LG Frankfurt a.M., Beschl. v. 6. Juni 2013, 2-24 S 208/12, BeckRS 2014, 04342.
514 So bereits BGH, RRa 2013, 233; s. dazu *Staudinger/Bauer*, NJW 2014, 895, 896.
515 BGH, RRa 2010, 151.
516 So bereits *Staudinger/Bauer*, NJW 2014, 895, 896.
517 ABl. L 315 v. 3. Dezember 2007, S. 14. Zur Fahrgastrechte-VO allgemein: *Staudinger*, EuZW 2008, 751 ff; *ders.*, in: Keiler/Stangl/Pezenka, Reiserecht, 2008, S. 141 ff; *ders.*, in: Reiffenstein/Blaschek, Konsumentenpolitisches Jahrbuch 2007-2008, 2009, S. 97 ff; zu den Kundenrechten des Flug-, Bahn- und Busverkehrs im Vergleich beachte *Bollweg*, RRa 2010 Heft 3.

rechtsakt bereits ab dem 29. Juli 2009 zu verankern.[518] Die Fahrgastrechte-VO enthält Normen über die Haftung für Personenschäden, für Verlust und Beschädigung von Reisegepäck, über die Folgen von Verspätungen, die Versicherungspflichten und die vom Eisenbahnunternehmen anzugebenden Informationen. Ferner sieht der Sekundärrechtsakt Bestimmungen vor, welche den Schutz von Personen mit Behinderungen und eingeschränkter Mobilität betreffen. In Art. 5 Fahrgastrechte-VO ist vorgesehen, dass die Eisenbahnunternehmen die Möglichkeit schaffen mögen, Fahrräder zu transportieren. Im Vergleich zur Fluggastrechte-VO, welche ohne Zweifel Pate gestanden hat, ergeben sich in der Sache kaum zu rechtfertigende Abweichungen zu Lasten der Kunden und damit ein Wettbewerbsvorteil zu Gunsten der Eisenbahnunternehmen. Dies betrifft etwa ein abweichendes Haftungsmodell für Verspätungen, welches durch den Ticketpreis gedeckelt ist, bis hin zu Unterschieden hinsichtlich der Betreuungsleistungen und der Frage einer Sperrwirkung weitergehender Ansprüche kraft nationalen Rechts. Der österreichische VGH ersuchte den EuGH kürzlich um Vorabentscheidung zur Auslegung von Art. 17 VO. Das Gericht wollte wissen, ob sich die Vorschrift dahin auslegen lässt, dass ein Eisenbahnunternehmen durch seine Allgemeinen Geschäftsbedingungen die Zahlungen einer Fahrpreisentschädigung bei Verspätungen ausschließen darf, wenn diese auf höherer Gewalt beruhen. Der EuGH[519] verneinte dogmatisch überzeugend eine Erstreckung der in Art. 32 Abs. 2 ER CIV normierten Entlastungstatbestände auf Art. 17 VO. Ebenso lehnte er eine Analogie zu verwandten Sekundärrechtsakten ab. Des Weiteren hielt er es für ausgeschlossen, Art. 17 VO unter Rückgriff auf einen (angeblichen) allgemeinen unionsrechtlichen Ausschlussgrund der höheren Gewalt zu limitieren. Die Entscheidung steht im Einklang mit seiner Judikatur, da der EuGH bislang nie eine Rechtsfortbildung dafür instrumentalisiert hat, Kundenrechte zu beschneiden.[520] Ferner entsteht so ein gewisser Gleichlauf mit der VO 261/2004, da der Gerichtshof diesbezüglich streng zwischen dem unionsrechtlichen Modell der pauschalierten und standardisierten Entschädigung für zeitliche Unbill sowie dem Ersatz konkret-individueller Schäden nach dem MÜ unterscheidet. Mit Blick auf Altfälle bleibt die Verjährungsregelung in Art. 60 Abs. 2, 3 lit. c) VO zu beachten. Darüber hinaus lassen sich die Ausführungen des EuGH auf Art. 18 VO und die darin normierte Hilfeleistungspflicht übertragen. Demnach ist Art. 32 Abs. 2 ER CIV auch auf die letztgenannte Vorschrift nicht anwendbar.

c) Harmonisierungsmaßnahmen auf dem Gebiet der Kabotage

Kabotage betrifft unimodale, gewerbliche Transporte, welche ein ausländischer Transporteur im 124
Inland durchführt.[521] Auf diesem Gebiet bestehen drei Sekundärrechtsakte mit kollisionsrechtlichem Regelungsgehalt. Dabei handelt es sich um die **Güterkraftverkehrs-**, **Binnenschifffahrts-** sowie **Personenkraftverkehrs-VO**. Nach Art. 23 Rom I-VO gehen diese der Rom I-VO und insbesondere deren Art. 5 über Beförderungsverträge vor.[522] Demgegenüber hat der europäische Gesetzgeber in der Kabotage-VO von einer Anknüpfungsregel zur Bestimmung des anwendbaren Rechts für Transportverträge im Seekabotageverkehr abgesehen. Daher bleibt der Rückgriff auf die allgemeinen Regeln des Internationalen Privatrechts eröffnet.[523] Auf Grundlage des Vorschlags[524] der Kommission für eine Verordnung zur Einrichtung eines europäischen Schienennetzes für einen wettbewerbsfähigen Güterverkehr verabschiedete das Europäische Parlament und der Rat die Ver-

518 Vgl das Gesetz zur Anpassung eisenbahnrechtlicher Vorschriften an die VO (EG) Nr. 1371/2007 des Europäischen Parlaments und des Rates vom 23.10.2007 über die Rechte und Pflichten der Fahrgäste im Eisenbahnverkehr, BGBl. 2009 I, S. 1146.

519 EuGH, Rs. C-509/11 (ÖBB -Personenverkehr AG), NJW 2013, 3429 = EuZW 2013, 906 m.Anm. *Staudinger*; *ders.*, Editorial zu RRa Heft 6/2013; s. auch *Krüger*, NJW 2013, 3407.

520 *Staudinger/Bauer/Röben*, NJW 2013, 3760, 3762.

521 S. *Staudinger*, IPRax 2001, 183, 184; *Basedow*, ZHR 156 (1992), 413, 441.

522 S. *Ramming*, HZSchR 2009, 21 ff; *Staudinger*, Rn 35.

523 Hierzu *Mankowski*, in: Reithmann/Martiny, Rn 3030 f.

524 KOM (2008) 852 endg.

ordnung (EU) Nr. 913/2010.[525] Damit wurden Regeln für die Einrichtung und Organisation eines aus grenzübergreifenden Güterverkehrskorridoren bestehenden europäischen Schienennetzes für einen wettbewerbsfähigen Güterverkehr geschaffen.[526]

Güterkraftverkehrs-, Binnenschifffahrts- sowie Personenkraftverkehrs-VO dienten dem Ziel, im nationalen Recht verankerte Schranken der Kabotagefreiheit zu beseitigen, da jene im Widerspruch zum EGV (jetzt AEUV) stehen.[527] Zwar galt die Dienstleistungsfreiheit nach Art. 49 ff EGV entsprechend Art. 61 Abs. 1 EGV im Rahmen des Verkehrsrechts nicht unmittelbar. Jedoch entschied der EuGH, „dass der Rat gem. Art. 75 Abs. 1 lit. a) und b) EGV unter anderem zur Einführung der Dienstleistungsfreiheit auf dem Gebiet des Verkehrs verpflichtet ist und dass der Umfang dieser Verpflichtung durch den Vertrag eindeutig bestimmt wird. Aufgrund der Art. 59 und 60 EGV umfassen nämlich die zwingenden Erfordernisse der **Dienstleistungsfreiheit** (...) das Gebot der Beseitigung sämtlicher Diskriminierungen des Leistungserbringers aufgrund seiner Staatsangehörigkeit oder des Umstands, dass er in einem anderen Mitgliedstaat als demjenigen ansässig ist, in dem die Dienstleistung erbracht werden soll. Daraus folgt, dass der Rat insoweit nicht über den Ermessensspielraum verfügte, auf den er sich in anderen Bereichen der gemeinsamen Verkehrspolitik berufen kann".[528] Infolge dieses Untätigkeitsurteils ist zunächst eine Harmonisierungsmaßnahme[529] verabschiedet worden, welche der Gerichtshof jedoch aufgrund eines fehlerhaften Gesetzgebungsverfahrens für nichtig erklärte.[530] Die Wirksamkeit dieses Sekundärrechtsaktes wurde allerdings bis zum Erlass einer neuen Harmonisierungsmaßnahme, namentlich der **Güterkraftverkehrs-VO**, aufrechterhalten.

aa) Güterkraftverkehrs-VO

125 Die Güterkraftverkehrs-VO bezweckt, sämtliche Beschränkungen zu beseitigen, welche aus der Anknüpfung an die Staatsangehörigkeit oder den Standort der Niederlassung resultieren.[531] Abweichend von der Binnenschifffahrts-VO, nach deren In-Kraft-Treten die Freigabe der Kabotage unmittelbar eintrat,[532] geschah dies hinsichtlich der Güterkraftverkehrs-VO stufenweise.[533] Im Zeitraum vom 1. Januar 1994 bis zum 30. Juni 1998 erfolgte jene durch Gewähr eines gemeinschaftlichen **Kabotagekontingents**. Erst nach Fristablauf entfiel jegliche Begrenzung. Seitdem ist nach Art. 1 Abs. 1 Güterkraftverkehrs-VO jeder Unternehmer, der eine Gemeinschaftslizenz gemäß der VO (EWG) Nr. 881/92[534] idF der VO (EG) Nr. 484/2002 besitzt, befugt, seine Dienstleistung ohne mengenmäßige Beschränkung in einem anderen EU-Staat zu erbringen.[535] Kabotagefahrten unterfallen dabei nach Art. 6 Abs. 1 Güterkraftverkehrs-VO in Abkehr vom gemeinschaftsrechtlichen **Herkunftslandprinzip** den zwingenden Rechts- und Verwaltungsvorschriften des jeweiligen

525 Verordnung (EU) Nr. 913/2010 des Europäischen Parlaments und des Rates v. 22. September 2010 zur Schaffung eines europäischen Schienennetzes für einen wettbewerbsfähigen Güterverkehr, ABl. L 276 v. 20. Oktober 2010, S. 22 ff.

526 S. dazu Art. 1 Abs. 1 S. 1 VO (EU) Nr. 913/2010.

527 Vgl *Basedow*, ZHR 156 (1992), 413, 416 f; *Gronemeyer*, EuZW 1994, 523, 524.

528 EuGH, Rs. C-13/83 (Parlament), Slg 1985, 1513 ff.

529 VO (EWG) Nr. 4059/89 des Rates v. 21. Dezember 1989 zur Festlegung der Bedingungen für die Zulassung von Verkehrsunternehmern zum Güterkraftverkehr innerhalb eines Mitgliedstaates, in dem sie nicht ansässig sind, ABl. L 390 v. 30. Dezember 1989, S. 3 f.

530 EuGH, Rs. C-65/90 (Parlament), Slg 1992, I-4593 ff = EWS 1995, 47 ff = RIW 1994, 982 f.

531 S. Erwägungsgrund 2 Güterkraftverkehrs-VO.

532 S. auch *Basedow*, ZHR 156 (1992), 413, 419.

533 Vgl Art. 2 Abs. 1 sowie Erwägungsgrund 5 Güterkraftverkehrs-VO; dazu auch *Gronemeyer*, EuZW 1994, 523, 524.

534 Vgl hierzu auch das dt. Ausführungsgesetz: VO über grenzüberschreitenden Güterkraft- und Kabotageverkehr, BGBl. 1998 I, S. 3967.

535 Im Hinblick auf die zum 1. Mai 2004 aufgenommenen Mitgliedstaaten ist der Stichtag der 1. Mai 2009, vgl dazu die Anhänge der Beitrittsakte, ABl. L 236 v. 23. September 2003, S. 803 ff; für Bulgarien und Rumänien gilt Kabotagefreiheit ab dem 31. Dezember 2009, vgl die Anhänge der Beitrittsakte, ABl. L 157 v. 21. Juni 2005, S. 285 bzw S. 151, 324.

Aufnahmemitgliedstaates in den dort aufgezählten Bereichen.[536] Art. 6 dieses Sekundärrechtsaktes beinhaltet folglich eine Öffnungsklausel, welche mit Art. 7 Abs. 2 EVÜ aF/Art. 9 Rom I-VO vergleichbar ist. Letztere Regelung steht einer Anwendung der insofern spezielleren Norm gem. Art. 23 Rom I-VO jedoch nicht entgegen. § 449 Abs. 3 HGB ist damit streng genommen ein Anwendungsfall von Art. 6 Güterkraftverkehrs-VO. Jeder Mitgliedstaat ist hiernach befugt, den ihm gewährten Spielraum zu nutzen und bestimmte Vorschriften wie etwa in § 449 Abs. 3 bzw § 451 h Abs. 3 HGB[537] als Eingriffsnormen auszugestalten. Hieran ist nicht nur ein inländisches, sondern ebenso ein EU-ausländisches Gericht gebunden. Nach Art. 6 Güterkraftverkehrs-VO in Verbindung mit § 449 Abs. 3 HGB („kann") muss nämlich auch der Spruchkörper in einem anderen Mitgliedstaat den deutschen Mindeststandard beachten.

bb) Binnenschifffahrts-VO

Die Binnenschifffahrts-VO verfolgt das Ziel, diejenigen Einschränkungen der Kabotagefreiheit zu beseitigen, welche sich aus der Anknüpfung an eine ausländische Staatsangehörigkeit oder Niederlassung in einem anderen Mitgliedstaat als dem der Dienstleistungsausübung ergeben.[538] Um **Wettbewerbsverzerrungen** zu begegnen, ist nicht-ansässigen Unternehmen unter gleichen Bedingungen Zugang zur Binnenschifffahrt zu gewähren wie inländischen Betrieben.[539] Nach Art. 1 Abs. 1 Binnenschifffahrts-VO gilt dies für jeden Unternehmer des Güter- und Personenverkehrs, welcher sich innerhalb eines EU-Mitgliedstaates im Einklang mit dessen Rechtsvorschriften niedergelassen hat. 126

Gem. Art. 3 Abs. 1 lit. a) Binnenschifffahrts-VO unterliegt die Kabotage – mithin der Transport durch ein ausländisches Binnenschiff zwischen Be- und Entladeort im Inland – den Rechts- und Verwaltungsvorschriften des **Aufnahmemitgliedstaates** auf dem Gebiet der für den Beförderungsvertrag geltenden Preise und Bedingungen sowie Fracht- und Betriebsmodalitäten.[540] Derartige Bestimmungen sollen laut Art. 3 Abs. 2 des Sekundärrechtsaktes gegenüber In- wie Ausländern diskriminierungsfrei zur Anwendung gelangen. Da die Regeln des BinnSchG weitgehend dispositiver Natur waren, wurden sie von Art. 3 Abs. 1 lit. a) und lit. b) Binnenschifffahrts-VO vom Grundsatz her nicht erfasst. Eine abweichende Rechtslage ergibt sich demgegenüber im Hinblick auf die §§ 407 bis 450 HGB im Lichte des § 449 Abs. 3 HGB. Der grenzüberschreitende Binnenschiffsverkehr mit Drittstaaten fällt weder in den Anwendungsbereich der Binnenschifffahrts-VO noch der Binnenschiffsgüter- bzw Personenverkehr-VO.[541]

cc) Personenkraftverkehrs-VO

Wie die beiden zuvor aufgeführten Regelwerke zielt auch die Personenverkehrs-VO darauf ab, binnenmarktweit jegliche Beschränkungen auf dem Gebiet der Kabotage abzubauen, die aus den Anknüpfungsmomenten der Staatsangehörigkeit sowie des Niederlassungsortes resultieren.[542] Entsprechend Art. 3 Nr. 1, 2, 3 Personenkraftverkehrs-VO erstreckt sich die Harmonisierungsmaßnahme über den allgemeinen **Linienverkehr** hinaus ebenso auf dessen **Sonderformen** sowie den **Gelegenheitsverkehr.**[543] In den Schutzbereich fallen gem. Art. 1 Personenkraftverkehrs-VO gewerbliche Personenkraftverkehrsunternehmer, sofern sie Inhaber einer Gemeinschaftslizenz nach Art. 3 lit. a) der VO (EWG) Nr. 684/92 idF der VO (EG) Nr. 11/98[544] sind. Laut Art. 4 Abs. 1 Personenkraftverkehrs-VO unterliegen die dort aufgezählten Bereiche den Regeln des **Aufnahmemitglied-** 127

536 S. im Einzelnen *Gronemeyer*, EuZW 1994, 523, 525.
537 Hierzu *Staudinger*, IPRax 2001, 183 ff; *Mankowski*, in: Reithmann/Martiny, Rn 2727 ff.
538 Vgl Erwägungsgrund 2 Binnenschifffahrts-VO.
539 Vgl Erwägungsgrund 3 und 4 Binnenschifffahrts-VO.
540 Hierzu *Mankowski*, in: Reithmann/Martiny, Rn 3030.
541 Dazu *Mankowski*, in: Reithmann/Martiny, Rn 3030.
542 S. Erwägungsgrund 3 Personenkraftverkehrs-VO.
543 Art. 2 Personenkraftverkehrs-VO enthält eine detaillierte Bestimmung der autonomen Begriffe. Zu Einzelheiten beachte *Fey*, TransportR 1998, 286, 288 f.
544 Zur VO (EG) Nr. 11/98 *Fey*, TransportR 1998, 286 ff.

staates,[545] sofern der Sekundärrechtsakt keinen Vorbehalt statuiert. Art. 11 Personenkraftverkehrs-VO sieht schließlich Sanktionsmöglichkeiten bei Verstößen gegen Bestimmungen der Harmonisierungsmaßnahme vor.[546]

dd) Seebeförderungs-VO

128 Rat und Europäisches Parlament haben im Nachgang zu einem Kommissionsvorschlag[547] die Verordnung (EG) Nr. 392/2009 vom 23. April 2009 über die Unfallhaftung von Beförderern von Reisenden auf See angenommen,[548] mit welcher das Athener Übereinkommen vom 13. Dezember 1974[549] in der Fassung des Protokolls von 2002 in das Gemeinschaftsrecht überführt wurde.[550] Ausgenommen blieben allerdings die internationalzivilverfahrensrechtlichen Bestimmungen, wobei es sich um kein Redaktionsversehen handelt.[551] Der Sekundärrechtsakt gilt ab dem Tag, an dem das Athener Übereinkommen für die Gemeinschaft in Kraft tritt, in jedem Falle spätestens ab 31. Dezember 2012.[552]

9. Weitere Sekundärrechtsakte mit kollisionsrechtlichem Regelungsgehalt

a) Euro-Überweisungs-VO

129 Mit dieser Harmonisierungsmaßnahme verfolgt der Verordnungsgeber das Ziel, einer Diskriminierung von ausländischen Empfängerbanken innerhalb des Binnenmarkts zu begegnen.[553] Eine solche wurde in der Gebührenpolitik der Finanzinstitute gesehen, die ihre Kunden für vergleichbare grenzüberschreitende und landesinterne Zahlungsvorgänge in Euro mit unterschiedlichen Kosten belasteten. Kern des Rechtsaktes ist damit der in Art. 3 und 4 Euro-Überweisungs-VO verankerte Grundsatz der gemeinschaftsweiten Gebührenangleichung und -transparenz.[554] Einen kollisionsrechtlichen Anknüpfungspunkt beinhaltet die VO in ihrem Art. 1 iVm Art. 2.[555] Danach umfasst der Geltungsbereich des Rechtsaktes nur „grenzüberschreitende innergemeinschaftliche Zahlungen bis zu einem Betrag von 50.000 Euro". Von praktischer Bedeutung sind insbesondere „Überweisungen" bzw „elektronische Zahlungsvorgänge" iSv Art. 2 lit. a) i) und ii) Euro-Überweisungs-VO.[556] Unter den genannten Voraussetzungen verpflichtet der Sekundärrechtsakt die Banken, unabhängig von dem an sich maßgeblichen Statut des Überweisungs- oder Girovertrages, den Kunden einheitliche und vorab schriftlich[557] bekannt gegebene Gebühren in Rechnung zu stellen. Gem. Art. 23 Rom I-VO wird diese Vorgabe auch nicht durch den Sekundärrechtsakt verdrängt.

b) GM-VO

130 Durch die GM-VO[558] wurde ein **Markensystem** geschaffen, das den Unternehmen erlaubt, in einem einheitlichen Verfahren Gemeinschaftsmarken zu erwerben, welche in der ganzen Gemeinschaft

545 S. *Fey*, TransportR 1998, 286, 289.
546 Vgl *Fey*, TransportR 1998, 286, 289.
547 KOM (2005) 592 endg.; hierzu *Czerwenka*, RRa 2003, 158 ff; *Lagoni*, ZEuP 2007, 1079 ff.
548 ABl. L 131 v. 28. Mai 2009, S. 24. Hierzu *Karsten*, VuR 2009, 213 ff.
549 Vgl BGBl. 1986 II, S. 786 ff und http://www.eda.admin.ch/eda/de/home/topics/intla/intrea/dbstv/data39/e_19740339.html; hierzu *Staudinger*, in: Kuhlen (Hrsg.), 2010, S. 54.
550 Abgedruckt in KOM(2005) 592 endg., S. 17 ff.
551 S. Rauscher/*Staudinger*, Art. 11 Brüssel I-VO, Rn 7.
552 Vgl Art. 12 Abs. 2 und Erwägungsgrund Nr. 2 Seebeförderungs-VO.
553 Erwägungsgrund 6 der VO nennt zusätzlich noch die Stärkung des Vertrauens in den Euro als Zahlungsmittel.
554 So auch *Hoffmann*, WM 2002, 1517, 1518. Das Erfordernis der Transparenz ergibt sich dabei aus Art. 5 Euro-Überweisungs-VO. Dieser stellt ergänzend einige Informationspflichten zu Lasten der Kreditinstitute auf.
555 Vgl *Hoffmann*, WM 2002, 1517, 1527.
556 *Unter den Begriff „grenzüberschreitende Zahlungen" fasst der Verordnungsgeber zusätzlich noch „grenzüberschreitende Schecks"*, vgl Art. 2 lit. a) i) bis iii) Euro-Überweisungs-VO.
557 Ggf kann diese Mitteilung gem. Art. 4 Abs. 1 Elektronische Signaturen-RL auch in elektronischer Form erfolgen.
558 Die GM-VO wird durch eine Durchführungs-VO (D-VO) der Kommission ergänzt.

Wirksamkeit entfalten und einen homogenen Schutz genießen.[559] Die Bestimmungen dieses Sekundärrechtsakts gehen den Anknüpfungsregeln der Rom II-VO gem. ihrem Art. 8 Abs. 2 insofern vor.[560] Die GM-VO zielt darauf ab, durch ein einheitliches Markenrecht im Gemeinschaftsgebiet den freien Verkehr von Markenwaren zu gewährleisten und einen redlichen Wettbewerb in diesem Bereich sicherzustellen.[561] Dem Begriff der Gemeinschaftsmarke unterfallen gem. Art. 4 GM-VO „alle Zeichen (....), die sich graphisch darstellen lassen, insbesondere Wörter einschließlich Personennamen, Abbildungen, Buchstaben, Zahlen und die Form oder Aufmachung der Ware, soweit solche Zeichen geeignet sind, Waren oder Dienstleistungen eines Unternehmens von denjenigen anderer Unternehmen zu unterscheiden". Neben einer Vielzahl von materiellrechtlichen Regelungen,[562] welche sich an den Vorgaben der **Marken-RL**[563] orientieren, enthält die GM-VO Bestimmungen zum Internationalen Zivilverfahrens- und Privatrecht im Hinblick auf Streitigkeiten über die Verletzung und Rechtsgültigkeit von Gemeinschaftsmarken. Art. 91 GM-VO verpflichtet die Mitgliedstaaten dazu, erst- und zweitinstanzliche **Gemeinschaftsmarkengerichte** zu benennen. Hierdurch soll eine **einheitliche Rechtsprechung** zum Gemeinschaftsmarkenrecht sichergestellt und darüber hinaus garantiert werden, dass sich besonders fachkundige Personen mit diesem Rechtsgebiet befassen.[564] Die Gemeinschaftsmarkengerichte sind entsprechend Art. 92 GM-VO ausschließlich zuständig für eine (drohende) Verletzung von Gemeinschaftsmarken, eine diesbezügliche negative Feststellung, etwaige Entschädigungen für Eingriffe und Widerklagen mit dem Ziel des Verfalls oder der Nichtigerklärung einer Gemeinschaftsmarke. Die internationale Zuständigkeit bestimmt sich in erster Linie nach dem **Beklagtenwohnsitz** bzw der Niederlassung des Beklagten (Art. 93 Abs. 1 GM-VO), subsidiär kommt der Klägerwohnsitz oder der Niederlassungsort des Klägers in Betracht (Art. 93 Abs. 2 GM-VO). Möglich ist zudem eine Vereinbarung der Gerichtszuständigkeit (Art. 93 Abs. 4 GM-VO). Wahlweise[565] können Verletzungs- und Schadensersatzklagen schließlich vor den Gerichten des Mitgliedstaates verhandelt werden, in welchem die **Verletzungshandlung** stattgefunden hat (Art. 93 Abs. 5 GM-VO).[566] Art. 97 GM-VO bestimmt das von den Gemeinschaftsmarkengerichten anzuwendende Recht. Nach Art. 97 Abs. 1 GM-VO sind vorrangig die in der GM-VO niedergelegten Normen heranzuziehen. Lediglich soweit diese keine Regelungen treffen, haben die Gemeinschaftsmarkengerichte gem. Art. 97 Abs. 2 GM-VO ihr nationales Recht einschließlich ihres Internationalen Privatrechts anzuwenden. Bei Art. 97 Abs. 2 GM-VO handelt es sich mithin um einen **Gesamtnormverweis.** Entsprechend Art. 97 Abs. 3 GM-VO richten sich schließlich auch die maßgeblichen **Verfahrensvorschriften nach der lex fori.** Art. 98 GM-VO betrifft als Sonderregel die Sanktion (drohender) Verletzungen einer Gemeinschaftsmarke. Maßnahmen, die darauf ausgerichtet sind, dass ein Verbot solcher Verletzungen befolgt wird, richten sich gem. Art. 98 Abs. 1 GM-VO nach innerstaatlichem Recht. Art. 98 Abs. 1 GM-VO spricht einen **Sachnormverweis** aus.[567] Dies folgt aus einem Vergleich zwischen dieser Bestimmung und Art. 98 Abs. 3 GM-VO, welcher auf das nationale Recht einschließlich des Internationalen Privatrechts desjenigen Mitgliedstaates abstellt, in welchem die Verletzungshandlung erfolgt ist.

Einen Verweis auf das innerstaatliche Recht der Mitgliedstaaten sieht schließlich Art. 14 Abs. 2 GM-VO vor. Danach können unabhängig von den Regeln des Sekundärrechtsaktes Gemeinschafts-

559 S. Erwägungsgrund 2 GM-VO. Zum Verhältnis dieses Sekundärrechtsaktes zur Brüssel I-VO beachte die Ausführungen bei Rauscher/*Mankowski*, 2. Aufl., Art. 22 Brüssel I-VO, Rn 51 f.

560 Vgl Palandt/*Thorn*, Anh. Art. 38-42 EGBGB, Art. 8 Rom II-VO, Rn 8; *Staudinger*, Rn 59.

561 Vgl Gebauer/Wiedmann/*B.Goldmann*/*M.Goldmann*, Kap. 22, Rn 29.

562 Vgl hierzu im Einzelnen *Eisenführ/Schennen* und *Mühlendahl/Ohlgart/Bombhard*.

563 Umgesetzt in deutsches Recht durch das Gesetz v. 25. Oktober 1994 zur Reform des Markenrechts und zur Umsetzung der Ersten RL 89/10/EWG des Rates v. 21. Dezember 1988 zur Angleichung der Rechtsvorschriften der Mitgliedstaaten über die Marken (MarkenG), BGBl. I, S. 3082 idF des Markenrechtsänderungsgesetzes v. 19. Juli 1996, BGBl. I, S. 1014.

564 Vgl *Mühlendahl/Ohlgart/Bomhard*, § 25, Rn 1.

565 S. *Mühlendahl/Ohlgart/Bomhard*, § 25, Rn 8.

566 Einzelheiten bei *Klaka/Schulz*, S. 87.

567 Hiervon gehen wohl auch *Klaka/Schulz*, S. 92, aus, welche diesbezüglich für das deutsche Recht auf § 888 ZPO verweisen.

marken betreffende Klagen auf innerstaatliche Vorschriften gestützt werden. Dies betrifft etwa die **zivilrechtliche Haftung** und den **unlauteren Wettbewerb**.

II. RLen auf dem Gebiet des Internationalen Privatrechts

1. Verbraucherschutz-RLen mit kollisionsrechtlichem Regelungsgebot

a) Einleitung

131 Der Gemeinschaftsgesetzgeber hat in der Vergangenheit vielfach die RL als zweistufiges Rechtsetzungsinstrument genutzt, um im Wege der Transformation binnenmarktweit einheitliche Anknüpfungsgrundsätze in den mitgliedstaatlichen Rechtsordnungen zu verankern. Infolge der begrenzten Kompetenzen erfolgte die Angleichung des Internationalen Privatrechts **sektoral**. Von besonderer Relevanz sind die RLen auf dem Gebiet des **Verbraucherschutzrechts**. Sie enthalten keine Kollisions"normen" im engeren Sinne, sondern lediglich an die Mitgliedstaaten adressierte **Regelungsgebote**, ein bestimmtes Ziel auf der Ebene des Internationalen Privatrechts zu erreichen. Auf welche Art und Weise die Mitgliedstaaten in ihren Rechtsordnungen dieses Ziel verwirklichten, blieb dabei nach Art. 288 Abs. 3 AEUV ihrer Regelungsgewalt unterworfen.[568]

Die Vielzahl von Verbraucherschutz-RLen mit flankierenden kollisionsrechtlichen Regelungsgeboten erklärte sich im Lichte des durch Art. 6 Rom I-VO abgelösten Art. 5 EVÜ[569] (Art. 29 EGBGB aF),[570] der eine Reihe von Schutzdefiziten aufwies. Dieser wurde mit der Geltung der Rom I-VO ab dem 17. Dezember 2009 aufgehoben. Die in den verbraucherschutzrechtlichen Richtlinien enthaltenen Vorgaben gelten hingegen auch nach Inkrafttreten der Rom I-VO fort, weswegen der deutsche Gesetzgeber Art. 29 a EGBGB aF als Art. 46 b EGBGB neu gefasst und aktualisiert hat.[571]

b) Modellfunktion von Art. 6 Abs. 2 Klausel-RL

132 **Art. 6 Abs. 2** der **Klausel-RL** bildet einen zentralen Baustein zur Europäisierung des Vertragsrechts, indem er innerhalb des Binnenmarkts ein einheitliches Mindestschutzniveau vor **missbräuchlichen Klauseln** in Verträgen zwischen Verbrauchern und Gewerbetreibenden festlegt. Abgesehen von diesen sachrechtlichen Vorgaben enthält die Harmonisierungsmaßnahme in ihrem Art. 6 Abs. 2 einen kollisionsrechtlichen Regelungsauftrag, der an die Mitgliedstaaten gerichtet ist. Der Sekundärrechtsgeber wich insofern von seiner bisherigen RLen-Praxis ab, da er zuvor – wie etwa im Fall der **Haustür-RL** – keine derartigen kollisionsrechtlichen Regelungsgebote aufgenommen hatte. **Art. 6 Abs. 2 Klausel-RL** kam insofern eine Modellfunktion zu, als der Europäische Gesetzgeber den sachrechtlichen Mindestschutz auch bei nachfolgenden Verbraucherschutz-RLen durch derartige kollisionsrechtliche Maßnahmen flankierte: Zu nennen sind **Art. 9 Timesharing-RL I, Art. 12 Abs. 2 Timesharing-RL II, Art. 12 Abs. 2 Fernabsatz-RL, Art. 7 Abs. 2 Verbrauchsgüterkauf-RL, Art. 12 Abs. 2 Finanzdienstleistungs-RL**[572] sowie **Art. 22 Abs. 4 Verbraucherkredit-RL II**. Die zuvor genannten Vorschriften stimmen teils in ihrem Regelungsgehalt überein, weisen teils aber auch Unterschiede auf. Die nach ihrem Art. 28 Abs. 2 für Verträge, die nach dem 13. Juni 2014 geschlossen wurden, geltende Verbraucherrechte-RL hebt die kollisionsrechtlichen Regelungsgebote der Klausel-, Verbrauchsgüterkauf- und Fernabsatz-RL auf, da sie durch die Rom I-VO obsolet geworden sind.[573]

---

568 S. *Junker*, IPRax 1998, 65, 70; *Sonnenberger*, ZVglRWiss 95 (1996), 3, 31.

569 Allg. zu Art. 5 EVÜ *R. Wagner*, IPRax 2000, 249 f; *Junker*, IPRax 1998, 65, 69; *Rühl*, RIW 1999, 321, 322.

570 Beachte die Ausführungen bei Hk-BGB/*Staudinger*, Art. 6 Rom I, Rn 5.

571 Vgl das Anpassungsgesetz, BGBl. 2009 I, S. 1574. S. *Staudinger*, Rn 6.

572 Diese Harmonisierungsmaßnahme sieht zudem in ihrem Art. 3 Abs. 1 Nr. 3 lit. f) Vorgaben im Hinblick auf Informationen über Gerichtsstands- und Rechtswahlklauseln vor. Der Gesetzgeber hat von einer Umsetzung auf kollisions- bzw internationalverfahrensrechtlicher Ebene abgesehen und in Anlehnung an das aufsichtsrechtliche Modell im Versicherungsvertragsrechtrecht eine entsprechende Pflicht in § 1 Abs. 2 Nr. 5 BGB-InfoV vorgesehen; s. die Kritik an der Transformation bei *Heiss*, IPRax 2003, 100, 102. Zur Umsetzung allg.: *Felke/Jordans*, NJW 2005, 710 ff; *Rott*, BB 2005, 53 ff.

573 Dazu KOM (2008) 614 endg., 21, Erwägungsgrund Nr. 59.

c) Gemeinsame Strukturmerkmale

Die kollisionsrechtlichen Regelungsgebote der Verbraucherschutz-RLen dienen übereinstimmend dazu, den Anwendungsbereich des Gemeinschaftsprivatrechts[574] im Verhältnis zum Drittstaatenrecht abzugrenzen. Sie weisen insofern Parallelen zu den Eingriffsnormen im Sinne von Art. 9 Rom I-VO und noch deutlicher zu der so genannten Binnenmarktschutzklausel in Art. 3 Abs. 4 Rom I-VO auf. Abweichend von „klassischen" international zwingenden Normen zielen die RLen-Artikel jedoch nicht darauf ab, den Mindeststandard uneingeschränkt durchzusetzen.[575] Sie greifen zum einen nur bei **Geltung eines Drittstaatenrechts** ein und schreiben zum anderen im Einklang mit Art. 6 Abs. 2 Rom I-VO einen **Günstigkeitsvergleich**, also eine **alternative Anknüpfung** vor.[576] Weiteres übereinstimmendes Merkmal ist die **Offenheit des Verweisungsziels.**[577] Die Mitgliedstaaten haben folglich die Wahl, entweder im Wege einer allseitigen Kollisionsnorm dasjenige Recht für anwendbar zu erklären, zu dem der Vertrag innerhalb des Binnenmarkts die **engste Beziehung** aufweist, oder aber durch eine einseitige Anknüpfung ihr jeweiliges Heimatrecht zu berufen.[578] In den persönlichen Schutzbereich fallen Verbraucher mit **gewöhnlichem Aufenthalt** in einem Mitgliedstaat, nicht jedoch Drittstaatenverbraucher.[579] Ebenso wenig erstrecken sich die kollisionsrechtlichen Regelungsgebote auf **Unternehmer** als Schutzadressaten. Bedeutung erlangt dies etwa im Hinblick auf den in der **Verbrauchsgüterkauf-RL** normierten **Unternehmerregress.**[580] Die RLen zielen an sich ausschließlich auf eine Mindestharmonisierung. So steht es den Mitgliedstaaten etwa nach Art. 8 **Klausel-RL**[581] frei, „strengere Bestimmungen" zu erlassen, um einen höheren Verbraucherschutz zu gewährleisten. Diese **Mindeststandardklauseln** beschränken sich jedoch auf das Gebiet des Sachrechts, beziehen indes das Kollisionsrecht nicht mit ein.[582] Abweichend von materiellrechtlichen Schutzverstärkungen, die sich von ihren Wirkungen allein im jeweiligen innerstaatlichen Bereich erschöpfen, bestünde im Falle „strengeren Kollisionsrechts" die Gefahr, dass ein höheres nationales Schutzniveau auch bei grenzüberschreitenden **Verbraucherverträgen** durchgesetzt würde. Dies bedeutete einen Widerspruch zu dem erklärten RLen-Ziel[583] der **Marktintegration** und dem **Abbau von Wettbewerbshindernissen**, indem neue Handelshemmnisse und **Wettbe-** 133

574 Gemeinschaftsprivatrecht bezeichnet die Summe der kraft Gemeinschaftsrecht in allen oder für alle Mitgliedstaaten verbindlichen Privatrechtsregeln; s. hierzu *Müller-Graff*, NJW 1993, 13. Nunmehr erscheint die Bezeichnung Unionsprivatrecht treffender. In der Sache ist aber dasselbe gemeint.

575 Hinzuweisen ist allerdings darauf, dass Art. 9 Rom I-VO als bloße Öffnungsklausel den Vertragsstaaten nicht verbietet, Bestimmungen nur gegenüber bestimmten Rechtsordnungen als Eingriffsnormen einzustufen und sie unter einen Günstigkeitsvorbehalt zu stellen. IdR werden Eingriffsnormen jedoch absolut zur Anwendung berufen.

576 Vgl hierzu die Angaben bei *Staudinger*, IPRax 1999, 414, 417 f; so im Ergebnis auch *Kiendl*, S. 55, 212 f: Art. 6 Abs. 2 Klausel-RL enthalte zwar selbst keinen Günstigkeitsvergleich. Die Anwendung eines für den Verbraucher günstigeren Drittstaatenrechts stehe aber im Einklang mit den Zielen der RL.

577 *Staudinger*, IPRax 1999, 414, 416. S. zu Art. 12 Abs. 2 Fernabsatz-RL; *Thorn*, IPRax 1999, 1, 9; vgl zu Art. 6 Abs. 2 Klausel-RL; *Sonnenberger*, ZEuP 1996, 382, 387 f; *Staudinger*, S. 33, 224; s. auch *Tenreiro/Karsten*, in: Schulte-Nölke/Schulze, S. 223, 249, 251.

578 Zur bloßen Zielverbindlichkeit s. bereits *Staudinger*, S. 41 f.

579 *Staudinger*, IPRax 1999, 414, 416; *ders.*, S. 34 ff, 221; zur Fernabsatz-RL auch *Kronke*, RIW 1996, 985, 989; abweichend mit Blick auf Art. 6 Abs. 2 Klausel-RL: *Pfeiffer*, in: Grabitz/Hilf, Art 6 Klausel-RL Rn 24, 38. Gerade der von *Pfeiffer* angeführte Wettbewerbsbezug der RL spricht aber gegen eine Einbeziehung von Drittstaatenverbrauchern. Andernfalls werden EU-Anbieter dadurch gegenüber Drittstaatenanbietern im Wettbewerb benachteiligt, dass jene zum Vorteil ihrer Konkurrenz auch Drittstaatenverbrauchern gegenüber an den Schutzstandard der RL gebunden bleiben.

580 Vgl *Jungemeyer*, 2008, S. 132 f; Hk-BGB/*Staudinger*, Art. 3 Rom I, Rn 8; *ders.*, ZGS 2002, 63 f mwN; aA *Sendmeyer*, 2008, S. 313 f.

581 S. etwa auch Art. 14 Fernabsatz-RL sowie Art. 8 Abs. 2 Verbrauchsgüterkauf-RL.

582 So eingehend zu Art. 6 Abs. 2 Klausel-RL: *Staudinger*, S. 149 ff; wohl auch *Pfeiffer*, in: Grabitz/Hilf, Art. 6 Klausel-RL, Rn 67; Art. 8 RL 93/13/EWG, Rn 19; *ders.*, NJW 1999, 3674, 3679; *Rühl*, RIW 1999, 321, 323 f; abweichend *Heiss/Mayr*, IPRax 1999, 305, 310: Ihrer Ansicht nach ist die Mindeststandardklausel zwar nicht a priori auf das Sachrecht beschränkt. Strengeren Kollisionsnormen stehe aber das EVÜ entgegen; zu Art. 11 Timesharing-RL I abweichend auch: *Martinek*, in: Grabitz/Hilf, Art. 9 Timesharing-RL, Rn 216.

583 Diese Zielsetzung folgt etwa mit Blick auf die Klausel-RL aus ihrer Ermächtigungsgrundlage, Art. 1 Abs. 1 sowie den Erwägungsgründen Nr. 1, 2, 3, 5, 6 und 7 der RL.

werbsverzerrungen geschaffen würden. Demzufolge sind Transformationsvorschriften auf dem Gebiet des Internationalen Privatrechts sowohl auf ihre Vereinbarkeit mit den kollisionsrechtlichen Regelungsgeboten als auch dem Primärrecht zu kontrollieren.

d) Abweichungen einzelner Regelungsgebote

134 Nach Art. 6 Abs. 2 **Klausel-RL** sind die Mitgliedstaaten lediglich für den Fall verpflichtet, kollisionsrechtliche Maßnahmen zu ergreifen, dass ein **Drittstaatenrecht** vereinbart wird, nicht hingegen, wenn es kraft objektiver Anknüpfung gilt.[584] Diese Beschränkung auf den Fall der **Rechtswahl** gilt ebenso für **Art. 12 Abs. 2 Fernabsatz-RL, Art. 7 Abs. 2 Verbrauchsgüterkauf-RL,**[585] **Art. 12 Abs. 2 Finanzdienstleistungs-RL** sowie **Art. 22 Abs. 4 Verbraucherkredit-RL II.**

Abweichend hiervon erfasst **Art. 9 Timesharing-RL** gleichermaßen die **subjektive** wie auch **objektive Anknüpfung.** Weitere Unterschiede ergeben sich im Hinblick auf den **räumlichen Anknüpfungspunkt.** Art. 9 Timesharing-RL setzt voraus, dass die Immobilie im Hoheitsgebiet eines Mitgliedstaates belegen ist.

Der Gemeinschaftsgesetzgeber hat die Timesharing-RL novelliert. Die neue, vollharmonisierende **Timesharing-RL II** ist bis zum 23. Februar 2011 umzusetzen. In **Art. 12 Abs. 2 Timesharing-RL II** wird ein im Vergleich zur Vorgängerregelung erweitertes kollisionsrechtliches Regelungsgebot vorgesehen. Voraussetzung ist, dass das Rechtsgeschäft einem Drittstaatenrecht unterliegt, unabhängig davon, ob dieses kraft subjektiver oder objektiver Anknüpfung berufen wird. Nach dem ersten Spiegelstrich bildet insofern bei einem Timesharingvertrag, der sich auf eine unbewegliche Sache bezieht, der zwingende Richtlinienstandard das Minimum, und zwar im Gewande der Transformation des Forumstaates. Mithin erscheint ein Günstigkeitsvergleich zwischen dem Drittstaatenrecht und dem in diesem umgesetzten, streng genommen ohnehin europaweit einheitlichen Schutzstandard geboten.[586] Es genügt ein hinreichender intrakommunitärer Bezug. Dieser wird laut Art. 12 Abs. 2, 1. Spiegelstrich Timesharing-RL II bereits dann vermittelt, wenn eine der betroffenen Immobilien im Hoheitsgebiet eines Mitgliedstaates (nicht zwingend des Forumstaates) belegen ist. Angesichts des Grundsatzes der Vollharmonisierung stellt sich indes streng genommen – abweichend von Art. 3 Abs. 4 Rom I-VO – nicht die Frage, ob auch das strengere Schutzniveau im nationalen Recht des Forumstaates international zwingend ist. Bei Verträgen, welche sich nicht unmittelbar auf eine Immobilie beziehen, sieht der Gemeinschaftsgesetzgeber in Art. 12 Abs. 2, 2. Spiegelstrich Timesharing-RL II ein abweichendes kollisionsrechtliches Regelungsgebot vor, welches Parallelen zu Art. 6 Abs. 1 Rom I-VO aufweist. Allerdings ergibt sich dadurch eine erste Abweichung, dass die Ausübung der unternehmerischen Tätigkeit bzw ihre Ausrichtung nicht mit dem gewöhnlichen Aufenthalt des Verbrauchers verbunden sein müssen. Überdies ist nach Art. 6 Abs. 1 Rom I-VO das Recht des Landes, in welchem der Verbraucher seinen gewöhnlichen Aufenthalt hat, im Wege eines konkreten Günstigkeitsvergleichs dem gewählten Recht gegenüberzustellen. Das Verbraucherschutzrecht des Forumstaates bildet hingegen nicht den Vergleichsmaßstab. Aus Gründen der internationalen Zuständigkeit dürften jedoch das Land, in dem der Verbraucher seinen Lebensmittelpunkt hat, und dasjenige, in dem der Rechtsstreit ausgetragen wird, in der Regel zusammenfallen. Jedenfalls ergeben sich auf der Sachrechtsebene wegen der Vollharmonisierung idealiter keine Schutzdivergenzen.

584 Demgegenüber untersagte Art. 7 des geänderten Vorschlags (ABl. C 73 v. 24. März 1992, S. 7, 10) die Verwendung missbräuchlicher Klauseln „unabhängig von dem anzuwendenden Recht" und erfasste folglich auch die *objektive Anknüpfung.*

585 Eine Analogie befürwortet: *Pfeiffer*, in: Grabitz/Hilf, Art. 6 Klausel-RL Rn 33; *ders.*, NJW 1999, 3674, 3679 mwN. Die Beschränkung der Regelungsgebote kritisiert auch *Leible*, in: Schulte-Nölke/Schulze, S. 353, 366 f.

586 Abweichendes gilt im Fall der unterbliebenen oder fehlerhaften Umsetzung.

Abweichend hiervon erfordert **Art. 6 Abs. 2 Klausel-RL**, dass der Vertrag einen „engen Zusammenhang mit dem Gebiet der Mitgliedstaaten" aufweist.[587] Dies entspricht – trotz teilweise abweichender Diktion – inhaltlich auch der Vorgabe in Art. 12 Abs. 2 Fernabsatz-RL, Art. 7 Abs. 2 Verbrauchsgüterkauf-RL, Art. 12 Abs. 2 der Finanzdienstleistungs-RL sowie Art. 22 Abs. 4 der Verbraucherkredit-RL II.[588] Diese Voraussetzung ist allerdings nicht mit den Vertragsabschlusskriterien in Art. 5 Abs. 2 EVÜ bzw Art. 29 Abs. 1 Nr. 1 bis 3 EGBGB aF gleichzusetzen.[589] Die Mitgliedstaaten trifft mithin die Pflicht, den Verbraucher vor einer Abwahl des Richtlinienstandards zu schützen, soweit der Vertrag im Binnenmarkt lokalisiert ist. Der Sekundärrechtsgeber beschreibt den Binnenmarktbezug mit Hilfe einer **Generalklausel.** Ein hinreichendes räumliches Verhältnis zum Binnenmarkt kann demnach nicht nur durch vorvertragliches oder vertragsbegründendes Verhalten, sondern auch durch die Vertragsdurchführung, etwa die Erfüllung, entstehen.[590]

e) Transformation der kollisionsrechtlichen Regelungsgebote

Die Umsetzungsvorschriften zu den kollisionsrechtlichen Regelungsgeboten sind in Art. 46 b 135
EGBGB zusammengefasst worden, welcher Art. 29 a EGBGB aF mit Wirkung vom 17. Dezember 2009 abgelöst hat.[591] Vorrang genießen nunmehr allerdings die Kollisionsnormen der Rom I-VO. Die Neufassung entspricht der Vorgängerregelung inhaltlich weitgehend, mit Ausnahme der Einführung von „Regelbeispielen", eines engen Zusammenhangs in Anlehnung an Art. 6 Abs. 1 Rom I-VO und einer Aktualisierung der aufgezählten Verbraucherschutz-RLen.

Sofern die Parteien ein **Drittstaatenrecht** vereinbaren, führt Art. 46 b Abs. 1 EGBGB zur Anwen- 136
dung der (auch strengeren) Transformationsvorschriften desjenigen EU-Staates, zu dessen Hoheitsgebiet der Vertrag einen **engen Zusammenhang** aufweist. Art. 46 b Abs. 1 EGBGB stellt damit im Wege einer **Sonderanknüpfung** entsprechend den in den Richtlinien enthaltenen Vorgaben[592] sicher, dass der binnenmarktweit vorgeschriebene Verbraucherschutzstandard nicht kraft **abweichender Parteivereinbarung** unterlaufen wird.[593]

Art. 46 b EGBGB sieht von seiner Formulierung her zwar keine Schranken im Hinblick auf seinen 137
persönlichen und sachlichen Geltungsbereich vor. Jene lassen sich allerdings aus der offiziellen Gesetzesüberschrift ableiten.[594] Die **Sonderanknüpfung** greift demnach nur bei **Verbraucherverträgen** ein, nicht indes bei Geschäften zwischen zwei Privatpersonen[595] oder Unternehmern, etwa wenn ein Letztverkäufer Regress im Sinne der **§§ 478 f BGB** innerhalb einer Lieferkette von seinem Vordermann verlangt.[596] Einschränkungen auf bestimmte Vertragstypen im Rahmen der Verbrauchergeschäfte oder Abschlussmodalitäten ergeben sich ferner aus den jeweils einschlägigen Harmonisierungsmaßnahmen in Art. 46 b Abs. 4 EGBGB bzw deren Transformation.

Art. 46 b EGBGB setzt vorbehaltlich seines Abs. 3 voraus, dass die Parteien eine (ausdrückliche 138
oder konkludente) **Rechtswahl** zugunsten der Rechtsordnung eines Staates getroffen haben, wel-

587 Dieser Wortlaut stimmt mit der englischen und französischen RLen-Fassung überein: „ ... a close connection with the territories of the Member States"; „ ... un lien étroit avec le territoire des Etats membres"; zu Divergenzen in den übrigen Fassungen s. *Jayme/Kohler*, Rev. crit. dr. internat. privé, (84) 1995, 1, 18 Fn 34; abweichend hiervon lautet die italienische Fassung: „un legame stretto con il territorio di uno Stato membro"; hierzu auch *Pfeiffer*, in: Grabitz/Hilf, Art. 6 Klausel-RL, Rn 31.

588 S. auch Art. 7 Abs. 2 Verbrauchsgüterkauf-RL.

589 Vgl EuGH, RIW 2005, 142; so schon *Staudinger*, 1998, S. 91 ff; idR wird aber ein dem Abs. 2 vergleichbarer Gebietsbezug zu fordern sein, vgl HK-BGB/*Staudinger*, Art. 29 a EGBGB, 6. Aufl., Rn 9.

590 So auch *Sonnenberger*, ZEuP 1996, 382, 388, 394 f unter Hinweis auf die französische Umsetzung des Art. 6 Abs. 2 Klausel-RL in Art. 1 135-1 Code de la Consommation.

591 Durch BGBl. 2009 I, S. 1574.

592 Vgl Art. 6 Abs. 2 Klausel-RL.

593 S. *Freitag/Leible*, EWS 2000, 342, 343 (noch zu Art. 29 a EGBGB aF).

594 So schon zu Art. 29 a EGBGB aF: *Staudinger*, ZGS 2002, 63; abweichend Staudinger-EGBGB/*Magnus*, Art. 29 a EGBGB, Rn 35.

595 Vgl *S. Lorenz*, in: FS Jayme, S. 533, 543; *Staudinger*, IPRax 1999, 414, 416; str.

596 S. *Freitag/Leible*, EWS 2000, 342, 344; *Staudinger*, ZGS 2002, 63 f; *Bitterich*, JR 2004, 485, 489 f; aA *Looschelders*, Art. 29 a EGBGB, Rn 17.

cher nicht der EU oder dem EWR angehört.[597] Die Anknüpfungsregel greift demnach weder bei objektiver Anknüpfung noch in dem Fall ein, dass der Vertrag kraft **Parteiautonomie** dem Recht eines EU/EWR-Staates untersteht.

139 Den **räumlichen Anwendungsbereich** legt der Gesetzgeber mit Hilfe einer **Generalklausel** fest. Art. 46 b Abs. 1 EGBGB erfordert, dass der Vertrag einen **engen Zusammenhang** mit dem Gebiet eines Mitgliedstaates der EU oder Vertragsstaates des EWR aufweist. Das gebotene Näheverhältnis wird durch die in Art. 46 b Abs. 2 EGBGB aufgeführten, nicht abschließenden Regelbeispiele[598] ein Stück weit konkretisiert.[599] Weist ein Vertrag territoriale Bezüge zu den Gebieten **mehrerer Mitgliedstaaten bzw Vertragsstaaten des EWR auf**, scheidet die **Sonderanknüpfung** nicht tatbestandlich aus.[600] Vielmehr ist diejenige Rechtsordnung maßgeblich, zu welcher der engste Zusammenhang besteht.[601]

140 Liegen die Voraussetzungen von Art. 46 b Abs. 1 EGBGB vor, gelangen kraft der **allseitigen Kollisionsnorm** die zur Transformation der in Art. 46 b Abs. 4 EGBGB genannten Verbraucherschutz-RLen erlassenen Bestimmungen desjenigen EU/EWR-Staates zur Anwendung, der den engsten Bezug zum Vertrag aufweist.

141 Art. 46 b Abs. 1 verweist in Verbindung mit Art. 46 b Abs. 4 EGBGB auf die Transformationsnormen zu bestimmten, abschließend aufgeführten Verbraucherschutz-RLen in ihrer jeweils geltenden Fassung. Aus dem Wortlaut sowie der Gesetzgebungsgeschichte der Vorgängervorschrift des Art. 29 a EGBGB aF[602] folgt, dass der Anwendungsbefehl ebenso **„strengere" Umsetzungsvorschriften** in den Rechtsordnungen der Mitglied- bzw Vertragsstaaten des EWR einschließt.[603] Ist die RL in dem betreffenden Staat nicht bzw nicht zutreffend transformiert worden, geht der **Sachnormverweis** ins Leere.[604] Seit dem 17. Dezember 2009 wird auch die neue Verbraucherkredit-RL II 08/48/EG in Art. 46 b Abs. 4 Nr. 6 EGBGB aufgeführt, obwohl ihre Umsetzungsbestimmungen erst am 11. Juni 2010 in Kraft getreten sind.[605] Sofern die Umsetzung allerdings in der Preisangaben-VO erfolgt,[606] werden die Umsetzungsbestimmungen kollisionsrechtlich in Zukunft wohl nicht über Art. 46 b Abs. 4 Nr. 6 EGBGB, sondern vielmehr über Art. 6 Abs. 1 Rom II-VO zur Anwendung berufen.

142 Angesichts der Tatsache, dass der Gesetzgeber Art. 46 b Abs. 4 EGBGB neu gefasst hat,[607] verbietet sich methodisch eine Analogie im Hinblick auf andere verbraucherschützende RLen, zB die **Haustürwiderrufs-RL** oder **Pauschalreise-RL.**[608] Dies gilt ebenso für die e-commerce-RL,[609] zumal deren kollisionsrechtlicher Regelungsgehalt ohnehin zweifelhaft erscheint.[610]

143 Der Wortlaut von Art. 46 b Abs. 1 EGBGB verbietet einen **Günstigkeitsvergleich** zwischen den verbraucherschützenden Normen des gewählten Vertragsstatuts und dem kraft **Sonderanknüpfung** anwendbaren Recht. Schon Art. 29 a EGBGB aF stand daher im Widerspruch zum **sekundären**

597 Gleichzustellen ist der Fall, dass verschiedene Drittstaatenrechte kombiniert, Principles, die lex mercatoria oder das UN-Kaufrecht vereinbart werden.

598 Hierzu Hk-BGB/*Staudinger*, Art. 6 Rom I, Rn 8; Art. 46 b EGBGB, Rn 11.

599 Demgegenüber darf nicht allein auf die Vertragsabschlussmodalitäten in Art. 5 EVÜ/Art. 29 EGBGB aF zurückgegriffen werden; vgl EuGH, RIW 2005, 142; HK-BGB/*Staudinger*, Art. 29 a EGBGB, Rn 9.

600 Vgl auch die Gesetzesbegründung zu Art. 29 a EGBGB aF, BT-Drucks. 14/2658, S. 50.

601 S. (noch zu Art. 29 a EGBGB) *Staudinger*, RIW 2000, 416, 418; so auch *Kelp*, S. 259 mit Nachweis der abweichenden Stimmen im Schrifttum.

602 BT-Drucks. 14/2920, S. 16.

603 S. *Freitag/Leible*, EWS 2000, 342, 347.

604 Hierzu Hk-BGB/*Staudinger*, Art. 46 b EGBGB, Rn 15.

605 Vgl hierzu BT-Drucks. 16/13669, S. 125.

606 BT-Drucks. 16/13669, 113 ff.

607 Vgl das Anpassungsgesetz, BGBl. I 2009, S. 1574.

608 *Staudinger*, NJW 2001, 1974, 1977; aA *Bitterich*, VuR 2002, 155; *Paefgen*, ZEuP 2003, 266, 291 f; Eingehend hierzu Hk-BGB/*Staudinger*, Art. 46 b EGBGB, Rn 16.

609 Abweichend *Lehmann*, in: FS Heldrich, S. 831, 839.

610 Hierzu *Staudinger*, Rn 143.

Gemeinschaftsrecht.[611] Dies gilt auch für Art. 46 b Abs. 1 EGBGB. Weiterhin zulässig und geboten ist aber die richtlinienkonforme Auslegung der Norm.[612] Zweifelsfragen im Hinblick auf die Richtlinienvorgaben sind im Wege der Vorabentscheidung nach Maßgabe des Art. 267 AEUV zu klären.

Art. 46 b Abs. 3 EGBGB sieht eine **Sonderanknüpfung** für **Teilzeit-Wohnrechteverträge** vor. Unterliegt ein solcher Vertrag dem Recht eines Drittstaates und ist das Grundstück in einem Mitgliedstaat der EU oder in einem Vertragsstaat des EWR belegen, so gelangen die **§§ 481 ff BGB**[613] zur Anwendung. Diese **einseitige Verweisung** – unabhängig von einem hinreichenden Inlandsbezug – steht im Widerspruch zu den Anknüpfungsgrundsätzen des deutschen Kollisionsrechts.[614] Abweichend von der Vorgabe der **Timesharing-RL** sieht Art. 46 b Abs. 3 EGBGB weder einen Günstigkeitsvergleich mit dem Vertragsstatut noch dem Recht am Belegenheitsort vor. Mittels richtlinienkonformer Auslegung der Norm kann ein solcher aber in die Bestimmung hineingelesen werden.[615] Sofern Art. 46 b Abs. 1 und 2 EGBGB einschlägig sind, welche gleichermaßen – wie Art. 46 b Abs. 4 Nr. 2 EGBGB verdeutlicht – **Time-Sharing-Verträge erfassen,** genießen diese Regeln Vorrang vor Art. 46 b Abs. 3 EGBGB.[616] Stimmen im Schrifttum befürworteten überdies eine Sonderanknüpfung nur für den Fall, dass die Parteien **keine Rechtswahl** getroffen haben.[617] 144

Der **intertemporale Anwendungsbereich** des Art. 29 a EGBGB aF/Art. 46 b EGBGB nF ist vom Grundsatz her nach Maßgabe des Art. 220 EGBGB zu ermitteln.[618] Bei **Dauerschuldverhältnissen** wie etwa **Time-Sharing-Verträgen**[619] befürwortet die wohl vorherrschende Ansicht eine **„wandelbare" Anknüpfung.**[620] 145

Bis zum 13. Juni 2014 sind die Vorgaben der RL 11/83/EU – sog Verbraucherrechte-RL – im deutschen Recht umzusetzen. Das Gesetz zur Transformation des Rechtsakts tritt an jenem Tag in Kraft.[621] Von diesem Stichtag an entfällt in Art 46 b Abs. 3 die Nr. 2, so dass die Nr. 3 bis 5 als Nr. 2 bis 4 neu gereiht werden. Nr. 2 diente der Umsetzung von Art 12 Abs. 2 der Fernabsatz-RL, welche der Sekundärrechtsgeber durch die Verbraucherrechte-RL aufgehobenen hat. Im Nachfolgerechtsakt befindet sich kein vergleichbares kollisionsrechtliches Regelungsgebot. Das anwendbare Recht bestimmt sich für die nach dem 13. Juni 2014 Fernabsatzverträge allein anhand der Rom I-VO, welche nach Ansicht des supranationalen Gesetzgebers in Art 6 Abs 2 eine vergleichbare Schutzvorschrift enthalten soll.[622] Sämtliche vor dem 13. Juni 2014 zustande gekommenen Rechtsgeschäfte unterfallen über diesen Stichtag hinaus der ursprünglichen kommentierten Fassung des Art 46 b.

Wie bereits erwähnt[623] hebt die Verbraucherrechte-RL das kollisionsrechtliche Regelungsgebot der Klausel- (93/13/EWG), Verbrauchsgüterkauf- (1999/44/EG) und Fernabsatz-RL (97/7/EG) auf. Aus dem oben genannten Fallbeispiel folgt aber, dass die Rahmen-RL in ihrer derzeitigen Fassung einen Rückschritt hinter den aktuellen Schutzstandard mit sich brächte.[624] 146

611 S. *Staudinger*, RIW 2000, 416, 418; ebenso *Freitag/Leible*, EWS 2000, 342, 347; *Looschelders*, Art. 29 a EGBGB, Rn 41; anders *Paefgen*, ZEuP 2003, 266, 278 ff.

612 Dies auch gerade vor dem Hintergrund von BGH, NJW 2009, 427.

613 Hierzu Hk-BGB/*Staudinger*, Art. 29 a EGBGB, 6. Aufl., Rn 16.

614 Kritisch auch *von Hoffmann/Thorn*, S. 419; *Martiny*, ZEuP 2001, 308, 323; *Siehr*, S. 161.

615 Vgl hierzu allg. BGH, NJW 2009, 427; s. schon *Staudinger*, Rn 130.

616 Vgl zu Art. 29 a EGBGB aF: Staudinger-EGBGB/*Magnus*, Art. 29 a EGBGB, Rn 61; Palandt/*Heldrich*, 67. Aufl. 2008, Art. 29 a EGBGB, Rn 7; aA *Siehr*, S. 162.

617 S. noch zu Art. 29 a EGBGB aF: Anwaltkommentar/*Leible*, Art. 29 a EGBGB, Rn 51; aA *Wegner*, VuR 2000, 227, 228.

618 BT-Drucks. 14/2658, S. 50.

619 Hierzu *Kelp*, S. 253 ff; s. zu dem Kollisionsrecht des Timesharing nach der RL 2008/122/EG *Leible/Leitner*, IPRax 2013, 37 ff.

620 S. hierzu Staudinger-EGBGB/*Dörner*, Art. 220 EGBGB, Rn 66 ff; kritisch *Staudinger*, RIW 2000, 416, 420.

621 BR-Drucks. 498/13.

622 S. Erwägungsgrund 58 Verbraucherrechte-RL; zu beachten sind überdies die in Art. 5 Abs. 2 Satz 1 1 angesprochenen Rechtswahlschranken in Art. 3 Abs. 3 und 4 sowie der Rettungsanker in Art. 9 Abs. 1 Rom I-VO.

623 S. Rn 132.

624 Vgl *Staudinger*, Rn 124.

2. (Verbraucherschutz-)RLen ohne kollisionsrechtliches Regelungsgebot

147 In Bezug auf die Richtlinien lassen sich solche mit **geschriebenem** und **ungeschriebenem kollisionsrechtlichem Regelungsgebot** unterscheiden. Zur ersten Gruppe zählen auf dem Sektor des Verbraucherschutzes die **Klausel-RL, Timesharing-RL I und II, Fernabsatz-RL** und **Verbrauchsgüterkauf-RL, Finanzdienstleistungs-RL**, deren Vorgaben in Art. 46 b EGBGB umgesetzt wurden, sowie die **Verbraucherkredit-RL II**. Aus der Existenz von Harmonisierungsmaßnahmen mit ausdrücklichem kollisionsrechtlichem Regelungsgebot folgt indes nicht e contrario, dass die übrigen Harmonisierungsmaßnahmen allenfalls sachrechtlich der Disposition entzogen sind, der Schutzstandard im Übrigen aber der **Parteiautonomie** unterliegt. Vorschnell und mit dem Grundsatz der Rechtswahlfreiheit unvereinbar wäre es allerdings, sämtlichen Transformationsnormen allein wegen ihres sekundärrechtlichen Ursprungs einen **Eingriffscharakter** zuzuschreiben mit der Folge, dass sie international zwingend sind. Voraussetzung ist zunächst, dass der Gemeinschaftsgesetzgeber einen sachrechtlichen Standard vorschreibt, der zumindest **halbzwingend** ausgestaltet ist, da dispositiven Regeln kein Eingriffscharakter zukommen kann. Ebenso wenig darf jedoch angenommen werden, das gesamte europäische ius cogens sei auf Kollisionsrechtsebene stets als international zwingend einzustufen. Geboten ist vielmehr eine auf den jeweiligen Richtlinienartikel bezogene Einzelfallprüfung.[625]

a) Handelsvertreter-RL

148 Der EuGH gelangte in der Rechtssache **Ingmar** zu dem Ergebnis, dass die Art. 17 und 18 der Handelsvertreter-RL unabhängig vom Vertragsstatut zur Anwendung gelangen, wenn der Sachverhalt einen starken Gemeinschaftsbezug aufweist.[626] Diese Vorgabe ist richtlinienkonform in das jeweilige nationale Recht hineinzulesen. Demzufolge muss etwa ein Richter in Deutschland bei vereinbartem **Drittstaatenrecht § 89 b HGB** im Lichte der Harmonisierungsmaßnahme einen **ungeschriebenen Eingriffsbefehl** zumessen, soweit der selbstständige **Handelsvertreter** seinen überwiegenden Tätigkeitsschwerpunkt im Binnenmarkt hat und das vereinbarte Vertragsstatut den sekundärrechtlich vorgeschriebenen Mindestschutzstandard unterschreitet.[627] Ferner ist die in einem Handelsvertretervertrag enthaltene Vereinbarung der Zuständigkeit eines ausländischen Schiedsgerichts unwirksam, wenn dieses wegen einer im Vertrag enthaltenen Rechtswahlklausel § 89 b HGB nicht zur Anwendung zu bringen droht.[628]

b) Haustürwiderrufs-RL

149 Diese zuvor dargelegten Grundsätze des EuGH in der Rechtssache **Ingmar** lassen sich von ihrer ratio auf andere Sekundärrechtsakte ohne ausdrückliches kollisionsrechtliches Regelungsgebot übertragen. Dies gilt etwa für das in **Art. 5** der **Haustürwiderrufs-RL geregelte Lösungsrecht**, wenn der Vertrag zwar einen hinreichend engen Zusammenhang zum Binnenmarkt aufweist,[629] aber kraft **Rechtswahl** einem **Drittstaatenrecht** untersteht. Für dieses Ergebnis lässt sich ferner die Entscheidung des Gerichtshofs in der Rechtssache **Heininger**[630] anführen. Damit ist **§ 312 BGB** – einen hinreichenden territorialen Bezug des Sachverhalts vorausgesetzt – infolge des ungeschriebenen supranationalen Eingriffsbefehls als international zwingend einzustufen.[631] Soweit der deutsche

625 Schwierigkeiten bei der Abgrenzung können sich etwa bei der Verzugs-RL ergeben.

626 S. EuGH, Rs. C-381/98 (Ingmar), Slg 2000, I-9305 ff = NJW 2001, 2007 ff m.Anm. *Staudinger*, 1974 ff; hierzu *Schurig*, in: FS Jayme, S. 837 ff; s. auch Hk-BGB/*Staudinger*, Art. 4 Rom I-VO, Rn 7; s. überdies BGH, IHR 2013, 35 f; hierzu *Antomo*, IHR 2013, 225 ff; OLG München, IPRax 2007, 322 ff; hierzu *Emde*, EWiR 2006, 621 f.

627 Hierzu *Häuslschmid*, in: Reithmann/Martiny, Rn 2184; zu § 89 b HGB auch *Thume*, BB 2004, 2473 ff.

628 BGH, IHR 2013, 35 f.; hierzu *Antomo*, IHR 2013, 225 ff; OLG München, IPRax 2007, 322 ff; hierzu *Emde*, EWiR 2006, 621 f.

629 Zur Konkretisierung kann die Entscheidung des EuGH, Rs. C-70/03 (Kommission der EG), Slg 2004, I-7999 = RIW 2005, 142 ff dienen.

630 EuGH, Rs. C-481/99 (Heininger), Slg 2001, I-9945 ff = NJW 2002, 281 ff.

631 Vgl hierzu allg. Hk-BGB/*Staudinger*, Art. 9 Rom I, Rn 6.

Gesetzgeber den Mindeststandard der Haustürwiderrufs-RL überschritten hat, ist dem Widerrufsrecht ebenso im überschießenden Bereich ein international zwingender Charakter zuzusprechen, da andernfalls eine **gespaltene Eingriffsnorm** droht; im Ergebnis besteht daher ebenso für das überobligatorisch angeglichene Recht ein Gebot richtlinienkonformer Interpretation, das insofern auf den Willen des deutschen Gesetzgebers zurückgeht und demzufolge im nationalen Recht wurzelt.[632] Entsprechendes dürfte für (einzelne) Umsetzungsvorschriften bei **Pauschalreiseverträgen** (**§§ 651 a ff BGB**) gelten.[633]

c) Produkthaftungs-RL

Die Produkthaftungs-RL bezweckt laut ihren Erwägungsgründen gleichermaßen den **Schutz des Verbrauchers** bzw **Geschädigten** wie den **Abbau von Wettbewerbshindernissen** im Binnenmarkt.[634] Die **Einstandspflicht** des Herstellers ist überdies nach Art. 12 der Harmonisierungsmaßnahme[635] nicht dispositiv. Der Wortlaut sieht dabei keine zeitliche Schranke vor. Dessen ungeachtet geht die vorherrschende Ansicht im Schrifttum[636] davon aus, dass **Art. 12 Produkthaftungs-RL**[637] einem Ausschluss bzw einer Begrenzung der Haftung nach Eintritt des haftungsauslösenden Ereignisses nicht entgegensteht. Der Sekundärrechtsgeber hat in der Produkthaftungs-RL kein ausdrückliches kollisionsrechtliches Regelungsgebot vorgesehen.[638] Gleichwohl deuten grammatikalische sowie teleologische Interpretation darauf hin, dass der Mindeststandard dieser Harmonisierungsmaßnahme und damit die Haftung des Herstellers kraft eines ungeschriebenen kollisionsrechtlichen Regelungsgebots[639] als **international zwingend** einzustufen ist. Nach der ratio der **Ingmar-Entscheidung** darf das Schutzniveau – jedenfalls bis zum Eintritt des Schadensfalles – nicht durch Wahl eines **Drittstaatenrechts** unterschritten werden, sofern der Sachverhalt einen **„starken Gemeinschaftsbezug"** aufweist. Hiervon ist auszugehen, wenn etwa das Produkt innerhalb des Binnenmarkts in den Verkehr gebracht wird und dort eine Person mit gewöhnlichem Aufenthalt in einem Mitgliedstaat schädigt.[640] 150

Vor dem Hintergrund der neuen gemeinschaftsrechtlichen Kollisionsnorm für Produkthaftung in Art. 5 Rom II-VO verliert die Frage nach der Qualifikation der Umsetzungsvorschriften als international zwingend an Bedeutung.[641] Angesichts der eigens geschaffenen Anknüpfungsregel sind ungeachtet der Frage, ob den Richtlinienbestimmungen Eingriffscharakter zukommt, jedenfalls vorran- 151

632 S. hierzu *Staudinger*, NJW 2002, 653, 655; BGH, NJW 2002, 1881. Demgegenüber hat der BGH es mangels Gemeinwohlinteresses abgelehnt, dem strengeren Teil der deutschen Umsetzungsvorschriften zur Verbraucherkredit-RL international zwingenden Charakter zuzusprechen: BGH, NJW 2006, 762 ff. Jene können seit Geltung der Rom I-VO möglicherweise über Art. 3 Abs. 4 Rom I-VO zur Anwendung gelangen, vgl *Staudinger*, Rn 13. In jedem Fall verliert der Streit durch die Aufnahme der neuen Verbraucherkredit-RL II in den Katalog von Art. 46 b Abs. 4 EGBGB an Bedeutung, vgl HK-BGB/*Staudinger*, Art. 9 Rom I, Rn 6.

633 Vgl *Staudinger*, NJW 2001, 1974, 1977; aA wohl Staudinger-EGBGB/*Magnus*, Art. 34 EGBGB, Rn 71. Zur Durchsetzung der Transformationsvorschriften eines anderen Mitgliedstaates der Union s. Hk-BGB/*Staudinger*, Art. 9 Rom I, Rn 6.

634 Beachte folgende Judikatur des EuGH im Hinblick auf die Auslegung der Richtlinie: EuGH, Rs. C-495/10, VersRAI 2012, 34 ff; zum Verhältnis zur deutschen Arzneimittelhaftung s. BGH, VersR 2013, 904; zur Produkthaftung bei implantierten Herzschrittmachern bzw Defibrillatoren ferner Vorabentscheidungsersuchen des BGH an den EuGH, Rs. C-503/13 (Boston Scientific Medizintechnik GmbH ./. AOK Sachsen-Anhalt), ABl. C 352 v. 30. November 2013, S. 8; dazu auch Vorabentscheidungsersuchen des BGH an den EuGH, Rs. C-504/13 (Boston Scientific Medizintechnik GmbH ./. Betriebskrankenkasse RWE), ABl. C 352 v. 30. November 2013, S. 8; beachte eingehend zur Gefährdungshaftung nach Produkthaftungsgesetz Hk-BGB/*Staudinger*, § 823 BGB, Rn 189 ff.

635 Eine Rechtswahlschranke entnehmen Art. 12 der Produkthaftungs-RL (§ 14 ProdHaftG): MünchKomm-BGB/*Wagner*, § 14 ProdHaftG, Rn 7; *Wandt*, S. 501 ff, S. 513; *Wilde*, in: Graf von Westphalen, § 100, Rn 21; anders wohl Staudinger-BGB/*Oechsler*, § 14 ProdHaftG, Rn 10.

636 *Taschner/Frietsch*, Art. 12 Produkthaftungs-RL, Rn 5; *Wilde*, in: Graf von Westphalen, § 100, Rn 21.

637 § 14 S. 1 ProdHaftG.

638 So *von Hein*, RIW 2000, 820, 824.

639 Gegen die Annahme eines versteckten Regelungsgebotes: *Freitag*, S. 208 ff; *Wandt*, S. 240 ff, s. dort auch die Nachweise zu den Gegenstimmen.

640 Vgl *Krebber*, ZVglRWiss 97 (1998), 124, 153.

641 Vgl *Staudinger*, Rn 55.

gig Art. 14 sowie 5 Rom II-VO heranzuziehen. Dies gilt umso mehr, als selbst für den Fall der vorherigen Wahl eines Drittstaatenrechts gegebenenfalls über Art. 14 Abs. 3 Rom II-VO die zwingenden Vorgaben des Gemeinschaftsrechts in der Form der Umsetzung des Forumstaats unberührt bleiben. Jenseits dieser Schranke sowie der Vorgaben in Art. 5 Rom II-VO dürfte wohl kaum ein Bedürfnis bestehen, die Transformationsvorschriften zur Produkthaftungs-RL als Eingriffsnormen im Sinne des Art. 16 Rom II-VO durchzusetzen. Als Webfehler erscheint indes der Vorrang des ProdHaftÜ gegenüber diesem Sekundärrechtsakt.[642]

3. Grenzüberschreitender elektronischer Geschäftsverkehr

152 Im Bereich des grenzüberschreitenden elektronischen Geschäftsverkehrs verdienen zwei Harmonisierungsmaßnahmen besondere Beachtung.

a) Elektronische Signaturen-RL

153 Die Elektronische Signaturen-RL sieht einheitliche Rahmenbedingungen vor, um eine gemeinschaftsweite Anerkennung elektronischer Unterschriften zu garantieren.[643] Damit soll der Einsatz derartiger Signaturverfahren erleichtert und der elektronische Rechtsverkehr gefördert werden, ohne allerdings abschließend festzulegen, auf welchen Gebieten virtuelle Unterschriften einzusetzen sind.[644]

Der Sekundärrechtsakt differenziert in seinem Art. 2 zunächst zwischen einfacher und fortgeschrittener Signatur.[645] Im Hinblick auf die zuletzt genannte Form müssen sämtliche Mitgliedstaaten nach Art. 5 Elektronische Signaturen-RL sicherstellen, dass diese Signatur die gleiche Wirkung entfaltet wie eine handschriftliche Unterzeichnung und zudem als gerichtliches Beweismittel zugelassen wird. Art. 4 Abs. 1 S. 1 Elektronische Signaturen-RL basiert auf dem **Herkunftslandprinzip**. Danach sind die aufgrund der RL erlassenen mitgliedstaatlichen Vorschriften auf die im Binnenmarkt niedergelassenen Zertifikationsdienststellen[646] anzuwenden und von den anderen EU-Staaten anzuerkennen.[647] Die Ausstellung von Zertifikaten etwa darf dabei zwar keinem Genehmigungsvorbehalt, wohl aber den Anforderungen freiwilliger Akkreditierungssysteme unterliegen.[648] Zudem müssen die Mitgliedstaaten in ihrer jeweiligen lex fori laut Art. 6 Elektronische Signaturen-RL sicherstellen, dass die Anbieter für etwaige Schäden haftbar gemacht werden können, welche aus der Unrichtigkeit qualifizierter Zertifikate[649] entstehen.

154 Die Umsetzung der Richtlinienvorgaben erfolgte in Deutschland durch verschiedene Legislativakte. So legt das novellierte Signaturgesetz (SigG)[650] – ergänzt durch die Signaturverordnung (SigV)[651] – die technischen und administrativen Anforderungen an elektronische Unterschriften sowie Zertifizierungsanbieter fest. Angesichts des Richtliniengebotes, die elektronische Signatur im Privat- und Zivilprozessrecht anzuerkennen,[652] wurde die neu eingeführte elektronische Form in § 126 a BGB

---

642 S. hierzu *Staudinger*, Rn 75.

643 Vgl zur „elektronischen Signatur“ deren Legaldefinition in Art. 2 Nr. 1 Elektronische Signaturen-RL.

644 Vgl Art. 1 Abs. 1 sowie Erwägungsgrund 16 Elektronische Signaturen-RL; Gebauer/Wiedmann/*Haubold*, Kap. 8, Rn 9.

645 S. die Begriffsbestimmung in Art. 2 Nr. 2 Elektronische Signaturen-RL. Ausführlich zu dieser Art von Unterschrift und ihren rechtlichen Anforderungen *Roßnagel*, MMR 2003, 164 ff.

646 Hierbei handelt es sich um eine Dienststelle, welche Zertifikate ausstellt und andere Tätigkeiten im Zusammenhang mit elektronischen Signaturen ausführt, vgl Art. 2 Nr. 11 Elektronische Signaturen-RL.

647 Vgl hierzu auch *Schaub*, JZ 2005, 328, 331.

648 So Art. 3 Abs. 1 und 2 Elektronische Signaturen-RL, vgl hierzu auch Art. 2 Nr. 13 des Rechtsaktes.

649 Für die Legaldefinition eines „qualifizierten Zertifikats“ s. Art. 2 Nr. 10 iVm den Anhängen I und II der Harmonisierungsmaßnahme.

650 Gesetz über Rahmenbedingungen für elektronische Signaturen und zur Änderung weiterer Vorschriften v. 16. Mai 2001, BGBl. 2001 I, S. 876. Dazu *Roßnagel*, NJW 2001, 1817.

651 VO zur elektronischen Signatur v. 16. November 2001, BGBl. 2001 I, S. 3074.

652 Gesetz zur Anpassung der Formvorschriften des Privatrechts und anderer Vorschriften an den modernen Rechtsgeschäftsverkehr v. 13. Juli 2001, BGBl. I, S. 1542. Dazu *Lüdemann/Adams*, K&R 2002, 8.

grundsätzlich mit der Schriftform gleichgestellt (§ 126 Abs. 3 BGB).[653] In der ZPO hat der Gesetzgeber überdies einen Anscheinsbeweis für die Authentizität der elektronischen Signatur (§ 371 a Abs. 1 S. 2 ZPO) sowie einen Augenscheinsbeweis für elektronische Dokumente (§ 371 Abs. 1 S. 2 ZPO) vorgesehen.

b) E-commerce-RL

Ziel der e-commerce-RL war es, die in Art. 3 Abs. 1 lit. a) und c) EGV genannten **Grundfreiheiten**, insbesondere die **Dienstleistungsfreiheit** des Art. 49 EGV (entspricht nunmehr Art. 56 AEUV) auf Fälle des elektronischen Geschäftsverkehrs zu erstrecken. Damit sollte der freie Verkehr grenzüberschreitender **Dienste der Informationsgesellschaft** („information society services") sichergestellt werden.[654] Aus diesem Grund mussten die Mitgliedstaaten in ihrer jeweiligen lex fori die Möglichkeit eröffnen, einen Vertrag auf elektronischem Wege zu schließen.[655] Nach Art. 4 e-commerce-RL dürfen überdies Aufnahme und Ausübung der Aktivitäten eines Diensteanbieters[656] an keine Zulassung geknüpft und auch keinen sonstigen Erfordernissen gleicher Wirkung unterstellt werden. Zur Wahrung der (wirtschaftlichen) Interessen der Verbraucher unterliegt ein Anbieter jedoch zahlreichen **Informationspflichten.**[657] Die Harmonisierungsmaßnahme, welche in Deutschland zunächst durch eine Neufassung des Teledienstgesetzes (TDG),[658] nunmehr durch das Telemediengesetz (TMG) umgesetzt wurde,[659] zielt darüber hinaus auf eine Harmonisierung nationaler Vorschriften, welche beispielsweise die Haftung von Providern[660] sowie Systeme zur außergerichtlichen Beilegung von Streitigkeiten[661] und den Rechtsschutz[662] betreffen. 155

Art. 3 Abs. 1 e-commerce-RL ist Ausdruck des **Herkunftslandprinzips** („country of origin rule"). Danach müssen die Mitgliedstaaten sicherstellen, dass die Dienste der **Informationsgesellschaft**, die von einem in seinem Hoheitsgebiet ansässigen Anbieter erbracht werden, den dort geltenden innerstaatlichen Vorschriften entsprechen.[663] Ferner verpflichtet das Prinzip die Mitgliedstaaten – vorbehaltlich der in Art. 3 Abs. 3, 4 und 5 e-commerce-RL genannten Ausnahmen etwa für vertragliche Schuldverhältnisse in Bezug auf **Verbraucherverträge** laut Art. 3 Abs. 2 in Verbindung mit dem 6. Spiegelstrich im Anhang dieser RL[664] – zu gegenseitiger Anerkennung der Gesetzgebung des koordinierten Bereichs[665] und der Kontrollen.[666] Nicht zuletzt im Lichte des Art. 1 Abs. 4 und Erwägungsgrund Nr. 23 e-commerce-RL war es bis zur eDate-Entscheidung des EuGH[667] umstritten, ob es sich bei Art. 3 Abs. 1 e-commerce-RL um eine Vorschrift mit kollisionsrechtlichem Regelungsge- 156

653 Dies gilt nicht für die §§ 484, 492, 623, 630, 761, 766, 780, 781 BGB. s. *Föhlisch*, in: Hoeren/Sieber, Handbuch Multimedia-Recht, Kap. 13.4, Rn 194; kritisch dazu *Waldenberger*, in: MünchKomm-BGB, § 312 c, Rn 104 ff.

654 Bezüglich der Bedeutung dieses Begriffs verweist Art. 2 lit. a) e-commerce-RL auf Art. 1 Nr. 2 der RL 98/34/EG (Transparenz-RL), ABl. L 204 v. 21. Juli 1998 idF der RL 98/48/EG, ABl. L 217 v. 5. August 1998. Danach handelt es sich um „jede in der Regel gegen Entgelt elektronisch im Fernabsatz und auf individuellen Abruf eines Empfängers erbrachte Dienstleistung".

655 S. Art. 9 e-commerce-RL.

656 S. die Legaldefinition in Art. 2 lit. b) e-commerce-RL.

657 Vgl Art. 5 bis 7, 10 e-commerce-RL sowie weitere Verpflichtungen, welche vor allem aus den beiden Fernabsatz-RLen sowie der Verbraucherkredit-RL herrühren können.

658 Art. 1 des Gesetzes über rechtliche Rahmenbedingungen für den elektronischen Geschäftsverkehr (EGG), BGBl. 2001 I, S. 3721.

659 BGBl. 2007 I, S. 179, 251.

660 Art. 12 ff e-commerce-RL.

661 Art. 17 e-commerce-RL.

662 Art. 18 e-commerce-RL.

663 Das Herkunftslandprinzip gilt laut Art. 3 Abs. 3 iVm dem Anhang der e-commerce-RL u.a. nicht für Verbraucherverträge, die freie Rechtswahl der Parteien sowie das Urheber- und Markenrecht.

664 S. als Transformationsnorm § 3 Abs. 3 Nr. 2 TMG.

665 Dazu gehören alle Rechtsvorschriften, welche nach nationalem Recht für kommerzielle Kommunikation gelten, unabhängig davon, ob sie harmonisiert sind oder nicht, vgl *Bodewig*, GRURInt 2000, 475, 479.

666 *Cortese*, GRURInt 2005, 192, 195.

667 EuGH, verb. Rs. C-509/09 und C-161/10 (eDate Advertising GmbH), NJW 2012, 137 ff.

halt handelt.[668] Diese Frage erlangt insbesondere bei Anwendbarkeit der Rom II-VO Bedeutung. So wird nämlich bei kollisionsrechtlicher Qualifikation von Art. 3 Abs. 1 e-commerce-RL das in ihr statuierte Herkunftslandprinzip nach Art. 27 Rom II-VO nicht von diesem Sekundärrechtsakt verdrängt.[669] Der europäische Spruchkörper legt Art. 3 e-commerce-RL hingegen dahingehend aus, dass er keine Umsetzung in Form einer speziellen Kollisionsregel verlangt.[670]

4. Internationaler Kulturgüterschutz

157 Die Vorgaben der **Kulturgüter-RL** sind nach mehrjähriger Verspätung durch das **Kulturgutsicherungsgesetz (KultgutSiG)**[671] sowie **Kulturgüterrückgabegesetz (KultGüRückG)** ins deutsche Recht umgesetzt worden. Die Kulturgüterschutz-RL dient dem Ziel, **unrechtmäßig** aus dem Hoheitsgebiet eines Mitgliedstaates **ausgeführtes Kulturgut** in dessen Geltungsbereich zurückzubringen.[672] Bei Kulturgut handelt es sich entsprechend Art. 1 Nr. 1 Kulturgüter-RL um Gegenstände, die von einem Mitgliedstaat als solches eingestuft werden und zudem im Anhang des Sekundärrechtsaktes genannt sind, einer öffentlichen Sammlung angehören oder im Bestandsverzeichnis kirchlicher Einrichtungen aufgeführt werden. Laut Art. 1 Nr. 1 1. Spiegelstrich Kulturgüter-RL kann ein Gegenstand auch erst nach seinem Verbringen zu nationalem Kulturgut erklärt werden. § 5 Abs. 1 Nr. 1 KultGüRückG knüpft hingegen eine Rückgabeverpflichtung an das Erfordernis, dass der betroffene Gegenstand bereits **vor dem unrechtmäßigen Verbringen** zum Kreis der nationalen Kulturgüter gehörte. Dies wird damit begründet, dass eine nachträgliche Klassifizierung den **Vorhersehbarkeitsgrundsatz verletze** und deshalb mit dem **Rechtsstaatsprinzip** unvereinbar sei.[673] Unrechtmäßig ist ein Verbringen von nationalem Kulturgut, wenn es entgegen den Kulturgüterschutzvorschriften des ersuchenden Mitgliedstaates erfolgt oder im Widerspruch zu den Bestimmungen der **VO über die Ausfuhr von Kulturgütern steht**. Rechtswidriges Verhalten liegt darüber hinaus vor, soweit ein rechtmäßig verbrachter Gegenstand nicht fristgemäß zurückgegeben oder in sonstiger Weise gegen Ausfuhrbedingungen verstoßen wird.[674]

Die Kulturgüter-RL sieht vor allem verfahrensrechtliche Vorgaben für die Rückgabe vor. Art. 2 Kulturgüter-RL verweist dabei hinsichtlich des Ablaufs auf die im Sekundärrechtsakt enthaltenen Vorschriften. Hiernach steht dem **ersuchenden Mitgliedstaat** bei rechtswidriger Ausfuhr seines Kulturguts **ein Rückgabeanspruch** gegen den Eigentümer oder Besitzer zu.[675] Zu beachten ist, dass ein Rückgabebegehren ausschließlich **von staatlicher Seite** geltend gemacht werden darf, nicht indes vom früheren Eigentümer.[676] Der Herausgabeanspruch kann sich auch gegen einen **gutgläubigen Erwerber** richten. Diesem steht allerdings ein **Entschädigungsanspruch** gegenüber dem ersuchenden Staat zu,[677] welcher wiederum den für das unrechtmäßige Verbringen Verantwortlichen in Regress

---

668 Einzelheiten zum Stand der Diskussion bei Gebauer/Wiedmann/*Haubold*, Kap. 8, Rn 88; *Grundmann*, RabelsZ 67 (2003), 246, 262 ff; *Mankowski*, ZVglRWiss 100 (2001), 137 ff; *ders.*, IPRax 2002, 257 ff; *Spindler*, RabelsZ 66 (2002), 633, 649 ff; *Thünken*, IPRax 2001, 15, 19; beachte in diesem Zusammenhang auch OGH, ÖJZ 2005, 26; OLG München, GRUR-RR 2004, 252 ff; OLG Hamburg, GRUR 2004, 880 ff; hierzu *Bodewig*, GRUR 2004, 822 ff.

669 Vgl Bamberger/Roth/*Spickhoff*, Art. 27 Rom II-VO, Rn 1.

670 EuGH, verb. Rs. C-509/09 und C-161/10 (eDate Advertising GmbH), NJW 2012, 137 ff.

671 Gesetz zur Umsetzung von RLen der Europäischen Gemeinschaften über die Rückgabe von unrechtmäßig aus dem Hoheitsgebiet eines Mitgliedstaates verbrachten Kulturgütern und zur Änderung des Gesetzes zum Schutz deutschen Kulturgutes gegen Abwanderung v. 15. Oktober 1998 (Kulturgutsicherungsgesetz-KultgutSiG), BGBl. I, S. 3162.

672 S. Erwägungsgrund 3 Kulturgüterschutz-RL; dazu auch *Fuchs*, IPRax 2000, 281, 282.

673 Vgl die Ausführungen bei *von Preuschen*, EuZW 1999, 40, 41 mwN.

674 S. zum Begriff des unrechtmäßigen Verbringens die Definition in Art. 1 Nr. 2 Kulturgüter-RL. Einzelheiten auch bei *Eberl*, NVwZ 1994, 729, 733; *Siehr*, NJW 1993, 2206.

675 Vgl Art. 2, 5 Kulturgüter-RL; s. des Weiteren *Fuchs*, IPRax 2000, 281, 282.

676 Vgl *Fuchs*, IPRax 2000, 281, 282; *Eberl*, NVwZ 1994, 729, 733.

677 S. Art. 9 Kulturgüter-RL.

nehmen kann.[678] Einem **gutgläubigen Besitzer**, welcher etwa aufwendige Restaurationsarbeiten an dem Gegenstand vorgenommen hat, wird dabei keine Entschädigung gewährt.[679]

Neben den verfahrensrechtlichen Vorschriften enthält die Kulturgüter-RL in **Art. 12** eine Bestimmung mit **kollisionsrechtlichem Regelungsgehalt**, welche von der im Internationalen Sachenrecht üblichen und grundsätzlich auch für Kulturgüter geltenden Anknüpfung an den **Belegenheitsort (lex rei sitae)**[680] abweicht. Nach erfolgter Rückgabe beurteilt sich die Frage nach den Eigentumsverhältnissen, dh auch bezüglich einer am früheren Belegenheitsort erfolgten Veräußerung, entsprechend Art. 12 Kulturgüter-RL nach Maßgabe der Vorschriften des ersuchenden Staates. Mit dieser Regelung verfolgt der Gemeinschaftsgesetzgeber das Ziel, den gutgläubigen Erwerb unrechtmäßig verbrachter Kulturgüter außerhalb des Herkunftsstaates zu verhindern.[681] Umstritten ist, ob es sich bei Art. 12 Kulturgüter-RL um einen **Gesamtnormverweis** auf das Internationale Privatrecht eines Staates handelt, oder aber jener einen **Sachnormverweis** ausspricht. Die ganz überwiegende Ansicht befürwortet einen Sachnormverweis,[682] da Art. 12 Kulturgüter-RL anderenfalls angesichts des Grundsatzes der lex rei sitae letztlich kein Regelungsgehalt zukäme.[683]

Das KultGüRückG ist in zwei Abschnitte unterteilt, von denen sich der erste auf die Rückgabe deutschen Kulturgutes bezieht, der zweite hingegen Ansprüche anderer EU-Staaten hinsichtlich nach Deutschland verbrachter Gegenstände erfasst. Dementsprechend sieht der Gesetzgeber zwei divergierende Anknüpfungsregeln in § 4 KultGüRückG und § 8 KultGüRückG vor. § 4 KultGüRückG verweist bei Rückführung deutschen Kulturguts bezüglich der Eigentumsverhältnisse auf **deutsches Sachrecht.** § 8 KultGüRückG beruft bei Rückgabe eines sich innerhalb Deutschlands befindenden Gegenstands an einen anderen Mitgliedstaat das Sachrecht dieses Landes. Beide Kollisionsnormen sehen mithin Sachnormverweise vor.

Zweifelhaft erscheint bereits auf supranationaler Ebene, ob sich der aus Art. 12 Kulturgüter-RL ergebende Verweis **ebenso auf Fälle erstreckt, in denen ein Gegenstand freiwillig in den Herkunftsstaat zurückgeführt wird**, ohne dass ein Rückgabebegehren vorliegt. Während eine Ansicht einen derart weitreichenden Anwendungsbereich damit begründet, eine Differenzierung zwischen freiwilliger und erzwungener Rückgabe sei willkürlich,[684] lehnen Stimmen im Schrifttum die Anwendbarkeit des Art. 12 Kulturgüter-RL ab, da hierfür aufgrund **privatautonomer Regelung** der Sachenrechtslage kein Bedürfnis bestehe.[685] Das jeweilige Auslegungsergebnis auf Gemeinschaftsrechtsebene ist dann qua richtlinienkonformer Interpretation in die nationale Transformationsnorm hineinzulesen.

Die Kulturgüter-RL wird von der bereits erwähnten VO über die Ausfuhr von Kulturgütern ergänzt. Das **Verbringen von Kulturgütern in Drittstaaten** ist im Lichte dieses Sekundärrechtsaktes nur erlaubt, wenn eine entsprechende **Genehmigung** vorliegt. Zuständig sind diesbezüglich die Behörden desjenigen Staates, in welchem sich das Kulturgut rechtmäßig befindet.[686] Die Genehmigung darf versagt werden, wenn der Gegenstand ein vom nationalen Recht des Mitgliedstaates **geschütztes Kulturgut** darstellt.[687] RL und VO bilden insofern ein „geschlossenes Überwachungs- und Rückholsystem“.[688]

678 Vgl Art. 11 Kulturgüter-RL.

679 S. die Ausführungen bei *Siehr*, NJW 1993, 2206, 2207.

680 Vgl *Jayme*, ZVglRWiss 95 (1995), 158, 167; *Fuchs*, IPRax 2000, 281, 284.

681 S. *Jayme/Kohler*, IPRax 1994, 405, 408.

682 Vgl *Siehr*, RabelsZ 59 (1995), 455, 465; *Jayme/Kohler*, IPRax 1994, 405, 408; *Jayme*, ZVglRWiss 95 (1995), 158, 168; *Fuchs*, IPRax 2000, 281, 285; MünchKomm/*Wendehorst*, Internationales Sachenrecht, 4. Aufl., 2006; Rn 189; aA *Müller-Katzenburg*, S. 285.

683 S. *Jayme*, ZVglRWiss 95 (1995), 158, 166.

684 Vgl MünchKomm/*Wendehorst*, Internationales Sachenrecht, 4. Aufl., 2006, Rn 191; *Siehr*, RabelsZ 59 (1995), 454, 466.

685 So noch MünchKomm/*Kreutzer*, Internationales Sachenrecht, 3. Aufl., 1999, Rn 195.

686 Vgl Art. 2 Abs. 2 VO über die Ausfuhr von Kulturgütern.

687 S. Art. 2 Abs. 2 Unterabs. 3 VO über die Ausfuhr von Kulturgütern.

688 S. *Fuchs*, IPRax 2000, 281.

Zweifelsfragen wirft schließlich das Verhältnis von § 20 KultSchG[689] und dem aus der Kulturgüter-RL resultierenden Rückgabeanspruch auf. Seit der Neufassung des § 20 KultSchG durch Art. 2 Nr. 3 KultGutSiG kann dem Verleiher eines Kulturgutes „**freies Geleit**"[690] zugesichert werden. Angesichts dessen dürfen einer Rückgabeforderung des Verleihers gem. § 20 Abs. 3 KultSchG keine Rechte Dritter entgegengehalten werden. Einer Auffassung nach erfasst § 20 KultSchG lediglich Forderungen von Privatpersonen, nicht hingegen staatliche Rückgabeansprüche, da andernfalls ein Verstoß gegen die Kulturgüter-RL drohe.[691] Eine andere Ansicht befürwortet demgegenüber einen weiten Anwendungsbereich des § 20 KultSchG. Denn eine „temporäre Beschlagnahmefreiheit" stehe nicht im Widerspruch zur Kulturgüter-RL.[692]

5. Finalitäts-RL

158 Die Finalitäts-RL, welche im Wege des Überweisungsgesetzes[693] sowie des Gesetzes zur Änderung insolvenz- und kreditwesenrechtlicher Vorschriften[694] in deutsches Recht umgesetzt worden ist,[695] dient insbesondere dem **Abbau von Systemrisiken in bestehenden Zahlungs-**[696] **und Wertpapierliefersystemen.**[697] Der Sekundärrechtsakt sieht neben Bestimmungen zum **Internationalen Insolvenz-** (Art. 8 Finalitäts-RL) und **Privatrecht** (Art. 9 Abs. 2 Finalitäts-RL) ebenso solche zum **materiellen Insolvenzrecht** (Art. 3-7 Finalitäts-RL; Art. 9 Abs. 1 Finalitäts-RL) vor. Das nationale Insolvenzrecht der Mitgliedstaaten wird etwa durch Abschaffung der Null-Uhr-Regelung und der Zulässigkeit des insolvenzfesten bi- und multilateralen Nettings von Aufträgen[698] harmonisiert. Darüber hinaus ermöglicht Art. 9 Abs. 1 Finalitäts-RL, dass die von einem Teilnehmer des Systems gewährten dinglichen Sicherheiten zugunsten anderer Teilnehmer und zum Vorteil von Zentralbanken insolvenzfrei realisiert werden können.[699] Hinsichtlich der Regelungen des Sekundärrechtsaktes zum materiellen Insolvenzrecht bleibt festzuhalten, dass wesentliche Grundsätze bereits vor Erlass der RL im deutschen Recht verankert waren.[700] Dies gilt indes nicht bezüglich der kollisionsrechtlichen Vorgaben der Harmonisierungsmaßnahme wie etwa in Art. 8 Finalitäts-RL. Diese Vorschrift bestimmt im Falle der Eröffnung eines Insolvenzverfahrens gegen den Teilnehmer eines Systems, dass sich die hieraus ergebenden Rechte und Pflichten nach dem für das System maßgeblichen Recht richten. Art. 8 Finalitäts-RL soll vermeiden, dass der Systembetreiber bei Insolvenz eines ausländischen Teilnehmers mit einer fremden Rechtsordnung konfrontiert wird.[701] Die Richtlinienbestimmung sieht einen **Sachnormverweis** vor. Bei einem **Gesamtnormverweis** könnte möglicherweise der Regelungszweck dadurch konterkariert werden, dass ein Rückverweis zum Heimatrecht des insolventen Teilnehmers führt.[702] Die supranationalen Vorgaben wurden durch Art. 2 des Gesetzes zur Änderung insolvenz- und kreditwesenrechtlicher Vorschriften in Art. 102 § 4 EGInsO umgesetzt. Auf diese Weise hat der Gesetzgeber die in Art. 102 §§ 2 und 3 EGInsO bereits vorgesehenen Ausnahmen vom Prinzip der **universellen Anerkennung** eines ausländischen Insolvenzverfahrens im Inland[703] tatbestandlich erweitert. Art. 102 § 4 EGInsO legt fest, dass sich die Auswirkungen des

689 Gesetz zum Schutz deutschen Kulturgutes gegen Abwanderung v. 8. August 1955 (KultSchG), BGBl. I, S. 501 idF v. 8. Juli 1999, BGBl. I, S. 1754.

690 S. hierzu auch *Jayme/Geckler*, IPRax 2000, 156 f; *El Bitar*, EuZW 2005, 173 ff; *Hirsch*, NJW 2001, 1627 ff.

691 Vgl *Fuchs*, IPRax 2000, 281, 286.

692 S. *Jayme/Geckler*, IPRax 2000, 156, 157.

693 BGBl. 1999 I, S. 1642.

694 BGBl. 1999 I, S. 2384.

695 Der deutsche Gesetzgeber hat davon abgesehen, für die Umsetzung der Finalitäts-RL ein Sondergesetz zu erlassen.

696 Vgl zum Begriff „System" iSd Sekundärrechtsaktes Art. 2 Finalitäts-RL.

697 Vgl *Schefold*, IPRax 2000, 468, 472.

698 S. die Aufzählung bei *Keller*, WM 2000, 1269, die auf Art. 3-7 Finalitäts-RL beruht.

699 Vgl auch Erwägungsgrund 18 Finalitäts-RL.

700 S. BR-Drucks. 459/99, Begründung zum Regierungsentwurf, S. 13.

701 Vgl *Keller*, WM 2001, 1269, 1272.

702 S. *Keller*, WM 2000, 1269, 1272.

703 Vgl Art. 102 § 1 EGInsO.

Insolvenzverfahrens auf die aus der Teilnahme an einem System resultierenden Befugnisse und Pflichten nach demjenigen Recht bestimmen, welches für das System maßgeblich ist. Art. 102 § 4 EGInsO spricht dabei im Einklang mit der sekundärrechtlichen Vorgabe einen **Sachnormverweis** aus.[704]

Ein weiteres kollisionsrechtliches Regelungsgebot stellt der Richtliniengeber in Art. 9 Abs. 2 Finalitäts-RL auf. Dieser betrifft das anwendbare Recht im Hinblick auf dingliche Sicherheiten an Wertpapieren. Maßgeblich sind hiernach die Vorschriften desjenigen Staates, „in dem die bestellten **dinglichen Sicherheiten** an Wertpapieren mit rechtsbegründender Wirkung in ein Register eingetragen oder auf einem Konto oder bei einem Zentralverwahrer verbucht worden sind".[705] Art. 9 Abs. 2 Finalitäts-RL basiert wie Art. 8 Finalitäts-RL auf dem Modell eines Sachnormverweises.[706] Der Gemeinschaftsgesetzgeber weicht durch Art. 9 Abs. 2 Finalitäts-RL **von der** – jedenfalls im deutschen Internationalen Privatrecht – bisher üblichen **Anknüpfung an das Recht des Lageorts eines Wertpapiers (lex cartae sitae) ab.**[707]

Im Schrifttum stößt der **enge Anwendungsbereich** des Art. 9 Abs. 2 Finalitäts-RL auf Kritik. Dies gilt zum einen hinsichtlich des erfassten **Personenkreises**, welcher auf Systemteilnehmer und Zentralbanken beschränkt ist,[708] zum anderen in Bezug auf den sachlichen Geltungsbereich. Unklar erscheint dabei, ob Art. 9 Abs. 2 Finalitäts-RL ausschließlich in Insolvenzfällen eingreift[709] oder darüber hinaus das Recht bezüglich dinglicher Sicherheiten an Wertpapieren regelt.[710] Diejenige Ansicht, welche sich für einen restriktiven Anwendungsbereich ausspricht, führt als Argument die Überschrift des Art. 9 Finalitäts-RL an, welche ausdrücklich auf den Schutz „vor den Auswirkungen einer Insolvenz des Sicherheitsleistenden" abhebt.

Art. 9 Abs. 2 Finalitäts-RL wurde durch Art. 4 des Gesetzes zur Änderung insolvenz- und kreditwesensrechtlicher Vorschriften in § 17 a DepotG umgesetzt und geht weit über die Vorgaben der Richtlinienbestimmung hinaus. Nach § 17 a DepotG findet das Recht desjenigen Mitgliedstaates Anwendung, innerhalb dessen das Register geführt wird, in dem **eine Verfügung** über ein Wertpapier eingetragen wurde oder die kontoführende Haupt- oder Zweigstelle des Verwahrers liegt, welcher eine rechtsbegründende Gutschrift erteilt hat. § 17 a DepotG spricht dabei – ebenso wie Art. 102 § 4 EGInsO – einen **Sachnormverweis** aus.[711]

Hinsichtlich der kollisionsrechtlichen Anknüpfung folgt § 17 a DepotG der gemeinschaftsrechtlichen Vorgabe in Art. 9 Abs. 2 Finalitäts-RL. Abweichend hiervon bezieht sich § 17 a DepotG jedoch nicht allein auf dingliche Sicherheiten an einem Wertpapier, sondern regelt **jegliche Verfügung über Wertpapiere oder Sammelbestandanteile** iSd § 6 DepotG. Darüber hinaus unterliegt der persönliche Regelungsbereich von § 17 a DepotG insofern keiner Einschränkung, als von dem Bezug zu einem System iSd Finalitäts-RL abgesehen wird. § 17 a DepotG greift schließlich unabhängig von einem Insolvenzfall ein. Laut Gesetzesbegründung entspreche dies dem **Gebot der Rechtssicherheit**, das ebenso außerhalb von Insolvenzverfahren Platz greife.[712] In der Gesamtschau hat der Gesetzgeber demzufolge mit § 17 a DepotG eine umfassende Kollisionsnorm für den grenzüberschreitenden Rechtsverkehr von Wertpapieren geschaffen.

---

704 Vgl *Keller*, WM 2000, 1269, 1272.
705 S. *Schefold*, IPRax 2000, 468, 472.
706 Vgl *Keller*, WM 2000, 1269, 1274.
707 Vgl *Schefold*, IPRax 2001, 468, 472; zur Anknüpfung nach der Rom I-VO s. HK-BGB/*Staudinger*, Art. 37 EGBGB, 6. Aufl., Rn 2.
708 S. *Keller*, WM 2000, 1269, 1274; *Schefold*, IPRax 2000, 468, 473; wohl auch *Pfeiffer*, IPRax 2000, 270, 280: „sehr beschränkter Anwendungsbereich".
709 Vgl *Schefold*, IPRax 2000, 468, 472.
710 S. BR-Drucks. 456/99, Begründung zum Regierungsentwurf, S. 33 f.
711 S. *Keller*, WM 2000, 1269, 1282.
712 Vgl BR-Drucks. 456/99, Begründung zum Regierungsentwurf, S. 34.

C. Primärrecht als Quelle und Schranke des Internationalen Privatrechts

159 Die Frage, ob und inwieweit dem primären Unionsrecht ein kollisionsrechtlicher Regelungsgehalt zukommt, wird kontrovers diskutiert.[713] Im Vordergrund stehen dabei die **Grundfreiheiten** des AEUV, die auf nationaler Ebene unmittelbare Wirkung entfalten.

I. Primärrecht als Quelle des Internationalen Privatrechts

160 Ob die Marktfreiheiten wie etwa die Warenverkehrs- (Art. 34 ff AEUV) und **Dienstleistungsfreiheit** (Art. 56 ff AEUV) versteckte kollisionsrechtliche Vorgaben enthalten,[714] muss anhand des Regelungszwecks sowie im Lichte des supranationalen Gesetzgebers beurteilt werden.[715] Teils wird die Auffassung vertreten, die **Grundfreiheiten** gewährleisteten **Parteiautonomie.**[716] Andere leiten im Lichte der vom EuGH gefällten Entscheidungen **Dassonville**[717] und **Cassis de Dijon**[718] das **Herkunftsland- bzw Günstigkeitsprinzip** als positiven kollisionsrechtlichen Gehalt aus den Marktfreiheiten ab.[719] Dem wird zu Recht entgegengehalten, dass es ihnen an einer erforderlichen Eindeutigkeit fehle[720] und sich die Nachfrager einschließlich der Letztverbraucher gleichermaßen auf Warenverkehrs- und Dienstleistungsfreiheit berufen könnten. Dem hieraus folgenden Dilemma lässt sich wohl nicht dadurch begegnen, dass stets dem Anbieter der Vorzug gebührt und das Recht seines Herkunftslandes angewendet wird.[721]

II. Primärrecht als Schranke des Internationalen Privatrechts

1. Einführung

161 Nach mittlerweile nahezu einhelliger Ansicht[722] sind Anknüpfungsregeln auf ihre Vereinbarkeit mit dem Primärrecht zu überprüfen. Als Kontrollmaßstab dienen dabei gleichermaßen das allgemeine, nunmehr in Art. 18 Abs. 1 AEUV verankerte, **Diskriminierungsverbot** wie die Marktfreiheiten. Sie beinhalten dabei nicht nur ein Diskriminierungs-, sondern ebenso ein Beschränkungsverbot. Das Gebot der **Primärrechtskonformität** des Internationalen Privatrechts folgt aus dem Anwendungsvorrang[723] der zuvor genannten Bestimmungen des AEUV. Dieser erfasst nicht nur nationale (Durchführungs-)Vorschriften, sondern auch Rechtssetzungsinstrumente auf supranationaler Ebene wie VOen und RLen.

2. Primärrechtskonformität von kollisionsrechtlichen Regelungsgeboten bzw deren Transformation

162 Zweifelhaft erscheint bspw, ob die kollisionsrechtlichen Regelungsgebote in den Verbraucherschutz-RLen,[724] sowie nunmehr in Art. 3 Abs. 3 und 4 bzw Art. 6 Abs. 2 Rom I-VO,[725] welche die Rechtswahlfreiheit beschneiden, mit dem Primärrecht, insbesondere der Warenverkehrs- und **Dienstleistungsfreiheit** vereinbar sind. Indem die Harmonisierungsmaßnahmen unter bestimmten Voraussetzungen die Wahl eines **Drittstaatenrechts** einschränken, droht den im Binnenmarkt ansässigen und dem Gemeinschaftsrecht unterworfenen Unternehmern ein Wettbewerbsnachteil gegenüber Kontrahenten, welche außerhalb dieses Rechtsschutzraums niedergelassen sind. Sofern

713 Ausführlich dazu *Wendehorst*, in: Langenbucher, S. 392 f.
714 S. *Thünken*, IPrax 2001, 15, 18; zur Lehre von den versteckten Kollisionsnormen auch *Sonnenberger*, ZVglRWiss 95 (1996), 3, 10.
715 Vgl allg. hierzu etwa *Kegel/Schurig*, S. 54.
716 *Von Wilmowsky*, RabelsZ 62 (1998), 1, 5.
717 S. EuGH, Rs. 8/74 (Staatsanwaltschaft), Slg 1974, 837 ff.
718 Vgl EuGH, Rs. 120/78 (Kommission), Slg 1979, 649 ff.
719 S. *Basedow*, RabelsZ 59 (1995), 1, 5, 12 ff, 25 f.
720 Vgl *Thünken*, IPRax 2001, 15, 19; *Sonnenberger*, ZVglRWiss 95 (1996), 3, 12.
721 So *Klauer*, S. 106.
722 S. die Angaben bei *Staudinger*, S. 161 f.
723 Vgl dazu EuGH, Rs. 6/64 (Costa/E.N.E.L.), Slg 1964, 1251 ff.
724 S. die Ausführungen bei *Staudinger*, Rn 118 ff.
725 S. *Staudinger*, Rn 12 ff.

man den Eingriff in die Parteiautonomie einem solchen in die **Grundfreiheiten** gleichsetzt, ist erforderlich, dass der Verstoß gegen das Primärrecht im Rahmen der Verhältnismäßigkeit durch zwingende Allgemeininteressen gerechtfertigt wird. „Die Förderung der Interessen der Verbraucher" sowie „die Gewährleistung eines hohen Verbraucherschutzniveaus" stellen entsprechend Art. 169 Abs. 1 und Abs. 2 AEUV vordringliche Unionsziele dar. Die Rechtswahlschranken sollen zum einen der Gefahr begegnen, dass der Mindestschutzstandard kraft **subjektiver Anknüpfung** unterlaufen wird.[726] Zum anderen dienen sie einem möglichst leichten Zugang der Verbraucher zu den zuvor genannten Schutzbestimmungen.[727] Diese Zielsetzungen decken sich mit internationalprivatrechtlichen Gerechtigkeitsvorstellungen.[728] Demzufolge ist davon auszugehen, dass der Eingriff des Sekundärrechtsgebers in die Warenverkehrs- und Dienstleistungsfreiheit der EU-Unternehmer durch Verbrauchschutzbelange gerechtfertigt ist. Etwas anderes könnte lediglich dann gelten, wenn sich die Abwägung der Verbraucherinteressen gegenüber den Anbieterbelangen im Hinblick auf eine unbeschränkte Parteiautonomie als unverhältnismäßig erwiese. Dies ist etwa dann der Fall, wenn der Sachverhalt keinen oder einen nur marginalen Bezug zum Binnenmarkt aufweist. Angesichts der Ausgestaltung der kollisionsrechtlichen Regelungsgebote in den Verbraucherschutz-RLen ist aber grundsätzlich von ihrer Primärrechtskonformität auszugehen. Dies gilt entsprechend für Umsetzungsvorschriften, sofern sie nicht über den kollisionsrechtlichen Schutzstandard hinausgehen.[729]

3. Primärrechtskonformität von Kollisionsnormen nationalen Ursprungs

Der Anwendungsvorrang des Primärrechts gilt gleichermaßen für das jeweilige nationale Sach- wie Kollisionsrecht. Dabei ist zu berücksichtigen, dass die europäische Integration mittlerweile weit über das Feld des Wirtschaftsverkehrs hinausreicht. So stand dem Sekundärrechtsgeber in Art. 65 lit. b) EGV ein erweiterter Kompetenztitel zu, auf dessen Grundlage der Erlass von Rechtsakten auch in Bezug auf das Internationale Erb- und Familienrecht gestützt wurde. Nunmehr findet sich ein eigener Kompetenztitel für Familiensachen in Art. 81 Abs. 3 AEUV. In Anbetracht dieser Tatsache verbietet sich die Annahme, das gesamte Internationale Erb- und Familien- unter Einschluss des Namensrechts[730] sei a priori dem primärrechtlichen Kontrollmaßstab entzogen. Allerdings folgt hieraus ebenso wenig, dass etwa die Staatsangehörigkeit als Anknüpfungsmerkmal in Art. 25 Abs. 1 EGBGB eindeutig gegen Art. 18 Abs. 1 AEUV verstößt.[731] Nicht von der Hand zu weisen sind allerdings Bedenken hinsichtlich der Vereinbarkeit mit dem allgemeinen Diskriminierungsverbot. Zweifel mag man etwa ebenso im Hinblick auf die Primärrechtskonformität der bislang gewohnheitsrechtlich anerkannten und nunmehr in Art. 43 Abs. 1 EGBGB kodifizierten lex rei sitae äußern.[732] Erhebliche Praxisrelevanz kommt weiterhin der Frage zu, ob und inwieweit das (deutsche) Internationale Gesellschaftsrecht den Vorgaben des Primärrechts genügt. 163

Während einige EU-RLen die Harmonisierung des nationalen materiellen **Gesellschafts- und Unternehmensrechts** bezwecken,[733] hat der europäische Gesetzgeber das **Kollisionsrecht** bislang weitge- 164

726 S. *Paefgen*, ZEuP 2003, 266, 273.

727 S. *Basedow*, RabelsZ 59 (1995), 1, 29; *von Wilmowsky*, ZEuP 1995, 735, 739.

728 Vgl *Paefgen*, ZEuP 2003, 266, 273.

729 Zur Unzulässigkeit „strengerer" Kollisionsnormen s. die Ausführungen bei *Staudinger*, Rn 120.

730 S. in diesem Zusammenhang EuGH, Rs. C-148/02 (Carlos Garcia Avello), Slg 2003, I-11613; hierzu etwa *Frank*, StAZ 2005, 161 ff; *Heinrich*, in: FS Heldrich, S. 667 ff; EuGH, Rs. C-96/04 (Standesamt Stadt Niebüll), IPRax 2006, 402 ff; zu den Schlussanträgen: *Henrich*, IPRax 2005, 422 ff; EuGH, Rs. C-353/06 (Grunkin Paul), ABl. C. 313 v. 6. Dezember 2008, S. 3 = NJW 2009, 135 ff m.Anm. *Rieck*, NJW 2009, 125 ff; beachte auch EuGH, Rs. C-208/09 (Ilonka Sayn-Wittgenstein), FamRZ 2011, 1486.

731 Vgl hierzu Staudinger/*Dörner*, Art. 25 EGBGB, Rn 961 f (zu Art. 12 EGV).

732 Hierzu *Röthel*, JZ 2003, 1027 ff. Das Internationale Sachenrecht war bislang kaum Gegenstand der völkervertraglichen oder gemeinschaftsrechtlichen Vereinheitlichung. Eine Ausnahme bildet das Kapstädter Übereinkommen über internationale Sicherungsrechte an beweglicher Ausrüstung (Flugzeuge, Eisenbahnen oder Weltraumausrüstung), abrufbar unter: http://www.unidroit.org/german/conventions/mobile-equipment/mobile-equipment.pdf.

733 Ausführlich hierzu: MünchKomm/*Sonnenberger*, Internationales Gesellschaftsrecht, 4. Aufl., 2006, Rn 65 ff.

hend von seiner aktiven Rechtsangleichung ausgenommen. Ebenso wenig bestehen auf diesem Gebiet multilaterale Konventionen. So ist beispielsweise das Brüsseler EWG-Übereinkommen über die gegenseitige Anerkennung von Gesellschaften und juristischen Personen vom 29. Februar 1968 nicht in Kraft getreten.[734] Aus der Gruppe der **bilateralen Handels-, Niederlassungs- und Kapitalschutzabkommen**[735] verdient Art. XXV II 2 des **deutsch-amerikanischen Freundschafts-, Handels- und Schifffahrtsvertrages** besondere Beachtung. Hiernach sind Gesellschaften, die im Einklang mit dem Recht eines US-Bundesstaates wirksam gegründet wurden, in Deutschland als solche anzuerkennen.[736]

165 Mangels kodifizierter Anknüpfungsregeln im **autonomen deutschen IPR zum derzeitigen Zeitpunkt**[737] bestimmen Rechtsprechung und Schrifttum das Gesellschaftsstatut mit Hilfe **ungeschriebener Kollisionsnormen**. Nach der bislang von Judikatur[738] und hL[739] vertretenen **Sitztheorie** ist auf den tatsächlichen Sitz der Hauptverwaltung als Anknüpfungspunkt abzustellen. Dieser wiederum richtet sich nach dem **effektiven Verwaltungssitz**, welcher nach Maßgabe der lex fori ermittelt wird. Da es maßgeblich auf den Tätigkeitsort der Geschäftsführung sowie der Vertretungsorgane ankommt, muss sich das Anknüpfungsmoment nicht mit dem Satzungssitz decken.[740] In den Ländern des angloamerikanischen Rechtskreises (USA, England) sowie in einigen kontinentaleuropäischen Staaten (Dänemark, Niederlande, Schweiz, Russland) gilt demgegenüber die **Gründungs- bzw Inkorporationstheorie, die bislang im deutschen Schrifttum**[741] **nur vereinzelt vertreten wurde.** Abzustellen ist hiernach auf das Recht, welches die Gründung beherrscht.[742] Sowohl die Sitz- als auch Gründungstheorie sprechen gem. Art. 4 Abs. 1 EGBGB einen Gesamtverweis aus, so dass ein **Renvoi**[743] durch das jeweilige ausländische Kollisionsrecht in Betracht kommt.[744]

166 Knüpft man an den **effektiven Verwaltungssitz** an, wird den ausländischen Gesellschaften im Zuzugsfall als solche die Rechts- und Parteifähigkeit aberkannt. Ebenso wenig können sie ihren

---

734 Dazu *Kegel/Schurig*, S. 587; BGBl. 1972 II, S. 369 ff.

735 Vgl Bamberger/Roth/*Mäsch*, Art. 12 EGBGB Anh., Rn 48; MünchKomm/*Kindler*, Internationales Gesellschaftsrecht, 3. Aufl. 1999, Rn 237 ff.

736 Der BGH sieht darin eine Verweisung auf das Gründungsrecht, vgl BGH, IPRax 2003, 265 f; zur Reichweite der Verweisung sowie dem Erfordernis eines „genuine link" beachte BGH, BB 2004, 1868 ff m.Anm. *Mellert*, 1869 f; zur Entscheidung ebenso *Ebke*, RIW 2004, 740 ff; BGH, RIW 2005, 147 ff; hierzu *Elsing*, BB 2004, 2596 f; *Goette*, DStR 2004, 2115; *Dörner*, LMK 2005, 48; *Ebke*, JZ 2005, 299 ff; *Paal*, RIW 2005, 735 ff; *Thölke*, DNotZ 2005, 142 ff; s. auch *Dammann*, RabelsZ 68 (2004), 607 ff, *Fleischer*, RIW 2005, 92 ff; und *Stürner*, IPRax 2005, 305 ff; weitere Angaben zum Streitstand bei *Mankowski*, RIW 2005, 481, 488 f. Ob die vorangehende Einschätzung ebenso für Art. XV II des deutsch-spanischen Niederlassungsabkommens gilt, ist umstritten, bejahend *Kropholler*, IPR, S. 557; aA Bamberger/Roth/*Mäsch*, Art. 12 EGBGB Anh., Rn 47. Eine vergleichbare Fragestellung wirft etwa die Inländergleichbehandlungsklausel im Niederlassungsabkommen der EG etwa mit Chile auf; hierzu *Mankowski*, RIW 2005, 481, 486.

737 Beachte den Referentenentwurf zum Internationalen Gesellschaftsrecht, abrufbar unter www.bmj.de.

738 Vgl BGHZ 51, 27, 28; 53, 181, 183; 78, 318, 324 = NJW 1981, 522, 525; BGHZ 151, 204, 206 = IPRax 2003, 62; BGH, NJW 2003, 1607, 1608; BayObLG, EuZW 1992, 548; OLG München, ZIP 2002, 2132.

739 S. etwa *Kindler*, IPRax 2003, 41 ff; *Roth*, ZGR 2000, 311, 328 ff; 338; Staudinger/*Großfeld*, Internationales Gesellschaftsrecht, Rn 72; *Großfeld/Beckmann*, ZVglRWiss 91 (1992), 351, 360.

740 BGHZ 53, 183; 97, 271.

741 Vgl *Neumayer*, ZVglRWiss 83 (1984) 129, 139; *Knobbe-Keuk*, ZHR 154 (1990), 325, 340, 345 f, 351, 355.

742 Einige Stimmen im Schrifttum schränken diese Theorie dadurch ein, dass sie die Anknüpfung objektiven Kriterien unterwerfen. So verlangt etwa *Sandrock*, dass Rechtssätze, die dem Schutz von Gläubigern, Arbeitnehmern oder Minderheitsgesellschaftern dienen, das Gründungsrecht überlagern. Hierzu sowie zur aktuellen Entwicklung der Überlagerungstheorie: *Sandrock*, ZVglRWiss 102 (2003), 447 ff. Andere differenzieren zwischen inneren Beziehungen der Gesellschaft und solchen zu Dritten. Letztere sollen dem Wirkungsstatut unterliegen, soweit es dem Dritten eine günstigere Rechtsposition einräumt; ausführlich MünchKomm/*Kindler*, Internationales Gesellschaftsrecht, 3. Aufl. 1999, Rn 287 ff; s. differenzierend zur Gründungstheorie *Steinrötter*, GPR 2012, 119 ff.

743 Wurde demnach eine „Ltd." wirksam nach dem Recht der British Virgin Islands gegründet, verlegt sie daraufhin ihren effektiven Verwaltungssitz nach Bangkok, so müssen deutsche Gerichte nach Art. 4 Abs. 1 EGBGB beachten, dass die dortige Rechtsordnung das Personalstatut einer Gesellschaft dem Gründungsrecht unterstellt, BGH, NJW 2004, 3706, 3707.

744 HM; einschränkend Soergel/*Lüderitz*, Anh. Art. 10, Rn 76: Eine Rück- oder Weiterverweisung entfalle bei materiellrechtlicher Anknüpfung an den Satzungssitz bzw die Registrierung etc.

Hauptsitz verlegen oder **Zweigniederlassungen** und Tochtergesellschaften errichten. Diese Beschränkungen sind anhand des Primärrechts zu kontrollieren, sofern es sich um eine Gesellschaft handelt, deren Tätigkeit in den Anwendungsbereich des AEUV fällt. Dies gilt ungeachtet der Tatsache, dass es sich um **richterrechtlich entwickelte** und damit **ungeschriebene Kollisionsnormen** handelt. Als Maßstab dient dabei insbesondere die in Art. 49, 54 AEUV verankerte **Niederlassungsfreiheit.**[745] Soweit nationale Anknüpfungsregeln tatbestandlich zu Beschränkungen des zwischenstaatlichen Wirtschaftsverkehrs führen, hat der Mitgliedstaat sie durch zwingende Gründe des Gemeinwohls im Rahmen der Verhältnismäßigkeit zu rechtfertigen. In der Rechtssache **Daily Mail**[746] entschied der EuGH, dass der Errichtungsstaat berechtigt ist, den **Wegzug des Hauptsitzes einer Gesellschaft** aus seinem Hoheitsbereich besonderen Voraussetzungen zu unterwerfen. Dementsprechend dürften die nationalen Gerichte einer Gesellschaft bei Verlegung ihres Verwaltungssitzes die Rechtspersönlichkeit aberkennen. Im Anlassstreit sah der EuGH dabei die Niederlassungsfreiheit schon tatbestandlich als nicht einschlägig an.[747] Seiner Ansicht nach haben Gesellschaften, die nach nationalen Rechtsordnungen gegründet wurden, ohne diese keine Realität, sog. „Geschöpftheorie".[748] Daher könne der Heimatstaat entscheiden, ob er der Gesellschaft auch nach einem Wegzug ins Ausland weiterhin eine Existenz nach seinem Recht zugestehen wolle. Für die Konstellation des Wegzugs scheint es daher vom Grundsatz her primärrechtlich zulässig zu sein, an der **Sitztheorie** festzuhalten.[749] Entgegen der im Schrifttum geäußerten Erwartung, die Sitztheorie sei in Folge einer zum Steuerrecht gefällten Entscheidung des EuGH auch für Wegzugsfälle aufzugeben,[750] hat der EuGH mit Urteil vom 16. Dezember 2008 die „Daily Mail-Doktrin" in der Rechtssache **Cartesio** im Ausgangspunkt aufrecht erhalten.[751] Hier gab der luxemburgische Spruchkörper in einem obiter dictum allerdings zu erkennen, dass das Recht einer Gesellschaft, *rechtsformwechselnd* wegzuziehen, doch in den Schutzbereich der Niederlassungsfreiheit falle. Jeder mitgliedstaatliche Gesetzgeber darf daher nach wie vor festlegen, welche Voraussetzungen für den Fortbestand einer Gesellschaft nach seinem Recht erfüllt werden müssen. Ist diese aber dazu bereit, die nationale Rechtsform in eine solche des Aufnahmestaates zu ändern, darf sie im Lichte der Rechtssache Cartesio wohl nicht mehr aufgelöst und liquidiert werden.[752]

Anders liegt der Fall daher, wenn eine Gesellschaft ihren eingetragenen Sitz aus einem Mitgliedstaat in einen anderen verlegt und dabei in eine in dessen Recht vorgesehene Gesellschaftsform umgewandelt wird (sog. identitätswahrende Herausumwandlung). Für Deutschland hat der Gesetzgeber mit dem MoMiG für den Wegzugsfall vorausschauend die Bindung des tatsächlichen Ver- **167**

745 Zur tatbestandlichen Reichweite von Art. 43, 48 EGV im Falle der Sitzverlegung eines rein gemeinnützigen Vereins: OLG Zweibrücken, DB 2005, 2293 ff.

746 EuGH, Rs. C-81/87 (Daily Mail), Slg 1988, 5483 ff = NJW 1989, 2186 ff.

747 EuGH, Rs. C-81/87 (Daily Mail), Slg 1988, 5483, Rn 23: „(...) Probleme, die durch die Bestimmungen über die Niederlassungsfreiheit nicht gelöst sind (...)". Derart wird das in der Literatur freilich überwiegend kritisierte Urteil des EuGH beinahe allgemein interpretiert, vgl nur *Forsthoff*, DB 2000, 1109, 1111; *ders.*, DB 2002, 2471, 2475; *Hennrichs/Pöschke/von der Laage/Klavina*, WM 2009, 2009; *Schmidt-Kessel*, GPR 2009, 26, 28; *Sethe/Winzer*, WM 2009, 536, 537. Ein Verständnis der Entscheidung in dem Sinne, dass auch beim Wegzug die Grundfreiheit beeinträchtigt sei, an die Rechtfertigung des Eingriffs indes geringe Anforderungen zu stellen seien, dürfte, vor allem in der Gesamtschau mit den folgenden Judikaten des EuGH, nicht mehr vertretbar sein; zur Unzulässigkeit der Verlegung des Satzungs- und Verwaltungssitzes einer ausländischen Kapitalgesellschaft nach Deutschland unter identitätswahrendem Formwechsel in eine Kapitalgesellschaft deutschen Rechts s. OLG Nürnberg, ZIP 2012, 572 ff.

748 Vgl Eidenmüller/*Rehm*, Ausländische Kapitalgesellschaften im deutschen Recht, 2004, § 2, Rn 61 f.

749 So auch OLG Zweibrücken, DB 2005, 2293 = NJW-RR 2006, 42.

750 EuGH, Rs. C-9/02 (De Lasteyrie du Saillant), EuZW 2004, 273; zur Literatur vgl die Angaben bei *Mankowski*, RIW 2004, 484.

751 EuGH, Rs. C-210/06 (Cartesio), NJW 2009, 569; dazu *Leible/Hoffmann*, BB 2009, 58 ff; s. auch *Weller*, IPRax 2009, 202 ff. Dies steht im Widerspruch zu den Schlussanträgen des Generalanwalts *Maduro*, IStR 2008, 478 ff; dazu *Wilhelmi*, DB 2008, 1611 ff.

752 Über die Bewertung des obiter dictum sowohl in inhaltlicher Hinsicht als auch bezüglich seiner rechtlichen Verbindlichkeit herrscht freilich noch kein Konsens. Weiterführend *Kindler*, IPRax 2009, 189, 191 f; *Leible/Hoffmann*, BB 2009, 58, 60 f; *Zimmer/Naendrup*, NJW 2009, 545, 547 f jeweils mwN.

waltungs- an den Satzungssitz aufgegeben und damit die „Exportfähigkeit" von GmbH und AG gewährleistet,[753] sofern der aufnehmende Staat den Zuzug ermöglicht.[754]

168 In konsequenter Anwendung der „Geschöpftheorie" erstreckt der EuGH den Schutz der Niederlassungsfreiheit hingegen auf Gesellschaften in Zuzugsfällen. Im Lichte der **Centros-Entscheidung**[755] darf ein Mitgliedstaat eine im Binnenmarkt wirksam gegründete Gesellschaft etwa nicht daran hindern, auf seinem Territorium eine **Zweigniederlassung** zu gründen und über diese ihre gesamte Geschäftstätigkeit abzuwickeln. Nationale Schranken sind nur dann gerechtfertigt, wenn sie Allgemeinwohlinteressen verfolgen. Nach der vom Gerichtshof am 5. November 2002 gefällten **Überseering-Entscheidung**[756] liegt ein Verstoß gegen die **Niederlassungsfreiheit** vor, wenn ein Mitgliedstaat einer Gesellschaft, die nach dem Recht eines EU-Staates gegründet wurde, bei **Sitzverlegung** in sein Hoheitsgebiet die **Rechts- und Parteifähigkeit** abspricht. Jene lediglich als Personengesellschaft zu behandeln, lässt sich mit der Rechtsprechung des EuGH nicht vereinbaren. Der BGH hat daraufhin zutreffend bei einer Auslandsgesellschaft mit Inlandssitz diejenige Rechtspersönlichkeit anerkannt, die ihr nach dem **EU-ausländischen Gründungsrecht** zukommt.[757] Die Differenzierung zwischen Weg- und Zuzug stößt im Schrifttum ganz überwiegend auf Kritik, weil Wertungswidersprüche drohen.[758]

169 Die ratio decidendi des Überseering-Urteils, die sich auf die in einem **EWR-Staat** wirksam entstandene Gesellschaft übertragen lässt,[759] hat der Gerichtshof in der Rechtssache **„Inspire Art"** bestätigt.[760] Danach liegt ein Verstoß gegen die **Niederlassungsfreiheit** bzw die Elfte RL zur Offenlegung von **Zweigniederlassungen** vor, wenn ein Mitgliedstaat die Errichtung einer Zweigstelle im Inland durch solche Vorschriften erschwert, die im innerstaatlichen Recht das **Mindestkapital und die Haftung der Geschäftsführer** betreffen. Damit steht auch für weitere Regelungsbereiche fest, dass der von der „Sitzanknüpfung" ausgelöste Eingriff in die Niederlassungsfreiheit nur aus den in Art. 52 AEUV genannten Gründen oder unter Verweis auf den nichtdiskriminierenden Schutz anerkannter nicht-wirtschaftlicher Interessen gerechtfertigt ist, sofern der **Grundsatz der Verhältnismäßigkeit** gewahrt wird.[761] Der Gerichtshof ordnet dabei den Gläubigerschutz, die Bekämpfung des Missbrauchs, Wirksamkeit der Steuerkontrollen sowie Lauterkeit des Handelsverkehrs den zwin-

---

753 Erreicht wurde dies durch die Streichung von § 4 a Abs. 2 GmbHG aF, vgl BT-Drucks. 16/6140, S. 29; s. hierzu *Kindler*, IPRax 2009, 189 ff.

754 Eine nach dem GmbHG erforderliche Beurkundung kann auch nach dem Inkrafttreten des MoMiG durch einen ausländischen Notar vorgenommen werden, sofern die Beurkundung einer deutschen gleichwertig ist; dieses Ergebnis vertrat der BGH in seinem Urt. v. 17. Dezember 2013, WM 2014, 266 ff für eine Beurkundung in Basel/Schweiz.

755 Vgl EuGH, Rs. C-212/97 (Centros), Slg 1999, 1459 ff = NJW 1999, 2027 ff. Über die Auswirkungen dieser Entscheidung auf die kollisionsrechtlichen Theorien besteht Streit; *Erman/Hohloch*, Anh. II Art. 37 EGBGB, Rn 34; *Thorn*, IPRax 2001, 102 ff.

756 S. EuGH, Rs. C-208/00 (Überseering BV), Slg 2002, I-9919 = IPRax 2003, 65 f, dazu *Leible/Hoffmann*, RIW 2003, 925 ff; *Behrens*, IPRax 2003, 193 ff; s. auch *Ebke*, in: FS Thode, S. 593 ff. Das Urteil erging nach einer Vorlage durch den BGH, DB 2000, 1114 ff.

757 BGH, NJW 2003, 1461 f; s. auch BGH, NJW 2004, 3706, 3707; zum Nachweis der Rechts- und Parteifähigkeit beachte KG, DB 2005, 1158 f.

758 Statt aller *Hennrichs/Pöschke/von der Laage/Klavina*, WM 2009, 2009, 2011 ff.

759 OLG Frankfurt a.M., IPRax 2004, 56, 58; *Baudenbacher/Buschle*, IPRax 2004, 26, 29 f; *Mankowski*, RIW 2004, 481, 483. Beachte BGH, NJW 2005, 3351 f; hierzu auch *Binz/Mayer*, BB 2005, 2361 ff; *Leible/Hoffmann*, RIW 2005, 947 ff; s. auch *Sandrock*, EWS 2005, 529 ff.

760 EuGH, Rs. C-167/01 (Inspire Art), Slg 2003, I-10155 = NJW 2003, 3331 ff; dazu *Kieninger*, ZEuP 2004, 685, 689 ff; *Leible/Hoffmann*, EuZW 2003, 677 ff; *Behrens*, IPRax 2004, 20 ff; s. auch *Ebke*, in: FS Thode, S. 593 ff.

761 Ausführlich dazu *Eidenmüller/Rehm*, ZGR 2004, 169 ff.

genden Gründen des Allgemeinwohls zu.[762] Folgefragen[763] löst die Judikatur des EuGH nicht nur im Hinblick auf Eintragungsverfahren,[764] Handelndenhaftung analog § 11 Abs. 2 GmbHG,[765] sondern auch bezüglich der Verantwortlichkeit wegen **Insolvenzverschleppung** und Masseänderung sowie der gesellschaftsrechtlichen bzw deliktischen Durchgriffshaftung aus.[766] Dies betrifft zunächst die Qualifikation und damit (akzessorische) Anknüpfung etwaiger Schadensersatzansprüche sowie die Kontrolle am Primärrecht. Denn allein das Etikett bspw einer deliktischen Qualifikation entbindet nicht von den Vorgaben der Niederlassungsfreiheit, deren unmittelbarer Anwendungsvorrang gegenüber dem gesamten Internationalen Privatrecht Platz greift.

Bei **Gesellschaften, die wirksam in einem Drittstaat gegründet wurden,** scheidet der primärrechtliche Kontrollmaßstab aus, so dass der Rückgriff auf die **Sitztheorie** uneingeschränkt zulässig ist.[767] 170
Befürwortet man allerdings einen **Wettbewerb**[768] der Gesellschaftsrechte sowie ein **einheitliches Anknüpfungssystem** bei Binnenmarkt- und **Drittstaatensachverhalten,** so erscheint es überzeugender, auch insofern die Sitztheorie aufzugeben.[769] Diesen Weg geht möglicherweise auch der Gesetzgeber, welcher in der 16. Legislaturperiode über einen Referentenentwurf zum Internationalen Gesellschaftsrecht beraten hat, der eine Kodifizierung der Gründungstheorie im deutschen Kollisionsrecht ebenso im Hinblick auf Drittstaatengesellschaften, -stiftungen und rechtsfähige Vereine vorsah.[770] Ungeachtet dessen hat der BGH es in einer jüngeren Entscheidung abgelehnt, dem Gesetzgeber „vorzugreifen" und auf eine schweizerische Aktiengesellschaft noch die Sitztheorie angewandt.[771]

D. Zukunft des Europäischen Kollisionsrechts

In immer stärkerem Maße zeichnet sich eine Europäisierung des Kollisionsrechts[772] ab. Ob dieser Prozess in einer **Gesamtkodifikation,** einem supranationalen Gesetzbuch zum Internationalen Privatrecht enden wird, ist eine derzeit offene Frage.[773] Abgesehen von dem politischen Willen, eine 171

762 EuGH, Rs. C-167/01 (Inspire Art), Slg 2003, I-10155 = NJW 2003, 3331, 3334 f; zur Sonderanknüpfung der deutschen Unternehmensmitbestimmung *Mankowski*, RIW 2004, 481, 483; zum Aufsichtsrecht: *Kuntz*, ZBB 2005, 412 ff.

763 Hierzu auch *Goette*, DStR 2005, 197 ff. Zum Gläubigerschutz im Falle der Insolvenz einer „Ltd.": *Köke*, ZinsO 2005, 354 ff; *Kuntz*, NZI 2005, 424 ff; *Ungan*, ZVglRWiss 2005, 355 ff; zum englischen Gesellschaftsrecht: *Lawlor*, NZI 2005, 432 ff; *Rajak*, EWS 2005, 539 ff; als Arbeitshilfe in der Praxis mag auch die (nicht abschließende) Checkliste dienen von *Pannen/Riedemann*, MDR 2005, 496 ff.

764 Hierzu OLG Hamm, DB 2005, 2292 f; LG Berlin, ZIP 2004, 2380 ff m.Anm. *Ries*; LG Frankfurt a.M., BB 2005, 1297; dazu *Wachter*, BB 2005, 1289 ff; ferner LG Cottbus, ZIP 2005, 2214; LG Göttingen, ZIP 2005, 2019; OLG München, NJW-RR 2005, 1486 f; AG Bad Oeynhausen, GmbHR 2005, 692 m.Anm. *Kowalski/Bormann*, GmbHR 2005, 1045 ff; zur Zulässigkeit der Ltd. & Co. KG auch *Schlichte*, DB 2006, 87 ff mit weiteren Angaben zum Streitstand; s. auch *Süß*, DNotZ 2005, 180, 181 ff. Beachte ferner OVG NRW, DB 2005, 2128.

765 S. hierzu BGH, ZIP 2009, 2385 f mit *Schulz/Wasmeier*, RIW 2010, 657 ff; BGH, NJW 2005, 1648 f mit Besprechung von *Eidenmüller*, NJW 2005, 1618 ff; *Leible/Hoffmann*, RIW 2005, 544 ff; *Paefgen*, GmbHR 2005, 957 ff; zur Lit. s. weitere Angaben bei *Hölze*, KTS 2011, 291 ff sowie *Mankowski*, RIW 2005, 481, 488.

766 Hierzu *Eidenmüller*, NJW 2005, 1618, 1620 f; s. *Staudinger*, Rn 107.

767 Vgl BayObLG, DB 2003, 819, 820.

768 Zur Reform des GmbH-Rechts s. *Priester*, DB 2005, 1315 ff; zur britischen „Ltd.: *Dierksmeier*, BB 2005, 1516 ff; *Triebel/Otte/Kimpel*, BB 2005, 1233 ff.

769 So OLG Hamm, BB 2006, 2487; *Behrens*, IPRax 2003, 205 ff; *Eidenmüller*, ZIP 2002, 2244 ff; Rauscher/*Staudinger*, Art. 60 Brüssel I VO, Rn 4; str; abweichend etwa *Mankowski*, RIW 2004, 485; zur Vereinbarkeit der Sitztheorie mit GATS: *Lehmann*, RIW 2004, 816 ff.

770 Abrufbar unter: www.bmj.de.

771 BGH, NJW 2009, 289; dazu *Hellgard/Illmer*, NZG 2009, 94 ff; *Weller*, IPRax 2009, 202 ff.

772 Zum Kollisionsrecht bei Straßenverkehrsunfällen s. *Czaplinski*, Das Internationale Straßenverkehrsunfallrecht nach dem Inkrafttreten der Rom II-VO – Zur Kündigung des Haager Übereinkommens über das auf Straßenverkehrsunfälle anzuwendende Recht.

773 Beachte die Überlegungen zu einem Allgemeinen Teil des europäischen IPR in *Leible/Unberath*, Brauchen wir eine Rom 0-VO?

derart umfassende Reform ins Werk zu setzen, sind Zweifel angebracht, ob und inwieweit der AEUV insbesondere in Art. 81 Abs. 2 lit. c) einen **hinreichenden Kompetenztitel** vorsieht.[774]

Bezüglich des Europäischen Gesetzgebungsverfahrens bleibt es im Grundsatz auch nach dem AEUV dabei, dass Europäisches Parlament und Rat mit qualifizierter Mehrheit beschließen.[775] Abweichendes gilt für den Bereich des Familienrechts, in welchem grundsätzlich Einstimmigkeit erforderlich ist.[776] Der Rat vermag jedoch nach Anhörung des Europäischen Parlaments einstimmig einen Beschluss herbeizuführen, aufgrund dessen ein familienrechtliches Vorhaben dem ordentlichen Gesetzgebungsverfahren unterstellt wird, mit der Abweichung, dass jedes nationale Parlament den Vorschlag abzulehnen vermag.[777]

I. Grünbuch Ehegüterrecht

172 Nach Maßgabe des „**Haager Programms**“[778] hat die Kommission am 17. Juli 2006 ein „Grünbuch zu den Kollisionsnormen im Güterrecht unter besonderer Berücksichtigung der gerichtlichen Zuständigkeit und der gegenseitigen Anerkennung“ vorgelegt.[779]

II. Vorschlag zur Änderung der Rom II-VO

173 Des Weitern hat das Europäische Parlament zuletzt der Kommission die Änderung der Verordnung (EG) Nr. 864/2007 über das auf außervertragliche Schuldverhältnisse anzuwendende Recht („Rom II“) vorgeschlagen.[780] Dabei empfiehlt das Parlament klare Regeln zu Persönlichkeitsrechtsverletzungen,[781] da der Rom II-VO eine Vorschrift zur Festlegung des auf Verstöße der Privatsphäre und der Persönlichkeitsrechte anzuwendenden Rechts fehlt. Mithin könne durch eine dahingehende Reform das „forum shopping“ in solchen Fällen eingedämmt werden. Es bleibt abzuwarten, zu welchem Ergebnis der Vorschlag führt. Auch der Kommissionsbericht über die Anwendung der Rom II-VO und mögliche Regeln zur Verjährung von Schadensersatzansprüchen bei grenzüberschreitenden Verkehrsunfällen steht noch aus.[782]

III. Weitere Vorschläge der Kommission

174 Am 19. Juli 2012 wurde von der Europäischen Kommission eine Konsultation zum Thema Sicherheit auf Reisen: „Wie kann Opfern von Verkehrsunfällen im EU-Ausland geholfen werden?“ durchgeführt.[783] Die Konsultation sollte bis zum 19. November 2012 andauern und die Problematik der unterschiedlichen Verjährungsfristen in den Mitgliedstaaten für Schadensersatzansprüche behandeln. Dazu führt die Kommission im Anhang an seine Pressemitteilung eine Tabelle mit den Fristen der einzelnen Unionsstaaten bezüglich der Verjährung von Ansprüchen sowohl gegenüber haftenden Dritten, als auch Versicherern an.

175 Für das Internationale Privat- und Verfahrensrecht setzt das Stockholmer Programm bis zum Jahr 2014 legislative Zielvorgaben. Diese sind auf die weitere Vereinheitlichung des Justizraums der

---

774 Zur alten Rechtsgrundlage in Art. 61 lit. c), 65 lit. b) EGV: Hk-BGB/*Dörner*, Vor Art. 3-6 EGBGB, Rn 11; *Leible/Staudinger*, The European Legal Forum (D) 2000/2001, 225 ff.

775 Nunmehr so genanntes „ordentliches Gesetzgebungsverfahren“ nach Art. 81 Abs. 2, 289 Abs. 1, 294 AEUV.

776 Art. 81 Abs. 3 Unterabs. 1 AEUV.

777 Vgl *Mansel/Thorn/R. Wagner*, IPRax 2010, 1, 25.

778 KOM (2005), 184 endg.; beachte ferner das Haager Programm zur Stärkung von Freiheit, Sicherheit und Recht in der Europäischen Union des Rates, ABl. C 53 v. 3. März 2005, S. 1 ff; zum Haager Programm auch *R. Wagner*, IPRax 2005, 66 ff; dieses Programm baut wiederum auf den Schlussfolgerungen von Tampere auf; s. ABl. C 12 v. 15. Januar 2001, S. 1 ff.

779 KOM (2006) 400 endg. Hierzu *Martiny*, FPR 2008, 206 ff; *Süß*, ZErb 2006, 326.

780 Entschließung des Europäischen Parlaments vom 10. Mai 2012 mit Empfehlungen an die Kommission zur Änderung der Verordnung (EG) Nr. 864/2007 über das auf außervertragliche Schuldverhältnisse anzuwendende Recht („Rom II“) (2009/2170(INI)), ABl. C 261 E v. 10. September 2013, S. 17 ff.

781 Zum Gerichtsstand bei Persönlichkeitsrechtsverletzungen mit Auslandsbezug beachte EuGH, Rs. C-509/09 und C-161/10 (eDate Advertising), NJW 2012, 137 ff; s. dazu auch *Mansel/Thorn/Wagner*, IPRax 2014, 1, 8.

782 Hierzu *Mansel/Thorn/Wagner*, IPRax 2014, 1, 8; zur Sonderanknüpfung bei Verjährungsfragen s. *Wagner/Winkelmann*, RIW 2012, 277 ff.

783 S. dazu Pressemitteilung der Kommission IP/12/807 v. 19. Juli 2012.

Union gerichtet. Über die Frage, ob und in welcher Weise dies durch ein Nachfolgeprogramm weiter erreicht werden soll, herrscht Uneinigkeit.[784] Einige fordern die Vereinheitlichung des Kollisionsrechts.[785] Andere verlangen einen Methodendualismus zwischen dem Verweisungsrecht und der Rechtlagenanerkennung.[786]

E. Resümee

Die Vergemeinschaftung des Kollisionsrechts ist vom Grundsatz her zu begrüßen. Denn erst verein- 176
heitlichte Anknüpfungsregeln rechtfertigen eine automatische Anerkennung von EU-ausländischen Titeln bzw deren Durchsetzung im Zweitstaat ohne vorherige bzw erleichterte Vollstreckbarerklärung. Die früher geäußerten Bedenken, ob weitreichende Harmonisierungsschritte vom **Kompetenztitel** in Art. 61 lit. c) und Art. 65 lit. b) EGV gedeckt sind, wurden durch die Neuregelung in Art. 81 Abs. 2 lit. c) AEUV nur ein Stück weit entkräftet. Infolge der Revision des EGV sind aber die Einschränkungen aus Art. 68 EGV für das **Vorabentscheidungsverfahren** entfallen, so dass nach Art. 267 AEUV nunmehr auch untere Instanzen über eine Vorlagebefugnis verfügen. Positiv festzuhalten ist, dass der Sekundärrechtsgeber das Ziel eines geschlossenen Systems innerhalb des Internationalen Privatrechts sowie eines Gleichlaufs mit dem Europäischen Zivilverfahrensrecht verfolgt. Dies betrifft einerseits die Angleichung des Verbraucherschutzes in Art. 6 Rom I-VO an Art. 15 Brüssel I-VO, andererseits aber auch die Abstimmung der Reichweite der Parteiautonomie sowie die nunmehr einheitlich erfolgte, aber im Vorfeld umstrittene Einordnung vorvertraglicher Schadensersatzansprüche in das kollisionsrechtliche System der Rom I- und II-VO. Derzeit herrscht Quellenpluralismus im Internationalen Privatrecht: Es stehen Anknüpfungsregeln aus Verordnungen, Richtlinien und (vergemeinschafteten) Staatsverträge nebeneinander. Aus Gründen der größeren Rechtsklarheit wäre es angezeigt, die Zahl der Rechtsquellen zu reduzieren. Angeboten hätte sich dies im Hinblick auf die kollisionsrechtlichen Regelungsgebote der zahlreichen Verbraucherschutz-RLen. Insofern geht der Ansatz der Kommission, jene in ihrem Vorschlag für eine Rahmenrichtlinie zu streichen, grundsätzlich zwar in die richtige Richtung. Im Einzelfall ist etwa zweifelhaft, ob die Rom I-VO ein vergleichbares Schutzniveau bietet. Weiterhin sollte das Verhältnis der Rom II-VO etwa zum HStrÜ sowie ProdHaftÜ überdacht und ersterer Vorrang eingeräumt werden. Überhaupt erscheint eine intensive Zusammenarbeit mit der **Haager Konferenz** vorteilhaft, um Friktionen zwischen dem unions- und einem völkervertragsrechtlich geprägten Anknüpfungsregime zu vermeiden. Eine Quellenreduktion böte überdies die Gelegenheit einheitliche Bestimmungen zum ordre public bzw über Eingriffsnormen zu schaffen und den Anknüpfungsregeln auf diese Weise einen allgemeinen Teil voranzustellen. Aufgrund des neuen Ansatzes der Kommission, wie etwa im Internationalen Insolvenz-, Unterhalts- und zukünftig wohl auch Erbrecht, themenbezogene „Pakete“ aus Regeln zur internationalen Zuständigkeit, Anknüpfung, Anerkennung, Vollstreckbarerklärung und Exequatur zu schnüren, erscheint eine Gesamtkodifikation wohl allerdings in weiter Ferne.

Kapitel 2: Internationales Zivilverfahrensrecht

A. Einleitung

Die Vergemeinschaftung des Internationalen Zivilprozessrechts ist ebenso wie diejenige des Inter- 177
nationalen Privatrechts im Vergleich zur Vorauflage weit vorangeschritten.

Dies gilt zum einen für die **internationale** (teilweise unter Einschluss der örtlichen) **Zuständigkeit** als auch für die **Anerkennung** und **Vollstreckbarerklärung mitgliedstaatlicher Titel**. Angesichts der Dynamik dieser Vergemeinschaftung, welche insbesondere in dem vom Europäischen Rat am 4./5. November 2004 verabschiedeten **Haager Programm zur Stärkung von Freiheit, Sicherheit und**

784 *Mansel/Thorn/Wagner, R.*, IPRax 2013, 1, 2.
785 *Mansel*, IPRax 2013, 87.
786 *Mansel/Thorn/Wagner, R.*, aaO.

Recht in der Europäischen Union[787] sowie dem konkretisierenden Aktionsplan zum Haager Programm[788] zum Ausdruck kommt, kann allenfalls eine Momentaufnahme darstellen. Ausgespart bleiben dabei Rechtsakte, die vorrangig der Harmonisierung des Sachrechts dienen und lediglich flankierende Vorgaben prozessualer Natur enthalten. Verbraucherschutz-RLen können ferner dadurch mittelbar Auswirkungen auf das Verfahrensrecht erlangen, dass sie als Quelle von Hinweispflichten im Sinne des § 504 ZPO dienen[789] oder aber Präklusionsvorschriften[790] wie § 767 Abs. 2 ZPO richtlinienkonform auszulegen sind. Nicht näher behandelt wird zudem die Entscheidung des Rates über die Einrichtung eines Europäischen Justiziellen Netzes für Zivil- und Handelssachen.[791] Dieses dient unter anderem dem Dialog zwischen Justizangehörigen sowie dem Ziel, die Öffentlichkeit über die Zusammenarbeit und die Justizsysteme in den einzelnen Mitgliedstaaten zu informieren. Ausgenommen bleibt schließlich die Verordnung über Aktivitäten zur Erleichterung der justiziellen Zusammenarbeit in Zivilsachen, welche die Basis für den „Europäischen Gerichtsatlas" bildet. Diese seit März 2004 in allen Amtssprachen der EU im Internet[792] abrufbare Datenbank enthält Angaben vor allem bezüglich der zuständigen Gerichte für die **Zustellung**, Beweisaufnahme sowie Vollstreckbarerklärung von Entscheidungen. Hingewiesen sei nur an dieser Stelle auch auf das Europäische Übereinkommen über Auskünfte in Zivil- und Handelssachen.[793]

Im Zentrum der aktiven Rechtsangleichung auf dem Feld des Europäischen Zivilverfahrensrechts und damit des nachfolgenden Überblicks stehen bestimmte EG-Verordnungen (VOen). Einen besonderen Schwerpunkt bildet die **Brüssel I-VO.** Dem folgen Ausführungen zur **EuVT-VO, Brüssel IIa-VO, EuIns-VO, EuZ-VOa, EuB-VO, PKH-RL, EG-MahnVO, EG-BagatellVO, Mediations-RL** sowie zum **FamFG.** Danach wird die Funktion des Primärrechts als Schranke des nationalen Verfahrensrechts aufgezeigt. Der Beitrag endet mit einem Blick in die Werkstatt des europäischen Gesetzgebers.

---

787 S. die Mitteilung der Kommission an den Rat und das Europäische Parlament vom 10. Mai 2005, KOM (2005) 184 endg.; beachte ferner das Haager Programm zur Stärkung von Freiheit, Sicherheit und Recht in der Europäischen Union des Rates, ABl. C 53 v. 3. März 2005, S. 1 ff; zum Haager Programm auch *Wagner*, IPRax 2005, 66 f; *ders.*, IPRax 2005, 494 ff; dieses Programm baut auf den Schlussfolgerungen von Tampere auf; der Text ist abgedruckt in NJW 2000, 1925; beachte auch das am 10 ./11. Dezember 2009 verabschiedete Stockholmer Programm, s. dazu ausführlich *Wagner*, IPRax 2010, 97 ff.

788 Aktionsplan des Rates und der Kommission zur Umsetzung des Haager Programms zur Stärkung von Freiheit, Sicherheit und Recht in der Europäischen Union, ABl. C 198 v. 12. August 2005, S. 1 ff.

789 Rauscher/*Staudinger*, Art. 24 Brüssel I-VO, Rn 17.

790 Hierzu *Staudinger*, in: FS Kollhosser, S. 347 ff; zur Präklusion s. BGH, NJW 2004, 1252, 1253 f und BGH, VersR 2004, 126 ff m.Anm. *Luckey*, 128 ff = JZ 2004, 416 ff (Wolf/Lange); beachte BVerfG, WM 2006, 23 zur analogen Anwendung des § 79 Abs. 2 BVerfGG; diese Entscheidung lässt sich von ihrer ratio indes nicht auf die Vollstreckungsabwehrklage übertragen, um hierdurch unter Ausschluss der Präklusionsschranke in § 767 Abs. 2 ZPO die Judikatur des EuGH, Rs. C-412/06 (Hamilton), EuZW 2008, 278 und den danach anschließenden Wandel in der Rspr des II. und XI. Zivilsenats des BGH gegenüber bereits rechtskräftigen Titeln fruchtbar zu machen. Zwar erstreckt sich das Gebot der richtlinienkonformen Interpretation zweifelsohne über reine Umsetzungsvorschriften ebenso auf § 767 ZPO. Indes dürfte eine Missachtung der Schranke in § 767 Abs. 2 ZPO über das von gemeinschafts- bzw nun unionsrechtlicher Seite Geforderte hinausgehen, zumal der EuGH die Bedeutung hervorhebt, welche dem Grundsatz der Rechtskraft ebenso auf supranationaler Ebene wie in den mitgliedstaatlichen Rechtsordnungen zukommt: EuGH, Rs. C-234/04 (Rosmarie Kapferer ./. Schlank & Schick GmbH), EuZW 2006, 241 m.Anm. *Schmidt-Westphal/Sander*; ferner *Schwab*, JZ 2006, 170; s. zu den durch das supranationale Recht gesetzten Grenzen der Rechtskraft gerichtlicher Entscheidungen auch EuGH, Rs. C-119/05 (Ministero dell'Industria, del Commercio e dell' Artigianato ./. Lucchini SpA), EuZW 2007, 511; dazu Anmerkung *Hatje*, EuR 2007, 654 ff.

791 ABl. L 174 v. 27. Juni 2001, S. 25 ff; zum Ausbau des Justiziellen Netzes s. *R. Wagner*, IPRax 2005, 494, 496.

792 http://europa.eu.int/comm/justice_home/judicialatlascivil/html/index_de.htm.

793 BGBl. 1974 II, S. 938. Das Übereinkommen ist in der Praxis wenig bekannt, gibt jedoch dem Gericht die Möglichkeit, das Land, dessen Recht anwendbar ist, zu ersuchen, ihm alle relevanten Informationen wie Gesetzestexte, einschlägige Rechtsprechung sowie Kommentarliteratur zu übermitteln. Vgl die Darstellung bei *Bachmeier*, DAR-Extra 2009, 753, 757 f; zum Begriff der Zivil- und Handelssache vgl auch die zur Brüssel I-VO ergangene Judikatur, *Staudinger*, Rn 180; s. auch die Angaben bei Hk-BGB/*Staudinger*, Art. 1 Rom-I, Rn 2.

B. Derzeitiger Stand des Europäischen Zivilverfahrensrechts

Während das Europäische Zivilverfahrensrecht anfangs auf Konventionen[794] basierte, dominiert mittlerweile das sekundäre Gemeinschaftsrecht in Gestalt von **VOen.** Auslöser hierfür war der im Amsterdamer Vertrag neu geschaffene **Kompetenztitel in Art. 61 lit. c), 65 EGV**, der im Vertrag von Nizza[795] in leicht veränderter Fassung fortbestand und nunmehr nach Inkrafttreten des Vertrages von Lissabon **Art. 81 AEUV**[796] weithin entspricht. Diese primärrechtlich verankerte Ermächtigungsgrundlage erlaubt den Erlass von Harmonisierungsmaßnahmen, die das Internationale Zivilverfahrensrecht betreffen. Beachtung verdienen die geänderten Vorschriften zu den Mehrheitsverhältnissen. Es bleibt grundsätzlich dabei, dass Rechtsakte in diesem Bereich vom Europäischen Parlament und dem Rat mit qualifizierter Mehrheit zu beschließen sind, sog. ordentliches Gesetzgebungsverfahren nach Art. 81 Abs. 2, 289 Abs. 1, 294 AEUV. Anderes gilt für Maßnahmen im Gebiet des Familienrechts mit grenzüberschreitendem Bezug, hinsichtlich derer der Rat gem. Art. 81 Abs. 3 Unterabs. 1 AEUV einstimmig nach Anhörung des Parlaments entscheidet. Es besteht aber die Möglichkeit, ebenso diesen Bereich dem ordentlichen Gesetzgebungsverfahren zu unterstellen.[797] 178

Rechtsakte, die sich auf Titel IV des EGV gründeten, unterlagen im Hinblick auf das **Vorabentscheidungsverfahren** – abweichend von Art. 234 EGV – der Sonderregel in Art. 68 Abs. 1 EGV.[798] Laut dieser Vorschrift waren lediglich die letztinstanzlichen Spruchkörper zur Vorlage an den EuGH berechtigt und wohl auch verpflichtet,[799] wobei nach nahezu einhelliger Ansicht eine konkrete bzw funktionelle Betrachtungsweise geboten und auf die jeweilige Verfahrensart abzustellen war.[800] Ein vertragliches Schiedsgericht[801] zählte hingegen nicht zu denjenigen Gerichten im Sinne des Art. 234 sowie Art. 68 Abs. 1 EGV.[802] Mit der Geltung des AEUV seit dem 1. Dezember 2009 ist Art. 68 EGV entfallen. Es greift nunmehr einheitlich Art. 267 AEUV Platz mit einer dem Art. 234 EGV entsprechenden Regelung, so dass die Pflicht zur Vorlage fort- und zudem eine erweiterte Möglichkeit hierzu besteht. In Ermangelung einer diesbezüglichen Übergangsregelung im AEUV oder im Protokoll Nr. 36[803] zum EUV nF und AEUV gilt dies ab Inkrafttreten auch für bereits vorher eingeleitete Verfahren.[804] Zur Gewährleistung eines hinreichend schnellen Vorabentscheidungsverfahrens kann der Gerichtshof seit dem 1. März 2008 in einem Eilverfahren entscheiden.[805]

---

794 Zu dieser Entwicklung: *Junker*, in: FS Sonnenberger, S. 417, 422 f.

795 ABl. C 80 v. 10. März 2001, S. 1 ff.

796 ABl. C 115 v. 9. Mai 2008, S. 47 ff, zuletzt geändert durch Art. 2 Vertrag von Lissabon vom 13. Dezember 2007, ABl. C 306 v. 17. Dezember 2007, S. 1 ff, berichtigt durch ABl. C 111 v. 6. Mai 2008, S. 56 u. ABl. C 290 v. 30. November 2009, S. 1. Es ist von einem Ausbau der Kompetenz auszugehen. So erscheint das Tatbestandsmerkmal der Erforderlichkeit für das reibungslose Funktionieren des Binnenmarktes durch Einfügen des Wortes „insbesondere" nur noch als Beispiel und nicht als zwingende Voraussetzung.

797 Vgl die Ausführungen bei *Mansel/Thorn/R. Wagner*, IPRax 2010, 1, 25.

798 Beachte die Änderung der Verfahrensordnung des Gerichtshofs der Europäischen Gemeinschaften, ABl. L 203 v. 4. August 2005, S. 19 ff; zum beschleunigten Verfahren im EG-Prozessrecht; *Sladic*, EuZW 2005, 712 ff.

799 Vgl etwa *Drappatz*, Die Überführung des internationalen Zivilverfahrensrechts in eine Gemeinschaftskompetenz nach Art. 65 EGV (2002) 127 mwN; *Hess*, RabelsZ 66 (2002), 470, 488 Fn 106 mwN; aA *Wiedmann*, in: Schwarze (Hrsg.), EU-Kommentar (2000), Art. 68 EGV, Rn 3, der ein Ermessen des letztinstanzlichen Gerichtes annimmt.

800 Rauscher/*Staudinger*, Einl. Brüssel I-VO, Rn 43 ff; *ders.*, ZEuP 2004, 767, 780.

801 Zur Internationalen Schiedsgerichtsbarkeit innerhalb des Binnenmarkts beachte *Gómez Jene*, IPRax 2005, 84 ff.; zu den Regelungen der Rom-VOen s. einerseits *McGuire*, SchiedsVZ 2011, 257 ff und andererseits *Schilf*, RIW 2013, 678 ff.

802 Vgl EuGH, Rs. C-555/13 (Merck Canada Inc. ./. Accord Healthcare Ltd), BeckRS 2014, 80428; EuGH, Rs. C-125/04 (Guy Denuit, Betty Condenier ./. Transorient– Mosaïque Voyages et Culture SA), RIW 2005, 454 f.

803 ABl. C 115 v. 9. Mai 2008, S. 322 ff.

804 Zu dieser Frage vgl auch Rauscher/*Staudinger*, Einl. Brüssel I-VO, Rn 63 b.

805 Vgl Rauscher/*Staudinger*, Einl. Brüssel I-VO, Rn 63 a.

Der supranationale Gesetzgeber hat in der Vergangenheit wiederholt Rechtsinstrumente auf diesen Kompetenztitel gestützt. Besondere Beachtung verdient insoweit die **Brüssel I-VO**. Dieser Sekundärrechtsakt ist nach seinem Art. 76 am 1. März 2002 – mit Ausnahme Dänemarks[806] – binnenmarktweit in Kraft getreten und gilt seit dem 1. Juli 2007 mit Einschränkungen entsprechend im Verhältnis zu Dänemark.[807] Er ersetzt im Rahmen seines sachlichen, zeitlichen und räumlichen Anwendungsbereichs das **EuGVÜ**, welches in seiner ursprünglichen Fassung aus dem Jahre 1968 datiert. Diese Konvention legte den Grundstein für das Europäische Zivilprozessrecht und war Vorbild für das Parallelabkommen von **Lugano.**[808]

C. Brüssel I-VO

179 Die Brüssel I-VO regelt die gerichtliche Zuständigkeit sowie die Anerkennung und Vollstreckbarerklärung von Entscheidungen in Zivil- und Handelssachen. Mit dieser Harmonisierungsmaßnahme wurde das **EuGVÜ** vergemeinschaftet. Im Verhältnis zu Dänemark ist die Brüssel I-VO nicht direkt anwendbar, sondern mit gewissen Einschränkungen nach Maßgabe des am 1. Juli 2007 in Kraft getretenen Abkommens zwischen der Europäischen Gemeinschaft und dem Königreich Dänemark über die gerichtliche Zuständigkeit und die Anerkennung und Vollstreckung von Entscheidungen in Zivil- und Handelssachen.[809] Die zunächst im Binnenmarkt als Rechtsraum bestehende Lücke – die neuen Beitritts- waren nicht Signatarstaaten des zunächst im Verhältnis zu Dänemark fortgeltenden EuGVÜ – wurde damit geschlossen.

Inhaltlich setzt sich die VO wie das EuGVÜ als ihr Vorläufer aus zwei Teilbereichen zusammen: Zum einen legt der **Zuständigkeitskatalog**[810] fest, welche Spruchkörper im Binnenmarkt international sowie – dies gilt jedenfalls hinsichtlich einzelner Vorschriften – örtlich[811] zuständig sind. Zum anderen regelt der Gemeinschaftsgesetzgeber – der in Zukunft nach Inkrafttreten des EUV nF und AEUV wohl als Unionsgesetzgeber zu bezeichnen sein wird – die **Anerkennung** und **Vollstreckbarerklärung**[812] mitgliedstaatlicher Titel. Der nachstehende Überblick beschränkt sich auf einige zentrale Vorschriften sowie darauf, Unterschiede zwischen dem EuGVÜ und der Brüssel I-VO aufzuzeigen. Dies betrifft vor allem das im Vergleich zur Konvention **„verschlankte" Exequaturverfahren.**

I. Anwendungsbereich

180 In Kapitel I bestimmt der Gemeinschaftsgesetzgeber den sachlichen, zeitlichen und territorialen Regelungsbereich des Sekundärrechtsakts. Gem. Art. 1 Abs. 1 1. Hs Brüssel I-VO findet die Har-

---

806 Vgl Art. 1 Abs. 3 Brüssel I-VO sowie Erwägungsgrund 21 der Brüssel I-VO. Sofern nachfolgend von Mitgliedstaaten die Rede ist, sind von diesem Begriff alle Staaten der EU mit Ausnahme Dänemarks umfasst.

807 Beachte dazu das Parallelabkommen mit Dänemark; vgl *Staudinger*, Rn 165.

808 S. zum revidierten Lugano-Übereinkommen die Angaben bei *Staudinger*, Rn 188.

809 ABl. L 299 v. 16. November 2005, S. 62 ff, ABl. L 94 v. 4. April 2007, S. 70; beachte ferner die Anpassung der Brüssel I-VO aufgrund des Beitritts von Kroatien durch die VO (EU) Nr. 517/2013, ABl. L 158 v. 10. Juni 2013, S. 1 ff.

810 S. Art. 2 ff. Brüssel I-VO.

811 Vgl etwa Art. 5 Nr. 1 lit. a) Brüssel I-VO.

812 S. Art. 32 ff. Brüssel I-VO.

monisierungsmaßnahme auf **Zivil-**[813] und als deren Unterfall auf **Handelssachen** Anwendung.[814] Der hiernach denkbar weite Geltungsbereich der VO[815] wird durch ihren **Ausnahmekatalog** in Art. 1 Abs. 2 eingeschränkt. Diesem unterfallen beispielsweise – mit Ausnahme von Unterhaltssachen[816] – bestimmte familienrechtliche Streitigkeiten,[817] das Gebiet des Erbrechts (wohl mit Ausnahme von Schenkungen unter Lebenden auf den Todesfall)[818] sowie Insolvenzverfahren[819] und die Schiedsgerichtsbarkeit.[820] Art. 1 Abs. 2 Brüssel I-VO legt den Anwendungsbereich des Sekundärrechtsakts dabei nicht nur im Hinblick auf Titel im Sinne des Art. 32 Brüssel I-VO fest. Ebenso wenig kommt eine Vollstreckbarerklärung etwa von Prozessvergleichen gem. Art. 58 Brüssel I-VO in Betracht, sofern ihr Gegenstand (auch) dem Gebiet des Erbrechts nach Art. 1 Abs. 2 lit. a) Brüssel I-VO unterfällt.[821] Die verbleibenden Lücken im Europäischen Zivilverfahrensrecht sind mittlerweile für die zuvor genannten Rechtsgebiete zumindest teilweise durch die **Brüssel IIa-VO** sowie **EuIns-VO** geschlossen worden.

Nach Art. 66 Abs. 1 Brüssel I-VO erfasst der Sekundärrechtsakt diejenigen Klagen, die nach seinem Inkrafttreten erhoben wurden.[822] Eine autonome Definition der **Klageerhebung** fehlt. Art. 30 Brüssel I-VO, welcher entsprechende Grundsätze aufstellt, gilt lediglich für Abschnitt 9 der Harmonisierungsmaßnahme. Es erscheint methodisch zweifelhaft, jene ebenso im Rahmen von Art. 66

813 Vgl zur Reichweite des Begriffs der Zivilsachen: EuGH, Rs. C-266/01 (Preservatrice fonciere TIARD SA ./. Staat der Nederlanden), Slg 2003, I-4867 ff = IPRax 2003, 528 ff m.Anm. *Geimer*, 512 ff; EuGH, Rs. C-265/02 (Frahuil ./. Assitalia SpA) Rn 21, IPRax 2004, 334 ff m.Anm. S. *Lorenz/Unberath*, 298 ff und *Freitag*, 305 ff. Sind Behörde und Private Parteien, so ist nur dann keine Zivilsache anzunehmen, wenn der Rechtsstreit im Zusammenhang mit Ausübung hoheitlicher Befugnisse steht, EuGH, Rs. C-292/05 (Lechouritou u.a., Bundesrepublik Deutschland), EuZW 2007, 252 ff zu Schadensersatzansprüchen wegen Wehrmachtsmassaker; vgl auch EuGH, Rs. C-645/11 (Sapir u.a.), NJW 2013, 1661 ff.; der Anwendungsbereich ist auch eröffnet, wenn eine Behörde gegen einen selbst nicht mehrwertsteuerpflichtigen Dritten wegen Mitwirkung an einer Mehrwertsteuerhinterziehung auf Schadensersatz klagt, vgl EuGH, Rs. C-49/12 (Commissioners for Her Majesty's Revenue and Customs ./. Sunico ApS, M & B Holding ApS, Harwani), EuZW 2013, 828 ff; eine Zivil- und Handelssache liegt ferner ebenfalls vor, wenn es sich um die arbeitsrechtliche Klage eines nicht hoheitlich tätigen Angestellten gegen eine Botschaft aus einem Drittstaat handelt, vgl EuGH, Rs. C-154/11 (Mahamdia ./. Demokratische Volksrepublik Algerien), NZA 2012, 935 ff.

814 Rauscher/*Mankowski*, Art. 1 Brüssel I-VO, Rn 1.

815 Rauscher/*Mankowski*, Art. 1 Brüssel I-VO, Rn 1.

816 Beachte insoweit Art. 5 Nr. 2 Brüssel I-VO; hierzu EuGH, Rs. C-433/01 (Freistaat Bayern), Slg 2004, I-981 ff = NJW 2004, 1439 f= IPRax 2004, 240 ff m.Anm. *Martiny*, 195 ff; hierzu auch Gebauer/Wiedmann/*Gebauer*, Art. 5 Brüssel I-VO, Rn 48. Voraussichtlich mit dem 18. Juni 2011 wird ab diesem Zeitpunkt im Hinblick auf Unterhaltssachen die EG-Unterhalts-VO Geltung beanspruchen, die insoweit die Brüssel I-VO verdrängt, vgl hierzu *Staudinger*, Rn 205.

817 Sind etwa sowohl vom Anwendungsbereich erfasste Unterhaltsfragen als auch ausgeschlossene güterrechtliche Folgen Gegenstand einer zu vollstreckenden Entscheidung, so ist zu differenzieren – eine Entscheidung, die beidem zugleich dient, kann nach der Brüssel I-VO (Art. 42) teilweise vollstreckt werden, wenn klar aus ihr hervorgeht, welchem der beiden Zwecke die verschiedenen Teile der angeordneten Leistung jeweils zuzuordnen sind, BGH, NJW-RR 2010, 1 ff.

818 S. bereits in Bezug auf die EuErb-VO Rn 79.

819 Vgl hierzu EuGH, Rs. C-111/08 (SCT Industri AB i likvidation), NZI 2009, 570 f m.Anm. *Mankowski*.

820 Auf einstweilige Maßnahmen staatlicher Gerichte, die der Sicherung von materiell-rechtlichen Ansprüchen dienen, findet jedoch die Brüssel I-VO Anwendung, auch wenn über den Bestand dieser Ansprüche in der Hauptsache innerhalb eines schiedsrichterlichen Verfahrens zu entscheiden ist, vgl BGH, EuZW 2009, 308 f; hierzu Schlosser, IPRax 2009, 416 f. Zum sog. Heidelberg-Bericht betr. den Vorschlag, den Ausschluss abzuschaffen vgl *Schlosser*, SchiedsVZ 2009, 129 ff.

821 Rauscher/*Staudinger*, Art. 58 Brüssel I-VO, Rn 2; zustimmend Bülow/Böckstiegel/Geimer/Schütze/*Tschauner*, Art. 58 Brüssel I-VO, Rn 2; abweichend Geimer/Schütze/*Geimer*, Art. 1 Brüssel I-VO, Rn 83 f, Art. 38 Brüssel I-VO, Rn 35, Art. 57 Brüssel I-VO, Rn 24, Art. 58 Brüssel I-VO, Rn 9.

822 Zum intertemporalen Anwendungsbereich im Hinblick auf die neuen osteuropäischen Beitrittsstaaten s. *Thomale,* IPRax 2014, 239; *Hess*, IPRax 2004, 374 ff; Gebauer/Wiedmann/*Gebauer*, Brüssel I-VO Überblick, Rn 5, Art. 66 Brüssel I-VO, Rn 273 ff. Dies lässt sich auch auf die Annerkennung und Vollstreckung von Entscheidungen aus mitgliedstaatlichen Erststaaten in Kroatien nach Beitritt übertragen. Beachte in Bezug auf den Beitrittsstaat Polen, welcher das Lugano-Übereinkommen ratifiziert hat, die Sonderregel in Art. 66 Abs. 2 lit. a) Brüssel I-VO. Zu Abs. 2 s. EuGH, Rs. C-514/10 (Wolf Naturprodukte GmbH ./. SEWAR spol. s r.o.), NJW-RR 2012, 152.

Abs. 1 Brüssel I-VO heranzuziehen.[823] Mangels einer Legaldefinition verbleibt somit der Rückgriff auf das jeweilige nationale Recht.[824] Bezogen auf die deutsche Rechtslage ist nach §§ 253 Abs. 1, 261 Abs. 1 ZPO derjenige Zeitpunkt entscheidend, in dem die Klageschrift dem Beklagten zugestellt bzw die Rechtshängigkeit der Klage nach Maßgabe der §§ 696 Abs. 3 und 700 Abs. 2 ZPO fingiert wird, was ebenso für Widerklagen gilt.[825] Das Regelwerk erstreckt sich ferner auf **Urkunden** und – in Anbetracht des Art. 58 Brüssel I-VO – auf **Prozessvergleiche**, die nach dem Inkrafttreten der VO aufgenommen worden sind. Im Hinblick auf die Anerkennung und Vollstreckbarerklärung von Titeln erweitert Art. 66 Abs. 2 Brüssel I-VO den intertemporalen Regelungsbereich für den Fall, dass die Klage vor Inkrafttreten des Sekundärrechtsakts erhoben, die Entscheidung aber erst nach dem Stichtag erlassen worden ist. Wann eine Entscheidung als „erlassen" gilt, richtet sich nach der jeweiligen lex fori.[826]

Hinsichtlich des territorialen Geltungsbereichs ist zunächst Art. 52 EUV nF (bislang Art. 299 EGV) zu beachten. Ferner setzt der Zuständigkeitskatalog entsprechend Art. 2 ff Brüssel I-VO einen grenzüberschreitenden Sachverhalt voraus.[827] Dies folgt aus Erwägungsgrund Nr. 2 der Harmonisierungsmaßnahme sowie – im Lichte des Kompetenztitels – dem Gebot der primärrechtskonformen Auslegung. Einen solchen **Auslandsbezug** erforderte ebenso das EuGVÜ als Vorläuferkonvention.[828] Aus Art. 2 Abs. 1 (in Verbindung mit Art. 59, 60) Brüssel I-VO, der den **allgemeinen Gerichtsstand** regelt, sowie Art. 3 Abs. 1 und Art. 4 Abs. 1 Brüssel I-VO ergibt sich darüber hinaus, dass die internationale (sowie gegebenenfalls örtliche) Zuständigkeit auf supranationaler Ebene dann abschließend festgelegt ist, wenn der Prozess gegen den Beklagten in seinem Heimatmitgliedstaat oder einem anderen Mitgliedstaat geführt werden soll. Insbesondere schließt Art. 3 Abs. 2 Brüssel I-VO bestimmte **exorbitante Gerichtsstände** in den jeweiligen nationalen Prozessordnungen aus. Abgesehen von den Sonderfällen einer **Prorogation** nach Art. 23 Brüssel I-VO[829] sowie den ausschließlichen Gerichtsständen in Art. 22 Brüssel I-VO ist der Rückgriff auf die lex fori lediglich insofern zulässig, als die gegnerische Seite ihren Wohnsitz in einem Drittstaat (unter Einschluss Dänemarks) hat. Zweifelhaft erscheint, ob die Anwendbarkeit der Brüssel I-VO über die zuvor genannten Vorgaben hinaus einen **Mitgliedstaatenbezug** als ungeschriebenes Tatbestandsmerkmal erfordert oder Berührungspunkte zu einem Drittstaat bei einem mitgliedstaatlichen Beklagtenwohnsitz genügen.[830] Sowohl bezüglich des EuGVÜ[831] als auch im Hinblick auf die Brüssel I-VO erscheint es methodisch überzeugender, einen Mitgliedstaatenbezug als versteckte Anwendungs-

823 S. Rauscher/*Staudinger*, Art. 66 Brüssel I-VO, Rn 2 mwN; abweichend befürworten eine Anwendbarkeit östOGH, IPRax 2007, 134 f; BGH, WM 2006, 151; Czernich/Tiefenthaler/Kodek/*Tiefenthaler* Rn 3; Geimer/Schütze/*Geimer*, Art. 66 Brüssel I-VO Rn 2; Bülow/Böckstiegel/Geimer/Schütze/*Pörnbacher*, Art. 66 Brüssel I-VO, Rn 9; *Hess*, IPRax 2004, 374, 375; *Rüfner*, ZEuP 2008, 168, 170; wohl auch Gebauer/Wiedmann/*Gebauer*, Art. 66 Brüssel I-VO, Rn 274; die Frage offen lassend: BGH, NJW 2006, 1672.

824 Vgl Rauscher/*Staudinger*, Art. 66 Brüssel I-VO, Rn 2.

825 Vgl Rauscher/*Staudinger*, Art. 66 Brüssel I-VO, Rn 2.

826 Vgl Rauscher/*Staudinger*, Art. 66 Brüssel I-VO, Rn 10; Gebauer/Wiedmann/*Gebauer*, Art. 66 Brüssel I-VO, Rn 277.

827 Rauscher/*Staudinger*, Einl. Brüssel I-VO, Rn 19; Gebauer/Wiedmann/*Gebauer*, Brüssel I-VO Überblick, Rn 10; Bülow/Böckstiegel/Geimer/Schütze/*Pörnbacher*, Einl. Brüssel I-VO, Rn 24; s. aber auch Geimer/Schütze/*Geimer*, Art. 2 Brüssel I-VO, Rn 101 ff.

828 S. EuGH, Rs. C-281/02 (Owusu), IPRax 2005, 244 ff = EuZW 2005, 345 ff.

829 Zur Möglichkeit der Prorogation in AGB vergleiche etwa OLG Celle, K&R 2009, 655 ff. Zu Gerichtsstandsvereinbarungen zwischen Kaufleuten im internationalen Recht vgl *Mark/Gärtner*, MDR 2009, 837 ff.

830 Vgl Rauscher/*Mankowski*, Vorbem. Art. 2 Brüssel I-VO, Rn 11.

831 S. Rauscher/*Staudinger*, Einl. Brüssel I-VO, Rn 20; der BGH scheint nunmehr von der Anwendungsschranke im Lichte der jüngeren Judikatur des EuGH Abstand zu nehmen; so zum EuGVÜ: BGH, NJW-RR 2005, 1593, 1594.

schranke abzulehnen.[832] Neben der Judikatur des EuGH[833] zur Vorläuferkonvention, die sich auf den Sekundärrechtsakt übertragen lässt, streitet hierfür der Wortlaut von Art. 4 Abs. 1 sowie des Erwägungsgrunds Nr. 8. S. 1 Brüssel I-VO. Danach müssen Rechtsstreitigkeiten lediglich „einen Anknüpfungspunkt an das Hoheitsgebiet eines der Mitgliedstaaten aufweisen". Demzufolge greift der Zuständigkeitskatalog ebenso bei einem Sachverhalt ein, dessen **grenzüberschreitendes Element** sich in dem Bezug zu einem **Drittstaat** erschöpft. Zu beachten ist noch, dass gem. Art. 67 ff Brüssel I-VO diese ggf hinter bestehende staatsvertragliche Regelungen sowie Bestimmungen, die für besondere Rechtsgebiete die gerichtliche Zuständigkeit oder die Anerkennung und Vollstreckung von Entscheidungen regeln sowie in gemeinschaftlichen Rechtsakten oder in dem in Ausführung dieser Akte harmonisierten einzelstaatlichen Recht enthalten sind, zurücktritt.[834]

II. Regelungen zur internationalen und örtlichen Zuständigkeit nach Art. 2 ff Brüssel I-VO

In der Praxis bietet sich folgende Prüfungsreihenfolge an. Dabei ist die jeweils nachfolgende Stufe 181
nur einschlägig, wenn die vorangehende verneint wurde: Eingangs ist das Vorliegen einer **ausschließlichen Zuständigkeit** gem. Art. 22 zu prüfen.[835] Dem folgt die Prüfung einer **rügelosen Einlassung** nach Art. 24[836] und einer ausschließlichen **Prorogation** gem. Art. 23 Brüssel I-VO, die seit der Vergemeinschaftung auch in elektronischer Form zulässig ist.[837] Sodann ist das Bestehen eines **Schutzgerichtsstandes** nach Maßgabe der Art. 7, 15 oder 18 Brüssel I-VO zu kontrollieren. Andernfalls verbleiben der **allgemeine Gerichtsstand** in Art. 2 Abs. 1 sowie die **besonderen Gerichtsstände** in Art. 5 und 6 Brüssel I-VO. Der in der Brüssel I-VO festgelegte Zuständigkeitskatalog eröffnet den Spruchkörpern keinen Beurteilungsspielraum. Dementsprechend ist die Einrede des **forum non conveniens** mit dem EuGVÜ[838] bzw der Brüssel I-VO unvereinbar. Ebenso wenig sind **Prozessführungsverbote** anzuerkennen (**„antisuit injunctions"**), da jedenfalls ein Eingriff in die Zuständigkeit eines EG-ausländischen Gerichts vorliegt, der als solcher mit der Systematik des EuGVÜ bzw der Brüssel I-VO unvereinbar ist.[839]

Der nachstehende Überblick in numerischer Folge beschränkt sich auf praxisrelevante Abweichun- 182
gen der Brüssel I-VO zum EuGVÜ.

Art. 2 Abs. 1 Brüssel I-VO normiert als **allgemeinen Gerichtsstand** den **Beklagtenwohnsitz.**[840] Dieser ist nach Art. 59 Brüssel I-VO unter Rückgriff auf das jeweilige nationale Recht zu ermitteln. Demgegenüber hat der Sekundärrechtsgeber, abweichend von der Ausgangslage zum **EuGVÜ,** den

832 *Kropholler*, vor Art. 2 Brüssel I-VO, Rn 8; so zur Brüssel I-VO auch Gebauer/Wiedmann/*Gebauer*, Brüssel I-VO Überblick, Rn 10; *Jayme/Kohler*, IPRax 2005, 481; *Mayr*, RabelsZ 69 (2005), 558, 561; Bülow/Böckstiegel/Geimer/Schütze/*Pörnbacher*, Einl. Brüssel I-VO, Rn 24; abweichend *Schack*, S. 120.

833 EuGH, Rs. C-412/98 (Group Josi Reinsurance Co SA), Slg 2000, I-5925 ff; s. auch EuGH, Rs. C-281/02 (Owusu), IPRax 2005, 244, 246 f; zur Entscheidung *Bruns*, JZ 2005, 890 ff; *Heinze/Dutta*, IPRax 2005, 224 ff; *McEleavy/Cuniberti*, ICLQ 2005, 973 ff, weitere Nachweise bei *Jayme/Kohler*, IPRax 2005, 481, 487; zum "unechten Inlandsfall" bei Verbraucherverträgen s. EuGH, Rs. C-478/12 (Armin Maletic, Marianne Maletic ./. lastminute.com GmbH, TUI Österreich GmbH), RRa 2014, 13 ff; dazu *Müller*, EuZW 2014, 33 f; *Staudinger*, RRa 2014, 10 ff.

834 So etwa gegenüber dem Übereinkommen von Montreal (ABl. L 194 v. 18. Juni 2001, S. 39; vgl auch die veränderten Haftungshöchstgrenzen, BGBl. 2009 II, S. 1258.), beachte EuGH, Rs. C-204/08 (Peter Rehder, Air Baltic Corporation), NJW 2009, 2801 ff.

835 S. in diesem Zusammenhang zu Art. 22 Nr. 1 Brüssel I-VO: BGH, NJW-RR 2005, 72 ff; vgl auch EuGH, Rs. C-372/07 (Hassett, South Eastern Health Board), NZG 2009, 28 ff m.Anm. *Leible/Röder*.

836 Beachte hierzu BGH, RIW 2005, 776 ff; OLG Frankfurt aM, NJW-RR 2005, 935 f.

837 S. insoweit Art. 23 Abs. 2 Brüssel I-VO.

838 EuGH, Rs. C-281/02 (Owusu) = IPRax 2005, 244, 247 f.

839 EuGH, Rs. C-159/02 (Turner), Slg 2004, I-3565 ff = RIW 2004, 541 f = EuZW 2004, 468 ff; hierzu *Dutta/Heinze*, ZEuP 2005, 431 ff; *Krause*, RIW 2004, 533 ff; *Mankowski*, RIW 2004, 481, 497; *Rauscher*, IPRax 2004, 405 ff; *Schroeder*, EuZW 2004, 470 f; EuGH, Rs. C-185/07 (West Tankers), NJW 2009, 1655 f, dazu *Lehmann*, NJW 2009, 1645 ff; *Balthasar/Richers*, RIW 2009, 351 ff; *Schroeder*, EuZW 2009, 218 f.

840 Vgl *Czernich/Tiefenthaler/Kodek*, Art. 2 Brüssel I-VO, Rn 1.

Sitz einer juristischen Person und Gesellschaft kraft autonomer Definition in Anlehnung an Art. 48 Abs. 1 EGV abschließend definiert.

1. Gerichtsstand des Erfüllungsortes gemäß Art. 5 Nr. 1 Brüssel I-VO

183 Aus dem Kreis der **besonderen Gerichtsstände**, die dem Kläger in der Regel als Option gewährt werden,[841] betrifft Art. 5 Nr. 1 Brüssel I-VO[842] den Gerichtsstand für **Vertragsstreitigkeiten.**[843] Dieser stellt ein „sachbezogenes Gegengewicht zu dem personenbezogenen allgemeinen" Forum des Art. 2 Brüssel I-VO dar,[844] indem der Spruchkörper des **Erfüllungsortes**[845] anzurufen ist, „wenn ein Vertrag oder Ansprüche aus einem Vertrag den Gegenstand des Verfahrens bilden".[846] Unter der Herrschaft des EuGVÜ[847] war seit jeher die Frage umstritten, wie der Erfüllungsort zu ermitteln ist. Diese Problematik hat im Zuge der Vergemeinschaftung ein Stück weit an Bedeutung verloren. Art. 5 Nr. 1 lit. b) Brüssel I-VO bestimmt nunmehr den Ort der Erfüllung zumindest für den Verkauf beweglicher Sachen[848] sowie die Erbringung von Dienstleistungen[849] **autonom,**[850] mithin ohne Rückgriff auf das Kollisionsrecht und den Erfüllungsortbegriff des in der Sache anwendbaren materiellen Rechts. Demgegenüber stellt Art. 5 Nr. 1 lit. a) Brüssel I-VO lediglich eine **Auffangregel** für Verträge dar, die weder dem **Warenkauf** noch dem **Dienstleistungsverkehr** unterfal-

841 S. *Schlosser*, Art. 4 Brüssel I-VO, Rn 1.

842 Bei einer isolierten Gewinnmitteilung gem. § 661 a BGB stellt sich die Frage, ob (jedenfalls auch) der Tatortgerichtsstand iSv Art. 5 Nr. 3 Brüssel I-VO eröffnet ist. Für die Anwendbarkeit des Art. 5 Nr. 1 EuGVÜ vgl etwa noch: EuGH, Rs. C-27/02 (Engler ./. Janus Versand GmbH), NJW 2005, 811, BGH, NJW 2006, 230. Im Ergebnis sprach sich der Gerichtshof für einen divergierenden Vertragsbegriff aus. Ob sich diese Judikatur auf die Brüssel I-VO übertragen lässt, erscheint nicht frei von Bedenken, da sich Art. 15 Brüssel I-VO nunmehr von seiner Formulierung her mit Art. 5 Nr. 1 lit. a) Brüssel I-VO deckt. Für eine Anwendbarkeit von Art. 5 Nr. 1 lit. a) Brüssel I-VO vgl nunmehr OLG Hamm, OLGR Hamm 2007, 285 ff.

843 S. *Kropholler*, Art. 5 Brüssel I-VO, Rn 1.

844 S. *Kropholler*, IPR, S. 574.

845 Zum Erfüllungsort eines Beförderungsvertrages beachte EuGH, Rs. C-204/08 (Rehder ./. Air Baltic Corporation), Slg 2009, I-6073 ff.; zum Versendungskauf beachte OLG Stuttgart, IPRax 2009, 64 ff, dazu *Hau*, IPRax 2009, 44 ff.

846 Vgl Art. 5 Nr. 1 lit. a) Brüssel I-VO.

847 S. *Kropholler*, Art. 5 Brüssel I-VO, Rn 3.

848 Die Bestimmung bleibt auch im Fall mehrerer Lieferorte in einem Mitgliedstaat anwendbar, in einem solchen Fall ist für die Entscheidung über sämtliche Klagen aus einem Vertrag über den Verkauf beweglicher Sachen das Gericht zuständig, in dessen Bezirk sich der Ort der nach wirtschaftlichen Kriterien zu bestimmenden Hauptlieferung befindet. Lässt sich dieser nicht feststellen, so kann der Kläger den Beklagten vor dem Gericht des Lieferorts seiner Wahl verklagen; EuGH, Rs. C-386/05 (Color Drack GmbH ./. Lexx International Vertriebs GmbH), NJW 2007, 1799; hierzu *Lehmann*, ZZPInt 2007, 206 ff; *Mankowski*, IPRax 2007, 404 ff; *Sujecki*, EWS 2007, 398 ff. Zum Erfüllungsort bei Verträgen über die Lieferung herzustellender oder zu erzeugender Waren vgl BGH, EuZW 2008, 704 ff. s. zum Versendungskauf bzw zur Abgrenzung zwischen „Lieferung beweglicher Sachen" und „Erbringung von Dienstleistungen" ist auf die charakteristische Verpflichtung des fraglichen Vertrags abzustellen, vgl EuGH, Rs. C-381/08 (Car Trim GmbH ./. KeySafety Systems Srl), NJW 2010, 1059.

849 Hierzu: BGH, NJW 2006, 1806. Unklarheit herrscht darüber, ob dieser Begriff „Kreditverträge" einschließt; hierzu eingehend Rauscher/*Leible*, Art. 5 Brüssel I-VO, Rn 50. Zum Dienstleistungsbegriff s. die weiteren Angaben bei *Mankowski*, RIW 2005, 561, 568 sowie östOGH, ÖJZ 2004, 388 ff; OLG Köln, RIW 2005, 778; OLG München, RRa 2007, 182 ff; zum Gerichtsstand des Erfüllungsortes in UN-Kaufverträgen s. *Piltz*, IHR 2006, 53 ff; zum zuständigen Gericht für Entschädigungsansprüche von Flugpassagieren vgl EuGH, Rs. C-204/08 (Peter Rehder, Air Baltic Corporation), NJW 2009, 2801 ff; hierzu *Mankowski*, EWiR 2009, 607 f; *Staudinger*, RRa 2009, 219 ff; *Leible*, EuZW 2009, 571 ff; *Staudinger*, IPrax 2010, 140; *R. Wagner*, IPrax Heft 2010, 143; hins. der Nutzung geistigen Eigentums vgl EuGH, Rs. C-533/07 (Falco Privatstiftung u. Rabitsch, Weller-Lindhorst), NJW 2009, 1865 ff; dazu *Mankowski*, JZ 2009, 958 ff; *Brinkmann*, IPRax 2009, 487 ff; der ermittelte Gerichtsstand für die Dienst- gilt ebenso für die Gegenleistung, OLG Düsseldorf, NJW-RR 2008, 223 f; auch ein Vertrag über die Lagerung von Waren fällt unter den Dienstleistungsbegriff, vgl EuGH, Rs. C-469/12 (Krejci Lager & Umschlagbetrieb ./. Olbrich Transport und Logistik GmbH), TranspR 2014, 38 ff; s. zum Lieferort ferner EuGH, Rs. C-87/10 (Electrosteel Europe SA ./. Edil Centro SpA), NJW 2011, 3018 f; überdies ist auch ein Vertriebsvertrag erfasst, EuGH, Rs. C-9/12 (Corman-Collins SA ./. La Maison du Whisky SA), EuZW 2014, 181.

850 Vgl hierzu auch EuGH, Rs. C-533/07 (Falco Privatstiftung u. Rabitsch, Weller-Lindhorst), NJW 2009, 1865 ff; östOGH Wien, IPRax 2006, 608 ff.

len.[851] Im Rahmen dieser Vorschrift ist entsprechend der nach wie vor heranzuziehenden EuGH-Judikatur zum EuGVÜ[852,853] weiterhin – bezüglich der streitgegenständlichen Verpflichtung – auf die mit Hilfe der jeweiligen Anknüpfungsregeln des Forums zu ermittelnden **Sachnormen** abzustellen,[854] sofern nicht ohnehin Einheitsrecht eingreift. Ob und inwieweit im Rahmen von Art. 5 Nr. 1 Brüssel I-VO eine Annexzuständigkeit für konkurrierende Deliktsansprüche besteht, ist umstritten.[855]

2. Gerichtsstand der unerlaubten Handlung gemäß Art. 5 Nr. 3 Brüssel I-VO

Art. 5 Nr. 3 Brüssel I-VO betrifft den Gerichtsstand der unerlaubten Handlung. Dieser Begriff ist gemeinschaftsrechtlich **autonom** dahin auszulegen, dass er sich „auf alle Klagen bezieht, mit denen eine Schadenshaftung des Beklagten geltend gemacht wird, (....) die nicht an einen Vertrag im Sinne von Art. 5 Nr. 1 anknüpft".[856] Dem Gerichtsstand in Art. 5 Nr. 3 Brüssel-VO unterfallen hiernach etwa auch Ansprüche aus Produkthaftung oder aufgrund unerlaubter Wettbewerbshandlungen[857] und Kartellrechtsdelikten.[858] Abgrenzungsschwierigkeiten können sich insbesondere bei der Qualifikation **vorvertraglicher Ansprüche** ergeben. Zu den deliktischen Ansprüchen im Sinne von Art. 5 Nr. 3 Brüssel I-VO gehören auch die aus c.i.c., wenn sie sich aus der Verletzung einer Rechtsvorschrift (zB Treu und Glauben) ergeben. So ist nach Ansicht des Gerichtshofs[859] ein Schadensersatzanspruch wegen Abbruchs von Vertragsverhandlungen im Rahmen des EuGVÜ als **deliktisch** einzustufen, so dass Art. 5 Nr. 3 der Konvention zur Anwendung gelangt. Diese Judikatur lässt sich von ihrer ratio ohne Weiteres auf die Brüssel I-VO übertragen.[860] 184

Der Sekundärrechtsgeber stellt mit der im Vergleich zum EuGVÜ weitergehenden Formulierung „... oder einzutreten droht" klar, dass ebenso **vorbeugende Unterlassungsklagen** im Deliktsge-

851 Vgl *Kropholler*, Art. 5 Brüssel I-VO, Rn 28. Die Auffangregel kommt nach aktueller Rechtsprechung des BGH zudem zur Anwendung, wenn der vereinbarte Erfüllungsort außerhalb des geographischen Anwendungsbereiches der Verordnung liegt, BGH, NJW 2009, 2606 ff; hierzu *Pfeiffer*, LMK 2009, 286, 480; zur Abgrenzung von Kauf und Dienstleistung beachte EuGH, Rs. C-381/08 (Car Trim GmbH ./. KeySafety Systems Srl), NJW 2010, 1059.

852 EuGH, Rs. C-12/76 (Tessili), Slg 1976, 1473 ff = *Geimer*, NJW 1977, 492 f; vgl auch EuGH, Rs. C-14/76 (De Bloos), Slg 1976, 1497 ff; EuGH, Rs. C-266/85 (Shenvai), Slg 1987, 239 ff; EuGH, Rs. C-288/92 (Custom Made Commercial LTD), Slg 1994, I-2913 ff; ferner EuGH, Rs. C-440/97 (Group Concorde), Slg 1999, I-6307 ff; EuGH, Rs. C-420/97 (Leathertex Divisione Sintetici SpA), Slg 1999, I-6747 ff; EuGH, Rs. C-256/00 (Besix), Slg 2002, I-1699 ff.

853 Für eine Fortgeltung der entwickelten Grundsätze: EuGH, Rs. C-533/07 (Falco Privatstiftung u. Rabitsch, Weller-Lindhorst), NJW 2009, 1865 ff.

854 Zu Art. 5 Nr. 1 lit. a) Brüssel I-VO: OLG Stuttgart, NJW-RR 2005, 814 f; weitere Nachweise bei *Mankowski*, RIW 2005, 561, 567; s. allgemein auch *Schlosser*, Art. 5 Brüssel I-VO, Rn 10 c; Rauscher/*Leible*, Art. 5 Brüssel I-VO, Rn 33; Gebauer/Wiedmann/*Gebauer*, Art. 5 Brüssel I-VO, Rn 45; vgl ebenso BGH, WM 2005, 1892 ff.

855 Vgl hierzu *Staudinger*, ZEuP 2004, 767, 777 f; Rauscher/*Leible*, Art. 5 Brüssel I-VO, Rn 59; Gebauer/Wiedmann/*Gebauer*, Art. 5 Brüssel I-VO, Rn 46; BGH, RIW 2005, 307; Zöller/*Geimer*, Art. 5 EuGVVO, Rn 9.

856 Vgl EuGH, Rs. C-189/87 (Athanasios Kalfelis ./. Bankhaus Schröder, Münchmeyer, Hengst & Co), Slg 1988, 5565 ff, bestätigt durch EuGH, Rs. C-51/97 (Réunion européene SA ./. Spliethoff's Bevrachtingskantoor BV), Slg 1998, I-6511 ff sowie EuGH, Rs. C-189/08 (Zuid-Chemie BV ./. Philippo's Mineralenfabriek NV/SA), NJW 2009, 3501 ff; weitere Angaben bei Rauscher/Leible, Art. 5 Brüssel I-VO, Rn 78.

857 Hierzu BGH, JZ 2005, 736, 737 m.Anm. *Ohly*, JZ 2005, 738 ff. Der erkennende I. Zivilsenat lässt ausdrücklich offen, ob für den Gerichtsstand der unerlaubten Handlung wegen einer Kennzeichenverletzung im Internet erforderlich ist, dass sich der Internetauftritt bestimmungsgemäß auf den Forumstaat ausrichtet.

858 S. zur negativen Feststellungsklage EuGH, Rs. C-133/11 (Folien Fischer AG, Fofitec AG ./. Ritma SpA), NJW 2013, 287; nachgehend BGH, GRUR-RR 2013, 228.

859 EuGH, Rs. C-334/00 (Fonderie Officine Meccaniche Tacconi SpA ./. HWS), Slg 2000, I-7357 ff = IPRax 2003, 143 f mit krit. Anm. *Mankowski*, 127 ff; zustimmend Gebauer/Wiedmann/*Gebauer*, Art. 5 Brüssel I-VO, Rn 40 f, Art. 15 Brüssel I-VO, Rn 84; zur Übertragbarkeit der Rechtsprechung auf das Kollisionsrecht s. Hk-BGB/*Staudinger*, Art. 1 Rom I, Rn 13.

860 Die Bedeutung jener Judikatur stützt auch die Rom II-VO. Dieser Gemeinschaftsrechtsakt legt den laut seinem Erwägungsgrund Nr. 11 S. 2 autonom zu interpretierenden Begriff des „außervertraglichen Schuldverhältnisses" in Art. 2 Abs. 1 fest. Danach ist die Haftung aus culpa in contrahendo im Binnenmarkt außervertraglich zu qualifizieren und unterfällt der Rom II VO; hierzu *Lüttringhaus*, RIW 2008, 193 ff.

richtsstand erhoben werden können.[861] Erfasst sind darüber hinaus auch negative Feststellungsklagen in Bezug auf das Nichtbestehen einer Haftung aus unerlaubter Handlung.[862]

Art. 5 Nr. 3 Brüssel I-VO scheint auf den ersten Blick allein eine Klageerhebung am **Ort des Erfolgseintritts**,[863][864] zu eröffnen. Bei **Distanzdelikten**, die sich dadurch auszeichnen, dass Erfolgs- und Handlungsort regelmäßig auseinander fallen, kann der Kläger den Prozess nach seiner Wahl ebenso am Ort der schädigenden Handlung[865] führen.[866] Schwierigkeiten ergeben sich bei **Streudelikten**, wenn der Erfolg nicht nur an einem, sondern mehreren Orten eintritt. Dies betrifft neben Wettbewerbsverstößen insbesondere ehrverletzende Äußerungen durch (Print-)Medien.[867] Nach der Judikatur des EuGH kann ein Opfer in diesen Fällen eine Klage auf Ersatz des gesamten Schadens am Handlungs-, etwa dem Niederlassungsort des Verlages erheben.[868] Dem Geschädigten steht alternativ der Weg offen, einen Prozess gegen das Presseunternehmen an jedem der Erfolgsorte anzustrengen. Allerdings soll diese Klage nach der vom Gerichtshof entwickelten **Mosaiktheorie** allein auf den Ersatz des in dem betreffenden Staat erlittenen Teilschadens beschränkt sein. Die Praktikabilität dieses Ansatzes erscheint überaus zweifelhaft. Dies gilt umso mehr, wenn man ihn bei **Wettbewerbsverletzungen** auf Unterlassungs- und Beseitigungsansprüche (unter Einschluss des einstweiligen Rechtsschutzes) erstreckt.[869] Art. 5 Nr. 3 Brüssel I-VO[870] gilt jedenfalls nicht für vertragliche Ansprüche, die in Anspruchskonkurrenz mit solchen aus Delikt stehen.[871]

---

861 Hierzu Rauscher/*Leible*, Art. 5 Brüssel I-VO, Rn 81 f; zur Unterlassungsklage eines Verbraucherschutzvereins gegen ein Luftverkehrsunternehmen wegen der Verwendung missbräuchlicher Klauseln, vgl BGH, NJW 2009, 3371 ff m.Anm. *Staudinger/Czaplinski*; hierzu auch *Hau*, LMK 2009, 293079.

862 EuGH, Rs. C-133/11 (Folien Fischer AG u.a. ./. Ritma SpA), NJW 2013, 287 ff.

863 Der Ort der Verwirklichung des Schadenserfolgs ist derjenige, an dem das auslösende Ereignis seine schädigende Wirkung entfaltet, d.h. der Ort, an dem sich der verursachte Schaden konkret zeigt. Im Rahmen der Produkthaftung ist dies der Ort, an dem der ursprüngliche Schaden beim gewöhnlichen Gebrauch des Erzeugnisses für seinen bestimmungsgemäßen Zweck eingetreten ist. Vgl EuGH, Rs. C-189/08 (Zuid-Chemie BV ./. Philippo's Mineralenfabriek NV/SA), NJW 2009, 3501 ff.; anders aber der EuGH in der Rs. C-45/13 (Kainz ./. Pantherwerke AG), EuZW 2014, 232: Erfolgsort im Rahmen der Produkthaftung ist der Herstellungsort des Produktes.

864 Ausgenommen bleiben Orte, an denen nicht der Erstschaden eingetreten – also das geschützte Rechtsgut erstmalig verletzt wurde –, sondern es zu Folgeschäden gekommen ist; zum Streitstand Rauscher/Leible, Art. 5 Brüssel I-VO, Rn 86; vgl auch OLG München, IPRax 2009, 256. Fraglich ist, ob der Erfolgsort bei Vermögensschäden (auch) an der Vermögenszentrale des Geschädigten (zB Wohnsitz) festzumachen ist; hierzu EuGH, Rs. C-168/02 (Rudolf Kronhofer ./. Marianne Maier), IPRax 2005, 32 f; von *Hein*, IPRax 2005, 17 ff; zu diesem Problemkreis ebenfalls Gebauer/Wiedmann/*Gebauer*, Art. 5 Brüssel I-VO, Rn 52; zur Zuständigkeit bei Markenrechtsverletzung im Internet vgl EuGH, Rs. C-523/10 (Wintersteiger AG ./. Products 4U Sondermaschinenbau GmbH), EuZW 2012, 513 ff; bezüglich des Erfolgsortes bei der Verletzung von Urhebervermögensrechten s. EuGH, Rs. C-170/12 (Pinckney ./. KDG Mediatech AG), NJW 2013, 3627 ff; s. noch vor dieser Entscheidung *Picht*, GRUR Int 2013, 19; bzgl. des Erfolgsorts bei Haftung eines Verwaltungsratsmitglieds und eins Anteilseigners für Verbindlichkeiten aus Fortsetzung des Geschäftsbetriebs trotz anhängiger Liquidation vgl EuGH, Rs. C-147/12 (ÖFAB ./. Frank Koot u.a.), EuZW 2013, 703 ff; bei Herbeiführung des Schadens durch einen Dritten, der nicht Partei des Rechtsstreits ist, kann aus dem Ort dieser Handlung keine gerichtliche Zuständigkeit hergeleitet werden, vgl EuGH, Rs. C-228/11 (Melzer ./. MF Global UK Ltd), NJW 2013, 2099 ff.

865 Ausgenommen bleiben Vorbereitungshandlungen; zum Streitstand: Rauscher/*Leible*, Art. 5 Brüssel I-VO, Rn 87.

866 S. EuGH, Rs. C-21/76 (Handelskwekerij G. J. Bier BV ./. Mines de potasse d'Alsace SA.), Slg 1976, 1735 ff; hierzu Rauscher/*Leible*, Art. 5 Brüssel I-VO, Rn 85; zum wiederholten Male bestätigt durch EuGH, Rs. C-189/08 (Zuid-Chemie Chemie BV ./. Philippo's Mineralenfabriek NV/SA), NJW 2009, 3501 ff; vgl auch OLG Koblenz, IPRax 2009, 151 ff; vgl auch BGH, WM 2008, 479 ff; hierzu *Mankowski*, EWiR 2008, 215 f.

867 Vgl *Kropholler*, Art. 5 Brüssel I-VO, Rn 84, Geimer/Schütze/*Geimer*, Art. 5 Brüssel I-VO, Rn 246 f. S. in weiterem Zusammenhang zu § 32 ZPO: BGH, Urt. v. 2. März 2010, Az VI ZR 23/09.

868 S. EuGH, Rs. C-68/93 (Fiona Sheville, u.a. ./. Presse Alliance SA), NJW 1995, 1881 ff.

869 S. auch die Bedenken bei Rauscher/*Leible*, Art. 5 Brüssel I-VO, Rn 92. Zur Frage, ob bei kennzeichenrechtlichen Streitigkeiten das „Auswirkungsprinzip" als Korrektiv bereits bei der Prüfung der internationalen Zuständigkeit heranzuziehen ist: BGH, JZ 2005, 736, 737 m.Anm. *Ohly*, JZ 2005, 738 ff; beachte auch *Berger*, GRURInt 2005, 465 ff.

870 Zur Zulässigkeit der negativen Feststellungsklage auf dem Gebiet des Kartellrechts s. EuGH, Rs. C-133/11 (Folien Fischer AG u.a. ./. Ritrama SpA), NJW 2013, 287.

871 Gegen eine Zuständigkeit kraft Sachzusammenhangs: BGH, RIW 2005, 307, 309 ff; hierzu *Looschelders*, IPRax 2006, 14 ff; vgl *Staudinger*, ZEuP 2004, 767, 777 f; weitere Nachweise zur Judikatur des EuGH bei Rauscher/*Leible*, Art. 5 Brüssel I-VO, Rn 84; Gebauer/Wiedmann/*Gebauer*, Art. 5 Brüssel I-VO, Rn 46, 50; s. auch BGH, NJW 2003, 828 ff zur internationalen Zuständigkeit nach § 32 ZPO.

3. Direktklage gegen den Versicherer gemäß Art. 11 Abs. 2 Brüssel I-VO

Regelungen zur Zuständigkeit in Versicherungssachen finden sich in den Art. 8 ff der Brüssel I-VO.[872] Beachtung verdienen dabei insbesondere die Art. 11 Abs. 2, 9 Abs. 1 lit. b) Brüssel I-VO, welche einem Geschädigten nach überzeugender Lesart des EuGH die Möglichkeit eröffnen, eine Direktklage gegen einen EU-ausländischen Versicherer an seinem Wohnsitz vor dem dort international und örtlich zuständigen Gericht anzustrengen.[873] Ungeklärt bleibt dabei bislang der für die Bestimmung des Geschädigtenwohnsitzes maßgebliche Zeitpunkt. Neben der Sach- und Beweisnähe der zuständigen Gerichte spricht auch die ansonsten drohende Schutzzweckverletzung zulasten des Unfallopfers für den Zeitpunkt der Klageerhebung und nicht denjenigen der Schädigung.[874] Bei einem Wohnsitzwechsel während des Prozesses greift die perpetuatio fori ein.[875] Auch einer GmbH ist es nicht per se verwehrt, den Schutzgerichtsstand in Anspruch zu nehmen.[876] Offen erscheint derzeit, inwieweit Forderungen aus abgetretenem Recht dem Gerichtstand der Direktklage unterliegen. Nach aktueller Rechtsprechung des EuGH steht das Privileg die Direktklage am Wohnsitzforum zu erheben, jedenfalls einem Sozialversicherungsträger des Geschädigten, auf den Ansprüche kraft cessio legis übergegangen sind, nicht zu.[877] Hiergegen sprechen die Systematik bzw das Gebot der restriktiven Interpretation eines Schutzgerichtsstandes sowie dessen Sinn und Zweck. Ein Vergleich lässt sich insoweit zur Judikatur des EuGH zu Art. 5 Nr. 2[878] bzw den Art. 15 ff Brüssel I-VO[879] ziehen. Der Rückgriff des Versicherers aus übergegangenem Recht gegen den Schädiger oder dessen Versicherung ist nicht per se vom Regelungsbereich der Art. 8 ff Brüssel I-VO ausgeschlossen.[880] Die Regressklage eines Kaskoversicherers müsste nach Art. 11 Abs. 2, 9 Abs. 1 lit. a) Brüssel I-VO am Wohnsitz des Versichers möglich sein. Sofern der unmittelbar 185

872 Zum Zuständigkeitskatalog für Versicherungssachen in den Art. 8 ff Brüssel I-VO s. Rauscher/*Staudinger*, Art. 8 ff; *Geimer*, in: FS Heldrich, S. 627 ff; *Fricke*, VersR 2009, 429 ff. Beachte überdies EuGH, Rs. C-77/04 (GIE, Réunion européenne u. a. ./. Zurich España und Soptrans), VersR 2005, 1001 ff m.Anm. *Heiss*; EuGH, Rs. C-112/03 (Société financière et industrielle du Peloux ./. Axa Belgium u.a.), NJW 2005, 2135 ff; Schlussanträge des Generalanwalts Jacobs vom 24. Februar 2005 in der Rs. C-77/04 sowie die Schlussanträge des Generalanwalts Tizziano vom 16. Dezember 2004 in der Rs. C-112/03; weitere Angaben zum Schrifttum bei *Jayme/Kohler*, IPRax 2005, 481, 487 f; beachte überdies OLG Köln, VersR 2005, 1721 ff m.Anm. *Looschelders*; OLG Karlsruhe, NJW-RR 2008, 373 f; *Lüttringhaus*, VersR 2010, 183 ff.

873 EuGH, Rs. C-463/06 (FBTO ./. Jack Odenbreit), NJW 2008, 819 ff m.Anm. *Leible*; hierzu *Looschelders*, ZZPInt 2007, 247 ff; zur Vorlageentscheidung BGH, NJW 2007, 71 ff m.Anm. *Staudinger*; hierzu *Heiss*, VersR 2007, 327 ff; s. nunmehr auch BGH, NJW 2008, 2243; OLG München, DAR 2008, 590; vgl zudem *Staudinger*, DAR Extra 2009, 738, 739; *Luckey*, SVR 2014, 361, 362 ff. Zur negativen Feststellungsklage bei grenzüberschreitenden Verkehrsunfällen s. *Staudinger*, DAR 2014, 557 ff.

874 *Staudinger/Czaplinski*, NJW 2009, 2249, 2251 f.

875 Rauscher/*Mankowski*, Art. 2 Brüssel I-VO, Rn 4.

876 OLG Celle, NJW 2009, 86, 87. Auch ein Leasingunternehmen kann Geschädigter iSd Art. 11 Abs. 2, 9 Abs. 1 lit b) Brüssel I-VO sein s. dazu OLG Frankfurt, NJW-Spezial 2014, 586.

877 EuGH, Rs. C-347/08 (Voralberger Gebietskrankenkasse ./. WGV-Schwäbische Allgemeine Versicherung AG), DAR 2009, 638 ff; hierzu *Lüttringhaus*, VersR 2010, 183 ff; *Staudinger*, IPRax 2011, 229 ff.; auch ein Bundesland kann diesen besonderen Gerichtsstand nicht in Anspruch nehmen, s. dazu OLG Koblenz, DAR 2013, 30 m.Anm. *Schneider*. Der Sozialversicherungsträger soll sich jedoch neben dem unmittelbar Geschädigten auf den Gerichtsstand nach Art. 5 Nr. 3 Brüssel I-VO berufen dürfen, beachte dazu OGH, IPRax 2013, 364 m.Anm. *Looschelders*, IPRax 2013, 370 ff.; dies erscheint zweifelhaft; s. zur Erstreckung der Direktklage auf den Schädiger OLG Nürnberg, NZV 2013, 32; zur Auslegung der Art. 9 und 11 des revidierten LugÜ hat der BGH entschieden, dass der Geschädigte, sofern er sich eines Direktanspruchs gegen den Haftpflichtversicherer mit Sitz im Ausland berühmt, auch bei dem Gericht seines Wohnsitzes klagen kann, BGH, VersR 2013, 73; beachte zur Zustellung der Klageschrift im Inland an den Schadensregulierungsbeauftragten EuGH, Rs. C-306/12 (Spedition Welter GmbH ./. Avanssur SA), NJW 2014, 44.

878 Nach EuGH, Rs. C-433/01 (Freistaat Bayern ./. Jan Blijdenstein), NJW 2004, 1439 f kann sich der Staat nicht auf diese Vorschrift berufen, da sie allein den Unterhaltsberechtigten privilegieren soll. Eine öffentliche Einrichtung befinde sich gegenüber dem (Unterhalts-)Schuldner gerade nicht in einer wirtschaftlich unterlegenen Position.

879 Bezüglich der prozessualen Spezialregeln für Verbrauchersachen hat der EuGH entschieden, dass sich ein Verbraucherschutzverband, der zedierte Rechte des Verbrauchers einklagt, nicht auf diese Vorschriften stützen kann, Rs. C 89/91 (Shearson Lehman Hutton Inc ./. TVB), Slg 1993, I-139.

880 *Staudinger*, DAR 2014, 557, 561.

Geschädigte (wie im Vorlageverfahren) seine Ansprüche auf Schmerzensgeld und Ersatz von Sachschäden behält und lediglich solche auf Ausgleich von Personenschäden dem Sozialversicherungsträger kraft Gesetzes zustehen, droht eine Spaltung eines einheitlichen Lebenssachverhaltes und die Gefahr, dass Gerichte in verschiedenen Mitgliedstaaten befasst werden. Dem kann in der Praxis durch eine Rückabtretung von Ansprüchen durch den Sozialversicherer auf den unmittelbar Geschädigten begegnet werden. Eine gewillkürte Prozessstandschaft des Geschädigten für den Sozialversicherungsträger nach Art. 11 Abs. 2, 9 Abs. 1 Brüssel I-VO ist hingegen nicht möglich.[881]

4. Verbrauchergerichtsstand gem. Art. 15 ff Brüssel I-VO

186 Die Art. 15 ff Brüssel I-VO tragen dem Umstand Rechnung, dass es sich bei einem Verbraucher in der Regel um die **wirtschaftlich schwächere** und rechtlich weniger erfahrene Partei handelt.[882] Dieser wird in Art. 15 Abs. 1 Brüssel I-VO als Person legaldefiniert, die einen Vertrag zu einem Zweck abschließt, der nicht ihrer beruflichen oder gewerblichen Tätigkeit zugerechnet werden kann. Ausgenommen bleiben damit etwa **Existenzgründer.**[883]

Dem **persönlichen Anwendungsbereich** unterfallen lediglich **natürliche**, nicht hingegen juristische Personen[884] sowie Personengemeinschaften wie etwa eine **Ehegattengesellschaft.**[885] Der Schutzgerichtsstand ist nach seinem Sinn und Zweck ebenso wenig bei reinen Privatgeschäften eröffnet.[886] Vielmehr muss dem Verbraucher ein Unternehmer gegenüberstehen.[887] Unerheblich ist hingegen, ob der Verbraucher als Käufer oder Verkäufer auftritt.[888]

187 Abgrenzungsfragen stellen sich bei **gemischten Verträgen.** Nach Ansicht des EuGH[889] in der Rechtssache Gruber muss diejenige Person, die sich zu ihren Gunsten auf die negativ formulierte und grundsätzlich restriktiv zu interpretierenden Ausnahmevorschriften der Art. 13 ff EuGVÜ berufen will, nachweisen, dass der beruflich-gewerbliche Zweck eine nur ganz untergeordnete Rolle spielt. Dem nationalen Spruchkörper obliegt dann die Entscheidung über das Gewicht der jeweiligen **Zweckrichtungen**, und zwar anhand der vorgelegten **Beweismittel** im Lichte auch der objektiven Umstände des Vertragsschlusses. Bei einem non-liquet sollen die Art. 13 ff EuGVÜ aus Gründen eines „effektiven" Verbraucherschutzes zur Anwendung gelangen. Ferner hat ein nationaler Spruchkörper laut Auffassung des Gerichtshofs zu prüfen, ob der Schutzgerichtsstand deshalb ausscheidet, weil der vermeintliche Verbraucher durch sein eigenes Verhalten bei seinem zukünftigen Vertragspartner den Eindruck erweckt hat, er handele zu einem beruflich-gewerblichen Zweck. Hierin wird man entgegen den Ausführungen des EuGH keinen „Verzicht" auf den prozessualen Verbraucherschutz sehen,[890] sondern das Ergebnis allenfalls mit dem **Gedanken des Rechtsmissbrauchs** begründen können. Das Urteil des Gerichtshofs in der Rechtssache Gruber lässt sich wohl auf die **Brüssel I-VO** übertragen.

---

881 Vgl LG Hamburg, VersR 2012, 562.

882 Vgl Rauscher/*Staudinger*, Vorbem. Art. 15-17 Brüssel I-VO, Rn 1; zur fehlenden Verbrauchereigenschaft bei Geltendmachung eines Anspruchs aus einer Wechselbürgschaft vgl EuGH, Rs. C-419/11 (Česká spořitelna a.s. ./. Gerald Feichter), RIW 2013, 292 ff.

883 Vgl Rauscher/*Staudinger*, Art. 15 Brüssel I-VO, Rn 2; s. mit Blick auf § 1031 Abs. 5 S. 1 ZPO iVm § 13 BGB: BGH, NJW 2005, 1273 ff; OLG Düsseldorf, NJW 2004, 3192, 3193 f.

884 Vgl Rauscher/*Staudinger*, Art. 15 Brüssel I-VO, Rn 2.

885 Hierfür spricht die Entscheidung des EuGH, Rs. C-464/01 (Gruber ./. Bay Wa AG), EuZW 2005, 241, 242, Rn 36 mit Verweis auf die Rechtssache Benincasa; Rauscher/*Staudinger*, Art. 15 Brüssel I-VO, Rn 2.

886 S. Rauscher/*Staudinger*, Vorbem. Art. 15-17 Brüssel I-VO, Rn 2.

887 Diese Bedingung ergibt sich aus Art. 15 Abs. 1 lit. c) Brüssel I-VO.

888 So die aus systematischen Gesichtspunkten zu berücksichtigende hM zur neuen Verbraucherkollisionsnorm; vgl Prütting/Wegen/Weinreich/*Remien*, Art. 6 Rom I-VO, Rn 2.

889 *EuGH*, Rs. C-464/01 (Gruber ./. Bay Wa AG), IPRax 2005, 537 m.Anm. *Mankowski*, IPRax 2005, 503 ff, EuZW 2005, 241 ff m.Anm. *Reich*, 244 f. Zur bisherigen Einschätzung im Internationalen Zivilverfahrens- und Privatrecht s. die Angaben bei *Mankowski*, RIW 2005, 561, 563.

890 Beachte auch die Kritik von *Reich*, EuZW 2005, 244 f.

Dem **sachlichen Regelungsbereich** unterfallen Verträge bzw Ansprüche aus Verträgen.[891] Dabei bezieht sich Art. 15 Abs. 1 lit. a) und lit. b) Brüssel I-VO auf den **Teilzahlungskauf beweglicher Sachen** sowie den **Finanzierungskauf.** Überdies eröffnet Art. 15 Abs. 1 lit. c) Brüssel I-VO einen Schutzgerichtsstand „in allen anderen Fällen", soweit der Vertragspartner im Wohnsitzstaat des Verbrauchers eine berufliche oder gewerbliche Tätigkeit ausübt (1. Alt.) oder u.a. hierauf ausrichtet (2. Alt.).[892] Dieser Auffangtatbestand[893] geht insofern über Art. 13 Abs. 1 Nr. 3 EuGVÜ hinaus, als nicht nur dessen sachlicher und räumlich-situativer Anwendungsbereich erweitert, sondern auch der **aktive Verbraucher** einbezogen wird. Die Formulierung des Art. 15 Abs. 1 lit. c) 2. Alt. Brüssel I-VO soll vor allem der wachsenden Bedeutung des **elektronischen Geschäftsverkehrs** Rechnung tragen.[894] Gerade in derartigen Fällen ist der konkrete Ort einer Rechtshandlung regelmäßig nur schwer zu bestimmen. Art. 15 Abs. 1 lit. c) 2. Alt. Brüssel I-VO erfasst jedenfalls das Vorhalten einer **interaktiven Website durch den Unternehmer.**[895] Eine **passive Website** soll zumindest dann genügen, wenn der Verbraucher aufgefordert wird, seine Bestellung per Fax aufzugeben.[896] Überdies ist eine Kausalität zwischen Internetauftritt und Vertragsschluss nicht erforderlich.[897] Ein Ausrichten der unternehmerischen Tätigkeit liegt indes bei einer passiven Website nicht vor, wenn der Verbraucher den Vertragsschluss mit Hilfe eines anderen Kommunikationsweges herbeiführen 188

891 Mithin unterfallen deliktische Streitigkeiten nicht diesen Schutzgerichtsständen. Unklar erscheint, ob allein synallagmatische Verpflichtungen erfasst werden. Dies lässt sich jedenfalls einer Entscheidung des EuGH zum EuGVÜ entnehmen: EuGH, Rs. C-27/02 (Engler ./. Janus Versand GmbH), NJW 2005, 811, 812; hierzu *Leible*, NJW 2005, 796, 797. Danach unterliegen isolierte Gewinnmitteilungen nicht dieser Vorschrift, sondern Art. 5 Nr. 1 EuGVÜ. Im Ergebnis bejaht der Gerichtshof damit einen divergierenden Vertragsbegriff. Ob sich die Judikatur auf die Brüssel I-VO übertragen lässt, erscheint nicht frei von Bedenken, da sich Art. 15 Brüssel I-VO nunmehr von seiner Formulierung her mit Art. 5 Nr. 1 lit. a) Brüssel I-VO deckt; s. auch die Stellungnahmen in der Literatur von *Blobel*, VuR 2005, 164, 168 f; *Leible*, NJW 2005, 796, 798; s. *Lorenz/Unberath*, IPRax 2005, 219, 222; *Reich*, EuZW 2005, 244 f. Der BGH hat sich in seinem Urteil vom 1. Dezember 2005 zum EuGVÜ der Qualifikation des Gerichtshofs angeschlossen und hält bei isolierter Gewinnmitteilung Art. 5 Nr. 1 EuGVÜ für einschlägig. Dies gilt ebenso für den östOGH, ZfRV 2005, 118 f. Der III. Zivilsenat des BGH gibt damit seine frühere Auffassung (BGHZ 153, 82, 88 ff = BGH, NJW 2003, 426, 428 = IPRax 2003, 346 = JZ 2003, 850 m.Anm. *Staudinger*, 852; *Leible*, NJW 2003, 407) – Zulässigkeit einer Klage am Gerichtsstand nach Maßgabe von Art. 13 Abs. 1 Nr. 3, 14 Abs. 1 bzw alternativ gem. Art. 5 Nr. 3 EuGVÜ – ausdrücklich auf. Ob der enge Vertragsbegriff gleichermaßen auf Art. 15 Abs. 1 lit. c) Brüssel I-VO zu übertragen ist und mithin bei einer isolierten Gewinnmitteilung lediglich Art. 5 Nr. 1 lit. a) Brüssel I-VO Platz greift (so OLG Braunschweig, NJW 2006, 161 f), lässt der erkennende Senat hingegen ausdrücklich offen. Indes ist wohl im Lichte der Entscheidung des EuGH in der Rechtssache Gabriel (Rs. C-96/00, NJW 2002, 2697 ff) weiter davon auszugehen, dass eine Gewinnmitteilung, sofern sie an eine Warenabnahme gekoppelt ist und eine Bestellung erfolgt, unter den Verbrauchergerichtsstand fällt; vgl so auch EuGH, Rs. C-180/06 (Renate Ilsinger ./. Martin Dreschers), EuZW 2009, 489 ff. Dieser Gerichtsstand erfasst dann im Ergebnis kraft Zuständigkeitskonzentration nicht nur den Kaufvertrag, sondern ebenso den Anspruch auf Gewinnauskehr; zur Entscheidung in der Rechtssache Gabriel s. *Staudinger*, ZEuP 2004, 767 ff; zur internationalen Zuständigkeit bei Gewinnmitteilungen auch *Häcker*, ZVglRWiss 103 (2004), 464 ff; *Mörsdorf-Schulte*, ZZPInt 8 (2003), 407, 424 ff.

892 Vgl insoweit östOGH Wien, Medien und Recht 2009, 225 ff. Nicht erforderlich ist ein Fortdauern des Ausrichtens zur Zeit der Klageeinreichung bzw -zustellung, OLG Frankfurt aM, NJW-RR 2009, 645 ff; *Staudinger*, IPRax 2008, 107, 108. Zum Begriff des Ausrichtens vgl auch BGH, VuR 2006, 322 ff; hierzu *Mankowski*, VuR 2006, 289 ff; BGH, NJW 2009, 298 f; *Mankowski*, IPRax 2009, 238.

893 Vgl *Kropholler*, Art. 15 Brüssel I-VO, Rn 20. Einbezogen werden etwa nicht zweckgebundene Kreditgeschäfte sowie Timesharingverträge, sofern nicht Art. 22 Brüssel I-VO eingreift; s. EuGH, Rs. C-180/06 (Renate Ilsinger ./. Martin Dreschers), EuZW 2009, 489 ff m.Anm. *Beig/Reuß*; beachte zum EuGVÜ: EuGH, Rs. C-27/02 (Engler ./. Janus Versand GmbH), NJW 2005, 811, 812.

894 S. die Angaben bei Rauscher/*Staudinger*, Art. 15 Brüssel I-VO, Rn 14; hierzu OLG Dresden, IPRax 2006, 44 ff m.Anm. *von Hein*, IPRax 2006, 16 ff.

895 Vgl KOM (1999) 348 endg., S. 17.

896 S. das Grünbuch der Kommission über die Umwandlung des Übereinkommens von Rom aus dem Jahr 1980 über das auf vertragliche Schuldverhältnisse anzuwendende Recht in ein Gemeinschaftsinstrument sowie über seine Aktualisierung, KOM (2002) 654 endg., S. 38; zur Rom I-VO vgl die Angaben bei *Staudinger*, Rn 6 ff.

897 EuGH, Rs. C-218/12 (Lokman Emrek ./. Vlado Sabranovic), NJW 2013, 3504 f. Kausalität ist allerdings ein Indiz dafür, dass der Vertrag an eine solche Tätigkeit anschließt; eingehend zur Entscheidung *Mankowski*, EWiR 2013, 717; *Piroutek/Reinhold*, euvr 2014, 41; *Rühl*, IPRax 2014, 41; *Schultheiß*, EuZW 2013, 944; *Staudinger/Steinrötter*, NJW 2013, 3505; *Staudinger*, DAR 2013, 697; *ders.*, JM 2014, erscheint demnächst.

muss.[898] Der Tatbestand des Art. 15 Abs. 1 lit. c) 2. Alt. Brüssel I-VO liegt vor, soweit die Bereitschaft des Gewerbetreibenden festgestellt werden kann, mit Verbrauchern, die in einem oder mehreren Mitgliedstaaten wohnhaft sind, einen Vertrag zu schließen.[899] Art. 15 Abs. 1 lit. c) Brüssel I-VO verlangt jedoch nicht, dass der Vertrag zwischen Verbraucher und Unternehmer im Fernabsatz geschlossen wurde.[900]

Die Zuständigkeit für Verbrauchersachen ist in den Art. 15 ff Brüssel I-VO grundsätzlich abschließend geregelt. Nur soweit der Sekundärrechtsgeber ausdrücklich auf andere Regeln verweist, bleibt ein Rückgriff zulässig.[901] Art. 15 Abs. 1 Brüssel I-VO nimmt insofern auf Art. 4 und Art. 5 Nr. 5 Brüssel I-VO Bezug. Beachtung erfordert ferner die ausschließliche Zuständigkeit in Art. 22 Brüssel I-VO.[902]

In Abkehr von Art. 4 Abs. 1 Brüssel I-VO wird ein Anbieter mit (Wohn-)Sitz in einem Drittstaat kraft Art. 15 Abs. 2 Brüssel I-VO nach den Regeln des 4. Abschnitts gerichtspflichtig, wenn er im Heimatstaat des Verbrauchers eine **(Zweig-)Niederlassung** oder **Agentur** unterhält.[903] Dies gilt allerdings nur für Streitigkeiten aus dem Betrieb.

Art. 16 Abs. 1 Brüssel I-VO gewährt dem Verbraucher nach seiner Wahl verschiedene Gerichtsstände. International zuständig sind einerseits die Spruchkörper im Wohnsitzstaat des Unternehmers (1. Alt.). Andererseits kann der Verbraucher an seinem Heimatforum (2. Alt.) Klage erheben.[904] Art. 16 Abs. 1, 2. Alt. Brüssel I-VO legt dabei in Erweiterung des EuGVÜ nicht nur die internationale, sondern zugleich die örtliche Zuständigkeit fest. Demgegenüber wird der Vertragspartner nach Art. 16 Abs. 2 Brüssel I-VO darauf verwiesen, den Verbraucher vor den Gerichten seines Heimatstaates zu verklagen.

Während der Verbrauchergerichtsstand im Wege einer stillschweigenden **Prorogation** überspielt werden kann,[905] sind im Hinblick auf **Gerichtsstandsvereinbarungen** die Schranken in Art. 23 Abs. 5 iVm Art. 17 Brüssel I-VO zu beachten.[906]

---

898 KOM (1999) 348 endg., S. 17 f; weitergehend wohl Bülow/Böckstiegel/Geimer/Schütze/*Auer*, Art. 15 Brüssel I-VO, Rn 50.

899 EuGH, Rs. C-585/08 (Peter Pammer ./. Reederei Karl Schlüter GmbH & Co. KG) und C-144/09 (Hotel Alpenhof GesmbH ./. Oliver Heller), MMR 2011, 132; Aufmerksamkeit verdient dabei der vom EuGH aufgestellte nicht abschließende Katalog von Kriterien, welche Anhaltspunkte für den nationalen Richter bieten, ob ein Ausrichten iSd Art. 15 Abs. 1 lit. c) 2. Alt. Brüssel I-VO vorliegt; beachte in diesem Kontext auch das Vorlageersuchen an den EuGH des BGH, MDR 2014, 918, hinsichtlich der Frage, ob ein Verbraucher an seinem Wohnsitzgerichtsstand Klage gegen seinen Geschäftspartner aus einem Vertrag erheben kann, der nicht unmittelbar der auf den Wohnsitz des Verbrauchers ausgerichteten Tätigkeit unterfällt, aber der Verwirklichung eines früheren Verhältnisses zwischen den Parteien dient.

900 EuGH, Rs. C-190/11 (Daniela Mühlleitner ./. Ahmad Yusufi, Wadat Yusufi), NJW 2012, 3225.

901 Vgl Geimer/Schütze/*Geimer*, Art. 15 Brüssel I-VO, Rn 3.

902 Vgl etwa zur Vollstreckung vertretbarer Handlungen mit einem Auslandsbezug BGH, MDR 2010, 51 ff; vgl zu Art. 22 Nr. 1 Brüssel I-VO: BGH, NJW-RR 2005, 72 ff; EuGH, Rs. C-372/07 (Nicole Hassett ./. South Eastern Health Board), NZG 2009, 28 ff m.Anm. *Leible/Röder*; zum Vertrag über die ein Ferienwohnrecht betreffende Vereinsmitgliedschaft und Art. 22 Nr. 1 Brüssel I-VO: BGH, NZM 2010, 251 ff.

903 Art. 15 Abs. 2 Brüssel I-VO ist nicht anwendbar, wenn die Zweigniederlassung, Agentur oder sonstige Niederlassung bereits vor Einreichung der Klage aufgelöst worden ist, vgl BGH, NJW-RR 2007, 1570 ff.

904 S. Rauscher/*Staudinger*, Art. 16 Brüssel I-VO, Rn 2; auch der im Wohnsitzmitgliedstaat des Verbrauchers ansässige Vertragspartner des Wirtschaftsteilnehmers, mit dem der Verbraucher den betreffenden Vertrag geschlossen hat, kann als „anderer Vertragspartner" bezeichnet werden, vgl EuGH, Rs. C-478/12 (Maletic ./. lastminute.com GmbH, TUI Österreich GmbH), RRa 2014, 13 ff; dazu kritisch *Staudinger*, RRa 2014, 10 ff.

905 S. die Angaben bei Rauscher/*Staudinger*, Art. 24 Brüssel I-VO, Rn 11; Bülow/Böckstiegel/Geimer/Schütze/*Auer*, Art. 15 Brüssel I-VO, Rn 4; einschränkend Gebauer/Wiedmann/*Gebauer*, Art. 24 Brüssel I-VO, Rn 131.

906 Vgl Geimer/Schütze/*Geimer*, Art. 17 Brüssel I-VO, Rn 1; maßgeblich für die Beurteilung der Vereinbarung ist der *Zeitpunkt der Klageerhebung*, vgl östOGH Wien, IHR 2008, 40 ff; s. hierzu *Staudinger*, Rn 166; zur Missbrauchskontrolle von Gerichtsstandsvereinbarungen vgl *Leible/Röder*, RIW 2007, 481 ff; EuGH, Rs. C-243/08 (Pannon GSM Zrt. ./. Erzsébet Sustikné Győrfi), GPR 2009, 220 ff. Neben den Prorogationsschranken der Brüssel I-VO bestehen diejenigen der Klausel-RL, ebenso *Heinig*, GPR 2010, 36, 41 f mwN.

5. Arbeitnehmergerichtsstand gemäß Art. 18 ff Brüssel I-VO

Erstmals[907] sieht die Brüssel I-VO in ihren Art. 18 ff ein vom Grundsatz her abschließendes Regime[908] für Streitigkeiten aus **Individualarbeitsverträgen** vor,[909] das sich am Modell des Verbraucherschutzgerichtsstands orientiert. Die in den Art. 18 ff Brüssel I-VO enthaltenen Sonderregeln tragen dem **Schutzbedürfnis** des Arbeitnehmers[910] Rechnung. Der Begriff des Arbeitsvertrages ist dabei autonom auszulegen[911] und umfasst Individualabschlüsse zwischen Arbeitnehmern und Arbeitgebern, nicht indes kollektivarbeitsrechtliche Streitigkeiten zwischen Tarifvertragsparteien oder zwischen Arbeitgeber- und Arbeitnehmervertretungen.[912] 189

In Erweiterung des EuGVÜ und parallel zu Art. 15 Abs. 2 Brüssel I-VO ist unter bestimmten Voraussetzungen auch ein **drittstaatlicher Arbeitgeber** mit (Zweig-)Niederlassung oder Agentur im Binnenmarkt nach Art. 18 Abs. 2 Brüssel I-VO gerichtspflichtig.[913] Abweichend von Art. 5 Nr. 1 EuGVÜ unterscheidet der Sekundärrechtsgeber in Art. 19 und 20 Brüssel I-VO zwischen Klagen des Arbeitgebers und solchen des Arbeitnehmers. Art. 19 Brüssel I-VO erlaubt diesem, den Prozess am **allgemeinen Gerichtsstand** des Beklagtenwohnsitzes (1. Alt.), am **gewöhnlichen Arbeitsort**, welcher im Wege autonomer Auslegung zu ermitteln ist,[914] bzw an dem Ort der **einstellenden Niederlassung**[915] zu führen, soweit der Arbeitnehmer seine Tätigkeit „gewöhnlich nicht in ein und demselben Staat verrichtet" (2. Alt.). Dadurch soll dem Arbeitnehmer der Weg zu einem ortsnahen und kostengünstigen Gerichtsverfahren eröffnet werden.[916] Auf Seiten des Arbeitgebers bleibt es gem. Art. 20 Abs. 1 Brüssel I-VO bei dem Grundsatz, dass die Klage am Beklagtenwohnsitz zu erheben ist.

Ebenso wie bei beim Verbrauchergerichtsstand entfaltet Art. 24 S. 1 Brüssel I-VO in Arbeitssachen eine zuständigkeitsbegründende Wirkung.[917] Gleichermaßen unterliegen **Gerichtsstandsvereinbarungen** aus Schutzzwecküberlegungen kraft Art. 23 Abs. 5 in Verbindung mit Art. 21 Brüssel I-VO gewissen Einschränkungen.[918]

III. Anerkennung und Vollstreckbarerklärung von Entscheidungen

Kapitel III der Brüssel I-VO regelt die Anerkennung (1. Abschnitt) und Vollstreckbarerklärung (2. Abschnitt) von Entscheidungen, die aus anderen Mitgliedstaaten entstammen. Dieser Begriff ist **autonom** zu interpretieren und schließt sämtliche von einem Rechtsprechungsorgan erlassene Verfügungen ein.[919] Die Vorschriften über das Exequaturverfahren gelten nach Art. 57 Abs. 1 S. 1 und Art. 58 S. 1 Brüssel I-VO entsprechend für **öffentliche Urkunden** und **Prozessvergleiche**. 190

907 S. zum EuGVÜ: *Junker*, RIW 2002, *569*, *574*.

908 Vgl *Kropholler*, Art. 18 Brüssel I-VO, Rn 1; insbesondere findet Art. 6 Nr. 1 Brüssel I-VO keine Anwendung, EuGH, Rs. C-462/06 (Glaxosmithkline ./. Jean-Pierre Rouard), EuZW 2008, 369 ff m.Anm. *Sujecki*.

909 S. Rauscher/*Mankowski*, Art. 18 Brüssel I-VO, Rn 1.

910 Vgl *Kropholler*, Art. 18 Brüssel I-VO, Rn 1.

911 S. Geimer/Schütze/*Geimer*, Art. 18 Brüssel I-VO, Rn 16.

912 Vgl *Kropholler*, Art. 18 Brüssel I-VO, Rn 2.

913 Bei einer im Hoheitsgebiet eines Mitgliedstaats gelegenen Botschaft eines Drittstaats in einem Rechtsstreit über einen Arbeitsvertrag, den die Botschaft im Namen des Entsendestaats geschlossen hat, handelt es sich um eine „Niederlassung" im Sinne dieser Bestimmung, wenn die vom Arbeitnehmer verrichteten Aufgaben nicht unter die Ausübung hoheitlicher Befugnisse fallen, vgl EuGH, Rs. C-154/11 (Mahamdia ./. Demokratische Volksrepublik Algerien), NZA 2012, *935* ff.

914 S. Rauscher/*Mankowski*, Art. 19 Brüssel I-VO, Rn 4; vgl auch LAG Mecklenburg-Vorpommern, HmbSchRZ 2009, 9 ff.

915 Beachte auch LAG Düsseldorf, EuZW 2008, 740 ff.

916 Vgl Rauscher/*Mankowski*, Art. 19 Brüssel I-VO, Rn 4.

917 Beachte insoweit BAG, NZA 2008, 1084 ff.

918 S. Geimer/Schütze/*Geimer*, Art. 21 Brüssel I-VO, Rn 1. Zu Gerichtsstandsvereinbarungen in Tarifverträgen vgl *Mankowski*, NZA 2009, 584 ff.

919 S. Rauscher/*Leible*, Art. 32 Brüssel I-VO, Rn 5.

Die in Kapitel III enthaltenen Normen stellen im Interesse des Gläubigers die Titelfreizügigkeit innerhalb des Binnenmarkts sicher.[920] Besonderes Augenmerk verdienen zum einen die im Verhältnis zum EuGVÜ modifizierten **Anerkennungsversagungsgründe** in Art. 34 und 35 Brüssel I-VO, zum anderen das beschleunigte **Exequaturverfahren.**[921] Der Sekundärrechtsgeber hebt in Erwägungsgrund Nr. 17 Brüssel I-VO hervor, eine **rasche und effiziente Vollstreckbarerklärung** sei angesichts des gegenseitigen Vertrauens der Mitgliedstaaten gerechtfertigt.

Die Anerkennung einer Entscheidung erfolgt gem. Art. 33 Abs. 1 Brüssel I-VO grundsätzlich **ipso iure.** Jene ist lediglich bei Vorliegen einer der in Art. 34, 35 Brüssel I-VO genannten Ausnahmetatbestände zu versagen.[922] Abseits dieser Gründe verbietet sich nach Art. 36 Brüssel I-VO eine Kontrolle dahin, ob der Richter im Erststaat die Sache zutreffend entschieden hat. Das Verbot der sogenannten „révision au fond" in Art. 36 Brüssel I-VO ist Ausdruck des auch in dem Erwägungsgrund Nr. 16 Brüssel I-VO anklingenden und das Europäische Zivilprozessrecht kennzeichnenden Vertrauensgrundsatzes. Besondere Beachtung verdient der ordre public-Vorbehalt in Art. 34 Nr. 1 Brüssel I-VO, der im Zuge der Vergemeinschaftung präzisiert wurde. Die Reichweite des Notankers soll im Nachgang aufgezeigt werden (vgl 1.).

Bezüglich des Exequaturverfahrens ist im Vergleich zum EuGVÜ die vereinfachte Vollstreckbarerklärung gerichtlicher Verfügungen hervorzuheben.[923] Nach Art. 41 S. 1 Brüssel I-VO muss das Gericht im Zweitstaat einen EG-ausländischen Titel für vollstreckbar erklären, wenn die Förmlichkeiten des Art. 53 Brüssel I-VO vorliegen. In diesem vereinfachten, **einseitigen Antragsverfahren** dürfen weder die Versagungsgründe der Art. 34 f Brüssel I-VO (von Amts wegen) geprüft werden,[924] noch ist dem Schuldner nach Art. 41 S. 2 Brüssel I-VO die Möglichkeit zur Stellungnahme zu gewähren. Der Sekundärrechtsgeber eröffnet ihm mit den Rechtsbehelfsmöglichkeiten in Art. 43 ff Brüssel I-VO[925] lediglich einen **nachträglichen Rechtsschutz** gegen das Exequatur.[926] Ob und inwieweit diese Effektuierung des Vollstreckbarerklärungsverfahrens sowie die damit einhergehende **Initiativlast** des Schuldners methodisch zu überzeugen vermögen und im Einklang mit verfassungs- und völkervertragsrechtlichen Vorgaben stehen, erscheint zweifelhaft (hierzu eingehend unter 2.).[927]

Es liegt ein Wahlrecht zwischen der EuVT-VO und der Brüssel I-VO vor. Besteht bereits ein Europäischer Vollstreckungstitel, so soll es daneben für ein Exequatur nach der Brüssel I-VO am Rechtsschutzbedürfnis fehlen.[928] Dies erscheint zweifelhaft, denn die ausweislich des Art. 27 EuVT-VO eingeräumte parallele Anwendbarkeit beider Verordnungen ist uneingeschränkt zu gewährleis-

---

920 Vgl *Junker*, RIW 2002, 569, 575.

921 Vgl *Junker*, RIW 2002, 569, 575; *Micklitz/Rott*, EuZW 2002, 15, 22; zu dem veränderten System der Anerkennung auch *Sedlmeier*, The European Legal Forum (D) 2002, 35, 41.

922 Zur Frage, ob die Versagungsgründe im Anerkennungsverfahren (von Amts wegen) zu prüfen sind, s. die Angaben bei Rauscher/*Leible*, Art. 34 Brüssel I-VO, Rn 3; Gebauer/Wiedmann/*Gebauer*, Art. 34 Brüssel I-VO, Rn 171.

923 Beachte *Junker*, RIW 2002, 569, 575.

924 S. *Junker*, RIW 2002, 569, 576.

925 Vgl in diesem Zusammenhang EuGH, Rs. C-167/08 (Draka NK Cables Ltd. u.a. ./. Omnipol Ltd.), NJW 2009, 1937 f; BGH, NJW 2007, 3433 ff.

926 Vgl Rauscher/*Mankowski*, Art. 41 Brüssel I-VO, Rn 4.

927 Streit herrschte ferner über die Vereinbarkeit der §§ 12 Abs. 1 und 14 Abs. 1 AVAG mit der Brüssel I-VO; hierzu Gebauer/Wiedmann/*Gebauer*, Art. 45 Brüssel I-VO, Rn 219 ff; beachte auch OLG Düsseldorf, RIW 2005, 708 f= NJW-RR 2005, 933 ff; BGH, NJW 2007, 3433 ff; aufgrund der Judikatur des EuGH, Rs. C-139/10 (Prism Investments BV ./. Jaap Anne van der Meer), NJW 2011, 3506, ist davon auszugehen, dass § 12 AVAG wegen Europarechtswidrigkeit nicht anwendbar ist und der § 14 AVAG daraufhin leerläuft; s. dazu ausführlich MünchKomm-ZPO/*Schmidt/Brinkmann*, § 767 ZPO Rn 74; beachte im Nachgang BGH, NJW 2012, 2663; beachte, dass seit der Neufassung der §§ 55 f AVAG mit Wirkung vom 26.2.2013 im Beschwerdeverfahren nach Art. 43 Brüssel I-VO der § 12 AVAG nicht mehr maßgeblich ist. Materiell-rechtliche Einwendungen gegen einen titulierten Anspruch sind somit nicht mehr zulässig, s. dazu OLG Koblenz, 2 U 156/13, OLG Stuttgart, 5 W 13/13.

928 Vgl OLG Stuttgart, EuZW 2010, 37 ff.

ten. Das ungeschriebene Merkmal des Rechtsschutzbedürfnisses kann nicht die Wirksamkeit der Brüssel I-VO beeinträchtigen.[929]

1. Reichweite des Art. 34 Nr. 1 Brüssel I-VO

a) Offenkundiger Widerspruch gegen die öffentliche Ordnung

Nach dem **ordre public-Vorbehalt** in Art. 34 Nr. 1 Brüssel I-VO (ordre public attenué) wird eine Entscheidung nicht anerkannt, sofern dies mit der inländischen öffentlichen Ordnung unvereinbar ist. Da der Notbehelf die Titelfreizügigkeit durchbricht, darf er, wie *Jenard*[930] zu Recht hervorhebt, nur als **ultima ratio** eingesetzt werden.[931] Diese Tendenz ist bislang auch der Judikatur[932] zu entnehmen. 191

Während das EVÜ, die Rom I-VO oder etwa § 328 Abs. 1 Nr. 4 ZPO einen „offensichtlichen" Widerspruch gegen den ordre public voraussetzen, fehlte eine solche Einschränkung im EuGVÜ. Der BGH[933] hat dessen ungeachtet die Schranke aus § 328 Abs. 1 Nr. 4 ZPO entlehnt und in Art. 27 Nr. 1 EuGVÜ hineingelesen. Gleichermaßen betonte der EuGH in den Rechtssachen **Krombach**[934] und **Renault**,[935] dass Art. 27 Nr. 1 EuGVÜ eine „offensichtliche" Verletzung des ordre public erfordere.

Im Zuge der **Vergemeinschaftung** hat der Verordnungsgeber die Eingriffsschwelle zumindest dem Wortlaut nach erhöht.[936] Nunmehr muss die Anerkennung der öffentlichen Ordnung im Zweitstaat nach Art. 34 Nr. 1 Brüssel I-VO „offensichtlich" widersprechen.[937] Dies gilt etwa ebenso für **Art. 22 lit. a), Art. 23 lit. a) Brüssel IIa-VO** sowie **Art. 26 EuIns-VO**. Die bisherige Tendenz der mitgliedstaatlichen Spruchkörper, die Vorbehaltsklausel lediglich äußerst zurückhaltend einzusetzen,[938] dürfte angesichts der Formulierung eher noch verstärkt werden.[939]

b) Das Gemeinschaftsrecht als Rahmen

Die Definitionsmacht, welche Normen der jeweiligen lex fori zu den **Fundamentalprinzipien** gehören, steht den Mitgliedstaaten zu. Der Gerichtshof wacht indes darüber, dass die Spruchkörper den Anerkennungsversagungsgrund nicht im Widerspruch zum höherrangigen Gemeinschaftsrecht einsetzen.[940] Hierdurch lässt sich sicherstellen, dass die **Titelfreizügigkeit** innerhalb des Binnenmarkts nicht durch einen inflationären Einsatz der Vorbehaltsklausel über Gebühr beschränkt wird. 192

929 Vgl *Mansel/Thron/Wagner,* IPRax 2010, 1, 19.

930 *Jenard*, Bericht zum Übereinkommen, ABl. C 59 v. 5. März 1979, S. 1 ff.

931 S. zur Interpretation des Art. 27 Nr. 1 EuGVÜ im Schrifttum: *Scholz*, S. 51 ff; *Völker*, S. 288 ff; hierzu *Gebauer*, RabelsZ 65 (2001), 324 ff.

932 S. in diesem Zusammenhang BGHZ 140, 395 ff = JR 1999, 371 ff m.Anm. *Staudinger*, 373 ff = JZ 1999, 1117 ff m.Anm. *H. Roth*, 1119 f= IPRax 1999, 371 ff m.Anm. *Schulze*, 342 ff = *Dörner*, LM Art. 27 Nr. 1 EuGVÜ Nr. 58; *ders.*, in: FS Sandrock, S. 205 ff; *Pfeiffer*, WuB 1999, 783 ff; s. zur Analyse der Judikatur des BGH: *Stürner*, in: Canaris, S. 677 ff.

933 BGHZ 140, 395, 397.

934 EuGH, Rs. C-7/98 (Dieter Krombach ./. André Bamberski), JZ 2000, 723, 724 Rn 37 m.Anm. *von Bar*, 725 ff = ZIP 2000, 859, 862 Nr. 37, m.Anm. *Geimer*, 863 f= EWiR 2000, 441, m.Anm. *Hau*, 441 f= IPRax 2000, 406 ff, m.Anm. *Piekenbrock*, 364 ff; Vorlage BGH, IPRax 1998, 205 ff m.Anm. *Piekenbrock*, 177 ff; hierzu ebenfalls *Leipold*, in: FS Stoll, S. 625, 642 f; die Abschlussentscheidung des BGH ist abgedruckt in ZIP 2000, 1595 f= JZ 2000, 1067 f m.Anm. *Gross*, 1068; zur Krombach-Entscheidung des EGMR (NJW 2001, 2387 ff): *Gundel*, NJW 2001, 2380 ff; zu den Urteilen des EuGH und des EGMR: *Matscher*, IPRax 2001, 428 ff; s. in weiterem Zusammenhang auch BGH, Beschluss vom 6. Oktober 2005, IX ZB 27/02.

935 EuGH, Rs. C-38/98 (Renault SA ./. Maxicar SpA u.a.), IPRax 2001, 328 ff; hierzu *Hess*, IPRax 2001, 301 ff.

936 S. zur Begründung für diese „restriktivere Formulierung": BR-Drucks. 534/99, S. 23.

937 Eine Bestätigung der bislang vertretenen restriktiven Position sieht hierin: *Kropholler*, Art. 57 Brüssel I-VO, Rn 13; ebenso Zöller/*Geimer*, Art. 34 EuGVVO, Rn 7.

938 Einen Verzicht auf diesen Vorbehalt hält auf längere Sicht für vorstellbar: *Leipold*, in: FS Stoll, S. 625, 644 f.

939 Zöller/*Geimer*, Art. 1 EuGVVO, Rn 12; Art. 34 EuGVVO, Rn 6; eine Verschärfung mit lediglich kosmetischem Charakter sehen hierin: *Junker*, RIW 2002, 569, 576; *Stadler*, in: Gottwald, S. 37, 46; in diese Richtung auch *Hüßtege*, in: Thomas/Putzo, Art. EuGVVO, Rn 2; Rauscher/*Leible*, Art. 34 Brüssel I-VO, Rn 9 aE; *R. Wagner*, IPRax 2002, 75, 82.

940 Vgl die Nachweise zur Judikatur des Gerichtshofs bei Rauscher/*Leible*, Art. 34 Brüssel I-VO, Rn 5.

c) Inlandsbezug

193 Entsprechend dem Art. 21 Rom I-VO setzt ebenso Art. 34 Nr. 1 Brüssel I-VO das ungeschriebene Merkmal eines **hinreichenden Inlandsbezugs** voraus.[941] Je stärker der Sachverhalt mit dem Hoheitsgebiet des Anerkennungsstaats verknüpft ist, desto eher erscheint es gerechtfertigt, dass dieser seine Fundamentalprinzipien im Exequaturverfahren in Stellung bringt.

d) Verfahrensrechtlicher ordre public

194 Gestützt auf Art. 34 Nr. 1 Brüssel I-VO kann etwa ein Verstoß gegen den auch in Art. 6 der Europäischen Menschenrechtskonvention (EMRK)[942] verankerten Grundsatz des **fairen Verfahrens**[943] gerügt werden. Nicht anzuerkennen sind ferner **Prozessführungsverbote („antisuit injunctions")**.[944]

aa) Verhältnis zu Art. 34 Nr. 2 Brüssel I-VO

195 Sofern ein Gericht im Erststaat das Gebot des **rechtlichen Gehörs** während der Eröffnung eines Prozesses missachtet hat und Art. 34 Nr. 2 Brüssel I-VO[945] eingreift, tritt Art. 34 Nr. 1 Brüssel I-VO zurück.[946]

bb) Präklusion des ordre public-Einwands

196 Den Vollstreckungsschuldner trifft eine auf den Ursprungsstaat bezogene **Prozessführungslast.** Ihm ist es demzufolge verwehrt, sich auf Art. 34 Nr. 1 Brüssel I-VO zu stützen, wenn er es versäumt hat, die Entscheidung im Erststaat mit **(außer-)ordentlichen Rechtsmitteln** bzw -behelfen anzugreifen.[947]

e) Materiellrechtlicher ordre public

aa) Sach- und Gemeinschaftsrecht

197 Der Vorbehaltsklausel unterfallen Vorschriften nationalen Ursprungs. Hierzu zählte etwa das **Verbot eines Erfolgshonorars** nach § 49 b Abs. 2 S. 1 BRAO aF.[948] Neuerdings ist jedoch eine Öffnung zugunsten von Erfolgshonoraren und Streitwertklauseln vorgesehen gem. § 4 a RVG für Fälle, in denen der Rechtssuchende aufgrund seiner wirtschaftlichen Verhältnisse bei verständiger Betrachtung ohne die Vereinbarung eines Erfolgshonorars von der Rechtsverfolgung abgehalten würde. Aufgrund der zumindest teilweisen Öffnung des deutschen Gebührenrechts für Erfolgshonorare

---

941 Zum Streitstand: Geimer/Schütze/*Geimer*, Art. 34 Brüssel I-VO, Rn 40 f.

942 BGBl. 1952 II, S. 685, 953.

943 S. hierzu die Angaben bei Rauscher/*Leible*, Art. 34 Brüssel I-VO, Rn 14 f; vgl etwa BGH, NJW 2009, 3306 ff; vgl auch EuGH, Rs. C-394/07 (Marco Gambazzi ./. DaimlerChrysler Canada Inc. u.a.), EuZW 2009, 422 ff m.Anm. *Sujecki*.

944 EuGH, Rs. C-159/02 (Gregory Paul Turner ./. Felix Fareed Ismail Grovit u.a.), RIW 2004, 541 ff; hierzu *Krause*, RIW 2004, 533 ff; *Mankowski*, RIW 2004, 481, 497; so auch die Einschätzung vor der Entscheidung von Rauscher/*Leible*, Art. 34 Brüssel I-VO, Rn 17 b mwN; zum Themenkreis ebenfalls *Collins*, in: FS Jayme, S. 142 ff; vgl EuGH, Rs. C-185/07 (Allianz SpA und Generali Assicurazioni Generali SpA ./. West Tankers Inc.), NJW 2009, 1655 f, dazu *Lehmann*, NJW 2009, 1645 ff; *Balthasar/Richers*, RIW 2009, 351 ff; *Schroeder*, EuZW 2009, 218 f.

945 Beachte hierzu BGH, NJW-RR 2007, 1573; vgl in diesem Zusammenhang auch EuGH, Rs. C-283/05 (ASML Netherlands BV ./. SEMIS), IPRax 2008, 519 ff m.Anm. *Geimer*, 498 ff; hierzu *Vogel*, EWiR 2007, 79 f.

946 Dazu Rauscher/*Leible*, Art. 34 Brüssel I-VO, Rn 7 mwN.

947 Zum Streitstand: Rauscher/*Leible*, Art. 34 Brüssel I-VO, Rn 18 f; Geimer/Schütze/*Geimer*, Art. 34 Brüssel I-VO, Rn 30. Beachte hierzu: OLG Karlsruhe, Beschl. v. 8. Juli 2005 – Az: 9 W 8/05: Das OLG Karlsruhe weist darauf hin, dass der Schuldner mögliche Rechtsbehelfe in Frankreich nicht eingelegt habe, obgleich sie durchaus geeignet gewesen wären, etwaige Rechtsanwendungsfehler zu beheben; s. aber auch BGH, IPRax 2006, 47 ff m. zu Recht kritischer Anm. *Hau*, IPRax 2006, 20 ff.

948 Zum Erfolgshonorar aus internationalprivatrechtlicher Sicht s. noch: BGH, IPRax 2005, 150 f, *Staudinger*, 129 ff; *Mankowski*, AnwBl. 2004, 63 f; *ders.*, RIW 2004, 481, 488; OLG Frankfurt aM, NJW-RR 2000, 1367 ff = IPRax 2002, 399 ff; hierzu *Jayme/Kohler*, IPRax 2001, 501, 512; *Krapfl*, IPRax 2002, 380 ff; *Hohloch*, JuS 2001, 817 f; *Obergfell*, K&R 2003, 118, 122. Zur Verfassungskonformität: OLG Celle, NJW 2005, 2160, 2161. Zur Verfassungswidrigkeit des Verbots anwaltlicher Erfolgshonorare s. BVerfG, NJW 2007, 979 ff; noch zur alten Rechtslage: BGH, ZGS 2009, 317.

und angesichts der Entscheidung des BVerfG zur Verfassungswidrigkeit des Verbots von Erfolgshonoraren[949] erscheint es nunmehr unvertretbar, der deutschen Regelung international zwingenden Charakter iSd Art. 34 Brüssel I-VO beizumessen.[950]

Art. 34 Nr. 1 Brüssel I-VO unterfallen darüber hinaus Vorschriften des Gemeinschaftsrechts,[951] etwa Art. 81 EGV (nunmehr Art. 101 AEUV). Demzufolge sah der Gerichtshof[952] in der Rechtssache **Eco Swiss** bedingt durch die Verletzung der **Wettbewerbsregeln** des EGV einen Verstoß gegen die öffentliche Ordnung. Aus dieser Entscheidung kann indes nicht gefolgert werden, das Gemeinschaftsrecht bilde ungeachtet seiner primär- oder sekundärrechtlichen Natur stets einen Bestandteil der öffentlichen Ordnung im Forumstaat. Das Verfahren in der Rechtssache **Eco Swiss** betraf mit Art. 81 EGV eine Norm des primären **Gemeinschaftsrechts**, die unmittelbare Anwendung fand.[953] Demzufolge gehören etwa nicht sämtliche Artikel von Verbraucherschutz-RLen, welche im horizontalen Verhältnis keine Direktwirkung entfalten,[954] zum Kernbestand der inländischen öffentlichen Ordnung. Angesichts der Vielzahl von Harmonisierungsmaßnahmen allein auf dem Gebiet des „Europäischen Vertragsrechts“[955] drohte andernfalls der ordre public-Vorbehalt seine ultima ratio-Funktion zu verlieren.

Die hier vertretene **restriktive Ansicht** steht im Einklang mit der Entscheidung des Gerichtshofs in der Rechtssache **Renault.**[956] Hiernach erzwingt ein möglicher Fehler bei der Anwendung des Gemeinschaftsrechts nicht per se eine höhere Kontrolldichte im Exequaturverfahren. Nationales und supranationales Recht seien im Rahmen des Art. 27 Nr. 1 EuGVÜ bzw Art. 34 Nr. 1 Brüssel I-VO gleich zu behandeln.[957] Ein abweichendes Ergebnis folge ebenso wenig aus dem Grundsatz der Effektivität des Gemeinschaftsrechts nach Art. 10 Abs. 1 EGV (entspricht nunmehr im Wesentlichen Art. 4 Abs. 3 AEUV).[958]

bb) Kollisionsrecht

Art. 27 Nr. 4 EuGVÜ[959] betrifft den Fall, dass sich der Erststaat bei seiner Entscheidung über eine **„Vorfrage“**,[960] die sich auf die nach Art. 1 Abs. 2 Nr. 1 EuGVÜ ausgenommenen Rechtsgebiete bezieht, in Widerspruch zum Kollisionsrecht des Zweitstaats setzt.[961] Art. 27 Nr. 4 EuGVÜ stieß in der Literatur von Anfang an auf Kritik. Der Sekundärrechtsgeber hat diesen Vorbehalt in Art. 34 198

949 BVerfG, NJW 2007, 979 ff.

950 Abzuwarten bleibt, wie sich die EuGH-Entscheidung in der Rs. C-94/04 (Federico Cipolla ./. Rosaria Portolese), NJW 2007, 281 ff auf die deutsche Gebührenordnung für Rechtsanwälte auswirken wird, vgl *Staudinger*, RabelsZ 72 [08], 630, 634 f. Dem EuGH zufolge verstößt das Verbot, von einem gesetzlichen Mindesthonorar im Bereich der Rechtsdienstleistung abzuweichen, gegen die Dienstleistungsfreiheit, wenn es nicht als Maßnahme des Verbraucherschutzes oder aus Gründen der geordneten Rechtspflege zu rechtfertigen ist. Italien hat in der Folge des Urteils bereits die gesetzliche Regelung über Mindesthonorare aufgehoben.

951 S. auch Geimer/Schütze/*Geimer*, Art. 34 Brüssel I-VO, Rn 44 ff.

952 EuGH, Rs. C-126/97 (Eco Swiss China Time Ltd ./. Benetton International NV), Slg 1999, I-3055 ff; hierzu *Knapp/Kohler*, ZEuP 2001, 116, 120 f.

953 Vgl hierzu die Angaben bei *Brinker*, in: Schwarze, EU-Kommentar (2009), Art. 81 EG, Rn 1; EuGH, Rs. C-13/61 (Kledingverkoopbedrijf De Geus en Uitdenbogerd ./. Robert Bosch GmbH), Slg 1962, 97 ff.

954 S. die Angaben bei Streinz/*Schroeder*, Art. 249 EG, Rn 116; beachte auch: EuGH, Rs. C-235/03 (QDQ Media SA ./. Alejandro Omedas Lecha), EuZW 2005, 248 f.

955 KOM (2001) 398, endg. v. 11. Juli 2001; KOM (2004) 651, endg.; hierzu *Lando*, RIW 2005, 1 ff; *Staudenmayer*, EuZW 2005, 103 ff; *von Bar/Schulte-Nölke*, ZRP 2005, 165 ff.

956 EuGH, Rs. C-38/98 (Renault SA ./. Maxicar SpA u.a.), IPRax 2001, 328 ff; hierzu *Hess*, IPRax 2001, 301 ff.

957 S. auch *Jayme*, in: Ludwig Boltzmann Institut für Europarecht an der Universität Wien, S. 7: „Das Gemeinschaftsrecht erhält hier keine Sonderrolle im Bereich des ordre public“.

958 Der EuGH konnte es somit im Ergebnis offen lassen, ob die Marktfreiheiten und das Kartellrecht überhaupt zum ordre public communautaire zählen; bejahend *Hess*, IPRax 2001, 301, 305.

959 Einen Störfaktor sah in dieser Vorschrift etwa: *Kropholler*, 6. Aufl., Art. 27 EuGVÜ, Rn 52; s. auch *Schlosser*, 2. Aufl., (EuGVÜ) Art. 27-29 EuGVÜ, Rn 27.

960 Dieser Begriff ist nicht im streng kollisionsrechtlichen Sinne zu verstehen: *Kropholler*, 6. Aufl., Art. 27 EuGVÜ, Rn 52.

961 Dies gilt allerdings nur, wenn das konkrete Anwendungsergebnis divergiert.

Brüssel I-VO nicht aufgenommen.[962] Hieraus kann allerdings nicht gefolgert werden, dass ein Verstoß gegen wesentliche Grundsätze des Kollisionsrechts niemals der **Anerkennung** entgegenstehen kann.[963] Während Art. 25 Brüssel IIa-VO es ausschließt, ein Anerkennungsversagungsverbot bei einer Entscheidung zum ehelichen Status auf Unterschiede im Sach- und Kollisionsrecht[964] zu stützen, gilt für die Brüssel I-VO: Die **Titelfreizügigkeit** darf nicht allein deshalb begrenzt werden, weil sich ein Gericht im Erststaat auf ein anderes Sachrecht gestützt hat als nach den Anknüpfungsregeln im Zweitstaat zur Anwendung berufen worden wäre.[965] Dennoch kann ein Verstoß gegen fundamentale Grundsätze des Internationalen Privatrechts dem Art. 34 Nr. 1 Brüssel I-VO unterfallen,[966] wenn die Kollisionsnormen im Anerkennungsstaat zu einem abweichenden Ergebnis geführt hätten.[967] Als Beispiel mag Art. 6 Abs. 2 der Klausel-RL[968] bzw Art. 46 b Abs. 1, Abs. 4 Nr. 1 EGBGB dienen. Angesichts der zahlreichen Rechtsakte,[969] die übereinstimmende kollisionsrechtliche Regelungsgebote enthalten, stellt der Schutz des Verbrauchers vor der **Wahl eines Drittstaatenrechts**[970] ein Fundamentalprinzip dar, sofern der Sachverhalt einen engen Bezug zum Binnenmarkt aufweist. Hierfür spricht ebenso die Entscheidung des Gerichtshofs in der Rechtssache **Ingmar**[971] **bzw Art. 3 Abs. 4 Rom I-VO.**

Die Relevanz des ordre public dürfte demnächst noch zunehmen, da das Kollisionsrecht in immer stärkerem Maße vergemeinschaftet wird. So können etwa auch Anknüpfungsgrundsätze des EVÜ[972] bzw der **Rom I-VO**[973] oder **Rom II-VO**[974] der Vorbehaltsklausel unterfallen.

cc) Verstoß gegen die sekundärrechtliche Zuständigkeitsordnung

199 Das Exequaturgericht darf nach Art. 35 Abs. 3 S. 1 Brüssel I-VO die Zuständigkeit nicht ex post überprüfen. Eine Ausnahme hiervon sieht Art. 35 Abs. 1 Brüssel I-VO nur in Versicherungs- und Verbrauchersachen sowie im Hinblick auf die ausschließlichen Gerichtsstände in Art. 22 Brüssel I-VO vor.[975] Laut Art. 35 Abs. 3 S. 2 Brüssel I-VO zählen die Vorschriften über die gerichtliche Zuständigkeit nicht zum ordre public iSd Art. 34 Nr. 1 Brüssel I-VO. Demzufolge begründet selbst

962 Dies begrüßen *Geimer*, IPRax 2002, 69, 71; *R. Wagner*, IPRax 2002, 75, 79; kritisch *Jayme*, IPRax 2000, 165, 168; *Kohler*, in: Baur, S. 147, 151.

963 So aber – auch schon in Bezug auf die frühere Rechtslage –: Zöller/*Geimer*, Art. 34 EuGVVO, Rn 17, 46; s. auch *Martiny*, in: Handbuch des Internationalen Zivilverfahrensrechts, Band III/2 Kap. II, Rn 85, 94; *Schlosser*, Art. 34-36 Brüssel I-VO, Rn 3: „Selbst eine noch so willkürliche kollisionsrechtliche Weichenstellung kann für sich allein nicht zur Anerkennungsversagung führen ...“; anders Rauscher/*Leible*, Art. 34 Brüssel I-VO, Rn 19; s. in diesem Zusammenhang: OLG Karlsruhe, Beschl. v. 8. Juli 2005 – Az: 9 W 8/05.

964 *Kropholler*, 7. Aufl., Einl. EheGVO, Rn 140; Gebauer/Wiedmann/*Frank*, Art. 25 Brüssel IIa-VO, Rn 79; *Helms*, FamRZ 2001, 257, 263; s. auch den Bericht von Alegría Borrás, ABl. C 221 v. 16. Juli 1998, S. 53, Nr. 76.

965 Beachte hierzu: OLG Karlsruhe, Beschl. v. 8. Juli 2005 – Az: 9 W 8/05 = OLGR Karlsruhe 2005, 901 ff.

966 So auch *Kropholler*, Art. 34 Brüssel I-VO, Rn 17; Gebauer/Wiedmann/*Gebauer*, Art. 34 Brüssel I-VO, Rn 176; s. allgemein *Völker*, S. 166 ff.

967 Vgl *Kropholler*, Art. 34 Brüssel I-VO, Rn 17.

968 Beachte die Angaben bei *Staudinger*, Rn 119 ff.

969 S. etwa die Finanzdienstleistungs-RL; hierzu oben *Staudinger*, Rn 119, 121, 134.

970 Erfasst werden ebenso die Wahl eines anationalen Rechts sowie die Montage verschiedener drittstaatlicher Bestimmungen; beachte die Ausführungen bei *Staudinger*, Rn 45.

971 EuGH, Rs. C-381/98 (Ingmar GB Ltd ./. Eaton Leonard Technologies Inc.), NJW 2001, 2007 f; hierzu *Bitterich*, VuR 2002, 155 ff; *Fetsch*, S. 311 ff; *Font i Segura*, The European Legal Forum (D) 2000/01, 179 ff; *Idot*, Rev. crit. dr. internat. privé 2001, 107 ff; *Kindler*, BB 2001, 11 ff; *Nemeth/Rudisch*, ZfRV 2001, 179 ff; *Schwarz*, ZVglRWiss 101 (2002), 45 ff; *Staudinger*, NJW 2001, 1974 ff; *Schurig*, in: FS Jayme, S. 837 ff; beachte im Hinblick auf Schiedsgerichtsverfahren auch OLG München, IPRax 2007, 322 ff; hierzu *Emde*, EWiR 2006, 621 f.

972 S. dazu auch die Ausführungen bei *Staudinger*, Rn 1.

973 Beachte die Angaben bei *Staudinger*, Rn 6 ff.

974 Hierzu oben *Staudinger*, Rn 36 ff.

975 Auf die Ungereimtheit, dass der Verstoß gegen die Gerichtsstandsvorschriften für Arbeitssachen kein Anerkennungshindernis bildet, weist zu Recht hin: *Junker*, RIW 2002, 569, 577.

die Inanspruchnahme einer nach Art. 3 Abs. 2 Brüssel I-VO[976] ausgeschlossenen **exorbitanten Zuständigkeit** durch den Spruchkörper im Erststaat keinen Widerspruch zur öffentlichen Ordnung des Anerkennungsstaates. Dies steht im Einklang mit der Entscheidung des Gerichtshofs in der Rechtssache **Krombach.**[977] Hiernach scheidet Art. 27 Nr. 1 EuGVÜ tatbestandlich aus, wenn der Erststaat eine exorbitante und mitunter völkerrechtswidrige Zuständigkeit für sich reklamiert. Eine Reduktion des Art. 28 Abs. 3 EuGVÜ (Art. 35 Abs. 3 Brüssel I-VO) komme nicht in Betracht. Diese Grundsätze lassen sich auf die Brüssel I-VO übertragen.[978]

2. Der ordre public-Vorbehalt im Antrags- und Rechtsbehelfsverfahren

a) Verfassungs- und Völkervertragsrechtskonformität der Brüssel I-VO

Die Kontrolle der Vorbehaltsklausel ist in das Rechtsbehelfsverfahren[979] der Art. 43 ff Brüssel I-VO **200**
verlagert worden.[980] Die Vergemeinschaftung des EuGVÜ hat damit zur Folge, dass die Kontrolle eines Verstoßes gegen die inländische öffentliche Ordnung der **Disposition des Schuldners** unterliegt.[981] Ein Gericht im Zweitstaat kann demnach das Exequatur eines für den Schuldner materiellrechtlich günstigen Titels nicht ex officio verhindern. Dennoch geht mit der **Initiativlast** die Gefahr einher, dass **Grundrechte** und **Fundamentalprinzipien** ausgehöhlt werden. Ein solches System scheint – nicht zuletzt im Vergleich zu § 328 Abs. 1 Nr. 4,[982] § 796 a Abs. 3,[983] § 1053 Abs. 1 S. 2 sowie § 1059 Abs. 2 S. 2 lit. b) ZPO[984] – befremdlich.[985] *Stadler*[986] betont allerdings, dass sich die Schuldner in der Rückschau zwar vielfach auf einen ordre public-Verstoß berufen hätten, die Gerichte[987] dieser Einschätzung allerdings nur in wenigen Ausnahmefällen gefolgt seien. Darüber hinaus sichere der Notanker der öffentlichen Ordnung weniger staatliche Interessen[988] als vielmehr

---

976 Bislang war umstritten, ob Art. 28 Abs. 3 EuGVÜ (Art. 35 Abs. 3 Brüssel I-VO) teleologisch zu reduzieren ist, wenn gegenüber einer Person mit Wohnsitz inner- oder außerhalb des Binnenmarkts eine exorbitante Zuständigkeit iSd Art. 3 Abs. 2 EuGVÜ (Brüssel I-VO) in Anspruch genommen wurde, die für den Anerkennungsstaat untragbar war und womöglich auch im Widerspruch zu Art. 6 Abs. 1 S. 1 EMRK stand; vgl hierzu die Angaben bei *Kropholler*, Art. 35 Brüssel I-VO, Rn 3. Eine Reduktion des Art. 35 Abs. 3 Brüssel I-VO und damit Aktivierung des ordre public-Vorbehalts dürfte jedoch im Lichte der Krombach-Entscheidung des EuGH (s. die Angaben in Fn 721) kaum noch vertretbar sein, so auch *Hüßtege*, in: Thomas/Putzo, Art. 35 EuGVVO, Rn 1; eine restriktive Interpretation des Art. 35 Abs. 3 Brüssel I-VO hält weiterhin für zulässig etwa: *Matscher*, IPRax 2001, 428, 433; Gebauer/Wiedmann/*Gebauer*, Art. 35 Brüssel I-VO, Rn 184; zum Streitstand s. die Angaben bei Rauscher/*Leible*, Art. 34 Brüssel I-VO, Rn 7, Art. 35 Brüssel I-VO, Rn 5 mwN; beachte in weiterem Zusammenhang BGH, Beschluss vom 3. Oktober 2005, IX ZB 27/02.

977 S. die Angaben in *Staudinger*, Fn 833.

978 Beachte in diesem Zusammenhang: OLG Karlsruhe, Beschl. v. 8. Juli 2005 – Az: 9 W 8/05.

979 Dies gilt wohl ebenso für ein selbstständiges Anerkennungsverfahren nach Art. 33 Abs. 2 Brüssel I-VO. Hingegen findet Art. 41 Brüssel I-VO im Fall der Inzidentanerkennung nach Art. 33 Abs. 3 Brüssel I-VO keine Anwendung, so dass die Prüfung der Anerkennungsversagungsgründe insoweit nicht ausgeschlossen ist; so *Kohler*, in: Baur, S. 147, 151.

980 Hierfür trat bereits in der Vergangenheit ein: *Gottwald*, ZZP 103 (1990), 257, 292.

981 Vgl *R. Wagner*, IPRax 2002, 75, 83.

982 Musielak/*Stadler*, § 328 ZPO, Rn 33; Stein/Jonas/*Roth*, § 328 ZPO, Rn 30; s. aber auch Zöller/*Geimer*, § 328 ZPO, Rn 188; Geimer/Schütze/*Geimer*, Art. 41 Brüssel I-VO, Rn 27. *Geimer* differenziert danach, ob Staats- oder lediglich Parteiinteressen involviert sind. Nur im ersten Fall sei eine Kontrolle oder sogar Tatsachenermittlung ex officio geboten; zustimmend *Marx*, S. 23 f.

983 S. MünchKomm-ZPO/*Wolfsteiner*, 2. Aufl., § 796 a ZPO, Rn 34, 36.

984 Vgl Musielak/*Voit*, § 1053 ZPO, Rn 10.

985 Diese Entwicklung begrüßt: Zöller/*Geimer*, Art. 1 Brüssel I-VO, Rn 15; *ders.*, IPRax 2002, 69, 71. *Geimer* war bereits in der Vergangenheit in Bezug auf Art. 34 Abs. 2 EuGVÜ/Lugano-Übereinkommen dafür eingetreten, die Ablehnungsgründe nicht ex officio zu kontrollieren: *Geimer*, NJW 1973, 2138 ff.

986 Vgl *Stadler*, in: Gottwald, S. 37, 41 f, 44.

987 S. im Hinblick auf Deutschland: BGH, IPRax 1987, 236 (Prozessbetrug) m.Anm. *Grunsky*, 219 ff; BGHZ 123, 268 ff (persönliche Haftung eines Beamten im Widerspruch zu §§ 636, 637 RVO); kritisch hierzu *Basedow*, IPRax 1994, 85 f; BGHZ 144, 390 ff (Verstoß gegen Art. 103 Abs. 1 GG); zur Judikatur des BGH: *Stürner*, in: Canaris, S. 677 ff.

988 Anders etwa *Leutner*, S. 230: „Der ordre public-Vorbehalt ... stellt auch und vorrangig eine Reserve der Rechtsordnung des angerufenen Staates dar".

verfahrens- oder materiellrechtliche Garantien, die dem Schutz des Beklagten dienten.[989] Ebenso besteht nach Ansicht von *Hess*[990] im europäischen Rechtsschutzraum[991] kein Anlass mehr für die amtswegige Wahrung staatlicher Belange durch den ordre public.

Demgegenüber verweist *Kohler*[992] darauf, dass der Richter nach der Brüssel I-VO etwa im Fall **Krombach**[993] gezwungen werde, eine Entscheidung, welche offenkundig Art. 6 EMRK widerspreche,[994] für vollstreckbar zu erklären und damit den Völkerrechtsverstoß zu perpetuieren.[995]

Die **Judikatur des BVerfG**[996] deutet (allerdings) darauf hin, dass die Verlagerung des ordre public-Vorbehalts in die Rechtsbehelfsphase selbst dann verfassungsrechtlich unbedenklich ist, wenn **Grundrechte** und **Fundamentalprinzipien** betroffen sind.[997] Der Notanker des ordre public ist hiernach verfassungsrechtlich nur dann unverzichtbar, wenn es um die **Anerkennung** und Vollstreckbarerklärung von Titeln aus Staaten geht, in denen ein solches Maß an Rechtsschutz „generell“ nicht besteht, das „gewissen Mindestanforderungen an Rechtsstaatlichkeit genügt“.[998] Das Grundgesetz verbietet folglich nicht, den Rechtsschutz auf ausländische Spruchkörper zu übertragen,[999] sofern das Erkenntnisverfahren im Ausgangsstaat ein Äquivalent bietet. Von dieser Prämisse muss man wohl im Hinblick auf diejenigen Mitgliedstaaten, die augenblicklich der Brüssel I-VO unterliegen,[1000] ausgehen.[1001] Folglich erscheint es sogar verfassungsrechtlich unbedenklich, den ordre public-Vorbehalt – wie in der **EuVT-VO**[1002,1003] – zu streichen.[1004] Dann ist es aber erst recht verfassungskonform, an einem solchen Notanker festzuhalten, ihn jedoch an die Einlegung eines Rechtsbehelfs durch den Schuldner zu knüpfen. Dies gilt dabei nicht nur für Art. 19 Abs. 4 GG,[1005]

989 Vgl *Stadler*, in: Gottwald, S. 37, 56.

990 S. *Hess*, IPRax 2001, 301, 305.

991 „Zum Raum des Rechts“ s. die kritische Anm. *Basedow*, ZEuP 2001, 437 ff.

992 *Kohler*, in: Baur, S. 147, 152 f. Kritisch im Hinblick darauf, dass die Menschenrechte in das Rechtsbehelfsverfahren verdrängt werden: *Jayme*, in: Ludwig Boltzmann Institut für Europarecht an der Universität Wien, S. 1, 23 f.

993 S. die Angaben bei *Staudinger*, Fn 833.

994 Das Vorlageverfahren betraf die Vollstreckbarerklärung eines französischen Urteils in Deutschland. Das französische Gericht hatte den in Deutschland wohnhaften Beklagten im Rahmen eines Strafverfahrens zur Zahlung von zivilrechtlichem Schadensersatz verurteilt, ohne dass sein Verteidiger in dem Verfahren auftreten durfte.

995 Wird eine ausländische Entscheidung, die unter Verstoß gegen Art. 6 EMRK ergangen ist, für vollstreckbar erklärt, so begründet diese Handlung im Zweitstaat eine erneute Verletzung des Art. 6 EMRK: EGMR, Urt. v. 20. Juli 2001 (Pellegrini), Application no. 30882/96, Reports of Judgements and Decisions 2001-VIII, S. 371 ff.

996 BVerfGE 63, 343 ff.

997 Anders wohl die Einschätzung von Rauscher/*Mankowski*, Art. 41 Brüssel I-VO, Rn 5; dagegen Geimer/Schütze/*Geimer*, Art. 41 Brüssel I-VO, Rn 27 Fn 36.

998 BVerfGE 63, 343, 378. Für zu weit gehend hält dies *Kohler*, in: Baur, S. 145, 160.

999 Vgl die Angaben bei *Hess*, IPRax 2001, 389, 393.

1000 Dies gilt ebenso für Dänemark. Zweifel werden in der Literatur im Hinblick auf einige der osteuropäischen Beitrittsstaaten bzw -kandidaten geäußert.

1001 So ebenfalls *Kohler*, in: Baur, S. 147, 160; s. auch Erwägungsgrund Nr. 16 und 17 der Brüssel I-VO. Dort wird das gegenseitige Vertrauen in die Justiz im Rahmen der Gemeinschaft besonders betont.

1002 Vgl die Angaben bei *Staudinger*, Rn 189 f.

1003 Das Bsp. eines sittenwidrigen „Bürgschaftsvergleichs“ zeigt, dass es Fallkonstellationen geben mag, in denen dem ordre public-Vorbehalt selbst bei konsensualen Titeln Bedeutung zukommt. Überdies kann nicht ausgeschlossen werden, dass Vergleiche unter erheblichem wirtschaftlichem Druck eingegangen werden. Hierauf verweist *Hess*, JZ 2000, 373, 377; dort allerdings im Hinblick auf *class action settlements*.

1004 Dies hätte zur Konsequenz, dass keine inländische Abschlussentscheidung im Exequaturverfahren bestünde, die mit Hilfe der Urteilsverfassungsbeschwerde angegriffen werden könnte. Dadurch wird die Frage aufgeworfen, ob ein vergleichbarer Gerichtsschutz im Ausgangsstaat existiert. Jedenfalls verbleibt die Menschenrechtsbeschwerde nach der EMRK, die als Individualrechtsbehelf an den Europäischen Gerichtshof für Menschenrechte gerichtet werden kann; hierzu *Hess*, IPRax 2001, 389, 395; s. auch *Leipold*, in: FS Stoll, S. 625, 645 f.

1005 Hierzu BVerfGE 58, 1, 40.

sondern etwa ebenfalls bei einem Verstoß gegen Art. 2 Abs. 1, Art. 20 und 28 Abs. 1 GG wie in den Bürgschaftsfällen.[1006]

Ebenso wenig erscheint die Verlagerung der ordre public-Kontrolle in das Rechtsbehelfsverfahren völkerrechtswidrig.[1007] Aus Sicht des Europäischen Gerichtshofs für Menschenrechte (**EuGHMR**) genügt ein effektiver Schutz im Ursprungsstaat. Es sei nicht erforderlich, dass bei der Anerkennung und Vollstreckbarerklärung von Titeln im Zweitstaat erneut dieselben umfassenden verfahrensrechtlichen Garantien bestünden.

b) Beweislast

Legt der Vollstreckungsschuldner einen **Rechtsbehelf** ein, ist der zweitinstanzliche Spruchkörper berechtigt, einen Verstoß gegen die inländische öffentliche Ordnung **von Amts wegen** zu kontrollieren. Gleichermaßen kann das Gericht ex officio einen Widerspruch gegen den materiellrechtlichen ordre public prüfen, wenn sich der Schuldner etwa auf den verfahrensrechtlichen Ausschnitt der Vorbehaltsklausel beruft.[1008] Eine Pflicht zur Amtsermittlung besteht demgegenüber nicht.[1009] 201

IV. Divergenzen zwischen der Brüssel I-VO und dem LugÜ

Das LugÜ über die gerichtliche Zuständigkeit und die Vollstreckbarerklärung gerichtlicher Entscheidungen in Zivil- und Handelssachen ist am 16. September 1988 zwischen den **EG-Staaten** und der **EFTA** geschlossen worden und entspricht bislang inhaltlich weitgehend dem EuGVÜ.[1010] Das LugÜ sollte vor dem Hintergrund, dass sich das EuGVÜ lediglich auf EU-Staaten erstreckt, zu einer Harmonisierung der **gerichtlichen Zuständigkeit** sowie **Anerkennung** und **Vollstreckbarerklärung** von Titeln im Rahmen bestimmter Drittstaatensachverhalte führen.[1011] Die Konvention hat jedoch durch den EU-Beitritt von EFTA-Staaten immer mehr an Bedeutung verloren.[1012] Eine besondere wirtschaftliche Relevanz kommt dem LugÜ seit jeher im Verhältnis zur Schweiz zu.[1013] Das Abkommen galt seit dem 1. Februar 2000 im Verhältnis zu Polen als erstem osteuropäischem Staat.[1014] Infolge der **Vergemeinschaftung** des EuGVÜ bestehen eine Reihe gravierender inhaltlicher Unterschiede zwischen der Konvention und der Brüssel I-VO, deren **Konkurrenzverhältnis** Art. 54 lit. b) LugÜ in Verbindung mit Art. 68 Abs. 2 Brüssel I-VO regelt. Dies betrifft etwa den **Gerichtsstand des Erfüllungsortes**, die **Schutzgerichtsstände** in Arbeits- und Verbrauchersachen, die Zulässigkeit von **Gerichtsstandsvereinbarungen**[1015] in elektronischer Form, vor allem aber den Bereich der **Anerkennung und Vollstreckbarerklärung.**[1016] 202

Auf Anregung des Ständigen Ausschusses fand 1998/99 eine Konferenz zur **Revision** des EuGVÜ und des LugÜ statt.[1017] Sie bereitete den Boden für die Überführung des EuGVÜ in die Brüssel I-VO. Angesichts der Divergenzen zwischen der Brüssel I-VO und dem LugÜ soll die Konvention

1006 BGHZ 140, 395 ff = JR 1999, 371 ff m.Anm. *Staudinger*, 373 ff = JZ 1999, 1117 ff m.Anm. *H. Roth*, 1119 f= IPRax 1999, 371 ff m.Anm. *Schulze*, 342 ff, vgl auch *Dörner*, LM Art. 27 Nr. 1 EuGVÜ, Rn 58; *ders.*, in: FS Sandrock, S. 205 ff; *Pfeiffer*, WuB 1999, 783 ff; s. zur Analyse der Judikatur des BGH: *Stürner*, in: Canaris, S. 677 ff.

1007 S. hierzu die überzeugende Analyse der Judikatur des EGMR von *Stein*, IPRax 2004, 181, 186 f; anders die Einschätzung von Rauscher/*Mankowski*, Art. 41 Brüssel I-VO, Rn 5.

1008 Anders wohl Geimer/Schütze/*Geimer*, Art. 34 Brüssel I-VO, Rn 31; zweifelnd *Kropholler*, Vor Art. 33 Brüssel I-VO, Rn 6.

1009 Gebauer/Wiedmann/*Gebauer*, Art. 45 Brüssel I-VO, Rn 218.

1010 Vgl *Kropholler*, Einl. Lugano-Übereinkommen, Rn 85.

1011 Vgl Czernich/Tiefenthaler/Kodek/*Czernich/Tiefenthaler*, Einl., Rn 48.

1012 S. Czernich/Tiefenthaler/Kodek/*Czernich/Tiefenthaler*, Einl., Rn 50.

1013 S. Rauscher/*Staudinger*, Einl. LugÜbk 2007, Rn 5. Vgl dort auch die Hinweise zur verbesserten Durchsetzbarkeit von in Deutschland ergangenen Entscheidungen gegen schweizerische Beklagte seit Ablauf des befristeten Vollstreckungsvorbehalts.

1014 Rauscher/*Staudinger*, Einl. LugÜbk 2007, Rn 3.

1015 Zur Gerichtsstandsvereinbarung nach Maßgabe des Lugano-Übereinkommens s.: BGH, WM 2005, 1049 ff.

1016 S. die Angaben bei Rauscher/*Staudinger*, Einl. LugÜbk 2007, Rn 7 ff.

1017 Vgl *Jayme/Kohler*, IPRax 2001, 501, 509.

nachgebessert werden.[1018] Diese Notwendigkeit sieht auch die Kommission.[1019] Mittlerweile hat der EuGH, die vom Rat nach Art. 300 Abs. 6 EGV erbetene, gutachterliche Stellungnahme vorgelegt.[1020] Nach dessen Gutachten 1/03 vom 7. Februar 2006 besitzt die Europäische Gemeinschaft eine ausschließliche Zuständigkeit für den Abschluss des neuen Übereinkommens von Lugano. Eine Konvention mit den EFTA-Staaten zur Angleichung des LugÜ an die Brüssel I-VO ist dementsprechend am 30. Oktober 2007 in Lugano unterzeichnet worden.[1021] Im Anschluss an einen Kommissionsvorschlag[1022] schlug der Rat dem Europäischen Parlament am 6. Juni 2008 den Beitritt der Europäischen Gemeinschaft zum revLugÜ vor und hat das Europäische Parlament insoweit gem. Art. 300 Abs. 3 Unterabs. 2 EGV um Zustimmung ersucht. Am 18. Mai 2009 hat die Europäische Gemeinschaft mit Wirkung für sämtliche EU-Staaten, abgesehen von Dänemark, das Übereinkommen ratifiziert. Dänemark ist am 24. September 2009 gefolgt. Der Staatsvertrag selbst tritt gem. seinem Art. 69 Abs. 4 sechs Monate nach Hinterlegung der Ratifikationsurkunde durch die Europäische Gemeinschaft und einen der Signatarstaaten in Kraft. Diese streben insoweit eine zügige Ratifikation an,[1023] wobei sich mit Inkrafttreten des Vertrags von Lissabon am 1. Dezember 2009 insoweit Änderungen ergeben, als nunmehr die Europäische Union, welche gem. Art. 47 EUV nF Rechtspersönlichkeit besitzt, an die Stelle der Europäischen Gemeinschaft tritt (Art. 1 EUV nF).[1024] Am 1. Juli 2009 hat Norwegen als erster EFTA-Staat die Ratifikationsurkunde hinterlegt. Damit trat das Übereinkommen per 1. Januar 2010 zwischen diesen Signatarstaaten in Kraft. Das revidierte Übereinkommen wurde am 1.1.2011 von der Schweiz[1025] und am 1.5.2011 von Island ratifiziert.[1026] Gegenüber Liechtenstein gilt das Übereinkommen jedoch nach wie vor nicht. Hinsichtlich dieser Entwicklung beschloss die deutsche Legislative am 10. Dezember 2008 ein Gesetz zur Durchführung des neuen Lugano Übereinkommens,[1027] welches maßvolle[1028] Änderungen und Ergänzungen des AVAG beinhaltet.[1029]

D. Brüssel Ia-VO

203 Die Neufassung der Brüssel I-VO (im Folgenden Brüssel Ia-VO)[1030] ist gem. Art. 81 am zwanzigsten Tag nach ihrer Veröffentlichung,[1031] mithin am 9. Januar 2013 in Kraft getreten. Sie wird vom

1018 Hierzu *R. Wagner*, NJW 2004, 1835, 1837.

1019 Mitteilung der Kommission an den Rat und das Europäische Parlament v. 10. Mai 2005, KOM (2005) 184, endg., S. 32.

1020 Dazu im Vorfeld: *Jayme/Kohler*, IPRax 2005, 481, 491 f.

1021 Übereinkommen über die gerichtliche Zuständigkeit und die Anerkennung und Vollstreckung von Entscheidungen in Zivil- und Handelssachen v. 21. Dezember 2007 (revLugÜ), ABl. L 339 v. 21. Dezember 2007, S. 3 ff.

1022 KOM (2008) 116 endg.

1023 BR-Drucks. 347/08, 1.

1024 Vgl die Angaben bei *Staudinger*, Rn 3.

1025 Laut Beschluss des Schweizerischen Bundesrates vom 31. März 2010, vgl die Mitteilung des Schweizerischen Bundesamtes der Justiz unter http://www.ejpd.admin.ch/ejpd/de/home/themen/wirtschaft/ref_internationales_privatrecht/ref_lugano_uebereinkommen/ref_0.html.

1026 Vgl MünchKomm-ZPO/*Gottwald*, Art. 64 LugÜ, Rn 3.

1027 Gesetz zur Durchführung des Übereinkommens vom 30. Oktober 2007 über die gerichtliche Zuständigkeit und die Anerkennung und Vollstreckung von Entscheidungen in Zivil- und Handelssachen und zur Änderung des Bürgerlichen Gesetzbuchs, BGBl. 2008 I, S. 2399 f; beachte auch den Entwurf der Bundesregierung, BR-Drucks. 347/08.

1028 So *R. Wagner*, NJW 2008, 2225, 2228.

1029 Beachte, dass das nationale Durchführungsgesetz zur Brüssel Ia-VO künftig wegen der Abschaffung des Vollstreckbarerklärungsverfahrens wohl nicht mehr in das AVAG aufgenommen sondern wie in Bezug auf die anderen europäischen Rechtsakte der justiziellen Zusammenarbeit im 11. Buch der ZPO zu finden sein wird, so die Lösung des Gesetzentwurfs BT Drucks. 18/823; s. dazu auch *Mansel/Thorn/Wagner*, IPRax 2013, 1, 10.

1030 Verordnung (EU) Nr. 1215/2012 des Europäischen Parlaments und des Rates über die gerichtliche Zuständigkeit und die Anerkennung und Vollstreckung von Entscheidungen in Zivil- und Handelssachen; dazu s. auch: *Cadet*, EuZW 2013, 218 ff; *Schaper/Eberlein*, RIW 2012, 43 ff; *Stürner*, GPR 2013, 305 ff; *von Hein*, RIW 2013, 97 ff.

1031 ABl. L 351 v. 20. Dezember 2012, S. 1 ff.

10. Januar 2015 in den Mitgliedstaaten der EU – auch im Verhältnis zu Dänemark[1032] – gelten[1033] und hebt gem. Art. 80 Brüssel Ia-VO die bisher geltende Brüssel I-VO auf.[1034] Die wesentlichen Änderungen betreffen die allgemeine und besondere Zuständigkeit, die ausschließlichen Gerichtsstandsvereinbarungen sowie die Anerkennung und Vollstreckbarerklärung von Entscheidungen.

I. Allgemeine und besondere Zuständigkeit

Art. 18 Abs. 1 Brüssel Ia-VO (Art. 16 Brüssel I-VO) verbessert den Rechtsschutz des Verbrauchers gegenüber Vertragspartnern mit Sitz in einem Drittstaat. Diese können ohne Rücksicht auf ihren (Wohn-)Sitz vor dem Gericht des Ortes verklagt werden, an dem der Verbraucher seinen Wohnsitz hat. 204

Laut Art. 21 Abs. 2 Brüssel Ia-VO (Art. 19 Brüssel I-VO) gilt jene Rechtsschutzerweiterung auch zugunsten des Arbeitnehmers. So kann ein Arbeitgeber mit Wohnsitz in einem Drittstaat vor den Gerichten eines Mitgliedstaates verklagt werden. Eine weitere Neuerung hinsichtlich arbeitsrechtlicher Streitigkeiten ergibt sich aus Art. 20 Abs. 1 iVm Art. 8 Nr. 1 Brüssel Ia-VO, welche die Möglichkeit für den Arbeitnehmer eröffnet, mehrere Arbeitgeber gemeinsam zu verklagen.

Überdies soll der neu eingeführte Abs. 2 des Art. 26 Brüssel Ia-VO (Art. 24 Brüssel I-VO) den Beklagten[1035] vor den Folgen der rügelosen Einlassung schützen.[1036] Die Neufassung sieht ein Belehrungserfordernis vor. Bevor sich das Gericht gem. Art. 26 Abs. 1 Brüssel Ia-VO für zuständig erklärt, ist festzustellen, dass der Beklagte über sein Recht, die Unzuständigkeit des Gerichts geltend zu machen, und über die Folgen der Einlassung oder Nichteinlassung auf das Verfahren belehrt wurde.

Ein besonderer Gerichtsstand für die Wiedererlangung von Kulturgütern wurde mit Art. 7 Nr. 5 Brüssel Ia-VO geschaffen.

II. Ausschließliche Gerichtstandsvereinbarung und Rechtshängigkeit

Weitere Änderungen betreffen die Pro- und Dergationsfreiheit. Eine ausschließliche Gerichtsstandsvereinbarung gem. Art. 25 Abs. 1 Brüssel Ia-VO kann künftig unabhängig vom Wohnsitz der Parteien geschlossen werden.[1037] Art. 25 Abs. 1 erfordert dabei nunmehr die materielle Wirksamkeit der Vereinbarung nach dem Recht des Mitgliedstaates.[1038] 205

Ebenfalls sind die Rechtshängigkeitsregeln reformiert worden. Das bisher strikte Prioritätsprinzip (Art. 27 Abs. 1 Brüssel I-VO) erfährt in der Brüssel Ia-VO eine Auflockerung zugunsten der ausschließlichen Gerichtsstandsvereinbarungen.[1039] Zur besseren Durchsetzbarkeit einer Prorogationsabrede hat das früher angerufene Gericht das Verfahren auszusetzen, bis der aufgrund der Vereinbarung angerufene Spruchkörper erklärt, gemäß der ausschließlichen Gerichtsstandsvereinbarung nicht zuständig zu sein (Art. 29 Abs. 1, Art. 31 Abs. 2 Brüssel Ia-VO). Diese Regelung greift nur im Sonderfall eines Parallelverfahrens ein, dh lediglich dann, wenn unterschiedliche Gerichte wegen

1032 Beachte dazu die Bekanntmachung im ABl. EU 2013, L 79/4.

1033 S. Erwägungsgrund 40; dies gilt voraussichtlich auch im Verhältnis zu Dänemark über das Abkommen zwischen der Europäischen Gemeinschaft und dem Königreich Dänemark vom 19.10.2005 über die gerichtliche Zuständigkeit und die Anerkennung und Vollstreckung von Entscheidungen in Zivil- und Handelssachen (ABl. L 299 v. 16. November 2005, S 62 ff).

1034 Beachte zudem den Änderungsvorschlag zur Brüssel Ia-VO hinsichtlich des Patentrechts, KOM (2013) 554 endg.

1035 Soweit dieser unter den besonders schutzwürdigen und in Abs. 2 aufgeführten Kreis von Parteien fällt.

1036 Die Änderung ist als Reaktion auf die Rspr. des EuGH zu sehen: EuGH, Rs. C-111/09 (Česká podnikatelská pojišťovna as u.a. ./. Michal Bilas), NJW 2011, 510 ff.

1037 Aufgrund der Neuregelung wurde der bisherige Art. 23 Abs. 3 Brüssel I-VO gestrichen; beachte zu den Gerichtsstandsvereinbarungen nach der neuen Brüssel I-VO *Simotta*, IJPL 2013, 58 ff.

1038 Die Regelung orientiert sich an Art. 5 Abs. 1 des Haager Übereinkommens vom 30.6.2005 über Gerichtsstandsvereinbarungen (ABl. L 133 v. 29. Mai 2009, S. 1 ff). Beachte dazu den Entwurf eines Gesetzes zur Durchführung des Haager Übereinkommens vom 30. Juni 2005 über Gerichtsstandsvereinbarungen der Bundesregierung, BT-Drs. 18/2846.

1039 Erwägungsgrund 22 Brüssel Ia-VO.

desselben Anspruchs zwischen denselben Parteien angerufen werden.[1040] Des Weiteren dient der neu eingeführte Abs. 2 des Art. 32 Brüssel Ia-VO (Art. 30 Brüssel I-VO) zur Klarstellung des Anrufungszeitpunktes.

Ist ein Prozess vor dem Gericht eines Drittstaates anhängig, so kann der mitgliedstaatliche Spruchkörper das Verfahren unter bestimmten Voraussetzungen aussetzen.[1041] Dazu regelt Art. 33 Brüssel Ia-VO Fälle, in denen ein Prozess wegen desselben Streitgegenstandes anhängig ist. Art. 34 Brüssel Ia-VO betrifft zusammenhängende Verfahren.

III. Anerkennung und Vollstreckung

206 Die Abschaffung des Exequaturverfahrens stellt eine wesentliche Änderung dar.[1042] So muss ein Urteil, welches in einem Mitgliedstaat (Ursprungsstaat) ergangen ist und in einem anderen vollstreckt werden soll, an sich erst durch die Vorschriften der Brüssel I-VO im Zweitstaat für vollstreckbar erklärt werden.[1043] Mit Wegfall des Exequaturs soll sich innerhalb der Europäischen Union der für die grenzüberschreitende Anspruchsdurchsetzung erforderliche Zeit- und Kostenaufwand reduzieren.[1044] Durch die neuen Vorschriften in der Brüssel Ia-VO gewinnt vor allem die vom Ursprungsgericht auszustellende Bescheinigung an Bedeutung.[1045] In dieser gibt das Gericht an, ob die Entscheidung im Ursprungsstaat vollstreckbar ist[1046] und macht darüber hinaus Angaben zum vollstreckbaren Inhalt. Um den Schuldner hinreichend zu informieren, ist die Bescheinigung vor der ersten Vollstreckungsmaßnahme zuzustellen (Art. 43 Abs. 1 Brüssel Ia-VO).[1047] Soweit die Entscheidung Maßnahmen oder Anordnungen enthält, die im Recht des ersuchten Mitgliedstaates nicht bekannt sind, sieht Art. 54 Brüssel Ia-VO eine Anpassung des Titels vor. Soll die Zahlung eines Ordnungsgeldes in anderen Mitgliedstaaten vollstreckt werden, so ist dies künftig nur möglich, wenn die Höhe des Zwangsgeldes durch das Ursprungsgericht endgültig festgesetzt ist (Art. 55 Brüssel Ia-VO).

E. EuVT-VO

207 Die EuVT-VO[1048] dient dem Ziel, einen **Europäischen Vollstreckungstitel für unbestrittene Geldforderungen** zu schaffen, der im Zweitstaat ohne ein vorheriges Zwischenverfahren vollstreckt werden kann.[1049] Im Ergebnis wird damit das in Art. 6 EMRK verbürgte Recht des Gläubigers auf eine effektive Zwangsvollstreckung gestärkt.[1050] Die Harmonisierungsmaßnahme, welche nach ihrem Art. 33 Abs. 1 am 21. Januar 2005 in Kraft getreten ist, gilt abgesehen von einigen Artikeln seit dem 21. Oktober 2005[1051] in allen Mitgliedstaaten[1052] mit Ausnahme Dänemarks.[1053] Die EuVT-VO ergänzt nach ihrem Art. 27 lediglich die Brüssel I-VO, so dass Gläubiger die Vollstreck-

1040 Erwägungsgrund 22 Brüssel Ia-VO.
1041 Vgl Erwägungsgrund 24 Brüssel Ia-VO.
1042 BT-Drucks. 18/823, S. 1.
1043 Hierzu *Wagner/Beckmann*, RIW 2011, 44 ff.
1044 Vgl BT-Drucks. 18/823, S. 3.
1045 Dazu *Pohl*, IPRax 2013, 109 ff; s. auch Anhang I Brüssel Ia-VO.
1046 S. Anhang I, Ziffer 4.4 Brüssel Ia-VO.
1047 Wie bereits in der Brüssel I-VO, vgl Art. 42 Abs. 2 Brüssel I-VO.
1048 VO (EG) Nr. 805/2004, ABl. L 143 v. 30. April 2004, S. 15 ff.
1049 Zu diesem Rechtsakt: *Luckey*, ZGS 2005, 420 ff; *Rausch*, FuR 2005, 437 ff; *Rott*, EuZW 2005, 167, 168 f; *Stein*, EuZW 2004, 679 ff; *Rellermeyer*, RPfleger 2005, 389 ff; *R. Wagner*, IPRax 2005, 189 ff; *ders.*, NJW 2005, 1157 ff; weitere Nachweise bei *Jayme/Kohler*, IPRax 2005, 481, 486, eine Gegenüberstellung von Brüssel I-VO und EuVT-VO bietet: *Bach*, Grenzüberschreitende Vollstreckung in Europa (2008), 256 ff.
1050 Hierzu *Hess*, JZ 2005, 540, 545.
1051 S. Art. 33 Abs. 2 EuVT-VO; vgl *R. Wagner*, NJW 2004, 1835, 1836.
1052 Dieser Sekundärrechtsakt gilt ebenso im Verhältnis zu den zehn mit Wirkung zum 1. Mai 2004 der EU beigetretenen neuen Mitgliedstaaten (vgl Art. 2 der Akte über die Bedingungen des Beitritts, BGBl. II 2003, S. 1418) sowie den am 1. Januar 2007 in die EU aufgenommenen Staaten Bulgarien und Rumänien, vgl Akte über die Bedingungen des Beitritts, BGBl. 2006 II, S. 1146, 1166.
1053 Vgl Art. 2 Abs. 3 EuVT-VO sowie Erwägungsgrund 25 der EuVT-VO.

barerklärung wahlweise[1054] nach Maßgabe dieses Sekundärrechtsakts beantragen können.[1055] Unberührt bleibt laut Art. 28 EuVT-VO[1056] ferner die EuZ-VO bzw nunmehr EuZ-VOa. Mit der EuVT-VO soll dem Gläubiger ein zeit- und kostensparender Weg eröffnet werden, seinen titulierten Anspruch innerhalb des Binnenmarkts durchzusetzen,[1057] indem das **Exequaturverfahren unter Einschluss des ordre public-Vorbehalts**[1058] **entfällt.**[1059] Im Ergebnis verankert der Gemeinschaftsgesetzgeber damit ein Stück weit das **Herkunftslandprinzip** im Europäischen Zivilverfahrensrecht.[1060] Denn eine Rechtsmäßigkeitskontrolle wird ausschließlich dem Erststaat zugewiesen, während dem Vollstreckungsstaat nur in äußerst beschränktem Maße Prüfungskompetenzen zukommen.[1061] Die Vollstreckung an sich richtet sich gem. Art. 20 Abs. 1 EuVT-VO nach dem Recht des Vollstreckungsmitgliedstaates. Der sachliche Anwendungsbereich der EuVT-VO bezieht sich nach ihrem Art. 2 Abs. 1 S. 1 ausschließlich auf **Geldforderungen**[1062] in Zivil- und Handelssachen,[1063] sofern nicht – in Parallele zur Brüssel I-VO – ein Ausschluss gem. Art. 2 Abs. 1 S. 2 bzw Abs. 2 EuVT-VO eingreift.[1064] Der Sekundärrechtsakt bezieht mithin auch **Unterhaltsansprüche** ein.[1065] Als Grundlage eines Europäischen Vollstreckungstitels kommen nach Art. 3 Abs. 1 EuVT-VO **Entscheidungen**[1066] (Art. 4 Nr. 1, 7 EuVT-VO), **gerichtliche Vergleiche** (Art. 3 Abs. 1 lit. a), Art. 24 EuVT-VO)[1067] und **öffentliche Urkunden** (Art. 3 Abs. 1, lit. b), Art. 4 Nr. 3, Art. 25 EuVT-VO) in Betracht.[1068] Der Titel muss im Ausgangsstaat vollstreckbar sein (Art. 6 Abs. 1 lit. a) EuVT-VO).[1069] Hingegen ist nicht erforderlich, dass die Entscheidung Rechtskraft entfaltet, so dass eine **vorläufige Vollstreckbarkeit** des Urteils nach dem Recht des Ursprungsstaates genügt. Darüber hinaus setzt die Bestätigung als Europäischer Vollstreckungstitel die Unbestrittenheit der Forderung voraus. Diese Bedingung liegt nach Art. 3 Abs. 1 lit. c) EuVT-VO selbst dann vor, wenn der Schuldner dem Anspruch zwar zunächst widersprochen hat, daraufhin aber nicht zur Verhandlung

---

1054 Ein paralleles Vorgehen des Gläubigers dürfte aus Kostengründen wohl ein allein theoretisches Konstrukt sein. Jedenfalls wird das jeweilige nationale Zwangsvollstreckungsrecht als ultima ratio einer zweimaligen Vollstreckung entgegenstehen.

1055 S. *R. Wagner*, NJW 2004, 1835, 1836. Neben einem Europäischen Vollstreckungstitel fehlt es nach abzulehnender Ansicht des OLG Stuttgart für eine Vollstreckbarerklärung nach der Brüssel I-VO am Rechtsschutzbedürfnis, Rpfleger 2009, 688, 689 m. zust. Anm. *Strasser*, 690 f; vgl hierzu *Staudinger*, Rn 176 aE. Kein schützenswertes Interesse an der Anerkennung eines derartigen Beschlusses soll der Gläubiger eines Ordnungsmittelbeschlusses gem. § 890 Abs. 1 ZPO haben, OLG München, IPRax 2009, 342 f.

1056 Vgl auch Erwägungsgrund Nr. 21 EuVT-VO.

1057 S. hierzu *Hüßtege*, in: FS Jayme, S. 371.

1058 Hierzu *Hess*, JZ 2005, 540, 545 f; *Sujecki*, ZEuP 2008, 458 ff; zur mangelnden Bedeutung des *ordre public*-Vorbehaltes im Rahmen der Brüssel I-VO *Hess/Bittmann*, IPRax 2007, 277, 279.

1059 Vgl Art. 1 und 5 EuVT-VO; zu einer Konstellation, bei welcher der Europäische Vollstreckungstitel aufgrund fehlerhafter Zustellung im Vollstreckungsmitgliedstaat nicht hätte überprüft werden können, wohingegen der im Anlassstreit maßgebliche Art. 34 Nr. 2 Brüssel I-VO den Schuldnerschutz sicherstellt, s. OLG Zweibrücken, IPRax 2006, 487 ff m.Anm. *Roth*, 466 f; vgl auch BGH, FamRZ 2008, 586, 588 m.Anm. *Gottwald*, 591 ff sowie BGH, NJW-RR 2007, 638 f.

1060 *Leible/Lehmann*, NotBZ 2004, 453, 454.

1061 Vgl östOGH, IPRax 2008, 440 ff m.Anm. *Bittmann*, 445 ff; hierzu *Mansel/Thorn/Wagner*, IPRax 2009, 1, 16.

1062 Vgl Art. 4 Nr. 2 EuVT-VO.

1063 Zum Begriff der Zivil- und Handelssache vgl auch die zur Brüssel I-VO ergangene Judikatur, *Staudinger*, Rn 180; s. überdies die Angaben bei Hk-BGB/*Staudinger*, Art. 1 Rom-I, Rn 2.

1064 Der Ausschluss im Hinblick auf „acta iure imperii" in Art. 2 Abs. 1 S. 2 EuVT-VO hat im Vergleich zur Brüssel I-VO wohl eine eher klarstellende Funktion.

1065 So auch *R. Wagner*, IPRax 2005, 189, 192; *Röthel/Sparmann*, WM 2006, 2285, 2285; *Strasser*, FPR 2007, 451, 454.

1066 Zu Rechtsbehelfsentscheidungen s. Art. 3 Abs. 2 EuVT-VO; hierzu Gebauer/Wiedmann/*Klippstein*, Art. 3 EuVT-VO, Rn 31 f; in Betracht kommt auch ein Kostenfestsetzungsbeschluss nach § 140 ZPO: OLG Stuttgart, IPRax 2008, 260 f.

1067 Angesichts der abweichenden Terminologie zu Art. 58 Brüssel I-VO unterfällt dieser Kategorie auch der Beschluss nach § 794 Abs. 1 Nr. 4 lit. b) ZPO; s. die Angaben bei *Leible/Lehmann*, NotBZ 2004, 453, 456. Zur umstrittenen Qualität des für vollstreckbar erklärten Anwaltsvergleichs als Titel im Rahmen der Brüssel I-VO beachte die Angaben bei *Staudinger*, Rn 202.

1068 Zum internationalen Anwendungsbereich beachte Art. 26 EuVT-VO.

1069 S. auch Art. 24 Abs. 1 und 25 Abs. 1 EuVT-VO bezüglich gerichtlicher Vergleiche und öffentlicher Urkunden.

erscheint. Erfasst sind damit etwa auch **Versäumnisurteile**, welche im Anschluss an eine Verteidigungsanzeige im schriftlichen Vorverfahren ergehen.[1070] Dies erscheint nicht frei von Bedenken, weil es sich streng genommen nicht um einen konsensualen Titel, sondern einen „nicht mehr bestrittene(n)" Anspruch handelt.[1071] Da es einigen Mitgliedstaaten unter Berücksichtigung ihrer jeweiligen innerstaatlichen Vorschriften jedoch nicht möglich war, derartige Forderungen mit von Anfang an unbestrittenen gleichzusetzen, hat der Sekundärrechtsgeber in Art. 3 Abs. 1 lit. c) EuVT-VO einen Verweis auf nationale Besonderheiten aufgenommen.[1072]

Darüber hinaus sind bei Entscheidungen unter Einschluss der Anerkenntnisurteile die Einhaltung der Art. 8 ff Brüssel I-VO in **Versicherungssachen** sowie Art. 22 Brüssel I-VO zu prüfen.[1073] Dies gilt nicht für **gerichtliche Vergleiche** und **öffentliche Urkunden.**[1074] Ferner schreibt der Sekundärrechtsgeber in Art. 6 Abs. 1 lit. c) EuVT-VO für Verfügungen, die wie Versäumnisurteile in Abwesenheit getroffen werden und sich ebenso im Anwendungsbereich der Brüssel I-VO oftmals als „Problemfälle" erwiesen haben,[1075] gewisse **Mindeststandards** für das Gerichtsverfahren im Ausgangsmitgliedstaat vor. Dies gilt beispielsweise für die **Zustellung** der Klage (Art. 13, 14 EuVT-VO) sowie die ordnungsgemäße Unterrichtung des Schuldners über **verfahrensrechtliche Erfordernisse** für das Bestreiten der Forderung sowie etwaige Konsequenzen des Nichtbestreitens oder -erscheinens (Art. 17 EuVT-VO).[1076] Sofern der Ablauf des Gerichtsprozesses diesen Mindestvorgaben nicht genügt, sieht Art. 18 EuVT-VO unter bestimmten Voraussetzungen eine Heilung des Verfahrensmangels vor.[1077] Schließlich legt der Gemeinschaftsgesetzgeber fest, dass eine Säumnisentscheidung gegen einen **Verbraucher** nur dann als Grundlage eines Europäischen Vollstreckungstitels dienen kann, wenn dieser von den Gerichten seines Wohnsitzstaates erlassen wurde (Art. 6 Abs. 1 lit. d) EuVT-VO).[1078] Anerkenntnisurteile bleiben demgegenüber von diesem Schutzmechanismus ausgenommen.[1079]

208 Für die Bestätigung einer gerichtlichen Entscheidung als Europäischer Vollstreckungstitel ist nach Art. 6 Abs. 1 EuVT-VO derjenige Spruchkörper zuständig, welcher das Urteil erlassen hat. Dies gilt nach Maßgabe des Art. 24 Abs. 1 EuVT-VO ebenso für den **gerichtlichen Vergleich.** Der Sekundärrechtsgeber versagt dem Schuldner einen Rechtsbehelf gegen die Ausstellung einer Bestätigung als Europäischer Vollstreckungstitel (Art. 10 Abs. 4 EuVT-VO). Nach Art. 10 Abs. 1 lit. a) bzw b) EuVT-VO[1080] kann er indes unter bestimmten Voraussetzungen eine Berichtigung[1081] bzw einen

---

1070 S. Gebauer/Wiedmann/*Klippstein*, Art. 3 EuVT-VO, Rn 28; *Stadler*, RIW 2004, 801; *Stein*, EuZW 2004, 679, 680; *Windolf/Zemmrich*, JuS 2007, 803, 804; zur zeitlichen Abfolge zwischen Bestätigungsantrag des Vollstreckungsgläubigers und Widerspruchsanzeige des Vollstreckungsschuldners vgl OLG Wien, v. 14.6.2007 – Az 1 R 85/07 p m.Anm. *Pichler*, GPR 2008, 99; ein Versäumnisurteil, welches gegen einen Beklagten mit unbekannter Anschrift erlassen wird, kann nicht als europäischer Vollstreckungstitel bestätigt werden, EuGH, Rs. C-292/10 (G ./. de Visser), EuZW 2012, 381 m.Anm. *Bach*; s. zur Entwicklung innerhalb der EuZ-VO *Sujecki*, EuZW 2013, 408, 409 f.

1071 *Stein*, EuZW 2004, 679, 680; *ders.*, IPRax 2004, 181, 188.

1072 Hierzu *Stein*, EuZW 2004, 679, 680; *ders.*, IPRax 2004, 181, 188.

1073 Vgl Art. 6 Abs. 1 lit. b) EuVT-VO; s. die Parallele in Art. 35 Abs. 1, 45 Abs. 1 Brüssel I-VO; s. auch *Mankowski*, in: FS Kropholler (2008), 829 ff.

1074 Dies folgt aus Art. 24 Abs. 3, Art. 25 Abs. 3 EuVT-VO.

1075 Vgl *Stadler*, RIW 2004, 801, 808.

1076 S. in diesem Zusammenhang *Stein*, IPRax 2004, 181, 188; zur Problematik, in welcher Sprache die Belehrung zu erfolgen hat, s. *Röthel/Sparmann*, WM 2006, 2285, 2287 f.

1077 S. in diesem Zusammenhang auch OLG Stuttgart, IPRax 2009, 342 m.Anm. *Hüßtege*, 321 ff.

1078 Kritisch im Hinblick auf den lückenhaften Verbraucherschutz: *Rott*, EuZW 2005, 167, 168; zur Feststellung der Verbrauchereigenschaft im Falle fehlender Einlassung des Schuldners: *Röthel/Sparmann*, WM 2006, 2285, 2289; schließt ein Verbraucher einen Versicherungsvertrag, wird man ihn ebenso diesem Schutzregime unterstellen müssen; beachte das Urteil des EuGH, Rs. C-508/12 (Walter Vapenik ./. Josef Thurner), EuZW 2014, 147 ff, m.Anm. *Sujecki*; auch *Staudinger*, LMK 2014, 841. Demnach ist Art. 6 Abs. 1 lit. d) EuVT-VO nicht auf Verträge unter Verbrauchern anwendbar; der Verbraucher ist nämlich nur im Verhältnis zum Unternehmer in einer schutzwürdigen Position.

1079 So zutreffend *R. Wagner*, IPRax 2005, 189, 194.

1080 S. überdies das Antragsrecht des Schuldners auf Überprüfung iSd Art. 19 Abs. 1 EuVT-VO.

1081 Dieses Antragsrecht steht ebenso dem Gläubiger zu.

Widerruf der Bestätigung beim Gericht des Ursprungsmitgliedstaates nach Maßgabe der dort geltenden lex fori[1082] unter Verwendung eines Formblatts[1083] beantragen.[1084] Der Europäische Vollstreckungstitel wird im **Zweitstaat unter den gleichen Bedingungen vollstreckt**, die für einen dort ergangenen Titel gelten (Art. 20 Abs. 1 S. 2, Art. 24 Abs. 3 EuVT-VO).[1085] Demnach muss der Gläubiger den Titel aus dem Ursprungsmitgliedstaat nicht mehr für vollstreckbar erklären lassen. Vielmehr kann er sich im Zweitstaat **unmittelbar** an dessen **Vollstreckungsorgane** wenden.[1086] Nach Art. 21 Abs. 2 EuVT-VO dürfen – in Anlehnung an das Verbot einer „révision au fond" in Art. 36 Brüssel I-VO – weder die Entscheidung noch ihre Bestätigung als Europäischer Vollstreckungstitel in der Sache selbst überprüft werden. Ebenso entfällt eine Kontrolle der in Art. 34 Brüssel I-VO genannten **Anerkennungsversagungsgründe**. Eine Ausnahme bildet Art. 21 Abs. 1 EuVT-VO.[1087] Die Abschaffung des Exequaturs und insbesondere einer zweitstaatlichen ordre public-Kontrolle[1088] stehen im Einklang mit den **Schlussfolgerungen** des Europäischen Rates **von Tampere**[1089] sowie dem im November 2000 angenommenen **Maßnahmenprogramm**[1090] zur Umsetzung des Grundsatzes gegenseitiger **Anerkennung** gerichtlicher Entscheidungen in Zivil- und Handelssachen.[1091] Wie bereits zuvor mit Blick auf **Brüssel I-VO**[1092] ausgeführt, erscheint die Streichung des ordre public-Vorbehalts verfassungsrechtlich auf keine Bedenken zu stoßen. Ebenso wenig droht ein Widerspruch zur Europäische Menschenrechtskonvention (EMRK).[1093]

F. Brüssel IIa-VO

Die am 27. November 2003 vom Rat erlassene Brüssel IIa-VO[1094] über die gerichtliche Zuständigkeit sowie **Anerkennung** und Vollstreckbarerklärung von Entscheidungen in **Ehescheidungssachen** 209

1082 S. Art. 10 Abs. 2 EuVT-VO.

1083 Beachte Art. 10 Abs. 3 EuVT-VO in Verbindung mit dessen Anhang VI.

1084 Zur Aussetzung und Beschränkung der Vollstreckung beachte Art. 23 EuVT-VO.

1085 Zum Entwurf eines Gesetzes zur Durchführung der VO (EG) Nr. 805/2004 über einen Europäischen Vollstreckungstitel für unbestrittene Forderungen (EG-Vollstreckungstitel-Durchführungsgesetz) v. 25. Juni 2004 s. *Leible/Lehmann*, NotBZ 2004, 453, 458 ff. Dem EG-Vollstreckungstitel-Durchführungsgesetz haben am 12. Mai 2005 der Bundestag und am 17. Juni 2005 der Bundesrat zugestimmt. Dieses trat zusammen mit der EuVT-VO am 21. Oktober 2005 in Kraft; vgl BR-Drucks. 375/05; BGBl. 2005 I, S. 2477, 2481; zur Kritik an der vorgesehenen Vollstreckungsabwehrklage: *Hess*, IPRax 2004, 493 f; *Leible/Lehmann*, NotBZ 2004, 453, 461; als Replik beachte die Angaben bei *R. Wagner*, IPRax 2005, 401, 405 ff.

1086 Die Zwangsvollstreckung selbst unterliegt dem jeweiligen nationalen Recht.

1087 Beachte als weitere Ausnahme Art. 22 EuVT-VO. Beide Vorschrift finden nach Art. 24 Abs. 3, Art. 25 Abs. 3 EuVT-VO bei gerichtlichen Vergleichen und öffentlichen Urkunden keine entsprechende Anwendung.

1088 Hierzu *Hüßtege*, in: FS Jayme, S. 371 ff.

1089 S. Erwägungsgrund Nr. 8 EuVT-VO. Der Text ist abgedruckt in NJW 2000, 1925.

1090 Maßnahmenprogramm zur Umsetzung des Grundsatzes der gegenseitigen Anerkennung gerichtlicher Entscheidungen in Zivil- und Handelssachen v. 24. November 2000, ABl. C 012 v. 15. Januar 2001, S. 1 ff; abgedruckt in: IPRax 2001, 163 ff.

1091 Zum Begriff der Zivil- und Handelssache vgl auch die zur Brüssel I-VO ergangene Judikatur, *Staudinger*, Rn 180; s. ferner die Angaben bei Hk-BGB/*Staudinger*, Art. 1 Rom-I, Rn 2.

1092 Vgl die Ausführungen bei *Staudinger*, Rn 186.

1093 BGBl. 1952 II, S. 685, 953.

1094 VO (EG) Nr. L 2201/2003, ABl. L 338 v. 23. Dezember 2003, S. 1 ff idF der VO (EG) Nr. 2116/2004, ABl. L 367 v. 14. Dezember 2004, S. 1 ff; beachte die erste Aktualisierung der Brüssel IIa-VO, ABl. C 85 v. 23. März 2013, S. 6 ff; vgl hierzu *Gewaltig*, Von der nationalen zur europäischen Zuständigkeitsregelung im Familienrecht (2008) sowie *Holzmann*, Brüssel IIa VO: Elterliche Verantwortung und internationale Kindesentführungen (2008); vgl auch *Looschelders*, JR 2006, 45 ff; zur Abgrenzung des räumlichen Anwendungsbereichs von Brüssel IIa-VO, MSA, KSÜ und autonomem Internationalen Zivilverfahrensrecht s. *Rieck*, NJW 2008, 182 ff sowie *Mansel/Thorn/Wagner*, IPRax 2009, 1, 10 f; vgl zur Durchführung der Brüssel IIa-VO das Gesetz zum internationalen Familienrecht, BGBl. 2005 I, S. 162 ff; zuletzt geändert durch Art. 2 des Gesetzes zur Änderung des Anerkennungs- und Vollstreckungsausführungsgesetzes, BGBl. 2007 I, S. 529 f; zum Referentenentwurf *Schlauß*, FPR 2004, 279 ff; zum internationalen Familienverfahrensgesetz: *Gruber*, FamRZ 2005, 1603 ff; *Schlauß*, Das neue Gesetz zum internationalen Familienrecht – Das internationale Familienrechtsverfahrensgesetz (IntFamRVG), 2005; *Gruber*, FPR 2008, 214 ff sowie mit Blick auf die Vollstreckung: *Schulte-Bunert*, FamRZ 2007, 1608 ff.

und solchen, welche die **elterliche Verantwortung** betreffen, hat am 1. März 2005[1095] die bis dahin noch geltende Brüssel II-VO[1096] abgelöst.[1097] Abweichend von der Vorgängerregelung[1098] sieht die Brüssel IIa-VO ebenso Vorschriften zu Kindesentführungsfällen vor. Das HKÜ wird durch diesen Sekundärrechtsakt nicht vollständig verdrängt, sondern lediglich ergänzt.[1099] Der territoriale Anwendungsbereich der Brüssel IIa-VO erstreckt sich dabei auf alle Mitgliedstaaten mit Ausnahme Dänemarks.[1100] Der Brüssel I-VO entsprechend sieht der Gemeinschaftsgesetzgeber in Kapitel II einen **Zuständigkeitskatalog**[1101] vor. Mit Hilfe der vereinheitlichten Gerichtskompetenzen will der Sekundärrechtsgeber einerseits „hinkende" Ehen vermeiden sowie der Gefahr begegnen, dass der Status von Kindern innerhalb des Binnenmarkts abweichend beurteilt wird.[1102] Die Vorschriften in Kapitel III der Harmonisierungsmaßnahme betreffen die Anerkennung und Vollstreckbarerklärung[1103] mitgliedstaatlicher Titel. Noch vor Inkrafttreten der **EuVT-VO**[1104] wurde mit der Brüssel IIa-VO ein „Europäischer Besuchstitel" geschaffen, indem umgangsrechtliche Entscheidungen und Rückführungsverfügungen nach Art. 11 Abs. 8 Brüssel IIa-VO nunmehr unmittelbar, dh ohne Exequaturverfahren, im Vollstreckungsstaat durchgesetzt werden können.[1105]

I. Anwendungsbereich

210 Der in Kapitel I normierte Regelungsbereich erstreckt sich gem. Art. 1 Abs. 1 lit. a) und lit. b) Brüssel IIa-VO auf Ehescheidungen, Trennungen ohne Auflösung des Ehebandes sowie Ungültigerklärungen einer Ehe, zudem auf die Zuweisung, Ausübung, Übertragung sowie vollständige oder teilweise Entziehung elterlicher Verantwortung. Angesichts der Tatsache, dass mittlerweile die Niederlande, Belgien und Spanien in ihrem jeweiligen nationalen Recht auch **gleichgeschlechtlichen Paaren** eine Eheschließung ermöglichen, andere Mitgliedstaaten zumindest **eheähnliche Statusformen** eingerichtet haben, wie etwa Deutschland in Form der **registrierten Lebenspartnerschaft**, muss zunächst der **Begriff der Ehe** im Sinne der Brüssel IIa-VO interpretiert werden. Dabei verbietet sich ein nationaler Blickwinkel.[1106] Vielmehr ist eine autonome Auslegung geboten.[1107] Es muss allerdings noch als ungeklärt eingestuft werden, inwieweit sich der Begriff der Ehe in der Brüssel IIa-

1095 Beachte auch die Änderungen durch die Einführung des FamFG im Rahmen der FGG-Reform, welche am 1. September 2009 in Kraft getreten ist, BGBl. 2008 I, S. 2586 ff. Allgemein zur Reform: *Althammer*, IPRax 2009, 381 ff.

1096 VO (EG) Nr. 1347/2000, ABl. L 160 v. 30. Juni 2000, S. 19 ff; zum Anwendungsbereich der Brüssel II-VO im Hinblick auf die neuen Beitrittsstaaten s. *Hess*, IPRax 2004, 374, 376.

1097 S. *R. Wagner*, NJW 2004, 1835.

1098 Vgl Art. 4 der Brüssel II-VO, wonach die Bestimmungen des HKÜ unberührt bleiben.

1099 S. *Coester-Waltjen*, FamRZ 2005, 241, 247; *Schulz*, NJW 2004, Beilage zu Heft 18, 2, 3; *Rieck*, NJW 2008, 182; *Gruber*, FPR 2008, 214 ff; beachte zu Kindesentführungen: BGH, NJW 2005, 3424 ff.

1100 Vgl Art. 2 Nr. 3 Brüssel IIa-VO und Erwägungsgrund 31 Brüssel IIa-VO sowie hinsichtlich der Brüssel II-VO Art. 1 Abs. 3 und Erwägungsgrund 25. Dieser Sekundärrechtsakt gilt ebenso im Verhältnis zu den zehn mit Wirkung zum 1. Mai 2004 der EU beigetretenen neuen Mitgliedstaaten; vgl Art. 2 der Akte über die Bedingungen des Beitritts, BGBl. 2003 II, S. 1418, sowie den weiteren am 1. Januar 2007 beigetretenen Staaten, vgl Art. 2 der Akte über die Bedingungen des Beitritts, ABl. L 157 v. 21. Juni 2005, S. 203 ff.

1101 S. Art. 3 ff. Brüssel IIa-VO.

1102 Vgl Gebauer/Wiedmann/*Frank*, Überblick zur Brüssel IIa-VO, Rn 1.

1103 S. Art. 21 ff. Brüssel IIa-VO.

1104 Beachte hierzu die Ausführungen bei *Staudinger*, Rn 189 f.

1105 S. hierzu die Angaben bei *Staudinger*, Rn 194.

1106 Aus deutschem Blickwinkel erklärte das BVerfG § 8 Abs. 1 Nr. 2 TranssexuellenG, wonach eine Personenstandsänderung voraussetzt, dass der Betroffene nicht verheiratet ist, für verfassungswidrig und bestätigte in diesem Zusammenhang den durch Art. 6 Abs. 1 GG gewährleisteten Schutz von gleichgeschlechtlichen Partnern: BVerfG, NJW 2008, 3117, 3219 f.

1107 Vgl Rauscher/*Rauscher*, Art. 1 Brüssel IIa-VO, Rn 5; beachte auch *Winkler v. Mohrensfels*, in: FS Ansay, AH Alphen aan den Rijn 2006, S. 527 ff; s. zum Streitstand die Angaben bei Rauscher/*Staudinger*, Einl. Brüssel I-VO, Rn 3; s. zum Begriff der Zivilsache iSd Brüssel IIa-VO EuGH, Rs. C-435/06 (Korkein hallinto-oikeus), *IPRax 2008, 509* ff m.Anm. *Gruber*, 490 ff = FamRZ 2008, 125, 127 hierzu *Dutta*, FamRZ 2008, 835 ff; *Pirrung*, in: FS Kropholler (2008), S. 399 ff; EuGH, Rs. 523/07 (Korkein hallinto-oikeus [Ausschuss zur Sicherung des Grundbedarfs – Sicherungsausschuss]), FamRZ 2009, 843 ff; zum neuen Eilverfahren vor dem EuGH, welches insbesondere bei Familiensachen Bedeutung erlangt: Rauscher/*Staudinger*, Einl. Brüssel I-VO, Rn 63 a.

VO bereits de lege lata auf die eingetragene Lebenspartnerschaft[1108] sowie die Homosexuellenehe erstreckt,[1109,1110] oder es ggf weiterer Harmonisierungsmaßnahmen bedarf.

Vom Anwendungsbereich ausgenommen bleiben jedenfalls Privatscheidungen.[1111] Ihnen mangelt es an der erforderlichen „konstitutiven verfahrensrechtlichen Bindung“ hinsichtlich des jeweiligen Mitgliedstaates.[1112] Der Brüssel IIa-VO unterfallen ferner – abgesehen von Art. 1 Abs. 1 lit. b) Brüssel IIa-VO – keine (weiteren) Folgesachen, die nicht den ehelichen Status an sich betreffen.[1113] Dies gilt etwa für Unterhaltssachen, die im Lichte des Art. 5 Nr. 2 Brüssel I-VO derzeit noch[1114] dieser Harmonisierungsmaßnahme unterliegen.[1115] Das Kapitel III der Brüssel IIa-VO erfasst darüber hinaus nur solche Entscheidungen, welche zu einer Ehescheidung, Trennung ohne Auflösung des Ehebands oder Ungültigerklärung führen.[1116] Abweisende und damit eheerhaltende Verfügungen bleiben indes unberücksichtigt. Umstritten ist, ob hieraus ein Verbot folgt, wonach eine solche Entscheidung im Urteilsstaat keine Geltung erlangen und darüber hinaus im Ausland ebenso wenig nach anderen Vorschriften als denen der Brüssel IIa-VO anerkannt und für vollstreckbar erklärt werden darf.[1117]

Hervorzuheben ist der im Verhältnis zur Brüssel II-VO weitergehende Geltungsbereich. So erfasst die Brüssel IIa-VO im Hinblick auf die elterliche Verantwortung nicht nur gemeinsame, sondern vielmehr sämtliche Kinder der Ehegatten.[1118] Dies gilt unabhängig davon, ob das Verfahren einen Bezug zu einer Ehesache aufweist oder nicht.[1119] Anders als etwa das KSÜ[1120] legt die Brüssel IIa-VO keine Altersgrenze fest. Es ist wohl davon auszugehen, dass lediglich minderjährige, nicht aber auch erwachsene (geistig behinderte) Personen dem Regelungsbereich unterfallen.[1121] Zweifelhaft erscheint, nach welcher Rechtsordnung sich die Volljährigkeit beurteilt. Das Schrifttum befürwortet überwiegend den Rückgriff auf das **Personalstatut**, welches das angerufene Forum mit Hilfe sei-

---

1108 Ablehnend Palandt/*Thorn*, 67. Aufl. 2008, Art. 17 b EGBGB, Rn 11; zur Brüssel II-VO *Henrich*, FamRZ 2002, 137, 141; *Kohler*, NJW 2001, 10, 15; *Schack*, RabelsZ 65 (2001), 615, 620 f; *R. Wagner*, IPRax 2001, 281, 285.

1109 Bejahend bezüglich der Brüssel II-VO etwa *Boele-Woelki*, ZfRV 2001, 121, 127; *Coester-Waltjen* zitiert nach dem Tagungsbericht von *Adolphson*, IPRax 2002, 337, 339: registrierte gleichgeschlechtliche Partnerschaften und nichteheliche Lebensgemeinschaften werden (jedenfalls) von der Brüssel II-VO nicht erfasst; vgl die Angaben bei *Gebauer/Staudinger*, IPRax 2002, 273, 277; hierzu *Jakob*, FamRZ 2002, 501, 507 Fn 88; bejahend zur Brüssel IIa-VO Gebauer/Wiedmann/*Frank*, Art. 2 Brüssel IIa-VO, Rn 13; *Winkler v. Mohrenfels*, in: FS Ansay, aaO, S. 527 ff.

1110 Von einem traditionellen Begriff der Ehe gehen zumindest im Rahmen der Brüssel IIa-VO aus: Hk-ZPO/*Dörner*, Art. 1 EheGVVO, Rn 7; Rauscher/*Rauscher*, Art. 1 Brüssel IIa-VO, Rn 6; *Schack*, RabelsZ 65 (2001), 615, 620 f; *Thorn*, in: Boele-Woelki/Fuchs (Hrsg.), Legal Recognition of Same-Sex Couples in Europe (2003), S. 159, 166; vgl das Stimmungsbild der Europäischen Gruppe für IPR in IPRax 2002, 64; zur Entwicklung des Ehebegriffs durch den EGMR s. *Rixe*, FPR 2008, 222, 223 f.

1111 Vgl Staudinger/*Spellenberg*, Art. 1 EheGVO, Rn 18 f; Rauscher/*Rauscher*, Art. 1 Brüssel IIa-VO, Rn 12; im Hinblick auf die in Portugal, Spanien, Italien und Malta von kirchlichen Gerichten ausgesprochenen Entscheidungen s. Art. 63 Brüssel IIa-VO.

1112 S. Rauscher/*Rauscher*, Art. 1 Brüssel IIa-VO, Rn 12.

1113 So ebenfalls Gebauer/Wiedmann/*Frank*, Art. 1 Brüssel IIa-VO, Rn 12.

1114 Zur neuen EG-Unterhalts-VO vgl *Staudinger*, Rn 205.

1115 S. auch Erwägungsgrund Nr. 11 Brüssel IIa-VO; zur autonomen Auslegung nach Art. 5 Nr. 2 Brüssel I-VO vgl BGH, NJW-RR 2008, 156 ff.

1116 S. Gebauer/Wiedmann/*Frank*, Art. 2 Brüssel IIa-VO, Rn 18. Einbezogen werden wohl gleichermaßen Gestaltungs- wie Feststellungsklagen; s. zur Brüssel IIa-VO aber auch Rauscher/*Rauscher*, Art. 1 Brüssel IIa-VO, Rn 1 f.

1117 Die Geltung im Urteilsstaat bejahend Gebauer/Wiedmann/*Frank*, Art. 2 Brüssel IIa-VO, Rn 19; zur Brüssel IIa-VO: Rauscher/*Rauscher*, Art. 2 Brüssel IIa-VO, Rn 10, sowie Art. 21 Brüssel IIa-VO, Rn 2; aA hinsichtlich Brüssel II-VO hingegen *Boele-Woelki*, ZfRV 2001, 121, 127.

1118 S. *R. Wagner*, NJW 2004, 1835.

1119 Vgl *R. Wagner*, NJW 2004, 1835.

1120 S. Art. 2 KSÜ. Danach unterfallen dieser Konvention ausschließlich Personen bis zur Vollendung des achtzehnten Lebensjahres; beachte: Das KSÜ gilt seit dem 1. Juni 2013, für die Mitgliedstaaten die ihm angehören, auch gegenüber der Russischen Föderation, BGBl. 2013 II, S. 421.

1121 So auch *Rausch*, FuR 2005, 53, 55; *Solomon*, FamRZ 2004, 1409, 1410.

nes Kollisionsrechts ermittelt.[1122] In Betracht gezogen wird demgegenüber auch eine verordnungsautonome Festlegung auf achtzehn Jahre.[1123] Hierdurch lassen sich negative Kompetenzkonflikte[1124] vermeiden und ein Gleichlauf mit dem KSÜ erzielen.

Art. 1 Abs. 3 Brüssel IIa-VO statuiert einen **Ausschlusskatalog**, wonach unter anderem die Bereiche der **Feststellung und Anfechtung des Eltern-Kind-Verhältnisses, Adoptionsentscheidungen** sowie **Unterhaltspflichten** vom Sekundärrechtsakt ausgenommen bleiben. Auf diesen Gebieten bestehen teilweise völkervertragliche Regelwerke oder sind zumindest Harmonisierungsmaßnahmen auf supranationaler Ebene angedacht.[1125]

II. Regeln zur internationalen Zuständigkeit nach Art. 3 ff Brüssel IIa-VO[1126]

211 Das Kapitel II der Harmonisierungsmaßnahme legt die internationale Zuständigkeit fest, während die sachliche und funktionale anhand der jeweiligen mitgliedstaatlichen Prozessordnung zu ermitteln ist. Zweifelhaft erscheint, ob der Sekundärrechtsgeber etwa angesichts der Formulierung in Art. 4 und 5 Brüssel IIa-VO im Einzelfall auch die örtliche Zuständigkeit[1127] regelt.[1128] Im Unterschied zur Brüssel I-VO[1129] vermag eine rügelose Einlassung keine internationale Zuständigkeit zu begründen. Ebenso wenig erlaubt der Gemeinschaftsgesetzgeber – wie etwa in Art. 23 Brüssel I-VO – Gerichtsstandsabreden, sieht man einmal von Art. 12 Brüssel IIa-VO ab, der unter bestimmten Voraussetzungen für den Bereich der elterlichen Verantwortung derartige Vereinbarungen zulässt.

Das Kapitel II ist in einen ersten Abschnitt über Ehescheidung, Trennung ohne Auflösung des Ehebandes und Ungültigerklärung einer Ehe sowie einen zweiten hinsichtlich der elterlichen Verantwortung unterteilt.[1130] Für den ersten Bereich richtet sich die allgemeine Zuständigkeit vom Grundprinzip her – wenn auch in verschiedenen Ausprägungen – nach dem **gewöhnlichen Aufenthalt**[1131] sowie alternativ der **gemeinsamen Staatsangehörigkeit**[1132,1133] der Ehepartner. Art. 3 Abs. 1 lit. a) und lit. b) Brüssel IIa-VO sieht dabei kein Stufenverhältnis vor. Vielmehr stehen die Zuständigkeitsgründe gleichberechtigt nebeneinander.[1134] Art. 3 Abs. 1 lit. a) Spiegelstrich 6 Brüssel IIa-VO führt durch den Anknüpfungspunkt der Staatsangehörigkeit zu einer Privilegierung des Antragstellers, deren Vereinbarkeit mit dem in Art. 12 Abs. 1 EGV, Art. 18 AEUV[1135] verankerten **Diskriminierungsverbot** angezweifelt wird.[1136] Im Einklang mit den Grundsätzen der Brüssel I-

1122 Vgl *Gruber*, FamRZ 2005, 293, 296; *Lowe*, IFL 2004, 205, 207; *Solomon*, FamRZ 2004, 1409, 1410.
1123 Hierfür, da elterliche Verantwortung die Minderjährigkeit voraussetze, Rauscher/*Rauscher*, Art. 1 Brüssel IIa-VO, Rn 24.
1124 Vgl Rauscher/*Rauscher*, Art. 1 Brüssel II-VO, Rn 24.
1125 Vgl *Staudinger* Rn 205.
1126 S. die Angaben zu den Gerichten und Rechtsbehelfen gem. Art. 68 Brüssel IIa-VO im ABl. C 40 v. 17. Februar 2005, S. 2 ff.
1127 Zweifelsohne legt etwa Art. 29 Brüssel IIa-VO die örtliche Zuständigkeit fest.
1128 Beachte zum Streitstand die Angaben bei Gebauer/Wiemann/*Frank*, Vorbem. zu Kapitel II Brüssel IIa-VO, Rn 22, Art. 4 Brüssel IIa-VO, Rn 32, Art. 5 Brüssel IIa-VO, Rn 13.
1129 S. dort Art. 24 Brüssel I-VO.
1130 Der Abschnitt 3 sieht schließlich gemeinsame Vorschriften für beide Bereiche vor.
1131 Vgl Art. 3 Abs. 1 lit. a) Brüssel IIa-VO.
1132 S. Art. 3 Abs. 1 lit. b) Brüssel IIa-VO.
1133 Zur gemeinsamen doppelten Staatsangehörigkeit von Ehegatten vgl EuGH, Rs. C-168/08 (Laszlo Hadadi [Hadady] ./. Csilla Marta Mesko, verheiratete Hadadi [Hadady]), EuZW 2009, 619 ff.
1134 Vgl Gebauer/Wiedmann/*Frank*, Art. 3 Brüssel IIa-VO, Rn 23.
1135 S. die Angaben bei *Staudinger*, Rn 148.
1136 Einen Primärrechtsverstoß – und zwar ebenso im Hinblick auf Art. 3 Abs. 1 lit. b) Brüssel IIa-VO – sehen hierin *im Rahmen der Brüssel II-VO* etwa Geimer/Schütze/*Geimer*, 2. Aufl., Art. 2 Brüssel II-VO, Rn 14 mwN; vgl zu Art. 2 Abs. 1 lit. a) Brüssel II-VO auch den Vorlagebeschluss des OLG München v. 14. Oktober 2002 an den EuGH, Az: 26 UF 1858/01 = FamRZ 2003, 546. Dieser Beschluss wurde am 22.4.2003 aufgehoben, OLG München v. 2. Juni 2003, Az: 26 UF 1858/01, unalex Rechtsprechung DE-1013.

VO[1137] gilt für den Abschnitt 1 der Brüssel IIa-VO, dass ein Gericht einen Antrag nicht mit der Begründung „forum non conveniens“ abweisen darf.[1138]

Im Abschnitt 2 knüpft der Sekundärrechtsgeber bei der **allgemeinen Zuständigkeit** ebenfalls an den **gewöhnlichen Aufenthalt** des Kindes an.[1139] Eine Legaldefinition sieht der Sekundärrechtsgeber nicht vor. Gleichwohl ist eine verordnungsautonome Interpretation geboten.[1140] Im Unterschied zum Begriff des Wohnsitzes entscheidet vorrangig eine Zuordnung anhand der tatsächlichen Umstände, während etwa die rechtliche Zulässigkeit des Aufenthalts irrelevant erscheint.[1141] Abzustellen ist nach Art. 8 Abs. 1 Brüssel IIa-VO auf den Daseinsmittelpunkt zum Zeitpunkt der Antragstellung. Damit gilt – anders als in Ehesachen[1142] – insofern der Grundsatz der perpetuatio fori. Angesichts der Tatsache, dass hierdurch die Gerichte am neuen gewöhnlichen Aufenthalt keine Zuständigkeit beanspruchen können, stößt die perpetuatio fori im Schrifttum teilweise auf Kritik.[1143] Bedeutung erlangt die Fortdauer der Zuständigkeit vor allem bei **Kindesentführungen.**[1144]

Die perpetuatio fori soll in diesen Fällen eine möglichst zügige Rückführung des Kindes an seinen früheren Daseinsmittelpunkt gewährleisten. Allerdings kommt auch in Entführungsfällen unter bestimmten Umständen ein Wechsel der internationalen Zuständigkeit in Betracht. Entsprechend Art. 10 lit. b) i) Brüssel IIa-VO findet ein solcher etwa dann statt, wenn sich das betroffene Kind seit mindestens einem Jahr im Zufluchtsstaat aufhält, sich dort eingelebt hat und von dem in seinem Sorgerecht verletzten Elternteil innerhalb eines Jahres seit Kenntnis von dem Verbleib des Minderjährigen kein Rückgabebegehren geltend gemacht wurde.[1145] Hervorzuheben ist schließlich, dass die Brüssel IIa-VO erstmals in ihrem Art. 15 eine Regelung vorsieht, welche auf dem Gedanken des forum non conveniens und somit einem im anglo-amerikanischen Rechtskreis bekannten Prinzip beruht.[1146]

III. Anerkennung und Vollstreckbarerklärung von Entscheidungen

Der erste Teil des III. Kapitels betrifft die **Anerkennung** mitgliedstaatlicher Titel, welche laut Art. 21 Abs. 1 Brüssel IIa-VO **ipso iure** erfolgt und lediglich bei Vorliegen eines der in Art. 22, 23 Brüssel IIa-VO enthaltenen **Versagungsgründe** ausscheidet. Art. 21 Abs. 3 Brüssel IIa-VO eröffnet unter bestimmten Voraussetzungen die Möglichkeit, ein Verfahren auf Feststellung der (Nicht-)[1147] Anerkennung zu beantragen. Zugeschnitten ist dieses fakultative Feststellungsverfahren insbesondere für die Bereiche der Ehescheidung, Trennung ohne Auflösung des Ehebandes sowie Ungültigerklärung einer Ehe. Ob darüber hinaus auch Verfügungen über die elterliche Verantwortung dem Art. 21 Abs. 3 Brüssel IIa-VO unterfallen, wird im Schrifttum kontrovers beurteilt.[1148] Umstritten ist darüber hinaus die Reichweite der Rechtskraft einer nach Art. 21 Abs. 3 Brüssel IIa-VO ergan- 212

1137 S. hierzu die Angaben bei *Staudinger*, Rn 167.

1138 So zur Vorgänger-VO auch: Geimer/Schütze/*Geimer*, 2. Aufl., Art. 2 Brüssel II-VO, Rn 11.

1139 Vgl Art. 8 Abs. 1 Brüssel IIa-VO.

1140 S. hierzu EuGH, Rs. C-523/07 (Korkein hallinto-oikeus [Ausschuss zur Sicherung des Grundbedarfs – Sicherungsausschuss]), FamRZ 2009, 843 ff; Gebauer/Wiedmann/*Frank*, Art. 3 Brüssel IIa-VO, Rn 24.

1141 Eingehend zum gewöhnlichen Aufenthalt: *Niklas*, S. 78 ff.

1142 Vgl Gebauer/Wiedmann/*Frank*, Art. 3 Brüssel IIa-VO, Rn 25.

1143 S. etwa *Busch/Rölke*, FamRZ 2004, 1338, 1341; *Busch*, IPRax 2003, 218, 221.

1144 Vgl Art. 10 Brüssel IIa-VO.

1145 Eine vergleichbare Vorschrift enthielt die Brüssel II-VO nicht. Allerdings hat der BGH einen entsprechenden Regelungsgehalt in Art. 3 Abs. 1 Brüssel II-VO hineingelesen, vgl BGH, NJW 2005, 3424.

1146 Dazu etwa *Solomon*, FamRZ 2004, 1409, 1413; beachte jüngst das Vorabentscheidungsersuchen des Court of Appeal an den EuGH, Rs. C-436/13, ABl. C 298 v. 12. Oktober 2013, S. 5; der Spruchkörper begehrt Antwort auf die Frage ob Art. 15 Brüssel IIa-VO den Gerichten eines Mitgliedstaates gestattet, die Zuständigkeit zu übertragen, wenn kein das Kind betreffende Verfahren anhängig ist.

1147 Demgegenüber erlaubt Art. 33 Abs. 2 Brüssel I-VO wohl allein einen Antrag, der auf positive Feststellung der Anerkennungsfähigkeit gerichtet ist; Rauscher/*Leible*, Art. 33 Brüssel I-VO, Rn 13; s. aber auch Geimer/Schütze/*Geimer*, Art. 33 Brüssel I-VO, Rn 85 f.

1148 Für eine Berücksichtigung von Entscheidungen über die elterliche Verantwortung: Anwaltkommentar/*Andrae*, Art. 21 Brüssel IIa-VO, Rn 21; aA zur Brüssel IIa-VO: Rauscher/*Rauscher*, Art. 21 Brüssel IIa-VO, Rn 2.

genen Entscheidung. Einige Stimmen in der Literatur befürworten insofern eine inter omnes-,[1149] andere hingegen nur eine inter partes-Wirkung.[1150]

Artikel 22 lit. a) sowie Art. 23 lit. a) Brüssel IIa-VO entsprechen nahezu Art. 34 Nr. 1 Brüssel I-VO, so dass auf die Ausführungen zum ordre public-Vorbehalt unter Rn 135 ff Bezug genommen wird. Darüber hinaus erfolgt die Anerkennung und Vollstreckbarerklärung einer Entscheidung über das Umgangsrecht bzw die Rückgabe des Kindes[1151] nach Maßgabe der Art. 41 Abs. 1 aE und Art. 42 Abs. 1 aE Brüssel IIa-VO **unmittelbar** und kann nicht angefochten werden. Dieser Wegfall des **Exequaturverfahrens** erscheint angesichts des status quo der europäischen Rechtsvereinheitlichung nicht frei von Bedenken.[1152]

Die in einem Mitgliedstaat gefällte Entscheidung über die elterliche Verantwortung für ein Kind wird in einem Zweitstaat hingegen grundsätzlich erst durchgesetzt, nachdem der Titel auf Antrag einer berechtigten Person für **vollstreckbar erklärt** wurde.[1153] Abweichend von der Systematik der Brüssel I-VO sind die Anerkennungsversagungsgründe, wie etwa der ordre public-Vorbehalt, bereits im einseitigen Antrags- und nicht erst im Rechtsbehelfsverfahren zu prüfen. In der Gesamtschau zeichnet sich damit auch bei dieser Harmonisierungsmaßnahme – wie bei der Brüssel I-VO – die Tendenz ab, das **Verfahren der Vollstreckbarerklärung zu verschlanken.**

G. EuIns-VO

213 Die Brüssel I-VO nimmt nach ihrem Art. 1 Abs. 2 lit. b) **Konkurse, Vergleiche** und ähnliche Verfahren vom Anwendungsbereich aus. Die EuIns-VO[1154] schließt diese Lücke für **grenzüberschreitende**[1155] **Insolvenzen** innerhalb des Binnenmarkts[1156] mit Ausnahme Dänemarks.[1157] Die Harmonisierungsmaßnahme ist nach ihrem Art. 47 am 31. Mai 2002 in Kraft getreten und erstreckt sich vom Geltungsbereich her laut Art. 43 S. 1 EuIns-VO auf Insolvenzverfahren, die nach diesem Zeit-

1149 So Gebauer/Wiedmann/*Frank*, Art. 21 Brüssel IIa-VO, Rn 65.

1150 Vgl *Helms*, FamRZ 2001, 257, 261.

1151 Beachte insofern Art. 40 Abs. 1 lit. a) bzw b) Brüssel IIa-VO.

1152 S. etwa die Ausführungen von *Pirrung*, in: FS Jayme, S. 701, 707.

1153 Vgl Art. 28 Abs. 1 Brüssel IIa-VO.

1154 VO (EG) Nr. 1346/2000, ABl. L 160 v. 30. Juni 2000, S. 1 ff idF der VO (EG) Nr. 788/2008, ABl. L 213 v. 8. August 2008, S. 1 ff; s. auch das Gesetz zur Neuregelung des Internationalen Insolvenzrechts, BGBl. 2003 I, S. 345 ff; allg. zur EuIns-VO: *Jayme/Kohler*, IPRax 2000, 454, 458; *Eidenmüller*, IPRax 2001, 2 ff; *Leible/Staudinger*, KTS 2000, 533, 537 f; *Paulus*, DStR 2005, 334, 336 ff; *Dahl*, NJW-Spezial 2009, 245 ff; *Paulus*, NZI 2008, 1 ff; *Wagner*, ZEuP 2008, 6 ff; *Pinterich*, ZfRV 2008, 221 f; *Fach/Tirado*, GPR 2007, 40 ff; speziell zu Konzerninsolvenzen und grenzüberschreitender Sitzverlegung zwecks Ausnutzung eines vorteilhaften ausländischen Insolvenzrechts EuGH, Rs. C-341/04 (Eurofood IFSC Ltd),NZI 2006, 360 ff m.Anm. *Kammel*, 334 ff = IPRax 2007, 120 ff m.Anm. *Hess/Laukemann/Seagon*, 89 ff = NZG 2006, 633 ff m.Anm. *Paulus*, 609 ff; zur Abgrenzung der Brüssel I-VO und der EuIns-VO in Bezug auf die Insolvenzanfechtungsklage s. die Vorabentscheidung des EuGH, Rs. C-339/07 (Christopher Seagon ./. Deko Marty Belgium NV), IPRax 2009, 513 ff m.Anm. *Fehrenbach*, 492 ff; s. ebenfalls *Mankowski/Willemer*, RIW 2009, 669 ff; s. auch die Vorlage des BGH, EuZW 2007, 582 ff; dazu *Jayme/Kohler*, IPRax 2007, 493, 503; *Klöhn/Berner*, ZIP 2007, 1418 ff; *Mansel/Thorn/Wagner*, IPRax 2009, 1, 20; *Mörsdorf-Schulte*, NZI 2008, 282 ff; beachte auch in Bezug auf Eigentumsvorbehalte EuGH, Rs. C-292/08 (German Graphics Graphische Maschinen GmbH ./. Alice van der Schee), EuZW 2009, 785 ff; ferner *Pannen*, Europäische Insolvenzverordnung (2007). Zur Entstehungsgeschichte und Zielsetzung der Harmonisierungsmaßnahme s. die Angaben bei *Staudinger*, Rn 104 f. Vgl hinsichtlich des Rechtsmissbrauchs im Europäischen Insolvenzrecht *Eidenmüller*, KTS 2009, 137 ff; beachte ferner die Anpassung der EuIns-VO aufgrund des Beitritts von Kroatien durch die VO (EU) Nr. 517/2013, ABl. L 158 v. 10. Juni 2013, S. 1 ff; s. auch den Vorschlag der Kommission, KOM (2012) 744 endg. v. 12. Dezember 2012, für eine Verordnung zur Änderung der VO (EG) Nr. 1346/2000 (EuIns-VO); Zu den Vorschlägen s. *Mock*, GPR 2013, 156 ff. und *Thole/Swierczok*, ZIP 2013, 550 ff.

1155 Vgl Erwägungsgründe 2 und 3 EuIns-VO.

1156 S. zu den Entwicklungen auf dem Gebiet des Internationalen Insolvenzrechts: *Leible/Staudinger*, KTS 2000, 533, 535 ff.

1157 S. Erwägungsgrund Nr. 33 EuIns-VO.

punkt erstmalig eröffnet worden sind.[1158] Abzustellen ist dabei entsprechend der Legaldefinition in Art. 2 lit. f) EuIns-VO sowie analog Art. 16 Abs. 1 EuIns-VO auf denjenigen Zeitpunkt, in dem die Eröffnungsentscheidung wirksam geworden ist.[1159] Auf ihre Rechtskraft kommt es demgegenüber nicht an. Rechtshandlungen des Schuldners, die er vor dem Stichtag vornimmt, unterliegen nach Art. 43 S. 2 EuIns-VO dem zum damaligen Zeitpunkt maßgeblichen Recht. Der Sekundärrechtsakt erfasst nach seinem Art. 1 Abs. 1 „Gesamtverfahren, welche die Insolvenz des Schuldners voraussetzen und den vollständigen oder teilweisen Vermögensbeschlag gegen den Schuldner sowie die Bestellung eines Verwalters zur Folge haben". Dies gilt unabhängig davon, ob es sich bei dem Schuldner um eine natürliche oder juristische Person, einen Kaufmann oder eine Privatperson handelt.[1160] Ebenso wenig muss das Hauptverfahren eine Liquidation des Schuldnervermögens bezwecken.[1161] Der Harmonisierungsmaßnahme unterfallen somit neben den eigentlichen **Insolvenz-** auch die meisten der im Binnenmarkt bekannten **Sanierungs- und Reorganisationsverfahren.** Aus Art. 1 Abs. 1, Art. 2 lit. a) und c) im Zusammenspiel mit den Anhängen A und B EuIns-VO folgt, dass aus deutscher Sicht das **Konkurs-, gerichtliche Vergleichs-, Gesamtvollstreckungs-** sowie **Insolvenzverfahren** einbezogen werden. Der Regelungsbereich der EuIns-VO erfasst ebenso die besonders ausgestalteten **Verbraucherinsolvenzverfahren** (§§ 304 ff InsO), die wirtschaftlich gescheiterten Personen durch das Institut der Restschuldbefreiung einen Neuanfang ermöglichen sollen.[1162] Die Geltung insbesondere der Zuständigkeitsregelung in Art. 3 der Verordnung für insolvenzrechtliche Annex- bzw Einzelverfahren ist im Einzelnen streitig.[1163] Die Verordnung erfasst nach aktueller Rechtsprechung zumindest auch die Insolvenzanfechtung.[1164] Der persönliche Geltungsbereich der EuIns-VO beschränkt sich auf Insolvenzverfahren eines einzelnen Rechtsträgers.[1165] Ein Konzern besteht hingegen aus rechtlich selbstständigen Gliedern, die nur in wirtschaftlicher Hinsicht – auf Grund der Planungshoheit der Konzernmutter und der entsprechenden Planungsunterworfenheit der Tochterunternehmen – als Einheit zu betrachten sind. Die EuIns-VO enthält jedenfalls keine ausdrückliche Regelung zur **Insolvenz von grenzüberschreitenden Unternehmenszusammenschlüssen** (Konzerninsolvenz).[1166] Ebenso wenig sind ihre Vorschriften mittelbar auf den gesamten Konzern anwendbar. Art. 1 Abs. 2 EuIns-VO sieht ferner eine Bereichsausnahme für Insolvenzverfahren vor, welche etwa über das Vermögen von **Versicherungsunternehmen** und **Kreditinstituten** eröffnet werden. Diesbezüglich bestehen ergänzende Harmonisierungsmaßnahmen und entsprechende Transformationsnormen.[1167] Wie die Brüssel I-VO sieht auch die EuIns-VO Regeln bezüglich der **gerichtlichen Zuständigkeit** sowie **Anerkennung und Vollstreckbarerklärung** vor. Über diese verfahrensrechtlichen Ausschnitte hinaus enthält der Sekundärrechtsakt **internationalprivat- und sachrechtliche Vorschriften.**[1168]

1158 Im Verhältnis zu den im Jahr 2004 hinzugekommenen osteuropäischen Beitrittsstaaten gilt die Harmonisierungsmaßnahme für Verfahren, die seit dem 1. Mai 2004 eröffnet wurden; vgl Art. 2 der Akte über die Bedingungen des Beitritts, BGBl. 2003 II, S. 1418; für die am 1. Juli 2007 beigetretenen Staaten gilt sie für ab diesem Datum eröffnete Verfahren, vgl Art. 2 der Akte über die Bedingungen des Beitritts, ABl. L 157 v. 21. Juni 2005, S. 203 ff.

1159 BGH, ZIP 2004, 94, 95; EuGH, Rs. C-1/04 (Staubitz-Schreiber), NZI 2006, 153 ff.

1160 S. Erwägungsgrund Nr. 9 S. 1 EuIns-VO.

1161 Beachte bei Sekundärinsolvenzverfahren indes Art. 3 Abs. 3 S. 2 EuIns-VO.

1162 Für eine insolvenzrechtliche Einordnung auch *Linke*, IPRax 2000, 8, 10 f; zu den Verbraucherinsolvenzrechten in der EU s. *Ehricke*, ZVI 2005, 285 ff.

1163 Vgl Zöller/*Geimer*, Art. 1 EuGVVO, Rn 35 ff; *Mankowski*, NZI 2008, 604.

1164 EuGH, Rs. C-339/07 (Christopher Seagon ./. Deko Marty Belgium NV), NJW 2009, 2189; hierzu *Fehrenbach*, IPRax 2009, 492 ff, *Mock*, ZInsO 2009, 470 ff; BGH, NJW 2009, 2215; gegen eine Anwendbarkeit für die Insolvenzanfechtung noch OLG Frankfurt aM, NZI 2006, 648 m.Anm. *Mankowski/Willemer*.

1165 *Eidenmüller*, NJW 2004, 3455, 3456; *Huber*, ZZP 114 (2001), 133, 143; *Weller*, IPRax 2004, 412, 415.

1166 Vgl *Deipenbrock*, EWS 2001, 113, 116; s. eingehend zur supranationalen Konzerninsolvenz *Wiebusch*, Internationales Konzerninsolvenzrecht, 2014.

1167 Vgl hierzu die Ausführungen oben bei *Staudinger*, Rn 107. Beachte das Gesetz zur Neuregelung des Internationalen Insolvenzrechts v. 14. März 2003, BGBl. I, S. 345.

1168 Eingehend hierzu oben *Staudinger*, Rn 106 ff.

Das Hauptinsolvenzverfahren ist nach Art. 3 Abs. 1 S. 1 EuIns-VO[1169] vor den Gerichten desjenigen Landes zu eröffnen, in welchem der Schuldner zum Zeitpunkt der Antragstellung[1170] den **„Mittelpunkt seiner hauptsächlichen Interessen"**[1171] hat. Die Harmonisierungsmaßnahme legt insofern innerhalb ihres Anwendungsbereichs nur die internationale Zuständigkeit abschließend fest. Hingegen bleibt der Rückgriff auf das jeweilige innerstaatliche Recht im Hinblick auf die örtliche Zuständigkeit zulässig.[1172] Bei Gesellschaften und juristischen Personen wird vermutet, dass der Mittelpunkt ihrer hauptsächlichen Interessen am Ort ihres satzungsmäßigen Sitzes liegt (Art. 3 Abs. 1 S. 2 EuIns-VO). Diese Vermutung ist widerlegbar und die Gerichte haben teilweise abweichend hiervon den Verwaltungsort[1173] wirtschaftlicher Interessen herangezogen.[1174] Es müssen objektive und für Dritte feststellbare Elemente belegen, dass der satzungsmäßige Sitz nicht die Wirklichkeit widerspiegelt.[1175] Die EuIns-VO findet gleichermaßen Anwendung auf Gesellschaften, die einen Satzungssitz in einem **Drittstaat** haben, wenn der tatsächliche Mittelpunkt der Interessen in einem EU-Staat angesiedelt ist.[1176] Dies gilt ebenso für den Fall, dass eine Insolvenzschuldnerin in England als Private Limited Company gegründet wird, sich ihre Geschäftstätigkeit hingegen allein auf den deutschen Markt beschränkt.[1177] Von der internationalen Zuständigkeit nach Art. 3 Abs. 1 S. 1 EuIns-VO sind indes die Folgefragen der **Insolvenzfähigkeit** einer solchen Gesellschaft bzw die mögliche Überlagerung des unter Umständen nach der **Gründungstheorie** zu bestimmenden Gesellschaftsrechts durch das nach Maßgabe des Art. 4 EuIns-VO ermittelten Insolvenzstatuts

---

1169 Einen Überblick über Entscheidungen unter Geltung der EuIns-VO im Binnenmarkt vermittelt *Wessels*, International Jurisdiction to open Insolvency Proceedings in Europe, in particular against (groups of) Companies, University of Frankfurt Institute for Law and Finance Working Paper No. 17 (Jan. 2004), einzusehen unter der Internetadresse: http://www.ilf-frankfurt.de/publications/ILF_WP_017.pdf; s. auch die European Regulation Database (http://www.eir-database.com); beachte LG Innsbruck, KTS 2005, 223 f (Schopper); AG Siegen, KTS 2005, 219 (Strasser); sowie High Court of Justice Birmingham, NZI 2005, 467 ff m.Anm. *Penzlin/Riedemann.*

1170 Maßgeblich bleibt dabei der Zeitpunkt der Stellung des Insolvenzantrags und zwar sowohl für den Fall des Gläubiger- als auch des Eigenantrags des Schuldners. Vgl BGH, ZInsO 2008, 1382. Zur Verlegung des Interessenmittelpunktes, nachdem der Schuldner seinen Eigenantrag gestellt hatte, beachte BGH, NZI 2006, 297; EuGH, Rs. C-1/04 (Staubitz-Schreiber), NZI 2006, 153 ff m.Anm. *Mankowski* auf Vorlage des BGH, ZIP 2004, 94; hierzu sowie zur englischen Spruchpraxis bei Fremdanträgen s. die Angaben bei *Mankowski*, RIW 2005, 561, 578; beachte auch AG Celle, NZI 2005, 410 f; *Mankowski*, NZI 2005, 368 ff. Im Anlassstreit vor dem AG Celle ist der Schuldner verzogen und hat anschließend den Eigenantrag an seinem alten gewöhnlichen Aufenthalt und Wohnsitz gestellt; zur Erfüllung der Insolvenzantragspflicht mit Antrag in anderem Mitgliedstaat: AG Köln, EuZW 2005, 704.

1171 Oft auch bezeichnet als COMI (center of main interests), vgl etwa *Eidenmüller*, KTS 2009, 137, 139. Zu den Möglichkeiten der COMI-Verlagerung vgl *Schwemmer*, NZI 2009, 355 ff.

1172 S. Erwägungsgrund Nr. 15 S. 2 EuIns-VO sowie im deutschen Recht Art. 102 §§ 1, 2 EGInsO.

1173 Vgl auch Erwägungsgrund 13 EuIns-VO.

1174 AG München, IPRax 2004, 433; dazu *Weller*, IPRax 2004, 412 ff; High Court of Justice Leeds, ZIP 2003, 1362 f; hierzu *Paulus*, ZIP 2003, 1725 ff; High Court of Justice Chancery Division Companies Court, ZIP 2003, 813 ff; dazu *Krebber*, IPRax 2004, 540 ff. Abzustellen ist dabei auf den jeweiligen Verwaltungsort eines Betriebes. Dieser soll auch dann im Inland liegen, wenn sich der satzungsmäßige Sitz des Unternehmens zwar im Ausland befindet, jenes aber nicht von dort geleitet wird: Tribunale Civile di Parma, ZIP 2004, 1220 f; s. in diesem Zusammenhang Tribunale Civile di Parma, ZIP 2004, 2295 ff; High Court Dublin, ZIP 2004, 1223 ff und die Vorlage an den EuGH durch den Supreme Court of Ireland, ZIP 2004, 1969 ff sowie die darauf folgende Entscheidung EuGH, Rs. C-341/04 (Eurofood), NZI 2006, 360 ff; BGH, ZInsO 2009, 1955; beachte die weiteren Angaben bei *Mankowski*, RIW 2005, 561, 574, 576; vgl auch AG Köln, NZI 2008, 257 ff; BGH, NZI 2007, 344, 345; Arrondissementsrechtbank Amsterdam, ZIP 2007, 492 ff. Mangels einer Vermutung für unternehmerisch tätige natürliche Personen ist regelmäßig der gewöhnliche Aufenthalt entscheidend, vgl ebenfalls High Court of Justice London, NZI 2007, 361 ff; bei Einzelkaufleuten liegt der Interessenmittelpunkt vom Grundsatz her am Ort der gewerblichen Niederlassung. Im Hinblick auf Freiberufler ist in der Regel auf den Ort der beruflichen Betätigung abzustellen; s. zum Streitstand die Angaben bei *Mankowski*, RIW 2005, 561, 577 f.

1175 EuGH, Rs. C-341/04 (Eurofood IFSC Ltd.), NZI 2006, 360 ff.

1176 S. die Nachweise bei *Mankowski*, RIW 2005, 561, 578.

1177 So etwa AG Hamburg, NJW 2003, 2835 f; s. auch *Mankowski*, RIW 2005, 561, 574 mwN.

zu trennen.[1178] Bei Verbrauchern ist grds. auf den gewöhnlichen Aufenthalt und nicht auf den Wohnsitz abzustellen.[1179]

Laut Art. 16 Abs. 1 EuIns-VO wird die Eröffnung eines Insolvenzverfahrens durch einen nach Art. 3 EuIns-VO international zuständigen Spruchkörper innerhalb des Binnenmarkts anerkannt, sobald die Entscheidung im Staat der Verfahrenseröffnung wirksam ist.[1180,1181] Sämtliche zur Durchführung eines Insolvenzverfahrens ergangenen Entscheidungen sind in den übrigen Mitgliedstaaten entsprechend Art. 25 EuIns-VO formlos anzuerkennen. Die **Vollstreckbarerklärung** richtet sich nach dem **vereinfachten System der Brüssel I-VO**. Beachtung verdient Art. 26 EuIns-VO, welcher einen **ordre public-Vorbehalt**[1182] **vorsieht** und im Einzelfall der Anerkennung sowie Vollstreckbarerklärung entgegenstehen kann.[1183] Derzeit noch ungeklärt sind die Fragen, ob die Anerkennung eines Hauptinsolvenzverfahrens unter der Bedingung steht, dass die Voraussetzungen des Art. 3 Abs. 1 EuIns-VO tatsächlich vorlagen, ob die fehlerhaft bejahte internationale Zuständigkeit zumindest einen Versagungsgrund im Rahmen des Art. 26 EuIns-VO darstellt oder ein striktes Prioritätsprinzip gilt.[1184]

H. EuZ-VOa

Die **EuZ-VOa**[1185] hat gem. ihrer Art. 25 Abs. 1, 26 die alte **EuZ-VO**[1186] am 13. November 2008 aufgehoben und das **HZustÜ**[1187] sowie das **HaagZivPrÜbk** verdrängt.[1188, 1189] Im Verhältnis zu Dänemark, welches sich an den Rechtssetzungsmaßnahmen auf dem Gebiet der justiziellen Zusam- 214

1178 Zum Internationalen Gesellschaftsrecht vgl die Angaben oben bei *Staudinger*, Rn 89 ff.

1179 LG Göttingen, ZInsO 2007, 1358 f; AG Köln, NZI 2009, 133, 134; Der Vollzug der Untersuchungshaft gegen einen Schuldner führt weder zur Verlagerung des Mittelpunkts seiner hauptsächlichen Interessen iSd Art. 3 EuInsVO noch zur Begründung eines neuen Wohnsitzes, BGH, NZI 2008, 121.

1180 Vgl in diesem Zusammenhang AG Hamburg, NZI 2009, 343; County Court Croydon, NZI 2009, 136; BGH, ZInsO 2008, 745 ff; vgl hierzu *Mankowski*, NZI 2008, 575 ff. Ein in Deutschland eröffnetes vorläufiges Insolvenzverfahren stellt ein Priorität genießendes Insolvenzverfahren iSd Art. 3 Abs. 1, Art. 16 EuIns-VO jedenfalls dann dar, wenn unter Bestellung eines starken vorläufigen Insolvenzverwalters ein allgemeines Verfügungsverbot iSd (deutschen) § 21 Abs. 2 Nr. 2 Alt. 2 InsO erlassen wurde, Oberlandesgericht Innsbruck, NZI 2008, 700 ff; vgl zu der Problematik kritisch *Smid*, NZI 2009, 150 ff. Vgl für die Bestellung eines schwachen Insolvenzverwalters Landgericht *Patra*, ZIP 2007, 1875.

1181 Beschließt ein deutsches Insolvenzgericht in Kenntnis eines nach der EuIns-VO in einem anderen Mitgliedstaat eröffneten Hauptinsolvenzverfahrens, dessen Wirkungen sich auf die im Inland belegene Masse erstrecken, die Eröffnung eines inländischen Insolvenzverfahrens, findet Art. 102 § 4 Abs. 2 EGInsO keine Anwendung. Vielmehr ist die Eröffnung des inländischen Insolvenzverfahrens zumindest schwebend unwirksam. Der als Scheinverwalter anzusehende inländische Insolvenzverwalter darf über die Masse nicht verfügen, kann aber mangels rechtswirksamer inländischer Verfahrenseröffnung eine Zwangsvollstreckung wegen vermeintlicher Masseverbindlichkeiten im Wege der Vollstreckungserinnerung abwehren, BGH, NZI 2008, 572 ff m.Anm. *Mankowski*; vgl hierzu auch kritisch *Fehrenbach*, IPRax 2009, 51 ff.

1182 Hierzu *Knof*, ZInsO 2007, 629 ff.

1183 Dazu ausführlich *Leible/Staudinger*, KTS 2000, 533, 566 ff.

1184 Vgl diesbezüglich die Angaben bei *Mankowski*, RIW 2004, 587, 596 ff; *Paulus*, Art. 16 EuInsVO, Rn 8 f mwN. Beachte: östOGH Wien, NZI 2005, 56 ff m.Anm. *Paulus*, 62 f; *Herchen*, ZIP 2005, 1401 ff; LG Hamburg, NZI 2005, 645 f; zu den Besonderheiten paralleler Eröffnungsverfahren vgl auch *Reinhart*, NZI 2009, 201 ff.

1185 VO (EG) Nr. 1393/2007, ABl. L 324 v. 10. Dezember 2007, S. 79 ff. Zu diesem Gemeinschaftsrechtsakt und seinen Vorarbeiten s. *Rösler/Siepmann*, RIW 2006, 512 ff; *Sujecki*, NJW 2008, 1628 ff. Zur Rückwirkungen auf das nationale Recht s. *Heckel*, IPRax 2008, 218 ff.

1186 VO (EG) Nr. 1348/2000, ABl. L 160 v. 30. Juni 2000, S. 37 ff; s. auch das Gesetz zur Durchführung gemeinschaftsrechtlicher Vorschriften über die Zustellung gerichtlicher und außergerichtlicher Schriftstücke in Zivil- oder Handelssachen in den Mitgliedstaaten (EG-Zustellungsdurchführungsgesetz – ZustDG) vom 9. Juli 2001, BGBl. 2001 I, S. 1536. Dieser Sekundärrechtsakt galt seit dem 1. Mai 2004 ebenso für die neuen osteuropäischen Beitrittsstaaten; hierzu *Hess*, IPRax 2004, 374, 376. S. zu beiden Rechtsakten *Heidrich*, EuZW 2005, 743 ff; *Rahlf/Gottschalk*, EWS 2004, 303 ff.

1187 BGBl. 1977 II, S. 1453 ff.

1188 Dies gilt ebenso vom Grundsatz her für das deutsch-britische Übereinkommen über den Rechtsverkehr vom 20. März 1928, RGBl. 1928 II, S. 623 ff. Dieses Abkommen fand bislang neben dem HZÜ nach dessen Art. 25 ergänzende Anwendung; s. ebenfalls Rauscher/*Heiderhoff*, Art. 20 EG-ZustellVO, Rn 2.

1189 BGBl. 1958 II, S. 577 ff.

menarbeit in Zivilsachen nicht beteiligt,[1190] gilt nunmehr ein mit der Europäischen Gemeinschaft abgeschlossenes Zustellungsübereinkommen.[1191] Dieses ist am 1. Juli 2007 in Kraft getreten[1192] und erstreckt die Geltung der alten EG-ZustellVO[1193] auf das Verhältnis zwischen Dänemark und den übrigen EG-Mitgliedstaaten.[1194]

Die Überarbeitung der Verordnung,[1195] an welcher auch Dänemark teilnahm,[1196] dient dem Ziel, die Zustellung gerichtlicher und außergerichtlicher Schriftstücke[1197] in Zivil- und Handelssachen[1198] zwischen den Mitgliedstaaten weiter zu verbessern und zu beschleunigen, bestimmte Verordnungsvorschriften zu vereinfachen sowie die Rechtssicherheit zu erhöhen.[1199] Abschnitt 1 des II. Kapitels befasst sich mit der gewöhnlichen Übermittlung und Zustellung von Schriftstücken, welche gem. Art. 4 ff EuZ-VOa zwischen den in Art. 2 EuZ-VOa aufgeführten Ämtern erfolgt. Hierbei sieht der neue Gemeinschaftsrechtsakt etwa insoweit eine Änderung vor, als die Zustellung laut Art. 7 Abs. 2 EuZ-VOa[1200] in jedem Fall binnen eines Monats nach Eingang bei der Empfangsstelle stattfinden muss oder die Annahmeverweigerung in Art. 8 EuZ-VOa[1201] eine einheitliche Ausgestaltung erfährt. Der 2. Abschnitt betrifft weitere Zustellungsarten. Zu nennen sind beispielsweise die in Art. 12 EuZ-VOa geregelte Übermittlung auf konsularischem oder diplomatischem Wege, die Zustellung durch die diplomatischen oder konsularischen Vertretungen (s. hierzu § 1067

1190 Die Position Dänemarks ergibt sich aus Art. 1 und 2 des Protokolls Nr. 22 zum AEUV, ABl. C 155 v. 20. Juni 2008, S. 299 ff.

1191 ABl. L 300 v. 17. November 2005, S. 55 ff; hierzu auch *Nielsen*, IPRax 2007, 506 ff.

1192 ABl. L 94 v. 4. April 2007, S. 70.

1193 Art. 3 Abs. 1 des Abkommens stellt klar, dass etwaige Änderungen der Zustellungsverordnung für Dänemark nicht bindend oder anwendbar sind.

1194 Beachte hierzu *Jayme/Kohler*, IPRax 2005, 481, 486; *dies.*, IPRax 2006, 537, 543; *dies.*, IPRax 2007, 493, 499; *Wagner*, IPRax 2005, 494; *ders.*, EuZW 2006, 424, 426; *ders.*, EuZW 2007, 626, 629.

1195 Zu den Durchführungsvorschriften in §§ 183, 1067-1068 ZPO, eingefügt durch das Gesetz zur Verbesserung der grenzüberschreitenden Forderungsdurchsetzung und Zustellung vom 30. Oktober 2008, BGBl. 2008 I, S. 2122 ff; vgl *Vollkommer/Huber*, NJW 2009, 1105 ff.

1196 Gem. Art. 3 Abs. 2 des Abkommens zwischen der Europäischen Gemeinschaft und dem Königreich Dänemark über die Zustellung gerichtlicher und außergerichtlicher Schriftstücke in Zivil- oder Handelssachen hat Dänemark der Kommission mitgeteilt, dass es den Inhalt der VO (EG) Nr. 1393/2007 umsetzen wird, vgl ABl. L 331 v. 10. Dezember 2008, S. 21.

1197 Zu der Frage, ob die Zustellung von ausschließlich außergerichtlichen Schriftstücken zwischen Privatpersonen ohne zugrundeliegendes Gerichtsverfahren dem Gemeinschaftsrechtsakt unterliegt, beachte EuGH, Rs. C-14/08 (Roda Golf & Beach Resort, S.L.), NJW 2009, 2513.; zur Inlandszustellung an den Schadensregulierungsbeauftragten im Zusammenhang mit der 4. Kfz-Haftpflichtsrichtlinie s. EuGH, Rs. C-306/12 (Spedition Welter GmbH ./. Avanssur SA), NJW 2014, 44 f.

1198 Zum Begriff der Zivil- und Handelssache vgl auch die zur Brüssel I-VO ergangene Judikatur, *Staudinger*, Rn 180; s. überdies die Angaben bei Hk-BGB/*Staudinger*, Art. 1 Rom-I, Rn 2.

1199 Vgl den Änderungsvorschlag der Kommission, KOM (2005) 305 endg., 2, 3; zu der Überarbeitung s. *Jayme/Kohler*, IPRax 2006, 537, 549; *dies.*, IPRax 2007, 493, 504; *Rösler/Siepmann*, RIW 2006, 512 ff; *Sujecki*, EuZW 2006, 1; *Wagner*, EuZW 2007, 626, 627; einen Gesamtüberblick zum europäischen Zustellungsrecht bietet *Rauscher*, in: FS Kropholler (2008), S. 851 ff; zum abschließenden Charakter der EuZ-VOa beachte das Urteil des EuGH, Rs. C-325/11 (Alder, Alder ./. Orlowska, Orlowski), NJW 2013, 443 ff.

1200 Beachte zu Art. 7 EuZ-VO östOGH, IPRax 2007, 134 ff m.Anm. *Kondring*, 138 ff.

1201 Beachte zu Art. 8 EuZ-VO das erste Vorlageverfahren durch den Hooge Raad in den Niederlanden: EuGH, Rs. C-443/03 (Götz Leffler ./. Berlin Chemie AG), EuZW 2006, 22 ff; hierzu *Jayme/Kohler*, IPRax 2006, 537, 548 f; *Rauscher*, JZ 2006, 251 ff; *Rösler/Siepmann*, NJW 2006, 475 ff; *Schütze*, RIW 2006, 352 ff; *Stadler*, IPRax 2006, 116 ff; *Sujecki*, ZEuP 2007, 358 ff; *Wagner*, EuZW 2006, 424, 427. S. ferner das zweite Vorabentscheidungsersuchen des belgischen Hof van Cassatie: EuGH, Rs. C-473/04 (Plumex ./. Young Sports NV), IPRax 2007, 320 f m.Anm. *Heiderhoff*, 293 f; hierzu auch *Telkamp*, GPR 2006, 145 ff sowie *Springer*, Die direkte Postzustellung gerichtlicher Schriftstücke nach der Europäischen Zustellungsverordnung (EG) Nr. 1348/2000 (2008), 37 ff, 122 ff. Ein weiteres durch den BGH (NJW 2007, 775 ff) betriebenes Vorlageverfahren zu dieser Norm ist vom Gerichtshof bereits abgeschlossen worden: EuGH, Rs. C-14/07 (Ingenieurbüro Michael Weiss und Partner GbR ./. Industrie- und Handelskammer Berlin), NJW 2008, 1721 ff m.Anm. *Ahrens*, 2817 ff = IPRax 2008, 419 ff m.Anm. *Hess*, 400 ff; hierzu *Mansel/Thorn/Wagner*, IPRax 2009, 1, 19; *Sujecki*, EuZW 2008, 37 f; zum Vorabentscheidungsersuchen s. *Jayme/Kohler*, IPRax 2007, 493, 503 f; *Stadler*, ZZPInt 11 (2006), 227 ff; *Sujecki*, EuZW 2007, 363 ff.

ZPO) sowie die Zustellung durch die Post gem. Art. 14 EuZ-VOa[1202] (beachte § 1068 ZPO). Diese Form ist nicht subsidiär,[1203] sondern gleichwertig und nach Art. 14 EuZ-VOa zwingend in den Mitgliedstaaten zuzulassen. Durch die Streichung von dessen Abs. 2 und die fehlende Bezugnahme in Art. 23 Abs. 1 EuZ-VOa obliegt die Ausgestaltung der postalischen Zustellung nicht mehr der nationalen Regelungsautonomie und erfolgt per Einschreiben mit Rückschein oder einem gleichwertigen Beleg.[1204] Die Brüssel I-VO nimmt in ihrem Art. 26 Abs. 3 noch auf die alte EG-Zustell-VO Bezug. Bedeutung erlangt diese Harmonisierungsmaßnahme ferner im Hinblick auf Art. 30 Brüssel I-VO sowie die Gewährung rechtlichen Gehörs nach Art. 34 Nr. 2 Brüssel I-VO.[1205] Die EuZ-VOa verzichtet auf einen rechtshilferechtlichen ordre public-Vorbehalt[1206] wie in Art. 13 HZÜ, der etwa der Zustellung einer antisuit injunction[1207] oder gegebenenfalls einer Klage entgegensteht, wenn mit ihr Ansprüche auf Strafschadensersatz (punitive damages)[1208] bzw auf Ersatz sog treble damages[1209] oder in Form einer class action[1210,1211] geltend gemacht werden.

1202 Zu der Vorgängervorschrift s. LG Trier, IPRax 2004, 249 ff; hierzu *de Lind van Wijngaarden-Maack*, IPRax 2004, 212 ff.

1203 EuGH, Rs. C-473/04 (Plumex ./. Young Sports NV), IPRax 2007, 320 f m.Anm. *Heiderhoff*, 293 f; hierzu *Telkamp*, GPR 2006, 145 ff; *Wagner*, EuZW 2006, 424, 427. Die Art. 12-15 EG-Zustell-VO eröffnen dem Antragsteller ein Wahlrecht OLG Hamburg, MDR 2007, 117 f.

1204 Hierzu *Sujecki*, EuZW 2006, 1; *ders.*, NJW 2008, 1628, 1629 f; zu der Konkretisierung der Vorgängervorschrift durch § 1068 ZPO s. Gebauer/Wiedmann/*Jastrow*, Art. 14 EG-ZustellVO, Rn 222 ff.

1205 Rauscher/*Heiderhoff*, Einl. EG-ZustellVO, Rn 16 f; hierzu s. EuGH, Rs. C-283/05 (ASML Netherlands BV ./. SEMIS), IPRax 2008, 519 ff m.Anm. *Geimer*, 498 ff = ZZPInt 11 (2006), 190 ff m.Anm. *Leible/Reinert*, 196 ff; zu Art. 27 Nr. 2 EuGVÜ/LugÜ s. EuGH, Rs. C-522/03 (Scania Finance France SA ./. Rockinger), IPRax 2006, 157 ff m.Anm. *Stadler*, 116 ff sowie BGH, NJW 2008, 1531 ff; vgl auch OLG Hamm, NJW-RR 2007, 1722 ff.

1206 Hierzu *Geimer*, Internationales Zivilprozessrecht (2009), Rn 2158; *Geimer*, Neuordnung des internationalen Zustellungsrechts (1999), S. 213; *Hess*, NJW 2002, 2417, 2422; *Lindacher*, ZZP 114 (2001), 179, 184; *Krause*, RIW 2004, 533, 535 Fn 19; Rauscher/*Heiderhoff*, Einl. EG-ZustellVO, Rn 13.

1207 OLG Düsseldorf, IPRax 1997, 260 ff; hierzu *Geimer*, Neuordnung des internationalen Zustellungsrechts (1999), 77 ff, 298; *Hau*, IPRax 1997, 245 ff; *Mankowski*, EWiR 1996, 321 f; *Mansel*, EuZW 1996, 335 ff; kritisch *Stürner*, ZZP 109 (1996), 224 ff; dem folgend *Geimer*, Neuordnung des internationalen Zustellungsrechts (1999), S. 79.

1208 Beachte BVerfG, Beschluss vom 25. Juli 2003, NJW 2003, 2598; vgl dazu *Hess*, JZ 2003, 923 ff; *Oberhammer*, IPRax 2004, 40 ff; *Rothe*, RIW 2003, 859 ff; *Zekoll*, NJW 2003, 2885 ff. Vgl zum Ganzen auch *Stürner*, JZ 2006, 60 ff. S. BVerfG, IPRax 2009, 249 f sowie 253 ff m.Anm. *Rogler*, 223 ff; BVerfG, RIW 2007, 211 ff m.Anm. *von Hein*, 249 ff = JZ 2007, 1046 f m.Anm. *Stadler*, 1047 ff sowie OLG Düsseldorf, NJW-RR 2007, 640 ff; zur entsprechenden Judikatur des U.S. Supreme Court *Berger/Wilske*, RIW 2007, 245 ff; *Corrigan/Wilske*, RIW 2007, 32 ff; *Thomas/Wilske*, RIW 2008, 668 ff.

1209 Hierzu OLG Düsseldorf, IPRax 2009, 250 ff m.Anm. *Rogler*, 223 ff; OLG Koblenz, IPRax 2006, 25 ff m.Anm. *Piekenbrock*, 4 ff.

1210 Hierzu OLG Düsseldorf, IPRax 2009, 250 ff m.Anm. *Rogler*, 223 ff; BVerfG, NJW 2007, 3709 ff; s. im Zusammenhang mit dem US-amerikanischen Recht: *Bellinghausen/Paheenthararajah*, ZIP 2008, 492 ff; *Koch/Horlach/Thiel*, RIW 2006, 356 ff; *Petersen*, RIW 2005, 812 ff; zur Sammelklage aus skandinavischem Blickwinkel: *Pedersen/Nebauer*, ZfV 2007, 212 ff.

1211 Die Europäische Kommission veröffentlichte am 27. November 2008 ein Grünbuch zum kollektiven Rechtsdurchsetzungsverfahren, mit welchem sie die Durchsetzung von Verbraucherrechten fördern will, vgl KOM (2008) 794 endg.; hierzu *Alexander*, WRP 2009, 683 ff; *Krümmel/Sauer*, BB 2008, 2586 ff; *Mattil/Desoutter*, WM 2008, 521 ff. Darüber hinaus existiert seit dem 2. April 2008 ein Weißbuch zu Schadensersatzklagen wegen Verletzung des EG-Wettbewerbsrechts, vgl KOM (2008) 165 endg.; hierzu *Weidenbach/Saller*, BB 2008, 1020 ff. Inwieweit die geplanten Harmonisierungsmaßnahmen Auswirkungen auf die Brüssel I-VO zur Folge haben, ist derzeit offen. In ihrem Grünbuch zur Überprüfung der Brüssel I-VO eröffnete die Kommission die Frage, ob für diese Verfahren besondere Zuständigkeitsvorschriften gebraucht werden, KOM (2009) 175 endg., 12; *Tamm*, EuZW 2009, 439 ff.

I. EuB-VO

215 Die EuB-VO[1212,1213] dient der verbesserten Kooperation zwischen den Gerichten des Binnenmarkts auf dem Gebiet der **Beweisaufnahme**[1214] und gilt für Rechtshilfeersuchen, die seit dem 1. Januar 2004 gestellt werden.[1215] Das Regelwerk ist nach seinem Art. 1 Abs. 1 einschlägig, soweit ein mitgliedstaatlicher Spruchkörper das zuständige Forum eines anderen EU-Landes in einer Zivil- oder Handelssache um eine Beweisaufnahme ersucht oder in dem betreffenden Staat selbst vorzunehmen beabsichtigt.[1216] Die territoriale Reichweite erstreckt sich auf den Binnenmarkt mit Ausnahme Dänemarks.[1217] Vom sachlichen Anwendungsbereich bleiben **Steuer- und Zollsachen** sowie **verwaltungsrechtliche Angelegenheiten** ausgenommen. Da ein Art. 1 Abs. 2 Brüssel I-VO entsprechender Ausschluss fehlt, muss im Lichte autonomer Auslegung geprüft werden, ob und inwieweit etwa das Familien-, Erb-, Insolvenz- und Schiedsverfahrensrecht einbezogen sind.[1218] Die EuB-VO betrifft vom Grundsatz her jede justizielle **Informationsbeschaffungsmaßnahme.**[1219] Dabei unterliegt der Begriff der Beweisaufnahme ebenfalls der autonomen Interpretation mit der Folge, dass wohl auch die zwangsweise Durchsetzung einer **Blutprobe** als eine solche zu qualifizieren ist.[1220] Die Beweise müssen nach Art. 1 Abs. 2 EuB-VO für ein bereits – analog Art. 30 Abs. 1 Brüssel I-VO – eingeleitetes oder noch zu eröffnendes Gerichtsverfahren bestimmt sein. Ob und inwieweit **Vorverfahren zur Beweiserhebung** (discovery und disclosure) sowie die Rechtshilfe für ein **selbstständiges Beweisverfahren** nach Maßgabe der §§ 485 ff ZPO dem Sekundärrechtsakt unterfallen, ist umstritten.[1221] Die EuB-VO verdrängt ihrem Art. 21 Abs. 1 nach unter anderem das **HB-Ü**, welches

---

1212 VO (EG) Nr. 1206/2001, ABl. L 174 v. 27. Juni 2001, S. 1 ff. Einen wertenden Überblick zu diesem Rechtsakt vier Jahre nach seinem Inkrafttreten bietet *Knöfel*, EuZW 2008, 267 ff; s. ebenso *Heinze*, IPRax 2008, 480 ff; *Hess/Zhou*, IPRax 2007, 183 ff; Beachte auch den Kommissionsbericht über die Anwendung der Harmonisierungsmaßnahme: KOM (2007) 769 endg. sowie die Entschließung des EP, A6-0058/2009.

1213 Als Ausführungsbestimmungen beachte hierzu die §§ 1072 bis 1075 ZPO, welche auf das Gesetz zur Durchführung gemeinschaftsrechtlicher Vorschriften über die grenzüberschreitende Beweisaufnahme in Zivil- und Handelssachen in den Mitgliedstaaten (EG-Beweisaufnahmedurchführungsgesetz) v. 4. November 2003 zurückgehen, BGBl. I, S. 2166. Dieses ist zum 1. Januar 2004 in Kraft getreten. Zweifel an der Europarechtskonformität der Durchführungsbestimmungen stellen sich etwa im Hinblick auf § 1073 Abs. 1 S. 2 ZPO; hierzu Gebauer/Wiedmann/*Huber*, Art. 11 EuB-VO, Rn 155. Ferner dienen insbesondere die §§ 36 ff bzw 82 ff der Rechtshilfeverordnung für Zivilsachen (ZRHO) als Leitfaden.

1214 S. Erwägungsgrund 5 EuB-VO. Zulässig bleibt weiterhin die sogenannte extraterritoriale Beweismittelbeschaffung. Zu beachten sind allerdings völkerrechtlich vorgegebene Schranken sowie die Wertung des Art. 17 EuB-VO; s. hierzu Gebauer/Wiedmann/*Huber*, EuB-VO Überblick, Rn 4, Art. 1 EuB-VO, Rn 35 ff, Art. 17 EuB-VO, Rn 201.

1215 Zum intertemporalen Anwendungsbereich s. Art. 24 Abs. 2 EuB-VO. Im Verhältnis zu den zehn mit Wirkung zum 1. Mai 2004 der EU beigetretenen neuen Mitgliedstaaten gilt der Sekundärrechtsakt seit diesem Stichtag; vgl Art. 2 der Akte über die Bedingungen des Beitritts, BGBl. 2003 II, S. 1418; hierzu auch *Hess*, IPRax 2004, 374, 376. Entsprechendes gilt für Beweisaufnahmen im Verhältnis zu den am 1. Januar 2007 der EU beigetretenen Bulgarien und Rumänien; vgl Art. 2 der Akte über die Bedingungen des Beitritts, BGBl. 2006 II, S. 1146, 1166.

1216 Vgl Art. 1 Abs. 1 EuB-VO.

1217 S. Art. 1 Abs. 3 EuB-VO sowie Erwägungsgrund 22 EuB-VO. Im deutsch-dänischen Verhältnis greift somit weiterhin das HB-Ü ein.

1218 Hierzu Rauscher/*von Hein*, Art. 1 EuB-VO, Rn 4; Gebauer/Wiedmann/*Huber*, Art. 1 EuB-VO, Rn 18 ff, 25; *Knöfel*, EuZW 2008, 267, 268.

1219 S. *Schlosser*, Art. 1 EuB-VO, Rn 6.

1220 Rauscher/*von Hein*, Art. 1 EuB-VO, Rn 29 f; zum Begriff des rechtserheblichen Beweismittels vgl *Ubertazzi*, GRUR Int 2008, 807 ff.

1221 Hierzu Rauscher/*von Hein*, Art. 1 EuB-VO, Rn 41 ff; Gebauer/Wiedmann/*Huber*, Art. 1 EuB-VO, Rn 30 ff; vgl auch die Darstellung bei *Knöfel*, EuZW 2008, 267, 268; im Kontext einer Zeugenvernehmung hat der EuGH den nationalen Gerichten Ermessen hinsichtlich der Beweisaufnahme eingeräumt. Die EuB-VO verbiete es den mitgliedstaatlichen Gerichten nicht, die Vorladung und Vernehmung eines Zeugen nach dem eigenen nationalen Recht durchzuführen, s. dazu EuGH, Rs. C-170/11 (Lippens ./. Kortekass), NJW 2012, 3771; *Knöfel, IPRax 2013, 231 ff; auch im Rahmen* einer Beweisaufnahme durch einen Sachverständigen kann das Gericht die nationalen Regeln anwenden. Die Vorschriften der EuB-VO sind lediglich in Fällen zwingend heranzuziehen, in denen der Sachverständige auf die Ausübung hoheitlicher Gewalt angewiesen ist, s. dazu EuGH, Rs. C-332/11 (ProRail NV ./. Xpedys u.a.), EuZW 2013, 313 mit Anmerkung *Bach*, EuZW 2013, 315 f.

jedoch ohnehin lediglich zwischen elf Mitgliedstaaten Wirkung entfaltete.[1222] Dies gilt allerdings nur unter der Voraussetzung, dass der Sachverhalt dem intertemporalen, räumlichen und sachlichen Regelungsbereich des Sekundärrechtsakts unterfällt.[1223] Auch wenn sich die EuB-VO weitgehend an der Konvention orientiert,[1224] bestehen zahlreiche Abweichungen. So weist der Gemeinschaftsgesetzgeber den Zentralstellen im Sinne des Art. 3 EuB-VO eine andere Funktion zu. Angesichts geringer Praxistauglichkeit der vom HB-Ü favorisierten zentralen Behörden[1225] geht die EuB-VO nach ihrem Art. 2 Abs. 1 für die aktive Rechtshilfe vom Grundsatz des direkten gerichtlichen Geschäftsverkehrs[1226] aus, der weitgehend durch Formblätter standardisiert und nach Art. 5 EuB-VO in einer bestimmten Sprache geführt wird. Ein fundamentaler Unterschied besteht des Weiteren darin, dass Art. 17 EuB-VO[1227] eine **unmittelbare Beweisaufnahme** – etwa unter Hinzuziehung eines Sachverständigen[1228] – **durch das Prozessgericht** im Ausland zulässt, sofern die Genehmigungspflicht nicht ausnahmsweise ausscheidet (passive Rechtshilfe).[1229]

Kapitel II befasst sich mit der Übermittlung und Erledigung von Ersuchen,[1230] welche ein maßgebliches Mittel der Kooperation darstellen.[1231] Diese schließt die **Vernehmung einer Person**[1232] ebenso ein wie die **Prüfung einer (hinreichend spezifizierten)**[1233] **Urkunde.**[1234] Entsprechend Art. 10 Abs. 1 EuB-VO sind Beweisaufnahmen durch das angerufene Gericht unverzüglich, spätestens innerhalb von 90 Tagen zu erledigen.[1235] Nach Art. 10 Abs. 2 EuB-VO wird die Beweisaufnahme nach Maßgabe der lex fori durchgeführt.[1236] Eine Ausnahme sieht insbesondere[1237] Art. 10 Abs. 3 EuB-VO vor, sofern im Recht des ersuchten Staates nicht ein Verbot der beantragten Form – etwa eines Kreuzverhörs[1238] – besteht oder sie aus tatsächlichen Gründen unmöglich ist. Hiervon bleiben indes Zwangsmaßnahmen nach Art. 13 EuB-VO ausgenommen.[1239] Abweichend vom HB-Ü erlaubt der Gemeinschaftsgesetzgeber nunmehr ausdrücklich den Einsatz **moderner Kommunikationstechnologien**, etwa einer **Videoverhandlung** und eines **„Tele-Augenscheins“**. Dabei ist streng zwischen Art. 10 und 17 EuB-VO zu unterscheiden, da die zuletzt genannte Vorschrift ebenfalls die Verwendung derartiger Technologien gestattet (Art. 17 Abs. 4 S. 3 EuB-VO). Während im Fall des

1222 Vgl Erwägungsgrund 6 S. 2 der EuB-VO.

1223 Zur Frage der Zulässigkeit einer Beweisaufnahme auf konsularischem oder diplomatischem Wege und der Anwendbarkeit des HB-Ü s. die Angaben zum Streitstand bei Gebauer/Wiedmann/*Huber*, Art. 1 EuB-VO, Rn 35, 46, Art. 21, Rn 226 f.

1224 S. *Nagel/Gottwald*, § 8, Rn 6.

1225 S. *Schlosser*, Art. 2 EuB-VO, Rn 1.

1226 Zur Zuständigkeit s. § 1074 ZPO; zu den Zuständigkeiten in anderen Mitgliedstaaten beachte das im Internet unter http://europa.eu.int/eur-lex/de/consleg/pdf/2001/de_2001D0781_do_001.pdf abrufbare Handbuch der Kommission nach Maßgabe der Art. 19, 22 EuB-VO. Ansonsten verbleibt der Weg über die Zentralstellen nach Art. 3 Abs. 1 lit. a) oder c) EuB-VO.

1227 Beachte insofern Art. 3 Abs. 3 EuB-VO.

1228 Zu kollisionsrechtlichen Fragestellungen, insbesondere der Anwendbarkeit des § 839 a BGB s. Hk-BGB/*Staudinger*, § 839 a BGB, Rn 8; hierzu auch *Spickhoff*, in: FS Heldrich, S. 419, 435 ff.

1229 Beachte etwa den ordre public-Vorbehalt in Art. 17 Abs. 5 lit. c) EuB-VO; s. im deutschen Recht §§ 1072 Nr. 2, 1073 Abs. 2 ZPO.

1230 Zu Form und Inhalt des Ersuchens beachte Art. 4, bei dessen Unvollständigkeit Art. 8 der Harmonisierungsmaßnahme.

1231 Vgl *Nagel/Gottwald*, § 8, Rn 6.

1232 S. Art. 4 Abs. 1 lit. e) EuB-VO.

1233 Hierzu Gebauer/Wiedmann/*Huber*, Art. 4 EuB-VO, Rn 79.

1234 Vgl Art. 4 Abs. 1 lit. f) EuB-VO.

1235 Andernfalls ist Art. 15 EuB-VO zu beachten; zu möglichen Konsequenzen, wenn die Erledigungsfrist grundlos überschritten wird, s. Gebauer/Wiedmann/*Huber*, Art. 10 EuB-VO, Rn 122.

1236 Vgl etwa LG Dessau, Beschluss vom 15. März 2007, Az 7 T 37/07. Beachte die infolge der §§ 82 ff ZHRO leicht modifizierte Anwendung des deutschen Verfahrensrechts sowie §§ 184, 185 GVG.

1237 Beachte ferner Art. 14 Abs. 1 lit. b) sowie Art. 11 Abs. 1 und Art. 12 Abs. 1 EuB-VO.

1238 Hierzu Gebauer/Wiedmann/*Huber*, Art. 10 EuB-VO, Rn 131 mwN.

1239 Schwierigkeiten ergeben sich, wenn eine Beweisaufnahme nach Art. 10 Abs. 3 EuB-VO unter Beachtung ausländischen Verfahrensrechts – etwa ein Kreuzverhör – mit einem Zwangsmittel der deutschen lex fori kombiniert werden soll; hierzu Gebauer/Wiedmann/*Huber*, Art. 13 EuB-VO, Rn 174.

Art. 10 EuB-VO die Beweisaufnahme vom Rechtshilfegericht durchgeführt wird, liegt sie im Rahmen des Art. 17 EuB-VO in den Händen des Prozessgerichts. Die Grundlage für den Einsatz moderner Kommunikationstechniken bildet im deutschen Recht § 128 a ZPO, welcher allerdings im Lichte der gemeinschaftsrechtlichen Vorgaben gewisser Modifikationen bedarf.[1240]

Ein Gesuch kann abgelehnt werden, wenn etwa Aussageverweigerungsrechte oder Aussageverbote unter Beachtung des Meistbegünstigungsprinzips im Recht des ersuchten oder ersuchenden Staates bestehen[1241] oder dem ersuchten Staat nach der Brüssel I-VO die ausschließliche internationale Entscheidungszuständigkeit zukommt.[1242] Hingegen sieht der Sekundärrechtsakt im Kapitel III **keinen allgemeinen**[1243] **ordre public-Einwand** vor. Jenes endet mit dem Grundsatz der Kostenfreiheit in Art. 18 Abs. 1 EuB-VO, der entgegen seiner Formulierung gleichermaßen für die aktive wie passive Rechtshilfe sowie Anfragen an die Zentralstellen gilt, sofern keine der in Art. 18 Abs. 2 und 3 EuB-VO normierten Ausnahmetatbestände eingreift.[1244]

J. EG-Mahn-VO

216 Im Anschluss an das Grünbuch über europäische Mahnverfahren und Maßnahmen zur einfacheren und schnelleren Beilegung von Streitigkeiten mit geringem Wert,[1245] zwei Verordnungsvorschlägen sowie weiteren Verhandlungen des Rates hat der Gemeinschaftsgesetzgeber am 12. Dezember 2006 die **EG-Mahn-VO**[1246] erlassen. Sie ist am 31. Dezember 2006 in Kraft getreten und gilt ausweislich ihres Art. 33 im Wesentlichen seit dem 12. Dezember 2008.[1247] Der Sekundärrechtsgeber verfolgt das Ziel, binnenmarktweit eine schnelle und effiziente Beitreibung **unbestrittener, bezifferter Geldforderungen** sicherzustellen.[1248]

Dieser an sämtliche Mitgliedstaaten mit Ausnahme Dänemarks[1249] adressierte Rechtsakt erfasst im Gegensatz zum ersten Verordnungsvorschlag, der auch für reine Inlandsfälle galt,[1250] gem. Art. 2 Abs. 1 S. 1 EG-Mahn-VO lediglich Sachverhalte mit **grenzüberschreitendem Bezug.**

Die Harmonisierungsmaßnahme betrifft **Zivil- und Handelssachen**[1251] losgelöst von der Art des sachlich zuständigen Gerichts. Das Europäische Mahnverfahren gilt indes gem. Art. 2 Abs. 1 S. 2

1240 Eingehend hierzu Rauscher/*von Hein*, Art. 10 EuB-VO, Rn 36 ff; Gebauer/Wiedmann/*Huber*, Art. 10 EuB-VO, Rn 139 ff; zu grenzüberschreitenden Videoverhandlungen s. *Stadler*, ZZP 115 (2002), 413, 441.

1241 Vgl Art. 14 Abs. 1 sowie Art. 4 Abs. 1 lit. e) EuB-VO. Zur Anwendung der Vorschriften auf Parteivernehmungen s. Rauscher/*von Hein*, Art. 14 EuB-VO, Rn 6. Ob und inwieweit das Meistbegünstigungsprinzip aus Art. 14 Abs. 1 EuB-VO entsprechend bei der Urkundenvorlage oder anderen Formen der Beweisaufnahme eingreift, ist umstritten; s. ablehnend etwa Rauscher/*von Hein*, Art. 14 EuB-VO, Rn 8; abweichend Gebauer/Wiedmann/*Huber*, Art. 14 EuB-VO, Rn 185.

1242 Beachte Art. 10 Abs. 3 EuB-VO.

1243 S. *Schlosser*, Art. 14 EuB-VO, Rn 2. Beachte indes den besonderen ordre public-Vorbehalt in Art. 17 Abs. 5 lit. c) EuB-VO.

1244 Rauscher/*von Hein*, Art. 18 EuB-VO, Rn 1; Gebauer/Wiedmann/*Huber*, Art. 18 EuB-VO, Rn 216.

1245 Vgl KOM (2002) 746, endg.

1246 VO (EG) Nr. 1896/2006 des Europäischen Parlaments und des Rates vom 12. Dezember 2006 zur Einführung eines Europäischen Mahnverfahrens, ABl. L 399 v. 30. Dezember 2006, S. 1 ff; zu diesem Gemeinschaftsrechtsakt vgl etwa *Freitag/Leible*, BB 2008, 2750 ff; beachte ferner die Anpassung der EG-Mahn-VO aufgrund des Beitritts von Kroatien durch die VO (EU) Nr. 517/2013, ABl. L 158 v. 10. Juni 2013, S. 1 ff.

1247 Beachte die Durchführungsvorschriften in §§ 1087-1096 ZPO, eingefügt durch das Gesetz zur Verbesserung der grenzüberschreitenden Forderungsdurchsetzung und Zustellung vom 30. Oktober 2008, BGBl. 2008 I, S. 2122 ff; hierzu *Vollkommer/Huber*, NJW 2009, 1105 ff.

1248 Vgl Art. 1 Abs. 1 EG-Mahn-VO sowie Erwägungsgrund Nr. 9, zur Zielsetzung s. auch KOM (2004) 173 endg ./3, S. 5 f; *Sujecki*, EuZW 2005, 45.

1249 S. Art. 2 Abs. 3 EG-Mahn-VO sowie Erwägungsgrund Nr. 32.

1250 Dazu allg. kritisch unter Bezugnahme auf den Kompetenztitel *Leible/Staudinger*, The European Legal Forum (D) 2000/01, 225, 228. Dem VO-Entwurf zustimmend dagegen *Sujecki*, EuZW 2005, 45, 46. Die Ausführungen der Kommission ließen erkennen, dass sie sich der primärrechtlichen Bedenken bewusst war, vgl KOM *(2004) 173, endg ./3, S. 7 f. Das Europäische Parlament sprach sich dafür aus, dem Sekundärrechtsakt allein* grenzüberschreitende Mahnverfahren zu unterstellen; s. den Bericht vom 18. Juli 2005, A6-0240/2005.

1251 Zum Begriff der Zivil- und Handelssache vgl auch die zur Brüssel I-VO ergangene Judikatur, *Staudinger*, Rn 180; s. ferner die Angaben bei Hk-BGB/*Staudinger*, Art. 1 Rom-I, Rn 2.

EG-Mahn-VO nicht für Steuer- und Zollsachen sowie verwaltungsrechtliche Angelegenheiten. Während sich insofern eine Übereinstimmung mit der Brüssel I-VO[1252] ergibt, deckt sich der **Ausschlusskatalog** des Art. 2 Abs. 2 EG-Mahn-VO nicht mit demjenigen der Brüssel I-VO.

Der Rechtsakt sieht **keinen Höchstbetrag** vor,[1253] bis zu dem Geldforderungen[1254] im Wege des Mahnverfahrens beigetrieben werden können. Diese müssen jedoch nicht nur unbestritten und beziffert (Art. 1 Abs. 1 lit. a, 4 EG-Mahn-VO),[1255] sondern zum Zeitpunkt der Beantragung des Europäischen Zahlungsbefehls auch fällig sein (Art. 4 EG-Mahn-VO). Künftig anfallende laufende Zahlungen bleiben mithin vom Anwendungsbereich ausgenommen.[1256] Die Harmonisierungsmaßnahme greift unabhängig davon ein, ob der Anspruch von seinem Rechtsgrund her vertraglich oder deliktisch zu qualifizieren ist.[1257] Zu beachten bleibt jedoch die Beschränkung für Ansprüche aus außervertraglichen Schuldverhältnissen in Art. 2 Abs. 2 lit. d) EG-Mahn-VO. Danach können nur diejenigen Forderungen dem europäischen Mahnverfahren unterfallen, welche Gegenstand einer Vereinbarung zwischen den Parteien oder eines Schuldanerkenntnisses sind bzw sich auf bezifferte Schuldbeträge beziehen, die aus gemeinsamem Eigentum an unbeweglichen Sachen resultieren.[1258]

Das Europäische Mahnverfahren hat nach Art. 1 Abs. 2 sowie Erwägungsgrund Nr. 10 EG-Mahn-VO einen lediglich **fakultativen Charakter**, so dass es dem Gläubiger frei steht, einen unter den Sekundärrechtsakt fallenden Anspruch im Wege eines abgekürzten oder regulären Verfahrens nach Maßgabe der einschlägigen mitgliedstaatlichen Regeln durchzusetzen. Dies gilt ebenso für inländische wie grenzüberschreitende Fallgestaltungen. 217

Der Rechtsakt sieht in Anlehnung an die deutsche Rechtsordnung ein **zweistufiges, „nicht beweispflichtiges"**[1259] **Modell** vor. Einem Antrag auf Erlass eines Europäischen Zahlungsbefehls nach Maßgabe des Art. 7 EG-Mahn-VO folgt, soweit im Rahmen der Prüfung nach Art. 8 EG-Mahn-VO die in den Artikeln 2, 3, 4, 6 und 7 näher bezeichneten Voraussetzungen erfüllt sind und die Forderung begründet erscheint,[1260] die Ausfertigung einer Europäischen Zahlungsaufforderung nach Maßgabe des Art. 12 EG-Mahn-VO. Jene ist mit dem Mahnbescheid in § 692 ZPO vergleichbar. In Übereinstimmung mit der deutschen Rechtslage sieht die VO ausweislich ihres Art. 24 selbst **keinen Anwaltszwang** vor.

Im Gegensatz zum ursprünglichen Entwurf[1261] enthält die Verordnung keine Regelung zur Verjährungsunterbrechung.[1262] Nach deutschem Recht kommt gem. § 204 Abs. 1 Nr. 3 BGB dem europäischen Zahlungsbefehl mit seiner Zustellung[1263] **verjährungshemmende Wirkung** zu.

1252 Vgl hierzu die Angaben zum Ausnahmekatalog des Art. 1 Abs. 2 Brüssel I-VO bei *Staudinger*, Rn 166.

1253 S. noch Erwägungsgrund Nr. 9 S. 2 VO-Vorschlag KOM (2004) 173 endg ./3; *Röthle/Sparmann*, WM 2007, 1101, 1108.

1254 Herausgabeansprüche oder Forderungen, die etwa auf die Vornahme einer Handlung oder Unterlassung gerichtet sind, werden demnach ausgenommen; vgl KOM (2004) 173 endg ./3, S. 11.

1255 Damit sollen Geldforderungen ausgespart bleiben, die sich nicht in Form eines konkreten Betrages beziffern lassen; vgl KOM (2004) 173 endg ./3, S. 11.

1256 Beachte Erwägungsgrund Nr. 9 S. 3 VO-Vorschlag KOM (2004) 173 endg ./3.

1257 S. Erwägungsgrund Nr. 9 S. 1 VO-Vorschlag KOM (2004) 173 endg ./3.

1258 Vgl auch *Sujecki*, NJW 2007, 1622 f., welcher die deutsche Fassung hinsichtlich des gemeinsamen Eigentums nur an unbeweglichen Sachen für zu restriktiv hält.

1259 Zur Angabe des Beweismittels für das streitige Gerichtsverfahren s. Art. 7 Abs. 2 lit. e), Erwägungsgründe 14 und 16 EG-Mahn-VO sowie KOM (2004) 173 endg ./3, S. 11 f.

1260 Vgl zum Umfang dieser Prüfung MünchKomm-ZPO/*Rauscher*, EG-Mahn-VO Einführung, Rn 16; *Sujecki*, NJW 2007, 1622, 1624; die Antragsvoraussetzungen auf Erlass eines Europäischen Zahlungsbefehls sind in Art. 7 EG-Mahn-VO erschöpfend geregelt, s. dazu EuGH, Rs. C-215/11 (Iwona Szyrocka ./. Siger Technologie GmbH), EuZW 2013, 147 mit Anmerkung *Sujecki*.

1261 Vgl Art. 6 Abs. 5 VO-Vorschlag (KOM (2004) 173 endg ./3), welcher die Europäische Zahlungsaufforderung hinsichtlich der Unterbrechung der Verjährungsfrist einem Prozesseröffnungsbeschluss gleichstellte.

1262 Vgl hierzu kritisch *Sujecki*, NJW 2007, 1622 ff.

1263 Besondere Regelungen sieht die VO in Art. 13-15 vor, diese verdrängen jedoch weder das insoweit einschlägige innerstaatliche Recht noch die EG-ZustellVOa, sondern stellen nur einen Maßstab dar, vgl etwa *Hess/Bittmann*, IPRax 2008, 305 ff.

Dem Schuldner obliegt es nach der Zustellung der Zahlungsaufforderung die Forderung zu begleichen oder gem. Art. 16 EG-Mahn-VO innerhalb einer Frist von 30 Tagen Einspruch in der dort vorgesehenen Form einzulegen. Dies hat zur Folge, dass das Verfahren im Einklang mit den Regeln eines ordentlichen Zivilprozesses nach dem Recht desjenigen Staates, dem die Zahlungsaufforderung entstammt,[1264] fortgesetzt wird (Art. 17 Abs. 1, 2 EG-Mahn-VO), es sei denn, der Antragsteller hat ausdrücklich verlangt, das Verfahren in einem solchen Fall zu beenden. In letzterem Fall wird dieses eingestellt (Art. 7 Abs. 4 EG-Mahn-VO). Bei Untätigkeit des Schuldners erklärt das Gericht im Ursprungsmitgliedstaat den Europäischen Zahlungsbefehl nach Ablauf der Einspruchsfrist gem. Art. 18 Abs. 1 EG-Mahn-VO unverzüglich für **vollstreckbar,** wobei sich gem. Art. 18 Abs. 2 EG-Mahn-VO die Voraussetzungen der Zwangsvollstreckung nach den Rechtsvorschriften des Ursprungsmitgliedstaats richten. Dem Schuldner verbleibt jedoch die Möglichkeit, ausnahmsweise nach Fristablauf eine Überprüfung des Zahlungsbefehls zu beantragen.[1265]

Ausweislich des Art. 19 EG-Mahn-VO wird der für vollstreckbar erklärte europäische Zahlungsbefehl in anderen Mitgliedstaaten **ohne Durchführung eines Exequaturverfahrens anerkannt und vollstreckt**. Die Durchsetzung erfolgt gem. Art. 21 Abs. 1 EG-Mahn-VO nach dem Recht des Vollstreckungsmitgliedstaates. Sie kann lediglich aus bestimmten Gründen verweigert, ausgesetzt oder beschränkt werden.

Im Hinblick auf Verbraucherverträge sieht der Sekundärrechtsakt in Art. 6 Abs. 2 eine Sonderregel für die internationale gerichtliche Zuständigkeit bei Mahnverfahren vor. Ist der Verbraucher Antragsgegner, so begründet Art. 6 Abs. 2 EG-Mahn-VO die ausschließliche Zuständigkeit der Gerichte an seinem Wohnsitz. Im Übrigen greift der Zuständigkeitskatalog der Brüssel I-VO ein. Hinsichtlich der sachlichen und örtlichen Zuständigkeit sind die Mitgliedstaaten frei, diese in Ermangelung einer Regelung in der VO selbst festzulegen sowie zentrale Mahngerichte zu schaffen.[1266]

K. Bagatellverfahren

218 Im Anschluss an das Grünbuch über ein Europäisches Mahnverfahren sowie Maßnahmen zur einfachen und schnellen Beilegung von Streitigkeiten mit geringem Streitwert[1267] sowie einen Verordnungsvorschlag der Kommission[1268] hat der Gemeinschaftsgesetzgeber am 11. Juli 2007 die EG-Bagatell-VO zur Einführung eines Europäischen Verfahrens für geringfügige Forderungen erlassen.[1269] Sie ist am 1. August 2007 in Kraft getreten und gilt im Wesentlichen ab dem 1. Januar 2009.[1270]

Der Sekundärrechtsakt gilt ausschließlich für **grenzüberschreitende Sachverhalte**[1271] innerhalb des Binnenmarkts (mit Ausnahme Dänemarks).[1272] Die Harmonisierungsmaßnahme erfasst gem. ihrem

1264 Hiernach ist auch gem. Art. 26 EG-Mahn-VO zu beurteilen, ob ein Anwaltszwang besteht.

1265 Vgl hierzu etwa *Hess/Bittmann*, IPRax 2008, 305ff.

1266 Ebenso *Hess/Bittmann*, IPRax 2008, 305, 306; *Sujecki*, NJW 2007, 1622 f.

1267 KOM (2002) 746, endg.

1268 KOM (2005) 87, endg.; beachte hierzu auch das erläuternde Arbeitspapier der Kommission SEC (2005) 352; *Haibach*, European Review of Private Law 2005, 593 ff.

1269 VO (EG) Nr. 861/2007, ABl. L 199 v. 31. Juli 2007, S. 1 ff; beachte die Vorlage des Kommissionsvorschlags KOM (2013) 794 endg. zur Änderung der EG-Bagatell-VO.

1270 Vgl Art. 29 EG-Bagatell-VO.

1271 Vgl zur zunächst vorgesehenen Berücksichtigung reiner Inlandsfälle noch den Erwägungsgrund 6 VO-Vorschlag; der Gemeinschaftsgesetzgeber hat hiervon wie auch im Fall der EG-Mahn-VO Abstand genommen, vgl KOM (2005) 87 endg.

1272 Vgl Art. 2 Abs. 3, Erwägungsgrund Nr. 38 EG-BagatellVO; zur VO vgl etwa den Überblick bei *Haibach*, EuZW 2008, 137.

Art. 2 Abs. 1 S. 1 Zivil- und Handelssachen[1273] **bis zu einem Wert von 2000 Euro,**[1274] sofern nicht der Ausnahmekatalog in Art. 2 Abs. 1 S. 2, Abs. 2 EG-Mahn-VO eingreift. Über die Brüssel I-VO hinaus bleibt das **Arbeitsrecht ausgenommen.** Die Zielsetzung des Rechtsakts besteht darin, für Bagatellsachen ein einfacheres, kostengünstigeres und schnelleres Verfahren zur Streitbeilegung als Alternative zu den in den Mitgliedstaaten bereits existierenden Instrumenten zur Verfügung zu stellen (Art. 1 Abs. 1 S. 1, 2 EG-Mahn-VO). Bagatellverfahren, die gem. Art. 5 Abs. 1 EG-Bagatell-VO grundsätzlich schriftlich durchzuführen sind, können gem. Art. 4 EG-Bagatell-VO europaweit durch ein einheitliches Antragsformular beim zuständigen Gericht[1275] eingeleitet werden. Das Gesuch ist innerhalb einer Frist von 14 Tagen nach Eingang des Klageformblattes abzusenden und dem Beklagten zuzustellen (Art. 5 Abs. 2 EG-Bagatell-VO). Dieser muss hierauf binnen eines Monats antworten (Art. 5 Abs. 3 EG-Bagatell-VO).[1276] Sofern alle Entscheidungsgrundlagen vorliegen, erlässt das Gericht im Laufe weiterer 30 Tage ein Urteil (Art. 7 Abs. 1 EG-Bagatell-VO). **Anwaltszwang** besteht nicht,[1277] etwaige Anwaltskosten sind aber ausweislich des Erwägungsgrundes Nr. 29 im Rahmen der Kostentragung zu berücksichtigen. Um die Beitreibung geringfügiger Forderungen zu beschleunigen, ist die Entscheidung – unbeschadet eines etwaigen Rechtsmittels[1278] – **sofort vollstreckbar,** und zwar über § 708 Nr. 11 ZPO hinaus ohne Sicherheitsleistung (Art. 15 Abs. 1 EG-Bagatell-VO). Das Vollstreckungsverfahren kann jedoch auf Sicherungsmaßnahmen beschränkt und von einer zu leistenden Sicherheit abhängig gemacht werden, wenn eine Partei das Urteil anficht oder sie die Überprüfung nach Art. 18 EG-Bagatell-VO beantragt (Art. 23 EG-Bagatell-VO).

Nach Art. 20 EG-Bagatell-VO ist die Entscheidung in jedem anderen Mitgliedstaat **automatisch anzuerkennen** und **ohne** ein vorangehendes **Exequatur** zu vollstrecken.[1279] Die Durchsetzung selbst richtet sich gem. Art. 21 Abs. 1 S. 1 EG-Bagatell-VO nach dem Recht des Vollstreckungsmitgliedstaates. Das im europäischen Bagatellverfahren ergangene Urteil ist insoweit gem. Art. 21 Abs. 1 S. 2 EG-Bagatell-VO einer dort erlassenen Entscheidung gleich zu stellen. Voraussetzung ist dabei gem. Art. 21 Abs. 2 EG-Bagatell-VO, dass der Antragsteller eine Ausfertigung des Urteils sowie eine Bestätigung nach Art. 20 Abs. 2 EG-Bagatell-VO vorlegt und nicht ausnahmsweise auf Antrag des Vollstreckungsschuldners die Vollstreckung gem. Art. 22 EG-Bagatell-VO aus einem der dort bezeichneten Gründe abzulehnen ist.

L. EuSchutzM-VO

Nach dem Vorschlag der Kommission[1280] vom 18. Mai 2011 ist die Verordnung über die gegenseitige Anerkennung von Schutzmaßnahmen in Zivilsachen („EuSchutzM-VO")[1281] am 12. Juni 2013 erlassen und zwanzig Tage darauf in Kraft getreten. Sie gilt laut Art. 22 EuSchutzM-VO ab dem 219

1273 Zum Begriff der Zivil- und Handelssache vgl auch die zur Brüssel I-VO ergangene Judikatur, *Staudinger*, Rn 180; s. zudem die Angaben bei Hk-BGB/*Staudinger*, Art. 1 Rom-I, Rn 2.

1274 Das Verfahren nach billigem Ermessen nach § 495 a S. 1 ZPO ist allein bis zu einem Streitwert von 600 Euro zulässig. Zweifelhaft bleibt, ob die Anwendbarkeit der VO durch teilweise Geltendmachung einer Gesamtforderung herbeigeführt werden kann; hierzu: *Brokamp*, Das Europäische Verfahren für geringfügige Forderungen, 13 f; beachte in diesem Zusammenhang den Vorschlag der Europäischen Kommission die Streitwertgrenze auf 10.000 Euro zu erhöhen, KOM (2013) 794 endg.

1275 Die internationale Zuständigkeit richtet sich nach der Brüssel I-VO, vgl etwa *Jahn*, NJW 2007, 2890 ff.

1276 Einzelheiten zu Verfahrenseinleitung und -ablauf enthält Kapitel II, Art. 4 ff EG-Bagatell-VO.

1277 Art. 10 EG-Bagatell-VO.

1278 Es steht den Mitgliedstaaten gem. Art. 17 Abs. 1 EG-Bagatell-VO frei, ein Rechtsmittel gegen ein nach der VO ergangenes Urteil vorzusehen. In Deutschland findet ab einem Beschwerdewert über 600 Euro die Berufung (§§ 511 ff ZPO) und im Falle ihrer Zulassung die Revision (§§ 542 ff ZPO) statt; vgl *Jahn*, NJW 2007, 2890, 2894. Darüber hinaus sieht Art. 18 EG-Bagatell-VO für alle Mitgliedstaaten verbindliche Mindeststandards für die Überprüfung von Urteilen vor.

1279 Vgl zur Abschaffung des *ordre public*-Vorbehalts kritisch *Sujecki*, ZEuP 2008, 458 ff.

1280 KOM (2011) 276 endg.

1281 VO (EU) Nr. 606/2013 des Europäischen Parlaments und des Rates vom 12. Juni 2013 über die gegenseitige Anerkennung von Schutzmaßnahmen in Zivilsachen, ABl. L 181 v. 29. Juni 2013, S. 4 ff.

11. Januar 2015, unabhängig davon, wann das Verfahren eingeleitet worden ist. Die Verordnung erstreckt sich auf alle Mitgliedstaaten mit Ausnahme von Dänemark; das Vereinigte Königreich und Irland haben die Möglichkeit einer Zustimmung mittels opt-in bereits wahrgenommen. Laut Art. 3 Nr. 4 EuSchutzM-VO gilt die Verordnung neben gerichtlichen Entscheidungen auch für solche von Verwaltungsbehörden. Voraussetzung ist einerseits, dass sich die Behörde gegenüber den Parteien als unparteilich erweist. Andererseits muss ihre Entscheidung im Zusammenhang mit der Schutzmaßnahme, nach dem Recht des Mitgliedstaats in dem sie tätig ist, von einem Gericht nachgeprüft werden können und vergleichbare Wirkungen und Folgen haben wie die Entscheidung eines Gerichts. Die EuSchutzM-VO enthält neben Regeln über die Anerkennung auch solche zur Vollstreckung von Schutzmaßnahmen, was der Wortlaut der Verordnungsbezeichnung („[…] über die gegenseitige Anerkennung von Schutzmaßnahmen in Zivilsachen") nicht erahnen lässt. Die Anerkennung und Vollstreckung der Schutzmaßnahme kann ferner gemäß Art. 13 Abs. 1 EuSchutzM-VO versagt werden, wenn sie dem ordre public offensichtlich widerspricht oder mit einer bereits ergangenen bzw anerkannten Entscheidung unvereinbar ist.[1282]

M. PKH-RL

220 Die am 27. Januar 2003 verabschiedete PKH-RL,[1283] welche einen erleichterten Zugang des Antragstellers zur Prozesskostenhilfe sicherstellen soll, erstreckt sich räumlich-territorial auf den Binnenmarkt, mit Ausnahme Dänemarks.[1284] Die Vorgaben der Harmonisierungsmaßnahme mussten – abgesehen von einem Sonderfall[1285] – bis zum 30. November 2004 in das jeweilige innerstaatliche Recht transformiert werden.[1286] Der deutsche Gesetzgeber ist diesem Gebot – wenn auch verspätet[1287] – durch das **EG-Prozesskostenhilfegesetz** vom 15. Dezember 2004[1288] nachgekommen.[1289] Der Regelungsbereich des Sekundärrechtsakts erfasst gem. seinem Art. 1 Abs. 2 im Einklang mit der Brüssel I-VO allein Zivilsachen. Ausgenommen bleiben Steuer- und Zollsachen sowie verwaltungsrechtliche Angelegenheiten. Abweichend von der Brüssel I-VO sind demgegenüber etwa **familien-** und **insolvenzrechtliche Verfahren** einbezogen.[1290] Die Harmonisierungsmaßnahme beschränkt sich auf grenzüberschreitende Prozesskostenhilfe, lässt hingegen reine Inlandsfälle unberührt. Eine Streitigkeit mit einem solchen internationalen Bezug liegt nach Art. 2 PKH-RL vor, wenn der Antragsteller seinen Wohnsitz[1291] bzw gewöhnlichen Aufenthalt rechtmäßig in einem anderen Land als dem Gerichtsstaat hat.[1292] Abzustellen ist laut Art. 2 Abs. 3 PKH-RL auf den Zeitpunkt der Antragstellung. Art. 3 Abs. 1 PKH-RL bezieht dabei lediglich natürliche, nicht indes

1282 Eingehend zur EuSchutzM-VO s. *Mansel/Thorn/Wagner, R.*, IPRax 2014, 1 ff; *Kohler/Pintens*, FamRZ 2013, 1437 ff.

1283 RL 2002/8/EG, ABl. L 26 v. 31. Januar 2003, S. 41 ff; berichtigt im ABl. L 32 v. 7. Februar 2003, S. 15; zu diesem Sekundärrechtsakt *Mankowski*, RIW 2004, 587, 588; *Jastrow*, MDR 2004, 75 ff; speziell mit Blick auf Familiensachen *Motzer*, FamRBint 2008, 16 ff.

1284 S. Art. 1 Abs. 3 PKH-RL.

1285 Eine vorprozessuale Rechtsberatung im Hinblick auf außergerichtliche Streitigkeiten nach Art. 3 Abs. 1 lit. a) PKH-RL muss spätestens zum 30. Mai 2006 im nationalen Recht berücksichtigt werden.

1286 Art. 21 Abs. 1 S. 1 1. Hs PKH-RL; s. hierzu *Jastrow*, MDR 2004, 75.

1287 Das Umsetzungsgesetz ist nach seinem Art. 9 am 21. Dezember 2004 in Kraft getreten. Zwischen Ablauf der Transformationsfrist und diesem Stichtag kommt – sofern eine richtlinienkonforme Auslegung sowie vertikale Direktwirkung scheitern – eine Staatshaftung in Betracht.

1288 Gesetz zur Umsetzung gemeinschaftsrechtlicher Vorschriften über die grenzüberschreitende Prozesskostenhilfe in Zivil- und Handelssachen in den Mitgliedstaaten (EG-Prozesskostenhilfegesetz) v. 15. Dezember 2004, BGBl. I, S. 3392; s. vor allem die §§ 1076 bis 1078 ZPO. Beachte auch die Prozesskostenhilfebekanntmachung 2007 vom 11.6.2007, BGBl. 2007 I, S. 1058.

1289 Über die RL hinaus hat der Gesetzgeber im Zuge der Transformation § 116 S. 1 Nr. 2 ZPO auf juristische Personen und parteifähige Vereinigungen erstreckt, die in einem anderen Mitgliedstaat oder EWR-Staat gegründet wurden und dort ansässig sind. Die bisherige Regelung war mit dem allgemeinen Diskriminierungsverbot in Art. 12 Abs. 1 EGV sowie Art. 48 EGV unvereinbar.

1290 Vgl *Jastrow*, MDR 2004, 75.

1291 Nach Art. 2 Abs. 2 PKH-RL gilt insofern Art. 59 Brüssel I-VO.

1292 S. Art. 2 PKH-RL.

juristische Personen ein. Begrifflich erstreckt sich die Prozesskostenhilfe im Sinne der PKH-RL von **vorprozessualer Beratungshilfe**[1293] über den **Rechtszug** bis hin zur **Titelvollstreckung.**[1294] Der Gemeinschaftsgesetzgeber sieht ferner neben der Befreiung von Gerichtskosten ausweislich von Art. 7 PKH-RL die Übernahme etwaiger **Dolmetscher-, Übersetzungs-** und **Reisekosten** vor.

Das Gesuch wird in der Regel[1295] bei einer deutschen Übermittlungsstelle[1296] eingereicht,[1297] welche dieses auf Ordnungsgemäßheit, Vollständigkeit sowie dahingehend prüft, ob der Antrag offensichtlich unbegründet ist oder nicht dem Regelungsbereich der Harmonisierungsmaßnahme unterliegt.[1298] Nach einer amtswegigen Übersetzung des Antrags und der begleitenden Dokumente sendet die Übermittlungsstelle das Gesuch an die ausländische[1299] Empfangsstelle.[1300] Die hierdurch anfallenden finanziellen Belastungen trägt entsprechend Art. 8 PKH-RL der Wohnsitzstaat.[1301] Die Entscheidung darüber, ob dem Antragsteller Prozesskostenhilfe zu gewähren ist oder nicht, obliegt nach Art. 12 PKH-RL der zuständigen Empfangsbehörde im Mitgliedstaat des Gerichtsstands. Eine Besonderheit besteht darin, dass hinsichtlich der Entscheidung über das Gesuch die unterschiedlichen **Lebenshaltungskosten** in den jeweiligen EU-Ländern Berücksichtigung finden.[1302] Der Antragsteller muss jedoch die ungleichen Bedingungen beispielsweise durch Statistiken oder Nachweise über die inländische Gewährung von PKH belegen.[1303] Die Gerichtskosten sowie diejenigen nach Art. 7 PKH-RL sind gem. Art. 8 und 12 PKH-RL vom Forumstaat zu tragen.

Denkbar ist es ebenso, dass ein Ersuchen einer ausländischen Übermittlungsstelle bei einem deutschen Gericht als Empfangsstelle eingeht. Im Einklang mit Art. 6 Abs. 2 PKH-RL entscheidet das Prozess- oder Vollstreckungsgericht über das Ersuchen laut § 1078 Abs. 1, 2 ZPO nach Maßgabe der §§ 114 bis 116 ZPO. In weitgehender Übereinstimmung mit § 119 Abs. 1 ZPO schreibt § 1078 Abs. 4 ZPO eine Überprüfung der Bewilligung – unter Einschluss der Erfolgsaussichten – in jedem Rechtszug vor.

N. Mediations-RL

In der Zukunft dürfte die Bedeutung konsensualer Titel im Binnenmarkt weiter zunehmen. Die in Deutschland insbesondere mit der ZPO-Reform[1304] angestrebte stärkere **Institutionalisierung des Schlichtungsgedankens** entspricht einer allgemeinen Entwicklung im Binnenmarkt.[1305] Am 19. April 2002 hatte die EG-Kommission ein Grünbuch über alternative Verfahren zur Streitbeile- 221

1293 Dies gilt für den Fall, dass die Gewährung von Beratungshilfe die außergerichtliche Streitbeilegung fördert; beachte zudem Art. 10 PKH-RL. Nach § 15 a Abs. 2 S. 2 EGZPO besteht insoweit keine Zwangsschlichtung in grenzüberschreitenden Sachverhalten.

1294 Die RL bezieht nach ihrem Art. 11 die Vollstreckung öffentlicher Urkunden ein. Dies betrifft im deutschen Recht mithin § 794 Abs. 1 Nr. 5 ZPO; vgl allgemein zur Titelvollstreckung *Jastrow*, MDR 2004, 75, 76.

1295 Der Antragsteller kann sich nach Art. 13 Abs. 1 lit. b) PKH-RL auch unmittelbar im Ausland an die Empfangsbehörde wenden.

1296 Zuständig ist nach § 1077 Abs. 1 S. 1 ZPO vom Grundsatz her das Amtsgericht, in dessen Bezirk der Antragsteller seinen Wohnsitz oder gewöhnlichen Aufenthalt hat.

1297 Der Antrag auf grenzüberschreitende Prozesskostenhilfe sowie deren Übermittlung erfolgt auf der Grundlage zweier Formblätter; s. Art. 16 PKH-RL sowie § 1077 Abs. 2 ZPO und die EG-Prozesskostenhilfevordruckverordnung (EG-PKHVV) v. 21. Dezember 2004, BGBl. I, S. 3538; beachte ebenfalls *Lauda*, EuZW 2005, 99.

1298 Beachte Art. 6 Abs. 1, 13 Abs. 3 PKH-RL; § 1077 Abs. 3 S. 1 ZPO.

1299 Die zuständige Empfangsstelle im Ausland lässt sich einem Handbuch der Europäischen Kommission bzw dem Internet entnehmen. Beachte darüber hinaus das Gerichtsverzeichnis für eine Reihe von Sekundärrechtsakten, das in dem Europäischen Justiziellen Atlas in Zivilsachen eingestellt ist; s. hierzu *Staudinger*, Fn 697.

1300 S. *Jastrow*, MDR 2004, 75 f.

1301 Beachte Art. 13 Abs. 6 PKH-RL.

1302 S. Art. 5 Abs. 4 PKH-RL bzw § 1077 Abs. 6 und § 1078 Abs. 3 ZPO.

1303 Vgl *Jastrow*, MDR 2004, 75 ff.

1304 Gesetz zur Reform des Zivilprozesses vom 27. Juli 2001, BGBl. 2001 I, S. 1887 ff.

1305 S. hierzu auch *Mayr/Weber*, ZfRV 2007, 163 ff; *Stürner*, in: Breidenbach u.a. (Hrsg.), Konsensuale Streitbeilegung (2001), S. 5, 10 f; vgl zudem *Kayser*, Alternative Formen gerichtlicher und außergerichtlicher Streitbeilegung im deutschen und französischen Zivilprozess (2005).

gung in Zivil- und Handelssachen[1306] vorgelegt.[1307] Hierunter fielen – mit Ausnahme der **Schiedsgerichtsbarkeit** – sämtliche außergerichtliche Verfahren der Streitschlichtung unter Einschaltung eines neutralen Dritten.[1308] Dem war ein Richtlinienvorschlag hinsichtlich Mediationsverfahren[1309] gefolgt.

Die nunmehr am 21. Mai 2008 erlassene **EG-Mediations-RL**[1310] dient dem Ziel, den Unionsbürgern einen leichteren Zugang zur Streitschlichtung zu ermöglichen und die gütliche Beilegung von Streitigkeiten zu fördern.[1311] Der Sekundärrechtsakt[1312] erstreckt sich räumlich-territorial auf den gesamten Binnenmarkt mit Ausnahme Dänemarks[1313] und ist von den Mitgliedstaaten bis zum 21. Mai 2011 umzusetzen.[1314] In Deutschland ist das Gesetz zur Förderung der Mediation und anderer Verfahren der außergerichtlichen Konfliktbeilegung am 26.7.2012 in Kraft getreten.[1315] Erfasst werden alle **grenzüberschreitenden**[1316] Zivil- und Handelssachen.[1317] Die Harmonisierungsmaßnahme regelt die Mediation **nicht umfassend** und enthält vielmehr Begriffsdefinitionen (Art. 3 EG-Mediations-RL) sowie allgemeine Aussagen zur Sicherung von Qualitätsstandards (Art. 4 EG-Mediations-RL). Ausgenommen bleiben etwa Vorschriften über das Mediationsverfahren als solches sowie die Benennung und Zulassung von Mediatoren.[1318]

Dem Gemeinschaftsrechtsakt liegt ein **weiter Mediationsbegriff** zugrunde,[1319] wonach die Streitparteien mit Hilfe eines Mediators auf freiwilliger Basis selbst versuchen, eine Vereinbarung über die Beilegung ihrer Streitigkeiten zu erzielen.[1320] Unter Berücksichtigung von Erwägungsgrund Nr. 11 der Harmonisierungsmaßnahme unterfallen weder obligatorische Schlichtungsverfahren vor anerkannten Gütestellen (vgl § 15 a EGZPO) noch schiedsrichterliche Schlichtungsverfahren dem Rechtsakt. Ebenso sind Bemühungen des angerufenen Gerichts zur Streitbeilegung nicht einge-

---

1306 Zum Begriff der Zivil- und Handelssache vgl auch die zur Brüssel I-VO ergangene Judikatur, *Staudinger*, Rn 180; s. ferner die Angaben bei Hk-BGB/*Staudinger*, Art. 1 Rom-I, Rn 2.

1307 KOM (2002) 196 endg.; s. auch die Empfehlung der Kommission v. 30. März 1998 betreffend die Grundsätze für Einrichtungen, welche für die außergerichtliche Beilegung von Verbraucherrechtsstreitigkeiten zuständig sind, ABl. L 115 v. 17. April 1998, S. 31 ff; Empfehlung der Kommission v. 4. April 2001 über die Grundsätze für an der einvernehmlichen Beilegung von Verbraucherrechtsstreitigkeiten beteiligte außergerichtliche Einrichtungen, ABl. L 109 v. 19. April 2004, S. 56 ff; vgl in diesem Zusammenhang ebenfalls die Mitteilung der Kommission zur „Erweiterung des Zugangs der Verbraucher zur alternativen Streitbeilegung" v. 4. April 2001, KOM (2001) 161, endg.

1308 KOM (2002) 196, endg., S. 6.

1309 KOM (2004) 718 endg.

1310 Richtlinie 2008/52/EG des Europäischen Parlaments und des Rates vom 21. Mai 2008 über bestimmte Aspekte der Mediation in Zivil- und Handelssachen, ABl. L 136 v. 24. Mai 2008, S. 3 ff.

1311 Vgl Art. 1 Abs. 1 EG-Mediations-RL.

1312 Hierzu allgemein *Eidenmüller/Prause*, NJW 2008, 2738 ff; *Wagner/Thole*, ZKM 2008, 36 ff; *dies.*, in: FS Kropholler (2008), S. 915 ff; *Wozniewski*, NZG 2008, 410 ff; unter Berücksichtigung des Gesetzgebungsverfahrens *Lahann*, ZEuS 2008, 359 ff.

1313 S. Art. 1 Abs. 3 EG-Mediations-RL.

1314 Vgl Art. 12 Abs. 1 EG-Mediations-RL; zur Umsetzung s. *Hess*, Mediation und andere Formen konsensualer Streitbeilegung, Gutachten zum 67. Juristentag 2008 (2008); *Prütting*, JZ 2008, 847 ff.

1315 BGBl. I 2012, 1577; s. dazu ausführlich *Ahrens*, NJW 2012, 2465 ff.

1316 Demgegenüber erfasste der Richtlinienvorschlag auch inländische Sachverhalte; dies erschien im Hinblick auf den Kompetenztitel nicht frei von Bedenken; s. insofern die Ausführungen von *Leible/Staudinger*, EuLF (D) 2000/2001, 225, 228. Vgl zudem den Vermerk für den Ausschuss für Zivilrecht vom 29. Juli 2005, JUSTCIV 151, Fn 1. In Erwägungsgrund Nr. 8 der EG-MediationsRL stellt der Gemeinschaftsgesetzgeber ausdrücklich klar, dass es den Mitgliedstaaten freisteht, den Rechtsakt ebenso auf reine Inlandsfälle zu erstrecken.

1317 Die Harmonisierungsmaßnahme enthält keinen Art. 1 Abs. 2 Brüssel I-VO vergleichbaren Ausnahmekatalog. Demnach erfasst die EG-Mediations-RL etwa auch Familiensachen, hinsichtlich derer eine Vollstreckung der Vereinbarung gem. Art. 6 Abs. 1 S 2 EG-Mediations-RL versagt bleibt, wenn die Parteien über einen nicht disponiblen Anspruch verfügen möchten (vgl Art. 1 Abs. 2 S. 1 EG-Mediations-RL); zum Begriff der Zivil- und Handelssache vgl auch die zur Brüssel I-VO ergangene Judikatur, *Staudinger*, Rn 180; s. zudem die Angaben bei Hk-BGB/*Staudinger*, Art. 1 Rom-I, Rn 2.

1318 S. KOM (2004) 718 endg., 2; beachte hierzu das erläuternde Arbeitspapier der Kommission SEC (2004) 1314.

1319 Vgl *Mähler/Kerntke*, ZKM 2004, 151 ff.

1320 Art. 3 lit. a S. 1 EG-MediationsRL.

schlossen, wohingegen die Mediation durch einen Richter außerhalb seiner Zuständigkeit dem Sekundärrechtsakt unterfällt.[1321]

Während Art. 5 Abs. 1 S. 1 EG-MediationsRL dem Richter die Möglichkeit einräumt, den Parteien eine **außergerichtliche Streitschlichtung vorzuschlagen**, was sich mit § 278 Abs. 5 S. 2 ZPO deckt,[1322] geht Art. 5 Abs. 1 S. 2 EG-MediationsRL über das deutsche Recht hinaus. Hiernach kann der zuständige Richter die Parteien nämlich dazu auffordern, eine **Informationsveranstaltung über Mediation** zu besuchen.[1323] Ferner beinhaltet die Harmonisierungsmaßnahme Vorgaben über die **Vertraulichkeit der Mediation** im Hinblick auf Gerichts- oder Schiedsverfahren (Art. 7 EG-MediationsRL)[1324] sowie die **Auswirkungen der Mediation auf die Verjährungsfristen** (Art. 8 EG-MediationsRL). Auf den letzten Aspekt bezogen erscheint das deutsche Recht – §§ 203, 204 Abs. 1 Nr. 1, 4 BGB – bereits de lege lata im Einklang mit dem zukünftigen gemeinschaftsrechtlichen Standard zu stehen.[1325]

Dies gilt wohl ebenso im Hinblick auf die Vorgabe in Art. 6 Abs. 1 EG-MediationsRL. Hiernach müssen alle Mitgliedstaaten sicherstellen, dass der Inhalt einer im Mediationsverfahren erzielten schriftlichen Vereinbarung auf Antrag vollstreckbar gemacht wird. Im deutschen Recht bestehen insofern als denkbare Vollstreckungstitel der **protokollierte** (§ 794 Abs. 1 Nr. 1 ZPO) oder **schriftsätzliche Prozessvergleich** (§ 278 Abs. 6 ZPO),[1326] der vom Prozessgericht oder Notar für vollstreckbar erklärte **Anwaltsvergleich** (§ 794 Abs. 1 Nr. 4 b ZPO) sowie die **notarielle Urkunde** (§ 794 Abs. 1 Nr. 5 ZPO). Keine Antwort gibt der Richtlinienvorschlag indes auf die Frage, ob den zuvor genannten Titeln auch im Rahmen der Brüssel I-VO die Qualität eines in einem anderen Mitgliedstaat (mit Ausnahme Dänemarks) anzuerkennenden bzw zumindest für vollstreckbar zu erklärenden Titels zukommt. Zweifel sind insbesondere im Hinblick auf den Anwaltsvergleich angezeigt. Dieser genießt als solcher im Rahmen der Brüssel I-VO nicht die Qualität eines Vollstreckungstitels. Es spricht aber einiges dafür, einen nachträglich gerichtlich bestätigten Vergleich einzubeziehen.[1327] Ebenso wenig ist der in § 794 Abs. 1 Nr. 4 b ZPO aufgeführte gerichtliche bzw notarielle Beschluss als Entscheidung im Sinne des Art. 32 Brüssel I-VO einzustufen.[1328] Denn weder der gerichtliche noch der notarielle Beschluss erwachsen in Bezug auf das (Fort-)Bestehen des titulierten Anspruchs in materielle Rechtskraft. Der Gegenstand des Verfahrens vor dem Gericht bzw Notar erschöpft sich vielmehr in der Vollstreckbarerklärung des Anwaltsvergleichs. Art. 32 Brüssel I-VO erfasst jedoch allein Entscheidungen in der Sache. Die zuvor genannten Beschlüsse sind indes wohl als öffentliche Urkunden gem. Art. 57 Brüssel I-VO zu behandeln. Dies gilt ebenso für Vergleiche, die vor einer durch die Landesjustizverwaltung eingerichteten oder aner-

1321 Art. 3 lit. a S. 3, 4 EG-MediationsRL.

1322 Demgegenüber weitere gesetzliche Maßnahmen befürwortend *Wagner/Thole*, in: FS Kropholler (2008), S. 915 ff.

1323 Zum insoweit bestehenden Umsetzungsbedarf beachte *Wagner/Thole*, ZKM 2008, 36 f; s. insoweit § 135 Abs. 1 FamFG (Gesetz zur Reform des Verfahrens in Familiensachen und in den Angelegenheiten der freiwilligen Gerichtsbarkeit vom 17. Dezember 2008, BGBl. 2008 I, S. 2586 ff); der Bundesrat hat dem Gesetz am 19. September 2008 zugestimmt (vgl BR/Drucks. 617/08), so dass es nach seinem Art. 112 Abs. 1 am 1. September 2009 in Kraft getreten ist. Beachte auch den Regierungsentwurf zum Gesetz zur Reform des Verfahrens in Familiensachen und in den Angelegenheiten der freiwilligen Gerichtsbarkeit, abrufbar unter: http://www.bmj.bund.de/files/-/3019/RegE_FGG-Reformgesetz.pdf.

1324 Zum Zeugnisverweigerungsrecht des Mediators nach § 383 Abs. 1 Nr. 6 ZPO s. Zöller/*Greger*, § 383 ZPO, Rn 20.

1325 S. auch *Wagner/Thole*, ZKM 2008, 36, 39.

1326 Hierzu *Koch*, NJ 2005, 97 ff.

1327 Vgl *Hess/Pfeiffer/Schlosser*, The Brussels I Regulation 44/2001, Rn 551.

1328 Anders *Eidenmüller*, SchiedsVZ 2005, 124, 128 f. Seiner Ansicht nach ist bereits Art. 32 Brüssel I-VO einschlägig; ebenso Bülow/Böckstiegel/Geimer/Schütze/*Tschauner*, Art. 57 Brüssel I-VO, Rn 6. Zu möglichen Änderungen im Rahmen einer Reform der Brüssel I-VO vgl *Hess/Pfeiffer/Schlosser*, The Brussels I Regulation 44/2001, Rn 136.

kannten Gütestelle im Rahmen obligatorischer (beachte § 15 a EGZPO)[1329] oder freiwilliger Konfliktlösung geschlossen werden.[1330]

O. AS-RL

222 Am 21. Mai 2013 wurde ferner die **AS-RL**[1331] erlassen, welche von den Mitgliedstaaten bis zum 9. Juli 2015 umzusetzen ist.[1332] Der Sekundärrechtsakt zielt darauf ab, ein hohes Verbraucherschutzniveau zu erreichen, indem der Verbraucher bei unabhängigen, transparenten, unparteiischen Stellen freiwillig ein schnelles und faires AS-Verfahren gegen den Unternehmer führen kann.[1333] Zur Erreichung dieses Anliegens sollen Konsument und Unternehmer über das AS-Verfahren informiert und einheitlichen Qualitätsanforderungen in der gsamten Union durchgesetzt werden.[1334] Die **EG-Mediations-RL** ist neben der **AS-RL** anwendbar.[1335]Mediation und AS-Verfahren unterscheiden sich darin, dass es sich bei Letzterem um einen standardisierten Vorgang handelt, während das Mediationsverfahren einen meist längeren Kommunikationsprozess der Parteien erfordert.[1336]

P. FamFG

223 Beachtung verdient aus deutscher Sicht auch das neue FamFG. In den §§ 98 ff FamFG finden sich Regelungen zur internationalen Zuständigkeit, in den §§ 107 ff zur Anerkennung und Vollstreckbarkeit ausländischer Entscheidungen für den Bereich der Familiensachen sowie in den Angelegenheiten der freiwilligen Gerichtsbarkeit.[1337] Diese gelangen ausweislich des § 97 FamFG zur Anwendung, soweit keine vorrangigen Rechtsakte der Europäischen Gemeinschaft oder völkerrechtliche Übereinkünfte bestehen.

Relevanz entfaltet die Novellierung daher insbesondere auf dem Gebiet des Erbrechts. Da insoweit bislang keine gemeinschaftsrechtliche Regelung besteht, richtet sich die internationale Zuständigkeit deutscher Gerichte in Nachlassangelegenheiten nach autonomem Recht. Anders als in Vormundschafts- oder Adoptionssachen enthielt das FGG diesbezüglich keine ausdrücklichen Vorschriften, was sich aber mit dessen Aufhebung und dem Inkrafttreten des FamFG zum 1. September 2009 geändert hat.[1338]

Die inländischen Spruchkörper erklärten sich bislang nach dem sog. Gleichlaufprinzip grds. nur dann für zuständig, wenn auf den Erbfall ganz oder teilweise deutsches materielles Erbrecht anwendbar war.[1339] Dies erschien jedoch zweifelhaft, zumal in anderen Verfahren der freiwilligen Gerichtsbarkeit kein solcher Gleichlauf zwischen Sach- und Prozessrecht gefordert, die internationale Zuständigkeit vielmehr aus der örtlichen abgeleitet wurde.

1329 Hierzu BGH, NJW-RR 2005, 501 ff; NJW 2005, 437 ff; zu beiden Entscheidungen: *Bitter*, NJW 2005, 1235 ff.

1330 Vgl zu den vorangehenden Ausführungen Rauscher/*Staudinger*, Art. 57 Brüssel I-VO, Rn 5 ff; Art. 58, Rn 7 ff jeweils mwN.

1331 Richtlinie 2013/11/EU des Europäischen Parlaments und des Rates vom 21. März 2013 über die alternative Beilegung verbraucherrechtlicher Streitigkeiten und zur Änderung der Verordnung (EG) Nr. 2006/2004 und der Richtlinie 2009/22/EG, ABl. L 165 v. 18. Juni 2013, S. 63 ff.

1332 S. zur Umsetzung der AS-RL das Gutachten von *Tonner/Berlin*. Die Richtlinie wird durch die VO (EU) Nr. 524/2013 über die Online-Beilegung von Verbraucherstreitigkeiten ergänzt, dazu *Rühl*, ZRP 2014, 8.

1333 Art. 1 S. 1 AS-RL.

1334 Erwägungsgrund 7 AS-RL.

1335 Art. 3 Abs. 2 AS-RL.

1336 *Tonner/Berlin*, Zur Umsetzung der AS-Richtlinie, S. 16.

1337 Beachte zum sachlichen Anwendungsbereich § 1 FamFG. Allgemein zur Reform: *Althammer*, IPRax 2009, 381 ff.

1338 BGBl. 2008 I, S. 2586 ff. Zur Reform aus erbrechtlicher Sicht: *Schäuble*, ZErb 2009, 200 ff.

1339 S. etwa OLG Zweibrücken, FamRZ 1998, 264; KG, FamRZ 2001, 795; BayObLG, Rpfleger 2004, 567; FamRZ 2005, 140.

Durch die FGG-Reform hat der Gesetzgeber diese Grundsätze auch für Nachlasssachen kodifiziert.[1340] Der insoweit maßgebliche § 105 FamFG knüpft die internationale Zuständigkeit deutscher Gerichte an die örtliche, welche gem. §§ 343 f FamFG besonderen Regeln folgt.

Vorzugswürdig ist es, in Altfällen ebenfalls die Zuständigkeit nach Maßgabe der §§ 73, 74 FGG, insbesondere aufgrund des gewöhnlichen Aufenthalts einer der Parteien im Inland, zu bestimmen.[1341]

Beachte überdies die Aufhebung von § 119 Abs. 1 Nr. 1 b)[1342] und c)[1343] GVG aF im Rahmen der Reform.[1344] Eine gesonderte Zuständigkeit des OLG für Berufungen in Angelegenheiten, in denen das Amtsgericht ausländisches Recht angewendet hat, besteht demnach nicht mehr.[1345] Entsprechendes gilt für Streitigkeiten über Ansprüche, die von einer oder gegen eine Partei erhoben werden, die ihren allgemeinen Gerichtsstand im Zeitpunkt der Rechtshängigkeit in erster Instanz außerhalb der Bundesrepublik hat.

Q. Primärrecht als Schranke des Internationalen Zivilverfahrensrechts

Das Gemeinschaftsrecht wirkt nicht allein in Form aktiver Rechtsangleichung auf die nationalen Prozessrechtsordnungen ein. Vielmehr bestätigt die Judikatur des Gerichtshofs[1346] zum allgemeinen **Diskriminierungsverbot** sowie zu den **Grundfreiheiten**, dass Vorschriften des nationalen Prozessrechts wie etwa § 917 ZPO aF und § 110 ZPO aF angesichts ihrer Binnenmarktrelevanz am Maßstab des EGV bzw nunmehr des AEUV überprüft werden müssen.[1347] Die fehlende Primärrechtskonformität[1348] der beiden zuletzt genannten Vorschriften ist mittlerweile im Wege einer Novellierung[1349] beseitigt worden. Zweifel[1350] im Hinblick auf die Vereinbarkeit mit dem EGV bzw dem AEUV bestehen aber etwa weiterhin in Bezug auf §§ 23 und 108 Abs. 1 S. 2 ZPO. Vergleichbare Bedenken hinsichtlich der Primärrechtskonformität von § 606 a ZPO aF sowie bezüglich des in grenzüberschreitenden Nachlassverfahren praktizierten **Gleichlaufprinzips**[1351] sind im Zuge der FGG-Reform entfallen.[1352] 224

R. Zukunft des Europäischen Zivilverfahrensrechts

Die Europäisierung des Internationalen Zivilprozessrechts[1353] ist im Vergleich zum Stand der Vorauflage bereits weit fortgeschritten. Der nachfolgende Überblick kann angesichts der Dynamik dieses Rechtsgebietes, welche insbesondere in dem vom Europäischen Rat am 4 ./5. November 2004 verabschiedeten Haager Programm zur Stärkung von Freiheit, Sicherheit und Recht in der Europä- 225

1340 S. dazu oben Rn 88.

1341 Vgl hierzu die Ausführungen bei HK-BGB/*Staudinger*, Art. 25, Rn 20 mwN.

1342 Vgl hierzu noch BGH, NJW-RR 2007, 574 f; BGH, IPRax 2008, 133 ff; BGH, IPRax 2008, 135 f; sowie BGH, NJW 2009, 1610; BGH, NJW-RR 2008, 144.

1343 Dazu noch *Brand/Karpenstein*, NJW 2005, 1319 ff; BGH, IPRax 2007, 528 f m.Anm. *Althammer*, 514 ff sowie OLG Düsseldorf, ZEV 2008, 82 f und OLG Köln, FamRZ 2008, 1091 f.

1344 Diesbezüglich *Grimme/Voll*, VersR 2009, 1602 f; *Carl*, VersR 2009, 1471 ff; s. hierzu auch Rn 1.

1345 S. BGH, NJW 2013, 3656. Weder die Rechtsbeschwerde noch Revision kann auf die Verletzung ausländischen Rechts gestützt werden; dazu auch *Riehm*, JZ 2014, 73 ff.

1346 EuGH, Rs. C-398/92 (Mund & Fester ./. Hatrex Internationaal Transport), NJW 1994, 1271; zum Diskriminierungsverbot: EuGH, Rs. C-360/00 (Land Hessen ./. G. Ricordi & Co. Bühnen u.a.), EWS 2002, 338 f.

1347 Beachte auch die Angaben zur Primärrechtskonformität des Kollisionsrechts bei *Staudinger*, Rn 146 ff.

1348 Hierzu *Leible*, in: Müller-Graff, S. 55, 57 f.

1349 § 917 Abs. 2 ZPO ist im Rahmen des EG-Beweisaufnahmedurchführungsgesetzes erneut verändert worden; zur Kritik an dieser Fassung s. *Mankowski*, RIW 2004, 587, 590 f.

1350 Zu den nachfolgenden Beispielen s. die Ausführungen bei *Mäsch*, in: Langenbucher, S. 435 ff, 443 f.

1351 Zu diesem Prinzip: Hk-BGB/*Staudinger*, Art. 25 EGBGB, Rn 20; hierzu BayOblG, NJW-RR 2005, 91, 92.

1352 Vgl die Darstellung bei *Staudinger*, Rn 203.

1353 *Hess*, NJW 2000, 23 ff; *ders.*, JZ 2001, 573 ff; *ders.*, IPRax 2001, 389 ff; *Wagner*, NJW 2003, 2344 ff; *ders.*, NJW 2004, 1835 ff.

ischen Union[1354] sowie dem konkretisierenden Aktionsplan zum Haager Programm[1355] zum Ausdruck kommt, allenfalls eine Momentaufnahme darstellen. Bereits an dieser Stelle ist jedoch die inhaltliche Veränderung der in Planung befindlichen Maßnahmen zu konstatieren. Diese zeichnen sich nämlich insbesondere auf dem Gebiet des Internationalen Familienrechts[1356] als sog. gemischte Vorhaben durch ihren sowohl verfahrens-[1357] als auch kollisionsrechtlichen Regelungsgehalt aus. Dies zeigt die Tendenz des europäischen Gesetzgebers, bestehende Lücken zu schließen. Ein weiteres wesentliches Merkmal stellt der Systemwechsel im Anerkennungsrecht dar, mit welchem das Zwischenverfahren entfällt.

Mit den Grünbuchern zur **vorläufigen Kontenpfändung**[1358] und zur **Transparenz des Schuldnervermögens**[1359] befinden sich zwei weitere Projekte in Vorbereitung.[1360]

Die Europäische Kommission hat bereits am 16. März 2011 zwei Vorschläge[1361] zum internationalen Güterrecht für Ehegatten bzw registrierte Lebenspartner vorgelegt. Diese sind weiterhin in Bearbeitung. Die Kommission schlägt damit sowohl eine Verordnung des Rates über die Zuständigkeit, das anzuwendende Recht, die Anerkennung und die Vollstreckung von Entscheidungen im Bereich des Ehegüterrechts, als auch des Güterrechts eingetragener Partnerschaften vor. Es bleibt abzuwarten, wie die Mitgliedstaaten, vor allem in Bezug auf die eingetragene Lebenspartnerschaft, die Vorschläge bewerten. Wohl ist davon auszugehen, dass das Vereinigte Königreich und Irland nicht von ihrem Recht zum opt-in Gebrauch machen werden. Dies erscheint aufgrund der Tatsache, dass sich beide Staaten bereits der VO (EU) Nr. 1259/2010 (Rom III-VO) nicht unterstellt haben, kaum verwunderlich.

Zudem hat die Kommission am 6. Juni 2013 einen Vorschlag[1362] vorgelegt, der die einzig beiden Mitgliedstaaten, die noch nicht dem HZÜ angehören (Malta und Österreich), zu einem Beitritt ermächtigt. Hier bleibt abzuwarten zu welchem Ergebnis dies führt. Das Bestreben Malta und Österreich in das Übereinkommen einzubinden, könnte schließlich dazu führen, dass dieser Konvention dann alle Staaten der Union unterworfen sind.

S. Resümee

226 Der vorangehende Überblick verdeutlicht zunehmend eine Zweispurigkeit auf dem Gebiet des Internationalen Zivilverfahrensrechts: Während etwa im Kreis der Mitgliedstaaten (teils mit Ausnahme Dänemarks) zunehmend ein Europäischer Zuständigkeitskatalog die nationalen Prozessordnungen verdrängt oder die Bastion des ordre public immer stärker geschleift wird, indem der **Aner-**

1354 S. die Mitteilung der Kommission an den Rat und das Europäische Parlament vom 10. Mai 2005, KOM (2005) 184 endg.; beachte ferner das Haager Programm zur Stärkung von Freiheit, Sicherheit und Recht in der Europäischen Union des Rates, ABl. C 53 v. 3. März 2005, S. 1 ff; zum Haager Programm auch *Wagner*, IPRax 2005, 66 f; *ders.*, IPRax 2005, 494 ff; dieses Programm baut auf den Schlussfolgerungen von Tampere auf; der Text ist abgedruckt in NJW 2000, 1925; beachte auch das am 10 ./11. Dezember 2009 verabschiedete Stockholmer Programm, s. dazu ausführlich *Wagner*, IPRax 2010, 97 ff.

1355 Aktionsplan des Rates und der Kommission zur Umsetzung des Haager Programms zur Stärkung von Freiheit, Sicherheit und Recht in der Europäischen Union, ABl. C 198 v. 12. August 2005, S. 1 ff.

1356 Zu dieser Entwicklung *Kohler/Pintens*, FamRZ 2007, 1481 ff; *Martiny*, FPR 2008, 187 ff; *Pintens*, FamRZ 2005, 1597 ff.

1357 Zum Anerkennungsprinzip: *Coester-Waltjen*, IPRax 2006, 392 ff.

1358 Grünbuch zur effizienten Vollstreckung von Urteilen in der Europäischen Union: Vorläufige Kontenpfändung, KOM (2006) 618 endg.; hierzu *Graf v. Bernstorff*, RIW 2007, 88, 91; zur Kontenpfändung im Zusammenhang mit dem Europäischen Vollstreckungstitel für unbestrittene Forderungen: *Hök*, MDR 2005, 306 ff; beachte auch den Verordnungsvorschlag der Kommission zur grenzüberschreitenden Kontenpfändung KOM (2011), 445 endg., hierzu ausführlich *Sujecki*, EuZW 2012, 327 ff.

1359 Grünbuch Effiziente Vollstreckung gerichtlicher Entscheidungen in der Europäischen Union: Transparenz des Schuldnervermögens, KOM (2008) 128 endg.

1360 Zum Ganzen *Hess*, in: FS Kropholler (2008), S. 795 ff; vgl die weiteren Ausführungen bei Rauscher/*Staudinger*, Einl. Brüssel I-VO, Rn 69.

1361 KOM (2011) 126 endg., KOM (2011) 127 endg.; dazu *Martiny*, IPRax 2011, 437 ff; *Buschbaum/Simon*, GPR 2011, 262 ff. sowie 2011, 305 ff.; beachte jüngst auch *Buschmann*, GPR 2014, 4 ff.

1362 KOM (2013) 338 endg.

kennungsversagungsgrund in die Rechtsbehelfsinstanz verlagert ist oder bei bestimmten Titeln das Exequaturverfahren sogar entfällt, greifen derartige Grundsätze in bestimmten **„Drittstaatensachverhalten"** vielfach nicht ein. Insbesondere vermag das von der Haager Konferenz seit 1992 in Angriff genommene Projekt eines weltweiten und umfassenden **Übereinkommens über die internationale Zuständigkeit und die Anerkennung und Vollstreckung ausländischer Urteile**[1363] keinen vollständigen Gleichlauf zu schaffen, da es im Schrifttum[1364] wohl zutreffend in dieser Form als – zumindest vorläufig[1365] – gescheitert angesehen wird. Als Teilerfolg konnte anlässlich der 20. Diplomatischen Konferenz im Juni 2005 allein die Vereinbarung über eine Konvention im Hinblick auf die Vereinbarung gerichtlicher Zuständigkeiten (Convention on Choice of Court Agreements) erzielt werden.[1366] Unter Berufung auf das Gutachten des EuGH 1/03 über die Zuständigkeit der Gemeinschaft für den Abschluss des neuen Lugano Übereinkommens[1367] beschloss der Rat die Unterzeichnung des Übereinkommens im Namen der Europäischen Gemeinschaft,[1368] welche die Konvention am 1. April 2009 signierte.[1369] Die Kommission hat jüngst vorgeschlagen, das Übereinkommen zu genehmigen.[1370]

Der Europäische Gesetzgeber sollte weitere Schritte der Europäisierung des Zivilverfahrensrechts mit Augenmaß vornehmen. Zweifelsohne wird die Idee eines **„Europäischen Vertragsrechts"**[1371] in stärkerem Umfang die Frage aufwerfen, ob und inwieweit eine solche Harmonisierung auf der Ebene des Sachrechts durch eine Prozessrechtsangleichung zu flankieren ist. Allerdings handelt es sich bei dem **Europäischen Zivilgesetzbuch** noch um Zukunftsmusik. Dringlicher erscheint es, einstweilen das Internationale Privat- und Verfahrensrecht miteinander zu verzahnen. So gebietet die Brüssel I- bzw Ia-VO eine automatische Anerkennung von Titeln, die derzeit auf den Anknüpfungsregeln des EVÜ bzw der **Rom I-VO**[1372] basieren. Gleichermaßen bildet die **Rom II-VO** für das Internationale Recht der außervertraglichen Schuldverhältnisse weiterhin (dies betrifft nicht die zahlreichen Ausnahmen wie beispielsweise Persönlichkeitsrechtsverletzungen in Art. 1 Abs. 2 lit. g) Rom II-VO) den kollisionsrechtlichen Unterbau im Binnenmarkt mit Ausnahme Dänemarks, sofern nicht auch in den übrigen Mitgliedstaaten laut Art. 28 Abs. 2 Rom II-VO etwa das Übereinkommen über das auf Verkehrsunfälle anzuwendende Recht (HStrÜ) maßgeblich bleibt.[1373] Mit einem Rechtsakt wie der Brüssel IIa-VO in Ehesachen zäumte der Europäische Gesetzgeber in der Vergangenheit demgegenüber das Pferd vom Schwanz her auf. Denn während der Bereich der Anerkennung und Vollstreckbarerklärung harmonisiert wurde, bestanden weiland im Binnenmarkt noch keine einheitlichen Anknüpfungsregeln. Der Vorstoß durch die Rom III-VO ist daher zu begrüßen. Denn als gefährlich erweist sich eine **„Kollisionsrechtsblindheit"**,[1374] vielmehr bedarf es eines abge-

1363 Preliminary Draft Convention on Jurisdiction and Foreign Judgments in Civil and Commercial Matters, einzusehen unter der Internetadresse: http://www.hcch.net/e/conventions/draft36 e.html; zum Konventionsentwurf *Schütze*, RIW 2004, 162, 167; *van Loon*, in: Baur, S. 200 ff; s. ferner *Burbank*, The American Journal of Comparative Law 2001, 203 ff; *Grabau/Hennecke*, RIW 2001, 569 ff; *von Mehren*, The American Journal of Comparative Law 2001, 191 ff; *ders.*, Rev. crit. dr. internat. privé 2001, 85 ff; *ders.*, IPRax 2000, 465 ff; zu einer Haager Konvention über die Urteilsanerkennung s. bereits *Juenger*, in: GS Lüderitz, S. 329 ff; beachte zur jüngsten Entwicklung des *judgement project Mansel/Thorn/Wagner*, IPRax 2014, 1, 26.

1364 *Schack*, S. 49.

1365 S. die Informationen zum Verfahrensstand in IPRax 2004, Heft 4, S. XI.

1366 Vgl hierzu die Angaben bei *Rühl*, IPRax 2005, 410 ff.

1367 S. *Staudinger*, Rn 188.

1368 Beschluss des Rates vom 26. Februar 2009 (2009/397/EG), ABl. L 133 v. 29. Mai 2009, S. 1 ff; beachte ebenfalls den Kommissionsvorschlag zu diesem Beschluss, KOM (2008) 538 endg.; im Anhang dieses Dokuments findet sich auch der Konventionstext.

1369 Vgl hierzu i.Ü. *Mansel/Thorn/Wagner*, IPRax 2014, 1, 9; *Staudinger*, Rn 188.

1370 KOM (2014) 46 endg. v. 30. Januar 2014.

1371 Beachte in diesem Zusammenhang: KOM (2001) 398 endg. v. 11. Juli 2001; KOM (2004) 651 endg.; hierzu *Lando*, RIW 2005, 1 ff; *Staudenmayer*, EuZW 2005, 103 ff; s. zu den aktuellen Entwicklungen um das Gemeinsame Europäische Kaufrecht *Mayer/Lindemann*, ZEuP 2014, 1 ff.

1372 Vgl zur Rom I-VO die Ausführungen bei *Staudinger*, Rn 6 ff.

1373 S. hierzu insbesondere bei *Staudinger*, Rn 7 ff.

1374 S. in diesem Zusammenhang auch *Kohler*, FamRZ 2002, 709 ff.

stimmten gleichmäßigen Prozesses der Vereinheitlichung auf den Feldern des Internationalen Privat- und Verfahrensrechts.[1375] Als Beispiel mag insoweit das Internationale Erbrecht und mithin die EuErb-VO dienen. Überdies muss sich der Sekundärrechtsgeber die Frage stellen, ob die angestrebte uneingeschränkte **Titelfreizügigkeit**, das heißt eine automatische Anerkennung und das Entfallen einer Vollstreckbarerklärung unter Einschluss des **ordre public-Vorbehalts**, nicht eine stärkere Angleichung des Verfahrensrechts erfordert. Die *Storme*-Kommission[1376] hatte bereits 1993 im Auftrag der Kommission ein **Modellgesetz** vorgelegt, das gemeineuropäische prozessuale Grundsätze enthielt.[1377] Hieran anknüpfend sollten zukünftig in stärkerem Maße **prozessuale Mindeststandards**[1378] geschaffen werden, die im Zusammenspiel mit den bereits bestehenden Sekundärrechtsakten zu dem Typus eines „Binnenmarktprozesses" führen. Sicherlich bestehen Bausteine wie die EuZ-VOa bzw EuB-VO und lässt sich die Bagatell-VO als erstes Europäisches Zivilprozessverfahren begreifen. Doch immer noch sind hier Regulierungsdefizite zu beklagen. Unterschiede ergeben sich etwa bei der Frage der Ermittlung des anwendbaren ausländischen Sachrechts und derjenigen seiner Revisibiltät. Gleichermaßen harrt noch der Klärung, wo die Demarkationslinie einerseits zwischen vereinheitlichtem Internationalem Zivilverfahrensrecht und Privatrecht verläuft und inwieweit andererseits die Staaten nach dem lex fori-Prinzip noch auf ihre eigenen Prozessmaximen zurückgreifen dürfen. Dies illustriert der Streit[1379] um die Qualifikation des § 287 ZPO. Ferner muss sich der Unionsgesetzgeber fragen, ob und inwieweit eine effektive Titelfreizügigkeit im Binnenmarkt nicht weitere Harmonisierungsschritte auf dem Feld des derzeit doch weitgehend national geprägten **Zwangsvollstreckungsrechts**[1380] erforderlich macht.

Auf Kritik stößt weiterhin der Quellenpluralismus. Die Verordnungen Brüssel Ia und Brüssel IIa werden einerseits beibehalten, andererseits Gebiete wie Unterhaltssachen in speziellen Sekundärrechtsakten geregelt. Dies geht einher mit einem Paradigmenwechsel. In neuen Rechtsetzungsinstrumenten, etwa auch in der EuErb-VO fasst der supranationale Gesetzgeber die Bereiche des Internationalen Privat- sowie Zuständigkeitrechtes, der Anerkennung, und Vollstreckbarerklärung zusammen. Jener sollte aber vor allem Widersprüche minimieren. Leider ist dies etwa mit Blick auf die Brüssel Ia-VO im Verhältnis zur Rom I-VO nicht geglückt. So bleibt unverständlich, weshalb der Sekundärrechtsgeber die Rückausnahme für Pauschalreisen in Art. 17 Abs. 3 Brüssel Ia-VO und Art. 6 Abs. 4 lit. b) Rom I-VO weiterhin unterschiedlich formuliert. Gleichermaßen ist wohl auch in der Zukunft davon auszugehen, dass der Schutzgerichtsstand in Art 17 Abs. 1 lit. c) Brüssel Ia-VO zwischen Vertragsschluss und Ausrichten nach Lesart des EuGH[1381] keine Kausalität voraus-

1375 Hierfür auch *R. Wagner*, NJW 2005, 1754, 1757.

1376 *Storme*, Rapprochement du Droit Judiciaire de l'Union européenne; s. dazu auch *Storme*, RabelsZ 56 (1992), 290 ff.

1377 Inwieweit dieses Reformprojekt angesichts des Kompetenztitels in den Art. 61 ff des Vertrages von Nizza und nunmehr den Art. 67 ff AEUV des Vertrages von Lissabon revitalisiert wird, bleibt abzuwarten. Zur Angleichung des Zivilprozessrechts noch im Hinblick auf den Vertrag von Nizza s. *Kerameus*, RabelsZ 66 (2002), 1 ff; *ders.*, in: Arbeitsdokument des Europäischen Parlamentes, Reihe Rechtsfragen, Juri 103 DE, 10 – 1999, S. 85 ff; s. auch *Storme*, Uniform Law Review 2001-4, 763 ff; *Tarzia*, Riv dir int priv proc 2001, 869 ff; s. in diesem Zusammenhang auch *Schelo*, Rechtsangleichung im Europäischen Zivilprozessrecht (1999).

1378 S. auch die Mitteilung der Kommission an den Rat und das Europäische Parlament v. 10. Mai 2005, KOM (2005) 184, endg., S. 31. Dort hatte man für das Jahr 2008 die Vorlage eines Grünbuchs über prozessuale Mindeststandards angekündigt, welches bislang ausgeblieben ist. Beachtung verdient in diesem Zusammenhang überdies die Vorlage der „Principles of Transnational Civil Procedure" durch UNIDROIT und dem American Law Institute; hierzu *Stürner*, RabelsZ 69 (2005), 201 ff. S. in diesem Zusammenhang auch jüngst die Mitteilung der Europäischen Kommission vom 11. März 2014 zur Zukunft des Europäischen Zivilprozessrechts (KOM (2014) 144 endg.) sowie die Schlussfolgerungen des Europäischen Rates vom 26. und 27. Juni 2014 (EUCO 79/14).

1379 LG Saarbrücken, IPRax 2014, 180 ff; entgegen LG Hanau, BeckRS 2012, 09924.

1380 Dass die Kommission die Gefahr einer Verlagerung rechtlicher Hemmnisse für die Forderungsdurchsetzung in das Zwangsvollstreckungsverfahren erkannt hat, lässt sich etwa anhand von Art. 29 EuVT-VO ablesen. Beachtung verdienen auch die Grünbücher zur effizienten Kontenpfändung, KOM (2006) 618 endg., sowie zur Transparenz des Schuldnervermögens, KOM (2008) 128 endg., zu den angedachten Maßnahmen vgl Rauscher/*Staudinger*, Einl. Brüssel I-VO, Rn 69.

1381 S. *Staudinger*, Rn 188.

setzt. Genau dies mag man aber bei dem kollisionsrechtlichen Pendant in Art. 6 Abs. 1 lit. b) Rom I-VO aus dessen Erwägungsgrund 25 S. 2 herauslesen.

Um Doppelungen zu vermeiden und dem Anwender die Rechtsfindung zu erleichtern, sollte der Unionsgesetzgeber ferner in Zukunft darauf hinwirken, nicht nur Verordnungen stärker miteinander zu verzahnen, sondern auch gemeinsame Inhalte in eine Gesamtkodifikation[1382] einzustellen. Sicherlich ist es eher verwirrend als nützlich, Begriffe wie den gewöhnlichen Aufenthalt bzw den ordre public-Vorbehalt jeweils in der Rom I- wie Rom II-VO zu definieren.

1382 Beachte die Überlegungen zu einem Allgemeinen Teil des europäischen IPR in *Leible/Unberath*, Brauchen wir eine Rom 0-VO?.

§ 23 Verbraucherrecht

Literatur: *Ady/Paetz*, Die Umsetzung der Verbraucherkreditrichtlinie in deutsches Recht und besondere verbraucherpolitische Aspekte, WM 2009, 1061; *Alexander*, Neuregelungen zum Schutz vor Kostenfallen im Internet, NJW 2012, 1985; *Artz*, Entwicklungen im Verbraucherprivatrecht – Deutschland und Europa, Heidelberg 2007; *Bamberger/Roth* (Hrsg.), Kommentar zum Bürgerlichen Gesetzbuch, Onlineausgabe, Edition 30, Stand 1.2.2014; *Bergt*, Praktische Probleme bei der Umsetzung neuer gesetzlicher Vorgaben im Webshop, NJW 2012, 3541; *Bourgoignie*, RTDE 1982, S. 17 ff; *ders.*, REDC 1997, S. 194 ff; *Bourgoignie/Trubek*, Consumer Law, Common Markets and Federalism in Europe and the United States (Integration Through Law, Book 3), 1st Edition 2013; *Bülow*, Sicherungsgeschäfte als Haustür- oder Verbraucherkreditgeschäfte, NJW 1996, 2889; *Bülow/Artz*, Verbraucherprivatrecht, 3. Auflage, Heidelberg, 2011; *dies.*, Verbraucherkreditrecht, 7. Auflage, München 2011; *Busch*, Der Vorschlag der EU-Kommission für eine Reform der Timeshare-Richtlinie – ein richtiger Schritt auf dem Weg zur Überarbeitung des Verbraucheracquis?, GPR 2008, 13 ff; *ders.*, Der Vorschlag der EU-Kommission für eine Reform der Timeshare-Richtlinie, GPR 2008, 13; *Canaris*, Schuldrechtsreform 2002, München 2002; *Chillon*, REDC 1998, 259 ff; *Danco*, Die Novellierung der Verbraucherkreditrichtlinie, WM 2003, 853 ff; *Dauner-Lieb/Heidel/Ring* (Hrsg.), Anwaltkommentar BGB, Band 2 (Schuldrecht), Teilband 1, Bonn, 2005; *Dauner-Lieb /Heidel/Lepa/Ring* (Hrsg.), Anwaltkommentar Schuldrecht, Bonn, 2002; *Dauner-Lieb/Konzen/K.Schmidt*, Das neue Schuldrecht in der Praxis, Köln 2003; *Dehousse*, JdT 1993, 701 ff; *Derleder*, Die vollharmonisierende Europäisierung des Rechts der Zahlungsdienste und des Verbraucherkredits, NJW 2009, 3195; *Erman* (Hrsg.), Bürgerliches Gesetzbuch, Band I, §§ 1-758, AGG, UKlaG; Band II, §§ 759-2385, EGBGB, ErbbauRG, HausratsVO, LPartG, ProdHG, VAHRG, WEG, 13. Auflage, Köln, 2011; *Faber*, Elemente verschiedener Verbraucherbegriffe in EG- Richtlinien, zwischenstaatlichen Übereinkommen und nationalem Zivil- und Kollisionsrecht, ZEuP 1998, 854 ff; *Föhlisch*, Anmerkung zum Urteil des OLG Hamm v. 30.3.2010 – 4 U 212/09, MMR 2010, 684; *Foerste/Graf von Westphalen/Kreifels* (Hrsg.), Produkthaftungshandbuch, 3. Auflage, München, 2012; *Franzen*, Neue Regeln zum Timesharing – Das Gesetz zur Modernisierung der Regelungen über Teilzeit-Wohnrechteverträge, Verträge über langfristige Urlaubsprodukte sowie Vermittlungsverträge und Tauschsystemverträge, NZM 2011, S. 217 ff; *Frey*, Wie ändert sich das AGB- Gesetz, ZIP 1993, 572 ff; *Führich*, Reiserecht, 6. Auflage, Heidelberg, 2010; *ders.*, Zweite Novelle des Reisevertragsrechts zur Verbesserung der Insolvenzsicherung und der Gastschulaufenthalte, NJW 2001, 3083; *Gebauer/Wiedmann* (Hrsg.), Zivilrecht unter europäischem Einfluss, 2. Auflage, Stuttgart u.a., 2010; *Grabitz/Hilf* (Hrsg.), Das Recht der Europäischen Union, Band III, EUV/EGV, Sekundärrecht, A. Verbraucher- und Datenschutzrecht, Loseblattsammlung, 40. Ergänzungslieferung, München, Stand Oktober 2009; *dies.*, 51. Ergänzungslieferung, München, Stand September 2013; *Grigoleit/Riehm*, Einheitliche Behandlung von geringer und fehlerhafter Leistung im Kauf- und Werkvertragsrecht, ZGS 2002, 115; *Groß*, Zustimmung des Parlaments zum Kommissionsvorschlag für ein Europäisches Kaufrecht, EuZW 2014, 204; *Grundmann/Bianca* (Hrsg.), EU-Kaufrechts-Richtlinie, Köln, 2002; *Graf v. Westphalen*, Verbraucherschutz nach zwei Jahrzehnten Klauselrichtlinie, NJW 2013, 961; *ders.*, Unionsrechtliche Folgen des AGB-Missgriffs – zum Bestehenbleiben „skelettierter" Verträge, NJW 2012, 1770; *Heiderhoff*, Gemeinschaftsprivatrecht, 2. Auflage, München, 2007; *Henssler/Graf von Westphalen* (Hrsg.), Praxis der Schuldrechtsreform, 2. Auflage, Köln, 2003; *Herresthal*, Die Verpflichtung zur Bewertung der Kreditwürdigkeit und zur angemessenen Erläuterung nach der neuen Verbraucherkreditrichtlinie 2008/48/EG, WM 2009, 1174; *Hildenbrand*, Effizienter Verbraucherschutz durch das Teilzeitwohnrechtegesetz? Erste Erfahrungen mit dem TzWrG, NJW 1998, 2940; *Hildenbrand/Kappus/Mäsch*, Time-Sharing und Teilzeit-Wohnrechtegesetz (TzWrG), Handbuch, Kommentar und Leitentscheidungen, Stuttgart 1997; *Hill*, Cross-Border Consumer Contracts, Oxford, 2008; *Hofmann*, Die Pflicht zur Bewertung der Kreditwürdigkeit, NJW 2010, 1782; *Hondius/Rijken*, Consumentenrecht, 2013; *Howells/Schulze* (Hrsg.), Modernising and Harmonising Consumer Contract Law, München, 2009; *Howells/Weatherill*, Consumer Protection Law, 2nd edition, 2005; *Howells/ Wilhelmsson*, EC Consumer Law, 1997; *Jauernig* (Hrsg.), Bürgerliches Gesetzbuch, 15. Auflage, München, 2014; *Klöhn*, Beweislastumkehr beim Verbrauchsgüterkauf (§ 476 BGB), NJW 2007, 2811; *Knütel*, Das Verbraucherkreditgesetz als mißlungenes Gesetz, in: Diederichsen/Dreier (Hrsg.), Das mißglückte Gesetz, Göttingen, 1997; *König*, Mögliche Änderungen durch die Richtlinie über Wohnimmobilienkreditverträge im deutschen Recht – Ergebnisse der politischen Einigung der Trilog-Parteien –, WM 2013, 1688; *ders.* Neue Regeln für Kreditvermittler im deutschen Recht – Änderungen durch die Richtlinie über Wohnimmobilienkreditverträge, VersR 2013, 1238; *Krämer*, EWG Verbraucherrecht, Baden-Baden, 1985; *Kullmann*, Produkthaftungsgesetz, 6. Auflage, Berlin, 2010; *Lando/Beale*, Principles of European Contract Law, Parts I and II, The Hague/London/Boston, 2000; *Langenbucher* (Hrsg.), Europäisches Privat- und Wirtschaftsrecht, 3. Auflage, Baden-Baden 2013; *Leible* (Hrsg.), Die Umsetzung der Dienstleistungsrichtlinie – Chancen und Risiken für Deutschland, Jena, 2008; *Lettl*, Die Falschlieferung durch den Verkäufer nach der Schuldrechtsreform, JuS 2002, 866; *Limmer*, Europäisierung des Vertragsrechts, DNotZ-Sonderheft 2012, 59; *Loos*, Review of the European Consumer Acquis, München, 2008; *Lorenz*, Richtlinienkonforme Auslegung, Mindestharmonisierung und der „Krieg der Senate" – Zur Anwendung des Haustürgeschäftewiderrufsgesetzes auf Bürgschaften, NJW 1998, 2937; *ders.*, Sachmangel und Beweislastumkehr im Verbrauchsgüterkauf – zur Reichweite der Vermutungsregelung in § 476 BGB, NJW 2004, 3020; *Luby*, JC Europe 1996, Fasc. 2000; *Martinek*, Das neue Teilzeit-Wohnrechtegesetz – mißratener Verbraucherschutz bei Time-Sharing-Verträgen, NJW 1997, 1393; *Maultzsch*, Der Ausschluss der Beweislastumkehr gem. § 476 BGB a.E., NJW 2006, 3091; *Micklitz*, Rechtseinheit oder Rechtsvielfalt in Europa? Rolle und Funktion des Verbraucherrechts in der EG und den MOE-Staaten, Baden-Baden 1996; *ders.*, Rechtsprechungsübersicht zum Europäischen Verbraucherrecht: Vertrags- und Deliktsrecht, EWS 2006, 1 ff; *ders.*, AGB- Gesetz und die EG- Richtlinie über missbräuchliche Vertragsklauseln in Verbraucherverträgen, ZEuP 1994, 522 ff; *ders.*, Brauchen Konsumenten und Unternehmen eine neue Architektur des Verbraucherrechts? Verhandlungen des 69. Deutschen Juristentages, Band I, München 2012, Zusammenfassung abgedruckt in NJW-Beil. 2012, 77; *Micklitz/Reich*, Der Kommissionsvorschlag vom 8. 10. 2008 für eine Richtlinie über „Rechte der Verbraucher", oder: „der Beginn des Endes einer Ära ...", EuZW 2009, 279 ff; *dies.*, Von der Klausel- zur Marktkontrolle, EuZW 2013, 457; *dies.*, „Und es bewegt sich doch?" – Neues zum Unionsrecht der missbräuchlichen Klauseln in Verbraucherverträgen, EuZW 2012, 126; *Micklitz/Stuyck/Terryn*, Consumer Law: Ius Commune Casebooks for the Common Law of Europe, Oxford, 2010; *Micklitz/Reich/Rott*, Understanding EU Consumer Law, Antwerpen, 2009; *Münchener Kommentar* zum Bürgerlichen Gesetzbuch, Band 3, §§ 433-606, 3. Auflage, München 1995; Band 3 und 4, 6. Auflage, München 2012; Band 5, 6. Auflage, München 2013; *Nassall*, Die Auswirkungen der EU-Richtlinie über missbräuchliche Klauseln in Verbraucherverträgen auf nationale Individualprozesse, WM 1994, 1645 ff; *Noack*, Digitaler Rechtsverkehr: Elektronische Signatur, elektronische Form und Textform, DStR 2001, 1893; *Nocke*, Gesetzliche Schriftform und elektronische Willenserklärung – Neue Formvorschriften für den Electronic-Commerce, FLF 2001, 5 ff; *Nobbe*, Neuregelungen im Verbraucherkreditrecht – ein kritischer Überblick, WM 2011, 625; *Palandt* (Hrsg.), Bürgerliches Gesetzbuch, 73. Auflage, München, 2014; *Pfeiffer*, Unkorrektheiten bei der Umsetzung der Verbrauchsgüterkaufrichtlinie in das deutsche Recht, Teil 1: Sachmangelbegriff – Hierarchie statt Kumulation der Mangelkriterien, ZGS 2002, 93; *ders.*, Unkorrektheiten bei der Umsetzung der Verbrauchsgüterkaufrichtlinie in das deutsche Recht, Teil 2: Sachmangelbegriff – Ausklammerung der Zuviellieferung, ZGS 2002, 138; *ders.*, Unkorrektheiten bei der Umsetzung der Verbrauchsgüterkaufrichtlinie in das deutsche Recht, Teil 3: Unzumutbarkeit beider Arten der Nacherfüllung?, ZGS 2002, 217; *ders.*, Unkorrektheiten bei der Umsetzung der Verbrauchsgüterkaufrichtlinie in das deutsche Recht, Teil 4: Rücktritt und Minderung bei erfolgreicher Nacherfüllung, ZGS 2002, 390; *ders.*, Der Verbraucherbegriff als zentrales Merkmal im europäischen Privatrecht, in: Schulte-Nölke/Schulze (Hrsg.), Europäische Rechtsangleichung und nationale Privatrechte, 1. Auflage, Baden-Baden, 1999, S. 21 ff; *ders.*, Verbraucherrecht mit vielen Säulen – auf der Suche nach funktionsgerechten Konstruktionsprinzipien eines Rechtsgebiets, NJW 2012, 2609; *Philipp*, Arbeitsprogramm 2014-2020, EuZW 2014, 126; *Raue*, „Kostenpflichtig bestellen" – ohne Kostenfalle? Die neuen Informations- und Formpflichten im Internethandel, MMR 2012, 438; *Reich*, Staatliche Regulierung zwischen Marktversagen und Politikversagen, Heidelberg 1984; *ders.*, Anmerkung zu EuGH Rs. C-464/01 (Gruber/BayWa AG) – Verbrauchergerichtsstand bei Vertrag mit doppeltem Zweck, EuZW 2005, S. 241 ff; *ders.*, Verbraucherpolitik und Verbraucherschutz im Vertrag von Amsterdam, VuR 1999, S. 4 f; *Reich/Micklitz*, Europäisches Verbraucherrecht, 4. Auflage, Baden-Baden, 2003; *Reichenbach*, Aufgaben der Generaldirektion XXIV: Verbraucherpolitik und Gesundheitsschutz der Verbraucher – Neue Wirkungskreise insbesondere nach dem Vertrag von Amsterdam, ZeuP 1998, 414 ff; *Reinking*, Die Änderungen des Kreditvertragsrechts und ihre Auswirkungen auf die Finanzierung und das Leasing von Kraftfahrzeugen, DAR 2010, 252; *Remien*, AGBG und Richtlinie über missbräuchliche Verbrauchervertragsklauseln in ihrem europäischen Umfeld, ZEuP 1994, 34 ff; *Riesenhuber*, Information – Beratung – Fürsorge, Kritische Bemerkungen zum Vorschlag einer neuen Verbraucherkreditrichtlinie, ZBB 2003, 325 ff; *Rohe*, Privatautonomie im Verbraucherkredit wohin? – Zum Richtlinienvorschlag zur Harmonisierung der Rechts- und Verwaltungsvorschriften der Mitgliedstaaten über den Verbraucherkredit, BKR 2003, 267; *Rott/Terryn*, The Proposal for a Directive on Consumer Rights: No Single Set of Rules, ZEuP 2009, 456; *Rühl*, Zur Vermutung der Mangelhaftigkeit beim Verbrauchsgüterkauf – die Rechtsprechung des EuGH in rechtsvergleichender

Perspektive, RabelsZ 73 (2009), 912; *Schäfer/Pfeiffer*, Alternativen und wirtschaftliche Folgen der Verbrauchsgüterkaufrichtlinie, ZIP 1999, 1829; *Schermaier* (Hrsg.), Verbraucherkauf in Europa, München, 2003; *Schinkels*, Zum Vorrang der nach dem Vertrag vorausgesetzten Verwendung (§ 434 Abs. 1 S. 2 Nr. 1 BGB) vor damit unvereinbaren Beschaffenheitsangaben – „Ausschlacht-" und „Bastlerfahrzeuge" nur auf besonderen Verbraucherwunsch, ZGS 2004, 226; *Schlechtriem/Schwenzer* (Hrsg.), Kommentar zum einheitlichen UN-Kaufrecht, 5. Auflage, München, 2008; *Schmidt-Salzer*, EG-Richtlinie Produkthaftung: Der Entwurf für das deutsche Transformationsgesetz (ProdHG), BB 1987, 1404; *Schulte-Nölke*, Fristsetzung ohne Fristsetzung?, ZGS 2009, 433; *Schulte-Nölke/Twigg-Flesner/Ebers*, EC Consumer Law Compendium: the Consumer Acquis and its transposition in the Member States, München, 2008; *Schulte-Nölke/Schulze* (Hrsg.), Europäische Rechtsangleichung und nationale Privatrechte, 1. Auflage, Baden-Baden 1999; *Schulze/Dörner/Ebert/Eckert/Hoeren/Kemper/Saenger/Schulte-Nölke/Staudinger*, Bürgerliches Gesetzbuch, Handkommentar, 8. Auflage, Baden-Baden, 2014; *Schulze* (Hrsg.), Common Frame of Reference and Existing EC Contract Law, München, 2008; *ders.*, Common European Sales Law (CESL), Commentary, Baden-Baden 2012; *Schulze/Schulte-Nölke/Jones*, A Casebook on European Consumer Law, Oxford, 2002; *Soergel*, Kommentar zum Bürgerlichen Gesetzbuch, Band 2 a, 13. Auflage 2002; Band 4/2 §§ 651a-704, 12. Auflage 1999; *Staudenmeyer*, Vorschlag für eine Verordnung des Europäischen Parlaments und des Rates über ein Gemeinsames Europäisches Kaufrecht, München 2012; *ders.*, Europäisches Verbraucherschutzrecht nach Amsterdam – Stand und Perspektiven, RIW 1999, 734 f; *ders.*, Die EG-Richtlinie über den Verbrauchsgüterkauf, NJW 1999, 2393; *Staudinger*, Kommentar zum Bürgerlichen Gesetzbuch, Eckpfeiler des Zivilrechts, Neubearbeitung 2012; Buch 1, allgemeiner Teil, §§ 1-14; VerschG, Neubearbeitung Berlin 2013; Buch 2, Schuldrecht, unerlaubte Handlungen 2, §§ 826 – 829, Produkthaftungsgesetz, Neubearbeitung, Berlin 2013; Buch 2 §§ 433 – 487 (Kauf/Leasing), Neubearbeitung Berlin 2004; Buch 2 §§ 433-480 (Kauf/Leasing), Neubearbeitung Berlin 2014; Buch 2, §§ 491-512 (Verbraucherdarlehen), Neubearbeitung, Berlin 2012; Buch 2, §§ 651 a – 651 m (Reisevertragsrecht), Neubearbeitung 2011; Buch 2, §§ 311, 311 a, 312, 312a-i (Vertragsabschluss), Neubearbeitung 2012; Wiener UN-Kaufrecht (CISG), Neubearbeitung Berlin 2013; *ders.*, Art. 6 Abs. 2 der Klauselrichtlinie und § 12 AGBG, Dissertation, Düsseldorf, 1998; *ders.*, Das Zusammenspiel von HaustürWG, VerbrKrG, TzWrG und AGBG bei verbundfinanzierten Timesharing-Verträgen im Binnenmarkt, RIW 1999, 915; *ders.*, Internationales Verbraucherschutzrecht made in Germany, RIW 2000, 416; *Tacou*, Modernisierung im Timesharing-Recht – Die neuen Regelungen zum Teilzeit-Wohnrechtevertrag, NJOZ 2011, S. 793 ff; *Tamm*, Das Gemeinsame Europäische Kaufrecht als optionales Instrument – eine kritische Analyse zur Binnenmarktharmonisierungskompetenz der Kommission, VuR 2012, 3; *Taschner/Frietsch*, Produkthaftungsgesetz und EG-Produkthaftungsrichtlinie, 2. Auflage, München, 1990; *Tiedtke*, Rechtsprechung des BGH auf dem Gebiet des Bürgschaftsrechts seit 1997, NJW 2001, 1015; *Tonner/Fangerow*, Directive 2011/83/EU on consumer rights: an new approach to European consumer law?, euvr 2012, 67; *Twigg-Flesner*, A Cross-Border-Only Regulation for Consumer Transactions in the EU: A Fresh Approach to EU Consumer Law, New York, 2012; *Tonner/Tamm*, Der Vorschlag einer Richtlinie über Rechte der Verbraucher und seine Auswirkungen auf das nationale Verbraucherrecht, JZ 2009, 277; *Ulmer/Brandner/Hensen* (Hrsg.), AGB-Recht, Kommentar, 11. Auflage, Köln, 2011; *von Bar/Clive/Schulte-Nölke et al.*, Principles, Definitions and Model Rules of European Private Law, Draft Common Frame of Reference (DCFR), Outline Edition, 2009; *Wagner*, Zusammenführung verbraucherschützender Kollisionsnormen auf Grund EG-Richtlinie in einem neuen Art. 29 a EGBGB, IPrax 2000, 249; *Weatherill*, EU Consumer Law and Policy, 2nd Edition, Cheltenham (UK)/Northampton (USA), 2005; *Wilhelmsson*, The Abuse of the "Confident Consumer" as a Justification for EC Consumer Law, Journal of Consumer Policy 27 (2004), 317; *Wolf/Lindacher/Pfeiffer* (Hrsg.), AGB- Gesetz, 6. Auflage, München, 2013; *Zimmermann/Whittaker*, Good Faith in European Contract Law (The Common Core of European Private Law), Cambridge, Cambridge University Press, 2008.

Abschnitt 1:
Übersicht zu Gesetzgebung und Rechtsprechung

Abschnitt 2:
Analyse und Darstellung der Einwirkungspraxis des Europarechts auf das Verbraucherrecht

Abschnitt 1: Übersicht zu Gesetzgebung und Rechtsprechung

A. Gesetzgebung

I. Völkerrechtliche Verträge

Übereinkommen über das auf vertragliche Schuldverhältnisse anzuwendende Recht vom 19.6.1980 (EVÜ); Übereinkommen über die gerichtliche Zuständigkeit und die Vollstreckung gerichtlicher Entscheidungen in Zivil- und Handelssachen vom 27.9.1968 mit späteren Änderungen (**EuGVÜ**).

II. Sekundärrecht

Verordnungen:

Verordnung (EG) **Nr. 44/2001** des Rates über die gerichtliche Zuständigkeit und die Anerkennung und Vollstreckung von Entscheidungen in Zivil- und Handelssachen, ABl. 2001, L 12, S. 1; **Verordnung** (EG) **Nr. 2006/2004** über die Zusammenarbeit zwischen den für die Durchsetzung der Verbraucherschutzgesetze zuständigen nationalen Behörden, ABl. 2004, L 364, S. 1; **Verordnung (EG) Nr. 261/2004** des Europäischen Parlaments und des Rates vom 11.2.2004 über eine gemeinsame Regelung für Ausgleichs und Unterstützungsleistungen für Fluggäste im Fall der Nichtbeförderung und bei Annullierung oder größerer Verspätung von Flügen und zur Aufhebung der Verordnung (EWG) Nr. 295/91, ABl. 2004, L 46, 1; **Verordnung (EG) Nr. 861/2007** des Europäischen Parlaments und des Rates vom 11.7.2007 zur Einführung eines europäischen Verfahrens für geringfügige Forderungen, ABl. 2007, L 199, S. 1; **Verordnung (EG) Nr. 864/2007** des Europäischen Parlaments und des Rates vom 11.7.2007 über das auf außervertragliche Schuldverhältnisse anzuwendende Recht, ABl. 2007, L 199, S. 40; **Verordnung (EG) 1371/2007** des Europäischen Parlaments und des Rates vom 23.10.2007 über die Rechte und Pflichten der Fahrgäste im Eisenbahnverkehr, ABl. 2007, L 315, S. 14; **Verordnung (EU) Nr. 1177/2010** des Europäischen Parlaments und des Rates vom 24.11.2010 über die Fahrgastrechte im See- und Binnenschiffsverkehr und zur Änderung der Verordnung (EG) Nr. 2006/2004, ABl. 2010, L 334, S. 1; **Verordnung (EU) 181/2011** des Europäischen Parlaments und des Rates vom 16.2.2011 über die Fahrgastrechte im Kraftomnibusverkehr und zur Änderung der VO 2006/2004, ABl. 2011, L 551, S. 1.

Verordnungsvorschlag:

Kommissionsvorschlag vom 11.10.2011 für eine Verordnung des Europäischen Parlaments und des Rates über ein Gemeinsames Europäisches Kaufrecht, KOM (2011) 635 endg.

Richtlinien:

Richtlinie 85/374/EWG zur Angleichung der Rechts- und Verwaltungsvorschriften der Mitgliedstaaten über die Haftung für fehlerhafte Produkte, ABl. 1985, L 307, S. 54, zuletzt geändert durch

Art. 1 RL 1999/34/EG vom 10.5.1999, ABl. 1999, L141, S. 10; **Richtlinie 85/577/EWG** betreffend den Verbraucherschutz im Falle von außerhalb von Geschäftsräumen geschlossenen Verträgen, ABl. 1985, L 372, S. 31, aufgehoben mit Wirkung zum 13.6.2014 durch Art. 31 Abs. 1 RL 2011/83/EU vom 25.10.2011, ABl. 2011, L304, S. 64; **Richtlinie 87/102/EWG** zur Angleichung der Rechts- und Verwaltungsvorschriften der Mitgliedstaaten über den Verbraucherkredit, ABl. 1987, L 42, S. 48, aufgehoben durch Art. 29 RL 2008/48/EG vom 23.4.2008, ABl. 2008, L 133, S. 66, ber. ABl. 2009, L 207, S. 14; **Richtlinie 90/314/EWG** über Pauschalreisen vom 13.6.1990, ABl. 1990 L 158, S. 59; **Richtlinie 93/13/EWG** über missbräuchliche Klauseln in Verbraucherverträgen, ABl. 1993, L 95, S. 29 zuletzt geändert durch Art. 32 RL 2011/83/EU vom 25.10.2011, ABl. 2011, L 304, S. 64; **Richtlinie 94/47/EG** zum Schutz der Erwerber im Hinblick auf bestimmte Aspekte von Verträgen über den Erwerb von Teilzeitnutzungsrechten an Immobilien, ABl. 1994, L 280, S. 82; aufgehoben durch Art. 18 RL 2008/122/EG vom 14.1.2009, ABl. 2008, L 33, S. 10; **Richtlinie 97/7/EG** über den Verbraucherschutz bei Vertragsabschlüssen im Fernabsatz, ABl. 1997, L 144, S. 19, aufgehoben mit Wirkung zum 13.6.2014 durch Art. 31 Abs. 1 RL 2011/83/EU vom 25.10.2011, ABl. 2011, L 304, S. 64; **Richtlinie 98/27/EG** des Europäischen Parlaments und des Rates vom 19.5.1998 über Unterlassungsklagen zum Schutz der Verbraucherinteressen, ABl. 1998, L 166 S. 51, aufgehoben durch Art. 9 Abs. 1 RL 2009/22/EG vom 23.4.2009, ABl. 2009, L 110, S. 30; **Richtlinie 1999/44/EG** zu bestimmten Aspekten des Verbrauchsgüterkaufs und der Garantien für Verbrauchsgüter, ABl. 1999, L 171, S. 12, zuletzt geändert durch Art. 33 RL 2011/83/EU vom 25.10.2011, ABl. 2011, L 304, S. 64; **Richtlinie 2000/31/EG** des Europäischen Parlaments und des Rates vom 8.6.2000 über bestimmte rechtliche Aspekte der Dienste der Informationsgesellschaft, insbesondere des elektronischen Geschäftsverkehrs, im Binnenmarkt, ABl. 2000, L 178, S. 1; **Richtlinie 2002/65/EG** über den Fernabsatz von Finanzdienstleistungen an Verbraucher, ABl. 2002, L 271, S. 16, zuletzt geändert durch Art. 90 **SEPA-RL 2007/64/EG** vom 13.11.2007, ABl. 2007, L 319, S. 1, zuletzt geändert durch Art. 3 RL 2009/111/EG vom 16.9.2009, ABl. 2009, L 302, S. 97; **Richtlinie 2002/92/EG** des Europäischen Parlaments und des Rates vom 9.12.2002 über Versicherungsvermittlung, ABl. 2002, L 9 S. 3; **Richtlinie 2005/29/EG** über unlautere Geschäftspraktiken, ABl. 2005, L 149 S. 22; **Richtlinie 2006/123/EG** des Europäischen Parlaments und des Rates vom 12.12.2006 über Dienstleistungen im Binnenmarkt, ABl. 2006, L 376, S. 36; **Richtlinie 2007/64/EG** des Europäischen Parlaments und des Rates vom 13.11.2007 über Zahlungsdienste im Binnenmarkt, zur Änderung der Richtlinien 97/7/EG, 2002/65/EG und 2006/48/EG sowie zur Aufhebung der Richtlinie 97/5/EG, ABl. 2007, L 319, S. 1, ber. ABl. 2009 L 187, S. 5, zuletzt geändert durch Art. 3 ÄndRL 2009/111/EG vom 16.9.2009, ABl. 2009, L 302, S. 97; **Richtlinie 2008/48/EG** des Europäischen Parlaments und des Rates vom 23.4.2008 über Verbraucherkreditverträge und zur Aufhebung der Richtlinie 87/102/EWG des Rates, ABl. 2008, L 133, S. 66, ber. ABl. 2009, L 207, S. 14, zuletzt geändert durch Art. 46 RL 2014/17/EU vom 4.2.2014, ABl. 2014, L 60, S. 34; **Richtlinie 2008/122/EG** des Europäischen Parlaments und des Rates vom 14.1.2009 über den Schutz der Verbraucher im Hinblick auf bestimmte Aspekte von Teilnutzungsverträgen, Verträgen über langfristige Urlaubsprodukte sowie Wiederverkaufs- und Tauschverträgen, ABl. 2008, L 33, S. 10; **Richtlinie 2011/83/EU** des Europäischen Parlaments und des Rates über Rechte der Verbraucher, zur Abänderung der Richtlinie 93/13/EWG des Rates und der Richtlinie 1999/44/EG des Europäischen Parlaments und des Rates sowie zur Aufhebung der Richtlinie 85/577/EWG des Rates und der Richtlinie 97/7/EG des Europäischen Parlaments und des Rates vom 25.10.2011, ABl. 2011, L 304, S. 64; **Richtlinie 2014/17/EU** des Europäischen Parlaments und des Rates vom 4.2.2014 über Wohnimmobilienkreditverträge für Verbraucher und zur Änderung der Richtlinien 2008/48/EG und 2013/36/EU und der Verordnung (EU) Nr. 1093/2010, ABl. 2014, L 60, S. 34.

Richtlinienvorschlag

Kommissionsvorschlag vom 9.7.2013 für eine Richtlinie des Europäischen Parlaments und des Rates, KOM (2013) 512 (neue Pauschalreiserichtlinie).

Beschluss:

Beschluss der Kommission vom 26. April 2010 zur Einsetzung einer Expertengruppe für einen gemeinsamen Referenzrahmen im Bereich des europäischen Vertragsrechts, 2010/233/EU.

Sonstiges:

Das Europäische Parlament hat in seiner Entschließung zum Stockholmer Programm vom 25.11.2009 gefordert, der politische gemeinsame Referenzrahmen (GRR) solle zur Annahme eines optionalen und direkt anwendbaren Instruments führen, welches den vertragsschließenden Parteien, wie Unternehmen und Verbrauchern, die Möglichkeit gebe, sich frei für das europäische Vertragsrecht als das für ihre Transaktionen geltende Recht zu entscheiden (vgl Rn 14).

Das Europäische Parlament hat am 26.2.2014 dem Kommissionsvorschlag für den Erlass einer Verordnung des Europäischen Parlaments und des Rates über ein Gemeinsames Europäisches Kaufrecht (KOM (2011) 635 endg.) zugestimmt, vgl Oral P7_TA-PROV(2014)0159, (hinterlegt auf den Seiten des Europäischen Parlaments).

III. Deutsches Recht

Materielle Gesetze (Parlamentsrecht, Rechtsverordnungen):

BGB (u.a. §§ 13, 14, 305 ff, 312 ff, 355 ff, 433 ff, 481 ff, 488 ff, 651 a ff); **Gesetz über die Haftung für fehlerhafte Produkte** (ProdHG), BGBl. I, 1989, S. 2198; – zur Umsetzung der Änderungsrichtlinie 99/34/EG zuletzt geändert BGBl. I, 2002, S. 2674; Verordnung über Informations- und Nachweispflichten nach bürgerlichem Recht (**BGB-InfoV**) vom 2.1.2002, BGBl. I, S. 342, zuletzt geändert BGBl. I, 2011, S. 34; Gesetz über Unterlassungsklagen bei Verbraucherrechts- und anderen Verstößen (**Unterlassungsklagengesetz**) in der Form der Bekanntmachung vom 27.8.2002, BGBl. I, S. 3422, zuletzt geändert BGBl I 2013, S. 3717; **Gesetz über die Durchsetzung der Verbraucherschutzgesetze bei innergemeinschaftlichen Verstößen** v. 21.12.2006, BGBl. I, S. 3367 – zur Durchführung der Verordnung (EG) Nr. 2006/2004, u.a. Einführung des EG-Verbraucherschutzdurchsetzungsgesetzes (VSchDG), zuletzt geändert BGBl. I 2013, S. 3154; **Gesetz zur Verbesserung der grenzüberschreitenden Forderungsdurchsetzung und Zustellung** vom 30.10.2008, BGBl. I, S. 2122 – zur Durchführung der Verordnung (EG) Nr. 861/2007; **Gesetz zur Umsetzung der Verbraucherkreditrichtlinie, des zivilrechtlichen Teils der Zahlungsdiensterichtlinie sowie zur Neuordnung der Vorschriften über das Widerrufs- und Rückgaberecht** vom 29.7.2009, BGBl. I, S. 2355 – zur Umsetzung der Richtlinie 2008/48/EG sowie der Richtlinie 2007/64/EG; **Gesetz zur Bekämpfung unerlaubter Telefonwerbung und zur Verbesserung des Verbraucherschutzes bei besonderen Vertriebsformen** vom 4.8.2009, BGBl. I, S. 2413; **Gesetz zur Modernisierung der Regelungen über Teilzeit-Wohnrechteverträge, Verträge über langfristige Urlaubsprodukte sowie Vermittlungsverträge und Tauschsystemverträge** vom 17.1.2011, BGBl. I, S. 34; **Gesetz zur Umsetzung der Verbraucherrechte-Richtlinie und zur Änderung des Gesetzes zur Regelung der Wohnungsvermittlung** vom 20.9.2013, BGBl. I, S. 3642.

B. Rechtsprechung („Leading Cases")

I. EuGH

Fernabsatz-Richtlinie:

Rs. C-336/03 (easyCar), Slg 2005, I-01947; Rs. C-489/07 (Messner/Krüger), Slg 2009, I-07315; Rs. C-511/08 (Handelsgesellschaft Heinrich Heine GmbH/Verbraucherzentrale Nordrhein-Westfalen e. V.), Slg 2010 I-03047; Rs. C-146/09 (Stadtwerke Aachen), ABl. 2009, C 153, S. 26; Rs. C-49/11 (Content Services), MMR 2012, 730.

Haustürwiderruf-Richtlinie:

Rs. C-361/89 (Di Pinto), Slg 1991, I-1189; Rs. C-91/92 (Faccini Dori), Slg 1994, I-3347; Rs. C-45/96 (Dietzinger), Slg 1998, I-1199; Rs. C-423/97 (Travel Vac SL), Slg 1999, I-2195; Rs. C-481/99 (Heininger), Slg 2001, I-9945; Rs. C-350/03(Schulte/Badenia), Slg 2005, I-9239;

Rs. C-229/04 (Crailsheimer Volksbank), Slg 2005, I-9293; Rs. C-20/03 (Strafverfahren Burmanjer), Slg 2005, I-4153; Rs. C-412/06 (Annelore Hamilton/Volksbank Filder eG), Slg 2008, I-02383; Rs. C-227/ 08 (Eva Martín Martín/EDP Editores, S.L.), Sl. 2009, I-11939; Rs. C-215/08 (E. Friz GmbH/Carsten von der Heyden), Slg 2010, I-02947; Rs. C-166/11 (González Alonso), EuZW 2012, 359.

Klausel-Richtlinie:

Rs. C-240/98 bis C-244/98 (Oceano Grupo Editorial SA), Slg 2000, I-4941; Rs. C-144/99 und C-372/99 (Kommission/Niederlande), Slg 2001, I-3541; Rs. C-372/99 (Kommission/Italien), Slg 2001, I-3541; Rs. C-478/99 (Kommission/Schweden), Slg 2002, I-4147; Rs. C-473/00 (Cofidis), Slg 2002, I-10875; Rs. C-237/02 (Freiburger Kommunalbauten/Hofstetter), Slg 2004, I-3403; Rs. C-302/04 (Ynos/Varga), Slg 2006, I-00371; Rs. C-168/05 (Elisa Maria Mostaza Claro/Centro Móvil Milenium SL), Slg 2006, I-10437; Rs. C-243/08 (Pannon GSM Zrt./Erzsébet Sustinkné Györfi), Slg 2009, I-04713; Rs. C-40/08 (Asturcom Telecomunicaciones SL/Cristina Rodríguez Nogueira), Slg 2009, I-09579; Rs. C-484/08 (Caja de Ahorros y Monte de Piedad de Madrid/ Asociación de Usuarios de Servicios Bancarios (Ausbanc)), Slg 2010, I-04785; Rs. C-137/08 (VB Pénzügyi Lízing), Slg 2010, I-10847; Rs. C-453/10 (Pereničová u. Perenič/SOS), NJW 2012, 1781; Rs. C-618/10 (Banco Español de Crédito, SA/Joaquín Calderón Camino), EuZW 2012, 754; Rs. C-472/10 (Invitel), EuZW 2012, 786; Rs. C-448/11 (Jahani), EuZW 2013, 596; Rs. C-397/11 (Jőrös), EuZW 2013, 800; Rs. C-92/11 (RWE Vertrieb AG), NJW 2013, 2253; Rs. C-488/11 (Asbeek Brusse/de Man Garabito), NJW 2013, 2579; Rs. C-415/11 (Aziz/Caixa d'Estalvis), EuZW 2013, 464; Rs. C-537/12 u. C-116/13 (Banco Popular Español SA/Quichimbo und Pérez; Banco Valencia SA/Tortosa und Jaume), EWS 2013, 481; Rs. C-226/12 (Constructora Principado SA/José Ignatio Mendénderez Álvarez), BB 2014, 193; Rs. C-470/12 (Photovost s.r.o./ Miroslav Vašuta), ABl. 2014, C 112, S. 9; Rs. C-26/13 (Árpád Kásler, Hajnalka Káslerné Rábai / OTP Jelzalogbank Zrt), ABl. 2014, C 194, S. 5; Rs. C-602/13 (Banco Bilbao Vizcaya Argentaria, S.A. / Fernando Quintano Ujeta and Maria Isabel Sánchez García), ABl. 2014, C 31, S. 4.

Pauschalreise-Richtlinie:

Rs. C-178/94 , C-179/94, C-188/94, C-189/94, C-190/94 (Dillenkofer), Slg 1996, I-4845; Rs. C-364/96 (Verein für Konsumenteninformation), Slg 1998, I-2949; Rs. C-237/97 (AFS Intercultural Finland), Slg 1999, I-825; Rs. C-140/97 (Rechberger), Slg 1999, I-3499; Rs. C-168/00 (Simone Leitner), Slg 2000, I-2631; Rs. C-400/00 (Club-Tour/Garrido) Slg 2002, I-4051; Rs. C-585/08 und C-144/09 (Pammer/Hotel Altenhof), Slg 2010, I-12527-12603; Rs. C-134/11 (Blödel-Pawlik), EuZW 2012, 230; Rs. C-430/13 (Baradics), ABl. 2014, C 112, S. 21.

Produkthaftungs-Richtlinie:

Rs. C-300/95 (Kommission/Vereinigtes Königreich), Slg 1997, I-2649; Rs. C-203/99 (Veedfald), Slg 2001, I-3569; Rs. C-52/00 (Kommission/Frankreich), Slg 2002, I-3827; Rs. C-154/00 (Kommission/Griechenland), Slg 2002, I-3879; Rs. C-183/00 (González Sánchez), Slg 2002, I-3901; Rs. C-127/04 (O'Byrne), Slg 2006, I-1330; Rs. C-402/03 (Bilka Lavprisvarehus), Slg 2006, I-199; Rs. C-177/04 (Kommission/Frankreich), Slg 2006, I-2461; Rs. C-402/03 (Bilka Lavprisvarehus), Slg 2006, I-199; Rs. C-327/05 (Kommission/Dänemark), Slg 2007, I-93; Rs. C-285/08 (Moteurs Leroy Somer/Dalkia France u.a.), Slg 2009, I-04733; Rs. C-358/08 (Aventis Pasteur SA/OB), Slg 2009, I-11305.

Verbraucherbegriff:

Rs. C-150/77 (Bertrand), Slg 1978, 1431; Rs. C-120/78 (Cassis de Dijon), Slg 1979, 649; Rs. C-382/87 (Buet), Slg 1989, I-1236; Rs. C-361/89 (Di Pinto), Slg 1991, I-1189; Rs. C-269/95 (Benincasa), Slg 1997, I-3767; Rs. C-210/96 (Gut Springenheide), Slg 1998, I-4657; Rs. C-541/99 und 542/99 (Idealservice), Slg 2001, I-9049; Rs. C-464/01 (Gruber/BayWa AG), Slg 2005, I-458.

Verbrauchsgüterkauf-Richtlinie:

Rs. C- 404/06 (Quelle AG/Bundesverband der Verbraucherzentralen und Verbraucherverbände), Slg 2008, I-02685; Rs. C-65/09 und C-87/09 (Weber/Putz), Slg 2011, I-05257-05329; Rs. C-32/12 (Duarte Hueros), ABl. 2012, C 98, S. 17.

Verbraucherkredit-Richtlinie:

Rs. C-210/96 (Gut Springenheide), Slg 1998, I-4657; Rs. C-208/98 (Berliner Kindl Brauerei AG / Andreas Siepert), Slg 2000, I-1741; Rs. C-264/02 Confinoga Mérignac SA/Sylvain Sachithanathan) Slg 2004, I-2176; Rs. C-429/05 (Max Rampion u.a./Franfinance SA u.a., Slg 2007, I-08017; Rs. C-509/07 (Luigi Scarpelli/NEOS Banca SpA), Slg 2009, I-03311.

Timesharing-Richtlinie:

Rs. C-423/97 (Travel Vac SL), Slg 1999, I-2195; Rs. C-585/08 und C-144/09 (Heller), NJW 2011, 505.

II. Nationale Gerichte

BGH, NJW 1985, 906 (Anwendbarkeit des § 651 f BGB auf einen Ferienhausvertrag), BGH, NJW 1992, 3158 (unwirksame AGB in Veranstaltungsvertrag zur Bereitstellung ausländischer Ferienunterkünfte); BGH, NJW 1994, 2759 (Anwendbarkeit des HWiG auf Selbständige); BGH, NJW 1995, 2629 (sachlicher Anwendungsbereich der §§ 651 a ff BGB); BGH, NJW 1995, 2162 (explodierende Mineralwasserflasche); BGH, NJW 1995, 961 (Schuldbeitritt und Verbraucherkreditrecht); BGH, NJW 1996, 2156 (Anwendbarkeit des VerbrKrG bei Schuldbeitritt); BGH, NJW 1998, 1939 (Anwendbarkeit der §§ 491 ff BGB auf Bürgschaften); BGH, NJW 1998, 2356 (Bürgschaftsvertrag in Haustürsituation); BGH, NJW-RR 2000, 3496 (Schriftformanforderungen bei Schuldbeitritt eines Verbrauchers); BGH, NJW 2000, 1639 (wettbewerbswidriges Handeln des Reiseveranstalters); BGH, NJW 2002, 368 (Verbrauchereigenschaft einer BGB-Gesellschaft); BGH, WM 2002, 2337 (Nachzahlungsklauseln für den Fall nachträglicher Wertsteigerung eines Grundstücks); BGH, NJW 2002, 2238 (Begriff des Reisenden); LG Hof, MMR 2002, 760 (Widerrufsrecht bei Internet-Auktionen); BGH, NJW 2003, 424 (Zurechnung der durch einen Vertreter oder Vermittler herbeigeführten Haustürsituation); BGH NJW 2003, 1390 (Zurechnung einer Haustürsituation); BGH, NJW 2003, 885 und BGH, NJW 2003, 422 (Rechtsfolgen des Widerrufs von (Schrott-) Immobiliardarlehensverträgen aus Haustürsituationen); OLG Rostock, OLGR 2003, 505, 506 (Anwendungsbereich einer Vertragsstrafeklausel; Unternehmereigenschaft von Existenzgründern); OLG Nürnberg, OLGR 2003, 335 (Verbrauchereigenschaft von Existenzgründern); BGH, NJW 2003, 1665 (Zusammenfügung eines Notebooks als Anfertigung nach Kundenspezifikationen); OLG München, NJW-RR 2004, 913 (Verbrauchereigenschaft von Existenzgründern); LG Konstanz, NJW-RR 2004, 1635 (Anspruch auch Widerruf unwahrer Tatsachenbehauptungen im E-Commerce), BGH, NJW 2004, 3555 (Begriff des Senders einer Gewinnzusage); BGH, NJW 2004, 2299 (Darlegungs- und Beweislast für die einen „Grundmangel" begründenden Tatsachen); BGH, NJW 2004, 3699 (Bote als „Fernkommunikationsmittel" im Sinne des § 312 b Abs. 2 BGB); BGH, ZGS 2005, 197 (Abgrenzung zwischen Unternehmer- und Verbraucherhandeln); BGH, NJW 2005, 53 (Fernabsatzvertrag; kein Widerrufsausschluss bei Internetauktionen), BGH, NJW 2005, 283 (Kein Ausschluss der Mängelvermutung nach § 476 BGB bei Einbau der Kaufsache durch einen Dritten); BGH, NJW 2005, 418 (Haftung für vermutetes Verschulden beim Reisemangel nach § 651 f); BGH, NJW 2005, 1039 (Agenturgeschäfte im Gebrauchtwagenhandel, Haftungsausschluss und Umgehungsverbot gem. § 475 I BGB; „Sachwalterhaftung"; c.i.c.); BGH, NJW 2005, 1045 (Verbraucherbegriff bei Vortäuschen der Händlereigenschaft durch einen Verbraucher); BGH, NJW 2005, 1047 (Verhältnis des reisevertraglichen Gewährleistungsrechts zum allgemeinen Leistungsstörungsrecht; Entschädigungsanspruch nach § 651 f BGB für nutzlos aufgewendete Urlaubszeit bei Überbuchung); BGH, NJW 2005, 1273 (Verbraucher- und Unternehmerbegriff); *BGH, NJW 2005, 1348 bzw 3211* (Selbstvornahme der Nacherfüllung im neuen Kaufrecht: Kein Anspruch auf Ersatz ersparter Nachbesserungsaufwendungen (analog) § 326 II 2 BGB); BGH, NJW 2005, 3490 (Mängelvermutung nach § 476 BGB bei äußeren Beschädigungen); BGH, NZM

2005, 395 (zum Geltungsbereich der Timesharing-Regelungen gegenüber Reisevermittlern); BGH, NJW 2006, 434 (Mängelvermutung nach § 476 BGB und fahrlässige Beweisvereitelung; Voraussetzungen einer Beschaffenheitsgarantie); BGH, NJW 2006, 497 (Richtlinienkonforme Auslegung von § 1 HWiG (jetzt: § 312 BGB): Begriff des „Bestimmens“ bei Haustürgeschäften, Zurechnung des Verhaltens von Dritten); BGH, NJW 2006, 613 (Begriff der „Versteigerung“ in § 474 I S. 2 BGB); BGH, NJW 2006, 845 (Verbraucherschützendes Widerrufsrecht bei Sicherungsgeschäften: Maßgeblichkeit der Verbrauchereigenschaft allein des Sicherungsgebers, Irrelevanz der Verbrauchereigenschaft des persönlichen Schuldners); BGH, NJW 2006, 1066 (Gewährleistungsausschluss beim Leasing und Umgehungsverbot beim Verbrauchsgüterkauf); BGH, NJW 2006, 1195 (Ausschluss der Rechtsbehelfe des Käufers bei „Vereitelung der Nacherfüllung“ auch bei Unkenntnis des Mangels; Mängelvermutung nach § 476 BGB bei äußerlichen Mängeln); BGH, NJW 2006, 1788 (Widerrufsfolgen bei darlehensfinanziertem Fondsbeitritt, Begriff des „verbundenen Geschäfts“); BGH, NJW 2006, 2099 (Folgen des Widerrufs eines Realkreditvertrags nach dem HWiG (jetzt § 312 BGB) bei Kauf einer Immobilie – „Einwendungsdurchgriff“ über Haftung aus c.i.c. („Schrottimmobilien“)); BGH, NJW 2006, 2250 (autonom-europäischer Unternehmerbegriff (§ 14 BGB) beim Verbrauchsgüterkauf: Kein Erfordernis der Gewinnerzielungsabsicht; Anwendbarkeit von § 476 BGB (Mängelzeitpunktvermutung beim Verbrauchsgüterkauf) beim Tierkauf; Reichweite sowie Widerlegung der Vermutung); BGH, NJW 2006, 2839 (Nacherfüllung durch Neulieferung beim Stückkauf); BGH, NJW 2006, 2976 (Einbeziehung von AGB im Internet); BGH, NJW 2006, 3134 (Vorauszahlungsklauseln in Reisebedingungen); BGH, NJW 2006, 3200 (Vorlagebeschluss an den EuGH zur Europarechtskonformität von § 439 IV BGB); BGH, NJW 2007, 357 (Schadensersatz wegen unterlassener Widerrufsbelehrung („Schrottimmobilien“); BGH, NJW 2007, 361 („Schrottimmobilien“: Kein Einwendungsdurchgriff bei Haustürgeschäften nach HWiG, Haftung für Aufklärungspflichtverletzung bei institutionalisiertem Zusammenwirken zwischen kreditgebender Bank und Vertreiber; Haftung bei unterbliebener Widerrufsbelehrung); BGH, NJW 2007, 504 (Entbehrlichkeit der Fristsetzung für den Rücktritt des Käufers bei „Fehlschlagen der Nacherfüllung“ (§ 440 Alt. 2 BGB)); BGH, NJW 2007, 674 (Begrenzung von Gewährleistungsansprüchen beim Verbrauchsgüterkauf (§ 475 II BGB): Objektiver Begriff der „gebrauchten“ Sache im Verbrauchsgüterkauf); BGH, NJW 2007, 759 (Rechtsfolgen eines unzulässigen Umgehungsgeschäfts beim Verbrauchsgüterkauf durch „Vorschieben“ eines Verbrauchers als Verkäufer („Strohmann“-Fälle)); BGH, NJW 2007, 1346 (Anforderungen an eine Beschaffenheitsgarantie – Abgrenzung von der bloßen Beschaffenheitsvereinbarung iSv § 434 Abs. 1 S. 1 BGB; Auslegung, Verhältnis von Beschaffenheitsvereinbarung und Gewährleistungsausschluss); BGH, NJW 2007, 2106 (Bürgschaft als Haustürgeschäft); BGH, NJW 2007, 2619 (Verbrauchsgüterkauf: Beweislast für die Verbrauchereigenschaft; Mängelvermutung nach § 476 BGB: Unvereinbarkeit der Vermutung mit der Art des Mangels); OLG München, NJW 2007, 3214 (Erfüllungsort für die Nacherfüllung); BGH, NJW 2007, 3272 (Haustürgeschäfte nach § 1 HWiG (jetzt: § 312 BGB): Kausalität zwischen „Haustürsituation“ und Vertragsabschluss bei Vertragsverhandlungen mit einem Angehörigen (Begriff des „Bestimmens“); OLG Saarbrücken, NJW 2007, 3503 (Beschädigung der Kaufsache im Zuge der Nachbesserung); BGH, NJW 2008, 435 (Abgrenzung Unternehmer- und Verbraucherhandeln); BGH, NJW 2008, 1517 (Objektiver Fehlerbegriff (Unfallwagen); Voraussetzungen einer (negativen) Beschaffenheitsvereinbarung); BGH, NJW 2008, 1585 (Schadensersatz bei unterbliebener Widerrufsbelehrung (im Anschluss an EuGH v. 25.10.2005 Rs. C-229/04 – Crailsheimer Volksbank)); BGH, NJW 2008, 2837 (Reichweite des Nacherfüllungsanspruchs); BGH, NJW 2008, 2464 (Auslegung der Haustürgeschäfterichtlinie); BGH, NJW 2009, 66 (Kosten der Hinsendung der Ware im Falle des Widerrufs des Vertrags); BGH, NJW 2009, 427 (Kein Nutzungsersatzanspruch gegenüber einem Verbraucher/Käufer bei Nacherfüllung durch Neulieferung (§ 439 IV BGB); richtlinienkonforme Auslegung („Quelle AG“): Entscheidung im Anschluss an EuGH), NJW 2008, 1433; BGH, NJW 2009, 1341 (Beweislast des Käufers für Erfolglosigkeit der Nachbesserung); BGH, NJW 2009, 1486 (Verschärfungswirkung des § 6 III BGB-InfoVO auf § 305 II BGB); BGH, NJW 2009, 1660 (Richtlinienkonformität von § 439 III BGB; verschuldensunabhängige Verpflichtung zum Ausbau der mangelhaften Sache im Zuge der kaufrechtlichen Nacherfüllung (Fliesenfall)); BGH, NJW 2009, 1669 (Produkthaftung); BGH, (Fernabsatzwiderruf auch bei sittenwidrigem Kaufvertrag möglich); BGH, NJW 2009, 431 (Haustürgeschäft); BGH, NJW 2010, 2122 (Schadenspauschalierung im Gebrauchtwagenkauf); BGH, NJW RR 2010, 39 (Versicherungsnehmer als „Verwender" von AGB); BGH, NJW 2010, 1131 („Stellen" von AGB); BGH, NJW 2010, 3152 (zum „Überraschungseffekt" iSd § 305 c BGB); BGH NJW 2010, 2719 (Wirksamkeit von Zahlungs- und Gebührenregelungen in Beförderungsbedingungen eines Luftfahrtunternehmens); BGH NJW 2011, 2278 (Erfüllungsort der Nacherfüllung im Kaufrecht); BGH, NJW 2011, 2653 (Begriff der Garantieerklärung – Werbung mit Garantie); BGH, NJW 2011, 514 (Einschränkung der Ausübung eines Zurückbehaltungsrechts durch AGB unter Unternehmern); BGH, NJW 2011, 599 (Abgrenzung Reisevermittlung/Reiseveranstaltung; Reiseveranstaltereigenschaft); BGH, NJW 2011, 1215 (Inhaltkontrolle von Finanzierungsvorbehalten/ aufschiebende Bedingung kein Lösungsrecht iSd § 308 Nr. 3 BGB); BGH, NJW 2011, 1954 (Vergütungspauschale in Ausbauhausverträgen); BGH, Urteil vom 1.3.2011 – II ZR 93/09 (zum Vorliegen einer „entgeltlichen Leistung" iSe Verbrauchervertrages bei Beitritt zu Publikumsgesellschaft); BGH, NJW 2011, 1217 (Beschaffenheitsbegriff); BGH, NJW 2012, 1073 (Ausbau und Abtransport der mangelhaften Kaufsache bei der Nacherfüllung); BGH, NJW 2012, 2107 (Abtretungsverbot für Gewährleistungsansprüche); BGH, NJW 2012, 1280 (Schönheitsreparaturklauseln); BGH, NJW 2012, 3230 (pauschale Nichtabnahmeentschädigung im Autohandel); BGH, NJW RR 2012, 1261 (überraschende Entgeltklauseln); BGH, WM 2012, 221 (Informationspflichten über Nichtbestehen eines Widerrufsrechts); BGH, NJW 2013, 220 (Kein Ersatz von Aus- und Einbaukosten zwischen Unternehmern); BGH, NJW 2013, 598 (Flugticketbuchung über elektronische Kommunikationsmittel); BGH, NJW 2013, 1668 (Wirksamkeit salvatorischer Klauseln in AGB eines Mietvertrags); BGH, NJW 2013, 1431 (Vorleistungspflicht des Käufers durch AGB/ Individualabredensgrundsätze bei nachträglicher Klauseländerung); BGH, NJW 2013, 2584 (vollständiger Haftungsausschluss bei Pkw-Kauf); BGH, NJW 2013, 3570 (Freizeichnungsklausel bei Kunstauktion); BGH, NJW 2013, 3163 (Pfändungsschutzkonto – AGB); BGH, NJW 2013, 2505 (Quotenabgeltungsklausel in Mietvertrag); BGH, NJW 2013, 1526 (Unwirksamkeit kategorischer Tierhaltungsverbote in Mietverträgen); BGH, NJW 2013, 3022 (vom Gesetz abweichende Nacherfüllungsfrist in AGB).

Abschnitt 2: Analyse und Darstellung der Einwirkungspraxis des Europarechts auf das Verbraucherrecht

A. Europäisches Verbraucherrecht – Grundlagen, Entwicklung und Verbraucherbegriff

1 Als europäisches Verbraucherrecht sollen im Folgenden die Rechtsnormen und die zu ihnen erlassenen Entscheidungen des EuGH angesehen werden, die im Rahmen der von der EU betriebenen **Verbraucherpolitik** ergangen sind. Den Kern der Darstellung bilden dabei Maßnahmen im Bereich des Schutzes der wirtschaftlichen Interessen von Verbrauchern, namentlich die **Richtlinien des Verbrauchervertragsrechts**. Aus dem Bereich Sicherheit von Produkten und Dienstleistungen soll beispielhaft nur auf die **Produkthaftungsrichtlinie** eingegangen werden. Nicht besonders hervorgehoben werden die verbraucherschützenden Elemente des Lauterkeitsrechts, das Produktsicherheitsrecht sowie das Recht der Versicherungen und Finanzdienstleistungen (dazu aber in diesem Band *Glöckner*, § 17; *Bischof/Jung*, § 20). Im Rahmen des hier zur Verfügung stehenden Raumes sollen im Folgenden lediglich einige praktisch bedeutsam gewordene Felder im Einflussbereich der Richtlinien gestreift werden, um das **Zusammenspiel von Unionsrecht und deutschem Recht** zu veranschaulichen.

I. Entwicklung und Ziele des europäischen Verbraucherschutzrechts

2 Die Ausbildung eines selbstständigen Politikbereiches Verbraucherschutz mit eigenen Kompetenzzuweisungen und Institutionen war im ursprünglichen Integrationsprogramm der EG nicht ange-

legt.[1] Die ursprüngliche Konzeption des EWG-Vertrages zielte fast ausschließlich auf erwerbswirtschaftlich auftretende Unternehmen und Arbeitskräfte ab, denen größere Produktions- und Distributionsräume geschaffen werden sollten. Durch die Gewährung von Grundfreiheiten in den Bereichen Warenverkehr, Niederlassung, Dienstleistungen und Kapitalverkehr sollte ein großer Gemeinsamer Markt entstehen.[2] Im Text des EWG-Vertrags von 1957 finden sich nur am Rande einige Ausführungen, aus denen sich ergibt, dass der Gemeinsame Markt auch den Verbrauchern zugutekommen sollte.[3] Verbraucher waren also **nicht die unmittelbaren Adressaten** der EG-Politik.[4] Dem steht nicht entgegen, dass – vor dem Hintergrund eines klassischen Marktmodells – die Marktfreiheiten kein Selbstzweck waren, sondern die unsichtbare Hand des Marktes zur Steigerung von Wohlstand und Lebensqualität für alle führen sollte.

Die fehlende Verankerung im Gemeinschaftsrecht hat jedoch die Gemeinschaft nicht daran gehindert, Verbraucherinteressen später zum Gegenstand ihrer Politik zu machen. Vielmehr begannen Rat und Kommission Anfang der siebziger Jahre Verbraucherschutzziele zu verfolgen.[5] Auch in der europäischen Kommission sollen sich Vorstellungen über ein „Marktversagen"[6] als Rechtfertigungsgrund für eine staatliche Intervention zugunsten von Verbrauchern verbreitet haben.[7] Konsequenterweise erforderte ein Gemeinsamer Markt, soweit die Einzelstaaten nicht handeln oder ihre Interventionen Marktbehinderungen auslösen können, ein Eingreifen der EG-Organe. Die **Entdeckung des Verbraucherschutzes als Gemeinschaftsziel** mag ihren Grund auch darin haben, dass auf diesem Wege den nach Ausdehnung ihrer Kompetenz strebenden Gemeinschaftsorganen ein neues Betätigungsfeld eröffnet wurde. Überdies hatte ein Verbraucherschutz durch die Gemeinschaft auch den Vorteil, eine Politik zugunsten der Masse der nicht erwerbswirtschaftlich tätigen EG-Bürger zu betreiben und dadurch Popularität zu gewinnen. 3

Ein deutlich sichtbares Zeichen für die neue Ausrichtung der Gemeinschaftspolitik war vor allem das **Erste Programm der Europäischen Wirtschaftsgemeinschaft zum Schutz und zur Unterrichtung der Verbraucher** aus dem Jahre 1975.[8] In der Präambel dieses Dokuments berief sich der Rat auf die in Art. 2 EG-Vertrag (nun sinngemäß in Art. 3 EUV) festgelegte Gemeinschaftsaufgabe, zur Verbesserung der Lebensqualität beizutragen. Diese Aufgabe setze den Schutz der Gesundheit, der Sicherheit und der wirtschaftlichen Interessen des Verbrauchers voraus. Dabei ging das Programm von fundamentalen Rechten des Verbrauchers aus, die in fünf Schlagworten zusammengefasst wurden: 4

- Recht auf Schutz seiner Gesundheit und Sicherheit,
- Recht auf Schutz seiner wirtschaftlichen Interessen,
- Recht auf Wiedergutmachung erlittenen Schadens,
- Recht auf Unterrichtung und Bildung,
- Recht auf Vertretung (Recht, gehört zu werden).

Aus diesen Grundrechten wurde ein umfangreicher Katalog verbraucherpolitischer Maßnahmen der Gemeinschaft abgeleitet, die in den folgenden Jahren verwirklicht werden sollten.

1 *Temmink*, in: Hondius/Rijken, S. 12 f; *Howells/Wilhelmsson*, S. 6 ff, *Reich/Micklitz*, S. 14 ff.

2 Zur ursprünglichen Konzeption des EWG-Vertrages *Reich/Micklitz*, S. 14 f; *Bourgoignie*, RTDE 1982, 17; *Krämer*, S. 17 ff; *Bourgoignie/Trubek*, Consumer Law, Common Markets and Federalism in Europe and the United States.

3 Art. 39 EWG-Vertrag (nun Art. 39 AEUV) Abs. 1 lit. e (eines der Ziele der Agrarpolitik soll sein, für die Belieferung der „Verbraucher" zu angemessenen Preisen Sorge zu tragen); ähnlich auch die Verwendung des Begriffs „Verbraucher" in Art. 40 Abs. 3 EWG-Vertrag (nun Art. 40 Abs. 2 AEUV); Art. 85 Abs. 3 EWG-Vertrag (nun Art. 101 AEUV); Art. 86 lit. b EWG-Vertrag (nun Art. 102 AEUV), beide zu den Auswirkungen der Kartellpolitik auf Verbraucher.

4 S. auch *Weatherill*, S. 4.

5 Überblicke zur Entwicklung des europäischen Verbraucherrechts zB: *Dehousse*, JdT 1993, 701 ff; *Howells/Wilhelmsson*, S. 9 ff; *Luby*, JC Europe 1996, *Fasc.* 2000; *Staudenmayer*, RIW 1999, 733 ff; *Temmink*, in: Hondius/Rijken, S. 9 ff; *Weatherill*, S. 1 ff.

6 Zu diesem Konzept *N. Reich*, S. 55 ff.

7 *Reich/Micklitz*, S. 34.

8 ABl. 1975, C 92, S. 1.

5 Eine grundlegende Weichenstellung und den entscheidenden – zunächst allerdings kaum als solchen wahrgenommenen – Anstoß für eine kontinuierliche europäische Verbraucherpolitik leistete der Europäische Gerichtshof in seiner Entscheidung ***Cassis de Dijon*** aus dem Jahre 1979.[9] Nach dieser Entscheidung verstoßen Hemmnisse für den Binnenhandel durch nationale Bestimmungen dann nicht gegen die in Art. 28 (früher Art. 30) EG-Vertrag (nun Art. 34 AEUV) geregelte Warenverkehrsfreiheit, „wenn die Bestimmungen notwendig sind, um **zwingenden Erfordernissen gerecht zu werden**, insbesondere den Erfordernissen einer wirksamen steuerlichen Kontrolle, des Schutzes der öffentlichen Gesundheit, der Lauterkeit des Handelsverkehrs und des Verbraucherschutzes." Damit stellte der EuGH letztlich die Regel auf, dass nationale Verbraucherschutzbestimmungen den freien Warenverkehr behindern dürfen, wenn sie Waren aus anderen Mitgliedstaaten nicht diskriminieren und wenn sie verhältnismäßig sind. Dieser Ausspruch, der auf den ersten Blick wie ein Rückschlag für die europäische Integration aussieht, entwickelt bei näherem Hinsehen eine erhebliche Dynamik in Richtung auf eine europäische Verbraucherpolitik. Je mehr nämlich die Gemeinschaft eigene Verbraucherschutzregelungen schafft, desto weniger sind nationale Bestimmungen notwendig. Gemeinschaftliche Verbraucherpolitik dient mithin dem Abbau von Handelshemmnissen und damit der Verwirklichung des Gemeinsamen Marktes. Die *Cassis de Dijon* Entscheidung lieferte das „missing link" für die Begründung der Zuständigkeit der Gemeinschaft für Verbraucherschutz.[10]

6 Im zweiten Programm für eine Politik zum Schutz und zur Unterrichtung der Verbraucher aus dem Jahr 1981[11] ist ein Einfluss der *Cassis de Dijon*-Rechtsprechung noch nicht zu spüren. Die Gemeinschaft bekräftigte ihre verbraucherpolitischen Zielstellungen des ersten Programms, insbesondere die fünf fundamentalen Verbrauchergrundrechte, und setzte damit die 1975 begonnene Politik fort. Schwung bekam die europäische Verbraucherpolitik erst durch das im Jahr 1985 von der Kommission zum zehnten Geburtstag des ersten Programms verabschiedete Dokument **„Neuer Impuls für die Politik zum Schutz der Verbraucher"**.[12] Die Kommission trat darin für eine Intensivierung der Verbraucherpolitik ein, um sowohl den Wohlstand der Bürger zu fördern als auch die Effizienz der Produktion zu steigern. Im „Neuen Impuls" zeigt sich der Beginn eines Wandels in der Begründung einer europäischen Verbraucherpolitik. Während bisher Verbraucherschutzmaßnahmen der Gemeinschaft als Teilaspekt der Marktpolitik verstanden und legitimiert wurden, erhielt der Verbraucherschutz nun eine eigenständigere Bedeutung. Die Verbraucherpolitik wurde auf eigene Beine gestellt.

7 Der „Neue Impuls" fiel zeitlich zusammen mit dem **Programm zur Vollendung des Binnenmarkts** in der Europäischen Gemeinschaft.[13] Dieses Programm enthielt einen Katalog von Rechtsangleichungsprojekten gerade für die Bereiche, in denen sich die Mitgliedstaaten nach der *Cassis de Dijon*-Entscheidung auf „zwingende Erfordernisse" berufen können, also unter anderem für Verbraucherschutz.

8 Mit der **Einheitlichen Europäischen Akte** (1987) wurde das Binnenmarktprogramm in den EG-Vertrag aufgenommen. Auf diese Weise fand auch die Verbraucherpolitik Eingang in den Vertrag, allerdings nicht als eigenständiges politisches Ziel der Gemeinschaft, sondern nur als Teil der Binnenmarktpolitik. Nach dem neu eingefügten Art. 100 a Abs. 3 EG-Vertrag (Fassung 1987) sollte die Kommission bei ihren Vorschlägen für Maßnahmen zur Verwirklichung des Binnenmarkts von einem „hohen Verbraucherschutzniveau" ausgehen. Diese Verankerung im Vertrag entsprach dem Stand der europäischen Verbraucherpolitik nur teilweise. Verbraucherschutz war nach dem Wortlaut von Art. 100 a Abs. 3 EG-Vertrag (Fassung 1987) keine Aufgabe der ganzen Gemeinschaft, sondern nur eine von der Kommission bei der Vorbereitung ihrer Vorschläge zur Verwirklichung

9 EuGH, Rs. C-120/78 (Cassis de Dijon), Slg 1979, 649, 662.

10 Zur Bedeutung dieser Entscheidung für die Entwicklung des europäischen Verbraucherrechts *Micklitz*, ZEuP 1998, 253 ff; *Schulze/Schulte-Nölke/Jones*, S. 61 ff.

11 ABl. 1981, C 133, S. 1.

12 KOM (1985) 314; zum Neuen Impuls *Héloire*, EuZV 1987, 1.

13 Weißbuch der Kommission zur Vollendung des Binnenmarktes, KOM (1985) 310, endg.

des Binnenmarkts zu berücksichtigende Maßgabe. Dennoch wurden Verbraucherschutzmaßnahmen durch diese Vertragsänderung sehr vereinfacht, weil nach dem neuen Art. 100 a EG-Vertrag (Fassung 1987) für ihre Verabschiedung nicht mehr Einstimmigkeit im Ministerrat erforderlich war, sondern einzelne Mitgliedstaaten überstimmt werden konnten.

Das Binnenmarktprogramm entwickelte eine erhebliche Dynamik, die dem Verbraucherschutz 9
zugutekam. Das zeigte sich auch an einer Institutionalisierung innerhalb der Gemeinschaftsorgane. Die Kommission richtete 1989 eine eigene Abteilung für Verbraucherschutz ein, die 1996 zur Generaldirektion XXIV erhoben und seitdem mehrfach umstrukturiert wurde.[14] Seit Ende 1999 firmiert diese Generaldirektion nicht mehr unter der wenig anschaulichen Nr. XXIV, sondern als **„Generaldirektion Gesundheit und Verbraucherschutz"**. Der Rat ersuchte die Kommission in den Jahren 1989 und 1992 um die Vorlage mehrjähriger Programme für die Verbraucherpolitik. Daraus resultierten ein Dreijahresprogramm für 1990-1992 und ein weiteres für die Jahre 1993-1995.[15] Beide Pläne betonen die Notwendigkeit, die Verbraucherpolitik in alle anderen Politiken der Gemeinschaft einzubeziehen. Die inhaltlichen Schwerpunkte der Aktionspläne lagen vor allem auf den Bereichen der Verbraucherinformation (sowohl durch bessere Kennzeichnungsvorschriften als auch durch Verbraucherbildung und -aufklärung) und des Schutzes von Gesundheit und Sicherheit des Verbrauchers. Der Schutz wirtschaftlicher Interessen des Verbrauchers nahm dagegen deutlich weniger Raum ein.

Ein weiterer wichtiger Schritt auf dem Weg zu einer autonomen Gemeinschaftspolitik zur Förde- 10
rung und zum Schutz von Verbraucherinteressen war der **Vertrag über die Europäische Union**. Der 1992 in Maastricht unterzeichnete und am 1. November 1993 in Kraft getretene Vertrag sah im Katalog der Gemeinschaftsaufgaben in Art. 3 EG unter lit. s. (später lit. t) vor, dass die Tätigkeit der Gemeinschaft auch „einen Beitrag zur Verbesserung des Verbraucherschutzes" umfassen solle. Der neu geschaffene Titel XI „Verbraucherschutz" des Vertrages enthielt mit Artikel 129 a EG-Vertrag (Fassung 1993) eine einzige Vorschrift. Diese regelte eigene Kompetenzen und Verfahren für Verbraucherschutzmaßnahmen. Ihre praktische Bedeutung blieb jedoch gering.

Die europäische Verbraucherpolitik verlief nach dem Vertrag von Maastricht im Wesentlichen in 11
denselben Bahnen wie zuvor. Das neue Dreijahresprogramm für 1996-1998[16] betonte, dass nun, nach dem Vertrag von Maastricht, neben der Fortführung der bisherigen Politik auch andere Fragen und Probleme aufgegriffen würden, die sich den Verbrauchern stellten und die „nicht ausschließlich mit dem Binnenmarkt verknüpft" seien.[17] Im **Vertrag von Amsterdam**, der am 2. Oktober 1997 unterzeichnet wurde und der am 1. Mai 1999 in Kraft getreten ist, hat die Verbraucherpolitik ein noch größeres Gewicht bekommen.[18] Der ehemalige Art. 129 a EG-Vertrag ging in Art. 153 EG-Vertrag (Fassung 1999) auf und lautete wie folgt:

„(1) Zur Förderung der Interessen der Verbraucher und zur Gewährleistung eines hohen Verbraucherschutzniveaus leistet die Gemeinschaft einen Beitrag zum Schutz der Gesundheit, der Sicherheit und der wirtschaftlichen Interessen der Verbraucher sowie zur Förderung ihres Rechtes auf Information, Erziehung und Bildung von Vereinigungen zur Wahrung ihrer Interessen.

(2) Den Erfordernissen des Verbraucherschutzes wird bei der Festlegung und Durchführung der anderen Gemeinschaftspolitiken und -maßnahmen Rechnung getragen.

(3) Die Gemeinschaft leistet einen Beitrag zur Erreichung der in Absatz 1 genannten Ziele durch

a) Maßnahmen, die sie im Rahmen der Verwirklichung des Binnenmarkts nach Art. 95 (nun Art. 114 AEUV) erlässt;

14 Dazu *Reichenbach*, ZEuP 1998, 414 ff.
15 KOM (1990) 98 endg.; KOM (1993) 378 endg.
16 KOM (1995) 519 endg.
17 Zitate auf S. 2 des Programms.
18 Überblick über die Folgen des Amsterdamer Vertrags für die europäische Verbraucherpolitik zB *Bourgoignie*, REDC 1997, 194 ff; *Chillon*, REDC 1998, 259 ff.

b) *Maßnahmen zur Unterstützung, Ergänzung und Überwachung der Politik der Mitgliedstaaten.“*

Die wichtigste sachliche Änderung stellte der neue Art. 153 Abs. 1 EG-Vertrag dar, der die Verbraucherschutzziele der Gemeinschaft nun weit fasste. Mit der Neufassung sollte die Gemeinschaft diese Zielsetzungen nicht mehr nur unterstützend und ergänzend zur Politik der Mitgliedstaaten verfolgen (so der frühere Art. 129 a Abs. 1 lit. b EG-Vertrag), sondern als eigenständige Ziele für die gesamte Politik der Gemeinschaft. Dieser neue Zielkatalog des Art. 153 Abs. 1 EG-Vertrag wurde ergänzt durch die in Abs. 2 geregelte Pflicht zur Berücksichtigung von Verbraucherschutzanliegen bei Politiken und Aktivitäten der Gemeinschaft auf anderen Gebieten (sog. Querschnittsklausel).[19] Im neu gefassten Abs. 3 schließlich war in lit. b der Begriff „spezifische Aktionen“ (so im früheren Art. 129 a) durch „Maßnahmen“ ersetzt worden. Auf diese Weise wurde klargestellt, dass die Gemeinschaft auch im Bereich der binnenmarktunabhängigen Verbraucherpolitik nach lit. b bindendes Recht beispielsweise durch Verordnungen und Richtlinien setzen kann. Damit erkannte der Vertrag von Amsterdam an, dass die Verbraucherpolitik auch unabhängig von der Binnenmarktpolitik zur Gemeinschaftsaufgabe geworden war.[20] Der Vertrag von Lissabon änderte den Wortlaut dieses Artikels nicht. Die Absätze 1 und 3 sind nun Art. 169 Abs. 1 und Abs. 2 AEUV zu finden. Die sog. Querschnittsklausel des früheren Art. 153 Abs. 2 EG-Vertrag hat nun – inhaltlich unverändert – einen prominenteren Standort in Art. 12 AEUV gefunden.

12 Mit dem **Verbraucherpolitischen Aktionsplan für 1999-2001** versuchte die Kommission die neue Kompetenzzuweisung für Verbraucherschutz umzusetzen.[21] Im Vordergrund standen Maßnahmen zur Förderung der von Art. 153 Abs. 1 EG-Vertrag (nun Art. 169 Abs. 1 AEUV) anerkannten „Rechte“ der Verbraucher auf Information, Erziehung und Bildung von Vereinigungen. Deutlich wird das Verbraucherbild, das diesen Maßnahmen zugrunde liegt:

„Den Verbrauchern obliegt eine gewisse Eigenverantwortung, wo es darum geht, ihre Interessen geltend zu machen. Dementsprechend ist Hilfe zur Selbsthilfe der Verbraucher wesentlicher Bestandteil der Politikerarbeitung. Die Förderung des Rechts auf Information, Selbstorganisation und Bildung, wie im Vertrag vorgesehen, ist Kernstück der entsprechenden Tätigkeiten.“[22]

Die Kommission machte sich in dem Programm vor allem die Stärkung des Verbrauchervertrauens zur Aufgabe. Als tragender Grund für das Tätigwerden der Union wird die Erwägung angeführt, dass Verbraucher durch die Unsicherheit über ihre Möglichkeiten und Rechte von einer grenzüberschreitenden Nachfrage nach Waren und Dienstleistungen abgehalten werden können.[23] Im Bereich der wirtschaftlichen Interessen ist Verbraucherschutz, obwohl nunmehr eigenständiger Politikbereich, nicht nur Selbstzweck, sondern dient weiterhin auch der Verwirklichung des Binnenmarktes.

13 In ihrer **„Verbraucherpolitischen Strategie 2002-2006“** verfolgte die Kommission zahlreiche Einzelmaßnahmen zur Sicherheit von Produkten und Dienstleistungen sowie zum Schutz der wirtschaftlichen Interessen des Verbrauchers weiter. Dazu gehören etwa die schon begonnene Überarbeitung der Verbraucherkreditrichtlinie sowie der Richtlinien Pauschalreise, Timesharing, Preisangaben, Unterlassungsklagen, Fernabsatz und Verbrauchsgüterkauf. Insgesamt sollte der erreichte Stand des Verbraucherrechts auf **Verbesserungsbedarf** untersucht werden. Dabei wurde ein genereller Strategiewechsel hinsichtlich des Grades der angestrebten Harmonisierung vorgenommen.[24] Bis dahin sahen die meisten Richtlinien nur eine sog. Minimumharmonisierung vor, erlaubten es also den Mitgliedstaaten, den Verbraucher durch günstigere Regeln besser zu schützen als vom EG-Recht vorgesehen. Die Kommission kündigte in ihrer Strategie für 2002-2006 an, bei der Überar-

---

19 Zur möglichen organisatorischen Verwirklichung *Staudenmayer*, RIW 1999, 734 f.

20 So auch *Reich*, VuR 1999, 4 f; *Staudenmayer*, RIW 1999, 734.

21 KOM (1998) 696 endg.

22 Verbraucherpolitischer Aktionsplan 1999-2001, KOM (1998) 696 endg., unter 3.

23 Zu diesem Ansatz *Weatherill*, in: Micklitz, S. 423 ff; kritisch zu diesem Begründungsstrang *Wilhelmsson*, Journal of Consumer Policy 27 (2004), S. 317 ff.

24 *Twigg-Flesner*, S. 12, 15.

beitung der Verbraucherschutzvorschriften nun generell **Vollharmonisierung** vorzuschlagen, um Beeinträchtigungen des Binnenmarkts abzubauen.[25] In den Richtlinien Fernabsatz für Finanzdienstleistungen, unfaire Handelspraktiken, Verbraucherkredit und Timesharing ist dieses Vorhaben inzwischen verwirklicht worden. Im Oktober 2008 legte die Kommission dann den lang erwarteten Vorschlag für eine horizontale Richtlinie über Rechte der Verbraucher vor, der ursprünglich vier wichtige bisherige Mindestharmonisierungsrichtlinien in einem Akt zusammenfassen und in Vollharmonisierungsmaßnahmen überführen sollte.[26] Nach vierjähriger Beratung ist die neue **Verbraucherrechte-Richtlinie** (Richtlinie 2011/83/EU des Europäischen Parlaments und des Rates über die Rechte der Verbraucher, zur Änderung der Richtlinie 93/13/EWG des Rates und der Richtlinie 1999/44/EG des Europäischen Parlaments und des Rates sowie zur Aufhebung der Richtlinie 85/577/EWG des Rates und der Richtlinie 97/7/EG des Europäischen Parlaments und des Rates vom 25.10.2011)[27] am 10.10.2011 verabschiedet worden. Sie erfüllt die an sie gestellten Erwartungen nur teilweise. So wurde das ursprüngliche Ziel, eine vollharmonisierende Richtlinie in den Bereichen Fernabsatz, Haustürgeschäft, Verbrauchsgüterkauf und Allgemeine Geschäftsbedingungen zu schaffen, nicht erreicht. Nur die Richtlinien über Haustürgeschäfte und Fernabsatz werden durch die neue Verbraucherrechte-Richtlinie in Vollharmonisierung überführt, außerdem einige eher singuläre Regeln zum Verbrauchsgüterkauf. Die Vollharmonisierung betrifft damit im Wesentlichen nur Informationspflichten und Widerrufsrechte. Eine echte Innovation sind einige allgemeinen Bestimmungen für alle Verbraucherverträge, insbesondere zu Informationspflichten und Zusatzentgelten.

Die Richtlinie wurde in Deutschland durch das Gesetz zur Umsetzung der Verbraucherrechte-Richtlinie und zur Änderung des Gesetzes zur Regelung der Wohnungsvermittlung vom 20.9.2013 fristgerecht umgesetzt. Die neuen Regelungen gelten seit dem 14.6.2014.[28]

Ein **Aktionsplan der Kommission von 2003**[29] und eine weitere Mitteilung von 2004[30] sahen vor, 14
einen „Gemeinsamen Referenzrahmen" zum europäischen Vertragsrecht auszuarbeiten, der u.a. als Hilfsmittel für die Verbesserung der gesetzgeberischen Qualität von Gemeinschaftsrechtsakten dienen soll. Ein von der Kommission mit Vorarbeiten betrautes Wissenschaftlernetzwerk legte daraufhin den **Entwurf eines gemeinsamen Referenzrahmens** vor.[31] Dieser Entwurf beschränkte sich nicht auf Regelungen zum Vertragsrecht, sondern umfasst weitere Teile des Vermögensrechts. Das europäische Verbraucherrecht nimmt in diesem Entwurf weiten Raum ein.

Der **Entstehungsprozess der unionsrechtlichen Verbraucherpolitik** zeigt vor allem, dass sich diese 15
Politik in einem Spannungsfeld zwischen marktbezogenen und autonomen Zielstellungen entwickelt hat und sich immer noch darin befindet. Die Entwicklung verlief nicht geradlinig und enthält mehrere Paradoxa. Die europäische Verbraucherpolitik und vor allem die konkreten Tätigkeiten der Gemeinschaft wurden jedoch ungeachtet der veränderten Politikziele und Kompetenzgrundlagen ganz überwiegend als Maßnahmen zur Verwirklichung des Gemeinsamen Marktes und des Binnenmarktes konzipiert und legitimiert (**Verbraucherschutz als „by-product"**).[32] In den Begründungen zu den bislang erlassenen Richtlinien überwiegt als gesetzgeberisches Motiv die **Förderung des Binnenmarktes**. Nur nachrangig wird auch die Verbesserung des Verbraucherschutzniveaus im mitgliedstaatlichen Recht für innerstaatliche Fälle als Ziel angeführt. Eine Verbraucherpolitik, die sich primär als flankierender Teil einer Politik zur Herstellung und Erhaltung eines funktionsfähigen grenzüberschreitenden Marktes versteht, enthält von vornherein entsprechende

25 ABl. 2002 C 137, S. 7.
26 KOM (2008) 614 endg.
27 ABl. 2011, L 304, S. 64.
28 BGBl. I, S. 3642.
29 KOM (2003) 68 endg.
30 KOM (2004) 651 endg.
31 *von Bar/Clive/Schulte-Nölke et al.*, Principles, Definitions and Model Rules of European Private Law, Draft Common Frame of Reference (DCFR), Outline Edition, 2009.
32 Zitat nach *Bourgoignie/Trubek*, S. 200 f.

Vorgaben für das Spektrum der Verbraucherschutzziele und -maßnahmen. Trotz ihrer inzwischen erreichten Zuständigkeit für eine binnenmarktunabhängige, „soziale" Verbraucherpolitik, hat die Gemeinschaft ihr Verbraucherrecht bislang primär auf den Binnenmarkt ausgerichtet. So stützt sich auch die neue Verbraucherrechte-Richtlinie auf Art. 114 AEUV.

II. Wichtige Rechtsakte im Bereich des Europäischen Verbraucherrechts

1. Überblick Verordnungen und Richtlinien

16 Wichtige EU-Rechtsakte zum Verbraucherschutz sind u.a.:

Verbrauchervertragsrecht:

- Richtlinie 85/577/EWG betreffend den Verbraucherschutz im Falle von außerhalb von Geschäftsräumen geschlossenen Verträgen (ersetzt und aufgehoben durch Richtlinie 2011/83/EU),[33]
- Richtlinie 87/102/EWG zur Angleichung der Rechts- und Verwaltungsvorschriften der Mitgliedstaaten über den Verbraucherkredit (ersetzt und aufgehoben durch Richtlinie 2008/48/EG),[34]
- Richtlinie 90/314/EWG über Pauschalreisen,[35]
- Richtlinie 93/13/EWG über missbräuchliche Klauseln in Verbraucherverträgen,[36]
- Richtlinie 94/47/EG zum Schutz der Erwerber im Hinblick auf bestimmte Aspekte von Verträgen über den Erwerb von Teilzeitnutzungsrechten an Immobilien (ersetzt und aufgehoben durch Richtlinie 2008/122/EG),[37]
- Richtlinie 97/7/EG über den Verbraucherschutz bei Vertragsabschlüssen im Fernabsatz (ersetzt und aufgehoben durch Richtlinie 2011/83/EU),[38]
- Richtlinie 1999/44/EG zu bestimmten Aspekten des Verbrauchsgüterkaufs und der Garantien für Verbrauchsgüter,[39]
- Richtlinie 2002/65/EG über den Fernabsatz von Finanzdienstleistungen an Verbraucher,[40]
- Richtlinie 2008/48/EG des Europäischen Parlaments und des Rates vom 23.4.2008 über Verbraucherkreditverträge und zur Aufhebung der Richtlinie 87/102/EWG des Rates,[41]
- Richtlinie 2008/122/EG des Europäischen Parlaments und des Rates vom 14.1.2009 über den Schutz der Verbraucher im Hinblick auf bestimmte Aspekte von Teilnutzungsverträgen, Verträgen über langfristige Urlaubsprodukte sowie Wiederverkaufs- und Tauschverträgen,[42]
- Richtlinie 2011/83/EU des Europäischen Parlaments und des Rates über die Rechte der Verbraucher, zur Abänderung der Richtlinie 93/13/EWG des Rates und der Richtlinie 1999/44/EG des Europäischen Parlaments und des Rates sowie zur Aufhebung der Richtlinie 85/577/EWG des Rates und der Richtlinie 97/7/EG des Europäischen Parlaments und des Rates vom 25.10.2011,[43]
- Richtlinie 2014/17/EU des Europäischen Parlaments und des Rates vom 4.2.2014 über Wohnimmobilienkreditverträge für Verbraucher und zur Änderung der Richtlinien 2008/48/EG und 2013/36/EU und der Verordnung (EU) Nr. 1093/2010.[44]

---

33 ABl. 1985, L 372, S. 31.
34 ABl. 1987, L 42, S. 48.
35 ABl. 1990, L 158, S. 59.
36 ABl. 1993, L 95, S. 29.
37 ABl. 1994, L 280, S. 82.
38 ABl. 1997, L 144, S. 19.
39 ABl. 1999, L 171, S. 12.
40 ABl. 2002, L 271, S. 16.
41 ABl. 2008, L 133, S. 66, ber. ABl. 2009, L 207, S. 14.
42 ABl. 2008, L 33, S. 10.
43 ABl. 2011, L 304, S. 64.
44 ABl. 2014, L 60, S. 34.

Produkthaftung und Produktsicherheit:
- Richtlinie 85/374/EWG zur Angleichung der Rechts- und Verwaltungsvorschriften der Mitgliedstaaten über die Haftung für fehlerhafte Produkte,[45]
- Richtlinie 2001/95/EG über allgemeine Produktsicherheit.[46]

Lauterkeits- und Kennzeichnungsrecht:
- Richtlinie 98/6/EG des Europäischen Parlaments und des Rates vom 16. Februar 1998 über den Schutz der Verbraucher bei der Angabe der Preise der ihnen angebotenen Erzeugnisse,[47]
- Richtlinie 2005/29/EG über unlautere Geschäftspraktiken,[48]
- Richtlinie 2006/114/EG des Europäischen Parlaments und des Rates vom 12. Dezember 2006 über irreführende und vergleichende Werbung.[49]

Prozess- und Verwaltungsrecht:
- Richtlinie 98/27/EG des Europäischen Parlaments und des Rates vom 19. Mai 1998 über Unterlassungsklagen zum Schutz der Verbraucherinteressen,[50]
- Verordnung (EG) Nr. 2006/2004 über die Zusammenarbeit zwischen den für die Durchsetzung der Verbraucherschutzgesetze zuständigen nationalen Behörden,[51]
- Verordnung (EG) Nr. 861/2007 des Europäischen Parlaments und des Rates vom 11. Juli 2007 zur Einführung eines europäischen Verfahrens für geringfügige Forderungen.[52]

Auch aus dem Zuständigkeitsbereich anderer Generaldirektionen haben zahlreiche **Rechtsakte Bedeutung für den Verbraucherschutz.** Dies gilt in besonderem Maße für die E-Commerce-Richtlinie[53] sowie für das Recht der Banküberweisungen und sonstigen Formen der Zahlung, ferner etwa für die Passagierrechte-Verordnungen.[54] Beispielhaft seien ferner genannt die zahlreichen Maßnahmen der EU im Bereich Produktsicherheit und Umweltschutz für spezielle Produkte oder Stoffe, die Maßnahmen in den Bereichen Kapitalmarkt, Banken und Versicherungen, die insbesondere auch den Schutz von Anlegern, Bankkunden und Versicherungsnehmern bezwecken, und Maßnahmen zu den sog. „Leistungen der Daseinsvorsorge" (u.a. Energie, Telekommunikation, audiovisuelle Medien, Postdienste, Transport). Weitreichende Auswirkungen auf den Verbraucherschutz gehen überdies von der Dienstleistungsrichtlinie[55] aus. Nicht zuletzt enthalten Rechtsakte im Bereich des Internationalen Privatrechts sowie des Internationalen Zivilprozessrechts etliche Verbraucherschutzbestimmungen. 17

2. Kurzbeschreibung wichtiger Richtlinien

Die meisten der hier umrissenen Richtlinien können mit Blick auf ihren Schutzzweck in vertriebsbezogene, produktbezogene und solche Richtlinien unterteilt werden, die beide Elemente verbinden. Während die **vertriebsbezogenen** Richtlinien auf den Schutz des Verbrauchers in als besonders gefährlich erachteten Vertriebssituationen abzielen, ergibt sich die abzuwendende Gefahr bei den 18

45 ABl. 1985, L 307, S. 54.
46 ABl. 2001, L 11, S. 4.
47 ABl. 1998, L 80, S. 27.
48 ABl. 2005, L 149, S. 22, dazu näher § 17 dieses Bandes, auch zu den damit zusammenhängenden weiteren Rechtsakten, u.a. RL 84/450/EWG zur Angleichung der Rechts- und Verwaltungsvorschriften der Mitgliedstaaten über irreführende Werbung; RL 97/55/EG zur Änderung der RL 84/450/EWG zwecks Einbeziehung der vergleichenden Werbung in die irreführende Werbung; RL 89/552/EWG, über die Ausübung der Fernsehtätigkeit (Fernsehen ohne Grenzen), geändert durch die RL 97/36/EG; RL 2000/13/EG zur Etikettierung und Aufmachung von Lebensmitteln sowie der Werbung hierfür.
49 ABl. 2006, L 376, S. 21.
50 ABl. 1998, L 166, S. 51.
51 ABl. 2004, L 364, S. 1.
52 ABl. 2007, L 199, S. 1.
53 RL 2000/31/EG des Europäischen Parlaments und des Rates vom 8.6.2000 über bestimmte rechtliche Aspekte der Dienste der Informationsgesellschaft, insbesondere des elektronischen Geschäftsverkehrs, im Binnenmarkt, ABl. 2000, L 178, S. 1.
54 Vgl oben Abschnitt 1 II.
55 RL 2006/123/EG des Europäischen Parlaments und des Rates vom 12. Dezember 2006 über Dienstleistungen im Binnenmarkt, ABl. 2006, L 376, S. 36.

produktbezogenen Richtlinien aus Art und Inhalt des Vertrages. Die Schutzwürdigkeit resultiert dabei entweder aus einem mit dem Vertragstyp verbundenen besonderen Risiko (etwa der Aufnahme eines Verbraucherkredits) oder aus der großen praktischen Bedeutung des Vertragstyps (zB des Verbrauchsgüterkaufs).

19 Ein frühes Beispiel für eine Richtlinie mit vertriebsbezogenem Verbraucherschutz war die **Haustürwiderrufsrichtlinie** (85/577/EWG), die in geänderter Form nun in der Verbraucherrechte-Richtlinie (2011/83/EU) weiterlebt. Sie verfolgte das Ziel, Verbrauchern die Möglichkeit zu geben, Verträge, in die sie durch Initiative des Gewerbetreibenden ungewollt und unvorbereitet geraten sind und bei denen sie deshalb keine Möglichkeit hatten, Qualität und Preis des Angebots mit anderen Produkten zu vergleichen, zu überdenken und sich eventuell von ihnen zu lösen. Um den Verbraucher vor den Folgen einer Überrumpelung zu schützen, wurde ihm vor allem ein Widerrufsrecht innerhalb einer kurzen Bedenkzeit eingeräumt und sichergestellt, dass er über dieses Recht ausreichend belehrt wird.

20 Auf den Schutz des Verbrauchers in einer besonders risikobehafteten Vertriebsform zielte auch die **Fernabsatzrichtlinie 97/7/EG** ab, die in überarbeiteter Form ebenfalls in die Verbraucherrechte-Richtlinie (2011/83/EU) eingegangen ist. Diese Richtlinie war das Gegenstück zur Haustürwiderrufsrichtlinie.[56] Dem Verbraucher sollte der Zugang zum grenzüberschreitenden Handel mithilfe von Fernkommunikationstechniken eröffnet, der Missbrauch dieser Vertriebssituation durch den Lieferer jedoch durch die Schaffung eines Grundstocks gemeinsamer Regeln verhindert werden. Die Richtlinie war auf Situationen anwendbar, in denen die Vertragsparteien in physischer Abwesenheit voneinander verhandeln und der Vertrag ausschließlich mithilfe von Fernkommunikationstechniken zustande kommt. Sie verpflichtete den Lieferer sowohl vor als auch nach dem Vertragsschluss bestimmte Informationen zu geben und gewährte dem Verbraucher ein Widerrufsrecht.

21 Auch die Richtlinie zum **Fernabsatz von Finanzdienstleistungen 2002/65/EG** bezweckt den Schutz des Verbrauchers bei besonders risikobehafteten Vertriebsformen. Die Richtlinie sieht **Vollharmonisierung** vor, verbietet also nicht nur jegliche Unterschreitung des von ihr vorgeschriebenen Verbraucherschutzniveaus, sondern auch eine Besserstellung des Verbrauchers durch die Gesetzgebung der Mitgliedstaaten. Sie enthält Regelungen, die auf die besonderen Bedürfnisse des Finanzdienstleistungssektors abzielen, insbesondere Informationspflichten des Dienstleisters und ein Widerrufsrecht.

22 Das Ziel der mit dem Fernabsatz in engem Zusammenhang stehenden **E-Commerce-Richtlinie 2000/31/EG** ist die Schaffung eines sicheren rechtlichen Rahmens für den freien Verkehr von Diensten der Informationsgesellschaft zwischen den Mitgliedstaaten. Die E-Commerce-Richtlinie enthält zwar Sonderregeln für Verbraucher, es handelt sich aber nicht in erster Linie um eine Verbraucherschutzrichtlinie. Die Richtlinie sieht u.a. Informationspflichten der Anbieter vor und regelt einige Modalitäten des Abschlusses elektronischer Verträge. Die Richtlinie 2000/31/EG ist u.a. durch § 321 i BGB umgesetzt.[57]

23 Die **Verbraucherkreditrichtlinie 2008/48/EG**[58] vom 23. April 2008 (geändert durch Richtlinie 2011/90/EU[59] sowie durch Richtlinie 2014/17/EU)[60] löste die bisher geltende Richtlinie 87/102/EWG des Rates vom 22.12.1986 zur Angleichung der Rechts- und Verwaltungsvorschriften der Mitgliedstaaten über den Verbraucherkredit zum 11. Juni 2008 ab. Die neue Richtlinie ist als **Vollharmonisierungsmaßnahme** ausgestaltet. Das bisherige Mindestharmonisierungsprinzip galt als Ursache für die Probleme bei der Errichtung eines einheitlichen Binnenmarkts für Verbraucherkredite. Ziel ist es, den gemeinsamen Binnenmarkt auf dem Gebiet der Verbraucherkredite zu verbessern. Dennoch enthält die Richtlinie in einigen Bereichen „Optionen“, die den Mitgliedstaaten

56 *Reich/Micklitz*, S. 577.
57 Vgl hierzu die Schlussanträge (EuGH), Rs. C-236/08, C-237/08 und C-238/08 (Google), Slg 2010, I-02417.
58 ABl. 2008, L 133, S. 66.
59 ABl. 2011, L 296, S. 35.
60 ABl. 2014, L 60, S. 34.

Regelungsspielräume im nationalen Recht eröffnen. In Deutschland wurden die neuen Regelungen durch das Gesetz zur Umsetzung der Verbraucherkreditrichtlinie zum 11. Juni 2010 umgesetzt. Durch die neue Richtlinie wurden u.a. die Informationspflichten der Unternehmer ausgeweitet.

Spätestens zum 21. März 2016 sind weitere Änderungen der nationalen Vorschriften zu erwarten, da bis dahin die am 4. Februar erlassene Änderungsrichtlinie 2014/17/EU umzusetzen ist. Diese **Mindestharmonisierungsmaßnahme** betrifft Verbraucherverträge über **Wohnimmobilienkredite**, die von der neuen Verbraucherkreditrichtlinie 2008/48/EG nicht erfasst sind. Sie trifft u.a. Regelungen über Informationspflichten und zur Kreditvermittlung.

Mit dem Erlass der **neuen Timesharing-Richtlinie 2008/122/EG** über den Schutz der Verbraucher im Hinblick auf bestimmte Aspekte von Teilzeitnutzungsverträgen, Verträgen über langfristige Urlaubsprodukte sowie Wiederverkaufs- und Tauschverträgen[61] wurde die „alte" Timesharing-Richtlinie 94/47/EG vom 26. Oktober 1994 zum Schutz der Erwerber im Hinblick auf bestimmte Aspekte von Verträgen über den Erwerb von Teilzeitnutzungsrechten an Immobilien[62] zum 23.2.2009 abgelöst. Anders als bisher bezweckt die neue Richtlinie **Vollharmonisierung.**[63] Der Hauptgrund für diese Richtlinie war die Entwicklung des Timesharing-Markts seit 1994. Zahlreiche neue Geschäftsmodelle und Ausgestaltungen wurden trotz ähnlicher Gefahren für den Verbraucher nicht vom Anwendungsbereich der alten Richtlinie erfasst.[64] Etwas ausgeweitet wurden daher auch die Verbraucherschutzinstrumente, insbesondere die (vor-)vertraglichen Informationspflichten und das Widerrufsrecht. Ziel ist es, den Erwerbern durch strengere Informationspflichten und damit einhergehend durch mehr Transparenz eine verlässliche Entscheidungsgrundlage zu gewährleisten.[65] 24

In Deutschland wurde die Richtlinie durch das Gesetz zur Modernisierung der Regelungen über Teilzeit-Wohnrechteverträge, Verträge über langfristige Urlaubsprodukte sowie Vermittlungsverträge und Tauschsystemverträge vom 17.1.2011[66] umgesetzt. Die Regelungen sind am 23. Februar 2011 in Kraft getreten. Neben einer **Ausweitung des Anwendungsbereichs** von § 481 BGB (Teilzeit – Wohnrechteverträge) werden auch andere Vertragsformen, wie Vermittlungs- und Tauschsystemverträge (§ 481 b BGB), geregelt. Mit dem Gesetz zur Umsetzung der Verbraucherrechte-Richtlinie[67] wurden auch die Regelungen über Teilzeitwohnrechte überarbeitet.

Ziel der **Verbrauchsgüterkaufrichtlinie 1999/44/EG** war die Schaffung eines gemeinsamen Mindestsockels von Verbraucherrechten, die in der gesamten EU gelten. So sollte das Vertrauen der Verbraucher gestärkt und ihnen die Nutzung der durch die Schaffung des Binnenmarkts gebotenen Vorzüge ermöglicht werden. Die Richtlinie harmonisiert deshalb das Gewährleistungsrecht beim Kauf.[68] Die Bestimmungen und Grundsätze des innerstaatlichen Rechts über die Regelung der vertraglichen und außervertraglichen Schadensersatzhaftung sollten hingegen unbeeinträchtigt bleiben. Der Anwendungsbereich der Richtlinie umfasst Verträge, die zwischen einem Verbraucher und einem Unternehmer geschlossen werden und den Kauf beweglicher körperlicher Gegenstände (Verbrauchsgüter) oder die Lieferung herzustellender oder noch zu erzeugender Verbrauchsgüter zum Inhalt haben. Die Verbrauchsgüterkaufrichtlinie sieht zugunsten des Verbrauchers vier verschiedene Gewährleistungsrechte (Nachbesserung, Ersatzlieferung, Minderung, Vertragsauflösung) vor. Sie regelt ferner eine **Beweislastumkehr** zugunsten des Verbrauchers dahingehend, dass ein Mangel, der sich innerhalb von sechs Monaten nach Lieferung zeigt, schon bei der Lieferung vorgelegen hat. Die Verbrauchsgüterkaufrichtlinie hat in Deutschland den Anstoß zu einer umfangreichen **Reform des Schuldrechts** gegeben. Die Vorgaben der Richtlinie haben dabei nicht nur zu eini- 25

61 ABl. 2008, L 33, S. 10.
62 ABl. 1994, L 280, S. 82.
63 KOM (2007) 303 endg.
64 *Tacou,* NJOZ 2011, 793.
65 *Tacou,* NJOZ 2011, 793; *Franzen,* NZM 2011, 217, 218.
66 BGBl. I, S. 34.
67 BGBl. I, S. 3642.
68 *Reich/Micklitz,* S. 647.

gen besonderen Vorschriften für den Verbrauchsgüterkauf in §§ 474 ff BGB geführt, sondern auch das allgemeine Kaufrecht in den §§ 433 ff BGB stark beeinflusst.

26 Die **Pauschalreiserichtlinie** 90/314/EWG zählt zwar zu den Verbraucherschutzrichtlinien, sie schützt aber auch Reisende, die nicht Verbraucher im Sinne des Gemeinschaftsrechts sind. Sie zielt auf die Schaffung eines Minimums an gemeinsamen Regeln im Bereich des Pauschalreiserechts ab. Die Richtlinie regelt Pflichten eines Reiseveranstalters, der einem Reisenden vertraglich die Erbringung von mindestens zwei Reiseleistungen (Beförderung, Unterbringung oder andere touristische Dienstleistungen) im Voraus verspricht, wenn die Leistung länger als 24 Stunden dauert oder eine Übernachtung einschließt (Reisevertrag). Zum Schutz des Reisenden ist der Reiseveranstalter nicht nur zur umfassenden Information des Reisenden verpflichtet und an Änderungen des Reisepreises oder wesentlicher Reiseleistungen weitgehend gehindert. Er haftet zudem für Mängel der Reise und ist zum Nachweis verpflichtet, dass im Falle der Zahlungsunfähigkeit oder des Konkurses die Erstattung gezahlter Beträge und die Rückreise des Verbrauchers sichergestellt sind. Dem Reisenden werden Rechte zur Geltendmachung von Reisemängeln und zur Lösung vom Reisevertrag eingeräumt. Die Umsetzung der Pauschalreiserichtlinie führte u.a. zu einer Änderung der §§ 651 a ff BGB. Die Europäische Kommission bereitet derzeit einen Vorschlag für eine Überarbeitung der Pauschalreiserichtlinie vor. Am 9.7.2013 hat die Europäische Kommission den **Vorschlag für eine neue Pauschalreiserichtlinie** angenommen.[69] Ziel des Vorschlags für eine Richtlinie des Europäischen Parlaments und des Rates über Pauschal- und Bausteinreisen, zur Änderung der Verordnung (EG) Nr. 2006/2004 und der Richtlinie 2001/83/EU sowie zur Aufhebung der Richtlinie 90/314/EWG des Rates ist es, die sich durch die technische Weiterentwicklung insbesondere im Bereich von **Reisebuchungen über das Internet** ergebenden Unzulänglichkeiten der alten Pauschalreiserichtlinie abzustellen.

27 Die **Klauselrichtlinie 93/13/EWG** verbindet vertriebs- und produktbezogenen Verbraucherschutz. Um die Errichtung des Binnenmarktes zu erleichtern, soll der Bürger in seiner Rolle als Verbraucher beim Kauf von Waren und Dienstleistungen durch gemeinsame Vorschriften vor missbräuchlichen Vertragsklauseln geschützt werden. Dieser Schutz beschränkt sich allerdings auf Situationen, in denen die Vertragsbedingungen nicht individuell ausgehandelt, sondern vorformuliert werden und so der inhaltlichen Einflussnahme des Verbrauchers entzogen sind. Die Richtlinie enthält eine Generalklausel zur Kontrolle vorformulierter Vertragsklauseln und ein Transparenzgebot, sieht aber keine Einbeziehungskontrolle vor. Ein Anhang nennt, nicht abschließend, Klauseln, die für missbräuchlich erklärt werden können. Die Richtlinie wurde zunächst durch eine minimalistische Änderung des AGBG umgesetzt. Seit der Integration des AGB-Rechts in das BGB im Rahmen der Schuldrechtsreform finden sich dessen Vorschriften nun in den §§ 305 ff BGB.

28 Außerhalb des Vertragsrechts setzt die **Produkthaftungsrichtlinie** 85/374/EWG (geändert durch Richtlinie 1999/34/EG des Europäischen Parlaments und des Rates vom 10. Mai 1999 zur Änderung der Richtlinie 85/374/EWG des Rates zur Angleichung der Rechts- und Verwaltungsvorschriften der Mitgliedstaaten über die Haftung für fehlerhafte Produkte) an. Sie bezweckt den Schutz des Verbrauchers vor den Folgen der Fehlerhaftigkeit industriell gefertigter Waren und sieht zu diesem Zweck eine verschuldensunabhängige Haftung der am Produktionsprozess beteiligten Personen für Schäden vor, die durch Fehler des Produkts verursacht wurden. Die Richtlinie wurde in Deutschland durch den Erlass des Produkthaftungsgesetzes umgesetzt.

29 Ende 2008 legte die Kommission einen **„Vorschlag für eine Richtlinie des Europäischen Parlaments und des Rates über Rechte der Verbraucher"** vor, der die Haustürgeschäfte-,[70] die Klausel-,[71] die Fernabsatz-[72] und die Verbrauchsgüterkaufrichtlinie[73] zu einem einzigen horizontalen Rechtsin-

---

69 KOM (2013) 512.
70 Richtlinie 85/577/EWG, ABl. 1985, L 372, S. 31.
71 Richtlinie 93/13/EWG, ABl. 1993, L 95, S. 29.
72 Richtlinie 97/7/EG, ABl. 1997, L 144, S. 19.
73 Richtlinie 99/44/EG, ABl. 1999, L 171, S. 12.

strument zusammenführen sollte.[74] Das Mindestharmonisierungskonzept, auf dem diese vier Richtlinien basieren, sollte zugunsten einer Vollharmonisierung aufgegeben werden.[75] Die Mindestharmonisierung habe zu einer Rechtszersplitterung geführt, die zum einen bewirke, dass grenzüberschreitend tätigen Unternehmen erhebliche Kosten durch die Einhaltung unterschiedlicher nationaler Vorschriften entstünden und zum anderen das Vertrauen der Verbraucher in den Binnenmarkt schwächte.[76] Umgesetzt wurde das ursprüngliche Vorhaben einer Vollharmonisierung nur in den Bereichen Fernabsatz- und Haustürgeschäfte. Die neue **Verbraucherrechte-Richtlinie** 2011/83/EU des Europäischen Parlaments und des Rates vom 25.10.2011 über die Rechte der Verbraucher zur Abänderung der Richtlinie 93/13/EWG des Rates und der Richtlinie 1999/44/EG des Europäischen Parlaments und des Rates sowie zur Aufhebung der Richtlinie 85/577/EWG des Rates und der Richtlinie 97/7/EG des Europäischen Parlaments und des Rates[77] vereinheitlicht Informationspflichten und Widerrufsrecht und enthält einige allgemeine Bestimmungen für alle Verträge, insbesondere Informationspflichten, Zeit und Art der Lieferung und zusätzliche Entgelte. Das nationale Gesetz zur Umsetzung der Verbraucherrechte-Richtlinie vom 20. September 2013 ist am 13.6.2014 in Kraft getreten.

Überblick über die wichtigsten Umsetzungsvorschriften im deutschen Recht 30

Richtlinie	**Umsetzung**
Verbraucherrechte-Richtlinie	§§ 13, 126 b, 241 a, 312 bis 312 k, 355 bis 361, 443, 474, BGB, Art. 46 b, 229, 245 bis 246 c EGBGB
Richtlinie zum Fernabsatz von Finanzdienstleistungen	§§ 312 Abs. 5 BGB (312 b BGB aF), 312 g Abs. 2 Nr. 8 BGB (312 d Abs. 4 Nr. 6 BGB aF), 312 g Abs. 2 Nr. 13; § 1 BGB-InfoV
E-Commerce-Richtlinie	§§ 312 i, 312 j BGB (§ 321 e BGB aF), Art. 246 c EGBGB (Art. 246 § 3 EGBGB aF)
Timesharing-Richtlinie	§§ 481 ff, 356 a, 357 b BGB, Art. 242 § 1 EGBGB
Verbrauchsgüterkaufrichtlinie	§§ 474 ff, 433 ff BGB
Pauschalreiserichtlinie	§§ 651 a ff BGB, §§ 4-11 BGB-InfoV
Klauselrichtlinie	§§ 305 ff BGB
Produkthaftungsrichtlinie	ProdHG
Verbraucherkreditrichtlinie	§§ 491 ff, 655 a ff BGB, Art. 246 b EGBGB, Art. 247 EGBGB, § 6 a PAngV

III. Der Begriff des Verbrauchers und des Gewerbetreibenden

Die meisten Rechtsakte des europäischen Verbraucherrechts haben als **gemeinsame Voraussetzung,** 31 dass auf der einen Seite des Geschäfts ein Gewerbetreibender, auf der anderen ein Verbraucher handeln muss. In Deutschland sind diese Begriffe für viele Rechtsgebiete übergreifend in § 13 und § 14 BGB definiert. Die Definitionen lehnen sich dabei eng an den Wortlaut des EG-Rechts an.[78] Durch die nahezu wörtliche Übernahme der Definitionen aus dem EG-Recht und deren Platzierung im Allgemeinen Teil des BGB hat der deutsche Gesetzgeber zum Ausdruck gebracht, dass diese Begriffe für das gesamte deutsche Recht **einheitlich** und zwar **spiegelbildlich zur Auslegung des EG-Rechts** verstanden werden sollen. Daher kommt es für die Auslegung von § 13 und § 14 BGB zunächst auf die europarechtlichen Vorgaben an.

74 *Twigg-Flesner,* S. 17.
75 KOM (2008) 614 endg., S. 3.
76 KOM (2008) 614 endg., S. 2 f.
77 ABl. 2011, L 304, S. 64.
78 S. untenstehende Tabelle.

32 Die Begriffe „Verbraucher“ und „Gewerbetreibender“ im Unionsrecht

Quelle	Verbraucherbegriff	Begriff des Gewerbetreibenden
Richtlinie zum Fernabsatz von Finanzdienstleistungen, Art. 2 lit. c, d	Jede natürliche Person, die bei Fernabsatzverträgen zu Zwecken handelt, die nicht ihrer gewerblichen oder beruflichen Tätigkeit zugerechnet werden können.	„Anbieter“: Jede natürliche oder juristische Person des öffentlichen oder privaten Rechts, die im Rahmen ihrer gewerblichen oder beruflichen Tätigkeit Dienstleistungen aufgrund von Fernabsatzverträgen erbringt.
E-Commerce-Richtlinie, Art. 2 lit. b, e	Jede natürliche Person, die zu Zwecken handelt, die nicht zu ihren gewerblichen, geschäftlichen oder beruflichen Tätigkeiten gehören.	„Diensteanbieter“: Jede natürliche oder juristische Person, die einen Dienst der Informationsgesellschaft anbietet.
Verbrauchsgüterkaufrichtlinie, Art. 2 lit. a, c	Eine natürliche Person, die bei den von dieser Richtlinie erfassten Geschäften zu einem Zweck handelt, der nicht ihrer beruflichen oder gewerblichen Tätigkeit zugerechnet werden kann.	„Verkäufer“: Jede natürliche oder juristische Person, die aufgrund eines Vertrags im Rahmen ihrer beruflichen oder gewerblichen Tätigkeit Verbrauchsgüter verkauft.
Pauschalreiserichtlinie, Art. 2 Abs. 2 Nr. 1-3	Die Person, welche die Pauschalreise bucht oder zu buchen sich verpflichtet („der Hauptkontrahent“) oder jede Person, in deren Namen der Hauptkontrahent sich zur Buchung der Pauschalreise verpflichtet („die übrigen Begünstigten“) oder jede Person, der der Hauptkontrahent oder einer der übrigen Begünstigten die Pauschalreise abtritt („der Erwerber“).	„Veranstalter“: Die Person, die nicht nur gelegentlich Pauschalreisen organisiert und sie direkt oder über einen Vermittler verkauft oder zum Verkauf anbietet. „Vermittler“: die Person, welche die vom Veranstalter zusammengestellte Pauschalreise verkauft oder zum Verkauf anbietet.
Klauselrichtlinie, Art. 2 lit. b, c	Eine natürliche Person, die bei Verträgen, die unter diese Richtlinie fallen, zu einem Zweck handelt, der nicht ihrer gewerblichen oder beruflichen Tätigkeit zugerechnet werden kann.	Eine natürliche oder juristische Person, die bei Verträgen, die unter diese Richtlinie fallen, im Rahmen ihrer gewerblichen oder beruflichen Tätigkeit handelt, auch wenn diese dem öffentlich-rechtlichen Bereich zuzurechnen ist.

Quelle	Verbraucherbegriff	Begriff des Gewerbetreibenden
Produkthaftungsrichtlinie, Art. 3 Abs. 1		„Hersteller" ist der Hersteller des Endprodukts, eines Grundstoffs oder eines Teilprodukts sowie jede Person, die sich als Hersteller ausgibt, indem sie ihren Namen, ihr Warenzeichen oder ein anderes Erkennungszeichen auf dem Produkt anbringt.
Art. 15 EuGVVO	„Verbrauchersachen": Ein Vertrag oder Ansprüche aus einem Vertrag, den eine Person, der Verbraucher, zu einem Zweck geschlossen hat, der nicht der beruflichen oder gewerblichen Tätigkeit dieser Person zugerechnet werden kann.	
Art. 13 EuGVÜ	„Verbrauchersachen": Klagen aus einem Vertrag, den eine Person zu einem Zweck abgeschlossen hat, der nicht der beruflichen oder gewerblichen Tätigkeit dieser Person (Verbraucher) zugerechnet werden kann […]".	
Art. 6 Abs. 1 Rom I VO	Ein Vertrag, den eine natürliche Person zu einem Zweck, der nicht ihrer beruflichen oder gewerblichen Tätigkeit zugerechnet werden kann („Verbraucher"), mit einer anderen Person geschlossen hat.	Eine …Person …, die in Ausübung ihrer beruflichen oder gewerblichen Tätigkeit handelt („Unternehmer")
Art. 5 EVÜ	„Verbraucherverträge": Verträge über die Lieferung beweglicher Sachen oder die Erbringung von Dienstleistungen an eine Person, den Verbraucher, zu einem Zweck, der nicht der beruflichen oder gewerblichen Tätigkeit des Verbrauchers zugerechnet werden kann, sowie für Verträge zur Finanzierung eines solchen Geschäfts.	

Quelle	Verbraucherbegriff	Begriff des Gewerbetreibenden
Verbraucherkreditrichtlinie (2008), Art. 3 lit. a, b	Eine natürliche Person, die bei den von dieser Richtlinie erfassten Geschäften zu einem Zweck handelt, der nicht ihrer beruflichen oder gewerblichen Tätigkeit zugerechnet werden kann.	„Kreditgeber“: Eine natürliche oder juristische Person, die in Ausübung ihrer gewerblichen oder beruflichen Tätigkeit einen Kredit gewährt oder zu gewähren verspricht.
Timesharing-Richtlinie (2008), Art. 2 lit. e, f	Jede natürliche Person, die zu Zwecken handelt, die nicht ihrer gewerblichen, geschäftlichen, handwerklichen oder beruflichen Tätigkeit zugerechnet werden können.	Eine natürliche oder juristische Person, die für die Zwecke ihrer gewerblichen, geschäftlichen, handwerklichen oder beruflichen Tätigkeit handelt sowie jede Person, die im Namen oder im Auftrag eines Gewerbetreibenden handelt.
Verbraucherrechte-Richtlinie (2011), Erwägungsgrund (17) Art. 2 Nr. 1, 2	(17) Die Definition des Verbrauchers sollte natürliche Personen, die außerhalb ihrer gewerblichen, geschäftlichen, handwerklichen oder beruflichen Tätigkeit handeln, umfassen. Wird der Vertrag jedoch teilweise für gewerbliche und teilweise für nichtgewerbliche Zwecke abgeschlossen (Verträge mit doppeltem Zweck) und ist der gewerbliche Zweck im Gesamtzusammenhang des Vertrags nicht überwiegend, so sollte diese Person auch als Verbraucher betrachtet werden „Verbraucher“: Jede natürliche Person, die bei von dieser Richtlinie erfassten Verträgen zu Zwecken handelt, die außerhalb ihrer gewerblichen, geschäftlichen, handwerklichen oder beruflichen Tätigkeit liegen.	„Unternehmer“: Jede natürliche oder juristische Person, unabhängig davon, ob letztere öffentlicher oder privater Natur ist, die bei von dieser Richtlinie erfassten Verträgen selbst oder durch eine andere Person, die in ihrem Namen oder Auftrag handelt, zu Zwecken tätig wird, die ihrer gewerblichen, geschäftlichen, handwerklichen oder beruflichen Tätigkeit zugerechnet werden können.

Wichtige Entscheidungen des EuGH zum Verbraucherbegriff:
- EuGH, Rs. C-150/77 (Bertrand), Slg 1978, 1431,
- EuGH, Rs. C-361/89 (Di Pinto), Slg 1991, I-1189,
- EuGH, Rs. C-269/95 (Benincasa), Slg 1997, I-3767,
- EuGH, Rs. C-210/96 (Gut Springenheide), Slg 1998, I-4657,
- EuGH, Rs. C-541/99 und 542/99 (Idealservice), Slg 2001, I-9049,
- EuGH, Rs. C-464/01 (Gruber/BayWa AG), Slg 2005, I-458.

1. Der Verbraucherbegriff

33 Die in den Richtlinien des Verbrauchervertragsrechts verwendeten Verbraucherdefinitionen sind zwar größtenteils gleich, weisen aber doch punktuelle Unterschiede auf. Nach dem gemeinsamen Kern fast aller Definitionen ist der Verbraucher eine **natürliche Person**, die zu einem **Zweck** handelt, der **nicht ihrer gewerblichen oder beruflichen Tätigkeit zuzurechnen** ist. Einzig in der Pauschalreise-Richtlinie findet sich eine ältere Definition, die nicht auf den sich ausbildenden einheitlichen Begriff ausgerichtet ist. Darüber hinaus bleibt die Frage, ob die Auslegung des Verbraucherbegriffs trotz der starken Konvergenz nicht ausnahmsweise richtlinienspezifisch vorgenommen werden muss.[79] Nicht immer deckungsgleich ist zudem der Begriff des Verbrauchers im EU- Richtlinienrecht mit dem in anderen europäischen Rechtsakten. Je nach Integrationsart und konkreter Zielsetzung ergeben sich hier unterschiedliche Verbraucherbegriffe oder -konzepte. Dem Sinn des **Römischen Schuldvertragsübereinkommens** (EVÜ, nun – außer im Verhältnis zu Dänemark – abgelöst durch die Rom I VO) entspricht es zwar, den Verbraucherschutz als Ausnahme anzusehen und den Verbraucher die Beweislast für das Vorliegen eines Verbrauchervertrages tragen zu lassen, dennoch können unter den Begriff des Verbrauchervertrages Geschäfte fallen, die durch das Richtlinienrecht ungeschützt bleiben.[80] Der Verbraucherbegriff der für das Prozessrecht geltenden **EuGVO**[81] ähnelt grundsätzlich dem des EVÜ, er ist aber eigenständig anhand der spezifischen Schutzbedürftigkeit auszulegen und schließt auch juristische Personen ein. Im Rahmen der **Grundfreiheiten** des EU-Binnenmarktes hat Verbraucherschutz dagegen die Funktion, nationale Schutzmaßnahmen zu rechtfertigen.[82] Der Verbraucherbegriff dient hier eher dazu, Eigenschaften einer schutzbedürftigen Gruppe von passiven Marktteilnehmern zu konkretisieren.[83] Dessen ungeachtet stellen sich zum Verbraucherbegriff der vertragsrechtlichen Richtlinien und damit zu §§ 13, 14 BGB eine Reihe von gemeinsamen Sachfragen.

a) Relativer Verbraucherbegriff

34 Die in den Richtlinien gebrauchten Verbraucherbegriffe sind relativ formuliert, indem die **Beurteilung der Verbrauchereigenschaft von dem jeweils zu betrachtenden Vertrag abhängig** gemacht wird. Die betreffende Person muss somit gerade bei dem zu beurteilenden Vertrag zu einem Zweck, der nicht ihrer gewerblichen und oder beruflichen Tätigkeit zugerechnet werden kann, gehandelt haben.[84] Anzulegen ist dabei grundsätzlich ein **objektiver, auf die tatsächlichen Verhältnisse abstellender Maßstab.** Der innere Wille des Handelnden ist für die Zuordnung zur privaten oder unternehmerischen Tätigkeit irrelevant.[85] An der Schutzbedürftigkeit eines Verbrauchers fehlt es jedoch, wenn er sich als Gewerbetreibender geriert und bei der anderen Vertragspartei den Anschein erweckt, er handele im Rahmen seiner beruflichen Tätigkeit, später jedoch Verbraucherschutzrechte in Anspruch nehmen möchte.[86]

35 Zweifel bleiben für Fälle, in denen der Zweck eines Geschäfts objektiv privat ist, der Gewerbetreibende dies jedoch nicht erkennen kann (Bsp.: Rechtsanwalt kauft im Schreibwarengeschäft, wo er immer für seine Kanzlei einkauft, einen Füllfederhalter, den er seinem Sohn zum Abitur schenken will). Hier ist fraglich, ob **begleitende Umstände aus dem Gesamtzusammenhang** (hier: die sonstigen Einkaufsgewohnheiten des Kunden) zu Lasten des Kunden Berücksichtigung finden sollen. Der

79 So für §§ 305 ff BGB *Nassall*, in: Gebauer/Wiedmann (Hrsg.), Kapitel 6, Rn 65.
80 *Reich/Micklitz*, S. 463.
81 VO (EG) Nr. 44/2001 des Rates von 22.12.2000 über die gerichtliche Zuständigkeit und die Anerkennung und Vollstreckung von Entscheidungen in Zivil- und Handelssachen (ABl. 2001, L 12, S. 1).
82 *Reich/Micklitz*, S. 47.
83 S. etwa EuGH, Rs. C-210/96 (Gut Springenheide), Slg 1998, I-4657; *Langenbucher/Wagner-von-Papp*, § 9, Rn 132 ff.
84 S. zum Konzept des situativen Verbraucherschutzes *Pfeiffer*, in: Schulte-Nölke/Schulze (Hrsg.), S. 21 ff.
85 MüKo/*Micklitz*, § 13, Rn 33; Palandt/*Ellenberger*, § 13, Rn 4.
86 BGH 22.12.2004 – VIII ZR 91/04, ZGS 2005, 114 ff; entsprechend für die Klauselrichtlinie *Pfeiffer*, in: Grabitz/Hilf (2009), A5, Art. 2 Rn 5; aA wohl MüKo/*Micklitz*, § 13, Rn 35, der subjektiven Zwecken und Dispositionen keinen Raum zugestehen will.

Verlust des bei objektiver Betrachtung eigentlich erforderlichen Verbraucherschutzes ist jedoch nur dann gerechtfertigt, wenn die Gesamtschau ein vorwerfbares bzw rechtsmissbräuchliches Verhalten des Verbrauchers offenbart, das eine Fehleinschätzung seines Vertragspartners gefördert hat. Im Beispiel handelt es sich daher wohl um ein Verbrauchergeschäft.

36 Für die Beurteilung der Verbrauchereigenschaft ist auf den **Zeitpunkt des Vertragsschlusses abzustellen.**[87] Unerheblich ist damit, ob der Zweck eines Rechtsgeschäfts vom Handelnden später umgewidmet wird, etwa indem eine Sache zuerst zur gewerblichen Nutzung gekauft, später vom Erwerber aber doch nur privat verwendet wird. Es bleibt in diesem Fall bei dem kommerziellen Charakter des Rechtsgeschäfts.

37 Die Verbraucherdefinition in der Haustürwiderrufsrichtlinie hat der EuGH in der Rechtssache **Di Pinto** weiter dahingehend präzisiert, dass auch Personen, die grundsätzlich einer gewerblichen oder beruflichen Tätigkeit nachgehen, als Verbraucher gelten können, sofern das konkrete Geschäft nicht mehr im Zusammenhang mit dieser Tätigkeit gesehen werden kann, weil es ihren Rahmen überschreitet.[88] Bei der Bestimmung dieses Rahmens lasse die Richtlinie aber **keine Berücksichtigung eines eventuellen Ausnahmecharakters des Geschäfts** zu; maßgeblich soll lediglich sein, ob das Geschäft zur Befriedigung anderer als **familiärer oder persönlicher Bedürfnisse** vorgenommen wird.[89] Sofern der Gewerbetreibende zu Zwecken handelt, die mit seinem Gewerbebetrieb zusammenhängen, gilt damit die allgemeine Vermutung, dass der – als durchschnittlich erfahren gedachte – Gewerbetreibende keines Schutzes durch das Verbraucherrecht bedarf.

b) Gemischt privat-gewerblicher Zweck („dual use")

38 Umstritten war bisher, ob Geschäfte mit einem gemischten Zweck unter den Verbraucherbegriff fallen (zB ein Arzt kauft sich ein Laptop, das er sowohl in der Praxis als auch zu Hause für private Zwecke benutzen möchte). Die herrschende Meinung will hier auf den überwiegenden Charakter des Handelns abstellen.[90] Der EuGH hat in der zu Art. 13 EuGVÜ ergangenen Entscheidung **Gruber**[91] bei einer nur geringfügigen gewerblichen Nutzung die Verbrauchereigenschaft abgelehnt. Es ist jedoch fraglich, ob diese – nicht sehr überzeugend begründete – Entscheidung auf das Verbrauchervertragsrecht übertragen werden kann.[92] Nach Erwägungsgrund 17 der Verbraucherrechte-Richtlinie ist nun die Verbrauchereigenschaft zu bejahen, soweit der gewerbliche Zweck nicht überwiegt. Ist das Verhältnis der „Zwecke" nicht feststellbar, liegt im Zweifel ein Verbrauchervertrag vor. Insoweit ist § 13 BGB geändert worden. Die **Verwaltung und Anlage eigenen Vermögens** ist kein unternehmerisches Handeln, wenn Leistungen nachgefragt werden. Sobald der Eigentümer im Wettbewerb mit anderen Anbietern entgeltliche Leistungen anbietet, ist er dagegen Unternehmer.[93]

c) Ausdehnung auf Existenzgründer und andere Gewerbetreibende

39 Aus der Di-Pinto Entscheidung des EuGH folgt, dass es den Mitgliedstaaten offensteht, den von den Richtlinien nur für Verbraucher vorgesehenen Schutz auf Gewerbetreibende auszudehnen.[94] Daraus ergibt sich, dass die Ausweitung des nationalen Verbraucherbegriffs etwa auf **Existenzgründer** mit den europäischen Vorgaben vereinbar ist. So hat das deutsche Recht in § 512 BGB (§ 507 BGB aF) in bestimmten Fällen den Schutz des Verbraucherkreditrechts auf Existenzgründer

87 MüKo/*Micklitz*, § 13, Rn 31 f.

88 EuGH, Rs. C-361/89 (Di Pinto), Slg 1991, I-1189, Rn 15.

89 EuGH, Rs. C-361/89 (Di Pinto), Slg 1991, I-1189, Rn 16.

90 *Heiderhoff*, S. 89; Darstellung etwa bei Bamberger/Roth/*Schmidt-Räntsch*, § 13, Rn 12; *Pfeiffer*, in: Schulte-Nölke/Schulze (Hrsg.), S. 21 ff, 37; vor dem Hintergrund der Haustürwiderrufsrichtlinie und der Di Pinto-Entscheidung wohl gegen eine Einbeziehung von dual-use Fällen *Wiedmann*, in: Gebauer/Wiedmann (Hrsg.), Kapitel 7, Rn 43 f; für eine Vorlage zum EuGH MüKo/*Micklitz*, § 13, Rn 42.

91 EuGH, Rs. C-464/01 (Gruber/BayWa AG), Slg 2005, I-00439.

92 Kritik zu Begründung und Ergebnis des EuGH bei *Reich*, EuZW 2005, 241, 244 f.

93 Palandt/*Ellenberger*, § 14, Rn 2.

94 EuGH, Rs. C-361/89 (Di Pinto), Slg 1991, I-1189, Rn 23.

erstreckt. Außerhalb des Verbraucherkreditrechts gelten Existenzgründer jedoch als Unternehmer.[95] Dass einige Richtlinien nur Mindeststandards festlegen, den Mitgliedstaaten also erlauben, den Schutz für Verbraucher gegenüber der Richtlinie intensiver zu gestalten, stellt hingegen keine europarechtliche Rechtfertigung für die Einbeziehung von Existenzgründern in den Verbraucherschutz dar, denn dabei geht es nicht um einen weitergehenden Schutz von Verbrauchern, sondern um die Gewährung von Schutz für Nicht-Verbraucher.[96]

d) „Selbstständige" berufliche Tätigkeit

Europäische Verbraucherschutzrichtlinien unterscheiden, anders als §§ 13, 14 BGB, weder in Hinblick auf den Verbraucher noch auf den Gewerbetreibenden zwischen **selbstständiger und nicht selbstständiger beruflicher Tätigkeit**. Der deutsche Gesetzgeber hat die europarechtlichen Definitionen nicht unverändert übernommen, sondern, wohl im Bestreben, das Schutzniveau durch eine Ausdehnung des Personenkreises zu erhöhen,[97] jeweils um das Merkmal „selbstständig" erweitert. Dem unternehmerischen Handeln wird also nicht jede berufliche, sondern **nur die „selbstständige" berufliche Tätigkeit** zugerechnet. Damit ist im deutschen Recht klargestellt, dass etwa auch Arbeitnehmer, die Rechtsgeschäfte im Zusammenhang mit unselbstständiger Arbeit abschließen (zB Kauf von Arbeitskleidung) in den Schutzbereich der verbraucherrechtlichen Vorschriften fallen.[98] Ob auch die Richtlinien so auszulegen sind, ist umstritten.[99] Wenn § 13 BGB den Begriff des Verbrauchers weiter fassen sollte als die Richtlinien, wäre dies kein Ausnutzen der Minimumklauseln, sondern eine – nach der Di Pinto Rechtsprechung zulässige – Ausdehnung des Anwendungsbereichs richtliniengeprägten deutschen Rechts.[100] 40

e) Beschränkung auf natürliche Personen

Aus dem Wortlaut von Art. 2 lit. b der Klauselrichtlinie und dem Umstand, dass im Unterschied zu dieser Definition des Verbrauchers in Art. 2 lit. c der Klauselrichtlinie der Begriff des „Gewerbetreibenden" ausdrücklich auch juristische Personen umfassen soll, hat der EuGH in der Entscheidung **„Idealservice"**[101] geschlossen, die Klauselrichtlinie verstehe unter Verbrauchern **nur natürliche Personen**. Auch die Verbraucherrechte–Richtlinie versteht nur natürliche Personen als Verbraucher (Erwägungsgrund 17). Juristische Personen wie etwa ein kleiner Idealverein genießen also – im Gegensatz zu den Vereinsmitgliedern – nicht den Schutz der Klauselrichtlinie.[102] Diese Beschränkung auf natürliche Personen ist wegen der wörtlichen Übernahme des Tatbestandsmerkmals in § 13 BGB uneingeschränkt auf das deutsche Recht übertragbar und gilt für den gesamten Verbraucherbegriff.[103] Zulässig ist jedoch eine Auslegung der deutschen Vorschriften dahingehend, dass Mehrheiten natürlicher Personen wie eine **Bruchteilsgemeinschaft** oder eine **Wohnungseigentümergemeinschaft** dem Verbraucherbegriff unterfallen, sofern sie nicht als Gewerbetreibende tätig werden.[104] Dies gilt ebenso für BGB-Gesellschaften, wenn sie keinen gewerblichen Zweck verfolgen, 41

---

95 In diesem Sinne etwa OLG Rostock, 17.3.2003 – 3 U 107/02, OLGR 2003, 505, 506 ff; BGH, 4.5.1994 – XII ZR 24/93, NJW 1994, 2759; BGH, 24.2.2005 – III ZB 36/04 = ZGS 2005, 197 f; *Staudinger/Kannowski*, § 13, Rn 55 ff, 59; Soergel/*Pfeiffer*, § 13, Rn 35; Erman/*Saenger*, § 13, Rn 16 und § 14, Rn 14; aA aber u.a. OLG Nürnberg, 4.4.2003 – 6 U 625/02, OLGR 2003, 335 f; OLG München, 11.9.2003 – 29 U 2681/03, NJW-RR 2004, 913 f; MüKo/*Micklitz*, § 13, Rn 50 ff; Palandt/*Ellenberger*, § 13, Rn 3; Hk-BGB/*Dörner*, § 14, Rn 3; *Heiderhoff*, S. 91.

96 *Welter*, in: Gebauer/Wiedmann (Hrsg.), Kapitel 12, Rn 143.

97 So *Nassall*, in: Gebauer/Wiedmann (Hrsg.), Kapitel 6, Rn 68 f unter Hinweis auf die Begründung des Regierungsentwurfes eines Gesetzes zur Änderung des AGB- Gesetzes in BT-Drucks. 13/2713, S. 4.

98 MüKo/*Micklitz*, § 14, Rn 21; *Wiedmann*, in: Gebauer/Wiedmann (Hrsg.), Kapitel 7, Rn 41.

99 Dafür *Faber*, ZEuP 1998, 854, 873 f; ebenso MüKo/*Micklitz*, § 14, Rn 30 ff.

100 Anders *Nassall*, in: Gebauer/Wiedmann (Hrsg.), Kapitel 6, Rn 68 f.

101 EuGH, Rs. C-541/99 und 542/99 (Idealservice), Slg 2001 I-9049, Rn 15.

102 *Pfeiffer*, in: Grabitz/Hilf (2013), Art. 169, Rn 28; kritisch dazu etwa *Remien*, ZEuP 1994, 34, 42.

103 MüKo/*Micklitz*, § 13, Rn 10 ff.

104 *Pfeiffer*, in: Grabitz/Hilf (2009), A5, Art. 2, Rn 4; MüKo/*Micklitz*, § 13, Rn 15 ff.

da die Rechtsprechung des BGH zur Teilrechtsfähigkeit der BGB-Außengesellschaft diese nicht zu einer juristischen Person macht.[105]

2. Der Begriff des Gewerbetreibenden/ Unternehmers

42 Verbraucherschutzrichtlinien bedienen sich dagegen nicht des in § 14 BGB verwendeten Begriffs des Unternehmers. Stattdessen wird der Gegenpart zum Verbraucher als **Gewerbetreibender** bezeichnet. Wo dies aufgrund der von der Richtlinie beschriebenen Handlungssituation möglich ist, werden auch speziellere Ausdrücke gewählt. So steht der Verbraucher etwa in der Verbraucherkreditrichtlinie einem Kreditgeber und in der Pauschalreise-Richtlinie einem Veranstalter gegenüber.

43 Inhaltliche Änderungen des Grundkonzepts gehen mit der unterschiedlichen Benennung meist nicht einher. Sowohl der Gewerbetreibende als auch der Kreditgeber werden als **natürliche oder juristische Personen** bezeichnet, die **in Ausübung ihrer gewerblichen oder beruflichen Tätigkeit** handeln. Wichtige Unterschiede bestehen allerdings hinsichtlich der individuellen Erweiterungen dieser grundlegenden Beschreibung. So weitet die Verbraucherkreditrichtlinie den Begriff des Kreditgebers auf Personengruppen aus, während eine Besonderheit der Klauselrichtlinie darin liegt, dass auch eine natürliche oder juristische Person, die einer gewerblichen oder beruflichen Tätigkeit im öffentlich-rechtlichen Bereich nachgeht, vom Begriff des Gewerbetreibenden erfasst ist. Die Klauselrichtlinie zielt damit darauf ab, auch das vertragsrechtliche Handeln **juristischer Personen des öffentlichen Rechts** und insbesondere von Hoheitsträgern der Kontrolle zu unterwerfen.[106] Einen entsprechenden Hinweis enthält Erwägungsgrund 14, nach dem die Richtlinie auch für die gewerbliche Tätigkeit im öffentlichen Rahmen gelte. Nach der Verbraucherrechte-Richtlinie gelten auch Personen als Unternehmer, die im Namen und auf Rechnung eines Unternehmers handeln. Diese Ausweitung entspricht einem früher in der Haustürwiderrufsrichtlinie geregelten Begriff. Überdies umfasst der neue Unternehmerbegriff auch juristische Personen des öffentlichen Rechts, was dem Begriff des Gewerbetreibenden in der Klauselrichtlinie entspricht.

B. Die Richtlinie 85/374/EWG zur Angleichung der Rechts- und Verwaltungsvorschriften der Mitgliedstaaten über die Haftung für fehlerhafte Produkte (Produkthaftungsrichtlinie)

I. Umsetzung der Richtlinie in Deutschland

44 Die Richtlinie 85/374/EWG zur Angleichung der Rechts- und Verwaltungsvorschriften der Mitgliedstaaten über die Haftung für fehlerhafte Produkte (sog. Produkthaftungsrichtlinie)[107] ist nicht innerhalb des BGB, sondern durch das am 1.1.1990 in Kraft getretene **Gesetz über die Haftung für fehlerhafte Produkte (ProdHG)**[108] sowie durch Änderung einiger Spezialgesetze[109] umgesetzt worden. Der Text der Richtlinie wurde dabei zum Teil wörtlich übernommen.[110] Jedoch gelten die von der Rechtsprechung entwickelten Grundsätze zur Produzentenhaftung aus § 823 Abs. 1 BGB weiterhin, so dass nun **zwei parallele Haftungssysteme** bestehen. Da die Haftung aus § 823 Abs. 1 BGB in manchen Fällen einen weitergehenden Schadensersatz zugunsten des Geschädigten ermöglicht,[111] hat die Haftung nach dem ProdHG bislang nur geringe praktische Bedeutung. In beson-

105 MüKo/*Micklitz*, § 13, Rn 15 ff.
106 *Pfeiffer*, in: Grabitz/Hilf (2009), A5, Art. 2, Rn 23.
107 ABl. 1985, L 210, S. 29; geändert durch RL 99/34/EG, ABl. 1999, L 141, S. 20.
108 BGBl. I, S. 2198; – zur Umsetzung der Änderungsrichtlinie 99/34/EG, geändert durch Gesetz vom 2.11.2000, BGBl. I, S. 1478.
109 Arzneimittelgesetz (AMG), AtomG, GentechnikG.
110 Synoptische Gegenüberstellung von RL und ProdHaftG bei *Schmidt-Salzer*, BB 1984, 1404, 1407.
111 Vor allem wegen der Selbstbeteiligung bei Sachschäden in Höhe von 500 EUR, § 11 ProdHG.

ders gelagerten Fällen, namentlich etwa bei der Haftung des Importeurs oder des „Quasi-Herstellers",[112] gewährt das ProdHG jedoch weitergehenden Schutz.

Fraglich ist deshalb, ob die Anspruchskonkurrenz zwischen dem verschuldensabhängigen BGB-Deliktsrecht und dem ProdHG mit der Richtlinie vereinbar ist. Denn anders als viele Richtlinien im Bereich des Vertragsrechts enthält die **Produkthaftungsrichtlinie keine Minimumklausel**. Die Richtlinie zielt nicht nur auf den Schutz von Geschädigten, sondern auch auf die Erleichterung des Handels innerhalb der Mitgliedstaaten ab.[113] Der EuGH hat klargestellt, dass weitergehende nationale Haftungsregelungen (zB keine Selbstbeteiligung gemäß Art. 9 lit. b) gegen die Richtlinie verstoßen können.[114] Abgesehen von ausdrücklich eingeräumten Gestaltungsspielräumen, etwa in Art. 15 Abs. 1 und Art. 16, ist es dem nationalen Gesetzgeber verboten, zugunsten des Herstellers oder zu seinem Nachteil von den Richtlinienvorgaben abzuweichen. Jedoch lässt sich die Rechtsprechung des EuGH so verstehen, dass die Produkthaftungsrichtlinie das allgemeine, in der Regel verschuldensabhängige, nationale Deliktsrecht nicht berührt.[115] Dies ist zwar wenig konsequent, da gerade bei der Produkthaftung, zB wegen der auch im BGB-Deliktsrecht geltenden Beweiserleichterungen, die Grenzen zwischen Verschuldenshaftung und verschuldensunabhängiger Haftung verschwimmen. Doch verbietet das Unionsrecht bei seinem derzeitigen Stand den Mitgliedstaaten nur, innerhalb des zur Umsetzung der Produkthaftungsrichtlinie geschaffenen Haftungssystems über die von der Richtlinie vorgesehene Haftung hinauszugehen. Weitergehende vertragliche oder außervertragliche Ansprüche aufgrund des allgemeinen Rechts bleiben grundsätzlich möglich, müssen jedoch im Lichte der Richtlinie und deren Umsetzung eng ausgelegt werden.[116] 45

II. Das ProdHG und die Produkthaftungsrichtlinie

1. Anspruchsberechtigter und -gegner

Anspruchsberechtigter im Falle eines durch den Fehler eines Produkts eintretenden Schadens ist nach § 1 Abs. 1 S. 1 ProdHG „jemand". Somit schützt das ProdHG **nicht nur Verbraucher,** sondern jede natürliche Person, die einen Personen- oder Sachschaden infolge der Fehlerhaftigkeit eines Produkts erleidet. Die (auch) verbraucherschützende Zielsetzung der Richtlinie[117] und des ProdHG ergibt sich nicht nur aus ihrer Entstehungsgeschichte, sondern auch aus Art. 9 lit. b (entsprechend § 1 Abs. 1 S. 2 ProdHG), nach denen nur **Sachen** geschützt werden, **die gewöhnlich für den privaten Ge- oder Verbrauch bestimmt** und hierzu vom Geschädigten hauptsächlich verwendet worden sind. Die Richtlinie verbietet es den Mitgliedstaaten nicht, auch für beruflich genutzte Sachen eine ähnliche Haftung vorzusehen, da diese Frage außerhalb des Anwendungsbereichs liegt.[118] 46

Anspruchsgegner ist nach § 1 Abs. 1 S. 1 ProdHG der **Hersteller**. Der Begriff des Herstellers ist in § 4 Abs. 1 S. 1 ProdHG definiert. Hersteller ist danach, wer das Endprodukt, einen Grundstoff oder ein Teilprodukt hergestellt hat. § 4 Abs. 1 S. 2 und Abs. 2 ProdHG nennen bestimmte Voraussetzungen, bei deren Vorliegen jemand als Hersteller gilt. Das ist dann der Fall, wenn sich jemand durch ein unterscheidungskräftiges Kennzeichen als Hersteller ausgibt (§ 4 Abs. 1 S. 2 ProdHG – sog. **Quasihersteller**)[119] oder wenn jemand ein Produkt zum Zweck des Vertriebs mit wirtschaftlichem Ziel im Rahmen seiner geschäftlichen Tätigkeit in den Geltungsbereich des EWR einführt oder verbringt (§ 4 Abs. 2 ProdHG – **Importeur**). Ist der Hersteller nicht ermittelbar, so gilt jeder 47

112 BGH, 21.6.2005 – VI ZR 238/03, NJW 2005, 2695; zur ebenfalls möglichen Haftung des „Quasi-Herstellers" nach § 823 Abs. 1 BGB: BGH, 6.2.1994 – VI ZR 229/93, NJW-RR 1995, 342.

113 *EuGH*, Rs. C-154/00 (Kommission/Griechenland), Slg 2002, I-3879, Rn 29.

114 EuGH, Rs. C-52/00 (Kommission/Frankreich), Slg 2002, I-3827; Rs. C-154/00 (Kommission/Griechenland), Slg 2002, I-3879; Rs. C-183/00 (González Sánchez), Slg 2002, I-3901.

115 So *Heiderhoff*, in: Gebauer/Wiedmann (Hrsg.), Kapitel 17, Rn 20 mit Bezug auf EuGH, Rs. C-154/00 (Kommission/Griechenland), Slg 2002, I-3879, Rn 30.

116 Vgl EuGH, Rs. C-183/00 (González Sánchez), Slg 2002, I-3901.

117 So EuGH, Rs. C-154/00 (Kommission/Griechenland), Slg 2002, I-3879, Rn 29.

118 EuGH, Rs. C-285/08 (Moteurs Leroy Somer), Slg 2009, I-4733.

119 Dazu BGH, 21.6.2005 – VI ZR 238/03, NJW 2005, 2695.

Lieferant als Hersteller, § 4 Abs. 3 S. 1 ProdHG. Dieser kann jedoch durch Nennung des Herstellers oder seines Lieferanten die ersatzweise Inanspruchnahme abwenden.[120] Nicht mit der Richtlinie vereinbar ist es, wenn nach dem Recht eines Mitgliedstaats der Lieferant über diese abschließend aufgezählten Fälle hinaus verschuldensunabhängig haftet.[121] Ebenso wenig erlaubt es die Richtlinie, dass Zwischenhändler in der Vertriebskette in gleicher Weise wie die Hersteller haften.[122]

2. In-Verkehr-Bringen eines fehlerhaften Produkts

48 Die Ersatzpflicht des Herstellers tritt ein, sobald durch ein fehlerhaftes Produkt jemand getötet, sein Körper oder seine Gesundheit verletzt oder eine Sache beschädigt wird, § 1 Abs. 1 S. 1 ProdHG.

49 Der Begriff des **Produkts** ist in § 2 ProdHG definiert. Danach ist jede bewegliche Sache, auch als Teil einer anderen beweglichen oder unbeweglichen Sache, sowie Elektrizität erfasst. Diese Definition entspricht im Wesentlichen dem Wortlaut der Richtlinienvorgabe in Art. 2 S. 1 und S. 3. Anders als es das Wort „Produkt" annehmen lässt, kommt es nicht darauf an, dass die Sache das Ergebnis eines klassischen Produktionsprozesses ist (zB ist auch die zur Verpflanzung bestimmte menschliche Niere ein Produkt).[123] Ursprünglich sah die Produkthaftungsrichtlinie in Art. 2 S. 1 und S. 2 eine Ausnahme für **landwirtschaftliche Naturprodukte und Jagderzeugnisse** vor. Dies ist auf den Umstand zurückzuführen, dass von der Richtlinie ursprünglich lediglich industriell gefertigte Erzeugnisse erfasst werden sollten.[124] Die Ausnahme hatte der deutsche Gesetzgeber zunächst in § 2 S. 2 ProdHG aF umgesetzt.[125] Nachdem diese Ausnahme vor dem Hintergrund der BSE-Krankheit („Rinderwahnsinn") durch die Richtlinie 99/34/EG aufgehoben worden ist, hat auch der deutsche Gesetzgeber § 2 ProdHG entsprechend geändert.[126]

50 Ein **Fehler** des Produkts liegt vor, wenn es nicht die Sicherheit bietet, die unter Berücksichtigung aller Umstände erwartet werden kann, § 3 ProdHG. Derartige „Umstände" sind insbesondere die Darbietung des Produkts (§ 3 lit. a ProdHG), der Gebrauch, mit dem billigerweise gerechnet werden kann (§ 3 lit. b ProdHG) und die Zeit des In-Verkehr-Bringens (§ 3 lit. c ProdHG). Damit hat der deutsche Gesetzgeber die Vorgaben aus Art. 6 Abs. 1 der Produkthaftungsrichtlinie nahezu wörtlich übernommen. Welche Sicherheit „erwartet" werden kann, ist am **Horizont der durch die fehlerhafte Produktsicherheit betroffenen Allgemeinheit** – also objektiv – zu messen, nicht aber an den subjektiven Sicherheitserwartungen des Einzelnen.[127] Die Richtlinie und das ProdHG sollen nicht das allgemeine Lebensrisiko minimieren, das der Bürger allein zu tragen hat.[128]

51 Einer der wenigen bislang entschiedenen Fälle zur Fehlerhaftigkeit betraf eine **explodierende Mineralwasserflasche.**[129] Ein Fehler lag hier vor, weil ein Verbraucher erwartet, dass eine Sprudelwasserflasche keine Beschädigungen hat. Auch kleine Haar- und Mikrorisse, die zu einer Explosion der Flasche führen können, sind ein Fehler in diesem Sinne. Das gilt auch dann, wenn solche **Mängel technisch nicht feststellbar und damit nicht behebbar sind.** Ebenso wenig ist eine andere Beurteilung gerechtfertigt, wenn es sich bei dem Mangel lediglich um einen ein sog. **„Ausreißer"** handelt, also um einen trotz aller zumutbaren Vorkehrungen unvermeidbaren Fabrikationsfehler.[130]

---

120 Zur Rechtslage bei nicht feststellbarem Hersteller EuGH, Rs. C-358/08, (Aventis Pasteur), Slg 2009, I-11305.
121 EuGH, Rs. C-402/03 (Bilka Lavprisvarehus), Slg 2006, I-199.
122 EuGH, Rs. C-327/05 (Kommission/Dänemark), Slg 2007, I-93.
123 *Howells/Weatherill*, S. 236 unter Verweis auf EuGH, Rs. C-203/99 (Veedfald), Slg 2001, I-3569.
124 *Reich/Micklitz*, S. 1046; Staudinger/*Oechsler*, § 2 ProdHaftG, Rn 2 ff; *Weatherill*, S. 137; so auch die Erwägungsgründe in Abs. 3 S. 1.
125 Hierzu Staudinger/*Oechsler*, § 2 ProdHaftG, Rn 83.
126 Änderungsgesetz vom 2.11.2000, BGBl. I, S. 1478.
127 *Graf v. Westfalen*, in: Foerste/Graf von Westfalen/Kreifels (Hrsg.), § 48 Rn 35.
128 Taschner/Frietsch/*Taschner*, Art. 6, Rn 4.
129 BGH, 9.5.1995 – VI ZR 158/94, NJW 1995, 2162.
130 BGH, 9.5.1995 – VI ZR 158/94, NJW 1995, 2162, 2163.

Zur **Darbietung des Produkts** zählen alle auf das Produkt bezogenen Arten der Kommunikation des Herstellers mit dem Erwerber, die bei diesem eine bestimmte Vorstellung über Gebrauch und Gefährlichkeit des Produkts hervorrufen.[131] Davon umfasst sind insbesondere die Produktbeschreibung, die Gebrauchsanweisung und die Produktwerbung.[132] Der Gebrauch, mit dem billigerweise gerechnet werden kann, bestimmt sich aus der Sicht eines verständigen Herstellers. Erfasst ist nicht nur der bestimmungsgemäße Gebrauch, sondern auch der vorhersehbare oder übliche Fehlgebrauch des Produkts.[133] 52

Der Hersteller kann sich damit verteidigen, dass er das Produkt **nicht in Verkehr gebracht** hat, § 1 Abs. 2 Nr. 1 ProdHG. Der EuGH hat entschieden, dass diese **Ausnahme eng ausgelegt** werden müsse.[134] Nicht in Verkehr gebracht ist ein Produkt etwa, wenn eine andere Person als der Hersteller das Produkt aus dem Herstellungsprozess herausnimmt oder das Produkt gegen den Willen des Herstellers verwendet wird, bevor der Herstellungsprozess abgeschlossen ist.[135] Es komme aber nicht darauf an, dass das Produkt die Herrschaftssphäre des Herstellers noch nicht verlassen hat. Dies gelte zumindest dann, wenn die Verwendung des Produkts auch in dieser Herrschaftssphäre erfolgen kann oder gar typischerweise erfolgt (hier eine in der Krankenhausapotheke hergestellte fehlerhafte Spül-Flüssigkeit, die bei einer Nierentransplantation verwendet worden war und das Transplantat zerstört hatte).[136] 53

3. Ersatzfähiger Schaden

a) Schadensumfang

Es ist umstritten, inwieweit die Produkthaftungsrichtlinie in Art. 9 Vorgaben dazu enthält, welche Schäden ersetzt werden müssen oder ob, von den in Art. 9 ausdrücklich genannten Positionen abgesehen, das jeweilige allgemeine Schadensrecht der Mitgliedstaaten allein maßgeblich ist.[137] Bedeutung erlangen kann dies zB für sog. Weiterfresserschäden oder aus Sachschäden resultierende, weitergehende Vermögensschäden. Der EuGH hat freilich deutlich gemacht, dass Art. 9 der Produkthaftungsrichtlinie **Vorgaben zum Schadensumfang** enthält, von denen das nationale Recht nicht abweichen darf[138] und hat zB die Frage, ob der Schaden an einem zur Transplantation bestimmten, schon entnommenen menschlichen Organ erfasst ist, bejaht.[139] Zwar hat der EuGH in derselben Entscheidung ausgeführt, dass es dem nationalen Gesetzgeber überlassen bleibe, die von Art. 9 vorgesehenen beiden Schadensarten (Personen- und Sachschaden) genauer zu definieren. Es müsse aber, abgesehen vom immateriellen Schaden, dessen Ersatz sich ausschließlich nach dem Recht der Mitgliedstaaten richte, für beide Schadensarten eine **angemessene und vollständige Entschädigung** der durch ein fehlerhaftes Produkt Geschädigten sichergestellt werden. Ein Mitgliedstaat dürfe die Arten des zu ersetzenden materiellen Schadens, der durch Tod oder Körperverletzungen verursacht wird oder der sich aus der Beschädigung oder Zerstörung einer Sache ergibt, nicht einschränken. 54

Damit ist lediglich klargestellt, dass Art. 9 der Produkthaftungsrichtlinie autonom auszulegende Vorgaben enthält. Weitgehend ungeklärt ist aber, welchen Inhalt diese Vorgaben im Einzelnen haben. Daher ist bei der **Auslegung von §§ 7 bis 9 ProdHG**, die den Umfang der Ersatzpflicht regeln, zu beachten, dass sich aus Art. 9 der Richtlinie Abweichendes ergeben kann.

---

131 Ähnlich Taschner/Frietsch/*Taschner*, Art. 6, Rn 13; Staudinger/*Oechsler*, § 3 ProdHaftG, Rn 42; *Reich/Micklitz*, S. 1053; *Graf v. Westfalen*, in: Foerste/Graf v. Westfalen/Kreifels (Hrsg.), § 48 Rn 38.

132 BT-Drucks. 11/2447, S. 18.

133 BT-Drucks. 11/2477, S. 18.

134 EuGH, Rs. C-203/99 (Veedfald), Slg 2001, I-3569.

135 EuGH, Rs. C-203/99 (Veedfald), Slg 2001, I-3569, Rs. C-127/04 (O'Byrne), Slg 2006, I-1313.

136 EuGH, Rs. C-203/99 (Veedfald), Slg 2001, I-3569.

137 *Reich/Micklitz*, S. 1075; *Graf v. Westfalen*, in: Foerste/Graf v. Westfalen/Kreifels (Hrsg.), § 52 Rn 1; *Heiderhoff*, in: Gebauer/Wiedmann (Hrsg.), Kapitel 17, Rn 25 mwN zum Streitstand.

138 *Reich/Micklitz*, S. 1075.

139 EuGH, Rs. C-203/99 (Veedfald), Slg 2001, I-3569, Rn 27 ff.

55 § 7 Abs. 1 S. 1 ProdHG bestimmt, dass im Falle der Tötung die Kosten der versuchten Heilbehandlung zu ersetzen sind sowie der wegen Aufhebung oder Minderung der Erwerbsfähigkeit oder wegen vermehrter Bedürfnisse während der Krankheit entstandene Vermögensnachteil. Nach § 7 Abs. 1 S. 2 ProdHG sind davon auch die **Beerdigungskosten** erfasst. Schließlich gibt § 7 ProdHG einen Anspruch auf Ersatz für entgangene Unterhaltsansprüche. Gemäß § 8 S. 1 ProdHG sind im Falle der Körperverletzung die Heilbehandlungskosten und der Vermögensnachteil wegen Aufhebung oder Minderung der Erwerbsfähigkeit und wegen vermehrter Bedürfnisse zu ersetzen. Ein **Schmerzensgeldanspruch** war ursprünglich nicht vorgesehen, ergibt sich aber nun aus § 8 S. 2 ProdHG.

b) Haftungshöchstbetrag

56 Der deutsche Gesetzgeber hat in § 10 Abs. 1 ProdHG einen **Haftungshöchstbetrag in Höhe von 85 Millionen Euro** für Personenschäden festgelegt, die durch ein Produkt oder gleiche Produkte mit demselben Fehler verursacht worden sind. Die höhenmäßige Haftungsbegrenzung kann nach dem Wortlaut der Vorschrift sowohl in den Fällen der so genannten Serienschäden („durch […] gleiche Produkte mit demselben Fehler") eintreten als auch in den Fällen, in denen ein einziges Produkt den Personenschaden allein verursacht hat („durch ein Produkt").[140]

57 Mit Einführung von § 10 ProdHG sollte von der durch Art. 16 Abs. 1 der Produkthaftungsrichtlinie eröffneten Möglichkeit einer höhenmäßigen Haftungsbegrenzung Gebrauch gemacht werden. Danach kann jeder Mitgliedstaat vorsehen, dass „die Gesamthaftung des Herstellers für die Schäden infolge von Tod oder Körperverletzungen, die durch gleiche Artikel mit demselben Fehler verursacht wurden, auf einen Betrag von nicht weniger als 70 Millionen ECU begrenzt wird". Nach dem eindeutigen Wortlaut der Richtlinie ist dem nationalen Gesetzgeber mithin **nur bei Serienschäden** die Möglichkeit der Haftungsbegrenzung eröffnet.[141] Art. 16 Abs. 1 der Richtlinie erlaubt also gerade nicht, Großschäden in die Haftungsbegrenzung einzubeziehen, die durch ein einziges Produkt verursacht wurden.[142] Die **deutsche Regelung verstößt deshalb insoweit gegen Art. 16 Abs. 1 der Richtlinie,** als sie den Haftungshöchstbetrag nicht auf die Fälle der Gesamt- bzw Serienschäden beschränkt, sondern auf die Haftung im Einzelfall ausdehnt.[143] Dessen ungeachtet ist die Regelung wirksam, da für eine richtlinienkonforme Auslegung keinerlei Auslegungsspielraum besteht. Wenn jedoch jemand wegen der richtlinienwidrigen Haftungsbegrenzung einen Schaden erleidet, kommt eine Staatshaftung der Bundesrepublik Deutschland nach den Grundsätzen der Francovich-Rechtsprechung des EuGH in Betracht (dazu in diesem Band *Böhm*, § 12, Rn 83 ff).

c) Selbstbeteiligung

58 Nach § 11 ProdHG hat der Geschädigte einen Schaden bis zu einer Höhe von 500,00 EUR selbst zu tragen. Durch diese Regelung sollte Art. 9 S. 1 lit. b der Produkthaftungsrichtlinie umgesetzt werden.[144] Im Schrifttum bestehen insofern **Zweifel an der Richtlinienkonformität** dieser Vorschrift, als Art. 9 S. 1 lit. b der Produkthaftungsrichtlinie lediglich als „Zugangsschwelle" zum Rechtsschutz angesehen wird, mit der Folge, dass Schäden, die 500 EUR übersteigen, ganz zu ersetzen wären.[145] Dem steht jedoch der Wortlaut der Richtlinie entgegen,[146] nach dem der Schaden „die Beschädigung oder Zerstörung einer anderen Sache als des fehlerhaften Produktes – bei

---

140 Taschner/Frietsch/*Frietsch*, § 10 ProdHaftG, Rn 10; *Graf v. Westfalen*, in: Foerste/Graf v. Westfalen/Kreifels (Hrsg.), § 52 Rn 23; BT-Drucks. 11/2447, S. 24.

141 So wohl auch MüKo/*Wagner*, § 10 ProdHaftG, Rn 3.

142 *Heiderhoff*, in: Gebauer/Wiedmann (Hrsg.), Kapitel 17, Rn 27; Taschner/Frietsch/*Taschner*, Art. 16, Rn 4.

143 So auch Erman/*Schiemann*, § 10 ProdHaftG, Rn 1; Staudinger/*Oechsler*, § 10 ProdHaftG, Rn 6; Taschner/Frietsch/*Taschner*, Art. 16, Rn 4; zweifelnd auch Palandt/*Sprau*, § 10 ProdHaftG, Rn 2; aA wohl *Kullmann*, S. 194; *Graf v. Westfalen*, in: Foerste/Graf v. Westfalen/Kreifels (Hrsg.), § 52 Rn 23.

144 Taschner/Frietsch/*Frietsch*, § 11 ProdHaftG, Rn 1.

145 So *Heiderhoff*, in: Gebauer/Wiedmann (Hrsg.), Kapitel 17, Rn 29.

146 Taschner/Frietsch/*Frietsch*, § 11 ProdHaftG, Rn 7 unter Hinweis auf eine Stellungnahme der Europäischen Kommission.

einer Selbstbeteiligung von 500 ECU" – umfasst. Etwas abweichend liest sich freilich die englische Sprachfassung,[147] doch dürfte es sich dabei um einen Übersetzungsfehler handeln. Daher ist eine **echte Selbstbeteiligung** anzunehmen, so dass der Geschädigte lediglich den über diesen Betrag hinausgehenden Schaden ersetzt verlangen kann.[148]

4. Ausschluss der Ersatzpflicht

Die Ersatzpflicht des Herstellers ist nach § 1 Abs. 2 und Abs. 3 ProdHG unter bestimmten Voraussetzungen ausgeschlossen. Diese Ausnahme vom Grundsatz der verschuldensunabhängigen Herstellerhaftung ist eng auszulegen und regelt einen Ausschluss der Haftung für bestimmte Fälle des sorgfaltsgemäßen Verhaltens des Herstellers.[149] Die Vorschrift setzt Art. 7 der Produkthaftungsrichtlinie um, dessen Wortlaut im Wesentlichen vom deutschen Gesetzgeber übernommen worden ist. Art. 7 lit. e der Richtlinie enthält für den Hersteller die Möglichkeit, seine Haftung durch den Beweis auszuschließen, dass der Fehler nach dem Stand der Wissenschaft und Technik zum Zeitpunkt des In-Verkehr-Bringens nicht erkannt werden konnte. Der EuGH hat sich dazu insoweit geäußert, dass dieser sog. **Ausschluss des Entwicklungsrisikos** sehr eng ausgelegt werden muss.[150] Auf eine Sorgfaltswidrigkeit des Herstellers kommt es dabei nicht an. Vielmehr muss der Hersteller nachweisen, dass der Fehler nach dem objektiven Stand von Wissenschaft und Technik – der einerseits den höchsten zugänglichen Stand einschließt, aber andererseits durch Zugangshindernisse auch begrenzt sein kann[151] – nicht erkannt werden konnte. 59

Nicht unter den Ausschluss des Entwicklungsrisikos iSv Art. 7 lit. e der Produkthaftungsrichtlinie (§ 1 Abs. 2 Nr. 5 ProdHG) fallen sog. „**Ausreißer**", also Fabrikationsfehler, die trotz aller zumutbaren Vorkehrungen unvermeidbar sind und deshalb nach dem Stand der Wissenschaft und Technik nicht erkannt werden können. Bei einem Ausreißer hat sich nicht das Entwicklungsrisiko verwirklicht. Entwicklungsrisiken sind nur Gefahren, die von der Konstruktion eines Produkts ausgehen, aber nach dem neuesten Stand der Technik nicht zu vermeiden waren, nicht aber die bei der Produktion unvermeidbaren Fehler.[152] 60

5. Verjährung/Erlöschen

Die Verjährung des Ersatzanspruchs regelt § 12 ProdHG. Sie beträgt gemäß § 12 Abs. 1 ProdHG **drei Jahre** ab Kenntnis bzw Kennenmüssen des Ersatzberechtigten vom Schaden, vom Fehler des Produkts und von der Person des Ersatzpflichtigen. Die Vorschrift entspricht den Vorgaben in Art. 10 Abs. 1 der Produkthaftungsrichtlinie. Der deutsche Gesetzgeber hat von der in Art. 10 Abs. 2 der Produkthaftungsrichtlinie eröffneten Möglichkeit Gebrauch gemacht und festgelegt, dass **Verhandlungen über den Schadensersatz die Verjährung** nach § 12 Abs. 2 ProdHG **hemmen**. 61

Gemäß § 13 Abs. 1 S. 1 ProdHG erlischt der Ersatzanspruch **zehn Jahre** nachdem der Hersteller das fehlerhafte Produkt in den Verkehr gebracht hat, sofern über den Anspruch kein Rechtsstreit oder Mahnverfahren anhängig ist, § 13 Abs. 1 S. 2 ProdHG. § 13 Abs. 2 ProdHG stellt klar, dass dessen Abs. 1 S. 1 auf rechtskräftig festgestellte Ansprüche oder Ansprüche aus einem anderen Vollstreckungstitel (S. 1) sowie Ansprüche aufgrund eines außergerichtlichen Vergleichs oder aufgrund rechtgeschäftlicher Anerkennung (S. 2) nicht anzuwenden ist. 62

6. Verhältnis zu anderen Vorschriften

Nach § 15 Abs. 2 ProdHG bleibt die Haftung aufgrund anderer Vorschriften unberührt. Hingegen ordnet § 15 Abs. 1 ProdHG die **Spezialität des AMG** – namentlich im produkthaftungsrechtlich 63

147 Dort heißt es: "damage means … damage to, or destruction of, any item of property other than the defective product itself, with a "lower threshold" (also eher untere Schwelle o.ä.) of 500 ECU …".

148 So auch Taschner/Frietsch/*Frietsch*, § 11 ProdHaftG, Rn 6; Taschner/Frietsch/*Taschner*, Art. 9, Rn 14.

149 MüKo/*Wagner*, § 1 ProdHaftG, Rn 23; *Reich/Micklitz*, S. 1065.

150 EuGH, Rs. C-300/95 (Kommission/Vereinigtes Königreich), Slg 1997, I-2649, Rn 25 ff.

151 Hierzu *Howells/Weatherill*, S. 114.

152 BGH, 9.5.1995 – VI ZR 158/94, NJW 1995, 2162 (mit kaum haltbarer Begründung für die Nichtvorlage an den EuGH, dazu *Schulte-Nölke*, in: Schulte-Nölke/Schulze, S. 321 ff).

einschlägigen sechzehnten Abschnitt (§§ 84 bis 94 a AMG) – an.[153] Danach gelten die Vorschriften des ProdHG nicht, sofern ein Schadensereignis im Sinne des § 84 AMG eingetreten ist.[154] Als unproblematisch wird der Fall angesehen, dass die Vorschriften des AMG einen weitergehenden Schutz des Verbrauchers gewährleisten als das ProdHG.[155] Nach seinem Wortlaut führt § 15 Abs. 1 ProdHG aber auch dazu, dass in Fällen, in denen das ProdHG eine für den Geschädigten günstigere Regelung als das AMG enthält, nur das AMG gilt.[156] Der **§ 15 Abs. 1** ProdHG verstößt deshalb **gegen Art. 13 der Produkthaftungsrichtlinie.**[157]

64 Zwar führt das AMG im Regelfall zu einer Haftung, die den Vorgaben der Richtlinie entspricht. Gleichwohl sind Fälle denkbar, **in denen die Haftung nach dem AMG hinter dem ProdHG und der Richtlinie zurückbleibt.**[158] So kommt ein Anspruch des Verbrauchers nach § 84 Abs. 1 S. 2 Nr. 1 AMG nur dann in Betracht, wenn das Produkt „bestimmungsgemäß" verwendet worden ist.[159] Wann diese Voraussetzung erfüllt ist, richtet sich jedoch nach den Angaben in den Gebrauchs- oder Fachinformationen bzw Kennzeichnungen, die seitens des Herstellers formuliert und dem Arzneimittel beigefügt werden.[160] Eine derartige faktische Haftungsbeschränkung durch den Hersteller ist nach dem ProdHG nicht möglich, denn § 3 Abs. 1 lit. b ProdHG sieht auch bei einem „Gebrauch, mit dem billigerweise gerechnet werden kann", eine Haftung des Herstellers vor. Davon umfasst ist auch der „vorhersehbare Fehlgebrauch".[161] Überdies besteht nach § 84 Abs. 1 S. 2 Nr. 1 AMG die Ersatzpflicht nur, wenn das Arzneimittel schädliche Wirkungen hat, die über ein nach den Erkenntnissen der medizinischen Wissenschaft vertretbares Maß hinausgehen. Eine derartige „Bagatellgrenze" kennen ProdHG und Richtlinie nicht. Nach § 84 Abs. 3 AMG ist die Ersatzpflicht des pharmazeutischen Unternehmers zudem ausgeschlossen, wenn nach den Umständen davon auszugehen ist, dass die schädlichen Wirkungen des Arzneimittels ihre Ursache nicht im Bereich der Entwicklung und Herstellung haben. Auch eine derartige Einschränkung auf Schäden, die durch Fehler im Rahmen der industriellen Produktion entstehen, ist dem ProdHG unbekannt.[162]

65 Ferner regelt § 88 Abs. 1 Nr. 1 AMG eine **höhenmäßige Haftungsbegrenzung von 600.000 EUR** im Falle der Tötung eines Menschen. § 7 ProdHG beschränkt die Haftung des Herstellers insofern nicht. Schließlich haftet der pharmazeutische Unternehmer nach hM nicht bei Schäden, die durch wirkungslose Produkte hervorgerufen werden.[163] Soweit sich aus dem ProdHG eine für den Geschädigten günstigere Haftung ergibt, als sie das AMG gewährt, ist deshalb **§ 15 Abs. 1 ProdHG im Wege der richtlinienkonformen Auslegung teleologisch zu reduzieren,** da es nicht vom Willen des Gesetzgebers gedeckt ist, dass die Vorschrift den von der Produkthaftungsrichtlinie gewährten Schutz mindert. In diesem Fall ist deshalb das ProdHG neben dem AMG anwendbar.[164] Der BGH hat die Frage, ob die §§ 84 Abs. 2, 84 a AMG mit Art. 13 ProdHaftRL vereinbar sind, dem EuGH vorgelegt.[165]

---

153 Taschner/Frietsch/*Frietsch*, § 15 ProdHaftG, Rn 6.

154 *Kullmann*, S. 221; Taschner/Frietsch/*Frietsch*, § 15 ProdHaftG, Rn 24.

155 Hierzu MüKo/*Wagner*, § 15 ProdHaftG, Rn 5 ff.

156 *Kullmann*, S. 221.

157 So auch *Kullmann*, S. 222 f; Taschner/Frietsch/*Frietsch*, § 15 ProdHaftG, Rn 25; zweifelnd auch Palandt/*Sprau*, § 15 ProdHaftG, Rn 2; aA MüKo/Wagner, § 15 ProdHaftG, Rn 6; Erman/*Schiemann*, § 15 ProdHaftG, Rn 1.

158 Staudinger/*Oechsler*, § 15 ProdHaftG, Rn 1; Kullmann, S. 221 f.

159 Palandt/*Sprau*, § 15 ProdHaftG, Rn 2.

160 Staudinger/*Oechsler*, § 15 ProdHaftG, Rn 1.

161 MüKo/*Wagner*, § 15 ProdHaftG, Rn 5; Staudinger/*Oechsler*, § 15 ProdHaftG, Rn 1.

162 Staudinger/*Oechsler*, § 15 ProdHaftG, Rn 1.

163 MüKo/*Wagner*, § 15 ProdHaftG, Rn 5.

164 AA MüKo/*Wagner*, § 15 ProdHaftG, Rn 6, der § 15 ProdHaftG für richtlinienkonform hält und dementsprechend die Vorschriften des ProdHaftG nur auf solche Arzneimittel anwenden will, die nicht von § 15 Abs. 1 ProdHaftG erfasst sind; im Ergebnis ebenso *Graf v. Westfalen*, in: Foerste/Graf v. Westfalen/Kreifels, § 56 Rn 2; ähnlich Palandt/*Sprau*, § 15 ProdHaftG, Rn 2, der im AMG das speziellere Gesetz sieht, allerdings Zweifel an der Vereinbarkeit dieser Nichtanwendbarkeit des ProdhaftG mit der RL anmeldet.

165 BGH v. 6.5.2013 – VI ZR 328/11, VersR 2013, 904.

C. Die Richtlinie 2008/48/EG über Verbraucherkreditverträge (Verbraucherkreditrichtlinie)

I. Die Umsetzung der Verbraucherkreditrichtlinie in Deutschland

Die Richtlinie 2008/48/EG des Europäischen Parlaments und des Rates vom 23. April 2008 über Verbraucherkreditverträge und zur Aufhebung der Richtlinie 87/102/EWG des Rates[166] trat am 11. Juni 2008 in Kraft und führte zur Aufhebung der alten Verbraucherkreditrichtlinie 87/102/EWG. Das europäische Verbraucherkreditrecht hatte eine bewegte Umsetzungsgeschichte in Deutschland. Die Vorgänger-Richtlinie 87/102/EWG[167] traf in Deutschland auf das schon seit 1894 bestehende Abzahlungsgesetz.[168] Die Umsetzung war zunächst im **Verbraucherkreditgesetz**[169] erfolgt, das als Sondergesetz neben das BGB trat. Da in Deutschland schon in den 1970er Jahren das Abzahlungsgesetz novelliert und dabei eine Reihe von Verbraucherschutzinstrumenten, u.a. ein Schriftformerfordernis, die Pflicht zur Angabe des effektiven Jahreszinses und ein Widerrufsrecht eingeführt worden waren, beschränkte sich die Umsetzung der (alten) Verbraucherkreditrichtlinie darauf, die Regeln des Abzahlungsgesetzes in das Verbraucherkreditgesetz zu übertragen und um den übrigen Richtlinieninhalt zu ergänzen. Das deutsche Verbraucherkreditrecht erfuhr in der Folgezeit etliche **Änderungen.**[170] Hervorzuheben ist zB die Umsetzung der Fernabsatzrichtlinie,[171] die eine einheitliche Regelung sowohl des Verbraucher- bzw Unternehmerbegriffs (§§ 13, 14 BGB) als auch des Widerrufs- und Rückgaberechts (nun in §§ 355-357 c BGB) zur Folge hatte. Eine Änderung der Richtlinie[172] führte zu einer Erweiterung der Pflichtangaben in Verbraucherdarlehensverträgen (nunmehr in § 492 BGB). Durch die Schuldrechtsreform wurden die Regeln des **Verbraucherkreditgesetzes in das BGB integriert**, jedoch nicht en bloc, sondern unter Trennung in Regeln zum allgemeinen Widerrufsrecht (§§ 355 ff BGB), zum Verbraucherdarlehensvertrag (§§ 491 ff, 488 ff BGB) und zum Verbraucherdarlehensvermittlungsvertrag (§§ 655 a ff BGB). Regeln über Informationspflichten des Kreditgebers wanderten zudem zunächst in die BGB-InfoV, später in Art. 247 EGBGB.[173] Bedeutende inhaltliche Änderungen erfuhr das Verbraucherkreditrecht aber nicht durch die Schuldrechtsreform, sondern erst durch das **OLGVertrÄndG,**[174] mit dem der deutsche Gesetzgeber auf das Urteil des **EuGH in der Sache Heininger**[175] reagierte. Das Urteil hatte eine Anpassung des Verbraucherkreditrechts an das – durch die bisherige Regelung des § 355 Abs. 3 BGB aF nicht richtlinienkonform umgesetzte – Haustürwiderrufsrecht notwendig gemacht. Das OLGVertrÄndG führte deshalb insbesondere zur Einfügung eines „ewigen Widerrufsrechts" nach § 355 Abs. 4 S. 2 BGB aF, der ein Erlöschen der Widerrufsfrist bei fehlender Belehrung nicht wie 66

166 ABl. 1987, L 133, S. 66; Geändert durch Art. 1 ÄndRL 2011/90/EU ABl. 2011, L 296, S. 35 sowie Art. 46 ÄndRL 2014/17/EU, ABl. 2014, L 60, S. 34.

167 Geändert durch RL 90/88/EWG des Rates vom 22. Februar 1990 zur Änderung der RL 87/102/EWG zur Angleichung der Rechts- und Verwaltungsvorschriften der Mitgliedstaaten über den Verbraucherkredit (ABl. 1990, L 061, S. 14 ff) sowie RL 98/7/EG des Europäischen Parlaments und des Rates vom 16. Februar 1998 zur Änderung der RL 87/102/EWG zur Angleichung der Rechts- und Verwaltungsvorschriften der Mitgliedstaaten über den Verbraucherkredit (ABl. 1990, L 101, S. 17 ff).

168 Abzahlungsgesetz vom 16.5.1894, RGBl. S. 450.

169 Gesetz über Verbraucherkredite (Verbraucherkreditgesetz) vom 17.12.1990, BGBl. I, S. 2840.

170 Schon kurz nach dem Inkrafttreten wurden durch das Gesetz zur Änderung des Bürgerlichen Gesetzbuches und anderer Gesetze vom 27.4.1993, BGBl. I, S. 509 der Anwendungsbereich des VerbrKrG (§ 3 VerbrKrG aF) korrigiert und Erleichterungen bei der Schriftform sowie bei der Angabe des Gesamtbetrags (§ 4 VerbrKrG aF) vorgenommen.

171 RL 97/7/EG des Europäischen Parlaments und des Rates vom 20.5.1997 über den Verbraucherschutz bei Vertragsschlüssen im Fernabsatz, ABl. 1997, L 144, S. 19, umgesetzt durch das Fernabsatzgesetz vom 27.6.2000, BGBl. I, S. 897.

172 RL 90/88/EWG, umgesetzt auch durch die VO zur Änderung der Preisangaben- und Fertigpackungsverordnung vom 28.7.2000, BGBl. I, S. 1238.

173 VO über Informations- und Nachweispflichten nach bürgerlichem Recht (BGB-InfoV) vom 2.1.2002, BGBl. I, S. 342.

174 Gesetz zur Änderung des Rechts der Vertretung durch Rechtsanwälte vor den Oberlandesgerichten (OLGVertrÄndG) vom 31.7.2002, BGBl. I, S. 2850.

175 EuGH, Rs. C-481/99 (Heininger), Slg 2001, I-9945 = NJW 2002, 281.

bisher nach sechs Monaten, sondern überhaupt nicht vorsah. Ferner wurden durch Streichung des früheren § 491 Abs. 3 Nr. 1 BGB aF für alle Immobiliardarlehensverträge ein Widerrufsrecht geschaffen und Korrekturen durch die Einfügung des § 358 Abs. 3 S. 3 BGB auch im Bereich der verbundenen Verträge vorgenommen. Vom 1. Juli 2005 an trat eine Übergangsregelung außer Kraft, die vorübergehend erlaubt hatte, das verbraucherschützende Widerrufsrecht bei Immobiliardarlehensverträgen abzubedingen (§ 506 Abs. 3 BGB aF).

67 Mit dem **Gesetz zur Umsetzung der Verbraucherkreditrichtlinie**, des zivilrechtlichen Teils der Zahlungsdienstrichtlinie sowie zur Neuordnung der Vorschriften über das Widerrufs- und Rückgaberecht wurde die RL 2008/48/EG in deutsches Recht umgesetzt. Die Änderungen schufen u.a. umfassendere Informationspflichten gegenüber dem Verbraucher. Die Umsetzung führte zu Änderungen und Ergänzungen der §§ 355 ff, 488 ff, 655 a ff BGB sowie der Regelungen zu den Informationspflichten.

68 Durch das **Gesetz zur Umsetzung der Verbraucherrechte-Richtlinie** 2011/83/EU, das am 13. Juni 2014 in Kraft getreten ist, wurde **§ 356 Abs. 3 BGB** neu eingefügt. Damit ist das **ewige Widerrufsrecht abgeschafft** worden. Stattdessen erlischt das Widerrufsrecht nach spätestens 12 Monaten und 14 Tagen. Der Beginn der Widerrufsfrist wird für Verbraucherdarlehen nun in § 356 b BGB geregelt. Eine speziellere Regelung der Rechtsfolgen enthält nun § 357 a Abs. 3 BGB.

Eine weitere Änderung ist zu erwarten, wenn die am 4. Februar 2014 verkündete und am 20. März 2014 in Kraft getretene **Richtlinie 2014/17/EU über Wohnimmobilienkreditverträge für Verbraucher**[176] umgesetzt wird. Wohnimmobilienkreditverträge sind vom Anwendungsbereich der Verbraucherkreditrichtlinie nicht erfasst. Die Richtlinie 2014/17/EU verfolgt, bis auf wenige Ausnahmen (Art. 2 Abs. 2), das Prinzip der **Mindestharmonisierung**. Dem deutschen Gesetzgeber steht es also offen, strengere Bestimmungen zum Zweck des Verbraucherschutzes beizubehalten oder einzuführen.

69 Die neue Richtlinie zwingt vor allem zu **Änderungen** der Informationspflichten.[177] Nach Art. 14 Abs. 2 iVm Anhang II der Richtlinie werden die Kreditgeber verpflichtet, für die vorvertraglichen Informationen ein personalisiertes **Europäisches Standardisiertes Informationsblatt (ESIS-Merkblatt)** zu verwenden. Die Wahlmöglichkeit nach Art. 247 § 2 Abs. 2 S. 2 EGBGB (ESIS oder Erfüllung der Informationspflichten auf eigenes Risiko) wird also entfallen. Das ESIS-Merkblatt wurde ebenfalls überarbeitet und ist nun deutlich individueller gestaltet. Die Mitgliedsstaaten dürfen nach Art. 2 Abs. 2 keine Bestimmungen einführen oder beibehalten, die von Art. 14 Abs. 2 der Richtlinie und Anhang II (ESIS-Merkblatt) abweichen.

70 Die **Vorfälligkeitsentschädigung**, die für Immobiliardarlehen bisher betragsmäßig nicht begrenzt ist, bedarf ebenfalls einer Neuregelung. Nach Art. 25 Abs. 1 der neuen Richtlinie hat der Verbraucher das Recht, die Verbindlichkeiten aus dem Darlehensvertrag vollständig oder teilweise vor Ablauf zu erfüllen. In diesem Fall besteht ein Anspruch auf Ermäßigung der Gesamtkosten.

71 Auch das **Recht der Kreditvermittlung** bedarf einiger Änderungen. Insbesondere die Vorgaben für die Berufszulassung und Ausbildung (Art. 29 ff) sowie die Standards für Beratungsdienstleistungen (Art. 22) sind neu in das deutsche Recht zu integrieren.[178]

II. Die Verbraucherkreditrichtlinie und deutsches Recht des Verbraucherkredits

1. Personeller Anwendungsbereich

72 Nach dem Vorbild der Richtlinie sieht das deutsche Verbraucherkreditrecht vor, dass seine Vorschriften nur für Verträge zwischen einem Verbraucher und einem Unternehmer anwendbar sind. Für diese Begriffe gelten die allgemeinen Definitionen in §§ 13, 14 BGB; zu etwaigen Besonderheiten aufgrund richtlinienkonformer Auslegung siehe oben Rn 31 ff. So wurde etwa (noch zu § 1 des

176 *ABl. 2014, L 60, S. 34.*
177 Vgl *König*, WM 2013, 1688, 1691 ff, der sich allerdings noch auf den Richtlinienvorschlag vom 31.3.2011 (KOM(2011) 0142 endg.) bezieht.
178 Vgl *König*, VersR 2013, 1238 ff.

früheren VerbrKG) die **Verbrauchereigenschaft einer BGB-Gesellschaft** bejaht, sofern sie nur aus natürlichen Personen besteht und der Zweck des aufgenommenen Darlehens nicht in einem von diesen betriebenen Gewerbe oder in einem von ihnen ausgeübten selbstständigen Beruf liegt.[179]

Aus § 512 BGB (§ 507 BGB aF) ergibt sich, dass im deutschen Verbraucherkreditrecht – im Gegensatz zum sonstigen Verbraucherrecht[180] – der **Begriff des Verbrauchers auch Existenzgründer** umfasst, also natürliche Personen, die zur Aufnahme einer gewerblichen oder selbstständigen beruflichen Tätigkeit handeln, sofern der Nettodarlehensbetrag oder der Barzahlungspreis eine **Obergrenze von 75.000 EUR** nicht übersteigt. Existenzgründer werden jedoch nicht von der Richtlinie erfasst. Der Vollharmonisierungsgrundsatz der Verbraucherkreditrichtlinie (Art. 22) steht dem nicht entgegen, da die Richtlinie den Bereich der Existenzgründung nicht regelt und eine Erweiterung des Anwendungsbereichs zulässt. Da Existenzgründer nicht Verbraucher iSd Unionsrechts sind, besteht insoweit auch kein unionsrechtliches Gebot der richtlinienkonformen Auslegung. Freilich dürfte aber aufgrund der Einbeziehung von Existenzgründern durch den deutschen Gesetzgeber ein Gebot zur richtlinienkonformen Auslegung aufgrund nationalen Rechts bestehen. Anderenfalls würde für Fälle innerhalb des Anwendungsbereichs der Richtlinie einerseits und Existenzgründerfälle andererseits eine gespaltene Auslegung desselben deutschen Gesetzes drohen, die der Gesetzgeber ja gerade durch die Einbeziehung der Existenzgründer in den Schutz des Verbraucherkreditrechts vermeiden wollte.[181] 73

2. Sachlicher Anwendungsbereich

Die deutsche Regelung des Verbraucherkreditrechts unterscheidet zwischen **Verbraucherdarlehen** (§§ 491 ff BGB), **Finanzierungshilfen** (§§ 506 ff BGB), **Ratenlieferungsverträgen** (§ 510 BGB) und **Darlehensvermittlungsverträgen** (§§ 655 a ff BGB). Durch Verweisungen wird sichergestellt, dass für all diese Verträge bestimmte gemeinsame Regeln anwendbar sind. **Ausnahmen vom Anwendungsbereich** bestehen für Bagatellgeschäfte mit einem Nettodarlehensbetrag von weniger als 200 EUR (§ 491 Abs. 2 Nr. 1 BGB), Darlehen mit Pfandsicherung iSv §§ 1204, 1205 BGB (§ 491 Abs. 2 Nr. 2 BGB), kurzzeitige Darlehen mit geringen Kosten (§ 491 Abs. 2 Nr. 3 BGB), bestimmte Arbeitnehmerdarlehen (§ 491 Abs. 2 Nr. 4 BGB) und Förderdarlehen (§ 491 Abs. 2 Nr. 5 BGB). Nur eingeschränkt anwendbar sind die Regeln des Verbraucherkreditrechts auf gerichtlich protokollierte Darlehensverträge und Vergleiche, deren Zustandekommen gerichtlich festgestellt worden ist (§ 491 Abs. 3 BGB; dazu aber sogleich Rn 77 ff). Abs. 2 regelt die Ausnahmen vom Anwendungsbereich der verbraucherschützenden Vorschriften. Im Gegensatz zu Abs. 3, der nur einige Regelungen ausnimmt, finden die Vorschriften des § 491 a ff auf die in Abs. 2 genannten Verträge insgesamt keine Anwendung. 74

Die **Verbraucherkreditrichtlinie** kennt im Gegensatz zu dieser Systematik nur einen einzigen Vertragstyp, den Kreditvertrag. Dieser wird in Art. 3 lit. c der Richtlinie als Kredit in Form eines **Zahlungsaufschubs,** eines **Darlehens** oder einer **sonstigen ähnlichen Finanzierungshilfe** definiert. Damit fallen die in § 510 BGB (§ 505 BGB aF) geregelten **Ratenlieferungsverträge** weiterhin nicht unter die Verbraucherkreditrichtlinie. Nach Art. 3 lit. f der Richtlinie ist Kreditvermittler, wer Verbraucherkredite vorstellt, anbietet, bei anderen Vorarbeiten behilflich ist oder als geschäftsmäßiger Vertreter auftritt. Gemeint ist nach den Vorstellungen der Kommission[182] jede Person, die einem Kreditgeber einen Kunden nachweist und diesen gegen Entgelt zwecks Abschluss eines Kreditvertrags an einen Kreditgeber verweist. Bisher galt § 655 a BGB nur für die Vermittlung von Darlehensver- 75

179 BGH, 23.10.2001 – XI ZR 63/01, NJW 2002, 368.

180 In diesem Sinne etwa OLG Rostock 17.3.2003 – 3 U 107/02, OLGR 2003, 505, 505 ff; BGH, 4.5.1994 – XII ZR 24/93, NJW 1994, 2759; BGH, 24.2.2005 – III ZB 36/04, ZGS 2005, 197 f; Staudinger/*Kannowski,* § 13, Rn 55, 59; Soergel/*Pfeiffer*, § 13, Rn 35; Erman/*Saenger*, § 13, Rn 16 und § 14, Rn 14, MüKo/*Schürnbrand*, § 512, Rn 2; Palandt/*Ellenberger,* § 13, Rn 3; aA aber ua OLG Nürnberg, 4.4.2003 – 6 U 625/02, OLGR 2003, 335 f; OLG München, 11.9.2003 – 29 U 2681/03, NJW-RR 2004, 913 ff; MüKo/*Schürnbrand*, § 13, Rn 50 ff.

181 Anders wohl *Welter*, in: Gebauer/Wiedmann (Hrsg.), Kapitel 12, Rn 143.

182 KOM(2002) 443 endg., S. 9.

trägen, nicht auch für die Vermittlung sonstiger Finanzierungshilfen.[183] Da dies mit der Verbraucherkreditrichtlinie unvereinbar ist, wurde die Vermittlung sonstiger entgeltlicher Finanzierungshilfen in den Wortlaut des neuen § 655 a BGB aufgenommen.[184] Für Ratenlieferungsverträge geht der sachliche Anwendungsbereich des deutschen Verbraucherkreditrechts deutlich über die Richtlinie hinaus. Für die richtlinienkonforme Auslegung in diesem Extensionsbereich gilt das oben unter Rn 72 Gesagte entsprechend.

3. Abweichungen des Anwendungsbereichs

76 In § 500 BGB aF war geregelt, dass für **Finanzierungsleasingverträge** die §§ 358, 359, 492 Abs. 1 S. 1-4; 492 Abs. 2, Abs. 3; 495 Abs. 1; 496-498 BGB aF entsprechende Anwendung finden sollen. Nicht anwendbar auf derartige Verträge waren demnach die in § 492 Abs. 1 S. 5 BGB aF geregelten Informationspflichten, also vor allem die Pflicht zur Angabe des effektiven Jahreszinses. § 500 BGB aF ist im Rahmen der Umsetzung der neuen Verbraucherkreditrichtlinie ersatzlos weggefallen. Finanzierungsleasingverträge fallen nunmehr in aller Regel unter § 506 Abs. 2 BGB und werden, sofern nicht ohnedies die mietvertraglichen Vorschriften Anwendung finden, wie entgeltliche Finanzierungshilfen behandelt.

77 § 491 Abs. 3 BGB schließt die Anwendung einiger Vorschriften bezüglich der Informationspflichten auf **gerichtlich protokollierte Vergleiche** aus. Vergleiche, deren Zustandekommen nach § 278 Abs. 6 ZPO gerichtlich festgestellt worden ist, werden protokollierten Vergleichen aufgrund der ähnlichen Interessenlage gleichgestellt. Keine Geltung entfalten somit Vorschriften zum Widerruf bei verbundenen Verträgen und dessen Folgen (§ 358 Abs. 2, 4, 5 BGB), zu vorvertraglichen Informationspflichten (§ 491 a BGB), zur Schriftform und zu Pflichtangaben (§ 492 BGB), zu Informationen während des Vertragsverhältnisses (§ 493 BGB), zu den Rechtsfolgen von Formmängeln (§ 494 BGB) und zum Widerruf (§ 495 BGB). Dies war vor allem wegen Art. 4 Abs. 2 lit. a der alten Verbraucherkreditrichtlinie problematisch, nach dem der **effektive Jahreszins** anzugeben ist. Es wurde schon früher mit guten Gründen bezweifelt, dass die deutsche Regelung diesem Schutzmaßstab durch die Anforderungen an den Inhalt des gerichtlichen Protokolls gerecht wird.[185] Zwar ist auch nach Art. 10 Abs. 2 lit. g der Verbraucherkreditrichtlinie 2008 der effektive Jahreszins anzugeben, allerdings sind nach Art. 2 Abs. 2 lit. i Kreditverträge, die das Ergebnis eines gerichtlichen Vergleichs sind, vom Anwendungsbereich ausgenommen. Eine richtlinienkonforme Auslegung von § 491 Abs. 3 BGB ist somit nicht mehr geboten.[186] Die bis zum 10. Juni 2010 ebenfalls in § 491 Abs. 3 Nr. 1 BGB aF enthaltene Ausnahmeregelung für notariell beurkundete Verträge ist entfallen. Ausnahmen von den zwingenden Vorgaben sind für notariell beurkundete Verträge nach dem Wortlaut der Verbraucherkreditrichtlinie nur im Rahmen des Widerrufsrechts möglich. Für den Ausschluss des Widerrufsrechts ist in § 495 Abs. 2 Nr. 2 BGB (§ 495 Abs. 3 Nr. 2 BGB aF) eine Spezialvorschrift vorgesehen. Die Teilausnahme für Darlehen zur Finanzierung des Erwerbs von Wertpapieren, Devisen, Derivaten oder Edelmetallen (§ 491 Abs. 3 Nr. 2 BGB aF) wurde mit geringfügigen Änderungen in § 359 a Abs. 3 BGB überführt.

78 Die Anwendbarkeit der deutschen Vorschriften des Verbraucherkreditrechts auf **Sicherungsrechte** war lange zweifelhaft. Ein **Schuldbeitritt** fällt unter das Verbraucherkreditrecht. Dies gilt selbst dann, wenn nur der Sicherungsgeber, nicht aber der Kreditnehmer Verbraucher ist.[187] Wenn das Grundgeschäft die weiteren Anwendungsvoraussetzungen des Verbraucherkreditrechts erfüllt, gelten damit auch die spezifischen Formvorschriften für den – an sich ja formfreien – Schuldbeitritt.

183 MüKo/*Schürnbrand,* § 655 a, Rn 3.
184 BT-Drucks. 16/11643, S. 97.
185 Ablehnend MüKo/*Ulmer*, § 3 VerbrKrG, Rn 35; an der Vereinbarkeit zweifelnd Staudinger/*Kessal-Wulf*, § 491, Rn 91.
186 Anderes gilt jedoch für Altverträge, die noch unter die Richtlinie 87/102/EWG fallen.
187 BGH, 27.6.2000 – XI ZR 332/98, NJW-RR 2000, 3496; BGH, 5.6.1996 – VIII ZR 151/95, NJW 1996, 2156; BGH, 11.10.1994 – XI ZR 18/94, NJW 1995, 961 (alle zum VerbrKrG).

Die Anwendbarkeit der §§ 491 ff BGB auf **Bürgschaften** ist vom BGH[188] schrittweise geklärt worden. Das Verbraucherkreditrecht gilt nicht für Bürgschaften, die einen von einem Unternehmer aufgenommenen Kredit sichern, und ebenso wenig für Bürgschaften, die Kredite sichern, die nach §§ 491 Abs. 2, 499 Abs. 1, 507 BGB ohnehin vom Anwendungsbereich ausgenommen sind. Offen ist weiterhin, ob die §§ 491 ff BGB für Bürgschaften gelten, die von einem Verbraucher gestellt werden und einen Verbraucherkredit sichern.[189] Der EuGH[190] hat freilich die Anwendbarkeit der Verbraucherkreditrichtlinie auf eine Bürgschaft verneint, bei der sowohl der Bürge als auch der Kreditnehmer als Verbraucher handeln. Damit gebietet das Unionsrecht keine Einbeziehung der Bürgschaft in den Anwendungsbereich der §§ 491 ff BGB.

4. Formvorschriften

Die Grundregel zum Inhalt und zur Form eines Verbraucherdarlehensvertrages befindet sich in § 492 BGB, nach der **Schriftform** einzuhalten ist. Dabei bleiben die Anforderungen des § 492 Abs. 1 BGB zum Teil hinter dem allgemeinen Schriftformerfordernis des § 126 BGB zurück. So erlaubt § 492 Abs. 1 S. 2 BGB eine Ausnahme von Grundsatz der Einheitlichkeit der Urkunde (§ 126 Abs. 2 BGB) mit der Folge, dass Antrag und Annahme auch getrennt schriftlich erklärt werden können. Eine mittels einer automatischen Einrichtung erstellte Erklärung des Darlehensgebers muss nach § 492 Abs. 1 S. 3 BGB nicht unterschrieben werden. Da die Verbraucherkreditrichtlinie 2008 keine zwingende Schriftform mehr vorsieht, wurde der die elektronische Form ausschließende § 492 Abs. 1 S. 2 BGB aF gestrichen. Nach § 492 Abs. 5 BGB bedürfen Erklärungen des Darlehensgebers, die dem Verbraucher gegenüber nach Vertragsabschluss abzugeben sind, der Textform (§ 126 b BGB). 79

Nach Art. 10 Abs. 1 der Richtlinie sind Kreditverträge auf Papier oder einem anderen dauerhaften Datenträger zu erstellen. Die Richtlinie enthält keine genaueren Angaben, welche Voraussetzungen zur Wahrung des Schriftformerfordernisses erfüllt werden müssen. Es wird jedoch davon ausgegangen, dass die deutsche Regelung in § 492 Abs. 1 BGB trotz der Abweichung von § 126 BGB den allgemein europarechtlichen und richtlinienspezifischen Anforderungen gerecht wird und in ausreichendem Maß zu Klarheit und Rechtssicherheit, aber auch zu einem ausreichenden Verbraucherschutz beiträgt.[191] 80

Verstöße gegen die Vorgaben zu Form und Inhalt von Verbraucherdarlehen und Finanzierungshilfen führen grundsätzlich zur **Nichtigkeit des Vertrages** (§ 125 S. 1 BGB), können aber geheilt werden. Da die Richtlinie überhaupt keine Rechtsfolgen solcher Verstöße vorsieht, kann die deutsche Regelung als richtlinienkonform gelten. Im Einzelfall kann sie freilich mit Blick auf den Verbraucherschutz zu unbefriedigenden Ergebnissen führen, die aber im Wege der Auslegung korrigiert werden können.[192] 81

5. Weitere Verbraucherschutzinstrumente

Das deutsche Verbraucherkreditrecht sah bisher für den Verbraucher nach § 495 BGB aF ein **Widerrufsrecht** vor und setzte damit Art. 14 Abs. 1 der Richtlinie um. Besondere Regelungen zum Widerrufsrecht fanden sich in § 495 Abs. 2 BGB aF, der insoweit nicht auf die allgemeinen Bestimmungen über die Widerrufsbelehrung in § 360 BGB verwies. § 495 Abs. 2 Nr. 1 BGB aF erklärte vielmehr die Pflichtangaben aus Art. 247 § 6 Abs. 2 EGBGB für anwendbar. Die Voraussetzungen für den Fristbeginn regelte § 495 Abs. 2 Nr. 2 BGB aF selbst; ferner regelte § 495 Abs. 2 Nr. 3 BGB 82

188 BGH, 21.4.1998 – XI ZR 258/97, NJW 1998, 1939.

189 Dafür *Welter*, in: Gebauer/Wiedmann (Hrsg.), Kapitel 12, Rn 47 f; *Bülow*, NJW 1996, 2889, 2892; dagegen HansOLG Hamburg, 8.9.1998 – 14 U 246/97, VuR 1999, 348; OLG Hamm, 12.11.1997 – 31 U 50/97, WM 1998, 171; OLG Stuttgart, 22.7.1997 – 6 U 31/97, NJW 1997, 3450; MüKo/*Schürnbrand*, § 491, Rn 58; Palandt/*Weidenkaff*, § 491, Rn 11; Staudinger/*Kessal-Wulf*, § 491, Rn 23.

190 EuGH, Rs. C-208/98 (Berliner Kindl Brauerei AG/Andreas Siepert), NJW 2000, 1323 auf Vorlagebeschluss des LG Potsdam, WM 1998, 1287.

191 *Welter*, in: Gebauer/Wiedmann (Hrsg.), Kapitel 12, Rn 65 f.

192 *Knütel*, in: Diederichsen/Dreier (Hrsg.), S. 62 ff.

aF einen Aufwendungsersatzanspruch gegenüber öffentlichen Stellen sowie Ausnahmen vom Widerrufsrecht.

83 Mit Inkrafttreten der Umsetzung der **Verbraucherrechte-Richtlinie 2011/83/EU** zum 13. Juni 2014 wurde **§ 495 Abs. 2 BGB aufgehoben**. Von nun an wird das **Widerrufsrecht einheitlich im allgemeinen Teil des Schuldrechts** geregelt. § 495 Abs. 2 Nr. 1 und Nr. 2 BGB wurden dementsprechend nach § 357 a Abs. 3 BGB nF überführt. Nach § 356 b Abs. 1 BGB nF beginnt die Widerrufsfrist nicht, bevor der Darlehensgeber dem Darlehensnehmer eine für diesen bestimmte Vertragsurkunde, den schriftlichen Antrag des Darlehensnehmers oder eine Abschrift der Vertragsurkunde oder seines Antrags zur Verfügung gestellt hat. Enthält die zur Verfügung gestellte Urkunde nicht die Pflichtangaben nach § 492 Abs. 2 BGB (gemeint sind die für den Verbraucherdarlehensvertrag vorgeschriebenen Angaben nach Art. 247 §§ 6 bis 13 EGBGB), beginnt die Frist erst mit Nachholung der Angaben nach § 492 Abs. 6 BGB. Die Frist beträgt in diesem Fall einen Monat, § 356 Abs. 2 BGB. Im Falle der Heilung von Formmängeln hat der Verbraucher nach § 494 Abs. 7 BGB einen Anspruch auf eine neue Vertragsabschrift, die Widerrufsfrist beginnt erst mit Erhalt der neuen Abschrift, § 356 Abs. 3 BGB. Der Widerruf eines Verbraucherdarlehens muss nicht mehr zwingend in Textform erfolgen.[193]

84 Am 24. März 2010 hat die Bundesregierung einen Gesetzentwurf zur Einführung einer **Musterwiderrufsbelehrung** für Verbraucherdarlehensverträge beschlossen. Das gesetzliche Muster soll eine verlässliche Grundlage dafür schaffen, wie Verbraucher über ihre Widerrufsrechte beim Abschluss von Darlehensverträgen zu informieren sind. Künftig soll jeder Darlehensgeber sicher sein können, dass er mit der Verwendung dieses Musters seinen gesetzlichen Informationspflichten gegenüber dem Verbraucher gerecht wird. Das Musterformular ist in Anlage 4 zu Art. 247 § 2 EGBGB zu finden. Darüber hinaus ermöglichen §§ 358 Abs. 2, 359 BGB bei **verbundenen Verträgen**, also insbesondere bei bestimmten finanzierten Geschäften, dass die Einwendungen des Verbrauchers aus einem der beiden Verträge auf den jeweils anderen durchschlagen.

85 Umfassend geregelt worden sind die den Kreditgeber treffenden **Informationspflichten**. Zunächst macht § 6 a PAngV Vorgaben für Werbung für Kreditverträge. Im Hinblick auf vorvertragliche Informationen verlangt § 491 a Abs. 1 BGB „rechtzeitige“ vorvertragliche Informationen (Einzelheiten ergeben sich aus Art. 247 EGBGB), nach Abs. 2 hat der Kreditnehmer einen Anspruch auf Übermittlung eines kostenlosen Vertragsentwurfs und Abs. 3 verpflichtet den Kreditgeber zu Erläuterungen. Die Informationspflichten bei Vertragsschluss ergeben sich aus § 492 BGB, nach dem nunmehr insbesondere die elektronische Form zugelassen ist. Die Pflichtangaben sind in Art. 247 §§ 6 bis 13 EGBGB zu finden (zB Definition des effektiven Jahreszinses in Art. 247 § 3 Abs. 2 EGBGB). Nach § 492 Abs. 3 S. 2 BGB hat der Darlehensnehmer Anspruch auf Überlassung eines Tilgungsplans; § 492 Abs. 5 BGB bestimmt ein Textformerfordernis für Mitteilungen nach Vertragsschluss. Informationspflichten während des Vertragsverhältnisses regelt § 493 BGB.

86 § 489 Abs. 1 Nr. 2 BGB aF wurde aufgehoben, weil die Norm eine Sonderregelung für die **Kündigung** von Verbraucherdarlehen enthält, die systematisch in das neue Kapitel 2 „Besondere Vorschriften für Verbraucherdarlehensverträge“ gehört.[194] Die Kündigungsmöglichkeiten des Darlehensnehmers, der Verbraucher ist, finden sich seitdem in § 500 BGB und ergänzen die Kündigungsmöglichkeiten nach §§ 489, 490 BGB.

87 Ein Kreditinstitut ist nach § 18 Abs. 2 KWG dazu verpflichtet, vor Abschluss eines Verbraucherdarlehensvertrags die **Kreditwürdigkeit des Verbrauchers** zu prüfen. Die Vorschrift entfaltet aufgrund ihrer Einordnung in das Bankenaufsichtsrecht keinen Individualschutz für den Verbraucher.[195] Für entgeltliche Finanzierungshilfen, die von einem Unternehmer an einen Verbraucher gewährt werden, wurde mit § 509 BGB eine entsprechende Prüfungspflicht geschaffen. § 509 BGB

193 BT-Drucks. 17/12637, S. 36.

194 BT-Drucks. 16/11643, S. 74.

195 BT-Drucks 16/11643, S. 144; MüKo/*Schürnbrand*, § 491 a, Rn 62; Staudinger/*Kessal-Wulf*, § 509, Rn 2; *Nobbe*, WM 2011, 625, 629; *Herresthal*, WM 2009, 1174, 1178; aA *Ady/Paetz*, WM 2009, 1061, 1067; *Hofmann*, NJW 2010, 1782, 1784 f.

ist subsidiär zu § 18 Abs. 2 KWG. Ob § 509 BGB dem Schutz des Verbrauchers dient und damit bei Verletzung der Prüfungspflicht einen Schadensersatzanspruch entstehen lässt, ist umstritten.[196]

Nach § 500 Abs. 2 BGB ist der Verbraucher berechtigt, seine Verbindlichkeiten aus einem Darlehensvertrag jederzeit ganz oder teilweise vorzeitig zu erfüllen. Macht der Verbraucher hiervon Gebrauch, vermindern sich nach § 501 BGB die Gesamtkosten (§ 6 Abs. 3 PAngV) um die Zinsen und sonstigen laufzeitabhängigen Kosten, die bei gestaffelter Berechnung auf die Zeit nach der Fälligkeit oder Erfüllung entfallen. Die Regelung ist nach § 506 BGB auf einen entgeltlichen Zahlungsaufschub (einschließlich Teilzahlungsgeschäfte, § 506 Abs. 3 BGB) oder eine sonstige entgeltliche Finanzierungshilfe entsprechend anzuwenden. Der Unternehmer hat nach § 502 BGB einen Anspruch auf **Vorfälligkeitsentschädigung.** Im Falle von Teilzahlungsgeschäften ist bei Berechnung der Kostenermäßigung der gesetzliche Zinssatz (§ 246 BGB) zugrunde zu legen (§ 507 Abs. 3 S. 2 BGB); zudem ist der Anspruch auf Vorfälligkeitsentschädigung ausgeschlossen (§ 507 Abs. 3 S. 3 BGB). § 502 BGB gilt nicht für Überziehungskredite (§§ 504 Abs. 1 S. 2, 505 Abs. 4 BGB) und Immobiliardarlehensverträge (§ 503 Abs. 1 BGB). Bei Immobiliardarlehensverträgen besteht jedoch nach § 490 Abs. 2 BGB ein Anspruch auf eine betragsmäßig nicht begrenzte Vorfälligkeitsentschädigung. Im Zuge der Umsetzung der Richtlinie 2014/17/EU wird dies jedoch neu geregelt werden müssen, so dass der Verbraucher in Zukunft eine Ermäßigung der Gesamtkosten verlangen kann. 88

D. Die Richtlinie 90/314/EWG über Pauschalreisen (Pauschalreiserichtlinie)

I. Die Umsetzung der Pauschalreiserichtlinie in Deutschland

Die Richtlinie 90/314/EWG über Pauschalreisen traf in Deutschland auf bereits seit 1979 **bestehende Vorschriften zum Reisevertrag,** einem Vertragstyp, der aus dem Werkvertrag entwickelt und in den §§ 651 ff BGB geregelt worden war. Die Umsetzung der Richtlinie in das deutsche Recht erfolgte **erst im Jahr 1994,** fast zwei Jahre nach Ende der in Art. 9 Pauschalreiserichtlinie vorgegebenen Umsetzungsfrist. Das Gesetz zur Umsetzung der Richtlinie des Rates vom 13.6.1990 über Pauschalreisen[197] ergänzte die §§ 651 a ff BGB lediglich in einigen Punkten, u.a. um Regeln über Preis- und Leistungsänderungen (§ 651 a Abs. 4, Abs. 5 BGB) und um die bis zu diesem Zeitpunkt im deutschen Recht unbekannte Insolvenzsicherung (nunmehr in § 651 k BGB). Weitere Änderungen betrafen etwa die Vorschriften zur Haftung und zur Ersetzungsbefugnis (§§ 651 b, 651 f, 651 h BGB). Die umfangreichen Informationspflichten der Richtlinie wurden nicht in das BGB eingefügt, sondern in einer neu geschaffenen Reiseinformationsverordnung[198] niedergelegt. Überdies bedroht § 147 b GewO den Reiseveranstalter mit Bußgeld, der ohne Nachweis einer Sicherungsleistung Zahlungen auf den Reisepreis annimmt oder fordert. 89

Die verspätete Umsetzung führte zu einer Reihe von **Schadensersatzansprüchen gegen die Bundesrepublik Deutschland,** als im Jahr 1993 Kunden eines zahlungsunfähigen Reiseveranstalters Schäden erlitten, insbesondere ihre Rückreise aus dem Urlaubsland selbst durchführen mussten oder ihre Vorauszahlungen verloren. Der im Zuge der gegen die Bundesrepublik gerichteten Schadensersatzklagen angerufene EuGH stellte in der Sache **Dillenkofer**[199] fest, dass die Bundesrepublik Deutschland durch die verspätete Umsetzung einen qualifizierten Verstoß gegen das Unionsrecht begangen hatte und deshalb zum Schadensersatz verpflichtet war. Der EuGH präzisierte außerdem die Pflicht zur Insolvenzsicherung in der Richtlinie dahingehend, dass auch **Anzahlungen der Reisenden erfasst** sind. Darauf reagierte der deutsche Gesetzgeber umgehend durch eine entsprechende 90

196 Dafür MüKo/*Schürnbrand*, § 509, Rn 7; *Derleder*, NJW 2009, 3195, 3200; *Reinking*, DAR 2010, 252, 255; dagegen Jauernig/*Berger*, § 509, Rn 2; Palandt/*Weidenkaff*, § 509, Rn 1; Staudinger/*Kessal-Wulf*, § 509, Rn 2.

197 BGBl. I 1994, S. 1322 (Die Reiseinformationsverordnung ist inzwischen aufgehoben und in die BGB-Info-V überführt worden).

198 BGBl. I 1994, 3436.

199 EuGH, verb. Rs. C-178/94, C-179/94, C-188/94, C-189/94, C-190/94 (Dillenkofer), Slg 1996, I-4845.

Klarstellung in § 651 k BGB.[200] Nachdem in der Folge eines weiteren EuGH-Urteils[201] erneut Zweifel aufkamen, ob § 651 k BGB die Richtlinie richtig umsetzte, wurden die Anforderungen an den Sicherungsschein verschärft, ein obligatorisches Muster eines Sicherungsscheins in die Reiseinformationsverordnung eingefügt und in Art. 238 Abs. 2 EGBGB eine Pflicht des Kundengeldabsicherers eingeführt, die Beendigung von Insolvenzsicherungsverträgen der Gewerbeaufsicht mitzuteilen.[202] Darüber hinaus wurde trotz des Urteils des EuGH in der Sache **AFS Intercultural Finland,**[203] das für die Pauschalreiserichtlinie zum gegenteiligen Ergebnis gekommen war, in einem neu geschaffenen § 651 l BGB klargestellt, dass das deutsche Reiserecht auch Gastschulverträge erfasst. Die Schuldrechtsreform verlängerte die Verjährungsfrist in § 651 g BGB von einem halben Jahr auf zwei Jahre, eröffnete aber durch § 651 m S. 2 BGB auch die Möglichkeit, die Frist in Allgemeinen Geschäftsbedingungen auf ein Jahr zu verkürzen. Im Rahmen der Reform wurden zudem die Vorschriften der Reiseinformationsverordnung in die BGB-InfoV verschoben.

II. Die Pauschalreiserichtlinie und das deutsche Reiserecht

1. Persönlicher Anwendungsbereich

91 Das Reisevertragsrecht wird zu Recht als Verbraucherschutzmaterie angesehen, nicht zuletzt deshalb, weil es der Umsetzung einer Richtlinie dient, deren Ziel auch der Schutz von Verbrauchern ist und die auch im Zusammenhang mit anderen verbraucherrechtlichen Richtlinien steht.[204] Freilich verwenden weder die Richtlinien noch das BGB-Reiserecht das sonst übliche, im BGB in §§ 13, 14 definierte Begriffspaar Verbraucher und Unternehmer. Die Richtlinie bedient sich zwar der Begriffe „Verbraucher" und „Veranstalter", versteht beide aber weiter als die anderen verbraucherrechtlichen Richtlinien. **Reiseveranstalter** kann nach Art. 2 Abs. 2 Nr. 1 der Pauschalreiserichtlinie **auch ein nicht gewerblich Handelnder** sein, sofern er Pauschalreisen nicht nur gelegentlich organisiert und sie direkt oder über einen Vermittler anbietet. Damit schafft die Richtlinie auch für karitative Organisationen, Sportvereine und Kirchengemeinden, die nicht nur gelegentlich Reisen veranstalten, entsprechende Pflichten bis hin zur Aushändigung eines Sicherungsscheins.[205] Der Begriff der Pauschalreise hindert ferner nicht daran, Reisebüros, die maßgeschneiderte Reisen anbieten, als Reiseveranstalter im Sinne der Richtlinie einzuordnen.[206] Allerdings hat der deutsche Gesetzgeber davon abgesehen von der in der Pauschalreiserichtlinie vorgesehenen Option Gebrauch zu machen, auch den Vermittler – neben dem Reiseveranstalter – zur Erfüllung der vertraglichen Pflichten und zu Schadensersatz zu verpflichten.[207] Auch der Verbraucherbegriff der Richtlinie ist weiter; es fehlt die Beschränkung auf nicht gewerbliches Handeln in Art. 2 Abs. 2 Nr. 3 der Richtlinie. **Verbraucher** im Sinne der Pauschalreiserichtlinie kann demnach **auch ein Geschäftsreisender** sein. Der weite Verbraucherbegriff der Pauschalreiserichtlinie trägt dazu bei, einen Gleichklang mit den – hier nicht näher behandelten – Passagierrechte-Verordnungen[208] herzustellen, die auch nicht voraussetzen, dass der Reisende Verbraucher ist. Der persönliche Anwendungsbereich des BGB-Reisevertragsrechts in §§ 651 a ff BGB, das die Begriffe „Reiseveranstalter" und „Reisender" verwendet, muss im Lichte dieser Vorgaben der Richtlinie ausgelegt werden.[209]

---

200 Zweites Gesetz zur Änderung des Rechtspflegegesetzes vom 20.12.1996, BGBl. I, S. 2090.
201 EuGH, Rs. C-140/97 (Rechberger), Slg 1999, I-3499.
202 Zweites Gesetz zur Änderung reiserechtlicher Vorschriften vom 23.7.2001, BGBl. I, S. 1658.
203 EuGH, Rs. C-237/97 (AFS Intercultural Finland), Slg 1999, I-825.
204 *Tonner*, in: Gebauer/Wiedmann (Hrsg.), Kapitel 14, Rn 10.
205 Zu Recht kritisch *Tonner*, in: Gebauer/Wiedmann (Hrsg.), Kapitel 14, Rn 42.
206 EuGH, Rs. C-400/00 (Club-Tour/Garrido), Slg 2002, I-4051, Rn 14 ff.
207 *So BGH, 30.9.2010 – Xa ZR 130/08,* NJW 2011, 599.
208 Vgl oben Abschnitt 1 A II.
209 *Führich*, § 5, Rn 92; Staudinger/*Gsell*, Eckpfeiler des Zivilrechts, §§ 651a-651 m, Rn 97 f; Bamberger/Roth/*Schmidt-Räntsch*, § 13, Rn 19; *Tonner*, ZRP 2014, 6.

2. Sachlicher Anwendungsbereich

Als Reisevertrag wird in § 651 a BGB ein Rechtsgeschäft bezeichnet, durch das sich der Veranstalter dem Reisenden gegenüber zur Erbringung einer **Gesamtheit von Reiseleistungen** verpflichtet. Der sachliche Anwendungsbereich des deutschen Reisevertragsrechts ist damit nur dahingehend eingeschränkt, dass **mindestens zwei Reiseleistungen** versprochen werden müssen, deren Inhalt gesetzlich nicht näher bestimmt ist. Im Regelfall wird es sich bei den Reiseleistungen um Beförderung und Unterkunft handeln,[210] eine andere selbstständige Reiseleistung kann etwa das Angebot von Sport- und Freizeitaktivitäten[211] sein. Durch die Spezialregelung für Gastschulaufenthaltsverträge in § 651 l BGB wird deutlich, dass auch solche Verträge als Reiseverträge einzuordnen sind.[212] Der BGH hat die §§ 651 a ff BGB ferner analog auch dann angewendet, wenn ein Veranstalter Ferienhäuser vermietet[213] und damit lediglich eine einzige Reiseleistung erbringt, diese analoge Anwendung jedoch abgelehnt, als es um das Chartern eines Bootes[214] ging. 92

Damit ist der **Anwendungsbereich des deutschen Reisevertragsrechts deutlich weiter als der der Pauschalreiserichtlinie.** Eine Pauschalreise liegt nach Art. 2 Abs. 1 Nr. 1 der Richtlinie vor, wenn die Erbringung von mindestens zwei der drei dort aufgezählten Reiseleistungen (Beförderung, Unterbringung oder andere touristische Dienstleistungen) im Voraus versprochen wird und die Leistung länger als 24 Stunden dauert oder eine Übernachtung einschließt. Im Gegensatz zum deutschen Reisevertragsrecht gilt die Richtlinie also etwa nicht für Tagestouren. Bei der Auslegung des Begriffs „Pauschalreise" ist zu beachten, dass der EU-Gesetzgeber einen einheitlichen rechtsaktübergreifenden Begriff für die Zwecke der Pauschalreiserichtlinie, der Brüssel I VO und der Rom I VO schaffen wollte.[215] Eine Frachtschiffreise, die außer der Beförderung zu einem Pauschalpreis auch die Unterbringung erfasst und länger als 24 Stunden dauert, ist eine Pauschalreise.[216] Nach der Rechtsprechung des EuGH fallen Gastschulaufenthalte nicht unter die Richtlinie, weil es sich nicht um eine touristische Leistung handelt.[217] Dem steht in Deutschland § 651 l BGB entgegen. 93

3. Informationspflichten

Das Reiserecht legt dem Reiseveranstalter **umfassende Informationspflichten** gegenüber dem Reisenden auf. § 651 a Abs. 3 S. 2 BGB verweist dazu auf Art. 238 EGBGB. Konkretisiert werden die Informationspflichten durch die §§ 4-9 BGB-InfoV. Informationspflichten bestehen schon **im vorvertraglichen Bereich**, um den Reisenden in die Lage zu versetzen, eine fundierte Entscheidung zu treffen. Dementsprechend enthält § 4 BGB-InfoV Regeln zum Inhalt von Reiseprospekten, § 5 BGB-InfoV verpflichtet den Reiseveranstalter, den Reisenden vor Vertragsschluss über Einreise- und gesundheitsspezifische Modalitäten zu unterrichten. **Nach Vertragsschluss** sorgen weitere Informationspflichten dafür, dass der Reisende eine Reisebestätigung (§ 6 Abs. 1 BGB-InfoV) sowie einen Sicherungsschein (§ 9 BGB-InfoV) mit gesetzlich geregeltem Mindestinhalt erhält und rechtzeitig vor Reisebeginn über Fahrzeiten und Vertretungen des Reiseveranstalters am Zielort informiert wird (§ 8 BGB-InfoV). 94

Da die genannten §§ 4-9 BGB-InfoV Art. 3 und Art. 4 der Pauschalreiserichtlinie umsetzen, kann eine **richtlinienkonforme Auslegung** erforderlich werden, wenn das deutsche Recht hinter dem Schutzniveau der Richtlinie zurückbleibt. Art. 3 Abs. 1 der Richtlinie sieht ein **Irreführungsverbot** für Leistungsbeschreibungen, Angaben zum Preis und AGB in Prospekten vor. Dieses Irreführungsverbot wurde nicht ausdrücklich in das deutsche Recht umgesetzt. Lediglich in § 5 UWG ist ein allgemeines Irreführungsverbot vorgesehen, das aber nicht als Grundlage für individuelle Schadenser- 95

210 MüKo/*Tonner*, § 651 a, Rn 13.
211 BGH, 24.11.1999 – I ZR 171/97, NJW 2000, 1639, 1640 f.
212 Entgegen eines Urteils des EuGH, vgl Rs. C-237/97 (AFS Intercultural Finland), Slg 1999, I-825.
213 BGH, 17.1.1985 – VII ZR 163/84, NJW 1985, 906; BGH, 9.7.1992 – VII ZR 7/92, NJW 1992, 3158.
214 BGH, 29.6.1995 – VII ZR 201/94, NJW 1995, 2629.
215 EuGH, verb. Rs. C-585/08 und C-144/09 (Pammer/Hotel Altenhof), Slg 2010, I-12527, Rn 36 ff.
216 EuGH, verb. Rs. C-585/08 und C-144/09 (Pammer/Hotel Altenhof), Slg 2010, I-12527, Rn 45.
217 EuGH, Rs. C-237/97 (AFS Intercultural Finland), Slg 1999, I-825.

satzansprüche des in die Irre geführten Reisenden dienen kann. Daher dürfte mit Blick auf das europarechtliche Gebot, die Richtlinie so umzusetzen, dass ihre Ziele bestimmt erreicht werden („effet utile"), das deutsche Recht der Richtlinie in diesem Punkt nur unzureichend nachkommen.[218] Ein richtlinienkonformes Ergebnis lässt sich jedoch zB dadurch erreichen, dass bei einer Irreführung ein Schadensersatzanspruch aus §§ 311 Abs. 2 Nr. 3, 280 Abs. 1 BGB (culpa in contrahendo) in Betracht gezogen wird.

96 Art. 4 Abs. 1 lit. a der Pauschalreiserichtlinie verpflichtet den Reiseveranstalter, den Verbraucher über die **Pass- und Visumserfordernisse** für Staatsangehörige des bzw der betreffenden Mitgliedstaaten zu unterrichten. Aus dieser Formulierung und der Binnenmarktzielsetzung der Richtlinie wird gefolgert, dass die Unterrichtungspflicht des Reiseveranstalters auch gegenüber Staatsangehörigen anderer EU-Mitgliedstaaten besteht.[219] Die korrespondierende Regelung im deutschen Recht, § 5 BGB-InfoV, wird dagegen dahingehend ausgelegt, dass die **Unterrichtungspflicht nur gegenüber Deutschen** besteht und der Reiseveranstalter Angehörige anderer Mitgliedstaaten lediglich darüber informieren muss, dass eventuell andere Pass- und Visavorschriften gelten.[220] Diese Auslegung ist nicht mit der Richtlinie vereinbar. Trotz der damit für die Reiseunternehmen verbundenen Schwierigkeiten besteht die Unterrichtungspflicht auch gegenüber Reisenden aus anderen Mitgliedstaaten.

97 Art. 4 Abs. 2 der Richtlinie regelt **Inhalt und Form des Reisevertrages.** In der korrespondierenden Vorschrift, § 6 BGB-InfoV, wird versucht, diese Anforderungen durch die Pflicht, eine **Reisebestätigung** auszuhändigen, zu erfüllen. Zwar muss die Reisebestätigung eine Urkunde sein, die Schriftform des § 126 BGB ist jedoch nicht erforderlich. Der Begriff Urkunde und der Umstand, dass die Urkunde zudem ausgehändigt werden muss, setzt aber eine textliche Fixierung in verkörperter Form voraus, meint also in aller Regel ein Papierdokument. Die Formerfordernisse der Richtlinie sind weniger streng, da nach Art. 4 Abs. 2 lit. b, die Vertragsbedingungen schriftlich oder in einer anderen dem Verbraucher verständlichen und zugänglichen Form festgelegt werden müssen und der Verbraucher eine „Abschrift" enthält. Da die E-Commerce-Richtlinie den Mitgliedstaaten untersagt, Hindernisse für den elektronischen Geschäftsverkehr aufzustellen, die deutsche Regelung aber bei wörtlichem Verständnis Onlinebuchungen entgegensteht, ist § 6 BGB-InfoV so auszulegen, dass die **Einhaltung der elektronischen Form bei der Reisebestätigung ausreichend** ist.[221]

98 Nach § 6 Abs. 4 BGB-InfoV kann der Reiseveranstalter die in Abs. 2 enthaltenen Pflichtangaben in der Bestätigung unterlassen, wenn die entsprechenden Angaben bereits in einem Prospekt enthalten sind und in der Bestätigung auf diesen Prospekt verwiesen wird. Da eine entsprechende Möglichkeit in der Richtlinie nicht vorgesehen ist, **setzt § 6 Abs. 4 BGB-InfoV die Richtlinie fehlerhaft um.**

99 Umstritten ist die Sanktion für eine Verletzung von § 6 Abs. 3 BGB-InfoV, der vorschreibt, dass **Allgemeine Geschäftsbedingungen** des Veranstalters dem Reisenden vor Vertragsschluss vollständig übermittelt werden müssen. Dies wird überwiegend als **bloße Obliegenheit** angesehen, mit der Folge, dass AGB auch bei einem Verstoß gegen § 6 BGB-InfoV Vertragsbestandteil werden, solange die Einbeziehungsvoraussetzungen des § 305 Abs. 2 BGB erfüllt sind.[222] Dafür, dass § 6 Abs. 3 BGB-InfoV die Einbeziehungsvoraussetzungen des § 305 Abs. 2 BGB verschärft, sprechen jedoch der Geltungsanspruch der Richtlinie und das Gebot der effektiven Umsetzung ihres Art. 4 Abs. 2 lit. b.[223] Freilich darf eine derartige Ausweitung der AGB-Einbeziehungskontrolle nicht dazu führen, dass der Reisende sich nicht auf für ihn günstige Klauseln berufen kann.

218 *Tonner*, in: Gebauer/Wiedmann (Hrsg.), Kapitel 14, Rn 56.

219 *Führich*, Rn 51; MüKo/*Tonner*, § 5 BGB-InfoV, Rn 6; *Tonner*, in: Gebauer/Wiedmann (Hrsg.), Kapitel 14, Rn 60; aA Staudinger/*Staudinger*, § 5 BGB-InfoV, Rn 2; Soergel/*H.W.Eckert*, § 2 InfVO, Rn 2.

220 AG Bad Homburg v.d.H., 20.1.1999 – 2 C 3610/98, NJW-RR 1998, 923; *Tonner*, in: *Gebauer/Wiedmann* (Hrsg.), Kapitel 14, Rn 60; ähnlich LG Stuttgart, 26.3.1998 – 16 S 269/97, RRa 1998, 134.

221 *Tonner*, in: Gebauer/Wiedmann (Hrsg.), Kapitel 14, Rn 63.

222 Staudinger/*Staudinger*, § 6 BGB-InfoV, Rn 17; Soergel/*H.W.Eckert*, § 3 InfVO, Rn 5.

223 MüKo/*Tonner*, § 6 BGB InfoV, Rn 19; *Tonner*, in: Gebauer/Wiedmann (Hrsg.), Kapitel 14, Rn 66; so nun auch BGH, 26.2.2009 – Xa ZR 141/07, NJW 2009, 1486.

Vor dem Reiseantritt ist der Reiseveranstalter nach Art. 4 Abs. 1 lit. b der Richtlinie verpflichtet, dem Reisenden **Details der Reiseroute sowie die Adresse eines Ansprechpartners am Reiseziel** mitzuteilen. § 8 BGB-InfoV sieht dies grundsätzlich ebenfalls vor, befreit den Veranstalter aber von der Informationspflicht, wenn die entsprechenden Angaben bereits im Prospekt gemacht wurden. Da die Richtlinie eine solche Möglichkeit auch an dieser Stelle nicht vorsieht, ist § 8 BGB-InfoV insoweit nicht mit der Richtlinie vereinbar. 100

4. Änderungen des Reisepreises oder wesentlicher Reiseleistungen

Nach § 651 a Abs. 4 S. 2 BGB ist eine **Erhöhung des Reisepreises** durch den Veranstalter ab dem zwanzigsten Tag vor dem vereinbarten Reisebeginn unzulässig. Zusätzlich gelten die allgemeinen Beschränkungen für Preiserhöhungsklauseln in § 309 Nr. 1 BGB. Eine Preiserhöhung ist nach § 651 a Abs. 4 S. 1 BGB nur zulässig, wenn sich im Vertrag ein entsprechender Vorbehalt findet, der genaue Angaben zur Errechnung des neuen Preises enthält.[224] Auch wenn ein solcher Vorbehalt vereinbart worden ist, darf eine Erhöhung des Preises nur mit einer Änderung der Beförderungskosten, einer Erhöhung von Abgaben oder mit einer Änderung des Wechselkurses begründet werden. Die größte Bedeutung hat in diesem Zusammenhang die Erhöhung der Beförderungskosten durch einen Anstieg des Kerosinpreises erlangt. Hat der Veranstalter in zulässiger Weise den Preis der Reise erhöht oder eine erhebliche Änderung wesentlicher Reiseleistungen vorgenommen, kann der Reisende nach § 651 a Abs. 5 S. 2 **vom Vertrag zurücktreten** oder im Rahmen der Kapazitäten des Veranstalters die Teilnahme an einer anderen, mindestens gleichwertigen Reise verlangen. 101

Diese Regelung in § 651 a BGB könnte deshalb gegen Art. 4 Abs. 4 der Pauschalreiserichtlinie verstoßen, weil die Richtlinie einen vertraglichen Vorbehalt nicht nur für Preiserhöhungen, sondern auch für **Preissenkungen** zugunsten des Verbrauchers fordert, während die deutsche Umsetzung Preissenkungen unerwähnt lässt.[225] Eine richtlinienkonforme Korrektur ließe sich dadurch erreichen, dass Preiserhöhungsklauseln, die keine korrespondierende Preissenkung vorsehen, als unangemessene Benachteiligung im Sinne des § 307 Abs. 1 BGB gewertet werden und damit unzulässig sind. 102

5. Rechte des Reisenden bei Mängeln

Das deutsche Reisevertragsrecht regelt in § 651 c Abs. 1 BGB, dass der Reiseveranstalter seine Leistungspflicht nur durch eine mangelfreie Leistung erfüllen kann. Ist die erbrachte Leistung mangelhaft, stehen dem Reisenden **reiserechtliche Gewährleistungsrechte aus §§ 651c-f BGB** zu. Bei einer mangelhaften Leistung des Reiseveranstalters kann der Reisende Abhilfe verlangen (§ 651 c Abs. 2 S. 1 BGB) und, wenn der Reiseveranstalter diesem Begehren nicht nachkommt, selbst Abhilfe schaffen (§ 651 c Abs. 3 BGB). Darüber hinaus hat ein Reisemangel für die Dauer seines Bestehens eine automatische Minderung des Reisepreises nach § 651 d BGB zur Folge. Führt der Mangel zu einer erheblichen Beeinträchtigung der Reise, kann sich der Reisende durch Kündigung nach § 651 e BGB vom Vertrag lösen. Zudem hat der Reisende einen verschuldensabhängigen Schadensersatzanspruch wegen Nichterfüllung (§ 651 f Abs. 1 BGB) und kann, bei Vereitelung oder erheblicher Beeinträchtigung der Reise, eine Entschädigung für nutzlos aufgewendete Urlaubszeit verlangen. Bei der Ausübung der Gewährleistungsrechte werden dem Reisenden jedoch, in einer vor dem Hintergrund des grundsätzlich verbraucherschützenden Charakters des Reiserechts recht untypischen Weise, **Pflichten** auferlegt. Eine Minderung des Reisepreises aufgrund von Mängeln der erbrachten Leistungen tritt nur ein, wenn der Reisende diese Mängel schon vor Ort anzeigt oder diese **Anzeige** ohne Verschulden unterlässt. Zudem enthält § 651 g Abs. 1 BGB eine **einmonatige Ausschlussfrist**, innerhalb derer der Reisende seine Gewährleistungsrechte nach seiner Rückkehr geltend gemacht 103

---

224 S. dazu etwa die Ausführungen in BGH, 19.11.2002 – X ZR 243/01 und X ZR 253/01, NJW 2003, 507 und 746.

225 MüKo/*Tonner*, § 651 a, Rn 107; *Führich*, Rn 55; aA OLG Düsseldorf, NJW 2002, 447, 448; Staudinger/*Staudinger*, § 651 a, Rn 161; Bamberger/Roth/*Geib*, § 651 a, Rn 41.

haben muss. Gewährleistungsansprüche verjähren nach § 651 g Abs. 2 BGB zwei Jahre nach dem vertraglich vorgesehenen Ende der Reise.

104 Die **Pauschalreiserichtlinie** unterscheidet, anders als das deutsche Recht, nicht zwischen verschuldensunabhängiger Gewährleistung und verschuldensabhängigem Schadensersatz. Sie sieht in Art. 5 lediglich eine **Haftung des Reiseveranstalters** in Fällen vor, in denen der Verbraucher zu Schaden gekommen ist, wobei dieser Schaden auch in einem Minderwert der Reise bestehen kann. Die Haftung des Veranstalters für Schäden ist grundsätzlich **verschuldensunabhängig.** Art. 5 Abs. 2 erlaubt jedoch gewisse **Einwände**, die praktisch alle Fälle erfassen, in denen kein Verschulden des Veranstalters vorliegt.[226] In der Sache regelt die Richtlinie damit in Art. 5 eher eine verschuldensabhängige Haftung des Reiseveranstalters mit einer Beweislastumkehr zu dessen Lasten. Damit ist das deutsche System verschuldensunabhängiger Gewährleistungsrechte, insbesondere des Minderungsrechts, im Grundsatz günstiger für den Reisenden als von der Richtlinien vorgegeben.

105 Der **Schadensersatz wegen nutzlos aufgewandter Urlaubszeit** in § 651 f Abs. 2 BGB findet zwar auf den ersten Blick keine Entsprechung in Art. 5 der Richtlinie. Der EuGH hat jedoch in der Rechtssache **Simone Leitner**[227] entschieden, dass der Schadensbegriff der Richtlinie bei rechtsvergleichender Betrachtung der Schadensbegriffe in den Mitgliedstaaten und mit Blick auf den Zweck der Richtlinie auch den immateriellen Schaden für vertane Urlaubszeit umfasst. Problematisch ist deshalb, dass § 651 f Abs. 2 BGB mindestens eine „erhebliche" Beeinträchtigung der Reise voraussetzt. Diese **Erheblichkeitsschwelle ist nicht mit der Pauschalreiserichtlinie vereinbar,** die in Art. 5 keinen solchen Haftungsausschluss, sondern nur die Möglichkeit einer summenmäßigen Haftungsbeschränkung vorsieht.[228]

106 Die Richtlinie verpflichtet den Verbraucher in Art. 5 Abs. 4 dazu, einen festgestellten Mangel schnellstmöglich anzuzeigen. § 651 d Abs. 2 BGB, der das Minderungsrecht an eine **vor Ort erfolgte Mängelanzeige** knüpft, ist damit von der Richtlinie gedeckt. Das deutsche Recht verlangt allerdings darüber hinaus in § 651 g Abs. 1 BGB eine **zweite Mängelanzeige innerhalb der einmonatigen Mängelrügefrist** nach Ende der Reise. Das Versäumnis dieser zweiten Anzeige führt zum Verlust der Gewährleistungsrechte. Im Lichte der Cofidis-Rechtsprechung des EuGH,[229] nach der die Mitgliedstaaten Bürgern nicht durch zu knappe Fristenregelungen gemeinschaftsrechtlich gewährte Rechte nehmen dürfen, lässt sich die Vereinbarkeit dieser Regelung mit dem Unionsrecht bezweifeln.[230]

6. Lösungsrechte des Reisenden

107 Der Reisende kann sich nach deutschem Recht in verschiedenen Fällen vom Vertrag lösen. Vor Antritt der Reise stehen ihm ein **allgemeines Rücktrittsrecht nach § 651 i BGB** und ein **besonderes Recht zum Rücktritt** in Fällen einer unzulässigen **Preiserhöhung** oder einer erheblichen **Änderung einer wesentlichen Reiseleistung** aus § 651 a Abs. 5 S. 2 BGB zu. Die Kündigungsrechte **wegen erheblicher Beeinträchtigung der Reise,** § 651 e BGB, oder **höherer Gewalt,** § 651 j BGB, können sowohl vor als auch nach Reisebeginn ausgeübt werden.[231] Da allein das allgemeine Kündigungsrecht aus § 651 i BGB bei seiner Ausübung Stornokosten für den Reisenden verursacht, stellt es vor Reisebeginn die für den Reisenden am wenigsten attraktive Form der Lösung vom Vertrag dar. Nach Antritt der Reise ist das Kündigungsrecht aus § 651 e BGB zwar grundsätzlich günstiger für den Reisenden, weil er für eventuelle Mehrkosten durch eine vorzeitige Rückreise unter diesen Umständen gar nicht aufzukommen hat, während bei der Kündigung wegen höherer Gewalt solche Mehrkosten nach § 651 j Abs. 2 S. 2 BGB mit dem Veranstalter geteilt werden müssen. In Fällen

226 *Führich*, Rn 59 ff; *Tonner*, in: Gebauer/Wiedmann (Hrsg.), Kapitel 14, Rn 80.
227 EuGH, Rs. C-168/00 (Simone Leitner), Slg 2000, I-2631.
228 MüKo/*Tonner*, § 651 f, Rn 52; *Tonner*, in: Gebauer/Wiedmann (Hrsg.), Kapitel 14, Rn 84; aA LG Hannover, 29.1.2003 – 6 S 120/02, RRa 2003, 93.
229 EuGH, Rs. C-473/00 (Cofidis), Slg 2002, I-10875.
230 Zurückhaltender *Tonner*, in: Gebauer/Wiedmann (Hrsg.), Kapitel 14, Rn 89; MüKo/*Tonner*, § 651 g, Rn 35.
231 MüKo/*Tonner*, § 651 e, Rn 4; § 651 j, Rn 3.

höherer Gewalt beansprucht § 651 j BGB allerdings vorrangig Geltung, so dass ein Wahlrecht nicht besteht.

Die **Pauschalreiserichtlinie** enthält ein **Rücktrittsrecht** des Verbrauchers nur für den Fall, dass der Veranstalter vor Reisebeginn **erhebliche Änderungen an einem wesentlichen Vertragsbestandteil** vornimmt, Art. 4 Abs. 5. Sie sieht dagegen in Art. 4 Abs. 6 mehrere Gründe vor, nach denen der Veranstalter zurücktreten kann. Die EU- Kommission hat einen „Runden Tisch" einberufen, dessen Teilnehmer in „Schlussfolgerungen"[232] bestimmte Regeln für den Rücktritt formuliert haben. Diese Regelungen sind jedoch unverbindlich. Insgesamt gesehen geht das deutsche Reiserecht bei der Gewährung von Lösungsrechten zugunsten des Reisenden und der Verpflichtung zur Zahlung von Stornogebühren im Falle der Ausübung des allgemeinen Rücktrittsrechts über die Richtlinie hinaus. Ein **Umsetzungsdefizit** liegt dagegen in der fehlenden Umsetzung von **Lösungsrechten des Veranstalters** im Sinne des Art. 4 Abs. 6 Pauschalreiserichtlinie. Zwar kann der Veranstalter nach allgemeinem deutschen Verständnis aufgrund der Vertragsfreiheit in AGB Rücktrittsvorbehalte vorsehen, die dann an § 308 Nr. 3 BGB zu messen sind. Damit ist jedoch der Verpflichtung zur Umsetzung von Art. 4 Abs. 6 der Richtlinie nicht Genüge getan.[233] 108

7. Die Insolvenzsicherung des Reiseveranstalters

Nach § 651 k BGB ist der Reiseveranstalter verpflichtet sicherzustellen, dass dem Reisenden bei Zahlungsunfähigkeit oder Insolvenz **Vorauszahlungen** auf den Reisepreis und notwendige **Aufwendungen**, etwa für eine selbst organisierte Heimreise, erstattet werden. Als Sicherungsmittel kommen nach § 651 k Abs. 1 S. 2 BGB nur eine Versicherung oder eine Bankbürgschaft in Betracht. Der Veranstalter muss dem Reisenden einen unmittelbaren Anspruch gegen den von ihm gewählten Sicherungsgeber verschaffen und das Bestehen dieses Anspruchs durch die Aushändigung eines Sicherungsscheins nachweisen. Da bereits Anzahlungen des Reisenden nur bei Übergabe eines solchen Sicherungsscheines gefordert oder angenommen werden dürfen, deckt die Sicherung sowohl vom Veranstalter vorzunehmende Reiseleistungen als auch die Rückzahlung bereits geleisteter Beträge ab. Es ist den Kundengeldabsicherern allerdings nach § 651 k Abs. 2 BGB gestattet, ihre Haftung auf 110 Millionen Euro pro Jahr zu beschränken. Von der Sicherungspflicht gänzlich ausgenommen sind Veranstalter mit Sitz in einem anderen EU-Mitgliedstaat, sofern sie nach den dortigen Regeln genügende Sicherheiten vorweisen können, § 651 k Abs. 5 BGB. Gleiches gilt für nicht gewerblich tätige Gelegenheitsveranstalter, Veranstalter von Tagesreisen ohne Übernachtung und juristische Personen des öffentlichen Rechts, § 651 k Abs. 6 BGB. 109

Der § 651 k BGB setzt Art. 7 der Pauschalreiserichtlinie um. Diese Vorschrift ist im Vergleich zur deutschen Regelung sehr knapp gefasst und sieht lediglich vor, dass der Veranstalter nachweisen muss, ob im Falle der Zahlungsunfähigkeit oder des Konkurses die Erstattung gezahlter Beträge und die Rückreise des Verbrauchers sichergestellt sind. Der Inhalt von Art. 7 wurde durch Urteile des EuGH dahingehend konkretisiert, dass Anzahlungen des Verbrauchers von der Richtlinie genauso erfasst werden wie vor Ort auf entsprechenden Druck an den Hotelier getätigte Zahlungen.[234] Auch Haftungsbeschränkungen jeglicher Art zugunsten der Reiseveranstalter sind unzulässig.[235] Auf diese Urteile hin ist der Inhalt des deutschen Reisevertragsrechts mehrfach nachgebessert worden (s. o. Rn 90). Eine geplante Aufhebung der in § 651 k Abs. 2 BGB geregelten **Haftungshöchstsumme** des Kundengeldabsicherers scheiterte jedoch am Widerstand der Reisebranche. Da Art. 7 der Richtlinie im Lichte der Rechberger-Entscheidung des EuGH keine Gestaltung zulässt, bei der die Verbraucher nicht vollständig entschädigt werden, droht ein Verstoß gegen die Richtlinie, wenn es aufgrund dieser Höchstsumme zu einer Kürzung nach § 651 k Abs. 2 S. 2 BGB kom- 110

232 Auszüge der Schlussfolgerungen sind abgedruckt in RRa 2001, 194.

233 *Tonner*, in: Gebauer/Wiedmann (Hrsg.), Kapitel 14, Rn 97.

234 EuGH, verb. Rs. C-178/94, C-179/94, C-188/94, C-189/94, C-190/94 (Dillenkofer), Slg 1996, I-4845; EuGH, Rs. C-364/96 (Verein für Konsumenteninformation), Slg 1998, I-2949.

235 EuGH, Rs. C-140/97 (Rechberger), Slg 1999, I-3499; Rs. C-430/13 (Baradics), ABl. 2014, C 112, S. 21.

men sollte.[236] Klargestellt hat der EuGH inzwischen, dass auch ein Sachverhalt bei dem die Zahlungsunfähigkeit des Reiseveranstalters auf dessen betrügerisches Verhalten zurückzuführen ist, in den Geltungsbereich von Art. 7 der Pauschalreiserichtlinie fällt.[237]

III. Der Vorschlag einer neuen Pauschalreiserichtlinie

1. Vollharmonisierung?

111 Nach der **verbraucherpolitischen Strategie 2007-2013**[238] soll der gesamte Besitzstand an verbraucherrechtlichen Regelungen der EU von Mindest- auf Vollharmonisierung umgestellt werden.[239] Der am 9.7.2013 von der Europäischen Kommission angenommene **Vorschlag für eine neue Pauschalreiserichtlinie**[240] ist Teil dieser Strategie, stellt aber überraschenderweise nicht ausdrücklich klar, ob er Vollharmonisierung bezweckt. Zwar ergibt sich dies im Zweifel aus Art. 114 AEUV, jedoch hat der Unionsgesetzgeber, wie zB in Art. 4 Verbraucherrechte-Richtlinie, in den bisher ergangenen Vollharmonierungsrichtlinien ausdrücklich die **Vollharmonisierung** angeordnet. Erwägungsgrund 6 des Vorschlags für eine neue Pauschalreiserichtlinie spricht hingegen lediglich von einer „weiteren Angleichung". Derzeit ist deshalb **unklar**, inwieweit diese Richtlinie Vollharmonisierung anordnen wird. Sollte dies der Fall sein, müsste der deutsche Gesetzgeber bei der Umsetzung einen Großteil des deutschen Reiserechts ändern.[241] Der Unionsgesetzgeber sollte diese Frage unbedingt im Laufe des Gesetzgebungsverfahrens klären.

112 In seiner Stellungnahme zum Vorschlag[242] vom 8.11.2013 hat sich der deutsche Bundesrat für eine **Mindestharmonisierung** ausgesprochen. Teilweise wird in der Literatur eine **„targeted harmonization"** favorisiert,[243] bei der die Vollharmonisierung nur auf einige Bereiche beschränkt wäre, wohingegen es in den übrigen Bereichen bei der Mindestharmonisierung verbliebe.[244] Bei flächendeckender Vollharmonisierung wird in Deutschland eine teilweise **Absenkung des Verbraucherschutzniveaus** befürchtet.[245]

2. Anwendungsbereich der neuen Pauschalreiserichtlinie nach dem Kommissionsvorschlag

a) Persönlicher Anwendungsbereich

113 Anders als vom Bundesrat[246] gefordert wird in dem Vorschlag einer neuen Pauschalreiserichtlinie der bisher bestehende **weite Verbraucherbegriff**, der auch gewerblich Reisende einschließt, **beibehalten**. Der Kreis der geschützten Personen ist damit weiter gezogen als in den anderen Verbraucherrichtlinien, entspricht aber dem Anwendungsbereich der Passagierrechte-Verordnungen.[247] So fallen etwa auch Reisen unter den Anwendungsbereich der Richtlinie, die ein Unternehmen für seine Mitarbeiter als Reiseteilnehmer bucht (sog. **Incentive-Reisen**).[248] Ausgeschlossen vom persönlichen Anwendungsbereich werden lediglich Geschäftsreisen, die aufgrund eines Rahmenvertrages

236 Palandt/*Sprau*, § 651 k, Rn 3; MüKo/*Tonner*, § 651 k, Rn 20; *Tonner*, in: Gebauer/Wiedmann (Hrsg.), Kapitel 14, Rn 105 ff; *Führich*, Rn 584; *Führich*, NJW 2001, 3083, 3084; aA Soergel/*H.W.Eckert*, § 651 k, Rn 12.

237 EuGH, Rs. C-134/11 (Blödel-Pawlik), EuZW 2012, 230.

238 KOM (2007) 99.

239 Krit. zu dieser Umstellung: *Micklitz/Reich*, EuZW 2009, 279; *Rott/Terryn*, ZEuP 2009, 456; *Tonner/Tamm*, JZ 2009, 277.

240 KOM (2013) 512 endg.

241 *Tonner*, ZRP 2014, 6.

242 BR-Drucks. (Beschluss), 577/13, S. 2 f.

243 *Tonner*, ZRP 2014, 6.

244 *Tonner*, ZRP 2014, 6; Zur Diskussion über den Umfang der Harmonisierung insgesamt und mit weiteren Lösungsansätzen vgl auch *Twigg-Flesner*, A Cross-Border-Only Regulation for Consumer Transactions in the EU.

245 *Tonner*, ZRP 2014, 8.

246 *BR-Drucks. 577/13 (Beschluss), S. 5.*

247 *Führich*, § 5 Rn 46, 92; Staudinger/*Gsell*, Eckpfeiler des Zivilrechts, §§ 651a-651 m, Rn 97 f; Bamberger/Roth/*Schmidt-Räntsch*, § 13 Rn 19; *Tonner*, ZRP 2014, 6.

248 BGH, 16.4.2002 – X ZR 17/01, NJW 2002, 2238.

im Sinne von Art. 2 Nr. 2 lit. c des Vorschlags erbracht werden.[249] Hingegen wurde der **Unternehmerbegriff** durch das Erfordernis des gewerblichen Zwecks ergänzt und so dem üblichen Begriffsverständnis angeglichen, vgl Art. 3 Abs. 7 des Vorschlags.

b) Sachlicher Anwendungsbereich

Der sachliche Anwendungsbereich der neuen Pauschalreiserichtlinie soll auf eine Reihe von Fällen 114
ausgeweitet werden. Der Vorschlag kodifiziert zunächst die **Club-Tour-Rechtsprechung** des EuGH zum **Begriff der Pauschalreise,**[250] indem in Art. 3 Abs. 2 lit. a auch auf Wunsch des Reisenden vor Vertragsschluss zusammengestellte Leistungen erfasst werden. Als Pauschalreise sollen nach Art. 3 Abs. 2 lit. b überdies auch Reisen gelten, bei denen für einzelne Leistungen separate Verträge mit den Anbietern geschlossen werden, wenn bestimmte Voraussetzungen eine Klammer bilden. Dazu gehören Bündel von Einzelleistungen, die in einer einzigen Vertriebsstelle innerhalb desselben Buchungsvorgangs erworben werden, die zu einem Pauschal- oder Gesamtpreis angeboten oder in Rechnung gestellt werden oder die von einzelnen Unternehmern über verbundene Online-Buchungsverfahren erworben werden, bei denen der für den Abschluss des Buchungsvorgangs erforderliche Name des Reisenden oder sonstige erforderliche Angaben spätestens bei Bestätigung der Buchung der ersten Leistung zwischen den Unternehmern übertragen werden (sog. **„Click-Through"-Buchungen**). Es wird befürchtet, dass sich diese Voraussetzungen leicht umgehen lassen, indem die Reise etwa durch getrennte Buchungsvorgänge oder ohne Ausweisung eines Gesamtpreises künstlich aufgespalten wird.[251] Auch ein Vertrag der den Reisenden dazu berechtigt eine Auswahl unter verschiedenen Arten von Reiseleistungen – wie bei einer „Reise-Geschenkbox"[252] – zu treffen, soll als Pauschalreisevertrag gelten. Selbst wenn nach dieser weiten Definition keine Pauschalreise vorliegt, sollen etliche Vorschriften der Richtlinie auch auf sog. **„Bausteinreisen"** nach Art. 3 Abs. 5 des Vorschlags anwendbar sein, deren Definition jedoch etwas konturenlos mit der Definition des Begriffs Pauschalreise verschwimmt. Klargestellt ist aber, dass die Richtlinie nicht auf eigenständige Verträge über eine einzelne Reiseleistung anwendbar ist. Im Ergebnis dürfte die neue Richtlinie dazu führen, dass Reisebüros und andere Vermittler häufiger als bisher zum Reiseveranstalter aufsteigen, wenn sie verschiedene Reiseleistungen bündeln. Darüber hinaus sieht der Vorschlag in Art. 19 eine Haftung für Buchungsfehler vor, die den Reisevermittler allerdings nur bei eigener vertraglicher Pflichtverletzung trifft.[253]

3. Verbraucherschutzinstrumente

Die vom Richtlinienvorschlag vorgesehenen Verbraucherschutzinstrumente sehen in einer Reihe 115
von Einzelpunkten Anpassungen vor. Modernisiert werden die **Informationspflichten** zB dahingehend, dass Reiseveranstalter vom Erfordernis befreit werden, gedruckte Kataloge bereitzuhalten. Grundsätzlich sollen auch Vermittler zur Information des Reisenden verpflichtet sein. Bei „Bausteinreisen" gelten besondere Informationspflichten des Vermittlers, der klar und deutlich erklären muss, dass immer nur die einzelnen Dienstleister für die Erfüllung der vertraglichen Leistung haften. Eingeschränkt wird das **Recht zur Preiserhöhung**; der Gesamtpreis darf höchstens um 10 % steigen. Außerdem müssen nun auch Kostensenkungen an den Reisenden weitergegeben werden. Der Reisende soll – gegen eine angemessene Entschädigung – einfacher vor Reiseantritt vom Vertrag zurücktreten können; im Fall von Naturkatastrophen, Unruhen oder ähnlich schwerwiegenden Ereignissen am Reiseziel sogar entschädigungsfrei. Da dieses Recht nur vor Reisebeginn bestehen soll, müsste die in **§ 651 j BGB** getroffene Regelung bei umfassend vollharmonisierendem Charakter der Richtlinie entsprechend **geändert werden**, was eine merkliche **Herabsenkung des deutschen Verbraucherschutzniveaus** mit sich brächte. Der bisherige § 651 j BGB könnte allenfalls erhalten

249 *Tonner*, ZRP 2014, 6.
250 EuGH, Rs. C-400/00 (Club-Tour), Slg 2002, I-04051.
251 *Tonner*, ZRP 2014, 7.
252 So Erwägungsgrund (18) des Richtlinienvorschlags.
253 *Tonner*, ZRP 2014, 7 f.

bleiben, wenn man die Richtlinie dahingehend auslegt, dass sie nach Reiseantritt denkbare Rücktrittsrechte nicht erfasst, weshalb eine derartige Regelung außerhalb des Anwendungsbereichs einer vollharmonisierenden Richtlinie liegen und damit im Ermessen des nationalen Gesetzgebers stehen würde[254] – dies wäre jedoch ein etwas fernliegendes Verständnis der Regelung.

116 Art. 12 Nr. 1 des Vorschlags gewährt ein neues Minderungsrecht des Reisenden für nicht vertragsgemäß erbrachte Leistungen. Hierzu erforderlich ist eine **Mängelanzeige**, die § 651 d Abs. 2 BGB entspricht. Um die grenzüberschreitende Kommunikation zu erleichtern, sollen Reisende den Reiseveranstalter auch über den Reisevermittler kontaktieren dürfen, bei dem sie die Reise gebucht haben (Erwägungsgrund 21 des Vorschlags). Anders als das deutsche Recht ist das Minderungsrecht jedoch ausgeschlossen, wenn die nicht vertragsgemäße Erfüllung durch unvermeidbare, außergewöhnliche Umstände bedingt war, Art. 12 Nr. 3 lit. a. Hierdurch würde im Ergebnis eine Verschuldenshaftung mit Beweislastumkehr eingeführt, was wohl hinter dem Verbraucherschutzniveau der – verschuldensunabhängigen – Gewährleistung nach §§ 651 c, d BGB zurückbleibt. Eine interessante und wohl berechtigte Innovation ist ein **Kummulierungsverbot** von Ansprüchen aufgrund der Pauschalreiserichtlinie mit Ansprüchen nach den Passagierrechte-Verordnungen in Art. 12 Nr. 5.

117 Neu ist auch die in Art 15 Nr. 1 des Vorschlags eingeführte **Insolvenzsicherungspflicht des Reisevermittlers bei Bausteinreisen.** Durch diese Regelung würden die Reisevermittler (in Deutschland in der Regel also die „Reisebüros") erheblich belastet.[255]

E. Die Richtlinie 93/13/EWG über missbräuchliche Klauseln in Verbraucherverträgen (Klauselrichtlinie)

I. Die Umsetzung der Klauselrichtlinie in Deutschland

118 Die Richtlinie 93/13/EWG des Rates vom 5.4.1993 über missbräuchliche Klauseln in Verbraucherverträgen[256] traf in Deutschland auf das Gesetz zur Regelung des **Rechts der allgemeinen Geschäftsbedingungen** (AGB-Gesetz) vom 9.12.1976.[257] Auf den Erlass der Klauselrichtlinie reagierte der deutsche Gesetzgeber verspätet. Erst eineinhalb Jahre nach Ende der Umsetzungsfrist (31.12.1994) trat das „Gesetz zur Änderung des AGB-Gesetzes und der Insolvenzordnung vom 19. Juli 1996"[258] in Kraft. Die Änderungen beschränkten sich auf die Einfügung eines neuen § 24 a AGBG, der besondere Regeln für Verbraucherverträge aufstellte (nun § 310 Abs. 3 BGB). Eine überdies geschaffene – richtlinienwidrige[259] – kollisionsrechtliche Vorschrift in § 12 AGBG wurde später durch das Fernabsatzgesetz[260] aufgehoben und durch (den mit Inkrafttreten der Rom I VO aufgehobenen) Art. 29 a EGBGB ersetzt.

119 Mit der **Schuldrechtsreform** zogen die materiell-rechtlichen Vorschriften des AGBG, etwas komprimiert, nach **§§ 305-310 ff BGB** um. Hinzu traten einige kleinere Änderungen, die der weiteren Umsetzung der Klauselrichtlinie dienten. Dazu gehört etwa das absolute Klauselverbot in § 309 Nr. 7 a BGB, welches Nr. 1 lit. a des Anhangs der Klauselrichtlinie entspricht und vorher im Wege richtlinienkonformer Auslegung aus § 9 AGBG aF hergeleitet worden war. Im Lichte eines EuGH-Urteils gegen die Niederlande[261] wurde ferner in § 307 Abs. 1 S. 2 und in Abs. 3 S. 2 BGB das bisher schon in Rechtsprechung und Lehre entwickelte, aber noch nicht gesetzlich geregelte **Transpa-**

---

254 *Tonner*, ZRP 2014, 7.
255 *Tonner*, ZRP 2014, 8.
256 ABl. 1993, L 95, S. 29.
257 BGBl. I, S. 3317.
258 BGBl. I, S. 1013.
259 Dazu *Staudinger; ders.*, RIW 1999, 915, 922.
260 Gesetz über Fernabsatzverträge und andere Fragen des Verbraucherrechts sowie zur Umstellung auf den Euro vom 27.6.2000, BGBl. I, S. 897.
261 EuGH, Rs. C-144/99 (Kommission/Niederlande), Slg 2001, I-3541.

renzgebot ausdrücklich normiert. Die Verfahrensvorschriften des AGBG wurden in das neu erlassene Unterlassungsklagengesetz (UKlaG)[262] verschoben.

Durch die Verbraucherrechte-Richtlinie wurde die Klauselrichtlinie nicht, wie ursprünglich vorgesehen, aufgehoben und durch eine vollharmonisierende Maßnahme ersetzt, sondern lediglich in einem Punkt geändert. Neu eingeführt wurde eine Pflicht der Mitgliedstaaten, die Europäische Kommission davon zu unterrichten, wenn sie in Ausnutzung der Minimumklausel Vorschriften erlassen. Dies soll insbesondere dann gelten, wenn diese Vorschriften die Missbräuchlichkeitskontrolle auf individuell ausgehandelte Vertragsklauseln oder auf die Angemessenheit des Preises oder des Entgelts ausdehnen oder Listen mit Vertragsklauseln, die als missbräuchlich gelten, enthalten. Die Kommission muss die von den Mitgliedstaaten mitgeteilten Änderungen an die anderen Mitgliedstaaten und das Parlament weiterleiten und sie veröffentlichen, um Verbrauchern und Unternehmern den Zugang zu diesen Informationen zu erleichtern.

II. Die Klauselrichtlinie und das deutsche AGB-Recht

1. Persönlicher Anwendungsbereich

Der persönliche Anwendungsbereich der Klauselrichtlinie ist enger als der des deutschen AGB-Rechts. Die **Richtlinie** gilt nur für **Verträge zwischen Gewerbetreibenden und Verbrauchern.** Hingegen gelten die **§§ 305 ff BGB für alle Vertragsparteien,** also auch dann, wenn zwei Unternehmer oder zwei Verbraucher einen Vertrag miteinander schließen. Das deutsche AGB-Recht sieht, je nach dem welche Konstellation vorliegt, drei verschiedene Prüfungsmaßstäbe vor. Gegenüber dem Grundmodell der AGB-Kontrolle, das zB auf einen Vertrag zwischen zwei Verbrauchern anwendbar ist, verringert § 310 Abs. 1 BGB die Kontrollintensität bei AGB, die gegenüber einem Unternehmer oder bestimmten öffentlich-rechtlichen Rechtssubjekten verwendet werden. Für Verträge zwischen einem Unternehmer und einem Verbraucher (Verbraucherverträge) sieht hingegen § 310 Abs. 3 BGB eine strengere Kontrolle vor. Für die Auslegung der Begriffe Verbraucher und Unternehmer gelten dabei die allgemeinen Definitionen in §§ 13, 14 BGB. Der **§ 310 Abs. 3 BGB** erweist sich damit als die **zentrale Vorschrift zur Umsetzung der Richtlinie.** Für Verträge, die nicht unter § 310 Abs. 3 BGB fallen, ist die Richtlinie nicht anwendbar. Ein Gebot der richtlinienkonformen Auslegung von Vorschriften des deutschen AGB-Rechts kann sich aber auch außerhalb des Anwendungsbereichs der Richtlinie dann ergeben, wenn anzunehmen ist, dass der deutsche Gesetzeswortlaut einheitlich für alle von ihm erfassten Fälle verstanden werden soll.[263] 120

2. Sachlicher Anwendungsbereich

Allgemeine Geschäftsbedingungen sind nach der in § 305 Abs. 1 S. 1 BGB enthaltenen Grundregel alle **für eine Vielzahl von Verträgen** vorformulierten **Vertragsbedingungen,** die bei Vertragsschluss von einer Partei **gestellt** werden. Die Richtlinie verwendet nicht den Begriff der Allgemeinen Geschäftsbedingungen, sondern spricht von **„Vertragsklauseln"**. Dieser Begriff ist europäisch-autonom auszulegen. Eine Klausel im Sinne der Richtlinie ist jede sprachlich und inhaltlich abgrenzbare Regelung eines Vertrages.[264] Darunter fallen auch **mündliche Abreden,** ebenso **einseitig verpflichtende** oder **unentgeltliche** Verträge.[265] Im Einzelnen ausgehandelte Klauseln sind nach § 305 Abs. 1 S. 3 BGB nicht erfasst. Dies entspricht Art. 3 Abs. 1 der Klauselrichtlinie. Nach der Rechtsprechung des BGH ist eine Klausel auch dann im Einzelnen ausgehandelt, wenn Vertragsbedingungen zwar vorformuliert sind, ihre Einbeziehung aber auf der freien Entscheidung desjenigen beruht, dem die Verwendung vorgeschlagen wird.[266] Auch durch nachträgliche Änderung kann eine allgemeine 121

262 Gesetz über Unterlassungsklagen bei Verbraucherrechts- und anderen Verstößen (Unterlassungsklagengesetz) in der Form der Bekanntmachung vom 27.8.2002, BGBl. I, S. 3422.

263 Gegen eine richtlinienkonforme Auslegung außerhalb des Anwendungsbereichs der RL Langenbucher/*Herresthal*, § 2, Rn 119.

264 *Pfeiffer*, in: Grabitz/Hilf (2009), Art. 3, Rn 2; *Nassall*, in: Gebauer/Wiedmann (Hrsg.), Kapitel 6, Rn 14.

265 *Nassall*, in: Gebauer/Wiedmann (Hrsg.), Kapitel 6, Rn 14.

266 BGH 17.2.2010 – VIII ZR 67/09, NJW 2010, 1131.

Geschäftsbedingung zu einer Individualvereinbarung werden. Hierfür ist allerdings erforderlich, dass dem Vertragspartner eine Mitgestaltungsmöglichkeit hinsichtlich des Inhalts der Abrede eingeräumt wird und insbesondere der Kerngehalt der ursprünglichen Klausel zur freien Disposition steht. Nur dann ist die Klausel ex tunc als Individualvereinbarung zu behandeln und fällt nicht mehr unter §§ 305 ff BGB.[267]

122 Da Art. 3 Abs. 2 S. 1 der Klauselrichtlinie nicht vorsieht, dass die Klausel für eine Vielzahl von Verträgen vorformuliert ist, regelt § 310 Abs. 3 Nr. 2 BGB eine Ausweitung des Anwendungsbereichs für vorformulierte, zur einmaligen Verwendung bestimmte Klauseln (sog. **Einmalklauseln**). Aus Art. 3 Abs. 2 S. 1 der Richtlinie ergibt sich jedoch das Erfordernis einer **Kausalität zwischen der Vorformulierung und der fehlenden Einflussnahme des Verbrauchers**. Für das Vorliegen dieser Kausalität besteht nach Art. 3 Abs. 2 S. 3 bei **Standardverträgen**, also nach deutschem Verständnis klassischen, für eine Vielzahl von Verträgen vorgesehenen Allgemeinen Geschäftsbedingungen, eine widerlegbare Vermutung.

123 Da es nach der Richtlinie nicht darauf ankommt, dass gerade der Verwender die Klausel vorformuliert und ihre Einbeziehung in den Vertrag verlangt hat, ist die Richtlinie auch für den Fall anwendbar, dass die Klausel von einem Dritten aus dem Handlungsumfeld des Unternehmers, zB einem Notar oder einem Branchenverband, vorgeschlagen worden ist (sog. **Drittbedingungen**), sofern der Verbraucher deshalb keinen Einfluss auf ihren Inhalt hatte.[268] Eine entsprechende Ausweitung des Anwendungsbereichs sieht im deutschen Recht deshalb der nicht ganz einfach zu verstehende § 310 Abs. 3 Nr. 1 BGB vor. Auf den ersten Blick handelt es sich lediglich um eine gesetzliche Vermutung dahingehend, dass bei Verbraucherverträgen der Unternehmer die Klausel gestellt hat. Da aber die Widerlegung nur dann gelingen kann, wenn der Verbraucher die Klausel in den Vertrag eingeführt hat, regelt die Vorschrift gleichzeitig, dass von Dritten in den Vertrag eingeführte Klauseln als AGB gelten.[269] Nach umstrittener Ausfassung gilt diese Vermutung **auch für Einmal-Drittbedingungen**; § 310 Abs. 3 Nr. 1 und Nr. 2 sind also kumulativ anwendbar.[270] Dies ergibt sich, trotz des eher entgegenstehenden Wortlauts von Nr. 1 („Allgemeine Geschäftsbedingungen") daraus, dass die Richtlinie für alle Vertragsbestandteile gilt, auf die der Verbraucher wegen ihrer Vorformulierung keinen Einfluss nehmen konnte, unabhängig davon, ob es sich um Einmalklauseln oder Drittbedingungen handelt. Ein Verbraucher wird aber nicht selbst zum Verwender von allgemeinen Geschäftsbedingungen, wenn ein von ihm beauftragter Dritter (etwa ein Makler) die Einbeziehung seiner AGB in den Vertrag veranlasst. [271]

124 Grundsätzlich gilt das AGB-Recht, schon wegen seiner Regelung im BGB, nur für privatrechtliche Rechtsverhältnisse. Dies schließt, wie die Anwendbarkeit auf juristische Personen des öffentlichen Rechts zeigt, selbstverständlich privatrechtliche Verträge ein, die von der Verwaltung zur Erfüllung hoheitlicher Aufgaben wie der Daseinsvorsorge[272] geschlossen werden. Der 14. Erwägungsgrund der Richtlinie macht überdies deutlich, dass auch sonstiges **öffentlich-rechtliches Handeln**, sofern es vertragsrechtlich regelbare Austauschbeziehungen begründet, einer Angemessenheitskontrolle unterworfen werden muss. Die Reichweite dieser Wirkung insbesondere im Bereich öffentlichrechtlicher Daseinsvorsorge gegen Gebühren (zB Wasserversorgung) ist freilich weithin noch ungeklärt.[273] Auch **öffentlich-rechtliche Verträge** werden erfasst.[274]

267 BGH 7.3.2013 – VII ZR 162/12, NJW 2013, 1431.
268 Wolf/Lindacher/Pfeiffer/*Pfeiffer*, Art. 3, Rn 19 ff; *Nassall*, in: Gebauer/Wiedmann (Hrsg.), Kapitel 6, Rn 31.
269 Ulmer/Brandner/Hensen/*Ulmer/Schäfer*, § 310, Rn 73 ff; MüKo/*Basedow*, § 310, Rn 59 ff.
270 Hk-BGB/*Schulte-Nölke*, § 310, Rn 7.
271 BGH, 22.7.2009 – IV ZR 74/08, NJW RR 2010, 39.
272 Hierzu *Micklitz, ZEuP 1994, 522, 525.*
273 *Pfeiffer*, in: Grabitz/Hilf (2009), Art. 2, Rn 23; MüKo/*Basedow*, § 310, Rn 6.
274 Wolf/Lindacher/Pfeiffer/*Wolf*, Art. 1, Rn 8; Art. 2 Rn 17; *Frey*, ZIP 1993, 572, 575; *Pfeiffer*, in: Grabitz/Hilf (2009), Art. 2, Rn 23; MüKo/*Basedow*, § 310 Rn 46.

3. Inhalts- und Transparenzkontrolle

Das deutsche AGB-Recht regelt die Einbeziehung, die Auslegung sowie die Transparenz- und Inhaltskontrolle von AGB. Das **Regelungsprogramm der Klauselrichtlinie ist demgegenüber schmaler.** Die Einbeziehung von AGB ist nicht erfasst, die Auslegung nur in einem Punkt.[275] Kernelement der Richtlinie ist lediglich die **Angemessenheits- und Transparenzkontrolle von Klauseln.** Wirkungen der Richtlinie auf das deutsche Recht zeigen sich deshalb vor allem auf diesen Feldern. 125

Einer **inhaltlichen Kontrolle** sind nach § 307 Abs. 3 BGB Bestimmungen **entzogen**, die dispositive Vorschriften weder inhaltlich verändern noch ergänzen. Die Gerichte sollen nicht die Angemessenheit des dispositiven Gesetzesrechts überprüfen. Überprüfbar sind hingegen allgemeine Geschäftsbedingungen die Rechtsvorschriften aufgreifen, welche für den vorliegenden Vertrag nicht gelten.[276] Insoweit kontrollfreie Klauseln sind auch solche, die unmittelbar die zu erbringende Leistung, die Gegenleistung oder das Preis-Leistungs-Verhältnis regeln. Wird eine Leistung überwiegend unentgeltlich angeboten, wird eine **Entgeltklausel**, die so unauffällig in den Vertrag eingefügt ist, gemäß § 305 c Abs. 1 BGB nicht Vertragsbestandteil, wenn der Vertragspartner des Verwenders eine solche Klausel dort verständlicherweise nicht vermutet.[277] 126

Die § 307 Abs. 3 BGB unterfallenden Bestimmungen unterliegen allerdings der Transparenzkontrolle, § 307 Abs. 3 S. 2 BGB, Art. 4 Abs. 2 der Richtlinie. Die von Art. 4 Abs. 2 der Klauselrichtlinie **abweichende Formulierung des § 307 Abs. 3 BGB** ist richtlinienkonform. Die Frage, welche Inhalte den Hauptgegenstand des Vertrages oder das Preis-Leistungs-Verhältnis betreffen, muss jedoch im Sinne einer einheitlichen Anwendung der Richtlinie in ganz Europa nach **autonom-europäischem und nicht nach nationalem Recht** beurteilt werden.[278] So ergibt sich beispielsweise aus Nr. 1 lit. k des Anhangs der Klauselrichtlinie, dass Klauseln den Hauptgegenstand eines Vertrages betreffen, wenn sie Merkmale des zu liefernden Erzeugnisses oder der zu erbringenden Dienstleistung festlegen.[279]

Den **Maßstab für die Inhalts- und Transparenzkontrolle** im deutschen Recht bilden §§ 307–309 BGB. Die Vorgaben der Klauselrichtlinie zur Angemessenheits- und Transparenzkontrolle finden sich vor allem in deren Art. 3-5, der kontrollfreie Bereich in Art. 1 Abs. 2. Die Richtlinie folgt in Hinblick auf die Inhaltskontrolle einer **anderen Regelungstechnik**. Neben einer Generalklausel in Art. 3 Abs. 1 verweist die Richtlinie auf einen Anhang, der nach dem Wortlaut von Art. 3 Abs. 3 eine **lediglich als Hinweis dienende, nicht abschließende Liste** von Klauseln, die für missbräuchlich erklärt werden können, enthält. Welche Wirkungen dieser Anhang – ein Produkt europäischer Kompromisskunst – hat, ist im Einzelnen umstritten.[280] 127

Die Klauselrichtlinie enthält in Art. 3 Abs. 1 eine dem § 307 Abs. 1 BGB ähnliche **Generalklausel**, nach der Klauseln als missbräuchlich anzusehen sein sollen, wenn sie entgegen dem Gebot von Treu und Glauben zum Nachteil des Verbrauchers ein erhebliches und ungerechtfertigtes Missverhältnis der vertraglichen Rechte und Pflichten der Vertragsparteien verursachen. Während die deutsche Rechtsordnung über umfangreiches Referenzmaterial verfügt, um derartige Generalklauseln und unbestimmte Rechtsbegriffe mit Inhalt zu füllen und damit die Anwendung zu vereinfachen und voraussehbarer zu machen, fehlt es bislang an vergleichbarer Orientierung im Unionsrecht. Zentrales Merkmal der Beurteilung der Missbräuchlichkeit einer Klausel ist auch im europä- 128

275 Art. 5 S. 2 und S. 3 der Klauselrichtlinie (sog. contra proferentem Regel, vgl § 305 c Abs. 2 BGB).

276 EuGH, Rs. C-92/11 (RWE Vertrieb AG), NJW 2013, 2253

277 BGH, 26.7.2012 – VII ZR 262/11, NJW RR 2012, 1261.

278 MüKo/*Wurmnest*, § 307, Rn 4 f; *Pfeiffer*, in: Grabitz/Hilf (2009), Art. 4, Rn 26; *Nassall*, in: Gebauer/Wiedmann (Hrsg.), Kapitel 6, Rn 57.

279 *Pfeiffer*, in: Grabitz/Hilf (2009), Art. 4, Rn 27.

280 S. zum Streitstand *Pfeiffer*, in: Grabitz/Hilf (2009), Art. 3, Rn 78 ff, der im Regelfall eine im Anhang aufgeführte Klausel für unverbindlich hält; ähnlich MüKo/*Wurmnest*, § 308, Rn 8 ff; Wolf/Lindacher/Pfeiffer/*Pfeiffer*, Art. 3, Rn 76 ff; bezeichnet den Anhang als Konkretisierung des Art. 3 Abs. 1 der RL, von der nicht ohne Not und berechtigten Anlass abgewichen werden soll (Rn 78); darauf lässt nun auch der EuGH schließen, vgl hierzu: EuGH, Rs C-478/99 (Kommission/Schweden), Slg 2002, I-4147.

ischen Rahmen das **Gebot von Treu und Glauben.**[281] Es herrscht aber weder ein einheitliches europäisches Verständnis des Begriffs Treu und Glauben[282], noch eine gefestigte Interpretation dieses Begriffes in Rechtsakten der EU. Grundsätzlich muss sich dennoch im Anwendungsbereich der Klauselrichtlinie, also bei Verbraucherverträgen, der vom nationalen Gericht anzulegende Kontrollmaßstab am autonom-europäischen Verständnis orientieren, wobei im Sinne einer möglichst einheitlichen Anwendung in ganz Europa in erster Linie das spezifische Verständnis der Klauselrichtlinie maßgeblich ist. Dazu sind besonders der **Anhang,**[283] der eine Auslegungshilfe in Form einer Reihe von missbräuchlichen Klauseln enthält, und die **Erwägungsgründe** der Klauselrichtlinie, für den Begriff Treu und Glauben etwa Erwägungsgrund 16, heranzuziehen. Art. 4 Abs. 1 der Klauselrichtlinie gibt zudem Hilfestellung für die Konkretisierung des Begriffs der Missbräuchlichkeit, bei der u.a. auch **die den Vertragsschluss begleitenden Umstände** einbezogen werden müssen.[284] Eine richtlinienkonforme Auslegung kann deshalb eine im Vergleich zum deutschen Verständnis stärkere Akzentuierung der formellen Gleichbehandlung der Parteien bedeuten.[285] Aufschluss über das nicht richtlinienspezifische europäische Verständnis der Missbräuchlichkeit bieten ferner allgemeine Wertungsmaßstäbe und Grundsätze, die aus dem Vergleich europäischer Rechtsakte gewonnen werden können. Solche allgemeinen Grundsätze liegen etwa in dem Transparenzgebot, der Einstandspflicht für die Tauglichkeit erbrachter Leistungen, der Effizienz der Rechtsdurchsetzung und in dem Recht zur Loslösung von Verträgen.[286]

129 In einigen Fällen hatte der **EuGH** auch über den Kontrollmaßstab der Klauselrichtlinie zu entscheiden. Während er in der Rechtssache **Océano** eine vertragliche Gerichtsstandsvereinbarung für missbräuchlich hielt, weil sie den Verbraucher unter Umständen von der Geltendmachung seiner Rechte abhalten könne,[287] lehnte er im Verfahren **Freiburger Kommunalbauten** die Überprüfung einer Klausel, die die nach nationalem dispositivem Recht festgelegte Reihenfolge der Erfüllung vertraglicher Pflichten umkehrte, ab[288] und verwies auf die Zuständigkeit der nationalen Gerichte. In jüngerer Zeit hat der EuGH einen Mittelweg dahin eingeschlagen, und es zwar den vorlegenden Gerichten überlassen, über die Missbräuchlichkeit der Klausel zu entscheiden, dafür aber eine Reihe von Kriterien aufgestellt. So sollen bei der Beurteilung der Missbräuchlichkeit im Sinne des Art. 3 Abs. 1 die Art der Güter oder Dienstleistungen, die Gegenstand des Vertrags wurden, sowie alle den Vertragsschluss begleitenden Umstände, insbesondere auch alle anderen Klauseln des Vertrags, berücksichtigt werden. Ein Missverhältnis idS erfordert etwa nicht, dass die einem Verbraucher durch eine Vertragsklausel auferlegten Kosten für diesen gemessen an dem Betrag des betreffenden Rechtsgeschäfts eine erhebliche wirtschaftliche Auswirkung haben. Es genügt vielmehr eine hinreichend schwerwiegende Beeinträchtigung der rechtlichen Stellung des Verbrauchers (etwa durch inhaltliche Beschränkung seiner vertraglichen Rechte oder deren Ausübung, sowie die Auferlegung einer zusätzlichen, nach nationalen Vorschriften nicht bestehenden Verpflichtung).[289] Es kommt darauf an, ob der Gewerbetreibende bei loyalem und billigem Verhalten vernünftigerweise erwarten durfte, dass der Verbraucher sich nach individuellen Verhandlungen auf die betreffende Klausel einlässt. Zugunsten des Verwenders der AGB findet keine Inhaltskontrolle statt; er kann sich auf die Unwirksamkeit einer ihn benachteiligenden Klausel nicht berufen.[290] Auch im Fall **Banco Popular Español** hat es der EuGH für eine Klausel zur vorzeitigen Fälligstellung eines Hypothekendarlehens dem vorlegenden Gericht überlassen, über die Missbräuchlichkeit der Klausel zu

281 *Pfeiffer*, in: Grabitz/Hilf (2009), Art. 3, Rn 64.
282 *Lando/Beale*, PECL, S. 116; *Zimmermann/Whittaker*, S. 690.
283 Wolf/Lindacher/Pfeiffer/*Wolf*, Art. 3, Rn 41; *Nassall*, in: Gebauer/Wiedmann (Hrsg.), Kapitel 6, Rn 49.
284 *Nassall*, in: Gebauer/Wiedmann (Hrsg.), Kapitel 6, Rn 52.
285 *Pfeiffer*, in: Grabitz/Hilf (2009), Art. 3, Rn 76.
286 *Nassall*, in: Gebauer/Wiedmann (Hrsg.), Kapitel 6, Rn 49.
287 EuGH, Rs. C-240/98 bis C-244/98 (Océano Grupo Editorial SA), Slg 2000, I-4941, Rn 22.
288 EuGH, Rs. C-237/02 (Freiburger Kommunalbauten/Hofstetter), Slg 2004, I-3403.
289 EuGH, Rs. C-226/12 (Constructora Principado SA/José Ignacio Menéndez Álvarez), ABl. 2014, C 85, S. 3.
290 EuGH, Rs. C-415/11 (Aziz/Caixa d'Estalvis), EuZW 2013, 464.

entscheiden, dafür aber detaillierte Kriterien angegeben.[291] Die Folge dieser nur scheinbar widersprüchlichen Rechtsprechung ist, dass grundsätzlich **drei Konstellationen unterschieden** werden müssen:

1. Eine Klausel ist **nach europäischem Maßstab missbräuchlich** (Beispiel: Océano). Dies kann der Fall sein, wenn sie gegen eine im Anhang der Richtlinie genannte Klausel verstößt oder wenn die Klausel ein derart krasses Missverhältnis der Rechte und Pflichten verursacht, dass die Missbräuchlichkeit gleichsam objektiv auf Grundlage allgemeiner europäischer Rechtsgrundsätze, also ohne Vergleich mit dem dispositiven nationalen Recht, von dem die Klausel abweicht, eindeutig festgestellt werden kann.
2. Die Missbräuchlichkeit einer Klausel kann nur vom vorlegenden Gericht aufgrund eines **Vergleichs mit dem nationalen dispositiven Recht,** von dem sie abweicht, festgestellt werden (Beispiel: Freiburger Kommunalbauten).
3. Die Missbräuchlichkeit einer Klausel kann **nur vom vorlegenden Gericht** festgestellt werden. Dieses muss aber bei Prüfung der Missbräuchlichkeit vom EuGH aus der Richtlinie entwickelte Kriterien beachten (Beispiel: Banco Popular Español).

In der Praxis ist wohl zutreffend, dass eine gemäß dem deutschen Verständnis der Inhaltskontrolle 130
nach § 307 BGB zulässige Klausel **in der Regel auch nach der Klauselrichtlinie als nicht missbräuchlich** gelten wird.[292] Theoretisch besteht allerdings auch die Möglichkeit, dass eine Klausel gegen eine Grundwertung gemeineuropäischer Vertragsgerechtigkeit verstößt, die der deutschen Inhaltskontrolle unbekannt ist (Fall 1 in der vorhergehenden Rn). Eine Klauselkontrolle durch Vergleich mit dem anwendbaren nationalen dispositiven Recht (Fall 2 in der vorhergehenden Rn) führt hingegen dazu, dass eine inhaltsgleiche Klausel in einem Mitgliedstaat zulässig und in einem anderen als missbräuchlich anzusehen sein kann.[293]

4. Einzelne Klauselverbote

Die in §§ 308, 309 BGB geregelten Klauselverbote sind größtenteils, von einigen zwischenzeitlichen 131
Anpassungen abgesehen, älter als die Klauselrichtlinie und deren Anhang. Der **Anhang** der Klauselrichtlinie kommt deshalb **im BGB nur unvollkommen zum Ausdruck.** Da der EuGH für die Umsetzung von Verbraucherrechtsrichtlinien das Erfordernis aufgestellt hat, dass die Verbraucher ihre Rechte aus dem Gesetz erkennen können müssen,[294] ist die deutsche **Umsetzungsgesetzgebung formell** unions**rechtswidrig**[295] und könnte von der Kommission in einem Vertragsverletzungsverfahren angegriffen werden.

Die **§§ 308, 309 BGB** gehen teilweise über die Richtlinie hinaus, indem sie Klauseln verbieten, die 132
von der Richtlinie nicht behandelt werden. Sie bleiben aber **teilweise hinter dem Anhang zur Klauselrichtlinie zurück.** So nennt etwa Nr. 1 lit. f des Anhangs ein Kündigungsrecht des Gewerbetreibenden, das nur unter bestimmten Bedingungen erlaubt sein soll. Hingegen hat § 308 Nr. 3 BGB einen abweichenden Inhalt und nimmt Dauerschuldverhältnisse, die von Nr. 1 lit. f erfasst werden, völlig aus. Zwar lässt sich das richtige Ergebnis im deutschen Recht verhältnismäßig einfach durch richtlinienkonforme Auslegung von § 307 BGB erreichen. Es fehlt jedoch an der Erkennbarkeit der Rechtslage für Verbraucher, so dass den vom EuGH aufgestellten Anforderungen an die Umsetzung von Unionsrecht nicht Genüge getan wird. Dennoch gilt ganz allgemein, dass **bei Unterschieden zwischen dem Anhang der Richtlinie und den §§ 308, 309 BGB** in **richtlinienkonformer Auslegung** den Vorgaben der Richtlinie Geltung verschafft werden muss.

---

291 EuGH, Rs. C-537/12 und C-116/13 (Banco Popular Español SA/Quichimbo und Pérez; Banco de Valencia SA/Tortosa und Jaume), EWS 2013, 481.

292 *Pfeiffer*, in: Grabitz/Hilf (2009), Art. 3, Rn 47.

293 *Remien*, ZEuP 1994, 34, 59; *Nassall*, WM 1994, 1645, 1652.

294 Zur korrekten Umsetzung des Anhangs der Klauselrichtlinie s. EuGH, Rs. C-478/99 (Kommission/Schweden), Slg 2002, I-4147.

295 *Nassall*, in: Gebauer/Wiedmann (Hrsg.), Kapitel 6, Rn 61.

5. Folgen der Missbräuchlichkeit von Klauseln und Durchsetzung der Unwirksamkeit

133 Art. 6 Abs. 1 der Klauselrichtlinie wird durch § 306 BGB umgesetzt. Dabei gilt das **Verbot geltungserhaltender Reduktion.** Verstößt eine Klausel gegen § 307 BGB, so ist sie im Ganzen als Unwirksam anzusehen. Dies hat auch der EuGH in der Rechtssache „Jahani" klargestellt.[296] Der Unternehmer soll nicht gefahrlos benachteiligende Klauseln verwenden dürfen, die falls sie entdeckt würden, lediglich auf ein zulässiges Maß herabgesetzt werden. Ist eine Klausel nach §§ 307, 308, 309 BGB unwirksam, ordnet § 306 BGB an, dass der Vertrag im Übrigen bestehen bleiben (Abs. 1) und die entstehende Lücke durch die gesetzlichen Vorschriften ausgefüllt werden soll (Abs. 2). Die vom EuGH herbeigeführte Konkretisierung, dass die **Unzulässigkeit von Amts wegen zu prüfen** ist und dabei keinen zeitlichen Begrenzungen unterliegt,[297] wahrt das deutsche Recht. Nach § 306 Abs. 3 BGB ist der Vertrag nur dann insgesamt unwirksam, wenn es auch nach einer Ersetzung der beanstandeten Klausel durch die gesetzliche Vorschrift eine **unzumutbare Härte** für eine der Parteien wäre, an dem Vertrag festzuhalten. Maßgebendes Kriterium ist hierbei die Frage, ob der Verwender den Vertrag auch ohne die unwirksame Klausel geschlossen hätte.[298] Nach Art 6 Abs. 1 Hs 2 der Richtlinie bleibt der Vertrag für beide Parteien bindend, wenn er ohne die missbräuchliche Klausel bestehen kann. Dies ist nach objektiven Kriterien zu ermitteln[299]

Das Merkmal der **Unzumutbarkeit** fehlt in Art. 6 Abs. 1 der Klauselrichtlinie. In Fällen, in denen im deutschen Recht das Festhalten am Vertrag als unzumutbare Härte für den Unternehmer angesehen würde,[300] bedarf es einer Überprüfung, ob dieses Ergebnis der Klauselrichtlinie standhält. In der Entscheidung **Pereničová u. Perenič/SOS** hat der EuGH insoweit klargestellt, dass die Richtlinie die Mitgliedstaaten nicht an einer Regelung hindert, die einen Vertrag für insgesamt nichtig erklärt, wenn dies zu einer Verbesserung des Verbraucherschutzes führt.[301]

Aus Erwägungsgrund 16 der Klauselrichtlinie ergibt sich eine einseitige Verpflichtung des Gewerbetreibenden, den berechtigten Interessen seiner Vertragspartner Rechnung zu tragen und sich loyal und billig zu verhalten. Zumutbarkeitserwägungen zugunsten des Gewerbetreibenden erscheinen vor diesem Hintergrund unzulässig. Richtlinienkonform sind lediglich Erwägungen, ob der Vertragszweck aus Sicht des Verbrauchers noch erreicht werden kann.[302]

6. Verbandsklageverfahren

134 Art. 7 Abs. 2 der Richtlinie schreibt vor, dass die Mitgliedstaaten Personen und Organisationen, die ein berechtigtes Interesse am Schutz der Verbraucher haben, die Möglichkeit eröffnen müssen, gegen missbräuchliche Klauseln vorzugehen. Diese Möglichkeit besteht im deutschen Recht sowohl auf der Grundlage des UKlaG als auch auf Grundlage des UWG. Der EuGH hat in einem Verfahren gegen Italien klargestellt, dass dieser Weg auch gegen die **bloße Empfehlung der Verwendung von missbräuchlichen Vertragsklauseln** offen stehen muss.[303] Dem trägt die deutsche Rechtslage, nach der auch Konditionenempfehlungen als solche angreifbar sind,[304] Rechnung. Es ist zweifelhaft, ob Art. 7 Abs. 2 der Richtlinie auch fordert, dass die Mitgliedstaaten eine **positive Gestaltungsklage** vorsehen müssen, mit der dem Gewerbetreibenden die Verwendung einer bestimmten Klausel aufgegeben werden könnte.[305]

---

296 EuGH, Rs. C-488/11 (Asbeek Brusse/de Man Garabito), NJW 2013, 2579.
297 EuGH, Rs. C-240/98 bis C-244/98 (Océano Grupo Editorial SA), Slg 2000, I-4941, Rn 26.
298 BGH, 22.2.2002 – V ZR 26/01, WM 2002, 2337.
299 EuGH, Rs. C-397/11 (Jörös), EuZW 2013, 800.
300 Bsp.: BGH, 22.2.2002 – V ZR 26/01, WM 2002, 2337.
301 EuGH, Rs. C-453/10 (Pereničová u. Perenič/SOS), NJW 2012, 1781.
302 *Nassall*, in: Gebauer/Wiedmann (Hrsg.), Kapitel 6, Rn 44; so auch GA, Rs. C-302/04 (Ynos/Varga), Rn 78 ff; aA *Pfeiffer*, in: Grabitz/Hilf (2009), Art. 6, Rn 16, der eine Unzumutbarkeit personenunabhängig bei Undurchführbarkeit oder Veränderung der Rechtsnatur des Vertrages oder in Fällen unzumutbarer Leistungserschwerungen für richtlinienkonform hält.
303 EuGH, Rs. C-372/99 (Kommission/Italien), Slg 2002, I-819, Rn 15, 16.
304 Vgl § 1 UKlaG.
305 Überlegungen in diese Richtung bei *Nassall*, in: Gebauer/Wiedmann (Hrsg.), Kapitel 6, Rn 22.

7. Vorlagefähigkeit von Klauseln im Rahmen eines Vorabentscheidungsverfahrens

Aus der oben (Rn 132) getroffenen Unterscheidung ergibt sich die Folgefrage, inwieweit die **Kontrolle einzelner Klauseln durch den EuGH erfolgen** kann. Im Zuge eines Vorabentscheidungsverfahrens nach Art. 234 EGV (jetzt Art. 267 AEUV) kann der EuGH Fragen zur Auslegung des Unionsrechts beantworten. Damit ist die Kontrollkompetenz des EuGH beschränkt, nämlich auf die **Auslegung des Unionsrechts.** Dementsprechend hat der Gerichtshof die Überprüfung einer Klausel, die die nach nationalem, dispositivem Recht festgelegte Reihenfolge der Erfüllung vertraglicher Pflichten umkehrte, mit der Begründung abgelehnt, er könne die Missbräuchlichkeit einer solchen Klausel nicht abstrakt, also ohne Berücksichtigung des die Klausel im Einzelfall einrahmenden nationalen Rechts, beurteilen.[306] Eine vertragliche Gerichtsstandklausel wurde dagegen überprüft und für missbräuchlich erklärt, weil sie den Verbraucher unter Umständen von der Geltendmachung seiner Rechte abhalten könne[307] und damit die Effizienz der Durchsetzung des Unionsrechts betrifft.[308] Maßgeblich für die Möglichkeit einer Vorlage ist damit, dass die Vertragsklausel dem Verbraucher unabhängig von der Einbindung des Vertragstyps in die nationale Rechtsordnung Rechte aberkennen soll, die die Richtlinie ihm zugesteht, und es damit nicht auf eine Abwägung der konkreten Vor- und Nachteile einer Klausel im System des nationalen Rechts ankommt. Möglich – und unter den Voraussetzungen von Art. 234 Abs. 3 EGV (jetzt Art. 267 Abs. 3 AEUV) verpflichtend – dürfte eine Vorlage dann sein, wenn die Missbräuchlichkeit einer Klausel aus den typischen, also sich nicht aus den Besonderheiten des nationalen Rechts ergebenden Umständen resultiert.[309] Auch dann liegt der Fokus der Beurteilung durch den EuGH auf der Frage, ob eine Klausel am Maßstab der Richtlinie gemessen als missbräuchlich angesehen werden kann. 135

F. Die Richtlinie 2008/122/EG des Europäischen Parlaments und des Rates vom 14.1.2009 über den Schutz der Verbraucher im Hinblick auf bestimmte Aspekte von Teilzeitnutzungsverträgen, Verträgen über langfristige Urlaubsprodukte sowie Wiederverkaufs- und Tauschverträgen

I. Umsetzung der Richtlinie in Deutschland

Durch die Richtlinie 2008/122/EG des Europäischen Parlaments und des Rates vom 14.1.2009 über den Schutz der Verbraucher im Hinblick auf bestimmte Aspekte von Teilzeitnutzungsverträgen, Verträgen über langfristige Urlaubsprodukte sowie Wiederverkaufs- und Tauschverträgen[310] wurde die „alte" Timesharing-Richtlinie 94/47/EG vom 26. Oktober 1994 zum Schutz der Erwerber im Hinblick auf bestimmte Aspekte von Verträgen über den Erwerb von Teilzeitnutzungsrechten an Immobilien (sog. Timesharing-Richtlinie)[311] zum 23.2.2009 abgelöst. Anders als früher dient die nunmehrige Richtlinie der **Vollharmonisierung.** Durch die Ausweitung des Anwendungsbereichs der Richtlinie sollte der Verbraucherschutz verbessert und Umgehungsmöglichkeiten minimiert werden.[312] 136

Durch das Gesetz zur Modernisierung der Regelungen über Teilzeit-Wohnrechteverträge, Verträge über langfristige Urlaubsprodukte sowie Vermittlungsverträge und Tauschsystemverträge vom 17.1.2011[313] wurde die „neue" Timesharing-Richtlinie in das deutsche Recht umgesetzt. Die bisher in § 2 der BGB-InfoV geregelten Informationspflichten wurden aufgehoben, die Informationspflichten befinden sich nun in Art. 242 EGBGB. Das Gesetz trat am 23.2.2011 in Kraft. Beabsichtigt war eine sog. **„Eins-zu-Eins-Umsetzung"** der neuen Timesharing-Richtlinie.

306 EuGH, Rs. C-237/02 (Freiburger Kommunalbauten/Hofstetter), Slg 2004, I-03403.
307 EuGH, Rs. C-240/98 bis C-244/98 (Océano Grupo Editorial SA), Slg 2000, I-4941, Rn 22.
308 *Nassall*, in: Gebauer/Wiedmann (Hrsg.), Kapitel 6, Rn 52.
309 *Nassall*, in: Gebauer/Wiedmann (Hrsg.), Kapitel 6, Rn 52.
310 ABl. 2008, L 33, S. 10.
311 ABl. 1994, L 280, S. 82.
312 KOM (2007) 303 endg.
313 BGBl. I, S. 34.

137 **Die Verbraucherrechte-Richtlinie gilt nicht für Timesharing-Verträge.** Dennoch hat der deutsche Gesetzgeber mit dem Gesetz zur Umsetzung der Verbraucherrechte-Richtlinie auch die **Regelungen über Teilzeit-Wohnrechte überarbeitet.** Insbesondere verweist § 485 BGB für ein Widerrufsrecht des Verbrauchers nun lediglich auf § 355 BGB. Die besonderen Regelungen zum Beginn der Widerrufsfrist bei Teilzeit-Wohnrechteverträgen finden sich nun in § 356 a BGB (früher § 485 a BGB aF). Die Kostentragungsregelung nach § 485 Abs. 2 BGB aF ist nun nach § 357 b Abs. 1 BGB verschoben, Abs. 2 der Vorschrift regelt die Voraussetzungen für eine Wertersatzpflicht des Verbrauchers. Diese redaktionellen Änderungen gelten seit dem 13. Juni 2014.

II. Die Timesharing-Richtlinie und das deutsche Recht der Teilzeit-Wohnrechte

1. Persönlicher Anwendungsbereich

138 Voraussetzung für die Anwendbarkeit der §§ 481 ff BGB ist, dass als Anbieter ein **Unternehmer** (§ 14 BGB) und als Erwerber ein **Verbraucher** (§ 13 BGB) handelt. Nicht unter §§ 481 ff BGB fällt also beispielsweise der Erwerb eines Teilzeit-Wohnrechts zum Zwecke der gewerblichen Vermietung oder ein solcher Erwerb durch einen Unternehmer, der die Ferienwohnung verdienten Mitarbeitern überlassen will. Da nur natürliche, aber nicht juristische Personen Verbraucher sein können, ist etwa ein **Idealverein**, der das Teilzeit-Wohnrecht für seine Mitglieder erwirbt, ebenfalls nicht geschützt. Eine **BGB-Gesellschaft** – insbesondere eine Ehegatten/-innengesellschaft – ist hingegen Verbraucher, wenn sie beim Vertragsschluss keinen gewerblichen Zweck verfolgt.[314] Zwar wird einer BGB-Gesellschaft inzwischen eine beschränkte Rechtsfähigkeit zuerkannt.[315] Diese Rechtsprechung hat jedoch nicht zur Folge, dass BGB-Gesellschaften zur verbraucherrechtlich völlig ungeschützten juristischen Person im Sinne von § 14 BGB erstarken. Wenn ein Verbraucher ein Teilzeit-Wohnrecht an einen Verbraucher veräußert, ist der Erwerber nicht durch §§ 481 ff BGB geschützt. Daran ist problematisch, dass es für einen Verbraucher, den der Erwerb des Teilzeit-Wohnrechts reut, attraktiver sein könnte, das Teilzeit-Wohnrecht an einen anderen, dann völlig ungeschützten, Verbraucher loszuschlagen, als gegen den gewerblichen Veräußerer vorzugehen. Wenn aber ein Unternehmer (zB als Vermittler oder Anbieter eines Tauschsystemvertrages nach § 481 b BGB) beim Zustandekommen eines Vertrages über ein Teilzeit-Wohnrecht zwischen zwei Verbrauchern mitwirkt, dann sind die Verbraucher durch das Recht der Teilzeit-Wohnrechte im Verhältnis zum Unternehmer etwas geschützt, nicht aber untereinander.

2. Sachlicher Anwendungsbereich

139 Der sachliche Anwendungsbereich der Richtlinie wurde **ausgeweitet** und erfasst nun Vermarktung, Verkauf und Wiederverkauf von Teilzeitnutzungsrechten, langfristigen Urlaubsprodukten und Tauschverträgen. Nach der Definition in § 481 Abs. 1 S. 1 BGB, liegt ein Teilzeit-Wohnrechtevertrag vor, wenn durch den Vertrag ein Unternehmer einem Verbraucher gegen Zahlung eines Gesamtpreises das Recht verschafft oder zu verschaffen verspricht, für die Dauer von mehr als einem Jahr ein Wohngebäude mehrfach für einen bestimmten oder zu bestimmenden Zeitraum zu Übernachtungszwecken zu nutzen.

Zweck der Definition ist es, möglichst **viele Gestaltungsmodelle von Timesharing an Wohngebäuden** zu erfassen, seien es Verpflichtungs- oder Verfügungsgeschäfte, seien es lediglich obligatorische oder aber dingliche Nutzungsrechte an der Immobilie, sei es eine vereinsrechtliche oder eine gesellschaftsrechtliche Konstruktion. Klargestellt ist in § 481 Abs. 2 S. 1 BGB auch, dass bei einem als Gesellschafts- oder Vereinsbeitritt ausgestalteten Timesharing die **Grundsätze der fehlerhaften Gesellschaft** anzuwenden sind, wenn diese zu wesentlich anderen Ergebnissen führen als die

314 Staudinger/*Martinek* (2004), § 481, Rn 23; Hk-BGB/*Staudinger*, § 481, Rn 2.
315 BGH 23.10.2001 – XI ZR 63/01 – NJW 2002, 368, 368 f.

Anwendung von §§ 481 ff BGB.[316] Erfasst werden auch **Vorverträge.**[317] Ebenfalls unter § 481 BGB fällt das sog. **flexible Timesharing,** bei dem der Verbraucher nicht an ein bestimmtes Objekt gebunden ist, sondern aus einem Bestand wählen kann (§ 481 Abs. 2 Satz 2 BGB).

Nach Art. 2 Abs. 1 lit. a der neuen Timesharing – Richtlinie genügt im Gegensatz zur alten Richtlinie bereits die Verpflichtung des Verbrauchers zur Leistung eines **Entgelts.** Nicht mehr erforderlich ist, dass die Gegenleistung in Form eines **„Gesamtpreises"** erfolgt. Erfasst werden auch Gegenleistungen, die in Form einer Anzahlung bei Beginn der Vertragslaufzeit und anschließenden Zahlungen jeweils bei Nutzung der Unterkunft erfolgen.[318] Der bisher bestehende Meinungsstreit zur Frage, ob Verträge, die eine nach Zeitabschnitten fällig werdende Gegenleistung vorsehen, vom Anwendungsbereich der §§ 481 ff BGB ausgenommen sind, ist durch die neue Richtlinie geklärt. Zu Recht wird kritisiert, dass § 481 Abs. 1 BGB am Rechtsbegriff des „Gesamtpreises" festhält.[319]

Die Beschränkung auf Immobilien wird aufgegeben, auch so genanntes „mobiles Timesharing", 140
etwa für Unterkünfte in Wohnmobilen, Hausbooten oder Kreuzfahrtschiffen wird erfasst.[320] Fehlt dem Nutzungsrecht allerdings der Übernachtungszweck, so fällt es nicht unter den Schutzbereich der §§ 481 ff BGB. Dies gilt etwa für Wohnmobilplätze, Liegeplätze für Freizeitboote oder Logenplätze bei Sportveranstaltungen.[321] Ebenfalls entfallen ist in der neuen Richtlinie das für Umgehungsversuche anfällige Kriterium der einwöchigen Mindestnutzung. Deutschland hatte diese Voraussetzung ohnehin nicht übernommen und schützte den Verbraucher auch bei kürzeren Nutzungsperioden. Vor diesem Hintergrund werden auch Verträge vom Anwendungsbereich der §§ 481 ff BGB erfasst, die einen **Nutzungszeitraum von wenigen Tagen** gewähren. Geändert wurde ferner die **Mindestvertragslaufzeit.** Das bisherige Erfordernis einer mindestens dreijährigen Vertragsdauer hatte in der Praxis dazu geführt, dass in der Branche verbreitet Verträge mit einer Laufzeit von 35 Monaten angeboten wurden, um den Vorgaben der Richtlinie zu entgehen. Nun ist die Mindestlaufzeit auf ein Jahr verkürzt. Nach Art. 2 Abs. 1 lit. b fallen **auch „langfristige Urlaubsprodukte"** unter die Richtlinie. Erfasst werden damit zB **„Travel Discount Clubs"**, bei denen ein Verbraucher einen (oftmals nicht geringen) Betrag zahlen muss, um etwa ein Passwort für eine Website zu erhalten, auf der ihm Rabatte für Ferienunterkünfte und andere Reiseleistungen wie Mietwagen und Flüge versprochen werden.[322] Der neue § 481 a BGB über langfristige Urlaubsprodukte ist jedoch nur anwendbar, wenn die Möglichkeit von Vergünstigungen den **Hauptzweck** des Vertrages darstellt.[323] Nicht hierunter fallen etwa einmalige Preisnachlässe oder Treuesysteme, bei denen Nachlässe auf künftige Aufenthalte in bestimmten Hotelketten in Aussicht gestellt werden.[324] Bei Verträgen über langfristige Urlaubsprodukte ist neben § 481 a BGB auch § 486 a BGB zu berücksichtigen, der eine Zahlung durch den Verbraucher auf Grundlage eines unabdingbaren **Ratenzahlungsplans** regelt, dessen Inhalt dem Verbraucher bereits vor Vertragsschluss mitgeteilt werden muss.

Weiter erfasst die Richtlinie (2008) in Art. 2 Abs. 1 lit. c sog. **Wiederverkaufsverträge,** mit denen 141
ein Gewerbetreibender gegen Entgelt einen Verbraucher dabei unterstützt, ein Teilzeitnutzungsrecht oder ein langfristiges Urlaubsprodukt zu veräußern oder zu erwerben. Art. 2 Abs. 1 lit. d regelt sog. Tauschverträge, mit denen ein Verbraucher gegen Entgelt einem Tauschsystem beitritt, das diesem Verbraucher Zugang zu einer Übernachtungsunterkunft oder anderen Leistungen im Tausch gegen die Gewährung vorübergehenden Zugangs für andere Personen zu den Vergünsti-

316 Wie hier *Staudinger*, in: Gebauer/Wiedmann (Hrsg.), Kapitel 11, Rn 18 (mwN); anders zu § 3 HWiG aber BGH, 2.7.2001 – II ZR 304/00, NJW 2001, 2718, 2720.

317 Ein *„verbindlicher Vorvertrag"* ist ausdrücklich eingeschlossen in Art. 5 Nr. 1 erster Spiegelstrich der Timesharing-Richtlinie (1994).

318 KOM (2007) 303 endg., S. 10.

319 *Franzen*, NZM 2011, 217, 219.

320 *Busch*, GPR 2008, S. 13.

321 KOM (2007) 303 endg., S. 10.

322 *Busch*, GPR 2008, S. 13; *Tacou*, NJOZ 2011, 793, 794.

323 Hk-BGB/*Staudinger*, § 481 a, Rn 2.

324 BT-Drucks. 17/2764, S. 16; KOM (2007) 303 endg., S. 10.

gungen seines Teilzeitnutzungsvertrages gewährt. Bei Umsetzung der Richtlinie wurde die Bezeichnung **Tauschsystemverträge** statt, wie von der Richtlinie vorgegeben „Tauschverträge" (vgl Art. 2 lit. d der Richtlinie) gewählt, um einen anderen Begriff als in § 480 BGB zu verwenden.[325] Eine Einbeziehung solcher Verträge in den Schutzbereich der §§ 481 ff BGB wurde erforderlich, weil Timesharing-Anbieter in der Praxis einen sog. **Objektanschlussvertrag** schließen, durch den eine Anlage in einen Tauschring eingebracht wird und der Anbieter die Verpflichtung übernimmt, die Aufrechterhaltung der bestehenden Qualitätsstandards **auf eigene Kosten** sicherzustellen.[326]

3. Verbraucherschutzinstrumente

a) Prospekt- und vorvertragliche Informationspflichten

142 Bereits vor Abschluss des Timesharing-Vertrages hat der Unternehmer den Verbraucher gemäß § 482 Abs. 1 BGB iVm Art. 242 § 1 EGBGB in Textform klar und verständlich zu informieren. Die Vorschrift hält sich an den Wortlaut des § 307 Abs. 1 S. 2 BGB, insofern gelten auch die hierzu entwickelten Grundsätze, insbesondere bezüglich des **Transparenzgebots.**[327] Der Unternehmer muss dem Verbraucher die in Art. 242 § 1 EGBGB genannten Informationen in leicht zugänglicher Form zur Verfügung zu stellen.

Die in § 482 BGB gefassten Regelungen beziehen sich dabei einheitlich auf Teilzeit-Wohnrechteverträge, Verträge über ein langfristiges Urlaubsprodukt, Vermittlungs- und auch Tauschsystemverträge. Sinn und Zweck der Informationspflichten ist es vor allem, dem Verbraucher Überblick über die mit dem Vertrag in Verbindung stehenden Kosten sowie die Angaben zu seinem Nutzungsrecht zu ermöglichen, um so eine privatautonome Entscheidung des Verbrauchers sicherzustellen.[328] Problematisch ist freilich die Bemessung des **angemessenen Zeitraums** zwischen Aushändigung der Informationen und Vertragsschluss, da weder die Richtlinie noch §§ 481 ff BGB dazu eine Regelung enthalten. Klargestellt ist lediglich, dass die Informationen dem Verbraucher „rechtzeitig" zur Verfügung gestellt werden müssen. Damit die in § 482 BGB getroffene Regelung nicht zur bloßen Formalie verkommt, muss dem Verbraucher zumindest so viel Zeit zur Verfügung gestellt werden wie erforderlich ist, um den Text in Ruhe zu lesen.[329] Es kommt nicht darauf an, ob der Verbraucher davon tatsächlich Gebrauch macht.

143 Bei **Werbemaßnahmen** trifft den Unternehmer nach § 482 Abs. 2 BGB eine zusätzliche Hinweispflicht. Der Verbraucher muss davon in Kenntnis gesetzt werden, dass Informationspflichten bestehen, auf deren Einhaltung er ein Recht hat.[330] **Unterscheiden sich die im Prospekt gemachten Angaben von den Vertragsangaben**, kommt der Vertrag grundsätzlich mit dem Inhalt der vorvertraglichen Information zustande,[331] es sei denn, es liegt ein Fall des § 484 Abs. 2 S. 2 BGB vor oder die Abweichungen begünstigen den Verbraucher.[332] Bei einer Werbe- oder Verkaufsveranstaltung muss der Unternehmer auf den gewerblichen Zweck der Veranstaltung hinweisen. Dadurch soll erschwert werden, dass der Unternehmer bei solchen Veranstaltungen eine Freizeitatmosphäre schafft und entspannte und deshalb weniger argwöhnische Verbraucher zum Abschluss eines Teilzeit-Wohnrechtevertrags oder vergleichbaren Produkts bringt.[333] Stellt der Unternehmer die erforderlichen Informationen auf einer solchen Veranstaltung auf **digitalen Speichermedien** zur Verfügung, muss er auch dafür sorgen, dass der Verbraucher auf dieser Veranstaltung von den Informationen Kenntnis erlangen kann, etwa indem er einen Computer zur Verfügung stellt.[334]

---

325 BT-Drucks. 17/2764, S. 16.
326 BT-Drucks. 17/2764, S. 16; Bamberger/Roth/*Eckert*, § 481 b, Rn 4.
327 BT-Drucks. 17/2764, S. 17.
328 Bamberger/Roth/*Eckert*, § 482, Rn 1.
329 Bamberger/Roth/*Eckert*, § 482, Rn 8 mwN.
330 BT-Drucks. 17/2764, S. 17.
331 BT-Drucks. 17/2764, S. 19.
332 Hildenbrand/Kappus/Mäsch/*Kappus*, § 2, Rn 16; § 3, Rn 9; *Mäsch*, DNotZ 97, 196.
333 BT-Drucks. 17/2764, S. 17.
334 BT-Drucks. 17/2764, S. 17.

Anders, als nach der Vorgängerrichtlinie enthält § 482 BGB in Umsetzung des Art. 4 Abs. 1 und 2 der Richtlinie keine Vorgaben mehr hinsichtlich der Art und Weise, wie der Unternehmer seinen **Informationspflichten** nachzukommen hat. Die Informationen können auch auf einem dauerhaften Datenträger bereitgestellt werden, soweit die **Textform** gemäß § 126 b BGB eingehalten wird.[335] Durch die Regelung ist der bisher bestehende Meinungsstreit darüber, ob ein Nachschieben von Informationen der Schriftform bedarf oder Textform hierfür ausreichend ist, obsolet geworden. 144

Werden die Informationen auf einem digitalen Speichermedium mitgeteilt, so muss sichergestellt sein, dass die Dateien von handelsüblichen Programmen wiedergegeben werden können. Andernfalls liegt kein „Zurverfügungstellen" iSd § 481 Abs. 1 S. 1 BGB vor.[336] Welche Informationen vor Vertragsschluss mitgeteilt werden müssen ergibt sich aus Formblättern, die im Anhang der Richtlinie wiedergegeben sind. Für verschiedene Konstellationen findet sich dort ein eigenes Formblatt, auf das durch § 482 Abs. 1 iVm Art. 242 § 1 EGBGB verwiesen wird. Die in den Teilen 1 und 2 der Anhänge enthaltenen Informationen sind zwingend anzugeben, die im dritten Teil enthaltenen Angaben hingegen freiwillig.

Ein **Verstoß** gegen die Informationspflichten hat gemäß § 356 a Abs. 2 BGB ein Hinausschieben des Beginns der Widerrufsfrist zur Folge, Überdies kommt auch ein Schadensersatzanspruch nach §§ 280 Abs. 1, 311 Abs. 2, 241 Abs. 2 BGB für den Verbraucher in Betracht.

b) Inhalt und Form des Vertrages

§ 484 Abs. 2 BGB ordnet an, dass die vorvertraglichen Informationen Vertragsinhalt werden. **Änderungen der vorvertraglichen Informationen** sind grundsätzlich nur einvernehmlich möglich, einseitig durch den Unternehmer sind sie aber zulässig, wenn höhere Gewalt eine Vertragsanpassung erfordert. Änderungen sind dem Verbraucher in **Textform** mitzuteilen, § 484 Abs. 2 S. 3 BGB. Zudem sind diese Änderungen in die Vertragsdokumente mit dem Hinweis aufzunehmen, dass sie von den nach § 482 Abs. 1 BGB iVm Art. 242 § 1 EGBGB zur Verfügung gestellten Informationen abweichen, § 484 Abs. 2 S. 4 BGB. 145

Gemäß § 484 Abs. 1 BGB bedürfen die in den §§ 481 ff BGB bezeichneten Verträge der Schriftform, § 126 b BGB. Ein Verstoß gegen das Formerfordernis hat die **Nichtigkeit des Vertrages** zur Folge, § 125 BGB. Die Vertragsdokumente müssen die in § 484 Abs. 2 S. 5 BGB genannten Informationen enthalten. 146

Nach § 484 Abs. 3 S. 1 BGB hat der Unternehmer dem Verbraucher eine **Vertragsurkunde zumindest in Abschrift auszuhändigen.** Nach § 483 Abs. 1 BGB ist der Vertrag in einer vom Verbraucher gewählten Amtssprache des Wohnsitzstaates des Verbrauchers abzufassen, sofern dieser Mitgliedsstaat der Europäischen Union oder des Europäischen Wirtschaftsraumes ist. Wenn der Verbraucher Angehöriger eines anderen Mitgliedstaates ist, kann er stattdessen auch eine Amtssprache dieses Staates wählen.[337] 147

Sofern die Vertragssprache bei Teilzeit-Wohnrechteverträgen von der Sprache des Belegenheitsstaates des Wohngebäudes abweicht, hat der Unternehmer dem Verbraucher gemäß § 484 Abs. 3 S. 2 BGB zudem eine **beglaubigte Übersetzung des Vertrags** in der oder einer der zu den Amtssprachen der EU oder des Übereinkommens über den Europäischen Wirtschaftsraum zählenden Sprache des Belegenheitsstaates auszuhändigen. Sinn und Zweck dieser Regelung ist es, dem Verbraucher vor Ort die Durchführung des Vertrags zu erleichtern.[338] Ein Verstoß des Unternehmers gegen die Sprachanforderungen aus **§ 484 Abs. 3 BGB** führt **nicht** zur Nichtigkeit des Teilzeit-Wohnrechtevertrages nach **§ 125 BGB**; dies ergibt ein Umkehrschluss zu § 483 Abs. 3 BGB. Formnichtigkeit nach § 125 BGB ergibt sich über § 483 Abs. 3 BGB lediglich für Verstöße gegen die in § 483 Abs. 1 S. 1 und 2 oder Abs. 2 BGB und § 484 Abs. 1 S. 1 BGB genannten Sprachanforderungen. Nur die-

335 BT-Drucks. 17/2764, S. 17.
336 BT-Drucks. 17/2764, S. 17.
337 BT-Drucks. 17/2764, S. 18.
338 BT-Drucks. 17/2764, S. 19; zur alten Timesharing-Richtlinie siehe auch: *Martinek*, NJW 1997, 1393, 1395; *Martinek*, in: Grabitz/Hilf (2009), A 13, Rn 135; MüKo/*Franzen*, § 484, Rn 18.

sen kommt die für Formvorschriften typische Beweis- bzw Klarstellungs-, Beratungs- oder Warnfunktion zu.[339] Die Pflicht zur Bereitstellung einer beglaubigten Übersetzung des Vertrags besteht nach § 484 Abs. 3 S. 3 BGB nicht, wenn sich das Nutzungsrecht auf einen Bestand von Wohngebäuden bezieht, die in verschiedenen Staaten belegen sind. Diese Ausnahme betrifft das sog. **„flexible" Timesharing** im Sinne des 481 Abs. 2 S. 2 BGB.[340] Im Gegensatz zum klassischen fixen Timesharing erwirbt der Verbraucher hier keinen Anspruch auf Teilzeitnutzung einer bestimmten Immobilie, sondern erhält die Möglichkeit, in jedem Jahr erneut das Objekt seiner Nutzungsberechtigung auszuwählen.[341]

148 Die Erfüllung der Verpflichtungen aus § 484 Abs. 3 S. 1 und S. 2 BGB kann der Verbraucher im Wege der **Klage** durchsetzen.[342] Eine Verletzung der Pflicht aus § 484 Abs. 3 S. 2 BGB zur Aushändigung einer Übersetzung hindert, anders als eine Verletzung der Sprachanforderung hinsichtlich der vorvertraglichen Verbraucherinformation (vgl dazu oben Rn 144) und der Belehrung über das Widerrufsrecht (vgl dazu unten Rn 149), nicht den Beginn der Widerrufsfrist.[343]

c) Widerrufsrecht und Folgen des Widerrufs

149 Nach § 482 a BGB hat der Unternehmer den Verbraucher über das Bestehen des **Widerrufsrechts zu belehren**. Die getroffene Regelung betrifft dabei nicht nur Timesharing-Verträge, sondern gilt auch für die in §§ 481 a, 481 b BGB geregelten neuen Vertragsarten. Nach § 482 a S. 1 BGB bedarf die Mitteilung des Widerrufsrechts sowie der Widerrufsfrist der **Textform** (§ 126 b BGB). Der Verbraucher hat den Erhalt dieser Informationen nach § 482 a S. 2 BGB **schriftlich zu bestätigen**, Einzelheiten ergeben sich aus Art. 242 § 2 EGBGB. In Fällen, in denen der Unternehmer den Verbraucher bereits bei Vertragsschluss über das Widerrufsrecht belehrt, dürfte diese Belehrung regelmäßig in der für den Vertrag vorgesehenen Schriftform erfolgen. Eine Divergenz ergab sich nach altem Recht in Konstellationen, in denen der Verbraucher erst zu einem späteren Zeitpunkt belehrt wird und eine Unterschrift der Widerrufsbelehrung durch den Verbraucher unterbleibt.[344] Durch Einführung der Bestätigungspflicht des Verbrauchers in § 482 a S. 2 BGB werden nun für eine erst nach Vertragschluss erfolgende Information über das Widerrufsrecht vergleichbare Anforderungen geschaffen. Allerdings hat eine erst nach Vertragsschluss erfolgende Belehrung über das Bestehen eines Widerrufsrechts gemäß § 356 a Abs. 3 S. 1 BGB das **Hinausschieben des Beginns der Widerrufsfrist** (dazu sogleich unten, Rn 151) zur Folge. Unterbleibt diese Belehrung völlig, erlischt das Widerrufsrecht spätestens **12 Monate und 14 Tage** nach dem in § 356 a Abs. 1 BGB genannten Zeitpunkt.

150 Nach der alten Timesharing-Richtlinie (1994) musste der Verbraucher den **Widerruf des Timesharing-Vertrages** gemäß §§ 485, 355 Abs. 1 S. 2, 1. Alt. BGB aF in **Textform** (§ 126 b BGB) erklären. In den neuen §§ 355, 356 a BGB ist ein Formerfordernis nicht mehr ausdrücklich geregelt, allerdings lässt sich aus dem in § 355 Abs. 1 S. 5 BGB niedergelegten Erfordernis des „Absendens" herleiten, dass die Erklärung des Verbrauchers zumindest **dauerhaft verkörpert** sein muss. Neben einem Widerruf in Textform ist es auch möglich, den Vertrag in elektronischer (§ 126 a BGB) oder Schriftform(§ 126 b BGB) zu widerrufen. Dies entspricht auch Art. 7 der Richtlinie, der Papierform oder eine Erklärung auf einem dauerhaften Datenträger ausreichen lässt. Der Widerruf bedarf gemäß § 355 Abs. 1 S. 4 BGB keiner Begründung.

151 Die **Widerrufsfrist** beträgt nach § 355 Abs. 2 S. 1 BGB zwei Wochen (14 Tage). Den **Fristbeginn** regelt § 356 a BGB und knüpft dabei grundsätzlich an den Vertragsschluss bzw den Abschluss des

339 Staudinger/*Martinek* (2004), § 484, Rn 14; Hk-BGB/*Staudinger*, § 484 Rn 10; MüKo/*Franzen*, § 484, Rn 18.
340 Hk-BGB/*Staudinger*, § 484, Rn 11.
341 Staudinger/*Martinek* (2004), § 484, Rn 16; MüKo/*Franzen*, § 484, Rn 19.
342 Palandt/*Weidenkaff*, § 484, Rn 4; Erman/*Saenger*, § 484, Rn 12; Staudinger/*Martinek* (2004), § 484, Rn 14.
343 Hierzu Staudinger/*Martinek* (2004), § 484, Rn 14.
344 Dieses Ergebnis und die Möglichkeit einer derartigen nachträglichen Belehrung sollten gerade durch Änderung des § 355 Abs. 2 S. 2 BGB aF geschaffen werden, vgl BT-Drucks. 14/9633, S. 2.

Vorvertrages an (Abs. 1 S. 1). Nach § 356 a Abs. 1 S. 2 BGB wird der Beginn auf den Zeitpunkt des Erhalts der Vertragsabschrift hinausgeschoben.

Ein Verstoß gegen die Informationspflichten hat das **Hinausschieben des Beginns der Widerrufsfrist** zur Folge. So beginnt die Widerrufsfrist nach § 356 a Abs. 2 BGB erst zu laufen, wenn der Verbraucher die vorvertraglichen Informationen **vollständig** erhalten hat. Erforderlich ist der Erhalt der Informationen in der jeweils nach §§ 483, 484 Abs. 3 BGB vorgeschriebenen Sprache. Werden die Sprachanforderungen hinsichtlich der vorvertraglichen Information und der Widerrufsbelehrung verletzt, führt dies nicht zur Nichtigkeit des gesamten Vertrags iSv § 125 BGB, vielmehr verschiebt sich lediglich der Beginn der Widerrufsfrist. Das (teilweise) **Fehlen der Pflichtangaben des Art. 242 § 1 EGBGB** im Vertrag, bzw das Bereitstellen der Informationen in einer falschen Sprache hindert gemäß § 356 a Abs. 2 BGB den Lauf der Widerrufsfrist so lange, bis diese Informationen dem Verbraucher – in der richtigen Sprache – mitgeteilt werden. Im Falle des § 356 a Abs. 2 BGB erlischt das Widerrufsrecht nach Satz 2 der Vorschrift spätestens **3 Monate und 14 Tage** nach Vertragsschluss bzw nach Erhalt der Vertragsabschrift iSv § 356 a Abs. 1 BGB. Fehlt eine Belehrung über das Bestehen des Widerrufsrechts iSd **§ 482 a BGB** in der nach § 483 Abs. 1 BGB vorgeschriebenen Sprache, so erlischt das Widerrufrecht spätestens **12 Monate und 14 Tage** nach dem in § 356 a Abs. 1 BGB genannten Zeitpunkt.

Die **Beweislast** für den Fristbeginn trägt nach § 361 Abs. 3 BGB der Unternehmer.

Bei Verträgen über Teilzeit-Wohnrechte, langfristige Urlaubsprodukte, Vermittlungen und Tauschsysteme sind gemäß § 312 Abs. 2 Nr. 6 BGB lediglich die §§ 312 a Abs. 1, 3, 4 und 6 BGB anwendbar. Damit geht der deutsche Gesetzgeber zulässigerweise über den von der Verbraucherrechte-Richtlinie vorgeschriebenen Schutz des Verbrauchers hinaus. Auch bei Verträgen nach den §§ 481 ff BGB hat der Unternehmer den Verbraucher iSd § 312 a Abs. 1, 3, 4 und 6 BGB bei Telefonanrufen über seine Identität in Kenntnis zu setzen sowie den Zweck des Geschäfts offenzulegen (§ 312 a Abs. 1 BGB). Ferner sind die Anforderungen über die Vereinbarung von Zusatzentgelten und Entgelten für die Benutzung bestimmter Zahlungsmittel einzuhalten (§ 312 a Abs. 3, 4 BGB). Probleme bereitet gelegentlich das **Verhältnis des Widerrufsrechts nach § 485 BGB zu anderen verbraucherschützenden Widerrufsrechten.** Wird der Vertrag iSd §§ 481 ff BGB durch einen **Verbraucherkredit** finanziert und liegt somit ein verbundenes Geschäft im Sinne des § 358 BGB vor, so regeln die Vorschriften der §§ 358, 359 BGB das Widerrufsrecht.[345] Nach dem in § 358 Abs. 1 BGB geregelten Vorrang des Widerrufs des Sachvertrags ist auch hier das Widerrufsrecht aus §§ 485, 356 a BGB maßgeblich.[346] Nach der Travel Vac-Entscheidung des EuGH können auch auf Verträge über Teilzeit-Wohnrechte oder vergleichbare Nutzungsrechte nach den §§ 481 ff BGB die §§ 312 ff BGB anwendbar sein, wenn der Vertrag auch die Erbringung gesonderter Dienstleistungen zum Gegenstand hat und der Wert dieser Dienstleistungen den des Nutzungsrechts übersteigt.[347] 152

d) Anzahlungsverbot

§ 486 BGB statuiert ein **Anzahlungsverbot bei Teilzeit-Wohnrechteverträgen.** Nach dessen Satz 1 ist der Unternehmer nicht berechtigt, vor Ablauf der Widerrufsfrist Zahlungen des Verbrauchers zu fordern oder anzunehmen.[348] Anzahlung umfasst dabei jede teilweise Erfüllung in jeglicher Form, etwa durch Übergabe von Bargeld oder Banküberweisung, Scheckbuchung oder Lastschrift.[349] Nach Art. 9 Abs. 1 der Richtlinie sind dem auch Sperrbeträge auf Konten, Sicherheitsleistungen und ausdrückliche Schuldanerkenntnisse sowie vergleichbare Leistungsformen gleichgestellt. In der 153

345 Palandt/*Weidenkaff*, § 485, Rn 1.

346 Bamberger/Roth/*Eckert*, § 485, Rn 13.

347 EuGH, Rs. C-423/97 (Travel-Vac/Sanchis), Slg 1999, I-2195.

348 Ähnlich die Formulierung des 12. Erwägungsgrundes der Timesharing-Richtlinie (1994), wonach „Forderungen des Verkäufers nach Anzahlungen […] zu verbieten" sind bzw 14. Erwägungsgrund der Neufassung, nach dem das Verbot, vor Ablauf der Widerrufsfrist Anzahlungen zu fordern oder anzunehmen, klarer formuliert werden sollte, um den Verbraucherschutz zu verbessern.

349 Bamberger/Roth/*Eckert*, § 486, Rn 4.

Praxis wird häufig versucht, dieses Anzahlungsverbot zu umgehen. So werden etwa bei Vertragsschluss Überweisungsträger ausgestellt oder Zahlungen per Kreditkarte gefordert. Auch Aufwandsentschädigungsforderungen für die Vertriebskosten des Anbieters sind nicht selten.[350] Um den Verbraucher etwas besser zu schützen, wird nun in § 482 a S. 1 BGB vom Unternehmer der Hinweis auf das Anzahlungsverbot in Textform verlangt. Der Verbraucher muss den Erhalt dieser Informationen schriftlich bestätigen, § 482 a S. 2 BGB.

154 Umstritten war früher, inwieweit auch ein Verbot von **Zahlungen an Dritte, zB Treuhänder,** besteht. Der Wortlaut des § 486 BGB erfasst Dritte nicht ausdrücklich. Zumindest Zahlungsaufforderungen des Unternehmers, die eine Zahlung des Verbrauchers an einen Dritten bezwecken sollen, waren nach ganz überwiegender Ansicht mit Blick auf den Schutzzweck der Norm umfasst.[351] Selbst dann, wenn der Verbraucher, wie etwa bei der **Zahlung auf ein Notaranderkonto,** während des Laufs der Widerrufsfrist noch die volle Dispositionsbefugnis hat, war zweifelhaft, ob dies mit den Wertungen der alten Richtlinie vereinbar war.[352] Denn nach der Zahlung an den Treuhänder ist aus der Perspektive des Verbrauchers die eigene Leistung erbracht, so dass eine höhere Hemmschwelle bestehen kann, den Vertrag zu widerrufen. Außerdem ist nicht anzunehmen, dass jedem Verbraucher bewusst ist, ob er noch die volle Dispositionsfreiheit hat oder das Geld schon unaufhaltsam „weg" ist.

Dies wurde schon **durch die alte Richtlinie bestätigt.** Nach deren Art. 6 durften „vom Erwerber [...] keinerlei Anzahlungen geleistet werden". Im Gegensatz zur deutschen Regelung stellte Art. 6 der Timesharing-Richtlinie (1994) damit nicht auf das Verhalten des Unternehmers ab. Es war daher unerheblich, ob eine Zahlung an den Unternehmer oder einen Dritten erfolgte oder der Unternehmer Zahlung an sich oder einen Dritten forderte. Wer – potentieller – Zahlungsempfänger war, war gleichgültig. Auch die englische[353] und französische[354] Fassung der Timesharing-Richtlinie (1994) bestätigten diesen Befund. Noch deutlicher klargestellt ist dies nun in Art. 9 der Neufassung, nach dem das Anzahlungsverbot auch Zahlungen gegenüber Dritten erfasst.

§ 486 Abs. 2 BGB verbietet auch das Fordern oder Annehmen von Anzahlungen bzw Vorauszahlungen durch Vermittler. Damit ist die Rechtslage in Deutschland, wo das Anzahlungsverbot nicht für Vermittler galt,[355] zu Gunsten des Verbrauchers geändert worden.

155 Ein **Verstoß gegen das Anzahlungsverbot** lässt den Vertrag nicht nach § 134 BGB untergehen, vielmehr bleibt der Vertrag wirksam. Möglich ist allenfalls eine wettbewerbsrechtliche Sanktionierung nach §§ 3, 5, 8 UWG.[356] Übt der Verbraucher sein Widerrufsrecht aus, sind die geleisteten Zahlungen nach den §§ 346 Abs. 1, 357 b Abs. 1 BGB zurückzugewähren. Ferner kommt eine Haftung nach den §§ 311 Abs. 2, 280 Abs. 1, 241 Abs. 2 BGB in Betracht.[357] Auch ist an § 823 Abs. 2 BGB zu denken, da § 486 BGB als Schutzgesetz zu qualifizieren ist.[358]

e) Schutz des Verbrauchers bei Rechtswahl

156 Auf Verträge nach den §§ 481 ff BGB ist Art. 6 Rom I VO anwendbar. Dies ergibt sich aus einem Umkehrschluss aus Art. 6 Abs. 4 der VO, der für Teilzeitnutzungsrechte nach der alten Timesharing-Richtlinie (1994) die Anwendbarkeit von Art. 6 klarstellt. Es dürfte lediglich ein **Versehen des europäischen Gesetzgebers** sein, dass diese Regelung bei der Aufhebung der alten Timesharing-Richtlinie nicht in einen Verweis auf die neue Richtlinie 2008/122/EG umgewandelt worden ist.

350 *Hildenbrand*, NJW 1998, 2940, 2941.
351 BT-Drucks. 17/2764, S. 20; MüKo/*Franzen*, § 486, Rn 5.
352 So aber Palandt/*Weidenkaff*, § 486, Rn 2; Staudinger/*Martinek* (2004), § 486, Rn 2; Hk-BGB/*Staudinger*, § 486, Rn 3; *Eckert*, ZIR 1997, 2, 8; *Mäsch*, DNotZ 1997, 180, 199; wie hier MüKo/*Franzen*, § 486, Rn 5.
353 „any advance payments by a purchaser".
354 „tout paiement d`avances par l`acquéreur".
355 BGH, 15.2.2005 – XI ZR 171/04, NZM 2005, 395.
356 MüKo/*Franzen*, § 486, Rn 8.
357 Palandt/*Weidenkaff*, § 486, Rn 7; Staudinger/*Martinek* (2004), § 486 Rn 8.
358 OLG Frankfurt a.M., 29.10.1998 – 16 U 255/97, NJW 1999, 296; LG Hanau, 5.11.1997 – 4 O 666/97, NJW 1998, 2983.

Demnach ist Art. 6 Abs. 1 der Rom I VO auf alle in den §§ 481 ff BGB genannten Vertragsarten anwendbar.[359] Art. 6 Abs. 1 Rom I VO erklärt grundsätzlich das Recht des Staates für anwendbar, in dem der Verbraucher seinen gewöhnlichen Aufenthalt hat. Erforderlich ist hierfür, dass der Unternehmer seine Tätigkeit in ebendiesem Staat ausübt bzw neben anderen Staaten auch auf diesen ausrichtet.[360]

Im Falle einer Rechtswahl nach Art. 6 Abs. 2, Art. 3 Rom I VO gilt bei Verträgen nach den §§ 481 ff BGB, dass der Verbraucher durch die Rechtswahl seinen bei objektiver Anknüpfung nach Art. 6 Abs. 1 Rom I VO bestehenden Schutz durch die europäischen Richtlinien und deren nationale Umsetzungen nicht verlieren darf, Art. 6 Abs. 2 S. 2 Rom I VO. Art. 46 b Abs. 4 EGBGB modifiziert diese Grundsätze dahingehend, dass dem Verbraucher der nach der Richtlinie 2008/122/EG gewährte Schutz auch zu gewähren ist, wenn zwar sein gewöhnlicher Aufenthalt nicht in einem EU/EWR-Mitgliedsstaat ist, aber eine der betroffenen Immobilien in einem solchen Staat liegt. Dasselbe gilt, wenn sich der Vertrag nicht auf eine konkrete Immobilie bezieht, der Unternehmer seine gewerbliche oder berufliche Tätigkeit aber in einem EU/EWR-Mitgliedsstaat ausübt oder auf einen solchen Staat ausrichtet. Art. 46 b EGBGB regelt zwar nicht, welche innerstaatlichen Umsetzungsvorschriften in einem solchen Fall berufen sein sollen, insofern regelt Art. 12 Abs. 2 der neuen Timesharing-Richtlinie aber, dass das Recht der lex fori maßgeblich ist.[361] Wegen der mit Art. 6 Abs. 2 S. 2 der Rom I VO einhergehenden Rechtswahlfestigkeit des Rechts des ständigen Aufenthalts des Verbrauchers ist die Bedeutung des Art. 46 b EGBGB allerdings als eher gering einzustufen. Lediglich, wenn Art. 6 Abs. 1 lit. a und b Rom I VO nicht vorliegen, etwa weil der Unternehmer seine Tätigkeit nicht auf den Staat des gewöhnlichen Aufenthalts des Verbrauchers „ausrichtet", kann Art. 46 b EGBGB Bedeutung erlangen.

f) Übergangsvorschrift

Nach Art. 229 § 25 EGBGB **gelten die §§ 481 bis 487 BGB nur für Verträge, die ab dem 23. Februar 2011 geschlossen wurden**. Für zuvor abgeschlossene Verträge bleibt es bei der Anwendung der alten Vorschriften. Für vor dem 23. Februar 2011 abgeschlossene Tauschsystem- oder Vermittlungsverträge bestehen damit keine Spezialregelungen. Gleiches gilt für Teilzeit-Wohnrechteverträge, die vor dem 23. Februar 2011 abgeschlossen wurden und aus dem Anwendungsbereich der §§ 481 ff BGB aF fallen.[362] 157

G. Die Richtlinie 99/44/EG zu bestimmten Aspekten des Verbrauchsgüterkaufs und der Garantien für Verbrauchsgüter (Verbrauchsgüterkaufrichtlinie)

I. Umsetzung der Richtlinie in Deutschland

Bei Umsetzung der Richtlinie 1999/44/EG des Europäischen Parlaments und des Rates vom 25. Mai 1999 zu bestimmten Aspekten des Verbrauchsgüterkaufs und der Garantien für Verbrauchsgüter (**Verbrauchsgüterkaufrichtlinie**)[363] hat sich der deutsche Gesetzgeber dagegen entschieden, die größtenteils seit 1900 bestehenden kaufrechtlichen Vorschriften beizubehalten und lediglich um einige Bestimmungen zum Verbrauchsgüterkauf zu ergänzen. Er hat stattdessen den Weg einer **umfassenden Modernisierung des Schuldrechts** gewählt, die rechtzeitig zum Ende der Umsetzungsfrist am 1.1.2002 in Kraft getreten ist.[364] Leitgedanke der Umsetzung war, das dispositive, für alle Kaufverträge geltende **Kaufrecht nach dem Vorbild der Richtlinie** zu gestalten. Der Verbrauchsgüterkauf konnte auf diese Weise in einem kurzen Untertitel am Ende des Kaufrechts in §§ 474 bis 479 BGB geregelt werden. Die Kernvorschrift in § 475 BGB beschränkt sich darauf, die 158

359 *Franzen*, NZM 2011, 217, 224.
360 EuGH Rs. C-585/08 und C-144/09 (Heller), NJW 2011, 505.
361 BT-Drucks. 17/2764, S. 21.
362 BT-Drucks. 17/2764, S. 22.
363 ABl. 1999, L 171, S. 12.
364 BGBl. I, S. 3138.

wesentlichen, an sich dispositiven Bestimmungen des Kaufrechts für Verbrauchsgüterkaufverträge einseitig zwingend auszugestalten. Hinzu treten einige wenige Spezialvorschriften, deren praktisch wichtigste die Beweislastumkehr zugunsten des Verbrauchers nach § 476 BGB ist. Der Entwurf der Verbraucherrechte-Richtlinie[365] zielte darauf ab, die Verbrauchsgüterkaufrichtlinie aufzuheben und durch eine vollharmonisierende Neuregelung zu ersetzen. Dies ist im Wesentlichen gescheitert, jedoch enthält die **Verbraucherrechte-Richtlinie** in Art. 17 ff einige **vollharmonisierende Bestimmungen zum Kaufrecht** wie zB zur Leistungszeit und zum Gefahrübergang. Art. 33 der Verbraucherrechte-Richtlinie regelt außerdem eine Berichtspflicht des Mitgliedsstaates an die Kommission für den Fall, dass Verbraucherschutzvorschriften erlassen werden, die über das in der Verbrauchsgüterkaufrichtlinie vorgeschriebene Mindestniveau hinausgehen. Wie auch bei der Klauselrichtlinie muss die Kommission diese abweichenden Vorschriften sodann Verbrauchern und Unternehmern bekannt machen und an die anderen Mitgliedstaaten und das Parlament weiterleiten.

II. Die Verbrauchsgüterkaufrichtlinie und das deutsche Kaufrecht

159 Kernelemente der Richtlinie sind Vorschriften zur **Vertragsmäßigkeit** der Kaufsache, also, in deutscher Terminologie, zum Begriff des Mangels, ferner zu den **Rechten des Käufers bei Mängeln** sowie zum **Rückgriff des Verkäufers** auf seinen Lieferanten. Wegen der besonderen Art der Umsetzung (dazu oben Rn 158) reichen die Wirkungen der Verbrauchsgüterkaufrichtlinie weit über die §§ 474 ff BGB, den eigentlichen **Anwendungsbereich des Verbrauchsgüterkaufrechts**, hinaus. Es findet sich kaum eine Vorschrift des Kaufrechts, einschließlich der damit zusammenhängenden Vorschriften des Allgemeinen Schuldrechts, die nicht unter dem Einfluss der Richtlinie steht. Mit der ausweitenden Umsetzungstechnik hat der deutsche Gesetzgeber das Gebot der **richtlinienkonformen Auslegung**, als Befehl des nationalen Rechts, auch auf **Sachverhalte, die nicht unter die Richtlinie** fallen, ausgedehnt.[366]

1. Der Begriff des Mangels

160 Nach § 433 Abs. 1 S. 2 BGB hat der Verkäufer dem Käufer die Sache frei von Sach- und Rechtsmängeln zu verschaffen. Was ein Sachmangel ist, definiert § 434 BGB, den Rechtsmangel § 435 BGB. Ist die Sache mangelhaft, hat der Käufer die in § 437 BGB aufgezählten Rechte. Die Verbrauchsgüterkaufrichtlinie hat eine davon **abweichende Regelungstechnik** gewählt. Sie ordnet in Art. 2 Abs. 1 an, dass der Verkäufer „dem Kaufvertrag gemäße Güter" zu liefern hat und schließt in Art. 2 Abs. 2 eine gesetzliche Vermutung an, in welchen Fällen die Kaufsache vertragsgemäß ist. Die Richtlinie regelt also nicht, **wann ein Mangel vorliegt**, sondern das Gegenteil, nämlich, **wann kein Mangel vorliegt**. Die in Art. 3 der Richtlinie geregelten Rechte des Käufers setzen dann aber eine „Vertragswidrigkeit", also einen Mangel voraus. Bei der Frage, welchen Einfluss die Richtlinie auf die Auslegung des Mangelbegriffs im BGB hat, ist also diese Verkehrung der Regelungsrichtung zu beachten. Der Begriff der Vertragsmäßigkeit nach der Richtlinie und der Sachmangelbegriff des BGB müssen nicht gleich, sondern komplementär, also genau das Gegenteil sein. Schwierigkeiten bereitet dies vor allem wegen der in Art. 2 Abs. 2 der Richtlinie aufgestellten Vermutung.

a) Hierarchie der Kriterien für das Vorliegen eines Sachmangels, § 434 Abs. 1 BGB

161 Die im deutschen Recht im Vordergrund stehende Mangelkategorie ist der Sachmangel. Nach § 434 Abs. 1 S. 1 BGB ist die Sache frei von Sachmängeln, wenn sie bei Gefahrübergang die **vereinbarte Beschaffenheit** hat. Nur soweit eine Beschaffenheit nicht vereinbart ist, gelten nach § 434 Abs. 1 S. 2 BGB weitere Kriterien, nämlich (Nr. 1) die Eignung der Sache für die **nach dem Vertrag vorausgesetzte Verwendung** und, wenn der Vertrag auch dazu nichts hergibt („sonst"), die Eignung für die **gewöhnliche Verwendung** sowie eine Beschaffenheit, die bei Sachen der gleichen Art **üblich** ist und die der Käufer nach der Art der Sache erwarten kann (§ 434 Abs. 1 S. 2 Nr. 2 BGB). Diese im Wortlaut von § 434 Abs. 1 BGB sehr deutlich zum Ausdruck gekommene **Hierarchie der**

365 KOM (2008) 614 endg.

366 Zu einer Ausnahme bei § 439 Abs. 3 BGB: BGH, 17.10.2012 – VIII ZR 226/11, NJW 2013, 220.

Sachmangelkriterien findet keine Entsprechung im Wortlaut der Richtlinie. Vielmehr zählt Art. 2 Abs. 2 der Verbrauchsgüterkaufrichtlinie die Kriterien für die Vermutung der Vertragsmäßigkeit **gleichrangig** auf: Übereinstimmung mit der Beschreibung (lit. a), Eignung für den vertraglich vorausgesetzten Zweck (lit. b), für den üblichen Zweck (lit. c) sowie Übereinstimmung mit der üblichen Qualität und Leistung, die der Käufer vernünftigerweise erwarten kann (lit. d). Überdies betont der 8. Erwägungsgrund der Richtlinie den Vorrang der Vertragsfreiheit und sagt ausdrücklich, dass die in Art. 2 Abs. 2 genannten Elemente kumulativ gelten sollen. Daraus wird auf einen Richtlinienverstoß geschlossen, der nach umstrittener Auffassung durch **richtlinienkonforme Auslegung** korrigiert werden müsse.[367]

In der Tat könnte es durch die **zu rigide Anwendung der Hierarchie** in § 434 Abs. 1 BGB zu richtlinienwidrigen Ergebnissen kommen. Ein Beispiel ist eine Kaufsache, die sich für die nach dem Vertrag vorausgesetzte Verwendung, gleichwohl aber nicht für die gewöhnliche Verwendung eignet. Hier könnte ein Sachmangel niemals vorliegen, wenn § 434 Abs. 1 S. 2 Nr. 1 BGB mit absolutem Vorrang ausgestattet wäre. Im Lichte der Richtlinie, insbesondere von deren 8. Erwägungsgrund, aber auch schon im Rahmen des nationalen Methodenkanons für die Vertragsauslegung, wird man jedoch der **vertraglichen Vereinbarung über die geschuldete Qualität immer Vorrang** einräumen. Wenn etwa der Vertrag eine bestimmte Verwendung der Kaufsache voraussetzt, die nur eine geringere Qualität als die übliche erfordert, dann ist dies nur vorrangig, wenn die vertragliche Vereinbarung auch den Inhalt hat, dass – ausnahmsweise – nur diese geringere Qualität und nicht die übliche geschuldet ist.[368] Die Hierarchie der Kriterien für das Vorliegen eines Sachmangels in § 434 Abs. 1 BGB ist **keine gesetzlich angeordnete Rangfolge**, sondern nur ein Hinweis auf den Vorrang jeder vertraglichen Vereinbarung zur Qualität, also letztlich nur ein – an sich überflüssiger und in der Richtlinie deshalb in Art. 2 Abs. 2 zu Recht fehlender – Hinweis auf den Vorrang der Vertragsfreiheit gegenüber gesetzlichen Kriterien. Nur soweit eine vertragliche Vereinbarung besteht, hat diese Vorrang. 162

b) Beschaffenheitsvereinbarung, § 434 Abs. 1 S. 1 BGB

Auf eine **Definition des Begriffs der Beschaffenheit** hat der Gesetzgeber ausdrücklich verzichtet. Insbesondere ist offen geblieben, ob der Begriff lediglich Eigenschaften umfasst, die der Kaufsache unmittelbar anhaften, oder auch außerhalb der Sache selbst liegende Umstände zu berücksichtigen sind. Ganz überwiegend wird ein **weiter Beschaffenheitsbegriff** angenommen. Somit sollen sowohl alle rechtlichen und tatsächlichen Verhältnisse der Sache, die nach dem Parteiwillen für deren Wertschätzung Bedeutung erlangen können, als auch Umweltbeziehungen Berücksichtigung finden.[369] Dieser weite Begriff der Beschaffenheit ist auch **von der Verbrauchsgüterkaufrichtlinie vorgegeben.** Denn die Richtlinie stellt in Art. 2 Abs. 1 auf die Vertragsmäßigkeit ab und betont im 8. Erwägungsgrund die Freiheit der Parteien zu vereinbaren, was eine vertragsmäßige Kaufsache ist. Die Parteien haben die Macht, alles was ihnen für die Vertragsmäßigkeit der Kaufsache wichtig ist, zum Gegenstand einer Beschaffenheitsvereinbarung zu machen und auf diesem Wege **verschuldensunabhängige gesetzliche Mängelrechte wie Rücktritt oder Minderung** zu begründen (zB: Zahl der Vorbesitzer eines Pkw).[370] Lediglich Umstände, die vollkommen unabhängig von der Beschaffenheit der Kaufsache sind (zB beim Kauf eines Diesel-Pkw der aktuelle Preis für Diesel in einer Vergleichsrechnung mit Benzin) können nicht Gegenstand einer Beschaffenheitsvereinbarung sein. In Betracht kommen dann aber Ansprüche aus culpa in contrahendo. Ob eine **vertragliche Abrede als Beschaffenheitsvereinbarung** auszulegen ist, beurteilt sich nach den allgemeinen Grundsätzen. Aus 163

367 *Pfeiffer*, ZGS 2002, 94, 95; *Schinkels*, ZGS 2004, 226, 227; ablehnend und einschränkend *Leible*, in: Gebauer/Wiedmann (Hrsg.), Kapitel 10, Rn 39 ff.

368 Ähnlich *Leible*, in: Gebauer/Wiedmann (Hrsg.), Kapitel 10, Rn 41.

369 Palandt/*Weidenkaff*, § 434, Rn 11; Hk-BGB/*Saenger*, § 434, Rn 9; *Leible*, in: Gebauer/Wiedmann (Hrsg.), Kapitel 10, Rn 43 jeweils mwN.

370 Ähnlich MüKo/*Westermann*, § 434, Rn 8; aA zB Staudinger/*Matusche-Beckmann*, § 434, Rn 53 f; auch die Rechtsprechung tendiert inzwischen zu einem weiten Beschaffenheitsverständnis, vgl BGH, 5.11.2010 – V ZR 228/09, NJW 2011, 1217, 1218; OLG Naumburg, 14.8.2012 – 1U 35/12, NJW-RR 2013, 568.

Art. 2 Abs. 2 lit. a der Verbrauchsgüterkaufrichtlinie folgt, dass eine **vom Verkäufer gegebene Beschreibung** sowie eine **Probe** oder ein **Muster** als Kriterium für die Vertragsmäßigkeit der Kaufsache heranzuziehen sind. Auf eine ausdrückliche Umsetzung hat der deutsche Gesetzgeber verzichtet, da er diese Vorgabe als Teil der allgemeinen Grundsätze der Vertragsauslegung und damit von § 434 Abs. 1 S. 1 BGB erfasst ansah.[371]

c) Eignung für die nach dem Vertrag vorausgesetzte Verwendung, § 434 Abs. 1 S. 2 Nr. 1 BGB

164 Die Verwendung der Kaufsache ist nach dem Vertrag vorausgesetzt, wenn der Käufer dem Verkäufer gegenüber die **beabsichtigte Verwendung der Kaufsache mitteilt** und der Verkäufer dem ausdrücklich oder konkludent **zustimmt.**[372] Die Vorschrift setzt Art. 2 Abs. 2 lit. b der Verbrauchsgüterkaufrichtlinie um. Im Gegensatz zur Beschaffenheitsvereinbarung bezieht sich § 434 Abs. 1 S. 2 Nr. 1 BGB nicht auf konkrete Merkmale der Kaufsache, sondern umfassender auf ihre **Funktionsfähigkeit für einen bestimmten Zweck.** Daher ist nicht § 434 Abs. 1 S. 2 Nr. 1 BGB, sondern § 434 Abs. 1 S. 1 BGB einschlägig, sofern sich die Vereinbarung lediglich auf bestimmte Eigenschaften der Kaufsache bezieht.[373]

d) Eignung für die gewöhnliche Verwendung und das Vorliegen üblicher Beschaffenheit

165 Ob sich die Sache für die gewöhnliche Verwendung eignet, ist **objektiv** unter Berücksichtigung der Art der Sache und der Verkehrskreise zu bestimmen, denen der Käufer angehört.[374] Für die Beantwortung der Frage, ob die Sache die übliche Beschaffenheit aufweist, ist ein **Vergleich mit dem Qualitätsstandard von Sachen gleicher Art** (Normalbeschaffenheit) anzustellen, unabhängig davon, ob es sich um neue oder gebrauchte Sachen handelt.[375] Schließlich darf die Sache nicht von der Beschaffenheit abweichen, die der Käufer nach der Art der Sache erwarten kann. Maßgeblich ist die **Erwartungshaltung eines Durchschnittskäufers** bei Anwendung der im Verkehr erforderlichen Sorgfalt.[376] Unerheblich sind die tatsächlichen Erwartungen des Käufers. Dies steht im Einklang mit den Vorgaben der Verbrauchsgüterkaufrichtlinie. Nach deren Art. 2 Abs. 2 lit. d sind die Qualität und Leistungen maßgeblich, **die der Verbraucher „vernünftigerweise" erwarten kann.** Hat der Käufer darüber hinausgehende Erwartungen, ist er gehalten, eine Beschaffenheitsvereinbarung gemäß § 434 Abs. 1 S. 1 BGB herbeizuführen.[377]

166 Nach § 434 Abs. 1 S. 3 BGB gehören zur üblichen Beschaffenheit auch **öffentliche Äußerungen,** insbesondere in der Werbung oder bei der Kennzeichnung bestimmter Eigenschaften der Sache, von Verkäufer, Hersteller und Gehilfe. Denkbar sind sowohl Fälle, in denen der Käufer aufgrund von Anpreisungen eine **bessere als die übliche Beschaffenheit** erwarten kann, als auch solche, in denen der Käufer **eine hinter dem üblichen Maß zurückbleibende** erwarten muss.[378]

167 Die Äußerung kann in jeder Form, beispielsweise mündlich, schriftlich oder durch elektronische Medien erfolgen. Das Merkmal **„öffentlich"** erfordert die **Wahrnehmbarkeit durch unbeteiligte Dritte** und nicht nur durch den Käufer.[379] Die Äußerung muss somit an eine unbestimmte Vielzahl nicht individuell ausgewählter Personen gerichtet sein. Hierbei sind auch Veranstaltungen erfasst, zu denen der Zutritt grundsätzlich jedem gestattet ist und Werbebriefe, sofern diese an eine Vielzahl von Personen versandt werden.[380] **Der Käufer muss nicht Teil der „Öffentlichkeit" sein.**[381] Es

---

371 Vgl BT-Drucks. 14/6040, 207.
372 *Leible*, in: Gebauer/Wiedmann (Hrsg.), Kapitel 10, Rn 48.
373 So auch *Leible*, in: Gebauer/Wiedmann (Hrsg.), Kapitel 10, Rn 49.
374 Staudinger/*Matusche-Beckmann*, § 434, Rn 84.
375 Palandt/*Weidenkaff*, § 434, Rn 29.
376 Palandt/*Weidenkaff*, § 434, Rn 30.
377 Staudinger/*Matusche-Beckmann*, § 434, Rn 95.
378 *Leible*, in: Gebauer/Wiedmann (Hrsg.), Kapitel 10, Rn 48.
379 Staudinger/*Matusche-Beckmann*, § 434, Rn 99.
380 Bamberger/Roth/*Faust*, § 434, Rn 81; Palandt/*Weidenkaff*, § 434, Rn 34; Staudinger/*Matusche-Beckmann*, § 434, Rn 100.
381 So auch Bamberger/Roth/*Faust*, § 434, Rn 82.

reicht aus, wenn er zufällig von der Äußerung Kenntnis erlangt.[382] Die gegenteilige Auffassung würde zu dem sinnwidrigen Ergebnis führen, dass das Vorliegen eines Sachmangels bei identischem Kaufgegenstand lediglich davon abhinge, ob der Käufer beispielsweise Teilnehmer einer Veranstaltung ist oder nicht.[383]

Die Äußerungen müssen entweder vom **Verkäufer**, also dem Vertragspartner des Käufers, dem **Hersteller** oder **seinem Gehilfen** stammen. Zur Konkretisierung des Begriffs Hersteller verweist § 434 Abs. 1 S. 3 BGB auf § 4 Abs. 1 und Abs. 2 ProdHG. Hersteller ist damit zunächst der **tatsächliche Hersteller** des Endprodukts, eines Grundstoffs oder eines Teilprodukts (§ 4 Abs. 1 S. 1 ProdHG), ferner der **Quasihersteller** (§ 4 Abs. 1 S. 2 ProdHG) sowie der **Importeur** (§ 4 Abs. 2 ProdHG). Die Einbeziehung des Quasiherstellers und des Importeurs entsprechen Art. 2 Abs. 2 lit. d der Verbrauchsgüterkaufrichtlinie. Über die Richtlinie hinaus geht das deutsche Recht aber dadurch, dass nach § 4 Abs. 1 S. 1 ProdHG auch der Hersteller eines Teilprodukts, also der **Zulieferer des Endherstellers** erfasst wird. Diese für den Verbraucher günstigere nationale Regelung ist mit Blick auf Art. 8 Abs. 2 der Verbrauchsgüterkaufrichtlinie gemeinschaftsrechtlich unbedenklich.[384] 168

Gehilfen sind nicht unbedingt Erfüllungsgehilfen.[385] Es kommen aber lediglich **Hilfspersonen** in Betracht, auf die der Hersteller Einfluss nehmen kann. Gehilfen sind daher also keine unabhängigen Groß- oder Zwischenhändler.[386] Erfasst werden zum Beispiel auch Werbeagenturen und Verlage.[387] Die Formulierung in Art. 2 Abs. 2 lit. d der Verbrauchsgüterkaufrichtlinie wählt den Begriff des Vertreters; hierbei handelt es sich jedoch nicht um Stellvertretung im Sinne des BGB.[388] 169

Der Verkäufer haftet nicht, wenn er sich nach Maßgabe des § 434 Abs. 1 S. 3, letzter Hs BGB **entlasten** kann. Dafür ist erforderlich, dass er entweder die **Äußerung nicht kannte und auch nicht kennen musste** (vgl § 122 Abs. 2 BGB), sie im Zeitpunkt des Vertragsschlusses in gleichwertiger Weise **berichtigt** war oder dass sie **die Kaufentscheidung nicht beeinflussen** konnte. Dies entspricht im Wesentlichen Art. 2 Abs. 4 der Verbrauchsgüterkaufrichtlinie. 170

e) Montagefehler und Fehler in der Montageanleitung

§ 434 Abs. 2 S. 1 BGB bestimmt, dass ein Sachmangel auch bei **unsachgemäßer Montage** durch den Verkäufer oder dessen Erfüllungsgehilfen vorliegt. Vereinbaren die Parteien die Montage des Kaufgegenstands, so wird diese ebenfalls zur Hauptleistungspflicht des Verkäufers.[389] Folglich hat der Käufer bei Verletzung der Montagepflicht die Mängelrechte nach §§ 437 ff BGB. Der Begriff der Montage ist weit zu verstehen und bezeichnet **sämtliche Handlungen des Verkäufers**, die **zur Ingebrauchnahme der Kaufsache erforderlich** sind.[390] Eine Verletzung der Montagepflicht kann daher zum einen darin begründet sein, dass infolge unsachgemäßer Montage die **Kaufsache mangelhaft** wird. Es sind aber auch die Fälle erfasst, in denen lediglich die **Montagehandlung als solche fehlerhaft** ist.[391] Durch § 434 Abs. 2 S. 1 BGB sollte Art. 2 Abs. 5 S. 1 der Verbrauchsgüterkaufrichtlinie umgesetzt werden. Diese Vorschrift erfasst jedoch nur einen „Mangel infolge unsachgemäßer Montage" und daher keine Mängel beim Montagevorgang. Das deutsche Recht geht also etwas **über die Vorgabe der Verbrauchsgüterkaufrichtlinie hinaus.** 171

Nach § 434 Abs. 2 S. 2 BGB (sogenannte **IKEA-Klausel**) liegt ein Sachmangel auch dann vor, wenn die Montageanleitung mangelhaft ist, es sei denn, die Sache wird dennoch fehlerfrei montiert. 172

382 *Leible*, in: Gebauer/Wiedmann (Hrsg.), Kapitel 10, Rn 56; Staudinger/*Matusche-Beckmann*, § 434, Rn 82.
383 Ähnlich Staudinger/*Matusche-Beckmann*, § 434, Rn 82.
384 So auch *Leible*, in: Gebauer/Wiedmann (Hrsg.), Kapitel 10, Rn 53.
385 Palandt/*Weidenkaff*, § 434, Rn 36.
386 *Leible*, in: Gebauer/Wiedmann (Hrsg.), Kapitel 10, Rn 54.
387 Palandt/*Weidenkaff*, § 434, Rn 36.
388 *Leible*, in: Gebauer/Wiedmann (Hrsg.), Kapitel 10, Rn 54.
389 Palandt/*Weidenkaff*, § 434, Rn 40.
390 Bamberger/Roth/*Faust*, § 434, Rn 89; Staudinger/*Matusche-Beckmann*, § 434, Rn 115.
391 BT-Drucks. 14/6040, S. 215.

Nach dem eindeutigen Wortlaut der Vorschrift hat der Käufer lediglich zu beweisen, dass die Sache zur Montage bestimmt und die Montageanleitung mangelhaft ist, um die Mängelrechte der §§ 437 ff BGB geltend machen zu können. Auf die Kausalität zwischen fehlerhafter Montageanleitung und fehlerhafter Montage kommt es nicht an, da die fehlerhafte Montage nicht Voraussetzung des § 434 Abs. 2 S. 2 BGB ist.[392] Hier geht die deutsche Regelung **über die Vorgaben von Art. 2 Abs. 5 S. 2 der Verbrauchsgüterkaufrichtlinie hinaus**, der voraussetzt, dass der Kaufgegenstand „vom Verbraucher montiert worden ist und die unsachgemäße Montage auf einen Mangel in der Montageanleitung zurückzuführen ist".

173 Da bei fehlerhafter Montageanleitung die Sache jedoch bereits zumindest nach § 434 Abs. 1 S. 2 Nr. 2 BGB mangelhaft ist, wird § 434 Abs. 2 S. 2 BGB die Bedeutung einer **Haftungsbeschränkung zugunsten des Verkäufers bei tatsächlich fehlerfreier Montage** beigemessen („es sei denn, die Sache ist fehlerfrei montiert worden").[393] Problematisch ist dies bei zur wiederholten Montage bestimmten oder zumindest geeigneten Sachen. Es sind Konstellationen vorstellbar, in denen die Sache zunächst (von einem Dritten oder auch vom Käufer) fehlerfrei, später nach einer Demontage jedoch vom Käufer selbst fehlerhaft montiert wird. Es wird vertreten, dass die Haftung des Verkäufers bereits bei einmaliger fehlerfreier Montage ausgeschlossen sei.[394] Eine differenzierende Ansicht will eine teleologische Reduktion des § 434 Abs. 2 S. 2 BGB dahingehend vornehmen, dass die Haftungsbeschränkung nur für Fälle der Selbstmontage gilt.[395] Nach anderer Ansicht soll die Vorschrift in den Fällen der bestimmungsgemäßen wiederholten Montage gar nicht anwendbar sein, weil es sich sodann um eine nicht erfasste fehlerhafte Bedienungsanleitung handeln soll.[396] Nach Art. 2 Abs. 5 S. 2 der Verbrauchsgüterkaufrichtlinie kann es aber nicht darauf ankommen, ob trotz der fehlerhaften Montageanleitung die Sache (gleichgültig durch wen) einmal fehlerfrei montiert worden ist. Wenn bei einer wiederholten Montage durch den Käufer – etwa nach einem Umzug – aufgrund der fehlerhaften Montageanleitung ein Mangel entsteht, dann müssen dem Käufer nach der Richtlinie Mängelrechte auch dann zustehen, wenn es ihm in einem lichten Moment vorher einmal gelungen war, die Sache fehlerfrei zusammenzubauen. § 434 Abs. 2 S. 2 BGB ist also dahingehend **richtlinienkonform zu korrigieren**, dass der Käufer, wenn die Sache fehlerfrei montiert worden ist, nur dann und **solange keine Mängelrechte hat, wie die Sache montiert** bleibt.

f) Falschlieferung und Quantitätsabweichungen, § 434 Abs. 3 BGB

174 § 434 Abs. 3, 1. Alt. BGB stellt die **Lieferung einer anderen Sache** einem Sachmangel gleich. Bei einem **Stückkauf** ist das der Fall, wenn die zum Zwecke der Erfüllung gelieferte Sache nicht der vereinbarten entspricht (**Identitätsaliud**).[397] Liegt ein **Gattungskauf** vor, so greift die Vorschrift ein, wenn die gelieferte Sache nicht die Merkmale aufweist, die Sachen der geschuldeten Gattung besitzen (**Qualifikationsaliud**).[398] Es wird die Ansicht vertreten, dass § 434 Abs. 3, 1. Alt. BGB bei Lieferung eines Identitätsaliuds nicht anwendbar sei, da eine Nacherfüllung beim Stückkauf nicht in Betracht komme.[399] Dem steht jedoch der Wortlaut der Vorschrift entgegen, der eine Unterscheidung zwischen Stück- und Gattungskauf nicht vorsieht. Zudem ist nach Art. 3 Abs. 1 der Verbrauchsgüterkaufrichtlinie die **Lieferung eines Identitätsaliuds eine Vertragswidrigkeit**, so dass die Herausnahme des Identitätsaliuds aus dem Anwendungsbereich von § 434 Abs. 3, 1. Alt. BGB einen Verstoß gegen unionsrechtliche Vorgaben wäre.[400]

392 Bamberger/Roth/*Faust*, § 434, Rn 94 ff, insbesondere Rn 100; *Leible*, in: Gebauer/Wiedmann (Hrsg.), Kapitel 10, Rn 61; Staudinger/*Matusche-Beckmann*, § 434, Rn 120 ff, 137; aA Palandt/*Weidenkaff*, § 434, Rn 50.
393 Bamberger/Roth/*Faust*, § 434, Rn 94; Staudinger/*Matusche-Beckmann*, § 434, Rn 134.
394 Bamberger/Roth/*Faust*, § 434, Rn 102.
395 So *Leible*, in: Gebauer/Wiedmann (Hrsg.), Kapitel 10, Rn 63.
396 Hk-BGB/*Saenger*, § 434, Rn 19; aA Staudinger/*Matusche-Beckmann*, § 434, Rn 130.
397 Palandt/*Weidenkaff*, § 434, Rn 52 a.
398 *Leible*, in: Gebauer/Wiedmann (Hrsg.), Kapitel 10, Rn 69.
399 *Canaris*, S. XXIII; Hk-BGB/*Saenger*, § 434, Rn 20 mwN; *Schulze*, NJW 2003, 1022.
400 Grundmann/Bianca/*Grundmann*, Art. 2, Rn 12; Bamberger/Roth/*Faust*, § 434, Rn 107; Staudinger/*Matusche-Beckmann*, § 434, Rn 146; *Leible*, in: Gebauer/Wiedmann (Hrsg.), Kapitel 10, Rn 70 f mwN.

Nach § 434 Abs. 3, 2. Alt. BGB steht es unter anderem einem Sachmangel gleich, wenn der Verkäufer **eine zu geringe Menge** liefert. Es ist jedoch umstritten, ob auch die Verbrauchsgüterkaufrichtlinie die Mankolieferung als Vertragswidrigkeit ansieht.[401] Dafür spricht zum einen Art. 35 Abs. 1 CISG, an den die Vorgaben der Verbrauchsgüterkaufrichtlinie angelehnt sind und der jegliche Mengenabweichung erfasst.[402] Zudem sollten die Abgrenzungsprobleme bei Qualitäts- und Quantitätsabweichungen sowie Falschlieferung behoben und in Art. 2 Abs. 1, Art. 3 Abs. 1 der Verbrauchsgüterkaufrichtlinie ein einheitlicher Leistungsstörungstatbestand geschaffen werden.[403] 175

Die **Zuviellieferung** ist nach dem eindeutigen Wortlaut von § 434 Abs. 3 BGB jedoch nicht erfasst. Zwar kann der Verkäufer bei Lieferung einer zu großen Menge das zu viel Gelieferte nach Bereicherungsrecht herausverlangen.[404] Aus Sicht des Käufers problematisch ist jedoch die Rechtslage, wenn er einen Anspruch auf Rücknahme bzw Abholung der zu viel gelieferten Ware durchsetzen will und den Verkäufer kein Verschulden trifft. Wenn Kaufrecht anwendbar wäre, hätte der Käufer einen verschuldensunabhängigen Anspruch auf Nacherfüllung oder könnte mindern. Sollte deshalb die Auslegung des Begriffs Vertragsmäßigkeit in Art. 2 der Verbrauchsgüterkaufrichtlinie ergeben, dass eine Zuviellieferung erfasst wird, verstößt der Wortlaut von § 434 Abs. 3 BGB gegen die Richtlinie und wäre richtlinienkonform durch Analogie zu korrigieren.[405] Art. 2 der Verbrauchsgüterkaufrichtlinie erwähnt die Fälle der Zuwenig- bzw Zuviellieferung nicht ausdrücklich. Jedoch ist nach der Vorbildnorm des Art. 35 Abs. 1 CISG auch eine Zuviellieferung vertragswidrig.[406] Für § 434 BGB wird ein Sachmangel jedenfalls dann bejaht, wenn die Zuviellieferung nachteilige Folgen für den Käufer hat.[407] Aufgabe der Mängelrechte des Käufers ist es aber nicht, jegliche nachteilige Folge im Zuge der Ausführung eines Kaufvertrages auszugleichen. Vielmehr geht es darum, das **Äquivalenzinteresse** zu wahren.[408] Wenn den Käufer bei einer Zuviellieferung der Überschuss stört und er ihn loswerden will, sind die Rechtsbehelfe für Integritätsverletzungen, also insbesondere Schadensersatzansprüche wegen Verletzung vertraglicher Sorgfaltspflichten und aus Delikt, das richtige Mittel. Art. 35 des UN-Kaufrechts ist insoweit kein taugliches Vorbild. Dass diese Vorschrift Zuviellieferungen erfasst, ist systemwidrig und wohl nur als eigentlich deliktsrechtliche Annexregelung angesichts des im Haftungssystem des UN-Kaufrechts naturgemäß fehlenden Deliktsrechts zu erklären. Die Nichterfassung von Zuviellieferungen durch § 434 Abs. 3 BGB ist deshalb **nicht richtlinienwidrig**. Einer Analogie bedarf es nicht. 176

g) Maßgeblicher Zeitpunkt für das Vorliegen eines Sachmangels

§ 434 Abs. 1 S. 1 BGB bestimmt, dass die Sache **bei Gefahrübergang** sachmangelfrei sein muss. Wann die Gefahr übergeht, hat der deutsche Gesetzgeber in §§ 446, 447 BGB geregelt. Maßgebend soll nach § 446 S. 1 BGB grundsätzlich der Zeitpunkt der Übergabe sein. Gemäß § 446 S. 3 BGB steht der Übergabe der Annahmeverzug des Käufers gleich. § 447 Abs. 1 BGB bestimmt demgegenüber für den Versendungskauf, dass die Gefahr bereits in dem Zeitpunkt übergeht, in dem der Verkäufer die Sache der zur Ausführung der Versendung bestimmten Transportperson ausgeliefert hat. Nach **Art. 3 Abs. 1 der Verbrauchsgüterkaufrichtlinie** ist der **„Zeitpunkt der Lieferung"** der Ware entscheidend. Darunter ist die Verschaffung der tatsächlichen Sachherrschaft zu verstehen.[409] Doch ist § 447 BGB beim Verbrauchsgüterkauf wegen § 474 Abs. 4 BGB ohnehin nur in solchen Fällen anwendbar, in denen der Verbraucher den Spediteur oder Frachtführer ohne Einflussnahme seitens des Unternehmers selbstständig auswählt. Die Gleichstellung des Gefahrübergangs mit dem Annah- 177

401 Dagegen *Grigoleit/Riehm*, ZGS 2002, 115, 121.
402 Schlechtriem/Schwenzer/*Schwenzer*, Art. 35, Rn 8.
403 *Leible*, in: Gebauer/Wiedmann (Hrsg.), Kapitel 10, Rn 64.
404 Palandt/*Weidenkaff*, § 434, Rn 53 a; *Lettl*, JuS 2002, 866, 870; differenzierend MüKo/*Westermann*, § 434, Rn 50.
405 So *Pfeiffer*, ZGS 2002, 138, 140; zweifelnd MüKo/*Westermann*, § 434, Rn 50.
406 Schlechtriem/Schwenzer/*Schwenzer*, Art. 35, Rn 8; Staudinger/*Magnus*, Art. 35, Rn 9.
407 Erman/*Grunewald*, § 434, Rn 64.
408 So zu Recht *Leible*, in: Gebauer/Wiedmann (Hrsg.), Kapitel 10, Rn 68.
409 Grundmann/Bianca/*Bianca*, Art. 3, Rn 12; *Leible*, in: Gebauer/Wiedmann (Hrsg.), Kapitel 10, Rn 72 mwN.

meverzug in § 446 S. 3 BGB ist aber unionsrechtswidrig, wenn die Verbrauchsgüterkaufrichtlinie in Art. 3 Abs. 1 den Zeitpunkt des Gefahrübergangs regelt. Jedoch stellt der 14. Erwägungsgrund der Verbrauchsgüterkaufrichtlinie klar, dass die **Mitgliedstaaten einen Gestaltungsspielraum** zu der Frage behalten sollen, wann die Gefahr auf den Käufer übergeht.[410] Art. 3 Abs. 1 der Verbrauchsgüterkaufrichtlinie erlaubt deshalb den Mitgliedstaaten, die Gefahr auch vor Erlangung der tatsächlichen Sachherrschaft auf den Käufer übergehen zu lassen.[411]

h) Rechtsmängel

178 Zum Pflichtenprogramm des Verkäufers zählt nach § 433 Abs. 1 S. 2 BGB auch, dass die Sache frei von **Rechtsmängeln** (§ 435 BGB) ist. Es ist umstritten, ob die Verbrauchsgüterkaufrichtlinie auch Rechtsmängel erfasst und deshalb § 435 BGB richtlinienkonform auszulegen ist. Dafür spricht der weite Wortlaut von Art. 2 Abs. 1 der Verbrauchsgüterkaufrichtlinie. Freilich beziehen sich die Regelungen in Art. 2 Abs. 2 und der 8. Erwägungsgrund ausschließlich auf Sachmängel. Auch das die Richtlinie vorbereitende Grünbuch aus dem Jahre 1993 befasste sich lediglich mit der Sachmängelgewährleistung.[412] Daher spricht mehr dafür, dass **Rechtsmängel nicht in den Anwendungsbereich der Verbrauchsgüterkaufrichtlinie** fallen.[413] Freilich ist zu bedenken, dass die Rechtsfolgen von Rechtsmängeln und Sachmängeln gleich sind, so dass auch für Fälle, in denen es um Rechtsmängel geht, die meisten Vorschriften zu den Mängelrechten des Käufers dennoch richtlinienkonform ausgelegt werden müssen, um die einheitliche Anwendung sicherzustellen.

2. Die Rechte des Käufers bei Mängeln

179 Die dem Käufer zustehenden Rechte bei Lieferung einer mangelhaften Sache sind in § 437 BGB aufgezählt. Nach § 437 Nr. 1 BGB kann der Käufer **Nacherfüllung** (§ 439 BGB) verlangen, nach Nr. 2 **vom Vertrag zurücktreten** (§§ 440, 323, 326 Abs. 5 BGB) oder **mindern** (§ 441 BGB), nach Nr. 3 **Schadensersatz** (§§ 440, 280, 281, 283, 311 a BGB) oder Ersatz vergeblicher Aufwendungen (§ 284 BGB) verlangen. Die in § 437 Nr. 2 und Nr. 3 BGB genannten Vorschriften erfordern grundsätzlich den erfolglosen Ablauf einer dem Verkäufer gesetzten **Frist zur Nacherfüllung.** Der Käufer muss also im Regelfall den Verkäufer unter Fristsetzung zunächst zur Nacherfüllung nach § 437 Nr. 1 BGB auffordern, bevor er zur Geltendmachung der Rechte aus § 437 Nr. 2 und Nr. 3 BGB übergehen kann. Dieser **Vorrang der Nacherfüllung** beruht auf Art. 3 Abs. 3 der Verbrauchsgüterkaufrichtlinie.[414]

a) Nacherfüllung

180 Nach § 439 Abs. 1 BGB kann der Käufer nach seiner Wahl Beseitigung des Mangels (**Nachbesserung**) oder Lieferung einer mangelfreien Sache (**Nachlieferung**) verlangen. Umstritten ist, ob der **Anspruch auf Nachlieferung beim Stückkauf ausgeschlossen** ist. Nach klassischem Verständnis lässt sich argumentieren, dass es bei einem individuell bestimmten Kaufgegenstand unmöglich (§ 275 Abs. 1 BGB) ist, dieselbe Sache noch einmal zu liefern.[415] Art. 3 Abs. 2 der Verbrauchsgüterkaufrichtlinie unterscheidet aber nicht zwischen Stück- und Gattungskauf, sondern nennt als Voraussetzung für die Rechte des Käufers lediglich die „Vertragswidrigkeit". Insbesondere der 16. Erwägungsgrund der Verbrauchsgüterkaufrichtlinie spricht dafür, auch beim Stückkauf das Recht der Nachlieferung nicht generell auszuschließen. Nach diesem Erwägungsgrund hat der Verbraucher lediglich bei gebrauchten Gütern „in der Regel" keinen Anspruch auf Ersatzlieferung, weil diese „aufgrund ihrer Eigenart im allgemeinen nicht ersetzt werden" können. Aus einem Umkehr-

---

410 *Staudenmayer*, NJW 1999, 2393, 2395.

411 Bamberger/Roth/*Faust*, § 434, Rn 36; ausführlich *Leible*, in: Gebauer/Wiedmann (Hrsg.), Kapitel 10, Rn 72 f.

412 KOM (1993) 519 endg.

413 So auch Dauner-Lieb/Heidel/Ring/*Pfeiffer*, Art. 2, Rn 2; *Leible*, in: Gebauer/Wiedmann (Hrsg.), Kapitel 10, Rn 74 mwN; aA Grundmann/Bianca/*Grundmann*, Einl., Rn 143; Art. 2, Rn 14; Schermaier/*Schwartze*, S. 127, 135; *Schäfer*/*Pfeiffer*, ZIP 1999, 1829, 1832.

414 *Leible*, in: Gebauer/Wiedmann (Hrsg.), Kapitel 10, Rn 78.

415 Bamberger/Roth/*Faust*, § 439, Rn 27 mwN.

schluss ergibt sich, dass **grundsätzlich – also auch beim Stückkauf – die Nachlieferung zum Pflichtenprogramm des Verkäufers** gehören soll. Ob im Einzelfall eine Nachlieferung beim Stückkauf in Betracht kommt, ist danach zu beurteilen, ob nach den Vorstellungen beider Parteien die Kaufsache im Falle ihrer Mangelhaftigkeit durch eine gleichartige und gleichwertige ersetzt werden kann.[416]

Bei einer Ersatzlieferung kann der Verkäufer nach der Gesetzeskonstruktion in §§ 439 Abs. 4 iVm § 346 Abs. 1, 2 BGB Wertersatz für die Nutzung der mangelhaften Sache verlangen. Der EuGH hat in der **Quelle-Entscheidung**[417] klargestellt, dass dies nicht mit der Verbrauchsgüterkaufrichtlinie vereinbar ist. Durch die Schaffung von § 474 Abs. 5 Satz. 1 BGB hat der deutsche Gesetzgeber diese Entscheidung kodifiziert. Die Bestimmung schreibt vor, bei einem Verbrauchsgüterkauf § 439 Abs. 4 BGB nur mit der Maßgabe anzuwenden, dass Nutzungen nicht herauszugeben oder deren Wert zu ersetzen sind. 181

Sehr streitig war die Frage, ob **bei Baumaterialien und ähnlichen Kaufsachen, die der Verbraucher eingebaut hat**, die Nacherfüllung durch den Verkäufer auch den Ausbau der mangelhaften Sache und den Einbau der Ersatzsache umfasst. Der BGH hatte dem EuGH diese Frage zur Vorabentscheidung vorgelegt.[418] In dem vielbeachteten **Urteil Weber/Putz**[419] hat der EuGH diese Frage nun eindeutig dahin entschieden, dass der Verkäufer eine Kaufsache, die vom Verbraucher gutgläubig gemäß ihrer Art und ihrem Verwendungszweck eingebaut wurde, entweder selbst ausbauen und die Ersatzsache einbauen oder die notwendigen Kosten für Ein- und Ausbau tragen muss. Der **BGH** hat sich dem angeschlossen und entschieden, dass § 439 Abs. 1 BGB richtlinienkonform dahin auszulegen ist, dass die Nacherfüllungsvariante „Lieferung einer mangelfreien Sache" neben dem Ausbau und Abtransport der mangelhaften Kaufsache auch den Einbau der als Ersatz gelieferten Sache erfasst[420] Der deutsche Gesetzgeber hat diese Rechtsprechung des EuGH nicht durch Änderung von § 439 BGB (oder, wie ein Entwurf der Bundesjustizministeriums vorsah, durch Schaffung einer Sonderbestimmung in einem § 474 a BGB) nachvollzogen, so dass der Wortlaut des § 439 Abs. 1 BGB auf Dauer durch richtlinienkonforme Auslegung korrigiert werden muss. Diese **richtlinienkonforme Auslegung** ist jedoch auf Fälle eines Verbrauchsgüterkaufs beschränkt und erstreckt sich nicht auf Kaufverträge zwischen Unternehmern oder zwischen Verbrauchern.[421] 182

Schwierigkeiten bereitet auch die Feststellung, an welchem **Ort die Nacherfüllung** stattfinden muss. Dies gilt insbesondere dann, wenn der Verbraucher die Kaufsache – wie in dem vom BGH entschiedenen Beispiel einen Camping-Anhänger – weit vom Sitz des Verkäufers weg verbracht hat. Der BGH wendet auf diese Frage allgemeine Grundsätze an. Danach sind in erster Linie die von den Parteien getroffenen Vereinbarungen entscheidend. Fehlen vertragliche Abreden über den Erfüllungsort der Nacherfüllung, ist auf die jeweiligen Umstände, insbesondere die Natur des Schuldverhältnisses, abzustellen. Lassen sich auch hieraus keine abschließenden Erkenntnisse gewinnen, soll der Erfüllungsort letztlich an dem Ort anzusiedeln sein, an welchem der Verkäufer zum Zeitpunkt der Entstehung des Schuldverhältnisses seinen Sitz hatte.[422]

Nach § 439 Abs. 3 S. 1 BGB kann der Verkäufer die **Nacherfüllung** außer im Falle der Unmöglichkeit nach § 275 BGB auch dann verweigern, wenn sie nur **mit unverhältnismäßigen Kosten** möglich ist. Wann eine solche Unverhältnismäßigkeit vorliegt, ist insbesondere anhand der in § 439 Abs. 3 S. 2 BGB genannten Kriterien zu beurteilen. Danach sind der Wert der Sache in mangelfreiem Zustand, die Bedeutung des Mangels und die Frage zu berücksichtigen, ob auf die andere Art der Nacherfüllung ohne erhebliche Nachteile für den Käufer zurückgegriffen werden könnte. Aus 183

416 BGH, 7.6.2006 – VIII ZR 209/05, NJW 2006, 2839; OLG Braunschweig, 4.2.2003 – 8 W 83/02, ZGS 2003, 157; *Leible*, in: Gebauer/Wiedmann (Hrsg.), Kapitel 10, Rn 88.

417 EuGH, Rs. C-404/06 (Quelle), Slg 2008, I-02685.

418 BGH, 14.1.2009 – VIII ZR 70/08, NJW 2009, 1660.

419 EuGH, verb. Rs. C-65/09 und C-87/09 (Weber/Putz), Slg 2011, I-05257.

420 BGH, 21.12.2011 – VIII ZR 70/08, NJW 2012, 1073.

421 BGH, 17.10.2012 – VIII ZR 226/11, NJW 2013, 220.

422 BGH, 13.4.2011 – VIII ZR 220/10, NJW 2011, 2278.

§ 439 Abs. 3 S. 3, 1. Hs BGB ergibt sich, dass hierzu die Kosten der beiden Nacherfüllungsmöglichkeiten verglichen werden müssen. Nach § 439 Abs. 3 S. 3, 2. Hs BGB kann der Verkäufer jedoch auch die günstigere Nacherfüllungsmöglichkeit unter den Voraussetzungen von § 439 Abs. 3 S. 1 BGB verweigern. § 439 Abs. 3 BGB sollte Art. 3 Abs. 3 der Verbrauchsgüterkaufrichtlinie umsetzen. Nach dessen Satz 3 gilt die Abhilfe als unverhältnismäßig, „wenn sie dem Verkäufer Kosten verursachen würde, die [...] verglichen mit der alternativen Abhilfemöglichkeit unzumutbar wären." Dieser Vorgabe trägt § 439 Abs. 3 S. 3, 1. Hs BGB Rechnung. Eine sog. **„absolute Unverhältnismäßigkeit"**,[423] wie § 439 Abs. 3 S. 3, 2. Hs BGB sie normiert, ist **in der Verbrauchsgüterkaufrichtlinie** demgegenüber **nicht vorgesehen.**[424] Auch nach Satz 3 des 11. Erwägungsgrundes sind Abhilfen unverhältnismäßig, „die im Vergleich zu anderen unzumutbare Kosten verursachen". Es soll entscheidend sein, „ob die Kosten der Abhilfe deutlich höher sind als die Kosten einer anderen Abhilfe". Das deutsche Recht war insoweit **richtlinienwidrig**, als es entgegen den unionsrechtlichen Vorgaben zu Lasten des Verbrauchers einen **Ausschluss der zwar möglicherweise kostenintensiven, aber gleichwohl möglichen Nacherfüllung** vorsah.[425] Der BGH hatte die Frage dem EuGH vorgelegt. [426] In der Entscheidung Weber/Putz hat der EuGH daraufhin entschieden, dass der generelle Ausschluss des Rechts auf Nacherfüllung in Fällen der sog. „absoluten Unverhältnismäßigkeit" nicht mit der Verbrauchsgüterkaufrichtlinie vereinbar ist. Die Richtlinie erlaubt es aber, in einem solchen Fall den **Anspruch des Verbrauchers** auf die Übernahme eines angemessenen Betrags der Kosten der Nacherfüllung durch den Verkäufer **zu beschränken.**[427] Der deutsche Gesetzgeber hat diese Rechtsprechung des EuGH nicht durch Änderung von § 439 BGB (oder, wie ein Entwurf der Bundesjustizministeriums vorsah, durch Schaffung einer Sonderbestimmung in einem § 474 a BGB) nachvollzogen, so dass der Wortlaut von § 439 Abs. 3 BGB hinsichtlich der „absoluten Unverhältnismäßigkeit" **immer noch richtlinienwidrig** ist. § 439 Abs. 3 BGB ist – wenn ein Verbrauchsgüterkauf vorliegt – durch richtlinienkonforme Auslegung dahin zu korrigieren, dass bei „absoluter Unverhältnismäßigkeit" der Verkäufer zwar die Nacherfüllung verweigern kann, aber zur Erstattung eines angemessenen Beitrages zu den Kosten der Nacherfüllung verpflichtet ist.[428]

b) Rücktritt

184 Nach § 437 Nr. 2 BGB kann der Käufer unter den Voraussetzungen der §§ 440, 323, 326 Abs. 5 BGB **vom Vertrag zurücktreten.** Erklärt der Käufer den Rücktritt, wandelt sich der Kaufvertrag in ein Rückgewährschuldverhältnis, auf das die Vorschriften der §§ 346 ff BGB Anwendung finden. Im Gegensatz zu den Vorgaben in Art. 3 Abs. 2 und Abs. 5 der Verbrauchsgüterkaufrichtlinie handelt es sich beim Rücktritt nicht um einen Anspruch, sondern um ein Gestaltungsrecht.[429]

185 Neben dem Vorliegen eines Mangels ist im Regelfall die wichtigste **Voraussetzung des Rücktritts** der erfolglose Ablauf einer angemessenen **Frist zur Nacherfüllung,** § 323 Abs. 1 BGB. Diese Verpflichtung des Käufers zur Fristsetzung wird unter Hinweis auf Art. 3 Abs. 5, zweiter Spiegelstrich der Verbrauchsgüterkaufrichtlinie für **richtlinienwidrig** gehalten.[430] Danach kann der Verbraucher Vertragsauflösung verlangen, „wenn der Verkäufer nicht innerhalb einer angemessenen Frist Abhilfe geschaffen hat". Das Setzen einer Frist ist danach nicht erforderlich; vielmehr soll der Verbraucher ohne Fristsetzung zurücktreten können, sofern lediglich eine angemessene Frist abgelau-

---

423 Hk-BGB/*Saenger*, § 439, Rn 5.

424 *Leible*, in: Gebauer/Wiedmann (Hrsg.), Kapitel 10, Rn 89; wohl ebenfalls MüKo/*Westermann*, § 439, Rn 21.

425 Bamberger/Roth/*Faust*, § 439, Rn 51; Dauner-Lieb/Heidel/Ring/*Pfeiffer*, Art. 3 Kauf-RL, Rn 12; *Pfeiffer*, ZGS 2002, 217, 218 f.

426 BGH, 14.1.2009 – VIII ZR 70/08, NJW 2009, 1660.

427 EuGH, verb. Rs. C-65/09 und C-87/09 (Weber/Putz), Slg 2011 I-05257.

428 BGH, 21.12.2011 – VIII ZR 70/08, NJW 2012, 1073.

429 Hk-BGB/*Saenger*, § 437, Rn 5.

430 So *Leible*, in: Gebauer/Wiedmann (Hrsg.), Kapitel 10, Rn 96 f; Bamberger/Roth/*Faust*, § 437, Rn 17 f; Dauner-Lieb/Heidel/Ring/*Dauner-Lieb*, § 323, Rn 29; MüKo/*Lorenz*, Vor § 474, Rn 20; Dauner-Lieb/Heidel/Ring/*Pfeiffer*, Art. 3 Kauf-RL, Rn 14; aA Hk-BGB/*Saenger*, § 437, Rn 17, der insoweit von einer „zu engen Auslegung von Art. 3 Abs. 5 Verbrauchsgüterkauf-RL" ausgeht.

fen ist.[431] Die deutsche Regelung ist für den Verbraucher insoweit ungünstiger als die Richtlinienvorgaben, als dieser trotz Ablaufs einer angemessenen Frist nicht zurücktreten kann, wenn er nicht zuvor eine Frist gesetzt hat.[432] Zur **Behebung dieser Richtlinienwidrigkeit** werden verschiedene Vorschläge vertreten. So soll der Verbraucher unter Berücksichtigung von § 323 Abs. 2 Nr. 3 BGB nach Aufforderung zur Nacherfüllung ohne weitere Fristsetzung zurücktreten können, sofern die Nacherfüllung nicht innerhalb einer angemessenen Frist vorgenommen worden ist.[433] Dem ist jedoch entgegenzuhalten, dass nach § 323 Abs. 2 Nr. 3 BGB „besondere Umstände" erforderlich sind, die unter Abwägung der Parteiinteressen ausnahmsweise den sofortigen Rücktritt rechtfertigen. Diese besonderen Umstände liegen aber gerade nicht in den „beiderseitigen Interessen" begründet, sondern vielmehr in der fehlerhaften Umsetzung der Verbrauchsgüterkaufrichtlinie.[434] Nach vorzugswürdiger Ansicht soll daher – im Falle eines Verbrauchsgüterkaufs – bei Mitteilung eines Mangels an den Verkäufer und Ablauf einer angemessenen Frist ein **Fehlschlagen der Nacherfüllung** im Sinne von § 440 BGB vorliegen.[435] Dem steht auch § 440 S. 2 BGB nicht entgegen, nach dem die Nachbesserung nach dem erfolglosen zweiten Versuch als fehlgeschlagen gilt. Denn zur Frage, wann die Nacherfüllung fehlgeschlagen ist, wenn der Verkäufer gar nicht tätig wird, trifft diese Vorschrift keine Aussage. Mit Urteil vom 12. August 2009 hat der BGH im Übrigen entschieden, dass es für eine Fristsetzung gemäß § 281 Abs. 1 BGB genüge, wenn der Gläubiger durch das Verlangen nach sofortiger, unverzüglicher oder umgehender Leistung oder vergleichbare Formulierungen deutlich mache, dass dem Schuldner für die Erfüllung nur ein begrenzter (bestimmbarer) Zeitraum zur Verfügung stehe. Dabei bedürfe es keiner Angabe eines bestimmten Zeitraums oder eines bestimmten (End-)Termins, da durch die Aufforderung zur umgehenden Nacherfüllung bereits eine zeitliche Grenze, die aufgrund der Umstände des Einzelfalls bestimmbar sei, gesetzt werde.[436]

Die **Frist muss angemessen** sein, § 323 Abs. 1 BGB, Art. 3 Abs. 5, zweiter Spiegelstrich der Ver- 186
brauchsgüterkaufrichtlinie. Angemessen ist die Frist, wenn der Verkäufer in die Lage versetzt wird, die bereits begonnene Leistung zu vollenden. Nicht erforderlich ist demgegenüber, dass der Verkäufer erst mit der Leistung beginnen und sie fertig stellen kann; vielmehr soll sie eine letzte Möglichkeit zur Vertragserfüllung darstellen. Eine unangemessen **kurze Frist** setzt den **Lauf einer angemessenen Frist** in Gang.[437] Dieser Grundsatz wird dadurch bestätigt, dass die Verbrauchsgüterkaufrichtlinie keine Fristsetzung, sondern nur das Verstreichen einer angemessenen Frist verlangt (dazu Rn 185). Wann eine Frist angemessen ist, ist im jeweiligen Einzelfall zu ermitteln.[438]

Fraglich ist ferner, ob ein **Rücktritt des Käufers** auch dann noch möglich ist, wenn **die Nacherfül- 187
lung nach Fristablauf erfolgt**, aber vor Erklärung des Rücktritts. Nach dem Wortlaut von Art. 3 Abs. 5, zweiter Spiegelstrich der Verbrauchsgüterkaufrichtlinie soll ein Rücktritt in diesen Fällen möglich sein.[439] Dem wird zu Recht entgegengehalten, dass eine Äquivalenzstörung nach ordnungsgemäßer – gleichwohl verspäteter – Nacherfüllung nicht mehr vorliegt mit der Folge, dass nach dem Sinn und Zweck der Verbrauchsgüterkaufrichtlinie ein Rücktritt nicht gerechtfertigt ist.[440] Gleiches gilt auch mit Blick auf den Wortlaut der Richtlinie für die im Ergebnis erfolgreiche Nacherfüllung, wenn diese nicht ohne erhebliche Unannehmlichkeiten für den Verbraucher erfolgt ist.[441]

---

431 Bamberger/Roth/*Faust*, § 437, Rn 21.
432 Dauner-Lieb/Heidel/Ring/*Dauner-Lieb*, § 323, Rn 29; Bamberger/Roth/*Faust*, § 437, Rn 17.
433 MüKo/*Lorenz*, Vor § 474, Rn 20; Bamberger/Roth/*Faust*, § 437, Rn 18.
434 So auch *Leible*, in: Gebauer/Wiedmann (Hrsg.), Kapitel 10, Rn 97.
435 Dauner-Lieb/Heidel/Ring/*Dauner-Lieb*, § 323, Rn 29; *Leible*, in: Gebauer/Wiedmann (Hrsg.), Kapitel 10, Rn 97.
436 BGH, 12.8.2009 – VIII ZR 254/08, NJW 2009, 3153; vgl dazu *Schulte-Nölke*, ZGS 2009, 433.
437 Statt aller Palandt/*Grüneberg*, § 323, Rn 14.
438 *Leible*, in: Gebauer/Wiedmann (Hrsg.), Kapitel 10, Rn 98.
439 „wenn der Verkäufer nicht […] Abhilfe geschaffen hat".
440 So *Leible*, in: Gebauer/Wiedmann (Hrsg.), Kapitel 10, Rn 100; aA *Pfeiffer*, ZGS 2002, 390, 392.
441 *Leible*, in: Gebauer/Wiedmann (Hrsg.), Kapitel 10, Rn 101; aA *Pfeiffer*, ZGS 2002, 390, 392.

188 Der Rücktritt ist ausgeschlossen, wenn die **Pflichtverletzung unerheblich** ist (§ 323 Abs. 5 S. 2 BGB, Art. 3 Abs. 6 der Verbrauchsgüterkaufrichtlinie), der Käufer für den zum Rücktritt berechtigenden Umstand allein oder weit überwiegend verantwortlich ist oder er sich im Gläubigerverzug befindet (§ 323 Abs. 6 BGB). Zwar ist eine dem § 323 Abs. 6 BGB entsprechende Vorschrift in der Verbrauchsgüterkaufrichtlinie nicht ausdrücklich vorhanden. Dennoch ist der Ausschluss des Rücktrittsrechts nicht unionsrechtswidrig, da eine Vertragswidrigkeit nicht vorliegt, wenn dies auf einen vom Verbraucher gelieferten Stoff zurückzuführen ist, was Ausdruck des auch im Unionsrecht bestehenden Grundsatzes des venire contra factum proprium ist.[442] Schließlich sind die Regelungen zum Gefahrübergang durch die Verbrauchsgüterkaufrichtlinie unberührt geblieben (Dazu oben Rn 177), so dass der deutsche Gesetzgeber vorsehen durfte, dass der Käufer die Folgen seines Verzugs zu tragen hat. Demnach verstößt keine der beiden Varianten von § 323 Abs. 6 BGB gegen die Vorgaben der Verbrauchsgüterkaufrichtlinie.

c) Minderung

189 Nach § 441 Abs. 1 S. 1 BGB kann der Käufer statt zurückzutreten den **Kaufpreis mindern.** Auch bei der Minderung handelt es sich nicht – wie in Art. 3 Abs. 2 und Abs. 5 der Verbrauchsgüterkaufrichtlinie – um einen Anspruch, sondern um ein Gestaltungsrecht. Nach § 441 Abs. 1 S. 2 BGB ist die Minderung auch bei einer unerheblichen Pflichtverletzung möglich. Der EuGH hat inzwischen klargestellt, dass ein Verbraucher, der im Prozess ursprünglich Rücktritt geltend gemacht hat, das Recht haben muss, sein Prozessziel auf Minderung umzustellen, wenn das Gericht zu dem Schluss kommt, der Mangel sei geringfügig.[443] Die **Höhe des zu mindernden Betrages** errechnet sich nach den Vorgaben in § 441 Abs. 3 BGB. Danach muss sich der geminderte Preis zu dem vereinbarten Preis verhalten wie der wirkliche Wert zu dem Wert der Sache ohne Mangel, wobei der Zeitpunkt des Vertragsschlusses maßgeblich ist. Diese Berechnungsmethode konkretisiert die Richtlinienvorgaben in deren Art. 3 Abs. 2, wonach eine „angemessene Minderung" zu erfolgen hat. Erfolgt eine Minderung in Höhe des vereinbarten Kaufpreises, so ist der Käufer gleichwohl nicht verpflichtet, die Sache zurückzugeben, da dies anderenfalls eine „automatische" Ersetzung des Minderungs- durch das Rücktrittsrecht zur Folge hätte.[444] Nach dem Wortlaut von Art. 3 Abs. 5, zweiter und dritter Spiegelstrich der Verbrauchsgüterkaufrichtlinie soll eine **Minderung** auch dann möglich sein, wenn der Verkäufer **erst verspätet** oder **nicht ohne erhebliche Unannehmlichkeiten** Abhilfe geschaffen hat. Anders als ein Rücktritt (dazu oben Rn 184 ff) kann eine – verschuldensunabhängige – Minderung dazu beitragen, die durch die Verspätung oder die Unannehmlichkeiten eingetretene Äquivalenzstörung zu beseitigen. Daher fordert die Richtlinie in diesen Fällen, dass der Käufer mindern kann. Das deutsche Recht sieht dies nicht vor und ist insoweit **richtlinienwidrig.**[445]

d) Schadensersatz und Aufwendungsersatz

190 Nach § 437 Nr. 3 BGB kann der Käufer unter den in §§ 440, 280, 281, 283 und 311 a BGB genannten Voraussetzungen Schadensersatz oder unter den in § 284 BGB genannten Voraussetzungen Aufwendungsersatz verlangen. Entsprechende **Vorgaben enthält die Verbrauchsgüterkaufrichtlinie nicht.** Vielmehr werden nach deren Art. 8 Abs. 1 vertragliche oder außervertragliche Ansprüche des Verbrauchers aufgrund innerstaatlicher Regelungen nicht berührt.

e) Besonderheiten beim Verbrauchsgüterkauf

191 Die **Anwendbarkeit des Verbrauchsgüterkaufrechts** ergibt sich aus § 474 Abs. 1 BGB. Die Sondervorschriften sind anwendbar, wenn ein **Verbraucher** von einem **Unternehmer** eine **bewegliche**

442 Grundmann/Bianca/*Grundmann*, Art. 2, Rn 56; *Leible*, in: Gebauer/Wiedmann (Hrsg.), Kapitel 10, Rn 102 f.
443 EuGH, Rs. C-32/12 (Duarte Hueros), ABl. 2012, C 98, S. 17.
444 So wohl auch *Leible*, in: Gebauer/Wiedmann (Hrsg.), Kapitel 10, Rn 105 ff; aA Palandt/*Weidenkaff*, § 441, Rn 16.
445 *Pfeiffer*, ZGS 2002, 390, 392; aA *Leible*, in: Gebauer/Wiedmann (Hrsg.), Kapitel 10, Rn 106.

Sache kauft, § 474 Abs. 1 S. 1 BGB.[446] Sachen sind nach der Legaldefinition in § 90 BGB nur körperliche Gegenstände. Die Definition des „Verbrauchsguts“ nach Art. 1 Abs. 2 der Richtlinie lehnt sich eng an den Begriff der Ware im UN-Kaufrecht an.[447] Daher ist **elektrischer Strom** entsprechend der Ausnahme in Art. 1 Abs. 2 lit. b, dritter Spiegelstrich der Verbrauchsgüterkaufrichtlinie kein tauglicher Gegenstand eines Verbrauchsgüterkaufvertrags. Gleiches gilt für **Wasser** und **Gas**, sofern sie nicht in einem begrenzten Volumen oder in einer bestimmten Menge, also in Flaschen, Dosen, Tanks usw, abgefüllt sind.[448] Erfasst sind gemäß § 90 a BGB und Art. 1 Abs. 2 lit. b der Verbrauchsgüterkaufrichtlinie auch **Tiere**.[449] Auch **Software** ist tauglicher Kaufgegenstand iSv Verbrauchsgüterkaufrichtlinie und der §§ 474 ff BGB, unabhängig davon, ob ein körperlicher Datenträger mitverkauft wird oder nicht.[450] Ebenso wenig macht es einen Unterschied, ob Standard- oder Individualsoftware verkauft wird.[451] Erfasst werden **nur bewegliche Sachen**. Da die Verbrauchsgüterkaufrichtlinie keine ausdrücklichen Vorgaben macht und die Abgrenzung zwischen beweglichen Sachen und Immobilien in den Mitgliedstaaten unterschiedlich vorgenommen wird,[452] soll die **Abgrenzung nach nationalem Recht** erfolgen.[453] Die Vorschriften über Verbrauchsgüterkaufverträge finden keine Anwendung auf Gegenstände, die aufgrund einer gerichtlichen Maßnahme, insbesondere der **Zwangsvollstreckung** verkauft werden, § 806 ZPO, § 56 S. 3 ZVG; dies beruht auf der Vorgabe in Art. 1 Abs. 2 lit. b, erster Spiegelstrich der Verbrauchsgüterkaufrichtlinie. Ebenfalls ausgenommen sind gemäß § 474 Abs. 1 S. 2 BGB **gebrauchte Sachen, die in einer öffentlichen Versteigerung verkauft** werden, an der der Verbraucher persönlich teilnehmen kann. Der deutsche Gesetzgeber hat hiermit die in Art. 1 Abs. 3 der Verbrauchsgüterkaufrichtlinie gewährte Option umgesetzt. Der Begriff der öffentlichen Versteigerung ist in § 383 Abs. 3 BGB definiert. Nicht erfasst werden Online-Auktionen.[454]

Kernvorschrift des Verbrauchsgüterkaufrechts ist § 475 BGB. Sie **verhindert abweichende Vereinbarungen zu Lasten des Verbrauchers.** Nach § 475 Abs. 1 S. 1 BGB ist die Berufung auf eine vor Mitteilung eines Mangels zum Nachteil des Verbrauchers von den Vorschriften der §§ 433 bis 435, 437, 439 bis 443 BGB sowie von den Vorschriften über den Verbrauchsgüterkaufvertrag abweichende Vereinbarung ausgeschlossen. Eine **zum Nachteil des Unternehmers** getroffene Vereinbarung ist aufgrund des halbzwingenden Charakters der Vorschrift möglich.[455] Möglich ist es auch, **nach Mitteilung eines Mangels** an den Unternehmer, eine von den genannten Vorschriften abweichende Vereinbarung zu treffen. Eine gütliche Einigung oder der Abschluss eines Vergleichs soll nicht behindert werden.[456] Zu beachten ist jedoch, dass die Mitteilung vom Verbraucher stammen muss, dieser also den Mangel kennt. Eine Kenntniserlangung des Unternehmers auf anderem Wege genügt nicht.[457] Zudem kann sich die abweichende Vereinbarung lediglich auf den konkreten, dem Verbraucher bekannten und dem Unternehmer mitgeteilten Mangel beziehen, so dass weitergehende Vereinbarungen, die noch nicht zu Tage getretene Mängel betreffen, unzulässig sind.[458] Eine **verjährungserleichternde Vereinbarung** kann gemäß § 475 Abs. 2 BGB vor Mitteilung eines Man- 192

446 Zum Begriff des Unternehmers und des Verbrauchers s.o. Rn 31 ff.

447 *Staudenmayer*, NJW 1999, 2393.

448 Art. 1 Abs. 2 lit. b, zweiter Spiegelstrich der Verbrauchsgüterkaufrichtlinie. Umstritten ist, ob in Leitungssystemen befindliches Wasser und Gas tauglicher Gegenstand eines Verbrauchsgüterkaufvertrages sein kann; hierzu *Leible*, in: Gebauer/Wiedmann (Hrsg.), Kapitel 10, Rn 123.

449 Grundmann/Bianca/*Luna Serrano*, Art. 1, Rn 28.

450 *Leible*, in: Gebauer/Wiedmann (Hrsg.), Kapitel 10, Rn 127 f; für das deutsche Kaufrecht vor der Schuldrechtsreform: BGH, 14.7.1993 – VIII ZR 147/92, NJW 1993, 2436, 2437 f; aA zur RL Grundmann/Bianca/*Luna Serrano*, Art. 1, Rn 33.

451 *Leible*, in: Gebauer/Wiedmann (Hrsg.), Kapitel 10, Rn 124.

452 Insbesondere hinsichtlich wesentlicher Bestandteile, Scheinbestandteile, Zubehör usw eines Grundstücks.

453 Dauner-Lieb/Heidel/Ring/*Pfeiffer*, Art. 1 Kauf-RL, Rn 7.

454 Dauner-Lieb/Heidel/Ring/*Pfeiffer*, Art. 1 Kauf-RL, Rn 11; Bamberger/Roth/*Faust*, § 474, Rn 10, 20.

455 *Leible*, in: Gebauer/Wiedmann (Hrsg.), Kapitel 10, Rn 149.

456 So der 12. Erwägungsgrund der Verbrauchsgüterkaufrichtlinie.

457 Bamberger/Roth/*Faust*, § 475, Rn 16.

458 *Leible*, in: Gebauer/Wiedmann (Hrsg.), Kapitel 10, Rn 148.

gels an den Unternehmer nicht getroffen werden, sofern die Vereinbarung zu einer Verjährungsfrist von weniger als zwei Jahren bei neuen Sachen, von weniger als einem Jahr bei gebrauchten Sachen führt. Durch die Ausnahme für gebrauchte Sachen hat der deutsche Gesetzgeber von der in Art. 7 Abs. 1 der Verbrauchsgüterkaufrichtlinie gewährten Option Gebrauch gemacht. Da die Verbrauchsgüterkaufrichtlinie keine Regelungen zu **Schadens- und Aufwendungsersatz** trifft (siehe oben Rn 190), sind insoweit nach § 475 Abs. 3 BGB Einschränkungen möglich, soweit sie sich im Rahmen des AGB-Rechts halten.

193 Die bislang größte praktische Bedeutung hat die in § 476 BGB geregelte **Beweislastumkehr.** Zeigt sich innerhalb von sechs Monaten seit Gefahrübergang ein Sachmangel, so wird nach § 476 BGB vermutet, dass die Sache bereits bei Gefahrübergang mangelhaft war. Dies gilt nicht, wenn die Vermutung mit der Art der Sache oder des Mangels unvereinbar ist. Durch diese Vorschrift ist **Art. 5 Abs. 3 der Verbrauchsgüterkaufrichtlinie** umgesetzt worden. Sehr umstritten ist, ob § 476 BGB nur eine rein zeitlich wirkende Vermutung in Bezug auf einen konkreten, sich innerhalb der 6-Monatsfrist zeigenden Sachmangel aufstellt, dass genau dieser Sachmangel bereits bei Gefahrübergang vorgelegen hat.[459] Der BGH folgert daraus, dass, wenn für einen erst nach Gefahrübergang eingetretenen Defekt **mehrere Ursachen denkbar** sind, von denen nur eine auf die Mangelhaftigkeit bei Gefahrübergang zurückgeführt werden kann, der Käufer auch das Vorliegen eines solchen **„Grundmangels“** zu beweisen hat.[460] Im Schrifttum wird hingegen verbreitet angenommen, dass nach § 476 auch das Vorliegen eines sog. „Grundmangels“ bei Gefahrübergang als Ursache des später auftretenden Defekts vermutet wird.[461] Art. 5 Abs. 3 Verbrauchsgüterkaufrichtlinie, der bestimmt, dass „Vertragswidrigkeiten, die binnen sechs Monaten nach der Lieferung des Gutes offenbar werden, bereits zum Zeitpunkt der Lieferung bestanden haben“, spricht etwas mehr für die Ansicht des BGH. Der **§ 476 BGB** weicht aber insoweit von der Fassung der Richtlinie ab, da diese Vorschrift gerade nicht die Vermutung aufstellt, dass der aufgetretene konkrete Mangel schon bei Gefahrübergang vorlag, sondern lediglich, dass die Sache (so könnte man hinzufügen: irgendwie) „mangelhaft“ war. Da auch schon die Richtlinie so verstanden werden kann und Gerichte anderer Mitgliedstaaten diese Frage anders entschieden haben,[462] muss der BGH oder andere Gerichte letzter Instanz diese **Frage dem EuGH vorlegen.**

194 Nicht erforderlich ist nach dem eindeutigen Wortlaut der Vorschrift, dass der Mangel dem Verkäufer innerhalb von sechs Monaten angezeigt wird; er muss sich lediglich innerhalb dieses Zeitraums zeigen, was der Verbraucher zu beweisen hat.[463] Die Vermutung des § 476 BGB wird nicht dadurch ausgeschlossen, dass ein Dritter die Kaufsache eingebaut hat, der den Sachmangel verursacht haben könnte.[464] Dass der Verbraucher den Mangel schon bei Gefahrübergang mit Hilfe einer eingehenden Untersuchung hätte entdecken können, schließt nicht aus, dass sich der Mangel erst nach Gefahrübergang „zeigt“ – nämlich dann, wenn der Verbraucher ihn bemerkt.[465] Der Verkäufer kann sich entlasten, indem er entweder die Vermutung des § 476 BGB widerlegt oder aber nachweist, dass die Vermutung mit der Art der Sache oder des Mangels unvereinbar ist. Jedoch ist dieser **Ausnahmetatbestand** mit Blick auf den Verbraucherschutzcharakter der Richtlinie **eng auszulegen.**[466] Bei gebrauchten Sachen oder Tieren ist die Vermutung nicht generell ausgeschlossen.[467]

---

459 So der BGH, 14.9.2005 – VIII ZR 363/04, NJW 2005, 3490, 3491 f; BGH, 21.12.2005 – VIII ZR 49/05, NJW 2006, 1195, 1196; BGH, 23.11.2005 – VIII ZR 43/05, NJW 2006, 434, 436; BGH, 11.2.2009 – VIII ZR 274/07, NJW 2009, 1341.

460 BGH, 2.6.2004 – VIII ZR 329/03, NJW 2004, 2299, 2300.

461 *Klöhn,* NJW 2007, 2811, 2812; *Maultzsch* NJW 2006, 3091, 3093; *Lorenz* NJW 2004, 3020, 3021.

462 Beispiele für Entscheidungen bei *Rühl*, RabelsZ 73 (2009), 912 ff, 924 ff.

463 Bamberger/Roth/*Faust*, § 476, Rn 4.

464 BGH, 22.11.2004 – VIII ZR 21/04, ZGS 2005, 74.

465 BGH, 14.9.2005 – VIII ZR 363/04, ZGS 2005, 434.

466 *Leible*, in: Gebauer/Wiedmann (Hrsg.), Kapitel 10, Rn 156, 158.

467 So auch MüKo/*Lorenz*, § 476, Rn 16.

Nach § 477 Abs. 1 S. 1 BGB muss die im Rahmen eines Verbrauchsgüterkaufs abgegebene **Garantieerklärung eines Unternehmers**[468] einfach und verständlich abgefasst sein. Wann die Garantieerklärung verständlich ist, ist nach den Umständen im konkreten Einzelfall zu entscheiden. Das Merkmal der Verständlichkeit kann unter anderem erfordern, dass die Garantieerklärung in der Sprache des Ortes abgefasst ist, an dem der Kaufvertrag bzw der Garantievertrag geschlossen wird.[469] Der **Mindestinhalt der Garantieerklärung** ist in § 477 Abs. 1 S. 2 BGB festgelegt. Nach dessen Nr. 1 ist ein Hinweis auf die gesetzlichen Rechte des Verbrauchers erforderlich sowie auf den Umstand, dass diese durch die Garantie nicht eingeschränkt werden. Nicht erforderlich ist die genaue Bezeichnung des Inhalts der gesetzlichen Rechte. Dies ergibt sich insbesondere aus Art. 6 Abs. 2, erster Spiegelstrich der Verbrauchsgüterkaufrichtlinie, nach dem die Garantie lediglich darlegen muss, „dass der Verbraucher […] Rechte hat".[470] Nach Nr. 2 sind der Inhalt der Garantie und die für die Geltendmachung der Garantie erforderlichen Angaben wie Dauer und räumlicher Geltungsbereich des Garantieschutzes, ferner Name und Anschrift des Garantiegebers mitzuteilen. Nach § 477 Abs. 2 BGB kann der Verbraucher die Mitteilung der Garantieerklärung in **Textform** verlangen. Wirbt ein Unternehmer für den Verkauf eines Verbrauchsguts mit einer Garantie, so müssen die in § 477 Abs. 1 S. 2 BGB geforderten Angaben nicht bereits in der Werbung gemacht werden.[471] 195

Eine Verletzung der Pflichten aus § 477 Abs. 1 und Abs. 2 BGB führt nach § 477 Abs. 3 BGB (Art. 6 Abs. 5 der Verbrauchsgüterkaufrichtlinie) nicht zur Unwirksamkeit des Garantievertrags. Jedoch kann eine solche Verletzung weitergehende Ansprüche des Verbrauchers, zum Beispiel aus §§ 280 ff BGB begründen. Zudem kann der Garantiegeber auf Unterlassung in Anspruch genommen werden, § 2 UKlaG.

3. Rückgriff des Verkäufers gegen den Lieferanten

§§ 478, 479 BGB regeln den so genannten **Unternehmerregress** beim Kauf neu hergestellter Sachen. Nach § 478 Abs. 1 BGB bedarf es für den Rückgriff des Verkäufers gegen den Lieferanten zur Geltendmachung der Rechte aus § 437 BGB einer an sich erforderlichen Fristsetzung nicht, wenn der Unternehmer die verkaufte Sache infolge der Mangelhaftigkeit zurücknehmen musste oder der Verbraucher den Kaufpreis gemindert hat. Nach § 478 Abs. 2 BGB hat der Lieferant dem Unternehmer die Aufwendungen zu ersetzen, die der Unternehmer für die Nacherfüllung nach § 439 Abs. 2 BGB zu tragen hatte, sofern der Mangel im Zeitpunkt des Gefahrübergangs auf den Unternehmer vorhanden war. Im Gegensatz zu Abs. 1 handelt es sich um eine eigene Anspruchsgrundlage.[472] Nach § 478 Abs. 3 BGB gilt auch im Verhältnis zwischen Unternehmer und Lieferant die Beweislastumkehr des § 476 BGB, wobei die Sechs-Monats-Frist mit Übergang der Gefahr auf den Verbraucher beginnt. Sofern dem Unternehmer kein gleichwertiger Ausgleich eingeräumt wird, ist nach § 478 Abs. 4 S. 1 BGB eine vor Mitteilung eines Mangels an den Lieferanten getroffene Vereinbarung, die von den §§ 433 bis 435, 437, 439 bis 443, 478 Abs. 1 bis Abs. 3, 479 BGB abweicht, unzulässig. Nach § 478 Abs. 5 BGB gelten diese Regelungen im Verhältnis des Käufers zu dessen Lieferanten, sofern der Lieferant Unternehmer ist. Nach § 478 Abs. 6 BGB berühren die vorstehenden Vorschriften nicht § 377 HGB. Der Anspruch aus § 478 Abs. 2 BGB verjährt gemäß § 479 Abs. 1 BGB in zwei Jahren nach Ablieferung der Sache. Die Ansprüche des Unternehmers gegen den Lieferanten verjähren gemäß § 479 Abs. 2 BGB frühestens zwei Monate, nachdem der Unternehmer die Ansprüche des Verbrauchers erfüllt hat, spätestens jedoch fünf Jahre nach Ablieferung der Sache durch den Lieferanten beim Unternehmer, § 479 Abs. 2 S. 2 BGB. 196

468 Dies kann sowohl der Verkäufer als auch ein Dritter sein. Die Vorgabe der RL spricht in Art. 6 Abs. 1 lediglich von „Garantiegeber".

469 Palandt/*Weidenkaff*, § 477, Rn 6.

470 Bamberger/Roth/*Faust*, § 477, Rn 6 f.

471 BGH, 14.4.2011 – I ZR 133/09, NJW 2011, 2653.

472 *Leible*, in: Gebauer/Wiedmann (Hrsg.), Kapitel 10, Rn 182.

197 Den Anlass für diese ausgefeilte und wohl **nicht sehr praxistaugliche**[473] Regelung gab Art. 4 der Verbrauchsgüterkaufrichtlinie. Nach dessen Satz 1 kann der Letztverkäufer den oder die Haftenden innerhalb einer Vertragskette in Regress nehmen, wenn er aufgrund einer Vertragswidrigkeit infolge eines Handelns oder Unterlassens einer Zwischenperson (zum Beispiel Hersteller, früherer Verkäufer) innerhalb derselben Lieferkette dem Verbraucher gegenüber haftet. Den Mitgliedstaaten ist es nach Art. 4 S. 2 der Verbrauchsgüterkaufrichtlinie gestattet, den Rückgriffsschuldner sowie das Vorgehen und die Modalitäten zu bestimmen. Die Regelungen zum Unternehmerregress sind aufgrund der Vorschrift des § 478 Abs. 4 S. 1 BGB und unter den dort genannten Voraussetzungen größtenteils unabdingbar. Zwar ist eine entsprechende Vorgabe in der Verbrauchsgüterkaufrichtlinie nicht vorhanden; da diese Vorschrift aber den Verbraucher nicht benachteiligt, ist sie gleichwohl gemeinschaftsrechtskonform. **Richtlinienwidrig** ist demgegenüber die **Beschränkung auf neu hergestellte Sachen.**[474] Eine derartige Einschränkung ist Art. 4 der Verbrauchsgüterkaufrichtlinie nicht zu entnehmen. Da eine richtlinienkonforme Auslegung aufgrund des eindeutigen Wortlauts des deutschen Rechts nicht möglich ist,[475] muss der Gesetzgeber tätig werden.

III. Internationales Privatrecht

198 Art. 7 Abs. 2 der Verbrauchsgüterkaufrichtlinie ordnet an, dass einem Verbraucher der nach der Richtlinie gewährte Schutz nicht dadurch vorenthalten werden darf, dass das **Recht eines Nichtmitgliedstaates kraft Rechtswahl** auf den betreffenden Vertrag Anwendung findet, sofern ein enger Zusammenhang des Vertrages mit dem Gebiet der Mitgliedstaaten besteht. Diese Vorgabe wurde früher durch Art. 29 a Abs. 1 EGBGB umgesetzt. Diese Bestimmung wurde mit Inkrafttreten der Rom I VO aufgehoben und durch Art. 46 b EGBGB ersetzt.[476]

H. Die Richtlinie 2011/83/EU vom 25. Oktober 2011 über die Rechte der Verbraucher, zur Abänderung der Richtlinie 93/13/EWG des Rates und der Richtlinie 1999/44/EG des Europäischen Parlaments und des Rates sowie zur Aufhebung der Richtlinie 85/577/EWG des Rates und der Richtlinie 97/7/EG des Europäischen Parlaments und des Rates (Verbraucherrechte-Richtlinie)

I. Umsetzung der Richtlinie in Deutschland

199 Das Umsetzungsgesetz zur Verbraucherrechte-Richtlinie[477] ist fristgemäß zum 13.6.2014 in Kraft getreten. Vorauseilend hatte Deutschland die Vorschriften zur sog. **„Button-Lösung“** (nun § 312 j Abs. 2 bis 4 BGB) schon zum 1.8.2012 in Kraft gesetzt, mit der die um sich greifenden „Abo-Fallen“ im Internet durch das Erfordernis einer deutlichen Kennzeichnung kostenpflichtiger Bestellungen, u.a. durch einen mit „kostenpflichtig bestellen“ beschrifteten Bestellbutton, bekämpft werden sollten.[478] Mit der Umsetzung der Verbraucherrechte-Richtlinie wurden das frühere Recht der Haustürgeschäfte und das Fernabsatzrecht tiefgreifend überarbeitet. Betroffen waren davon vor allem die §§ 312 ff, 355 ff sowie § 474 BGB und die damit zusammenhängenden Vorschriften über Informationspflichten in Art. 246 ff EGBGB. Da praktische Erfahrungen mit dem neuen Recht und insbesondere Rechtsprechung noch völlig fehlen, beschränkt sich die Darstellung im Folgenden auf eine kurze Skizze der Neuerungen.

---

473 Dazu *K. Schmidt*, in: Dauner-Lieb/Konzen/K. Schmidt, S. 427 ff.

474 So auch *Leible*, in: Gebauer/Wiedmann (Hrsg.), Kapitel 10, Rn 186; aA zumindest hinsichtlich § 478 Abs. 1 BGB Bamberger/Roth/*Faust*, § 478, Rn 8, der dies als Ausgestaltung der Modalitäten der Haftung ansieht, die den Mitgliedstaaten überlassen sind.

475 Bamberger/Roth/*Faust*, § 478, Rn 8; *Leible*, in: Gebauer/Wiedmann (Hrsg.), Kapitel 10, Rn 186.

476 *Leible*, in Gebauer/Wiedmann (Hrsg.), Kapitel 10, Rn 189 ff.

477 BGBl. I, S. 3642.

478 *Bergt*, NJW 2012, 3541 ff.

II. Persönlicher Anwendungsbereich

Die Verbraucherrechte-Richtlinie ist nur auf Verträge zwischen Verbrauchern und Unternehmern anwendbar. Die Definitionen dieser Begriffe sind nicht grundsätzlich neugefasst, sondern nur etwas modifiziert worden (Dazu oben Rn 31 ff). Die wichtigste Änderung ist die – in § 13 BGB eingefügte – **Klarstellung**, dass es für die Verbrauchereigenschaft genügt, wenn das Geschäft **„überwiegend"** zu nicht gewerblichem oder beruflichem Zweck abgeschlossen wird. 200

III. Sachlicher Anwendungsbereich

1. Überblick

Die Verbraucherrechte-Richtlinie sieht **zahlreiche Bereichsausnahmen** vor, die – mit kleineren Abweichungen – in das deutsche Recht übernommen worden sind. Wenn keine der Bereichsausnahmen greift, lässt sich der sachliche Anwendungsbereich anhand von vier Gruppen von Vorschriften skizzieren, die als gemeinsame Voraussetzung das Vorliegen eines Verbrauchervertrages haben. Diese **vier Gruppen** sind: 201

- Alle Verträge, die nicht ein Fernabsatzvertrag oder ein außerhalb von Geschäftsräumen geschlossener Vertrag sind (Art. 5),
- Fernabsatzverträge oder außerhalb von Geschäftsräumen geschlossene Verträge (Art. 6-16),
- Kaufverträge (Art. 18, 20),
- Kauf- und Dienstleistungsverträge sowie Verträge über die Lieferung von Wasser, Gas, Strom, Fernwärme oder digitalen Inhalten (Art. 19, 21, 22).

Die **Umsetzung** dieser vier Gruppen von Vorschriften mit unterschiedlichem sachlichem Anwendungsbereich in das deutsche Recht lässt sich wie folgt zusammenfassen:

Vorgabe	Umsetzung im BGB	Wesentlicher Inhalt
Verträge, die nicht im Fernabsatz oder außerhalb von Geschäftsräumen geschlossen sind (Art. 5)	§ 312 a Abs. 2 BGB, Art. 246 EGBGB	Informationspflichten
Fernabsatzverträge oder außerhalb von Geschäftsräumen geschlossene Verträge (Art. 6-16)	§§ 312 b – g, 355, 356, 357 BGB; Art. 246 a, Art. 246 b EGBGB	Informationspflichten, Widerrufsrecht
Kaufverträge (Art. 18, 20)	§§ 474 Abs. 3, 4 BGB	Fälligkeit des Anspruchs auf Lieferung der Kaufsache, Gefahrübergang
Kauf- und Dienstleistungsverträge sowie Verträge über die Lieferung von Wasser, Gas, Strom, Fernwärme oder digitalen Inhalten (Art. 19, 21, 22)	§ 312 a Abs. 3-5 BGB	Anforderungen an die Vereinbarung von: – Zusatzentgelten – Extrakosten für bestimmte Zahlungsarten – Extrakosten für telefonische Kontaktaufnahme

2. Entgeltliche Leistung des Unternehmers?

Wie schon § 312 BGB aF verlangt § 312 Abs. 1 BGB für die Anwendbarkeit der §§ 312 ff BGB, dass der Verbrauchervertrag eine **entgeltliche Leistung** des Unternehmers zum Gegenstand hat. Diese Voraussetzung fehlt in der Richtlinie. Das Erfordernis eines entgeltlichen Vertrages könnte überdies im Widerspruch zur EuGH-Rechtsprechung im Fall Dietzinger[479] stehen, die für eine vom Verbraucher eingegangene Bürgschaft den Anwendungsbereich der früheren Haustürwiderrufs- 202

479 EuGH, Rs. C-45/96 (Dietzinger), NJW 1998, 1295.

richtlinie als eröffnet ansah. Das Merkmal der Entgeltlichkeit ist daher, wenn es nicht richtlinienwidrig ist, jedenfalls sehr weit auszulegen. Nicht erforderlich ist etwa, dass ein gegenseitiger Vertrag vorliegt, auch der Beitritt zu einer Publikumsgesellschaft und einseitige Rechtsgeschäfte fallen in den Anwendungsbereich.[480] Fraglich ist auch, ob **Fälle umgekehrter Leistungsrichtung**, bei denen der Verbraucher dem Unternehmer eine Ware, wie zB einen Gebrauchtwagen, liefert, unter die Verbraucherrechte-Richtlinie fallen. Obwohl die Richtlinie primär für den Fall formuliert ist, dass der Unternehmer Waren oder Dienste an den Verbraucher leistet, schließt sie den umgekehrten Fall nicht eindeutig aus (vgl Art. 1 und Art. 3 Abs. 1 „jegliche Verträge“). Das deutsche Recht schließt diese Fälle ohne weiteres in die allgemeine Definition des Verbrauchervertrages in § 310 Abs. 3 BGB ein. Nach der Gesetzesbegründung sollen solche Fälle aber nicht von den §§ 312 ff BGB erfasst werden,[481] was auch – jedenfalls andeutungsweise – auch im Wortlaut von § 312 Abs. 1 BGB zum Ausdruck zu kommen scheint („Leistung des Unternehmers“). Auch dies könnte gegen die zur früheren Haustürwiderrufsrichtlinie ergangene Dietzinger-Rechtsprechung des EuGH[482] verstoßen, der bei einer Bürgschaft eines Verbrauchers ein Widerrufsrecht bejaht hat. Deshalb spricht mehr dafür, die §§ 312 ff BGB grds. auch auf Verbraucherverträge anzuwenden, bei denen der Verbraucher Waren oder Dienste an den Unternehmer leistet.[483] Im praktischen Ergebnis ist der Unterschied nicht sehr groß, da die meisten der dem Unternehmer in §§ 312 ff BGB auferlegten Informationspflichten für diesen Fall nicht passen. Anwendbar sind aber zB die Pflicht des Unternehmers, den Verbraucher über seine Identität zu informieren (§ 312 a Abs. 1, 2 BGB iVm Art 246 Abs. 1 Nr. 2 EGBGB), oder die Pflicht, dem Verbraucher bei außerhalb von Geschäftsräumen geschlossenen Verträgen eine Abschrift oder Bestätigung auf Papier zu überlassen (§ 312 f BGB). Im Lichte der Dietzinger-Rechtsprechung dürfte in solchen Fällen auch ein **Widerrufsrecht des Verbrauchers** bestehen. Da jedoch manche der Widerrufsfolgen (§ 357 BGB) eindeutig nicht auf diesen Fall zugeschnitten sind, bedarf es insoweit einer ergänzenden Auslegung durch die Gerichte, die sich am Zweck des Widerrufsrechts orientieren muss.

3. Bereichsausnahmen

203 § 312 **Abs. 2 BGB** regelt zahlreiche **Bereichsausnahmen**, die – mit einigen Abweichungen – dem Katalog der Ausnahmen vom Anwendungsbereich der Verbraucherrechte-Richtlinie entsprechen. Anders als die Verbraucherrechte-Richtlinie schließen die Bereichsausnahmen des deutschen Rechts jedoch nicht sämtlich Verbraucherschutzinstrumente der §§ 312 ff BGB aus, sondern ordnen eine **stark „abgespeckte“ Anwendbarkeit der Verbraucherschutzvorschriften** an. Auch wenn eine Bereichsausnahmen vorliegt, bleiben §§ 312 a Abs. 1, 3, 4 und 6 BGB anwendbar, also insbesondere die Pflicht, bei Telefonanrufen die Identität und den geschäftlichen Zweck des Anrufs offenzulegen (§ 312 a Abs. 1 BGB), sowie die besonderen Anforderungen für die Vereinbarung von Zusatzentgelten (§ 312 a Abs. 3 BGB) und von Entgelten für die Benutzung bestimmter Zahlungsmittel (§ 312 a Abs. 4 BGB). Damit geht das deutsche Recht zulässigerweise über den von der Verbraucherrechte-Richtlinie geforderten Verbraucherschutz hinaus. In § 312 Abs. 3-6 BGB ordnet das deutsche Recht überdies für eine Reihe von Feldern, die vom Anwendungsbereich der Verbraucherrechte-Richtlinie ausgeschlossen sind, die Geltung einzelner Verbraucherschutzinstrumente an. Dies betrifft insbesondere Verträge über soziale Dienstleistungen, Wohnungsmietverträge, Finanzdienstleistungen sowie Versicherungsverträge.

Rechtspolitische Gründe für die Bereichsausnahmen sind meist – mit Nuancen im Einzelfall – das Bestehen speziellerer Verbraucherschutzinstrumente (zB eine Beurkundungspflicht), ein geringes Schutzbedürfnis der Verbraucher (zB bei Geschäften von geringem Wert) oder Situationen und

480 BGH, 5.5.2008 – II ZR 292/06, NJW 2008, 2464; BGH, 1.3.2011 – II ZR 93/09; Hk-BGB/*Schulte-Nölke*, § 312, Rn 5.
481 BT-Drucks. 17/12367, S. 45.
482 EuGH, Rs. C-45/96 (Dietzinger), NJW 1998, 1295.
483 AA Palandt/*Grüneberg*, § 312, Rn 2.

Geschäftsmodelle, in denen die praktische Umsetzung der Pflichten unangemessen aufwendig werden oder den Unternehmer unangemessen belasten würde (zB Warenautomaten, Telefonzellen).

4. Besondere Vertriebssituationen

Die weitaus meisten Vorschriften der Verbraucherrechte-Richtlinie betreffen **Informationspflichten** 204
und das **Widerrufsrecht** bei Verträgen, die in besonderen Vertriebssituationen, nämlich **außerhalb von Geschäftsräumen oder im Fernabsatz**, geschlossen worden sind. Die §§ 312 b und 312 c BGB enthalten die nahezu wörtlich aus der Richtlinie übernommenen Definitionen dieser Vertriebssituationen.

a) Außerhalb von Geschäftsräumen geschlossener Vertrag

Nach Art. 2 Nr. 8, 9 der Verbraucherrechte-Richtlinie, der in § 312 b BGB umgesetzt wurde, sind 205
außerhalb von Geschäftsräumen geschlossene Verträge solche, die bei gleichzeitiger körperlicher Anwesenheit des Verbrauchers und des Unternehmers an einem Ort geschlossen werden, der kein Geschäftsraum des Unternehmers ist (Nr. 1). Im Vergleich zum früheren Recht der Haustürgeschäfte ist der Kreis der in den Verbraucherschutz einbezogenen Verträge damit etwas ausgeweitet worden. Ein außerhalb von Geschäftsräumen geschlossener Vertrag liegt auch etwa dann vor, wenn der Verbraucher den Unternehmer zu sich nach Hause bestellt. Auch der Einsatz von Fernkommunikationsmitteln oder der Abschluss des eigentlichen Vertrags in den Geschäftsräumen des Unternehmers hindert das Vorliegen eines außerhalb von Geschäftsräumen geschlossenen Vertrags nicht, wenn der Verbraucher unmittelbar zuvor außerhalb des Geschäftsraums des Unternehmers bei gleichzeitiger körperlicher Anwesenheit des Verbrauchers und des Unternehmers persönlich und individuell angesprochen wurde (§ 312 b Abs. 1 Nr. 3 BGB). Geschäftsräume sind nach der Definition in § 312 b Abs. 2 BGB unbewegliche Gewerberäume, in denen der Unternehmer seine Tätigkeit dauerhaft ausübt oder bewegliche Gewerberäume, in denen der Unternehmer seine Tätigkeit gewöhnlich ausübt. Diese Definition mit den Begriffspaaren „unbeweglich" und „dauerhaft" oder „beweglich" und „gewöhnlich" ist etwas problematisch, da bei wörtlichem Verständnis zB ein sonst leer stehendes Ladengeschäft, in dem der Unternehmer nur an einem einzigen Tag Restposten verkauft, oder ein Marktstand, in dem der Unternehmer nur einen einzigen Tag Ware verkauft, keine Geschäftsräume wären. Mit Blick auf den Hauptzweck der Vorschrift (**Überrumpelungsschutz**), dürften solche Orte, die eindeutig gewerblichen Charakter haben und an denen es für den Verbraucher nicht überraschend sein konnte, dass ihm dort Vertragsschlüsse angetragen werden, in erweiternder Auslegung als Geschäftsräume anzusehen sein.[484]

b) Fernabsatzvertrag

Auch das **deutsche Fernabsatzrecht** hält sich eng an die Vorgaben der Verbraucherrechte-Richtlinie 206
und der Fernabsatz-Finanzdienstleistungsrichtlinie. Die Definition des Fernabsatzvertrages in § 312 c BGB entspricht Art. 2 Nr. 7 der Verbraucherrechte-Richtlinie. Danach sind Fernabsatzverträge Verträge, bei denen der Unternehmer oder eine in seinem Namen oder Auftrag handelnde Person und der Verbraucher für die Vertragsverhandlungen und den Vertragsschluss ausschließlich Fernkommunikationsmittel iSd § 312 c Abs. 2 BGB verwenden, es sei denn, dass der Vertragsschluss nicht im Rahmen eines für den Fernabsatz organisierten Vertriebs- oder Dienstleistungssystems erfolgt. Der Vertrag muss unter **ausschließlicher Verwendung von Fernkommunikationsmitteln** geschlossen worden sein. Die Ausnahme für Verträge, die nicht im Rahmen eines für den Fernabsatz organisierten Vertriebssystems erfolgen, hat bislang in der Praxis keine große Bedeutung gehabt.

---

484 Hk-BGB/*Schulte-Nölke*, § 312 b, Rn 2; aA Palandt/*Grüneberg*, § 312 b, Rn 2.

IV. Einzelne Verbraucherschutzinstrumente

1. Für alle Verbraucherverträge geltende Vorschriften

207 Eine Innovation sind die in § 312 a BGB vorangestellten **allgemeinen Vorschriften**, die – von wenigen Ausnahmen abgesehen – für alle Verbraucherverträge einige Pflichten des Unternehmers regeln. Diese Pflichten gehen auf die Verbrauchsgüterkaufrichtlinie zurück. Insbesondere die Pflichten aus § 312 a Abs. 1, 3 und 4 BGB sind aber in Deutschland in erheblichem Maße überschießend umgesetzt, weil sie auch auf die von den Bereichsausnahmen in § 312 BGB erfassten Verträge anwendbar sind.

208 § 312 a Abs. 1 BGB schafft eine allgemeine Informationspflicht des Unternehmers bei Telefonanrufen, seine Identität und den geschäftlichen Zweck zu Beginn des Gesprächs offenzulegen.

209 Abs. 2 statuiert einige Informationspflichten auch für **innerhalb von Geschäftsräumen geschlossene Verträge**, von denen nur Finanzdienstleistungen ausgenommen sind, weil hier Spezialregelungen (zB §§ 31 ff WertpapierhandelsG) greifen. Die einzelnen Informationspflichten ergeben sich aus Art. 246 EGBGB.

210 Abs. 3 stellt klar, dass Vereinbarungen über **Extrazahlungen**, etwa für Upgrades, Anschluss- oder Bearbeitungskosten, nur ausdrücklich erfolgen dürfen. Auf diese Weise soll mehr Preistransparenz entstehen. **Voreinstellungen** für zusätzliche Leistungen, die der Verbraucher erst aktiv ablehnen muss (sog. **pre-ticked-boxes**) sind unzulässig; § 312 a Abs. 3 S. 2 BGB ist richtlinienkonform dahingehend auszulegen, dass dieses Verbot auch außerhalb des elektronischen Geschäftsverkehrs gilt. Gewöhnliche Fracht-, Liefer- und Versandkosten fallen mangels Abwählbarkeit nicht unter das Verbot.[485]

211 Abs. 4 kodifiziert die BGH-Rechtsprechung[486] zur Pflicht, eine gängige und zumutbare **Zahlungsmöglichkeit ohne Zusatzkosten** zur Verfügung zu stellen, und setzt damit Art. 19 der Verbraucherrechte-Richtlinie – in zulässiger Weise – überschießend um.

212 Abs. 5 richtet sich gegen zur Vertragsabwicklung eingerichtete **kostenpflichtige Rufnummern** des Unternehmers.

Welche der allgemeinen Pflichten des § 312 a BGB auf welche Verbraucherverträge anwendbar sind, ergibt sich aus einer **Zusammenschau** von § 312 und § 312 a BGB und lässt sich überblicksartig wie folgt zusammenfassen.

---

485 Hk-BGB/*Schulte-Nölke*, § 312 a, Rn 5.

486 BGH, 20.5.2010 – Xa ZR/ 68/09, NJW 2010, 2719.

Pflicht aus § 312 a BGB:	Anwendbar auf:
Pflicht zur Offenlegung bei Telefonanrufen (§ 312 a Abs. 1 BGB)	Alle Verbraucherverträge (§ 312 Abs. 1-5 BGB), außer – Verträge über Versicherungen und deren Vermittlung (§ 312 Abs. 6 BGB)
Allgemeine Informationspflichten bei Verbraucherverträgen (§ 312 a Abs. 2 BGB)	Alle Verbraucherverträge (§ 312 Abs. 1 BGB), außer – Verträge außerhalb von Geschäftsräumen (§ 312 a Abs. 2 Satz 3 BGB) – Fernabsatzverträge (§ 312 a Abs. 2 Satz 3 BGB) – Verträge über Finanzdienstleistungen (§ 312 a Abs. 2 Satz 3 BGB) – Bereichsausnahmen des § 312 Abs. 2 BGB – Verträge über soziale Dienstleistungen (§ 312 Abs. 3 BGB) – Verträge über die Vermietung von Wohnraum (§ 312 Abs. 4 BGB) – Verträge über Finanzdienstleistungen (§ 312 Abs. 5 BGB) – Verträge über Versicherungen und deren Vermittlung (§ 312 Abs. 6 BGB)
Anforderungen für Vereinbarungen über Extrazahlungen (§ 312 a Abs. 3 BGB)	Alle Verbraucherverträge (§ 312 Abs. 1-6 BGB)
Pflicht, eine gängige und zumutbare **Zahlungsmöglichkeit ohne Zusatzkosten** zur Verfügung zu stellen; Anforderungen an die Vereinbarung von Zusatzkosten für bestimmte Zahlungsmittel (§ 312 a Abs. 4 BGB)	Alle Verbraucherverträge (§ 312 Abs. 1-6 BGB)
Anforderungen für Vereinbarungen über kostenpflichtige Rufnummern zur Vertragsabwicklung (§ 312 a Abs. 5 BGB)	Alle Verbraucherverträge (§ 312 Abs. 1 BGB) außer – Bereichsausnahmen des § 312 Abs. 2 BGB – Verträge über soziale Dienstleistungen (§ 312 Abs. 3 BGB) – Verträge über die Vermietung von Wohnraum (§ 312 Abs. 4 BGB) – Verträge über Finanzdienstleistungen (§ 312 Abs. 5 BGB) – Verträge über Versicherungen und deren Vermittlung (§ 312 Abs. 6 BGB)

2. Spezifische Informationspflichten außerhalb von Geschäftsräumen und im Fernabsatz

§ 312 d BGB schafft (weit über § 312 a BGB hinausgehende) **besondere Informationspflichten** des Unternehmers für außerhalb von Geschäftsräumen geschlossene Verträge und Fernabsatzverträge. Abs. 1 gilt für alle Vertragsarten außer Finanzdienstleistungen, soweit nicht eine der Bereichsausnahmen des § 312 Abs. 2 BGB vorliegt. Bei den Bereichsausnahmen in § 312 Abs. 3 (Verträge über soziale Dienstleistungen) und Abs. 4 (Wohnraummietverträge) BGB gelten die Informationspflichten – außer der Pflicht zur Information über das Widerrufsrecht – ebenfalls nicht. § 312 d Abs. 2 BGB enthält Sondervorschriften für Verträge über Finanzdienstleistungen. Die recht langen Kata- 213 loge der **einzelnen Informationspflichten** sind aus Gründen der Gesetzesästhetik nicht im BGB geregelt, sondern ins **EGBGB** ausgelagert.

214 Der Unternehmer trägt die **Beweislast** für die Erfüllung der **Informationspflichten,** § 312 k BGB. Es genügt, dass die Informationen dem Verbraucher zur Verfügung gestellt werden. Eine tatsächliche Kenntnisnahme des Verbrauchers ist nicht erforderlich.

215 Die Informationspflichten des Unternehmers lassen sich in **zwei Phasen** unterteilen: Ein Teil der Informationen muss dem Verbraucher bereits **vor Abgabe seiner Vertragserklärung,** gleich ob Angebot oder Annahme, zur Verfügung gestellt werden. Ein anderer Teil muss hingegen erst **nach Vertragsschluss** vorliegen. Die über § 312 d BGB anzuwendenden Art. 246 a und 246 b EGBGB betreffen vor allem die erstgenannte Stufe der **vorvertraglichen Information.** Dabei muss der Verbraucher die Informationen gemäß Art. 246 b § 1 Abs. 1 EGBGB **„rechtzeitig"** vor Abgabe seiner Vertragserklärung erhalten. Zwar fehlt eine derartige Formulierung in Art. 246 a EGBGB, jedoch ergibt sich diese Voraussetzung bereits aus dem Sinn und Zweck der Informationspflichten, dem Verbraucher eine bessere Auswahl- und Entscheidungsgrundlage zu verschaffen.

Grundsätzlich sind alle in Art. 246 a EGBGB genannten Informationspflichten zu erfüllen. Ausnahmen regelt aber Art. 246 a § 2 EGBGB für Verträge über **Reparatur- und Instandhaltungsarbeiten** die sofort zu erfüllen sind. Bei Fernkommunikationsmitteln, die nur begrenzten Raum oder begrenzte Zeit für Informationen bieten, ist der Katalog ebenfalls abgespeckt (Art. 246 a § 3 EGBGB), außerdem sind die Anforderungen an das Erfordernis einer klaren und verständlichen Bereitstellung der Informationen etwas abgesenkt (Art 246 a § 4 Abs. 3 S. 3 EGBGB. Allerdings werden diese Erleichterungen in der vorvertraglichen Phase durch weiter gehende Pflichten nach Vertragsschluss kompensiert (Art. 246 Abs. 2 S. 2 EGBGB). Wegen § 312 f Abs. 2 BGB kann insbesondere eine **doppelte Information** über das Widerrufsrecht erforderlich sein.

Als besonders wichtig herausgehoben geregelt ist die Pflicht des Unternehmers zur **Information des Verbrauchers über sein Widerrufsrecht** nach Art. 246 a § 1 Abs. 2 und 3, § 3 Nr. 4 bzw Art. 246 b § 1 Abs. 1 Nr. 12, Abs. 2 Nr. 5 EGBGB. Die Verwendung der in den Anlagen zu Art. 246 a und Art. 246 b EGBGB zur Verfügung gestellten Musterwiderrufsbelehrungen ist nicht zwingend. Macht der Unternehmer jedoch von den Mustern Gebrauch, wird er dahingehend **privilegiert,** dass keine Einwände gegen die Vereinbarkeit der Widerrufsbelehrung mit den Art. 246 a und 246 b EGBGB erhoben werden können.

216 Als **Sanktion** für die Verletzung von Informationspflichten ist ausdrücklich geregelt, dass eine unterbliebene oder fehlerhafte Information Auswirkungen auf den Beginn der Widerrufsfrist hat, § 356 Abs. 3 BGB. Dies gilt jedoch nur für die in Art. 246 a § 1 Abs. 2 Nr. 1 oder Art. 246 b § 2 Abs. 1 EGBGB vorgesehenen Informationspflichten. Neu ist, dass das **Widerrufsrecht** nach § 365 Abs. 3 S. 2 BGB **spätestens nach 12 Monaten und 14 Tagen erlischt.** Das früher geltende ewige Widerrufsrecht ist damit weitestgehend abgeschafft worden. Das **Übergangsrecht** sieht außerdem vor, dass die nach dem früheren Recht entstandenen ewigen Widerrufsrechte spätestens am 27.5.2015 erlöschen, Art. 229 § 32 Abs. 2 EGBGB.

Für **andere Verletzungen** von Informationspflichten können sich Sanktionen aus **allgemeinen Vorschriften** ergeben. Soweit etwa die Informationspflichten Leistungspflichten begründen, besteht ein Anspruch auf Erfüllung. Vor allem aber kommen bei Verletzung der Informationspflichten Schadensersatzansprüche aus § 280 Abs. 1 BGB, unter Umständen iVm § 311 Abs. 2 BGB in Betracht. In Betracht kommen auch Unterlassungsansprüche nach § 2 UKlaG und § 8 UWG. Die fehlende Information über Versandkosten führt zur Kostentragungspflicht des Unternehmers, § 312 e BGB.

3. Widerrufsrecht

217 § 312 g BGB räumt dem Verbraucher für außerhalb von Geschäftsräumen geschlossene Verträge und Fernabsatzverträge ein Widerrufsrecht nach § 355 BGB ein. § 312 g Abs. 2 BGB regelt **Ausnahmen vom Widerrufsrecht.** Diese Ausnahmen betreffen aber nur das Widerrufsrecht; die Informationspflichten nach § 312 d BGB bleiben bestehen. Da viele der Ausnahmen aus dem früheren Recht übernommen worden sind, bleibt die dazu ergangene Rechtsprechung anwendbar. Vom Widerrufs-

recht ausgeschlossen sind etwa Verträge, bei denen die **Ware nach Verbraucherspezifikation angefertigt oder zugeschnitten** wird, § 312 g Abs. 2 Nr. 1 BGB. Dies gilt allerdings nur, soweit die Ware nicht aus Standardkomponenten zusammengefügt worden ist und sich ohne besonderen Aufwand und große Beschädigung wieder in ihre Einzelteile zerlegen lässt.[487] Hinsichtlich der leitungsgebundenen **Lieferung von Strom und Gas** ist nun eindeutig geklärt, dass keine Ausnahmevorschrift eingreift. Insbesondere § 312 g Abs. 2 Nr. 4 BGB passt nicht, da solche Stoffe nicht gelagert, sondern typischerweise umgehend verbraucht werden. Hinsichtlich § 312 g Abs. 2 Nr. 6 BGB ist umstritten, ob das Verpacken von Datenträgern in **Zellophanhüllen** eine Versiegelung ist.[488] Teilweise wird eine elektronische Versiegelung gefordert, deren Entsiegelung vor der Inbetriebnahme der Software zwingend zu bestätigen ist.[489] Bei **Finanzdienstleistungen, deren Preis Schwankungen auf dem Finanzmarkt unterliegt**, schließt § 312 g Abs. 2 Nr. 8 BGB das Widerrufsrecht aus. Die Vorschrift beruht auf Art. 6 Abs. 2 lit. a der Verbraucherrechte-Richtlinie, gilt aber auch zB für außerhalb von Geschäftsräumen geschlossene Verträge über Finanzdienstleistungen. Da Finanzdienstleistungen vom Regelungsbereich der Verbraucherrechte-Richtlinie gänzlich ausgenommen sind (Art. 3 Abs. 3 lit. d), ist diese Ausweitung eine zulässige überschießende Umsetzung. Unter § 312 g Abs. 2 Nr. 9 BGB fällt auch die **Miete eines Autos** für einen bestimmten Zeitraum.[490] Die Teilausnahme in § 312 g Abs. 2 Nr. 10 BGB erfasst nur **echte Versteigerungen iSv § 156 BGB.** So genannte **„Internet-Auktionen“** nach dem Muster der Internet-Plattform **„eBay“** fallen nicht unter diese Ausnahme. Hier kommt der Vertrag nicht durch Zuschlag, sondern durch vorweggenommene Annahme des Höchstgebots durch den Anbietenden zustande.[491] Auch Erwägungsgrund 24 der Verbraucherrechte-Richtlinie stellt dies klar.

Die Rechtsfolgen des Widerrufs sind in §§ 355 ff BGB neu kodifiziert. Nach der neuen Systematik **218** regeln die §§ 355 bis 356 c BGB die Voraussetzungen und die Ausübung des Widerrufsrechts, die §§ 357 bis 357 c BGB die Rechtsfolgen des Widerrufs. Diese Vorschriften regeln nicht nur die Umsetzung der Verbraucherrechte-Richtlinie, sondern auch die **Rückabwicklung widerrufener Verträge** in Fällen, die nicht unter diese Richtlinie fallen (zB Timesharing, Fernabsatz von Finanzdienstleistungen, Verbraucherkredit). Die bisherige Ersatzmöglichkeit des Widerrufs- durch ein Rückgaberecht ist entfallen.

Mit fristgerechter **Ausübung des Widerrufsrechts** enden die vertraglichen Verpflichtungen der Parteien, § 355 Abs. 1 BGB. Bereits erbrachte Leistungen sind nach § 355 Abs. 3 BGB zurückzugewähren, was nach Art. 13, 14 der Verbraucherrechte-Richtlinie auch die üblichen Standardlieferkosten umfasst. Nach EuGH- und BGH-Rechtsprechung[492] muss der Unternehmer die Hinsendekosten tragen. Art. 14 der Richtlinie legt die Rücksendekosten grundsätzlich dem Verbraucher auf (§ 357 Abs. 6 BGB). Dies war bisher nur unter den Voraussetzungen des § 357 Abs. 2 S. 2 und 3 BGB aF ab einem Warenwert von 40 EUR möglich.

Nach § 357 Abs. 4 BGB kann der Unternehmer die Rückzahlung **verweigern**, bis er die Ware vom Verbraucher zurückerhalten hat oder dieser nachweist, dass die Waren abgesendet wurden.

Den Wertverlust von Waren hat der Verbraucher nur dann nach § 357 Abs. 7 Nr. 1 BGB zu ersetzen, wenn dieser auf ein Verhalten des Verbrauchers zurückzuführen ist, das über die bloße Prüfung der Ware hinausgeht. Weitere **Wertersatzpflichten** des Verbrauchers sind in § 357 Abs. 7 bis 9 BGB für Warenlieferungs-, Dienstleistungsverträge und Verträge über digitale Inhalte auf körperlichen Datenträgern geregelt.

487 BGH, 19.3.2003 – VIII ZR 295/01, NJW 2003, 1665.

488 OLG Hamm v. 30.3.2010 – 4 U 212/09, ZGS 2010, 330; Hk-BGB/*Schulte-Nölke*, § 312 g, Rn 4; aA *Föhlisch*, MMR 2010, 684.

489 Staudinger/*Thüsing*, § 312 d Rn 60.

490 EuGH, Rs. C-336/03 (Easy-Car), NJW 2005, 3055.

491 BGH, 3.11.2004 – VIII ZR 375/03, ZGS 2005, 30.

492 EuGH, Rs. C-489/07 (Messner), NJW 2009, 3015; BGH, 7.7.2010 – VIII ZR 268/07, MDR 2010, 1098.

§ 24 Lebensmittel- und Arzneimittelrecht

Literatur: *Arndt,* Das Vorsorgeprinzip im EU-Recht, Tübingen, 2009; *Beyerlein/Borchert,* VIG. Verbraucherinformationsgesetz. Kommentar, München, 2010; *Blasius/Cranz,* Arzneimittel und Recht in Europa, Stuttgart, 1998; *Blattner,* Europäisches Produktzulassungsverfahren. Das Europäische Verwaltungsverfahrensrecht dargestellt an der Zulassung gentechnischer Lebens- und Arzneimittel, Baden-Baden, 2003; *Böhm/Freund/Voit* (Hrsg.), Verbraucherinformationsgesetz, Baden-Baden, 2009; *dies.* (Hrsg.), Information und Kommunikation von Unternehmen und Behörden, 2011; *Collatz,* Die neuen europäischen Zulassungsverfahren für Arzneimittel, Aulendorf, 1996; *Dannecker/Gorny/Höhn/Mettke/Preuß,* LFGB Kommentar, Loseblatt (2010), Hamburg; *von Danwitz,* Werbe- und Anreicherungsverbot: Stand und Perspektiven der Auseinandersetzung, ZLR 2005, 201; *Delewski,* Nahrungsergänzungsmittel im europäischen Wirtschafts- und Verwaltungsraum, Baden-Baden, 2003; *Deutsch/Lippert* (Hrsg.), Kommentar zum Arzneimittelgesetz (AMG), 3. Aufl. Berlin/Heidelberg, 2010; *Dieners/Reese* (Hrsg.), Handbuch des Pharmarechts, München, 2010: *Ehlermann/Bieber/Haag,* Handbuch des Europäischen Rechts, Loseblatt, Baden-Baden, (Stand: November 2013); *Fezer,* Lebensmittelimitate, gentechnisch veränderte Produkte und CSR-Standards als Gegenstand des Informationsgebots im Sinne des Art. 7 UGP-RL. Lauterkeitsrechtliche Informationspflichten nach § 5 a UWG zum Schutz vor irreführender Lebensmittelvermarktung, WRP 2010, 577; *Frenz,* Grenzüberschreitende medizinische Leistungen und Grundfreiheiten im Spiegel der EuGH-Rechtsprechung, MedR 2004, 296; *Fuchs, L. O.,* Lebensmittelsicherheit in der Mehrebenenverwaltung der Europäischen Gemeinschaft, Bayreuth, 2004; *Fuerst,* Arzneimittel, in: Ehlers/Fehling/Pünder (Hrsg.), Besonderes Verwaltungsrecht, Bd. 2, 3. Aufl., Baden-Baden, 2013, § 55; *Fuhrmann,* Sicherheitsentscheidungen im Arzneimittelrecht, Baden-Baden, 2005; *Fuhrmann/Klein/Fleischfresser* (Hrsg.), Arzneimittelrecht. Handbuch für die pharmazeutische Rechtspraxis, Baden-Baden, 2010; *Gassner,* Aktuelle Rechtsprechung des Europäischen Gerichtshofs zur Abgrenzung von Lebens- und Arzneimitteln, in: Marauhn/Ruppel (Hrsg.), Vom Arzneimittel zum Lebensmittel? Zur Abgrenzung von Arznei- und Lebensmitteln im europäischen und deutschen Recht, Tübingen, 2009, S. 73; *ders.,* Die Europäisierung des Arzneimittelrechts, in: Bottke/Möllers/Schmidt (Hrsg.), Festgabe zum 30-jährigen Bestehen der Juristischen Fakultät Augsburg, Baden-Baden, 2003, S. 113; *Gelbert,* Die Risikobewältigung im Lebensmittelrecht, Bayreuth, 2001; *Gorny,* Grundlagen des europäischen Lebensmittelrechts. Kommentar zur Verordnung (EG) Nr. 178/2002, Hamburg, 2003; *Greifeneder,* Nährwert- und gesundheitsbezogene Angaben bei Lebensmitteln in Deutschland und Europa, Bayreuth, 2009; *Groß, D.,* Die Produktzulassung von Novel Food, Berlin, 2001; *Gundel,.* Lebensmittelrecht, in: Ruffert (Hrsg.), Europäisches Sektorales Wirtschaftsrecht, Enzyklopädie Europarecht, Bd. 5, Baden-Baden 2013, § 8; *Hagenmeyer,* LMIV-Kommentar, 2012; *Hahn/Pichhardt,* Lebensmittelsicherheit, Hamburg, 2004; *Hanika,* Europäisches Arzneimittelrecht – Die pharmazeutische Industrie in Europa auf dem Weg zur Vollendung des Binnenmarktes für Arzneimittel, MedR 2000, 63; *Hagenmeyer,* LMIV – Lebensmittelinformationsverordnung, Kommentar, Hamburg, 2012; *ders.,* Lebensmittel-Kennzeichnungsverordnung, Kommentar, 2. Aufl., München, 2006; *Hagenmeyer/Teufer,* Lebensmittelrecht, in: Dauses (Hrsg.), Handbuch des EU-Wirtschaftsrechts (C. IV), Loseblatt, München, (EL 34, Oktober 2013/Stand: EL 20, Oktober 2007); *Herrmann, A. K.,* Rechtliche Problemstellungen bei ergänzenden bilanzierten Diäten in arzneitypischer Darreichungsform, Hamburg, 2008; *Herrmann, C.,* Historischer Wendepunkt für den internationalen Patentschutz? Der internationale Patentschutz für Medikamente nach der Ausnahmeregelung der WTO für Exportzwangslizenzen vom 30. August 2003, ZEuS 2003, 589; *Herrmann, C./Weiß, W./Ohler, C.,* Welthandelsrecht, 2. Aufl., München, 2007; *Hilf/Reuß,* Verfassungsfragen lebensmittelrechtlicher Normierung im europäischen und internationalen Recht, ZLR 1997, 289; *Janda,* Arzneimittelrecht, in: Ruffert (Hrsg.), Europäisches Sektorales Wirtschaftsrecht, Enzyklopädie Europarecht, Bd. 5, Baden-Baden 2013, § 9; *Kamann,* Viel Rauch um nichts? Gesundheitsschutz im Rahmen der Binnenmarktharmonisierung, ZEuS 2001, 23; *Kaulen,* Die rechtliche Abgrenzung zwischen Lebensmittel und Arzneimittel, Bayreuth, 2012; *Kert,* Lebensmittelstrafrecht im Spannungsfeld des Gemeinschaftsrechts, Berlin/Wien/Zürich, 2004; *Klaus,* Der gemeinschaftsrechtliche Lebensmittelbegriff. Inhalt und Konsequenzen für die Praxis insbesondere im Hinblick auf die Abgrenzung von Lebensmitteln und Arzneimitteln, Bayreuth, 2005; *Kloesel/Cyran/Feiden/Pabel,* Arzneimittelrecht mit amtlichen Begründungen, weiteren Materialien und einschlägigen Rechtsvorschriften sowie Sammlung gerichtlicher Entscheidungen, Kommentar, 3. Aufl., Loseblatt, Stuttgart (EL 124, 2013); *Koenig/Engelmann/Sander,* Parallelhandelsbeschränkungen im Arzneimittelbereich und die Freiheit des Warenverkehrs, GRUR 2001, 919; *Kügel/Hahn/Delewski,* Nahrungsergänzungsmittelverordnung, Kommentar, München, 2007; *Kügel/Müller/Hofmann,* Arzneimittelgesetz. Kommentar, München, 2012; *Leible* (Hrsg.), Verbraucherschutz durch Information im

Lebensmittelrecht, 2010; *ders./Meyer* (Hrsg.), Risiko als Thema des Lebensmittelrechts: Risikobewertung, Risikomanagement, Risikokommunikation, 2008; *Lorenz, M.*, Das gemeinschaftliche Arzneimittelzulassungsrecht. Unter besonderer Berücksichtigung der Reform 2004/2005, Baden-Baden, 2006; *Marauhn/Ruppel* (Hrsg.), Vom Arzneimittel zum Lebensmittel? Zur Abgrenzung von Arznei- und Lebensmitteln im europäischen und deutschen Recht, Tübingen, 2009; *Meyer, A.H.*, Gen Food. Novel Food – Recht neuartiger Lebensmittel, München, 2002; *ders.*, Lebensmittelrecht. Leitfaden für Studium und Praxis, Stuttgart, 1998; *ders.*, Lebensmittelrecht. Textsammlung, Loseblatt, München (EL 127, September 2013); *Meyer/Streinz* (Hrsg.), LFGB – BasisVO – HCVO, Lebensmittel- und Futtermittelgesetzbuch – Verordnung (EG) Nr. 178/2002 – Verordnung (EG) Nr. 1924/2006, Kommentar, 2. Aufl., München, 2012; *Möstl* (Hrsg.), Verbraucherinformation im Wandel, Perspektiven des Lebensmittel- und des Lauterkeitsrechts, 2014; *Mossialos/Walley/Mrazek*, Regulating pharmaceuticals in Europe: an overview, in: dies. (Hrsg.), Regulating pharmaceuticals in Europe: striving for efficiency, equity and quality, Maidenhead, 2004, S. 1; *Mühl*, Abgrenzungsfragen zwischen den Begriffen „Arzneimittel" und „Lebensmittel", Baden-Baden, 2002; *Müller, R.-G.*, Grundfragen des Arzneimittelbegriffs und der Zweifelsregelung, NVwZ 2009, 425; *Nieslony* (Hrsg.), Ausländisches Lebensmittelrecht: Codex Alimentarius, Loseblatt, Hamburg, (EL 105, September 2013); *Purnhagen*, Kann das europäische Arzneimittelzulassungsverfahren als Modell für eine internationale Harmonisierung dienen? EuR 2010, 438; *Rathke/Boch*, Weinrecht. Kommentar, 2012; *Rathke/Kopp/Betz*, Ökologischer Landbau und Bioprodukte. Recht und Praxis, 2. Aufl., München 2010; *O'Rourke*, European Food Law, 3. Aufl., London, 2005; *Rehmann*, Arzneimittelgesetz (AMG), 4. Aufl., München, 2014; *Rehmann/Wagner*, Medizinproduktegesetz (MPG), München, 2005; *Rempe*, Verbraucherschutz durch die Health-Claims-Verordnung, Baden-Baden, 2009; *Roth, W.-H.*, Möglichkeiten und Grenzen eines einheitlichen Binnenmarktes für Arzneimittel, EuR Beiheft 2 2007, 9; *Sander*, Arzneimittelrecht, Kommentar, Loseblatt, Stuttgart, (EL 50, Oktober 2012) mit Zusatzbänden Entscheidungssammlung zum Arzneimittelrecht einschließlich des EuGH, Stuttgart, (EL 24, Oktober 2011); *Scheu*, In Dubio Pro Securitate. Contergan, Hepatitis-/AIDS-Blutprodukte, Spongiformer Humaner Wahn und kein Ende? Grundrechtliche Gefahrenvorsorge für Leib und Leben im Recht der Produkt- und Arzneimittelsicherheit – auch unter Aspekten der Europäisierung und Globalisierung, Baden-Baden, 2003; *Schmidt am Busch*, Gesundheitssicherung im Mehrebenensystem, Tübingen, 2007; *Schroeder, W.*, Die Sicherung eines hohen Schutzniveaus für Gesundheits-, Umwelt- und Verbraucherschutz im europäischen Binnenmarkt, DVBl. 2002, 213; *Schroeder, W./Kraus, M.*, Das neue Lebensmittelrecht – Europarechtliche Grundlagen und Konsequenzen für das deutsche Recht, EuZW 2005, 423; *dies.*, Grundprinzipien des neuen Lebensmittelrechts, wbl 2006, 245; *Schroeter*, Zwischen Marktfreiheit und Verbotsprinzip – Zur Entwicklung des gemeinschaftlichen Lebensmittelrechts, ZLR 2005, 191; *Schwarze, J./Becker, U.* (Hrsg.), Arzneimittel im Europäischen Binnenmarkt, EuR, Beiheft 2/2007; *Schweitzer/Schroeder/Bock*, EG-Binnenmarkt und Gesundheitsschutz, Heidelberg, 2002; *Seemann*, Behördliche Produktinformationen im europäischen und deutschen Lebensmittelrecht, Baden-Baden, 2008; *Simon*, Kooperative Risikoverwaltung im neuen Lebensmittelrecht, Baden-Baden, 2007; *Sosnitza* (Hrsg.), Aktuelle Entwicklungen im deutschen und europäischen Lebensmittelrecht, Baden-Baden, 2007; *Streinz*, Bewältigung von Risiken im Lebensmittelrecht und im Arzneimittelrecht, in: Vieweg, K. (Hrsg.), Risiko – Recht – Verantwortung, Köln u.a. 2006, S. 131; *ders.*, Einzelstaatliche Lebensmittelgesetzgebung vor dem Hintergrund des Europarechts, Ernährung/nutrition 30 (2006), 205; *ders.*, Europäisches Lebensmittelrecht unter Berücksichtigung der Auswirkungen auf Österreich, Linz, 1994; *ders.*, Europäisierte Lebensmittelaufsicht: Aufgaben, Instrumente und Rechtsschutzprobleme, in: Europarecht, Beiheft 2, 2005, S. 7; *ders.*, „Gemeinschaftsrecht bricht nationales Recht". Verlust und Möglichkeiten nationaler politischer Gestaltungsfreiheit nach der Integration in eine supranationale Gemeinschaft, aufgezeigt am Beispiel des Lebensmittelrechts, insbesondere der sog. Novel Food-Verordnung, in: Köbler/Heinze/Hromadka (Hrsg.), Festschrift für Alfred Söllner zum 70. Geburtstag, München, 2000, S. 1139; *ders.*, Lebensmittelrecht, in: Ehlers/Fehling/Pünder (Hrsg.), Besonderes Verwaltungsrecht, Bd. 2, 3. Aufl. Heidelberg, 2013, § 57; *ders.*, (Hrsg.), Lebensmittelrechts-Handbuch, Loseblatt, München, (EL 34 Mai 2013); *ders.*, Risk decisions in cases of persisting scientific uncertainty: the precautionary principle in European food law, in: Woodman/Klippel (Hrsg.), Risk and the Law, Oxford, 2009, S. 53; *ders.*, Wesentliche Trends für die Zukunft des Lebensmittelrechts, ZLR 2012, 141; *Streinz/Ritter*, Arzneimittelrecht, in: Dauses (Hrsg.), Handbuch des EU-Wirtschaftsrechts (C.V.), Loseblatt, München, (EL 34, Oktober 2013/Stand EL 7, Januar 1999); *Tolkmitt*, Ausländisches Lebensmittelrecht. EG-Vorschriften, 6 Bde., Loseblatt, Hamburg, (April 2005); *van der Meulen/van der Velde*, Food Safety Law in the European Union, Wageningen, 2004; *Vos/Wendler* (Hrsg.), Food Safty Regulation in Europe, Antwerpen, 2006; *Voit/Grube*, LMIV – Lebensmittelinformationsverordnung – VO (EU) Nr. 1169/11, Kommentar,

München, 2013; *Wagner, S.*, Europäisches Zulassungssystem für Arzneimittel und Parallelhandel unter besonderer Berücksichtigung des deutschen Arzneimittelrechts, Stuttgart, 2000; *Wehlau*, Lebensmittel- und Futtermittelgesetzbuch. Kommentar, Köln, 2010; *Winter*, Die Verwirklichung des Binnenmarktes für Arzneimittel, Berlin, 2004; *Wollenschläger*, Mitgliedstaatliche Informationsbefugnisse im Lebensmittelsektor vor dem Hintergrund der Harmonisierung des europäischen Lebensmittelrechts, in: Dix u.a. (Hrsg.), Informationsfreiheit und Informationsrecht, Jahrbuch 2013, S. 151; *Zipfel/Rathke*, Lebensmittelrecht, Loseblatt-Kommentar, München, (EL 157 April 2014).

Abschnitt 1: Übersicht zu Gesetzgebung und Rechtsprechung

Abschnitt 2: Analyse und Darstellung der Einwirkungspraxis des Europarechts auf das deutsche Lebensmittel- und Arzneimittelrecht

Abschnitt 1: Übersicht zu Gesetzgebung und Rechtsprechung

A. Gesetzgebung

I. Primärrecht

AEUV: Art. 34 bis 36, Art. 43, Art. 114, Art. 168-169, Art. 352.

II. Sekundärrecht

1. Lebensmittelrecht

Verordnungen:

Horizontale:

Basis:

Verordnung (EG) Nr. 178/2002 des Europäischen Parlaments und des Rates vom 28.1.2002 zur Festlegung der allgemeinen Grundsätze und Anforderungen des Lebensmittelrechts, zur Errichtung der Europäischen Behörde für Lebensmittelsicherheit und zur Festlegung von Verfahren zur Lebensmittelsicherheit – sog. BasisVO (ABl. Nr. L 31/1).

Bedarfsgegenstände:

Verordnung (EG) Nr. 1935/2004 des Europäischen Parlaments und des Rates vom 27.10.2004 über Materialien und Gegenstände, die dazu bestimmt sind, mit Lebensmitteln in Berührung zu kommen (ABl. Nr. L 338/4).

Lebensmittelkennzeichnung:

Verordnung (EU) Nr. 1169/2011 des Europäischen Parlaments und des Rates vom 25.10.2011 betreffend die Information der Verbraucher über Lebensmittel – LMIV (ABl. Nr. L 304/18).

Lebensmittelüberwachung:

Verordnung (EG) Nr. 882/2004 des Europäischen Parlaments und des Rates vom 29.4.2004 über amtliche Kontrollen zur Überprüfung der Einhaltung des Lebensmittel- und Futtermittelrechts sowie Bestimmungen über Tiergesundheit und Tierschutz (ABl. Nr. L 165/1; ber. ABl. Nr. L 191/1).

Hygiene:

Verordnung (EG) **Nr. 852/2004** des Europäischen Parlaments und des Rates vom 29.4.2004 über Lebensmittelhygiene, ABl. Nr. L 139/1, ber. ABl. Nr. L 226/3; **Verordnung (EG) Nr. 853/2004** des Europäischen Parlaments und des Rates vom 29.4.2004 mit spezifischen Hygienevorschriften für Lebensmittel tierischen Ursprungs (ABl. Nr. L 139/55, ber. ABl. Nr. L 226/22); **Verordnung (EG) Nr. 854/2004** mit besonderen Verfahrensvorschriften für die amtliche Überwachung von zum menschlichen Verzehr bestimmten Erzeugnissen tierischen Ursprungs vom 29.4.2004 (ABl. Nr. L 139/206; ber. ABl. Nr. L 226/83).

Besondere Bezeichnungen:

Verordnung (EG) **Nr. 1924/2006** des Europäischen Parlaments und des Rates vom 20.12.2006 über nährwert- und gesundheitsbezogene Angaben über Lebensmittel (ABl. Nr. L 404/9, ber. ABl. 2007 Nr. L 12/3; ABl. 2008 Nr. L 86/34); **Verordnung** (EU) **Nr. 1151/2012** des Europäischen Parlaments und des Rates vom 21.11.2012 über Qualitätsregelungen für Agrarerzeugnisse und Lebensmittel (ABl. Nr. L 343/1); **Verordnung (EG) Nr. 834/2007** des Rates vom 28.6.2007 über die ökologische/biologische Produktion und die Kennzeichnung von ökologischen/biologischen Erzeugnissen und zur Aufhebung der Verordnung (EWG) Nr. 2092/91 (ABl. Nr. L 189/1).

Zusatzstoffe:

Verordnung (EG) **Nr. 1333/2008** des Europäischen Parlaments und des Rates vom 16.12.2008 über Lebensmittelzusatzstoffe (ABl. Nr. L 354/16); **Verordnung** (EG) **Nr. 1332/2008** des Europäischen Parlaments und des Rates vom 16.12.2008 über Lebensmittelenzyme (ABl. Nr. L 354/7); **Verordnung** (EG) **Nr. 1925/2006** des Europäischen Parlaments und des Rates vom 20.12.2006 über den Zusatz von Vitaminen und Mineralstoffen sowie bestimmten anderen Stoffen zu Lebensmitteln (ABl. Nr. L 404/26; ber. ABl. 2008 Nr. L 50/71); **Verordnung** (EG) **Nr. 1331/2008** des Europäischen Parlaments und des Rates vom 16.12.2008 über ein einheitliches Zulassungsverfahren für Lebensmittelzusatzstoffe, -enzyme und -aromen (ABl. Nr. L 354/1).

Diätetische Lebensmittel:

Verordnung (EU) **Nr. 609/2013** des Europäischen Parlaments und des Rates vom 12.6.2013 über Lebensmittel für Säuglinge und Kleinkinder, Lebensmittel für besondere medizinische Zwecke und Tagesrationen für gesundheitskontrollierte Ernährung (ABl. Nr. L 181/35).

Novel Food – Gentechnik:

Verordnung (EG) **Nr. 258/97** des Europäischen Parlaments und des Rates vom 27.1.1997 über neuartige Lebensmittel und neuartige Lebensmittelzutaten – sog. Novel FoodVO (ABl. Nr. L 43/1); **Verordnung** (EG) **Nr. 1829/2003** des Europäischen Parlaments und des Rates vom 22.9.2003 über genetisch veränderte Lebensmittel und Futtermittel (ABl. Nr. L 268/1); **Verordnung** (EG) **Nr. 1830/2003** des Europäischen Parlaments und des Rates vom 22.9.2003 über die Rückverfolgbarkeit und Kennzeichnung von genetisch veränderten Organismen und über die Rückverfolgbarkeit von aus genetisch veränderten Organismen hergestellten Lebensmitteln und Futtermitteln sowie zur Änderung der Richtlinie 2001/18/EG (ABl. Nr. L 268/24).

BSE/TSE:

Verordnung (EG) **Nr. 999/2001** des Europäischen Parlaments und des Rates vom 22.5.2001 mit Vorschriften zur Verhütung, Kontrolle und Tilgung bestimmter transmissibler spongiformer Enzephalopathien (ABl. Nr. L 147/1).

Vertikale Verordnungen (Produktvorschriften):

Verordnung (EWG) **Nr. 1898/87** des Rates über den Schutz der Bezeichnung der Milch und Milcherzeugnisse bei ihrer Vermarktung vom 2.7.1987 (ABl. Nr. L 182/36); **Verordnung** (EG) **Nr. 2991/94** des Rates vom 5.12.1994 mit Normen für Streichfette (ABl. Nr. L 316/2); beide Verordnungen mit Wirkung vom 1.7.2008 aufgehoben und ersetzt durch Verordnung (EG) Nr. 1234/2007 des Rates vom 22.10.2007 über die einheitliche GMO (ABl. Nr. L 299/1), die durch die Verordnung (EU) Nr. 1308/2013 aufgehoben und ersetzt wurde (siehe unten); **Verordnung (EG) Nr. 445/2007** der Kommission vom 23.4.2007 mit bestimmten Durchführungsbestimmungen zur Verordnung (EG) Nr. 2991/94 und zur Verordnung (EWG) Nr. 1898/87 (ABl. 2007 Nr. L 106/24); **Verordnung (EG) Nr. 110/2008** des Europäischen Parlaments und des Rates vom 15.1.2008 zur Begriffsbestimmung, Bezeichnung, Aufmachung und Etikettierung von Spirituosen sowie zum Schutz geographischer Angaben für Spirituosen und zur Aufhebung der Verordnung (EWG) Nr. 1576/89 (ABl. 2008 Nr. L 39/16).

Marktordnung:

Verordnung (EU) Nr. 1308/2013 des Europäischen Parlaments und des Rates vom 17. 12. 2013 über eine gemeinsame Marktorganisation für landwirtschaftliche Erzeugnisse (ABl. Nr. L 347/671), durch die u.a. die **Verordnung (EG) Nr. 1234/2007** des Rates vom 22.10.2007 über eine gemeinsame Organisation der Agrarmärkte und mit Sondervorschriften für bestimmte landwirtschaftliche Erzeugnisse (Verordnung über die einheitliche GMO (ABl. Nr. L 299/1)) aufgehoben und ersetzt wurde, die in Teilbereichen bis zuletzt 2020 fortgilt (Art. 230 VO Nr. 1308/2013); **Verordnung (EG) Nr. 589/2008** der Kommission vom 23.6.2008 mit Durchführungsbestimmungen zur Verordnung (EG) Nr. 1234/2007 des Rates hinsichtlich der Vermarktungsnormen für Eier (ABl. Nr. L 163/6).

Richtlinien:

Allgemein:

Richtlinie 83/189/EWG des Rates vom 28.3.1983 über ein Informationsverfahren auf dem Gebiet der Normen und technischen Vorschriften (ABl. Nr. L 109/8), durch RL 88/182/EWG des Rates vom 22.3.1988 (ABl. Nr. L 81/75) auf lebensmittelrechtliche Vorschriften erstreckt; aufgehoben und konsolidiert durch **Richtlinie 98/34/EG** des Europäischen Parlaments und des Rates vom 22.6.1998 (ABl. Nr. L 204/37), geändert durch RL 98/48/EG (ABl. Nr. L 217/18); **Erste Richtlinie 89/104/EWG** des Rates vom 21.12.1988 zur Angleichung der Rechtsvorschriften der Mitgliedstaaten über die Marke (ABl. Nr. L 40/1).

Lebensmittelkennzeichnung:

Richtlinie 2000/13/EG des Europäischen Parlaments und des Rates vom 20.3.2000 zur Angleichung der Rechtsvorschriften der Mitgliedstaaten über die Etikettierung und Aufmachung von Lebensmitteln sowie die Werbung hierfür (ABl. Nr. L 109/29); **Richtlinie 90/496/EWG** des Rates vom 24.9.1990 über die Nährwertkennzeichnung von Lebensmitteln (ABl. Nr. L 276/40; ber. ABl. Nr. L 140/22). Beide Richtlinien werden aufgehoben und mit Wirkung vom 13.12.2014 ersetzt durch die LebensmittelinformationsVO (EU) Nr. 1169/2011 (ABl. Nr. L 304/18). Siehe oben.

Lebensmittelhygiene:

Richtlinie 2004/41/EG des Europäischen Parlaments und des Rates vom 21.4.2004 zur Aufhebung bestimmter Richtlinien über Lebensmittelhygiene und Hygienevorschriften für die Herstellung und das Inverkehrbringen von bestimmten, zum menschlichen Verzehr bestimmten Erzeugnissen tierischen Ursprungs sowie zur Änderung der Richtlinien 89/662/EWG und 92/118/EWG des Rates und der Entscheidung 95/408/EG des Rates (ABl. Nr. L 157/33, ber. ABl. Nr. L 195/12).

Zusatzstoffe:

Richtlinie 89/107/EWG des Rates vom 21.12.1988 zur Angleichung der Rechtsvorschriften der Mitgliedstaaten über Zusatzstoffe, die in Lebensmitteln verwendet werden dürfen (ABl. 1989 Nr. L 40/27); **Richtlinie 94/35/EG** des Europäischen Parlaments und des Rates vom 30.6.1994 über Süßungsmittel, die in Lebensmitteln verwendet werden dürfen (ABl. Nr. L 237/3; ber. ABl. 2002 Nr. L 325/51); **Richtlinie 94/36/EG** des Europäischen Parlaments und des Rates vom 30.6.1994 über Farbstoffe, die in Lebensmitteln verwendet werden dürfen (ABl. Nr. L 237/13); **Richtlinie 95/2/EG** des Europäischen Parlaments und des Rates vom 20.2.1995 über andere Lebensmittelzusatzstoffe als Farbstoffe und Süßungsmittel (ABl. Nr. L 61/1). Diese Richtlinien wurden unter teilweise befristeter Fortgeltung aufgehoben durch Art. 33 der VO (EG) Nr. 1333/2008 des Europäischen Parlaments und des Rates vom 16.12.2008 über Lebensmittelzusatzstoffe (ABl. Nr. L 354/16), die seit 20.1.2010 gilt. Die Richtlinien bleiben wegen fortgeltender Bezugnahmen von Bedeutung.

Diätetische Lebensmittel:

Richtlinie 2009/39/EG des Europäischen Parlaments und des Rates vom 6.5.2009 über Lebensmittel, die für eine besondere Ernährung bestimmt sind (ABl. Nr. L 124/21); wird mit Wirkung vom 20.7.2016 aufgehoben und ersetzt durch die Verordnung (EU) N. 609/2013 (ABl. Nr. L 181/35); **Richtlinie 91/321/EWG** der Kommission vom 14.5.1991 über Säuglingsanfangsnahrung und Folgenahrung (ABl. Nr. L 175/35; ber. ABl. Nr. L 101/52); **Richtlinie 2006/125/EG** der Kommission vom 5.12.2006 über Getreidebeikost und andere Beikost für Säuglinge und Kleinkinder (ABl. Nr. L 339/16, ber. ABl. 2007 Nr. L 4/10); **Richtlinie 96/8/EG** der Kommission vom 26.2.1996 über Lebensmittel für kalorienarme Ernährung zur Gewichtsverringerung (ABl. Nr. L 55/22); **Richtlinie 1999/21/EG** der Kommission vom 25.3.1999 über diätetische Lebensmittel für besondere medizinische Zwecke (ABl. Nr. L 91/29; ber. ABl. Nr. L 2/79); **Richtlinie 2001/15/EG** der Kommission vom 15.2.2001 über Stoffe, die Lebensmitteln, die für eine besondere Ernährung bestimmt sind, zu besonderen Ernährungszwecken zugefügt werden dürfen (ABl. Nr. L 52/19).

Nahrungsergänzungsmittel:

Richtlinie 2002/46/EG des Europäischen Parlaments und des Rates vom 10.6.2002 zur Angleichung der Rechtsvorschriften der Mitgliedstaaten über Nahrungsergänzungsmittel (ABl. Nr. L 183/51).

Lebensmittelbestrahlung:

Richtlinie 1999/2/EG des Europäischen Parlaments und des Rates vom 22.2.1999 zur Angleichung der Rechtsvorschriften der Mitgliedstaaten über mit ionisierenden Strahlen behandelte Lebensmittel und Lebensmittelbestandteile (ABl. Nr. L 66/16); **Richtlinie 1999/3/EG** des Europäischen Parlaments und des Rates vom 22.2.1999 über die Festlegung einer Gemeinschaftsliste von mit ionisierenden Strahlen behandelten Lebensmitteln und Lebensmittelbestandteilen (ABl. Nr. L 66/24).

Gentechnik:

Richtlinie 90/220/EWG des Rates vom 23.4.1990 über die absichtliche Freisetzung genetisch veränderter Organismen in die Umwelt (ABl. Nr. L 117/15), ersetzt durch Richtlinie **2001/18/EG** des Europäischen Parlaments und des Rates vom 12.3.2001 über die absichtliche Freisetzung genetisch veränderter Organismen in die Umwelt und zur Aufhebung der Richtlinie 90/220/EWG des Rates (ABl. Nr. 106/1).

Vertikale Richtlinien (Produktvorschriften):

Richtlinie 1999/4/EG des Europäischen Parlaments und des Rates vom 22.2.1999 über Kaffee- und Zichorien-Extrakte (ABl. Nr. L 66/26); **Richtlinie 2000/36/EG** des Europäischen Parlaments und des Rates vom 23.6.2000 über Kakao- und Schokoladenerzeugnisse für die menschliche Ernährung (ABl. Nr. L 197/19); **Richtlinie 2001/113/EG** des Europäischen Parlaments und des Rates vom 20.12.2001 über Konfitüren, Gelees, Marmeladen und Maronenkrem für die menschliche Ernährung (ABl. Nr. L 10/67); **Richtlinie 2001/110/EG** vom 20.12.2001 über Honig (ABl. Nr. L 10/67); **Richtlinie 2001/111/EG** des Rates vom 20.12.2001 über bestimmte Zuckerarten für die menschliche Ernährung (ABl. 2002 Nr. L 10/53); **Richtlinie 2001/112/EG** des Rates vom 20.12.2001 über Fruchtsäfte und bestimmte gleichartige Erzeugnisse für die menschliche Ernährung (ABl. Nr. L 10/58).

Mitteilungen:

Mitteilung der Kommission vom 3.10.1980 über die Auswirkungen des Urteils des Europäischen Gerichtshofes vom 20. Februar 1979 in der Rechtssache 120/78 – **„Cassis de Dijon"** (ABl. Nr. C 256/2); **Mitteilung** der Kommission an den Rat und an das Europäische Parlament vom 8.11.1985 *über die Vollendung des Binnenmarktes*: Das gemeinschaftliche Lebensmittelrecht (Dok. KOM (85)603 endg.); **Mitteilung** der Kommission vom 24.10.1989 über den **freien Verkehr mit Lebensmitteln** innerhalb der Gemeinschaft (ABl. Nr. C 271/14); Erläuternde **Mitteilung** der Kommission vom 15.10.1991 über die **Verkehrsbezeichnung** von Lebensmitteln (ABl. Nr. L 270/2); **Grünbuch** der Kommission vom 3.4.1997 „Allgemeine Grundsätze des Lebensmittelrechts in der Europäischen Union" (Dok. KOM (97) 176); **Mitteilung** der Kommission vom 3.4.1997 über „Gesundheit des Verbrauchers und **Lebensmittelsicherheit**" (Dok. KOM (97) 183 endg.); **Weißbuch zur Lebensmittelsicherheit** der Kommission vom 12.1.2000 (Dok. KOM (1999) 719 endg.); **Mitteilung** der Kommission vom 2.2.2000 über die Anwendbarkeit des **Vorsorgeprinzips** (Dok. KOM (2000) 1 endg.).

2. Arzneimittelrecht

Verordnungen:

Verordnung (EG) Nr. 726/2004 des Europäischen Parlaments und des Rates vom 31.3.2004 zur Festlegung von Gemeinschaftsverfahren für die Genehmigung und Überwachung von Human- und Tierarzneimitteln und zur Errichtung einer Europäischen Arzneimittel-Agentur (ABl. Nr. L 136/1); **Verordnung (EWG) Nr. 2309/93** des Rates vom 22.7.1993 zur Festlegung von Gemeinschaftsverfahren für die Genehmigung und Überwachung von Human- und Tierarzneimitteln und zur Schaffung einer Europäischen Agentur für die Beurteilung von Arzneimitteln (ABl. Nr. L 214/1; abgelöst durch VO (EG) Nr. 726/2004); **Verordnung (EG) Nr. 297/95** des Rates vom 10.2.1995 über die Gebühren der Europäischen Agentur für die Beurteilung von Arzneimitteln (ABl. Nr. L 35/1); **Verordnung (EG) Nr. 540/95** der Kommission vom 10.3.1995 zur Festlegung der Bestimmungen für die Mitteilung von vermuteten unerwarteten, nicht schwerwiegenden **Nebenwirkungen**, die innerhalb oder außerhalb der Gemeinschaft an gemäß der VO (EWG) Nr. 2309/93 zugelassenen Human- oder Tierarzneimitteln festgestellt werden (ABl. Nr. L 55/5); **Verordnung (EG) Nr. 141/2000** des Europäischen Parlaments und des Rates vom 16.12.1999 über Arzneimittel für seltene Leiden (ABl. Nr. L 18/1); **Verordnung (EG) Nr. 847/2000** der Kommission vom 27.4.2000 zur Festlegung von Bestimmungen für die Anwendung der Kriterien für die Ausweisung eines Arzneimittels als Arzneimittel für seltene Leiden und von Definitionen für die Begriffe „ähnliches Arzneimittel" und „klinische Überlegenheit" (ABl. Nr. L 103/5); **Verordnung (EG) Nr. 1901/2006** des Europäischen Parlaments und des Rates vom 12.12.2006 über Kinderarzneimittel (ABl. Nr. L 378/1); **Verordnung (EG) Nr. 469/2009** des Europäischen Parlaments und des Rates vom 6.5.2009 über das ergänzende Schutzzertifikat für Arzneimittel (ABl. Nr. L 152/1).

Kosmetika:

Verordnung (EG) Nr. 1223/2009 des Europäischen Parlaments und des Rates vom 30.11.209 über kosmetische Mittel (ABl. Nr. L 342/59).

Richtlinien:

Richtlinie 2001/83/EG des Europäischen Parlaments und des Rates vom 6.11.2001 zur Schaffung eines Gemeinschaftskodexes für Humanarzneimittel (ABl. Nr. L 311/67); **Richtlinie 65/65/EWG** des Rates vom 26.1.1965 zur Angleichung der Rechts- und Verwaltungsvorschriften der Mitgliedstaaten über Arzneispezialitäten (ABl. Nr. L 22/369; abgelöst durch RL 2001/83/EG); **Richtlinie 2001/82/EG** des vom 6.11.2001 zur Schaffung eines Gemeinschaftskodexes für Tierarzneimittel (ABl. Nr. L 311/1); **Richtlinie 2009/35/EG** des Europäischen Parlaments und des Rates vom 23.4.2009 zur Angleichung der Rechtsvorschriften der Mitgliedstaaten über Stoffe, die Arzneimitteln zum Zweck der Färbung hinzugefügt werden dürfen (ABl. Nr. L 109/10); **Richtlinie 89/105/EWG** des Rates vom 21.12.1988 betreffend die Transparenz von Maßnahmen zur Regelung der Preisfestsetzung bei Arzneimitteln für den menschlichen Gebrauch und ihre Einbeziehung in die staatlichen Krankenversicherungssysteme (ABl. Nr. L 40/8); **Richtlinie 2001/20/EG** des Europäischen Parlaments und des Rates vom 4.4.2001 zur Angleichung der Rechts- und Verwaltungsvorschriften der Mitgliedstaaten über die Anwendung der guten klinischen Praxis bei der Durchführung von klinischen Prüfungen mit Humanarzneimitteln (ABl. Nr. L 121/34); **Richtlinie 2002/98/EG** des Europäischen Parlaments und des Rates vom 27.1.2003 zur Festlegung von Qualitäts- und Sicherheitsstandards für die Gewinnung, Testung, Verarbeitung, Lagerung und Verteilung von menschlichem Blut und Blutbestandteilen und zur Änderung der RL 2001/83/EG

(ABl. Nr. L 33/30); **Richtlinie 2003/94/EG** der Kommission vom 8.10.2003 zur Festlegung der Grundsätze und Leitlinien der Guten Herstellungspraxis für Humanarzneimittel und für zur Anwendung beim Menschen bestimmte Prüfpräparate (ABl. Nr. L 262/22); **Richtlinie 2004/33/EG** des Europäischen Parlaments und des Rates vom 22.3.2004 über bestimmte technische Anforderungen für Blut und Blutbestandteile (ABl. Nr. L 91/25); **Richtlinie 2004/23/EG** des Europäischen Parlaments und des Rates vom 31.3.2004 zur Festlegung von Qualitäts- und Sicherheitsstandards für die Spende, Beschaffung, Testung, Verarbeitung, Lagerung und Verteilung von menschlichen Geweben und Zellen (ABl. Nr. L 102/48); **Richtlinie 2011/24/EU** des Europäischen Parlaments und des Rates vom 9.3.2011 über die Ausübung der Patientenrechte in der grenzüberschreitenden Gesundheitsversorgung (ABl. Nr. L 88/45).

Medizinprodukte:

Richtlinie 90/385/EWG des Rates vom 20.6.1990 zur Angleichung der Rechtsvorschriften der Mitgliedstaaten über aktive implantierbare medizinische Geräte (ABl. Nr. L 189/17); **Richtlinie 93/42/EWG** des Rates vom 14.6.1993 über Medizinprodukte (ABl. Nr. L 169/1); **Richtlinie 98/79/EWG** des Europäischen Parlaments und des Rates vom 27.10.1998 über In-vitro-Diagnostika (ABl. Nr. L 331/1).

Allgemein:

Richtlinie 89/552/EWG des Rates vom 3.10.1989 zur Koordinierung bestimmter Rechts- und Verwaltungsvorschriften der Mitgliedstaaten über die Ausübung der Fernsehtätigkeit (ABl. Nr. L 298/23), geändert durch **Richtlinie 2007/65/EG** des Europäischen Parlaments und des Rates vom 11.12.2007 über audiovisuelle Mediendienste (ABl. Nr. L 332/27).

Mitteilungen:

Mitteilung der Kommission über den **Binnenmarkt für Arzneimittel** (KOM (1998) 588 endg.).

III. Völkerrechtliche Verträge

Übereinkommen zur Errichtung der Welthandelsorganisation (**WTO-Übereinkommen**) vom 15.4.1994 (ABl. Nr. L 336/1); Übereinkommen über technische Handelshemmnisse (Agreement on Technical Barriers to Trade – **TBT-Übereinkommen**) vom 23.12.1994 (ABl. Nr. L 336/86); Übereinkommen über die Anwendung gesundheitspolizeilicher und pflanzenschutzrechtlicher Maßnahmen (Agreement on the Application of Sanitary and Phytosanitary Measures – **SPS-Übereinkommen**) vom 15.4.1994 (ABl. Nr. L 336/40); Übereinkommen über handelsbezogene Aspekte des Rechts des geistigen Eigentums, BGBl. 1994 II S. 1730 (Trade-Related Aspects of Intellectual Property Rights – **TRIPS**) vom 23.12.1994 (ABl. Nr. L 336/213).

B. Rechtsprechung („leading cases“)

I. Allgemein (Warenverkehrsfreiheit)

EuGH, Rs. 8/74 (Dassonville), Slg 1974, 827; EuGH, Rs. 120/78 (Rewe/Bundesmonopolverwaltung für Branntwein – „Cassis de Dijon”), Slg 1979, 649; EuGH, Rs. 88/79 (Staatsanwaltschaft/Grunert – Berufung auf eine Richtlinie), Slg 1980, 1827; EuGH, Rs. 249/81 (Kommission/Irland – „Buy Irish), Slg 1982, 4005; EuGH, Rs. 261/81 (Rau/De Smedt – „Gestaltzwang“), Slg 1982, 3961; EuGH, Rs. 174/82 (Strafverfahren gegen Sandoz B.V.), Slg 1983, 2445; EuGH, Rs. 222/82 (Apple and Pear Development Council/K.J. Lewis Ltd. u.a.), Slg 1983, 4083; EuGH, Rs. 16/83 (Strafverfahren gegen Karl Prantl – „Bocksbeutel“), Slg 1984, 1299; EuGH, Rs. 272/83 (Kommission/Italien – Verordnungen), Slg 1985, 1057; EuGH, Rs. 178/84 (Kommission/Deutschland – „Reinheitsgebot für Bier“), Slg 1987, 1227; EuGH, Rs. 80/86 (Kolpinghuis Nijmegen), Slg 1987, 3969; EuGH, verb. Rs. C-267/91 und 268/91 (Keck und Mithouard), Slg 1993, I-6097; EuGH, Rs. C-470/93 (Verein gegen Unwesen in Handel und Gewerbe Köln/Mars), Slg 1995, I-1923; *EuGH, Rs. C-194/94* (CIA Security International/Signalson und Securitel – Informationsrichtlinie), Slg 1996, I-2201; EuGH, Rs. C-358/98 (Kommission/Italien – Klarstellungspflicht), Slg 2000, I-1255; EuGH, Rs. 376/98 (Deutschland/Europäisches Parlament und Rat – „Tabakwerbeverbot“),

Slg 2000, I-8498; EuGH, Rs. C-443/98 (Unilever Italia SpA/Central Food SpA – Wirkungen der Informationsrichtlinie auf Privatrechtsverhältnisse), Slg 2000, I-7535; EuGH, Rs. C-463/01 (Kommission/Deutschland – „Flaschenpfand"), Slg 2004, I-11705.

II. Lebensmittelrecht

EuGH, Rs. 407/85 (3 Glocken/USL Centro Sud – „Pasta"), Slg 1988, 4285; EuGH, Rs. C-306/93 (SMW Winzersekt/Land Rheinland Pfalz – „Méthode champenoise"), Slg 1994, I-5555; EuGH, Rs. C-51/94 (Kommission/Deutschland – „Sauce hollandaise"), Slg 1995, I-3599; EuGH, Rs. C-388/95 (Belgien/Spanien – „Rioja"), Slg 2000, I-3123; EuGH, Rs. C-210/96 (Gut Springenheide und Tusky), Slg 1998, I-4657; EuGH, Rs. C-101/98 (Union Deutsche Lebensmittelwerke/Schutzverband gegen Unwesen in der Wirtschaft – „Diätkäse"), Slg 1999, I-8841; EuGH, Rs. C-220/98 (Estée Lauder Cosmetics/Lancaster Group), Slg 2000, I-117; EuGH, Rs. C-405/98 (Gourmet International Products – „Alkoholwerbung"), Slg 2001, I-1795; EuGH, Rs. C-465/98 (Verein gegen Unwesen in Handel und Gewerbe Köln/Darbo AG), Slg 2000, I-2297; EuGH, Rs. C-473/98 (Kemikalieninspektionen/Toolex Alpha – Gesundheitsschutz), Slg 2000, I-5681; EuGH, Rs. C-387/99 (Kommission/Deutschland – „3-fach Dosis"), Slg 2004, I-3751; EuGH, Rs. C-24/00 (Kommission/Frankreich – „Red Bull"), Slg 2004, I-1277; EuGH, Rs. C-325/00 (Kommission/Deutschland – „CMA"), Slg 2002, I-9993; EuGH, Rs. C-276/01 (Bußgeldverfahren gegen Joachim Steffensen), Slg 2003, I-3735; EuGH, Rs. C-192/01 (Kommission/Dänemark – „angereicherte Lebensmittel"), Slg 2003, I-9693; EuGH, Rs. C-95/01 (Greenham und Abel), Slg 2004, I-1333; EuGH, Rs. C-210/03 (Swedish Match AB), Slg 2004, I-11893; EuGH, Rs. C-239/02 (Douwe Egberts NV/Westrom Pharma NV u.a. – „Schlankheitsmittel"), Slg 2004, I-7007; EuGH, Rs. C-434/02 (Arnold André), Slg 2004, I-11825; EuGH, verb. Rs. C-154/04 und C-155/04 (National Association of Health Stores u.a. – Nahrungsergänzungsmittel), Slg 2005, I-6451; EuGH, verb. Rs. C-439/05 P und C-454/05 P (Land Oberösterreich und Republik/Österreich/Kommission – „Gentechnikfreie Zone"), Slg 2007, I-7141; EuGH, Rs. C-445/06 (Danske Slagterier/BR Deutschland – Staatshaftung wegen fehlerhafter Richtlinienumsetzung), Slg 2009, I-2119; EuGH, Rs. C-166/08 (Strafverfahren gegen Weber – Gegengutachten), Slg 2009, I-4253; EuGH, Rs. C-327/09 (Mensch und Natur AG/Freistaat Bayern – „Novel Food Stevia"), Slg 2011, I-2897; EuGH, verb. Rs. C-58/10 bis C-68/10 (Monsanto – „GVO-Futtermittel"), Slg 2011, I-7763), EuGH, Rs. C-544/10 (Deutsches Weintor/Land Rheinland-Pfalz – „Bekömmlicher" Wein – HCVO), EuZW 2012, 828; EuGH, Rs. C-636/11 (Karl Berger/Freistaat Bayern – „Gammelfleisch"), NVwZ 2013, 1003; EuGH, Rs. C-299/12 (Green/Pharmaceuticals Swan CR- HCVO); EuGH, Rs. C-35/13 (Salame Felino), ZLR 2014, 461.

III. Arzneimittelrecht

EuGH, Rs. 16/74 (Centrafarm/Winthrop), Slg 1974, 1183; EuGH, Rs. 104/75 (Adriaan de Peijper), Slg 1976, 613; EuGH, Rs. 187/80 (Merck/Stephar), Slg 1981, 2603; EuGH, Rs. 272/80 (van Bennekom), Slg 1983, 3883; EuGH, Rs. 238/82 (Duphar/Niederlande), Slg 1984, 523; EuGH, Rs. 19/84 (Pharmon/Hoechst), Slg 1985, 2281; EuGH, Rs. 215/87 (Schumacher), Slg 1989, 617; EuGH, Rs. 369/88 (Delattre), Slg 1991, I-1487; EuGH, Rs. C-347/89 (Eurim-Pharm), Slg 1991, I-1747; EuGH, verb. Rs. C-427, C-429 und C-436/93 (Bristol-Myers Squibb), Slg 1996, I-3457; EuGH, Rs. C-120/95 (Decker/Caisse de maladie des employés privés), Slg 1998, I-1831; EuGH, verb. Rs. C-267 und 268/95 (Merck/Primecrown), Slg 1996, I-6285; EuGH, Rs. C-158/96 (Kohll/ Union des caisses de maladie), Slg 1998, I-1931; EuGH, Rs. C-385/99 (Müller-Fauré und van Riet), Slg 2003, I-4509; EuGH, Rs. C-443/99 (Merck/Paranova), Slg 2002, I-3703; EuGH, Rs. C-172/00 (Ferring/Eurim-Pharm), Slg 2002, I-689; EuGH, verb Rs. C-264/01, C-306/01 und C-354/01 (AOK Bundesverband u.a./Ichthyol-Gesellschaft Cordes, Hermani & Co. u.a.), Slg 2004, I-2493; EuGH, Rs. C-322/01 (Deutscher Apothekerverband e.V./Doc Morris NV und Jacques Waterval), Slg 2003, I-14887; EuGH, Rs. C-112/02 (Kohlpharma/BR Deutschland), Slg 2004, I-3369; EuGH, verb. Rs. C-211/03, C-299/03 und C-316 bis C-318/03 (HLH Warenvertriebs GmbH und Orthica

BV/BR Deutschland – Lactobac Omni FOS), Slg 2005, I-5141; EuGH, Rs. C-319/05 (Kommission/ Deutschland-Knoblauchkapsel), Slg 2007, I-9841; EuGH, Rs. C-140/07 (Hecht-Pharma – Red Rice – Abgrenzung Arzneimittel/Lebensmittel), Slg 2009, I-41; EuGH, Rs. C-88/07 (Kommission/ Spanien – Abgrenzung Lebensmittel/Arzneimittel), Slg 2009, I-1353; EuGH, verb. Rs. C-171/07 und C-172/07 (Apothekerkammer des Saarlandes ua/Saarland – „DocMorris II"), Slg 2009, I-4171; EuGH, verb. Rs. C-471/07 und C-472/07(AGIM, Bayer, Pfizer u.a./Belgien – „Transparenz der Preisfestsetzung"), Slg 2010, I-113; EuGH, Rs. C-62/09 (Association of the British Pharmaceutical Industry – "Prämien"), Slg 2010, I-3603; EuGH, Rs. C-316/09 (Sharp und Dohme/ Merckle – „Werbung"), Slg 2011, I-3249; EuGH, Rs. C-308/11 (Kreussler/Sunstar – „ Mundspüllösung", EuZW 2012, 73); EuG, Rs. T-41/96 (Bayer/Kommission), Slg 2000, II-3383.

Abschnitt 2: Analyse und Darstellung der Einwirkungspraxis des Europarechts auf das deutsche Lebensmittel- und Arzneimittelrecht

A. Überblick

I. Erfassung durch das Unionsrecht

1 Obwohl die Begriffe „Lebensmittel" und „Arzneimittel" im EU-Vertrag und im Vertrag über die Arbeitsweise der Europäischen Union (AEUV) nicht vorkommen, werden beide Materien in erheblichem Umfang, das Lebensmittelrecht sogar dominant (siehe Rn 22) vom Unionsrecht erfasst. Nach dem Grundsatz der begrenzten Ermächtigung (Art. 5 Abs. 1 und 2 EUV) bedarf es dazu einer **Rechtsgrundlage**. Ausdrücklicher Ansatzpunkt für das Lebensmittelrecht sind allein die Vorschriften über die Agrarpolitik (Art. 38 ff AEUV, als Kompetenznorm Art. 43 Abs. 2 AEUV),[1] da Agrarprodukte Lebensmittel (der Urproduktion) sind. Für das Arzneimittelrecht kommt als ausdrücklicher Ansatzpunkt der durch den Vertrag von Maastricht (als Art. 129 EGV) eingefügte Art. 168 Abs. 4 lit. a AEUV in Betracht, der allein den beschränkten Bereich von „Maßnahmen zur Festlegung hoher Qualitäts- und Sicherheitsstandards für Organe und Substanzen menschlichen Ursprungs sowie für Blut und Blutderivate" (als Mindeststandards) erfasst, sowie der durch den Vertrag von Lissabon angefügte lit. c („Maßnahmen zur Festlegung hoher Qualitäts- und Sicherheitsstandards für Arzneimittel und Medizinprodukte"). In beiden Fällen sind aber die Vorschriften über den **freien Warenverkehr** (Art. 28 ff AEUV, insbesondere Art. 34 ff AEUV) entscheidend. Lebensmittel und Arzneimittel sind Waren, die am innerunionalen Warenverkehr teilhaben. Als gesundheitsrelevante Produkte sind sie regelungsbedürftig, was vorbehaltlich unionsrechtlicher Regelungen durch die Mitgliedstaaten geschieht. Durch unterschiedliche mitgliedstaatliche Standards in der Bewertung des Gesundheits- und Verbraucherschutzes entstehen Handelshemmnisse, die unter den letztlich durch den EuGH kontrollierten Voraussetzungen des Art. 36 AEUV bzw den sog. „immanenten Schranken" (dh weiteren Rechtfertigungsgründen) gemäß der Cassis-Formel der Rechtsprechung des EuGH[2] gerechtfertigt sind. Um diese Handelshemmnisse abzubauen, werden die Rechtsordnungen der Mitgliedstaaten, soweit eine gegenseitige Anerkennung nicht vertretbar erscheint, in unterschiedlicher Intensität angeglichen (Stufen der **Harmonisierung**).[3] Dies ist vor allem auf der Grundlage des Art. 114 AEUV, ggf ergänzt durch Art. 352 AEUV,[4] in erheblichem Umfang für das Lebensmittelrecht (siehe Rn 26) und auch für das Arzneimittelrecht (siehe Rn 92) geschehen.

---

1 Im Gegensatz zu Art. 37 Abs. 2 Unterabs. 3 EGV werden diese Rechtsakte nicht mehr vom Rat mit Anhörung des Europäischen Parlaments, sondern im ordentlichen Gesetzgebungsverfahren (Art. 289 Abs. 1, Art. 294 AEUV) vom Europäischen Parlament und dem Rat gemeinsam erlassen.

2 EuGH, Rs. 120/78 (Rewe/Bundesmonopolverwaltung für Branntwein – „Cassis de Dijon"), Slg 1979, 649, Rn 8. Vgl dazu *Streinz*, Europarecht, Rn 870 ff.

3 Vgl dazu *Leible/Schröder*, in: Streinz, EUV/AEUV, Art. 114 AEUV, Rn 25 ff mwN.

4 Dabei ist das jetzt in Art. 352 Abs. 3 AEUV ausdrücklich verankerte Umgehungsverbot zu beachten.

II. Gemeinsamkeiten und Unterschiede

1. Erfassung durch den freien Warenverkehr (Art. 34/36 AEUV)

Sowohl das Lebensmittelrecht als auch das Arzneimittelrecht werden durch den freien Warenverkehr erfasst. Denn beide Produkte sind **Waren**, die am Handel zwischen den Mitgliedstaaten teilhaben. Die Unterschiede in deren Rechtsordnungen behindern den grenzüberschreitenden Handel und damit den Binnenmarkt als einen Raum ohne Binnengrenzen (Art. 26 Abs. 2 AEUV). Diese **Hemmnisse** können durch gegenseitige Anerkennung der jeweiligen Regelungen des Herkunftslandes eines Produkts oder durch Harmonisierung der Rechtsordnungen durch sekundäres Unionsrecht (Verordnungen oder Richtlinien) überwunden werden (siehe Rn 24 ff). 2

Rechtfertigungsgründe für Beschränkungsmaßnahmen sind der in Art. 36 AEUV ausdrücklich genannte Gesundheitsschutz sowie der in der Cassis-Formel hervorgehobene Verbraucherschutz. Der (vorbeugende) Gesundheitsschutz steht bei Arzneimitteln im Vordergrund, was sich im Verbotsprinzip (siehe Rn 4, 5) zeigt. Speziell bei Arzneimitteln stellen sich Fragen des Schutzes des gewerblichen und kommerziellen Eigentums (Art. 36 S. 1 AEUV), insbesondere von Patenten (siehe Rn 87 ff). 3

2. Missbrauchsprinzip und Verbotsprinzip

Im **Lebensmittelrecht** unterscheidet man zwischen dem sog. Missbrauchsprinzip und dem sog. Verbotsprinzip. Nach dem **Missbrauchsprinzip**, das im Lebensmittelrecht grundsätzlich gilt, dürfen Lebensmittel in eigener Verantwortung des Lebensmittelunternehmers (vgl Art. 3 Nr. 3 Basis-VO; siehe zu dieser Rn 41), dh ohne Genehmigung, in den Verkehr gebracht werden. Sie müssen aber den gesetzlichen Anforderungen des Gesundheitsschutzes und Verbraucherschutzes einschließlich der Verbraucherinformation genügen. Nach dem **Verbotsprinzip** ist verboten, was nicht ausdrücklich erlaubt ist (Verbot mit Erlaubnisvorbehalt). Es gilt im Lebensmittelrecht in den Fällen, in denen es der vorbeugende Gesundheitsschutz erfordert und rechtfertigt, zB bei Zusatzstoffen und (teilweise) bei Novel Food sowie durchgehend bei gentechnisch veränderten Lebensmitteln (siehe Rn 11). In der Unionsrechtsetzung ist eine deutliche Tendenz des Übergangs vom Missbrauchs- zum Verbotsprinzip zu verzeichnen[5] (vgl zur sog. Health Claims Verordnung Rn 51). Dies bedarf wegen des stärkeren Eingriffs in Grundrechte (Berufsfreiheit und Wirtschaftsfreiheit als nationale und Unionsgrundrechte),[6] der andererseits für Lebensmittelunternehmer durch die erfolgte Prüfung und Genehmigung auch eine gewisse[7] Sicherheit bietet, einer besonderen Rechtfertigung. 4

Im **Arzneimittelrecht** gilt wegen der damit verbundenen potentiellen Risiken das Verbotsprinzip. Dh dass Arzneimittel der vorherigen Zulassung bedürfen, um in den Verkehr gebracht zu werden. Wegen der aufwendigen und langwierigen, damit kostenintensiven Zulassungsverfahren kommt der Abgrenzung zwischen Arzneimitteln und Lebensmitteln (siehe Rn 14 ff) große Bedeutung zu. 5

3. Organisationsstruktur: Europäische und nationale Behörden

Der **Vollzug des Unionsrechts** und damit auch des unionalen Lebensmittel- und Arzneimittelrechts obliegt nach der allgemeinen Kompetenzverteilung gemäß dem Prinzip der begrenzten Einzelermächtigung (Art. 5 Abs. 1 und 2 EUV) grundsätzlich den Mitgliedstaaten (**dezentraler Vollzug**). 6

---

5 Vgl *Schroeter*, ZLR 2005, 191, 197 ff.

6 Seit dem Inkrafttreten des Vertrags von Lissabon am 1.12.2009 gemäß Art. 6 Abs. 1 EUV die Rechte aus der Charta der Grundrechte der Europäischen Union (ABl. 2007 Nr. C 303/1), insbesondere Art. 15 (Berufsfreiheit), Art. 16 (Unternehmerische Freiheit) und Art. 17 (Eigentumsrecht). Daneben gemäß Art. 6 Abs. 3 EUV die aus den Rechtserkenntnisquellen der EMRK und der gemeinsamen Verfassungsüberlieferungen der Mitgliedstaaten gewonnenen allgemeinen Rechtsgrundsätze. Gemäß Art. 6 Abs. 2 EUV wird die Union der EMRK beitreten, so dass diese (zusätzlich) unmittelbar verbindlich wird (Eigentumsrecht gem. Art. 1 Zusatzprotokoll).

7 Allerdings in ihrer Legalisierungswirkung eingeschränkte, vgl zB Art. 17 Abs. 6 VO (EG) 1924/2006 -Health Claims (ABl. 2006 Nr. L 404/9), aktuelle Fassung in *Meyer*, LMR Textsammlung, Nr. 250.

Nach dem Grundsatz der sog. **Organisations- und Verfahrensautonomie der Mitgliedstaaten**[8] sind dafür deren Behörden nach nationalem Recht zuständig.

7 Das Unionsrecht fordert allerdings einen **effektiven Vollzug** und setzt daher die allgemeinen Vorgaben des Äquivalenzgebots (Vollzug wie in rein nationalen Angelegenheiten) und des Effektivitätsgebots (Sicherstellung der Wirksamkeit des Unionsrechts).[9] Dies führt nicht nur zu einer Einschränkung der Verwaltungsautonomie der Mitgliedstaaten im Verwaltungsverfahrensrecht,[10] sondern hat auch Auswirkungen auf die Verwaltungsorganisation. Durch Art. 4 Abs. 3 EUV (Grundsatz der loyalen Zusammenarbeit) sind die Mitgliedstaaten allgemein verpflichtet, diese so auszugestalten, dass das Unionsrecht ordnungsgemäß vollzogen werden kann.[11] Gemäß Art. 291 Abs. 1 AEUV ergreifen die Mitgliedstaaten alle zur Durchführung der verbindlichen Rechtsakte der Union erforderlichen Maßnahmen nach innerstaatlichem Recht. Konkretere Anforderungen können durch sekundäres Unionsrecht erfolgen, bedürfen insoweit aber einer Rechtsgrundlage im Primärrecht. Als hinreichend werden dabei auch materielle Vorschriften und Harmonisierungsermächtigungen (Art. 114 AEUV) angesehen, ggf ergänzt durch Art. 352 AEUV.[12] Beispiel: Festlegung der Anforderungen, des Gegenstands und der Ausgestaltung der Lebensmittelüberwachung durch die auf Art. 37, 95 und 152 Abs. 4 lit. b EGV, jetzt Art. 43 Abs. 2, 114 und 168 Abs. 4 lit. b AEUV gestützte VO (EG) 882/2004 des Europäischen Parlaments und des Rates vom 24.4.2004 über amtliche Kontrollen zur Überprüfung der Einhaltung des Lebensmittel- und Futtermittelrechts sowie der Bestimmungen über Tiergesundheit und Tierschutz.[13]

8 Der Vollzug des Unionsrechts durch die Mitgliedstaaten wird durch die **Kommission** überwacht (Art. 17 Abs. 1 S. 2 und 3 EUV, Art. 258 AEUV). Gegenüber den nationalen Verwaltungsbehörden hat sie **keine Weisungsbefugnisse**. Es bestehen aber allgemeine (Art. 4 Abs. 3 EUV) und spezielle Kooperationspflichten. Beispiele: Art. 35 Abs. 2, Art. 40, Art. 42 Abs. 1 lit. c, Art. 44 VO (EG) 882/2004 (amtliche Kontrollen);[14] RL 93/5/EWG des Rates vom 25.2.1993 über die Unterstützung der Kommission und die Mitwirkung der Mitgliedstaaten bei der wissenschaftlichen Prüfung von Lebensmittelfragen.[15] Bei dieser Überwachung wird die Kommission durch das **Lebensmittel- und Veterinäramt (Dubliner Behörde**, siehe Rn 60) unterstützt. Dessen Inspektoren prüfen die Kontrollsysteme in den besuchten Staaten, führen aber auch bei Lebensmittelproduzenten selbst Inspektionen durch.[16]

9 In Teilbereichen des Lebensmittelrechts und des Arzneimittelrechts obliegt der Vollzug des Unionsrechts der EU selbst (**unmittelbarer Vollzug**). Zuständig dafür ist die **Kommission**, die dabei von dezentralen Einrichtungen mit eigener Rechtspersönlichkeit unterstützt wird. Gemäß dem durch den Vertrag von Lissabon eingefügten Art. 267 Abs. 1 S. 2, Abs. 5 AEUV kann gegen Handlungen der Einrichtungen oder sonstigen Stellen der Union Nichtigkeitsklage erhoben werden, gemäß Art. 267 Abs. 4 AEUV auch von Individuen, allerdings nur dann, wenn deren Handlungen Rechtswirkungen gegenüber Dritten haben. Das gleiche gilt für Untätigkeitsklagen gemäß Art. 265 Abs. 1

---

8 Vgl dazu *Huber*, Europäische Integration, 2. Aufl. 2002, S. 363 ff (§ 22, Rn 1 ff); *Stettner*, in: Dauses, Hdb EU-WirtschaftsR, B. III, Rn 33. Begriffsprägend („institutionelle und Verfahrensautonomie") *Rengeling*, in: GS Sasse, 1981, S. 197, 198.

9 Vgl dazu *Streinz*, in: Streinz, EUV/AEUV, Art. 4 EUV, Rn 34; *Hatje*, in: Schwarze, EU-Kommentar, Art. 4 EUV, Rn 54 ff mwN.

10 Vgl dazu zB *Huber*, Europäische Integration, S. 373 ff (§ 24, Rn 1 ff).

11 Vgl EuGH, Rs. 42/82 (Kommission/Frankreich), Slg 1983, 1013, Rn 36 ff (inhaltlich durch Abschaffung der Grenzkontrollen überholt, grundsätzlich aber nach wie vor relevant).

12 Vgl dazu *Streinz*, in: Streinz, EUV/AEUV, Art. 4 EUV, Rn 50; Art. 352, Rn 67 mwN.

13 ABl. Nr. L 165/1; ber. ABl. Nr. L 191/1 (aktuelle Fassung in *Meyer*, LMR Textsammlung, Nr. 8500).

14 Vgl dazu die Entscheidung 2008/654/EG der Kommission vom 24.7.2008 über Leitlinien zur Unterstützung der Mitgliedstaaten bei der Erstellung des Jahresberichts über den einzigen integrierten mehrjährigen nationalen Kontrollplan gemäß der Verordnung (EG) Nr. 882/2004 des Europäischen Parlaments und des Rates (ABl. 2008, Nr. L 214/56).

15 ABl. Nr. L 52/18, zuletzt geändert durch VO (EG) Nr. 1882/2003 des Europäischen Parlaments und des Rates vom 29.9.2003 (ABl. Nr. L 284/1).

16 Vgl dazu *Fuchs*, S. 85.

S. 2, Abs. 3 AEUV. Dies ist nicht der Fall, wenn die Handlungen keine Außenwirkung gegenüber den Dritten entfalten, sondern allein ein Element in der Willensbildung der Kommission darstellen, die den Rechtsakt erlässt. Insoweit können Mängel vorbereitender Zwischenhandlungen wie bisher allein in der Klage gegen den Rechtsakt der Kommission geltend gemacht werden.[17] Da im Lebensmittelrecht die EBLS/EFSA (siehe Rn 11) allein Gutachten für die Kommission erstellt, die keine Außenwirkung haben, trifft auf diese Letzteres zu, so dass unmittelbare Klagen gegen die EBLS/EFSA nicht erhoben werden können. Dies gilt auch hinsichtlich der EMA (vgl Rn 10, 110 f), soweit diese Gutachten für die Kommission erstellt, worauf diese die Rechtsakte mit Außenwirkung erlässt. Bestimmten Akten der EMA, die unmittelbar an die Antragsteller gerichtet sind, wird jedoch Außenwirkung zuerkannt (strittig).[18] Insoweit kämen Art. 263 Abs. 1 S. 2, Abs. 4, Art. 265 Abs. 1 S. 2, Abs. 3 AEUV zum Tragen, ggf präzisiert durch eine Ergänzung der Gründungsakte der EMA gemäß Art. 263 Abs. 5 AEUV. Durch letztere könnten auch die Befugnisse der EBLS/EFSA dahingehend geändert werden, dass bestimmte Maßnahmen künftig Außenwirkung entfalten sollen.

Im **Arzneimittelrecht** ist die Kommission für die zentrale (europaweite) Zulassung (Genehmigung) bestimmter Arzneimittel zuständig (siehe Rn 109). Sie wird dabei von der 1993 gegründeten Europäischen Agentur für die Beurteilung von Arzneimitteln (European Agency for Evaluation of Medicinical Products – EMEA), die seit 2004 **Europäische Agentur für Arzneimittel (European Agency for Medicinal Products – EMA)** heißt (siehe Rn 110), unterstützt. Die Gutachten der EMA sind Grundlage für die Genehmigung des Inverkehrbringens von innovativen Arzneimitteln (siehe Rn 101). Die EMA ist ferner für die Koordinierung der in den Mitgliedstaaten vorhandenen wissenschaftlichen Ressourcen auf dem Gebiet der Beurteilung und Überwachung von Human- und Tierarzneimitteln sowie generell für die Unterstützung der Kommission und der Mitgliedstaaten durch wissenschaftliche Beratung zuständig[19] (siehe Rn 111). 10

Im **Lebensmittelrecht** ist die Kommission in bestimmten Fällen für die Produktzulassung von sog. Novel Food zuständig.[20] Sie wird dabei vom Ständigen Ausschuss für die Lebensmittelkette und die Tiergesundheit unterstützt.[21] Die wissenschaftliche Beratung und die wissenschaftliche und technische Unterstützung für die Rechtsetzung und Politik in allen Bereichen ist Aufgabe der **Europäischen Behörde für Lebensmittelsicherheit (EBLS – European Food Safety Agency – EFSA**, siehe Rn 61). 11

Die Kommission und die sie unterstützenden Agenturen (EMA, EFSA, Dubliner Behörde) und die Behörden der Mitgliedstaaten müssen eng **zusammenarbeiten**, um die Lebensmittel- einschließlich Futtermittel- sowie die Arzneimittelsicherheit zu gewährleisten. Dies gilt generell (Art. 4 Abs. 3 EUV; Art. 291 Abs. 1 AEUV). In einzelnen Gebieten, zB in der Lebensmittelkontrolle (siehe Rn 50), gibt es besondere sekundärrechtliche Vorschriften. An den Genehmigungsverfahren, die der Kommission obliegen (bestimmte Arzneimittel und Novel Food sowie gentechnisch veränderte Lebens- 12

---

17 Vgl *Pache*, in: Vedder/Heintschel von Heinegg (Hrsg.), Europäisches Unionsrecht. Handkommentar, 2012, Art. 263 AEUV, Rn 19 f.

18 So *Lorenz*, S. 114 ff, 118 f, 412 f mwN auch zur gegenteiligen Meinung.

19 Vgl dazu *Fuchs*, S. 70 ff.

20 Art. 6 f VO (EG) Nr. 258/97 des Europäischen Parlaments und des Rates vom 27.1.1997 über neuartige Lebensmittel und neuartige Lebensmittelzutaten – sog. Novel FoodVO (ABl. Nr. L 43/1); aktuelle Fassung in *Meyer*, LMR Textsammlung, Nr. 2010; Vgl dazu *D. Groß*, S. 168 ff; *Blattner*, S. 27 ff, 127 ff. Die wichtigste Gruppe, die gentechnisch veränderten Lebensmittel, wurden durch die VO (EG) Nr. 1829/2003 des Europäischen Parlaments und des Rates vom 22.9.2003 über genetisch veränderte Lebensmittel und Futtermittel (GennahrungsmittelVO, ABl. Nr. L 268/1; aktuelle Fassung in *Meyer*, LMR Textsammlung Nr. 2030) gesondert geregelt und einer generellen Zulassungspflicht unterworfen (Art. 3 ff, Art. 7 der VO Nr. 1829/2003; hinsichtlich Futtermittel Art. 17 ff, Art. 19 VO Nr. 1829/2003). Vgl dazu *Streinz*, Novel Food und gentechnisch veränderte Lebensmittel, in: ders., LMR-Handbuch (EL 29 Stand: April 2009), II, I, Rn 502, 520, 536 ff.

21 Art. 13 Novel FoodVO; Art. 35 VO (EG) Nr. 1829/2003.

mittel), sind die Behörden der Mitgliedstaaten beteiligt.[22] Dies setzt eine Abstimmung der Mehrebenenverwaltung voraus, die auch eine entsprechende Behördenstruktur erfordert.[23]

13 Zwischen der Lebensmittelsicherheit und der Arzneimittelsicherheit gibt es (neben dem grundsätzlichen Abgrenzungsproblem, vgl Rn 14 ff) **Berührungspunkte**, die ein Zusammenwirken der jeweiligen Behörden erfordern. Genannt sei nur die Sicherheit von Arzneimitteln, die für die Anwendung an den der Lebensmittelgewinnung dienenden Tieren vorgesehen sind.[24]

III. Abgrenzung von Lebensmitteln und Arzneimitteln

1. Problemstellung

14 Die Zuordnung von Produkten zu den Kategorien „Lebensmittel" oder „Arzneimittel" ist von erheblicher wirtschaftlicher und rechtlicher Bedeutung. Während Arzneimittel einem zeitraubenden und kostenintensiven Genehmigungsverfahren unterliegen, dürfen Lebensmittel (grundsätzlich) eigenverantwortlich in den Verkehr gebracht werden (siehe Rn 4 f). Andererseits können Arzneimittel wegen ihrer Wirkungen besonders beworben werden, wodurch sich höhere Preise erzielen lassen. Daher gehörte die Abgrenzung von Arzneimitteln und Lebensmitteln zu den **Hauptproblemen des Lebensmittel- bzw Arzneimittelrechts.** Die unvollständige Harmonisierung auf EU-Ebene einerseits und die unterschiedlichen Einschätzungen durch die Mitgliedstaaten andererseits, die teilweise durch die Einschätzungsprärogative im Bereich des Gesundheitsschutzes gedeckt war, führte zu einer Vielzahl von Gerichtsentscheidungen. Erst in letzter Zeit kam es zu Versuchen, die Frage sekundärrechtlich präziser zu regeln.[25]

2. Alternativität: Lebensmittel oder Arzneimittel

15 Zwischen Lebensmitteln und Arzneimitteln besteht im Unionsrecht das Verhältnis der **Alternativität:** Ein Produkt ist entweder Arzneimittel oder Lebensmittel; es kann nicht zugleich beides sein. Daraus folgt, dass mögliche „Zwischenprodukte", wie zB in Österreich die (mittlerweile abgeschaffte) Kategorie der sog. „Verzehrprodukte",[26] einer der beiden Kategorien zugeordnet werden mussten. Für Lebensmittel mit besonderen Eigenschaften wurden spezielle EU-Vorschriften erlassen (siehe Rn 52).

16 Art. 2 der VO (EG) 178/2002 (sog. Basis-VO; siehe Rn 41) enthält erstmals eine **unionsrechtliche Definition von „Lebensmittel"**. Im Sinne der Basis-VO sind „Lebensmittel" alle Stoffe oder Erzeugnisse, die dazu bestimmt sind oder von denen nach vernünftigem Ermessen erwartet werden kann, dass sie in verarbeitetem, teilweise verarbeitetem oder unverarbeitetem Zustand von Menschen aufgenommen werden. Dazu zählen auch Getränke, Kaugummi sowie alle Stoffe – einschließlich Wasser – die dem Lebensmittel bei seiner Herstellung oder Ver- oder Bearbeitung absichtlich zugesetzt werden. **Nicht** zu den Lebensmitteln gehören Futtermittel, lebende Tiere, soweit sie nicht für das Inverkehrbringen zum menschlichen Verzehr hergerichtet worden sind (zB Austern), Pflanzen vor dem Ernten, kosmetische Mittel, Tabak und Tabakerzeugnisse, Betäubungsmittel und psychotrope Stoffe, Rückstände und Kontaminanten sowie „**Arzneimittel** im Sinne der Richtlinien 65/65/EWG[27] und 92/73/EWG[28] des Rates". Ungeachtet dieser Verweisung ist der Arzneimittelbegriff des Art. 1 Nr. 2 RL 2001/83/EG des Europäischen Parlaments und des Rates vom 6.11.2001 zur Schaf-

22 Näher dazu *Blattner*, S. 125 ff.
23 Eingehend dazu *Fuchs*, S. 35 ff; am Bsp. Deutschlands ebd, S. 117 ff.
24 Vgl dazu *Fuchs*, S. 73.
25 Ausführlich dazu *Klaus*, S. 127 ff mwN; *Mühl*, S. 21 ff.
26 Vgl dazu *Klaus*, S. 315 f.
27 RL 65/65/EWG des Rates vom 26.1.1965 zur Angleichung der Rechts- und Verwaltungsvorschriften der Mitgliedstaaten über Arzneispezialitäten (ABl. Nr. L 22/369).
28 RL 92/73/EWG des Rates vom 22.9.1992 zur Erweiterung des Anwendungsbereichs der RL 65/65/EWG und 75/319 EWG zur Angleichung der Rechts- und Verwaltungsvorschriften über Arzneimittel und zur Festlegung zusätzlicher Vorschriften für homöopathische Arzneimittel (ABl. Nr. L 297/8).

fung eines **Gemeinschaftskodexes für Humanarzneimittel**[29] (siehe Rn 95) maßgeblich, da diese Richtlinie die RL 65/65/EWG und die RL 92/73/EWG ablöst.[30]

Gemäß Art. 1 Nr. 2 RL 2001/83/EG sind „**Arzneimittel**" „alle Stoffe oder Stoffzusammensetzungen, die als Mittel mit Eigenschaften zur Heilung oder zur Verhütung menschlicher Krankheiten bestimmt sind" (sog. **Präsentationsarzneimittel**) oder „die im oder am menschlichen Körper verwendet oder einem Menschen verabreicht werden können, um entweder die menschlichen physiologischen Funktionen durch eine pharmakologische, immunologische oder metabolische Wirkung wiederherzustellen, zu korrigieren oder zu beeinflussen oder eine medizinische Diagnose zu erstellen" (sog. **Funktionsarzneimittel**). In Zweifelsfällen, in denen ein Erzeugnis unter Berücksichtigung aller seiner Eigenschaften sowohl unter die Definition von Arzneimittel als auch unter die Definition eines Erzeugnisses fallen kann, das durch andere unionsrechtliche Rechtsvorschriften geregelt ist, gilt gemäß ihrem Art. 2 Abs. 2 die RL 2001/83/EG. Diese Regelung, die den Arzneimitteltatbestand als den spezielleren erklärt, ist allerdings wenig hilfreich, weil für die Frage, wann ein „Zweifelsfall" vorliegt, keine Kriterien gegeben werden, und es wenig sachgerecht wäre, vorschnell „im Zweifel" ein Arzneimittel anzunehmen. Der Begriff des Funktionsarzneimittels muss insbesondere in Abgrenzung zu sog. Nahrungsergänzungsmitteln (siehe dazu Rn 49) einschränkend ausgelegt werden, wobei auf das auf objektiver, naturwissenschaftlicher Basis ermittelte (pharmakologische oder ernährungsphysiologische) Wirkpotential abzustellen ist.[31] 17

Die zur rechtlichen Qualifizierung eines Erzeugnisses notwendige Auslegung der Legaldefinitionen und die Abgrenzung zwischen Lebensmitteln und Arzneimitteln obliegt in erster Linie den Behörden und Gerichten der Mitgliedstaaten, die das Unionsrecht grundsätzlich vollziehen (vgl Rn 6). Allerdings kann es wegen der erschöpfenden Regelungen im Unionsrecht nur eine **EU-weit einheitliche Auslegung** geben. Dies ist bei der unionsrechtskonformen Auslegung zu beachten; ggf ist der EuGH gemäß Art. 267 AEUV anzurufen.[32] 18

3. Lösung der Problemfälle durch Sekundärrecht: Nahrungsergänzungsmittel, angereicherte Lebensmittel

Bei bestimmten Produkten, deren Zweckbestimmung sich mit den Tatbestandsmerkmalen von Arzneimitteln überschneidet, hat sich der Unionsgesetzgeber für die Zuordnung zur Kategorie „Lebensmittel" entschieden, zugleich aber für diese Sonderkategorien spezielle Vorschriften erlassen, die dem Grenzbereich Rechnung tragen. Zu nennen sind die Richtlinien über **diätetische** 19

29 ABl. Nr. L 311/67 (ber. ABl. 2003 Nr. L 302/40). Geändert durch RL 2002/98/EG vom 27.1.2003 (ABl. Nr. L 33/30), RL 2003/63/EG vom 25.6.2003 (ABl. Nr. L 159/46; ber. ABl. Nr. L 3/40), RL 2004/27/EG vom 31.3.2004 (ABl. Nr. L 136/34), RL 2004/24/EG vom 31.3.2004 (ABl. Nr. L 136/85), VO (EG) Nr. 1901/2006 vom 12.12.2006 (ABl. Nr. L 378/1), Art. 28 ÄndVO (EG) 1394/2007 vom 13.11.2007 (ABl. Nr. L 324/121; ber. ABl. 2009 Nr. L 87/174), RL 2008/29/EG vom 11.3.2008 (ABl. Nr. L 81/51), Art. 2 RL 2009/53/EG vom 18.6.2009 (ABl. Nr. L 168/33), RL 2010/84/EU vom 15.12.2010 (ABl. Nr. L 348/74; ber. ABl. 2011 Nr. L 276/63) RL 2011/62 EU vom 8.6.2011 (ABl. Nr. L 174/74); zuletzt durch RL 2012/26/EU des Europäischen Parlaments und des Rates vom 25.10.2012 (ABl. Nr. L 299/1) hinsichtlich der Pharmakovigilanz.

30 Art. 128 RL 2001/83/EG. Vgl *Klaus*, S. 133.

31 Vgl dazu *Klaus*, S. 367 ff.

32 *Klaus*, S. 362 ff. Kritisch zur strafrechtlichen Sanktionierung von Grenzprodukten *Doepner*, ZLR 2005, 679. Vgl zur Abgrenzung Lebensmittel/Arzneimittel u.a. EuGH, verb. Rs. C-211/03, C-299/03 und C-316 bis C-318/03 (HLH Warenvertriebs GmbH und Orthica BV/BR Deutschland – Lactobac Omni FOS), Slg 2005, I-5141, Rn 29 ff; EuGH, Rs. C-319/05 (Kommission/Deutschland-Knoblauchkapsel), Slg 2007, I-9841, Rn 39 ff; EuGH, Rs. C-140/07 (Hecht-Pharma – Red Rice), Slg 2009, I-41, Rn 31 ff; EuGH, Rs. C-88/07 (Kommission/Spanien), Slg 2009; I-1353, Rn 67 ff. Kritisch dazu *Rehmann*, AMG, § 2, Rn 6; zur Rezeption der Rechtsprechung des EuGH in Deutschland vgl BGH, EuZW 2008, 730 (A-L-Carnitine). Zur pharmakologischen Wirkung vgl EuGH, Rs. C-308/11 (Kreussler/Sunstar – Mundspüllösung, EuZW 2012, 783, Rn 28 ff = ZLR 2013, 76 m.Anm. *Kappes*. Eingehende Übersicht zur Rechtsprechung des EuGH und von BverwG, BGH, BSG, BFH und BverfG *Müller*, in: Kügel/Müller/Hoffmann, § 2 AMG, Rn 247 ff.

Lebensmittel,[33] über Lebensmittel für besondere medizinische Zwecke (**bilanzierte Diäten**),[34] für **kalorienarme Ernährung** zur Gewichtsverringerung.[35] Zahlreiche Streitfälle hinsichtlich der Zuordnung, die zu Handelshemmnissen zwischen den Mitgliedstaaten führten, bewogen den Unionsgesetzgeber zu Regelungen über sog. **Nahrungsergänzungsmittel** (Lebensmittel, die dazu bestimmt sind, die normale Ernährung zu ergänzen und die aus Konzentraten von Nährstoffen oder sonstigen Stoffen mit ernährungsspezifischer oder physiologischer Wirkung bestehen und in dosierter Form in den Verkehr gebracht werden)[36] sowie über die **Anreicherung von Lebensmitteln.**[37]

IV. Vorgaben durch das Welthandelsrecht (WTO-Recht)

20 Sowohl im Lebensmittelrecht als auch im Arzneimittelrecht sind die Vorgaben des Welthandelsrechts (Recht der WTO) zu beachten, die die EU und ihre Mitgliedstaaten binden. Danach bedürfen Handelshemmnisse aus Gründen des Gesundheitsschutzes und des Verbraucherschutzes einer Rechtfertigung (siehe Rn 31 ff).

V. Für das Lebensmittel- und Arzneimittelrecht relevante Änderungen durch den Vertrag von Lissabon

21 Abgesehen von den Anpassungen an die neue Zählung und der durch die Terminologie der Verträge veranlassten Änderungen bleiben die spezifisch lebensmittel- und arzneimittelrechtlich relevanten Vorschriften im Wesentlichen inhaltlich unverändert.[38] Bemerkenswert ist die ausdrückliche Zuordnung des Binnenmarktes (Art. 26 AEUV)[39] zur „geteilten Zuständigkeit" (Art. 4 Abs. 2 lit. a AEUV) mit der Folge, dass die wichtige Kompetenz zur Rechtsangleichung (Art. 114 AEUV) dem Subsidiaritätsprinzip (Art. 5 Abs. 3 EUV) unterfällt. Für die lebensmittelrechtlich relevanten Bestimmungen der Agrarpolitik gilt jetzt das in Art. 289 Abs. 1, Art. 294 AEUV geregelte ordentliche Gesetzgebungsverfahren (Art. 43 Abs. 2 AEUV). Dies ist ein Element der generellen Stärkung der Rolle des Europäischen Parlaments, das hier bislang nur angehört wurde (Art. 37 Abs. 2 Unterabs. 3 EGV). Für die Beitrags- und Unterstützungskompetenzen wurden bestehende Harmonisierungsverbote verdeutlicht, zB für Maßnahmen, die unmittelbar den Schutz der Gesundheit der Bevölkerung vor Tabakkonsum und Alkoholmissbrauch zum Ziel haben (Art. 168 Abs. 5 AEUV). Harmonisierungsverbote dürfen nicht durch die Vertragsergänzungskompetenz (Art. 352 Abs. 3 AEUV), aber auch nicht über Art. 114 AEUV umgangen werden, wobei das Abgrenzungsproblem zu dieser Binnenmarktkompetenz, die ausdrücklich Aspekte des Gesundheitsschutzes und des Verbraucherschutzes einbeziehen darf (Art. 114 Abs. 3 AEUV), bleibt. Das für das Lebensmittelrecht besonders bedeutsame Komitologieverfahren wurde durch die Aufteilung in delegierte Rechtsakte

---

33 RL 89/398/EWG des Rates vom 3.5.1989 zur Angleichung der Rechtsvorschriften der Mitgliedstaaten über Lebensmittel, die für eine besondere Ernährung bestimmt sind (ABl. Nr. L 186/27), aufgehoben und ersetzt durch Art. 16 RL 2009/39/EG des Europäischen Parlaments und des Rates vom 6.5.2009 über Lebensmittel, die für eine besondere Ernährung bestimmt sind (ABl. Nr. L 124/21). Aktuelle Fassung in *Meyer*, LMR Textsammlung, Nr. 2200. Aufgehoben mit Wirkung vom 20.7.2016 durch VO (EU) 609/2013 über Lebensmittel für Säuglinge und besondere medizinische Zwecke (ABl. Nr. L 181/35).

34 RL 1999/21/EG der Kommission vom 25.3.1999 über diätetische Lebensmittel für besondere medizinische Zwecke (ABl. Nr. L 91/29; ber. ABl. 2000 Nr. L 2/79), aktuelle Fassung in *Meyer*, LMR Textsammlung, Nr. 2240. Vgl dazu *Streinz/Fuchs*, Ergänzende bilanzierte Diäten – Möglichkeiten und Grenzen, 2003.

35 RL 96/8/EG der Kommission vom 26.2.1996 über Lebensmittel für kalorienarme Ernährung zur Gewichtsverringerung (ABl. Nr. L 55/22); aktuelle Fassung in *Meyer*, LMR Textsammlung, Nr. 2220.

36 RL 2002/46/EG des Europäischen Parlaments und des Rates vom 10.6.2002 zur Angleichung der Rechtsvorschriften der Mitgliedstaaten über Nahrungsergänzungsmittel (ABl. Nr. L 183/51), zuletzt geändert durch VO (EG) Nr. 1170/2009 der Kommission vom 30.11.2009 (ABl. Nr. L 314/36); *Meyer*, LMR Textsammlung, Nr. 2500. Vgl dazu *Klaus*, S. 258 ff. Zur Unhaltbarkeit der deutschen „3-fach Tagesdosis"-Formel vgl EuGH, Rs C-387/99 (Kommission/Deutschland), Slg 2004, I-3751; Analyse von *Streinz*, JuS 2004, 904. Zur Nahrungsergänzungsmittelrichtlinie vgl EuGH, verb. Rs. C-154/04 und C-155/04 (National Association of Health Stores u.a.), Slg 2005, I-6451.

37 Vgl dazu *von Danwitz*, ZLR 2005, 201 ff; *Sosnitza*, ZLR 2004, 1 ff.

38 Vgl die Synopse bei *Streinz/Ohler/Herrmann*, Der Vertrag von Lissabon zur Reform der EU, 3. Aufl. 2010, S. 171 ff. Zu den für das Lebensmittelrecht relevanten Änderungen vgl *Streinz*, ZLR 2012, 141, 143 ff.

39 Dieser Begriff ist jetzt einheitlich, der Begriff Gemeinsamer Markt wurde gestrichen.

(Art. 290 AEUV) und Durchführungsrechtsakte (Art. 291 AEUV) neu gestaltet.[40] Der Komitologiebeschluss[41] wurde ersetzt durch die auf Art. 291 Abs. 3 AEUV gestützte und somit allein für Durchführungsrechtsakte geltende **Verordnung (EU) 182/2011** des Europäischen Parlaments und des Rates vom 16.2.2011 zur Festlegung der allgemeinen Grundsätze, nach denen die Mitgliedstaaten die Wahrnehmung der Durchführungsbefugnisse durch die Kommission kontrollieren.[42] Bei den delegierten Rechtsakten der Kommission sind die von den Mitgliedstaaten besetzten Ausschüsse nicht mehr (bzw nur noch optional) beteiligt. Der Ständige Ausschuss für die Lebensmittelkette und die Tiergesundheit (siehe Rn 42) wirkt daher nur noch bei Durchführungsrechtsakten mit. Dies stärkt die Stellung der Kommission. Deren weit reichende Ermächtigung zB in der Lebensmittelinformationsverordnung (zB Art. 46 LMIV: Änderung der Anhänge) ist im Hinblick auf die Vorgaben des Art. 290 Abs. 1 Unterabs. 2 AEUV (Vorbehalt des „Wesentlichen" für Gesetzgebungsakte des Europäischen Parlaments und des Rates) bedenklich und bedarf der Kontrolle durch das Europäische Parlament und den Rat (vgl dazu Art. 290 Abs. 2 AEUV).[43] Siehe auch Rn 58.

B. Lebensmittelrecht

I. Unionsrechtliche Vorgaben

1. Primärrecht

a) Freier Warenverkehr (Art. 34/36 AEUV)

aa) Bedeutung für das Lebensmittelrecht

Das Wort „Lebensmittel" sucht man in den Verträgen vergeblich. Ein Ansatz findet sich allein in den Bestimmungen über die Landwirtschaft (Art. 38 ff AEUV), da die landwirtschaftlichen Produkte auch Lebensmittel sind. Gleichwohl gehört das Lebensmittelrecht zu den am stärksten „vergemeinschafteten" Materien. Grund dafür sind die Bestimmungen über den **freien Warenverkehr** (*Pache* § 10, Rn 60 ff), die mit Lebensmitteln als für den Verbraucher im wahrsten Sinne des Wortes lebensnotwendige Waren die umsatzstärkste Branche mit erheblichem Anteil am grenzüberschreitenden Handel umfassen. Der freie Warenverkehr ist neben dem freien Personenverkehr Kernstück des Binnenmarkts, damit Grundlage der Union und eine der sichtbarsten (und vielleicht deshalb als selbstverständlich gar nicht mehr wahrgenommene) Leistungen der Union. Art. 34 AEUV verbietet mengenmäßige Einfuhrbeschränkungen und Maßnahmen gleicher Wirkung. Nach der weiten **Dassonville-Formel** fällt darunter „jede Handelsregelung der Mitgliedstaaten, die geeignet ist, den innergemeinschaftlichen Handel unmittelbar oder mittelbar, tatsächlich oder potentiell zu behindern".[44] Diese Formel wurde, da zu weit gehend, durch die **Keck-Formel** eingeschränkt, die „bestimmte Verkaufsmodalitäten" vom Tatbestand des Art. 34 AEUV ausnahm,[45] ist im Übrigen aber nach wie vor maßgebend.[46] Die Warenverkehrsfreiheit ist (wie alle Grundfreiheiten) nicht nur ein Diskriminierungsverbot, das Maßnahmen, die Inlands- und Importprodukte unterschied- 22

---

40 Vgl dazu *Streinz*, Europarecht, Rn 560 ff. Hinsichtlich der Folgen für das Lebensmittelrecht *ders.*, LMR-Handbuch, III.C, Rn 114 ff. Vgl auch *Voit/Grube*, LMIV, Vorbem Kap VII, Rn 1 ff.

41 Beschl. 1999/468/EG des Rates zur Festlegung der Modalitäten für die Ausübung der der Kommission übertragenen Durchführungsbefugnisse vom 28.6.1999 (ABl. Nr. L 184/23) geändert (Stärkung der Rechte des Europäischen Parlaments im Regelungsverfahren mit Kontrolle) durch Beschl. 2006/512/EG des Rates vom 17.7.2006 (ABl. Nr. L 200/11).

42 *ABl. Nr. L 55/13. Art. 5 a* des Komitologiebeschlusses (Regelungsverfahren mit Kontrolle) behält gemäß Art. 12 VO Nr. 182/2011 bei bestehenden Basisrechtsakten, in denen darauf verwiesen wird, seine Wirkung. Ferner bleibt er gemäß den Übergangsbestimmungen des Art. 13 VO Nr. 182/2011 von Bedeutung. Zu den Folgen für den Ständigen Ausschuss für die Lebensmittelkette und die Tiergesundheit (Art. 58 BasisVO (EG) Nr. 178/2002) siehe Rn 42, Fn 101.

43 Vgl dazu *Voit/Grube*, LMIV, Art. 46 Rn 7.

44 EuGH, Rs. 8/74 (Dassonville), Slg 1974, 827, Rn 5.

45 EuGH, verb. Rs. C-267/91 und 268/91 (Keck und Mithouard), Slg 1993, I-6097, Rn 16 f; *Pache* § 10, Rn 77 f.

46 Bestätigt zB in EuGH, Rs. C-470/93 (Mars), Slg 1995, I-1923, Rn 12 ff.

lich behandeln, verbietet, sondern darüber hinaus ein Beschränkungsverbot, das auch hinsichtlich Inlands- und Importprodukten unterschiedslose Maßnahmen erfasst.

23 Lebensmittel sind von besonderen Traditionen geprägt, die sich in den jeweiligen nationalen Vorschriften niederschlagen. Die kulinarische Vielfalt in Europa wird durch eine entsprechende Vielfalt an Normen begleitet, so dass lebensmittelrechtliche Vorschriften zutreffend als geradezu „klassische Fälle von **Maßnahmen gleicher Wirkung wie mengenmäßigen Beschränkungen**" im Sinne von Art. 34 AEUV bezeichnet wurden[47] und die Dogmatik des freien Warenverkehrs nicht zufällig gerade anhand von Fällen aus dem Lebensmittelrecht entwickelt wurde. Solche Regelungen der Mitgliedstaaten bedürfen der unionsrechtlichen Rechtfertigung aus den ausdrücklich in Art. 36 AEUV genannten Gründen oder den „zwingenden Erfordernissen" des Allgemeinwohls gemäß der erweiterten **Cassis-Formel,**[48] insbesondere aus Gründen des Verbraucherschutzes und der Lauterkeit des Handelsverkehrs. Diese Maßnahmen müssen dem Grundsatz der Verhältnismäßigkeit entsprechen, dh sie müssen zur Erreichung des legitimen Zieles geeignet, erforderlich und angemessen sein, und dürfen nicht gegen die Unionsgrundrechte verstoßen. Dies führt dazu, dass Verkehrsverbote grundsätzlich allein aus Gründen des Gesundheitsschutzes gerechtfertigt sein können, während zum Schutz des Verbrauchers vor Irreführung und Täuschung (Verbraucherschutz im engeren Sinne) in der Regel eine angemessene Etikettierung genügt.[49] Dabei geht der EuGH vom **Leitbild** eines **„verständigen Verbrauchers"**[50] aus, der willens und in der Lage ist, Informationen zur Kenntnis zu nehmen. Daher dürfen auch Kennzeichnungsanforderungen nicht unverhältnismäßig sein. In der Regel genügt die Angabe im Zutatenverzeichnis.[51] Dieses Leitbild besteht allerdings nur grundsätzlich und wird je nach dem Schutzgut (weitergehende Anforderungen beim Gesundheitsschutz)[52] oder der Schutzbedürftigkeit bestimmter Gruppen (zB Kinder und Jugendliche) differenziert.[53]

bb) Folgen der Cassis-Rechtsprechung: Faktische gegenseitige Anerkennung

24 Das grundlegende Urteil Cassis de Dijon veranlasste die Kommission zu einer **Mitteilung**, die die Rechtsprechung und ihre Folgen zusammenfasst:

„Jedes aus einem Mitgliedstaat eingeführte Erzeugnis ist grundsätzlich im Hoheitsgebiet der anderen Mitgliedstaaten zuzulassen, sofern es rechtmäßig hergestellt worden ist, dh soweit es den im Ausfuhrland geltenden Regelungen oder den dortigen verkehrsüblichen, traditionsgemäßen Herstellungsverfahren entspricht, und in diesem Land in Verkehr gebracht worden ist. Nach den vom Gerichtshof aufgestellten Grundsätzen kann ein Mitgliedstaat den Verkauf eines in einem anderen Mitgliedstaat rechtmäßig hergestellten und in den Verkehr gebrachten Erzeugnisses grundsätzlich

---

47 *Eckert*, ZLR 1990, 518, 520.

48 EuGH, Rs. 120/78 (Rewe/Bundesmonopolverwaltung für Branntwein – „Cassis de Dijon"), Slg 1979, 649, Rn 8.

49 Grundlegend EuGH, Rs. 120/78 (Cassis de Dijon), Slg 1979, 649, Rn 12 f. Vgl zur „Etikettierungs-Rechtsprechung" des EuGH und zur Kritik daran *Gundel*, Lebensmittelrecht, Rn 18.

50 So ausdrücklich EuGH, Rs. C-470/93 (Mars), Slg 1995, I-1923, Rn 24.

51 Vgl EuGH, Rs. C-51/94 (Kommission/Deutschland – "Sauce hollandaise"), Slg 1995, I-3599, Rn 38 ff. Dies gilt allerdings nicht mehr für die von Art. 17 Abs. 2 LMIV erfassten Fälle, vgl *Ahmann/Meyer/Körnschild/Voß*, in: Meyer/Reinhardt, Lebensmittelinformationsverordnung LMIV 1169/2011 leicht gemacht, 2014, S. 14. Vgl aber zum konkreten Fall die aA von *Voit/Grube*, LMIV, Art. 17, Rn 83.

52 Vgl EuGH, Rs. C-220/98 (Estée Lauder Cosmetics/Lancaster Group – Lifting Creme), Slg 2000. I-117, Rn 26 ff, 28 = ZLR 2000, 187 m.Anm. *Streinz*; EuGH, Rs. C-121/00 (WalterHahn), Slg 2002, I-9193, Rn 33 ff sowie dazu Schlussanträge dazu von GA Geelhoed vom 13.12.2001, Rn 52: bei bakteriellen Verunreinigungen ist die Verbraucherinformation keine gleichwertige Alternative. Vgl dazu auch *Gundel*, Lebensmittelrecht, Rn 18.

53 Vgl dazu einerseits Erwägungsgrund 18 („Durchschnittsverbraucher, der angemessen gut unterrichtet und angemessen aufmerksam und kritisch ist, unter Berücksichtigung sozialer, kultureller und sprachlicher Faktoren in der Auslegung des Gerichtshofs als Maßstab", andererseits Erwägungsgrund 19 („Verbraucher aufgrund bestimmter Eigenschaften wie Alter, geistige oder körperliche Gebrechen oder Leichtgläubigkeit besonders für eine Geschäftspraxis oder das ihr zugrunde liegende Produkt anfällig") der RL 2005/29/EG des Europäischen Parlaments und des Rates vom 11.5.2005 über unlautere Geschäftspraktiken von Unternehmen gegenüber Verbrauchern im Binnenmarkt – UGP-RL (ABl. Nr. L 149/22, ber. ABl. 2009 Nr. L 253/18).

nicht verbieten, auch wenn dieses Erzeugnis nach anderen technischen oder qualitativen Vorschriften als den für die inländischen Erzeugnisse geltenden Vorschriften hergestellt worden ist“.[54]

Diese Auffassung wurde den Mitgliedstaaten mitgeteilt und angekündigt, dass die Kommission ihre Rechtsordnungen auf ungerechtfertigte Handelshemmnisse durchforsten werde. Dies ist auch geschehen.[55]

Diese Mitteilung, die insofern korrigiert werden muss, dass es nicht „und“, sondern „oder“ heißen muss, da auch korrekt in die Union eingeführte Drittlandsprodukte am freien Warenverkehr teilhaben (Art. 29 AEUV), macht das sog. **Herkunftslandprinzip** deutlich: Grundsätzlich, dh wenn nicht eine gerechtfertigte Ausnahme vorliegt, ist die Rechtsordnung des Mitgliedstaates, in dem das Produkt hergestellt (oder aus einem Drittland korrekt importiert) wurde, maßgeblich. Dies führt faktisch zum **Prinzip der gegenseitigen Anerkennung**. Der deutsche Lebensmittelgesetzgeber hat dies deklaratorisch in § 47 a LMBG, seit 7.9.2005 § 54 LFGB festgehalten (siehe dazu Rn 84 f). 25

b) Rechtsangleichung (Art. 114 AEUV)

Gemäß Art. 114 Abs. 1 AEUV erlässt der Rat zusammen mit dem Europäischen Parlament (ordentliches Gesetzgebungsverfahren, Art. 289 Abs. 1, Art. 294 AEUV) nach Anhörung des Wirtschafts- und Sozialausschusses die Maßnahmen zur Angleichung der Rechts- und Verwaltungsvorschriften der Mitgliedstaaten, welche die Errichtung und das Funktionieren des Binnenmarktes (Art. 26 AEUV) zum Gegenstand haben. Bei ihren Vorschlägen geht die Kommission, die das Initiativmonopol hat, gemäß Art. 114 Abs. 3 AEUV in den Bereichen Gesundheit, Sicherheit, Umweltschutz und Verbraucherschutz von einem „**hohen Schutzniveau**“ aus und berücksichtigt dabei „insbesondere alle auf wissenschaftliche Ergebnisse gestützten neuen Entwicklungen“. Im Rahmen ihrer jeweiligen Befugnisse streben das Europäische Parlament und der Rat dieses Ziel ebenfalls an. Art. 114 AEUV ermächtigt sowohl zum Erlass von Richtlinien, denen gemäß einer Erklärung zur Einheitlichen Europäischen Akte, die die Bestimmung als Art. 100 a EWGV eingefügt hat, der Vorzug zu geben ist,[56] als auch zum Erlass von Verordnungen. Die **Harmonisierung des Lebensmittelrechts** tritt im Rahmen der „neuen Strategie“ neben die durch die Grundfreiheiten begründete gegenseitige Anerkennung (siehe Rn 24 f). Während hier lange Zeit der Rechtsetzungsform der Richtlinie der Vorzug gegeben wurde, schlägt die Kommission zunehmend Verordnungen vor, wobei Rat und Europäisches Parlament folgen. Dadurch werden zunehmend auch Richtlinien durch Verordnungen ersetzt (siehe Rn 51). 26

c) Agrarpolitik (Art. 43 AEUV)

Art. 37 Abs. 2 Unterabs. 3 EGV sah vor, dass der Rat mit qualifizierter Mehrheit (Art. 205 Abs. 2 EGV) nach Anhörung des Europäischen Parlaments Verordnungen, Richtlinien und Entscheidungen zur Verwirklichung der gemeinsamen Agrarpolitik erlässt. Auf dieser Basis wurde eine Reihe lebensmittelrechtlich relevanter EG-Verordnungen erlassen, die allgemeine Bezeichnungsvorschrif- 27

54 ABl. Nr. C 256/2.

55 Vgl die (nicht vollständige) Liste in ABl. Nr. C 271/14; ferner *Streinz/Hohmann*, JZ 1993, 713 ff und die Sammlung von Meier, Cassis-Rechtsprechung (Loseblatt), 7. Aufl., 1996.

56 ABl. Nr. L 169/24. Vgl dazu *Streinz*, Europarecht, Rn 948; *Pipkorn/Bardenhewer-Rating/Taschner*, in: von der Groeben/Schwarze, Art. 95 EG, Rn 69. Zum Einfluss des Subsidiaritätsprinzips vgl *Leible/Schröder*, in: Streinz, EUV/AEUV, Art. 114 AEUV, Rn 67. Zu beachten ist auch das Verhältnismäßigkeitsprinzip, Art. 5 Abs. 4 EUV („inhaltlich wie formal“), dessen Einhaltung bei in der Ermächtigungsgrundlage offen gelassener Art des zu erlassenden Rechtsakts (zB bei Art. 114 AEUV) Art. 296 Abs. 1 AEUV ausdrücklich vorschreibt.

ten[57] und produktspezifische Bezeichnungsvorschriften[58] enthalten. Diese Bestimmungen dienen in erster Linie dem Schutz der Landwirtschaft, daneben aber (mehr oder weniger) auch dem Schutz des Verbrauchers, der über eine bestimmte Produktqualität informiert wird. Problematisch ist dies nur, wenn der Schutz der Landwirtschaft mit Verbraucherschutzargumenten kaschiert wird, da dies dogmatisch zu Systembrüchen führt.[59] Der Vertrag von Lissabon sieht die Beschlussfassung allein durch den Rat auf Vorschlag der Kommission nur noch für Maßnahmen zur Festsetzung der Preise, der Abschöpfungen, der Beihilfen und der mengenmäßigen Beschränkungen sowie zur Festsetzung und Aufteilung der Fangmöglichkeiten in der Fischerei vor (Art. 43 Abs. 3 AEUV), während die gemeinsame Organisation der Agrarmärkte (Art. 40 Abs. 1 AEUV) sowie die anderen Bestimmungen, die für die Verwirklichung der Ziele der gemeinsamen Agrar- und Fischereipolitik notwendig sind, im ordentlichen Gesetzgebungsverfahren (Art. 289 Abs. 1, Art. 294 AEUV) beschlossen werden (Art. 43 Abs. 2 AEUV).

d) Gesundheitsschutz (Art. 168 AEUV) und Verbraucherschutz (Art. 169 AEUV) als Beitragskompetenzen (Art. 2 Abs. 5 AEUV) der EU

28 Durch den Vertrag von Maastricht wurden die Art. 152 EGV (ex Art. 129 EGV Maastrichter Fassung) und Art. 153 EGV (ex Art. 129 a EGV Maastrichter Fassung) eingefügt, die ausdrücklich die Kompetenzen der EG für die Gesundheitspolitik und die Verbraucherpolitik regelten. Damit sind die beiden zentralen Ziele des Lebensmittelrechts betroffen. Der Vertrag von Lissabon übernimmt dies in den für das Lebensmittelrecht relevanten Bereichen im Wesentlichen unverändert in Art. 168 bzw Art. 169 AEUV sowie Art. 12 AEUV (als Querschnittsklausel Verbraucherschutz vorgezogen). Hinzugefügt wurde die Kompetenz für Maßnahmen zur Festlegung hoher Qualitäts- und Sicherheitsstandards für Arzneimittel und Medizinprodukte (Art. 168 Abs, 4 lit. c AEUV).[60] Die Sicherstellung eines hohen Gesundheitsschutzniveaus (Art. 168 Abs. 1 AEUV) und der Verbraucherschutz (Art. 12 AEUV) wurden zu **Querschnittsaufgaben** erklärt, die bei allen (anderen) Unionspolitiken zu berücksichtigen sind. Es handelt sich abgesehen von der genannten Kompetenz hinsichtlich Arzneimittel und Medizinprodukte und ungeachtet der Zuordnung des Verbraucherschutzes zu den geteilten Kompetenzen (Art. 2 Abs. 2 lit. f AEUV; der Gesundheitsschutz wird ausdrücklich der Ergänzungskompetenz zugewiesen, Art. 6 S. 2 lit. a AEUV) um limitierte **Beitragskompetenzen,**[61] dh, dass die Kompetenz der EU ausdrücklich auf die Ergänzung (hinsichtlich des Verbraucherschutzes auch Überwachung; zu auf Art. 114 AEUV gestützte Harmonisierungsmaßnahmen siehe Rn 30) der Tätigkeit der Mitgliedstaaten beschränkt wird (vgl Art. 2 Abs. 5 AEUV). Dies führt zu Problemen der Bestimmung der Tragweite der EU-Kompetenz und der Abgrenzung zu weitergehenden Unionskompetenzen.

57 Vgl zB die VO (EWG) Nr. 2092/91 des Rates über den ökologischen Landbau und die entsprechende Kennzeichnung von landwirtschaftlichen Erzeugnissen und Lebensmitteln vom 24.6.1991, ABl. Nr. L 198/3; zuletzt geändert durch ÄndVO (EG) 404/2008 vom 6.5.2008 (ABl. Nr. L 120/8), zum 1.1.2009 aufgehoben und ersetzt durch die (ebenfalls auf Art. 37 EGV gestützte) VO (EG) Nr. 834/2007 des Rates vom 28.6.2007 über die ökologische/biologische Produktion und die Kennzeichnung von ökologischen und biologischen Erzeugnissen und zur Aufhebung der VO (EWG) Nr. 2092/91, ABl. Nr. L 189/1 (aktuelle Fassung in *Meyer*, LMR Textsammlung, Nr. 2605). Weitere Beispiele bei *Streinz*, LMR-Handbuch, III.C, Rn 84.

58 Vgl zB die VO (EWG) Nr. 1898/87 des Rates über den Schutz der Bezeichnung der Milch und Milcherzeugnisse bei ihrer Vermarktung vom 2.7.1987 (ABl. Nr. L 182/36), aufgehoben durch Art. 201 Abs. 1 lit. c und ersetzt durch Art. 114 iVm Anhang XII und XIII VO (EG) 1234/2007 vom 22.10.2007 (ABl. Nr. L 299/1). Weitere Bsp. bei *Streinz*, LMR-Handbuch, III.C, Rn 84 a.

59 Vgl zB EuGH, Rs. C-306/93 (SMW Winzersekt/Land Rheinland Pfalz – „Méthode champenoise"), Slg 1994, I-5555, Rn 21 (im Ergebnis zutreffend entschieden wegen des Schutzes der Herkunftsbezeichnung „Champagner"); EuGH, Rs. C-101/98 (Union Deutsche Lebensmittelwerke/Schutzverband gegen Unwesen in der Wirtschaft – „Diätkäse"), Slg 1999, I-8841, Rn 26 ff (Abweichung vom Verbraucherleitbild).

60 Damit wurde die Kompetenz zu Harmonisierungsmaßnahmen, die bislang auf Art. 95 EGV (jetzt Art. 114 AEUV) gestützt wurden, klargestellt, vgl dazu *Lurger*, in: Streinz, EUV/AEUV, Art. 168 AEUV, Rn 42.

61 Vgl dazu *Streinz*, Europarecht, Rn 159; zum Begriff der „Beitragskompetenz" *Streinz*, in: ders., EUV/AEUV, Art. 6 AEUV, Rn 1 ff.

Die **Gesundheitspolitik** der EU beschränkt sich im für das Lebensmittelrecht relevanten Bereich auf Maßnahmen in den Bereichen Veterinärwesen und Pflanzenschutz, die unmittelbar den Schutz der Bevölkerung zum Ziel haben (Art. 168 Abs. 4 lit. b). Beispiel dafür sind die Schutzmaßnahmen gegen BSE (TSE).[62] Fördermaßnahmen, die den Schutz und die Verbesserung der menschlichen Gesundheit zum Ziel haben, dürfen dagegen nur „unter Ausschluss jeglicher Harmonisierung der Rechts- und Verwaltungsvorschriften der Mitgliedstaaten" erfolgen (Art. 168 Abs. 5 AEUV). Eine weitergehende Kompetenz kann insoweit nicht über Art. 352 AEUV erreicht werden,[63] sondern allein über Art. 114 AEUV, der durch die Harmonisierungssperre des Art. 168 Abs. 5 AEUV nicht erfasst wird, dessen Voraussetzungen aber vorliegen müssen, da auch das Harmonisierungsverbot des Art. 168 AEUV nicht umgangen werden darf.[64] Dass die Harmonisierungsmaßnahmen gemäß Art. 114 AEUV auch den Gesundheitsschutz betreffen, geht bereits aus Art. 114 Abs. 3 AEUV hervor, der ihn ausdrücklich nennt. Wird der enge Anwendungsbereich des Art. 168 Abs. 4 lit. b AEUV überschritten, ist neben Art. 168 AEUV auch Art. 114 AEUV heranzuziehen, dessen Voraussetzungen für den „überschießenden" Bereich dann allerdings voll erfüllt sein müssen.[65] 29

Der „Beitrag" der EU zum **Verbraucherschutz** erfolgt im Lebensmittelrecht in erster Linie über Maßnahmen, die sie im Rahmen der Verwirklichung des Binnenmarktes nach Art. 114 AEUV erlässt (Art. 169 Abs. 2 lit. a AEUV), der in Abs. 3 das „hohe Verbraucherschutzniveau" ausdrücklich vorgibt (siehe Rn 26). Hier müssen die Voraussetzungen des Art. 114 AEUV vorliegen, da Art. 169 Abs. 2 lit. a AEUV keine (eigenständige) Kompetenznorm ist.[66] Auch Art. 169 Abs. 2 lit. b AEUV lässt allein Maßnahmen zur Unterstützung, Ergänzung und Überwachung der Mitgliedstaaten zu. 30

e) Einfluss des WTO-Rechts

aa) Grundlagen

Das europäische (und damit auch das deutsche) Lebensmittelrecht wird auch durch das Welthandelsrecht (Recht der Welthandelsorganisation – World Trade Organization – WTO) beeinflusst. Das Allgemeine Zoll- und Handelsabkommen (General Agreement on Tariffs and Trade – **GATT**) vom 30.10.1947[67] wurde durch das Übereinkommen zur Errichtung der Welthandelsorganisation (**WTO**) vom 15.4.1994[68] auf eine neue Grundlage gestellt. Für Lebensmittel sind das Übereinkommen über technische Handelshemmnisse (Agreement on Technical Barriers to Trade – **TBT-Übereinkommen**)[69] und insbesondere das Übereinkommen über die Anwendung gesundheitspolizeilicher und pflanzenschutzrechtlicher Maßnahmen (Agreement on the Application of Sanitary and Phytosanitary Measures – **SPS-Übereinkommen**)[70] von Bedeutung. Durch das SPS-Übereinkommen sollen die nachteiligen Auswirkungen auf den Welthandel, die mit der (einseitigen) Festlegung gesundheitspolizeilicher oder pflanzenschutzrechtlicher Maßnahmen verbunden sind, reduziert und 31

---

62 Vgl VO (EG) Nr. 999/2001 des Europäischen Parlaments und des Rates vom 22.5.2001 mit Vorschriften zur Verhütung, Kontrolle und Tilgung bestimmter transmissibler spongiformer Enzephalopathien (ABl. Nr. L 147/1) zuletzt geändert durch Art. 1 ÄndVO (EU) 630/2013 vom 28.6.2013 (ABl. Nr. L 179/60). Aktuelle Fassung in *Meyer*, LMR Textsammlung, Nr. 9420.

63 Vgl *Schmidt am Busch*, in: Grabitz/Hilf/Nettesheim, Art. 168 AEUV, Rn 64. So jetzt ausdrücklich Art. 352 Abs. 3 AEUV.

64 EuGH, Rs. 376/98 (Deutschland/Europäisches Parlament und Rat – „Tabakwerbeverbot"), Slg 2000, I-8498, Rn 77 ff. Dieses Urteil hat zwar grundlegende Bedeutung, darf in seiner praktischen Wirkung aber nicht überschätzt werden, vgl EuGH, Rs. C-380/03 (Deutschland/Europäisches Parlament und Rat – „Tabakwerbeverbot II"), Slg 2006, I-11573, Rn 37 ff.

65 *Bsp.: Die auf Art. 95 und Art. 152 Abs. 4 lit. b EGV gestützte VO (EG) Nr. 852/2004 des Europäischen Parlaments und des Rates vom 29.4.2004 über Lebensmittelhygiene*, ABl. Nr. L 139/1, ber. ABl. 2009 Nr. L 58/3. Aktuelle Fassung in *Meyer*, LMR Textsammlung, Nr. 900.

66 Vgl EuGH, Rs. C-192/94 (El Corte Inglés), Slg 1996, I-1303, Rn 19 (zu ex Art. 129 a EGV Maastrichter Fassung). *W. Berg*, in: von der Groeben/Schwarze, Art. 153 EG, Rn 15.

67 BGBl. 1951 II, S. 173.

68 BGBl. 1994 II, S. 1625; ABl. Nr. L 336/3.

69 ABl. Nr. L 336/86.

70 ABl. Nr. L 336/40.

diese Festlegung diszipliniert werden. Dabei handelt es sich in der Sache um die Bewältigung derselben Problematik, die sich im EU-Recht hinsichtlich Maßnahmen stellt, die auf Art. 36 AEUV bzw immanente Schranken der Cassis-Formel als Ausnahme bzw Einschränkung von Art. 34 AEUV (siehe Rn 23) gestützt werden. Freilich bestehen in der Bewältigung der Probleme erhebliche Unterschiede, sowohl hinsichtlich der Festlegung der Standards (siehe Rn 35 f) als auch hinsichtlich der Streitschlichtung (siehe Rn 32).

32 Während im EU-Recht Streitfälle durch den EuGH verbindlich entschieden werden (vgl Art. 19 Abs. 1 S. 2 EUV, Art. 258 ff AEUV), kommt im Bereich der WTO die Vereinbarung über Regeln und Verfahren zur **Beilegung von Streitigkeiten** (Understanding on Rules and Procedures Governing the Settlement of Disputes – **DSU**)[71] zum Tragen. Dadurch hat die WTO im Gegensatz zum GATT einen mehr rechtlichen Charakter erlangt, wobei die Beibehaltung traditioneller völkerrechtlicher Elemente nicht außer Acht gelassen werden darf. So steht das freiwillige Streitbeilegungsverfahren im Vordergrund. Die Umsetzung und ggf Durchsetzung der vom Dispute Settlement Body (**DSB**) angenommenen Berichte der Streitbeilegungsorgane (**Panel** und **Appellate Body**), die Verstöße gegen WTO-Recht verbindlich feststellen, obliegt den Streitparteien, wobei eine gewisse Flexibilität besteht. Letzteres bewog den EuGH dazu, die unmittelbare Wirkung von WTO-Übereinkommen grundsätzlich zu verneinen (siehe Rn 34).

bb) Die EU und das EU-Recht im Rahmen der WTO

33 Die EWG bzw EG war aufgrund ihrer ausschließlichen Kompetenzen im Bereich der **Zölle** (Art. 23 ff EGV; jetzt Art. 28 ff AEUV) und der **Gemeinsamen Handelspolitik** (GHP; Art. 133 EGV; jetzt Art. 207 AEUV) bereits im GATT nach und nach in Funktionsnachfolge an die Stelle der Mitgliedstaaten getreten.[72] In der WTO ist die EG und jetzt als deren Rechtsnachfolgerin (Art. 1 Abs. 3 S. 3 EUV) die EU selbst Mitglied neben den Mitgliedstaaten (Art. XI: 1 WTO-Übereinkommen), in deren Kompetenz auch nach der Übertragung weiterer Kompetenzen auf die EU durch den Vertrag von Lissabon Teile der WTO-Materien verblieben sind.[73]

34 Trotz der erheblichen Unterschiede zum GATT gehören die WTO-Übereinkünfte nach gefestigter Rechtsprechung des EuGH grundsätzlich nicht zu den Vorschriften, an denen der EuGH die Rechtmäßigkeit von Handlungen der Unionsorgane misst (**WTO-Recht kein Prüfungsmaßstab für sekundäres EU-Recht**).[74] Eine Ausnahme besteht, soweit die EU eine bestimmte, im Rahmen der WTO übernommene Verpflichtung umsetzt oder wenn die Unionshandlung ausdrücklich auf spezielle Bestimmungen der WTO-Übereinkünfte verweist. Entscheidender Grund dafür ist, dass andernfalls den Legislativ- und Exekutivorganen der EU die im DSU der WTO eingeräumte Befugnis genommen würde, auf dem Verhandlungsweg die durch die Flexibilität des Streitschlichtungssystems (siehe Rn 32) eröffneten Lösungen zu erreichen, wodurch wegen des bestehenden Spielraums der Organe der Handelspartner ein Ungleichgewicht entstünde.[75] Danach können sich grundsätzlich weder Individuen noch Mitgliedstaaten auf das WTO-Recht berufen, um sekundäres Unionsrecht, das sich an sich an völkerrechtlichen Vorgaben messen lassen muss (Art. 216 Abs. 2 AEUV) mit der Nichtigkeitsklage (Art. 263 Abs. 1 bzw Abs. 4 AEUV) oder (inzident) im Rahmen einer Vorabent-

---

71 BGBl. 1994 II, S. 1749; ABl. Nr. L 336/234. S. dazu *Herrmann/Weiß/Ohler*, Welthandelsrecht, S. 122 ff (Rn 250 ff).

72 Vgl EuGH, verb. Rs. 24-27/72 (International Fruit), Slg 1972, 1219, Rn 10 ff. Vgl dazu *Herrmann/Weiß/Ohler*, Rn 114 ff mwN.

73 Vgl zu den verbliebenen Residualkompetenzen der Mitgliedstaaten nach dem Vertrag von Lissabon und ihren Folgen *Herrmann/T. Streinz*, Die EU als Mitglied der WTO, in: von Arnauld (Hrsg.), Enzyklopädie Europarecht, Bd. 10, Europäische Außenbeziehungen, 2014, § 11, Rn 43 f, 66 ff, 181 ff. Zu den damit verbundenen Problemen vgl *Herrmann/Weiß/Ohler*, Rn 117 ff.

74 Eingehend zur Wirkung des WTO-Rechts in der Unionsrechtsordnung *Herrmann/T. Streinz* (Fn 79), Rn 116 ff; zur vom EuGH abgelehnten unmittelbaren Wirkung ebd., Rn 121 ff.

75 Kritisch zur Argumentation des EuGH *Herrmann/T. Streinz* (Fn 79), Rn 123 ff.

scheidung (Art. 267 AEUV) anzugreifen.[76] Allerdings ist EU-Sekundärrecht WTO-konform auszulegen, soweit dieses ausdrücklich zur Umsetzung von WTO-Verpflichtungen dient oder auf das WTO-Recht verweist.[77] Maßnahmen der Mitgliedstaaten misst der EuGH dagegen als Integralbestandteil des Unionsrechts.[78] Beispiel: Verstoß Deutschlands gegen die Internationale Übereinkunft über Milcherzeugnisse, einem Teil der Tokio-Runde des GATT.[79]

cc) Die Bedeutung des Codex Alimentarius

Hinsichtlich des **Prüfungsmaßstabs** für die Rechtfertigung von Handelshemmnissen, die die Mitglieder der WTO (im Lebensmittelrecht wegen der weit gehenden Kompetenz die EU durch Richtlinien und Verordnungen) errichten, kommt den Regeln des Codex Alimentarius besondere Bedeutung zu. Denn gemäß Art. 3 Abs. 2 SPS-Übereinkommen gelten gesundheitspolizeiliche und pflanzenschutzrechtliche Maßnahmen, die sich auf internationale Normen stützen können, als „notwendig“ und als im Einklang mit dem SPS-Übereinkommen. Der **Codex Alimentarius** enthält eine Sammlung internationaler Lebensmittelstandards, die von der Codex Alimentarius Kommission ausgearbeitet werden, um einerseits nichttarifäre Handelshemmnisse abzubauen, die durch unterschiedliche Produktstandards verursacht werden, andererseits diese Produktstandards so auszugestalten, dass der Schutz der Gesundheit der Verbraucher und faire Praktiken im Handel mit Lebensmitteln gewährleistet werden. Durch Letzteres wird auch der Täuschungsschutz erfasst. Die Codex Alimentarius Kommission ist eine 1961 gegründete gemeinsame Unterorganisation der beiden Sonderorganisationen **FAO** (Food and Agricultural Organization) und **WHO** (World Health Organization) der Vereinten Nationen mit 186 Mitgliedern, darunter allen 28 Mitgliedstaaten der EU sowie der EU (als einziger Organisation) selbst. Wichtigstes Mittel sind die **Codex-Standards,** die umfassende Anforderungen an Zusammensetzung, Behandlung, Qualität, Kennzeichnung und Angebot aller hauptsächlich zur Abgabe an den Verbraucher bestimmten Lebensmittel aufstellen. Es gibt weltweite und regionale, allgemeine (horizontale) und Produktstandards (vertikale Standards). Die Standards sind Empfehlungen[80] an die Mitgliedstaaten (Unterschied zu EU-Richtlinien), die erst durch deren förmliche Annahme bzw Umsetzung (wegen der innerunionalen Kompetenz durch die Annahme bzw Umsetzung durch die EU) innerstaatliche bzw innerunionale Rechtsgeltung erhalten. Ungeachtet dessen sind wichtige Bereiche des EU-Lebensmittelrechts durch Codex-Standards beeinflusst worden. Weitere Instrumente des Codex Alimentarius sind Codes of practice („Verfahrens-Kodizes“), Guidelines („Codex-Leitlinien“) und sonstige Regelungen.[81] 35

Problematisch sind die Maßstäbe für die **Rechtfertigung darüber hinausgehender Schutzmaßnahmen.** Diese sind gemäß Art. 3 Abs. 3 SPS-Übereinkommen ausdrücklich zulässig. Erste Leitlinien zur Lösung des Problems, berechtigte Schutzmaßnahmen von unberechtigtem Protektionismus abzugrenzen, hat die Entscheidung des Appellate Body der WTO im sog. Hormonstreit zwischen Kanada und den USA einerseits und der (damals) EG andererseits[82] gegeben. Danach sind die Mit- 36

76 EuGH, Rs. C-149/96 (Portugal/Rat), Slg 1999, I-8395, Rn 47; Analyse dazu von *Streinz*, JuS 2000, 909; EuGH, Rs. C-307/99 (OGT Fruchthandelsgesellschaft mbH/HZA Hamburg St. Annen), Slg 2001, I-3159, Rn 22 ff; Analyse dazu von *Streinz*, JuS 2001, 117.

77 EuGH, verb. Rs C-300/98 und C-329/98 (Parfums Christian Dior), Slg 2000, I-11307, Rn 47. Vgl zur „mittelbaren“ Wirkung des WTO-Rechts *Herrmann/T. Streinz* (Fn 79), Rn 132 ff mwN, zur WTO-rechtskonformen Auslegung ebd, Rn 137 ff.

78 Vgl EuGH, Rs. C-53/96 (Hermès/FAT Marketing Choice), Slg 1998, I-3603, Rn 22 ff.

79 EuGH, Rs. C-61/94 (Kommission/Deutschland), Slg 1996, I-3989, Rn 29 ff. Kritisch zu dieser offensichtlichen Ungleichbehandlung der EU-Organe und der Mitgliedstaaten *Herrmann/T. Streinz* (Fn 79), Rn 129 ff.

80 Vgl BGH, 19.2.1969 – 1 StR 617/68 – LRE 6, 81, 83.

81 Umfassend zum Codex Alimentarius *Nieslony* (Hrsg.), Ausländisches Lebensmittelrecht. Codex Alimentarius, 5 Bde., Loseblatt (105. EL, 2013). Inhalt u.a.: Verfahrenshandbuch, horizontale Codex Standards, Leitsätze und individuelle Standards; Lebensmittelkennzeichnung und Werbung für Lebensmittel; Vertikale Standards und empfohlene Hygiene- und Verfahrens-Leitsätze für Lebensmittel tierischen Ursprungs sowie für pflanzliche Öle und Speisefette, für Lebensmittel pflanzlichen Ursprungs, für alkoholfreie Getränke; Leitsätze, Richtlinien, Standards für Milch und Milcherzeugnisse; Richtlinien für die Lebensmitteleinfuhr- und -ausfuhrkontrolle. Zur 15. Sitzung des Codex Komitees „General Principles“ vom 10.-14.4.2000 in Paris vgl *Eckert*, ZLR 2000, 414 ff.

82 EuZW 1998, 157 ff.

glieder der WTO bei ihrer Risikobewertung nicht auf rein naturwissenschaftlich nachweisbare Gesundheitsgefahren beschränkt, sondern können auch Fragen des „Risikomanagements" wie zB das Missbrauchsrisiko und Kontrollprobleme berücksichtigen. Die naturwissenschaftliche Ermittlung und Bewertung von Risiken ist zwar der Ausgangspunkt, aber nicht bereits das Ergebnis.[83] Die Maßnahme muss durch die Ergebnisse wissenschaftlicher Studien hinreichend untermauert sein, so dass zwischen der Risikoabschätzung und der darauf beruhenden Regelung ein vernünftiger Zusammenhang („rational relationship") besteht. Dabei ist nicht erforderlich, dass die vorgelegten Studien der „herrschenden Meinung" entsprechen; auch eine abweichende Expertise einzelner qualifizierter und respektierter Wissenschaftler, die die Gefahr sorgfältig untersucht haben, genügt. Dies ist aber kein Freibrief für eine oberflächliche, auf wenig substantielle Studien gestützte Risikoabschätzung. Das Vorsorgeprinzip setzt die Bestimmungen der Art. 5 Abs. 1 und 2 SPS-Übereinkommen nicht außer Kraft, sondern findet Berücksichtigung in Art. 5 Abs. 7 SPS-Übereinkommen. Wichtig ist, dass die getroffenen Maßnahmen systemgerecht und konsequent sind. Beispiel: Die sachlich nicht begründete Unterscheidung zwischen dem Einsatz von Hormonen in der Schweine- und in der Rindermast durch die EG wurde vom Appellate Body als willkürlich, das Hormonverbot insoweit als WTO-widrig angesehen.

2. Sekundärrecht

a) Rechtsgrundlagen

37 Hauptsächliche Rechtsgrundlage für das unionale Lebensmittelrecht ist die Kompetenz zur Angleichung der Rechts- und Verwaltungsvorschriften der Mitgliedstaaten zur Herstellung des Binnenmarktes (**Art. 114 AEUV**), die in Abs. 3 mit dem Gesundheitsschutz und dem Verbraucherschutz die beiden zentralen Ziele des Lebensmittelrechts aufführt. Auf sie verweist auch Art. 169 Abs. 2 lit. a AEUV). **Art. 37 Abs. 2 Unterabs. 3 EGV** war Rechtsgrundlage für landwirtschaftsrechtliche Vorschriften mit lebensmittelrechtlichem (Neben-) Effekt, insbesondere für Marktordnungsvorschriften und Vermarktungsnormen, die Qualitätsstandards und Kennzeichnungsanforderungen für einzelne Produkte festlegen.[84] In diesem Bereich ist seit dem Vertrag von Lissabon Art. 43 Abs. 2 AEUV (mit dem ordentlichen Gesetzgebungsverfahren statt wie bisher der bloßen Anhörung des Europäischen Parlaments) die Rechtsgrundlage. **Art. 168 Abs. 4 lit. b AEUV** ist insoweit lex specialis in einem engen („unmittelbaren") Anwendungsbereich (vgl Rn 29). Für Organisationsvorschriften kommt (ergänzend) **Art. 352 AEUV** in Betracht. Dadurch dürfen aber ausdrücklich festgelegte Limitierungen nicht umgangen werden (Art. 352 Abs. 3 AEUV; vgl Rn 29). Weitere Vorschriften (zB Art. 207 AEUV) können kumulativ hinzutreten, wie überhaupt die Kumulation von Rechtsgrundlagen zulässig ist,[85] soweit dabei die Vorschriften über das Rechtsetzungsverfahren beachtet werden.[86]

83 Ausdrücklich abweichend von der Entscheidung des Panels, wonach durch Art. 5 Abs. 1 SPS-Übereinkommen alle Angelegenheiten ausgeschlossen sein sollen, die von einer quantitativen Analyse durch empirische oder experimentelle Labormethoden, wie sie herkömmlich mit den Naturwissenschaften verbunden sind, nicht erfasst werden könnten.

84 Vgl zB die jetzt durch VO (EU) Nr. 1308/2013 des Europäischen Parlaments und des Rates vom 17.12.2013 über eine gemeinsame Marktorganisation für landwirtschaftliche Erzeugnisse (ABl. Nr. L 347/671) aufgehobene, aber nach Maßgabe deren Art. 230 teilweise fortgeltende VO (EG) Nr. 1234/2007 des Rates vom 22.10.2007 über eine gemeinsame Organisation der Agrarmärkte und mit Sondervorschriften für bestimmte landwirtschaftliche Erzeugnisse (Verordnung über die einheitliche GMO), ABl. Nr. L 299/1,(letzte Fassung in *Meyer*, LMR Textsammlung, Nr. 25) auf deren Art. 121 lit. d iVm Art. 4 gestützt VO (EG) Nr. 589/2008 der Kommission vom 23.6.2008 mit Durchführungsbestimmungen zur Verordnung (EG) Nr. 1234/2007 des Rates hinsichtlich der Vermarktungsnormen für Eier (ABl. Nr. L 163/6; aktuelle Fassung in *Meyer*, LMR Textsammlung, Nr. 4425). Siehe *Busse* § 25, Rn 9 f, 33, 184.

85 Vgl zB die VO (EG) Nr. 178/2002 (sog. Basis-VO; siehe Rn 41), die „insbesondere" auf die Art. 37, 95, 133 und 152 Abs. 4 lit. b EGV gestützt wurde.

86 Vgl dazu *Streinz*, in: Streinz, EUV/AEUV, Art. 5 EUV, Rn 11 mwN.

b) Die „neue Strategie“: Gegenseitige Anerkennung und Harmonisierung als einander ergänzende Instrumente

Ursprünglich versuchte man die legislativen Handelshemmnisse der Mitgliedstaaten allein durch die Harmonisierung zu beseitigen, wobei unterschiedliche Ansätze (generelle/punktuelle; totale/optionelle Harmonisierung) ohne Gesamtkonzept verfolgt wurden.[87] Dieses Konzept erwies sich nicht nur als undurchführbar, sondern auch rechtspolitisch nicht wünschenswert. Man wollte keinen „europäischen Einheitsbrei“. Die Cassis-Rechtsprechung des EuGH, die eine faktische gegenseitige Anerkennung bewirkte (siehe Rn 24), ermöglichte die Entwicklung einer **„neuen Strategie“**: Da die Ziele der nationalen Lebensmittelgesetzgebung (Gesundheitsschutz, Verbraucherschutz) der Mitgliedstaaten im Wesentlichen gleichwertig seien, könne die gegenseitige Anerkennung grundsätzlich die Basis zur Schaffung eines Binnenmarktes sein. Der Harmonisierung bedürfen danach nur noch diejenigen Bereiche, die der EuGH gemäß Art. 36 AEUV bzw auf Grund „zwingender Erfordernisse“ noch für die (kontrollierte) Regelung durch die Mitgliedstaaten übrig gelassen hat, sowie Bereiche, in denen eine EU-rechtliche Regelung rechtspolitisch geboten erscheint (zB Qualitätspolitik; landwirtschaftspolitische Interessen). 38

Dies führte zum Grundsatz, sich auf die Harmonisierung sog. „allgemeiner Fragen“, die alle Lebensmittel betreffen, zu beschränken (sog. **horizontale Harmonisierung**). Dazu gehören die allgemeinen Regeln über die Aufmachung und Etikettierung von Lebensmitteln, über den Gesundheitsschutz (Hygiene; Zusatzstoffe) sowie die Lebensmittelüberwachung. Auf Vorschriften über die Zusammensetzung einzelner Produkte (Produktvorschriften, sog. **vertikale Harmonisierung**) sollte grundsätzlich verzichtet werden. Dies wurde nicht konsequent durchgehalten (siehe Rn 55). Schließlich sollte eine allgemeine Rahmenregelung für das unionale Lebensmittelrecht erlassen werden. 39

c) Die EG-Basisverordnung Nr. 178/2002

aa) Ziel und Entstehung

Die Harmonisierung des Lebensmittelrechts erfolgte zunächst punktuell, ohne Gesamtkonzept. Mit der „neuen Strategie“ wurde ein grundsätzlicher Ansatz (Konzentration auf sog. horizontale Harmonisierung) entwickelt (siehe Rn 38). Was fehlte und vermisst wurde, war eine **Rahmenregelung**, die für die EG einheitliche Grundbegriffe („Lebensmittel, „Inverkehrbringen“ etc.), einheitliche Schutzkonzepte (Gesundheitsschutz, Verbraucherschutz, Verbraucherinformation) enthält und ein **„Dach“** für die verstreuten Einzelregelungen darstellt, die vereinfacht, konsolidiert und transparenter gemacht werden sollten. Aufbauend auf dem **Grünbuch** „Allgemeine Grundsätze des Lebensmittelrechts in der Europäischen Union“[88] und der Mitteilung über „Gesundheit des Verbrauchers und Lebensmittelsicherheit“[89] (1997) und beschleunigt durch die Konsequenzen, die aus dem BSE-Skandal zu ziehen waren, veröffentlichte die Kommission am 12.1.2000 ein **Weißbuch zur Lebensmittelsicherheit**[90] mit einem Aktionsplan „Lebensmittelsicherheit“, der 84 konkrete Maßnahmen und einen Zeitplan hierfür enthielt. Der Grundansatz des **Vorsorgeprinzips** („precautionary principle“) wurde von der Kommission in einer Mitteilung über dessen Anwendbarkeit[91] präsentiert. 40

Die Umsetzung dieses Aktionsprogramms wurde relativ rasch angegangen. Kernstück und Basis ist die **Verordnung (EG) Nr. 178/2002** des Europäischen Parlaments und des Rates vom 28.1.2002 zur Festlegung der allgemeinen Grundsätze und Anforderungen des Lebensmittelrechts, zur Errichtung der Europäischen Behörde für Lebensmittelsicherheit und zur Festlegung von Verfahren zur Lebensmittelsicherheit,[92] die wegen ihrer grundlegenden Bestimmungen gebräuchlich (nicht amtlich) als **„Basisverordnung“** abgekürzt wird. Sie ist die zentrale unionsrechtliche Regelung des 41

87 Vgl dazu *Streinz*, in: Streinz, LMR-Handbuch, III.C, Rn 116 a f.
88 Dok. KOM (97) 176.
89 Dok. KOM (97) 183 endg.
90 Dok. KOM (1999) 719 endg.
91 Dok. KOM (2000) 0001 endg.
92 ABl. Nr. L 31/1. Aktuelle Fassung in *Meyer*, LMR Textsammlung, Nr. 1.

Lebensmittelrechts und des korrespondierenden Futtermittelrechts. Ihr Ziel ist eine umfassende einheitliche Regelung der **Lebensmittelherstellungskette** „vom Erzeuger zum Verbraucher“, „vom Stall zum Tisch“, „from farm to fork“.[93]

bb) Inhaltsübersicht

42 Die Basis-VO gliedert sich gemäß ihrem Titel in drei große Teile (Kapitel II – IV), denen umfangreiche (66) Erwägungsgründe und in Kapitel I Bestimmungen über den **Anwendungsbereich** und **Definitionen** (insbesondere „Lebensmittel“, Art. 2 Basis-VO siehe Rn 40; ferner zB – Art. 3 Basis-VO – Lebensmittel- bzw Futtermittelunternehmer, Inverkehrbringen, Risikoanalyse, -bewertung, -management, -kommunikation, Gefahr, Rückverfolgbarkeit) vorangestellt sind. In Kapitel V werden **Verfahren** (Art. 58-60) und **Schlussbestimmungen** (Art. 61-65) geregelt, wobei die Einrichtung des **Ständigen Ausschusses für die Lebensmittelkette und Tiergesundheit** hervorzuheben ist. Dies ist ein sog. Regelungsausschuss gemäß Art. 5 des (aufgehobenen) sog. Komitologiebeschlusses 1999/468,[94] der sich aus Vertretern der Mitgliedstaaten zusammensetzt und in dem der Vertreter der Kommission den Vorsitz führt. Seit der Neuregelung des Komitologieverfahrens (siehe Rn 21) wird er, abgesehen von den fortbestehenden Verweisungen und den Übergangsvorschriften, obligatorisch allein bei Durchführungsrechtsakten (Art. 291 AEUV) tätig (vgl zB Art. 48 iVm Art. 35 Abs. 6 LMIV), nicht bei den bedeutsameren (vgl zB Art. 46 LMIV) Delegierten Rechtsakten (Art. 290 AEUV). Das **In-Kraft-Treten** der Basis-VO erfolgte stufenweise ab 21.2.2002; wichtige Bestimmungen traten erst zum 1.1.2005 in Kraft (Art. 65).

43 Die **Allgemeinen Grundsätze des Lebensmittelrechts** (Kapitel II, Art. 4-21 Basis-VO) enthalten die allgemeinen Ziele des Gesundheitsschutzes und des Verbraucherschutzes (Art. 5), die Grundsätze der Risikoanalyse (Art. 6), wozu insbesondere die Trennung von (wissenschaftlicher) Risikobewertung und (politischem) Risikomanagement gehört, was auf europäischer wie nationaler Ebene entsprechende Organisationsentscheidungen erforderte (siehe Rn 72 ff), das Vorsorgeprinzip (Art. 7), die allgemeinen Verpflichtungen für den Lebensmittelhandel (Art. 11-13), die allgemeinen Anforderungen des Lebensmittelrechts (Art. 14-15: Lebensmittel- bzw Futtermittelsicherheit), das Prinzip der Rückverfolgbarkeit in allen Produktions-, Verarbeitungs- und Vertriebsstufen (Art. 18) sowie die Meldepflicht des Lebensmittel- bzw Futtermittelunternehmers, wenn er „erkennt“ oder „Grund zu der Annahme hat“, dass ein von ihm eingeführtes, erzeugtes, verarbeitetes, hergestelltes oder vertriebenes Lebensmittel den Anforderungen an die Lebensmittel- bzw Futtermittelsicherheit nicht entspricht (Art. 18-19).

44 Durch Art. 22-49 (Kapitel III) wird die sog. **Europäische Behörde für Lebensmittelsicherheit** (siehe Rn 61) gegründet.

45 Die erheblichen Abstimmungsprobleme zwischen den Einrichtungen der EU und den Behörden der Mitgliedstaaten, aber auch zwischen den Behörden der Mitgliedstaaten untereinander und auch innerhalb diesen (zB im föderalen System der Bundesrepublik Deutschland) haben gezeigt, dass **Schnellwarnverfahren** (Art. 50-52), **Krisenmanagement** (Art. 55-57) und Sofortmaßnahmen in **Notfällen** (Art. 53-54) eingeführt bzw verbessert werden müssen. Problematisch ist dabei die Haftung für Folgen von „Fehlalarmen“.[95]

---

93 Wenn „stable“ (im britischen Englisch) nicht Pferdestall hieße, würde sich der Reim „from stable to table“ anbieten.

94 Zu dessen fortbestehender Bedeutung nach seiner Aufhebung durch die VO (EU) Nr. 182/2011 siehe Rn 21, Fn 47. Art. 58 BasisVO (EG) Nr. 178/2002 wurde dahingehend geändert, dass bei Bezugnahme auf Art. 58 Abs. 3 BasisVO Art. 5 a Komitologiebeschluss 1999/468, dh das Regelungsverfahren mit Kontrolle zur Anwendung kommt.

95 *Vgl dazu EuG, Rs. T-177/02 (Malagutti Vezinhet/Kommission)*, Slg 2004, I-827, Rn 51 ff; Vgl dazu *Moelle*, StoffR 2004, 237 ff. Näher dazu *Gundel*, Haftung für fehlerhafte Meldungen im EU-Schnellwarnsystem für Lebens- und Futtermittel?, in: Leible/Meyer (Hrsg.), Risiko als Thema des Lebensmittelrechts: Risikobewertung, Risikomanagement, Risikokommunikation, 2008, S. 161 (163 ff).

cc) „Umsetzung“ der Basis-VO

Als „Verordnung“ hat die Basis-VO gemäß Art. 288 Abs. 2 AEUV unmittelbare Geltung in jedem Mitgliedstaat und bedarf an sich (anders als eine Richtlinie) keiner „Umsetzung“. Die allgemeinen Bestimmungen (Kapitel I und II) die, wie ursprünglich vorgesehen, besser als Richtlinie erlassen worden wären, erfordern zum Teil eine Ergänzung in den Mitgliedstaaten, jedenfalls die Anpassung von deren Lebensmittelrecht (siehe für Deutschland Rn 70 ff). Die Tragweite von einzelnen Bestimmungen der BasisVO ist strittig[96] und bedurfte der Klärung durch den EuGH.[97] 46

d) Wichtige horizontale Regelungen

aa) Regelungsmaterien

Über das umfangreiche unionale Lebensmittelrecht kann hier nur ein knapper Überblick gegeben werden.[98] „Horizontale“ (siehe Rn 39) Regelungsmaterien sind der **Gesundheitsschutz**, der **Verbraucherschutz** einschließlich der **Verbraucherinformation** und die **Lebensmittelüberwachung.** Hinzu kommen **organisatorische Vorschriften.** Während ursprünglich der Rechtsetzungsform der Richtlinie der Vorzug gegeben wurde, werden zunehmend bestehende Richtlinien durch Verordnungen ersetzt. 47

bb) Richtlinien

Wichtige horizontale Richtlinien betreffen die **Lebensmittelkennzeichnung.** Allgemein gilt bis zu ihrer Aufhebung und Ersetzung durch die Lebensmittelinformations-VO (EU) Nr. 1169/2011[99] die **RL 2000/13/EG** zur Angleichung der Rechtsvorschriften der Mitgliedstaaten über die **Etikettierung und Aufmachung von Lebensmitteln sowie die Werbung hierfür.**[100] Sie enthält u.a. ein Irreführungs- und Täuschungsverbot (Art. 2), schreibt die zwingenden Angaben vor (Art. 3) und regelt diese im Einzelnen (Verkehrsbezeichnung, Verzeichnis der Zutaten, Zutatenmenge, Nettofüllmenge, Mindesthaltbarkeitsdatum bzw Verbrauchsdatum, Gebrauchsanweisung, Alkoholgehalt, Sprache). Spezielle horizontale (zu vertikalen Kennzeichnungsvorschriften siehe Rn 54 ff) Regelungen enthält zB die **Nährwertkennzeichnungsrichtlinie.**[101] Beide Richtlinien werden ab 13.12.2014 durch die **Lebensmittelinformationsverordnung (LMIV)** aufgehoben und ersetzt. Im Rahmen ihrer Tragweite entfallen auch die Bestimmungen der deutschen Umsetzungsgesetze LFGB, LMKV und NKV. Die LMIV legt allgemeine Grundsätze, Anforderungen und Zuständigkeiten für die Informa- 48

---

96 Vgl zur Frage einer Sperrwirkung des Art. 10 BasisVO hinsichtlich weitergehenden Regelungen über die Verbraucherwarnung in den Mitgliedstaaten *Michl/Meyer*, Der Fall „Gammelfleisch“, ZLR 2012, 557. Vom EuGH wurde eine Sperrwirkung nach Maßgabe seines Urteils in Rs. C-636/11 (Karl Berger/Freistaat Bayern), NVwZ 2013, 1002 verneint.

97 EuGH, Rs. C-636/11 (Karl Berger/Freistaat Bayern), NVwZ 2013, 1002, Rn 28 ff auf Vorlage des LG München, LMuR 2012, 32: Zulässige Verbraucherwarnungen auf der Grundlage des LFGB bei zwar nicht gesundheitsschädlichen, aber zum Verzehr ungeeigneten Lebensmitteln.

98 Wichtige EG bzw EU-Verordnungen und Richtlinien sind in aktueller Fassung in den Textsammlungen von *Meyer* (auf die hier jeweils verwiesen wird), in Bd. I des Kommentars *Zipfel/Rathke* und *Tolkmitt* sowie zT in *Ehlermann/Bieber/Haag* enthalten.

99 VO (EU) Nr. 1169/2011 des Europäischen Parlaments und des Rates vom 25.10.2011 betreffend die Information der Verbraucher über Lebensmittel (ABl. Nr. L 304/18). *Meyer*, Textsammlung LMR, Nr. 205. Gemäß ihrem Art. 55 trat diese VO zwar am 7.12.2011 in Kraft, gilt aber erst ab 13.12.2014. Nach BVerwG, 27.9.2012, 3 C 17.12, ZLR 2014, 61 m.Anm. *Zechmeister* entfaltet sie keine Vorwirkung.

100 RL des Europäischen Parlaments und des Rates vom 20.3.2000 (ABl. Nr. L 109/29), aktuelle Fassung in *Meyer*, LMR Textsammlung, Nr. 200. Umgesetzt in der Lebensmittel-Kennzeichnungs-VO – LMKV idF d.Bek. vom 15.12.1999 (BGBl. I, S. 2464), aktuelle Fassung in *Meyer*, LMR Textsammlung, Nr. 300. Aufgehoben und ersetzt durch LMIV mit Wirkung vom 13.12.2014.

101 RL 90/496/EWG des Rates vom 24.9.1990 über die Nährwertkennzeichnung von Lebensmitteln (ABl. Nr. L 276/40; ber. ABl. Nr. L 140/22),aktuelle Fassung in *Meyer*, LMR Textsammlung, Nr. 230. Umgesetzt durch die Nährwert-Kennzeichnungs-VO – NKV vom 25.11.1994 (BGBl. I, S. 3526), aktuelle Fassung in *Meyer*, LMR Textsammlung, Nr. 320. Aufgehoben und ersetzt durch LMIV mit Wirkung vom 13.12.2014.

tionen über Lebensmittel und insbesondere für die Kennzeichnung von Lebensmitteln fest und verschärft tendenziell die Anforderungen an die Kennzeichnungs- und Informationspflichten.[102]

49 Zur Harmonisierung des **Gesundheitsschutzes** wurden für **Zusatzstoffe** eine Rahmenrichtlinie[103] und Einzelrichtlinien über Süßungsmittel,[104] Farbstoffe[105] und andere Lebensmittelzusatzstoffe[106] erlassen. Diese Richtlinien wurden durch die VO (EG) Nr. 1333/2008 des Europäischen Parlaments und des Rates über Lebensmittelzusatzstoffe vom 16.12.2008[107] aufgehoben und ersetzt.[108] Ferner sind zB die **Diätrahmenrichtlinie**[109] und Einzelrichtlinien dazu, die Richtlinie über **Nahrungsergänzungsmittel**[110] sowie die Richtlinien über die **Lebensmittelbestrahlung**[111] zu nennen.

---

102 Kritisch zu paternalistischen Tendenzen zB *Sosnitza*, Der Kommissionsvorschlag einer Lebensmittelinformations-Verordnung, ZLR 2010, 3, 8 f und *Meisterernst/Muffler*, Verbraucherleitbilder im Lebensmittelrecht – die Renaissance des flüchtigen Verbrauchers?, ZLR 2013, 25, 36 ff. Zu den gesteigerten Anforderungen vgl *Körber/Buch*, Die Lebensmittelinformationsverordnung – Verbraucherschutz trifft Wirklichkeit, ZLR 2013, 425, 426. Zu den Einzelheiten zB die Kommentierungen der LMIV von *Voit/Grube* und *Hagenmeyer*.

103 RL 89/107/EWG des Rates vom 21.12.1988 zur Angleichung der Rechtsvorschriften der Mitgliedstaaten über Zusatzstoffe, die in Lebensmitteln verwendet werden dürfen (ABl. Nr. L 40/27); aufgehoben gemäß Art. 33 Abs. 1 lit. f VO (EG) 1333/2008 vom 16.12.2008 (ABl. Nr. L 354/16). Umgesetzt in der Zusatzstoff-Zulassungs-VO – ZZulV vom 29.1.1998 (BGBl. I, S. 230), aktuelle Fassung in *Meyer*, LMR Textsammlung, Nr. 700. Vgl dazu und zur Weitergeltung nach der VO (EG) Nr. 1333/2008 *Zipfel/Rathke*, Bd. III, Vorb. C 120, Rn 1 ff.

104 RL 94/35/EG des Europäischen Parlaments und des Rates vom 30.6.1994 (ABl. Nr. L 237/3; ber. ABl. Nr. L 325/51), zuletzt geändert durch RL 2009/163/EU der Kommission vom 22.12.2009 (ABl. Nr. L 344/37) unter befristeter und teilweiser Fortgeltung aufgehoben durch Art. 33 Abs. 1 lit. g VO (EG) 1333/2008 vom 16.12.2008 (ABl. Nr. L 354/16).

105 RL 94/36/EG des Europäischen Parlaments und des Rates vom 30.6.1994 (ABl. Nr. L 237/13), unter befristeter und teilweiser Fortgeltung aufgehoben durch Art. 33 Abs. 1 lit. h VO (EG) 1333/2008 vom 16.12.2008 (ABl. Nr. L 354/16).

106 RL 95/2/EG des Europäischen Parlaments und des Rates vom 20.2.1995 (ABl. Nr. L 61/1), zuletzt geändert durch RL 2010/69/EU der Kommission vom 22.10.2010 (ABl. Nr. L 279/22), unter befristeter und teilweiser Fortgeltung aufgehoben durch Art. 33 Abs. 1 lit. i VO (EG) 1333/2008 vom 16.12.2008 (ABl. Nr. L 354/16).

107 ABl. Nr. L 354/16, ber. ABl. 2010 Nr. L 105/114 und ABl. 2012 Nr. L 322/8.Aktualisierte Fassung in *Meyer*, LMR Textsammlung, Nr. 600. Zuletzt geändert durch VO (EU) Nr. 59/2014 der Kommission vom 23.1.2014 (ABl. Nr. L 21/9).

108 Siehe Fn. 110-113. Die RL 94/35/EG, 95/2/EG und 94/36/EG gelten teilweise befristet fort (Art. 34 VO (EG) 1333/2008).

109 RL 89/398/EWG des Rates vom 3.5.1989 zur Angleichung der Rechtsvorschriften der Mitgliedstaaten, die für eine besondere Ernährung bestimmt sind (ABl. Nr. L 186/27). Umgesetzt durch die Diät-VO idF d. Bek.vom 28.4.2005 (BGBl. I, S. 1161), aktuelle Fassung in *Meyer*, LMR Textsammlung, Nr. 2300. Die RL 89/398 wurde aufgehoben und ersetzt durch die RL 2009/39/EG des Europäischen Parlaments und des Rates vom 6.5.2009 über Lebensmittel, die für eine besondere Ernährung bestimmt sind (ABl. Nr. L 124/21); Text in *Meyer*, LMR Textsammlung, Nr. 2200; diese wird mit Wirkung vom 20.7.2016 durch die VO (EU) Nr. 609/2013 des Europäischen Parlaments und des Rates vom 12.6.2013 über Lebensmittel für Säuglinge und besondere medizinische Zwecke (ABl. Nr. L 181/35) aufgehoben und ersetzt. Ferner RL 96/8/EG der Kommission vom 26.2.1996 über Lebensmittel für kalorienarme Ernährung zur Gewichtsverringerung (ABl. Nr. L 55/22), *Meyer*, LMR Textsammlung, Nr. 2220; RL 2006/141/EG der Kommission vom 22.12.2006 über Säuglingsanfangsnahrung und Folgenahrung (ABl. Nr. L 401/1), *Meyer*, LMR Textsammlung, Nr. 2230; RL 2006/125/EG der Kommission vom 5.12.2006 über Getreidebeikost und andere Beikost für Säuglinge und Kleinkinder (ABl. Nr. L 339/16; ber. ABl. 2007 Nr. L 4/10), *Meyer*, LMR Textsammlung, Nr. 2235; RL 1999/21/EG der Kommission vom 25.3.1999 über diätetische Lebensmittel für besondere medizinische Zwecke (ABl. Nr. L 91/29; ber. ABl. 2000 Nr. L 2/79), *Meyer*, LMR Textsammlung, Nr. 2240; VO (EG) Nr. 953/2009 der Kommission vom 13.10.2009 über Stoffe, die Lebensmitteln, die für eine besondere Ernährung zu besonderen Ernährungszwecken zugefügt werden dürfen (ABl. Nr. L 52/19), *Meyer*, LMR Textsammlung, Nr. 2250. Auch diese Vorschriften werden mit noch nicht bestimmtem Außerkrafttreten durch die VO (EU) Nr. 609/2013 aufgehoben und ersetzt.

110 RL 2002/46/EG des Europäischen Parlaments und des Rates vom 10.6.2002 zur Angleichung der Rechtsvorschriften der Mitgliedstaaten über Nahrungsergänzungsmittel (ABl. Nr. L 183/51); aktualisierte Fassung in *Meyer*, LMR Textsammlung, Nr. 2500. Zuletzt geändert durch VO (EU) 119/2014 der Kommission vom 7.2.2014 (ABl. Nr. L 39/44). Umgesetzt in der Nahrungsergänzungsmittel-VO – NemV vom 24.5.2004 (BGBl. I, S. 1011); aktuelle Fassung in *Meyer*, LMR Textsammlung, Nr. 2550.

111 RL 1999/2/EG und RL 1999/3/EG des Europäischen Parlaments und des Rates vom 22.2.1999 zur Angleichung der Rechtsvorschriften über mit ionisierenden Strahlen behandelte Lebensmittel und Lebensmittelbestandteile (ABl. Nr. L 66/16), sowie über die Festlegung einer Gemeinschaftsliste dafür (ABl. Nr. L 66/24), zuletzt geändert durch Anhang Nr. 8.3 ÄndVO vom 22.10.2008 (ABl. Nr. L 311/37). Umgesetzt durch die Lebensmittelbestrahlungs-VO – LMBestrV vom 14.12.2000 (BGBl. I, S. 1730); aktuelle Fassung in *Meyer*, LMR Textsammlung, Nr. 1080.

Die für die Akzeptanz der gegenseitigen Anerkennung unerlässliche Harmonisierung der Grundlagen der **Lebensmittelüberwachung** (Standards, Kooperation, Kontrollen) erfolgte in der RL 89/397/EWG des Rates vom 14.6.1989 über die amtliche Lebensmittelüberwachung,[112] ergänzt durch die RL 93/99/EWG des Rates vom 29.10.1993 über zusätzliche Maßnahmen.[113] Diese Richtlinien wurden durch die VO (EG) Nr. 882/2004 des Europäischen Parlaments und des Rates vom 29.4.2004 über amtliche Kontrollen zur Überprüfung der Einhaltung des Lebensmittel- und Futtermittelrechts sowie Bestimmungen über Tiergesundheit und Tierschutz[114] aufgehoben und ersetzt. Die unmittelbar geltende Verordnung bedarf keiner Umsetzung, auch parallele nationale Vorschriften sind unzulässig, sondern dienen allein der Ergänzung der EU-Verordnung, soweit sie dies zulässt oder fordert.[115] 50

cc) Verordnungen

Während früher im gemeinschaftlichen Lebensmittelrecht (abgesehen vom Marktordnungsrecht und Weinrecht; vgl Rn 57) die Richtlinie die dominierende Rechtsetzungsform war, wurden in letzter Zeit zunehmend Verordnungen erlassen und bestehende Richtlinien durch Verordnungen aufgehoben und ersetzt. Verordnungen bieten sich dort an, wo EU-Behörden errichtet werden oder es um die Errichtung eines Kooperationssystems zwischen EU und Mitgliedstaaten geht, wie zB in Kapitel III und IV (anders als Kapitel I und II) der **Basis-VO** (siehe Rn 41); ferner in „neuen" Materien, zumal wenn auch der Kommission Exekutivbefugnisse übertragen werden, wie zB **Novel Food.**[116] Zunehmend bevorzugt der Unionsgesetzgeber generell die Rechtsetzungsform der Verordnung bei der „Kodifizierung", dh der zusammenfassenden Neuordnung und Bereinigung eines unionsrechtlich bereits geregelten Bereichs. Dem Nachteil der fehlenden Einfügung in die nationale Rechtsordnung (vor allem beim Übergang von Richtlinien zu Verordnungen in einem Bereich, in dem die Richtlinien bereits im nationalen Recht umgesetzt sind, das jetzt der unmittelbaren unionalen Regelung in der Verordnung angepasst werden muss) steht der Vorteil der unmittelbaren Geltung gegenüber, die Umsetzungsprobleme (fehlende, verspätete, fehlerhafte Umsetzung) vermeidet. Zu nennen ist insbesondere die Neuordnung des **EU-Lebensmittel-Hygienerechts.**[117] Auch das Recht der **Lebensmittelüberwachung** (siehe Rn 50) wurde durch Verordnungen „kodifiziert", beginnend mit der VO (EG) Nr. 882/2004 des Europäischen Parlaments und des Rates über amtliche Kontrollen zur Überprüfung der Einhaltung des Lebensmittel- und Futtermittelrechts sowie 51

---

112 ABl. Nr. L 186/23. Umgesetzt im LMBG, jetzt LFGB (s. Rn 70).

113 ABl. Nr. L 290/14.

114 ABl. Nr. L 165/1; ber. ABl. Nr. L 191/1; aktuelle Fassung in *Meyer*, LMR Textsammlung, Nr. 8500. Zuletzt geändert durch VO (EU) Nr. 219/2014 der Kommission vom 7.3.2014 (ABl. Nr. L 69/99). Ferner u.a. VO (EG) Nr. 854/2004 des Europäischen Parlaments und des Rates vom 29.4.2004 mit besonderen Verfahrensvorschriften für die amtliche Überwachung von zum menschlichen Verzehr bestimmten Erzeugnissen tierischen Ursprungs (ABl. Nr. L 139/206, ber. ABl. Nr. 226/83, ber. ABl. 2008 Nr. L 46/51, ABl. 2013 Nr. L 160/16, aktueller Text in *Meyer*, LMR Textsammlung Nr. 8510); VO (EG) Nr. 764/2008 des Europäischen Parlaments und des Rates vom 9.7.2008 zur Festlegung von Verfahren im Zusammenhang mit der Anwendung bestimmter nationaler Vorschriften für Produkte, die in einem anderen Mitgliedstaat rechtmäßig in den Verkehr gebracht worden sind, und zur Aufhebung der Entscheidung Nr. 3052/95/EG (ABl. Nr. L 218/21); *Meyer*, LMR Textsammlung Nr. 8530. Weitere Verordnungen der Kommission ebd., Nr. 8520 und 8540.

115 Vgl zB Art. 3 ff VO (EG) Nr. 882/2004.

116 VO (EG) Nr. 258/97 des Europäischen Parlaments und des Rates vom 27.1.1997 über neuartige Lebensmittel und neuartige Lebensmittelzutaten (ABl. Nr. L 43/1), aktuelle Fassung in *Meyer*, LMR Textsammlung, Nr. 2010. Zur Sonderregelung für gentechnisch veränderte Lebensmittel vgl *Streinz*, in: Streinz, LMR-Handbuch, II. I, Rn 502.

117 „EG-Hygienepaket", vgl dazu *Stähle*, ZLR 2004, 742 ff, bestehend aus der VO (EG) Nr. 852/2004 des Europäischen Parlaments und des Rates vom 29.4.2004 über Lebensmittelhygiene (ABl. Nr. L 139/1, ber. ABl. Nr. L 226/3, ABl. 2008 Nr. L 46/51 und ABl. 2009 Nr. L 58/3), VO (EG) Nr. 853/2004 des Europäischen Parlaments und des Rates vom 29.4.2004 mit spezifischen Hygienevorschriften für Lebensmittel tierischen Ursprungs (ABl. Nr. L 139/55, ber. ABl. Nr. L 226/22, ABl. 2008 Nr. L 46/50, ABl. 2010 Nr. L 119/26 und ABl. 2013 Nr. L 160/15) und der VO (EG) Nr. 854/2004 mit besonderen Verfahrensvorschriften für die amtliche Überwachung von zum menschlichen Verzehr bestimmten Erzeugnissen tierischen Ursprungs vom 29.4.2004 (ABl. Nr. L 139/206; ber. ABl. Nr. L 226/83, ABl. 2008 Nr. L 46/51 und ABl. 2013 Nr. L 160/16). Inkrafttreten am 1.1.2006. Aktuelle Fassung in *Meyer*, LMR Textsammlung, Nr. 900, 910, 8510.

Bestimmungen über Tiergesundheit und Tierschutz vom 29.4.2004.[118] Auch die wegen paternalistischer Tendenzen (sog. „Nährwertprofile“) umstrittene Regelung sog. **Health Claims** erfolgte durch eine Verordnung.[119] Verordnungen wurden auch über die **Bezeichnung** bestimmter **Produktgruppen** erlassen.[120] Schließlich wurden auch die Zusatzstoffrichtlinien durch eine Verordnung aufgehoben und ersetzt (siehe Rn 49).

52 Durch Verordnungen wurden die auch landwirtschaftspolitisch motivierten horizontalen **Qualitätsprogramme** eingeführt, nämlich zum Schutz von **geographischen Angaben und Ursprungsbezeichnungen** für Agrarerzeugnisse und Lebensmittel,[121] über den **ökologischen Landbau** und die entsprechende Kennzeichnung der landwirtschaftlichen Erzeugnisse und Lebensmittel[122] und über **Bescheinigungen besonderer Merkmale** von Agrarerzeugnissen und Lebensmitteln.[123]

dd) Beschlüsse

53 Beschlüsse (Art. 288 Abs. 4 AEUV) sind als **Verwaltungsakte** das Instrument des unmittelbaren Vollzugs (siehe Rn 58) des EU-Rechts durch die Unionsorgane, in der Regel durch die Kommission. Im Lebensmittelrecht betrifft dies insbesondere die Festlegung von **technischen Einzelheiten** aufgrund sekundärrechtlicher Ermächtigungen,[124] die Erteilung von **Genehmigungen** von Novel Food

118 ABl. Nr. L 165, ber. Nr. L 191/1; aktualisierte Fassung in *Meyer*, LMR Textsammlung, Nr. 8500. Zuletzt geändert durch VO (EU) Nr. 219/2014 der Kommission vom 7.3.2014 (ABl. Nr. L 69/99).

119 VO (EG) Nr. 1924/2006 des Europäischen Parlaments und des Rates vom 20.12.2006 über nährwert- und gesundheitsbezogene Angaben über Lebensmittel (ABl. Nr. L 404/9; ber. ABL. 2007 Nr. L 12/3, ABl. 2008 Nr. L 86/34, ABl. 2009 Nr. L 198/87 und ABl. 2013 Nr. L 160/15); aktuelle Fassung in *Meyer*, LMR Textsammlung, Nr. 250. Vgl dazu *Meyer*, in: Streinz/Meyer, S. 329 ff (HCVO). Vgl dazu zB BGH, 17.1.2013, I ZR 5/12, LR 2013, 695 m.Anm. *Hagenmeyer*.

120 Vgl zB die VO (EWG) Nr. 1576/89 des Rates vom 29.5.1989 zur Festlegung der allg. Regeln für die Begriffsbestimmung, Bezeichnung und Aufmachung von Spirituosen (ABl. Nr. L 160/1), aufgehoben und ersetzt durch die VO (EG) Nr. 110/2008 des Europäischen Parlaments und des Rates vom 15.1.2008 zur Begriffsbestimmung, Bezeichnung, Aufmachung und Etikettierung von Spirituosen sowie zum Schutz geographischer Angaben für Spirituosen und zur Aufhebung der VO (EWG) Nr. 1576/89 (ABl. Nr. L 39/16, ber. ABl. 2009 Nr. L 228/47); aktuelle Fassung in *Meyer*, LMR Textsammlung, Nr. 7700.

121 VO (EWG) Nr. 2081/92 des Rates vom 14.7.1992 (ABl. Nr. L 208/1), aufgehoben und ersetzt durch VO (EG) 510/2006 des Rates vom 20.3.2006 zum Schutz von geografischen Angaben und Ursprungsbezeichnungen für Agrarerzeugnisse und Lebensmittel (ABl. Nr. L 93/12), diese aufgehoben und ersetzt durch VO (EU) Nr. 1151/2012 des Europäischen Parlaments und des Rates vom 21.11.2012 über Qualitätsregelungen für Agrarerzeugnisse und Lebensmittel (ABl. Nr. L 343/1); aktuelle Fassung in *Meyer*, LMR Textsammlung, Nr. 400.

122 VO (EWG) Nr. 2092/91 des Rates vom 24.6.1991 (ABl. Nr. L 198/1), aufgehoben und ersetzt durch VO (EG) Nr. 834/2007 des Rates vom 28.6.2007 über die ökologische/biologische Produktion und die Kennzeichnung von ökologischen/biologischen Erzeugnissen und zur Aufhebung der Verordnung (EWG) Nr. 2092/91 (ABl. 2007 Nr. L 189/1); aktuelle Fassung in *Meyer*, LMR Textsammlung Nr. 2605.

123 VO (EWG) Nr. 2082/92 des Rates vom 14.7.1992 über Bescheinigungen besonderer Merkmale von Agrarerzeugnissen und Lebensmitteln (ABl. Nr. L 208/9); aufgehoben und ersetzt durch VO (EG) Nr. 509/2006 des Rates vom 20.3.2006 über die garantiert traditionellen Spezialitäten bei Agrarerzeugnissen und Lebensmitteln (ABl. Nr. L 93/1); diese aufgehoben und ersetzt durch VO (EU) Nr. 1151/2012 des Europäischen Parlaments und des Rates vom 21.11.2012 über Qualitätsregelungen für Agrarerzeugnisse und Lebensmittel (ABl. Nr. L 343/1); aktuelle Fassung in *Meyer*, LMR Textsammlung, Nr. 400.

124 Vgl zB Entscheidung Nr. 93/256/EWG der Kommission vom 14.4.1993 über die Verfahren zum Nachweis von Rückständen von Stoffen mit hormonaler bzw thyreostatischer Wirkung (ABl. Nr. L 118/64), zuletzt geändert durch Art. 7 der Entscheidung Nr. 2002/657 der Kommission vom 12.8.2002 (ABl. Nr. L 221/9).

gemäß der Novel Food-Verordnung,[125] bzw gentechnisch veränderter Lebensmittel gemäß der Gennahrungsmittelverordnung,[126] ferner zB die **Zulassung von Betrieben in Drittstaaten**, aus denen die Einfuhr frischen Fleisches in die EU zugelassen ist, Organisations- und Verfahrensentscheidungen in der **Lebensmittelüberwachung,**[127] Anordnungen gemäß der sog. **Informationsrichtlinie** (siehe Rn 73)[128] und die Anordnung **seuchenrechtlicher Maßnahmen**, zB zur Bekämpfung von BSE (TSE).[129]

e) Wichtige vertikale Regelungen

aa) (Eingeschränkte) Realisierung der „neuen Strategie"

Nach der „neuen Strategie" (siehe Rn 38 f) sollte nicht nur auf die sog. „vertikale Harmonisierung" 54
durch neue Produktvorschriften verzichtet, sondern es sollten auch die bestehenden Produktvorschriften abgebaut werden. Letzteres wurde allenfalls eingeschränkt bei der Neufassung der bestehenden Produktvorschriften, die andererseits die vertikale Harmonisierung bestätigte, realisiert. Zum Teil wurden sogar neue Produktvorschriften erlassen. Grund dafür waren zum einen wirtschaftliche Interessen der betroffenen Kreise, die die „bewährten" Vorschriften behalten wollten (Protektionismus der etablierten Unternehmen und Unternehmenszweige, zB durch unionsweite Exklusivität nationaler Besonderheiten wie der Bezeichnung „marmalade"/ Marmelade für ausschließlich aus Zitrusfrüchten hergestellte „Konfitüre"), zum anderen auch die Schutzinteressen der sog. Qualitätspolitik.[130]

125 Vgl zB die Entscheidung der Kommission vom 23.5.2001 zur Genehmigung des Inverkehrbringens von hochdruckpasteurisierten Fruchtzubereitungen gemäß der VO (EG) Nr. 258/97 (ABl. Nr. L 151/42); Entscheidung Nr. 2005/581/EG der Kommission vom 25.7.2005 zur Genehmigung des Inverkehrbringens von Isomaltulose als neuartiges Lebensmittel oder neuartige Lebensmittelzutat gemäß der VO (EG) Nr. 258/97 (ABl. Nr. L 199/90) weitere Beispiele bei *Meyer*, Gen Food – Novel Food, S. 376 ff; Übersicht über die Genehmigungsanträge, erteilten Genehmigungen und Ablehnungen bei *Streinz*, in: ders., LMR-Handbuch (EL 29/2009), II. I, Rn 525 ff mwN. Hinzu kommen die Entscheidungen, die auf die RL 90/220/EWG des Rates vom 23.4.1990 über die absichtliche Freisetzung genetisch veränderter Organismen in die Umwelt (ABl. Nr. L 117/15), geändert durch RL 94/15/EG vom 15.4.1994 (ABl. Nr. L 103/20) und RL 97/35/EG (ABl. Nr. L 169/72), ersetzt durch die RL 2001/18/EG des Europäischen Parlaments und des Rates vom 12.3.2001 (ABl. Nr. L 106/1), zuletzt geändert durch Art. 1 ÄndRL 2008/27/EG vom 11.3.2008 (ABl. Nr. L 81/45), gestützt sind, zB die Entscheidung 98/291/EG der Kommission über das Inverkehrbringen von genetisch verändertem Sommerraps (Brassica napus L. ssp. oleifera) vom 22.4.1998 (ABl. Nr. L 131/26) und die Entscheidung Nr. 2005/608/EG der Kommission vom 8.8.2005 über das Inverkehrbringen eines genetisch veränderten, gegen Maiswurzelbohrer resistenten Maisprodukts (Zea mays L.-Linie MON 863), ABl. Nr. L 207/17.

126 Übersicht über die Genehmigungsverfahren gemäß Art. 28 GennahrungsmittelVO (EG) Nr. 1829/2003 bei *Streinz*, in: ders., LMR-Handbuch (EL 29/2009) II. I. Rn 577. Zur relativ geringen praktischen Relevanz wegen Akzeptanzproblemen in den Mitgliedstaaten der EU vgl ebd., Rn 578 f. Zu nationalen Abweichungsanträgen gemäß Art. 114 AEUV *Gundel*, Lebensmittelrecht, Rn 66 mwN. Beispiel: Entscheidung 2006/255/EG der Kommission vom 14.3.2006 über die einzelstaatlichen Bestimmungen mit der Verpflichtung, in Supermärkten genetisch veränderte Lebensmittel in eigens dafür bestimmten Regalen getrennt von den nicht genetisch veränderten Produkten unterzubringen, welche die Republik Zypern gemäß Artikel 95 Absatz 5 EG-Vertrag mitgeteilt hat (ABl. Nr. L 92/12). Zu den Änderungen des Verfahrens hinsichtlich der in Bezug auf die VO (EG) Nr. 1829/2003 einschlägigen Durchführungsrechtsakte (siehe Rn 21) vgl *Gundel*, Lebensmittelrecht, Rn 67 mwN.

127 Vgl zB Entscheidung 94/652/EG der Kommission vom 20.9.1994 zur Festlegung der Liste der Aufgaben und der Aufgabenzuteilung im Rahmen der Mitwirkung der Mitgliedstaaten bei der wissenschaftlichen Prüfung von Lebensmittelfragen (ABl. Nr. L 253/29), laufend angepasst. Vgl auf der Basis der LebensmittelkontrollVO (EG) Nr. 882/2004 die Entscheidung der Kommission vom 24.7.2008 über Leitlinien zur Unterstützung der Mitgliedstaaten bei der Erstellung des Jahresberichts über den einzigen integrierten mehrjährigen nationalen Kontrollplan (ABl. Nr. L 214/56).

128 Vgl zB die Entscheidung der Kommission vom 8.7.1993 mit der Aufforderung an die Italienische Republik, die Verabschiedung ihrer Entwürfe von Verordnungen über die Kennzeichnung schutzgasverpackter Lebensmittel und Zubereitungen für Säuglinge zurückzustellen (ABl. Nr. L 173/31).

129 Vgl zB die Anordnungen im (mittlerweile durch VO vom 25.6.2007, ABl. Nr. L 164/1 aufgehobenen) Anhang XI, D der VO (EG) Nr. 999/2001 des Europäischen Parlaments und des Rates mit Vorschriften zur Verhütung, Kontrolle und Tilgung bestimmter transmissibler spongiformer Enzephalopathien (EG-TSE-ÜberwachungsVO) vom 22.5.2001 (ABl. Nr. L 147/1), aktuelle Fassung in *Meyer*, LMR Textsammlung, Nr. 9420.

130 Vgl zum Problem *Streinz*, Europäisches Lebensmittelrecht, S. 176 f.

bb) Einzelne Produktvorschriften

55 Neu gefasst wurden u.a. folgende **vertikale Richtlinien** des Europäischen Parlaments und des Rates (Rechtsgrundlage Art. 114 AEUV): RL 1999/4/EG vom 22.2.1999 über **Kaffee- und Zichorien-Extrakte;**[131] RL 2000/36/EG vom 23.6.2000 über **Kakao- und Schokoladenerzeugnisse** für die menschliche Ernährung;[132] RL 2001/113/EG vom 20.12.2001 über **Konfitüren, Gelees, Marmeladen und Maronenkrem** für die menschliche Ernährung;[133] bzw des Rates (Rechtsgrundlage Art. 37 EGV, jetzt Art. 43 AEUV):[134] RL 2001/110/EG vom 20.12.2001 über **Honig;**[135] RL 2001/111/EG vom 20.12.2001 über bestimmte **Zuckerarten** für die menschliche Ernährung;[136] RL 2001/112 vom 20.12.2001 über **Fruchtsäfte** und bestimmte gleichartige Erzeugnisse für die menschliche Ernährung.[137]

56 Nach der „neuen Strategie" wurde u.a. die VO (EWG) des Rates vom 2.7.1987 über den **Schutz der Bezeichnung der Milch und Milcherzeugnisse** bei ihrer Vermarktung[138] beibehalten und mit Durchführungsvorschriften versehen;[139] ihre Schutzfunktion wurde vom EuGH (mit zum Teil zweifelhaften Argumenten) besonders betont.[140] Neu erlassen wurde u.a. die VO (EG) Nr. 2991/94 des Rates vom 5.12.1994 mit Normen für **Streichfette.**[141]

---

131 ABl. Nr. L 66/26; zuletzt geändert durch VO (EU) Nr. 1021/2013 des Europäischen Parlaments und des Rates vom 9.10.2013 (ABl. Nr. L 287/1). Umgesetzt durch die VO über Kaffee, Kaffee- und Zichorien-Extrakte vom 15.11.2001 (BGBl. I, S. 3107), geändert durch Art. 3 ZStoffRÄndVO 2002 vom 20.12.2002 (BGBl. I, S. 4695).

132 ABl. Nr. L 197/19; zuletzt geändert VO (EU) Nr. 1021/2013 des Europäischen Parlaments und des Rates vom 9.10.2013 (ABl. Nr. L 287/1). Umgesetzt durch die VO über Kakao- und Schokoladenerzeugnisse (Kakao-VO) vom 15.12.2003 (BGBl. I, S. 2738).

133 ABl. Nr. L 10/67; zuletzt geändert durch VO (EU) Nr. 1021/2013 des Europäischen Parlaments und des Rates vom 9.10.2013 (ABl. Nr. L 287/1). Umgesetzt durch die VO über Konfitüren und einige ähnliche Erzeugnisse (Konfitürenverordnung – KonfV) vom 23.10.2003 (BGBl. I, S. 2151), zuletzt geändert durch Art. 5 ÄndVO vom 30.9.2008 (BGBl. I S. 1911).

134 Jetzt Art. 43 Abs. 2 AEUV: Europäisches Parlament und Rat gemeinsam im ordentlichen Gesetzgebungsverfahren, Art. 189 Abs. 1, Art. 294 AEUV.

135 ABl. Nr. L 10/47. Umgesetzt durch die Honigverordnung (HonigV) vom 16.1.2004 (BGBl. I, S. 92); aktuelle Fassung in *Meyer*, LMR Textsammlung, Nr. 5660.

136 ABl. Nr. L 10/53; zuletzt geändert durch VO (EU) Nr. 1021/2013 des Europäischen Parlaments und des Rates vom 9.10.2013 (ABl. Nr. L 287/1). Umgesetzt durch die VO über einige zur menschlichen Ernährung bestimmte Zuckerarten (Zuckerartenverordnung) vom 23.10.2003 (BGBl. I, S. 2098); aktuelle Fassung in *Meyer*, LMR Textsammlung, Nr. 5650.

137 ABl. Nr. L 10/58, zuletzt geändert durch RL 2012/12/EU des Europäischen Parlaments und des Rates vom 19.4.2012 (ABl Nr. L 115/1). Umgesetzt durch die VO über Fruchtsaft, einige ähnliche Erzeugnisse und Fruchtnektar (Fruchtsaftverordnung) vom 24.5.2004 (BGBl. I, S. 1016), aktuelle Fassung in *Meyer*, LMR Textsammlung, Nr. 6050.

138 ABl. Nr. L 182/36. Aufgehoben gem. Art. 201 Abs. 1 lit. c, aber inhaltlich ersetzt durch Art. 114 VO (EG) Nr. 1234/2007 des Rates vom 22.10.2007 über eine gemeinsame Organisation der Agrarmärkte und mit Sondervorschriften für bestimmte landwirtschaftliche Erzeugnisse (VO über die einheitliche GMO), ABl. Nr. L 299/1; letzte Fassung in *Meyer*, LMR Textsammlung, Nr. 25; jetzt aufgehoben und ersetzt durch die VO (EU) Nr. 1308/2013 des Europäischen Parlaments und des Rates vom 17.12.2013 über eine gemeinsame Marktorganisation für landwirtschaftliche Erzeugnisse (ABl. Nr. 347/671).

139 VO (EG) Nr. 445/2007 der Kommission vom 23.4.2007 mit bestimmten Durchführungsbestimmungen zur VO (EG) Nr. 2991/94 (s. Rn 56) und zur VO (EG) Nr. 1898/87 (ABl. Nr. L 106/24).

140 EuGH, Rs. C-101/98 (Union Deutsche Lebensmittelwerke/Schutzverband gegen Unwesen in der Wirtschaft – „Diät-Käse"), Slg 1999, I-8841, Rn 26 ff. Siehe auch Rn 27.

141 ABl. Nr. L 316/2.

57 Hinzu kommen die Produktvorschriften, die 2007 in den in der Gemeinsamen Marktordnung der EU zusammengefassten **EG-Marktordnungen**[142] und den darauf gestützten Durchführungsvorschriften enthalten sind sowie die umfangreichen Vorgaben des **EU-Weinrechts**.[143]

3. EU-Behörden im Bereich des Lebensmittelrechts

a) Die Kommission

58 Die „Europäische Kommission"[144] ist im EU-Lebensmittelrecht in erster Linie als **Initiativorgan** im Rahmen der Rechtsetzung tätig (vgl Art. 17 Abs. 1 S. 1, Abs 2 EUV; Art. 293 Abs. 1 AEUV), und zwar in der Regel im ordentlichen Gesetzgebungsverfahren (Art. 289 Abs. 1, Art. 294 AEUV, auf das die wichtigste Rechtsgrundlage, nämlich Art. 114 AEUV (siehe Rn 26) verweist. Ferner hat sie aus dem Sekundärrecht abgeleitete **Rechtsetzungsbefugnisse**. Nach dem Vertrag von Lissabon wird hinsichtlich dieses „Tertiärrechts" zwischen „delegierten" Rechtsakten (Art. 290 AEUV) und „Durchführungsbefugnissen" (Art. 291 Abs. 2-4 AEUV) unterschieden. Die Befugnis zu delegierten Rechtsakten, die ausdrücklich als solche zu bezeichnen sind (Art. 290 Abs. 3 AEUV), kann der Kommission in Gesetzgebungsakten (Art. 289 Abs. 3 AEUV) übertragen werden, die im ordentlichen Gesetzgebungsverfahren (Art. 289 Abs. 1, Art. 294 AEUV) durch das Europäische Parlament und den Rat gemeinsam oder in einem besonderen Gesetzgebungsverfahren (Art. 289 Abs. 2 AEUV) durch das Europäische Parlament mit Beteiligung des Rates oder durch den Rat mit Beteiligung des Europäischen Parlaments erlassen wurden. Die Anforderungen an den delegierenden Gesetzgebungsakt sind in Art. 290 Abs. 1 Unterabs. 2, Abs. 2 AEUV festgelegt. Danach handelt es sich bei den delegierten Rechtsakten um exekutivische Rechtsetzungsbefugnis der Kommission, vergleichbar mit den Rechtsverordnungen gem. Art. 80 GG. Die Kompetenz zum Erlass von ebenfalls ausdrücklich als solche zu bezeichnenden Durchführungsakten (Art. 291 Abs. 4 AEUV) entspricht im Wesentlichen dem früheren Komitologieverfahren gemäß dem sog. Komitologiebeschluss. Dieser Komitologiebeschluss bleibt für eine Übergangszeit noch von Bedeutung. Durch die Neuordnung durch den Vertrag von Lissabon erhält die Kommission hinsichtlich der delegierten Rechtsakte eine starke Stellung (siehe Rn 21), während hinsichtlich der Durchführungsrechtsakte die Stellung der Ausschüsse und damit der Mitgliedstaaten gestärkt wird.[145] Trotz der Vorgaben des Art. 290 Abs. 1 Unterabs. 2 AEUV wurden der Kommission gerade im Lebensmittelrecht wesentliche Befugnisse zum Erlass delegierter Rechtsakte überlassen (siehe dazu Rn 21, Rn 42). Schließlich überwacht die Kommission als **„Hüterin der Verträge"** die Einhaltung des unionalen Lebensmittelrechts durch die Mitgliedstaaten (Art. 17 Abs. 1 S. 2, 3 EUV, Art. 258 AEUV), aber auch durch den Unionsgesetzgeber (vgl Art. 263 Abs. 1, 2 AEUV), dh Europäisches Parlament und Rat (Art. 14 Abs. 1 S. 1, Art. 16 Abs. 1 S. 1 EUV). In beschränktem Umfang (zB Genehmigungsverfahren bei Novel Food, Gennahrungsmitteln und Health Claims) hat sie **Exekutivbefugnisse**.[146] Sanktionsbefugnisse gegenüber Individuen bestehen im Agrarrecht. Im Lebensmittelrecht bestehen bislang

142 VO (EG) Nr. 1234/2007 des Rates vom 22.10.2007 über eine gemeinsame Organisation der Agrarmärkte und mit Sondervorschriften für bestimmte landwirtschaftliche Erzeugnisse (Verordnung über die einheitliche GMO (ABl. Nr. L 299/1), aufgehoben und ersetzt durch VO (EU) Nr. 1308/2013 des Europäischen Parlaments und des Rates vom 17.12.2013 über eine gemeinsame Marktorganisation für landwirtschaftliche Erzeugnisse (ABl. Nr. L 347/671).

143 Vgl die in *Meyer*, LMR Textsammlung, Nr. 7020 ff, und *Zipfel/Rathke*, Bd. I, Nr. A 401 x ff enthaltenen Texte. Aus der Rechtsprechung vgl zB EuGH, Rs. C-285/06 (Heinrich Stefan Schneider/Land Rheinland-Pfalz u.a. – „Bezeichnung Réserve"), Slg 2008, I-1501.

144 Vgl zur Bezeichnung *Kugelmann*, in: Streinz, EUV/AEUV, Art. 17 EUV, Rn 11.

145 Vgl zum Genehmigungsverfahren bei gentechnisch veränderten Lebensmitteln *Gundel*, Lebensmittelrecht, Rn 67: Die Kommission kann gemäß Art. 5 VO Nr. 182/2011 (Prüfverfahren) die Zulassung nicht mehr aussprechen, wenn keine (positive) Stellungnahme des Ausschusses vorliegt.

146 Genehmigung bzw Zulassung gemäß Art. 7 VO (EG) Nr. 258/97, Art. 19 VO (EG) Nr. 1829/2003, Art. 17 VO (EG) Nr. 1924/2006.

grundsätzlich allein **Überwachungs- bzw Kontrollbefugnisse.**[147] Unterlässt ein Mitgliedstaat allerdings auf Ersuchen der Kommission gebotene Sicherheitsmaßnahmen in Notfällen im Sinne des Art. 53 Basis-VO (EG) Nr. 178/2002, trifft die Kommission gemäß Art. 56 Lebensmittelkontroll-VO (EG) Nr. 882/2004 „Durchsetzungsmaßnahmen der Gemeinschaft" (jetzt: Union). Ferner **vertritt** die Kommission die EU in den einschlägigen Internationalen Organisationen (vgl Art. 220 AEUV), hier in der WTO und der Codex Alimentarius-Kommission.

59 Das Lebensmittelrecht hat Anknüpfungspunkte zu mehreren Generaldirektionen (GD) der Kommission. Von besonderer Bedeutung ist die **GD SANCO (Gesundheit und Verbraucher)**, die in sieben Direktionen untergliedert ist (A: Allgemeine Angelegenheiten; B: Verbraucherfragen; C: Öffentliche Gesundheit; D: Gesundheitssystem und Produkte; E: Sicherheit der Lebensmittelkette; F: Lebensmittel- und Veterinäramt; G: Veterinärangelegenheiten und internationale Beziehungen). Die Direktion Sicherheit der Nahrungsmittelproduktion (SANCO E) ist in die Abteilungen Biotechnologie und Pflanzengesundheit, Hygiene, Warnsystem und Fortbildung, Chemische Stoffe, Kontaminanten und Pestizide, Lebensmittelrecht, Ernährung und Kennzeichnung sowie Rechtsdurchsetzung unterteilt. Daneben ist auch die **GD AGRI (Landwirtschaft)** mit Lebensmittelrecht befasst.[148]

b) Die Dubliner Behörde (Lebensmittel- und Veterinäramt)

60 Das in Dublin (Irland) angesiedelte Lebensmittel- und Veterinäramt (daher auch „Dubliner Behörde" genannt) ist seit 1.4.1997 in die Generaldirektion für Gesundheit und Verbraucher (Abteilung F) eingegliedert. Das Amt soll der Kommission einen Überblick über die Anwendung des Lebensmittelrechts, insbesondere die Lebensmittelüberwachung bzw jetzt Lebensmittelkontrolle, in den Mitgliedstaaten verschaffen. Hierzu führt es als kommissionseigener Inspektionsdienst regelmäßige **Audits und Kontrollen** in den Mitgliedstaaten (sowie auf Grundlage völkerrechtlicher Vereinbarungen auch in Drittstaaten, die Lebensmittel in die EU exportieren) durch. Dies betrifft die **Bereiche** Lebensmittel tierischen und pflanzlichen Ursprungs, unzulässige Stoffe und Rückstände, Tiergesundheit, Tierschutz und Tierzucht sowie Pflanzenzucht. Die Inspektoren prüfen einerseits die Kontrollsysteme der besuchten Mitgliedstaaten, führen aber auch bei Lebensmittelproduzenten selbst Inspektionen durch. Dadurch soll ein unionsweit möglichst einheitliches Schutzniveau für die Verbraucher erreicht werden. Die **Ergebnisse der Untersuchungen**, die in der Regel auch Empfehlungen zur Beseitigung festgestellter Missstände enthalten, werden den Institutionen der Mitgliedstaaten und der EU zur Verfügung gestellt und sind auch der Öffentlichkeit zugänglich.[149]

c) Die Europäische Behörde für Lebensmittelsicherheit (EBLS, EFSA) in Parma

61 Die Europäische Behörde für Lebensmittelsicherheit (EBLS – European Food Safety Agency -EFSA), deren Grundlagen, Aufgaben und Arbeitsweise in Art. 22-49 Basis-VO geregelt sind, erhielt ihren Sitz in **Parma.** Sie besteht aus einem Verwaltungsrat, dem Geschäftsführenden Direktor, einem Beirat und einem Wissenschaftlichen Ausschuss nebst Wissenschaftlichen Gremien. Es handelt sich bei der EBLS um keine „Behörde" im Sinne der Terminologie des deutschen Verwaltungsrechts, da sie keine Verwaltungsmaßnahmen im Außenverhältnis zum Bürger erlässt (zu den Folgen für den Rechtsschutz siehe Rn 9), sondern um eine EU-Agentur mit **eigener Rechtspersönlichkeit** des Typs **Regulierungsagentur,**[150] da sie die Kommission als das eigentliche Exekutivorgan (siehe Rn 58) durch Stellungnahmen und Empfehlungen, die die fachliche und wissenschaftliche

147 Vgl dazu *Fuchs*, S. 81. Zu den Bestrebungen, insoweit auch Durchgriffsbefugnisse zu erhalten, vgl ebd mwN in Fn 285. Die Kommission kann Empfehlungen an die Mitgliedstaaten richten, vgl Art. 45 Abs. 3 S. 2 VO (EG) Nr. 882/2004; nur in bestimmten Fällen ist sie zu Durchsetzungsmaßnahmen befugt, vgl Art. 56 VO (EG).Nr. 882/2004. Zur Kommission als Vollzugsorgan siehe *Gundel* § 3, Rn 11 ff.

148 Vgl dazu das Handbuch der Dienststellen der Kommission.

149 Vgl zur Dubliner Behörde *Fuchs*, S. 85 und eingehend *David*, Inspektionen im Europäischen Verwaltungsrecht, 2003, S. 69 ff mwN.

150 Vgl dazu (kritisch) *Fuchs*, S. 56 ff; *Klaus*, Die europäische Behörde für Lebensmittelsicherheit (EFSA) – Aufgaben und Befugnisse im Verhältnis zum nationalen Recht, in: Sosnitza, Aktuelle Entwicklungen, S. 45 ff.

Basis für deren Entscheidungen sein sollen, unterstützen soll.[151] Dabei soll die EBLS mit den korrespondierenden Stellen der Mitgliedstaaten (siehe Rn 77, 82) eng zusammenarbeiten. Obwohl ein Novum für das Europäische Lebensmittelrecht, gliedert sich die EBLS in die bestehenden Institutionen Kommission, Dubliner Behörde und EMA (siehe Rn 110 f) ein. Der Unterscheidung des Art. 6 Basis-VO zwischen **Risikobewertung** und Risikomanagement folgend, ist die EBLS für Erstere, die Kommission für Letzteres zuständig. Im Hinblick auf die Gewinnung des Verbrauchervertrauens soll die EBLS nach den Prinzipien der Unabhängigkeit und der Transparenz unter Beachtung der Vertraulichkeit, aber mit weit gehenden Informationspflichten arbeiten. Hier zeigen sich strukturelle Probleme, die zu lösen sind.[152]

4. Leitentscheidungen des EuGH

a) Die „Cassis-Rechtsprechung" als Grundlage des Europäischen Lebensmittelrechts

Grundlage des Europäischen Lebensmittelrechts ist das Urteil im Fall **Cassis de Dijon,**[153] das der gesamten Rechtsprechung zum Problem Art. 34/36 AEUV[154] den Namen gab, obwohl der entscheidende Ansatz bereits im Fall **Dassonville**[155] erfolgte. Das Urteil im Fall **Keck**[156] brachte die notwendigen tatbestandlichen Einschränkungen, die im Fall **Mars**[157] dahingehend präzisiert wurden, dass Anforderungen an die Aufmachung und Etikettierung eines Produkts keine „bestimmten Verkaufsmodalitäten" sind, daher dem Tatbestand des Art. 34 AEUV unterfallen und somit der Rechtfertigung bedürfen. Wenn der Gesundheitsschutz betroffen ist, haben die Mitgliedstaaten, soweit der Bereich nicht sekundärrechtlich geregelt ist, einen kontrollierten Einschätzungsspielraum, die Produkte dem Verbotsprinzip und einem Zulassungsverfahren zu unterwerfen, der im **Bier-Urteil**[158] präzisiert und in ständiger Rechtsprechung[159] bestätigt wurde. Zur Gewährleistung des Verbraucherschutzes sind dagegen Verkehrsverbote grundsätzlich unverhältnismäßig, eine angemessene Etikettierung genügt (vgl neben dem Cassis-Urteil die Unverhältnismäßigkeit eines sog. Gestaltzwangs für Produkte, Fall Rau/De Smedt).[160] Auch Etikettierungsanforderungen müssen dem Grundsatz der Verhältnismäßigkeit genügen, so dass in der Regel angesichts des Leitbilds des verständigen Verbrauchers (vgl Mars-Urteil, Rn 23; **Darbo**-Urteil)[161] die Angaben im Zutatenverzeichnis hinreichend sind (vgl den Fall **Sauce hollandaise**).[162] Gattungsbezeichnungen dürfen, wie im **Pasta-Urteil**[163] bestätigt, nicht für „herkömmliche" nationale Produkte reserviert werden. Zum 62

151 Vgl auch Dok. KOM (2002) 718 endg., S. 5.

152 Näher zur EBLS *Fuchs*, S. 85 ff mwN. Nach einer 2012 veröffentlichten Evaluierung sollen die Verbindungen zwischen der EBLS und der Industrie transparenter kommuniziert, die internen Abläufe im Zusammenhang mit Interessenserklärungen überprüft sowie mit Kritik an der Unabhängigkeit besser umgegangen werden (http://www.efsa.europa.eu/de/press/news/120905.htm).

153 EuGH, Rs. 120/78 (REWE/Bundesmonopolverwaltung für Branntwein), Slg 1979, 649.

154 Die entsprechenden Urteile des EuGH zum Lebensmittelrecht sind gesammelt in *Meier*, Die Cassis-Rechtsprechung des Gerichtshofs der Europäischen Gemeinschaften (Loseblatt), 7. Aufl. 1996, (Mai 1999). Überblick über die (neuere) Rspr des EuGH zu gerechtfertigten und ungerechtfertigten Handelshemmnissen im Verkehr mit Lebensmitteln *Rützler*, in: Streinz, LMR-Handbuch (EL 34/2013), II.A, Rn 61 b.

155 EuGH, Rs. 8/74 (Staatsanwaltschaft/Dassonville), Slg 1974, 837.

156 EuGH, verb. Rs. C-267 und C-268/91 (Keck und Mithouard), Slg 1993, I-6097.

157 EuGH, Rs. C-470/93 (Verein gegen Unwesen in Handel und Gewerbe Köln/Mars), Slg 1995, I-1923. Dies ist aber nur eine „grobe Kategorisierung", vgl *Becker*, in: Schwarze, EU-Kommentar, Art. 34 AEUV, Rn 47 ff mwN; *Leible/T. Streinz*, in: Grabitz/Hilf/Nettesheim, Art. 34 AEUV, Rn 80 ff.

158 EuGH, Rs. 178/84 (Kommission/Deutschland), Slg 1987, 1227.

159 Vgl zB EuGH, Rs. C-192/01 (Kommission/Dänemark – „angereicherte Lebensmittel"), Slg 2003, I-9693, Rn 38 ff; Analyse von *Streinz*, JuS 2004, 333; EuGH, Rs. C-95/01 (Greenham und Abel), Slg 2004, I-1333 und EuGH, Rs. C-24/00 (Kommission/Frankreich – „Red Bull"), Slg 2004, I-1277 mit Anm. *Streinz*, ZLR 2005, 203 ff; zuletzt EuGH, Rs. C-333/08 (Kommission/Frankreich), Rn 80 ff.

160 EuGH, Rs. 261/81 (Rau/De Smedt), Slg 1982, 3961, Rn 12 ff: Gestaltzwang für die Verpackung von Margarine.

161 EuGH, Rs. C-465/98 (Verein gegen Unwesen in Handel und Gewerbe Köln/Darbo AG), Slg 2000, I-2297, Rn 26 ff.

162 EuGH, Rs. C-51/94 (Kommission/Deutschland), Slg 1995, I-3599, Rn 38 ff. Durch Art. 37 Abs. 2 LMIV wird dies allerdings zumindest differenziert, siehe dazu Fn 57.

163 EuGH, Rs. 407/85 (3 Glocken/USL Centro Sud), Slg 1988, 4285, Rn 20 ff.

Sekundärrecht siehe Rn 65. Hinsichtlich der Zurechnung von Beschränkungsmaßnahmen ist das Urteil „**Buy Irish**“[164] grundlegend, das von der Regierung eingeführte und unterstütze Werbekampagnen für Inlandsprodukte als von Art. 34 AEUV erfasst ansieht. Erfasst wird nach dem **CMA-Urteil**[165] auch eine privatrechtliche Gesellschaft, die aufgrund eines Gesetzes errichtet wurde und durch einen von den Erzeugern zu entrichtenden Pflichtbeitrag finanziert wird.

b) Unionsrechtliche Vorgaben und nationale Ausgestaltungsfreiheit

63 Die Tragweite der unionsrechtlichen Vorgaben wird im Bereich der gegenseitigen Anerkennung vom Grundsatz der Verhältnismäßigkeit, im Bereich der Harmonisierung von deren Intensität, im Übrigen durch die Grundsätze des Primärrechts bestimmt, die auch für die Auslegung und den Vollzug des Sekundärrechts maßgeblich sind. In den für das Lebensmittelrecht besonders bedeutsamen wettbewerbsrechtlichen Fällen ist die Tragweite der unionsrechtlichen Vorgaben für die Feststellung der Irreführungsgefahr problematisch. Um eine Präzisierung bemüht sich das Urteil im Fall **Lifting Creme.**[166] Es sei Sache des nationalen Gerichts, zu entscheiden, ob eine Bezeichnung im Hinblick auf die mutmaßliche Erwartung eines durchschnittlich informierten, aufmerksamen und verständigen Durchschnittsverbrauchers irreführend ist. Das Gemeinschaftsrecht verbiete es dabei nicht, dies durch ein Sachverständigengutachten oder eine Verbraucherbefragung zu ermitteln. Dies ist aber kein „Freibrief“. Die Festlegung von „Irreführungsquoten“, die Formulierung der Fragen und die Würdigung der Ergebnisse müssen dem Leitbild des verständigen Verbrauchers entsprechen.[167]

c) Wichtige Entscheidungen zum Sekundärrecht

64 Von den zahlreichen Entscheidungen zum Sekundärrecht[168] seien hier nur einige zu zentralen Themen genannt:

65 Zum **Verbraucherleitbild:** Nach dem Urteil im Fall **Gut Springenheide**[169] gilt dieses grundsätzlich auch im Sekundärrecht, da dieses primärrechtskonform auszulegen ist und die Grundfreiheiten erleichtern, nicht erschweren soll. Zutreffend wird bei möglichen Gesundheitsgefahren von einem strengeren Maßstab ausgegangen.[170] Bedenklich ist dagegen die Anlehnung an das frühere deutsche Leitbild vom sog. „flüchtigen Verbraucher“ in landwirtschaftspolitisch motivierten Fällen (Fall **Diätkäse**),[171] zumal dies in krassem Gegensatz zum Urteil **Darbo**[172] steht, wo dem Verbraucher zugetraut wird, die ubiquitären Umweltbelastungen als Relativierung „naturreiner“ Produkte zu kennen. Generell ist der Kontrollmaßstab gegenüber dem Unionsgesetzgeber gering, was sich auch

164 EuGH, Rs. 249/81 (Kommission/Irland), Slg 1982, 4005, Rn 5 ff. Bestätigt in EuGH, Rs. 222/82 (Apple and Pear Development Council/K.J. Lewis Ltd. u.a.), Slg 1983, 4083.

165 EuGH, Rs. C-325/00 (Kommission/Deutschland), Slg 2002, I-9993, Rn 18. Vgl dazu die Anm. von *Ohler*, ZLR 2002, 713.

166 EuGH, Rs. C-220/98 (Estée Lauder Cosmetics/Lancaster Group), Slg 2000, I-117; Analyse von *Streinz*, JuS 2000, 807.

167 Näher dazu *Streinz*, in: Streinz, LMR-Handbuch, III.C, Rn 120 c.

168 Die Entscheidungen des EuGH zum Lebensmittelrecht werden auch in die Sammlung Lebensmittelrechtlicher Entscheidungen (LRE) aufgenommen. Wichtige Entscheidungen werden mit Anmerkungen in der ZLR veröffentlicht. Ferner ist auf die von *Rathke* herausgegebene CD-ROM (C.H.Beck, München) zu verweisen.

169 EuGH, Rs. C-210/96 (Gut Springenheide und Tusky), Slg 1998, I-4657, Rn 30 ff.

170 EuGH, Rs. C-220/98 (Estée Lauder/Lancaster Group – „Lifting Creme“), Slg 2000, I-117, Rn 26 ff, 28; EuGH, Rs. C-121/00 (Walter Hahn), Slg 2002, I-9193, Rn 33 ff zur Auslegung der RL 91/493/EWG des Rates vom 22.7.1991 zur Festlegung von Hygienevorschriften für die Erzeugung und Vermarktung von Fischerzeugnissen (ABl. Nr. L 268/15).

171 EuGH, Rs. C-101/98 (Union Deutsche Lebensmittelwerke/Schutzverband gegen Unwesen in der Wirtschaft), Slg 1999, I-8841, Rn 26 ff.

172 EuGH, Rs. C-465/98 (Verein gegen Unwesen in Handel und Gewerbe Köln/Darbo AG), Slg 2000, I-2297, Rn 26 ff. Vgl dazu *Leible/Sosnitza*, § 17 LMBG nach „Darbo“, WRP 2000, 610, 616; *Streinz*, in: Streinz, LMR-Handbuch (EL 32/2011), III.C, Rn 122 mwN; *Leible*, ebd (EL 31/2010), III.F, Rn 426 a,b, 429, a,b mwN.

auf das (differenzierte, siehe Rn 23) Verbraucherleitbild auswirken kann (vgl zur HCVO den Fall **Deutsches Weintor**).[173]

Zur **Harmonisierungsdichte**: Urteil zum **deutschen Flaschenpfand**.[174] Zur Tragweite der **Sperrwirkung**: Urteil Berger Wild.[175] 66

Zur Tragweite **sekundärrechtlicher Regelungen als lex specialis** gegenüber Primärrecht und dessen fortwirkenden Einfluss: Urteile zur Werbung für Schlankheitsmittel[176] und zum Verbot bestimmter Mundtabake („**Snus**").[177] 67

Größere Bedeutung haben Urteile zum **Schutz geographischer Herkunftsangaben und Ursprungsbezeichnungen** erlangt, wobei dadurch verursachte mengenmäßige Ausfuhrbeschränkungen an **Art. 35 AEUV** zu messen sind, aber weitgehend gerechtfertigt werden (zB **Rioja**-Fall).[178] 68

II. Folgen für das deutsche Lebensmittelrecht

1. Der Vollzug des EU-Lebensmittelrechts durch deutsche Organe

a) Grundlagen

aa) Kompetenzverteilung zwischen EU und Mitgliedstaaten

Nach der allgemeinen Kompetenzverteilung gemäß dem Prinzip der begrenzten Ermächtigung (Art. 5 Abs. 1, 2 EUV) sind für den Vollzug des EU-Lebensmittelrechts grundsätzlich die **Mitgliedstaaten** zuständig (vgl zum indirekten Vollzug als Regelfall *Gundel* § 3, Rn 101 ff). Diese sind gemäß Art. 4 Abs. 3 EUV, Art. 291 Abs. 1 AEUV zum ordnungsgemäßen Vollzug verpflichtet und haben diesen sicherzustellen. Die Kommission hat im Lebensmittelrecht begrenzte Exekutivbefugnisse (Genehmigung von Novel Food und GVO-Produkten sowie Health Claims), im Übrigen Aufsichts- und Koordinierungsbefugnisse (siehe Rn 8 ff). 69

bb) Kompetenzverteilung in Deutschland nach den allgemeinen verfassungsrechtlichen Grundlagen zwischen Bund und Ländern

Die innerstaatliche Organisation des Vollzugs des Unionsrechts überlässt dieses, abgesehen von gewissen Vorgaben zur Sicherung der Effektivität (siehe Rn 72), den Mitgliedstaaten selbst nach deren **Verfassungsrecht**. In Deutschland ist für den **legislativen** Vollzug (Umsetzung von Richtlinien, siehe Rn 74; Ergänzung von Verordnungen, siehe Rn 75) der Bund in konkurrierender Gesetzgebung (Art. 74 Abs. 1 Nr. 20 GG) zuständig. Er hat davon hauptsächlich durch das **Lebensmittel- und Bedarfsgegenständegesetz (LMBG)**[179] Gebrauch gemacht, das 2005 in Anpassung an die EG-BasisVO Nr. 178/2002 durch das **Lebensmittel- und Futtermittelgesetzbuch (LFGB)** ersetzt wurde (siehe Rn 80). Der **administrative** Vollzug obliegt gemäß Art. 30, Art. 83 ff GG (hinsichtlich Bundesgesetzen, die EU-Richtlinien umsetzen) bzw Art. 30, Art. 83 ff GG analog (hinsichtlich EU-Verordnungen) den Ländern. Diese vollziehen auch die Landesgesetze, die das Bundesrecht ergän- 70

---

173 EuGH, Rs. 544/10 (Deutsches Weintor/Land Rheinland-Pfalz), EuZW 2012, 828.

174 EuGH, Rs. C-463/01 (Kommission/Deutschland), Slg 2004, I-11705; Analyse von Streinz, JuS 2005, 829. Eine Staatshaftung für einen „hinreichend qualifizierten" Verstoß gegen das Gemeinschaftsrecht (jetzt: Unionsrecht) hat der BGH, 22.1.2009 III – ZR 233/07 ohne Vorlage an den EuGH abgelehnt, vgl dazu *C. Koenig*, EWS 2009, 249.

175 EuGH, Rs. C-636/11 (Karl Berger/Freistaat Bayern), NVwZ 2013, 1002.

176 EuGH, Rs. C-239/02 (Douwe Egberts NV/Westrom Pharma NV u.a.), Slg 2004, I-7007. Analyse von *Streinz*, JuS 2005, 549.

177 EuGH, Rs. C-434/02 (Arnold André/Landrat des Kreises Herford), Slg 2004, I-11825; EuGH, Rs. C-210/01 (Swedish Match AB ua/Secretary of State for Health), Slg 2004, I-11893. Vgl dazu *Streinz*, ZLR 2005, 427.

178 Vgl EuGH, Rs. C-388/95 (Belgien/Spanien), Slg 2000, I-3123. Vgl dazu *Streinz*, in: Streinz, LMR-Handbuch, III.C, Rn 121 a mwN.

179 Gesetz über den Verkehr mit Lebensmitteln, Tabakerzeugnissen, kosmetischen Mitteln und sonstigen Bedarfsgegenständen idF d. Bek. vom 9.9.1997 (BGBl. I, S. 2296), aufgehoben und ersetzt durch das Lebensmittel-, Bedarfsgegenstände- und Futtermittelgesetzbuch (Lebensmittel- und Futtermittelgesetzbuch – LFGB) durch Art. 5 ÄndG zur Neuordnung d. Lebensmittel- und FuttermittelR vom 1.9.2005 (BGBl. I, S. 2618). Das LFGB gilt jetzt idF d. Bek. vom 24.7.2009 (BGBl. I S. 2205); aktuelle Fassung in *Meyer*, LMR Textsammlung, Nr. 50.

zen. Die Organisation der Lebensmittelüberwachung in den Ländern bezieht in unterschiedlicher Form auch die Kommunen ein.[180]

71 Um zu einem **einheitlichen Vollzug** der lebensmittelrechtlichen und weinrechtlichen Vorschriften in der Überwachung beizutragen, wurde die **Allgemeine Verwaltungsvorschrift** über Grundsätze zur Durchführung der amtlichen Überwachung lebensmittelrechtlicher und weinrechtlicher Vorschriften vom 21.12.2004[181] erlassen, die durch die Allgemeine Verwaltungsvorschrift über Grundsätze zur Durchführung der amtlichen Überwachung der Einhaltung lebensmittelrechtlicher, weinrechtlicher und tabakrechtlicher Vorschriften (AVV Rahmen-Überwachung – AVV RÜb) vom 3.6.2008[182] aufgehoben und ersetzt wurde.

cc) Die Organisations- und Verfahrensautonomie der Mitgliedstaaten und ihre unionsrechtlichen Grenzen

72 Der Verwaltungsvollzug richtet sich sowohl hinsichtlich der Organisation der Behörden als auch hinsichtlich des Verwaltungsverfahrens grundsätzlich nach nationalem Recht. **Allgemeine unionsrechtliche Vorgaben** sind das sog. Äquivalenzgebot und das sog. Effektivitätsgebot (siehe Rn 7). **Spezielle Vorgaben** bestehen im Lebensmittelrecht insbesondere hinsichtlich der Lebensmittelüberwachung bzw jetzt Lebensmittelkontrolle. Die LebensmittelkontrollVO (EG) Nr. 882/2004 (siehe Rn 7) schreibt u.a. Umfang, Arten, Inspektionsobjekte, Anforderungen an das Kontrollpersonal, Probenahmen und Analysen, unionale und nationale Referenzlaboratorien, Kontrollpläne und Berichtspflichten, das Krisenmanagement, die Finanzierung amtlicher Kontrollen, Amtshilfe sowie Zusammenarbeit der Behörden der EU und der Mitgliedstaaten vor und fordert, dass Verstöße gegen das Lebensmittel- und Futtermittelrecht mit wirksamen, verhältnismäßigen und abschreckenden Sanktionen bewehrt werden.[183]

b) Beachtung des Vorrangs des primären Unionsrechts

73 Die Mitgliedstaaten und ihre Organe der Gesetzgebung, Verwaltung und Rechtsprechung haben die Vorgaben des vorrangigen Unionsrechts zu beachten und diesem zur Durchsetzung zu verhelfen. Das (primäre und sekundäre) EU-Recht entfaltet im Rahmen seiner Tragweite[184] eine **Sperrwirkung** gegenüber entgegenstehendem nationalem Recht und schränkt insoweit die eigene politische Gestaltungsfreiheit der Mitgliedstaaten ein. Dies betrifft vor allem auch das Lebensmittelrecht.[185] Zur Sicherung u.a. der Warenverkehrsfreiheit wurde die RL 83/189/EWG des Rates vom 28.3.1983 über ein **Informationsverfahren** auf dem Gebiet der Normen und technischen Vorschriften[186] erlassen, die zur präventiven Verhinderung von Handelshemmnissen die Mitgliedstaaten verpflichtet, den Erlass von Vorschriften der Kommission zu notifizieren; diese prüft ihre Vereinbarkeit mit dem EU-Recht. Die Richtlinie hat unmittelbare Wirkung mit der Folge, dass nicht notifi-

---

180 Vgl zum Verwaltungsvollzug des Lebensmittelrechts in Deutschland *Streinz*, in: ders., LMR-Handbuch (EL 28/2008), IV. A und B.

181 GMBl. S. 1169.

182 GMBl. S. 426. Aktuelle Fassung in *Meyer*, LMR Textsammlung, Nr. 8680.

183 Zum Rechtsschutz der Betroffenen vgl EuGH, Rs. C-276/01 (Bußgeldverfahren gegen Joachim Steffensen), Slg 2003, I-3735, Rn 60 mwN.

184 Die ggf. durch den EuGH geklärt werden muss, vgl zu Art. 10 BasisVO EuGH, Rs. C-636/11 (Karl Berger/Freistaat Bayern), NVwZ 2013, 1002.

185 Vgl dazu *Streinz*, in: FS Söllner, S. 1149 ff.

186 ABl. Nr. L 109/8; durch RL 88/182/EWG des Rates vom 22.3.1988 (ABl. Nr. L 81/75) auf lebensmittelrechtliche Vorschriften erstreckt; konsolidiert durch RL 98/34/EG vom 22.6.1998 (ABl. Nr. L 204/37), geändert durch RL 98/48/EG vom 21.7.1998 (ABl. Nr. L 217/128) und zuletzt durch Art. 26 Abs. 2 ÄndVO (EU) Nr. 1025/2012 vom 25.10.2012 (ABl. Nr. L 316/12). Zu den Folgen für das Lebensmittelrecht vgl *Streinz*, in: Streinz, LMR-Handbuch, III.C, Rn 81 c.

zierte nationale Vorschriften Individuen nicht entgegengehalten werden können[187] und die richtlinienkonforme Auslegung auch auf Privatrechtsverhältnisse Auswirkungen haben kann.[188]

c) Legislative Umsetzung von Richtlinien

Richtlinien bedürfen der **Umsetzung** in nationales Recht (Art. 288 Abs. 3 AEUV). Dabei sind die Mitgliedstaaten an die Vorgaben des Unionsrechts gebunden, können eröffnete **Umsetzungsspielräume** aber nutzen und müssen dies ggf aus verfassungsrechtlichen Gründen auch. Für die Umsetzung sind nach der Kompetenzverteilung des Grundgesetzes (Rn 70) in erster Linie der **Bund**, in geringem Umfang auch die Länder zuständig. Ob ein formelles Gesetz erforderlich ist oder eine Rechtsverordnung genügt, bestimmt sich nach der sog. „Wesentlichkeitstheorie" des BVerfG. Da lebensmittelrechtliche Vorschriften zu Belastungen der Unternehmen führen, kommt bei (nicht seltener) verspäteter Umsetzung die **unmittelbare Wirkung** von Richtlinien in Betracht, die geringere Anforderungen stellen.[189] Umgekehrt kommt eine auf eine nicht umgesetzte Richtlinie gestützte Bestrafung nicht in Frage.[190] 74

d) Legislative Ergänzung von Verordnungen

Verordnungen bedürfen wegen ihrer unmittelbaren Geltung (Art. 288 Abs. 2 AEUV) **keiner Umsetzung**. Selbst eine „Bestätigung" durch deklaratorisch wiederholendes nationales Recht (nationale Parallelgesetzgebung) ist grundsätzlich unzulässig. Allerdings dürfen nationale Bestimmungen anlässlich ihrer Anpassung an das EU-Recht im Interesse ihres inneren Zusammenhangs und ihrer Verständlichkeit für den Adressaten einzelne Aspekte der EU-Verordnungen wiederholen. Kann ein bestimmtes „System" von Regelungen nur durch „das Zusammentreffen einer ganzen Reihe unionsrechtlicher, einzelstaatlicher und regionaler Vorschriften" verwirklicht werden, darf der nationale Gesetzgeber eine zersplitterte Rechtslage ausnahmsweise durch den Erlass eines **zusammenhängenden Gesetzeswerks** bereinigen, auch wenn dadurch punktuelle Normwiederholungen nötig sind,[191] wobei auf den EU-rechtlichen Ursprung dieses Teils der Kodifikation hinzuweisen ist.[192] Dies kommt bei der Basis-VO (Rn 41 f) in Betracht. 75

Die legislative Ergänzung einer Verordnung ist erlaubt, wenn die Verordnung dies vorsieht. Sie kann sogar **geboten** sein. Dies ist bei lebensmittelrechtlichen Verordnungen in der Regel insoweit der Fall, als sie durch **Straf- oder Bußgeldtatbestände** gegen Verstöße **bewehrt** werden müssen. Die EU hat insoweit nämlich allein eine **Anweisungskompetenz.**[193] In Deutschland ist dies in §§ 58 ff LFGB erfolgt.[194] 76

187 Vgl EuGH, Rs. C-194/94 (CIA Security International/Signalson und Securitel), Slg 1996, I-2201, Rn 54.

188 Vgl EuGH, Rs. C-443/98 (Unilever Italia SpA/Central Food SpA), Slg 2000, I-7535, Rn 45 ff; Analyse von *Streinz*, JuS 2001, 809. Näher dazu *Herrmann*, Richtlinienumsetzung durch die Rechtsprechung, 2003, S. 69 ff.

189 Vgl zB EuGH, Rs. 88/79 (Staatsanwaltschaft/Grunert), Slg 1980, 1827, Rn 12 ff: Der Angeklagte, dem vorgeworfen wurde, ohne die nach nationalem Recht erforderliche Genehmigung ein Konservierungsmittel verwendet zu haben, konnte sich auf EG-RL berufen, die den Mitgliedstaaten nicht gestatteten, jegliche Verwendung eines der in den Listen ihrer Anhänge enthaltenen konservierenden Stoffe in Lebensmitteln zu verbieten.

190 Vgl EuGH, Rs. 80/86 (Kolpinghuis Nijmegen), Slg 1987, 3969, Rn 11 ff, 13: Verkauf von mit Kohlensäure versetztem Leitungswasser als „Mineralwasser", was gegen die damals noch nicht umgesetzte RL 80/777/EWG vom 15.7.1980 (ABl. Nr. L 229/1) verstieß. Die RL wurde aufgehoben und ersetzt durch die RL 2009/54/EG des Europäischen Parlaments und des Rates vom 18.6.2009 über die Gewinnung von und den Handel mit Mineralwasser (ABl. Nr. L 164/15).

191 EuGH, Rs. 272/83 (Kommission/Italien), Slg 1985, 1057, Rn 27.

192 Vgl *Schroeder*, in: Streinz, EUV/EGV, Art. 288 AEUV, Rn 65.

193 Daran ändert auch die durch den Vertrag von Lissabon für bestimmte (das Lebensmittelrecht nicht unmittelbar betreffende) Materien eingeführte Kompetenz der EU, im Rahmen des Raums der Freiheit, der Sicherheit und des Rechts (RFSR) Richtlinien zu erlassen (Art. 82 ff AEUV; vgl dazu *Ohler*, in Streinz/Ohler/Herrmann (Fn 38), S. 163 f) nur insoweit etwas, als in diesen Bereichen auch die Rechtsfolgen vorgeschrieben werden dürfen. Zur Wirksamkeit bedürfen diese Richtlinien der Umsetzung durch nationales Recht.

194 Vgl dazu und zu damit verbundenen verfassungsrechtlichen Problemen *Streinz*, in: ders., LMR-Handbuch, III.C, Rn 97 mwN. Vgl auch *Satzger*, Internationales und Europäisches Strafrecht, 6. Aufl. 2013, § 9, Rn 57 ff, insb. zu Strafbarkeitslücken und lex mitior ebd., Rn 74 ff.

e) Administrativer Vollzug durch deutsche Behörden

77 Der Vollzug des EU-Lebensmittelrechts erfolgt in Deutschland hauptsächlich durch Behörden der Länder (siehe Rn 70). Die **Organisationsstruktur** in diesen ist unterschiedlich.[195] Als Bundesbehörden sind im Rahmen der **Neuorganisation des gesundheitlichen Verbraucherschutzes**[196] das Bundesinstitut für Risikobewertung (**BfR**) und das Bundesamt für Verbraucherschutz und Lebensmittelsicherheit (**BVL**) errichtet worden. Das BfR ist im Rahmen seiner Bewertungen und Forschungen weisungsunabhängig, unterliegt aber der Aufsicht des Bundesministeriums für Ernährung und Landwirtschaft (**BMEL**). Das BVL ist eine selbständige Bundesoberbehörde, die funktional aus dem BMEL ausgegliedert, aber diesem unterstellt ist.[197] Diese beiden Behörden und die Behörden von Bund und Ländern bedürfen der gegenseitigen Abstimmung und der Abstimmung mit den EU-Einrichtungen (vgl Rn 82).[198]

f) Wahrung des EU-Lebensmittelrechts durch deutsche Gerichte als „Unionsrechtsgerichte"

78 Die generelle Pflicht der deutschen Gerichte, als „Unionsrechtsgerichte" das durch deutsche Behörden vollzogene Unionsrecht zu wahren,[199] betrifft besonders auch das stark „vergemeinschaftete" (vgl Rn 22 ff) Lebensmittelrecht. Dies gilt für den Vollzug von EU-Verordnungen, die richtlinienkonforme Auslegung und den Vorrang des Primärrechts, der die Anwendung entgegenstehenden nationalen Rechts hindert.[200]

2. Die „Umsetzung" der EG-Basisverordnung durch das Lebensmittel- und Futtermittelgesetzbuch (LFGB) von 2005

a) „Umsetzungsbedarf" der Verordnung

79 Obwohl die Basis-VO (siehe Rn 41) als unmittelbar in Deutschland geltendes Recht keiner „Umsetzung" bedarf, besteht bei ihr ein „Umsetzungs-", zumindest Anpassungsbedarf für das nationale Lebensmittelrecht. Die Definitionen in Kapitel I (Art. 2-3 Basis-VO) und die Bestimmungen über das allgemeine Lebensmittelrecht in Kapitel II (Art. 4-21 Basis-VO) betreffen die allgemeinen Teile der nationalen Lebensmittelrechte (in Deutschland die §§ 1-7, ferner die §§ 8-19 LMBG), die in der Tragweite des Regelungsumfangs der Basis-VO weichen mussten bzw allein im Rahmen eines zusammenhängenden Gesetzeswerks unter Bezugnahme auf die Basis-VO aufrecht erhalten bleiben durften; dementsprechend wurde das LMBG durch das LFGB ersetzt (siehe Rn 80). Die Wahl der Rechtsetzungsform der Verordnung statt einer Richtlinie stellt hier besondere Anforderungen an die Rechtsetzungstechnik und zwar nicht nur hinsichtlich der „Ästhetik" der Normen, sondern auch hinsichtlich der inhaltlichen Klarheit und Konformität mit dem Unionsrecht.[201] Anpassungsbedarf besteht hinsichtlich der Koordination der nationalen Behörden mit der EBLS und dem Verfahren der Lebensmittelsicherheit (Kapitel IV, Art. 50-57 Basis-VO).

80 Diese Anpassung erfolgte im Lebensmittel-, Bedarfsgegenstände- und Futtermittelgesetzbuch (**Lebensmittel- und Futtermittelgesetzbuch – LFGB**) vom 1.9.2005, auf das sich nach langen Kontroversen der Vermittlungsausschuss geeinigt hat und das am 7.9.2005 in Kraft getreten ist.[202] Dieses Gesetz dient gemäß § 1 Abs. 3 LFGB ausdrücklich (auch) der Umsetzung und Durchführung

195 Vgl dazu *Streinz*, in: ders., LMR-Handbuch, IV.B, Rn 25 ff.

196 Gesetz zur Neuorganisation des gesundheitlichen Verbraucherschutzes und der Lebensmittelsicherheit vom 6.8.2002 (BGBl. I, S. 3082).

197 Vgl dazu *Fuchs*, S. 134 ff.

198 Vgl dazu *Fuchs*, S. 139 ff.

199 Vgl *Streinz*, Europarecht, Rn 698 ff mwN.

200 Vgl zB bereits EuGH, Rs. 16/83 (Strafverfahren gegen Karl Prantl – „Bocksbeutel"), Slg 1984, 1299, Rn 22: § 17 WeinVO aF, der die Verwendung einer spezifischen Flaschenform bestimmten Erzeugern einheimischer Ware vorbehält, stellt eine Maßnahme gleicher Wirkung iSv Art. 34 AEUV dar. Zur Berücksichtigung der unionsrechtlichen Vorgaben vgl zB BGH, 6.5.2004 – I ZR 275/01 – ZLR 2004, 618, 628 f mit (kritischer) Anm. von *A.H. Meyer*, ebd, S. 629 f.

201 Vgl dazu bereits *Streinz*, ZLR 2000, 803, 806 ff.

202 BGBl. 2005 I, S. 2618. Aktuelle Fassung in *Meyer*, LMR Textsammlung, Nr. 50.

von „Rechtsakten der Europäischen Gemeinschaft oder der Europäischen Union", die Sachbereiche dieses Gesetzes betreffen, zB durch ergänzende Regelungen zur VO (EG) Nr. 178/2002. In seinen Begriffsbestimmungen (§§ 2-3 LFGB) verweist es auf die Definitionen der VO (EG) Nr. 178/2002, soweit diese dort ausdrücklich enthalten sind (Lebensmittel, Futtermittel, Inverkehrbringen, Verbraucher, Lebensmittel- bzw Futtermittelunternehmen, Lebensmittel- bzw Futtermittelunternehmer, Futtermittelzusatzstoffe, Vormischungen). Gleiches gilt für den Begriff der Bedarfsgegenstände hinsichtlich der sog. „Lebensmittelbedarfsgegenstände", die in Art. 1 Abs. 2 der VO (EG) Nr. 1935/2004 des Europäischen Parlaments und des Rates vom 27.10.2004 über Materialien und Gegenstände, die dazu bestimmt sind, mit Lebensmitteln in Berührung zu kommen,[203] definiert sind (§ 2 Abs. 6 LFGB). Eigene Begriffsbestimmungen enthält das LFGB nur, soweit die Basis-VO dafür keine Definitionen vorsieht. Dabei müssen freilich die Vorgaben von EU-Richtlinien beachtet werden, zB beim Zusatzstoffbegriff (§ 2 Abs. 3 LFGB).[204]

b) Unionsrechtliche Vorgaben und Ausgestaltungs- sowie Ergänzungsbedarf bzw Ausgestaltungsfreiheit

Die VO (EG) Nr. 178/2002 wird abgekürzt verbreitet als „Basisverordnung" bezeichnet (vgl Rn 41). Dies wie die ebenfalls verwendete Bezeichnung „Rahmenverordnung" und die hinsichtlich der Kapitel I und II suboptimale Rechtsetzungsform dürfen nicht zu dem Fehlschluss verleiten, es handle sich dabei (wie bei einer „Rahmenrichtlinie") um eine bloße Rahmenvorgabe, die den Mitgliedstaaten weite „Umsetzungs-" oder Ausgestaltungsspielräume lasse. Vielmehr trifft die Verordnung als unmittelbar geltendes Recht in zentralen Bereichen einheitliche und **abschließende Regelungen**, die das bisherige nationale Recht verdrängen. Dies gilt insbesondere für den Lebensmittelbegriff, der in Art. 2 Basis-VO mit Wirkung vom 21.2.2002 abschließend definiert ist.[205] Zutreffend verweist daher, was im Rahmen einer systematischen Gesamtregelung zulässig ist (vgl Rn 75), § 2 Abs. 2 LFGB auf die Definition in Art. 2 Basis-VO. Abschließend geregelt ist ferner zB die Rückverfolgbarkeit (Art. 18 Basis-VO), deren Konkretisierung unionalem „Tertiärrecht", das im Komitologieverfahren (vgl Rn 42) zu erlassen ist, vorbehalten wird (Art. 18 Abs. 5 Basis-VO). Das LFGB enthält daher dazu keine Regelungen. Offenbar **ausgestaltungsbedürftig** ist die Bestimmung des Art. 10 Basis-VO über die Information der Öffentlichkeit, was in § 40 LFGB unter Bezugnahme auf Art. 10 Basis-VO geschieht.[206] **Ergänzungsbedarf** (und insoweit eine Ergänzungspflicht) besteht insbesondere hinsichtlich der Bewehrung von Verstößen gegen das EU-Lebensmittelrecht (siehe Rn 75). Diese erfolgt durch §§ 58 ff LFGB.[207] 81

c) Die Anpassung der Behördenstruktur in Deutschland an die Vorgaben der EU-Basisverordnung

Die Basis-VO sieht bei der Risikoanalyse in Art. 6 die **Trennung von Risikobewertung und Risikomanagement** vor. Dem wird auf Unionsebene durch die Aufgabenverteilung zwischen der EBLS, die für die wissenschaftliche Risikobewertung zuständig ist, und der Kommission bzw dem Unionsgesetzgeber (Europäisches Parlament und Rat), denen die (rechtlich gebundenen) politischen Entscheidungen des Risikomanagements zukommen, Rechnung getragen. Dem muss im Mehrebenensystem der Lebensmittelsicherheit die Organisationsstruktur auf nationaler Ebene entsprechen. Daher wurde in Deutschland im Rahmen der Neuorganisation des gesundheitlichen Verbraucherschutzes das Bundesinstitut für gesundheitlichen Verbraucherschutz und Veterinärmedizin (BgVV) 82

203 ABl. Nr. L 338/4; aktuelle Fassung in *Meyer*, LMR Textsammlung, Nr. 8200.

204 Zu den EG-Zusatzstoff-RL siehe Rn 49. Kritisch zum ursprünglichen Entwurf des § 2 Abs. 3 LFGB *A.H. Meyer*, ZLR 2004, 21, 24 ff; kritisch auch zur erfolgten Regelung *ders.*, WRP 2005, 1437 (1448 ff). § 2 Abs. 3 S. 3 Nr. 2 LFGB (Aromen) wurde durch VO vom 3.8.2009 (BGBl. I S. 2630) geändert.

205 Zutreffend *A.H. Meyer*, ZLR 2004, 629, 630 mwN; letztlich ebenso *Zipfel/Rathke*, C 101, § 2 LFBG, Rn 5 ff. Erläuterung des Begriffs ebd, Rn 15 ff.

206 Vgl zur Tragweite der Sperrwirkung des Art. 10 BasisVO EuGH, Rs. C-636/11 (Karl Berger/Freistaat Bayern), NVwZ 2013, 1002.

207 Vgl ferner die darauf verweisende Verordnung zur Durchsetzung lebensmittelrechtlicher Rechtsakte der Europäischen Gemeinschaft (Lebensmittelrechtliche Straf- und Bußgeldverordnung) vom 19.9.2006 (BGBl. I S. 2136) idF der Bek. vom 7.2.2012 (BGBl. I, S. 190); aktuelle Fassung in *Meyer*, LMR Textsammlung, Nr. 8690.

aufgelöst und an dessen Stelle für die Risikobewertung das BfR und für das Risikomanagement das dem BMEL unterstellte BVL eingerichtet (siehe Rn 77).[208]

83 Eine Reihe von **„Lebensmittelskandalen“** hat **Probleme** der **Koordination im Mehrebenensystem zwischen EU, Bund und Ländern** offenbart.[209] Dem soll auf Unionsebene zum einen durch die Errichtung der EBLS (Kapitel III Basis-VO), zum anderen durch die Verfahren zur Krisenbewältigung (Kapitel IV Basis-VO), auf deutscher Ebene durch die Neuorganisation des gesundheitlichen Verbraucherschutzes und die damit verbundene Vernetzung der Institutionen[210] begegnet werden. Sowohl im Verhältnis der EU zu den Mitgliedstaaten als auch im Verhältnis des Bundes zu den Ländern im Bundesstaat Bundesrepublik Deutschland bedarf dieser Ansatz der Bewährung in der Praxis, ggf mit entsprechenden Anpassungen.[211]

3. Beachtung der primärrechtlichen Vorgaben des freien Warenverkehrs, insbesondere der Anforderungen des Bier-Urteils des EuGH: § 54 LFGB

84 Die Vorgaben des EU-Primärrechts müssen in der lebensmittelrechtlichen Praxis beachtet werden. Um dies zu erleichtern, wurden die Folgen der maßgeblichen Cassis-Rechtsprechung, insbesondere die wichtigen Konkretisierungen des Bier-Urteils, deklaratorisch in **§ 47 a LMBG** aufgenommen und nach der Neuregelung des deutschen Lebensmittelrechts in § 54 LFGB übernommen (siehe Rn 85). Dies ist nicht nur zulässig, sondern bei erkennbaren Vollzugsproblemen in einem Mitgliedstaat sogar durch Art. 4 Abs. 3 EUV und Art. 291 Abs. 1 AEUV geboten.[212] Gemäß § 54 Abs. 1 S. 1 LFGB dürfen abweichend von den Verbringungsverboten des § 53 LFGB Erzeugnisse im Sinne des LFBG, also vor allem Lebensmittel, die in einem anderen Mitgliedstaat der EU oder des Europäischen Wirtschaftsraums (EWR) rechtmäßig hergestellt oder rechtmäßig in den Verkehr gebracht werden oder als Drittlandsware sich rechtmäßig im Verkehr befinden, auch dann in Deutschland in den Verkehr gebracht werden, wenn sie den in Deutschland geltenden lebensmittelrechtlichen Vorschriften nicht entsprechen (gegenseitige Anerkennung nach dem Herkunftslandprinzip gemäß der Cassis-Rechtsprechung, siehe Rn 24 f). Ausgenommen sind gemäß § 54 Abs. 1 S. 2 LFGB Produkte, die den in § 54 Abs. 1 S. 1 Nr. 1 LFGB genannten Verboten zum Schutz der Gesundheit nicht entsprechen oder anderen zum Schutz der Gesundheit (Verweis auf § 1 Abs. 1 Nr. 1, ggf iVm Abs. 3 LFGB) erlassenen Vorschriften nicht entsprechen, soweit nicht die Verkehrsfähigkeit der Erzeugnisse in der Bundesrepublik Deutschland durch eine **Allgemeinverfügung** im Bundesanzeiger bekannt gemacht worden ist (§ 54 Abs. 1 S. 2 Nr. 2 LFGB).[213] Um Letzteres zu erreichen, muss ein Antrag gemäß § 54 Abs. 2-3 LFBG gestellt werden. Das dort beschriebene Verfahren zieht die Folgerungen aus dem Bier-Urteil des EuGH (siehe Rn 62). Die Abweichungen vom deutschen Lebensmittelrecht müssen gemäß § 54 Abs. 4 LFBG kenntlich gemacht werden, soweit dies zum Schutz des Verbrauchers erforderlich ist.

85 Diese Regelung entspricht dem früheren § 47 a LMBG unter Anpassung an die Vorschriften des LFGB, Art. 14 Abs. 2 Basis-VO und Art. 3 Abs. 1 lit. a VO (EG) Nr. 1935/2004 (siehe Rn 80). Zuständig für den Erlass der Allgemeinverfügungen ist das **BVL** (siehe Rn 77) im Einvernehmen mit dem Bundesamt für Wirtschaft und Ausfuhrkontrolle (§ 54 Abs. 2 Satz 1 LFGB).

---

208 Vgl dazu *Fuchs*, S. 134 ff, 139 ff.
209 Vgl dazu *Fuchs*, S. 35 ff mwN.
210 Vgl dazu *Fuchs*, S. 157 ff mwN.
211 Vgl die Problemanalyse und eigene Lösungsvorschläge bei *Fuchs*, S. 167 ff.
212 Vgl dazu *Streinz*, Europarecht, Rn 221, unter Hinweis auf EuGH, Rs. C-358/98 (Kommission/Italien), Slg 2000, I-1255, Rn 16 f; Analyse von *Streinz*, JuS 2000, 907.
213 Übersichten über die gemäß § 47 a LMBG bzw § 54 LFGB erlassenen Allgemeinverfügungen in *Meyer*, LMR Textsammlung, Nr. 6500 und Nr. 6505.

C. Arzneimittelrecht

I. Unionsrechtliche Vorgaben

1. Primärrecht

a) Freier Warenverkehr (Art. 34/36 AEUV)

aa) Grundsatz und mitgliedstaatlicher Regelungsvorbehalt

Auch **Arzneimittel** werden als Waren von der Grundfreiheit des freien Warenverkehrs (Art. 34 AEUV) erfasst (siehe Rn 2). Als Produkte, die wegen spezieller Gesundheitsgefahren („die Dosis macht das Gift“; „Risiken und Nebenwirkungen“) besondere Vorkehrungen zur Gewährleistung der Sicherheit der Bevölkerung erfordern, rechtfertigen sie Beschränkungsmaßnahmen der Mitgliedstaaten „zum Schutz der Gesundheit und des Lebens von Menschen“ (Art. 36 AEUV). Diese müssen dem Grundsatz der Verhältnismäßigkeit entsprechen,[214] wobei der EuGH den Mitgliedstaaten eine **Einschätzungsprärogative** konzediert.[215] Zwar genügt entsprechend dem **Vorsorgeprinzip** der Nachweis möglicher Gefahren oder Risiken.[216] Jedenfalls diese müssen aber durch Bezugnahme auf wissenschaftliche Erkenntnisse oder auf europäische oder internationale Schutzstandards dargetan werden.[217] Den Mitgliedstaaten obliegt aber angesichts bestehender Unsicherheiten die Risikoabschätzung. Angesichts der dadurch verursachten Handelshemmnisse besteht Bedarf zur Rechtsangleichung (siehe Rn 92). 86

Neben dem Gesundheitsschutz spielt im Arzneimittelrecht wegen der erheblichen Entwicklungskosten in der pharmazeutischen Industrie auch der in Art. 36 AEUV ausdrücklich genannte **Schutz des gewerblichen und kommerziellen Eigentums** eine große Rolle. Dies betrifft Beschränkungen des sog. Parallelimports von Arzneimitteln (siehe Rn 89). 87

bb) Parallelimporte

Zentrales Element aller gewerblichen Schutzrechte, die vorbehaltlich unionsrechtlicher Regelung[218] von den Mitgliedstaaten unter Beachtung der Warenverkehrsfreiheit eingeräumt werden dürfen,[219] ist das Recht des Inhabers, über das erstmalige Inverkehrbringen der Erzeugnisse zu entscheiden, für die ein Schutzrecht besteht, und dem unbefugten Inverkehrbringen durch andere zu widersprechen. Ist aber das Erzeugnis vom Inhaber oder mit seiner Zustimmung (also nicht bei einer sog. Zwangslizenz[220] oder einer gesetzlichen Verpflichtung)[221] in einem Mitgliedstaat (auch ohne Patentschutz)[222] in den Verkehr gebracht worden, so ist das Schutzrecht erschöpft; weitere 88

214 EuGH, Rs. C-347/89 (Eurim-Pharm), Slg 1991, I-1747, Rn 27.

215 St. Rspr seit EuGH, Rs. 104/75 (Adriaan de Peijper), Slg 1976, 613, Rn 14/18; vgl zB Rs. 227/80 (van Bennekom), Slg 1983, 3883, Rn 37; zum Gesundheitsschutz allg. EuGH, Rs. C-473/98 (Kemikalieninspektionen/Toolex Alpha), Slg 2000, I-5681, Rn 38 (gefährliche Chemikalien); Rs. C-405/98 (Gourmet International Products), Slg 2001, I-1795, Rn 26 ff (Alkoholika). Vgl dazu *Müller-Graff*, in: von der Groeben/Schwarze, Art. 30 EG, Rn 59 mwN; *Schroeder*, in: Streinz, EUV/AEUV, Art. 36 AEUV, Rn 13 f. Eine sehr weite Einschätzungsprärogative ohne wirkliche Kontrolle der „Erforderlichkeit“ der Maßnahme konzedierte der Gerichtshof im Fall DocMorris II, EuGH, verb. Rs. C-171/07 und C-172/07 (Apothekerkammer des Saarlandes ua/Saarland), Slg 2009, I-4171, Rn 30 f, als er im sog. „Fremdbesitzverbot“ des deutschen Apothekenrechts keinen Verstoß gegen Art. 43 AEUV (Niederlassungsfreiheit) sah, selbst wenn die verantwortliche Leitung der Apotheke durch einen approbierten Apotheker gewährleistet war. Anders noch EuGH, Rs. C-140/03, Slg 2005, I-3177 hinsichtlich des griechischen Fremdbesitzverbots für Optikergeschäfte. Vgl dazu *Streinz*, JuS 2009, 1034,1036 f und *Herrmann*, EuZW 2009, 413.

216 Vgl bereits Rs. 174/82 (Strafverfahren gegen Sandoz B.V.), Slg 1983, 2445, Rn 16 f; bestätigt zB in EuGH, Rs. C-473/98 (Toolex Alpha), Slg 2000, I-5681, Rn 40 ff.

217 Vgl EuGH, Rs. C-473/98 (Toolex Alpha), Slg 2000, I-5681, Rn 40 ff. Allg. dazu EuGH, Rs. 178/84 (Kommission/Deutschland – „Reinheitsgebot für Bier“), Slg 1987, 1227, Rn 44.

218 Vgl dazu *Schroeder*, in: Streinz, EUV/EGV, Art. 36 AEUV, Rn 32 mwN.

219 Vgl *Schroeder*, in: Streinz, EUV/AEUV, Art. 30 AEUV, Rn 19 mwN.

220 EuGH, Rs. 19/84 (Pharmon/Hoechst), Slg 1985, 2281, Rn 25 ff.

221 EuGH, verb. Rs. C-267 und 268/95 (Merck/Primecrown), Slg 1996, I-6285, Rn 50 ff.

222 EuGH, Rs. 187/80 (Merck/Stephar), Slg 1981, 2603, Rn 10 ff, 14.

Beschränkungen würden zu einer unzulässigen Abschottung der Märkte führen (sog. **Erschöpfungsgrundsatz**).[223]

89 Das Problem seiner Tragweite stellt sich vor allem beim **Parallelimport von Arzneimitteln.**[224] Darunter versteht man die Einfuhr im Ausland hergestellter Arzneimittel, die auch im Inland hergestellt bzw vom Hersteller selbst ins Inland eingeführt werden und dort zugelassen sind, durch einen nicht vom Hersteller autorisierten Importeur. Dafür besteht durch die erheblichen Preisunterschiede für Pharmazeutika in der EU ein großer Anreiz.[225] Die Hersteller begegnen dem dadurch, dass sie ihre Erzeugnisse in den einzelnen Mitgliedstaaten in unterschiedlicher Aufmachung und Kennzeichnung in den Verkehr bringen. Wenn der Importeur die von ihm im Ausfuhrstaat erworbene Ware **umverpackt** (weil dies aufgrund der im Einfuhrstaat geltenden Vorschriften erforderlich ist) und durch Anbringung einer Marke **umetikettiert**, kann sich der Inhaber des Rechts der Einfuhr unter Berufung auf seine Marke widersetzen. Dies ist ihm durch Art. 34 AEUV verwehrt, wenn diese Ausübung des Markenrechts (kumulativ) (1) zu einer künstlichen Abschottung der Märkte führt, (2) die Umverpackung oder Neuetikettierung den Originalzustand des Erzeugnisses nicht berührt, (3) die Präsentation des Erzeugnisses dem guten Ruf der Marke und des Inhabers nicht schadet, (4) der Importeur den Inhaber des Rechts über das Umverpacken informiert und ihm eine Probe des Erzeugnisses liefert und (5) auf dem Erzeugnis darauf hinweist, wer das Umverpacken vorgenommen hat.[226]

90 Problematisch ist, dass der Parallelimporteur gegenüber dem Hersteller, der in Deutschland das langwierige Zulassungsverfahren durchlaufen musste, einen Vorteil durch das vereinfachte Verfahren der „**Parallelimportlizenz**“ erhält. Es genügt, dass für das Bezugsarzneimittel eine Zulassung besteht, das Importarzneimittel von der zuständigen Behörde im Herkunftsland zugelassen wurde und die für das schon zugelassene Arzneimittel durchgeführte Beurteilung der Sicherheit und Wirksamkeit ohne jedes Risiko für die Gesundheit für das von dem Antrag auf Zulassung betroffene Arzneimittel verwendet werden kann. Die fehlende Ursprungsidentität allein darf als solche kein Versagungsgrund sein. Dem Parallelimporteur obliegt allein, die „Produktidentität“ hinsichtlich der relevanten Kriterien Sicherheit und Wirksamkeit plausibel zu machen, wobei die Ursprungsidentität ein „wichtiger Anhaltspunkt“ für die Prüfung durch die Zulassungsbehörde sein kann.[227]

cc) Arzneimittelversand („Internet-Apotheken“)

91 Das in Deutschland bis dahin bestehende Verbot des Arzneimittelversands behinderte die Belieferung durch sog. Internet-Apotheken aus dem Ausland und damit den freien Warenverkehr. Das Verbot ist zwar an sich eine „Verkaufsmodalität“, aber **keine Verkaufsmodalität im Sinne der Keck-Rechtsprechung** (Rn 62), die bereits vom Tatbestand des Art. 34 AEUV ausgenommen wäre, weil sie wegen der diskriminierenden Wirkungen des Systems des deutschen Apothekenrechts unter

---

223 Vgl dazu zB EuGH, Rs. 16/74 (Centrafarm/Winthrop), Slg 1974, 1183, Rn 8 ff. Im Markenrecht geregelt in Art. 7 der Ersten RL 89/104/EWG des Rates vom 21.12.1988 zur Angleichung der Rechtsvorschriften der Mitgliedstaaten über die Marke (ABl. 1989 Nr. L 40/1), aufgehoben und ersetzt durch RL 2008/95/EG des Europäischen Parlaments und des Rates vom 22.10.2008 (ABl. Nr. L 299/25). Vgl dazu *Müller-Graff*, in: von der Groeben/Schwarze, Art. 30 EG, Rn 113, 115; *Schroeder*, in: Streinz, EUV/AEUV, Art. 36 AEUV, Rn 27 ff; *Leible/T. Streinz*, in: Grabitz(Hilf/Nettesheim, Art. 36 AEUV, Rn 42 ff mwN.

224 Vgl dazu *Janda*, Rn 103 ff mwN.

225 Vgl die Mitteilung der Kommission über den Binnenmarkt für Arzneimittel, KOM (1998) 588 endg. Gegen eine Förderung solcher Importe EuG, Rs. T-41/96 (Bayer/Kommission), Slg 2000, II-3383, Rn 177 ff.

226 EuGH, verb. Rs. C-427, C-429 und C-436/93 (Bristol-Myers Squibb), Slg 1996, I-3457, Rn 25 ff; EuGH, Rs. C-443/99 (Merck/Paranova), Slg 2002, I-3703, Rn 22 ff; EuGH, Rs. C-143/00 (Boehringer Ingelheim I), Slg 2007, I-3759, Rn 12 ff, zuletzt EuGH, Rs. C-276/05 (The Wellcome Foundation/Paranova), Slg 2008, I-10479, Rn 24 ff. Vgl dazu *Schroeder*, in: Streinz, EUV/AEUV, Art. 30 AEUV, Rn 31 mwN; *Müller-Graff*, in: von der Groeben/Schwarze, Art. 30 EG, Rn 121; *Leible/T. Streinz*, in: Grabitz(Hilf/Nettesheim, Art. 36 AEUV, Rn 45 („Umpack-Rechtsprechung“).

227 EuGH, Rs. C-112/02 (Kohlpharma/BR Deutschland), Slg 2004, I-3369, Rn 12, 20 f. Kritisch dazu (hinsichtlich der „Trittbrettfahrer“ und der Beeinträchtigung der Position des Rechteinhabers) die Anm. von *K. Fischer*, EuZW 2004, 531, 532 ff und *M. Wagner*, MedR 2004, 489, 491 ff.

die „Keck-Rückausnahme“[228] fällt.[229] Der EuGH hielt das Versandhandelsverbot zwar aus Gründen des Gesundheitsschutzes für verschreibungspflichtige, nicht aber für nicht verschreibungspflichtige Arzneimittel gerechtfertigt; insoweit ist auch ein Reimportverbot und ein Werbeverbot nicht gerechtfertigt.[230] Das AMG (siehe Rn 113) wurde bereits kurz zuvor geändert, wobei sogar über die unionsrechtlichen Erfordernisse hinausgegangen wurde.[231]

b) Rechtsangleichung (Art. 114 AEUV)

Gestützt auf Art. 114 AEUV wurden zahlreiche Richtlinien zur Harmonisierung des Arzneimittelrechts erlassen.[232] Hervorzuheben ist die RL 2001/83/EG zur Schaffung eines Gemeinschaftskodexes für Humanarzneimittel (siehe Rn 95). Hinzu kommt eine Reihe von Verordnungen zur Regelung von Verfahren, insbesondere die VO (EWG) Nr. 2309/93, durch die u.a. die EMEA gegründet wurde (abgelöst durch die VO (EG) Nr. 726/2004, siehe Rn 98). Schließlich werden laufend Empfehlungen, Beschlüsse, Entschließungen, Mitteilungen sowie Leitlinien erlassen. 92

c) Die limitierte Beitragskompetenz der EU (Art. 168 Abs. 4 AEUV)

Art. 168 Abs. 4 lit. a AEUV ermächtigt Europäisches Parlament und Rat gemeinsam im ordentlichen Gesetzgebungsverfahren (Art. 289 Abs. 1, Art. 294 AEUV;) zu Maßnahmen zur Festlegung hoher Qualitäts- und Sicherheitsstandards für **Organe und Substanzen menschlichen Ursprungs** sowie für **Blut und Blutderivate**, und zwar als **Mindestvorschriften** (letzter Halbsatz). Darauf wurden die RL 2002/98/EG vom 27.1.2003 zur Festlegung von Qualitäts- und Sicherheitsstandards für die Gewinnung, Testung, Verarbeitung, Lagerung und Verteilung von menschlichem Blut und Blutbestandteilen und zur Änderung der RL 2001/83/EG[233] und zu deren Durchführung die RL 2004/33/EG vom 22.3.2004 über bestimmte technische Anforderungen für Blut und Blutbestandteile[234] sowie die RL 2004/23/EG vom 31.3.2004 zur Festlegung von Qualitäts- und Sicherheitsstandards für die Spende, Beschaffung, Testung, Verarbeitung, Lagerung und Verteilung von menschlichen Geweben und Zellen[235] gestützt.[236] 93

d) Einfluss des WTO-Rechts

Wie im Lebensmittelrecht (siehe Rn 29 ff) ist auch im Arzneimittelrecht das Recht der WTO zu beachten. Neben den allgemeinen Vorgaben (Verbot ungerechtfertigter Handelshemmnisse, Meistbegünstigung) und dem TBT-Abkommen (das SPS-Abkommen ist allenfalls für bestimmte pflanzliche Arzneimittel relevant) ist insbesondere das Übereinkommen über handelsbezogene Aspekte des Rechts des geistigen Eigentums (Trade-Related Aspects of Intellectual Property Rights – **TRIPS**) vom 15.4.1994[237] von Bedeutung. Danach ist ein **Patentschutz für Arzneimittel** jetzt zwingend vor- 94

228 Vgl dazu *Streinz*, Europarecht, Rn 881 mwN aus der Rspr des EuGH.

229 EuGH, Rs. C-322/01 (Deutscher Apothekerverband e.V./Doc Morris NV und Jacques Waterval), Slg 2003, I-14887, Rn 74 ff. Vgl bereits *Streinz*, EuZW 2003, 37, 39 ff.

230 EuGH, Rs. C-322/01 (Doc Morris), Slg 2003, I-14887, Rn 77 ff, 124, 134, 149.

231 Gesetz vom 14.11.2003 (BGBl. I, S. 2190), in Kraft seit 1.1.2004: Nach §§ 43 und 73 AMG ist der Versandhandel mit rezeptfreien und rezeptpflichtigen Arzneimitteln im Inland (nach Erteilung einer Versandhandelsgenehmigung; Verbot mit Erlaubnisvorbehalt) wie auch durch Apotheken aus dem Ausland möglich. Vgl dazu *B. Koch*, EuZW 2004, 50, 51. Vgl dazu und zu weiteren Fragen (Rabattsystem) *Gaßner/Reich-Malter*, PharmR 2004, 342. Eingehend dazu *Hofmann*, in: Kügel/Müller/Hofmann, AMG, § 43, Rn 16 ff.

232 Die wichtigsten Richtlinien, Verordnungen und sonstigen Akte sind abgedruckt in *Ehlermann/Bieber/Haas*, I.A 60/2.

233 ABl. Nr. L 33/30.

234 ABl. Nr. L 91/25.

235 ABl. Nr. L 102/48.

236 Die RL 2004/23/EG, zuletzt geändert durch Anhang Nr. 5.15 der ÄndVO (EG) 596/2009 (ABl. Nr. L 188/75). Umgesetzt durch das Gesetz über Qualität und Sicherheit von menschlichen Geweben und Zellen (Gewebegesetz) vom 20.7.2007 (BGBl. I, S. 1574).

237 ABl. Nr. L 336/213.

geschrieben.[238] Die im Rahmen der Ministerkonferenz von Doha erzielte **Erklärung zum TRIPS-Übereinkommen und öffentlichem Gesundheitswesen**[239] bewirkt eine Klarstellung des Art. 31 TRIPS (Sonstige Benutzung ohne Zustimmung des Rechtsinhabers). Danach kann jedes WTO-Mitglied über seine **Erschöpfungsregeln** (siehe dazu und zur Rechtslage in der EU Rn 88) frei entscheiden. Noch nicht gelöst wurde durch die Erklärung die Frage der **Zwangslizenzen** für den Export lebenswichtiger Medikamente in Entwicklungsländer, die über keine hinreichenden Produktionskapazitäten zur Herstellung von Generika verfügen (Problem der Reimporte und Exporte). Am 30.8.2003 kam dazu der Beschluss über eine Ausnahmeregelung für Exportzwangslizenzen[240] zustande.[241]

2. Sekundärrecht

a) Der Humanarzneimittel-Kodex (RL 2001/83/EG)

95 Zentrale Vorschrift des materiellen EU-Arzneimittelrechts ist der **Gemeinschaftskodex für Humanarzneimittel** (RL 2001/83/EG – Kodex). Durch ihn wurde die RL 65/65/EWG des Rates vom 26.1.1965 zur Angleichung der Rechts- und Verwaltungsvorschriften über Arzneimittel[242] und die folgenden Richtlinien, die sie änderten und ihren Anwendungsbereich erweiterten, kodifiziert.[243] Der Kodex wurde seither zwölfmal geändert (siehe Rn 16).

96 Der Kodex definiert den **Begriff „Arzneimittel"** (Art. 1 Nr. 2; siehe Rn 17). Diese Definition ist wegen der unterschiedlichen Rechtsfolgen hinsichtlich Zulassungserfordernis, Werbung, Überwachung etc. für die Abgrenzung zu Lebensmitteln bedeutsam (siehe Rn 15 ff). Sowohl die Regelungsintensität der Harmonisierung als auch der Inhalt der Definition sind nach wie vor umstritten.[244] Der Kodex **gilt** für gewerblich zubereitete Humanarzneimittel, die in den Mitgliedstaaten in den Verkehr gebracht werden sollen (Art. 2), mit Ausnahme der in Art. 3 genannten Produkte, für die zum Teil besondere Vorschriften bestehen (zB für Blut, vgl Rn 93). Er schreibt für Arzneimittel das Erfordernis einer **Genehmigung** für das Inverkehrbringen in einem Mitgliedstaat seitens der zuständigen Behörde dieses Mitgliedstaats oder seitens der EMA (siehe Rn 110) vor (Art. 6) und regelt das **Genehmigungsverfahren in den Mitgliedstaaten** (Art. 8-12; Art. 17-26); das Genehmigungsverfahren auf EU-Ebene (EMA) wird in der VO (EG) Nr. 726/2004 geregelt (siehe Rn 98). Der Kodex bestimmt die **gegenseitige Anerkennung** der Genehmigungen (Art. 27-39), enthält Vorschriften über **Herstellung und Import** (Art. 40-53), **Etikettierung und Packungsbeilage** (Art. 54-68), die **Einstufung** der Arzneimittel als der ärztlichen Verschreibungspflicht unterliegend oder nicht verschreibungspflichtig (Art. 70-75), den **Großhandel** mit Medikamenten (Art. 76-85), die **Werbung** für

---

238 Vgl dazu *Herrmann*, ZEuS 2003, 589, 593 ff; *ders.*, EuZW 2002, 37.

239 Declaration on the TRIPS Agreement and Public Health, WT/MIN(01)/DEC/W/2, abgedruckt in EuZW 2002, 47 ff. Vgl dazu *Herrmann/Weiß/Ohler*, Rn 966 f. Eingehend *Gamharter*, Access to Affordable Medicines, 2004.

240 WTO, IP/C/W/405; abgedruckt in ZEuS 2003, 610 ff.

241 Vgl dazu *Herrmann*, ZEuS 2003, 589, 598 ff; *Haedicke*, Handelsbezogener Schutz des geistigen Eigentums, in: Ehlers/Fehling/Pünder (Hrsg.), Besonderes Verwaltungsrecht. Bd. I (Öffentliches wirtschaftsrecht), 3. Aufl. 2012,§ 7, Rn 48 ff. Die Änderung des TRIPS wurde von der EU ratifiziert und umgesetzt durch VO (EG) Nr. 816/2006 des Europäischen Parlaments und des Rates vom 17.5.2006 über Zwangslizenzen an der Herstellung von pharmazeutischen Erzeugnissen für die Ausfuhr in Länder mit Problemen im Bereich der öffentlichen Gesundheit (ABl. Nr. L 157/1).

242 ABl. Nr. 22 vom 9.2.1965, S. 369.

243 Vgl Erwägungsgrund 1 der RL 2001/83/EG.

244 Eine vollständige Harmonisierung enthält der Kodex (allerdings mit ausdrücklich festgelegten Abweichungsmöglichkeiten der Mitgliedstaaten) hinsichtlich der Arzneimittelwerbung, vgl EuGH, Rs. C-374/05 (Gintec International Import-Export GmbH/Verband sozialer Wettbewerb e.V.), EuZW 2008, 25, Rn 39. Zu verbliebenen Unklarheiten und Streitfragen angesichts der Rechtsprechung des EuGH (vgl dazu EuGH, verb. Rs. C-211/03, C-299/03 und C-316 bis C-318/03 (HLH Warenvertriebs GmbH und Orthica BV/BR Deutschland – Lactobac Omni FOS), Slg 2005, I-5141, Rn 29 ff; EuGH, Rs. C-319/05 (Kommission/Deutschland-Knoblauchkapsel), Slg 2007, I-9841, Rn 39 ff; EuGH, Rs. C-140/07 (Hecht-Pharma – Red Rice), Slg 2009, I-41, Rn 31 ff; vgl die Kommentierung von, *Rehmann*, AMG, § 2, Rn 2 ff und *Meyer*, in: Meyer/Streinz, LFGB – BasisVO, Art. 2 BasisVO, Rn 41 ff mwN. Zur Rezeption der Rechtsprechung des EuGH durch nationale Gerichte vgl zB BGH, 26.6.2008, I ZR 61/05 („L-Carnitin II), ZLR 2008, 619. Ausführlich dazu *Müller*, in: Kügel/Müller/Hofmann, AMG, § 2, Rn 17 ff mwN.

Arzneimittel (Art. 86-100), die **Pharmakovigilanz** (Art. 101-108) sowie **Überwachung und Sanktionen** (Art. 111-119). Besonderen Bestimmungen unterliegen **homöopathische Arzneimittel** (Art. 13-16) und Arzneimittel aus menschlichem Blut oder Blutplasma (Art. 109-110; abzugrenzen von Blut selbst, vgl Rn 93).

Einzelheiten sind in einem Anhang I geregelt, der im Komitologieverfahren (siehe Rn 42) durch den **Ständigen Ausschuss für Humanarzneimittel** für die Anpassung der Richtlinien zur Beseitigung der technischen Handelshemmnisse auf dem Gebiet der Arzneimittel an den technischen Fortschritt geändert werden kann (Art. 120-121). 97

b) Die Verordnung über das Gemeinschaftsverfahren und die Arzneimittel – Agentur-VO (EG) Nr. 726/2004

Die Verordnung (EG) Nr. 726/2004 des Europäischen Parlaments und des Rates vom 31.3.2004 zur **Festlegung von Gemeinschaftsverfahren für die Genehmigung und Überwachung von Human- und Tierarzneimitteln und zur Errichtung einer Europäischen Arzneimittel-Agentur**[245] löst im Rahmen der Kodifizierung der Grundlagen des EU-Arzneimittelrechts (Humanarzneimittel-Kodex, siehe Rn 95; **Tierarzneimittel-Kodex**)[246] die VO (EWG) Nr. 2309/93 des Rates vom 22.7.1993 zur Festlegung von Unionsverfahren für die Genehmigung und Überwachung von Human- und Tierarzneimitteln und zur Schaffung einer Europäischen Agentur für die Beurteilung von Arzneimitteln[247] ab.[248] Sie ist am 20.5.2004 in Kraft getreten, wobei wesentliche Teile erst seit 20.11.2005 und Teile des Anhangs Nr. 3 erst seit 20.5.2008 Anwendung finden.[249] 98

Die Verordnung regelt das Verfahren für die **Genehmigung**, Überwachung und Pharmakovigilanz im Bereich Human- und Tierarzneimittel (siehe zu diesen Art. 30-54 VO (EG) Nr. 726/2004) **durch die Gemeinschaft bzw Union** (vgl Art. 3) und errichtet zur wissenschaftlichen und technischen Unterstützung der Kommission, die insoweit Exekutivbehörde ist (siehe Rn 109 ff), bei diesen Aufgaben die **Europäische Arzneimittelagentur** (siehe Rn 110), bei der auch der Antrag auf Genehmigung einzureichen ist (Art. 4).[250] Die EMA hat ferner Aufgaben der Koordinierung und der Unterstützung der Mitgliedstaaten. 99

Unberührt bleiben von der Verordnung die Zuständigkeiten der Behörden der Mitgliedstaaten im Bereich der **Festsetzung der Preise** für Arzneimittel sowie in Bezug auf die Einbeziehung von Arzneimitteln in die nationale Krankenversicherungs- oder Sozialversicherungssysteme aufgrund von gesundheitlichen, wirtschaftlichen und sozialen Bedingungen (vgl aber die TransparenzRL, Rn 104). Die Mitgliedstaaten können insbesondere aus den Angaben in der Genehmigung für das Inverkehrbringen diejenigen therapeutischen Indikationen und Packungsgrößen auswählen, die von ihren Sozialversicherungsträgern abgedeckt werden (Art. 1 Abs. 2). 100

Dem **zentralen Genehmigungsverfahren** durch die Union unterliegen **obligatorisch** die unter den Anhang der Verordnung fallenden Arzneimittel (Art. 3 Abs. 1). Dies sind bestimmte Arzneimittel, die mit biotechnologischen Verfahren hergestellt werden, Tierarzneimittel, die vorwiegend zur Anwendung als Leistungssteigerungsmittel zur Förderung des Wachstums oder zur Erhöhung der Ertragsleistung von behandelten Tieren vorgesehen sind, Humanarzneimittel, die einen neuen Wirkstoff enthalten, der bei Inkrafttreten der VO (EG) Nr. 726/2004 noch nicht in der Gemein- 101

245 ABl. Nr. L 136/1, zuletzt geändert durch VO (EU) Nr. 1027/2012 des Europäischen Parlaments und des Rates vom 25.10.2012 (ABl. Nr. L 316/38) hinsichtlich der Pharmakovigilanz.

246 RL 2001/82/EG vom 6.11.2001 zur Schaffung eines Gemeinschaftskodexes für Tierarzneimittel (ABl. Nr. L 311/1) zuletzt geändert durch RL 2009/53 EG vom 18.6.2009 (ABl. Nr. L 168/33) und Anhang Nr. 1.6 ÄndVO (EG) 596/2009 vom 18.6.2009 (ABl. Nr. L 188/14).

247 ABl. Nr. L 214/1, zuletzt geändert durch Art. 88 ÄndVO (EG) 726/2004 vom 31.3.2004 (ABl. Nr. L 136/1).

248 Art. 88 VO (EG) Nr. 726/2004. S. dazu Erwägungsgründe 1-6 der VO.

249 Art. 90 VO (EG) Nr. 726/2004.

250 Zu den Gebühren s. VO (EG) Nr. 297/95 des Rates vom 10.2.1995 über die Gebühren der Europäischen Agentur für die Beurteilung von Arzneimitteln (ABl. Nr. L 35/1), geändert durch VO (EG) Nr. 2743/98 vom 14.12.1998 (ABl. Nr. L 345/3) und VO (EG) Nr. 494/2003 vom 18.3.2003 (ABl. Nr. L 73/6), zuletzt geändert durch Art. 1 ÄndVO (EG) 249/2009 vom 23.3.2009 (ABl. Nr. L 79/34).

schaft genehmigt war und dessen therapeutische Indikation die Behandlung eines erworbenen Immundefizienz-Syndroms, von Krebs, neurodegenerativen Erkrankungen, Diabetes und (ab 20.5.2008) Autoimmunerkrankungen und anderen Immunschwächen sowie Viruserkrankungen ist, schließlich Arzneimittel für seltene Leiden gemäß der VO (EG) Nr. 141/2000.[251]

102 **Fakultativ** können von der Union Genehmigungen für das Inverkehrbringen für weitere Arzneimittel erteilt werden, wenn diese einen neuen Wirkstoff enthalten, der bei Inkrafttreten der Verordnung nicht in der Union genehmigt war *oder* wenn der Antragsteller nachweist, dass das Arzneimittel eine bedeutende Innovation darstellt oder dass die Erteilung einer Genehmigung auf Unionsebene im Interesse der Patienten oder der Tiergesundheit ist.

103 **Generika** eines von der Union genehmigten Referenzarzneimittels können von den zuständigen Behörden der Mitgliedstaaten unter den Voraussetzungen des Art. 3 Abs. 3 genehmigt werden.

c) Weitere Richtlinien und Verordnungen

104 An weiteren Richtlinien und Verordnungen seien hier genannt (weitere Nachweise in Rn 92):

RL 78/25/EWG des Rates vom 12.12.1977 zur Angleichung der Rechtsvorschriften der Mitgliedstaaten über Stoffe, die Arzneimitteln zum Zweck der **Färbung** hinzugefügt werden dürfen;[252] RL 89/105/EWG des Rates vom 21.12.1988 betreffend die **Transparenz** von Maßnahmen zur Regelung der **Preisfestsetzung** bei Arzneimitteln für den menschlichen Gebrauch und ihre Einbeziehung in die staatlichen Krankenversicherungssysteme;[253] RL 2001/20/EG des Europäischen Parlaments und des Rates vom 4.4.2001 zur Angleichung der Rechts- und Verwaltungsvorschriften der Mitgliedstaaten über die Anwendung der **guten klinischen Praxis** bei der Durchführung von klinischen Prüfungen mit Humanarzneimitteln;[254] RL 2003/94/EG der Kommission vom 8.10.2003 zur Festlegung der Grundsätze und Leitlinien der **Guten Herstellungspraxis** für Humanarzneimittel und für zur Anwendung beim Menschen bestimmte Prüfpräparate;[255] VO (EG) Nr. 540/95 der Kommission vom 10.3.1995 zur Festlegung der Bestimmungen für die Mitteilung von vermuteten unerwarteten, nicht schwerwiegenden **Nebenwirkungen**, die innerhalb oder außerhalb der Union an gemäß der VO (EWG) Nr. 2309/93 zugelassenen Human- oder Tierarzneimitteln festgestellt werden;[256] VO (EG) Nr. 847/2000 der Kommission vom 27.4.2000 zur Festlegung von Bestimmungen für die Anwendung der Kriterien für die Ausweisung eines Arzneimittels als Arzneimittel für seltene Leiden und von Definitionen für die Begriffe „ähnliches Arzneimittel“ und „klinische Überlegenheit“;[257] VO (EG) Nr. 1901/2006 des Europäischen Parlaments und des Rates vom 12.12.2006 über **Kinderarzneimittel**.[258]

3. Übersicht über die unionsrechtlich geregelte Rechtsmaterie

a) Produktrecht

105 Das Unionsrecht definiert einheitlich den **Arzneimittelbegriff** (siehe Rn 17 f; zur begrenzten Tragweite der Harmonisierung siehe aber Rn 96). Es ordnet generell das Erfordernis einer **Genehmigung für das Inverkehrbringen von Arzneimitteln** an (Art. 6 RL 2001/83/EG; siehe Rn 96). Es bestimmt die **materiellen Anforderungen der Arzneimittelsicherheit,** nämlich Unschädlichkeit bei bestimmungsgemäßem Gebrauch und therapeutische Wirksamkeit (Art. 26 RL 2001/83/EG). Es

251 VO des Europäischen Parlaments und des Rates vom 16.12.1999 (ABl. Nr. L 18/1), zuletzt geändert durch Nr. 1.4 ÄndVO (EG) 596/2009 vom 18.6.2009 (ABl. Nr. L 188/19).

252 ABl. Nr. L 11/18. Aufgehoben und neugefasst durch RL 2009/35/EG des Europäischen Parlaments und des Rates vom 23.4.2009 (ABl. Nr. L 109/10).

253 ABl. Nr. L 40/8.

254 ABl. Nr. L 121/34, zuletzt geändert durch Anhang Nr. 1.5 der ÄndVO (EG) 596/2009 vom 18.6.2009 (ABl. Nr. L 188/20).

255 ABl. Nr. L 262/22.

256 ABl. Nr. L 55/5 (der Verweis geht nach Aufhebung der VO (EG) Nr. 2309/93 auf die VO (EG) Nr. 726/2004, s. Rn 98).

257 ABl. Nr. L 103/5 (zur Durchführung der VO (EG) Nr. 141/2000, s. Rn 101).

258 ABl. Nr. L 378/1.

schreibt die Anforderungen für das **Zulassungsverfahren** im **dezentralen Verfahren** der Genehmigung durch die Mitgliedstaaten vor (Art. 8-12; Art. 17-26 RL 2001/83/EG) und regelt die Zulassung im **zentralen Verfahren** durch die Union (Kommission, unterstützt durch die EMA; Art. 5-15 VO (EG) Nr. 726/2004; siehe Rn 99).

b) Marktrecht

aa) Preispolitik

Die Kompetenz für die **Preisgestaltung** und die Erstattung von Arzneimitteln obliegt den Mitgliedstaaten (Art. 1 Abs. 2 VO (EG) Nr. 726/2004). Dabei sind jedoch die Vorgaben des Primärrechts, dh der allgemeinen Bestimmungen über den **freien Warenverkehr** und die **Dienstleistungsfreiheit** zu beachten.[259] Um einen Überblick über die einzelstaatlichen Vereinbarungen zur Preisfestsetzung zu erhalten wurde die sog. **Transparenzrichtlinie** (RL 89/105/EWG; siehe Rn 104) erlassen. Preisregelungen für importierte Arzneimittel und sog. **Arzneimittellisten** (Positivlisten und Negativlisten) sind zulässig, sofern sie nicht diskriminierend und verhältnismäßig sind,[260] ebenso **Festbetragsregelungen.**[261] 106

bb) Werbung

Die **Werbung** für Arzneimittel wird durch **sekundäres Unionsrecht** beschränkt. Art. 14 der EG-Fernsehrichtlinie[262] untersagt generell die Fernsehwerbung für verschreibungspflichtige Arzneimittel. Der Humanarzneimittel-Kodex (Rn 95) enthält in Art. 88 Abs. 1 ein generelles **Werbeverbot** für nicht zugelassene Arzneimittel und für verschreibungspflichtige Arzneimittel und lässt in Art. 91 die Werbung gegenüber Personen, die berechtigt sind, Arzneimittel zu verschreiben (Ärzte) oder abzugeben (Apotheker) nur unter den dort genannten Bedingungen (mit Spielräumen für die Mitgliedstaaten) zu. Nationale Werbeverbote sind nur in diesem Rahmen zulässig.[263] 107

c) Arzneimittelsicherheit

Die Arzneimittelsicherheit wird präventiv durch das Erfordernis einer **Genehmigung** (siehe Rn 99, 101) nach einem aufwendigen **produktspezifischen Prüfverfahren** hinsichtlich Unschädlichkeit, therapeutische Wirksamkeit und Qualität gewährleistet. Danach muss gewährleistet werden, dass der Hersteller bei der Produktion die Anforderungen der erteilten Genehmigung erfüllt (Art. 16-20 VO (EG) Nr. 726/2004). Da auch von einem bereits im Markt befindlichen Arzneimittel weiterhin Gefahren ausgehen können, die sich erst in der Anwendung zeigen (realisierte „Risiken und Nebenwirkungen"), bedarf es ferner einer **Nachmarktkontrolle.** Diese **Pharmakovigilanz** erfolgt gemäß dem unionsrechtlich geregelten Arzneimittelüberwachungssystem (Art. 16-29 VO (EG) 108

259 Vgl zur Einfuhr zum persönlichen Gebrauch EuGH, Rs. 215/87 (Schumacher), Slg 1989, 617, Rn 7, 14. Grundlegend zur Erstattung EuGH, Rs. C-158/96 (Kohll/ Union des caisses de maladie), Slg 1998, I-1931, Rn 29 ff, 41 f und EuGH, Rs. C-120/95 (Decker/Caisse de maladie des employés privés), Slg 1998, I-1831, Rn 23 ff; Analyse von *Ruland*, JuS 1999, 410. Ausdrücklich bestätigt in EuGH, Rs. C-385/99 (Müller-Fauré und van Riet), Slg 2003, I-4509. Vgl dazu allgemein *Zerna*, Der Export von Gesundheitsleistungen in der Europäischen Gemeinschaft nach den Entscheidungen des EuGH vom 28. April 1998 in den Rechtssachen „Decker" und „Kohll", 2003; ferner zB *Frenz*, MedR 2004, 296; *Janda*, Rn 136 ff mwN.

260 EuGH, Rs. 238/82 (Duphar/Niederlande), Slg 1984, 523, Rn 22. Vgl dazu *Müller-Graff*, in: von der Groeben/ Schwarze, Art. 28 EG, Rn 174 mwN.

261 EuGH, verb. Rs. C-264/01, C-306/01 und C-354/01 (AOK Bundesverband u.a./Ichthyol-Gesellschaft Cordes, Hermani & Co. u.a.), Slg 2004, I-2493, Rn 61 ff. Vgl dazu *Koenig/Engelmann*, EuZW 2004, 682.

262 RL 89/552/EWG des Rates vom 3.10.1989 zur Koordinierung bestimmter Rechts- und Verwaltungsvorschriften der Mitgliedstaaten über die Ausübung der Fernsehtätigkeit (ABl. Nr. L 298/23); aufgehoben und ersetzt durch RL des Europäischen Parlaments und des Rates vom 10.3.2010 zur Koordinierung bestimmter Rechts- und Verwaltungsvorschriften der Mitgliedstaaten über die Bereitstellung audiovisueller Mediendienste (ABl. Nr. L 95/1).

263 Vgl EuGH, Rs. C-322/01 (DocMorris), Slg 2003, I-14887, Rn 138 ff, 145 (zu § 3 a und § 10 HWG im Gegensatz zu § 8 Abs. 1 HWG; s. Rn 113). Zur (begrenzten) Vollharmonisierung vgl EuGH, Rs. C-374/05 (Gintec International Import-Export GmbH/Verband sozialer Wettbewerb e.V.), EuZW 2008, 25, Rn 39. Zum Verbot gemäß § 8 HWG, das wegen deren beschränkten Anwendungsbereichs nicht anhand RL 2001/83/EG, sondern Art. 34/36 AEUV zu prüfen war, vgl EuGH, Rs. C-143/06 (Ludwigs-Apotheke München Internationale Apotheke/Juers Pharma Import-Export GmbH), Slg 2007, I-9623, Rn 18 ff.

Nr. 726/2004) im Zusammenwirken der EMA (Rn 110) und der zuständigen Behörden der Mitgliedstaaten. Den für das Inverkehrbringen verantwortlichen Personen obliegen dabei umfassende Meldepflichten (Art. 22-24 VO (EG) Nr. 726/2004). Im Bereich der internationalen Pharmakovigilanz arbeitet die EMA mit der Weltgesundheitsorganisation (WHO) zusammen.

4. EU-Behörden im Bereich des Arzneimittelrechts

a) Kommission

109 Wie im Lebensmittelrecht (siehe Rn 58) ist die Kommission auch im Arzneimittelrecht als Initiativorgan in der Rechtsetzung tätig. Sie hat abgeleitete Rechtsetzungsbefugnisse, Exekutivbefugnisse und Überwachungsbefugnisse. Sie wird von der EMA (siehe Rn 110) sowie im Komitologieverfahren (siehe Rn 42) von dem Ständigen Ausschuss für Humanarzneimittel (Art. 121 der RL 2001/83/EG) und dem Ständigen Ausschuss für Tierarzneimittel (Art. 89 der RL 2001/82/EG) unterstützt (Art. 87 VO (EG) Nr. 726/2004). Innerhalb der Kommission ist die GD SANCO (Gesundheit und Verbraucher), insbesondere die Direktion C (Öffentliche Gesundheit und Risikobewertung)[264] zuständig.

b) Europäische Arzneimittel-Agentur (EMA) – London

110 Die Europäische Arzneimittel-Agentur (**European Medicines Agency-EMA**) mit Sitz in **London** wurde 1993 als Europäische Agentur für die Beurteilung von Arzneimitteln – European Agency for Evaluation of Medicinal Products – EMEA) durch die VO (EWG) Nr. 2309/93 (siehe Rn 98) gegründet und durch die VO (EG) Nr. 726/2004 (siehe Rn 98) umbenannt.[265] Ihre Rechtsstellung, ihre Aufgaben und Zuständigkeiten, ihre Verwaltungsstruktur und ihre Finanzierung sind in Art. 55-80 VO (EG) Nr. 726/2004 geregelt. Die Agentur besitzt Rechtspersönlichkeit (Art. 71 Abs. 1 Satz 1). **Organe** (vgl Art. 56) sind der Verwaltungsdirektor (Art. 64), der Verwaltungsrat (Art. 65-67), die Ausschüsse für Humanarzneimittel, Tierarzneimittel, Arzneimittel für seltene Leiden und für pflanzliche Arzneimittel, die ein Sekretariat in technischer, wissenschaftlicher und administrativer Hinsicht unterstützt und ihre Arbeit angemessen koordiniert.

111 **Hauptaufgabe** der EMA ist die Bereitstellung wissenschaftlicher Gutachten auf möglichst hohem Niveau für die Unionsorgane und die Mitgliedstaaten, damit diese ihre Befugnisse hinsichtlich der Genehmigung und Überwachung von Arzneimitteln ausüben können.[266] Die Agentur ist verantwortlich für die Koordinierung der vorhandenen Wissenschaftsressourcen, die ihr von den Mitgliedstaaten zur Beurteilung, Überwachung und Pharmakovigilanz von Arzneimitteln zur Verfügung gestellt werden (Art. 55 Abs. 2). Sie erteilt den Mitgliedstaaten und den Organen der Union den bestmöglichen wissenschaftlichen Rat in Bezug auf alle Fragen der Beurteilung der Qualität, der Sicherheit und der Wirksamkeit von Humanarzneimitteln oder Tierarzneimitteln, die gemäß den Bestimmungen der unionsrechtlichen Rechtsvorschriften über Arzneimittel (siehe Rn 95 ff) an sie herangetragen werden (Art. 57 Abs. 1 Unterabs. 1 mit Konkretisierung der Aufgaben in Unterabs. 2 lit. a-s). Die EMA ist somit wie die EBLS (vgl Rn 61) im Bereich der Risikobewertung („risk assessment"), nicht des Risikomanagements tätig, das der Kommission bzw dem Unionsgesetzgeber obliegt. Zum Teil wird ihren Maßnahmen aber Außenwirkung zugeschrieben, was entsprechende Folgen für den Rechtsschutz hat (siehe Rn 9).

264 Vgl Handbuch der Dienststellen der Kommission.
265 Vgl Erwägungsgrund 2 der VO (EG) Nr. 726/2004.
266 Erwägungsgrund 19 der VO (EG) Nr. 726/2004.

5. Leitentscheidungen des EuGH

Zum **Arzneimittelbegriff** sind die Urteile **van Bennekom**[267] und **Delattre**[268] sowie zuletzt **Lactobac Omni FOS,**[269] **Knoblauchkapsel**[270] und **Red Rice**[271] grundlegend; zur Rechtfertigung von Beschränkungen des freien Warenverkehrs aus Gründen des **Gesundheitsschutzes** die Urteile **de Peijper**[272] und **Sandoz;**[273] zum **gewerblichen Rechtsschutz** die Urteile **Merck/Stephar**[274] und **Bristol-Myers Squibb,**[275] zuletzt **Merck/Paranova;**[276] zur vereinfachten Zulassung parallelimportierter Arzneimittel das Urteil **Ferring;**[277] zum **Versandhandel** mit Arzneimitteln und zur **Werbung** für diese das Urteil **DocMorris I;**[278] zur **Niederlassungsfreiheit von Apotheken** das Urteil **DocMorris II.**[279] 112

II. Folgen für das deutsche Arzneimittelrecht

1. Beachtung der unionsrechtlichen Vorgaben

Wie im Lebensmittelrecht (siehe Rn 69 ff) sind auch im Arzneimittelrecht die unionsrechtlichen Vorgaben des Primärrechts (insbesondere freier Warenverkehr) und des Sekundärrechts zu beachten. Die **Gesetzgebung** kam dem im (ggf angepassten und nach Beanstandungen geänderten) **Arzneimittelgesetz** (AMG)[280] nach, ferner zB im **Heilmittelwerbegesetz.**[281] § 83 AMG enthält eine **Ermächtigung zum Erlass von Rechtsverordnungen** und allgemeinen Verwaltungsvorschriften zum Zwecke der Angleichung der Rechts- und Verwaltungsvorschriften der Mitgliedstaaten der EU, soweit dies zur Durchführung von Verordnungen, Richtlinien, Entscheidungen oder Beschlüssen der EG oder der EU[282] erforderlich ist. Soweit diese Rechtsverordnungen ausschließlich der Umsetzung von Richtlinien oder Beschlüssen in nationales Recht dienen, bedürfen sie nicht der Zustimmung des Bundesrates. **Verstöße gegen das Unionsrecht** werden in § 96 Nr. 5 AMG (fehlende Genehmigung der EG bzw EU) und § 96 Nr. 20 AMG (Verstoß gegen EG/EU-Verordnungen) **mit Strafe bewehrt; Bußgeldbewehrungen** enthält insoweit § 97 Abs. 2 a, Abs. 2 b und Abs. 2 c. Die **Verwaltung** muss das Unionsrecht vollziehen, insbesondere bei der Arzneimittelzulassung und der Kontrolle (Überwachung der Unternehmen und Pharmakovigilanz) mit der Kommission und der EMA zusammenwirken (siehe Rn 114). Der **Rechtsprechung** kommt auch hier die Aufgabe als Unionsrechtsgerichte zu (vgl Rn 78). 113

2. Zusammenwirken von EU-Behörden und deutschen Behörden

Das sich allgemein aus Art. 4 Abs. 3 EUV und Art. 291 Abs. 1 AEUV ergebende Gebot des Zusammenwirkens von EU und Mitgliedstaaten wird im Arzneimittelrecht in der VO (EG) Nr. 726/2004 (Rn 98) hinsichtlich der Arzneimittelzulassung, der Überwachung und der Pharmakovigilanz kon- 114

267 EuGH, Rs. 227/82, Slg 1983, 3883. Vgl dazu und zur Folgerechtsprechung *Klaus*, S. 149 ff mwN.
268 EuGH, Rs. 369/88, Slg 1991, I-1487.
269 EuGH, verb. Rs. C-211/03, C-299/03 und C-316 bis C-318/03 (HLH Warenvertriebs GmbH und Orthica BV/BR Deutschland), Slg 2005, I-5141.
270 EuGH, Rs. C-319/05 (Kommission/Deutschland-Knoblauchkapsel), Slg 2007, I-9841.
271 EuGH, Rs. C-140/07 (Hecht-Pharma – Red Rice), Slg 2009, I-41.
272 EuGH, Rs. 104/75, Slg 1976, 613.
273 EuGH, Rs. 174/82, Slg 1983, 2445.
274 EuGH, Rs. 187/80, Slg 1981, 2603.
275 EuGH, Rs. C-436/93, Slg 1996, I-3457.
276 EuGH, Rs. C-443/99, Slg 2002, I-3703, Rn 22.
277 EuGH, Rs. C-172/00 (Ferring/Eurim-Pharm), Slg 2002, I-689.
278 EuGH, Rs. C-322/01, Slg 2003, I-14887.
279 EuGH, verb. Rs. C-171/07 und C-172/07 (Apothekerkammer des Saarlandes ua/Saarland), Slg 2009, I-4171.
280 Gesetz über den Verkehr mit Arzneimitteln (Arzneimittelgesetz – AMG) idF d. Bek. vom 12.12.2005 (BGBl. I, S. 3394); aktuelle Fassung in *Meyer*, LMR Textsammlung, Nr. 8300.
281 Gesetz über die Werbung auf dem Gebiete des Heilwesens (Heilmittelwerbegesetz – HWG) idF d. Bek. vom 19.10.1994 (BGBl. I, S. 3068); aktuelle Fassung in *Meyer*, LMR Textsammlung, Nr. 8350.
282 Diese Formulierung in der aktuellen Fassung erklärt sich durch die Einbeziehung älterer, noch nicht angepasster Rechtsakte der EG.

kretisiert (vgl Rn 99 ff, 108). Die Bestimmungen des AMG sind darauf und auf die Vorgaben der RL 2001/83/EG (Rn 95) abgestellt (vgl §§ 5 ff: Anforderungen an die Arzneimittel und ihre Herstellung; §§ 21 ff: Zulassung der Arzneimittel; §§ 62 ff: Pharmakovigilanz -Beobachtung, Sammlung und Auswertung von Arzneimittelrisiken). Zuständig sind in Deutschland das **Bundesministerium für Gesundheit (BMG)** und als zuständige Bundesoberbehörde das **Bundesinstitut für Arzneimittel und Medizinprodukte**[283] **(BfArM)**,[284] soweit nicht für Sera, Impfstoffe, Blutzubereitungen etc. das Paul-Ehrlich-Institut und für Arzneimittel, die zur Anwendung bei Tieren bestimmt sind, das Bundesamt für Verbraucherschutz und Lebensmittelsicherheit (BVL; siehe Rn 77) zuständig sind (§ 77 AMG). Wie wichtig hier eine effektive Zusammenarbeit ist, zeigen die Defizite im Lipobay-Fall.[285]

283 Zu Medizinprodukten siehe die RL 90/385/EWG des Rates vom 20.6.1990 zur Angleichung der Rechtsvorschriften der Mitgliedstaaten über aktive implantierbare medizinische Geräte (ABl. Nr. L 189/17, zuletzt geändert durch Art. 1 ÄndRL 2007/47/EG vom 5.9.2007 (ABl. Nr. L 247/21); die RL 93/42/EWG des Rates vom 14.6.1993 über Medizinprodukte (ABl. Nr. L 169/1), Art. 2 ÄndRL 2007/47/EG vom 5.9.2007 (ABl. Nr. L 247/21); RL 98/79/EWG des Europäischen Parlaments und des Rates vom 27.10.1998 über In-vitro-Diagnostika (ABl. Nr. L 331/1; ber. ABl. Nr. L 74/32, ABl. Nr. L 124/66) und Anhang Nr. 1.2 ÄndVO (EG) 596/2009 vom 18.6.2009 (ABl. 2009 Nr. L. 188/14). Umgesetzt durch Gesetz über Medizinprodukte (Medizinproduktegesetz – MPG) idF d. Bek. vom 7.8.2002 (BGBl. I, S. 3146); aktuelle Fassung in *Meyer*, LMR Textsammlung, Nr. 8330.

284 Der Entwurf eines Gesetzes zur Errichtung einer Deutschen Arzneimittelagentur (DAMA-Errichtungsgesetz), BT-Drucks. 15/5599 vom 1.6.2005 sah vor, dass an die Stelle des BfArM eine im Rahmen der Vorgaben und Aufsicht durch das BMG weitgehend eigenverantwortlich und nach ökonomischen Grundsätzen geführte Deutsche Arzneimittelagentur tritt. Vgl dazu Deutsches Ärzteblatt 2005, S. A 2057. Der Gesetzentwurf wurde wegen grundsätzlicher Bedenken von der Regierung der damaligen CDU/CSU/SPD-Koalition abgelehnt.

285 Vgl dazu *Fuchs*, S. 41 f.

§ 25 Agrarrecht*

Literatur: *AID*, Management der Zahlungsansprüche in der Zentralen InVeKoS-Datenbank (ZID), Bonn, 2006; *Belger*, Das Agrarbeihilfenrecht, Baden-Baden, 2012; *BMEL*, Ländliche Räume aktiv gestalten – Leitfaden, Berlin, 2014; *BMELV*, Die EU-Agrarreform – Umsetzung in Deutschland, Ausgabe 2006, Berlin, 2006; *Busse*, MOG-Handkommentar, Baden-Baden, 2007; *ders.*, Eigentumsgarantie und Agrarmarktrecht unter besonderer Berücksichtigung handelbarer Agrarmarktsubventionen, AUR 2007, 249; *ders.*, Zu Entstehung und Inhalt der Verordnung (EG) Nr. 1234/2007 über eine gemeinsame Organisation der Agrarmärkte (Einheitliche GMO), JAR VIII (2008), 3; *ders.*, Erzeugerorganisationen und Branchenverbände im EU-Agrarmarktrecht, Agrarrecht – Jahrbuch 2011, 107; *ders.*, Inwieweit ist der leistungsfähige Betrieb ein Leitbild des geltenden Agrarförderrechts?, in: Martinez (Hrsg.), Der Schutz des leistungsfähigen landwirtschaftlichen Betriebes, Baden-Baden, 2013, S. 61 ff; *ders.*, Boom der Agrarrechtshandbücher – Gedanken zur Systematik des Agrarrechts, AUR 2013, 285; *ders.*, Die Verordnung über eine gemeinsame Organisation der Agrarmärkte von ihrer Entstehung 2007 bis zu ihrem Neuerlass 2013, ZfZ 2014, 113; *ders.*, Das Recht der anerkannten Agrarorganisationen – Kommentar, Berlin, 2014; *ders./Haarstrich*, Die Betriebsprämienregelung im Liche der Rechtsprechung 2005 bis 2008, AUR 2009, 1; *ders./Haarstrich*, Agrarförderrecht, Berlin, 2012; *Dombert/Witt* (Hrsg.), Agrarrecht, München, 2011; *Düsing*, Milchabgabeverordnung – Ratgeber für Juristen und Landwirte, Sankt Augustin, 2005; *Eckhardt*, Der Grundsatz der Verhältnismäßigkeit im Europäischen Agrarrecht, Agrarrecht – Jahrbuch 2012, 103; *ders.*, Der Grundsatz des Vertrauensschutzes im Europäischen Agrarrecht, Agrarrecht – Jahrbuch 2013, 115; *Götz/Kroeschell/Winkler*, Handwörterbuch des Agrarrechts, Berlin, 1981 f; *Grimm*, Agrarrecht, 3. Aufl., München, 2010; *Härtel*, Europäisches Agrarverwaltungsrecht, in: Terhechte (Hrsg.), Verwaltungsrecht der Europäischen Union, Baden-Baden, 2011, S. 1323 ff; *dies.* (Hrsg.), Handbuch des Fachanwalts Agrarrecht, Köln, 2012; *dies.*, Agrarrecht, in: Hatje/Müller-Graf (Hrsg.), Enzyklopädie des Europarechts, Bd. 5, Baden-Baden, 2013, S. 395 ff; *Harings*, Subventionen im Marktordungsrecht, ZfZ 2007, 141 und 169; *Käb*, Agrarrechtliche Probleme einer multifunktionalen Landwirtschaft, Baden-Baden, 2010; *Koch* (Hrsg.), Weinrecht, Frankfurt a.M., Stand 2012; *Leidwein*, Europäisches Agrarrecht, 2. Aufl., Wien u.a., 2004; *Leingärtner* (Hrsg.), Besteuerung der Landwirte, München, Stand 2013; *Loos/Nebe* (Hrsg.), Das Recht der Milchwirtschaft, Hamburg, Stand 2013, *Martinez* (Hrsg.), Die Gemeinsame Agrarpolitik vor neuen Herausforderungen, Baden-Baden, 2012; *Mögele*, Die Behandlung fehlerhafter Ausgaben im Finanzierungssystem der GAP, München, 1997; *Norer*, Lebendiges Agrarrecht – Entwicklungslinien und Perspektiven des Rechts im ländlichen Raum, Wien – New York, 2005; *ders.*, Rechtsfragen der EU-Agrarreform, Wien – Graz, 2007; *ders.* (Hrsg.), Handbuch des Agrarrechts, 2. Aufl., Wien – New York, 2012; *ders./Bloch*, Agrarrecht, in: Dauses (Hrsg.), Handbuch des EU-Wirtschaftsrechts, Abschnitt G, München, Stand 2011; *Pelhak/Dippold*, Bayerisches Agrarwirtschaftsgesetz – Praktikerkommentar, München u.a., 2010; *Prieß/Pitscher*, Das Übereinkommen über die Landwirtschaft, in: Prieß/Berrisch (Hrsg.), WTO-Handbuch, München, 2003, S. 169 ff; *Ruffer/Jäckel*, Die neue Erbschafts- und Schenkungssteuer – Ein Leitfaden für land- und forstwirtschaftliche Betriebe, 2009; *Sohler*, Landwirtschafts- und Fischereirecht, Forst- und Jagdrecht, Lebensmittel- und Weinrecht, in: Bergmann/Kenntner (Hrsg.), Deutsches Verwaltungsrecht unter europäischem Einfluss, 2002, S. 753 ff; *Turner*, Agrarrecht: ein Grundriss, 3. Aufl., Stuttgart, 2006.

* Der Verfasser gibt ausschließlich seine persönliche Ansicht wieder. Die Darstellung beruht auf dem Rechtsstand zum 1.4.2014.

A. Allgemeiner Teil

I. Gegenstand des deutschen und EU-Agrarrechts

1 Werden die **Rechtswirkungen des EU-Rechts auf das deutsche Agrarrecht** betrachtet, bedarf es zunächst einer Vorstellung, was unter Agrarrecht in den beiden Rechtsordnungen verstanden wird. Ansonsten besteht die Gefahr, sich in der fast **unübersehbaren Masse von Normen,** die auf den Agrarbereich bezogen werden können, zu verlieren und grundlegende Fragestellungen zu übersehen. Hinzu kommt, dass das Agrarrecht eine **äußerst heterogene Rechtsmaterie** bildet, die zugleich in vielfacher Hinsicht von anderen Rechtsbereichen abzugrenzen ist. Insofern wird zunächst anhand eines Überblicks über das deutsche Agrarrecht eine **Systematik des Agrarrechts** entwickelt, die sich anschließend auf das EU-Agrarrecht übertragen und der weiteren Beschreibung zugrunde gelegt findet.

1. Deutsches Agrarrecht

2 Traditionell unterscheidet das deutsche Agrarrecht zwischen **öffentlichem und privatem Agrarrecht.** Teilweise findet sich nur der öffentlich-rechtliche Bereich als **Agrarrecht** bezeichnet und für den privatrechtlichen Bereich der Begriff des **Landwirtschaftsrechts** gebraucht. Alternativ wird der Begriff des Landwirtschaftsrechts als Oberbegriff für alle agrarrechtlichen Regelungen verwendet.

Diesem **Begriffsstreit**, der vielfach ausgetragen wurde,[1] soll vorliegend nicht weiter nachgegangen werden. Im Folgenden finden sich beide Begriffe synonym gebraucht. Einer solchen Vorgehensweise für das deutsche Agrarrecht entspricht, dass in den **Sprachfassungen des AEUV** beide begrifflichen Wurzeln auftauchen. Während die deutsche Fassung zugleich von Landwirtschaft und Agrarpolitik spricht, nutzen die englische und französische Fassung durchgehend der Begriff „agriculture". Diese Bevorzugung des Wortes „Agrar" dürfte wesentlich dazu beigetragen haben, dass in Deutschland das einschlägige EU-Recht in der Regel als EU-Agrarrecht bezeichnet wird. Der Umstand, dass das **EU-Agrarrecht fast ausschließlich öffentliches Recht** darstellt, ist demgegenüber für seine in Deutschland übliche Bezeichnung wohl nicht ausschlaggebend gewesen. So wurde etwa das vormalige preußische Auseinandersetzungsrecht, das vor allem privatrechtliche Beziehungen regelte, als *Agrar*gesetzgebung bezeichnet (vgl Rn 22). Dazu entgegengesetzt findet sich für das Agrarmarktrecht des Dritten Reiches, das im Wesentlichen öffentliches Recht beinhaltete, die zeitgenössische Bezeichnung als Recht der *landwirtschaftlichen* Marktordnung (vgl Fn 53).

a) Systematik des Agrarrechts

Unter Agrarrecht werden in Deutschland zumeist nicht alle Normen, die im Rahmen einer landwirtschaftlichen Tätigkeit von Bedeutung sein können – etwa das allgemeine Kauf-, Gesellschafts-, Arbeits- oder Steuerrecht –,[2] sondern nur diejenigen Normen, die **spezielle landwirtschaftliche Sachverhalte** regeln, verstanden. Das Agrarrecht ist mithin ein Spezialrecht und wird oft als **Querschnittsrecht** bezeichnet, da es zahlreiche Rechtsbereiche berührt, ohne ein umfassenderes Regelungswerk auf Bundesebene – vergleichbar etwa mit dem französischen code rural oder dem schweizerischen Landwirtschaftsgesetz – zu kennen. Das Agrarrecht besteht einerseits aus Regelungen, die anderweitiges Recht in Bezug auf spezifisch landwirtschaftliche Belange modifizieren und insofern **Agrarsonderrecht** darstellen, und andererseits aus Vorschriften, die selbständig und abschließend einen landwirtschaftlichen Bereich in Form von **Agrareigenrecht** regeln. Während im privaten Agrarrecht das Agrarsonderrecht überwiegt,[3] findet sich im öffentlichen Agrarrecht erhebliches Agrareigenrecht. Dieser in Deutschland weitgehend vertretenen so genannten Sonderrechtstheorie steht ein vorwiegend in Österreich vertretenes funktionales Verständnis des Agrarrechts gegenüber, das das Agrarrecht nicht über die Abgrenzung zu anderen Rechtsgebieten, sondern auf der Grundlage seiner tatsächlichen Wirkung auf den Agrarbereich identifiziert.[4] 3

Über die Materien, die in der deutschen Rechtsordnung zum Agrarrecht zu zählen sind, bestehen divergierende Ansichten.[5] Während die Aufteilung des Agrarrechts in einen **öffentlich-rechtlichen** und einen **privatrechtlichen Bereich** allgemein anerkannt ist, besteht in Bezug auf die Materien des öffentlichen Agrarrechts die Möglichkeit, zwischen Agrarrecht im engeren und im weiteren Sinne zu differenzieren. Unter **Agrarrecht im weiteren Sinne** können sämtliche Regelungen, die im Bereich der Landwirtschaft die Produktionsmittel, Produktionsverfahren, beschäftigten Personen sowie Erzeugnisse tangieren, verstanden werden. Mithin lassen sich beispielsweise auch Saatgut-, Pflanzenschutz-, Futtermittel-, Lebensmittel- und Tierschutzrecht dazu zählen. Das **Agrarrecht im engeren Sinne** scheidet demgegenüber dasjenige Recht, das entweder Bereiche, die der eigentlichen Urproduktion einschließlich der Erstverarbeitung **vor- oder nachgelagert** sind, regelt oder in größerem Umfang Vorschriften enthält, die auch außerhalb der Landwirtschaft anzuwenden sind, aus. Von diesen beiden Ausscheidungskriterien sind primär Regelungsmaterien, die sich aus verschiede- 4

1 Vgl aus der Literatur nach 1945 jeweils mwN. *Grimm*, S. 14 ff; *Kroeschell*, RdL 1965, 277; *Norer*, Lebendiges Agrarrecht, S. 49 ff; *Steding*, NL-BzAR 2004, 7; *Winkler*, AgrarR 1980, 214.

2 Soweit derart umfassend angelegte Veröffentlichungen bestehen, handelt es sich zumeist um allg. Rechtsratgeber für den Landwirt. In seiner systematischen Geschlossenheit und seinem Umfang bis heute vorbildlich ist das in diesem Sinne angelegte Werk von *Schumacher*, Landwirtschaftsrecht, 2. Aufl. 1901; vgl für zwei neuere Werke *Baier* (Hrsg.), Das aktuelle Agrar- und Umweltrecht in der Praxis, Stand 2008 (eingestellt), und *Lohner*, Recht für Landwirte in Frage und Antwort – ein Ratgeber für Alltag und Betriebspraxis, 3. Aufl. 2004.

3 Vgl auch *Winkler*, AgrarR 1985, 33.

4 Vgl die Kontroverse zwischen *Busse* und *Holzer* über die Vorzüge des jeweiligen Ansatzes, AUR 2013, 285; 2014, 7 und 138.

5 Vgl ausführlich zu den Abgrenzungsschwierigkeiten *Winkler*, in: Götz/Kroeschell/ders., Bd. 1, Sp. 49 ff.

nen Gründen zu mehr oder weniger eigenständigen Rechtsgebieten – etwa Lebensmittelrecht und Tierschutzrecht – entwickelt haben, betroffen.

5 Eine solch pauschalartige Differenzierung wirft allerdings zahlreiche Abgrenzungsfragen auf und dürfte dem allgemeinen Begriffsverständnis teilweise entgegenstehen.[6] Auch tendiert das deutsche Recht, das **keine horizontale Legaldefinition der Landwirtschaft** kennt, dazu, für die verschiedenen Rechtsgebiete einen jeweils eigenständigen und daher nicht vollständig kohärenten Begriff der Landwirtschaft – etwa Landwirtschaft im gewerbe-, steuer- oder baurechtlichen Sinne – zu verwenden. Folglich entscheidet sich die vorliegende Darstellung, bei der die Bedeutung des EU-Rechts für das deutsche Agrarrecht im Vordergrund steht, nicht für eine derartige Auffassung vom Agrarrecht, sondern untergliedert das deutsche Agrarrecht und anschließend das EU-Agrarrecht in vier öffentlich-rechtliche Sachbereiche, zu denen das private Agrarrecht als ein fünfter Sachbereich hinzukommt. Zugleich werden mit dem **Fischerei-, Forst- und Jagdrecht** drei Rechtsgebiete, die traditionell eigenständig sind und sich auch im Grundgesetz gesondert aufgeführt finden (Art. 74 Abs. 1 Nr. 17 GG: „Hochsee- und Küstenfischerei“[7] sowie „Förderung der forstwirtschaftlichen Erzeugung“ nebst „Ein- und Ausfuhr forstwirtschaftlicher Erzeugnisse“; Art. 74 Abs. 1 Nr. 28 GG: „Jagdwesen“), aus der vorliegenden Darstellung so weit wie möglich ausgeklammert. Dem entspricht ihre gesonderte Behandlung im EU-Recht.

b) Agrarproduktionsrecht

6 Den **ersten Sachbereich** bildet dasjenige öffentliche Recht, das sich schwerpunktmäßig mit der Produktion von Agrarerzeugnissen befasst und daher als **Agrarproduktionsrecht** bezeichnet werden kann.[8] Ausgehend von dem allgemeinen Recht, Urproduktion betreiben zu dürfen, zählen zu diesem Bereich etwa **Futtermittel-, Veterinär-, Tierarzneimittel-, Tierseuchen- und Tierhaltungsrecht** sowie der Bereich des so genannten **Agrarumweltrechts**, das die Auswirkungen der landwirtschaftlichen Produktionsweisen auf die Umweltmedien erfasst.[9] Genannt seien in letzterer Hinsicht neben zahlreichen Einzelbestimmungen (etwa § 46 WHG; Nr. 7 des Anhangs 1 zur 4. BImSchV; §§ 11 und 12 KrWG; § 17 BBodSchG; § 5 BNatSchG) das **Pflanzenschutz- und Düngerecht**, das zugleich an der Schnittstelle zum Gefahrstoffrecht steht. So sah der Kommissionsentwurf zum Umweltgesetzbuch (UGB) von 1997 das Pflanzenschutz- und Düngerecht als Bestandteil des Abschnitts zu gefährlichen Stoffen vor.[10]

7 Neben diesen Rechtsbereichen, die **unmittelbar mit der Produktion im Zusammenhang** stehen, lassen sich dem Agrarproduktionsrecht weitere öffentlich-rechtliche Regelungen, die im Schwerpunkt Fragen behandeln, die der landwirtschaftlichen **Produktion vor- oder nachgelagert** sind, zuordnen. Beispiele für diesen Bereich sind Saatgut-, Sortenschutz- und Tierzuchtrecht einerseits und das **Lebensmittelrecht** mit seinen zahlreichen Unterrechtsgebieten andererseits.[11] Auch das Recht der so genannten **Grünen Gentechnik**[12] kann hierzu gezählt werden. Das **Recht der Bioenergie** hingegen baut zwar auf der Nutzung auch von Agrarprodukten auf, ist jedoch von der eigentlichen Erzeu-

6 Vgl näher zu den verschiedenen Landwirtschaftsbegriffen im allg., betriebswirtschaftlichen und rechtlichem Sinne sowie den zahlreichen Methoden der Abgrenzung zu anderen Lebensbereichen *Grimm*, S. 2 ff.

7 Die Binnenfischerei liegt nach hM im alleinigen Kompetenzbereich der Bundesländer.

8 Vgl mit einer etwas anderen Systematik die Darstellung des Rechts der „pflanzlichen und tierischen Erzeugung“ bei *Grimm*, S. 145 ff.

9 Vgl näher *Grimm*, S. 279 ff, *Queisner*, Rahmenbedingungen für eine umweltverträgliche Landwirtschaft in Europa, 2013, und die Beiträge zum Agrarumweltrecht in dem Handbuch von *Härtel*, S. 359 ff. *Kloepfer*, Umweltrecht, 3. Aufl. 2004, S. 979 ff, beschreibt den Bereich unter der Überschrift „Umweltagrarrecht“. Der moderne Konflikt zwischen der Produktivitätssteigerung der Landwirtschaft und dem Schutz der natürlichen Lebensgrundlagen begann in Deutschland etwa um 1820, s. näher *Brüggemeier*, Die ökologische Herausforderung, 1998, S. 55 ff.

10 *BMU* (Hrsg.), Umweltgesetzbuch (UGB-KomE), 1998, S. 360 ff (§§ 624 bis 669) und 391 ff (§§ 693 bis 701 ff); vgl zu der Frage, ob die REACH-Verordnung (EG) Nr. 1907/2006 für Pflanzen und pflanzliche Erzeugnisse gilt, *Fischer*, StoffR 2009, 254.

11 S. zum Lebensmittelrecht die Darstellung von *Streinz* in § 24 des vorliegenden Handbuchs.

12 Vgl dazu *Kauch*, Gentechnikrecht, 2009 und *Cranmore*, in: Martínez (Hrsg.), Der ländliche Raum als Wirtschaftsstandort, 2011, S. 179 ff.

gung bereits weitgehend entfernt. Zahlreiche Normen des Agrarproduktionsrechts stellen **Ordnungsrecht** dar.

c) Agrarmarktrecht

Der **zweite Sachbereich** wird vom Agrarmarktrecht, das in der Öffentlichkeit wohl den Inbegriff des Agrarrechts darstellt, gebildet und umfasst die öffentlich-rechtliche Steuerung des Agrarbinnenmarktes und Außenhandels. Während im **Außenhandelsbereich** noch von einem Sonderrecht zum allgemeinen Außenwirtschaftsrecht gesprochen werden kann, hat sich im **Binnenmarktbereich** ein spezifisches Wirtschaftsverwaltungsrecht gebildet. Dieses Recht beinhaltet zahlreiche Lenkungsinstrumente, zu denen beispielsweise direkte und indirekte Produktionsbeihilfen, produktionssteuernde Quoten, die staatliche Anerkennung von Agrarorganisationen, Vermarktungsnormen sowie Absatzförderung[13] gehören und die es in einer solchen Regelungsdichte in anderen Wirtschaftsbereichen regelmäßig nicht gibt. Folglich kann das betreffende Recht als Agrareigenrecht eingestuft werden. 8

Das noch zu beschreibende EU-Agrarmarktrecht hat das deutsche Agrarmarktrecht fast vollständig verdrängt und zu einem **spezifischen EU-Durchführungsrecht** in Deutschland geführt, das den Inhalt des EU-Agrarmarktrechts in weitem Umfang widerspiegelt. In dieser Hinsicht ist vor allem das **Gesetz zur Durchführung der Gemeinsamen Marktorganisationen und der Direktzahlungen vom 31.8.1972 (Marktorganisationsgesetz – MOG)** in der Fassung der Bekanntmachung vom 24.6.2005[14] mitsamt seinen zahlreichen durchführenden Rechtsverordnungen zu nennen (vgl näher Rn 213 ff). In den anderen deutschen Agrarrechtsbereichen ist ein solcher Weg – Erlass von allein der Durchführung des EU-Rechts dienenden Rechtsakten – zumeist nicht beschritten worden. Vielmehr wurde dort als alternative Möglichkeit eine **Integration der notwendigen Änderungsrechtsakte** in ohnehin bestehende deutsche Rechtsakte vorgenommen, wie die Beispiele des Lebensmittel- und Futtermittelgesetzbuches (LFGB) sowie des TierschutzG zeigen. Synonym wird für das Agrarmarktrecht oft der Begriff des **Marktordnungsrechts** gebraucht,[15] da im Wirtschaftsverwaltungsrecht die Idee der lenkenden Ordnung teilweise besonders ausgeprägt ist.[16] Ergänzend ist auf das deutsche **Ernährungssicherungsrecht** (Ernährungssicherstellungsgesetz vom 24.8.1965 in der Fassung der Bekanntmachung vom 27.8.1990; Ernährungsvorsorgegesetz vom 20.8.1990) als Sonderrecht zum allgemeinen Notstandsrecht hinzuweisen. 9

d) Agrarstrukturrecht

Den **dritten Sachbereich** bildet das **Agrarstrukturrecht**, das als eine Art Sammelrechtsgebiet diejenigen Regelungen umfasst, die zumindest auch der Förderung der Agrarstruktur dienen, indem entweder günstige rechtliche Rahmenbedingungen für die Landwirtschaft geschaffen oder konkrete Förderprogramme und -vorhaben bereitgestellt werden.[17] Diese beiden Teilbereiche des Agrarstrukturrechts können auch als **Agrarstrukturrahmen- und Agrarstrukturförderrecht** bezeichnet werden. Das Grundgesetz kennt den Begriff der Agrarstruktur seit dem 1969 eingefügten Art. 91 a Abs. 1 Nr. 2 GG, der die **„Verbesserung der Agrarstruktur und des Küstenschutzes“** als eine **Gemeinschaftsaufgabe von Bund und Bundesländern** bezeichnet und damit zugleich dem Begriff 10

---

13 Landwirtschaftliches Preisrecht in Form der Festsetzung von Verkaufspreisen, wie es etwa *Huber*, Wirtschaftsverwaltungsrecht, 2. Aufl., Bd. 2, 1954, S. 325 ff, beschreibt und vor allem aus Krisenzeiten bekannt ist, existiert derzeit in Deutschland grundsätzlich nicht. Die Verordnungsermächtigungen des § 20 Milch- und Fettgesetz sind EU-rechtlich überlagert.

14 Bei den vorliegend mit Volltitel zitierten deutschen Rechtsakten werden jeweils das Datum des Ersterlasses und gegebenenfalls das Datum der letzten Bekanntmachung, nicht jedoch die zugehörigen Änderungsrechtsakte angegeben.

15 So etwa im Fundstellennachweis A zum BGBl.: „784 – Marktordnung für Landwirtschaft und Ernährungswirtschaft“.

16 Vgl zum Begriff der Wirtschaftslenkung und ihrer Rechtsformen *Huber* (Fn 13), S. 197 ff, unter Anführung zahlreicher Bsp. aus dem Agrarbereich.

17 Vgl für den Beginn der Agrarstrukturpolitik in Deutschland die drei Auflagen von *Bothe*, Die Verbesserung der Agrarstruktur in der Gesetzgebung der Bundesrepublik Deutschland und ihrer Länder, 1961, 1966 und 1970.

Verfassungsrang verleiht. Die amtliche Begründung führt dazu aus: „Unter Verbesserung der Agrarstruktur […] sind Maßnahmen zur **Verbesserung der landwirtschaftlichen Produktions- und Absatzbedingungen im weitesten Sinne** zu verstehen […] Ferner gehört hierzu die Verbesserung der Marktstruktur für land- und forstwirtschaftliche Erzeugnisse, da diese eine unabdingbare Voraussetzung für die Verbesserung der Produktionsbedingungen in der Landwirtschaft ist. Naturgemäß sind aber nicht alle Maßnahmen dieser Art zu den Gemeinschaftsaufgaben zu rechnen. Die Abgrenzung muss […] durch das [in Art. 91 a Abs. 2 GG] vorgesehene Gesetz getroffen werden."[18] Die 2005 im Rahmen der so genannten **Föderalismusreform I** teilweise erhobene Forderung, im Zuge der Aufhebung der Gemeinschaftsaufgabe im Hochschulbereich auch die Gemeinschaftsaufgabe im Agrarbereich zu streichen, konnte sich nicht durchsetzen.[19]

11 Das **Agrarstrukturrahmenrecht** stellt im Regelfall Agrarsonderrecht dar und enthält teilweise Überschneidungen mit dem Agrarproduktionsrecht. Darunter fallen beispielsweise agrarspezifische Normen aus dem **Steuerrecht,**[20] **Sozialrecht,**[21] **Bau- und Bodenrecht** (etwa §§ 187 bis 191 BauGB; Flurbereinigungsgesetz vom 14.7.1953 in der Fassung der Bekanntmachung vom 16.3.1976),[22] **Siedlungsrecht** (Reichssiedlungsgesetz vom 11.8.1919), **Gewerberecht** (etwa §§ 11 und 12 LadenschlussG; § 6 Abs. 1 S. 2 GewO zur Viehzucht) und **Berufsbildungsrecht** (§ 27 Abs. 3, § 53 Abs. 3 und § 71 Abs. 3 Berufsbildungsgesetz vom 23.3.2005).

12 Das **Agrarstrukturförderrecht** hat sich demgegenüber in gewissem Sinne zu einem Agrareigenrecht entwickelt, indem umfangreiche Förderprogramme für die Landwirtschaft, die von Investitionskrediten, Umstellungsmaßnahmen und Neueinsteigerhilfen über Zuschüsse zur landwirtschaftlichen Sozialversicherung und zu Modellvorhaben bis hin zu Qualifikationsprogrammen und Umweltmaßnahmen reichen, aufgestellt wurden. Teilweise gebündelt finden sich die Maßnahmen in dem auf Art. 91 a Abs. 1 Nr. 2 GG gestützten **Gesetz über die Gemeinschaftsaufgabe „Verbesserung der Agrarstruktur und des Küstenschutzes" (GAK-Gesetz)** vom 3.9.1969 in der Fassung der Bekanntmachung vom 21.7.1988, wobei insbesondere auf den in § 1 Abs. 1 definierten Anwendungsbereich des Gesetzes und die auf dem Gesetz beruhende so genannte **Rahmenplanung** hinzuweisen ist (vgl näher Rn 276 ff). Die Agrarstrukturförderung geht dabei fließend in die **allgemeine Förderung des ländlichen Raums** über (vgl auch Rn 293 ff) und ist in weiten Bereichen ein Teilgebiet des öffentlichen Subventionsrechts. Wie das Beispiel der Agrarumweltprogramme zeigt, werden dabei teilweise über den Agrarbereich hinausreichende Ziele verfolgt. Für die Kreditvergabe sei zudem das **Gesetz über die Landwirtschaftliche Rentenbank** vom 11.5.1949 in der Fassung der Bekannt-

---

18 BT-Drucks. V/2861, S. 49.

19 Vgl die Darstellung der Diskussion in: *Bundestag/Bundesrat* (Hrsg.), Dokumentation der Kommission von Bundestag und Bundesrat zur Modernisierung der bundesstaatlichen Ordnung, Zur Sache 1/2005, S. 544 ff.

20 Vgl §§ 33 bis 67 BewG; § 2 Abs. 3 S. 1 und S. 2 Nr. 5, § 4 Nr. 27 Buchstabe b, § 12 Abs. 2 Nr. 3 und 4 sowie § 24 UStG (Steuerbefreiungen und -pauschalierungen); § 3 Nr. 14 GewStG und § 5 Nr. 14 KStG (Steuerbefreiungen für Agrargenossenschaften); § 57 EnergieStG (Agrardiesel); s. näher *Felsmann* (Hrsg.), Einkommensbesteuerung der Land- und Forstwirte, Stand 2013; *Leingärtner* (Hrsg.), Besteuerung der Landwirte, Stand 2013; *Rüttinger* (Hrsg.), Umsatzsteuer in der Land- und Forstwirtschaft, Stand 2013; *Ruffer/Jäckel*, Die neue Erbschafts- und Schenkungssteuer – Ein Leitfaden für land- und forstwirtschaftliche Betriebe, 2009; *Schumann/Sesterhenn*, Landwirtschaftliches Steuerrecht, 2012; *Selter*, AUR 2007, 121.

21 Vgl Gesetz über die Alterssicherung der Landwirte vom 29.7.1994 mit der jährlichen Bekanntmachung der Beiträge und der Beitragszuschüsse in der Altersicherung der Landwirte (zuletzt für 2014 BGBl. I 2013 S. 4315); Gesetz über die Krankenversicherung der Landwirte vom 10.8.1972 mit dem KVLG 1989; für die Unfallversicherung §§ 54 bis 55 a SGV VII; Gesetz über die Errichtung einer Zusatzversorgungskasse für Arbeitnehmer in der Land- und Forstwirtschaft vom 31.7.1974; Gesetz zur Errichtung des Spitzenverbandes der landwirtschaftlichen Sozialversicherungen vom 18.12.2007 – s. näher die Zeitschrift Soziale Sicherheit in der Landwirtschaft (SdL), die einschlägigen Beiträge in: Bundesministerium für Arbeit und Soziales (Hrsg.), Übersicht über das Sozialrecht (jährlich; zuletzt Ausgabe 2013/14), *Wolbeck/Möller*, Landwirtschaftliches Arbeits- und Sozial(versicherungs)recht, 2012, sowie als Überblick *Busse*, Bewältigung der speziellen Herausforderungen in Deutschlands ländlichen Regionen durch das landwirtschaftliche Sozialversicherungsrecht, JAR XIII (2014), i.E.; historisch und rechtsvergleichend *Kroeschell*, Soziale Sicherheit in der Landwirtschaft 1970, 55, und *Pruns*, in: Pohl (Hrsg.), Sozialpolitik vom Mittelalter bis zur Gegenwart, 1991, S. 295 ff.

22 Vgl näher *Grimm*, S. 117 ff, und *Klett/Fietz/Sauer*, Flurbereinigung, immissionsschutzrechtliches Genehmigungsverfahren, landwirtschaftliches Baurecht, 2012.

machung vom 12.12.2013 erwähnt, dessen § 3 Abs. 1 S. 1 lautet: „Die Bank hat den staatlichen Auftrag, die Landwirtschaft und den ländlichen Raum zu fördern …“

e) Agrarorganisations-, Agrarfinanz- und Agrarstatistikrecht

In einem **vierten Sachbereich** kann dasjenige öffentliche Recht zusammengefasst werden, das in Gestalt eines Annexrechts zu den drei bisher skizzierten Sachbereichen die Agrarverwaltung, Agrarfinanzierung und Agrarstatistik normiert. In Bezug auf die **Agrarverwaltung** ist für den Bund auf die Bundesanstalt für Landwirtschaft und Ernährung (BLE; Gesetz über die Errichtung einer Bundesanstalt für Landwirtschaft und Ernährung [BLEG] vom 2.8.1994), das Bundesamt für Verbraucherschutz und Lebensmittelsicherheit (BVL; Gesetz über die Errichtung eines Bundesamtes für Verbraucherschutz und Lebensmittelsicherheit [BVLG] vom 6.8.2002), das Bundessortenamt (§§ 16 ff. Sortenschutzgesetz), das Julius-Kühn-Institut (§ 57 Pflanzenschutzgesetz), das Friedrich-Loeffler-Institut (§ 4 Tierseuchengesetz) und das Organisationsrecht der Bundesforschungsanstalten sowie für die Bundesländer auf die landesrechtlichen Regelungen über die Landesagrarverwaltungen (etwa Landwirtschaftsämter) und die landwirtschaftliche Selbstverwaltung (vor allem Landwirtschaftskammern) zu verweisen. Im Hinblick auf die **Agrarstatistik** sind vor allem das Agrarstatistikgesetz vom 15.3.1989 in der Fassung der Bekanntmachung vom 17.12.2009 und die zugehörigen Rechtsverordnungen zu nennen. 13

Spezielles **Agrarfinanzrecht** gibt es demgegenüber in Deutschland nur in geringem Maße. Anzuführen ist neben Gebührenregelungen für Tätigkeiten der Agrarverwaltung vor allem der GAK-Bereich (vgl Rn 20 f). Das Finanzierungsinstrument des **Absatzfonds** ist demgegenüber 2009 vom BVerfG in Bezug auf das Gesetz über die Errichtung eines zentralen Fonds zur Absatzförderung der deutschen Land- und Ernährungswirtschaft (**Absatzfondsgesetz – AbsFondsG**) vom 16.5.1969 in der Fassung der Bekanntmachung vom 4.10.2007 sowie das Gesetz über den Holzabsatzfonds (**Holzabsatzfondsgesetz – HolzAbsFondsG**) vom 13.12.1990 in der Fassung der Bekanntmachung vom 6.10.1998 für nichtig erklärt worden (vgl näher Rn 228). Beide Fonds dienten dazu, mittels einer Sonderabgabe Finanzmittel einzunehmen, die zweckgebunden für jeweils festgelegte Agrarabsatzmaßnahmen einzusetzen waren. Weiterhin existent ist der in §§ 37 ff Weingesetz normierte **Deutsche Weinfonds**. Ergänzend ist die in § 22 Milch- und Fettgesetz (MilchFettG) geregelte milchbezogene **Umlage** zu erwähnen. Diese stellt allerdings nach Ansicht des Verfassers keine Bundessonderabgabe, sondern eine Landessonderabgabe dar, da § 22 MilchFettG für die Bundesländer lediglich die Möglichkeit eröffnet, eine Umlage zu erheben und dafür einen Regelungsrahmen setzt. Ob und in welchem Umfang die Bundesländer von dieser Option Gebrauch machen, richtet sich allein nach Landesrecht. Im Übrigen gelten für die Finanzierung von Agrarmaßnahmen in Deutschland die allgemeinen verfassungsrechtlichen Finanzbestimmungen des Art. 104 a GG. Auch für die **Verteilung von EU-Agrarfinanzmitteln** zwischen Bund und Bundesländern sind die Kostentragungsregelungen dieser Verfassungsbestimmung in analoger Anwendung heranzuziehen.[23] 14

f) Agrarprivatrecht

Das Agrarprivatrecht als ein **fünfter Sachbereich**, der von seinem Umfang her weit hinter dem öffentlichen Agrarrecht zurücksteht, beinhaltet im Wesentlichen das **landwirtschaftliche Pachtrecht** (§§ 585 bis 597 BGB; Landpachtverkehrsgesetz vom 8.11.1985; Pachtkreditgesetz vom 9.7.1926 in der Fassung der Bekanntmachung vom 5.8.1951),[24] **Grundstücksverkehrsrecht** (Grundstückverkehrsgesetz vom 28.7.1961; 2006 ist im Rahmen der Föderalismusreform I durch Änderung des Art. 74 Abs. 1 Nr. 18 GG die Gesetzgebungskompetenz vom Bund auf die Bundesländer übergegangen),[25] **Erbrecht** (vor allem die HöfeO vom 24.4.1947 in der Fassung der Bekanntmachung 15

23 Vgl näher *Busse*, DÖV 2004, 93, 95 ff.

24 Vgl näher *Becker u.a.*, Landpachtrecht, 2012, *Faßbender/Hötzel/Lukanow*, Landpachtrecht, 3. Aufl. 2005, *Grimm*, S. 43 ff, und *Lange/Wulff/Lüdtke-Handjery*, Landpachtrecht, 4. Aufl. 1997.

25 Vgl etwa *Netz*, Praxiskom. zum Grundstückverkehrsgesetz, 6. Aufl. 2013.

vom 26.7.1976),[26] und einige **Sonderverfahrensvorschriften** (Gesetz über das gerichtliche Verfahren in Landwirtschaftssachen vom 21.7.1953; Verfahrensordnung für Höfesachen vom 29.3.1976).[27] Die vormals in § 1 Abs. 1 Nr. 3 und 6 GenG aF enthaltenen Bezüge zur Landwirtschaft und damit ein normativer Anknüpfungspunkt für das landwirtschaftsbezogene **Genossenschaftsrecht** sind seit der Änderung des GenG 2006 entfallen, ohne dass dadurch eine inhaltliche Änderung eingetreten ist.[28]

16 Daneben gibt es noch weitere privatrechtliche Sonderbestimmungen, die eher punktueller Natur sind. Dazu zählen beispielsweise Schutzvorschriften im **Zivilprozess- und Zwangsvollstreckungsrecht** (etwa § 811 Abs. 1 Nr. 4 ZPO sowie §§ 21 und 149 Abs. 3 ZVG), Regelungen im **Handelsrecht** (etwa § 3 HGB), **Familienrecht** (§ 1376 Abs. 4 BGB) und **Arbeitsrecht** (§ 5 Abs. 3 S. 3 JArbSchG; § 2 Abs. 1 Nr. 3 KindArbSchV; § 10 Abs. 1 Nr. 12 ArbZG)[29] sowie das so genannte **landwirtschaftliche Kartellprivileg** (§ 28 GWB; vgl näher Rn 321 ff), soweit das Kartellrecht zum Privatrecht gezählt wird. Das traditionsreiche **Viehkaufsrecht** (§§ 481 bis 492 BGB aF) wurde hingegen mit der Schuldrechtsreform 2002 ersatzlos **gestrichen.**[30] An seiner Stelle finden sich seitdem Vorschriften über Teilzeit-Wohnrechteverträge, was in gewissem Sinne symptomatisch für den **schleichenden Bedeutungsverlust** des Agrarprivatrechts ist. Für den Bereich der **ehemaligen DDR** ist noch das allmählich auslaufende Übergangsrecht (etwa Landwirtschaftsanpassungsgesetz vom 29.6.1990;[31] Meliorationsanlagengesetz und Anpflanzungseigentumsgesetz vom 21.9.1994; Landwirtschafts-Altschuldengesetz vom 25.6.2004) zu nennen.[32] In diesem Kontext hat die Umwandlung der ehemaligen **Landwirtschaftlichen Produktionsgenossenschaften** (LPGs) zu zahlreichen Problemfällen geführt, die bislang nicht vollständig abgeschlossen sind.

g) Landwirtschaftsgesetz vom 5.9.1955

17 Dass die vier Sachbereiche des öffentlichen Agrarrechts ineinander übergehen und insbesondere die genaue **Trennlinie** zwischen Agrarmarkt- und Agrarstrukturrecht **kaum zu ziehen** ist,[33] erscheint offensichtlich. Selbst Bestimmungen des Agrarprivatrechts können der Agrarstrukturpolitik dienen, soweit sie nicht nur Besonderheiten der Landwirtschaft berücksichtigen, sondern gewollt zu Gunsten der Landwirtschaft von allgemeinen Regelungen abweichen. Umgekehrt haben einzelne Agrarstrukturelemente zumindest mittelbare Auswirkungen auf den Agrarmarkt. Das – nach wie vor gültige – **Landwirtschaftsgesetz** vom 5.9.1955 (BLwG), dem im Wesentlichen programmatischer Cha-

---

26 Vgl als Übersicht *Grimm*, S. 73 ff, sowie ausführlich zu den zahlreichen zugehörigen Rechtsakten *Lange/Wulff/Lüdtke-Handjery*, Höfeordnung, 10. Aufl. 2001, *Peter*, Landwirtschaftliches Erb- und Altenteilrecht, 2013, *Steffen/Ernst*, Höfeordnung mit Höfeverfahrensordnung, 3. Aufl. 2010, und *Wöhrmann*, Landwirtschaftserbrecht, 10. Aufl. 2011.

27 Vgl *Ernst*, Gesetz über das gerichtliche Verfahren in Landwirtschaftssachen, 8. Aufl. 2011.

28 Über das Genossenschaftsrecht hinaus wird auch von einem Recht der landwirtschaftlichen Kooperationen gesprochen; vgl näher *Grimm*, S. 223 ff, unter der Überschrift „Gesellschaftsrechtliche Zusammenschlüsse, horizontale Kooperation"; *Storm*, JZ 1974, 568; *Bode*, Kooperationen, Gesellschaften, Genossenschaften, in: Härtel, S. 1715 ff.

29 Bis zum 31.8.1969 existierte mit der vorläufigen Landarbeitsordnung vom 24.1.1919 ein umfangreicheres Regelungswerk; s. dazu *Siebert*, Das Arbeitsrecht in der Landwirtschaft, 1957.

30 Vgl kritisch unter der Überschrift „Der richtlinienkonforme Verbrauch von Tieren" *Bemmann*, RdL 2006, 197; s. weiter *Veit*, JAR IX (2010), 169, und aus der Rspr BGH, 15.11.2006 – VIII ZR 3/06 – JZ 2007, 789, mit Anmerkung von *Augenhofer* zur Anwendung der Regelungen über den Verbrauchsgüterkauf auf Fohlen.

31 Vgl *BMELF* (Hrsg.), Landwirtschaftsanpassungsgesetz, 3. Aufl. 1997; *Grimm*, S. 271 ff; *Schweizer*, Das Recht der landwirtschaftlichen Betriebe nach dem Landwirtschaftsanpassungsgesetz, 2. Aufl. 1994; *Steding*, NL-BzAR 2005, 227; s. zum Sachenrechtsbereinigungsgesetz vom 21.9.1994 *BML* (Hrsg.), Neue Länder: Zusammenführung von Boden- und Gebäudeeigentum im ländlichen Raum, 1995.

32 Vgl für das vormalige DDR-Agrarrecht etwa *Arlt* (Hrsg.), Agrarrecht, Ostberlin 1976, und *Winkler*, JAR I (1997), 1. Das deutsche und EU-Überleitungsrecht, das zur Überführung der DDR-Agrarplanwirtschaft in die GAP erlassen wurde (vgl etwa BVerwG, 9.6.2005 – 3 C 33.04 – RdL 2005, 303, zu der Frage der Verwendungsbeschränkung von subventioniertem DDR-Magermilchpulver), dürfte keine praktische Relevanz mehr besitzen.

33 Vgl hinsichtlich des EU-Agrarrechts *van Rijn*, in: von der Groeben/Schwarze, Art. 34 EG, Rn 83.

rakter zukommt,[34] besagt unter Betonung dieser Interdependenzen in § 1 S. 1: „Um der Landwirtschaft die Teilhabe an der fortschreitenden Entwicklung der deutschen Volkswirtschaft und um der Bevölkerung die bestmögliche Versorgung mit Ernährungsgütern zu sichern, ist die Landwirtschaft mit den Mitteln der allgemeinen Wirtschafts- und Agrarpolitik – insbesondere der Handels-, Steuer-, Kredit- und Preispolitik – in den Stand zu setzen, die für sie bestehenden Natur bedingten und wirtschaftlichen **Nachteile gegenüber anderen Wirtschaftsbereichen auszugleichen** und ihre Produktivität zu steigern."

Das BLwG entstand, um vor dem Hintergrund der so genannten **Paritätsdiskussion** – Annäherung der landwirtschaftlichen Einkommen an die Einkommen im gewerblichen und industriellen Bereich – die Aufgabe der Agrarförderung gesetzlich zu verankern und eine Verpflichtung der öffentlichen Hand einzuführen, die Lage der Landwirtschaft einschließlich der Einkommensentwicklung kontinuierlich zu beobachten und die Förderung zusammenhängend zu verfolgen. So stellt § 4 BLwG die Grundlage für den vormals jährlichen **Agrarbericht der Bundesregierung** (1956 bis 1970 Grüner Bericht; 1971 bis 2001 Agrarbericht, 2002 bis 2004 Ernährungs- und agrarpolitischer Bericht; 2005 bis 2007 Agrarpolitischer Bericht) und den Grünen Plan, der 1968 in dem Grünen Bericht aufging und 1973 durch den ersten Rahmenplan der neu geschaffenen Gemeinschaftsaufgabe „Verbesserung der Agrarstruktur und des Küstenschutzes" abgelöst wurde, dar. 2007 erfolgte eine Erweiterung der Berichtsperiode durch eine Änderung des § 4 S. 1 BLwG (BGBl. I, S. 2936) auf vier Jahre, so dass der folgende **Agrarpolitische Bericht** erst **2011** vorgelegt wurde und der nächste für **2015** zu erwarten ist. 18

Die 2007 zugleich diskutierte Überlegung, das BLwG vollständig aufzuheben,[35] vermochte sich hingegen nicht durchzusetzen. Bundestag und Bundesrat haben vielmehr die Bundesregierung aufgefordert, die Ausweitung des BLwG zu einem **Landwirtschaftsgesetzbuch** zu prüfen, um dadurch das aufgesplitterte landwirtschaftliche Fachrecht zusammenzufassen.[36] Die Bundesregierung sah in ihrem entsprechenden Bericht ein solches Vorhaben **eher skeptisch.**[37] Die Forderung fand sich allerdings zunächst weiter im politischen Raum, da der 2009 abgeschlossene Koalitionsvertrag von CDU/CSU/FDP, der insofern auf einen entsprechenden Passus im Wahlprogramm der CDU/CSU für die Bundestagswahl 2009 zurückging,[38] ausführte: „Wir werden das [BLwG] in Richtung eines modernen Gesetzes für die Landwirtschaft und den ländlichen Raum weiterentwickeln ..."[39] 19

h) Gemeinschaftsaufgabe „Verbesserung der Agrarstruktur und des Küstenschutzes" (GAK)

Der Grüne Plan führte zu einer erheblichen **Erhöhung der Beteiligung des Bundes** an den Ausgaben im Agrarstrukturbereich (vgl Rn 101). Da die entsprechenden Förderprogramme in weiten Teilen von den Bundesländern durchgeführt wurden, konnte der Bund dadurch mit Hilfe vor allem von Verwendungsauflagen einen bedeutsamen Einfluss auf die entsprechende Fördertätigkeit der Bundesländer nehmen, ohne spezifische gesetzliche Bestimmungen erlassen zu müssen. Nach einer immer stärkeren finanzverfassungsrechtlichen Kritik an dieser so genannten **Donationsverwaltung** des Bundes, die sich in rechtlicher Hinsicht lediglich auf das BLwG, das jährliche Haushaltsgesetz und die Bundeshaushaltsordnung stützte[40] und Parallelen zu den zeitgleich diskutierten Bundeszuwendungen in den Bereichen Hochschule und regionale Wirtschaftsstruktur aufwies, wurde im 20

34 Vgl zur Entstehung umfassend *Puvogel*, Der Weg zum Landwirtschaftsgesetz, 1957; s. rechtsvergleichend zu derartigen Gesetzen *Norer*, JAR VI (2004), 259, zu den Landwirtschaftsgesetzen einiger Bundesländer *Grimm*, S. 273 ff., sowie eingehend zum BayAgrarWiG *Pelhak/Dippold*, Kom. zum BayAgrarWiG, 2010.

35 Vgl AGRA-Europe 14/2007, Länderberichte, S. 4 f.

36 BT-Drucks. 16/5421, S. 2, und BR-Drucks. 539/07 (Beschluss), S. 2.

37 BT-Drucks. 16/9161, S. 1 ff.

38 *CDU/CSU*, Regierungsprogramm 2009 – 2013, 2009, S. 65. Die Wahlprogramme anderer Parteien erwähnten das BLwG nicht.

39 *CDU/CSU/FDP*, Koalitionsvertrag vom 26.10.2009, S. 50.

40 Die amtliche Begründung zu dem damaligen Art. 91 a Abs. 1 Nr. 3 GG (Fn 18), S. 18, qualifizierte den Grünen Plan „verfassungsrechtlich als einen unter Beteiligung von Bundesregierung, Bundestag und Bundesrat zustande gekommenen staatsleitenden Gesamtakt".

Rahmen der Finanzverfassungsreform 1969 mit der Gemeinschaftsaufgabe „Verbesserung der Agrarstruktur und des Küstenschutzes" (GAK; vgl Rn 10 und näher Rn 279 ff) die notwendige **verfassungsrechtliche Absicherung** geschaffen.

21 Im Rahmen der GAK verhandeln Bund und Bundesländer zusammen einen **Förderplan**, der anschließend gemeinsam nach gesetzlich vorgeschrieben Sätzen finanziert und von den Bundesländern umgesetzt wird. Auf diese Weise wurde zugleich ein flexibles Instrument geschaffen, um die damals beginnende EU-Agrarstrukturpolitik in Deutschland durchzuführen.[41] Das EU-Agrarrecht hat daneben auch in einem weiteren Punkt die Finanzverfassungsreform 1969 beeinflusst. So hatte der Gesetzgeber mit den zeitgleich in Art. 106 Nr. 7 und Art. 108 Abs. 1 S. 1 GG normierten „Abgaben im Rahmen der Europäischen Gemeinschaft" im Wesentlichen **EU-rechtlich geregelte Agrarabgaben** vor Augen.[42] Wichtig ist, dass nunmehr im Wege eines Gegenschlusses aus Art. 91 a GG in verfassungsrechtlich eindeutiger Weise verankert ist, dass der Bund den Bundesländern außerhalb der im Grundgesetz aufgezeigten Möglichkeiten keine Finanzmittel zur Erfüllung von Landesaufgaben im Agrarbereich zur Verfügung stellen darf.[43] **Rechtssystematisch** ist die GAK dem Agrarstrukturförderrecht und dem Agrarfinanzrecht zuzuordnen.

2. Historischer Rückblick

22 Um die **verschiedenen Ebenen** des Agrarrechts besser zu verstehen und damit bei der Rechtsanwendung die Auffindung der jeweils relevanten Normen zu erleichtern, sei vor der Skizzierung des ab 1958 entstandenen EU-Agrarrechts ein kurzer **historischer Rückblick** unternommen. Den wesentlichen **Beginn des deutschen Agrarrechts** in seiner bis 1958 bestehenden Gestalt markiert die im Zuge der neuzeitlichen Aufklärung ab der zweiten Hälfte des 18. Jahrhunderts einsetzende **Verwissenschaftlichung der Agrarwirtschaft**[44] und vor allem die Aufhebung der persönlichen Abhängigkeitsverhältnisse der Landwirte, die unter anderem in Form der so genannten Gutsherrschaft bestanden (**Bauernbefreiung**). Nachdem die persönliche Freiheit der Bauern in den meisten deutschen Staaten hergestellt worden war, bedurfte es einer entsprechenden Neugestaltung der **bodenrechtlichen Eigentums- und Besitzverhältnisse**. Zu diesem Zweck entstanden im 19. Jahrhundert in den deutschen Staaten in unterschiedlichem Umfang Normen, die damals **Agrargesetzgebung** genannt wurden und – aus jetziger Sicht – überwiegend privatrechtlicher Natur waren.[45]

23 Begleitet wurden diese agrargesetzgeberischen Normen über die Ablösung der gutsherrlichen Eigentumsrechte (Regulierungsrecht) von der Bereinigung des seit dem Mittelalter bekannten Gemeineigentums (Gemeinteilungsrecht) und einem umfangreichen Grundstückstausch (Umlegungsrecht), der heute als **Flurbereinigung** bezeichnet werden würde. Zur Beschleunigung der Agrarreformen und zur Entlastung der Landwirte erfolgte zugleich die Einrichtung eines Kreditprogramms durch eigens geschaffene **landwirtschaftsbezogene Rentenbanken.** Maßgeblich durchgeführt wurde die „Entwirrung" der **Eigentums- und Besitzverhältnisse** zwischen Landwirten, Gutseigentümern und Gemeinden durch eine Schiedsgerichtsbarkeit in Form der Auseinandersetzungsbehörden, aus denen später die **Landeskulturbehörden** hervorgegangen sind.[46] Mit dem Begriff „Kultur" waren die Kulturpflanzen im Sinne der landwirtschaftlichen Nutzpflanzen gemeint. Daraus hat sich der umfassendere Begriff der **Kulturlandschaft** als die vom Menschen gestaltete und genutzte Natur entwickelt. Daneben entstanden zahlreiche Vorschriften zur **gezielten Förderung von landwirtschaftlichen Betrieben**, indem einerseits produktionshemmende Beschränkungen

---

41 Vgl den entsprechenden Hinweis in der amtlichen Begründung (Fn 18), S. 27.

42 Vgl dazu und zu der Problematik, die mit der in Art. 108 Abs. 1 S. 1 GG enthaltenen Alleinzuständigkeit der Bundesfinanzverwaltung verbunden ist, *Busse*, § 8 MOG, Rn 17 f.

43 Vgl zu dem Verbot der Donationsverwaltung außerhalb des verfassungsrechtlich normierten Rahmens BVerfG, 4.3.1975 und 10.2.1976 – 2 BvF 1/72 und 2 BvG 1/74 – BVerfGE 39, 96, 107 ff, und 41, 291, 304 ff.

44 Vgl *Tornow*, Die Entwicklung der landwirtschaftlichen Forschung in Deutschland, 1958, S. 13 ff.

45 Vgl näher *Stengel/Fleischmann* (Hrsg.), Wörterbuch des Deutschen Staats- und Verwaltungsrechts, Bd. 1, 2. Aufl. 1911, S. 65 ff.

46 Vgl etwa *Haak*, Grundriß des in Preußen geltenden Agrarrechts, 1927, S. 7 ff.

etwa im Bereich des Wasser- und Bodenrechts aufgehoben und andererseits vor allem mit Hilfe des Siedlungs- und Versicherungsrechts günstige Rahmenbedingungen geschaffen wurden.[47]

Während sich aus dem damaligen Ablösungsrecht teilweise das **heutige Agrarprivatrecht** entwickelt hat, stellten die Normen zur Verbesserung der Rahmenbedingungen den Kern des **heutigen Agrarstrukturrechts** dar. Mit dem Fortschreiten der Technisierung und Rationalisierung auch im Bereich der Landwirtschaft sowie der damit einhergehenden Vernetzung des gesamten Wirtschaftslebens entstanden zugleich die Anfänge des Agrarproduktionsrechts in seiner heutigen Gestalt. Am Ende des 19. Jahrhunderts wurden die **Landwirtschaftskammern** als gesetzlich eingerichtete Selbstverwaltungsorganisationen geschaffen. Agrarmarktrecht bestand abgesehen von einigen punktuellen Binnenmarktregelungen[48] vor allem im **Außenhandelsbereich**. So wurde eine zunehmende Zahl von Handelsverträgen abgeschlossen und eine mehr oder weniger stark ausgeprägte **Schutzzollpolitik** im Agrarbereich betrieben. 24

Ein umfassendes Agrarmarktrecht für den Binnenbereich kam erstmals mit der Schaffung des **Kriegsernährungsamtes 1916**, das weitreichende Regelungen zum Markteingriff in Form von Marktkontrollen, Ablieferungspflichten, Preisregulierungen und Zwangskartellisierungen entwarf und durchsetzte, auf.[49] Dieses nicht nur im Bereich landwirtschaftlicher Produkte für die Entstehung des modernen Wirtschaftsverwaltungsrechts bedeutsame **Kriegswirtschaftsrecht**, das in weiten Teilen eine Zwangsbewirtschaftung darstellte, wurde bis 1923 in einem mehrjährigen und teilweise stark umstrittenen Prozess wieder aufgehoben.[50] Bedingt durch die Restriktionen des Versailler Vertrages war auch das damalige Agraraußenrecht größtenteils bedeutungslos geworden. Allerdings hatte die gesamte Entwicklung 1920 erstmals auf Reichsebene zu einem eigenständigen **Ministerium für Ernährung und Landwirtschaft** geführt. Die Voranstellung des Begriffes Ernährung verweist auf die Ernährungssicherstellung als dem wesentlichen Anlass der Ministeriumsgründung und verdeutlicht zugleich das Hauptargument gegenüber den auf ihre agrarischen Zuständigkeiten bedachten deutschen Bundesstaaten, auf Reichsebene im landwirtschaftlichen Bereich vermehrt tätig zu werden. Mit der Verstärkung des bereits Ende des 19. Jahrhunderts einsetzenden **Rechts der so genannten inneren Kolonisation** (Reichssiedlungsgesetz vom 11.8.1919; Reichsheimstättengesetz vom 10.5.1920) und den landwirtschaftlichen Entschuldungsmaßnahmen vor allem in Form der so genannten Osthilfe[51] als Alternative zu einer damals nicht mehrheitsfähigen Bodenreform wurde ein wesentlicher Schritt hin zu einer **systematischeren Förderung der Agrarstruktur** getan.[52] 25

Aufbauend auf einigen ab 1926 erlassenen Einzelregelungen und der generellen Tendenz in den europäischen und transatlantischen Staaten zur Regelung des Agrarmarktes entstand ab 1933 mit dem **Reichsnährstandsrecht** ein umfassendes Agrarmarktrecht.[53] Dadurch wurde versucht, den gesamten Landwirtschafts- und Ernährungsbereich mittels **horizontaler Zwangsvereinigungen** 26

47 Vgl dazu und zum Folgenden *Haushofer*, Die deutsche Landwirtschaft im technischen Zeitalter, 2. Aufl. 1972.

48 Vgl zu den Anfängen insbesondere der Agrarmarktförderung *Pruns*, Staat und Agrarwirtschaft 1800-1865, Bd. 1, 1979, S. 253 ff.

49 Vgl als umfassende Rechtssammlung *Güthe/Schlegelberger* (Hrsg.), Kriegsbuch, 11 Bände, 1915 bis 1921.

50 Vgl *Schumacher*, Land und Politik – Eine Untersuchung über politische Parteien und agrarische Interessen 1914-1923, 1978, S. 130 ff.

51 Das Agrarentschuldungsrecht existiert heute – wird von dem Spezialfall des für das Gebiet der ehemaligen DDR geltenden Landwirtschafts-Altschuldengesetzes abgesehen – nicht mehr als Rechtsmaterie (vgl Entschuldungsabwicklungsgesetz vom 25.3.1952).

52 Einen Überblick über das zu dieser Zeit geltende Landwirtschaftsrecht gibt *Peters*, in: Brauchitsch/Drews/Lassar (Hrsg.), Die Preußischen Verwaltungsgesetze, Bd. 2, Teil 2, 1932, S. 297 ff, und Bd. 4, 1926, S. 1 ff. Das dort als Landwirtschaftspolizeirecht bezeichnete Recht – etwa das Preußische Feld- und Forstpolizeigesetz vom 21.1.1926 – gibt es nicht mehr als eigenständiges Rechtsgebiet. Das landwirtschaftliche Straf- und Ordnungswidrigkeitenrecht, das zusammenbetrachtet einen nicht unerheblichen Umfang ausmacht, ist heute vorrangig im Rahmen der einzelnen Agrarrechtsakte und damit im Agrarfachrecht geregelt.

53 Vgl zur Organisation und Entwicklung des Reichsnährstandes, der bereits ab 1937 nach und nach seine gestalterischen Befugnisse an das Reichslandwirtschaftsministerium verlor, *Frank*, Der Reichsnährstand und seine Ursprünge, Diss. 1987, als Beschreibung des damaligen Marktordnungsrechts *Merkel*, Die Marktordnung und ihr Recht, 1942, und als Textsammlung *Gebhard/Merkel*, Das Recht der landwirtschaftlichen Marktordnung, 1940.

zusammenzuführen und das Agrarmarktgeschehen im Binnen- und Außenbereich mit einer Unzahl von Regelungen einer fast vollständigen Kontrolle zu unterwerfen. Dahinter standen neben tatsächlichen Problemen im Agrarbereich, zu denen vor allem der **weltweite Verfall der Agrarerzeugnispreise** und die damit teilweise verbundene Verschuldung der Landwirtschaft zählten, zum einen die NS-Ideologie eines eigenen Bauernstandes – wie sie vor allem der spätere **„Reichsbauernführer"** *Darré* in seiner 1930 erschienenen Programmschrift „Neuadel aus Blut und Boden" entwickelt hatte – und zum anderen die Vorbereitung auf einen weitgreifenden Eroberungskrieg. Ab 1939 wurde das geschaffene Agrarmarktrecht nach und nach ganz den **Zwecken der Kriegswirtschaft** unterworfen und ging dadurch weitgehend in dem allgemeinen Bewirtschaftungsrecht auf. Parallel zu dem Agrarmarktrecht, das als Bestandteil einer umfassenden Rechts der Ernährungswirtschaft – effektive Produktion von Agrarerzeugnissen zu angemessenen Verbraucherpreisen – konzipiert war, erfolgte ab 1933 die ideologische Überhöhung des Agrarprivatrechts im Bereich der Höfeordnungen und seine Umformung zu einem „deutschen Bauernrecht". Kernstück war dabei das **Reichserbhofrecht**, mit dem durch eine strikte Anerbenfolge die Erhaltung landwirtschaftlicher Familienbetriebe erreicht werden sollte.[54] Zugleich wurde die Entschuldungsgesetzgebung in erheblichem Umfang ausgebaut.

27 Während **nach 1945** das Agrarprivatrecht prinzipiell auf den Zustand von vor 1933 zurückgeführt wurde, behielten die Alliierten im Agrarmarktbereich auf Grund der schwierigen Ernährungssituation die **Zwangsbewirtschaftung zunächst bei** und befreiten sie lediglich von ihrer ideologischen Befrachtung. So entstand etwa in der britischen Besatzungszone mit der Instruktion Nr. 109 vom 10.7.1946 eine „Deutsche Organisation der Marktordnung", die sich der Bewirtschaftungsorganisation des Reichsnährstandes – vor allem der produktspezifischen Reichsstellen für den Binnenmarkt und Außenhandel – bediente. Erst 1948 wurde im Rahmen der alliierten Gesetzgebung die **formale Auflösung des Reichsnährstandes** als Organisation und eine Aufhebung der entsprechenden Zwangsvereinigungen und -kartelle vorgenommen.[55] Nach einer längeren Debatte fiel 1950 die Entscheidung, den Agrarmarkt nicht vollständig zu liberalisieren, sondern erneut ein **eigenständiges Agrarmarktrecht** zu schaffen.[56] Dementsprechend wurden ab 1950 für die wichtigsten Agrarerzeugnisse **Marktordnungsgesetze** erlassen (vgl Rn 208 ff).

28 Die **landwirtschaftlichen Bundesaufgaben** lagen mit dem 1949 gegründeten Bundesministerium für Ernährung, Landwirtschaft und Forsten (BMELF bzw BML) wieder bei einem Ministerium auf Bundesebene, das mit erweitertem Aufgabenbereich 2001 die Bezeichnung Bundesministerium für Verbraucherschutz, Ernährung und Landwirtschaft (BMVEL) und 2005 Bundesministerium für Ernährung, Landwirtschaft und Verbraucherschutz (BMELV) erhielt. Nach der Abgabe des wirtschaftlichen Verbraucherschutzes 2013 lautet die Sachbezeichnung nunmehr erneut – wie schon 1920 – **Bundesministerium für Ernährung und Landwirtschaft (BMEL)**. Ab 1962 folgte – dem deutschen System, das sich in ähnlichen Formen ebenfalls in anderen europäischen Staaten gebildet hatte,[57] im Wesentlichen nachgestaltet – im Rahmen der europäischen Integration das EWG-, EG- und schließlich **EU-Agrarmarktrecht**, das nach und nach das seit 1950 erlassene deutsche Agrarmarktrecht weitgehend ablöste und mit dem deutschen Durchführungsrecht zum EU-Agrarmarkt-

54 Vgl zu der weitgehenden Erfolglosigkeit dieser Politik *Barkai*, Das Wirtschaftssystem des Nationalsozialismus, 1977, S. 109 ff.

55 Den Schlusspunkt dieser formalen Auflösung setzte das Reichsnährstands-Abwicklungsgesetz vom 23.2.1961, das 2006 aufgehoben wurde.

56 Vgl das grundlegende Gutachten des Ausschusses für landwirtschaftliche Marktordnung vom 1.3.1950, in: *BMELF* (Hrsg.), Sammelband der Gutachten des wissenschaftlichen Beirates beim BMELF von 1949 bis 1974, 1975, S. 46 ff.

57 Parallele Agrarmarktstrukturen fanden sich etwa auch in den USA, vgl im Zusammenhang mit seiner Schilderung der Entstehung des GATT 1947 und der Havanna-Charter von 1948 *Gross*, Welthandel von Morgen, 1950, S. 78; s. ebenda, S. 201, zu der 1946 im Rahmen der FAO erfolgten Ablehnung des Vorschlags, eine weltweit auf völkerrechtlicher Grundlage agierende Interventionsstelle für Erzeugnisse der Urproduktion zu schaffen.

recht zu einer neuen Regelungsmaterie führte. Auch in anderen Agrarrechtsbereichen begann eine Überlagerung durch EU-Recht.[58]

3. EU-Agrarrecht

Der traditionelle Ausgangspunkt des EU-Agrarrechts unterscheidet sich von dem des deutschen Agrarrechts. Das deutsche Agrarrecht knüpft vorrangig an die landwirtschaftlichen Produktionsmittel und die in der Landwirtschaft tätigen Personen sind. Ausdruck dessen ist beispielsweise die bauplanungsrechtliche **Definition der Landwirtschaft in § 201 BauGB:** „Landwirtschaft im Sinne dieses Gesetzes ist insbesondere der Ackerbau, die Wiesen- und Weidewirtschaft einschließlich Tierhaltung, soweit das Futter überwiegend auf den zum landwirtschaftlichen Betrieb gehörenden, landwirtschaftlich genutzten Flächen erzeugt werden kann, die gartenbauliche Erzeugung, der Erwerbsobstbau, der Weinbau, die berufsmäßige Imkerei und die berufsmäßige Binnenfischerei."[59] Das **EU-Agrarrecht** verhält sich demgegenüber eher erzeugnisbezogen, was darin begründet liegt, dass das EU-Recht ausgehend von Art. 345 AEUV regelmäßig nicht an die Eigentumsordnung anknüpft, sondern in seiner ursprünglichen Form als Recht einer „Wirtschaftsgemeinschaft" vorwiegend den Handel mit Agrarprodukten im Blick hat. Unter einem solchen Blickwinkel ist es zunächst zweitrangig, auf welche Art und Weise die Produktion erfolgt und ob insbesondere eigene oder gepachtete Flächen genutzt werden. Mit der allmählichen Stärkung des EU-Agrarstrukturbereichs und der seit 2003 weitgehend verwirklichten **Entkopplung der Agrarförderung** von der Erzeugung konkreter Agrarprodukte zeichnet sich allerdings ein gewisser **Wandel** ab. Denn in den Vordergrund ist dadurch die **landwirtschaftliche Tätigkeit** als solche gerückt, die den Anknüpfungspunkt für die Betriebsprämie bildet (vgl Rn 124). Zugleich erfolgt ein stetiger Umbau des klassischen erzeugnisbezogenen Agrarmarktrechts hin zu mehr die Marktstruktur betonenden Regelungen.[60] 29

a) Agrarmarktrecht

Abgesehen von einzelnen Bestimmungen in Beitritts- und Assoziierungsabkommen beschäftigt sich das EU-Recht mit der Landwirtschaft **primärrechtlich** ausschließlich im **AEUV**. Dort ist der Landwirtschaft in dem Teil „Die internen Politiken und Maßnahmen der Union" zwischen den Titeln, die sich mit den Grundfreiheiten beschäftigen, ein eigener Titel **„Die Landwirtschaft und die Fischerei"** gewidmet, der die **Art. 38 bis 44 AEUV** – vom 1.1.1958 bis zum 30.4.1999 Art. 38 bis 46 E(W)GV und vom 1.5.1999 bis zum Inkrafttreten des AEUV am 1.12.2009 Art. 32 bis 38 EGV – umfasst. Sowohl der nicht in Kraft getretene EVV als auch der AEUV haben den Landwirtschaftstitel inhaltlich kaum geändert (vgl zu Art. III-225 bis III-232 EVV 2. Aufl., Rn 54 ff). **Art. 4 Abs. 2 Buchstabe d AEUV** benennt zudem „Landwirtschaft und Fischerei, ausgenommen die Erhaltung der biologischen Meeresschätze" als eine zwischen der EU und den Mitgliedstaaten in geteilter Zuständigkeit wahrgenommene Sachmaterie. 30

Art. 38 Abs. 1 Unterabs. 2 S. 1 und Abs. 2 S. 1 AEUV legt fest, dass die Regelungen des **Binnenmarktes** auch für den Bereich der Landwirtschaft gelten, soweit Art. 38 ff AEUV keine Sonderregelungen vorsehen. Die wohl herrschende Meinung sieht in dieser Kollisionsnorm keine Befugnis für den Agrarbereich, etwa von den Grundsätzen des freien Warenverkehrs nach Belieben abzuweichen, sondern lediglich den Hinweis darauf, dass im Falle einer Kollision eine **besondere Güterabwägung** zwischen dem freien Warenverkehr und den Zielen der Gemeinsamen Agrarpolitik (GAP) vorzunehmen ist.[61] So findet beispielsweise das Verfahren zur zwingenden Notifizierung technischer Normen durch die Mitgliedstaaten nach der **Richtlinie 98/34/EG über ein Informationsver-** 31

---

58 Einen Überblick über das vor Beginn des EU-Agrarrechts bestehende deutsche Agrarrecht geben *Brauchitsch/Ule* (Hrsg.), Verwaltungsgesetze des Bundes und der Länder, Bd. 8, Halbbd. 1: Wirtschaftsverwaltungsrecht I, 1963, S. 797 ff.

59 Vgl die ähnliche Definition in § 1 Abs. 2 GrdstVG; s. auch § 585 Abs. 1 S. 2 BGB.

60 Vgl *Busse*, Die Verordnung über eine gemeinsame Organisation der Agrarmärkte von ihrer Entstehung 2007 bis zu ihrem Neuerlass 2013, ZfZ 2014, 113.

61 Vgl eingehend und unter Einbeziehung der Rspr des EuGH *Busse*, in: Lenz/Borchardt, Art. 38 AEUV, Rn 7 ff.

fahren auf dem Gebiet der Normen und technischen Vorschriften (ABl. 1998 L 204, S. 37) – auch als Info-Richtlinie bezeichnet – gemäß deren Art. 1 Nr. 1 ebenfalls auf Normen, die landwirtschaftliche Erzeugnisse betreffen, Anwendung.

32 Art. 38 Abs. 1 Unterabs. 2 S. 2 und Abs. 3 AEUV in Verbindung mit dem **Anhang I zum AEUV**[62] definiert diejenigen landwirtschaftlichen Erzeugnisse, für die Art. 38 ff AEUV Geltung entfalten.[63] Folglich steht im EU-Agrarprimärrecht die Erzeugnis bezogene Agrarmarktpolitik, die die **Erstverarbeitung** sowie den **Ein- und Ausfuhrbereich** mit umschließt, im Vordergrund. Auch für die so genannten **Nicht-Anhang-I-Erzeugnisse** finden sich agrarspezifische EU-Regelungen, die zum Teil auf die Auffangbefugnis des Art. 352 AEUV und ergänzend auf Art. 114 f AEUV (Rechtsharmonisierung zur Schaffung des Binnenmarktes) gestützt sind. Daneben werden **Agraraußenhandelsregelungen**, soweit sie nicht nur auf Agrarerzeugnisse beschränkt sind, auf der Grundlage der Art. 206 ff AEUV (**Gemeinsame Handelspolitik – GHP**) erlassen, wobei die Abgrenzung zu Art. 38 ff AEUV nicht ganz eindeutig und teilweise umstritten ist. Zu berücksichtigen sind nach Art. 208 Abs. 1 AEUV im Außenbereich auch **entwicklungspolitische Ziele**, was abgesehen von dem Spezialbereich der Nahrungsmittelhilfe zu Konflikten mit den primärrechtlichen Zielen der GAP führen kann. Die Handelsbezogenheit des EU-Agrarrechts passt sich in die ursprüngliche Hauptzielsetzung der EU, die Handelsschranken zwischen den Mitgliedstaaten zu beseitigen und im Außenbereich eine Zollunion zu gründen, ein.[64] Bedeutsam ist die Abgrenzung der Rechtsgrundlagen vor allem für die Frage, welches **Rechtsetzungsverfahren** Anwendung findet. Während nach Art. 43 Abs. 2 AEUV im Bereich der GAP das **ordentliche Gesetzgebungsverfahren** – dh unter anderem qualifizierte Mehrheit im Rat – Anwendung findet und folglich die vorherige bloße Anhörung des Europäischen Parlaments nach Art. 37 Abs. 2 Unterabs. 3 EGV der Vergangenheit angehört, bedarf es etwa im Rahmen des Art. 115 AEUV einer Einstimmigkeit im Rat (vgl zu parallelen Abgrenzungsfragen im EU-Agrarproduktionsrecht Rn 44). Für **bestimmte Durchführungsmaßnahmen** sieht Art. 43 Abs. 3 AEUV eine alleinige Rechtsetzung durch den Rat vor, deren Umfang und Zielsetzung zwischen Europäischem Parlament, Rat und Europäischer Kommission umstritten ist und zu ersten EuGH-Verfahren geführt hat.[65]

33 Das auf die genannten Bestimmungen des AEUV gestützte Agrarmarktsekundärrecht der EU stellt eine der **Keimzellen des gesamten EU-Rechts** dar. Nach einer eher kurzen Diskussion[66] um die Art und Weise der Errichtung eines gemeinsamen Agrarmarktes, dessen genauere Ausgestaltung in Art. 38 ff AEUV angesichts der während der Vertragsverhandlungen zu Tage getretenen Differenzen zwischen liberal und protektionistisch eingestellten Mitgliedstaaten bewusst offen gelassen worden war, wurden ab 1962 die so genannten **Gemeinsamen Marktorganisationen (GMOen)** durch EU-Verordnungen geschaffen, die allmählich fast den gesamten Bereich der Agrarerzeugnisse abdeckten. Dass Art. 38 ff AEUV prinzipiell jede denkbare Agrarmarktregelung, die für die Erreichung der Ziele der GAP als notwendig erachtet wird, zulassen, dürfte unbestritten sein. Von 2007 bis 2009 sind die GMOen zu einer **Einheitlichen GMO** in Form einer einzigen EU-Verordnung zusammengefasst worden (vgl näher Rn 198 ff). Bis 1992 war das wichtigste Element der EU-Agrarmarktorganisation die **Intervention**, dh der staatliche Kauf landwirtschaftlicher Erzeugnisse,

62 Dieser für das Agrarrecht grundlegende Anhang I ist in den Textausgaben des AEUV regelmäßig nicht abgedruckt.

63 Vgl im Einzelnen zu den erfassten Erzeugnissen sowie dem mehreren Deutungen zugänglichen Verhältnis zwischen Art. 38 Abs. 1 Unterabs. 2 S. 2 und Abs. 3 AEUV *Busse*, in: Lenz/Borchardt, Art. 38 AEUV, Rn 13 ff.

64 Vgl zu den Verhandlungen um die Stellung der Landwirtschaft im Rahmen des Gemeinsamen Marktes bei der Erarbeitung des EWGV *Marmulla/Brault*, Europäische Integration und Agrarwirtschaft, 1958, und dort, S. 428 ff, insbesondere das Landwirtschaftskapitel des Spaak-Berichts vom 21.4.1956 sowie *Küsters*, Die Gründung der Europäischen Wirtschaftsgemeinschaft, 1982, S. 173 ff und 347 ff; s. zusammenfassend hierzu und zum Folgenden *Busse*, JAR VIII (2008), 3.

65 Vgl EuGH, Rs. C-124/13 u. C-125/13 (Parlament/Rat), ABl. 2013 C 156, S. 21; s. näher *Busse*, in: Lenz/Borchardt, Art. 43 AEUV, Rn 4 ff.

66 Vgl die Ergebnisse der auf den vormaligen Art. 37 Abs. 1 EG gestützten Konferenz von Stresa vom 5. bis 11.7.1958, ABl. S. 281.

sobald der EU-interne Marktpreis des jeweiligen Erzeugnisses unter einer bestimmten Preismarke lag, und der anschließende staatliche Verkauf, soweit sich die Marktlage wieder gebessert hatte.

Falls in einem bestimmten Sektor erhebliche Überschüsse bestanden, wurden ergänzend **Beihilfen zur Ausfuhr** auf den Weltmarkt gezahlt, um den unter dem EU-internen Preis liegenden Weltmarktpreis zu erreichen. Zum Schutz des internen Preisniveaus erhob die EU auf eingeführte Agrarerzeugnisse **Einfuhrabgaben** in Form so genannter Abschöpfungen. Das Gegenstück bildeten **Ausfuhrabgaben** für den Fall einer Verknappung auf dem EU-Binnenmarkt. Für sämtliche Agrarerzeugnisse bestand – und besteht grundsätzlich noch – das Prinzip der **Gemeinschaftspräferenz**, das die Bevorzugung der in der EU erzeugten Agrarprodukte beinhaltet und vom EuGH bestätigt wurde.[67] Dieses **Preisstützungssystem** in Form garantierter Abnahmepreise verhinderte zwar Unterversorgungen und stärkte die Wirtschaftskraft der Landwirtschaft. Auch weitere mit einer derartigen Marktregulierung verfolgte Ziele – vor allem der Ausgleich von Marktschwankungen und Marktstörungen, die durch den besonders **sensiblen Weltagrarmarkt hervorgerufen werden** – schienen erreicht. Schon bald führte das gewählte System[68] jedoch zu erheblichen Interventionsbeständen, die etwa als Milchseen und Butterberge bezeichnet wurden, und den damit verbundenen Kosten.[69] Zugleich folgten daraus erhebliche Belastungen sowohl für die Umwelt als auch für den Weltagrarmarkt.[70] Das Interventionssystem hatte sich von einem „Sicherheitsnetz zu einem **normalen Absatzweg**“[71] für viele von dem System erfasste Agrarerzeugnisse entwickelt. 34

Als Reaktion wurden bereits ab 1969 im Milchsektor als einem der wichtigsten Agrarerzeugnisbereiche **Schlachtprämien** und ähnliche Instrumente zur Produktionsbegrenzung und 1977 eine so genannte **Mitverantwortungsabgabe Milch** eingeführt, mit der eine – sehr begrenzte – Heranziehung der Milcherzeuger zur Aufbringung der Kosten des Milchmarktsystems erfolgte, um auf diese Weise zugleich eine Produktionsreduzierung zu erreichen. Als diese Abgabeform nicht den gewünschten Erfolg brachte, entschied sich die EU 1984 für die Schaffung der heute noch bestehenden und zuletzt 2003 bis zum 31.3.2015 verlängerten **Milchquotenregelung**, in der 1993 die Mitverantwortungsabgabe Milch aufging. Anders als bei der Mitverantwortungsabgabe wird dabei nicht jegliche erzeugte Milch, sondern nur diejenige Produktionsmenge, die über eine mitgliedstaatliche Gesamtquote hinaus erzeugt wird, mit einer Abgabe belastet (vgl näher Rn 217 ff). Die Abgabe im Milchquotensystem ist allerdings wesentlich höher, um den gewünschten produktionsbegrenzenden Effekt zu erzielen. Zusammen mit der Einführung der Milchquotenregelung erfolgte die Verabschiedung eines so genannten **Milchaufgabevergütungsprogramms**, das inzwischen ausgelaufen ist. 1986 wurde nach dem Vorbild im Milchbereich eine bis 1992 bestehende **Mitverantwortungsabgabe Getreide** eingeführt. Den angeführten Abgaben war gemeinsam, dass sie nicht in den allgemeinen EU-Haushalt eingestellt worden sind, sondern eine **Zweckbindung** für Maßnahmen in dem jeweils betreffenden Marktbereich besteht. Bei der Milchquotenabgabe ist diese Zweckbindung 2008 auf die Mittelverwendung allgemein im landwirtschaftlichen Bereich erweitert worden, wobei faktisch die Ausgaben im Rahmen der EU-Milchmarktordnung im Durchschnitt über den Einnahmen aus der Milchabgabe liegen. Durch die seit 2006 in mehreren Stufen erfolgende Anhebung der mitgliedstaatlichen Milchquoten und die damit verbundene Möglichkeit, mehr Milch in 35

67 EuGH, Rs. 5/67 (Beus), Slg 1968, 127, 147; vgl näher zu den Konturen und Grenzen dieses Prinzips *Busse*, in: Lenz/Borchardt, Art. 38 AEUV, Rn 38 ff. Bis 1999 fand das Prinzip in Art. 44 Abs. 2 S. 2 aF EGV ausdrücklich Erwähnung. Nach der Erklärung Nr. 14 zur Schlussakte des Amsterdamer Vertrages soll die Streichung dieser Bestimmung keine rechtliche Bedeutung besitzen.

68 Für das Jahr 1982 enthält die Übersicht von *Gottsmann*, in: von der Groeben/Boeckh/Thiesing/Ehlermann, Kommentar zum EWG-Vertrag, 3. Aufl. 1983, Art. 40 EWGV, Rn 12, neunzig Preis- und Beihilferegelungen für den Agrarbinnenmarkt.

69 Die Tabelle von *Ahner*, S. 868, über die EU-Agrarausgaben 1975 bis 1993 weist für die EU-Agrarmarktmaßnahmen im Rahmen der Abteilung Garantie des EAGFL eine verhältnismäßige Steigerung von rund 265 % aus.

70 Vgl anschaulich zur damaligen Krise der GAP der damalige Bundeslandwirtschaftsminister *Kiechle*, … und grün ist die Zukunft, 1985.

71 *Norer/Bloch*, Rn 5.

der EU abgabenfrei produzieren zu können, soll das **Auslaufen der EU-Milchquotenregelung 2015**[72] vorbereitet werden.

36 Daneben existiert seit 1967 die **Zuckerquotenregelung**, die mehrfach im Laufe der Zeit variiert wurde und sich derzeit aus einer Produktionsabgabe auf Zucker, Isoglucose und Insulinsirup sowie einer Überschussabgabe zusammensetzt. Die Überschussabgabe ist zu erheben, wenn mit Zucker, Isoglucose und Insulinsirup, die über eine zugeteilte Quote hinaus erzeugt werden, nicht in einer bestimmten, binnenmarktunschädlichen Weise – vor allem Ausfuhr in Drittstaaten ohne Ausfuhrerstattungen – verfahren wird. Die Zuckerabgaben werden zwar im Unterschied zu den anderen Abgaben im Eigenmittelbeschluss der EU als eine allgemeine Einnahme der EU aufgeführt (vgl Rn 58). Ihre Zweckbestimmung zur Deckung der Kosten der zuckerbezogenen Agrarmarktregelungen ergibt sich jedoch aus der jeweils gültigen EU-Zuckermarktordnung. Als einziger Marktbereich ist der Zuckersektor im Übrigen auf das Prinzip der **Haushaltsneutralität**, dh der Kostentragung durch die Erzeuger selbst, hin angelegt.[73] 2006 ist es zu einem umfassenden Rückbau der EU-Zuckermarktordnung gekommen, um den EU-Zuckermarkt besser an den Zuckerweltmarkt heranzuführen. Zu diesem Zweck errichtete die EU einen **Umstrukturierungsfonds**, mit dessen Hilfe Zuckerquoten gegen einen finanziellen Ausgleich aus dem Markt genommen wurden.[74] Die EU-Zuckerquotenregelung ist zuletzt 2013 bis zum 30.9.2017 verlängert worden.

37 Den mit derartigen Quoten- und Abgabenregelungen verfolgten Weg der Einschränkung der Interventionswirkungen beschritt die EU allerdings für andere Produkte nicht weiter,[75] sondern ging ab 1992 in mehreren Reformschritten dazu über, das **Interventionssystem** selbst **abzubauen**. So wurden einige Interventionen abgeschafft, bei anderen der Interventionspreis reduziert und teilweise so genannte Garantieschwellen als Interventionsobergrenzen normiert. Als Kompensation führte die EU neuartige Beihilfen in Form so genannter **Direktzahlungen** für die Erzeugung der vorwiegend betroffenen Agrarprodukte ein. Mit dem Begriff der Direktzahlungen sollte der Unterschied zwischen der indirekten Förderung landwirtschaftlicher Betriebe mittels gestützter Agrarerzeugnispreise und der direkten Betriebsförderung mittels der Zahlung produktionsabhängiger Beihilfen verdeutlicht werden. Die Gewährung der Direktzahlungen erfolgte in der Regel bei pflanzlichen Erzeugnissen hektarbezogen (**Flächenprämien**) und bei tierischen Erzeugnissen tierbezogen (**Tierprämien**).[76] Durch diese Änderung wurde die öffentliche Interventionslagerhaltung gedrosselt und die Förderung betriebsbezogener ausgestaltet, allerdings der **Produktionsanreiz** in der Regel nur **gemindert**. Hinzu kamen folglich Flächen- und Produktionsstilllegungsprogramme, Extensivierungsbeihilfen und eine gewisse Reduzierung der Agrarmarktbeihilfen zugunsten der Förderung der Agrarstruktur.

38 Vor allem vor dem Hintergrund der Bestrebungen im Rahmen der WTO, weltweit die unmittelbaren Agrarbeihilfen weiter zu senken, wurde 2003 beschlossen, die Agrarmarktbeihilfen nach und nach von der Produktion bestimmter Erzeugnisse abzukoppeln und eine so genannte entkoppelte Einkommensstützung in Form einer **Betriebsprämie** zu gewähren (vgl näher Rn 126 ff). Diese wohl bislang **weitreichendste GAP-Reform** musste in den Mitgliedstaaten zwischen 2005 und 2007 umgesetzt werden, wobei die Mitgliedstaaten in erheblichem Maße nationale Spielräume besaßen, um die Entkopplung optimal auf die jeweiligen innerstaatlichen Rahmenbedingungen abstimmen

72 Vgl hierzu den Tagungsband von *Norer* (Hrsg.), Milchkontingentierungsrecht zwischen Aufhebung und Transformation, 2009.

73 Vgl näher *Priebe*, in: Grabitz/Hilf/Nettesheim, Art. 40 AEUV, Rn 25. Eine Kurzdarstellung der Zuckerquotenregelung insb. unter dem Gesichtspunkt des Landpachtrechts findet sich bei *Faßbender/Hötzel/Lukanow* (Fn 24), S. 955 ff.

74 Vgl dazu *Mecklenburg/Nehls*, NL-BzAR 2008, 274.

75 Vgl zur damaligen Diskussion um die Einführung weiterer Quotenregelungen *Rohr*, EuR 1986, 198, 201 f.

76 Vgl zu der damaligen Zielsetzung der Direktzahlungen die Erwägungsgründe der VO (EWG) Nr. 1765/92 (*ABl. 1992 L 181, S. 12*) und der VO (EWG) Nr. 2066/92 (ABl. 1992 L 215, S. 49), mit denen die flächenbezogenen Kulturpflanzenausgleichszahlungen eingeführt und die Rinderprämien, die bereits durch die VO (EWG) Nr. 1357/80 (ABl. 1980 L 140, S. 1) geschaffen worden waren, reformiert wurden; s. zu den Leitgedanken der Reform auch *Ahner*, S. 855 ff, und *Scherer*, DVBl. 1993, 281.

zu können. Inzwischen sind zusammen mit einer jeweils grundlegenden Reform der zugehörigen Marktordnung prinzipiell sämtliche Erzeugnisbereiche – als großer Sektor zuletzt 2009 der Weinbereich – entkoppelt worden. Die mit den **mitgliedstaatlichen Optionen** in der Betriebsprämienregelung einhergehende Renationalisierung der GAP, die sich auf das nach herrschender Ansicht auch bislang schon für den Agrarbereich geltende Subsidiaritätsprinzip, das derzeit in Art. 5 Nr. 3 EUV nF enthalten ist, stützen kann,[77] steht in einem offensichtlichen Spannungsverhältnis zu dem in Art. 40 Abs. 2 Unterabs. 2 Hs. 2 AEUV für den Landwirtschaftsbereich gesondert normierten **Verbot, Erzeuger von Agrarprodukten** innerhalb der EU **zu diskriminieren.**[78]

Die **nationalen Spielräume** der Betriebsprämienregelung und die damit teilweise verbundenen unterschiedlichen Beihilfesysteme dienen jedoch prinzipiell nicht dazu, den Erzeugern innerhalb der EU unterschiedliche Beihilfen zukommen zu lassen und damit Schlechterstellungen bestimmter Erzeugergruppen oder von Erzeugern in bestimmten Mitgliedstaaten vornehmen zu können, sondern gerade umgekehrt eine möglichst **angemessene Berücksichtigung** der unterschiedlichen mitgliedstaatlichen Erzeugungsstrukturen zu erreichen. Allerdings existieren auch Forderungen, die **mitgliedstaatlichen Optionen zu reduzieren** und eine EU-weit einheitliche Betriebsprämie festzulegen. *Norer/Bloch* bemerken allgemein: „Unter Umständen können dezentral ausgestaltete Regelungsmechanismen mit Blick auf die Vielfalt der landwirtschaftlichen Gegebenheiten und Probleme in 27 Mitgliedstaaten potentiell weniger diskriminierend sein als bis ins Detail unionseinheitlich geregelte Instrumente."[79] So hat der **EuGH derartige Spielräume** beispielsweise im Milchquotenbereich bisher **nicht beanstandet.**[80] In einem dieser Milchquotenverfahren führte der damalige Generalanwalt in dieser Hinsicht aus: „Nach alledem ist eine Diskriminierung ... beim gegenwärtigen Stand des Gemeinschaftsrechts durch die – vom [EuGH] in seiner bisherigen Rechtsprechung niemals in Zweifel gezogene – national geprägte Struktur des [Milchquotensystems] und durch die Notwendigkeit gerechtfertigt, das ordnungsgemäße Funktionieren dieses Systems zu gewährleisten."[81] Auch in der Rechtsprechung zur **Betriebsprämienregelung** hat der EuGH diesen Ausgangspunkt nicht verlassen, wie etwa die Nichtbeanstandung erstens der nationalen Konkretisierung des EU-betriebsprämienrechtlichen Begriffes des **Landwirtschaftselements**[82] und zweitens der Festlegung in den einzelnen Mitgliedstaaten **regional unterschiedlicher Betriebsprämienhöhen**[83] zeigt. Allgemein betonte der EuGH 2013 unter Bezugnahme auf die konkurrierende Gesetzgebungskompetenz im Agrarbereich, dass die GAP-Reform 2003 „eine größere Dezentralisierung der Zuständigkeiten zur Folge hat, um gemäß [Art. 39 Abs. 2 Buchstabe a AEUV] die Besonderheiten der einzelnen Mitgliedstaaten und Regionen sowie die Marktlage der verschiedenen Erzeugnisse und der betroffenen Erzeuger stärker zu berücksichtigen".[84] 39

b) Agrarstrukturrecht

Ob es sich bei dem **entkoppelten Agrarbeihilferecht**, dessen wichtigstes Instrument die Betriebsprämienregelung ist, noch um Agrarmarkt- oder schon um Agrarstrukturrecht handelt, soll vorliegend nicht näher betrachtet werden.[85] Denn das EU-Primärrecht lässt neben Erzeugnis bezogenen Marktregelungen auch **alle sonstigen Regelungen zur Gestaltung der GAP** zu. So heißt es in Art. 38 Abs. 4 AEUV: „Mit dem Funktionieren und der Entwicklung des gemeinsamen Marktes für landwirtschaftliche Erzeugnisse muss die Gestaltung einer gemeinsamen Agrarpolitik Hand in Hand 40

77 Vgl näher *Busse*, in: Lenz/Borchardt, Art. 38 AEUV, Rn 44 ff; aA zumindest für den vormaligen EG-Vertrag *van Rijn*, in: von der Groeben/Schwarze, Art. 38 EG, Rn 36.

78 Vgl näher *Busse*, in: Lenz/Borchardt, Art. 40 AEUV, Rn 106 ff.

79 *Norer/Bloch*, Rn 282.

80 Vgl etwa EuGH, Rs. 196/88 u.a. (Cornée), Slg 1989, 2309, Rn 13; Rs. C-290/91 (Peter), Slg 1993, I-2981, Rn 10; Rs. C-351/92 (Graff), Slg 1994, I-3361, Rn 13 ff.

81 EuGH, Rs. C-351/92 (Fn 80), S. 3371, Ziff. 15.

82 EuGH, Rs. C-428/07 (Horvath), Slg 2009, I-6355, Rn 37 ff.

83 EuGH, Rs. C-152/09 (Grootes), Slg. 2010, I-11285, Rn 24 ff.

84 EuGH, Rs. C-373/11 (Kapnou), ECLI:EU:C:2013:507, Rn 27.

85 Vgl dazu *Busse*, MOG, Einführung, Rn 5.

gehen." Insbesondere verpflichtet Art. 39 Abs. 1 Buchstabe b und Abs. 2 AEUV die EU, der Landwirtschaft „durch eine Erhöhung des Pro-Kopf-Einkommens" eine „angemessene Lebenshaltung" zu sichern und im Rahmen der GAP die strukturellen Besonderheiten der Landwirtschaft gegenüber anderen Wirtschaftszweigen zu berücksichtigen. An dieser Stelle findet sich der **Paritätsgedanke** des BLwG, das wenige Jahre zuvor konzipiert worden war (vgl Rn 18), wieder.[86] Um das Recht der entkoppelten Agrarbeihilfen in Form des Betriebsprämienrechts von dem bisherigen Agrarmarktrecht, das in erheblichem Umfang weiter existiert, abzugrenzen, kann das bisherige Agrarmarktrecht als **klassisches Agrarmarktrecht** bezeichnet werden. Die jahrzehntelangen Grenzen zwischen Agrarmarkt- und Agrarstrukturrecht verschwimmen zugleich ebenfalls nach und nach.

41 Da das Primärrecht der Agrarstruktur noch vager als das Primärrecht des Agrarmarkts konturiert ist, erscheint **klärungsbedürftig**, ob sämtliche als Agrarstrukturrahmen- und Agrarstrukturförderrecht bezeichneten Maßnahmen (vgl Rn 10) auf Art. 38 ff AEUV gestützt werden können. In dieser Hinsicht gibt es nicht nur gewisse **Überschneidungen und Abgrenzungsschwierigkeiten** zu den sozial- und regionalpolitischen Vorschriften (Art. 151 ff und 174 ff AEUV), sondern auch zu allen anderen Kompetenznormen des EU-Primärrechts, die Regelungen gestatten, nach denen der Agrarbereich – etwa im Steuerrecht – bevorzugt werden kann. Mithin stellt sich inzwischen nicht mehr die anfänglich strittige Frage, ob Art. 38 ff AEUV überhaupt eine umfassende Agrarstrukturpolitik zulassen und auch insofern das deutsche Recht beeinflusst werden kann,[87] sondern wie die Abgrenzung zu den **sonstigen Kompetenzen der EU** erfolgen soll.[88] Art. 41 Buchstabe a AEUV – der nach herrschender Ansicht lediglich deklaratorische Bedeutung besitzt – hebt besonders die Förderung der Berufsbildung und Forschung im Agrarbereich hervor. Für den Bereich der **Forschung**, der im Agrarbereich bereits ab 1974 koordinierende Regelungen kennt, besteht seit 1987 mit Art. 179 ff AEUV eine weite Rahmenkompetenz.

42 Ebenfalls 1987 ist für die im Rahmen der damaligen Abteilung Ausrichtung des EAGFL (vgl Rn 50) betriebene Agrarstrukturförderung eine Verbindung zu den sonstigen **Strukturfonds** der EU erfolgt, indem die Abteilung Ausrichtung nach den damals neu eingefügten Art. 174 ff AEUV zusammen mit dem Europäischen Sozialfonds (Art. 162 ff AEUV), dem Europäischen Fonds für regionale Entwicklung (Art. 176 AEUV) und dem Kohäsionsfonds (Art. 177 Abs. 2 AEUV) den **„wirtschaftlichen, sozialen und territorialen Zusammenhalt"** der EU fördern soll. Die Nennung der Abteilung Ausrichtung mit ihrer zuvor nur sekundärrechtlich geprägten Bezeichnung in Art. 175 Abs. 1 S. 3 AEUV und die Festlegung gemeinsamer Regelungen in Bezug auf Aufgaben, vorrangige Ziele, Organisation und eventuelle Neuordnung für alle Strukturfonds gemäß Art. 177 Abs. 1 S. 1 AEUV belegt eine gewisse **Herauslösung der Abteilung Ausrichtung** aus Art. 38 ff AEUV, wobei Art. 177 Abs. 1 S. 2 in Verbindung mit Art. 178 Unterabs. 2 AEUV allerdings bestimmt, dass das agrarbezogene Rechtsetzungsverfahren des Art. 43 AEUV weiterhin Anwendung findet (vgl näher Rn 295). Insgesamt deckt das Primärrecht der Art. 38 ff AEUV den gesamten Bereich des Agrarmarktrechts einerseits und des Agrarstrukturrechts andererseits – auch als **erste und zweite Säule der GAP** bezeichnet – ab. Ergänzend können Europäisches Parlament und Rat nach Art. 42 Unterabs. 1 AEUV das allgemeine EU-Kartellrecht (Art. 101 ff AEUV) und das allgemeine EU-Beihilferecht (Art. 107 ff AEUV) für anwendbar erklären (vgl näher Rn 297 ff).

c) Agrarproduktionsrecht

43 Daneben behandelt das EU-Recht in großem Umfang auch den vorliegend als **Agrarproduktionsrecht** bezeichneten Normenbereich (vgl Rn 6). Obwohl dieser Normenbereich in dem gesamten

86 Vgl zu der Frage der entsprechenden personellen Kontinuität etwa Liber Amicorum – Erinnerungen an *Hans A. Lücker* zum 70. Geburtstag, 1985. Hingewiesen sei auch auf *von der Groeben*, der von 1933 bis 1942 im Reichsministerium für Ernährung und Landwirtschaft tätig und ab 1950 maßgeblich an den Verhandlungen über die EGen beteiligt war (vgl *ders.*, Deutschland und Europa in einem unruhigen Jahrhundert, 1995, S. 356 ff).

87 Der insofern sehr restriktive Ansatz von *Götz*, AgrarR 1971, 33, 35 ff, hat sich nicht durchgesetzt; deutlich dagegen bereits die unmittelbare Entgegnung von *Ehlermann*, AgrarR 1972, 261, 262 ff.

88 Vgl näher *Busse*, in: Lenz/Borchardt, Art. 38 AEUV, Rn 21 ff.

Landwirtschaftstitel des AEUV nicht explizit genannt wird, ist von der EU gestützt auf Art. 38 ff AEUV und unter ergänzender Heranziehung vor allem der Art. 114 f und 352 AEUV etwa das **Tierschutz-, Pflanzenschutz-, Tierseuchen- und Lebensmittelrecht** in großen Teilen geregelt worden. Ausgangspunkt war zumeist, dass sich die entsprechenden mitgliedstaatlichen Regelungen für das Funktionieren des EU-Binnenmarktes als hinderlich herausstellten und daher der Weg der **Rechtsharmonisierung** beschritten wurde. Der EuGH hat diese Entwicklung generell nicht beanstandet. So wurde von ihm insbesondere entschieden, dass erstens auch Erzeugnisse, die über die in Art. 38 Abs. 1 Unterabs. 2 S. 2 AEUV genannte erste Verarbeitungsstufe hinausgehen, für die Zwecke der GAP geregelt werden können.[89] Zweitens steht nach der ständigen Rechtsprechung des EuGH den Organen der EU im Rahmen der Verfolgung und Abwägung der einzelnen Ziele der GAP ein **weiter Ermessensspielraum** bei der Auswahl der für notwendig erachteten Maßnahmen zu. So heißt es etwa, „dass der Gesetzgeber der Gemeinschaft auf dem Gebiet der [GAP] über einen weiten Ermessensspielraum verfügt, der der politischen Verantwortung entspricht, die ihm die [Art. 40 und 43 AEUV] übertragen".[90]

Im Zusammenhang mit der in Literatur und Rechtspraxis **besonders strittigen Abgrenzung** der Agrarzuständigkeit zur Kompetenz der Rechtsharmonisierung hat der EuGH unter anderem ausgeführt: „Die Maßnahmen, die auf der Grundlage von [Art. 43 AEUV] zur Erreichung [der] Ziele [der GAP] im Rahmen einer gemeinsamen Marktorganisation gemäß [Art. 40 Abs. 2 AEUV] getroffen werden, können die Regelung der **Bedingungen und Modalitäten der Produktion, der Qualität und der Vermarktung landwirtschaftlicher Erzeugnisse** einschließen. Die gemeinsamen Marktorganisationen enthalten zahlreiche derartige Bestimmungen. Bei der Verfolgung der Ziele der [GAP], insbesondere im Rahmen der gemeinsamen Marktorganisationen, darf von Erfordernissen des Allgemeininteresses, wie etwa des Verbraucherschutzes oder des Schutzes der Gesundheit und des Lebens von Menschen und Tieren, denen die Gemeinschaftsorgane bei der Ausübung ihrer Befugnisse Rechnung zu tragen haben, nicht abgesehen werden ... Aus der Gesamtheit der vorstehend analysierten Bestimmungen ergibt sich, dass [Art. 43 AEUV] die **geeignete Rechtsgrundlage für jede Regelung über die Produktion und die Vermarktung** der im Anhang [I] des Vertrages aufgeführten landwirtschaftlichen Erzeugnisse ist, die zur Verwirklichung eines oder mehrerer der in [Art. 40 AEUV] genannten Ziele der [GAP] beiträgt. Solche Regelungen können die **Harmonierung der innerstaatlichen Bestimmungen** auf diesem Gebiet **einschließen,** ohne dass es des Rückgriffs auf [Art. 115 AEUV] bedarf ... Selbst wenn also die in Rede stehenden Regelungen sowohl Ziele der Agrarpolitik als auch andere Ziele anstreben, die in Ermangelung besonderer Bestimmungen auf der Grundlage von [Art. 115 AEUV] verfolgt werden, lässt sich dieser Vorschrift, die allgemein den Erlass von Richtlinien für die Angleichung der Rechtsvorschriften der Mitgliedstaaten erlaubt, nichts für eine Beschränkung des Anwendungsbereichs von [Art. 43 AEUV] entnehmen."[91] Erst später sind einige Spezialbestimmungen – etwa mit Art. 168 Abs. 1 AEUV der **Gesundheitsschutz,** mit Art. 168 Abs. 4 Buchstabe b AEUV der **Veterinär- und Pflanzenschutz,** mit Art. 191 Abs. 1 AEUV der **Umweltschutz** sowie mit Art. 13 AEUV, der aus dem Protokoll Nr. 7 zum Vertrag von Amsterdam „über den Tierschutz und das Wohlergehen der Tiere" hervorgegangen ist, der **Tierschutz**[92] – aufgenommen worden. Soweit für eine Regelung mehrere Rechtsgrundlagen des AEUV in Betracht kommen, ist nach dem EuGH diejenige zu wählen, auf die der **Schwerpunkt der jeweiligen Regelung** beruht. Lediglich für den Ausnahmefall, dass kein eindeutiger Schwerpunkt festgestellt werden kann, ist die Wahl von mehr als einer Rechtsgrundlage möglich.[93] 44

89 EuGH, Rs. 185/73 (HZA Bielefeld), Slg 1974, 607, Rn 12 f.

90 EuGH, verb. Rs. C-267/88 bis C-285/88 (Wuidart u.a.), Slg 1990, I-435, Rn 14.

91 EuGH, Rs. 68/86 (Vereinigtes Königreich/Rat), Slg 1988, 855, Rn 11 ff; vgl eingehend *Götz*, in: ders./Winkler (Hrsg.), Harmonisierung des Agrarrechts in Europa, 1991, S. 1 ff; s. zu dem vergleichbaren Fall der Abgrenzung zur Umweltkompetenz des Art. 191 AEUV mit identischem Duktus EuGH, Rs. C-336/00 (Huber), Slg 2002, I-7699, Rn 29 ff.

92 Vgl dazu *Burbach/Mindermann*, AgrarR 1998, 294.

93 Vgl näher *Busse*, in: Lenz/Borchardt, Art. 43 AEUV, Rn 8 ff.

d) Sonstiges Agrarrecht

45 Wie schon bei der Skizzierung des deutschen Agrarrechts sollen auch bei Skizzierung des EU-Agrarrechts die drei Bereiche **Fischerei-, Forst- und Jagdrecht** ausgeklammert werden, wobei nur der Fischereibereich eine – allerdings umfassende – EU-rechtliche Gestaltung erfahren hat.[94] Die für das deutsche Agrarrecht als Sammelbereich betrachteten Materien des Agrarorganisations-, Agrarfinanz- und Agrarstatistikrechts (vgl Rn 13 f) besitzen im EU-Agrarrecht **unterschiedlich ausgeprägte Entsprechungen.** Das **EU-Agrarfinanzrecht** ist umfangreicher als das entsprechende deutsche Recht und wird noch gesondert dargestellt (vgl Rn 49 ff). **EU-Agrarorganisationsrecht** besteht lediglich in geringem Umfang. Zu verweisen ist auf das **Organisationsrecht der agrarrelevanten Generaldirektionen** der Europäischen Kommission (Landwirtschaft und ländliche Entwicklung; Maritime Angelegenheiten und Fischerei; Gesundheit und Verbraucher) mitsamt einigen nachgeordneten Dienststellen und selbständigen Ämtern (etwa das Gemeinschaftliche Sortenamt zur Verwaltung der gewerblichen Schutzrechte für neue Pflanzensorten (ABl. 1994 L 227, S. 1) und die Europäische Behörde für Lebensmittelsicherheit (ABl. 2002 L 31, S. 1)) sowie die agrarbezogenen Teilbereiche des Rates (vor allem der Sonderausschuss Landwirtschaft (SAL)). Das **EU-Agrarstatistikrecht,** das seit 1997 eine gesonderte Kompetenzgrundlage in Art. 338 Abs. 1 AEUV findet, hat einen nicht unerheblichen Umfang erreicht, auf den allerdings mangels Relevanz für die tägliche Rechtspraxis vorliegend nicht näher eingegangen werden soll. **EU-Agrarprivatrecht** schließlich besteht kaum, soweit vom EU-Agrarkartellrecht abgesehen wird. *Norer/Bloch* haben hierzu treffend bemerkt: „Fragen zivil- und handelsrechtlicher Natur sind praktisch nicht Gegenstand der unionalen Agrargesetzgebung.“[95] Eine Ursache hat diese Zurückhaltung des EU-Gesetzgebers sicherlich darin, dass – wie schon in anderem Zusammenhang erwähnt (vgl Rn 29) – nach Art. 345 AEUV die Gestaltung der **mitgliedstaatlichen Eigentumsordnung** prinzipiell nicht in die Kompetenz der EU fällt.

e) Abgrenzung zur deutschen Verfassungssystematik

46 Gegenüber dem eher allgemein gehaltenen und vor allem zielorientiert formulierten Agrarprimärrecht der EU ist das **deutsche Verfassungsrecht** anders gestaltet. Dieser Unterschied liegt darin begründet, dass die deutsche Verfassungstradition **keine grundsätzliche Bundeszuständigkeit** für den gesamten landwirtschaftlichen Bereich kennt und daher vor Entstehung des Grundgesetzes die zur damaligen Zeit existierenden Agrarvorschriften auf Reichs- und Länderebene aufgeteilt waren. Folglich wurde im Grundgesetz der Weg der Einzelaufzählung der einschlägigen **Bundessachkompetenzen** mit einer dadurch bedingten weiten Auffächerung der agrarrelevanten Materien gewählt.

47 Neben den Agrarmarkt- und Agrarstrukturkompetenzen „Förderung der landwirtschaftlichen Erzeugung“, „Sicherung der Ernährung“ und „Ein- und Ausfuhr landwirtschaftlicher Erzeugnisse“ (**Art. 74 Abs. 1 Nr. 17 GG**) sowie „Verbesserung der Agrarstruktur“ (**Art. 91 a Abs. 1 Nr. 2 GG**) finden sich das „Bodenrecht“ (**Art. 74 Abs. 1 Nr. 18 GG**), die „Maßnahmen gegen gemeingefährliche oder übertragbare Krankheiten bei Tieren“ (**Art. 74 Abs. 1 Nr. 19 GG**), das „Recht der Lebensmittel einschließlich der ihrer Gewinnung dienenden Tiere“, das „Recht der Genussmittel und Futtermittel“, der „Schutz beim Verkehr mit landwirtschaftlichem Saat- und Pflanzgut“, der „Schutz der Pflanzen gegen Krankheiten und Schädlinge“ sowie der „Tierschutz“ (**Art. 74 Abs. 1 Nr. 20 GG**), „die Untersuchung und die künstliche Veränderung von Erbinformationen“ (**Art. 74 Abs. 1 Nr. 26 GG**), der „Naturschutz und die Landschaftspflege“ (**Art. 74 Abs. 1 Nr. 29 GG**) sowie „die Bodenverteilung, die Raumordnung und den Wasserhaushalt“ (**Art. 74 Abs. 1 Nr. 30 bis 32 GG**) jeweils gesondert aufführt. Die letztgenannten drei Kompetenzen entstanden 2005 im Zuge der Förderalismusreform I, indem sie von der vorherigen Bundesrahmenkompetenz des Art. 75 Abs. 1 S. 1 Nr. 4 GG aF in die nunmehrige konkurrierende Bundeskompetenz überführt wurden, wobei allerdings das diesbezügliche Abweichungsrecht der Länder nach Art. 72 Abs. 3 GG zu beachten

94 Vgl eingehend *Dux/Busse/Weis*, in: Lenz/Borchardt, Anhang zu Art. 38-44 AEUV, Rn 1 ff.
95 *Norer/Bloch*, Rn 248.

ist. Die vormals in Art. 74 Abs. 1 Nr. 18 GG aF enthaltenen Bundeskompetenzen für den landwirtschaftsbezogenen Grundstücksverkehr sowie das landwirtschaftliche Pacht-, Siedlungs- und Heimstättenwesen finden sich seit 2005 ersatzlos aufgehoben und damit in die **ausschließliche Kompetenz der Bundesländer** überführt. Zugleich erfolgte eine Herausnahme des Rechts der Flurbereinigung aus der konkurrierenden Bundeskompetenz des Art. 74 Abs. 1 Nr. 17 GG aF.

Nach dem BVerfG richtet sich die Frage nach der richtigen Kompetenznorm des Grundgesetzes tendenziell nicht nach dem Schwerpunkt der jeweiligen Maßnahme, sondern nach ihrer Reichweite, so dass im Zweifel alle sachlich berührten Kompetenzen heranzuziehen sind.[96] Daneben ist die **Verwaltungszuständigkeit** nach dem Grundgesetz ebenfalls zwischen Bund und Bundesländern aufgeteilt, indem die Verwaltung grundsätzlich den Bundesländern obliegt und der Bund die Verwaltung nur nach Maßgabe der verfassungsrechtlichen Zuweisungsbefugnisse auf Bundesbehörden übertragen kann. Letzteres ist für die Agrarverwaltung in einigen Bereichen geschehen. 48

II. Finanzierung der Gemeinsamen Agrarpolitik (GAP)

Bei Inkrafttreten des EWGV 1958 bestanden in allen sechs damaligen Mitgliedstaaten **nationale Agrarmarktordnungen.** Art. 43 Abs. 1 und 4 AEUV sah und sieht daher vor, die einzelstaatlichen Marktordnungen nach und nach durch EU-rechtliche Regelungen zu ersetzen, um auf diese Weise den Binnenmarkt auf dem Gebiet der Landwirtschaft zu verwirklichen. Wie bereits skizziert (vgl Rn 33) wurde dieser Ersetzungsprozess 1962 mit dem Erlass der ersten GMOen begonnen. Ein Kernproblem war dabei die Frage der **Finanzierung der kostenintensiven GAP**. Mit Art. 2 Abs. 2 der Verordnung Nr. 25 vom 20.4.1962 (ABl. 1962 Nr. 30, S. 991) beschloss der Rat, dass ab der „Endphase des Gemeinsamen Marktes" im Agrarbereich die **„finanziellen Folgen von der Gemeinschaft zu tragen sind"**. Auf diese Weise sollte die **finanzielle Solidarität** innerhalb der EU verdeutlicht werden, zu der die Europäische Kommission bemerkt hat: „Die Durchführung einer Agrarpolitik bringt unweigerlich Ausgaben zu Lasten der öffentlichen Hand mit sich … Es war folgerichtig und von Anfang an unbestritten, dass die **finanzielle Verantwortung** der Gemeinschaft zumindest grundsätzlich die finanziellen Folgen der auf Gemeinschaftsebene erlassenen Maßnahmen umfasst. Obgleich diese `finanzielle Solidarität´ keinen Rechtsgrundsatz im eigentlichen Sinne darstellt, ist sie seit 1962 als Bestandteil der [GAP] anzusehen."[97] 49

Als Finanzverwaltungsinstrument wurde gleichzeitig gemäß Art. 40 Abs. 3 AEUV ein **Europäischer Ausrichtungs- und Garantiefonds für die Landwirtschaft** (**EAGFL**) geschaffen, dessen Abteilung Garantie die Marktmaßnahmen – gemeint sind „garantierte" Marktstützungen – und Abteilung Ausrichtung die Strukturmaßnahmen finanzierte.[98] 2005 teilte die Verordnung (EG) Nr. 1290/2005 (ABl. 2005 L 209, S. 1) den EAGFL auf, indem die Abteilung Garantie als **Europäischen Garantiefonds für die Landwirtschaft (EGFL)** und die Abteilung Ausrichtung als **Europäischen Landwirtschaftsfonds für die Entwicklung des ländlichen Raums** (**ELER**) weitergeführt wurden. Wie zuvor der EAGFL verfügen EGFL und ELER – im Weiteren als Agrarfonds bezeichnet – über keine eigene Rechtspersönlichkeit, sondern bilden **Bestandteile des allgemeinen EU-Haushalts**, wie die derzeit gültige Verordnung (EU) Nr. 1306/2013 (ABl. 2013 L 347, S. 549) in ihrem Art. 3 Abs. 2 bestimmt. Klagen gegen die Agrarfonds auf Auszahlung bestimmter Beihilfen sind damit nicht möglich. Da die Ausführung der Agrarbeihilfemaßnahmen den Mitgliedstaaten obliegt, dienen die Agrarfonds vor allem dazu, den Mitgliedstaaten die Finanzmittel, die zur Erfüllung der im EU-Agrarrecht vorgesehenen Beihilfeansprüche notwendig sind, zur Verfügung zu stellen und deren ordnungsgemäße Verausgabung zu überwachen. Die **Verordnung (EG) Nr. 883/2006** 50

96 Vgl etwa *Sannwald*, in: Schmidt-Bleibtreu/Klein/Hopfauf (Hrsg.), Komm. z. GG, 12. Aufl. 2011, Art. 70, Rn 25 b, unter dem Stichwort „Kompetenzkombination".

97 Die gemeinsame Agrarpolitik, in: *Europäische Kommission*, Dreißig Jahre Gemeinschaftsrecht, 1981, S. 479, 483 f.

98 Vgl hierzu und zum Folgenden auch *Eiden*, Die Vorschriften der EU zur Finanzierung der gemeinsamen Agrarpolitik, in: GS Bleckmann, 2007, S. 109 ff, und *Krug*, Die Finanzierung der GAP im Kontext des Finanzverfassungssystems der EU, 2008.

(ABl. 2006 L 171, S. 4) enthält zugehörige Durchführungsbestimmungen der Europäischen Kommission.

1. Rechnungsabschluss und Anlastung

51 Nach einem heftigen Ringen um die endgültigen Finanzierungsmodalitäten, das von Frankreich mit der Frage der Reichweite des Einstimmigkeitsprinzips im Rat verknüpft wurde und 1965 mit der so genannten **Politik des leeren Stuhls** von Seiten Frankreichs zu einer der schwersten Krisen der EU führte, verabschiedete der Rat zusammen mit dem ersten **Eigenmittelbeschluss** die **Verordnung (EWG) Nr. 729/70**, die die Regelungen der Verordnung Nr. 25 bestätigte, näher konkretisierte und durch die **Verordnung (EG) Nr. 1258/1999** (ABl. 1999 L 160, S. 103) sowie deren Nachfolgeverordnungen (EG) Nr. 1290/2005 und (EU) Nr. 1306/2013 abgelöst wurde. In der Verordnung (EU) Nr. 1306/2013 findet sich neben dem Prinzip des jährlichen **buchhalterischen Rechnungsabschlusses** als Folge der Annuität des EU-Haushaltes die für den Agrarbereich äußerst bedeutsame Regelung des **konformitätsbezogenen Rechnungsabschlusses** mit der Möglichkeit einer so genannten **Anlastung** der nationalen Haushalte. Das Instrument der Anlastung beinhaltet, dass fehlerhaft von den Mitgliedstaaten verausgabte Agrarmittel zu Lasten des jeweils betroffenen Mitgliedstaates gehen und damit von den Agrarfonds **nicht übernommen werden**.[99] Die Jahresberichte des Europäischen Rechnungshofes (ERH) enthalten hierzu jeweils umfangreiche Angaben, wobei der ERH oft auch eine nähere Analyse, ob die Beihilferegelungen zwecktauglich sind, vornimmt.[100]

52 In Bezug auf die Höhe der konkreten Anlastung besitzt die Europäische Kommission gemäß Art. 52 Abs. 2 VO (EU) Nr. 1306/2013 ein gewisses **Ermessen**: „Die Kommission bemisst die auszuschließenden Beträge insbesondere unter Berücksichtigung des Umfangs der festgestellten Nichtübereinstimmung. Sie trägt dabei der Art des Verstoßes sowie dem der Union entstandenen finanziellen Schaden Rechnung." Sie muss demnach den Schaden für den EU-Haushalt nicht im Einzelnen nachweisen, sondern nur glaubhaft machen. Daraus ergibt sich eine Art **Beweislastumkehr** zu Lasten der Mitgliedstaaten. Zur Konkretisierung ihres Ermessens hat die Europäische Kommission zuletzt 1997 neu gefasste „**Leitlinien zur Berechnung der finanziellen Auswirkungen** im Rahmen der Vorbereitung der Entscheidung über den Rechnungsabschluss des EAGFL-Garantie" verabschiedet. Insgesamt handelt es sich um ein komplexes Verfahren, das unter anderem eine **Schiedsstelle** und zahlreiche Ausschlussfristen beinhaltet. Die Anlastungsregelung trägt in erheblichem Umfang dazu bei, dass die deutsche Agrarverwaltung die EU-rechtlichen Beihilfevoraussetzungen genau prüft und bei fehlerhafter Auszahlung prinzipiell eine **Rückforderung** vornimmt. Im Einzelnen existieren **zahlreiche Entscheidungen des EuGH** zu Beschlüssen der Europäischen Kommission, durch einen Mitgliedstaat verausgabte EU-Haushaltsmittel nicht anzuerkennen. Da das Rechnungsabschlussverfahren nur die Frage der Kostentragungslast zwischen der EU und ihren Mitgliedstaaten betrifft, können **Privatpersonen**, denen auf Grund von Verausgabungsfehlern, die in solchen Verfahren festgestellt wurden, eine Rückforderung droht, nicht gegen den das Rechnungsabschlussverfahren beendenden Beschluss der Europäischen Kommission vorgehen. Insofern besteht ein gewisser Unterschied zum Recht der staatlichen Beihilfen, da dort die betroffenen Unternehmen an dem Beihilfeuntersagungsverfahren beteiligt sind und gegen eine belastende Beihilfeentscheidung klagen können.

53 In Anlastungsverfahren spielen zum einen **Auslegungsfragen** in Bezug auf die jeweils einschlägigen Normen über die Voraussetzungen und Kontrollen einer Beihilfezahlung eine große Rolle. Soweit Auslegungsprobleme bereits vor der Beihilfezahlung erkennbar werden, ersuchen die Mitgliedstaaten in nicht wenigen Fällen die Europäische Kommission um einen **offiziellen Auslegungsvermerk**. Wird dieser Vermerk anschließend befolgt, kann der Europäischen Kommission nach der Recht-

99 Vgl eingehend *Mögele*, S. 92 ff, und insbesondere zur Rolle der Anlastung im Rahmen der Verwaltungsbefugnisse der Europäischen Kommission *Scherer*, EuR 1986, 52; s. zu der grundsätzlichen Pflicht der Mitgliedstaaten, EU-Agrarbeihilfen ohne Abzüge auszuzahlen – oft als so genannte Vollauszahlungsklauseln normiert –, *Busse*, in: Lenz/Borchardt, Art. 40 AEUV, Rn 124.

100 Vgl zuletzt *ERH*, Jahresbericht über die Ausführung des Haushaltsplans 2012, S. 85 ff.

sprechung des EuGH im Falle einer einschlägigen Anlastung der Vermerk entgegengehalten werden.[101] Gleiches versuchen im Verhältnis von Bund und Bundesländern mit Blick auf die innerstaatliche Verteilung einer Anlastung auch die **Bundesländer gegenüber dem Bund**, wobei allerdings eine Auslegung des EU-Rechts durch den Bund nicht die gleiche Wirkung wie ein Kommissionsvermerk haben kann, da „Hüter" des EU-Rechts allein die Europäische Kommission sowie der EuGH und das EuG sind (vgl näher Rn 70 f).

Zum anderen ist in Anlastungsverfahren regelmäßig von Bedeutung, ob der betroffene Mitgliedstaat nachweisen kann, dass das **Fehlverhalten eines Dritten** zu den monierten Ausgaben geführt hat, die nicht rechtzeitige Aufdeckung dieses Fehlverhaltens auf keinem Kontrollmangel beruht und die Ausgaben nicht von dem Dritten rückvereinnahmt werden konnten.[102] Diese unter dem Begriff der Unregelmäßigkeiten zusammengefassten Konstellationen haben in der Vergangenheit zu **größeren Außenständen** der EU gegenüber den Mitgliedstaaten geführt, da sich die Mitgliedstaaten oft nicht in der Lage sahen oder Willens waren, die zugehörigen nationalen Verwaltungs- oder Gerichtsverfahren innerhalb einer angemessenen Zeit abzuschließen. Daher normieren Art. 54 ff VO (EU) Nr. 1306/2013 für die beiden Agrarfonds umfangreiche Bestimmungen, um dieser Situation abzuhelfen. Dazu gehört eine **„Pauschalerstattung"** für die Wiedereinziehungskosten und eine Teilung der Ausgabenlast, falls die Wiedereinziehung nicht innerhalb von **vier Jahren** nach der ersten amtlichen oder gerichtlichen Feststellung bzw acht Jahre im Falle eines nationalen Gerichtsverfahrens erfolgt. Nur in wenigen Fällen gelingt es den Mitgliedstaaten, einen ausreichenden **Entlastungsbeweis** zu erbringen. Auch der Hinweis der Mitgliedstaaten auf ein ihrer Ansicht nach widersprüchliches oder unvollständiges EU-Recht ist vom EuGH regelmäßig nicht als Rechtfertigung für die in dem jeweiligen Verfahren umstrittene Verausgabung von Agrarfondsmitteln anerkannt worden. 54

Diese strikte Regelung hat mit zu dem Grundsatz geführt, dass die Mitgliedstaaten rechtswidrig verausgabte Agrarbeihilfen prinzipiell zurückzufordern haben und ein eventueller **Vertrauensschutz** des jeweils Beihilfebegünstigten nur noch einzelfallbezogen in Betracht kommt.[103] Entsprechend normiert in Deutschland § 10 MOG (vgl zum MOG näher Rn 213 ff) für Agrarmarkt- und Direktzahlungsbeihilfen eine **Aufhebungs- und Rückerstattungspflicht** in Bezug auf fehlerhafte Zuwendungsbescheide. Entschieden ist die Frage, ob bei Schwächen des Kontrollsystems in einzelnen Bundesländern, die im Rahmen von EU-Agrarfondskontrollen festgestellt wurden, die Europäische Kommission auf vergleichbare Schwächen in nicht kontrollierten Bundesländern schließen darf. Diese so genannte **bundesländerübergreifende Anlastung**, gegen die sich Deutschland unter Verweis auf sein föderales System vor dem EuGH gewehrt hat, ist vom EuGH mit der Einschränkung gebilligt worden, dass die Europäische Kommission in Bezug auf die nicht kontrollierten Bundesländer einen Entlastungsbeweis zuzulassen hat.[104] 55

Anders als noch die Verordnung (EWG) Nr. 729/70 öffnete die Verordnung (EG) Nr. 1258/1999 die Abteilung Garantie des EAGFL für Agrarstrukturmaßnahmen. Hintergrund war, dass die **EU-Agrarstrukturpolitik ab 1992 verstärkt** ausgebaut wurde, die Agrarstrukturmittel in der damaligen Finanzplanung allerdings nicht in ausreichender Höhe vorgesehen waren. Die Haushaltskrisen der EU, die ab 1984 durch die stetig gestiegenen Agrarmarktmittel entstanden waren (vgl Rn 34), hatten zwar 1988 zur Schaffung einer Obergrenze für die Abteilung Garantie des EAGFL in Form einer so genannten jährlichen **Agrarleitlinie**[105] geführt, die in den folgenden Jahren jedoch nicht 56

101 Vgl nur EuGH, Rs. C-56/91 (Griechenland/Kommission), Slg 1993, I-3433, Rn 33 ff.

102 Vgl näher zu der im Einzelnen strittigen Auslegung der maßgeblichen Kriterien *Mögele*, S. 98 ff, mwN, und insbesondere zu Fragen der Beweislast *van Rijn*, in: von der Groeben/Schwarze, Art. 34 EG, Rn 69 ff.

103 Vgl zu den vom EuGH entwickelten Prinzipien in Bezug auf die Rückforderung von Agrarbeihilfen gegenüber Marktbeteiligten *Busse*, in: Lenz/Borchardt, Art. 40 AEUV, Rn 92 ff, sowie vorliegend näher zum Vertrauensschutz Rn 243.

104 EuGH, Rs. C-344/01 (Deutschland/Kommission), Slg 2004, I-2081, Rn 60 ff.; s. als Nachfolgeentscheidung etwa EuG, Rs. T-368/05 (Österreich/Kommission), ECLI:EU:T 2009:305, Rn 198 ff.

105 Vgl Ratsentscheidung 88/377/EWG (ABl. 1988 L 185, S. 29) betreffend die Haushaltsdisziplin und nachfolgend Ratsentscheidung 94/729/EG (ABl. 1994 L 293, S. 14) sowie VO (EG) Nr. 2040/2000 (ABl. 2000 L 244, S. 27).

vollständig ausgeschöpft wurde. Um diese frei gebliebenen Mittel nicht verfallen zu lassen, wurden sie für Agrarstrukturmaßnahmen genutzt.[106] Grundsätzlich fallen gegenwärtig die Agrarmarkt- und Betriebsprämienausgaben in den EGFL und die Agrarstrukturmaßnahmen in den ELER, wobei allerdings eine gewisse Flexibilität besteht.

57 Die Agrarleitlinie stand in engem Zusammenhang zu dem Instrument der **Finanziellen Vorausschau,** mit dem für jeweils mehrere Jahre Ausgabenobergrenzen für die einzelnen Sachbereiche der EU und damit auch für den Bereich Landwirtschaft geschaffen wurden. Die Finanzielle Vorausschau 2007 bis 2013 hat das Instrument der Agrarleitlinie in sich aufgenommen und daher zu dessen Aufhebung geführt.[107] Die Finanziellen Vorausschauen waren ihrerseits bis 2013 Bestandteil der jeweiligen **Interinstitutionellen Vereinbarung über die Haushaltsdisziplin.**[108] Durch den AEUV ist die Finanzielle Vorausschau kodifiziert worden. Gemäß Art. 312 AEUV stellt nunmehr der Rat mit Zustimmung des Europäischen Parlaments für einen Zeitraum von mindestens fünf Jahren einen Mehrjährigen Finanzrahmen (MFR) mittels einer Verordnung auf. Dies ist für den Zeitraum 2014 bis 2020 durch die Verordnung (EU) Nr. 1311/2013 (ABl. 2013 L 347, S. 884) geschehen. In der Anlage I zu dieser Verordnung sind die „Mittel für Verpflichtungen" im Bereich „marktbezogene Ausgaben und Direktzahlungen" enthalten, die eine jährlich sinkende Tendenz aufweisen. Der MFR besitzt eine enge Verbindung zu dem gleichzeitig verhandelten **Eigenmittelbeschluss der EU,** der allerdings gegenwärtig für den Zeitraum 2014 bis 2020 noch nicht beschlossen ist und daher nach seiner Ratifizierung durch die nationalen Parlamente rückwirkend in Kraft treten muss. Zu beachten ist ebenfalls, dass gemäß Art. 314 AEUV hinsichtlich der Beteiligung des Europäischen Parlaments die vormalige Trennung des Art. 272 Abs. 4 Unterabs. 2 EGV zwischen obligatorischen und nichtobligatorischen Ausgaben der EU aufgehoben wurde und folglich **keine absolute Mehrheit** im Europäischen Parlament für die Änderung von obligatorischen Ausgaben mehr erforderlich ist.

58 In Bezug auf die den Agrarbereich nicht unerheblich betreffende **Einnahmenseite der EU** soll lediglich darauf hingewiesen werden, dass nach Art. 2 Abs. 1 Buchstabe a des gegenwärtig geltenden **Eigenmittelbeschlusses 2007/436/EG** (ABl. 2007 L 163, S. 17) zu den „in den Haushaltsplan der Europäischen Union einzusetzenden Eigenmitteln" „Abschöpfungen, Prämien, Zusatz- oder Ausgleichsbeträge, zusätzliche Teilbeträge und andere Abgaben … sowie Abgaben, die im Rahmen der gemeinsamen Marktorganisation für Zucker vorgesehen sind", gehören. Gemäß Art. 2 Abs. 3 des Beschlusses stehen den Mitgliedstaaten **25 % dieser Einnahmen** als Ausgleich für deren Erhebung zu. Nach dem EuGH müssen die Mitgliedstaaten auch dann die in Art. 2 Abs. 1 als Eigenmittel benannten Finanzmittel an die EU abführen, wenn sie diese Mittel entgegen den einschlägigen EU-Vorschriften nicht gegenüber den jeweils zahlungspflichtigen Privatpersonen erhoben haben. Im konkreten Fall ging es um die – unstreitig EU-rechtswidrige – Nichterhebung von Einfuhrzöllen auf tiefgefrorene chinesische Hülsenfrüchte. Der EuGH verwies für die **Abführungspflicht der Mitgliedstaaten** auf den Charakter der Zölle als Eigenmittel.[109]

2. Kontrollbefugnisse der Europäischen Kommission

59 Nach Art. 48 VO (EU) Nr. 1306/2013 kann die **Europäische Kommission** alle für die Überprüfung der ordnungsgemäßen Verausgabung der Agrarfondsmittel notwendigen **Unterlagen verlangen** und auch selbst in den Mitgliedstaaten entsprechende Kontrollen durchführen. In diesem Zusammenhang unternimmt die Europäische Kommission nicht nur Kontrollen der mitgliedstaatlichen **Zahlstellen,** die nach Art. 7 VO (EU) Nr. 1306/2013 besonderen Voraussetzungen und einem eigenen

---

106 Vgl die VO (EWG) Nr. 1992/93 (ABl. 1993 L 182, S. 12), die „die Umstellung der Finanzierung bestimmter Beihilfen von der Abteilung Ausrichtung auf die Abteilung Garantie des EAGFL" regelte.

107 Vgl die VO (EG) Nr. 1248/2007 (ABl. 2007 L 282, S. 3).

108 Vgl Vereinbarung vom 29.6.1988, ABl. 1988 L 185, S. 33 (1988-1992); Vereinbarung vom 23.10.1993, ABl. 1993 C 331, S. 1 (1993-1999); Vereinbarung vom 6.5.1999, ABl. 1999 C 172, S. 1 (2000-2006), Vereinbarung vom 17.5.2006, ABl. 2006 C 139 S. 1 (2007-2013); Vereinbarung vom 2.12.2013, ABl. 2013 C 373, S. 1 (2014-2020).

109 EuGH, Rs. C-392/02 (Kommission/Dänemark), Slg 2005, I-9811, Rn 54 ff.

Zulassungsverfahren unterliegen, sondern auch in Art. 47 VO (EU) Nr. 1306/2013 geregelte **Vor-Ort-Kontrollen** bei den Beihilfeempfängern. Verweigert ein Beihilfeempfänger eine solche Kontrolle, stellen sich die Fragen, unter welchen Voraussetzungen eine derartige Verweigerung zulässig ist und inwieweit die Mitgliedstaaten verpflichtet sind, entsprechenden Verwaltungszwang anzuwenden. Der EuGH hat hierzu allgemein ausgeführt, dass den EU-Kontrollvorschriften keine Eingriffsbefugnisse entnommen werden können und sich daher entsprechende Befugnisse allein aus dem jeweiligen nationalen Recht ergeben.[110]

Bei **Durchsuchungen** sind insofern die deutschen Grundrechte und die einschlägigen prozessualen Bestimmungen zu beachten, wie sich auch Art. 47 Abs. 1 Unterabs. 3 VO (EU) Nr. 1306/2013 entnehmen lässt: „Die genannten Kontrollbefugnisse berühren nicht die **Anwendung der nationalen Rechtsvorschriften**, die bestimmte Handlungen Bediensteten vorbehalten, die nach nationalem Recht speziell dafür benannt wurden. Die von der Kommission beauftragten Personen nehmen insbesondere nicht an Hausdurchsuchungen oder förmlichen Verhören von Personen im Rahmen des nationalen Rechts des Mitgliedstaats teil. Sie haben jedoch Zugang zu den auf diese Weise erhaltenen Informationen." Soweit Parallelen zu den Ermittlungsbefugnissen der Europäischen Kommission im Kartellrecht[111] gezogen werden, ist zu berücksichtigen, dass der Zweck der Kontrolle der Agrarfondsmittel durch die Europäische Kommission die Überprüfung der Mitgliedstaaten und nicht der Beihilfebegünstigten ist. Sofern an einigen Stellen **spezialgesetzliche Kontrollbefugnisse** der Europäischen Kommission im Agrarbereich normiert sind, können die beschriebenen Grundsätze entsprechend angewendet werden. Die Zusammenarbeit zwischen den Mitgliedstaaten sowie zwischen den Mitgliedstaaten und der Europäischen Kommission regelt für Agrar- und Zollfragen die Verordnung (EG) Nr. 515/97 (ABl. 1997 L 82, S. 1). 60

3. Schutz vor missbräuchlicher Inanspruchnahme von GAP-Mitteln

Die Mitgliedstaaten sind nach der **Verordnung (EG) Nr. 1848/2006** (ABl. 2006 L 355, S. 56)[112] verpflichtet, sämtliche **Unregelmäßigkeiten** aus dem Bereich der Agrarfonds ab einer bestimmten Höhe der EU **zu melden** und über den weiteren Fortgang der entsprechenden Untersuchungs- und Rückforderungsverfahren zu berichten. 2004 stellte der ERH in einem **Sonderbericht** fest, dass sich die Summe der von 1971 bis 2002 gemeldeten Unregelmäßigkeiten auf 3,1 Mrd. EUR belief. Hiervon wurden 537 Mio. EUR und damit 17 % von den Mitgliedstaaten bei den Beihilfeempfängern wieder eingezogen sowie 252 Mio. EUR und damit 8 % entweder zu Lasten der EU abgeschrieben oder den Mitgliedstaaten angelastet.[113] Über die Behandlung der verbliebenen 75 % war damals noch keine abschließende Entscheidung getroffen worden. Unter anderem dieses Prüfergebnis führte zu den skizzierten Regelungen der Behandlung der Unregelmäßigkeiten im Rechnungsabschlussverfahren (vgl Rn 54). Zudem wurde eine Task Force zur Bearbeitung der noch ausstehenden Fälle eingesetzt, die zu der Kommissionsentscheidung 2006/678/EG (ABl. 2006 L 278, S. 24) führte, mit der ein Großteil der Altfälle abgeschlossen wurde (317 Mio. EUR zu Lasten der Mitgliedstaaten und 176 Mio. EUR zu Lasten der EU). Ursächlich für offene Fälle sind in Deutschland unter anderem die strengen Anforderungen des **Haushaltsrechts** an endgültige Niederschlagungen und daraus resultierende langwierige Gerichtsverfahren.[114] 61

Ein gewisser Teil der Unregelmäßigkeiten dürfte auch auf **betrügerisches Verhalten** zurückzuführen sein. In Deutschland haben entsprechende Fälle – etwa die so genannten Magermilchpulver-Verfälschungsfälle – Schwierigkeiten bei der strafrechtlichen Erfassung aufgeworfen und erheblich dazu beigetragen, 1976 mit § 264 StGB den eigenständigen Straftatbestand des **Subventionsbetruges** und 62

110 EuGH, Rs. 267/78 (Kommission/Italien), Slg 1980, 31, Rn 19 ff; vgl näher *Mögele*, S. 108 ff.

111 Vgl dazu *de Bronett*, in: von der Groeben/Schwarze, nach Art. 83 EG, Rn 17 ff.

112 Vorgänger: VO (EWG) Nr. 283/72 (ABl. 1972, L 36, S. 1) und VO (EWG) Nr. 595/91 (ABl. 1991 L 67, S. 11).

113 *ERH*, Sonderbericht Nr. 3/2004 über die Wiedereinziehung vorschriftswidriger Zahlungen im Rahmen der gemeinsamen Agrarpolitik, S. 2.

114 Vgl weiterhin kritisch *ERH*, Sonderbericht Nr. 8/2011 über die Wiedereinziehung rechtsgrundlos geleisteter Zahlungen im Rahmen der gemeinsamen Agrarpolitik, S. 7 f.

ergänzend das Subventionsgesetz vom 29.7.1976 zu schaffen. Zusätzlich wurde die **Reichweite der deutschen Strafgewalt** durch § 6 Nr. 8 StGB sowie für die Hinterziehung von EU-Abgaben durch § 370 Abs. 6 AO und § 35 MOG erweitert.[115] Die EU reagierte neben der Einrichtung so genannter **schwarzer Listen** mit auffälligen Unternehmen im Bereich des EGFL durch die Verordnung (EG) Nr. 1469/95 (ABl. 1995 L 145, S. 1) zum einen mit der 1993 erfolgten Einfügung des Art. 325 AEUV über den Schutz der finanziellen Interessen der EU sowie dem Erlass der entsprechenden **Verordnung (EG) Nr. 2988/95** (ABl. 1995 L 312, S. 1).[116] Art. 1 Abs. 2 VO (EG) Nr. 2988/95 enthält eine horizontale und breit angelegte **Definition von Unregelmäßigkeiten.** In Art. 2 Abs. 2 VO (EG) Nr. 2988/95 spiegelt sich der **nullum-crimen-Grundsatz** wider. Art. 4 VO (EG) Nr. 2988/95 grenzt den „Entzug des rechtswidrig erlangten Vorteils" von den Sanktionen ab. Art. 5 und 6 VO (EG) Nr. 2988/95 regeln das Verhältnis zwischen den in der Verordnung (EG) Nr. 2988/95 normierten „verwaltungsrechtlichen Sanktionen" und den dort nicht erfassten „Strafverfahren". Zum anderen erfolgte am 26.7.1995 die Verabschiedung eines auf den damaligen Art. K.3 EUV gestützten **Übereinkommens über den Schutz der finanziellen Interessen der EU** (ABl. 1995 C 316, S. 49), das in Abgrenzung zu der verwaltungsbezogenen Verordnung (EG) Nr. 2988/95 die Schaffung strafrechtlicher Regelungen vorsieht und von den Mitgliedstaaten weitgehend ratifiziert wurde.

63 Den beschriebenen normativen Bemühungen waren mehrere einschlägige **Entscheidungen des EuGH** vorausgegangen. So hatte der EuGH im Zusammenhang mit der mitgliedstaatlichen Nichterhebung von Einfuhrabgaben auf Drittlandsmais, der in betrügerischer Absicht als Binnenmarktmais deklariert worden war, eine **Verletzung des Art. 4 Abs. 3 EUV** festgestellt, da der betroffene Mitgliedstaat „die Personen nicht strafrechtlich oder disziplinarrechtlich verfolgt hat, die möglicherweise an der Begehung und der Verdeckung der Handlungen beteiligt waren, durch die die Agrarabschöpfungen hinterzogen werden konnten".[117] Wenig später war vom EuGH in einem weiteren Grundsatzurteil zu der Reichweite der EU-Kompetenzen ausgeführt worden: „Der [EuGH] hat der Gemeinschaft wiederholt die Befugnis zugebilligt, **alle Sanktionen einzuführen**, die für die wirksame Anwendung der Regelungen auf dem Gebiete der gemeinsamen Agrarpolitik erforderlich sind. Diese Befugnis beruht auf [Art. 40 Abs. 3 und 43 Abs. 2 AEUV]. Nach der Rechtsprechung können diese Sanktionen verschiedene Formen haben ... Zu der Befugnis, Sanktionen zu verhängen, gehört, dass die Gemeinschaft im Bereich der gemeinsamen Agrarpolitik ermächtigt ist, Sanktionen vorzusehen, die von den nationalen Behörden gegen Wirtschaftsteilnehmer verhängt werden können, die sich **betrügerischer Handlungen** schuldig gemacht haben."[118]

64 Ergänzend zu der Verordnung (EG) Nr. 2988/95 – auch als EU-Finanzschutzverordnung und nach der Abkürzung ihres französischen Titels als **Pif-Verordnung** bezeichnet – wurde die **Verordnung (EG) Nr. 2185/96** (ABl. 1995 L 292, S. 2) mit speziellen Kontrollbefugnissen für die Europäische Kommission geschaffen. Auch die 1999 erfolgte Gründung des **Europäischen Amtes für Betrugsbekämpfung (OLAF)** fällt in diesen Zusammenhang. Insofern sind vom EU-Agrarbereich erhebliche Impulse für die teilweise Öffnung der Hoheitsgewalt der Mitgliedstaaten in Bezug auf strafrechtliche Regelungen der EU ausgegangen.[119] Vor dem Hintergrund der Rechtsprechung des EuGH **zu Gunsten strafrechtlicher Befugnisse der EU** als Annexkompetenz zur jeweiligen Sachkompetenz und dem neugefassten Art. 83 AEUV zu den strafrechtlichen Kompetenzen der EU ist nicht aus-

---

115 Vgl zu dieser Thematik *Busse*, § 35 MOG, Rn 3 ff, mwN.

116 Vgl eingehend *Busse*, Die EU-Finanzschutzverordnung (EG) Nr. 2988/95, in: Härtel, S. 178 ff, und *Killmann/Glaser*, Verordnung (EG, Euratom) Nr. 2988/95, 2011, jew. mN der umfangreichen Rspr; s. zu dem allg. Vorrang der Regelungen der VO (EG) Nr. 2988/95 vor sektorspezifischen Vorschriften EuGH, Rs. C-295/02 (Gerken), Slg 2004, I-6369, Rn 57.

117 EuGH, Rs. 68/88 (Kommission/Griechenland), Slg 1989, 2965, nach Rn 34.

118 EuGH, Rs. C-240/90 (Deutschland/Kommission), Slg 1992, I-5383, Rn 13.

119 Vgl aus der umfangreichen Literatur zum Schutz der finanziellen Interessen der EU mwN zum Agrarbereich *Hedtmann*, EuR 2002, 122, und *Prieß/Spitzer*, in: von der Groeben/Schwarze, Art. 280 EG, vor Rn 1, die, Rn 130, auch die Abgrenzung zu Art. 43 AEUV behandeln.

zuschließen, dass die Europäische Kommission auch im Agrarbereich einschlägige strafrechtliche Bestimmungen vorschlagen könnte.[120]

4. Offenlegung der Empfänger von EU-Agrarbeihilfen

65 Ein indirektes Mittel, die Ordnungsgemäßheit von Agrarbeihilfezahlungen zu erreichen, ist die **Veröffentlichung der Zahlungen.** 2006 wurde im Rahmen der so genannten Transparenzinitiative Art. 53 b Abs. 2 Unterabs. 1 Buchstabe d EU-Haushaltsverordnung (EG) Nr. 1605/2002 geschaffen, der sich inzwischen in Art. 59 Abs. 4 Buchstabe d der neuen EU-Haushaltsordnung (EU) Nr. 966/2012 (ABl. 2012 L 298, S. 1) befindet. Diese Bestimmung fordert, dass die Mitgliedstaaten im Fall einer zwischen EU und Mitgliedstaaten geteilten Mittelverwaltung „für die nachträgliche Veröffentlichung“ der in Art. 35 Abs. 2 VO (EU) Nr. 966/2012 genannten Angaben sorgen müssen. Die in Bezug genommene Vorschrift besagt, dass **„in geeigneter Weise und zeitnah Informationen über Empfänger** ... der aus dem Haushalt finanzierten Maßnahmen“ zur Verfügung zu stellen sind. Art. 35 Abs. 3 Unterabs. 1 VO (EU) Nr. 966/2012 ordnet die Beachtung der „einschlägigen Vertraulichkeitserfordernisse und Sicherheitserfordernisse“ und „insbesondere den **Schutz personenbezogener Daten**“ an. Unterabs. 2 beschränkt die Angabe bei „natürlichen Personen ... auf den Namen und den Ort des Empfängers, den gewährten Betrag und den Zweck der Gewährung“. Die „Offenlegung dieser Angaben“ muss „auf relevante Kriterien wie etwa die Häufigkeit der Gewährung oder die Art oder die Bedeutung der Gewährung“ rekurrieren. Die „Kriterien für die Offenlegung und die Detailgenauigkeit“ richten sich nach „den Besonderheiten des Sektors“. Gemäß Unterabs. 3 kann die Europäische Kommission dazu delegierte Rechtsakte erlassen. Im Übrigen wird für die „Detailgenauigkeit und die Kriterien“ auf die „entsprechenden sektorspezifischen Vorschriften“ verwiesen.

66 Zur Konkretisierung des ursprünglichen Art. 53 b Abs. 2 VO (EG) Nr. 1605/2002 verpflichtete der durch die Verordnung (EG) Nr. 1437/2007 (ABl. 2007 L 322, S. 1) eingefügte **Art. 44 a Verordnung (EG) Nr. 1290/2005** die Mitgliedstaaten für den Bereich der EU-Agrarbeihilfen, hinsichtlich jedes EU-Haushaltsjahres (16.10. bis 15.10. des Folgejahres) nachträglich sämtliche Empfänger von Agrarfondsmitteln einschließlich der ihnen gewährten Beträge zu veröffentlichen. Zur Durchführung erging die **Kommissionsverordnung (EG) Nr. 259/2008** (ABl. 2008 L 76, S. 28) sowie in Deutschland das **Agrar- und Fischereifonds-Informationen-Gesetz** (AFIG) vom 26.11.2008 und darauf gestützt die **Agrar- und Fischereifonds-Informationen-Verordnung** (AFIVO) vom 10.12.2008. Nach § 2 Abs. 1 AFIG wurden die einschlägigen Informationen von den für die jeweilige Mittelverausgabung zuständigen Stellen von Bund und Bundesländern auf einer von der **BLE betriebenen Internetseite**[121] veröffentlicht. Zahlreiche Landwirte haben sich in Deutschland gegen die Veröffentlichung gerichtlich gewehrt. Die Gerichte teilten die Bedenken der Landwirte – Unverhältnismäßigkeit und Verletzung des Datenschutzes – überwiegend nicht.[122]

67 Das VG Wiesbaden legte hingegen dem EuGH 2009 mehrere Vorabentscheidungsfragen zur Frage der Rechtmäßigkeit der Veröffentlichung vor.[123] Der EuGH erklärte daraufhin Art. 44 a VO (EG) Nr. 1290/2005 **bezüglich natürlicher Personen für nichtig,** da der Bestimmung hinsichtlich dieser

120 Vgl allg. *Nelles/Tinkl/Lauchstädt* in § 42 des vorliegenden Handbuchs sowie die Mitteilung der Europäischen Kommission „Auf dem Weg zu einer europäischen Strafrechtspolitik“, KOM (2011) 573 v. 20.9.2011, in der die Bekämpfung der illegalen Fischerei genannt wird. In der vorangegangenen Mitteilung „Schutz der finanziellen Interessen der Europäischen Union durch strafrechtliche Vorschriften und verwaltungsrechtliche Untersuchungen“, KOM (2011) 293 v. 26.5.2011 wurde erwogen, die Verordnung (EG) Nr. 2988/95 durch strafrechtliche Bestimmungen zu ergänzen. 2012 hat die Europäische Kommission den Legislativvorschlag für eine entsprechende Richtlinie vorgelegt (KOM [2012] 363 v. 11.7.2012), der sich gegenwärtig noch im Gesetzgebungsverfahren befindet.

121 www.agrar-fischerei-zahlungen.de.

122 Vgl etwa VG Minden, 14.4.2009 – 2 L 195/09 – juris, bestätigt durch OVG Münster, 24.4.2009 – 16 B 485/09 – RdL 2009, 214; OVG Schleswig, 3.6.2009 – 2 MB 7/09 – NVwZ 2009, 1117; HessVGH, 9.6.2009 – 10 B 1503/09 – juris; s. zur Frage einer Veröffentlichungspflicht nach dem IFG und UIG VG Köln, 23.10.2008 – 13 K 5055/06 und 13 K 4705/06 – juris, sowie BVerwG, 28.5.2009 – 7 C 18/08 – NVwZ 2009, 1113.

123 27.2.2009 – 6 K 1045/08.WI – RdL 2009, 162; s. dazu *Norer*, AUR 2009, 241.

Personen keine Verhältnismäßigkeitsprüfung zugrunde gelegen hätte und dadurch Art. 7 und 8 EU-Grundrechtecharta verletzt seien. Die Wirkung dieses Urteils beschränkte der EuGH auf noch nicht vorgenommene Veröffentlichungen.[124] Die Europäische Kommission nahm als Folge mit der Änderungsverordnung (EU) Nr. 410/2011 (ABl. 2011 L 108, S. 24) natürliche Personen aus dem Anwendungsbereich der Durchführungsverordnung (EG) Nr. 259/2008 aus. Die vom EuGH für natürliche Personen aufgestellten **Grundsätze** wurden 2012 in dem beschriebenen Art. 35 Abs. 3 VO (EU) Nr. 966/2012 **kodifiziert.** Für den Agrarbereich normieren Art. 111 ff VO (EU) Nr. 1306/2013 die Einzelheiten der Veröffentlichung und verzichten bei **Kleinerzeugern** auf die Nennung des Namens. Gemäß Art. 8 der Verordnung (EU) Nr. 1310/2013 (ABl. 2013 L 347, S. 865), die umfangreiche Übergangsbestimmungen zur GAP-Reform 2014/15 enthält, gelten diese neuen Vorschriften allerdings noch nicht für die 2014 erfolgte Veröffentlichung der Beihilfedaten des Jahres 2013. Ab 2015 sind das AFIG und die AFIVO anzupassen.

5. Fakultative und obligatorische Kofinanzierung

68 Im finanziellen Bereich stellt sich weiterhin die Frage der so genannten **obligatorischen Kofinanzierung.** So gibt es inzwischen zahlreiche Bereiche, in denen sich die EU an Maßnahmen der GAP **lediglich finanziell beteiligt.** Dazu gehören nach Art. 4 f VO (EU) Nr. 1306/2013 Informations- und Absatzfördermaßnahmen, Maßnahmen betreffend Tierseuchen und den Vertrauensverlust der Verbraucher, das Schulobst- und Schulgemüseprogramm sowie der gesamte Bereich des ELER. Soweit derartige Maßnahmen teilweise zwingend von den Mitgliedstaaten durchzuführen sind, haben die Mitgliedstaaten den nicht von der EU getragene Finanzierungsanteil zwangsläufig aufzubringen (obligatorische Kofinanzierung), wobei allerdings für den ELER als wichtigsten Bereich die Mitgliedstaaten über die Durchführung der einzelnen Maßnahmen grundsätzlich frei entscheiden können (**fakultative Kofinanzierung**).

69 Im Zusammenhang mit der **zweiten BSE-Krise 2000/01** normierte die Europäischen Kommission **Stützungsmaßnahmen für den Rindfleischmarkt** als Agrarmarktmaßnahmen in Form einer obligatorischen Kofinanzierung. Hiergegen wurde von Seiten Deutschlands mit den Argumenten geklagt, dass erstens der Rat die Europäische Kommission nicht zur Anordnung einer derartigen Finanzierungsweise ermächtigt habe, zweitens die Finanzierungsverordnungen des Rates den Grundsatz der EU-Vollfinanzierung von Agrarmarktmaßnahmen vorsehen und drittens durch eine obligatorische Kofinanzierung das Haushaltsprimärrecht der EU umgegangen würde. Unter Offenlassung der dritten Frage hat der EuGH der Klage stattgegeben und die streitgegenständliche Kofinanzierungsbestimmung der Kommissionsverordnung **für nichtig erklärt.**[125] Anders entschied der EuGH für den in einer Kommissionsverordnung angeordneten mitgliedstaatlichen Anteil an den Kosten der BSE-Rindertests 2001, da das einschlägige Ratsrecht für solche Veterinärmaßnahmen ausdrücklich eine Kofinanzierung vorgesehen habe.[126]

6. Anlastungsverteilung zwischen Bund und Bundesländern

70 Was den Bereich der **Anlastungen** bei nicht rechtskonform verausgabten Agrarfinanzmitteln der EU betrifft (vgl Rn 51), so **war** zwischen Bund und Bundesländern **streitig,** ob derartige Anlastungen in jedem Fall vom Bund zu tragen sind oder der Bund in Fällen, in denen die Durchführungszuständigkeit für die betroffene Beihilferegelung bei den Bundesländern liegt, die Anlastung an das jeweils betroffene Bundesland „weitergeben" darf. Denn da die EU den Anlastungsbetrag regelmäßig von Zahlungen der EU an den betreffenden Mitgliedstaat abzieht, dh eine Aufrechnung vornimmt, ist auch in Fällen, in denen die Durchführungszuständigkeit bei den Bundesländern liegt, zunächst der Bund betroffen. Um die entsprechenden Mittel von den Bundesländern zu erhalten,

---

124 EuGH, Rs. C-92/09 und C-93/09 (Schecke und Eifert), Slg 2010, I-11063, Rn 53 ff; vgl zum Ganzen *List*, Die Reichweite des Datenschutzes im unionsrechtlichen Leistungsschutzsystem, 2012, insbes. mit einer kritischen Würdigung zur Frage der Einwilligung der Beihilfeempfänger in die Veröffentlichung ihrer Daten.

125 EuGH, Rs. C-239/01 (Deutschland/Kommission), Slg 2003, I-10333, Rn 54 ff; s. dazu *Busse*, VerwArch 2003, 483.

126 EuGH, Rs. C-430/07 (Gosschalk), Slg 2009, I-5367, Rn 44 ff.

wählt der Bund in der Regel ebenfalls den **Weg der Aufrechnung**, indem er den Anlastungsbetrag mit Bundesmitteln, die den Bundesländern zustehen, verrechnet. Während der Bund auf den Konnexitätsgrundsatz des Art. 104 a Abs. 1 GG und die Haftungsregel des **Art. 104 a Abs. 5 S. 1 Hs. 2 GG** verwies, sahen die Bundesländer die Kostentragungslast auf Grund der prinzipiellen **Außenvertretungskompetenz des Bundes** gegenüber der EU allein beim Bund.[127] Eine gerichtliche Klärung vor dem BVerwG und dem BVerfG scheiterte zunächst an Verfristungsproblemen.[128]

71 2006 wurde die Frage im Rahmen der Föderalismusreform I und mit dem zugehörigen **Lastentragungsgesetz** (LastG) vom 5.9.2006 einer grundgesetzlichen Lösung zugeführt. Nach dem neuen Art. 104 a Abs. 6 GG hat derjenige die Anlastung zu tragen, zu dessen Zuständigkeits- und Aufgabenbereich die angelastete Maßnahme gehört. Bei einer **länderübergreifenden Anlastung** fallen 15 % dem Bund, 35 % den Bundesländern und die restlichen 50 % denjenigen Bundesländern, die die Anlastung verursacht haben, zur Last.[129] Kurz darauf kam es doch noch zu einer **Entscheidung des BVerfG**, das zu der vorherigen Rechtslage entsprechend der Ansicht des Bundes urteilte, Art. 104 a Abs. 5 S. 1 Hs 2 GG sei unmittelbar zu Lasten des jeweils betroffenen Bundeslandes anwendbar. Der Bund habe sich allerdings „mögliche **Mitverursachungsbeiträge** anrechnen zu lassen". Insofern stellte das BVerfG insbesondere auf eine mögliche **„Koordinierungspflicht"** des Bundes bei der Durchführung von EU-Recht ab.[130] Letzteres könnte auch im Rahmen des Art. 104 a Abs. 6 GG und des LastG relevant werden, falls die dort genannte „Zuständigkeits- und Aufgabenverteilung" eine Koordinierungsfunktion des Bundes umfasst.

III. Bedeutung des EU-Rechts für das deutsche Agrarrecht

72 Wird die **Einwirkung des EU-Rechts auf das deutsche Agrarrecht** aus einer allgemeinen Perspektive betrachtet, so existiert eine derartige Einwirkung in zweifacher Hinsicht. Zum einen findet auf das deutsche Agrarrecht das gesamte **Nicht-Agrarrecht der EU** Anwendung, soweit dessen jeweiliger Anwendungsbereich eröffnet ist und es nicht von speziellem EU-Agrarrecht verdrängt wird. Zum anderen hat eine **weitgehende Überformung des deutschen Agrarrechts** durch das EU-Agrarrecht stattgefunden. Beide Einwirkungsbereiche sollen im Folgenden anhand der Rechtsprechung des EuGH näher dargestellt werden.

1. Bedeutung des Nicht-Agrarrechts der EU

73 Das Nicht-Agrarrecht der EU hat im Agrarbereich eine **breite Wirkung entfaltet** und ist zugleich durch seine Anwendung auf landwirtschaftliche Sachverhalte in erheblichem Umfang fortentwickelt worden.

a) Grundfreiheiten

74 Zu nennen sind in diesem Zusammenhang vor allem die **fünf Grundfreiheiten** – Warenverkehrs-, Dienstleistungs-, Niederlassungs- und Kapitalverkehrsfreiheit sowie Freizügigkeit –, wobei insbesondere zur Anwendung des **freien Warenverkehrs** auf den Agrarbereich zahlreiche grundlegende Entscheidungen des EuGH ergangen sind. Angeführt seien in letzterer Hinsicht nur folgende Entscheidungen: Rs. 77/72 (Capolongo – Abgabe auf Eierverpackungen), Slg 1973, 611; Rs. 8/74 (Dassonville – Bescheinigung über Branntweinherkunft), Slg 1974, 837; Rs. 120/78 (Cassis de Dijon – Verbringen von Branntwein), Slg 1979, 649; Rs. 15/79 (Groenveld – Verbringen von Pferdefleisch), Slg 1979, 3409; Rs. 94/79 (Vriend – Inverkehrbringen von Chrysanthemenstecklingen), Slg 1980, 327; Rs. 174/82 (Sandoz – Vitaminzusätze in Lebensmitteln), Slg 1983, 2445; Rs. 314/82

127 Vgl die Darstellung der Positionen in der BT-Drucks. 15/2305 vom 24.3.2004 und näher *Busse*, MOG, Einführung, Rn 80 f, mwN.

128 BVerwG, 8.5.2002 – 3 A 1.01 – BVerwGE 116, 234; BVerfG, 7.10.2003 – 2 BvG 1/02 und 2/02 – BVerfGE 109, 1.

129 Vgl dazu *Sodan*, Die Haftung im Verhältnis zwischen Bund und Ländern nach der Föderalismusreform, in: GS Kopp, 2007, S. 379 ff.

130 BVerfG, 17.10.2006 – 2 BvG 1/04 und 2/04 – BVerfGE 116, 271; s. dazu *Deimel*, NL-BzAR 2006, 447, und *Kotzur*, JZ 2007, 253.

(Kommission/Belgien – Gebühren für Geflügelfleisch), Slg 1984, 1543; Rs. 407/85 (3 Glocken – Zutateneinschränkungen bei Teigwaren), Slg 1988, 4233; Rs. C-1/96 (World Farming – Verbringungsverbot für Kälber), Slg 1998, I-1251; Rs. C-217/99 (Kommission/Belgien – Angaben auf Lebensmitteletiketten), Slg 2000, I-10251; Rs. C-216/01 und C-478/07 (Budvar I und II – geografische Herkunftsangabe), Slg. 2003, I-13617, und Slg. 2009, I-7721. Zur **Dienstleistungs- und Niederlassungsfreiheit** ist etwa auf ein Urteil von 2003 betreffend Beschränkungen beim Erwerb landwirtschaftlicher Grundstücke (Rs. C-452/01 [Ospelt], Slg 2003, I-9743) und ein Urteil von 2008 betreffend Rinderbesamungsstationen (Rs. C-389/05 [Kommission/Frankreich], Slg 2008, I-5337) hinzuweisen.[131]

b) Allgemeine Rechtsgrundsätze

75 Weiterhin können beispielhaft nachstehende **allgemeine EU-Rechtsgrundsätze**, die auch für den Agrarbereich Geltung beanspruchen, mit den jeweils einschlägigen agrarrechtlichen Entscheidungen des EuGH bzw EuG genannt werden:

- Geltung der Grundrechte und insbesondere der EMRK (Rs. 29/69 [Stauder – Butterverkauf zu sozialen Zwecken], Slg 1969, 419; Rs. 11/70 [Internationale Handelsgesellschaft – Ausfuhrlizenz betreffend Maisgrieß], Slg 1970, 1125; Rs. 44/79 [Hauer – Neuanpflanzung von Weinreben], Slg 1979, 3727; Rs. 281/84 [Zuckerfabrik Bedburg], Slg 1987, 49; Rs. 5/88 [Wachauf – Milchquote], Slg 1989, 2609; Rs. C-280/93 [Deutschland/Rat – Import von Bananen], Slg 1994, I-4973); Rs. C-92/09 und C-93/09 [Schecke und Eifert – Veröffentlichung von Agrar- und Fischereibeihilfen], Slg 2010, I-11063); Anwendung des ne-bis-in-idem-Grundsatzes auf Verwaltungssanktionen (Rs. C-489/10 [Bonda – Beihilfeausschluss bei unrichtigen Angaben im Agrarbeihilfeverfahren], ECLI:EU:C:2012:319),
- Anwendungsvorrang des EU-Rechts (Rs. 106/77 [Simmenthal – Gebühren beim Rindfleischimport], Slg 1978, 629),
- unmittelbare Geltung von EU-Recht (Rs. 57/65 [Lütticke – Steuer beim Verbringen von Vollmilchpulver], Slg 1966, 257; Rs. 43/71 [Politi – Abgabe beim Verbringen von Schweinefleisch], Slg 1971, 1039; verb. Rs. 21-24/72 [International Fruit Company – Einfuhr von Tafeläpfeln], Slg 1972, 1219; Rs. 104/81 [Kupferberg I – Abgabe bei der Einfuhr von Portwein], Slg 1982, 3641),
- mittelbare Drittwirkung von Richtlinien (Rs. C-443/98 [Unilever – Etikettierung von Olivenöl], Slg 2000, I-7535),
- Gemeinschaftstreue der Mitgliedstaaten (Rs. 804/79 [Kommission/Vereinigtes Königreich – Netzmaschenweite und Fischfangquoten], Slg 1981, 1045),
- Loyalitätsgebot der EU (Rs. C-2/88 [Zwartveld – Prüfberichte über Fischfangquoten], Slg 1990, I-3365),
- Vertrauensschutz im EU-Recht (verb. Rs. 205-215/82 [Milchkontor – Rückforderung von Magermilchbeihilfen], Slg 1983, 2633) und Bestandskraft von EU-rechtswidrigen nationalen Gerichtsentscheidungen (Rs. C-435/00 [Kühne – Ausfuhrerstattung für Geflügel], Slg 2004, I-837; Rs. C-2/06 [Kempter – Ausfuhrerstattung für Rinder], Slg 2008, I-411),
- Möglichkeiten der Rückwirkung von EU-Recht (Rs. 63/83 [Kirk – Fischerei in der Zwölfmeilenzone], Slg 1984, 2689; Rs. T-310/06 [Ungarn/Kommission – Qualitätskriterien für Getreide], Slg 2007, II-4619),
- Unzulässigkeit der Wiederholung von EU-Recht im nationalen Recht (Rs. 34/73 [Variola – Getreidemarktordnung], Slg 1973, 981),
- Auferlegung von Pflichten durch eine EU-Verordnung nur, wenn sie in der Amtssprache des betreffenden Mitgliedstaates im Amtsblatt der EU veröffentlicht wurde (Rs. C-146/11 [Pimix – Abgabe auf landwirtschaftliche Erzeugnisse], ECLI:EU:C:2012:450),
- Verpflichtung nationaler Behörden, EU-Recht durchzusetzen (Rs. C-217/88 [Kommission/Deutschland – obligatorische Destillation von Tafelwein], Slg 1990, I-2879),

131 Vgl zur Niederlassungs- und Dienstleistungsfreiheit im Agrarbereich *Leidwein*, S. 422 ff.

- Zurechnung privater Stellen zu einem Mitgliedstaat (Rs. 249/81 [Kommission/Irland – Werbung Buy Irish für Agrarerzeugnisse], Slg 1982, 4005; Rs. C-325/00 [Kommission/Deutschland – Agrarwerbung durch die CMA], Slg 2002, I-9977),
- Staatshaftung von Mitgliedstaaten bei fehlerhafter Umsetzung von EU-Recht (verb. Rs. C-46/93 und C-48/93 [Brasserie du Pêcheur/Factortame II – Reinheitsgebot für Bier/Fischereifahrzeugregister], Slg 1996, I-1029; Rs. C-445/06 [Danske Slagterier – Behandlung und Verbringen von Eberfleisch], Slg. 2009, I-2119) oder der EU bei fehlerhaften EU-Rechtsakten (verb. Rs. 83/76 u.a. [Bayerische HNL – Ankauf von Magermilchpulver], Slg 1978, 1209; Rs. 101/78 [Granaria II – Lizenzen für Futtermittel], Slg 1979, 623; Rs. C-104/89 und C-37/90 [Mulder II – Milchquote], Slg 1992, I-3061; EuG, Rs. T-195/94 und 202/94 [Quiller – Milchquote], Slg 1997, II-2247)).

c) Institutionelle Fragen

Bei der **Klärung institutioneller Fragen** hat der Agrarrechtsbereich ebenfalls eine besondere Rolle gespielt, wie folgende Beispiele zeigen: 76

- Aussetzung des Vollzugs von EU-Recht durch nationale Gerichte (verb. Rs. C-143/88 [Zuckerfabrik Süderdithmarschen – Abgabe im Zuckerbereich], Slg 1991, I-415; Rs. C-465/93 [Atlanta Fruchthandelsgesellschaft – Einfuhr von Bananen], Slg 1995, I-3761; Rs. C-68/95 [T. Port – Einfuhr von Bananen], Slg 1996, I-6065),
- einstweiliger Rechtsschutz durch den EuGH (Rs. C-180/96 R [Vereinigtes Königreich/Kommission – Ausfuhr von Rinderprodukten/BSE], Slg 1996, I-3903),
- Normenhierarchie im EU-Recht (Rs. 5/71 [Zuckerfabrik Schöppenstedt – Einführung einer Zuckermarktordnung], Slg 1971, 975), Rs. T-576/08 [Deutschland/Kommission – Nahrungsmittelverteilung an Bedürftige], Slg. 2011, II-1578),
- institutionelles Recht (Rs. 138/79 [Roquette Frères – Nichtanhörung des Europäischen Parlaments bei einem Rechtsakt über Isoglucosequoten], Slg 1980, 3333),
- Verhältnis von nationalen Gerichten zum EuGH (Rs. 146/73 [Rheinmühlen – Ausfuhrerstattung für Gerste], Slg 1974, 139),
- Begriff des Gerichts im Sinne des Art. 267 Unterabs. 2 AEUV (Rs. 102/81 [Nordsee – Fabrikfangschiffe], Slg 1982, 1095),
- Klagebefugnis von Privatpersonen vor dem EuGH bzw EuG (verb. Rs. 16/62 und 17/62 [Confédération nationale – GMO Obst und Gemüse], Slg 1962, 961; Rs. 25/62 [Plaumann – Zoll auf Clementinen], Slg 1963, 211; Rs. 26/86 [Deutz – Bezeichnung für Schaumwein], Slg 1987, 941; Rs. C-64/93 [Donatab – Quotenregelung im Tabaksektor], Slg 1993, I-3595; Rs. C-309/89 [Codorniu – Bezeichnung für Schaumwein], Slg 1994, I-1853; Rs. C-50/00 [Unión de Pequeños Agricultores – Rechtmäßigkeit einer Olivenölverordnung], Slg 2002, I-6677; Rs. T-367/10 [Bloufin – Rechtmäßigkeit eines Fischfangverbots], ECLI:EU:T:2013:97) einschließlich der Frage, unter welchen Umständen die Einrede der Nichtigkeit nach Art. 277 AEUV vor nationalen Gerichten geltend gemacht werden kann (Rs. C-441/05 [Roquette Frères], Slg 2006, I-1993),
- Grenzen für das Ermessen des EU-Gesetzgebers (Rs. C-310/04 [Spanien/Rat – Beihilfe für Baumwolle], Slg 2006, I-7285) und der Europäischen Kommission (Rs. T-262/07 [Litauen/Kommission – Beseitigung von Erzeugnisüberschüssen], ECLI:EU:T:2012:171).

2. Bedeutung des Agrarrechts der EU

Neben den Einwirkungen des Nicht-Agrarrechts der EU auf das deutsche Agrarrecht stellt das **EU-Agrarrecht** die zweite und hauptsächliche Art der Beeinflussung des deutschen Agrarrechts durch EU-Recht dar, wie sich aus der nachfolgenden Beschreibung ergibt, die wie der vorherige Punkt auch Forst, Jagd und Fischerei mitumfasst. 77

a) Anteil des Agrarrechts am deutschen und am EU-Recht

78 Die zuvor skizzierte Rechtsprechung des EuGH hat bereits gezeigt, welche grundlegende Bedeutung dem EU-Agrarrecht bei der Entwicklung der EU-Rechtsordnung zugekommen ist.[132] Dem entspricht, dass die **Rechtsprechungsdatenbank der EU** unter der Sachgebietsbezeichnung Landwirtschaft und Fischerei mit Stand April 2014 rund 1.500 Entscheidungen des EuGH und des EuG verzeichnet. Da zugleich in EUR-Lex insgesamt rund 21.500 Entscheidungen enthalten waren, umfasste der Bereich Landwirtschaft zusammen mit der Fischerei etwa **7 %** aller bis dahin ergangenen Entscheidungen, wobei in den vergangenen Jahrzehnten der Prozentsatz noch wesentlich erheblicher ausgefallen ist. Zu dieser **erstaunlichen Entwicklung des Agrarbereichs**, die wohl die Erwartungen der an der Schaffung des EWG-Vertrages Beteiligten bei weitem übertroffen haben dürfte, bemerkte *Wächter* bereits 1962 im Rahmen einer Beschreibung der Anfänge des EU-Agrarmarktrechts: „Innerhalb der Europäischen Wirtschaftsgemeinschaft ist der Landwirtschaft und damit der Agrarpolitik bisher eine Rolle zugekommen, die über die … Bedeutung der Landwirtschaft als ökonomischer und sozialer Faktor in den sechs Mitgliedstaaten überraschend weit hinausgeht: Die Landwirtschaft … ist mehr und mehr zum **Gradmesser des Integrationswillens** und der Integrationsfähigkeit der im ganzen doch als industriell zu bezeichnenden Gesellschaften Europas geworden. Das mag zum großen Teil politische Gründe haben – jedoch, wo die Ursachen auch immer liegen mögen, die Landwirtschaft ist im gewissen Sinn zum **Motor der europäischen Integration** geworden. Dabei waren die Voraussetzungen dafür so nachteilig, wie sie nur hätten sein können …“[133]

79 Die umfangreiche EuGH-Rechtsprechung zum Agrarbereich spiegelt den **hohen Anteil des Agrarrechts** am gesamten EU-Recht wider. 1965 stammten 91 % der Verordnungen aus dem Agrarbereich (158 von 174 Verordnungen). War zu dieser Zeit die EU-Rechtsetzung noch überschaubar, stieg die Zahl der erlassenen EU-Rechtsakte nach und nach auf eine nur noch schwer fassbare Höhe. 1980 wurden 3.565 Verordnungen verabschiedet, von denen über 3.100 und damit mehr als 87 % den Agrarbereich betrafen.[134] In dem 1980 erstmals erschienenen **Fundstellennachweis des geltenden Unionsrechts** nahm das Agrarrecht 41 % der Seiten ein. Von den 2000 ergangenen 2.909 Verordnungen entfielen rund 2.400 Verordnungen und folglich über 90 % auf den Agrarbereich. Seit über einem Jahrzehnt geht der **Anteil** des Agrarrechts allerdings **kontinuierlich zurück.** Im **April 2014** betrafen gemäß dem Fundstellenverzeichnis nur noch rund 16 % der Rechtsakte (3.302 von 21.407 Rechtsakten) den Agrarbereich.

80 Dass der EU-Agrarbereich gegenüber dem sonstigen EU-Recht allmählich seine **dominierende Stellung verliert,** schlägt sich auch in einem entsprechenden Rückgang des Anteils einschlägiger Entscheidungen des EuGH und des EuG an ihrer Gesamtrechtsprechung nieder. **Ursachen** hierfür sind der Abbau der Agrarstützungssysteme und der Ausbau der übrigen EU-Rechtsetzung. Für das deutsche Recht ist eine ähnliche Entwicklung zu verzeichnen.[135] Im **Fundstellennachweis A zum BGBl.** entfielen 1970 auf die Kapitel 78 und 79 (Landwirtschaft und Ernährungswirtschaft; Forstwirtschaft, Jagdwesen und Fischerei) 8 % des Gesamtumfangs (16 von 192 Seiten). Insgesamt waren 362 damals geltende Gesetze und Verordnungen verzeichnet. 1980 stieg der Anteil auf 12 % (37 von 318 Seiten). Enthalten waren rund 430 Rechtsakte. 1990 fiel der Anteil auf 7 % (30 von 441 Seiten) mit etwa 400 Rechtsakten und 2000 auf 6 % (35 von 557 Seiten) mit rund 370 verzeichne-

---

132 Vgl auch *Booß*, in: Grabitz/Hilf, vor Art. 32 EG, Rn 49: „[D]ie Urteile des [EuGH] zu Fragen des Agrarmarktes stellen nicht nur den umfangreichsten Komplex seiner Rechtsprechung dar, sondern wohl auch den für die Entwicklung des Gemeinschaftsrechts wichtigsten und fruchtbarsten.“ und *Ehlermann*, AgrarR 1989, Beilage II, 3, 4: „Die Kenntnis der Grundprinzipien des Agrarrechts [der EU] ist ein kostbares Gut, dessen Wert kaum zu überschätzen ist.“

133 *Wächter*, BüL 1962, 709.

134 Bei der Würdigung dieser Zahlen ist allerdings zu beachten, dass eine größere Zahl von Verordnungen Regelungen wie etwa Ausschreibungsfestsetzungen beinhalten, die einem Verwaltungsakt in Gestalt einer Allgemeinverfügung nahe kommen.

135 Das von seinem Umfang her weit hinter dem Bundesrecht zurückstehende Agrarrecht der Bundesländer soll vorliegend außer Betracht bleiben.

ten Rechtsakten. Seitdem verharrt das Agrarrecht **zwischen 6 und 7 %** (2008: 40 von 626 Seiten; 2013: 44 von 724 Seiten). Die Zahlen verdeutlichen trotz des Rückgangs die **enorme Anzahl von Rechtsakten**, aus denen das deutsche und EU-Agrarrecht besteht, und die daraus resultierende Schwierigkeit, eine Kurzdarstellung der agrarrechtlichen Beziehungen beider Rechtsordnungen zu unternehmen. Hinzu kommt, dass die meisten Agrarrechtsakte **in zumeist nur geringen Zeitabständen Änderungen** unterliegen. Die nähere Kenntnis aller gegenwärtig rund 320 Agrarrechtsakte des Bundes und das deutsche Agrarrecht beeinflussender rund 3.000 EU-Agrarrechtsakte ist einer einzelnen Person wohl kaum möglich.

b) Systematik beider Rechtsordnungen im Agrarbereich

Eine weitere Schwierigkeit ist die unterschiedliche Systematik beider Rechtsordnungen im Agrarbereich (vgl bereits Rn 29), die durch eine Gegenüberstellung der **Gliederung beider Fundstellennachweise** veranschaulicht werden kann. Der **Fundstellennachweis des geltenden Unionsrechts** ist gegenwärtig in Bezug auf den Agrarbereich in die **acht Abschnitte** 1) Allgemeines (vor allem Schutz von Ursprungsbezeichnungen), 2) Ziele der gemeinsamen Agrarpolitik, 3) Gestaltung und Durchführung des gemeinsamen Agrarpolitik, 4) Gemeinsame Marktorganisationen, 5) Harmonisierung der Rechtsvorschriften, 6) Strukturpolitik, 7) Finanzierung und 8) Fischerei aufgeteilt. Der **Fundstellennachweis A zum BGBl.** gliedert sich demgegenüber zur Zeit in die **elf Abschnitte** 1) Organisation der Landwirtschaft, 2) Landwirtschaftliches Bodenrecht, 3) Bodennutzung und Tierhaltung, 4) Veterinärwesen, 5) Marktordnung für Landwirtschaft und Ernährungswirtschaft, 6) Preisrecht für Landwirtschaft und Ernährungswirtschaft (nicht belegt), 7) Statistik für Landwirtschaft und Ernährungswirtschaft, 8) Forstwirtschaft, 9) Naturschutz, 10) Jagdwesen und 11) Fischerei auf, wobei anders als im Fundstellennachweis des geltenden Gemeinschaftsrechts **völkerrechtliche Abkommen** gesondert im Fundstellennachweis B zum BGBl. verzeichnet sind. Wird dieses deutsche Agrarrecht in seiner Gesamtheit aus dem Blickwinkel des EU-Rechts betrachtet, besteht es aus **zwei Bereichen** (vgl bereits Rn 9). Zum einen existieren Rechtsakte, die überhaupt nicht oder nur in Teilen auf EU-Recht Bezug nehmen und zu dessen Umsetzung dienen. Zum anderen bestehen Rechtsakte wie beispielsweise das MOG und das Betriebsprämiendurchführungsgesetz, die ausschließlich oder zumindest größtenteils zur Durchführung von EU-Recht erlassen worden sind.[136] Für den Bereich des Agrarmarktrechts soll auf diese Zweiteilung später ausführlicher eingegangen werden (vgl Rn 207 ff). 81

c) Rechtsprechung des BVerfG zum EU-Agrarrecht

Eine **besondere Bedeutung** hat das EU-Agrarrecht nicht nur im Rahmen der Rechtsprechung des EuGH, sondern auch in Bezug auf die Rechtsprechung des BVerfG gespielt. Dabei geht es unter anderem um das **allgemeine Verhältnis des EU-Rechts zum deutschen Recht** und um die Prüfungskompetenz des BVerfG hinsichtlich der Vereinbarkeit von EU-Recht mit deutschem Verfassungsrecht. Im Folgenden soll diese agrarbezogene Rechtsprechung in ihrer chronologischen Reihenfolge etwas näher skizziert werden. Zunächst urteilte das BVerfG in einer der ersten Entscheidungen zum EU-Recht überhaupt, dass eine **Verfassungsbeschwerde gegen eine Verordnung** der Europäischen Kommission betreffend eine Einfuhrabgabe auf geschlachtete Hühner **unzulässig** ist, da das EU-Recht nicht der deutschen Hoheitsgewalt, sondern der eigenständigen Rechtsordnung der EU zuzurechnen ist (18.10.1967 – 1 BvR 248/63 und 216/67 – BVerfGE 22, 293, 295 ff). Im Zusammenhang mit der Frage der Zulässigkeit einer deutschen Einfuhrumsatzsteuer auf Kartoffelstärkemehl führte das BVerfG in grundlegender Weise aus, dass der deutsche Gesetzgeber „zur näheren Bestimmung von Inhalt, Zweck und Ausmaß einer Ermächtigung zum Erlass von Rechtsverordnungen auch auf **Normen und Begriffe des Rechts der Europäischen Gemeinschaften** verweisen" darf (13.10.1970 – 2 BvR 618/68 – BVerfGE 29, 198, 210; ebenso bezüglich einer Einfuhrumsatzsteuer auf Mehl, 13.10.1970 – 2 BvR 619/68 – BVerfGE 29, 213, 219). 82

136 Vgl zu der entsprechenden Systematik näher *Busse*, MOG, Einführung, Rn 1 ff.

83 Im Rahmen der Verfassungsbeschwerde eines Geflügelmästers, der von einem durch die EU veranlassten Aufwertungsausgleichsgesetz nicht begünstigt wurde, stellte das BVerfG fest, dass der deutsche Gesetzgeber „auf die **Verpflichtungen der Bundesrepublik gegenüber der Europäischen Gemeinschaft** Rücksicht nehmen" muss (8.12.1970 – 1 BvR 104/70 – BVerfGE 29, 337, 339). Ergänzend entschied das BVerfG bezüglich einer Umsatzausgleichssteuer auf Milchpulver, dass auch die **Entscheidungen des EuGH** zur Auslegung von EU-Recht Bestandteil der von Deutschland zu beachtenden EU-Rechtsordnung sind (9.6.1970 – 2 BvR 225/69 – BVerfGE 31, 145, 150). Im Streit um eine EU-Agrarabschöpfung ließ das BVerfG die Frage, ob der EuGH als gesetzlicher Richter im Sinne des Art. 101 Abs. 1 S. 2 GG anzusehen ist, zunächst offen (28.7.1971 – 2 BvR 558/69; ebenso 31.7.1973 – 2 BvR 545/72 u.a.).

84 Wenig später entschied das BVerfG, dass die konkrete **Berechnung** eines EU-rechtlich normierten Abschöpfungserhebungssatzes durch eine deutsche Behörde **keinen Rechtsakt** darstellt (28.2.1973 – 2 BvL 19/70 – BVerfGE 34, 348, 362 ff). Kurz darauf folgte die **Solange-I-Entscheidung**, in der das BVerfG im Zusammenhang mit dem Kautionsverfall wegen nur teilweiser Ausnutzung einer Ausfuhrlizenz über Maisgrieß das Verhältnis der deutschen zur EU-Rechtsordnung umfassend darstellte und sich die **Letztentscheidung** über die Konformität des EU-Rechts mit deutschen Grundrechten vorbehielt (29.5.1974 – 2 BvL 52/71 – BVerfGE 37, 271, 277 ff). Anschließend stellte das BVerfG im Rahmen einer Verfassungsbeschwerde betreffend Schutzmaßnahmen bei der Einfuhr von Pilzkonserven klar, dass die vorgenannte Entscheidung **nicht** dazu führt, dass EU-Recht unmittelbar **vor dem BVerfG angreifbar** ist (7.1.1975 – 1 BvR 444/74 – EuR 1975, 168, 168). Entsprechend urteilte das BVerfG im Zusammenhang mit der Erhebung einer deutschen Abgabe auf Zitrussaftkonzentrat, dass EU-Recht auch nicht im Wege einer **konkreten Normenkontrolle** dem BVerfG zur Prüfung vorgelegt werden kann und Auslegungen des EuGH zum EU-Primärrecht den Charakter von Primärrecht besitzen (25.7.1979 – 2 BvL 6/77 – BVerfGE 52, 187, 199 f).

85 Zum Rechtsanspruch auf eine EU-Agrarmarktintervention stellte das BVerfG fest, dass durch die Möglichkeit der Intervention nur eine **„bloße Erwerbschance"** geschaffen wird, die nicht dem Schutzbereich des Art. 14 Abs. 1 GG unterfällt (8.6.1977 – 2 BvR 499/74 und 1042/75 – BVerfGE 45, 142, 171; ebenso zu Währungsausgleichsbeträgen 29.8.1991 – 2 BvR 398/89). In seiner Solange-II-Entscheidung, in der es erneut um Schutzmaßnahmen bei der Einfuhr von Pilzkonserven ging, urteile das BVerfG zum einen, dass der **EuGH gesetzlicher Richter** im Sinne des Art. 101 Abs. 1 S. 2 GG ist, und zum anderen, dass das BVerfG angesichts eines ausreichenden Grundrechtsschutzes im EU-Recht die Vereinbarkeit von EU-Sekundärrecht mit deutschen Grundrechten nicht mehr prüfen wird (22.10.1986 – 2 BvR 197/83 – BVerfGE 73, 339, 366 ff; bestätigt für den Milchquotenbereich durch 29.12.1986 – 2 BvR 1460/84 – AgrarR 1987, 111, und 22.11.2007 – 1 BvR 2628/04 – AUR 2008, 118, 120, sowie durch mehrere Entscheidungen aus anderen EU-Rechtsbereichen). In einem Streit um Patente auf Mischfuttermittel präzisierte das BVerfG die Voraussetzungen für eine **Vorlageverpflichtung deutscher Gerichte** (9.11.1987 – 2 BvR 808/82 – EuR 1988, 191, 193 ff).

86 Weiterhin erteilte das BVerfG dem Versuch, im Wege einer Verfassungsbeschwerde gegen die Mitwirkung der Bundesregierung beim Erlass einer Richtlinie der EU zur Tabakwerbung vorzugehen, eine Absage und stellte zugleich fest, dass bei der Umsetzung einer EU-Richtlinie in deutsches Recht die **deutschen Grundrechte** zu beachten sind und bei Nichtbeachtung des „unabdingbar gebotenen Grundrechtsstandards" durch den EuGH die entsprechende Prüfungskompetenz des BVerfG wieder eröffnet ist (12.5.1989 – 2 BvQ 3/89 – EuR 1989, 270, 273). Im Zusammenhang mit der Auslegung einer deutschen Norm zu diätetischen Lebensmitteln urteilte das BVerfG, dass EU-Recht auch zur Auslegung von Inhalt, Zweck und Ausmaß einer **deutschen Verordnungsermächtigung** herangezogen werden kann, selbst wenn das EU-Recht erst nach Schaffung der Ermächtigung erlassen wurde (15.3.1990 – 1 BvR 163/89). Im Rahmen einer erneuten Auseinandersetzung um deutsche Agrarabgaben stellte das BVerfG neben weiteren Ausführungen zum EuGH als gesetzlichem Richter fest, dass die „gesamte Land- und Ernährungswirtschaft den besonderen Vorausset-

zungen des Gemeinschaftsrechts unterliegt und eine in der europäischen Rechtsordnung **vorstrukturierte Gruppe** bildet" (31.5.1990 – 2 BvL 12/88, 13/88 und 1436/87 – BVerfGE 82, 159, 184).

Auch für Bußgeldangelegenheiten hält das BVerfG **Verweisungen auf EU-Recht** – in dem entschiedenen Fall im Bereich der Seefischerei – für zulässig (19.12.1991 – 2 BvR 836/85 – NVwZ-RR 1992, 521, 522). In einem Streit um Bananenimportlizenzen entschied das BVerfG, dass **einstweiliger Rechtsschutz** durch deutsche Gerichte auch dann in Betracht kommen kann, wenn die für den Rechtsstreit entscheidende Rechtsfrage bereits beim EuGH anhängig ist (25.1.1995 – 2 BvR 2689/94 und 52/95 – EuZW 1995, 126, 127; vgl auch 8.12.1993 – 2 BvR 2723/93 und 26.4.1995 – 2 BvR 760/95 – EuZW 1995, 412, 412). Im Zusammenhang mit der offenen Deklaration von Mischfuttermitteln urteilte das BVerfG, dass bei der Bewertung der Rechtsgültigkeit von EU-Rechtsakten durch deutsche Gerichte erhebliche Zweifel an der Rechtmäßigkeit des betroffenen Rechtsaktes, die von **Gerichten anderer Mitgliedstaaten** geäußert worden sind, in die Bewertung mit einzubeziehen sind (27.7.2004 – 1 BvR 1270/04 – NVwZ 2004, 1346, 1347). Im Rahmen des Streites um die Ausgestaltung der Kulturpflanzen-Ausgleichszahlungs-Verordnung ging das BVerfG unausgesprochen davon aus, dass auch bei **mitgliedstaatlichen Optionen in EU-Verordnungen** die Nutzung der Option durch den deutschen Gesetzgeber an den deutschen Grundrechten zu messen ist (17.1.2006 – 1 BvR 541/02 und 542/02 – BVerfGE 115, 81, 95 ff). 87

Weiterhin ist auf das bereits dargestellten Urteil (vgl Rn 71) zur Frage der **Bund-Länder-Haftung** bei Agraranlastungen der EU hinzuweisen, in dem das BVerfG unter anderem feststellte, dass aus der Verantwortlichkeit des Bundes gegenüber der EU nicht pauschal geschlossen werden kann, dass auch eine innerstaatliche Verantwortung des Bundes – im vorliegenden Fall für Fehlausgaben in Deutschland – besteht (4.7.2006 – 2 BvG 1/04 und 2/04 – BVerfGE 116, 271, 322). In einem Urteil zur Verfassungsmäßigkeit der deutschen Umsetzung der EU-Betriebsprämienregelung betonte das BVerfG erneut, dass es im Falle **EU-rechtlicher Optionen** das deutsche Recht am Maßstab des Grundgesetzes prüft (14.10.2008 – 1 BvF 4/05 – DVBl. 2009, 178, 179). Zugleich unterstrich es dort die primärrechtliche Pflicht der EU-Organe, loyal mit den Mitgliedstaaten zusammenzuarbeiten. Den Reigen beschließt derzeit ein Beschluss des BVerfG zur Durchführung des EU-Milchquotenrechts. Darin erklärte das BVerfG **dynamische Verweisen** in agrarmarktrechtlichen Verordnungsermächtigungen zwecks Durchführung von EU-Recht für zulässig, soweit im EU-Recht bereits die jeweils wesentlichen Entscheidungen getroffen werden. Auch erfasst danach das Zitiergebot des Art. 80 Abs. 1 S. 3 GG nicht die Angabe von EU-Recht. Zudem kann der Straftatbestand der Hinterziehung von Agrarabgaben grundsätzlich EU-Recht in Bezug nehmen (29.4.2010 – 2 BvR 871/04 und 414/08 – BVerfK 17, 273, 284 ff). 88

3. Bedeutung für die einzelnen deutschen Agrarrechtsbereiche

Den Einwirkungen des **Nicht-Agrarrechts der EU** auf die einzelnen deutschen Agrarrechtsbereiche soll im Weiteren nicht näher nachgegangen werden. Insofern ist ein Verweis auf die Kapitel des Allgemeinen Teils des vorliegenden Handbuchs möglich. So gilt beispielsweise der **Grundsatz des freien Warenverkehrs** – vorbehaltlich speziellen EU-Agrarrechts – unterschiedslos für landwirtschaftliche und nichtlandwirtschaftliche Produkte. Ob ein bestimmter Harmonisierungszweck und -stand ausnahmsweise gestattet, den freien Warenverkehr zu beschränken, richtet sich ebenfalls nach allgemeinen Grundsätzen. Nach welchen Maßstäben als weiteres Beispiel eine Privatperson ausnahmsweise **unmittelbar gegen eine EU-Verordnung klagen** kann, ist im Agrarbereich prinzipiell nach denselben Maßstäben wie in anderen Bereichen zu beurteilen. In diesem Zusammenhang *besteht nicht selten die Gefahr*, sich von dem Umstand täuschen zu lassen, dass das EU-Agrarrecht eine komplexe Rechtsmaterie darstellt, die in gewisser Hinsicht ein **Eigenleben** führt. So hat der EuGH trotz der jeweiligen Existenz spezieller EU-Agrarregelungen in zahlreichen Fällen allgemeine Rechtsgrundsätze und Primärrechtsregelungen zur Entscheidung von Agrarsachverhalten und insbesondere der Auslegung des Agrarrechts herangezogen und damit letztlich das Entstehen einer Sonderrechtsordnung für den Agrarbereich verhindert (vgl Rn 74 ff). 89

90 In Bezug auf die Beeinflussung des deutschen Agrarrechts durch **EU-Agrarrecht** wurde bereits festgestellt, dass EU-Agrarrecht im Bereich des deutschen **Agrarprivatrechts** – wird von der Sondermaterie des Kartellrechts abgesehen – in der Regel nicht besteht (vgl Rn 45) und daher für eine weitere Betrachtung ausscheidet. In Bezug auf die beschriebenen vier Sachbereiche des deutschen öffentlichen Agrarrechts (vgl Rn 6 ff), aus denen das Fischerei-, Jagd- und Forstrecht als Sondergebiete ausgeklammert wurden, soll die EU-rechtliche Beeinflussung des **Agrarorganisations- und Agrarstatistikrechts** wegen der geringen Relevanz für die Rechtspraxis nicht näher betrachtet werden. Bemerkt sei lediglich, dass nicht nur die deutsche Agrarverwaltungsstruktur durch das Agrarfinanzkontrollrecht der EU – etwa der Notwendigkeit, unabhängige Zahlstellen oder bundesweite Kontrollmechanismen zu schaffen –, sondern auch die deutsche Agrarstatistik durch EU-rechtlich vorgeschriebene Erhebungen teilweise **erheblich beeinflusst** sind.

91 Das horizontale **Agrarfinanzrecht der EU** mit seinen mannigfaltigen und vor allem indirekten Wirkungen auf das deutsche Recht und die deutsche Rechtspraxis wurde bereits ausführlich dargestellt (vgl Rn 49 ff). Spezielle Verknüpfungen zwischen dem EU-Agrarfinanzrecht und dem deutschen Agrarfinanzrecht sind demgegenüber nicht ersichtlich. Eine punktuelle Einwirkung des sonstigen EU-Agrarrechts auf das deutsche **Agrarfinanzrecht** liegt hinsichtlich der GAK vor (vgl Rn 282). Das **deutsche Agrarproduktionsrecht** dient ebenfalls in weiten Teilen der Umsetzung von EU-Agrarrecht. Genannt seien nur das Futtermittel-, Tierseuchen- und Lebensmittelrecht. Da sich dieser Rechtsbereich jedoch weitgehend zu eigenständigen Rechtsmaterien entwickelt hat, die zum Teil in anderen Abschnitten des vorliegenden Handbuchs beschrieben sind, soll auf ihn nicht weiter eingegangen werden.[137] Es verbleibt damit im Rahmen des Besonderen Teils dieser Darstellung die Beschreibung des EU-rechtlichen Einflusses auf das deutsche **Agrarmarkt- und Agrarstrukturrecht,** wobei im letzteren Bereich lediglich das Agrarstrukturförderrecht betrachtet wird. Eingeschlossen werden soll angesichts spezieller EU-Regelungen und der entsprechenden Sachnähe das **Beihilfe- und Kartellrecht** im landwirtschaftlichen Bereich. Diesen vier Bereichen vorgeschaltet wird eine Skizzierung der **GAP-Reformen seit 2003** und insbesondere des im Rahmen der Reformen geschaffenen **Betriebsprämienrechts** als einer für das EU-Agrarrecht zentralen Rechtsmaterie.

IV. Überblick über die agrarrechtliche Literatur

92 Gegenwärtig besteht weder eine tiefgehende Gesamtbeschreibung noch eine umfassende Textsammlung des in Deutschland anzuwendenden Agrarrechts. Wie schon eine **Textausgabe** von 1993 (*Lüdtke-Handjery*, Landwirtschaftsrecht)[138] bieten zwei neuere Textausgaben (*Martinez/Garmissen*, Agrarrecht, 2014; *Gregor*, Agrarrecht, 2011) wichtige Ausschnitte des geltenden Agrarrechts. Für darüber hinausgehende **EU-Rechtstexte** ist – neben der offiziellen Datenbank EUR-Lex und privaten Datenbanken – auf das Loseblattwerk Handbuch des Europäischen Rechts von *Ehlermann/Bieber/Hall* (Abschnitt I A 24 bis 26) und für die **deutschen Rechtstexte** auf das Loseblattwerk Das Deutsche Bundesrecht (Abschnitt IV A bis Z), das zugleich einige einschlägige Kurzkommentierungen enthält, zurückzugreifen. Als Spezialsammlungen vor allem für das **Agrarmarktrecht** existiert die Vorschriftensammlung Bundesfinanzverwaltung (VSF – Amtsblatt des BMF; seit 2008 nur noch in elektronischer Form). Die von *Gottsmann* herausgegebene Loseblattsammlung Der Gemeinsame Agrarmarkt als Nachfolger des bis 1970 von *Nonhoff/Steiger/Heinrich* herausgegebenen Loseblattwerks Das deutsche Agrarrecht ist seit 1999 eingestellt.[139] Das von *Winkler* herausgegebene Loseblattwerk Europäisches Wirtschaftsrecht berührt das Agrarrecht lediglich in den Bereichen Tierarzneimittel-, Lebensmittel- und Kartellrecht. Für einige Agrarrechtsbereiche existieren **Spezialsammlungen** (etwa für den Milchbereich das von *Loos/Nebe* herausgegebene Loseblattwerk

137 Vgl als – allerdings teilweise überholten – Überblick über die EU-Agrarrechtsakte in den im Weiteren nicht behandelten Bereichen *Leidwein*, S. 299 ff.

138 *Turner/Werner* (Hrsg.), Materialien zum Agrarrecht, 1998, stellte eine auf die 2. Aufl. des in Fn 140 angeführten Lehrbuchs von *Turner* abgestimmte Normenauswahl dar.

139 Offenbar ebenfalls eingestellt ist das von *Wilhelmi* herausgegebene Loseblattwerk Agrarmarktgesetze und Verordnungen.

Das Recht der Milchwirtschaft und für den Weinbereich das von *Koch* herausgegebene und zugleich eine systematische Darstellung enthaltene Loseblattwerk Weinrecht).

Eine **Gesamtdarstellung** des in Deutschland geltenden Agrarrechts ist nach 1945 nicht erschienen. Das umfangreichste und einer solchen Darstellung am nächsten kommende Werk ist das von *Götz/Kroeschell/Winkler* herausgegebene **Handwörterbuch des Agrarrechts** (HAR; zwei Bände, 1981 und 1982). Nach 1945 sind einige wenige Lehrbücher entstanden, die sich allerdings zumeist auf das private Agrarrecht konzentrieren.[140] Weitreichender angelegt ist demgegenüber allein das **Kurzlehrbuch** von *Grimm* (Agrarrecht, 3. Aufl. 2010). Das Agrarmarktrecht wird dort allerdings auf lediglich fünf Seiten, das Agrarstrukturrecht auf zwölf Seiten abgehandelt. Der Schwerpunkt der Darstellung liegt auch bei *Grimm* auf dem privaten Agrarrecht und zusätzlich auf dem Agrarproduktionsrecht. Die derzeit wichtigsten allgemeinen Werke zum Agrarrecht bilden drei im Zuge des 2009 eingeführten Fachanwalts für Agrarrecht entstandene Kompendien, die von *Dombert/Witt* (Agrarrecht, 2011) und *Härtel* (Handbuch des Fachanwalts Agrarrecht, 2012) herausgegeben bzw. von der Hagen Law School (Skriptenreihe Agrarrecht, 12 Bände, 2012) betreut werden. Aus **österreichischer Perspektive** stammt eine von *Norer* herausgegebene Gesamtdarstellung (Handbuch des Agrarrechts, 2. Aufl. 2012) und ein Lehrbuch von *Holzer* (Agrarrecht – Ein Leitfaden, 2. Aufl. 2011). Zugleich hat *Norer* eine **Strukturbeschreibung des Agrarrechts** mit historischen Bezügen (Lebendiges Agrarrecht – Entwicklungslinien und Perspektiven des Rechts im ländlichen Raum, 2005) veröffentlicht. Aus dem französischsprachigen Schrifttum sei die Darstellung des Kommissionsbeamten *Bianchi* (La politique agricole commune, 2. Aufl. 2012) hervorgehoben. 93

Traditionell wird das Agrarrecht auch in **Sammelwerken** zum Verwaltungsrecht, Wirtschaftsrecht oder EU-Recht berücksichtigt. Nicht mehr aktuell, aber teilweise immer noch nützlich sind insofern *Ahner* (Gemeinsame Agrarpolitik – Herzstück und Sorgenkind, in: Röttinger/Weyringer (Hrsg.), Handbuch der europäischen Integration, 2. Aufl. 1996, S. 846 ff), *Priebe* (Agrarrecht, in: Schmidt (Hrsg.), Öffentliches Wirtschaftsrecht, Besonderer Teil, Bd. 2, 1996, S. 225 ff), *Schrömbgens* (Marktordnungsrecht, in: Dorsch/Rüsken (Hrsg.), Zollrecht, Abschnitt D, Stand 1999). *Sohler* (Landwirtschafts- und Fischereirecht, Forst- und Jagdrecht, Lebensmittel- und Weinrecht, in: Bergmann/Kenntner (Hrsg.), Deutsches Verwaltungsrecht unter europäischem Einfluss, 2002, S. 753 ff) und *Huber* (Wirtschaftsverwaltungsrecht, in: Schmidt-Aßmann/Schoch (Hrsg.), Besonderes Verwaltungsrecht, 14. Aufl. 2008, S. 388 f.) Fortgeführt ist hingegen von *Norer/Bloch* eine zuvor von *Priebe/Mögele* verfasste Darstellung (Agrarrecht, in: Dauses (Hrsg.), Handbuch des EU-Wirtschaftsrechts, Abschnitt G, Stand 2011). Zu nennen sind weiterhin drei sich teilweise überschneidende Kurzbeschreibungen von *Härtel* (Europäisches Agrarverwaltungsrecht, in: Terhechte (Hrsg.), Verwaltungsrecht der Europäischen Union, 2011, S. 1323 ff; Landwirtschaftsrecht, in: Ehlers/Fehling/Pünder (Hrsg.), Besonderes Verwaltungsrecht, Bd. 1, 3. Aufl. 2012, S. 1194 ff; Agrarrecht, in: Hatje/Müller-Graff (Hrsg.), Enzyklopädie des Europarechts, Bd. 5, Baden-Baden, 2013, S. 395 ff). 94

Die wichtigsten Darstellungen für das EU-Agrarrecht dürften die jeweiligen Erläuterungen der Agrarartikel des Primärrechts in den einschlägigen **Kommentaren zum EG-Vertrag bzw AEUV** sein, wobei mehrere Erläuterungen von Mitarbeitern der Europäischen Kommission verfasst wurden (*van Rijn*, in: von der Groeben/Schwarze [2003]; *Priebe/von Rintelen*, in: Grabitz/Hilf/Nettesheim [2010/11]; *Kopp*, in: Streinz [2012]; *Thiele*, in: Calliess/Ruffert [2011]). Von außerhalb der Europäischen Kommission stammen die Kommentierungen von *Kau* (in: Hailbronner/Wilms [2004]), *Bittner* (in: Schwarze [2012]) und – unter besonderer Berücksichtigung auch des Sekundärrechts – vom Verfasser (*Busse*, in: Lenz/Borchardt [2012]). Anzuführen sind ferner die ausführ- 95

140 *Klässel*, Das Deutsche Agrarrecht, 1947; *Wiefels*, Landwirtschaftsrecht, 1948; *Kroeschell*, Landwirtschaftsrecht, 2. Aufl. 1966; *ders.*, Deutsches Agrarrecht, 1983; *Turner*, Agrarrecht: ein Grundriss, 3. Aufl. 2006. Diese geringe „Lehrbuchdichte" war schon für die Zeit bis 1933 kennzeichnend. Lediglich zwischen 1933 und 1945 entstand eine größere Anzahl Lehrbücher im Duktus der damaligen Ideologie (etwa *Molitor*, Deutsches Bauern- und Agrarrecht, 1936; *Blomeyer*, Deutsches Bauernrecht, 1937; *Richter*, Deutsches Bauernrecht, 1942; *Stoll/Baur*, Deutsches Bauernrecht, 4. Aufl. 1943; *Merkel/Wöhrmann*, Deutsches Bauernrecht, 5. Aufl. 1944).

lichen Abschnitte zum EU-Agrarrecht von *Eiden* (in: Bleckmann [Hrsg.], Europarecht, 6. Aufl. 1997, S. 764 ff) und *Classen* (in: Oppermann/Classen/Nettesheim, Europarecht, 5. Aufl. 2011, S. 419 ff).[141] *Kilian* (Europäisches Wirtschaftsrecht, 4. Aufl. 2010, S. 365 ff) bietet eine Kurzskizzierung des EU-Agrarrechts.[142] Einen äußerst detailreichen Überblick über das EU-Agrarrechts – allerdings zeitlich bereits größtenteils überholt – hat *Leidwein* (Europäisches Agrarrecht, 2. Aufl. 2004) verfasst. Eine Kommentierung der Agrarartikel in dem letztlich nicht in Kraft getretenen EVV (Art. III-225 bis 233 EVV) bietet *Lorenzmeier* (in: Vedder/Heintschel von Heinegg [Hrsg.], EVV-Handkommentar, 2007). Für eine Kurzdarstellung aus amtlicher Sicht ist auf die zuletzt 2009 überarbeitete **Broschüre der Europäischen Kommission** „Die Gemeinsame Agrarpolitik erklärt" zu verweisen.

96 Eine systematische Einführung in das in Deutschland geltende **Agrarmarktrecht** unter Einschluss des ab 2005 anwendbaren Betriebsprämienrechts stammt von Busse/Haarstrich (Agrarförderrecht, 2012). In dem MOG-Handkommentar des Verfassers findet sich eine Zusammenschau zahlreicher Rechtsprobleme bei der Durchführung des Agrarmarktrechts in Deutschland unter Berücksichtigung der einschlägigen Rechtsprechung. Neben einer Reihe von Aufsätzen gibt es zudem einige wenige Einzeluntersuchungen, wobei insbesondere der **Milchquotenbereich** hervorzuheben ist (*Gehrke*, Die Milchquotenregelung, 1996; *Thiele*, Das Recht der Gemeinsamen Agrarpolitik der EG, 1997; *Düsing*, Milchabgabeverordnung – Ratgeber für Juristen und Landwirte, 2005, mit den Vorläufern *Düsing*, Milch-Quoten-Ratgeber, 5. Aufl. 1997, und *Düsing/Kauch*, Die Zusatzabgabe im Milchsektor, 2001; *Busse*, Die Milchquotenregelung aus abgabenrechtlicher Sicht, 2010). Verwiesen sei zudem allgemein auf die **Schriften zum Agrar-, Umwelt- und Verbraucherschutzrecht**, die seit 1968 vom Institut für Landwirtschaftsrecht der Universität Göttingen herausgegeben werden und neben Monographien auch zahlreiche Tagungen des Instituts widerspiegeln. Seit 2009 erscheinen die von *Norer* herausgegebenen **Schriften zum Recht des ländlichen Raums**, darunter die Tagungsbände zu den Luzerner Agrarrechtstagen (2008: Milchkontingentierungsrecht; 2010: Gentechnik und Landwirtschaft; 2012: Agrarische Diversifikation). 2012 begann die von Härtel herausgegebene Reihe Forum Umwelt-, Agrar- und Klimaschutzrecht.

97 Zahlreiche grundsätzlichere Fragen des EU-Agrarrechts sind vor allem in dessen **Entstehungsphase ab 1962** erörtert worden (vgl etwa Institut für das Recht der Europäischen Gemeinschaften der Universität Köln [Hrsg.], Agrarrecht der EWG, 1969, und einige in den Kölner Schriften zum Europarecht [KSE] publizierte Arbeiten). Für aktuellere Sammelwerke kann auf einen von *Ehlers/Wolffgang* herausgegeben Tagungsband (Rechtsfragen der Europäischen Markordnung, 1998) und die Festschrift für *Holzer* (Norer [Hrsg.], Agrarrecht im Lichte des öffentlichen Rechts, 2007) verwiesen werden. Vorliegend nicht aufzeigbar sind die Darstellungen und die Spezialliteratur zu den einzelnen Gebieten des Agrarproduktionsrechts wie beispielsweise dem Lebensmittelrecht. Von besonderer Bedeutung für das gesamte Agrarrecht sind die drei derzeit in Deutschland erscheinenden **Spezialzeitschriften** Recht der Landwirtschaft (RdL; seit 1949), Agrar- und Umweltrecht (AUR; seit 1971 [bis 2002 unter dem Titel AgrarR]) und Neue Landwirtschaft/Briefe zum Agrarrecht (NL-BzAR; seit 1995). In diesen Zeitschriften findet sich neben Aufsätzen und Dokumentationen auch ein umfangreicher Rechtsprechungsteil. *Erlbacher/von Rintelen* publizieren in der AUR seit 2006 einen halbjährlichen Bericht über die aktuelle Agrarrechtsprechung des EuG und

141 Eine der führenden englischsprachigen Darstellungen des EU-Rechts – *Weatherill*, Cases and Materials on EU Law, 10. Aufl. 2012 – kennt hingegen im Inhaltsverzeichnis kein besonderes Kapitel zum EU-Agrarrecht.

142 Bei *Kilian* zeigt sich allerdings, wie schwierig es für nicht agrarspezifische Darstellungen ist, den häufigen Änderungen im Agrarbereich zu folgen. So soll nach ihm, Rn 1106 f., jede Marktorganisation „Preisregelungen" und einen „garantierten Mindestpreis" mit „jährlich vom Ministerrat" festgesetzten Richtpreisen, Schwellenpreisen und Interventionspreisen enthalten, obwohl dieses System seit über einem Jahrzehnt aufgehoben ist. Entgegen Rn 1105 bestehen seit 2003/04 keine „Erzeugungsbeihilfen" – gemeint sind wohl Erzeugungsprämien – im Milchbereich mehr und entgegen Rn 1108 liegt die „verwaltungsmäßige Durchführung" überwiegend bei den Mitgliedstaaten. Die seit 2003 existierende EU-Betriebsprämienregelung findet keine Erwähnung. Die nach *Kilian*, Rn 1120, notwendige Anpassung des EU-Agrarrechts an „verschiedene WTO-Abkommen" hat längst stattgefunden.

des EuGH. Monatliche Anmerkungen vor allem zur Rechtsprechung bietet der seit 2013 von *Schweizer/Schumacher* im Rahmen der Datenbank juris herausgegebene Juris PraxisReport Agrarrecht. Wichtig vor allem für das Agrarmarktrecht ist zudem die Zeitschrift für Zölle und Verbrauchsteuern (ZfZ; seit 1921). Genannt seien ferner das Jahrbuch des Agrarrechts (JAR; seit 1997), das seit Band VII in die Göttinger Schriftenreihe integriert ist, das von Norer/Holzer herausgegebene Jahrbuch Agrarrecht (Österreich; seit 2010) und das von Norer/Wasserfallen publizierte jährliche Kompendium Agrarrecht Entwicklungen (Schweiz; seit 2010). Die traditionelle Agrarrechtsrubrik in der Agrarischen Rundschau (Österreich) ist mit der Einstellung dieser Zeitschrift 2012 weggefallen. Von Interesse sind weiterhin die **Agrarberichte** der Bundesregierung (seit 1956) und einzelner Landesregierungen, die Zeitschrift Berichte über Landwirtschaft (BüL; seit 1922) sowie die Berichte der Europäischen Kommission über die Lage der Landwirtschaft in der EU (seit 1975).

Darstellungen des **Betriebsprämienrechts** in seiner bis 2013/14 geltenden Fassung existieren neben 98
dem angeführten Werk von *Busse/Haarstrich* in den beiden genannten Handbüchern zum Fachanwalt Agrarrecht. Rechtswissenschaftliche Untersuchungen zu Einzelfragen bestehen bislang kaum. Nur *Norer* (Rechtsfragen der EU-Agrarreform, 2007) hat ausgehend von einer Einführung vertieft mehrere betriebsprämienrechtliche Problembereiche behandelt. Von *Busse/Haarstrich* stammt eine **Übersicht über die Rechtsprechung** von 2005 bis 2008 (AUR 2009, 1). 2007 hat sich zudem das Europäische Komitee für Agrarrecht auf der Grundlage von Länderberichten mit der Betriebsprämienregelung befasst (CEDR [Hrsg.], Les 50 ans de la Politique agricole commune, 2009, S. 267 ff). Von amtlicher Seite nach wie vor wichtig ist die 152 Seiten umfassende Broschüre des BMVEL Meilensteine der Agrarpolitik – Umsetzung der europäischen Agrarreform in Deutschland (Ausgabe 2005), die vom BMELV unter dem Titel **Die EU-Agrarreform – Umsetzung in Deutschland** (Ausgabe 2006) in aktualisierter Form vorgelegt wurde. Daneben haben die meisten Bundesländer Leitfäden zur GAP-Reform 2003 herausgegeben. Von Verbandsseite ist unter anderem eine Beratungsbroschüre des Deutschen Bauernverbandes (Die Reform der Gemeinsamen Agrarpolitik, 2004, mit einer Ergänzung Aktuelles zur Umsetzung der GAP-Reform 2005/2006, 2005) erschienen. Für Fragen zu **früheren GAP-Reformen** sind die Erläuterungen von *Schulze* (Ratgeber Agrarreform – Die wichtigsten Rechtsfragen für Landwirte und Juristen, 2. Aufl. 1998) nützlich. Das ab 2015 geltende EU-Betriebsprämienrecht wird voraussichtlich noch 2014 seinen Niederschlag in Beratungsbroschüren finden.

V. Stellung der Landwirtschaft im Spiegel der Agrarstatistik

Die eher geringe Anzahl agrarrechtlicher Publikationen vor allem zum Agrarmarkt- und Agrar- 99
strukturrecht steht nicht nur im Gegensatz zu dem beschriebenen Rechtsumfang dieser Bereiche, sondern auch zu deren **finanzieller Bedeutung**. Allerdings sinkt der prozentuale Anteil des Agrar- und Fischereibereichs am EU-Gesamthaushalt stetig. 1989 betrug der Anteil der EGFL-Mittel am EU-Gesamthaushalt noch 66 %. 2003 lag der Agraranteil am EU-Gesamthaushalt bei 50 % und 2007 bei 44 % (55,1 Mrd. EUR von 126,5 Mrd. EUR). Davon entfielen auf die Ausgaben für die Betriebsprämie und die Agrarmarktmaßnahmen 42,7 Mrd. EUR und für die Entwicklung des ländlichen Raums 12,4 Mrd. EUR.[143] 2012 lag der **Anteil am EU-Gesamthaushalt** mit 43 % etwa gleich (58,9 Mrd. EUR von 135,8 Mrd. EUR), aufgeteilt in die Betriebsprämie (37,7 Mrd. EUR), die Agrarmarktmaßnahmen (7,3 Mrd. EUR), die Entwicklung des ländlichen Raums (13,2 Mrd. EUR) und die Fischerei (0,6 Mrd. EUR). Für die Jahre ab 2013 sehen die Finanziellen Vorausschauen (vgl Rn 57) ein Absinken auf unter 40 % vor.[144]

143 Vgl *Europäische Kommission*, EU-Haushalt 2007, 2006, S. 1.

144 Vgl für derartige Angaben das seit 1956 vom *BMEL* herausgegebene Statistische Jahrbuch über Ernährung, Landwirtschaft und Forsten, den jährlichen Bericht der *Europäischen Kommission* über die Lage der Landwirtschaft in der EU und besondere Berichte des *Statistischen Bundesamtes* zur Landwirtschaft in Deutschland und der Europäischen Union. Instruktiv ist auch der jährliche Finanzbericht der *Europäischen Kommission* über die Agrarfonds.

100 Auf die so genannte **Nettozahlerposition** Deutschlands im Rahmen der EU sei an dieser Stelle nur kurz hingewiesen.[145] So standen in den letzten Jahren dem Anteil Deutschlands von durchschnittlich etwa 23 % an der Finanzierung der EU lediglich Rückflüsse in Höhe von durchschnittlich etwa 13 % gegenüber. Diese Differenz wird zu einem **erheblichen Umfang durch die GAP** hervorgerufen. Seit Beginn der GAP ist Deutschlands Beitrag an der Finanzierung der GAP höher als Deutschlands Anteil an den im Rahmen der GAP ausgezahlten Finanzmittel. Während 2012 der deutsche Anteil am EGFL 8,7 Mrd. EUR betrug, entfielen auf Deutschland in diesem Zeitraum lediglich 5,4 Mrd. EUR aus dem EGFL. Diese Diskrepanz führt immer wieder zu **Kontroversen.** Als mittelfristiges Ziel strebt Deutschland eine Reduzierung seiner an die EU zu leistenden Beträge an, wobei eine solche Reduzierung theoretisch auf zwei Wegen erreicht werden kann. Zum einen ist eine Umverteilung der Finanzierungslast zwischen den Mitgliedstaaten und zum anderen eine Kürzung der EU-Ausgaben denkbar, wobei in letzterer Hinsicht die GAP als sehr ausgabenlastiger Sachbereich besonders gefährdet ist.

101 Der **Bundeshaushalt** umfasste 2012 im Bereich Landwirtschaft 4,1 Mrd. EUR und damit knapp 1,5 % der Gesamtausgaben des Bundes.[146] Auf Agrarmarktmaßnahmen entfielen davon lediglich knapp 0,1 Mrd. EUR, was die fast vollkommene Verdrängung des deutschen Agrarmarktrechts durch EU-Recht verdeutlicht. Zudem umschloss dieser Betrag im Wesentlichen Ausgaben, die im Zusammenhang mit der **Durchführung des EU-Agrarmarktrechts** angefallen sind. Im Rahmen der Gemeinschaftsaufgabe „Verbesserung der Agrarstruktur und des Küstenschutzes" brachten Bund und Bundesländer 2012 zusammen 0,9 Mrd. EUR auf (Bund: 0,6 Mrd. EUR, Bundesländer: 0,3 Mrd. EUR). 1990 betrug der Anteil des Agrarbereichs am Haushalt des Bundes noch 3,2 %. Insofern ist ein deutlicher prozentualer Rückgang gegeben. *Schlotter* verzeichnet in einer Untersuchung über die Landwirtschaftsförderung 1949 bis 1956 für 1955 einen Anteil am Bundeshaushalt von 1,9 % (Durchschnittsanteil Bund und Bundesländer 2,0 %) und für 1956 von 4,5 % (Durchschnittsanteil Bund und Bundesländer 3,5 %).[147] Dieser Sprung verdeutlicht die Wirkung des 1956 begonnenen Grünen Planes (vgl Rn 20).

102 *Schlotter* zeigt zugleich die **begrifflichen und praktischen Schwierigkeiten** bei der Feststellung der Agrarbeihilfen auf und unternimmt eine detaillierte Kategorisierung der damaligen Agrarmarkt- und Agrarstrukturförderung. In diesem Zusammenhang weist er darauf hin, dass die **volkswirtschaftliche Bewertung** der Agrarbeihilfen nur im Rahmen einer Gesamtbetrachtung der staatlichen Interventionen aller Wirtschaftsbereiche möglich ist: „Jede Intervention begünstigt und diskriminiert zugleich, verschafft ökonomische Vorteile auf der einen Seite und ökonomische Nachteile auf der anderen; denn Zuwendungen sind unmöglich, ohne dass an anderer Stelle Einbußen entstehen." Dabei sind insbesondere die **Wechselwirkungen der Interventionen** untereinander zu berücksichtigen. *Schlotter* bemerkt in dieser Hinsicht treffend: „Die ökonomischen Benachteiligungen durch andere Interventionen können durchaus größer sein als die ökonomischen Begünstigungen durch finanzwirtschaftliche Zuwendungen."[148]

103 Auf die gerade in Zeiten schwieriger Finanzlagen immer wiederkehrende **Diskussion über die Agrarsubventionen** kann vorliegend nicht weiter eingegangen werden. Fast allgemein anerkannt ist allerdings, dass die Landwirtschaft auf Grund ihrer besonderen Produktionsbedingungen und Bedeutung für den Erhalt des ländlichen Raumes einer gewissen staatlichen Grundunterstützung bedarf. Im Kern wohl zutreffend bemerkt *Grimm* dazu: „Die Landwirtschaft ist ein Wirtschaftszweig, der in seiner agrarpolitisch erwünschten Erscheinungsform ohne staatliche Förderung nicht

---

145 S. dazu *Götz*, Beitragsgerechtigkeit im EU-Finanzierungssystem, in: FS Selmer, 2004, S. 641 ff.

146 Eine detaillierte Übersicht über die finanziellen Sachaufwendungen des Bundes für den Agrarbereich geben die Subventionsberichte des Bundes, so für den Zeitraum 2011 bis 2014 der 24. Subventionsbericht (BT-Drucks. 17/14621, S. 159 ff).

147 *Schlotter*, Die Förderung der westdeutschen Landwirtschaft durch öffentliche Mittel 1949-1956, 1960, S. 97.

148 *Schlotter* (Fn 147), S. 6 und 50 ff; vgl näher *Plate*, Agrarmarktpolitik, Bd. 1, 1975, S. 126 ff. Nach dem 24. Subventionsbericht (Fn 146), S. 15 ff, war der Landwirtschaftsbereich im Rahmen der zwanzig größten Finanzhilfen des Bundes an 4. Stelle mit der GAK und an 18. Stelle mit der Branntweinmarktordnung vertreten. Bei den zwanzig größten Steuervergünstigungen nahm der Agrardiesel die 14. Stelle ein.

bestehen könnte."[149] Bei der Bewertung des Anteils des Agrarbereichs am EU-Gesamthaushalt ist zu beachten, dass es sich um den einzigen Bereich handelt, der in so erheblichem Umfang **„vergemeinschaftet"** ist und sich zum überwiegenden Teil aus EU-Mitteln finanziert findet. Wird ein **Vergleich mit den EU-Ausgaben in anderen Bereichen** gezogen, müsste für den jeweiligen Bereich eine solche Vergemeinschaftung unterstellt und die dieser Vergemeinschaftung entsprechenden mitgliedstaatlichen Mittel zusammengerechnet werden.

Den skizzierten Haushaltszahlen ist der beständig zurückgehende Anteil der Landwirtschaft an der **Gesamtwirtschaft** gegenüberzustellen. Während in Deutschland um 1900 30,6 % und 1950 29,2 % der Erwerbstätigen in der Landwirtschaft, Forstwirtschaft und Fischerei beschäftigt waren, sank der Anteil 1975 auf 7,2 % (EU: 7,5 %) und betrug 2012 nur noch 1,6 % (EU: 5,2 %). In absoluten Zahlen ausgedrückt waren in Deutschland 2012 von 41,6 Mio. Erwerbstätigen **669.000 Personen** in den genannten drei Bereichen tätig. Diese Personen verteilten sich auf rund **272.000 landwirtschaftliche Betriebe** (2012 EU-weit 11,9 Mio. Betriebe), während es 1975 noch 1,04 Mio. und damit fast vierfach so viele landwirtschaftliche Betriebe gab. Die in Deutschland landwirtschaftlich genutzte Fläche hat von 64,9 % um 1900 über 57,4 % im Jahre 1950 auf 52 % 2012 (18.646 Mio. ha) abgenommen. Während der **Selbstversorgungsgrad** an Agrarerzeugnissen von 76 % 1950 über 86 % 1975 auf 97 % 2007 gestiegen ist, sank er 2012 auf 90 %. Der **Anteil an der Bruttowertschöpfung** reduzierte sich beständig und betrug 2012 lediglich noch 0,8 % (EU: 1,2 %). Der Anteil des Agrarbereichs an den **deutschen Ausfuhren** in EU-Mitgliedstaaten und Drittstaaten ergab 2012 3,1 %, während der Anteil des Agrarbereichs an den Gesamtausfuhren der EU in Drittstaaten 2012 mit 6 % zu beziffern war. 104

Zu beachten ist bei derartigen Zahlen allerdings, dass insbesondere die Bruttowertschöpfung und Anzahl der Erwerbstätigen ein **Mehrfaches** beträgt, wenn nicht nur der Bereich der landwirtschaftlichen Urproduktion, sondern auch die **vor- und nachgelagerten Bereiche** einbezogen werden. Zu diesen Bereichen zählen etwa die Lebensmittelverarbeitung, der Lebensmittelhandel, die Saatgut-, Pflanzenschutz- und Futtermittelherstellung einschließlich des zugehörigen Handels, die landwirtschaftliche Forschung, die Herstellung und der Vertrieb landwirtschaftlicher Gerätschaften sowie zugehörige Dienstleistungen.[150] Die durchschnittlichen Ausgaben für Lebensmittel lagen in Deutschland um 1900 bei etwa 46,7 % der privaten Konsumausgaben, 1950 bei 43,5 % und 2012 lediglich noch bei 11,7 %. Der Abnahme der Erwerbstätigen, Betriebe und Flächen steht eine erhebliche **Vergrößerung** und **Leistungssteigerung** der verbliebenen landwirtschaftlichen Betriebe gegenüber. Während um 1900 ein Betrieb in Deutschland durchschnittlich über 5,5 ha und 1950 über 7 ha verfügte, stieg der Anteil 1975 auf 12,1 ha, 2007 auf 45,3 ha und 2010 auf 61,3 ha. Die Milchleistung einer durchschnittlichen Milchkuh steigerte sich von 2.165 kg um 1900 über 2.480 kg 1950 und 6.122 kg 2000 auf 7.310 kg 2012. Ein Ende der skizzierten Entwicklung der landwirtschaftlichen Produktionsverhältnisse ist gegenwärtig nicht abzusehen, so dass sich der Strukturwandel weiter fortsetzen wird. 105

B. Besonderer Teil

I. Betriebsprämienrecht

Mit der **politischen Einigung der EU-Agrarminister im Juni 2003** über die Einführung einer Betriebsprämie und mehreren begleitenden Reformmaßnahmen sowie der Verabschiedung der entsprechenden Ratsverordnung (EG) Nr. 1782/2003 im September 2003 ist die wohl **wichtigste Änderung der GAP** seit ihrer Schaffung 1962 eingetreten. So hat die GAP-Reform 2003 das bisherige Agrarmarktrecht – das zur Abgrenzung vom Betriebsprämienrecht im Weiteren als klassisches Agrarmarktrecht bezeichnet wird (vgl Rn 40) – von seinem Platz als bedeutendster Rechtsbereich 106

149 *Grimm*, S. 250.

150 Vgl etwa näher *BMVEL*, Ernährungs- und agrarpolitischer Bericht der Bundesregierung 2003, 2003, S. 19 f, der davon ausgeht, S. 20, dass „etwa jeder zehnte Arbeitsplatz in Deutschland diesen Sektoren zuzurechnen ist". Nicht jeder Arbeitsplatz hängt dabei allerdings zwingend mit einer inländischen Agrarerzeugung zusammen.

des EU-Agrarrechts verdrängt. Nach und nach wurden durch Änderungen der Verordnung (EG) Nr. 1782/2003 alle wichtigen Erzeugnisbereiche in die Betriebsprämienregelung einbezogen. Mit den so genannten **Health-Check-Beschlüssen** vom Dezember 2008 erreichte die GAP-Reform 2003 ihren **Abschluss.** Der Health Check bestand im Wesentlichen aus Änderungen der Betriebsprämienregelung sowie des Agrarmarktrechts unter anderem im Milchbereich. Zugleich wurde die Verordnung (EG) Nr. 1782/2003 in kodifizierter Fassung als **Verordnung (EG) Nr. 73/2009** neu erlassen.

107 Die Verordnung (EG) Nr. 73/2009 gilt noch bis zum 31.12.2014. Ab dem **1.1.2015** beginnt mit der als Bestandteil der GAP-Reform 2014/15 ergangenen **Verordnung (EU) Nr. 1307/2013** eine teilweise modifizierte Förderregelung, die zwar wiederum an den landwirtschaftlichen Betrieb anknüpft, jedoch nunmehr als **Basisprämienregelung** bezeichnet wird. Zusätzlich zu der Basisprämie existieren mehrere ergänzende Stützungsregelungen, die teilweise für die Mitgliedstaaten fakultativ ausgestaltet sind. Für das Prämienjahr 2014 sieht die **Verordnung (EU) Nr. 1310/2013** einige Regelungen vor, um den **Übergang auf die Basisprämienregelung** zu erleichtern. Angesichts des zum Zeitpunkt der Abfassung der vorliegenden Darstellung bestehenden Übergangsstadiums und des Umstandes, dass wichtige Beschlüsse zur **Nutzung der mitgliedstaatlichen Optionen** in Deutschland derzeit noch nicht getroffen sind, wird im Weiteren zunächst die noch bis Ende 2014 gültige Rechtslage entsprechend der Verordnung (EG) Nr. 73/2009 beschrieben, um anschließend die **Grundzüge des ab 2015 geltenden Fördersystems** zu skizzieren. Für alle Vorgänge zur Betriebsprämie, die die Prämienjahre 2005 bis 2008 betreffen, ist grundsätzlich weiterhin die Verordnung (EG) Nr. 1782/2003 (vgl zu dieser 1. Aufl., Rn 107 ff) maßgeblich.

108 Ein wichtiges Element des Health Check von 2009 waren die in Art. 68 ff VO (EG) Nr. 73/2009 enthaltenen Regelungen über eine „**besondere Stützung**", mit der den Mitgliedstaaten in den Bereichen Umwelt, Qualität, Vermarktung und Tierschutz – auch als so genannte **neue Herausforderungen** bezeichnet – gestattet wird, bis zu zehn Prozent der nationalen finanziellen Obergrenze für die Betriebsprämie in Form einer Ergänzungszahlung zur Betriebsprämie zu verwenden. Nach Art. 136 VO (EG) Nr. 73/2009 können die Mittel teilweise auch für Agrarstrukturmaßnahmen genutzt werden. Möchte ein Mitgliedstaat mehr als seine für die Betriebsprämie ungenutzten Mittel aufwenden, muss er als Konsequenz die Betriebsprämie kürzen. Deutschland hat 2010/11 diese so genannten **Artikel-68-Maßnahmen** zur Unterstützung des Milchsektors in Anspruch genommen. So wurden mit dem **Milch-Sonderprogramm-Gesetz (MilchSoPrG)** vom 14.4.2010 Milchviehhaltern 2010 und 2011 eine Grünlandprämie und eine Kuhprämie gewährt.[151] Die Artikel-68-Maßnahmen lassen sich dahingehend deuten, dass nach der durch die Betriebsprämie entstandenen weitgehenden Vereinheitlichung des Beihilfesystems der Bedarf an speziellen und mitgliedstaatsindividuellen Beihilfeformen erneut durchschlägt. In Erwägungsgrund 2 S. 3 der **Durchführungsverordnung (EG) Nr. 639/2009** (ABl. 2009 L 191, S. 17), die für das Jahr 2009 galt und ab 2010 in der Verordnung (EG) Nr. 1120/2009 (vgl Rn 121) aufgegangen ist, spricht die Europäische Kommission daher von „der Vielfalt der Möglichkeiten für die Gewährung der besonderen Stützung" und versucht, im Wege des Durchführungsrechts zumindest **einige Konkretisierungen** vorzunehmen. Signifikant ist dabei, dass sie die Pflicht zur Herstellung von Kohärenz zwischen den Artikel-68-Maßnahmen und den anderweitigen EU-Agrarbeihilfen in dem zitierten Erwägungsgrund den Mitgliedstaaten zuweist.

109 Nach wie vor ist zu konstatieren, dass eine grundlegende rechtswissenschaftliche Bearbeitung der **Betriebsprämienregelung** und vor allem eine Kommentierung fehlen. Soweit zu Einzelpunkten **Literatur** besteht, wird im Folgenden bei den betreffenden Punkten darauf hingewiesen.[152] Dazu steht die **Rechtsprechung** in einem gewissen Kontrast. So weist die Datenbank juris im April 2014 zur Betriebsprämienregelung 430 Entscheidungen aus. Zusammen mit den unveröffentlichten Entschei-

151 Vgl zu diesem Gesetz BT-Drucks. 17/507 und *BMELV*, Sonderprogramm des Bundes zur Bewältigung der Krise *in der Landwirtschaft*, 2009.

152 Vgl allg. die Beschreibung der Reformvorschläge der Europäischen Kommission von *Borchardt*, in: Lenz/Borchardt, 3. Aufl. 2003, Art. 34 EG, Rn 69 ff, als einem der „Architekten" der GAP-Reform 2003 und die in Rn 98 angeführte Literatur.

dungen dürfte die Zahl inzwischen bei über Tausend Entscheidungen liegen. Anhand der Rechtsprechung hat der Verfasser zusammen mit *Haarstrich* Anfang 2009 den Versuch unternommen, **wesentliche Streitpunkte** zusammenzufassen und darzustellen.[153] Bislang führten in rund 20 Fällen nationale Streitverfahren zu Entscheidungen des EuGH, einige weitere Verfahren sind derzeit anhängig.

1. Einbettung in die GAP-Reform 2003

Die Betriebsprämienregelung kann zwar als Hauptbestandteil der **GAP-Reform 2003** angesehen 110
werden. Da sie jedoch in mehrere **andere Reformmaßnahmen** gleichsam eingebettet ist, bedarf es für ein vertieftes Verständnis der Betriebsprämienregelung einer Schilderung des Gesamtkonzeptes und der Kernbestandteile der Reform. **Hauptziele** der Reform waren – in gewisser Fortsetzung der Reformen von 1992 und 1999 – die kostspielige Überproduktion im EU-Agrarbereich zurückzuführen, die landwirtschaftlichen Beihilfen in das fortschreitende Liberalisierungskonzept der WTO einzupassen sowie dem Umwelt- und Gesundheitsschutz größeren Raum zu geben. Um diese Ziele zu erreichen, wurde beginnend ab 2005 ein erheblicher Teil der Agrarmarktbeihilfen von der Produktion bestimmter Agrarerzeugnisse gelöst (**Entkopplung**) und in eine einheitliche Einkommensstützung für landwirtschaftliche Betriebe überführt (**Betriebsprämie**), die Zahlung der Beihilfen von der Einhaltung bestimmter Umwelt- und Gesundheitsstandards bei der landwirtschaftlichen Tätigkeit abhängig gemacht (**Cross-compliance**) und ein gewisser Teil der Beihilfen zu Gunsten der Förderung der Agrarstruktur umgeschichtet (**Modulation**). Zur Abmilderung der Folgen dieser Umstellung und weiterer Änderungen im Rahmen der GAP[154] erfolgte zugleich die Einführung einiger neuer produktgekoppelter Agrarbeihilfen. Hinsichtlich der allgemeinen Zielrichtung der GAP-Reform 2003 hieß es in der **amtlichen Begründung** zu den deutschen Durchführungsgesetzen von 2004: „Als Gegenleistung für öffentliche Finanzhilfen wird erwartet, dass die Landwirtschaft gesunde, rückstandsfreie Lebensmittel liefert, die Kulturlandschaft pflegt, umweltfreundlich und ressourcenschonend wirtschaftet und Tiere artgerecht hält. Die Direktzahlungen sind insoweit immer weniger ein Preisausgleich, sondern zunehmend eine allgemeine Einkommensstützung, die auch den vielfältigen Gemeinwohlleistungen der Landwirtschaft Rechnung trägt."[155] Diese Zielsetzung ist nach wie vor aktuell.[156]

a) Systematik der GAP-Reform 2003

Die vier Kernelemente Entkopplung, Betriebsprämie, Cross-compliance und Modulation fanden 111
sich in der grundlegenden **Verordnung (EG) Nr. 1782/2003** des Rates vom 29.9.2003 mit gemeinsamen Regeln für Direktzahlungen im Rahmen der Gemeinsamen Agrarpolitik und mit bestimmten Stützungsregelungen für Inhaber landwirtschaftlicher Betriebe (ABl. 2003 L 270, S. 1) wieder.[157] Diese anschließend mehrfach geänderte Verordnung ging ab 2009 in der gleichnamigen **Verordnung (EG) Nr. 73/2009** des Rates vom 19.1.2009 (ABl. 2009 L 30, S. 16) auf, die ihrerseits zwischen 2009 und 2013 durch zwölf Rechtsakte geändert wurde. Während Titel I VO (EG) Nr. 73/2009 den **Anwendungsbereich, Definitionen** und einen Verweis auf die vormalige Agrarfinanzierungsverordnung (EG) Nr. 1290/2005 (vgl Rn 50) enthält (Art. 1-3), regelt Titel II **Cross-**

153 *Busse/Haarstrich*, AUR 2009, S. 1 ff.

154 Vgl vor allem die gleichzeitig verabschiedeten VO (EG) Nr. 1783/2003 bis 1788/2003, ABl. 2003 L 270, S. 70.

155 BT-Drucks. 15/2553, S. 18.

156 Vgl zu der Frage, ob es ein Betriebsleitbild im Agrarförderrecht gibt, *Busse*, in: Martínez (Hrsg.), Der Schutz des leistungsfähigen landwirtschaftlichen Betriebes, 2013, S. 61 ff.

157 Vgl zur Entstehungsgeschichte der VO den Legislativvorschlag der Europäischen Kommission KOM (2003) 23 (abrufbar über die Internetseite der EU), die Stellungnahme des Wirtschafts- und Sozialausschusses vom 14.5.2003 (ABl. 2003 C 208, S. 64), den Bericht des federführenden Ausschusses des Europäischen Parlaments A5-0197/2003 vom 26.5.2003 (abrufbar ebenda), die legislative Entschließung des Europäischen Parlaments P5_TA(2003)0256 vom 5.6.2003 (ABl. 2004 C 68, S. 331 E) und den Bericht des Ausschusses der Regionen vom 2.7.2003 (ABl. 2003 C 256, S. 18). Ein Ausgangspunkt des Kommissionsvorschlages war die Bewertung der vorangegangenen Reformen im Rahmen der Mitteilung „Auf dem Weg zu einer nachhaltigen Landwirtschaft" vom 10.7.2002 (KOM [2002] 394).

compliance (Art. 4-6) und die **Modulation** (Art. 7-11 a). Zudem finden sich in Titel II Vorschriften über eine begleitende landwirtschaftliche Betriebsberatung (Art. 12-13) und zu einem **Integrierten Verwaltungs- und Kontrollsystem (InVeKoS;** Art. 14-27) sowie einige Bestimmungen allgemeiner Natur (Art. 28-32). Titel III enthält die **Betriebsprämienregelung** (Art. 33-67) und ergänzende **Besondere Stützungsregelungen** (Art. 68-72; vgl Rn 108). Titel IV normiert Regelungen zu neuen oder modifizierten **produktionsbezogenen Beihilfen** (Art. 73-120). Schließlich existieren mit Titel V Vorschriften zur Durchführung in den seit 2004 beigetretenen **neuen Mitgliedstaaten** (Art. 121-133 a), mit Titel VI Bestimmungen zu Mittelumschichtungen in den ELER (Art. 136) und mit Titel VII verwaltungstechnische **Durchführungsvorschriften** (Art. 137-142) sowie Übergangs- und Schlussbestimmungen (Art. 143-149). Daran schließen sich **19 Anhänge** zu einzelnen Fragen und Bestimmungen an.

112 Wird das durch die Verordnung (EG) Nr. 73/2009 normierte System insgesamt betrachtet, so gibt es neben den Agrarstrukturbeihilfen, die prinzipiell nicht Gegenstand der Verordnung (EG) Nr. 73/2009 sind, **zwei Arten** von Agrarbeihilfen. Die erste Art stellen die **Direktzahlungen** dar, die zum einen die produktionsentkoppelte Betriebsprämie und zum anderen die in Anhang I der Verordnung (EG) Nr. 73/2009 aufgelisteten 25 produktionsgekoppelten Beihilfen umfassen. Die letztgenannten Beihilfen sind teils in der Verordnung (EG) Nr. 73/2009 selbst und teils in anderen EU-Rechtsakten geregelt. Sie lassen sich dem Bereich des klassischen Agrarmarktrechts zurechnen.[158] Die Legaldefinition von „Direktzahlungen" des Art. 2 Buchstabe d VO (EG) Nr. 73/2009 bezeichnet die Direktzahlungen als **„Einkommensstützungsregelungen"**. Soweit sich die in Anhang I aufgeführten gekoppelten Beihilfen in Titel IV der Verordnung (EG) Nr. 73/2009 näher geregelt finden, konnten bzw können die Mitgliedstaaten in gewissem Umfang entscheiden, ob sie diese Beihilfen in die entkoppelte Betriebsprämie ganz oder zumindest zum Teil einbeziehen. Deutschland etwa hat in großem Umfang von einer solchen Möglichkeit der Einbeziehung Gebrauch gemacht (vgl Rn 150). Die zweite Art umfasst alle in der Verordnung (EG) Nr. 73/2009 nicht in Bezug genommenen **Agrarmarktbeihilfen,** wozu einige wenige produktionsgekoppelte Beihilfen und alle sonstigen Agrarmarktbeihilfen, etwa Absatz-, Vermarktungs- und Ausfuhrbeihilfen, gehören. Vor allem diese sonstigen Agrarmarktbeihilfen unterlagen im Rahmen der GAP-Reform 2003 und dann des Health Check 2009 einem **erheblichen Umstrukturierungsprozess.**

b) InVeKoS (Integriertes Verwaltungs- und Kontrollsystem)

113 Die InVeKoS-Bestimmungen der Verordnung (EG) Nr. 73/2009 verfeinern und erweitern das mit der **Verordnung (EWG) Nr. 3508/92** erstmals geschaffene **InVeKoS.** So war im Zusammenhang mit der GAP-Reform 1992 festgestellt worden, dass zwar die damalige Agrarfinanzierungsverordnung (EWG) Nr. 729/70 die Mitgliedstaaten zu einer ordnungsgemäßen Verwaltung der vom EAGFL verausgabten Finanzmittel verpflichtete und in zahlreichen EU-Agrarrechtsakten sachbezogene Kontrollmechanismen geregelt waren, dieses im Laufe der Zeit entstandene System jedoch einerseits **lückenhaft** und **inkohärent** war sowie andererseits die durch die GAP-Reform 1992 geschaffenen neuen Agrarbeihilfen eines erweiterten Kontrollaufwandes bedurften. Daher wurde beschlossen, für die wichtigsten Agrarmarktbeihilfen (Kulturpflanzen und Tierprämien) einheitliche Regelungen über die Verwaltung und Kontrolle der ordnungsgemäßen Beihilfegewährung unter der Bezeichnung InVeKoS zu schaffen, das inzwischen zu einer **effektiveren Kontrolle** der Agrarmarktausgaben beigetragen hat. Der **ERH** ging in einem Prüfungsbericht 2001 von jährlich rund 6 Mio. Beihilfeanträgen, die EU-weit vom InVeKoS erfasst wurden, aus. Von diesen Anträgen

158 Gegen die Ausgestaltung der Einbeziehung des Baumwollsektors in die GAP-Reform durch die VO (EG) Nr. *864/2004 ist von Spanien eine Nichtigkeitsklage* vor dem EuGH erhoben worden, der der EuGH stattgegeben hat, da der Rat die Folgen der Reformentscheidung nicht ausreichend geprüft habe (Rs. C-310/04 [Spanien/ Rat], Slg 2006, I-7285, Rn 95). Eine ähnlichen Klage im Tabakbereich, die von einem Wirtschaftsbeteiligten erhoben wurde, hat das EuG als unzulässig abgewiesen (Rs. T-96/09 [UCAPT], ECL1:EU:T:2011:542).

entfielen 1998 nach dem Bericht rund 740.000 Anträge auf Deutschland,[159] wobei diese Zahl inzwischen auf rund 320.000 jährliche Anträge zurückgegangen ist. Durch die einheitlichen InVeKoS-Regelungen wird der Europäischen Kommission im Rahmen der Rechnungsprüfung von EGFL-Ausgaben zugleich ein **Kontrollmaßstab**, ob die Mitgliedstaaten über eine ordnungsgemäße Beihilfeverwaltung verfügen, an die Hand gegeben. Wird der Maßstab verletzt, führt diese Verletzung im Regelfall zu einer finanziellen Anlastung (vgl Rn 51 ff) gegenüber dem betroffenen Mitgliedstaat.

Kernelemente des gegenwärtigen InVeKoS sind nach Art. 15 Abs. 1 VO (EG) Nr. 73/2009 eine **elektronische Datenbank** zur Registrierung der beihilferelevanten Daten (Antrag, Bewilligung, Kontrollen), ein – vorzugsweise computer- und satellitengestütztes – System zur **Identifizierung landwirtschaftlicher Parzellen**, ein System zur **Identifizierung und Registrierung von Zahlungsansprüchen und Betriebsinhabern** sowie ein **integriertes Kontrollsystem**. Zugleich sieht das InVeKoS allgemeine Regelungen zur Stellung von Beihilfeanträgen vor. Insgesamt zielt das verwaltungstechnisch komplexe InVeKoS auf eine **zentrale Erfassung und Vernetzung** aller relevanten Beihilfedaten ab, um auf diese Weise die rechtmäßige Auszahlung der Beihilfen und damit die ordnungsgemäße Verwendung der EGFL-Mittel durch die Mitgliedstaaten sicherzustellen. 114

Soweit die Beihilfevoraussetzungen nicht eingehalten werden, greift gegenüber den Beihilfeempfängern ein am Verhältnismäßigkeitsprinzip orientiertes gestaffeltes **Kürzungs- und Sanktionensystem**, das ermöglicht, nicht nur die jeweils betroffene Beihilfe für das aktuelle Antragsjahr zu kürzen oder sogar zu versagen, sondern bei gravierenden Verstößen auch Kürzungen in darauffolgenden Antragsjahren vorzunehmen (vgl Art. 21 bis 24 VO (EG) Nr. 73/2009). Zu dem gestuften Sanktionensystem des bis 2005 geltenden InVeKoS gibt es **Rechtsprechung des EuGH**, deren Grundzüge auf die aktuellen InVeKoS-Bestimmungen übertragbar sein dürften. So hat der EuGH etwa vor dem Hintergrund der Natur der Agrarbeihilfegewährung als einem **Massenverfahren** in grundsätzlicher Weise entschieden, „dass es weder ungerechtfertigt noch unverhältnismäßig [ist], dass einem landwirtschaftlichen Betriebsinhaber, dem, wenn auch im guten Glauben und ohne Betrugsabsicht, ein Irrtum [bei der Antragsstellung] unterlaufen ist, eine abschreckende und wirksame Sanktion auferlegt wird …“[160] 115

Die Durchführungsvorschriften zu den InVeKoS-Regelungen der Verordnung (EG) Nr. 73/2009 finden sich in der **Verordnung (EG) Nr. 1122/2009** der Kommission vom 30.11.2009 mit Durchführungsbestimmungen hinsichtlich der Einhaltung anderweitiger Verpflichtungen, der Modulation und des Integrierten Verwaltungs- und Kontrollsystems im Rahmen der Stützungsregelungen für Inhaber landwirtschaftlicher Betriebe (ABl. 2009 L 316, S. 65), die die Vorgängerverordnung (EG) Nr. 796/2004 (ABl. 2004 L 141, S. 18)[161] abgelöst hat. Da die Ablösung erst zum 1.1.2010 erfolgte, galt die Verordnung (EG) Nr. 796/2004 noch für das bereits unter die Verordnung (EG) Nr. 73/2009 fallende Prämienjahr 2009. Insbesondere für den Bereich des InVeKoS ist zu vermerken, dass es Ansätze **allgemeiner verwaltungsrechtlicher Regelungen** enthält, die deutsches allgemeines Verwaltungsrecht verdrängen. In letzterer Hinsicht gibt es einige Entscheidungen deutscher Gerichte. So hat das BVerwG zu einer InVeKoS-Vorgängerverordnung der Europäischen Kommission ausgeführt: „Art. 14 VO (EWG) Nr. 3887/92 regelt die Verpflichtung des Betriebsinhabers zur 116

159 *ERH*, Sonderbericht Nr. 4/2001 über die Prüfung betreffend den EAGFL-Garantie – Umsetzung des InVeKoS, ABl. 2001 C 214, S. 1, 4 ff. In diesem Bericht wird das InVeKoS zugleich umfassend dargestellt und, S. 3, als „solide Grundlage für die Kontrolle der Ausgaben im Rahmen der Beihilfen für Ackerkulturen und Tierprämien“ gewürdigt, allerdings auch, S. 30, hinsichtlich seiner Transparenz und Widerspruchsfreiheit als verbesserungsfähig angesehen.

160 EuGH, Rs. C-63/00 (Schilling und Nehring), Slg 2002, I-4483, Rn 40; vgl für weitere Entscheidungen *Busse*, in: Lenz/Borchardt, Art. 40 AEUV, Rn 87, und *Sohler*, S. 768 ff; s. auch *Angerer*, AgrarR 1992, 288, *Deiring*, RdL 1998, 141, und *List* (Fn 124), S. 29 ff; grundlegend BVerwG 26.8.2009 – 3 C 15.08 – NL-BzAR 2009, 481, zur Frage eines offensichtlichen Fehlers; s. eingehend zu Fehlerkorrekturen im InVeKoS-System *Busse*, JAR X (2011), 53.

161 Die Durchführungsvorschriften zum InVeKoS waren zuvor in der VO (EWG) Nr. 3887/92 und der NachfolgeVO (EG) Nr. 2419/2001 enthalten.

Rückzahlung zu Unrecht gezahlter Beträge im Anwendungsbereich der Verordnung (EWG) Nr. 3508/92 … In ihrer ursprünglichen Fassung enthielt die Vorschrift keine Bestimmung zum **Vertrauensschutz.** Deshalb war insoweit gemäß § 10 Abs. 1 S. 1 Hs. 2 MOG auf § 48 Abs. 2 VwVfG zurückzugreifen. Die Vorschrift wurde jedoch durch die Verordnung (EG) Nr. 1678/98 … neu gefasst. Dadurch wurden Regelungen zum Vertrauensschutz getroffen … Dieses Regelungswerk ist abschließend; für nationale Bestimmungen ist daneben kein Raum."[162]

117 Die Regelungen der Verordnung (EG) Nr. 73/2009 über InVeKoS, Cross-compliance und Modulation sind **auf alle Direktzahlungen**, die Anhang I VO (EG) Nr. 73/2003 enthält, anzuwenden. Daneben sind die Mitgliedstaaten gemäß Art. 26 S. 1 VO (EG) Nr. 73/2009 verpflichtet, die Verwaltungs- und Kontrollverfahren der neun in Anhang VI VO (EG) Nr. 73/2009 zusätzlich aufgelisteten gekoppelten Beihilfen – im Wesentlichen in der Verordnung (EG) Nr. 1698/2005 geregelte Agrarstrukturbeihilfen – mit den drei wichtigsten Bestandteilen des InVeKoS **kompatibel** zu gestalten. Zu letzterem existiert die **Durchführungsverordnung** (EU) **Nr. 65/2011** (ABl. 2011 L 25, S. 8; zuvor: Verordnung (EG) Nr. 1975/2006, ABl. 2006 L 368, S. 74), die wesentliche Bestimmungen der Verordnung (EG) Nr. 1122/2009 für entsprechend anwendbar erklärt. Insofern wird das InVeKoS allmählich auch auf den **Agrarstrukturbereich** erstreckt.[163] Zudem gestattet Art. 26 Abs. 2 VO (EG) Nr. 73/2009 den Mitgliedstaaten, sich bei der Verwaltung und Kontrolle anderweitiger Agrarbeihilfen der EU auf Bestandteile des InVeKoS zu stützen und damit dessen Anwendungsbereich noch weiter auszudehnen.

c) Cross-compliance und Modulation

118 Zugleich werden in der Verordnung (EG) Nr. 1122/2009 – wie schon zuvor in der Verordnung (EG) Nr. 796/2004 – auch die Durchführungsvorschriften zu den Bereichen Cross-compliance und Modulation getroffen. **Cross-compliance** bedeutet nach den Grundvorschriften der Verordnung (EG) Nr. 73/2009, das ein Betriebsinhaber, der Direktzahlungen erhalten will, die **Grundanforderungen an die Betriebsführung**, die in Anhang II VO (EG) Nr. 73/2009 aufgelistet sind, einzuhalten hat und zudem seine landwirtschaftlichen Flächen in einem **guten landwirtschaftlichen und ökologischen Zustand** erhalten muss.[164] Anhang II enthält in dieser Hinsicht achtzehn Grundanforderungen, die aus den Bereichen Umwelt, Kennzeichnung und Registrierung von Tieren, Gesundheit von Mensch, Tier und Pflanze sowie Tierschutz stammen. Diese Pflichten stellen ohnehin geltendes und folglich zu beachtendes Fachrecht dar, dessen Nichtbeachtung jedoch bis 2005 keine generellen Auswirkungen auf konkrete Beihilfezahlungen besaß. Besonders streitig geworden ist in diesem Zusammenhang, ob der **Verweis** der Nr. 11 des Anhangs II auf sechs Artikel der **horizontalen Lebensmittelverordnung** (EG) **Nr. 178/2002** (ABl. 2002 L 31, S. 1) auch das gesamte mit diesen Artikeln in Zusammenhang stehende Lebensmittelrecht – insbesondere die als so genanntes Hygienepaket bezeichneten Verordnungen (EG) Nr. 852/2004, 853/2004 und 183/2005 – in ausreichender Bestimmtheit als cross-compliance-relevant in Bezug nimmt.[165] Seit 2009 existiert insofern eine **Fußnote zur Nr. 11**, die mit der Bemerkung „insbesondere umgesetzt durch" unter anderem auf konkrete Artikel der drei Verordnungen des Hygienepakets hinweist.

119 Nach Art. 6 Abs. 1 VO (EG) Nr. 73/2009 müssen die Mitgliedstaaten die **Anforderungen an den guten landwirtschaftlichen und ökologischen Zustand von Flächen** selbst festlegen. **Anhang III VO (EG) Nr. 73/2009** gibt dafür „Mindestanforderungen" aus den Bereichen „Bodenerosion", „orga-

---

162 BVerwG 29.3.2005 – 3 B 117.04 – AUR 2005, 301; vgl für eine neuere InVeKoS-Entscheidungen des BVerwG 13.2.2014 – 3 C 16/13 – juris.

163 Vgl für ein Fallbeispiel EuGH, Rs. C-21/10 (Bíróság), Slg 2011, I-6769.

164 Vgl dazu *BMVEL*, S. 73 ff; *Heider*, AUR 2008, 393; *Kramer*, NL-BzAR 2005, 98; *Meyer-Bolthe*, Agrarrechtliches Cross Compliance als Steuerungsinstrument im Europäischen Verwaltungsverbund, 2007; *Norer*, Rechtsfragen, S. 101 ff; *Peine*, AUR 2005, Beilage I, 11; *Spreen*, RdL 2005, 85; *ders.*, AUR 2005, 37, mit Entgegnung von *Huth/Prinz*, AUR 2005, 121; *Schulz*, in: Martinez (Fn. 12), S. 129 ff; *Staatsministerium für Umwelt und Landwirtschaft des Freistaates Sachsen*, GAP-Reform 2005 – Informationen über die neuen Bewirtschaftungsstandards (Cross-Compliance), 2004, S. 2 ff.; zusammenfassend *Queisner* (Fn. 9), S. 201 ff.

165 Vgl dazu die Pressemitteilung zur 2702. Ratstagung vom 20. bis 22.12.2005, NL-BzAR 2006, 64.

nische Substanz im Boden", „Bodenstruktur", „Mindestmaß an Instandhaltung von Flächen" sowie „Gewässerschutz und Wasserbewirtschaftung" vor. Art. 6 Abs. 2 VO (EG) Nr. 73/2009 legt den Mitgliedstaaten die Verpflichtung zur **Erhaltung von Dauergrünland** in dem Umfang des Jahres 2003 auf, wobei die Mitgliedstaaten in „ausreichend begründeten Fällen" davon abweichen können, sofern sie die „erhebliche Abnahme" der Dauergrünlandflächen verhindern. Da Art. 4 Abs. 1 Unterabs. 1 VO (EG) Nr. 73/2009 für die Anforderungen an den guten landwirtschaftlichen und ökologischen Zustand auf den gesamten Art. 6 VO (EG) Nr. 73/2009 verweist, gehört auch die Erhaltung des Dauergrünlandes zu diesen Anforderungen. Werden Cross-compliance-Verpflichtungen auf dem jeweiligen Betrieb, für den Beihilfen beantragt werden, nicht beachtet, sind nach Art. 23 f VO (EG) Nr. 73/2009 **Kürzungen oder Ausschlüsse** von Direktzahlungen vorzunehmen. Letztere Maßnahmen erfolgen nach dem so genannten **gesamtbetrieblichen Ansatz** unabhängig davon, ob die Nichtbeachtung der Verpflichtung bei einer landwirtschaftlichen Tätigkeit, die beihilferelevant ist, auftritt. Maßgeblich sind diejenigen landwirtschaftlichen Flächen, die der Betriebsinhaber bei der Stellung des Beihilfeantrages angibt. Überträgt er diese Flächen anschließend weiter, werden ihm Verstöße von Seiten des neuen Bewirtschafters zugerechnet, was der EuGH als **verhältnismäßig** eingestuft hat.[166] Die entsprechend einbehaltenen Beträge haben die Mitgliedstaaten nach Art. 25 VO (EG) Nr. 73/2009 bis auf einen Selbstbehalt von 25 % an die EU abzuführen.

Die Abgrenzung zu den gemäß der Agrarstrukturverordnung (EG) Nr. 1305/2013 geförderten **Agrarumweltmaßnahmen** nimmt Art. 28 Abs. 3 VO (EG) Nr. 1305/2013 vor, indem Förderprogramme im Agrarumweltbereich nicht Maßnahmen zur Einhaltung der Cross-compliance-Verpflichtungen betreffen dürfen. Zudem ordnet Art. 92 Unterabs. 1 VO (EG) Nr. 1306/2013 für einige Bereiche der Verordnung (EG) Nr. 1305/2013 die Anwendung der Cross-compliance-Regelung an, wodurch sie parallel zum InVeKoS (vgl Rn 117) nach und nach ebenfalls auf den **Agrarstrukturbereich** ausgedehnt wird. Dazu normiert die Durchführungsverordnung (EG) Nr. 65/2011 Einzelheiten. [167] Für das Jahr 2014 richtet sich gemäß Art. 2 VO (EU) Nr. 1310/2013 die Anwendung der Cross-compliance-Regelung im Agrarstrukturbereich noch nach der bisherigen Anordnungsbestimmung des Art. 51 VO (EG) Nr. 1698/2005 und damit nach den Cross-compliance-Bestimmungen in der bis Ende 2014 anwendbaren Fassung. 120

Durch die Cross-compliance-Regelung besteht eine **grundsätzliche Verknüpfung** zwischen Beihilfezahlung und derartigen Grundanforderungen, die mit Blick auf die eigentlichen Beihilfevoraussetzungen in der deutschen Sprachfassung ursprünglich als **„anderweitige Verpflichtungen"** bezeichnet wurden, nun jedoch gleichfalls die Bezeichnung „Cross-compliance" tragen. Diese zusammenschauende Betrachtung von landwirtschaftlicher Tätigkeit und ihren Folgen für andere Lebensbereiche findet eine gewisse Parallele in der vor allem nach den **BSE-Krisen** eingeschlagenen Richtung, den Weg der Agrarprodukte von ihrer Erzeugung bis zu ihrem Verbrauch zusammenhängend zu würdigen („Vom Acker auf den Teller"), um eine umfassende Lebensmittelsicherheit zu gewährleisten. Insofern lässt sich eine Tendenz für den Agrarbereich feststellen, zuvor getrennte **Sachbereiche miteinander zu verbinden** und aufeinander abzustimmen, was zu mehr Homogenität führt. 121

Falls ein Mitgliedstaat eine in Anhang II VO (EG) Nr. 73/2009 in Bezug genommene **Richtlinie** noch nicht, nicht vollständig, in nicht zutreffender Weise oder überschießend umgesetzt hat, stellt sich die Frage, welcher Maßstab in diesem Mitgliedstaat für die Einhaltung der betreffenden Cross-compliance-Verpflichtung gilt. Art. 5 Abs. 2 VO (EG) Nr. 73/2009 besagt dazu, dass die „von den Mitgliedstaaten umgesetzte Fassung" maßgeblich ist. Das BVerwG hat festgestellt, dass ein Verweis auf nationales Umsetzungsrecht grundsätzlich bestimmt genug ist.[168] Soweit die betreffende Richtlinie noch nicht umgesetzt ist, besteht allerdings in dem jeweiligen Mitgliedstaat keine entsprechende Verpflichtung im Rahmen der Cross-compliance-Regelung. Ist die Richtlinie **unzutref-** 122

166 EuGH, Rs. C-11/12 (Langestraat), ECLI:EU:C:2012:808, Rn 33 ff.

167 Vgl für einen Beispielsfall EuGH, Rs. C-396/12 (van der Ham), ECLI:EU:C:2014:98, Rn 23 ff, zur Frage des Verschuldensmaßstabes.

168 BVerwG 19.9.2013 – 3 C 25/12 – juris.

fend umgesetzt, könnte der Wortlaut des zitierten Art. 5 Abs. 2 dafür sprechen, dass diese unzutreffende Umsetzung maßgeblich ist. Zu berücksichtigen ist jedoch, dass durch den entsprechenden Verstoß gegen die Richtlinie der Umsetzungsakt insofern unanwendbar sein kann. Wird die Richtlinie **überschießend umgesetzt**, handelt es sich in Bezug auf den überschießenden Teil streng genommen nicht mehr um die Umsetzung der Richtlinie. Der überschießende Teil kann dabei eine in der Richtlinie nicht vorgesehene Sachfrage oder eine Sachfrage betreffen, bezüglich derer die Richtlinie nur einen Mindeststandard vorgibt. Eine überschießende Umsetzung ist dabei von der Konstellation abzugrenzen, dass eine Richtlinie mehrere Umsetzungsoptionen für die Mitgliedstaaten bereithält. Im Einzelnen dürfte in Bezug auf derartige Fragen weiterhin Klärungsbedarf bestehen.[169]

123 Das Instrument der **Modulation**, das bis 2005 für die Mitgliedstaaten nur fakultativ galt und seitdem obligatorisch ist, beinhaltet die Kürzung der in einem Mitgliedstaat zu gewährenden Direktzahlungen um einen festen Prozentsatz, der 2005 mit 3 % begann, 2007 5 % erreichte und gemäß Art. 7 Abs. 1 VO (EG) Nr. 73/2009 **bis 2012 auf 10 % gestiegen ist**. Erhält ein Betriebsinhaber mehr als 300.000 EUR Direktzahlungen, sind nach Art. 7 Abs. 2 VO (EG) Nr. 73/2009 zusätzlich 4 % des 300.000 EUR übersteigenden Betrages zu kürzen. Der EuGH hat die zusätzliche Modulation als rechtmäßig eingestuft.[170] Die in Art. 12 VO (EG) Nr. 1782/2003 enthaltene Begünstigung so genannter Kleinerzeuger wurde in die Freibetragsregelung des Art. 7 Abs. 1 Hs 1 VO (EG) Nr. 73/2009 – keine Modulation bei Beträgen bis 5.000 EUR – überführt. Der 2012 eingefügte Art. 10 a führte die Modulation für das Jahr 2013 in Höhe von 10 % einschließlich der ergänzenden Regelungen fort. Die Modulationsmittel werden gemäß Art. 9 und 10 c VO (EG) Nr. 73/2009 gemäß eines komplizierten Schlüssels auf die Mitgliedstaaten zur **Verwendung für Agrarstrukturmaßnahmen** nach der Verordnung (EG) Nr. 1698/2005 aufgeteilt. Auf diese Weise fließen beträchtliche Finanzmittel von der ersten Säule in die zweite Säule der GAP.

d) Gekoppelte Beihilfen

124 Zugleich wurden mit der Verordnung (EG) Nr. 1782/2003 **neue gekoppelte Beihilfen** eingeführt und bestehende gekoppelte Beihilfen in den Regelungsrahmen der Verordnung überführt (vgl Rn 111). Diese Beihilfen betreffen in der Reihenfolge des nunmehrigen Titels V VO (EG) Nr. 73/2009 Reis, Stärkekartoffeln, Eiweißpflanzen, Schalenfrüchte, Saatgut, Baumwolle, Zucker, Obst und Gemüse, Beerenfrüchte, Schafe, Ziegen und Rindfleisch. Die Beihilfen wurden aus verschiedenen Gründen wie etwa der Abmilderung der Folgen der GAP-Reform 2003 oder der Schaffung eines geeigneten Referenzbezuges für die Berechnung der Betriebsprämie aufgenommen. Wie schon ausgeführt bedeutet die Existenz einer Beihilferegelung in Titel V VO (EG) Nr. 73/2009 nicht, dass die Beihilfe in einem Mitgliedstaat auch tatsächlich gewährt wird, da die Mitgliedstaaten in **größerem Umfang Spielräume** besitzen, die Beihilfen des Titels V in die Betriebsprämie zu überführen (vgl 1. Aufl., Rn 125, beispielhaft zu der in Deutschland nur 2004 gewährten und anschließend in die Betriebsprämie überführten Milchprämie). Einen guten Überblick über den Umfang der Gewährung gekoppelter Beihilfen nach der Verordnung (EG) Nr. 73/2009 gibt die **jährliche Verordnung** über die Aufteilung der finanziellen Obergrenze auf die in den einzelnen Mitgliedstaaten ausgezahlten Beihilfearten.[171]

125 Zur Verordnung (EG) Nr. 73/2009 existieren insgesamt **drei grundlegende Durchführungsverordnungen**. Schon erwähnt wurde die Verordnung (EG) Nr. 1122/2009 zu Modulation, InVeKoS und Cross-compliance (vgl Rn 116). Noch darzustellen ist die Verordnung (EG) Nr. 1120/2009, die die Betriebsprämie betrifft. Die gekoppelten Beihilfen behandelt die ab 2010 geltende **Verordnung (EG) Nr. 1121/2009** der Kommission vom 29.10.2009 mit Durchführungsbestimmungen zur Verordnung (EG) Nr. 73/2009 des Rates hinsichtlich der Stützungsregelungen für Inhaber landwirtschaftlicher Betriebe nach Titel IV und IVa der Verordnung (ABl. 2009 L 316, S. 27), der die Ver-

169 Vgl näher *Norer*, Rechtsfragen, S. 130 ff.
170 EuGH, Rs. C-545/11 (Neuzelle), ECLI:EU:C:2013:169, Rn 22 ff; s. auch *Winkelmüller*, NL-BzAR 2009, 471.
171 Vgl für 2013 VO (EU) Nr. 914/2013 (ABl. 2014 L 252, S. 14).

ordnung (EG) Nr. 2237/2003 (ABl. 2003 L 339, S. 52) und Verordnung (EG) Nr. 1973/2004 (ABl. 2004 L 345, S. 1) vorausgingen. Das unmittelbar mit der Verordnung (EG) Nr. 73/2009 verbundene EU-Recht umfasst damit einschließlich der Verordnung selbst im April 2014 rund **300 Artikel, 25 Anhänge und 200 Erwägungsgründe**. Erwägungsgrund 14 VO (EG) Nr. 1782/2003 sprach insofern zutreffend von der **„Komplexität des Systems“**. Die Beseitigung oder zumindest Reduzierung einer solchen Komplexität war zwar immer auch ein Ziel der bisherigen GAP-Reformen. Angesichts der Heterogenität der Agrarstrukturen der Mitgliedstaaten und der erheblichen finanziellen Bedeutung der GAP für den EU-Haushalt ist jedoch wohl eine gewisse Komplexität unvermeidbar und hat sich mit der GAP-Reform 2014/15 sogar wieder verstärkt.

2. EU-Betriebsprämienrecht

Wie sich aus der bisherigen Schilderung ergibt, diente die GAP-Reform 2003 nicht nur dem Zweck, mit der Betriebsprämie eine neue Art der Agrarförderung einzuführen und das bisherige System auf diese Förderung umzustellen, sondern zugleich auch dazu, einen möglichst einheitlichen Rahmen für das gesamte Agrarmarktrecht im weiteren Sinne zu entwickeln. **Endpunkt dieses Prozesses** könnte die Zusammenfassung aller Agrarmarktbeihilfen unter einem einheitlichen Verordnungsdach mit einem einheitlichen Verwaltungs- und Kontrollrahmen sowie einer einheitlichen Verknüpfung mit anderweitigen Sachregelungen und der Agrarstrukturregelung sein. Dieser Rechtszustand ist allerdings gegenwärtig noch nicht erreicht, so dass nach wie vor zwischen den in der Verordnung (EG) Nr. 73/2009 geregelten Direktzahlungen gekoppelter und entkoppelter Natur sowie den anderweitig normierten Beihilfen und sonstigen Marktordnungsinstrumenten zu unterscheiden ist. Trotz dieses Umstandes stellt die Betriebsprämie das **bedeutendste Förderinstrument** im Agrarmarkt- und Agrarstrukturbereich dar.[172] Für Deutschland beträgt 2014 gemäß Anhang VIII VO (EG) Nr. 73/2009 die **Obergrenze für die Betriebsprämie** 5,85 Mrd. EUR und damit rund 88 % der EU-Gesamtagrarmittel, die im Vorgängerjahr 2013 auf Deutschland entfallen sind. 126

a) Standardmodell

Das zunächst zu beschreibende so genannte **Standardmodell** der Betriebsprämie stellt ein in sich abgeschlossenes System dar, das aus **mehreren Komponenten** besteht. Es gliedert sich vor allem in allgemeine Beihilfevoraussetzungen, die Berechnung von Referenzbeträgen, die Bestimmung und Geltendmachung von Zahlungsansprüchen sowie die Übertragung von Zahlungsansprüchen. Daneben besitzen die Mitgliedstaaten **Spielräume**, um das Standardmodell zu modifizieren. Eine dieser Modifikationen ist das von Deutschland als Basis gewählte so genannte Regionalmodell. Wichtig ist in Bezug auf derartige modifizierende Modelle, dass die Komponenten des Standardmodells auch in diesen Modellen gelten, soweit für das jeweilige Modell keine zwingenden oder fakultativen Abweichungen in der EU-Betriebsprämienregelung vorgesehen sind. Daher ist vor der Beschreibung der mitgliedstaatlichen Optionen und damit auch des von Deutschland gewählten Regionalmodells das Standardmodell zu skizzieren. 127

Die in Art. 1 Buchstabe b VO (EG) Nr. 73/2009 als Einkommensstützung bezeichnete Betriebsprämie setzt sich im Kern aus zwei Elementen zusammen. Um die jährlich auszuzahlende Beihilfe zu erhalten, muss eine Person in dem jeweiligen Kalenderjahr zum einen über mindestens einen ihr zugewiesenen **Zahlungsanspruch** verfügen und zum anderen die für die Geltendmachung ihrer Zahlungsansprüche erforderlichen **sonstigen Beihilfevoraussetzungen** erfüllen. In Bezug auf die letzteren Beihilfevoraussetzungen wird auch von einer **Aktivierung der Zahlungsansprüche** gesprochen. Zu Beginn der Regelung, die in Deutschland 2005 in Kraft trat, wurde bis auf eine geringe nationale Reserve der dem jeweiligen Mitgliedstaat für die Betriebsprämie zur Verfügung stehende EU-Finanzmittelanteil im Rahmen eines Antragsverfahrens auf die Anspruchsberechtigten in Form der genannten Zahlungsansprüche verteilt. Nach dieser einmaligen Verteilung bleiben die Zahlungsansprüche dauerhaft bestehen und können nach einem vorgegebenen System **frei übertragen** werden. Voraussetzungen für die dann jährlich mögliche Beantragung der Betriebsprämie auf der 128

172 *BMVEL*, S. 17, bezeichnet die Betriebsprämienregelung insofern als „Herzstück“ der GAP-Reform 2003.

Grundlage der den Betreffenden jeweils zur Verfügung stehenden Zahlungsansprüche sind vor allem, dass der Betreffende **über einen Betrieb verfügt** – daher die Bezeichnung als Betriebsprämie – und seine zugehörigen Flächen in einem vorgeschriebenen Rahmen nutzt. Der Zahlungsanspruch in dem durch Art. 33 Abs. 1 Buchstabe a VO (EG) Nr. 73/2009 iVm Art. 43 VO (EG) Nr. 1782/2003 **legaldefinierten Sinne** beinhaltet damit – anders als der Begriff vermuten lässt – nicht einen unmittelbaren Anspruch auf Erhalt einer Agrarbeihilfe, sondern ist lediglich eine Voraussetzung dafür, in einem jeweils bestimmten Jahr die Betriebsprämie geltend machen zu können.

129 Zur **Installierung eines solchen Systems**, das nicht mehr auf der Produktion bestimmter landwirtschaftlicher Erzeugnisse, sondern auf der landwirtschaftlichen Tätigkeit als solcher fußt, sind vor allem **drei Schwierigkeiten** zu überwinden. Zunächst ist zu klären, wer bei Beginn des Systems Zahlungsansprüche in welcher Höhe zugewiesen erhält. Des Weiteren bedarf es einer näheren Regelung, wie das Übertragungssystem in Bezug auf die Zahlungsansprüche ausgestaltet ist. Schließlich sind die genauen Voraussetzungen für den Erhalt der jährlichen Zahlung festlegungsbedürftig. Alle drei Bereiche fanden sich in Art. 33 ff VO (EG) Nr. 1782/2003 geregelt.

130 Die **Zuweisungsregelungen** sind auf Grund der inzwischen in den Mitgliedstaaten erfolgten Erstzuweisung nicht in die Verordnung (EG) Nr. 73/2009 übernommen worden, während sich die Übertragungsregelungen für Zahlungsansprüche und die Aktivierungsbestimmungen nunmehr in Art. 33 ff VO (EG) Nr. 73/2009 finden. Soweit Erstzuteilungen **noch streitig** sind ist insofern auf die Verordnung (EG) Nr. 1782/2003 zurückzugreifen. In Deutschland handelt es sich wohl nur noch um wenige Fälle. Ergänzend sind die Durchführungsvorschriften der **Verordnung (EG) Nr. 795/2004** der Kommission vom 21.4.2004 mit Durchführungsbestimmungen zur Betriebsprämienregelung gemäß der Verordnung (EG) Nr. 1782/2003 (ABl. 2004 L 141, S. 1) heranzuziehen, die zwar ab 1.1.2010 durch die **Verordnung (EG) Nr. 1120/2009** mit Durchführungsbestimmungen zur Betriebsprämienregelung gemäß Titel III der Verordnung (EG) Nr. 73/2009 (ABl. 2009 L 316, S. 1) abgelöst wurde, jedoch für die Erstzuteilung der Zahlungsansprüche von 2005 bis 2009 weiter anzuwenden ist. Teilweise besteht ein mitgliedstaatlicher Gestaltungsspielraum, so dass sich das Gesamtbild der Betriebsprämienregelung in Deutschland erst durch ein Zusammenlesen des EU-Rechts und des deutschen Rechts (vgl zu diesem Rn 151 ff) ergibt.

131 Ein **wesentlicher Ausgangspunkt** für die Frage, wie die Zahlungsansprüche verteilt wurden, war die Einigung darauf, dass der EU-Gesamtbetrag der entkoppelten Beihilfe nicht den EU-Gesamtbetrag der in ihr aufgehenden gekoppelten Beihilfen übersteigen sollte. Um Befürchtungen entgegenzutreten, dass die Zusammenfassung zahlreicher der bisherigen Beihilfen zu einer einzigen neuen Beihilfe die Kürzung der Agrarbeihilfen erleichtern könnte, legte Art. 32 VO (EG) Nr. 1782/2003 fest, dass es sich bei der neuen Beihilfe um eine **Intervention** im Sinne der EU-Agrarfinanzierung und mithin um eine im Rahmen der vormaligen Abteilung Garantie des EAGFL „garantierte" Beihilfe handelt. Seit 2006 hat die Betriebsprämie im EU-Agrarfinanzrecht (vgl Rn 50) zunächst in Art. 3 Abs. 1 Buchstabe c VO (EG) Nr. 1290/2005 und nun Art. 4 Abs. 1 Buchstabe b VO (EU) Nr. 1306/2013 eine eigene Erwähnung im Rahmen der aus dem EGFL von der EU vollfinanzierten Agrarmarktmaßnahmen gefunden, auf die Art. 3 VO (EG) Nr. 73/2009 verweist. In Art. 32 VO (EG) Nr. 73/2009 heißt es allerdings auch, dass „die Anwendung der [Direktzahlungen] **unbeschadet einer jederzeitig möglichen Überprüfung** auf Grund der Marktentwicklung und der Haushaltslage erfolgt". Der vergangenheitsbezogene Ausgangspunkt der Festlegung der Gesamthöhe der entkoppelten Beihilfe legte nahe, auch die Zuweisung der Zahlungsansprüche vergangenheitsbezogen vorzunehmen. Als **Referenzzeitraum** wurden daher in Art. 38 VO (EG) Nr. 1782/2003 die Jahre 2000 bis 2002 und damit die drei letzten Jahre vor Erlass der Reformverordnung festgelegt. Wie Art. 37 Abs. 1 S. 1 VO (EG) Nr. 1782/2003 normierte, erhielt jeder Beihilfeberechtigte den Durchschnitt der ihm im Referenzzeitraum gezahlten gekoppelten Beihilfen.

132 Wem im Referenzzeitraum zumindest eine der in das entkoppelte System überführten Beihilfen gewährt wurde und wer zugleich zum maßgeblichen Antragszeitpunkt Inhaber eines landwirtschaftlichen Betriebes war, hatte folglich einen Anspruch auf Zuweisung referenzbezogener Zahlungsansprüche. In Abgrenzung zu der im Rahmen des Regionalmodells flächenbezogenen

Betriebsprämie (vgl Rn 144) wurde insofern von der **betriebsindividuellen Betriebsprämie (BiB)** gesprochen. Die maßgeblichen Beihilfebeträge und die Betriebsinhaberschaft mussten sich auf denselben Mitgliedstaat beziehen. Die Staatsangehörigkeit war demgegenüber nicht relevant.[173] Die gekoppelt ausgezahlten Beihilfebeträge des Referenzzeitraumes bildeten dabei nicht einen einzigen Zahlungsanspruch, sondern einen so genannten **Referenzbetrag**, der anschließend nach Art. 43 Abs. 1 VO (EG) Nr. 1782/2003 durch den **Dreijahresdurchschnitt** der Hektarzahl aller Flächen, für die die Beihilfen gezahlt wurden, zu teilen war. Auf diese Weise wurde vermieden, dass Zahlungsansprüche in enormer Höhe entstanden, und als Kehrseite erreicht, dass die Bildung der Zahlungsansprüche in gewisser Weise die Betriebsgröße widerspiegelte. Insbesondere letzteres wurde im Regionalmodell sogar noch eher erreicht, indem die Hektarzahl aller Flächen, für die die Betriebsprämie im ersten Jahr ihrer Anwendung beantragt wird, maßgeblich war (vgl Rn 146). Soweit ein landwirtschaftlicher Betrieb keine oder kaum einschlägige Flächen besaß, existierten mit Art. 47 ff VO (EG) Nr. 1782/2003 entsprechende Sonderregelungen zur Feststellung der Zahlungsansprüche, die zu so genannten **besonderen Zahlungsansprüchen** führten (vgl zu den **Stilllegungszahlungsansprüchen** als einer dritten Kategorie, mit denen ein gewisser Prozentsatz an stillgelegten landwirtschaftlichen Flächen erreicht werden sollte, die jedoch inzwischen aufgehoben worden sind, 1. Aufl., Rn 133).

Daneben waren bei der Zuweisung der Zahlungsansprüche zahlreiche **Sonderfälle** zu berücksichtigen und daher entsprechend geregelt.[174] Zu diesen Fällen gehörten vor allem jeweils bezogen auf den ganzen oder teilweisen Referenzzeitraum das Ausbleiben von Beihilfezahlungen auf Grund höherer Gewalt oder außergewöhnlicher Umstände, das Bestehen von zeitlich begrenzten Stilllegungsverpflichtungen, die Erst- bzw Wiederaufnahme der landwirtschaftlichen Tätigkeit sowie der Übergang eines landwirtschaftlichen Betriebes durch Erbschaft oder Kauf. Zugleich können Zahlungsansprüche für **Neueinsteiger** vorgesehen werden. Wie nach der Erfahrung mit der 1984 eingeführten Milchquotenregelung (vgl Rn 217 ff), die ebenfalls auf einen Referenzzeitraum zurückgriff, zu erwarten war, sind in diesem Zusammenhang einige kontroverse Fallkonstellationen aufgetreten, die teilweise gerichtshängig geworden sind.[175] 133

Um die noch bestehenden Streitfälle auf ein Mindestmaß zu reduzieren, regelt **Art. 137 VO (EG) Nr. 73/2009**, dass „Zahlungsansprüche, die den Betriebsinhabern vor dem 1.1.2009 zugewiesen wurden, ab dem 1.1.2010 als rechtmäßig und ordnungsgemäß gelten“, wobei Zahlungsansprüche ausgenommen sind, die „auf der Grundlage von sachlich fehlerhaften Anträgen zugewiesen wurden“, soweit „der Fehler für den Betriebsinhaber nach vernünftiger Einschätzung erkennbar war“. Den mitgliedstaatlichen Behörden ist es mithin außerhalb der genannten Ausnahme ab dem 1.1.2010 nicht mehr möglich, bis zum 31.12.2008 **rechtsfehlerhaft zugewiesene Zahlungsansprüche zurückzunehmen.**[176] Die **fehlerhafte Übertragung von Zahlungsansprüchen** dürfte nicht darunter fallen, wie vor allem die englische Sprachfassung mit der Verwendung des Begriffes „allocated“, der ebenfalls in Art. 33 Abs. 2 VO (EG) Nr. 73/2009 in Abgrenzung zu „transferred“ genutzt wird, verdeutlicht. Hat der Mitgliedstaat vor dem 1.1.2010 die **Zuweisung eines Zahlungsanspruchs aufgehoben,** dürfte auch dieser Fall nicht erfasst sein, selbst wenn auf Grund eines Rechtsbehelfs nach deutschem Recht die Wirkung der Aufhebung aufgeschoben ist. Nach Ansicht des Verfassers unterliegt hingegen der Vorbehalt des Art. 137 Abs. 3 VO (EG) Nr. 73/2009, dass die Europäische Kommission eine entsprechende **Anlastung** der Mitgliedstaaten (vgl Rn 51) vornehmen kann, durchaus Zweifeln. Denn da das EU-Recht selbst den Mitgliedstaaten pauschal die Korrektur rechtswidriger Verwaltungsentscheidungen untersagt, erscheint es widersprüchlich, wenn die Mitgliedstaaten für 134

173 Vgl entsprechend zu der Situation in der deutsch-schweizerischen Zollgrenzzone die Bundesratsentschließung vom 8.7.2005, BR-Drucks. 494/05.

174 Vgl im Einzelnen *BMVEL*, S. 34 ff.

175 Vgl näher *Busse/Haarstrich*, Betriebsprämienregelung, S. 5 ff.

176 Nach dem EuGH, Rs. C-105/13 (Noordegraf), ECLI:EU:C:2014:918, Rn 52 ff, findet die Bestimmung allerdings keine Anwendung, wenn der Betriebsinhaber auf Grund eines mitgliedstaatlichen Fehlers einen zu geringen Zahlungsanspruch erhalten hat.

dadurch entstehende Fehlverausgabungen von EU-Mitteln die Verantwortung tragen sollen. Zumindest dürfte dies für Fälle gelten, in denen die Fehlverausgabung auf ein **Fehlverhalten des Beihilfeempfängern**, das für den Mitgliedstaat nicht erkennbar war, zurückgeht.

135 Vor allem für **Fälle in besonderer Lage**, zu denen auch zum Zeitpunkt der Erstzuweisung noch offene Streitverfahren über gekoppelte Beihilfen, die in den Referenzzeitraum fallen, gehörten, und **Neueinsteiger** ist es den Mitgliedstaaten durch Art. 41 VO (EG) Nr. 73/2009 gestattet, über eine **nationale Reserve** von Zahlungsansprüchen zu verfügen. Strukturell vergleichbar mit den mitgliedstaatlichen Quotenhöchstmengen im Rahmen der Milchquotenregelung ist der finanzielle Spielraum für Zahlungsansprüche jedes Mitgliedstaates in Form einer **Obergrenze** gedeckelt, die in Art. 40 VO (EG) Nr. 73/2009 näher geregelt ist. Wird diese Obergrenze überschritten, hat der betreffende Mitgliedstaat nach Art. 40 Abs. 2 VO (EG) Nr. 73/2009 alle Werte der Zahlungsansprüche linear zu kürzen. Im Rahmen der Erstzuweisung erhielten die einzelnen Betriebsinhaber auf ihren Antrag hin eine unterschiedliche Anzahl von Zahlungsansprüchen in für jeden Betriebsinhaber unterschiedlicher Höhe zugewiesen. Der verbliebene Rest der deutschen Obergrenze fiel in die nationale Reserve.

136 Seit 2005 können die Inhaber der Zahlungsansprüche die Betriebsprämie in der jeweils normierten Höhe in Form von Beihilfezahlungen geltend machen und ihre Zahlungsansprüche auf andere Betriebsinhaber innerhalb desselben Mitgliedstaates übertragen. Die Grundzüge des **Übertragungssystems** sind in Art. 43 VO (EG) Nr. 73/2009 geregelt. Diese Bestimmung sieht **dauerhafte und zeitweilige Übertragungen** vor, wobei die letzteren nach Art. 43 Abs. 2 S. 2 VO (EG) Nr. 73/2009 grundsätzlich nur mit der Übertragung einer entsprechenden landwirtschaftlichen Fläche möglich sind.[177] Einige weitere Bestimmungen finden sich in Art. 12 und 13 VO (EG) Nr. 1120/2009. In diesem Zusammenhang stellt sich die Frage, ob bei der zeitweiligen Übertragung mehrerer Zahlungsansprüche jeder Zahlungsanspruch mit einem bestimmten Hektar der zugleich übertragenen Fläche verknüpft sein muss. Dagegen spricht die Möglichkeit der Rotation in Bezug auf die eigenen Zahlungsansprüche (vgl Rn 143). Weiterhin ist fraglich, ob die zeitweilige Übertragung von Zahlungsansprüchen auch mit der dauerhaften Übertragung von Flächen möglich ist. Dem kann entgegengehalten werden, dass es in Art. 43 Abs. 2 S. 2 VO (EG) Nr. 73/2009 „Übertragung" und nicht „Verpachtung oder ähnliche Vorgänge" heißt.

137 Die Übertragung erfolgt im Wege des Privatrechts und ist der jeweils zuständigen Behörde mitzuteilen. Wo genau in dieser Hinsicht die **Trennlinie zwischen privatem und öffentlichem Recht** verläuft,[178] wird sich erst im Laufe der Zeit herausbilden, wie das Beispiel der Milchquotenregelung zeigt, die ebenfalls ein solches Mischsystem kennt. Während die Probleme im Zusammenhang mit der Erstzuweisung der Zahlungsansprüche nach einer gewissen Zeit beendet sein dürften, ist für die Übertragung von Zahlungsansprüchen davon auszugehen, dass **immer wieder neue Fragen** auftauchen werden. Im Unterschied zum Übertragungssystem von Milchquoten in seiner Erstfassung von 1984 ist die dauerhafte Übertragung der Zahlungsansprüche **weder flächen- noch betriebsgebunden.** In diese Richtung hat sich auch die Milchquotenregelung entwickelt, indem seit geraumer Zeit den Mitgliedstaaten die Möglichkeit eingeräumt wird, Übertragungen von Milchquoten ohne Fläche oder Betrieb zuzulassen. Übertragungen sind dabei allerdings nach wie vor nur an Milcherzeuger möglich.

138 Entsprechend können die Zahlungsansprüche grundsätzlich nur an **Inhaber landwirtschaftlicher Betriebe** übertragen werden. Indem zu Beginn der Milchquotenregelung eine Flächenbindung normiert wurde, ist das Problem umgangen worden, dass bei der Rückgabe von Pachtflächen, die im damaligen Referenzzeitraum zur Milcherzeugung genutzt und daher mit einer Milchquote verbunden wurden, über den Verbleib der Milchquote zu entscheiden war. Denn unabhängig von der Ausgestaltung des Pachtvertrages ging die Milchquote auf Grund der gesetzlichen Flächenbindung

177 Vgl zu der Frage, wann von einer zeitweiligen Übertragung auszugehen ist, EuGH, Rs. C-434/08 (Harms), Slg 2010, I-4431.

178 Vgl zu dieser Problematik vor dem Hintergrund des Milchquotenrechts *Busse*, JAR IX (2010), 27.

mit der Rückgabe der Fläche auf den Verpächter über. Der Nachteil dieses Systems lag darin, dass der Verpächter mit dem Rückerhalt der Fläche nicht automatisch Milcherzeuger wurde und daher die Milchquote an Personen gelangen konnte und in vielen Fällen gelangt ist, die die Milchquote nicht für ihre eigene Milcherzeugung benötigten, sondern lediglich durch eine erneute Verpachtung Gewinn aus ihr zogen (so genannte **Sofamelker**).

Die Regelung der Betriebsprämie vermeidet zwar den letztgenannten Nachteil, kann jedoch in **Pachtfällen** zu Problemen führen, falls 2005 der Zahlungsanspruch einem Pächter zugeteilt wurde und dieser sich weigert, die Zahlungsansprüche bei Pachtvertragsende an den Verpächter zu übertragen. Für Deutschland hat der BGH zunächst entschieden, dass sich aus der in **§ 596 Abs. 1 BGB** enthaltenen Pflicht zur Rückgabe der Pachtfläche „in einem Zustand, der einer bis zur Rückgabe fortgesetzten ordnungsgemäßen Bewirtschaftung entspricht", keine Pflicht zur Übertragung von Zahlungsansprüchen ergibt und insofern die Rechtsprechung zu den Zuckerquoten nicht übertragbar ist.[179] So sind nach dem OLG Celle Zuckerquotenlieferrechte, die während der Pachtzeit dem Pächter von den Zuckerfabriken flächenbezogen zugeteilt worden sind, bei Pachtvertragsende auf den Verpächter zu übertragen.[180] Dahinter steht die Frage, wie eng die öffentlich-rechtliche Begünstigung mit einer bestimmten Fläche oder einer bestimmten Leistung verbunden ist. Die Betriebsprämie wurde in dieser Hinsicht bewusst in Form **flächenloser Zahlungsansprüche**, die an Prämienzahlungen für bestimmte Leistungen in der Vergangenheit anknüpften, eingeführt. In letzterem Sinne entschied der BGH, dass im Falle einer im Pachtvertrag selbst enthaltenen Übertragungspflicht der Pächter zur Übertragung an den Verpächter verpflichtet ist.[181] 139

In ihrer Begründung ist die Rechtsprechung des BGH zu den beiden Konstellationen **nicht widerspruchsfrei**. Denn während der BGH in Bezug auf die gesetzlichen Bestimmungen über die Landpachtverträge eine anders lautende vorrangige Regelung des EU-Rechts annimmt, soll dieselbe EU-rechtliche Regelung für die Frage der Auslegung von einschlägigen Klauseln in Pachtverträgen nicht gelten. Es bleibt abzuwarten, ob zu dieser Frage noch eine abschließend klärende EuGH-Entscheidung ergeht. So hat der **EuGH bislang** lediglich **entschieden**, dass das EU-Recht keinen Zwang der Pächter zu einer Übertragung und auch keine entsprechende Vergütungspflicht enthält, jedoch nicht ausdrücklich festgestellt, dass das EU-Recht einer solchen nationalen Regelung entgegenstehen würde.[182] Ungeklärt ist auch, ob im Falle einer vertraglichen Verpflichtung zur Rückgabe eines verpachteten Zahlungsanspruchs der Zahlungsanspruch **auf einen Nichtlandwirt** rückübertragen werden kann, da nach Art. 43 Abs. 1 Unterabs. 1 VO (EG) Nr. 73/2009 Zahlungsansprüche nur zwischen Betriebsinhabern übertragen werden dürfen. Gegebenenfalls könnte der EuGH für diesen Fall seine im Rahmen der Milchquotenregelung entwickelte so genannte **Thomsen-Rechtsprechung**[183] anwenden, nach der zwar ein Rückfall möglich ist, allerdings einem Verpächter die Verpflichtung obliegt, die zurückerhaltene Milchquote binnen kurzer Frist auf einen Milcherzeuger zu übertragen. Geschieht letzteres nicht, wird die Milchquote in die nationale Reserve eingezogen. 140

Um die Zahlungsansprüche für den Erhalt der Betriebsprämie aktivieren zu können, muss gemäß Art. 34 Abs. 1 S. 1 VO (EG) Nr. 73/2009 der Betriebsinhaber für jeden Zahlungsanspruch einen Hektar landwirtschaftliche Fläche nachweisen. Hinsichtlich dieser so genannten **beihilfefähigen Hektarfläche** bedarf es einer genauen Bestimmung, welche Flächen mit welcher Nutzung darunter fallen. Entsprechende Vorschriften enthält Art. 34 Abs. 2 Unterabs. 1 VO (EG) Nr. 73/2009. In der amtlichen Broschüre findet sich in diesem Zusammenhang folgende allgemeine Erläuterung: „Ein 141

179 Vgl etwa BGH 24.11.2006 – LwZR 1/06 – RdL 2007, 94; s. den Rechtsprechungsüberblick bei *Busse/Haarstrich*, Betriebsprämie, S. 22 f, und die Diskussion bei *Norer*, Rechtsfragen, S. 46 ff, mwN.

180 OLG Celle 17.3.1994 – 7 W 17/94 – OLGR Celle 1994, 256; 11.5.2000 – 13 U 173/99; vgl näher *Grages*, AUR 2003, 328, 331 ff, mwN.

181 BGH 24.4.2009 – LwZR 11/08 – RdL 2009, 207, 208 f; vgl näher zur anschließenden Entwicklung der Rspr. Busse/Haarstrich, Agrarförderrecht, S. 89 ff. Formularmäßig gehaltene Rückübertragungskauseln sind am AGB-Recht zu überprüfen, s. dazu etwa OLG Naumburg 19.12.2013 – 2 U 63/13 (Lw) – NL-BzAR 2014, 112.

182 EuGH, Rs. C-470/08 (van Dijk), Slg. 2010, I-603, Rn 25 ff.

183 EuGH, Rs. C-401/99 (Thomsen), Slg 2002, I-5775, Rn 24 ff, und anschließende Entscheidung des BVerwG 18.12.2003 – 3 C 48.02 – RdL 2004, 137, 138 f.

wesentliches Merkmal entkoppelter Direktzahlungen ist, dass für ihre Gewährung keine bestimmte Produktion vorausgesetzt wird. Den Betriebsinhabern ist mit wenigen Ausnahmen freigestellt, wie sie die zur Aktivierung der Zahlungsansprüche erforderlichen beihilfefähigen Flächen nutzen."[184] Welche Nutzungen genau erfasst sind, ergibt sich aus der Definition der **„landwirtschaftlichen Tätigkeit"** in Art. 2 Buchstabe c VO (EG) Nr. 73/2009: „die Erzeugung, die Zucht oder den Anbau landwirtschaftlicher Erzeugnisse, einschließlich Ernten, Melken, Zucht von Tieren und Haltung von Tieren für landwirtschaftliche Zwecke, oder die Erhaltung von Flächen in gutem landwirtschaftlichen und ökologischen Zustand gemäß [Art. 6 VO (EG) Nr. 73/2009]".

142 Besonderes Augenmerk verdienen diese Mindestvoraussetzungen für die erforderliche landwirtschaftliche Tätigkeit, um analog zu dem im Rahmen der Milchquotenregelung geprägten Begriff des Sofamelkers (vgl Rn 138) so genannte **Sofamulcher**, dh Personen, die die Betriebsprämie ohne wesentliche Eigentätigkeit erlangen, möglichst zu vermeiden.[185] Dabei sind besonders Fälle kontrovers geworden, in denen die Fläche hauptsächlich zu nichtlandwirtschaftlichen Zwecken, beispielsweise als Flughafen, genutzt wird. Art. 9 VO (EG) Nr. 1120/2009 regelt diese Frage partiell. Der EuGH hat geklärt, dass die Nutzung von Flächen zu Natur- und Landschaftsschutzzwecken einer gleichzeitigen landwirtschaftlichen Nutzung nicht prinzipiell entgegensteht, selbst wenn die Naturschutzbehörde Weisungen erteilen kann.[186] Wichtig ist zudem, dass nur derjenige einen Betriebsprämienantrag stellen darf, der tatsächlich den jeweiligen Betrieb bewirtschaftet.[187] Für die Aktivierung **besonderer Zahlungsansprüche** (vgl Rn 133) bestehen mit Art. 44 VO (EG) Nr. 73/2009 Sonderregelungen.

143 Gemäß Art. 34 Abs. 2 Unterabs. 3 VO (EG) Nr. 73/2009 muss die begünstigte Fläche „außer im Fall höherer Gewalt oder außergewöhnlicher Umstände den Beihilfebedingungen jederzeit während des Kalenderjahres entsprechen". Auf welcher **rechtlichen Grundlage** die Flächen dem Beihilfeempfänger zur Verfügung stehen, ist nicht relevant. Der **maßgebliche Zeitpunkt für die Flächeninhaberschaft** ist nach Art. 35 Abs. 1 VO (EG) Nr. 73/2009 von den Mitgliedstaaten zu bestimmen, darf jedoch nicht nach dem Zeitpunkt für die letztmalige Änderung des jährlichen Beihilfeantrages liegen. Verpachtet etwa der Beihilfeempfänger nach dem maßgeblichen Zeitpunkt die Fläche und hält der Pächter die notwendigen Flächenvoraussetzungen nicht ein, entfällt nach Art. 23 Abs. 1 Unterabs. 2 VO (EG) Nr. 73/2009 grundsätzlich der Anspruch des Beihilfeempfängers auf die Betriebsprämie. Soweit allerdings der Pächter selbst einen Beihilfeantrag gestellt hat, ist nach Art. 23 Abs. 1 Unterabs. 4 VO (EG) Nr. 73/2009 ab 2010 die Sanktion bei diesem vorzunehmen. Wird ein Zahlungsanspruch **zwei Jahre lang nicht aktiviert**, erfolgt nach Art. 42 VO (EG) Nr. 73/2009 prinzipiell ein Einzug in die nationale Reserve, wobei dem Betriebsinhaber allerdings eine abwechselnde Nutzung der Zahlungsansprüche – eine so genannte **Rotation** – gestattet ist. Einzüge zur nationalen Reserve können nach Art. 43 Abs. 3 VO (EG) Nr. 73/2009 in Verbindung mit Art. 16 VO (EG) Nr. 1120/2009 von den Mitgliedstaaten auch bei dem Verkauf von Zahlungsansprüchen vorgesehen werden, wobei Deutschland von dieser Möglichkeit keinen Gebrauch gemacht hat.

b) Regionalmodell und sonstige Ausgestaltungsspielräume

144 Dieses nur in seinen Grundzügen beschriebene Standardmodell der Betriebsprämie hat dadurch eine wesentliche Verkomplizierung erfahren, dass die Mitgliedstaaten zur Berücksichtigung ihrer jeweiligen Besonderheiten nicht unerhebliche **Spielräume** erhalten haben, das Standardmodell zu modifizieren und zugleich statt 2005 die Jahre 2006 oder 2007 für den Beginn der Betriebsprämienregelung in dem jeweiligen Mitgliedstaat festzulegen. Die entsprechenden Bestimmungen finden sich in den insofern nach wie vor anwendbaren Art. 58 bis 71 VO (EG) Nr. 1782/2003 sowie ergänzend in Art. 46 bis 67 VO (EG) Nr. 73/2009. Die Spielräume und die in Form der Modulation normierte Mittelverschiebung zu Gunsten des weitgehend von den Mitgliedstaaten gestalteten

184 *BMVEL*, S. 49.
185 Vgl auch *Leidwein*, S. 267 f.
186 EuGH, Rs. C-61/09 (Bad Dürckheim), Slg 2010, I-9763, Rn 34 ff.
187 Vgl *Busse/Haarstrich*, Agrarförderrecht, S. 70 f.

Agrarstrukturbereichs werden zum Teil als Beleg für eine Renationalisierung der GAP angesehen (vgl Rn 38). Hingewiesen sei darauf, dass mit Art. 121 bis 133 VO (EG) Nr. 73/2009 besondere Vorschriften für die Einführung der Betriebsprämie in den **seit dem 1.5.2004 neu beigetretenen Mitgliedstaaten** existieren. Dort ist die Betriebsprämie in dem Zeitraum 2004 bis 2013 einzuführen. Nach Art. 143 a VO (EG) Nr. 1782/2003 gilt ein so genanntes **Phasing-in**, das mit Ausnahme Bulgariens und Rumäniens mit 25 % der Direktzahlungen einschließlich der Betriebsprämie beginnt und – bestätigt durch Art. 121 Unterabs. 1 VO (EG) Nr. 73/2009 – den vollen Umfang der Direktzahlungen 2013 erreicht hat.[188] Für Bulgarien und Rumänien gilt nach Art. 121 Unterabs. 2 VO (EG) Nr. 73/2009 der volle Umfang erst 2016 und für Kroatien nach Art. 121 Unterabs. 3 VO (EG) Nr. 73/2009 erst 2022. Zugleich konnten die neuen Mitgliedstaaten die Direktzahlungen bis 2013 in Form einer **einheitlichen Flächenzahlung** gewähren,[189] was durch die GAP-Reform 2014/15 fortgeführt wird.

Deutschland entschied sich 2004, das Standardmodell mit dem so genannten Regionalmodell, das in Art. 58 bis 63 VO (EG) Nr. 1782/2003 geregelt war, für den Zeitraum vom 2005 bis 2012 zu kombinieren und anschließend ein reines **Regionalmodell** durchzuführen. Die daraus entstandene Betriebsprämiendurchführung wird als **Kombinationsmodell** bezeichnet. Art. 58 Abs. 2 S. 1 in Verbindung mit Abs. 3 VO (EG) Nr. 1782/2003 sah vor, dass ein Mitgliedstaat sein Hoheitsgebiet in Regionen und seine mitgliedstaatliche Finanzmittelobergrenze auf diese Regionen nach objektiven Kriterien aufteilen konnte. Auf diese Weise wurden den Regionen ganz oder teilweise diejenigen Mittel zugeteilt, die im Referenzzeitraum in ihnen verausgabt worden sind. Art. 59 VO (EG) Nr. 1782/2003 normierte im Rahmen des Regionalmodells weiterhin die Möglichkeit, dass die Zahlungsansprüche nicht auf der Grundlage der betriebsindividuellen Referenzbeträge zugewiesen wurden, sondern die regionale Obergrenze gleichmäßig auf die beihilfefähige Hektarzahl aufgeteilt werden konnte. In Abgrenzung zu der betriebsindividuellen Betriebsprämie wird insofern von einer **flächenbezogenen Betriebsprämie (FbB)** gesprochen. Mithin findet eine gewisse Umverteilung innerhalb der jeweiligen Region statt, die zugleich dazu führt, dass die Zahlungsansprüche in einer Region von ihrer Höhe her identisch sind. Dabei konnte allerdings nach Art. 59 Abs. 3 VO (EG) Nr. 1782/2003 auch nur ein Teil der regionalen Obergrenze gleichmäßig verteilt und der verbleibende Teil nach den Kriterien des Standardmodells betriebsindividuell zugewiesen werden. Auf diese Weise waren **Kombinationen aus Regional- und Standardmodell** möglich. 145

Art. 59 Abs. 4 VO (EG) Nr. 1782/2003 modifizierte Art. 43 Abs. 1 S. 1 VO (EG) Nr. 1782/2003 dahingehend, dass sich die **Anzahl der zuzuteilenden Zahlungsansprüche** nicht aus der Hektarzahl der beihilfebegünstigten Fläche im Referenzzeitraum, sondern der Hektarzahl der im ersten Jahr der Anwendung der Betriebsprämie dem Antrag zugrunde gelegten Fläche ergab. Insofern entsprach im Regionalmodell die Erstzuteilung der Zahlungsansprüche in der Regel der tatsächlichen Flächengröße der Betriebe. Soweit zur Berechnung eines Bestandteils der Referenzbeträge das Standardmodell gewählt wurde, erfolgte eine Zurechnung dieser als betriebsbezogen bezeichneten Referenzbeträge in Form so genannter **top-ups** zu den flächenbezogenen Referenzbeträgen. Falls ein Betrieb über keine Flächen verfügte, war nach Art. 59 Abs. 3 S. 3 VO (EG) Nr. 1782/2003 auf die in Art. 49 Abs. 2 VO (EG) Nr. 1782/2003 enthaltene Berechnungsmethode – Bezugnahme auf Großvieheinheiten (GVE) – zurückzugreifen.[190] Art. 61 VO (EG) Nr. 1782/2003 gestattete im Rahmen des Regionalmodells ergänzend, für Flächen, die zu einem bestimmten Zeitpunkt als **Grünland** genutzt worden sind, die Höhe der Zahlungsansprüche zu modifizieren, um auf diese Weise den geringeren Aufwand für die Grünlandpflege zu berücksichtigen. 146

188 Eine Klage Polens gegen dieses Phasing-in hatte keinen Erfolg – EuGH, Rs. C-273/04 (Polen/Rat), Slg 2007, I-8925, Rn 42 ff.

189 Vgl dazu ERH, Sonderbericht 16/2012 über die einheitliche Flächenzahlung in den neuen Mitgliedstaaten, ABl. 2012 C 392, S. 5.

190 Vgl zu den inzwischen auf Grund der Einbeziehung des Obst- und Gemüsesektors in die Betriebsprämienregelung nicht mehr erforderlichen so genannten OGS-Genehmigungen 1. Aufl., Rn 143.

147 Zur **Erhaltung des regionalen Bestandes** an Zahlungsansprüchen bestimmte Art. 63 Abs. 1 VO (EG) Nr. 1782/2003, dass Zahlungsansprüche anders als im Standardmodell nicht mitgliedsstaatenweit, sondern nur innerhalb derjenigen Region, für die sie zugeteilt worden sind, genutzt werden dürfen. In der deutschen Sprachfassung fehlte zwar das Wort „Nutzung". Ein Abgleich mit der englischen Sprachfassung („may only be transferred or used") und der vergleichbaren französischen Sprachfassung zeigt jedoch, dass es sich offensichtlich um ein Redaktionsversehen handelt. In der kraft ausdrücklicher Anordnung auch auf das Regionalmodell nach der Verordnung (EG) Nr. 1782/2003 anwendbaren Neufassung der Bestimmung durch Art. 50 Abs. 1 VO (EG) Nr. 73/2009 ist in der deutschen Sprachfassung das Wort „genutzt" ergänzt worden. Nicht ganz klar ist allerdings, ob dadurch der Erwerb eines Zahlungsanspruchs voraussetzt, dass der Erwerber **über einen Betriebssitz oder zumindest Flächen in der entsprechenden Region** verfügt. Nach Ansicht des Verfassers kann Art. 50 Abs. 1 VO (EG) Nr. 73/2009 eine derartige Beschränkung nicht entnommen werden.[191] Gemäß Art. 63 Abs. 3 VO (EG) Nr. 1782/2003 konnten zudem die Zahlungsansprüche „in vorgegebenen Schritten und nach objektiven Kriterien nach und nach geändert werden", um – wie beispielsweise in Deutschland vorgesehen und noch zu beschreiben – von einem Kombinationsmodell im Laufe der Zeit zu einem reinen Regionalmodell zu gelangen.

148 Schließlich war es den Mitgliedstaaten im Rahmen der Art. 64 bis 70 VO (EG) Nr. 1782/2003 gestattet, erstens für einige Beihilfebereiche eine nur **teilweise Entkopplung** vorzunehmen, zweitens einen allgemeinen Einbehalt zu Gunsten pauschaler Ergänzungszahlungen für bestimmte Formen landwirtschaftlicher Tätigkeit vorzusehen und drittens einige wenige Direktzahlungen ganz aus der Betriebsprämie auszunehmen. Die Anwendung der Regelungen des Regionalmodells, eine Einführung der Betriebsprämie erst in den Jahren 2006 oder 2007 und die Nutzung der sonstigen Optionen mussten die Mitgliedstaaten bis zum **1.8.2004** beschließen. Im Rahmen der Neufassung der EU-Betriebsprämienverordnung wurde entschieden, für 2010 denjenigen Mitgliedstaaten, die zuvor das Standardmodell gewählt hatten, auf deren teilweisen Wunsch hin die **Option eines Regionalmodells erneut** zu eröffnen. Insofern wiederholen nunmehr die insofern einschlägigen Bestimmungen der Art. 46 bis 50 VO (EG) Nr. 73/2009 im Wesentlichen die vormaligen Bestimmungen der Verordnung (EG) Nr. 1782/2003.

3. Deutsches Recht zur GAP-Reform 2003

149 Nach der Skizzierung der Grundzüge des EU-Rechts zur GAP-Reform 2003 soll das **zugehörige deutsche Recht** betrachtet werden. Dieses Recht wurde 2004 geschaffen und besteht auf Bundesebene im Wesentlichen aus drei Gesetzen und drei Verordnungen mit insgesamt rund 70 Paragraphen und 10 Anlagen.[192] Es hat bislang keine grundlegenden Änderungen erfahren. Daneben sind einige weitere Regelungen erlassen worden. Dazu zählen etwa die Erweiterung des MOG auf die Durchführung der Betriebsprämie (vgl Rn 152), die zur Durchführung der 2004 noch gekoppelten Milchprämie (vgl Rn 124) dienende **Milchprämienverordnung** vom 18.2.2004[193] und die Aufhebung des Modulationsgesetzes. Die meisten dieser weiteren Regelungen sind dem klassischen Agrarmarktrecht zuzuordnen.

150 Das deutsche Recht zur GAP-Reform 2003 ist in seiner **Systematik** weitgehend an das entsprechende EU-Recht angelehnt. Während das **deutsche Betriebsprämienrecht** dem Inhalt des Betriebsprämientitels der Verordnung (EG) Nr. 73/2009 und der zugehörigen Durchführungsverordnung (EG) Nr. 1120/2009 entspricht, ist das nicht nur auf die Betriebsprämie anwendbare EU-Recht für die Bereiche Cross-compliance und InVeKoS in zwei getrennten deutschen Rechtsakten geregelt. Die ebenfalls in der Verordnung (EG) Nr. 73/2009 und der Verordnung (EG) Nr. 1122/2009 nor-

191 So wohl auch *BMVEL*, S. 30; aA *Gersteuer*, S. 215.

192 Die genannten sechs Rechtsakte in ihrer Fassung von 2006 finden sich bei *Busse*, MOG, Zweiter Teil: Deutsches Recht zur GAP-Reform 2003, mit einer Einleitung versehen abgedruckt.

193 Genutzt durch § 34 InVeKoSV zur Entkopplung der Milchprämie 2005; vgl eingehend zu dem teilweise gerichtshängig gewordenen Zusammenspiel der Milchprämienregelung mit der Betriebsprämienregelung *Busse*, AUR 2008, 124, 129 ff.

mierte **Modulation** (vgl Rn 123) bedarf auf Grund ihrer bereits weitgehend abschließenden und unmittelbar anwendbaren Regelung im EU-Recht nur weniger nationaler Durchführungsnormen. Daher existiert diesbezüglich kein eigenständiger deutscher Rechtsakt. Wie die modulierten Finanzmittel im Einzelnen verwendet werden, ist nicht Gegenstand der Verordnung (EG) Nr. 73/2009, sondern des Agrarstrukturrechts und findet sich daher in Deutschland im Rahmen der Agrarstrukturförderung geregelt.

a) Betriebsprämienrecht

Während bis zur GAP-Reform 2003 das deutsche Durchführungsrecht zum EU-Agrarmarktrecht in der Regel durch Rechtsverordnungen, die auf das 1972 erlassene MOG gestützt werden konnten (vgl Rn 9), normiert wurde, **änderte sich diese Situation** durch die Einführung der Betriebsprämie. So enthält das MOG an zahlreichen Stellen die Einschränkung, dass das jeweilige EU-Recht in materiell-rechtlicher Hinsicht „bestimmt, bestimmbar oder begrenzt" sein muss. Diese Bedingung fußt auf dem Bestimmtheitsgebot des Art. 80 Abs. 1 S. 2 GG (vgl Rn 250). Angesichts der vielfältigen mitgliedstaatlichen Spielräume in der EU-Betriebsprämienregelung entstand daher mit dem **Gesetz zur Durchführung der einheitlichen Betriebsprämie (Betriebsprämiendurchführungsgesetz – BetrPrämDurchfG)** vom 21.7.2004 in der Fassung der Bekanntmachung vom 26.11.2010 eine gesonderte gesetzliche Grundlage.[194] 151

Um die vor allem für Verfahrens- und Zuständigkeitsregelungen im Agrarmarktbereich zentrale Funktion des MOG nicht zu schwächen, wurde zugleich beschlossen, in das BetrPrämDurchfG **vorwiegend materiell-rechtliche Regelungen** aufzunehmen und für alle sonstigen Regelungen eine Verweisung auf das MOG vorzusehen. Entsprechend fand sich der **Anwendungsbereich des MOG** auf die Durchführung der Betriebsprämie erweitert, indem einerseits die wichtige Durchführungsermächtigung des § 6 Abs. 1 MOG nunmehr alle Direktzahlungen und damit ebenfalls die Betriebsprämie umfasst und sich andererseits durch den neu eingefügten § 1 Abs. 2 Nr. 4 MOG der Regelungsbereich des MOG auch auf Bundesgesetze bezieht, die EU-Regelungen im Anwendungsbereich des MOG betreffen. Wäre diese Technik des so genannten Andockens anderer Gesetze an das MOG nicht gewählt worden, hätte eine Wiederholung zahlreicher Verfahrens- und Zuständigkeitsregelungen des MOG im BetrPrämDurchfG und damit eine Verdoppelung dieser Regelungsbereiche erfolgen müssen.[195] 152

§ 1 Abs. 1 BetrPrämDurchfG normiert den Anwendungsbereich des BetrPrämDurchfG in Form der Durchführung der in Titel III VO (EG) Nr. 1782/2003 bzw. in Titel III VO (EG) Nr. 73/2009 sowie den ergänzenden EU-Rechtsakten geregelten Betriebsprämie. Mit dem Verweis auf diese EU-Rechtsvorschriften in ihrer jeweils gültigen Fassung wurde eine **gleitende Verweisung** gewählt. Für die Wahl und Ausgestaltung des Regionalmodells sind auch über den 31.12.2008 hinaus grundsätzlich die Vorschriften der Verordnung (EG) Nr. 1782/2003 und die auf sie gestützten nationalen Bestimmungen maßgeblich. § 1 Abs. 2 BetrPrämDurchfG enthält die für die **Anwendbarkeit des MOG** notwendige Bezugnahme auf § 1 Abs. 2 Nr. 4 MOG. § 2 Abs. 1 BetrPrämDurchfG stellt die grundlegende Bestimmung über die Wahl des deutschen Durchführungsmodells dar, wonach sich Deutschland nicht für das Standardmodell, sondern grundsätzlich für das Regionalmodell entschieden hat. 153

§ 2 Abs. 2 BetrPrämDurchfG definiert mit Ausnahme der drei Stadtstaaten das **Bundesland als Region** und ordnet die drei Stadtstaaten einem jeweils angrenzenden Bundesland zu. Gemäß § 3 Abs. 1 BetrPrämDurchfG ist von der **deutschen Finanzobergrenze** für die Betriebsprämie ein Prozent zur Bildung der nationalen Reserve einbehalten worden. § 3 Abs. 2 BetrPrämDurchfG defi- 154

194 Vgl zu dem parlamentarischen Verfahren, der Zusammenstellung der drei Durchführungsgesetze in einem Mantelgesetz in Gestalt des Gesetzes zur Umsetzung der Reform der Gemeinsamen Agrarpolitik vom 21.7.2004 und dem Nachweis der amtlichen Drucksachen die in Fn 193 genannte Einleitung; dort finden sich auch entsprechende Nachweise für die anderen deutschen Durchführungsrechtsakte.

195 Vgl im Einzelnen *Busse*, MOG, Einführung, Rn 21 f, mit den entsprechenden Nachweisen aus der amtlichen Begründung.

niert wohl lediglich deklaratorisch, dass die Referenzbeträge in der **nationalen Reserve** für die Festsetzung von Referenzbeträgen in den vorgesehenen Fällen zu verwenden sind. § 4 Abs. 1 BetrPrämDurchfG in Verbindung mit Anlage 1 regelt die **Verteilung** der Deutschland für die Durchführung der Betriebsprämienregelung zur Verfügung stehenden **Finanzmittel** auf die nach § 2 Abs. 2 BetrPrämDurchfG festgelegten **dreizehn Regionen**. Die amtliche Begründung führt hierzu aus: „Überwiegend (zu 65 %) erfolgt die Aufteilung auf Basis der bisherigen Anteile (bzw bei der Milchprämie der zu erwartenden Anteile) der Regionen am Prämienvolumen der Stützungsregelungen, die in die Betriebsprämienregelung einbezogen werden. Zugrunde gelegt werden dazu entsprechende Daten der durchführenden Behörden der Länder und des Bundes … Zu 35 % erfolgt die Aufteilung des Prämienvolumens anhand des Anteils der einzelnen Regionen an der beihilfefähigen Fläche. Dabei wurden die Daten der Bodennutzungserhebung 2002 zugrunde gelegt (ausgewiesene Flächen für Ackerland und Dauergrünland abzüglich Hopfenflächen) … Von dem gesamten Prämienvolumen von 5.468 Mio. EUR sollen aufgrund der dargelegten Kriterien 3.554,2 Mio. EUR nach dem Anteil des Prämienvolumens und 1.913,8 Mio. EUR nach dem Flächenschlüssel [den] Regionen zugewiesen werden.“[196]

155 § 4 Abs. 2 bis 3 a BetrPrämDurchfG teilte die 2006 letztmalig erfolgte Erhöhung der **Milchprämie** nebst der Ergänzungszahlung zur Milchprämie sowie die Prämienvolumen für Zucker und Tabak auf die regionalen Obergrenzen auf. § 4 Abs. 4 BetrPrämDurchfG ermächtigt das BMELV, die entsprechende Aufteilung im Wege einer Rechtsverordnung vorzunehmen, was durch die **Verordnung zur Aufteilung der Erhöhung der Obergrenze auf die Regionen** vom 27.12.2006 geschehen ist. § 5 Abs. 1 BetrPrämDurchfG enthält die grundlegende Bestimmung für die Ergänzung des Regionalmodells um Elemente des Standardmodells und damit die Entstehung des so genannten **Kombinationsmodells** (vgl Rn 145). In Deutschland wurde die Betriebsprämie demnach aus einem flächenbezogenen und einem betriebsindividuellen Anteil gebildet.

156 § 5 Abs. 2 Nr. 1 und 2 BetrPrämDurchfG regelt den Inhalt des **betriebsindividuellen Anteils**, der sich aus den vormaligen Direktzahlungen in den Bereichen Rindfleisch, Schaf- und Ziegenfleisch, Trockenfutter, Milch und zum Teil Kartoffelstärke zusammensetzte.[197] Parallel zu der in § 3 Abs. 1 BetrPrämDurchfG angeordneten Kürzung zu Gunsten der nationalen Reserve wurde der jeweilige betriebsindividuelle Anteil durch § 5 Abs. 2 Nr. 3 BetrPrämDurchfG um ein Prozent gekürzt. Nach § 5 Abs. 3 S. 1 BetrPrämDurchfG **errechnete sich der flächenbezogene Anteil**, indem von der jeweiligen regionalen Obergrenze die in der Region zuzuweisenden betriebsindividuellen Anteile abgezogen wurden und der verbleibende Teil auf die in Art. 59 Abs. 3 VO (EG) Nr. 1782/2003 definierten Flächen aufzuteilen war, wobei zwischen **Dauergründland** und **anderen Flächen** nach dem in der Anlage 2 festgelegten Werteverhältnis differenziert wurde.[198]

157 § 5 Abs. 3 S. 2 BetrPrämDurchfG ermächtigt die Bundesländer, den in der Anlage 2 vorgesehenen Wert für **Dauergrünland** „zur Berücksichtigung besonderer regionaler Gegebenheiten“ um bis zu 0,15 zu erhöhen oder zu vermindern. Mit § 5 Abs. 4, 4 a und 4 c BetrPrämDurchfG wurden spiegelbildlich zu den entsprechenden Vorschriften der Berechnung der **regionalen Obergrenzen** die Erhöhung der Milchprämie 2006 sowie die dreigestufte Einbeziehung der Zuckerprämie 2007 bis 2009 und die zweigestufte Einbeziehung der Tabakprämie 2006 und 2010 in die Betriebsprämienregelung bei der Berechnung der betriebsindividuellen Beträge berücksichtigt. Während die **betriebsindividuellen Anteile des Referenzbetrages** einen einzigen Referenzbetrag bildeten, der anschließend auf die berücksichtigungsfähigen Flächen, die der jeweilige Betriebsinhaber in seinem Zuweisungsantrag 2005 als ihm zur Verfügung stehend angegeben hat, gleichmäßig aufgeteilt wurde, erfolgte hinsichtlich des **flächenbezogenen Referenzbetrages** eine Zweiteilung in Dauergründland- und sonstige Flächen, die vereinfacht als Ackerflächen bezeichnet wurden. Nur inner-

196 BT-Drucks. 15/2553, S. 23. Einen gegen die teilweise Aufteilung „auf der Basis der bisherigen Anteile“ der Bundesländer an dem Gesamtprämienvolumen gerichteten Normenkontrollantrag des Saarlandes hat das BVerfG zurückgewiesen (14.10.2008 – 1 BvF 4/05 – DVBl. 2009, 178; vgl bereits Rn 88).

197 Vgl zu den Motiven dieser Auswahl BT-Drucks. 15/2553, S. 24.

198 Vgl zu der Frage, welcher Zeitpunkt für die Bestimmung der Flächenutzungsart maßgeblich war, *BMVEL*, S. 21.

halb dieser beiden Gruppen war der flächenbezogene Anteil des Zahlungsanspruchs gleich hoch. Insofern spricht *Gersteuer* von „Acker-Zahlungsansprüchen" und „Dauergrünland-Zahlungsansprüchen".[199] Als dritte Gruppe kamen die **Stilllegungsflächen** hinzu, die zwar den flächenbezogenen Referenzbetrag der Ackerflächen erhielten, jedoch nicht bei der Aufteilung des betriebsbezogenen Referenzbetrages Berücksichtigung fanden. Im Ergebnis konnte damit ein Betriebsinhaber, der alle drei Flächenarten 2005 bewirtschaftete, Zahlungsansprüche in **drei unterschiedlichen Höhen** erhalten. Diese Flächendifferenzierung ist allerdings nur für die Erstzuweisung und den so genannten Gleitflug (vgl Rn 159) relevant, nicht jedoch für die jährliche Aktivierung der Zahlungsansprüche. 2008 ist nach § 5 Abs. 4 b BetrPrämDurchfG ein so genannter gesonderter Betrag für die neu einbezogenen Obstplantagen sowie Reb- und Baumschulen hinzugekommen.

§ 5 Abs. 5 BetrPrämDurchfG widmet sich der Konstellation, dass ein Betriebsinhaber über **Flächen in mehreren Regionen** verfügte, für die ihm Zahlungsansprüche zuzuweisen waren. In diesem Fall wurden die Zahlungsansprüche getrennt für die sich in der jeweiligen Region befindlichen Flächen des Betriebsinhabers festgesetzt. Hinsichtlich des betriebsindividuellen Referenzbetrages waren die Zahlungsansprüche nach Maßgabe der Anteile der beihilfefähigen Flächen in der jeweiligen Region an der gesamten beihilfefähigen Fläche des jeweiligen Betriebsinhabers aufzuteilen. Hinsichtlich des flächenbezogenen Referenzbetrages wurde der für die jeweilige Region maßgebliche einheitliche Flächenbetrag – differenziert nach Dauergrünland- und sonstigen Flächen – zugrunde gelegt. Folglich ergaben sich in dieser Hinsicht in der einzelnen Region jeweils unterschiedlich hohe Zahlungsansprüche des Betriebsinhabers. § 5 Abs. 6 BetrPrämDurchfG regelt, dass **einmal festgesetzte Referenzbeträge und damit Zahlungsansprüche** nur noch zu Gunsten oder zu Lasten der nationalen Reserve geändert werden können. Dadurch wird vermieden, dass insbesondere die spätere Erhöhung eines betriebsindividuellen Betrages auf Grund eines Gerichtsurteils zu einer Änderung der 2005 abschließend berechneten und der gesamten Zuteilung zugrunde liegenden regionalen Obergrenzen führt. § 5 a BetrPrämDurchfG normiert die Ermittlung der **Zuckerprämie** in Form eines „betriebsindividuellen Zuckergrundbetrages". 158

Als weiteres **grundlegendes Element** des von Deutschland gewählten Betriebsprämienmodells enthält § 6 Abs. 1 BetrPrämDurchfG in Verbindung mit der Anlage 3 die Abschmelzung des betriebsindividuellen Anteils zu Gunsten des flächenbezogenen Anteils bis auf Null. Dieser Abschmelzungsprozess, der auch als **Gleitflug** bezeichnet wird, dauerte in genau festgelegten Stufen von 2009 bis 2013. Die amtliche Begründung, die hinsichtlich des Beginns des Prozesses noch von 2007 und nicht als Ergebnis des Vermittlungsausschussverfahrens von 2009 spricht, führt zu der Höhe der einzelnen Stufen aus: „Bei der Festsetzung des **Anpassungspfades** sind folgende Überlegungen maßgeblich: Nach Einführung der Betriebsprämienregelung benötigen die Landwirte ausreichend Zeit, um sich an die geänderten Rahmenbedingungen anzupassen. Darüber hinaus wird die letzte Stufe der Milchprämie erst 2006 umgesetzt. Daher soll der Angleichungsprozess der Zahlungsansprüche erst 2007 beginnen. Andererseits sollte der Angleichungsprozess in einem zwar ausreichend langen, aber doch überschaubaren und kalkulierbaren Zeitraum abgeschlossen sein. Daher wird als Zieljahr für die Angleichung das Jahr 2012 festgelegt. Da die Anpassungsmöglichkeiten der Betriebsinhaber erst im Zeitablauf größer werden, werden zudem für die ersten Jahre nur geringe Angleichungsraten und erst für die letzten Jahre überproportional hohe Angleichungsraten festgelegt."[200] Je nach der Zusammensetzung des einzelnen Zahlungsanspruchs kann sich sein Wert erhöhen oder vermindern. Übersteigt etwa die Erhöhung des flächenbezogenen Anteils die Verminderung des betriebsbezogenen Anteils, ergibt sich insgesamt eine Wertsteigerung des Zahlungsanspruchs. 159

Seit dem **Ende dieses Prozesses** besteht nunmehr ab 2014 ein **reines Regionalmodell** auf der Basis flächenbezogener Zahlungsansprüche, die für jede Region eine einheitliche Höhe – auch als **regio-** 160

199 *Gersteuer*, S. 213.
200 BT-Drucks. 15/2553, S. 26.

naler Zielwert bezeichnet – besitzen.[201] § 6 Abs. 2 BetrPrämDurchfG regelt für den Fall einer unzureichenden nationalen Reserve die entsprechende **Kürzung** der Zahlungsansprüche und der regionalen Zielwerte im Anpassungszeitraum. § 6 Abs. 3 BetrPrämDurchfG stellt sicher, dass **Zuweisungen** aus der nationalen Reserve im **Anpassungszeitraum** entsprechend dem für den jeweiligen Zahlungsanspruch geltenden Anpassungsfaktor vermindert oder erhöht wurden. Um die im BetrPrämDurchfG vorgesehene Berechnung der Referenzbeträge zu ermöglichen, enthält § 7 BetrPrämDurchfG **Datenübermittlungs-, Verarbeitungs- und Nutzungsbefugnisse.**

161 Gemäß dem bereits dargestellten Verhältnis des BetrPrämDurchfG zum MOG (vgl Rn 146) ist die **Verordnung zur Durchführung der einheitlichen Betriebsprämie (Betriebsprämiendurchführungsverordnung – BetrPrämDurchfV)** vom 3.12.2004 in der Fassung der Bekanntmachung vom 26.10.2006, die ergänzende Regelungen materiell-rechtlicher und verfahrensrechtlicher Art sowohl zum BetrPrämDurchfG als auch unmittelbar zum EU-Betriebsprämienrecht enthält, auf die einschlägigen Paragraphen des MOG gestützt. § 3 Abs. 1 BetrPrämDurchfV legte fest, dass die **betriebsprämienrelevanten Flächen** dem Antragsteller zum **15.5.** eines Prämienjahres zur Verfügung stehen müssen (s. zur vormaligen Zehnmonatsregelung 1. Aufl., Rn 156). § 5 bis 9a BetrPrämDurchfV betrafen die seit 2009 aufgehobene Flächenstilllegung (vgl 1. Aufl., Rn 157) und die vormaligen §§ 10 und 11 BetrPrämDurchfV die seit 2008 nicht mehr vorhandenen OGS-Genehmigungen. §§ 12 bis 18 BetrPrämDurchfV sahen in ihrer ursprünglichen Fassung inzwischen nur noch auf Altfälle anwendbare Vorschriften zur Konkretisierung der im EU-Recht vorgesehenen Regelungen betreffend **Härtefälle, Betriebsinhaber in besonderer Lage**[202] und **Neueinsteiger.** §§ 19 und 20 BetrPrämDurchfV regeln **Ordnungswidrigkeiten.**

b) Cross-compliance

162 Die grundlegenden deutschen Vorschriften für die Durchführung der Cross-compliance-Bestimmungen enthält das **Gesetz zur Regelung der Einhaltung anderweitiger Verpflichtungen durch Landwirte im Rahmen gemeinschaftsrechtlicher Vorschriften über Direktzahlungen (Direktzahlungen-Verpflichtungengesetz – DirektZahlVerpflG)** vom 21.7.2004 in der Fassung der Bekanntmachung vom 28.4.2010. § 1 Abs. 1 S. 2 DirektZahlVerpflG wiederholt zur Bestimmung des Anwendungsbereiches dieses Gesetzes die **wesentlichen Elemente** des EU-Rechts, und zwar Grundanforderungen an die Betriebsführung, Erhaltung der Flächen in gutem landwirtschaftlichen und ökologischen Zustand, Erhaltung von Dauergrünland sowie Kürzung oder Ausschluss von Direktzahlungen bei der Nichteinhaltung der Cross-compliance-Verpflichtungen. § 1 Abs. 1 S. 1 Nr. 2 DirektZahlVerpflG vollzieht die EU-rechtliche Erweiterung der Cross-compliance-Regelung auf Teile des Agrarstrukturbereichs (vgl Rn 120) nach, indem das DirektZahlVerpflG auf die Durchführung der Verordnung (EG) Nr. 1698/2005 für anwendbar erklärt wird, soweit Grundanforderungen für die Anwendung von Düngemitteln und Pflanzenschutzmittel vorgesehen sind. § 1 Abs. 2 DirektZahlVerpflG bestimmt parallel zu § 1 Abs. 2 BetrPrämDurchfG das DirektZahlVerpflG zu einem Gesetz im Sinne des **§ 1 Abs. 2 Nr. 4 MOG,** um das MOG auch zur Durchführung des DirektZahlVerpflG und damit des zugehörigen EU-Rechts nutzen zu können.

163 §§ 2 und 3 DirektZahlVerpflG listen die **einzelnen Verpflichtungen der Landwirte** auf. Während § 2 Abs. 1 S. 1 Nr. 1 DirektZahlVerpflG deklaratorisch Art. 5 VO (EG) Nr. 73/2009 wiederholt, führt § 2 Abs. 1 S. 1 Nr. 2 und 3 DirektZahlVerpflG den mitgliedstaatlichen Regelungsauftrag des Art. 6 Abs. 1 VO (EG) Nr. 73/2009 in Bezug auf die **Mindestanforderungen an den guten landwirtschaftlichen und ökologischen Zustand** durch. In diesem Rahmen sind insbesondere spezifizierte

---

201 Ein prognostizierter Zielwert für die einzelnen Regionen findet sich in *BMVEL*, S. 123. Eine aktualisierte Prognose wurde zu Beginn des Gleitfluges bekannt gemacht (EBAnz. vom 27.1.2010) und den Inhabern der Zahlungsansprüche individualisiert mitgeteilt.

202 Vgl dazu im Einzelnen *BMVEL*, S. 34 ff; s. auch *Krämer*, AUR 2005, 381, und *Schmitte*, AUR 2005, 80, 82 ff. *Vohren*, *top agrar 1/2006, 36*, spricht von etwa 30.000 im Jahr 2005 beantragten Härtefallzuweisungen. Die bis Herbst 2008 vorliegende Rspr zu den Härtefällen und Fällen in besonderer Lage findet sich bei *Busse/Haarstrich*, Betriebsprämie, S. 8 ff, zusammengefasst; s. besonders zu den Investitionsfällen *Busse/Haarstrich*, Agrarförderrecht, S. 69 f.

Anforderungen an die Erhaltung von Acker- und Dauergründland, das aus der Erzeugung genommen worden ist, festgelegt. § 2 Abs. 2 DirektZahlVerpflG greift das in Anhang III VO (EG) Nr. 73/2009 enthaltene Verbot der Beseitigung von **Landschaftselementen** auf. § 2 Abs. 3 S. 2 DirektZahlVerpflG stellt klar, dass die **bodenbezogenen Verpflichtungen flächengebunden** und damit nicht an bestimmte Personen gebunden sind. Möchte folglich ein neuer Besitzer der betroffenen Flächen diese Flächen zur Aktivierung seiner Zahlungsansprüche nutzen, unterliegt er den mit diesen Flächen verbundenen Cross-compliance-Verpflichtungen. Daher hat ihn der Vorbesitzer gemäß § 2 Abs. 3 S. 1 DirektZahlVerpflG auf die entsprechenden Verpflichtungen **hinzuweisen**. Unterbleibt dieser Hinweis und kommt es wegen nicht eingehaltener Cross-compliance-Verpflichtungen zu Kürzungen der Betriebsprämie, sind privatrechtliche Schadensersatzansprüche gegenüber dem Vorbesitzer der betreffenden Fläche denkbar.

§ 2 Abs. 4 DirektZahlVerpflG gestattet der für die Einhaltung der jeweiligen Verpflichtung zuständigen Fachbehörde, die als **Fachüberwachungsbehörde** legaldefiniert ist, aus festgelegten Gründen und einzelfallbezogen **Ausnahmen** von den Verpflichtungen zu genehmigen. § 2 Abs. 5 DirektZahlVerpflG stellt klar, dass eine Verpflichtung nicht einzuhalten ist, wenn der Einhaltung eine behördliche Anordnung entgegensteht. In Umsetzung des Art. 6 Abs. 2 Unterabs. 2 VO (EG) Nr. 73/2009 in Verbindung mit Art. 3 und 4 VO (EG) Nr. 1122/2009 sieht § 3 DirektZahlVerpflG Maßnahmen vor, um die erhebliche **Abnahme von Dauergrünland** in den Regionen zu verhindern, und ordnet in Durchbrechung der wohl allgemeinen **Sperrwirkung** des DirektZahlVerpflG in Bezug auf Länderregelungen zugleich den Erlass einschlägiger landesrechtlicher Bestimmungen an,[203] wobei die gesonderte bundesrechtliche Ermächtigung zur Regelung des Umbruchs von Dauergrünland in § 5 Abs. 1 S. 1 Nr. 6 DirektZahlVerpflG aufrechterhalten bleibt. Der **Begriff des Dauergrünlands**, der auch im Rahmen der Betriebsprämienregelung eine Rolle spielt (vgl Rn 156), ist in Art. 2 Unterabs. 2 Nr. 2 VO (EG) Nr. 1122/2009 in Verbindung mit Art. 2 Buchstabe c VO (EG) Nr. 1120/2009 für beide Bereiche einheitlich definiert: „Flächen, die durch Einsaat oder auf natürliche Weise (Selbstaussaat) zum Anbau von Gras oder anderen Grünfutterpflanzen genutzt werden und mindestens fünf Jahre lang nicht Bestandteil der Fruchtfolge des landwirtschaftlichen Betriebs waren“, wobei Flächen, die Stilllegungspflichten unterlagen, ausgenommen sind. 164

Um den Prämienbehörden die Anwendung des Sanktionensystems bei Nichtbeachtung der Cross-compliance-Verpflichtungen zu ermöglichen,[204] sieht § 4 DirektZahlVerpflG einen entsprechenden **Datentransfer** zwischen den Fachüberwachungsbehörden, die für die Überwachung der im Rahmen der Cross-compliance-Regelung in Bezug genommenen Verpflichtungen zuständig sind, und den Prämienbehörden vor. Auf diese Weise wird vermieden, dass die Prämienbehörden die Einhaltung der einzelnen Cross-compliance-Verpflichtungen aus fachlicher Sicht prüfen müssen. Die **Fachüberwachungsbehörden** sind wie bisher verpflichtet, die im Fachrecht vorgesehenen Maßnahmen und Sanktionen – etwa Bußgelder – auszusprechen. Dadurch wird es regelmäßig zu **Doppelsanktionierungen** kommen, die allerdings gewollt sind. Noch nicht höchstrichterlich gerichtlich geklärt ist insofern die Frage, ob der **Verhältnismäßigkeitsgrundsatz** im Falle einer Doppelsanktionierung Berücksichtigung finden muss, da es sich streng genommen um zwei unterschiedliche Auswirkungen eines Pflichtenverstoßes handelt.[205] Ebenfalls problematisch kann die Frage der individuellen Zurechenbarkeit eines Verstoßes sein.[206] § 5 DirektZahlVerpflG enthält schließlich eine Reihe von Verordnungsermächtigungen zu Gunsten der Bundesregierung und der Landesregierungen, um weitere Einzelheiten regeln zu können. 165

203 S. zu den Regelungen betreffend Dauergründlanderhaltung der Bundesländer *Beyme*, AUR 2014, 184.

204 Vgl für Anwendungsbeispiele zur Sanktionenregelung *BMVEL*, S. 86 ff; einige Rspr findet sich bei *Busse/Haarstrich*, Betriebsprämie, S. 21 f., und eine Beschreibung einzelner Problembereiche bei *Busse/Haarstrich*, Agrarförderrecht, S. 97 ff.

205 Vgl näher *Norer*, Rechtsfragen, S. 107 ff.

206 Vgl für zwei Fälle aus der Rspr *Busse/Haarstrich*, Betriebsprämie, S. 21, und VG Braunschweig 21.8.2009 – 2 A 22/09 – NL-BzAR 2010, 32.

166 Genutzt wurde ein Teil der letztgenannten Ermächtigungen mit der **Verordnung über die Grundsätze der Erhaltung landwirtschaftlicher Flächen in einem guten landwirtschaftlichen und ökologischen Zustand (Direktzahlungen-Verpflichtungenverordnung – DirektZahlVerpflV)** vom 4.11.2004. Wie der Titel der Verordnung bereits besagt, beschränkt sich ihr Regelungsbereich auf die **Ausgestaltung des guten landwirtschaftlichen und ökologischen Zustandes** als einem Element der Cross-compliance-Regelung. Entsprechend ist die DirektZahlVerpflV auch nur auf § 5 Abs. 1 S. 1 Nr. 2 bis 4 DirektZahlVerpflG gestützt. Die übrigen Ermächtigungen dieser Vorschrift wurden bisher nicht in Anspruch genommen.. Ebenfalls für die DirektZahlVerpflV nicht genutzt findet sich die allgemeiner gehaltene Ermächtigung des mit Blick auf die GAP-Reform 2003 neu eingefügten **§ 9 a MOG.**[207] In diesem Zusammenhang ist bemerkenswert, dass das deutsche Recht zur Cross-compliance-Regelung die Sanktionenregelung der EU-rechtlichen Cross-compliance-Regelung mit der Datenübermittlungsvorschrift des § 4 Abs. 4 DirektZahlVerpflG nur unwesentlich berührt. Die einschlägigen **Sanktionenvorschriften** sind im deutschen Recht vielmehr in die noch zu beschreibenden Durchführungsvorschriften zum InVeKoS integriert. §§ 2 bis 4 DirektZahlVerpflV in Verbindung mit den **Anlagen 1 bis 3 zur DirektZahlVerplfV** gestalten die Anforderungen an den Schutz des Bodens vor Erosion, den Erhalt der organischen Substanz im Boden, den Erhalt der Bodenstruktur und die Instandhaltung der Flächen aus.[208] § 5 Abs. 1 DirektZahlVerpflV konkretisiert diejenigen Landschaftselemente, die nach § 2 Abs. 2 DirektZahlVerpflG nicht beseitigt werden dürfen.

c) InVeKoS

167 Als spezielles Gesetz besteht im InVeKoS-Bereich das **Gesetz über die Verarbeitung und Nutzung von Daten im Rahmen des integrierten Verwaltungs- und Kontrollsystems nach den gemeinschaftsrechtlichen Vorschriften für landwirtschaftliche Stützungsregelungen (InVeKoS-Daten-Gesetz – InVeKoSDG)** vom 21.7.2004, das – wie sich bereits aus seinem Titel ergibt – fast ausschließlich die im Zusammenhang mit der Durchführung des InVeKoS auftretenden datenrechtlichen Fragen betrifft. Daher beschränkt § 1 InVeKoSDG den Anwendungsbereich des Gesetzes auch auf die „Verarbeitung oder Nutzung elektronisch gespeicherter Daten". Die EU-rechtliche Erstreckung des InVeKoS auch auf den **Agrarstrukturbereich** (vgl Rn 117) wird parallel zum DirektZahlVerpflG (vgl Rn 162) in § 1 Nr. 2 InVeKoSDG nachvollzogen. Gemäß § 2 Abs. 1 InVeKoSDG findet zwischen den jeweils zuständigen Behörden eine Datenübermittlung statt, um zu der Verwaltung und Kontrolle von Beihilfeanträgen, der Identifizierung und Registrierung von Zahlungsansprüchen im Rahmen der Betriebsprämie sowie der Überprüfung der Einhaltung von Cross-compliance-Verpflichtungen einen **„automatisierten Abgleich"** durchführen zu können. § 2 Abs. 2 Nr. 1 bis 6 InVeKoSDG legt die übermittelbaren Daten, zu denen ebenfalls die für die Durchführung der Modulation erforderlichen Angaben gehören, näher fest. Nach § 2 Abs. 4 S. 1 InVeKoSDG kann schon die Übermittlung der einschlägigen Daten in einem automatisierten Verfahren erfolgen.

168 Da das InVeKoSDG anders als das BetrPrämDurchfG und das DirektZahlVerpflG **nicht an das MOG angekoppelt** wurde und damit zu seiner Durchführung nicht die im MOG enthaltenen Verordnungsermächtigungen genutzt werden sollen, enthält das InVeKoSDG in seinem § 4 Abs. 1 selbst die notwendigen **Verordnungsermächtigungen.** Hintergrund dieser Nichtanbindung an das MOG war vor allem die EU-rechtliche Erstreckung des InVeKoS auch auf Agrarstrukturmaßnahmen, da das MOG den Agrarstrukturbereich damals nicht erfasste (vgl Rn 215). Nach der Erweiterung des an das MOG angekoppelten DirektZahlVerpflG auf den Agrarstrukturbereich erscheint dieses Argument allerdings überholt. Bis auf die Ermächtigung des § 4 Abs. 1 Nr. 2 InVeKoSDG ist von den Verordnungsermächtigungen des InVeKoSDG bislang noch kein Gebrauch gemacht worden. Zur Durchführung des InVeKoS ist die so genannte HIT-Rinderdatenbank, die für die Rückverfolgbarkeit der Herkunft von Rindern im Rahmen der EU-rechtlich vorgeschriebenen Rindfleischetikettierung eingerichtet wurde und ein zentrales Informationssystem zwischen den jeweiligen

207 Vgl zu dieser Bestimmung näher *Busse*, § 9 a MOG, Rn 1 ff.
208 Vgl die Hinweise in Fn 164 und BR-Drucks. 602/04, S. 11 ff.

Länderdatenbanken in diesem Bereich herstellt, zu einer **Zentralen InVeKoS-Datenbank** (ZID) ausgebaut worden.[209] Wie schon die HIT-Rinderdatenbank besteht die ZID aus **dezentralen Elementen** und nutzt damit die Ausgestaltungsoption des Art. 16 Abs. 2 VO (EG) Nr. 73/2009. Die zugleich zu dieser Option vorgeschriebene einheitliche und kompatible Gestaltung der dezentralen Elemente wird mit Hilfe des InVeKoSDG gewährleistet. Eine Anpassung des sich bislang nur auf die Verordnung (EG) Nr. 1782/2003 beziehenden InVeKoSDG an die Verordnung (EG) Nr. 73/2009 ist noch nicht erfolgt.

Die vor allem auf das MOG gestützte **Verordnung über die Durchführung von Stützungsregelungen und gemeinsamen Regeln für Direktzahlungen nach der Verordnung (EG) Nr. 1782/2003 im Rahmen des Integrierten Verwaltungs- und Kontrollsystems (InVeKoS-Verordnung – InVeKoSV)** vom 3.12.2004 stellt mit ursprünglich sechzig Paragraphen den umfangreichsten Rechtsakt, der in Deutschland zur Umsetzung der GAP-Reform 2003 erlassen wurde, dar. Diese Verordnung unterteilt sich in allgemeine und gemeinsame Vorschriften (§§ 1 bis 9 InVeKoSV), Bestimmungen zur Betriebsprämie (§§ 10 bis 15 InVeKoSV), Vorschriften zu gekoppelten Beihilfen, die allerdings inzwischen nur noch die Zahlungen an anerkannte Erzeugerorganisationen im Hopfensektor betreffen (§§ 16 und 17 InVeKoSV), eine Kontrollbestimmung zu Hanf (§ 25 InVeKoSV) sowie Bestimmungen über allgemeine Mitwirkungspflichten, Ordnungswidrigkeiten und Übergangsfragen (§§ 29 bis 35 InVeKoSV). 169

Der in § 1 InVeKoSV normierte **Anwendungsbereich** der InVeKoSV umfasst für die Zwecke der Durchführung der Verordnung (EG) Nr. 73/2009 und der Verordnung (EG) Nr. 1698/2005 a) das InVeKoS selbst, b) InVeKoS unterliegende Direktzahlungen einschließlich der Betriebsprämie, c) in eingeschränktem Umfang die in Art. 51 Abs. 1 VO (EG) Nr. 1698/2005 angeführten Stützungsregelungen und die Beihilferegelung der Verordnung (EG) Nr. 1234/2007 für Hopfenerzeugerorganisationen, d) die Kontrolle der Cross-compliance-Regelung, sowie e) das BetrPrämDurchfG, die BetrPrämDurchfV, das DirektZahlVerpflG und die DirektZahlVerpflV. § 2 InVeKoS enthält neben ausdifferenzierten Zuständigkeitsregelungen den – deklaratorischen – Grundsatz, dass prinzipiell die **Bundesländer** zur Durchführung des InVeKoS zuständig sind. Für einige kleinere Bereiche besteht daneben eine Zuständigkeit der BLE (vgl Rn 13) und der Bundesfinanzverwaltung. Für die **Flächenreferenz** haben die Bundesländer nach § 3 InVeKoS zwischen vier verschiedenen Anknüpfungspunkten – Feldblock, Schlag, Feldstück oder Flurstück – zur Errichtung des in Art. 15 Abs. 1 Buchstabe b in Verbindung mit Art. 17 VO (EG) Nr. 73/2009 vorgeschriebenen **Flächenidentifizierungssystems** die Wahl. 170

§ 5 InVeKoSV normiert an Stelle von einheitlichen Antragsformularen vor dem Hintergrund der weitgehenden Zuständigkeit der Bundesländer für die Durchführung lediglich, dass die jeweils zuständigen Stellen **Vordrucke und Muster** bekannt geben können, die zu verwenden sind. Wie die Bekanntgabe erfolgt, ist dort nicht geregelt. Nach § 6 a InVeKoSV erhält jeder Betriebsinhaber eine Betriebsnummer. Die Bestimmungen des § 7 InVeKoSV über den **Sammelantrag** nutzen die in Art. 19 Abs. 3 VO (EG) Nr. 73/2009 vorgesehene Möglichkeit, mehrere Beihilfeanträge in einem Sammelantrag zu verbinden.[210] Art. 11 Abs. 1 Unterabs. 1 VO (EG) Nr. 1122/2009 schreibt eine solche Verbindung für „flächenbezogene" Beihilferegelungen sogar vor. In den nach § 7 InVeKoSV **zwingend vorzunehmenden Antragsangaben** spiegelt sich das mit der GAP-Reform 2003 geschaffene Stützungssystem in seinen Einzelheiten verwaltungstechnisch wider. So sind nach § 7 Abs. 2 Nr. 2 InVeKoSV die für die Aktivierung der Betriebsprämie und den Erhalt der noch gekoppelten Beihilfen erforderlichen Flächen anzugeben. § 7 Abs. 3 InVeKoSV listet die für die Kontrolle der **Cross-compliance-Verpflichtungen** notwendigen Angaben auf. 171

Hinsichtlich der Größenangabe bei Flächen nimmt § 7 Abs. 7 InVeKoSV auf die Möglichkeit Bezug, dass die zuständigen Landesstellen den Betriebsinhabern **kartografische Unterlagen**, in denen bereits die entsprechenden Flächen markiert sind, zur Verfügung stellen. Der Betriebsinhaber 172

209 Vgl BT-Drucks. 15/2553, S. 19, und die Internetseite des ZID.
210 Vgl zum Sammelantrag *BMVEL*, S. 81 ff.

hat zudem diejenigen Landschaftselemente einzutragen, die als Bestandteil seiner Betriebsprämienfläche gelten sollen. Letztere Bestimmung führt Art. 34 Abs. 3 VO (EG) Nr. 1122/2009 durch. § 8 Abs. 1 Hs. 1 InVeKoSV legt als grundsätzliche **Mindestgröße** einer landwirtschaftlichen Parzelle, für die ein Antrag gestellt werden kann, **0,3 Hektar** fest.[211] § 8 a Abs. 1 und Abs. 2 S. 1 InVeKoSV stellt eine Verbindung zwischen den nach der DirektZahlVerpflV und den im Rahmen der Betriebsprämie maßgeblichen **Landschaftselementen** her und erklärt über die DirektZahlVerpflV hinaus in Ausgestaltung der Option des Art. 34 Abs. 3 VO (EG) Nr. 1122/2009 weitere Landschaftselemente zu Bestandteilen von landwirtschaftlichen Parzellen. Gemäß § 8 a Abs. 2 S. 2 InVeKoSV können zudem **durch Landesrecht** zusätzliche Landschaftselemente zur Berücksichtigung regionaler Gegebenheiten festgelegt werden. § 5 Abs. 1 DirektZahlVerpflV ist in diesem Zusammenhang zu entnehmen, dass die in der InVeKoSV geregelten zusätzlichen Landschaftselemente grundsätzlich nicht den Cross-compliance-Verpflichtungen unterliegen.

173 Während die Vorschriften des § 7 InVeKoSV den Antrag auf Gewährung der Beihilfeauszahlung betreffen, ist für die **Erstzuweisung von Zahlungsansprüchen** im Rahmen der Betriebsprämienregelung als dem der Beihilfebeantragung logisch vorgeschalteten Schritt (vgl Rn 130) ein gesonderter Antrag erforderlich gewesen. Die entsprechenden Antragsangaben enthielt die ursprüngliche Fassung des § 11 InVeKoSV. Beide Anträge waren im Jahr der Ersteinführung der Betriebsprämie bis zum 15.5.2005 – bzw auf Grund der Fristverlängerung durch die Sonn- und Feiertagsregelung bis zum 17.5.2005 – einzureichen. Bei **jeder Entkopplung** einer der noch verbliebenen gekoppelten Direktzahlungen ab 2006 musste entsprechend ein neuer Antrag auf Zuweisung der betreffenden Zahlungsansprüche gestellt werden, wie dem jeweils entsprechend ergänzten § 11 InVeKoSV zu entnehmen war. Gegenwärtig enthält er nur noch den 2012 erforderlich gewesenen Antrag für den Stärkekartoffelerhöhungsbetrag. § 12 InVeKoSV regelt weitere Antragsangaben für **Härtefälle**, die zusammen mit dem Zuweisungsantrag zu beantragen waren. Sind die Zahlungsansprüche zugewiesen worden, hat der Zahlungsanspruchsinhaber in den folgenden Jahren nur noch den Antrag auf Gewährung der jährlichen Betriebsprämie zu stellen, der Bestandteil des oben genannten Sammelantrages für sämtliche Direktzahlungen ist.

174 § 15 InVeKoSV enthält Verfahrensvorschriften für die **Übertragung von Zahlungsansprüchen.** Grundlage des Verwaltungsverfahrens ist die nach Art. 7 Abs. 1 VO (EG) Nr. 1122/2009 erforderliche Identifizierung und Registrierung aller Zahlungsansprüche in einem Mitgliedstaat. Das entsprechende „**elektronische Register**" muss einen „lückenlosen Nachweis der Zahlungsansprüche" insbesondere in Bezug auf den Inhaber, den Wert, das Entstehungsdatum, das Datum der letzten Aktivierung, den Grund der Zuteilung und die Art des Zahlungsanspruches sowie im Falle des Regionalmodells etwaige regionale Beschränkungen enthalten. § 15 Abs. 1 S. 1 InVeKoSV sieht vor, dass sowohl der Übertragende als auch der Übernehmende innerhalb eines Monats nach der Übertragung der zuständigen Landesstelle die Übertragung auf einem vorgegebenen Formular mit den in § 15 Abs. 2 InVeKoSV normierten Angaben **melden müssen.** Auf diese Weise wird dem Regelungsauftrag des Art. 12 Abs. 2 VO (EG) Nr. 1120/2009 nachgekommen. § 15 Abs. 1 a InVeKoV verpflichtet zudem jeden, der zuvor noch keine Zahlungsansprüche besessen hat, sich bei der zuständigen Landesstelle **registrieren** zu lassen.

175 An dieser Systematik zeigt sich ein weiterer **grundlegender Unterschied zur Milchquotenregelung** (vgl bereits Rn 138). Erstens werden die zugeteilten Milchquoten von Amts wegen bei der Abgabenberechnung berücksichtigt, da die Bundesfinanzverwaltung, die die Abgabe erhebt, die Inhaber und die Höhe aller zugeteilten Milchquoten auf Grund der von ihr erlassenen Berechnungsbescheide kennt. Eines gesonderten Antrags zur Aktivierung der – so das BVerwG in seiner rechtlichen Einordnung – „öffentlich-rechtlichen Abgabenvergünstigung" (vgl Rn 257) in Form der zugeteilten Milchquoten bedarf es daher nicht. Zudem sind für die Inanspruchnahme keine weiteren Voraussetzungen als die Inhaberschaft der Milchquote erforderlich. Letzterer Umstand erklärt sich

211 Vgl zu der Frage, ob der Bruchteil eines einzigen Zahlungsanspruches ausreichend ist, OVG Lüneburg 19.11.2013 – 10 LB 104/12 – AUR 2014, 196.

dadurch, dass die Milchquote keine Beihilfeauszahlung, sondern die **Verschonung von einer Abgabe** bewirkt und diese Abgabe nur erhoben wird, wenn Milch erzeugt wurde. Die konkrete landwirtschaftliche Tätigkeit spielt nur für die Frage, ob die Milchquote einer Person zu Recht zusteht, eine Rolle. So erfolgt die **Einziehung** einer Milchquote, wenn in einem bestimmten Zeitraum keine Milch erzeugt wird. Bei der Betriebsprämie ist hingegen eine Einziehung eines Zahlungsanspruches vorzunehmen, wenn er innerhalb eines festgelegten Zeitraumes nicht in Form einer Aktivierung, dh in Form der erfolgreichen Beantragung der Betriebsprämie, „genutzt" wurde (vgl Rn 143).[212]

Zweitens existiert auch keine Registrierung dauerhaft gleich bleibender Milchquoten, was daran liegt, dass **keine feststehende Anzahl von Milchquoten** existiert, sondern die Übertragung der Milchquote an eine Person, die bereits über eine Milchquote verfügt, zur Erhöhung der letztgenannten Milchquote führt. Mithin befindet sich die Anzahl der zugeteilten Milchquoten in einem ständigen Wandel. Lediglich die Gesamthöhe aller Milchquoten ist durch eine mitgliedstaatliche Obergrenze im EU-Recht festgelegt. Soweit eine Milchquote nicht von Gesetzes wegen, etwa im Rahmen einer gesetzlichen Erbfolge oder der so genannten Milchquotenbörse, auf eine andere Person übergeht, erfolgt der Übertragungsakt durch ein privates Rechtsgeschäft, dessen Folgen **anschließend amtlich bescheinigt** werden. Das BVerwG hat hierzu festgestellt, dass die amtliche Bescheinigung demnach lediglich deklaratorische Wirkung besitzt, jedoch ohne eine solche Bescheinigung die Übertragung nicht geltend gemacht werden kann, wie seit 2007 § 8 Abs. 6 MilchQuotV explizit normiert.[213] Die amtliche Bescheinigung stellt einen Verwaltungsakt dar, gegen den Rechtsbehelfe zulässig sind. Streitigkeiten um das Vorliegen der einschlägigen Übertragungsmöglichkeiten werden daher in der Regel nicht vor Zivilgerichten, sondern vor Verwaltungsgerichten ausgetragen. 176

Vor diesem Hintergrund erscheint klärungsbedürftig, welche **Rechtsnatur** der in § 15 Abs. 1 S. 1 InVeKoSV beschriebene Meldevorgang besitzt. Falls der zuständigen Landesstelle eine Prüfungspflicht bei der Frage zukommt, ob eine Meldung in das Register eingetragen wird, ist davon auszugehen, dass die Landesstelle eine Registrierung auch ablehnen kann. Eine solche Ablehnung dürfte als **rechtsbehelfsfähiger Verwaltungsakt** angesehen werden. Bewirkt erst die Registrierung parallel zu der Rechtsprechung im Milchquotenrecht das Recht, sich auf die durch eine Übertragung geänderte Zuordnung eines Zahlungsanspruches berufen zu können, dürfte gegen die Registrierung auch ein **Drittrechtsbehelf** möglich sein, soweit ein Dritter geltend macht, dass die Registrierung ihm einen Zahlungsanspruch unrechtmäßig entzieht. Alternativ könnte die Registrierung auch als ein lediglich **verwaltungsinterner Vorgang** eingeordnet werden, was dazu führt, dass die Berechtigung der Inhaberschaft erstmals im Rahmen der Aktivierung eines Zahlungsanspruches zu prüfen ist.[214] Als Folge müsste eine Person, die ein berechtigtes Interesse an der sofortigen Feststellung, ob ihr ein Zahlungsanspruch zusteht, besitzt, einen entsprechenden **Feststellungsantrag** bei der für sie zuständigen Prämienbehörde stellen, soweit die Behörde nicht von Amts wegen eine Klärung zweifelhafter Fälle, von denen sie über das Register erfährt, vornimmt.[215] 177

Die InVeKoSV tendiert durch ihren mit Wirkung ab 1.1.2006 neu geschaffenen **§ 15 Abs. 3** zur zweitgenannten Alternative, da geregelt wird, dass eine Registrierung „keine Entscheidung der zuständigen Landesstelle über die Wirksamkeit der Übertragung nach der Verordnung (EG) 178

212 S. zur Einziehung nicht aktivierter Zahlungsansprüche VG Göttingen 30.9.2009 – 2 A 144/08 – juris.

213 BVerwG 17.4.1997 – 3 C 2.95 – RdL 1997, 278, 279; vgl ausführlich zu dieser rechtlichen Konstruktion *Busse*, AUR 2006, 154.

214 Die amtliche Begründung gibt zu dieser Frage keine Auskunft, BR-Drucks. 729/04, S. 30. Auch das EU-Recht ist in dieser Hinsicht eher vage. Nur im Rahmen der in Art. 12 Abs. 3 VO (EG) Nr. 1120/2009 enthaltenen, jedoch von Deutschland nicht gewählten Option wird eine Prüfpflicht der registrierenden Behörde ausdrücklich normiert, indem dort Satz 2 von behördlichen „Einwänden gegen eine Übertragung" spricht. Art. 7 Abs. 1 Buchstabe e VO (EG) Nr. 1122/2009 verlangt allerdings generell, dass das Register über den „Ursprung, insbesondere Zuteilung (ursprüngliche oder nationale Reserve), Kauf, Pacht, Vererbung" der Zahlungsansprüche Auskunft geben muss und legt damit eine entsprechende allgemeine Prüfungspflicht nahe.

215 Vgl näher zur Problematik *Busse/Haarstrich*, Betriebsprämie, S. 3 f.

Nr. 73/2009" darstellt.[216] Die Nichtvornahme der Meldung stellt eine **Ordnungswidrigkeit** nach § 36 Abs. 3 Nr. 1 Buchstabe a MOG dar, die nach § 36 Abs. 6 Nr. 2 MOG mit bis zu 5.000 EUR geahndet werden kann. Möglicherweise ist nach § 36 Abs. 7 MOG sogar bei einer Nichtmeldung der **Einzug** des betroffenen Zahlungsanspruches in die nationale Reserve denkbar. Da im Milchquotenrecht die einzelnen Milchquoten nicht individuell gekennzeichnet sind, wurde dort bislang auf entsprechende Meldepflichten verzichtet. Erfolgt eine verspätete Beantragung der Übertragungsbescheinigung, ist im Milchquotenrecht normiert, dass die Übertragung erst **ab dem Zeitpunkt der Beantragung Wirkung** entfaltet. Durch den ebenfalls zum 1.1.2006 neu eingefügten § 15 Abs. 1 S. 2 InVeKoSV ist diese Rechtsfigur in die InVeKoSV übernommen worden. § 31 a InVeKoSV stellt bei **geringfügigen Verstößen gegen Cross-Compliance-Verpflichtungen** eine Zahlungskürzung in das Ermessen der zuständigen Behörde.

4. Reform des Betriebsprämienrechts 2014/15

179 Das EU-Betriebsprämienrecht einschließlich der sonstigen Direktzahlungen, des InVeKoS, des Cross-compliance und der Modulation ist im Rahmen der **GAP-Reform 2014/15** einer **grundlegenden Revision** unterzogen worden. Zu diesem Zweck ersetzt ab dem 1.1.2015 die Verordnung (EU) Nr. 1307/2013 (ABl. 2013 L 347, S. 608) die bis dahin weiterhin gültige Verordnung (EG) Nr. 79/2009. Die Betriebsprämie geht in eine Basisprämie über, der wie bisher eine Reihe weiterer Direktzahlungen an die Seite gestellt werden. Das **Grundmodell** der bisherigen Betriebsprämie in Form von Zahlungsansprüchen, die mit Hilfe landwirtschaftlicher Flächen aktiviert werden, **bleibt** dabei **erhalten**. In den neu beigetretenen Mitgliedstaaten kann bis 2020 die bisherige einheitliche Flächenzahlung in reformierter Form fortgeführt werden. An die Stelle der Modulation tritt die für die Mitgliedstaaten fakultative Möglichkeit, einen bestimmten Prozentsatz der für Direktzahlungen zur Verfügung stehenden EU-Finanzmittel für Maßnahmen im Agrarmarktstrukturbereich zu nutzen, was als **„Flexibilität zwischen den Säulen [der GAP]"** bezeichnet wird. InVeKoS und Cross-compliance werden weitgehend unverändert beibehalten, jedoch angesichts ihrer immer weiter über die Direktzahlungen hinausgehenden Bedeutung in die neue Agrarfinanzverordnung (EU) Nr. 1306/2013 (vgl Rn 50) überführt, die dadurch einen über bloße Finanzierungsfragen hinausgehenden Charakter erhält und daher auch als **horizontale Verordnung** für den Agrarbereich bezeichnet wird. Ein neues Element ist das so genannte **Greening**, das sich als „Zahlung an Betriebsinhaber, die dem Klima- und Umweltschutz förderliche Landbewirtschaftungsmethoden einhalten", bezeichnet findet.

180 Wird ein kurzer **Überblick** über die **Verordnung (EU) Nr. 1307/2013** gegeben, so listet in Titel I (Art. 1 bis 4) zunächst Art. 1 die in ihr enthaltenen Direktzahlungen auf. Art. 4 enthält wie bisher die grundlegenden Begriffsbestimmungen, wobei vor allem der Begriff der **„landwirtschaftlichen Tätigkeit"** präziser als bislang definiert wird. Titel II (Art. 5-20) regelt in Art. 6 und 7 die finanziellen Obergrenzen, die den einzelnen Mitgliedstaaten ab 2015 jährlich für die Basisprämie und insgesamt die Direktzahlungen zur Verfügung stehen. Intensiv verhandelt wurde Art. 9, der den so genannten **aktiven Betriebsinhaber** definiert, mit dessen Hilfe bestimmte Betriebsinhaber von Direktzahlungen ausgeschlossen werden können. Flughäfen, Wasserwerke und einige weitere landwirtschaftsferne Unternehmen werden bereits unmittelbar aufgeführt. Die Mitgliedstaaten sind zudem ermächtigt, anhand bestimmter Kriterien zusätzliche Unternehmen auszuschließen. Ebenfalls Gegenstand umfangreicher Diskussion war Art. 11, der als so genannte **Kappung** vorsieht, dass Direktzahlungen, die 150.000 EUR überschreiten, um mindestens 5 % zu kürzen sind. Bei dem genannten Höchstbetrag können die Mitgliedstaaten **Lohnkosten** in Abzug bringen.

181 Titel III (Art. 21-51) normiert die Basisprämie und die mit ihr verbundenen weiteren Direktzahlungen. Nach Art. 21 können die Mitgliedstaaten bis zum **1.8.2014** beschließen, die Zahlungsansprüche nicht wie vorgesehen zum 1.1.2015 neu zuzuteilen, sondern die bisher im Rahmen der Betriebsprämienregelung zugewiesenen Zahlungsansprüche weiter zu verwenden. Bei einer **Neuzu-**

216 Vgl dazu die amtliche Begründung, BR-Drucks. 842/05, S. 15 f.

teilung wiederholen sich die Fragestellungen, die sich bei der Einführung der Betriebsprämie ab 2003 ergeben haben. Ausdruck hiervon ist der umfangreiche Art. 26. Gleichfalls bis zum 1.8.2014 müssen die Mitgliedstaaten gemäß Art. 23 beschließen, ob sie die Basisprämienregelung auf regionaler Ebene entsprechend dem bisherigen **Regionalmodell** der Betriebsprämie durchführen wollen. Art. 30 ff. führen die Regelungen zur nationalen Reserve sowie zur Aktivierung und Übertragung von Zahlungsansprüchen fort. Art. 36 ff. sehen die Möglichkeit der Fortführung der einheitlichen Flächenzahlung für diejenigen neuen Mitgliedstaaten, die sie bereits 2014 anwenden, vor. Auch hier gilt eine Beschlussfrist bis 1.8.2014.

Art. 41 f gestatten den Mitgliedstaaten, eine **Umverteilungsprämie** einzuführen, indem sie Betrieben, die eine bestimmte festzusetzende Größe – für Deutschland **maximal 46 Hektar** – nicht überschreiten, eine besondere gekoppelte Prämie gewähren. Auf diese Weise können kleinere landwirtschaftliche Betriebe eine zusätzliche Stützung auf Kosten der Gesamtheit der Betriebe erhalten. Sofern Mitgliedstaaten diese Umverteilungsprämie einführen, dürfen sie zugleich beschließen, die fünfprozentige Kürzung bei Betrieben mit mehr als 150.000 EUR Direktzahlungen nicht anzuwenden. Nach Art. 43 ff müssen die Mitgliedstaaten 30 % ihrer jährlich für die Basisprämie vorgesehene finanzielle Obergrenze im Rahmen des Greenings verwenden. Zu den **Greening-Methoden** zählen die Anbaudiversifizierung, die Erhaltung des bestehenden Dauergrünlandes und die Ausweisung von landwirtschaftlichen Flächen für eine „Flächennutzung im Umweltinteresse". Die Mitgliedstaaten können **gleichwertige Methoden** festsetzen, die von der Europäischen Kommission einem Bewertungsverfahren zu unterziehen sind. 182

Wiederum optional ist für die Mitgliedstaaten, eine zusätzliche Zahlung an Betriebsinhaber in **„Gebieten mit naturbedingten Benachteiligungen"** zu leisten. Hierzu dürfen sie höchstens 5 % der jährlichen Obergrenze der Basisprämie verwenden. Wie bei der Umverteilungsprämie gilt auch diesbezüglich eine Beschlussfrist bis zum 1.8.2014. Erneut zwingend ist eine besondere Zahlung an **„Junglandwirte"**, womit Personen im Alter bis zu 40 Jahren gemeint sind, die mit der Betriebsleitung erstmals beginnen oder deren erstmalige Betriebsleitung nicht länger als fünf Jahre ab Beginn der Basisprämie zurückliegt. Die Zahlung ist auf fünf Jahre befristet. Die Anwendung der Regelung auf juristische Personen kann von der Europäischen Kommission im Rahmen von delegierten Rechtsakten näher bestimmt werden. 183

Unter gewissen Voraussetzungen können gemäß Titel IV (Art. 52-60) die Mitgliedstaaten zusätzlich zur Basisprämie und deren Ergänzungskomponenten eine an die Produktion bestimmter Erzeugnisse **gekoppelte Stützung** gewähren. Dafür dürfen bis zu 8 % der jährlichen Finanzobergrenze aufgewandt werden, wobei es dazu mehrere Ausnahmen zur Festlegung eines höheren Prozentsatzes gibt. In Betracht kommen für einen entsprechenden Beschluss bis zum 1.8.2014 **zwanzig Erzeugnisbereiche** (Eiweißpflanzen, Flachs, Getreide, Hanf, Hopfen, Körnerleguminosen, Milch und Milcherzeugnisse, Niederwald mit Kurzumtrieb, Obst und Gemüse, Ölsaaten, Olivenöl, Reis, Rind- und Kalbsfleisch, Saatgut, Schaf- und Ziegenfleisch, Schalenfrüchte, Seidenraupen, Stärkekartoffeln, Trockenfutter sowie Zuckerrüben, Zuckerrohr und Zichorien). Prinzipiell darf eine gekoppelte Stützung „nur jenen Sektoren oder jenen Regionen eines Mitgliedstaates gewährt werden, in denen sich spezifische Landwirtschaftsformen bzw. Agrarsektoren, denen aus **wirtschaftlichen, sozialen oder Umweltgründen** eine ganz besondere Bedeutung zukommt, in **Schwierigkeiten** befinden". Zudem ist hinsichtlich des Zahlungsumfanges zu beachten, dass dieser erforderlich sein muss, „um einen **Anreiz zur Beibehaltung der derzeitigen Produktionsniveaus** in den betreffenden Sektoren oder Regionen zu schaffen". Eine besondere Regelung gilt für Baumwolle. 184

Titel V (Art. 61-64) enthält eine für die Mitgliedstaaten **optionale Kleinerzeugerregelung**, wonach sich ein Betriebsinhaber entscheiden kann, anstelle der in den Titeln III und IV geregelten Zahlungen einen jährlichen Pauschalbetrag zu erhalten, der anhand von Durchschnittswerten zu berechnen ist. Der Betrag muss zwischen 500 und 1.250 EUR liegen. Die Frist für die Entscheidung setzen die Mitgliedstaaten fest, wobei er nicht nach dem 15.10.2015 liegen darf. Die teilnehmenden Landwirte unterliegen vereinfachten Regelungen, dürften allerdings ihre **Zahlungsansprüche nicht übertragen.** Titel VI betrifft lediglich eine Finanzbestimmung zu Baumwolle. In Titel VII finden 185 sich Vorschriften zu Mitteilungspflichten der Mitgliedstaaten, zum Datenschutz und hinsichtlich „Maßnahmen zur Lösung spezifischer Probleme“, die in Form von Durchführungsrechtsakten der Europäischen Kommission erlassen werden können. Ergänzend zur Verordnung (EU) Nr. 1307/2013 gestattet die **Übergangsverordnung (EU) Nr. 1310/2013** mittels einer am 1.1.2014 in Kraft getretenen Änderung der Verordnung (EG) Nr. 73/2009, die Umverteilungsprämie und die Flexibilität zwischen den Säulen **bereits 2014** anzuwenden.

186 In Deutschland befindet sich das **Durchführungsrecht zur GAP-Reform 2014/15** einschließlich der Entscheidung über die verschiedenen Optionen der Verordnung (EU) Nr. 1307/2013 gegenwärtig im Gesetzgebungsverfahren.[217] Zudem steht das **Delegations- und Durchführungsrecht** der Europäischen Kommission bislang noch weitgehend aus. Allerdings musste die Entscheidung über die Anwendung der Umverteilungsprämie für das Jahr 2014 schon bis zum 1.3.2014 getroffen werden. Hintergrund für diese frühzeitige Geltung der Umverteilungsprämie ist, dass die Modulation 2014 entfällt und damit eine auf die Betriebsgröße bezogene Staffelung bei der Betriebsprämie nicht mehr vorhanden ist. Zugleich wurde die Finanzobergrenze für die Betriebsprämie abgesenkt, so dass alle Zahlungsansprüche linear gekürzt werden müssen. Um **negative Effekte für kleinere Betriebe zu vermeiden**, hat sich Deutschland daher entschlossen, mit dem **Gesetz zur Gewährung einer Umverteilungsprämie 2014** (Umverteilungsprämiengesetz 2014 – UmvertPrämG 2014) vom 17.2.2014 die EU-rechtliche Option zu nutzen.[218] § 2 iVm § 3 UmvertPrämG legt eine Umverteilungsprämie für Inhaber von bis zu 30 Zahlungsansprüchen und eine weitere Umverteilungsprämie für Inhaber von 31 bis 46 Zahlungsansprüchen fest. Nach § 5 S. 1 sind Betriebsinhaber ausgeschlossen, die ihre Betriebe „nach dem 19.10.2011 nachweislich einzig zu dem Zweck aufgespalten haben, um in den Genuss der Umverteilungsprämie 2014 zu kommen“. Die genaue Prämienhöhe wird voraussichtlich im Herbst 2014 gemäß § 3 Abs. 4 im Bundesanzeiger bekannt gemacht. Durch eine im April 2014 erfolgte Ergänzung des § 1 Abs. 1 Nr. 1 InVeKoS um einen Buchstaben d ist die Umverteilungsprämie bereits in das deutsche Durchführungsrecht zum InVeKoS aufgenommen worden. In der Übergangsverordnung (EU) Nr. 1310/2013 ist zugleich geregelt, dass die neuen Bestimmungen der Verordnung (EU) Nr. 1306/2013 zu **InVeKoS und Cross-compliance erst ab 1.1.2015** gelten. Im Ergebnis ist damit die gesamte Verordnung (EG) Nr. 73/2009 mit gewissen Modifikationen bis Ende 2014 anwendbar.

II. Klassisches Agrarmarktrecht

187 Das **klassische Agrarmarktrecht** der EU als das Recht der erzeugnisbezogenen Steuerungsinstrumente des Agrarmarktes für den Binnen- und Außenbereich stellt auch nach Einführung der Betriebsprämie das von seinem Umfang her **größte Segment des EU-Agrarrechts** dar. Eine genauere Beschreibung der entsprechenden EU-Rechtsakte würde nicht nur den vorliegenden Rahmen sprengen, sondern wäre zudem schon bald überholt, da sich in diesem Rechtsbereich **nahezu täglich Änderungen** ergeben.[219] Das deutsche Durchführungsrecht zum EU-Agrarmarktrecht ist ebenfalls umfangreich und unterliegt fortwährend Änderungen, die allerdings nicht ganz so häufig sind. Im Folgenden kann lediglich ein Überblick gegeben werden, in dessen Rahmen zugleich einige Fragen von horizontaler Bedeutung behandelt werden sollen. Der Begriff des **klassischen Agrarmarktrechts** wurde zur Abgrenzung vom Betriebsprämienrecht, das als ein nicht auf bestimmte Agrarerzeugnisse bezogenes Recht eine Zwitterstellung zwischen Agrarmarkt- und Agrarstrukturrecht besitzt (vgl Rn 40), gewählt.

217 Vgl vor allem den Entwurf eines Gesetzes zur Durchführung der Direktzahlungen an Inhaber landwirtschaftlicher Betriebe im Rahmen von Stützungsregelungen der Gemeinsamen Agrarpolitik (Direktzahlungen-Durchführungsgesetz – DirektZahlDurchfG), BR-Drucks. 82/14; s. auch *Krüger*, Die Beschlüsse zur neuen Gemeinsamen Agrarpolitik und erste Entscheidungen zur nationalen Umsetzung, NL-BzAR 2014, 2, sowie *BMEL*, Gemeinsame Agrarpolitik der EU 2014-2020, 2014.

218 Vgl dazu die amtliche Begründung, BT-Drucks. 18/282.

219 Für den Versuch einer Momentaufnahme (Rechtszustand im Sommer 2004) kann auf *Leidwein*, S. 119 ff, verwiesen werden.

1. Instrumente des Agrarmarktrechts

Eine erste Annäherung an das klassische Agrarmarktrecht lässt sich durch eine **Systematisierung seiner vielgestaltigen Regelungsinstrumente** erreichen, die sich im Laufe der Zeit entwickelt haben und in Instrumente zur Regelung des Außen- und Binnenbereichs sowie ergänzende Instrumente unterteilt werden können.[220] 188

a) Außenbereich

Für den Außenbereich sind vor allem **Ein- und Ausfuhrverbote, Ein- und Ausfuhrabgaben** sowie **Ein- und Ausfuhrbeihilfen** zu nennen. Ein Querschnittsinstrument stellen die zugehörigen **Mengenregelungen** dar, mit denen kontingentierte Ausnahmen von Verboten oder Abgaben sowie die Verteilung von Beihilfen gesteuert werden. Sämtliche Instrumente sind als **Dauerregelung** oder als **zeitweilige Schutzmaßnahmen** normierbar. Die Überwachung der Einfuhr-, Ausfuhr- und Mengenregelungen kann durch Grenzkontrollen und **Lizenzsysteme** vorgenommen werden. 189

In der EU und ihren Mitgliedstaaten wird von den beschriebenen Instrumenten in immer **geringerem Umfang** Gebrauch gemacht. Einfuhrverbote sind regelmäßig nur noch als Sondermaßnahmen im Falle außergewöhnlicher Situationen vorgesehen. Ausfuhrverbote, Ausfuhrabgaben und Einfuhrbeihilfen werden angesichts der ausreichenden Versorgung mit Agrarerzeugnissen nur äußerst selten normiert. Einfuhrabgaben wurden bis 1995 größtenteils in Form so genannter Abschöpfungen zur Erreichung eines gegenüber den Weltmarktpreisen höheren EU-Binnenmarktniveaus erhoben. Seitdem sind die **Abschöpfungen** in **Zölle umgewandelt** worden,[221] über deren allmähliche Verringerung im Rahmen der WTO verhandelt wird (vgl allgemein zur WTO im Agrarbereich Rn 267 ff). Verhandelt wird dabei auch über die von der EU schon erheblich zurückgeführten Ausfuhrbeihilfen in Form der so genannten **Ausfuhrerstattungen**. Solche Erstattungen werden gewährt, um ein gegenüber dem EU-Binnenmarktpreis niedrigeres Weltmarktniveau für das jeweilige Agrarerzeugnis zu erreichen. Zur Überwachung des Außenhandels ist ein ausdifferenziertes Grenzkontroll- und Lizenzsystem errichtet worden. 190

b) Binnenbereich

Verglichen mit den Instrumenten des Außenbereichs gibt es im **Binnenbereich** eine weitaus größere Zahl von Marktinstrumenten und aktuellen Anwendungsbeispielen. Wie bereits beschrieben wurde, hat die **Intervention** im engeren Sinne als staatlicher An- und Verkauf von Agrarerzeugnissen zu festgelegten Preisen ihre vormals dominierende Stellung verloren, um vor allem die Überproduktion und die damit verbundenen Haushaltskosten zurückzuführen (vgl Rn 37). Neben der Intervention sind **Beihilfen zur privaten Lagerhaltung** und verschiedene **Absatzbeihilfen** wie Verarbeitungsbeihilfen sowie Beihilfen zur verbilligten Abgabe von Agrarerzeugnissen geschaffen worden, die noch in gewissem Umfang existieren. Eher selten werden Beihilfen zur Vernichtung von Agrarerzeugnissen – zumeist als **Denaturierung** bezeichnet – oder zu ihrer Umwandlung in andere Erzeugnisse, die als besser vermarktbar oder den Agrarmarkt weniger belastend angesehen werden, gewährt. 191

Zur Reduzierung der Produktion in einzelnen Bereichen sind im Laufe der Zeit **Stilllegungsbeihilfen, Nichtvermarktungs- und Extensivierungsprämien** sowie **Beihilfen zur Produktionsumstellung** entwickelt worden. Schließlich sind die Beihilfen zur Produktion bestimmter Erzeugnisse – vor allem **Tier- und Flächenprämien** –, die unter dem Stichwort der **gekoppelten Direktzahlungen** zusammengefasst und seit 2003 durch die Betriebsprämie in größerem Umfang abgelöst worden sind, zu nennen. Neben diesen finanziellen Zuwendungen sind in entgegengesetzter Weise **Abgabenregelungen** vor allem im Milch- und Zuckerbereich entstanden. Im Milchbereich ist diese Rege- 192

220 Vgl zur folgenden Betrachtung näher *Busse*, in: Lenz/Borchardt, Art. 40 AEUV, Rn 10 ff; s. auch *Harings*, ZfZ 2007, 141 und 169, sowie zur Konzeption der „Agraraußenhandelsunion" der EU *Scherer*, NJW 1973, 2129.

221 Vgl vor allem die VO (EG) Nr. 3290/94 über erforderliche Anpassungen und Übergangsmaßnahmen im Agrarsektor zur Anwendung der im Rahmen der Uruguay-Runde geschlossenen Übereinkünfte (ABl. 1994 L 349, S. 105).

lung mit einem System der Zuteilung abgabenfreier Kontingente in Form von Quoten verbunden, während im Zuckerbereich mit einer **Quotenregelung** auch Ausfuhrpflichten gekoppelt sind (vgl Rn 36). Durch die jeweils erhobenen Abgaben werden die Beihilfen in dem betreffenden Bereich mitfinanziert. **Mengenregelungen** existieren im Binnenbereich auch zur Steuerung von Agrarbeihilfen, indem etwa mitgliedstaatliche oder EU-weite Beihilfekontingentierungen oder Finanzobergrenzen vorgesehen sind.

193 Die **Festsetzung von Erzeugerpreisen** und die Vornahme von Zwangszusammenschlüssen sind demgegenüber bisher kein primäres Mittel der EU-Agrarmarktpolitik gewesen. Zwar wurden in vielen Bereichen so genannte **Richtpreise** als Bezugspunkt für die entsprechenden Interventionen festgelegt. Derartige, inzwischen weitgehend aufgehobene Richtpreise sind jedoch nicht für den Erzeuger als Preisvorgabe verbindlich. Eine gewisse Ausnahme stellt die Festsetzung von „Mindestpreisen für Quotenzuckerrüben" gemäß Art. 135 VO (EU) Nr. 1308/2013 dar. Ohnehin wurden die meisten Agrarmarktinstrumente als für den Erzeuger oder Vermarkter **fakultative Maßnahmen**, die lediglich faktisch einen Zwang zur Beteiligung erzeugen (vgl auch Rn 260 f), erlassen. Ausnahmen sind beispielsweise die **Zwangsdestillation von Wein** und die Abgaben im Milch- und Zuckerbereich. Auch die Milchquote als begleitendes Instrument zur Milchabgabe hat sich bei ihrer Erstzuteilung im Wege einer gesetzlichen Anordnung auf die entsprechenden Milcherzeugungsflächen gelegt.

c) Ergänzende Instrumente

194 Neben den bisher erwähnten Instrumenten, die sich eindeutig dem klassischen Agrarmarktbereich zuordnen lassen, bestehen noch weitere Instrumente, bei denen eine solche Zuordnung zum Teil schwieriger ist. Während **Werbemaßnahmen zur Absatzförderung** im Außen- und Binnenbereich noch auf eine unmittelbare Marktwirkung abzielen, sind Beihilfen zur Verbesserung der Marktstruktur sowie Qualitätsregelungen von anderen Agrarrechtsbereichen abzugrenzen. So kann bei den so genannten **Marktstrukturmaßnahmen**, wie etwa der Förderung von Erzeugerorganisationen, im Einzelfall die Trennlinie zum Agrarstrukturförderrecht schwierig sein (vgl näher Rn 227 ff). **Qualitätsregelungen** sind hingegen vom Lebensmittelrecht und damit vom Agrarproduktionsrecht abzugrenzen. Soweit Qualitätsregelungen im Produktions- und Klassifizierungsbereich dem Gesundheitsschutz dienen, dürften sie regelmäßig allein dem Lebensmittelrecht zuzuordnen sein. Soweit sie jedoch darüber hinaus beispielsweise die Qualität von Agrarerzeugnissen über den lebensmittelrechtlichen Standard hinaus erhöhen oder den Absatz durch die Einführung von **Güte- oder Handelsklassen** attraktiver gestalten sollen, stellen sie zugleich Agrarmarktmaßnahmen dar. Derartige **Qualitätsregelungen** finden sich im EU-Agrarrecht relativ häufig. Zahlreich sind insbesondere Vermarktungsbestimmungen vor allem in Form von **Etikettierungsvorschriften**, mit denen den Verbrauchern zusätzliche Informationen über die Qualität von Agrarerzeugnissen gegeben werden und die zumeist für Mitgliedstaaten und Wirtschaftsbeteiligte obligatorisch ausgestaltet sind.[222]

195 Soweit die Etikettierungsregelungen keine speziellen und abschließenden Straf- und vor allem Bußgeldvorschriften kennen, wird ihre Verletzung mit Hilfe des Lebensmittelrechts **sanktioniert.** Paralleles kann auch für die entsprechende Kontrolle ihrer Einhaltung gelten. Die Frage, ob die Einhaltung von Qualitätsnormen nicht nur öffentlich-rechtlich zu überwachen ist, sondern auch im Rahmen des **Privatrechts eingeklagt** werden kann, hat der EuGH dies bejaht und am Beispiel von Tafeltraubensorten ausgeführt: „Folglich setzt die volle Wirksamkeit der Regelung der Qualitätsnormen … voraus, dass deren Beachtung im Wege des Zivilprozesses durchgesetzt werden kann, den ein Wirtschaftsteilnehmer gegen einen Konkurrenten anstrengt. Eine solche Klagebefugnis verstärkt nämlich die **Durchsetzungskraft** der gemeinschaftsrechtlichen Regelung der Qualitätsnormen. Sie ergänzt die Tätigkeit der Stellen, die in den Mitgliedstaaten für die Durchführung der in dieser Regelung vorgesehenen Kontrollen zuständig sind, und trägt damit dazu bei, oft nur schwer

222 Vgl etwa *Bickelmann* (Hrsg.), Vermarktungsnormen für Obst und Gemüse, 4. Aufl. 2008.

aufzudeckende Praktiken zu unterbinden, die den Wettbewerb verfälschen können. So gesehen sind Klagen von Konkurrenten vor nationalen Gerichten besonders geeignet, wesentlich zur Sicherung eines lauteren Handels und der Markttransparenz in der Gemeinschaft beizutragen."[223]

Ein besonderer Fall ist das Recht des **Ökolandbaus**, das Produktionsvorschriften, Qualitätsregelungen, Bezeichnungs- und Etikettierungsnormen sowie Agrarumweltrecht kombiniert und folglich gleich mit mehreren Agrarsachbereichen in Berührung steht.[224] Wohl vor allem dem Agrarstrukturrahmenrecht (vgl Rn 11 f) sind besondere Vorschriften über den **Schutz von geographischen Angaben, Ursprungsbezeichnungen und Spezifitäten** im Agrarbereich zuzurechnen,[225] da sie zur Förderung der Landwirtschaft gedacht sind. Auch diesbezüglich bestehen vor allem über die Vorschriften dieses so genannten Geoschutzrechts zur Etikettierung Überschneidungen zum Lebensmittelrecht. Über das **Markenrecht** existiert zudem eine Verknüpfung mit dem privaten Agrarrecht. 196

2. EU-Agrarmarktrecht

Wird das klassische EU-Agrarmarktrecht insgesamt betrachtet, so lässt es sich in **vier Ebenen** gliedern. Die **erste Ebene** besteht aus grundlegenden Rechtsakten des Rates, die seit dem 1.12.2009 zusammen mit dem Europäischen Parlament im ordentlichen Gesetzgebungsverfahren erlassen werden. Diese Gesetzgebungsakte finden sich teilweise durch Rechtsakte, die der Rat allein erlassen hat, als eine **zweite Ebene** ergänzt. Die Grundlage für diese früher „Ratsrecht zweiter Stufe" genannten Rechtsakte bildet seit dem 1.12.2009 Art. 43 Abs. 3 AEUV, der sich auf „Maßnahmen zur Festsetzung der Preise, der Abschöpfungen, der Beihilfen und der mengenmäßigen Beschränkungen" bezieht. Die erste und zweite Ebene enthalten in der Regel als Grundlage für die **dritte Ebene** Ermächtigungen zum Erlass von Rechtsakten durch die Europäische Kommission. Dabei handelt es sich zum einen nach Art. 290 AEUV um so genannte Delegierte Rechtsakte, die Ratsrechtsakte ergänzen oder ändern, ohne wesentlich von ihnen abzuweichen. Zum anderen sind nach Art. 291 AEUV Durchführungsrechtsakte der Europäischen Kommission möglich, um „einheitliche Bedingungen" für die Durchführung der Ratsrechtsakte durch die Mitgliedstaaten zu schaffen.[226] Der **Umfang der Ermächtigung** der Europäischen Kommission ist in beiden Fällen im Gesetzgebungs- bzw Ratsrecht näher zu bestimmen. Das Kommissionsrecht kennt als **vierte Ebene** ergänzende Rechtsakte, die ihre Grundlage in den Rechtsakten der dritten Ebene finden. Dabei handelt es sich oft um – aus der Sicht des deutschen Rechts – Rechtsakte mit Verwaltungsaktcharakter. Diese vier Ebenen des EU-Agrarmarktrechts sollen im Folgenden etwas eingehend dargestellt werden. 197

a) Gesetzgebungsrecht

Das Rückgrat des klassischen EU-Agrarmarktrechts bildeten bis 2006 die vom Rat geschaffenen 21 **GMOen**, die ab 2007 bis auf die GMO Fischereierzeugnisse und Erzeugnisse der Aquakultur (aktuell Verordnung (EU) Nr. 1379/2013, ABl. 2013 L 354, S. 1) in der **Einheitlichen GMO (EGMO)** in Gestalt der **Verordnung (EG) Nr. 1234/2007** (ABl. 2007 L 299, S. 1) aufgegangen sind (vgl zu diesem Prozess Rn 33 und für eine Liste der vormaligen 21 GMOen 1. Aufl., Rn 186). In die VO (EG) Nr. 1234/2007 aufgenommen fanden sich zudem neben zahlreichen Ratsrechtsakten zweiter Stufe die vormals eigenständige **EU-Milchquotenregelung** (Verordnung (EG) Nr. 1788/2003, ABl. 2003 L 270, S. 123), die Ratsrechtsregelungen zu **Ethylalkohol landwirtschaftlichen Ursprungs, Bienenzuchterzeugnissen** und **Seidenraupen** sowie die Verordnung (EWG) Nr. 827/68. Die letztgenannte Verordnung hatte als so genannte **„Reste-Marktordnung"** mit gerin- 198

223 EuGH, Rs. C-253/00 (Muñoz), Slg 2002, I-7289, Rn 30 f; vgl als Beispiel die wettbewerbsrechtliche Geltendmachung des Verstoßes einer Weinbezeichnung gegen das EU-Weinbezeichnungsrecht, BGH 30.4.2009 – I ZR 45/07 – RdL 2009, 302.

224 Vgl näher *Busse*, Agrarökoproduktrecht, in: Härtel, Agrarrecht, S. 1214 ff.; s. auch *Rathke/Kopp/Betz*, Ökologischer Landbau und Bioprodukte, 2. Aufl., 2010; *Lell*, Umweltbezogene Produktkennzeichnungen im deutschen, europäischen und internationalen Recht, 2003; *Schmidt*, EG-Verordnung „Ökologischer Landbau", 2008.

225 Vgl näher *Busse*, in: Lenz/Borchardt, Art. 40 AEUV, Rn 17 f.

226 Vgl näher *Busse*, in: Lenz/Borchardt, Art. 43 AEUV, Rn 22 ff.

gem Regelungsgehalt mehrere Erzeugnisse des Anhangs I AEUV, die nicht von speziellen GMOen erfasst wurden, normiert. Daneben besteht nach wie vor die als **Nicht-Anhang-I-Verordnung** bezeichnete Verordnung (EG) Nr. 3448/93 (ABl. 1993 L 318, S. 18), die Regelungen zu einigen landwirtschaftlichen Erzeugnissen, die nicht im Anhang I AEUV genannt werden, enthält (vgl zur Frage der entsprechenden Regelungskompetenz Rn 32). Generell von Anhang I nicht erfasst werden beispielsweise Baumwolle, Holz, Leinen, Liköre, und Seide. Im Rahmen der GAP-Reform 2014/15 ist die Verordnung (EG) Nr. 1234/2007 ab 1.1.2014 durch die **Verordnung (EU) Nr. 1308/2013** (ABl. 2013 L 347, S. 671) ersetzt worden. Diese Ablöseverordnung ist zwar grundsätzlich wie die Vorgängerverordnung konzipiert, enthält jedoch zum Teil **erhebliche inhaltliche Änderungen**. Zudem wird sie nicht mehr als EGMO, sondern als **„Gemeinsame Marktorganisation“ (GMO)** bezeichnet. Zurzeit ist fast das gesamte Kommissionsrecht noch nicht an die Verordnung (EU) Nr. 1308/2013 angepasst, so dass diesbezüglich umfangreiche Änderungen zu erwarten sind.

199 Zum klassischen Agrarmarktrecht rechnen ebenfalls die in der Verordnung (EG) Nr. 73/2009 enthaltenen Bestimmungen zu **gekoppelten Direktzahlungen** einschließlich der auf sie anwendbaren allgemeinen Vorschriften des InVeKoS und des Cross-compliance (vgl näher Rn 112 ff). Im Rahmen der GAP-Reform 2014/15 sind auch kleinere Bereiche der Verordnung (EU) Nr. 1308/2013 in die Anwendung der in der Verordnung (EU) Nr. 1306/2013 geregelten speziellen Finanzkontrollvorschriften einbezogen worden. Zudem findet die Cross-compliance-Regelung gemäß Art. 92 Unterabs. 1 VO (EU) Nr. 1306/2013 auf die in der Verordnung (EU) Nr. 1308/2013 geregelten Beihilfen im Weinbereich Anwendung. Weitere **wichtige Gesetzgebungsakte** im klassischen Agrarmarktbereich sind beispielsweise

1. die Verordnung (EWG) Nr. 834/2007 über die ökologische/biologische Produktion und die Kennzeichnung von ökologischen/biologischen Erzeugnissen (ABl. 2007 L 189, S. 1),
2. die Verordnung (EG) Nr. 3/2008 über Informations- und Absatzfördermaßnahmen für Agrarerzeugnisse im Binnenmarkt und in Drittstaaten (ABl. 2008 L 3, S. 1) und
3. die Verordnung (EG) Nr. 1151/2012 über Qualitätsregelungen für Agrarerzeugnissen und Lebensmitteln (ABl. 2012 L 343, S. 1).[227]

200 Für den **Außenhandelsbereich** ist abgesehen von dem Spezialgebiet der Ausfuhrerstattungen, die ihre Grundlage in der Verordnung (EU) Nr. 1308/2013 finden, primär der **EU-Zollkodex** (derzeit Verordnung (EG) Nr. 952/2013, ABl. 2013 L 269, S. 1) heranzuziehen. Die Verordnung (EU) Nr. 1308/2013 enthält daneben Sonderregelungen, um Schutzmaßnahmen für Agrarerzeugnisse im Außenhandelsbereich treffen zu können. Ergänzend ist auf die **Verordnung (EG) Nr. 3448/93** für Nicht-Anhang-I-Erzeugnisse hinzuweisen.

201 Im Unterschied zur Verordnung (EG) Nr. 1234/2007 erfasst die Verordnung (EU) Nr. 1308/2013 erstmals **sämtliche in Anhang I des AEUV genannten Agrarerzeugnisse**, wie Art. 1 Abs. 1 in Ersetzung der bisherigen enumerativen Aufzählung ausdrücklich besagt. Die gegenüber der Verordnung (EG) Nr. 1234/2007 dadurch neu hinzugekommenen Erzeugnisse wie etwa frische oder gekühlte Kartoffeln sind nunmehr im Rahmen der in Art. 1 Abs. 2 iVm Anhang I enthaltenen Aufgliederung der einzelnen Erzeugnisbereiche dem Teil XXIV „Sonstige Erzeugnisse“ hinzugefügt. Die **Fußnote zu Teil XXIV**, nach der „alle nicht in den Teilen I bis XXIII aufgeführten landwirtschaftlichen Erzeugnisse“ Bestandteil des Teils XXIV sind, ist allerdings etwas zu weit formuliert, da nach Art. 1 Abs. 2 der Anhang I nur Erzeugnisse des Anhanges I des AEUV erfassen soll. Unterfällt ein

227 Vgl zu den Vorgängerverordnungen (EG) Nr. 509/2006 und 510/2006 *Ramírez*, Der Schutz von geographischen Angaben und Ursprungsbezeichnungen für Agrarerzeugnisse und Lebensmittel, 2007, die Kurzkom. von *Grimm* und *Rathke*, in: Zipfel/ders., Lebensmittelrecht, Abschnitt C 135 und 136, Stand 2008, allg. *Loschelder/Loschelder*, Geographische Angaben und Ursprungsbezeichnungen, 2. Aufl. 2002, und *Becker*, Geographische Angaben bei Agrarprodukten und Lebensmitteln, Agra-Europe 11/2006, Sonderbeilage, der das „europäische Schutzsystem“ als *„Möglichkeit für den Aufbau regionaler Wertschöpfungsketten“* einstuft; s. für Nachweise der EuGH-Rspr *Busse*, in: Lenz/Borchardt, Art. 40 AEUV, Rn 17, und zur Frage, ob die Mitgliedstaaten nationale Schutzregelungen neben dem EU-Schutzsystem aufrecht erhalten können, EuGH, Rs. C-35/13 (Salumi), ECLI:EU:C:2014:306, Rn 28 ff.

Agrarerzeugnis nicht der Verordnung (EU) Nr. 1308/2013, gibt es **zwei Möglichkeiten**. Erstens könnte das Erzeugnis in der Nicht-Anhang-I-Verordnung geregelt sein. Zweitens ist das fragliche Erzeugnis eventuell ein Verarbeitungserzeugnis zweiter Stufe, das aus dem Anwendungsbereich des EU-Agrarmarktrechts herausfällt. In derartigen Fällen ist zu klären, ob es originäres deutsches Agrarmarktrecht gibt, das nicht durch EU-Recht verdrängt wird.

b) Ratsrecht

Das **Ratsrecht** besteht im Wesentlichen aus der **Verordnung (EU) Nr. 1370/2013** (ABl. 2013 L 346, S. 12), die auch als **Artikel-43-Absatz 3-Verordnung** bezeichnet wird. In ihr finden sich ergänzend zur Verordnung (EU) Nr. 1308/2013 Preise und Mengenbeschränkungen im Rahmen der öffentlichen Intervention, die Höhe der Beihilfen für die private Lagerhaltung und das Schulobst- und Schulmilchprogramm, die Höhe der Produktionsabgabe, Produktionserstattung und Überschussabgabe im Zuckersektor, die Mindestpreise für Zuckerrüben, die Anpassung der nationalen Zuckerquoten sowie Einzelheiten zu Ausfuhrerstattungen festgelegt. Daneben gibt es nach wie vor noch einiges **Ratsrecht zweiter Stufe** aus der Zeit vor dem AEUV vor allem zu spezifischen Situationen, während horizontal angelegte Ratsrechtsakte zweiter Stufe im Zuge der Schaffung der Verordnung (EG) Nr. 1234/2007 weitgehend aufgehoben wurden (vgl die Beispiele in der 1. Aufl., Rn 191). 202

c) Kommissionsrecht

Zu fast jedem Gesetzgebungsakt existiert **Recht der Europäischen Kommission**. Dieses Recht befindet sich seit dem Inkrafttreten des AEUV in einem **schwierigen Übergangsstadium**. So ist das bisherige alleinige Durchführungsrecht in Delegations- und Durchführungsrecht aufzuspalten. Dieser Prozess dauert an, da die Europäische Kommission regelmäßig die Aufspaltung erst vornimmt, wenn der vormalige Durchführungsrechtsakt aus anderen Gründen ohnehin zu ändern ist. Durch die GAP-Reform 2014/15, an die das Kommissionsrecht umfangreich anzupassen ist, wird sich dieser bislang nur langsam vorwärts schreitende Prozess voraussichtlich erheblich beschleunigen. Generell ist bei der Anwendung eines Gesetzgebungs- oder Ratsrechtsaktes immer zu prüfen, ob es zugehöriges Kommissionsrecht gibt. So sind **beispielsweise** im Bereich der **Ökolandbauverordnung (EG) Nr. 834/2007** folgende beide bislang noch nicht an den AEUV angepassten Verordnungen der Europäischen Kommission ergangen: 203

1. Verordnung (EG) Nr. 889/2008 mit Durchführungsvorschriften hinsichtlich der ökologischen/biologischen Produktion, Kennzeichnung und Kontrolle (ABl. 2008 L 250, S. 1),
2. Verordnung (EG) Nr. 1235/2008 mit Durchführungsvorschriften hinsichtlich der Regelung der Einfuhren von ökologischen/biologischen Erzeugnissen aus Drittländern (ABl. 2008 L 334, S. 25).

Besonders wichtig sind **horizontale Vorschriften** der Europäischen Kommission für mehrere Erzeugnissektoren, von denen insbesondere folgende in der **Praxis bedeutsamen Rechtsakte** zu nennen sind: 204

1. Verordnung (EWG) Nr. 3846/87 zur Erstellung einer Nomenklatur der landwirtschaftlichen Erzeugnisse für Ausfuhrerstattungen (ABl. 1987 L 366, S. 1),
2. Verordnung (EWG) Nr. 120/89 zur Festlegung der gemeinsamen Durchführungsvorschriften für die Ausfuhrabschöpfungen und -abgaben für landwirtschaftliche Erzeugnisse (ABl. 1989 L 16, S. 19),
3. Verordnung (EG) Nr. 1454/2007 mit gemeinsamen Regeln zur Einführung eines Ausschreibungsverfahrens zur Festsetzung von Ausfuhrerstattungen für bestimmte landwirtschaftliche Erzeugnisse (ABl. 2007 L 325, S. 69),
4. Verordnung (EG) Nr. 376/2008 mit gemeinsamen Durchführungsvorschriften für Ein- und Ausfuhrlizenzen sowie Vorausfestsetzungsbescheinigungen für landwirtschaftliche Erzeugnisse (ABl. 2008 L 114, S. 3),

5. Verordnung (EG) Nr. 612/2009 über gemeinsame Durchführungsvorschriften für Ausfuhrerstattungen bei landwirtschaftlichen Erzeugnissen (ABl. 2009 L 186, S. 1),[228]
6. Verordnung (EWG) Nr. 282/2012 mit gemeinsamen Durchführungsbestimmungen zur Regelung der Sicherheiten für landwirtschaftliche Erzeugnisse (ABl. 2012 L 92, S. 4).

205 Abgesehen von der Verordnung (EWG) Nr. 3846/87 können diese horizontal ausgerichteten Verordnungen zu Sicherheiten,[229] Ausfuhrabgaben, Ausfuhrerstattungen und Lizenzen[230] zugleich als Ansätze für ein **allgemeines Verwaltungsrecht im Agrarbereich** eingestuft werden und verdrängen oder modifizieren in nicht seltenen Fällen Vorschriften des deutschen allgemeinen Verwaltungsrechts (vgl ähnlich zum InVeKoS Rn 116). Vor allem das **EU-Ausfuhrerstattungsrecht** ist allerdings trotz der horizontalen Bestimmungen eine komplexe und von zahlreichen Sondervorschriften geprägte Materie. Die Frage, ob und in welcher Höhe eine Ausfuhrerstattung gewährt wird, ist für jedes Agrarerzeugnis unterschiedlich zu beantworten. Wichtig sind dabei unter anderem die vorgeschriebene Qualität des jeweiligen Erzeugnisses und der für den jeweiligen Erstattungssatz maßgebliche Zeitpunkt. Eine unterbliebene Ausfuhr in dem normierten Ausfuhrzeitraum kann nicht nur zu einer Versagung der Ausfuhrerstattung, sondern auch zum Verfall der zumeist zu stellenden Ausfuhrsicherheit führen.[231] Als **ein weiteres Beispiel** für horizontale Kommissionsrechtsakte erster Stufe sei die Verordnung (EG) Nr. 501/2008 mit Durchführungsbestimmungen zur Verordnung (EG) Nr. 3/2008 des Rates über Informations- und Absatzfördermaßnahmen für Agrarerzeugnisse im Binnenmarkt (ABl. 2008 L 147, S. 3) genannt.

206 **Kommissionsrecht zweiter Stufe** im Agrarmarktbereich findet sich in vielen Ausgaben des EU-Amtsblattes. Neben eher seltenen Rechtsakten zu Einzelfragen in Form von Beschlüssen (bis zum Vertrag von Lissabon Entscheidungen) handelt es sich zumeist um Verordnungen, mit denen etwa **Zollkontingente eröffnet, Beihilfen** im Rahmen von Ausschreibungsverfahren **zugeschlagen** oder **Interventionsbestände freigegeben** werden. Sobald entsprechend verfahren worden ist, entfalten diese Verordnungen keine weitere Wirkung mehr und werden daher auch nicht förmlich aufgehoben. Sie sind im Allgemeinen im Amtsblatt in dünnerer Schrift – seit dem 1.12.2009 unter der Überschrift „Rechtsakte ohne Gesetzescharakter" – angezeigt und nicht im Fundstellenverzeichnis des geltenden Gemeinschaftsrechts aufgeführt. Regelmäßig sind derartige Rechtsakte der Europäischen Kommission zweiter Stufe in Rechtsakten der Europäischen Kommission erster Stufe ausdrücklich vorgesehen.

3. Deutsches Agrarmarktrecht

207 Das deutsche klassische Agrarmarktrecht teilt sich in zwei Bereiche auf. Zum einen existiert Agrarmarktrecht, das bisher noch nicht von EU-Recht verdrängt wurde und zeitlich zumeist vor der Schaffung des EU-Agrarmarktrechts entstanden ist (**originäres Agrarmarktrecht**). Zum anderen gibt es einen größeren Bereich von Rechtsakten, die der normativen Durchführung von EU-Agrarmarktrecht in der deutschen Rechtsordnung dienen (**EU-Durchführungsrecht**).

a) Originäres Agrarmarktrecht

208 Wie bereits beschrieben wurde (vgl Rn 27), entschied sich die Bundesrepublik Deutschland 1949 für die Schaffung eines Systems nationaler Agrarmarktregelungen. 1950/51 entstanden daher für wichtige Agrarerzeugnisse so genannte **Marktordnungsgesetze** (Getreidegesetz vom 4.11.1950; Zuckergesetz vom 5.1.1951; Milch- und Fettgesetz vom 28.2.1951; Vieh- und Fleischgesetz vom 25.4.1951). Kurz darauf folgte das Handelsklassengesetz vom 17.12.1951 und einige Zeit später das Fischgesetz vom 31.8.1955. Vervollständigt wurden diese Regelungen durch die seit 1951 jähr-

228 Vgl zur VorgängerVO (EG) Nr. 800/1999 *Reiche*, ZfZ 2006, 110.
229 Vgl zu den Rechtsstrukturen der EU-Agrarsicherheiten näher *Möller*, Sicherheiten im Recht der Europäischen Gemeinschaft, 1990, S. 33 ff.
230 Vgl *Busse*, in: Lenz/Borchardt, Art. 40 AEUV, Rn 50 f; *Halla-Heißen*, ZfZ 1997, 74.
231 Vgl mwN aus der umfangreichen Rspr des EuGH *Busse*, in: Lenz/Borchardt, Art. 40 AEUV, Rn 44 ff.

lich erlassenen Getreidepreisgesetze sowie das Mühlengesetz vom 9.5.1959, das Eier- und Geflügelförderungsgesetz vom 27.7.1961 und das Weinwirtschaftsgesetz vom 29.8.1961.

Daneben entstand das Außenwirtschaftsgesetz vom 28.4.1961, das auch landwirtschaftliche Erzeugnisse erfasst und gegenwärtig in der Fassung der Neuverkündung vom 6.6.2013 gilt. Ergänzend zu den in den Marktordnungsgesetzen enthaltenen Regelungen über die **Einfuhr- und Vorratsstellen** für die wichtigsten Agrarerzeugnisse ist das Gesetz über die **Außenhandelsstelle für Erzeugnisse der Ernährungs- und Landwirtschaft** vom 17.12.1951 zu nennen. Zudem wurde auf der Grundlage der genannten Gesetze eine erhebliche Anzahl von Rechtsverordnungen erlassen. Hinzu kamen einige Regelungen von vor 1945 wie beispielsweise das Hopfenherkunftsgesetz vom 9.12.1929, das Weingesetz vom 25.7.1930 und das Milchgesetz vom 31.7.1930. Ab 1962 **überlagerte** das EU-Recht in Form der GMOen und des EU-Außenhandelsrechts nach und nach weitgehend diese nationalen Agrarmarktregelungen. Während ein Teil der deutschen Gesetze als Konsequenz **aufgehoben** wurde, erfolgte die Beibehaltung des anderen Teils unter nicht immer zeitnah vorgenommener Streichung überlagerter Bestimmungen. So existieren gegenwärtig noch das **Milch- und Fettgesetz** in der Fassung der Bekanntmachung vom 10.12.1952,[232] das **Handelsklassengesetz (HKG)** in der Fassung der Bekanntmachung vom 23.11.1972,[233] das **Weingesetz** in der Fassung der Bekanntmachung vom 18.1.2011[234] und das **Außenwirtschaftsgesetz** mit in der Regel an das EU-Recht angepassten Vorschriften, wobei die Agrarmarkt bezogenen Teile dieser Gesetze einen jeweils unterschiedlichen Umfang besitzen.[235] 209

Trotz dieser **erheblichen Reduzierung** des deutschen originären Agrarmarktrechts erscheint jedoch die 2002 geäußerte Feststellung von *Sohler*, dass „nahezu 100 % [des Agrarrechts] durch das Europarecht veranlasst sind",[236] zu weit gegriffen, wobei bereits unterstellt wird, dass *Sohler* seine Feststellung nicht auf das gesamte deutsche Agrarrecht, sondern lediglich auf das agrarrelevante öffentliche Wirtschaftsrecht bezieht. Durch das Gesetz über die Neuorganisation der Marktordnungsstellen vom 23.7.1976 gingen die vier Einfuhr- und Vorratsstellen in der neu gegründeten **Bundesanstalt für landwirtschaftliche Marktordnung** (BALM) auf. Die BALM wiederum wurde 1994 mit dem **Bundesamt für Ernährung und Forsten** (BEF), die 1965 aus der Außenhandelsstelle für Erzeugnisse der Ernährungs- und Landwirtschaft hervorgegangen war, in der noch heute bestehenden **Bundesanstalt für Landwirtschaft und Ernährung** (BLE) zusammengefasst. 210

Als spätere Gesetze, die zumindest teilweise dem Bereich des originären deutschen Agrarmarktrechts zugeordnet werden können, sind vor allem das Gesetz über **Meldungen über Marktordnungswaren** vom 23.6.1976 in der Fassung der Bekanntmachung vom 26.11.2008, das **Milch- und Margarinegesetz** vom 25.7.1990,[237] das das Milchgesetz vom 31.7.1930 ablöste, und das **Hopfengesetz** vom 21.10.1996, das an die Stelle des Hopfenherkunftsgesetzes vom 9.12.1929 trat, zu nennen. Teilweise gehen die originären Agrarmarktgesetze in den **lebensmittelrechtlichen Bereich** und damit das Agrarproduktionsrecht über. Beispiele sind vor allem das Milch- und Margarinegesetz sowie das Weingesetz. Letzteres wird sogar im Fundstellenverzeichnis A zum BGBl. im Abschnitt Lebensmittelrecht geführt. Das **HKG** wiederum, auf das gegenwärtig neun Verordnungen zu agrarbezogenen Handelsklassen in den Bereichen Bananen, Eier, Fischereierzeugnisse, Geflügelfleisch, Obst und Gemüse, Rindfleisch, Schaffleisch und Schweinehälften gestützt sind,[238] betont in § 1 Abs. 1 seinen Agrarmarktcharakter: „Zur Förderung der Erzeugung, der Qualität und des Absatzes von Erzeugnissen der Landwirtschaft und der Fischerei sowie zur Förderung der Marktübersicht 211

232 Vgl die teilweise immer noch hilfreiche Kurzkom. von *Kunze*, in: Brauchitsch/Ule/Reuß (Hrsg.), Wirtschaftsverwaltungsrecht *I, 1963, S. 869* ff, die insbesondere die Rspr zu den anfangs verfassungsrechtlich streitigen Fragen nachweist; s. auch *Dietrich*, Milch- und Fettgesetz – Erläuterungen, 2. Aufl. 1953.

233 Vgl die Kurzkom. des HKG von *Rathke*, in: Zipfel/ders., Lebensmittelrecht, Abschnitt C 10, Stand 1994.

234 Vgl etwa die Kurzkom. des WeinG von *Boch*, in: Zipfel/Rathke, Lebensmittelrecht, Abschnitt C 400, Stand 2013.

235 Vgl für die Agrarmarkt relevanten Bestimmungen des AWG *Busse*, vor §§ 18 ff MOG, Rn 1 f.

236 *Sohler*, S. 755, Rn 1.

237 Vgl die Kurzkom. von *Rathke/Dorau*, in: Zipfel/Rathke, Lebensmittelrecht, Abschnitt C 272, Stand 2009.

238 Vgl die Auflistung im Fundstellenverzeichnis A zum BGBl. unter der Gliederungsnummer 7849-2.

bei diesen Erzeugnissen kann das [BMEL] … durch Rechtsverordnung **gesetzliche Handelsklassen** einführen."

212 Streitig ist beispielsweise, ob bei gleichzeitiger Erfüllung von **Ordnungswidrigkeitentatbeständen** des HKG und LFBG das HKG eine abschließende Sonderregelung darstellt. Bedeutsam ist diese Frage sowohl im Hinblick auf unterschiedliche Bußgeldrahmen als auch auf den nach § 7 Abs. 1 HKG in Verbindung mit § 10 OWiG erforderlichen Vorsatz. Ausgehend von § 10 HKG, wonach die Vorschriften des Lebensmittelrechts unberührt bleiben, hat das OLG Karlsruhe 2003 einen insofern **abschließenden Charakter** des HKG unter Verweis auf *Nüse*[239] **verneint** und dabei die unterschiedliche Zielsetzung beider Regelungswerke betont.[240] Diese Betonung findet sich auch in einem 1987 ergangenen Urteil des BVerwG, in dem allerdings umgekehrt die Anwendbarkeit der damals noch weitreichenderen Entschädigungsklausel des LMBG für **Probenahmen** unter Hinweis auf den abschließenden Charakter des HKG abgelehnt wurde: „Das [LMBG] dient dem Schutz des Verbrauchers vor Gesundheitsgefährdungen und Irreführung. Das [HKG] verfolgt dagegen in erster Linie wirtschaftspolitische Ziele … Mittelbar zieht aus den Marktordnungsbestimmungen des [HKG] auch der Verbraucher seinen Nutzen. Da diese Marktordnungsbestimmungen aber im Unterschied zum [LMBG] in erster Linie den Belangen der Produzenten und Händler dienen, ist es jedenfalls nicht willkürlich, für die Probenahmen nach dem [HKG] von der Entschädigungsregelung des [LMBG] abzuweichen und den vorgenannten Personenkreis in der gesetzlich geregelten Weise zu belasten."[241]

b) EU-Durchführungsrecht

213 Anstatt den Anwendungsbereich der vorhandenen deutschen Agrarmarktgesetze um die Durchführung des entsprechenden EU-Agrarmarktrechts zu erweitern, wurden zur Durchführung der GMOen ab 1962 mit den so genannten **EWG-Durchführungsgesetzen** eigene Regelungswerke geschaffen, die im **MOG** vom 31.8.1972 aufgingen.[242] Seit der Fassung der Bekanntmachung vom 27.8.1986 kann das MOG auf die Durchführung fast aller EU-Agrarmarktregelungen angewandt werden, soweit nicht im deutschen Recht Sondervorschriften bestehen. Auf der Grundlage des MOG ist seit 1972 – wie zuvor auf die EWG-Durchführungsgesetze gestützt – eine kaum überschaubare Anzahl von Rechtsverordnungen erlassen worden, die beständig geändert, aufgehoben und neu erlassen werden. Derzeit bestehen über fünfzig dieser **MOG-Verordnungen**, die zumeist der Durchführung eines bestimmten Erzeugnissektors oder einer horizontalen EU-Regelung dienen.[243] Als **horizontale Regelungen** seien folgende Verordnungen genannt, die eine Entsprechung in ebenfalls horizontal angelegten EU-Agrarmarktrechtsakten (vgl Rn 203) finden:

1. Verordnung über Lizenzen für landwirtschaftliche Erzeugnisse (EG-Lizenz-Verordnung) vom 26.10.1987,
2. Verordnung über Sicherheiten für landwirtschaftliche Erzeugnisse (EG-Sicherheiten-Verordnung) vom 24.10.1988,
3. Ausfuhrerstattungsverordnung vom 24.5.1996.

214 2004 wurde das MOG auch auf die **Durchführung der Betriebsprämie erstreckt** und seitdem zum Erlass einschlägiger Rechtsverordnungen genutzt (vgl Rn 152, 161 und 169). Die **InVeKoSV** als

239 *Nüse*, DVBl. 1952, 333; s. auch *Holthöfer/Nüse/Franck*, Deutsches Lebensmittelrecht, Bd. 1, 5. Aufl. 1970, S. 311 f.

240 OLG Karlsruhe 15.9.2003 – 2 Ss 35/03 – NStZ-RR 2004, 153, 154; vgl zum Begriff des Inverkehrbringens im Sinne des HKG unter Verweis auf den entsprechenden Begriff im Lebensmittelrecht BayOLG 14.10.1980 – 3 Ob OWi 134/80 – juris, sowie zur Pflicht, Kontrollen nach dem HKG zu dulden, OLG Düsseldorf 15.9.1989 – 5 Ss (OWi) 257/89 – AgrarR 1991, 12, und zu einer ähnlichen Entscheidung im Bereich des vormaligen Vieh- und Fleischgesetzes BayVGH 25.4.1983 – 22 B 82 A.907 – VGHE BY 36, 39.

241 BVerwG 10.12.1987 – 3 C 66.85 – BVerwGE 78, 310, 314.

242 Vgl eingehend *Busse*, Das Bestimmtheitsgebot des Art. 80 Abs. 1 S. 2 GG bei der normativen Durchführung von EG-Recht, *S. 22 ff, in: GS Bleckmann*, 2007, S. 1 ff.

243 Vgl die Aufstellung im Fundenstellenachweis A des BGBl. unter Ziff. 7847-11. Daneben können nach § 7 Abs. 2 MOG Verwaltungsvorschriften in Form so genannter Interventionsrichtlinien erlassen werden, deren früher erhebliche Bedeutung durch den Abbau des Interventionssystems nach und nach zurückgegangen ist.

eine dieser Verordnungen besitzt – dem seit 2004 erweiterten MOG insofern entsprechend – einen Doppelcharakter, indem sie Bestimmungen enthält, die sowohl der Durchführung der Betriebsprämienregelung als auch von Teilen des klassischen Agrarmarktrechts dienen. Am 24.6.2005 erfolgte eine **Neubekanntmachung des MOG,** die die vorherige Bekanntmachung vom 20.9.1995 ablöste. 2009 wurde das MOG **umfangreich geändert,** um unter anderem die Bestimmungen der Art. 44 bis 46 VO (EG) Nr. 1234/2007 zu Marktsondermaßnahmen im Falle von Tierseuchen und einem Vertrauensverlust der Verbraucher – wie er sich im Rahmen der BSE-Krisen gezeigt hatte – durchführen zu können. Die **Komplexität des EU-Agrarmarktrechts** spiegelt sich in den Bestimmungen des MOG wider, die zumeist horizontal formuliert sind, um auf die gesamte EU-Agrarmarktorganisation Anwendung finden zu können.

Neben unmittelbar geltendem Verwaltungsrecht, Zuständigkeitsregelungen und den oft übersehenen Bestimmungen über Ordnungswidrigkeiten enthält das MOG vor allem **Ermächtigungen zum Erlass von Rechtsverordnungen.** Besonders zu beachten ist bei der Anwendung des MOG, dass erstens seine verwaltungsverfahrensrechtlichen Regelungen etwa zu der Aufhebung von Verwaltungsakten (§ 10), der Beweislast (§ 11) und Zinsen (§ 14) den entsprechenden Bestimmungen des **VwVfG** vorgehen, dass zweitens das MOG für den gesamten Bereich des EU-Agrarmarktrechts eine prinzipielle **Sperrwirkung** in Bezug auf Landesrecht entfaltet und dass drittens eine Anwendung des MOG auf den **Agrarstrukturbereich** – wie durch das BVerwG bestätigt[244] – **grundsätzlich ausscheidet.** Eine Ausnahme bilden Regelungen in Gesetzen, die über § 1 Abs. 2 Nr. 4 MOG an das MOG angekoppelt sind und wie das DirektZahlVerpflG auch Bestimmungen des EU-Agrarstrukturrechts durchführen. In § 6 Abs. 1 MOG findet sich eine Liste mit **19 EU-Agrarmarktinstrumenten,** auf die das MOG Anwendung findet. Daneben erstreckt sich seine Anwendbarkeit gemäß § 6 Abs. 1 Nr. 1 Buchstabe t MOG auf alle nicht ausdrücklich aufgeführten „Vergünstigungen zu Marktordungszwecken" sowie gemäß §§ 7 bis 9 a und 12 MOG auch auf körperliche Interventionen, Mengenregelungen, obligatorische Maßnahmen, Cross-compliance und Abgaben, soweit entsprechende Bestimmungen zur Durchführung von EU-Agrarrecht erforderlich sind. 215

Zum MOG und seinen Rechtsverordnungen existiert eine **umfangreiche Rechtsprechung,** die nicht nur zur Klärung des allgemeinen Verhältnisses von deutschem Recht zu EU-Recht beigetragen, sondern auch zahlreiche Probleme des öffentlich-rechtlichen Wirtschaftsrechts behandelt hat. In letzterer Hinsicht ist etwa die Frage, ob es sich bei **Verträgen über den Ankauf von Interventionsware** im Rahmen der Agrarmarktinterventionen um öffentlich-rechtliche oder privatrechtliche Verträge handelt, zu nennen. Richtigerweise wird inzwischen von öffentlich-rechtlichen Verträgen ausgegangen. Vergleichbar gelagerte Beispiele sind die Fragen nach der **Abtretbarkeit und Pfändbarkeit von Beihilfeansprüchen und Kontingenten,** der **Aufrechnung mit staatlichen Gegenforderungen** sowie der Rechtsnatur von **Agrarmarktsicherheiten.** Da vorliegend nicht näher auf das MOG eingegangen werden kann, ist auf die bereits angeführte MOG-Kommentierung des Verfassers, in der die skizzierten Fragenbereiche mit den entsprechenden Nachweisen eingehender behandelt werden, zu verweisen. 216

Ein eigenes **Untersystem** im Rahmen des MOG bildet die schon im Rahmen der Beschreibung der Betriebsprämie zu Vergleichszwecken herangezogene deutsche Milchquotenregelung in Gestalt der **Verordnung zur Durchführung der EU-Milchquotenregelung (Milchquotenverordnung – MilchQuotV)** in der Fassung der Neubekanntmachung vom 3.5.2011, die das EU-Milchquotenrecht der Verordnung (EG) Nr. 1234/2007 einschließlich der Kommissionsverordnung (EG) Nr. 595/2004 normativ durchführt. Die derzeitige Befristung der EU-Milchquotenregelung bis zum 31.3.2015 enthält Art. 230 Abs. 1 Unterabs. 2 Buchstabe a VO (EU) Nr. 1308/2013. Rechtstechnisch sind die milchquotenbezogenen Bestimmungen der Verordnung (EG) Nr. 1234/2007 nicht in die Verordnung (EU) Nr. 1308/2013 überführt, sondern lediglich durch die genannte Vorschrift aufrecht erhalten worden, worin die Absicht zum Ausdruck kommt, keine nochmalige Verlängerung vorzu- 217

244 BVerwG 10.12.2003 – 3 C 22.02 – NVwZ-RR 2004, 413, 414; entsprechend etwa VGH BW 19.3.2009 – 10 S 1578/08 – DVBl. 2009, 1255, 1256.

nehmen. Das deutsche Milchquotenrecht erging nach der Einführung der EU-Milchquotenregelung 1984 (vgl Rn 35) zunächst in Form der Milch-Garantiemengen-Verordnung (MGV) von 1984, die nach 33 Änderungsverordnungen 2000 durch die Zusatzabgabenverordnung (ZAV) abgelöst wurde. Die ZAV erhielt 2004 die Bezeichnung Milchabgabenverordnung (MilchAbgV). 2007 wurde die MilchAbgV konsolidiert neu erlassen und 2008 durch die MilchQuotV abgelöst. Die Milchquotenregelung dürfte der einzige Agrarmarktbereich sein, der mehrfach in Deutschland vertieft **rechtswissenschaftlich untersucht** worden ist (vgl Rn 96).

218 Die Datenbank juris verzeichnete im April 2014 unter den kombinierten Stichwörtern Milch und Referenzmenge 1.544 Entscheidungen, von denen 196 Entscheidungen solche des BVerwG sind. Insgesamt dürfte es **mehrere Tausend Entscheidungen** deutscher Gerichte – Verwaltungsgerichte, Finanzgerichte und Zivilgerichte – zum Milchquotenrecht geben. Auf dieses **Spezialrecht**, das mehrfach zu Vorabentscheidungsverfahren vor dem EuGH geführt und dabei insbesondere die EuGH-Rechtsprechung zur Geltung allgemeiner Rechtsprinzipien und der Grundrechte im EU-Recht beeinflusst hat (vgl Rn 256), kann vorliegend nur äußerst verkürzt eingegangen werden. Die letzte umfassendere Darstellung der komplizierten und sehr **kasuistischen Rechtsmaterie** stellt der 2005 aktualisierte „Ratgeber" zum Milchquotenrecht von *Düsing* dar.[245] Aktuelle Veröffentlichungen liegen vom Verfasser zu mehreren Einzelproblembereichen[246] sowie aus rechtshistorischer und rechtsdogmatischer Sicht zur Einbettung der Milchquotenregelung in die Entwicklung des Milchmarktrechts[247] vor.

219 Die Milchquotenregelung besteht generell aus **zwei Bereichen**. In Bezug auf die **abgabenrechtliche Seite** sieht Art. 78 Abs. 1 Unterabs. 1 VO (EG) Nr. 1234/2007 eine Abgabe pro hundert Kilogramm Milch vor, die seit dem Milchquotenjahr 2007/08 (1.4.2007 bis 31.3.2008) 27,83 EUR beträgt. Abgabenschuldner gegenüber der EU sind nach Art. 78 Abs. 2 VO (EG) Nr. 1234/2007 die Mitgliedstaaten, die anschließend nach Art. 79 VO (EG) Nr. 1234/2007 die mitgliedstaatliche Abgabe von den Milcherzeugern zu erheben haben. In Deutschland wird die Abgabe bei Milchanlieferungen von den Käufern der Milch – im Regelfall Molkereien – im Auftrag der Bundesfinanzverwaltung erhoben. Bei Direktverkäufen, die lediglich einen kleinen Teil der Milchproduktion ausmachen, erfolgt die Erhebung unmittelbar durch die Bundesfinanzverwaltung. In Bezug auf die **quotenrechtliche Seite** regelt Art. 66 Abs. 1 iVm Anhang IX Nr. 1 VO (EG) Nr. 1234/2007, dass jedem Mitgliedstaat eine so genannte **einzelstaatliche Milchquote** zur Verfügung steht, die beispielsweise betreffend das Milchquotenjahr 2013/14 für Deutschland 30.318.929 Tonnen Milch beträgt und in Form von so genannten **einzelbetrieblichen Milchquoten** den Milcherzeugern in dem jeweiligen Mitgliedstaat zur abgabenfreien Milchproduktion zugewiesen wird. Die Milchquoten, die zunächst Garantiemengen und bis 2007 Referenzmengen hießen, teilen sich dabei in **Anlieferungs- und Direktverkaufsquoten** auf, deren jährliches Verhältnis im Amtsblatt der EU bekannt gemacht wird.[248] Die Abgabe in einem Mitgliedstaat und damit auch für die Milcherzeuger in dem betreffenden Mitgliedstaat fällt erst an, wenn die Gesamtanlieferung bzw der Gesamtdirektverkauf in dem Mitgliedstaat die EU-rechtlich für die jeweilige Vermarktungsart festgelegte abgabenfreie einzelstaatliche Milchquote des Mitgliedstaates überschreitet.

---

245 *Düsing*, Milchabgabeverordnung – Ratgeber für Juristen und Landwirte, 2005; vgl zum EU-Recht ausführlich *Busse*, in: Lenz/Borchardt, Art. 40 AEUV, Rn 21 ff, und unter dem Gesichtspunkt des Landpachtrechts *Faßbender/Hötzel/Lukanow* (Fn 24), S. 919 ff.

246 Vgl zur Rechtsnatur und Pfändbarkeit der Milchquoten AUR 2006, 153, zur Milchquotenbörse und ihrer Besteuerung AUR 2006, 229, und UR 2008, 321, zur eigentumsrechtlichen Bedeutung der Milchquote AUR 2007, 249, zur Betriebsbindung von Milchquoten und Pächterschutz AUR 2007, 288, zum so genannten 33-Prozent-Einzug beim nicht Milch erzeugenden Verpächter AUR 2008, 88, zur Frage der Übertragbarkeit genutzter Milchquoten AUR 2008, 124, zu den Aufgaben der Bundesfinanzverwaltung im Milchquotenrecht und der zugehörigen Rspr des BFH ZfZ 2009, 225 und 309 (aktualisiert 2010 unter dem Titel „Die Milchquotenregelung aus abgabenrechtlicher Sicht") sowie zum so genannten Übernahmerecht des Pächters JAR IX (2010), 27.

247 *Busse*, Agrarrecht – Jahrbuch 2012, 149.

248 Vgl für das Milchquotenjahr 2013/14 die VO (EG) Nr. 266/2014 (ABl. 2014 L 76, S. 31).

Die Milchquoten hat das BVerwG als **öffentlich-rechtliche Abgabenvergünstigungen**, die nicht der Eigentumsgarantie des Art. 14 GG unterfallen, eingestuft (vgl näher Rn 256 ff). Die **Erstzuteilung** der Milchquoten erfolgte 1984 anhand der Milchproduktion in einem vorherigen Referenzzeitraum. Hierbei wurden allerdings zunächst Milcherzeuger benachteiligt, die sich bezogen auf diesen Referenzzeitraum an zeitlich befristeten **Nichtvermarktungsprogrammen** der EU beteiligt hatten. Auf Grund entsprechender Entscheidungen des EuGH, der feststellte, dass die vorübergehende Einstellung der Milcherzeugung von der EU selbst initiiert worden ist und dadurch Vertrauensschutz in Bezug auf die Möglichkeit der Wiederaufnahme der Milcherzeugung nach Auslaufen der Programme entstanden sei, mussten diesen Milcherzeugern, für die sich die niederländische Abkürzung **SLOM**[249] eingebürgert hat, nachträglich Milchquoten zugeteilt werden. Zum Teil wurde ihnen auch **Schadensersatz** zugesprochen, der von der EU über die zuständigen mitgliedstaatlichen Behörden ausgezahlt worden ist. 220

Die Milchquoten können prinzipiell zwischen Milcherzeugern innerhalb eines Mitgliedstaates **übertragen** werden. Im Hinblick auf die genaue Ausgestaltung des Übertragungssystems besteht ein nicht unerheblicher **mitgliedstaatlicher Gestaltungsspielraum**. Während zunächst das Prinzip der **Flächenbindung** galt, nach dem die Milchquote mit der jeweiligen Fläche, die zum Zeitpunkt der Erstzuteilung zur Milcherzeugung genutzt wurde, verbunden war, wurde dieses Prinzip im EU-Recht nach und nach gelockert. Entsprechend erfolgte 1993 in Deutschland eine weitgehende Aufhebung der Flächenbindung und 2000 ein weitgehender Ausschluss der Milchquotenverpachtung, die zu dem Problem der so genannten Sofamelker (vgl Rn 138) geführt hatte. Seitdem ist als vorrangiger Übertragungsweg ein zentrales Übertragungsstellenverfahren eingeführt worden, das auch als **Milchquotenbörse** bezeichnet wird. Seit 2007 sind die alten und die neuen Bundesländer im Rahmen der Milchquotenbörse zu jeweils einem **Übertragungsbereich West bzw Ost** zusammen geschlossen worden, für die an drei jährlichen Übertragungsstellenterminen ein so genannter Gleichgewichtspreis aus allen abgegebenen Angeboten und Nachfragegeboten ermittelt wird. Die staatlichen Milchquotenbörsenstellen sind nicht umsatzsteuerpflichtig.[250] 221

Im Laufe der Zeit wurden **zahlreiche Fragen** des Milchquotenrechts **höchstrichterlich** behandelt. So darf beispielsweise eine Milchquote grundsätzlich nur einem Milcherzeuger zugewiesen sein. In seiner so genannten **Thomsen-Rechtsprechung** (vgl Rn 140) ließ es der EuGH allerdings zu, dass in der Konstellation des Rückfalls einer verpachteten Milchquote auf einen nicht mehr Milch erzeugenden Verpächter ausnahmsweise der Verpächter die Milchquote übernehmen darf. Um der sofortigen Einziehung der Milchquote mangels Milcherzeugereigenschaft zu entgehen, muss der Verpächter die Milchquote anschließend innerhalb kurzer Frist auf einen Milcherzeuger weiter übertragen.[251] Dieser so genannte **Durchgangserwerb** war in Deutschland auf OVG-Ebene unterschiedlich beurteilt worden, ohne den EuGH anzurufen. Er ist nach dem EuGH auch über die bereits beschriebene Milchquotenbörse möglich.[252] Zu einer Kontroverse hat ebenfalls die Frage geführt, ob die Regelung des Übertragungssystems in der jeweiligen deutschen Rechtsverordnung zur EU-Milchquotenregelung eine **ausreichende Ermächtigungsgrundlage im MOG** besitzt. Für den Zeitraum vor 2000 und dessen Nachwirkungen über 2000 hinaus ist diese Frage vom BVerwG bejaht worden, während für den Zeitraum ab 2000 bisher noch keine Klärung durch das BVerwG 222

249 SLOM steht für Slacht- und Omschakelingspremie; vgl näher *Thiele*, Das Recht der Gemeinsamen Agrarpolitik der EG – dargestellt am Beispiel des Gemeinsamen Milchmarktes, 1997, S. 230 ff.

250 EuGH, Rs. C-408/06 (Götz), Slg 2007, I-11295, Rn 14 ff, und im Anschluss BFH, BFHE 221, 557 (Behörde als Börsenstelle), sowie VG Freiburg Urt. v. 16.3.2010 – 3 K 157/09 (unveröffentl.; Beliehener als Börsenstelle). Die außerbörslichen Milchquotenübertragungen sind hingegen umsatzsteuerpflichtig, wie der BFH auch für die Übertragung von Zahlungsansprüchen im Rahmen der Betriebsprämienregelung geurteilt hat (BFH 30.3.2011 – XI R 19/10 – BFHE 233, 353; a.A. noch die Vorinstanz NiedersächsFG 13.8.2009 – 16 K 360/08 – NL-BzAR 2010, 30).

251 Dass ein Anschlusspachtvertrag über die zurückgefallene Milchquote erst vier Monate nach dem Rückfall abgeschlossen wurde, hat der BVerwG nicht grundsätzlich beanstandet (16.9.2004 – 3 C 30.03 – RdL 2005, 53 f).

252 EuGH, Rs. C-278/06 (Otten), Slg 2007, I-4513, Rn 38.

erfolgt ist.[253] 2009 hat der Gesetzgeber eine Präzisierung der einschlägigen Ermächtigungen im Rahmen einer MOG-Novelle (vgl Rn 214) vorgenommen. Der BFH hat klargestellt, dass eine erneute Belieferung einer einmal genutzten Milchquote nicht möglich ist.[254] Gemäß dem EuGH kann zwar eine **schon belieferte Milchquote** in dem Milchquotenjahr der Belieferung **übertragen** werden. Jedoch steht es den Mitgliedstaaten frei, solche Konstellationen näher zu regeln,[255] was in Deutschland durch § 8 Abs. 4 MilchQuotV geschehen ist. Ohne Vorabentscheidung hat der BFH in einer Reihe von Entscheidungen Voraussetzungen für das Vorliegen einer Milcherzeugereigenschaft – vor allem eigenverantwortliche Milcherzeugung in Form einer selbständigen und auf eigenem Risiko fußenden Bewirtschaftung – aufgestellt.[256]

223 Die in der Verordnung (EG) Nr. 1234/2007 gleichfalls enthaltene **EU-Zuckerquotenregelung** (vgl zu dieser Rn 36) wird in Deutschland vor allem mit der Zucker-Quoten-Verordnung vom 22.10.1981 in der Fassung der Bekanntmachung vom 9.11.2006 und der Zucker-Produktionsabgaben-Verordnung vom 7.3.1983 in der Fassung der Bekanntmachung vom 9.11.2006, die beide ebenfalls auf das MOG gestützt sind, durchgeführt. Ein wesentlicher Unterschied zur Milchquotenregelung ist, dass die Zuckerquoten nicht den Erzeugern, sondern den zuckerrübenverarbeitenden Betrieben zugeteilt und erst in einer weiteren Stufe von diesen Betrieben in Form von **Zuckerrübenlieferrechten** an die Erzeuger faktisch weitergegeben werden. Insofern wird zur Verwaltungsvereinfachung nach dem **Flaschenhalsprinzip** die marktengste Stelle für die staatliche Zuteilung gewählt. Eine weitere produktspezifische MOG-Verordnung ist beispielsweise die Verordnung zur Durchführung der gemeinsamen Organisation der Agrarmärkte bei Obst und Gemüse (EU-Obst- und -Gemüse-Durchführungsverordnung) vom 16.6.2008.

224 Neben dem MOG bestehen **Spezialgesetze** zur Durchführung des EU-Agrarmarktrechts wie beispielsweise

1. das Gesetz zur Durchführung der Rechtsakte der Europäischen Gemeinschaft oder Europäischen Union über gemeinschaftliche **Informations- und Absatzfördermaßnahmen** für Agrarerzeugnisse (Agrarabsatzförderungsdurchführungsgesetz – AgrarAbsFDG) vom 19.7.2002,
2. das Gesetz zur Durchführung gemeinschaftsrechtlicher Vorschriften über das **Schulobstprogramm** (Schulobstgesetz – SchulObstG) vom 24.9.2009 und
3. das Gesetz über die Durchführung der Amtshilfe bei der Beitreibung von Forderungen in Bezug auf bestimmte Steuern, Abgaben und sonstige Maßnahmen zwischen den Mitgliedstaaten der Europäischen Union (EU-Beitreibungsgesetz) vom 7.11.2011.

225 Vorwiegend **EU-rechtliche Vermarktungsnormen** zur Förderung des Absatzes der jeweiligen Erzeugnisse (vgl Rn 194) werden mit Hilfe sechs weiterer Gesetze – das diesen Bereich ebenfalls betreffende HKG wurde bereits im Rahmen des originären deutschen Agrarmarktrechts genannt (Rn 209) – durchgeführt:

1. Gesetz zur Durchführung der Rechtsakte der Europäischen Gemeinschaft oder der Europäischen Union über Bescheinigungen besonderer Merkmale von Agrarerzeugnissen und Lebensmitteln (**Lebensmittelspezialitätengesetz** – LSpG) vom 29.10.1993,
2. Gesetz zur Durchführung der Rechtsakte der Europäischen Gemeinschaft oder der Europäischen Union über die besondere Etikettierung von Rindfleisch und Rindfleischerzeugnissen und über die Verkehrsbezeichnung und Kennzeichnung von bis zu zwölf Monate alten Rindern (**Rindfleischetikettierungsgesetz** – RiFlEtikettG) vom 26.2.1998,

253 BVerwG 16.9.2003 – 3 C 35.03 – RdL 2005, 44, 46 (vgl zu dem in dieser Entscheidung aufgestellten allg. Leitsatz Rn 250 f). Eine gegen die Entscheidung gerichtete Verfassungsbeschwerde hat das BVerfG nicht zur Entscheidung angenommen (22.11.2007 – 2 BvR 2628/04 – AUR 2008, 118; s. dazu *Busse*, AUR 2008, 88).

254 BFH 31.3.2009 – VII R 23/08 und 24/08 – ZfZ 2009, 240, 241 f.

255 EuGH, Rs. C-230/09 und C-231/09 (Etling), Slg. 2011, I-3097, Rn 70 ff; eingehend *Busse*, AUR 2008, 124, 125 f.

256 Vgl etwa BFH 25.9.2007 – VII R 28/06 – AUR 2007, 64, und den Überblick bei *Busse*, ZfZ 2009, 309, 314 ff.

3. Gesetz zur Einführung und Verwendung eines Kennzeichens für Erzeugnisse des ökologischen Landbaus (**Öko-Kennzeichengesetz** – ÖkoKennzG) vom 10.12.2001 in der Fassung der Bekanntmachung vom 20.1.2009,[257]
4. Gesetz über die Registrierung von Betrieben zur Haltung von Legehennen (**Legehennenbetriebsregistergesetz** – LegRegG) vom 12.9.2003,
5. **Fleischgesetz** (FlG) vom 9.4.2008,
6. Gesetz zur Durchführung der Rechtsakte der Europäischen Union dem Gebiet des ökologischen Landbaus (**Öko-Landbaugesetz** – ÖLG) vom 7.12.2008.

Vor allem das LegRegG dient dabei auch **anderweitigen agrarbezogenen Zwecken**, wie die Auflistung der Datenverwendungsmöglichkeiten in § 5 Abs. 3 LegRegG zeigt. Aus dem vorliegend nicht behandelten Fischereibereich sei auf das dem MOG als EU-Durchführungsgesetz nachgestaltete **Seefischereigesetz (SeeFischG)** vom 12.7.1984 in der Fassung der Bekanntmachung vom 6.7.1998 und das Gesetz zur Durchführung der Rechtsakte der Europäischen Gemeinschaft über die Etikettierung von Fischen und Fischereierzeugnissen (**Fischetikettierungsgesetz** – FischEtikettG) vom 1.8.2002 hingewiesen. Zu allen Gesetzen sind zwecks Regelung näherer Einzelheiten Rechtsverordnungen ergangen. 226

c) Das Recht der anerkannten Agrarorganisationen

Das bisher geschilderte deutsche klassische Agrarmarktrecht wurde lange Zeit durch einige **Sonderregelungen zur Anpassung des deutschen Agrarmarktes** an den EU-Agrarmarkt ergänzt, die eine gewisse Zwitterstellung zwischen originärem und EU-Durchführungsrecht einnahmen. In dieser Hinsicht sind vor allem drei inzwischen aufgehobene Gesetze zu nennen, und zwar das bis zum Beginn des EU-Agrarbinnenmarkts 1969 gültige Gesetz zur Förderung der Eingliederung der deutschen Landwirtschaft in den Gemeinsamen Markt (**EWG-Anpassungsgesetz**) vom 9.9.1965,[258] das **AbsFondsG** (vgl bereits Rn 14) und das Gesetz zur Anpassung der landwirtschaftlichen Erzeugung an die Erfordernisse des Marktes (**Marktstrukturgesetz – MarktStrG**) vom 16.5.1969. 227

Als Einleitung zu einer zeitgenössischen Beschreibung von MarktStrG und AbsFondsG findet sich folgende **Charakterisierung:** „Die Notwendigkeit für [diese Gesetze] ergibt sich aus der durch den gemeinsamen Markt veränderten Wettbewerbslage für die deutsche Landwirtschaft. Hat die deutsche Landwirtschaft früher für einen Markt produziert, der durch einen erheblichen Zuschussbedarf gekennzeichnet war, so tritt sie heute in **Konkurrenz** mit der Landwirtschaft der EWG-Mitgliedstaaten, die überwiegend traditionelle Agrarexportländer sind und über die für den Agrarexport erforderlichen organisatorischen Einrichtungen bereits seit langem verfügen ... [Beide Gesetze] als neue Initiativen zur Agrarmarktpolitik sollen als Hilfsmittel für die Agrarwirtschaft dienen, um das gewünschte marktkonforme Angebot an den Markt zu bringen und durch Marketingmaßnahmen seinen Absatz zu fördern.“[259] Das AbsFondsG und das entsprechend konstruierte HolzAbsFondsG, die mittels einer Zwangsabgabe vor allem Werbemaßnahmen im Agrarsektor finanzierten, waren EU-rechtlich umstritten und überstanden letztlich die **Sonderabgabenrechtsprechung** des BVerfG nicht (vgl näher 2. Aufl., Rn 217 ff). 228

Das **MarktStrG** sah nach seinem § 1 Abs. 1 die **Förderung von Erzeugerorganisationen** als „Zusammenschlüsse von Inhabern landwirtschaftlicher oder fischwirtschaftlicher Betriebe“ vor, die „den Zweck verfolgen, die Erzeugung und den Absatz den Erfordernissen des Marktes anzupassen“. Die Förderung erfolgte nach § 5 Abs. 1 S. 1 MarktStrG im Wege von **finanziellen Zuwendungen** *innerhalb* der ersten fünf Jahre nach der staatlichen Anerkennung der Erzeugerorganisation, „um ihre Gründung zu erleichtern und ihre Tätigkeit zu fördern“. Daneben konnten auch 229

257 Vgl die Kurzkom. von *Rathke*, in: Zipfel/ders., Lebensmittelrecht, Abschnitt C 133, Stand 2002.

258 § 1 dieses Gesetzes sah eine jährliche Förderung von 1,03 Mill. DM und § 2 Abs. 1 S. 2 eine Verwendung der Fördermittel insbesondere zur „Ergänzung der nach § 5 [BLwG] von der Bundesregierung zu treffenden Maßnahmen zur Verbesserung der Agrar- und Betriebsstruktur“ und „zur Verbesserung der Marktstruktur“ vor.

259 *Goemann/von Gruben/Sotzeck*, Marktstrukturgesetz und Absatzfondsgesetz, BüL 1969, 283; vgl ferner *Bendel/Reuter*, Marktstrukturgesetz, 1970, und *Recke/Sotzeck*, Marktstrukturgesetz, 1970.

Unternehmen, die mit Erzeugergemeinschaften Lieferverträge abgeschlossen hatten, Investitionsbeihilfen nach § 6 Abs. 1 MarktStrG erhalten. Die förderfähigen Erzeugnisse waren in der Anlage zum MarktStrG wiedergegeben. Gestützt auf das MarktStrG ergingen zahlreiche **durchführende Rechtsverordnungen** zu einzelnen Erzeugnisbereichen. In Bezug auf die Frage, ob eine derartige Förderung von Erzeugerorganisationen eher zum **Agrarmarkt- oder Agrarstrukturrecht** zählt, lassen sich verschiedene Ansichten vertreten, wie bereits die Wortkombination im Titel des Gesetzes andeutet. Im EU-Agrarrecht wird sowohl im Agrarmarktrecht (Anerkennung) als auch im Agrarstrukturrecht (Förderung) auf sie Bezug genommen.

230 Das deutsche Modell, **Erzeugerorganisationen und deren Vereinigungen** in grundsätzlich allen Erzeugnisbereichen **staatlich anzuerkennen**, damit eine Befreiung vom Kartellverbot zu verbinden und finanzielle Förderungen vorzusehen, vermochte sich auf EU-Ebene trotz gewisser Anläufe jahrzehntelang nicht durchzusetzen.[260] Daher entstanden im EU-Recht nur für einzelne Erzeugnisbereiche vergleichbare Regelungen, die teilweise auch **Branchenverbände** mit einbezogen. Neben den Bereichen Hopfen und Wein ist insofern vor allem der Bereich Obst und Gemüse zu nennen, der die drei Organisationstypen, die zusammen als Agrarorganisationen bezeichnet werden können, zugleich als Marktsteuerungsinstrument einsetzte. So dürfen die Mitgliedstaaten mit Hilfe von **Betriebsfonds** den Erzeugerorganisationen im Obst- und Gemüsebereich Marktrücknahmen und damit Interventionen gestatten. Von 2007 bis 2009 wurden die verstreuten EU-Regelungen zu Agrarorganisationen in Art. 122 ff VO (EG) Nr. 1234/2007 zusammengefasst. 2012 kam durch das so genannte EU-Milchpaket der Bereich Milch und Milcherzeugnisse hinzu.

231 Das EU-Milchpaket brachte mit sich, dass das **MarktStrG grundlegend überarbeitet** werden musste, um es auf die Durchführung von EU-rechtlichen Bestimmungen zu Agrarorganisationen auszurichten. Zu diesem Zweck wurde das MarktStrG mitsamt seinen Durchführungsverordnungen durch das **Gesetz zur Weiterentwicklung der Marktstruktur im Agrarbereich (Agrarmarktstrukturgesetz – AgrarMSG)** vom 20.4.2013 und die **Verordnung zur Weiterentwicklung der Marktstruktur im Agrarbereich (Agrarmarktstrukturverordnung – AgrarMSV)** vom 15.11.2013 ersetzt. Nach § 23 Abs. 1 AgrarMSV haben sich alle bestehenden Agrarorganisationen bis zum 29.5.2015 an das neue Agrarorganisationenrecht anzupassen. Das AgrarMSG enthält vergleichbar mit dem MOG im Wesentlichen Verordnungsermächtigungen, um die Anerkennungsvoraussetzungen flexibel an die Bedürfnisse der Agrarstruktur und des jeweiligen EU-Rechts anpassen zu können. Wie zuvor sind nach § 3 AgrarMSG die **Bundesländer** für die **Anerkennung** zuständig. § 5 AgrarMSG enthält die frühere Kartellbefreiung des MarktStrG in überarbeiteter Fassung und § 6 AgrarMSG sieht ein öffentliches Register aller Agrarorganisationen vor.

232 Gemäß § 1 Abs. 1 AgrarMSV entsprechen die **Erzeugnisbereiche**, für die Agrarorganisationen anerkannt werden können, denen der Verordnung (EG) Nr. 1234/2007. Angesichts des Deutschen Weinfonds (vgl Rn 14) nimmt § 1 Abs. 3 AgrarMSV lediglich Branchenverbände im Weinbereich aus dem System der Anerkennung aus. Im Übrigen legt die AgrarMSV detailliert **allgemeine und besondere Anerkennungsvoraussetzungen** sowie das zugehörige Anerkennungsverfahren fest. Sondervorschriften bestehen unter anderem mit §§ 15 und 16 AgrarMSV für die Durchführung der **Kartellbestimmungen des EU-Milchpakets** hinsichtlich der Rohmilchverhandlungen durch Erzeugerorganisationen und deren Vereinigungen. Wichtig ist, dass nach § 12 Abs. 1 AgrarMSV Branchenverbände grundsätzlich nicht selbst am Markt tätig werden dürfen. Für nähere Einzelheiten kann auf die Kommentierung des Verfassers zum AgrarMSG und zur AgrarMSV unter Abdruck der Gesetzgebungsmaterialien verwiesen werden.[261]

260 Vgl zum Folgenden *Busse*, Das Recht der anerkannten Agrarorganisationen, 2014, Einleitung, Rn 1 ff.

261 *Busse* (Fn 260), S. 136 ff; vgl für eine erste Entscheidung VG Würzburg 13.3.2014 – W 3 K 12.636 – juris und dazu *Busse*, juris PraxisReport 2014 (i.E.). Zum MarktStrG liegt kaum Rechtsprechung vor; s. zum Rechtsstatus von Erzeugergemeinschaften, die auf der Grundlage des MarktStrG anerkannt worden sind, OLG Celle 7.10.1998 – 13 U 227/97 – NJW-RR 1999, 1439, 1440: „Der Kläger ist als Erzeugergemeinschaft im Sinne von § 3 MarktStrG rechtsfähig durch staatliche Verleihung."

Im Rahmen der Ablösung der Verordnung (EG) Nr. 1234/2007 durch die Verordnung (EU) Nr. 1308/2013 zum 1.1.2014 ist die EU dem deutschen **horizontalen Ansatz gefolgt**, indem Art. 152 ff VO (EU) Nr. 1308/2013 die Anerkennung von Agrarorganisationen in allen Erzeugnisbereichen der Verordnung (EU) Nr. 1308/2013 nach prinzipiell einheitlichen Bestimmungen vorsehen und Art. 206 ff VO (EU) Nr. 1308/2013 die Anerkennungsregelungen um besondere Kartellbefreiungen ergänzen. Für in den Mitgliedstaaten bereits bestehende Agrarorganisationen enthält die Verordnung (EU) Nr. 1308/2013 **Übergangsregelungen bis zum 31.12.2014**. Anders als das deutsche Recht und in Fortentwicklung der schon vorhandenen Ansätze im EU-Recht nutzt die Verordnung (EU) Nr. 1308/2013 die Agrarorganisationen als Anknüpfungspunkt für eine Reihe von Agrarmarktmaßnahmen wie die **Allgemeinverbindlichkeitserklärung** von Beschlüssen einschließlich einer Zahlung von Beiträgen durch Nichtmitglieder (Art. 164 und 165), **Mengensteuerungen bei Agrargeoschutzprodukten** (Art. 150 und 172), Beihilfen „zur **Erleichterung der Anpassung des Angebots** an die Marktnachfrage" (Art. 166) sowie **Vertragsverhandlungen** über bestimmte Agrarurprodukte (Art. 149 und 169 bis 171). Auch die besonders weitgehenden Bestimmungen im Bereich Obst und Gemüse (Art. 32 ff) sind bestehen geblieben. 233

Das **deutsche Agrarorganisationenrecht** ist nun an die GMO **anzupassen**. Zuvor bleibt allerdings abzuwarten, in welchem Umfang die Europäische Kommission die betreffenden Bestimmungen der GMO durch Delegations- und Durchführungsrecht ergänzt. Das umfangreiche bisherige Durchführungsrecht der Europäischen Kommission[262] besteht so lange weiter fort. Das ebenfalls zum 1.1.2014 in Kraft getretene neue EU-Agrarstrukturrecht sieht in Art. 27 VO (EU) Nr. 1305/2013 die Möglichkeit für die Mitgliedstaaten vor, Erzeugerorganisationen eine **Gründungsförderung** zu gewähren. Zudem lässt Art. 35 VO (EU) Nr. 1305/2013 die ebenfalls für die Mitgliedstaaten fakultative Förderung von „Formen der Zusammenarbeit" zu, die in Gestalt unter anderem von Erzeugerorganisationen oder Branchenverbänden wahrgenommen wird. Da das AgrarMSG wie schon zuvor das MarktStrG nicht als Geldleistungsgesetz im Sinne des Art. 104 a Abs. 3 GG konzipiert ist,[263] kann eine finanzielle Bundesförderung nur im Rahmen der GAK erfolgen (vgl Rn 20 f). Entsprechend bestimmt **§ 1 Abs. 1 Nr. 5 GAK-Gesetz** (vgl Rn 279) „Maßnahmen zur Verbesserung der Agrarstruktur" mittels der „Förderung von Zusammenschlüssen land-, fisch- und forstwirtschaftlicher Erzeuger" sowie „Errichtung, Ausbau, Zusammenfassung und Stilllegung von Vermarktungseinrichtungen zur Rationalisierung und Verbesserung des Absatzes land-, fisch- und forstwirtschaftlicher Erzeugnisse" zu Aufgaben der GAK. Wie etwa das OVG Rheinland-Pfalz bestätigt hat, richtet sich die Förderung der Agrarorganisationen nach den **Förderrichtlinien** des zuständigen Bundeslandes.[264] 234

4. Weitergeltung nationalen Agrarmarktrechts

Da das ab 1962 entstandene EU-Agrarmarktrecht einerseits auf ein vielgestaltiges und umfangreiches nationales Agrarmarktrecht stieß und es andererseits auf eine weitgreifende und im Prinzip abschließende Regelung hin konzipiert war, bedurfte es **Kollisionsnormen**, um das Verhältnis beider Regelungsbereiche zueinander zu klären. Dabei ist zwischen mehreren Kollisionsaspekten zu differenzieren. Zunächst gilt der allgemeine Grundsatz, dass **EU-Recht nationalem Recht vorgeht**. Daher ist für jeden Einzelfall zu klären, ob das bestehende EU-Agrarmarktrecht eine bestimmte Frage abschließend regelt oder für den Mitgliedstaat regelbare Teilbereiche entweder ausdrücklich oder inzident zulässt. So ist zum Beispiel dem EuGH die Frage zur Vorabentscheidung vorgelegt worden, ob die EU-Milchmarktordnung eine **mitgliedstaatliche Qualitätsregelung**, die auf Erzeugerebene für Milch mit hoher Keimzahl einen zwingenden Abzug vom Milchkaufpreis und für Milch mit niedriger Keimzahl eine Erhöhung des Milchkaufpreises vorsieht, gestattet. Während nach Ansicht der Europäischen Kommission die Systematik der EU-Milchmarktordnung eine derartige 235

262 Abgedruckt bei *Busse* (Fn 266), S. 355 ff.

263 So zum MarktStrG *Brockmeyer*, in: Schmidt-Bleibtreu/Klein (Hrsg.), Kom. zum GG, 10. Aufl. 2004, Art. 104 a, Rn 10.

264 OVG Rheinland-Pfalz 4.9.1981 – 8 A 31/80 – DVBl. 1982, 219.

mitgliedstaatliche Regelung ausschließt, vertrat die Generalanwältin in ihren Schlussanträgen eine gegenteilige Auffassung: „Solange und soweit aber die Gemeinschaft keine eigenen Bestimmungen zur qualitätsorientierten Bezahlung von Rohmilch erlassen hat ..., ist die Preisbildung für Milch nicht abschließend auf Gemeinschaftsebene geregelt und kann von den Mitgliedstaaten – unter Beachtung der gemeinschaftsrechtlichen Vorgaben – ergänzt werden.“[265]

236 Diese Auffassung ist vor dem Hintergrund der Rechtsprechung des EuGH zu lesen, dass die Mitgliedstaaten zwar verpflichtet sind, den mit der EU-Agrarmarktordnung verfolgten Zielen **nicht zuwiderzuhandeln**, jedoch zugleich dazu befugt sind, nationale Regelungen, die andere Ziele als die EU-Agrarmarktordnung verfolgen und deren Wirksamkeit nicht behindern, aufrechtzuerhalten oder neu zu erlassen: „Wenn eine Verordnung über die Errichtung einer gemeinsamen Marktorganisation für einen bestimmten Sektor erlassen worden ist, sind die Mitgliedstaaten nach ständiger Rechtsprechung verpflichtet, sich aller Maßnahmen zu enthalten, die von dieser Verordnung abweichen oder ihr zuwiderlaufen ... Nach ständiger Rechtsprechung hindert die Schaffung einer gemeinsamen Marktorganisation die Mitgliedstaaten hingegen nicht, eine nationale Regelung anzuwenden, die ein im Allgemeininteresse liegendes **anderes Ziel** als die Marktorganisation verfolgt, selbst wenn diese Regelung einen Einfluss auf das Funktionieren des Gemeinsamen Marktes im betroffenen Sektor hat ...“[266] In dem zugehörigen Fall ging es um nationale Rechtvorschriften, die den **Anbau und Besitz von Hanf** ohne eine vorherige Genehmigung verbieten und damit dem Schutz vor Drogen dienen. Eine solche Regelung steht in keinem originären Zusammenhang zu Maßnahmen, die den gemeinsamen Agrarmarkt steuern. Da demgegenüber in dem Milchmarktfall die nationale Preisregelung in einem faktisch untrennbaren Zusammenhang mit der damaligen EU-Milchmarktordnung stand, vermochte sich der EuGH der Auffassung in den zitierten Schlussanträgen nicht anzuschließen: „Nach alledem ist... zu antworten, dass es gegen das gemeinsame Preissystem, das der [EU-Milchmarktordnung] zugrunde liegt, verstößt, wenn die Mitgliedstaaten einseitig Vorschriften erlassen, die in den **Mechanismus der Bildung der Preise** eingreifen, die in diesem Produktionsstadium der gemeinsamen Organisation unterliegen.“[267] Durch den immer weiteren Rückgang des EU-Agrarmarktrechts stellt sich allerdings die Frage, ob zugleich nationale Regelungsbefugnisse wieder aufleben.[268]

237 Existiert ein **Regelungsspielraum der Mitgliedstaaten**, ist zu klären, ob sonstiges EU-Recht der jeweiligen nationalen Regelung entgegensteht. Dass überhaupt noch nationale Marktordnungen, die per se die Vermutung von Wettbewerbsverzerrungen mit sich bringen, bestehen dürfen, ergibt sich vor allem aus Art. 40 Abs. 1 S. 2 Buchstabe a und b AEUV, der das **Weiterbestehen „einzelstaatlicher Marktordnungen“** voraussetzt. Auch Art. 44 AEUV, der von einer Behinderung des freien Warenverkehrs durch eine nationale Marktordnung ausgeht und die Europäische Kommission zum Erlass ausgleichender Maßnahmen ermächtigt, enthält keine allgemeine Befristung oder Angleichungspflicht in Bezug auf nationales Agrarmarktrecht. Der EuGH hat im Zusammenhang mit Maßnahmen nach Art. 44 AEUV geurteilt, „dass [Art. 44 AEUV] nach Ablauf der Übergangszeit auf Erzeugnisse anwendbar ist, die noch keiner gemeinsamen Marktorganisation unterliegen“.[269]

238 Die damit verbundene Privilegierung von nationalen Marktordnungen gegenüber sonstigem nationalen Agrarmarktrecht führt zu der Frage, **wann eine solche Marktordnung vorliegt**. Der EuGH hat in dieser Hinsicht folgende Definition aufgestellt: „Sonach ist die einzelstaatliche Marktordnung ein **Bündel rechtlicher Mittel**, das die Regulierung des Marktes der betreffenden Erzeugnisse hoheitlicher Aufsicht unterstellt, um durch die Steigerung der Produktivität und durch den bestmöglichen Einsatz der Produktionsfaktoren, insbesondere der Arbeitskräfte, eine angemessene

265 GA, Rs. C-283/03 (Kuipers), Slg 2004, I-4255, Rn 39.
266 EuGH, Rs. C-462/01 (Hammarsten), Slg 2003, I-781, Rn 28 f; s. auch *Ziekow*, EuZW 1990, 505, mwN.
267 EuGH, Rs. C-283/03 (Fn 271), Rn 53.
268 Vgl beispielhaft *Busse*, EU-Recht und nationale Milchquotensysteme, in: Norer (Hrsg.), Milchkontingentierungsrecht zwischen Aufhebung und Transformation, 2009, S. 209 ff.
269 EuGH, Rs. 337/82 (St. Nikolaus Brennerei), Slg 1984, 1051, Rn 18.

Lebenshaltung für Erzeuger, die Stabilisierung der Märkte, die Sicherung der Versorgung und angemessene Verbraucherpreise zu gewährleisten. Die Beibehaltung einer bloßen Kontingentierungsregelung noch nach Ablauf der Übergangszeit erfüllt diese Voraussetzungen nicht."[270] Somit gilt eine eng an den in Art. 39 AEUV normierten Zielen der GAP orientierte Definition, die die Mitgliedstaaten für fast alle Agrarerzeugnisse **nicht mehr erfüllen können**, da in der Regel EU-Agrarmarktrecht in einem Umfang besteht, das der Fortgeltung nationaler Marktordnungen in dem vom EuGH definierten Sinne entgegensteht. Hinzu kommt, dass die Mitgliedstaaten nach der Systematik der Art. 38 ff AEUV verpflichtet sind, ihre noch zulässigen nationalen Marktordnungen so weit wie möglich an die Systematik der GAP anzupassen.

Liegt eine nationale Agrarmarktregelung vor, die zwar nicht unter die Ausnahmeregelung für nationale Marktordnungen fällt, jedoch auch nicht vom EU-Agrarmarktrecht verdrängt wird, bleibt **im Einzelfall** zumeist zu prüfen, ob ein Verstoß gegen den gemäß Art. 38 Abs. 2 S. 1 AEUV modifiziert geltenden **Grundsatz des freien Warenverkehrs** nach Art. 28 ff AEUV (vgl Rn 31) oder gegen die gemäß Art. 42 AEUV ebenfalls nur modifiziert geltenden **Kartell- und Beihilferegeln** der Art. 101 ff AEUV (vgl Rn 297 ff) vorliegt. Zum freien Warenverkehr hat der EuGH festgestellt, dass sich die Mitgliedstaaten nicht auf Art. 38 ff AEUV berufen können, um **nach Ende der Übergangszeit am 31.12.1969** neue Maßnahmen gleicher Wirkung im Sinne des Art. 34 AEUV einzuführen. So wurde sogar eine im EU-Recht vorgesehene Ermächtigung für die Mitgliedstaaten, nach diesem Zeitpunkt derartige Maßnahmen einzuführen, vom EuGH als mit dem freien Warenverkehr für unvereinbar erklärt.[271] 239

5. Regelungsstruktur

Angesichts der teilweise nur **schwer durchschaubaren Gemengelage** erstens zwischen deutschem Agrarmarktrecht und EU-Agrarmarktrecht sowie zweitens zwischen deutschem originären Agrarmarktrecht und deutschem Durchführungsrecht zum EU-Agrarmarktrecht erscheint es sinnvoll, die Regelungsstruktur noch einmal zusammenfassend zu betrachten. Denn das Hauptproblem bei der Lösung einer bestimmten Frage aus diesem Bereich kann oftmals allein darin bestehen, die **einschlägigen Normen** in der Vielzahl der Agrarmarktrechtsakte zu finden. Wie *Ehle* zutreffend festgestellt hat, ist die „Erschließung [der] Normen- und Vorschriftenhierarchie in aller Regel Voraussetzung für den umfassenden Zugang zu einem Rechtsproblem des Marktordnungsrechts".[272] Für die **Ermittlung der aktuellen Fassung** der jeweils in Frage stehenden Agrarrechtsakte sind die einschlägigen Datenbanken und Loseblattsammlungen unverzichtbar (vgl Rn 92). Für den Bereich von Rechtsstreitigkeiten muss zudem oft auf bereits nicht mehr geltende Fassungen oder schon aufgehobene Rechtsakte zurückgegriffen werden. 240

In der Vergangenheit hat es **des Öfteren Anläufe** gegeben, das EU-Agrarmarktrecht **zu vereinfachen** und vor allem zu reduzieren. Erst EU-Agrarkommissarin *Fischer Boel* ist es jedoch auf der Grundlage der Vorarbeiten des vorangegangenen EU-Agrarkommissars *Fischler* gelungen, erstens die zahlreichen GMOen zur Verordnung (EG) Nr. 1234/2007 zusammenzufassen (vgl Rn 33) und dadurch zweitens das Ratsagrarrecht weitgehend **in vier grundlegenden Rechtsakten** – EGMO, EU-Betriebsprämienverordnung, EU-Agrarstrukturverordnung und EU-Agrarfinanzverordnung – zu bündeln. Hintergrund dieser relativ zügig vollzogenen Kodifizierungen unter dem Stichwort „Vereinfachung der GAP" waren der allgemeine Trend zur Entbürokratisierung und die Erforderlichkeit, die GAP mit ihrer erheblichen Mittelverausgabung für die Öffentlichkeit **transparenter und nachvollziehbarer** zu gestalten.[273] Politisch gewollt ist, diesen Weg weiter zu beschreiten. Ob er in 241

---

270 EuGH, Rs. 48/74 (Charmasson), Slg 1974, 1383, Rn 26 f; bestätigt durch EuGH, verb. Rs. 194/85 und 241/85 (Kommission/Griechenland), Slg 1988, 1037, Rn 15.

271 EuGH, Rs. 80/77 und 81/77 (Société Les Commissionaires/Ramel), Slg 1978, 927, Rn 22 ff.

272 *Ehle*, in: Kruse (Hrsg.), Zölle, Verbrauchssteuern, europäisches Marktordnungsrecht, 1988, S. 217 ff, 221.

273 Vgl *Busse*, JAR VIII (2008), 3, 16 ff; s. auch allg. *Streinz*, Vereinfachung der Rechtsetzung in der GAP der EG, in: GS Kopp, 2007, 249.

einem einzigen Gesetzgebungsakt in Form eines **EU-Agrarkodex** – vergleichbar etwa dem EU-Arzneimittelkodex oder dem EU-Zollkodex – münden könnte, bleibt abzuwarten.

242 Je weiter Kodifizierung und Vereinfachung fortschreiten, desto schärfer tritt die **Abgrenzung der Zuständigkeiten** von Rat und Europäischem Parlament auf der einen Seite und der Europäischen Kommission auf der anderen Seite hervor. Eine verstärkte Diskussion dieser Frage ist seit Inkrafttreten des Vertrages von Lissabon entstanden, da auf Grund der nunmehrigen **Mitentscheidungsbefugnis des Europäischen Parlaments** bei Gesetzgebungsakten im Agrarbereich die oft in der Vergangenheit pragmatisch vorgenommene Zuständigkeitsverteilung und damit Zuweisung auch der politischen Verantwortung zwischen Rat und Europäischer Kommission so nicht mehr möglich ist. Zudem muss die weiterhin **nicht vollständig einheitliche Situation des Agrarsektors** in den Mitgliedstaaten beachtet werden. Hinsichtlich der Betriebsprämie hat dieser Umstand schon 2003 dazu geführt, dass zur Erreichung der Betriebsprämienregelung die Europäische Kommission ihren ursprünglich weitgehend einheitlichen Regelungsansatz im Laufe des Gesetzgebungsverfahrens zu Gunsten zahlreicher mitgliedstaatlicher Regelungsoptionen abschwächen musste. Insofern hat sie rückblickend 2005 in Bezug auf das **Vereinfachungspotential der Betriebsprämie** kritisch angemerkt: „Die Kommission hatte ursprünglich ein einziges Entkopplungsmodell vorgeschlagen … und keine Übergangszeiträume und Ausnahmeregelungen. Im Rechtsetzungsverfahren wurden aber von den Mitgliedstaaten zahlreiche Optionen und Sondervereinbarungen gefordert und vom Rat akzeptiert … Viele Mitgliedstaaten haben sich dafür entschieden, die ganze Palette der Optionen zu nutzen … Diese heterogene Umsetzung der Reform hat die Dinge [ver]kompliziert und ist mit einem Mehraufwand für die Landwirte und die Verwaltungen verbunden.“[274] Dieser Trend hat sich im Rahmen der **GAP-Reform 2014/15** vor allem im Bereich der Agrardirektzahlungen, aber etwa auch des Agrarorganisationenrechts mit mehreren mitgliedstaatlichen Regelungsoptionen verstärkt.

243 Die **materiell-rechtlichen Regelungen** des Agrarmarktes finden sich weitgehend im EU-Recht und die **verfahrensrechtlichen Vorschriften** im nationalen Recht. Soweit das Verfahrensrecht janusköpfig ist, dh ein materiell-rechtlicher Gehalt mitschwingt, besteht eine gewisse Tendenz zu entsprechendem EU-Recht. Beispiele sind etwa Regelungen über Rückforderungen und Zinsen. Da das Agrarmarktrecht gegenüber den Marktbeteiligten fast ausschließlich durch die Behörden der Mitgliedstaaten durchgeführt wird, enthält das EU-Recht grundsätzlich keine **Zuständigkeitsregelungen**. Aus Sicht der Europäischen Kommission hat *Kalbe* zu gegenteiligen Überlegungen bemerkt: „Kann die Kommission [in Fällen, in denen ihrer Ansicht nach ein Mitgliedstaat eine Lizenz wegen einer fehlerhaften Erteilung zurückzunehmen hat,] die Entscheidung gegenüber dem Lizenzinhaber oder Importeur selbst treffen anstelle und unter Ausschluss der zuständigen nationalen Behörden? Nach der gegenwärtigen Rechtslage nicht; seitens der Kommission ist bewusst darauf verzichtet worden, derartige Kompetenzen für sich zu fordern. Die Kommission wäre administrativ und personell überfordert, die Masse aller Einzelfälle selbst aufzuklären und zu entscheiden. Sie steht dem Tatbestand auch regelmäßig zu fern“.[275]

244 Entsprechend hat der EuGH eine Haftungsklage, die auf einen **Auslegungsvermerk** der Europäischen Kommission im Verwaltungsdurchführungsbereich gestützt war, für unzulässig erklärt: „[Die] Durchführung der Gemeinschaftsbestimmungen auf dem Gebiete der Ausfuhrerstattungen [fällt] unter die Zuständigkeit der hierfür bestellten innerstaatlichen Stellen, und die Kommission ist nicht befugt, Entscheidungen über ihre Auslegung zu treffen, sondern hat nur die Möglichkeit, ihre Meinung zu äußern, die die innerstaatlichen Stellen nicht bindet … Die Entscheidung über die Ablehnung der Anträge auf Erteilung von Ausfuhrlizenzen, die den von der Klägerin behaupteten Schaden verursacht haben soll, ist folglich der französischen Interventionsstelle zuzurechnen.“[276] Auch der Bereich der zugehörigen **Ordnungswidrigkeiten- und Straftatbestände** findet sich prinzipi-

274 *KOM (2005) 509, S. 6.*
275 *Kalbe*, DVBl. 1975, 753, 757.
276 EuGH, Rs. 217/81 (Interagra), Slg 1982, 2233, Rn 8 f; s. zu den Wirkungen eines Auslegungsvermerks gegenüber den Mitgliedstaaten Rn 53.

ell allein im nationalen Recht geregelt. Insofern wird das nationale Recht nur indirekt dadurch beeinflusst, dass das EU-Recht bestimmte Verfahrens- und Zuständigkeitsregelungen **faktisch erfordert** (vgl Rn 52 und 113) und die Mitgliedstaaten verpflichtet, angemessene Ahndungsmöglichkeiten bei Rechtsverstößen vorzusehen (vgl Rn 63).

Grundlegende Bedeutung ist in diesem gesamten Kontext der 1983 ergangenen Entscheidung des EuGH in der **Rechtssache Milchkontor**, der die Frage des Umfangs der Anwendbarkeit des deutschen allgemeinen Verwaltungsrechts zugrunde lag, zugekommen: „Im Einklang mit den allgemeinen Grundsätzen, auf denen das institutionelle System der Gemeinschaft beruht und die die Beziehungen zwischen der Gemeinschaft und den Mitgliedstaaten beherrschen, ist es gemäß [Art. 4 Abs. 3 AEUV] Sache der Mitgliedstaaten, in ihrem Hoheitsgebiet für die Durchführung der Gemeinschaftsregelungen, namentlich im Rahmen der gemeinsamen Agrarpolitik, zu sorgen. Soweit das Gemeinschaftsrecht einschließlich der allgemeinen gemeinschaftsrechtlichen Grundsätze hierfür keine gemeinsamen Vorschriften enthält, gehen die nationalen Behörden bei dieser Durchführung der Gemeinschaftsregelungen nach den formellen und materiellen Bestimmungen ihres nationalen Rechts vor, wobei dieser Rechtssatz freilich … mit den Erfordernissen der **einheitlichen Anwendung des Gemeinschaftsrechts** in Einklang gebracht werden muss, die notwendig ist, um zu vermeiden, dass die Wirtschaftsteilnehmer ungleich behandelt werden."[277] 245

Als Regelungsebenen sind zunächst die **vier dargestellten Ebenen des EU-Sekundärrechts** im Agrarmarktbereich – Gesetzgebungsakte, Ratsrechtakte sowie Kommissionsrecht erster und zweiter Stufe – und anschließend die **drei Ebenen des deutschen abgeleiteten Bundesrechts** in Form von Gesetzen, Rechtsverordnungen und Verwaltungsvorschriften zu beachten. An der Spitze des EU-Agrarmarktrechts steht zudem das entsprechende EU-Primärrecht und an der Spitze des deutschen Agrarmarktrechts das entsprechende deutsche Verfassungsrecht. Daneben spielen noch völkerrechtliche Übereinkommen und daraus abgeleitete völkerrechtliche Rechtsakte eine gewisse Rolle im Agrarmarktsektor. Diese insgesamt **elf Regelungsebenen** greifen nicht selten in einer Weise ineinander, durch die Normen auf unteren Ebenen ohne die höherrangigen Normen und insbesondere deutsche Durchführungsrechtsakte zum Agrarmarkt ohne das entsprechende EU-Recht kaum zu verstehen sind. Die **Kunst der Gesetzgebung** im nationalen Bereich liegt in dieser Hinsicht darin, in sich verständliche Normen zu erlassen, ohne gegen das Verbot der Wiederholung von EU-Recht im nationalen Recht zu verstoßen. 246

Besonders schwierig wird dieses Unterfangen dann, wenn sich im deutschen Recht vom EU-Recht **divergierende Begrifflichkeiten** eingebürgert haben. Das BVerwG hat zu dieser Frage in Bezug auf die vom EU-Recht abweichende Definition der Intervention in § 5 Unterabs. 3 MOG angemerkt: „Die begriffliche Einteilung der zur Marktordnung in Betracht kommenden Maßnahmen sind im Gemeinschaftsrecht und im [MOG] nicht identisch und brauchen es auch nicht zu sein; entscheidend ist, dass der Sache nach keine Diskrepanz zwischen Gemeinschaftsrecht und deutschem Recht eintritt, die eine hinreichende Umsetzung gefährden könnte."[278] Kritisch ist allerdings einzuwenden, dass gerade bei einem Gesetz, das nur zur Durchführung von EU-Recht erlassen wurde, eine divergierende Begrifflichkeit dem Rechtsverständnis zumeist nicht besonders förderlich ist. Bevor deutsches Recht angewandt wird, ist im Agrarmarktbereich immer in Erwägung zu ziehen, ob das jeweilige Recht durch **EU-Recht überlagert** wird. Dem muss nicht immer ein bewusstes Abweichen von EU-Recht zugrunde liegen. So kommt es nicht selten vor, dass entweder übersehen wurde, dass deutsche Recht anzupassen, oder sich das EU-Recht so schnell geändert hat, dass die Anpassung des deutschen Rechts noch nicht vorgenommen werden konnte. In vielen Fällen kann ein solches Problem durch eine **EU-rechtskonforme Auslegung** gelöst werden. Besonders im Rahmen des EU-Rechts ist darauf zu achten, ob eine spezielle Regelung durch eine später erlassene horizontale Regelung verdrängt oder von einer horizontalen Regelung durch spezielles Recht abgewichen werden soll. Bei der Anwendung von **deutschem Landesrecht** im Agrarmarktbereich ist zumeist die 247

277 EuGH, Rs. 205/82 bis 215/82 (Milchkontor), Slg 1983, 2633, Rn 17.
278 BVerwG 17.10.1996 – 3 A 1.95 – BVerwGE 102, 119, 132.

Frage angebracht, ob eine umfassende Regelung auf Bundesebene die entsprechende Länderkompetenz beseitigt hat und daher das Landesrecht nicht anzuwenden ist. Vor diesem Hintergrund finden sich im Bundesrecht nicht selten Subdelegationen zu Gunsten der Bundesländer vor allem in Form von Verordnungsermächtigungen.

6. Rechtmäßigkeitsprüfung

248 Sind die jeweils einschlägigen Normen identifiziert worden, kann es sich als sinnvoll erweisen, nicht nur **Auslegungsfragen** aufzuwerfen, sondern auch die Frage nach der Rechtmäßigkeit der entsprechenden Normen – insbesondere, wenn sie den Normadressaten belasten – zu stellen. Auf Grund der beschriebenen **Normenhierarchie** gestaltet sich allerdings die vollständige Prüfung, ob beispielsweise ein in Frage stehendes Verwaltungshandeln im Agrarmarktbereich eine rechtlich einwandfreie Normengrundlage besitzt, zumeist umfangreich. Zum einen ist ein Verstoß der normativen Grundlage gegen EU-Recht und zum anderen gegen deutsches Recht in Betracht zu ziehen. In Bezug auf **EU-Recht** ist vor allem zu prüfen, ob eine **ausreichende Normierungsermächtigung** im EU-Primärrecht vorhanden ist und bei mehreren in Frage kommenden Ermächtigungen die richtige **Ermächtigung** gewählt wurde (vgl Rn 43 f), ob bei einem Kommissionsrechtsakt eine ausreichende Ermächtigung existiert,[279] ob die jeweiligen Rechtsetzungsverfahren einschließlich einer ordnungsgemäßen Begründung und Verkündung beachtet wurden und ob ein Verstoß gegen **sonstiges EU-Primärrecht** wie etwa den freien Warenverkehr, Grundrechte oder allgemeine Rechtsgrundsätze vorliegt. Soweit vor deutschen Gerichten der Klageweg beschritten wird, kann bei Zweifeln an der Rechtmäßigkeit von EU-Sekundärrecht das Aussetzen des Verfahrens zur Einholung einer Vorabentscheidung des EuGH angeregt werden, wobei letztinstanzliche Gerichte einer Vorlagepflicht unterliegen. Soweit ein nationales Gericht EU-Sekundärrecht wegen Verstoßes gegen EU-Primärrecht nicht anwenden will, muss es sogar eine Vorentscheidung einholen.[280] Da im Agrarmarktbereich auch nach der durch den AEUV erweiterten Individualklagebefugnis regelmäßig keine unmittelbare Klage vor dem EuGH gegen die jeweils streitgegenständliche Norm des EU-Sekundärrechts möglich ist,[281] steht zumeist die in **Art. 277 AEUV geregelte Inzidentrüge** den Prozessparteien offen.[282]

249 An die Prüfung des EU-Rechts schließt sich die Rechtmäßigkeitsprüfung des anzuwendenden **deutschen Rechts** an. Im Rahmen der üblichen Normenprüfung ist insbesondere zu beachten, ob erstens gegen EU-Recht verstoßen wurde und ein eventueller Verstoß die **Unanwendbarkeit des deutschen Rechts** nach sich zieht[283] sowie ob zweitens bei Spielräumen im EU-Recht die Normen des Grundgesetzes beachtet worden sind[284] und eine eventuelle Nichtbeachtung ausnahmsweise durch EU-Recht abgesichert ist. Kommt ein deutsches Gericht zu dem Ergebnis, dass das deutsche Recht wegen Verstoßes gegen EU-Recht nicht anzuwenden ist, kann auch in dieser Konstellation ein Vorentscheidungsersuchen erfolgen. In zahlreichen Fällen gerade im Agrarmarktrecht sind deutsche Gerichte jedoch dazu übergegangen, bei ihrer Ansicht nach hinreichend klaren Verstößen das deut-

---

279 Vgl als Beispiel für eine nicht ausreichende Ermächtigung EuGH, verb. Rs. C-5/06 und C-23/06 bis C-36/06 (Zuckerfabrik Jülich), Slg. 2008, I-3231, Rn 57 ff.

280 Vgl näher zum Verwerfungsmonopol des EuGH *Busse*, JöR 50 (2002), 541.

281 Eine anschauliche Beschreibung der Rspr zum Agrarbereich bis 1987 bietet *Karpenstein*, in: Schwarze (Hrsg.), Der Gemeinsame Markt – Bestand und Zukunft in wirtschaftsrechtlicher Perspektive, 1987, S. 85 ff.

282 Vgl näher zu den einzelnen Konstellationen und insbesondere zu der Frage, ob die generell klagebefugten Mitgliedstaaten nach Ablauf der Klagefrist die Inzidentrüge erheben dürfen, *Busse*, EuZW 2002, 715, mwN.

283 Soweit das deutsche Recht nicht lediglich der Durchführung von EU-Recht dient, ist in diesem Zusammenhang auch eine eventuelle Notifizierungs- und Stillhaltepflicht nach der RL 98/34/EG (vgl Rn 31) zu nennen. Die Verletzung dieser Pflicht führt zur Unanwendbarkeit der jeweils betroffenen nationalen Vorschrift.

284 Vgl etwa zum Streit um die Verfassungsmäßigkeit der bundesrechtlichen Aufteilung von Prämienobergrenzen im Bereich von Flächenzahlungen auf Regionen innerhalb eines Bundeslandes *Busse*, MOG, Einführung, Rn 64 ff, sowie BVerwG 25.7.2007 – 3 C 10/06 – BVerwGE 129, 116, und die in Rn 87 angeführte Entscheidung des BVerfG.

sche Recht **ohne ein entsprechendes Vorabentscheidungsersuchen** nicht anzuwenden,[285] soweit nicht bereits eine EU-rechtskonforme Auslegung zu dem jeweils für richtig gehaltenen Ergebnis führt.

250 In Bezug auf **deutsche Rechtsverordnungen** ist vor allem darauf zu achten, ob das jeweils einschlägige deutsche Gesetz eine ausreichende Ermächtigung zum Erlass der Rechtsverordnung enthält, wobei nach der Rechtsprechung des BVerfG auf **Begrifflichkeiten des EU-Rechts** Bezug genommen werden darf (vgl Rn 82). Existiert eine solche Bezugnahme und belässt das EU-Recht Spielräume, muss ein besonderes Augenmerk darauf gerichtet werden, ob dieses Zusammenspiel der Normen dem **Bestimmtheitsgebot** des Art. 80 Abs. 1 S. 2 GG gerecht wird. Das BVerwG hat hierzu im Rahmen eines Verfahrens um die Rechtmäßigkeit von Milchquotenbescheinigungen in allgemeiner Form ausgeführt: „Verweist eine gesetzliche Verordnungsermächtigung auf **europäisches Gemeinschaftsrecht** in seinem jeweiligen Bestande, so macht [sie] sich von der Bestimmtheit des in Bezug genommenen Gemeinschaftsrechts **abhängig.** Wird das Gemeinschaftsrecht geändert und nimmt seine Bestimmtheit dabei ab, so verringert sich auch die Bestimmtheit der gesetzlichen Verordnungsermächtigung, die darauf Bezug nimmt.“[286]

251 Diese Formel, die man als eine Art **juristische Relativitätstheorie** bezeichnen kann, dürfte mit der bisherigen verfassungsrechtlichen Dogmatik und insbesondere der Rechtsprechung des BVerfG, nach der eine Verordnungsermächtigung entweder bestimmt genug oder zu unbestimmt ist, kaum vereinbar sein. So hat das BVerfG in wohl bislang keiner Entscheidung eine Ermächtigung auf Grund eines Schwebezustand zwischen Bestimmtheit und Unbestimmtheit als nicht an Art. 80 Abs. 1 S. 2 GG messbar angesehen. Zudem wurde vom BVerwG in dem konkreten Fall übersehen, dass die in Frage stehende Norm des **§ 8 Abs. 1 S. 1 MOG** selbst normiert, dass sie nur anwendbar ist, soweit das entsprechend durchgeführte EU-Recht bestimmt genug ist. Die Aufstellung der zitierten Formel und damit auch die Prüfung, ob der in ihr enthaltene Maßstab eingehalten wurde, waren mithin überflüssig. Zu prüfen wäre lediglich gewesen, ob die zitierte Tatbestandsvoraussetzung des § 8 Abs. 1 S. 1 MOG erfüllt ist.[287] Eine gegen die Entscheidung gerichtete Verfassungsbeschwerde hat das BVerfG nicht angenommen, ohne die Frage der Bestimmtheit näher zu thematisieren.[288] Wie das BVerwG weiterhin – wiederum im Rahmen einer milchquotenrechtlichen Streitigkeit – entschieden hat, erfordert das in Art. 80 Abs. 1 S. 3 GG enthaltene **Zitiergebot** nicht, dass in der Eingangsformel der deutschen Rechtsverordnung über die Angabe der deutschen Ermächtigungsgrundlage hinaus das jeweils einschlägige EU-Recht zitiert wird.[289]

252 Bei der skizzierten Rechtmäßigkeitsprüfung stehen für die jeweils zu betrachtenden Normen des EU-Sekundärrechts – und zumeist auch des deutschen Rechts – in aller Regel **weder Kommentare noch Rechtsprechung** zur Verfügung. Es dürfte nur wenige Einzelnormen des Agrarmarktsekundärrechts geben, zu denen der EuGH mehr als einmal geurteilt hat. Wohl auf Grund dieses Umstandes ist die Rechtsprechung des EuGH zum Agrarmarktrecht dadurch geprägt, dass der EuGH in vielen Fällen allgemeine **Rechtsprinzipien** in Bezug nimmt. Insofern sind zur Lösung eines bestimmten Problems nicht nur die konkreten Einzelnormen zu betrachten und auszulegen, sondern auch die dahinter stehenden generellen Rechtsfragen herauszuarbeiten und anschließend die Entscheidungen des EuGH auf derartige Fragen hin durchzusehen. Hilfreich ist dabei die Suche nach parallel gestalteten Normen oder Vorgängerbestimmungen.

---

285 Vgl etwa VGH Bad.-Württ. 22.6.2004 – 10 S 557/04 – AUR 2005, 204, 205: „Aber [§ 48 Abs. 2 VwVfG] ist im vorliegenden Fall wegen des Vorrangs des Gemeinschaftsrechts – ohne weiteres – unanwendbar.“

286 BVerwG 16.9.2003 – 3 C 35.03 – RdL 2005, 44; vgl im Zusammenhang mit dem MOG näher *Busse*, MOG, Einführung, Rn 32 ff.

287 Vgl für eine eingehende Kritik dieser Entscheidung *Busse* (Fn 242), S. 43 ff.

288 BVerfG 22.11.2007 – 1 BvR 2628/04 – AUR 2008, 118; vgl dazu *Busse*, AUR 2008, 88.

289 BVerwG 20.3.2003 – 3 C 10.02 – BVerwGE 118, 70, 72 ff; vgl näher die Verfahrensdokumentation von *Busse*, Zitiergebot und EG-Recht, 2003; entsprechend BFH 25.9.2003 – VII B 309/02 – ZfZ 2004, 17, 19; bestätigt durch BVerfG 29.4.2010 – 2 BvR 871/04 und 414/08 – BVerfK 17, 273, 289 ff.

7. Häufig auftauchende Rechtsfragen

253 Einige **grundlegende Rechtsfragen** tauchen immer wieder im Agrarmarktrecht auf. Zu nennen sind in dieser Hinsicht vor allem der Umfang des **Gestaltungsspielraumes** des EU-Gesetzgebers und der Europäischen Kommission im Rahmen der GAP, die Einklagbarkeit der Normierung einzelner Beihilfemaßnahmen, die **Grundrechtsrelevanz** von agrarmarktsteuernden Maßnahmen sowie Aspekte des **Vertrauensschutzes**, der **Gleichbehandlung** und der **Rückwirkung**. Ausgangspunkt der Beurteilung dieser Fragen ist, dass es sich bei der GAP und insbesondere der Gestaltung des Agrarmarktes um ein komplexes Unterfangen handelt. Die EU-Organe müssen beständig in der Lage sein, auf aktuelle Entwicklungen insbesondere im Preisbereich reagieren zu können, um die in Art. 39 AEUV vorgegebenen Ziele, zu denen unter anderem die „Stabilisierung der Märkte" zählt, zu verwirklichen (vgl Rn 43). Dieser Umstand bedingt eine **hohe Flexibilität** bei der Auswahl der Handlungsinstrumente. Der EuGH hat dem Gesetzgeber vor diesem Hintergrund ein **weites Ermessen** bei der Auswahl der erforderlichen Maßnahmen zugebilligt und zugleich geurteilt, dass die im AEUV genannten Ziele der GAP teilweise in einem **Spannungsverhältnis** zueinander stehen und der Gesetzgeber insofern eine **Abwägung** vorzunehmen hat: „Bei der Verfolgung der in [Art. 39 AEUV] genannten Zielen der [GAP] müssen die Gemeinschaftsorgane ständig jenen Ausgleich sicherstellen, den etwaige Widersprüche zwischen diesen Zielen, wenn sie isoliert betrachtet werden, erforderlich machen können, und gegebenenfalls dem einen oder anderen unter ihnen **zeitweiligen Vorrang** einräumen, sofern die wirtschaftlichen Gegebenheiten und Umstände, die den Gegenstand der Beschlussfassung bilden, dies gebieten … [Der vorzunehmende] Ausgleich lässt es nicht zu, eines dieser Ziele in einer Weise isoliert zu verfolgen, die die Verwirklichung anderer Ziele unmöglich machen würde …"[290]

254 Weiterhin wurde vom EuGH nicht beanstandet, dass der Rat der Europäischen Kommission im Bereich der im vormaligen EG-Vertrag vorgesehenen Erteilung von Durchführungsbefugnissen einen **erheblichen Entscheidungsspielraum** übertragen hat: „Nach ständiger Rechtsprechung des [EuGH] kann der Rat im Rahmen der gemeinsamen Agrarpolitik der Kommission weitgehende Durchführungsbefugnisse übertragen, da nur die Kommission in der Lage ist, die **Entwicklung der Agrarmärkte** ständig und aufmerksam zu verfolgen und mit der durch die Situation gebotenen Schnelligkeit zu handeln … Die Grenzen dieser Befugnisse bestimmen sich namentlich nach den allgemeinen Hauptzielen der Marktorganisation."[291] Diese Rechtsprechung zu Art. 202 Spiegelstrich 4 S. 1 und Art. 211 Spiegelstrich 4 EG dürfte auch auf die Neufassung und dadurch wesentlich stärkere Konturierung der normativen Befugnisse der Europäischen Kommission in **Art. 290 f AEUV** Anwendung finden.

255 Das weite Ermessen bei der Auswahl der richtigen Handlungsinstrumente, die Beschränkung der zur Verfügung stehenden finanziellen Mittel und die Notwendigkeit, die GAP schnell an eine neue Agrarmarktsituation anpassen zu müssen, bringen es mit sich, dass der einzelne Marktteilnehmer grundsätzlich weder einen **Anspruch auf Erlass einer bestimmten Marktmaßnahme** hat noch auf das Fortbestehen bereits eingeführter Marktmaßnahme vertrauen kann. Entsprechend hat der EuGH ausgeführt: „Es ist daran zu erinnern, dass der Grundsatz des **Vertrauensschutzes** zwar zu den tragenden Grundsätzen der Gemeinschaft gehört, dass die Wirtschaftsteilnehmer jedoch nicht auf die Beibehaltung einer bestehenden Situation vertrauen dürfen, die die Gemeinschaftsorgane im Rahmen ihres Ermessens ändern können. Dies gilt insbesondere auf einem Gebiet wie dem der gemeinsamen Marktorganisationen, deren Zweck eine **ständige Anpassung** an die Veränderungen der wirtschaftlichen Lage mit sich bringt … Daraus folgt, dass sich die Wirtschaftsteilnehmer nicht auf ein wohlerworbenes Recht auf Beibehaltung eines Vorteils berufen können, der sich für sie aus

290 EuGH, Rs. C-133/93 u.a. (Crispoltoni), Slg 1994, I-4863, Rn 32.

291 *EuGH, Rs. C-369/95 (Somalfruit), Slg 1997, I-6619*, Rn 62. Auf den einschränkenden Vorschlag eines Generalanwaltes, das weite Ermessen nicht bei Rechtsakten administrativen Charakters anzunehmen (GA, Rs. C-313/04 [Egenberger], Slg 2006, I-6331, Rn 30), ist der EuGH nicht eingegangen, sondern hat die Verfahrensweise der Europäischen Kommission als diskriminierend eingestuft (EuGH, aaO, Rn 33 ff).

der Einführung der gemeinsamen Marktorganisationen ergibt und der ihnen zu einem bestimmten Zeitpunkt zugute gekommen ist ...“[292]

Auch über einen grundrechtlichen Ansatz kann der Marktteilnehmer in der Regel nicht eine bestimmte Handlungsweise der EU herleiten. So lehnt es der EuGH regelmäßig ab, Beihilfemaßnahmen als Rechte, die unter den **Schutz der Eigentumsgarantie** fallen, einzustufen.[293] Insbesondere bei der Frage, welche **Rechtsnatur die Milchquote** besitzt, ist der EuGH dieser Frage nachgegangen: „Insoweit ist zunächst hervorzuheben, dass das in dieser Weise in der Rechtsordnung der Gemeinschaft gewährleistete Eigentumsrecht nicht das Recht zur **kommerziellen Verwertung** eines Vorteils wie der im Rahmen einer gemeinsamen Marktorganisation zugeteilten [Milchquote in Form einer] Referenzmenge umfasst, der weder aus dem Eigentum noch aus der Berufstätigkeit des Betroffenen herrührt.“[294] Das BVerwG ist dieser Rechtsprechung gefolgt und hat entsprechend für die Milchquote festgestellt: „Die Referenzmenge als solche hat [das BVerwG] hingegen nicht als möglichen Gegenstand des grundrechtlichen Eigentumsschutzes anerkannt. Dabei hatte er den vom Milchquotenrecht vorgestellten Regelfall im Blick, dass Referenzmengen nur zusammen mit dem Betrieb oder einer Betriebsfläche übertragbar sind. Dann nämlich sind sie schon formal kein selbständiger Gegenstand des Rechtsverkehrs ... Auch die **flächenlos verpachtete Referenzmenge** genießt ... als solche, unabhängig vom Milchbetrieb, keinen Eigentumsschutz.“[295] 256

Maßgeblich für diese höchstrichterliche Einschätzung ist vor allem, dass es sich bei der Milchquote um ein öffentliches Recht in Form einer Abgabenvergünstigung handelt,[296] das nicht auf einem **Äquivalent eigener Leistungen** beruht. In dieselbe Richtung weist eine 2001 ergangene Entscheidung des BVerfG zum partiellen Entzug von Brennrechten im Rahmen des deutschen **Branntweinmonopols.** Als Teil einer Neugestaltung des Branntweinmonopols – die auf ein Auslaufen des Monopols zielt – wurden bestimmten Brennereien 50 % ihrer Jahresbrennrechte genommen. Ähnlich wie die Milchquoten sind diese Jahresbrennrechte im Rahmen öffentlich-rechtlicher Vorgaben übertragbar. Das BVerfG hat eine **Verletzung der Eigentumsgarantie** durch den Entzug wie folgt **verneint:** „Die angegriffenen Vorschriften sind mit der Eigentumsgarantie vereinbar. Sie greifen schon nicht in durch Art. 14 Abs. 1 S. 1 GG geschütztes Eigentum ein, weil die (Jahres-)Brennrechte der Beschwerdeführer nicht dem Schutzbereich dieses Grundrechts unterfallen. Dies gilt selbst dann, wenn die (Jahres-)Brennrechte entgegen der Rechtsprechung des BFH ... als subjektiv-öffentliche Rechte angesehen werden ... Jahresbrennrechte, Ablieferungspflicht und Übernahmepreise dienten früher finanz- und wirtschaftspolitischen Zielen und dienen heute nur noch den zuletzt genannten Zielen. Die Brennrechte stellen daher auch kein **Äquivalent für eigene Leistungen** ... dar.“[297] 257

Die **gegenteilige Ansicht** hätte zur Folge, dass die jeweilige einfachgesetzliche Rechtsposition durch eine verfassungsrechtliche Verankerung eine erhebliche Stärkung erfahren und dadurch die notwendige Flexibilität zur Reaktion auf Marktveränderungen in deutlichem Umfang eingeschränkt würde. Bei einzelnen Agrarmarktmaßnahmen kann allerdings eine grundrechtliche Wirkung im Zusammenhang mit dem **Eigentum an einem Betrieb** entstehen. Dies gilt insbesondere dann, wenn es sich um eine Maßnahme handelt, die entweder eine echte Zwangsmaßnahme darstellt – etwa eine Zwangsdenaturierung oder ein Bepflanzungsverbot – oder faktisch wie eine Zwangsmaßnahme wirkt. Als Beispiel kann wiederum die Milchquote herangezogen werden: „Nach der Recht- 258

292 EuGH, Rs. C-244/95 (Moskof), Slg 1997, I-6441, Rn 68 f.

293 S. zu anders gelagerten grundrechtlichen Aspekten – etwa den Schutz von Wohn- und Geschäftsräumen – im Zusammenhang mit Maßnahmen zur Kontrolle der Einhaltung von Agrarmarktvorschriften Rn 59 f.

294 EuGH, Rs. C-44/89 (Von Deetzen II), Slg 1991, I-5119, Rn 27.

295 BVerwG (Fn 292), S. 47. Das BVerfG (Fn 294), S. 119, ließ die Frage mangels Entscheidungserheblichkeit im konkreten Fall offen; s. ausführlich zur Eigentumsgarantie im Bereich handelbarer Agrarmarktsubventionen *Busse*, AUR 2007, 249, darauf aufbauend *Mögele*, Kontingentierungsregelungen im Agrarwirtschaftsrecht aus juristischer Sicht, in: Norer (Fn 69), S. 105 ff, und speziell zu den Zahlungsansprüchen im Rahmen der Betriebsprämie *Grimm*, in: FS Holzer, 2007, S. 237 ff.

296 BVerwG 17.6.1993 – 3 C 25.90 – BVerwGE 92, 322, 326.

297 BVerfG 3.7.2001 – 1 BvR 2337/00 u.a. – NVwZ 2002, 197 f.

sprechung des [BVerwG] nimmt die einem Milch erzeugenden Betrieb zugeteilte Referenzmenge am Eigentumsschutz des Betriebes teil ... Der Milchbetrieb genießt den Schutz des Art. 14 GG. Die dem Betrieb zugeteilte Referenzmenge legt die **wirtschaftliche Ausnutzbarkeit der Betriebsmittel** fest und bestimmt damit zugleich Inhalt und Schranken des Eigentums am Betrieb selbst. Zwar betreffen wirtschaftslenkende Maßnahmen des Staates in aller Regel nur die Erwerbschancen des Betriebsinhabers ... Anders verhält es sich indes, wenn ein dem Betrieb zugeteiltes Kontingent mit einem **rechtlichen oder faktischen Produktionsverbot** einhergeht. So liegt es bei den Milchquoten. Zwar ist die Referenzmenge rechtlich nur eine Abgabenvergünstigung ...; sie gleicht in ihren wirtschaftlichen Folgen aber einer der Menge nach begrenzten Produktionserlaubnis."[298]

259 In der **Rechtsprechung des EuGH** lassen sich vergleichbare Erwägungen und Einstufungen finden. Falls ein EU-rechtlich verankertes Grundrecht tangiert ist, bedarf es der üblichen Abwägung zwischen öffentlichen und privaten Belangen, um eine Grundrechtsbeeinträchtigung zu rechtfertigen. Als Leitentscheidung ist insofern das Urteil des EuGH in der **Rechtssache Hauer** aus dem Jahre 1979 anzuführen, bei der es um die Vereinbarkeit eines Weinrebenbepflanzungsverbots mit der Eigentumsgarantie ging: „Auch wenn der Gemeinschaft nicht grundsätzlich die Möglichkeit abgesprochen werden kann, die Ausübung des Eigentumsrechts im Rahmen der gemeinsamen Marktorganisation und aus strukturpolitischen Gründen zu beschränken, so ist doch noch zu prüfen, ob die in der umstrittenen Regelung enthaltenen Einschränkungen tatsächlich dem **allgemeinen Wohl** dienenden Zwecken der Gemeinschaft entsprechen und ob sie nicht einen im Hinblick auf den verfolgten Zweck unverhältnismäßigen Eingriff in die Vorrechte des Eigentümers darstellen, der das Eigentumsrecht in seinem Wesensgehalt antastet."[299]

260 Außerhalb solcher grundrechtsspezifischen Bereiche erfolgt die Berücksichtigung der Interessen der betroffenen Marktteilnehmer im Rahmen der verschiedenen Ausprägungen des **Rechtstaatsprinzips** und des **allgemeinen Gleichheitssatzes.** Eine Begründung für diesen Ansatz wird teilweise auch darin gesehen, dass es sich in der Mehrheit um **formal freiwillige Maßnahmen** handelt. So ist der Einzelne rechtlich nicht gezwungen, an den Beihilfemaßnahmen der EU zu partizipieren. Diese Freiwilligkeit erzeugt allerdings einen eigentümlichen Schwebezustand. Zwar ist es zutreffend, dass es sich bei den Agrarmarktmaßnahmen zumeist um Subventionsverwaltung handelt und sie damit dem Marktbeteiligten formal betrachtet lediglich weitere Einkommensmöglichkeiten eröffnen. Darin liegt ein entscheidender **Unterschied zur Planwirtschaft** im engeren Sinne, in deren Rahmen nach vorgegebenen Planzielen produziert werden muss und auch die Verteilung der Erzeugnisse vom Staat übernommen wird.[300] Der EuGH hat das EU-Agrarmarktsystem wie folgt umschrieben: „Wie der [EuGH] ... hervorgehoben hat, beruht die gemeinsame Marktorganisation für Schweinefleisch ebenso wie die übrigen gemeinsamen Marktorganisationen auf dem Grundsatz eines offenes Marktes, zu dem jeder Erzeuger freien Zutritt hat und auf dessen Funktionieren ausschließlich mit dem in dieser Organisation vorgesehenen Instrumentarium Einfluss genommen wird."[301]

261 Der **formalen Freiwilligkeit** steht jedoch gegenüber, dass die einzelnen Beihilfen ein in sich verwobenes System bilden, das als Ganzes betrachtet zur Steuerung des gesamten EU-Agrarmarktes dienen soll. Aus dieser Perspektive wird staatlicherseits davon ausgegangen, dass die Beihilfen in dem bereitgestellten Umfang auch in Anspruch genommen werden. Bei einer flächendeckenden Inanspruchnahme des Beihilfesystems ist der Einzelne indes faktisch gezwungen, ebenfalls daran teilzunehmen, um konkurrenzfähig zu bleiben. Diesen Fragen, die über das rein rechtliche Feld hinausgehen, kann hier allerdings nicht weiter nachgegangen werden. Angesichts der mit der GAP verfolgten Ziele muss der Marktbeteiligte jedenfalls ständig damit rechnen, dass bestimmte Marktmaßnahmen eingestellt, verringert oder anderweitig modifiziert werden und die GAP sogar insgesamt einer ganzen oder teilweisen **Neuausrichtung** unterzogen wird. Des Öfteren werden Maßnahmen auch ausdrücklich **befristet.** So ist die EU-Milchquotenregelung jeweils nur für einen

298 *BVerwG (Fn 292), S. 46.*
299 EuGH, Rs. 44/79 (Hauer), Slg 1979, 3727, Rn 23.
300 Ähnlich *Norer/Bloch*, Rn 246.
301 EuGH, Rs. 177/78 (Pigs and Bacon Commission), Slg 1979, 2161, Rn 18.

bestimmten Zeitraum normiert und wird vor Ablauf des jeweiligen Zeitraumes um einen neuen Zeitraum verlängert. Zudem heißt es in Art. 66 Abs. 3 VO (EG) Nr. 1234/2007: „Die einzelstaatlichen Quoten gemäß Anhang IX Nr. 1 werden vorbehaltlich einer etwaigen Überprüfung auf der Grundlage der allgemeinen Marktlage und besonderen Bedingungen in bestimmten Mitgliedstaaten festgesetzt."

Vor diesem Hintergrund hat der BayVGH einem Erwerber von Milchquoten, der sich gegen einen **staatlichen Teileinzug** wandte, entgegengehalten: „Für den besonderen Fall von Investitionen in einem Milchwirtschaftsbetrieb durch einen Zukauf von Referenzmengen unter der Geltung der damaligen Normierung ist darauf hinzuweisen, dass der Erwerb von Referenzmengen im Jahre 1991 weit größere Verlustrisiken als einen den Marktwert um rund ein Drittel unterschreitenden Übertragungserlös einschloss. Die gemeinschaftsrechtliche Regelung zur Milchkontingentierung war nämlich zunächst bis 1.4.1993 befristet und wurde selbst mit der ursprünglichen Fassung der Verordnung (EWG) Nr. 3950/92 ... nur bis 1.4.2000 verlängert. Bei einem deshalb **in Rechnung zu stellenden Auslaufen** der Kontingentierung hätte der Kläger aber ohnehin nicht die Möglichkeit einer weiteren entgeltlichen Verwertung der Referenzmengen gehabt ... Angesichts der jeweils befristeten Geltung ... fehlte es an einer Grundlage für schutzwürdiges Vertrauen auf eine Fortgeltung der Kontingentierung ..."[302] In Erwägungsgrund 26 der VO (EG) Nr. 73/2009 findet sich als Begründung des entsprechenden Art. 32 VO (EG) Nr. 73/2009, der die landwirtschaftlichen Direktzahlungen (vgl Rn 111) betrifft, folgender Vorbehalt: „Um die Zielsetzungen der GAP zu erreichen, müssen die gemeinschaftlichen Stützungsregelungen erforderlichenfalls innerhalb kurzer Zeit an die sich wandelnden Bedingungen angepasst werden. Die Empfänger können daher nicht davon ausgehen, dass die Förderbedingungen unverändert bleiben, und sollten auf **mögliche Änderungen** insbesondere auf Grund **wirtschaftlicher Entwicklungen** oder der **Haushaltslage** vorbereitet sein." 262

Vor **willkürlichen Änderungen** sind die Marktteilnehmer durch die Kontrolle des EuGH, ob erstens eine nachvollziehbare Verfolgung der Ziele der GAP vorliegt, zweitens der Grundsatz der Verhältnismäßigkeit nicht verletzt wurde und drittens dem Grundsatz des Vertrauensschutzes ausreichend Rechnung getragen wurde, geschützt. Zum Grundsatz der **Verhältnismäßigkeit** im Agrarbereich[303] heißt es in ständiger Rechtsprechung: „Nach dem Grundsatz der Verhältnismäßigkeit ... dürfen die Handlungen der Gemeinschaftsorgane nicht die Grenzen dessen überschreiten, was zur Erreichung der mit der fraglichen Regelung zulässigerweise verfolgten Ziele geeignet und erforderlich ist. Dabei ist, wenn mehrere geeignete Maßnahmen zur Auswahl stehen, die **am wenigsten belastende** zu wählen; ferner müssen die verursachten Nachteile in angemessenem Verhältnis zu den angestrebten Zielen stehen ..."[304] Bei der entsprechend anzustellenden Beurteilung von EU-Maßnahmen ist nach dem EuGH eine **ex-ante-Sicht** einzunehmen. Einschätzungen der EU-Organe sind nur dann bedenklich, wenn sie „offensichtlich irrig erscheinen", und Maßnahmen nur dann angreifbar, wenn sie „offensichtlich ungeeignet" sind.[305] 263

Wichtig ist dabei, dass nach **Art. 296 Unterabs. 2 AEUV** die wesentlichen Gesichtspunkte für den Erlass des Rechtsaktes in der **Begründung** zu dem Rechtsakt, dh regelmäßig in seinen Erwägungsgründen, aufgeführt sein müssen. An dieser Stelle treffen sich die Kriterien zur Kontrolle der Ermessensausübung, ob die Ziele der GAP angemessen berücksichtigt worden sind, mit dem Prü- 264

302 BayVGH 16.3.2005 – 9 BV 03.1069 – juris.

303 Vgl näher *Koch*, Der Grundsatz der Verhältnismäßigkeit in der Rechtsprechung des Gerichtshofs der Europäischen Gemeinschaften, 2003, der dem Agrarbereich besondere Aufmerksamkeit widmet und allgemein bemerkt, S. 290, dass „die Verhältnismäßigkeitsprüfung des Gerichtshofs in den verschiedenen Rechtsbereichen keineswegs einheitlich ist, sondern stark variiert und in hohem Maße einzelfallabhängig ist. Dabei wird das Verständnis für die Handhabung der Verhältnismäßigkeitskontrolle durch den Gerichtshof nicht unerheblich durch die große Zahl der zum Verhältnismäßigkeitsgrundsatz ergangenen Entscheidungen erschwert."

304 EuGH, Rs. C-133/93 (Fn 290), Rn 41. Eine der seltenen Nichtigkeitserklärungen einer Agrarmarktverordnung wegen Verletzung dieses Maßstabes hat der EuGH in der Rs. 114/76 (Bela-Mühle), Slg 1977, 1211, Rn 6 ff, und parallel Rs. 116/76 (Granaria I), Slg 1977, 1247, Rn 17 ff, vorgenommen.

305 EuGH, Rs. C-133/93 (Fn 290), Rn 42 f.

fungsmaßstab in Bezug auf den Verhältnismäßigkeitsgrundsatz. So verwendet der EuGH bei der Ermessenskontrolle im Agrarbereich den gleichen Duktus: „Gegenüber diesem [weiten] Ermessen hat sich der Gemeinschaftsrichter auf die Prüfung der Frage zu beschränken, ob die Ausübung dieser Befugnis mit einem **offensichtlichen Beurteilungsfehler** oder einem **Ermessensmissbrauch** behaftet ist oder ob die Gemeinschaftsorgane die Grenzen ihres Ermessens offensichtlich überschritten haben …“[306] Eine Leitentscheidung ist in dieser Hinsicht die Nichtigerklärung einer Baumwollbeihilfe durch den EuGH, weil der Rat nicht nachweisen konnte, dass er die Folgen der Beihilfe ausreichend abgeschätzt hatte.[307] Auch bei der Frage, wann **finanzielle Sanktionen** bei der Nichtbefolgung von Verpflichtungen, die dem Beihilfeempfänger obliegen, gegen den Grundsatz der Verhältnismäßigkeit verstoßen, geht der EuGH von einem weiten Ermessensspielraum aus: „Zur Frage, wie diese Sanktion im Hinblick auf den Grundsatz der Verhältnismäßigkeit zu beurteilen ist, wenn sie gegen einen Ausführer verhängt wird, der **ohne Verschulden** eine höhere Erstattung als die ihm zustehende beantragt hat, hat der [EuGH] bereits entschieden, dass die Sanktion nicht gegen diesen Grundsatz verstößt, da sie weder als zur Verwirklichung des von der Gemeinschaftsregelung verfolgten Zieles, nämlich der Bekämpfung von Unregelmäßigkeiten und Betrugsfällen, ungeeignet betrachtet werden kann noch über das zur Erreichung dieses Zieles Erforderliche hinausgeht …“[308]

265 Als Korrektiv zu diesem weiten richterlichen Kontrollmaßstab dient das **Diskriminierungsverbot**. Haben die EU-Organe im Rahmen ihres weiten Ermessens einen Rechtsakt erlassen, müssen alle Marktbeteiligten entsprechend gleich behandelt werden. Auch die Mitgliedstaaten sind insofern an das Diskriminierungsverbot gebunden und haben es bei der Durchführung der jeweiligen Maßnahme zu beachten.[309] Die Frage des **Vertrauensschutzes** stellt sich insbesondere bei der tatsächlichen oder faktischen Rückwirkung von EU-Rechtsakten.[310] So hat der EuGH wiederum zur Milchquotenregelung entschieden, dass der Teilnehmer an einem **zeitweiligen Stilllegungsprogramm** der EU nicht damit rechnen musste, dass ihm auf Grund der entsprechend ausgebliebenen Produktion keine Milchquoten zugeteilt werden und ihm damit nach Ende des Stilllegungsprogramms die erneute Aufnahme der Milcherzeugung wesentlich erschwert und unter Umständen sogar unmöglich gemacht wird.[311] Oft wird eine **Rückwirkung**, die nach dem EuGH nicht grundsätzlich ausscheidet, dadurch vermieden, dass die Änderung erst ab dem nächsten Wirtschaftsjahr gilt oder Übergangsmaßnahmen vorgesehen sind.

266 In Bezug auf die Berücksichtigung von Vertrauensschutz bei der **Rückzahlung** EU-rechtswidrig ausgezahlter Beihilfen hat der EuGH in der bereits zitierten Entscheidung in der Rechtssache Milchkontor ausgeführt, dass es nicht als der EU-Rechtsordnung „widersprechend angesehen werden kann, wenn nationales Recht in einem Bereich wie dem der Rückforderung von zu Unrecht gezahlten Gemeinschaftsbeihilfen berechtigtes Vertrauen und Rechtssicherheit schützt“.[312] Als **allgemeine Leitlinie** ist nach dem EuGH „die Berufung auf den Grundsatz des Vertrauensschutzes gegenüber einer Gemeinschaftsregelung nur insoweit möglich, als die Gemeinschaft zuvor selbst eine Situation geschaffen hat, die ein berechtigtes Vertrauen erwecken konnte“.[313] Wie sich aus der vorstehenden

306 EuGH, Rs. C-14/01 (Niemann), Slg 2003, I-2279, Rn 39.

307 S. Fn 158.

308 EuGH, Rs. C-542/03 (Milupa), Slg 2005, I-3989, Rn 26; s. entsprechend zum InVeKoS Rn 115; vgl einschränkend EuGH, Rs. C-101/88 (Gausepohl), Slg 1990, I-23, 25: „Jedoch genügt das Fehlen eines ganz geringen Teils dieser Gesamtmenge, sofern keine Unredlichkeit vorliegt, nicht für die Annahme, dass die Voraussetzung bezüglich der Ausfuhr im Hinblick auf das übrige Fleisch nicht erfüllt ist.“

309 EuGH, Rs. 201/85 und 202/85 (Klensch), Slg 1986, 3477, Rn 8; vgl zum Spannungsverhältnis des Diskriminierungsverbotes zu EU-rechtlichen Spielräumen der Mitgliedstaaten Rn 38 f.

310 Vgl allgemein etwa *Heukels*, Intertemporales Gemeinschaftsrecht: Rückwirkung und Rechtsschutz in der Rechtsprechung des EuGH, 1990.

311 EuGH, Rs. 120/86 (Mulder I), Slg 1988, 2321, Rn 24 f. Diese Entscheidung war der Ausgang der so genannten SLOM-Rechtsprechung des EuGH (vgl Rn 220).

312 *EuGH, Rs. 205/82 bis 215/82 (Fn 277)*, Rn 30; bestätigt wiederum in Bezug auf das deutsche Recht durch EuGH, Rs. C-298/96 (Oelmühle), Slg 1998, I-4767, Rn 22 ff.

313 EuGH, Rs. C-14/01 (Fn 306), S. 2316, Rn 56; vgl allg. *Borchardt*, Der Grundsatz des Vertrauensschutzes im Europäischen Gemeinschaftsrecht, 1988.

Schilderung ergibt, ist eine **Strukturierung** der einschlägigen Rechtsprechung des EuGH zu den angesprochenen Fragen besonders **schwierig.** So vielgestaltig wie das Agrarmarktrecht selbst erscheint die Argumentationsweise des EuGH. Vieles lässt sich jedoch auf einige wenige Grundsätze zurückführen, die sich in verschiedenen Ausgestaltungen und Formulierungen in der EuGH-Rechtsprechung wiederholen. Insgesamt zeigt sich darin zugleich der in mehrerlei Hinsicht **fragmentarische Charakter** der EU-Rechtsordnung, der in dem vorliegenden Bereich teilweise an die Herausbildung allgemeiner Grundsätze des deutschen Verwaltungsrechts ab der zweiten Hälfte des 19. Jahrhunderts – die letztlich in die VwGO und das VwVfG einmündete – erinnert.

8. Einwirkungen durch WTO-Recht

Neben dem bisher beschriebenen EU-Primär- und Sekundärrecht können auch von der EU mit Drittstaaten oder -organisationen abgeschlossene **völkerrechtliche Übereinkommen** im Agrarbereich Auswirkungen auf das deutsche Agrarrecht besitzen. *Ahner* ging 1996 für den Agraraußenhandel der EU von bilateralen Übereinkommen mit über 120 Drittländern und rund dreißig multilateralen Übereinkommen aus.[314] Eine lange Tradition besitzen in diesem Zusammenhang die Vereinbarungen mit den **AKP-Staaten.** Abgesehen von der allgemeinen Verpflichtung der Mitgliedstaaten, bei ihrem Handeln auch die internationale Bindungen des EU zu berücksichtigen, kann in Einzelfällen eine **unmittelbare Anwendbarkeit** einer solchen Verpflichtung im Rahmen der EU-Rechtsordnung in Betracht kommen. Zu nennen ist in dieser Hinsicht vor allem der Streit um die unmittelbare Geltung der von der EU im Rahmen der **WTO** übernommenen Verpflichtungen. So haben sich in mehreren Fällen Handelsunternehmen und vereinzelt auch EU-Mitgliedstaaten darauf berufen, dass sich die EU im Agrarbereich WTO-rechtswidrig verhält und daher der davon betroffene EU-Rechtsakt unwirksam sei. Eine solche Unwirksamkeit wäre auch für das zugehörige deutsche Durchführungsrecht und die entsprechende Verwaltungspraxis von Bedeutung. 267

In diesem Zusammenhang liegen zahlreiche Entscheidungen des EuGH und des EuG zu dem Einfuhrregime der GMO Bananen – der so genannten **Bananenmarktordnung** – vor.[315] Bislang hat die Rechtsprechung bis auf eng begrenzte Ausnahmen eine **Überprüfung** von EU-Recht am Maßstab des WTO-Rechts unter Hinweis vor allem auf den politischen und mit Handlungsoptionen versehenen Streitbeilegungsmechanismus der WTO **abgelehnt.**[316] Selbst Entscheidungen des jeweils zuständigen **Streitschlichtungsorgans der WTO**, in denen EU-Recht für unvereinbar mit WTO-Recht erklärt wird, stellen keinen Prüfungsmaßstab für die Rechtmäßigkeit von EU-Recht dar, wie der EuGH 2005 grundlegend festgestellt hat: „Nach ständiger Rechtsprechung gehören die WTO-Übereinkünfte wegen ihrer Natur und ihrer Systematik grundsätzlich nicht zu den Normen, an denen der [EuGH] die Rechtmäßigkeit der Handlungen der Gemeinschaftsorgane misst […] Nur wenn die Gemeinschaft eine bestimmte im Rahmen der WTO übernommene Verpflichtung erfüllen wollte oder wenn die Gemeinschaftshandlung **ausdrücklich** auf **spezielle Bestimmungen** der WTO-Übereinkünfte **verweist,** ist es Sache des [EuGH], die Rechtmäßigkeit der fraglichen Gemeinschaftshandlung an den WTO-Regeln zu messen […] Indem sich die Gemeinschaft nach Erlass der [vorliegend einschlägigen Entscheidung des Streitbeilegungsgremiums der WTO vom 25.9.1997] verpflichtete, den WTO-Regeln, insbesondere den Artikeln I und XIII des GATT 1994, nachzukommen, hat sie aber **keine besondere Verpflichtung** im Rahmen der WTO übernehmen wollen, die eine Ausnahme von dem Grundsatz, dass eine Berufung auf die WTO-Regeln vor dem 268

314 *Ahner*, S. 864; vgl auch *Trumm*, Das Prinzip des Weltfreihandels und der europäische Agraraußenhandel, 2001, und die zweijährigen Berichte der Bundesregierung über die Aktivitäten der Gemeinsamen Fonds für Rohstoffe und einzelnen Rohstoffabkommen, zu denen solche betreffend Kaffee, Kakao, Tropenhölzer, Zucker, Olivenöl und Getreide gehören (zuletzt BT-Drucks. 17/11784).

315 Vgl etwa die Darstellung der Rspr zur GMO Bananen bis 2004 in den Schlussanträgen des GA, Rs. C-377/02 (Van Parys), Slg 2005, I-1465, Rn 35 ff.

316 Vgl näher *van Rijn*, in: von der Groeben/Schwarze, Art. 34 EG, Rn 93 ff. In dem letzten Satz der Erwägungsgründe zum Ratsbeschl. 94/800/EG (ABl. 1994 L 336, S. 1), mit dem die EU den WTO-Abkommen zugestimmt hat, findet sich folgende Aussage: „Das Übereinkommen zur Errichtung der [WTO] einschließlich seiner Anhänge ist nicht so angelegt, dass es unmittelbar vor den Rechtsprechungsorganen der Gemeinschaft und den Mitgliedstaaten angeführt werden kann."

Gemeinschaftsrichter nicht möglich ist, rechtfertigen und es diesen insbesondere ermöglichen könnte, die Rechtmäßigkeit der fraglichen Gemeinschaftsbestimmungen im Hinblick auf diese Regeln nachzuprüfen."[317]

269 Diese Rechtsprechung ist nicht nur in der Literatur, sondern zum Teil auch von Generalanwälten als **zu eng** angesehen worden: „Auch mir scheint es nämlich ... unmöglich, dass die [Entscheidungen des Dispute Settlement Body der WTO] in einer 'Rechtsgemeinschaft' keinen Maßstab für die Rechtmäßigkeit der Gemeinschaftsvorschriften bilden können, und der Gerichtshof sollte daher nicht mit Begründungen von rechtlich zweifelhaften Wert die offenkundige Verletzung der Erfordernisse der Rechtmäßigkeit bestätigen, zu der die entgegengesetzte Lösung führen würde."[318] Trotzdem hat der EuGH an seiner Rechtsprechung festgehalten, nach der für eine eingehendere Rechtmäßigkeitsprüfung nachgewiesen werden muss, dass die EU-Organe einer speziellen WTO-Verpflichtung nachkommen wollten.[319] Verpflichtungen für die EU im Agrarbereich ergeben sich neben allgemeinen **WTO-Prinzipien** – etwa dem Grundsatz der Meistbegünstigung, dem Diskriminierungsverbot und dem Prinzip der Gegenseitigkeit – vor allem aus dem **Übereinkommen über die Landwirtschaft** als Bestandteil des WTO-Übereinkommens vom 15.4.1994 (ABl. 1994 L 336, S. 22),[320] das von *Prieß/Pitscher* ausführlich kommentiert wird[321] und fast zu einem Scheitern der gesamten WTO-Übereinkunft von 1994 geführt hätte. Erst durch Reformschritte der EU im Rahmen der GAP und letztlich das so genannte Blair-House-Agreement zwischen der EU und den USA (ABl. 1993 L 147, S. 25), das den Bereich von Ölsaaten betraf,[322] konnte in letzter Minute eine politische Einigung über das Übereinkommen erreicht werden.

270 Der **Anwendungsbereich des Übereinkommens** ist ähnlich wie der der Art. 38 ff AEUV im Wege einer Auflistung der betroffenen Erzeugnisse im Anhang 1 des Übereinkommens festgelegt. Kern des Übereinkommens sind Liberalisierungsverpflichtungen der WTO-Mitgliedstaaten in den Bereichen **Marktzugang (Titel III)**, **interne Stützung (Titel IV)** und **Ausfuhrwettbewerb (Titel V)** innerhalb des durch Art. 1 Buchstabe f des Übereinkommens definierten Durchführungszeitraums 1995 bis 2001. Im Folgenden kann lediglich ein kurzer Überblick über das Übereinkommen gegeben werden. Für nähere Einzelheiten sei auf *Prieß/Pitscher* verwiesen. Im Bereich des **Marktzugangs** wurde vereinbart, alle nicht-tarifären Zugangsbeschränkungen – etwa variable Abschöpfungen – für landwirtschaftliche Erzeugnisse in Zölle umzuwandeln (vgl Rn 190), um einen einheitlichen Bewertungsmaßstab zu erhalten, und daran anknüpfend um einen festgelegten Prozentsatz zu senken. Den Mitgliedstaaten ist es dabei möglich, für bestimmte für sie besonders sensible Erzeugnisse, die entsprechend vermerkt wurden, im Rahmen eines **Schutzklauselverfahrens** Zusatzzölle zu erheben.

271 Im Bereich der **internen Stützung** wird zwischen drei Arten von Maßnahmen unterschieden. Bei den so genannten **Green-box-Maßnahmen** wird vermutet, dass sie keinen oder einen nur geringen handelsverzerrenden Effekt haben. Definiert werden diese Maßnahmen in Art. 6 Abs. 1 in Verbindung mit Anhang 2 des Übereinkommens. Anhang 2 enthält neben einer großen Zahl von Einzelmerkmalen folgende **allgemeine Kriterien:** „a) die betreffende Stützung wird im Rahmen eines aus öffentlichen Mitteln finanzierten staatlichen Programms (einschließlich Einnahmenverzicht der öffentlichen Hand) bereitgestellt, das keinen Transfer von den Verbrauchern mit sich bringt; b) die betreffende Stützung darf sich nicht wie eine Preisstützung für die Erzeuger auswirken". Bei derartigen Maßnahmen wurden keine Senkungsverpflichtungen vereinbart. Die EU geht davon aus, dass

317 EuGH, Rs. C-377/02 (Fn 315), Rn 39 ff; vgl dazu *Steinbach*, EuZW 2005, 331.

318 GA, Rs. C-377/02 (Fn 315), Rn 73.

319 EuGH, Rs. C-120/06 P und C-121/06 P (Fabbrica Italiana), Slg. 2008, I-6513, Rn 110 ff.

320 Abgedruckt etwa bei *Benedek* (Hrsg.), Die Welthandelsorganisation (WTO), 1998, S. 155 ff.

321 *Prieß/Pitscher*, S. 169 ff; näher zu dem Übereinkommen aus der Perspektive der EU *Norer/Bloch*, Rn 42 ff; vgl zu der im Einzelnen sehr technischen Materie auch *Kopp*, in: Streinz, Art. 40 AEUV, Rn 136 ff; *Leitwein*, S. 480 ff; *Mosoti/Gabena*, International trade rules and the agriculture sector, 2007; *van Rijn*, in: von der Groeben/Schwarze, Art. 34 EG, Rn 93 ff.

322 Vgl zu dem dahinter stehenden damaligen Panel-Verfahren *van Rijn*, in: von der Groeben/Schwarze, Art. 34 EG, Rn 98.

es sich bei der im Rahmen der GAP-Reform 2003 eingeführten **Betriebsprämie** um eine derartige Green-box-Maßnahme handelt und die Betriebsprämie deshalb keiner Senkungsverpflichtung unterliegt. Auch die so genannten **Blue-box-Maßnahmen**, die Art. 6 Abs. 5 Buchstabe a des Übereinkommens als „Direktzahlungen im Rahmen von Erzeugungsbeschränkungsprogrammen" definiert, unterliegen keinen Senkungsverpflichtungen.

Diesen von Senkungsverpflichtungen ausgenommenen Maßnahmen stehen alle übrigen internen Stützungsmaßnahmen gegenüber, die als **Amber-box-Maßnahmen** bezeichnet werden. Daneben befreit Art. 6 Abs. 2 des Übereinkommens bestimmte landwirtschaftsfördernde Maßnahmen in **Entwicklungsländern** ebenfalls von Senkungsverpflichtungen. Parallele Begünstigungen von Entwicklungsländern gibt es auch in den anderen Bereichen des Übereinkommens. Im Bereich der **Ausfuhrsubventionen** wurde mit Art. 8 ff des Übereinkommens gleichfalls eine festgelegte Reduzierung vereinbart. In diesem Zusammenhang erfolgte mit Art. 9 Abs. 1 des Übereinkommens erstmals eine Umgrenzung des Begriffs der Ausfuhrsubvention. **Exportfördernde Nahrungsmittelhilfen und Ausfuhrkredite** sind bei dieser Begriffsbestimmung allerdings außen vor geblieben. Art. 18 Abs. 2 des Übereinkommens sieht eine periodische allgemeine **Notifizierungspflicht** der Mitgliedstaaten zur Überprüfung der Einhaltung des Übereinkommens vor. Für „jede neue interne Stützungsmaßnahme oder Änderung einer bestehenden Maßnahme, für die eine Ausnahme von den Senkungsverpflichtungen beansprucht wird", fordert Art. 18 Abs. 3 des Übereinkommens darüber hinaus eine „unverzügliche Notifizierung". Zudem kann nach Art. 18 Abs. 7 des Übereinkommens jeder Mitgliedstaat dem **Ausschuss für Landwirtschaft** „eine Maßnahme, die seiner Meinung nach von einem anderen Mitgliedstaat hätte notifiziert werden müssen", zur Kenntnis bringen. 272

Für die GAP der EU hat der bislang erfolgte Abbau von agrarbezogenen Wettbewerbsverzerrungen im Rahmen der WTO eine **weitreichende Bedeutung** entwickelt und unter anderem die Ausgestaltung der GAP-Reform 2003 mitbestimmt. So ist die EU bestrebt, die GAP in einer Weise auszuformen, die nicht nur dem aktuellen Liberalisierungsstand der WTO im Agrarbereich Rechnung trägt, sondern bereits die Einfügung der Instrumente der GAP ohne wesentliche Änderungen in die Ergebnisse der jeweils nächsten WTO-Verhandlungsrunde ermöglicht. Da für die EU als einem **Zusammenschluss von Industrieländern** der weltweite Handel einen hohen Stellenwert besitzt, tritt sie für den Abbau von Handelsschranken bei Industrieprodukten und Dienstleistungen ein und muss im Gegenzug ihren Agrarbereich für Anbieter aus Drittstaaten öffnen. 273

Bedeutsam ist die Abgrenzung des Übereinkommens über die Landwirtschaft zu **anderen Übereinkommen** unter dem Dach der WTO. Zu nennen sind insbesondere das Übereinkommen über die Anwendung gesundheitspolizeilicher und pflanzenschutzrechtlicher Maßnahmen (**SPS-Abkommen**), das Übereinkommen über technische Handelshemmnisse (**TBT-Abkommen**), das Übereinkommen über handelsbezogene Aspekte des Rechts des geistigen Eigentums (**TRIPS-Abkommen**) sowie das **Übereinkommen über Subventionen und Ausgleichsmaßnahmen**. Daneben sind auch Kollisionen mit dem **Übereinkommen über Ursprungsregeln** und dem **Übereinkommen über Einfuhrlizenzverfahren** denkbar. Art. 21 des Übereinkommens über die Landwirtschaft besagt hierzu in allgemeiner Form, dass das GATT 1994 und die genannten anderweitigen Übereinkommen „vorbehaltlich" des Übereinkommens über die Landwirtschaft gelten. Entsprechend beinhaltet auch die als „allgemeine Auslegungsregel zu Anhang 1A" bezeichnete Kollisionsnorm, die Bestandteil des Anhangs 1 des Übereinkommens zur Errichtung der WTO ist, dass bei einem „Widerspruch" zwischen dem GATT 1994 und einem anderweitigen Übereinkommen die Bestimmungen des GATT 1994 zurückstehen. Neben dieser **Grundregel** existieren teilweise spezielle Regelungen im Übereinkommen über die Landwirtschaft einerseits und sonstigen Übereinkommen andererseits. Im Zweifelsfall ist eine genaue Prüfung des Normenverhältnisses unter Berücksichtigung der einschlägigen Entscheidungen der WTO-Streitschlichtungsorgane, die erste Konturen einer Kollisionsrechtsprechung erkennen lassen, vorzunehmen. Für die umfangreiche **Spruchpraxis der WTO-Streitschlichtungsorgane** zum Agrarbereich sei auf die Internetseite der WTO verwiesen. 274

Die nach Art. 20 des Übereinkommens vereinbarte **„Fortsetzung des Reformprozesses"** führte zu ersten Verhandlungen im März 2001 und der Eröffnung der so genannten **Doha-Runde** im Herbst 275

2003 in Cancùn. Bedeutsam war zunächst der in Annex A des Beschlusses des Allgemeinen Rates der WTO vom 1.8.2004 formulierte Rahmen für den weiteren Abbau von Subventionen im Agrarbereich.[323] Weitere Fortschritte wurden mit der Erklärung des Allgemeinen Rates der WTO vom 18.12.2005 erreicht, in der unter anderem eine **Abschaffung sämtlicher Ausfuhrerstattungen** und vergleichbarer Mechanismen bis Ende 2013 politisch vereinbart wurde. Allerdings ist es trotz zahlreicher weiterer Verhandlungsrunden bislang noch nicht zum Abschluss der Doha-Runde gekommen, was nicht nur an mangelnder Einigkeit über die weitere Liberalisierung des Agrarhandels, sondern auch an der Uneinigkeit über den Marktzugang bei **Nicht-Agrarprodukten (NAMA)** liegt. Im Juli 2008 wurden die Verhandlungen vorübergehend abgebrochen. Im Dezember 2013 konnte in **Bali eine Teileinigung** unter anderem im Bereich der Ernährungssicherheit und der Ausschöpfung von Importquoten erreicht werden. Ob und wann mit einer Gesamteinigung zu rechnen ist, dessen Ergebnis anschließend von der EU und ihren Mitgliedstaaten zu ratifizieren wäre, lässt sich derzeit nicht voraussagen.

III. Klassisches Agrarstrukturförderrecht

276 Das klassische Agrarstrukturförderrecht als Recht der **hoheitlichen Förderung der Agrarstruktur** durch finanzielle oder sonstige Zuwendungen (vgl Rn 10) stellt ein ineinander greifendes System aus deutschem und EU-Recht dar.

1. Deutsches Agrarstrukturförderrecht

277 Im deutschen Recht ist auf der Ebene des Bundes zwischen **zwei Kompetenzgrundlagen** zu unterscheiden. Zunächst besteht nach **Art. 74 Abs. 1 Nr. 17 GG** eine konkurrierende Gesetzgebungskompetenz des Bundes zur „Förderung der land- und forstwirtschaftlichen Erzeugung". Von dieser Sachkompetenz hat der Bund im Agrarstrukturbereich nur **zurückhaltend Gebrauch** hat und dadurch den Bundesländern die Zuständigkeit für den Erlass entsprechender Fördermaßnahmen grundsätzlich belassen. Die Bundesländer regeln ihre Agrarstrukturförderung zumeist durch **Förderrichtlinien**, von denen es in jedem Bundesland eine größere Anzahl geben dürfte.[324] Als ein Beispiel sei die niedersächsische Richtlinie über die Gewährung von Zuwendungen für das Agrar-Umweltprogramm 2009 vom 1.10.2009 (Nds. MBl. 2009 S. 988) angeführt. Zumeist sind die einzelnen Richtlinien eines Bundeslandes in einem überordneten Programm zusammengefasst, das beispielsweise in Niedersachsen „Programm zur Förderung im ländlichen Raum (PROFIL)" heißt. Daneben bestehen auf Länderebene teilweise gesetzliche Bestimmungen wie etwa das Bayerische Gesetz zur nachhaltigen Entwicklung der Agrarwirtschaft und des ländlichen Raumes (Bayerisches Agrarwirtschaftsgesetz – BayAgrarWiG) vom 8.12.2006.[325] Die **Reichweite** des Art. 74 Abs. 1 Nr. 17 GG ist für den Agrarstrukturbereich im Einzelnen **umstritten.**[326] Nach Ansicht des Verfassers ist die Kompetenz weit zu verstehen und umfasst daher zumindest sämtliche Fördermaßnahmen mit einem unmittelbaren Agrarbezug, wobei es nicht darauf ankommt, ob es sich um eine Maßnahme im Agrarmarkt- oder Agrarstrukturbereich handelt. Nur durch eine solche Auslegung lässt sich auch der EU-rechtlichen Entwicklung, Elemente aus dem Bereich der agrarmarktbezogenen Direktzahlungen wie vor allem **InVeKoS** und **Cross-compliance** auf die Beihilfemaßnahmen des Agrarstrukturbereichs auszudehnen (vgl Rn 117 und 120), durch den Erlass entsprechenden Bundesrechts (vgl Rn 162 und 170) Rechnung tragen.

278 Eine der wenigen gesetzlichen Regelungen auf Bundesebene stellt das **AgrarMSG** dar, das eine Zwitterstellung zwischen Agrarmarkt- und Agrarstrukturrecht einnimmt (vgl Rn 231 ff). Als ein weiterer bundesrechtlich normierter Bereich in Form einer umfassenden spezialgesetzlichen Regelungsmaterie sind die Zuschüsse des Bundes zu den **sozialen Sicherungssystemen in der Landwirt-**

323 Abrufbar über die Internetseite der WTO; dort auch die im Folgenden genannten Dokumente.

324 Vgl ausführlich zu der Frage, welche Rechtswirkungen derartige Förderrichtlinien im Falle einer Rückforderung entfalten, VGH BW 19.3.2009 – 10 S 1578/08 – DVBl. 2009, 1255, 1256 ff.

325 Vgl dazu *Pelhak/Dippold* (Fn 34), insbs. S. 327 ff, und *Grimm*, S. 274 ff.

326 Vgl zur Auslegung dieses Kompetenztitels *Sannwald*, in: Schmidt-Bleibtreu/Klein (Fn 96), Art. 74 GG, Rn 189 ff.

schaft[327] zu erwähnen, die den Hauptanteil der Bundesmittel für den Agrarbereich ausmachen. Soweit das **BLwG** die Agrarstrukturförderung anspricht, liegt lediglich ein allgemeiner Handlungsauftrag vor, der keine Grundlage für eine bestimmte Fördermaßnahme darstellt (vgl Rn 17). In den Landwirtschaftsgesetzen der Bundesländer findet sich demgegenüber auch die Grundlage für konkrete Fördermaßnahmen. So heißt es in **Art. 1 Abs. 3 und 5 BayAgrarWiG**: „Zur Erhaltung eines vitalen ländlichen Raums beizutragen ist Aufgabe für Staat und Gesellschaft. Dazu dienen öffentliche Einrichtungen und Maßnahmen unter Ausschöpfung der Zuständigkeiten des Freistaates Bayern sowie die Umsetzung von Programmen und Maßnahmen der Europäischen Union und der Gemeinschaftsaufgabe `Verbesserung der Agrarstruktur und des Küstenschutzes´" und: „Voraussetzungen, Dauer, Umfang und Durchführung von finanziell bedeutsamen und längerfristigen Fördermaßnahmen werden in Programmen, Förderrichtlinien oder auf vertraglicher Grundlage geregelt." Zur Finanzierung bestimmt Art. 1 Abs. 4: „Der Freistaat Bayern stellt die dazu notwendigen Personalressourcen sowie Finanzierungs- und Kofinanzierungsmittel nach Maßgabe des Haushalts bereit."

Des Weiteren existiert mit der in Art. 91 a Abs. 1 Nr. 2 GG normierten **Gemeinschaftsaufgabe** 279 **„Verbesserung der Agrarstruktur und des Küstenschutzes"** (**GAK**) eine zweite Gesetzgebungskompetenz des Bundes. Die finanzverfassungsrechtlichen Gründe für die Entstehung der GAK wurden bereits dargestellt (vgl Rn 20). Mit Hilfe der GAK können Bund und Bundesländer eine **gemeinsame Agrarstrukturförderung** betreiben und diese Förderung zusammen finanzieren.[328] Auf der Grundlage der in Art. 91 a Abs. 2 und 3 S. 1 GG vorgesehenen bundesgesetzlichen Konkretisierung der GAK in Gestalt der GAK-Gesetzes wird in periodischen Abständen ein gemeinsamer **Rahmenplan** mit konkreten Fördermaßnahmen und allgemeinen Fördergrundsätzen aufgestellt.[329] Die Aufstellung erfolgt nach § 6 Abs. 1 GAK-Gesetz gemeinsam durch Bundesregierung und Landesregierungen unter **Vorsitz des BMEL** in einem Planungsausschuss. In diesem Ausschuss besitzt gemäß § 6 Abs. 2 GAK-Gesetz jedes Bundesland eine Stimme und der Bund einen Stimmenanteil, der dem aller Bundesländer entspricht. Entschieden wird nach § 6 Abs. 3 GAK-Gesetz mit den Stimmen des Bundes und der Mehrheit der Stimmen der Bundesländer.

Nach Art. 91 a Abs. 1 Hs. 1 GG wirkt der Bund im Rahmen der GAK bei der „Erfüllung von Auf- 280 gaben der Länder" mit. Dadurch ergibt sich nach wohl allgemeiner Auffassung, dass die in der GAK vorgesehenen Fördermaßnahmen im **Zuständigkeitsbereich der Bundesländer** verbleiben. Entsprechend weist der Rahmenplan nach § 5 Abs. 1 S. 2 GAK-Gesetz die „Arten der Förderung nach Ländern getrennt" aus. § 9 Abs. 1 GAK-Gesetz betont insofern noch einmal deklaratorisch, dass die „Durchführung des Rahmenplans Aufgabe der Länder" ist. Auf die Einzelheiten der Erstellung des Rahmenplanes, des gestaffelten Finanzierungsanteils des Bundes und der **finanz- und kontrolltechnischen Abwicklung** kann vorliegend nicht eingegangen werden. Der umfangreiche Rahmenplan wird jeweils als **Bundestags-Drucksache** veröffentlicht und gegenüber der EU als nationale Agrarbeihilfemaßnahme im Rahmen der maßgeblichen Bestimmungen notifiziert (vgl Rn 311). Derzeit gilt der Rahmenplan für den Zeitraum 2013 bis 2016, zu dem dessen Präambel ausführt, dass er „unter dem Vorbehalt der **Genehmigung durch die Europäische Kommission**" steht und seine „Durchführung entsprechend" der von der Europäischen Kommission erteilten Genehmigung erfolgt. Er enthält **sechs Förderbereiche** (Verbesserung der ländlichen Strukturen, Verbesserung der Produktions- und Vermarktungsstrukturen, nachhaltige Landbewirtschaftung, Forsten, Küstenschutz und sonstige Maßnahmen) und besagt einleitend zu seiner Funktion: „Der Rahmenplan enthält die Maßnahmen, die in den einzelnen Haushaltsjahren durchgeführt werden,

---

327 Vgl zu den gesetzlichen Grundlagen Fn 21. In einem weiteren Sinne gehört auch das Gesetz zur Förderung der Einstellung der landwirtschaftlichen Erwerbstätigkeit vom 21.2.1989, das nach seinem § 20 auf Fördertatbestände vor dem 1.1.1997 anzuwenden und daher von auslaufender Bedeutung ist, dazu (vgl näher 24. Subventionsbericht [Fn 146], S. 97; s. dort, S. 96, auch zur Landabgaberente).

328 S. die Darstellung des *BMEL*, Ländliche Entwicklung aktiv gestalten – Leitfaden, 2014.

329 Auf die Vorhabenplanung der GAK wird in anderen Gesetzen vereinzelt verwiesen, vgl etwa § 38 S. 2 und § 99 Abs. 3 FlurbG sowie § 187 Abs. 1 BauGB.

und gibt die Förderungsarten (Zuschüsse, Bürgschaften) sowie die Ziele der einzelnen Maßnahmen an. Außer den Mitteln und Maßnahmen muss der Rahmenplan auch **allgemeine Grundsätze** über die Vergabe der ausgewiesenen Mittel enthalten, um eine einheitliche Förderung der Maßnahmen in den Ländern zu gewährleisten."[330]

281 Die GAK lässt damit nicht nur eine Beteiligung des Bundes an der Finanzierung von Aufgaben der Bundesländer zu, sondern führt auch zu einer **Mitwirkung des Bundes** an der inhaltlichen Ausgestaltung der Agrarstrukturförderung. Da jedoch die einzelnen Fördermaßnahmen in dem Zuständigkeitsbereich der Bundesländer verbleiben, hat die Aufnahme einer Maßnahme in den Rahmenplan **keine rechtliche Außenwirkung** gegenüber dem potentiellen Beihilfebegünstigten.[331] Jedem Bundesland steht es zudem prinzipiell frei, ob es eine im Rahmenplan vorgesehene Fördermaßnahme durchführen möchte und damit zugleich in den Genuss des entsprechenden Bundesfinanzanteils kommt. So führen die Bundesländer teilweise auch **von der GAK losgelöste Agrarstrukturfördermaßnahmen** durch. Eine zwingende Durchführung einer GAK-Maßnahme kann sich für ein Bundesland allerdings dadurch ergeben, dass EU-Recht die Durchführung einer Maßnahme vorsieht und der EU im Einvernehmen mit den Bundesländern mitgeteilt wurde, dass die Maßnahme in Deutschland im Rahmen der GAK durchgeführt wird.

282 Da zumeist keine Bundesbehörden mit der Durchführung von Agrarstrukturfördermaßnahmen betraut sind, liegt die **Durchführungszuständigkeit** in der Regel bei den Bundesländern. Daher sind in Bezug auf das entsprechende allgemeine Verwaltungsrecht die **VwVfG der Bundesländer** anzuwenden, soweit kein vorrangiges EU-Recht besteht. Entsprechendes gilt ebenfalls für den Bereich der Durchführung des klassischen Agrarstrukturförderrechts der EU, da das MOG prinzipiell nur auf den klassischen Agrarmarktbereich und die Betriebsprämienregelung Anwendung findet (vgl Rn 215). Lediglich wenn der **Bund** neben der GAK **eigene Förderprogramme** auflegt und diese durch Bundesbehörden durchführt, ist das VwVfG des Bundes einschlägig. Genannt seien als Beispiele das Bundesprogramm Ökolandbau,[332] die Zuschüsse zur Markteinführung nachwachsender Rohstoffe[333] und das Modellvorhaben „LandZukunft", das 2012 das Modellvorhaben „Regionen aktiv" abgelöst hat.[334]

2. EU-Agrarstrukturförderrecht

283 Das klassische Agrarstrukturförderrecht der EU weist gewisse Parallelen zur GAK auf. So stellt die EU durch einen Gesetzgebungsakt einen **Förderrahmen** auf, der Maßnahmen enthält, die von den Mitgliedstaaten im Rahmen von mitgliedstaatlichen Förderprogrammen angeboten und im Falle der Inanspruchnahme in dem jeweiligen Mitgliedstaat von der EU **kofinanziert** werden (vgl zur Kofinanzierung Rn 68 f). Die Grundentscheidung für eine eigenständige Agrarstrukturpolitik der EU, die sich anders als die Agrarmarktpolitik in Art. 38 ff AEUV nicht genauer umschrieben findet (vgl Rn 41), war bereits in der Entscheidung des Rates vom 4.12.1962 über die **Koordinierung der Agrarstrukturpolitik** (ABl. 1962, S. 2892) angelegt. Diese Entscheidung sah die Einsetzung eines Ständigen Agrarstrukturausschusses und die Information der EU über die in den Mitgliedstaaten bestehenden Agrarstrukturmaßnahmen vor. Zugleich sollte die Europäische Kommission auf dieser Grundlage geeignete Maßnahmen zur Koordinierung der mitgliedstaatlichen Agrarstrukturpolitik vorschlagen.

---

330 Abrufbar über die Internetseite des BMEL.

331 Ebenso BVerwG 6.11.1986 – 3 C 72/84 – BVerwGE 75, 109, 116: „[Der] Rahmenplan [hat] keine Rechtssatzqualität, jedenfalls aber keine Gesetzesqualität; er ist allenfalls ein Vorläufer eines Gesetzes [und] wirkt nicht unmittelbar über den staatlichen Bereich hinaus gegen Dritte." Zu den Förderrichtlinien der Bundesländer heißt es beim BayVGH, 2.5.2005 – 19 B 03.1726 – RdL 2006, 25, 26: „Dabei stellt die Richtlinie [über die Gewährung einer Ausgleichszulage] selbst keine Rechtsnorm dar, führt allerdings zu einer Selbstbindung der Behörde bei ihrer Anwendung."

332 Vgl 24. Subventionsbericht (Fn 146), S. 98 ff; s. auch die Broschüre des *BMVEL*, Bundesprogramm ökologischer Landbau, 2003.

333 Vgl 24. Subventionsbericht (Fn 146), S. 103 f.

334 Vgl zu „Regionen aktiv" *BMVEL*, Ernährungs- und agrarpolitischer Bericht 2004, 2004, S. 69 f, und zu „LandZukunft" *BMEL*, Modellvorhaben „LandZukunft" – Preisträger und Sonderprojekte, 2012.

Mit der 2007 aufgehobenen ersten **Agrarfinanzierungsgrundverordnung Nr. 25** wurde 1962 die Abteilung Ausrichtung des EAGFL geschaffen (vgl Rn 49), die nach Art. 2 Abs. 2 Buchstabe c VO Nr. 25 die „Ausgaben für gemeinsame Maßnahmen, die [zur] Verwirklichung der Ziele des [Art. 39 Abs. 1 Buchstabe a AEUV] beschlossen werden, einschließlich der für das Funktionieren des gemeinsamen Marktes erforderlichen Strukturänderungen [umfasst]". Nähere Konkretisierungen der entsprechenden Maßnahmen enthielt die Verordnung Nr. 25 nicht. Einige grundlegende Vorschläge zur Agrarstrukturpolitik sah erst der so genannte **Zweite Mansholt-Plan** der Europäischen Kommission von 1969[335] vor, der den Anstoß zu mehreren einschlägigen Rechtsakten der EU gab.[336] Die verschiedenen Maßnahmen auf EU-Ebene wurden später in der Verordnung (EWG) Nr. 797/85 zur Verbesserung der Effizienz der Agrarstruktur (ABl. 1985 L 93, S. 1) weitgehend gebündelt. 284

Die 1987 erfolgte Einfügung der **Art. 174 ff AEUV** über den wirtschaftlichen und sozialen Zusammenhalt brachte die aus der Abteilung Ausrichtung des EAGFL finanzierten Agrarstrukturmaßnahmen in einen primärrechtlichen Kontext mit den **anderen Strukturfonds der EU** – Europäischer Sozialfonds, Europäischer Fonds für regionale Entwicklung sowie Kohäsionsfonds – und sah insofern eine Abstimmung der Fonds untereinander sowie einen gemeinsamen Rechtsrahmen vor (vgl Rn 42). Neben dem allgemeinen Ziel der **„Stärkung des wirtschaftlichen, sozialen und territorialen Zusammenhalts"** der EU nennt die horizontal angelegte Bestimmung des Art. 174 AEUV als Aufgabe der Strukturfonds, „die Unterschiede im Entwicklungsstand der verschiedenen Regionen und den Rückstand der am stärksten benachteiligten Gebiete zu verringern", wobei bestimmten Gebieten wie den **„ländlichen Gebieten"** eine „besondere Aufmerksamkeit gilt". Damit fand der Begriff der ländlichen Gebiete – auch als ländlicher Raum bezeichnet – Eingang in das EU-Primärrecht. Dieser Begriff umfasst ebenfalls die in Art. 39 Abs. 2 Buchstabe a AEUV genannten „landwirtschaftlichen Gebiete" und ist als ein insofern übergeordneter Begriff anzusehen. Den **gemeinsamen Rechtsrahmen der Strukturfonds** schuf die Ratsverordnung (EWG) Nr. 2052/88 (ABl. 1988 L 185, S. 9). Auf diese Weise erfolgte zwar eine Verzahnung der verschiedenen Förderinstrumente im Strukturbereich. Zugleich schrieb die EU damit jedoch die Aufspaltung der Agrarstrukturmaßnahmen auf die verschiedenen Finanzierungsinstrumente fort. 285

Vor allem ab 1993 erfolgte ein **verstärkter Ausbau** der Agrarstrukturmaßnahmen, wobei das Problem auftrat, dass die Abteilung Ausrichtung des EAGFL nicht ausreichende Fördermittel bereithielt und dadurch für zahlreiche Maßnahmen auf die Abteilung Garantie des EAGFL zurückgegriffen wurde. Im Rahmen der Agrarreform 1999 nahm der Rat daher durch die neue **Agrarfinanzierungsverordnung (EG) Nr. 1258/1999** entsprechende Anpassungen vor (vgl Rn 56). Die Beschreibung der in der Verordnung (EG) Nr. 1258/1999 in Bezug genommenen Förderinstrumente fand sich in der ebenfalls neuen **Verordnung (EG) Nr. 1260/1999** mit allgemeinen Bestimmungen über die Strukturfonds (ABl. 1999 L 161, S. 1). Zugleich wurde die neue **Agrarstrukturverordnung (EG) Nr. 1257/1999** (ABl. 1999 L 160, S. 80) erlassen, die erstmals in ihrem Titel den Begriff des ländlichen Raums nutzte und parallel zur gleichzeitig verabschiedeten Finanziellen Vorausschau für den Zeitraum 2000 bis 2006 (vgl Rn 57) galt. 286

Ab 1.1.2007 wurde dieser doch eher verschachtelte Aufbau durch ein neu konzipiertes System ersetzt, dessen Kernpunkt die Finanzierung sämtlicher Agrarstrukturmaßnahmen durch den **ELER** (vgl Rn 50), der die Abteilung Ausrichtung des EAGFL ersetzt hat, bildete. Als Folge gliederte die ebenfalls 2007 in Kraft getretene neue allgemeine **Strukturfondsverordnung (EG) Nr. 1083/2006** (ABl. 2006 L 210, S. 25) den ELER aus der Strukturfondssystematik wieder aus und forderte in ihrem Art. 12 Abs. 4 lediglich, dass die **Kohärenz** zwischen ELER und den anderen Strukturfonds sicherzustellen war. Die Verwendung der ELER-Mittel wurde in der **Agrarstrukturverordnung** 287

335 Memorandum zur Reform der Landwirtschaft in der EWG (Sonderbeilage zum Bulletin 1/1969 der EGen), S. 31 ff.

336 Vgl hierzu und zum Folgenden *van Rijn*, in: von der Groeben/Schwarze, Art. 34 EG, Rn 85 ff. Zwischen 1992 und 1998 hat die europäische Kommission – wie *Kloepfer* (Fn 9), S. 991, Anm. 1008, angibt – EU-weit beispielsweise „mehr als 130 Agrarumweltprogramme mit über 2.000 Maßnahmen" genehmigt.

(EG) Nr. 1698/2005 über die Förderung der Entwicklung des ländlichen Raums durch den ELER (ABl. 2005 L 277, S. 1)[337] geregelt, die parallel zu der neuen Finanziellen Vorausschau (vgl Rn 57) den Zeitraum 2007 bis 2013 erfasste. Auch dieses System befriedigte jedoch nicht, so dass für die Förderperiode 2014 bis 2020 eine Rückkehr zur Eingliederung des ELER in die allgemeine Strukturfondsregelung erfolgte.

288 Das neue Dach für die Strukturfonds, das als Struktur- und Investitionsfonds (ESI-Fonds) bezeichnet wird, stellt die **ab 1.1.2014 gültige Verordnung (EU) Nr. 1303/2013** (ABl. 2013 L 347, S. 320) dar, die erstmals auch den Europäischen Meeres- und Fischereifonds mit einbezieht. Gemäß Art. 14 VO (EU) Nr. 1303/2014 haben die Mitgliedstaaten jeweils eine so genannte **Partnerschaftsvereinbarung** abzuschließen, die für die gesamte Förderperiode und alle Fonds die Zusammenarbeit der beteiligten Ebenen und Stellen innerhalb des Mitgliedstaates regelt. Die Vereinbarung war bis zum 22.4.2014 der Europäischen Kommission zu übermitteln, die die Vereinbarung innerhalb von vier Monaten nach Art. 16 VO (EU) Nr. 1303/2014 zu genehmigen hat. Eine spätere Änderung der Vereinbarung ist möglich. Ein wesentlicher Eckpunkt für die inhaltliche Ausgestaltung der Förderpolitik ist der in Anhang I VO (EU) Nr. 1303/2013 enthaltene **Gemeinsame Strategische Rahmen.** Im Übrigen enthält die Verordnung (EU) Nr. 1303/2014 vor allem umfangreiche horizontale Finanzierungs-, Verwaltungs- und Kontrollbestimmungen.

289 Die ebenfalls **ab 1.1.2014 geltende neue Agrarstrukturverordnung (EU) Nr. 1305/2013** über die Förderung der ländlichen Entwicklung durch den ELER (ABl. 2013 L 347, S. 487) „ergänzt“ gemäß ihrem Art. 1 Abs. 2 insofern die Verordnung (EU) Nr. 1303/2013. Im Wesentlichen ist sie wie die bisherige Agrarstrukturverordnung (EG) Nr. 1698/2005 aufgebaut. Eingangs legen Art. 3 bis 5 die **Ziele und Prioritäten** fest, wobei die Ziele lauten: „a) Steigerung der Wettbewerbsfähigkeit der Landwirtschaft, b) Gewährleistung der nachhaltigen Bewirtschaftung der natürlichen Ressourcen und Klimaschutz, c) Erreichung einer ausgewogenen räumlichen Entwicklung der ländlichen Wirtschaft und der ländlichen Gemeinschaften, einschließlich der Schaffung und des Erhalts von Arbeitsplätzen“. Es folgen die Regelungen zur **Programmplanung**, die nationale und regionale Programme zur Entwicklung des ländlichen Raums zulassen. Diese mitgliedstaatlichen Programme und ihre späteren Änderungen genehmigt die Europäische Kommission nach Art. 10 f. In Art. 13 bis 50 sind die möglichen **Fördermaßnahmen** einschließlich des **LEADER-Instruments,**[338] das die lokale Kooperation fördern soll, aufgelistet. Sie reichen von Berufsbildungs-, Risikomanagement- und Versicherungsmaßnahmen über die Förderung von Qualitätsregelungen, Erzeugerorganisationen, Umstrukturierungen, Existenzgründungen und Dorferneuerungen bis hin zu Maßnahmen bezüglich der Umwelt- und des Waldes einschließlich des ökologischen Landbaus und des Tierschutzes. Um die Zusammenarbeit im ländlichen Raum zu verbessern, sieht Art. 52 die Errichtung eines **Europäischen Netzwerkes für die Entwicklung des ländlichen Raums** vor, das um nationale Netzwerke zu ergänzen ist.

290 Auf Grund der Verabschiedung der Verordnung (EU) Nr. 1307/2013 erst im Dezember 2013 und des zu der neuen Verordnung noch fehlenden Kommissionsrechts war es für die Mitgliedstaaten nicht möglich, bereits ab 1.1.2014 die Agrarstrukturförderprogramme gemäß der neuen Verordnung anzubieten. Daher bestimmt Art. 1 der **Übergangsverordnung (EU) Nr. 1310/2013**, dass die Mitgliedstaaten bis zur zukünftigen Kommissionsgenehmigung des für den Zeitraum 2014 bis 2020 geltenden jeweiligen mitgliedstaatlichen Programms noch bestimmte „rechtliche Verpflichtungen“ auf der Grundlage der Verordnung (EG) Nr. 1698/2005 eingehen dürfen. Diese Fördermaßnahmen werden bereits gemäß der Verordnung (EU) Nr. 1307/2013 finanziert. Zudem ord-

337 S. dazu *FAL/BFH*, Verordnungsentwurf der EU-Kommission zur künftigen Förderung der Entwicklung des ländlichen Raums – Vergleich zur derzeitigen Ausgestaltung der Förderpolitik und Kommentierung der Änderungen, 2004; *Wissenschaftlicher Beirat beim BMVEL*, Stellungnahme zum Vorschlag für die ELER-VO KOM (2004) 490, *BüL 2005, 5; Wehrheim*, Agrarwirtschaft 2005, 97. Die Bundesländer haben zumeist Broschüren über die Umsetzung veröffentlicht, vgl etwa *Baden-Württemberg*, Maßnahmen- und Entwicklungsplan Ländlicher Raum 2007-2013 (MEPL II), 2008.

338 LEADER: Liasion entre actions de développement de l`économie rurale.

net Art. 88 Unterabs. 2 VO (EU) Nr. 1307/2013 an, dass für alle „Vorhaben", die vor dem 1.1.2014 von der Europäischen Kommission genehmigt wurden, **weiterhin die Verordnung (EG) Nr. 1698/2005** gilt.

291 Werden die **drei Ebenen** der Agrarstrukturförderung EU, Bund und Bundesländer zusammen betrachtet, so führt die EU grundsätzlich keine Maßnahmen selbst durch, sondern beteiligt sich lediglich innerhalb eines vorgesehenen Rahmens an den Kosten der ihr notifizierten Förderprogramme. Die Kofinanzierungsbestimmungen sind in Art. 58 ff VO (EU) Nr. 1307/2013 und die mitgliedstaatlichen Mittelobergrenzen in Anhang I VO (EU) Nr. 1307/2013 enthalten. Der EuGH hat bestätigt, dass ein notifiziertes Förderprogramm durch die Genehmigung der EU **nicht zu einem EU-Rechtsakt** wird.[339] Die Genehmigung entfaltet zudem nur gegenüber dem jeweiligen Mitgliedstaat, nicht aber gegenüber eventuellen Beihilfeempfängern Rechtswirkungen.[340] Bund und Bundesländer führen die Fördermaßnahmen durch, wobei der ganz überwiegende Teil der Durchführung bei den Bundesländern liegt. **Gemeinsames Planungsinstrument** von Bund und Bundesländern ist die **GAK**, in deren Rahmen der Bund zugleich mit Bundesmitteln Maßnahmen der Bundesländer kofinanziert.[341] Soweit der Bund ausnahmsweise die Agrarstrukturförderung außenwirksam regelt und die Maßnahmen nicht selbst durchführt, werden auch derartige Maßnahmen regelmäßig über die GAK finanziert. Bund und Bundesländer haben bereits Ende 2012 den Entwurf eines Rahmenplans für die Zeit ab 2014 beschlossen,[342] der nunmehr an die Verordnung (EU) Nr. 1307/2013 anzupassen ist.

292 Die Bundesländer bedienen sich zumeist des Instruments der **Förderrichtlinien** und führen auf diese Weise erstens die von der EU vorgesehenen Maßnahmen, zweitens die daneben von Bund und Bundesländern konzipierten Maßnahmen und drittens ihre selbständigen Maßnahmen durch. Insgesamt besteht damit ein **komplexes Dreiebenensystem** der Agrarstrukturförderung. Deutlich wird dieses System etwa in Punkt 1.1 der bereits erwähnten **Förderrichtlinien von Niedersachsen** (vgl Rn 277): „Die Länder Niedersachsen und Bremen gewähren unter finanzieller Beteiligung der EG und des Bundes nach Maßgabe dieser Richtlinie und der VV zu § 44 LHO Zuwendungen an land- und forstwirtschaftliche Unternehmen auf der Basis der Verordnung (EG) Nr. 1698/2005 ... sowie dem hierzu ergangenen Folgerecht der Europäischen Gemeinschaft und der Grundsätze des Bundes über die Förderung einer markt- und standortangepassten Landbewirtschaftung zur A) Förderung extensiver Produktionsverfahren ..., B) Förderung extensiver Grünlandnutzung auf Einzelflächen ..., C) Förderung ökologischer Anbauverfahren ..." Hingewiesen sei schließlich noch auf das ebenfalls zu beachtende Durchführungsrecht der Europäischen Kommission zur Verordnung (EG) Nr. 1698/2005, das sich vor allem in der allgemeinen **Durchführungsverordnung (EG) Nr. 1974/2006** (ABl. 2006 L 368, S. 15) und der speziellen **Durchführungsverordnung (EG) Nr. 65/2011** zu InVeKoS und Cross-Compliance (vgl Rn 117) findet.

3. Förderung des ländlichen Raums

293 Während die Agrarstrukturpolitik der EU lange Zeit nur als ein die Agrarmarktpolitik **ergänzendes Instrument** konzipiert war, hat sich inzwischen die Erkenntnis durchgesetzt, dass sie einen eigenständigen Wert besitzt. Sie wird daher als eine **zweite Säule der GAP** bezeichnet und ihr Finanzvolumen wird stetig erhöht, was allem zu Lasten des Agrarmarktbereichs geht. Besonders augenfällig wurde die Verschiebung der Mittel zwischen beiden Säulen der GAP durch das Instrument der Modulation (vgl Rn 123). Damit einhergehend ist eine **inhaltliche Ausweitung** der klassischen Agrarstrukturfördermaßnahmen zu konstatieren. Deutlich wird die Erweiterung unter anderem in der Ersetzung des Begriffes der Agrarstrukturförderung durch den Begriff der **Förderung der Ent-**

339 EuGH, Rs. C-336/00 (Fn 91), Rn 40; s. zum großen Gestaltungsspielraum der Mitgliedstaaten im Rahmen der Verordnung (EG) Nr. 1698/2005 EuGH, Rs. C-135/13 (Malom), ECLI:EU:C:2014:327, Rn 54 ff.

340 EuGH, Rs. C-336/00 (Fn 91), Rn 43.

341 Vgl zu der Frage, wie in diesem Zusammenhang die Kofinanzierungsanteile der EU einzuordnen sind, *Busse* (Fn 23), S. 101.

342 Abrufbar über die Internetseite des BMEL.

wicklung des ländlichen Raums.[343] In einer Stellungnahme zum Entwurf der Verordnung (EG) Nr. 1698/2005 wird ausgeführt: „Die vorgeschlagene Verordnung regelt nicht nur die Agrarstrukturförderung der EU, sondern legt den gemeinsamen Rechtsrahmen für die Förderung der Entwicklung des ländlichen Raumes fest und greift dabei auf **drei Ebenen in die Politik zur ländlichen Entwicklung** ein: auf der EU, der nationalen und der regionalen Ebene … Etwa 87 % des Territoriums der EU-25 sind vorwiegend oder stark ländlich geprägte Gebiete …; in diesem ländlichen Raum leben 57 % der Bevölkerung. Schon dieser hohe Bevölkerungsanteil weist auf die Bedeutung des ländlichen Raumes als **Lebensraum und Wirtschaftsfaktor** hin. Die Entwicklung der ländlichen Räume hat für die EU mit der Erweiterung nach Osten auf Grund der stark ländlich geprägten neuen Mitgliedstaaten eine verstärkte Bedeutung erlangt."[344]

294 Auch die 2003 geschaffene **Betriebsprämie** zielt in diese Richtung, indem sie prinzipiell losgelöst von der Produktion bestimmter Agrarerzeugnisse gewährt und als eine „Einkommensstützungsregelung" bezeichnet wird (vgl Rn 112). Die für die Beihilfegewährung maßgeblichen Flächen müssen einem Betriebsinhaber gehören, der sie als Mindestvoraussetzung in einem **guten landwirtschaftlichen und ökologischen Zustand** zu halten hat. In Erwägungsgrund 25 S. 1 und 2 VO (EG) Nr. 73/2009 wird dazu erläutert: „Die Stützungsregelungen im Rahmen der GAP sehen direkte Einkommenshilfen vor allem vor, um der landwirtschaftlichen Bevölkerung eine angemessene Lebenshaltung zu gewährleisten. Dieses Ziel ist **eng verknüpft mit der Erhaltung ländlicher Gebiete.**" Entsprechend hieß es im Agrar- und ernährungspolitischen Bericht 2004: „Im Zuge der Neuausrichtung der Agrarpolitik soll die [GAK] zu einem Instrument der ländlichen Entwicklung ausgebaut werden. Eine nachhaltige Gesamtentwicklung der ländlichen Räume schafft die Grundlage dafür, dass die Land- und Forstwirtschaft auf Dauer ihren Beitrag zur Erfüllung der **wirtschaftlichen, ökologischen und sozialen Funktionen ländlicher Regionen** leisten kann."[345] Im Agrarpolitischen Bericht 2007 wurde ausgeführt: „Für neue Perspektiven in ländlichen Räumen ist ein ganzheitlicher Ansatz erforderlich, der sowohl den Agrar- und Umweltbereich als auch die Förderung von Einkommensalternativen außerhalb der Land- und Forstwirtschaft sowie die bedarfsgerechte Versorgung zB mit Gesundheitsleistungen, Bildungs- und Infrastruktureinrichtungen umfasst."[346]

295 Die skizzierte Entwicklung stößt allerdings in Bezug auf die einschlägigen **Kompetenzgrundlagen** an eine **gewisse Grenze.** Soweit der ländliche Raum durch Infrastrukturmaßnahmen ohne konkrete landwirtschaftliche Bezüge gefördert wird, erscheint fraglich, ob **Art. 38 ff AEUV** noch eine ausreichende Grundlage darstellen, da sie einen landwirtschaftlichen Bezug voraussetzen. Art. 174 ff AEUV greifen zwar weiter. Der insofern in Art. 178 Unterabs. 2 AEUV im Zusammenhang mit dem ELER normierte Rückgriff auf Art. 43 AEUV ist jedoch als eine **Rechtsgrundverweisung** anzusehen, da ansonsten der ELER keine primärrechtlichen Konturen besitzen würde. So ist die Verordnung (EG) Nr. 1305/2013 nicht auf Art. 174 ff AEUV, sondern auf Art. 42 und 43 AEUV gestützt. Ein Ausdruck dieser Abgrenzungsproblematik ist, dass die Verordnung (EU) Nr. 1306/2013 die in Art. 40 Abs. 3 und Art. 178 Unterabs. 2 AEUV verwendete Terminologie „Ausrichtungsfonds für die Landwirtschaft" nicht wörtlich aufgreift.[347] Bei einem weiteren Ausbau der Förderung des ländlichen Raums wird sich insofern verstärkt die Frage der **Abgrenzung zu anderen EU-Strukturfördermaßnahmen** stellen. Allerdings scheint sich der Ausbau der Agrarstrukturmaßnahmen auf EU-Ebene inzwischen zu verlangsamen, wie auch Erwägungsgrund 2 S. 1 VO (EU) Nr. 1305/2013 andeutet, der nur noch von einer „Ergänzung" der „Direktzahlungs- und Marktstützungsmaßnahmen" durch die „Politik zur Entwicklung des ländlichen Raums" spricht.

296 Eine ähnliche Fragestellung entsteht für **Art. 91 a Abs. 1 Nr. 2 GG,** der ausdrücklich die „Agrarstruktur" nennt und zudem einer Abgrenzung zu der in Art. 91 a Abs. 1 Nr. 1 GG geregelten **„Ver-**

343 Vgl zu dem vielschichtigen Begriff des ländlichen Raums *Grimm*, AgrarR 1998, 233 f.
344 *Wissenschaftlicher Beirat beim BMVEL* (Fn 337), S. 5.
345 *BMVEL* (Fn 334), S. 73.
346 *BMELV*, Agrarpolitischer Bericht 2007, 2007, S. 37.
347 Vgl näher zu dieser Problematik *Busse*, in: Lenz/Borchardt, Art. 39 AEUV, Rn 28 f.

besserung der regionalen Wirtschaftsstruktur" bedarf. So wird in dem bereits zitierten Rahmenplan ausgeführt: „Es besteht Einigkeit zwischen Bund und Ländern darüber, dass Aufgaben, die nicht überwiegend der Agrarstrukturverbesserung, sondern der Erhaltung der Kulturlandschaft, der Landschaftspflege und Erholungsfunktion der Landschaft oder dem Tierschutz dienen, nicht als Gemeinschaftsaufgabe anzusehen sind und daher allein aus Landesmitteln finanziert werden können. Die Länder unterrichten den Planungsausschuss über die **Abgrenzung derartiger Maßnahmen** gegenüber denen der Gemeinschaftsaufgabe."[348] Gleiches gilt auch für die Reichweite des **Art. 74 Abs. 1 Nr. 17 GG** (vgl Rn 277). Der **2013 geschlossene Koalitionsvertrag** von CDU/CSU/SPD besagt zu der Problematik: „Die Gemeinschaftsaufgabe Agrarstruktur und Küstenschutz wird zu einer `Gemeinschaftsaufgabe ländliche Entwicklung´ weiterentwickelt. Die Fördermöglichkeiten des Europäischen Landwirtschaftsfonds für die Entwicklung des ländlichen Raums (ELER) sollen umfassend genutzt werden."[349]

IV. Agrarbeihilfe- und Agrarkartellrecht

Im Bereich des Rechts der staatlichen Beihilfen und des Kartellrechts wird das deutsche Agrarrecht **erheblich von EU-Recht beeinflusst**. Das einschlägige EU-Recht findet sich in den Kommentierungen der vormaligen Art. 36 und 81 ff EGV und nunmehrigen Art. 42 und 101 ff AEUV dargestellt.[350] In den Hand- und Lehrbüchern zum EU-Beihilferecht wird das Agrarbeihilferecht regelmäßig nicht behandelt,[351] während in den entsprechenden Werken zum EU-Wettbewerbsrecht das Agrarkartellrecht teilweise eingehende Beachtung findet.[352] Für das deutsche Agrarkartellrecht sind die einschlägigen Kommentierungen zum GWB und vor allem zur **landwirtschaftlichen Bereichsausnahme des § 28 GWB** heranzuziehen.[353] Eine zusammenfassende Betrachtung von EU-Agrarkartellrecht und deutschem Agrarkartellrecht mit ihren Entstehungsgeschichten stammt vom Verfasser.[354] 297

1. Agrarbeihilferecht

Unter dem **Recht der staatlichen Beihilfen** wird im Allgemeinen das Recht der staatlichen Förderung durch finanzielle oder anderweitig begünstigende Zuwendungen ohne marktgerechte Gegen- 298

348 Vgl Fn 342.

349 CDU/CSU/SPD, Deutschlands Zukunft gestalten, Koalitionsvertrag v. 16.12.2013, S. 85. In der Antwort der Bundesregierung auf eine Kleine Anfrage zur Weiterentwicklung der GAK, BT-Drucks. 18/1733, wird die Notwendigkeit betont, eine „Anpassung der Rechtsgrundlagen" vorzunehmen, um die angestrebte Weiterentwicklung umzusetzen.

350 Vgl etwa *Busse*, in: Lenz/Borchardt, Art. 42 AEUV, *Rintelen*, in: Grabitz/Hilf/Nettesheim, Art. 42 AEUV, und *Thiele*, in: Calliess/Ruffert, Art. 42 AEUV.

351 Vgl allerdings *Erhard* zum Agrarbeihilferecht, in: *Schröder/Jakobs/Klotz/Mederer* (Hrsg.), Europäisches Wettbewerbsrecht, 2. Aufl., 2014, S. 2357 ff; s. aus der älteren Literatur *Götz*, AgrarR 1992, 285, und *Jaeger*, AUR 2005, 189; instruktiv allg. *Bartosch*, Kom. zum EU-Beihilfenrecht, 2009.

352 Vgl *Adam*, in: *Schröder/Jakobs/Klotz/Mederer* (Fn. 351), S. 1423 ff; *de Bronett*, in: Wiedemann (Hrsg.), Handbuch des Kartellrechts, 2. Aufl. 2008, S. 1123 ff; *Buth*, in: Loewenheim/Meessen/Riesenkampff (Hrsg.), Kartellrecht, 2. Aufl. 2009, S. 187 ff; *Erhard*, in: Hirsch/Montag/Säcker (Hrsg.), Münchener Kom. zum Europäischen und Deutschen Wettbewerbsrecht, Bd. 1, 2008, S. 1494 ff; *Jestaedt*, in: Langen/Bunte (Hrsg.), Kom. zum deutschen und europäischen Kartellrecht, Bd. 2, 12. Aufl. 2014, S. 461 ff; *Nägele*, in: Frankfurter Kom. zum Kartellrecht, Sonderbereich Landwirtschaft, Stand 2006; *Schweizer*, in: Immenga/Mestmäcker (Hrsg.), Wettbewerbsrecht, Bd. 1, Teil 2, 5. Aufl. 2012, S. 1747 ff; immer noch wichtig der Arbeitsbericht der *Deutschen Gesellschaft für Agrarrecht*, Die kartellrechtliche Sonderregelung für die Landwirtschaft im EWG-Recht unter besonderer Berücksichtigung der nationalen Regelungen, 1970.

353 Vgl *Buth*, in: Loewenheim/Meessen/Riesenkampff (Hrsg.), Kartellrecht, 2. Aufl. 2009, § 28; *Erhard*, in: Hirsch/Montag/Säcker (Hrsg.), Münchener Kom. zum Europäischen und Deutschen Wettbewerbsrecht, Bd. 2, § 28; *Hootz*, in: ders. (Hrsg.), Gemeinschaftskom. zum GWB, 5. Aufl., 6. Lieferung 2001, § 28; *Jestaedt*, in: Langen/Bunte (Hrsg.), Kom. zum deutschen und europäischen Kartellrecht, Bd. 1, 12. Aufl. 2014, § 28; *Nägele*, in: Frankfurter Kom. zum Kartellrecht, § 28, Stand 2006; *Schweizer*, in: Immenga/Mestmäcker (Hrsg.), Wettbewerbsrecht, Bd. 2, Teil 1, 5. Aufl. 2014, § 28; s. zudem *Schulze-Hagen*, Die landwirtschaftlichen Zusammenschlüsse nach deutschem und europäischen Wettbewerbsrecht, 1977, und *Wendler*, Die wirtschaftliche Bedeutung der Bereichsausnahme für die Landwirtschaft im GWB, 1977.

354 *Busse*, Agrarkartellrecht – Kommentar zu § 28 GWB mit seinen EU-rechtlichen Bezügen, 2. Aufl. 2014 (i.E.).

leistung des Begünstigten verstanden. Ein derartiges Beihilferecht – auch als Subventionsrecht bezeichnet – besteht im **deutschen Agrarrecht** in Form eines selbständig geregelten Rechtsgebietes nicht.[355] Insofern gelten lediglich die **allgemeinen beihilferechtlichen Grundsätze**, die vor allem beinhalten, dass erstens die Gewährung von Beihilfen prinzipiell nicht dem Gesetzesvorbehalt unterliegt und daher regelmäßig lediglich in Förderrichtlinien sowie ähnlichen Verwaltungsvorschriften geregelt ist. Zweitens kann sich davon ausgehend ein Anspruch auf eine bestimmte Beihilfe zumeist nur aus dem Gleichheitsgrundsatz ergeben.[356] Soweit das deutsche Agrarbeihilferecht näher ausgeformt ist, existiert es in Form unselbständiger Bestandteile der verschiedenen Bereiche des deutschen Agrarrechts. Vor allem das Agrarmarkt- und Agrarstrukturförderrecht setzen sich zu einem wesentlichen Bestandteil aus zahlreichen Beihilferegelungen zusammen. Eine ähnliche Ausformung ist auch für das **EU-Agrarrecht** im Markt- und Strukturförderbereich zu verzeichnen. Anders als das deutsche Recht kennt das EU-Recht jedoch daneben noch ein eigenständiges EU-Agrarbeihilferecht, das eine größere Anzahl von Normen umfasst und zumeist als Bestandteil des in Art. 107 ff AEUV geregelten allgemeinen EU-Beihilferechts[357] angesehen wird.

a) Rechtsrahmen für EU-Beihilfen

299 Aus der Begrifflichkeit „staatliche“ Beihilfen in Art. 107 Abs. 1 AEUV schließt die ganz herrschende Ansicht, dass das in Art. 107 ff AEUV normierte allgemeine Beihilferecht und damit auch das als Sonderregelungen zu diesen Bestimmungen gestaltete EU-Agrarbeihilferecht lediglich die von **Mitgliedstaaten gewährten Beihilfen** umfasst.[358] Der **Rechtsrahmen für EU-Beihilfen** wird demgegenüber den allgemeinen Zielsetzungen des EU-Primärrechts und insbesondere dem Grundsatz des freien Wettbewerbs entnommen, wobei die jeweiligen Sachbestimmungen des EU-Primärrechts eine angemessene Berücksichtigung finden müssen. So lassen für den Bereich der Landwirtschaft Art. 38 ff AEUV – die unter anderem die Stabilisierung der Märkte, die Förderung der Erzeugung und sogar ausdrücklich „Beihilfen für die Erzeugung und Verteilung der verschiedenen Erzeugnisse“ vorsehen – erkennen, dass die Gewährung von Beihilfen eine integrale Möglichkeit der EU zur **Verfolgung der Ziele der GAP** darstellt. Das Recht der EU-Agrarbeihilfen besitzt somit einen Doppelcharakter als Agrarsachrecht und als Agrarbeihilferecht, indem es sich als Marktinstrument der Beihilfen bedient. Möchte die EU eine von den Mitgliedstaaten verausgabte EU-Beihilfe den allgemeinen Regelungen für staatliche Beihilfen unterwerfen, steht es ihr frei, die Verausgabung der Mittel von diesem Recht jeweils konkret abhängig zu machen.

300 Für die Frage, ob es sich um die Beihilfe eines Mitgliedstaates oder der EU handelt, ist allein von Relevanz, ob die Beihilfe aus dem **Haushalt der EU** finanziert wird. Unmaßgeblich ist folglich, ob der Bewilligungsakt von der EU selbst oder – was den Regelfall darstellt – von einer mitgliedstaatlichen Behörde ausgesprochen wird. Konsequenterweise ist daher nach Ansicht des Verfassers auch die **EU-rechtswidrige Verausgabung** einer EU-Agrarbeihilfe durch einen Mitgliedstaat nicht als eine mitgliedstaatliche Beihilfe, gegen die die EU nach dem allgemeinen Agrarbeihilferecht vorgehen kann, anzusehen. In einem solchen Fall ist von der EU vielmehr über die Regelungen des horizontalen Agrarfinanzrechts in Verbindung mit dem einschlägigen Agrarsachrecht eine Rückvereinnahmung der fehlverausgabten Mittel einzufordern (vgl Rn 55). Entsprechendes hat wohl auch in dem Fall zu gelten, in dem der Mitgliedstaat – wie vielfach vorgesehen – den Betrag der Beihilfe für die EU vorgestreckt hat und die EU die **Erstattung des Beihilfebetrages** in dem anschließenden Rechnungsabschlussverfahren auf Grund einer Fehlverausgabung zu Recht **ablehnt** (vgl Rn 52). Denn ansonsten würde es von der finanztechnischen Abwicklung einer EU-Beihilfe abhängen, ob bei

355 S. auch *Mestmäcker/Schweitzer*, Europäisches Wettbewerbsrecht, 2. Aufl. 2004, S. 1044: „Eine dem gemeinschaftlichen System ihrer Art nach vergleichbare Beihilfekontrolle auf nationaler Ebene existiert nicht.“

356 Vgl näher *Huber*, Wirtschaftsverwaltungsrecht, in: Schmidt-Aßmann/Schoch (Hrsg.), Besonderes Verwaltungsrecht, 14. Aufl. 2008, S. 406 f.

357 Vgl zur Frage, ob der Beihilfebegriff des EU-Agrarrechts mit dem Beihilfebegriff des allg. EU-Beihilferechts identisch ist, *Booß*, in: Grabitz/Hilf, Art. 36 EG, Rn 9.

358 Vgl nur *Wallenberg/Schütte*, in: Grabitz/Hilf/Nettesheim, Art. 107 AEUV, Rn 121; s. zur Diskussion im Agrarbereich *Busse*, in: Lenz/Borchardt, Art. 42 AEUV, Rn 12.

einer Fehlverausgabung von einer staatlichen Beihilfe auszugehen ist und daher das EU-Beihilferecht Anwendung findet.

b) Art. 42 AEUV als Ausgangspunkt

Soweit Agrarbeihilfen, die durch staatliche deutsche Mittel finanziert werden, vorliegen, bedarf es einer näheren Betrachtung, in welchem Umfang das spezifische EU-Agrarbeihilferecht auf das deutsche Agrarrecht einwirkt und möglicherweise die Beihilfe untersagt. Ausgangspunkt ist in dieser Hinsicht **Art. 42 S. 1 AEUV**, der die Anwendung der Wettbewerbsregeln des AEUV und damit neben den allgemeinen Kartellbestimmungen (vgl Rn 321 ff) auch die Anwendung der allgemeinen Beihilfebestimmungen des AEUV von einer entsprechenden Anordnung des Europäischen Parlaments und des Rates abhängig macht, soweit „die Produktion landwirtschaftlicher Erzeugnisse und der Handel mit diesen“ betroffen ist. Diese **Anordnung** hat in Form eines nach Art. 43 Abs. 2 AEUV erlassenen Rechtsaktes und unter Berücksichtigung der Ziele der GAP zu geschehen. Art. 42 S. 2 AEUV hebt in diesem Zusammenhang hervor, dass von der Anwendungsanordnung Beihilfen aus **strukturellen Gesichtspunkten** ausgenommen werden können.[359] 301

Ab 1962 entschied der damals für die Frage noch allein zuständige Rat, von Art. 42 AEUV zweigestuft Gebrauch zu machen. Zum einen erließ er die **Verordnung Nr. 26** zur Anwendung bestimmter Wettbewerbsregeln auf die Produktion landwirtschaftlicher Erzeugnisse und den Handel mit diesen Erzeugnissen vom 20.4.1962 (ABl. 1962, S. 993), die 2006 als gleichnamige **Verordnung (EG) Nr. 1184/2006** (ABl. 2006 L 214, S. 7) neu erlassen wurde. Art. 3 VO (EG) Nr. 1184/2006 erklärte für den Bereich der Produktion und den Handel mit Anhang-I-Erzeugnissen die **Verfahrensvorschriften** des Art. 108 Abs. 1 und Abs. 3 S. 1 AEUV – allgemeine Prüfung durch die Europäische Kommission und Notifizierung neuer Beihilfen[360] –, nicht jedoch das allgemeine Beihilfeverbot des Art. 107 Abs. 1 AEUV und die Vorschriften über die Durchsetzbarkeit dieses Verbotes für anwendbar.[361] Zu den folglich unanwendbaren Vorschriften über die Durchsetzbarkeit gehört auch das bis zu einer Kommissionsentscheidung geltende Verbot des Art. 108 Abs. 3 S. 3 AEUV, die von dem jeweiligen Beihilfeprüfverfahren betroffene Maßnahme durchzuführen. 302

Folglich ist der Europäischen Kommission im Rahmen der Verordnung (EG) Nr. 1184/2006 eine **förmliche Beihilfekontrolle verwehrt**. Allerdings darf die Beihilfe nicht den allgemeinen Zielen der GAP zuwiderlaufen (vgl auch Rn 237 zur Regelung des Art. 44 AEUV). Bejaht die Europäische Kommission ein derartiges Zuwiderlaufen, das nur in Ausnahmefällen wie beispielsweise einer gravierenden Auswirkung der Beihilfe auf das Funktionieren der EU-Agrarmarktorganisation in Betracht kommen dürfte, kann sie zur Feststellung der insofern angenommenen EU-Rechtswidrigkeit der Beihilfe lediglich den Weg der Vertragsverletzungsklage beschreiten. Die allgemeine Zielrichtung des Art. 42 AEUV wird in **Erwägungsgrund 2 VO (EG) Nr. 1184/2006** wie folgt ausgelegt: „Aus [Art. 42 AEUV] folgt, dass die Anwendung der im Vertrag vorgesehenen Wettbewerbsregeln auf die Produktion landwirtschaftlicher Erzeugnisse und den Handel mit diesen zum Wesen der [GAP] gehört.“ Nach Erwägungsgrund 6 VO (EG) Nr. 1184/2006 soll die Europäische Kommission „die Möglichkeit erhalten, ein Inventar über die bestehenden, die neuen oder die geplanten Beihilfen aufzustellen, den Mitgliedstaaten geeignete Hinweise zu geben und ihnen zweckdienliche Maßnahmen vorzuschlagen“. 303

Diese **zurückhaltende Regelung** in Bezug auf die generelle Anwendbarkeit der allgemeinen Beihilfebestimmungen lag darin begründet, dass 1962 der Prozess der Ablösung der mitgliedstaatlichen Marktordnungen mit ihren Beihilfebestimmungen durch die **GMOen** erst begann und daher ein all- 304

---

359 Demgemäß besitzt Art. 42 S. 2 AEUV lediglich deklaratorische Bedeutung; so bereits *Glaesner*, in: Wohlfarth/Everling/Glaesner/Sprung, Kom. zum EWG-Vertrag, 1960, Art. 42 EWGV, Anm. 4. Die wohl hM sieht demgegenüber Art. 42 S. 2 AEUV als Erweiterung des Art. 108 Abs. 2 Unterabs. 3 AEUV an.

360 Eine unterbliebene Notifizierung führt zur Rechtswidrigkeit der Beihilfe; vgl aus dem Agrarbereich nur EuGH, Rs. C-354/90 (Fédération Nationale), Slg 1991, I-5523, 5528, Rn 12, und näher *Mestmäcker/Schweitzer* (Fn 361), S. 1141 ff. Die Europäische Kommission kann allerdings die Genehmigung einer Beihilfe nicht mit dem alleinigen Verweis auf eine solche formelle Rechtswidrigkeit ablehnen.

361 Vgl hierzu EuGH, Rs. C-346/03 und C-529/03 (Atzeni), Slg 2006, I-1875, Rn 40.

gemeines Beihilfeverbot nicht ausgesprochen werden konnte. Als Konsequenz wurde beim **Erlass jeder einzelnen GMO** geprüft, ob für den Bereich der von der GMO erfassten landwirtschaftlichen Erzeugnisse ein generelles Beihilfeverbot in Form eines Verweises auf Art. 107 Abs. 1 AEUV möglich war. Auf diese Weise enthielt jede GMO **gesonderte Regelungen** über die Anwendbarkeit der Art. 107 ff AEUV, die allerdings regelmäßig gleichlautend formuliert waren. Art. 3 VO (EG) Nr. 1184/2006 bestand mithin auf Grund der Überlagerung durch die GMOen weitgehend ohne Anwendungsbereich. Mit der 2007 vorgenommenen Überführung der GMOen in die Verordnung (EG) Nr. 1234/2007 (vgl Rn 33) wurden die einschlägigen Regelungen der GMOen in **Art. 180 bis 183 VO (EG) Nr. 1234/2007** zusammengefasst. Zugleich erfolgte durch Art. 200 VO (EG) Nr. 1234/2007 eine Beschränkung des Anwendungsbereichs der Verordnung (EG) Nr. 1184/2006 auf die nicht von der Verordnung (EG) Nr. 1234/2007 erfassten Anhang-I-Erzeugnisse. Die ab 2014 die Verordnung (EU) Nr. 1308/2013 auf alle Anhang-I-Erzeugnisse erstreckt ist (vgl Rn 201), sind nunmehr wohl die Beihilferegelungen der Verordnung (EG) Nr. 1184/2006 jedenfalls für landwirtschaftliche Erzeugnisse – erfasst werden auch fischwirtschaftliche Erzeugnisse – ohne Anwendungsbereich.

c) Staatliche Agrarmarktbeihilfen

305 Nach Art. 211 Abs. 1 VO (EU) Nr. 1308/2013 sind die **Art. 107 ff AEUV** und damit das allgemeine EU-Recht betreffend staatliche Beihilfen **uneingeschränkt** im Agrarmarktbereich **anwendbar,** soweit die Produktion von und der Handel mit Anhang-I-Erzeugnissen betroffen sind. Ausgenommen werden zum einen gemäß Art. 211 Abs. 2 Buchstabe a VO (EU) Nr. 1308/2013 diejenigen Beihilfen der Mitgliedstaaten, deren Gewährung in der Verordnung (EU) Nr. 1308/2013 in Form einer mitgliedstaatlichen Kofinanzierung oder der ergänzenden mitgliedstaatlichen Finanzierung einer EU-Maßnahme vorgesehen sind. Damit ist die zuvor in Art. 180 Unterabs. 2 VO (EG) Nr. 1234/2007 enthaltene missliche Systematik der Einzelauszählung wieder aufgegeben worden.[362] Zum anderen ordnet Art. 211 Abs. 2 Buchstabe b VO (EU) Nr. 1308/2013 die Nichtgeltung des allgemeinen EU-Beihilferechts für die in Art. 213 bis 218 VO (EU) Nr. 1308/2013 gesondert geregelten mitgliedstaatlichen Beihilfen an. Hierbei handelt es sich um spezielle Beihilfen in den Bereichen Rentiererzeugnisse, Zucker, Bienenzucht, Krisendestillation von Wein, Schulernährung und Schalenfrüchte. Durch Art. 230 Abs. 1 Buchstabe f VO (EU) Nr. 1308/2013 wird zudem die in Art. 182 Abs. 4 VO (EG) Nr. 1234/2007 enthaltene beihilferechtliche Sondervorschrift für das **deutsche Branntweinmonopol** bis zum 31.12.2017 aufrechterhalten.

306 Eine zusammenfassende Betrachtung der beihilferechtlichen Systematik im Agrarbereich ergibt, dass für fast alle Anhang-I-Erzeugnisse ein allgemeines Verbot, die Produktion und den Handel mit diesen Erzeugnissen durch staatliche Zuwendungen zu fördern, existiert. Insofern wird auch von einer **Umkehr der in Art. 42 AEUV angelegten Bereichsausnahme** gesprochen. Da der Verweis des Art. 211 Abs. 1 VO (EU) Nr. 1308/2013 sämtliche Beihilfevorschriften des AEUV erfasst, sind vorbehaltlich abweichender Regelungen für einzelne Erzeugnisse auch die übrigen Bestimmungen des allgemeinen Beihilferechts (die Verbotsausnahmen des Art. 107 Abs. 2 und 3 AEUV, die Verfahrensvorschriften der Art. 108 und 109 AEUV sowie das zugehörige Sekundärrecht, soweit es nicht den Agrarbereich ausschließt) anwendbar. Hervorzuheben ist insbesondere **Art. 107 Abs. 3 Buchstabe c AEUV,** der ein Beurteilungsermessen in Bezug auf „Beihilfen zur Förderung der Entwicklung gewisser Wirtschaftszweige oder Wirtschaftsgebiete, soweit sie die Handelsbedingungen nicht in einer Weise verändern, die dem gemeinsamen Interesse zuwiderläuft", vorsieht. Für den Bereich des Sekundärrechts ist vor allem die horizontale **Ratsverordnung** (EG) **Nr. 659/1999** (ABl. 1999 L 83, S. 1) zu Art. 108 AEUV zu nennen, die unter anderem in Art. 10 ff die Rückforderung rechtswidriger Beihilfen regelt und durch die **Kommissionsverordnung** (EG) **Nr. 794/2004** (ABl. 2004 L 140, S. 1) ergänzt wird.

362 Vgl zu dieser *Busse*, in: Lenz/Borchardt, Art. 42 AEUV, Rn 13.

Zu den anwendbaren allgemeinen Beihilfebestimmungen zählt zudem die für den Rat in **Art. 108 Abs. 2 Unterabs. 3 AEUV** enthaltene Möglichkeit, unter Berufung auf **„außergewöhnliche Umstände"** eine Beihilfe als mit dem Binnenmarkt für vereinbar einzustufen und insofern das Entscheidungsmonopol der Europäischen Kommission zu durchbrechen. Die meisten Beispiele für eine Anwendung dieser wettbewerbspolitisch umstrittenen Vorschrift entstammen sogar dem Agrarbereich.[363] Daher betreffen auch die **einschlägigen Entscheidungen des EuGH** zur Auslegung des Art. 108 Abs. 2 Unterabs. 3 AEUV fast ausschließlich den Agrarsektor. Grundsätzlich hat der EuGH dem Rat in Parallele zu dem weiten Ratsermessen im Zusammenhang mit der Verfolgung der Ziele der GAP (vgl Rn 43) ein erhebliches Ermessen bei der Beurteilung der Frage, ob außergewöhnliche Umstände im Sinne des Art. 108 Abs. 2 Unterabs. 3 AEUV vorliegen, zugebilligt.[364] Zugleich wurde vom EuGH allerdings geklärt, dass der Rat nur dann eine Ausnahmegenehmigung erteilen darf, wenn die **Europäische Kommission** zu der jeweiligen Beihilfe **noch keine Entscheidung** getroffen hat. Daran anknüpfend entschied der EuGH anlässlich einer Beihilfe für Schweinezüchter, dass die **Bestandskraft** einer durch die Europäische Kommission getroffenen Beihilfeentscheidung nicht dadurch umgangen werden darf, dass der betroffene Mitgliedstaat beim Rat unter Berufung auf außergewöhnliche Umstände beantragt, den Verzicht auf die Beihilferückzahlung zu genehmigen, und der Rat eine entsprechende Genehmigung ausspricht.[365] 307

Die Anwendbarkeit einer **allgemeinen Beihilfebestimmung** wird nur dann **durchbrochen**, wenn das Agrarsekundärrecht eine abweichende Bestimmung vorsieht. Solche Bestimmungen können einerseits dazu führen, dass eine Beihilfe, die nach Art. 107 ff AEUV zulässig wäre, unzulässig wird. Andererseits kann die Konstellation vorliegen, dass eine nach Art. 107 ff AEUV unzulässige Beihilfe zulässig wird. In beiden Fällen prüft der EuGH immer vorrangig, ob eine insofern **abschließende Sonderregelung** im Agrarsekundärrecht vorliegt. Bejaht der EuGH diese Frage, nimmt er eine Prüfung der Art. 107 ff AEUV nicht mehr vor: „Demzufolge vermag die Berufung auf die [Art. 107 bis 109 AEUV] nicht die Anforderungen zu ändern, die sich für die Mitgliedstaaten aus der Einhaltung der Vorschriften über diese gemeinsame Marktorganisation ergeben."[366] Die Zulässigkeit einer Beihilfe kann sich dabei auch **indirekt aus dem Agrarsekundärrecht** ergeben. So hat der EuGH die Gewährung einer mitgliedstaatlichen Entschädigung für geschlachtete Tiere als Annex zu einer Agrarmarktbestimmung, die die Tötung der Tiere im Rahmen der BSE-Krise 1996 abdeckte, angesehen.[367] Daneben kann das Agrarsekundärrecht **besondere Verfahrensvorschriften** vorsehen. Als Beispiel für eine spezielle Vorschrift sei Art. 216 Abs. 2 VO (EU) Nr. 1308/2013 angeführt: „Mitgliedstaaten, die die nationalen Zahlungen [für die Destillation von Wein] anwenden wollen, übermitteln der Kommission eine mit Gründen versehene Notifikation. Die Kommission entscheidet …, ob die Maßnahme gebilligt wird und ob die Zahlungen gewährt werden können." 308

Für die Bestimmung der von Art. 42 AEUV umfassten Agrarerzeugnisse haben der EuGH und ihm folgend das EuG ganz formal auf den Umfang des Anhangs I AEUV und die einschlägigen Erläuterungen im Zollbereich abgestellt.[368] Bei den **Nicht-Anhang-I-Erzeugnissen** finden demgegenüber Art. 107 ff AEUV uneingeschränkt Anwendung. Werden die beiden Ausnahmekonstellationen gegenübergestellt, offenbart sich für die – allerdings nur wenigen – von ihnen erfassten Erzeugnisse der Urproduktion ein **gewisser Widerspruch** vor allem im Hinblick auf den Maßstab für die Prüfung, ob eine Beihilfe mit EU-Recht vereinbar ist.[369] Hervorzuheben ist schließlich noch, dass die Europäische Kommission eine finanzielle Anlastung (vgl Rn 51) vornehmen kann, wenn zusätzlich 309

363 Vgl die Zusammenstellung bei *Erhart* (Fn. 351), S. 2443 ff.

364 Vgl nur EuGH, Rs. C-122/94 (Kommission/Rat), Slg 1996, I-881, Rn 17 ff.

365 EuGH, Rs. C-110/02 (Kommission/Rat), Slg 2004, I-6333, Rn 37 ff.

366 EuGH, Rs. 177/78 (Pigs and Bacon Commission), Slg 1979, 2161, Rn 21.

367 EuGH, Rs. C-428/99 (van der Bor), Slg 2002, I-127, Rn 44.

368 EuGH, Rs. 61/81 (Coöperatieve Stremsel- en Kleurselfabriek), Slg 1981, 851, Rn 19 ff, betreffend Lab; Rs. T-61/89 (Dansk Pelsdyravlerforening), Slg 1992, II-1931, Rn 37, betreffend Tierhäute.

369 Vgl näher *Booß*, in: Grabitz/Hilf, Art. 36 EG, Rn 5.

zu einer EU-Agrarbeihilfe eine EU-rechtswidrige mitgliedstaatliche Agrarbeihilfe ausgezahlt wird und dadurch eine **Verfälschung des Zwecks der EU-Agrarbeihilfe** eintritt.[370] Insofern zeigt sich erneut der bereits beschriebene mittelbare Einfluss des Agrarfinanzrechts auf die Durchführung des EU-Rechts (vgl Rn 55).

d) Staatliche Agrarstrukturbeihilfen

310 Soweit eine mitgliedstaatliche Beihilfe nicht den Agrarmarktbereich, sondern den Agrarstrukturbereich betrifft, sind **Art. 81 f der Agrarstrukturverordnung** (EU) **Nr. 1305/2013** (vgl Rn 289) einschlägig. Art. 81 Abs. 1 VO (EU) Nr. 1305/2013 bestimmt, dass vorbehaltlich des Art. 81 Abs. 2 und Art. 82 VO (EU) Nr. 1305/2013 das allgemeine EU-Beihilferecht „für Fördermaßnahmen der Mitgliedstaaten für die Entwicklung des ländlichen Raums" anzuwenden ist. Diese Anordnung interpretiert Art. 42 AEUV über dessen Wortlaut hinaus, der eigentlich nur die Produktion von und den Handel mit landwirtschaftlichen Erzeugnissen und damit nicht jegliche Maßnahme zur Entwicklung des ländlichen Raums erfasst.[371] Art. 81 Abs. 2 VO (EU) Nr. 1305/2013 stellt „Zahlungen, die von den Mitgliedstaaten gemäß und im Einklang mit der vorliegenden Verordnung getätigt werden", frei. „Gemäß" und „im Einklang" dürfte eine überflüssige Doppelung sein. Da nach vorliegend vertretener Ansicht (vgl Rn 299) EU-Mittel nicht von den Beihilfebestimmungen des AEUV erfasst werden, bezieht sich die Freistellung nur auf den mitgliedstaatlichen Kofinanzierungsanteil bei den EU-Agrarstrukturmaßnahmen.

311 Art. 82 VO (EU) Nr. 1305/2013 erweitert die Freistellung auf „zusätzliche Finanzmittel für die Entwicklung des ländlichen Raums, für die jederzeit während des Programmplanungszeitraums eine Unionsförderung gewährt wird". Dadurch soll erreicht werden, dass sich die **zusätzliche mitgliedstaatliche Finanzierung** in den Förderrahmen der Verordnung (EU) Nr. 1305/2013 einfügt. Dementsprechend ist nach Art. 82 VO (EU) Nr. 1305/2013 die zusätzliche Förderung in die mitgliedstaatliche Programmplanung aufzunehmen (vgl Rn 289) und in deren Rahmen von der Europäischen Kommission zu genehmigen. **Schwierig** ist allerdings, dass sowohl Art. 81 Abs. 2 als auch Art. 82 VO (EU) Nr. 1305/2013 eine **Eingrenzung auf Maßnahmen** vorsehen, die in den Anwendungsbereich des Art. 42 AEUV fallen. Zum einen ist unklar, ob nur Maßnahmen nach Art. 42 S. 1 AEUV und folglich lediglich solche gemeint sind, die die Produktion von und den Handel mit landwirtschaftlichen Erzeugnissen im Sinne des Anhangs I des AEUV betreffen, oder alternativ auch der Anwendungsbereich des Art. 42 S. 2 AEUV – benachteiligte Gebiete und wirtschaftliche Entwicklungsprogramme – erfasst wird. Zum anderen ist die Anwendungserklärung des Art. 81 Abs. 1 VO (EU) Nr. 1305/2013 viel weiter gefasst.

312 Eine reine Wortlautauslegung würde zwar dem Prinzip gerecht, dass Ausnahmetatbestände grundsätzlich eng auszulegen sind. Sie stünde jedoch in einem **erheblichen Gegensatz** zu der Tatsache, dass trotz des Schwerpunktes der Art. 38 ff AEUV im Agrarmarktbereich das gesamte Agrarstrukturrecht ebenfalls prinzipiell auf diese Bestimmungen gestützt wird (vgl Rn 40 ff). Auch die Zielrichtung des **Art. 42 S. 2 AEUV** spricht für eine weite Auslegung. Um den Gleichlauf der Bereichsausnahme des Art. 42 AEUV mit der extensiven Auslegung der übrigen Bestimmungen der Art. 38 ff AEUV zu gewährleisten, sollte daher nach Ansicht des Verfassers eine Erstreckung des Art. 42 AEUV auf sämtliche Beihilfemaßnahmen der Agrarstrukturpolitik nicht grundsätzlich ausgeschlossen werden. **Praktische Auswirkungen** besitzt die Problematik insofern, als die Verordnung (EU) Nr. 1305/2013 lediglich auf Art. 42 und 43 AEUV, nicht jedoch auf die Ermächtigung des Art. 108 AEUV gestützt ist. Mithin konkretisiert sie nur die Anwendung der allgemeinen Beihilfebestimmungen im Anwendungsbereich des Art. 42 AEUV. Würde Art. 42 AEUV entgegen der vorliegend vertretenen Ansicht eng ausgelegt, unterfielen demnach nicht erzeugnisbezogene Agrar-

---

370 EuGH, Rs. 15/76 und 16/76 (Frankreich/Kommission), Slg 1979, 321, Rn 18 ff; Rs. 49/83 (Luxemburg/Kommission), Slg 1984, 2931, Rn 5 ff; Rs. 55/83 (Italien/Kommission), Slg 1985, 683, Rn 7 ff; vgl auch *van Rijn*, in: von der Groeben/Schwarze, Art. 36 EG, Rn 11 ff.

371 Vgl näher *Busse*, in: Lenz Borchardt, Art. 42 AEUV, Rn 3 und 17.

strukturmaßnahmen grundsätzlich den strikten Regelungen der Art. 107 ff AEUV. Ein in diesem Zusammenhang diskutiertes Beispiel ist die Förderung von „Ferien auf dem Bauernhof“.[372]

e) Staatliche Beihilfen im Anwendungsbereich der Verordnung (EG) Nr. 73/2009

Interessant ist im vorliegenden Zusammenhang, dass in der grundlegenden **Verordnung (EG) Nr. 73/2009 zur Betriebsprämie** (vgl Rn 111) eine Anwendbarkeitserklärung bezüglich Art. 107 ff AEUV fehlt. Dadurch wird für den Bereich der in der Verordnung (EG) Nr. 73/2009 geregelten Direktzahlungen die Frage aufgeworfen, **ob Art. 107 ff AEUV anwendbar sind** und bei einer Nichtanwendbarkeit ein sonstiges Verbot mitgliedstaatlicher Beihilfen besteht. Zwar geht **Art. 139 VO (EG) Nr. 73/2009** – und entsprechend Erwägungsgrund 51 VO (EG) Nr. 73/2009 – von der generellen Anwendbarkeit der Art. 180 Unterabs. 1 VO (EG) Nr. 1234/2007 und Art. 3 VO (EG) Nr. 1184/2006 aus, indem er davon abweichende Bestimmungen normiert. Ob die beiden Vorschriften von ihren Tatbestandsvoraussetzungen her anwendbar sind, kann jedoch nur ihre jeweilige Auslegung ergeben. Werden zunächst die in der Verordnung (EG) Nr. 73/2009 geregelten gekoppelten Beihilfen (vgl Rn 124) betrachtet, ist das Fehlen des in der EGMO vorhandenen Verweises auf Art. 107 ff AEUV bemerkenswert, weil diese Beihilfen zuvor teilweise in den GMOen geregelt waren und folglich einem solchen Verweis unterfielen. Da Art. 180 Unterabs. 1 VO (EG) Nr. 1234/2007 nicht maßnahmen-, sondern **erzeugnisbezogen formuliert** ist, lässt sich allerdings vertreten, dass der dortige Verweis auf das allgemeine EU-Beihilferecht auch auf die in der Verordnung (EG) Nr. 73/2009 geregelten gekoppelten Beihilfen anwendbar ist. 313

Hinsichtlich der **entkoppelten Betriebsprämie** (vgl Rn 110) besteht eine solche Möglichkeit jedoch nicht, da sie ihrem Wesen nach nicht auf die Produktion bestimmter Erzeugnisse abstellt, sondern als geförderte Tätigkeit die **Erhaltung von Flächen in einem guten landwirtschaftlichen und ökologischen Zustand** ausreichen lässt. Insofern könnte lediglich der Verweis des Art. 81 Abs. 1 VO (EU) Nr. 1305/2013, der „Fördermaßnahmen zur Entwicklung des ländlichen Raums“ umfasst (vgl Rn 310), für anwendbar gehalten werden. Diese Überlegung führt zu der bereits erwähnten Frage, ob es sich bei der Betriebsprämie um ein Instrument des Agrarmarktes oder der Agrarstruktur handelt (vgl Rn 40). Wird entgegen der vorliegend geäußerten Ansicht die Bereichsausnahme des Art. 42 AEUV und damit auch Art. 88 Abs. 1 Unterabs. 1 VO (EG) Nr. 1698/2005 eng auf erzeugnisbezogene Beihilfen ausgelegt, wäre **alternativ denkbar**, mangels Erzeugnisbezogenheit der Betriebsprämie Art. 42 AEUV für nicht einschlägig anzusehen und folglich Art. 107 ff AEUV unmittelbar anzuwenden. 314

Folgt im Ergebnis für einen oder beide Bereiche der Verordnung (EG) Nr. 73/2009 eine Verneinung der Anwendbarkeit der Art. 107 ff AEUV, bleibt nur, für sämtliche Beihilfen aus der Systematik der Verordnung auf ein unmittelbares Beihilfeverbot zu schließen. So stellt die Betriebsprämie ein **in sich geschlossenes Stützungssystem** dar, das abschließend den Umfang mitgliedstaatlicher Regelungsfreiräume normiert. Für eine derartige Schlussfolgerung sprechen auch die ausdrückliche Regelung einer mitgliedstaatlichen Ergänzungsbeihilfe in Art. 120 VO (EG) Nr. 73/2009 und der Umstand, dass die Verordnung (EG) Nr. 73/2009 **Art. 42 AEUV** als eine ihrer **Rechtsgrundlagen nennt.** Insgesamt wäre es allerdings aus Gründen der Rechtsklarheit wünschenswert, in die Verordnung (EG) Nr. 73/2009 einen eindeutigeren Verweis auf den Umfang der Anwendung des Art. 107 ff AEUV aufzunehmen. 315

f) Notifizierung, Agrarleitlinien und Gruppenfreistellungen

Aus der bisherigen Darstellung ergibt sich, dass ungeachtet der Frage, nach welchen Vorschriften die Zulässigkeit der jeweiligen mitgliedstaatlichen Beihilfe zu beurteilen ist, eine Agrarbeihilfe für ihre **formelle Rechtmäßigkeit** regelmäßig entweder nach Art. 108 Abs. 3 S. 1 AEUV, nach Art. 3 VO (EG) Nr. 1184/2006, nach Art. 81 f. VO (EU) Nr. 1305/2013 oder im Rahmen einer Maßnahme im Agrarmarktbereich der Europäischen Kommission **mitgeteilt** werden muss. Insofern 316

372 Insofern den Anwendungsbereich des Art. 42 AEUV verneinend *Erhart* (Fn 351), S. 2372, ohne allerdings auf die Frage der Auslegung des Art. 42 AEUV einzugehen.

sollte die Europäische Kommission über ein entsprechendes **Inventar sämtlicher mitgliedstaatlicher Agrarbeihilfen** verfügen. Im Falle des Art. 108 Abs. 3 S. 1 AEUV ist keine Mitteilungspflicht gegeben, wenn die Voraussetzungen für eine Anwendung des Art. 107 Abs. 1 AEUV nicht erfüllt sind, da die Bezugnahme des Art. 42 AEUV auf Art. 107 ff AEUV nur greift, wenn der **Anwendungsbereich dieser primärrechtlichen Vorschriften** – der vor allem die tatsächliche oder potentielle Verfälschung des Handels und die Erfüllung der Zwischenstaatlichkeitsklausel voraussetzt[373] – eröffnet ist. Nicht ganz klar ist, ob zusätzliche mitgliedstaatliche Zahlungen im Sinne des Art. 82 VO (EU) Nr. 1305/2013, die in der ELER-Programmplanung fehlen, jedoch die Anwendungsvoraussetzungen des Art. 107 AEUV nicht erfüllen, allein auf Grund der Nichtmeldung im Rahmen der Programmplanung EU-rechtswidrig sind.

317 Um für die Mitgliedstaaten – und damit letztlich auch die potentiellen Beihilfeempfänger – das Ergebnis der Prüfung, ob die Europäische Kommission eine Agrarbeihilfe im Rahmen ihres nach Art. 107 Abs. 3 AEUV bestehenden Ermessens **als mit dem EU-Recht vereinbar** beurteilen wird,[374] vorhersehbarer zu gestalten, hat die Europäische Kommission **Leitlinien** veröffentlicht. Diese Leitlinien lassen generell den Grundsatz erkennen, dass Agrarbeihilfen der Mitgliedstaaten immer einem näher zu bestimmenden Sachzweck dienen müssen. Besonders bedeutsam ist die **Rahmenregelung der Gemeinschaft für staatliche Beihilfen im Agrar- und Forstsektor 2007 bis 2013** vom 27.12.2006 (ABl. 2006 C 319, S. 1),[375] die den **Gemeinschaftsrahmen für staatliche Beihilfen im Agrarsektor** vom 1.2.2000 (ABl. 2000 C 28, S. 2) mit Wirkung ab 1.1.2007 ersetzt hat. Im Vordergrund der 199 Ziffern umfassenden Rahmenregelung[376] stehen die in Ziff. 25 ff behandelten **„Maßnahmen zur Entwicklung des ländlichen Raums"**. Weiterhin werden Beihilfen in den Bereichen Risiko- und Krisenmanagement (Ziff. 112 ff), Andere Arten von Beihilfen (Ziff. 146 ff) und Beihilfen für den Forstsektor (Ziff. 173 ff) behandelt. Nach Ziff. 189 erfolgt die Genehmigung der Beihilfen grundsätzlich **für höchstens sieben Jahre**. Da sich die Rahmenregelung nach Ziff. 5 nur auf Beihilfen „für Tätigkeiten zur Erzeugung, Verarbeitung und Vermarktung landwirtschaftlicher Erzeugnisse" erstreckt, wiederholt sich schon das im Rahmen der Verordnung (EU) Nr. 1305/2013 angesprochene Problem, wie **Agrarstrukturbeihilfen**, die nicht mit einem bestimmten Erzeugnis in Zusammenhang gebracht werden können, zu behandeln sind (vgl Rn 311). Soweit Agrarerzeugnisse betroffen sind, die zwar von Art. 38 ff AEUV, **nicht** aber von der **EU-Agrarmarktorganisation oder vom EU-Agrarstrukturrecht erfasst** werden, kann die Rahmenregelung keine Anwendung finden, da die erforderliche gesetzgeberische Entscheidung über die Heranziehung der Art. 107 ff AEUV fehlt (vgl Rn 301).

318 Dass **Agrarmarktmaßnahmen keinen Schwerpunkt** der Rahmenregelung bilden, liegt daran, dass die Europäische Kommission von der generellen Unzulässigkeit mitgliedstaatlicher Beihilfen im Agrarmarktbereich – auch als Betriebsbeihilfen bezeichnet – und damit von einer fehlenden Konkretisierungsbedürftigkeit ausgeht, wie sich auch aus Ziff. 15 der Rahmenregelung ergibt: „Sofern das Gemeinschaftsrecht bzw die vorliegende Rahmenregelung Ausnahmen nicht ausdrücklich vorsieht, sind einseitige staatliche Beihilfemaßnahmen, die lediglich dazu bestimmt sind, die finanzielle Lage der Erzeuger zu verbessern, die aber **nicht in irgendeiner Weise zur Entwicklung des Sektors** insgesamt beitragen, und vor allem Beihilfen, die allein auf der Grundlage des Preises, der Menge, der Produktionseinheit oder der Betriebsmitteleinheit gewährt werden, als Betriebsbeihilfen anzusehen, die mit dem Gemeinsamen Markt unvereinbar sind. Es liegt in der Natur der Sache, dass solche Beihilfen zudem die Mechanismen der [EU-Agrarmarktorganisation] beeinträchtigen können." Ergänzend heißt es in Ziff. 11 S. 3 der Rahmenregelung: „Die Kommission kann folglich **unter keinen Umständen** ein Beihilfevorhaben **genehmigen**, das mit den Vorschriften für eine gemeinsame

---

373 Vgl näher *Mestmäcker/Schweitzer* (Fn 355), S. 1044 ff.

374 Vgl für den Zeitraum 1985 bis 1989 die Entscheidungsstatistik bei *Götz* (Fn 351), S. 287.

375 Ausführlich dargestellt bei *Erhart* (Fn. 351), S. 2386 ff; s. auch *Jaeger*, AUR 2005, 189.

376 Vgl zu der Frage, in welchem Umfang derartigen Leitlinien Bindungswirkung zukommt, *Jestaedt/Häsemeyer*, EuZW 1995, 787.

Marktorganisation nicht vereinbar ist oder das das reibungslose Funktionieren dieser Marktorganisation beeinträchtigen würde."

Neben der beschriebenen Rahmenregelung sind für den Agrarbereich auch horizontale Leitlinien – etwa in den Bereichen Umwelt, Beschäftigung, Forschung, Entwicklung und für Unternehmen in wirtschaftlichen Schwierigkeiten – beachtlich. Soweit die Rahmenregelung auf bereits **bestehende mitgliedstaatliche Agrarbeihilfen** zutrifft, hatte die Europäische Kommission auf der Grundlage des Art. 19 Abs. 1 S. 1 VO (EG) Nr. 659/1999 – der Ausfluss des in Art. 108 Abs. 1 S. 2 AEUV enthaltenen Rechts der Europäischen Kommission, **„zweckdienliche Maßnahmen"** zur Anpassung der mitgliedstaatlichen Beihilfen an die Entwicklung des Binnenmarktes vorzuschlagen, ist – in Ziff. 197 den Mitgliedstaaten eine Frist bis zum 28.2.2007 gesetzt, ihre Zustimmung zu der Rahmenregelung schriftlich zu bestätigen. Über die erfolgte Zustimmung der Mitgliedstaaten hat die Europäische Kommission eine Mitteilung vom 15.3.2008 (ABl. 2008 C 70, S. 11) veröffentlicht. Art. 19 Abs. 1 S. 2 VO (EG) Nr. 659/1999 zieht aus dieser **Zustimmung** die folgende Konsequenz „Der Mitgliedstaat ist auf Grund seiner Zustimmung verpflichtet, die zweckdienlichen Maßnahmen zu ergreifen."[377] 319

Da die allgemeine Gruppenfreistellungsverordnung (EG) Nr. 800/2008 (ABl. 2008 L 214, S. 3) auf den Landwirtschaftsbereich nur sehr eingeschränkt Anwendung findet, ist mit der **Verordnung (EG) Nr. 1857/2006** (ABl. 2006 L 358, S. 3) eine einschlägige Spezialregelung hinsichtlich „kleiner und mittlerer landwirtschaftlicher Betriebe, die in der Primärproduktion landwirtschaftlicher Erzeugnisse tätig sind", erlassen worden.[378] Zudem existiert die **Verordnung (EU) Nr. 1408/2013** über die Anwendung der Art. 107 und 108 AEUV auf **De-Minimis-Beihilfen** im Agrarsektor (ABl. 2013 L 352, S. 9).[379] Diese beiden Sonderverordnungen, die auf die horizontale Gruppenfreistellungsverordnung (EG) Nr. 994/98 (ABl. 1998 L 142, S. 1) gestützt sind, enthalten Freistellungen für die in ihren Titeln genannten Beihilfen und überlagern insofern den Gemeinschaftsrahmen. Erwähnt seien schließlich noch für den **Fischerei- und Aquakulturbereich** gesonderte Leitlinien für die Prüfung einzelstaatlicher Beihilfen vom 3.4.2008 (ABl. 2008 C 84, S. 10), die Verordnung (EG) Nr. 736/2008 (ABl. 2008 L 201, S. 16) betreffend kleine und mittlere in der Erzeugung, Verarbeitung und Vermarktung von Fischereierzeugnissen tätige Unternehmen sowie die Verordnung (EG) Nr. 875/2007 über De-Minimis-Beihilfen im Fischereisektor (ABl. 2007 L 193, S. 6). Insgesamt könnte die Grundstruktur des relativ verschachtelten und dadurch nicht einfach zu überblickenden EU-Agrarbeihilferechts – *Götz* spricht insofern von einem **„Mosaik von Vorschriften"**[380] – in einem einzigen EU-Rechtsakt zusammengefasst und dadurch in eine anwendungsfreundlichere Form gebracht werden. Sowohl die Regelung zu kleineren und mittleren Betrieben als auch der allgemeine Beihilferahmen sollen jedoch wiederum getrennt von der De-Minimis-Regelung und den weiteren Bestimmungen des Agrarmarkt- und Agrarstrukturrechts im **Sommer 2014** neu gefasst in Kraft treten, wodurch das „Mosaik" fortbesteht. 320

2. Agrarkartellrecht

Anders als im deutschen Beihilferecht bestehen im **deutschen Kartellrecht** Vorschriften horizontaler Natur für den landwirtschaftlichen Bereich. Diese Vorschriften stellen Sonderbestimmungen zum allgemeinen deutschen Kartellrecht dar und weisen **Parallelen zu den EU-rechtlichen Kartellbestimmungen** im Agrarbereich auf. Wie allgemein im Kartellrecht ist zwischen den drei Aspekten Kartellverbot, Missbrauchsaufsicht und Fusionskontrolle zu unterscheiden.[381] Grundsätzlich gilt im 321

377 Die bindende Wirkung der Zustimmung hat der EuGH bestätigt, vgl nur Rs. C-242/00 (Deutschland/Kommission), Slg 2002, I-5603, Rn 28 f; s. zu der rechtlichen Konstruktion auch *Mederer*, in: von der Groeben/Schwarze, Art. 87 EG, Rn 151.

378 Vgl näher *Erhart* (Fn 351), S. 2382 ff. Die bis zum 31.12.2013 befristete Geltungsdauer der Verordnung ist durch die Verordnung (EU) Nr. 1114/2013 (ABl. 2013 L 298, S. 34) bis zum 30.6.2014 verlängert worden.

379 Vgl näher zur Vorgängerverordnung (EG) Nr. 1535/2007 *Erhart* (Fn 351), S. 2377 ff.

380 *Götz* (Fn 351), S. 286.

381 Für das ebenfalls im GWB geregelte öffentliche Auftragswesen bestehen keine agrarspezifischen Berührungspunkte.

gesamten Landwirtschaftsbereich das im GWB normierte allgemeine Kartellrecht. Diese Anwendbarkeit des allgemeinen Kartellrechts wird durch die so genannte **Bereichsausnahme für die Landwirtschaft** durchbrochen, die in **§ 28 GWB** enthalten ist, der sich unter der Überschrift „Landwirtschaft" im Fünften Abschnitt „Sonderregeln für bestimmte Wirtschaftsbereiche" findet. In der Fassung der Bekanntmachung des GWB vom 26.6.2013 lautet die Bereichsausnahme des § 28 GWB wie folgt:

(1) § 1 gilt nicht für Vereinbarungen von landwirtschaftlichen Erzeugerbetrieben sowie für Vereinbarungen und Beschlüsse von Vereinigungen von landwirtschaftlichen Erzeugerbetrieben und Vereinigungen von solchen Erzeugervereinigungen über

1. die Erzeugung oder den Absatz landwirtschaftlicher Erzeugnisse oder
2. die Benutzung gemeinschaftlicher Einrichtungen für die Lagerung, Be- oder Verarbeitung landwirtschaftlicher Erzeugnisse,

sofern sie keine Preisbindung enthalten und den Wettbewerb nicht ausschließen. Als landwirtschaftliche Erzeugerbetriebe gelten auch Pflanzen- und Tierzuchtbetriebe und die auf der Stufe dieser Betriebe tätigen Unternehmen.

(2) Für vertikale Preisbindungen, die die Sortierung, Kennzeichnung oder Verpackung von landwirtschaftlichen Erzeugnissen betreffen, gilt § 1 nicht.

(3) Landwirtschaftliche Erzeugnisse sind die in Anhang I des [AEUV] aufgeführten Erzeugnisse sowie die durch Be- oder Verarbeitung dieser Erzeugnisse gewonnenen Waren, deren Be- oder Verarbeitung durch landwirtschaftliche Erzeugerbetriebe oder ihre Vereinigungen durchgeführt zu werden pflegt.

Nach ganz herrschender Ansicht kann diese ausdrücklich nur vom Kartellverbot des § 1 GWB freistellende Norm **nicht analog** auf die Missbrauchsaufsicht und die Fusionskontrolle angewendet werden. Eine § 1 GWB weitgehend nachgestaltete Sonderregelung findet sich in § 40 Bundeswaldgesetz. Zusätzliche wettbewerbsrechtliche Ausnahmen enthalten § 29 Tierzuchtgesetz und vor allem § 5 AgrarMSG (vgl zum AgrarMSG Rn 231 ff).

322 **Zweck** des § 28 GWB ist es, für den **Bereich der landwirtschaftlichen Urproduktion** kartellartige **Absprachen** zwischen Erzeugerbetrieben und Erzeugervereinigungen mit Ausnahme von preisbindenden und wettbewerbsausschließenden Absprachen **zuzulassen**, um die regelmäßig gegenüber der Abnehmerseite schwächere Marktposition der Erzeugerbetriebe zu stärken. Dahinter steht vor allem das traditionelle Rechtsinstitut der landwirtschaftlichen Genossenschaft, dessen Existenz sonst gefährdet wäre. Der **Bericht des damaligen Ausschusses für Wirtschaftspolitik**, der auch im Übrigen zum Verständnis des § 28 GWB nach wie vor hilfreich ist, führt entsprechend aus: „Soweit Genossenschaften und Zentralgenossenschaften als Instrumente der Selbsthilfe in Betracht kommen, sind sie im Ausschuss uneingeschränkt bejaht worden … Sie sollen … aber keine Instrumente der Marktordnung als Institution werden."[382] Beide Regelungen sind mit **zahlreichen Auslegungsfragen** behaftet, zu denen auf die umfangreichen Kommentierungen vor allem des § 28 GWB zu verweisen ist (vgl Fn 353). Wichtig ist vor allem, dass sich das Verbot der Preisbindung nach § 28 Abs. 1 GWB nur auf Preisbindungen zweiter Hand und damit auf Preisbindungen, die der Erzeugerzusammenschluss mit seinen Abnehmern trifft, bezieht, wie im Gegenschluss § 28 Abs. 2 GWB und vor allem den Sinn und Zweck der Kartellausnahme zu entnehmen ist.[383]

323 Wie im EU-Agrarbeihilferecht ist Ausgangspunkt des **EU-Agrarkartellrechts Art. 42 S. 1 AEUV**, der für den Bereich der „Produktion landwirtschaftlicher Erzeugnisse und den Handel mit diesen" die **Anwendung des allgemeinen EU-Kartellrechts** in Form der Art. 101 bis 106 AEUV einschließlich des zugehörigen Sekundärrechts von einer Anordnung des Gesetzgebers abhängig macht. Diese Anordnung enthält derzeit **Art. 206 Unterabs. 1 VO (EU) Nr. 1308/2013**, nach dem das gesamte allgemeine Primär- und Sekundärkartellrecht der EU mit seinen drei Kernelementen Kartellverbot, Missbrauchsaufsicht und Fusionskontrolle auf die „Produktion landwirtschaftlicher Erzeugnisse und den Handel mit diesen Erzeugnissen Anwendung" findet. Da inzwischen alle Anhang-I-

382 BT-Drucks. II/3644, S. 42; vgl auch *Pabsch*, Die ländlichen Genossenschaften in der Verbundwirtschaft, BüL 1963, 44 und 205.

383 Vgl eingehend zu dieser teilweise bestrittenen Ansicht *Busse* (Fn 354), Rn 240 ff.

Erzeugnisse von der Verordnung (EU) Nr. 1308/2013 erfasst werden (vgl Rn 201), ist die parallel formulierte Anwendbarkeitserklärung in **Art. 1 a VO (EG) Nr. 1184/2006 wohl überflüssig.**

Von der Anwendbarkeitserklärung **ausgenommen** sind zwei Bereiche von kartellrelevanten Vereinbarungen. Zum einen existieren in der Verordnung (EU) Nr. 1308/2013 an mehreren Stellen **ausdrückliche Befugnisse zu kartellrelevanten Verhaltensweisen**, die erzeugnisspezifisch ausgestaltet sind und durch den Vorbehalt des Art. 206 Unterabs. 1 VO (EU) Nr. 1308/2013 „sofern in dieser Verordnung nichts anderes bestimmt ist" von der allgemeinen Anwendbarkeitserklärung ausgespart bleiben. Genannt sei etwa Art. 125 VO (EU) Nr. 1308/2013 zu „Vereinbarungen im Zuckersektor". Zum anderen enthalten Art. 209 und 210 VO (EU) Nr. 1308/2013 einige explizite Befreiungen von Art. 101 Abs. 1 AEUV. Diese Befreiungen beziehen sich neben speziellen Vorschriften zu anerkannten Agrarorganisationen allgemein auf die Zusammenarbeit von landwirtschaftlichen Erzeugerbetrieben. So besagt Art. 209 Abs. 1 VO (EU) Nr. 1308/2013, der sein Vorbild in § 28 GWB findet: 324

„[Art. 101 Abs. 1 AEUV] findet keine Anwendung auf die die in [Art. 206 VO (EU) Nr. 1308/2013] genannten Vereinbarungen, Beschlüsse und Verhaltensweisen, die zur Verwirklichung der Ziele des [Art. 39 AEUV] notwendig sind. [Art. 101 Abs. 1 AEUV] findet keine Anwendung auf Vereinbarungen, Beschlüsse und aufeinander abgestimmte Verhaltensweisen von landwirtschaftlichen Erzeugerbetrieben oder Vereinigungen dieser Erzeugervereinigungen..., soweit sie die Erzeugung oder den Absatz landwirtschaftlicher Erzeugnisse oder die Benutzung gemeinschaftlicher Einrichtungen für die Lagerung, Be- oder Verarbeitung landwirtschaftlicher Erzeugnisse betreffen, es sei denn, dass dadurch die Ziele des [Art. 39 AEUV] gefährdet werden. Dieser Absatz gilt nicht für Vereinbarungen, Beschlüsse und aufeinander abgestimmte Verhaltensweisen, die zu einer Preisbindung verpflichten oder durch die der Wettbewerb ausgeschlossen wird."

Art. 209 Abs. 2 Unterabs. 1 VO (EU) Nr. 1308/2013 regelt, dass die Freistellung von Gesetzes wegen erfolgt. Unterabs. 2 enthält eine Bestimmung zur Beweislastverteilung. Hinsichtlich nicht von der Verordnung (EU) Nr. 1308/2013 erfasster Anhang-I-Erzeugnisse wird diese Legalausnahme, die nach ganz herrschender Ansicht parallel zum deutschen Recht nicht auf die Missbrauchsaufsicht und die Fusionskontrolle analog angewendet werden kann,[384] in **Art. 2 Abs. 1 VO (EG) Nr. 1184/2006** wiederholt. Für Nicht-Anhang-I-Erzeugnisse bleibt es bei der Anwendung des allgemeinen EU-Kartellrechts.[385] Ob eine Vereinbarung zur **Verfolgung der Ziele der GAP** im Einzelfall vorliegt, beurteilt sich regelmäßig nach dem Inhalt der EU-Agrarmarktorganisation, wobei die Zulässigkeitserklärung einer Vereinbarung im EU-Agrarmarktrecht als Spezialvorschrift ohnehin regelmäßig zur Nichtanwendung des Art. 206 Unterabs. 1 VO (EU) Nr. 1308/2013 bzw Art. 2 Abs. 1 VO (EG) Nr. 1184/2006 führen dürfte. So hat der EuGH hinsichtlich einer wettbewerbsbeschränkenden Vereinbarung im Zuckersektor zunächst geprüft, ob die GMO Zucker noch Raum für eine Anwendung der Art. 101 ff AEUV lässt, und als Ergebnis festgestellt, „dass für die Wettbewerbsregeln ein echter, wenn auch schmaler Anwendungsbereich bleibt".[386] 325

Falls **keine abschließende Sondervorschrift** im Rahmen der EU-Agrarmarktorganisation vorliegt, ist eine Ermessensentscheidung der Europäischen Kommission erforderlich, zu der *van Rijn* ausführt: „Der der Kommission dabei eingeräumte Ermessensspielraum ist relativ weit. Jedoch hat die Kommission diese Bestimmung eng ausgelegt in dem Sinne, dass die Wettbewerbsbeschränkung das einzige oder beste Mittel zur Erreichbarkeit [der Ziele der GAP] sein muss. Das ist nicht der Fall, wenn eine Vereinbarung weder unmittelbar noch mittelbar in einer [GMO] vorgesehen ist oder nicht dieselben Ziele wie diese Marktorganisation anstrebt."[387] Der EuGH lehnt es in diesem Zusammenhang ab, das oft **wettbewerbsbeschränkende System der EU-Agrarmarktorganisation** selbst an den Art. 101 ff AEUV zu messen, sondern beschränkt sich auf die Prüfung einer nachvollziehbaren Verfolgung der Ziele der GAP: „[In Art. 42 AEUV] werden also zugleich der Vorrang der Agrarpolitik gegenüber den Vertragszielen auf dem Gebiet des Wettbewerbs und die Befugnis 326

384 Vgl *Schröter*, in: von der Groeben/Schwarze, nach Art. 83 EG, Anhang III, Rn 8.
385 So für Dünge- und Pflanzenschutzmittel EuGH, Rs. C-250/92 (Gøttrup-Klim), Slg 1994, I-5641, Rn 23.
386 EuGH, verb. Rs. 40/73 bis 48/73 u.a. (Suiker Unie), Slg 1975, 1663, Rn 2 ff und 24.
387 *Van Rijn*, in: von der Groeben/Schwarze, Art. 36 EG, Rn 2.

des Rates anerkannt, zu entscheiden, inwieweit die Wettbewerbsregeln für den Agrarsektor gelten sollen. Bei der Ausübung dieser Befugnis kommt dem Rat wie bei der gesamten Durchführung der [GAP] ein weites Ermessen zu."[388]

327 Die deutliche Parallele zwischen Art. 209 Abs. 1 Unterabs. 2 VO (EU) Nr. 1308/2013 zu § 28 GWB legt eine vergleichbare Auslegung nahe. Allerdings ist § 28 GWB in seinem Abs. 1 S. 2, Abs. 2 und Abs. 3 teilweise weiter gefasst. Diese **fehlende Deckungsgleichheit** ist besonders nach der Siebten GWB-Novelle bemerkenswert, da die Novelle als ein wesentliches Ziel die Anpassung des deutschen Kartellrechts an das EU-Kartellrecht hatte.[389] So ist etwa entsprechend dem EU-Recht die Unterscheidung des GWB zwischen horizontalen und vertikalen Kartellen aufgehoben worden, was als Folgeänderungen die Streichung des § 28 Abs. 1 S. 2 und Abs. 3 GWB aF und die Neufassung des § 28 Abs. 2 GWB nach sich zog. Zu der allgemeinen Zielsetzung des § 28 GWB heißt es in der amtlichen Begründung der Novelle: „Die Ausnahmeregeln für die Landwirtschaft entsprechen im Wesentlichen den im europäischen Recht geltenden Ausnahmeregelungen (VO 26/62). Sie werden für die nationalen Sachverhalte beibehalten und an die neuen Vorschriften dieses Gesetzes angepasst."[390]

328 Weiterhin ist hervorzuheben, dass mit **§ 22 GWB** eine **Kollisionsnorm**, die der Abgrenzung zwischen deutschem und EU-Kartellrecht dient und auf die Kollisionsnorm des Art. 3 der horizontalen EU-Kartellverordnung (EG) Nr. 1/2003 (ABl. 2003 L 1, S. 1) zurückgeht, geschaffen wurde. Dieser Art. 3 bestimmt, dass im Anwendungsbereich des Art. 101 und 102 AEUV die Mitgliedstaaten neben ihrem nationalen Recht auch Art. 101 und 102 AEUV anwenden müssen, um vom EU-Recht divergierende Ergebnisse zu vermeiden. Soweit § 22 GWB diese Kollisionsregel **wiederholt**, liegt nach Ansicht des Verfassers ein Verstoß gegen das Verbot, unmittelbar geltendes EU-Recht im nationalen Recht zu wiederholen,[391] vor, der zu einer **Unbeachtlichkeit** der wiederholenden Bestimmungen des § 22 GWB **führt**.[392] Problematisch ist an § 22 GWB zudem im vorliegenden Zusammenhang, dass er die ebenfalls **dem GWB vorgehenden Kartellbestimmungen** der Verordnung (EU) Nr. 1308/2013 und der Verordnung (EG) Nr. 1184/2006 **unerwähnt** lässt. Denn diese Sonderbestimmungen unterfallen nicht Art. 101 f AEUV und werden daher weder von der Kollisionsregel des Art. 3 VO (EG) Nr. 1/2003 noch von dem Verweis des § 22 GWB auf Art. 101 f AEUV erfasst. Die Auffangklausel des § 22 Abs. 4 S. 2 GWB bezieht sich – wie ein Vergleich mit dem Vorbild des Art. 3 Abs. 3 VO (EG) Nr. 1/2003 bestätigt – nur auf Sonderbestimmungen des deutschen Rechts. Es bleibt abzuwarten, ob die Europäische Kommission gestützt auf Art. 206 Unterabs. 3 VO (EU) Nr. 1308/2013 agrarbezogene „Leitlinien" erlässt.

329 Zu dem **Verhältnis** zwischen der **EU-Agrarmarktorganisation** und **nationalem Wettbewerbsrecht** hat der EuGH ausgeführt: „Nach alledem ist … zu antworten, dass [Art. 38 bis 44 AEUV] und die Verordnungen Nr. 26 und 804/68 [über die GMO Milch] dahin auszulegen sind, dass den nationalen Behörden grundsätzlich eine Zuständigkeit dafür verbleibt, ihr nationales Wettbewerbsrecht auf eine Kooperative von Milcherzeugern mit einer Machtstellung auf dem nationalen Markt anzuwenden. Werden die nationalen Wettbewerbsbehörden im Bereich der [GMO Milch] tätig, so haben sie sich aller Maßnahmen zu enthalten, die von dieser gemeinsamen Marktorganisation abweichen oder ihr zuwiderlaufen."[393] Wenn schon der Weg einer Wiederholung der EU-rechtli-

---

388 EuGH, Rs. 139/79 (Maizena), Slg 1980, 3393, Rn 23. Der in Rn 303 zitierte Erwägungsgrund 2 VO (EG) Nr. 1184/2006 enthält einen leicht anderen Duktus.

389 Vgl die amtliche Begründung, BT-Drucks. 15/3640, S. 21 ff.

390 BT-Drucks. 15/3640, S. 48.

391 Vgl nur EuGH, Rs. 50/76 (Amsterdam Bulb), Slg 1977, 137, Rn 4 bis 7: „Die Mitgliedstaaten dürfen … keine Handlung vornehmen oder deren Vornahme durch eine mit Rechtsetzungsbefugnissen ausgestattete nationale Körperschaft erlauben, durch die die Normadressaten über den Gemeinschaftscharakter einer Rechtsnorm und die sich daraus ergebenden Folgen im unklaren gelassen werden", und Rs. 39/72 (Kommission/Italien), Slg 1973, 101, Rn 15 ff.

392 Dieses wie auch das folgende Problem übersieht *Loewenheim*, in: ders./Meessen/Riesenkampff (Fn 353), § 22, Rn 1 ff.

393 EuGH, Rs. C-137/00 (Milk Marque), Slg 2003, I-7975, Rn 94.

chen Kollisionsnormen beschritten wird, sollte zur **Vermeidung von Rechtsunsicherheiten** nach Ansicht des Verfassers eine vollständige Kollisionsregelung vorgenommen werden. Insofern kann auch auf den vormaligen § 100 Abs. 8 aF GWB verwiesen werden, der den Vorrang der deutschen Agrarmarktgesetze gegenüber dem allgemeinen deutschen Kartellrecht statuierte und auf die EU-Agrarmarktorganisation von der Rechtsprechung analog angewandt wurde.[394] Diese Vorschrift ist 1999 mit dem Argument aufgehoben worden, dass der Vorrang deutscher und EU-rechtlicher Agrarmarktregelungen gegenüber allgemeinem Kartellrecht selbstverständlich sei.[395] Noch selbstverständlicher ist insofern der **Vorrang unmittelbar geltenden EU-Verordnungsrechts vor deutschem Recht,** zumal, wenn das EU-Verordnungsrecht den Vorrang noch einmal selbst ausdrücklich normiert.

394 Vgl die Nachweise bei *Jestaedt*, in: Langen/Bunte (Hrsg.), Kom. zum deutschen und europäischen Kartellrecht, 9. Aufl. 2001, § 28, Rn 22.

395 BT-Drucks. 13/9720, S. 41.

§ 26 Umweltrecht

Literatur: *Epiney,* Umweltrecht in der Europäischen Union, 3.Aufl., Baden-Baden 2013; *Jans/Vedder,* European Environmental Law. After Lisbon. 4. Aufl. Groningen 2012; *Hansmann/Sellner* (Hrsg) Grundzüge des Umweltrechts, 4. Aufl. Berlin 2012; *Kloepfer,* Umweltrecht, 3. Aufl., München, 2004; *Krämer,* Europäisches Umweltrecht in der Rechtsprechung des EuGH, dargestellt anhand von 50 Urteilen, Wien, 2002; *Krämer,* EU Environmental Law, 7. Aufl., London, 2011; *Messerschmidt,* Europäisches Umweltrecht, München 2011.

Abschnitt 1: Übersicht zu Gesetzgebung und Rechtsprechung

A. Gesetzgebung

Zugang zu Information und Verfahrensbeteiligung:

Richtlinie 98/34/EG des Europäischen Parlaments und des Rates v. 22. Juni 1998 über ein Informationsverfahren auf dem Gebiet der Normen und technischen Vorschriften für die Dienste der Informationsgesellschaft [**Informations-RL**], ABl. L 204 v. 21. Juli 1998, S. 37; **Verordnung (EG) Nr. 1049/2001** des Europäischen Parlaments und des Rates v. 30. Mai 2001 über den Zugang der Öffentlichkeit zu Dokumenten des Europäischen Parlaments, des Rates und der Kommission [**Dokumentenzugangs–VO**], ABl. L 145 v. 31. Mai 2001, S. 43; **Richtlinie 2003/4/EG** des Europäischen Parlaments und des Rates v. 28. Januar 2003 über den Zugang der Öffentlichkeit zu Umweltinformationen und zur Aufhebung der Richtlinie 90/313/EWG des Rates [**Umweltinformations-RL**], ABl. L 41 v. 14. Februar 2003, S. 26; **Richtlinie 2003/35/EG** des Europäischen Parlaments und des Rates v. 26. Mai 2003 über die Beteiligung der Öffentlichkeit bei der Ausarbeitung bestimmter umweltbezogener Pläne und Programme und zur Änderung der Richtlinien 85/337 und 96/61 des Rates in Bezug auf die Öffentlichkeitsbeteiligung und den Zugang zu Gerichten, ABl. L 156 v. 25.6.2003, S. 17; **Verordnung (EG) 1367/2006** des Europäischen Parlaments und des Rates v. 6. September 2006 über die Anwendung der Bestimmungen des Übereinkommens von Aarhus über den Zugang zu Informationen, die Öffentlichkeitsbeteiligung an Entscheidungsverfahren und den Zugang zu Gerichten in Umweltangelegenheiten auf Organe und Einrichtungen der Gemeinschaft [Aarhus-VO], ABl. L 264 v. 25.9.2006, S. 13.

Umweltverträglichkeitsprüfung und Umwelthaftung:

Richtlinie 2001/42/EG des Europäischen Parlaments und des Rates v. 27.6.2001 über die Prüfung der Umweltauswirkungen bestimmter Pläne und Programme, ABl. L 197 v. 21. Juli 2001, S. 30; **Richtlinie 2004/35/EG** des EP und des Rates v. 21. April 2004 über Umwelthaftung zur Vermeidung und Sanierung von Umweltschäden [**Umwelthaftungs-RL**], ABl. L 143 v. 30. April 2004, S. 56; **Richtlinie 2011/92/EU** des Europäischen Parlaments und des Rates v. 13. Dezember 2011 über die Umweltverträglichkeitsprüfung bei bestimmten öffentlichen und privaten Projekten [**UVP-RL**], ABl. L 26 v. 28. Januar 2012, S. 1; geändert durch Richtlinie 2014/52, ABl. L 124 v. 25. April 2014, S. 1.

Naturschutz:

Richtlinie 92/43/EWG des Rates v. 21. Mai 1992 zur Erhaltung der natürlichen Lebensräume sowie der wildlebenden Tiere und Pflanzen [**FFH-Richtlinie**], ABl. L 206 v. 22. Juli 1992, S. 7; **Verordnung (EG) Nr. 338/97** des Rates v. 9. Dezember 1996 über den Schutz von Exemplaren wildlebender Tier- und Pflanzenarten durch Überwachung des Handels (**VO zum Handel mit Arten**), ABl. L 61 v. 3. März 1997, S. 1; **Verordnung (EG) Nr. 2173/2005** des Rates v. 20. Dezember 2005 zur Errichtung eines FLEGT-Genehmigungssystems für Holzeinfuhren in die Gemeinschaft, ABl. L 347 v. 30. Dezember 2005, S. 1; **Richtlinie 2009/147/EC** des Europäischen Parlaments und des Rates v. 30. November 2009 über die Erhaltung wildlebender Vogelarten [**Vogelschutz-RL**], ABl. L 20 v. 26. Januar 2010, S. 7.

Industrieanlagen:

Richtlinie 2001/80/EG des Rates v. 24. November 1988 zur Begrenzung von Schadstoffemissionen von Großfeuerungsanlagen in die Luft [**Großfeuerungsanlagen-RL**], ABl. L 309 v. 23. November 2001, S. 1; **Richtlinie 2009/71/Euratom** des Rates v. 25. Juni 2009 über einen Gemeinschaftsrahmen für die nukleare Sicherheit kerntechnischer Anlagen [**Nuklearanlagen-RL**], ABl. L 172 v. 2. Juli 2009, S. 18; **Verordnung (EG) Nr. 1221/2009** des Europäischen Parlaments und des Rates v. 25. November 2009 über die freiwillige Teilnahme von Organisationen an einem Gemeinschaftssystem für Umweltmanagement und Umweltbetriebsprüfung [**EMAS-VO**], ABl. L 342 v. 22. Dezember 2009, S. 1; **Richtlinie 2010/75/EU** des Europäischen Parlaments und des Rates v. 24. November 2010 über Industrieemissionen (integrierte Vermeidung und Verminderung der Umweltverschmutzung [**Industrieemissions-RL**], ABl. L 334 v. 17. Dezember 2010, S. 17; **Richtlinie**

2012/18/EU des Europäischen Parlaments und des Rates v. 4. Juli 102 zur Beherrschung der Gefahren schwerer Unfälle mit gefährlichen Stoffen [**Seveso-RL**], ABl. L 197 v. 24. Juli 2012, S. 1; **Richtlinie 2013/30/EU** des Europäischen Parlaments und des Rates v. 12. Juni 2013 über die Sicherheit von Offshore-Erdöl und -Erdgasaktivitäten [**Offshore-RL**], ABl. L 178 v. 28. Juni 2013, S. 66.

Luftreinhaltung:

Richtlinie 1994 /94/EG des Europäischen Parlaments und des Rates v. 13. Dezember 1999 über die Bereitstellung von Verbraucherinformationen über den Kraftstoffverbrauch und CO_2-Emissionen beim Marketing für neue Personenkraftwagen, ABl. L 12 v. 18. Januar 2000, S. 16; **Richtlinie 2001/81/EG** des Europäischen Parlaments und des Rates v. 23. Oktober 1981 über nationale Emissionshöchstmengen für bestimmte Luftschadstoffe, ABl. L 309 v. 27. November 2001, S. 22; **Richtlinie 2002/49/EG** des Europäischen Parlaments und des Rates v. 25. Juni 2002 über die Bewertung und Bekämpfung von Umgebungslärm [**Umgebungslärm-RL**], ABl. L 189 v. 18. Juli 2002, S. 12; **Richtlinie 2008/50/EG** des Europäischen Parlaments und des Rates v. 21. Mai 2008 über Luftqualität und saubere Luft für Europa [**Luftqualitäts-RL**], ABl. L 152 v. 11. Juni 2008, S. 1; **Verordnung (EG) Nr. 443/2209** des Europäischen Parlaments und des Rates v. 23. April 2009 zur Festsetzung von Emissionsnormen für neue Personenkraftwagen im Rahmen des Gesamtkonzepts der Gemeinschaft zur Verringerung der CO_2-Emissionen von Personenkraftwagen und leichten Nutzfahrzeugen, ABl. L 140 v. 5. Juni 2009, S. 1.

Klimaschutz und Schutz der Ozonschicht:

Entscheidung des Rates Nr. 2002/358 v. 25. April 2002 über die Genehmigung des Protokolls von Kyoto zum Rahmenübereinkommen der Vereinten Nationen über Klimaänderungen im Namen der Europäischen Gemeinschaft sowie die gemeinsame Erfüllung der daraus erwachsenden Verpflichtungen, ABl. L 130 v. 15. Mai 2002, S. 1; **Richtlinie 2003/87** des EP und des Rates v. 13. Oktober 2003 über ein System für den Handel mit Treibhausgasemissionszertifikaten in der Gemeinschaft [**Emissionshandels-RL**], ABl. L 275 v. 25. Oktober 2003, S. 32, ergänzt durch Richtlinie 2004/101 des EP und des Rates v. 27. Oktober 2004 über ein System für den Handel mit Treibhausgaszertifikaten in der Gemeinschaft im Sinne der projektbezogenen Mechanismen des Kyoto-Protokolls, ABl. L 338 v. 13. November 2004, S. 18, und geändert durch Richtlinie 2009/29 zwecks Verbesserung und Ausweitung des Gemeinschaftssystems für den Handel mit Treibhausgasemissionszertifikaten, ABl. L 140 v. 5. Juni 2009, S. 63; **Richtlinie 2009/28/EG** des Europäischen Parlaments und des Rates vom 23. April 2009 zur Förderung der Nutzung von Energie aus erneuerbaren Quellen, ABl. L 140 v. 5. Juni 2009, S. 16; **Richtlinie 2009/30/EG** des Europäischen Parlaments und des Rates v. 23. April 2009 zur Änderung der Richtlinie 98/70/EG im Hinblick auf die Spezifikationen für Otto-, Diesel- und Gasölkraftstoffe und die Einführung eines Systems zur Überwachung und Verringerung der Treibhausgasemissionen, ABl. L 140 v. 5. Juni 2009, S. 88; **Richtlinie 2009/31/EG** des Europäischen Parlaments und des Rates v. 23. April 2009 über die geologische Speicherung von Kohlendioxid [**CCS-RL**], ABl. L 140 v. 5. Juni 2009, S. 114; **Verordnung (EG) Nr. 1005/2009** des Europäischen Parlaments und des Rates v. 16. September 2009 über Stoffe, die zum Abbau der Ozonschicht führen [**Ozonschicht-VO**], ABl. L 286 v. 31. Oktober 2009, S. 1; **Entscheidung Nr. 406/2009** des Europäischen Parlaments und des Rates v. 23. April 2009 über die Anstrengungen der Mitgliedstaaten zur Reduktion ihrer Treibhausgasemissionen mit Blick auf die Erfüllung der Verpflichtungen der Gemeinschaft zur Reduktion der Treibhausgasemissionen bis 2020, ABl. L 140 v. 5. Juni 2009, S. 136; **Richtlinie 2010/31/EU** des Europäischen Parlaments und des Rates v. 19. Mai 2010 über die Gesamtenergieeffizienz von Gebäuden, ABl. L 153 v. 18. Juni 2010, S. 13; **Richtlinie 2012/27/EU** des Europäischen Parlaments und des Rates v. 25. Oktober 2012 zur Energieeffizienz [**Energieeffizienz-RL**], ABl. L 315 v. 14. November 2012, S. 1.

Gewässerschutz:

Richtlinie 91/271/EG des Rates v. 21. Mai 1991 über die Behandlung von kommunalem Abwasser, ABl. L 135 v. 30. Mai 1991, S. 40; **Richtlinie 91/676** des Rates v. 12. Dezember 1991 zum

Schutz der Gewässer vor Verunreinigung durch Nitrate aus landwirtschaftlichen Quellen, ABl. L 375 v. 27. Dezember 1991, S. 1; **Richtlinie 98/83/EG** des Rates v. 3. November 1998 über die Qualität von Wasser für den menschlichen Gebrauch, ABl. L 330 v. 5. Dezember 1998, S. 32; **Richtlinie 2000/60/EG** des Europäischen Parlaments und des Rates v. 23. Oktober 2000 zur Schaffung eines Ordnungsrahmens für Maßnahmen der Gemeinschaft im Bereich der Wasserpolitik [**Wasserrahmenrichtlinie**], ABl. L 327 v. 22. Dezember 2000, S. 1; **Richtlinie 2006/7** des Europäischen Parlaments und des Rates v. 15. Februar 2006 über die Qualität der Badegewässer und deren Bewirtschaftung, ABl.L 64 v. 4. März 2006, S. 37; **Richtlinie 2006/118** des Europäischen Parlaments und des Rates v. 12. Dezember 2006 zum Schutz des Grundwassers vor Verschmutzung und Verschlechterung, ABl. L 372 v. 27. Dezember 2006, S. 19; **Richtlinie 2007/60/EG** des Europäischen Parlaments und des Rates v. 23.10.2007 über die Bewertung und das Management von Hochwasserrisiken, ABl. L 288 v. 6. November 2007, S. 2; **Richtlinie 2008/56/EG** des Europäischen Parlaments und des Rates v. 17.6.2008 zur Schaffung eines Ordnungsrahmens für Maßnahmen der Gemeinschaft im Bereich der Meeresumwelt [**Meeresstrategie-Rahmenrichtlinie**], ABl. L 164 v. 25.6.2008, S. 19; **Richtlinie 2008/105/EG** des Europäischen Parlaments und des Rates v. 16. Dezember 2008 über Umweltqualitätsnormen im Bereich der Wasserpolitik, ABl. L 348 v. 24. Dezember 2008, S. 84.

Produktumweltrecht:

Verordnung (EG) Nr. 166/2006 des Europäischen Parlaments und des Rates v. 18. Januar 2006 über die Schaffung eines Europäischen Schadstofffreisetzungs- und -verbringungsregisters, ABl. L 33 v. 4. Februar 2006, S. 1; **Verordnung (EG) Nr. 834/2007** des Rates v. 28. Juni 2007 über die ökologische/biologische Produktion und die Kennzeichnung von ökologischen/biologischen Erzeugnissen, ABl. L 189 v. 20. Juli 2007, S. 1; **Richtlinie 2009/125/EG** des Europäischen Parlaments und des Rates v. 21. Oktober 2009 zur Schaffung eines Rahmens für die Festlegung von Anforderungen an die umweltgerechte Gestaltung energieverbrauchsrelevanter Produkte, ABl. L 285 v. 25. Oktober 2009, S. 10; **Verordnung (EU) Nr. 66/2010** des Europäischen Parlaments und des Rates v. 25. November 2009 über das EU-Umweltzeichen, ABl. L 27 v. 30. Januar 2010, S. 1; **Richtlinie 2011/65/EU** des Europäischen Parlaments und des Rates v. 8. Juni 2011 zur Beschränkung der Verwendung bestimmter gefährlicher Stoffe in Elektro- und Elektronikgeräten, ABl. L 174 v. 1. Juli 2011, S. 88; **Verordnung (EU) Nr. 1025/2012** des Europäischen Parlaments und des Rates v. 25. Oktober 2012 zur europäischen Normung, ABl. L 316 v. 14. November 2012, S. 12.

Chemikalienrecht:

Verordnung (EG) Nr. 850/2004 des Europäischen Parlaments und des Rates v. 29. April 2004 über persistente organische Schadstoffe, ABl. L 158 v. 30. April 2004, S. 7; **Verordnung (EG) Nr. 1907/2006** des Europäischen Parlaments und des Rates v. 18. Dezember 2006 zur Registrierung, Bewertung, Zulassung und Beschränkung chemischer Stoffe (REACH), zur Schaffung einer Europäischen Agentur für chemische Stoffe, ABl. L 396 v. 30. Dezember 2006, S. 1 [**REACH-VO**]; **Verordnung (EG) Nr. 1102/2008** des Europäischen Parlaments und des Rates v. 22. Oktober 2008 über das Verbot der Ausfuhr von metallischem Quecksilber und bestimmten Quecksilberverbindungen und -gemischen und die sichere Lagerung von metallischem Quecksilber, ABl. L 304 v. 14. November 2008, S. 75; **Verordnung (EG) Nr. 1272/2008** des Europäischen Parlaments und des Rates v. 16. Dezember 2008 über die Einstufung, Kennzeichnung und Verpackung von Stoffen und Gemischen, ABl. L 353 v. 31. Dezember 2008, S. 1; **Verordnung (EG) Nr. 1107/2009** des Europäischen Parlaments und des Rates v. 21. Oktober 2009 über das Inverkehrbringen von Pflanzenschutzmitteln, ABl. L 301 v. 24.11.2009, S. 1; **Richtlinie 2009/128/EG** des Europäischen Parlaments und des Rates v. 21. Oktober 2009 über einen Aktionsrahmen der Gemeinschaft für die nachhaltige Verwendung von Pestiziden, ABl. L 309 v. 24. November 2009, S. 71; **Verordnung (EU) Nr. 528/2012** v. 22. Mai 2012 über die Bereitstellung auf dem Markt und die Verwendung von Biozidprodukten, ABl. L 167 v. 27. Juni 2012, S. 1; **Verordnung (EU) Nr. 649/2012** des Europäischen Parlaments und des Rates v. 4. Juli 2012 über die Aus- und Einfuhr gefährlicher Chemikalien, ABl. L 201 v. 27. Juli 2012, S. 60.

Biotechnologie:

Richtlinie 2001/18/EG des Europäischen Parlaments und des Rates v. 12. März 2001 über die absichtliche Freisetzung genetisch veränderter Organismen in die Umwelt und zur Aufhebung der Richtlinie 90/220/EWG des Rates [**Freisetzungs-RL**], ABl. L 106 v. 17. April 2001, S. 1; **Verordnung (EG) Nr. 1946/2003** des Europäischen Parlaments und des Rates v. 15. Juli 2003 [**…VO**], ABl. L 287 v. 5. November 2003, S. 1; **Verordnung (EG) Nr. 1829/2003** des Europäischen Parlaments und des Rates v. 22. September 2003 über genetisch veränderte Lebensmittel und Futtermittel [**Food and Feed-VO**], ABl. L 268 v. 18. Oktober 2003, S. 1; **Verordnung (EG) Nr. 1830/2003** des Europäischen Parlaments und des Rates v. 22. September 2003 über die Rückverfolgbarkeit und Kennzeichnung von genetisch veränderten Organismen und über die Rückverfolgbarkeit von aus genetisch veränderten Organismen hergestellten Lebensmitteln und Futtermitteln sowie zur Änderung der Richtlinie 2001/18/EG [**Rückverfolgbarkeits-VO**], ABl. L 268 v. 18. Oktober 2003, S. 24; **Richtlinie 2009/41** des Europäischen Parlaments und des Rates v. 6. Mai 2009 über die Anwendung genetisch veränderter Mikroorganismen in geschlossenen Systemen, ABl. L 125 v. 21. Mai 2009, S. 75.

Abfallrecht:

Richtlinie 86/278/EWG des Rates v. 12. Juni 1986 über den Schutz der Umwelt und insbesondere der Böden bei der Verwendung von Klärschlamm in der Landwirtschaft, ABl. L 181 v. 4. Juli 1986, S. 6; **Richtlinie 94/62/EG** des Europäischen Parlaments und des Rates v. 20. Dezember 1994 über Verpackungen und Verpackungsabfälle, ABl. L 365 v. 31. Dezember 1994, S. 10; **Richtlinie 1999/31/EG** des Rates v. 26. April 1999 über Abfalldeponien, ABl. L 182 v. 16. Juli 1999, S. 1; **Richtlinie 2000/53/EG** des Europäischen Parlaments und des Rates v. 18. September 2000 über Altfahrzeuge, ABl. L 269 v. 21. Oktober 2000, S. 34; **Richtlinie 2006/21/EG** des Europäischen Parlaments und des Rates v. 8. Juni 2006 zur Bewirtschaftung der Abfälle aus der mineralgewinnenden Industrie, ABl. L 102 v. 11. April 2006, S. 15; **Verordnung (EG) Nr. 1013/2006** des Europäischen Parlaments und des Rates v. 14. Juni 2006 über die Verbringung von Abfällen, ABl. L 190 v. 12. Juli 2006, S. 1; **Richtlinie 2006/66/EG** des Europäischen Parlaments und des Rates v. 6. September 2006 über Batterien und Akkumulatoren sowie Altbatterien und Altakkumulatoren, ABl. L 266 v. 26. September 2006, S. 1; **Richtlinie 2008/98** des Europäischen Parlaments und des Rates v. 19. November 2008 über Abfälle, ABl. L 312 v. 22. November 2008, S. 3; **Richtlinie 2012/19/EU** des Europäischen Parlaments und des Rates v. 4. Juli 2012 über Elektro- und Elektronik-Altgeräte, ABl. L 197 v. 24. Juli 2012, S. 38; **Verordnung (EU) Nr. 1257/2013** des Europäischen Parlaments und des Rates v. 20. November 2013 über das Recycling von Schiffen, ABl. L 330 v. 10. Dezember 2013, S. 1.

B. Rechtsprechung

I. Europäische Gerichte

Bis Ende 2013 haben die Europäischen Gerichte in Umweltfragen etwa 850 Urteile erlassen, die die meisten Vorschriften des primären Umweltrechts sowie zahlreiche Streit- und Auslegungsfragen des sekundären Unionsrechts erörterten. Angesichts dieser Fülle von Rechtsprechung müsste auch eine Darstellung, die sich auf die Leitentscheidungen zum Umweltrecht beschränkt, den Rahmen dieser einleitenden Übersicht sprengen, zumal die Erfordernisse des Umweltschutzes bei der Ausarbeitung und Durchführung der anderen Unionspolitiken berücksichtigt werden müssen (Art. 11 AEUV), und deswegen auch Urteile aus dem Transport-, Agrar-, Energierecht usw zu erörtern wären. Die nachfolgende Übersicht erfasst daher nur einige, auf Grund subjektiver Entscheidungen ausgewählte Urteile von überragender Bedeutung.

Grundfragen:

Rs. C-180/96 (Großbritannien/Kommission), Slg 1998, I-2265: Das Vorsorgeprinzip des Art. 191 AEUV ist über Art. 11 AEUV auch im Rahmen anderer EU-Politiken (hier: Agrarpolitik) anzuwenden; Rs. C-266/09 (Stichting Natuur en Milieu) Slg 2010, I13119: Information über Tests betreffend Pestizidrückstände in Obst und Gemüse ist Umweltinformation; Rs. C-463/11 (L/ M), Urteil v. 18.4.2013: Nationales Recht darf nicht vorsehen, dass ein Plan, der unter Verstoß gegen EU-Recht oder umgesetztes EU-Recht ergangen ist, gültig bleibt.

Kompetenzen:

Rs. C-379/92 (Peralta), Slg 1994, I-3453: Eine mitgliedstaatliche Regelung zum Schutz der Umwelt ist nicht schon deswegen diskriminierend, weil andere, dritte Staaten eine entsprechende Reglung nicht erlassen haben; Rs. C-473/97 (Kemikaliinspektionen), Slg 2000, I-681: Das EU-Recht ist bisher hinsichtlich der Verwendungsbeschränkung für bestimmte chemische Stoffe nicht vollständig harmonisiert. Die Mitgliedstaaten sind daher frei, unter Beachtung der Grundsätze des Vertrages derartige Beschränkungen einzuführen. Rs. C-176/03 (Umweltstrafrecht), Slg 2005, I-7879: die EU ist zuständig für das Festlegen von Strafen für Verstöße gegen Umweltrecht; Rs C-440/05 (Meeresverschmutzung), Slg 2007, I-9097: Festlegung von Art und Höhe der Strafe ist Zuständigkeit der Mitgliedstaaten. Rs. C-504/09P (Kommission/Polen): Die Mitgliedstaaten und nicht die Kommission sind für die Aufstellung von Plänen zur Zuteilung von Zertifikaten für Treibhausgasemissionen (RL 2003/87) zuständig; die Kommission ist auf eine Rechtmäßigkeitskontrolle beschränkt.

Vollzug:

Rs. C-56/90 (Kommission/Großbritannien), Slg 1993, I-4109: Eine Richtlinie verpflichtet die Mitgliedstaaten zum Erreichen des in der Richtlinie festgelegten Ergebnisses, nicht nur zum Bemühen um dieses Ergebnis.

Ziele und Prinzipien:

Rs. 240/83 (Procureur de la République v. ADBHU), Slg 1985, 531: Der Schutz der Umwelt ist ein wesentliches Ziel der Union; Rs. C-293/97 (Standley), Slg 1999, I-2603: Das Verursacherprinzip und das Recht auf Eigentum stehen einer Regelung nicht entgegen, die den Viehbestand auf landwirtschaftlichen Flächen begrenzt, um übermäßige Nitrateinträge in Gewässer zu vermeiden.

Rechtsschutz:

Rs. C-321/95P (Greenpeace u.a./Kommission), Slg 1998, I-1651: Von Entscheidungen der Kommission in Umweltfragen sind einzelne Personen und Umweltverbände grundsätzlich nicht unmittelbar und individuell betroffen; Rs. C-321/96 (Mecklenburg/Kreis Pinneberg), Slg 1998, I-3809: das Recht auf Zugang zu Informationen über die Umwelt ist nicht durch jedes Widerspruchsverfahren, sondern nur durch solche Vorverfahren beschränkt, die einem gerichtlichen Verfahren unmittelbar vorangehen; Rs. C-3/96 (Kommission/Niederlande), Slg 1998, I-3031: Auch wissenschaftlich erstellte Listen privater Vereinigungen (hier: Listen geschützter Habitate) können zum Nachweis einer Vertragsverletzung eines Mitgliedstaates dienen; Rs. C-240/09 (Lesoochranárske), Slg 2011, I-1255: Einzelstaatliche Gerichte müssen ihr nationales Recht in dem vom EU-Recht erfassten Bereich mit dem Ziel eines möglichst effektiven gerichtlichen Rechtsschutzes auslegen (hier: Naturschutz); Rs. C-115/09 (Trianel), Slg 2011, I-3673: Gerichtlicher Rechtsschutz für Umweltorganisationen kann nicht auf Fälle beschränkt werden, in denen auch für Einzelpersonen gerichtlicher Rechtsschutz besteht; Rs. C-182/10 (Solvay), Urteil v. 16.2.2012: Ist eine nationale Verordnung unter Umgehung von EU-Recht ergangen, so ist eine gerichtliche Nachprüfung auch dann zulässig, wenn das nationale Recht im allgemeinen keine gerichtliche Überprüfung von Verordnungen zulässt; T-338/08 (Natuur en Milieu), Urteil v. 14.6.2012: Anträge auf interne Überprüfung eines EU-Rechtsaktes mit allgemeiner Wirkung – außer Gesetzen – nach der VO (EG) Nr. 1367/2006 sind zulässig.

Horizontales Umweltrecht:

Rs. C-293/97 (Standley), Slg 1999, I-2603: Die Begrenzung des Viehbestandes auf einem landwirtschaftlichen Grundstück stellt keine Verletzung des Eigentumsrechts dar; Rs. C-347/97 (Kommission/Belgien), Slg 1999, I-309: Ein Plan (hier: zur Abfallbewirtschaftung) ist ein zusammenhängendes, organisiertes System von Zielen, mit einem Zeitplan; Rs. C-72/12 (Altrip), Urteil v. 7.11.2013: Auch eine fehlerhafte UVP kann vor Gericht angefochten werden. Die Beweislast, dass eine fehlerfreie UVP zu einer anderen Entscheidung geführt hätte, darf nicht dem Kläger auferlegt werden.

Natur- und Artenschutzrecht:
Rs. C-44/95 (Lappel Bank), Slg 1996, I-3805: Die Mitgliedstaaten dürfen die Benennung eines Habitats nicht auf einen Teil des Habitats beschränken, weil sie in dem verbliebenen Teil eine wirtschaftliche Tätigkeit vorgesehen haben; Rs. C-96/98 (Kommission/Frankreich), Slg 1999, I-8531: Die Benennung von Habitaten muss durch ausdrücklichen, bindenden Rechtsakt erfolgen; Rs. C-239/04 (Alternativenprüfung), Slg 2006, I-10183: Der Mitgliedstaat muss beweisen, dass eine alternative Trassenführung für eine Autobahn nicht möglich war, falls er ein geschütztes Habitat durchquert; Rs. C-362/06P (Sahlstedt), Urteil v. 23. April 2009: Die Aufnahme eines Habitats in eine EU-Liste beschwert den Eigentümer nicht individuell und unmittelbar; Rs. C-258/11 (Sweetman), Urteil v. 11.4.2013: die endgültige Zerstörung auch nur eines kleinen Teils eines geschützten Habitats ist grundsätzlich nicht zulässig.

Gewässerschutz:
Rs. C-340/96 (Kommission/Großbritannien), Slg 1999, I-2023: Die Mitgliedstaaten sind verpflichtet, legislative Maßnahmen zu ergreifen, um die Konzentrationswerte der Richtlinie einzuhalten; Rs. C-188/07 (Mezquer), Slg 2008, I-4501: Ölrückstände im Meer sind Abfall. Der Eigentümer der Ladung eines Schiffes kann nach Abfallrecht für die Beseitigung der verloren gegangenen Ladung haften.

Luftverschmutzung:
Rs. 361/88 (Kommission/Deutschland), Slg 1991, I-2567: Immissionsnormen der EU bezwecken auch den Schutz von Personen. Damit sich der einzelne Bürger vor Gericht auf sie berufen kann, sind sie grundsätzlich durch Gesetz oder Verordnung in innerstaatliches Recht zu überführen.

Produktrecht:
Rs. 302/86 (Kommission/Dänemark), Slg 1986, 4607: Der Schutz der Umwelt ist ein zwingendes Erfordernis im Sinne des Art. 34 AEUV, das Beschränkungen des freien Warenverkehrs rechtfertigen kann; Rs. C-6/99 (Greenpeace/Ministère de l'Agriculture), Slg 2000, I-1651: Im Gentechnikbereich ist das Recht vollständig vergemeinschaftet. Die Mitgliedstaaten können daher keine neuen Versagungs- oder Beschränkungstatbestände einführen.

Abfallrecht:
Rs. C-2/90 (Kommission/Belgien), Slg 1992, I-4431: Abfälle sind Waren nach Art. 34, 36 AEUV; Rs. C-155/91 (Kommission/Rat), Slg 1993, I-939: EU-Maßnahmen zur Abfallbewirtschaftung unterfallen grundsätzlich Art. 192, nicht Art. 114 AEUV; Rs. 365/97 (Kommission/Italien), Slg 1999, I-7773: Das Schließen einer ungenehmigten Abfalldeponie allein genügt nicht, um den Erfordernissen von RL 75/442, Art. 4 (nunmehr RL 2008/98) nachzukommen. Vielmehr sind die ungenehmigten Ablagerungen auch zu entfernen.

Internationale Aspekte:
Rs. 239/03 (Kommission/Frankreich), Slg 2004, I-9325: Ein internationales Übereinkommen, das die EU ratifiziert hat, ist auch für die Mitgliedstaaten bindend. Sofern der Sachbereich in die Zuständigkeit der Union fällt, kann die Kommission wegen Verletzung des EU-Rechts auch gegen einen Mitgliedstaat vorgehen, der den Vorschriften des Übereinkommens nicht nachkommt.

II. Vorlagen deutscher Gerichte an den EuGH:

Rs. C-396/92 (Bund Naturschutz Bayern), Slg 1994, I-3717; Rs. C-321/96 (Mecklenburg), Slg 1998, I-3824; Rs. C-389/96 (Ahern), Slg 1998, I-4483; Rs. C-127/97 (Burstein), Slg 1998, I-6024; Rs. C-379/98 (Preussen Elektra), Slg 2001, I-2159; Rs. C-309/02 (Radlberg), Slg 2004, I-11763; Rs. C-6/03 Deponiezweckverband Eiterköpfe) Slg 2005, I-2753; Rs. C-244/05 (Bund Naturschutz Bayern), Slg 2006, I-8445; Rs. C-237/07 (Janecek), Slg 2008, I-622; Rs. C-201/08 (Plantanol), Slg 2009, I-8343; Rs. C-226/08 (Papenburg), Slg 2010, I-131; Rs. C-115/09 (Trianel), Slg 2011, I-3673; Rs. C-442/09 (Bablok), Slg 2011, I-7419; Rs. C-53/10 (Mücksch), Slg 2011, I-8311; Rs. C-405/10 (Garenfeld), Slg 2011, I-11035; Rs. C-204/09 (Flachgas Torgau), Urteil v. 14. Februar 2012; Rs. C-420/10 (Soell), Urteil v. 1. März 2012; Rs. C-1/11 (Interseroh), Urteil

v. 29. März 2012; Rs. C-463/11 (L.v.M), Urteil v. 18. April 2013; Rs. C-242/11 (Deutsche Umwelthilfe), Urteil v. 18. Juli 2013; Rs. C-72/12 (Altrip), Urteil v. 7. November 2013.

Abschnitt 2: Analyse und Darstellung der Einwirkungspraxis des Europarechts auf das Umweltrecht

A. Umweltrechtliche Gesetzgebungs- und Vollzugskompetenzen der EU und der Mitgliedstaaten

I. Kompetenzen bei Abwesenheit von Sekundärrecht

1 Art. 4 AEUV sieht zum Erreichen der in Art. 3 EUV festgelegten Ziele unter anderem vor, dass die Union eine Politik auf dem Gebiet der Umwelt führt. Nach Art. 191 AEUV soll diese Politik zur Verfolgung bestimmter umweltpolitischer Ziele *beitragen*. Dies bedeutet, dass die **gemeinschaftliche Umweltpolitik** nicht an die Stelle der Umweltpolitik der Mitgliedstaaten, sondern lediglich neben diese tritt. Gemäß der allgemeinen Subsidiaritätsklausel des Art. 5 EUV sind somit bei Fehlen gemeinschaftlichen Sekundärrechts die Mitgliedstaaten für Maßnahmen auf dem Gebiet des Umweltschutzes zuständig. Für internationale Umweltregelungen sind dagegen die Mitgliedstaaten schon dann zu gemeinschaftlichem Handeln verpflichtet, wenn die Kommission entsprechende Vorschläge vorgelegt hat (Art. 4 Abs. 3 EUV).[1]

2 Anders als die **Kompetenz der Union** ist ferner die Kompetenz der Mitgliedstaaten für den Schutz, die Erhaltung und die Verbesserung der Umwelt unbegrenzt. Solange die Union in einem bestimmten Bereich des Umweltschutzes nicht tätig geworden ist, können die Mitgliedstaaten also alle die ihnen erforderlich oder zweckmäßig erscheinenden Maßnahmen erlassen, da sie nicht durch einen Grundsatz der Einzelermächtigung wie in Art. 5 Abs. 1 EUV beschränkt sind.

3 Die allgemeine **Gesetzgebungskompetenz der Mitgliedstaaten** bei Abwesenheit von Sekundärrecht zum Schutz der Umwelt auf EU-Ebene gilt indessen nicht unbegrenzt. Denn selbstverständlich sind die Mitgliedstaaten verpflichtet, allgemein die Regeln des EU-Vertrages einzuhalten. Zu diesen Regeln gehören zum einen alle Vorschriften des gemeinschaftlichen Primärrechts in der Form, die es durch die Rechtsprechung der Europäischen Gerichte gefunden hat. So darf etwa ein Mitgliedstaat nicht Regeln zum Schutz der Umwelt erlassen, die den freien Warenverkehr über die in den Art. 34 bis 36 AEUV festgelegten Grenzen hinaus einschränken, staatliche Beihilfen zum Schutz der Umwelt bereitstellen, die den Art. 107 bis 109 AEUV zuwiderlaufen, oder steuerliche Vorschriften erlassen, die den Art. 110 bis 112 AEUV widersprechen.

4 Die dargestellten Regeln gelten auch im Verhältnis zu Staaten, die nicht der EU angehören, sowie zu internationalen Organisationen. Art. 191 Abs. 4 AEUV bestimmt zwar, dass **Verträge mit dritten Staaten und internationalen Organisationen** von der Union sowie von den Mitgliedstaaten im Rahmen ihrer jeweiligen Befugnisse abgeschlossen werden können; doch hat der EuGH den Anwendungsbereich dieser Vorschrift auf allgemeine Verwaltungsabkommen beschränkt (Gutachten 2/00). Für das Aushandeln eines internationalen Abkommens durch die Union sieht Art. 218 AEUV eine Ermächtigung eines Verhandlungsführers zum Verhandeln und Abschließen eines solchen Abkommens durch den Rat vor. In der Praxis nehmen sowohl die Mitgliedstaaten als auch die Kommission an Verhandlungen über internationale Umwelt-Abkommen teil, oft genug ohne dass die Kommission ein ausdrückliches Verhandlungsmandat besitzt.

II. Ermächtigungsgrundlagen für Sekundärrecht

5 Die Befugnis der Union, sekundäres Umweltrecht zu erarbeiten und zu verabschieden, folgt aus den Art. 3 EUV, 4 und 191 bis 193 AEUV. Die der Union zugewiesene Aufgabe, eine Politik auf dem Gebiet der Umwelt zu führen, ist in Art. 191 AEUV näher umrissen. Diese Aufgabe schließt die Befugnis, ja sogar die Verpflichtung ein, die zum Erreichen der **in Art. 191 konkretisierten umwelt-**

1 EuGH, Rs. C-246/07 (Kommission/Schweden), Slg 2010, I-3317.

politischen Zielsetzungen – die Umwelt zu schützen, zu erhalten und in ihrer Qualität zu verbessern, ein hohes Maß an Umweltschutz in der gesamten Union zu erreichen, zum Schutz der menschlichen Gesundheit beizutragen, die natürlichen Ressourcen umsichtig und rationell zu verwenden und Maßnahmen auf internationaler Ebene zur Bewältigung regionaler oder globaler Umweltprobleme zu fördern – auf Unionebene vorzuschlagen und zu treffen. Jedenfalls im Umweltbereich hat die Kommission nach dem EU-Vertrag allein das Recht, Gesetzgebungsvorschläge vorzulegen, die dann nach den im Vertrag vorgesehenen Verfahren verhandelt und gegebenenfalls angenommen werden. Einer weiteren Ermächtigungsgrundlage für das Verfahren der Rechtsetzung bedarf es damit nicht.

6 Der **Begriff „Umwelt"** ist im Vertrag nicht definiert, doch sind die Art. 3 und 191 AEUV sehr weit gefasst. Sie gestatten ein Tätigwerden in allen Bereichen der herkömmlichen Umweltpolitik, also dem Gewässerschutz, der Luftreinhaltung, dem Schutz der biologischen Vielfalt, für Lärm, Abfall und umweltrelevante Aspekte des Produktrechts. Nicht mehr zweifelhaft ist ferner, dass Maßnahmen im Bereich des Klimaschutzes der Umweltpolitik zuzurechnen sind. Regelungen über Energieeinsparungen, erneuerbare Energien und Energieeffizienz werden seit Ende 2009 auf den neu eingefügten Art. 194 AEUV gestützt; vorher waren derartige Regelungen überwiegend auf Art. 192 AEUV gestützt worden. Dem Umweltschutz zuzurechnen sind richtigerweise auch Tierschutzregelungen für wildlebende Tiere. Ferner folgt aus Art. 192 Abs. 2 AEUV, dass auch Maßnahmen der Raumordnung, der Bodennutzung und der Bewirtschaftung der Wasserressourcen oder zur Einführung von Ökosteuern zu den Umweltregelungen gehören.

7 Nicht zu dem Sachbereich Umwelt gehört der Schutz der **Umwelt am Arbeitsplatz**, der dem Sachbereich „Sozialpolitik" zugeordnet ist. Ferner sind Regelungen im Bereich der Kernenergie auf den Euratom-Vertrag zu stützen, auch soweit sie Auswirkungen auf die Umwelt haben.

8 Die Grenzen der Befugnisse der gemeinschaftlichen Institutionen zum Erlassen von Sekundärrecht ergeben sich ebenfalls aus dem Vertrag, insbesondere aus den in Art. 5 EUV und einem Protokoll[2] niedergelegten Grundsätzen der **Subsidiarität** und der **Verhältnismäßigkeit.** Beide Grundsätze begrenzen sowohl das „ob", als auch das „wie" der Rechtsetzung, also die Ausgestaltung der jeweiligen Vorschriften im Einzelfall. Meinungsverschiedenheiten sind letztlich durch den Gerichtshof zu entscheiden; doch kommt es in der Praxis regelmäßig zu rechtspolitischen Entscheidungen seitens der Kommission oder des Rates: da die Kommission nicht gezwungen werden kann, Gesetzgebungsvorschläge vorzulegen und der Rat Vorschläge der Kommission durch Nichterörtern obsolet werden lassen kann, wurde der Gerichtshof in der Vergangenheit in Umweltfragen so gut wie nie wegen Verletzung der Grundsätze der Subsidiarität oder der Verhältnismäßigkeit angerufen.

9 Streitig war etwa bis in die jüngste Zeit, ob die Union auf Grund der Art. 191 bis 193 AEUV eine Richtlinie über den Schutz der Umwelt durch **Strafrecht** erlassen dürfe. Ein entsprechender Vorschlag der Kommission[3] wurde vom Rat nicht abschließend erörtert. Stattdessen nahm der Rat eine Rahmenentscheidung nach Art. 35 EUV an.[4] Gegen diese Entscheidung rief die Kommission den Gerichtshof an, da sie der Auffassung war, aus Art. 191 bis 193 AEUV ergebe sich eine Zuständigkeit für das Setzen von strafrechtlichen Rahmenbedingungen. Im Herbst 2005 bestätigte der Gerichtshof den Standpunkt der Kommission und hob die Rahmenentscheidung auf.[5] In einer weiteren Entscheidung stellte der Gerichtshof dann klar, dass allein die Mitgliedstaaten über Art und Höhe der Strafen entscheiden.[6] Auf dieser Grundlage kam es dann zur Annahme einer auf den jetzigen Art. 192 AEUV gestützten Richtlinie,[7] die indessen im Umweltbereich wegen ihrer allgemei-

---

2 Vgl Protokoll über die Anwendung der Grundsätze der Subsidiarität und der Verhältnismäßigkeit, ABl. 2008 C 115, S. 206.

3 Vgl Vorschlag der Kommission, ABl. 2000 C 180, S. 238.

4 Entscheidung 2003/80, ABl. 2003 L 29, S. 55.

5 EuGH, Rs. C-176/03 (Kommission/Rat), Slg 2005, I-7879.

6 EuGH, Rs. C-440/05 (Kommission/Rat), Slg 2007, I-9097.

7 RL 2008/99/EG des Europäischen Parlaments und des Rates über den strafrechtlichen Schutz der Umwelt, ABl. 2008 L 328, S. 28.

nen Formulierung und der fehlenden Regelungen über Art und Maß der Strafen kaum Wirkungen entfaltet hat.

Ähnlich liegt der Fall der Zuständigkeit der Union für **Klagerechte** von Personen und Umweltorganisationen vor mitgliedstaatlichen Gerichten. In Verfolg eines internationalen Übereinkommens schlug die Kommission eine Richtlinie über den Zugang zu einzelstaatlichen Gerichten vor.[8] Der Rat behandelte den Vorschlag indessen nicht abschließend. Bei Abschluss des Übereinkommens ließ er die Frage der rechtlichen Zuständigkeit der EU offen.[9] 10

III. Verbleibende Kompetenzen der Mitgliedstaaten bei Sekundärrecht

Bei der Frage, welche **verbleibenden Zuständigkeiten der Mitgliedstaaten** es gibt, wenn die Union sekundäres Unionsrecht erlässt, also insbesondere eine Verordnung oder Richtlinie angenommen hat, ist nach der Rechtsgrundlage zu unterscheiden, auf der die gemeinschaftliche Regelung beruht. Nach dem EU-Vertrag sind das Entscheidungsverfahren auf EU-Ebene und die Rechtsfolgen unterschiedlich ausgestaltet. Die Rechtsprechung des Gerichtshofs und die Praxis der EU-Institutionen können wie folgt zusammengefasst werden: 11

Die **Wahl der Rechtsgrundlage** steht nicht im freien Ermessen der EU-Institutionen, sondern hat sich nach objektiven, nachprüfbaren Kriterien, insbesondere der im Text zum Ausdruck kommenden Zielsetzung und dem Inhalt zu richten. Trotz einiger Bedenken findet insoweit die so genannte Schwerpunkt-Theorie Anwendung: liegt der Schwerpunkt einer Regelung auf dem freien Warenverkehr, so gilt Art. 114 AEUV; bezweckt die Maßnahme nach Zielsetzung und Inhalt überwiegend den Schutz der Umwelt, so ist Art. 192 AEUV die richtige Rechtsgrundlage. Diese Abwägungskriterien gelten auch in denjenigen Fällen, in denen eine Umweltregelung etwa auf Art. 43 (Landwirtschaft, Fischerei), 100 (Transport) oder Art. 207 (Außenhandel) AEUV gestützt ist. Eine doppelte Rechtsgrundlage ist nur ausnahmsweise dann möglich, wenn die Zielsetzungen zweier Sachbereiche vollständig gleichgewichtig sind und außerdem das Entscheidungsverfahren auf EU-Ebene gleichwertig ist. 12

Umweltmaßnahmen allgemeiner Natur – etwa über den Zugang zu Informationen über die Umwelt, die Umweltverträglichkeitsprüfung, das Öko-Audit, anlagenbezogene Regelungen oder Umwelthaftung – sind danach auf Art. 192 AEUV zu stützen. Regelungen über den **Schutz der biologischen Vielfalt und den Naturschutz** beruhen gleichfalls auf Art. 192 AEUV, ebenso Regelungen zum Schutz der Gewässer zur Qualität der Luft und zur Abfallbewirtschaftung. **Produktbezogene Umweltregelungen**, einschließlich des Inverkehrbringens von genetisch veränderten Organismen oder Produkten, beruhen regelmäßig auf Art. 114 AEUV. Regelungen über den Handel mit ozonschädigenden Stoffen, bedrohten Tier- und Pflanzenarten und Verpackungsabfällen ergingen dagegen nach Art. 192 AEUV. Die VO über Pestizide wurde auf die jetzigen Art. 43, 114 und 169 AEUV gestützt, die VO über Biozide dagegen nur auf Art. 114 AEUV. Die VO über die Ein-und Ausfuhr gefährlicher Chemikalien basiert auf Art. 192 und 207 AEUV. Luftemissionen von Schadstoffen sowie von Lärm unterliegen Art. 114 (Kraftfahrzeuge) oder 100 (Flugzeuge); Lärmschutznormen unterfallen Art. 192 AEUV. 13

Beruht eine EU-Verordnung oder -Richtlinie auf Art. 192 AEUV, so richten sich die den Mitgliedstaaten **verbleibenden Kompetenzen** nach Art. 193 AEUV. Danach können die Mitgliedstaaten verstärkte Schutzmaßnahmen beibehalten oder neu ergreifen; doch müssen diese verstärkten Maßnahmen mit dem EG-Vertrag, richtigerweise auch mit dem anderen sekundärem Unionsrecht,[10] vereinbar sein. Problematisch sind insbesondere die Fälle, in denen eine Vereinbarkeit mit den 14

---

8 Kommission, Vorschlag für eine RL über den Zugang zu Gerichten in Umweltangelegenheiten, KOM(2003) 624. Der Vorschlag wurde Ende 2013 zurückgezogen.

9 Beschluss 2005/370 (Fn 77), sowie die Erklärung der EG, ibidem, S. 3.

10 Das deutsche Schrifttum nimmt teilweise an, Art. 193 AEUV verlange lediglich eine Übereinstimmung mit dem primären Unionsrecht. Da indessen alles sekundäre Unionsrecht auf dem Vertrag beruht, ist diese Auffassung, die offenbar nur in Deutschland vertreten wird, abzulehnen. Der Gerichtshof hat sich zu dieser Frage noch nicht ausdrücklich geäußert.

Vorschriften des freien Warenverkehrs, Art. 34 bis 36 AEUV, in Frage steht. Art. 193 AEUV bezweckt nicht, im Namen des Umweltschutzes das Errichten neuer Handelshemmnisse zu gestatten. Infolge dessen sind bei der Prüfung der Vereinbarkeit einer weitergehenden mitgliedstaatlichen Regelung nach Art. 193 die Art. 34 bis 36 AEUV in der Auslegung, die sie durch den Gerichtshof gefunden haben, zu prüfen.

15 Je detaillierter eine auf **Art. 192 AEUV** gestützte Regelung ein Sachproblem regelt, desto geringer wird der Spielraum für weitergehende Regelungen der Mitgliedstaaten; und falls eine gemeinschaftliche Verordnung oder Richtlinie eine vollständige Harmonisierung vorsieht, entfällt für die Mitgliedstaaten die Möglichkeit des Rückgriffs auf **Art. 193 AEUV**. Das hat der Gerichtshof bisher zwar nicht ausdrücklich entschieden. In zwei Entscheidungen, bei denen es um Fragen des Verbringens von Abfällen in einen anderen Mitgliedstaat nach der VO (EWG) Nr. 259/93[11] ging, war er mit dem Thema konfrontiert. Im ersten entschiedenen Fall ließ er eine weitergehende Maßnahme an der Binnenmarktklausel des jetzigen Art. 193 AEUV scheitern, im zweiten Fall berief sich die beklagte Bundesrepublik nicht auf Art. 193 AEUV.[12] Für die restriktive Auslegung spricht aber, dass eine in einem Rechtsakt vorgenommene sorgfältige, ins Einzelne gehende Abwägung zwischen den widerstreitenden Interessen des freien Warenverkehrs und des Umweltschutzes auf Unionsebene keinen Sinn macht, wenn sich die Mitgliedstaaten von der auf EU-Ebene gefundenen Lösung unter Berufung auf Art. 193 AEUV jederzeit wieder lossagen könnten.[13] Bei Verhandlungen und Vereinbarungen internationaler Abkommen lässt der Grundsatz loyaler Zusammenarbeit (Art. 4 Abs. 3 EUV) eine Berufung auf Art. 193 AEUV nicht mehr zu, wenn die Union mit dem Erörtern eines gemeinsamen Vorgehens begonnen hat.[14] Allgemein lässt der Gerichtshof den Rückgriff auf Art. 34/36 AEUV nicht mehr zu, wenn der Unionsgesetzgeber durch einen harmonisierenden Rechtsakt eine Abwägung der in jenen Bestimmungen geschützten Rechtsgüter mit den Interessen des freien Warenverkehrs vorgenommen hat.[15]

16 **Weitergehende mitgliedstaatliche Regelungen** sind der Kommission mitzuteilen. Ein Unterlassen dessen macht die mitgliedstaatliche Regelung nicht nichtig oder anfechtbar; die Mitteilung hat auch keine aufschiebende Wirkung.

17 Umweltregelungen können auch auf **Art. 114 AEUV** gestützt werden, wie aus dem Wortlaut dieser Vorschrift eindeutig hervorgeht. Die den Mitgliedstaaten nach Erlass einer solchen Harmonisierungsmaßnahme verbliebenen Möglichkeiten, selbst Regelungen zu treffen, gehen in diesem Fall deutlich weniger weit als nach Art. 193 AEUV. Einzelstaatliche strengere Umwelt-Maßnahmen dürfen beibehalten werden, wenn sie zum Schutz von Gesundheit und Leben von Menschen, Tieren oder Pflanzen (Art. 36 AEUV) oder den Schutz der Umwelt gerechtfertigt sind. Die beizubehaltenden Maßnahmen müssen der Kommission mitgeteilt werden, die sie innerhalb von sechs Monaten billigen oder ablehnen muss; die Frist kann einmalig um bis zu sechs Monaten verlängert werden. Trifft die Kommission keine Entscheidung, so gilt die einzelstaatliche Maßnahme als gebilligt (Art. 114 Abs. 6).

18 Will ein Mitgliedstaat nach Erlass einer EU-Regelung eine abweichende, **strengere Regelung** zum Schutz der Umwelt neu einführen, so darf er dies nur dann, wenn (1) die Maßnahme zum Schutz der Umwelt erforderlich ist, (2) ein spezifisches Problem für den handelnden Mitgliedstaat gelöst werden soll, (3) das Problem nach Erlass der Harmonisierungsmaßnahme entstand und (4) die einzelstaatlichen Bestimmungen auf neue wissenschaftliche Erkenntnisse gestützt sind. Auch diese geplanten Maßnahmen werden der Kommission mitgeteilt, von dieser überprüft, ob sie eine willkürliche Diskriminierung, eine verschleierte Beschränkung des Handels zwischen den Mitgliedstaa-

11 Art. 7 Abs. 4 VO (EWG) Nr. 259/93 (Fn 486).
12 EuGH, Rs. C-203/96 (Dusseldorp), Slg 1998, I-4075; Rs. C-228/00 (Kommission/Deutschland), Slg 2003, I-1439.
13 *Krämer*, EU Environmental Law S. 114 ff; *Jans/Vedder*, S. 119; aA *Winter*, DVBl. 2000, 657, 666.
14 EuGH, Rs. C-246/07 (Fn 1).
15 St. Rspr, vgl etwa EuGH, Rs. C-62/90 (Kommission/Deutschland), Slg 1992, I-2575; Rs. C-323/93 (Crespelle), Slg 1994, I-5077.

ten darstellen oder das Funktionieren des Binnenmarktes behindern, und dann gebilligt oder abgelehnt.

Wegen der unterschiedlichen Rechtsfolgen zwischen Art. 193 AEUV und Art. 114 Abs. 4 und 5 AEUV erscheint es so gut wie ausgeschlossen, dass eine EU-Regelung **gleichzeitig auf Art. 114 und 192 AEUV** gestützt wird; die einzige Möglichkeit ist, für jede einzelne Vorschrift der Regelung klarzustellen, ob sie auf Art. 114 oder 192 AEUV beruht. In jüngerer Zeit hat der EU-Gesetzgeber von dieser Möglichkeit mehrfach Gebrauch gemacht.[16] 19

Ergeht eine **Gesetzgebungsmaßnahme** der EU **auf Grund anderer Bestimmungen der EU-Verträge** – Lärmnormen für Flugzeuge (Art. 100 AEUV), die Gesamtenergieeffizienz von Gebäuden (Art. 194 AEUV), – dann haben die Mitgliedstaaten keine verbliebenen Rechte, einzelstaatliche abweichende Bestimmungen beizubehalten oder einzuführen. Eine entsprechende Anwendung der Art. 114 Abs. 4 und 5 EG oder 193 AEUV ist wegen des Ausnahmecharakters dieser Vorschriften nicht möglich; auch wäre nicht klar, welche dieser Vorschriften denn entsprechend angewendet werden sollte. Allerdings ist es ohne weiteres möglich, in der jeweiligen RL eine dem Art. 193 AEUV entsprechende Vorschrift aufzunehmen.[17] 20

B. Umsetzungs- und Vollzugspflichten der Mitgliedstaaten

Der EU-Vertrag selbst enthält **keine Bestimmungen** über die Umwelt, die die Mitgliedstaaten in ihr innerstaatliches Recht umsetzen oder die sie anwenden müssen. Die Verpflichtungen aus Art. 3 EUV und 191 AEUV, eine nachhaltige Entwicklung und ein hohes Maß an Umweltschutz in der gesamten Union anzustreben sowie die Qualität und den Schutz der Umwelt zu verbessern, obliegen den Institutionen der Union. Die Mitgliedstaaten haben zwar die Verpflichtung, die Union bei der Erfüllung der ihr obliegenden Aufgaben zu unterstützen; doch werden damit die Ziele der EU noch nicht zu Zielen der Mitgliedstaaten selbst. 21

Ferner sind die umweltrechtlichen Vorschriften des AEUV nicht in einer Weise formuliert, dass sie es einzelnen Personen gestatten, sich unmittelbar auf sie zu berufen. Art. 34 AEUV verbietet Maßnahmen der Mitgliedstaaten, die den freien Warenverkehr behindern; der Gerichtshof hat diese Bestimmung dahin ausgelegt, dass **sich jeder Einzelne auf diese Vorschrift berufen** kann. Eine entsprechende Vorschrift etwa dahingehend, dass die Verschmutzung der Umwelt verboten ist, fehlt im AEUV.[18] 22

Anders stellt sich die Rechtslage im sekundären Unionsrecht dar. Nach Art. 192 Abs. 4 AEUV tragen die Mitgliedstaaten für die **Durchführung der gemeinschaftlichen Umweltpolitik** und der in Verfolg dieser Umweltpolitik getroffenen Regelungen Sorge, unbeschadet bestimmter Maßnahmen gemeinschaftlicher Art. Diese letztgenannte Bestimmung betrifft insbesondere EU-VOen, die ja in jedem Mitgliedstaat unmittelbar gelten. In der Praxis enthalten indessen auch zahlreiche Umwelt-RLen Bestimmungen, die sich an die Mitgliedstaaten wenden und von ihnen ein bestimmtes Verhalten verlangen, etwa das Benennen der zuständigen Behörden, das Erstellen von Berichten oder das Ausstellen von Genehmigungen; in diesem Umfang ist ein praktischer Unterschied zwischen VOen und RLen nicht mehr zu erkennen. 23

Grundlegend für die Verpflichtung der Mitgliedstaaten ist **Art. 4 Abs. 3 EUV**. Danach haben die Mitgliedstaaten alle geeigneten Maßnahmen allgemeiner oder besonderer Art zu treffen, um ihre Verpflichtungen aus dem EU-Vertrag oder aus dem sekundären Unionsrecht zu erfüllen, ferner 24

16 Vgl etwa RL 2006/66/EG (Fn 499); VO (EG) Nr. 842/2006 des Europäischen Parlaments und des Rates über bestimmte fluorierte Treibhausgase, ABl. 2006 L 161, S. 1.

17 Vgl Art. 2 RL 2010/63/EU des Europäischen Parlaments und des Rates zum Schutz der für wissenschaftliche Zwecke verwendeten Tiere, ABl. 2010 L 276, (für Art. 114 Abs. 4 AEUV); Art. 1 Abs. 2 RL 2010/31 (Fn 272), Art. 1 Abs. 3 und RL 2012/27 (Fn 272), (jeweils für Art. 194 AEUV).

18 S. dazu den Vorschlag der Avosetta Group in *Jans* (Hrsg.), The European convention and the future of European environmental law, 2003, S. 119, für eine neue Bestimmung im Umweltkapitel der neuen Verfassung: „Vorbehaltlich zwingender Gründe vorrangiger öffentlichen Interessen ist jede erhebliche Beeinträchtigung der Umwelt untersagt".

auch alles zu unterlassen, was die Verwirklichung der Ziele des EU-Vertrages und damit auch der RLen und VOen gefährden könnte. Neben diesen Bestimmungen des Primärrechts bestimmt auch jede einzelne RL, dass ihre Vorschriften innerhalb eines bestimmten Zeitraums in innerstaatliches Recht umzusetzen und anzuwenden sind. Art. 17 EUV schließlich weist der Kommission die Aufgabe zu, für die Anwendung des EU-Vertrages sowie der von den Institutionen getroffenen Regelungen Sorge zu tragen.

25 Da RLen für die Mitgliedstaaten verbindlich hinsichtlich des zu erreichenden Zieles sind, ihnen aber die Wahl der Form und der Mittel zur Erreichung dieses Ziels lassen (Art. 288 Abs. 3 AEUV), ergeben sich aus den angeführten Bestimmungen des EU-Vertrages zwei Haupt-Verpflichtungen: sie müssen zum einen die Vorschriften der EU-RLen **in ihr innerstaatliches Recht umsetzen,** zum anderen die Vorschriften der umgesetzten RLen, ferner der Entscheidungen und der VOen **tatsächlich anwenden.**

26 Die **Umsetzung** umweltpolitischer RLen hat grundsätzlich durch Gesetz oder Verordnung zu erfolgen, um die volle Anwendung der RLen in rechtlicher und nicht nur in tatsächlicher Hinsicht zu gewährleisten und eine so bestimmte, klare und durchschaubare Lage zu schaffen, dass einzelne Personen von ihren Rechten Kenntnis erlangen und diese geltend machen können.[19] Die Übereinstimmung der mitgliedstaatlichen Praxis mit den Vorschriften des EU-Rechts genügt nicht, weil einerseits eine solche Praxis jederzeit wieder geändert werden kann, andererseits eine Verwaltungspraxis nicht die erforderliche Rechtssicherheit gewährleistet; aus den gleichen Gründen reichen auch Verwaltungsvorschriften oder andere, interne Bestimmungen nicht aus, um Vorschriften des EU-Umweltrechts in innerstaatliches Recht umzusetzen. Definitionen in EU-Regelungen müssen jedenfalls dann in das innerstaatliche Recht übernommen werden, wenn anderenfalls Unklarheiten wegen des rechtlichen oder tatsächlichen Inhalts der umgesetzten Regelung bestehen könnten, etwa, weil ein mitgliedstaatlicher Begriff eine andere Bedeutung hat.

27 Ausnahmen von der Umsetzungspflicht gelten allenfalls dort, wo den **Institutionen der Union** Verpflichtungen zugewiesen oder wo ausschließlich die **internen Beziehungen** zwischen mitgliedstaatlichen Verwaltungen und den Dienststellen der Union betroffen sind.[20] Ausnahmen werden ferner dann zuzulassen sein, wenn es **tatsächlich unmöglich** ist, einer RL nachzukommen. So wäre etwa Österreich nicht verpflichtet, eine Richtlinie über Umweltschutz-Bestimmungen in Seehäfen umzusetzen.

28 Die Umsetzung muss das gesamte Hoheitsgebiet des Mitgliedstaates erfassen, zu dem auch das Gebiet der ausschließlichen Wirtschaftszonen gehört.[21] Diese Regel wirft insbesondere in denjenigen Mitgliedstaaten Probleme auf, in denen die Gesetzgebungszuständigkeit nicht dem Zentralstaat, sondern Regionen, Ländern oder gar den Gemeinden zugewiesen ist. Aus Sicht der Union ist die **innerstaatliche Verteilung der Zuständigkeiten** eine Frage, die die Verpflichtungen des Mitgliedstaates gegenüber der Union unberührt lässt. Aus diesem Gesichtspunkt folgt ferner, dass es aus Sicht der Union gleich gültig ist, ob die Umsetzung einer RL in innerstaatliches Recht durch einen einzelnen oder durch mehrere Rechtsakte erfolgt; entscheidend ist allein, ob das gesamte Hoheitsgebiet des Mitgliedstaates abgedeckt ist.

29 Die Umsetzung muss **inhaltlich korrekt** sein. Die EU-Vorschrift muss ihrem Wortlaut und ihrem Sinn sowie ihrer Zielsetzung nach vollständig in das mitgliedstaatliche Rechtssystem integriert werden, so dass sie rechtlich und tatsächlich ihre volle Rechtswirkung entfalten kann. Oft wird dies die wörtliche Übernahme der EU-Vorschrift erfordern. Insbesondere EU-Regelungen, die Emissions- oder Immissionsnormen enthalten oder, allgemein, bezifferte Werte festlegen, müssen es betroffenen Personen gestatten, diese Normen oder Werte auch in der mitgliedstaatlichen Rechtsordnung wieder zu finden.

---

19 EuGH, Rs. C-131/88 (Kommission/Deutschland), Slg 1991, I-825, Rn 8, st. Rspr.

20 Vgl etwa EuGH, Rs. C-186/91 (Kommission/Belgien), Slg 1993, I-851: die Mitgliedstaaten müssen auch eine Verpflichtung, nach der in Grenzgebieten die örtlichen oder regionalen Verwaltungen die Verwaltungen in benachbarten Mitgliedstaaten zu konsultieren haben, in innerstaatliches zwingendes Recht umsetzen.

21 EuGH, Rs. C-6/04 (Kommission/Großbritannien), Slg 2005, I-9017.

Eine korrekte Umsetzung erfordert auch das Festlegen von **Sanktionen** für einen Verstoß gegen das EU-Recht. Derartige Sanktionen müssen den mitgliedstaatlichen Sanktionen für gleichartige Verstöße entsprechen und wirksam, verhältnismäßig und abschreckend sein.[22] 30

Die Mitgliedstaaten müssen die Vorschriften des EU-Umweltrechts nicht nur in ihr innerstaatliches Recht umsetzen, sondern sie auch anwenden. Diese Bestimmung spielt in der Umweltpolitik eine besondere Rolle, weil Umweltschutz ein Allgemeininteresse der Union ist, indessen, anders als etwa der Agrar-, Transport-, Energie- oder Wettbewerbssektor, nicht von starken organisierten Interessen gestützt wird. Im Konzert der Stimmen der Interessenvertreter macht sich das Fehlen einer organisierten Interessenvertretung der Umwelt auf der Ebene der Union wie der Mitgliedstaaten besonders bemerkbar. Damit fällt staatlichen Stellen, denen in allen Mitgliedstaaten der Schutz der Umwelt anvertraut ist, für die **Anwendung** der Vorschriften des Umweltrechts eine besondere Verantwortung zu, die regelmäßig größer ist als in anderen Bereichen des Rechts. Die Mitgliedstaaten haben durch Genehmigungen, Gebote, Verbote, Kontrollen und andere **Maßnahmen** dafür zu sorgen, dass die Vorschriften zum Schutz der Umwelt auch tatsächlich angewandt werden. Während einige Mitgliedstaaten besondere **Organisationsformen** hierfür entwickelt haben – Agenturen, Umweltinspektionen, Umweltpolizei, spezialisierte Staatsanwaltschaften, Ombudsmann usw –, fehlt es in anderen Mitgliedstaaten an besonderen organisatorischen Maßnahmen, um eine tatsächliche Anwendung des – mitgliedstaatlichen wie des gemeinschaftlichen – Umweltrechts sicherzustellen. Allgemein lässt sich feststellen, dass die **Implementationslehre und -forschung** in der Europäischen Union die Besonderheiten des Umweltschutzes weitgehend ignoriert hat. Daher ist es nicht verwunderlich, dass in der Europäischen Union ein erhebliches Implementationsdefizit für Umweltregelungen besteht, auch in Bezug auf das EU-Umweltrecht. 31

Den Einzelheiten der Umsetzung und des tatsächlichen Vollzugs des EU-Umweltrechts ist an dieser Stelle nicht weiter nachzugehen, da insofern zu viele Besonderheiten des jeweiligen innerstaatlichen Rechts bestehen. Dagegen ist die **Überwachung des Rechtsvollzugs** durch die Europäischen Institutionen, insbesondere die Kommission, näher zu erörtern. 32

Jede einzelne RL verpflichtet die Mitgliedstaaten, der Kommission die zur **Umsetzung** der RL bestehenden oder neu erlassenen Vorschriften, ferner auch jede spätere Änderung **mitzuteilen.** Meist haben die Mitgliedstaaten ferner die Verpflichtung, der Kommission in regelmäßigen Abständen über die Durchführung und Anwendung der EU-Regelungen zu berichten. Versuche, diese Durchführungsberichte für ganze Bereiche – Wasser, Luft, Abfall usw – zu erstellen,[23] waren jedenfalls in der Vergangenheit weitgehend erfolglos, weil die Mitgliedstaaten wenig Interesse an derartigen umfangreichen Berichten hatten, Einzelheiten verschiedener Bestimmungen verloren gingen und neue Regelungen nicht stets erfasst wurden. 33

Eigene Untersuchungen der Kommission oder Drittstudien zur **tatsächlichen Anwendung** der Umweltregelungen in den Mitgliedstaaten blieben aus Mangel an personellen und finanziellen Ressourcen begrenzt. Infolge dessen ist Hauptquelle für die Erkenntnisse der Kommission die mitgliedstaatliche Gesetzgebung, die allerdings nur Fragen zur vollständigen und inhaltlich richtigen Umsetzung, nicht aber zur tatsächlichen Anwendung beantwortet. Auch Auskunftsersuchen an die Mitgliedstaaten, Verwaltungssitzungen, das Auswerten von Medienberichten usw halfen und helfen insoweit nur sehr begrenzt weiter, weil die Mitgliedstaaten wenig geneigt sind, selbst über eine mangelnde tatsächliche Anwendung zu berichten. 34

Aus diesen Gründen hat das **Beschwerdeverfahren** in Umweltfragen eine besondere Bedeutung erlangt. Von der Kommission ursprünglich eingeführt, um der privaten Wirtschaft gegen bürokratische Hemmnisse im Binnenmarkt – Gebühren, Formalitäten, Grenzkontrollen usw – zu helfen, wurde es aus den angeführten Gründen im Umweltbereich recht populär. Gegenwärtig betreffen etwa vierzig Prozent aller bei der Kommission eingehenden Beschwerden Umweltfragen. Das Ver- 35

22 EuGH, Rs. C-68/88 (Kommission/Griechenland), Slg 1989, 2965.

23 Vgl hierzu RL 91/692/EWG des Rates zur Vereinheitlichung und zweckmäßigen Gestaltung der Berichte über die Durchführung bestimmter Umweltschutzrichtlinien, ABl. 1991 L 377, S. 48.

fahren ist **nicht kodifiziert**. Jedermann kann sich schriftlich, im Übrigen formlos[24] an die Kommission wenden und die Verletzung des EU-Umweltrechts rügen. Gebühren fallen nicht an. Die Kommission registriert die Beschwerde, mit der Folge, dass eine Entscheidung über sie nur von der Kommission selbst getroffen werden kann.

36 Das Beschwerdeverfahren in Umweltangelegenheiten hat sich als **wirksam** erwiesen. Es hat die Funktion eines Stichprobenverfahrens. Die Kommission erfährt auf diese Weise von den meisten größeren Verstößen bei der Anwendung des EU-Umweltrechts. Da es im Umweltbereich – anders als in der Agrar- Fischerei-, Regional- und Wettbewerbspolitik sowie der Zollunion – keine EU-Umweltinspektoren gibt, gestatten es die Umweltbeschwerden, auch die tatsächliche Anwendung des EU-Umweltrechts vor Ort zu überprüfen. Nicht selten erfahren die Regierungen der Mitgliedstaaten erst durch die untersuchenden Anfragen der Kommission von bestimmten Praktiken nachgeordneter Behörden oder privater Stellen. Und die Bürger können durch ihre Tätigkeit zur tatsächlichen Geltung des EU-Umweltrechts beitragen.

37 In der Folge von Deregulierungsbemühungen und allgemeinen konservativen Politikeinflüssen versuchte die Barroso-Kommission seit 2002, (Umwelt-) Beschwerden zurückzudrängen, insbesondere durch die Einführung des sog. **Pilotverfahrens.**[25] Nach diesem – ebenfalls nicht kodifizierten – Verfahren setzt sich die Kommission mit den Dienststellen der Mitgliedstaaten in Verbindung, um eine einvernehmliche Lösung etwaiger Probleme zu erreichen. Diese Erörterungen sind vertraulich. Erst am Ende wird ein etwaiger Beschwerdeführer von dem Ergebnis unterrichtet, zu dem die Kommission gelangt ist. Da in Umweltfragen der Beschwerdegegner fast stets eine Stelle der öffentlichen Verwaltung ist, ist das fast ausschließliche Abstellen auf die von dem betroffenen Mitgliedstaat vorgelegte Tatsachenfeststellung – die Kommission hat keine Umweltinspektoren oder sonstige Ermittlungsmöglichkeiten – und die vertrauliche Erörterung mit dem Mitgliedstaat misslich. Im Ergebnis führt das Pilotverfahren zu einem Rückgang der Umweltbeschwerden und – wichtiger – zu einer verminderten Kontrolle der Anwendung des EU-Umweltrechts; diese Kontrolle bleibt weitgehend auf die rechtzeitige, vollständige und korrekte Umsetzung des EU-Rechts beschränkt, vernachlässigt aber die tatsächliche Anwendung des umgesetzten Rechts stark. Dieses – politisch gewollte – Ergebnis führt zu dem Resultat, dass das inhaltlich weitgehend angeglichene EU-Umweltrecht einen in den Mitgliedstaaten sehr unterschiedlich ausgeprägten Schutz der Umwelt bewirkt.

38 Kommt die Kommission zu dem Schluss, dass ein Mitgliedstaat das EU-Umweltrecht nicht, nicht vollständig oder nicht richtig umgesetzt oder es – sei es auch in einem Einzelfall – nicht richtig angewandt hat, dann kann sie gegen den Mitgliedstaat – nicht gegen den tatsächlichen Verursacher! – ein **Vertragsverletzungsverfahren** einleiten (Art. 258 AEUV). Das Verfahren zwischen der Kommission und dem jeweiligen Mitgliedstaat setzt sich aus einem vorgerichtlichen und einem gerichtlichen Verfahren zusammen. Wegen seiner allgemeinen Natur ist es an dieser Stelle nicht im Einzelnen darzustellen, obwohl es im Umweltbereich erneut eine besondere Bedeutung erlangt hat. Die treibende Rolle der Kommission als Hüterin der Anwendung des Unionsrechts zeigt sich daran, dass etwa 80 Prozent aller Umweltverfahren vor dem Gerichtshof von der Kommission angestrengt wurden.

39 Nach Art. 260 AEUV kann die Kommission ein **zweites Verfahren** einleiten, wenn ein Mitgliedstaat auf Grund eines ersten Urteils des Gerichtshofs nicht die notwendigen Maßnahmen eingeleitet hat, um die festgestellte Vertragsverletzung abzustellen; in diesem zweiten Verfahren kann die Kommission die Zahlung eines Pauschalbetrags oder Zwangsgeldes beantragen. Seit Inkrafttreten der Lissaboner Verträge kann die Kommission diese Sanktionen bereits dann beantragen, wenn ein Mitgliedstaat eine **RL** nicht in sein innerstaatliches Recht umgesetzt hat; eines vorangehenden Feststellungsurteils des Gerichtshofs nach Art. 258 AEUV bedarf es in einem solchen Fall nicht mehr.

24 Ein Formular zur Erleichterung des Einlegens der Beschwerde ist veröffentlicht in ABl. 1999 C 119, S. 5.
25 Vgl hierzu Evaluierungsbericht der Kommission zum Projekt „EU-Pilot“, KOM(2010) 70.

Andere Druckmittel gegen Mitgliedstaaten, die ihren umweltrechtlichen Verpflichtungen nicht nachkommen, stehen der Kommission kaum zur Verfügung. In einem Sonderfall drohte sie Deutschland 1999, EU-Mittel im Rahmen der Regionalpolitik zu sperren, solange die erforderlichen Ausweisungen von Naturschutz-Habitaten nicht vorgenommen würden; damit erreichte sie die überfällige Ausweisung und wandte dieses Verfahren danach allgemein gegen alle alten und neuen Mitgliedstaaten an. Schließlich bleibt der Kommission die – sehr begrenzte – Möglichkeit, über die Öffentlichkeit – insbesondere Pressemitteilungen – Druck auf säumige Mitgliedstaaten auszuüben. 40

Politisch war die **Überwachung** des Rechtsvollzugs durch die Kommission in Umweltfragen recht **erfolgreich**, weil sie dafür sorgte, dass die Anwendung des EU-Umweltrechts in allen Mitgliedstaaten ernst genommen wurde. Doch wächst, begünstigt durch die schwierige wirtschaftliche Lage, der Druck seitens der Mitgliedstaaten, die Überwachung zu vermindern und den Mitgliedstaaten größere Spielräume für den Vollzug zu belassen; dies schließt verstärkte politisch motivierte Einflussnahmen in Einzelfällen ein. 41

C. Ziele, Prinzipien und Berücksichtigungsgebote des Umweltrechts

Art. 3 EUV legt als Aufgabe der EU fest, unter anderem eine harmonische, ausgewogene und nachhaltige Entwicklung des Wirtschaftslebens sowie ein **hohes Maß an Umweltschutz** und die **Verbesserung der Umweltqualität** zu fördern. Die Förderung einer nachhaltigen Entwicklung ist auch in Art. 11 AEUV angesprochen. Die in Art. 3 EUV nicht abschließend[26] aufgezählten Aufgaben der Union werden durch die besonderen umweltpolitischen Ziele[27] des Art. 191 AEUV ergänzt, der der Union vorgibt, zur Verfolgung der nachstehenden Ziele beizutragen: 42

- ein hohes umweltpolitisches Schutzniveau; das hohe Schutzniveau umweltpolitischer Maßnahmen ist auch in Art. 114 Abs. 3 AEUV festgelegt;
- die Erhaltung und der Schutz der Umwelt sowie Verbesserung ihrer Qualität;
- der Schutz der menschlichen Gesundheit;
- eine umsichtige und rationelle Verwendung der natürlichen Ressourcen;
- die Förderung von Maßnahmen auf internationaler Ebene zur Bewältigung regionaler oder globaler Umweltprobleme; vgl hierzu auch Art. 21 Abs. 2 (d) und (f) EUV.

Die verschiedenen Ziele der Union stehen nicht in einem hierarchischen Verhältnis zueinander. Die Union hat alle ihre Ziele anzustreben (Art. 7 AEUV). Konflikte zwischen den Zielen sind durch politische Kompromisse zu vermeiden oder zu lösen. Die verschiedenen Ziele begründen weder Rechte noch Pflichten der Mitgliedstaaten oder einzelner Personen und führen auch nicht zu der Verpflichtung, bestimmte Maßnahmen zu ergreifen. 43

Die **„nachhaltige Entwicklung“**, vom Vertrag von Amsterdam 1999 in den EG-Vertrag eingefügt, ist in Art. 3 EUV und 11 AEUV, nicht aber in Art. 191 AEUV erwähnt. Trotz einer weltweiten Diskussion seit etwa zwanzig Jahren[28] bleiben die Konturen des Begriffes unklar, eine Definition zwangsläufig unbefriedigend. Im Kern bedeutet der aus der Forstwirtschaft stammende Begriff, dass jede wirtschaftliche Tätigkeit – sei es in Entwicklungsländern, sei es in entwickelten Volkswirtschaften – auch die umweltpolitischen Bedingungen und Auswirkungen mit zu berücksichtigen hat, um den Erfordernissen des EU-Vertrages zu entsprechen. Dieser Kerngedanke kommt in der Wortwahl des Art. 3 EUV „nachhaltige Entwicklung“ sowie erneut und verstärkt in Artikel 11 AEUV zum Ausdruck; diese Vorschrift stellt klar, dass jegliches wirtschaftliche Handeln nur dann eine nachhaltige Entwicklung darstellt, wenn es die Erfordernisse des Umweltschutzes mit berücksichtigt. 44

---

26 *Zuleeg*, in: von der Groeben/Schwarze, Art. 2, Rn 4.

27 Zwischen „Zielen“ und „Aufgaben“ des EG-Vertrages besteht kein inhaltlicher Unterschied, so dass sie gleichzusetzen sind, vgl *Zuleeg*, in: von der Groeben/Schwarze, Art. 2 EG, Rn 1.

28 Ausgangspunkt dieser Diskussion war der sog. Brundtland-Bericht „Our Common Future“ an die Vereinten Nationen von 1987, in dem sustainable development beschrieben wurde als „a development which meets the needs of the present without compromising the ability of future generations to meet their own needs“.

45 Abzulehnen ist deswegen die Auffassung, „nachhaltige Entwicklung" in Art. 3 EUV beziehe sich lediglich auf das **Wirtschaftsleben** und nicht auf den **Umweltschutz.**[29] Diese Auffassung übersieht, dass der Begriff der nachhaltigen Entwicklung in den verschiedenen Vorschriften des EU-Vertrages nicht unterschiedlich verstanden werden kann.[30] Für eine solche Differenzierung besteht auch kein Anlass: die Union hat eine Förderung des Wirtschaftslebens unter Einbeziehung umweltpolitischer Erfordernisse anzustreben, im Lichte der Aussage des Art. 11 AEUV eine natürliche, fast selbstverständliche Zielvorgabe. Für diese Auslegung sprechen nicht nur der Wortlaut des Art. 3 EUV, sondern auch der Sinn und Zweck der Bestimmung, die die internationale Zielvorgabe des Umweltbegriffs „sustainable development" in den EU-Vertrag einbrachten, ferner der Sachzusammenhang mit Art. 11 AEUV sowie die hier nicht näher darzustellende Entstehungsgeschichte.[31]

46 Auch die Praxis der Europäischen Union spricht für die hier vertretene Auslegung. Im Jahre 2000 nahm der Europäische Rat in **Lissabon** eine Entschließung an, in der er als politisches Ziel der Europäischen Union für das Jahr 2010 das Erreichen von nachhaltigem wirtschaftlichem Wachstum unter Berücksichtigung sozialer Erfordernisse vorgab. Bereits ein Jahr später, in Göteborg 2001, korrigierte er sich, indem er erklärte, die angestrebte wirtschaftliche Entwicklung bis 2010 schließe auch die Berücksichtigung von Erfordernissen des Umweltschutzes ein.

47 Das **hohe Schutzniveau**, in Art. 191 Abs. 2 AEUV, ferner in Art. 114 Abs. 3 AEUV und wohl auch in Art. 3 EUV („hohes Maß an Umweltschutz") erwähnt, ist nicht definiert. Es stellt nicht das höchste erreichbare Schutzniveau dar.[32] Wie dieses Schutzniveau ermittelt werden kann, ist unklar. Jedenfalls besitzen die Institutionen der Union einen denkbar weiten Ermessensspielraum; begrenzt wird dieser durch das in Art. 3 EUV und 191 AEUV festgelegte Erfordernis, eine *Verbesserung* der Qualität der Umwelt anzustreben. Danach ist ein Absenken des umweltpolitischen Schutzniveaus nicht zulässig.[33]

48 Maßnahmen zur Verbesserung der Luftreinhaltung, zur Qualität des Wassers oder zur Verminderung des Lärms fördern auch die **menschliche Gesundheit**. Das Ziel der Ressourcenschonung verlangt ein sparsames Umgehen mit den natürlichen Ressourcen, und zwar weltweit.[34] Der Begriff der natürlichen Ressourcen schließt alle Ressourcen ein, die in der Umwelt vorhanden sind, also etwa Fauna und Flora, Holz, Mineralien, Luft, Wasser, Boden, ferner Erdöl, Gas und Chemikalien. Diese Festlegung ist nicht unwichtig, weil Maßnahmen zum Schutz oder zur Bewirtschaftung dieser Ressourcen je nach Inhalt auch auf Art. 192 AEUV gestützt werden können.[35] Der Schutz der globalen Umwelt als Zielvorgabe schließlich stellt klar, dass Umweltschutz keine Grenzen kennt und die Umweltpolitik der Union daher nicht an ihren Grenzen Halt machen darf.

49 Weder das Ziel der nachhaltigen Entwicklung noch die anderen in Art. 3 EUV und 191 AEUV genannten Ziele können durch Einzelne rechtlich eingeklagt werden. Aber auch unter objektivrechtlichen Gesichtspunkten steht den Institutionen der Union ein **weites Ermessen** zu, wie, in wel-

29 So *Zuleeg*, in: von der Groeben/Schwarze Art. 2, Rn 9; *Schröder*, EUDUR Bd. I, § 9, Rn 15.

30 So aber ausdrücklich *Zuleeg*, in: von der Groeben/Schwarze, Art. 2, Rn 9 unter Hinweis auf Art. 6 EG.

31 Der durch den Vertrag von Amsterdam 1999 eingeführte Ausdruck ersetzte den Ausdruck „umweltverträgliches Wachstum" und führte allgemein zu einer Aufwertung des Umweltschutzes im EU-Vertrag (*Schröder*, EUDUR Bd. I, § 9, Rn 14); wohl auch *Zuleeg*, in: von der Groeben/Schwarze Art. 2, Rn 1). Es kann nicht angenommen werden, dass ausgerechnet an einer so wichtigen Stelle wie Art. 2 EG eine Abkoppelung des wirtschaftlichen Wachstums von den umweltpolitischen Erfordernissen eingefügt und damit der Schutz der Umwelt wesentlich verringert werden sollte.

32 EuGH, Rs. C-284/95 (Safety Hi-Tech/S&T), Slg 1998, I-4301, Rn 48.

33 S. zu einem darauf aufbauenden Prinzip der „non-régression" *N. Hervé-Fournerau*, in: M. Prieur, G. Sozzo (Hrsg.), La non-régression en droit de l' environnement, Brüssel 2012, S. 197 ff.

34 Argument aus dem vierten Anstrich des Art. 191 Abs. 1 AEUV, der ausdrücklich auf die globale Verantwortung der EG verweist.

35 *Vgl etwa EuGH, Rs. C-164/97* u. *C-165/97* (Europäisches Parlament/Rat), Slg 1999, I-1139, in dem es um die Frage ging, ob Maßnahmen zum Schutz der Wälder gegen Waldbrände und gegen Luftverschmutzung auf die jetzigen Art. 43 und 192 AEUV zu stützen seien. Der Gerichtshof bejahte die Anwendung des jetzigen Art. 192 AEUV.

chem Zeitraum und mit welchen Mitteln und Maßnahmen sie das Erreichen der genannten Ziele fördern wollen.

Die **Grundsätze der EU-Umweltpolitik** sind in Art. 191 Abs. 2 AEUV niedergelegt, zu denen das in Art. 11 AEUV verankerte Integrationsprinzip hinzukommt. Überwiegend wird den Grundsätzen rechtliche Verbindlichkeit zugesprochen, die sie zu Maßstäben für die Ausgestaltung einzelner umweltbezogener Rechtsakte macht und sie als Rechtfertigung für bestimmte getroffene Maßnahmen erscheinen lässt; teilweise wird sogar die Auffassung vertreten, eine Regelung, die gegen den Kern eines der Grundsätze verstoße, sei rechtswidrig und anfechtbar.[36] Urteile des Gerichtshofs, die eine solche Rechtsfolge aussprechen, gibt es indessen bisher nicht. Wegen ihrer allgemeinen, sprachlich sogar teilweise unterschiedlichen Formulierung kommt den Institutionen der Union jedenfalls ein weites Ermessen bei der Anwendung der Grundsätze zu. Zudem **ermöglichen** es die Grundsätze der Union, bestimmte Maßnahmen zum Schutz der Umwelt zu treffen und diese Maßnahmen an den Zielen der EU-Umweltpolitik auszurichten.[37] In gleicher Weise können die Grundsätze zu einer **umweltfreundlichen Auslegung** bestehender Vorschriften herangezogen werden. Die Union kann also etwa unter Berufung auf das Verursacherprinzip bei einer eingetretenen Umweltbeeinträchtigung deren Verursacher zur Sanierung verpflichten; falls der Verursacher nicht belangt werden kann, kann sie auch die zuständigen Behörden zur Sanierung verpflichten; im letzteren Fall kann sie aber auch von einer Verpflichtung staatlicher Stellen zur Sanierung absehen.[38] Beide Lösungen sind durch das Verursacherprinzip gedeckt; dagegen ist es nicht vorstellbar, dass die letztgenannte Lösung von einem Gericht als rechtswidrig, weil gegen das Verursacherprinzip verstoßend, erklärt werden könnte. 50

Das in Art. 11 AEUV niedergelegte **Integrationsprinzip** (Querschnittsklausel) fand sich in einem leicht unterschiedlichen Wortlaut seit 1987 im EG-Vertrag, zunächst allerdings in dem jetzigen Art. 191 AEUV. Da es dort nicht hinreichend Aufmerksamkeit fand, verlangte die Kommission seine Aufnahme in die verschiedenen besonderen Politiken (Agrar-, Transport-, Regionalpolitik usw). Um diese als zu schwerfällig empfundene Änderung zu vermeiden, löste der Vertrag von Amsterdam die Bestimmung aus Art. 174 EG heraus und fügte sie als neuen Art. 6 – nunmehr Art. 11 AEUV – in den Vertrag ein. Die Vorschrift verlangt die Einbeziehung umweltpolitischer Erfordernisse in die Ausarbeitung und Durchführung der anderen Politiken des EU-Vertrages. Der Euratom-Vertrag ist nicht erfasst; dagegen bezieht sich diese Vorschrift nunmehr auch auf die EU-Politik in den Bereichen der Außen- und Sicherheitspolitik, der inneren Sicherheit und der gerichtlichen Zusammenarbeit in Strafsachen. Die Vorschrift verlangt somit, dass die EU in allen ihren Tätigkeiten auch die Erfordernisse des Umweltschutzes im Auge behält und mit berücksichtigt. Dies zielt auf einen permanenten Prozess ab, nicht auf ein einmaliges Handeln und rechtfertigt sich, weil Umweltschutz nicht allein durch Maßnahmen im Bereich des Politikfelds „Umweltpolitik" erreicht werden soll; dies würde dem Umweltschutz seinen Querschnittscharakter nehmen, der sämtliche Tätigkeitsbereiche der EU erfasst. 51

Umwelterfordernisse sind zum Einem die in Art. 3 EUV und 191 AEUV festgelegten Ziele der EU-Umweltpolitik. Sie schließen ferner die in Art. 191 Abs. 2 AEUV genannten Grundsätze ein,[39] was heute unstrittig ist. Erneut haben die Institutionen der Union bei ihrer Einbeziehung in die Formulierung und die Durchführung der jeweiligen Politiken einen weiten **Ermessensspielraum**, dessen Grenzen nicht festliegen. Der Gerichtshof wie der Unionsgesetzgeber haben mehrfach auf Ziele und Grundsätze des Art. 191 AEUV zurückgegriffen, um die Zulässigkeit bestimmter Maßnahmen auf 52

36 *Epiney*, S. 140.

37 *Meßerschmidt*, S. 185; *Winter*, ZUR 2003, 137.

38 Bsp. aus der RL 2004/35/EG (Fn 126); der Vorschlag der Kommission, ABl. 2002 C 151E, S. 132, hatte vorgesehen, dass die zuständigen Behörden eine Sanierungspflicht hatten, wenn der Verursacher nicht belangt werden konnte; in der angenommenen RL entfiel diese Verpflichtung der öffentlichen Behörden. Vorschlag wie RL hatten sich auf das Verursacherprinzip berufen.

39 Vgl EuGH, Rs. C-157/96 (Regina/Ministry of Agriculture), Slg 1998, I-2211, Rn 63 f; Rs. C-180/96 (Großbritannien/Kommission), Slg 1998, I-2265, Rn 99 f; EuG, Rs. T-74/00, T-76/00 (Artegodan u.a./Kommission), Slg 2002, II-327, Rn 184.

Unionsebene zu rechtfertigen. Bisher gibt es jedoch noch keine Entscheidung, die einen ergangenen Rechtsakt als fehlerhaft angesehen hätte, weil er auf die Ziele und Grundsätze des Art. 191 AEUV nicht zurückgegriffen hätte.

53 Der **Vorbeugungsgrundsatz** wurde 1987, der **Vorsorgegrundsatz** 1993 in den Vertrag eingefügt. Inhaltlich sind sie dennoch kaum voneinander zu trennen[40] und es sind kaum Fälle vorstellbar, in denen eine Maßnahme auf Grund des Vorsorgegrundsatzes, nicht aber auf Grund des Vorbeugungsgrundsatzes zulässig wäre – und umgekehrt. Der Vorsorgegrundsatz hat sich zu einem umfassenden Rechtsgrundsatz entwickelt, der außer im Umweltbereich über die Transmission des Art. 11 AEUV in praktisch allen Bereichen des Unionsrechts angewandt wird. Die Institutionen der Union und insbesondere der Gerichtshof verstehen ihn dahin, dass er es gestattet, bei Unsicherheiten über das Bestehen oder den Umfang von Risiken Maßnahmen zu treffen, um Gefahren abzuwehren, ohne dass die Klärung der Unsicherheiten abgewartet werden muss;[41] bei Risiken für die menschliche Gesundheit wurde diese Auslegung bereits als „ständige Rechtsprechung“ bezeichnet.[42] Eine Gefahr liegt dann vor, wenn anhand objektiver Umstände nicht ausgeschlossen werden kann, dass Rechtsgüter oder die Umwelt beeinträchtigt werden können.[43]

54 Der **Vorsorgegrundsatz** wirkt sich auf Fragen des Kausalzusammenhangs[44] und der Verhältnismäßigkeit einer Maßnahme[45] aus. Dagegen kann er im Rahmen des Art. 114 AEUV nicht zusätzlich herangezogen werden, um einzelstaatliche Regelungen zu rechtfertigen, weil die jeweilige Abwägung bereits in dem gemeinschaftlichen Rechtsakt getroffen wurde.[46] Erneut ist ferner darauf hinzuweisen, dass es bisher keine Entscheidung gibt, mit der ein Rechtsakt oder eine Einzelfall-Entscheidung als rechtwidrig erklärt wurde, weil sie den Grundsatz der Vorsorge oder der Vorbeugung nicht beachtet hätten.

55 Das **Ursprungsprinzip**, nach dem Umweltbeeinträchtigungen mit Vorrang an ihrem Ursprung zu bekämpfen sind, hat im Unionsrecht keine praktische Bedeutung erlangt. Der Gerichtshof rechtfertigte mit diesem Grundsatz ein Einfuhrverbot für gefährliche Abfälle in Wallonien/Belgien. Doch ist dieses fast einmütig kritisierte Urteil vereinzelt geblieben; alle Versuche, aus dem Grundsatz nicht nur Ermächtigungen zum Handeln, sondern konkrete Handlungsspielräume oder -anleitungen abzuleiten – etwa den Vorrang von Emissionsnormen gegenüber Immissionsnormen oder von mitgliedstaatlichen an Stelle von gemeinschaftlichen Entsorgungsregeln für Abfall – sind bisher erfolglos geblieben.

56 Das **Verursacherprinzip**, in den verschiedenen sprachlichen Fassungen des Vertrages sehr unterschiedlich formuliert,[47] stellt den Grundsatz auf, dass die Kosten der Umweltverschmutzung grundsätzlich nicht dem Steuerzahler, sondern dem Verursacher (Verschmutzer) anzulasten sind. Es rechtfertigt entsprechende gemeinschaftliche Regelungen, erzwingt sie aber nicht und macht anders strukturierte Rechtsakte nicht rechtswidrig. Der Grundsatz ist in verschiedenen Regelungen des sekundären Unionsrechts, insbesondere im Abfallrecht, wiederholt, hat aber bisher keine prakti-

---

40 Vielleicht den deutlichsten Beweis hierfür liefert das Urteil des Gerichtshofs in der Rs. C-157/96 (Fn 39), Rn 64: während der englische Text den Grundsatz der Vorbeugung erwähnt, sprechen der französische und der deutsche Text von den Grundsätzen der Vorsorge und Vorbeugung.

41 Vgl neben der Entscheidung in Fn 32 außerdem EuGH, Rs. C-236/01 (Monsanto), Slg 2003, I-8105; C-41/02 (Kommission/Niederlande), Slg 2004, I-11375; C-127/02 (Vereniging Waddenzee), Slg 2004, I-7405; C-280/02 (Kommission/Frankreich), Slg 2004, I-8573. Zur Auffassung der Kommission vgl KOM(2000) 1.

42 EuG, Rs. T-74/00 (Fn 39).

43 EuGH, Rs. C-127/02 (Fn 41).

44 EuGH, Rs. C-280/02 (Fn 41), Rn 34.

45 EuGH, Rs. C-41/02 (Fn 41).

46 *Vgl EuGH, Rs. C-6/99 (Greenpeace), Slg 2000, I-1651.*

47 Alle Fassungen außer der deutschen verwenden das Begriffspaar „polluter“ und „pay“; dabei verlangt die englische Fassung, dass der Verschmutzer bezahlen sollte (the polluter should pay), während etwa die italienische und dänische Fassung davon ausgehen, dass der Verschmutzer bezahlen muss (qui inquina, paga; forureneren betaler).

sche Bedeutung gewonnen. Im Abfallrecht gestattet er den Mitgliedstaaten weitreichende Kostenanlastungen.[48]

Bei der Ausarbeitung der gemeinschaftlichen Umweltpolitik sind verschiedene **Gesichtspunkte** mit zu berücksichtigen (Art. 191 Abs. 3 AEUV). Der Vertrag zählt auf 57

- die verfügbaren **wissenschaftlichen und technischen Daten**; großenteils werden Daten zur Umwelt nunmehr von der Europäischen Umweltagentur[49] bereitgestellt, die allerdings Daten zu konkreten Regelungsvorhaben nur ausnahmsweise erhebt;
- die **regionalen Umweltbedingungen**;
- die **Vorteile und Belastungen** des Tätigwerdens oder Nichttätigwerdens; diese Formulierung ist weiter als die der englischen Fassung (costs and benefits), die sich dennoch in der Praxis der Union weitgehend durchgesetzt und zu häufigen Forderungen nach Kosten-Nutzen-Analysen im Umweltbereich geführt hat. Bisher fehlt es indessen an anerkannten Messverfahren, um die Vor- und Nachteile einer Regelung für die Umwelt ökonomisch zu bewerten;
- die **wirtschaftlichen und sozialen Umstände** in der Union und ihren Regionen.

Die Union hat diese Umstände zu „berücksichtigen“; sie stellen daher keine Handlungsvoraussetzungen dar. In der Praxis werden sie gelegentlich in Erwägungsgründen oder erläuternden Berichten erwähnt, haben aber – abgesehen von dem Verlangen nach Kosten-Nutzen-Analysen – keine praktische Bedeutung gewonnen. 58

D. Instrumente im Überblick

Die vom AEU-Vertrag in Art. 288 AEUV bereitgestellten **Instrumente** – Verordnung, Richtlinie und Entscheidung, Empfehlung und Stellungnahme – finden auch im Umweltbereich Anwendung. Andere Instrumente konnten schon deswegen nicht entwickelt werden, weil die Aufzählung in Art. 288 AEUV nicht erweiterungsfähig ist. Nach dem Protokoll über die Anwendung der Grundsätze der Subsidiarität und Verhältnismäßigkeit ist „unter sonst gleichen Gegebenheiten eine Richtlinie einer Verordnung und eine Rahmenrichtlinie einer detaillierten Maßnahme vorzuziehen“.[50] 59

Verordnungen im Umweltbereich ergehen auf Unionsebene im Allgemeinen in zwei Fällen: zum einen in denjenigen Fällen, in denen eine gemeinschaftliche Verwaltungsstruktur oder EU-einheitliche Verfahren geschaffen werden.[51] Zum anderen greift der Unionsgesetzgeber auf Verordnungen zurück, wenn er internationale handelsbezogene Umweltübereinkommen in EU-Recht überführt.[52] 60

Richtlinien sind das im EU-Umweltrecht regelmäßig verwendete Instrument. Allgemein ist ihre Regelungsdichte weniger groß, wenn sie auf Art. 192 AEUV als wenn sie auf Art. 114 AEUV gestützt werden; die Ursache hierfür liegt in dem Bestreben, im gemeinsamen Binnenmarkt (Art. 114 AEUV) gleiche Wettbewerbsbedingungen zu schaffen, ein Erfordernis, das im Umweltbereich (Art. 192 AEUV) kaum relevant wird. Begriffe wie Rahmen- oder Tochter-RL findet sich im EU-Vertrag nicht. Wie detailliert eine Regelung in einer RL ist, hängt von dem Erfordernis eines wirksamen Umweltschutzes auf hohem Niveau ab; selbstverständlich drängen wirtschaftliche Interessen regelmäßig auf möglichst allgemeine Formulierungen in Umwelt-RL, weil der Teufel im Detail steckt und die grundsätzlichen Forderungen – nach einer nachhaltigen Entwicklung, einem hohen Schutzniveau, einer guten Wasser-, Luft- und Bodenqualität usw – ohne Weiteres konsensfähig sind. 61

---

48 Vgl etwa EuGH, Rs. C-1/03 (Van de Walle), Slg 2004, I-7613; Rs. C-188/07 (Mesquer), Slg 2008, I-4501; Rs. C-254/08 (Futura), Slg 2009, I-6995.

49 VO (EWG) Nr. 1210/90 (Fn 51).

50 Protokoll über die Anwendung der Grundsätze der Subsidiarität und der Verhältnismäßigkeit (Fn 2), Rn 6.

51 Bsp. sind die VOen (EG) Nr. 1907/2006 (Fn 319); (EWG) Nr. 1210/90 des Rates zur Errichtung einer Europäischen Umweltagentur und eines Europäischen Umweltinformations- und Umweltbeobachtungsnetzes; (EG) Nr. 1221/2009 (Fn 210); (EG) Nr. 66/2010 (Fn 307).

52 Beispiele sind die VOen (EG) Nr. 1005/2009 (Fn 283); (EG) Nr. 1013/2006 (Fn 514); (EG) Nr. 338/97 des Rates über den Schutz von Exemplaren wildlebender Tier- und Pflanzenarten durch Überwachung des Handels, ABl. 1997 L 61, S. 1.

62 **Entscheidungen** betreffen nach Art. 288 AEUV die Entscheidung eines Einzelfalls. Nur die deutschen Fassungen differenzieren zwischen (allgemeingültigem) Beschluss und (einzelfallbezogener) Entscheidung, obwohl diese Unterscheidung sachlich begründet ist. So werden internationale (Umwelt-)Übereinkommen durch Entscheidung in EU-Recht überführt oder Kriterien für die Zuerkennung des Öko-Kennzeichens[53] durch Entscheidungen festgelegt, obwohl sie für eine unbestimmte Vielzahl von zukünftigen Fällen gelten. Auch die Annahme **umweltpolitischer Aktionsprogramme** (Art. 192 Abs. 3 AEUV) erfolgt durch Entscheidung.

63 **Empfehlungen** und **Stellungnahmen** spielen im Umweltbereich keine erhebliche Rolle. Die Erfahrung anderer internationaler Organisationen, insbesondere von OECD und Europarat, hat gezeigt, dass Empfehlungen nicht beachtet werden; die gleiche Erfahrung hat die Union mit Umwelt-Empfehlungen gemacht,[54] die in der Regel dann ergehen, wenn die Ausarbeitung eines bindenden Rechtsaktes auf zu große politische Widerstände stößt oder eine gemeinschaftliche Zuständigkeit zweifelhaft ist.

64 Inhaltlich ist das gemeinschaftliche Umweltrecht weitestgehend **Ordnungsrecht.** Die gesellschaftlichen, sozialen, kulturellen und ökonomischen Bedingungen in den Mitgliedstaaten mit ihren gewachsenen Ordnungen und Strukturen sind vermutlich zu unterschiedlich, um sich in ein europäisches Koordinatensystem ohne gesetzte Rechtsregeln zu integrieren. Die Unterschiede zwischen großen und kleinen, ökonomisch schwachen und starken Mitgliedstaaten lassen sich wohl nur durch ordnungsrechtliche Instrumente ausbalancieren. Trotz aller öffentlichen Deklamationen besteht insoweit zwischen den Mitgliedstaaten für den Umweltbereich weitgehend Einigkeit, zumal auch ökonomische Steuerungsinstrumente tatsächlich auf EU-Ebene nicht verfügbar sind.

65 Das Umwelt-Ordnungsrecht der Union ist im Wesentlichen **Rahmenrecht.** Es legt Grundregeln über Sanierungs- und Bewirtschaftungspläne fest, schreibt das Erteilen von Genehmigungen vor und trifft Grundregeln über die Überwachung. Dagegen sind Vorschriften über Emissionen selten; für Luftreinhaltung und Gewässerschutz hat die Union Immissionsregeln festgelegt, die insbesondere im Gewässerschutz wiederum sehr generell gehalten sind.

66 Der Vertrag enthält keine Vorschriften für **ökonomische Instrumente.** Steuerregelungen, Beihilfen und andere ökonomische Steuerungsinstrumente müssen daher eine der in Art. 288 AEUV aufgeführten Formen verwenden. Regelungen für Öko-Abgaben überwiegend steuerlicher Art sind wegen der in Art. 113 und 192 Abs. 2 AEUV vorgesehenen Einstimmigkeit bisher kaum ergangen.[55] Gleiches gilt für solche Öko-Abgaben, die primär auf einen ökologischen Steuerungseffekt zielen, wie etwa Abgaben für Wasserentnahme, Abwassereinleitung, Naturnutzung oder Abfallbeseitigung; sie könnten auf der Grundlage der umweltrechtlichen Kompetenzen mit Mehrheitsentscheidung ergehen. Bedeutsam geworden sind dagegen handelbare Umweltnutzungsrechte, und zwar vor allem im Klimaschutzrecht. Das Instrument, auch „cap and trade" genannt, besteht darin, dass zunächst eine Gesamtquote der zulässigen Umweltnutzung festgelegt und auf die Mitgliedstaaten und ihre einzelnen Nutzer verteilt wird („cap"). Die Erwerber der Nutzungsrechte können dann entscheiden, ob sie in Nutzungsvermeidung investieren und die freien Berechtigungen

53 Nach der VO (EU) Nr. 66/2010 (Fn 307).

54 Vgl etwa die Empfehlungen 75/436/EWG des Rates über die Kostenzurechnung und die Intervention der öffentlichen Hand bei Umweltschutzmaßnahmen, ABl. 1975 L 194, S. 1; 81/972/EWG des Rates über die Wiederverwendung von Altpapier und die Verwendung von Recyclingpapier, ABl. 1981 L 355, S. 56; 96/733/EG der Kommission über Umweltvereinbarungen zur Durchführung von Richtlinien der Gemeinschaft, ABl. 1996 L 333, S. 59; 2001/331/EG des Europäischen Parlaments und des Rates zur Festlegung von Mindestkriterien für Umweltinspek*tionen in den Mitgliedstaaten, ABl. 2001 L 118, S. 41.*

55 Ein 1992 vorgelegter Vorschlag für eine CO_2- und Energiesteuer, ABl. 1992 C 196, S. 1, wurde vom Rat nicht angenommen. S. aber die Festlegung von Mindeststeuersätzen für Stromverbrauch durch RL 2003/96/EG (Fn 276). Die Union bemüht sich des Weiteren um eine Angleichung der Straßennutzungsgebühren.

veräußern, oder ob sie die Nutzung forcieren und Berechtigungen verbrauchen oder ggf zukaufen („trade“).[56]

Fördermittel der Union werden regelmäßig auf Grund eines bindenden Rechtsaktes des Rates und des Europäischen Parlaments – Verordnung oder Entscheidung – bereitgestellt und dann bei Erfüllung der festgelegten Bedingungen durch Vereinbarung zugeteilt. Der gemeinschaftliche **Kohäsionsfonds**[57] finanziert Umweltprojekte in wirtschaftlich rückständigen Ländern – bis 2013: Spanien, Griechenland, Portugal sowie die zwölf seit 2004 beigetretenen Staaten – mit bis zu 80 Prozent. Das Finanzierungsinstrument **LIFE**[58] finanziert Naturschutz- und Klimaschutzprojekte sowie umwelt- und verwaltungspolitische Maßnahmen, ferner die Förderung von Informationen und Kenntnissen und die Unterstützung von Umweltverbänden. Beihilfen der Mitgliedstaaten unterliegen der Gemeinschaftskontrolle nach Art. 107 EG. Für **Umweltbeihilfen** hat die Kommission Leitlinien über die Vereinbarkeit mit EU-Recht veröffentlicht,[59] die insbesondere Beihilfen für kleine und mittlere Betriebe erleichtern. 67

Freiwillige **Selbstverpflichtungen** wirtschaftlicher Anbieter sind im Umweltbereich selten. Meist werden sie angeboten, um gesetzliche Regelungen zu vermeiden. Lediglich die Verpflichtungen der Automobilindustrie, die CO_2-Emissionen neuer Kraftfahrzeuge zu vermindern,[60] und eine Regelung über die Verwendung von Detergentien[61] haben eine gewisse Bedeutung erlangt. Oft genug ist die Zahl der Betriebe zu groß und der Integrationsgrad der europäischen Verbände unzureichend, um eine ausbalancierte EU-weite, inhaltlich substantielle Selbstverpflichtung zu erreichen; die angedeuteten wirtschaftlichen und sozialen Unterschiede innerhalb der Union sind zur Zeit noch zu groß. Auf Seiten der EU hat die Kommission kein Mandat, auf Unionsebene Vereinbarungen auszuhandeln, die de facto gesetzesvertretend wirken, aber die anderen EU-Institutionen – Europäisches Parlament und Rat, Wirtschafts- und Sozialausschuss und Ausschuss der Regionen –, die beim Gesetzgebungsverfahren auf europäischer Ebene mitwirken, weitestgehend ausschließen.[62] Bindende Vereinbarungen mit wirtschaftlichen Anbietern können auf europäischer Ebene aus den gleichen Gründen erst recht nicht ausgehandelt werden; hinzukommt, dass Art. 288 AEUV solche ausgehandelten bindenden Vereinbarungen nicht vorsieht – und damit nicht zulässt. 68

Die **soziale Verantwortung der Unternehmen**, die nach der EU-Definition auch umweltrelevante Aspekte einschließt, hat bisher auf EU-Ebene nicht zu irgendwelchen konzertierten Maßnahmen innerhalb der EU oder in Entwicklungsländern geführt. Umweltbewusste Unternehmen handeln 69

56 Zum Klimaschutz s. RL 2003/87/EG (Fn 261). Über die Verwendung des Instruments in verschiedenen Politikbereichen und seine Vor- und Nachteile s. *Winter*, Rationing the Use of Common Resources: Problems of Design and Constitutionality, in: Dawn Oliver, Tony Prosser, Richard Rawlings, The Regulatory State: Constitutional Implications, Oxford 2010, 129-156.

57 VO (EU) Nr. 1300/2013 des Europäischen Parlaments und des Rates über den Kohäsionsfonds, ABl. 2013 L 347, S. 281; für 2014-2020 VO (EU) Nr. 1300/2013, ABl. L 347, S. 281.

58 VO (EU) Nr. 1293/2013 des Europäischen Parlaments und des Rates zur Aufstellung des Programms für die Umwelt- und Klimapolitik (LIFE), ABl. 2013 L 347, S. 185; die finanzielle Ausstattung beträgt 3,45 Mrd. EUR (2014-2020).

59 Mitteilung der Kommission über ein vereinfachtes Verfahren für die Würdigung bestimmter Kategorien staatlicher Beihilfen, ABl. 2008 C 82, S. 1.

60 Vgl hierzu Empfehlungen der Kommission 1999/125/EG, ABl. 1999 L 40, S. 49; 2000/303/EG, ABl. 2000 L 100, S. 55; 304/2000/EG, ABl. 2000 L 100, S. 55. 2007 stellte sich heraus, dass die Automobilindustrie die eingegangenen Verpflichtungen nicht einhalten konnte. Infolgedessen wurde VO (EG) Nr. 443/2009 (Fn 222) angenommen, die die CO_2-Emissionen ab 2012 begrenzt.

61 Vgl hierzu die Empfehlung 98/480/EG zur umweltgerechten Handhabung von Haushaltswaschmitteln der Kommission, ABl. 1998 L 215, S. 73.

62 Die Kommission hat selbst eingeräumt, dass sie Selbstverpflichtungen nicht aushandeln könne, Mitteilung der Kommission an das Europäische Parlament, den Rat, den Wirtschafts- und Sozialausschuss und den Ausschuss der Regionen Umweltvereinbarungen auf Gemeinschaftsebene im Rahmen des Aktionsplans, Vereinfachung und Verbesserung des Regelungsumfelds, KOM(2002) 412, S. 4.

individuell, binden sich, aus welchen Gründen auch immer, aber meist nicht in verbandspolitische Selbstverpflichtungen ein.[63]

70 Angesichts der **Vielsprachigkeit** in der Union läge es nahe, Symbole zu entwickeln, die dem Benutzer/Verbraucher ohne zusätzliche Sprachinformation Angaben über positive oder negative Eigenschaften vermitteln. In keinem Politikbereich ist es indessen gelungen, ein solches System zu entwickeln.

71 Im Umweltbereich hat die Union eine große Zahl von sehr unterschiedlichen **Kennzeichnungen** entwickelt. Am umfangreichsten ist die Einführung eines Öko-**Kennzeichens** für Produkte und Dienstleistungen;[64] die Beteiligung ist freiwillig. Kriterien für die Vergabe des Kennzeichens werden EU-weit festgelegt, die Zuteilung erfolgt auf nationaler Ebene. Das Öko-Kennzeichen der EU – eine stilisierte Blume – konkurriert mit Öko-Kennzeichen der Mitgliedstaaten, insbesondere dem Blauen Engel (Deutschland) und dem Grünen Schwan (Skandinavien) und hat sich wegen des geringen Bekanntheitsgrades EU-weit bisher nicht erfolgreich durchsetzen können. Daneben gibt es Kennzeichen für Produkte aus ökologischem Landbau,[65] für den Energie- und Wasserverbrauch elektrischer Haushaltsgeräte,[66] sowie den Treibstoffverbrauch und die CO_2-Emissionen von Kraftfahrzeugen.[67]

72 **Warnsymbole** für umweltgefährliche oder -schädliche Produkte hat die Union insbesondere für chemische Stoffe und Gemische (Zubereitungen) entwickelt (siehe dazu unten Rn 263 ff), die allerdings von standardisierten Warnhinweisen und Sicherheitsratschlägen begleitet werden. Ohne Wortzusätze kommt das Symbol für das getrennte Sammeln von Batterien[68] und elektrischen und elektronischen Abfällen[69] aus. Wegen der Ablehnung weiter Bevölkerungsteile von genetisch veränderten Produkten sieht das Unionsrecht regelmäßig eine Kennzeichnung von Produkten vor, die genetisch veränderte Organismen enthalten (unten Rn 358).

E. Rechtsschutz

I. Zugang zu den Unionsgerichten

73 Der EU-Vertrag ist ein völkerrechtlicher Vertrag. Seine Vorschriften über Zugang zu den Unionsgerichten wurden Ende der fünfziger Jahre abgefasst und seither, mit Ausnahme verbesserter Zugangsrechte für das direkt gewählte Europäische Parlament, nicht erheblich verändert. Nach wie vor stehen **Klagerechte** in erster Linie den Mitgliedstaaten und den Institutionen der Union zur Verfügung, Einzelpersonen dagegen nur in sehr begrenztem Umfang. Die Rechtsprechung des Gerichtshofes aus dem Anfang der sechziger Jahre, dass der EG-Vertrag nicht ein normaler Völkerrechtsvertrag sei, sondern dass seine Bestimmungen auch Einzelpersonen Rechte einräumt,[70] hat zwar den Inhalt des primären wie des sekundären Unionsrechts erheblich beeinflusst, jedoch in Fragen des Zugangs zu Unionsgerichten kaum Auswirkungen gehabt. Art. 258 ff AEUV geben Mitgliedstaaten und Institutionen der Union unter den dort näher bezeichneten Voraussetzungen Zugang zu den Unionsgerichten. Für den Umweltschutz weisen die Bestimmungen keine Besonderheiten auf, so dass sie hier nicht näher darzustellen sind.

---

63 Zu Beispielen der Selbstregulierung von multinationalen Unternehmen und zu rechtlichen Anschlüssen daran s. die Beiträge in: *Winter* (Hrsg.), Die Umweltverantwortung von multinationalen Unternehmen, 2005.

64 VO (EG) Nr. 66/2010 (Fn 307).

65 VO (EG) Nr. 834/2007 (Fn 308).

66 RL 92/75/EWG des Rates über die Angabe des Verbrauchs an Energie und anderen Ressourcen durch Haushaltsgeräte mittels einheitlicher Etiketten und Produktinformationen, ABl. 1992 L 297, S. 16; dieses Kennzeichnungssystem wurde entwickelt, nachdem Unterhandlungen mit Wirtschaftskreisen über eine freiwillige Kennzeichnung gescheitert waren.

67 RL 1999/94/EG (Fn 224).

68 RL 2006/66/EG (Fn 499).

69 RL 2012/19/EU (Fn 506).

70 EuGH, Rs. 26/62 (van Gend en Loos/Niederlande), Slg 1963, 1.

Private haben **Zugang zu den Unionsgerichten**, wenn sie sich gegen einen Rechtsakt wenden, der entweder an sie gerichtet ist oder, obwohl er als Verordnung ergangen oder nicht an sie gerichtet ist, sie „unmittelbar und individuell" betrifft (Art. 263 AEUV). Beide Begriffe legte der Gerichtshof in Umweltfragen eng aus; dies mag bei VOen oder RLen der Union[71] verständlich sein, weil Klagen von Einzelpersonen gegen allgemeine Rechtsakte (Gesetze, Verordnungen) auch im mitgliedstaatlichen Recht nur sehr ausnahmsweise zugelassen sind. Bisher sind indessen aber auch ausnahmslos alle Klagen als unzulässig abgewiesen worden, mit denen Einzelpersonen die Umwelt betreffende Entscheidungen der Kommission angegriffen hatten, die nicht an sie gerichtet waren. 74

Dies wirft die grundsätzliche Frage auf, ob Einzelpersonen – und die aus Einzelpersonen zusammengesetzten Umweltverbände – von einer Beeinträchtigung der Umwelt **unmittelbar und individuell betroffen** werden können. Das Gericht und der Gerichtshof haben dies in ständiger Rechtsprechung verneint und insbesondere verlangt, dass eine Einzelperson aus der Vielzahl der Bürger herausgehoben und besonders betroffen sein müsse, um klagen zu können. So wurde einem Bürger des Mururoa-Atolls die Klagebefugnis mit der Begründung abgesprochen, von den französischen Atombombenversuchen seien alle Bewohner in gleicher Weise betroffen:[72] je mehr Personen also betroffen sind, desto eingeschränkter ist die Klagebefugnis! 75

Artikel 263 Abs. 4 AEUV wurde im Vergleich zu Art. 230 Abs. 4 EGV modifiziert: natürliche oder juristische Personen können nunmehr auch gegen Rechtsakte mit Verordnungscharakter klagen, „die sie unmittelbar betreffen und keine Durchführungsmaßnahmen nach sich ziehen". Das Erfordernis des individuellen Betroffenseins ist also insoweit entfallen. Hinsichtlich des Vorhandenseins von Durchführungsmaßnahmen geht das EuG dagegen recht restriktiv vor: die auf Grundlage des Art. 232 Abs. 4 EGV geltende Rechtsprechung, eine unmittelbare Betroffenheit sei immerhin bei Ausschluss eines Durchführungsermessens gegeben, wird angesichts der Neuformulierung des Art. 263 Abs. 4 AEUV („keine Durchführungsmaßnahmen") abgelehnt.[73] Die neue Regelung lässt zudem wichtige Fragen ungeklärt, die hier nur angerührt werden können: Da Umweltregelungen nach Art. 191 Abs. 1 AEUV auch den Schutz der menschlichen Gesundheit bezwecken, ist nicht auch ein **Menschenrecht** berührt, wenn – wie bei den Atombombenversuchen – eine Umweltbestimmung nicht angewandt wird?[74] Wenn ferner die Regeln des EU-Vertrages und des sekundären Unionsrechts auch den einzelnen Menschen in der Union zugutekommen sollen und der Schutz der Umwelt der Verwaltung – auf EU-Ebene insbesondere der Kommission – anvertraut ist: **wer kontrolliert** dann, ob **die Kommission** ihren Pflichten zum Schutz der Umwelt auch nachkommt? Die Auffassung des Gerichtshofs, eine Änderung des Art. 263 Abs. 4 AEUV müsse vom Gesetzgeber vorgenommen werden, setzt sich dem Einwand aus, dass der Gerichtshof selbst, seit 1958, in zahlreichen Fällen Richterrecht geschaffen hat. So geht diese richterliche Zurückhaltung zu Lasten der Umwelt. 76

Änderungen im sekundären Unionsrecht kommen nur sehr langsam voran. Zu Beginn der neunziger Jahre führten Rat und Kommission ein beschränktes Recht auf **Zugang zu Dokumenten** ein, das gerichtlich nachgeprüft werden konnte. Dies führte zu der Einfügung des jetzigen Art. 15 in den AEU-Vertrag, der Bürgern der Union einen Rechtsanspruch auf Zugang zu Dokumenten der Organe, Einrichtungen und sonstigen Stellen der Union gibt, gegen dessen Verletzung die Unionsgerichte angerufen werden können. VOen aus dem Jahre 2001 und 2006 füllen den Art. 15 AEUV für den Umweltbereich aus und räumen gegen eine Zugangsverweigerung den Zugang zu den Uni- 77

71 Vgl hierzu EuGH, Rs. C-209/94P (Buralux), Slg 1996, I-615 (Klage gegen eine Verordnung).

72 EuG, Rs. T-219/95R (Danielsson), Slg 1995, II-3051. In der Rs. T-585/93 (Greenpeace u.a./Kommission), Slg 1995, II-2205 „übersah" das Gericht sogar, dass Art. 6 Abs. 2 der RL 85/337/EWG (Fn 86) der „betroffenen" Öffentlichkeit ein Recht auf Teilnahme am Verfahren der Umweltverträglichkeitsprüfung gibt und wies die Klage von Anliegern von Kraftwerken als unzulässig ab! Vgl näher *Krämer*, Europäisches Umweltrecht, S. 461 ff.

73 Zu Art. 230 Abs. 4 EGV s. EuG, Rs. T-80/05 (Bavendam), Slg 2006 II-70, Rn 38 und zu Art. 263 Abs. 4 AEUV. EuG, Rs. T-381/11 (Eurofer), Slg 2011 II-292 Rn 59. Vgl näher § 4 Rechtsschutz.

74 In der Rs. C-131/88 (Fn 19) etwa bejahte der Gerichtshof, dass Vorschriften über die Luftverschmutzung auch den Schutz der menschlichen Gesundheit bezwecken.

onsgerichten ein.[75] Die Mitgliedstaaten haben das Recht, den Zugang zu von ihnen stammenden Dokumenten zu verweigern; die Kommission hat dann abzuwägen, ob dieses Interesse oder das Interesse der Öffentlichkeit am Zugang zu den Informationen überwiegt.[76]

78 Der Anstoß zu den Reformen im Umweltbereich kam von außerhalb der Union. 1998 wurde das Übereinkommen über **Zugang zu Informationen, Beteiligung an Entscheidungen und Zugang zu den Gerichten** in Umweltangelegenheiten (Aarhus-Übereinkommen) zur Zeichnung aufgelegt, das 2001 in Kraft trat. Die Union zeichnete das Übereinkommen und ratifizierte es Anfang 2005.[77]

79 Die Kommission hatte schon 2003 den **Vorschlag für eine Verordnung** vorgelegt, mit der die Vorschriften des **Aarhus-Übereinkommens** auf die Institutionen der Union angewandt werden sollten.[78] Hinsichtlich des Zugangs zu den Unionsgerichten hatte sie vorgeschlagen, europäischen Umweltorganisationen die Möglichkeit zu geben, von der verantwortlichen Institution die Nachprüfung eines verwaltungsrechtlichen umweltbezogenen Aktes zu verlangen. Die Institution sollte daraufhin verpflichtet werden, die Umweltorganisation zu bescheiden. War die Umweltorganisation weiter der Auffassung, der Akt verletze Unionsrecht, so sollte sie den Gerichtshof anrufen können. Diese Konstruktion zielte darauf ab, das Kriterium „unmittelbar und individuell" in Art. 263 Abs. 4 AEUV zu umgehen; denn da der nachprüfende Bescheid der EU-Institution an die Umweltorganisation gerichtet war, stellte sich die Frage nicht mehr, ob sie unmittelbar und individuell betroffen war.

80 Das Europäische Parlament stimmte dem Vorschlag zunächst zu. Der Rat dagegen änderte den Vorschlag der Kommission dahingehend ab, dass die bisherige Praxis fortgeführt wird, ohne dass das Europäische Parlament und die Kommission dem widersprachen.[79]

II. Zugang zu den deutschen Gerichten

1. Individualklage

81 **Klagebefugnis** gegen Verwaltungsakte ist nach § 42 Abs. 2 VwGO gegeben, wenn der Kläger geltend machen kann, dass er in einem subjektiven Recht verletzt ist. Ein solches Recht wird in den Freiheitsgrundrechten gesehen, wenn der Kläger durch den VA belastet wird. Dritte, etwa Nachbarn, die durch solche Eingriffe begünstigt werden und meinen, die begünstigende Norm sei nicht eingehalten worden, besitzen Klagebefugnis nur, wenn die Norm individualschützenden Charakter hat und der Kläger zum Kreis der Geschützten gehört. Die deutsche Orientierung an der Norm statt an tatsächlichen, die Dritten treffenden Beeinträchtigungen und das Abstellen auf eine Individualisierung des Schutzzieles stellen eine vergleichsweise enge Version der Klagebefugnis dar, die sich von weiteren Konzeptionen, insbesondere solchen, die auf faktische beeinträchtigende Nebenwirkungen abstellen, unterscheidet. Wenn die nationalen Vorschriften auf Unionsrecht beruhen oder wenn es um die Anwendung von unmittelbar anwendbarem Unionsrecht geht, stellt sich deshalb die Frage, ob die Klagbefugnis der nationalen Rechtsordnungen einander angeglichen werden muss.

82 Der Gerichtshof hat dies in vorsichtiger Weise getan, und zwar unter Rekurs auf den Grundsatz der praktischen Wirksamkeit des Unionsrechts. In RL 75/440/EWG[80] werden Qualitätsgrenzwerte für Oberflächengewässer festgesetzt, und zwar nach dem ersten Erwägungsgrund zum Schutze der

75 VO (EG) Nr. 1049/2001 (Fn 94); VO (EG) Nr. 1367/2006 des Europäischen Parlaments und des Rates über die Anwendung der Bestimmungen des Übereinkommens von Aarhus über den Zugang zu Informationen, die Öffentlichkeitsbeteiligung an Entscheidungsverfahren und den Zugang zu Gerichten in Umweltangelegenheiten auf Organe und Einrichtungen der Gemeinschaft, ABl. 2006 L 264, S. 13.

76 EuGH, Rs. C-64/05 (Schweden/Kommission), Slg 2007, I-11389.

77 Beschluss 2005/370 des Rates vom 17. Februar 2005 über den Abschluss des Übereinkommens über den Zugang zu Informationen, die Öffentlichkeitsbeteiligung an Entscheidungsverfahren und den Zugang zu Gerichten in Umweltangelegenheiten im Namen der Europäischen Gemeinschaft, ABl. 2005 L 124, S. 1.

78 KOM(2003) 622.

79 VO (EG) Nr. 1367/2006 (Fn 75).

80 RL 75/440/EWG des Rates v. 16. Juni 1975 über die Qualitätsanforderungen an Oberflächengewässer für die Trinkwassergewinnung, ABl. 1975 L 194, S. 34.

Volksgesundheit. In seinem Urteil hierzu hat der Gerichtshof ausgesprochen, „dass immer dann, wenn die mangelnde Befolgung der durch diese Richtlinie vorgeschriebenen Maßnahmen die Gesundheit von Menschen gefährden könnte, die Betroffenen die Möglichkeit haben müssen, sich auf zwingende Vorschriften zu berufen, um ihre Rechte geltend machen zu können".[81]

Dies ist für das deutsche Recht so zu deuten, dass einerseits zwar eine bloß faktische Belastung nicht genügt, sondern das Ziel der Richtlinie maßgeblich ist, dass andererseits aber keine **Individualisierung des Schutzziels** gefordert wird, sondern es ausreicht, wenn der Kläger zu einem Kollektiv gehört, dessen Schutz bezweckt ist, wie im Fall die Bevölkerung im Hinblick auf ihre Gesundheit. Damit ist die deutsche Rechtsprechung hinfällig, die ein **subjektives Recht auf Vorsorge** ablehnt, weil das Vorsorgegebot nur die kollektive Gesundheit schütze. Als zu eng erweist sich insoweit auch die Rechtsprechung, die Verfahrensrechte nur bei Grundrechtsrelevanz annimmt und den Eigenwert von Verfahren dadurch minimiert, dass Verfahrensfehler letztlich nur bei gleichzeitiger Verletzung eines materiellen subjektiven Rechts zur Aufhebung der Entscheidung führen.[82] 83

Da das Kollektiv allerdings sehr weit gezogen sein kann – im Beispiel alle Trinkwasserkonsumenten überhaupt – sind weitere Eingrenzungen notwendig, freilich jenseits des engen Abstellens auf die Individualrichtung. Die Kriterien dafür sind unionsrechtlich nicht determiniert. Hier können sich mitgliedstaatliche Eigenheiten entfalten. UE empfiehlt sich hier das **Kriterium** möglicher **faktischer Betroffenheit**.[83] Im genannten Fall bedeutet dies, dass der Kläger zu den Trinkwasserkunden gehören muss, deren Wasser aus dem fraglichen Gewässer bezogen wird. Im Beispiel des Vorsorgegebots müsste die erstrebte Vorsorge eine faktische Verbesserung der Situation des Klägers bringen. Hinsichtlich **Verfahrensfehler** kann sich der Kreis der Beeinträchtigten stark weiten, wenn nach der fraglichen Rechtsnorm nicht nur die betroffene, sondern die allgemeine Öffentlichkeit zu beteiligen ist. Die Klagebefugnis ist dann in der Tat weit zu fassen, jedoch bleibt als nationales Korrektiv vorbehalten, dass der Verfahrensfehler sachliche Relevanz haben muss.[84] 84

2. Verbandsklage

Das Unionsrecht enthielt bis vor kurzem keine Vorgaben zur Einführung einer (altruistischen, dh Allgemeininteressen geltendmachenden) **Verbandsklage**. Verbände konnten nur Eigenrechte einklagen, die sie als Organisationen besitzen (sog. egoistische Verbandsklage), so zB das Recht auf Informationszugang nach RL 2003/4/EG, das Recht auf Beteiligung an UVP-Verfahren nach RL 2011/92, Rechte aus Eigentum an „Sperrgrundstücken", etc.[85] 85

a) Bereiche UVP, IVU-RL und Umwelthaftung

Für einige Umweltrechtsbereiche sehen Sekundärrechtsakte jedoch eine altruistische Verbandsklage vor. RL 2003/4/EG führt für den Bereich der UVP- und IVU-RL eine solche Verbandsklage ein. Sie sieht vor, dass anerkannte Verbände Verstöße gegen EU-Vorschriften zur UVP und zu Verfahren und Standards für die der IVU-RL unterliegenden Anlagen gerichtlich rügen können müssen. Solche Verbände müssen „als Träger von Rechten (gelten), die im Sinne von Absatz 1 Buchstabe b) 86

81 EuGH, Rs. 58/89, (Kommission/Deutschland), Slg 1991, I-5019, Rn 14.

82 *Schoch*, NVwZ 1999, 457, 464. So auch Generalanwalt *Vilas* in Rs. C-72/12 (Gemeinde Altrip), Rn 99. Der EuGH hat in seiner Entscheidung zu dieser Frage nicht Stellung genommen (EuGH, Rs. C-72/12 (Gemeinde Altrip), Urteil vom 7. November 2013, Rn 55).

83 *Winter*, NVwZ 1999, 467, 473. Vgl die Rechtsprechung zum nachbarschaftlichen Gemeinschaftsverhältnis (BVerwG, 25.2.1977, IV C 22.75, BVerwGE 52, 122 (130), dessen Umkreis mit dem Kriterium der „handgreiflichen" Beeinträchtigung allerdings zu eng gezogen ist, weil auch weiter entfernt Wohnende beeinträchtigt werden können.

84 Wie in § 46 VwVfG. Zwischen der (weiten) Klagbefugnis und der (verengenden) Fehlerrelevanz ist sorgfältig zu unterscheiden.

85 *Epiney*, NVwZ 1999, 485.

dieses Artikels verletzt werden können."[86] Es ist umstritten, wie diese Stellung rechtsdogmatisch konstruiert werden kann, etwa so, dass den Verbänden spezifische materielle Rechte eingeräumt werden müssen, oder so, dass sie eine prozessuale Stellung erhalten müssen, die eine Klage ermöglicht, ohne dass ein betroffenes materielles Recht vorausgesetzt wird.[87] Die Frage ist allerdings eher eine akademische, wenn nur gewährleistet ist, dass eine gerichtliche Überprüfung stattfindet. RL 2003/4/EG wurde durch das Rechtsbehelfsgesetz in deutsches Recht umgesetzt. Die dort eingefügte Voraussetzung, dass ein Verband nur klagebefugt ist, wenn auch ein Einzelner klagebefugt wäre, verstieß gegen die Richtlinie[88] und ist inzwischen beseitigt worden.[89]

87 Eine weitere Verbandsklage sieht RL 2004/35/EG vor, wenn die zuständigen Behörden ihre Pflichten, auf Umweltschäden zu reagieren, verletzen. Art. 12 Unterabs. 3 S. 2 stellt hinsichtlich der Klagebefugnis ähnliche Voraussetzungen auf wie RL 2003/4/EG.

b) Umweltrecht insgesamt

88 Ein sektorübergreifendes altruistisches **Verbandsklagerecht** sollte nach einem Vorschlag der Kommission durch eine RL eingeführt werden, die das von der EU ratifizierte und damit nach Art. 300 Abs. 7 EGV (jetzt Art. 216 Abs. 2 AEUV) auch für Deutschland verbindliche Aarhus-Übereinkommen umsetzt.[90] Auf diesem mittelbaren Wege wäre das Übereinkommen auch in das deutsche Recht eingebracht worden, unabhängig davon, dass die BRD das Abkommen auch selbst ratifiziert hat. Nach Art. 5 des Vorschlags sollten anerkannte Verbände (sog. qualifizierte Einrichtungen) Zugang zu Gerichten haben, „ohne ein qualifiziertes Interesse oder eine Rechtsverletzung nachweisen zu müssen, wenn der zu überprüfende Sachverhalt, zu dem ein Verfahren angestrengt wird, in den satzungsgemäßen Tätigkeitsbereich und die Überprüfung in das geographische Tätigkeitsgebiet speziell dieser Einrichtung fällt." Prüfungsgegenstand waren Verwaltungsakte und Unterlassungen, die möglicherweise Umweltrechtsvorschriften der EG verletzen. Der Vorschlag ist jedoch zurückgezogen worden. Zur Zeit bereitet die Kommission einen neuen Vorschlag vor.

89 Neue Nahrung erhielt die altruistische Verbandsklage durch ein Urteil des EuGH,[91] das die mitgliedstaatlichen Gerichte aufrief, bei Auslegung des nationalen Rechts konform mit Art. 9 Abs. 3 der Aarhus-Konvention auszulegen. Dies hat das BVerwG veranlasst, den Umfang der Rügebefugnis einer Verbandsklage auf Bereiche außerhalb der durch RL 2003/4/EG und RL 2004/35/EG erfassten Sektoren anzuerkennen, allerdings begrenzt auf die Verletzung von EU-Umweltrecht, also ohne Erstreckung auf die Verletzung von nationalem Umweltrecht, das vom EU-Recht nicht determiniert wird.[92] Diese Einschränkung sollte uE im Hinblick darauf, dass Deutschland auch selbst dem Aarhus-Abkommen beigetreten ist, aufgegeben werden.

---

86 Art. 10 a RL 85/337/EWG des Rates vom 27. Juni 1985 über die Umweltverträglichkeitsprüfung bei bestimmten öffentlichen und privaten Projekten, ABl. 1985 L 175, S. 40, und Art. 15 a RL 96/61/EG (Fn 109), jeweils idF der RL 2003/35/EG (Fn 109). Abs. 1 Buchst. b) besagt, dass solche Mitglieder der betroffenen Öffentlichkeit klagen können müssen, die „eine Rechtsverletzung geltend machen, sofern das Verwaltungsverfahrensrecht bzw Verwaltungsprozessrecht eines Mitgliedstaats dies als Voraussetzung erfordert".

87 Die Rechtsprechung schwankt in dieser Beziehung. BVerwG v. 12. Dezember 1996 – 4 C 19.95, BVerwGE 102, 358, 361 (4. Senat) konzipiert die Verbände als Verwaltungshelfer, BVerwG v. 14. Mai 1997 – 11 A 43.96, BVerwGE 104, 367, 370 (11. Senat) als „staatsfreie Bürgerbeteiligung" und „außenstehender Anwalt der Natur", BVerwG v. 12. November 1997 – 11 A 49.96, BVerwGE 105, 348, 350 (11. Senat) als „Sachverstandpartizipation" und BVerwG v. 5. September 2013 – BVerwG 7 C 21.12 (Luftreinhalteplan Darmstadt), Rn 46 als Inhaber einer „prokuratorischen" Rechtsstellung.

88 EuGH, Rs. C-115/09 (Trianel), Slg 2011, I-3673.

89 § 2 Abs. 1 Nr. 1 UmwRG idF v. 8.4.2013.

90 Vorschlag für eine RL des EP und des Rates über den Zugang zu Gerichten in Umweltangelegenheiten v. 28. Januar 2003, KOM(2003) 624.

91 EuGH, Rs. C-240/09 (Lesoochranárske), Slg 2011, I-1255.

92 BVerwG – 7 C 21.12 (Fn 87), Rn 21.

F. Zugang zu Informationen und Verfahrensbeteiligung

I. Allgemeines

Das EU-Umweltrecht hat nach der Konzeption der Verträge primär materiellen Charakter. Es legt Rechte und Pflichten zum Umweltschutz fest. Frühzeitig ist jedoch auch die Bedeutung fairer Verfahren erkannt worden. Im Vordergrund stand dabei nicht, eine abstrakte prozedurale Rechtsstellung zu schaffen, sondern, die Durchsetzung des Umweltrechts zu verbessern.[93] Diese Anlehnung an materielle Vorschriften war auch deshalb geboten, weil der EU-Vertrag keine losgelösten Kompetenzen für Verwaltungsverfahrensrecht enthält. Im Laufe der Zeit ist aber die Idee der **Bürgerrechte** hinzugetreten, dies insbesondere im Verhältnis zu den EU-Institutionen. Etappen auf diesem Weg sind das Zugangsrecht zu Dokumenten nach Art. 15 AEUV und das Recht auf Gehör nach Art. 41 Abs. 2 2. Spiegelstrich der Grundrechte-Charta. 90

II. Verhältnis Bürger – Institutionen der EU

1. Informationszugang

Auf der Grundlage von Art. 255 EG (nunmehr Art. 15 AEUV) wurde VO (EG) Nr. 1049/2001 erlassen. Ziel der Verordnung ist Transparenz der Verwaltung. Diese ermögliche eine bessere Beteiligung der Bürger am Entscheidungsprozess und damit „größere Legitimität, Effizienz und Verantwortung der Verwaltung gegenüber dem Bürger in einem demokratischen System."[94] Die VO entspricht allerdings in manchen Punkten nicht den Erfordernissen des Aarhus-Übereinkommens. Im Konfliktfall gehen die Vorschriften des Übereinkommens vor.[95] 91

Die Verordnung begründet für jedermann ein Recht auf **Zugang zu Dokumenten der Organe und sonstigen Einrichtungen.** Ein besonderes Interesse braucht nicht zu bestehen. 92

„Dokument" ist definiert als „Inhalte unabhängig von der Form des Datenträgers (auf Papier oder in elektronischer Form, Ton-, Bild- oder audiovisuelles Material), die einen Sachverhalt im Zusammenhang mit den Politiken, Maßnahmen oder Entscheidungen aus dem Zuständigkeitsbereich des Organs betreffen".[96] Darin sind sämtliche Umweltinformationen iSd Art. RL 2003/4/EG eingeschlossen. 93

Es gibt 5 Arten von **Ausnahmen von dem Zugangsrecht,** die als Ausnahmen eng auszulegen sind:[97] den Schutz öffentlicher Interessen, der sich von den klassischen Sicherheitsinteressen bis zu der übermäßig weiten Kategorie der „Finanz-, Währungs- oder Wirtschaftspolitik der Gemeinschaft oder eines Mitgliedstaats" – diese Ausnahme findet sich nicht im Aarhus-Übereinkommen! – erstreckt, den Schutz der Privatsphäre, zu dessen Konkretisierung auf das EU-Datenschutzrecht zurückzugreifen ist, den Schutz geschäftlicher Interessen, der jedoch gegen überwiegende Interessen der Öffentlichkeit abzuwägen ist, der Schutz von Untersuchungs- und Verteidigungsverfahren (Gerichte, Rechtsberatung, Inspektionen, Audit), die durch frühzeitige Öffentlichkeit gestört würde oder bei denen eine Waffenungleichheit entstehen könnte, und der Schutz der internen Willensbildung der Organe.[98] 94

Anträge sind schriftlich und so zu stellen, dass das Dokument ermittelt werden kann. Über den Antrag ist grundsätzlich binnen 15 Tagen zu entscheiden.[99] Die Ablehnung ist so zu begründen, 95

93 Vgl Erwägungsgrund 4 der RL 90/313/EWG des Rates v. 7. Juni 1990 über den freien Zugang zu Informationen über die Umwelt, ABl. 1990 L 158, S. 56, und Erwägungsgrund 6 der RL 85/337/EWG (Fn 86).

94 Erwägungsgrund 2 der VO (EG) Nr. 1049/2001 über den Zugang der Öffentlichkeit zu Dokumenten des Europäischen Parlaments, des Rates und der Kommission, ABl. 2001 L 145, S. 43. Vgl auch VO 1367/2006 (Fn 75).

95 S. dazu den Vorschlag KOM(2003) 622 vom 22. Oktober 2003 (oben Fn 75).

96 Art. 3 Buchst. a) VO (EG) Nr. 1049/2001 (Fn 94.).

97 EuG, Rs. T-211/2000 (Kuijer), Slg 2002, II-485, Rn 55.

98 Art. 4 VO (EG) Nr. 1049/2001 (Fn 94).

99 Art. 6 VO (EG) Nr. 1049/2001 (Fn 94.).

dass der Antragsteller die Rechtmäßigkeit nachprüfen kann.[100] Der Zugang erfolgt nach Wunsch entweder durch Einsichtnahme oder durch Übersendung einer Kopie in Schriftform oder elektronisch. Gebühren sind nur für Kopien zu erheben.[101]

2. Verfahrensbeteiligung

96 Das Unionsrecht kennt ein **Verfahrensbeteiligungsrecht** mit primärrechtlicher Bedeutung nur in Gestalt des Rechts auf Gehör vor einer belastenden Verwaltungsentscheidung.[102] Art. 11 Abs. 1 bis 3 EUV zielt zwar auf eine Erweiterung der Partizipation, enthält aber nur vage Formulierungen, die keine Rechte begründen.

97 Beteiligungsrechte auch von Dritten und Verbänden sind dagegen lediglich in einzelnen **sektoralen Rechtsakten** vorgesehen. Sie vermitteln im Bereich des Umweltrechts jedoch nirgends eine Beteiligtenstellung, die eine Klagebefugnis nach Art. 263 Abs. 4 AEUV begründen würde. Ein Beispiel für sekundärrechtliche Beteiligung findet sich in VO (EG) Nr. 1829/2003. Danach ist vor einer Entscheidung der Kommission über das Inverkehrbringen von genetisch veränderten Lebens- und Futtermitteln der Bewertungsbericht der EFSA zu veröffentlichen und der Öffentlichkeit Gelegenheit zu Bemerkungen zu geben (siehe unten Rn 356). Weitere Beteiligungsrechte sind in der REACH-VO enthalten, soweit die Kommission Beschränkungs- und Zulassungsentscheidungen für Chemikalien trifft (siehe unten Rn 262), desgleichen auch in der PSM-VO 1107/2009 (siehe unter Rn 298), nicht aber in der Biozid-VO (siehe unten Rn 320). Für Pläne und Programme der EU-Organe war nach Art. 8 des Verordnungsvorschlags zur Anwendung des Aarhus-Übereinkommens eine Beteiligung der Öffentlichkeit vorgesehen; hervorzuheben ist hier der Satz, zu ermöglichen sei „eine frühzeitige Beteiligung der Öffentlichkeit, wenn noch alle Möglichkeiten offen stehen".[103]

III. Verhältnis Bürger – Mitgliedstaat

1. Informationszugang

98 **Kernvorschrift** ist die UmweltinformationsRL 2003/4/EG. Ihr Ziel ist wie das der VorgängerRL 90/313 die Verbesserung des Umweltschutzes. Dabei tritt neben den bereits bekannten Gesichtspunkt der qualitativen Verbesserung der umweltbezogenen Entscheidungsverfahren der Gedanke der Schärfung des Umweltbewusstseins: der Bürger wird hier also zusätzlich als Nutzer von Umweltressourcen angesprochen.

99 Art. 3 begründet ein voraussetzungsloses **Jedermannsrecht** auf Zugang zu Umweltinformationen, die bei Behörden vorhanden sind.

100 Der Begriff der **Umweltinformationen** ist weiter gesteckt als in RL 90/313/EWG: Er erstreckt sich zB auch auf Kosten-Nutzen-Analysen, dh einerseits auf den ökologischen Nutzen, den eine Umweltschutzmaßnahme erbringt, und andererseits die Kosten, die sie den Umweltnutzern zumutet, einschließlich der Vorteile, die ihnen durch Ausweichen auf Alternativen (zB Ersatzprodukte) erwachsen. Der Begriff umfasst ausdrücklich auch die vorher nicht eindeutig eingeschlossenen Auswirkungen der Umweltbedingungen auf die menschliche Gesundheit und Sicherheit, auf Kulturstätten und auf Bauwerke.[104]

101 Auch der **Behördenbegriff** ist erweitert worden, wobei es als unglücklich erscheint, dass die deutsche Fassung nicht wie die englische („public authority") einen umfassenderen Oberbegriff wählt,

100 EuG, Rs. T-211/2000, (Fn 97) Rn 61.

101 Art. 10 VO (EG) Nr. 1049/2001 (Fn 94).

102 St. Rspr des EuGH und des EuG. S. insbesondere EuG, Rs. T-260/94 (Air Inter/Kommission), Slg 1997, II-997, Rn 59 und EuG, Rs. T-42/96 (Eyckeler & Malt/Kommission), Slg 1998, II-401, Rn 76, wonach das Recht auf Gehör „in allen Verfahren, die zu einer den Betroffenen beschwerenden Maßnahme führen können, ein elementarer Grundsatz des Gemeinschaftsrechts (ist), der auch dann sichergestellt werden muss, wenn es an einer Regelung für das betreffende Verfahren fehlt". S. auch den bereits genannten Art. 41 Abs. 2 2. Spiegelstrich Grundrechte–Charta.

103 Art. 8 Buchst. c) des Vorschlags, KOM (2003) 622 v. 22. Oktober 2003.

104 Art. 2 Nr. 1 RL 2003/4/EG des Europäischen Parlaments und des Rates v. 28. Januar 2003 über den Zugang der Öffentlichkeit zu Umweltinformationen, ABl. 2003 L 41, S. 26.

wie etwa öffentliche oder Verwaltungsstelle. Durch die Erweiterung der Passivlegitimierten wird der Entwicklung zu einer organisatorischen Privatisierung von Verwaltungsfunktionen Rechnung getragen. Neben der klassischen staatlichen oder kommunalen Verwaltung werden erfasst: „b) natürliche oder juristische Personen, die aufgrund innerstaatlichen Rechts Aufgaben der öffentlichen Verwaltung, einschließlich bestimmter Pflichten, Tätigkeiten oder Dienstleistungen im Zusammenhang mit der Umwelt, wahrnehmen", und „c) natürliche oder juristische Personen, die unter der Kontrolle einer unter Buchstabe a) genannten Stelle oder einer unter Buchstabe b) genannten Person im Zusammenhang mit der Umwelt öffentliche Zuständigkeiten haben, öffentliche Aufgaben wahrnehmen oder öffentliche Dienstleistungen erbringen".[105]

Die Auslegung dieser Definitionen macht einige Schwierigkeiten. Nicht umfasst sind private **Unternehmen mit werbender Tätigkeit**, die wie jeder andere auch Umweltrecht zu beachten haben. Zu b) gehören zB Beliehene und unabhängige Sachverständige mit Zertifizierungsaufgabe im Bereich des Umweltschutzes, zu c) gehören zB private Energieversorgungsunternehmen, weil sie materiell eine öffentliche Dienstleistung erbringen und deshalb unter einer besonderen administrativen Aufsicht stehen. Zur Auslegung siehe die Hinweise in EuGH, Rs. C-279/12 (Fish Legal). 102

Festzuhalten ist, dass auch die **Privaten passivlegitimiert** sind und somit „horizontale" Ansprüche in Betracht kommen, deren Einstufung als zivil- oder verwaltungsrechtlich den nationalen Rechtsordnungen vorbehalten bleibt. Entfallen ist damit die Möglichkeit nach Art. 6 RL 90/313/EWG, Informationen von Privaten nur über öffentliche Behörden zugänglich zu machen. 103

Die **Ausnahmen** vom Zugangsanspruch sind verwirrender Weise, aber im Bemühen um mehr Präzision anders geordnet als diejenigen in der VO (EG) Nr. 1049/2001. Sämtliche Ausnahmen sind eng auszulegen und gegen das öffentliche Interesse an der Bekanntgabe abwägungsfähig.[106] Zu ihnen gehören nach Art. 4 Abs. 2 negative Auswirkungen auf die öffentlichen Sicherheitsinteressen (Buchst. b), auf die Privatsphäre (Buchst. f), auf Geschäftsgeheimnisse und geistiges Eigentum (Buchst. d, e), die Fairness von Gerichtsverfahren und die Wirksamkeit von Untersuchungsverfahren (Buchst. c) und die Effektivität interner Willensbildung (Abs. 1, Abs. 2 Buchst. a). Als spezifisch umweltbezogene Ausnahmen kommen der Schutz wertvoller Natur (Buchst. h) und die Zurückhaltung von ohne gesetzliche Verpflichtung freiwillig vorgelegter Information (Buchst. g) hinzu. Negativlisten solcher Informationen, die in jedem Fall zu offenbaren sind, finden sich häufig in einzelnen sektoralen Rechtsakten. In RL 2003/4/EG wird nur ein Negativpunkt genannt, nämlich, dass Emissionen in die Umwelt nicht geheimhaltungsfähig sind (Abs. 2 Unterabs. 2). Dies ist angesichts der These, es gebe hier die Möglichkeit von Rückschlüssen auf die Produktionsprozesse (sog. reverse engineering), eine wichtige Klarstellung. 104

Der **Antrag** muss die gewünschte Information umschreiben. Diese ist grundsätzlich binnen eines Monats zugänglich zu machen, bzw der Antrag muss in dieser Frist begründet abgelehnt werden. Der Antragssteller hat grundsätzlich die Wahl der Art und Weise des Zugangs. Gebühren dürfen erhoben werden, jedoch dürfen sie, wie es unentschieden heißt, „eine angemessene Höhe nicht überschreiten".[107] 105

2. Verfahrensbeteiligung

Rechte auf Beteiligung an nationalen Verwaltungsverfahren hat das Unionsrecht bisher **nur sektoral** eingeführt. Im Vordergrund standen dabei zunächst Verfahren der Entscheidung über Industrie- und Infrastrukturanlagen, etwa auf Grundlage der UVP-RL und IVU-RL. Später sind Beteiligungsvorschriften auch in die Regelung des Inverkehrbringens von Produkten aufgenommen worden, wie zB in der Freisetzungs-RL hinsichtlich der Genehmigung von GVO. 106

Die Art und Weise der **Öffentlichkeitsbeteiligung** variiert. Teilweise, aber nicht durchgängig, wird zwischen der allgemeinen Öffentlichkeit und der betroffenen Öffentlichkeit unterschieden. Ist dies 107

105 Art. 2 Nr. 2 RL 2003/4/EG (Fn 104).
106 Art. 4 Abs. 2 Unterabs. 2 RL 2003/4/EG (Fn 104).
107 Art. 5 Abs. 2 RL 2003/4/EG (Fn 104).

der Fall, gilt normalerweise das sog. Trichtermodell: Bekanntmachung eines Antrags oder anderen Dokuments für die allgemeine Öffentlichkeit und Gelegenheit zur Abgabe von Stellungnahmen für die betroffene Öffentlichkeit.[108] In anderen Fällen erhält auch die allgemeine Öffentlichkeit das Recht zur Stellungnahme.[109] Zum Teil wird den Umweltverbänden ausdrücklich ein Beteiligungsrecht eingeräumt.[110]

108 Um die Einflusschancen der Beteiligung zu erhöhen, schreiben neuere Rechtsakte vor, dass die Anhörung der Öffentlichkeit **frühzeitig** zu erfolgen hat, „wenn alle Optionen noch offen stehen", und dass das Ergebnis der Öffentlichkeitsbeteiligung bei der Entscheidung angemessen berücksichtigt" werden muss".[111]

109 Besondere Aufmerksamkeit verdient die Frage der **Verfahren mit grenzüberschreitender Bedeutung.** Handelt es sich um Vorhaben mit Auswirkungen auf die Umwelt in einem anderen Mitgliedstaat, so muss für eine Beteiligung des betroffenen Staates gesorgt werden. Dies geschieht nach dem älteren Konzept der zwischenstaatlichen Abstimmung dadurch, dass der betroffene Staat frühzeitig informiert wird und seine Auffassung dem Projektstaat übermittelt. Das neuere Konzept zielt dagegen auf eine unmittelbare Kontaktaufnahme zwischen den Behörden des Projektstaates, den ausländischen Fachbehörden und der ausländischen Öffentlichkeit. Die Behörden des Projektstaates müssen dafür sorgen, dass den Fachbehörden und der betroffenen Öffentlichkeit die relevanten Informationen zur Verfügung gestellt und Gelegenheit zur Stellungnahme gegeben wird.[112] Dabei schließt der Grundsatz der Gebietshoheit es allerdings aus, dass sie sich bei grenzüberschreitenden Handlungen(zB der Veröffentlichung von Informationen) hoheitlicher Mittel bedienen.

110 Eine gesteigerte Form der Beteiligung liegt in der **Mitwirkung**. Sie ist in RL 2002/49/EG für die Ausarbeitung von Aktionsplänen für die Verminderung von Umgebungslärm vorgesehen.[113] Hier geht es nicht nur um rechtliches Gehör, sondern um die Erzeugung eines gemeinsamen Projektes, den Aktionsplan, mit dem sich die Betroffenen, die zugleich ja meist auch Verursacher sind, identifizieren können.

G. Umweltverträglichkeitsprüfung und Umwelthaftung

I. Umweltverträglichkeitsprüfung

111 Eine RL von 1985, 2011 kodifiziert und 2014 revidiert, führte die **Prüfung der Umweltverträglichkeit** bei bestimmten öffentlichen oder privaten Infrastruktur- oder anderen Projekten ein.[114] Spätestens mit dem Stellen des Antrags auf Genehmigung des Projekts hat der Antragsteller eine Untersuchung über die unmittelbaren und mittelbaren Auswirkungen des Projekts auf die Umwelt vorzulegen, ferner Angaben darüber, wie negative Auswirkungen vermieden oder gemindert werden können und welche Alternativen er für sein Projekt geprüft hat. Die genehmigende Behörde bewertet diese Angaben. Sie konsultiert die in ihrem umweltbezogenen Aufgabenbereich betroffenen Behörden und unterrichtet die Öffentlichkeit über das Vorhaben. Die betroffene Öffentlichkeit muss die Möglichkeit haben, zu dem Vorhaben Stellung zu nehmen.

---

108 So Art. 6 RL 2011/92/EU des Europäischen Parlaments und des Rates v. 13. Dezember 2011 über die Umweltverträglichkeitsprüfung bei bestimmten öffentlichen und privaten Projekten, ABl. 2012 L 26, S. 1, für UVP-Verfahren; RL 2010/75/EU (Fn 127) Anhang IV für Industrieanlagen.

109 So Art. 15 aF RL 96/61/EG des Rates v. 24. September 1996 über die integrierte Vermeidung und Verminderung der Umweltverschmutzung, ABl. 1996 L 257, S. 26 für IVU-Anlagen (anders jetzt RL 2010/75/EU Anhang IV [Fn 173]); Art. 24 RL 2001/18/EG (Fn 435) für das Inverkehrbringen von GVO; Art. 2 Abs. 2 RL 2003/35/EG über die Prüfung der Umweltauswirkungen bestimmter Pläne und Programme für Verfahren über Pläne und Programme.

110 So Art. 2 Abs. 3 RL 2003/35/EG (Fn 109) für Verfahren über Pläne und Programme.

111 So Art. 2 Abs. 2 Buchst. c) RL 2011/92/EU (Fn 108) und ähnlich Art. 6 Abs. 4 RL 2003/35/EG (Fn 109).

112 So Art. 7 Abs. 3 RL 2011/92/EU (Fn 108) für UVP-Verfahren.

113 Art. 9 Abs. 7 RL 2002/49/EG (Fn 245), umgesetzt durch Art. 47 d Abs. 3 BImSchG.

114 RL 2011/92/EU (Fn 108). Wahrscheinlich nimmt die EU 2014 eine revidierte Fassung der RL an.

Die RL hat einen **weiten Anwendungsbereich** und verfolgt sehr weitgehende Ziele.[115] Anhang I der RL zählt **Projekte** auf, bei denen in jedem Fall eine UVP stattzufinden hat. Hierzu gehören der Bau von Autobahnen oder Schnellstraßen, von größeren Flughäfen oder Häfen, von Raffinerien, Anlagen zur Beseitigung von nuklearem Abfall und Trassen für Hochgeschwindigkeitszüge. Ein Anhang II zählt Projekte auf, die einer UVP zu unterziehen sind, wenn insbesondere wegen der Art des Projektes, seiner Größe oder seiner Lage erhebliche Auswirkungen auf die Umwelt zu erwarten sind. Ob dies der Fall ist, entscheidet die genehmigende Behörde, deren Ermessen aber gerichtlich nachprüfbar ist. Die Mitgliedstaaten können insoweit Schwellenwerte und Kriterien festlegen, müssen aber alle Umweltauswirkungen erfassen, dürfen also etwa nicht nur auf die Größe eines Projektes abstellen.[116] Ganze Produktklassen des Anhangs II dürfen sie nicht ausschließen. Auf Verlangen hat die Behörde zu begründen, warum sie im Einzelfall keine UVP durchführt.[117] Ein Projekt, das abschnittsweise verwirklicht wird, muss dennoch als Ganzes einer UVP unterworfen werden.[118] 112

Eine Aufsplitterung eines Projektes, um eine UVP zu vermeiden, ist auch dann nicht gestattet, wenn ein Teil des Projektes in einem Nachbarstaat liegt und der im Inland zu verwirklichende Teil selbst nicht UVP-pflichtig wäre.[119] Hat ein Projekt Auswirkungen auf einen **Nachbarstaat**, so sind auch diese zu untersuchen und die betroffenen Bürger zu beteiligen, richtigerweise wohl **neben** der Beteiligung der Regierung im Nachbarstaat. 113

Die RL enthält keine Regelung für den Fall, dass die **UVP nicht durchgeführt** wurde. Der Gerichtshof hat nunmehr klargestellt, dass ein Plan, der ohne UVP genehmigt wurde, nicht rechtsgültig zustandegekommen ist.[120] Diese Entscheidung, die für die RL 2001/42 erging, dürfte auch für die RL 2011/92 maßgeblich sein. In einem weiteren Urteil entschied der Gerichtshof, dass grundsätzlich auch Verfahrensfehler bei der UVP zu einer Rechtswidrigkeit der Entscheidung über das Projekt führen können. Zwar haben die Mitgliedstaaten insoweit einen Ermessensspielraum, um zu entscheiden wie erheblich der Verfahrensfehler ist. Doch müssen sie das Ziel der RL im Auge behalten, umfassenden Rechtsschutz zu gewähren und dürfen insbesondere dem Beschwerdeführer nicht die Beweislast für die Erheblichkeit des Fehlers auferlegen.[121] Die Auffassung des BVerwG, dass eine konkrete Möglichkeit gegeben sein muss, dass ohne den Verfahrensfehler eine andere Entscheidung ergangen wäre,[122] dürfte angesichts dessen zu streng sein; sicher ist sie nach dem o.g. Urteil Altrip aber europarechtswidrig, falls sie impliziert, dass der Kläger die Beweislast für die Erheblichkeit des Fehlers tragen soll. 114

Unabhängig von der Frage der Verfahrensbedeutung stellt sich die weitere Frage, ob die UVP-RL der UVP eine **materielle Bedeutung** beimisst. Dies hat das BVerwG verneint.[123] Der Gerichtshof hat sich zu dieser Frage bisher nicht klar geäußert, jedoch angenommen, dass die UVP ein Element des Verwaltungsverfahrens sei. Zu beachten ist aber, dass nach Art. 8 RL 2011/92/EWG die Ergebnisse der Umweltverträglichkeitsprüfung (UVP) bei der Entscheidung über das Vorhaben – seit RL 2014/52/EU: „gebührend" – zu berücksichtigen sind. Darin steckt ein materieller Aspekt, der dann zum Tragen kommt, wenn das einschlägige materielle Recht Ermessens- und Beurteilungsspielräume enthält. 115

2001 wurde die UVP-RL, die sich wie beschrieben auf Projekte bezieht, ergänzt durch eine Regelung über die UVP für **umweltbezogene Pläne oder Programme**,[124] weil die politischen Entschei- 116

---

115 EuGH, Rs. C-72/95 (Kraaijeveld), Slg 1996, I-5403, st. Rspr.

116 EuGH, Rs. C-435/09 (Kommission/Belgien), Slg 2011, I-36, st. Rspr.

117 EuGH, Rs. C-75/08 (Mellor), Slg 2009, I-3799.

118 EuGH, Rs. C-142/07 (Ecologistas en Acción-CODA), Slg 2008, I-6097, Rn 44.

119 EuGH, Rs. C-205/08 (Umweltanwalt Kärnten), Slg 2009, I-11525.

120 EuGH, Rs. C-463/11 (L/M), Urteil v. 18.4.2013.

121 EuGH, Rs. C-72/12 (Fn 82).

122 Vgl BVerwG v. 13. Dezember 2007 – 4 C 9.06, BVerwGE 130, 83, 98 f.

123 BVerwG v. 21. März 1996 – 4 C 19.94, BVerwGE 100, 370, 376.

124 RL 2001/42/EG des Europäischen Parlaments und des Rates v. 27. Juni 2001 über die Prüfung der Umweltauswirkungen bestimmter Pläne und Programme, ABl. 2001 L 197, S. 30.

dungen über UVP-relevante Projekte mehr und mehr in die Planungsphase vorverlegt wurden. Umweltbezogen sind Pläne oder Programme, wenn sie den Rahmen für eine spätere Genehmigung von Projekten setzen, die unter die beiden Anhänge der RL 2011/92 fallen oder Auswirkungen auf EU-geschützte Habitate haben. Die RL zählt als Sachbereiche auf: die Landwirtschaft, Forstwirtschaft, Fischerei, Energie, Industrie, Transport, Abfallbewirtschaftung, Wasserwirtschaft, Telekommunikation, Tourismus, Raumordnung und Bodennutzung, ferner Pläne im Rahmen der EG-Regionalpolitik.

117 Die UVP besteht bei derartigen Plänen und Programmen in der Vorbereitung eines **Umweltberichts**, der Beteiligung der betroffenen Öffentlichkeit, der Berücksichtigung der Ergebnisse des Berichts und der Konsultationen bei der Entscheidung über den Plan und das Informieren über die getroffene Entscheidung. Der Umweltbericht und die Konsultationen der betroffenen Öffentlichkeit sind rechtzeitig und in jedem Fall vorzunehmen, bevor der Plan oder das Programm angenommen oder dem Gesetzgeber zur Entscheidung zugeleitet werden. Nach der Entscheidung über den Plan oder das Programm ist schriftlich und zusammengefasst über die Umweltauswirkungen, die Ergebnisse der Konsultationen und die Gründe für die Annahme von Plan oder Programm in der letztlich gewählten Form zu berichten.

118 Die RL 2001/42 sieht bei Plänen und Programmen, die Auswirkungen auf einen anderen Mitgliedstaat haben können, eine zwischenstaatliche Beteiligung des Nachbarstaates vor. Dem Protokoll von Kiew von 2003 über die Umweltverträglichkeitsprüfung von Plänen und Programmen mit grenzüberschreitenden Auswirkungen ist die EU beigetreten.[125] Sie hat aber noch keine Ausführungsregelungen angenommen, so dass EU-Pläne und Programme mit grenzüberschreitenden Auswirkungen bisher nicht als UVP-pflichtig geregelt sind. Ende 2013, waren 20 der 28 EU-Mitgliedstaaten dem Protokoll beigetreten, darunter auch Deutschland.

119 Keine Regelung gibt es bisher für die UVP von Politiken und Gesetzen, insbesondere nicht wegen des ungelösten Konfliktes zwischen Beteiligungsrechten der Öffentlichkeit und den Zuständigkeiten der gewählten Parlamente. Die Kommission nimmt allerdings vor Annahme eines RL- oder VO-Vorschlags eine Folgenabschätzung (impact assessment) vor, die sich auf wirtschaftliche, soziale und ökologische Auswirkungen erstreckt. Das Verfahren findet ohne Beteiligung der Öffentlichkeit statt; die Methodik ist angreifbar. Die Ergebnisse werden zusammen mit dem Gesetzesvorschlag der Kommission veröffentlicht.

II. Umwelthaftung

120 Regelungen über die **Umwelthaftung** nahm die Gemeinschaft erstmals 2004 an;[126] sie gelten für Schadensfälle, die nach dem 30. April 2007 eintreten. Nach der Richtlinie haften die Betreiber von Tätigkeiten, die im Anhang III der RL aufgeführt sind,[127] und zwar für erhebliche Schäden an

125 Beschluss 2008/871/EG des Rates v. 20. Oktober 2008 zur Genehmigung des Protokolls über die strategische Umweltprüfung zum Espooer UN/ECE-Übereinkommen von 1991 über die Umweltverträglichkeitsprüfung im grenzüberschreitenden Rahmen im Namen der Europäischen Gemeinschaft, ABl. 2008 L 308, S. 33.

126 RL 2004/35/EG des Europäischen Parlaments und des Rates v. 21. April 2004 über Umwelthaftung zur Vermeidung und Sanierung von Umweltschäden, ABl. 2004 L 143, S. 56.

127 Der Anhang zählt zwölf verschiedene Tätigkeiten auf: Betreiber von Anlagen, für die eine Genehmigung nach der RL 2010/75/EU (Fn 173) erforderlich ist; genehmigungspflichtige Tätigkeiten im Bereich der Abfallbewirtschaftung (RL 2008/98/EG, Fn 482; RL 1999/31/EG, Fn 488; VO (EG) Nr. 1013/2006 über das Verbringen von Abfällen, Fn 514; Ableitungen in Gewässer (RL 2000/60/EG, Fn 284); Ableitungen in das Grundwasser (RL 2006/118/EG, Fn 288); Tätigkeiten mit gefährlichen Stoffen und Zubereitungen (VO (EG) Nr. 1907/2006, Fn. 319; VO (EG) Nr. 1107/2009, Fn 372; VO (EU) Nr. 528/2012 über Biozide, Fn 373; Beförderung gefährlicher Stoffe oder Güter (RL 94/55/EG des Rates v. 21. November 1994 zur Angleichung der Rechtsvorschriften der Mitgliedstaaten für den Gefahrguttransport auf der Straße, ABl. 1994 L 319, S. 7; RL 96/49/EG des Rates v. 23. Juli 1996 zur Angleichung der Rechtsvorschriften der Mitgliedstaaten für die Eisenbahnbeförderung gefährlicher Güter, ABl. 1996 L 235, S. 25; 93/75/EWG des Rates v. 13. September 1993 über Mindestanforderungen an Schiffe, die Seehäfen der Gemeinschaft anlaufen oder aus ihnen auslaufen und gefährliche oder umweltschädliche Güter befördern, ABl. 1993 L 247, S. 19, sowie Tätigkeiten der Behandlung genetisch veränderter Mikroorganismen (RL 2009/41/EG, Fn 418) und der Freisetzung genetisch veränderter Organismen in die Umwelt (RL 2001/18/EG, Fn 435).

geschützten Tier- und Pflanzenarten sowie an Habitaten; für Gewässerschäden sowie für Schäden an Grund und Boden, soweit dadurch ein Risiko für die menschliche Gesundheit besteht. Die Haftung ist verschuldensunabhängig. Gehaftet wird für eine Wiederherstellung der beeinträchtigten Umwelt. Die erforderlichen Maßnahmen werden von den zuständigen Behörden auf Vorschlag des Verantwortlichen festgelegt. Die RL legt insoweit Einzelheiten über die Festlegung und Durchführung des Sanierungsumfangs fest (Anhang II). Ein unmittelbar bevorstehender Schadenseintritt ist einem eingetretenen Schaden gleichgestellt. Die zuständige Behörde kann die Sanierung auch selbst vornehmen und die Kosten beim Betreiber erheben, ist hierzu aber nicht verpflichtet. Keine Sanierungspflicht besteht für die zuständige Behörde, wenn der Verursacher nicht zu ermitteln ist oder aus irgendwelchen Gründen für den Schaden nicht aufzukommen hat.

Der Verursacher kann **einwenden**, dass der Schaden durch einen Dritten oder dadurch verursacht wurde, dass er bindenden Anweisungen der zuständigen Behörden nachgekommen war. Die Mitgliedstaaten können zulassen, dass der Betreiber nicht haftet, wenn er nachweist, dass der Schaden durch eine ausdrücklich genehmigte Tätigkeit entstanden war; sie können die Haftung auch entfallen lassen, wenn nach dem Stand wissenschaftlicher oder technischer Erkenntnisse zum Zeitpunkt der schadenstiftenden Tätigkeit der Schadenseintritt nicht vorhersehbar war. Ferner können sie eine von der RL nicht vorgeschriebene Versicherungspflicht vorsehen und die Kostenverteilung im Falle mehrerer Verursacher regeln. 121

Natürliche oder juristische Personen, die von dem Schaden betroffen wurden, sowie Umweltorganisationen können die zuständigen Behörden auffordern, zur Vermeidung oder Sanierung von Umweltschäden tätig zu werden. Gegen die Entscheidung der Behörde steht ihnen ein **gerichtliches Nachprüfungsrecht** zu. 122

Die RL erfasst nicht die durch **Ölverschmutzung** entstandenen Schäden, soweit diese durch innerstaatlich geltende internationale Übereinkommen abgedeckt sind, ferner keine **Nuklearschäden**, die von internationalen Übereinkommen gedeckt sind. Sie sieht keine besonderen Regeln für Schäden vor, die durch genetisch veränderte Organismen entstehen. Allerdings ist in dem Zusammenhang eine RL von 1985 über die Haftung für fehlerhafte Produkte zu beachten,[128] die das Unionsrecht insoweit vollständig harmonisiert, den ökonomischen Schaden auf Verbraucherschäden beschränkt und für diese Schäden eine Haftungsobergrenze einführt. 123

Auf internationaler Ebene wurde im Rahmen des **Protokolls von Cartagena** über die biologische Sicherheit 2012 ein Protokoll über die Haftung für Schäden und Wiedergutmachung zur Zeichnung aufgelegt, die durch die grenzüberschreitende Verbringung von genetisch veränderten Organismen verursacht werden. Die EU zeichnete das Protokoll am 21.3.2013,[129] hat aber bis Ende 2013 keine Schritte zur Annahme des Protokolls unternommen. Das Protokoll ist international noch nicht in Kraft getreten. 124

H. Naturschutzrecht

Hauptziele des europäischen Naturschutzrechts sind es, Arten und Lebensräume von Arten zu schützen. Der Lebensraumschutz zielt darauf, ein zusammenhängendes Netz („Natura 2000“) von bedrohten natürlichen Lebensraumtypen und Habitaten bedrohter Arten unter Schutz zu stellen.[130] Zur Verbesserung der Kohärenz soll es durch solche Landschaftselemente ergänzt werden, die für 125

128 RL 85/374/EWG des Rates v. 25. Juli 1985 zur Angleichung der Rechts- und Verwaltungsvorschriften der Mitgliedstaaten über die Haftung für fehlerhafte Produkte, ABl. 1985 L 210, S. 29.

129 Beschluss 2013/86/EU des Rates v. 12. Februar 2013 über den Abschluss, im Namen der Europäischen Union, des Zusatzprotokolls von Nagoya/Kuala Lumpur über Haftung und Wiedergutmachung zum Protokoll von Cartagena über die biologische Sicherheit, ABl. 2013 L 46, S. 1.

130 Art. 3 RL 92/43/EWG zur Erhaltung der natürlichen Lebensräume sowie der wildlebenden Tiere und Pflanzen, ABl. 1992 L 206, S. 7; einbezogen sind die auf Grund RL 79/409/EWG des Rates v. 2. April 1979 über die Erhaltung der wildlebenden Vogelarten, ABl. 1979 L 103, S. 1 kodifiziert durch RL 2009/147/EG des Europäischen Parlaments und des Rates vom 30. November 2009, ABl. 2010 L 20, S. 7 einzurichtenden Vogelschutzgebiete, vgl dort Art. 4 Abs. 3 und RL 92/43/EWG Art. 3 Abs. 2 Unterabs. 2.

Wanderung und Austausch der Arten wesentlich sind.[131] Der Artenschutz zielt auf den Schutz einzelner Exemplare und Populationen von Arten, und zwar auch soweit sie außerhalb von Schutzgebieten leben und teils auch, soweit sie nicht bedroht sind.

126 Die beiden zentralen EU-Regelungen sind die Vogelschutzrichtlinie 2009/147/EG und die Flora-Fauna-Habitat (FFH)-Richtlinie 92/43/EWG. Bisher nicht harmonisiert ist der sonstige Naturschutz, etwa der Gebiets- und Artenschutz außerhalb der in den genannten Richtlinien gelisteten Habitate und Arten, die Eingriffsregelung und die Landschaftsplanung. Insoweit wären im Interesse des Schutzes der europäischen Natur und Landschaften weitere Integrationsschritte wünschenswert.

I. Gebietsschutz

1. Auswahl und Management der Gebiete

127 Die zuständigen Gebietskörperschaften haben **geeignete Gebiete** auszuwählen und – bei Vogelschutzgebieten – unmittelbar unter Schutz zu stellen bzw – bei anderen Gebieten – in den europäischen Abstimmungsprozess einzubringen und spätestens nach Erstellung einer Liste der Gebiete von gemeinschaftlicher Bedeutung unter Schutz zu stellen.[132] Die Pflicht zur Unterschutzstellung erstreckt sich auch auf geeignete **Meeresflächen** im Bereich des Küstenmeeres, der Ausschließlichen Wirtschaftszone und des Festlandssockels der Mitgliedstaaten.

128 Angesichts der Tendenz zur allumfassenden Abwägung und damit Relativierung legislativer Prioritätensetzung ist hervorzuheben, dass RL 92/43 die bedrohten Lebensräume und Arten als Naturerbe der Union einstuft und ihnen damit einen **hohen Rang** zuweist.[133] Abwägungen, die Erwägungsgrund 3 und Art. 2 Abs. 3 der RL 92/43/EWG im Hinblick auf wirtschaftliche, soziale, kulturelle und regionale Anforderungen durchaus reklamiert, werden von beiden RLen bestimmten Stellen des Prozesses der Erstellung und Vollziehung des Schutzstatus zugewiesen, also nicht für jede einzelne Stufe vorgesehen. Wie der Gerichtshof mehrfach betont hat, sind auf der Stufe der Auswahl von geeigneten Gebieten nur **naturschutzfachliche Gründe** maßgeblich, wobei den Mitgliedstaaten jedoch bei Konkretisierung dieser Gründe ein gewisser Beurteilungsspielraum zukommt, wie zum Beispiel bei Bewertung der Repräsentativität eines Habitats oder einer Art. Die rein fachliche Orientierung mag in der Praxis künstlich erscheinen, doch muss man sich den Grund vor Augen halten: weil die RL nicht breit bei aller Natur, sondern enger nur bei bedrohten Lebensräumen und Arten ansetzt, ist die erste Abwägung im Grunde bereits im politischen Raum vorausgegangen, der Art, dass Vorrang hat, was der Erhaltung der bedrohten Lebensräume und Arten dient.[134]

129 Wenn ein Gebiet seine Schutzziele nicht mehr erfüllt und dies durch Sanierungsmaßnahmen nicht behoben werden kann, die Nichterfüllung also endgültig ist, kann ein Verfahren zur Entwidmung des Gebietes entsprechend Art. 4 RL 92/43 durchgeführt werden. Der betreffende Mitgliedstaat kann einen Antrag auf Streichung aus der Liste stellen, die Kommission entscheidet darüber und der Mitgliedstaat entwidmet das Gebiet (EuGH, Rs 301/12 (Cascina) Rn 23). Nach Auffassung des EuGH soll der Mitgliedstaat zu einer solchen Antragstellung unionsrechtlich sogar verpflichtet sein (aaO Rn 28 f).

130 Die Mitgliedstaaten haben in den Schutzgebieten **Erhaltungsmaßnahmen** zu treffen und Verschlechterungen und Störungen zu verhindern.[135] Auf dieser Stufe des Gebietsmanagement ist ebenfalls keine Abwägung mit sozialen und wirtschaftlichen Belangen vorgesehen. Immerhin wird

131 Art. 10 RL 92/43/EWG (Fn 130).

132 Art. 4 Abs. 1 und 2 RL 2009/147/EG (Fn 130); Art. 4 RL 92/43/EG (Fn 130).

133 Erwägungsgrund 3 der RL 92/43/EWG (Fn 130).

134 Zu RL 79/409/EWG (Fn 130) s. EuGH, Rs. C-57/89 (Leybucht), Slg 1991, I-883, Rn 21, EuGH, Rs. C-355/90 (Santona) Rn 26. Zu RL 92/43/EWG (Fn 130) s. EuGH, Rs. C-371/98 (WWF UK), Slg 2000, I-9249, Rn 23. Vgl auch die rein ökologischen Kriterien in Annex III der RL 92/43/EWG, auf die § 32 Abs. 1 BNatSchG verweist. Zum Ganzen *Gellermann*, Natura 2000, 2. Aufl., Berlin, 2001, S. 30 f, 53 f.

135 Art. 6 Abs. 1 und 2 RL 92/43/EWG (Fn 130), umgesetzt durch § 33 BNatSchG.

diesen aber insoweit entgegengekommen, als für zu vermeidende Beeinträchtigungen eine Erheblichkeitsschwelle gilt,[136] die allerdings rein naturschutzfachlich zu bestimmen ist und nicht als offene Abwägung missverstanden werden darf.[137]

Für genehmigungs- und anzeigebedürftige Vorhaben und Maßnahmen, die die Gebiete erheblich beeinträchtigen können, ist die **Verträglichkeit** mit den Erhaltungszielen **zu prüfen.**[138] Auch die Prüfung der Erheblichkeit erlaubt keine Abwägung mit sozialen und wirtschaftlichen Belangen. Die Erheblichkeitsschwelle ist naturschutzfachlich zu bestimmen und bemisst sich an den Erhaltungszielen.[139] Sie unterliegt dem Vorsorgegebot, dh erhebliche **Beeinträchtigungen** müssen mit Gewissheit ausgeschlossen sein.[140] Ausgleichsmaßnahmen dürfen dabei nicht als Minderung der Beeinträchtigung veranschlagt werden. Sie kommen erst auf der Stufe der ausnahmsweisen Zulassung von Plänen oder Projekten ins Spiel (EuGH, Rs. C-521/12 (Biels). 131

Die Durchführung von erheblich beeinträchtigenden Vorhaben und Maßnahmen ist nur ausnahmsweise genehmigungsfähig, nämlich nur dann, wenn zwingende Gründe des überwiegenden **öffentlichen Interesses** einschließlich solcher sozialer und wirtschaftlicher Art vorliegen und zumutbare Alternativlösungen nicht gegeben sind. Geht es um **prioritäre Biotope oder Arten**, zählen Interessen sozialer und wirtschaftlicher Art nur dann, wenn eine Stellungnahme der Kommission eingeholt worden ist. In jedem Fall sind Ausgleichsmaßnahmen zu treffen.[141] Erst auf der Stufe der Ausnahmezulassung von Plänen und Projekten ist also eine Abwägung mit **sozio-ökonomischen Interessen** vorgesehen. 132

Wann sozio-ökonomische Interessen öffentliche Interessen sind, ist hier wie allgemein in Zeiten der Verschränkung des Öffentlichen und des Privaten schwer zu bestimmen. Kandidaten für die Extreme sind unschwer zu finden – zB Küstenschutz als eindeutig öffentliches und etwa der Bau einer Villa im Naturgebiet als eindeutig privates Interesse. Im **Übergangsbereich** helfen Zusatzkriterien: die private Gewinnerzielung wird „öffentlich“, wenn sie mit der Schaffung einer relevanten Anzahl von Arbeitsplätzen verbunden ist, nicht aber, wenn es sich um eine weitgehend automatisierte technische Anlage (wie zB die Anlandung von Gas) handelt, die allenfalls fiskalische Interessen an Steueraufkommen bedient. Nicht „zwingend“ ist ein öffentliches Interesse, wenn zB die Aussichten auf Arbeitsplätze nur behauptet und nicht durch eine fundierte Prognose belegt werden. 133

Das öffentliche Interesse kann einen **regionalen Bezug** haben, darf aber nicht zu konkret angesetzt werden, weil sonst kein Raum für die Betrachtung von Alternativen übrig bleibt. ZB ist Bezugspunkt des öffentlichen (Wirtschaftsförderungs-)Interesses eines Flughafens nicht die Gemeinde, in deren Gebiet er liegt (denn hierzu gäbe es keine Alternative), sondern die Region. 134

Beherbergt das Gebiet prioritäre Lebensräume oder Arten, so können Pläne und Projekte nur bei Vorliegen **besonders gewichtiger öffentlicher Interessen** zugelassen werden.[142] Hierzu zählen auch soziale und wirtschaftliche Belange.[143] Allerdings wird das Wort „prioritär“ seines Sinnes weitgehend entkleidet, wenn die fraglichen Lebensräume und Arten ebenso wie Normalfälle behandelt würden. Dass die Kommission eine Stellungnahme abgeben muss, verhilft, wenn sie positiv aus- 135

136 Vgl Art. 4 Abs. 4 RL 2009/147/EG (Fn 130) und Art. 6 Abs. 2 RL 92/43/EWG (Fn 130); der Ausdruck „Verschlechterung“ dürfte der „erheblichen Beeinträchtigung“ gleichzustellen sein. AA *Gellermann* (Fn 133), S. 74.

137 Insoweit ebenso *Gellermann* (Fn 134), S. 74.

138 Art. 6 Abs. 3 RL 92/43/EWG (Fn 130), umgesetzt durch § 34 Abs. 1 BNatSchG. Für Vorhaben im Bereich eines qualifizierten Bebauungsplans und für Vorhaben nach § 33 BauGB wird die Verträglichkeitsprüfung im Rahmen der Planaufstellung abgearbeitet und ist für das Einzelvorhaben nicht zu wiederholen (§ 37 Abs. 1 BNatSchG).

139 Nach EuGH, Rs. C-127/02 (Muschelfischerei), Slg 2004, I-7405, Rn 46-49 ist das Kriterium Beeinträchtigung des „Gebietes als solchem“ iSd Art. 6 Abs. 3 Satz 2 RL 92/43/EWG (Fn 130) als erhebliche Beeinträchtigung der Erhaltungsziele zu verstehen.

140 EuGH, Rs. C-127/02 (Fn 139), Rn 56.

141 Art. 6 Abs. 4 RL 92/43/EWG (Fn 130). § 34 Abs. 5 BNatSchG.

142 Vgl Art. 6 Abs. 4 Unterabs. 2 RL 92/43/EWG (Fn 130).

143 EuGH, Rs. C-44/95 (Lappel Bank), Slg 1996, I-1281, Rn 39, jedoch nur in einem obiter dictum. Die aA der Vorauflage wird aufgegeben.

geht, nicht per se zum Vorrang. Ausschlaggebend bleibt und gerichtlicher Kontrolle unterliegt die materielle Frage, ob ein wirklich dringendes und alternativloses öffentliches Interesse vorliegt.

136 Als **prioritär** sind entgegen § 10 Abs. 2 Nr. 8 BNatSchG auch die in Anhang I der RL 2009/147 aufgeführten Vogelarten anzusehen. Es wäre widersinnig, besonders bedrohten Tier- und Pflanzenarten, nicht aber besonders bedrohten Vogelarten privilegierten Schutz zu gewähren. Art. 7 RL 92/43/EWG verweist für Vogelschutzgebiete auf Art. 6 Abs. 4 insgesamt, nicht lediglich auf Unterabs. 1, und bringt damit zum Ausdruck, dass er eine Differenzierung für möglich hält.[144] Sollte Anhang I zu viele Vogelarten umfassen, ist es Sache der Gesetzgebung, insoweit Korrekturen vorzunehmen.

137 Die gemeinschaftsrechtlich geforderte **Alternativenprüfung** erstreckt sich auf alle geeigneten Varianten, nicht nur auf diejenigen, die sich aufdrängen oder gar nur diejenigen, die vom Vorhabenträger geprüft worden sind.[145] Wenn § 34 Abs. 3 Nr. 2 BNatSchG den Begriff der Alternativlösungen iSd Art. 6 Abs. 4 UA 1 RL 92/43/EWG zu „zumutbare Alternativen, den mit dem Projekt verfolgten Zweck an anderer Stelle ohne oder mit geringeren Beeinträchtigungen zu erreichen" konkretisiert, so ist dies unpräzise und überdies zu eng: Der Zweck ist nicht rein faktisch das, was mit dem Projekt verfolgt wird, sondern normativ das, was als überwiegendes öffentliches Interesse anzuerkennen ist, und: Alternativen sind nicht nur solche „an anderer Stelle", sondern auch solche anderer Modalität. ZB muss als Alternativlösung zum Bau einer zusätzlichen Autobahntrasse eine bessere Verkehrsregelung auf der vorhandenen Trasse berücksichtigungsfähig sein. Problematisch ist auch, dass nach § 33 Abs. 3 Nr. 2 BNatSchG nur „zumutbare" Alternativen zählen sollen. Sollte damit gemeint sein, dass der Projektträger ggf in der Lage sein müsste, auch die Alternative zu verwirklichen, so würde der Ansatz der RL, öffentliche Interessen am Naturschutz und am Projekt abzuwägen, durch einen Ansatz, Naturschutz gegen individuelle Interessen abzuwägen, ersetzt. Denkt man vom öffentlichen Interesse am Projekt her, so kommen unabhängig vom Projektträger alle Varianten in Betracht. Zu fragen ist, ob das öffentliche Interesse unbefriedigt bleiben würde, m.a.W., ob zu erwarten ist, dass irgendein Akteur – eine andere Gebietskörperschaft, ein anderer Privater – einspringen wird.[146] Diese Denkrichtung, also nicht die Perspektive eines einzelnen Projektträgers, ist auch für die Frage relevant, ob die **Kosten der Alternative** (zB eine Untertunnelung) außer Verhältnis zur erzielbaren Schonung des Gebietes steht.[147]

2. Unmittelbare Anwendbarkeit des gemeinschaftsrechtlichen Schutzregimes

138 Ist ein Gebiet **förmlich unter Schutz** gestellt, gelten die jeweiligen Schutzvorschriften gemäß den Naturschutzgesetzen und gebietsspezifischen Rechtsakten. Vorschriften zum Gebietsmanagement stehen neben solchen über die Zulässigkeit von Plänen und Vorhaben. Ist das Gebiet noch **nicht unter Schutz** gestellt, gilt nach § 33 Abs. 5 BNatSchG ein dem endgültigen gleichkommendes Schutzregime bereits ab Festlegung der Kommissionsliste gem. Art. 4 Abs. 2 Unterabs. 3 RL 92/43/EWG bzw – im Falle prioritärer Biotope und Arten – für Gebiete, die sich im Konzertierungsverfahren nach Art. 5 RL 92/43/EWG befinden.

---

144 Ebenso *Gellermann* (Fn 134) S. 101 f.

145 Ersteres Kriterium gilt im deutschen Fachplanungsrecht, vgl BVerwG 14.5.1996 – 7 NB 3.95, BVerwGE 101, 166, 173 f, letzteres im europäischen wie auch deutschen projektbezogenen UVP-Recht (s. Art. 5 Abs. 3 (d) RL 2011/92/EU, Fn 108; § 6 Abs. 3 Nr. 5 UVPG).

146 Dies verkennt *Wolf*, ZUR 2005, 449, 454.

147 BVerwG 27.1.2000 – 4 C 2.99, BVerwGE 110, 302, 310 f. Zu weit geht jedoch die Annahme, der Vorhabenträger müsse verpflichtet werden können, die Alternative zu verwirklichen. Die Alternativenprüfung sortiert „negativ" unzulässige Varianten aus, sie schreibt mögliche Alternativen aber nicht vor.

Nicht klar geregelt ist, was für solche geeigneten Gebiete gilt, die bisher nur der Kommission gemeldet, aber **noch nicht auf die Kommissionsliste** gesetzt worden sind.[148] Der Gerichtshof hat hierfür entschieden, dass das Schutzregime des Art. 6 RL 92/43/EWG für sie nicht gelte, dass die Mitgliedstaaten aber dennoch Schutzmaßnahmen ergreifen müssten, damit die Verwirklichung der Ziele des Art. 3 Abs. 1 RL 92/43/EWG und damit die Aufnahme in das Netz Natura 2000 möglich bleibt. Dies gelte insbesondere (aber nicht ausschließlich) für prioritäre Lebensräume und Arten.[149] 139

Dem Gerichtshof hat noch nicht die Frage vorgelegen, ob eine ähnliche Erhaltungspflicht auch für solche geeigneten Gebiete gilt, die der Mitgliedstaat **nicht in** seine **Vorschlagsliste** aufgenommen hat. Die Tatsache, dass das Gericht die Erhaltungspflicht nicht aus der mit der nationalen Liste geäußerten Willenserklärung des Mitgliedstaates, sondern aus der allgemeinen Schutzpflicht des Art. 3 Abs. 1 RL 92/43/EWG ableitet, deutet darauf hin, dass er auf die objektive Eignung des Gebietes abstellt. Dies spricht dafür, dass er auch den Fall der nicht gemeldeten geeigneten Gebiete der Erhaltungspflicht unterstellen würde. Diese Auffassung vertritt auch das BVerwG, mit allerdings leicht abweichender rechtsdogmatischer Begründung insofern, als es eine Vorwirkung der Richtlinie annimmt,[150] während der Gerichtshof die Pflicht unmittelbar aus der Richtlinie ableitet.[151] Zum Kreis der erfassten Gebiete gehören diejenigen, die sich unter Beachtung des Beurteilungsspielraumes des Mitgliedstaates „aufdrängen".[152] Die Erhaltungspflicht selbst unterscheidet sich von dem vollen Schutzregime dadurch, dass aktive Bewirtschaftungsmaßnahmen nicht gefordert sind. Die Abwehr von Verschlechterungen, insbesondere die Kontrolle von Plänen und Projekten hat dagegen praktisch die gleiche Intensität.[153] 140

Für **Vogelschutzgebiete** gemeinschaftlicher Bedeutung gilt dagegen ein strengeres Regime: Wird ein geeignetes Gebiet nicht unter Schutz gestellt, gilt es als „faktisches Vogelschutzgebiet" und unterliegt dem vollen Schutzregime des Art. 4 Abs. 4 RL 79/409/EWG,[154] das nach Interpretation des Gerichtshofs sogar noch strenger ist als dasjenige des Art. 6 Abs. 3 und 4 RL 92/43/EWG, weil Gründe sozialer und wirtschaftlicher Art ein Projekt nicht rechtfertigen können. Mit der förmlichen Unterschutzstellung ist nach Art. 7 RL 92/43/EWG dann aber das mildere Regime anwendbar.[155] 141

3. Rechtsschutz

Materielle und prozessuale Rechte gegen die Einrichtung und das Management von Schutzgebieten überlassen die Richtlinien 2009/147/EWG und 92/43/EWG dem Recht der Mitgliedstaaten. Versuche von Betroffenen, Rechte gegen die Aufnahme von Gebieten in die Kommissionsliste herzuleiten, weil dadurch bereits die Nutzbarkeit ihres Grundstücks eingeschränkt werde, hat der EuGH zurückgewiesen.[156] Aus der Listung ergebe sich noch keine direkte Betroffenheit, weil die genaue Dimensionierung und Durchführung des Schutzes bei den Mitgliedstaaten liege. 142

Ob Betroffene, insbesondere Landwirte, **Nutzungsbeschränkungen** im Zusammenhang mit der Unterschutzstellung der Natura 2000-Gebiete dulden müssen oder Entschädigung beanspruchen können, hängt von der Konzeption des Eigentumsschutzes in den Mitgliedstaaten ab. Nach Art. 14 143

148 Vgl Entscheidungen 2008/95/EG, ABl. 2008 L 31, S. 39 (makaronesische Region), 2008/966/EG, ABl. 2008 L 344, S. 117 (Steppenregion), 2009/90/EG, ABl. 2009 L 43, S. 1 (pannonische Region), 2009/91/EG, ABl. 2009 L 43, S. 21 (Alpine Region), 2009/92/EG, ABl. 2009 L 43, S. 59 (Schwarzmeerregion), 2009/93/EG, ABl. 2009 L 43, S. 63 (Kontinentale Region), 2009/94/EG, ABl. 2009 L 43, S. 245 (boreale Region), 2009/95/EG, ABl. 2009 L 43, S. 393 (Mediterrane Region), 2009/96/EG, ABl.2009 L 43, S. 466 (Atlantische Region). Nachmeldungen für alle Regionen sind vorgesehen.

149 EuGH, Rs. C-117/03 (Dragaggi), Slg. 2005, I-167, Rn 24-29.

150 BVerwG (Fn 147), BVerwGE 110, 302, 308. Die Figur unzulässiger Rechtsausübung betonend *Halama*, NVwZ 2001, 506, 508.

151 Ebenso *Winter*, ZUR 2002, 313, 317.

152 BVerwG (Fn 147), BVerwGE 110, 302, 308.

153 So wohl auch *Halama*, NVwZ 2001, 506, 508.

154 EuGH, Rs. C-374/98 (Basses Corbières), Slg 2000, I-10837, Rn 47.

155 Zum Ganzen *Gellermann* (Fn 134), S. 115 f.

156 EuGH, Rs. C-362/06P (Sahlstedt), Slg 2009, I-2903. Dazu s. *Kahl/Gärditz*, NuR 2005, 555.

GG handelt es sich nicht um eine Enteignung, sondern um eine Inhaltsbestimmung des Eigentums. Wenn der Eingriff eine vorher bestehende ausgeübte Nutzung unrentabel macht, ist die Inhaltsbestimmung entschädigungspflichtig. Zusätzlich kann ein – verfassungsrechtlich nicht gebotener – Erschwernis- oder Härteausgleich vorgesehen werden.[157] Kommt in Betracht, dass die Unterschutzstellung rechtswidrig ist, müssen Betroffene zunächst Primärrechtsschutz mittels Anfechtungsklage bzw Normenkontrollantrag suchen.

144 Dritte, denen der Schutz nicht weit genug geht, haben nach deutschem Recht kein subjektives Recht auf Unterschutzstellung, da Naturschutz nicht als individualgerichtet gilt. Auch die **Verbandsklage** hilft hier bisher nicht weiter. Sie richtet sich passiv gegen naturbeeinträchtigende Entscheidungen, nicht aktiv auf Einführung von Schutzmaßnahmen, und ihr Streitgegenstand sind Verwaltungsakte, nicht Verordnungen oder Landesgesetze, in deren Form normalerweise Schutzmaßnahmen gekleidet sind.[158] Allerdings erstreckt sich die Verbandsklage bei Anfechtung einer Vorhabensgenehmigung auf die Rüge, dass das Gebiet hätte unter Schutz gestellt werden müssen und insofern zumindest ein vorläufiges Schutzregime gilt.[159]

145 Die genannten Einschränkungen der Verbandsklage sind mit einer völkerrechtsfreundlichen Auslegung und Rechtssetzung im Lichte des Art. 9 Abs. 3 der Aarhus-Konvention kaum vereinbar.[160] Dabei ist zu bemerken, dass dieser Artikel sich nicht nur auf Einzelfallentscheidungen, sondern auf alle behördlichen Handlungen bezieht und auch behördliche Unterlassungen umfasst.

II. Artenschutz

146 Als Artenschutzrecht wird das Recht bezeichnet, das Pflanzen und Tiere unabhängig davon schützt, ob Schutzgebiete eingerichtet werden. Die zu schützenden Arten sind nicht nur solche, die in einem Staat heimisch sind, sondern auch solche, die anderswo heimisch sind und sich im betreffenden Staat aufhalten.[161] Es regelt spezifische beeinträchtigende Handlungen, wie Störungen, Beschädigungen, die Entnahme aus der Natur, den Besitz, den Handel und den Import oder Export. Besonders strenge Regeln gelten für bedrohte Arten, die in Listen erfasst werden. Das EU-Recht hat zwei wesentliche Regime zum Artenschutz eingeführt: Den umfassenden Schutz bestimmter Vogel-, anderer Tier- sowie Pflanzenarten nach den RL 2009/147/EWG und 92/43/EWG, und den auf Import und Export konzentrierten Schutz bestimmter Tier- und Pflanzenarten nach der VO 338/97/EG. Daneben stehen Regelungen über die Jagd und Fischerei als besonders stark eingreifende Handlungen. Während die geschützten Tiere im Wesentlichen von der Jagd ausgenommen sind, gilt dies nicht für Fischfang. Es werden jedoch Fangbeschränkungen festgelegt. Diese dienen traditionell zwar primär der Erhaltung der Bestände für eine dauerhafte Fischerei, sie richten sich zunehmend aber auch auf den Schutz der Fischbestände als Bestandteil der Biodiversität. Grundlegend ist hierfür die VO 1380/2013/EU, deren Art. 2 Abs. 3 als ein Ziel ausweist, dass die Auswirkungen der Fischerei auf die marinen Ökosysteme auf ein Mindestmaß begrenzt werden sollen. Zu nennen ist noch Art. 11 RL 2009/147/EG, der eine Kontrolle der Ansiedlung gebietsfremder Vögel vorschreibt.

147 RL 2009/147 stellt für Vögel einen weiten Schutzgrundsatz auf, der gestaffelt eingeschränkt wird. Sie legt in Art. 5 und 6 Abs. 1 grundsätzliche Verhaltensbeschränkungen zum Schutz aller in der EU heimischen Vögel fest, so u.a. das absichtliche Töten, die Zerstörung von Nestern, das absichtliche Stören, das Halten und den Verkauf. Der Schutz der Lebensstätten ist funktional aufzufassen, dh es gehört alles dazu, „was für den Fortpflanzungserfolg und die ungestörte Rast der betreffen-

157 S. die Landesnaturschutzgesetze, zB §§ 50, 52 NdsNatSchG.
158 § 61 Abs. 1 BNatSchG. Als Bsp. für Landesrecht § 42 NdsNatSchG.
159 BVerwG 19.5.1998 – 4 A 9.97, BVerwGE 107, 1, 18 ff; GK-BNatSchG, *Möckel*, § 32, Rn 109.
160 Vgl oben Rn 89.
161 EuGH, Rs. C-192/11 (Kommission/Polen), Urteil v. 26.1.2012, Rn 25. Das Urteil bezieht sich auf Vogelarten, ist aber auf Pflanzen und andere Tiere übertragbar.

den Art erforderlich ist".[162] Das Störungsverbot ist weit zu verstehen, es schließt nicht nur direkte (wie zB physische) Einwirkungen ein, sondern auch mittelbare Beeinträchtigungen wie die Zerstörung von Nahrungsräumen.[163] Ob eine Schutzpflicht verletzt wird, erfordert gründliche Ermittlungen, die jedoch nicht den Umfang einer FFH-Verträglichkeitsprüfung annehmen muss.[164] Das Halten und der Verkauf ist nach Art. 6 Abs. 2 und 3 hingegen für eine begrenzte Zahl von Arten, die in Anhang III aufgelistet sind, erlaubt. Die Jagd ist nach Art. 7 erlaubt nur für die in Anhang II gelisteten Arten und unter Beachtung von Vorschriften zur Schonung u.a. während der Nist-, Brut-, Migrations- und Aufzuchtzeit. Diese Vorschriften sind in Deutschland mit seinem System der organisierten Jagd leichter vollziehbar als in Mitgliedstaaten mit der Tradition des allgemeinen Jagdrechts. Nach Art. 8 dürfen für die Jagd, den Fang und das Töten von Vögeln bestimmte in Anhang IV genannte Methoden nicht angewendet werden.

Von den Nutzungsbeschränkungen können die Mitgliedstaaten aus bestimmten, in Art. 9 aufgezählten Gründen Ausnahmen genehmigen (Volksgesundheit, öffentliche Sicherheit, Sicherheit des Luftverkehrs, Kultur- oder Umweltschäden, Forschungs- und Unterrichtszwecke, vernünftige Nutzung geringer Mengen). Selbst wenn ein Ausnahmegrund vorliegt, ist zu prüfen, ob es eine andere „zufriedenstellende Lösung" gibt. Der EuGH hat verschiedentlich ausgesprochen, dass die Mitgliedstaaten die Ausnahmen eng und präzise formulieren müssen.[165] Desgleichen müssen die mit der Ausnahme verbundenen Risiken untersucht werden.[166] Die nationale Regelung darf nicht bestimmte Arten allgemein vom Schutz ausnehmen.[167] Es kommt vielmehr darauf an, ob sie im Einzelfall einen der Ausnahmetatbestände erfüllen. Zu den Ausnahmegründen, die eine Beeinträchtigung rechtfertigen können, zählen im Rahmen des Vogelschutzes nicht Gründe sozialer oder wirtschaftlicher Art.[168] Deshalb ist § 45 Abs. 7 Ziff. 5 BNatSchG, soweit er Vogelarten betrifft, mit Art. 9 Abs. 1 RL 2009/147/EG unvereinbar.[169] Hinsichtlich des Ausnahmegrundes der selektiven Entnahme unter kontrollierten Bedingungen[170] ist vertreten worden, dass diese Klausel auch für die „Inanspruchnahme" von Arten für Infrastrukturvorhaben herangezogen werden kann.[171] Das ist abwegig, weil dieser Ausnahmegrund der Nutzung der Art, insbesondere ihrer Kultivierung, dienen soll, nicht irgendwelchen sonstigen Zwecken. 148

RL 92/43/EWG verfolgt für Tiere und Pflanzen eine ähnliche Regelungsstrategie, ist dabei aber insgesamt weniger anspruchsvoll. Die grundsätzlichen Verhaltensbeschränkungen gelten nicht allgemein, sondern nur für in Anhängen aufgelistete Arten. Ein strengeres Regime (Verbot absichtlichen Fangens, Tötens oder Störens von Tieren, absichtlicher Entnahme oder Vernichtung von Pflanzen, sowie von Besitz und Handel) wird für die Arten des Anhangs IV eingerichtet (Art. 12 und 13), ein auf einen günstigen Erhaltungszustand gerichtetes flexibleres Regime gilt für die Arten des Anhangs V (Art. 14). Der EuGH hat hervorgehoben, dass sich das Verbot der Beschädigung oder Vernichtung der Fortpflanzungs- oder Ruhestätten von Tieren auch auf nicht absichtliches Handeln erstreckt.[172] Für Tiere verbietet Art. 15 bestimmte Fang- und Tötungsmethoden. Art. 16 enthält Ausnahmemöglichkeiten, die denen des Art. 9 RL 2009/147/EWG ähneln, jedoch insoweit weitergehen, als allgemein zwingende Gründen des überwiegenden öffentlichen Interesses, einschließlich solcher sozialer oder wirtschaftlicher Art, anerkannt werden. 149

162 Schlussanträge der GA *Kokott* v. 20. Januar 2011 in Rs. C-383/09 (Kommission/Frankreich), Slg 2011, I-04869. Vgl *Lau*, NuR 2013, 685, 687.

163 *Sobotta*, NuR 2007, 642, 644; *Lau*, NuR 2013, 685, 686.

164 BVerwG v. 9. Juli 2008 – 9 A 14.07, BVerwGE 131, 274, 292 f.

165 EuGH, Rs. C-118/94 (Associazione Italiana per il WWF), Slg 1996, I-1223, Rn 21.

166 EuGH, Rs. C-192/11 (Fn 161), Rn 73.

167 EuGH, Rs. C-192/11 (Fn 161), Rn 61.

168 EuGH, Rs. C-192/11 (Fn 161), Rn 39 f.

169 *Lau*, NuR 2013, 685, 687.

170 Art. 9 Abs. 1 (c) RL 2009/147/EG (Fn 130); Art. 16 Abs. 1 (e) RL 92/43/EWG.

171 *Lau/Streek*, NuR 2008, 386, 394.

172 EuGH, Rs. C-98/03 (Kommission/Deutschland), Slg 2006, I-53, Rn 55.

150 VO (EG) 338/97 konzentriert sich auf die Einfuhr, Ausfuhr und Durchfuhr von bestimmten bedrohten Tier- und Pflanzenarten. Ökologisch bedeutsamer als die Ausfuhr ist die Einfuhr, weil sie den Nachfragesog Europas auf die Entnahme gefährdeter Arten in den Entwicklungsländern begrenzen will. Darin steckt Paternalismus, aber ohne ihn geht es wohl nicht, weil viele Entwicklungsländer nicht die administrative Kapazität besitzen, ihre Tier- und Pflanzenwelt vor dem Ausverkauf zu schützen. Die Verordnung setzt die Konvention über den internationalen Handel mit gefährdeten Arten (CITES) um, geht aber im Schutzniveau über sie hinaus. Die damit verbundenen Handelsbeschränkungen sind mit dem GATT vereinbar. Dies ist damit zu begründen, dass CITES als spezielleres Abkommen dem GATT vorgeht, soweit die betroffenen Staaten Vertragsstaaten von CITES sind. Soweit dies nicht der Fall ist, dient CITES der Auslegung des Art. XX Buchst. g) und schließt zugleich Diskriminierungen nach Art. XX (Eingangssatz) aus. Soweit die EU weitergeht, rechtfertigt sich dies am Maßstab des Art. XX g) GATT, weil Art. 14 CITES dies ausdrücklich erlaubt.

151 Die Regelungsstrategie der VO (EG) 338/97 besteht darin, dass die Ein- und Ausfuhr von der Einhaltung bestimmter Schutzvorschriften abhängig gemacht wird, die durch administrative Genehmigung oder Notifizierung dokumentiert wird. Je gefährdeter die Art, desto strenger die Schutzvorschriften und aufwendiger die Dokumentation. Die Anhänge der VO (EG) 338/97 verhalten sich zu den Anhängen von CITES wie folgt: Anhang A VO (EG) 338/97 umfasst die Arten des Anhang I CITES plus einige Arten der Anhänge II und III CITES sowie einige Nicht-CITES-Arten. Anhang B VO (EG) 338/97 umfasst alle anderen Arten des Anhang II CITES, einige Arten des Anhangs III CITES und einige Nicht-CITES-Arten. Anhang C VO (EG) 338/97 enthält alle anderen Arten des Anhangs III CITES. Anhang D umfasst einige Arten des Anhangs III CITES, für die die EU eine Ausnahme notifiziert hat, und einige Nicht-CITES-Arten. Anhang D ist die Liste der zu beobachtenden Arten, die später uU in andere Anhänge aufsteigen. Den Anhängen korrespondieren folgende administrativen Erfordernisse: Eine Einfuhrgenehmigung für Arten der Anlagen A und B, eine Ausfuhrgenehmigung für die Arten der Anlagen A, B und C, eine Wiedereinfuhrgenehmigung für die Arten der Anlagen A, B und C, und eine Einfuhrnotifizierung für die Arten der Anlagen C und D. Auf der Grundlage von Art. 4 Abs. 6 VO (EG) 338/97 hat die Kommission durch VO (EG) 349/2003 für eine große Zahl von Arten die Einfuhr aus bestimmten Ursprungsländern gänzlich untersagt.

I. Industrieanlagen

152 Die EU hat für Emissionen, die von Industrieanlagen ausgehen, durch RL 2010/75/EG[173] eine umfassende Regelung getroffen. Sie setzte regulative Instrumente ein und wird durch die EMAS-VO (EG) Nr. 1221/2009[174] um ein regulativ eingebettetes selbstregulatives Instrument ergänzt, das zunächst auf Industrieanlagen konzentriert war, inzwischen aber weit darüber hinaus alle Organisationen umfasst. Die Industrieanlagen-Richtlinie führt eine Reihe von früheren Richtlinien zusammen, die unterschiedliche Anlagen (wie insbesondere Großfeuerungsanlagen und Abfallverbrennungsanlagen) separat regelten.[175]

I. Integrierte Vermeidung und Verminderung von Umweltbelastungen

153 Die Richtlinie verfolgt wie ihre hauptsächliche Vorgängerin, die RL 2008/1/EG, einen integrativen Ansatz der Vermeidung und Verminderung von Umweltverschmutzung. **Integration** bedeutet, dass die von Anlagen ausgehenden unterschiedlichen Umweltprobleme nicht getrennt, sondern nach

173 RL 2010/75/EU des Europäischen Parlaments und des Rates über Industrieemissionen (integrierte Vermeidung und Verminderung der Umweltverschmutzung), ABl. 2010 L 334, S. 17.

174 VO (EG) Nr. 761/2001 des Europäischen Parlaments und des Rates über die freiwillige Beteiligung von Organisationen an einem Gemeinschaftssystem für das Umweltmanagement und die Umweltbetriebsprüfung (EMAS), ABl. 2001 L 114, S. 1. Die Bezeichnung „EMAS“ leitet sich von der englischen Version des Titels der VO ab (environmental management and audit system).

175 EU-weit werden etwa 52.000 Anlagen, in der BRD etwa 9.000 Anlagen erfasst.

einem übergreifenden Konzept gelöst werden. Dabei werden alle Emissionen einbezogen, Luftschadstoffe, Lärm, Einträge in Gewässer und Boden, Abfallproduktion und Energieverbrauch.[176] Ausgeklammert und dem Regime des Emissionshandels überwiesen werden dagegen Emissionen von Treibhausgasen.[177]

Die Richtlinie legt bestimmte **Grundpflichten** fest, die die Mitgliedstaaten umsetzen müssen. Sie lässt offen, ob dies durch Anweisungen an die Überwachungsbehörden oder durch den Betreibern gegenüber unmittelbar wirkende Grundpflichten erfolgt. Die Tatsache, dass Art. 3 Abs. 2 RL 2008/1/EG gestrichen worden ist, deutet darauf hin, dass die zweite, dynamischere Lösung vorgezogen wird. Im Hinblick darauf ist die Regelungstechnik der §§ 5 und 6 BImSchG zu begrüßen. Zu den Grundpflichten gehört, dass „alle geeigneten Vorsorgemaßnamen" getroffen, die „besten verfügbaren Techniken" angewandt und „keine erheblichen Umweltverschmutzungen" verursacht werden. Man kann hierin die deutsche Unterscheidung zwischen Gefahrvermeidung und Risikovorsorge wiedererkennen, obwohl nach dieser die Verwirklichung des Standes der Technik im Vorsorgeprinzip eingeschlossen ist.[178] Hinzukommen Grundpflichten hinsichtlich der Abfallhierarchie, der Energienutzung, der Unfallrisiken und der Stilllegung der Anlage. 154

Die Grundpflichten werden durch untergesetzliche informelle und formelle Standards konkretisiert. Zum einen finden sie sich in **Umweltqualitätsnormen** wieder, für deren Erlass RL 2010/75/EG allerdings keine eigene Rechtsgrundlage bietet, sondern welche im Rahmen anderer medienbezogener Rechtsakte erlassen werden. Die Umweltqualitätsnormen sind jedenfalls zu beachten, selbst wenn die einzelnen Anlagen die Emissionsregelungen einhalten.[179] 155

Die RL führt ein hoch differenziertes System zur Begrenzung von Emissionen ein, das den Begriff der **besten verfügbaren Technik** konkretisiert. Es besteht aus folgenden Elementen:[180] Die Kommission organisiert einen (in Sevilla lokalisierten) Informationsaustausch zwischen Behörden, Industrie und Umweltschutz-NGOs über die übliche und beste Techniken ein, durch den für die einzelnen Industriezweige sog. **BVT-Merkblätter**[181] erarbeitet werden. Die Merkblätter enthalten **BVT-Schlussfolgerungen,**[182] in denen die besten verfügbaren Techniken umschrieben und uU auch eine mit ihnen „assoziierte" Bandbreite von Emissionsgrenzwerten festgelegt werden. Das Verfahren der Erarbeitung und das Format der BVT-Merkblätter werden durch die Kommission im Regelungsverfahren, dh unter Beteiligung der mitgliedstaatlichen Fachbehörden, festgelegt.[183] In gleicher Weise werden die BVT-Schlussfolgerungen beschlossen. Während sie nach der Vorfassung in RL 2008/1/EG unverbindlich blieben, erhalten sie nunmehr eine stärkere, aber in gewisser Weise relativierte Verbindlichkeit für die Mitgliedstaaten. 156

Auf der Grundlage von Erfahrungsberichten, die die Kommission ab 2016 zu erstellen hat, wird entschieden, ob im Gesetzgebungsverfahren stärker verbindliche **„unionsweit geltende Mindestanforderungen"**, etwa in Gestalt von Emissionsgrenzwerten, festgelegt werden sollen.[184] Solche strikt verbindlichen Emissionsgrenzwerte kennt die RL 2010/75 bisher nur für bestimmte, vorher durch spezielle Richtlinien geregelte Anlagen, nämlich zB Feuerungs- und Abfallverbrennungsanlagen, Tätigkeiten, bei den organische Lösungsmittel eingesetzt werden, und Titandioxid produzierende Anlagen.[185] 157

176 Erwägungsgrund 3 der RL 2010/75/EG (Fn 173).

177 Art. 9 RL 2010/75/EG (Fn 173). S. aber in Art. 36 die Prüfungsverpflichtung, ob eine Speicherung von CO_2 in Betracht kommt.

178 Vgl § 5 Abs. 1 Nr. 2 BImSchG. Ebenso noch Art. 3 Abs. 1 (a) RL 2008/1/EG des Europäischen Parlaments und des Rates über die integrierte Vermeidung und Verminderung der Umweltverschmutzung, ABl. 2008 L 24, S. 8.

179 Art. 18 RL 2010/75 (Fn 173).

180 S. Art. 13 RL 2010/75/EG (Fn 173).

181 Auch nach dem Englischen als BREFs (Best Available Technique Reference Documents) bezeichnet.

182 Im Englischen: BAT-Conclusions.

183 Art. 13 mit Art. 74 Abs. 2 RL 2010/75/EG (Fn 173).

184 Art. 73 RL 2010/75/EG (Fn 173).

185 Anlagen V-VIII RL 2010/75/EG (Fn 173).

158 Soweit durch Schlussfolgerungen oder Mindestanforderungen keine Harmonisierung erfolgt ist, oder um strengere Anforderungen zu stellen, können die Mitgliedstaaten **„allgemein verbindliche Vorschriften“** aufstellen.[186]

159 Bisher sind 33 BREFs unterschiedlicher Reifungszustände veröffentlicht worden.[187] Eine Durchsicht einiger der **vorliegenden BREFs** vermittelt den Eindruck, dass häufig auf hunderten von Seiten die gängigen Techniken lehrbuchartig beschrieben, aber selten präzise Verfahren, Techniken und Grenzwerte vorgegeben werden, oder dass, soweit dies erfolgt, die Vorgaben nur die Bandbreite der tatsächlich angewendeten Techniken abbilden, während solche Techniken, die verfügbar sind aber sich noch nicht durchgesetzt haben, nicht einbezogen werden. Zudem fehlt es weitgehend an einer Analyse der Kostenimplikationen. Ohne eine präzise normative Rückendeckung sind die Behörden in der konkreten Kontrollsituation durch die Fülle der abzuwägenden Gesichtspunkte leicht überfordert und unter Umständen der Faktizität der Interessen ausgeliefert.[188]

160 Auf der Ebene der **Einzelfallverwaltung** verlangt die RL, dass der Betrieb von Industrieanlagen vorher genehmigt wird. Die Genehmigung muss die Grundpflichten beachten. Im Genehmigungsverfahren sind umfangreiche Unterlagen vorzulegen, damit geprüft werden kann, ob die Grundpflichten eingehalten werden. U.a. ist (nach den Vorschriften der UVP-RL, vgl oben Nr. 111 ff) eine UVP vorzulegen. Auch sind geplante Überwachungsmaßnahmen und vom Antragsteller geprüfte technische Alternativen anzugeben.[189] In der Genehmigung werden Emissionsgrenzwerte festgelegt. Sie müssen die einschlägigen Umweltqualitätsnormen umsetzen und die BVT-Schlussfolgerungen als **„Referenzdokument“** verwenden.[190] Die Behörde darf aber auch strengere Emissionsgrenzwerte vorschreiben. Liegen keine oder nur partielle Schlussfolgerungen vor, muss die Behörde selbst die besten verfügbaren Techniken bestimmen und beachten.[191] Umgekehrt darf sie ausnahmsweise von in den BVT-Schlussfolgerungen „assoziierten“ Emissionsgrenzwerten abweichen, wenn die Einhaltung der Werte wegen der technischen Merkmale der Anlage oder wegen der lokalen Umweltbedingungen zu unverhältnismäßig höheren Kosten führen würde.[192]

161 Im Genehmigungsverfahren ist die **Öffentlichkeit zu beteiligen**, und zwar die allgemeine Öffentlichkeit durch Bekanntmachung des Antrags und die betroffene Öffentlichkeit durch Information über Unterlagen und Gewährung der Gelegenheit, Stellungnahmen einzureichen. Bei erwartbaren grenzüberschreitenden Auswirkungen ist auch der andere Mitgliedstaat zu informieren und darauf hinzuwirken, dass die dortige Öffentlichkeit von dem Antrag erfährt und zu ihm Stellung nehmen kann.[193] Betroffenen Einzelnen und Umweltverbänden muss Zugang zu den Gerichten gewährt werden.[194] Dabei dürfte sich die **Klagebefugnis** auch auf die Einhaltung des Vorsorgegebots und des Maßstab des Standes der Technik erstrecken, soweit der Kläger daraus zusätzlichen Schutz ableiten kann.

162 Die Richtlinie regelt über die Genehmigungsstufe hinaus auch die laufende **Überwachung** des Betriebs. Hierfür sollen ebenfalls BVT-Schlussfolgerungen erarbeitet und beschlossen, u.U. Mindestanforderungen festgelegt und (durch die Mitgliedstaaten) allgemein verbindliche Vorschriften erlassen werden. Zu unterscheiden ist zwischen Pflichten zur Selbstüberwachung durch Messungen, Informierung der zuständigen Behörde, zu treffende betriebliche Maßnahmen etc,., die als Genehmigungsauflage festzulegen sind,[195] und behördlichen Umweltinspektionen, die nach einem zu erstellenden Umweltinspektionsplan routinemäßig oder anlassbezogen erfolgen.

---

186 Art. 2 Nr. 8, Art. 6 u. Art. 17 RL 2010/75 (Fn 173).
187 Sie sind über http://eippcb.jrc.ec.europa.eu/reference/ öffentlich zugänglich.
188 *Lübbe-Wolff*, NuR 1999, 241, 246.
189 Art. 12 Abs. 1 RL 2010/75/EG (Fn 173).
190 Art. 14 Abs. 3 RL 2010/75 (Fn 173).
191 Art. 14 Abs. 6 RL 2010/75/EG (Fn 173).
192 Art. 15 Abs. 4 RL 2010/75/EG (Fn 173).
193 Art. 24 u. 26 sowie Anhang IV RL 2010/75/EG (Fn 173).
194 Art. 25 RL 2010/75/EG (Fn 173).
195 Art. 14 Abs. 1 (c) bis (h), Art. 16 RL 2010/75/EG (Fn 173).

Die Richtlinie ist um eine **Dynamisierung des Umweltschutzes** bemüht. Dieser dienen zunächst die Pflichten zur Aktualisierung der BVT-Merkblätter und BVT-Schlussfolgerungen, Mindestbedingungen und allgemein verbindlichen Vorschriften. Auf Ebene der Einzelmaßnahmen ist insbesondere vorgesehen, dass die Genehmigungsauflagen an einen neuen Stand der besten verfügbaren Technik angepasst werden. Dies gilt insbesondere, wenn dadurch eine erhebliche Verminderung der Emissionen möglich ist, trotz der festgelegten Emissionsgrenzwerte eine starke Umweltverschmutzung eintritt, die Betriebssicherheit gefährdet ist oder neue Umweltqualitätsnormen erlassen worden sind.[196] Die Richtlinie überlässt es den Mitgliedstaaten, Einzelheiten hinsichtlich Verhältnismäßigkeit und Entschädigungspflichten festzulegen. 163

Die Richtlinie regelt auch die **Stilllegung** von Industrieanlagen. Die entsprechenden Pflichten sind so konzipiert, dass sie den Betreibern unmittelbar obliegen. Zusätzlich sind sie aber in Genehmigungsauflagen abzusichern. Die Hauptpflicht besteht darin, im Hinblick auf gefährliche Stoffe diejenigen Maßnahmen zu treffen, die erforderlich sind, damit das Gelände keine Gefährdung von Gesundheit und Umwelt darstellt. Hinzu kommt die Pflicht, ab 7. Januar 2013 vor Inbetriebnahme oder bei Erneuerung einer Genehmigung einen Bericht über den Ausgangszustand des Geländes zu erstellen, der als Basislinie für spätere Stilllegungspflichten dient.[197] 164

Industrieanlagen, die bestimmte gefährliche chemische Stoffe in großen Mengen verarbeiten oder lagern, unterliegen besonderen Vorschriften zur **Unfallverhütung und -beherrschung**. Im Anschluss an einen schweren industriellen Unfall in Seveso/Italien nahm die Union 1982 eine Regelung über die Verhütung schwerer Unfälle in industriellen Anlagen an, die seither mehrfach ergänzt und verfeinert wurde.[198] Der Betreiber der Anlage hat einen Sicherheitsbericht zu erstellen, der Einzelheiten der Anlage darstellt, die gefährlichen chemischen Stoffe in der Anlage aufzählt, die Risiken für schwere Unfälle darstellt und das Management-System beschreibt, das für die Anlage zur Verfügung steht. Die Anlage muss ferner einen internen Notfall-Plan erarbeiten und den zuständigen Behörden alle Informationen übergeben, die es ihnen ermöglichen, einen externen Notfall-Plan zu erstellen. Für alle sonstigen Industrieanlagen gilt, dass bei Vorfällen und Unfällen die zuständige Behörde unterrichtet werden muss und der Betreiber nicht nur nach Anordnung der Behörde, sondern auch von sich aus Maßnahmen zur Begrenzung der Auswirkungen treffen muss.[199] 165

Personen innerhalb und außerhalb der Anlage, die bei einem Unfall betroffen werden können, sind vorher über die Sicherheitsmaßnahmen und Verhaltensweisen bei einem Unfall zu **unterrichten**. Ist es zu einem Unfall gekommen, so hat der Betreiber der Anlage den Behörden umfangreiche Informationen über Ursache und Ablauf und über Maßnahmen zur Verfügung zu stellen, die eine Wiederholung des Unfalls vermeiden. Die Behörden haben die Anlage regelmäßig zu inspizieren. 166

Für bestimmte Industrieanlagen (aber auch für manche diffuse Quellen) wurde ein Regime der aktiven Veröffentlichung von Emissionsmengen geschaffen. Ein europäisches **Schadstofffreisetzungs- und –verbringungsregister**[200] sieht die regelmäßige Veröffentlichung der Emissionen von 91 Schadstoffen in die Luft, in Wasser und in den Boden vor. Informationspflichtig sind die Betreiber bestimmter, in der Anlage der Verordnung genannten Anlagen. Ferner ist das Verbringen von Abfällen – ab 2 Tonnen pro Jahr für gefährliche Abfälle, ab 2000 Tonnen für nicht gefährliche Abfälle – meldepflichtig. Die von den Mitgliedstaaten zu sammelnden Daten sind an die Kommission weiterzuleiten. Die Kommission veröffentlicht diese Daten in Form eines europäischen Emissionsregisters,[201] so dass sich jedermann über die Emissionen von Anlagen in seiner Umgebung unterrichten und sie mit Emissionen anderer Anlagen gleichen Typs vergleichen kann. Das Emissi- 167

196 Art. 21 RL 2010/75/EG (Fn 173).
197 Art. 22 RL 2010/75/EG (Fn 173).
198 S. nunmehr RL 2012/18/EU des Europäischen Parlaments und des Rates zur Beherrschung der Gefahren schwerer Unfälle mit gefährlichen, ABl. 2012 L 197, S. 1.
199 Art. 7 RL 2010/75/EG (Fn 173).
200 Genannt PRTR (von Pollutant Release and Transfer Register).
201 S. VO (EG) Nr. 166/2006 des Europäischen Parlaments und des Rates über die Schaffung eines Europäischen Schadstofffreisetzungs- und -verbringungsregisters, ABl. 2006 L 33, S. 1.

onsregister, das einem ähnlichen US-amerikanischen System nachgestaltet ist und auf einem europäischen Übereinkommen beruht, bezweckt einen größeren, öffentlichen Druck auf stark emittierende Anlagen, ihre Emissionen zu vermindern.

168 Die RL 2010/75 bezieht die bisher gesondert geregelten Großfeuerungsanlagen und Abfallverbrennungsanlagen mit ein, desgleichen auch Tätigkeiten, die organische Verbindungen freisetzen, sowie Anlagen, die Titandioxid herstellen oder keramische Erzeugnisse brennen. Alle diese Anlagen und Tätigkeiten emittieren **besonders gefährliche Schadstoffe** oder Schadstoffe in besonderer Intensität. Dies rechtfertigt es, dass definitive allgemeine Emissionswerte festgelegt werden und nicht auf den Prozess der Erstellung von BVT-Merkblättern gewartet wird.

169 Für **Großfeuerungsanlagen** – das sind Anlagen mit mehr als 50 Megawatt Feuerungsleistung – legt die Richtlinie, weitgehend ihrer Vorgängerin[202] folgend, Emissionsgrenzwerte für Luftemissionen von Schwefeldioxid, Stickoxiden und Staub sowie Schwefelabscheidegrade fest.[203] Bereits bestehende Anlagen werden Übergangsfristen mit gestaffelten Grenzwerten und oder der Möglichkeit einer sukzessiven Stilllegung der Anlagen eingeräumt. Der Übergang kann durch einen nationalen Übergangsplan geordnet werden.

170 Auch für **Abfallverbrennungs- und mitverbrennungsanlagen** legt die RL – ebenfalls einer VorgängerRL[204] folgend – Emissionsgrenzwerte fest, und zwar nicht nur für Luft- sondern auch für Gewässeremissionen. Für die Luft werden Schwermetalle, Dioxine, Schwefeldioxid, Stickoxide, Staub, organische Verbindungen und andere Schadstoffe erfasst, für Gewässer insbesondere Schwermetalle. Zudem werden Betriebsbedingungen hinsichtlich der Verbrennungseffektivität vorgeschrieben. Im Gegensatz zu früheren Regelungen unterscheidet die gegenwärtig geltende RL nicht mehr zwischen dem Verbrennen von Siedlungsabfall und gefährlichem Abfall; dem liegt die Überlegung zugrunde, dass die Emissionen begrenzt werden müssen, gleichgültig, woher diese kommen. Die RL setzt relativ strenge Grenzwerte fest, auch weil in der gesamten Union der Widerstand gegen Abfallverbrennungsanlagen relativ hoch ist und man hofft, diesen Widerstand durch strenge Grenzwerte zu vermindern. Die RL lässt demzufolge lediglich sehr kleine Anlagen und Anlagen ungeregelt, die ausschließlich pflanzliche oder landwirtschaftliche Abfälle verbrennen. Sie findet auch auf Anlagen zur Mitverbrennung von Abfall in Produktionsanlagen Anwendung. Sie legt Einzelheiten der Anträge, der Genehmigungsauflagen, der Identifizierung der angelieferten Abfälle und der Emissionsüberwachung fest.

171 Die RL ist u.a. durch das BImSchG **umgesetzt** worden. Das BImSchG konzentriert sich auf Luft- und Lärmemissionen, während Emissionen in Gewässer und Boden, Abfall und Energieverbrauch durch eigene Gesetze geregelt und teils durch eigene Genehmigungen durchgesetzt werden.[205] Die Integration erfolgt dabei durch abgestimmte Grundpflichten und Pflichten zur Koordinierung der Zulassungsverfahren und –bescheide.[206] Dies ist mit der RL vereinbar, weil sie keine integrierte Genehmigung, sondern nur eine Koordinierung der Verfahren und Genehmigungsauflagen fordert.[207] Die Orientierung des BImSchG am „Stand der Technik“ ist strenger als die der Richtlinie an den „besten verfügbaren Techniken“, weil diese bereits begrifflich und bei der Konkretisierung und Anwendung des Maßstabs vielfältige Relativierungen insbesondere durch Abwägung mit Kos-

202 RL 2001/80/EG des Europäischen Parlaments und des Rates zur Begrenzung von Schadstoffemissionen von Großfeuerungsanlagen in die Luft, ABl. 2001 L 309, S. 1 für Großfeuerungsanlagen und RL 88/609, ABl. 1988, L 336 S. 1.
203 Art. 30 u. 31 RL 2010/75/EG (Fn 173).
204 RL 2000/76/EG des Europäischen Parlaments und des Rates über die Verbrennung von Abfällen, ABl. 2000 L 332, S. 1.
205 *Jarass*, NVwZ 2013, *169*, 175.
206 § 5 Abs. 1 u. § 10 Abs. 5 Satz 2 BImSchG.
207 Art. 5 Abs. 2 RL 2010/75/EG (Fn 173).

tengesichtspunkten aufweist.[208] Allerdings enthält auch der „Stand der Technik" eine Berücksichtigung der „Verhältnismäßigkeit zwischen Aufwand und Nutzen".[209]

II. Öko-Audit

1993 führte die Union ein System über die freiwillige Beteiligung industrieller Anlagen an einem **Öko-Audit-System (EMAS)** ein, das 2001 auch anderen Organisationsformen – Verwaltungen, Dienstleistungsbetrieben usw – geöffnet wurde und nach der Neufassung nun allen Organisationen weltweit zur Verfügung steht.[210] Ein Unternehmen kann an dem System mit einer Betriebsstätte oder mit mehreren oder allen Betriebsstätten teilnehmen. 172

Eine Organisation wird auf Antrag als EMAS-konform registriert, wenn sie bestimmte Voraussetzungen erfüllt. Diese sind für die erstmalige Registrierung:[211] Eine Umweltprüfung einer umfangreichen Anzahl von Umweltaspekten (direkte wie zB Emissionen und indirekte wie zB Produktlebenszyklen oder Umweltleistungen von Zulieferern), die Einrichtung eines Umweltmanagementsystems, eine interne Umweltbetriebsprüfung (das interne Audit) und eine zu veröffentlichende Umwelterklärung, die alle bedeutenden direkten und indirekten Umweltaspekte beschreibt, die Umweltleistungen der Organisation, gemessen an ihren Umweltzielen, zusammenfasst und angibt, ob die einschlägigen Rechtsvorschriften eingehalten worden sind.[212] Handelt es sich um Unternehmen oder Betriebsstandorte in Drittstaaten, müssen dennoch die Umweltvorschriften des Mitgliedstaates (zu lesen: einschließlich des in ihm geltenden EU-Rechts) eingehalten werden, in dem sich das Unternehmen registrieren lässt.[213] Diese Dokumente werden von einem akkreditierten oder zugelassenen unabhängigen Umweltgutachter begutachtet und validiert. Ist die Organisation registriert, muss sie alle drei Jahre eine neue Umwelterklärung erstellen und von einem Umweltgutachter begutachten lassen.[214] Für kleine Organisationen kann das Intervall verlängert werden. 173

Als **Gegenleistung** darf das Unternehmen auf Geschäftspapieren und in Dokumenten auf seine Zugehörigkeit zum EMAS-System hinweisen. Nicht zulässig ist dies auf Produkten, Verpackungen oder in der Produktwerbung, weil EMAS schwerpunktmäßig die Qualität der Produktion, nicht auch die der Produkte zertifiziert. 174

Im Vergleich zu dem Audit-System ISO 14001:2004 ist EMAS in zentralen Punkten strenger. ISO 14001 konzentriert sich letztlich auf die Papierform des Umweltschutzes. Dies galt im Grunde bisher auch für EMAS. Die neue Version macht aber unmissverständlich klar, dass die tatsächlichen Umwelteinwirkungen der Organisation einschließlich ihrer Konformität mit den Rechtsvorschriften und Genehmigungsauflagen nachgewiesen werden müssen. EMAS ist auch insofern im Vergleich zu ISO 14001 anspruchsvoller, als es Mitarbeiterbeteiligung und Kommunikation mit der Öffentlichkeit verlangt.[215] 175

---

208 *Jarass*, NVwZ 2013, 169, 170 f.

209 Anhang 1 BImSchG. S. auch das Verhältnismäßigkeitsprinzip bei nachträglichen Anordnungen nach § 17 BImSchG. Vgl BVerwG v. 21. Juni 2001 – 7 C 21.00, BVerwGE 114, 342, 347, wo ein strengerer Wert aus einem Referenzdokument zurückgewiesen wird, weil in diesem keine finanziellen Erwägungen angestellt worden seien.

210 EMAS-VO (EG) Nr. 1221/2009 des Europäischen Parlaments und des Rates über die freiwillige Beteiligung/Teilnahme von Organisationen an einem Gemeinschaftssystem für das Umweltmanagement und die Umweltbetriebsprüfung, ABl. 2009 L 342, S. 1. Die Bezeichnung „EMAS" leitet sich von der englischen Version des Titels der VO ab („environmental management and audit system").

211 Art. 4 VO (EG) Nr. 1221/2009 (Fn 210).

212 Anhang IV B. VO (EG) Nr. 1221/2009 (Fn 210).

213 Art. 4 Abs. 4 Unterabs. 3 VO (EG) Nr. 1221/2009 (Fn 210). Dies ist ein bemerkenswerter Übergriff in fremde Hoheitssphären, der sich daraus rechtfertigt, dass ja ein EU-Zertifikat angestrebt wird.

214 Art. 6 VO (EG) Nr. 1221/2009 (Fn 210).

215 Vgl die Gegenüberstellung in Anhang II VO (EG) Nr. 1221/2009 (Fn 210).

176 Im Jahre 2010 waren ca 7.500 Standorte von ca. 4.500 Organisationen registriert. Das neue System soll auf 23.000 Teilnehmer erhöht werden. Zugleich soll es als weltweites Referenzsystem fungieren.[216]

J. Verkehrsemissionen

177 Obwohl der Verkehr eine ähnlich starke Quelle von Umweltbeeinträchtigungen darstellt wie Industrieanlagen, sind die verkehrsbezogenen rechtlichen Instrumente ungleich weniger entwickelt. **Ziele** der Regelungen sind vor allem die Verringerung von Luftverschmutzung und von Lärm; seit einigen Jahren ist der Klimaschutz hinzugekommen (dazu Rn 208 ff). Zu unterscheiden ist zwischen Strategien, die unmittelbar an der Quelle, und Strategien, die an den Wirkungen von Verkehrsimmissionen ansetzen.

178 Das Unionsrecht nimmt auf die Gestaltung der **Verkehrsanlagen** unter Immissionsschutzaspekten bisher nur prozedural Einfluss, indem es für Neubau und wesentliche Änderungen eine UVP verlangt.[217] Planerische Vorgaben, etwa zur Vereinbarkeit von Nutzungen wie in § 50 BImSchG, zu verkehrsminderndem Städtebau und zu einer umweltverträglichen Wahl der Verkehrsträger,[218] enthält es nicht. Im Gegenteil trägt es durch Förderinstrumente auf der Grundlage von Art. 170 AEUV (transeuropäische Netze) eher zum Ausbau der Verkehrsinfrastruktur bei. Mittelbar wird die Vereinbarkeit von Nutzungen aber über europäische Luftqualitätsstandards mitgesteuert (dazu unten Rn 188).

179 Auch die Lenkung des **Verkehrsverhaltens**, zB durch die Einführung von Geschwindigkeitsbegrenzungen, ist kein Gegenstand gemeinschaftsrechtlicher Regelungen. Dagegen ist die **Fahrzeugtechnik** stärker im Visier, nicht zuletzt, weil wegen des Produktcharakters der Kfz der Binnenmarkt betroffen ist. Bereits seit 1970 wurden – später sukzessive verschärfte – **Grenzwerte** für Schadstoffemissionen durch Kraftfahrzeuge festgelegt, deren Einhaltung Voraussetzung für die Typgenehmigung eines Fahrzeuges ist. Grenzwerte wurden zunächst für Kfz mit Fremdzündung (RL 70/220/EWG), dann für Kfz mit Dieselmotoren (RL 72/306/EWG), für schwere Nutzfahrzeuge (RL 88/77/EWG) und für land- und forstwirtschaftliche Zugmaschinen (RL 2000/25/EG) eingeführt. Für leichte PKW und Nutzfahrzeuge gilt zur Zeit VO des EP und Rates (EG) Nr. 715/2007.[219] Sie legt Grenzwerte u.a. für CO, Kohlenwasserstoffe, Stickoxide und Partikel fest, mit einer Staffelung („Euro 5" bis „Euro 6"), die sukzessive verwirklicht werden muss. Hinzu kommen Vorschriften über die Einführung eines Board-Diagnose-Systems (OBD-System), das Fehlfunktionen erkennbar macht.

180 Die Vorschriften werden durch § 47 StVZO in deutsches Recht **umgesetzt.** Da die genannten Richtlinien erschöpfenden Charakter haben,[220] sind weitergehende nationale Normen nur bei Vorliegen neuer wissenschaftlicher Erkenntnisse zulässig. Immerhin ließe sich angesichts des Kompromisscharakters der Grenzwerte überlegen, ob nur naturwissenschaftliche oder nicht auch wirtschaftwissenschaftliche oder technische Erkenntnisse zählen, etwa solche, die Veränderungen der technischen und wirtschaftlichen Realisierbarkeit strengerer Normen betreffen.

181 Bei den erfassten Schadstoffen standen der Schutz der menschlichen Gesundheit und die Bodenversauerung im Vordergrund. Der **Treibhauseffekt** der „traditionellen" Gase war zwar zunehmend ebenfalls ein Grund für Verschärfungen der Grenzwerte, das wichtigste Klimagas, CO_2, wurde jedoch gesondert verhandelt und schließlich Gegenstand einer **Selbstverpflichtung** von 1999/2000 der Verbände der europäischen, amerikanischen, japanischen und koreanischen Automobilherstel-

216 *Schmidt-Räntsch*, EurUP 2010, 123.

217 Anhang I Nr. 7 u. 8 RL 2011/92/EU (Fn 108).

218 Zu diesen Strategien der Verkehrspolitik s. *Kloepfer*, § 14, Rn 240 ff.

219 Verordnung (EG) Nr. 715/2007 des Europäischen Parlaments und des Rates über die Typgenehmigung von Kraftfahrzeugen hinsichtlich der Emissionen von leichten Personenkraftwagen und Nutzfahrzeugen (Euro 5 und Euro 6) und über den Zugang zu Reparatur- und Wartungsinformationen für Fahrzeuge, ABl 2007 L 171, S. 1, zul. geänd. durch VO (EU) Nr. 459/2012 der Kommission, ABl. 2012 L 142, S. 16. Eine Durchführungsverordnung (EG) Nr. 692/2008 der Kommission enthält Modalitäten der Typenprüfung, ABl. 2008 L 199, S. 1.

220 Vgl die Formulierung in Art. 10 Abs. 1 VO (EG) 715/2007 (Fn 219).

ler.[221] 2007 wurde deutlich, dass die Selbstverpflichtung nicht eingehalten wurde. Daraufhin erging die VO (EG) 443/2009,[222] die den Emissionsdurchschnitt einer PKW-Flotte eines Herstellers auf 130g/km begrenzt. Ab 2020 soll der Wert bei maximal 95g/km liegen.[223] Insgesamt ist der enorm langwierige Prozess der Verabschiedung von Grenzwerten nur durch obstruktive lobby-Arbeit der Automobilindustrie erklärbar. Das Ergebnis ist unbefriedigend, weil die Festlegung eines Durchschnittswertes für eine ganze Herstellerflotte ermöglicht, dass die emissionsintensiven und damit klimaschädlichen großen Automobile weiterhin auf dem Markt bleiben können.

Regelungen über die Kfz–Technik im Hinblick auf eine Verminderung des **Kraftstoffverbrauchs** („3-Liter-Auto“) hat die EU nicht getroffen. Desgleichen hat sie keine Abgabenlösungen, etwa in Gestalt nach Emissionen gestaffelter Gebühren oder Steuern eingeführt. Ein weicherer Ansatz, Verbraucherinformationen über den Kraftstoffverbrauch und CO_2-Emissionen vorzuschreiben,[224] hat kaum praktische Wirkung gehabt.[225] Hätte die Politik hier mehr Mut bewiesen, wäre es vielleicht nicht zu dem technischen Rückstand, zB in der Hybridtechnik mit der Rückgewinnung aus Bremsenergie gekommen, der sich im Vergleich zu japanischer Motorentechnik ergeben hat. 182

K. Luftverschmutzung und Lärmvermeidung

I. Allgemeines

Das oben zu I und J behandelte Recht setzt unmittelbar an den Verschmutzungsquellen an. Instrumentell werden dabei vor allem Technikanforderungen und Emissionsgrenzwerte eingesetzt. Dem steht solches Recht gegenüber, das vom betroffenen Medium her denkt. Es wird als wirkungsbezogenes, mediales oder schutzgutbezogenes Recht und konkreter als **Luftqualitätsrecht** bezeichnet. Instrumentell setzt es meist Immissionsgrenzwerte ein. Diese können unmittelbar im Einzelfall verbindlich sein; sind sie jedoch strenger als die bisher in ganzen Gebieten erreichte Immissionssituation, werden sie meist für zukünftige Zeitpunkte festgelegt. Im letzteren Fall wird die Aufstellung von umfangreichen Analyse- und Maßnahmenprogrammen vorgeschrieben. Diese beziehen meist viele verschiedene Quellen ein, also nicht nur den Verkehr, sondern auch zB von Haushaltungen. 183

Während das deutsche Recht vorwiegend die quellenbezogene Strategie verfolgt und zunächst auch das Unionsrecht beeinflusst hat,[226] ist das Unionsrecht, sich am britischen Recht orientierend, später dem wirkungsbezogenen Ansatz gefolgt. Dies ist insofern problematisch, als wissenschaftlich schwer erweisbar ist, wo die **Toleranzgrenzwerte** des Menschen und der Natur liegen. Das technische Potential der Schadstoffrückhaltung wird nicht ausgenutzt.[227] Umgekehrt wird dem Emissionsansatz vorgeworfen, dass er den **Stand der Technik** festschreibe und nicht vorantreibe – was de facto allerdings kaum stimmt, weil der technische Entwicklungsprozess von anderen Faktoren abhängt als dem Recht –, und dass er ineffizient sei, weil er zu Investitionen nötige, die bei anderen Quellen billiger zu verwirklichen seien. 184

Eine **Kombination** eines wissenschaftlich begründeten, Kostenerwägungen zunächst nicht berücksichtigenden Immissionsansatzes mit einem ökonomisch flexibilisierten Emissionsansatz dürfte die 185

221 S. Empfehlung der Kommission v. 5. Februar 1999 über die Minderung von CO_2-Emissionen von PKW, ABl. 1999 L 40, S. 49. Ähnliche Vereinbarungen wurden mit den japanischen und koreanischen Automobilherstellern geschlossen.

222 VO (EG) Nr. 443/2009 des Europäischen Parlaments und des Rates zur Festsetzung von Emissionsnormen für neue Personenkraftwagen im Rahmen des Gesamtkonzepts der Gemeinschaft zur Verringerung der CO_2-Emissionen von Personenkraftwagen und leichten Nutzfahrzeugen, ABl. 2009 L 140, S. 1.

223 Art. 1 VO (EG) Nr. 443/2009 (Fn 222).

224 RL 1999/94/EG des Europäischen Parlaments und des Rates über die Bereitstellung von Verbraucherinformationen über den Kraftstoffverbrauch und CO_2-Emissionen beim Marketing für neue Personenkraftwagen, ABl. 2000 L 12, S. 16.

225 Mitteilung der Kommission an den Rat und das Europäische Parlament – Umsetzung der Gemeinschaftsstrategie zur Verminderung der CO_2-Emissionen von Kraftfahrzeugen, KOM(2005) 269, S. 7.

226 Art. 8 RL 84/360/EWG des Rates zur Bekämpfung der Luftverunreinigung durch Industrieanlagen, ABl. L 188, S. 20.

227 S. dazu ausführlich *Meinken*, Emissions- und Immissionsorientierung, 2001.

optimale Lösung sein. Auch das Unionsrecht verfolgt letztlich beide Ansätze, allerdings in einer Weise, die den Emissionsansatz nur sehr grob berücksichtigt. Die im Folgenden darzustellenden Qualitätswerte sind deshalb als Pendant zu den quellenbezogenen Regelungen des Anlagen- und Verkehrsrechts zu sehen.

186 Da die wissenschaftlich begründbaren **Immissionswerte** in Europa in vielen Gebieten nicht eingehalten werden, führt die Union sie häufig stufenweise ein und verlangt von den Mitgliedstaaten zwischenzeitlich, dass die vorhandene Situation kartiert wird und Maßnahmepläne aufgestellt werden.

187 Dieser **Managementansatz** darf jedoch nicht dazu verleiten, dass nur Pläne gemacht werden und die reale Verbesserung der Außenwelt aus dem Blick gerät. Deshalb ist darauf zu achten, dass die bestehenden **ordnungsrechtlichen Eingriffsmöglichkeiten**, insbesondere auch solche auf Grund existierender Grenzwerte, nicht ausgehebelt werden, sondern weitergelten und sogar – als eines unter mehreren Mitteln des Management – ausgebaut werden.

II. Luftqualität

188 Kern des Luftqualitätsrechts der EU ist die RL 2008/50/EG. Sie enthält **Rahmenvorschriften** für die Luftreinhaltung und legt Immissionsnormen für eine Anzahl Schadstoffe fest.[228]

189 Für einzelne Schadstoffe setzt sie Grenzwerte und teils Alarmschwellen fest. Grenzwerte markieren ein relativ strenges Schutzniveau, das aber erst nach einem Übergangszeitraum zu erreichen ist, während Alarmschwellen weniger streng definiert sind, dafür aber ohne Übergangszeit verbindlich sind.[229] Grenzwerte dienen der Vermeidung, Verhütung und Verringerung von schädlichen Auswirkungen auf die menschliche Gesundheit und/oder Umwelt, Alarmschwellen der Abwehr von Gefahren für die menschliche Gesundheit (also nicht auch für die Umwelt), die eintreten, wenn eine nur kurzfristige Exposition erfolgt.[230] Für die Schadstoffe 7 bis 13, im Wesentlichen also die Schwermetalle, legt die Richtlinie keine genauen Grenzwerte fest. Dies ist unter Gesichtspunkten der Gleichbehandlung und Effektivität problematisch.

190 Die Festsetzung der Grenzwerte stellt eine **Mindestregelung** dar. Die Mitgliedstaaten können unter den Voraussetzungen des Art. 193 AEUV strengere Werte festlegen.[231]

191 Die Mitgliedstaaten müssen sicherstellen, dass die Grenzwerte ab dem Zeitpunkt ihrer Verbindlichkeit eingehalten werden.[232] In der **Zwischenzeit** gelten die Grenzwerte, die auf Grund anderer Richtlinien vorgeschrieben sind, fort. Selbstverständlich sind in dieser Zeit auch die ggf bestehenden nationalen Vorschriften weiterhin beachtlich.

192 Für diejenigen Gebiete, in denen die Grenzwerte überschritten werden, sind **Luftqualitätspläne** aufzustellen, die normalerweise mehrere Quellen in den Blick nehmen und die unterschiedlichsten Instrumente einsetzen können.[233] Dies muss so zeitig geschehen, dass die Grenzwerte zum gesetzten Termin eingehalten werden. Nachlässigkeiten in dieser Vorlaufphase, die die Erreichung des Zieles zweifelhaft machen, stellen eine Verletzung der RL dar.

193 In Gebieten, in denen die Grenzwerte **unterschritten** werden, dürfen diese nicht etwa nunmehr ausgeschöpft werden. Vielmehr muss – so ist die Formulierung in Art. 12 RL 2008/50 zu verstehen – grundsätzlich das Niveau gehalten werden, vorbehaltlich weiterer Reduktion nach den Kriterien

228 Vgl RL 2008/50/EG des Europäischen Parlaments und des Rates über Luftqualität und saubere Luft für Europa, ABl. 2008 L 152, S. 1. Diese Richtlinie ersetzt die RL 96/62/EG Rates über die Beurteilung und die Kontrolle der Luftqualität, ABl. 1996 L 296, S. 55, und eine Anzahl von Tochterrichtlinien. Die geregelten Schadstoffe betreffen Schwefeldioxid, Stickoxide, Schwebstoffe, Staub, Blei, Benzol, Kohlenstoffmonoxid, Ozon, sowie Arsen, Cadmium, Quecksilber, Nickel und polyzyklische aromatische Kohlenwasserstoffe.

229 Art. 2 Nr. 5 u. 10 RL 2008/50/EG (Fn 228).

230 Dies bedeutet merkwürdigerweise, dass Gesundheitsgefahren, die bei langfristiger Exposition eintreten, nicht als sofort zu bekämpfende gelten.

231 Vgl Art. 2 Nr. 10 RL 2008/50/EG (Fn 228).

232 Art. 2 Nr. 5 u. Art. 13 RL 2008/50/EG (Fn 228).

233 Art. 23 RL 2008/50/EG (Fn 228).

des technisch Möglichen, aber auch vorbehaltlich vermehrter Immissionen nach den Kriterien nachhaltiger Entwicklung.[234]

Für den Fall, dass ein Grenzwert verbindlich geworden ist und die Gefahr einer Überschreitung besteht, und ebenso für den Fall, dass – auch vor Verbindlichwerden eines Grenzwerts – die Gefahr einer Überschreitung einer Alarmschwelle besteht, müssen die Mitgliedstaaten in sog. **Aktionsplänen** Gegenmaßnahmen vorsehen; bei einigen Schadstoffen ist allerdings das Aufstellen von Aktionsplänen nicht verbindlich vorgeschrieben. Maßnahmen können den "Kraftfahrzeugverkehr, Bautätigkeiten sowie den Betrieb von Industrieanlagen und den Bereich Haushaltsheizungen" betreffen (Art. 24). Bei einer Überschreitung der Alarmschwellen ist zudem die Öffentlichkeit zu informieren.[235] 194

In den Rs. C-165/09 und C-167/09 entschied der Gerichtshof, dass die Mitgliedstaaten nicht verpflichtet sind, im Genehmigungsverfahren für eine Industrieanlage die Einhaltung nationaler Höchstmengen nach der RL 2001/81[236] sicherzustellen.[237] Die Grundsätze dieser Rechtsprechung werden auch für die Anwendung der RL 2008/50 gelten müssen. Denn die Grenzwerte beziehen sich ja auf sehr unterschiedliche Quellen und der Betreiber einer Anlage könnte darauf verweisen, dass eine andere Quelle einstehen müsse. 195

Auf diesen Standpunkt hat sich auch das BVerwG im Urteil zur Erweiterung einer Bundesstraße in Dresden gestellt. Die Einhaltung des Grenzwertes für Feinstaub sei keine Rechtmäßigkeitsvoraussetzung der Planfeststellung für einzelne Vorhaben. Es genüge, dass die Planfeststellungsbehörde dem Vorhabenträger Vorkehrungen, soweit sie ihm zur Verfügung stehen, gemäß § 74 Abs. 2 Satz 2 VwVfG im Planfeststellungsbeschluss oder in einem nachfolgenden Verfahren auferlege, und dass sie im Übrigen die Sorge für die Einhaltung der Grenzwerte dem Verfahren und den Behörden der Luftreinhalteplanung überlasse.[238] Nur in ungewöhnlichen Fällen wie zentralen Verkehrsknotenpunkten oder besonders starken Schadstoffvorbelastungen, in denen „die Einhaltung der Grenzwerte mit den Mitteln Luftreinhalteplanung in einer mit der Funktion des Vorhabens zu vereinbarenden Weise (nicht) zu sichern“ ist, sei das Vorhaben unzulässig.[239] 196

Rechtsschutz gegen Grenzwertüberschreitungen steht Dritten zur Verfügung, weil RL 2008/50/EG die menschliche Gesundheit als Schutzgut nennt und insofern das nationale Recht ein subjektives Recht auf Einhaltung der Grenzwerte gewähren muss. Das subjektive Recht richtet sich zum einen auf das Erstellen von Luftqualitätsplänen und Aktionsplänen,[240] zum anderen auf das Durchführen planunabhängiger konkreter Schutzmaßnahmen.[241] Die Erfolgsaussichten sind dadurch begrenzt, dass die Behörden ein Maßnahmenermessen besitzen, das allerdings bei Überschreitung der Alarmschwellen eingeschränkt ist. Der Anspruch auf Planung ist zusätzlich *dadurch* geschwächt, dass nur eine Feststellungsklage in Betracht kommt, weil der Luftreinhalteplan nicht als Verwaltungsakt, sondern (wenn überhaupt als Regelung) als Rechtsverordnung einzustufen ist.[242] 197

Die RL 2001/81[243] legte für Schwefeldioxid, flüchtige organische Verbindungen und Ammoniak nationale Emissionshöchstmengen fest, die bis 2010 einzuhalten waren. Hierzu hatten die Mitgliedstaaten nationale Programme aufzustellen. Zwar gibt die RL an, dass bis 2020 weitere Absenkungen der Emissionen dieser Schadstoffe erfolgen sollten, enthielt insoweit allerdings keine Vor- 198

---

234 Wenig aussagekräftig umgesetzt durch § 47 d Abs. 2 S. 2 BImSchG.

235 Art. 19 RL 2008/50/EG (Fn 228).

236 RL 2001/81/EG des Europäischen Parlaments und des Rates über die nationalen Emissionshöchstmengen für bestimmte Luftschadstoffe, ABl. 2001 L 309, S. 22.

237 EuGH, Rs. *165/09 – 167/09* (Stichting Natuur en Milieu), Slg 2011, I-4599.

238 BVerwG v. 26.5.2004 – 9 A 6.03, BVerwGE 121, 57, 62.

239 BVerwG (Fn 238), BVerwGE 121, 64.

240 EuGH, Rs. C-237/07 (Janecek), Slg 2008, I-622.

241 BVerwG v. 27.9.2007 – 7 C 36.07, BVerwGE 129, 296.

242 Zur Zulässigkeit der Feststellungsklage bei Rechtsverordnungen s. BVerwG v. 28.6.2000 – 11 C 13.99, BVerwGE 111, 276, 279. Für die Zulässigkeit einer allgemeinen Leistungsklage VG München v. 26.6.2005 – M 1 K 05.1114, NVwZ 2005, 1219.

243 RL 2001/81 (Fn 236).

schriften. Seit 2010 besteht keine Verpflichtung zur Einhaltung der Emissionshöchstmengen mehr. Erst Ende 2013 legte die Kommission einen Vorschlag für eine RL vor, nach der die Mitgliedstaaten ihre Emissionen für Schwefeldioxid, Stickstoffoxide, flüchtige organische Verbindungen, Ammoniak, Feinstaub (PM 2,5) und Methan bis 2025/2030 zu vermindern haben;[244] mit einer Annahme der RL ist erst ab 2015 zu rechnen.

III. Umgebungslärm

199 Kern des **Lärmschutzrechts** der EU ist die RL 2002/49/EG. Anders als die Luftqualitätsrichtlinie setzt sie keine Grenzwerte fest, sondern begnügt sich zunächst damit, Managementpflichten einzuführen. Weitergehende Maßnahmen, zu denen auch die Festlegung von Grenzwerten gehören kann, sollen erst später erfolgen.[245] Keineswegs wird durch dieses schrittweise Vorgehen ausgeschlossen, dass die Mitgliedstaaten in der Zwischenzeit und auch später – da die zu erwartenden Immissionswerte der EU vermutlich nur Minimalstandards enthalten werden – ihrerseits Grenzwerte setzen.

200 Die Mitgliedstaaten mussten bis zum 30. Juni 2007 in sog. **strategischen Lärmkarten** für große Ballungsgebiete (ab 200 000 Einwohnern), große Hauptverkehrsstraßen (ab 6 Mio. Kfz/a), große Haupteisenbahnstrecken (ab 60 000 Züge/a) und Großflughäfen die tatsächliche Lärmbelastung des Jahres 2006 erheben. Bis zum 30. Juni 1012 und danach alle fünf Jahre müssen sie solche Lärmkarten für alle Ballungsräume, Hauptverkehrsstraßen und Haupteisenbahnstrecken erstellen.[246] Jeweils ein Jahr später sind sog. Aktionspläne aufzustellen.[247] Diese sollen auf Lärmkarten gestützt werden; es ist jedoch nicht notwendig und wegen des Zeitdrucks auch nicht ratsam, erst die umfassenden strategischen Lärmkarten abzuwarten, bevor mit der Arbeit an den Aktionsplänen begonnen wird. Eine Verzögerung bei den ersteren entbindet nicht von der Verpflichtung, ggf auf Grund unvollständiger Daten dennoch bis zu den vorgesehenen Terminen **Aktionspläne** zu verabschieden.[248]

201 Die Mitgliedstaaten sind nicht gehindert, die Fristen zu verkürzen oder Lärmkarten und Aktionspläne auch für andere Gebiete als die in RL 2002/49/EG vorgesehenen vorzuschreiben. Unter diesem Gesichtspunkt ist es bedenklich, dass anlässlich der Umsetzung der Richtlinie das Gebot des § 47a BImSchG aF, Lärmminderungspläne allgemein für **belastete Wohngebiete** aufzustellen, gestrichen worden ist. Das Unionsrecht wird missverstanden, wenn es nur „eins zu eins" umgesetzt wird und sogar zum Rückbau des nationalen Schutzniveaus benutzt wird.

202 Der **Inhalt der strategischen Lärmkarten** ergibt sich aus Anhang IV. Die Messverfahren und die Methodik der Berechnung der Lärmpegel ergeben sich aus den Anhängen I und II der RL 2002/49/EG. Ob Lärmkarten auch die Auswirkungen des Lärms auf die Menschen bestimmen müssen, ist nicht klar. Dafür spricht die Definition der strategischen Lärmkarte als „Gesamtbewertung" der Lärmbelastung.[249] Spätestens müssen solche Bewertungen aber in den Aktionsplänen enthalten sein.[250] Für die dafür erforderliche Dosis-Wirkung-Berechnungen können die Vorgaben des Anhangs III verwendet werden.[251]

244 Vorschlag der Kommission für eine Richtlinie des Europäischen Parlaments und des Rates über die Verringerung der nationalen Emissionen bestimmter Luftschadstoffe, KOM (2013) 920.

245 Nach Art. 1 Abs. 2 RL 2002/49/EG des Europäischen Parlaments und des Rates über die Bewertung und Bekämpfung von Umgebungslärm, ABl. 2002 L 189, S. 12, wird die Kommission zur Vorlage entsprechender Vorschläge verpflichtet. Die Kommission hat sich dagegen unter dem Aspekt ihres Vorschlagsmonopols verwahrt, vgl ihre Erklärung im Vermittlungsausschuss, ABl. 2002 L 189, S. 26.

246 Art. 7 RL 2002/49/EG (Fn 245), umgesetzt durch § 47 c BImSchG.

247 Art. 8 RL 2002/49/EG (Fn 245), umgesetzt durch § 47 d BImSchG.

248 Richtigerweise enthält § 47 d BImSchG keine solche Voraussetzung für die dort vorgeschriebenen Lärmaktionspläne.

249 Art. 3 Buchst. r RL 2002/49/EG (Fn 245). In Anhang IV ist von einer Bewertung allerdings nicht die Rede.

250 Vgl Anhang V Nr. 1 sechster Spiegelstrich RL 2002/49/EG (Fn 245).

251 Art. 6 Abs. 3 RL 2002/49/EG (Fn 245).

Der **Inhalt der Aktionspläne** ergibt sich im Übrigen aus Anhang V. Welche Maßnahmen zu ergreifen sind, wird weitgehend dem Ermessen der Mitgliedstaaten überantwortet. Anders als bei der LuftreinhalteRL wird das anzustrebende Schutzniveau nicht präzise umschrieben, nicht durch Grenzwerte und nicht einmal durch die sonst übliche Umschreibung, dass Gesundheitsgefährdungen verhindert werden müssen.[252] Die Festlegung der Kriterien bleibt weitgehend den Mitgliedstaaten überlassen; nur Prioritäten sollen gebildet werden.[253] Es ist zu hoffen, dass die Kommission ihrem Auftrag nach Art. 1 Abs. 2 RL 2002/49/EG auch durch eine Präzisierung des Schutzzieles nachkommt. 203

Solange dies nicht erfolgt ist, gelten die **nationalen Grenzwerte**, für Verkehr insbesondere diejenigen der 16. BImSchV, die sich auf den Neubau und die Änderung von Straßen beziehen. Die Sanierung vorhandener Straßen sollte nach § 47 a BImSchG aF durch Lärmminderungspläne gesteuert werden, doch ist die Verpflichtung, dies zu tun, nur in sehr wenigen Fällen erfüllt worden. Die Umsetzung der RL 2002/49/EG in §§ 47 a bis f BImSchG erzeugt nunmehr einen stärkeren Druck, weil Fristen vorgegeben worden sind. 204

Unter **Beteiligungsaspekten** ist hervorzuheben, dass die Öffentlichkeit zu Vorschlägen für Aktionsplänen gehört wird und „rechtzeitig und effektiv die Möglichkeit erhält, an der Ausarbeitung und Überprüfung der Aktionspläne mitzuwirken“, sowie, dass die Ergebnisse dieser Mitwirkung berücksichtigt werden“.[254] 205

Die **Fristen** wurden weder für die Lärmkarten noch für die Aktionspläne vollständig eingehalten. Genaue Übersichten für die EU fehlen, weil die Kommission ihrer Dokumentations- und Berichtspflicht nur sehr unvollkommen nachkommt. Leider hat der deutsche Gesetzgeber es versäumt, insoweit eine bundesrechtliche Überwachung der zuständigen Gebietskörperschaften vorzusehen. Die einzige **Sanktion** „von oben“ ist deshalb die Vertragsverletzungsklage durch die Kommission nach Art. 258 AEUV, von der die Kommission aber keinen Gebrauch gemacht hat. Zu denken ist demgegenüber an eine Sanktion „von unten“, dh durch Klage Einzelner oder von Verbänden.[255] Immerhin dient die RL 2002/49/EG mit ihrem Managementansatz nach ihrem ersten Erwägungsgrund dem Gesundheitsschutz. Nach der Rechtsprechung des Gerichtshofs zur Rechtsstellung Einzelner müsste dies genügen, denjenigen, die in einer Belastungssituation leben, einen Anspruch auf Erstellung der strategischen Luftreinhaltpläne und Aktionspläne zuzuerkennen. Der Anspruch richtet sich allerdings nur auf die Erstellung von Plänen überhaupt, nicht auf bestimmte Maßnahmen und ein bestimmtes Schutzniveau. Eine Verbandsklage kommt erst dann in Betracht, wenn sie durch eigenen europäischen oder nationalen Rechtsakt explizit vorgesehen wird. 206

Als weitere Sanktion kommt in Betracht anzunehmen, dass, wenn die Planungspflichten nicht termingemäß erfüllt werden, **neue Straßen** und Straßenausbauten in Belastungszonen **unzulässig** sind, solange die Planung nicht vorliegt. Denn Mitgliedstaaten können sich zum Nachteil der Bürger nicht darauf berufen, dass sie ihre aus Unionsrecht folgenden Pflichten nicht erfüllt haben. 207

L. Klimaschutz und Schutz der Ozonschicht

I. Klimaschutz

Besorgnisse über eine durch menschliche Tätigkeit, insbesondere das Verbrennen fossiler Brennstoffe, verursachte Klimaveränderung entstanden in der Mitte der achtziger Jahre und wurden sowohl weltweit als auch von der EU sehr schnell aufgegriffen. Bereits 1992 kam es zur Ausarbeitung eines **Rahmen-Übereinkommens der Vereinten Nationen zum Klimaschutz**, dem die EU bei- 208

252 Vgl Art. 8 Abs. 1 Unterabs. 2 RL 2002/49/EG (Fn 245). Dass Lärm auch ein Problem für andere Organismen sein kann, wird gar nicht bedacht.

253 Vgl Art. 8 Abs. 1 Unterabs. 2 RL 2002/49/EG (Fn 245).

254 Art. 9 Abs. 7 RL 2002/49/EG (Fn 245), umgesetzt durch Art. 47 d Abs. 3 BImSchG.

255 So auch EuGH, Rs. C-165/09-C-167/09 (Fn 237) zum Anspruch einzelner Bürger auf Erstellung von Maßnahmenprogrammen zur Verminderung von Luftemissionen.

trat.[256] In Verfolg dieses Übereinkommens wurde 1997 ein internationales Protokoll angenommen, das für bestimmte Treibhausgase die Verminderung der Emissionen vorschrieb. Die USA, die das Rahmen-Übereinkommen ratifiziert hatten, unterzeichneten das **Kyoto-Protokoll**, änderten dann jedoch ihre Politik und widerriefen ihre Unterschrift. So geriet die EU als großer Block industrialisierter Staaten, die für die große Mehrzahl der Treibhausgas-Emissionen verantwortlich waren, unversehens in eine weltweite Führungsposition in den Bemühungen um eine Verminderung der Emissionen von Treibhausgasen. Nach Russlands Beitritt zu dem Übereinkommen konnte das Kyoto-Protokoll 2005 in Kraft treten; es sah Verminderungen der Emissionen von Treibhausgasen bis spätestens 2012 um – global – etwa fünf Prozent gegenüber 1990 vor; für die EU wurde eine Verminderung um acht Prozent festgelegt. Verhandlungen über weitere Verminderungen nach 2012 scheiterten bisher.

209 Die EU begann seit Anfang der neunziger Jahre, Maßnahmen gegen die Klimaveränderung zu ergreifen. Da sie keine allgemeine Zuständigkeit im Energiebereich besaß, wurde der **Umweltschutz zum maßgeblichen Politikbereich**, in dessen Rahmen sich die verschiedenen Regelungen einordneten. Die EU richtete ein System zum Erfassen der erforderlichen Daten ein,[257] erörterte in regelmäßigen Sitzungen die EU-Aspekte einer Klimaschutz-Politik und gelangte international mehr und mehr zu einem konzertierten Vorgehen, das ihr internationales Gewicht erheblich verstärkte und es ihr ermöglichte, maßgeblich zum Abschluss des Kyoto-Protokolls beizutragen.

210 Intern entschied die EU, bis 2020 eine Verminderung der Treibhausgas-Emissionen um 20 Prozent zu erreichen.[258] Hierzu schrieb sie eine 2002 festgelegte **Lastenverteilung**[259] unter den Mitgliedstaaten bis 2020 fort, bestimmte aber nunmehr nicht mehr das Jahr 1990 als Referenzjahr, wie in der Lastenverteilung von 2002, sondern das Jahr 2005;[260] die Beiträge der einzelnen Mitgliedstaaten wurden nach ihrer wirtschaftlichen Leistungsfähigkeit gestaffelt. Deutschland hat danach seine Emissionen um 14 Prozent zu vermindern, Belgien und Litauen um je 15%, Dänemark, Irland und Luxemburg um je 20%, Frankreich um 14%, Spanien um 10%, Großbritannien, Österreich und die Niederlande um je 16%, usw; insbesondere die seit 2004 beigetretenen Mitgliedstaaten dürfen ihre Emissionen erhöhen, Polen etwa um 14%, Rumänien um 19% und Bulgarien um 20%. Rechnet man die Emissionsverminderungen auf das Jahr 1990 um, so hat Deutschland seine Emissionen bis 2020 um 32 % zu vermindern, Estland um 47%, Litauen um 49%, Lettland um 51%, Großbritannien um 29%, Frankreich um 15% und Italien um 3%, während Spanien seine Emissionen um 37% erhöhen darf, Portugal um 66% und Griechenland um 16%.

211 Um die erforderlichen Verminderungen möglichst kostengünstig zu erreichen, führte die EU einen **Handel mit den Berechtigungen** für Treibhausgas-Emissionen ein,[261] dem EU-weit etwa 12.000 Unternehmen unterworfen wurden, die etwa 45 Prozent aller Emissionen verursachen. Danach erhalten die Unternehmen Zertifikate (Berechtigungen) für jede Tonne Kohlendioxid (CO_2, das wichtigste Treibhausgas), die sie emittieren. Investieren sie in emissionsmindernde Techniken, so dass sie diese Berechtigungen nicht benötigen, so können sie die Berechtigungen verkaufen. Umge-

256 Beschluss 94/69/EG des Rates über den Abschluss des Rahmenübereinkommens der Vereinten Nationen über Klimaänderungen, ABl. 1994 L 33, S. 11.

257 Entscheidung 93/389/EWG des Rates über ein System zur Beobachtung der Emissionen von CO_2 und anderen Treibhausgasen in der Gemeinschaft, ABl. 1993 L 167, S. 31; geändert durch Entscheidung 1999/296, ABl. 1999 L 117, S. 35.

258 Erwägungsgrund 4 und Artikel 1 Entscheidung 406/2009/EG des Europäischen Parlaments und des Rates über die Anstrengungen der Mitgliedstaaten zur Reduktion ihrer Treibhausgasemissionen mit Blick auf die Erfüllung der Verpflichtungen der Gemeinschaft zur Reduktion der Treibhausgasemissionen bis 2020, ABl. 2009 L 140, S. 36.

259 Entscheidung 2002/358/EG des Rates über die Genehmigung des Protokolls von Kyoto zum Rahmenübereinkommen der Vereinten Nationen über Klimaänderungen im Namen der Europäischen Gemeinschaft sowie die gemeinsame Erfüllung der daraus erwachsenden Verpflichtungen, ABl. 2002 L 130, S. 1.

260 *Artikel 3 Entscheidung 406/2009/EG.*

261 RL 2003/87/EG des Europäischen Parlaments und des Rates über ein System für den Handel mit Treibhausgasemissionszertifikaten in der Gemeinschaft, ABl. 2003 L 275, S. 32; geändert durch RL 2009/29/EG, ABl. 2009 L 140, S. 63.

kehrt können sie Berechtigungen kaufen, wenn sie mehr Schadstoffe emittieren als berechtigt, emissionsmindernde Investitionen aber zu teuer erscheinen.

Zentrale Probleme der RL 2003/87 bestehen in der Auswahl der dem System zu unterstellenden Wirtschaftszweige und der transparenten und gerechten Zuteilung von Zertifikaten. Der Versuch einer Einbeziehung aller Flugzeuge, die in der EU starten oder landen, scheiterte am Widerstand insbesondere der USA, Chinas, Indiens, Japans und Russlands.[262] Eine Klage der Stahlindustrie gegen die bevorzugte Behandlung der Chemie- und Aluminiumindustrie, die dem System nicht unterstellt waren, wies der Gerichtshof ab, weil die Ausgangslage der verschiedenen Industriezweige unterschiedlich sei und das Handelssystem schrittweise eingeführt werden müsse.[263] Gemäß Art. 10 ff der RL erhielten Anlagenbetreiber eine von den zuständigen Behörden der Mitgliedstaaten festzusetzende Anzahl von Emissionszertifikaten für den ersten Verpflichtungszeitraum von 2005–2007 kostenlos zugeteilt. Für die Zeit danach waren nach Art. 10 S. 2 der RL mindestens 90 % der Emissionszertifikate kostenlos zuzuteilen. Nach einer Änderung der RL 2009/29 müssen seit 2013 die Zertifikate grundsätzlich versteigert werden. Außerdem wurde die Kommission ermächtigt, bis zu 900 Millionen Zertifikate vom Markt zu nehmen, um einen Preisverfall zu vermeiden.[264] 212

Die Mitgliedstaaten sind gemäß Art. 9 der RL verpflichtet, einen nationalen **Verteilungsplan** auf der Grundlage objektiver, transparenter Kriterien iSd Anhangs III der RL zu erstellen; die Kommission kann keine Änderung des Plans vornehmen.[265] Nach dem nationalen Allokationsplan richtet sich die Gesamtzahl der von den zuständigen Behörden in den Mitgliedstaaten zu verteilenden Emissionszertifikate. Seit 2013 wird darüber hinaus die Gesamtmenge der Zertifikate jährlich um 1,74% vermindert. Neben der Gesamtmenge der zu verteilenden Zertifikate muss der nationale Verteilungsplan auch deren Verteilung an die einzelnen Marktteilnehmer regeln. Dabei sind bestimmte, in Anhang III der RL 2003/87 vorgegebene Verteilungskriterien zu beachten; den Mitgliedstaaten bleibt allerdings ein Entscheidungsspielraum. Die unterschiedliche Behandlung von Unternehmen muss sachlich gerechtfertigt sein.[266] 213

Art. 16 der RL verpflichtet die Mitgliedstaaten, **Sanktionen** festzusetzen, die bei einem Verstoß gegen die Vorschriften zur Umsetzung der RL zu verhängen sind. Falls Unternehmen in einem näher bestimmten Zeitraum keine ausreichende Anzahl von Zertifikaten zur Abdeckung ihrer Emissionen abgeben können, sind die Mitgliedstaaten verpflichtet, Sanktionen wegen Emissionsüberschreitungen zu verhängen.[267] 214

Ergänzt wird das System durch ebenfalls im Kyoto-Protokoll vorgesehene Möglichkeiten, durch Investitionen in anderen Industrieländern (sog. **Joint Implementation**–JI) oder in Entwicklungsländern (sog. **Clean Development Mechanism** – CDM) die Vorgaben des Protokolls zu erreichen. Auch insoweit hat die EU mittlerweile die rechtlichen Voraussetzungen geschaffen.[268] 215

Das Emissionshandelssystem hat insofern Auswirkungen auf das **Ordnungsrecht**, als das für Industrieanlagen geltende Gebot der Minimierung von Emissionen für Klimagase außer Kraft gesetzt 216

262 Mit Beschluss 377/2013/EU des Europäischen Parlaments und des Rates über die vorübergehende Abweichung von der Richtlinie 2003/87/EG über ein System für den Handel mit Treibhausgasemissionszertifikaten in der Gemeinschaft, ABl. 2013 L 113, S. 1 wurde das durch RL 2009/29/EG, ABl. 2009 L 140, S. 63 ab 2012 auf den Luftverkehr ausgedehnte System "vorübergehend" ausgesetzt.

263 EuGH, Rs. C-127/07 (Arcelor), Slg 2008, I-9895.

264 Beschluss 1359/2013/EU des Europäischen Parlaments und des Rates zur Änderung der Richtlinie 2003/87/EG zur Klarstellung der Bestimmungen über den zeitlichen Ablauf von Versteigerungen von Treibhausgasemissionszertifikaten, ABl. 2013 L 343, S. 1.

265 EuGH, Rs. C-504/09P (Kommission/Polen), Urteil v. 29. März 2012.

266 EuG, Rs. T-374/04 (Deutschland/Kommission), Slg 2007, II-4431.

267 Vgl auch EuGH, Rs. C-203/12 (Billerud), Urteil v. 17. Oktober 2013: ein Irrtum des Unternehmers entbindet nicht von der Pflicht zur Zahlung der Strafzahlungen.

268 RL 2004/101/EG des Europäischen Parlaments und des Rates zur Änderung der Richtlinie 2003/87/EG über ein System für den Handel mit Treibhausgasemissionszertifikaten in der Gemeinschaft im Sinne der projektbezogenen Mechanismen des Kyoto-Protokolls, ABl. 2004 L 338, S. 18.

wird. Sind Emissionsminderungen technisch möglich, können sie dennoch nicht vorgeschrieben werden.[269] Es wird bezweifelt, ob dies mit dem Vorsorgegebot vereinbar ist.[270]

217 Das EU-System des Emissionshandels hat frühere freiwillige Verpflichtungen seitens der Industrie, Treibhausgas-Emissionen zu vermindern, überlagert. In Deutschland ist zunächst nur eine fakultative Beteiligung am Emissionshandel gefordert worden, um so die einseitige Aufkündigung von früheren **Selbstverpflichtungserklärungen** zu vermeiden. Die Kommission sah in den Selbstverpflichtungserklärungen der Industrie in Deutschland dagegen Anhaltspunkte für die Anfangsallokationen oder für eine Kollektivlösung für den Emissionsrechtehandel (Pool-System).

218 Das System der Quotierung von Emissionen und die flexiblen Umsetzungsmechanismen (Emissionshandel, JI und CDM), kurz „cap and trade" genannt, hat bisher nur **begrenzte** reale **Fortschritte** gebracht. Dies liegt insbesondere daran, dass die Mitgliedstaaten zu viele Zertifikate ausgeben, die Reduktionsziele weit hinter dem ökologisch Gebotenen zurückbleiben und dass das Instrumentarium nicht darauf angelegt ist, Reserven zu mobilisieren, die die Ziele schneller erfüllen oder übererfüllen. Hinzu kommen erhebliche **Transaktionskosten** auf Seiten der Unternehmen und der öffentlichen Verwaltung.[271]

219 Effektiver sind deshalb möglicherweise die Maßnahmen, die in den nicht vom Emissionshandel erfassten Sektoren eingesetzt werden. Insoweit traf die EU eine Reihe von anderen Maßnahmen, mit dem Ziel, die Energieeffizienz zu erhöhen,[272] das Sparen von Energie zu erhöhen[273] und die Einführung erneuerbarer Energien[274] zu unterstützen. **Ökosteuern** hat die EU bisher nicht eingeführt. Nachdem ein Vorschlag von 1991 zur Einführung einer kombinierten CO_2-Energiesteuer gescheitert war,[275] konnte sich die EU bisher nur auf die Einführung von Mindeststeuersätzen für Energieträger sowie die steuerliche Förderung von Bio-Treibstoff verständigen.[276]

220 Maßnahmen zur Verminderung der Emissionen von Treibhausgasen im **Verkehrssektor** waren weitgehend erfolglos; von 1990 bis 2007 stiegen die Treibhausgasemissionen im Verkehrssektor um 33%.[277] Der EU-weite Trend zum verstärkten Gebrauch privater Kraftfahrzeuge und zur Bevorzugung des Straßenverkehrs gegenüber dem Schienenverkehr konnte bisher nicht umgekehrt werden. Ein Versuch von 1993, die CO_2-Emissionen von Kraftfahrzeugen gesetzlich zu begrenzen, wurde zunächst zugunsten einer freiwilligen Verpflichtung der KFZ-Hersteller aufgegeben und erst mit Wirkung ab 2012 verbindlich eingeführt.[278] Die Regelung enthält allerdings nur eine Begrenzung der durchschnittlichen Emissionen pro Fahrzeugflotte, lässt also die Emissionen bei zuneh-

269 Art. 9 Abs. 1 RL 2010/75 (Fn 173).

270 *Epiney*, S. 496.

271 *Winter*, ZUR 2009, S. 289 ff.

272 RL 2012/27/EU des Europäischen Parlaments und des Rates zur Energieeffizienz, ABl. 2012 L 315, S. 1; RL 2010/31/EU des Europäischen Parlaments und des Rates über die Gesamtenergieeffizienz von Gebäuden, ABl. 2010 L 153, S. 13. Hierher mag auch die RL 2009/31/EG des Europäischen Parlaments und des Rates über die geologische Speicherung von Kohlendioxid, ABl. 2009 L 140, S. 115, zu rechnen sein.

273 RL 2009/125/EG (Fn 302); RL 1999/94/EG (Fn 224); RL 2010/30/EU des Europäischen Parlaments und des Rates über die Angabe des Verbrauchs an Energie und anderen Ressourcen durch energieverbrauchsrelevante Produkte mittels einheitlicher Etiketten und Produktinformationen über die Angabe des Verbrauchs an Energie und anderen Ressourcen durch energieverbrauchsrelevante Produkte mittels einheitlicher Etiketten und Produktinformation, ABl. 2010 L 153, S. 1.

274 RL 2009/28/EG des Europäischen Parlaments und des Rates zur Förderung der Nutzung von Energie aus erneuerbaren Quellen, ABl. 2009 L 140, S. 16; RL 2009/30/EG des Europäischen Parlaments und des Rates zur Änderung der Richtlinie 98/70/EG im Hinblick auf die Spezifikationen für Otto-, Diesel- und Gasölkraftstoffe und die Einführung eines Systems zur Überwachung und Verringerung der Treibhausgasemissionen, ABl. 2009 L 140, S. 88.

275 ABl. 1992 C 196, S. 1.

276 RL 2003/96/EG des Rates zur Restrukturierung der gemeinschaftlichen Rahmenvorschriften zur Besteuerung von Energieerzeugnissen und elektrischem Strom, ABl. 2003 L 283, S. 51.

277 Kommission, Ein politischer Rahmen für Klima und Energie für die Zeit von 2020 bis 2030, KOM (2014) 15.

278 Vgl die Empfehlungen der Kommission 1999/25/EG, ABl. 1999 L 40, S. 49; 2000/303/EG, ABl. 2000 L 100, S. 55; 2000/304/EG, ABl. 2000 L 100, S. 57 und VO (EG) Nr. 443/2009 zur Festsetzung von Emissionsnormen für neue Personenkraftwagen im Rahmen des Gesamtkonzepts der Gemeinschaft zur Verringerung der CO_2-Emissionen von Personenkraftwagen und leichten Nutzfahrzeugen, ABl. 2009 L 140, S. 1.

mendem Verkehr weiter steigen und bleibt damit gegenüber den absoluten Reduktionszielen des Kyoto-Protokolls entscheidend zurück. RL 2009/28[279] verpflichtet die Mitgliedstaaten, bis 2020 zehn Prozent ihres Endenergieverbrauchs im Verkehrssektor aus erneuerbaren Energien zu decken. Die mit dieser Regelung verbundenen Nachteile – Monokulturen, Verlust an biologischer Vielfalt, Chemikalieneinsatz, "Treibstoff statt Lebensmittel" – finden erst schrittweise Aufmerksamkeit und lassen es zweifelhaft erscheinen, dass diese Regelung unverändert bleibt.

Anfang 2014 legte die Kommission einen Vorschlag vor,[280] die **Treibhausgasemissionen bis 2030** gegenüber 1990 um 40 Prozent zu vermindern und den Anteil erneuerbarer Energien am Gesamtenergieverbrauch auf 27 % zu erhöhen.[281] Wieweit diese politischen Zielsetzungen Zustimmung finden und in rechtlich verbindliche Normen umgesetzt werden, bleibt abzuwarten. Insgesamt bleibt indessen die Verminderung der Emission von Treibhausgasen bis 2050 um 80 bis 90 Prozent ein politisches Ziel der Union, die in allen Bereichen der EU-Politik Maßnahmen in dieser Richtung ausrichtet. Die Klimapolitik hat sich zu einem Schwerpunkt der EU-Politik entwickelt und die EU wird dieses Politikfeld nicht leichter Hand wieder verlassen. 221

II. Schutz der Ozonschicht

Die teilweise Zerstörung der Ozonschicht wurde Ende der siebziger Jahre entdeckt, zeitlich also noch bevor die Klimaveränderung allgemein bewusst wurde. Nach Abschluss eines internationalen **Übereinkommens zum Schutz der Ozonschicht** kam es 1988 zur Annahme des Protokolls von Montreal, das konkrete Maßnahmen zum Verbot der Herstellung und zur Beschränkung der Verwendung ozonschädigender Stoffe – insbesondere Fluorchlorkohlenwasserstoffe (FCKW), Halone, Methylbromid – enthielt. Die Gemeinschaft trat dem Protokoll bei,[282] ebenso wie die USA und die anderen industrialisierten Staaten. In mehreren Schritten wurde das Protokoll verschärft; die Zahl der erfassten Stoffe wurde erhöht, ihre Verwendung weiter eingeschränkt und der Handel mit ihnen auch hinsichtlich jener Staaten verboten, die dem Protokoll nicht beigetreten waren. 222

Die Union folgte in ihrer Gesetzgebung jeweils dem Protokoll,[283] ging in ihren Anforderungen hinsichtlich der Beschränkungen und der erfassten Stoffe sogar teilweise **über das Protokoll hinaus** und verbot auch die Verwendung der ozonschädigenden Stoffe etwa in Sprays oder Kühlsystemen. Die detaillierten EU-Vorschriften regeln auch die Begrenzung der Einfuhren von ozonschädigenden Stoffen, solange die Einfuhr zugelassen ist, den Handel mit nicht benötigten Mengen innerhalb der EU und die Unterrichtung der Behörden über Herstellung und Verwendung der Stoffe. Die Kontrolle der Durchführung der EU-Regelungen ist weitestgehend den Mitgliedstaaten überlassen. 223

M. Gewässerschutz

EU-Maßnahmen zum Schutz der Gewässer bestehen seit fast vierzig Jahren. Sie wurden schrittweise ausgebaut, verfeinert und durch eine neue, im Jahre 2000 angenommene **Rahmen-RL**[284] in erheblichem Umfang abgeändert. Die insoweit eingeleiteten Veränderungen sind noch nicht abgeschlossen. 224

Nach der neuen Rahmen-RL soll die Bewirtschaftung des gesamten Süßwassers in der Gemeinschaft, einschließlich des Grundwassers und der Küstengewässer, nach **Flusseinzugsgebieten** erfol- 225

279 Art. 3 Abs. 4 RL 2009/28 (Fn 274).

280 KOM (2014) 15 (Fn 277).

281 Die Kommission gab an, Ende 2012 hätten sich die Treibhausgasemissionen gegenüber 1990 um 18 Prozent vermindert; der Anteil erneuerbarer Energien am Gesamtenergieverbrauch habe 2012 13 Prozent betragen.

282 Entscheidung 88/540/EWG des Rates über den Abschluss des Wiener Übereinkommens zum Schutz der Ozonschicht und des Montrealer Protokolls über Stoffe, die zu einem Abbau der Ozonschicht führen, ABl. 1988 L 297, S. 8.

283 Zuletzt mit VO (EG) Nr. 1005/2009 des Europäischen Parlaments und des Rates über Stoffe, die zum Abbau der Ozonschicht führen, ABl. 2009 L 286, S. 1.

284 RL 2000/60/EG des Europäischen Parlaments und des Rates zur Schaffung eines Ordnungsrahmens für Maßnahmen der Gemeinschaft im Bereich der Wasserpolitik, ABl. 2000 L 327, S. 1.

gen. Ziel ist es, bis 2015 einen „guten" Zustand der Gewässer zu erreichen. Was „gut" ist, wurde nicht definiert, sondern anhand von verschiedenen Kriterien beschrieben. Jedes Flusseinzugsgebiet hat anhand dieser Kriterien selbst festzulegen, was es unter „gut" versteht. Bis 2009 waren für die einzelnen Einzugsgebiete Verbesserungsprogramme und Bewirtschaftungspläne – eine klare Unterscheidung zwischen „Programm" und „Plan" kennt das EU-Recht nicht – aufzustellen; bei grenzüberschreitenden Einzugsgebieten haben sich die Mitgliedstaaten um das Erstellen dieser Programme zu bemühen, sind aber nur hinsichtlich ihres eigenen Gebietes rechtlich verpflichtet. Die Öffentlichkeit ist an der Ausarbeitung und Durchführung der Programme und Pläne zu beteiligen.

226 Für bestimmte Schadstoffe waren auch EU-weite Maßnahmen vorgesehen, deren Ziel es war, für bestimmte prioritäre Schadstoffe die **Einleitung in Gewässer** bis 2020 vollständig zu unterbinden. Dieses Ziel wurde aber wieder aufgegeben. Stattdessen legte eine RL von 2008[285] für 33 Stoffe **Umweltqualitätsnormen** fest, die grundsätzlich eingehalten werden müssen; allerdings dürfen die Mitgliedstaaten an „Einleitungspunkte angrenzende Durchmischungsbereiche" ausweisen, innerhalb derer die Umweltqualitätsnormen überschritten werden dürfen. Eine RL von 2013[286] erweiterte diese Liste auf 45 Stoffe, änderte die Qualitätsnormen teilweise ab und kündigte bis 2017 Maßnahmen für pharmazeutische Stoffe an. Gleichzeitig führte sie ab September 2014 eine Beobachtungsliste für Stoffe ein, die von den Mitgliedstaaten zu überprüfen sind, um sie eventuell in die EU-Liste aufzunehmen. Die Schadstoffliste ist nunmehr alle vier Jahre zu überprüfen und zu revidieren.

227 Die Rahmen-RL ordnet die Gewässerbewirtschaftung in der Union – und darüber hinaus – weitgehend neu; sie verlangt insbesondere eine integrierte **Zusammenarbeit** in den Ausschüssen und anderen Verwaltungseinrichtungen der Einzugsgebiete. Für eine umfassende Bewertung ist es noch zu zeitig. Wie weit das Konzept der Bewirtschaftung nach Einzugsgebieten bei internationalen Wasserläufen das bisher bestehende Konzept der internationalen Zusammenarbeit ersetzen kann, wird sich erst in der Zukunft entscheiden.

228 Auffallend ist, dass die Rahmen-RL und die inzwischen ergangene RL 2008/105 das Setzen von **Emissionswerten** für die Ableitungen von Schadstoffen in Gewässer praktisch aufgegeben hat, obwohl noch die RL 2000/60 unter dem maßgeblichen Einfluss des Europäischen Parlaments das Festlegen von Emissionswerten vorgesehen hatte. Dies erklärt sich aus der bisherigen negativen Erfahrung – zwischen 1976 und 1992 wurden nur für 17 Schadstoffe EG-weite Emissionswerte (neben Konzentrationswerten, die die Mitgliedstaaten stattdessen einführen konnten) festgelegt; die Kommission unterließ es fast vollständig, Kontroll-, Überwachungs- und Transparenzmechanismen für diese Werte festzulegen, was die tatsächliche Anwendung erschwerte. Auch ein EU-weit einheitliches System von Emissionswerten war gegen den Widerstand Großbritanniens und ohne entsprechende Initiativen der Kommission nicht erreichbar.

229 Von deutscher Seite ist mehrfach kritisiert worden, die Wasserrahmen-RL verwirkliche den **Emissionsansatz** nicht konsequent genug. Sie solle sich an der strengeren Tradition des deutschen Wasserrechts orientieren, die den Maßstab des Standes der Technik strenger formuliert habe und seit der Novelle von 1986 des § 7 a WHG in produktiver Weise den Stoffansatz mit einem Branchenansatz verknüpft habe, welcher die hauptsächlichen Abwasserströme erfasse.[287] Indessen hat Deutschland kaum aktiv zu einer fortschrittlichen EU-Gewässerpolitik beigetragen; und nichts hindert Deutschland daran, seinen nationalen Ansatz weiterzuverfolgen, strengere Normen festzusetzen und über die Liste der zu regelnden Schadstoffe hinauszugehen.

230 Unionsweit ist der **Emissionsansatz** für Schadstoffe mit Annahme der Richtlinie 2008/105 jedenfalls bis etwa 2020 gescheitert. Da Umweltqualitätsnormen nur sehr schwer kontrolliert werden können und in der Praxis der Mehrzahl der Mitgliedstaaten auch nicht kontrolliert werden, ist

285 RL 2008/105/EG des Europäischen Parlaments und des Rates über Umweltqualitätsnormen im Bereich der Wasserpolitik, ABl. 2008 L 348, S. 84.

286 RL 2013/39/EU des Europäischen Parlaments und des Rates zur Änderung der Richtlinien 2000/60/EG und 2008/105/EG in Bezug auf prioritäre Stoffe im Bereich der Wasserpolitik 2013/39, ABl. 2013 L 226, S. 1.

287 *Breuer*, Öffentliches und privates Wasserrecht, 3.Aufl. 2004, Rn 571 ff.

damit die Wasserpolitik in der Union wieder weitgehend von den Zielsetzungen und Maßnahmen der Mitgliedstaaten beeinflusst, die sich nunmehr in den Regelungen der Flussgebietseinheiten konkretisieren.

Die Rahmen-RL 2000/60 hat ältere RLen nicht vollständig ersetzt, sondern trat allmählich an ihre Stelle. Die RL 80/68 über den Schutz des **Grundwassers** wurde durch eine neue RL ersetzt,[288] die im Wesentlichen den Mitgliedstaaten Kriterien für die Beurteilung des Grundwassers und signifikanter Trends für dessen Verschmutzung vorschreibt. Nur für Nitrate und Pestizid-Wirkstoffe wurden bezifferte Qualitätsnormen festgelegt. 231

Unberührt von der Rahmen-RL bleibt die RL über **kommunale Abwässer.**[289] Sie sieht für alle Gemeinden mit mehr als 2000 Bewohnern bis 2005 – den neuen Mitgliedstaaten wurden erhebliche Übergangsfristen eingeräumt – das Anlegen einer Kanalisation sowie das obligatorische Klären von Abwässern nach der zweiten Klärungsstufe vor. Für gefährdete Gebiete sind strengere Regelungen als von der RL vorgeschrieben vorgesehen. 232

Die RL 91/676 soll den Eintrag von **Nitraten aus landwirtschaftlichen Quellen** in die Gewässer begrenzen, um eine Eutrophierung zu vermeiden.[290] Maßnahmen sind zu ergreifen, wenn der Nitratgehalt im Wasser 50 mg pro Liter erreicht oder zu erreichen droht. Diese Maßnahmen können bis zu einer Begrenzung der Viehhaltung gehen. Wie bei der Richtlinie über kommunale Abwässer ist die tatsächliche Anwendung der festgelegten Vorschriften das größte Problem. Die Kommission ist bei der Gewährung von Ausnahmen für ganze Regionen sehr großzügig.[291] 233

Die RL über **Trinkwasser**, 1980 angenommen und 1998 neu gefasst,[292] legt für eine Vielzahl von Schadstoffen – Schwermetalle, Nitrate, Pestizide usw – Konzentrationswerte im Trinkwasser fest, die nicht überschritten werden dürfen. Die Mitgliedstaaten besitzen nunmehr weitgehende Möglichkeiten, Ausnahmen von den Vorschriften der Richtlinie festzulegen und unterliegen nur einer weit gefassten Kontrolle seitens der Kommission. 234

Eine RL über die **Qualität der Badegewässer**[293] erfasst mehr als 20.000 Badegewässer im Meer und im Binnenland der Union. Die Richtlinie schreibt vor, dass die Badegewässer am Ende jeder Badesaison hinsichtlich des Vorhandenseins von zwei Parametern – intestinale Enterokokken und Escherichia coli – zu bewerten sind. Aufgrund der Durchschnittswerte für fünf Badesaisons ist die Qualität des Badegewässers dann, erstmals 2014, als ausgezeichnet, gut, ausreichend oder mangelhaft einzustufen. Pro Saison sind mindestens fünf Proben zu nehmen. Kurzfristige Überschreitungen der in der RL festgelegten Konzentrationen dürfen außer Betracht bleiben. Ein endgültiges Badeverbot ist erst auszusprechen, wenn das Gewässer in fünf aufeinanderfolgenden Saisons als mangelhaft eingestuft wurde. Wegen ihres erheblichen Einflusses auf die Freizeitindustrie hatte die RL von 1976 in zahlreichen Gemeinden zu einer Verbesserung der Qualität der Küstengewässer geführt; es ist zu erwarten, dass die neue Richtlinie, die mehr der Verwaltung als dem Bürger nützt, regelmäßig zu sehr positiven Einstufungen der Badegewässer führen wird. 235

Nach mehreren schweren Überschwemmungen in der Union erging 2007 eine RL über die Bewertung und das Management von Hochwasserrisiken.[294] Die RL verpflichtete die Mitgliedstaaten, bis Ende 2013 Gefahrenkarten und Risikokarten für **Hochwasser** zu erstellen und der Öffentlichkeit 236

---

288 Richtlinie 2006/118/EG des Europäischen Parlaments und des Rates zum Schutz des Grundwassers vor Verschmutzung und Verschlechterung, ABl. 2006 L 372, S. 19.

289 RL 91/271/EG des Rates über die Behandlung von kommunalem Abwasser, ABl. 1991 L 135, S. 40.

290 RL 91/676/EWG des Rates zum Schutz der Gewässer vor Verunreinigung durch Nitrate aus landwirtschaftlichen Quellen, ABl. *1991 L 375*, S. 1.

291 So waren Ende 2013, also 20 Jahre nach Annahme der RL, noch – zeitlich begrenzte und mit Auflagen versehene – Ausnahmegenehmigungen für Irland, Dänemark, Niederlande, England, Schottland, Wales, Nordirland, Emilia-Romagna, Lombardei, Piemont und Veneto in Kraft.

292 RL 98/83/EG des Rates über die Qualität von Wasser für den menschlichen Gebrauch, ABl. 1998 L 330, S. 32.

293 RL 2006/7/EG des Europäischen Parlaments und des Rates über die Qualität der Badegewässer und deren Bewirtschaftung, ABl. 2006 L 64, S. 37; diese RL ersetzt die RL 76/160/EWG, ABl. 1976 L 31, S. 1.

294 RL 2007/60/EG des Europäischen Parlaments und des Rates über die Bewertung und das Management von Hochwasserrisiken, ABl. 2007 L 288, S. 2.

zugänglich zu machen. Bis spätestens 2015 sind anhand dieser Karten Managementpläne aufzustellen und ins Werk zu setzen, um das Risiko von Hochwasser zu vermindern. Für grenzüberschreitende Flüsse ist eine enge Koordination der Mitgliedstaaten untereinander angestrebt.

237 Den Schutz **internationaler Wasserläufe** – Rhein, Donau, Elbe, Oder – überließ die Union bisher weitgehend der internationalen Zusammenarbeit, obwohl sie den jeweiligen Übereinkommen[295] selbst auch beigetreten war. Inwieweit die Rahmen-RL 2000/60 hier zu einer Veränderung führt, muss abgewartet werden. Auch den **Meeresschutz** von Nord- und Ostsee, Atlantik und Mittelmeer überließ die Union trotz Beitritts in der Vergangenheit den verschiedenen regionalen Übereinkommen. Die vom Gerichtshof bestätigte Rechtssauffassung,[296] dass die von der EU ratifizierten internationalen Übereinkommen Teil des EU-Rechts sind, die Mitgliedsstaaten binden und von der Kommission auch dann durchgesetzt werden können, wenn die EU kein sekundäres Recht zum Umsetzen des Übereinkommens in Unionsrecht erlassen hat, mag zukünftig die Bedeutung dieser verschiedenen Übereinkommen zum Gewässerschutz für die Mitgliedstaaten erhöhen.

238 2008 nahm die EU eine RL zur Schaffung eines Ordnungsrahmens für Maßnahmen der Gemeinschaft im Bereich der Meeresumwelt an.[297] Die RL sieht vor, dass die Mitgliedstaaten eine Meeresstrategie entwickeln, anhand qualitativer Merkmale festlegen, was ein guter Umweltzustand ihrer Meeresgewässer ist und Maßnahmenprogramme entwickeln und durchführen, um diesen Zustand bis spätestens 2020 herzustellen oder zu erhalten. Die Zusammenarbeit der Mitgliedstaaten in den regionalen Meeresschutz-Abkommen bleibt unberührt; indessen gewinnt die Kommission mit der RL größere Überwachungsbefugnisse. Trotz ihres horizontalen Ansatzes erscheint sehr fraglich, ob die RL wesentliche Verbesserungen in der Fischereipolitik, dem Naturschutz, der Energiepolitik und den offshore-Aktivitäten bewirken kann.

N. Produktumweltrecht

I. Produktpolitik

239 Produkte stellen auf vielfältige Weise eine Belastung der Umwelt dar. **Belastungspfade** sind vor allem

- Verschmutzung von Luft, Wasser und Boden durch Schadstoffe, die in den Produkten enthalten sind oder von ihnen erzeugt werden und aus ihnen während ihres Lebenszyklus austreten,
- Verbrauch von fossilen Energieressourcen, einschließlich der Abgabe von Klimagasen,
- Verbrauch natürlicher Materialien, dadurch u.a. Bodendegradierung und Beeinträchtigung der Biodiversität,
- Lärmbelastung,
- elektromagnetische Belastung.

240 Das Unionsrecht hat nie eine aktive **Produktpolitik** verfolgt und sich zunächst vor allem dem Schadstoffproblem zugewandt. Antrieb war dabei ursprünglich, Unterschiede der Mitgliedstaaten im Hinblick auf den Binnenmarkt anzugleichen, während Fragen des Umwelt-Verbraucher- und Gesundheitsschutzes weitgehend den Mitgliedstaaten überlassen blieben. Erst in den neunziger Jahren richtete sich die Aufmerksamkeit auch auf die anderen Dimensionen der Umweltbelastung durch Produkte wie den Schutz menschlicher Gesundheit, den Verbrauch von Energie und Material sowie die elektromagnetische Belastung.[298]

---

295 Entscheidungen 77/585/EWG, ABl. 1977 L 240, S. 1 (Beitritt zum Übereinkommen von Barcelona zum Schutz des Mittelmeers); 94/157/EG, ABl. 1994 L 73, S. 19 (Beitritt zum Helsinki-Übereinkommen 1992 zum Schutz der Ostsee); 98/249/EG, ABl. 1998 L 104, S. 1 (Beitritt zum OSPAR-Übereinkommen zum Schutz des Nordost-Atlantiks). Das Übereinkommen von Bukarest zum Schutz des Schwarzen Meeres steht bisher nur Staaten offen.

296 EuGH, Rs. C-239/03 (Kommission/Frankreich), Slg 2004, I-9325.

297 RL 2008/56/EG des Europäischen Parlaments und des Rates zur Schaffung eines Ordnungsrahmens für Maßnahmen der Gemeinschaft im Bereich der Meeresumwelt, ABl. 2008 L 164, S. 19.

298 *M. Onida*, Products and the environment, in: Macrory (Hrsg.) Reflections on 30 years of European environmental law: a high level of protection? 2005; *Führ* (Hrsg.), Stoffstromsteuerung durch Produktregulierung, 2000.

Leitgedanke der produktbezogenen Umweltpolitik als einer **integrierten Produktpolitik** ist die Lebenszyklus-Betrachtung. Sie will möglichst alle Belastungen erfassen und minimieren, die von der Gewinnung des Rohmaterials über die Herstellung, Vermarktung und Verwendung des Produkts bis zu seiner Existenz als Abfall entstehen können Diese sind allerdings rechtlich schwer zu fassen, weil ungemein **unterschiedliche Quellen, Arten, Pfade und Endpunkte der Belastung** sowie eine Vielfalt von jeweils geeigneten Instrumenten zusammenzufügen wären. Zum Beispiel können Maßnahmen bei der Herstellung des Produkts, der Vermarktung, der Verwendung oder der Abfallphase ansetzen. Sie müssten den Materialeinsatz, den Energieverbrauch bei Herstellung, Transport und Verwendung, chemische, biologische und radiologische Emissionen ins Visier nehmen. Sie müssten eine problemangemessene Mischung von Verhaltensgeboten und ökonomischen Instrumenten finden. Und sie müssten planerische Instrumente zur Bewirtschaftung der Absorptionskapazität der aufnehmenden Medien einsetzen. 241

Der Gedanke der **integrierten Produktpolitik** nimmt also als Ausgangspunkt die Belastung von Mensch und Umwelt. Er stieß, auf EU-Ebene, von vornherein auf Skepsis bei marktwirtschaftlichen Betrachtern. Die Kommission legte sich darauf fest, dass eine (integrierte) Produktpolitik nur mit freiwilligen Maßnahmen der anbietenden Wirtschaft zu verfolgen sei.[299] Auch der Gedanke, dass Abfallvermeidung, die erste Priorität des EU-Abfallrechts,[300] Maßnahmen im Produktbereich erfordert, weil jeder "Abfall" zuvor "Produkt" war, führte nicht zu einem Umdenken. Ansätze für eine umfassendere Regelung im Abfallbereich[301] blieben vereinzelt. Auch die sog. Ökodesign-RL[302] beschränkt sich entgegen ihrem umfassenderen Titel bisher im Wesentlichen darauf, Verminderungen im Energieverbrauch zu steuern. Weitere Beispiele auf EU-Ebene fehlen. Da auch die Mitgliedstaaten aus Gründen des freien Warenverkehrs eine integrierte Produktpolitik kaum entwickeln und ausbauen können, bleibt der Lebenszyklus-Gedanke weitestgehend dem Markt überlassen. 242

Andere Leitprinzipien einer (integrierten) Produktpolitik sind, aus dem Blickpunkt der Umwelt, der Gedanke der **Substitution,**[303] der Minimierung von Auswirkungen auf Mensch und Umwelt, der Vorsorgegrundsatz und der Gedanke der Herstellerverantwortlichkeit. Alle diese Grundsätze sind nur in vereinzelten Regelungen angesprochen, aber nicht systematisch ausgebildet. Insgesamt ergibt sich also das Bild eines patchwork, das auf Grundideen beruht, aber keine zusammenhängende Politik-Ausgestaltung erfahren hat. 243

II. Einzelne Produktregelungen

Die Ökodesign-RL[304] schafft einen Rahmen für Anforderungen von **umweltgerechten Produktregelungen.** Sie bezieht sich insbesondere, aber nicht nur, auf den Energieverbrauch. Sie erfasst alle Produkte, mit Ausnahme der Verkehrsmittel (Kfz, Flugzeuge, Schiffe). Sie räumt der industriellen Normung sowie Maßnahmen der Selbstregulierung Vorrang vor gesetzlichen Maßnahmen ein. Bis Ende 2013 ist es indessen zu freiwilligen Maßnahmen der Wirtschaft nicht gekommen, sodass die EU angesichts der Notwendigkeit, den Klimawandel zu bekämpfen, auf gesetzliche Regelungen zurückgreift. 244

Durchführungsmaßnahmen werden von der Kommission nach Anhörung eines Konsultationsforums (Art. 18) im Ausschussverfahren beschlossen, was die Mitwirkung des Europäischen Parlaments erheblich einschränkt. Bis Ende 2013 ergingen als VOen Regelungen für Haushalts- und 245

299 Kommission, Grünbuch zur integrierten Produktpolitik, KOM(2001) 68; Integrierte Produktpolitik – Auf den ökologischen Lebenszyklus-Ansatz aufbauen, KOM(2003) 302; Bericht über den Stand der Umsetzung der integrierten Produktpolitik KOM(2009) 693; Eine integrierte Industriepolitik für das Zeitalter der Globalisierung Vorrang für Wettbewerbsfähigkeit und Nachhaltigkeit, KOM(2010) 614.

300 Siehe dazu unten Rn 370.

301 RL 2000/53/EG (Fn 505); RL 2012/19/EU (Fn 506) sowie RL 2011/65/EU (Fn 507).

302 RL 2009/125/EG des Europäischen Parlaments und des Rates zur Schaffung eines Rahmens für die Festlegung von Anforderungen an die umweltgerechte Gestaltung energieverbrauchsrelevanter Produkte, ABl. 2009 L 285, S. 10.

303 Vgl hierzu unten Rn 308.

304 RL 2009/125/EG (Fn 302).

Bürogeräte im Aus-Zustand, Set-Top-Boxen, Lampen, externe Netzteile, Umwälzpumpen, Fernsehgeräte, Kühlgeräte, Elektromotoren, Waschmaschinen, Geschirrspüler, Ventilatoren, Klimageräte, Wasserpumpen, Wäschetrockner, Computer, Staubsauger, Raumheizgeräte und Warmwasserbereiter. Die Auswirkungen einzelner Regelungen können erheblich sein; so beruht etwa das Verbot herkömmlicher Glühlampen auf einer von der Kommission beschlossenen Durchführungs-VO.[305]

246 Die VO 850/2004[306] setzt das Stockholmer Übereinkommen über persistente organische Schadstoffe (**POPs**) um. Sie verbietet Herstellung, Inverkehrbringen (einschließlich Einfuhr) und Verwendung von in einem Anhang aufgelisteten Schadstoffen, darunter Chlordan, Heptachlor, Hexachlorbenzol, PCB, DDT, HCH, Endosulfan und Lindan. Mit Fortgang der Arbeiten im Rahmen des Übereinkommens werden diese Listen fortgeschrieben.

247 Bemühungen der Union um die Verminderung von Schwermetallen und anderen schädlichen Stoffen sind in verschiedenen Rechtsvorschriften zum Gewässerschutz, der Luftreinhaltung und der Abfallbewirtschaftung, aber auch in Produkt-Regelungen für Spielzeug, Treibstoffe, Verpackungen, Batterien verstreut und alles andere als systematisch geordnet. Anhang XVII der REACH-VO 1907/2006 enthält einen Großteil, jedoch bei weitem nicht alle Verbote und Vermarktungsbeschränkungen für Stoffe (unten Rn 271 ff).

248 Seit 1992 hat die Union ein **Umwelt-Kennzeichen geschaffen,** das aus einer stilisierten Blume in Form eines „E" besteht, die von einem Kranz aus 12 Sternen umgeben ist.[307] Das Kennzeichen soll die besondere Umweltqualität eines Produkts unterstreichen. Die Kriterien für die verschiedenen Produktgruppen werden von der Kommission im Ausschussverfahren unter Beteiligung der anbietenden Wirtschaft und der Umwelt- und Verbraucherorganisationen festgelegt; ein Hersteller kann bei den zuständigen Stellen der Mitgliedstaaten die Zuteilung des Kennzeichens beantragen, wenn sein Produkt den festgelegten Anforderungen entspricht. Bisher wurden Qualitätskriterien für etwa 35 Produktgruppen festgelegt, für so unterschiedliche Produkte (und Leistungen) wie etwa Schuhe, Fernseher, Campingdienste, Beherbergungsbetriebe, Farben und Lacke, Matratzen, Bodenbeläge, Wärmepumpen, Seifen und Shampoos, Wäschetrockner und Zeitungspapier. Doch bleibt die – freiwillige – Teilnahme der Hersteller an dem Verfahren sehr begrenzt. Nach Angaben der Kommission wurden 2011 etwa 1.300 Genehmigungen erteilt; etwa 17.000 Produkte trugen das EU-Umweltzeichen.

249 Erzeugnisse aus **ökologischer/biologischer Produktion** dürfen nach der VO 834/2007 ein Symbol tragen, das EU-weit festgelegt ist und die Verwendung mitgliedstaatlicher Symbole ausschließt.[308] Das Symbol besteht aus einer stilisierten Ähre, umgeben von 12 Sternen in einem blau-grün angeordneten Kreis.

III. Chemikalienrecht

1. Einleitung

250 Die chemische Eigenschaft gewisser Stoffe, für Gesundheit oder Umwelt schädliche Wirkungen verursachen zu können, ist prägender Bezugspunkt des sog. Chemikalienrechts. Da Chemikalien als Produkte grenzüberschreitend gehandelt werden, sind sie **frühzeitig Gegenstand von Gemeinschaftsrecht** geworden, zunächst mit der Absicht, den Handel zu erleichtern, zunehmend aber mit

305 VO (EG) Nr. 244/2009 der Kommission zur Durchführung der Richtlinie 2005/32/EG des Europäischen Parlaments und des Rates im Hinblick auf die Festlegung von Anforderungen an die umweltgerechte Gestaltung von Haushaltslampen mit ungebündeltem Licht, ABl. 2009 L 76, S. 3.

306 VO (EG) Nr. 850/2004 des Europäischen Parlaments und des Rates über persistente organische Schadstoffe, ABl. 2004 L 158, S. 7.

307 Nunmehr VO (EG) Nr. 66/2010 des Europäischen Parlaments und des Rates über das EU-Umweltzeichen, ABl. 2010 l 27, S. 1.

308 VO (EG) Nr. 834/2007 des Rates über die ökologische/biologische Produktion und die Kennzeichnung von ökologischen/biologischen Erzeugnissen, ABl. 2007 L 189, S. 1; VO (EG) Nr. 889/2008 der Kommission mit Durchführungsvorschriften zur Verordnung (EG) Nr. 834/2007 des Rates über die ökologische/biologische Produktion und die Kennzeichnung von ökologischen/biologischen Erzeugnissen hinsichtlich der ökologischen/biologischen Produktion, Kennzeichnung und Kontrolle, ABl. 2008 L 250, S. 1.

eigenständiger gesundheits- und umweltpolitischer Zielsetzung. Seit 2006 wird das Chemikalienrecht in der Union fast ausschließlich durch Verordnungen der Union festgelegt, die deutsche Regelungen schrittweise ersetzt haben.[309]

Chemikalien können in unterschiedlichen Phasen ihres **Lebenszyklus** schädlich werden – im Herstellungs- oder Verarbeitungsprozess, beim Transport, bei der Verwendung als Produkt und bei der Wiederverwertung oder Beseitigung als Abfall. Viele Regelungen knüpfen an diesen besonderen Phasen an und fügen sich zugleich in die allgemeinere Systematik sonstiger Rechtsnormen der jeweiligen Phase, was zu einer Zersplitterung aus Chemikalienperspektive führt. Dementsprechend gibt es eigene Regelungen für Schadstoffimmissionen von stationären und mobilen Anlagen, den Arbeitsschutz, den Gefahrguttransport und gefährliche Abfälle. 251

Das eigentliche Chemikalienrecht nimmt vor allem die **Produktphase** in den Blick, behält aber auch den übrigen Lebenszyklus im Auge. Es hat gewisse Konzentrationsfunktionen insofern, als es Informationen über die Eigenschaften der Stoffe generiert und einer Risikobewertung zuführt, die für die Kontrolle sämtlicher Lebensphasen brauchbar ist. Bei seiner Kontrolle der Produktphase läuft das Chemikalienrecht nicht den einzelnen Produktverwendungen hinterher, sondern formuliert seine Anforderungen als Voraussetzungen des Inverkehrbringens der Produkte. Neben dem allgemeinen Chemikalienrecht gibt es ausgegliederte und insoweit speziellere Regelungen für besonders gefährliche Produkte – namentlich Pflanzenschutzmittel und Biozide – die ebenfalls am Inverkehrbringen anknüpfen. 252

Das europäische Chemikalienrecht zeichnet sich durch eine **hohe Regelungsdichte** aus, so dass für nationales Recht kaum Spielraum bleibt. Maßgeblich ist insoweit insbesondere die VO (EG) 1907/2006, die sog. REACH-VO.[310] Deshalb werden im Folgenden beide Ebenen – die nationale und die europäische – gemeinsam dargestellt. 253

Unter instrumentellen Gesichtspunkten sind Maßnahmen der **Marktinformation** und Maßnahmen der **Marktbeschränkung** zu unterscheiden. Zu ersteren gehören Einstufung, Kennzeichnung und Sicherheitsdatenblätter (unten 3.), zu letzteren Vermarktungsbeschränkungen unterschiedlicher Intensität (unten 4.). Für beide Maßnahmen ist es erforderlich, dass Daten über die Risiken erzeugt, vorgelegt und bewertet werden (unten 5.). 254

Insgesamt setzt das Chemikalienrecht stark auf eine Perfektionierung **behördlicher Kontrollen,** doch kennt es auch Elemente der – regulierten – Selbstkontrolle. Da behördliche Kontrollen auf einen hohen Informationsstand angewiesen sind, widmet sich ein Großteil der Vorschriften der Beschaffung und Bewertung von Daten über die Stoffrisiken. 255

2. Rechtsgrundlagen

Das EU-Chemikalienrecht hat eine mehr als 50-jährige **Entwicklungsgeschichte durchlaufen.** RL 67/548 führte ein System der Einstufung, Kennzeichnung und Verpackung von Chemikalien ein.[311] Dieses wurde 1979 durch RL 79/831 um Regelungen zur Anmeldung von Neustoffen – Stoffe, die ab 1981 in Verkehr gebracht werden sollten – ergänzt.[312] RL 93/67 führte eine behördliche Risikobewertung ein.[313] RL 88/379 – neugefasst durch RL 1999/45 – erstreckte das System der Einstufung, Kennzeichnung und Verpackung auf Zubereitungen (dh Gemenge, Gemische und 256

309 S. die zusammenfassende Darstellung von *Rehbinder*, Stoffrecht, in: Hansmann/Sellner (Hrsg.) Grundzüge des Umweltrechts, Berlin 2012, S. 801 ff, EUDUR, Bd. II 2, § 61, Rn 1.

310 VO (EG) Nr. 1907/2006 (Fn 319). S. die Darstellung des Regelungssystems und der bisherigen Erfahrungen mit ihm von *Führ*, NVwZ 2014, 270 ff, 329 ff.

311 RL 67/548/EWG des Rates zur Angleichung der Rechts- und Verwaltungsvorschriften für die Einstufung, Verpackung und Kennzeichnung gefährlicher Stoffe, ABl. 1967 196, S. 1.

312 RL 79/831/EWG des Rates zur sechsten Änderung der Richtlinie 67/548/EWG zur Angleichung der Rechts- und Verwaltungsvorschriften für die Einstufung, Verpackung und Kennzeichnung gefährlicher Stoffe, ABl. 1979 L 259, S. 10.

313 RL 93/67/EWG der Kommission zur Festlegung von Grundsätzen für die Bewertung der Risiken für Mensch und Umwelt von gemäß der Richtlinie 67/548/EWG des Rates notifizierten Stoffen, ABl. 1993 L 227, S. 9.

Lösungen aus mindestens zwei Stoffen).[314] 1993 kam VO 793/93 hinzu, die ein Anmeldesystem für Altstoffe vorschrieb.[315] Die Informationen, die auf der Basis dieser Rechtsakte oder aus anderen Quellen gewonnen wurden, waren Grundlage von Vermarktungsbeschränkungen, die seit 1976 sukzessive in den Anhang der RL 76/769 aufgenommen wurden.[316]

257 In bewertender Betrachtung war das Neustoffregime insgesamt erfolgreich, weil es jeden neu auf den Markt gebrachten Stoff einer gründlichen Risikobewertung unterzog. Allerdings wurde seinem Ansatz vorgeworfen, unnötig viele Datensätze zu fordern. Dies füge der europäischen Industrie Wettbewerbsnachteile im Vergleich zu den USA zu, in denen Prüfnachweise grundsätzlich nur nach Vorliegen eines Anfangsverdachts vorzulegen seien. Das Altstoffregime galt dagegen als Misserfolg, weil Daten und Risikobewertungen im Verhältnis zu der großen Zahl der auf dem Markt befindlichen Stoffe (etwas über 100.000) nur für eine verschwindend kleine Menge vorgelegt wurden. Zudem waren die zuständigen Behörden mit der häufig sehr aufwändigen Risikobewertung der Stoffe überlastet.

258 Aus diesen und anderen Gründen legte die Kommission nach einer Analyse der Situation in einem Weißbuch von 2001[317] einen Vorschlag für eine VO vor,[318] der nach intensiver, weltweiter Diskussion schließlich zu der VO 1907/2006, der sog. **REACH-VO** führte.[319] Im Jahre 2008 kam VO 1272/2008 hinzu,[320] die die Einstufung und Kennzeichnung von Stoffen regelte und die RLen 67/548 und 1999/45 ablöste.

259 Der Schwerpunkt der REACH-VO liegt auf der Datenbeschaffung und Risikobewertung. Die Anforderungen an Neustoffe und Altstoffe wurden einander angeglichen, mit dem Unterschied allerdings, dass für die noch nicht registrierten Stoffe (sog. phase-in Stoffe) bestimmte, nach Produktions- und Einfuhrmengen gestaffelte Vorlagefristen gelten. Bei Fristüberschreitung darf der Stoff nicht mehr vermarktet werden. Dies stellt eine strengere Sanktion im Vergleich zum früheren Recht dar, das bei Fristüberschreitungen nur Bußgelder vorsah. Die Anmeldepflichtigen werden insofern stärker in die Selbstverantwortung genommen, als sie nicht nur Daten, sondern auch den Entwurf einer Risikobewertung – einen chemischen Sicherheitsbericht – vorzulegen haben. Auch diejenigen, die die Stoffe weiterverarbeiten (sog. downstream-users) müssen nunmehr zur Risikobewertung beitragen. Dies geschieht entweder dadurch, dass die downstream-users dem Anmeldepflichtigen ihre Verwendungsweisen bekanntgeben, oder dadurch, dass sie für ihre Verwendung einen eigenen chemischen Sicherheitsbericht vorlegen.

260 Neu ist weiterhin, dass hinsichtlich der **Vermarktungsbeschränkungen** die materiellen Maßstäbe präzisiert und das Verfahren stärker europäisiert wurde. Die Beschränkungen werden in Anhang XVII aufgenommen. Fast durchweg geht es dabei um bestimmte Verwendungsbeschränkungen statt um umfassende Vermarktungs- oder gar Herstellungsverbote. Damit verliert das Chemikalien-

314 RL 88/379/EWG des Rates zur Angleichung der Rechts- und Verwaltungsvorschriften der Mitgliedstaaten für die Einstufung, Verpackung und Kennzeichnung gefährlicher Zubereitungen, ABl. 1988 L 187. S. 14; RL 1999/45/EG des Europäischen Parlaments und des Rates zur Angleichung der Rechts- und Verwaltungsvorschriften der Mitgliedstaaten für die Einstufung, Verpackung und Kennzeichnung gefährlicher Zubereitungen, ABl. 1999 L 200, S. 1.

315 VO (EWG) Nr. 793/93 des Rates zur Bewertung und Kontrolle der Umweltrisiken chemischer Altstoffe, ABl. 1993 L 84, S. 1.

316 Die RL wurde 2008 aufgehoben und in Anhang XVII der VO (EG) Nr. 1907/06 (Fn 319) überführt.

317 Kommission, Weißbuch über eine Strategie für eine zukünftige Chemikalienpolitik, KOM(2001) 88.

318 Kommission, Vorschlag für eine Verordnung des Europäischen Parlaments und des Rates zur Registrierung, Bewertung, Zulassung und Beschränkung chemischer Stoffe (REACH), zur Schaffung einer Europäischen Agentur für chemische Stoffe, KOM(2003) 644.

319 VO Nr. (EG) 1907/2006 des Europäischen Parlaments und des Rates zur Registrierung, Bewertung, Zulassung und Beschränkung chemischer Stoffe (REACH), zur Schaffung einer Europäischen Agentur für chemische Stoffe, ABl. 2006 L 396, S. 1.

320 VO (EG) Nr. 1272/2008 des Europäischen Parlaments und des Rates über die Einstufung, Kennzeichnung und Verpackung von Stoffen und Gemischen, ABl. 2008 L 353, S. 1.

recht, das ursprünglich gefährliche Stoffe aussortieren sollte,[321] seine Schärfe als Verwirklichung des Verursacherprinzips und nähert sich normaler Produktregulierung an.

Schließlich wurde für bestimmte besonders gefährliche Stoffe ein Zulassungssystem eingeführt. Diese Stoffe werden in einem im Einzelnen festgelegten Verfahren auf eine Liste (Anhang XIV) gesetzt, in der auch der Zeitpunkt für die Stellung des Zulassungsantrags bestimmt wird. Nach dessen Ablauf darf der Stoff nicht mehr hergestellt oder eingeführt werden (unten Rn 276). Die Entscheidung setzt eine Risikobewertung voraus. Im Zulassungsverfahren werden insbesondere die unproblematischen Verwendungsweisen identifiziert und zugelassen. Insgesamt führt das Zulassungsverfahren zu einer Umkehrung nicht nur der Beibringungs-, sondern auch der objektiven Beweislast, die nunmehr bei den Herstellern/Verwendern liegt; auch werden Verwendungen nicht wie beim Anmeldesystem pauschal, sondern nur einzeln zugelassen. 261

Unter prozeduralen Gesichtspunkten ist bemerkenswert, dass sich die REACH-VO darum bemüht, bei den einzelnen Entscheidungen **Transparenz** und Beteiligungsmöglichkeiten für die Betroffenen wie auch für Dritte zu erreichen. Organisatorisch ist hervorzuheben, dass die Europäische Chemie-Agentur mit de facto sehr einflussreichen Funktionen ausgestattet wurde. Ihr stehen zwei wissenschaftliche Ausschüsse zur Seite, die einerseits die Risiken der Stoffe für Mensch und Umwelt, andererseits die sozio-ökonomischen Folgen von Stoffbeschränkungen begutachten sollen. 262

3. Einstufung, Kennzeichnung, Sicherheitsdatenblätter

Stoffe werden hinsichtlich physikalischer, gesundheitlicher und umweltbezogener Gefahren in bestimmte **Gefahrenklassen** und -kategorien **eingestuft.** Die Gefahrenklassen und -kategorien sind durch EU-Recht abschließend umschrieben.[322] Hinzu kommt die Kennzeichnung mittels bestimmter Warnsymbole und sogenannter Gefahrenhinweise (H-Sätze), die die Art des Risikos näher umschreiben, ferner die sogenannten Sicherheitshinweise, die sichere Umgangsweisen mit dem Stoff vorgeben.[323] Schließlich sind der Kennzeichnung **Gefahrenpiktogramme** hinzuzufügen, die ebenfalls in der Verordnung 1272/2008 festgelegt sind und die sich an internationalen Vorgaben orientieren; die EU-Piktogramme mit orangegelbem Hintergrund wurden aufgegeben. Bei Beurteilung der Gefahrenklassen und -hinweise ist bedeutsam, dass sie nicht Naturgesetze abbilden, sondern Vereinbarungen sind, in die Wertungen einfließen. Wenn zB „akute orale Toxizität" bestimmt wird als „tödlich für mindestens 50% eines Rattensamples in 24 Stunden bei Verabreichung des Stoffes in einer Konzentration von bis zu 5mg/kg Körpergewicht",[324] so stecken in dieser Vorgabe Annahmen über die Übertragbarkeit von Tierversuchen auf den Menschen, für die bestimmte Sicherheitsfaktoren eingerechnet werden. Eine Wertung stellt es auch dar, wenn für die Konkretisierung des Merkmals „umweltgefährlich" darauf Rücksicht genommen wird, dass eigentlich ein sehr großer Anteil der Chemikalien Umweltschäden verursacht; die Aufmerksamkeit der Verbraucher würde aber vermindert, wenn fast jeder Stoff als umweltgefährlich gekennzeichnet würde. 263

Neben Stoffen sind auch **Gemische**[325] einzustufen und zu kennzeichnen. Dazu zählen auch Pflanzenschutzmittel und Biozide. Zwei Methoden sind dafür zulässig: (1) Das Gemisch als solches wird auf die Gefährlichkeitsmerkmale hin untersucht. Dies ist angesichts der hohen Zahl von Gemischen sehr aufwendig, hat aber den Vorteil, dass sich verstärkende (oder auch sich neutralisierende) Wirkungen mehrerer Chemikalien in einem Gemisch in den Blick kommen. (2) Es werden pauschal für 264

321 Vgl *Rehbinder/Kayser/Klein*, Chemikaliengesetz 1985, S. 7 ff.

322 Artikel 3 u. Anhang I VO (EG) Nr. 1272/2008 (Fn 320).

323 Anhänge III u. IV VO (EG) Nr. 1272/2008 (Fn 320).

324 Beispiel aus VO (EG) Nr. 1272/2008 (Fn 320), Anhang I Nr. 3.2.1.2.

325 Art. 3 VO (EG) Nr. 1272/2008 (Fn 320) ‚Gemisch' umfasst Gemische und Lösungen (Art. 2 Nr. 8 VO (EG) Nr. 1272/2008). RL 1999/45/EG (Fn 314) und VO (EG) Nr. 1907/2006 (Fn 319) benutzen hierfür dagegen den Ausdruck Zubereitungen.

alle Gemische Konzentrationswerte gefährlicher Stoffe in Gemischen festgelegt, bei deren Überschreitung das Gemisch selbst als gefährlich gilt (sog. konventionelle Methode).[326]

265 An die Einstufung knüpfen sich bestimmte Anforderungen an die Verpackung und die Kennzeichnung des Stoffes bzw des Gemisches.[327]

266 Hersteller, Einführer und nachgeschaltete Anwender müssen den Stoff selbst einstufen und entsprechend verpacken und kennzeichnen. Diese Pflicht ist Ausdruck einer Selbstverantwortung der Risikoverursacher. Für die Einstufung müssen Hersteller, Einführer oder nachgeschaltete Anwender die zugänglichen Angaben über die Eigenschaften des Stoffes oder Gemisches ermitteln. Hinsichtlich derjenigen Stoffe, die nicht zur Registrierung anstehen, können sie sich auf das vorhandene Wissen beschränken; sie müssen keine eigene Forschung betreiben. Dies ist im Hinblick auf das Verursacherprinzip fragwürdig.

267 Die **Selbsteinstufung** wird behördlich überprüft. Für diejenigen Stoffe, die nach VO 1907/2006 registrierungspflichtig sind – dazu unten Rn 279 –, geschieht dies im Zusammenhang mit der behördlichen Risikobewertung, u.a. im Hinblick darauf, ob der Stoff in die Liste der zulassungsbedürftigen Stoffe aufgenommen werden soll.[328] Für die anderen Stoffe, dh diejenigen, die gar nicht oder erst zu einem späteren Zeitpunkt, ist nunmehr eine fakultative behördliche Überprüfung vorgesehen, mit Ausnahme von sensibilisierenden, mutagenen, kanzerogenen und reproduktionstoxischen Stoffen, bei der die Überprüfung obligatorisch bleibt.[329]

268 Das Ergebnis der behördlichen Überprüfung wird durch eine VO der Kommission in eine Liste der behördlichen Einstufung und Kennzeichnung eingestellt.[330] Diese harmonisierte **Einstufung** und **Kennzeichnung** ist für Hersteller, Importeure und nachgeschaltete Anwender verbindlich. Ist für diese die Einstufung mit einer Vermarktungsbeschränkung verknüpft, so kann dies als unmittelbare Betroffenheit angesehen werden, die zur Nichtigkeitsklage nach Art. 263 Abs. 4 AEUV berechtigt. Dritten, insbesondere Gewerkschaften, Verbraucher- oder Umweltverbänden, denen die Einstufung nicht streng genug ist, steht eine Anfechtungsklage dagegen nicht zu, weil sie nicht als unmittelbar betroffen gelten. Geeignet wäre eine Verbandsklage, die nach geltendem Recht jedoch nur auf Umwegen zulässig wäre (vgl oben Rn 79 f).

269 Neben der Liste nach der VO 1272/2008, Anhang VI gibt es eine von der Agentur geführte Datenbank, genannt **Einstufungs- und Kennzeichnungsverzeichnis**, in die auch die Selbsteinstufungen der Betreiber aufgenommen werden, einschließlich etwaiger Divergenzen zwischen ihnen.[331]

270 Der Lieferant eines Stoffes oder Gemisches muss für bestimmte Stoffe und Gemische den berufsmäßigen Verwendern ein **Sicherheitsdatenblatt** zur Verfügung stellen, das Angaben über die Gefährlichkeit und Umgangsweise enthält, die für den Schutz der Gesundheit, der Sicherheit und der Umwelt relevant sind.[332]

4. Beschränkungen und Zulassung von Herstellung, Vermarktung und Verwendung

271 Bisher waren nur repressive Vermarktungsbeschränkungen möglich. Die VO (EG) 1907/06 hat daneben eine präventive Kontrolle eingeführt, und zwar der Art, dass bestimmte Stoffe einer Zulassungspflicht unterworfen werden.

326 Anhang II Teil B RL 1999/45/EG (Fn 314). Ein Beispiel: Ist ein sehr toxischer Stoff in einem Gemisch zu mehr als 7 % enthalten, gilt das Gemisch ebenfalls als sehr toxisch, bei Konzentrationen von 1% bis 7% als toxisch und bei 0,1 bis 1% als gesundheitsgefährdend. Konzentrationen unter 0,1 % werden vernachlässigt (vgl Anhang II Teil B Tabelle 1 und die Tabelle in Art. 3 RL 1999/45/EG).

327 Anhang V der VO (EG) Nr. 1272/2008 (Fn 320).

328 Artikel 47 VO Nr. 1907/2006 (Fn 319).

329 Artikel 36 und 37 VO (EG) Nr. 1272/2008 (Fn 320).

330 Früher Anlage I der RL 67/548/EWG (Fn 311), jetzt Anhang VI Teil 3 VO Nr. 1272/2008 (Fn 320).

331 Artikel 42 VO (EG) Nr. 1272/2008 (Fn 320).

332 Artikel 31 VO (EG) Nr. 1907/2006 (Fn 319).

a) Beschränkungen

Die EU kann auf Grund von Art. 68 der VO (EG) 1907/2006 die Herstellung und Vermarktung bestimmter Stoffe, Gemische und Erzeugnisse beschränken. Hierüber entscheidet die Kommission im Ausschussverfahren. Die Entscheidung wird von der Agentur vorbereitet, die die verschiedenen Ausschüsse beteiligt. 272

Anhang XVII der VO 1907/2006 enthält Vermarktungsbeschränkungen für Stoffe und Gemische. Sie bestehen ganz überwiegend aus Verwendungsbeschränkungen, insbesondere in Gestalt von Konzentrationsgrenzwerten für bestimmte Produktklassen. Der Anhang enthält keine Herstellungsverbote. Deshalb können Chemikalien in unbeschränkter Menge produziert und – unter Beachtung der Anforderungen der vorherigen Informierung und Zustimmung des Importstaates[333] – exportiert werden. Dies widerspricht der in Artikel 67 und 68 niedergelegten Absicht der VO 1907/2006, auch die Herstellung gefährlicher Chemikalien zu kontrollieren. Echte Herstellungsverbote bestehen bisher nur, auf spezialgesetzlicher Grundlage, für Stoffe, die die Ozonschicht schädigen[334] und für persistente organische Schadstoffe.[335] Anhang XVII erfasst im Übrigen nicht alle auf EU-Ebene bestehenden Verwendungsbeschränkungen; diese bleiben vielmehr nach wie vor in einzelnen RLen oder VOen verstreut. 273

Die Mitgliedstaaten können hinsichtlich der bereits in die EU-Regelung aufgenommenen Stoffe nur unter den Voraussetzungen des Artikels 114 Abs. 4 und 5 AEUV **strengere Regelungen** treffen.[336] Für Stoffe, die noch nicht aufgenommen sind, galt unter Geltung der RL 76/769/EWG keine Erschöpfungswirkung.[337] Die Mitgliedstaaten konnten insoweit eigene Regelungen treffen, allerdings nur unter Einhaltung des Informationsverfahrens nach Art. 8 und 9 RL 98/34/EG. Ob dies unter Geltung der VO (EG) 1907/06 so bleibt, ist fraglich. Dagegen spricht, dass die Mitgliedstaaten in das Beschränkungsverfahren einbezogen sind, indem ihnen ein Vorschlagsrecht eingeräumt wird.[338] Andererseits schließt die VO mitgliedstaatliche Regelungen nicht ausdrücklich aus. Zudem würde vorsorglich denkenden Mitgliedstaaten ein Mittel genommen, durch Ankündigung eines Alleingangs Druck auf die europäische Ebene auszuüben. 274

Nach Artikel 68 der VO 1907/2006 können **Beschränkungen** vorgesehen werden, wenn „die Herstellung, die Verwendung oder das Inverkehrbringen von Stoffen ein unannehmbares Risiko für die menschliche Gesundheit mit sich bringen, das gemeinschaftsweit behandelt werden muss". Weiter heißt es: „Bei einer solchen Entscheidung werden die sozioökonomischen Auswirkungen der Beschränkung einschließlich der Verfügbarkeit von Alternativen berücksichtigt." Die Formel ist recht vage, der Beurteilungsspielraum wird aber im Anhang XVI zu VO (EG) 1907/2006 konkretisiert und durch die Beteiligung eines wissenschaftlichen und eines sozioökonomischen Ausschusses[339] prozedural ausgestaltet. Die in der Formulierung „unannehmbar" liegende Öffnung für Abwägungen mit sozioökonomischen Belangen ist wohl unvermeidlich, öffnet aber das Risiko politischen "Wegwägens" von Gesundheits- und Umweltbelangen.[340] Sozioökonomische Gesichtspunkte sollten vor allem der Austarierung von Maßnahmenoptionen dienen und dürfen das Hinnehmen von Umwelt- und Gesundheitsgefahren nicht rechtfertigen.[341] 275

---

333 VO (EG) Nr. 302/2003 der Kommission zur Wiedereinführung des bei der Einfuhr von einblütigen (Standard) Nelken mit Ursprung im Westjordanland und im Gazastreifen zu erhebenden Präferenzzolls, ABl. 2003 L 43, S. 39.

334 VO (EG) Nr. 1005/2009 (Fn 283).

335 VO (EG) Nr. 850/2004 (Fn 306).

336 EuGH, Rs. C-41/93 (Pentachlorphenol), Slg 1994, I-1829.

337 EuGH, Rs. 473/98 (Kemikalieninspektionen/Toolex), Slg 2000, I-5681, Rn 29.

338 Art. 69 Abs. 4 VO (EG) Nr. 1005/2009 (Fn 283).

339 Art. 70 und 71 VO (EG) Nr. 1907/2006 (Fn 319).

340 *Mahlmann*, Chemikalienrecht, 2000, S. 56 f.

341 S. dazu *Winter*, RECIEL 2006, S. 56 ff.

b) Zulassungspflicht

276 Auf der Grundlage der Stoffbewertung können bestimmte besonders gefährliche Stoffe einer Zulassungspflicht unterworfen werden. Dies geschieht durch eine Entscheidung der Agentur, den Stoff in Anhang XIV der VO 1907/2006 aufzunehmen.[342] Diese Entscheidung kann nicht angefochten werden, weil sie keine Rechtswirkungen Dritten gegenüber entfaltet.[343] Der Hersteller oder Importeur muss dann innerhalb bestimmter Fristen einen Antrag mit bestimmten Unterlagen einreichen. Hierzu geben die Ausschüsse für Risikobeurteilung und für die sozioökonomische Analyse Stellungnahmen ab. Die Kommission entscheidet sodann im Ausschussverfahren. Die Öffentlichkeit wird nach den allgemeinen Regeln über den Zugang zu Informationen unterrichtet und kann sich äußern. Als Geschäftsgeheimnis unzugänglich sind allerdings zu einer Beurteilung wichtige Angaben wie die vollständige Zusammensetzung eines Gemischs, die genaue Verwendung, Funktion oder Anwendung eines Stoffes oder eines Gemischs und die genaue Menge, in der der Stoff oder das Gemisch hergestellt oder in Verkehr gebracht wird.[344]

5. Erzeugung, Vorlage und Bewertung von Risikodaten

277 Entscheidungen über die Einstufung von Chemikalien wie auch über mögliche Herstellungs- und Vermarktungsbeschränkung sind auf ausreichende **Kenntnisse über die Stoffrisiken** angewiesen. Es ist ein Hauptanliegen des europäischen Chemikalienrechts, diese Kenntnisse, soweit sie bei den Herstellern nicht ohnehin vorliegen, zu erzeugen, den öffentlichen Stellen zuzuführen und nach harmonisierter Methodik zu bewerten. Dadurch wird die Beibringungslast – nicht auch die objektive Beweislast – für hoheitliche Entscheidungen, die wegen des Eingriffscharakters von Einstufungen und Beschränkungen grundsätzlich bei den Behörden liegt, zum Teil den Herstellern und Einführern auferlegt.

278 Die **Vorlage von Daten** ist Hauptbestandteil der Pflicht der Hersteller und Importeure zur „Registrierung“ der Stoffe, die sie in Verkehr bringen wollen. Nach der VO 1907/2006 besteht Registrierungspflicht für alle Stoffe, während die bereits auf dem Markt befindlichen, als phase-in Stoffe bezeichneten Stoffe einem besonderen Regime sukzessiver Aufbereitung unterworfen werden.

a) Allgemeine Registrierungspflicht

279 Stoffe dürfen in der EU nur in den Verkehr gebracht werden, wenn sie vorher registriert wurden.[345] **Registrierungspflichtig** sind die Hersteller in der EU und diejenigen, die von Herstellern außerhalb der EU zum Inverkehrbringen in der EU oder nur zur **Registrierung** ermächtigt worden sind. Dies gilt auch dann, wenn der fragliche Stoff bereits durch einen anderen Hersteller oder Importeur angemeldet wurde. Diese an sich als überflüssig erscheinende Pflicht – die Behörde ist dann ja bereits im Besitz der Daten und hat nur noch ein Interesse an Angaben über die Menge der in den Verkehr gebrachten Stoffe – ist dem Umstand geschuldet, dass die Datengenerierung Kosten verursacht und Nachmelder anderenfalls Trittbrettfahrer wären. Ausgenommen von der Registrierungspflicht sind u.a. Stoffe zu Zwecken der Forschung und Entwicklung[346] und Mengen unter einer Tonne pro Jahr und Hersteller.[347]

280 Soweit ein nachgeschalteter Anwender Stoffe zu Zwecken verwendet, die durch die Registrierung nicht gemeldet sind, muss er den Hersteller oder Importeur informieren, der die Registrierung entsprechend ergänzt, oder, wenn er die Verwendung gegenüber dem Hersteller oder Importeur geheim halten will, die Agentur in Kenntnis setzen.[348]

342 Art. 57 bis 59 VO (EG) Nr. 1907/2006 (Fn 319).
343 EuG, Rs. T-346/10 (Borax/ECHA), Slg 2011, II-6629, st. Rspr.
344 Art. 118 Abs. 2 (b) VO (EG) Nr. 109/2006 (Fn 319).
345 Art. 5 VO (EG) Nr. 1907/2006 (Fn 319).
346 Art. 9 VO (EG) Nr. 1907/2006 (Fn 319).
347 Art. 6 VO (EG) Nr. 1907/2006 (Fn 319).
348 Art. 18 VO (EG) Nr. 1907/2006 (Fn 319).

Registranten, die denselben Stoff in Verkehr bringen, können dies gemeinsam tun.[349] Nachanmelder können sich mit Einverständnis des Voranmelders aber auf dessen Daten über die Eigenschaften des Stoffes beziehen.[350] Zur Vermeidung unnötiger Tierversuche ist ein Verfahren vorgesehen, das eine Bezugnahme letztlich auch ohne Zustimmung des Voranmelders ermöglicht. Dabei ist aber eine Beteiligung an den Kosten der Datengewinnung erforderlich.[351] Die Regelung ist mit der Eigentumsgarantie vereinbar.[352] 281

Die **Anmeldung** besteht aus der Übermittlung der Identität des Herstellers oder Einführers, der Identität und Menge des in Verkehr gebrachten Stoffes sowie von Daten über die Stoffeigenschaften und die Verwendungsweise des Stoffes sowie einem Stoffsicherheitsbericht.[353] Die Angaben über die Stoffeigenschaften müssen umso mehr Parameter abdecken – und sind umso kostspieliger –, je größer die Menge der vermarkteten Stoffe pro Hersteller oder Importeur ist.[354] Diese sog. Tonnenphilosophie folgt der pragmatischen Annahme, dass Schäden mit zunehmender Menge größer werden können. 282

Aus Sicht des Umweltschutzes ist kritikwürdig, dass nur die Mengen pro Hersteller und nicht die gesamten vermarkteten Mengen zählen, weiterhin, dass auch Stoffe in Mengen unter einer Tonne schädlich sein können, wenn sie besonders gefährliche Eigenschaften aufweisen. Aus Industriesicht war an der alten Regelung kritisiert worden, dass die Vorlagepflicht sich auf unnötige Daten erstrecke und deshalb zu kostspielig sei. Dem ist durch die o.g. Ein-Tonnen-Schwelle sowie durch verschiedene Erleichterungen gemäß Anhang XI VO (EG) 1907/2006 Rechnung getragen worden. Hinzukommt, dass über die Erforderlichkeit von mit Tierversuchen verbundenen Prüfungen die Agentur entscheidet.[355] 283

Die Agentur führt für jede Registrierung eine **Vollständigkeitsprüfung** durch. Drei Wochen nach Einreichen der Unterlagen kann der Stoff in den Verkehr gebracht werden, wenn die Agentur nicht vorher Informationen nachfordert.[356] Die Frist erscheint übermäßig kurz. Entfallen ist auch gegenüber früheren Regelungen die Möglichkeit, bei Anhaltspunkten für schädliche Auswirkungen eines Stoffes das Inverkehrbringen vorläufig zu untersagen. 284

Ist das Dossier vollständig, findet eine **Stoffbewertung** statt. sie wird von den zuständigen Behörden der Mitgliedstaaten durchgeführt und von der Agentur koordiniert.[357] Die Stoffbewertung beruht auf dem von dem Registranten einzureichenden **Sicherheitsbericht.** Sie führt die Daten über die Stoffeigenschaften und die Expositionsbedingungen in der Weise zusammen, dass die allgemein unschädliche Dosis für Mensch und Umwelt ermittelt und mit der konkreten zu erwartenden Dosis verglichen wird. Ggf. können über die Agentur weitere Informationen nachgefordert werden, wenn dies für die Stoffbewertung erforderlich ist. Aus der Stoffbewertung werden Schlussfolgerungen im Hinblick auf die Aufnahme des Stoffes in die Liste der zulassungspflichtigen Stoffe oder die Erforderlichkeit von Beschränkungsmaßnahmen abgeleitet.[358] 285

Gegen Nachforderungen von Prüfnachweisen können der Adressat und unmittelbar und individuell betroffene Dritte **Widerspruch** einlegen.[359] Dritte, die auf weitergehende Nachforderungen drängen, besitzen dagegen mangels Adressatenstellung und individueller oder unmittelbarer Betroffenheit weder Widerspruchs- noch Klagebefugnis nach Artikel 263 oder 265 AEUV. 286

349 Art. 11 VO (EG) Nr. 1907/2006 (Fn 319).
350 Art. 13 Abs. 4 VO (EG) Nr. 1907/2006 (Fn 319).
351 Art. 27 VO (EG) Nr. 1907/2006 (Fn 319).
352 Vgl *Winter/Wagenknecht*, DVBl. 2003, 10, 14 f.
353 Art. 10 u. 14 VO (EG) Nr. 1907/2006 (Fn 319).
354 Art. 12 VO (EG) Nr. 1907/2006 (Fn 319).
355 Art. 40 VO (EG) Nr. 1907/2006 (Fn 319).
356 Art. 21 VO (EG) Nr. 1907/2006 (Fn 319).
357 Art. 44 bis 47 VO (EG) Nr. 1907/2006 (Fn 319).
358 Art. 48 VO (EG) Nr. 1907/2006 (Fn 319).
359 Art. 51 Abs. 8 in Verbindung mit Art. 92 VO (EG) Nr. 1907/2006 (Fn 319).

b) Registrierung der phase-in Stoffe

287 Wie viele **phase-in Stoffe** auf dem EU-Markt gehandelt werden, ist ungewiss. Sie werden auf etwa 30.000 geschätzt.[360] Darunter befinden sich etwa 1000 Stoffe, die in Mengen von insgesamt mehr als 1000 Tonnen pro Jahr hergestellt oder eingeführt werden (sog. hochvolumige Stoffe). Nach Artikel 28 der VO 1907/2006 unterliegt jeder potentielle Registrant eines phase-in Stoffes in Mengen von einer Tonne oder mehr einer Vorregistrierungspflicht, die jedoch hauptsächlich den Stoffnamen und den Mengenbereich umfasst. Die Vorregistrierung war bis zum 1. Dezember 2008 abzuschließen. Wer nicht vorregistriert hatte, war sofort zur vollen Registrierung verpflichtet.

288 Die Registrierung und Risikobewertung der phase-in Stoffe erfolgt stufenweise. Bis zum 1. Dezember 2010 waren besonders gefährliche oder hochvolumige Stoffe zu registrieren; hierzu gehören alle krebserzeugenden, erbgutverändernden und fortpflanzungsgefährdenden Stoffe ab einer Tonne, alle sehr umweltgefährlichen Stoffe ab 100 Tonnen und alle sonstigen Stoffe ab 1000 Tonnen. Alle sonstigen Stoffe waren ab 100 Tonnen bis zum 1. Juni 2013 und sind ab einer Tonne bis zum 1. Juni 2018 zu registrieren.

6. Ausfuhr und Einfuhr

289 Die Ausfuhr und Einfuhr besonders gefährlicher Chemikalien ist in der VO 649/2012 geregelt, die frühere Regelungen ersetzte.[361] Die auf Artikel 114 und 192 AEUV gestützte VO setzt das Rotterdamer Übereinkommen „über das Verfahren der vorherigen Zustimmung nach Inkenntnissetzung für bestimmte gefährliche Chemikalien sowie Pestizide im internationalen Handel" um, dem die EU 2003 beigetreten ist.[362]

290 Die VO unterwirft den internationalen Handel mit bestimmten Chemikalien dem Konzept des „prior informed consent" (**PIC**). Danach hat ein Exporteur einer Chemikalie vor dem erstmaligen Export und später am Anfang jeden Jahres über seinen Mitgliedstaat der Europäischen Chemikalienagentur eine sog. **Ausfuhrnotifikation** vorzulegen. Diese enthält u.a. Angaben über die in der EU bestehenden Beschränkungen und die physikalisch-chemischen, toxikologischen und ökotoxikologischen Eigenschaften der Chemikalie. Die Agentur leitet die Notifikation im Namen der Kommission an den Einfuhrstaat weiter. Die Ausfuhr aus der EU darf nur stattfinden, wenn der Einfuhrstaat nach Kenntnisnahme der Notifikation der Einfuhr zugestimmt hat. Die beteiligten Behörden und der Exporteur sind auf Anfrage des Importstaates zu weiteren – verfügbaren – Informationen verpflichtet.[363]

291 Der Anwendungsbereich der VO erfasst chemische Stoffe und Gemische, die Stoffe in einer Konzentration enthalten, die das Gemisch kennzeichnungspflichtig macht. Ausgenommen sind Chemikalien für Forschungszwecke. Einige Bestimmungen der VO sind auch auf sog. Artikel anwendbar, dh auf Endprodukte, die eine Chemikalie enthalten, deren Verwendung in diesem bestimmten Produkt nach den EU-Vorschriften verboten ist oder strengen Beschränkungen unterliegt.[364]

292 Das Kontrollsystem betrifft diejenigen Chemikalien, die in der EU **verboten** oder in der Anwendung **stark beschränkt** sind. Dies sind zum einen diejenigen Chemikalien, die im Annex I der Rotterdam-Konvention nach einem Beschlussverfahren dieser Konvention aufgelistet und dann in Annex I Teil 3 der VO 649/2009 übernommen werden.[365] Dabei handelt es sich zur Zeit um ca. 30

360 Das sog. EINECS-Register der EU, das sämtliche Stoffe erfasste, die im September 1981 auf dem EU-Markt waren, enthielt knapp über 100.000 Stoffe. Zur gegenwärtigen Lage der Voranmeldungen und Registrierungen s. *Führ*, NVwZ 2014, 274.

361 VO (EU) Nr. 649/2012 des Europäischen Parlaments und des Rates über die Ausfuhr und Einfuhr gefährlicher Chemikalien, ABl. 2012 L 201, S. 60.

362 Beschluss 2003/106/EG des Rates über die Genehmigung – im Namen der Europäischen Gemeinschaft – des Rotterdamer Übereinkommens über das Verfahren der vorherigen Zustimmung nach Inkenntnissetzung für bestimmte gefährliche Chemikalien sowie Pestizide im internationalen Handel, ABl. 2003 L 63, S. 27.

363 Art. 8 Abs. 7 VO (EU) Nr. 649/2012 (Fn 361).

364 Art. 15 VO (EU) Nr. 649/2012 (Fn 361).

365 Diese Stoffe unterliegen der (verwirrenderweise) sog. PIC-Notifikation, die aber den gleichen Inhalt hat wie die Ausfuhrnotifikation.

Stoffe und Stoffgruppen. Zum anderen gehören dazu diejenigen Chemikalien, die die EU nach ihrem eigenen Verfahren zusätzlich in den Annex I Teil 1 der VO 649/2009 aufnimmt.[366]

Die **Ausfuhrnotifikation** ist **nicht notwendig**, wenn der einführende Staat gegenüber dem Rotterdam-Sekretariat oder der EU-Kommission auf eine Einfuhrkontrolle verzichtet hat.[367] Hinsichtlich der „Rotterdam-Stoffe" kann dies geschehen, weil die Vertragsstaaten einschließlich der EU verpflichtet sind, dem Rotterdam-Sekretariat ausführliche Informationen über die von ihnen verbotenen oder stark beschränkten Stoffe zu unterbreiten;[368] dies ermöglicht dem Importstaat, seine eigenen Regelungen zu treffen, die er dem Sekretariat meldet; der Exporteur wiederum kann sich beim Sekretariat über die Rechtslage im Importstaat informieren und sie bei seinen Exporten von sich aus beachten. 293

Hinsichtlich der **Einfuhr** von Chemikalien in die EU gilt zunächst das allgemeine Recht der Zulassung und Beschränkung/Verbot der Vermarktung von Chemikalien, Pflanzenschutzmitteln, Bioziden etc. Daneben sind zusätzliche Verbote und Beschränkungen der Mitgliedstaaten zu berücksichtigen.[369] Diese Regelungen übermittelt die Kommission dem Rotterdam-Sekretariat und entscheidet durch Durchführungsverordnung, inwieweit ein PIC-Verfahren durchzuführen ist.[370] 294

IV. Pflanzenschutzmittel und Biozide

1. Allgemeines

Die Kommission hatte bereits 1976 vorgeschlagen, dass, ähnlich wie im Arzneimittelrecht, die Mitgliedstaaten Pflanzenschutzmittel (PSM) durch gemeinschaftsweit geltende Entscheidung nach gemeinschaftlich harmonisierten Maßstäben zulassen können sollten.[371] Der Vorschlag fand jedoch nicht die nötige Unterstützung, weil viele Mitgliedstaaten meinten, die Umweltschutzauffassungen und auch die realen geographischen und klimatischen Bedingungen seien zu unterschiedlich. Erst mit dem Integrationsschub der Einheitlichen Europäischen Akte wuchs die Bereitschaft zur Harmonisierung. Die schließlich akzeptierte Lösung bestand aus einem **Doppelsystem** aus gemeinschaftlicher Anerkennung von Wirkstoffen und nationaler Zulassung von PSM-Formulierungen in der RL 91/414/EWG. Dieses Konzept wurde mit RL 98/8/EG auch auf Biozide übertragen. Inzwischen wurde es für PSM durch VO (EG) Nr. 1107/2009[372] und für Biozide durch VO (EG) Nr. 528/2012.[373] 295

2. Pflanzenschutzmittel

Die VO (EG) 1107/2009 hat die beiden **Zwecke**, einerseits durch PSM Pflanzen vor Schadorganismen zu bewahren, so Ertragsminderungen zu verhindern und die Versorgung sicherzustellen, und andererseits Risiken der PSM für Menschen, Nutztiere und die Umwelt zu minimieren.[374] Dass anders als in anderen Umweltnormen der Produktnutzen zum gesetzlichen Anliegen wird, liegt an dem öffentlichen Interesse an der Verhinderung von schädlichen Epidemien in der Landwirtschaft. Die Doppelung der Zwecke begründet ein Spannungsverhältnis, weil PSM per se natürliche Organismen schädigen. Die umweltrechtliche Frage ist deshalb, wie die Schädigung so auf die unerwünschten Organismen gezielt werden kann, dass keine **Nebenwirkungen** auf die Konsumenten, die Landwirte, die nicht unerwünschten Organismen und die übrige Umwelt entstehen. 296

366 Art. 8 VO (EU) Nr. 649/2012 (Fn 361).
367 Art. 8 Abs. 6 VO (EU) Nr. 649/2012 (Fn 361).
368 Art. 5 bis 7 Rotterdam-Konvention.
369 Art. 12 VO (EU) Nr. 649/2012 (Fn 361).
370 Art. 13 VO (EU) Nr. 649/2012 (Fn 361).
371 *Böttcher*, Pflanzenschutz-, Schädlingsbekämpfungsmittel und Biozide, EUDUR, Bd. II., 1 § 62, Rn 7.
372 Verordnung (EG) Nr. 1107/2009 Europäischen Parlaments und des Rates über das Inverkehrbringen von Pflanzenschutzmitteln, ABl. 2009 L 309, S. 1.
373 Verordnung (EU) Nr. 528/2012 des Europäischen Parlaments und des Rates über die Bereitstellung auf dem Markt und die Verwendung von Biozidprodukten, ABl. 2012 L 167, S. 1.
374 Erwägungsgründe 6 bis 8 VO (EG) Nr. 1107/2009 (Fn 372).

297 PSM dürfen nicht in Verkehr gebracht und verwendet werden, wenn sie nicht zugelassen sind. Die Zulassung erfolgt zweistufig. Die Wirkstoffe werden in einem Verfahren auf EU-Ebene durch Aufnahme in eine Positivliste zugelassen. Die PSM-Produkte werden in Verfahren auf mitgliedstaatlicher Ebene zugelassen.

298 Die Aufnahme von Wirkstoffen in die Positivliste erfolgt auf **Antrag** eines Herstellers. Der Antrag wird bei einem Mitgliedstaat gestellt. Dieser erarbeitet auf Grund der eingereichten umfangreichen Unterlagen und u.U. weiterer von ihm angeforderter Nachweise einen Bewertungsbericht, den er der Kommission und der Europäischen Behörde für Lebensmittelsicherheit (EFSA) übermittelt.[375] Die EFSA macht den Bericht öffentlich, organisiert ggf. eine Konsultation mit Experten und nimmt sog. Schlussfolgerungen an. Auf Grundlage des Bewertungsberichts und der Schlussfolgerungen erstellt die Kommission einen Überprüfungsbericht und gibt dem Antragsteller Gelegenheit, dazu Stellung zu nehmen. Sie entwirft eine Verordnung über die Aufnahme in die Liste, die im Ausschussverfahren beschlossen wird.[376] Die Verordnung kann zugleich Beschränkungen der Verwendung festlegen, so zB hinsichtlich der Ausbringungsbedingungen oder der Vorlage zusätzlicher Risikoinformationen. Die Aufnahme in die Liste gilt für 10 Jahre. Sie kann jeweils für 5 Jahre erneuert werden.

299 Die Kommission kann die Beteiligten im Rahmen ihres Programms zur Aufarbeitung von bereits zugelassenen PSM zur **Vorlage von Unterlagen** auffordern.[377]

300 Die PSM-Produkte werden auf Ebene der Mitgliedstaaten zugelassen. Nur solche Produkte, die auf den in der Positivliste aufgeführten Wirkstoffen aufbauen, können zugelassen werden.[378] Stellt ein anderer Hersteller als derjenige des genehmigten Wirkstoffs einen Antrag, kann er auch die Untersuchungen des anderen benutzen, wenn dieser zustimmt. Hinsichtlich Tests aus Tierversuchen muss der andere zustimmen, wobei aber eine faire Kostenbeteiligung des Antragstellers vorgesehen ist, die im Konfliktfall durch Schiedsverfahren festgelegt wird.[379]

301 Der zuständige Mitgliedstaat (in der BRD das Bundesamt für Lebensmittelsicherheit und Verbraucherschutz) erstellt einen **Bewertungsbericht** und übermittelt diesen den Mitgliedstaaten seiner geographischen Region, die sich dazu äußern können.

302 Die Zulassung ist in jedem einzelnen Mitgliedstaat zu beantragen, in dem das PSM in Verkehr gebracht werden soll. Der Zweitantrag kann durch den Inhaber der Erstzulassung oder, mit dessen Zustimmung, auch von öffentlichen Stellen oder landwirtschaftlichen Berufsorganisationen gestellt werden.[380] Um **Doppelprüfungen** zu **vermeiden**, müssen die Mitgliedstaaten derselben geographischen Zone die Unterlagen des Verfahrens der Erstzulassung beachten.

303 Ist ein PSM in einem Staat zugelassen und soll es in einem anderen Mitgliedstaat eingeführt werden, in dem ein im Wesentlichen identisches PSM (das sog. Referenzmittel) bereits zugelassen ist (sog. Parallelimport), so wird im Einfuhrstaat nur geprüft, ob das PSM mit dem Referenzmittel wirklich identisch ist, aber keine erneute Zulassung (auch nicht eine solche im Wege der gegenseitigen Anerkennung) verlangt.[381] Eine eigene Zulassung zu verlangen, wäre unter Gesundheits- und Umweltschutzgesichtspunkten nicht notwendig und stellte deshalb einen unverhältnismäßigen Eingriff dar.[382]

---

375 Art. 7, 8, 11 VO (EG) Nr. 1107/2009 (Fn 372).
376 Art. 12 u. 13 mit Art. 79 VO (EG) Nr. 1107/2009 (Fn 372).
377 Art. 8 Abs. 2 Unterabs. 2 RL 91/414/EWG des Rates über das Inverkehrbringen von Pflanzenschutzmitteln, ABl. 1991 L 230, S. 1.
378 Art. 29 Abs. 1 (a) VO (EG) Nr. 1107/2009 (Fn 372). Zu Ausnahmen s. Art. 30 VO (EG) Nr. 1107/2009 (Fn 372).
379 Art. 59 bis 62 VO (EG) Nr. 1107/2009 (Fn 372).
380 Art. 40 Abs. 2 VO (EG) Nr. 1107/2009 (Fn 372).
381 Art. 52 (Fn 372).
382 So EuGH, Rs. C-100/96 (British Agrochemicals), Slg 1999, I-1521, Rn 32.

Die **materiellen Maßstäbe** der Risikokontrolle sind für die Genehmigung von Wirkstoffen und für die nationale Zulassung weitgehend identisch.[383] Hervorzuheben ist die Verpflichtung auf das Vorsorgeprinzip.[384] Zu unterscheiden ist zwischen strikten und abwägungsfähigen Kriterien. 304

Strikt geschützt sind die menschliche Gesundheit, einschließlich besonders gefährdeter Personen, die Gesundheit der (Nutz-)Tiere und das Grundwasser. Kumulations- und Synergieeffekte von PSM sind zu berücksichtigen.[385] Das Grundwasser ist als Naturgut, nicht lediglich als Nahrungsmittel des Menschen angesprochen. Die Kontaminationsgrenzen sind deshalb nicht an der menschlichen Gesundheit zu messen, sondern an der gesellschaftlichen Konstruktion des Grundwassers als eines reinen Mediums. Maßgeblich ist dabei auch, dass sich Chemikalien im Grundwasser nur sehr schlecht abbauen. 305

Abwägungsfähig sind Auswirkungen auf (Nutz-)Pflanzen und die sonstige Umwelt bis hin zu biologischer Vielfalt und Ökosystemen. Dies kommt in den Worten „keine unannehmbaren Auswirkungen" zum Ausdruck.[386] Gegen Beeinträchtigungen der Umwelt kann hier der Nutzen der Erntesicherung abgewogen werden. Einzubeziehen sind auch wissenschaftlich noch ungesicherte Aussagen über negative Auswirkungen. Beeinträchtigungen jenseits der Gefahrenschwelle (dh gesicherte und erhebliche Schäden) sind nicht als abwägungsfähig anzusehen. Bei Untersuchung des Nutzens und seines Gewichtes ist auf die Versorgungssicherheit, also auf Gebrauchswerte, nicht auf den wirtschaftlichen Gewinn abzustellen.[387] 306

Besonders gefährliche Wirkstoffe, nämlich kanzerogene, reproduktionsschädliche und endokrinschädliche, sind von vornherein von der Genehmigung ausgeschlossen, außer sie werden in geschlossenen Systemen oder auf sonst unschädliche Weise verwendet.[388] 307

Eine **Alternativenprüfung** ist auf Wirkstoffe mit besonders gefährlichen Eigenschaften (Kanzerogene, Mutagene, teratogene etc. Stoffe) anzuwenden. Sie gelten als Substitutionskandidaten und können als Wirkstoff nur für maximal 7 Jahre (mit Verlängerungsmöglichkeit) genehmigt werden, selbst wenn sie an sich den Maßstäben des Art. 4 VO 1107/2009 genügen.[389] In dieser Zeit besteht dadurch Druck, Wirkstoffe ohne diese Eigenschaften zu entwickeln. Enthalten PSM Substitutionskandidaten, sind sie nicht zulassungsfähig, wenn ein bereits zugelassenes PSM oder eine nichtchemische Bekämpfungs- oder Präventionsmethode besteht, das/die geringere Risiken für Gesundheit oder Umwelt birgt und keine wesentlichen wirtschaftlichen oderpraktischen Nachteile aufweist.[390] Darüber hinaus sind auch bei der Abwägung der Risiken und Nutzen hinsichtlich Wirkstoffen und PSM, die keine Substitutionskandidaten enthalten oder sind, Alternativen zu prüfen. Auch dies lässt sich aus dem Begriff „unannehmbar" ableiten.[391] 308

Die Zulassung war nach dem älteren deutschen Konzept eine solche für das Inverkehrbringen per se. Das Konzept der RL 91/414/EWG und auch der VO 1107/2009 ist dagegen eines der Zulassung des Inverkehrbringens für bestimmte Anwendungen (sog. **Indikationszulassung**).[392] Dies schließt es aus, dass Verwendungen erschlossen werden, deren Risiken im Zulassungsverfahren noch nicht untersucht worden sind. Erweiterungen der Anwendungen bedürfen vielmehr einer Änderungszulassung. Wenn ein öffentliches Interesse besteht, weil für bestimmte Anwendungsbe- 309

383 Vgl Art. 4 u. 29 VO (EG) Nr. 1107/2009 (Fn 372).

384 Art. 1 Abs. 4 VO (EG) Nr. 1107/2009 (Fn 372).

385 Art. 4 Abs. 3 (b) VO (EG) Nr. 1107/2009 (Fn 372); vgl auch EuGH, Rs. 272/80 (Biologische Producten), Slg 1981, 3277.

386 Art. 4 Abs. 3 (c) u. (e) VO (EG) Nr. 1107/2009 (Fn 372).

387 Vgl zu ähnlichen Fragen des früheren deutschen Pflanzenschutzmittelgesetzes BVerwG v. 10. November 1988 – BVerwG 3 C 19.87, BVerwGE 81, 12, 17.

388 Anhang II Nr. 3.6.3 – 3.5.6 VO (EG) Nr. 1107/2009 (Fn 372). Sie können allerdings in Notsituationen genehmigt werden, s. Art. 4 Abs. 7 VO (EG) Nr. 1107/2009.

389 Art. 24 VO (EG) Nr. 1107/2009 (Fn 372).

390 Art. 50 VO Nr. (EG) 1107/2009 (Fn 372).

391 Vgl Erwägungsgrund (20) der VO (EG) Nr. 1107/2009 (Fn 372). Vgl auch BVerwG (Fn 387), BVerwGE 81, 12, 17.

392 Vgl Art. 31 VO (EG) Nr. 1107/2009 (Fn 372).

reiche kein PSM zur Verfügung steht (sog. **Lückenindikation**), können die Mitgliedstaaten in einem vereinfachten Verfahren den Geltungsbereich der Zulassung auf geringfügige weitere Verwendungen ausdehnen.[393]

310 Darüber hinaus können sie bei einer „anders nicht abzuwehrenden Gefahr" (scl. für den Pflanzenschutz) ein PSM auf eine Dauer von maximal 120 Tagen für eine **„begrenzte und kontrollierte Verwendung"** zulassen, auch wenn sie den materiellen Maßstäben nicht entsprechen.[394] In Art. 8 Abs. 4 RL 91/414 war noch vorausgesetzt, dass die Gefahr „unvorhersehbar" ist. Der Wegfall dieses Kriteriums könnte bedeuten, dass die deutsche Praxis legalisiert wird, die die Ausnahme auch auf Fälle anwendete, in denen der Hersteller von PSM aus ökonomischen Gründen, etwa weil sich der Absatz nicht lohnt, ein Zulassungsverfahren nicht betreiben will.[395] Man kann allerdings dagegen halten, dass die Gefahr dadurch „anders" abgewehrt werden könnte, dass eine amtliche Stelle oder landwirtschaftliche Berufsorganisation den Antrag stellt.[396]

311 Die **Einstufung** von PSM in Gefahrenklassen, die Kennzeichnung und die Verpackungsanforderungen richten sich nach der VO (EG) 1272/08. Prozedural erfolgt die Einstufung im PSM-Zulassungsverfahren, nicht etwa in einer getrennten Anmeldung.[397]

312 Ein gewisses Gegengewicht gegen die Marktzulassung von PSM stellt RL 2009/128/EG[398] dar, die die **Verwendung** der PSM regelt. Sie verpflichtet die Mitgliedstaaten, Aktionspläne zur Verringerung der Risiken des PSM-Einsatzes und zur Einführung eines integrierten Pflanzenschutzes aufzustellen. Sie enthält darüber hinaus eine Reihe von Pflichten zur Ausbildung der PSM-Verwender, zur Informierung von PSM-Käufern, zur „Sensibilisierung" der Öffentlichkeit, zur Kontrolle von Geräten, zum Einsatz von Luftfahrzeugen, zu spezifischen Maßnahmen zum Schutz der aquatischen Umwelt und des Trinkwassers, zum Schutz spezifischer Gebiete wie zB öffentlicher Parks und Sportplätze, zur Lagerung, zum integrierten Pflanzenschutz und zur Festlegung von Risikoindikatoren.

313 Insgesamt handelt es sich bei der RL 2009/128/EG eher um ein adhortatives Dokument, das entschiedenere Initiativen zur Minimierung des PSM-Einsatzes den Mitgliedstaaten überlässt. So wird die Pflicht zum **integrierten Pflanzenschutz** definiert als Maßnahmen mit dem Ziel, „einen Pflanzenschutz mit geringer Pestizidverwendung zu fördern, wobei wann immer möglich nichtchemischen Methoden der Vorzug gegeben wird, so dass berufliche Verwender von Pestiziden unter den für dasselbe Schädlingsproblem verfügbaren Verfahren und Produkten auf diejenigen mit dem geringsten Risiko für die menschliche Gesundheit und die Umwelt zurückgreifen."[399] Es geht also um Förderung, nicht Regulierung. Weitergehende Forderungen wie die einer Rezeptpflicht für den Einsatz von PSM sind nicht verwirklicht worden. Hinsichtlich des Einsatzes von Luftfahrzeugen zum Versprühen von PSM tritt das grundsätzliche Verbot hinter den großzügig bemessenen Ausnahmen zurück.[400]

3. Biozide

314 Für Biozide stellt VO 528/2012 ein ähnliches Kontrollsystem auf wie VO 1107/2009 für PSM. **Biozid-Produkte** sind Wirkstoffe und Gemische, die auf chemischem oder biologischem Wege Schad-

393 Art. 51 VO (EG) Nr. 1107/2009 (Fn 372).
394 Art. 53 VO (EG) Nr. 1107/2009 (Fn 372).
395 *G. Gündermann*, Genehmigung von Pflanzenschutzmitteln wegen Gefahr im Verzuge gemäß § 11 Abs. 2 S. 1 Nr. 2 PflSchG, Nachrichtenbl. Deut. Pflanzenschutzd. 56 (11), 281, 283.
396 Art. 40 Abs. 2 VO (EG) Nr. 1107/2009 (Fn 372).
397 Art. 31 Abs. 2 Unterabs. 2 VO (EG) Nr. 1107/2009 (Fn 372).
398 Richtlinie 2009/128/EG des Europäischen Parlaments und des Rates über einen Aktionsrahmen der Gemeinschaft für die nachhaltige Verwendung von Pestiziden, ABl. 2009 L 309, S. 71.
399 Art. 14 Abs. 1 RL 2009/128/EG (Fn 398).
400 Vgl Art. 9 RL 2009/128/EG (Fn 398).

organismen bekämpfen.[401] Ausgenommen vom Anwendungsbereich der Richtlinie sind bestimmte speziell geregelte Produkte mit ähnlicher Wirkung, zB Arzneimittel und PSM.[402]

Auch für Biozide gilt, dass sie nur nach **Zulassung durch einen Mitgliedstaat** in einem solchen in Verkehr gebracht und verwendet werden dürfen.[403] Vorausgesetzt ist, dass der Wirkstoff auf EU-Ebene genehmigt worden ist.[404] Die nationalen Zulassungen müssen grundsätzlich gegenseitig anerkannt werden,[405] es sei denn es liegen neue Risikoerkenntnisse oder spezifische Umweltbedingungen in dem Mitgliedstaat vor.[406] Ein vereinfachtes Zulassungsverfahren gilt für solche Biozidprodukte, dessen Wirkstoffe in Anhang I, der unbedenkliche Wirkstoffe enthält,[407] aufgeführt sind.[408] 315

Eine Reihe von Wirkstoffen mit besonders gefährlichen Eigenschaften (karzinogen, mutagen, reproduktionstoxisch, endokrinschädlich, PBT, vPvB) scheiden als Wirkstoffe von vornherein aus (**Cut-Off-Stoffe**), außer, erhöhte Anforderungen an ihre sichere Verwendung sind erfüllt, es liegt eine ernsthafte Gefahr für die Gesundheit von Mensch und Tier vor, oder im Vergleich zum Risiko ergäben sich unverhältnismäßige negative Folgen für die Gesellschaft. Dabei ist die Verfügbarkeit von alternativen Stoffen und Techniken „ein ausschlaggebender Faktor".[409] 316

Wirkstoffe, die bestimmte gefährliche Eigenschaften besitzen, werden als **zu ersetzende Stoffe** eingestuft.[410] 317

Für Biozidprodukte, die nicht auf besonders gefährlichen Wirkstoffen aufbauen, ist eine **EU- weit geltende Zulassung** durch die Kommission eingeführt worden, die statt der der nationalen Zulassung beantragt werden kann.[411] 318

Die **materiellen Maßstäbe** für die Zulassung eines Bioziprodukts ähneln denen für PSM, weisen aber auch Unterschiede auf. So gilt, weil auch Tiere Zielorganismen sein können, dass keine unnötigen Leiden verursacht werden dürfen. Nicht nur im Hinblick auf die Umwelt sondern auch hinsichtlich der Gesundheit von Mensch und Tier sind „unannehmbare Wirkungen" zu vermeiden.[412] Damit ist im Unterschied zu den entsprechenden PSM-Kriterien eine Abwägung mit dem Nutzen der Schädlingsbekämpfung eröffnet.[413] Auch der für PSM geltende absolute Schutz des Grundwassers fehlt. Schutzfördernd sind demgegenüber die Vorschriften über anzunehmende Ausbringungsbedingungen: Es ist nicht ein bestimmungsgemäßes Verhalten, sondern es sind „realistische worstcase-Bedingungen, unter denen das Biozidprodukt verwendet werden könnte", anzunehmen, desgleichen auch Kumulations- und Synergieeffekte.[414] 319

Die Verordnung sieht **keine Beteiligung der Öffentlichkeit** an den Verfahren der Aufnahme von Wirkstoffen und der Zulassung von Bioziden vor. Insofern bleibt sie hinter dem Stand modernerer Vorschriften zur Produktzulassung wie der RL 2001/18/EG zurück. Immerhin wird aber eine Positivliste nicht geheim zu haltender Informationen aufgestellt.[415] Zudem sind nach erfolgter Genehmigung des Wirkstoffs bzw. Zulassung des Bioziprodukts verschiedene Daten, so u.a. die Ergeb- 320

401 Art. 3 Abs. 1 (a) VO (EU) Nr. 528/2012 (Fn 373).
402 Art. 1 Abs. 2 RL 98/8/EG des Europäischen Parlaments und des Rates über das Inverkehrbringen von Biozid-Produkten, ABl. 1998 L 123, S. 1.
403 Art. 17 VO (EU) Nr. 528/2012 (Fn 373).
404 Art. 19 Abs. 1 (a) VO (EU) Nr. 528/2012 (Fn 373).
405 Art. 32 bis 34 VO (EU) Nr. 528/2012 (Fn 373).
406 Art. 37 VO (EU) Nr. 528/2012 (Fn 373).
407 Art. 28 VO (EU) Nr. 528/2012 (Fn 373).
408 Art. 25 VO (EU) Nr. 528/2012 (Fn 373).
409 Art. 5 VO (EU) Nr. 528/2012 (Fn 373).
410 Art. 10 VO (EU) Nr. 528/2012 (Fn 373).
411 Art. 41 bis 44 VO (EU) Nr. 528/2012 (Fn 373).
412 Art. 19 Abs. 1 (b) (ii) VO (EU) Nr. 528/2012 (Fn 373).
413 Art. 19 Abs. 1 (b) (iii) VO (EU) Nr. 528/2012 (Fn 373).
414 Art. 19 Abs. 2 (a), (d) u. (e) VO (EU) Nr. 528/2012 (Fn 373). Vgl damit Art. 5 Abs. 1 (b) 1. Beistrich RL 89/8/EG (Fn 402).
415 Art. 66 Abs. 3 VO (EU) Nr. 528/2012 (Fn 373).

nisse der toxikologischen und ökotoxikologischen Studien und die angenommene Konzentration, bei der keine schädlichen Auswirkungen zu erwarten sind, öffentlich zugänglich zu machen.[416]

321 Die Verordnung enthält auch gewisse Vorschriften über die **Verwendung von Biozidprodukten**. Die Mitgliedstaaten werden verpflichtet, in der Öffentlichkeit auf die Minimierung des Einsatzes hinzuwirken.[417]

O. Gentechnikrecht

I. Allgemeines

322 Das Gemeinschaftsrecht regelt Risiken der Gentechnik **in geschlossenen Systemen** (RL 2009/41/EG),[418] Risiken der **Freisetzung** genetisch veränderter Organismen (GVO) und des **Inverkehrbringens** von GVO als Produkte oder in Produkten (allgemein RL 2001/18/EG[419] und für Lebens- und Futtermittel VO (EG) Nr. 1829/03)[420] sowie Risiken der grenzüberschreitenden **Verbringung** (VO (EG) Nr. 1946/03).[421]

323 **Historisch** gesehen ist die Regelung geschlossener Systeme nach ursprünglicher Strenge mit zunehmender Erfahrung gelockert worden. Dagegen ist das gemeinschaftsrechtliche Kontrollregime für Freisetzungen und Inverkehrbringen von GVO in den neunziger Jahren eher strenger geworden. Mit der Zunahme öffentlicher Ablehnung der Gentechnik im Anschluss an die BSE-Krise insbesondere in Großbritannien (ein „spill-over"-Effekt, denn BSE hat nichts mit Gentechnik zu tun) und mit der abwehrenden Haltung von 13 der damals 15 Mitgliedstaaten gegen den zur Zulassung anstehenden Bt-Mais,[422] entstand 1997 ein (faktisches) **Zulassungsmoratorium**. Durch RL 2001/18/EG wurde die Risikobewertung dann differenzierter ausgestaltet (zB sollen auch indirekte Auswirkungen berücksichtigt werden), die Anforderungen an das begleitende Monitoring nach Ausbringen von GVO wurden verstärkt, und die Kennzeichnung zum Zwecke der Verbraucherinformation wurde eingeführt.

324 Der Gegendruck seitens der Gentechnikbefürworter blieb nicht aus. Verstärkt durch Ankündigungen verschiedener **WTO**-Mitgliedstaaten, den Streitschlichtungsmechanismus anzurufen,[423] führte er dazu, dass die Zuständigkeit für die Zulassung von Lebens- und Futtermitteln mit der VO (EG) Nr. 1829/03 auf die Ebene der Kommission und der Europäischen Behörde für Lebensmittelsicherheit gehoben wurde. Nachdem der Panel-Report vorlag, hat die Kommission das Moratorium beendet. Die bisherigen ca. 49 Zulassungsentscheidungen beziehen sich fast sämtlich auf die Verwendung von GVO als Lebens- oder Futtermittel. Für Saatgut ist eine Wiederholungszulassung für den insektiziden Mais MON 810 anhängig und eine Neuzulassung der auf erhöhte Stärkeproduktion programmierten Kartoffelsorte Amflora erteilt worden, die aber nicht ausgenutzt worden ist.[424]

325 Angesichts fortgesetzter Grundsatzdivergenzen über Risiken und Nutzen der „grünen" Gentechnik wird als Ausweg die Koexistenz verschiedener Anbauweisen und Verarbeitungs- und Handelswege

416 Art. 67 Abs. 1 (e) u. (f) VO (EU) Nr. 528/2012 (Fn 373).

417 Art. 17 Abs. 6 Unterabs. 2 VO (EU) Nr. 528/2012 (Fn 373).

418 RL 2009/41/EG des Europäischen Parlaments und des Rates über die Anwendung genetisch veränderter Mikroorganismen in geschlossenen Systemen, ABl. 2009 L 125, S. 75. Das deutsche Recht benutzt in nicht exakter Übersetzung den Ausdruck gentechnisch (also nicht: genetisch) veränderter Organismus. Beide Ausdrücke sind aber bedeutungsgleich.

419 RL 2001/18/EG des Europäischen Parlaments und des Rates über die absichtliche Freisetzung genetisch veränderter Organismen in die Umwelt, ABl. 2001 L 106, S. 1.

420 VO (EG) Nr. 1829/2003 des Europäischen Parlaments und des Rates über genetisch veränderte Lebensmittel und Futtermittel, ABl. 2003 L 268, S. 1.

421 VO (EG) Nr. 1946/2003 des Europäischen Parlaments und des Rates über grenzüberschreitende Verbringungen genetisch veränderter Organismen, ABl. 2003 L 287, S. 1.

422 *Zu den Vorgängen um den Bt-Mais s. Krämer*, EU Environmental Law, S. 234.

423 Das Panel hat seinen Bericht dann 2006 beschlossen, s. WT/DS291-293/R.

424 Eine Übersicht über die erteilten Zulassungen enthält die website http://ec.europa.eu/food/dyna/gm_register/index_en.cfm.

(konventionell, ökologisch, gentechnisch) angestrebt. EU-rechtlich wird diese nicht vorgeschrieben, sondern den Mitgliedstaaten ermöglicht.[425] Des Weiteren hat der Rat angeregt, die Risikobewertung von GVO durch eine **Nutzenbewertung** zu ergänzen.[426] Wenn dies nicht als Strategie der Hinnahme von Gefahren, sondern der zusätzlichen Risikominderung gemeint ist, kann vielleicht ein gesellschaftlicher Konsens gefunden werden, der den kostspieligen und biologisch wohl unrealistischen Koexistenzansatz überflüssig macht. Darüber hinaus hat die Kommission vorgeschlagen, den Mitgliedstaaten stärkere Befugnisse zu belassen, nach der Zulassung des Inverkehrbringens von genetisch verändertem Saatgut **örtliche Verwendungsregelungen** zu treffen, die andere Maßstäbe verwirklichen als nur gesundheits- und umweltbezogene.[427]

II. Gentechnik in geschlossenen Systemen

Für die Anwendung von Gentechnik in geschlossenen Systemen gilt RL 2009/41/EG. Sie ist nur auf Mikroorganismen anwendbar, während das deutsche Gentechnikgesetz (GenTG) sich – zulässigerweise, weil die Richtlinie keine erschöpfende Regelung enthält – auf alle Organismen außer den Menschen bezieht.[428] 326

Ziel und **materieller Maßstab** der Kontrolle ist sicherzustellen, dass „keine nachteiligen Folgen für die menschliche Gesundheit und die Umwelt“ entstehen.[429] Die strenge Formulierung, dass nämlich nicht erst schädliche, sondern bereits nachteilige Folgen zu vermeiden sind und dies „sicherzustellen“ ist, kann als Ausdruck des Vorsorgeprinzips angesehen werden. Eine gewisse Relativierung scheint darin zu liegen, dass die Mitgliedstaaten „nur“ „alle angemessenen Maßnahmen“ treffen müssen. Tatsächlich ist jedoch, der englischen Fassung („all appropriate measures“) folgend, auf alle „geeigneten“ Maßnahmen abzustellen. 327

Anknüpfungspunkt für die Kontrollmaßnahmen ist die **„Anwendung in geschlossenen Systemen“**. Die Strategie besteht darin, die Zulässigkeit bestimmter riskanter Anwendungen von dem Vorhandensein eines geschlossenen Systems, das bestimmten Anforderungen entspricht, abhängig zu machen. In der Sprache des Anlagenrechts wird gemeinschaftsrechtlich also keine Anlagen-, sondern nur eine Betriebszulassung verlangt, die allerdings eine bestimmte Ausrüstung der Anlage voraussetzt. 328

Den „Anwendungen“ entspricht im deutschen Recht der Begriff **„gentechnische Arbeiten“**.[430] Das deutsche Gesetz knüpft sein Zulassungsregime nicht an diese, sondern (in der Tradition des Anlagenrechts) an die Errichtung der „gentechnischen Anlage“.[431] Dies verlagert den Schutz vor Risiken insofern vor, als bereits in der Bauphase von Anlagen auf den Einbau von Sicherheitseinrichtungen geachtet werden muss. Die gentechnischen Arbeiten werden mit der Anlage mitgenehmigt. Der Nachteil dieser Konzeption ist, dass die Nutzung von Gebäuden sehr früh festgelegt werden muss. Das kann dazu führen, dass die Arbeiten nur sehr pauschal umschrieben werden. 329

Die Anwendungen werden in vier **Risikoklassen** eingeteilt, denen vier Stufen zunehmender Einschließung entsprechen. Um zu überprüfen, ob die Anforderungen eingehalten werden, setzt RL 2009/41/EG das Instrument der vorherigen **Anmeldung** (Klasse 1), der vorherigen Anmeldung mit 45-tägiger Wartefrist (Klasse 2) bzw vorherigen Zustimmung mit Frist für deren Erteilung (Klassen 3 und 4) ein. Nachfolgende Anwendungen der Klassen 3 und 4 bedürfen einer erneuten Zustimmung. Im Falle der Klasse 2 genügt eine Anmeldung ohne Wartefrist, im Falle der Klasse 1 330

425 Art. 26 a RL 2001/18/EG (Fn 419).

426 Vgl Genetically modified Organisms (GMOs) – Council conclusions. Meeting on 4 December 2008. Note from General Secretariat. 16882/08. http://register.consilium.europa.eu/pdf/en/08/st16/st16882.en08.pdf. Zum Ganzen s. *Winter*, ZUR 2009, 225 f.

427 Kommission, Vorschlag für eine Verordnung des Europäischen Parlaments und des Rates zur Änderung der Richtlinie 2001/18/EG betreffend die den Mitgliedstaaten eingeräumte Möglichkeit, den Anbau von GVO auf ihrem Hoheitsgebiet zu beschränken oder zu untersagen. KOM(2010) 375.

428 § 8 mit § 3 Nr. 2 GenTG.

429 Art. 4 Abs. 1 RL 2001/18/EG (Fn 419).

430 § 3 Nr. 2 GenTG.

431 § 8 Abs. 1 Satz 2 GenTG.

ist auch diese nicht erforderlich; vielmehr sind die Aufzeichnungen auf Anforderung den Behörden vorzulegen.[432]

331 Die Richtlinie verpflichtet weiterhin zur Informierung der zuständigen Behörden über nachträgliche Risikoerkenntnisse und risikorelevante Änderungen der Anwendungen und befugt die Behörde zu **nachträglichen Auflagen.**[433]

332 Eine **Öffentlichkeitsbeteiligung** in Anmeldeverfahren wird den Mitgliedstaaten nicht vorgeschrieben, sondern anheimgestellt.[434] Im Übrigen hat die Öffentlichkeit **Zugang zu Informationen** nach RL 2003/4/EG; Art. 18 Abs. 2 steuert dazu eine Positivliste nicht geheimer Daten bei.

III. Freisetzung von GVO

333 Einschlägig für Freisetzungen ist RL 2001/18/EG. **Freisetzung** ist das absichtliche Ausbringen von GVO in die Umwelt ohne spezifische Einschließungsmaßnahmen. Anwendbar ist die Richtlinie auf alle GVO, außer den Menschen.[435]

334 Ziel und **materieller Maßstab** ist, dass „im Einklang mit dem Vorsorgeprinzip" „die geeigneten Maßnahmen getroffen werden, damit die absichtliche Freisetzung ... keine schädlichen Auswirkungen auf die menschliche Gesundheit und die Umwelt hat".[436] Dies ist eines der Beispiele, in denen ein Gemeinschaftsrechtsakt das Vorsorgeprinzip ausdrücklich vorschreibt.

335 Ob schädliche Auswirkungen auf die Umwelt zu erwarten sind, wird im Wege einer Risikobewertung ermittelt, die als sog. Umweltrisikoanalyse (in der deutschen Fassung fälschlich als Umweltverträglichkeitsprüfung benannt) methodologisch durch Anhang der RL 2001/18/EG und eine Kommissionsleitlinien[437] ausdifferenziert worden ist.[438]

336 Es ist umstritten, ob der Maßstab des § 14 Abs. 1 Nr. 3 GenTG mit Art. 4 RL 2001/18/EG vereinbar ist, nämlich, dass „nach dem Stand der Wissenschaft im Verhältnis zum Zweck der Freisetzung unvertretbare schädliche Einwirkungen auf die in § 1 Nr. 1 bezeichneten Schutzgüter nicht zu erwarten sind". Die Eröffnung einer **Abwägungsmöglichkeit** durch die Vertretbarkeitsformel ist insofern realistisch, als genetische Modifikationen Ökosysteme ja bewusst verändern wollen, etwa, indem eine Pflanze insektizide Eigenschaften erhält und dadurch Insekten abtötet. Der damit verbundene ökosystemare Nachteil ist angesichts des Zweckes der Modifizierung, nämlich der Erntesicherung und des Einsparens von chemischen Insektiziden vertretbar, allerdings nur, wenn zugleich Nebeneffekte auf Nichtzielorganismen und das Risiko des Gentransfers auf andere Pflanzen minimiert sind. Besteht eine Gefahr einer solchen Ausbreitung, so kann dies auch nicht durch große Vorteile bei der Schädlingsbekämpfung aufgewogen werden. Eine solche Lesart der deutschen Formel, die bei Überschreiten der Gefahrenschwelle zu einem strikten „nein" kommt, im Bereich geringer Risiken aber eine Abwägung mit dem Nutzen der Freisetzung ermöglicht, dürfte mit der gemeinschaftsrechtlichen Formel kompatibel sein: Strenges Verbot „schädlicher Auswirkungen" im Bereich der Nebenwirkungen, aber Abwägungsmöglichkeiten im Bereich des „Vorsorgeprinzips".[439]

432 Art. 6 bis 8 RL 2009/41/EG (Fn 418).
433 Art. 11 RL 2009/41/EG (Fn 418).
434 Art. 12 RL 2009/41/EG (Fn 418).
435 Nach Art. 5 unterliegen Arzneimittel nicht dem Zustimmungsvorbehalt der RL 2001/18/EG (Fn 418), soweit sie nach anderen Rechtsvorschriften – dem Arzneimittelrecht – geprüft werden und die Prüfung dem Schutzniveau der RL 2001/18/EG entspricht (sog. one door, one key Prinzip). Dies ist der Fall, s. Art. 6 Abs. 2 VO (EG) Nr. 726/2004 zur Festlegung von Gemeinschaftsverfahren für die Genehmigung und Überwachung von Human- und Tierarzneimitteln, ABl. L 136, S. 1.
436 Art. 4 Abs. 1 RL 2001/18/EG (Fn 419).
437 *Leitlinien betreffend Ziel, Faktoren,* Grundprinzipien und Methodik der Umweltverträglichkeitsprüfung gemäß Anhang II der Richtlinie 2001/18/EG (Fn 419), ABl. 2001 L 18, S. 37.
438 Zur Methodik s. ausführlich *v. Kries/Winter*, ZUR 2011, 227 ff.
439 *v. Kries/Winter*, ZUR 2011, 227, 228 f.

RL 2001/18/EG wählt als Kontrollinstrument den **Zustimmungsvorbehalt**. Die Zustimmung kann für mehrere Freisetzungen am selben Ort oder an verschiedenen Orten erteilt werden.[440] Sie kann auch pauschal für eine Kategorie von Freisetzungen erfolgen, wenn bereits ausreichende Erfahrungen gesammelt worden sind (sog. **differenzierte Verfahren**).[441] Der Antrag ist bei der zuständigen Behörde des Mitgliedstaats zu stellen, in dem die Freisetzung stattfinden soll. Beizufügen sind umfangreiche Informationen über die Risiken des GVO und seiner Ausbringung einschließlich einer Umweltverträglichkeitsprüfung.[442] Die Behörde übermittelt der Kommission eine Zusammenfassung, die diese an die anderen Mitgliedstaaten weiterleitet. Die anderen Mitgliedstaaten können Bemerkungen vorbringen, die die Genehmigungsbehörde zu berücksichtigen hat. Sie entscheidet dann eigenständig, auch über etwaige abweichende Bemerkungen und ohne weitere Einwirkung der Kommission.[443] 337

Im normalen Zulassungsverfahren ist die **Öffentlichkeit** anzuhören.[444] 338

Die Richtlinie bemüht sich nicht nur um eine präventive, sondern auch um eine versuchsbegleitende Risikokontrolle. So ist dem Zulassungsantrag ein **Überwachungsplan** beizufügen, der in der Genehmigung verbindlich gemacht wird.[445] Die Ergebnisse der Freisetzung im Hinblick auf Gefahren für Mensch und Umwelt hat der Betreiber der zuständigen Behörde mitzuteilen.[446] 339

IV. Inverkehrbringen von GVO als Produkte oder in Produkten

RL 2001/18/EG ist zentrale Vorschrift auch für das **Inverkehrbringen von GVO** als Produkte oder in Produkten. Soweit es um genetisch veränderte Lebens- und Futtermittel geht, ist VO (EG) Nr. 1829/03 einschlägig. 340

1. Materieller Maßstab

Der **materielle Maßstab** der Zulassung ist derselbe wie derjenige für Freisetzungen und wirft hinsichtlich der Risiko–Zweck–Abwägung dasselbe Auslegungsproblem auf.[447] Das Inverkehrbringen stellt allerdings zusätzliche Probleme im Hinblick auf die Schutzgüter der Risikokontrolle.[448] 341

Zunächst stellt sich die Frage, inwieweit auch **indirekte Auswirkungen** zu berücksichtigen sind. Dabei kann man zwischen solchen Auswirkungen, die sich über Naturprozesse vermitteln (Verwilderung, Auskreuzung, Einflüsse auf die Nahrungskette, Resistenzentwicklung, horizontaler Gentransfer, Änderung von Kontextbezügen), und solchen, die zwar auf den Einsatz des GVO zurückzuführen sind, aber gesellschaftlich vermittelt sind (Veränderungen der landwirtschaftlichen Anbaupraxis, Veränderung der Arten- und Sortenvielfalt, verändertes Unkrautmanagement etc.), unterscheiden. 342

Unzweifelhaft sind die naturvermittelten Auswirkungen von transgenen Organismen einschließlich räumlich oder zeitlich entfernt eintretender Folgen zu berücksichtigen. Hinsichtlich der gesellschaftlich vermittelten Auswirkungen hat die Auswertung verschiedener Genehmigungsbescheide zu Freisetzungsanträgen dagegen ergeben, dass sie unberücksichtigt bleiben. So wurden Einwände zurückgewiesen, die sich auf Auswirkungen auf die Sortenvielfalt und mögliche Veränderungen der 343

---

440 Art. 6 Abs. 4 RL 2001/18/EG (Fn 419).

441 Art. 7 RL 2001/18/EG (Fn 419). Nach Art. 7 Abs. 4 ist – anders als nach dem gem. Art. 6 Abs. 5 RL 90/220/EWG des Rates über die absichtliche Freisetzung genetisch veränderter Organismen in die Umwelt, ABl. 1990 L 117, S. 15, möglichen sog. vereinfachten Verfahren – für jede Freisetzung dennoch eine Zustimmung erforderlich, die allerdings erleichterte Voraussetzungen hat. Die Möglichkeit der Zulassung mehrerer örtlich und zeitlich spezifizierter Freisetzungen bleibt unberührt, Art. 7 Abs. 5 Unterabs. 2 RL 2001/18/EG.

442 Art. 6 Abs. 2 RL 2001/18/EG (Fn 419).

443 Art. 11 RL 2001/18/EG (Fn 419).

444 Art. 9 RL 2001/18/EG (Fn 419).

445 Art. 6 Abs. 2 Buchst. a) v) RL 2001/18/EG (Fn 419).

446 Art. 10 RL 2001/18/EG (Fn 419).

447 Vgl § 16 Abs. 2 S. 1 GenTG.

448 Die Probleme können auch bei Freisetzungen entstehen, werden aber eher beim Inverkehrbringen praktisch relevant.

landwirtschaftlichen Anbaumethoden, wie etwa einen erhöhten oder verminderten Dünger- oder Pflanzenschutzmitteleinsatz bezogen.[449] Auch die Rechtsprechung ist insoweit zurückhaltend.[450] U.E. sollten diejenigen Auswirkungen, die obwohl gesellschaftlich vermittelt letztlich doch die **Umwelt in einem umfassenden Sinn verändern** (zB vermehrter Pestizideinsatz), berücksichtigungsfähig sein, nicht dagegen diejenigen, deren Folgen im gesellschaftlichen Bereich verbleiben (zB Arbeitsplatzverlust durch umgestellte Produktion).

344 Fraglich ist weiterhin, inwieweit auch die **biologische Vielfalt**, die im GenTG nicht erwähnt wird, zu den gemeinschaftsrechtlich vorgeschriebenen Schutzgütern gehört. Das Kriterium der biologischen Vielfalt könnte insbesondere im Hinblick auf indirekte Auswirkungen zum Zuge kommen, die sich durch Veränderung des Anbau- und Züchtungsverhaltens ergeben. RL 2001/18/EG verlangt in Anhang 2, dass die Risikobewertung sich auch auf die Biodiversität beziehen muss. Auf der Ebene des Richtlinientextes bietet sich an, den Begriff Umwelt in Art. 4 der RL völkerrechtskonform im Hinblick auf das Biodiversitätsabkommen so auszulegen, dass Biodiversität in ihm eingeschlossen ist.[451]

345 Darüber hinaus ist klärungsbedürftig, ob die **Koexistenz** gentechnikfreier konventioneller und organischer Landwirtschaft, die § 1 Nr. 2 GenTG vorsieht, bereits in der Zulassungsstufe berücksichtigt werden darf. Dies ist zu bejahen. Denn der Begriff der Umwelt umfasst auch die landwirtschaftlich bearbeitete Natur, und wenn er die Vielfalt schützt, dann auch unterschiedliche Weisen der Landwirtschaft. Maßnahmen zur Koexistenz werden den Mitgliedstaaten nach Art. 26 a RL 2001/18/EG ausdrücklich ermöglicht. Zu berücksichtigen ist auch, dass die gemeinschaftsrechtliche Definition des **ökologischen Landbaus** die Verwendung von GVO ausschließt.[452] Dies bedeutet implizit, dass er als solcher auch möglich bleiben muss und andere Rechtsakte so zu lesen sind, dass sie diese Möglichkeit wahren. Praktisch heißt dies, dass ein Produkt mit Transgenen, die sich unkontrollierbar verbreiten, nicht zulassungsfähig ist, selbst wenn damit kein Gesundheits- oder Umweltrisiko verbunden ist.

346 Zu fragen ist schließlich, ob der Schutz von Tieren und Pflanzen sich nur auf die physischen Schäden oder auch auf die **ethische Dimension** der eigenen Integrität und Würde der Natur erstreckt. Im deutschen Recht ist dieser Gesichtspunkt in § 1 Nr. 1 GenTG eingeflossen. Zwar enthält der Maßstab des Art. 4 RL 2001/18 keinen Hinweis auf ethische Gesichtspunkte, diese werden aber im 9. Erwägungsgrund genannt, und in Art. 29 wird die Möglichkeit eröffnet, Ethikausschüsse zu ethischen Implikationen der Biotechnologie zu hören. Die Mitgliedstaaten haben deshalb einen entsprechenden Regelungsspielraum. Auch der EuGH hat dies – impliciter – im Prinzip anerkannt.[453]

347 Auch der Maßstab der VO (EG) Nr. 1829/2003 nimmt auf ethische Fragen nicht Bezug. Aber Art. 5 III g) und Art. 17 III g) fordern eine Erklärung, dass das zu vermarktende Produkt entweder keinen Anlass zu ethischen Bedenken geben darf oder entsprechend gekennzeichnet werden muss. Nach Art. 7 und 17 sollen neben der wissenschaftlichen Risikobewertung „andere legitime Faktoren“ berücksichtigt werden. Die Kommission kann nach Art. 33 VO 1829/2003 – auch im Genehmigungsverfahren – eine Stellungnahme der Europäischen Gruppe für Ethik der Naturwissenschaften und der Neuen Technologien einholen. All dies ist so zu deuten, dass ethische Bedenken auch die Genehmigungsentscheidung der Kommission beeinflussen können.

449 *Fisahn*, in: Winter (Hrsg.) Die Prüfung der Freisetzung von gentechnisch veränderten Organismen, Umweltbundesamt Berichte 4/98, 1998, S. 37, 45.

450 VG Berlin v. 12. September 1995 – VG 14 A 255.95, ZUR 1996, 147, mit Anm. von *Ginzky*, ZUR 1996, 149.

451 Art. 1 und 6 Übereinkommen vom 5. Juni 1992 über die biologische Vielfalt in der Fassung der Bekanntmachung vom 30. August 1997 (BGBl. II S. 1741).

452 Art. 6 Abs. 1 Buchst. d). VO (EWG) Nr. 2092/91 des Rates über den ökologischen Landbau und die entsprechende Kennzeichnung der landwirtschaftlichen Erzeugnisse und Lebensmittel, ABl. 1991 L 198, S. 1.

453 EuGH, Rs. C-165/08 (Kommission/Polen), Slg 2009, I-6843, Rn 54 f.

2. Zulassungsverfahren

a) Anwendungsbereiche

Das Inverkehrbringen von Produkten, die aus GVO bestehen oder solche enthalten, unterliegt einem **Genehmigungsvorbehalt**. Dies ordnet RL 2001/18/EG für alle solche Produkte an. Die Teilmenge Lebens- und Futtermittel unterliegt dagegen dem spezielleren Regime der VO (EG) Nr. 1829/2003, das allerdings teilweise (nämlich hinsichtlich der Risikobewertung) auf RL 2001/18/EG verweist. 348

Genetisch modifiziertes **Saatgut** wird kann nach dem Verfahren der RL 2001/18 genehmigt. Tatsächlich wird aber seit 2005, wenn überhaupt, immer das Verfahren nach VO 1829/2003 gewählt.[454] Ob dies zulässig ist, ist zweifelhaft. Art. 6 Abs. 3 Buchst. c) VO (EG) 1829/2003 erwähnt im Zusammenhang mit der Risikobewertung durch die Europäische Lebensmittelagentur auch Saatgut. Andererseits, da Saatgut nicht für den Verbrauch von Menschen oder Tieren bestimmt ist, stellt es kein Lebens- oder Futtermittel in der Definition des Art. 2 VO (EG) 178/2002 dar und gehört deshalb gemäß Art. 2 Nr. 1 der VO (EG) 1829/2003 nicht zu deren Anwendungsbereich. Die Praxis der Behörden ist über diese Bedenken hinweggegangen. Die EFSA bearbeitet unbeanstandet auch Anträge auf Zulassung von genetisch veränderten für die Kultivierung vorgesehenen GVO. 349

b) RL 2001/18/EG

Das Verfahren nach RL 2001/18/EG steht in der Verfahrensherrschaft des Mitgliedstaates, bei dem der **Zulassungsantrag** eingereicht wird, dh desjenigen, in dem der GVO erstmals in Verkehr gebracht wird. Der auf Vollständigkeit geprüfte Antrag wird der Kommission übermittelt, die ihn an die anderen Mitgliedstaaten weiterleitet. Die zuständige Behörde des Mitgliedstaates erstellt einen Bewertungsbericht, der ebenfalls der Kommission und den anderen Mitgliedstaaten zugeleitet wird. Sie kann den Antrag autonom ablehnen. Will sie zustimmen, so ist dies nur dann ohne weiteres möglich, wenn kein begründeter Einwand seitens der Kommission oder eines anderen Mitgliedstaates vorliegt. Im Falle begründeter Einwände entscheidet die Kommission im Regelungsausschussverfahren. Diese Entscheidung ist für die zuständige Behörde verbindlich. Ist sie positiv, muss diese die Genehmigung erteilen. Ist sie negativ, muss sie den Antrag ablehnen. 350

Entgegen der – problematischen – Tradition, die **Öffentlichkeit** in Verfahren der Produktzulassung nicht zu beteiligen, sieht Art. 24 RL 2001/18/EG vor, dass die Kommission die Zusammenfassung des Genehmigungsantrags und, für den Fall, dass die Behörde zu einem positiven Votum kommt, auch den Bewertungsbericht öffentlich bekanntmacht und der Öffentlichkeit ermöglicht, Bemerkungen vorzubringen, die der zuständigen Behörde zugeleitet werden. Zudem sind nach Abschluss der Verfahren die Bewertungsberichte und die Stellungnahmen der wissenschaftlichen Ausschüsse der Öffentlichkeit zugänglich zu machen.[455] 351

Die Entscheidung der Kommission kann vom Betreiber oder Dritten nicht **angefochten** werden, weil sie nicht, wie Art. 263 Abs. 4 AEUV voraussetzt, unmittelbar wirkt, sondern umsetzungsbedürftig ist. Anzurufen ist das nationale Gericht, das seinerseits nach Art. 267 AEUV den Gerichtshof anrufen kann, um die Entscheidung der Kommission für nichtig erklären zu lassen. 352

c) VO (EG) Nr. 1829/2003

Das Verfahren nach der VO (EG) Nr. 1829/2003 steht dagegen in der **Verfahrensherrschaft** der Kommission und der Europäischen Behörde für Lebensmittelsicherheit (**European Food Safety Agency – EFSA**). Der Zulassungsantrag ist bei der nationalen Behörde einzureichen, die ihn der EFSA weiterleitet. Diese benachrichtigt die anderen Mitgliedstaaten und leitet ihnen alle vom 353

454 European Policy Evaluation Consortium (EPEC), Evaluation of the EU legislative framework in the field of cultivation of GMOs under Directive 2001/18/EC and Regulation (EC) No 1829/2003, and the placing on the market of GMOs as or in products under Directive 2001/18/EC, Brüssel (DG SANCO) 2011, S. 75. Zugänglich auf http://ec.europa.eu/food/food/biotechnology/evaluation/docs/gmo_cultivation_report_en.pdf.

455 Art. 24 RL 2001/18/EG (Fn 419).

Antragsteller vorgelegten Informationen weiter. Sie prüft die Vollständigkeit der Unterlagen und kann Ergänzungen anordnen. Sie bewertet die Risiken in einer Stellungnahme, zu deren Vorbereitung sie die für Gesundheits- und Umweltschutz zuständigen Fachbehörden eines Mitgliedstaates um eine Sicherheitsbewertung bzw Umweltverträglichkeitsprüfung ersuchen kann; zudem kann sie das Referenzlabor der Gemeinsamen Forschungsstelle in Anspruch nehmen.[456] Die Fachbehörden des Mitgliedstaates, der den Antrag entgegengenommen hat, werden lediglich im Rahmen des normalen Konsultationsverfahrens gehört. Allein im Falle von Lebens- und Futtermitteln, die auch als Saatgut verwendet werden,[457] ist die UVP zwingend von „einer" innerstaatlichen Stelle zu erarbeiten.[458] Die Entscheidung über die Zulassung des GVO trifft die Kommission.

354 Die **Öffentlichkeit** wird im Verfahren beteiligt. Ihr werden die Zusammenfassung des Dossiers und die Stellungnahme der EFSA bekannt gemacht. Zu der Stellungnahme kann die Öffentlichkeit binnen 30 Tagen Bemerkungen abgeben.[459]

355 **Rechtsschutz** gegen die Entscheidung der Kommission ist durch Anrufung des Gerichts nach Art. 263 Abs. 4 EG möglich. Gegen Entscheidungen oder Unterlassungen der EFSA kann Antrag auf Überprüfung durch die Kommission gestellt werden.[460] Klage- bzw antragsbefugt sind nur die individuell und unmittelbar betroffenen Personen. Ob dazu zB bei der Zulassung eines Leben- oder Futtermittels für Saatgutzwecke auch konventionell oder organisch wirtschaftende Landwirte gehören, ist noch ungeklärt, aber wohl zu verneinen, weil die individuelle Betroffenheit noch nicht ausreichend feststeht. Weiterhelfen würde hier eine Verbandsklagemöglichkeit (dazu oben Rn 88).

3. Kennzeichnung und Rückführbarkeit

356 Kernvorschrift für **Kennzeichnung** und **Rückführbarkeit** ist VO (EG)Nr. 1830/2003 in Verbindung mit bestimmten Vorschriften der RL 2001/18/EG und VO (EG) Nr. 1829/2003.

357 Die **Kennzeichnung** von Produkten als aus GVO bestehend oder sie enthaltend soll ermöglichen, dass Verbraucher eine entsprechende Wahl treffen können.[461] Sie wird für sämtliche derartige Produkte durch Art. 6 Abs. 4 VO (EG) Nr. 1830/2003 zusammen mit Art. 19 Abs. 3 Buchst. d) RL 2001/18/EG vorgeschrieben. Für Lebens- und Futtermittel wird sie neben Art. 6 Abs. 4 VO (EG) 1830/2003 durch Art. 13 Abs. 1 bzw Art. 25 Abs. 2 VO (EG) 1829/2003 vorgeschrieben. Eine Kennzeichnung bei Lebens- und Futtermitteln ist auch erforderlich, soweit sie aus GVO hergestellt worden sind, ohne sie zu enthalten.[462] Die Kennzeichnungspflicht besteht nicht, wenn der Anteil von GVO am Produkt weniger als 0,9 % beträgt.[463] Für Saatgut ist bisher kein solcher Grenzwert festgelegt.[464] Kritisch anzumerken ist, dass Lebensmittel, die von Tieren stammen, die mit gentechnisch modifizierten Futtermitteln gefüttert wurden, nicht kennzeichnungspflichtig sind. Verbrauchern, die Wert auf eine gentechnikfreie Herstellungskette legen, wird dadurch eine wichtige Information vorenthalten.

358 Die **Rückverfolgbarkeit** dient zum einen der Beobachtung möglicher nachteiliger Auswirkungen von GVO, zum anderen der Bewältigung von Schadenssituationen, etwa durch Zurückziehen von

---

456 Art. 32 VO (EG) Nr. 1829/2003 (Fn 420).

457 Art. 6 Abs. 4 S. 2 u. 3 VO (EG) Nr. 1829/2003 (Fn 420).

458 Art. 5 VO (EG) Nr. 1829/2003 (Fn 420).

459 Art. 5 Abs. 2 Buchst. b) ii u. Art. 6 Abs. 3 VO (EG) Nr. 1829/2003 (Fn 420).

460 Art. 32 VO (EG) Nr. 1829/2003 (Fn 420).

461 Erwägungsgrund 11 VO (EG) 1830/2003 des Europäischen Parlaments und des Rates über die Rückverfolgbarkeit und Kennzeichnung von genetisch veränderten Organismen und über die Rückverfolgbarkeit von aus genetisch veränderten Organismen hergestellten Lebensmitteln und Futtermitteln, ABl. 2003 L 268, S. 24.

462 Art. 12 Abs. 1 lit. b) bzw Art. 25 Abs. 2 lit. b) VO (EG) Nr. 1829/2003 (Fn 420).

463 Für Produkte allg. Art. 21 Abs. 3 RL 2001/18/EG (Fn 419), für Lebens- und Futtermittel Art. 12 Abs. 2 bzw 24 Abs. 2 VO (EG) Nr. *1829/2003* (Fn 420).

464 Nach Art. 21 RL 2001/18/EG (Fn 419) ist der Grenzwert nur auf Produkte anwendbar, die unmittelbar für eine Verarbeitung vorgesehen sind. Der Grenzwert für Saatgut muss jedenfalls besonders streng sein, weil andernfalls Kumulationseffekte auftreten.

Produkten.[465] Zugleich ist sie Basis der Kennzeichnung von Produkten. Sie bezieht sich sowohl auf Produkte, die aus GVO bestehen oder solche enthalten, wie auch auf Produkte, die aus GVO hergestellt worden sind, ohne sie zu enthalten. Rückverfolgbarkeit bedeutet, dass in der Produktions- und Vertriebskette jeder Erwerber bis zum letzten Erwerber vor dem Endverbraucher durch den Vertreiber darüber schriftlich informiert werden muss, dass das Produkt aus GVO besteht, GVO enthält oder aus GVO hergestellt worden ist. Dabei gelten dieselben Bagatellgrenzwerte wie diejenigen für Kennzeichnungen.[466]

4. Überwachung

Ebenso wie bei Freisetzungen ist auch beim Inverkehrbringen dafür gesorgt, dass das Produkt nach der Genehmigung weiter beobachtet wird. Betont wird dabei die **Eigenüberwachung** des Betreibers. Dieser muss mit dem Genehmigungsantrag einen Überwachungsplan einreichen, der in der Genehmigung verbindlich gemacht wird. Über die Ergebnisse der Eigenüberwachung muss der Betreiber die zuständigen Behörden unterrichten; desgleichen muss er sonst gewonnene neue Risikoinformationen mitteilen.[467] Die Ergebnisse der Überwachung werden unter Beachtung der Geheimhaltungsvorschriften der Öffentlichkeit bekannt gegeben. Die nationale Genehmigungsbehörde kann nach einem europäischen Konsultationsverfahren die Genehmigung ändern.[468] Ähnliches gilt bei Lebens- und Futtermitteln für die Kommission, deren Entscheidung eine – zu veröffentlichende – Stellungnahme der EFSA vorgeschaltet ist.[469] 359

V. Koexistenz

Koexistenz bedeutet das Nebeneinander der Gentechnik verwendenden und nicht verwendenden Wirtschaftsweisen. Sie ist nicht primär auf das ökologische Problem der Risiken für die menschliche Gesundheit und Umwelt bezogen, denn die Lösung hierfür liegt im oben beschriebenen Zulassungs- und Monitoring-Regime. Koexistenz ist vielmehr eine Lösung für das ökonomische Problem der unterschiedliche Bewertung von (unterstelltermaßen unschädlichen) gentechnischen und nichtgentechnischen Produkten durch den Markt. 360

Die Regelung der Koexistenz ist erst spät auf die politische Agenda gekommen und dementsprechend noch wenig durchdacht. Das Gentechnikrecht der Gemeinschaft überlässt sie – ungewohnt bescheiden auf das Subsidiaritätsprinzip rekurrierend – den Mitgliedstaaten und begnügt sich mit unverbindlichen **Leitlinien.**[470] Diese empfehlen Maßnahmen zur Trennung der Wirtschaftsweisen „von der Saat bis zum Silo“ und lassen die ebenso regelungsbedürftige Weiterverarbeitung und Vermarktung noch unberührt. Im Wesentlichen geht es um Maßnahmen der Abstimmung auf lokaler Ebene bei der Aussaat und Ernte. Erwähnt werden auch Haftungsregelungen für den Fall eingetretenen Gentransfers. 361

Angesichts dieser nur lockeren gemeinschaftsrechtlichen Einwirkung sind die Instrumente des GenTG – gegenseitige Informierung mit Standortregister, Trennungspflichten für die Weiterverarbeitung, Ausbringung, Haltung, Lagerung und Beförderung sowie Haftung nach Nachbarrecht[471] – gemeinschaftsrechtlich unproblematisch. Entgegen vielfachen Prognosen dürfte es nicht häufig zu Schadensersatz für Kontaminationen kommen, weil der Verursacher einwenden kann, dass er die gute fachliche Praxis eingehalten habe und alles weitere wirtschaftlich nicht zumutbar sei.[472] Besser 362

465 Erwägungsgrund 3 VO (EG) Nr. 1830/2003 (Fn 461).
466 Art. 4 u. 6 VO (EG) Nr. 1830/2003 (Fn 461).
467 Art. 20 RL 2001/18/EG (Fn 419) u. Art. 9 u. 21 VO (EG) Nr. 1829/2003 (Fn 420).
468 Art. 20 Abs. 3 u. 4 RL 2001/18/EG (Fn 419).
469 Art. 10 bzw 22 VO (EG) Nr. 1829/2003 (Fn 420).
470 Vgl Art. 26 a RL 2001/18/EG (Fn 419) und die Kommissionsempfehlung 2003/556/EG über Leitlinien für die Entwicklung von nationalen Strategien guter Praxis zur Sicherung der Koexistenz von genetisch veränderten crops mit konventioneller und organischer Landwirtschaft, ABl. 2003 L 189, S. 36.
471 §§ 16 a, 16 b u. 36 a GenTG.
472 Vgl § 36 a Abs. 2 GenTG, § 906 Abs. 2 S. 1 BGB.

wäre es, wenn der Konflikt nicht individuell sondern planerisch, etwa durch Einsatz der Landschaftsplanung oder Einführung einer Agrarplanung, gelöst würde.[473]

VI. Ausfuhr zur Freisetzung in Drittstaaten

363 Risiken von GVO, die **aus Drittstaaten eingeführt** werden, sind, da die Einfuhr ein Inverkehrbringen darstellt, durch die Regime der RL 2001/18/EG und der VO (EG) Nr. 1249/2003 für das Inverkehrbringen abgedeckt. Für Risiken, die durch die **Ausfuhr und anschließende Freisetzung im Drittland** entstehen, ist nach dem völkerrechtlichen Territorialitätsprinzip an sich das Drittland zuständig. Durch Ratifizierung des Cartagenaprotokolls v. 29. Januar 2000[474] über die biologische Sicherheit hat sich die EU jedoch dem **prior informed consent-System** dieses Protokolls angeschlossen.

364 Die entsprechenden Regeln enthält VO (EG) Nr. 1946/2003. Das System besteht aus zwei Komponenten, der von der internationalen Informationsstelle für biologische Sicherheit geführten **Liste von Importbeschränkungen** und der Einholung der **Einfuhrgenehmigung**. Die Kommission ist verpflichtet, der Informationsstelle die innerhalb der EU erteilten Genehmigungen mitzuteilen.[475] Die Exporteure von GVO zur unmittelbaren Freisetzung müssen dem Einfuhrstaat bestimmte risikorelevante Informationen über den GVO übermitteln und seine Einfuhrgenehmigung einholen.[476] Ausgenommen davon sind solche GVO, die nach Beschluss der Konferenz der Vertragsparteien als unproblematisch eingestuft worden sind, und solche, die nach Mitteilung des betreffenden Staates an die Informationsstelle keiner vorherigen Genehmigung bedürfen.[477]

365 Für GVO, die zur unmittelbaren Verwendung als **Lebens- und Futtermittel** oder zur Verarbeitung bestimmt sind, gilt – Art. 11 Cartagena-Protokoll entsprechend – ein erleichtertes Regime. Wenn solche GVO in der EU zugelassen sind, können sie, ohne dass die VO (EG) Nr. 1946/2003 von sich aus das PIC-Verfahren fordert, in Drittstaaten ausgeführt werden. Allerdings müssen die Schutzstandards des Rechts des Einfuhrstaates befolgt werden, und der Exporteur muss Genehmigungsvorbehalte beachten, die das Recht des Einfuhrstaates innerstaatlich bzw ein Einfuhrstaat durch Erklärung gegenüber der Informationsstelle zwischenstaatlich verlangen.[478] GVO, die in der EU nicht genehmigt sind, dürfen dennoch ausgeführt werden, wenn der Einfuhrstaat dies genehmigt, es sei denn, es handelt sich um schädliche Lebens- oder Futtermittel.[479]

P. Abfallbewirtschaftung

I. Entwicklung

366 Mehr noch als in anderen Bereichen des EU-Umweltrechts ist das Recht der **Abfallbewirtschaftung** zwischen dem mitgliedstaatlichen Recht und dem EU-Recht aufgeteilt. Nicht überall sind die Grenzen bisher genau festgelegt. Die Ursache für diese Unklarheiten liegt zum Einen in dem Umstand, dass Abfälle zwar gehandelt werden und damit den Vorschriften des EU-Vertrages über den freien Warenverkehr unterliegen, zum anderen aber in den Mitgliedstaaten strukturierte und kostenaufwendige Maßnahmen zur Behandlung, Lagerung, und Entsorgung entstanden sind, deren kostenwirksame Bewirtschaftung nicht stets mit einem EU-weiten freien Handel in Übereinstimmung zu bringen ist; ferner sind in der Abfallbewirtschaftung Elemente der Daseinsvorsorge enthalten, die dem freien Warenverkehr ebenfalls Grenzen setzen.

473 Dazu *Winter/Stoppe-Ramadan*, NuR 2011, 396 ff.

474 Protokoll von Cartagena v. 29. Januar 2000 über die biologische Sicherheit zum Übereinkommen über die biologische Vielfalt, genehmigt durch den Rat mit Beschl. v. 25. Juni 2002, ABl. 2002 L 201, S. 48.

475 Art. 9 VO (EG) Nr. 1946/2003 (Fn 421).

476 Art. 4 VO (EG) Nr. 1946/2003 (Fn 421).

477 Art. 8 Abs. 1 u. 2 VO (EG) Nr. 1946/2003 (Fn 421).

478 Art. 10 Abs. 1 u. 2 VO (EG) Nr. 1946/2003 (Fn 421).

479 Art. 10 Abs. 3 VO (EG) Nr. 1946/2003 (Fn 421).

Die EU erließ erstmals 1975 eine Regelung über Abfälle,[480] die, in deutlichem Gegensatz zum damaligen deutschen Recht, auch das Wiederverwerten von Abfällen als Beseitigung (Entsorgung) verstand. In Verfolg internationaler Entwicklungen im Rahmen der OECD und der Vereinten Nationen wurde diese Rahmen-RL 1991 geändert.[481] Die EU unterschied nunmehr zwischen **Verwertungsvorgängen** und **Beseitigungsvorgängen,** behielt aber den einheitlichen Abfallbegriff bei: „Abfälle zur Verwertung" und „Abfälle zur Beseitigung" gibt es also nach EU-Recht nicht, sondern nur den Begriff „Abfälle". Die RL 75/442 wurde 2006 kodifiziert und 2008 durch eine neue RL abgelöst.[482] 367

Die RL 2008/98 legt als Ziele der Abfallbewirtschaftung in erster Linie das **Vermeiden** des Entstehens von Abfällen, sodann das stoffliche und energetische Verwerten, schließlich das sichere Beseitigen der Abfälle fest. Sie stellt allgemeine Regeln für die Genehmigungspflicht von Tätigkeiten im Bereich der Abfallbewirtschaftung auf, verpflichtet die Mitgliedstaaten, ein Netz von Anlagen zur Beseitigung der Abfälle zu erstellen und legt Grundregeln für die Verwertung, den Transport und die Beseitigung von Abfällen fest. Die Mitgliedstaaten haben Abfallbewirtschaftungspläne und Abfallvermeidungsprogramme aufzustellen und durchzuführen, die verschiedenen Tätigkeiten zu überwachen und die gemeinschaftlichen Ziele anzustreben. Für Glas, Metall, Papier und Plastik von Haushaltungen haben die Mitgliedstaaten bis 2020 eine Wiederverwertung von 50 % des Gewichts zu erreichen; Bau-und Abbruchsabfälle sind bis zu diesem Zeitpunkt zu 70% wiederzuverwerten. 368

Die RL führte den Begriff des **Nebenproduktes** ein, der „das Ergebnis eines Herstellungsverfahrens ist, dessen Hauptgrund nicht die Herstellung dieses Stoffes oder Gegenstandes ist", und legte für die Anerkennung als Nebenprodukt bestimmte Kriterien fest; die Anerkennung als Nebenprodukt erfolgt durch die Mitgliedstaaten oder die EU. Ferner sieht sie Kriterien dafür vor, wann die Abfalleigenschaft eines Stoffes endet; diese Kriterien sind im Regelungsausschuss der RL festzulegen. Bis Ende 2013 ergingen Regelungen über das Ende der Abfalleigenschaft von Schrott, Bruchglas und Kupferschrott;[483] eine Regelung für Papier wird für 2014 erwartet. 369

Die RL 2008/98 hob die 1978 angenommene und 1991 erneuerte RL über gefährliche Abfälle,[484] auf. Sie enthält nunmehr lediglich allgemeine Regeln für diese Abfälle, insbesondere die Vorschrift, dass der Schutz der Umwelt und der menschlichen Gesundheit sicherzustellen ist. Der Begriff der gefährlichen Abfälle ist EU-weit definiert; eine EU-Liste legt fest, welche Abfälle gefährlich sind.[485] Eine Verordnung von 2006[486] regelt im Anschluss an ein Übereinkommen der Vereinten Nationen umfassend das **Verbringen von Abfällen.** 370

Zu diesen Regelungen horizontaler Art traten EU-weite Regelungen über **Abfall-Anlagen.** Seit 1989 ergingen Vorschriften für **Abfallverbrennungsanlagen,** die 2010 in die RL 2010/75 über industrielle 371

---

480 RL 75/442/EWG des Rates über Abfälle, ABl. 1975 L 194, S. 39. Diese Richtlinie wurde 2006 unter der Nummer 2006/1212/EG des Europäischen Parlaments und des Rates über Abfälle kodifiziert, ABl. 2006 L114, S. 9.

481 RL 91/156/EWG des Rates zur Änderung der Richtlinie 75/442/EWG über Abfälle, ABl. 1991 L 78, S. 32.

482 Richtlinie 2008/98/EG des Europäischen Parlaments und des Rates über Abfälle, ABl. 2008 L 312, S. 3.

483 VO (EU) Nr. 333/2011 des Rates mit Kriterien zur Festlegung, wann bestimmte Arten von Schrott gemäß der Richtlinie 2008/98/EG des Europäischen Parlaments und des Rates nicht mehr als Abfall anzusehen sind, ABl. 2011 L 94, S. 2; VO (EU) Nr. 1179/2012 der Kommission mit Kriterien zur Festlegung, wann bestimmte Arten von Bruchglas gemäß der Richtlinie 2008/98/EG des Europäischen Parlaments und des Rates nicht mehr als Abfall anzusehen sind, ABl. 2012 L 337, S. 31; VO (EU) Nr. 715/2013 der Kommission mit Kriterien zur Festlegung, wann bestimmte Arten von Kupferschrott gemäß der Richtlinie 2008/98/EG des Europäischen Parlaments und des Rates nicht mehr als Abfall anzusehen sind, ABl. 2013 L 201, S. 14.

484 Zu der Begrifflichkeit „Gefährliche Abfälle" vgl EuGH, Rs. C- 318/98 (Pretura circondariale di Udine), Slg 2000, I-4785.

485 Entscheidung 2000/532/EG der Kommission zur Ersetzung der Entscheidung 94/3/EG über ein Abfallverzeichnis gemäß Artikel 1 Buchstabe a) der Richtlinie 75/442/EWG des Rates über Abfälle und der Entscheidung 94/904/EG des Rates über ein Verzeichnis gefährlicher Abfälle im Sinne von Artikel 1 Absatz 4 der Richtlinie 91/689/EWG über gefährliche Abfälle, ABl. 2000 L 226, S. 3.

486 VO (EG) Nr. 1013/2006 (Fn 514); diese VO ersetzt die VO (EWG) Nr. 259/93 des Rates zur Überwachung und Kontrolle der Verbringung von Abfällen in der, in die und aus der Europäischen Gemeinschaft, ABl. 1993 L 30, S. 1.

Emissionen überführt wurden.[487] Eine RL über **Abfalldeponien**[488] legt detaillierte Vorschriften für neue und bestehende Deponien fest; bestehende Deponien, die den Vorschriften der RL nicht entsprechen, waren bis 2009 nachzurüsten oder zu schließen. Alle Deponien sind entweder für inerte, für ungefährliche oder für gefährliche Abfälle auszulegen. Bestimmte Abfälle – unter anderen flüssige Abfälle, Reifen und Krankenhausabfälle – dürfen nicht auf Deponien verbracht werden. Um die Entstehung von Methan, eines starken Treibhausgases, zu vermindern, sind bis 2015 die Mengen von biologisch abbaubaren Abfällen auf Deponien um 65 Prozent zu verringern. Vor der Deponierung sind alle Abfälle vorzubehandeln. Die RL enthält ferner genaue Vorschriften für die Genehmigung von Deponien und die zu erteilenden Auflagen, die Überwachung des Sickerwassers, den Schutz von Boden und Gewässern, die Entstehung von Gasen, die Stabilität der Deponie und Kriterien und Verfahrensregeln für die Annahme von Abfall.

372 Für **Schiffsabfälle** und Frachtrückstände haben die Mitgliedstaaten in ihren **Häfen** Anlagen zu erstellen.[489] Anlegende Schiffe haben anteilige Gebühren zu entrichten, selbst wenn sie die Anlagen nicht in Anspruch nehmen; auf diese Weise soll das Beseitigen der Abfälle auf See vermindert werden. Das **Wiederverwerten von Schiffen** selbst wurde 2013 durch eine VO geregelt, die Alt-Schiffe auch dann als nichtgefährliche Abfälle ansieht, wenn die gefährlichen Materialien nicht entfernt sind.[490] Schiffe wurden aus dem Anwendungsbereich der Abfallverbringungsverordnung VO 1013/2006[491] herausgenommen. Die VO 1257/2013 führt ein EU-Register für Recyclinganlagen ein, die bestimmte festgelegte Anforderungen an Sicherheit und Umweltschutz erfüllen; Schiffe unter der Flagge eines Mitgliedstaates dürfen nur in Anlagen abgewrackt werden, die in diesem Register aufgeführt sind. Zweck der VO ist es, das unter Gesundheits- und Umweltschutzerwägungen inakzeptable Abwracken und Wiederverwerten von Schiffen ("beaching") in Bangladesh, Pakistan, und Indien – mit Einschränkungen auch in China – zu beenden. Ob das gelingt, bleibt abzuwarten, weil nicht sicher ist, ob die bisherige Praxis – ein Schiff unter EU-Flagge wird an einen Käufer in einem Drittstaat verkauft, bevor es zum Abwracken gebracht wird – aufgegeben wird. Nach dem Baseler Übereinkommen von 1989, dem die EU beigetreten ist,[492] ist der Export gefährlicher Abfälle verboten; da die VO 1257/2006 hiervon abweicht, ist sie mit dem Übereinkommen nicht vereinbar.

373 Für einzelne **Abfallströme** ergingen eine Reihe von RL. Die RL über **Verpackungen** und Verpackungsabfall[493] erfasst alle Verpackungsarten. Sie ist auf Art. 114 AEUV gestützt, um sicherzustellen, dass alle Verpackungen, die den Vorschriften der RL entsprechen, überall in der Union verwendet werden können, lässt jedoch den Mitgliedstaaten die Möglichkeit, ein Verpackungspfand vorzusehen oder bestimmte Verpackungen steuerlich zu belasten, um etwa wieder verwertbare Verpackungen zu fördern.[494] Die RL schreibt das Erreichen bestimmter Wiederverwertungsquoten vor, die allerdings recht niedrig angesetzt sind und nur bis 2008 galten. Sie begrenzt den Gehalt an Schwermetallen in Verpackungen und verpflichtet die Mitgliedstaaten, Sammelsysteme für Verpackungen einzurichten. Einzelheiten der Beschaffenheit von Verpackungen überließ sie der europäischen Normung, die hierzu wenig inhaltsreiche Normen annahm.

---

487 Vgl hierzu oben Rn 168.

488 Richtlinie 1999/31/EG des Rates über Abfalldeponien, ABl. 1999 L 182, S. 1; vgl auch Entscheidung 2003/33 über die Annahme von Abfällen in Deponien, ABl. 2003 L 11, S. 27.

489 RL 2000/59/EG des Europäischen Parlaments und des Rates über Hafenauffangeinrichtungen für Schiffsabfälle und Ladungsrückstände, ABl. 2000 L 332, S. 81.

490 VO (EU) Nr. 1257/2013 des Europäischen Parlaments und des Rates über das Recycling von Schiffen, ABl. 2013 L 330, S. 1.

491 VO (EG) Nr. 1013/2006 (Fn 514).

492 Entscheidung 93/98/EWG des Rates zum Abschluss – im Namen der Gemeinschaft – des Übereinkommens über die Kontrolle der grenzüberschreitenden Verbringung von gefährlichen Abfällen und ihrer Entsorgung (Basler Übereinkommen), ABl. 1993 L 39, S. 1.

493 *Richtlinie 94/62/EG des Europäischen* Parlaments und des Rates über Verpackungen und Verpackungsabfälle, ABl. 1994 L 365, S. 10.

494 Vgl EuGH, Rs. C-444/00 (Mayer Parry Recycling), Slg 2003, I-06163 ff zur Reichweite des europäischen Abfallbegriffs bei der Verwertung von Verpackungen.

Deutschland führte im Zuge der Umsetzung das duale System für Verpackungen ein, das (primär) eine Rücknahme- und Wiederverwertungspflicht der Hersteller und Vertreiber, die Verpackungen nutzen, begründet, diese Pflicht aber (sekundär) dadurch abwendet, dass der Hersteller oder Vertreiber sich an einem kollektiven System Rücknahme und Wiederverwertung beteiligt.[495] Das duale System ist sehr teuer, wettbewerbsrechtlich problematisch und in seiner ökologischen Wirkung zweifelhaft, nach EU-Recht indessen zulässig.[496] **Rücknahme- und Pfandpflichten** für Getränkeverpackungen stellen insbesondere kein europarechtswidriges Handelshemmnis iSd Art. 34 AEUV dar. Die Einführung derartiger Pflichten hat der Gerichtshof aus Gründen des Umweltschutzes grundsätzlich als gerechtfertigt und daher als zulässig angesehen (Art. 36 AEUV).[497] Auch gegen die Zulässigkeit von Pfandsystemen (Dosenpfand) bestehen aus EU-Sicht keine rechtlichen Bedenken.[498] 374

Eine RL von 1991, 2006 erneuert, begrenzt den Gehalt von Schwermetallen – Blei, Quecksilber, Cadmium – in **Batterien.**[499] Die Mitgliedstaaten haben **Sammelsysteme** für gebrauchte Batterien einzurichten. Batterien müssen zudem ein Kennzeichen – ein durchgestrichener Abfallbehälter – tragen, das darauf hinweist, dass Batterien nicht in den häuslichen Abfall gehören. 375

Altöl war Gegenstand einer weiteren RL, die jedoch durch die RL 2008/98 nunmehr aufgehoben wurde.[500] Die Mitgliedstaaten haben nunmehr lediglich das getrennte Sammeln von Altöl und eine sichere Entsorgung sicherzustellen; der Vorrang der Aufbereitung (Wiederverwertung) von Altöl gegenüber der Verbrennung ist entfallen. Das Entsorgen von Altöl in Gewässern oder Abwassersystemen ist verboten.[501] 376

Polychlorierte Biphenyle und Terphenyle (PCB/PCT) sind auf EU-Ebene seit 1976 geregelt. Da eine erste RL aus jenem Jahr unzureichend erschien, wurde 1996 eine neue RL angenommen.[502] Diese RL sieht das Sammeln, Dekontaminieren und Beseitigen aller Produkte vor, die PCB/PCT enthalten. Die Programme der Mitgliedstaaten müssen sicherstellen, dass in der Gemeinschaft bis 2010 kein PCB/PCT enthaltendes Produkt mehr auf dem Markt oder in der Umwelt vorhanden ist. Wie weit sie dieser Verpflichtung nachgekommen sind, ist unklar. 377

Die Verwendung von **Klärschlamm** in der Landwirtschaft ist Gegenstand einer weiteren RL.[503] Die RL begrenzt den Höchstgehalt von Schwermetallen im Klärschlamm und im Boden und legt Bedingungen für die Verwendung von Klärschlamm fest. Ziel ist es, die Konzentration von Schwermetallen in Böden und in Erzeugnissen der Landwirtschaft zu begrenzen. Da die RL ausdrücklich das Festlegen strengerer Maßnahmen gestattet, ist auch ein vollständiges Verbot des Ausbringens von Klärschlamm zugelassen und kann nicht unter Berufung auf den freien Warenverkehr in Frage gestellt werden. Nicht geregelt hat die EU bisher das Kompostieren oder die Verwendung von biologischem Abfall. 378

---

495 Verordnung über die Vermeidung und Verwertung von Verpackungsabfällen v. 21. August 1998, BGBl I 2379, §§ 4 bis 6. Dazu *Kloepfer*, § 20, Rn 113 mwN.

496 Vgl insoweit EuGH, Rs. C-463/01 (Kommission/Deutschland), Slg 2004, I-11705; Rs. C-309/02 (Radlberger), Slg 2004, I-11763; in beiden Urteilen wurden einige Nebenpunkte des deutschen Systems beanstandet, die Regelung im Grundsatz aber nicht in Frage gestellt.

497 So bereits der EuGH im sog. „Pfandflaschen-Urteil“, EuGH, Rs. C-302/86 (Kommission/Dänemark), Slg 1988, 4607.

498 Dazu näher *Kloepfer*, § 20, Rn 123; Zur Vereinbarkeit des Dosenpfands mit dem Grundgesetz und dem EG-Recht VG Berlin v. 12. November 2003 – 10 A 415.03, ZUR 2004, 160 ff mit Anm. *Klinger*, S. 163 ff und OVG Berlin v. 15. April 2004 – 2 S 38.03, ZUR 2004, 335 ff.

499 RL 2006/66/EG des Europäischen Parlaments und des Rates über Batterien und Akkumulatoren sowie Altbatterien und Altakkumulatoren, ABl. 2006 L 266, S. 1; diese RL ersetzte die RL 91/157/EWG, ABl. 1991 L 78, S. 38.

500 RL 75/439/EWG des Rates über die Altölbeseitigung, ABl. 1975 L 194, S. 23.

501 *Versteyl*, AbfallR 2003, 210 ff.

502 RL 96/59/EG des Rates über die Beseitigung polychlorierter Biphenyle und polychlorierter Terphenyle, ABl. 1996 L 243, S. 31.

503 RL 86/278/EWG des Rates über den Schutz der Umwelt und insbesondere der Böden bei der Verwendung von Klärschlamm in der Landwirtschaft, ABl. 1986 L 181, S. 6.

379 **Tierische landwirtschaftliche Abfälle** sind nach einigen EU-weiten Skandalen, insbesondere dem BSE-Skandal, durch eine eigene Verordnung geregelt, die diese Abfälle – auch terminologisch – weitgehend aus dem für sonstige Abfälle geltenden System herauslöst.[504] Die Abfälle sind nach ihrem Sicherheitsrisiko in drei Stufen eingeteilt, für die unterschiedliche Verwertungs- und Beseitigungsvorschriften gelten.

380 **Altautos** sind Gegenstand einer RL aus dem Jahr 2000, die auch den Bau von Kraftfahrzeugen beeinflusst, um der Entstehung von Abfall vorzubeugen:[505] die Verwendung bestimmter Schwermetalle (Cadmium, Blei, Quecksilber, Chrom) in Kraftfahrzeugen ist weitgehend verboten; Kraftfahrzeuge müssen ab 2015 zu 95 Prozent wieder verwertbar sein. Die Mitgliedstaaten müssen Rücknahmesysteme für Kraftfahrzeuge einführen, die es dem letzten Benutzer ermöglichen, das Fahrzeug ohne Kosten zurückzugeben. Shredder- und Recyclingsysteme sollen für eine möglichst umfassende Wiederverwertung der Fahrzeuge sorgen.

381 Auf ähnlichen Gedanken beruht die **RL über Elektro- und Elektronikschrott**, die 2012 umfassend revidiert wurde.[506] Auch für elektrische und elektronische Altgeräte haben die Mitgliedstaaten Sammel- und Rücknahmesysteme einzurichten, die privaten Endbenutzern eine kostenlose Rückgabe dieser Geräte ermöglichen. Die gesammelten Abfälle sind nach den besten verfügbaren Techniken zu verwerten oder zu entsorgen, wobei die RL eine Quote von vier Kilogramm pro Person und Jahr vorgibt. Ab 2016 müssen die Mitgliedstaaten eine **Mindestsammelquote** von 45% – ab 2019 von 65% – der in Verkehr gebrachten Elektro- und Elektronikgeräte erreichen. Geräte sind mit einem durchstrichenen Abfallbehälter zu kennzeichnen, um das getrennte Sammeln zu fördern. Die Verwendung der Schwermetalle Cadmium, Blei, Chrom und Quecksilber ist in erheblichem Umfang verboten, allerdings in einer gesonderten RL.[507]

382 Eine RL über Abfälle aus **mineralgewinnender Tätigkeit** wurde 2006 angenommen.[508] Sie trägt den besonderen Gegebenheiten dieser Tätigkeiten Rechnung, einschließlich der Deponierung solcher Abfälle.

383 Die RL über Verpackungen ist **kompetenzrechtlich** auf Art. 114 AEUV gestützt, während mit Ausnahme der Verordnung über tierische Abfälle (Art. 43 AEUV) praktisch alle anderen Abfall-Regelungen der EU auf Art. 192 AEUV gestützt sind; die RL über Batterien ist auf Artikel 193, hinsichtlich einzelner Vorschriften aber auf Artikel 114 AEUV gestützt. Offenbar stand bei den RLen über Verpackungen und Batterien die Notwendigkeit im Vordergrund, den freien Warenverkehr für Verpackungen und die in ihnen enthaltenen Produkte sowie für Batterien sicherzustellen. Die allgemein verwendete Rechtsgrundlage des Art. 192 AEUV erlaubt den Mitgliedstaaten, nach Art. 193 AEUV strengere Regelungen zum Schutz der Umwelt einzuführen oder beizubehalten. Diese Regelung spiegelt die Verteilung der Zuständigkeiten im Abfallbereich, führt aber in der Praxis zu manchen Schwierigkeiten, insbesondere in der Durchführung der EU-Regelungen sowie in dem Bemühen, ein nationales funktionierendes System für Abfälle, einschließlich der erforderlichen Infrastrukturen und Anlagen aufzubauen und wirtschaftlich zu organisieren.

II. Der Abfallbegriff

384 Nach Art. 3 der RL 2008/98, die insoweit Definitionen der OECD und des internationalen Übereinkommens für das Verbringen gefährlicher Abfälle übernimmt, ist **„Abfall"** jedes Material, des-

504 VO (EG) Nr. 1069/2009 des Europäischen Parlaments und des Rates mit Hygienevorschriften für nicht für den menschlichen Verzehr bestimmte tierische Nebenprodukte, ABl. 2009 L 300, S. 1. Die VO ist auf den jetzigen Artikel 168 AEUV (Gesundheitswesen) gestützt.

505 Richtlinie 2000/53/EG des Europäischen Parlaments und des Rates über Altfahrzeuge, ABl. 2000 L 269, S. 34.

506 RL 2002/96/EG des Europäischen Parlaments und des Rates über Elektro- und Elektronik-Altgeräte, ABl. 2003 L 37, S. 24; Richtlinie 2012/19/EU des Europäischen Parlaments und des Rates v. 4. Juli 2012 über Elektro- und Elektronik-Altgeräte, ABl. 2012 L 197, S. 38.

507 Richtlinie 2011/65/EU des Europäischen Parlaments und des Rates zur Beschränkung der Verwendung bestimmter gefährlicher Stoffe in Elektro- und Elektronikgeräten, ABl. 2011 L 174, S. 88.

508 RL 2006/21/EG des Europäischen Parlaments und des Rates über die Bewirtschaftung von Abfällen aus der mineralgewinnenden Industrie, ABl. 2006 L 102, S. 15.

sen sich der Besitzer entledigt, entledigen will oder entledigen muss. Die angeführte Definition wurde nachfolgend den verschiedenen anderen RLen und VOen im Abfallbereich zugrunde gelegt und gilt heute allgemein für das EU-Abfallrecht.

Dennoch sind die Abgrenzungen, wann ein Material zum Abfall wird und wann, etwa im Zuge eines Verwertungsvorgangs, Abfall wieder zu einem Produkt wird, in der politischen Diskussion oft **umstritten**. Die Hauptursache hierfür liegt in dem Umstand, dass die angeführte Definition auch solche Materialien als „Abfall" erfasst, die einen wirtschaftlichen Wert besitzen; insbesondere die anbietende Wirtschaft versucht demgegenüber, Materialien nur dann als Abfälle einzuordnen, wenn sie endgültig beseitigt werden, weil sie keinen wirtschaftlichen Wert mehr besitzen. 385

Selbstverständlich erfasst die angeführte Definition „Abfall" auch Materialien, die einen **wirtschaftlichen Wert** besitzen. Denn natürlich kann man sich einer neuen Sache entledigen. Auch würde die gegenteilige Meinung etwa dazu führen, dass Rückstände aller Edelmetalle – und wahrscheinlich generell aller Metalle – nicht als Abfälle anzusehen wären, weil sie unzweifelhaft einen wirtschaftlichen Wert besitzen. Ferner ist darauf hinzuweisen, dass Verbrennungsvorgänge von Materialien mit einem Heizwert ab etwa 5000 kjoule Wärme erzeugen, die nutzbar gemacht werden kann; damit würden alle brennbaren Materialien nicht als Abfall einzustufen sein. Schließlich kann der Begriff des „wirtschaftlichen Wertes" nicht auf die Grenzen eines Mitgliedstaates oder der EU beschränkt werden; dann aber wäre ein Material, das in China auf Grund eines neuen Verfahrens wiederverwertet wird, als Produkt einzustufen, auch wenn dieses Verwertungsverfahren in Europa aus welchen Gründen auch immer nicht praktiziert wird. 386

Nach alledem steht fest, und ist vom Gerichtshof in ständiger Rechtsprechung bestätigt worden, dass auch Materialien, die stofflich oder energetisch wiederverwertet werden (können), dem EU-Abfallbegriff unterliegen. Wann insoweit ein Entledigungsvorgang vorliegt, ist anhand aller Umstände des Einzelfalles nach der natürlichen Lebensauffassung zu beurteilen. Insoweit können sich im Einzelfall Abgrenzungsschwierigkeiten ergeben, besonders, wenn der Wille oder die Verpflichtung zur Entledigung in Frage steht. **Produktionsrückstände** sind in aller Regel Abfälle, weil der Produzent das Anfallen derartiger Rückstände vermeiden würde, wenn er könnte; anders kann der Fall dann liegen, wenn geplant **zwei Produkte** hergestellt werden.[509] Der mit der Richtlinie 2008/98 neu eingeführte Begriff „Nebenprodukt" nimmt nunmehr schrittweise bestimmte Produktionsrückstände aus dem Abfallrecht heraus.[510] Bei einem Unfall verlorene oder freigesetzte Produkte oder Materialien sind regelmäßig Abfälle. 387

Ein Abfall verliert seine Abfalleigenschaft, wenn der **Wiederverwertungsvorgang abgeschlossen**, nicht wenn er begonnen wurde. Deswegen ist der Transport (gefährlicher) Abfälle, deren Heizwert energetisch genutzt wird, in eine Verbrennungsanlage ein Transport von Abfällen, nicht von Produkten. Das Sortieren von Altpapier hebt deren Abfalleigenschaft nicht auf. 388

Aufgrund der Offenheit des europäischen Abfallbegriffs räumt der Gerichtshof den Mitgliedstaaten einen gewissen nationalen Spielraum zur Konkretisierung des Abfallbegriffs ein.[511] Dieser Spielraum wird durch die praktische Wirksamkeit der AbfallrahmenRL begrenzt. 389

Auch die **Abgrenzung von Beseitigungs- und Verwertungsvorgängen** bereitet Schwierigkeiten. Sie ist wichtig, weil das Verbringen von Abfällen unterschiedlichen Regeln unterliegt, je nachdem ob es zum Zwecke der Beseitigung oder der Verwertung geschieht. Die Mitgliedstaaten dürfen ein Verbringen von Abfällen in andere oder aus anderen Mitgliedstaaten vollständig verbieten, wenn der Abfall beseitigt werden soll. Wird der Abfall dagegen in dem anderen Mitgliedstaat verwertet, stehen ihnen gegen eine Verbringung nur bestimmte, einzeln aufgezählte Einwendungen zu. 390

Entscheidendes **Kriterium** für den Gerichtshof ist die Frage, **ob Abfall einen anderen Stoff ersetzt**, etwa bei der Verfüllung oder als Brennstoff; in diesem Fall handelt es sich um eine Verwertung, 391

509 Zur Abgrenzung von Abfall, Produkt und Rohstoff vgl EuGH, Rs. C-457/02 (Niselli), Slg 2004, I-10853; zur Abgrenzung von Nebenprodukt und Abfall s. EuGH, Rs. C-114/01 (Avesta Polarit), Slg 2003, I-8725.
510 Vgl Rn 371.
511 EuGH, verb. Rs. C-418/97 und 419/97 (Raad van State) Slg 2000, I-4475 ff.

anderenfalls um eine Beseitigung. Trotz dieses theoretisch klaren Ausgangspunktes bleiben in der Praxis zahlreiche Unklarheiten in Grenzfällen.

392 Das Verbringen von **Siedlungsabfällen** in eine Abfallverbrennungsanlage ist regelmäßig ein Beseitigungsvorgang, selbst wenn die anfallende Wärme genutzt wird. Den Grund für diese Einstufung sah der Gerichtshof in dem Umstand, dass der Abfall in einem solchen Fall nicht einen anderen Brennstoff ersetzt: fällt kein Abfall an, dann arbeitet die Abfallverbrennungsanlage nicht.[512] Deswegen wird das Verbrennen von Siedlungsabfall in einer Abfallverbrennungsanlage, die mit der erzeugten Energie im Wege der Fernheizung bestimmte Gemeinden mit Wärme versorgt – das ist etwa der Fall in Schweden – wohl als Verwertung einzustufen sein, weil die Anlage mit anderen Brennstoffen betrieben würde, wenn der Abfall ausfiele.

393 Trotz zahlreicher Meinungsverschiedenheiten in Einzelfällen hat die RL 2008/98 den bisherigen Abfallbegriff unverändert beibehalten. Doch ermöglicht es die RL, die Abfalleigenschaft eines Stoffes in bestimmten Fällen aufgrund gemeinschaftlicher Entscheidungen bereits zu einem früheren Zeitpunkt als dem Abschluss des Verwertungsvorgangs entfallen zu lassen.

III. Maßnahmen

394 Die RL 2008/98 legt in ihrem Art. 4 eine so genannte **Abfall-Hierarchie** fest. Danach treffen die Mitgliedstaaten Maßnahmen um in erster Linie die Verhütung oder Verringerung der Erzeugung von Abfällen und ihrer Gefährlichkeit zu fördern. In zweiter Linie ist die Wiederverwendung, dann das Recycling, die sonstige Verwertung wie etwa die energetische Verwertung zu fördern. Schließlich sind Abfälle möglichst gefahrlos zu beseitigen. Rechtspolitisch hat die Kommission der stofflichen Verwertung von Abfällen Vorrang eingeräumt und wurde hiervon von Rat und Europäischem Parlament unterstützt. Die Kommission hat indessen nie versucht, gegen einen Mitgliedstaat rechtlich vorzugehen, der diese Hierarchie nicht befolgte und etwa der Beseitigung von Abfällen auf Deponien größeren Raum gab als der stofflichen oder energetischen Verwertung.

395 Die RL sieht in Artikel 4 Abs. 2 selbst vor, dass die Mitgliedstaaten diejenigen Optionen zu fördern haben, die „insgesamt das beste Ergebnis unter dem Aspekt des Umweltschutzes erbringen". Im Ergebnis ist die Auffassung, die Abfall-Hierarchie sei rechtlich verbindlich, abzulehnen. Denn anderenfalls könnte gegen jeden Erzeuger von Abfall mit dem Argument vorgegangen werden, er habe nicht genug getan, um das Entstehen von Abfall zu vermeiden. Das schließt nicht aus, dass die **Mitgliedstaaten** im nationalen Recht – gestützt etwa auf Art. 193 AEUV – der stofflichen Verwertung rechtlichen Vorrang gegenüber der energetischen Verwertung von Abfällen einräumen.

396 Auch im **deutschen Recht** ist die Pflichtenhierarchie nur als Grundsatz aufgestellt (§ 4 KrW-/AbfG). Das KrW-/AbfG enthält jedoch sowohl auf gesetzlicher Ebene wie insbesondere auf der Ebene von Verordnungen Konkretisierungen und Konkretisierungsmöglichkeiten, die den Vermeidungs- und Verwertungspflichten sanktionierbaren Inhalt geben.[513] Hinsichtlich der Verwertung von Abfällen entscheidet sich das Gesetz für die Gleichrangigkeit von stofflicher und energetischer Verwertung, gibt jedoch der jeweils umweltverträglicheren Verwertungsart den Vorzug (§ 6 Abs. 1 S. 1 u. 2 KrW-/AbfG).

IV. Abfallverbringung

397 Die EU-Regelungen zur Abfallverbringung sind kompliziert, weil sie einerseits von internationalen Regelungen beeinflusst sind, zum anderen weil sie weitgehend eigenen Begriffen folgen, die nicht den anderen Regeln zur Abfallbewirtschaftung entsprechen.

---

512 EuGH, Rs. C-458/00 (Kommission/Luxemburg), Slg 2003, I-1553.

513 *Kloepfer*, § 20, Rn 89; *Diederichsen*, Das Vermeidungsgebot im Abfallrecht: Zugleich eine Untersuchung zur Maßstabswirkung von Rahmenrichtlinien der Europäischen Gemeinschaft für das nationale Recht, 1998, S. 104.

Für die Abfallverbringung teilt die einschlägige EU-VO[514] **Abfälle in gefährliche und ungefährliche Abfälle** ein.[515] Die VO unterscheidet das Verbringen innerhalb eines Mitgliedstaates, das Verbringen zwischen Mitgliedstaaten und das Verbringen in oder den Import aus dritten Ländern. 398

Das Verbringen von Abfall **innerhalb der Mitgliedstaaten** ist kaum geregelt. Die VO 1013/2006 beschränkt sich auf das Erfordernis, ein angemessenes Kontroll- und Aufsichtssystem einzurichten und sich an der VO auszurichten.[516] Beim Verbringen von Abfall **zwischen den Mitgliedstaaten** unterscheidet die VO zusätzlich danach, ob das Verbringen zur Beseitigung oder zur Verwertung erfolgt. Die Mitgliedstaaten dürfen ein Verbringen von Abfällen zum Zwecke der Beseitigung allgemein oder im Einzelfall verbieten oder von Auflagen abhängig machen.[517] Zur Verwertung darf nicht gefährlicher Abfall praktisch ohne Beschränkungen verbracht werden. Das Verbringen anderer Abfälle muss von den Behörden des Versandortes und des Bestimmungsortes genehmigt werden, wobei nur eine beschränkte Zahl von Einwendungen gegen ein Verbringen zugelassen ist.[518] Auch Art. 193 AEUV gibt keine Möglichkeit, andere, neue Einwendungen gegen das Verbringen zu erheben. 399

Exporte von nicht gefährlichen Abfällen in Nicht-EU-Staaten sind grundsätzlich zulässig, hängen aber von der mit dem jeweiligen Staat getroffenen Vereinbarung ab. Exporte gefährlicher Abfälle in Nicht-OECD-Staaten sind dagegen verboten, gleichgültig, ob sie beseitigt oder verwertet werden sollen. Diese Regelung, die auf eine Änderung des UN-Übereinkommens zum Verbringen gefährlicher Abfälle zurückgeht, wurde als Reaktion auf die zahlreichen Missbrauchsfälle beim Export von Abfällen eingeführt. Zu beachten ist allerdings, dass die Liste der gefährlichen Abfälle, deren Export verboten ist, nicht mit der Liste übereinstimmt, die die EU für die innerhalb der EU geltenden Regelungen für gefährliche Abfälle aufgestellt hat.[519] 400

Q. Die Rolle der EU im internationalen Umweltrecht

Die Europäische Union besitzt eine eigenständige Außenpolitik nur in Ansätzen. Nichts wesentlich anderes gilt auch für die **Umweltaußenpolitik**. Politische Initiativen der EU für die Gestaltung der internationalen Umweltpolitik, etwa der Verstärkung der UN-Strukturen im Umweltbereich oder der Ausarbeitung neuer internationaler Übereinkommen sind daher sehr selten. Sie finden entweder im Rahmen anderer Politiken – etwa der Handelspolitik – statt oder werden von den EU-Mitgliedstaaten in die internationale Diskussion eingebracht. 401

Nicht anders ist die Situation bei der Ausarbeitung neuer internationaler Regelungen. Nach Art. 218 AEUV benötigt die EU für den Beginn derartiger Verhandlungen ein ausdrückliches **Verhandlungsmandat** seitens des Rates. Dieses Mandat wird jedoch normalerweise nicht zu Beginn der internationalen Verhandlungen erteilt, weil ja auch die Mitgliedstaaten Zuständigkeiten im Umweltbereich besitzen und der genaue Inhalt eines internationalen Übereinkommens erst allmählich und schrittweise entwickelt wird. Infolgedessen tritt in internationalen Verhandlungen zum Umweltschutz die EU praktisch nie alleine auf. Stets sitzen vielmehr am Verhandlungstisch die EU-Kommission und die Vertreter der EU-Mitgliedstaaten. Untereinander stimmen EU und Mitgliedstaaten ihre Auffassungen und Positionen in oft langwierigen **Koordinierungssitzungen** ab, deren Ergebnisse jedoch nicht verbindlich sind und das Vertreten eigener Auffassungen insbesondere seitens der großen Mitgliedstaaten nicht verhindern. Im Vergleich mit den USA, aber selbst mit Groß- 402

514 VO *(EG) Nr. 1013/2006* des Europäischen Parlaments und des Rates über die Verbringung von Abfällen, ABl. 2006 L 190, S. 1.

515 Vgl die Anhänge zu der VO Nr. 1013/2006 (Fn 514).

516 Art. 33 VO Nr. 1013/2006 (Fn 514).

517 Vgl Art. 11 VO Nr. 1013/2006 (Fn 514).

518 Vgl Art. 12 VO Nr. 1013/2006 (Fn 514); vgl ferner Art. 16 Abs. 1 RL 2008/98 (Fn 482), der die Einwendungsgründe weiter ausdehnt.

519 Vgl einerseits Entscheidung 2000/532/EG (Fn 485), andererseits die Anhänge zu VO Nr. 1013/2006 (Fn 514); vgl auch Rn 374 für Alt-Schiffe.

britannien oder Frankreich ist daher insgesamt der Einfluss der EU auf die Entwicklung der internationalen Umweltpolitik eher bescheiden.

403 Ist es zum **Abschluss** eines internationalen Umwelt-Übereinkommens gekommen, dem auch die EU beigetreten ist,[520] dann ist die Rolle der EU viel stärker. Denn nach Art. 216 Abs. 2 AEUV sind derartige Übereinkommen für die EU *und* für die Mitgliedstaaten bindend. Damit kann die EU international in weitem Umfang nur noch einheitlich auftreten und mit einer Stimme sprechen. Selbst wenn die Mitgliedstaaten das Wort ergreifen, sind sie doch an das geltende EU-Recht gebunden. Die theoretische Möglichkeit, nach Art. 193 AEUV eigene Vorstellungen für strengere internationale Regelungen zu entwickeln, besteht praktisch nicht, weil Art 193 AEUV nicht lex specialis zu Art. 4 Abs. 3 EUV ist, der die Pflicht zu loyaler Zusammenarbeit festlegt. Der Gerichtshof hat aus dieser Pflicht den Grundsatz entwickelt, bereits mit einem Vorschlag seitens der Kommission für die einzunehmende Verhandlungsposition sei es den Mitgliedstaaten untersagt, eigene Positionen oder Vorstellungen mit Außenwirkung zu entwickeln, da dies die Verhandlungsposition der EU beeinträchtigen könne.[521]

404 Diese Umstände bewirken insgesamt, dass die EU in der internationalen Umweltpolitik und im internationalen Umweltrecht nicht die Rolle eines Motors übernommen hat, der versucht, die auch unionsrechtlich festgelegten Ziele – nachhaltige Entwicklung, ein hohes Maß an Umweltschutz, die Einbeziehung des Umweltschutzes in andere Politikbereiche –, die ja alle auch Ziele der internationalen Umweltpolitik sind, auf globaler Ebene voranzubringen, mit neuen Initiativen zu fördern und auf diese Weise die EU-Innenpolitik und -Außenpolitik parallel zu entwickeln. Die **institutionelle Schwäche der EU** wird weiter beeinflusst durch fehlende eigene Mittel, die es ermöglichen würden, Handels- oder Entwicklungspolitik dort zu fördern, wo auch die Belange der Umwelt hinreichend geschützt werden; durch Züge merkantilistischer Handelspolitik, die sich um den globalen oder regionalen Schutz der Umwelt kaum kümmert; und durch ein Beharren auf Souveränitätsvorstellungen im internationalen Bereich, die innerhalb der EU selbst weniger bedeutsam sind.

405 Die insgesamt eher begrenzte Rolle der EU im internationalen Umweltrecht korrespondiert schlecht mit der **tatsächlichen Bedeutung** des EU-Umweltrechts im globalen Zusammenhang. Denn Umweltrecht steht insbesondere den Herausforderungen des auf wirtschaftliches Wachstum ausgerichteten Wirtschaftsrechts gegenüber: die Mehrheit der Staaten weltweit strebt eine wirtschaftliche Entwicklung an, die denen industrialisierter Staaten entspricht, und hält Umweltschutz für einen Luxus, den sich Überfluss-Gesellschaften, nicht aber arme Staaten leisten können. Selbst die USA haben sich seit etwa einem Vierteljahrhundert von einer aktiven internationalen Umweltpolitik verabschiedet und fördern, international gesehen, vor allem ihre eigenen Handels-, Wirtschafts- und politischen Interessen.

406 Hieraus folgt, dass die Europäische Union weltweit die einzige Region ist, in der Umweltschutz neben dem Ziel wirtschaftlichen Wachstums als gleichrangiges Ziel anerkannt ist.[522] Ein Entwicklungsland wie auch ein industrialisierter Staat, der nach Beispielen für den Ausgleich zwischen wirtschaftlichen und ökologischen Interessen sucht, findet daher in der EU ein Modell für diesen politischen und rechtlichen Interessenausgleich, in einer Form, wie sie kein anderer industrialisierter Staat und keine andere Region zu bieten vermag. Bei allen Unzulänglichkeiten im Detail stellt das europäische Beispiel, Umweltrecht zu setzen und durchzusetzen, global bei weitem das **fortschrittlichste, konstruktivste Modell** dar, das noch dazu, jedenfalls im Umweltbereich, den Souveränitätsgedanken überwindet, weil ja die Umwelt keine (nationalstaatlichen) Grenzen kennt.

407 Änderungen in der internationalen Rolle der EU können nur aus Überlegungen innerhalb der EU über die Rolle des Umweltschutzes in einer sich globalisierenden Welt fließen. Solange die EU-Mitgliedstaaten Umweltpolitik und -recht als nationale Umweltpolitik und nationales Umweltrecht

520 Einzelheiten für den Abschluss derartiger Übereinkommen finden sich in Art. 218 AEUV.
521 EuGH, Rs. C-246/07 (Fn 1).
522 Dazu *Krämer*, The EU – a regional model? in: Winter (Hrsg.) Multilevel Governance of Global Environmental Change, 2006.

betrachten und europäische Umweltpolitik/europäisches Umweltrecht als – manchmal erwünschte, oft genug aber als lästige – **Einmischung** in nationale Umweltpolitik/nationales Umweltrecht ansehen, wird sich an den gegenwärtigen Problemen des internationalen Umweltrechts und der internationalen Umweltpolitik – schwache Institutionen, Dominanz der Handels- und Wirtschaftsinteressen, übermächtiger Einfluss der USA, schwache Rechtsinstrumente, mangelhafte Anwendung bestehender Rechtsregeln – kaum etwas ändern.

Die deutsche **Umweltrechtswissenschaft** neigt dazu, das europäische Umweltrecht nicht etwa aus dem Blickwinkel aller Mitgliedstaaten, sondern nur aus dem des deutschen Rechts zu interpretieren und zu bewerten. Gemeinsam mit ähnlichen Reaktionen in anderen Mitgliedstaaten trägt diese Perzeption des europäischen Umweltrechts dazu bei, das internationale Gewicht des europäischen Umweltrechts zu verringern, zum Schaden der Umwelt, der globalen Zusammenarbeit, der Europäischen Union und Deutschlands. **408**

§ 27 Freie Berufe

Literatur: *Feuerich/Weyland*, Bundesrechtsanwaltsordnung, 8. Auflage, München, 2012; *Hatje*, Die Dienstleistungsrichtlinie – Auf der Suche nach dem liberalen Mehrwert, NJW 2007, 2357; *Hellwig*, Anwaltliches Berufsrecht und Europa, AnwBl 2011, 77, *ders.*, Höchst- und Mindestgebühren für Anwälte im Fokus des EuGH, AnwBl 2011, 476; *Henssler*, Der Richtlinienvorschlag über die Anerkennung von Berufsqualifikationen, EuZW 2003, 229; *ders.*, Die internationale Entwicklung und die Situation der Anwaltschaft als Freier Beruf, AnwBl 2009, 1; *Henssler/Prütting*, Bundesrechtsanwaltsordnung, 4. Auflage, München 2014; *Kleine-Cosack*, Bundesrechtsanwaltsordnung, 6. Auflage, München, 2009; *ders.*, Durchbruch zur interprofessionellen Anwaltssozietät?, AnwBl 2013, 570; *Kluth/Rieger*, Die neue EU-Berufsanerkennungsrichtlinie – Regelungsgehalt und Auswirkungen für Berufsangehörige und Berufsorganisationen, EuZW 2005, 486; *Kopp*, Anwaltsdienstleistungen und die Dienstleistungsrichtlinie: Auswirkungen der Richtlinie 2006/123/EG auf den Berufsstand der Rechtsanwaltschaft, GPR 2/08, 54; *Korte*, Mitgliedstaatliche Verwaltungskooperation und private Eigenverantwortung beim Vollzug des europäischen Dienstleistungsrechts, NVwZ 2007, 501; *Kühling/Müller*, Die Europäische Dienstleistungsrichtlinie: Deregulierungsschub für das Berufsrecht der Rechtsanwälte oder viel Lärm um nichts?, BRAK-Mitt. 2008, 5; Lenz/Borchardt, EU-Verträge, 6. Auflage, BAnz., Köln, 2013; *Lemor*, Auswirkungen der Dienstleistungsrichtlinie auf ausgesuchte reglementierte Berufe, EuZW 2007, 135; *Lemor/Haake*, Ausgesuchte Rechtsfragen der Umsetzung der Dienstleistungsrichtlinie, EuZW 2009, 65; *Lörcher*, Anwaltliches Berufsrecht und Deregulierung, BRAK-Mitt. 2008, 2; *Sagawe*, Rechtsanwaltsvergütungen und EU-Gemeinschaftsrecht, ZRP 2002, 282.

Abschnitt 1: Übersicht zu Gesetzgebung und Rechtsprechung

A. Gesetzgebung

I. Unionsrechtliches Primärrecht

Diskriminierungsverbot Art. 18 AEUV.
Niederlassungsfreiheit Art. 49 ff AEUV.
Dienstleistungsfreiheit Art. 56 ff AEUV.

II. Unionsrechtliches Sekundärrecht und deutsche Umsetzung

1. Berufsübergreifende Regelungen:

Richtlinie 2006/123/EG des Europäischen Parlaments und des Rates vom 12. Dezember 2006 über Dienstleistungen im Binnenmarkt, ABl. 2006, L 376, S. 36; die Umsetzung erfordert die Anpassung zahlreicher Gesetze und Verordnungen, wie zB der Verwaltungsverfahrensgesetze von Bund (Viertes Gesetz zur Änderung verwaltungsverfahrensrechtlicher Vorschriften vom 11. Dezember 2008 (BGBl. I, S. 2418)) und Ländern und der Gewerbeordnung; Einführung der Dienstleistungs-Informationspflichten-Verordnung vom 12. März 2010 (BGBl. I, S. 267); **Richtlinie 2005/36/EG** des Europäischen Parlaments und des Rates vom 7. September 2005 über die Anerkennung von Berufsqualifikationen, ABl. 2005, L 255, S. 22, zuletzt geändert durch **Richtlinie 2013/55/EU** des Europäischen Parlaments und des Rates vom 20. November 2013 zur Änderung der Richtlinie 2005/36/EG über die Anerkennung von Berufsqualifikationen und der Verordnung (EU) Nr. 1024/2012 über die Verwaltungszusammenarbeit mit Hilfe des Binnenmarkt-Informationssystems („IMI-Verordnung"), ABl. 2013, L 354, S. 132; Gesetz zur Umsetzung der Richtlinie 2005/36/EG des Europäischen Parlaments und des Rates über die Anerkennung von Berufsqualifikationen der Heilberufe vom 2. Dezember 2007 (BGBl. I, S. 2686); Gesetz über die Feststellung der Gleichwertigkeit von Berufsqualifikationen (Berufsqualifikationsfeststellungsgesetz) vom 6. Dezember 2011 (BGBl. I, S. 2515), das durch Artikel 23 des Gesetzes vom 25. Juli 2013 (BGBl. I S. 2749) geändert worden ist; Änderung von mehr als 100 Gesetzen und Verordnungen auf Bundes- und Landesebene.

2. Berufsspezifische Regelungen der Rechtsanwälte:

Richtlinie 77/249/EWG des Rates der Europäischen Gemeinschaften vom 22. März 1977 zur Erleichterung der tatsächlichen Ausübung des freien Dienstleistungsverkehrs der Rechtsanwälte (Rechtsanwaltsdienstleistungsrichtlinie), ABl. 1977, L 78, S. 17, zuletzt geändert durch Richtlinie 2013/25/EU des Rates vom 13. Mai 2013 zur Anpassung bestimmter Richtlinien im Bereich des Niederlassungsrechts und des freien Dienstleistungsverkehrs aufgrund des Beitritts der Republik Kroatien, ABl. 2013, L 158, S. 368; **Richtlinie 98/5/EG** des Europäischen Parlaments und des Rates vom 16. Februar 1998 zur Erleichterung der ständigen Ausübung des Rechtsanwaltsberufs in einem anderen Mitgliedstaat als dem, in dem die Qualifikation erworben wurde (Niederlassungsrichtlinie für Rechtsanwälte), ABl. 1998, L 77, S. 36, zuletzt geändert durch Richtlinie 2013/25/EU des Rates vom 13. Mai 2013 zur Anpassung bestimmter Richtlinien im Bereich des Niederlassungsrechts und des freien Dienstleistungsverkehrs aufgrund des Beitritts der Republik Kroatien, ABl. 2013, L 158, S. 368; Umsetzung der Richtlinie 77/249/EWG und der Richtlinie 98/5/EG durch das Gesetz über die Tätigkeit europäischer Rechtsanwälte in Deutschland (EuRAG) vom 9. März 2000 (BGBl. I, S. 182, 1349), das zuletzt durch Artikel 3 des Gesetzes vom 17. Juni 2013 (BGBl. I, S. 1555) geändert worden ist.

B. Rechtsprechung

EuGH, Rs. 2/74 (Reyners), Slg 1974, 631; EuGH, Rs. 33/74 (van Binsbergen), Slg 1976, 299; EuGH, Rs. 107/8 (Klopp), Slg 1984, 2971; EuGH, Rs. C-41/90 (Hoefner/Elser), Slg 1991, I-1979; EuGH, Rs. C-340/89 (Vlassopoulou), Slg 1991, I-2357; EuGH, Rs. C-221/89 (Factortame), Slg 1991, I-3905; EuGH, Rs. C-55/94 (Gebhard), Slg 1995, I-4165; EuGH, Rs. C-3/95 (Reisebüro

Broede), Slg 1996, I-06511; EuGH, Rs. C-234/97 (Fernández de Bobadilla), Slg 1999, I-4773; EuGH, Rs. C-267/99 (Adam), Slg 2001, I-7467; EuGH, Rs. C-309/99 (Wouters), Slg 2002, I-1577; EuGH, Rs. C-35/99 (Arduino), Slg 2002, I-1529; EuGH, Rs. C-313/01 (Morgenbesser), Slg 2003, I-13467; EuGH, Rs. C-140/03 (Kommission/Griechenland), Slg 2005, I-3177; EuGH, Rs. C-330/03 (Colegio), Slg 2006, I-00801; EuGH, verb. Rs. C-94/04 und C-202/04 (Cipolla), Slg 2006, I-11421; EuGH, Rs. C-39/07 (Kommission/Spanien), Slg 2008, I-03435; EuGH, verb. Rs. C-171/07 und C-172/07 (DocMorris), Slg 2009, I-04171; EuGH, Rs. C-345/08 (Peśla), Slg 2009, I-11677; EuGH, Rs. C-505/08 (Kommission/Deutschland), Slg 2009, I-00222; EuGH, Rs. C-359/09 (Ebert), Slg 2011, I-00269; EuGH, Rs. C-565/08 (Kommission/Italien), Slg 2011, I-02101; EuGH, Rs. C-54/08 (Kommission/Deutschland), Slg 2011, I-04355; EuGH, Rs. C-575/11 (Nasiopoulos).

Abschnitt 2: Analyse und Darstellung der Einwirkungspraxis des Europarechts auf das Recht der Freien Berufe

A. Einleitung

1 Der Gemeinsame Markt ist nicht nur für die Kunden der freiberuflichen Dienstleistungsanbieter, sondern auch für diese selbst immer attraktiver geworden. Spezielle Studien- und Ausbildungsgänge tragen dem Rechnung. So stellen die Landesgrenzen nicht mehr die Grenzen der beruflichen Entfaltung dar; mit der Festigung der Grundfreiheiten in der Europäischen Gemeinschaft öffneten sich vielmehr die Tore zu neuen Absatz- und Kundenmärkten. Der Zugang zu vielen Freien Berufen und die Ausübung dieser Berufe sind jedoch auf nationaler Ebene aus Gründen der Qualitätssicherung und/oder wegen der Wahrnehmung besonderer Aufgaben im Interesse der Allgemeinheit reglementiert. Damit die Ausübung dieser neu gewonnenen Freiheiten in geordneten Bahnen verlaufen konnte, setzte auch der europäische Normgeber Regeln. Die Normsetzung erfolgte zunächst berufsspezifisch, was sich jedoch als sehr zeitaufwendig herausstellte. Deshalb wurden in jüngerer Zeit mit der Dienstleistungsrichtlinie[1] und der Berufsqualifikationsrichtlinie[2] berufsübergreifende Regelungen geschaffen (siehe Abschnitt 2, B, II, 2 und 3 Rn 24 ff und 57 ff).

I. Begriffsbestimmung

2 Es stellt sich zunächst die Frage: „Was ist ein **Freier Beruf**?" Die Antworten auf diese Frage sind zahlreich und unterschiedlich. Angefangen bei unseren nationalen Normen, die diesen Begriff aufnehmen, bis hin zu Entscheidungen des Bundesverfassungsgerichtes und des Europäischen Gerichtshofs (EuGH) kann lediglich festgestellt werden, dass es keine einheitliche Definition gibt.

1. Definitionen im deutschen Recht

3 Es gibt verschiedene deutsche Vorschriften, in denen der Begriff des Freien Berufs definiert ist. Zum einen heißt es in § 1 Abs. 2 S. 1 PartGG, dass Freie Berufe „im Allgemeinen auf der Grundlage besonderer beruflicher Qualifikation oder schöpferischer Begabung die persönliche, eigenverantwortliche und fachlich unabhängige Erbringung von Dienstleistungen höherer Art im Interesse der Auftraggeber und der Allgemeinheit zum Inhalt" haben. Es folgt eine Aufzählung bestimmter Berufe (u.a. Ärzte, Zahnärzte, Tierärzte, Mitglieder der Rechtsanwaltskammern, Wirtschaftsprüfer, Diplom-Psychologen, Architekten und Ingenieure). Diese Aufzählung deckt sich im Wesentlichen mit der Aufzählung in § 18 Abs. 1 Nr. 1 S. 2 EStG. Dass dies keine abschließende Auflistung darstellt, ergibt sich bereits aus dem Zusatz „und ähnliche Berufe". § 6 Abs. 1 GewO hingegen enthält lediglich eine negative Umschreibung. Dort ist beschrieben, welcher Beruf kein Gewerbe darstellt und somit im Negativschluss ein Freier Beruf sein muss. Auch hier erfolgt eine ähnliche Auflistung bestimmter Berufe.

1 RL 2006/123/EG, ABl. 2006, L 376, S. 36 (im Folgenden DLRL).
2 RL 2005/36/EG, ABl. 2005, L 255, S. 22, geändert durch RL 2013/55/EU, ABl. 2013, L 354, S. 132 (im Folgenden BQRL).

2. Definition des BVerfG

Im Jahre 1960 entschied das Bundesverfassungsgericht, dass der Freie Beruf kein eindeutiger Rechtsbegriff sei. Er könne lediglich soziologisch definiert werden, eine rechtliche Bewertung sei nicht möglich. Selbst wenn ein Beruf unstreitig zu den Freien Berufen gehöre, so ließe sich eine präzise normative Wirkung für seine Behandlung im Recht nicht ableiten, namentlich nicht in dem Sinne, dass dem Angehörigen des Berufs grundsätzlich und von vornherein ein irgendwie bestimmbarer erhöhter Anspruch auf Freiheit vor gesetzgeberischen Eingriffen rechtlich verbürgt sei.[3] 4

3. Definition des Bundesverbandes der Freien Berufe (BFB)

Nach einer Definition des BFB erbringen Angehörige Freier Berufe „auf Grund besonderer beruflicher Qualifikation persönlich, eigenverantwortlich und fachlich unabhängig geistig-ideelle Leistungen im gemeinsamen Interesse ihrer Auftraggeber und der Allgemeinheit. Ihre Berufsausübung unterliegt in der Regel spezifischen berufsrechtlichen Bindungen nach Maßgabe der staatlichen Gesetzgebung oder des von der jeweiligen Berufsvertretung autonom gesetzten Rechts, welches die Professionalität, Qualität und das zum Auftraggeber bestehende Vertrauensverhältnis gewährleistet und fortentwickelt."[4] 5

4. Definition des EuGH

In dem Urteil Adam vom 11. Oktober 2001 definierte der EuGH die Freien Berufe als Tätigkeiten, die u.a. einen ausgesprochen intellektuellen Charakter haben, eine hohe Qualifikation verlangen und gewöhnlich einer genauen und strengen berufsständischen Regelung unterliegen. Hinzu komme, dass bei der Ausübung einer solchen Tätigkeit das persönliche Element besondere Bedeutung habe und diese Ausübung auf jeden Fall eine große Selbständigkeit bei der Vornahme der beruflichen Handlung voraussetze.[5] 6

5. Primär- und Sekundärrecht

Gemäß Art. 57 Abs. 2 AEUV fallen die freiberuflichen Tätigkeiten unter die primärrechtlich geschützte Dienstleistungsfreiheit. Erwägungsgrund 43 BQRL enthält nun erstmals eine europarechtliche Legaldefinition der Freien Berufe: Danach werden sie auf der Grundlage einschlägiger Berufsqualifikationen persönlich, in verantwortungsbewusster Weise und fachlich unabhängig von Personen ausgeübt, die für ihre Kunden und die Allgemeinheit geistige und planerische Dienstleistungen erbringen. Die Ausübung der Berufe unterliegt möglicherweise in den Mitgliedstaaten spezifischen gesetzlichen Beschränkungen und von der jeweiligen Berufsvertretung autonom gesetztem Recht, das die Professionalität, die Dienstleistungsqualität und die Vertraulichkeit der Beziehungen zu den Kunden gewährleistet und fortentwickelt. 7

6. Bewertung

Allen Definitionen ist gemein, dass sie sehr weit gefasst sind, da auch die Spanne der Berufsbilder der Freien Berufe sehr weit ist. So versuchen sie, eine einheitliche Regelung für Tätigkeiten zu finden, die von der Arbeit eines Schifflotsen bis zu der eines Arztes reichen. Außerdem ist bei bestimmten Formen der Berufsausübung fraglich, ob noch von eigenverantwortlicher Tätigkeit gesprochen werden kann, so zB bei großen Wirtschaftsprüfer- oder Steuerberatungsgesellschaften oder in der Ärzteschaft.[6] Es fällt daher immer schwerer, den Freien Beruf von einer gewerblichen Tätigkeit abzugrenzen. Der EuGH definiert zB den Begriff des **„Unternehmers"**, im Rahmen des Wettbewerbsrechts, als „jede eine wirtschaftliche Tätigkeit ausübende Einheit, unabhängig von 8

3 BVerfGE 10, 354, 364.

4 Bundesverband der Freien Berufe, http://www.freie-berufe.de/ueber-die-freien-berufe/definition-und-profil.html (zuletzt eingesehen am 5.10.2014).

5 EuGH, Rs. C-267/99 (Adam), Slg 2001, I-7467, Rn 39, 41.

6 *Zuck*, NJW 2001, 2055.

ihrer Rechtsform und der Art ihrer Finanzierung".[7] Der Begriff der „wirtschaftlichen Tätigkeit" umfasst ferner „jede Tätigkeit, die darin besteht, Güter oder Dienstleistungen auf einem bestimmten Markt anzubieten". Unter diese Begriffsbestimmung kann auch der Freie Beruf fallen, da dieser kleinste gemeinsame Nenner auf jede Art von Beruf zutrifft.[8]

9 An ein wesentliches Merkmal kann die Freiberuflichkeit für einen Teil der Freien Berufe angeknüpft werden: Diese Freiberufler leben, wie jeder Unternehmer, vom Gewinn ihrer Tätigkeit, sie haben aber darüber hinaus besondere Pflichten gegenüber der Allgemeinheit, die dem Gewinnstreben engere Grenzen setzen. So muss zB der Rechtsanwalt als **„Organ der Rechtspflege"** (§ 1 BRAO) unter Zurückstellung des Eigeninteresses an Gewinnmaximierung seinen Mandanten angemessen beraten und vertreten.[9] Wichtigster Parameter für die Prüfung der mit dem Freiberuflerstatus verbundenen Tätigkeitsbeschränkungen sind dabei das Rechtsstaatsprinzip und der sich auch aus den Grundrechten ergebende Aspekt des Gemeinwohls. Diese Ausführungen lassen sich auf andere Freie Berufe übertragen, insbesondere die Heilberufe. Bezogen auf den Berufsapotheker hat der EuGH im Fall ***DocMorris*** ausgeführt, dieser betreibe die Apotheke nicht allein aus rein wirtschaftlichen Zwecken, sondern auch unter einem beruflich-fachlichen Blickwinkel. Sein privates Interesse an Gewinnerzielung werde somit durch seine Ausbildung, seine berufliche Erfahrung und die ihm obliegende Verantwortung gezügelt.[10]

Aus europäischer Perspektive ist erwähnenswert, dass die oft anzutreffende Bruchstelle zwischen Kontinentaleuropa und angelsächsischem Bereich auch hier anzutreffen ist. Der Begriff des Freien Berufs (profession libérale) hat im angelsächsischen Raum keine genaue Entsprechung.

II. Unterscheidung zwischen reglementierten und nicht reglementierten Berufen

10 Für viele, aber nicht alle Freien Berufe finden sich sowohl auf europäischer, als auch auf nationaler Ebene Regeln über Berufszugang und -ausübung, die im Allgemeinwohlinteresse über die auf alle Wirtschaftsteilnehmer anwendbaren Vorschriften hinausgehen.

11 Sofern ein (Freier) Beruf solchen besonderen Regelungen unterfällt, wird er auch **„reglementierter Beruf"** genannt.[11] Zunächst hatte der europäische Gesetzgeber die Freien Berufe in zwei Formen geregelt, nämlich zum einen durch **horizontale (berufsübergreifende) Richtlinien**, wie zB die Hochschuldiplomanerkennungsrichtlinie, zum anderen durch **sektorspezifische Richtlinien** (u.a. für Ärzte, Zahnärzte, Rechtsanwälte, Architekten). Diesen zweigleisigen Ansatz hat er zugunsten sektorübergreifender Richtlinien aufgegeben. Anknüpfungspunkt ist hier der Begriff des reglementierten Berufs.

Gemäß seiner ständigen Rechtsprechung sieht der EuGH einen Beruf als reglementiert an, wenn die Aufnahme oder die Ausübung der betreffenden beruflichen Tätigkeit durch Rechts- oder Verwaltungsvorschriften geregelt ist, die bewirken, dass diese Tätigkeit ausdrücklich Personen vorbehalten ist, die bestimmte Voraussetzungen erfüllen.[12] Diese Rechtsprechung des EuGH findet sich in der Definition des reglementierten Berufs in Art. 3 Abs. 1 lit. a der BQRL wieder. Der reglementierte Beruf iSd BQRL ist ein **unionsrechtlicher Begriff**, auf die Einordnung in Berufskategorien nach

---

7 EuGH, Rs. C-41/90 (Höfner/Elser), Slg 1991 I-1979, Rn 21.
8 *Sagawe*, ZRP 2002, 281, 282.
9 *Feuerich/Weyland*, BRAO, § 2, Rn 6.
10 EuGH, verb. Rs. C-171/07 und C-172/07 (DocMorris), Rn 37.
11 Die Anzahl reglementierter Berufe in den Mitgliedstaaten variiert stark (teilweise gibt es sogar unterschiedliche Regelungen zwischen den 16 deutschen Bundesländern). Siehe die von der Kommission geführte Datenbank, die auf Grundlage der BQRL reglementierte Berufe enthält: http://ec.europa.eu/internal_market/qualifications/regprof/index.cfm. Allerdings ist hier zu berücksichtigen, dass die Mitgliedstaaten die betreffenden Berufe derzeit auf unterschiedliche Art und Weise in die Datenbank eingeben: Während einige Mitgliedstaaten einen einzigen Beruf eingeben, unter den eine Reihe verschiedener Fachtätigkeiten fallen, geben andere Mitgliedstaaten für die gleiche Tätigkeit Beruf mehrere Berufsbezeichnungen an.
12 EuGH, Rs. C-39/07 (Kommission/Spanien), Slg 2008, I-03435, Rn 33.

nationalem Recht kommt es dabei nicht an.[13] Der reglementierte Beruf kann daher nicht mit dem Freien Beruf nach deutschem Rechtsverständnis gleichgesetzt werden.[14]

Zu den **unreglementierten Berufen** zählen zB die künstlerischen und schriftstellerischen Tätigkeiten. Auch bei erst in jüngerer Zeit entstandenen Berufen wie zB dem des IT-Beraters, ist noch keine Reglementierung erfolgt. Dies bezeichnete der ehemalige EU-Wettbewerbskommissar Mario Monti jedoch ausdrücklich nicht als Mangel.[15] 12

III. Rechtsquellen des Berufsrechts

Aus dem **Primärrecht** ergeben sich überwiegend Gebote für die Mitgliedstaaten und damit verbunden Grundfreiheiten für den einzelnen EU-Bürger. Zu nennen sind hier zunächst die **Niederlassungsfreiheit** (Art. 49 ff AEUV) und die **Dienstleistungsfreiheit** (Art. 56 ff AEUV). Das in Art. 18 AEUV enthaltene Verbot der Diskriminierung aufgrund der Staatsangehörigkeit erfährt seine besondere Ausprägung in diesen Grundfreiheiten und tritt daher als weniger spezielle Norm hinter ihnen zurück. Diese Grundfreiheiten gelten nur für EU-Bürger, also Staatsangehörige eines Mitgliedsstaats, und kraft Ausdehnung auf den EWR auch für norwegische, isländische und liechtensteinische Staatsangehörige. Ein in Frankreich als avocat zugelassener amerikanischer Staatsangehöriger kommt dagegen nicht in den Genuss der anwaltlichen Freizügigkeit. Art. 101 AEUV kann Angehörige der Freien Berufe als Unternehmer berühren und in Verbindung mit Art. 4 Abs. 3 EUV auch auf von den Mitgliedstaaten gesetzte Normen Auswirkungen haben. 13

Im **Sekundärrecht** wurden mit der Dienstleistungs- und der Berufsqualifikationsrichtlinie in den vergangenen Jahren insbesondere berufsübergreifende Regelungen geschaffen, die die freiberuflichen Tätigkeiten betreffen. Darüber hinaus bestehen aber auch weiterhin sektorspezifische Regelungen, wie zB im Falle der Rechtsanwälte. Eine nähere Darstellung findet sich unter Abschnitt 2, B, II, 2 und 3 Rn 24 ff und 57 ff. 14

Auf der Ebene des **nationalen Rechts** greifen neben dem Verfassungsrecht (Art. 12 und Art. 5 GG) insbesondere die speziellen bundes- bzw landesgesetzlichen Berufsordnungen oder -gesetze, wie zB die Bundesärzteordnung, die Approbationsordnung, die Bundesrechtsanwaltsordnung und das Rechtsanwaltsvergütungsgesetz sowie das Krankenpflegegesetz. Das **autonome Berufsrecht** konkretisiert durch weitere Vorgaben zur Berufsausübung Rechte und Pflichten der Berufsangehörigen, so zB die Berufsordnungen der Rechtsanwälte, Ärzte, Wirtschaftsprüfer oder Architekten. 15

B. Aufnahme und Ausübung einer freiberuflichen Tätigkeit in einem anderen Mitgliedstaat

Wird die Aufnahme einer reglementierten freiberuflichen Tätigkeit in einem anderen Mitgliedstaat angestrebt, können verschiedene Hürden zu überwinden sein. Dabei ist zunächst auf die **Ausgangssituation** desjenigen abzustellen, der grenzüberschreitend tätig werden will, insbesondere ob er sich noch in der Ausbildung befindet oder diese nach den Vorschriften seines Herkunftslandes bereits abgeschlossen hat. Je nach Ausgangslage sind sowohl (ggf unterschiedliche) Richtlinien als auch direkt anwendbares Primärrecht zu beachten. 16

I. Migration im Rahmen der Berufsausbildung (EuGH, Rs. C-313/01 (Morgenbesser), EuGH, Rs. C-345/08 (Peśla))

Auf die Migration im Rahmen einer nicht abgeschlossenen Ausbildung ist die Berufsqualifikationsrichtlinie[16] nur insoweit anwendbar als in einem anderen Mitgliedstaat absolvierte Berufspraktika nun vom Herkunftsmitgliedstaat anerkannt werden müssen, wenn dieser Anträge auf Genehmi- 17

13 *Fischer*, in: Lenz/Borchardt, EU-Verträge, Art. 53 AEUV, Rn 7.

14 Vgl *Mann*, AnwBl 2010, 551, 554.

15 *Monti*, („New Light and New Challenges") S. 2-3: http://ec.europa.eu/competition/speeches/index_theme_33.html (zuletzt eingesehen am 5.10.2014).

16 Diese ersetzt u.a. die Hochschuldiplomanerkennungsrichtlinie.

gung der Ausübung eines reglementierten Berufs prüft. Die BQRL stellt grundsätzlich auf das fertige Endprodukt ab, ist also erst anwendbar, wenn eine Ausbildung abgeschlossen wurde. Für die Migration im Rahmen der Berufsausbildung gilt daher im Wesentlichen vom EuGH unter direkter Anwendung der Niederlassungs- oder Dienstleistungsfreiheit gesetztes Richterrecht.

Im ***Morgenbesser***-Urteil, das die Frage der Anerkennung des französischen Titels der „maîtrise en droit" zur Eintragung in das Berufsregister der Rechtsanwaltsanwärter in Italien betraf, waren die Regelungen der **Arbeitnehmerfreizügigkeit** (Art. 45 AEUV) und der **Niederlassungsfreiheit** (Art. 49 AEUV) einschlägig. Entscheidend war dabei, dass die Stellung als Rechtsanwaltsanwärter nicht als reglementierter Beruf angesehen wurde.[17] Der EuGH stellte jedoch auch klar, dass der Migrant im Rahmen der Berufsausbildung seine Ausbildung im Aufnahmestaat nicht von neuem beginnen müsse. Unter unmittelbarer Anwendung des Primärrechts kommt der EuGH zum Schluss, dass die erworbenen Kenntnisse und Fähigkeiten angemessen zu berücksichtigen sind.[18]

18 Diese Rechtsprechung führte der EuGH mit dem Urteil in der Sache ***Peśla*** fort. Demnach müssen die Behörden eines Mitgliedstaats die berufliche Qualifikation des Betroffenen in der Weise berücksichtigen, dass sie die in seinen Diplomen und sonstigen Befähigungsnachweisen bescheinigte Qualifikation und seine einschlägige Berufserfahrung mit der nach nationalem Recht verlangten beruflichen Qualifikation vergleichen. Entsprechen die durch das ausländische Diplom bescheinigten Kenntnisse denen durch die nationalen Vorschriften abverlangten, so muss der Mitgliedstaat dieses Diplom anerkennen. Entsprechen sie dagegen nur teilweise, so kann der Aufnahmemitgliedstaat vom Betroffenen den Nachweis verlangen, dass er die fehlenden Kenntnisse erworben hat. Diese Möglichkeit der teilweisen Anerkennung darf nach dem EuGH nicht fiktiv bleiben.[19]

II. Migration nach abgeschlossener Berufsausbildung

19 Ist eine Ausbildung in einem Mitgliedstaat abgeschlossen, dann finden für die weitere grenzüberschreitende wirtschaftliche Tätigkeit in diesem Beruf im Wesentlichen die Vorschriften über die **Niederlassungs- und Dienstleistungsfreiheit** und die dazu ergangenen Richtlinien Anwendung. Zunächst war dieser Bereich insbesondere geregelt durch die Hochschuldiplomanerkennungsrichtlinie 89/48/EWG als berufsübergreifende Regelung sowie durch berufsspezifische Regelungen, zB für die Heilberufe (Ärzte, Zahnärzte, Hebammen, Krankenschwestern/Pfleger, Apotheker), die Rechtsanwälte und Architekten. Dieser sektorale Ansatz wurde jedoch aufgegeben, da er sich als zu mühsam und zeitaufwendig erwies. Die 2006 verabschiedete Dienstleistungsrichtlinie (siehe Abschnitt 2, B, II, 2 Rn 24 ff) und die Berufsqualifikationsrichtlinie von 2005 (siehe Abschnitt 2, B, II, 3 Rn 57 ff) folgen nun einem sektorübergreifenden Ansatz und ersetzen die berufsspezifischen Richtlinien weitestgehend, wenn auch nicht vollständig. Wo berufsspezifisches Unionsrecht besteht, geht es im Kollisionsfall der allgemeinen DLRL vor.[20] Die BQRL gilt grundsätzlich nicht für Berufe, die in sektoralen Richtlinien geregelt sind.[21]

20 Im Folgenden werden die DLRL und die BQRL näher dargestellt mit besonderem Schwerpunkt auf dem Freien Beruf der Rechtsanwälte. Da beide Richtlinien unterschiedliche Regelungen bezüglich der Dienstleistungs- und der Niederlassungsfreiheit enthalten, wird zunächst eine allgemeine Abgrenzung dieser beiden Grundfreiheiten vorgenommen.

17 EuGH, Rs. C-313/01 (Morgenbesser), Slg 2003, I-13467, Rn 52.

18 EuGH, Rs. C-313/01 (Morgenbesser), Slg 2003, I-13467, Rn 70.

19 EuGH, Rs. C-345/08 (Peśla), Slg 2009 I-11677, Rn 37, 40, 52, 58, 65.

20 Allerdings nur insoweit als tatsächlich eine Kollision vorliegt, der Anwendungsbereich der DLRL wird hierdurch also nicht grundsätzlich ausgeschlossen, so zB bei den beiden Rechtsanwaltsrichtlinien.

21 Dies ist zum Beispiel der Fall bei den Rechtsanwälten, für die die Richtlinien 77/249/EWG und 98/5/EG gelten, für die Abschlussprüfer die RL 2006/43/EG und die Fluglosten die RL 2006/23/EG.

1. Abgrenzung Dienstleistung/Niederlassung

Als **Dienstleistung** im Sinne der Art. 56 ff AEUV wird jede selbständige, grenzüberschreitende Tätigkeit angesehen, welche zu Erwerbszwecken, dh in der Regel gegen Entgelt erfolgt.[22] Sie ist im Gegensatz zur Niederlassung nur von vorübergehender Natur (Art. 57 AEUV). 21

Der Begriff der **Dienstleistung** ist spezifisch unionsrechtlich und deckt sich nicht mit ähnlichen im nationalen Recht verwendeten Definitionen.[23] In seiner ***Gebhard***-Entscheidung hat der EuGH klargestellt, dass es nicht im Widerspruch zu der vorübergehenden Natur der Dienstleistung stehe, wenn sich der Dienstleistungserbringer einer Infrastruktur wie zB eines Büros bediene. [24]

Unter **Niederlassung** im Sinne des Art. 49 AEUV ist die Aufnahme und Ausübung selbständiger Erwerbstätigkeit sowie die Gründung und Leitung von Unternehmen nach den Bestimmungen des Aufnahmestaats für seine eigenen Angehörigen zu verstehen.[25] Der EuGH hat den Begriff der Niederlassung als „tatsächliche Ausübung einer wirtschaftlichen Tätigkeit mittels einer festen Einrichtung in einem anderen Mitgliedstaat auf unbestimmte Zeit" definiert.[26] Die Vorschriften über die Dienstleistungen finden nur dann Anwendung, wenn die Vorschriften über das Niederlassungsrecht nicht anwendbar sind.[27] Daher ist im Einzelfall zunächst zu prüfen, ob die Berufsausübung in Form der dauerhaften Niederlassung oder einer temporären Dienstleistung erfolgt. Im Fall ***Gebhard*** war ein in Deutschland zugelassener Rechtsanwalt seit mehr als zehn Jahren in Italien tätig und hatte in diesem Land auch seinen Wohnsitz. Der EuGH entschied, dass die Vorschriften über die Dienstleistungsfreiheit keine Anwendung finden, da der betreffende Rechtsanwalt seine Tätigkeit „in einer stabilen und kontinuierlichen Weise" ausübe und diese Tätigkeit somit unter die Vorschriften des Niederlassungsrechtes falle.[28] Auch hat der EuGH bereits im ***Klopp***-Urteil klargestellt, dass die Gründung von Zweigstellen eindeutig zu den Freiheiten der Niederlassung zähle, und der Zugang zum Rechtsanwaltsberuf nicht aus dem Grund versagt werden könne, weil der Betroffene gleichzeitig eine andere Kanzlei in einem anderen Mitgliedstaat unterhalte. [29] 22

Art. 5 Abs. 2 Unterabs. 2 der BQRL enthält nun erstmals eine Abgrenzung, wonach der vorübergehende und gelegentliche Charakter der Erbringung von Dienstleistungen im Einzelfall und insbesondere anhand der Dauer, der Häufigkeit, der regelmäßigen Wiederkehr und der Kontinuität der Dienstleistung zu beurteilen ist. Die Abgrenzung dürfte trotzdem im Einzelfall weiterhin schwer zu treffen sein. 23

2. Die Dienstleistungsrichtlinie (DLRL), RL 2006/123/EG

a) Entstehung

Die DLRL wurde nach langen und zähen Verhandlungen und einer ungewöhnlich scharfen und kritischen öffentlichen Debatte am 12. Dezember 2006 formal unterzeichnet und trat am 28. Dezember 2006 in Kraft. Sie musste bis zum 28. Dezember 2009 in nationales Recht umgesetzt werden. Kritisiert wurde vor allem das im ersten Richtlinienentwurf der Kommission in Art. 16 Abs. 1 verankerte „Herkunftslandprinzip". Dieses besagt, dass ein Dienstleister, der in einem Mitgliedstaat niedergelassen ist und der seine Dienstleistungen in einem anderen Mitgliedstaat erbringt, allein den Regelungen seines Herkunftslands unterliegen soll. Die Regelungen des Bestimmungslandes würden verdrängt, auch die Kontrolle der Einhaltung der Regelungen würde durch das Herkunftsland erfolgen. Hierdurch, so wurde befürchtet, würde es zu einer Abwanderung von Unternehmen in Mitgliedstaaten mit möglichst geringen gesetzlichen Bestimmungen und Kontrol- 24

22 *Seyr*, in: Lenz/Borchardt, EU-Verträge, Art. 56/57 AEUV, Rn 12, 14.
23 *Seyr*, in: Lenz/Borchardt, EU- Verträge, Art. 56/57 AEUV, Rn 7.
24 EuGH, Rs. C-55/94 (Gebhard), Slg 1995, I-4165, Rn 27.
25 *Fischer*, in: Lenz/Borchardt, EU-Verträge, Art. 49 AEUV, Rn 2.
26 EuGH, Rs. C-221/89, (Factortame), Slg 1991, I-3905, Rn 20.
27 EuGH, Rs. C-55/94 (Gebhard), Slg 1995, I-4165, Rn 22.
28 EuGH, Rs. C-55/94 (Gebhard), Slg 1995, I-4165, Rn 25.
29 EuGH, Rs. 107/8 (Klopp), Slg 1984, 2971.

len kommen, einem Wettlauf der Mitgliedstaaten um die geringsten Qualitätsstandards.[30] Es ging die Angst um vor billigen Dienstleistern, insbesondere aus den neuen Mitgliedstaaten; außerdem sei die Kontrolle von EU-weit tätigen Dienstleistungsunternehmen nicht durchführbar.[31] Im Folgenden, von öffentlicher Kritik begleiteten Gesetzgebungsverfahren, einigten sich der Rat und das Europäische Parlament auf einen Kompromiss, der wesentliche Dienstleistungszweige vom Anwendungsbereich der Richtlinie ausnahm und den absoluten Vorrang der DLRL gegenüber sonstigem gemeinschaftlichem Sekundärrecht aufgab. Der Begriff des „Herkunftslandprinzips" wurde gestrichen und durch „Freier Dienstleistungsverkehr" bzw „Dienstleistungsfreiheit" ersetzt. Ob damit das „Herkunftslandprinzip" tatsächlich aufgegeben wurde, darf bezweifelt werden.[32]

b) Anwendungsbereich und Kollisionsnorm

25 Die DLRL zielt darauf ab, den grenzüberschreitenden Dienstleistungsverkehr zu fördern und die Verwirklichung des Binnenmarkts bei Dienstleistungen durch den Abbau bürokratischer Hemmnisse voranzubringen. Sie sieht vor allem Vereinfachungen im Bereich der Dienstleistungs- und Niederlassungsfreiheit sowie Verwaltungsvereinfachung vor. Gegenstand der Richtlinie ist weder die Liberalisierung von Dienstleistungen von allgemeinem wirtschaftlichem Interesse, die öffentlichen oder privaten Einrichtungen vorbehalten sind, noch die Privatisierung öffentlicher Einrichtungen (Art. 1 Abs. 2). Auch berührt sie nicht das Recht der Mitgliedstaaten festzulegen, welche Leistungen sie als von allgemeinem wirtschaftlichem Interesse erachten, wie diese Dienstleistungen organisiert und finanziert werden und welchen spezifischen Verpflichtungen sie unterliegen sollten (Art. 1 Abs. 3 Unterabs. 2).

26 Die DLRL setzt horizontal an, dh sie betrifft grds. alle Dienstleistungssektoren. Der Anwendungsbereich gemäß Art. 2 Abs. 1 ist sehr weit und umfasst alle „Dienstleistungen, die von einem in einem Mitgliedstaat niedergelassenen Dienstleistungserbringer angeboten werden". Darunter fallen so unterschiedliche Tätigkeiten wie Unternehmensberatung, Zertifizierungs- und Prüfungstätigkeiten, Dienstleistungen der Rechts- oder Steuerberatung und des Baugewerbes einschließlich der Dienstleistungen von Architekten sowie Werbung und Dienste von Reisebüros.[33] Aufgrund der heftigen Kritik hat man sich jedoch auf zahlreiche Ausnahmen geeinigt. Ausgenommen sind gemäß Art. 2 Abs. 2 demnach nicht nur die Finanzdienstleistungen, die Dienstleistungen und Netze der elektronischen Kommunikation und Verkehrsdienstleistungen, wie ursprünglich im Kommissionsvorschlag vorgesehen, sondern auch die nicht-wirtschaftlichen Dienstleistungen von allgemeinem Interesse, Dienstleistungen von Leiharbeitsagenturen, Gesundheitsdienstleistungen,[34] audiovisuelle Dienste, Glücksspiele, Tätigkeiten, die mit der Ausübung öffentlicher Gewalt verbunden sind, soziale Dienstleistungen, private Sicherheitsdienste, Tätigkeiten von Notaren und Gerichtsvollziehern sowie gemäß Art. 2 Abs. 3 der Bereich der Steuern.

27 Grundsätzlich ist die DLRL neben dem bestehenden Unionsrecht anzuwenden. Die DLRL enthält zum einen **spezielle Kollisionsregeln** für ausdrücklich berücksichtigte Konflikte mit anderen Instrumenten des sekundären Unionsrechts.[35] Neben diesen speziellen Kollisionsnormen bildet Art. 3 eine **allgemeine Kollisionsnorm**, nach der bestehendes Unionsrecht, das spezifische Aspekte der Aufnahme oder Ausübung einer Dienstleistungstätigkeit in bestimmten Bereichen oder Berufen regelt, den Vorrang vor der DLRL hat. Explizit wird u.a. die BQRL genannt. Anknüpfungspunkt für den Anwendungsbereich der BQRL ist der „reglementierte Beruf". Viele Freie Berufe, die in Deutschland reglementiert sind, fallen daher in den Anwendungsbereich der BQRL, soweit sie nicht sektor-

30 *Korte*, NVwZ 2007, 501.
31 *Kühling/Müller*, BRAK-Mitt. 2008, 5 mwN.
32 Vgl *Lemor*, EuZW 2007, 135, 138; *Kühling/Müller*, BRAK-Mitt. 2008, 5, 6; *Lemor/Haake*, EuZW 2009, 65, 69.
33 Siehe Erwägungsgrund 33.
34 Freie Heilberufe wie Ärzte, Zahnärzte, Apotheker, Psychologen und Psychotherapeuten, Hebammen und Physiotherapeuten sind damit nicht erfasst.
35 Handbuch der Kommission zur Umsetzung der DLRL (Kommissionshandbuch), Ziff. 4, abrufbar unter http://www.dienstleistungsrichtlinie.de/DLR/Redaktion/PDF/erlaeuterndes-umsetzungshandbuch-der-kommission,property=pdf,bereich=dlr,sprache=de,rwb=true.pdf (zuletzt eingesehen am 5.10.2014).

spezifischen Regelungen unterliegen. Voraussetzung für das Eingreifen der lex specialis ist aber, dass sich eine Bestimmung der DLRL und des sekundären Unionsrechts tatsächlich widersprechen, wobei der Widerspruch im Einzelfall positiv festzustellen ist.[36] Die übrigen Bestimmungen der DLRL finden weiterhin Anwendung.

Erfasst wird von diesen Kollisionsregeln auch das speziell für die Tätigkeit der Rechtsanwälte geschaffene unionsrechtliche Sekundärrecht, welches der DLRL vorgeht. Gemäß der speziellen Kollisionsnorm des Art. 17 Abs. 2 Nr. 4 sind die Grundsätze der Dienstleistungsfreiheit gemäß Art. 16 für die Rechtsanwälte nicht anwendbar, soweit sie Angelegenheiten betreffen, die unter die Dienstleistungsrichtlinie für Anwälte (77/249/EWG)[37] fallen. Hierdurch wird keine Totalausnahme der anwaltlichen Tätigkeiten begründet, sondern die Ausnahme reicht nur soweit wie die Regelungen in der Anwaltsdienstleistungsrichtlinie greifen.[38] 28

c) Aufbau der Richtlinie

Art. 4 enthält eine Definition des Begriffs der Dienstleistung. Diese knüpft an Art. 57 AEUV und die Rechtsprechung des EuGH an.[39] 29

Die DLRL enthält in Art. 5 bis 8 Vorschriften zur **Verwaltungsvereinfachung**. Art. 6 Abs. 1 sieht die Einrichtung sogenannter **Einheitlicher Ansprechpartner** (EA) vor. Die Dienstleistungserbringer sollen alle notwendigen Verfahren und Formalitäten, die für die Aufnahme ihrer Dienstleistungstätigkeiten erforderlich sind, über die EA abwickeln können. Zum anderen sollen die EA sicherstellen, dass den Dienstleistungserbringern und -empfängern alle für die Aufnahme und Ausübung von Dienstleistungstätigkeiten notwendigen Informationen – vor allem auch elektronisch – leicht zugänglich gemacht werden. Die EA sollen „institutionelle Gesprächspartner" für die Dienstleistungserbringer sein, damit diese nicht Kontakt mit verschiedenen zuständigen Behörden aufnehmen müssen.[40]

Die DLRL unterscheidet deutlich zwischen der Niederlassung und der grenzüberschreitenden Erbringung von Dienstleistungen. Art. 9 bis 15 enthalten Regelungen zur **Niederlassung von Dienstleistungserbringern**. Während Art. 9 bis 13 Vorschriften zu Genehmigungsverfahren enthalten, verpflichtet Art. 15 zum sog. **Normenscreening**. Dadurch werden die Mitgliedstaaten verpflichtet zu prüfen, ob ihre entsprechenden nationalen Vorschriften Anforderungen enthalten, die die Aufnahme oder die Ausübung einer Dienstleistungstätigkeit beinträchtigen. Diese Anforderungen dürfen gemäß Art. 15 Abs. 3 nicht diskriminierend sein, sie müssen durch einen zwingenden Grund des Allgemeininteresses[41] gerechtfertigt und sie müssen verhältnismäßig sein.[42] Erfüllt eine Norm diese Kriterien nicht, so ist sie anzupassen. 30

Art. 39 verpflichtet die Mitgliedstaaten, die Ergebnisse ihres Normenscreenings der Kommission mitzuteilen, die diese zum Zwecke der gegenseitigen Evaluierung an die Mitgliedstaaten zur Stellungnahme übersendet. Aus Art. 39 Abs. 5 ergibt sich, dass die Pflicht zum Normenscreening auch in Bezug auf die Dienstleistungsfreiheit gilt.[43]

---

36 *Kopp*, GPR 2/08, 54, 55, Fn 19.

37 Zur näheren Darstellung der für die Rechtsanwälte geltenden Dienstleistungsrichtlinie siehe Abschnitt 2, B, II, 2, d) aa) und bb) Rn 35 ff.

38 So auch *Kämmerer*, Die Zukunft der freien Berufe zwischen Deregulierung und Neuordnung, NJW-Beil. 2010, 105, 107; *Hellwig*, AnwBl 2011, 77, 82.

39 Vgl *Korte*, NVwZ 2007, 501, 503.

40 Kommissionshandbuch, Ziff. 5.2 (Fn 35).

41 Vgl Erwägungsgrund 40 und Art. 4 Nr. 8, die eine nicht abschließende Aufzählung der zwingenden Gründe des Allgemeininteresses enthalten, die sich an der Rechtsprechung des EuGH orientieren.

42 Diese Voraussetzungen gelten seit der Gebhard-Entscheidung des EuGH (EuGH, Rs. C-55/94 (Gebhard), Slg 1995, I-4165, Rn 37) und sind seitdem ständige Rechtsprechung für nationale Maßnahmen, die „die Ausübung der durch den Vertrag garantierten grundlegenden Freiheiten behindern oder weniger attraktiv machen".

43 Vgl *Lemor/Haake*, EuZW 2009, 65, 68.

31 Die Art. 16 bis 21 werden oft als „Herzstück“[44] der DLRL bezeichnet. Sie enthalten Regelungen zu den Grundsätzen der **grenzüberschreitenden Dienstleistung** und Ausnahmen hiervon. Beschränkungen der Dienstleistungsfreiheit können gemäß Art. 16 Abs. 3 nur gerechtfertigt sein, wenn sie nicht diskriminierend sind, den Gründen der öffentlichen Ordnung, der öffentlichen Sicherheit, der öffentlichen Gesundheit oder des Schutzes der Umwelt dienen und verhältnismäßig sind. Gegenüber den bisher vom EuGH als Rechtfertigung anerkannten „zwingenden Gründen des Allgemeininteresses“[45] stellt diese Aufzählung eine Einschränkung dar. Der **Verbraucherschutz** und die **geordnete Rechtspflege**, beispielsweise noch in der *Cipolla*-Entscheidung[46] des EuGH als zwingende Gründe des Allgemeininteresses anerkannt, mit denen sich eine Beschränkung des freien Dienstleistungsverkehrs rechtfertigen lässt, werden nicht mehr explizit genannt.

32 In Art. 22 bis 27 werden Maßnahmen zur Qualitätssicherung der Dienstleistungen in den Mitgliedstaaten vorgesehen. Die Mitgliedstaaten müssen sicherstellen, dass die Dienstleistungserbringer angemessene Berufshaftpflichtversicherungen abschließen, Berufswerbungsverbote sind grundsätzlich aufzuheben und gemeinsame Sozietätenbildungen dürfen grundsätzlich nicht beschränkt werden. Bei letzteren sind jedoch Ausnahmen vorgesehen hinsichtlich der verschiedenen Standesregeln der reglementierten Berufe. Weiterhin sind die Mitgliedstaaten verpflichtet, die Dienstleistungserbringer zur freiwilligen Qualitätssicherung zu motivieren, zB durch Zertifizierung ihrer Tätigkeiten oder Beteiligung an auf Unionsebene erarbeiteten Qualitätscharten oder Gütesiegeln von Berufsverbänden.

33 In den Art. 28 bis 36 sind schließlich ausführliche Regelungen zur Amtshilfe enthalten, die die Kooperationen zwischen den nationalen Verwaltungen verbessern und durch umfassenden Informationsaustausch das Vertrauen zwischen den Mitgliedstaaten stärken sollen.

d) Verhältnis zu den sektoralen Richtlinien am Beispiel der Anwaltschaft

34 Am Beispiel der Rechtsanwälte soll die Regelung eines reglementierten Berufs dargestellt werden, der auch weiterhin überwiegend durch bestehende sektorale Richtlinien bestimmt ist. Diese Richtlinien gehen als spezielles Recht den allgemeinen Bestimmungen der DLRL grds. vor. Im Folgenden werden die beiden einschlägigen Richtlinien dargestellt sowie die dort nicht geregelten Bereiche, die der allgemeinen DLRL unterfallen.

aa) Freier Dienstleistungsverkehr (Dienstleistungsrichtlinie 77/249/EWG)

35 Die **Rechtsanwaltsdienstleistungsrichtlinie 77/249/EWG** hat das Ziel, die Dienstleistung der Rechtsanwälte in den Mitgliedstaaten zu erleichtern. Der Rechtsanwalt wird nicht durch die Umschreibung einer Berufstätigkeit oder -qualifikation definiert, sondern durch die Bezugnahme auf eine im Herkunftsstaat verliehene Berufsbezeichnung, die im Aufnahmestaat zu führen ist. Ein in seinem Herkunftsstaat anerkannter Rechtsanwalt wird in allen anderen Mitgliedstaaten als solcher anerkannt (Art. 2) und kann dort außergerichtlich und gerichtlich tätig werden. Er ist verpflichtet, die im jeweiligen Aufnahmestaat für die niedergelassenen Rechtsanwälte vorgesehenen Bedingungen einzuhalten, wobei das Erfordernis des Wohnsitzes und der Zugehörigkeit zu einer Berufsorganisation in diesem Staat ausgeschlossen sind (Art. 4 Abs. 1). Außerdem muss der Rechtsanwalt zusätzlich zu den Berufsregeln seines Herkunftsstaates auch die des Aufnahmestaates einhalten (Art. 4 Abs. 2). Die Richtlinie gibt keine klare Antwort auf die Frage, welche Regel im Konfliktfall Vorrang hat. Bei einer Tätigkeit, die mit der Vertretung und der Verteidigung von Mandanten im Bereich der Rechtspflege verbunden ist, kann der Aufnahmestaat verlangen, dass ein bei diesem Gericht zugelassener Rechtsanwalt im Einvernehmen mit dem ausländischen Rechtsanwalt

---

44 Vgl *Hatje*, NJW 2007, 2357, 2360; *Kühling/Müller*, BRAK-Mitt. 2008, 5, 7.
45 Siehe hierzu die Aufzählung in Erwägungsgrund 40 und Art. 4 Nr. 8.
46 EuGH, verb. Rs. C-94/04 und C-202/04 (Cipolla), Slg 2006, I-11421, Rn 64.

handelt (Art. 5). Der EuGH hat die Funktion dieses **„Einvernehmensanwalts"** so interpretiert, dass sie sich auf ein formelles Minimum reduziert.[47]

Diese 1977 verabschiedete Richtlinie war ein erster und früher Schritt zur Liberalisierung des Anwaltsberufs in der EU. Sie wird heute in der Praxis problemlos angewendet, wozu die Zusammenarbeit der europäischen Anwaltsorganisationen im Rat der Anwaltschaften der Europäischen Union (CCBE)[48] erheblich beigetragen hat.

bb) Freie Niederlassung (Niederlassungsrichtlinie 98/5/EG)

Mit der Umsetzung der **Niederlassungsrichtlinie für Rechtsanwälte** (98/5/EG) ist eine dauerhafte Tätigkeit in einem anderen Mitgliedstaat für Rechtsanwälte wesentlich erleichtert worden. Durch die Niederlassungsrichtlinie wird geregelt, dass jeder Rechtsanwalt das Recht hat, auf unbestimmte Dauer in jedem anderen Mitgliedstaat unter seiner ursprünglichen Berufsbezeichnung der anwaltlichen Tätigkeit nachzugehen (Art. 2 Abs. 1). Einziges Erfordernis dafür ist die Eintragung bei der zuständigen Stelle im Mitgliedstaat (Art. 3 Abs. 1). Der Begriff des Rechtsanwalts wird wie in der Dienstleistungsrichtlinie unter Bezugnahme auf die Berufsbezeichnung definiert. Die anwaltliche Tätigkeit im Aufnahmestaat umfasst gemäß Art. 5 die beratende wie die gerichtliche Tätigkeit, wobei für die Vertretung vor Gericht die Bestellung eines Einvernehmensanwalts vorgesehen werden kann (Art. 5 Abs. 3), dessen rein formelle Funktion sich jedoch aus der EuGH-Rechtsprechung zur entsprechenden Regelung der Dienstleistungsrichtlinie ergibt. Bei der Ausübung seiner Tätigkeit unterliegt der Rechtsanwalt sowohl den Berufs- und Standesregeln seines Herkunftsstaats, als auch denen des Aufnahmestaats (Art. 6). Will ein Rechtsanwalt zum Rechtsanwaltsberuf im Aufnahmestaat zugelassen werden, so kann er dies ohne jede weitere Prüfung tun, wenn er unter seiner ursprünglichen Berufsbezeichnung eine mindestens dreijährige effektive und regelmäßige Tätigkeit im Aufnahmestaat, im Recht dieses Mitgliedstaats, einschließlich des Unionsrechts, nachweisen kann (Art. 10). Kann er diese Tätigkeit nicht nachweisen, so bleibt ihm immer noch der Weg über die BQRL[49] (siehe unten Abschnitt 2, B, II, 3, b) Rn 59). 36

Derzeit evaluiert die Kommission die Freizügigkeitsregelungen für Rechtsanwälte in der Europäischen Union. Am 7. Mai 2013 stellte sie die von ihr beauftragte „Panteia"-Studie „Evaluation of the Legal Framework for the Free Movement of Lawyers"[50] vor, erstellt von einem Konsortium des Panteia-Instituts und der Universität Maastricht. Die Studie kommt zu dem Schluss, dass die Rechtsanwaltsrichtlinien als Erfolg zu betrachten sind und nach wie vor ihre Berechtigung haben. Die Abschaffung der sektoralen Richtlinien würde entweder zu einem weniger liberalen Regime für Rechtsanwälte führen oder aber bei Beibehaltung des liberalen Charakters viele rechtsanwaltsspezifische Artikel in der BQRL erfordern, was aber statt vereinfachend verkomplizierend wirke und daher abzulehnen sei. 37

Änderungs- und Verbesserungsbedarf sieht die Studie aber insbesondere im Hinblick auf unklare, sich widersprechende mitgliedstaatliche Berufsrechte und schlägt vor, dass statt der Einhaltung der Berufsrechte von Herkunfts- und Mitgliedstaat im Rahmen der Dienstleistungsfreiheit das Berufsrecht des Herkunftslandes und im Rahmen der Niederlassung das Berufsrecht des Aufnahmemitgliedstaats gelten solle, ohne Unterscheidung zwischen gerichtlicher und außergerichtlicher Dienstleistung.[51] Ein anderes Hindernis sieht die Studie in der mangelnden Abdeckung von Berufshaftpflichtversicherungen im Rahmen der vorübergehenden grenzüberschreitenden Dienstleistungserbringung, was zu doppelten Versicherungspolicen führt. Es wird vorgeschlagen, dass die Versicherung des Herkunftsmitgliedstaats die vorübergehende Dienstleistungserbringung abdecken solle. 38

47 EuGH, Rs. C-427/85 (Kommission/Deutschland), Slg 1988, 1123, Rn 26, 27, 32.

48 Der CCBE ist die europäische Dachorganisation mit freiwilliger Mitgliedschaft der Anwaltsorganisationen der Mitgliedstaaten der Europäischen Union und des Europäischen Wirtschaftsraumes (EWR), Website abrufbar unter: http://www.ccbe.eu/index.php?id=375&L=3 (zuletzt eingesehen am 5.10.2014).

49 EuGH, Rs. C-359/09 (Ebert), Slg 2011, I-00269, Rn. 32, 35; *Frenz/Wübbenhorst*, NJW 2011, 1262, 1263, 1265.

50 Panteia-Studie abrufbar unter: http://ec.europa.eu/internal_market/qualifications/docs/studies/2013-lawyers/report_en.pdf (zuletzt eingesehen am 5.10.2014).

51 Kritisch hierzu *Schriever*, AnwBl 2013, 522, 523.

Entsprechende Änderungen an den bestehenden Richtlinien will die Kommission erst in der nächsten Legislaturperiode (2014–2019) vorlegen.

cc) Nationale Umsetzung (EuRAG, BRAO und BORA)

39 Die Anwaltsrichtlinien haben ihren Weg ins deutsche Recht gefunden. Zum einen stellt das Europäische Rechtsanwaltsgesetz (**EuRAG**) die Zusammenfassung und die nationale Umsetzung der **Rechtsanwaltsdienstleistungsrichtlinie** (77/249/ EWG) und der **Rechtsanwaltsniederlassungsrichtlinie** (98/5/EG) dar. Ferner hat der Gesetzgeber mit Einführung des § 29 a BRAO der ***Klopp***-Entscheidung des EuGH Rechnung getragen, der es den Rechtsanwälten erlaubt, weitere Niederlassungen zu errichten oder zu unterhalten, was ihnen zuvor versagt war und was nach Ansicht des EuGH mit dem Grundsatz der Niederlassungsfreiheit unvereinbar war.[52]

40 Schließlich haben in Deutschland die sog. „Standesregeln der Rechtsanwälte der Europäischen Gemeinschaft (Code of Conduct)“[53] des **CCBE** Eingang in die nationale Berufsordnung gefunden. Während diese CCBE-Berufsregeln in einigen Mitgliedstaaten den Rang nationalen Berufsrechts haben, waren sie in Deutschland gemäß § 29 Abs. 1 BORA aF bei grenzüberschreitender Tätigkeit nur einschlägig, soweit nicht Unionsrecht oder deutsches Verfassungs-, Gesetzes- oder Verordnungsrecht Vorrang hatten. Mit Wirkung ab dem 1. November 2013 ist diese Norm aufgehoben und durch § 29 a Zwischenanwaltliche Korrespondenz im grenzüberschreitenden Rechtsverkehr und § 29 b Einschaltung eines ausländischen Rechtsanwalts ersetzt worden.[54] Begründet wurde diese Streichung damit, dass die Satzungsversammlung mit der Schaffung der Norm ihre gesetzliche Ermächtigungsgrundlage überschritten habe, da die CCBE-Berufsregeln nicht bloß „die besonderen Berufspflichten im grenzüberschreitenden Rechtsverkehr betreffen“ (und nur soweit erstreckt sich die Ermächtigungsgrundlage des Art. 59 b Abs. 2 Nr. 9 BRAO). Solche die besonderen Berufspflichten betreffenden Regelungen seien nur in zwei Nummern des Code of Conduct enthalten, die sich nun in den §§ 29 a und 29 b BORA wiederfinden. Darüber hinaus hat die Satzungsversammlung festgestellt, dass alle Fragen, die in den einzelnen Bestimmungen des CCBE Code of Conduct behandelt sind, im deutschen Berufsrecht ohnehin entweder gesetzlich bzw. durch Satzung geregelt oder durch die Rechtsprechung der Gerichte geklärt sind.[55]

dd) Beschränkung der Freizügigkeit durch nationale Berufsausübungsregelungen (EuGH, Rs. C-3/95 (Reisebüro Broede), EuGH, Rs. C-309/99 (Wouters), EuGH, Rs. C-94/04 und C-02/04 (Cipolla)), EuGH, Rs. C-565/08 (Kommission/Italien), EuGH, Rs. C-54/08 (Kommission/Deutschland)

41 Dass der Rechtsanwalt, der als Organ der Rechtspflege ein Pfeiler des Rechtsstaats ist, besonderen Regeln unterliegt, steht außer Frage. Da in vielen Fällen das Recht der Mitgliedstaaten besondere Anforderungen an die berufliche Qualifikation und die Berufsausübung stellt, erkennt der EuGH als aus zwingenden Gründen des Allgemeininteresses erforderliche Berufsregeln in vielen Fällen als zulässige Beschränkung an.[56] So hat er das Verbot der gemeinsamen Sozietätenbildung von Rechtsanwälten und Wirtschaftsprüfern der niederländischen Rechtsanwaltskammer im Fall ***Wouters***[57] als zulässige Beschränkung der Niederlassungsfreiheit aus Gründen der Wahrung der Grundwerte des Rechtsanwaltsberufs anerkannt. In der Entscheidung ***Reisebüro Broede*** hat der EuGH festgestellt, dass Regelungen, die die Einziehung von Forderungen bestimmten Berufen vorbehalten, in die Zuständigkeit der Mitgliedstaaten fallen. Damit wurde die Geltung des deutschen Rechtsbera-

52 *Schroeder*, in: Henssler/Prütting, BRAO, § 29 a BRAO, Rn 2, 3.
53 Diese Regeln wurden am 28. Oktober 1988 beschlossen und 1998, 2002 und 2006 einer Revision unterzogen.
54 S. Beschlüsse der 4. Sitzung der 5. Satzungsversammlung bei der Bundesrechtsanwaltskammer am 15. April 2013.
55 *Offermann-Burckhard*, in: Henssler/Prütting, BRAO, § 29 BORA, Vorbem. mit einer ersten Bewertung.
56 *Hakenberg*, in: Lenz/Borchardt, EU-Verträge, Art. 49/50 AEUV, Rn 25.
57 EuGH, Rs C-309/99 (Wouters), Slg 2002, I-1577.

tungsgesetzes[58] anerkannt und insofern die Beschränkungen der gerichtlichen Inkassotätigkeit auf Rechtsanwälte als durch Gründe des Verbraucherschutzes gerechtfertigt angesehen.[59] In der *Cipolla*-Entscheidung entschied der EuGH, dass die in der italienischen Gebührenordnung für Rechtsanwälte festgesetzten Mindestgebühren geeignet sind, die Dienstleistungstätigkeit einzuschränken, dass sie jedoch aus zwingenden Gründen des Allgemeinwohls, nämlich des **Verbraucherschutzes** und der **geordneten Rechtspflege**, gerechtfertigt sein können. So muss im Einzelfall geprüft werden, ob es eine Wechselbeziehung zwischen der Honorarhöhe und der Qualität der von den Rechtsanwälten erbrachten Dienstleistungen gibt und ob die Festlegung von Mindesthonoraren geeignet ist, diese Ziele zu erreichen.[60] Die jüngste Entscheidung (***Kommission/Italien***), in der sich der EuGH mit den italienischen Gebührenregelungen beschäftigt hat, betraf Gebührenobergrenzen, die Rechtsanwälte in Italien beachten müssen. Hier konnte der EuGH jedoch nicht einmal eine Beschränkung der Grundfreiheiten erkennen, da aufgrund der Flexibilität der Regelungen der Zugang für Rechtsanwälte zum italienischen Markt nicht beeinträchtigt wird und somit die Gebührenhöchstsätze nicht gegen die Grundfreiheiten verstoßen.[61] Mit seiner ***„Notar"***-Entscheidung hat der EuGH den Staatsangehörigenvorbehalt für deutsche Notare nach § 5 BNotO zu Fall gebracht. Nach seiner Ansicht stellt der Staatsangehörigkeitsvorbehalt eine nach Art. 49 AEUV verbotene Diskriminierung dar, da die Tätigkeiten des Notars keine solchen sind, die gemäß Art. 51 AEUV mit der Ausübung öffentlicher Gewalt verbunden sind und damit eine Ausnahme zur Niederlassungsfreiheit darstellen. Denn die Hauptaufgabe des Notars sei die Beurkundung von Rechtsgeschäften, denen sich die Beteiligten freiwillig unterwerfen.[62]

ee) Anwendbarkeit der DLRL für Rechtsanwälte

Im Bereich der Rechtsanwälte ist mit den beiden Rechtsanwaltsrichtlinien schon eine durchgrei- 42
fende Öffnung der Märkte erzielt worden. Im Folgenden wird dargestellt, in welchen Bereichen die DLRL für Rechtsanwälte überhaupt anwendbar sein kann.

(1) Werbung

Der Bereich der Werbung ist in den Anwaltsrichtlinien bislang nicht geregelt und unterfällt daher 43
der DLRL. Gemäß Art. 24 müssen die Mitgliedstaaten sämtliche absolute Verbote der kommerziellen Kommunikation für reglementierte Berufe aufheben. Abs. 2 der Regelung sieht aber weiterhin Beschränkungsmöglichkeiten vor, die durch zwingende Gründe des Allgemeininteresses gerechtfertigt und verhältnismäßig sein müssen. Genannt werden insbesondere solche Anforderungen, die je nach Beruf die Unabhängigkeit, die Würde und die Integrität des Berufsstandes sowie die Wahrung des Berufsgeheimnisses gewährleisten sollen (Art. 24 Abs. 2 S. 1). Nach § 43 b BRAO ist Werbung dem Rechtsanwalt nur erlaubt, soweit sie über die berufliche Tätigkeit in Form und Inhalt sachlich unterrichtet und nicht auf die Erteilung eines Auftrags im Einzelfall gerichtet ist. Diese Regelung dürfte den Anforderungen der DLRL gerecht werden, so dass in diesem Bereich keine weiteren Auswirkungen für die Rechtsanwälte zu erwarten sind.[63]

(2) Vergütung/Mindesthonorare

Ein Bereich, der ebenfalls durch die sektoralen Anwaltsrichtlinien nicht geregelt wurde und daher 44
der DLRL unterfällt, ist der Bereich der **Mindestgebühren** bei der Vergütung der Rechtsanwälte.

---

58 Das Rechtsberatungsgesetz ist zum 12. Dezember 2007 außer Kraft getreten und wurde durch das Rechtsdienstleistungsgesetz vom 12. Dezember 2007 (BGBl. I, S. 2840), zuletzt geändert das durch Artikel 8 des Gesetzes vom 10. Oktober 2013 (BGBl. I, S. 3786) abgelöst.

59 EuGH, Rs. C-3/95 (Reisebüro Broede), Slg 1996, I-06511, Rn 39, 41.

60 EuGH, verb. Rs. C-94/04 und C-202/04 (Cipolla), Slg 2006, I-11421, Rn 66.

61 EuGH, Rs. C-565/08 (Kommission/Italien), Slg 2011, I-02101, Rn 53; siehe auch dazu Anmerkung von *Henssler*, NJW 2011, 1575, 1578.

62 EuGH, Rs. C-54/08 (Kommission/Deutschland), Slg 2011, I-04355, Rn 91 ff; EuZW 2011, 468 mit Anmerkungen zum Urteil, vertiefend *Henssler/Kilian*, NJW 2012, 481.

63 Vgl *Kopp*, GPR 2/08, 54, 62; *Kühling/Müller*, BRAK-Mitt. 2008, 5, 8; *Hatje*, NJW 2007, 2357, 2363.

Gemäß Art. 15 Abs. 2 lit. g unterliegen die Mitgliedstaaten dem Normenscreening und müssen prüfen, ob bestehende Mindestgebühren der Rechtsanwälte im gerichtlichen Verfahren (§ 49 b Abs. 1 BRAO iVm RVG) den Anforderungen des Art. 15 Abs. 3 entsprechen, dh ob sie nicht diskriminierend sind, zwingenden Gründen des Allgemeinwohls dienen und verhältnismäßig sind.[64]

45 Der EuGH hat in seinem *Cipolla*-Urteil entschieden, dass durch die Festsetzung von Mindestgebühren grds. eine Beschränkung der Dienstleistungsfreiheit gegeben ist, diese jedoch aus Gründen des Verbraucherschutzes und der Sicherung einer geordneten Rechtspflege gerechtfertigt sein kann. Allerdings müssen die Mitgliedstaaten sehr sorgfältig abwägen, ob tatsächlich eine Wechselbeziehung zwischen Honorarhöhe und der Qualität der Rechtsberatung besteht.[65] Die Monopolkommission sieht in ihrem Hauptgutachten „Mehr Wettbewerb auch im Dienstleistungssektor!“[66] eine solche Wechselbeziehung nicht. Sie hält zwar eine Gebührenordnung für sinnvoll, jedoch sollte diese nicht als Mindestpreisregelung dienen.[67] Weiter wird vorgetragen, dass die Aufhebung der Mindesthonorare zu niedrigeren Honoraren führen und somit den Zugang zum Recht ermöglichen würde, da der potentielle Mandant ein geringeres Gebührenrisiko tragen müsse.[68] Dem wird jedoch entgegengehalten, dass Deutschland im Vergleich ein sehr gut funktionierendes System des Zugangs zum Recht zu erschwinglichen Preisen habe.[69] Die Kommission sieht in Mindestpreisen ein schwerwiegendes Hindernis für den Binnenmarkt; grundsätzlich sollten die Mitgliedstaaten ein angemesseneres Mittel zum Schutz von Allgemeininteressen wie dem Verbraucherschutz finden.[70]

46 Im Bereich der **Erfolgshonorare** hat der deutsche Gesetzgeber bereits 2008 aufgrund des Bundesverfassungsgerichtsurteils zur Zulässigkeit von Erfolgshonoraren[71] eine Korrektur vorgenommen. Dabei wird zwar vom Wortlaut her am Verbot von Erfolgshonoraren festgehalten, denn sie sind auch weiterhin im Prinzip unzulässig gemäß § 49 b Abs. 2 S. 1 BRAO. Nach § 4 a Abs. 1 RVG können aber dann Erfolgshonorare vereinbart werden, wenn der Auftraggeber aufgrund seiner wirtschaftlichen Verhältnisse bei verständiger Betrachtung ohne die Vereinbarung eines Erfolgshonorars von der Rechtsverfolgung abgehalten würde. Bei Vorliegen dieser Voraussetzungen ist damit nun die Vereinbarung eines Erfolgshonorars zulässig.[72]

47 Im Rahmen des Normenscreening sind die Mindestgebühren nicht beanstandet worden. Ob sie jedoch vor dem EuGH Bestand hätten, ist eine andere Frage.[73] Denn der EuGH hat in seiner *Cipolla*-Entscheidung Mindestgebühren zwar gebilligt, aber gleichzeitig auch hohe Hürden für ihre Rechtfertigung aufgestellt, nämlich dass eine Wechselbeziehung zwischen Honorarhöhe und der Qualität der anwaltlichen Dienstleistung vorliegt. Italien hat seine Mindestgebühren nach der *Cipolla*-Entscheidung abgeschafft.

(3) Multidisziplinäre Partnerschaften/Alternative Businessstrukturen (ABS)

48 Auswirkungen für die Rechtsanwaltschaft könnte auch Art. 25 haben. Danach dürfen die Mitgliedstaaten die Dienstleistungserbringer keinen Anforderungen unterwerfen, die die gemeinschaftliche oder partnerschaftliche Ausübung unterschiedlicher Tätigkeiten beschränken. Jedoch können Anforderungen vorgesehen werden, um bei Angehörigen reglementierter Berufe die Einhaltung der verschiedenen Standesregeln sicherzustellen und, soweit dies notwendig erscheint, um ihre Unab-

64 Bejahend *Henssler*, AnwBl 2009, 1, 5; kritisch *Hellwig*, AnwBl 2011, 77, 78 f.; *ders.*, AnwBl 2011, 476, 479 f.
65 EuGH, verb. Rs. C-94/04 und C-202/04 (Cipolla), Slg 2006, I-11421, Rn 66.
66 Hauptgutachten Monopolkommission abrufbar unter: http://dip21.bundestag.de/dip21/btd/16/024/1602460.pdf (zuletzt eingesehen am 5.10.2014).
67 Hauptgutachten Monopolkommission, S. 397.
68 *Kopp*, GPR 2/08, 54, 60 mwN.
69 *Lörcher*, BRAK-Mitt. 2008, 2, 3.
70 Kommissionshandbuch, Ziff. 6.3.7 (Fn 35).
71 BVerfG 12.12.2006 – 1 BvR 2576/04.
72 Für eine weite Auslegung des § 4 a Abs. 1 RVG siehe *Kleine-Cosack*, BRAO, § 49 b, Rn 15 ff.
73 Vgl *Hellwig*, AnwBl 2011, 476, 479, 480, der die Regelung für unionsrechtlich nicht haltbar hält, ebenso *Kleine-Cosack*, AnwBl 2010, 537, 541; aA *Henssler*, AnwBl 2009, 1, 5 (Rechtfertigung durch eine funktionsfähige Rechtspflege).

hängigkeit und Unparteilichkeit zu gewährleisten (Art. 25 Abs. 1 lit. a). Diese Einschränkung beruht auf der Entscheidung des EuGH in der Sache ***Wouters***. Darin hatte der EuGH eine niederländische Kammer-Verordnung gebilligt, die die gemeinsame **Sozietätenbildung** von Anwälten und Wirtschaftsprüfern verbietet. Aufgrund unterschiedlicher standesrechtlicher Erfordernisse beider Berufe (so kennt das niederländische Recht zB kein Berufsgeheimnis für Wirtschaftsprüfer) entschied der EuGH, dass das Verbot als für die ordnungsgemäße Ausübung des Rechtsanwaltsberufs erforderliche Regelung angesehen werden könne.[74]

Eine solche Sozietätenbildung ist im deutschen Recht zwar gemäß § 59 a BRAO zulässig, allerdings 49
ist sie auf spezifische Berufsgruppen beschränkt, nämlich Patentanwälte, Steuerberater, Steuerbevollmächtigte, Wirtschaftsprüfer oder vereidigte Buchprüfer. Über diese Berufsgruppen hinausgehende Zusammenschlüsse sind verboten. Dieses Verbot ist nun vom BGH für mit Art. 12 Abs. 1, Art. 9 Abs. 1 und Art. 3 Abs. 1 GG unvereinbar erklärt worden.[75] Verfahrensgegenstand war der Zusammenschluss eines Rechtsanwalts mit einer Ärztin, die zugleich Apothekerin ist, zu einer Partnerschaftsgesellschaft. Zur Verfolgung des genannten legitimen Gemeinwohlziels sei ein so weitreichendes Verbot, wie es in § 59 a Abs. 1 BRAO normiert ist, insbesondere auch in Bezug auf Ärzte und Apotheker, nicht erforderlich.[76] Mit dem Vorlagebeschluss gemäß Art. 100 GG liegt es nun am Bundesverfassungsgericht, das Assoziierungsverbot des § 59 a BRAO zu kippen.

Schon 2006 war versucht worden, den § 59 a Abs. 1 BRAO zu reformieren und auf alle „vereinba- 50
ren Berufe“ auszuweiten, scheiterte jedoch im Rechtsausschuss des Bundestags. Aufgrund „erheblicher Meinungsunterschiede innerhalb der Anwaltschaft“[77] sollten diese weitreichenden Änderungen des anwaltlichen Berufsrechts in einem gesonderten Gesetzgebungsvorhaben geregelt werden, zu dem es aber bislang nicht kam.[78]

Ähnlich liegt der Fall bei den **Beteiligungs- und Fremdbesitzverboten** der § 59 c Abs. 2 und § 59 f 51
BRAO. Im „***Optiker***“-Urteil hatte der EuGH entschieden, dass nationale Mehrbesitz- und Fremdbesitzverbote aus Gründen des Gesundheitsschutzes eine Beschränkung der Niederlassungs- und Kapitalverkehrsfreiheit nicht rechtfertigen können. Der Gesundheitsschutz könne mit weniger einschneidenden Mitteln gewährleistet werden, wie zB durch Regelungen, dass zumindest ein diplomierter Optiker im Geschäft anwesend sein müsse oder durch Vorschriften zur Haftung und Haftpflichtversicherung.[79] Dagegen kam der EuGH in der ***DocMorris***-Entscheidung zum Ergebnis, dass die Niederlassungsfreiheit und der freie Kapitalverkehr zwar durch das Fremdbesitzverbot beeinträchtigt waren. Jedoch sei das Verbot gerechtfertigt, weil den Mitgliedstaaten im Bereich des Gesundheitsschutzes ein Wertungsspielraum zuzustehen sei, in dessen Rahmen sie entscheiden können, welches Maß an Schutz sie für die Bevölkerung erreichen wollten. Daher könne der Verkauf von Arzneimitteln im Einzelhandel grundsätzlich Apothekern vorbehalten werden, da diese Garantien bieten müssten und dem Verbraucher Informationen geben könnten. Darüber hinaus sei bei einem Apotheker davon auszugehen, dass er die Apotheke nicht aus rein wirtschaftlichen Zwecken betreibe, sondern auch unter einem beruflich-fachlichen Blickwinkel. Sein privates Interesse an Gewinnerzielung werde durch seine Ausbildung, seine berufliche Erfahrung und die ihm obliegende Verantwortung gezügelt.[80] Eine ähnliche Argumentation käme auch im Bereich der Rechtsanwälte in Betracht, da auch diese aufgrund ihrer Stellung als Organ der Rechtspflege besonderen Verpflichtungen unterliegen und besondere Verantwortung gegenüber ihren Mandanten und der Allgemeinheit tragen. Die Frage, ob den Belangen der Rechtspflege und des Verbraucherschutzes aller-

74 EuGH, Rs. C-309/99 (Wouters), Slg 2002, I-1577, Rn 123.

75 BGH 16.5.2013 – II ZB 7/11, NJW 2013, 2674; siehe auch *Kleine-Cosack*, AnwBl 2013, 570, 571, 575, 576.

76 BGH 16.5.2013 – II ZB 7/11, Rn 64; für den BGH war darüber hinaus noch klärungsbedürftig, ob Art. 25 DLRL hier für den sektoral geregelten Bereich der Rechtsanwälte überhaupt Anwendung findet, oder ob hier nicht vielmehr Art. 11 Abs. 5 der Rechtsanwaltsniederlassungsrichtlinie 98/5/EG vorgeht, der Bestimmungen über die Zulässigkeit multidisziplinärer Ausübung der anwaltlichen Dienstleistungstätigkeit enthält (Rn 41, 46).

77 BT-Drucks. 16/6634, S. 1, 50.

78 Vgl *Kleine-Cosack*, AnwBl 2013, 570, 571.

79 EuGH, Rs. C-140/03 (Kommission/Griechenland), Slg 2005, I-3177, Rn 35.

80 EuGH, verb. Rs. C-171/07 und C-172/07 (DocMorris), Rn 19, 37 ff, Slg 2009, I-04171, Rn 19, 37 ff.

dings tatsächlich dieselbe Bedeutung wie der Volksgesundheit beizumessen ist, hatte der EuGH bislang nicht zu entscheiden.[81]

52 Auch hier sind im Rahmen des Normenscreenings keine Gesetzesänderungen vorgenommen worden. Es gab und gibt jedoch durchaus Stimmen, die die deutschen Regelungen insbesondere zu den multidisziplinären Tätigkeiten für schwer vereinbar mit dem Europarecht halten.[82] Es bleibt abzuwarten, ob sich die Frage möglicher Europarechtswidrigkeit bereits dadurch löst, dass das BVerfG die Norm als verfassungswidrig verwirft und welche Auswirkungen diese Entscheidung auch auf andere Beschränkungen im anwaltlichen Gesellschaftsrecht wie das Beteiligungs- und Fremdbesitzverbot haben wird.[83]

e) Normenscreening

53 In Deutschland ist das Bundesministerium für Wirtschaft und Energie (BMWi) neben der Prüfung des eigenen Normenbestandes auch für die Koordination des Normenprüfungsverfahrens sowie die Vertretung der deutschen Interessen gegenüber der Kommission zuständig. Was die Prüfung der Normen angeht, so sind Bund und Länder, Kammern und Kommunen in ihrem Zuständigkeitsbereich jeweils selbst verantwortlich. Mit der Normenprüfung wurde im Juni 2008 flächendeckend begonnen und sie war 2010 abgeschlossen.

Darauf folgte im Jahre 2010 auf europäischer Ebene eine „peer review" (wie gemäß Art. 39 vorgesehen), in der die Mitgliedstaaten die Ergebnisse ihrer jeweiligen Normenprüfung gegenseitig diskutiert haben. Die Ergebnisse dieser Evaluierungen hat die Kommission in einer Mitteilung[84] Anfang Januar 2011 zusammengefasst. Danach bewertet sie die Umsetzung der DLRL als wichtigen Schritt zur Verwirklichung eines besser funktionierenden Binnenmarkts für Dienstleistungen, macht aber auch Vorschläge für weitere Maßnahmen und identifiziert Bereiche, die noch viel Potential für Verbesserungen aufweisen und zunächst weiter untersucht werden müssen.[85] Im Juni 2012 hat die Kommission die Mitgliedstaaten erneut zu einer ambitionierteren Umsetzung der DLRL aufgefordert.[86]

f) Umsetzung der DLRL

54 In Deutschland ist die DRLR nicht durch ein horizontales Dienstleistungsgesetz umgesetzt worden, sondern wurde in bestehendes Recht integriert.

Die **Einheitlichen Ansprechpartner (EA)** sind durch Änderung der Verwaltungsverfahrensgesetze von Bund und Ländern erfolgt. Dies geschah im Dezember 2008 durch das 4. VerwVerfÄnderungsG (§§ 71a-e VwVfG-neu),[87] das dann spiegelbildlich in die Verwaltungsverfahrensgesetze der Länder umgesetzt wurde. Aufgrund der föderalen Kompetenzverteilung sind die Bundesländer für die konkrete Ausgestaltung des EA zuständig. Die Länder haben sich für unterschiedliche Modelle entschieden, die ihren jeweiligen regionalen Gegebenheiten und Strukturen am besten entsprachen.[88] Die EA können nicht nur bei staatlichen Behörden angesiedelt sein, sondern auch bei Berufs-, Handels- oder Handwerkskammern, Standesorganisationen oder privaten Einrichtungen, denen die Mitgliedstaaten diese Aufgabe übertragen. Sie unterliegen in Deutschland staatlicher

81 Kritsch hierzu *Hellwig*, AnwBl 2011, 77, 80; *Killian*, AnwBl 2014, 111, 114, 115.

82 Vgl *Hellwig*, AnwBl 2011, 77, 80, der die Regelung des § 59 a BRAO für europarechtswidrig hält.

83 Vgl *Kleine-Cosack*, AnwBl 2013, 570, 571, 575, 576.

84 KOM(2011) 20.

85 ZB wie sich die Beschränkungen der Kapitalbeteiligungen und der Rechtsform auf bestimme Dienstleistungssektoren auswirken oder die Schwierigkeiten für die Erbringer grenzübergreifender Dienstleistungen, die sich aus Versicherungsanforderungen ergeben.

86 KOM(2012) 261.

87 BGBl. I, S. 2418.

88 Siehe Übersichtstabelle auf der Website des Bundesverbands der Freien Berufe unter: http://www.freie-berufe.de/fileadmin/bfb/5_Themen/2_Qualitaetssicherung-und-Berufsrechte/2_Rechtsrahmen%20und%20Berufsrechte/7_Dienstleistungsrichtlinie/BFB-UEbersicht_Stand_09_03_10%20Einheitliche%20Ansprechpartner.pdf (zuletzt eingesehen am 5.10.2014).

Aufsicht und Kontrolle.[89] Einen EA auf Bundesebene gibt es nicht. Die Einheitlichen Ansprechpartner in den (anderen) Mitgliedstaaten der EU sind über eine zentrale europäische Website zu erreichen.[90]

Die in Art. 22 DLRL geregelten **Informationspflichten der Dienstleistungserbringer** gegenüber den Dienstleistungsempfängern wurden einheitlich und zentral in der Dienstleistungs-Informationspflichten-Verordnung vom12. März 2010 umgesetzt, die am 17. Mai 2010 in Kraft trat (BGBl. I, S. 267 ff). 55

Die DLRL sieht auch eine **verstärkte Verwaltungszusammenarbeit** vor. Gemäß Art. 28 ff sollen die Behörden der Mitgliedstaaten künftig IT-gestützt dienstleistungsrelevante Informationen untereinander austauschen können. Die Verwaltungszusammenarbeit soll bspw erfolgen, um Angaben ausländischer Dienstleister zu überprüfen oder um inländische Dienstleister im Ausland zu überwachen. Ein wesentlicher Baustein dazu ist **das Binnenmarktinformationssystem.** Hierdurch soll das Kommunikationsdefizit der Verwaltungen der Mitgliedstaaten behoben werden.[91] Das IMI unterstützt bisher schon die Anwendung der BQRL.[92] 56

3. Die Berufsqualifikationsrichtlinie (BQRL), RL 2005/36/EG (geändert durch RL 2013/55/EU)

a) Einleitung

Die BQRL verfolgt ebenso wie die DLRL einen horizontalen Ansatz. Sie ist vorranging zur DLRL anwendbar, wenn es um den Zugang zu einem reglementierten Beruf geht. Die BQRL will ein allgemeines System der Anerkennung von Berufsqualifikationen schaffen. Um dieses Ziel zu erreichen, konsolidiert sie drei allgemeine Regelungen zur Anerkennung beruflicher Befähigungsnachweise[93] sowie zwölf sektorale Richtlinien, die insbesondere die Tätigkeiten des Arztes, der Krankenschwester/des Krankenpflegers, des Zahnarztes, des Tierarztes, der Hebamme, des Architekten und des Apothekers betreffen.[94] Die BQRL löst aber nicht nur die sektoralen Richtlinien ab, sondern regelt den gesamten Bereich der bislang noch nicht harmonisierten reglementierten Berufe. Der berufsübergreifende Ansatz wurde gewählt, da sich der sektorale als zu langwierig herausstellte und auch politisch schwer zu verwirklichen war.[95] Die BQRL wurde am 6. Juni 2005 vom Rat gegen die Stimmen Deutschlands und Griechenlands[96] angenommen und trat am 20. Oktober 2005 in Kraft. Die Umsetzung verlief in allen Mitgliedstaaten schleppend. Deutschland kam seiner Verpflichtung erst nach Verurteilung durch den EuGH[97] mit dem Berufsqualifikationsfeststellungsgesetz[98] vollständig nach, das am 1. April 2012 in Kraft getreten ist. 57

Am 19. Dezember 2011 hat die Kommission einen Vorschlag[99] zur Überarbeitung der BQRL vorgelegt. Nach längeren Verhandlungen einigten sich das Europäische Parlament und der Rat im 58

89 http://www.dienstleisten-leicht-gemacht.de/DLR/Navigation/umsetzung,did=264132.html, mit weiteren Verweisen (zuletzt eingesehen am 5.10.2014).

90 www.eu-go.eu (zuletzt eingesehen am 5.10.2014).

91 KOM(2008) 703, S. 4.

92 Ausführliche Informationen abrufbar unter: http://www.dienstleisten-leicht-gemacht.de/DLR/Navigation/umsetzung,did=264138.html (zuletzt eingesehen am 5.10.2014).

93 RL 89/48/EWG, RL 92/51/EWG, RL 99/42/EG.

94 Betroffen sind die folgenden Richtlinien: 77/452/EWG, 77/453/EWG, 78/686/EWG, 78/687/EWG, 78/1026/EWG, 78/1027/EWG, 80/154/EWG, 80/155/EWG, 85/384/EWG, 85/432/EWG, 85/433/EWG, 93/16/EWG.

95 Vgl *Kluth/Rieger*, EuZW 2005, 486.

96 Siehe Presseerklärung des Rates unter: http://www.consilium.europa.eu/uedocs/cms_data/docs/pressdata/en/misc/85121.pdf (zuletzt eingesehen am 5.10.2014).

97 EuGH, Rs. C-505/08 (Kommission/Deutschland), Slg 2009, I-00222.

98 Berufsqualifikationsfeststellungsgesetz vom 6. Dezember 2011 (BGBl. I, S. 2515), das durch Artikel 23 des Gesetzes vom 25. Juli 2013 (BGBl. I, S. 2749) geändert worden ist.

99 KOM(2011) 883; vgl auch das vorhergehende Grünbuch KOM(2011) 367.

Herbst 2013 auf einen Kompromiss. Die Richtlinie[100] trat am 17. Januar 2014 in Kraft und muss bis zum 18. Januar 2016 umgesetzt werden. In der folgenden Darstellung der BQRL sind die Neuerungen durch die Änderungsrichtlinie mitberücksichtigt.

b) Anwendungsbereich

59 Die BQRL gilt für alle Selbständigen oder abhängig Beschäftigten, die einen reglementierten Beruf in einem anderen Mitgliedstaat, als dem, in dem sie ihre Berufsqualifikation erworben haben, ausüben wollen (Art. 2 Abs. 1). Anknüpfungspunkt ist somit der Begriff des reglementierten Berufs, der in Art. 3 Abs. 1 lit. a definiert ist als eine berufliche Tätigkeit, bei der die Aufnahme oder Ausübung direkt oder indirekt durch Rechts- und Verwaltungsvorschriften an den Besitz bestimmter Berufsqualifikationen gebunden ist.[101] Damit sind Freie Berufe wie Ärzte, Apotheker und Architekten mit eingeschlossen, aber auch Berufe aus den Bereichen des Handels und Handwerks und der gewerbliche Berufe.[102] Ausschlaggebend für die Anwendung der BQRL ist die Rechtslage im Aufnahmestaat, dass also der Beruf dort durch Rechts- oder Verwaltungsvorschriften reglementiert ist.[103]

60 Die Rechtsanwälte sind von der BQRL ausgenommen,[104] für sie gelten weiterhin die oben in Abschnitt 2, B, II, 2, d (Rn 34 ff) näher dargestellten Rechtsanwaltsrichtlinien, soweit diese spezifische Fragen der Dienstleistungs- und Niederlassungsfreiheit der Anwälte regeln. Die BQRL kommt jedoch ergänzend da zur Anwendung, wo diese Richtlinien keine Regelungen vorsehen. Dies ist der Fall bei der Anerkennung der Berufsqualifikationen von Anwälten zum Zwecke der umgehenden Niederlassung unter der Berufsbezeichnung des Aufnahmemitgliedstaats, dh wenn der Rechtsanwalt keine mindestens dreijährige effektive und regelmäßige Tätigkeit im Aufnahmemitgliedstaat nachweisen kann (Art. 10 der Rechtsanwaltsniederlassungsrichtlinie 98/5/EG, siehe hierzu auch Abschnitt 2, B, II, 2, d) bb) Rn 36). Erwägungsgrund 42, Satz 3 BQRL stellt klar, dass dieser Fall von der BQRL abgedeckt werden soll.[105] Entsprechend hat der EuGH im Fall *Ebert* festgestellt, dass sich die Rechtsanwaltsniederlassungsrichtlinie und die Hochschuldiplomanerkennungsrichtlinie (die Vorgängerrichtlinie der BQRL, Verweise auf die Hochschuldiplomanerkennungsrichtlinie gelten gemäß Art. 62 BQRL als Verweise auf die BQRL) einander dadurch ergänzen, dass sie für Rechtsanwälte zwei Wege des Zugangs zum Rechtsanwaltsberuf in einem Aufnahmemitgliedstaat unter der dortigen Berufsbezeichnung einführen.[106] Auch sonstige Berufe, die in Einzelrichtlinien[107] geregelt werden, werden von der BQRL grundsätzlich nicht erfasst.

61 Mit der Überarbeitung der BQRL durch Richtlinie 2013/55/EU werden nun auch die Notare explizit vom Anwendungsbereich der BQRL ausgenommen.[108] Eine explizite Klarstellung war nötig, nach dem der EuGH in seinem „*Notar*"-Urteil[109] festgestellt hatte, dass der Notar grundsätzlich nicht öffentliche Gewalt ausübt und damit auch nicht unter die Ausnahme gemäß Art. 51 AEUV

---

100 RL 2013/55/EU des Europäischen Parlaments und des Rates vom 20. November 2013 zur Änderung der RL 2005/36/EG über die Anerkennung von Berufsqualifikationen und der Verordnung (EU) Nr. 1024/2012 über die Verwaltungszusammenarbeit mit Hilfe des Binnenmarkt-Informationssystems („IMI-Verordnung"), ABl. 2013, L 354, S. 132.

101 Siehe hierzu die Datenbank der Europäischen Kommission zu den reglementierten Berufen unter: http://ec.europa.eu/internal_market/qualifications/regprof/index.cfm?fuseaction=home.home (zuletzt eingesehen am 5.10.2014).

102 Siehe Anhang IV.

103 *Fischer,* in: Lenz/Borchardt, EU-Verträge, Art. 53 AEUV, Rn 7.

104 Siehe Erwägungsgrund 42.

105 Vgl *Kopp*, GPR 2/08, 54, 56.

106 EuGH, Rs. C-359/09 (Ebert), Slg 2011, I-00269, Rn 35.

107 So zB die Abschlussprüfer: RL 2006/43/EG, die Versicherungsvermittler: RL 2002/92/EG, die Fluglotsen: RL 2006/23/EG.

108 Art. 2 Abs. 4 BQRL; Erwägungsgrund 3 RL 2013/55/EU, ABl. 2013, L 354, S. 132; anders als von der Kommission in ihrem Vorschlag zur Änderungsrichtlinie vorgesehen.

109 EuGH, Rs. C-54/08 (Kommission/Deutschland), Slg 2011, I-04355.

und somit grundsätzlich unter die BQRL fällt (siehe ausführlicher unter Abschnitt 2, B, II, 2, d) dd) Rn 41).

Seit der Überarbeitung der BQRL müssen nun auch Berufspraktika, die in einem anderen Mitgliedstaat absolviert worden sind, anerkannt werden (Art. 1 Unterabs. 2, Art. 2 Abs. 1 Unterabs. 2, Art. 55 a Abs. 1). Dies betrifft zB Architekten, Lehrer und Rechtsanwälte. Davon unberührt bleibt jedoch die Möglichkeit, den Zugang zum jeweiligen Beruf vom Bestehen einer Prüfung abhängig zu machen (Art. 55 a Abs. 2). Auch können die Mitgliedstaaten die Dauer des Berufspraktikums, das im Ausland absolviert werden kann, auf einen angemessenen Zeitraum begrenzen (Art. 55 a Abs. 1). 62

c) Aufbau der BQRL

Die BQRL ist im Aufbau der DLRL ähnlich. Sie enthält Regelungen zur Dienstleistungs- und zur Niederlassungsfreiheit sowie zur Verwaltungsvereinfachung. Inhaltlich sind jedoch insbesondere in den Regelungen zur Dienstleistungsfreiheit wesentliche Unterschiede zur DLRL erkennbar.[110] 63

In Titel II (Art. 5 bis 9) finden sich Regelungen zur Dienstleistungsfreiheit. Gemäß Art. 5 Abs. 1 darf die Dienstleistungsfreiheit nicht beschränkt werden aufgrund der Berufsqualifikation, wobei der Dienstleistungserbringer rechtmäßig in einem Mitgliedstaat niedergelassen sein muss (Art. 5 Abs. 1 lit. a). Ist der betreffende Beruf im Niederlassungsmitgliedstaat nicht reglementiert, so muss der Dienstleistungserbringer dazu noch nachweisen, dass er diesen Beruf mindestens ein Jahr während der vorangegangenen zehn Jahre im Niederlassungsstaat ausgeübt hat (Art. 5 Abs. 1 lit. b). Art. 5 Abs. 3 stellt klar, dass der Dienstleistungserbringer den berufsständischen, gesetzlichen oder verwaltungsrechtlichen Berufsregeln im Aufnahmemitgliedstaat unterliegt, sowie den dort geltenden Disziplinarbestimmungen (sogenanntes **Bestimmungslandprinzip**).[111] Hiervon sieht Art. 6 Ausnahmen vor, und zwar für bestimmte Verfahren der Zulassung oder Mitgliedschaften in Berufsorganisationen wie zB Kammern. Wiederum in Einschränkung dieser Ausnahmen kann der Aufnahmemitgliedstaat aber zB eine Pro-Forma-Mitgliedschaft in einer Berufsorganisation vorsehen, die jedoch die Erbringung der Dienstleistungen weder verzögern oder erschweren noch zusätzliche Kosten verursachen darf. Auch kann der Dienstleistungserbringer gemäß Art. 7 verpflichtet werden, sich vor erstmaliger Erbringung der Dienstleistungen bei den zuständigen Behörden des Aufnahmemitgliedstaats zu melden. 64

Titel III (Art. 10 bis 52) beinhaltet Regelungen zur Anerkennung der Berufsqualifikationen im Rahmen der Niederlassungsfreiheit. In Kapitel I bis III sind unterschiedliche Anerkennungsmodalitäten in Anknüpfung an den unterschiedlichen Harmonisierungsgrad der jeweiligen Berufe aufgeführt. Kapitel III (Art. 21 bis 49) sieht eine **automatische Anerkennung von Berufsqualifikationen** in den Berufen[112] vor, in denen bereits aufgrund von sektoralen Richtlinien eine Harmonisierung der Anforderungen an die Ausbildung erreicht wurde. In Kapitel II (Art. 16 bis 20) werden Berufe in Handwerk, Industrie und Handel erfasst,[113] die in den Mitgliedstaaten sehr unterschiedlich reglementiert sind und in denen keine Mindestharmonisierung der Berufsqualifikationen, sondern die **Anerkennung von Berufserfahrung** vorgesehen ist.[114] Die in Kapitel I (Art. 10 bis 15) erfassten Regelungen gelten subsidiär, dh für alle Berufe, die weder unter Kapitel II noch Kapitel III fallen.[115] Art. 11 sieht fünf verschiedene Qualifikationsniveaus von der allgemeinen Schulbildung bis zum Hochschulabschluss nach vierjähriger Studienzeit vor. Gemäß Art. 13 müssen die Mitgliedstaaten diese Berufsqualifikationen, die in einem anderen Mitgliedstaat erworben wurden und dort zur 65

110 Vgl *Lemor*, EuZW 2007, 135, 136.

111 Vgl *Kluth*, in: Calliess/Ruffert, EUV/AEUV, Art. 59 AEUV, Rn 38.

112 Dies betrifft die Ärzte, Krankenschwestern/Krankenpfleger für allgemeine Pflege, Zahnärzte, Tierärzte, Hebammen, Apotheker und Architekten; siehe Anhang V.

113 Siehe Anhang IV.

114 Vgl *Kluth/Rieger*, EuZW 2005, 486, 488.

115 Hierunter dürften insbesondere Freie Berufe mit akademischer Vorbildung fallen wie zB Ingenieure und Steuerberater, die bisher noch nicht harmonisiert worden sind

Aufnahme und Ausübung dieses Berufs berechtigen, anerkennen. Diese Regelung hindert einen Mitgliedstaat aber nicht daran, bei Vorliegen der Voraussetzungen des Art. 14 Abs. 1 (der reglementierte Beruf im Aufnahmemitgliedstaat umfasst andere Tätigkeiten als der im Herkunftsmitgliedstaat und die vom Aufnahmemitgliedstaat geforderte Ausbildung bezieht sich auf Fächer, die sich wesentlich von denen unterscheiden, die der Antragsteller nachweisen kann) vom Antragsteller **Ausgleichsmaßnahmen** in Form höchstens dreijähriger Anpassungslehrgänge oder einer Eignungsprüfung nach Wahl des Antragstellers zu verlangen. Handelt es sich jedoch um einen Beruf, dessen Ausübung die genaue Kenntnis des einzelstaatlichen Rechts erfordert, so entfällt das Wahlrecht (Art. 14 Abs. 3 Unterabs. 1).[116] Gleiches gilt, wenn der Antragsteller eine Qualifikation vorweist, die mehr als eine Niveaustufe unter der vom Aufnahmemitgliedstaat geforderten liegt (Art. 14 Abs. 3 Unterabs. 4).

d) Wesentliche Neuerungen der BQRL durch die RL 2013/55/EU

66 Ein wesentliches Element der Änderungsrichtlinie ist die Einführung von **Europäischen Berufsausweisen.**[117] Damit soll das Anerkennungsverfahren vereinfacht und beschleunigt und so die berufliche Mobilität gefördert werden. Der Europäische Berufsausweis wird unter Nutzung des **Binnenmarktinformationssystems (IMI)**[118] erstellt. Es sind unterschiedliche Verfahren im Rahmen der Dienstleistungsfreiheit und der Niederlassungsfreiheit (einschließlich der vorübergehen Erbringung grenzüberschreitender Dienstleistungen bei Berufen mit Gesundheits- und Sicherheitsbezug) vorgesehen (Art. 4 c und Art. 4 d). Als problematisch könnte sich die Genehmigungsfiktion im Rahmen der letzten Kategorie erweisen, wonach der Europäische Berufsausweis als erstellt gilt, wenn der Aufnahmemitgliedstaat nicht in den vorgesehenen Fristen eine Entscheidung getroffen hat. Das könnte dazu führen, dass die zuständige Behörde des Aufnahmemitgliedstaats vorsichtshalber einen Ausweis versagt, um mehr Zeit für eine sorgfältige Prüfung zu haben. Der Europäische Berufsausweis soll Schritt für Schritt für die Berufe eingeführt werden, die eine signifikante Mobilität oder das Potenzial dafür aufweisen, wenn die betroffenen Berufsorganisationen ein ausreichendes Interesse geäußert haben und der Beruf in einer signifikanten Anzahl von Mitgliedstaaten reglementiert ist (Art. 4 Abs. 7).

67 Die Rechtsanwälte sind vom Europäischen Berufsausweis ausgenommen,[119] da sie bereits 1978 einen Europäischen Anwaltsausweis eingeführt haben, der sie als Angehörige des Berufsstands gemäß der spezifischen Rechtsanwaltsrichtlinien ausweist.

68 Die Änderungsrichtlinie sieht auch Anpassungen der Mindestausbildungsvoraussetzungen in bestimmten bereits harmonisierten Berufen vor. Eine insbesondere für Deutschland relevante Änderung betrifft die Hebammen. Hier ist nun eine allgemeine Schulausbildung von zwölf (statt bisher zehn) Jahren vorgesehen (Art. 40 Abs. 2 lit. a). Damit muss diese Voraussetzung in Deutschland bis zum Ende der Übergangsfrist im Januar 2020 umgesetzt werden (Art. 3 Abs. 2 RL 2013/55/EU).

69 Auch für die Ärzte und Architekten gibt es Veränderungen. Genügten für die ärztliche Grundausbildung bisher sechs Jahre oder 5500 Stunden theoretischer und praktischer Ausbildung, so müssen nun kumulativ fünf Jahre und 5500 Stunden vorgewiesen werden (Art. 24 Abs. 2). Die Ausbildung der Architekten muss nun mindestens fünf statt vier Studienjahre oder vier Studienjahre sowie zwei Jahre Berufspraktikum umfassen (Art. 46 Abs. 1 lit. a und b).

70 Darüber hinaus soll die Mobilität von Fachkräften durch die automatische Anerkennung von weiteren Berufen vorangetrieben werden. Dazu wird die Kommission ermächtigt, gemeinsame Ausbildungsrahmen für bestimme Berufe festzulegen, wenn gewisse Voraussetzungen vorliegen (Art. 49 a). Unter bestimmten Bedingungen kann ein Mitgliedstaat von der Verpflichtung zur Anerkennung eines gemeinsamen Ausbildungsrahmen ausgenommen werden, so zB wenn zwischen dem gemeinsamen Ausbildungsrahmen und der auf seinem Hoheitsgebiet verlangten Ausbildung

116 Die Mitgliedstaaten können also weiterhin Eignungsprüfungen für zB Steuerberater vorschreiben.
117 Art. 4a-e.
118 Durch VO (EU) Nr. 1024/2012, ABl. 2012, L 316, S. 1, errichtet.
119 Vgl Erwägungsgrund 3 der RL 2013/55/EU, ABl. 2013, L 354, S. 132.

wesentliche Unterschiede bestehen, die erhebliche Risiken für die öffentliche Ordnung, die öffentliche Sicherheit, die öffentliche Gesundheit oder die Sicherheit der Dienstleistungsempfänger oder für den Schutz der Umwelt mit sich bringen. Auch wird die Kommission ermächtigt, gemeinsame Ausbildungsprüfungen festzulegen (Art. 49 b). Bei Bestehen einer solchen Prüfung in einem Mitgliedstaat ist der Inhaber einer bestimmten Berufsqualifikation berechtigt, den Beruf in allen teilnehmenden Mitgliedstaaten auszuüben. Auch hier sind Ausnahmen möglich, so muss ein Mitgliedstaat eine solche gemeinsame Ausbildungsprüfung nicht einführen, wenn der jeweilige Beruf in diesem Mitgliedstaat gar nicht reglementiert ist. Der Kommission werden damit weitreichende Kompetenzen bei der Ausweitung der automatischen Anerkennung zugebilligt.

Ein weiterer Baustein der Änderungsrichtlinie ist die Einführung des **partiellen Zugangs** zu einer Berufstätigkeit (Art. 4 f). Voraussetzung dafür ist, (a) dass der Berufsangehörige ohne Einschränkung qualifiziert ist, die betreffende berufliche Tätigkeit im Herkunftsmitgliedstaat auszuüben, für die er im Aufnahmemitgliedstaat einen partiellen Zugang begehrt, (b) dass die Unterschiede zwischen der Berufstätigkeit im Herkunftsmitgliedstaat und dem reglementierten Beruf im Aufnahmemitgliedstaat so groß sind, dass Ausgleichsmaßnahmen der Absolvierung eines vollständigen Ausbildungsprogramms im Aufnahmemitgliedstaat gleichkommen und (c) dass die Berufstätigkeit sich objektiv von anderen im Aufnahmemitgliedstaat unter den reglementierten Beruf fallenden Tätigkeiten trennen lässt. Die Mitgliedstaaten können hiervon Ausnahmen vorsehen, wenn dies durch zwingende Gründe des Allgemeininteresses gerechtfertigt und verhältnismäßig ist. Die Regelung orientiert sich im Wesentlichen an der Rechtsprechung des EuGH.[120] 71

Für die Rechtsanwälte bedeutet die Regelung, dass ein partieller Zugang zum deutschen Rechtsdienstleistungsmarkt unter den oben genannten Voraussetzungen grundsätzlich möglich ist, dass jedoch die **geordnete Rechtspflege** ein zwingender Grund des Allgemeininteresses sein könnte, aufgrund dessen der partielle Zugang von Nichtanwälten zum deutschen Rechtsdienstleistungsmarkt verweigert werden kann. 72

Auch ist vorgesehen, dass die Kommission eine öffentlich verfügbare **Datenbank der reglementierten Berufe** einrichtet, die eine allgemeine Beschreibung der Tätigkeit enthält, die durch die einzelnen Berufe abgedeckt werden (Art. 59 Abs. 1). Dazu müssen die Mitgliedstaaten ein Verzeichnis ihrer reglementierten Berufe an die Kommission übermitteln. Um mitgliedstaatliche Berufsreglementierungen weiter abzubauen, werden die Mitgliedstaaten darüber hinaus verpflichtet, ihre gesamten Berufsregeln darauf hin zu untersuchen, ob sie diskriminierend, durch übergeordnete Gründe des Allgemeininteresses gerechtfertigt und zur Erreichung des verfolgten Ziels geeignet sind und nicht über das hinausgehen, was zur Erreichung dieses Ziels erforderlich ist. Darüber haben sie der Kommission Bericht zu erstatten (Art. 59 Abs. 3). Im Herbst 2013 hat die Kommission eine Mitteilung[121] herausgegeben, in der sie einen detaillierten Arbeitsplan zur Durchführung dieser Überprüfung und gegenseitigen Evaluierung vorlegt. Für die Kommission ist die Überprüfung der reglementierten Berufe (und insbesondere der Abbau von Reglementierungen) ein vorrangiges Vorhaben, um das europäische Wirtschaftswachstum anzukurbeln. 73

Die Änderungsrichtlinie führt außerdem einen **Vorwarnmechanismus** ein, der über die bisherigen Informationspflichten hinausgeht und mit dem sich die Mitgliedstaaten proaktiv durch das Binnenmarktinformationssystem über Untersagungen der Berufsausübung bestimmter Berufsgruppen[122] austauschen sollen (Art. 56 a). Es werden auch die Einheitlichen Ansprechpartner, die unter der 74

120 EuGH, Rs. C-330/03 (Colegio), Slg 2006, I-00801, Rn 36 ff; EuGH, Rs. C-575/11 (Nasiopoulos), Rn 34; der EuGH fordert jedoch, dass die ausgeübte berufliche Tätigkeit, die der Betroffene im Aufnahmestaat ausüben möchte, objektiv **von der Gesamtheit der Tätigkeiten** getrennt werden kann, die der entsprechende Beruf in diesem Mitgliedstaat umfasst.

121 KOM(2013) 676.

122 U.a. Ärzte, Zahnärzte, Apotheker, Hebammen, Krankenschwestern, Krankenpfleger und Berufsangehörige, die Tätigkeiten im Bereich der Erziehung Minderjähriger ausüben.

DLRL eingerichtet worden sind, genutzt, um bestimmte Informationen unter der BQRL online zugänglich zu machen (Art. 57).[123]

75 Die Änderungen an der BQRL zielen darauf ab, die Anerkennungsmechanismen zu vereinfachen, zu beschleunigen und auszuweiten. Ob dies mit den vorgenommenen Änderungen tatsächlich gelingt, wird sich in der Praxis erweisen müssen. Es bleibt jedenfalls zu hoffen, dass dies nicht zum Absenken von Qualifikationsniveaus und -standards führt und dennoch die Mobilität von Fachkräften tatsächlich erhöht.

4. Weitere Regulierungsansätze auf europäischer Ebene – die Europäische Normung

76 Ein weiterer Regulierungsansatz mit Auswirkungen auf die Freien Berufe ist die **Normung von Dienstleistungen**. Mit der Reform des Europäischen Normungssystems wurde das bestehende Recht zusammengeführt sowie die Normung von Dienstleistungen mit in den Rechtsrahmen einbezogen.[124] Die Kommission kann damit auch im Dienstleistungsbereich Normungsaufträge vergeben. Der Bundesverband der Freien Berufe steht diesem Vorhaben sehr kritisch gegenüber, da der Prozess der geistig-schöpferischen Leistungserbringung eines Freiberuflers nicht in Normen beschrieben werden könne. Möglichkeiten der Normung werden allenfalls bei Qualitätsmanagementsystemen gesehen, die die berufsspezifischen Abläufe betreffen, jedoch nicht die Inhalte freiberuflicher Tätigkeiten. Auch müsse die Expertise der Berufsorganisationen in den Normungsprozess mit einbezogen werden.[125]

C. Spannungsverhältnis europäisches Wettbewerbsrecht/Berufsrecht

77 Die Gesetzgebungskompetenz für das Berufsrecht liegt allein bei den Mitgliedstaaten. Die Kommission kann lediglich Regulierungen verbieten, wenn sie gegen Unionsrecht verstoßen. Als Einfallstore in das nationale Berufsrecht dienen insoweit auf der einen Seite die Grundfreiheiten der Niederlassungs- und der Dienstleistungsfreiheit (Art. 49 ff und Art. 56 ff AEUV, vgl Abschnitt 2, B, II, Rn 19 ff) und auf der anderen Seite das **europäische Wettbewerbsrecht** (Art. 101 ff AEUV).[126]
Der EuGH hat jedoch klargestellt, dass der in Art. 101 AEUV geschützte freie Wettbewerb im Rahmen der Freien Berufe nur zu beachten ist, wenn die Berufsverbände, die Unternehmensvereinigungen iSv Art. 101 AEUV sind, selbst eigene verbindliche Regelungen erlassen, um die Berufsangehörigen bei ihrer Wirtschaftstätigkeit zu einem bestimmten Verhalten zu veranlassen.[127] Vom demokratisch legitimierten nationalen Gesetzgeber erlassene Gesetze oder Verordnungen dagegen sind grds. nicht am europäischen Wettbewerbsrecht zu messen.[128] Dies gilt auch für von Berufsverbänden aufgestellte Regeln, wenn der nationale Gesetzgeber die Letztentscheidungsbefugnis behält.[129] Diese Regeln bleiben dann staatliche Regeln und unterliegen nicht den für die Unternehmen geltenden Bestimmungen des AEUV.[130] Jedoch ergibt sich iVm der in Art. 4 Abs. 3 EUV verankerten Verpflichtung zur Zusammenarbeit, dass den Mitgliedstaaten alle Maßnahmen untersagt sind, auch in Form von Gesetzen oder Verordnungen, die die praktische Wirksamkeit der für die Unternehmen geltenden Wettbewerbsregeln aufheben könnten.[131]

---

123 Wie zB das Verzeichnis aller im Mitgliedstaat reglementierten Berufe oder das Verzeichnis aller Berufe, für die ein Europäischer Berufsausweis verfügbar ist etc.

124 VO (EU) Nr. 1025/2012, ABl. 2012, L 316, S. 12.

125 Siehe entsprechende Stellungnahme und Positionspapiere auf der Website des BFB, abrufbar unter: http://www.freie-berufe.de/presse/stellungnahmen-und-positionspapiere.html (zuletzt eingesehen am 5.10.2014).

126 *Lörcher*, BRAK-Mitt. 2008, 2, 3.

127 EuGH, Rs. C-309/99 (Wouters), Slg 2002, I-1577, Rn 64.

128 Vgl *Henssler*, AnwBl 2009, 1, 2.

129 EuGH, Rs. C-35/99 (Arduino), Slg 2002, I-1529, Rn 39, 40.

130 EuGH, Rs. C-309/99 (Wouters), Slg 2002, I-1577, Rn 68.

131 EuGH, verb. Rs. C-94/04 und C-202/04 (Cipolla), Slg 2006, I-11421, Rn 46.

Die Kommission als oberste europäische Wettbewerbshüterin sieht Berufsregelungen grds. als den Markt verzerrende Wettbewerbshemmnisse und eine niedrige Regelungsdichte als positiv und erstrebenswert an; das Berufsrecht soll möglichst von jeglichen Beschränkungen befreit werden.[132] Sie fordert daher die Mitgliedsstaaten und Berufsverbände auf, die bestehenden Beschränkungen zu überprüfen und ggf zu reformieren.[133] 78

132 Vgl *Henssler*, AnwBl 2009, 1, 2.
133 KOM(2013) 676, S. 3.

§ 28 Beihilfenrecht

Literatur: *Bartosch*, EU-Beihilfenrecht, München 2009; *ders.*, Aktuelle letztinstanzliche Urteile zur beihilferechtlichen Stillhalteverpflichtung – mehr Schatten als Licht, EuZW 2013, 208-213; *ders.*, Aktuelle Luxemburger Rechtsprechung zum EU-Beihilfenrecht, EWS 2012, 1-7; *ders.*, Basel III und die Umstrukturierung stiller Beteiligungen – EU-beihilfenrechtliche Aspekte, EWS 2012, 161-170; *ders.*, Die EU-Beihilfenkontrolle vor der nationalen Gerichtsbarkeit, RIW 2011, 577-587; *ders.*, Die neue Allgemeine Gruppenfreistellungsverordnung im EG-Beihilfenrecht, NJW 2008, 3612-3617; *ders.*, Die private Durchsetzung des gemeinschaftlichen Beihilfeverbots, EuZW 2008, 235-240; *ders.*, Die Durchsetzung der Beihilferechtswidrigkeit staatlicher Maßnahmen vor nationalen Gerichten, EuZW 2005, 396-400; *Becker,* Die parallele Prüfung beihilferechtlicher Sachverhalte durch Kommission und nationale Gerichte – Entscheidungskompetenzen und -konflikte, EuZW 2012, 725-730; *Becker,* Die Beihilfenkontrolle unter dem Einfluss der Verfahrensordnung 659/1999/EG, EWS 2007, 255-262; *Birnstiel/Bungenberg/Heinrich* (Hrsg.), Europäisches Beihilfenrecht, Baden-Baden 2013; *Böhm,* Strukturen internationalen Subventionsrechts. EG Beihilfenrecht und WTO Subventionsrecht aus rechtsvergleichender Perspektive, Frankfurt a.M. 2007; *Bloch,* Beihilferechtliche Aspekte der Befreiung von Netzentgelten nach § 19 Abs. 2 Satz 2 StromNEV, RdE 2012, 241-248; *Blumenberg/Kring,* Europäisches Beihilferecht und Besteuerung, Berlin 2011; *Bonin, von,* Aktuelle Fragen des Beihilferechts bei Privatisierungen, EuZW 2013, 247-252; *Braun/ Kühling,* Article 87 EC and the Community courts: From revolution to evolution, CMLR 45 (2008), 465-498; *Bühner/Sonder*, Die Finanzierung von Sozialdienstleistungen nach den neuen Regelungen des EU-Beihilfenrechts über Dienstleistungen von allgemeinem wirtschaftlichem Interesse („Almunia"-Paket, NZS 2012, 688-694; *Bultmann*, Beihilfenrecht und Vergaberecht, Tübingen 2004; *Cichy*, Wettbewerbsverfälschungen durch Gemeinschaftsbeihilfen, Baden-Baden 2002; *Bungenberg/Motzkus,* Die Praxis des Subventions- und Beihilfenrechts in Deutschland, WiVerw 2013, 73-148; *Carnap-Bornheim, von,* Einführung in das Europäische Beihilfenrecht, JuS 2013, 215-219; *Ehlers,* Rechtsfragen des Subventionsrechts, DVBl 2014, 1-14; *Frenz,* Handbuch Europarecht, Band 3. Beihilfe- und Vergaberecht, Berlin, Heidelberg 2007; *Fuchs/Mauelshagen,* Staatliche Beihilfen als Ausgleich für verschärfte EU-Emissionshandelsvorschriften, EuZW 2013, 694-694-699; *Goldmann,* Rechtsfolgen des Verstoßes gegen das EG-Beihilfenrecht für privatrechtliche Verträge und ihre Rückabwicklung, Jura 2008, 275-281; *Graevenitz, von,* Mitteilungen, Leitlinien, Stellungnahmen – Soft Law der EU mit Lenkungswirkung, EuZW 2013, 169-173; *Gundel,* Der Schutz des Wettbewerbers im EU-Beihilfenrecht, WiVerw 2011, 242-255; *ders.*, Die Rückabwicklung von nicht notifizierten, aber schließlich genehmigten Beihilfen vor den nationalen Gerichten, EWS 2008, 161-166; *Hefermehl/Köhler/Bornkamp* (Hrsg.), Gesetz gegen den unlauteren Wettbewerb: UWG, PAngV, UKlaG, 27. Aufl., München 2009; *Heidenhain* (Hrsg.), European State Aid Law, Handbook, München 2010; *ders.*, Handbuch des Europäischen Beihilfenrechts, München 2003; *ders.*, Mittelbare Beihilfen, EuZW 2007, 623-626; *Herrmann*, Beihilfenrecht als Schönwetterrecht? Die Beihilfenüberwachung in der Europäischen Union während der Finanz- und Wirtschaftskrise, WiVerw 2010, 36-46; *ders.*, Der europarechtliche Begriff der Beihilfe, ZEuS 2004, 415-445; *Herrmann/Kruis*, Die Rückforderung vertraglich gewährter gemeinschaftsrechtswidriger Beihilfen unter Beachtung des Gesetzesvorbehalts, EuR 2007, 141 ff; *Hirsch u.a.* (Hrsg.), Münchener Kommentar zum Europäischen und Deutschen Wettbewerbsrecht (Kartellrecht), Band 3: Beihilfenrecht und Vergaberecht, München 2011; *Hübschen*, Rückforderung WTO-rechtswidriger Subventionen, Frankfurt a.M. 2005; *Ismer/Karch,* Das EEG im Konflikt mit dem Unionsrecht: Die Begünstigung der stromintensiven Industrie als unzulässige Beihilfe, ZUR 2013, 526-535; *Jaeger,* Vier Jahre Beihilfereform – Eine Bilanz, EuZW 2010, 47-53; *Jennert/Eitner,* EU-Beihilferecht und Seehafeninfrastruktur, EuZW 2013, 414-419; *Kliemann/Stehmann*, EU-State Aid Control in the Broadband Sector. The 2013 Broadband Guidelines and Recent Case Practice, EStAL 2013, 493-515; *Koenig/Paul/Traupel*, European State Aid Law. Texte und Materialien, München 2009; *Koenig/Kühling/Ritter*, EG-Beihilfenrecht, 2. Aufl., Frankfurt a.M. 2005; *Koenig/Hellstern*, Unterlassungs- und Beseitigungsansprüche nach dem UWG gegen Empfänger von EU-rechtswidrigen Beihilfen, EWS 2011, 216-220; *Koenig/Soltész*, Regulierung durch EU-Beihilfenrecht in der Finanz- und Staatsschuldenkrise, WM 2013, 145-148; *Koenig*, Haftung der Europäischen Gemeinschaft gem. Art. 288 II EG wegen rechtswidriger Kommissionsentscheidungen in Beihilfesachen, EuZW 2005, 202-206; *Koenig/Paul*, Die Parameter für die EG-beihilfenrechtliche Bewertung von Grundstücksgeschäften der öffentlichen Hand, EWS 2008, 113-120; *Koenig/Ritter*, Das Unternehmen, sein Rechtsträger und dessen Anteilseigner im Rahmen der Rückforderung gemeinschaftsrechtswidriger Beihilfen, EuZW 2004, 487-491; *Koenig/Schramm*, „Wirtschaftliche Kontinuität" bei privatisierungsbedingten Unternehmensspaltungen als EU-beihilfenrechtliches Rückforderungsrisiko, EWS 2013, 267-271; *Koppmann,* Die

Grenzen der beihilferechtlichen Inhaltskontrolle, Hamburg 2011; *Ludwigs*, Handlungsmöglichkeiten des Beihilfeempfängers im Rahmen der Dezentralisierung der Europäischen Beihilfenkontrolle, EWS 2007, 7-15; *Lübbig/Martín-Ehlers*, Beihilfenrecht der EU. Das Recht der Wettbewerbsaufsicht über staatliche Beihilfen in der Europäischen Union, 2. Aufl., München 2009; *Martín-Ehlers*, Drittschutz im Beihilfenrecht – Paradigmenwechsel in der deutschen Rechtsprechung, EuZW 2011, 583-591; *Mestmäcker/Schweitzer*, Europäisches Wettbewerbsrecht, 2. Aufl., München 2004; *Metaxas*, Grundfragen des europäischen Beihilfenrechts. Beihilfebegriff – Aufsichtsverfahren – Rechtsschutzmöglichkeiten für Konkurrenten des Beihilfeempfängers, Baden-Baden 2003; *Michaelis*, Das EU-Beihilferecht. Die Anwendung des EU-Beihilferechts in der Finanzkrise unter juristisch-ökonomischer Betrachtung für die Kreditinstitute, Hamburg 2001; *Nitsche/Milde/Soltész*, Eigentümereffekt und versunkene Investitionen, EuZW 2012, 408-413; *Oberender* (Hrsg.), Der „more economic approach" in der Beihilfenkontrolle, Berlin 2008; *Pampel*, Rechtsnatur und Rechtswirkungen horizontaler und vertikaler Leitlinien im reformierten europäischen Wettbewerbsrecht, Baden-Baden 2005; *Pauly/Jedlitschka*, Die Reform der EU-Beihilferegeln für Dienstleistungen von allgemeinem wirtschaftlichem Interesse und ihre Auswirkungen auf die kommunale Praxis, DVBl 2012, 1269-1276; *Pütz*, Das Beihilfeverbot des Art. 88 Abs. 3 Satz 3 EG-Vertrag. Verstöße und ihre zivilrechtlichen Folgen im deutschen Recht, Baden-Baden 2003; *Rengeling/Middeke/Gellermann* (Hrsg.), Handbuch des Rechtsschutzes in der Europäischen Union, 2. Aufl., München 2003; *Reese*, Zum EU-Beihilfenbegriff. Der enge Zusammenhang zwischen Vorteil und Last als Zurechnungsproblem. Zugleich Anmerkung zu EuGH, U. v. 19.3.2013 – Rs. C-399/10 P, C-401/10 P – (Fall France Télécom), EuR 2013, 572-592; *Rennert*, Beihilferechtliche Konkurrentenklagen vor deutschen Verwaltungsgerichten, EuZW 2011, 576-583; *Ritter*, EG-Beihilfenrückforderung von Dritten, München 2004; *Ritzenhoff*, Das Beihilfe- und Vergaberecht in der Krise. Maßnahmen zur Überwindung der Finanz- und Wirtschaftskrise, Baden-Baden 2012; *Säcker/Montag* (Hrsg.), European State Aid Law, Commentary, München, 2014, in Vorbereitung; *Sánchez Rydelski*, Handbuch des EU Beihilferecht, Baden-Baden 2003; *C. Schmidt*, Staatliche Cash-Pool-systeme als Problem des Beihilfenrechts, DÖV 2013, 928-937; *I. Schmidt/A. Schmidt*, Europäische Wettbewerbspolitik und Beihilfenkontrolle, 2. Aufl., München 2006; *Schmidt-Räntsch*, Zivilrechtliche Wirkungen von Verstößen gegen das EU-Beihilfenrecht, NJW 2005, 106-109; *Schröder/Sild*, Kontrolldichte im EU-Beihilferecht, EuZW 2014, 12-17; *Schwarze*, Die europäische Beihilfenkontrolle (Art. 87 ff EG) in Zeiten der Finanz- und Wirtschaftskrise, DVBl 2009, 1401-1409; *Seidel*, Die Auswirkungen des Europäischen Beihilferechts auf privatrechtliche Subventionsverträge, Baden-Baden 2003; *Sinnaeve*, State Aid Procedures: Developments Since the Entry into Force of the Procedural Regulation, CMLR 44 (2007), 965 ff; *Soltész*, Die Entwicklung des europäischen Beihilferechts im Jahr 2013, EuZW 2014, 89-97; *ders.*, Die Rechtsprechung der Unionsgerichte zum Beihilferecht im Jahre 2012, EuZW 2013, 134-140; *ders.*, Die Rechtsprechung der Unionsgerichte zum Beihilferecht im Jahre 2011, EuZW 2012, 174; *ders.*, Die Rechtsprechung der Unionsgerichte zum Beihilferecht im Jahre 2010, EuZW 2011, 541-548; *ders.*, *Ryanair* und *Tierkörperbeseitigung* – Wendepunkt für beihilferechtliche Konkurrentenklagen?, EuR 2012, 60-68; *ders.*, Das Beihilferecht im Härtetest der Finanzmarkt- und Wirtschaftskrise, in: Müller-Graff/Schwarze (Hrsg.), Neues Europäisches Wirtschafts- und Wettbewerbsrecht?, EuR Beiheft 2/2011, 119-136; *ders ./Hellstern*, „Mittelbare Beihilfen" – Indirekte Begünstigungen im EU-Beihilferecht, EuZW 2013, 489-493; *ders ./Wagner*, Wann werden „Altbeihilfen" zu „Neubeihilfen"? Anmeldepflichtige Umgestaltung bestehender Beihilfen und Verlust des Bestandsschutzes, EuZW 2013, 856-860; *Sonder*, Europäisches Beihilferecht und Bankenrestrukturierungen – Der Fall WestLB, EWS 2012, 170-176; *ders ./Bühner*, Die neuen Regelungen des EU-Beihilfenrechts über Dienstleistungen von allgemeinem wirtschaftlichem Interesse („Almunia"-Paket), BayVBl 2013, 296-300; *Sühnel*, Der „Private Investor Test" im Beihilfenrecht, EWS 2007, 115-120; *Thalmann*, Die Anwendbarkeit des beihilferechtlichen Privatinvestortests auf staatliche Kapitalzuführungen an öffentliche Unternehmen. Anmerkung zu EuGH, U. v. 5.6.2012 – Rs. C-124/10 P – (Kommission ./. Électricité des France), EuR 2013, 432-445; *Todino/Zanazzo*, New Guidelines on Regional Aid. Ist the Party Over for Large Investment Projects?, EStAL 2013, 676-684; *Wende*, Die einheitliche Auslegung von Beihilfen- und Vergaberecht als Teilgebiete des europäischen Wettbewerbsrechts, Frankfurt u.a. 2011; *Zeitz*, Der Begriff der Beihilfe im Sinne des Artikels 87 Abs. 1 EG-Vertrag, Berlin 2005; *Zuleger*, EG-Strukturfondspolitik und EG-Beihilfenrecht, EWS 2008, 369-376.

Abschnitt 2:
Analyse und Darstellung der Einwirkungspraxis des Europarechts auf das Beihilfenrecht

Abschnitt 1: Übersicht zu Gesetzgebung und Rechtsprechung

A. Gesetzgebung[1]

I. Primärrecht

Art. 107 bis 109 AEUV.

Ferner Art. 2 EUV, Art. 3 EUV, Art. 14 AEUV, Art. 42 AEUV, Art. 50 AEUV, Art. 93 AEUV, Art. 106 AEUV, Art. 119 AEUV, Art. 346 AEUV.

Anlagen zum AEUV: Protokoll (Nr. 26) über Dienste von allgemeinem Interesse, Protokoll (Nr. 27) über den Binnenmarkt und den Wettbewerb.

II. Sekundärrecht

1. Verordnungen und allgemeinverbindliche Beschlüsse

a) Allgemeine Verfahrensregeln

Verordnung (EG) Nr. 659/1999 des Rates vom 22. März 1999 über besondere Vorschriften für die Anwendung von Artikel 93 des EG-Vertrags **[BeihVerfVO]**, ABl. L 83 v. 27. März 1999, S. 1, geändert und umbenannt in Verordnung Nr. 659/1999 des Rates vom 22. März 1999 über besondere Vorschriften für die Anwendung von Artikel 108 des Vertrags über die Arbeitsweise der Europäischen Union durch Verordnung (EU) Nr. 734/2013 des Rates vom 22. Juli 2013, ABl. L 204 v. 31. Juli 2013, S. 15; **Verordnung (EG) Nr. 794/2004** der Kommission vom 21. April 2004 zur Durchführung der Verordnung (EG) Nr. 659/1999 **[BeihVerfDurchfVO]**, ABl. L 140 v. 30. April 2004, S. 1, berichtigt ABl. L 25 v. 28. Januar 2005, S. 74, mehrfach geändert und berichtigt, zuletzt durch Verordnung (EU) Nr. 372/2014 der Kommission vom 9. April 2014 zur Änderung der Verordnung (EG) Nr. 794/2004 in Bezug auf die Berechnung bestimmter Fristen, die Bearbeitung von Beschwerden und die Kenntlichmachung und den Schutz vertraulicher Informationen, ABl. L 109 v. 12. April 2014, S. 14.

b) Allgemeine Gruppenfreistellungen

Verordnung (EG) Nr. 994/98 des Rates vom 7. Mai 1998 über die Anwendung der Artikel 92 und 93 des Vertrags zur Gründung der Europäischen Gemeinschaft auf bestimmte Gruppen horizontaler Beihilfen **[GVO-Ermächtigung]**, ABl. L 142 v. 14. Mai 1998, S. 1, geändert und umbenannt in Verordnung (EG) Nr. 994/98 vom 7. Mai 1998 über die Anwendung der Artikel 107 und 108 des Vertrags über die Arbeitsweise der Europäischen Union durch Verordnung (EU) Nr. 733/2013 des Rates vom 22. Juli 2013, ABl. L 204 v. 31. Juli 2013, S. 11; **Verordnung (EU) Nr. 651/2014** der Kommission vom 17. Juni 2014 zur Feststellung der Vereinbarkeit bestimmter Gruppen von Beihilfen mit dem Binnenmarkt in Anwendung der Artikel 107 und 108 des Vertrags

1 S. auch die Zusammenstellung der geltenden Vorschriften über staatliche Beihilfen (ohne Landwirtschaft und Fischerei) der Generaldirektion Wettbewerb der Europäischen Kommission, näher dazu u. Rn 23. Hier zugrunde gelegt ist die (am 15. September 2014 abrufbare) Fassung vom 15. April 2014. Zusätzlich werden dort Fragebögen, (sonstige) Formulare und einige weitere Dokumente aufgeführt. Die Angaben zu den Bereichen Landwirtschaft und Fischerei beruhen weithin auf dem am 25. September 2014 veröffentlichten Stand der in der o.g. Zusammenstellung angegebenen Internetseiten der zuständigen Generaldirektionen, für die Landwirtschaft http://ec.europa.eu/agriculture/stateaid/legislation/index_de.htm, für die Fischerei http://ec.europa.eu/fisheries/state_aid/index_de.htm (dazu noch u. Rn 101, 133). Rechtsprechung und Literatur wurden bis zum (veröffentlichten) Stand 1. März 2014 berücksichtigt.

über die Arbeitsweise der Europäischen Union (allgemeine Gruppenfreistellungsverordnung) [AGVO], ABl. L 187 v. 26. Juni 2014, S. 1; **Verordnung** (EU) **Nr. 1407/2013** der Kommission vom 18. Dezember 2013 über die Anwendung der Artikel 107 und 108 des Vertrags über die Arbeitsweise der Europäischen Union auf De-minimis-Beihilfen [**GVO-De-minimis**], ABl. L 352 v. 24. Dezember 2013, S. 1.

c) Sonderverordnungen für den Bereich Landwirtschaft

Verordnung (EU) **Nr. 702/2014** der Kommission vom 25. Juni 2014 zur Feststellung der Vereinbarkeit bestimmter Arten von Beihilfen im Agrar- und Forstsektor und in ländlichen Gebieten mit dem Binnenmarkt in Anwendung der Artikel 107 und 108 des Vertrags über die Arbeitsweise der Europäischen Union [**GVO-Landwirtschaft**], ABl. L 193 v. 1. Juli 2014, S. 1; **Verordnung** (EG) **Nr. 1408/2013** der Kommission vom 18. Dezember 2013 über die Anwendung der Artikel 107 und 108 des Vertrags über die Arbeitsweise der Europäischen Union auf De-minimis-Beihilfen im Agrarsektor [**GVO-De-minimis-Landwirtschaft**], ABl. L 352 v. 24. Dezember 2013, S. 9.

d) Sonderverordnungen für den Bereich Fischerei

Entwurf einer Verordnung (EU) **Nr. .../...** der Kommission vom 1. August 2014 zur Feststellung der Vereinbarkeit bestimmter Gruppen von Beihilfen zugunsten von in der Erzeugung, Verarbeitung und Vermarktung von Erzeugnissen der Fischerei und der Aquakultur tätigen Unternehmen mit dem Binnenmarkt in Anwendung der Artikel 107 und 108 des Vertrags über die Arbeitsweise der Europäischen Union, ABl. C 258 v. 8. August 2014, S. 1; **Verordnung** (EG) **Nr. 736/2008** der Kommission vom 22. Juli 2008 über die Anwendung der Artikel 87 und 88 EG-Vertrag auf Beihilfen an kleine und mittlere in der Erzeugung, Verarbeitung und Vermarktung von Fischereierzeugnissen tätige Unternehmen [**GVO-Fischerei**], ABl. L 201 v. 30. Juli 2008, S. 16; **Verordnung** (EU) **Nr. 717/2014** der Kommission vom 27. Juni 2014 über die Anwendung der Artikel 107 und 108 des Vertrags über die Arbeitsweise der Europäischen Union auf De-minimis-Beihilfen im Fischerei- und Aquakultursektor [**GVO-De-minimis-Fischerei**], ABl. L 190 v. 28. Juni 2014, S. 45.

e) Sonderverordnungen für den Bereich Verkehr

Verordnung (EG) **Nr. 1370/2007** des Europäischen Parlaments und des Rates vom 23. Oktober 2007 über öffentliche Personenverkehrsdienste auf Schiene und Straße und zur Aufhebung der Verordnungen (EWG) Nr. 1191/69 und (EWG) Nr. 1107/70 des Rates, ABl. L 315 v. 3. Dezember 2007, S. 1; **Verordnung** (EG) **Nr. 3094/95** des Rates vom 22. Dezember 1995 über Beihilfen für den Schiffbau, ABl. L 332 v. 30. Dezember 1995, S. 1, zuletzt geändert durch **VO** (EG) **Nr. 2600/97**, ABl. L 351 v. 23. Dezember 1997, S. 18.

f) Sonderbestimmungen für den Bereich Kohle

Beschluss des Rates vom 10. Dezember 2010 über staatliche Beihilfen zur Erleichterung der Stilllegung nicht wettbewerbsfähiger Steinkohlebergwerke, ABl. L 336 v. 21. Dezember 2010, S. 24.

g) Sonderverordnung für Dienstleistungen von allgemeinem wirtschaftlichem Interesse

Verordnung (EU) **Nr. 360/2012** der Kommission vom 25. April 2012 über die Anwendung der Artikel 107 und 108 des Vertrags über die Arbeitsweise der Europäischen Union auf *De-minimis*-Beihilfen an Unternehmen, die Dienstleitungen von allgemeinem wirtschaftlichem Interesse erbringen, ABl. L 114 v. 26. April 2012, S. 8.

2. Richtlinien

Richtlinie 2006/111/EG der Kommission vom 16. November 2006 über die Transparenz der finanziellen Beziehungen zwischen den Mitgliedstaaten und den öffentlichen Unternehmen sowie über die finanzielle Transparenz innerhalb bestimmter Unternehmen [**TransparenzRL**], ABl. L 318 v. 17. November 2006, S. 17.

3. Mitteilungen, Leitlinien, Gemeinschaftsrahmen uÄ (Auswahl)[2]

a) Verfahren

Mitteilung der Kommission über ein vereinfachtes Verfahren für die Würdigung bestimmter Kategorien staatlicher Beihilfen, ABl. C 136 v. 16. Juni 2009, S. 3, berichtigt ABl. C 157 v. 10. Juli 2009, S. 20; **Verhaltenskodex** für die Durchführung von Beihilfeverfahren, ABl. C 136 v. 16. Juni 2009, S. 13; **Bekanntmachung** der Kommission – Rechtswidrige und mit dem Gemeinsamen Markt unvereinbare staatliche Beihilfen: Gewährleistung der Umsetzung von Rückforderungsentscheidungen der Kommission in den Mitgliedstaaten, ABl. C 272 v. 15. November 2007, S. 4; **Bekanntmachung** der Kommission über die zur Beurteilung unrechtmäßiger staatlicher Beihilfen anzuwendenden Regeln, ABl. C 119 v. 22. Mai 2002, S. 22; **Bekanntmachung** der Kommission über die Durchsetzung des Beihilfenrechts durch die einzelstaatlichen Gerichte, ABl. C 85 v. 9. April 2009. S. 1; **Mitteilung** der Kommission zum Berufsgeheimnis in Beihilfeentscheidungen, ABl. C 297 v. 9. Dezember 2003, S. 6; **Mitteilung** der Kommission zu überholten Dokumenten über staatliche Beihilfen, ABl. C 115 v. 30. April 2004, S. 1.

b) Vorübergehende Regeln in der Wirtschafts- und Finanzkrise

Finanzinstitute: Mitteilung der Kommission – Die Rekapitalisierung von Finanzinstituten in der derzeitigen Finanzkrise: Beschränkung der Hilfen auf das erforderliche Minimum und Vorkehrungen gegen unverhältnismäßige Wettbewerbsverzerrungen, ABl. C 10 v. 15. Januar 2009, S. 2; **Mitteilung** der Kommission über die Behandlung wertgeminderter Aktiva im Bankensektor der Gemeinschaft, ABl. C 72 v. 26. März 2009, S. 1; **Mitteilung** der Kommission über die Wiederherstellung der Rentabilität und die Bewertung von Umstrukturierungsmaßnahmen im Finanzsektor im Rahmen der derzeitigen Krise gemäß den Beihilfevorschriften, ABl. C 195 v. 19. August 2009, S. 9; **Mitteilung** der Kommission über die Anwendung der Vorschriften für staatliche Beihilfen auf Maßnahmen zur Stützung von Finanzinstituten im Kontext der Finanzkrise ab dem 1. Januar 2011, ABl. C 329 v. 7. Dezember 2010, S. 7; **Mitteilung** der Kommission über die Anwendung der Vorschriften für staatliche Beihilfen auf Maßnahmen zur Stützung von Finanzinstituten im Kontext der Finanzkrise ab dem 1. Januar 2012, ABl. C 356 v. 6. Dezember 2011, S. 7; **Mitteilung** der Kommission über die Anwendung der Vorschriften für staatliche Beihilfen ab dem 1. August 2013 auf Maßnahmen zur Stützung von Finanzinstituten im Kontext der Finanzkrise („Bankenmitteilung"), ABl. C 216 v. 30. Juli 2013, S. 1.

c) Horizontale Bestimmungen

Ausbildungsbeihilfen: Mitteilung der Kommission – Kriterien für die Bewertung der Vereinbarkeit einzeln anzumeldender Ausbildungsbeihilfen mit dem Gemeinsamen Markt, ABl. C 188 v. 11. August 2009, S. 1.

Beschäftigungsbeihilfen: Mitteilung der Kommission – Kriterien für die Bewertung der Vereinbarkeit einzeln anzumeldender staatlicher Beihilfen für die Beschäftigung von benachteiligten und behinderten Arbeitnehmern mit dem gemeinsamen Markt, ABl. C 188 v. 11. August 2009, S. 6.

Forschungs-, Entwicklungs- und Innovationsbeihilfen: Mitteilung der Kommission – **Unionsrahmen** für staatliche Beihilfen zur Förderung von Forschung, Entwicklung und Innovation, ABl. C 198 v. 24. Juni 2014, S. 1.

Regionalbeihilfen: Leitlinien für Regionalbeihilfen 2014-2020, ABl. C 209 v. 23. Juli 2013, S. 1, geändert ABl. C 198 v. 27. Juni 2014, S. 30.

Rettungs- und Umstrukturierungsbeihilfen: Mitteilung der Kommission – Leitlinien für staatliche Beihilfen zur Rettung und Umstrukturierung nichtfinanzieller Unternehmen in Schwierigkeiten, ABl. C 249 v. 31. Juli 2014, S. 1.

2 Zum wechselnden Bestand u. Rn 23.

Risikokapitalbeihilfen: Mitteilung der Kommission – Leitlinien für staatliche Beihilfen zur Förderung von Risikofinanzierungen, ABl. C 19 v. 22. Januar 2014, S. 4, geändert ABl. C 198 v. 27. Juni 2014, S. 30.

Umweltschutz- und Energiebeihilfen: Mitteilung der Kommission – Leitlinien für staatliche Umweltschutz- und Energiebeihilfen 2014-2020, ABl. C 200 v. 28. Juni 2014, S. 1; **Mitteilung** der Kommission – Leitlinien für bestimmte Beihilfemaßnahmen im Zusammenhang mit dem System für den Handel mit Treibhausgasemissionszertifikaten nach 2012, ABl. C 158 v. 5. Juni 2012, S. 4, geändert ABl. C 387 v. 15. Dezember 2012, S. 5, berichtigt ABl. C 82 v. 21. März 2013, S. 9.

Wichtige Vorhaben von gemeinsamem europäischem Interesse: Mitteilung der Kommission – Kriterien für die Würdigung der Vereinbarkeit von staatlichen Beihilfen zur Förderung wichtiger Vorhaben von gemeinsamem europäischem Interesse mit dem Binnenmarkt, ABl. C 188 v. 20. Juni 2014, S. 4.

d) Sektorspezifische Bestimmungen

Audiovisuelle Produktion (Filmwirtschaft): Mitteilung der Kommission über staatliche Beihilfen für Filme und andere audiovisuelle Werke, ABl. C 332 v. 15. November 2013, S. 1, geändert ABl. C 198 v. 27. Juni 2014, S. 30.

Breitband: Mitteilung der Kommission — Leitlinien der EU für die Anwendung der Vorschriften über staatliche Beihilfen im Zusammenhang mit dem schnellen Breitbandausbau, ABl. C 25 v. 26. Januar 2013, S. 1, geändert ABl. C 198 v. 27. Juni 2014, S. 30.

Elektrizitätswirtschaft: Mitteilung der Kommission über die Methode für die Analyse staatlicher Beihilfen in Verbindung mit verlorenen Kosten, angenommen am 26. Juli 2001, nicht im Amtsblatt abgedruckt, abrufbar in der Zusammenstellung der geltenden Vorschriften über staatliche Beihilfen (siehe oben Fn 1) oder unter http://ec.europa.eu/competition/state_aid/legislation/stranded_costs_de.pdf.

Fischerei: Leitlinien für die Prüfung staatlicher Beihilfen im Fischerei- und Aquakultursektor, ABl. C 84 v. 3. April 2008, S. 10.

Landwirtschaft: Rahmenregelung der Europäischen Union für staatliche Beihilfen im Agrar- und Forstsektor und in ländlichen Gebieten 2014-2020, ABl. C 204 v. 1. Juli 2014, S. 1.

Postdienste: Bekanntmachung der Kommission über die Anwendung der Wettbewerbsregeln auf den Postsektor und über die Beurteilung bestimmter staatlicher Maßnahmen betreffend Postdienste, ABl. C 39 v. 6. Februar 1998, S. 2.

Rundfunk: Mitteilung der Kommission über die Anwendung der Vorschriften über Staatliche Beihilfen auf den öffentlich-rechtlichen Rundfunk, ABl. C 257 v. 27. Oktober 2009, S. 1.

Schiffbau: Rahmenbestimmungen über Beihilfen für den Schiffbau, ABl. C 364 v. 14. Dezember 2011, S. 9

Stahl: Mitteilung der Kommission: Rettungs- und Umstrukturierungsbeihilfen und Schließungsbeihilfen für die Stahlindustrie, ABl. C 70 v. 19. März 2002, S. 21; **Mitteilung** der Kommission – Multisektoraler Regionalbeihilferahmen für große Investitionsvorhaben, ABl. C 70 v. 19. März 2002, S. 8; **Mitteilung** der Kommission über bestimmte Aspekte der Behandlung von Wettbewerbsfällen nach Auslaufen des EGKS-Vertrags, ABl. C 152 v. 26. Juni 2002, S. 5.

Verkehr: Mitteilung der Kommission – Gemeinschaftliche Leitlinien für staatliche Beihilfen an Eisenbahnunternehmen, ABl. C 184 v. 22. Juli 2008, S. 13; **Mitteilung** der Kommission – Leitlinien der Gemeinschaft für staatliche Beihilfen im Seeverkehr, ABl. C 13 v. 17. Januar 2004, S. 3; **Mitteilung** der Kommission betreffend die Leitlinien für staatliche Beihilfen, die die Anschubfinanzierung der Gemeinschaft für Meeresautobahnen ergänzen, ABl. C 317 v. 12. Dezember 2008, S. 10; **Mitteilung** der Kommission – Leitlinien zu staatlichen Beihilfen für Schiffsmanagementgesellschaften, ABl. C 132 v. 11. Juni 2009, S. 6; **Mitteilung** der Kommission – Leitlinien zu staatlichen Beihilfen für Flughäfen und Luftverkehrsgesellschaften vom 20. Februar 2014, ABl. C 99 v. 4. April 2014, S. 3, geändert ABl. C 198 v. 27. Juni 2014, S. 30.

e) Besondere Beihilfeinstrumente

Bürgschaften und Haftungsverpflichtungen: Mitteilung der Kommission über die Anwendung der Artikel 87 und 88 des EG-Vertrages auf staatliche Beihilfen in Form von Haftungsverpflichtungen und Bürgschaften, ABl. C 155 v. 26. Juni 2008, S. 10, berichtigt ABl. C 244 v. 25. September 2008, S. 32.

Exportkreditversicherung: Mitteilung der Kommission an die Mitgliedstaaten zur Anwendung der Artikel 107 und 108 des Vertrags über die Arbeitsweise der Europäischen Union auf die kurzfristige Exportkreditversicherung, ABl. C 392 v. 19. Dezember 2012, S. 1, zuletzt geändert durch Mitteilung der Kommission zur Änderung des Anhangs der Mitteilung der Kommission an die Mitgliedstaaten zur Anwendung der Artikel 107 und 108 des Vertrags über die Arbeitsweise der Europäischen Union auf die kurzfristige Exportkreditversicherung, ABl. C 372 v. 19. Dezember 2013, S. 1.

Steuern: Mitteilung der Kommission über die Anwendung der Vorschriften über Staatliche Beihilfen auf Maßnahmen im Bereich der direkten Unternehmensbesteuerung, ABl. C 384 v. 10. Dezember 1998, S. 3.

Verkäufe der öffentlichen Hand: Mitteilung der Kommission betreffend Elemente staatlicher Beihilfen bei Verkäufen von Bauten oder Grundstücken durch die öffentliche Hand, ABl. C 209 v. 10. Juli 1997, S. 3.

f) Modernisierung des EU-Beihilfenrechts (State Aid Modernisation, kurz SAM)

Mitteilung der Kommission an das Europäische Parlament, den Rat, den Europäischen Wirtschafts- und Sozialausschuss und den Ausschuss der Regionen – Modernisierung des EU-Beihilfenrechts, COM(2012) 209 final, nicht im Amtsblatt abgedruckt, abrufbar unter http://ec.europa.eu/competition/state_aid/modernisation/index_en.html oder unter http://eur-lex.europa.eu/LexUriServ/LexUriServ.do?uri=COM:2012:0209:FIN:DE:PDF.

g) Sonstiges

Dienstleistungen von allgemeinem wirtschaftlichem Interesse: Mitteilung der Kommission über die Anwendung der Beihilfevorschriften der Europäischen Union auf Ausgleichsleistungen für die Erbringung von Dienstleitungen von allgemeinem wirtschaftlichem Interesse, ABl. C 4 v. 11. Januar 2012, S. 4; **Beschluss** der Kommission vom 20. Dezember 2011 über die Anwendung von Artikel 106 Absatz 2 des Vertrags über die Arbeitsweise der Europäischen Union auf staatliche Beihilfen in Form von Ausgleichsleitungen zugunsten bestimmter Unternehmen, die mit der Erbringung von Dienstleistungen von allgemeinem wirtschaftlichem Interesse betraut sind, ABl. L 7 v. 31. Januar 2012, S. 3; **Mitteilung** der Kommission – Rahmen der Europäischen Union für staatliche Beihilfen in Form von Ausgleichsleitungen für die Erbringung öffentlicher Dienstleistungen (2011), ABl. C 8 v. 11. Januar 2012, S. 15.

KMU (Definition der kleinen und mittleren Unternehmen): Empfehlung der Kommission vom 6. Mai 2003 betreffend die Definition der Kleinstunternehmen sowie der kleinen und mittleren Unternehmen, ABl. L 124 v. 20. Mai 2003, S. 36; **Mitteilung** der Kommission – Muster für eine Erklärung über die Einstufung als KMU erforderlichen Angaben, ABl. C 118 v. 20. Mai 2003, S. 5, berichtigt ABl. C 156 v. 4. Juli 2003, S. 14.

Referenz- und Abzinsungssätze: Mitteilung der Kommission über die Änderung der Methode zur Festsetzung der Referenz- und Abzinsungssätze, ABl. C 14 v. 19. Januar 2008, S. 6.

Transparenz der finanziellen Beziehungen zwischen den Mitgliedstaaten und den öffentlichen Unternehmen: Mitteilung der Kommission an die Mitgliedstaaten – Anwendung der Artikel 92 und 93 EWG-Vertrag und des Artikels 5 der Kommissionsrichtlinie 80/723/EWG über öffentliche Unternehmen in der verarbeitenden Industrie, ABl. C 307 v. 13. November 1993, S. 3.

B. Rechtsprechung („Leading Cases")

EuGH/EuG:

EuGH, Rs. 120/73 (Lorenz), Slg 1973, 1471; Rs. 78/76 (Steinike und Weinling), Slg 1977, 595; Rs. C-354/90 (FNCE), Slg 1991, I-5505; Rs. C-39/94 (SFEI), Slg 1996, I-3547; Rs. C-24/95 (Alcan), Slg 1997, I-1591; Rs. C-156/98 (Deutschland/Kommission), Slg 2000, I-6857; Rs. C-379/98 (PreussenElektra), Slg 2001, I-2099; Rs. C-310/99 (Italien/Kommission), Slg 2002, I-2289; Rs. C-280/00 (Altmark Trans), Slg 2003, I-7747; Rs. C-57/00 P u.a. (Freistaat Sachsen u.a.), Slg 2003, I-9975; Rs. C-400/99 (Italien/Kommission), Slg 2001, I-7303 (Zwischenurteil), Slg 2005, I-3657 (Endurteil); Rs. C-232/05 (Kommission/Frankreich), Slg 2006, I-10071; Rs. C-199/06 (CELF/SIDE), Slg 2008, I-469; Rs. C-480/09 P (AceaElectrabel Produzione/Kommission), Slg 2010, I-13355; Rs. C-124/10 P (Kommission/EDF), Urt. v. 5. Juni 2012, Slg 2012, I-00; Rs. C-399/10 P (Bouyges u.a ./Kommission u.a.), Urt. v. 19. März 2013, Slg 2013, I-00; Rs. C-284/12 (Deutsche Lufthansa), Urt. v. 21. November 2013, Slg 2013, I-00; Rs. C-262/12 (Vent des Colère u.a.), Urt. v. 19. Dezember 2013, Slg 2013, I-00.

Nationale Gerichte:

BVerwG, Urt. v. 23. April 1998, Az 3 C 15.97, E 106, 328; BVerfG, Beschl. v. 17. Februar 2000, Az 2 BvR 1210/98, DVBl 2000, 900 = EuZW 2000, 445; BGH, Urt. v. 4. April 2003, Az V ZR 314/02, EuZW 2003, 445; BGH, Urt. v. 20. Januar 2004, Az XI ZR 53/03, EuZW 2004, 252; BVerwG, Urt. v. 16. Dezember 2010, Az 3 C 44/09 (Zweckverband Tierkörperbeseitigung), E 138, 322; BGH, Urt. v. 10. Februar 2011, Az I ZR 136/09 (Flughafen Frankfurt-Hahn), BGHZ 188, 326; BGH, Urt. v. 10. Februar 2011, Az I ZR 213/08 (Flughafen Lübeck); BGH, Urt. v. 5. Dezember 2012, Az I ZR 92/11 (CEPS-Pipeline), BGHZ 196, 254.

Abschnitt 2: Analyse und Darstellung der Einwirkungspraxis des Europarechts auf das Beihilfenrecht

A. Einleitung und Rechtsgrundlagen

I. Unterscheidung zwischen staatlichen Beihilfen und Beihilfen der Union

1. Anwendung der Art. 107 bis 109 AEUV (bisher Art. 87 bis 89 EG) auf staatliche Beihilfen

Die Regelungen der Art. 107 bis 109 AEUV und das darauf gestützte Sekundärrecht enthalten Vorgaben für **staatliche** Beihilfen, da Art. 107 Abs. 1 AEUV voraussetzt, dass es sich um staatliche oder aus staatlichen Mitteln finanzierte Beihilfen handelt (unten Rn 45-55). Auf Beihilfen der Union sind Art. 107 bis 109 AEUV daher weder direkt noch entsprechend anwendbar.[3] Allerdings sind auch die Unionsorgane verpflichtet, Wettbewerbsverfälschungen und Handelsbeeinträchtigungen durch Unionsbeihilfen zu vermeiden, wobei die Aussagen zu den Einzelheiten dieser Verpflichtung variieren.[4] Eine gewisse Ausnahme von der Regel, dass Art. 107 bis 109 AEUV nicht auf Unionsbeihilfen anzuwenden sind, ergibt sich in Fällen der Kofinanzierung, genauer aus dem Umstand, dass die staatlichen und die Unionsmittel bei der Beihilfekontrolle zusammengerechnet werden, wenn in Unionsvorschriften über die Kofinanzierung vorgesehen ist, dass die **Gesamt**mittel an Art. 107 bis 109 AEUV zu messen sind.[5] Es kann aber auch vorgesehen sein, dass im Fall einer Kofinanzie- 1

3 *v. Wallenberg/Schütte*, in: Grabitz/Hilf/Nettesheim (Hrsg), Recht der EU, Okt. 2011, Art. 107 AEUV Rn 121; *Khan*, in: Geiger/Khan/Kotzur, EUV/AEUV, 5. Aufl. 2010, Art. 107 AEUV Rn 5; *Heidenhain*, in: Heidenhain (Hrsg.), Hdb des Europäischen Beihilfenrechts, § 3 Rn 12; *Cremer*, in: Calliess/Ruffert (Hrsg.), EUV/AEUV, 4. Aufl. 2011, Art. 107 AEUV Rn 80. AA wohl *Mestmäcker/Schweitzer*, Europäisches Wettbewerbsrecht,. 2004, § 46 Rn 6 f.

4 Vgl *Cremer*, in: Calliess/Ruffert (Hrsg.), EUV/AEUV, 4. Aufl. 2011, Art. 107 AEUV Rn 80 mwN; *Petzold*, in: Birnstiel/Bungenberg/Heinrich (Hrsg.), Europäisches Beihilfenrecht, 2013, Kap. 4 Rn 1-69 mwN; *Cichy*, Wettbewerbsverfälschungen durch Gemeinschaftsbeihilfen, S. 53 ff.

5 Dazu näher *Heidenhain*, in: Heidenhain (Hrsg.), Hdb des Europäischen Beihilfenrechts, § 3 Rn 13. S. auch *Mestmäcker/Schweitzer*, Europäisches Wettbewerbsrecht, § 46 Rn 7.

rung Art. 107 bis 109 AEUV nicht zur Anwendung gelangen, soweit die mitgliedstaatliche finanzielle Beteiligung nicht über den unionsrechtlich vorgegebenen Umfang hinausgeht.[6]

2 Ein Beispiel: Im Bereich der Fischerei und Aquakultur sind gem. Art. 8 Abs. 1 VO 508/2014[7] die Bestimmungen der Art. 107 bis 109 AEUV grundsätzlich anwendbar (zur Anwendung des EU-Beihilfenrechts im Bereich der Landwirtschaft und Fischerei unten Rn 8-10), nicht aber gem. Art. 8 Abs. 2 VO 508/2014 bei finanziellen Beiträgen der Mitgliedstaaten zu Vorhaben, die durch den Europäischen Fischereifonds kofinanziert werden. Gem. Art. 7 Abs. 8 VO 508/2014 werden mitgliedstaatliche Bestimmungen, die eine öffentliche Finanzierung über die in der Verordnung festgelegten finanziellen Beteiligungen hinaus vorsehen, insgesamt an den Bestimmungen der Art. 107 bis 109 AEUV gemessen. Dementsprechend ist die Kofinanzierung durch die Mitgliedstaaten im Rahmen der Bestimmungen des Europäischen Fischereifonds nicht als staatliche Beihilfe einzustufen.

2. Abgrenzung zwischen staatlichen Beihilfen und Beihilfen der Union

3 Zur Abgrenzung zwischen staatlichen und Unionsbeihilfen hat der EuGH zum einen herausgestellt, dass ein vollständig aus Unionsmitteln finanzierter Vorteil keine staatliche Beihilfe ist, weil er nicht staatlich oder aus staatlichen Mitteln iSv Art. 107 Abs. 1 AEUV gewährt wird.[8] Zum anderen stellt er in Fällen der Kofinanzierung darauf ab, ob der mitgliedstaatliche Anteil obligatorisch oder freiwillig ist;[9] im ersten Fall handelt es sich um keine staatliche Beihilfe, im zweiten doch. Vor diesem Hintergrund spielen für die Abgrenzung zwischen staatlichen Beihilfen und Beihilfen der Union zwei Kriterien eine Rolle: Erstens aus wessen Mitteln die Maßnahme finanziert wird und zweitens wer die Maßnahme vorgesehen hat.

4 Bei der Zurechnung einer Beihilfe zum Staat und ihrer Finanzierung aus staatlichen Mitteln handelt es sich um zwei kumulative Voraussetzungen (s. auch unten Rn 47, 54), weshalb zum Beispiel eine Begünstigung, die Folge einer ordnungsgemäßen Umsetzung einer Richtlinie ist, nicht dem Staat sondern der Union zuzurechnen ist, so dass der Anwendungsbereich der Art. 107 bis 109 AEUV ausscheidet, auch dann, wenn die Begünstigung aus staatlichen Mitteln finanziert wird.[10] Die Zurechnung zum Staat ergibt sich auch nicht daraus, dass ein Staat den ihm eingeräumten Spielraum ungenutzt lässt und von der Möglichkeit der Ausweitung einer Begünstigung keinen Gebrauch macht, stattdessen nur die zwingenden Bestimmungen einer Richtlinie umsetzt.[11] Die bloße Möglichkeit der Nutzung eines mitgliedstaatlichen Spielraums reicht also nicht für die Zurechnung. Im Unterschied dazu wird in der Literatur in Fällen, in denen die Maßnahme vollständig aus Mitteln der Union oder der Mitgliedstaaten finanziert wird, aber die jeweils andere Ebene die Kriterien für die Gewährung (mit-)bestimmt,[12] nicht selten darauf abgehoben, wer die Maßnahme vorsieht (ablehnend für den Bereich der landwirtschaftlichen Beihilfen oben *Busse*, § 25, Rn 300).[13] Zurechnungsfragen stellen sich auch, wenn der Mitgliedstaat nicht selbst, sondern durch eine (öffentliche oder private) Einrichtung handelt (dazu unten Rn 54, 62, 64).

---

6 *Bartosch*, EU-Beihilfenrecht, Einl. Rn 27.

7 Verordnung (EU) Nr. 508/2014 des Europäischen Parlaments und des Rates vom 15. Mai 2014 über den Europäischen Meeres- und Fischereifonds und zur Aufhebung der Verordnungen (EG) Nr. 2328/2003, (EG) Nr. 861/2006, (EG) Nr. 1198/2006 und (EG) Nr. 791/2007 des Rates und Verordnung (EU) Nr. 1255/2011 des Europäischen Parlaments und des Rates, ABl. L 149 v. 20. Mai 2014, S. 1.

8 EuGH, Rs. 213/81 u.a. (Vieh- und Fleischkontor Will u.a.), Slg 1982, 3583 Rn 22.

9 EuGH, Rs. C-321/99 P (ARAP u.a.), Slg 2002, I-4287 Rn 121-123.

10 EuGH, Rs. C-482/99 (Frankreich/Kommission), Slg 2002, I-437 Rn 24; EuG, Rs.T-351/02 (Deutsche Bahn AG), Slg 2006, II-1047 Rn 102 f.

11 EuG, Rs. T-351/02 (Deutsche Bahn AG), Slg 2006, II-1047 Rn 106.

12 Zu gemischten oder gestuften Verfahren bei der Gewährung von Gemeinschaftsbeihilfen *Gundel*, in: Ehlers (Hrsg.), Europäische Grundrechte und Grundfreiheiten, 3. Aufl. 2009, § 18 Rn 49.

13 Vgl, mit Unterschieden im Detail, *Müller-Graff*, ZHR 152 (1988), 414 f; *Mederer*, in: v.d. Groeben/Schwarze (Hrsg.), EU- und EG-Vertrag, Bd. 3, Art. 87 EG Rn 29; *Mestmäcker/Schweitzer*, Europäisches Wettbewerbsrecht, § 46 Rn 3 einschl. Fn 4; *Cichy*, Wettbewerbsverfälschungen durch Gemeinschaftsbeihilfen, S. 40, 42.

II. Bestand, Systematik und Abgrenzung des EU-Beihilfenrechts

1. Regelungen im Vertrag über die Arbeitsweise der EU

a) Allgemeine Vorschriften über staatliche Beihilfen

5 Staatliche Beihilfen sind unter den in Art. 107 Abs. 1 AEUV aufgeführten Voraussetzungen mit dem Unionsrecht unvereinbar. Es handelt sich um ein **Verbot**.[14] Von dieser Regel gibt es Ausnahmen, die sich insbesondere in Art. 107 Abs. 2 und 3 AEUV finden. Einige weitere Ausnahmen finden sich an anderen Stellen im AEUV (dazu unten Rn 7-13). Der Zweck des Verbots besteht darin, Subventionswettläufe der Mitgliedstaaten zu verhindern, nicht darin, die mitgliedstaatlichen Ausgaben zu kontrollieren, was erklärt, warum die Ausnahmemöglichkeiten weit ausfallen.[15] Neben diesen inhaltlichen Vorgaben enthält Art. 108 AEUV Regelungen über das **Verfahren** der Beihilfenkontrolle. Neue Beihilfen müssen gemäß Art. 108 Abs. 3 S. 1 AEUV bei der Kommission angemeldet werden, bei allen bestehenden Beihilfen findet eine fortlaufende Überprüfung gemäß Art. 108 Abs. 1 iVm Abs. 2 AEUV statt.

6 Die Regelungen über staatliche Beihilfen in Art. 107 bis 109 AEUV sind im Vergleich zu ihrem Vorgänger in Art. 87 bis 89 EGV im Wesentlichen unverändert geblieben. Durch den Vertrag von Lissabon haben sich wenige Änderungen ergeben: Neben textlichen Anpassungen wie zB „Binnenmarkt“ statt „gemeinsamer Markt“, gibt es drei inhaltliche Neuerungen: (1) In Art. 107 Abs. 2 c) AEUV ist ein Satz 2 aufgenommen worden, der den Rat ermächtigt, fünf Jahre nach dem Inkrafttreten des Vertrags von Lissabon (am 1.12.2009), auf Vorschlag der Kommission den Ausnahmetatbestand des Ausnahmetatbestand des Art. 107 Abs. 2 c) AEUV zugunsten der Beihilfen wegen der Teilung Deutschlands aufzuheben (dazu unten Rn 106). (2) Der Ausnahmetatbestand für Regionalförderungen in Art. 107 Abs. 3 a) AEUV erstreckt sich auf die Inselgebiete, die gemäß Art. 349 AEUV zu einzelnen Mitgliedstaaten gehören. (3) Schließlich darf die Kommission nach der neu eingefügten Bestimmung des Art. 108 Abs. 4 AEUV Verordnungen zu den Arten von staatlichen Beihilfen erlassen, für die der Rat nach Art. 109 AEUV festgelegt hat, dass sie von dem Verfahren nach Art. 108 Abs. 3 AEUV ausgenommen werden können (dazu unten Rn 125). Vorher gab es dafür keine eigene Rechtsgrundlage, sondern stützte sich der Rat auf Art. 109 AEUV.

b) Sondervorschriften für staatliche Beihilfen

7 Für die Landwirtschaft, den Verkehr, Dienstleistungen von allgemeinem wirtschaftlichem Interesse (Daseinsvorsorge), Ausfuhren und das Militär enthält der AEUV Ausnahmevorschriften von den Regelungen der Art. 107 bis 109 AEUV. Dogmatisch statuieren diese Regelungen vorwiegend Ausnahmen, die über die Ausnahmen des Art. 107 Abs. 2 und 3 AEUV hinausgehen.[16] Sie können aber auch den Beihilfetatbestand des Art. 107 Abs. 1 AEUV ausschließen (dazu unten Rn 12, 93).

8 Im Einzelnen findet gemäß Art. 42 Abs. 1 AEUV das Beihilfenrecht auf die in Art. 38 Abs. 3 AEUV iVm Anhang I enthaltenen **landwirtschaftlichen** Erzeugnisse nur Anwendung, soweit das Europäische Parlament und der Rat das beschließt. Im Vergleich zur Vorgängerfassung des Art. 32 EGV wird in Art. 38 AEUV stärker betont, dass der Begriff der Landwirtschaft auch die Fischerei umfasst. Die Entscheidungskompetenz über die Geltung der Wettbewerbsregeln steht nach Art. 42 Abs. 1 AEUV dem Parlament und dem Rat gemeinsam zu. Gemäß Art. 42 Abs. 2 AEUV besteht ein Vorschlagsrecht der Kommission zur Genehmigung von Beihilfen durch den Rat.[17]

9 Die Anwendung des Beihilfenrechts der Union wird in einer Reihe landwirtschaftlicher Verordnungen vorgesehen, so dass Art. 107 bis 109 AEUV in weiten Teilen des Landwirtschaftsrechts grund-

---

14 EuGH, Rs. 78/76 (Steinike und Weinling), Slg 1977, 595 Rn 6, 8; *Bartosch*, EU-Beihilfenrecht, Einl. Rn 2; *Mestmäcker/Schweitzer*, Europäisches Wettbewerbsrecht, § 42 Rn 1.

15 *Bartosch*, EU-Beihilfenrecht, Einl. Rn 2.

16 Vgl *Mestmäcker/Schweitzer*, Europäisches Wettbewerbsrecht, § 44 Rn 3.

17 Vgl auch *Lübbig/Martín-Ehlers*, Beihilfenrecht der EU, 2. Aufl. 2009, Rn 20.

sätzlich anwendbar sind, verbunden mit diversen Sonderregelungen.[18] Dabei muss die Beihilfe mit den Bestimmungen über die jeweilige Marktorganisation vereinbar sein, so dass die sekundärrechtlichen Regelungen gemeinsamer Marktorganisationen als Spezialregelungen den Art. 107 bis 109 AEUV vorgehen.[19] Insgesamt sind die Bestimmungen der Art. 107 bis 109 AEUV, vorbehaltlich spezifischer Einschränkungen oder Ausnahmen, die gegebenenfalls in den entsprechenden Verordnungen niedergelegt sind, auf die im landwirtschaftlichen Bereich gewährten staatlichen Beihilfen in großem Umfang anwendbar, mit Ausnahme spezieller Beihilfen zugunsten einer begrenzten Anzahl von Erzeugnissen, die nicht unter eine gemeinsame Marktorganisation fallen.[20] Für den Fischereibereich sieht Art. 8 Abs. 1 VO 508/2014 die Anwendung der Art. 107 bis 109 AEUV vor (zu Ausnahmen im Bereich der Kofinanzierung im Rahmen des Europäischen Fischereifonds oben Rn 2).

10 Besteht keine gemeinsame Marktorganisation, was bei einigen wenigen landwirtschaftlichen Erzeugnissen der Fall ist, sind gemäß Art. 3 VO Nr. 1184/2006[21] (nur) Art. 108 Abs. 1 und Abs. 3 S. 1 AEUV anzuwenden, was dazu führt, dass die Kommission die Beihilfen nicht verhindern kann, weil sie kein förmliches Beihilfenprüfverfahren gem. Art. 108 Abs. 2, 3 S. 2 AEUV eröffnen darf und das Durchführungsverbot des Art. 108 Abs. 3 S. 3 AEUV nicht gilt.[22] Die Kommission darf insoweit keinen Rückforderungsbeschluss (bisher Entscheidung) gem. Art. 14 BeihVerfVO erlassen, sondern kann gegen Verstöße nur das allgemeine Vertragsverletzungsverfahren gem. Art. 258 AEUV einleiten.[23] Art. 42 Abs. 2 AEUV sieht die Möglichkeit für den Rat vor, auf Vorschlag der Kommission Beihilfen unter Voraussetzungen zu genehmigen, die von Art. 107 AEUV abweichen. Die Bestimmung hat allerdings nur geringe praktische Bedeutung erlangt.[24] Art. 42 AEUV erkennt damit generell, also auch außerhalb einer gemeinsamen Marktorganisation, den Vorrang der gemeinsamen Agrarpolitik vor den Zielen des Vertrags im Wettbewerbsbereich an.[25] Ausführlicher zu staatlichen Agrarbeihilfen oben *Busse*, § 25, Rn 301-320.

11 Art. 93 AEUV erklärt – in seinem Anwendungsbereich, dh gemäß Art. 100 AEUV für den Eisenbahn-, Straßen- und Binnenschiffsverkehr – Beihilfen für rechtmäßig, die den Erfordernissen der Koordinierung des **Verkehrs** oder der Abgeltung bestimmter mit dem Begriff des öffentlichen Dienstes zusammenhängender Leistungen entsprechen.[26] Wie der EuGH herausgestellt hat, wird Art. 93 AEUV sekundärrechtlich konkretisiert, was bedeutet, dass nur dann auf die allgemeinen Vorschriften der Art. 107 bis 109 AEUV zurückgegriffen werden muss, wenn die Voraussetzungen der fraglichen sekundärrechtlichen Regelungen nicht erfüllt sind.[27] Beihilfen für die Seeschifffahrt

---

18 *Khan,* in: Geiger/Khan/Kotzur, EUV/AEUV, 5. Aufl. 2010, Art. 42 AEUV Rn 8-11; *Lübbig/Martín-Ehlers*, Beihilfenrecht der EU, 2. Aufl. 2009, Rn 18. Ausführlicher zu Agrar- und Fischereibeihilfen *Schweighofer*, in: Birnstiel/Bungenberg/Heinrich (Hrsg.), Europäisches Beihilfenrecht, 2013, Kap. 3 Rn 1-147 (Landwirtschaft); *Böttger*, a.a.O., Kap. 3 Rn 148-194 (Fischerei und Aquakultur).

19 EuGH, Rs. C-456/00 (Frankreich/Kommission), Slg 2002, I-11949 Rn 32; Rs. 177/78 (Pigs and Bacon Commission), Slg 1979, 2161 Rn 11; *v. Wallenberg/Schütte*, in: Grabitz/Hilf/Nettesheim (Hrsg.), Recht der EU, Okt. 2011, Art. 107 AEUV Rn 409.

20 Rahmenregelung der Gemeinschaft für staatliche Beihilfen im Agrar- und Forstsektor 2007-2013, Nr. 10, deren Geltungsdauer bis zum 30. Juni 2014 verlängert wurde (Fundstelle o. Abschnitt 1, A).

21 Verordnung (EG) Nr. 1184/2006 des des Rates vom 24. Juli 2006 zur Anwendung bestimmter Wettbewerbsregeln auf die Produktion landwirtschaftlicher Erzeugnisse und den Handel mit diesen Erzeugnissen, ABl. L 214 v. 4. August 2006, S. 7, mehrfach geändert, zuletzt durch Verordnung Nr. 491/2009, ABl. L 154 v. 17. Juni 2009, S. 1.

22 Rahmenregelung der Gemeinschaft für staatliche Beihilfen im Agrar- und Forstsektor 2007-2013, Nr. 22, deren Geltungsdauer bis zum 30. Juni 2014 verlängert wurde (Fundstelle o. Abschnitt 1, A).

23 *Bartosch*, EU-Beihilfenrecht, Einl. Rn 26.

24 *Khan,* in: Geiger/Khan/Kotzur, EUV/AEUV, 5. Aufl. 2010, Art. 42 AEUV Rn 13; *Lübbig/Martín-Ehlers*, Beihilfenrecht der EU, Rn 18.

25 EuGH, Rs. C-456/00 (Frankreich/Kommission), Slg 2002, I-11949 Rn 33; Rs. C-280/93 (Deutschland/Rat), Slg 1994, I-4973 Rn 61.

26 Ausführlicher zu staatlichen Beihilfen im Verkehrsbereich *Knauff*, in: Birnstiel/Bungenberg/Heinrich (Hrsg.), Europäisches Beihilfenrecht, 2013, Kap. 3 Rn 195-254 (Öffentlicher Personenverkehr); *Hobe/Seidenspinner*, aaO, Kap. 3 Rn 255-281 (Luftverkehr); *Wilkens/Griebel*, aaO, Kap. 3 Rn 282-337 (See- und Güterverkehr).

27 EuGH, Rs. C-280/00 (Altmark Trans), Slg 2003, I-7747 Rn 106-108; *Bartosch*, EU-Beihilfenrecht, Einl. Rn 25.

und den Luftverkehr unterliegen uneingeschränkt Art. 107 bis 109 AEUV.[28] Art. 93 AEUV führt eine Ausnahme von den allgemeinen Bestimmungen für staatliche Beihilfen ein.[29] Auf seiner Grundlage ist eine Reihe sekundärrechtlicher Regelungen ergangen (unten Rn 148). Art. 96 AEUV enthält eine Sonderregelung für Unterstützungs- und Schutzmaßnahmen im Fracht- und Beförderungsbereich, die im Rahmen der Beihilfekontrolle zu berücksichtigen ist.[30]

Für Unternehmen der **Daseinsvorsorge** (und Finanzmonopole) eröffnet Art. 106 Abs. 2 AEUV die Möglichkeit, von den Beihilferegeln abzuweichen, wenn ohne die Beihilfe eine **Dienstleistung von allgemeinem wirtschaftlichem Interesse** nicht bereitgestellt werden kann.[31] Der Umstand, dass ein Unternehmen Verpflichtungen von gemeinwirtschaftlichem Interesse erfüllt, kann bereits den Beihilfetatbestand ausschließen (unten Rn 89). Im Übrigen kommt Art. 106 Abs. 2 AEUV auf der Rechtfertigungsebene als zusätzliche Ausnahmeregelung neben Art. 107 Abs. 2 und 3 AEUV zum Tragen (unten Rn 109, 147, 151). Führt also der Umstand der Daseinsvorsorge nicht zu einem Ausschluss des Beihilfetatbestands (unter den vom EuGH aufgestellten Voraussetzungen, dazu unten Rn 89), kann er auf der Rechtfertigungsebene relevant werden. Die Mitgliedstaaten haben ein weites Ermessen bei der Festlegung, was sie als Dienstleistung von allgemeinem wirtschaftlichem Interesse einstufen.[32] Einen typischen Anwendungsfall liefert der öffentliche Personennahverkehr (dazu auch unten Rn 150), weitere Beispiele für Dienstleitungen von allgemeinem wirtschaftlichem Interesse liefern etwa Dienstleistungen des sozialen Wohnungsbaus,[33] die öffentliche Krankenhausfinanzierung[34] oder die Finanzierung öffentlich-rechtlicher Rundfunkanstalten.[35] Ob die jeweiligen staatlichen Maßnahmen zugunsten der mit den Dienstleistungen von allgemeinem wirtschaftlichem Interesse betrauten Unternehmen in ihren konkreten Ausgestaltungen als Beihilfe einzustufen und ggf. gerechtfertigt sind, ist damit noch nicht gesagt. 12

Schließlich gelten gemäß Art. 346 AEUV die Wettbewerbsregeln und damit die Beihilferegeln der Art. 107 bis 109 AEUV nicht für die Erzeugung von Waffen, Munition und Kriegsmaterial oder den Handel damit, soweit es sich um für **militärische** Zwecke bestimmte Waren handelt. 13

c) Sonstige Vorschriften des Vertrags über die Arbeitsweise der EU (bisher EG-Vertrag)

Die Rechtmäßigkeit einer staatlichen Beihilfe beurteilt sich auch am Maßstab anderer Vorschriften des AEUV, deren Regelungsgegenstand nicht speziell der Wettbewerb und Beihilfen sind. So befreit die Einstufung einer Maßnahme als Beihilfe nicht von den Verboten der Grundfreiheiten.[36] Eine Beihilfe ist demgemäß nur dann rechtmäßig, wenn sie mit den Grundfreiheiten vereinbar ist. Zum Teil wird das ausdrücklich festgelegt, wie in Art. 50 Abs. 2 h) AEUV: Danach zählt es zu den Maßnahmen zur Verwirklichung der Niederlassungsfreiheit, die Bedingungen für die Niederlassung nicht durch Beihilfen der Mitgliedstaaten zu verfälschen. Neben den Grundfreiheiten müssen die anderen Bestimmungen des AEUV eingehalten werden.[37] Darüber hinaus gilt der Grundsatz der Kohärenz zwischen der Beihilfepolitik der Union und ihrem Handeln auf anderen Gebieten. Danach ist die Kommission verpflichtet, den Zusammenhang zwischen den Art. 107 f AEUV und 14

28 *v. Wallenberg/Schütte*, in: Grabitz/Hilf/Nettesheim (Hrsg.), Recht der EU, Okt. 2011, Art. 107 AEUV Rn 412.
29 EuGH, Rs. C-280/00 (Altmark Trans), Slg 2003, I-7747 Rn 34.
30 *Mestmäcker/Schweitzer*, Europäisches Wettbewerbsrecht, § 44 Rn 14.
31 *Mestmäcker/Schweitzer*, Europäisches Wettbewerbsrecht, § 44 Rn 3. Dazu *Khan*, in: Geiger/Khan/Kotzur, EUV/AEUV, 5. Aufl. 2010, Art. 106 AEUV Rn 8-21. Ausführlicher zu staatlichen Beihilfen im Bereich der Dienstleistungen von allg. wirtschaftlichen Interesse *Storr*, in: Birnstiel/Bungenberg/Heinrich (Hrsg.), Europäisches Beihilfenrecht, 2013, Kap. 1 Rn 2390-2491.
32 EuGH, Rs. C-197/11 u.a. (Libert u.a.), Slg 2013, I-00 Rn 88; *Bartosch*, EU-Beihilfenrecht, Einl. Rn 2.
33 EuGH, Rs. C-197/11 u.a. (Libert u.a.), Slg 2013, I-00 507 Rn 88.
34 EuG, Rs. T-137/10 (CBI/Kommission), Slg 2012, II-00 Rn 85 ff.
35 EuG, Rs. T-568/08 u.a. (M6 und TF1/Kommission), Slg 2010, II-3397 Rn 62 ff; Rs. T-231/06 u.a. (Niederlande und NOS/Kommission), Slg 2010, II-5993 Rn 211 ff. Zusammenfassend *Soltész*, EuZW 2011, 544.
36 EuGH, Rs. C-21/88 (Du Pont de Nemours Italiana), Slg 1990, I-889 Rn 20 f.
37 EuGH, Rs. C-456/00 (Frankreich/Kommission), Slg 2002, I-11949 Rn 30; Rs. C-256/98 (Deutschland/ Kommission), Slg 2000, I-6857 Rn 78; *Bungenberg*, in: Birnstiel/Bungenberg/Heinrich (Hrsg.), Europäisches Beihilfenrecht, 2013, Einl. Rn 119-121.

anderen Vorschriften des AEUV zu beachten, zB Art. 147 AEUV über den Beitrag der Union zu einem hohen Beschäftigungsniveau.[38]

15 Ob es von diesem Grundsatz Ausnahmen gibt, wird in der Literatur bezweifelt, wenn gelegentlich im Verhältnis zur Warenverkehrsfreiheit oder zu weiteren Grundfreiheiten ein gewisser Vorrang der Art. 107 f AEUV angenommen wird.[39] Diese Einschätzung stützt sich auf eine frühe Entscheidung des EuGH, in der er missverständlich formuliert hat, dass Beihilfen als solche grundsätzlich nicht in den Anwendungsbereich der Warenverkehrsfreiheit des Art. 35 AEUV fallen.[40] Gemeint ist etwas anderes, nämlich wann die Überprüfung einer staatlichen Maßnahme am Maßstab der Grundfreiheiten der Kommission im Rahmen der Beihilfekontrolle gemäß Art. 108 AEUV vorbehalten bleibt und wann sich der Einzelne vor den nationalen Gerichten unmittelbar auf die Grundfreiheiten berufen darf. In der Sache geht es also um die Frage, wann eine Maßnahme isoliert an den Grundfreiheiten gemessen werden darf und wann die Maßnahmen an Art. 107 f AEUV **und** an den Grundfreiheiten gemessen werden müssen. Dies entspricht dem Verständnis jüngerer Entscheidungen[41] und sichert der Kommission ihr vorrangiges Prüfungsrecht über Beihilfen (dazu unten Rn 170-172).

16 Im Einzelnen ist das Vorliegen einer Beihilfe der Schlüssel zum Kontrollverfahren gem. Art. 108 AEUV. Liegt keine Beihilfe iSv Art. 107 Abs. 1 AEUV vor, darf die Kommission auch keinen Verstoß gegen andere Vorschriften des AEUV im Beihilfekontrollverfahren feststellen.[42] Liegt eine Beihilfe vor und werden im Zusammenhang mit ihr andere staatliche Maßnahmen ergriffen, richtet sich die Frage, ob der Kommission die Prüfung vorbehalten ist, danach, ob die Maßnahme zwingender Teil einer Beihilfe ist oder von ihr getrennt werden kann. Können die Beihilfe und die damit verbundene(n) staatliche(n) Maßnahme(n) nicht getrennt werden, gelangen die Grundfreiheiten über den Weg des Art. 108 AEUV zur Anwendung. Besteht kein untrennbarer Zusammenhang, kommt eine isolierte Überprüfung der anderen staatlichen Maßnahme(n) durch die nationalen Gerichte in Betracht. In der Literatur finden sich zum Teil auch tendenziell strengere Ansätze, wonach im Beihilfenkontrollverfahren grundsätzlich nur die beihilfenrechtlichen Vorschriften Prüfungsmaßstab sind und andere Vorschriften nur unter engen Voraussetzungen geprüft werden dürfen: neben dem Vorliegen einer unauflösbaren Beziehung zwischen der Beihilfe und anderen Maßnahmen wird eine Verstärkung der Wettbewerbsverzerrung verlangt.[43]

17 Da eine Beihilfe nur rechtmäßig sein kann, wenn sie mit dem gesamten AEUV vereinbar ist, umfasst das auch die sonstigen Wettbewerbsvorschriften im AEUV. Die Kommission muss daher im Verfahren gemäß Art. 108 AEUV berücksichtigen, ob eine Beihilfemaßnahme mit den Kartellbestimmungen der Art. 101 f AEUV vereinbar ist, auch dann, wenn parallel zum Verfahren der Beihilfekontrolle Kartellverfahren oder Verfahren der Fusionskontrolle laufen. Grundsätzlich muss keines der Verfahren zu Gunsten eines anderen ausgesetzt werden.[44] Im Verhältnis zu Art. 37 AEUV über staatliche Handelsmonopole ist streitig, ob Art. 37 AEUV lex specialis zu Art. 107 f AEUV ist oder ob die Vorschriften nebeneinander stehen.[45] Von der Pflicht zur Beurteilung einer Beihilfe am Maßstab des gesamten primären EU-Rechts zu unterscheiden ist die Pflicht, im Rah-

---

38 EuGH, Rs. C-110/03 (Belgien/Kommission), Slg 2005, I-2801 Rn 64-66.

39 *Heidenhain*, in: Heidenhain (Hrsg.), Hdb des Europäischen Beihilfenrechts, § 60 Rn 4 f; *Kühling*, in: Streinz (Hrsg.), EUV/AEUV, Art. 107 AEUV Rn 24 mwN.

40 EuGH, Rs. 74/76 (Iannelli), Slg 1977, 557 Rn 6-17.

41 EuGH, Rs. C-225/91 (Matra), Slg 1993 I-3203 Rn 41; EuG, Rs. T-197/97 (Weyl Beef), Slg 2001, II-303 Rn 76; Rs. T-359/04 (Britisch Aggregates u.a ./Kommission), Slg 2010, II-4227 Rn 91-93.

42 EuGH, Rs. C-156/98 (Deutschland/Kommission), Slg 2000, I-6857 Rn 76.

43 Näher *Bartosch*, EU-Beihilfenrecht, Einl. Rn 4 ff.

44 Vgl EuGH, Rs. C-225/91 (Matra), Slg 1993, I-3203 Rn 44 f; *Heidenhain*, in: Heidenhain (Hrsg.), Hdb des Europäischen Beihilfenrechts, § 60 Rn 14 f, 19.

45 Für Ersteres *Kühling*, in: Streinz (Hrsg.), EUV/AEUV Art. 107 AEUV Rn 25 unter Berufung auf EuGH, Rs. 91/78 (Hansen/Hauptzollamt Flensburg), Slg 1979, 935 Rn 10. Für Letzteres *Heidenhain*, in: Heidenhain (Hrsg.), Hdb des Europäischen Beihilfenrechts, § 60 Rn 12 unter Berufung auf EuGH, Rs. 91/78 (Hansen/Hauptzollamt Flensburg), Slg 1979, 935 Rn 9.

men der Beurteilung der Rechtmäßigkeit einer Beihilfe auf die Kohärenz zu anderen Politiken der EU, etwa den EU-Vorschriften zur Steuerharmonisierung, zu achten. Dies betrifft die Ebene des sekundären EU-Rechts. Die Rechtsprechung verlangt insoweit aus Gründen der Rechtssicherheit und der Widerspruchsfreiheit der Rechtsordnung eine stimmige Beurteilung.[46]

2. Verordnungen und Richtlinien

a) Verfahrensregelungen

Detailliertere Bestimmungen als Art. 108 AEUV über das Verfahren der Beihilfekontrolle enthalten zwei Verordnungen: die Beihilfeverfahrensverordnung (BeihVerfVO) sowie die Durchführungsverordnung zu dieser Verordnung (BeihVerfDurchfVO).[47] Zu deren Inhalten und zu Neuerungen in der BeihVerfVO unten Rn 160-165. 18

b) Gruppenfreistellungen

Einige Gruppen von Beihilfen werden in Verordnungen von dem Tatbestand der Beihilfe ausgenommen oder für rechtmäßig erklärt. Dafür verwendet das EU-Recht den Begriff der „Gruppenfreistellung" (engl. „block exemption"). Der Rat ermöglicht der Kommission die Regelung solcher Gruppenfreistellungen durch die Ermächtigungsverordnung für Gruppenfreistellungen (GVO-Ermächtigung).[48] Danach darf die Kommission die in Art. 1 GVO-Ermächtigung näher beschriebenen Beihilfen für rechtmäßig gemäß Art. 107 Abs. 2 oder 3 AEUV erklären und von der Pflicht zur Anmeldung gemäß Art. 108 Abs. 3 AEUV ausnehmen. Diese Beihilfen gelten als bestehende Beihilfen, so als wären sie angemeldet worden.[49] Zu den Bereichen, in denen nach der GVO-Ermächtigung der Rat die Kommission zu Freistellungen ermächtigt, und zur Ausweitung dieser Bereiche unten Rn 126 f. Des Weiteren darf die Kommission gemäß Art. 2 GVO-Ermächtigung für Beihilfen, die einen bestimmten Betrag in einem Zeitraum nicht überschreiten, von dem Tatbestand der Beihilfe in Art. 107 Abs. 1 AEUV ausnehmen und auf diese Weise von der Anmeldungspflicht befreien, die sog. De-minimis-Beihilfen. Die Verordnung über De-Minimis-Beihilfen führt nicht zu einer (echten) Freistellung in dem Sinne, dass von der Anwendung der tatbestandlich einschlägigen Beihilfenregelungen befreit wird. Vielmehr handelt es sich um einen Negativtest (bereits) auf der Ebene des Beihilfetatbestands.[50] Was den Bestand der Verordnungen über (echte) Gruppenfreistellungen und De-minimis-Beihilfen angeht, gelten aktuell (zur Bestimmung der maßgeblichen Rechtslage unten Rn 23) eine allgemeine Verordnung über Gruppenfreistellungen aus dem Jahr 2014 [AGVO] (näher unten Rn 125-132), sowie eine Verordnung über De-minimis-Beihilfen aus dem Jahr 2013 [GVO-De-minimis] (unten Rn 98 f).[51] Für die Bereiche Landwirtschaft und Fischerei gibt es Sonderverordnungen [GVO-Landwirtschaft aus dem Jahr 2014, GVO-De-minimis-Landwirtschaft aus dem Jahr 2013, GVO-Fischerei aus dem Jahr 2008, die bis zum Ende des Jahres 2014 durch eine neue GVO-Fischerei abgelöst werden soll, schließlich GVO-De-minimis-Fischerei aus dem Jahr 2014] (unten Rn 101, 133);[52] diese gehen vor, soweit ihr Anwendungsbereich reicht. Hinzu kommt (seit 2012) eine De-minimis-Verordnung im Bereich der Dienstleistungen von allgemeinem wirtschaftlichem Interesse.[53] 19

---

46 EuG, Rs. T-50/06 RENV u.a. (Irland u.a ./Kommission), Slg 2012, II-00 Rn 58 ff. Dazu *Soltész*, EuZW 2013, 139.

47 Fundstellen o. Abschnitt 1, A.

48 Fundstelle o. Abschnitt 1, A. Einführend zu den Gruppenfreistellungen *Schweda*, in: Heidenhain (Hrsg.), European State Aid Law, 2010, § 14 Rn 51 ff.

49 *Mestmäcker/Schweitzer*, Europäisches Wettbewerbsrecht, § 45 Rn 16.

50 *Bartosch*, EU-Beihilfenrecht, VO 800/2008 Rn 1.

51 Verordnung 800/2008 [AGVO], Verordnung 1998/2006 [GVO-De-minimis 2006], Verordnung 1407/2013 [GVO-De-minimis 2013]. Fundstellen o. Abschnitt 1, A.

52 Verordnung 1857/2006 [GVO-Landwirtschaft], verlängert durch Verordnung 1114/2013; Verordnung 1535/2007 [GVO-De-minimis-Landwirtschaft 2007]; Verordnung 1408/2013 [GVO-De-minimis-Landwirtschaft 2013]; Verordnung 736/2008 [GVO-Fischerei]; Verordnung 875/2007 [GVO-De-minimis-Fischerei]. Fundstellen o. Abschnitt 1, A.

53 Verordnung 360/2012. Fundstelle o. Abschnitt 1, A.

c) Sonstiges sekundäres Beihilfenrecht sowie Relevanz des Sekundärrechts anderer Materien

20 Neben den vorgenannten (oben Rn 9 f, 18 f) Verfahrens- und Gruppenfreistellungsverordnungen sowie den sonstigen Sonderverordnungen für die Beurteilung der Rechtmäßigkeit von Beihilfen in den Bereichen Landwirtschaft und Fischerei gibt es einige wenige weitere Verordnungen und einen allgemeinverbindlichen Beschluss zur Behandlung von Beihilfen in bestimmten Sektoren. Dies ist in den Bereichen öffentliche Personenverkehrsdienste, Schiffbau und Steinkohlebergbau der Fall (unten Rn 150-152). Eine **Richtlinie** im Beihilfenrecht, die sog. Transparenzrichtlinie, legt besondere Pflichten der Mitgliedstaaten zu einem transparenten Umgang mit öffentlichen Unternehmen fest.[54] Sie ist in Deutschland durch das sog. Transparenzrichtlinie-Gesetz umgesetzt worden.[55]

21 Auch sekundärrechtliche Regelungen anderer Materien können bei der Beurteilung staatlicher Beihilfen zum Tragen kommen, ähnlich wie das beim primären Recht der Fall ist (oben Rn 14). Ein Beispiel liefert das Vergaberecht: Eine Beihilfe- und Auftragsvergabe ist durch dieselbe Maßnahme möglich. Dabei kann die Vergabe eines Auftrags nach den Unionsregeln über die öffentliche Auftragsvergabe dazu führen, dass der Tatbestand der Beihilfe gemäß Art. 107 Abs. 1 AEUV abzulehnen ist (unten Rn 86). Umgekehrt kann das Vorliegen oder Nichtvorliegen eines Verstoßes gegen das Beihilfenrecht für die Rechtmäßigkeit eines Vergabeverfahrens bedeutsam sein.[56]

3. Mitteilungen, Leitlinien, Gemeinschaftsrahmen uÄ der Kommission

a) Terminologie, Bestand und Gehalte

22 Außer Verordnungen und Richtlinien ist für das Beihilfenrecht eine weitere Art allgemeiner Akte typisch. Auch sie kennzeichnen sich dadurch, dass sie für die Subsumtion im konkreten Einzelfall gedacht sind. Diese Akte werden von der Kommission verfasst und regelmäßig im Amtsblatt C veröffentlicht. Meist werden sie als Mitteilungen, daneben aber auch als Leitlinien, Gemeinschafts- bzw Unionsrahmen oder Bekanntmachung bezeichnet. Die Bezeichnung folgt dabei offenbar keinen festen Regeln.[57] Immerhin wird der Terminologie ein gewisses Grundmuster entnommen (zu den Inhalten der Mitteilungen uä auch unten Rn 24):[58] Danach beziehen sich Gemeinschafts- bzw Unionsrahmen regelmäßig auf bestehende und neue Beihilfen und enthalten in Bezug auf bestehende Beihilferegelungen Vorschläge zu sog. zweckdienlichen Maßnahmen der Mitgliedstaaten iS von Art. 18 BeihVerfVO. Im Unterschied dazu beschränken sich Leitlinien regelmäßig auf eine Schilderung der von der Kommission beabsichtigten Genehmigungspraxis, ohne Vorschläge zu bestehenden Beihilferegelungen der Mitgliedstaaten zu enthalten. Mitteilungen beziehen sich regelmäßig auf die Auslegung des Beihilfetatbestands gem. Art. 107 Abs. 1 AEUV, ohne auf die Genehmigungsfähigkeit der Maßnahme einzugehen.

23 Der **Bestand** der Mitteilungen uÄ hat ein beträchtliches Ausmaß angenommen.[59] Er verändert sich ständig. Eine Zusammenstellung der im Bereich des Beihilfenrechts geltenden Regelungen findet sich im Internet.[60] Diese Zusammenstellung enthält alle in den Zuständigkeitsbereich der GD Wettbewerb fallenden Regelungen des primären und sekundären Beihilfenrechts, einschließlich der Mitteilungen uä. Für die beihilfenrechtlichen Sonderregelungen zu den Bereichen Landwirtschaft und

---

54 Fundstelle o. Abschnitt 1, A.

55 Gesetz zur Umsetzung der RL 2000/52/EG der Kommission vom 26. Juli 2000 zur Änderung der RL 80/723/EWG über die Transparenz der finanziellen Beziehungen zwischen den Mitgliedstaaten und den öffentlichen Unternehmen vom 16. August 2001, BGBl. I, S. 2141.

56 Dazu *Bungenberg*, in: Birnstiel/Bungenberg/Heinrich (Hrsg.), Europäisches Beihilfenrecht, 2013, Einl. Rn 122-126; *Schmidt-Kötters*, in: Heidenhain (Hrsg.), Hdb des Europäischen Beihilfenrechts, § 58 Rn 44-47. Ausführlicher zum Verhältnis zwischen dem Beihilfen- und Vergaberecht *v. Donat,* in: Heidenhain (Hrsg.), European State Aid Law, 2010, § 46.

57 *Mestmäcker/Schweitzer*, Europäisches Wettbewerbsrecht, § 44 Rn 19, Fn 53; *Kühling*, in: Streinz (Hrsg.), EUV/AEUV, Art. 107 AEUV Rn 110, 112 inkl. Fn 467; *Koenig/Kühling/Ritter*, EG-Beihilfenrecht, 2. Aufl. 2005, Rn 203.

58 *Heithecker*, in: Birnstiel/Bungenberg/Heinrich (Hrsg.), Europäisches Beihilfenrecht, 2013, Kap. 1 Rn 1061; *Bartosch*, EU-Beihilfenrecht, Art. 87 Abs. 3 EGV Rn 2.

59 Auswahl o. Abschnitt 1, A.

60 http://ec.europa.eu/competition/state_aid/legislation/compilation/index_de.html. Siehe auch o. Fn 1.

Fischerei wird dort auf die Internetseiten der insoweit zuständigen Generaldirektionen verwiesen.[61] Die in den Bereichen Verkehr und Kohle geltenden Regelungen über staatliche Beihilfen sind in der Zusammenstellung (im Unterschied zu Vorgängerfassungen) enthalten. Neben den laufenden Neuerungen können ältere Mitteilungen uä bedeutsam werden, was sich nach dem Zeitpunkt der Gewährung einer Beihilfe richtet; entsprechende Mitteilungen uä finden sich im Internet in einem sog. Archiv.[62] Die Einzelheiten der als Prüfungsmaßstab maßgeblichen Rechtslage sind allerdings unsicher: Bei angemeldeten Beihilfen gilt nach der Rechtsprechung des EuGH grundsätzlich die Rechtslage zum Zeitpunkt der Entscheidung der Kommission.[63] Etwas anderes kann sich aus Festlegungen der Kommission in ihren Mitteilungen uä ergeben, wenn sie Festlegungen zum zeitlichen Anwendungsbereich treffen,[64] vorausgesetzt sie entfalten Bindungs- und Außenwirkung (dazu unten Rn 25 ff). Dagegen soll bei den unter Verstoß gegen Art. 108 Abs. 3 S. 3 AEUV gewährten Beihilfen immer die zum Zeitpunkt der Beihilfegewährung geltende Rechtslage maßgeblich sein.[65] Als Zeitpunkt der Gewährung einer Beihilfe gilt grundsätzlich der Zeitpunkt, in dem der Beihilfenempfänger nach dem geltenden nationalen Recht einen Rechtsanspruch auf die Beihilfe erwirbt.[66] Gelegentlich scheint die Rechtsprechung Abweichungen (der Kommission) von diesem Grundsatz zu akzeptieren, was in der Literatur kritisiert wird.[67]

24 Die **Inhalte** der Akte sind sehr verschieden (dazu auch oben Rn 22).[68] Neben einleitenden Passagen mit allgemeinen Absichtserklärungen und Erläuterungen zu rechtlichen und tatsächlichen Gegebenheiten finden sich Aussagen zum sachlichen und zeitlichen Anwendungsbereich des fraglichen allgemeinen Kommissionsakts, einschließlich der Abgrenzung von anderen Akten, zur Einstufung der Maßnahmen als Beihilfe iSd Tatbestands des Art. 107 Abs. 1 AEUV sowie zur Handhabung der Ausnahmeregelungen gemäß Art. 107 Abs. 3 AEUV. Hinzu kommen Aussagen zu Verfahrensfragen und den Folgen von Verstößen gegen Art. 108 AEUV, zu Berichtspflichten der Mitgliedstaaten sowie Vorschläge zweckdienlicher Maßnahmen iSv Art. 108 Abs. 1 AEUV. Die behandelten Themen und der Umfang der Aussagen variieren dabei erheblich. Manche Mitteilungen uä dienen in ihrem Schwerpunkt der Konkretisierung des Tatbestands des Art. 107 Abs. 1 AEUV, andere Kommissionsakte enthalten ganz überwiegend Aussagen zur Anwendung des Art. 107 Abs. 3 AEUV.

b) Rechtliche Bedeutung

25 Nach der Rechtsprechung steht „fest, dass die Kommission sich bei der Ausübung ihres Ermessens durch Maßnahmen wie die Leitlinien selbst binden kann, sofern diese Regeln enthalten, denen sich die von ihr zu verfolgende Politik entnehmen lässt und die nicht von Normen des Vertrages abweichen".[69] Dies trägt zur Transparenz, Vorhersehbarkeit und Rechtssicherheit des Vorgehens der Kommission bei.[70] Zudem wird dem Grundsatz der Gleichbehandlung Rechnung getragen.[71]

---

61 http://ec.europa.eu/agriculture/stateaid/legislation/index_de.htm; http://ec.europa.eu/fisheries/state_aid/index_de.htm (zuletzt abgerufen am 22.4.2014).

62 http://ec.europa.eu/competition/state_aid/legislation/archive.html. S. ferner die Zusammenstellung der Mitteilungen uä in den Vorauflagen.

63 EuGH, Rs. C-334/07 P (Kommission/Freistaat Sachsen), Slg 2008, I-9465 Rn 50 mwN.

64 *Bartosch*, EU-Beihilfenrecht, Art. 87 Abs. 3 EGV Rn 5.

65 Ebd. mwN.

66 EuGH, Rs. C-129/12 (Magdeburger Mühlenwerke), Slg 2013, I-00 Rn 40.

67 Vgl EuG, Rs. T-384/08 (Elliniki Nafpigokataskevastiki u.a ./Kommission), Slg 2011, II-380 Rn 52 ff; dazu *Solztész*, EuZW 2012, 175.

68 Dazu auch *Lübbig/Martín-Ehlers*, Beihilfenrecht der EU, Rn 39, 41; mit Bsp. *Koenig/Kühling*, NJW 2000, 1071.

69 EuGH, Rs. C-278/00 (Griechenland/Kommission), Slg 2004, I-3997 Rn 98; Rs. C-310/99 (Italien/Kommission), Slg 2002, I-2289 Rn 52; Rs. C-288/96 (Deutschland/Kommission), Slg 2000, I-8237 Rn 62; EuG, Rs. T-27/02 (Kronofrance), Slg 2004, II-4177 Rn 79; Rs. T-16/96 (Cityflyer Express), Slg 1998, II-757 Rn 57; Rs. T-214/95 (Het Vlaamse Gewest), Slg 1998, II-717 Rn 79.

70 EuGH, Rs. C-310/99 (Italien/Kommission), Slg 2002, I-2289 Rn 52.

71 EuG, Rs. T-214/95 (Het Vlaamse Gewest), Slg 1998, II-717 Rn 89.

26 Folge der **Selbstbindung** ist die **Rechtsverbindlichkeit** der fraglichen Regelungen für die Kommission. Die Kommission muss sich also an ihre Regelungen halten.[72] Insoweit ist ihr Ermessen beschränkt. Sie behält allerdings die Befugnis, sie zu ändern oder aufzuheben, wenn die Umstände das gebieten.[73] In der Literatur wird darüber hinaus von einer Pflicht zur unverzüglichen Anpassung ausgegangen.[74]

27 Die Mitteilungen uä entfalten zudem **Außenwirkung,** was sich daran zeigt, dass sich die Mitgliedstaaten oder Private auf die Einhaltung dieser Akte berufen können. Die Rechtsprechung überprüft, ob die Kommission ihre Regelungen angewendet hat,[75] ob die Anwendung richtig erfolgt ist,[76] sowie ob sie mit dem AEUV vereinbar sind.[77] Der letztgenannte Fall betrifft genau genommen keinen Fall der Außenwirkung über die Selbstbindung der Kommission, sondern einen Fall des Vorrangs des Gesetzes. Sind die wirtschaftlichen und sozialen Zusammenhänge kompliziert, beschränkt sich die gerichtliche Nachprüfung der Anwendung der Mitteilungen uä – wie sonst (unten Rn 53, 114) – auf die Einhaltung des Verfahrens und der Begründung, auf die zutreffende Feststellung des Sachverhalts sowie darauf, dass weder ein offensichtlicher Beurteilungsfehler noch ein Ermessensmissbrauch vorliegt.[78] Die Auslegung der Regeln in Mitteilungen uä richtet sich nicht nur nach dem Wortlaut, sondern ist vertragskonform vorzunehmen.[79] Anwendungsfehler führen zur Nichtigkeit der Entscheidung.[80]

28 Was die Bindungswirkung der fraglichen Regelungen für das Gericht angeht, die Frage also, inwieweit sie bei der gerichtlichen Kontrolle als Maßstab zugrunde gelegt werden **müssen,** betont der EuGH allerdings, dass eine Verbindlichkeit für ihn ausscheidet, die fraglichen Regelungen vielmehr nur einen „nützlichen Bezugspunkt" darstellen.[81] Soweit damit die Befugnis des EuGH gemeint ist, die Vereinbarkeit der Regelungen mit höherrangigem Recht zu prüfen, ist das selbstverständlich. Die Bindung des Gerichts hebt den Vorrang des Rechts nicht auf. So darf eine Leitlinie keine Ausnahmeregelung zu Art. 108 f AEUV schaffen.[82] Soweit demgegenüber eine gerichtliche Kontrolle im Ermessensbereich der Kommission ausscheidet (dazu unten Rn 114), muss der EuGH die Festsetzungen der Kommission hinnehmen, was in der Sache nichts anderes als eine gerichtliche Bindung ist.[83] Insgesamt sind damit die allgemeinen Akte in vielerlei Hinsicht mit den Verwaltungsvorschriften im deutschen Recht vergleichbar, die im Bereich des Ermessens und der echten behördlichen Beurteilungsspielräume genutzt werden.[84]

29 Der EuGH weicht von den geschilderten Kriterien für die Bindung an die allgemeinen Kommissionsakte (oben Rn 25) ab, wenn er verlangt, dass „sie nicht von den Vorschriften des EG-Vertrags

72 Vgl EuG, Rs. T-380/94 (AIUFASS u.a.), Slg 1996, II-2169 Rn 57. Zur Selbstbindung auch *Bartosch*, EU-Beihilfenrecht, 2009, Art. 87 Abs. 3 EGV Rn 4, 6; *Pampel*, Rechtsnatur und Rechtwirkungen von Leitlinien, S. 162 f.

73 EuG, Rs. T-214/95 (Het Vlaamse Gewest), Slg 1998, II-717 Rn 89.

74 *Mederer*, in: v.d. Groeben/Schwarze (Hrsg.), EU- und EG-Vertrag, Bd. 3, Art. 87 EG Rn 151; *v. Danwitz*, JZ 2000, 435.

75 Vgl EuG, Rs. T-380/94 (AIUFASS u.a.), Slg 1996, II-2169 Rn 57.

76 Vgl EuG, Rs. T-214/95 (Het Vlaamse Gewest), Slg 1998, II-717 Rn 90; Rs. T-27/02 (Kronofrance), Slg 2004, II-4177 Rn 79; Rs. T-171/02 (Regione autonoma della Sardegna), Slg 2005, II-2123 Rn 96.

77 Vgl EuGH, Rs. C-310/99 (Italien/Kommission), Slg 2002, I-2289 Rn 53; EuG, Rs. T-110/97 (Kneissl Dachstein), Slg 1999, II-2881 Rn 52; Rs. T-16/96 (Cityflyer Express), Slg 1998, II-757 Rn 57.

78 EuG, Rs. T-171/02 (Regione autonoma della Sardegna), Slg 2005, II-2123 Rn 97 mwN; Rs. T-137/02 (Pollmeier Malchow), Slg 2004, II-3541 Rn 52; Rs. T-149/95 (Ducros), Slg 1997, II-2031 Rn 63.

79 EuG, Rs. T-27/02 (Kronofrance), Slg 2004, II-4177 Rn 89, 98; bestätigt EuGH, Rs. C-75/05 P u.a. (Kronofrance), Slg 2008, I-6619 Rn 65 f.

80 EuG, Rs. T-27/02 (Kronofrance), Slg 2004, II-4177 Rn 109.

81 EuGH, Rs. C-310/99 (Italien/Kommission), Slg 2002, I-2289 Rn 52, mit Verweis auf EuGH, Rs. C-387/97 (Kommission/Griechenland), Slg 2000, I-5047 Rn 87, 89. Zustimmend *Sánchez Rydelski*, Hdb EU Beihilferecht, S. 46.

82 EuGH, Rs. 310/85 (Deufil), Slg 1987, 901 Rn 22.

83 Im Ergebnis ebenso *Mestmäcker/Schweitzer*, Europäisches Wettbewerbsrecht, § 44 Rn 19.

84 So auch *Lübbig/Martín-Ehlers*, Beihilfenrecht der EU, 2. Aufl. 2009 Rn 40; *Kühling*, in: Streinz (Hrsg.), EUV/AEUV, Art. 107 AEUV Rn 112; *dies.*, NJW 2000, 1071; *v. Danwitz*, JZ 2000, 434. Zum deutschen Recht *Jarass*, JuS 1999, 105.

abweichen und (...) **von den Mitgliedstaaten akzeptiert werden**".[85] Hier reicht es also nicht, dass die Kommission die von ihr verfolgte Politik erkennen lässt. Dem ist zuzustimmen, soweit es sich um Vorschläge zweckdienlicher Maßnahmen gemäß Art. 108 Abs. 1 S. 2 AEUV, Art. 18 BeihVerfVO handelt. Denn damit diese verbindlich werden, verlangt das EU-Recht in Art. 19 Abs. 1 S. 2 BeihVerfVO die Zustimmung des Mitgliedstaats.[86] Die Rechtsprechung wendet die zweite Formel aber auch an, wo es nicht um solche Vorschläge zu gehen scheint.[87] Umgekehrt wendet sie die erste Formel auch an, wo es um den Vorschlag zweckdienlicher Maßnahmen in Mitteilungen uä geht, also keine Zustimmung vorgesehen ist; anschließend wendet sie dann die zweite Formel an und begründet damit, dass nicht nur die Kommission, sondern auch der Mitgliedstaat gebunden ist.[88] Dem wird man entnehmen können, dass sich die jeweils anzuwendende Formel danach richtet, um wessen Bindung es geht: Für die Bindung der Kommission ist entscheidend, dass **sie** die Ausübung ihres Ermessens präzisiert. Sollen aus den Akten Verpflichtungen der Mitgliedstaaten hergeleitet werden, müssen diese zustimmen.[89] Für eine Selbstbindung der Kommission **und** eine Bindung der Mitgliedstaaten müssen demgemäß beide Anforderungen vorliegen. Man kann hier auch von einem Doppelcharakter der fraglichen Mitteilung uä sprechen.[90]

Der **Umfang** der Selbstbindung richtet sich nach dem der Kommission zustehenden Ermessen. 30
Denn sie kann sich naturgemäß nicht weiter binden als ihr Ermessen reicht. Dementsprechend formulieren der EuGH und das EuG, dass sich die Kommission „bei der Ausübung ihres Ermessens" durch Maßnahmen wie Leitlinien binden kann.[91] Praktisch bedeutsam ist dafür nicht (mehr) die Frage nach der grundsätzlichen Rechts- und Außenwirkung der allgemeinen Kommissionsakte. Diese haben die Unionsgerichte bejaht. Entscheidend ist vielmehr eine exakte Bestimmung des Ermessens der Kommission (dazu unten Rn 52, 121). Wo das Ermessen der Kommission besteht, geht die Bindung andererseits nicht weiter, als sich der fraglichen Mitteilung oä vom Typ entnehmen lässt. Deshalb darf die Kommission zum Beispiel von bestimmten Zahlenangaben abweichen, wenn die Auslegung der Mitteilungen ergibt, dass diese nicht rein formal angewendet werden sollen, sondern nur Richtwerte enthalten. Praktisch geworden ist das für die Anwendung der Kriterien bei der Bestimmung eines KMU.[92] Im Unterschied dazu dürften die entsprechenden Kriterien für die Bestimmung eines KMU im Anhang I zur AGVO dem verbindlichen Rechtscharakter einer Verordnung entsprechend strikt sein (unten Rn 132).

Keine Rechtswirkungen gehen von rein informativen Veröffentlichungen aus, wie den Berichten 31
und dem Anzeiger der Kommission über staatliche Beihilfen.[93] Sie dürften regelmäßig nicht für die Rechtsanwendung gedacht sein (oben Rn 22), wenn auch nicht kategorisch ausgeschlossen werden kann, dass sich in solchen Texten Aussagen der Kommission über ihre zukünftige Vorgehensweise finden. Andererseits gibt es als Bekanntmachungen bezeichnete Kommissionsdokumente, die,

85 EuGH, Rs. C-409/00 (Spanien/Kommission), Slg 2003, I-1487 Rn 95 (Fettsetzung hinzugefügt); Rs. C-91/01 (Italien/Kommission), Slg 2004, I-4355 Rn 45; Rs. T-137/02 (Pollmeier Malchow), Slg 2004, II-3541 Rn 54. Schon früher hat der EuGH für die Bindungswirkung maßgeblich auf die mitgliedstaatliche Zustimmung abgestellt; vgl EuGH, Rs. C-313/90 (CIRFS), Slg 1993, I-1125 Rn 32, 36; Rs. C-311/94 (Ijssel-Vliet), Slg 1996, I-5023 Rn 36-44.

86 Ebenso *Bartosch*, EU-Beihilfenrecht, Art. 87 Abs. 3 EGV Rn 3; *Lübbig/Martín-Ehlers*, Beihilfenrecht der EU, Rn 40; *Mederer*, in: v.d. Groeben/Schwarze (Hrsg.), EU- und EG-Vertrag, Bd. 3, Art. 87 EG Rn 151.

87 Der EuGH hebt auf die mitgliedstaatliche Zustimmung ab, ohne Art. 108 Abs. 1 S. 2 AEUV (ex Art. 88 Abs. 1 S. 2 EGV) anzuwenden, in EuGH, Rs. C-91/01 (Italien/Kommission), Slg 2004, I-4355 Rn 43-45, um Art. 88 Abs. 1 EGV geht es immerhin später in Rn 59-61; Rs. C-409/00 (Spanien/Kommission), Slg 2003, I-1487 Rn 93-95; Rs. C-313/90 (CIRFS), Slg 1993, I-1125 Rn 32, 36.

88 Vgl EuGH, Rs. 288/96 (Deutschland/Kommission), Slg 2000, I-8237 Rn 62, 64 f.

89 So im Ergebnis auch *Heithecker*, in: Birnstiel/Bungenberg/Heinrich (Hrsg.), Europäisches Beihilfenrecht, 2013, Kap. 1 Rn 1062; *Jestaedt/Häsemeyer*, EuZW 1995, 790 f.

90 *Kühling*, in: Streinz (Hrsg.), EUV/AEUV, Art. 107 AEUV Rn 112.

91 Nachweise o. Rn 25 Fn 63.

92 EuGH, Rs. C-91/01 (Italien/Kommission), Slg 2004, I-4355 Rn 49-51; EuG, Rs. T-137/02 (Pollmeier Malchow), Slg 2004, II-3541 Rn 60-63.

93 *Mederer*, in: v.d. Groeben/Schwarze (Hrsg.), EU- und EG-Vertrag, Bd. 3, Art. 87 EG Rn 150.

jedenfalls primär, nur der Information dienen, etwa wenn sie die Rechtsprechung des Gerichtshofs und/oder die geltenden Sekundärrechtsakte zusammenfassen.

4. Modernisierung des EU-Beihilfenrechts (State Aid Modernisation, kurz SAM)

32 Die Kommission hat im Mai 2012 eine umfassende **Modernisierung des EU-Beihilfenrechts** angestoßen (kurz „**SAM**" als Abkürzung für State Aid Modernisation).[94] Die Ziele sowie die (zeitlichen und inhaltlichen) Eckpfeiler hat sie in einer Mitteilung skizziert.[95] Mit der Modernisierung der Vorschriften für staatliche Beihilfen soll sowohl ein Beitrag zur Umsetzung der **Wachstumsstrategie „Europa 2020"**, welche die Kommission im Jahr 2010 für das folgende Jahrzehnt festgelegt hat, als auch ein Beitrag zur **Haushaltskonsolidierung** geleistet werden.[96] Um zu diesen übergreifenden Zielen mit den Mitteln des EU-Beihilfenrechts beizutragen, erfasst die von der Kommission angestrebte Modernisierung drei Bereiche des EU-Beihilfenrechts mit folgenden Zielsetzungen und Einzelheiten:[97] (1) Im Hinblick auf die **Qualität** der **Beihilfen** soll (vor dem Hintergrund der Zuordnung der Beihilfevorschriften zum System des Wettbewerbsschutzes im AEUV) durch die Modernisierung ein nachhaltiges, intelligentes und integratives Wachstum in einem wettbewerbsfähigen Binnenmarkt gefördert werden. (2) Im Hinblick auf das **Verfahren** der **Beihilfenkontrolle** soll die Ex-ante-Prüfung der Kommission auf Fälle mit besonders großen Auswirkungen von Beihilfen auf dem Binnenmarkt konzentriert sowie die Zusammenarbeit der Mitgliedstaaten bei der Durchsetzung der EU-Beihilfevorschriften gestärkt werden. (3) Im Hinblick auf den **Bestand** der **Regelungen** im **EU-Beihilfenrecht** soll (nach der seinerzeitigen Planung bzw Zielsetzung) eine Straffung der Regeln erfolgen und sollen Beschlüsse der Kommission über die Vereinbarkeit von Beihilfen mit dem EU-Recht zukünftig schneller erlassen werden. In zeitlicher Hinsicht sollen zur Erreichung der vorgenannten Ziele nach dem Inhalt der Mitteilung der Kommission von Mai 2012 über die Modernisierung des EU-Beihilfenrechts die wichtigsten Bausteine des Modernisierungspakets mit den damit verbundenen Änderungen und Straffungen der wichtigsten Rechtsakte und Leitlinien bis zum Ende des Jahres 2013 schrittweise erledigt werden und gleichzeitig in Kraft treten.[98] Ein Überblick über den Stand der Modernisierung findet sich in Rn 36-39.

33 Was die **Qualität** der **Beihilfen** betrifft, erhofft sich die Kommission von der modernisierten Beihilfenkontrolle gut konzipierte, auf ausgewiesenes Marktversagen und auf Ziele von gemeinsamem Interesse ausgerichtete Beihilfen, die den Wettbewerb möglichst wenig verzerren („gute Beihilfen"), wodurch Innovationen, umweltfreundliche Technologien und die Entwicklung des Humankapitals gefördert, Umweltschäden vermieden und (damit) Wachstum, Beschäftigung und Wettbewerbsfähigkeit in der EU gefördert werden sollen; wie die Kommission herausstellt, tragen derartige Beihilfen am stärksten zum Wachstum bei, wenn sie auf ein Marktversagen abzielen, private Mittel ergänzen, nicht ersetzen, und sie Anreizwirkung haben.[99] Dazu sollen mehrere Vorschläge beitragen:[100] **Allgemeine Grundsätze** zur Beurteilung der Vereinbarkeit von Beihilfemaßnahmen sollen erarbeitet und festgelegt werden. Solche horizontalen (dh übergreifenden) Grundsätze sollen verdeutlichen, wie die Kommission die allen Beihilfen gemeinsamen Merkmale prüft, die vor der Modernisierung auf der Grundlage unterschiedlicher Leitlinien und Rahmenbestimmungen gewürdigt werden. Diese allgemeinen Grundsätze sollen so konkret und praxisnah wie möglich sein; inhaltlich können sie sich auf die Abgrenzung und Würdigung von tatsächlichem Marktversagen,

94 Dazu einführend auch *Heinrich*, in: Birnstiel/Bungenberg/Heinrich (Hrsg.), Europäisches Beihilfenrecht, 2013, Einl. Rn 79-85.

95 Mitteilung der Kommission an das Europäische Parlament, den Rat, den Europäischen Wirtschafts- und Sozialausschuss und den Ausschuss der Regionen – Modernisierung des EU-Beihilfenrechts, COM(2012) 209 final. Fundstelle o. Abschnitt 1, A.

96 S. Ziff. 1 bis 5 der Mitteilung über die Modernisierung des EU-Beihilfenrechts, Fundstelle o. Abschnitt 1, A; ebenso 1. Erwägungsgrund der VO 734/2013, die einen Baustein der Modernisierung des EU-Beihilfenrechts bildet und inhaltlich die BeihVerfVO ändert (dazu Rn 31a-31 h).

97 S. Ziff. 8 der Mitteilung über die Modernisierung des EU-Beihilfenrechts, Fundstelle o. Abschnitt 1, A.

98 Ziff. 26 f der Mitteilung über die Modernisierung des EU-Beihilfenrechts, Fundstelle o. Abschnitt 1, A.

99 Ziff. 12 der Mitteilung über die Modernisierung des EU-Beihilfenrechts, Fundstelle o. Abschnitt 1, A.

100 Ziff. 18 der Mitteilung über die Modernisierung des EU-Beihilfenrechts, Fundstelle o. Abschnitt 1, A.

der jeweiligen Anreize und der negativen Auswirkungen staatlicher Interventionen beziehen und möglicherweise auch Erwägungen zu den Beihilfen insgesamt beinhalten. Des Weiteren sollen die **Beihilfeleitlinien überarbeitet** und **gestrafft** werden, um sie mit den allgemeinen Grundsätzen in Einklang zu bringen. Als Schlagworte nennt die Kommission in diesem Zusammenhang eine verstärkte Effizienz der öffentlichen Ausgaben, die klarere Abgrenzung des jeweiligen Marktversagens, das angegangen werden muss, eine verstärkte Prüfung des Anreizeffekts und eine systematischere Prüfung etwaiger negativer Auswirkungen der staatlichen Beihilfe, insbesondere im Hinblick auf Verfälschungen der Allokationseffizienz und der dynamischen Effizienz, Subventionswettläufe und Marktmacht. Im Bereich der Beihilfen zur Rettung und Umstrukturierung von Unternehmen, die nicht dem Finanzsektor angehören, sollen geänderte Leitlinien zu einem wichtigen Instrument der Kontrolle dieser stark wettbewerbsverfälschenden Beihilfenart werden. Ebenso soll, wenn die Marktbedingungen es erlauben, für die Rettung und Umstrukturierung von Finanzinstituten für die Zeit nach der Krise ein Paket neuer Vorschriften eingeführt werden. Was die Straffung betrifft, sollen in einer ersten Phase (bis Ende 2013) verschiedene Leitlinien, unter anderem für Regionalbeihilfen, Beihilfen für Forschung, Entwicklung und Innovation, Beihilfen für Umweltschutz, Beihilfen für Risikokapital sowie Beihilfen für Breitband auf die gemeinsamen Grundsätze abgestimmt und konsolidiert werden. In diesem Zusammenhang weist die Kommission darauf hin, dass die genannten Beihilfen mehr als zwei Drittel aller in der EU gewährten Beihilfen ausmachen. Zum Stand der allgemeinen Grundsätze zur Beurteilung der Vereinbarkeit staatlicher Beihilfen mit dem EU-Beihilfenrecht unten Rn 38. Zum Stand der Überarbeitung der Beihilfeleitlinien unten Rn 37.

Was das **Beihilfekontrollverfahren** und die dort angestrebte **Fokussierung** der **Kontrolle** durch die **Kommission** betrifft, zielt die Kommission auf eine Priorisierung und eine verstärkte Prüfung der Beihilfen mit erheblichen Auswirkungen auf dem Binnenmarkt (statt einer Kontrolle der gesamten öffentlichen Ausgaben). Die Prüfung von Fällen lokalerer Art mit geringen Auswirkungen auf den Handel soll vereinfacht werden.[101] Zur angestrebten Priorisierung soll im Einzelnen beitragen:[102] Eine Überprüfung der *De-minimis-Verordnung*, ferner eine Überprüfung, welche weiteren Kategorien von Beihilfen (ggf. unter bestimmten Voraussetzungen) durch sog. *Gruppenfreistellungen* von der Kommission für mit dem Binnenmarkt vereinbar erklärt und damit von der Anmeldepflicht befreit werden können; als Beispiele nennt die Kommission Beihilfen im Kulturbereich, Beihilfen bei Naturkatastrophen und Beihilfen für von der EU (teil)finanzierte Projekte. Soweit das erfolgt, ist damit eine verstärkte Verantwortung der Mitgliedstaaten für die Prüfung verbunden, ob De-minimis-Maßnahmen und die unter die Gruppenfreistellungen fallenden Regelungen und Einzelmaßnahmen die EU-rechtlichen Anforderungen an die Übereinstimmung mit den Beihilfevorschriften tatsächlich erfüllen, was verbesserte Mechanismen der Zusammenarbeit mit der Kommission voraussetzt. Die Kommission bleibt für die Ex-post-Kontrolle zuständig, die ebenfalls verstärkt werden soll.[103] Zum Stand der Neuregelungen im Bereich der Gruppenfreistellungen oben Rn 19 und unten Rn 36, 125-133. Zum Stand der Neuregelungen im Bereich der De-minimis-Beihilfen oben Rn 19 und unten Rn 36, 98-101. 34

Was den **Bestand** der Bestimmungen im EU-Beihilfenrecht betrifft, soll der im Laufe der Zeit entstandene **komplexe Rechtsrahmen präzisiert** und **vereinfacht**, für mehr **Kohärenz** gesorgt und der gesamte Vorgang der **beihilfenrechtlichen Prüfung gestrafft** werden.[104] Dazu soll auch beitragen:[105] Eine Präzisierung und bessere Erläuterung des **Begriffs** der **staatlichen Beihilfe**, ferner eine Modernisierung der **Verfahrensverordnung** (BeihVerfVO) in Bezug auf die Behandlung von Beschwerden und die Verarbeitung von Marktinformationen, damit die Kommission die angestrebte Priorisierung auch bei der Behandlung von Beschwerden erreichen kann. Dazu möchte die Kommission effizientere Instrumente an die Hand bekommen, um von den Marktteilnehmern rechtzeitig alle 35

---

101 Ziff. 19 der Mitteilung über die Modernisierung des EU-Beihilfenrechts, Fundstelle o. Abschnitt 1, A.
102 Ziff. 20 der Mitteilung über die Modernisierung des EU-Beihilfenrechts, Fundstelle o. Abschnitt 1, A.
103 Ziff. 21 der Mitteilung über die Modernisierung des EU-Beihilfenrechts, Fundstelle o. Abschnitt 1, A.
104 Ziff. 22 der Mitteilung über die Modernisierung des EU-Beihilfenrechts, Fundstelle o. Abschnitt 1, A.
105 Ziff. 23 der Mitteilung über die Modernisierung des EU-Beihilfenrechts, Fundstelle o. Abschnitt 1, A.

erforderlichen Informationen einzuholen und mehr Untersuchungen auf eigene Initiative besser durchführen zu können. Beides soll eine raschere Beschlussfassung der Kommission über die Vereinbarkeit einer Beihilfe ermöglichen. Zum Stand der Präzisierung und Erläuterung des Begriffs der staatlichen Beihilfen unten Rn 38. Zum Stand der Neuregelungen im Bereich der allgemeinen Verfahrensregeln für die Beihilfekontrolle durch die Kommission unten Rn 36. Zum Stand der Überarbeitung der Beihilfeleitlinien unten Rn 37.

36 Bis zum 15. September 2014 hat die Kommission seit ihrer im Mai 2012 begonnenen Initiative zur Modernisierung des Beihilfenrechts zusammengefasst folgende **neue Rechtsakte** erlassen, wobei nicht wenige der aufgeführten Regelungen im Juni und Juli 2014 Schlag auf Schlag aufeinander folgten:[106] Im Bereich der Beihilfen**verfahrens**regeln hat sie Mitte 2013 die BeihVerfVO umbenannt und geändert (Einzelheiten unten Rn 164) sowie im April 2014 die BeihVerfDurchfVO geändert, und zwar in Bezug auf die Berechnung bestimmter Fristen, die Bearbeitung von Beschwerden und die Kenntlichmachung und den Schutz vertraulicher Informationen. Im Bereich der **Freistellungen** von den Beihilfebestimmungen des AEUV ist Mitte 2013 die entsprechende Ermächtigungsverordnung (GVO-Ermächtigung) geändert, Ende Dezember 2013 eine neue Freistellungsverordnung zu De-minimis-Beihilfen (GVO-De-minimis 2013) sowie eine entsprechende Sonderverordnung für den Bereich der Landwirtschaft (GVO-De-minimis-Landwirtschaft) erlassen worden (dazu unten Rn 98-101, 126, 134 f); Mitte 2014 folgte die Neufassung einer allgemeinen Gruppenfreistellungsverordnung (AGVO) auf der Grundlage der veränderten GVO-Ermächtigung sowie einer entsprechenden Sonderverordnung für den Bereich der Landwirtschaft (GVO-Landwirtschaft) (dazu unten dazu unten Rn 129, 133 f), ferner eine Sonderverordnung zur GVO-De-minimis für den Bereich der Fischerei (GVO-De-minimis-Fischerei); eine neue Sonderverordnung zur AGVO für den Bereich der Fischerei (GVO-Fischerei) soll bis zum Ende des Jahres 2014 folgen (dazu unten Rn 38).

37 Auch jenseits des Beihilfenverfahrensrechts und der Gruppenfreistellungen (soeben Rn 36) hat es viele Neuerungen gegeben, der Reihe nach: Im Bereich der **Regional**beihilfen hat die Kommission Mitte 2013 Leitlinien für den Zeitraum 2014-2020 erlassen, die auf die entsprechenden Leitlinien für den Zeitraum 2007-2013 folgen (dazu unten Rn 143). Des Weiteren hat die Kommission im November 2013 eine neue Mitteilung über staatliche Beihilfen für **Filme** und andere **audiovisuelle Werke** veröffentlicht (unten Rn 152). Im Januar 2013 wurde eine Mitteilung zu staatlichen Beihilfen für den schnellen **Breitband**ausbau (unten Rn 153), im Dezember 2012 mit Änderungen im Dezember 2013 eine neue Mitteilung der Kommission zur Anwendung des Beihilfenrechts im Bereich kurzfristiger **Exportkreditversicherungen** (unten Rn 155) veröffentlicht. Im Bereich der **Risikokapital**beihilfen hat die Kommission im Januar 2014 neue Leitlinien für staatliche Beihilfen zur Förderung von **Risikofinanzierungen** veröffentlicht (dazu unten Rn 140). Ferner hat die Kommission im Februar 2014 neue Leitlinien zu staatlichen Beihilfen für **Flughäfen** und **Luftverkehrsgesellschaften** verabschiedet (unten Rn 150). Im Juni 2014 folgte die Veröffentlichung neuer Leitlinien für staatliche **Umweltschutz-** und **Energie**beihilfen 2014 bis 2020 (unten Rn 140), ferner die Veröffentlichung des neuen Unionsrahmens für staatliche Beihilfen zur Förderung von **Forschung, Entwicklung** und **Innovation** (unten Rn 139), die Veröffentlichung einer Mitteilung mit Kriterien für die Würdigung der Vereinbarkeit von staatlichen **Vorhaben von gemeinsamem europäischem Interesse** mit dem Binnenmarkt, wodurch die darauf bezogenen Bestimmungen in einem Dokument zusammengefasst und aktualisiert werden (unten Rn 142). Außerdem hat die Kommission, ebenfalls im Juni 2014, in einer weiteren Mitteilung (mit dem Ziel der Vereinheitlichung in diesem Bereich) Anforderungen an die **Veröffentlichung** bestimmter Informationen auf nationaler oder regionaler Ebene auf einer ausführlichen **Beihilfe-Website** festgelegt. Anfang Juli 2014 wurde die neue **Rahmenregelung** für staatliche Beihilfen im **Agrarsektor** 2014-2020 im Amtsblatt veröffentlicht (unten Rn 149), Ende Juli 2014 folgten die neuen Leitlinien für staatliche Beihilfen zur **Rettung** und **Umstrukturierung** nichtfinanzieller Unternehmen in Schwierigkeiten (unten Rn 140).

106 Stand der am 15. September 2014 auf den einschlägigen Seiten der Europäischen Kommission abrufbaren Angaben.

Weitere Neuerungen hat es bereits im Juli 2013 im Bereich der vorübergehenden Regeln in der Wirtschafts- und **Finanzkrise** gegeben (dazu unten Rn 140, 154).

Nach den aufgeführten zahlreichen Neuerungen in den Jahren 2013 und 2014, mit einer erhöhten Regelungsintensität zur Mitte des Jahres 2014, befinden sich zum 15. September 2014 nur wenige Regelungen im Bereich des Beihilfenrechts und seiner Modernisierung in der Phase der **Überarbeitung** oder **Neuerarbeitung**. Dazu gehört die Mitteilung der Kommission zum **Begriff der Beihilfe** nach Art. 107 Abs. 1 AEUV (oben Rn 35). Im **Fischerei**bereich stehen die neue GVO-Fischerei sowie neue Leitlinien für die Prüfung staatlicher Beihilfen im Fischerei- und Aquakultursektor aus; beides wird bis zum Ende des Jahres 2014 angestrebt (unten Rn 133, 135, 149). Was die von der Kommission angestrebte Präzisierung und bessere Erläuterung des **Begriffs der staatlichen Beihilfen** betrifft (oben Rn 35), hat die Kommission im Januar 2014 den Entwurf einer (in der deutschen Sprachfassung) rund 60-seitigen Mitteilung zum Begriff der staatlichen Beihilfen im Sinne von Art. 107 Abs. 1 AEUV vorgelegt und in die Konsultation gegeben (dazu auch unten Rn 47).[107] Dieser Entwurf beinhaltet in weiten Teilen eine Zusammenstellung der Rechtsprechung des EuGH. Es bleibt abzuwarten, ob es dabei bleibt und wie sich die Mitteilung auf die künftige Rechtsanwendung bei der Subsumtion unter den Begriff der staatlichen Beihilfe auswirken wird. Ob es zu den von der Kommission angestrebten **allgemeinen Grundsätzen** zur Beurteilung der Vereinbarkeit von Beihilfemaßnahmen mit dem EU-Beihilfenrecht (oben Rn 33) ebenfalls irgendwann eine übergreifende Mitteilung, Leitlinie oä in einem eigenen Dokument geben wird, in der die Gemeinsamkeiten vor die Klammer gezogen werden, so wie es die Kommission für den Begriff der staatlichen Beihilfe vorgelegt hat, bleibt offen. In den Leitlinien für Regionalbeihilfen 2014-2020 geht die Kommission einen anderen Weg. Sie beinhalten einen Abschnitt zu allgemeinen Grundsätzen und daran anschließend Konkretisierungen für die von der fraglichen Leitlinie erfasste Beihilfenart (dazu unten Rn 122-124). 38

Insgesamt hat die Kommission seit der im Mai 2012 begonnenen Initiative zur Modernisierung des Beihilfenrechts zahlreiche neue Rechtsakte erlassen und bis zum September 2014 die Modernisierung weit vorangetrieben (oben Rn 36 f). Einige wenige weitere Neuerungen sind im Entstehen (oben Rn 38). In manchen Bereichen mit Vorschriften für staatliche Beihilfen geht die Kommission die geltenden Regelungen zum Beihilfenrecht nicht oder weniger an, jedenfalls bislang. Dazu gehören etwa die Bereiche der Bürgschaften und Haftungsverpflichtung sowie der Verkäufe der öffentlichen Hand. Soweit es Neuerungen im Bereich der beihilfenrechtlichen Vorschriften seit Mai 2012 gibt, darf nicht übersehen werden, dass die Bedeutung der Beihilfenmodernisierungsinitiative für die verschiedenen Neuerungen unterschiedlich ausfällt. Oftmals ist ein expliziter Bezug zur Beihilfenmodernisierungsinitiative anzutreffen, zum Beispiel in den Leitlinien für Regionalbeihilfen 2014-2020 (dort Ziff 7 f), in den Leitlinien für staatliche Beihilfen im Breitbandausbau (dort Ziff 5), im Unionsrahmen für staatliche Beihilfen zur Förderung von Forschung, Entwicklung und Innovation (dort Ziff 6 f) oder in den Leitlinien für staatliche Umweltschutz- und Energiebeihilfen 2014-2020 (dort Ziff 11 f). In anderen Rechtstexten fehlt, soweit ersichtlich, eine derartige explizite Bezugnahme auf die Beihilfenmodernisierungsinitiative, was nichts daran ändert, dass dort dem Inhalt nach Ideen aus der Mitteilung zur umfassenden Modernisierung des Beihilfenrechts von Mai 2012 (oben Rn 32) aufgegriffen und umgesetzt werden. Ein Beispiel dafür liefert die neue Ermächtigungsverordnung für allgemeine Gruppenfreistellungen.[108] Wieder andere Vorschriften können in dem fraglichen Zeitraum seit dem Beginn der Beihilfenmodernisierungsinitiative erlassen worden sein, ohne dass ein Bezug zur Beihilfenmodernisierung im Vordergrund zu stehen scheint. Zum Beispiel dürfte dies auf die vorübergehenden Regeln in der Wirtschafts- und Finanzkrise oder auf die beihilfenrechtlichen Vorschriften zur Exportkreditversicherung zutreffen. 39

107 Abrufbar unter http://ec.europa.eu/competition/state_aid/modernisation/ (zuletzt abgerufen am 22.4.2014).
108 Verordnung 733/2013. Fundstelle o. Abschnitt 1, A.

5. WTO-Abkommen und Bedeutung

40 Die Abkommen der WTO, der die Union neben den Mitgliedstaaten beigetreten ist, enthalten ebenfalls Regelungen über Beihilfen. Die einschlägigen Regelungen sind Art. XVI GATT und das Übereinkommen über Subventionen und Ausgleichsmaßnahmen der WTO.[109] So sind die Mitgliedstaaten gem. Art. XVI Abschnitt A Abs. 1 GATT verpflichtet, Subventionen zu notifizieren. Die fraglichen Regelungen bilden allerdings keinen Prüfungsmaßstab bei der Rechtmäßigkeitskontrolle der mitgliedstaatlichen Beihilfen.[110] Denn die Rechtsprechung lehnt die unmittelbare Anwendung der Regelungen der WTO-Abkommen grundsätzlich ab.[111] Festzuhalten ist daher, dass die Subventionsregelungen der WTO-Abkommen nur zur Anwendung gelangen können, soweit eine Übernahme in das Unionsrecht erfolgt. Dazu passt die Aussage, wonach der Begriff der Subvention iSd Übereinkommens über Subventionen und Ausgleichsmaßnahmen der WTO für die Einstufung einer Maßnahme als staatliche Beihilfen iSd Unionsrechts ohne Bedeutung ist.[112]

III. Bedeutung des Beihilfenrechts

41 Das Beihilfenrecht der Union wird vielfach als ein Rechtsgebiet von wachsender Bedeutung wahrgenommen.[113] Selbst bei einem Rückgang des Volumens staatlicher Beihilfen wird die Bedeutung des Beihilfenrechts groß bleiben, da die Kommission ihre Kontrolle verstärkt ausübt.[114] So hat die Union die Beihilfekontrolle in der Vergangenheit auf immer neue Bereiche ausgedehnt sowie die gerichtliche Kontrolle verfeinert und vertieft.[115] Dieser Trend setzt sich fort (unten Rn 49).

IV. Adressaten des Beihilfenrechts und unmittelbare Anwendung

42 Das in Art. 107 bis 109 AEUV enthaltene primäre Beihilfenrecht der Union ist an die Union und an die Mitgliedstaaten adressiert, anders als die Kartellbestimmungen der Art. 101 ff AEUV, die primär an die Unternehmen gerichtet sind.[116] Bei Art. 107 bis 109 AEUV ist daher eine unmittelbare Anwendung nicht selbstverständlich. Von diesen Regelungen hat der EuGH allein das Durchführungsverbot des heutigen Art. 108 Abs. 3 S. 3 AEUV für unmittelbar anwendbar erklärt.[117] Der nationale Rechtsanwender muss also diese Vertragsbestimmung unmittelbar anwenden.[118] Seit dem Erlass der BeihVerfVO findet sich das Durchführungsverbot auch in Art. 3 BeihVerfVO, weshalb es genau genommen nicht auf die unmittelbare Anwendung des Art. 108 Abs. 3 S. 3 AEUV ankommt.

43 Die unmittelbare Anwendung des Durchführungsverbots führt zur Anwendung weiterer Bestimmungen. So muss der nationale Rechtsanwender den Beihilfetatbestand des Art. 107 Abs. 1 AEUV prüfen, um festzustellen, ob das Durchführungsverbot greift.[119] In diesem Zusammenhang können nicht nur die Tatbestandsmerkmale des Art. 107 Abs. 1 AEUV bedeutsam werden, sondern auch die Vorgaben der sog. De-minimis-Verordnung (dazu unten Rn 45, 98) sowie die Aussagen der Kommission in ihren verschiedenen Mitteilungen, Leitlinien und Gemeinschaftsrahmen zur Einstufung einer Maßnahme als Beihilfe (zu den Mitteilungen uä oben Rn 22-24). Hat das nationale

---

109 Dazu einführend *Mestmäcker/Schweitzer*, Europäisches Wettbewerbsrecht, § 47 Rn 2-20; *Kühling*, in: Streinz (Hrsg.), EUV/AEUV, Art. 107 AEUV Rn 11.

110 *Mestmäcker/Schweitzer*, Europäisches Wettbewerbsrecht, § 47 Rn 1 mwN.

111 EuGH, Rs. C-93/02 P (Biret International), Slg 2003, I-10497 Rn 61 f; *Jarass/Beljin*, JZ 2003, 771.

112 EuG, Rs. T-55/99 (CETM), Slg 2000, II-3207 Rn 50.

113 *Koenig/Kühling/Ritter*, EG-Beihilfenrecht, 2. Aufl. 2005 Rn 8-12.

114 Ebd. Rn 12.

115 *Mestmäcker/Schweitzer*, Europäisches Wettbewerbsrecht, § 42 Rn 7; *Koenig/Kühling/Ritter*, EG-Beihilfenrecht, 2. Aufl. 2005 Rn 1-13.

116 Vgl *Heinemann*, Jura 2003, 650.

117 EuGH, Rs. 120/73 (Lorenz), Slg 1973, 1471 Rn 8; EuGH, Rs. C-174/02 (Streekgewest Westelijk Noord-Brabant), Slg 2005, I-85 Rn 15; *Bartosch*, EU-Beihilfenrecht, Art. 88 EGV Rn 6.

118 Zum Begriff und zu möglichen Folgen der unmittelbaren Anwendung *Jarass/Beljin*, JZ 2003, 768 f, 772 f.

119 EuGH, Rs. C-345/02 (Pearle BV u.a.), Slg 2004, I-7139 Rn 31 mwN; Rs. C-39/94 (SFEI u.a.), Slg 1996, I-3547 Rn 49; Rs. 78/76 (Steinike und Weinling), Slg 1977, 595 Rn 14.

Gericht Zweifel, kann es von der Kommission Erläuterungen verlangen und kann oder muss dem EuGH die Frage vorlegen.[120]

Keine unmittelbare Anwendung kommt den Ausnahmen vom Beihilfeverbot in Art. 107 Abs. 2 und 3 AEUV zu. Der nationale Rechtsanwender darf daher nicht unmittelbar am Maßstab dieser Bestimmungen prüfen, ob eine Beihilfe rechtmäßig ist. Dafür ist ausschließlich die Kommission zuständig.[121] Da zudem die Anwendung des Art. 107 Abs. 3 AEUV in erheblichem Umfang im Ermessen der Kommission steht und deswegen die gerichtliche Kontrolle begrenzt ist (unten Rn 114-118), liegt dieser Teil des Beihilfenrechts überwiegend außerhalb der Reichweite des nationalen Rechtsanwenders. Hier beschränken sich die Berührungspunkte im Wesentlichen auf eine beratende Tätigkeit im Kontrollverfahren und auf eine Vertretung in Verfahren vor dem EuGH und dem EuG. 44

Des Weiteren muss der nationale Rechtsanwender generell die Regelungen der Beihilfeverordnungen iSv Art. 288 Abs. 2 AEUV unmittelbar anwenden. Das betrifft zum einen die Gruppenfreistellungsverordnungen,[122] zum anderen die Verfahrensverordnung und ihre Durchführungsverordnung, soweit diese Regelungen für den nationalen Rechtsanwender enthalten. Die Gruppenfreistellungsverordnungen führen dazu, dass die Mitgliedstaaten einschließlich ihrer Gerichte selbst beurteilen müssen, ob eine Maßnahme im konkreten Anwendungsfall die Voraussetzungen einer Gruppenfreistellung erfüllt oder nicht; die Kommission kann auf eine Beschwerde oder von Amts wegen ein Prüfverfahren einleiten (und ggf zu einem anderen Ergebnis gelangen).[123] 45

In Betracht kommt schließlich die unmittelbare Anwendung eines Beihilfe**beschlusses** der Kommission iSv Art. 288 Abs. 4 AEUV. Alle Beschlüsse der Kommission im Bereich der Beihilfen sind gemäß Art. 25 BeihVerfVO an den Mitgliedstaat gerichtet (unten Rn 201). Sie sind daher, anders als an Adressaten in den Mitgliedstaaten gerichtete Beschlüsse, nicht selbstverständlich unmittelbar anwendbar. Vielmehr muss die Eignung zur unmittelbaren Anwendung ähnlich wie bei Richtlinien gesondert festgestellt werden.[124] Für Beschlüsse im Beihilfebereich hat der EuGH allerdings generell die unmittelbare Anwendung herausgestellt, mit den entsprechenden Pflichten für die innerstaatlichen Stellen. Begründet hat er das damit, dass die Beschlüsse die Inhalte des Art. 107 AEUV konkretisieren. Hieraus schließt er auf die unmittelbare Anwendung der Bestimmungen des heutigen Art. 107 AEUV.[125] In der Sache macht es keinen Unterschied, ob man mit dem EuGH die durch den Beschluss konkretisierte Vertragsbestimmung für unmittelbar anwendbar hält oder (nur) den jeweiligen Beschluss. Zur Zuständigkeitsverteilung auf EU-Ebene sowie zwischen EU und Mitgliedstaaten im Bereich des EU-Beihilfenrechts s. auch unten Rn 170-173. 46

B. Materielle Vorgaben

I. Tatbestand der Beihilfe

1. Merkmale im Überblick und Umfang der gerichtlichen Kontrolle

a) Überblick über die Merkmale des Art. 107 Abs. 1 AEUV

Die Beurteilung, bei welcher Maßnahme es sich um eine staatliche Beihilfe handelt und bei welcher nicht, führt zu vielen Fragen und Abgrenzungsproblemen, die auch und gerade mit einem tendenziell sehr weiten Beihilfenbegriff zusammenhängen (s. auch unten Rn 49). Wegen der Schlüsselbedeutung dieser Prüfung für die Eröffnung des Anwendungsbereichs des EU-Beihilfenrechts strebt die 47

120 EuGH, Rs. C-39/94 (SFEI u.a.), Slg 1996, I-3547 Rn 50 f.

121 EuGH, Rs. C-39/94 (SFEI u.a.), Slg 1996, I-3547 Rn 42.

122 *Mestmäcker/Schweitzer*, Europäisches Wettbewerbsrecht, § 44 Rn 24; *Schmidt-Kötters*, in: Heidenhain (Hrsg.), Hdb des Europäischen Beihilfenrechts, § 57 Rn 120, näher, auch zu möglichen Anwendungsproblemen Rn 122-129.

123 *Bartosch*, EU-Beihilfenrecht, Art. 89 EGV Rn 6.

124 *Streinz*, Europarecht, 8. Aufl. 2008 Rn 417; *Jarass/Beljin*, Casebook Grundlagen des EG-Rechts, S. 55, 127.

125 EuGH, Rs. 77/72 (Campologno), Slg 1973, 611 Rn 6; Rs. 78/76 (Steinike und Weinling), Slg 1977, 595 Rn 10; Rs. C-144/91 u.a. (Gilbert Demoor u.a.), Slg 1992, I-6613 Rn 25, 27.

Kommission im Rahmen ihrer umfassenden Modernisierung des EU-Beihilfenrechts eine Präzisierung und bessere Erläuterung des Beihilfenbegriffs an, wobei sich eine enge Anlehnung an die Rechtsprechung abzeichnet (oben Rn 35).

48 Die Rechtsprechung benutzt den Begriff der Beihilfe in Art. 107 Abs. 1 AEUV nicht als eigenes Tatbestandsmerkmal, sondern als Oberbegriff, der durch die anderen Merkmale in Art. 107 Abs. 1 AEUV definiert wird.[126] Die Qualifizierung als Beihilfe iSd Art. 107 Abs. 1 AEUV hat danach vier Voraussetzungen:[127] (1) Es muss sich um eine staatliche Maßnahme oder eine Maßnahme unter Inanspruchnahme staatlicher Mittel handeln. (2) Den Begünstigten muss durch sie ein Vorteil gewährt werden. (3) Die Maßnahme muss geeignet sein, den Handel zwischen Mitgliedstaaten zu beeinträchtigen. (4) Sie muss den Wettbewerb verfälschen oder zu verfälschen drohen. Die erste Voraussetzung wird in zwei (kumulative) Teilmerkmale aufgeteilt, die staatliche Herkunft der Mittel und die Zurechnung der Maßnahme zum Staat (unten Rn 54; im Zusammenhang mit der Abgrenzung zwischen Unionsbeihilfen und staatlichen Beihilfen oben Rn 4). Da der Begünstigte (unmittelbar oder mittelbar) ein Unternehmen sein muss, kann man auch von fünf Tatbestandsvoraussetzungen des Beihilfenbegriffs ausgehen,[128] was in der Sache nichts ändert.

49 Der Tatbestand des Art. 107 Abs. 1 AEUV wird weit ausgelegt.[129] Im Lauf der Zeit ist er von der Kommission immer weiter ausgeweitet worden, was durch die Rechtsprechung überwiegend bestätigt wurde. Für die Kommission führt das allerdings auch zu Problemen bei der Bewältigung der vielen potentiellen Beihilfenfälle und beim richtigen Einsatz des weiten Verfolgungsermessens; und für die Rechtsprechung des EuG und des EuGH resultiert aus dem weiten Anwendungsbereich des Beihilfenrechts, verbunden mit der hohen wirtschaftlichen und politischen Bedeutung von Beihilfen für die Wirtschaftspolitik der Mitgliedstaaten sowie mit einer hohen Klagebereitschaft von Mitgliedstaaten, Beihilfenempfängern und Wettbewerbern, dass beihilfenrechtliche Verfahren einen beträchtlichen Anteil der Fälle vor den Unionsgerichten ausmachen.[130]

50 Zwei Beispiele: Auch (nicht rechtsverbindliche) staatliche **öffentliche Erklärungen**, etwa von Ministern in Interviews und Pressemitteilungen, können als Beihilfen einzustufen sein, jedenfalls bei einer Gesamtbetrachtung mehrerer Maßnahmen (dazu unten Rn 51), wenn sie zu entsprechenden Auswirkungen auf den Markt, die Aktienkursentwicklung eines Unternehmens, seine Einstufung bei den Ratingagenturen und das Verhalten der Wirtschaftsbeteiligten führen, vorausgesetzt die vorgenannten Merkmale einer Beihilfe liegen vor.[131] Ob und ggf. inwieweit diese Rechtsprechung den Besonderheit des konkreten Anwendungsfalls und atypischen Abläufen und Marktgeschehnissen geschuldet ist, die sich so kaum wiederholen dürften,[132] bleibt abzuwarten. Des Weiteren können Maßnahmen mit **Entschädigungs**charakter unter bestimmten Voraussetzungen als staatliche Beihilfe einzustufen sein.[133]

51 Entscheidend im Rahmen des Beihilfetatbestands gem. Art. 107 Abs. 1 AEUV sind nicht die Gründe oder Ziele der Maßnahme, sondern ihre Wirkung,[134] weshalb nicht allein wegen der mit

126 EuGH, Rs. C-262/12 (Vent des Colère u.a.), Slg 2013, I-00 Rn 15 mwN; Rs. C-345/02 (Pearle BV u.a.), Slg 2004, I-7139 Rn 32 mwN; Rs. C-280/00 (Altmark Trans), Slg 2003, I-7747 Rn 74.

127 EuGH, Rs. C-197/11 u.a. (Libert u.a.), Slg 2013, I-00 Rn 74; Rs. C-345/02 (Pearle BV u.a.), Slg 2004, I-7139 Rn 33; Rs. C-280/00 (Altmark Trans), Slg 2003, I-7747 Rn 75.

128 Etwa *Soltész*, EuZW 2010, 541.

129 *Streinz*, Europarecht, 8. Aufl. 2008 Rn 845; *Borchardt*, Die rechtlichen Grundlagen der Europäischen Union, 3. Aufl. 2006 Rn 883. Für das Merkmal der Begünstigung *Koenig/Kühling/Ritter*, EG-Beihilfenrecht, 2. Aufl. 2005 Rn 67.

130 *Soltész*, EuZW 2011, 541; *ders.*, EuZW 2012, 174; *ders.*, EuZW 2013, 134; *ders.*, EuZW 2014, 90, 96.

131 EuGH, Rs. C-399/10 P (Bouyges u.a ./Kommission u.a.), Slg 2013, I-00 insb. Rn 130-139.

132 So *Soltész*, EuZW 2014, 91.

133 EuG, Rs. T-53/08 (Italien/Kommission), Slg 2010, II-3187 Rn 47 ff mwN; Rs. T-62/08 (ThyssenKrupp Acciai Speciali Terni/Kommission), Slg 2010, II-3229 Rn 55 ff mwN. Zusammenfassend *Solztész*, EuZW 2011, 542 f.

134 *Vgl EuGH, Rs. C-399/10 P* (Bouyges u.a ./Kommission u.a.), Slg 2013, I-00 Rn 102, 130; Rs. C-124/10 P (Kommission/EDF), Slg 2012, I-00 Rn 77; Rs. C-75/97 (Belgien/Kommission), Slg 1999, I-3671 Rn 25; Rs. C-241/94 (Frankreich/Kommission), Slg 1996, I-4551 Rn 20; Rs. C-56/93 (Belgien/Kommission), Slg 1996, I-723 Rn 79; *Koenig/Kühling/Ritter*, EG-Beihilfenrecht, 2. Aufl. 2005 Rn 69.

einer Maßnahme verfolgten Ziele die Einstufung als Beihilfe ausgeschlossen werden kann.[135] Allerdings weicht die Rechtsprechung bei der Abgrenzung zwischen Beihilfen und allgemeinen Rahmenbedingungen davon ab (unten Rn 69, 77). Abgesehen davon werden die Gründe und Ziele einer Maßnahme regelmäßig bei den Rechtfertigungsgründen in Art. 107 Abs. 2 und 3 AEUV bedeutsam. Da staatliche Maßnahmen unterschiedliche Formen annehmen und nach ihren Wirkungen zu untersuchen sind, können mehrere aufeinanderfolgende Maßnahmen als eine einzige Maßnahme zu betrachten sein, insbesondere wenn aufeinanderfolgende Maßnahmen wegen ihrer zeitlichen Abfolge, ihres Zwecks und der Lage des Unternehmens zum Zeitpunkt dieser Maßnahmen derart eng miteinander verknüpft sind, dass sie sich nicht voneinander trennen lassen.[136]

b) Gerichtliche Kontrolle und Ermessen

Das Vorliegen der Merkmale einer Beihilfe gemäß Art. 107 Abs. 1 AEUV ist grundsätzlich gerichtlich voll überprüfbar.[137] In der Rechtsprechung wird der Kommission allerdings auch ein Ermessen zugestanden,[138] wobei der EuGH nicht selten generell davon spricht, dass die Kommission bei der Anwendung des Art. 107 AEUV bzw bei staatlichen Beihilfen über Ermessen verfügt.[139] Oft beziehen sich seine Aussagen zum Ermessen auf einzelne Merkmale der Beihilfenregelungen: Danach steht der Kommission bei der Beurteilung der möglichen wirtschaftlichen Folgen von Beihilfemaßnahmen Ermessen zu,[140] was beim Merkmal der Handelsbeeinträchtigung oder der Wettbewerbsfälschung bedeutsam werden kann.[141] Weiter hat die Rechtsprechung beim Merkmal des Vorteils des Begünstigten die Grenzen der gerichtlichen Kontrolle herausgestellt, wenn die Prüfung komplexe wirtschaftliche Beurteilungen erfordert.[142] Dies betrifft etwa die Feststellung der wirtschaftlichen Einheit des begünstigten Unternehmens.[143] Ein Beurteilungsspielraum der Kommission besteht weiter bei der Frage, ob ein marktwirtschaftlich handelnder Privatunternehmer sich ebenso wie die staatliche Stelle verhalten hätte,[144] wobei der Spielraum auch Grenzen aufweist (zu den Grenzen Rn 53, zu einzelnen Inhalten des Vergleichstests mit dem privaten Wirtschaftsteilnehmer unten Rn 67 f, 80 ff). In der Literatur wird dieser Spielraum, auch wenn er begrenzt ist, mit der Begründung kritisiert, dass dies den Rechtsschutz entwerte und zudem in gewissem Gegensatz dazu stehe, dass der EuGH von den mitgliedstaatlichen Gerichten eine umfassende Beurteilung des Beihilfentatbestands verlangen, ohne dass diese sich auf eine vorangegangene Entscheidung der Kommission berufen können.[145] Darüber hinaus scheint die Rechtsprechung bei allen Tatbestandsmerkmalen des Art. 107 Abs. 1 AEUV von einem Ermessen auszugehen, wenn komplexe Umstände vorliegen.[146] Oft erfolgen die komplexen Bewertungen aber erst im Rahmen der Ausnahmen des Art. 107 Abs. 3 AEUV.[147] 52

135 EuGH, Rs. C-124/10 P (Kommission/EDF), Slg 2012, I-00 Rn 76.

136 EuGH, Rs. C-399/10 P (Bouygues u.a ./Kommission u.a.), Slg 2013, I-00 Rn 103 f, 130.

137 Vgl EuG, Rs. T-67/94 (Ladbroke Racing), Slg 1998, II-1 Rn 52; Rs. T-228/99 (Westdeutsche Landesbank u.a.), Slg 2003, II-435 Rn 282.

138 In Deutschland würde man von einem echten oder gerichtsfreien Beurteilungsspielraum sprechen.

139 EuGH, Rs. C-288/96 (Deutschland/Kommission), Slg 2000, I-8237 Rn 26; Rs. C-456/00 (Frankreich/Kommission), Slg 2002, I-11949 Rn 30; Rs. C-110/03 (Belgien/Kommission), Slg 2005, I-2801 Rn 67. Vgl auch EuGH, Rs. C-310/99 (Italien/Kommission), Slg 2002, I-2289 Rn 46.

140 EuGH, Rs. C-409/00 (Spanien/Kommission), Slg 2003, I-1487 Rn 69.

141 Im Ergebnis ebenso *Mestmäcker/Schweitzer*, Europäisches Wettbewerbsrecht, § 43 Rn 88.

142 EuGH, Rs. 56/93 (Belgien/Kommission), Slg 1996, I-723 Rn 10 f; EuG, Rs. T-471/93 (Tiercé Ladbroke), Slg 1995, II-2537 Rn 55.

143 EuG, Rs. T-137/02 (Pollmeier Malchow), Slg 2004, II-3541 Rn 51 f.

144 EuGH, Rs. C-214/12 P u.a. (Land Burgenland u.a ./Kommission), Slg 2013, I-00 Rn 77 f; Rs. C-290/07 P (Kommission/Scott), Slg 2010, I-7763 Rn 64.

145 *Soltész*, EuZW 2011, 542.

146 Vgl Rs. T-67/94 (Ladbroke Racing), Slg 1998, II-1 Rn 52 m.w.N; T-152/99 (HAMSA), Slg 2002, II-3049 Rn 127; Rs. T-228/99 (Westdeutsche Landesbank u.a.), Slg 2003, II-435 Rn 282; Rs. T-198/01 (Technische Glaswerke Ilmenau), Slg 2004, II-2717 Rn 97 mwN.

147 EuG, Rs. T-67/94 (Ladbroke Racing), Slg 1998, II-1 Rn 52 mwN.

53 Soweit ein Ermessen der Kommission besteht, darf die Rechtsprechung die Beurteilung der Kommission nicht ersetzen, sondern muss sich auf die Prüfung beschränken, ob die Beurteilung offensichtlich irrig ist oder ein Ermessensmissbrauch vorliegt.[148] Entscheidungen der Kommission werden dann auf die Einhaltung der Verfahrens- und Begründungserfordernisse, die Feststellung des zutreffenden Sachverhalts sowie einen Ermessensmissbrauch überprüft.[149] Bei der Prüfung, ob sich ein marktwirtschaftlich handelnder Privatunternehmer wie die staatliche Stelle verhalten hätte (oben Rn 52), darf der Unionsrichter die wirtschaftliche Beurteilung der Kommission nicht durch seine eigene ersetzen, muss er aber die sachliche Richtigkeit, Stichhaltigkeit, Kohärenz und Vollständigkeit der ausgewerteten Beweise prüfen, ferner ob sie die aus ihnen gezogenen Schlüsse stützen.[150] Dieser Prüfungsmaßstab im Rahmen des Beihilfetatbestands ist identisch mit dem Maßstab bei den Ermessensausnahmen in Art. 107 Abs. 3 AEUV (unten Rn 114). Soweit Mitteilungen uä bestehen, bindet sich die Kommission im Rahmen ihres Ermessens (oben Rn 26). Im Verhältnis zwischen EuGH und EuG ist der EuGH bei der Überprüfung von Entscheidungen des EuG nicht für die Feststellung der Tatsachen zuständig und grundsätzlich nicht befugt, die Beweise zu prüfen, auf die das Gericht seine Feststellungen gestützt hat. Sind diese Beweise ordnungsgemäß erhoben und die die allgemeinen Rechtsgrundsätze sowie die Vorschriften über die Beweislast und das Beweisverfahren eingehalten worden, ist es allein Sache des EuG, den Wert der ihm vorgelegten Beweise zu beurteilen. Diese Beurteilung ist, sofern die Beweise nicht verfälscht werden, keine Rechtsfrage, die als solche der Kontrolle durch den EuGH unterliegt.[151]

2. Staatliche Maßnahme oder aus staatlichen Mitteln

a) Abgrenzung

54 Die Maßnahme muss **staatlich** oder **aus staatlichen Mitteln** erfolgen. Der Zusatz „aus staatlichen Mitteln" soll die 1. Variante erweitern: Auch die 2. Variante setzt eine Belastung staatlicher Mittel voraus, sie bezieht aber die nicht unmittelbar vom Staat gewährten Vorteile ein, die über eine von ihm benannte oder errichtete öffentliche oder private Einrichtung gewährt werden.[152] Auch wenn es sich um ein einheitliches Merkmal handelt, müssen für dessen Vorliegen zwei Voraussetzungen vorliegen, erstens die staatliche Herkunft der Mittel und zweitens die Zurechnung der Maßnahme zum Staat (oben Rn 47).[153] Zurechnungsfragen stellen sich auch im Verhältnis von Mitgliedstaaten und Union bei der Frage, ob eine Maßnahme als staatliche oder als Unionsbeihilfe einzustufen ist (oben Rn 4).

b) Positive Leistung, Verminderung von Belastungen, Austauschverhältnisse

55 Zu den **Maßnahmen** zählen nicht nur positive staatliche Leistungen wie Subventionen, sondern auch die Verminderung von Belastungen in grundsätzlich beliebiger Weise.[154] Beispiele für positive Leistungen bilden verlorene Zuschüsse für Investitionen oder Darlehen unterhalb des marktüblichen Zinssatzes,[155] oder die unentgeltliche Übertragung bundeseigener Flächen, die kommerziell genutzt werden können, auf Naturschutzorganisationen (zu ihrer Einstufung als Unternehmen

148 EuGH, Rs. C-288/96 (Deutschland/Kommission), Slg 2000, I-8237 Rn 26.

149 EuGH, Rs. C-56/93 (Belgien/Kommission), Slg 1996, I-723 Rn 10 f; EuG, Rs. T-471/93 (Tiercé Ladbroke), Slg 1995, II-2537 Rn 55.

150 EuGH, Rs. C-290/07 P (Kommission/Scott), Slg 2010, I-7763 Rn 65 f; Rs. C-214/12 P u.a. (Land Burgenland u.a ./Kommission), Slg 2013, I-00 Rn 78 f.

151 Vgl EuGH, Rs. C-399/08 P (Kommission/Deutsche Post), Slg 2010, I-7831 Rn 63.

152 EuGH, Rs. C-52/97 u.a. (Viscido u.a.), Slg 1998, I-2629 Rn 13; Rs. C-379/98 (PreussenElektra), Slg 2001, I-2099 Rn 58; Rs. C-345/02 (Pearle BV u.a.), Slg 2004, I-7139 Rn 34; Rs. C-677/11 (Doux Élevages u.a.), Slg 2013, I-00 Rn 26.

153 EuGH, Rs. C-262/12 (Vent des Colère u.a.), Slg 2013, I-00 Rn 16 mwN; *Bartosch*, EU-Beihilfenrecht, Art. 87 Abs. 1 EGV Rn 111, 123-126.

154 EuGH, Rs. C-143/99 (Adria-Wien Pipeline u.a.), Slg 2001, I-8365 Rn 38; Rs. C-256/97 (DM Transport), Slg 1999, I-3913 Rn 19; Rs. 30/59 (Gezamenlijke Steenkolenmijnen Limburg), Slg 1961, 3/42; Rs. C-387/92 (Banco Exterior de España), Slg 1994, I-877 Rn 13.

155 *Koenig/Kühling/Ritter*, EG-Beihilfenrecht, 2. Aufl. 2005 Rn 68.

unten Rn 72).[156] Beispiele für die Minderung von Belastungen bilden Zahlungserleichterungen oder Befreiungen und Ermäßigungen bei Steuern oder Sozialversicherungsbeiträgen zugunsten bestimmter Unternehmen, auch durch die Verringerung der Bemessungsgrundlage oder die Gewährung eines Zahlungsaufschubs (für den Bereich der Steuern auch unten *Wernsmann,* § 30, Rn 5, 74, 121 f).[157] Insgesamt gelten Maßnahmen als Beihilfen, die in verschiedener Form die Belastungen vermindern, die ein Unternehmen zu tragen hat, und die somit keine Subventionen im strengen Sinn des Wortes darstellen, diesen aber nach Art und Wirkung gleichstehen.[158] Dabei muss nicht in jedem Fall eine Übertragung staatlicher Mittel stattgefunden haben,[159] sondern dazu reicht auch schon eine potenzielle Belastung, was als eine wesentliche Neuerung der Rechtsprechung gewertet wird.[160] Vielmehr kann eine Maßnahme, die ein hinreichend konkretes Risiko für den Eintritt einer künftigen zusätzlichen Belastung für den Staat schafft, zulasten der staatlichen Mittel gehen, was etwa bei staatlichen Bürgschaften, dem Angebot eines Vorschusses des Staates in seiner Eigenschaft als Aktionär eines Unternehmens oder bei der Eröffnung einer Kreditlinie bedeutsam sein kann.[161] Auch das bloße Unterlassen kann eine Beihilfe sein, etwa wenn ein Anspruch nicht geltend gemacht wird, zB auf Steuerzahlungen.[162] Aus dieser Weite des Begriffs der Beihilfe resultieren Probleme bei der Feststellung des Vorteils für den Begünstigten (unten Rn 65-92).

Die positive Leistung oder Minderung der Belastung kann einseitig ohne Gegenleistung des Begüns- 56
tigten erfolgen. Es kann sich aber auch um ein Austauschverhältnis handeln.[163] Dieser Begriff ist weit. Darunter fallen nicht nur klassische Beziehungen, in denen der Staat und ein Unternehmen Waren oder Dienstleistungen gegen eine Gegenleistung austauschen,[164] sondern auch nicht handelbare Maßnahmen, an denen ein staatliches Interesse besteht, wie arbeitsplatzsichernde Maßnahmen eines Unternehmens, für die der Staat anteilig die Kosten übernimmt.[165] Als Austauschbeziehung sind daher zB Entlastungen der Unternehmen bei der Sozialversicherung als Ausgleich für Mehrkosten der Arbeitgeber, die diesen aus einer in Tarifverträgen eingegangenen Verpflichtung zu arbeitsplatzsichernden Maßnahmen erwachsen,[166] oder staatliche Zuschüsse für Dienstleistungen in Erfüllung gemeinwirtschaftlicher Pflichten einzustufen.[167] Ferner zählt das staatliche (Allein-)Eigentum und die staatliche Beteiligung an Unternehmen hierher, wobei als Gegenleistung die (voraussichtliche) Rentabilität einer Maßnahme gilt (unten Rn 83 f). Beispiele für klassische Austauschbeziehungen, die als Beihilfe einzustufen sein können, liefern Veräußerungsgeschäfte des Staates, zum Beispiel der Verkauf eines öffentlichen Unternehmens an einen privaten Erwerber[168] oder Verkäufe von Bauten und Grundstücken.[169] Der Befund, dass es sich um eine Austauschbeziehung handelt, sagt allerdings noch nichts darüber aus, ob und ggf wie die fragliche Gegenleistung

156 Einzelheiten EuG, Rs. T-347/09 (Deutschland/Kommission), Slg 2013, II-00 Rn 19 ff.

157 EuGH, Rs. C- 197/11 u.a. (Libert u.,a.), Slg 2013, I-00 Rn 80; Rs. C-256/97 (DM Transport), Slg 1999, I-3913 Rn 19; Rs. C-75/97 (Belgien/Kommission), Slg 1999, I-3671 Rn 24-31; Rs. C-6/97 (Italien/Kommission), Slg 1999, I-2981 Rn 16 f.

158 EuGH, Rs. C-399/10 P (Bouyges u.a ./Kommission u.a.), Slg 2013, I-00 Rn 101.

159 EuGH, Rs. C-399/10 P (Bouyges u.a ./Kommission u.a.), Slg 2013, I-00 Rn 100.

160 *Soltész*, EuZW 2014, 91, mit Kritik.

161 EuGH, Rs. C-399/10 P (Bouyges u.a ./Kommission u.a.), Slg 2013, I-00 Rn 106 f, 137.

162 Vgl *Lübbig/Martín-Ehlers*, Beihilfenrecht der EU, 2. Aufl. 2009 Rn 1045; *Koenig/Kühling/Ritter*, EG-Beihilfenrecht, 2. Aufl. 2005 Rn 69.

163 *Mestmäcker/Schweitzer*, Europäisches Wettbewerbsrecht, § 43 Rn 12.

164 ZB EuGH, Rs. 67/85 u.a. (Van der Kooy u.a.), Slg 1988, 219 Rn 28 f; Rs. C-39/94 (SFEI), Slg 1996, I-3547 Rn 59, 62.

165 EuG, Rs. T-98/00 (Linde), Slg 2002, II-3961 Rn 49; *Mestmäcker/Schweitzer*, Europäisches Wettbewerbsrecht, § 43 Rn 17.

166 Vgl EuGH, Rs. C-251/97 (Frankreich/Kommission), Slg 1999, I-6639 Rn 38-47.

167 Vgl EuGH, Rs. C-280/00 (Altmark Trans), Slg 2003, I-7747 Rn 87.

168 Dazu *Soltész*, EuZW 2008, 353.

169 Dazu Mitteilung der Kommission betreffend Elemente staatlicher Beihilfen bei Verkäufen von Bauten oder Grundstücken durch die öffentliche Hand; Fundstelle o. Abschnitt 1, A.

bei der Ermittlung des Vorteils zu bewerten ist, weil grundsätzlich nur marktübliche Gegenleistungen berücksichtigt werden dürfen.[170] Dazu näher unten Rn 80-84.

57 Die Aufzählung zeigt, dass der unionsrechtliche Beihilfebegriff über das hinausgeht, was man in Deutschland herkömmlich unter den Begriff der Subvention fasst:[171] Eine Subvention geht klassischerweise auf einen Ansatz im Haushaltsplan zurück, der durch Haushaltsgesetz festgestellt wird, das wiederum die zuständige Stelle der Exekutive zur Bewirtschaftung ermächtigt. Besteht kein Fachgesetz, spricht man von der gesetzesfreien Subventionierung; hier werden regelmäßig das Verfahren und die Modalitäten der Subventionierung in Verwaltungsvorschriften geregelt, den sog. Subventionsrichtlinien. Ist die Subventionierung gesetzesakzessorisch, gibt es also Regeln in einem Fachgesetz, können ebenfalls Verwaltungsvorschriften Details regeln, die das Fachgesetz nicht hergibt.[172] Für die Merkmale des Beihilfetatbestands sind die Details der Handlungsform der Beihilfegewährung irrelevant. Ob eine Beihilfe im Haushaltsplan angesetzt ist, gesetzesakzessorisch oder gesetzesfrei erfolgt, im Einzelfall durch öffentlich-rechtliches oder privatrechtliches Handeln, durch einen Verwaltungsakt, einen öffentlich-rechtlichen oder privatrechtlichen Vertrag oder durch einen Realakt gewährt wird, ist aber für die innerstaatlichen Folgen eines Verstoßes gegen das Beihilfenrecht sowie für den Rechtsschutz vor den nationalen Gerichten bedeutsam (unten Rn 256-262, 264-273, 320-324).

c) Direkte staatliche Maßnahmen

58 **Staat** iS des Art. 107 Abs. 1 AEUV ist nicht nur der Bund, sondern alle anderen in die Staatlichkeit und die Staatsverwaltung eingebunden Hoheitsträger, also die Länder, Kommunen und andere Körperschaften sowie Anstalten des öffentlichen Rechts.[173] Die Maßnahme muss zu Lasten der staatlichen Mittel gehen, was durch eine Übertragung finanzieller Mittel oder durch eine sonstige Belastung staatlicher Mittel geschehen kann (zum Begriff der staatlichen Mittel unten Rn 62 f).[174] Soweit die staatliche Festsetzung von Mindestpreisen zur Förderung eines Produkts, etwa von Strom aus erneuerbaren Energiequellen, oder eine staatlich angeordnete Leistung von Beiträgen aller einer bestimmten Branche angehörigen Unternehmen zugunsten der Tätigkeit einer gemeinsamen Branchenorganisation, lediglich den Fluss **privater** Mittel lenkt und den Staatshaushalt nicht belastet, handelt es sich um keine staatliche Maßnahme,[175] auch wenn sich durch das schlechtere wirtschaftliche Ergebnis der zur Abnahme verpflichteten Unternehmen die Steuereinnahmen verringern können.[176] Es besteht dann kein ausreichender Zusammenhang zwischen dem Vorteil des Begünstigten und der Belastung des Staates (näher unten Rn 69 f). Wie der EuGH klargestellt hat, kommt es für die Finanzierung aus staatlichen Mitteln (oder ihrer Ablehnung) entscheidend darauf an, ob es zu einer unmittelbaren oder mittelbaren Übertragung staatlicher Mittel auf die geförderten Unternehmen kommt, was nicht der Fall ist, wenn die durch die Abnahmepflicht belasteten Unternehmen ihre eigenen finanziellen Mittel einsetzen müssen. Bei einer reinen Abnahmepflicht unter Einsatz eigener finanzieller Mittel der Verpflichteten sind die fraglichen Gelder nicht als staatliche Mittel anzusehen, weil sie zu keinem Zeitpunkt unter staatlicher Kontrolle stehen und kein Mechanismus besteht, der vom Mitgliedstaat zum Ausgleich der sich aus der Abnahmepflicht ergebenden Mehrkosten geschaffen wird und mit dem der Staat den Abnahmepflichtigen die vollständige Deckung ihrer Mehrkosten gewährleistet.[177] Entsprechendes gilt für die Beitragspflicht von Branchenmitgliedern zugunsten einer gemeinsamen Branchenorganisation, wenn und weil sie

170 *Koenig/Kühling/Ritter*, EG-Beihilfenrecht, 2. Aufl. 2005 Rn 71.
171 *Maurer*, Allgemeines Verwaltungsrecht, 17. Aufl. 2009, § 17 Rn 35.
172 Näher *Badura*, Staatsrecht, 2003, I Rn 79; Detterbeck, Allgemeines Verwaltungsrecht, 2004 Rn 285-291; *Stober*, Allgemeines Wirtschaftsverwaltungsrecht, 2004, § 7 I 2 a, § 31.
173 *Mestmäcker/Schweitzer*, Europäisches Wettbewerbsrecht, § 43 Rn 58.
174 *Mestmäcker/Schweitzer*, Europäisches Wettbewerbsrecht, § 43 Rn 60.
175 EuGH, Rs. C-677/11 (Doux Élevages u.a.), Slg 2013, I-00 Rn 29-32; Rs. C-379/98 (PreussenElektra), Slg 2001, *I-2099 Rn 59*; Rs. 82/77 (Van Tiggele), Slg 1978, 25 Rn 23/25.
176 EuGH, Rs. C-379/98 (PreussenElektra), Slg 2001, I-2099 Rn 62.
177 EuGH, Rs. C-262/12 (Vent des Colère u.a.), Slg 2013, I-00 Rn 34-36.

nicht der staatlichen Kontrolle unterliegen, nicht zur Verfügung der staatlichen Behörden stehen und die ausschließlich die betreffende Branchenorganisation über die Verwendung der Mittel entscheidet.[178]

Im Unterschied dazu ist ein Mechanismus, mit dem die Mehrkosten, welche den Unternehmen durch eine Abnahmepflicht für Strom aus Windkraftanlagen zu einem Preis über dem Marktwert entstehen, vollständig ausgeglichen werden und dessen Finanzierung von allen im Inland wohnhaften Stromverbrauchern getragen wird, als Maßnahme unter Inanspruchnahme staatlicher Mittel einzustufen. Der EuGH begründet das unter anderem damit, dass Fonds, die nach den Rechtsvorschriften eines Mitgliedstaats durch Zwangsbeiträge gespeist und gemäß diesen Rechtsvorschriften verwaltet und verteilt werden, als staatliche Mittel iSd Art. 107 Abs. 1 AEUV einzustufen sind, selbst wenn ihre Verwaltung nichtstaatlichen Organen anvertraut ist.[179] Es handelt sich dann nicht um direkte staatliche Finanzierungsmaßnahmen, sondern um die Zurechnung in der Variante „aus staatlichen Mitteln" (dazu unten Rn 63). 59

Zu unterscheiden ist damit zwischen der (staatlich angeordneten) Verwendung rein privater Mittel einerseits (oben Rn 58) und der Verwendung von unter staatlicher Kontrolle verwalteten Mitteln (oben Rn 59). Bezogen auf die EEG-Umlage in Deutschland, war das System nach dem EEG 1998 entsprechend der dazu ergangenen Rechtsprechung des EuGH (oben Rn 58) nicht als Beihilfe einzustufen. Das insoweit erheblich geänderte EEG 2012 stuft die Kommission hingegen als Beihilfe ein, weil es eine Umlage auf den Stromverbrauch vorsieht, die von den vier deutschen Übertragungsnetzbetreibern nach Vorgaben verwaltet wird, die im EEG und in den einschlägigen Durchführungsbestimmungen festgelegt sind.[180] Insoweit geht die Kommission allerdings davon aus, dass diese Beihilfe in Ordnung geht, weil sie mit den Leitlinien der Kommission über staatliche Umweltschutzbeihilfen 2008 im Einklang steht (zu diesen Leitlinien noch unten Rn 141). Wieder andere beihilfenrechtlichen Problemfelder im Zusammenhang mit der Förderung von Strom aus erneuerbaren Energien betreffen die Fragen, ob die Teilbefreiung stromintensiver Unternehmen von der Abnahmepflicht gem. §§ 40 ff EEG und die Teilbefreiung, die gewährt wird, wenn die Strommenge eines Lieferanten zu mindestens 50 % aus inländischen Kraftwerken stammt, die erneuerbare Energien nutzen (sog. „Grünstromprivileg), als Beihilfe(n) (zugunsten der von der Abnahmepflicht teilbefreiten Unternehmen) einzustufen sind; dazu hat die Kommission im Dezember 2013 ein förmliches Prüfverfahren eingeleitet.[181] 60

Die Befreiung eines Unternehmens von arbeitsrechtlichen Restriktionen, etwa von Grenzen für den Abschluss befristeter Arbeitsverträge oder von Kündigungsschutzregelungen, belastet die Staatsmittel nicht.[182] Eine finanzielle Belastung des Staates stellt es demgegenüber dar, wenn der Mitgliedstaat durch besonders niedrige Preise für eine Energiequelle zu Gunsten bestimmter Unternehmen auf Einnahmen verzichtet, die er üblicherweise erzielt hätte.[183] Dem vergleichbar wertet der EuGH die kostenlose Zuteilung von Emissionshandelsrechten wegen des damit verbundenen Verzichts auf staatliche Einnahmen als Belastung staatlicher Mittel.[184] 61

d) Zurechnung bei Maßnahmen aus staatlichen Mitteln

Die Variante „aus staatlichen Mitteln" bezieht sich auf Beihilfen, die von einer öffentlichen oder privaten Einrichtung gewährt werden, die „von diesem Staat dazu bestimmt oder errichtet 62

178 EuGH, Rs. C-677/11 (Doux Élevages u.a.), Slg 2013, I-00 Rn 35 f.
179 EuGH, Rs. C-262/12 (Vent des Colère u.a.), Slg 2013, I-00 Rn 25.
180 Vgl Pressemitteilung vom 18. Dezember 2013, IP/13/1283.
181 Vgl Pressemitteilung vom 18. Dezember 2013, IP/13/1283. Dazu *Soltész*, EuZW 2014, 91 f.
182 EuGH, Rs. C-52/97 u.a. (Viscido u.a.), Slg 1998, I-2629 Rn 14; Rs. C-189/91 (Kirsammer-Hack), Slg 1993, I-6185 Rn 17.
183 EuGH, Rs. C-143/99 (Adria-Wien Pipeline u.a.), Slg 2001, I-8365 Rn 39.
184 EuGH, Rs. C-279/08 P (Kommisssion/Niederlande), Slg 2011, I-7671 Rn 102 ff. Kritisch *Soltész*, EuZW 2012, 175.

wurde".[185] Auf diese Weise wird verhindert, dass durch die Einschaltung von nichtstaatlichen Einrichtungen die Regelungen der Art. 107 bis 109 AEUV umgangen werden.[186] Einrichtungen in diesem Sinne sind alle Personen und Stellen, die nicht in den organisatorischen oder funktionalen Staatsaufbau integriert sind. Ob eine dazwischen geschaltete Einrichtung zu der Maßnahme bestimmt oder für sie errichtet wurde, richtet sich danach, ob die Beihilfe unmittelbar oder mittelbar aus staatlichen Mitteln gewährt wird und ob sie dem Staat zuzurechnen ist.[187]

63 Zu den staatlichen Mitteln zählen neben Sozialversicherungsbeiträgen und Steuererträgen (oben Rn 55) alle Mittel, die sich unter staatlicher Kontrolle befinden und die der fraglichen Einrichtung zur Verfügung stehen.[188] Entscheidend ist die staatliche Kontrolle über die Mittel, die bei einer Belastung des staatlichen Haushalts immer gegeben ist.[189] Unter staatlicher Kontrolle stehen auch Mittel öffentlicher Unternehmen, wenn ein Mitgliedstaat einen beherrschenden Einfluss ausübt.[190] Gemäß Art. 2 a) Transparenzrichtlinie ist das definitionsgemäß der Fall. Die Maßnahme eines Privaten wird dagegen nur dann aus staatlichen Mitteln finanziert, wenn sie ausreichend auf das Vermögen des Staates zurückgeführt werden kann (oben Rn 58). An einer Finanzierung aus staatlichen Mitteln fehlt es auch, wenn die Einrichtung die verwendeten Mittel vollständig von ihren Mitgliedern bezogen hat, ohne dass dies eine zusätzliche Belastung für den Staat oder die Einrichtung darstellt.[191] Als Finanzierung aus staatlichen Mitteln gelten demgegenüber Maßnahmen aus Zwangsbeiträgen, die von der fraglichen Einrichtung auf der Grundlage staatlicher Vorgaben erhoben und verwendet werden (dazu bereits oben Rn 59).[192] Das Merkmal der Finanzierung aus staatlichen Mitteln ist eines der Probleme bei der umstrittenen Einstufung der Rundfunkgebühren in Deutschland als Beihilfe.[193]

64 Die Maßnahme kann dem Staat zugerechnet werden, wenn er sie vorgesehen oder sonst wie veranlasst oder unterstützt hat.[194] Die bloße Möglichkeit zur Einflussnahme, die sich aus einer staatlichen Kontrolle ergibt, reicht aber nicht, jedenfalls nicht generell.[195] Kann daher ein Unternehmen mit staatlicher Beteiligung mehr oder weniger unabhängig handeln, kann das die Zurechnung einer Maßnahme zum Staat ausschließen.[196] Die Rechtsprechung verlangt andererseits keinen Nachweis einer konkreten Einflussnahme, ausreichend ist die Darlegung von Indizien, aus denen sich die Zurechenbarkeit ergibt, wie der Grad der Eingliederung in die Strukturen der Einrichtung, die Marktüblichkeit der Maßnahme oder die Intensität der Aufsicht.[197] In der Literatur werden gele-

185 EuGH, C-345/02 (Pearle BV u.a.), Slg 2004, I-7139 Rn 33 f; Rs. C-126/01 (GEMO), Slg 2003, I-13769 Rn 23; Rs. C-379/98 (PreussenElektra), Slg 2001, I-2099 Rn 58; Rs. C-52/97 u.a. (Viscido u.a.), Slg 1998, I-2629 Rn 13; Rs. 57/86 (Griechenland/Kommission), Slg 1988, 2855 Rn 12; Rs. 78/76 (Steinike und Weinling), Slg 1977, 595 Rn 21.

186 EuGH, Rs. C-482/99 (Frankreich/Kommission), Slg 2002, I-4397 Rn 23.

187 EuGH, C-345/02 (Pearle BV u.a.), Slg 2004, I-7139 Rn 35; Rs. C-126/01 (GEMO), Slg 2003, I-13769 Rn 24; Rs. C-482/99 (Frankreich/Kommission), Slg 2002, I-4397 Rn 24; Rs. C-303/88 (Italien/Kommission), Slg 1991, I-1433 Rn 11.

188 EuGH, Rs. C-482/99 (Frankreich/Kommission), Slg 2002, I-4397 Rn 37; Rs. C-83/98 P (Frankreich/Ladbroke Racing u.a.), Slg 2000, I-3271 Rn 50.

189 Einzelheiten bei *Bartosch*, EU-Beihilfenrecht, 2009, Art. 87 Abs. 1 EGV Rn 112 ff.

190 EuGH, Rs. C-482/99 (Frankreich/Kommission), Slg 2002, I-4397 Rn 38; *Mestmäcker/Schweitzer*, Europäisches Wettbewerbsrecht, § 43 Rn 67.

191 EuGH, Rs. C-345/02 (Pearle BV u.a.), Slg 2004, I-7139 Rn 36; *Koenig/Kühling/Ritter*, EG-Beihilfenrecht, 2. Aufl. 2005 Rn 162.

192 Vgl EuGH, Rs. C-345/02 (Pearle BV u.a.), Slg 2004, I-7139 Rn 38; Rs. 173/73 (Italien/Kommission), Slg 1974, 709 Rn 35; *Mestmäcker/Schweitzer*, Europäisches Wettbewerbsrecht, § 43 Rn 69.

193 Dazu *Bartosch*, EU-Beihilfenrecht, 2009, Art. 87 Abs. 1 EGV Rn 120 mwN; *v. Wallenberg/Schütte*, in: Grabitz/Hilf/Nettesheim (Hrsg.), Recht der EU, Okt. 2011, Art. 107 AEUV Rn 100-111, insb Rn 107 f.

194 EuGH, Rs. C-345/02 (Pearle BV u.a.), Slg 2004, I-7139 Rn 37 f; *Mestmäcker/Schweitzer*, Europäisches Wettbewerbsrecht, § 43 Rn 71.

195 EuGH, Rs. C-482/99 (Frankreich/Kommission), Slg 2002, I-4397 Rn 52.

196 *Bartosch*, EU-Beihilfenrecht, 2009, Art. 87 Abs. 1 EGV Rn 123.

197 Näher EuGH, Rs. C-482/99 (Frankreich/Kommission), Slg 2002, I-4397 Rn 53-55; *Koenig/Kühling/Ritter*, EG-Beihilfenrecht, 2. Aufl. 2005 Rn 159; *Mestmäcker/Schweitzer*, Europäisches Wettbewerbsrecht, § 43 Rn 53-55.

gentlich unterschiedliche Zurechnungskriterien für denkbar gehalten, je nachdem, ob es sich um die Zurechnung des Handelns öffentlicher Unternehmen oder anderer Stellen handelt.[198]

3. Vorteil des Begünstigten

a) Überblick und Probleme bei der Rechtsanwendung

Art. 107 Abs. 1 AEUV setzt weiter eine **Begünstigung** für bestimmte Unternehmen oder Produktionszweige voraus. Hierunter fallen unmittelbare oder mittelbare Begünstigungen sowie wirtschaftliche Vorteile, die das begünstigte Unternehmen unter normalen Marktbedingungen nicht erhalten hätte.[199] Die Rechtsprechung unterscheidet also zwischen der (einfachen) Begünstigung und dem wirtschaftlichen Vorteil, der über die normalen Marktbedingungen hinausgeht. Ersteres dürfte bei einseitigen, direkten positiven Leistungen einschlägig sein, Letzteres in allen Fällen, in denen die Begünstigung nicht so klar auf der Hand liegt. Dafür kann es verschiedene Gründe geben: Der Zusammenhang zwischen der staatlichen Belastung und dem Vorteil des Begünstigten kann Fragen aufwerfen. Es kann sich um die Minderung von Belastungen anstelle einer positiven Leistung handeln. Oder es erfolgt eine Gegenleistung für die staatliche Leistung. 65

Der unproblematische Grundfall einer Begünstigung besteht in einer einseitigen positiven Leistung ohne Gegenleistung, die der Staat direkt an den Begünstigten vornimmt. Ein typisches Beispiel hierfür bildet der sog. verlorene Zuschuss, also die finanzielle Zuwendung an ein einzelnes Unternehmen, die nicht zurückgezahlt werden muss. Hier bereitet die Feststellung der Begünstigung keine Probleme. Es gibt aber auch Fälle, in denen weitere Personen an der Maßnahme beteiligt sind oder sonstige Fälle, in denen der Zusammenhang zwischen der staatlichen Belastung und dem Vorteil des Einzelnen fraglich ist (unten Rn 69 f). Da zu den Beihilfemaßnahmen nicht nur positive Leistungen zählen, sind auch die Vorteile zu ermitteln, die sich aus der Minderung von Belastungen ergeben.[200] Die Rechtsprechung fragt in diesen Fällen danach, welche Belastungen ein Unternehmen **normalerweise** zu tragen hat.[201] Die Abweichung vom Normalfall lässt sich vergleichsweise unproblematisch ermitteln, wenn einzelnen Unternehmen durch einen individuellen Akt eine Belastung erspart wird, die für andere Unternehmen gilt. Schwieriger wird die Bestimmung des Normalfalls, wenn in Regelungen eine differenzierte Rechtslage angelegt ist (unten Rn 92). Handelt es sich schließlich nicht um eine einseitige staatliche Maßnahme, sondern um ein Austauschverhältnis, bei dem der staatlichen Maßnahme eine Gegenleistung gegenübersteht, stellt sich ebenfalls die Frage, wie man den Vorteil ermittelt. Auch hier hebt die Rechtsprechung auf den Normalfall ab, soweit das möglich ist, genauer auf die normalen Marktbedingungen (dazu unten Rn 80-84). 66

Für die Feststellung des Vorteils im Bereich der Dienstleistungen von allgemeinem wirtschaftlichem Interesse gelten Sonderregeln (dazu unten Rn 89).[202] Im Übrigen ist für die Feststellung eines Vorteils anhand der normalen Marktbedingungen der Vergleich der staatlichen Maßnahme mit dem (hypothetischen) Handeln eines marktwirtschaftlich handelnden Privatunternehmers bzw eines privaten Wirtschaftsteilnehmers (dazu bereits oben Rn 52 f) von erheblicher praktischer Bedeutung. Für diesen Vergleich werden je nach Sachzusammenhang unterschiedliche Begriffe verwendet, 67

198 Vgl die Diskussion bei *Koenig/Kühling/Ritter*, EG-Beihilfenrecht, 2. Aufl. 2005 Rn 157-160.

199 EuGH, Rs. C-280/00 (Altmark Trans), Slg 2003, I-7747 Rn 84 mwN; Rs. C-197/11 u.a. (Libert u.a.), Slg 2013, I-00 Rn 83 mwN.

200 *Mestmäcker/Schweitzer*, Europäisches Wettbewerbsrecht, § 43 Rn 8.

201 EuGH, Rs. 30/59 (Gezamenlijke Steenkolenmijnen Limburg), Slg 1961, 3/42; Rs. C-75/97 (Belgien/Kommission), Slg 1999, I-3671 Rn 23; Rs. C-256/97 (DM Transport), Slg 1999, I-3913 Rn 19.

202 *Bartosch*, EU-Beihilfenrecht, Art. 87 Abs. 1 EGV Rn 2, 4.

wobei die Terminologie uneinheitlich ist:[203] „private investor test", „market economy investor test", „private operator test", „private vendor test", „private purchaser test", „private creditor test"; dabei geht es um einen Vergleich mit dem privaten Investor bzw Geldgeber mit Gewinnabsicht, mit dem privaten Wirtschaftsteilnehmer, dem privaten Verkäufer, dem privaten Käufer oder dem privaten Gläubiger bzw Inhaber von Forderungen (dazu auch unten Rn 83, 87).[204] Der Vergleichstest kommt (in unterschiedlichen inhaltlichen Ausprägungen) in vielen Bereichen zum Tragen, etwa bei staatlichen Kapitalzuführungen, staatlichen Bürgschaften und Garantien, staatlichen Verkäufen und Privatisierungen, beim staatlichen Beschaffungsverhalten, bei Quersubventionierungen, Marketingmaßnahmen und staatlichen Infrastrukturmaßnahmen[205] oder bei der Durchsetzung staatlicher Forderungen.[206] Die Begrifflichkeit des Tests orientiert sich daran, ob der Staat etwa als Geldgeber mit Gewinnabsicht, als Verkäufer oder Privatisierer, als Käufer oder als Inhaber von Forderungen auftritt.

68 Bei hoheitlichen Maßnahmen im engeren Sinne, etwa im Bereich von Steuern und Sozialabgaben, ist der Anwendungsbereich des Vergleichstests eingeschränkt, aber nicht ausgeschlossen.[207] Wie der EuGH klargestellt hat, kann er etwa auch bei steuerlichen Maßnahmen zur Anwendung gelangen: Danach hängt die Anwendbarkeit des Vergleichstests bei staatlichen Maßnahmen zugunsten öffentlicher Unternehmen davon ab, ob ein Mitgliedstaat einem ihm gehörenden Unternehmen einen wirtschaftlichen Vorteil in seiner Eigenschaft als Anteilseigner und nicht in seiner Eigenschaft als Träger öffentlicher Gewalt gewährt.[208] Dementsprechend sind zur Beurteilung der Frage, ob dieselbe Maßnahme unter normalen Marktbedingungen von einem privaten Kapitalgeber, der sich in einer möglichst ähnlichen Lage wie der Staat befindet, getroffen worden wäre, nur die Vorteile und Verpflichtungen zu berücksichtigen, die mit der Eigenschaft des Staates als Anteilseigner zusammenhängen, nicht aber jene, die an seine Eigenschaft als Träger öffentlicher Gewalt anknüpfen.[209] Allein die Form einer Maßnahme, etwa ihre steuerliche Natur, schließt die Anwendung des Kriteriums des privaten Kapitalgebers **nicht** aus, wenn sich bei einer ggf. erforderlichen Gesamtwürdigung zeigt, dass der betroffene Mitgliedstaat diesen Vorteil trotz des Einsatzes von Mitteln, die unter die öffentliche Gewalt fallen, in seiner Eigenschaft als Anteilseigner des ihm gehörenden Unternehmens gewährt hat.[210]

b) Zusammenhang zwischen dem Vorteil des Begünstigten und der Belastung des Staates

69 Zwischen dem Vorteil des Begünstigten und der Belastung des Staates muss stets ein ausreichender Zusammenhang bestehen, was Probleme bereiten kann, etwa wenn private Personen in die Gewährung des Vorteils eingeschaltet werden oder bei der Abgrenzung von allgemeinen Rahmenregelun-

---

203 Beispiele für die Anwendungsfälle und die verwendete Terminologie EuGH, Rs. C-214/12 P (Land Burgenland u.a ./Kommission), Slg 2013, I-00 Rn 51 f; Rs. C-124/10 P (Kommission/EDF), Slg 2012, I-00 Rn 81; Rs. C-290/07 P (Kommission/Scott), Slg 2010, I-7763, Ls 3, Rn 68; EuG, Rs. T-1/08 (Buczek Automotive/Kommission), Slg 2011, II-2107, Ls 3, Rn 82; Rs. T-80/06 u.a. (Budapesti Erömü/Kommission), Slg 2012, II-00 Rn 63, 65, 67; Rs. T-29/10 u.a. (Niederlande u.a ./Kommission), Slg 2012, II-00 Rn 85; Rs. T-565/08 (Corsica Ferries Frankreich/Kommission), Slg 2012, II-00 Rn 78; Rs. T-163/05 (Bundesverband deutscher Banken/Kommission), Slg 2010, II-537 Rn 58 ff; *Soltész*, EuZW 2011, 541 f; *ders.*, EuZW 2012, 174 f. *ders.*, EuZW 2013, 134-136; *ders.*, EuZW 2014, 90.

204 Einleitend und zu den übergreifenden Inhalten *Bartosch*, EU-Beihilfenrecht, Art. 87 Abs. 1 EGV Rn 1-15; *Leibenath*, in: Heidenhain (Hrsg.), European State Aid Law, 2010, § 6 Rn 1 ff.

205 Einzelheiten, auch zu den einschlägigen Aussagen der Kommission in ihren Mitteilungen uä sowie zu Einzelbeispielen aus der Kommissionspraxis, bei *Bartosch*, EU-Beihilfenrecht, Art. 87 Abs. 1 EGV Rn 16-82; *Leibenath*, in: Heidenhain (Hrsg.), European State Aid Law, 2010, § 6 Rn 1 ff.

206 ZB EuGH, Rs. C-290/07 P (Kommission/Scott), Slg 2010, I-7763, Ls 3, Rn 68; EuG, Rs. T-1/08 (Buczek Automotive/Kommission), Slg 2011, II-2107, Ls 3, Rn 82.

207 Zu weitgehend insoweit *Bartosch*, EU-Beihilfenrecht, Art. 87 Abs. 1 EGV Rn 2.

208 EuGH, Rs. C-124/10 P (Kommission/EDF), Slg 2012, I-00 Rn 81.

209 EuGH, Rs. C-124/10 P (Kommission/EDF), Slg 2012, I-00 Rn 79; Rs. C-214/12 P (Land Burgenland u.a ./Kommission), Slg 2013, I-00 Rn 52.

210 EuGH, Rs. C-124/10 P (Kommission/EDF), Slg 2012, I-00 581 Rn 88-92, weitere Einzelheiten zur Anwendung des Kriteriums des privaten Kapitalgebers Rn 82 ff; Rs. C-214/12 P (Land Burgenland u.a ./Kommission), Slg 2013, I-00 Rn 53, weitere Einzelheiten zur Anwendung des Kriteriums des privaten Kapitalgebers Rn 54 ff.

gen: Es muss ein hinreichend enger Zusammenhang zwischen dem Vorteil, der dem Begünstigten gewährt wird, einerseits und der Verringerung eines Postens des Staatshaushalts oder einem hinreichend konkreten wirtschaftlichen Risiko für dessen Belastung andererseits bestehen.[211] Das Hinzutreten einer autonomen Entscheidung eines Investors, dem eine gezielte Steuervergünstigung für die Investition in ein Unternehmen gewährt wird, lässt den Zusammenhang zwischen der Steuervergünstigung und dem Vorteil bei dem Unternehmen nicht entfallen.[212] Dies gilt auch ohne gezielte Steuervergünstigung für die Investition in ein Unternehmen, wie der Gerichtshof für eine Änderung von Marktbedingungen durch staatliche Erklärungen und Maßnahmen zur Stützung eines in Schwierigkeiten geratenen Unternehmens herausgestellt hat, wenn diese Erklärungen und Maßnahmen bestimmte Folgen für den Markt auslösen (dazu bereits oben Rn 47).[213] Erfasst sind deshalb nicht nur direkte bzw unmittelbare, sondern auch **indirekte** bzw **mittelbare** Begünstigungen. Der Zusammenhang fehlt demgegenüber bei bloßen **Rahmenbedingungen**, zu denen arbeitsrechtliche, sozialrechtliche oder sonstige allgemeine wirtschaftspolitische Maßnahmen rechnen können. Solche Regelungen zielen nach ihrem „Zweck und ihrer allgemeinen Systematik" nicht auf die Schaffung eines Vorteils zu Lasten staatlicher Mittel ab. Auch wenn ihnen eine Verringerung der Sozialversicherungsbeiträge oder der Steuererträge immanent ist, stellen sie „kein Mittel dar, um den betroffenen Unternehmen einen bestimmten Vorteil zu gewähren".[214] Nicht erforderlich für das Vorliegen eines Zusammenhangs zwischen dem Vorteil des Begünstigtem und dem staatlichen Belastung oder dem hinreichend konkreten wirtschaftlichen Risiko für eine derartige Belastung ist, dass die Belastung oder das Risiko der Belastung dem Vorteil entspricht, ihm gleichwertig oder gleichartig ist.[215] In der Literatur wird dies als eine wesentliche Neuerung der Rechtsprechung zum Beihilfenrecht gewertet.[216]

Zusammengefasst muss demnach zwischen dem Vorteil und der staatlichen Belastung ein gewisser **Verwendungszusammenhang** bestehen. Gewährt der Staat gezielte Steuererleichterungen, ist dieser unproblematisch gegeben. Bei gesetzlichen Abnahmepflichten und Mindestpreisen fehlt er, weil der Vorteil des Begünstigten von einem Privaten stammt, der eigene Mittel verwendet, nicht solche, die er (zum Teil) vom Staat erlangt (oben Rn 58, 63). Ebenso wenig besteht der Verwendungszusammenhang bei sonstigen Regelungen, die zwar in ihrer Konsequenz zu staatlichen Mindereinnahmen führen, die aber nicht darauf angelegt sind, **dadurch** jemanden zu begünstigen. Zwischen dieser Rechtsprechung und der Rechtsprechung zur Bestimmtheit der Begünstigten bestehen Überschneidungen (unten Rn 77 f). 70

c) Kreis der Begünstigten und Bestimmtheit

aa) Unternehmen, Produktionszweige, öffentliche Unternehmen

Zum Kreis der Begünstigten zählen bestimmte Unternehmen oder Produktionszweige. Mit der Tatbestandsalternative **Produktionszweige** werden Beihilfen erfasst, die einer ganzen Branche zugute kommen, die aber immer auch einzelne Unternehmen begünstigen, weshalb sie an sich überflüssig ist.[217] Ein **Unternehmen** definiert sich im Wettbewerbsrecht der Union als jede selbständige wirt- 71

211 EuGH, Rs. C-399/10 P (Bouyges u.a ./Kommission u.a.), Slg 2013, I-00 Rn 109.

212 EuGH, Rs. C-156/98 (Deutschland/Kommission), Slg 2000, I-6857 Rn 27; EuG, Rs. T-93/02 (Confédération nationale du Crédit mutuel), Slg 2005, II-143 Rn 95; *Koenig/Kühling/Ritter*, EG-Beihilfenrecht, 2. Aufl. 2005 Rn 70.

213 EuGH, Rs. C-399/10 P (Bouyges u.a ./Kommission u.a.), Slg 2013, I-00 Rn 108 (klarer in der englischen Textfassung).

214 Vgl EuGH, Rs. C-379/98 (PreussenElektra), Slg 2001, I-2099 Rn 62 für Steuererträge; Rs. C-72/91 u.a. (Sloman-Neptun), Slg 1993, I-887 Rn 21 für Steuererträge und Sozialversicherungsbeiträge. Ferner *Mestmäcker/Schweitzer*, Europäisches Wettbewerbsrecht, § 43 Rn 62.

215 EuGH, Rs. C-399/10 P (Bouyges u.a ./Kommission u.a.), Slg 2013, I-00 Rn 110.

216 *Soltész*, EuZW 2014, 91.

217 *Bartosch*, EU-Beihilfenrecht, Art. 87 Abs. 1 EGV Rn 83; *Koenig/Kühling/Ritter*, EG-Beihilfenrecht, 2. Aufl. 2005 Rn 170; *Mestmäcker/Schweitzer*, Europäisches Wettbewerbsrecht, § 43 Rn 7.

schaftlich tätige Einheit unabhängig von ihrer Rechtsform oder ihrer Finanzierungsart.[218] Dazu zählt auch die freiberufliche Betätigung.[219] Kommission und Rechtsprechung haben den Begriff des Unternehmens stetig ausgeweitet.[220] Die Betätigung des Verbrauchers oder Arbeitnehmers ist nicht selbständig und daher keine wirtschaftliche Betätigung in diesem Sinne.[221] Dasselbe gilt für private Haushalte und sonstige private Personen und Einrichtungen, die sich nicht wirtschaftlich betätigen.[222] Werden allerdings über diese Privaten Unternehmen erreicht (bereits oben Rn 69), etwa wenn Zuwendungen an Verbraucher zweckgebunden zu Gunsten des Erwerbs bestimmter Produkte oder Unternehmen gewährt werden, werden durch die Anreize mittelbar bestimmte Unternehmen begünstigt. Beispiele liefern steuerliche Vergünstigungen für Kapitalbeteiligungen an Unternehmen in den neuen Bundesländern[223] oder staatliche Zuschüsse an Verbraucher zum Kauf oder zur Miete von Digitaldecodern anlässlich der Umstellung von analogem auf digitalem Rundfunk.[224] Dass Beihilfen an Verbraucher in den Anwendungsbereich des Art. 107 Abs. 1 AEUV fallen können, zeigt ein Rückschluss aus Art. 107 Abs. 2 a) AEUV, wo geregelt ist, wann solche Maßnahmen gerechtfertigt sind.[225]

72 Bei den klassischen, auf Gewinn ausgerichteten wirtschaftlichen Aktivitäten bereitet die Einstufung als Unternehmen regelmäßig keine Probleme, wobei die Abgrenzung zu allgemeinen wirtschaftspolitischen Maßnahmen zu beachten ist (dazu unten Rn 77). Eine wirtschaftliche Tätigkeit ist jede Tätigkeit, die darin besteht, Güter oder Dienstleitungen auf einem bestimmten Markt anzubieten.[226] Dabei besteht ein Markt, wenn die Tätigkeit prinzipiell auch von privaten Wirtschaftsakteuren ausgeübt werden könnte.[227]

73 Schwierigkeiten kann die Einstufung als Unternehmen bei (natürlichen und juristischen Personen) bereiten, die ohne Gewinnabsicht am Wettbewerb teilnehmen,[228] was (insb. in den Sozialwissenschaften) als „Dritter Sektor" bezeichnet wird. Zwar soll es für das Vorliegen einer wirtschaftlichen Tätigkeit auf eine Gewinnabsicht nicht unbedingt ankommen.[229] Dennoch kann eine fehlende Gewinnabsicht gemeinsam mit weiteren Faktoren zu einem Ausschluss des Unternehmensbegriffs im Einzelfall führen, wie der EuGH am Beispiel einer gesetzlichen Krankenkasse herausgestellt hat[230] und wie auch die kartellrechtliche Rechtsprechung des EuGH zu den gesetzlichen Krankenversicherungen in Deutschland zeigt.[231] Dementsprechend ist das Vorliegen oder Fehlen einer Gewinnabsicht nicht bedeutungslos und möglicherweise sogar ein wesentliches Indiz für den wirtschaftlichen Charakter.[232] Ein Rechtsträger, etwa eine öffentliche Einheit oder eine Naturschutzorganisation, kann neben Tätigkeiten mit ausschließlich sozialem Charakter, die nicht als wirtschaftlich einzustufen sind, davon trennbare (Neben-)Tätigkeiten ausüben, die einen anderen als sozialen Zweck haben und (deshalb) wirtschaftlicher Natur sind (im entschiedenen Fall etwa Holzverkauf,

---

218 *Bartosch*, EU-Beihilfenrecht, Einl. Rn 21; *Koenig/Kühling/Ritter*, EG-Beihilfenrecht, 2. Aufl. 2005 Rn 166; *Heidenhain*, in: Heidenhain (Hrsg.), Hdb des Europäischen Beihilfenrechts, § 4 Rn 50 mwN.

219 EuGH, Rs. C-172/03 (Heiser), Slg 2005, I-1627 Rn 26 mwN.

220 *Soltész*, EuZW 2014, 89.

221 *Koenig/Paul*, in: Streinz (Hrsg.), EUV/AEUV, Art. 107 AEUV Rn 69.

222 *Mestmäcker/Schweitzer*, Europäisches Wettbewerbsrecht, § 43 Rn 7; *Koenig/Kühling/Ritter*, EG-Beihilfenrecht, Rn 166.

223 EuGH, Rs. C-156/98 (Deutschland/Kommission), Slg 2000, I-6857 Rn 26 f. Zur Finanzierung aus staatlichen Mitteln und zur Zurechnung des Vorteils zum Staat in diesem Fall o. Rn 43.

224 EuGH, Rs. C-403/10 P (Mediaset/Kommission), Slg 2011, I-117 Rn 73 ff; zusammenfassend *Soltész*, EuZW 2012, 175.

225 EuG, Rs. T-93/02 (Confédération nationale du Crédit mutuel), Slg 2005, II-143 Rn 95; *Bungenberg*, in: Birnstiel/Bungenberg/Heinrich (Hrsg.), Europäisches Beihilfenrecht, 2013, Kap. 1 Rn 27.

226 EuGH, Rs. C-49/07 (MOTOE), Slg 2008, I-4863 Rn 21; Rs. C-288/11 P (Mitteldeutsche Flughafen u.a ./ Kommission), Slg 2012, I.00 Rn 40, 50 mwN.

227 EuGH, Rs. C-475/99 (Ambulanz Glöckner), Slg 2001, I-8089 Rn 20; *Soltész*, EuZW 2011, 541.

228 *Bungenberg*, in: Birnstiel/Bungenberg/Heinrich (Hrsg.), Europäisches Beihilfenrecht, 2013, Kap. 1 Rn 28.

229 Vgl *Bartosch*, EU-Beihilfenrecht, Einl. Rn 22 mwN.

230 EuGH, Rs. C-159/91 (Pucet und Pistre), Slg 1993, I-637 Rn 18.

231 EuGH, Rs. C-264/01 u.a. (AOK-Bundesverband), Slg 2004, I-2493 Rn 51.

232 *Soltesz*, EuZW 2011, 541.

Jagd- und Fischereipacht, Tourismus), was durch die mitgliedstaatliche Einstufung als gemeinnützig oä nicht ausgeschlossen wird, mit der Folge, dass der Rechtsträger insoweit als Unternehmen einzustufen ist.[233] Als mögliche Beihilfeempfänger geraten zunehmend professionelle Sportvereine und die Finanzierung ihrer Infrastrukturen, wie Stadien, in den Fokus.[234] Bei manchen *Arten* von Beihilfen bereitet die Bestimmung der Begünstigten Sonderprobleme, wie bei staatlichen Bürgschaften (unten Rn 82).

Verschiedene, rechtlich selbständige natürliche oder juristische Personen können wirtschaftlich ein Unternehmen bilden.[235] Bedeutsam kann das zum Beispiel werden, wenn es darum geht, ob zulässige Beihilfebeträge überschritten werden: Hier kann es einen entscheidenden Unterschied machen, ob auf ein einzelnes Teilunternehmen eines Konzerns oder auf den Konzern als Ganzes mit allen seinen Teilunternehmen als maßgeblichem Beihilfenempfänger abzuheben ist. Dementsprechend finden sich (auf die Rechtsprechung des EuGH gestützte) Regelungen dazu, unter welchen Voraussetzungen getrennte rechtliche Einheiten für die Zwecke der Anwendung der EU-Beihilfevorschriften als eine wirtschaftliche Einheit einzustufen sind.[236] 74

Auch **öffentliche** Unternehmen fallen in den Anwendungsbereich der Art. 107 bis 109 AEUV, wie Art. 106 Abs. 1 AEUV bestimmt. Daher sind sie geeignete Empfänger von Beihilfen iSv Art. 107 Abs. 1 AEUV. Da die Begünstigung durch staatliche Mittel bei öffentlichen Unternehmen schwerer als bei privaten Unternehmen feststellbar ist, legt die sog. Transparenzrichtlinie den Mitgliedstaaten Informations- und Organisationspflichten auf,[237] um eine wirksame Überwachung der Bereitstellung öffentlicher Mittel für öffentliche Unternehmen und ihre Verwendung zu gewährleisten.[238]Dagegen haben Tätigkeiten in Ausübung hoheitlicher Befugnisse keinen wirtschaftlichen Charakter.[239]Übt eine öffentliche Einheit eine wirtschaftliche Tätigkeit aus, die von der Ausübung ihrer hoheitlichen Befugnisse losgelöst werden kann, handelt sie in Bezug auf diese Tätigkeit als Unternehmen; ist die wirtschaftliche Tätigkeit dagegen mit der Ausübung ihrer hoheitlichen Befugnisse untrennbar verbunden, sind sämtliche Tätigkeiten dieser Einheit der Ausübung hoheitlicher Befugnisse zuzuordnen, sodass eine Einstufung als Unternehmen ausscheidet.[240] Eine öffentlich-rechtliche Rundfunkanstalt ist wirtschaftlich tätig, auch wenn sie einen öffentlich-rechtlichen Auftrag hat, und dementsprechend als Unternehmen einzustufen: dies gilt auch, soweit sie Koordinierungs- und Verwaltungstätigkeiten ausübt.[241] 75

bb) Bestimmtheit (Selektivität bzw Spezifität) und Abgrenzung zu allgemeinen wirtschaftspolitischen Maßnahmen

Art. 107 Abs. 1 AEUV verlangt weiter, dass es sich um **bestimmte** Unternehmen oder Produktionszweige handelt. Für die Bestimmtheit werden in Rechtsprechung und Literatur häufig die Begriffe der „Selektivität" und „Spezifität" verwendet.[242] Ob die Maßnahme einen selektiven bzw spezifischen Charakter aufweist, birgt vor allem dann Probleme, wenn Maßnahmen in einem generellen 76

233 Einzelheiten EuG, Rs. T-347/09 (Deutschland/Kommission), Slg 2013, II-00 Rn 27 ff.

234 Zu aktuellen Entwicklungen in diesem Bereich *Soltész*, EuZW 2014, 89.

235 Vgl EuGH, Rs. C-480/09 P (AceaElectrabel Produzione/Kommission), Slg 2010, I-13355 Rn 47-55; Rs. C-222/04 (Cassa di Risparmio di Firenze u.a.), Slg 2006, I-289 Rn 107-118, 125; *Bungenberg*, in: Birnstiel/Bungenberg/Heinrich (Hrsg.), Europäisches Beihilfenrecht, 2013, Kap. 1 Rn 33 f; *Koenig/Kühling/Ritter*, EG-Beihilfenrecht, 2. Aufl. 2005 Rn 168 f; *Heidenhain*, in: Heidenhain (Hrsg.), Hdb des Europäischen Beihilfenrechts, § 4 Rn 50.

236 Zum Beispiel Art. 2 Abs. 2 GVO-De-minimis 2013; Art. 2 Abs. 2 GVO-De-minimis-Landwirtschaft 2013; Ziff. 10 der Mitteilung über die Anwendung der Beihilfevorschriften der EU auf Ausgleichsleistungen für die Erbringung von Dienstleitungen von allgemeinem wirtschaftlichem Interesse. Nachweise oben Abschnitt 1 A.

237 Fundstelle o. Abschnitt 1, A.

238 Vgl auch *Mestmäcker/Schweitzer*, Europäisches Wettbewerbsrecht, § 42 Rn 14.

239 EuG, Rs. T-347/09 (Deutschland/Kommission), Slg 2013, II-00 602 Rn 27 mwN.

240 EuG, Rs. T-347/09 (Deutschland/Kommission), Slg 2013, II-00 Rn 29 mwN.

241 EuG, Rs. T-231/06 u.a. (Niederlande und NOS/Kommission), Slg 2010, II-5593 Rn 92 ff.

242 EuGH, Rs. C-172/03 (Heiser), Slg 2005, I-1627 Rn 41; Rs. C-501/00 (Spanien/Kommission), Slg 2004, I-6717 Rn 120-122; Rs. C-355/00 (Freskot), Slg 2003, I-5263 Rn 85; Rs. C-143/99 (Adria-Wien Pipeline u.a.), Slg 2001, I-8365 Rn 41; *Streinz*, Europarecht,8. Aufl. 2008 Rn 846; *Borchardt*, Die rechtlichen Grundlagen der Europäischen Union, 3. Aufl. 2006 Rn 881, 886; *Bartosch*, EU-Beihilfenrecht, Art. 87 Abs. 1 EGV Rn 83-110.

Rechtsakt vorgesehen werden.[243] Jedenfalls sind Maßnahmen, die alle Unternehmen unterschiedslos begünstigen, keine Beihilfen.[244] Die meisten regulativen Maßnahmen wirken sich jedoch nicht auf sämtliche Unternehmen und Produktionszweige aus oder nicht in identischer Weise. Die Bestimmtheit bzw Selektivität ergibt sich jedenfalls **nicht** bereits daraus, dass eine staatliche Stelle naturgemäß nur im Rahmen ihrer Zuständigkeit handeln kann. Wenn daher eine regionale Stelle alle bei ihr ansässigen Unternehmen in einer bestimmten Weise behandelt, ist dies nicht selektiv, auch wenn Unternehmen außerhalb der Reichweite der staatlichen Stelle anders behandelt werden.[245] Voraussetzung ist allerdings, dass die regionale staatliche Stelle bei der fraglichen Maßnahme institutionell, verfahrensmäßig und wirtschaftlich autonom handelt.[246] Abgesehen vom Bereich der territorialen Unterschiede, die sich aus einer begrenzten Zuständigkeit ergeben, wird die Bestimmtheit bzw Selektivität großzügig ausgelegt und bejaht,[247] mit der Folge, dass das Beihilfenrecht zum Tragen kommt, vorausgesetzt die übrigen Voraussetzungen sind erfüllt: Für die Selektivität kommt es nicht auf die Ziele oder Beweggründe einer Maßnahme, sondern lediglich auf ihre Wirkung an.[248] Jede Tatbestandsvoraussetzung, die einen Vorteil an bestimmte Bedingungen knüpft, ist ein Zeichen für eine selektive Maßnahme, auch wenn die Voraussetzung allgemein und objektiv formuliert und der Kreis der begünstigten Unternehmen weit ist.[249] Eine große Zahl der begünstigten Unternehmen, die Verschiedenartigkeit oder die Bedeutung der begünstigten Wirtschaftszweige schließt die Selektivität einer Maßnahme nicht aus.[250] Erst recht macht die Beschränkung einer Regelung auf einen oder mehrere Wirtschaftszweige eine Maßnahme selektiv.[251] Des Weiteren bildet ein Ermessen der begünstigenden Stelle einen Anhaltspunkt für die Selektivität und gegen die Allgemeinheit einer Maßnahme, weil sie die Möglichkeit für Unterschiede öffnet.[252]

77 Für die Bestimmtheit ist ferner die Abgrenzung von **allgemeinen wirtschaftspolitischen Maßnahmen** bedeutsam.[253] Diese zeichnen sich dadurch aus, dass die staatliche Maßnahme durch das „Wesen", die „Struktur", den „inneren Aufbau" oder die „allgemeinen Zwecke" des Systems gerechtfertigt ist.[254] Ist das der Fall, schließt das entweder die Selektivität oder den Beihilfencharakter trotz gegebener Selektivität aus.[255] Praktisch bedeutsam ist das vor allem bei der Minderung von Belastungen; vergleichbare Fragen sind aber auch bei der Regelung positiver Leistungen denkbar. So kann zum Beispiel die öffentliche Finanzierung von öffentlicher **Infrastruktur** als wirtschaftliche Tätigkeit im Sinne des Beihilfenbegriffs einzustufen sein (unten Rn 91).

243 EuGH, Rs. C-143/99 (Adria-Wien Pipeline u.a.), Slg 2001, I-8365 Rn 34; Rs. C-75/97 (Belgien/Kommission), Slg 1999, I-3671 Rn 26; Rs. C-200/97 (Ecotrade), Slg 1998, I-7907 Rn 40.

244 EuGH, Rs. C-143/99 (Adria-Wien Pipeline u.a.), Slg 2001, I-8365 Rn 35.

245 EuGH, Rs. C-351/98 (Spanien/Kommission), Slg 2002, I-8031 Rn 57; *Mestmäcker/Schweitzer*, Europäisches Wettbewerbsrecht, § 43 Rn 48 mit Hinweis auf aA der Kommission, wonach innerhalb eines gesamten Mitgliedstaats alle Unternehmen gleich behandelt werden müssen.

246 EuGH, Rs. C-88/93 (Portugal/Kommission), Slg 2006, I-7115 Rn 64 ff; Rs. C-428/06 u.a. (UGT-Rioja u.a.), Slg 2008, I-6747 Rn 48 ff. Einzelheiten dazu bei *Bartosch*, EU-Beihilfenrecht, Art. 87 Abs. 1 EGV Rn 86-93.

247 Kritisch *Heidenhain*, in: Heidenhain (Hrsg.), Hdb des Europäischen Beihilfenrechts, § 4 Rn 57.

248 EuGH, Rs. C-487/06 P (British Aggregates/Kommission), Slg 2008, I-10515 Rn 81-92; *Bartosch*, EU-Beihilfenrecht, Art. 87 Abs. 1 EGV Rn 85.

249 Zusammenfassend *Mestmäcker/Schweitzer*, Europäisches Wettbewerbsrecht, § 43 Rn 48 f mit zahlreichen Beispielen und Nachweisen aus der Rspr; ferner *Heidenhain*, in: *Heidenhain* (Hrsg.), Hdb des Europäischen Beihilfenrechts, § 4 Rn 52 f.

250 EuGH, Rs. C-75/97 (Belgien/Kommission), Slg 1999, I-3671 Rn 32.

251 EuGH, Rs. C-75/97 (Belgien/Kommission), Slg 1999, I-3671 Rn 31, 33.

252 EuGH, Rs. C-256/97 (DM Transport), Slg 1999, I-3913 Rn 27; EuG, Rs. T-152/99 (HAMSA), Slg 2002, II-3049 Rn 157; Rs. T-36/99 (Lenzing), Slg 2004, II-3597 Rn 129 mwN; *Heidenhain*, in: Heidenhain (Hrsg.), Hdb des Europäischen Beihilfenrechts, § 4 Rn 56.

253 Vgl auch *Koenig/Kühling/Ritter*, EG-Beihilfenrecht, 2. Aufl. 2005 Rn 173-175.

254 EuGH, Rs. C-351/98 (Spanien/Kommission), Slg 2002, I-8031 Rn 42 mwN; Rs. C-143/99 (Adria-Wien Pipeline u.a.), Slg 2001, I-8365 Rn 42 mwN; Rs. C-75/97 (Belgien/Kommission), Slg 1999, I-3671 Rn 33 mwN; Rs. 173/73 (Italien/Kommission), Slg 1974, 709 Rn 33.

255 Für Ersteres EuGH, Rs. C-143/99 (Adria-Wien Pipeline u.a.), Slg 2001, I-8365 Rn 42. Für Letzteres EuGH, Rs. C-75/97 (Belgien/Kommission), Slg 1999, I-3671 Rn 31 f.

Ein praktisch bedeutsames Anwendungsfeld für die Selektivität von Maßnahmen bietet das Steuerrecht.[256] Die Anforderungen an die Rechtfertigung einer Differenzierung durch Systemimmanenz (oben Rn 76) sind eher hoch, was sich daran zeigt, dass die Rechtsprechung sie meist ablehnt: So sind zum Beispiel Steuererleichterungen für die Erneuerung von Nutzfahrzeugen nicht systemimmanent, weil die Kosten für die Fahrzeugerneuerungen normalerweise das Budget des Unternehmens belasten.[257] Auch die Erhaltung von Arbeitsplätzen ist ein dem Steuersystem fremdes Kriterium.[258] Die Beurteilung der Systemimmanenz kann eine anspruchsvolle Aufgabe sein, weil sich der innere Aufbau eines Steuer- oder Sozialsystems oft schwer feststellen lässt.[259] Nach der Rechtsprechung des EuGH ist zur Beurteilung der Selektivität wie folgt vorzugehen: In einem ersten Schritt wird die in dem betreffenden Mitgliedstaat geltende allgemeine oder „normale" Steuerregelung ermittelt. In einem zweiten Schritt wird ermittelt, ob eine bestimmte Steuermaßnahme vom allgemeinen System insofern abweicht, als sie Unterscheidungen zwischen Wirtschaftsteilnehmern einführt, die sich im Hinblick auf das mit der Steuerregelung dieses Mitgliedstaats verfolgte Ziel in einer vergleichbaren tatsächlichen und rechtlichen Situation befinden.[260] Diese Beurteilungen setzen nicht nur die Kenntnis des relevanten Inhalts der Rechtsvorschriften voraus, sondern auch die Prüfung ihrer Tragweite, gestützt auf die Verwaltungs- und Rechtsprechungspraxis und auf Informationen über den Umfang des persönlichen Anwendungsbereichs dieser Vorschriften.[261] 78

Eine vergleichbare Abgrenzung nimmt die Rechtsprechung bei der Frage vor, ob ein ausreichender Zusammenhang zwischen den Vorteilen und der staatlichen Belastung besteht, ohne diese Überlegungen auf die Selektivität des Vorteils zu beziehen (oben Rn 69 f). Eine einheitliche Dogmatik wäre einfacher und sicher möglich, sie müsste nur beachten, dass die Selektivität einer Maßnahme ihren allgemeinen wirtschaftspolitischen Charakter oder ihre Einstufung als Rahmenbedingung nach der (insoweit allerdings uneinheitlichen) Rechtsprechung nicht notwendig ausschließt. 79

d) Zur Feststellung des Vorteils bei Austauschverhältnissen

aa) Vergleich zu Austauschverhältnissen zwischen Privaten bzw zum privaten Wirtschaftsteilnehmer

In Austauschbeziehungen tritt der Staat als Nachfrager oder Anbieter auf, was auch im Rahmen einer unternehmerischen Betätigung der Fall sein kann.[262] Solange entsprechende Austauschbeziehungen zwischen Privaten bestehen, lässt sich der Vorteil durch einen Vergleich ermitteln: Die zwischen Privaten üblichen Konditionen stellen dann die normalen Marktbedingungen dar.[263] Im Mittelpunkt der Prüfung der Begünstigung steht dementsprechend ein Vergleichstest zum privaten Wirtschaftsteilnehmer (zum Anwendungsbereich oben Rn 67 f). Zusammenfassend ist danach eine staatliche Maßnahme als Beihilfe einzustufen, wenn das betreffende Unternehmen eine wirtschaftliche Vergünstigung erhält, die es unter normalen Marktbedingungen nicht erhalten hätte. Hat sich hingegen der Staat unter den jeweils gegebenen Marktbedingungen so verhalten, wie es ein privates Unternehmen in vergleichbarer Lage getan hätte, scheidet das Vorliegen einer Beihilfe aus.[264] Kein marktübliches Geschäft liegt danach zum Beispiel vor, wenn der Staat eine Leistung über dem 80

---

256 Neuere Anwendungsbeispiele aus der Rechtsprechung EuGH, Rs. C-6/12 (P Oy), Slg 2013, I-00 Rn 19 ff; Rs. C-452/10 P (BNP Paribas u.a ./Kommission), Slg 2012, I-00 Rn 96 ff; Rs. C-106/09 P (Kommission u.a ./ Government of Gibraltar u.a.), Slg 2011, I-11113 Rn 70 ff; Rs. C-81/10 P (France Télékom/Kommission), Slg 2011, I-00 Rn 16 ff. Dazu zusammenfassend *Soltész*, EuZW 2014, 92; *ders.*, EuZW 2013, 137; *ders.*, EuZW 2012, 175.

257 EuGH, Rs. C-351/98 (Spanien/Kommission), Slg 2002, I-8031 Rn 43.

258 EuGH, Rs. C-6/12 (P Oy), Slg 2013, I-00 Rn 27.

259 Vgl. *Koenig/Paul*, in: Streinz (Hrsg.), EUV/EGV, Art. 87 EG Rn 78 ff.

260 EuGH, Rs. C-78/08 u.a. (Paint Graphos u.a.), Slg 2011, I-7611 Rn 49 mwN; Rs. C-6/12 (P Oy), Slg 2013, I-00 Rn 19.

261 EuGH, Rs. C-6/12 (P Oy), Slg 2013, I-00 Rn 20.

262 *Mestmäcker/Schweitzer*, Europäisches Wettbewerbsrecht, § 43 Rn 8.

263 *Koenig/Kühling/Ritter*, EG-Beihilfenrecht, 2. Aufl. 2005 Rn 72; *Mestmäcker/Schweitzer*, Europäisches Wettbewerbsrecht, § 43 Rn 8, 12.

264 *Soltész*, EuZW 2011, 541 mwN.

marktüblichen Niveau bezahlt[265] oder unter dem marktüblichen Niveau liefert,[266] was sich in der Regel durch ein entsprechendes Ausschreibungsverfahren ermitteln lässt (dazu am Beispiel des Verkaufs öffentlichen Eigentums unten Rn 87). An einem marktüblichen Geschäft fehlt es weiter, wenn kein tatsächlicher Bedarf an den erworbenen Leistungen besteht.[267]

81 Vergibt der Staat **Darlehen** an ein öffentliches oder privates Unternehmen, beurteilt sich das Vorliegen normaler Marktbedingungen danach, ob sich das Unternehmen die betreffenden Beträge auf den privaten Kapitalmärkten zu den gleichen Konditionen hätte beschaffen können.[268] Relevant ist dabei der Zinssatz ebenso wie die Sicherheiten des Kreditnehmers.[269] Ist der Zinssatz zu niedrig, ist die Differenz zwischen dem marktüblichen und dem tatsächlichen Zinssatz eine Beihilfe.[270] Fehlt es demgegenüber an Sicherheiten oder hätte aus sonstigen Gründen kein privater Kapitalgeber zu keinem Zinssatz Geld zugeführt, dürfte das gesamte Darlehen als Beihilfe einzustufen sein.[271] Nach vergleichbaren Kriterien beurteilen sich staatliche **Schuldenerlasse** oder Maßnahmen der **Umschuldung:** Hier kommt es darauf an, ob ein hypothetischer privater Gläubiger sich auf den Erlass oder die Umschuldung eingelassen hätte.[272] Auch sonstige Konstellationen **öffentlicher Forderungen** und ihrer Durchsetzung können einen Vergleich mit dem Verhalten eines (hypothetischen) privaten Gläubigers veranlassen.[273] Tritt der Staat als **Erwerber, Käufer** bzw **Abnehmer** auf, zum Beispiel beim Abschluss von Strombezugsverträgen, wird geprüft, wie ein (hypothetischer) marktwirtschaftlich handelnder Abnehmer die Vertragsbedingungen zu Menge, Preis, Vertragslaufzeit und/oder anderen Themen gestaltet hätte.[274]

82 Parallel dazu verläuft die Beurteilung, wenn der Staat **Garantien** in Form von Bürgschaften oder Haftungsverpflichtungen vergibt und der Kreditnehmer deswegen das Darlehen überhaupt oder einen niedrigeren Zinssatz erhält oder weniger Sicherheiten bieten muss (zur Stellung der Banken oben *Bischof/Jung*, § 20, Rn 53-55).[275] Ob eine Haftungsverpflichtung oder Bürgschaft den Beihilfetatbestand des Art. 107 Abs. 1 AEUV erfüllt und wie ggf ihre beihilfenrechtliche Zulässigkeit zu beurteilen ist, richtet sich nach der Mitteilung der Kommission über die Anwendung der Art. 87 und 88 EG-Vertrag auf staatliche Beihilfen in Form von Haftungsverpflichtungen und Bürgschaften.[276] Auch die sog. Anstaltslast und Gewährträgerhaftung für öffentlich-rechtliche Kreditinstitute in Deutschland zählt hierher (siehe oben *Bischof/Jung*, § 20, Rn 56).[277]

83 Bei staatlichen Investitionen in **öffentliche Unternehmen** und bei staatlichen Unternehmensbeteiligungen sowie bei deren Veräußerungen kommt es darauf an, ob ein privater Wirtschaftsteilnehmer, der sich in einer möglichst ähnlichen Lage befindet wie der Staat, unter normalen Marktbe-

265 ZB EuG, Rs. T-14/96 (BAI), Slg 1999, II-139 Rn 71.
266 ZB EuGH, Rs. 67/85 u.a. (Van der Kooy u.a.), Slg 1988, 219 Rn 28-30.
267 EuG, Rs. T-116/01 u.a. (P&O European Ferries u.a.), Slg 2003, II-2957 Rn 117.
268 EuGH, Rs. 40/85 (Belgien/Kommission), Slg 1986, 2321 Rn 13; EuG, Rs. T-16/96 (Cityflyer Express), Slg 1998, II-757 Rn 51 ff.
269 *Mestmäcker/Schweitzer*, Europäisches Wettbewerbsrecht, § 43 Rn 33.
270 EuG, Rs. T-16/96 (Cityflyer Express), Slg 1998, II-757 Rn 53; *Koenig/Kühling/Ritter*, EG-Beihilfenrecht, 2. Aufl. 2005 Rn 132.
271 *Koenig/Kühling/Ritter*, EG-Beihilfenrecht, 2. Aufl. 2005 Rn 133; *Mestmäcker/Schweitzer*, Europäisches Wettbewerbsrecht, § 43 Rn 34.
272 EuGH, Rs. C-342/96 (Spanien/Kommission), Slg 1999, I-2459 Rn 41, 46; Rs. C-256/97 (DM Transport), Slg 1999, I-3913 Rn 20-25; EuG, Rs. T-152/99 (HAMSA), Slg 2002, II-3049 Rn 167-170.
273 Anwendungsbeispiel EuG, Rs. T 1/08 (Buczek Automotive/Kommission), Slg 2011, II-2107 Ls 3, Rn 70, 82 ff; dazu *Soltész*, EuZW 2011, 174 f.
274 Anwendungsbeispiel EuG, T-T-80/06 u.a. (Budapesti Erömü/Kommission), Slg 212, II-00 Rn 56 ff; dazu *Soltész*, EuZW 2013, 136;.
275 Vgl EuG, Rs. T-204/97 u.a. (EPAC), Slg 2000, II-2267 Rn 68, 71. Details bei *Mestmäcker/Schweitzer*, Europäisches Wettbewerbsrecht, § 43 Rn 40 f.
276 Fundstelle o. Abschnitt 1, A.
277 Dazu *Mestmäcker/Schweitzer*, Europäisches Wettbewerbsrecht, § 43 Rn 42.

dingungen dieselbe Maßnahme getroffen hätte,[278] was vom Mitgliedstaat im Einzelnen zu belegen ist.[279] Auch hier kommt es auf den hypothetischen privaten Dritten an. Es handelt sich um ein wichtiges Anwendungsfeld des „private investor"-Tests (dazu bereits oben Rn 52 f, 67 f).[280] Entscheidend ist die Ausrichtung auf die Rentabilität, also darauf, ob innerhalb einer angemessenen Frist gemessen an dem Risiko der Investition und unter Zugrundelegung der Erwartungen eines vergleichbaren Privatinvestors die Dividenden oder der Kapitalzuwachs die Investition übersteigen.[281] Dabei kann die Durchschnittsrendite in dem fraglichen Sektor ein Kriterium sein.[282] Ausgeklammert bleiben Erwägungen des Staates volkswirtschaftlicher, sozialer oder regionalwirtschaftlicher Art, zB die Sicherung von Arbeitsplätzen oder die Vermeidung einer Wirtschaftskrise.[283] Ferner bildet der (im Rahmen eines entsprechenden Bieterverfahrens ermittelte) Marktpreis den höchsten Preis, den ein privater Investor unter normalen Wettbewerbsbedingungen für eine Gesellschaft in der Situation, in der sie sich befindet, zu zahlen bereit ist.[284] Des Weiteren wird sich ein marktwirtschaftlich handelnder Verkäufer grundsätzlich für das höchste Kaufangebot (im Rahmen eines Bieterverfahrens) entscheiden, wenn es verpflichtend und verlässlich ist.[285]

Der Vergleichstest mit dem privaten Wirtschaftsteilnehmer gilt auch für die aus einem öffentlichen 84
Unternehmensteil fließende Unterstützung in einen anderen Unternehmensteil, die sog. **Quersubventionierung**, die grundsätzlich ein übliches unternehmerisches Verhalten ist.[286] Sonderprobleme treten aber auf, wenn ein mit besonderen Rechten ausgestattetes öffentliches Unternehmen die Gewinne oder sonstige Vorteile aus dem vor Wettbewerbern geschützten Bereich zur Unterstützung der wirtschaftlichen Tätigkeit in einem Bereich verwendet, in dem Wettbewerb herrscht.[287] Die hypothetische Vergleichsgröße für das marktübliche Verhalten kann hier nicht ein Unternehmen ohne die fragliche Monopolstellung sein, wenn die Unterstützung untrennbar mit einem Netz zusammenhängt, welches auf Grund einer Betrauung mit Dienstleistungen von allgemeinem wirtschaftlichem Interesse errichtet worden ist und auf dem Markt keine Entsprechung findet. Stattdessen können hier etwa Aufwendungen für die Unterstützung relevante Faktoren sein.[288]

bb) Fehlen eines Marktvergleichs

Fehlt es an transparenten Marktpreisen oder sind aus sonstigen Gründen zwischen den Privaten 85
übliche Konditionen nicht ermittelbar, müssen Leistung und Gegenleistung verglichen werden, ohne dass sich anderen Geschäften Anhaltspunkte entnehmen lassen. Dies kann im öffentlichen Auftrags- und Beschaffungswesen, beim Verkauf von Grundstücken oder anderen Gegenständen oder bei der Strom- und Wasserversorgung auftreten.[289] Leistung und Gegenleistung dürfen auch in diesen Fällen grundsätzlich nur nach Kriterien bemessen werden, die auch für den privaten Investor bedeutsam sind. Öffentliche Interessen des Staates zählen nicht dazu. Das gilt etwa für die dem Staat bei der Schließung eines öffentlichen Unternehmens entstehenden Kosten der Arbeitslo-

278 EuGH, Rs. C-214/12 P u.a. (Land Burgenland u.a ./Kommission), Slg 2013, I-00 Rn 52; Rs. C-124/10 P (Kommission/EDF), Slg 2012, I-00 Rn 79 mwN. Dazu und zu weiterer Rechtsprechung in diesem Zusammenahng *Soltész,* EuZW 2013, 134-136; *ders.,* EuZW 2014, 90.

279 Einzelheiten EuGH, Rs. C-214/12 P u.a. (Land Burgenland u.a ./Kommission), Slg 2013, I-00 Rn 57-60; Rs. C-124/10 P (Kommission/EDF), Slg 2012, I-00 Rn 82-86. Kritisch insoweit *Soltész,* EuZW 2014, 90.

280 *Koenig/Kühling/Ritter*, EG-Beihilfenrecht, 2. Aufl. 2005 Rn 74; *Mestmäcker/Schweitzer*, Europäisches Wettbewerbsrecht, § 43 Rn 27.

281 Vgl EuG, Rs. T-296/97 (Alitalia), Slg 2000, II-3871 Rn 97; *Mestmäcker/Schweitzer*, Europäisches Wettbewerbsrecht, § 43 Rn 29.

282 EuG, Rs. T-228/99 (Westdeutsche Landesbank u.a.), Slg 2003, II-435 Rn 247-255.

283 *Soltész,* EuZW 2013, 134 f mwN.

284 EuGH, Rs. C-214/12 P u.a. (Land Burgenland u.a ./Kommission), Slg 2013, I-00 36 Rn 92 f, 117 mwN.

285 EuGH, Rs. C-214/12 P u.a. (Land Burgenland u.a ./Kommission), Slg 2013, I-00 Rn 99, 114.

286 *Mestmäcker/Schweitzer*, Europäisches Wettbewerbsrecht, § 43 Rn 35.

287 Vgl EuGH, Rs. C-83/01 (Chronopost u.a ./Ufex u.a.), Slg 2003, I-6993 Rn 31-42; Rs. C-39/94 (SFEI u.a.), Slg 1996, I-3547 Rn 54-62; EuG, Rs. T-95/94 (Sytraval u.a.), Slg 1995, II-2651 Rn 72; Rs. T-613/97 (Ufex u.a ./ Kommission), Slg 2000, II-4055 Rn 68; *Mestmäcker/Schweitzer*, Europäisches Wettbewerbsrecht, § 43 Rn 35.

288 Mit Nachweisen *Mestmäcker/Schweitzer*, Europäisches Wettbewerbsrecht, § 43 Rn 38 inkl. Fn 88.

289 *Mestmäcker/Schweitzer*, Europäisches Wettbewerbsrecht, § 43 Rn 15.

sigkeit oder für Beihilfen, mit denen die industrielle Struktur wiederhergestellt werden soll.[290] Sanierungs- und Umstrukturierungsmaßnahmen in einem öffentlichen Unternehmen müssen daher durch den Kaufpreis abgegolten werden, auch wenn es dem öffentlichen Unternehmen darum geht, durch die Sanierung und den Verkauf die vergleichsweise höheren sozialen und industriepolitischen Lasten im Falle einer Schließung des Unternehmens zu vermeiden.[291] Eine Ausnahme gilt, wenn Dienstleistungen von allgemeinem wirtschaftlichem Interesse erbracht werden (dazu unten Rn 89). Für öffentliche Unternehmen in der verarbeitenden Industrie besteht eine gesonderte Mitteilung.[292]

86 Bei **öffentlichen Aufträgen** ist die Gegenleistung des Unternehmens grundsätzlich marktüblich, wenn die staatliche Auswahl in einem Verfahren erfolgt ist, das den vergaberechtlichen Anforderungen der Union in vollem Umfang Rechnung trägt.[293] Etwas anderes gilt möglicherweise, wenn in dem Vergabeverfahren über die marktüblichen Kriterien hinaus andere Kriterien, wie sozial- oder beschäftigungspolitische Belange, eine Rolle spielen, weil dies keine marktüblichen, für den privaten Marktteilnehmer relevanten Belange sind.[294] Generell ist bislang, auch außerhalb der öffentlichen Aufträge, nicht umfassend geklärt, welche Gegenleistungen berücksichtigungsfähig sind und welche nicht.[295] Unklar ist zudem, ob die Auswahl des Anbieters oder Nachfragers zu im Übrigen marktüblichen Konditionen ein Vorteil ist, wenn und weil andere Anbieter oder Nachfrager zu denselben Konditionen die Austauschbeziehung eingehen könnten. Fest steht nur, dass die Rechtsprechung die Wahl des Vertragspartners ohne die Durchführung eines Vergabeverfahrens akzeptiert.[296]

87 Außerhalb eines Vergabeverfahrens kann ein objektives Wertgutachten eines unabhängigen Sachverständigen für den Vergleich von Leistung und Gegenleistung herangezogen werden.[297] Des Weiteren können die Kosten für die Erbringung bestimmter Leistungen detailliert nachgewiesen werden.[298] Im Zusammenhang mit dem Verkauf einer Pipeline durch die Bundesrepublik Deutschland hat der Bundesgerichtshof (BGH) herausgestellt: Wird bei der Veräußerung eines nur einmal vorhandenen Gegenstandes (Unikats) durch die öffentliche Hand auf ein bedingungsfreies Bieterverfahren verzichtet, kann nicht davon ausgegangen werden, dass ein für das Kaufobjekt tatsächlich gebotener Preis beihilfefrei ist; vielmehr muss dann eine objektive Wertermittlung durch unabhängige Sachverständige erfolgen.[299] Der BGH stützt sich dabei auf die beihilferechtliche Mitteilung der Kommission über Verkäufe der öffentlichen Hand:[300] Gemäß Ziff II 1 dieser Mitteilung ist ein Verkauf grundsätzlich als ein beihilfefreies Geschäft anzusehen, wenn der Verkauf nach einem hinreichend publizierten, allgemeinen und bedingungsfreien Bieterverfahren an den meistbietenden oder einzigen Bieter erfolgt. Wenn kein bedingungsfreies Bieterverfahren durchgeführt wird, soll gemäß Ziff. II 2 Buchst. a) vor den Verkaufsverhandlungen eine Bewertung durch unabhängige Sachverständige erfolgen. Gemäß Ziff. II 2 Buchst. b) ist für den Fall der Unverkäuflichkeit eine Abweichung von dem so festgestellten Marktpreis von 5% als noch marktkonform einzustufen.

88 Die staatliche Vergabe von **Vorrechten** bzw **Konzessionen** mit einem wirtschaftlichen Wert, zum Beispiel die UMTS-Lizenzen, ist nicht als Beihilfe einzustufen, wenn für die Vergabe unionsrechtli-

290 EuGH, Rs. C-278/92 u.a. (Spanien/Kommission), Slg 1994, I-4103 Rn 22.

291 *Mestmäcker/Schweitzer*, Europäisches Wettbewerbsrecht, § 43 Rn 18.

292 Mitteilung der Kommission über die Anwendung der Artikel 92 und 93 EG-Vertrag und des Artikel 5 der RL 80/723/EWG auf öffentliche Unternehmen in der verarbeitenden Industrie (Fundstelle o. Abschnitt 1, A).

293 Näher *Koenig/Kühling/Ritter*, EG-Beihilfenrecht, 2. Aufl. 2005 Rn 73, 91-106, 148-150; Mestmäcker/Schweitzer, Europäisches Wettbewerbsrecht, § 43 Rn 15.

294 *Mestmäcker/Schweitzer*, Europäisches Wettbewerbsrecht, § 43 Rn 19; *Koenig/Kühling/Ritter*, EG-Beihilfenrecht Rn 149.

295 *Koenig/Kühling/Ritter,* EG-Beihilfenrecht, 2. Aufl. 2005 Rn 77-79.

296 Vgl EuGH, Rs. C-280/00 (Altmark Trans), Slg 2003, I-7747 Rn 93.

297 *Koenig/Kühling/Ritter*, EG-Beihilfenrecht, 2. Aufl. 2005 Rn 73; *Mestmäcker/Schweitzer*, Europäisches Wettbewerbsrecht, § 43 Rn 16.

298 *Mestmäcker/Schweitzer*, Europäisches Wettbewerbsrecht, § 43 Rn 16 mwN in Fn 39.

299 BGH, Urt. v. 5. Dezember 2012, Az I ZR 92/11 (CEPS-Pipeline), BGHZ 196, 254 Rn 25 f.

300 Mitteilung der Kommission betreffend Elemente staatlicher Beihilfen bei Verkäufen von Bauten oder grundstücken durch die öffentliche Hand, Fundstelle o. Abschnitt 1, A.

che Vorgaben bestehen und diese eingehalten werden, unabhängig vom Verhältnis zwischen Leistung und Gegenleistung.[301] Unklar ist die Rechtslage beim Fehlen unionsrechtlicher Vorgaben.[302]

Bei einem Ausgleich für Dienstleistungen, mit denen ein Unternehmen **sog. gemeinwirtschaftliche** Verpflichtungen erfüllt, also Leistungen im öffentlichen Interesse iSv Art. 106 Abs. 2 AEUV erbringt, hat der EuGH vier Voraussetzungen für die Bestimmung des Vorteils aufgestellt, sog. Altmark-Kriterien:[303] **Kein** Vorteil liegt danach vor, wenn (1) das begünstigte Unternehmen tatsächlich mit der Erfüllung gemeinwirtschaftlicher Verpflichtungen betraut ist und diese Verpflichtungen klar definiert sind,[304] (2) die Parameter, anhand derer der Ausgleich berechnet wird, zuvor objektiv und transparent aufgestellt sind,[305] (3) der Ausgleich der Höhe nach die Kosten der Erfüllung der gemeinwirtschaftlichen Verpflichtung unter Berücksichtigung der erzielten Einnahmen und eines angemessenen Gewinns ganz oder teilweise deckt,[306] und schließlich (4) die Wahl des Unternehmens, das die gemeinwirtschaftliche Verpflichtung erfüllt, im Rahmen eines Verfahrens zur Vergabe öffentlicher Aufträge erfolgt, oder alternativ, wenn dies nicht der Fall ist, die Höhe des erforderlichen Ausgleichs auf der Grundlage einer Analyse der Kosten bestimmt wird, die ein durchschnittliches, gut geführtes und angemessen ausgestattetes Unternehmen bei der Erfüllung der betreffenden Verpflichtungen hätte. Auch hier sind die erzielten Einnahmen und ein angemessener Gewinn zu berücksichtigen.[307] 89

Bei der Überprüfung, ob die vier Voraussetzungen vorliegen, muss ein mitgliedstaatliches Gericht alle nach dem nationalen Recht zur Verfügung stehenden Verfahrensmaßnahmen und erforderlichen Beweiserhebungen ausschöpfen.[308] Auch die Anforderungen des EuGH an die Sachverhaltsermittlung und den Prüfungsumfang der Kommission bei der Beurteilung der vier Voraussetzungen sind hoch.[309] Zur gerichtlichen Überprüfbarkeit, etwaigen Spielräumen der Kommission und ihren Grenzen oben Rn 52 f. 90

Die Bereitstellung, Finanzierung oder (sonstige) Förderung von öffentlicher **Infrastruktur** kann als wirtschaftliche Tätigkeit im Sinne des Beihilfenbegriffs und nicht als verkehrs-, wirtschafts- und regionalpolitische Maßnahme einzustufen sein, wie der EuGH anlässlich der Förderung von Regionalflughäfen herausgestellt hat.[310] Das kann dazu führen, dass die öffentliche Finanzierung einer Vielzahl von öffentlichen Infrastruktureinrichtungen dem Beihilfenrecht unterfällt.[311] In der Literatur wird (oder wurde) mit dem Vorliegen der Beihilfenmerkmale tendenziell zurückhaltender umgegangen. Danach soll es an der Selektivität der Maßnahme fehlen und eine Beihilfe grundsätzlich ausscheiden, wenn die Infrastruktureinrichtung allen gleichermaßen zugänglich und nicht auf die Bedürfnisse bestimmter Unternehmen zugeschnitten ist. Stellt demgegenüber die Infrastrukturmaßnahme eine Leistung an bestimmte Unternehmen dar, soll(te) die Einstufung als Beihilfe davon abhängen, ob und welche Gegenleistung die begünstigten Unternehmen erbringen. Ob und ggf. 91

301 EuG, Rs. T-475/04 (Bouygues), Slg 2007, II-2097 Rn 106 ff. *Bartosch*, EU-Beihilfenrecht, Art. 87 Abs. 1 EGV Rn 78 f.

302 Dazu *Bartosch*, EU-Beihilfenrecht, Art. 87 Abs. 1 EGV Rn 80.

303 Einzelheiten zur Rechtsprechung des EuGH und des EuG bei *Bartosch*, EU-Beihilfenrecht, Art. 87 Abs. 1 EGV Rn 59-72.

304 EuGH, Rs. C-280/00 (Altmark Trans), Slg 2003, I-7747 Rn 89; Rs. C-140/09 (Fallimento Traghetti del Mediterraneo), Slg 2010, I-52343 Rn 37; Rs. C-197/11 u.a. (Libert u.a.), Slg 2013, I-00 Rn 87.

305 EuGH, Rs. C-280/00 (Altmark Trans), Slg 2003, I-7747 Rn 90;; Rs. C-140/09 (Fallimento Traghetti del Mediterraneo), Slg 2010, I-52343 Rn 38; Rs. C-197/11 u.a. (Libert u.a.), Slg 2013, I-00 Rn 89. Wird der Ausgleich ohne zuvor festgelegte Parameter gewährt, nachdem sich herausgestellt hat, dass die Dienstleistung nicht wirtschaftlich durchführbar ist, liegt ein Vorteil vor, vgl EuGH, Rs. C-280/00 (Altmark Trans), Slg 2003, I-7747 Rn 91.

306 EuGH, Rs. C-280/00 (Altmark Trans), Slg 2003, I-7747 Rn 92; Rs. C-140/09 (Fallimento Traghetti del Mediterraneo), Slg 2010, I-52343 Rn 39; Rs. C-197/11 u.a. (Libert u.a.), Slg 2013, I-00 Rn 91.

307 EuGH, Rs. C-280/00 (Altmark Trans), Slg 2003, I-7747 Rn 93; Rs. C-140/09 (Fallimento Traghetti del Mediterraneo), Slg 2010, I-52343 Rn 40; Rs. C-197/11 u.a. (Libert u.a.), Slg 2013, I-00 Rn 92.

308 EuGH, Rs. C-536/04 (Laboratoires Boiron), Slg 2006, I-7529 Rn 67; *Bartosch*, EU-Beihilfenrecht, Rn 70.

309 Vgl EuGH, Rs. C-399/08 P (Kommission/Deutsche Post), Slg 2010, I-7831 Rn 42 ff, 53 ff. Dazu *Soltész*, EuZW 2011, 543.

310 EuGH, Rs. C-288/11 P (Mitteldeutsche Flughafen u.a ./Kommission), Slg 2012, I-00 Rn 35 ff.

311 *Soltész*, EuZW 2012, 134.

inwieweit diese Differenzierung nach der Zugänglichkeit der Infrastruktur angesichts der vorgenannten Rechtsprechungsentwicklung trägt, bleibt abzuwarten.

e) Zur Feststellung des Vorteils bei der Minderung von Belastungen

92 Bei der Minderung oder dem Ausschluss von Belastungen kommt es darauf an, welche Belastung ein Unternehmen **normalerweise** tragen muss (oben Rn 66). Dies kann man bei Einzelmaßnahmen durch einen Vergleich mit der Belastung vergleichbarer Unternehmen feststellen. Die Bestimmung des Normalfalls ist aber meist aufwändiger, wenn in Regelungen eine differenzierte Rechtslage für verschiedene Tätigkeiten und Unternehmensarten vorgesehen wird. Denn nicht jede differenzierte Behandlung mit der daraus resultierenden unterschiedlichen Belastung lässt den Schluss auf einen Vorteil zu. Dies ergibt sich daraus, dass die Rechtsprechung Differenzierungen bei den Belastungen beihilferechtlich akzeptiert, wenn die Differenzierung aus dem Wesen oder dem Ziel der fraglichen Regelung folgt. Entscheidend ist insoweit die Systemimmanenz, wobei streitig ist, ob dieser Aspekt für das Vorliegen einer Begünstigung oder ihrer Selektivität bedeutsam ist.[312] In der Sache geht es dann um die Abgrenzung, ob es sich um eine allgemeine wirtschaftspolitische Maßnahme handelt (zu dieser Abgrenzung oben Rn 69 f, 77).[313] Die Fälle der unterschiedlichen Belastungen bilden das Hauptanwendungsfeld für diese Abgrenzung.

4. Beeinträchtigung des Handels zwischen Mitgliedstaaten

93 Das dritte Merkmal für das Vorliegen einer Beihilfe iSv Art. 107 Abs. 1 AEUV ist die Beeinträchtigung des Handels zwischen Mitgliedstaaten.[314] Der Handel wird beeinträchtigt oder kann beeinträchtigt werden, wenn eine Maßnahme geeignet ist, das grenzüberschreitende Angebot von Waren und Dienstleistungen zu beeinflussen.[315] Die Handelsbeeinträchtigung ist mit dem Merkmal der Wettbewerbsverfälschung eng verbunden.[316] Dennoch handelt es sich um zwei eigenständige Tatbestandsmerkmale, da die Rechtsprechung sie grundsätzlich getrennt und noch nicht einmal hintereinander aufführt (oben Rn 47). Dass sie gewisse Aussagen gelegentlich für die Merkmale gemeinsam trifft, zum Beispiel dass sie beide bei geringen Beihilfen und geringen Unternehmensgrößen nicht ohne weiteres ausscheiden (unten Rn 95, 97),[317] ändert daran nichts. Bezugspunkt der Handelsbeeinträchtigung ist also der Fluss von Waren oder Dienstleistungen zwischen den Mitgliedstaaten, während es bei der Wettbewerbsverfälschung primär um die Stellung der Wettbewerber geht (unten Rn 96). Erforderlich ist nicht der Nachweis einer tatsächlich eingetretenen Auswirkung auf den Handel zwischen den Mitgliedstaaten, sondern nur die Prüfung, ob die Beihilfe *geeignet* ist, den Handel zu beeinträchtigen (ebenso beim Merkmal der Wettbewerbsverzerrung, dazu unten Rn 96).[318]

94 Der Handel kann auf verschiedene Weise beeinträchtigt werden. Eine Möglichkeit ist die Stärkung der Stellung eines Unternehmens gegenüber konkurrierenden Unternehmen, die ebenfalls grenzüberschreitend tätig sind.[319] Das Fehlen einer grenzüberschreitenden Tätigkeit des begünstigten Unternehmens schließt eine Handelsbeeinträchtigung aber nicht aus,[320] wenn das inländische

---

312 *Bartosch*, EU-Beihilfenrecht, Art. 87 Abs. 1 EGV Rn 74.

313 Ferner *Mestmäcker/Schweitzer*, Europäisches Wettbewerbsrecht, § 43 Rn 53-56.

314 In der Lit. wird dies gelegentlich nicht als materielles Tatbestandsmerkmal, sondern als Kriterium für die Eröffnung der (Verbands-) Zuständigkeit der Union vor der Prüfung des Beihilfentatbestands behandelt; *Mestmäcker/Schweitzer*, Europäisches Wettbewerbsrecht, § 42 Rn 9.

315 Ebd. Rn 10.

316 *Borchardt*, Die rechtlichen Grundlagen der Europäischen Union, 3. Aufl. 2006 Rn 889.

317 EuGH, Rs. C-278/00 (Griechenland/Kommission), Slg 2004, I-3997 Rn 69; EuG, Rs. T-171/02 (Regione autonoma della Sardegna), Slg 2005, II-2123 Rn 86; *Koenig/Kühling/Ritter*, EG-Beihilfenrecht, 2. Aufl. 2005 Rn 185, Fn 385.

318 EuGH, Rs. C-197/11 u.a. (Libert u.a.), Slg 2013, I-00 Rn 76.

319 EuGH, Rs. 730/79 (*Philip Morris*), Slg 1980, 2671 Rn 11; Rs. C-156/98 (Deutschland/Kommission), Slg 2000, I-6857 Rn 33; Rs. C-310/99 (Italien/Kommission), Slg 2002, I-2289 Rn 84.

320 EuGH, Rs. 102/87 (Frankreich/Kommission), Slg 1988, 4067 Rn 19; Rs. C-303/88 (Italien/Kommission), Slg 1991, I-1433 Rn 27.

Angebot zu Lasten der Tätigkeitschancen der Wettbewerber aus anderen Mitgliedstaaten gefördert wird.[321] Wenn nämlich ein Mitgliedstaat einem Unternehmen, das selbst nicht am innergemeinschaftlichen Handel teilnimmt, eine Beihilfe gewährt, kann die inländische Tätigkeit dadurch beibehalten oder verstärkt werden, so dass sich die Chancen der in anderen Mitgliedstaaten niedergelassenen Unternehmen verringern, in den Markt dieses Mitgliedstaats einzudringen; zudem kann die Stärkung eines Unternehmens, das bis dahin nicht am innergemeinschaftlichen Handel teilgenommen hat, dieses in die Lage versetzen, in den Markt eines anderen Mitgliedstaats einzudringen.[322] Schließlich werden auch mitgliedstaatliche Beihilfen für Ausfuhren in Drittstaaten erfasst, wenn dadurch Auswirkungen auf den Handel innerhalb der Union zu erwarten sind.[323] Der EuGH verlangt allerdings, dass sich Ausfuhrbeilhilfen konkret auf die Wettbewerbssituation des Begünstigten im Binnenmarkt auswirken, was zu entsprechenden Begründungspflichten der Kommission führt.[324]

In allen Varianten muss ein Handel zwischen den Mitgliedstaaten stattfinden oder zukünftig stattfinden können. Geschützt ist nicht nur der aktuelle, sondern auch der potenzielle Handelsverkehr, also die Chance des Marktzutritts.[325] Andererseits darf die Möglichkeit des Handelsverkehrs nicht nur hypothetischer Natur sein.[326] Eine reale Möglichkeit ist jedenfalls dann zu bejahen, wenn irgendwo in einem Mitgliedstaat der entsprechende Markt auch grenzüberschreitend bedient wird, wie das etwa im Bereich des (öffentlichen) Personennahverkehrs der Fall ist (s. aber oben Rn 89).[327] Der Vertrieb von Waren erfolgt dabei in größerem Umfang grenzüberschreitend als dies bei Erbringung von Dienstleistungen der Fall ist. Letztere sind traditionell standortgebundener, doch nimmt die örtliche Bindung ab.[328] Weder der verhältnismäßig geringe Umfang einer Beihilfe noch die verhältnismäßig geringe Größe des begünstigten Unternehmens schließt von vornherein die Möglichkeit einer Beeinträchtigung des Handels zwischen Mitgliedstaaten aus, erst recht dann, wenn in dem fraglichen Bereich lebhafter Wettbewerb herrscht.[329] Ist sekundärrechtlich keine Unerheblichkeitsschwelle vorgesehen, etwa in einer Gruppenfreistellungsverordnung, wird daher regelmäßig der Handel zwischen Mitgliedstaaten beeinträchtigt.[330] Andererseits ist nicht ausgeschlossen, dass dies in einigen Wirtschaftssektoren anders sein kann.[331] Der Gerichtshof zieht insoweit auch die De-minimis-Schwelle von 200.000 EUR in einem Zeitraum von drei Jahren (dazu näher unten Rn 98) für die Beurteilung der Möglichkeit einer Handelsbeeinträchtigung heran.[332] 95

5. Wettbewerbsverfälschung

Als vierte und letzte Voraussetzung des Beihilfetatbestands muss die fragliche Maßnahme den Wettbewerb verfälschen oder zu verfälschen drohen. Zur Abgrenzung von der Handelsbeeinträchtigung oben Rn 93. Der Wettbewerb wird verfälscht, wenn die Chancengleichheit von Unterneh- 96

321 *Mestmäcker/Schweitzer*, Europäisches Wettbewerbsrecht, § 42 Rn 10.
322 EuGH, Rs. C-197/11 u.a. (Libert u.a.), Slg 2013, I-00 Rn 77 f.
323 EuGH, Rs. 142/87 (Belgien/Kommission), Slg 1990, I-959 Rn 32; Rs. C-44/93 (Namur – Les Assurances du Crédit), Slg 1994, I-3829 Rn 30. Zum Verhältnis zwischen Art. 87 bis 89 EGV und Art. 132 EGV o. Rn 8.
324 EuGH, Rs. C-494/06 P (Kommission/Italien), Slg 2009, I-3639 Rn 48 ff; *Bartosch*, EU-Beihilfenrecht, Art. 87 Abs. 1 EGV Rn 137.
325 Vgl EuGH, Rs. C-280/00 (Altmark Trans), Slg 2003, I-7747 Rn 78; *Mestmäcker/Schweitzer*, Europäisches Wettbewerbsrecht, § 42 Rn 10.
326 EuGH, Rs. C-280/00 (Altmark Trans), Slg 2003, I-7747 Rn 79.
327 EuGH, Rs. C-280/00 (Altmark Trans), Slg 2003, I-7747 Rn 79.
328 Vgl BVerfG, Urt. 20.4.2004, Az 1 BvR 1748/99, E 110, 274, 300 f.
329 EuGH, Rs. C-71/04 (Administración del Estado), Slg 2005, I-7419 Rn 41 f; Rs. C-298/00 P (Italien/Kommission), Slg 2004, I-4087 Rn 54; Rs. C-280/00 (Altmark Trans), Slg 2003, I-7747 Rn 81; Rs. C-278/92 u.a. (Spanien/Kommission), Slg 1994, I-4103 Rn 42; Rs. 142/87 (Belgien/Kommission), Slg 1990, I-959 Rn 43. Mit Kritik *Koenig/Kühling/Ritter*, EG-Beihilfenrecht, 2. Aufl. 2005 Rn 185.
330 Im Ergebnis EuGH, Rs. C-409/00 (Spanien/Kommission), Slg 2003, I-1487 Rn 76.
331 EuGH, Rs. C-351/98 (Spanien/Kommission), Slg 2002, I-8031 Rn 51.
332 Vgl EuGH, Rs. C-197/11 u.a. (Libert u.a.), Slg 2013, I-00 Rn 81.

men beeinträchtigt wird,[333] indem die Stellung des Begünstigten gegenüber (aktuellen oder potenziellen) Wettbewerbern gestärkt wird.[334] Eine solche Stärkung äußert sich etwa darin, dass der Begünstigte seine Preise senken kann.[335] Erforderlich ist nicht der Nachweis einer tatsächlichen Wettbewerbsverzerrung, sondern nur die Prüfung, ob die Beihilfe *geeignet* ist, den Wettbewerb zu verfälschen (ebenso beim Merkmal der Handelsbeeinträchtigung, dazu oben Rn 93).[336] Wenn Art. 107 Abs. 1 AEUV auf die Wettbewerbsposition abhebt, bedeutet dies keine unionsweit unterschiedslose Chancengleichheit. Geographische, wirtschaftliche und rechtliche Unterschiede sind vielmehr Bestandteil der vom AEUV vorausgesetzten Wettbewerbsbedingungen.[337] Daher ist allein ein Vergleich der Situation mit und ohne die fragliche Maßnahme entscheidend.[338] Aspekte einer idealtypischen Chancengleichheit im Sinne einer identischen Ausgangslage spielen hingegen keine Rolle.

97 Eine besondere Spürbarkeit oder Erheblichkeit ist regelmäßig nicht erforderlich.[339] Wie bei dem Merkmal der Handelsbeeinträchtigung scheidet eine Verfälschung des Wettbewerbs weder bei verhältnismäßig geringen Beihilfen noch bei verhältnismäßig geringen Unternehmensgrößen aus, erst recht nicht, wenn in dem fraglichen Bereich ein lebhafter Wettbewerb herrscht.[340] Man wird daher auch hier davon auszugehen haben, dass es keine Schwellen oder Grenzen gibt, es sei denn, das Sekundärrecht sieht solche vor (oben Rn 95). Im Falle einer neuen Beihilfe reicht für die Verfälschung des Wettbewerbs eine Prognose.[341] Relevante Kriterien wie die tatsächliche Situation in den betreffenden Sektoren, der Marktanteil des Beihilfebegünstigten und die Stellung der konkurrierenden Unternehmen braucht die Kommission nicht vertieft zu analysieren, wenn bereits eine typisierte Darlegung der Struktur der Wettbewerbs- und Handelsbeziehungen die möglichen Folgen erkennen lässt.[342] Betriebsbeihilfen, das heißt die Entlastung eines Unternehmens von üblichen Kosten, verfälschen grundsätzlich den Wettbewerb (näher unten Rn 113).[343]

6. Ausnahme der De-minimis-Beihilfen

98 Beihilfen bis zu einem bestimmten Höchstbetrag, die einem einzigen Unternehmen über einen bestimmten Zeitraum gewährt werden, werden von der Kommission als Maßnahmen eingestuft, die nicht alle Tatbestandsmerkmale des Art. 107 Abs. 1 AEUV erfüllen und daher nicht dem Anmeldeverfahren gem. Art. 108 Abs. 3 AEUV unterliegen, sog. *De-minimis-Beihilfen*. Geregelt ist dies in der sog. De-minimis-Verordnung (GVO-De-minimis) aus dem Jahr 2013, die die Vorgängerfassung aus dem Jahr 2006 (gemäß Art. 7 Abs. 3 GVO-De-minimis mit Wirkung vom 1. Juli 2014) abgelöst hat.[344] Genauer trifft dies auf Beihilfen zu, die eine Gesamtsumme von 200.000 EUR in einem Zeitraum von drei Jahren nicht überschreiten, bzw eine Gesamtsumme von 100.000 EUR für Unternehmen im Straßentransportsektor, wie die Kommission in Art. 3 Abs. 1, 2

333 EuG, Rs. T-204/97 u.a. (EPAC), Slg 2000, II-2267 Rn 87.

334 EuG, Rs. T-228/99 u.a. (Westdeutsche Landesbank u.a.), Slg 2003, II-435 Rn 301.

335 EuGH, Rs. 67/85 u.a. (Van der Kooy u.a.), Slg 1988, 219 Rn 58, 74. Weitere Bsp. bei *Mestmäcker/Schweitzer*, Europäisches Wettbewerbsrecht, § 43 Rn 80.

336 EuGH, Rs. C-197/11 u.a. (Libert u.a.), Slg 2013, I-00 Rn 76.

337 *Mestmäcker/Schweitzer*, Europäisches Wettbewerbsrecht, § 43 Rn 81.

338 EuGH, Rs. 173/73 (Italien/Kommission), Slg 1974, 709 Rn 36, 40.

339 EuG, Rs. T-92/00 u.a. (Diputación Foral de Álava u.a.), Slg 2002, II-1385 Rn 78; Rs. T-214/95 (Het Vlaamse Gewest), Slg 1998, II-717 Rn 46; *Koenig/Kühling/Ritter*, EG-Beihilfenrecht, 2. Aufl. 2005 Rn 178.

340 EuGH, Rs. C-278/00 (Griechenland/Kommission), Slg 2004, I-3997 Rn 69; EuG, Rs. T-171/02 (Regione autonoma della Sardegna), Slg 2005, II-2123 Rn 86; *Koenig/Kühling/Ritter*, EG-Beihilfenrecht, 2. Aufl. 2005 Rn 185 Fn 385.

341 *Mestmäcker/Schweitzer*, Europäisches Wettbewerbsrecht, § 43 Rn 83.

342 EuG, Rs. T-152/99 (HAMSA), Slg 2002, II-3049 Rn 225; *Mestmäcker/Schweitzer*, Europäisches Wettbewerbsrecht, § 43 Rn 86.

343 EuGH, Rs. C-156/98 (Deutschland/Kommission), Slg 2000, I-6857 Rn 30 mwN; EuG, Rs. T-214/95 (Het Vlaamse Gewest), Slg 1998, II-717 Rn 43.

344 Verordnung Nr. 1407/2013, 1. Begrerw., Fundstelle o. Abschnitt 1, A. Vorgängerfassung VO Nr. 1998/2006, ABl. L 379 v. 28. Dezember 2006, S. 5.

GVO-De-minimis vorgesehen hat.[345] Details der Berechnung sind in Art. 3 Abs. 3 GVO-De-minimis geregelt.[346] Im Unterschied zu anderen GVOen entfällt bei den De-minimis-Beihilfen bereits der Beihilfecharakter (oben Rn 19), obwohl nach der Rechtsprechung sowohl beim Merkmal der Wettbewerbsverfälschung als auch beim Merkmal der Handelsbeeinträchtigung grundsätzlich *kein* Spürbarkeitserfordernis besteht; wie das zusammenpasst, wird unterschiedlich beurteilt.[347] In Art. 1 Abs. 1 GVO-De-minimis werden einige Sektoren und Tätigkeiten vom Anwendungsbereich der (allgemeinen) GVO-De-minimis ausgenommen, wobei sich der Zuschnitt des Anwendungsbereichs im Vergleich zur Vorgängerfassung aus dem Jahr 2006 in mancherlei verändert hat und in mancherlei Hinsicht gleich geblieben ist.[348] In zeitlicher Hinsicht gilt die Verordnung gem. Art. 8 GVO-De-minimis bis zum 31. Dezember 2020.

De-minimis-Beihilfen dürfen zweckfrei und vielfach als Betriebsbeihilfen gewährt werden, was ansonsten grundsätzlich ausscheidet (unten Rn 113).[349] Art. 4 Abs. 1 GVO-De-minimis enthält ein Transparenzerfordernis, wonach nur Beihilfen erfasst werden, deren Förderintensität im Voraus ohne Risikobewertung im Einzelfall berechnet werden kann.[350] Art. 5 GVO-De-minimis enthält eine im Vergleich zu Art. 2 Abs. 5 der Vorgängerfassung aus dem Jahr 2006 weiter ausdifferenzierte Regelung über die Kumulierung verschiedener Beihilfen.[351] Art. 6 GVO-De-minimis enthält Vorschriften zur Überwachung der Einhaltung der Voraussetzungen für die Gewährung von De-minimis-Beihilfen.[352] 99

Die Neuerungen in der GVO-De-minimis gehen ausweislich der Begründungserwägungen auf die Erfahrungen bei der Anwendung der Vorgängerfassung der GVO-De-minimis aus dem Jahr 2006 zurück.[353] Dabei werden die Höchstbeträge von 200.000 EUR sowie im Verkehrsbereich von 100.000 € beibehalten.[354] Der Begriff des Unternehmens wird auf der Grundlage der Rechtsprechung des EuGH in der GVO-De-minimis kodifiziert, was vor allem bedeutsam ist, wenn es darum geht, wann die De-minimis-Höchstbeträge im Falle von Verbindungen von zwei oder mehr Unternehmen erreicht sind (dazu auch oben Rn 72).[355] Im Vergleich zur Vorgängerfassung haben sich – neben Änderungen beim Zuschnitt des Anwendungsbereichs und der Geltungsdauer der GVO-De-minimis (oben Rn 98) sowie neben der Präzisierung des Unternehmensbegriffs (oben Rn 72) – im Wesentlichen Änderungen in den Details der Berechnung des De-minimis-Höchstbetrags und bei der Sicherstellung seiner Einhaltung ergeben,[356] wobei viele dieser Detailregelungen die bereits geltende Rechtslage unverändert fortsetzen. Zu einem allgemeinen Verbot von De-minimis-Beihilfen zugunsten von Unternehmen in Schwierigkeiten ist es entgegen dem ursprünglichen Entwurf der Verordnung nicht gekommen.[357] Insgesamt erscheint die GVO-De-minimis im Vergleich zur Vorgängerfassung aus dem Jahr 2006 als Fortschreibung, die sowohl vieles beibehält als auch viele Detailveränderungen enthält. 100

345 Fundstelle o. Abschnitt 1, A. Zu den De-minimis-Beihilfen ausführlicher *Zuleger,* in: Heidenhain (Hrsg.), European State Aid Law, 2010, § 5; *Terhechte*, in: Birnstiel/Bungenberg/Heinrich (Hrsg.), Europäisches Beihilfenrecht 2013, Kap. 1 Rn 390-421.

346 Einzelheiten, auch zur Berechnung, bei *Bartosch*, EU-Beihilfenrecht, Art. 2 VO 1998/2006 Rn 2-5.

347 Dazu *Bartosch*, EU-Beihilfenrecht, Art. 87 Abs. 1 EGV Rn 132, 136, VO 1998/2006 Rn 2; *Terhechte*, in: Birnstiel/Bungenberg/Heinrich (Hrsg.), Europäisches Beihilfenrecht 2013, Kap. 1 Rn 390, 392, 397, 399, 420.

348 Zum Anwendungsbereich der GVO-De-minimis vgl Verordnung Nr. 1407/2013 6. bis 9., 11. Begrerw. Zum Anwendungsbereich der Vorgängerfassung aus dem Jahr 2006 *Bartosch*, EU-Beihilfenrecht, Art. 87 Abs. 1 EGV Rn 2-7.

349 *Bartosch*, EU-Beihilfenrecht, Art. 87 Abs. 1 EGV Rn 2.

350 Einzelheiten ebd Rn 6.

351 Zur Vorgängerfassung ebd Rn 7.

352 Zur Vorgängerfassungebd Rn 1-5.

353 Verordnung Nr. 1407/2013, 2. Begrerw. Fundstelle o. Abschnitt 1, A.

354 Verordnung Nr. 1407/2013, 3. und 5. Begrerw. Fundstelle o. Abschnitt 1, A.

355 Verordnung Nr. 1407/2013, 4. Begrerw. Fundstelle o. Abschnitt 1, A

356 Erläuterungen dazu in Verordnung Nr. 1407/2013, 10., 12. bis 19. Begrerw. S. auch *Soltész,* EuZW 2014, 93.

357 *Soltész,* EuZW 2014, 93.

101 Sonderverordnungen regeln die De-minimis-Beihilfen für die Bereiche Landwirtschaft und Fischerei (GVO-De-minimis-Landwirtschaft,[358] GVO-De-minimis-Fischerei[359]), wobei die GVO-De-minimis-Landwirtschaft auf die landwirtschaftliche Erzeugung anwendbar ist, in Abgrenzung dazu die (allgemeine) GVO-De-minimis auf die Verarbeitung und Vermarktung von landwirtschaftlichen Erzeugnissen sowie auf die Forstwirtschaft. Nach der GVO-De-minimis-Landwirtschaft gilt bis zu einer Gesamtsumme von 15.000 EUR und nach der GVO-De-minimis-Fischerei bis zu einer Gesamtsumme von 30.000 EUR, jeweils in einem Zeitraum von drei Jahren, dass keine staatliche Beihilfe vorliegt und (dementsprechend) keine Anmeldung bei der Kommission erfolgen muss. Die Geltung der Vorgängerfassung der GVO-De-minimis-Landwirtschaft aus dem Jahr 2007 wurde gemäß Art. 7 Abs. 3 GVO-De-minimis-Landwirtschaft bis zum 30. Juni 2014 verlängert. Die (neue) GVO-De-minimis-Landwirtschaft gilt gem. Art. 8 bis zum 31. Dezember 2020. Die Geltung der Vorgängerfassung der GVO-De-minimis-Fischerei aus dem Jahr 2007 wurde gemäß Art. 7 Abs. 3 GVO-De-minimis-Fischerei ebenfalls bis zum 30. Juni 2014 verlängert. Die (neue) GVO-De-minimis-Fischerei gilt gemäß Art. 8 ebenfalls bis zum 31. Dezember 2020. Schließlich gibt es eine Verordnung über De-minimis-Beihilfen an Unternehmen, die Dienstleistungen von allgemeinem wirtschaftlichem Interesse erbringen.[360]

II. Rechtmäßigkeit der Beihilfe

1. Regelverbot und Ausnahmen im Überblick

102 Eine Beihilfe, die den Tatbestand des Art. 107 Abs. 1 AEUV verwirklicht, ist mit dem Gemeinsamen Markt unvereinbar, also verboten (oben Rn 5). Eine Beihilfe kann dennoch rechtmäßig sein, da Art. 107 Abs. 2 und 3 AEUV Ausnahmen von dem grundsätzlichen Verbot staatlicher Beihilfen enthalten und insbesondere Art. 107 Abs. 3 AEUV der Kommission weit reichende Möglichkeiten bei der Zulassung von Beihilfen unter Abweichung von dem Regelverbot einräumt.[361] Erforderlich ist daher eine mehrstufige Prüfung des Tatbestands der Beihilfe und ihrer Rechtmäßigkeit.[362] Die Ausnahmen haben wirtschaftliche (Art. 107 Abs. 3 a) bis c) AEUV), soziale (Art. 107 Abs. 2 a) und b) AEUV) oder geschichtliche und kulturelle Gründe (Art. 107 Abs. 2 c) und Abs. 3 d) AEUV). Der Rat kann gemäß Art. 107 Abs. 3 e) AEUV weitere Beihilfen für rechtmäßig erklären.[363] Schließlich enthält der AEUV Sondervorschriften für die Bereiche der Landwirtschaft, des Verkehrs und der Dienstleistungen von allgemeinem wirtschaftlichem Interesse (dazu oben Rn 7-13).

2. Legalausnahmen gemäß Art. 107 Abs. 2 AEUV

a) Überblick und Bedeutung

103 Art. 107 Abs. 2 AEUV enthält drei Gruppen von Ausnahmetatbeständen. Sie sind tatbestandlich eng umgrenzt.[364] Sind die Voraussetzungen erfüllt, ist die fragliche Beihilfe unmittelbar kraft Gesetzes mit dem Unionsrecht vereinbar, ohne dass einem Organ der Union ein Entscheidungsspielraum verbleibt. Bei der Beurteilung, ob die Merkmale des Art. 107 Abs. 2 AEUV erfüllt sind, wird man der Kommission allerdings ebenso ein Ermessen einzuräumen haben, wie das bei Art. 107 Abs. 1 und 3 AEUV der Fall ist, wenn der Sachverhalt wirtschaftlich komplex ist.[365] Die

---

358 VO Nr. 1408/2013. Fundstelle o. Abschnitt 1, A. Vorgängerfassung VO Nr. 1535/2007, ABl. L 337 v. 21. Dezember 2007, S. 35.

359 VO Nr. 717/2014. Fundstelle o. Abschnitt 1, A. Vorgängerfassung VO Nr. 875/2007, ABl. L 193 v. 25. Juli 2007, S. 6.

360 Verordnung Nr. 360/2012. Fundstelle o. Abschnitt 1, A.

361 Vgl EuGH, Rs. C-39/94 (SFEI u.a.), Slg 1996, I-3547 Rn 36.

362 Vgl *v. Wallenberg/Schütte*, in: Grabitz/Hilf/Nettesheim (Hrsg.), Recht der EU, Okt. 2011, Art. 107 AEUV Rn 17; *Koenig/Kühling/Ritter*, EG-Beihilfenrecht, 2. Aufl. 2005 Rn 187.

363 Davon zu unterscheiden ist die Möglichkeit des Rats, im Einzelfall gemäß Art. 108 Abs. 2 Unterabs. 3 AEUV zu entscheiden; dazu u. Rn 130.

364 *Bartosch*, EU-Beihilfenrecht, Art. 87 Abs. 2 Rn 1; *Mestmäcker/Schweitzer*, Europäisches Wettbewerbsrecht, § 43 Rn 2, § 44 Rn 2.

365 *Bartosch*, EU-Beihilfenrecht, Art. 87 Abs. 2 Rn 1; *Koenig/Kühling/Ritter*, EG-Beihilfenrecht, 2. Aufl. 2005 Rn 6.

Reichweite des Ermessens fällt allerdings bei Art. 107 Abs. 2 AEUV im Vergleich zu Art. 107 Abs. 3 AEUV geringer aus (s. auch unten Rn 114).[366] An dem Verbot gemäß Art. 108 Abs. 3 S. 3 AEUV, eine neue Beihilfe bis zur ordnungsgemäßen Durchführung eines Verfahrens zu gewähren, ändert die Einstufung als Legalausnahme nichts.[367] Denn die Kommission muss prüfen, ob die Tatbestandsvoraussetzungen gegeben sind, was ebenfalls mit gewissen Spielräumen verbunden ist (oben Rn 52). Die praktische Bedeutung der drei Legalausnahmen ist begrenzt.[368]

b) Einzelheiten der drei Ausnahmetatbestände

Art. 107 Abs. 2 a) AEUV betrifft Beihilfen **sozialer** Art an einzelne Verbraucher, wenn sie ohne Diskriminierung nach der Herkunft der Waren gewährt werden.[369] Beispiele liefern Heizmittel-, Kleidungs- oder Lebensmittelzuwendungen[370] oder Reisegutscheine für ältere Menschen.[371] Die Ausnahme erklärt sich dadurch, dass an Verbraucher gerichtete Begünstigungen als Beihilfe gemäß Art. 107 Abs. 1 AEUV einzustufen sind, wenn sie bestimmten Unternehmen Vorteile bringen (oben Rn 69, 71).[372] Erfasst sind weiter Maßnahmen gegenüber Unternehmen, die sich nach ihrem Zweck auf Endverbraucher auswirken sollen.[373] Die Beihilfe ist rechtmäßig, wenn sie dem Verbraucher unabhängig davon zugutekommt, welches Unternehmen die Ware liefert oder die Dienstleistung erbringt.[374] Diese Voraussetzung ist nicht erfüllt, wenn nur ein Unternehmen von der Förderung des Verbrauchers tatsächlich profitiert sowie nicht dargelegt und bewiesen wird, dass die Vergünstigungen den Verbrauchern auch gewährt worden wären, wenn davon andere Unternehmen profitiert hätten.[375] Können Unternehmen unterschiedslos von den Vergünstigungen profitieren, wird es allerdings bereits an dem Tatbestand der Beihilfe fehlen, weil dann nicht **bestimmte** Unternehmen einen Vorteil erlangen.[376] 104

Naturkatastrophen iSv Art. 107 Abs. 2 b) AEUV sind außergewöhnliche Naturereignisse wie Hochwasser, extreme Regenfälle, Erdbeben, Vulkanausbrüche oder epidemieartige Krankheiten.[377] In diesem Bereich gibt es eine neue Entwicklung als Teil der Modernisierung des EU-Beihilfenrechts (zu dieser Modernisierung oben Rn 32 ff): So ermächtigt der Rat die Kommission in der überarbeiteten GVO-Ermächtigung, Beihilfen zur Bewältigung der Folgen von Naturkatastrophen von der Anmeldepflicht bei der Kommission auszunehmen, wie sich aus Art. 1 Abs. 1 a) vi) GVO-Ermächtigung ergibt (bereits oben Rn 125). Dem liegen folgende Erwägungen zugrunde:[378] Die in diesem Bereich gewährten Beihilfebeträge sind in der Regel gering und es können eindeutige Voraussetzungen für die Vereinbarkeit mit dem Binnenmarkt festgelegt werden. Die bereits vor der Novellierung gegebene Möglichkeit von Freistellungen von Beihilfen zugunsten von Unternehmen reicht nicht, da auch große Unternehmen von Naturkatastrophen betroffen sein können. Nach Erfahrung der Kommission bewirken derartige Beihilfen keine wesentlichen Wettbewerbsverfälschungen. Die auf die GVO-Ermächtigung gestützte neue AGVO aus dem Jahr 2014 (oben Rn 129-132) enthält in Art. 50 entsprechende Regelungen für die Freistellung von Beihilfen zur Bewältigung der Folgen bestimmter Naturkatastrophen. Zu den **außergewöhnlichen Ereignissen** zählen Kriege, schwere 105

366 *Bartosch*, EU-Beihilfenrecht, Einl. Rn 2.
367 *Koenig/Kühling/Ritter*, EG-Beihilfenrecht, 2. Aufl. 2005 Rn 188; *Mestmäcker/Schweitzer*, Europäisches Wettbewerbsrecht, § 44 Rn 8.
368 *Koenig/Kühling/Ritter*, EG-Beihilfenrecht, 2. Aufl. 2005 Rn 190; *Mestmäcker/Schweitzer*, Europäisches Wettbewerbsrecht, § 44 Rn 6.
369 Einzelheiten bei *Bartosch*, EU-Beihilfenrecht, Art. 87 Abs. 2 Rn 2-4.
370 *Koenig/Kühling/Ritter*, EG-Beihilfenrecht, 2. Aufl. 2005 Rn 191.
371 EuG, Rs. T-116/01 u.a. (P&O European Ferries u.a.), Slg 2003, II-2957 Rn 19, 162 f.
372 *Koenig/Kühling/Ritter*, EG-Beihilfenrecht, 2. Aufl. 2005 Rn 193.
373 *Penner*, in: Birnstiel/Bungenberg/Heinrich (Hrsg.), Europäisches Beihilfenrecht, 2013, Kap. 1 Rn 1032.
374 EuG, Rs. T-116/01 u.a. (P&O European Ferries u.a.), Slg 2003, II-2957 Rn 163.
375 EuG, Rs. T-116/01 u.a. (P&O European Ferries u.a.), Slg 2003, II-2957 Rn 163-170; *Bartosch*, EU-Beihilfenrecht, Art. 87 Abs. 2 Rn 3.
376 *Koenig/Kühling/Ritter*, EG-Beihilfenrecht, 2. Aufl. 2005 Rn 195.
377 Ebd. Rn 196 f.
378 Verordnung Nr. 733/2013 7.Begrerw. Fundstelle o. Abschnitt 1, A.

innere Unruhen und große Industrieunfälle[379] oder terroristische Anschläge.[380] Kriterien sind die Vorhersehbarkeit und Versicherbarkeit der Schäden.[381] Der Tatbestand der Vorschrift ist eng auszulegen und setzt einen unmittelbaren Zusammenhang zwischen dem Schaden und der staatlichen Beihilfe voraus.[382]

106 Art. 107 Abs. 2 c) S. 1 AEUV betrifft Beihilfen zum Ausgleich der durch die **Teilung Deutschlands** verursachten Nachteile. Durch den Vertrag von Lissabon ist die Bestimmung des Art. 107 Abs. 2 c) S. 2 AEUV eingefügt worden, wonach der Rat fünf Jahre nach dem Inkrafttreten des Vertrags von Lissabon auf Vorschlag der Kommission die Ausnahme nach diesem Buchstaben aufheben kann. Die Bestimmung über die Beihilfen zum Ausgleich der durch die **Teilung Deutschlands** verursachten Nachteile ist nicht dadurch gegenstandslos geworden, dass die Teilung weggefallen ist.[383] Andererseits ermöglicht die Bestimmung nicht jede Maßnahme zum Ausgleich des gesamten wirtschaftlichen Entwicklungsrückstandes der neuen Bundesländer. Nur die durch die geographische Teilung, also die physische Grenze verursachten Nachteile sind umfasst, etwa Maßnahmen gegen die Unterbrechung der Verkehrswege, nicht hingegen wirtschaftliche Unterschiede, die auf die politisch-wirtschaftlichen Systeme während der Teilung zurückgehen.[384] Der EuGH lässt es allerdings ausreichen, wenn die politisch-wirtschaftliche Grenze ein Gebiet in seiner wirtschaftlichen Entwicklung in einer Art und Weise behindert hat, die es gegenüber anderen Regionen der ehemaligen DDR herausgehoben hat.[385] Mittlerweile ist die Bestimmung möglicherweise faktisch gegenstandslos geworden.[386] Praktisch dominieren die Ausnahmetatbestände des Art. 107 Abs. 3 a) und c) AEUV für regionale Beihilfen.[387]

3. Ermessensausnahmen gemäß Art. 107 Abs. 3 AEUV

a) Ausnahmetatbestände im Überblick, Abgrenzung und Zuordnung einzelner Beihilfen

107 Art. 107 Abs. 3 AEUV enthält weitere Ausnahmen vom grundsätzlichen Beihilfeverbot. Diese Ausnahmen sind praktisch weit bedeutsamer als die Ausnahmen des Art. 107 Abs. 2 AEUV,[388] wenn auch die Bedeutung der einzelnen Ausnahmen in Abs. 3 erheblich variiert. Die Ausnahmebestimmung mit der größten Bedeutung ist Art. 107 Abs. 3 c) AEUV zur Förderung der Wirtschaftsentwicklung.[389] Daneben hat in der Wirtschafts- und Finanzkrise der ehedem wenig genutzte Ausnahmetatbestand des Art. 107 Abs. 3 b) AEUV über die Förderung wichtiger Vorhaben von gemeinsamem europäischem Interesse und die Behebung beträchtlicher Störungen im Wirtschaftsleben eines Mitgliedstaats erheblich an Bedeutung gewonnen (dazu unten Rn 154). Insoweit kommt die 2. Alternative der Bestimmung zum Tragen, die eine beträchtliche Störung im Wirtschaftsleben eines Mitgliedstaats voraussetzt. Die 1. Alternative betrifft wichtige Vorhaben von gemeinsamem europäischem Interesse und wird bislang zurückhaltend, insbesondere im Bereich der Forschung und Entwicklung und im Bereich des Umweltschutzes genutzt (dazu unten Rn 156).[390]

379 *Penner*, in: Birnstiel/Bungenberg/Heinrich (Hrsg.), Europäisches Beihilfenrecht, 2013, Kap. 1 Rn 1046.
380 Ebd.; *Koenig/Kühling/Ritter*, EG-Beihilfenrecht, 2. Aufl. 2005 Rn 196.
381 *Bartosch*, EU-Beihilfenrecht, Art. 87 Abs. 2 Rn 6; *Mestmäcker/Schweitzer*, Europäisches Wettbewerbsrecht, § 44 Rn 6, 9; *Koenig/Kühling/Ritter*, EG-Beihilfenrecht, 2. Aufl. 2005 Rn 196.
382 EuGH, Rs. C-346/03 u.a. (Atzeni u.a.), Slg 2006, I-1875 Rn 79.
383 EuGH, Rs. C-156/98 (Deutschland/Kommission), Slg 2000, I-6857 Rn 47 f; Rs. C-301/96 (Deutschland/Kommission), Slg 2003, I-9919 Rn 65; Rs. C-57/00 P u.a. (Freistaat Sachsen u.a.), Slg 2003, I-9975 Rn 39.
384 EuGH, Rs. C-156/98 (Deutschland/Kommission), Slg 2000, I-6857 Rn 52-55; Rs. C-301/96 (Deutschland/Kommission), Slg 2003, I-9919 Rn 72 f, 75; Rs. C-57/00 P u.a. (Freistaat Sachsen u.a.), Slg 2003, I-9975 Rn 23, 25; *Zuleger*, in: Heidenhain (Hrsg.), European State Aid Law, 2010, § 13.
385 EuGH, Rs. C-57/00 P u.a. (Freistaat Sachsen u.a.), Slg 2003, I-9975 Rn 43.
386 So *Bartosch*, EU-Beihilfenrecht, Art. 87 Abs. 2 Rn 8 f; *Cremer*, in: Calliess/Ruffert (Hrsg.), EUV/AEUV, 4. Aufl. 2011, Art. 107 AEUV Rn 43 f.
387 *Cremer*, in: Calliess/Ruffert (Hrsg.), EUV/AEUV, 4. Aufl. 2011, Art. 107 AEUV Rn 44.
388 *Mestmäcker/Schweitzer*, Europäisches Wettbewerbsrecht, § 44 Rn 9; *Koenig/Kühling/Ritter*, EG-Beihilfenrecht, 2. Aufl. 2005 Rn 202.
389 *v. Wallenberg/Schütte*, in: Grabitz/Hilf/Nettesheim (Hrsg.), Recht der EU, Okt. 2011, Art. 107 AEUV Rn 176.
390 *Bartosch*, EU-Beihilfenrecht, Art. 87 Abs. 3 Rn 10.

Des Weiteren enthält Art. 107 Abs. 3 a) AEUV einen Ausnahmetatbestand für Beihilfen zur Förderung der wirtschaftlichen Entwicklung von Gebieten, in denen die Lebenshaltung außergewöhnlich niedrig ist oder eine erhebliche Unterbeschäftigung herrscht. Art. 107 Abs. 3 d) AEUV enthält einen Ausnahmetatbestand für Beihilfen zur Förderung der Kultur und der Erhaltung des kulturellen Erbes. Art. 107 Abs. 3 e) AEUV ermächtigt den Rat, weitere Ausnahmen vorzusehen.[391] Die Ausnahmetatbestände des Art. 107 Abs. 3 a) AEUV für regionale Beihilfen und des Art. 107 Abs. 3 d) AEUV weisen einen vergleichsweise abgrenzbaren Anwendungsbereich auf, wohingegen Art. 107 Abs. 3 b) AEUV über Beihilfen für wichtige Vorhaben von gemeinsamem europäischem Interesse und zur Behebung beträchtlicher wirtschaftlicher Störungen und noch viel mehr Art. 107 Abs. 3 c) AEUV über die Förderungen von Wirtschaftszweigen und -gebieten in sehr unterschiedlichen Zusammenhängen zur Anwendung gelangen können.[392] 108

Eine weitere Ausnahmemöglichkeit vom grundsätzlichen Beihilfeverbot enthält die Bestimmung des Art. 106 Abs. 2 AEUV für Dienstleistungen von allgemeinem wirtschaftlichem Interesse. Die Frage einer beihilfenrechtlichen Ausnahmemöglichkeit stellt sich in diesem Bereich (erst), wenn die für die fragliche Dienstleistung gewährte staatliche Beihilfe als Begünstigung im Sinne des Beihilfetatbestands einzustufen ist, was von bestimmten Voraussetzungen abhängt (oben Rn 12, 89, unten Rn 147, 161). 109

Weitere Rechtsgrundlagen bilden Verordnungen, in denen Gruppenfreistellungen festgelegt oder sonstige Festlegungen zu Beihilfen getroffen werden (dazu oben Rn 19, unten Rn 125-135, 150, 152). Schließlich gibt es eine Vielzahl von Dokumenten der Kommission, in denen sie die Anwendung der Ausnahmen gem. Art. 107 Abs. 3, Art. 106 Abs. 2 AEUV konkretisiert. Der Bestand und Inhalt dieser Mitteilungen uä wechselt (oben Rn 23 f, zu ihrer rechtlichen Bedeutung oben Rn 25-30). Für viele Bereiche finden sich sowohl Regelungen in einer Gruppenfreistellungsverordnung als auch in einer Mitteilung uä. Letztere gelangen zum Einsatz, wenn nichts anderes bestimmt ist, soweit die fragliche Maßnahme nicht bereits nach der Gruppenfreistellungsverordnung als mit Art. 107 Abs. 3 AEUV vereinbar erklärt und von der Anmeldepflicht gem. Art. 108 Abs. 3 AEUV befreit wird. 110

Oft fallen Beihilfen in den Anwendungsbereich mehrerer Ausnahmetatbestände des Art. 107 Abs. 2 und 3 AEUV oder mehrerer Beihilfegruppen, wie sie von der Kommission gebildet werden, weil sie mehreren Zielen dienen. Daraus ergeben sich zahlreiche Überschneidungen. Zum Beispiel kann eine Beihilfe zur Förderung der neuen Bundesländer auf Art. 107 Abs. 2 c) AEUV oder auf Art. 107 Abs. 3 a), b) oder c) AEUV gestützt werden.[393] Oder eine Beihilfe zur Förderung der Forschung und Entwicklung geht an einzelne Wirtschaftszweige, also eine Beihilfe mit horizontaler Zielsetzung an einzelne Sektoren.[394] Auch werden sektorale Beihilfen häufig im Zusammenhang mit Zielsetzungen der Regionalförderung vergeben,[395] wenn die Ansiedlung einer bestimmten wirtschaftlichen Betätigung gefördert wird. Dadurch sind die Übergänge zwischen horizontalen, regionalen und sektoralen Beihilfen fließend. Zu den Begriffen horizontale, sektorale und regionale Beihilfe noch unten Rn 136. 111

Das Sekundärrecht hält für das Zusammentreffen mehrerer Ausnahmegründe verschiedene Regeln bereit: Eine Antwort können Vorrangregeln sein oder der Verweis auf eine andere Mitteilung uä. Es kann aber auch eine parallele Anwendung vorgesehen sein. Oder die Kumulierung mehrerer Beihilfen wird verboten oder begrenzt. Fallen mehrere privilegierte Umstände zusammen, kann das 112

391 Davon zu unterscheiden ist die in Art. 108 Abs. 2 Unterabs. 3 S. 1 AEUV vorgesehene Möglichkeit des Rats, im Einzelfall an Stelle der Kommission eine Beihilfe für rechtmäßig zu erklären (dazu u. Rn 130). Dort schafft der Rat keine generelle Ausnahme, sondern greift in die Beihilfekontrolle der Kommission im konkreten Fall ein.

392 *Bartosch*, EU-Beihilfenrecht, Art. 87 Abs. 3 Rn 7.

393 Vgl EuGH, Rs. C-156/98 (Deutschland/Kommission), Slg 2000, I-6857 Rn 46-55, 65-71; Rs. C-301/96 (Deutschland/Kommission), Slg 2003, I-9919 Rn 64-73, 88-93, 105-109; Rs. C-57/00 P u a. (Freistaat Sachsen u.a.), Slg 2003, I-9975 Rn 39-53, 94, 97 f.

394 Vgl Kommission, Beihilfenanzeiger, KOM (2001), 412 endg., S. 9.

395 *Mestmäcker/Schweitzer*, Europäisches Wettbewerbsrecht, § 44 Rn 40.

umgekehrt eine Erhöhung der zulässigen Beihilfeintensität zur Folge haben. Dass mehrere Ausnahmegründe des Art. 107 Abs. 3 AEUV in den Anwendungsbereich desselben Kommissionsakts fallen können, erklärt sich daraus, dass diese oft anders zugeschnitten sind als die Tatbestände des Art. 107 Abs. 3 AEUV.[396] So können zB Regionalbeihilfen entweder dem Buchstaben a) oder c) unterfallen, während die Mitteilung und Leitlinien der Kommission auf dem Gebiet der Regionalbeihilfen beide Ausnahmetatbestände betreffen.[397]

113 Häufig anzutreffen ist die Differenzierung zwischen Betriebs- und Investitionsbeihilfen: Erstere bezeichnen Aufwendungen für übliche Betriebskosten, die einem Unternehmen bei seiner laufenden Tätigkeit entstehen.[398] Betriebsbeihilfen werden nicht oder sehr viel eingeschränkter zugelassen als Investitionsbeihilfen: Wie die Rechtsprechung herausgestellt hat, verfälschen Betriebsbeihilfen grundsätzlich den Wettbewerb,[399] weshalb sie sich grundsätzlich nicht gemäß Art. 107 Abs. 3 AEUV rechtfertigen lassen.[400] Da die Mitteilungen uä ein etwas differenzierteres Bild ergeben, darf diese Rechtsprechung aber nicht überinterpretiert werden.[401] So akzeptiert die Rechtsprechung etwa Betriebsbeihilfen bei der Erfüllung gemeinwirtschaftlicher Verpflichtungen oder bei anderen sozialen Zielen.[402] Umgekehrt ist allein mit der Einstufung als Investitionsbeihilfe keine endgültige Aussage über ihre Rechtmäßigkeit getroffen, da es bei ihnen eine Reihe von Abstufungen gibt, zB zwischen Neuinvestitionen, Erweiterungsinvestitionen oder Investitionen auf der grünen Wiese.[403]

b) Ermessen und gerichtliche Kontrolle

114 Da Art. 107 Abs. 3 AEUV Ausnahmen vom Regelverbot in Art. 107 Abs. 1 AEUV enthält, ist die Vorschrift grundsätzlich eng auszulegen.[404] Der Unterschied zu Art. 107 Abs. 2 AEUV ist aber erheblich, weil der Kommission bei der Anwendung der Ausnahmetatbestände ein **weites** Ermessen zusteht.[405] Im Vergleich zum sonstigen Wettbewerbsrecht ist das Ermessen der Kommission bei Art. 107 Abs. 3 AEUV besonders weit.[406] Dadurch wird der Grundsatz der engen Auslegung der Ausnahmetatbestände erheblich relativiert. Die Rechtsprechung begründet das Ermessen in Art. 107 Abs. 3 AEUV mit der Komplexität der Beurteilung, die ihre Ursache in vielschichtigen und sich rasch verändernden wirtschaftlichen Gegebenheiten hat, sowie mit dem Wortlaut „kann" in Art. 107 Abs. 3 AEUV und Art. 108 AEUV.[407]

115 Unklar ist, auf welche Merkmale sich das Ermessen der Kommission im Rahmen von Art. 107 Abs. 3 AEUV erstreckt (zur parallelen Frage im Rahmen des Beihilfetatbestands gemäß Art. 107 Abs. 1 AEUV oben Rn 52). Sehr häufig bezieht die Rechtsprechung die Formel vom weiten Ermes-

396 *Koenig/Kühling/Ritter*, EG-Beihilfenrecht, 2. Aufl. 2005 Rn 214.

397 Vgl auch *v. Wallenberg/Schütte*, in: Grabitz/Hilf/Nettesheim (Hrsg.), Recht der EU, Okt. 2011, Art. 107 AEUV Rn 184 f.

398 Vgl EuGH, Rs. C-288/96 (Deutschland/Kommission), Slg 2000, I-8237 Rn 49.

399 EuGH, Rs. C-288/96 (Deutschland/Kommission), Slg 2000, I-8237 Rn 77; Rs. C-156/98 (Deutschland/Kommission), Slg 2000, I-6857 Rn 77; EuG, Rs. T-214/95 (Het Vlaamse Gewest), Slg 1998, II-717 Rn 43.

400 EuGH, Rs. C-288/96 (Deutschland/Kommission), Slg 2000, I-8237 Rn 90; *Cremer*, in: Calliess/Ruffert (Hrsg.), EUV/AEUV, 4. Aufl. 2011, Art. 107 AEUV Rn 76.

401 Vgl auch *Koenig/Kühling/Ritter*, EG-Beihilfenrecht, 2. Aufl. 2005 Rn 207.

402 Vgl EuG, Rs. T-214/95 (Het Vlaamse Gewest), Slg 1998, II-717 Rn 90.

403 Vgl EuGH, Rs. C-301/96 (Deutschland/Kommission), Slg 2003, I-9919 Rn 130 f; Rs. C-113/00 (Spanien/Kommission), Slg 2002, I-7601 Rn 69; Rs. C-114/00 (Spanien/Kommission), Slg 2002, I-7657 Rn 83, 85 f.

404 EuGH, Rs. C-301/96 (Deutschland/Kommission), Slg 2003, I-9919 Rn 66; Rs. C-156/98 (Deutschland/Kommission), Slg 2000, I-6857 Rn 49; *Koenig/Kühling/Ritter*, EG-Beihilfenrecht, 2. Aufl. 2005 Rn 188.

405 EuGH, Rs. C-278/00 (Griechenland/Kommission), Slg 2004, I-3997 Rn 97; Rs. C-372/97 (Italien/Kommission), Slg 2004, I-3679 Rn 83; Rs. C-301/96 (Deutschland/Kommission), Slg 2003, I-9919 Rn 129; Rs. C-456/00 (Frankreich/Kommission), Slg 2002, I-11949 Rn 41; Rs. C-113/00 (Spanien/Kommission), Slg 2002, I-7601 Rn 67; Rs. C-310/99 (Italien/Kommission), Slg 2002, I-2235 Rn 45; Rs. C-225/91 (Matra), Slg 1993, I-3203 Rn 13-25; EuG, Rs. T-110/97 (Kneissl Dachstein), Slg 1999, II-2881 Rn 46; Rs. T-149/95 (Ducros), Slg 1997, II-2031 Rn 63. Ferner *Bartosch*, EU-Beihilfenrecht, Art. 87 Abs. 3 EGV Rn 1.

406 EuGH, Rs. C-174/97 P (FFSA u.a.), Slg 1998, I-1303 Rn 98, 100.

407 EuGH, Rs. C-91/01 (Italien/Kommission), Slg 2004, I-4355 Rn 44; Rs. C-409/00 (Spanien/Kommission), Slg 2003, I-1487 Rn 53; Rs. C-39/94 (SFEI u.a.), Slg 1996, I-3547 Rn 36; EuG, Rs. T-214/95 (Het Vlaamse Gewest), Slg 1998, II-717 Rn 86; Rs. T-149/95 (Ducros), Slg 1997, II-2031 Rn 63.

sen der Kommission unterschiedslos auf den gesamten Text des Art. 107 Abs. 3 AEUV, ohne die Aussage auf bestimmte Buchstaben oder Merkmale zu begrenzen.[408] Es erstreckt sich zudem auf die Abstimmung der Beihilfepolitik mit anderen Zielen im AEUV.[409] Dies darf nicht darüber hinwegtäuschen, dass es Unterschiede in der Reichweite des Ermessens gibt: Das zeigt sich bereits daran, dass die Aussage zum Ermessen mitunter auch gezielt für einzelne Buchstaben des Art. 107 Abs. 3 AEUV getroffen wird.[410] Auch spricht der EuGH gelegentlich vom bloßen Ermessen statt vom weiten Ermessen.[411] Bei Art. 107 Abs. 3 a) AEUV ist es zum Beispiel weiter als bei Art. 107 Abs. 3 c) AEUV, weil bei der ersten Bestimmung die Herstellung der gemeinschaftlichen Solidarität größeres Gewicht hat und ohne das weite Ermessen der Kommission die Ausnahme gar nicht zum Tragen kommen könnte.[412] Bei den auf Art. 107 Abs. 3 e) AEUV gestützten Ausnahmeregelungen des Rats hängt der Umfang des Ermessens davon ab, welche Einzelheiten der Rat regelt und was er der Kommission überlässt.[413] Welche weiteren Unterschiede im Rahmen des Art. 107 Abs. 3 AEUV bestehen und worin die Unterschiede im Ermessen genau bestehen, ist wenig geklärt.

Soweit ein Ermessen besteht, muss die Kommission es nach wirtschaftlichen und sozialen Wertungen ausüben, die sie auf die Union als Ganzes bezieht.[414] Dies bedeutet, dass etwa die Lebenshaltung oder das Beschäftigungsniveau in Art. 107 Abs. 3 a) AEUV am Unionsniveau zu messen ist,[415] nicht allein am regionalen Niveau.[416] In manchen Ausnahmetatbeständen findet das dadurch Ausdruck, dass das Interesse der Union als Tatbestandsmerkmal aufgenommen wird, wie bei Art. 107 Abs. 3 c) und d) AEUV. Das Interesse der Union ist aber auch dort zu berücksichtigen, wo es nicht explizites Tatbestandsmerkmal ist, wie bei Art. 107 Abs. 3 a) und b) AEUGV.[417] Grund dafür ist, dass eine Beihilfe gemäß Art. 107 Abs. 1 AEUV definitionsgemäß den Handel zwischen Mitgliedstaaten und den Wettbewerb beeinträchtigt und bei der Rechtfertigung eine **Abwägung** zwischen den negativen Auswirkungen auf diese Merkmale und den positiven Auswirkungen auf die Ziele des Art. 107 Abs. 3 AEUV vorgenommen werden muss.[418] Dabei müssen die Kriterien für die Ausnahme vom Beihilfeverbot möglichst einheitlich formuliert und ausgelegt werden, um die Kohärenz zu wahren und die Gleichbehandlung sicherzustellen.[419] Zu den Regeln für die Abwägung nach dem sog. „More Economic Approach" unten Rn 121. 116

Für die gerichtliche Kontrolle bedeutet das Ermessen, dass das Gericht die Beurteilung der Kommission nicht durch seine eigene ersetzen darf, sondern auf die Prüfung beschränkt ist, ob die Beurteilung offensichtlich fehlerhaft oder ermessensmissbräuchlich ist,[420] oder zusätzlich ob die 117

408 S. Nachweise in Fn 143.

409 EuGH, Rs. C-110/03 (Belgien/Kommission), Slg 2005, I-2801 Rn 67.

410 Für Art. 107 Abs. 3 c) AEUV (ex Art. 87 Abs. 3 c) EGV) vgl EuGH, Rs. C-91/01 (Italien/Kommission), Slg 2004, I-4355 Rn 43; Rs. C-409/00 (Spanien/Kommission), Slg 2003, I-1487 Rn 93; EuG, Rs. T-214/95 (Het Vlaamse Gewest), Slg 1998, II-717 Rn 86, 89.

411 EuGH, Rs. C-113/00 (Spanien/Kommission), Slg 2002, I-7601 Rn 67; Rs. C-114/00 (Spanien/Kommission), Slg 2002, I-7657 Rn 81.

412 EuG, Rs. T-380/94 (AIUFASS u.a.), Slg 1998, II-2169 Rn 54 f.

413 Vgl EuGH, Rs. C-181/02 P (Kvaerner Warnow Werft), Slg 2004, I-5703 Rn 40.

414 EuGH, Rs. C-110/03 (Belgien/Kommission), Slg 2005, I-2801 Rn 67; Rs. C-278/00 (Griechenland/Kommission), Slg 2004, I-3997 Rn 97; Rs. C-91/01 (Italien/Kommission), Slg 2004, I-4355 Rn 43; Rs. C-113/00 (Spanien/Kommission), Slg 2002, I-7601 Rn 67; Rs. C-310/99 (Italien/Kommission), Slg 2002, I-2289 Rn 45, 57; Rs. C-156/98 (Deutschland/Kommission), Slg 2000, I-6857 Rn 67; Rs. C-75/97 (Belgien/Kommission), Slg 1999, I-3671 Rn 55; Rs. C-169/95 (Spanien/Kommission), Slg 1997, I-135 Rn 18; Rs. C-225/91 (Matra), Slg 1993, I-3203 Rn 24; Rs. 310/85 (Deufil), Slg 1987, 901 Rn 18; Rs. 730/79 (Philip Morris), Slg 1980, 2671 Rn 24.

415 EuGH, Rs. 730/79 (Philip Morris), Slg 1980, 2671 Rn 25.

416 EuGH, Rs. C-113/00 (Spanien/Kommission), Slg 2002, I-7601 Rn 67; Rs. C-114/00 (Spanien/Kommission), Slg 2002, I-7657 Rn 81.

417 EuGH, Rs. C-113/00 (Spanien/Kommission), Slg 2002, I-7601 Rn 67; Rs. C-114/00 (Spanien/Kommission), Slg 2002, I-7657 Rn 81; EuG, Rs. T-126/99 (Graphischer Maschinenbau), Slg 2002, II-2427 Rn 101.

418 EuGH, Rs. C-372/97 (Italien/Kommission), Slg 2004, I-3679 Rn 82; EuG, Rs. T-126/99 (Graphischer Maschinenbau), Slg 2002, II-2427 Rn 101; *Koenig/Kühling/Ritter*, EG-Beihilfenrecht, 2. Aufl. 2005 Rn 202.

419 EuGH, Rs. C-310/99 (Italien/Kommission), Slg 2002, I-2289 Rn 58.

420 EuGH, Rs. C-278/00 (Griechenland/Kommission), Slg 2004, I-3997 Rn 97; Rs. C-456/00 (Frankreich/Kommission), Slg 2002, I-11949 Rn 41; Rs. C-310/99 (Italien/Kommission), Slg 2002, I-2289 Rn 46.

Behörde die Grenzen ihres Ermessens offensichtlich überschritten hat.[421] Dazu zählt die Einhaltung der Verfahrens- und Begründungsvorschriften, die inhaltliche Richtigkeit der festgestellten Tatsachen und das Fehlen von Rechtsfehlern, das Fehlen offensichtlicher Fehler bei der Bewertung der Tatsachen und eines Ermessensmissbrauchs.[422] Auch eine widersprüchliche Entscheidungspraxis ist ein offensichtlicher Ermessensfehler.[423]

118 Ein **Ermessensmissbrauch** liegt vor, wenn ein Organ der Union seine Zuständigkeit zu einem anderen Zweck nutzt als demjenigen, zu dem sie ihm übertragen worden ist.[424] Dies muss anhand objektiver, schlüssiger und übereinstimmender Indizien nachgewiesen werden.[425] Für einen offensichtlichen Irrtum bei der Würdigung müssen ausreichende Beweise vorliegen, die die Würdigung des Sachverhalts in der Entscheidung der Kommission als nicht plausibel erscheinen lassen.[426] Ein **Ermessensmissbrauch** oder **-nichtgebrauch** kann vorliegen, wenn sich die Kommission bei ihren Überlegungen allein auf ihre Leitlinien uä stützt und deren Einhaltung prüft, ohne darüber hinaus zu prüfen, ob die Einhaltung dieser Regelungen dazu führt, dass die mit der Begünstigung erhofften Vorteile die Nachteile der Wettbewerbsverzerrungen überwiegen; das gilt selbst dann, wenn in den Leitlinien uä sehr detaillierte und differenzierte Regelungen enthalten sind, solange diese Kriterien nur den Vorteil oder die durch die Wettbewerbsverzerrung hinnehmbaren Nachteile behandeln, nicht aber beide in Abwägung zu bringende Aspekte abdecken.[427]

119 Des Weiteren gibt es Anhaltspunkte in der Rechtsprechung, in oder neben der Ermessenskontrolle den Grundsatz der **Verhältnismäßigkeit** anzuwenden.[428] Es handelt sich um einen Grundsatz, der generell und deshalb auch bei staatlichen Beihilfen gilt,[429] und zwar nicht nur dann, wenn er in einer Mitteilung uä als Rechtmäßigkeitsanforderung aufgeführt ist.[430] Dabei verlangt die Rechtsprechung, dass eine Beihilfe für die Erreichung der Ziele in Art. 107 Abs. 3 a) bis d) AEUV geeignet und notwendig ist.[431] Zudem verlangt sie eine Abwägung zwischen den negativen Auswirkungen auf den Handel zwischen Mitgliedstaaten und den Wettbewerb einerseits und den positiven Auswirkungen auf die Ziele des Art. 107 Abs. 3 AEUV andererseits (oben Rn 116). Dafür haben sich Kriterien nach dem sog „More Economic Approach" herausgebildet (unten Rn 121).

120 Vor dem Hintergrund des Ermessens der Kommission und der zurückgenommenen gerichtlichen Kontrolle sind die zahlreichen Mitteilungen uä gerade im Bereich des Art. 107 Abs. 3 AEUV praktisch höchst bedeutsam. Diese Dokumente decken die Anwendung der Ausnahmen des Art. 107 Abs. 3 AEUV allerdings nicht vollständig ab. So gibt es Ausnahmetatbestände, für die keine oder nur in eingeschränktem Umfang generelle Aussagen der Kommission existieren. Eine Beihilfe kann andererseits auch dann rechtmäßig sein, wenn dazu keine Mitteilung uä der Kommission vorliegt.

---

421 EuGH, Rs. C-110/03 (Belgien/Kommission), Slg 2005, I-2801 Rn 67 mwN.

422 EuGH, Rs. C-91/01 (Italien/Kommission), Slg 2004, I-4355 Rn 43; Rs. C-372/97 (Italien/Kommission), Slg 2004, I-3679 Rn 83; Rs. C-409/00 (Spanien/Kommission), Slg 2003, I-1487 Rn 93; Rs. C-351/98 (Spanien/Kommission), Slg 2002, I-8031 Rn 74; EuG, Rs. T-137/02 (Pollmeier Malchow), Slg 2004, II-3541 Rn 52; Rs. T-110/97 (Kneissl Dachstein), Slg 1999, II-2881 Rn 46; Rs. T-149/95 (Ducros), Slg 1997, II-2031 Rn 63; Rs. T-380/94 (AIUFASS u.a.), Slg 1996, II-2169 Rn 56. Ferner *Bartosch*, EU-Beihilfenrecht, Einl. Rn 1 aE.

423 EuG, Rs. T-27/02 (Kronofrance), Slg 2004, II-4177 Rn 107; Rs. T-227/99 u.a. (Kvaerner Warnow Werft), Slg 2002, II-1205 Rn 92, 110.

424 EuGH, Rs. C-400/99 (Italien/Kommission), Slg 2005, I-3657 Rn 38; Rs. C-310/99 (Italien/Kommission), Slg 2002, I-2289 Rn 47; Rs. C-48/96 P (Windpark Groothusen), Slg 1998, I-2873 Rn 52; Rs. C-84/94 (Niederlande/Kommission), Slg 1996, I-5755 Rn 69.

425 EuGH, Rs. C-400/99 (Italien/Kommission), Slg 2005, I-3657 Rn 38; EuG, Rs. T-92/00 u.a. (Diputación Foral de Álava u.a.), Slg 2002, II-1385 Rn 84 mwN.

426 EuG, Rs. T-380/94 (AIUFASS u.a.), Slg 1996, II-2169 Rn 59.

427 EuG, Rs. T-304/08 (Smurfit Kappa/Kommission), Slg 2012, II-00 Rn 91 ff. Kritisch *Soltész*, EuZW 2013, 138.

428 ZB EuG, Rs. T-126/96 (BFM), Slg 1998, II-3437 Rn 101; Rs. T-9/98 (Mitteldeutsche Erdöl-Raffinerie), Slg 2001, II-3367 Rn 115; Rs. T-198/01 (Technische Glaswerke Ilmenau), Slg 2004, II-2717 Rn 209.

429 EuG, Rs. T-371/94 u.a. (British Airways u.a.), Slg 1998, II-2405 Rn 232.

430 Beispiel für Letzteres EuG, Rs. T-171/02 (Regione autonoma della Sardegna), Slg 2005, II-2123 Rn 117.

431 EuG, Rs. T-171/02 (Regione autonoma della Sardegna), Slg 2005, II-2123 Rn 103 mwN.

Nur lassen sich hier keine typisierenden Vorgaben der Kommission nutzen, vielmehr stehen die Auslegung des AEUV und die Einzelfallpraxis der Kommission im Vordergrund.[432]

c) Ökonomischer Ansatz nach dem sog. „More Economic Approach" und Bedeutung

121 Bei der Beurteilung der Rechtmäßigkeit einer Beihilfe im Sinne des Art. 107 Abs. 3 AEUV verfolgt die Kommission einen verbesserten ökonomischen Ansatz, den sog. „More Economic Approach", der auf eine ökonomische Detailanalyse abzielt.[433] Inhaltlich führt dieser Ansatz zu einer Abwägungsprüfung in drei Schritten, von denen die ersten beiden Schritte die positiven Folgen und der dritte die negativen Auswirkungen der Maßnahme betreffen (zur Verhältnismäßigkeit im Beihilfenrecht bereits oben Rn 116, 119). Erstens muss die Maßnahme einem genau definierten Ziel von gemeinsamem Interesse dienen (zB Wachstum, Beschäftigung oder Umwelt). Zweitens muss die Maßnahme geeignet zur Erreichung des verfolgten Ziels sein sowie erforderlich in dem Sinne, dass das Ziel mit geringeren Maßnahmen nicht erreicht werden kann. Im dritten Prüfungsschritt geht es um die Frage, ob die positiven Folgen der Maßnahme die durch die Maßnahme ebenfalls verursachten Handelsbeeinträchtigungen und Wettbewerbsverfälschungen überwiegen. Diesen Prüfungsmaßstab, den sog. „More Economic Approach", hat die Kommission in viele Mitteilungen uä eingeführt; er gelangt auch zum Einsatz, wenn eine Maßnahme (ohne eine Mitteilung uä) unmittelbar am Maßstab des Art. 107 Abs. 3 AEUV gemessen wird.[434]

d) Allgemeine Grundsätze und neues Prüfprogramm mit sieben Kriterien

122 Entsprechend der im Rahmen der Modernisierung des EU-Beihilfenrechts verfolgten Zielsetzung der Erarbeitung und Festlegung allgemeiner Grundsätze zur Beurteilung von Beihilfemaßnahmen im Bereich der allen Beihilfen gemeinsamen Merkmale (oben Rn 33) hat die Kommission ein Prüfprogramm entwickelt, welches **sieben Kriterien** enthält, die alle erfüllt sein müssen, damit die Kommission eine Beihilfemaßnahme für mit dem EU-Recht vereinbar einstuft. Dieses Prüfprogramm findet sich erstmals in den neuen Leitlinien für Regionalbeihilfen 2014-2020. Sie enthalten einen Abschnitt, der mit „Gemeinsame Grundsätze für die beihilferechtliche Würdigung" überschrieben ist.[435] Dort wird zunächst herausgestellt, dass es der Kommission bei der Prüfung der Vereinbarkeit einer angemeldeten Beihilfe mit dem EU-Recht im Allgemeinen darum geht, ob die Ausgestaltung der Maßnahme Gewähr dafür bietet, dass die positiven Auswirkungen der Beihilfe im Hinblick auf ein Ziel von gemeinsamem Interesse ihre möglichen negativen Auswirkungen auf Handel und Wettbewerb überwiegen.[436] Es folgt das Prüfprogramm mit den sieben Kriterien, jeweils mit einer Angabe, in welchem Abschnitt konkretisiert wird, was das für Regionalbeihilfen bedeutet.[437]

123 (1) Die Beihilfe muss einen Beitrag zu einem **genau definierten Ziel** von **gemeinsamem Interesse** im Sinne des Art. 107 Abs. 3 AEUV dienen; was das für Regionalbeihilfen bedeutet, wird in Abschnitt 3.2 der Leitlinien für Regionalbeihilfen 2014-2020 konkretisiert. (2) Die staatliche Maßnahme muss **erforderlich** sein, in dem Sinn, dass sie wesentliche Verbesserungen bewirken kann, die der Markt selbst nicht herbeiführen kann, zum Beispiel durch Behebung von Marktversagen oder Lösung eines Gleichheits- oder Kohäsionsproblems; was das für Regionalbeihilfen bedeutet, wird in Abschnitt 3.3 der Leitlinien für Regionalbeihilfen 2014-2020 konkretisiert. (3) Die staatliche Maßnahme muss **geeignet** sein, um das Ziel von gemeinsamem Interesse zu verwirklichen; was das für Regionalbeihilfen bedeutet, wird in Abschnitt 3.4 der Leitlinien für Regionalbeihilfen 2014-2020 konkretisiert. (4) Die Beihilfe muss einen **Anreizeffekt** entfalten, also dazu führen, dass die betreffenden Unternehmen ihr Verhalten ändern und zusätzliche Tätigkeiten aufnehmen, die sie ohne die Beihilfe nicht, nur in geringerem Umfang, auf andere Weise oder an einem anderen Stand-

432 *Koenig/Kühling/Ritter*, EG-Beihilfenrecht, 2. Aufl. 2005 Rn 214.
433 Dazu und zum Folgenden, mit Kritik, *Bartosch*, EU-Beihilfenrecht, Art. 87 Abs. 3 Rn 8 f.
434 *Bartosch*, EU-Beihilfenrecht, Art. 87 Abs. 3 Rn 8.
435 Ziff. 25 bis 29 der Leitlinien für Regionalbeihilfen 2014-2020. Fundstelle o. Abschnitt 1, A.
436 Ziff. 25 der Leitlinien für Regionalbeihilfen 2014-2020. Fundstelle o. Abschnitt 1, A.
437 Ziff. 26 der Leitlinien für Regionalbeihilfen 2014-2020. Fundstelle o. Abschnitt 1, A.

ort ausüben würden; was das für Regionalbeihilfen bedeutet, wird in Abschnitt 3.5 der Leitlinien für Regionalbeihilfen 2014-2020 konkretisiert. (5) Die Beihilfe muss **angemessen** sein, was bedeutet, dass der Beihilfebetrag auf das für die Förderung zusätzlicher Investitionen oder Tätigkeiten in dem betreffenden Gebiet erforderliche Minimum begrenzt sein muss; was das für Regionalbeihilfen bedeutet, wird in Abschnitt 3.6 der Leitlinien für Regionalbeihilfen 2014-2020 konkretisiert. (6) **Übermäßige negative Auswirkungen** auf den **Wettbewerb** und den **Handel** zwischen den Mitgliedstaaten müssen **vermieden** werden, was bedeutet, dass die negativen Auswirkungen der Beihilfe in einem ausreichenden Maß begrenzt sein müssen, damit die Gesamtbilanz der Maßnahme positiv ausfällt; was das für Regionalbeihilfen bedeutet, wird in Abschnitt 3.7 der Leitlinien für Regionalbeihilfen 2014-2020 konkretisiert. (7) Schließlich muss die **Transparenz** der Beihilfe gewährleistet sein, es müssen also die Mitgliedstaaten, die Kommission, die Wirtschaftsbeteiligten und die Öffentlichkeit einfachen Zugang zu allen einschlägigen Vorschriften und zu relevanten Informationen über die auf ihrer Grundlage gewährten Beihilfen haben; was das für Regionalbeihilfen bedeutet, wird in Abschnitt 3.8 der Leitlinien für Regionalbeihilfen 2014-2020 konkretisiert.

124 Bei bestimmten Gruppen von Beihilfen kann zudem eine **Ex-post-Evaluierung** verlangt werden;[438] was das für Regionalbeihilfen bedeutet, wird in Abschnitt 4 der Leitlinien für Regionalbeihilfen 2014-2020 konkretisiert. In solchen Fällen der Ex-post-Evaluierung kann die Kommission die Laufzeit der betreffenden Regelungen (in der Regel höchstens vier Jahre) begrenzen, wobei die Möglichkeit besteht, die Verlängerung der Regelungen anschließend zur Genehmigung anzumelden.[439] Zu den allgemeinen Grundsätzen rechnet die Kommission ferner (im Anschluss an die Rechtsprechung des EuGH) den Umstand, dass eine Beihilfe nicht für mit dem Binnenmarkt vereinbar erklärt werden kann, wenn sie oder die mit ihr verbundenen Bedingungen (einschließlich der Finanzierungsmethode, wenn diese Bestandteil der Beihilfemaßnahme ist) zu einem **Verstoß** gegen **(sonstiges) EU-Recht** führt bzw führen kann.[440] In diesem Zusammenhang hebt die Kommission die Relevanz von Verfahren wegen etwaiger Verstöße gegen die **kartellrechtlichen Bestimmungen** der Art. 101 und 102 AEUV hervor: In ihrer Bewertung der Vereinbarkeit jeder Einzelbeihilfe mit dem Binnenmarkt wird die Kommission allen Verfahren Rechnung ragen, die Zuwiderhandlungen gegen die kartellrechtlichen Bestimmungen des AEUV betreffen, von denen der Beihilfenempfänger betroffen sein könnte und die für die Bewertung der Kommission nach Art. 107 Abs. 3 AEUV bedeutsam sein könnten.[441]

e) Gruppenfreistellungen

aa) Überblick, Ermächtigungsverordnung und Bedeutung für den nationalen Rechtsanwender

125 Für einige Beihilfen hat die Kommission in Gruppenfreistellungsverordnungen (GVOen) generell die Rechtmäßigkeit der fraglichen Beihilfen gemäß Art. 107 Abs. 3 AEUV geregelt und sie von der Anmeldung gem. Art. 108 Abs. 3 S. 1 AEUV befreit (bereits oben Rn 19). Ursprünglich waren gem. Art. 1 Abs. 1 GVO-Ermächtigung Beihilfen zugunsten von kleinen und mittleren Unternehmen (KMU), Forschung und Entwicklung, Umweltschutzmaßnahmen, Beschäftigung und Ausbildung sowie Beihilfen für die von der Kommission für jeden Mitgliedstaat genehmigten Fördergebiete für Regionalbeihilfen von der Ermächtigung zum Erlass von Gruppenfreistellungen umfasst.[442] Auf dieser Grundlage hat die Kommission im Jahr 2008 die sog. allgemeine Gruppenfreistellungsverordnung (AGVO) erlassen, welche im Juni 2014 durch eine umfassende Neuregelung abgelöst wor-

438 Ziff. 27 der Leitlinien für Regionalbeihilfen 2014-2020. Fundstelle o. Abschnitt 1, A.
439 Ziff. 27 der Leitlinien für Regionalbeihilfen 2014-2020. Fundstelle o. Abschnitt 1, A.
440 Ziff. 28 der Leitlinien für Regionalbeihilfen 2014-2020. Fundstelle o. Abschnitt 1, A.
441 Ziff. 29 der Leitlinien für Regionalbeihilfen 2014-2020. Fundstelle o. Abschnitt 1, A.
442 Art. 1 Abs. 1 GVO-Ermächtigung. Fundstelle o. Abschnitt 1, A.

den ist (dazu unten Rn 126, 129-132).[443] Die AGVO aus dem Jahr 2008 enthielt erstmals in einer umfassenden Verordnung, was zuvor in mehreren Gruppenfreistellungsverordnungen geregelt war (dazu in der 1. Auflage Rn 92). Hinzugekommen sind seinerzeit einige Neuerungen[444] und in der neuen AGVO weitere Neuerungen (dazu unten Rn 129 f). Daneben gibt es für die Bereiche Landwirtschaft und Fischerei eigene Gruppenfreistellungsverordnungen, die GVO-Landwirtschaft und die GVO-Fischerei (dazu unten Rn 133-135). Zu den De-minimis-Beihilfen oben Rn 98-101.

Eine Ausweitung des Katalogs der GVO-Ermächtigung, die ein Teil der Modernisierung des EU-Beihilfenrechts ist (oben Rn 32 ff), ermächtigt zu Freistellungen in weiteren Bereichen. Demnach sind folgende Beihilfebereiche hinzugekommen, in denen der Rat der Kommission Gruppenfreistellungen ermöglicht:[445] Innovationen (in Ergänzung zu Forschung und Entwicklung), der Kulturbereich, die Bewältigung der Folgen von Naturkatastrophen, die Bewältigung der Folgen bestimmter widriger Witterungsverhältnisse im Fischereisektor, die Forstwirtschaft, die Förderung von nicht in Anhang 1 des AEUV aufgeführten Erzeugnissen im Nahrungsmittelbereich, die Erhaltung der lebenden Meeres- und Süßwasserressourcen, der Sportbereich, Sozialbeihilfen für die Beförderung der Einwohner entlegener Gebiete, bestimmte Maßnahmen im Bereich der Breitbandinfrastruktur, schließlich Maßnahmen zum Ausbau der Infrastruktur zugunsten aller vorgenannten, in der GVO-Ermächtigung aufgeführten Beihilfen mit Gruppenfreistellungen. Auf der Grundlage dieser neuen GVO-Ermächtigung aus dem Jahr 2013 hat die Kommission im Juni 2014 eine neue AGVO mit einer umfassenden Neuregelung erlassen, die die Vorgängerfassung der AGVO aus dem Jahr 2008, deren Geltung bis zum 30. Juni 2014 verlängert worden war, ablöst (dazu oben Rn 125 und unten Rn 129-132). Die Gründe für die Neuerungen ergeben sich aus den Erwägungsgründen der Verordnung 733/2013 zur Änderung der GVO-Ermächtigung.[446] Sie sind teils unterschiedlich, vielfach ähnlich (näher oben Rn 105 und unten Rn 134 f, 150, 153, 157, 159). Zusammengefasst gehört zu den Gründen, ob bestimmte Maßnahmen, die von den Mitgliedstaaten finanziell gefördert werden, aus Unionssicht positiv zu bewerten sind, ferner, ob es sich um geringfügige Beträge handelt und Auswirkungen auf den Handel zwischen den Mitgliedstaaten und den Wettbewerb gering sind. Des Weiteren spielt eine Rolle, ob sich der Umgang mit Beihilfenaktivitäten für eine allgemeine Regelung in einer AGVO eignet oder ob sie eher der Einzelfallbetrachtung durch die Kommission vorbehalten bleiben sollten. 126

Die in Art. 1 Abs. 1 a) xiv) GVO-Ermächtigung enthaltene Freistellungsmöglichkeit zugunsten von Infrastrukturmaßnahmen bezieht sich auf Beihilfen für den Ausbau von Infrastruktur zur Unterstützung von sämtlichen der in Art. 1 Abs. 1 a) i) bis xiii) GVO-Ermächtigung genannten Bereiche bzw der mit den Freistellungen in diesen Bereichen verfolgten Ziele, ferner Beihilfen für Maßnahmen zum Ausbau von Infrastruktur zur Unterstützung der von der Kommission für jeden Mitgliedstaat zur Gewährung von Regionalbeihilfen genehmigten Fördergebiete gemäß Art. 1 Abs. 1 b) GVO-Ermächtigung bzw der damit verfolgten Ziele, schließlich Beihilfen für den Ausbau von Infrastruktur zur Unterstützung anderer Ziele von gemeinsamem europäischem Interesse, insbesondere der Ziele von Europa 2020. Grund für die Aufnahme dieses Bereichs in den Katalog der GVO-Ermächtigung ist nach den Erläuterungen in den Begründungserwägungen zur GVO-Ermächtigung,[447] dass verschiedene Maßnahmen im Infrastrukturbereich schon nicht als Beihilfe einzustufen sind, etwa mangels wirtschaftlicher Tätigkeit der Empfänger, mangels Auswirkung der Maßnahme auf den Handel zwischen den Mitgliedstaaten oder weil die Maßnahme in einem Ausgleich für eine Leistung von allgemeinem wirtschaftlichem Interesse besteht, die die Kriterien der 127

443 Fundstelle o. Abschnitt 1, A. Vorgängerfassung Verordnung Nr. 800/2008 ABl. L 214 v. 9. August 2008, S. 13, verlängert bis zum 30. Juni 2014, ABl. L 320 v. 29. November 2013, S. 22. Überblick und Einzelheiten zur Vorgängerfassung der AGVO bei *Schweda,* in: Heidenhain (Hrsg.), European State Aid Law, 2010, § 14 Rn 81-85; *Zuleger,* in: Heidenhain (Hrsg.), ebd, § 21 Rn 1 ff.

444 *Bartosch*, EU-Beihilfenrecht, VO 800/2008 Rn 3.

445 Art. 1 Abs. 2 ii) und v) bis xiv) VO 733/2013. Fundstelle o. Abschnitt 1, A. Dazu auch *Soltész*, EuZW 2014, 95.

446 Fundstelle o. Abschnitt 1, A.

447 Verordnung Nr. 733/2013, 14. Begrerw. Fundstelle o. Abschnitt 1, A.

Altmark-Rechtsprechung des EuGH erfüllt (zu dieser Rechtsprechung oben Rn 89). Soweit die Finanzierung von Infrastruktur als Beihilfe einzustufen ist, sind die Mitgliedstaaten grundsätzlich verpflichtet, sie bei der Kommission anzumelden. Sofern jedoch kleine Beihilfebeträge für Infrastrukturprojekte in effizienter Weise zur Unterstützung von Unionszielen beitragen, damit Kosten minimiert werden und die potentiellen Wettbewerbsverfälschungen begrenzt sind, soll die Kommission die Möglichkeit haben, entsprechende staatliche Beihilfen für Infrastrukturprojekte für mit dem EU-Beihilfenrecht vereinbar zu erklären und die Mitgliedstaaten von der Pflicht zur Anwendung dieser Beihilfen bei der Kommission freizustellen. Davon erfasst werden könnte auch die Unterstützung für Projekte, die Netze oder Einrichtungen für mehrere Sektoren umfassen, bei denen relativ geringe Beihilfebeträge notwendig sind. Gruppenfreistellungen in diesem Bereich sollen allerdings nur für Infrastrukturprojekte gewährt werden, bei denen die Kommission ausreichend Erfahrung hat, um klare und strenge Kriterien für die Vereinbarkeit mit dem Binnenmarkt festzulegen, mit denen gewährleistet wird, dass die Gefahr möglicher Wettbewerbsverfälschungen begrenzt ist und dass große Beihilfebeträge weiterhin der Pflicht der Mitgliedstaaten zur Anmeldung bei der Kommission gem. Art. 108 Abs. 3 AEUV unterliegen.

128 Da die Mitgliedstaaten überprüfen müssen, ob die Voraussetzungen für die Ausnahme erfüllt sind (oben Rn 45, unten Rn 172), sind die in GVOen geregelten Beihilfen für den nationalen Rechtsanwender von besonderer praktischer Bedeutung. Sie sind daher vorrangig vor den übrigen Ausnahmemöglichkeiten zu prüfen, die durch das Ermessen und das Kontrollrecht der Kommission geprägt sind.[448] Im Falle der Nichterfüllung der Vereinbarkeitsvoraussetzungen der AGVO fällt die gewährte Beihilfe nicht unter die AGVO und stellt daher eine rechtswidrige Beihilfe dar, die von der Kommission im einschlägigen Verfahren nach der BeihVerfVO geprüft wird (unten Rn 215-242).[449]

bb) Allgemeine Gruppenfreistellungsverordnung

129 Die (neue) allgemeine Gruppenfreistellungsverordnung (AGVO) mit einem Umfang von knapp 80 Seiten (in der deutschen Sprachfassung), enthält der Struktur nach einen allgemeinen und einen besonderen Teil: Der **allgemeine Teil** umfasst gemeinsame Bestimmungen für alle der AGVO unterfallende Beihilfen. Dazu gehören Regelungen zum Geltungsbereich, die im Einzelnen den Anwendungsbereich der AGVO festlegen, mit Ausnahmen zugunsten vorrangiger Beihilfenregelungen sowie mit Gegenausnahmen (Art. 1 AGVO),[450] des Weiteren umfangreiche Begriffsbestimmungen einschließlich solcher für bestimmte Beihilfegruppen (Art. 2 AGVO), ferner die grundlegende Festlegung, dass Beihilfen von der Anmeldepflicht befreit sind, wenn sie die allgemeinen und besonderen Voraussetzungen der AGVO erfüllen (Art. 3 AGVO), weiter Anmeldeschwellen (Art. 4 AGVO), Vorgaben zur Transparenz der Beihilfe, bei denen es der Sache nach um die Bestimmbarkeit der Beihilfe ohne Risikobewertung geht (Art. 5 AGVO). des Weiteren Kriterien für die Ermittlung des Anreizeffekts einer Beihilfe (Art. 6 AGVO), Vorgaben zur Bestimmung der Beihilfenintensität (Art. 7 AGVO), Vorgaben für den Fall der Kumulierung mehrerer Beihilfen (Art. 8 AGVO), die Verpflichtung der Mitgliedstaaten zur Pflege einer ausführlichen Beihilfe-Website auf nationaler oder regionaler Ebene (Art. 9 AGVO), die Möglichkeit der Kommission zum Entzug des Rechtsvorteils der Gruppenfreistellung als Sanktion im Verstoßfall (Art. 10 AGVO), Berichterstattungs- und weitere Monitoringpflichten der Mitgliedstaaten (Art. 11 f AGVO), schließlich die Aufhebung der Vorgängerfassung der AGVO sowie Übergangsbestimmungen (Art. 57 f AGVO).

130 Der **besondere Teil** der AGVO besteht aus dem mit „Besondere Bestimmungen für einzelne Beihilfegruppen“ überschriebenen Kapitel III der AGVO und umfasst Art. 13 bis 56. Im Einzelnen finden sich dort, aufgeteilt in 13 Abschnitte, Regelungen unterschiedlichen Umfangs zu folgenden Gruppen von Beihilfen: Regionalbeihilfen (Art. 13-16 AGVO), Beihilfen für KMU und zur Erschließung

448 Vgl auch *Koenig/Kühling/Ritter*, EG-Beihilfenrecht, 2. Aufl. 2005 Rn 211.
449 Verordnung Nr. 651/2014, 29. Begrerw. Satz 4, Fundstelle o. Abschnitt 1, A.
450 Vgl. dazu die Erläuterungen in VO 651/2014, 9. bis 14. Begrerw., Fundstelle o. Abschnitt 1, A.Zur Vorgängerfassung der AGVO *Bartosch*, EU-Beihilfenrecht, Art. 1 VO 800/2008 Rn 1 ff.

von KMU-Finanzierungen (Art. 17-24 AGVO), Beihilfen für Forschung, Entwicklung und Innovation (Art. 25-30 AGVO), Ausbildungs- und Beschäftigungsbeihilfen (Art. 31-35 AGVO), Umweltschutzbeihilfen (Art. 36-49 AGVO), Beihilfen zur Bewältigung der Folgen bestimmter Naturkatastrophen (Art. 50 AGVO), Sozialbeihilfen für die Beförderung von Einwohnern entlegener Gebiete (Art. 51 AGVO), Beihilfen für Breitbandinfrastrukturen (Art. 52 AGVO), Beihilfen für Kultur und die Erhaltung des kulturellen Erbes (Art. 53 f AGVO), Beihilfen für Sportinfrastrukturen und multifunktionale Freizeitinfrastrukturen (Art. 55 AGVO), schließlich Beihilfen für lokale Infrastrukturen (Art. 56 AGVO).

Des Weiteren enthält die AGVO drei **Anhänge**, einen zur Definition der kleinen und mittleren 131
Unternehmen (dazu unten Rn 132), einen mit Mustern sowie einen mit Bestimmungen für die Veröffentlichung von beihilferelevanten Informationen.[451] Diverse Erläuterungen, die zum Verständnis der Regelungen der AGVO beitragen, finden sich in den vergleichsweise umfangreichen **Begründungserwägungen** der AGVO, darunter Erläuterungen zu Grundlagen und zum allgemeinen Teil der AGVO, angefangen von der Historie der Gruppenfreistellungen, der zentralen Bedeutung der Überarbeitung der AGVO im Rahmen der Modernisierung des EU-Beihilfenrechts, den damit verbundenen Zielen und der Struktur der neuen AGVO, über Erläuterungen zum Anwendungsbereich der AGVO und die aus der AGVO resultierenden mitgliedstaatlichen (Verfahrens-)Pflichten, bis hin zu Erläuterungen der Sach- bzw. Hintergründe für die übergreifenden, für alle Gruppen geltenden inhaltlichen bzw. materiellen Anforderungen an die Behandlung einer Beihilfe nach der AGVO.[452] Es folgen Erläuterungen zu den besonderen Bestimmungen für einzelne Beihilfegruppen [453] darunter zu den Regelungen der Art. 36 bis 49 AGVO für Umweltschutzbeihilfen (einschließlich Energie), die den größten Umfang in der AGVO einnehmen.[454] Einen vergleichsweise größeren Raum in der AGVO nehmen auch die Begründungserwägungen zu den Regionalbeihilfen [455] und zu den Beihilfen für Forschung, Entwicklung und Innovation[456] ein. Im Vergleich dazu fallen etwa die Begründungserwägungen zu den Regelungen der Art. 31 bis 35 AGVO für Ausbildungsbeihilfen und für Beschäftigungsbeihilfen im Falle benachteiligter Arbeitnehmer und Arbeitnehmer mit Behinderungen eher kurz aus.[457] Die weiteren Begründungserwägungen betreffen KMU (dazu unten Rn 132) sowie die sonstigen der AGVO unterfallenden Beihilfegruppen.[458]

Für mehrere der nach der AGVO freistellbaren Beihilfen ist die Eigenschaft als **kleines oder mittleres Unternehmen (KMU)** entscheidend. Dem liegt die Erkenntnis zugrunde, dass KMU einerseits 132
gegenüber Großunternehmen strukturell benachteiligt sind, weil es für sie schwieriger ist auf den Finanzmärkten Finanzierungsmittel zu erlangen, KMU aber andererseits eine große Bedeutung für die wirtschaftliche Entwicklung, die Schaffung von Arbeitsplätzen und die Gewährleistung sozialer Stabilität haben.[459] Im Einzelnen enthält die AGVO einen eigenen Abschnitt zu KMU-Beihilfen (mit dazu gehörigen Begriffsbestimmungen in Art. 2 Nr. 62-65 AGVO), und zwar für Investitionsbeihilfen (Art. 17 AGVO), für die Inanspruchnahme von Beratungsdiensten (Art. 18 AGVO), für die Teilnahme an Messen (Art. 19 AGVO) und für Kooperationskosten bei der Teilnahme an Projekten der europäischen territorialen Zusammenarbeit (Art. 20 AGVO). Ein weiterer Abschnitt enthält Regelungen für Beihilfen zur Erschließung von KMU-Finanzierungen (mit dazu gehörigen Begriffsbestimmungen in Art. 2 Nr. 66-82 AGVO), und zwar für Risikofinanzierungen (Art. 21 AGVO), für Unternehmensneugründungen (Art. 22 AGVO), für auf KMU spezialisierte Handelsplattformen (Art. 23 AGVO) sowie für Scouting-Kosten (Art. 24 AGVO). Bei weiteren Beihilfen

451 Zur Vorgängerfassung der AGVO ebd. Rn 3.
452 Verordnung Nr. 651/2014, 1. bis 30. Begrerw., Fundstelle o. Abschnitt 1, A.
453 Verordnung Nr. 651/2014, 31. bis 76. Begrerw., Fundstelle o. Abschnitt 1, A.
454 Verordnung Nr. 651/2014, 55. bis 68. Begrerw., Fundstelle o. Abschnitt 1, A.
455 Verordnung Nr. 651/2014800/2008, 31. bis 39. Begrerw., Fundstelle o. Abschnitt 1, A.
456 Verordnung Nr. 651/2014, 45. bis 51 Begrerw., Fundstelle o. Abschnitt 1, A.
457 Verordnung Nr. 651/2014, 52. bis 54 Begrerw., Fundstelle o. Abschnitt 1, A.
458 Verordnung Nr. 651/2014, 69. bis 76. Begrerw., Fundstelle o. Abschnitt 1, A.
459 Verordnung Nr. 651/2014, 40. Begrerw., Fundstelle o. Abschnitt 1, A.

erlaubt die KMU-Eigenschaft des Begünstigten Aufschläge auf die zulässige Beihilfenhöhe[460] oder ist in sonstiger Weise bedeutsam, wie zB die Regelung Art. 28 AGVO zu Innovationsbeihilfen für KMU zeigt. Ein kleines oder mittleres Unternehmen (KMU) liegt ausweislich der – auf der einschlägigen Empfehlung aus dem Jahr 2003 beruhenden – Definition[461] in Anhang I zur AGVO vor, wenn 3 kumulative Kriterien erfüllt sind: (1) Die Beschäftigungszahl liegt unter 250. (2) Der Jahresumsatz beträgt maximal € 50 Millionen oder die Jahresbilanzsumme maximal € 43 Millionen. (3) Das Unternehmen ist unabhängig. Dies ist der Fall, wenn sich weniger als 25 % des Kapitals oder der Stammanteile des Unternehmens im Besitz eines oder mehrerer Unternehmen befindet, die nicht als klein oder mittel eingestuft werden können.[462] Ausweislich der Begründungserwägungen zur AGVO liegt der Bestimmung der KMU in Anhang I zur AGVO (aus Gründen der Erleichterung und Vereinheitlichung der Rechtsanwendung) die Begriffsbestimmung in einer entsprechenden Kommissionsempfehlung von 2003 zugrunde,[463] welche für KMU-Beihilfen außerhalb des Anwendungsbereichs der AGVO bedeutsam bleibt.[464] Während die Verbindlichkeit der Zahlen der KMU-Empfehlung von 2003 nicht ganz klar ist, weil es sich einerseits der Eigenart nach um eine Empfehlung handelt, die andererseits in der L-Reihe des Amtsblattes veröffentlicht wurde (vgl zur Bindung auch oben Rn 30), ist die Bindung bei einer entsprechenden Festlegung in einer Verordnung wegen ihrer Rechtsverbindlichkeit grundsätzlich strikt, solange die Verordnung (dem Rechtsanwender) keinen Spielraum belässt.[465]

cc) Landwirtschaft und Fischerei

133 Für den Bereich der Landwirtschaft und den der Fischerei gibt es, neben der GVO-De-minimis Landwirtschaft und der GVO-De-minimis Fischerei (dazu oben Rn 101) eigene Gruppenfreistellungsverordnungen, die GVO-Landwirtschaft und die GVO-Fischerei.[466] Im Einzelnen hat die Kommission im Juni 2014 eine neue GVO-Landwirtschaft erlassen.[467] Im Unterschied dazu ist die Neufassung der GVO-Fischerei noch nicht fertig. Die Kommission hat den Entwurf einer entsprechenden GVO-Fischerei Anfang August 2014 veröffentlicht[468] und strebt den Erlass der Neufassung bis Ende 2014 an.[469] Sowohl im Bereich Landwirtschaft (dazu unten Rn 134) als auch im Bereich der Fischerei (dazu unten Rn 135) sind Neuerungen in der 2013 überarbeiteten GVO-Ermächtigung enthalten, die die Grundlage für die bereits abgeschlossene Überarbeitung der GVO-Landwirtschaft und die noch laufende Überarbeitung der GVO-Fischerei bilden.

134 Im Bereich der **Landwirtschaft** ermächtigt die 2013 überarbeitete GVO-Ermächtigung die Kommission bei folgenden neu hinzugekommen Gruppen von Beihilfen, diese mit dem AEUV für vereinbar zu erklären und dementsprechend die Mitgliedstaaten von der Pflicht zur Anmeldung bei der Kommission freizustellen: Beihilfen für die Forstwirtschaft (Art. 1 Abs. 1 a) viii) GVO-Ermächtigung) und Beihilfen zur Förderung von bestimmten, nicht in Anhang I des AEUV aufgeführten Erzeugnissen im Nahrungsmittelsektor (Art. 1 Abs. 1 a) ix) GVO-Ermächtigung). Grund für die Aufnahme dieser beiden Bereiche in den Katalog der GVO-Ermächtigung ist nach den Erläuterungen in den Begründungserwägungen zur GVO-Ermächtigung,[470] dass vor dem Hintergrund des Art. 42 AEUV

460 Zur Vorgängerfassung der AGVO *Bartosch*, EU-Beihilfenrecht, Art. 1 VO 800/2008 Rn 6.
461 Vgl. den entsprechenden Verweis in VO Nr. 651/2014, 30. Begrerw. auf die Empfehlung 2003/361/EG der Kommission v. 6. Mai 2003, Fundstellen o. Abschnitt 1, A.
462 Näher *Bartosch*, EU-Beihilfenrecht, VO 800/2008 Rn 6 f. Ausführlich zu Beihilfen für klein eund mittlere Unternehmen *Johann*, in: Birnstiel/Bungenberg/Heinrich (Hrsg.), Europäisches Beihilfenrecht 2013, Kap. 1 Rn 1827-1870.
463 Verordnung Nr. 651/2014, 30. Begrerw., Fundstelle o. Abschnitt 1, A.
464 *Johann*, in: Birnstiel/Bungenberg/Heinrich (Hrsg.), Europäisches Beihilfenrecht 2013, Kap. 1 Rn 1829.
465 Dazu auch *Johann*, in: Birnstiel/Bungenberg/Heinrich (Hrsg.), Europäisches Beihilfenrecht 2013, Kap. 1 Rn 1829 a.E.
466 Fundstellen o. Abschnitt 1, A.
467 VO Nr. 702/2014. Fundstelle o. Abschnitt 1, A.
468 ABl. C 258 vom 8. August 2014, S. 1. S. auch Fundstelle o. Abschnitt 1, A.
469 Vgl http://ec.europa.eu/fisheries/state_aid/index_de.htm.
470 Verordnung Nr. 733/2013, 9. Begrerw. Fundstelle o. Abschnitt 1, A.

(dazu oben Rn 10) Beihilfen zugunsten der Forstwirtschaft und Beihilfen zur Förderung von in Anhang I des AEUV nicht aufgeführten Erzeugnissen im Nahrungsmittelbereich nach der ursprünglichen Fassung der GVO-Ermächtigung nur dann von der Pflicht des Mitgliedstaats zur Anmeldung bei der Kommission freigestellt werden konnten, wenn sie sich auf KMU beschränkten. Deshalb soll durch die Neuregelung die Kommission die Möglichkeit erhalten, bestimmte Arten von Beihilfen zugunsten der Forstwirtschaft, einschließlich Beihilfen, die in Programmen zur Entwicklung des ländlichen Raums enthalten sind, sowie jene zugunsten von Absatzförderungs- und Werbemaßnahmen für nicht in Anhang I des AEUV aufgeführte Erzeugnisse im Nahrungsmittelsektor von der Verpflichtung der Mitgliedstaaten zur Anmeldung der Beihilfe bei der Kommission freizustellen, wenn nach Erfahrung der Kommission die Wettbewerbsverfälschungen in diesen Bereichen gering sind und eindeutige Voraussetzungen für die Vereinbarkeit mit dem Binnenmarkt festgelegt werden können. Die auf dieser Grundlage im Juni 2014 erlassene GVO-Landwirtschaft (oben Rn 153) umfasst 52 Artikel und 3 Anhänge über rund 70 Seiten (in der deutschen Sprachfassung) und fällt mithin recht umfangreich aus.

Im Bereich der **Fischerei** ermächtigt die 2013 überarbeitete GVO-Ermächtigung die Kommission 135 bei folgenden neu hinzugekommen Gruppen von Beihilfen, diese mit dem AEUV für vereinbar zu erklären und dementsprechend die Mitgliedstaaten von der Pflicht zur Anmeldung bei der Kommission freizustellen: Beihilfen für den Fischereisektor zur Bewältigung der Folgen bestimmter widriger Witterungsverhältnisse (Art. 1 Abs. 1 a) vii) GVO-Ermächtigung) und Beihilfen zur Erhaltung der lebenden Meeres- und Süßwasserressourcen (Art. 1 Abs. 1 a) x) GVO-Ermächtigung). Grund für die Aufnahme der Fischereibeihilfen wegen Witterungsverhältnissen in den Katalog der GVO-Ermächtigung ist nach den Erläuterungen in den Begründungserwägungen zur GVO-Ermächtigung,[471] dass die Beihilfen in diesem Bereich in der Regel gering sind und eindeutige Voraussetzungen für ihre Vereinbarkeit mit dem Binnenmarkt festgelegt werden können. Die bereits nach der Ursprungsfassung der GVO-Ermächtigung gegebene Möglichkeit, KMU-Beihilfen freizustellen, erweist sich insoweit als unzureichend, als auch große Unternehmen im Fischereisektor durch widrige Witterungsverhältnisse betroffen sein können. nach der Erfahrung der Kommission bewirken derartige Beihilfen keine wesentlichen Wettbewerbsverfälschungen. Grund für die Aufnahme der Beihilfen zur Erhaltung der lebenden Meers- und Süßwasserressourcen in den Katalog der GVO-Ermächtigung ist nach den Erläuterungen in den Begründungserwägungen zur GVO-Ermächtigung,[472] dass vor dem Hintergrund des Art. 7 der Verordnung Nr. 1198/2006 über den Europäischen Fischereifonds (jetzt Art. 8 VO Nr. 508/2014) Beihilfen der Mitgliedstaaten an Unternehmen im Fischereisektor an Art. 107 bis 109 AEUV zu messen sind, nicht aber finanzielle Beiträge, die gemäß und in Übereinstimmung mit der Verordnung Nr. 1198/2006 über den Europäischen Fischereifonds (jetzt VO Nr. 508/2014) geleistet werden (zur Kofinanzierung bereits oben Rn 2). Weitere staatliche Beihilfen für die Erhaltung der lebenden Meers- und Süßwasserressourcen haben in der Regel nur geringe Auswirkungen auf den Handel zwischen den Mitgliedstaaten, leisten einen Beitrag zu den Zielen der Union im Bereich der Meeres- und Fischereipolitik und bewirken keine schwerwiegenden Wettbewerbsverfälschungen. Die gewährten Beträge sind normalerweise gering und für die Vereinbarkeit mit dem Binnenmarkt können eindeutige Voraussetzungen festgelegt werden. Der auf dieser Grundlage im August 2014 veröffentlichte Entwurf einer neuen GVO-Fischerei (oben Rn 153) fällt mit 46 Artikeln und 3 Anhängen über rund 28 Seiten (in der deutschen Sprachfassung) schlanker als die GVO-Landwirtschaft aus. Art. 30 AGVO enthält Regelungen zur Freistellung von Forschungs- und Entwicklungsbeihilfen für Fischerei und Aquakultur (*unten Rn 139*).

471 Verordnung Nr. 733/2013, 8. Begrerw. Fundstelle o. Abschnitt 1, A.
472 Verordnung Nr. 733/2013, 10. Begrerw. Fundstelle o. Abschnitt 1, A

f) Horizontale und regionale Beihilfen

aa) Abgrenzung und beihilfenrechtliche Maßstäbe

136 Die Kommission unterscheidet zwischen **horizontalen** und **sektoralen** Beihilfen. Horizontale Beihilfen sind tendenziell eher rechtfertigungsfähig als sektorale, weshalb sich der Gruppenbildung der Kommission Tendenzen entnehmen lassen. Der Kreis der sog. „horizontalen Beihilfen" – in Abgrenzung zu den sektoralen Beihilfen – hat sich im Laufe der Jahre verändert. Zu ihren Kerngruppen zählen die Forschung und Entwicklung, die kleinen und mittleren Unternehmen, der Umweltschutz, sowie die Ausbildung und Beschäftigung. **Regionale** Beihilfen bildeten ursprünglich eine eigene Gruppe, die von der Gruppe der horizontalen Beihilfen abgegrenzt wurde.[473] In neueren Definitionen und Statistiken der Kommission bilden regionale Beihilfen dagegen eine Untergruppe der horizontalen Beihilfen.[474] Dementsprechend finden sie sich in der von der Kommission zur Verfügung gestellten Zusammenstellung der im Beihilfenrecht geltenden Bestimmungen als eine von mehreren Teilgruppen der horizontalen Beihilfen.[475] In der Sache sind Beihilfen mit regionalen Zielsetzungen in der Regel horizontaler Natur, wenn sie nicht auf einen bestimmten Sektor beschränkt sind. Ein Beispiel für Letzteres liefert die Sondervorschrift im Multisektoralen Regionalbeihilferahmen zum Stahlsektor (dazu unten Rn 148). Insgesamt besteht die Erkenntnis, dass eine strenge Angrenzung zwischen sektoralen und nichtsektoralen Beihilfen nicht möglich ist, zB Regionalbeihilfen negative sektorale Wirkungen haben können und umgekehrt.[476]

137 Die Rechtmäßigkeit horizontaler Beihilfen ist regelmäßig am Maßstab des Art. 107 Abs. 3 c) AEUV zu beurteilen (Förderung der Entwicklung gewisser Wirtschaftszweige oder Wirtschaftsgebiete), wobei diese Vorschrift gleichermaßen auch regionale und sektorale Beihilfen betreffen kann.[477] In Betracht kommen aber auch andere Tatbestände des Art. 107 Abs. 3 AEUV. So werden Beihilfen für die Forschung und Entwicklung regelmäßig auf Art. 107 Abs. 3 c) AEUV (Förderung der Entwicklung gewisser Wirtschaftszweige oder Wirtschaftsgebiete) gestützt, aber auch auf Art. 107 Abs. 3 b) AEUV (Förderung wichtiger Vorhaben von gemeinsamem europäischem Interesse).[478] Mitgliedstaatliche Beihilfen für die Forschung und Entwicklung sind grundsätzlich positiv zu bewerten.[479] Die Ausrichtung der Politik der Union auf eine Förderung der Forschung und Entwicklung gemäß Art. 173 Abs. 1, Art. 179 Abs. 1 AEUV zeigt, dass ein gemeinsames europäisches Interesse bestehen kann.[480] Der Forschung und Entwicklung vergleichbar werden Beihilfen zur Förderung des Umweltschutzes auf Art. 107 Abs. 3 c) AEUV V, oder auf Art. 107 Abs. 3 b) AEUV gestützt.[481] Mögliche Rechtsgrundlagen für die Genehmigung von Beihilfen zur Förderung von Risikokapital bilden Art. 107 Abs. 3 a) (Förderung der Entwicklung von Gebieten mit außergewöhnlich niedriger Lebenshaltung oder erheblicher Unterbeschäftigung), c) (Förderung wichtiger Vorhaben von gemeinsamem europäischem Interesse) oder d) (Förderung der Kultur und der Erhaltung des kulturellen Erbes) AEUV.[482] Für eine Reihe horizontaler Beihilfen gibt es spezifische Vorgaben über die Art, Höhe und Dauer der zulässigen Beihilfen (nachfolgend Rn 138-142).

bb) Ausbildung und Beschäftigung

138 Für den Ausbildungsbereich finden sich Regelungen in Art. 31 AGVO, die die Bestimmungen der Art. 38 f der Vorgängerfassung aus dem Jahr 2008 ablösen (oben Rn 129), sowie in einer Mittei-

---

473 Kommission, Beihilfenanzeiger, KOM (2001), 412 endg., S. 24.
474 Erstmals Kommission, Anzeiger für staatliche Beihilfen – Frühjahrsausgabe 2003 –, KOM (2003) 225 endg., S. 21.
475 Compilation, E.4; dazu o. Rn 23.
476 *v. Wallenberg/Schütte*, in: Grabitz/Hilf/Nettesheim (Hrsg.), Recht der EU, Okt. 2011, Art. 107 AEUV Rn 177.
477 *v. Wallenberg/Schütte*, in: Grabitz/Hilf/Nettesheim (Hrsg.), Recht der EU, Okt. 2011, Art. 107 AEUV Rn 177.
478 *Mestmäcker/Schweitzer*, Europäisches Wettbewerbsrecht, § 44 Rn 43.
479 Ebd. Rn 42.
480 Ebd. Rn 41.
481 Ebd. Rn 51.
482 Ebd. Rn 53.

lung der Kommission aus dem Jahr 2009.[483] Für die Beihilfen zur Beschäftigung benachteiligter und behinderter Arbeitnehmer finden sich Regelungen in Art. 32 bis 35 AGVO, die die Regelungen der Art. 40-42 der Vorgängerfassung der AGVO aus dem Jahr 2008 ablösen (oben Rn 129), ferner in einer Mitteilung der Kommission aus dem Jahr 2009.[484] Im Einzelnen betrifft Art. 32 AGVO Beihilfen in Form von Lohnkostenzuschüssen für die Einstellung benachteiligter Arbeitnehmer, Art. 33 AGVO Beihilfen in Form von Lohnkostenzuschüssen für die Beschäftigung von Arbeitnehmern mit Behinderungen, Art. 34 AGVO Beihilfen zum Ausgleich der durch die Beschäftigung von Arbeitnehmern mit Behinderungen verursachten Mehrkosten, schließlich Art. 35 AGVO Beihilfen zum Ausgleich der Kosten für die Unterstützung benachteiligter Arbeitnehmer.

cc) Forschung, Entwicklung und Innovation

Für die Beihilfen im Bereich der Forschung, Entwicklung und Innovation finden sich Regelungen in Art. 25-30 AGVO sowie im Unionsrahmen aus dem Jahr 2014, der die Vorgängerfassung aus dem Jahr 2006 ablöst.[485] Bedeutsam im Zusammenhang mit den Gruppenfreistellungen ist eine Änderung der GVO-Ermächtigung: Danach darf die Kommission, neben der bislang bereits vorhandenen Möglichkeit zur Freistellung von Forschungs- und Entwicklungsbeihilfen von der Anmeldepflicht, nunmehr auch Innovationsbeihilfen von der Anmeldepflicht freistellen, wie sich aus der Neufassung des Art. 1 Abs. 1 a) ii) GVO-Ermächtigung ergibt. Begründet wird das damit, dass Innovationen durch die Leitinitiative der Strategie „Europa 2020“ an politischer Priorität gewonnen haben und zudem zahlreiche im Innovationsbereich durchgeführte Beihilfemaßnahmen einen vergleichsweise geringen Umfang haben und keine wesentlichen Wettbewerbsverfälschungen verursachen.[486] Die auf die GVO-Ermächtigung gestützte neue AGVO aus dem Jahr 2014 (oben Rn 129-132) enthält im Einzelnen (mit Erläuterungen in der 45. bis 51. Begrerw.) in Art. 25 AGVO Regelungen zur Freistellung von Beihilfen für Forschungs- und Entwicklungsvorhaben, in Art. 26 AGVO Regelungen zur Freistellung von Investitionsbeihilfen für Forschungsinfrastrukturen, in Art. 27 AGVO Regelungen zur Freistellung von Beihilfen für Innovationscluster, in Art. 28 AGVO Regelungen zur Freistellung von Innovationsbeihilfen für KMU, in Art. 29 AGVO Regelungen zur Freistellung von Beihilfen für Prozess- und Organisationsinnovationen sowie in Art. 30 AGVO Regelungen zur Freistellung von Forschungs- und Entwicklungsbeihilfen für Fischerei und Aquakultur. Der neue, Ende Juni 2014 veröffentlichte Unionsrahmen für staatliche Beihilfen zur Förderung von Forschung, Entwicklung und Innovation,[487] umfasst knapp 30 Seiten (in der deutschen Sprachfassung). 139

dd) Rettung und Umstrukturierung, Risikokapital, Wirtschafts- und Finanzkrise

Für die **Rettungs- und Umstrukturierungs**beihilfen, denen die Kommission grundsätzlich eine stark wettbewerbsverfälschende Wirkung beimisst (oben Rn 33) finden sich Regelungen in neuen, Ende Juli 2014 veröffentlichten Leitlinien für staatliche Beihilfen zur Rettung und Umstrukturierung nichtfinanzieller Unternehmen in Schwierigkeiten.[488] Diese lösen einschlägige Vorgängerfassungen, etwa aus den Jahren 2004 und 2009 sowie die Verlängerung aus dem Jahr 2012 ab.[489] Zu vorübergehenden Sonderbestimmungen im Bankensektor zur Bekämpfung der Finanzmarktkrise unten Rn 154. Für die **Risikokapital- bzw Risikofinanzierungs**beihilfen fanden sich bis zur neuen 140

---

483 Fundstellen o. Abschnitt 1, A. Vorgängerfassung Mitteilung der Kommission – Gemeinschaftsrahmen für staatliche Beihilfen für Forschung, Entwicklung und Innovation, ABl. C 323 v. 30. Dezember 2006, S. 1, verlängert bis zum 30. Juni 2014, ABl. C 360 v. 10. Dezember 2013, S. 1. Dazu *Bartosch*, EU-Beihilfenrecht, Art. 87 Abs. 3 EGV Rn *161*.

484 Fundstellen o. Abschnitt 1, A. Dazu *Bartosch*, EU-Beihilfenrecht, Art. 87 Abs. 3 EGV Rn 162.

485 Fundstellen o. Abschnitt 1, A. Einzelheiten bei *Zuleger,* in: Heidenhain (Hrsg.), European State Aid Law, 2010, § 17 Rn 114-172; *Bartosch*, EU-Beihilfenrecht, Art. 87 Abs. 3 EGV Rn 80-107.

486 Verordnung Nr. 733/2013, 4.Begrerw. Fundstelle o. Abschnitt 1, A.

487 Fundstelle o. Abschnitt 1, A.

488 Fundstelle o. Abschnitt 1, A. Dazu auch *Soltész*, EuZW 2014, 95.

489 ABl. C 249 v. 31. Juli 2014, Ziff 2. Zur bisherigen rechtslage auch *v. Donat,* in: Heidenhain (Hrsg.), European State Aid Law, 2010, § 17 Rn 1-113; *Bartosch*, EU-Beihilfenrecht, Art. 87 Abs. 3 EGV Rn 72-79.

AGVO (dazu oben Rn 129-132) Regelungen in Art. 28 f AGVO aus dem Jahr 2008. Diese wurden durch die Regelungen der Art. 21 f AGVO für Beihilfen zur Erschließung von KMU-Finanzierungen (Risikofinanzierungsbeihilfen und Beihilfen für Unternehmensneugründungen) abgelöst. Einschlägig sind ferner Leitlinien aus dem Jahr 2006 sowie Leitlinien aus dem Jahr 2014.[490] Die Geltungsdauer der Risikokapitalleitlinien von 2006 wurde durch die Risikofinanzierungsleitlinien von 2014 bis zum 30. Juni 2014 verlängert, ab dem 1. Juli 2014 gelten die Risikofinanzierungsleitlinien von 2014.

ee) Umwelt und Energie

141 Für **Umweltschutz**beihilfen finden sich Regelungen in Art. 36-49 AGVO (nebst Erläuterungen dazu in der 55. bis 69. Begrerw. der AGVO), die im Juni 2014 neu erlassen worden ist. Sie löst die Vorgängerfassung der AGVO aus dem Jahr 2008 und die dortigen Regelungen der Art. 17-25 zu Umweltschutzbeihilfen ab (oben Rn 125, 129-132).[491] Im Einzelnen betrifft Art. 36 AGVO Investitionsbeihilfen, die Unternehmen in die Lage versetzen, über die Unionsnormen für den Umweltschutz hinauszugehen oder bei Fehlen solcher Normen den Umweltschutz zu verbessern. Art. 37 AGVO betrifft Investitionsbeihilfen zur frühzeitigen Anpassung an künftige Unionsnormen, Art. 38 AGVO Investitionsbeihilfen für gebäudebezogene Energieeffizienzprojekte, Art. 40 AGVO Investitionsbeihilfen für hocheffiziente Kraft-Wärme-Kopplung, Art. 41 AGVO Investitionsbeihilfen zur Förderung erneuerbarer Energien, Art. 42 AGVO Betriebsbeihilfen zur Förderung von Strom aus erneuerbaren Energien, Art. 43 AGVO Betriebsbeihilfen zur Förderung der Erzeugung erneuerbarer Energien in kleinen Anlagen, Art. 44 AGVO Beihilfen in Form von Umweltsteuerermäßigungen nach der Richtlinie 2003/96/EG, Art. 45 AGVO Investitionsbeihilfen für die Sanierung schadstoffbelasteter Standorte, Art. 46 AGVO Investitionsbeihilfen für energieeffiziente Fernwärme und Fernkälte, Art. 47 AGVO Investitionsbeihilfen für das Recycling und die Wiederverwendung von Abfall, Art. 48 AGVO Investitionsbeihilfen für Energieinfrastrukturen, schließlich Art. 49 AGVO Beihilfen für Umweltstudien. Des Weiteren sind die neuen, Ende Juni 2014 veröffentlichten Leitlinien für staatliche **Umweltschutz-** und **Energie**beihilfen 2014-2020 einschlägig, welche ausweislich Ziff 246 den Gemeinschaftsrahmen aus dem Jahr 2008 ablösen, ferner Leitlinien aus dem Jahr 2012 für bestimmte Beihilfemaßnahmen im Zusammenhang mit dem System für den Handel von Treibhausgasemissionszertifikaten nach 2012.[492]

ff) Wichtige Vorhaben von gemeinsamem europäischem Interesse

142 Was staatliche Beihilfen zur Förderung **wichtiger Vorhaben von gemeinsamem europäischem Interesse** betrifft, sollen die darauf bezogenen Bestimmungen, die sich bisher im Gemeinschaftsrahmen für staatliche Beihilfen für Forschung, Entwicklung und Innovation (oben Rn 139) sowie im Gemeinschaftsrahmen für staatliche Umweltschutzbeihilfen finden (oben Rn 141), in einem Dokument zusammengefasst und aktualisiert werden. Dazu hat die Kommission im Juni 2014 eine Mitteilung veröffentlicht, die Kriterien für die Würdigung der Vereinbarkeit von staatlichen Beihilfen zur Förderung wichtiger Vorhaben von gemeinsamem europäischem Interesse mit dem Binnenmarkt enthält.[493]

gg) Beihilfen mit regionalen Zielen

143 Beihilfen für Regionen, die in neueren Definitionen der Kommission eine Untergruppe der horizontalen Beihilfen bilden (oben Rn 136), können gemäß Art. 107 Abs. 3 a) AEUV (Gebiete mit außergewöhnlich niedriger Lebenshaltung oder erheblicher Unterbeschäftigung) oder **alternativ** gemäß Art. 107 Abs. 3 c) AEUV (Beihilfen zur Förderung der Entwicklung gewisser Wirtschaftsgebiete)

---

490 Fundstellen o. Abschnitt 1, A. Dazu *Niemeyer*, in: Heidenhain (Hrsg.), European State Aid Law, 2010, § 17 Rn 253-296; *Bartosch*, EU-Beihilfenrecht, Art. 87 Abs. 3 EGV Rn 108-130.

491 Fundstelle o. Abschnitt 1, A. Zur Rechtslage nach der Vorgängerfassung bei *Zuleger*, in: Heidenhain (Hrsg.), European State Aid Law, 2010, § 17 Rn 173-237; *Bartosch*, EU-Beihilfenrecht, Art. 87 Abs. 3 EGV Rn 131-156.

492 Fundstellen o. Abschnitt 1, A. Zur Neuregelung im Jahr 2014 auch *Soltész*, EuZW 2014, 96.

493 Fundstelle o. Abschnitt 1, A.

genehmigt werden.[494] Gemäß Art. 1 Abs. 2 GVO-Ermächtigung kann es Gruppenfreistellungen für Regionalbeihilfen geben, wenn die Kommission das fragliche Gebiet als sog. Fördergebiet genehmigt hat. Von der Möglichkeit der Gruppenfreistellung im Bereich der Regionalbeihilfen hat die Kommission in Art. 13-16 AGVO Gebrauch gemacht. Diese Bestimmungen lösen die bis zum 30. Juni 2014 geltenden Bestimmungen der Art. 13 f der Vorgängerfassung der AGVO aus dem Jahr 2008 ab (oben Rn 125 f, 129-132). [495] Im Einzelnen betrifft Art. 13 AGVO den Anwendungsbereich der Regionalbeihilfen, wobei in dieser Bestimmung verschiedene Bereiche vom Anwendungsbereich des Abschnitts der AGVO zu Regionalbeihilfen ausgenommen werden. Ausgehend davon betrifft Art. 14 AGVO regionale Investitionsbeihilfen, Art. 15 AGVO regionale Betriebsbeihilfen und Art. 16 AGVO regionale Stadtentwicklungsbeihilfen. Weitere Regelungen enthalten die Leitlinien für Regionalbeihilfen 2014-2020 aus dem Jahr 2013,[496] welche die Leitlinien für staatliche Beihilfen mit regionaler Zielsetzung 2007-2013 aus dem Jahr 2006, deren Geltung bis zum 30. Juni 2014 verlängert worden war, ablösen.[497] Eine Sonderregelung für den Stahlbereich findet sich ferner im Multisektoralen Regionalbeihilferahmen für große Investitionsvorhaben aus dem Jahr 2002.[498] Ausweislich Nr. 27 dieses Regionalbeihilferahmens sind Investitionsbeihilfen im Stahlsektor unzulässig.

Dem Begriff der Regionalbeihilfe unterfallen alle Beihilfen für Unternehmen in bestimmten benach- 144
teiligten Gebieten, die das Ziel verfolgen, die Entwicklung dieser Gebiete zu fördern.[499] Art. 107 Abs. 3 a) AEUV ist einschlägig, wenn das Gebiet im **unionsweiten** Vergleich benachteiligt ist. Art. 107 Abs. 3 c) AEUV ist für Gebiete einschlägig, die innerhalb eines **Mitgliedstaats** benachteiligt sind.[500] Für die Ermittlung der Fördergebiete gemäß Art. 107 Abs. 3 c) AEUV setzt das Unionsrecht einen Rahmen, innerhalb dessen ein gewisser Spielraum der Mitgliedstaaten besteht. In Betracht kommen alle weniger benachteiligten Gebiete als die von Art. 107 Abs. 3 a) AEUV erfassten Fördergebiete.[501] Die Gebiete gemäß Buchstabe a) werden also von der Union festgelegt, die Gebiete gemäß Buchstabe c) von den Mitgliedstaaten nach Kriterien, die Vorgaben der Union einhalten müssen.

Bei den Beihilfen gemäß Buchstabe a) besteht ein größerer Spielraum der Mitgliedstaaten und kom- 145
men höhere Beihilfen in Betracht als bei den Beihilfen gemäß c).[502] Eine Grenze der Zulässigkeit der Beihilfe bildet das gemeinsame Interesse der Union. Dies gilt sowohl für Fördergebiete gemäß a) als auch für Fördergebiete gemäß c), obwohl das gemeinsame Interesse in a) nicht genannt ist. Die Beihilfe muss einen nicht unerheblichen Beitrag zur längerfristigen Entwicklung eines benachteiligten Gebiets leisten. Generell ist darauf zu achten, dass durch die Beihilfemaßnahme keine sektoriellen Probleme auf Unionsebene entstehen, die schwerer wiegen als das ursprüngliche regionale Problem.[503]

494 Näher zu regionalen Beihilfen *Jestaedt*, in: Heidenhain (Hrsg.), European State Aid Law, 2010, § 15.
495 VO Nr. 800/2008.
496 Fundstelle o. Abschnitt 1, A. Zu den neuen Leitlinien *Todino/Zanazzo*, EStAL 2013, 676-684; *Soltész*, EuZW 2014, 94.
497 Leitlinien für staatliche Beihilfen mit regionaler Zielsetzung 2007-2013, ABl. C 54 v. 4. März 2006, S. 13; Mitteilung der Kommission betreffend die Kriterien für die eingehende Prüfung staatlicher Beihilfen mit regionaler Zielsetzung zur Förderung großer Investitionsvorhaben, ABl. C 223 v. 16. September 2009, S. 3. Einzelheiten dazu bei *Bartosch*, EU-Beihilfenrecht, Art. 87 Abs. 3 EGV Rn 16-49.
498 Fundstelle o. Abschnitt 1, A.
499 *Mestmäcker/Schweitzer*, Europäisches Wettbewerbsrecht, § 44 Rn 29.
500 EuGH, Rs. 248/84 (Deutschland/Kommission), Slg 1987, 4013 Rn 19; Rs. C-169/95 (Spanien/Kommission), Slg 1997, I-135 Rn 15; *Mestmäcker/Schweitzer*, Europäisches Wettbewerbsrecht, § 44 Rn 32.
501 Ein Gebiet kann demgemäß entweder ein Fördergebiet nach dem Buchstaben a) oder ein Fördergebiet nach dem Buchstaben c) sein, nicht aber beides; vgl auch *v. Wallenberg/Schütte*, in: Grabitz/Hilf/Nettesheim (Hrsg.), Recht der EU, Okt. 2011, Art. 107 AEUV Rn 199-205.
502 *Mestmäcker/Schweitzer*, Europäisches Wettbewerbsrecht, § 44 Rn 32, 35.
503 EuG, Rs. T-126/99 (Graphischer Maschinenbau), Slg 2002, II-2427 Rn 101 f.

g) Sektorale Beihilfen

146 Sektorale Beihilfen haben einen verhältnismäßig geringen Anteil an dem Gesamtvolumen aller staatlichen Beihilfen.[504] Besonderheiten der Wettbewerbsverhältnisse in einzelnen Wirtschaftszweigen werden aber anerkannt, insbesondere bei sensiblen, durch Überkapazitäten gekennzeichneten Wirtschaftszweigen, weshalb sie in den fraglichen Sektoren erhebliche Bedeutung erlangen. Außerhalb dieser Bereiche steht die Kommission sektoralen Beihilfen wegen ihrer negativen Auswirkungen grundsätzlich ablehnend gegenüber.[505]

147 Die Rechtmäßigkeit sektoraler Beihilfen ergibt sich aus Art. 107 Abs. 3 c) AEUV (Förderung der Entwicklung gewisser Wirtschaftszweige),[506] Art. 107 Abs. 3 d) AEUV (Kultur), Ausnahmeregelungen des Rates gemäß Art. 107 Abs. 3 e) AEUV oder aus den Ausnahmebestimmungen im AEUV für die Bereiche Landwirtschaft, Verkehr und Dienste von allgemeinem wirtschaftlichem Interesse (bereits oben Rn 7-13).

148 Für eine Reihe sektoraler Beihilfen gibt es in Verordnungen sowie Mitteilungen uä spezifische Vorgaben über ihre Zulässigkeit, ihre Art, Höhe und Dauer, ferner über die Anwendbarkeit der Art. 107 bis 109 AEUV, soweit der AEUV insoweit Ausnahmeregelungen enthält (dazu oben Rn 7 ff). Im Einzelnen bestehen Regelungen zu folgenden Sektoren:

149 Für die Landwirtschaft finden sich – neben den bereits behandelten Regelungen in der Verordnung zur Anwendung bestimmter Wettbewerbsregeln auf die Produktion landwirtschaftlicher Erzeugnisse und den Handel mit diesen Erzeugnissen, weiteren landwirtschaftlichen Verordnungen, die die Anwendung der Art. 107 bis 109 AEUV vorsehen, der GVO-Ermächtigung, der AGVO, der GVO-Landwirtschaft und der GVO-De-minimis-Landwirtschaft (oben Rn 9 f, 101, 133 f) – Regelungen in der neuen, im Juli 2014 veröffentlichten Rahmenregelung für staatliche Beihilfen im Agrar- und Forstsektor und in ländlichen Gebieten 2014-2020,[507] die die Vorgängerfassung aus dem Jahr 2006 für den Zeitraum 2007-2013 ablöst.[508] Für die Fischerei finden sich – neben den bereits behandelten Regelungen in der Verordnung über den Europäischen Fischereifonds, der GVO-Ermächtigung, der AGVO, der GVO-Fischerei und der GVO-De-minimis-Fischerei (oben Rn 2, 9, 101, 133, 135) – Regelungen in Leitlinien aus dem Jahr 2008, die bis zum Ende des Jahres 2014 durch neue Leitlinien abgelöst werden sollen.[509]

150 Im Verkehrsbereich finden sich für den öffentlichen Personenverkehr Regelungen zum Beihilfenrecht in der Verordnung 1370/2007 über öffentliche Personenverkehrsdienste auf Schiene und Straße, ferner sind die Beihilfenbestimmungen zu den Dienstleistungen von allgemeinem wirtschaftlichem Interesse bedeutsam (unten Rn 151). Neben dem öffentlichen Personenverkehr gibt es weitere Vorgaben für Beihilfen im Verkehrsbereich, im Einzelnen Leitlinien für staatliche Beihilfen an Eisenbahnunternehmen aus dem Jahr 2008, Leitlinien für staatliche Beihilfen im Seeverkehr aus dem Jahr 2004, Leitlinien für staatliche Beihilfen für Meeresautobahnen aus dem Jahr 2008 und Leitlinien zu staatlichen Beihilfen für Schiffsmanagementgesellschaften aus dem Jahr 2009. Im Bereich des Luftverkehrs gab es Leitlinien für Beihilfen für Flughäfen und Luftfahrtunternehmen auf Regionalflughäfen aus dem Jahr 2005 sowie Aussagen zu Beihilfen im Luftverkehr aus dem Jahr 1994. Im Februar 2014 hat die Kommission neue Leitlinien zu staatlichen Beihilfen für Flughäfen und Luftverkehrsgesellschaften verabschiedet,[510] die ausweislich ihrer Ziff. 171 ab dem Tag ihrer Veröffentlichung im Amtsblatt der EU die vorgenannten Leitlinien aus den Jahren 1994

504 *Mestmäcker/Schweitzer*, Europäisches Wettbewerbsrecht, § 44 Rn 40. Einführend zu sektoralen Beihilfen *Schmidt-Kötters*, in: Heidenhain (Hrsg.), European State Aid Law, 2010, § 18 Rn 1-53.

505 Ebd.

506 *v. Wallenberg/Schütte*, in: Grabitz/Hilf/Nettesheim (Hrsg.), Recht der EU, Okt. 2011, Art. 107 AEUV Rn 176.

507 Fundstellen o. Abschnitt 1, A.

508 ABl. C 319 v. 27. Dezember 2006, S. 1, geändert und verlängert bis zum 30. Juni 2014 ABl. C 339 v. 20. November 2013, S. 1. Einzelheiten zur bisherigen Rechtslage bei *Willemot*, in: Heidenhain (Hrsg.), European State Aid Law, 2010, § 18 Rn 273-320.

509 Fundstellen o. Abschnitt 1, A und http://ec.europa.eu/fisheries/state_aid/index_de.htm.

510 Dazu auch *Soltész*, EuZW 2014, 96.

und 2005 ablösen.[511] Nach der 2013 überarbeiteten GVO-Ermächtigung wird die Kommission ermächtigt, Beihilfen für **Maßnahmen im Verkehrsbereich für Einwohner entlegener Gebiete** mit dem AEUV für vereinbar zu erklären und dementsprechend die Mitgliedstaaten von der Pflicht zur Anmeldung bei der Kommission freizustellen, sofern es sich um Beihilfen aus sozialen Gründen handelt, die unabhängig von der Identität des Verkehrsunternehmens gewährt werden (Art. 1 Abs. 1 a) xii) GVO-Ermächtigung). Grund für die Aufnahme dieser Freistellungsmöglichkeit in den Katalog der GVO-Ermächtigung ist nach den Erläuterungen in den Begründungserwägungen zur GVO-Ermächtigung,[512] dass nach den bisherigen Erfahrungen der Kommission mit Beihilfen im Luft- und Seeverkehr Sozialbeihilfen für die Beförderung von Einwohnern entlegener Gebiete, wie Gebiete in äußerster Randlage und Inseln, sowie dünn besiedelter gebiete, keine erheblichen Wettbewerbsverfälschungen bewirken, sofern sie unabhängig von der Identität des Verkehrsunternehmens gewährt werden. Außerdem können eindeutige Voraussetzungen für die Vereinbarkeit mit dem Binnenmarkt festgelegt werden. Die auf die GVO-Ermächtigung gestützte neue AGVO aus dem Jahr 2014 (oben Rn 129-132) enthält in Art. 51 entsprechende Regelungen für die Freistellung von Sozialbeihilfen für die Beförderung von Einwohnern entlegener Gebiete.

Im Bereich der **Dienstleistungen von allgemeinem wirtschaftlichem Interesse** sind zwei Mitteilungen **151**
und ein Beschluss aus den Jahren 2011/2012 einschlägig.[513] Hinzu kommt die Verordnung über De-minimis-Beihilfen an Unternehmen, die Dienstleistungen von allgemeinem wirtschaftlichem Interesse erbringen (bereits oben Rn 19, 101). Was die Beurteilungsmaßstäbe gem. Art. 106 Abs. 2 AEUV betrifft, verlangt die Rechtsprechung, wenn an öffentliche und private Einrichtungen, die mit der gleichen Gemeinwohldienstleistung betraut sind, verschiedene Anforderungen gestellt werden und dies ein unterschiedliches Niveau der Kosten und des Kostenausgleichs bedingt, dass diese Unterschiede klar aus den jeweiligen Aufträgen hervorgehen, damit die Überprüfung der Beihilfe mit dem Gleichbehandlungsgrundsatz möglich ist.[514]

Was weitere Sektoren betrifft, finden sich für den **Schiffbau** Regelungen in der Verordnung **152**
3094/95 über Beihilfen für den Schiffbau sowie in Rahmenbestimmungen aus dem Jahr 2011.[515] Für den **Steinkohlenbergbau** finden sich Regelungen im Beschluss über staatliche Beihilfen zur Erleichterung der Stilllegung nicht wettbewerbsfähiger Steinkohleberwerke aus dem Jahr 2010.[516] Für die **Film**wirtschaft finden sich Regelungen in einer Mitteilung aus dem Jahr 2013.[517] Für die verlorenen Kosten in der **Elektrizitäts**wirtschaft finden sich Regelungen in einer Mitteilung aus dem Jahr 2001.[518] Für die **Post**dienste finden sich Regelungen in einer Bekanntmachung aus dem Jahr 1998.[519] Für den öffentlichen **Rundfunk** finden sich Regelungen in einer Mitteilung aus dem Jahr 2009.[520] Für den **Stahl**sektor finden sich Regelungen in drei Mitteilungen aus dem Jahr 2002, darunter der Multisektorale Regionalbeihilferahmen für große Investitionsvorhaben (dazu oben Rn 136).[521]

Für den schnellen **Breitband**ausbau finden sich Regelungen in einer Mitteilung aus dem Jahr **153**
2013.[522] Nach der 2013 überarbeiteten GVO-Ermächtigung wird die Kommission ermächtigt, fol-

511 Fundstelle o. Abschnitt 1, A. Dazu auch *Schmidt-Kötters,* in: Heidenhain (Hrsg.), European State Aid Law, 2010, § 18 Rn 62 ff; *Klasse,* in: in: Heidenhain (Hrsg.), ebd, § 29 Rn 15-18; *Bartosch*, EU-Beihilfenrecht, Art. 86 Abs. 2 EGV Rn 3.

512 Verordnung Nr. 733/2013, 12. Begrerw. Fundstelle o. Abschnitt 1, A.

513 Fundstellen o. Abschnitt 1, A. Dazu *Bühner/Sonder*, NZS 2012, 688-694, ferner BayVBl 2013, 296-300.

514 EuG, Rs. T-137/10 (CBI/Kommission), Slg 2012, II-00 Rn 95 ff.

515 Fundstellen o. Abschnitt 1, A. Einzelheiten bei *v. Donat*, in: Heidenhain (Hrsg.), European State Aid Law, 2010, § 18 Rn 212-230.

516 Fundstelle o. Abschnitt 1, A. Einzelheiten bei *Jestaedt,* in: Heidenhain (Hrsg.), ebd, § 18 Rn 252-272.

517 Fundstelle o. Abschnitt 1, A.

518 Fundstelle o. Abschnitt 1, A. Dazu *Bartosch*, EU-Beihilfenrecht, Art. 87 Abs. 3 EGV Rn 158-160.

519 Fundstelle o. Abschnitt 1, A.

520 Fundstelle o. Abschnitt 1, A. Dazu *Bartosch*, EU-Beihilfenrecht, Art. 86 Abs. 2 EGV Rn 20-26.

521 Fundstellen o. Abschnitt 1, A. Einzelheiten bei *Jestaedt*, in: Heidenhain (Hrsg.), European State Aid Law, 2010, § 18 Rn 231-251.

522 Fundstelle o. Abschnitt 1, A. Dazu *Kliemann/Stehmann*, EStAL 2013, 493-515; *Solrész*, EuZW 2014, 95.

gende Beihilfen mit dem AEUV für vereinbar zu erklären und dementsprechend die Mitgliedstaaten von der Pflicht zur Anmeldung bei der Kommission freizustellen (Art. 1 Abs. 1 a) xiii) GVO-Ermächtigung): Beihilfen für Maßnahmen zum Ausbau grundlegender Breitbandinfrastruktur, kleine Einzelinfrastrukturmaßnahmen zum Ausbau von Zugangsnetzen der nächsten Generation, Tiefbauarbeiten im Breitbandbereich und passive Infrastruktur in Gebieten, in denen entweder derartige Infrastruktur vorhanden ist oder eine solche in naher Zukunft voraussichtlich nicht ausgebaut wird. Grund für die Aufnahme dieser Freistellungsmöglichkeiten in den Katalog der GVO-Ermächtigung ist nach den Erläuterungen in den Begründungserwägungen zur GVO-Ermächtigung,[523] dass die Kommission im Bereich der Beihilfen für die Breitbandinfrastruktur in den vergangenen Jahren umfangreiche Erfahrungen gemacht und Leitlinien erstellt hat, nach diesen Erfahrungen Beihilfen für bestimmte Arten von Breitbandinfrastruktur keine nennenswerten Wettbewerbsverfälschungen bewirken und Gegenstand einer Gruppenfreistellung sein können, sofern bestimmte Voraussetzungen für die Vereinbarkeit mit dem Binnenmarkt erfüllt sind und die Infrastruktur in Gebieten aufgebaut wird, in denen keine Infrastruktur derselben Kategorie (Breitband oder hochleistungsfähige Zugangsnetze der nächsten Generation, sog. NGA-Netze) vorhanden ist und in naher Zukunft voraussichtlich auch nicht aufgebaut wird, wie aus den in den Leitlinien dargelegten Gründen hervorgeht. Die auf die GVO-Ermächtigung gestützte neue AGVO aus dem Jahr 2014 (oben Rn 129-132) enthält in Art. 52 entsprechende Regelungen für die Freistellung von Beihilfen für Breitbandinfrastrukturen.

h) Vorübergehende Regeln in der Wirtschafts- und Finanzkrise

154 Eine Reihe vorübergehender Regeln seit 2008 zielen auf die Bekämpfung der Wirtschafts- und Finanzkrise mit den Mitteln staatlicher Beihilfen.[524] Inhaltlich betreffen diese Regeln ursprünglich zum einen Maßnahmen im Bankensektor, also sektorale Beihilfen, und zum anderen Beihilfen horizontaler Art zur Erleichterung des Zugangs von Unternehmen zu Finanzierungsmitteln.[525] Regelungen der zweitgenannten Kategorie, die Beihilfen zur Erleichterung des Zugangs von Unternehmen zu Finanzierungsmitteln, sind seit dem 1. Januar 2012 nicht mehr in Kraft.[526] Mit der im Juli 2013 erlassenen sog. „Siebten Bankenmitteilung" bewegt sich die Kommission in Richtung einer Normalisierung des Beihilfekontrolle und einem Ausstieg aus den speziellen Krisenregelungen.[527]

i) Besondere Beihilfeinstrumente

155 Für einige Beihilfeinstrumente hat die Kommission Mitteilungen uä verfasst, die im Schwerpunkt Aussagen zur Einstufung der fraglichen Maßnahmen als Beihilfe, aber auch einige Aussagen zu ihrer Vereinbarkeit mit Art. 107 Abs. 3 AEUV enthalten: Solche Regelungen finden sich für Bürgschaften und Haftungsverpflichtungen in einer Mitteilung aus dem Jahr 2008, für die Exportkreditversicherung in Mitteilungen aus den Jahren 2012/2013, für die Unternehmensbesteuerung in einer Mitteilung aus dem Jahr 1998 und für Verkäufe der öffentlichen Hand in einer Mitteilung aus dem Jahr 1997.[528]

---

523 Verordnung Nr. 733/2013, 13. Begrerw. Fundstelle o. Abschnitt 1, A.

524 Einführender Überblick bei *Birnstiel*, in: Birnstiel/Bungenberg/Heinrich (Hrsg.), Europäisches Beihilfenrecht, 2013, Einl. 50 f, Einzelheiten bei *Lienemeyer*, ebda, Kap. 1 Rn 1178 ff.

525 Fundstellen o. Abschnitt 1, A. Einzelheiten zur ursprünglichen Rechtslage und ihrer Entwicklung bei *Lienemeyer*, in: Birnstiel/Bungenberg/Heinrich (Hrsg.), Europäisches Beihilfenrecht, 2013, Kap. 1 Rn 1178-1282 (zum Bankensektor), Kap. 1 Rn 1284-1423 (zum Zugang von Unternehmen zu Finanzierungsmitteln); zur Rechtslage im Jahr 2010 ferner *Jestaedt*, in: Heidenhain (Hrsg.), European State Aid Law, 2010, § 16 Rn 18-36.

526 *Lienemeyer*, in: Birnstiel/Bungenberg/Heinrich (Hrsg.), Europäisches Beihilfenrecht, 2013, Kap. 1 Rn 1333.

527 Überblick bei *Soltész*, EuZW 2014, 94.

528 Fundstellen o. Abschnitt 1, A. Zu Ausfuhrbeihilfen, einschl. der Exportkreditversicherung, *Zuleger*, in: Heidenhain (Hrsg.), European State Aid Law, 2010, § 17 Rn 238-252; *Bartosch*, EU-Beihilfenrecht, Art. 87 Abs. 3 EGV Rn 163.

j) Weitere Ausnahmen des Art. 107 Abs. 3 AEUV

Die Ausnahmetatbestände des Art. 107 Abs. 3 b) und d) AEUV werden vom Sekundärrecht und den allgemeinen Kommissionsakten bislang punktueller erfasst (zu Entwicklungen oben Rn 142) als die anderen Ausnahmetatbestände des Art. 107 Abs. 3 AEUV, weshalb es hier in größerem Umfang auf eine direkte Auslegung des Vertragstextes ankommt (oben Rn 120). **Wichtige Vorhaben von gemeinsamem europäischem Interesse** iSd Art. 107 Abs. 3 b) AEUV sind Vorhaben grenzüberschreitenden Charakters.[529] Oft handelt es sich um die Bereiche Forschung und Entwicklung sowie Umweltschutz,[530] weshalb insoweit bislang die entsprechenden Vorgaben genutzt werden können (oben Rn 138 und 141). Die Kommission hat im Juni 2014 eine Mitteilung veröffentlicht, die Kriterien für die Würdigung der Vereinbarkeit von staatlichen Beihilfen zur Förderung wichtiger Vorhaben von gemeinsamem europäischem Interesse mit dem Binnenmarkt enthält (oben Rn 142). Die Voraussetzung einer **beträchtlichen Störung im Wirtschaftsleben** eines Mitgliedstaats ist grundsätzlich eng auszulegen.[531] Die Störung muss das gesamte Wirtschaftsleben des betreffenden Mitgliedstaats beeinträchtigen, nicht nur das einer Region oder eines Gebietsteils.[532] Der Zusammenbruch der DDR fällt nicht darunter.[533] Die Anwendung der Vorschrift kann ferner ausscheiden, wenn die wirtschaftliche Lage eines Mitgliedstaats im Vergleich zu anderen Mitgliedstaaten günstiger ist.[534] Erheblich an Bedeutung gewonnen hat die Bestimmung des Art. 107 Abs. 3 b) AEUV in der Wirtschafts- und Finanzkrise (oben Rn 154). 156

Die Rechtmäßigkeit von **Kulturbeihilfen** (dazu auch unten *Kotzur*, § 38, Rn 23) richtete sich bislang unmittelbar nach dem Vertragstext des Art. 107 Abs. 3 d) AEUV und der Einzelfallpraxis der Kommission, soweit nicht die Mitteilungen für den Rundfunk und für die Filmindustrie einschlägig sind (dazu oben Rn 148). Diese Rechtslage erfährt eine nicht unwesentliche Neuerung. So ermächtigt der Rat die Kommission in der überarbeiteten GVO-Ermächtigung (Art. 1 Abs. 1 a) v) GVO-Ermächtigung), Beihilfen im Bereich der Kultur und der Erhaltung des kulturellen Erbes vom Beihilfenverbot auszunehmen (oben Rn 125). Dem liegen folgende Erwägungen zugrunde:[535] Die durch die GVO-Ermächtigung bereits vor ihrer Überarbeitung gegebene Möglichkeit der Kommission, zugunsten von KMU Freistellungen zu erlassen, nutzt im Kulturbereich nur begrenzt, da es sich bei den Beihilfeempfängern häufig um große Unternehmen handelt. In der Regel bewirken kleine Vorhaben im Kulturbereich, im Kreativsektor und im Bereich des kulturellen Erbes jedoch auch dann keine nennenswerten Wettbewerbsverfälschungen, wenn sie von großen Unternehmen durchgeführt werden. Freistellungen in diesem Bereich könnten von der Kommission auf der Grundlage der – in Leitlinien, zB für Filmwerke und audiovisuelle Werke, dargelegten – Erfahrung der Kommission oder auf der Grundlage von Einzelfällen ausgearbeitet werden. Dabei sollte die Kommission bei der Konzipierung entsprechender Gruppenfreistellungen der Tatsache Rechnung tragen, dass sie nur für Maßnahmen gelten sollen, die als staatliche Beihilfen einzustufen sind (was nicht der Fall ist, wenn etwa der Begünstigte keine Wirtschaftstätigkeit ausübt oder wenn es keine Auswirkungen auf den Handel zwischen den Mitgliedstaaten gibt). Ferner sollten etwaige Gruppenfreistellungen im Kulturbereich grundsätzlich auf Maßnahmen konzentriert sein, die zu den Zielen der Modernisierung des EU-Beihilfenrechts beitragen. Des Weiteren sollte eine Gruppenfreistellung nur für Beihilfen erfolgen, bei denen die Kommission bereits über umfangreiche Erfahrungen verfügt. Darüber hinaus sollte der Hauptzuständigkeit der Mitgliedstaaten im Kulturbereich, dem besonderen Schutz der kulturellen Vielfalt nach Art. 167 Abs. 1 AEUV und der Wesensbeson- 157

---

529 EuGH, 62/87 u.a. (Exécutif regional wallon), Slg 1988, 1573 Rn 25; *v. Wallenberg/Schütte*, in: Grabitz/Hilf/Nettesheim (Hrsg.), Recht der EU, Okt. 2011, Art. 107 AEUV Rn 155.

530 *Khan*, in: Geiger/Khan/Kotzur, EUV/AEUV, 5. Aufl. 2010, Art. 107 AEUV Rn 25.

531 EuGH, Rs. C-57/00 P u.a. (Freistaat Sachsen u.a.), Slg 2003, I-9975 Rn 98.

532 Ebd. Rn 98, 100.

533 Ebd. Rn 99, 100.

534 Vgl EuGH, Rs. 73/79 (Philip Morris), Slg 1980, 2671 Rn 25; *v. Wallenberg/Schütte*, in: Grabitz/Hilf/Nettesheim (Hrsg.), Recht der EU, Okt. 2011, Art. 107 AEUV Rn 152.

535 Verordnung Nr. 733/2013 5. und 6.Begrerw. Fundstelle o. Abschnitt 1, A.

derheit der Kultur Rechnung getragen werden. Die auf die GVO-Ermächtigung gestützte neue AGVO aus dem Jahr 2014 (oben Rn 129-132) enthält einen eigenen, mit „Beihilfen für Kultur und die Erhaltung des kulturellen Erbes" überschriebenen Abschnitt, der aus zwei vergleichsweise umfangreichen Artikeln besteht. Art. 53 AGVO enthält Regelungen für die Freistellung von Beihilfen für Kultur und die Erhaltung des kulturellen Erbes, Art. 54 AGVO enthält Regelungen für die Freistellung von Beihilferegelungen für audiovisuelle Werke.

158 Was die Vorschrift des Art. 107 Abs. 3 d) AEUV betrifft, wurde diese 1993 in den Vertrag aufgenommen.[536] Die Rechtsprechung hat den Tatbestand dieser Bestimmung auf Ausfuhren für Bücher angewendet, die auf die Förderung der Sprache im Ausland abzielen.[537] Im Prinzip ist dies auf die (nicht nur grenzüberschreitende) Verbreitung anderer Ausdrucksformen, wie Malerei, Musik oder Tanz, durch andere Ausdrucksmittel, wie Tonträger, Ausstellungen und Theater, übertragbar.[538] Dem Grad der Kommerzialisierung der geförderten Tätigkeit dürften allerdings Grenzen gesetzt sein, da Art. 107 Abs. 3 d) AEUV eine unverhältnismäßige Beeinträchtigung der Handels- und Wirtschaftsbedingungen verbietet. Bei dieser Abwägung, die auch bei den anderen Ausnahmebestimmungen generell vorzunehmen ist (oben Rn 102), muss beachtet werden, dass für die Verwirklichung des Beihilfetatbestands bereits geringfügige Einwirkungen auf den Handel und den Wettbewerb ausreichen (oben Rn 86, 88). Eine Beeinträchtigung kann demgemäß nach der Rechtsprechung zum Beispiel bereits bei geringfügigen Ausfuhrtätigkeiten nicht ausgeschlossen werden.[539] Wie sich die Rechtslage und Rechtsprechung nach den erfolgten Gruppenfreistellungen im Kulturbereich (oben Rn 157) entwickeln wird, bleibt abzuwarten.

159 Ob der **Sport** unter Art. 107 Abs. 3 d) AEUV, ist ungeklärt.[540] Die praktische Bedeutung dieser Frage wird dadurch relativiert, dass der Rat die Kommission – wie im Kulturbereich (oben Rn 157) auch – im Sportbereich ermächtigt, etwaige Beihilfen von der Anmeldepflicht auszunehmen (Art. 1 Abs. 1 a) xi) GVO-Ermächtigung). Dem liegen folgende Erwägungen zugrunde:[541] Im Sportsektor, insbesondere im Amateursport, sind viele Maßnahmen nicht als Beihilfe einzustufen, zB mangels Wirtschaftstätigkeit des Begünstigten oder mangels Auswirkungen der Maßnahme auf den Handel zwischen den Mitgliedstaaten. Soweit eine Maßnahme im Sportbereich als Beihilfe einzustufen ist, besteht bislang eine uneingeschränkte Anmeldepflicht bei der Kommission. Das erscheint nicht sachgerecht, weil staatliche Beihilfen für Sport, insbesondere im Bereich des Amateursports oder geringe Beihilfen, oft nur begrenzte Auswirkungen auf den Handel zwischen den Mitgliedstaaten haben und keine schwerwiegenden Wettbewerbsbeschränkungen bewirken, weil die gewährten Beträge in der Regel gering sind und weil auf der Grundlage der gewonnenen Erfahrungen klare Voraussetzungen für die Vereinbarkeit mit dem Binnenmarkt festgelegt werden können, so dass gewährleistet ist, dass Beihilfen für den Sport nicht zu erheblichen Wettbewerbsverfälschungen führen. Die auf die GVO-Ermächtigung gestützte neue AGVO aus dem Jahr 2014 (oben Rn 129-132) enthält in Art. 55 entsprechende Regelungen für die Freistellung von Beihilfen für Sportinfrastrukturen und multifunktionale Freizeiteinrichtungen.

---

536 Dazu *v. Wallenberg/Schütte*, in: Grabitz/Hilf/Nettesheim (Hrsg.), Recht der EU, Okt. 2011, Art. 107 AEUV Rn 396-405.

537 EuG, Rs. T-155/98 (SIDE), Slg 2002, II-1179 Rn 55.

538 Vgl *Koenig/Kühling/Ritter*, EG-Beihilfenrecht, 2. Aufl. 2005 Rn 317.

539 EuG, Rs. T-155/98 (SIDE), Slg 2002, II-1179 Rn 71.

540 Dazu *Koenig/Kühling/Ritter*, EG-Beihilfenrecht, 2. Aufl. 2005 Rn 318.

541 Verordnung Nr. 733/2013, 11.Begrerw. Fundstelle o. Abschnitt 1, A.

C. Beihilfekontrollverfahren und unionsrechtliche Folgen staatlicher Verstöße gegen das Beihilfenrecht

I. Grundlagen

1. Systematik und Neuerungen der Verfahrensvorgaben

Art. 108 AEUV unterscheidet zwischen zwei Verfahren, dem Verfahren bei einer **neuen Beihilfe** gemäß Art. 108 Abs. 3 iVm Abs. 2 AEUV und dem Verfahren der fortlaufenden Überprüfung aller **bestehenden Beihilferegelungen** gemäß Art. 108 Abs. 1 iVm Abs. 2 AEUV.[542] Dementsprechend enthält die Beihilfeverfahrensverordnung (BeihVerfVO) getrennte Kapitel für die beiden Gruppen von Beihilfen: Seiner Bedeutung entsprechend[543] ist das Verfahren bei neuen Beihilfen am Anfang in Art. 2-9 BeihVerfVO geregelt. Die Vorschriften über die fortlaufende Überprüfung aller bestehenden Beihilferegelungen finden sich weiter hinten in Art. 17 bis 19 BeihVerfVO. Zwischen den beiden Kapiteln über das Verfahren zur Prüfung angemeldeter Beihilfen und das Verfahren zur Prüfung bestehender Beihilferegelungen enthält die BeihVerfVO in zwei weiteren Kapiteln Regelungen über das Verfahren zur Überprüfung rechtswidriger Beihilfen (Art. 10 bis 15) sowie über das Verfahren bei der missbräuchlichen Anwendung von Beihilfen (Art. 16). Insgesamt bildet die BeihVerfVO demzufolge vier Gruppen von Regelungen für das Verfahren und die Maßnahmen der Kommission.[544] Diese Regelungen betreffen den Verfahrensgang, die Handlungsmöglichkeiten der Kommission, einschließlich ihrer Reaktionsmöglichkeiten auf Verstöße der Mitgliedstaaten oder der Beihilfeempfänger gegen das Beihilfenrecht, die möglichen Verfahrensausgänge sowie die Rechte und Pflichten der beteiligten Mitgliedstaaten und Unternehmen. 160

Die **Abgrenzung** zwischen diesen vier Kapiteln richtet sich zunächst nach dem Beginn bzw dem Anlass einer Prüfung der Kommission, ob sie also auf die Anmeldung einer (neuen) Beihilfe durch einen Mitgliedstaat, ob sie auf Informationen (welcher Herkunft auch immer) über angeblich rechtswidrige Beihilfen, ob sie anlässlich der rechtswidrigen Anwendung von Beihilfen oder ob sie im Rahmen ihrer laufenden Kontrolle bestehender Beihilferegelungen tätig wird. Die Abgrenzung hängt damit zum einen von der Abgrenzung zwischen Einzelbeihilfen und Beihilferegelungen, neuen und bestehenden Beihilfen ab (dazu unten Rn 162). Zum anderen hängt die Abgrenzung auch davon ab, welche Bestimmungen der vier Kapitel der BeihVerfVO im Verlauf der vier verschiedenen Prüfverfahren zum Tragen kommen können, was bedeutsam ist, weil im Verlauf der Prüfungen der Kommission Bestimmungen der jeweils anderen Kapitel der BeihVerfVO zur Anwendung gelangen können (dazu unten Rn 163). 161

Bestehende Beihilfen sind gemäß Art. 1 lit. b) BeihVerfVO Beihilfen, die bereits vor dem Inkrafttreten des EWG-Vertrags (oder eines der nachfolgenden Verträge, abhängig vom Zeitpunkt des Beitritts des jeweiligen Mitgliedstaats zur EU) bestanden haben oder die unter den Voraussetzungen des Art. 108 Abs. 3 AEUV oder sonst ordnungsgemäß eingeführt wurden,[545] ferner Beihilfen, für die gemäß Art. 15 Abs. 3 BeihVerfVO die 10-Jahresfrist für die Rückforderung (unter Berücksichtigung der in Art. 15 Abs. 2 Satz 2, 3, 4 BeihVerfVO geregelten Unterbrechungen und Aussetzungen) abgelaufen ist. Neue Beihilfen sind gemäß Art. 1 lit. c) BeihVerfVO alle Beihilfen, die keine bestehenden Beihilfen sind, also alle Maßnahmen, die auf die Einführung noch nicht bestehender oder die Umgestaltung bestehender Beihilfen gerichtet sind.[546] Beihilfe*regelungen* sind gemäß Art. 1 lit. d) BeihVerfVO alle Regelungen, wonach Unternehmen, die allgemein und abstrakt definiert werden, ohne nähere Durchführungsmaßnahmen Einzelbeihilfen gewährt werden können, bezie- 162

542 EuGH, Rs. C-44/93 (Manur- Les assurances du crédit), Slg 1994, I-3829 Rn 10-12; Rs. C-400/99 (Italien/Kommission), Slg 2005, I-3657 Rn 53. Zur Systematik des Art. 108 AEUV auch *Bartosch*, EU-Beihilfenrecht, Art. 88 EGV Rn 1-5.

543 Dazu *Mestmäcker/Schweitzer*, Europäisches Wettbewerbsrecht, § 45 Rn 10. Einführung in die BeihVerfV bei *Sinnaeve,* in: Heidenhain (Hrsg.), European State Aid Law, 2010, § 30.

544 Vgl auch ebd Rn 5.

545 Vgl auch *Khan,* in: Geiger/Khan/Kotzur, EUV/AEUV, 5. Aufl. 2010, Art. 108 AEUV Rn 1.

546 Ebd.

hungsweise Regelungen, wonach einem oder mehreren Unternehmen nicht an ein bestimmtes Vorhaben gebundene Beihilfen für unbestimmte Zeit und/oder in unbestimmter Höhe gewährt werden können. Einzelbeihilfen sind gemäß Art. 1 lit. e) BeihVerfVO Beihilfen, die nicht aufgrund einer Beihilferegelung gewährt werden, und einzelne anmeldungspflichtige Zuwendungen aufgrund einer Beihilferegelung.

163 Zwischen den vier Kapiteln zu den Prüfverfahren und den Maßnahmen der Kommission bestehen Verbindungen, die durch Verweise entstehen. Im Überblick: Vom Kapitel zum Verfahren bei angemeldeten Beihilfen kann der Weg in das Kapitel zum Verfahren bei rechtswidrigen Beihilfen führen (dazu unten Rn 188, 216) und umgekehrt (dazu unten Rn 218). Das Kapitel zum Verfahren bei der missbräuchlichen Anwendung von Beihilfen führt in beide vorgenannten Kapitel, das heißt in das Kapitel zum Verfahren bei angemeldeten sowie zum Verfahren bei rechtswidrigen Beihilfen (dazu unten Rn 243 f). Schließlich kann der Weg vom Kapitel zum Verfahren bei bestehenden Beihilferegelungen in das Kapitel zum Verfahren bei angemeldeten Beihilfen führen und von dort aus wiederum in das Kapitel zum Verfahren bei rechtswidrigen Beihilfen (dazu unten Rn 208). Kein Weg führt vom Kapitel zum Verfahren bei angemeldeten Beihilfen und bei rechtswidrigen Beihilfen zu den Kapiteln über das Verfahren bei der missbräuchlichen Anwendung von Beihilfen und das Verfahren bei bestehende Beihilferegelungen, ebenso wie zwischen den beiden letztgenannten Kapitel, also das Kapitel zum Verfahren bei der missbräuchlichen Anwendung von Beihilfen und das Kapitel zum Verfahren bei bestehenden Beihilferegelungen, keine Verbindungen bestehen.

164 **Neuerungen** in der BeihVerfVO hat es 2013 im Zuge der von der Kommission angestrebten grundlegenden Modernisierung des EU-Beihilfenrechts (dazu oben Rn 32 ff) gegeben: Sie betreffen (aus den in den Erwägungsgründen der Verordnung 734/2013[547] zur Änderung der BeihVerfVO dargelegten Gründen, mit dem Hauptziel, dass die Kommission wirksamer im Beihilfenbereich handeln kann) die Befugnisse der Kommission, im Rahmen von förmlichen Prüfverfahren Auskünfte zu erlangen, die Stärkung der Möglichkeiten der Kommission zur Durchsetzung von Auskunftspflichten durch Geldbußen oder Zwangsgelder, den Umgang der Kommission mit Geschäftsgeheimnissen in Auskünften, ferner die Anforderungen an Beschwerden, die bei der Kommission über mutmaßlich rechtswidrige Beihilfen eingereicht werden, die Befugnisse der Kommission zur Einleitung von Prüfverfahren, die Regeln für die Zusammenarbeit zwischen den mitgliedstaatlichen Gerichten und der Kommission in Fällen, in denen das EU-Beihilfenrecht Gegenstand bzw Maßstab eines mitgliedstaatlichen Gerichtsverfahrens ist, schließlich die Veröffentlichung von Beschlüssen der Kommission (dazu unten Rn 193, 195 f, 201, 204, 220, 240, 244, 325). Des Weiteren wird die Kommission in Art. 27 BeihVerfVO ermächtigt, zu diversen Themen Durchführungsvorschriften zu erlassen. Neu ist (neben der redaktionellen Veränderung) die Ermächtigung zur Regelung von Form, Inhalt und Einzelheiten der bei der Kommission eingelegten Beschwerden gegen Beihilfen, Art. 27 lit. c BeihVerfVO.

165 Verfahrensregelungen für das Beihilfeverfahren enthält nicht nur die BeihVerfVO, sondern auch die dazu im Jahre 2004 erlassene Durchführungsverordnung (BeihVerfDurchfVO), die im April 2014 geändert wurde. Sie enthält konkretisierende Vorgaben für die Anmeldung neuer Beihilfen (Art. 2-4 BeihVerfDurchfVO), für die Jahresberichte über bestehende Beihilfen (Art. 5-7 BeihVerfDurchfVO), für die Berechnung von Fristen (Art. 8 BeihVerfDurchfVO) sowie für die Berechnung der Zinsen bei Rückforderungen (Art. 9-11 BeihVerfDurchfVO). Was den sachlichen Anwendungsbereich dieser Verordnungen angeht, können sie grundsätzlich jede Beihilfe erfassen.[548] Die erwähnte Änderung der BeihVerfDurchfVO betrifft die Berechnung bestimmter Fristen, die Bearbeitung von Beschwerden und die Kenntlichmachung und den Schutz vertraulicher Informationen.

547 Fundstellen o. Abschnitt 1, A.

548 Für die BeihVerfDurchfVO sieht das Art. 2 Abs. 2 ausdrücklich vor.

2. Unterschiede in den Folgen materieller und formeller Verstöße

Die Verfahrensvorgaben regeln nicht nur den Gang des Verfahrens bei der Beihilfekontrolle, die dabei bestehenden Eingriffsermächtigungen der Union sowie die Rechte und Pflichten der Mitgliedstaaten und der beteiligten Unternehmen, vielmehr enthält das Verfahrensrecht der Union auch Regelungen über die unionsrechtlichen Folgen von Verstößen gegen das Beihilfenrecht. Diese **unionsrechtlichen** Folgen sind von den innerstaatlichen Folgen der Verstöße zu unterscheiden (zu den innerstaatlichen Folgen unten Rn 248-273). 166

Die Rechtsfolgen beziehen sich dabei nicht nur auf Verfahrensverstöße, sondern erstrecken sich auch auf materielle Verstöße. Zwischen diesen Rechtsfolgen besteht aber ein grundlegender Unterschied: Die materiellen, inhaltlichen Vorgaben des Beihilfenrechts treffen eine **endgültige** Aussage darüber, ob eine Beihilfe rechtmäßig ist. Fehlt es an der materiellen Rechtmäßigkeit, sind daher endgültige Rechtsfolgen gerechtfertigt (unten Rn 187, 223 f). Die Verfahrensvorgaben des Beihilfenrechts sagen demgegenüber, auch wenn die Einhaltung des Verfahrens wichtig ist, über die endgültige Vereinbarkeit mit dem (materiellen) Unionsrecht nichts aus. Deshalb dürfen die Rechtsfolgen, die an einen Verstoß gegen Verfahrensvorgaben anknüpfen, grundsätzlich nur **vorläufiger** Natur sein (unten Rn 232). Eine wichtige Ausnahme gilt für die durch den Verstoß gegen das Durchführungsverbot ausgelöste Pflicht zur Rückforderung zu früh ausgezahlter Beihilfen (zu dieser Pflicht unten Rn 235 f). Das Durchführungsverbot ist zwar vorläufig, weil es nur für eine begrenzte Zeit gilt. Eine positive Entscheidung der Kommission oder des Gerichts heilt aber nicht den Verstoß gegen das Durchführungsverbot, weshalb der durch die zu frühe Gewährung der Beihilfe erlangte Vorteil, nicht aber die Beihilfe selbst zurückgewährt werden muss (unten Rn 221, 275). Insoweit löst das Durchführungsverbot auch eine endgültige Rechtsfolge aus, die fortgilt, nachdem es mit einer positiven Entscheidung geendet hat. 167

3. Zeitlicher Anwendungsbereich des sekundären Verfahrensrechts

Der Anwendungsbereich der BeihVerfVO und der BeihVerfDurchfVO ist in zeitlicher Hinsicht beschränkt: Die BeihVerfVO gilt gemäß Art. 30 Abs. 1 unterschiedslos für alle Beihilfen ab dem Zeitpunkt des In-Kraft-Tretens. Dies war am 16. April 1999. Außerhalb des Anwendungsbereichs der BeihVerfVO gilt allerdings vielfach dieselbe Rechtslage, weil die Verordnung weitgehend die bestehende Praxis und Rechtsprechung des EuGH zur Auslegung der Verfahrensbestimmungen im AEUV (bisher EG-Vertrag) kodifiziert hat.[549] 168

Der zeitliche Anwendungsbereich der BeihVerfDurchfVO, die am 20. Mai 2004 in Kraft getreten ist, variiert gemäß Art. 13 Abs. 2 bis 5 BeihVerfDurchfVO, je nachdem, ob es um die Regelungen für die Anmeldung neuer Beihilfen geht, um die Regelungen für die Jahresberichte über bestehende Beihilfen, um die Regelungen über Fristen oder um die Zinsregelungen bei Rückforderungsentscheidungen. 169

4. Zuständigkeit und Bindungswirkung(en)

Für die verschiedenen Beihilfeverfahren auf Unionsebene ist in erster Linie die Kommission zuständig. Art. 107 f AEUV verleihen ihr eine zentrale Rolle im Beihilfeverfahren.[550] Innerhalb der Kommission ist die Zuständigkeit für die Beihilfekontrolle auf verschiedene Generaldirektionen verteilt. Hauptsächlich zuständig ist die Generaldirektion Wettbewerb. Andere Generaldirektionen werden tätig, wenn die Beihilfe ihren Zuständigkeitsbereich betrifft. Das gilt für die Generaldirektionen für Landwirtschaft, für Fischerei sowie für Energie und Verkehr (oben Rn 23). Im Übrigen steht das gesamte Beihilfeverfahren und das materielle EU-Beihilfenrecht unter der Kontrolle des EuG und EuGH (dazu unten Rn 276-315). 170

549 EuGH, Rs. C-400/99 (Italien/Kommission), Slg 2005, I-3657 Rn 23; *Mestmäcker/Schweitzer*, Europäisches Wettbewerbsrecht, § 45 Rn 3.

550 EuGH, Rs. C-44/93 (Namur – Les assurances du crédit), Slg 1994 Rn 17; Rs. C-110/02 (Kommission/Rat), Slg 2004, I-6333 Rn 29.

171 Eine Ausnahme von der Zuständigkeit der Kommission enthält Art. 108 Abs. 2 Unterabs. 3 AEUV. Danach kann der Rat auf Antrag eines Mitgliedstaats über die Rechtmäßigkeit einer Maßnahme entscheiden, wenn außergewöhnliche Umstände vorliegen. Ein laufendes Verfahren der Kommission wird ausgesetzt, bis der Rat sich geäußert hat. Geschieht dies nicht innerhalb von drei Monaten, entscheidet gemäß Art. 108 Abs. 2 Unterabs. 4 AEUV die Kommission. Die Befugnis des Rates bildet eine Ausnahme.[551] Sie endet, sobald die Kommission eine endgültige Entscheidung über die Beihilfe getroffen hat.[552] Der Rat darf dann auch keine zweite Beihilfe genehmigen, die als Ausgleich für die von der Kommission für rechtswidrig erklärte Beihilfe gedacht ist.[553]

172 Im Anwendungsbereich der GVOen, die von der Pflicht zur Anmeldung befreien und Kriterien aufstellen, unter denen die fragliche Beihilfe als unionsrechtsgemäß anzusehen ist, sind die mitgliedstaatlichen Stellen zuständig, deren Aufsicht unter der Kontrolle der nationalen Gerichte und ggf der europäischen Gerichte steht. Sie sind generell für die innerstaatlichen Rechtsfolgen der mitgliedstaatlichen Verstöße gegen das Beihilfenrecht zuständig, wachen etwa über die Einhaltung des Durchführungsverbots (näher unten Rn 235-238) und führen Entscheidungen der Kommission, des EuG und des EuGH durch, zB Rückforderungsentscheidungen der Kommission (näher unten Rn 223-231). Zu den Adressaten des EU-Beihilfenrechts s. auch oben Rn 42-46.

173 Sind die Kommission und eine nationale Stelle parallel mit einem konkreten Anwendungsfall aus dem EU-Beihilfenrecht betraut, was etwa eintreten kann, wenn sich ein Wettbewerber bei der Kommission über angeblich rechtswidrige Beihilfen beschwert und parallel dazu ein nationales Gericht anruft, gilt: Die Eröffnung eines förmlichen beihilferechtlichen Prüfverfahrens bei der Kommission entfaltet eine entsprechende Bindungswirkung für das mit demselben Fall befasste nationale Gericht.[554]

II. Prüfverfahren bei neuen und bei bestehenden Beihilfen

1. Neue Beihilfen

a) Anwendungsbereich, Anmeldungspflicht, Durchführungsverbot und Ausnahmen

174 Der praktisch wichtigste Verfahrenstyp betrifft neue Beihilfen.[555] Neue Beihilfen müssen gemäß Art. 108 Abs. 3 S. 1 AEUV, Art. 2 BeihVerfVO der Kommission von den Mitgliedstaaten mitgeteilt werden (zum Begriff des Mitgliedstaats in diesem Zusammenhang unten Rn 197). Gem. Art. 108 Abs. 3 S. 3 AEUV, Art. 3 BeihVerfVO darf die Beihilfe nicht durchgeführt werden, bevor die Kommission eine Genehmigungsentscheidung trifft oder die Beihilfe als genehmigt gilt.

175 Die Pflicht zur Anmeldung gilt gemäß Art. 108 Abs. 3 S. 1 AEUV für die **Einführung** oder **Umgestaltung** von **Beihilfen**. Dazu muss es sich um eine Beihilfe iSd Art. 107 Abs. 1 AEUV handeln. Theoretisch wird die Anmeldungspflicht aber nur ausgelöst, wenn **alle** Tatbestandsmerkmale des Art. 107 Abs. 1 AEUV erfüllt sind,[556] weshalb die Pflicht nicht greift, wenn entsprechende Effekte auf den Wettbewerb und den Handel ausgeschlossen werden können. Da aber die Beurteilung der Tatbestandsmerkmale schwierig sein kann (oben Rn 52), greift die Pflicht zur Anmeldung praktisch nicht erst, wenn eine Wettbewerbsverfälschung oder eine Handelsbeeinträchtigung nachweislich gegeben ist.[557] Außerhalb geringfügiger Beihilfen, für die die Kommission die GVO-De-minimis erlassen hat, wird man das nur selten ausschließen können. Ist die Finanzierungsweise einer Bei-

---

551 EuGH, Rs. C-110/02 (Kommission/Rat), Slg 2004, I-6333 Rn 30 f.
552 EuGH, Rs. C-110/02 (Kommission/Rat), Slg 2004, I-6333 Rn 33, 35, 44.
553 EuGH, Rs. C-110/02 (Kommission/Rat), Slg 2004, I-6333 Rn 45 f.
554 Im Einzelnen EuGH, Rs. C-284/12 (Deutsche Lufthansa), Slg 2013, I-00 Rn 25-44. Kritisch *Soltész,* EuZW 2014, 93.
555 *Mestmäcker/Schweitzer*, Europäisches Wettbewerbsrecht, § 45 Rn 10. Näher zu den einschlägigen Bestimmungen *Sinnaeve*, in: Heidenhain (Hrsg.), European State Aid Law, 2010, § 31.
556 *Sinnaeve*, in: Heidenhain (Hrsg.), Hdb des Europäischen Beihilfenrechts, § 33 Rn 2.
557 *Mestmäcker/Schweitzer*, Europäisches Wettbewerbsrecht, § 45 Rn 11 mwN.

hilfe durch eine Abgabe Bestandteil der Beihilfemaßnahmen, erstrecken sich die Anmeldepflicht und das Durchführungsverbot auf diesen Aspekt.[558]

Die Pflicht zur Anmeldung gilt für Einzelbeihilfen und für Beihilferegelungen. In einer **Beihilferegelung** sind gemäß Art. 1 d) BeihVerfVO die Adressaten der Beihilfen allgemein und abstrakt definiert, oder die Beihilfe ist der Sache nach nicht genau festgelegt, weil sie nicht an ein bestimmtes Vorhaben gebunden ist, zeitlich unbestimmt oder in der Höhe unbestimmt ist. Bei Beihilferegelungen greift die Pflicht zur Anmeldung, wenn eine einheitliche Beurteilung aller darauf gestützten Einzelbeihilfen möglich ist.[559] Ist die Regelung als solche nicht anmeldungspflichtig, ist sie nicht anmeldungsfähig, so dass jede Einzelbeihilfe angemeldet werden muss. 176

Für das Verfahren ist des Weiteren die Abgrenzung relevant, ob es sich um eine neue oder um eine bestehende Beihilfe handelt. **Neu** ist eine Beihilfe gemäß Art. 108 Abs. 3 S. 1 AEUV, die eingeführt oder umgestaltet wird. Umfasst sind gemäß Art. 1 c) BeihVerfVO alle Beihilferegelungen und Einzelbeihilfen, die keine bestehenden Beihilfen sind (zur bestehenden Beihilfe unten Rn 206). Die in Anwendung einer Beihilferegelung durchgeführten Beihilfen im Einzelfall sind in der Regel mitgenehmigt und müssen nicht angemeldet werden (näher unten Rn 207). Praktisch ist das auch deshalb sehr bedeutsam, weil bei einer bestehenden Beihilfe das Durchführungsverbot nicht greift (unten Rn 211). 177

Eine **Umgestaltung** liegt vor, wenn eine bestehende Beihilfe verändert wird, wie sich Art. 1 c) BeihVerfVO entnehmen lässt. Wird der Kern der Beihilfe verändert, handelt es sich insgesamt um eine neue Beihilfe; lässt sich die Veränderung von der ursprünglichen Beihilfe unterscheiden, etwa wenn ein neuer Tatbestand oder ein neuer Adressat hinzugefügt wird, muss nur die Änderung angemeldet werden.[560] **Keine Änderung** iSv Art. 1 c) BeihVerfVO liegt gemäß Art. 4 Abs. 1 BeihVerfDurchfVO vor, wenn die Änderung rein formaler oder verwaltungstechnischer Art ist oder wenn die Ausgangsmittel nicht mehr als 20 % erhöht werden; Letzteres soll insbesondere der Inflation Rechnung tragen.[561] Solche Fälle unterhalb der Schwelle der rechtlich relevanten Änderung bzw Umgestaltung kann man als bloße Abwandlung bezeichnen.[552] Andere Änderungen befreien nicht von der Anmeldungspflicht, können aber in einem vereinfachten Anmeldeverfahren eingeführt werden (unten Rn 194). 178

Über die Zuordnung als neue oder bestehende Beihilfe muss keine endgültige Gewissheit bestehen, da diese naturgemäß erst das Ergebnis des förmlichen Prüfverfahrens sein kann (zum förmlichen Prüfverfahren unten Rn 186 f). Für das Durchführungsverbot reicht es daher aus, dass die Kommission vorläufig annimmt, dass es sich um eine neue Beihilfe handelt oder eine bestehende Beihilfe umgestaltet wird.[563] Kann die Kommission allerdings nicht ausschließen, dass der betroffene Mitgliedstaat davon ausgeht, es handle sich um keine oder jedenfalls um eine bestehende Beihilfe, **muss** sie ihm zunächst Gelegenheit zu einer **Erörterung** geben, bevor sie das förmliche Prüfverfahren über eine neue Beihilfe mit dem damit verbundenen Durchführungsverbot eröffnet.[564] Der Mitgliedstaat ist gemäß Art. 4 Abs. 3 EUV nF (bisher Art. 10 EGV) zu einer schnellstmöglichen Informationsübermittlung verpflichtet und die Kommission muss die übermittelten Informationen über- 179

558 EuGH, Rs. C-345/02 (Pearle BV u.a.), Slg 2004, I-7139 Rn 29 f; Rs. C-174/02 (Streekgewest Westelijk Noord-Brabant), Slg 2005, I-85 Rn 16 mwN.

559 Näher EuGH, Rs. C-324/90 u.a. (Deutschland und Menger Worthington), Slg 1994, I-1173 Rn 17, 23.

560 EuG, Rs. T-231/06 u.a. (Niederlande und NOS/Kommission), Slg 2010, II-5993 Rn 177; Rs. T-195/01 u.a. (Regierung von Gibraltar), Slg 2002, II-2309 Rn 109-113; *Mestmäcker/Schweitzer*, Europäisches Wettbewerbsrecht, § 45 Rn 13.

561 4. Begründungserwägung BeihVerfDurchfVO. Art. 4 BeihVerfDurchfVO gilt gemäß Art. 13 Abs. 2 BeihVerfDurchfVO, wie das gesamte Kapitel über die Anmeldung, für alle der Kommission nach dem 20. Oktober 2004 übermittelten Anmeldungen.

562 So *Mestmäcker/Schweitzer*, Europäisches Wettbewerbsrecht, § 45 Rn 14.

563 EuGH, Rs. C-400/99 (Italien/Kommission), Slg 2001, I-7303 Rn 45 ff; Rs. C-47/91 (Italien/Kommission), Slg 1992, I-4145 Rn 24 f; EuG, Rs. T-195/01 u.a. (Regierung von Gibraltar), Slg 2002, II-2309 Rn 67 ff; *Soltész*, in: Heidenhain (Hrsg.), Hdb des Europäischen Beihilfenrechts, § 42 Rn 16 mwN, § 44 Rn 8 mwN.

564 EuGH, Rs. C-400/99 (Italien/Kommission), Slg 2005, I-3657 Rn 29 f.

prüfen, auch wenn das zu keiner abschließenden Beurteilung führt.[565] Gibt die Kommission dem betroffenen Mitgliedstaat keine Gelegenheit zur Erörterung, führt das zur Nichtigkeit der Entscheidung über die Eröffnung des förmlichen Prüfverfahrens, soweit es die Einstufung als neue Beihilfe betrifft.[566] Das Durchführungsverbot gilt also nicht.

180 Das Durchführungsverbot endet, wenn die Kommission nach Ablauf der Zwei-Monats-Frist für die vorläufige Prüfung keine Entscheidung erlassen hat (unten Rn 185) oder wenn die Kommission in der vorläufigen Prüfung oder dem förmlichen Prüfverfahren eine positive Entscheidung getroffen hat (unten Rn 184 f, 187).

181 Wichtige Ausnahmen von der Anmeldungspflicht liefern des Weiteren die GVOen. Der Mitgliedstaat ist allerdings auch dann zur Anmeldung **berechtigt**, wenn die Voraussetzungen einer GVO erfüllt sind.[567] Relevant werden kann das etwa, wenn der Mitgliedstaat über das Vorliegen der Voraussetzungen der GVO unsicher ist.[568] Das Durchführungsverbot soll in diesem Fall nicht greifen, da die Anmeldung freiwillig erfolgt.[569] Das kann man auch anders sehen, weil sich der Mitgliedstaat zu seiner Anmeldung in Widerspruch setzt, wenn er die Maßnahme gleichwohl durchführt, ohne die Prüfung abzuwarten.

b) Verfahrensablauf, Fristen und Folgen

182 Das Verfahren bei neuen Beihilfen teilt sich in zwei Abschnitte, die vorläufige Prüfung und das sich ggf anschließende förmliche Prüfverfahren.[570] Dies sind die in der BeihVerfVO verwendeten Begriffe. In der Literatur wird das förmliche Prüfverfahren häufig auch als Hauptprüfung bezeichnet, als Gegenstück zur Vorprüfung.[571]

183 Die **vorläufige Prüfung** der Kommission muss innerhalb einer Frist von zwei Monaten nach der Anmeldung erfolgen. Diese Frist beginnt am Tag nach dem Eingang der vollständigen Unterlagen zur Anmeldung der Beihilfe, Art. 4 Abs. 5 S. 1 und 2 BeihVerfVO. Die Kommission kann die Mitgliedstaaten um die Vorlage weiterer Informationen über die angemeldete Beihilfe ersuchen, die Details richten sich nach Art. 5 BeihVerfVO. Zur Vollständigkeit der Anmeldung gehören Angaben über die Finanzierungsweise der Beihilfe, wenn diese Bestandteil der Maßnahme ist (oben Rn 175).[572] Im Übrigen müssen die Informationen des Mitgliedstaats der Kommission nur eine erste Meinungsbildung ermöglichen, weshalb der Mitgliedstaat zu erschöpfenden Auskünften in dieser Phase nicht verpflichtet ist.[573]

184 Die vorläufige Prüfung kann gemäß Art. 4 Abs. 2 bis 4 BeihVerfVO mit drei verschiedenen Entscheidungen enden: (1) Die Kommission entscheidet, dass keine Beihilfe vorliegt, mit der Konsequenz, dass die Maßnahme durchgeführt werden darf. (2) Die Kommission entscheidet, dass zwar eine Beihilfe vorliegt, aber keine Einwände erhoben werden, mit derselben Konsequenz, jedoch mit dem Unterschied, dass die fragliche Beihilfe dann als bestehende Beihilfe gilt. (3) Oder die Kommission erlässt eine Entscheidung über die Eröffnung des förmlichen Prüfverfahrens. Dazu ist sie verpflichtet, wenn sie bei der Prüfung auf ernsthafte Schwierigkeiten stößt (unten Rn 186). Dann

565 Ebd. Rn 48, 55.

566 Ebd. Rn 34.

567 *Mestmäcker/Schweitzer*, Europäisches Wettbewerbsrecht, § 44 Rn 26; *Koenig/Kühling/Ritter*, EG-Beihilfenrecht, 2. Aufl. 2005 Rn 213.

568 Wegen mancher Unklarheiten in den Texten der GVOen ist das nicht unwahrscheinlich; vgl *Koenig/Kühling/Ritter*, EG-Beihilfenrecht, 2. Aufl. 2005, Rn 212.

569 *Schmidt-Kötters*, in: Heidenhain (Hrsg.), Hdb des Europäischen Beihilfenrechts, § 57 Rn 125.

570 Die überwiegende Zahl der Entscheidungen wird in der vorläufigen Prüfung erlassen, ohne dass das Stadium des förmlichen Prüfverfahrens erreicht wird; *Soltész*, in: Heidenhain (Hrsg.), Hdb des Europäischen Beihilfenrechts, § 44 Rn 2.

571 ZB *Lübbig/Martín-Ehlers*, Beihilfenrecht der EU, Rn 876 ff; *Borchardt*, Die rechtlichen Grundlagen der Europäischen Union, 3. Aufl. 2006 Rn 920.

572 EuGH, Rs. C-345/02 (Pearle BV u.a.), Slg 2004, I-7139 Rn 30; Rs. C-261/01 u.a. (Van Calster u.a.), Slg 2003, I-12272 Rn 45-52; *Mestmäcker/Schweitzer*, Europäisches Wettbewerbsrecht, § 45 Rn 15.

573 EuGH, Rs. C-99/98 (Österreich/Kommission), Slg 2001, I-1101 Rn 52-56; *Mestmäcker/Schweitzer*, Europäisches Wettbewerbsrecht, § 45 Rn 17.

bleibt das Durchführungsverbot erhalten. Anders als im Hauptverfahren (dazu unten Rn 187) darf die Kommission im Vorverfahren keine mit Bedingungen und Auflagen versehene Positiventscheidung gem. Art. 7 Abs. 4 BeihVerfVO erlassen, was sie aber nicht daran hindert, bei ihrer Entscheidung am Ende der vorläufigen Prüfung bestimmte, vom Mitgliedstaat bei der Anmeldung der Beihilfe freiwillig eingegangene Verpflichtungen zu berücksichtigen.[574]

Erfolgt keine dieser Entscheidungen innerhalb der Zwei-Monats-Frist, gilt die Beihilfe gemäß Art. 4 Abs. 6 S. 1 BeihVerfVO als genehmigt. Die Maßnahme kann gemäß Art. 4 Abs. 6 S. 2 BeihVerfVO durchgeführt werden, wenn der Mitgliedstaat die Kommission von der beabsichtigten Durchführung in Kenntnis gesetzt hat und die Kommission innerhalb von 15 Arbeitstagen nach dem Erhalt der Benachrichtigung keine der genannten Entscheidungen erlassen hat. Eine nach Ablauf dieser Frist getroffene Entscheidung der Kommission ist nichtig.[575] Nichtigkeit ist regelmäßig die Rechtsfolge von Verstößen der Kommission gegen das Beihilfenrecht (unten Rn 248). In der Zeit vor dem Inkrafttreten der BeihVerfVO hat der EuGH eine Möglichkeit der Kommission abgelehnt, die Durchführung der Beihilfe nach Ablauf der Zwei-Monats-Frist zu verhindern.[576] Bei Verfahren im Anwendungsbereich der BeihVerfVO wendet der EuGH demgegenüber Art. 4 Abs. 6 S. 2 BeihVerfVO uneingeschränkt an.[577] Aus den Feststellungen des EuGH zur früheren Rechtslage ergeben sich daher keine Anhaltspunkte gegen die Rechtmäßigkeit der neuen Rechtslage.[578] Details der Fristberechnung finden sich in Art. 8 BeihVerfDurchfVO. Sie gelten gemäß Art. 13 Abs. 4 BeihVerfDurchfVO für alle Fristen, die beim Inkrafttreten der Verordnung (oben Rn 169) noch nicht abgelaufen sind. 185

Mit der Eröffnung des **förmlichen Prüfverfahrens** geht die Kommission in das Verfahren gemäß Art. 108 Abs. 3 S. 2 iVm Abs. 2 AEUV über. Die Kommission **muss** dieses Verfahren eröffnen, wenn sie bei der Beurteilung der Rechtmäßigkeit auf ernsthafte Schwierigkeiten stößt; sie hat aber einen gewissen Spielraum im Vorfeld bei der Ermittlung und Prüfung der Umstände um festzustellen, ob solche ernsthaften Schwierigkeiten bestehen.[579] Dieses Verfahren ermöglicht es der Kommission, sich umfassende Kenntnis von allen Gesichtspunkten eines Falles zu verschaffen, insbesondere durch das Einholen aller erforderlichen Stellungnahmen.[580] Die Kommission entscheidet gemäß Art. 108 Abs. 2 Unterabs. 1 AEUV darüber, ob die Maßnahme unter Art. 107 Abs. 1 AEUV fällt, ob eine der Legalausnahmen des Art. 107 Abs. 2 AEUV oder eine Ermessensausnahme gemäß Art. 107 Abs. 3 AEUV greift, solange nicht ausnahmsweise der Rat eine Entscheidung trifft (dazu oben Rn 171). Die Regelfrist für dieses Verfahren beträgt 18 Monate ab Eröffnung des förmlichen Prüfverfahrens; diese Frist kann von der Kommission und dem betreffenden Mitgliedstaat einvernehmlich verlängert werden, Art. 7 Abs. 6 S. 2, 3 BeihVerfVO. Regelungen zur Fristberechnung enthält Art. 8 BeihVerfDurchfVO (zum Anwendungsbereich oben Rn 169). Insgesamt gibt es also im Verfahren für neue Beihilfen zwei Auslöser von Fristen: die Anmeldung einer Beihilfe (oben Rn 185) und die Eröffnung des förmlichen Prüfverfahrens. 186

Das förmliche Prüfverfahren kann gemäß Art. 7 Abs. 2 bis 5 BeihVerfVO wiederum mit verschiedenen Entscheidungen enden: (1) Die Kommission entscheidet gemäß Art. 7 Abs. 2 BeihVerfVO, dass keine Beihilfe vorliegt. (2) Die Kommission entscheidet, dass die Beihilfe mit dem Unionsrecht vereinbar ist, sog. Positiventscheidung. Diese Entscheidung kann ggf mit Bedingungen und Auflagen verbunden sein.[581] (3) Die Kommission entscheidet, dass die angemeldete Beihilfe mit dem Uni- 187

574 EuG, Rs. T-123/09 (Ryanair), Slg 2012, II-00 Rn 93-95.
575 EuGH, Rs. C-398/00 (Spanien/Kommission), Slg 2002, I-5643 Rn 35.
576 EuGH, Rs. C-99/98 (Österreich/Kommission), Slg 2001, I-1101 Rn 84 f.
577 Details zur Auslegung dieser Bestimmung in EuGH, Rs. C-398/00 (Spanien/Kommission), Slg 2002, I-5643 Rn 21-35.
578 *Sinnaeve*, in: Heidenhain (Hrsg.), Hdb des Europäischen Beihilfenrechts, § 33 Rn 101; aA *Lübbig/Martín-Ehlers*, Beihilfenrecht der EU, Rn 869.
579 EuGH, Rs. C-204/97 (Portugal/Kommission), Slg 2001, I-3175 Rn 33; Rs. C-225/91 (Matra), Slg 1993, I-3203 Rn 33; EuG, Rs. T-73/98 (Prayon-Rupel), Slg 2001, II-867 Rn 45, 47 mwN.
580 EuGH, Rs. C-204/97 (Portugal/Kommission), Slg 2001, I-3175 Rn 32 f mwN.
581 Zu deren gerichtlicher Kontrolle *Soltész*, EuZW 2013, 138.

onsrecht unvereinbar ist, sog. Negativentscheidung. Eine solche Negativentscheidung ergeht auch binnen 2 Monaten nach dem Ablauf der 18-Monats-Frist für die Hauptprüfung, wenn der Mitgliedstaat eine Entscheidung wünscht und die vorgelegten Informationen nicht ausreichen. Regelungen zur Fristberechnung enthält Art. 8 BeihVerfDurchfVO (zum Anwendungsbereich oben Rn 169), wobei etwaige Neuerungen zu beachten sind (oben Rn 165).

188 Eine positive Entscheidung im Vorverfahren gemäß Art. 4 Abs. 2 und 3 BeihVerfVO oder im Hauptverfahren gemäß Art. 7 Abs. 2, 3, 4 BeihVerfVO kann von der Kommission gemäß Art. 9 S. 1 BeihVerfVO widerrufen werden, wenn diese auf während des Verfahrens übermittelten unrichtigen Informationen beruht **und** diese für die Entscheidung ein ausschlaggebender Faktor waren. Zuvor muss ein förmliches Prüfverfahren durchgeführt werden, Art. 9 S. 2 BeihVerfVO. Anwendbar sind in diesem Fall neben den Regelungen über das förmliche Prüfverfahren die Regelungen aus dem Kapitel über rechtswidrige Beihilfen, auf die in Art. 9 S. 3 BeihVerfVO verwiesen wird (unten Rn 216). Dazu gehören Art. 10 BeihVerfVO über die Prüfung, das Auskunftsersuchen und die Auskunftsanordnung der Kommission, Art. 11 Abs. 1 BeihVerfVO über die Anordnung der Aussetzung der fraglichen Beihilfe, ferner Art. 13 BeihVerfVO über Entscheidungen der Kommission im Falle von rechtswidrigen Beihilfen (wobei diese Bestimmung in einigem Umfang in das Kapitel zum Verfahren bei angemeldeten Beihilfen zurückverweist), weiter Art. 14 BeihVerfVO über die Rückforderung von rechtswidrigen Beihilfen, schließlich die Fristbestimmung des Art. 15 BeihVerfVO.

c) Begründung und Veröffentlichung von Entscheidungen

189 Die Kommission muss ihre Entscheidungen gemäß Art. 296 AEUV **begründen.** Es handelt sich um ein wesentliches Formerfordernis iSv Art. 263 Abs. 2 AEUV,[582] so dass Verstöße gegen die Begründungspflicht zur Nichtigkeit des fraglichen Akts führen. Von der Begründungspflicht als Formerfordernis ist die Stichhaltigkeit und sachliche Richtigkeit zu unterscheiden, die zur materiellen Rechtmäßigkeit des Rechtsakts gehört.[583] Da die gerichtliche Kontrolle der materiellen Rechtmäßigkeit wegen des Ermessens der Kommission eingeschränkt ist, wird nicht selten die mangelnde Begründung als ein (weiterer) Klagegrund gewählt (zum Rechtsschutz unten Rn 276-315). Der Verstoß kann aber auch von Amts wegen geprüft werden.[584] Die Begründung muss grundsätzlich gleichzeitig mit der Entscheidung mitgeteilt werden; eine Heilung im gerichtlichen Verfahren ist nicht möglich.[585]

190 Inhaltlich muss die Begründung so klar und eindeutig sein, dass die Betroffenen ihr die Gründe für die erlassene Maßnahme entnehmen können und das zuständige Gericht seine Kontrollaufgabe wahrnehmen kann. Die Anforderungen richten sich nach den Umständen des Einzelfalls, insbesondere nach dem Inhalt des Rechtsakts, der Art der Gründe und dem Interesse der Beteiligten.[586] In der Begründung brauchen nicht alle tatsächlich oder rechtlich einschlägigen Gesichtspunkte genannt zu werden, da die Frage, ob die Begründung eines Rechtsakts den Erfordernissen des Art. 296 AEUV genügt, nicht nur anhand ihres Wortlauts zu beurteilen ist, sondern auch anhand

582 EuGH, Rs. C-17/99 (Frankreich/Kommission), Slg 2001, I-2481 Rn 35; EuG, Rs. T-93/02 (Confédération nationale du Crédit mutuel), Slg 2005, II-143 Rn 67; Rs. T-176/01 (Ferriere Nord), Slg 2004, II-3931 Rn 106; Rs. T-158/99 (Thermenhotel Stoiser Franz), Slg 2004, II-1 Rn 97.

583 EuGH, Rs. C-17/99 (Frankreich/Kommission), Slg 2001, I-2481 Rn 35; EuG, Rs. T-93/02 (Confédération nationale du Crédit mutuel), Slg 2005, II-143 Rn 67; Rs. T-176/01 (Ferriere Nord), Slg 2004, II-3931 Rn 106; Rs. T-158/99 (Thermenhotel Stoiser Franz), Slg 2004, II-1 Rn 97; Rs. T-116/01 u.a. (P&O European Ferries u.a.), Slg 2003, II-2957 Rn 227.

584 EuGH, Rs. C-351/98 (Spanien/Kommission), Slg 2002, I-8031 Rn 76; EuG, Rs. T-371/94 u.a. (British Airways u.a.), Slg 1998, II-2405 Rn 88.

585 EuGH, Rs. C-351/98 (Spanien/Kommission), Slg 2002, I-8031 Rn 84.

586 EuGH, Rs. C-400/99 (Italien/Kommission), Slg 2005, I-3657 Rn 22; Rs. C-372/97 (Italien/Kommission), *Slg 2004, I-3679 Rn 69; Rs. C-301/96* (Deutschland/Kommission), Slg 2003, I-9919 Rn 87; Rs. C-57/00 P u.a. (Freistaat Sachsen u.a.), Slg 2003, I-9975 Rn 76; Rs. C-351/98 (Spanien/Kommission), Slg 2002, I-8031 Rn 82; Rs. C-17/99 (Frankreich/Kommission), Slg 2001, I-2481 Rn 35; EuG, Rs. T-158/99 (Thermenhotel Stoiser Franz), Slg 2004, II-1 Rn 94.

ihres Kontextes sowie sämtlicher Rechtsvorschriften auf dem betreffenden Gebiet.[587] Als „Betroffene“, die der Entscheidung die Gründe entnehmen können müssen, gelten alle Beteiligten iSv Art. 108 Abs. 2 Unterabs. 1 AEUV, weshalb die Begründung (auch) an ihren Interessen ausgerichtet sein muss.[588] Zudem muss in Bereichen, in denen die Kommission über Ermessen verfügt, aus der Begründung ersichtlich werden, dass sie sorgfältig und unparteiisch alle relevanten Gesichtspunkte des Einzelfalls untersucht hat.[589] Die Kommission braucht aber nicht auf alle Gesichtspunkte einzugehen, die im Laufe des Verfahrens vorgetragen werden, sondern es reicht aus, wenn sie die für die Entscheidung wesentlichen tatsächlichen und rechtlichen Erwägungen anführt.[590] Höher sind die Anforderungen, wenn ein Anspruch auf streitige Erörterung besteht, wie das bei dem Mitgliedstaat im Beihilfeverfahren der Fall ist, nicht aber bei sonstigen Beteiligten (dazu unten Rn 199, 202).[591] Eine summarische Darstellung oder kurze Zusammenfassung der Gründe reicht aber aus, wenn der Kontext dem beteiligten Mitgliedstaat bekannt ist und sich die Entscheidung in die ständige Praxis einfügt.[592]

Der Entscheidung über die Rechtswidrigkeit der Beihilfe muss sich eindeutig und abschließend die genaue Maßnahme entnehmen lassen, die die Kommission als Beihilfe einstuft,[593] weiter die Gründe für die Einstufung als Beihilfe.[594] Erforderlich ist ferner, dass die Umstände angegeben werden, die zu einer Beeinträchtigung des Handels und zu einer Verfälschung des Wettbewerbs führen.[595] Schließlich muss die Kommission begründen, ob und welche Ausnahmevorschrift des Art. 107 Abs. 2 und 3 AEUV sie anwendet oder nicht.[596] Sehen Mitteilungen uä unterschiedliche Rechtsfolgen für verschiedene Arten von Beihilfen vor, muss sich der Begründung entnehmen lassen, welche Zuordnung die Kommission vornimmt.[597] Andererseits können Mitteilungen uä die Anforderungen an die Begründung reduzieren, wenn und soweit sich die erforderlichen Erläuterungen in den allgemeinen Kommissionsakten finden.[598] 191

Im Übrigen können die Anforderungen variieren, je nachdem, um welche Entscheidung es sich handelt. Und bei Zusammenhängen, die auf der Hand liegen, sind die Begründungsanforderungen geringer.[599] So muss zum Beispiel bei der vorläufigen Prüfung und der Einleitung des Verfahrens die als Beihilfe qualifizierte Maßnahme weniger genau angegeben werden als bei der abschließenden Entscheidung.[600] Da die Rückforderung einer rechtswidrig gewährten Beihilfe die Regelfolge 192

---

587 EuGH, Rs. C-372/97 (Italien/Kommission), Slg 2004, I-3679 Rn 70; Rs. C-301/96 (Deutschland/Kommission), Slg 2003, I-9919 Rn 87; Rs. C-57/00 P u.a. (Freistaat Sachsen u.a.), Slg 2003, I-9975 Rn 76; Rs. C-17/99 (Frankreich/Kommission), Slg 2001, I-2481 Rn 36; Rs. C-15/98 u.a. (Italien u.a ./Kommission), Slg 2000, I-8855 Rn 65; EuG, Rs. T-158/99 (Thermenhotel Stoiser Franz), Slg 2004, II-1 Rn 94.

588 EuG, Rs. T-371/94 u.a. (British Airways u.a.), Slg 1998, II-2405 Rn 90-92.

589 EuGH, Rs. C-269/90 (TU München), Slg 1991, I-5491 Rn 14; EuG, Rs. T-371/94 u.a. (British Airways u.a.), Slg 1998, II-2405 Rn 95.

590 EuG, Rs. T-371/94 u.a. (British Airways u.a.), Slg 1998, II-2405 Rn 94; Rs. T-228/99 u.a. (WestLB), Slg 2003, II-435 Rn 280; Rs. T-198/01 (Technische Glaswerke Ilmenau), Slg 2004, II-2717 Rn 60 mwN.

591 EuG, Rs. T-198/01 (Technische Glaswerke Ilmenau), Slg 2004, II-2717 Rn 61.

592 EuGH, Rs. C-301/96 (Deutschland/Kommission), Slg 2003, I-9919 Rn 88-92; Rs. C-57/00 P u.a. (Freistaat Sachsen u.a.), Slg 2003, I-9975 Rn 77 f; T-132/96 u.a. (Freistaat Sachsen u.a.), Slg 1999, II-3663 Rn 150 f.

593 EuG, Rs. T-93/02 (Confédération nationale du Crédit mutuel), Slg 2005, II-143 Rn 69.

594 EuGH, Rs. C-482/99 (Frankreich/Kommission), Slg 2002, I-4397 Rn 41 f; Rs. C-156/98 (Deutschland/ Kommission), Slg 2000, I-6857 Rn 98; Rs. T-228/99 u.a. (WestLB), Slg 2003, II-435 Rn 281; Rs. T-55/99 (CETM), Slg 2000, II-3207 Rn 59.

595 EuGH, Rs. C-372/97 (Italien/Kommission), Slg 2004, I-3679 Rn 71; Rs. C-15/98 u.a. (Italien u.a ./Kommission), Slg 2000, I-8855 Rn 66-69; Rs. C-15/98 u.a. (Italien u.a ./Kommission), Slg 2000, I-8855 Rn 66; EuG, Rs. T-228/99 u.a. (WestLB), Slg 2003, II-435 Rn 292; Rs. T-171/02 (Regione autonoma della Sardegna), Slg 2005, II-2123 Rn 74; *Koenig/Kühling/Ritter*, EG-Beihilfenrecht, 2. Aufl. 2005 Rn 177.

596 EuGH, Rs. C-351/98 (Spanien/Kommission), Slg 2002, I-8031 Rn 76.

597 EuGH, Rs. C-351/98 (Spanien/Kommission), Slg 2002, I-8031 Rn 81, 83.

598 EuGH, Rs. C-288/96 (Deutschland/Kommission), Slg 2000, I-8237 Rn 84-86.

599 EuG, Rs. T-228/99 u.a. (WestLB), Slg 2003, II-435 Rn 286.

600 EuG, Rs. T-93/02 (Confédération nationale du Crédit mutuel), Slg 2005, II-143 Rn 82.

ist, muss die Kommission die Entscheidung darüber nicht besonders begründen.[601] Wird sie begründet, braucht nicht geprüft zu werden, ob die Begründung ausreicht.[602] Schließlich stellt die fehlende Erwähnung der angewandten Regelungen der BeihVerfVO keinen Begründungsmangel dar, jedenfalls solange diese Regelungen lediglich die frühere Auslegung der Verfahrensbestimmungen des AEUV beinhalten.[603]

193 Alle Entscheidungen der Kommission sind gemäß Art. 26 BeihVerfVO zu **veröffentlichen.**[604] Neu ist Art. 26 Abs. 2 a BeihVerfVO, wonach die Kommission ihre Beschlüsse über Geldbußen und Zwangsgelder im Amtsblatt der Europäischen Union veröffentlicht. Dagegen muss die Anmeldung einer Beihilfe nicht veröffentlicht werden.[605] Bei der Veröffentlichung muss die Kommission darauf achten, dass Berufsgeheimnisse gewahrt werden (dazu unten Rn 203).

d) Vereinfachtes Verfahren

194 Für die Anmeldung bestimmter Änderungen von Beihilfen gilt gemäß Art. 4 Abs. 2 BeihVerfDurchfVO ein vereinfachtes Verfahren. Dieses unterscheidet sich von dem regulären Verfahren darin, dass die Anmeldung auf einem Formular für das vereinfachte Verfahren erfolgt und die Kommission sich bemüht, innerhalb eines Monats eine Entscheidung zu treffen. Dies gilt gemäß Art. 4 Abs. 2 a) bis c) BeihVerfDurchfVO für über 20 %-ige Erhöhungen der Mittel für eine genehmigte Beihilferegelung, für die Verlängerung einer genehmigten Beihilferegelung bis zu sechs Jahren, weiter für die Verschärfung der Kriterien für die Anwendung einer genehmigten Beihilferegelung sowie für die Herabsetzung der Beihilfeintensität oder der förderfähigen Ausgaben. In all diesen Fällen handelt es sich um eine Umgestaltung bestehender Beihilfen und damit um neue Beihilfen iSv Art. 108 Abs. 3 S. 1 AEUV, Art. 1 c) BeihVerfVO (zur Abgrenzung oben Rn 178). Das vereinfachte Verfahren scheidet gemäß Art. 4 Abs. 3 BeihVerfDurchfVO aus, wenn die Mitgliedstaaten ihrer Pflicht zur Erstattung von Jahresberichten nicht nachgekommen sind (zu dieser Pflicht unten Rn 198, 213), es sei denn, die Jahresberichte werden gemeinsam mit der Anmeldung übermittelt.

e) Pflichten und Rechte der Beteiligten im Verfahren

195 Das Verfahren in Beihilfesachen wird zwischen der Kommission und dem Mitgliedstaat durchgeführt.[606] Der Mitgliedstaat muss, abgesehen von der Einhaltung der Anmeldepflicht und des Durchführungsverbots (oben Rn 174 f), mit der Anmeldung vollständige Unterlagen mit allen sachdienlichen Auskünften über die geplante Beihilfe zuleiten, Art. 2 Abs. 2 BeihVerfVO. Er muss nach Maßgabe des Art. 5 BeihVerfVO innerhalb der ihm gesetzten Frist weitere Auskünfte erteilen (zum Umfang dieser Pflicht oben Rn 183). Kommt er dem nicht nach, kann die Anmeldung gemäß Art. 5 Abs. 3 BeihVerfVO als zurückgezogen gelten. Neben die Möglichkeit von Auskunftsersuchen an den anmeldenden Mitgliedstaat gemäß Art. 5 BeihVerfVO tritt – nach Einleitung des förmlichen Prüfverfahrens gemäß Art. 6 BeihVerfVO – die Möglichkeit der Kommission, andere Auskunftgeber, genauer andere Mitgliedstaaten, Unternehmen oder Unternehmensvereinigungen, zur Übermittlung von Auskünften aufzufordern sowie in diesem Zusammenhang im Falle eines Verstoßes gegen die Auskunftspflicht gegen Unternehmen und Unternehmensvereinigungen Geldbußen oder Zwangsgelder zu verhängen. Einzelheiten im Zusammenhang mit den Auskünften von anderen Auskunftgebern als dem anmeldenden Mitgliedstaat, den möglichen Geldbußen und Zwangsgel-

---

601 EuGH, Rs. C-310/99 (Italien/Kommission), Slg 2002, I-2289 Rn 106; Rs. C-75/97 (Belgien/Kommission), Slg 1999, I-3671 Rn 82, mit dem Hinweis auf mögliche Ausnahmen in Rn 83; Rs. C-278/92 u.a. (Spanien/Kommission), Slg 1994, I-4103 Rn 78; EuG, Rs. T-116/01 u.a. (P&O European Ferries u.a.), Slg 2003, II-2957 Rn 224.

602 EuG, Rs. T-116/01 u.a. (P&O European Ferries u.a.), Slg 2003, II-2957 Rn 225.

603 EuGH, Rs. C-400/99 (Italien/Kommission), Slg 2005, I-3657 Rn 23.

604 Dazu *Nowak/Slusarek*, in: Birnstiel/Bungenberg/Heinrich (Hrsg.), Europäisches Beihilfenrecht, 2013, Kap. 2 Rn 795-815; *Sinnaeve*, in: Heidenhain (Hrsg.), Hdb des Europäischen Beihilfenrechts, § 39 Rn 6-12.

605 *Sinnaeve*, in: Heidenhain (Hrsg.), Hdb des Europäischen Beihilfenrechts, § 37 Rn 1.

606 EuG, Rs. T-198/01 (Technische Glaswerke Ilmenau), Slg 2004, II-2717 Rn 191; Rs. T-228/99 u.a. (WestLB), Slg 2003, II-435 Rn 122; Rs. T-613/97 (Ufex), Slg 2000, II-4055 Rn 86; *Sinnaeve*, in: Heidenhain (Hrsg.), Hdb des Europäischen Beihilfenrechts, § 37 Rn 1.

dern gegen Unternehmen und Unternehmensvereinigungen sowie dem Umgang mit etwaigen Auskünften und den darin möglicherweise enthaltenen Geschäftsgeheimnissen sind in Art. 6 a, 6 b und Art. 7 Abs. 8 bis 10 BeihVerfVO geregelt.

Bedeutsam in diesem Zusammenhang sind auch die neuen Bestimmungen des Art. 15 a und 15 b BeihVerfVO. Danach verjährt die in Art. 6 b BeihVerfVO enthaltene Befugnis zur Verfolgung von Verstößen gegen die Auskunftspflichten mit Geldbußen und Zwangsgeldern nach einer Frist von drei Jahren und die Frist zur Vollstreckung von Beschlüssen zu Geldbußen und Zwangsgeldern gemäß Art. 6 b BeihVerfVO nach Ablauf von fünf Jahren. Weitere Einzelheiten zu Beginn, Unterbrechung und Hemmung der Verjährung finden sich in Art. 15 a und 15 b BeihVerfVO. 196

Wer zur Anmeldung berechtigt und verpflichtet ist, ist streitig: Nach einer Ansicht ist dies nicht nur der Mitgliedstaat als solcher bzw die für den Mitgliedstaat gegenüber der Union tätige Bundesregierung, sondern jede beihilfegewährende staatliche Stelle, also etwa auch die Länder und die Kommunen.[607] Nach der Gegenauffassung ist ausschließlich der Mitgliedstaat zur Anmeldung berechtigt und verpflichtet, nicht die innerstaatlichen Stellen auf den verschiedenen Ebenen in den Mitgliedstaaten.[608] Ein Argument für die Gegenauffassung liefert Art. 3 Abs. 1 Unterabs. 1 BeihVerfDurchfVO, wonach der **Ständige Vertreter** des betreffenden Mitgliedstaats die Anmeldung der Kommission zuleitet; die Bestimmung geht also von **einer** Stelle bei der jeweiligen Ständigen Vertretung des Mitgliedstaats bei der Europäischen Union in Brüssel aus. Dafür spricht weiter, dass das Beihilfeverfahren zwischen dem Mitgliedstaat und der Kommission stattfindet (oben Rn 195), weshalb es Sinn macht, dass der Mitgliedstaat von Anfang an über die geplante Beihilfe informiert ist und die entsprechenden Schritte einleitet. 197

Eine mit Bedingungen und Auflagen verbundene Entscheidung gemäß Art. 7 Abs. 4 BeihVerfVO kann besondere Pflichten zur **Berichterstattung** der Mitgliedstaaten enthalten,[609] wie sich Art. 21 Abs. 1 BeihVerfVO entnehmen lässt. In der Praxis enthalten Negativentscheidungen, mit Bedingungen und Auflagen versehene Entscheidungen sowie Rückforderungsentscheidungen regelmäßig eine Klausel, wonach die Mitgliedstaaten die Kommission innerhalb einer bestimmten Frist über ihre Maßnahmen zur Durchführung der Entscheidung informieren.[610] Weitere Berichtspflichten können sich aus allgemeinen sekundärrechtlichen Vorgaben ergeben. So sind die Mitgliedstaaten gemäß Art. 3 Abs. 4 GVO-Ermächtigung verpflichtet, über die Durchführung der Gruppenfreistellungen Bericht zu erstatten.[611] Des Weiteren kann die Kommission gemäß Art. 22 Abs. 1 BeihVerfVO eine **Nachprüfung vor Ort** vornehmen, wenn sie Zweifel an der Einhaltung einer Entscheidung hat.[612] Damit sind Pflichten für die Mitgliedstaaten und das Unternehmen verbunden, bei dem die Nachprüfung stattfindet; Einzelheiten dazu sind in Art. 22 Abs. 2-6 BeihVerfVO geregelt (dazu unten Rn 247). In der Sache dürften dies meist Fälle rechtswidriger oder missbräuchlich angewandter Beihilfen sein; zu Details unten Rn 246 f. 198

Was die **Rechte** der Beteiligten in den Verfahren der Kommission angeht, sind diese insgesamt eher restriktiv ausgestaltet.[613] Im Einzelnen haben der betreffende Mitgliedstaat und die anderen Beteiligten gemäß Art. 108 Abs. 2 Unterabs. 1 AEUV, Art. 6 Abs. 1 S. 2 BeihVerfVO im förmlichen Verfahren das Recht zur Stellungnahme innerhalb einer Frist von in der Regel maximal einem Monat; Details sind in Art. 6 Abs. 2 BeihVerfVO geregelt. Dieses Recht wird in Art. 20 Abs. 1 S. 1 Beih- 199

607 *Badura*, Staatsrecht, 2003, I Rn 80.

608 *Mestmäcker/Schweitzer*, Europäisches Wettbewerbsrecht, § 45 Rn 10 Fn 24; *Koenig/Kühling/Ritter*, EG-Beihilfenrecht, 2. Aufl. 2005 Rn 374.

609 *Sinnaeve*, in: Heidenhain (Hrsg.), Hdb des Europäischen Beihilfenrechts, § 38 Rn 8; *Mestmäcker/Schweitzer*, Europäisches Wettbewerbsrecht, § 45 Rn 50.

610 *Sinnaeve*, in: Heidenhain (Hrsg.), Hdb des Europäischen Beihilfenrechts, § 38 Rn 2.

611 Vgl ebd Rn 4.

612 Dazu *Sinnaeve,* in: Heidenhain (Hrsg.), European State Aid Law, 2010, § 36 Rn 10-15.

613 *Koenig/Kühling/Ritter*, EG-Beihilfenrecht, 2. Aufl. 2005 Rn 398; *Soltész*, in: Heidenhain (Hrsg.), Hdb des Europäischen Beihilfenrechts, § 40 Rn 2; *Sinnaeve*, ebd § 37 Rn 1.

VerfVO wiederholt.[614] Im förmlichen Prüfverfahren haben also alle Beteiligten das Recht der Stellungnahme. Nur dieser Verfahrensabschnitt gewährleistet einen angemessenen Schutz der Äußerungsrechte Dritter.[615] Außerhalb des förmlichen Prüfverfahrens hat nur der betreffende Mitgliedstaat ein Recht auf Stellungnahme.[616] Es besteht aber die Möglichkeit, sich gegen Beihilfen zu beschweren, wozu jeder Beteiligte gemäß Art. 20 Abs. 2 BeihVerfVO berechtigt ist (unten Rn 201).

200 **Beteiligte** sind ausweislich der Legaldefinition in Art. 1 h) BeihVerfVO Mitgliedstaaten, Personen, Unternehmen oder Unternehmensvereinigungen, deren Interessen durch eine Entscheidung über die Rechtmäßigkeit oder Rechtswidrigkeit der Beihilfe beeinträchtigt sein können, insbesondere der **Beihilfeempfänger,** dessen **Wettbewerber** und **Berufsverbände.** Dies entspricht der ständigen Rechtsprechung.[617] Ferner können Berufsverbände, Interessenvereine, Nachbarregionen oder Arbeitnehmervereinigungen beteiligt sein.[618]

201 Jeder Beteiligte, der eine Stellungnahme abgegeben hat, und jeder Empfänger einer Einzelbeihilfe erhält gemäß Art. 20 Abs. 1 S. 2 BeihVerfVO (automatisch) eine Kopie der von der Kommission im Hauptverfahren getroffenen Entscheidung.[619] Deren alleiniger Adressat war bislang, wie bei allen Entscheidungen im Beihilfeverfahren, gemäß Art. 25 S. 1 BeihVerfVO der Mitgliedstaat.[620] Insoweit haben sich in der BeihVerfVO Neuerungen ergeben: Nach der Neufassung des Art. 25 BeihVerfVO werden Beschlüsse an Unternehmen und Unternehmensvereinigungen zur Übermittlung von Auskünften gemäß Art. 6 a Abs. 7 BeihVerfVO, Beschlüsse an Unternehmen und Unternehmensvereinigungen über Geldbußen und Zwangsgelder gemäß Art. 6 b BeihVerfVO sowie Beschlüsse an Unternehmen und Unternehmensvereinigungen über die beabsichtigte Offenlegung der von diesen übermittelten und als vertraulich gekennzeichneten Informationen gemäß Art. 7 Abs. 9 BeihVerfVO an das betreffende Unternehmen oder die betreffende Unternehmensvereinigung gerichtet. Die Kommission gibt den Adressaten diese Beschlüsse unverzüglich bekannt und bietet ihnen Gelegenheit, der Kommission mitzuteilen, welche Angaben ihrer Ansicht nach unter das Berufsgeheimnis fallen. Alle anderen Beschlüsse auf der Grundlage der BeihVerfVO sind gemäß Art. 25 Abs. 2 BeihVerfVO (wie bislang) an den betreffenden Mitgliedstaat zu richten. Die Kommission gibt dem betreffenden Mitgliedstaat diese Beschlüsse unverzüglich bekannt und bietet ihm Gelegenheit, der Kommission mitzuteilen, welche Angaben seiner Ansicht nach unter das Berufsgeheimnis fallen. Weitere Rechte der Beteiligten ergeben sich aus Art. 20 Abs. 2 und 3 BeihVerfVO: Das Beschwerderecht des Art. 20 Abs. 2 BeihVerfVO betrifft rechtswidrige und missbräuchlich angewendete Beihilfen (näher unten Rn 240). Gemäß Art. 20 Abs. 3 BeihVerfVO erhält jeder Beteiligte auf **Antrag** eine Kopie jeder in der Vorprüfung und in der Hauptprüfung getroffenen Entscheidung.[621]

202 Darüber hinausgehende Verfahrensrechte bestehen nicht. Die Aufzählung der Rechte in der BeihVerfVO ist abschließend, wie sich der 16. Begründungserwägung entnehmen lässt, wonach **alle** Möglichkeiten in der BeihVerfVO festzulegen sind.[622] Insbesondere haben der Empfänger, seine Wettbewerber und sonstige Dritte grundsätzlich **kein** Recht auf **Akteneinsicht** gegen die Union.[623]

---

614 S. auch *Sinnaeve*, in: Heidenhain (Hrsg.), Hdb des Europäischen Beihilfenrechts, § 37 Rn 4; *dies.*, in: Heidenhain (Hrsg.), European State Aid Law, 2010, § 35 Rn 4 f.

615 EuGH, Rs. 84/82 (Deutschland/Kommission), Slg 1984, 1451 Rn 11-13; Rs. 323/82 (Intermills), Slg 1984, 3809 Rn 16; EuG, Rs. T-73/98 (Prayon-Rupel), Slg 2001, II-867 Rn 41.

616 Näher *Mestmäcker/Schweitzer*, Europäisches Wettbewerbsrecht, § 45 Rn 17, 53.

617 Leitentscheidung EuGH, Rs. 323/82 (Intermills), Slg 1984, 3809 Rn 16; ferner Rs. C-367/95 P (Sytraval), Slg 1998, I-1719 Rn 40; EuG, Rs. T-114/00 (Aktionsgemeinschaft Recht und Eigentum), Slg 2002, II-5121 Rn 42 mwN.

618 *Sinnaeve*, in: Heidenhain (Hrsg.), Hdb des Europäischen Beihilfenrechts, § 37 Rn 4.

619 *Sinnaeve,* in: Heidenhain (Hrsg.), European State Aid Law, 2010, § 35 Rn 6.

620 *Nowak/Slusarek*, in: Birnstiel/Bungenberg/Heinrich (Hrsg.), Europäisches Beihilfenrecht, 2013, Kap. 2 Rn 786-788.

621 Dazu *Sinnaeve*, in: Heidenhain (Hrsg.), Hdb des Europäischen Beihilfenrechts, § 37 Rn 11-13; *dies.*, in: Heidenhain (Hrsg.), European State Aid Law, 2010, § 25 Rn 7-14.

622 Ebd. Rn 3.

623 Näher, mit Kritik, *Lübbig/Martín-Ehlers*, Beihilfenrecht der EU, 2. Aufl. 2009 Rn 914-921.

Die BeihVerfVO enthält kein entsprechendes Recht und muss es auch nicht enthalten. Auch aus der allgemeinen Transparenzverordnung (Verordnung (EG) Nr. 1049/2001) ergibt sich in der Regel kein Recht auf Akteneinsicht.[624] Auch die allgemeinen Grundsätze des Unionsrechts wie die Gewährung des rechtlichen Gehörs oder das Recht auf faires Verfahren verpflichten nicht dazu.[625] Aus dem Unterschied zum Kartellrecht ergibt sich nichts anderes.[626] Im Beihilfenrecht gilt, dass das Verfahren zwischen der Kommission und dem Mitgliedstaat abläuft und sich die Rolle der übrigen Beteiligten im Wesentlichen auf Informationsquellen für die Kommission beschränkt.[627] Daher haben andere als der Mitgliedstaat auch kein Recht auf **mündliche Anhörung** oder streitige Erörterung in sonstiger Weise.[628] Die Kommission ist daran andererseits nicht gehindert.[629]

Bei allen Veröffentlichungen, Zustellungen von Kopien und sonstigen Äußerungen gegenüber Dritten dürfen **Berufsgeheimnisse** gemäß Art. 24 BeihVerfVO nicht preisgegeben werden, weshalb entsprechende Textpassagen geschwärzt oder weggelassen werden müssen.[630] Zu diesem Zweck gibt die Kommission dem Mitgliedstaat gemäß Art. 25 S. 2 BeihVerfVO Gelegenheit zur Mitteilung, welche Informationen seiner Ansicht nach geheim sind. 203

f) Ausweitung der Untersuchung auf mehrere Mitgliedstaaten

Die BeihVerfVO enthält ein neues Kapitel VIa mit der Bestimmung des Art. 20 a BeihVerfVO zu „Untersuchungen einzelner Wirtschaftszweige und Beihilfeinstrumente". Danach kann die Kommission eine Untersuchung eines bestimmten Wirtschaftszweigs oder der Anwendung eines bestimmten Beihilfeinstruments in mehreren Mitgliedstaaten durchführen, wenn aufgrund der vorliegenden Informationen ein hinreichender Verdacht besteht, dass in dem betreffenden Wirtschaftszweig oder über das betreffende Beihilfeinstrument gewährte Beihilfen möglicherweise in mehreren Mitgliedstaaten den Wettbewerb im Binnenmarkt wesentlich einschränken oder verzerren oder bestehende Beihilfen in dem bestimmten Wirtschaftszweig nicht oder nicht mehr mit dem Binnenmarkt vereinbar sind. Im Rahmen dieser Untersuchungen kann die Kommission von den betreffenden Mitgliedstaaten und/oder Unternehmen oder Unternehmensvereinigungen unter entsprechender Anwendung der Bestimmungen der Art. 5, 6 a und 6 b BeihVerfVO und unter gebührender Berücksichtigung des Grundsatzes der Verhältnismäßigkeit die für die beihilferechtliche Prüfung gemäß Art. 107 und 108 AEUV erforderlichen Auskünfte verlangen. Die Kommission nennt in entsprechenden Auskunftsersuchen die Gründe für die Einleitung der Untersuchung und für die Auswahl der Adressaten, veröffentlicht einen Bericht über die von ihr bei der Prüfung gewonnenen Ergebnisse und fordert die betreffenden Mitgliedstaaten, Unternehmen oder Unternehmensvereinigungen zu Stellungnahmen auf. Die bei der Untersuchung eines Wirtschaftszweigs eingeholten Auskünfte dürfen im Rahmen von Beihilfekontrollverfahren verwendet werden. 204

2. Bestehende Beihilferegelungen

a) Anwendungsbereich und anwendbare Regelungen im Überblick

Bestehende Beihilfen unterliegen einer laufenden Kontrolle.[631] Genauer bezieht sich die laufende Kontrolle ausweislich des Wortlauts der Art. 17 bis 19 BeihVerfVO auf Beihilfe**regelungen**, also 205

624 Näher, mit Nachweisen aus der Rechtsprechung, *Soltész*, EuZW 2012, 176 f.

625 EuG, Rs. T-198/01 (Technische Glaswerke Ilmenau), Slg 2004, II-2717 Rn 193 f, 196 f; Rs. T-613/97 (Ufex), Slg 2000, II-4055 Rn 85-90.

626 EuG, Rs. T-198/01 (Technische Glaswerke Ilmenau), Slg 2004, II-2717 Rn 194.

627 EuG, Rs. T-198/01 (Technische Glaswerke Ilmenau), Slg 2004, II-2717 Rn 192; Rs. T-228/99 u.a. (WestLB), Slg 2003, II-435 Rn 125; Rs. T-613/97 (Ufex), Slg 2000, II-4055 Rn 89.

628 EuGH, Rs. C-367/95 P (Sytraval u.a.), Slg 1998, I-1719 Rn 58 f; EuG, Rs. T-198/01 (Technische Glaswerke Ilmenau), Slg 2004, II-2717 Rn 61; *Sinnaeve*, in: Heidenhain (Hrsg.), Hdb des Europäischen Beihilfenrechts, § 37 Rn 5.

629 *Sinnaeve*, in: Heidenhain (Hrsg.), Hdb des Europäischen Beihilfenrechts, § 37 Rn 6.

630 Näher *Sinnaeve*, in: Heidenhain (Hrsg.), Hdb des Europäischen Beihilfenrechts, § 37 Rn 6, § 39 Rn 1-3.

631 Näher dazu *Sinnaeve*, in: Heidenhain (Hrsg.), European State Aid Law, 2010, § 34.

nicht auf Einzelbeihilfen.[632] Das macht Sinn, weil eine in der Vergangenheit durchgeführte Einzelbeihilfe erledigt ist, während sich die laufende Kontrolle auf Sachverhalte in der Gegenwart und Zukunft bezieht. Beihilferegelungen sind gemäß Art. 1 d) BeihVerfVO solche, bei denen der Adressat allgemein und abstrakt definiert ist oder bei denen die Adressaten zwar feststehen, aber andere Aspekte nicht bestimmt sind, wie Vorhaben, für das die Beihilfe gewährt wird, der Zeitraum oder die Höhe der Beihilfe. Ein Beispiel für Ersteres liefern Regionalförderprogramme, ein Beispiel für Letzteres eine zeitlich und in der Höhe unbeschränkte Steuervergünstigung für ein bestimmtes Unternehmen.[633]

206 Eine **bestehende** Beihilfe liegt in den fünf Gruppen des Art. 1 b) i) bis v) BeihVerfVO vor: (1) Die Beihilfe bestand vor dem Inkrafttreten des EU-Beihilfenrechts in dem jeweiligen Mitgliedstaat. (2) Die Beihilfe wurde von der Kommission oder vom Rat genehmigt. (3) Die Beihilfe gilt als genehmigt, weil die Kommission innerhalb der Zwei-Monats-Frist für die Vorprüfung keine Entscheidung erlassen hat, so wie es Art. 4 Abs. 6 BeihVerfVO für den Anwendungsbereich der Verordnung vorsieht und bereits vorher der Rechtsprechung entsprach.[634] (4) Die Beihilfe gilt gemäß Art. 15 Abs. 3 BeihVerfVO als genehmigte Beihilfe, weil sie vor über 10 Jahren gewährt wurde. (5) Die Beihilfe gilt als bestehende Beihilfe, weil sie zum Zeitpunkt ihrer Einführung nicht als Beihilfe einzustufen war und später auf Grund der Entwicklung des gemeinsamen Marktes zu einer Beihilfe wurde, ohne dass der betreffende Mitgliedstaat sie verändert hat; ausgenommen sind Maßnahmen, die im Anschluss an die Liberalisierung einer Tätigkeit durch Rechtsvorschriften der Union zu Beihilfen geworden sind. Die letzte Gruppe wurde durch die BeihVerfVO neu eingeführt und umfasst insbesondere staatliche Maßnahmen für Produkte oder Dienstleistungen, für die erst später ein grenzüberschreitender Markt entstanden ist.[635] In Fällen der Liberalisierung macht die Vorschrift eine Ausnahme, weil die Liberalisierung gefährdet wäre, wenn eingeführte Beihilfen zu Gunsten früherer Monopolisten fortbestehen könnten.[636]

207 Die in Anwendung einer Beihilferegelung gewährten Einzelbeihilfen sind in der Regel mitgenehmigt und müssen nicht angemeldet werden; es handelt sich um bestehende Beihilfen. Etwas anderes gilt, wenn die Kommission die Anmeldung der Einzelakte in der Entscheidung über die Genehmigung der Beihilferegelung vorsieht oder Mitteilungen uä eine Anmeldung der Einzelmaßnahmen für bestimmte Wirtschaftszweige oder bestimmte Arten von Beihilfen vorsehen.[637]

208 Neben Art. 17 bis 19 BeihVerfVO können im Verfahren der Prüfung bestehender Beihilferegelungen Vorschriften der anderen Beihilfenkontrollverfahren zur Anwendung kommen. So gelangt man aus dem für die Prüfung bestehender Beihilferegelungen einschlägigen Kapitel der BeihVerfVO gemäß Art. 19 Abs. 2 BeihVerfVO in das Kapitel zum Verfahren bei angemeldeten Beihilfen und von dort aus in das Kapitel zum Verfahren bei rechtswidrigen Beihilfen. Voraussetzung dafür ist, dass ein Mitgliedstaat den von der Kommission vorgeschlagenen zweckdienlichen Maßnahmen nicht folgt und die Kommission an ihren Vorschlägen festhalten möchte.

b) Verfahrensablauf und Folgen, insb. Vorschlag zweckdienlicher Maßnahmen

209 Das Verfahren der fortlaufenden Überprüfung bei bestehenden Beihilfen unterscheidet sich in dem **förmlichen** Prüfverfahren nicht von dem Verfahren bei neuen Beihilfen, wie der Verweis in Art. 19

632 *Koenig/Kühling/Ritter*, EG-Beihilfenrecht, 2. Aufl. 2005 Rn 365 Fn 11; *Kühling*, in: Streinz (Hrsg.), EUV/AEUV, Art. 108 AEUV Rn 5 Fn 7; *Sinnaeve*, in: Heidenhain (Hrsg.), Hdb des Europäischen Beihilfenrechts, § 32 Rn 23; *Mestmäcker/Schweitzer*, Europäisches Wettbewerbsrecht, § 45 Rn 49. AA wohl *Cremer*, in: Calliess/Ruffert (Hrsg.), EUV/AEUV, 4. Aufl. 2011, Art. 107 AEUV Rn 3.

633 *Sinnaeve*, in: Heidenhain (Hrsg.), Hdb des Europäischen Beihilfenrechts, § 32 Rn 23.

634 EuGH, Rs. C-99/98 (Österreich/Kommission), Slg 2001, I-1101 Rn 84; Rs. 120/73 (Lorenz), Slg 1973, 1471 Rn 5.

635 *Mestmäcker/Schweitzer*, Europäisches Wettbewerbsrecht, § 45 Rn 49 Fn 129.

636 Ebd. Rn 49 Fn 129.

637 EuGH, Rs. C-321/99 P (ARAP u.a.), Slg 2002, I-4287 Rn 60, 72, 83 mwN; Rs. C-278/95 P (Siemens), Slg 1997, I-2507 Rn 31-33; Rs. C-47/91 (Italien/Kommission), Slg 1994, I-4635 Rn 21; *Mestmäcker/Schweitzer*, Europäisches Wettbewerbsrecht, § 45 Rn 12.

Abs. 2 BeihVerfVO auf Art. 4 Abs. 4, Art. 6, 7, 9 BeihVerfVO zeigt. Zu dem förmlichen Verfahren kommt es aber auf anderem Wege: Die bestehende Beihilfe wird nicht angemeldet, mit dem daran anschließenden Vorverfahren, sondern die Kommission kann fortlaufend Auskünfte bei den Mitgliedstaaten über bestehende Beihilferegelungen einholen, Art. 108 Abs. 1 S. 1 AEUV, Art. 17 Abs. 1 BeihVerfVO. Bei Bedenken gegen die Vereinbarkeit setzt sie den betreffenden Mitgliedstaat in Kenntnis und gibt ihm Gelegenheit zur Stellungnahme innerhalb einer Frist von einem Monat, Art. 17 Abs. 2 BeihVerfVO.

Ändert sich die Beurteilung der Kommission nicht, schlägt sie gemäß Art. 18 BeihVerfVO sog. **zweckdienliche Maßnahmen** vor, die auf eine Änderung oder Abschaffung der Beihilfe oder auf die Einführung von Verfahrensvorschriften gerichtet sein können. Stimmt der Mitgliedstaat dem zu, muss er gemäß Art. 19 Abs. 1 BeihVerfVO die zweckdienlichen Maßnahmen durchführen. Stimmt er nicht zu, wird gemäß Art. 19 Abs. 2 BeihVerfVO iVm Art. 4 Abs. 4 BeihVerfVO das förmliche Prüfverfahren eingeleitet, mit der Folge, dass Art. 6, 7, 9 BeihVerfVO entsprechend gelten. Bei der Einleitung des förmlichen Prüfverfahrens ist die Kommission an keine Fristen gebunden, anders als bei angemeldeten Beihilfen (oben Rn 185), was sich auch daran zeigt, dass Art. 19 Abs. 2 BeihVerfVO nicht auf die Frist des Art. 4 Abs. 5 BeihVerfVO verweist. Die Kommission ist zur Einleitung des förmlichen Prüfverfahrens verpflichtet, ein Ermessen besteht nicht.[638] 210

Bis zum Abschluss des förmlichen Verfahrens bestehen keine gesetzlichen Folgen für die Durchführung der Beihilfe, im Unterschied zu dem Durchführungsverbot für neue Beihilfen in Art. 108 Abs. 3 S. 3 AEUV und Art. 3 BeihVerfVO.[639] Dies zeigt sich daran, dass Art. 19 Abs. 2 BeihVerfVO nicht auf das entsprechende Verbot in Art. 3 BeihVerfVO verweist. Der Mitgliedstaat ist daher berechtigt, bis zu einer endgültigen Entscheidung über die Rechtmäßigkeit die Beihilfe durchzuführen.[640] Es darf daher nicht missverstanden werden, wenn das EuG dem förmlichen Prüfverfahren bei einer bestehenden Beihilfe „aufschiebende Wirkung" beimisst.[641] Damit ist nicht das Durchführungsverbot gemeint, sondern dass bis zu einer abschließenden Entscheidung nicht auf die Rechtmäßigkeit einer Beihilfe vertraut werden darf (zum Vertrauensschutz auch unten Rn 226-228). Des Weiteren besteht kein Schutz des Vertrauens darauf, dass die Kommission von einer vorgeschlagenen zweckdienlichen Maßnahme in einem förmlichen Prüfverfahren nicht abweichen wird; doch verlangt der Grundsatz des Vertrauensschutzes angemessene Übergangsfristen für die Umsetzung der Entscheidung der Kommission.[642] 211

Eine **Rückforderung** der bereits gewährten Einzelbeihilfen ist grundsätzlich nicht möglich, da sich die laufende Kontrolle auf Beihilfe**regelungen** bezieht und nicht Einzelmaßnahmen erfasst.[643] Dementsprechend fehlt in Art. 19 Abs. 2 BeihVerfVO ein Verweis auf die Rückforderungsvorschrift des Art. 14 BeihVerfVO. Eine Ausnahme gilt wegen des Verweises in Art. 9 S. 3 BeihVerfVO bei dem Widerruf der Genehmigung einer bestehenden Beihilferegelung unter den dort geregelten Voraussetzungen. Die Kommission kann auch eine **Aussetzung** der Beihilfe ausnahmsweise anordnen, wenn eine frühere Genehmigung unter den in Art. 9 S. 1, 2 BeihVerfVO geregelten Voraussetzungen widerrufen wurde. Dann ist über den Verweis in Art. 9 S. 3 BeihVerfVO die Bestimmung des Art. 11 Abs. 1 BeihVerfVO über die Aussetzungsanordnung anwendbar. 212

c) Pflichten und Rechte der Beteiligten im Verfahren

Was die Rechte und Pflichten der Beteiligten angeht, beschränkt sich die Pflicht zur Zusammenarbeit gemäß Art. 17 Abs. 1 BeihVerfVO und das Recht zur Stellungnahme gemäß Art. 17 Abs. 2 BeihVerfVO auf die Mitgliedstaaten. Bevor eine zweckdienliche Maßnahme vorgeschlagen wird, 213

638 *Bartosch*, EU-Beihilfenrecht, Art. 19 VO 659/1999 Rn 2.
639 Ebd.
640 EuGH, Rs. C-387/92 (Banco Exterior de España), Slg 1994, I-877 Rn 20; Rs. C-47/91 (Italien/Kommission), Slg 1992, I-4145 Rn 25; *Mestmäcker/Schweitzer*, Europäisches Wettbewerbsrecht, § 45 Rn 50.
641 EuG, Rs. T-171/02 (Regione autonoma della Sardegna), Slg 2005, II-2123 Rn 65.
642 EuGH, Rs. C-182/03 (ASCB ua.), Slg 2006, I-5479, Rn 153 f, 159 ff.
643 *Mestmäcker/Schweitzer*, Europäisches Wettbewerbsrecht, § 45 Rn 51.

hat der Mitgliedstaat gemäß Art. 17 Abs. 2 BeihVerfVO das Recht auf Anhörung (oben Rn 209).[644] Ein wichtiges Element der Zusammenarbeit iSv Art. 17 Abs. 1 BeihVerfVO bildet die jährliche Pflicht der Mitgliedstaaten zur Berichterstattung über bestehende Beihilfen gemäß Art. 21 BeihVerfVO.[645] Details dieser Jahresberichte sind in Art. 5-7 BeihVerfDurchfVO geregelt; sie gelten gemäß Art. 13 Abs. 3 BeihVerfDurchfVO für die Jahresberichte über alle ab dem 1. Januar 2003 gewährten Beihilfen. Daneben bestehen weitere Berichtspflichten der Mitgliedstaaten, die für die laufende Kontrolle bedeutsam sein können (oben Rn 198). Eine Nachprüfung vor Ort löst die in Art. 22 BeihVerfVO geregelten Pflichten aus, was in erster Linie bei rechtswidrigen und missbräuchlich angewandten Beihilfen relevant wird (unten Rn 246 f).

214 Kommt es zu einem förmlichen Prüfverfahren, bestehen **Rechte** des Beihilfeempfängers, seiner Wettbewerber und sonstiger Dritter. Insoweit gilt das bei den neuen Beihilfen zu Art. 20 Abs. 1 BeihVerfVO Gesagte (oben Rn 199-201). Für die weiteren Rechte dieser Personenkreise in Art. 20 BeihVerfVO, das Fehlen sonstiger Rechte und die Wahrung des Berufsgeheimnisses gilt ebenfalls Entsprechendes (oben Rn 201-203). Das Recht auf Kopien gemäß Art. 20 Abs. 3 BeihVerfVO bezieht sich dabei naturgemäß auf diejenigen Entscheidungen, die bei bestehenden Beihilfen getroffen werden können (oben Rn 209-212).

III. Prüfverfahren bei rechtswidrigen und missbräuchlich angewandten Beihilfen

1. Anwendungsbereich der Regelungen über rechtswidrige Beihilfen sowie anwendbare Regelungen im Überblick

215 Rechtswidrige Beihilfen sind ausweislich der Legaldefinition in Art. 1 f) BeihVerfVO **neue** Beihilfen, die unter Verstoß gegen Art. 108 Abs. 3 AEUV eingeführt worden. Dies können nicht angemeldete Beihilfen, während des laufenden Verfahrens oder gegen eine negative Entscheidung durchgeführte Beihilfen sein. Für diese Beihilfen gelten die Regelungen in Art. 10 bis 15 BeihVerfVO.[646]

216 Wird ein förmliches Prüfverfahren mit dem Ziel des **Widerrufs** einer positiven Entscheidung der Kommission und dem Erlass einer neuen Entscheidung eröffnet (oben Rn 188), gelten die meisten dieser Bestimmungen entsprechend, wie sich aus dem Verweis in Art. 9 S. 3 BeihVerfVO ergibt: Ausgenommen ist die Möglichkeit gemäß Art. 11 Abs. 2 BeihVerfVO, die Beihilfe einstweilig zurückzufordern (unten Rn 232) sowie die in Art. 12 BeihVerfVO vorgesehene unmittelbare Klagemöglichkeit vor dem EuGH (unten Rn 233). Dasselbe gilt für bestehende Beihilfen, bei denen eine Entscheidung widerrufen werden soll, weil Art. 19 Abs. 2 S. 2 BeihVerfVO auf Art. 9 S. 3 BeihVerfVO verweist. Schließlich gelten die Bestimmungen über rechtswidrige Beihilfen bei der **missbräuchlichen Anwendung** von Beihilfen entsprechend, wiederum mit Ausnahme der einstweiligen Rückforderungsmöglichkeit, wie sich aus Art. 16 BeihVerfVO ergibt.

217 Zusammengenommen sind die Regelungen über rechtswidrige Beihilfen direkt auf Verstöße gegen die Regelungen für neue Beihilfen anwendbar, wie sich aus der Legaldefinition der rechtswidrigen Beihilfen ergibt (oben Rn 215). Bei den drei anderen Gruppen von Beihilfeverfahren, also den beiden regulären Verfahren für neue und für bestehende Beihilfen sowie bei dem Verfahren für missbräuchlich angewandte Beihilfen, können die Regelungen über rechtswidrige Beihilfen über Verweise (in deren jeweiligem Umfang) zur Anwendung gelangen.

218 Was die auf die Kontrolle rechtswidriger Beihilfen anwendbaren Bestimmungen der BeihVerfVO betrifft, verweisen die Bestimmungen der BeihVerfVO im Kapitel zum Verfahren bei rechtswidrigen Beihilfen in einigem Umfang in das Kapitel zum Verfahren bei angemeldeten Beihilfen. Das gilt im Bereich der von der Kommission geforderten Auskünfte und der von den Mitgliedstaaten zu übermittelnden Informationen, wie sich den in Art. 10 BeihVerfVO enthaltenen Verweisen auf Art. 2 Abs. 2 und Art. 5 Abs. 1, 2 BeihVerfVO entnehmen lässt. Vor allem aber wird in der Bestimmung des Art. 13 BeihVerfVO über mögliche Entscheidungen der Kommission im Verfahren der

644 Ebd. Rn 50.

645 Dazu *Sinnaeve*, in: Heidenhain (Hrsg.), Hdb des Europäischen Beihilfenrechts, § 36 Rn 6-8.

646 Dazu näher *Sinnaeve*, in: Heidenhain (Hrsg.), European State Aid Law, 2010, § 32.

Prüfung rechtswidriger Beihilfen auf Bestimmungen im Kapitel zum Verfahren bei angemeldeten Beihilfen verwiesen. Das betrifft gemäß Art. 13 Abs. 1 Satz 1 BeihVerfVO die Entscheidungen der Art. 4 Abs. 2, 3, 4 BeihVerfVO im vorläufigen Prüfverfahren, wonach entweder keine Beihilfe vorliegt oder keine Einwände erhoben werden oder das förmliche prüfverfahren eröffnet wird. Bei Entscheidungen zur Durchführung eines förmlichen Prüfverfahrens wird das Verfahren gemäß Art. 13 Abs. 1 Satz 2 BeihVerfVO durch eine Entscheidung nach Art. 7 BeihVerfVO abgeschlossen. Dabei ist zu berücksichtigen, dass gemäß Art. 13 Abs. 2 BeihVerfVO die dort aufgeführten Fristbestimmungen nicht zum Tragen kommen. Schließlich gilt gemäß Art. 13 Abs. 3 BeihVerfVO die Bestimmung des Art. 9 BeihVerfVO über den Widerruf von Kommissionsentscheidungen entsprechend.

2. Maßnahmen und Folgen bei rechtswidrigen Beihilfen

a) Untersuchung und endgültige Maßnahmen

219 Die Rechtslage bei rechtswidrigen Beihilfen zeichnet sich durch die Möglichkeit der Kommission zu weiter gehenden Maßnahmen aus, ferner durch die Außerkraftsetzung bestimmter Verfahrensgarantien, insbesondere bestimmter Fristen, die im regulären Verfahren gelten.[647] Zudem besteht die Möglichkeit vorläufiger Maßnahmen (unten Rn 232-234). Das Verfahren unterteilt sich wie bei den neuen und den bestehenden Beihilfen in zwei Schritte:[648]

220 In einem ersten Schritt geht die Kommission Informationen über angebliche rechtswidrige Beihilfen unverzüglich nach, Art. 10 Abs. 1 BeihVerfVO. Dazu ist sie verpflichtet.[649] Sie muss die Angelegenheit sorgfältig und unvoreingenommen prüfen.[650] Sie kann dabei Auskünfte wie bei der Anmeldung einer neuen Beihilfe verlangen (dazu oben Rn 183, 195), Art. 10 Abs. 2 BeihVerfVO. Die Aufforderung kann durch einen Beschluss iSv Art. 288 Abs. 4 AEUV mit Rechtsverbindlichkeit versehen werden, wenn der Mitgliedstaat nicht reagiert, Art. 10 Abs. 3 BeihVerfVO. Was die Prüfungen und Auskünfte in Verfahren der Kommission bei rechtswidrigen Beihilfen betrifft, wurden die Bestimmungen des Art. 10 Abs. 1 und 2 BeihVerfVO neu gefasst, Art. 10 Abs. 3 BeihVerfVO ist unverändert geblieben. Im Einzelnen kann die Kommission gemäß Art. 10 Abs. 1 Unterabs. 1 BeihVerfVO von Amts wegen Auskünfte über mutmaßlich rechtswidrige Beihilfen ungeachtet der Herkunft der Auskünfte prüfen. Die Kommission prüft gemäß Art. 10 Abs. 1 Unterabs. 2 BeihVerfVO ohne ungebührliche Verzögerung jede Beschwerde von Beteiligten, wobei insoweit die Neuregelungen aus dem Jahr 2014 zu berücksichtigen sind (oben Rn 165), und stellt sicher, dass der betreffende Mitgliedstaat über den Stand und das Ergebnis der Prüfung informiert ist. Falls erforderlich, verlangt sie gemäß Art. 10 Abs. 2 BeihVerfVO von dem betreffenden Mitgliedstaat Auskünfte, ferner von einem anderen Mitgliedstaat, einem Unternehmen oder einer Unternehmensvereinigung gemäß Art. 6 a und 6 b BeihVerfVO; demzufolge sind die Bestimmungen der Art. 6 a und 6 b BeihVerfVO (oben Rn 195 f) über Auskunftsersuchen an andere Mitgliedstaaten, Unternehmen und Unternehmensvereinigungen auch in Verfahren bei rechtswidrigen Beihilfen anwendbar.

221 Die Kommission kann gemäß Art. 13 Abs. 1 S. 1 BeihVerfVO eine der Entscheidungen treffen, die bei der vorläufigen Prüfung vorgesehen sind (oben Rn 184). Oder sie eröffnet das förmliche Prüfverfahren; dann gelten die dortigen Regelungen (dazu oben Rn 186 f). Sie darf eine Beihilfe aber nicht allein deshalb endgültig für rechtswidrig erklären, weil der Mitgliedstaat die Beihilfe nicht angemeldet oder gegen das Durchführungsverbot verstoßen hat.[651] Endet die Hauptprüfung mit einer positiven Entscheidung der Kommission, heilt dies **nicht** die Rechtswidrigkeit eines Verstoßes

647 *Mestmäcker/Schweitzer*, Europäisches Wettbewerbsrecht, § 45 Rn 7.
648 Ebd. Rn 23.
649 EuG, Rs. T-95/96 (Gestevisión Telecinco), Slg 1998, II-3407 Rn 72.
650 EuGH, Rs. C-367/95 P (Sytraval u.a.), Slg 1998, I-1719 Rn 57 ff.
651 EuGH, Rs. 301/87 (Frankreich/Kommission), Slg 1990, I-307 Rn 11; Rs. 142/87 (Belgien/Kommission), Slg 1990, I-959 Rn 20; Rs. C-354/90 (FNCE), Slg 1991, I-5505 Rn 13; *Schmidt-Räntsch*, NJW 2005, 106.

gegen das Durchführungsverbot, die Genehmigung wirkt also ex nunc.[652] Ebenso wenig wird der Verstoß gegen das Durchführungsverbot rückwirkend beseitigt, wenn der EuGH oder das EuG eine negative Entscheidung der Kommission aufhebt.[653] Vorteile aus verfrühten Maßnahmen müssen deshalb erstattet werden; zudem kommen Schadenersatzansprüche in Betracht (oben Rn 167, unten Rn 275). Wie der EuGH zusammenfassend klargestellt hat, muss nach einer positiven abschließenden Entscheidung der Kommission die Beihilfe nicht zurückgezahlt werden, aber der Beihilfeempfänger Zinsen für die Dauer der zu frühen Auszahlung bezahlen. Auf diese Weise sollen andere Wirtschaftsteilnehmer vor den Auswirkungen der zu frühen Auszahlung geschützt sowie verhindert werden, dass dem Beihilfeempfänger die zu Unrecht ersparten Zinsen für Kredite auf dem Kreditmarkt belassen werden. Im Rahmen des nationalen Rechts kann das mitgliedstaatliche Gericht zu weiteren Maßnahmen veranlasst sein, zum Beispiel Schadenersatzansprüche anderer Wirtschaftsteilnehmer wegen der durch die zu frühe Auszahlung verursachten Schäden zuerkennen.[654] Zu den Folgen für das deutsche Recht unten Rn 258, 275, 351. Das Verbot der Rückwirkung von Genehmigungsentscheidungen der Kommission betrifft Sachverhalte, in denen die Beihilfe vor Erlass der Entscheidung des EuGH gewährt worden ist. Werden Beihilfen nach einer positiven Entscheidung der Kommission für Zeiträume vor dem Erlass der Entscheidung gewährt, steht Art. 108 Abs. 3 S. 3 AEUV dem nicht entgegen.[655]

222 Gemäß Art. 13 Abs. 2 BeihVerfVO ist die Kommission nicht an Fristen gebunden. Es gilt also weder die Zwei-Monats-Frist für die vorläufige Prüfung nach einer Anmeldung noch die 18-Monats-Frist für das förmliche Prüfverfahren (zu diesen Fristen oben Rn 183, 185 f).[656] Allerdings soll auch hier eine aus den Grundsätzen der ordnungsgemäßen Verwaltung resultierende Pflicht bestehen, innerhalb einer „vernünftigen" Frist zu entscheiden.[657] Des Weiteren kann die Kommission eine frühere Entscheidung widerrufen, wie sich aus dem Verweis in Art. 13 Abs. 3 BeihVerfVO auf Art. 9 BeihVerfVO ergibt. Bei Zweifeln der Kommission an der Einhaltung einer in Art. 22 Abs. 1 BeihVerfVO aufgeführten Entscheidung ist die Kommission zur **Nachprüfung vor Ort** nach Maßgabe des Art. 22 BeihVerfVO ermächtigt (dazu unten Rn 246 f).

b) Insb. Rückforderungsentscheidung der Kommission

223 Eine **endgültige** Entscheidung der Kommission über die Rückforderung, die sog. Rückforderungsentscheidung, ergeht gemäß Art. 14 Abs. 1 BeihVerfVO in allen Negativentscheidungen, wenn dem kein allgemeiner Grundsatz des Unionsrechts entgegensteht (zu den allgemeinen Rechtsgrundsätzen unten Rn 225-228). Ist die Finanzierungsweise durch Abgaben Bestandteil der Beihilfemaßnahme (oben Rn 175), folgt aus der Rechtswidrigkeit der Beihilfe grundsätzlich die Pflicht, die unter Verstoß gegen das Unionsrecht erhobenen Abgaben zu erstatten.[658] Auch ohne eine entsprechende Entscheidung der Kommission ist der Mitgliedstaat bei jedem Verstoß gegen das Durchführungsverbot gemäß Art. 108 Abs. 3 S. 3 AEUV, Art. 3 BeihVerfVO grundsätzlich zur Rückforderung und zu sonstigen Abhilfemaßnahmen verpflichtet (dazu unten Rn 235 f). Im Fall der Befreiung bestimmter Personen von einer Abgabenpflicht wird der Verstoß gegen das Durchführungsverbot allerdings nicht dadurch beseitigt, dass Beiträge an einzelne von der Abgabenpflicht nicht befreite Personen

---

652 EuGH, Rs. C-354/90 (FNCE), Slg 1991, I-5505 Rn 17; Rs. C-71/04 (Van Calster), Slg 2005, I-7419 Rn 58 ff; Rs. C-368/04 (Transalpine Ölleitung), Slg 2006, I-9957 Rn 41; BGH, EuZW 2003, 445; *Bartosch*, EU-Beihilfenrecht, Art. 88 EGV Rn 8; *Jestaedt/Loest*, in: Heidenhain (Hrsg.), Hdb des Europäischen Beihilfenrechts, § 52 Rn 15; *Schmidt-Räntsch*, NJW 2005, 108.

653 EuGH, Rs. C-312/90 (Spanien/Kommission), Slg 1992, I-4117 Rn 21 ff, 27 ff; *Soltész*, in: Heidenhain (Hrsg.), Hdb des Europäischen Beihilfenrechts, § 42 Rn 17.

654 EuGH, Rs. C-199/06 (CELF/SIDE), Slg 2008, I-469 Rn 40 ff, insb. 46-55.

655 EuGH, Rs. C-384/07 (Wienstrom GmbH), Slg 2008, I-10393 Rn 25 f; *Bartosch*, EU-Beihilfenrecht, Art. 88 EGV Rn 8.

656 *Mestmäcker/Schweitzer*, Europäisches Wettbewerbsrecht, § 45 Rn 23.

657 Ebd., unter Berufung auf eine Entscheidung vor Erlass der BeihVerfVO, EuG, Rs. T-95/96 (Gestevisión Telecinco), Slg 1998, II-3407 Rn 73 ff.

658 EuGH, Rs. C-174/02 (Streekgewest Westelijk Noord-Brabant), Slg 2005, I-85 Rn 16 mwN.

erstattet werden, wenn auf diese Weise zusätzliche Beihilfen gewährt würden.[659] Liegt eine bloß **vorläufige** Rechtswidrigkeit vor, was ebenfalls bei Verstößen gegen das Durchführungsverbot des Art. 108 Abs. 3 S. 3 AEUV der Fall sein kann, kommt nur eine vorläufige Rückforderungsanordnung der Kommission gemäß Art. 11 Abs. 2 BeihVerfVO in Betracht (unten Rn 232, 234).[660]

Die endgültige Rückforderung erfolgt in der Negativentscheidung, die die (materielle) Unvereinbarkeit mit Art. 107 AEUV voraussetzt (oben Rn 167). Sie darf demgemäß nur verlangt werden, wenn die Beihilfe materiell rechtswidrig ist, also mit Art. 107 AEUV nicht vereinbar ist.[661] Die Rückforderung ist dann eine „logische Folge" der (endgültigen) Feststellung der Rechtswidrigkeit,[662] also die nicht näher begründungsbedürftige Regelkonsequenz.[663] Sie ist deshalb grundsätzlich keine unverhältnismäßige Maßnahme.[664] Aus Art. 14 Abs. 1 S. 1 BeihVerfVO folgt, so könnte man meinen, unter diesen Voraussetzungen die **Pflicht** der Kommission, von dem Mitgliedstaat die Rückforderung zu verlangen.[665] Dennoch spricht der EuGH in Anknüpfung an seine Rechtsprechung vor Erlass der BeihVerfVO davon, dass die Rückforderung geschehen kann, aber nicht muss,[666] und dass der Kommission bei der Rückforderung ein **Ermessen** zusteht.[667] Dieses Ermessen dürfte vor allem im Rahmen der Prüfung der allgemeinen Rechtsgrundsätze bestehen, da diese wegen ihrer Weite dem Rechtsanwender naturgemäß einigen Raum belassen. Darüber hinaus wird die Kommission unter denselben Umständen von einer Rückforderungsanordnung absehen dürfen, die die Rechtsprechung den nationalen Stellen zugesteht (dazu unten Rn 237). 224

Von den allgemeinen Rechtsgrundsätzen, die die Rückforderungspflicht im Rahmen des Art. 14 Abs. 1 S. 2 BeihVerfVO begrenzen, können vor allem der Vertrauensschutz (unten Rn 226-228), die Verhältnismäßigkeit (unten Rn 228) und die absolute Unmöglichkeit der Rückforderung (unten Rn 265) relevant werden.[668] Die absolute Unmöglichkeit kann aber auch relevant werden, wenn sie sich **nach** der Entscheidung der Kommission herausstellt (dazu unten Rn 265). Ebenso können und müssen Erwägungen des Vertrauensschutzes vor den nationalen Gerichten auf der Grundlage der einschlägigen Vorschriften des nationalen Rechts (dazu unten Rn 266) im Rahmen des Rückforderungsverfahrens relevant werden; dem EuGH sind ggf Auslegungsfragen vorzulegen.[669] Allerdings dürfte dann auch eine Rolle spielen, ob der Betreffende den Vertrauensschutz bereits gegen die Rückforderungsentscheidung der Kommission vor den Unionsgerichten geltend machen konnte und ob die Kommission Erwägungen des Vertrauensschutzes bereits bei Erlass ihrer Rückforde- 225

---

659 EuGH, Rs. C-368/04 (Transalpine Ölleitung), Slg 2006, I-9983 Rn 50 f; näher *Bartosch*, EU-Beihilfenrecht, Art. 88 EGV Rn 9-11.

660 *Jestaedt/Loest*, in: Heidenhain (Hrsg.), Hdb des Europäischen Beihilfenrechts, § 52 Rn 7.

661 EuGH, Rs. 301/87 (Frankreich/Kommission), Slg 1990, I-307 Rn 21 f; Rs. C-39/94 (SFEI u.a.), Slg 1996, I-3547 Rn 43.

662 EuGH, Rs. C-278/00 (Griechenland/Kommission), Slg 2004, I-3997 Rn 103; Rs. C-328/99 u.a. (Italien und SIM 2 Multimedia), Slg 2003, I-4035 Rn 66; Rs. C-75/97 (Belgien/Kommission), Slg 1999, I-3671 Rn 64; Rs. C-169/95 (Spanien/Kommission), Slg 1997, I-135 Rn 47 f; Rs. C-183/91 (Kommission/Griechenland), Slg 1993, I-3131 Rn 16; Rs. C-305/89 (Italien/Kommission), Slg 1991, I-1603 Rn 41; Rs. 142/87 (Belgien/Kommission), Slg 1990, I-959 Rn 66.

663 EuGH, Rs. C-75/97 (Belgien/Kommission), Slg 1999, I-3671 Rn 66; Rs. C-310/99 (Italien/Kommission), Slg 2002, I-2289 Rn 106.

664 EuGH, Rs. 142/87 (Belgien/Kommission), Slg 1990, I-959 Rn 66; Rs. C-75/97 (Belgien/Kommission), Slg 1999, I-3671 Rn 68; Rs. C-310/99 (Italien/Kommission), Slg 2002, I-2289 Rn 98 f; Rs. C-278/00 (Griechenland/Kommission), Slg 2004, I-3997 Rn 103; Rs. C-298/00 P (Italien/Kommission), Slg 2004, I- 4087 Rn 75.

665 *Jestaedt/Loest*, in: Heidenhain (Hrsg.), Hdb des Europäischen Beihilfenrechts, § 52 Rn 6; *Koenig/Paul/Kühling*, in: Streinz (Hrsg.), EUV/AEUV, Art. 108 AEUV Rn 24; *Quardt*, in: Heidenhain (Hrsg.), Hdb des Europäischen Beihilfenrechts, § 50 Rn 8.

666 Vgl EuGH, Rs. C-24/95 (Alcan), Slg 1997, I-1591 Rn 22 mwN; Rs. C-328/99 u.a. (Italien und SIM 2 Multimedia), Slg 2003, I-4035 Rn 65.

667 EuGH, Rs. C-298/00 P (Italien/Kommission), Slg 2004, I-4087 Rn 75 f; Rs. C-75/97 (Belgien/Kommission), Slg 1999, I-3671 Rn 66; EuG, Rs. T-67/94 (Ladbroke Racing), Slg 1998, II-1 Rn 179.

668 *Schmidt-Räntsch*, NJW 2005, 107.

669 EuGH, Rs. C-372/97 (Italien/Kommission), Slg 2004, I-3679 Rn 111; Rs. C-310/99 (Italien/Kommission), Slg 2002, I-2289 Rn 103; EuG, Rs. T-109/01 (Fleuren Compost), Slg 2004, II-127 Rn 137; Rs. T-67/94 (Ladbroke Racing), Slg 1998, II-1 Rn 183.

rungsentscheidung angestellt hat (unten Rn 265). Insgesamt ist die Linie der Rechtsprechung zum Vorliegen von Vertrauensschutz oder einer Unmöglichkeit denkbar streng, mit der Folge, dass diese Gesichtspunkte regelmäßig **nicht** gegen die Rückforderungspflicht durchgreifen.[670]

226 Was den **Vertrauensschutz** angeht,[671] gibt es zwei Möglichkeiten für dessen Entstehung: Entweder wird das in Art. 108 AEUV vorgeschriebene Beihilfeverfahren eingehalten oder es liegen außergewöhnliche Umstände vor.[672] Bei einem Verstoß gegen die Anmeldepflicht und bzw oder gegen das Durchführungsverbot, der bei rechtswidrigen Beihilfen häufig gegeben ist, scheidet ein schutzwürdiges Vertrauen regelmäßig aus: Für die mitgliedstaatlichen Stellen gilt das schon deshalb, weil sie sich nicht auf das eigene rechtswidrige Verhalten berufen dürfen.[673] Und ein Unternehmen darf grundsätzlich nur auf die Rechtmäßigkeit einer Beihilfe vertrauen, wenn es sich vergewissert hat, ob die Verfahrensanforderungen eingehalten wurden.[674] Dies gilt auch für kleine und mittlere Unternehmen.[675] Das Verfahren ist erst dann vollständig eingehalten, wenn Bestandskraft eintritt, weshalb eine Entscheidung der Kommission, keine Bedenken gegen eine Maßnahme zu erheben, zu keinem Vertrauen führt, solange die Entscheidung nicht bestandskräftig geworden ist.[676] Dementsprechend kann ein berechtigtes Vertrauen des Beihilfeempfängers durch eine positive Entscheidung der Kommission nicht begründet werden, wenn diese Entscheidung fristgemäß angefochten und sodann vom Gemeinschaftsrichter für nichtig erklärt wurde, ferner nicht, solange die Klagefrist noch nicht abgelaufen ist oder im Fall einer Klage das Gemeinschaftsgericht noch keine endgültige Entscheidung getroffen hat.[677] Fehler bei der Beurteilung des Vertrauensschutzes führen zur Nichtigkeit der Entscheidung.[678] Dies ist gemäß Art. 264 Abs. 1 AEUV die Regelfolge von Fehlern in Unionsakten (unten Rn 248).

227 Außergewöhnliche Umstände, die den Vertrauensschutz ausnahmsweise auch ohne Einhaltung des Verfahrens begründen, nimmt die Rechtsprechung nur unter sehr strengen Voraussetzungen an: Äußerungen der Kommission müssen die Qualität konkreter Zusicherungen haben.[679] Sie werden hinfällig, wenn sich die staatliche Maßnahme ändert.[680] Es darf aber darauf vertraut werden, dass die Kommission ihre abschließende Entscheidung nicht auf das Fehlen von Unterlagen stützt, deren Vorlage die Beteiligten in Betracht der Aussagen der Kommission nicht für erforderlich halten mussten.[681] Erwartungen, die innerstaatliche Stellen wecken, begründen kein Vertrauen gegenüber der Union, erst recht dann nicht, wenn die Kommission davon nichts weiß.[682] Umgekehrt können

---

670 Dazu, mit Beispielen aus der neueren Rechtsprechung und Kritik, *Soltész*, EuZW 2012, 177 f; *ders.*, EuZW 2011, 546 f.

671 Allgemein zum Vertrauensschutz im EU-Recht *Jarass*, EU-Grundrechte, 2005, § 7 Rn 45-48. Davon zu unterscheiden ist der nationale Vertrauensschutz; dazu u. Rn 216-218.

672 EuGH, Rs. C-5/87 (Kommission/Deutschland), Slg 1990, I-3437 Rn 14, 16; Rs. C-183/91 (Kommission/Griechenland), Slg 1993, I-3131 Rn 18; EuG, Rs. T-366/00 (Scott), Slg 2003, II-1763 Rn 61; Rs. T-369/00 (Département du Loiret), Slg 2003, II-1789 Rn 58; Rs. T-109/01 (Fleuren Compost), Slg 2004, II-127 Rn 135 f; Rs. T-171/02 (Regione autonoma della Sardegna), Slg 2005, II-2123 Rn 64.

673 EuGH, Rs. C-372/97 (Italien/Kommission), Slg 2004, I-3679 Rn 112; Rs. C-310/99 (Italien/Kommission), Slg 2002, I-2289 Rn 104; Rs. C-303/88 (Italien/Kommission), Slg 1991, I-1433 Rn 43; Rs. C-5/98 (Kommission/Deutschland), Slg 1990, I-3437 Rn 17; *Mestmäcker/Schweitzer*, Europäisches Wettbewerbsrecht, § 45 Rn 31.

674 EuGH, Rs. C-24/95 (Alcan), Slg 1997, I-1591 Rn 25 mwN; Rs. C-169/95 (Spanien/Kommission), Slg 1997, I-135 Rn 51; Rs. C-183/02 P (Daewoo), Slg 2004, I-10609 Rn 44; Rs. C-278/00 (Griechenland/Kommission), Slg 2004, I-3997 Rn 104; *Mestmäcker/Schweitzer*, Europäisches Wettbewerbsrecht, § 45 Rn 32 f.

675 EuGH, Rs. C-298/00 P (Italien/Kommission), Slg 2004, I-4087 Rn 88; EuG, Rs. T-55/99 (CETM), Slg 2000, II-3207 Rn 126; Rs. T-109/01 (Fleuren Compost), Slg 2004, II-127 Rn 140.

676 EuGH, Rs. C-169/95 (Spanien/Kommission), Slg 1997, I-135 Rn 53; EuG, Rs. T-116/01 u.a. (P&O European Ferries u.a.), Slg 2003, II-2957 Rn 205; *Mestmäcker/Schweitzer*, Europäisches Wettbewerbsrecht, § 45 Rn 33.

677 EuGH, Rs. C-1/09 (CELF u.a.), Slg 2010, I-2099 Rn 45 mwN.

678 Für Fehler bei der Ablehnung des Vertrauensschutzes EuGH, Rs. 223/85 (RSV), Slg 1987, 4617 Rn 17. Für Fehler bei der Bejahung des Vertrauensschutzes EuG, Rs. T-67/94 (Ladbroke Racing), Slg 1998, II-1 Rn 185.

679 EuGH, Rs. C-537/08 P (Kahla Thüringen Porzellan), Slg 2010, I-12917 Rn 63 mwN; kritisch zum entschiedenen Fall *Soltész*, EuZW 2011, 547.

680 EuG, Rs. T-132/96 u.a. (Freistaat Sachsen u.a.), Slg 1999, II-3663 Rn 304.

681 EuG, Rs. T-176/01 (Ferriere Nord), Slg 2004, II-3931 Rn 88.

682 EuG, Rs. T-109/01 (Fleuren Compost), Slg 2004, II-127 Rn 143.

Äußerungen der Kommission keine berechtigten Erwartungen wecken, solange die Kommission nicht über alle Informationen verfügt, um in voller Kenntnis der Sachlage zu entscheiden.[683]

Die Dauer des Verfahrens lässt begründetes Vertrauen grundsätzlich nur entstehen, wenn der Unionsgesetzgeber im Voraus Fristen festgelegt hat.[684] Da andererseits das Erfordernis der Rechtssicherheit die Kommission daran hindert, unbegrenzt lange mit der Wahrnehmung ihrer Befugnisse zu warten, kann die Dauer der Untätigkeit auch ohne Frist ein schutzwürdiges Vertrauen begründen, wobei sich die Dauer aber bei nicht gemeldeten Beihilfen naturgemäß nach dem Zeitpunkt der Kenntnisnahme durch die Kommission richtet.[685] Die Rechtsprechung hat ein säumiges Verhalten der Kommission in einem Bereich bejaht, in dem seit mehreren Jahren staatliche Beihilfen mit Genehmigungen der Kommission gewährt worden waren und mit der fraglichen Maßnahme eine bereits genehmigte Beihilfe bezuschusst werden sollte, nachdem sich herausgestellt hatte, dass die Mehraufwendungen notwendig waren.[686] Eine Übertragung dieser Rechtsprechung auf andere Sachverhalte lehnt die Rechtsprechung regelmäßig ab.[687] Auch ein Untätigbleiben der Kommission über vier Jahre begründet keinen Vertrauensschutz.[688] Selbst eine Rückforderung nach mehr als 7 Jahren seit der Gewährung ist weder unverhältnismäßig noch steht ihr schutzwürdiges Vertrauen entgegen.[689] Seit dem Erlass der BeihVerfVO gilt gem. Art. 15 sogar eine Frist von 10 Jahren. Stützt sich das Vertrauen auf die Verfahrensdauer, kann es darauf beschränkt sein, dass die Rückforderung der Beihilfe nicht in die Vergangenheit zurückwirkt.[690] 228

Der zurückzufordernde Betrag umfasst gemäß Art. 14 Abs. 2 BeihVerfVO **Zinsen.** Die Berechnung der Zinsen, also der Zeitraum der Zinspflicht und der Zinssatz, richten sich nach Art. 9 bis 11 BeihVerfDurchfVO, soweit ihr Anwendungsbereich reicht. Gemäß Art. 13 Abs. 5 BeihVerfDurchfVO ist dies bei allen Rückforderungsentscheidungen der Fall, die nach dem Inkrafttreten der Verordnung (oben Rn 169) bekannt gegeben wurden. Für ältere Rückforderungsentscheidungen, die die Mitgliedstaaten vor dem Inkrafttreten der BeihVerfDurchfVO bekannt gegeben haben, gelten die Zinssätze in der Mitteilung der Kommission vom 8. Mai 2003,[691] wie die Kommission in ihrer Mitteilung zu überholten Dokumenten vom 30. April 2004 festgehalten hat.[692] Die Rückforderung ist gemäß Art. 14 Abs. 3 BeihVerfVO unverzüglich und nach dem Verfahren des betreffenden Mitgliedstaats zu betreiben, einschließlich der Möglichkeit vorläufiger Maßnahmen (näher unten Rn 264-275, 338). In ihrer Entscheidungspraxis setzt die Kommission üblicherweise eine Frist von zwei Monaten, innerhalb der ein Mitgliedstaat die Kommission über die geplanten Maßnahmen zur Rückforderung informieren, und eine Frist von vier Monaten, innerhalb der die Rückforderung erfolgt sein muss.[693] Verhandlungen zwischen der Kommission und einem Mitgliedstaat über die Art und Weise der Rückforderung suspendieren die genannte Frist nicht.[694] 229

Die Befugnis zur Rückforderung endet gemäß Art. 15 Abs. 1 BeihVerfVO nach Ablauf von 10 Jahren, beginnend mit dem Tag der rechtswidrigen Maßnahme und mit den in Art. 15 Abs. 2 BeihVerfVO vorgesehenen Unterbrechungen und Aussetzungen der Frist. Danach gilt die Beihilfe als 230

683 EuG, Rs. T-132/96 u.a. (Freistaat Sachsen u.a.), Slg 1999, II-3663 Rn 305.
684 EuGH, Rs. C-298/00 P (Italien/Kommission), Slg 2004, I-4087 Rn 89; EuG, Rs. T-366/00 (Scott), Slg 2003, II-1763 Rn 62.
685 EuGH, Rs. C-298/00 P (Italien/Kommission), Slg 2004, I-4087 Rn 90 f; EuG, Rs. T-109/01 (Fleuren Compost), Slg 2004, II-127 Rn 145.
686 EuGH, Rs. 223/85 (RSV), Slg 1987, 4617 Rn 17.
687 EuGH, Rs. C-298/00 P (Italien/Kommission), Slg 2004, I-4087 Rn 90; Rs. C-334/99 (Deutschland/Kommission), Slg 2003, I-1139 Rn 44; EuG, Rs. T-109/01 (Fleuren Compost), Slg 2004, II-127 Rn 147.
688 EuGH, Rs. C-471/09 P u.a., (Diputación Floral de Vizcaya u.a.), Slg 2011, I-111 Rn 126 ff.
689 EuGH, Rs. C-278/00 (Griechenland/Kommission), Slg 2004, I-3997 Rn 102, 108.
690 EuG, T-195/01 u.a. (Regierung von Gibraltar), Slg 2002, II-2309 Rn 129 mwN.
691 Fundstelle o. Abschnitt 1, A.
692 S. 2 der Mitteilung der Kommission zu überholten Dokumenten über staatliche Beihilfen (Fundstelle o. Abschnitt 1, A).
693 *Soltész*, EuZW 2013, 139.
694 EuGH, Rs. C-485/10 (Kommission/Griechenland), Slg 2012, I-00 Rn 31 ff.

bestehende Beihilfe, Art. 15 Abs. 3 BeihVerfVO. Regelungen über die Berechnung der Frist enthält Art. 8 BeihVerfDurchfVO (zum Anwendungsbereich oben Rn 168).

231 Die Kommission richtet die Rückforderungsentscheidung gemäß Art. 11 Abs. 2 Unterabs. 1 und Art. 14 Abs. 1 S. 1 BeihVerfVO nicht an den Empfänger der Beihilfe, sondern gibt sie dem Mitgliedstaat auf. Adressat der Rückforderungsentscheidung ist daher, wie bei allen Entscheidungen auf der Grundlage der BeihVerfVO, gemäß Art. 25 BeihVerfVO der Mitgliedstaat, der dann die Rückforderung betreibt. Zur Rückforderung in Deutschland unten Rn 265-275. Zur Rückzahlung verpflichtet ist das Unternehmen, das den tatsächlichen Nutzen hat.[695] Das kann auch ein anderer als der ursprüngliche Empfänger der Beihilfe sein (am Beispiel der Kreditanstalten oben *Bischof/Jung*, § 20 Rn 54 f, dazu auch unten Rn 260). Erforderlich ist insoweit eine genaue Begründung und der Nachweis der Kommission.[696] Kommt der Mitgliedstaat der Pflicht zur Rückforderung nicht nach, darf bzw durfte die Kommission bislang als Druckmittel die Auszahlung einer anderen, an sich rechtmäßigen staatlichen Beihilfe aussetzen, bis die rechtswidrige Beihilfe zurückgezahlt ist.[697] Ob diese Möglichkeit nach dem Erlass der BeihVerfVO fortbesteht, ist allerdings unsicher, weil sie darin nicht aufgenommen wurde.[698]

c) Vorläufige Maßnahmen der Kommission

232 Eine Besonderheit bei den rechtswidrigen Beihilfen besteht darin, dass die Kommission vorläufige Maßnahmen ergreifen kann. So kann sie eine sog. **Aussetzungsanordnung** in einer Entscheidung erlassen, nachdem sie dem betreffenden Mitgliedstaat Gelegenheit zur Stellungnahme gegeben hat. Die Beihilfe muss dann gemäß Art. 11 Abs. 1 BeihVerfVO so lange ausgesetzt werden, bis die Kommission eine (endgültige) Entscheidung über die Rechtmäßigkeit der Beihilfe erlassen hat. Zudem kann die Kommission eine sog. **Rückforderungsanordnung** in einer Entscheidung treffen, nachdem sie dem betreffenden Mitgliedstaat Gelegenheit zur Stellungnahme gegeben hat. Dann muss der Mitgliedstaat gemäß Art. 11 Abs. 2 Unterabs. 1 BeihVerfVO alle rechtswidrigen Beihilfen einstweilig zurückfordern, bis die Kommission eine (endgültige) Entscheidung über die Rechtmäßigkeit der Beihilfe getroffen hat. Von der vorläufigen Rückforderungsanordnung zu unterscheiden ist die endgültige Rückforderungs**entscheidung** gemäß Art. 14 BeihVerfVO (oben Rn 223-231).

233 Aussetzungs- und Rückforderungsanordnungen können gleichzeitig mit der Entscheidung über die Eröffnung des förmlichen Prüfverfahrens ergehen oder später.[699] Der EuGH sagt nichts darüber, ob sie auch früher ergehen kann, also vor der Eröffnung des förmlichen Prüfverfahrens. Dafür spricht, dass Art. 11 BeihVerfVO keine entsprechende Beschränkung enthält. Kommt der Mitgliedstaat einer Aussetzungs- oder Rückforderungsanordnung nicht nach, kann die Kommission gemäß Art. 12 BeihVerfVO die Prüfung fortsetzen sowie den EuGH unmittelbar mit der Angelegenheit befassen (zum Rechtsschutz unten Rn 313-315).

234 Die Aussetzung von in der Durchführung begriffenen Maßnahmen bei der Eröffnung des förmlichen Prüfverfahrens ist eine unmittelbare Folge des Durchführungsverbots gem. Art. 108 Abs. 3 S. 3 AEUV, Art. 3 BVV, solange die Kommission die Maßnahme zu diesem Zeitpunkt für eine neue Beihilfe hält, und deshalb regelmäßig rechtmäßig.[700] Die Möglichkeit der (vorläufigen) Rückforderungsanordnung ist an drei restriktive Voraussetzungen geknüpft,[701] die in Art. 11 Abs. 2 Unter-

---

695 EuGH, Rs. C-303/88 (Italien/Kommission), Slg 1991, I-1433 Rn 57; Rs. C-305/89 (Italien/Kommission), Slg 1991, I-1603 Rn 40; *Jestaedt/Loest*, in: Heidenhain (Hrsg.), Hdb des Europäischen Beihilfenrechts, § 52 Rn 3.

696 EuGH, Rs. C-328/99 u.a. (Italien und SIM 2 Multimedia), Slg 2003, I-4035 Rn 83-85; Mestmäcker/Schweitzer, Europäisches Wettbewerbsrecht, § 45 Rn 25; *Jestaedt/Loest*, in: Heidenhain (Hrsg.), Hdb des Europäischen Beihilfenrechts, § 52 Rn 24.

697 EuGH, Rs. C-355/95 P (Textilwerke Deggendorf), Slg 1997, I-2549 Rn 26-28; EuG, Rs. T-244/93 (Textilwerke Deggendorf), Slg 1995, II-2265 Rn 56, 59.

698 Dafür *Mestmäcker/Schweitzer*, Europäisches Wettbewerbsrecht, § 45 Rn 25.

699 Vgl EuGH, Rs. C-400/99 (Italien/Kommission), Slg 2001, I-7303 Rn 46 f.

700 EuGH, Rs. C-400/99 (Italien/Kommission), Slg 2005, I-3657 Rn 39.

701 *Mestmäcker/Schweitzer*, Europäisches Wettbewerbsrecht, § 45 Rn 9.

abs. 2 BeihVerfVO aufgeführt sind: (1) Über den Beihilfecharakter der Maßnahme darf kein Zweifel bestehen, (2) das Tätigwerden muss dringend geboten sein und (3) ein erheblicher und nicht wiedergutzumachender Schaden für einen Konkurrenten ist zu befürchten.

d) Pflichten innerstaatlicher Stellen ohne Entscheidung der Kommission

Die nationalen Gerichte müssen bei **jedem** Verstoß gegen das unmittelbar anwendbare Durchführungsverbot des Art. 108 Abs. 3 S. 3 AEUV, Art. 3 BeihVerfVO nach ihrem nationalen Recht sämtliche Konsequenzen sowohl für die Gültigkeit der Durchführungsakte als auch für die Erstattung der gewährten Beihilfen einschließlich eventueller vorläufiger Maßnahmen ziehen.[702] Insoweit greift die Pflicht der nationalen Gerichte auch in Fällen, in denen die Kommission keine Möglichkeit zu einer Rückforderungsentscheidung hat. Denn die Kommission darf allein wegen eines Verstoßes gegen das Durchführungsverbot nicht ohne weiteres die Rückforderung verlangen. Vielmehr müssen die in Art. 11 Abs. 2 BeihVerfVO aufgeführten Voraussetzungen erfüllt sein.[703] 235

Zu den innerstaatlichen Konsequenzen zählt sowohl die Pflicht der Gerichte, durch eine abschließende Entscheidung grundsätzlich die Erstattung von Beihilfen anzuordnen, als auch die Pflicht, vorläufige Regelungen im Verfahren des vorläufigen Rechtsschutzes zu treffen, wenn absehbar ist, dass eine gewisse Zeit bis zur abschließenden Entscheidung verstreichen wird und dies zweckmäßig ist.[704] Ein laufendes Kontrollverfahren der Kommission ändert an diesen Pflichten nichts.[705] Dementsprechend kommt eine Aussetzung der Rückforderung bis zur endgültigen Entscheidung der Kommission über die Rechtmäßigkeit der Beihilfe grundsätzlich nicht in Betracht, auch dann nicht, wenn eine erste Entscheidung der Kommission vom Gemeinschaftsrichter für nichtig erklärt wurde; denkbar ist aber die Anordnung der Einzahlung der Beträge auf ein Sperrkonto.[706] Genehmigt die Kommission später die Beihilfe, heilt das den Verstoß gegen das Durchführungsverbot nicht, weshalb keine Gefahr eines Widerspruchs zwischen der Entscheidung des nationalen Gerichts und der Kommission besteht.[707] 236

Ausnahmsweise ist es nicht sachgerecht, die Erstattung der Beihilfe anzuordnen, wenn außergewöhnliche Umstände auftreten:[708] Ein außergewöhnlicher Umstand liegt danach vor, (1) wenn die Kommission bei dem Empfänger ein berechtigtes Vertrauen geweckt hat (näher zum Vertrauensschutz oben Rn 226-228); (2) wenn ein sorgfältig Gewerbetreibender ausnahmsweise nicht erkennen konnte, dass es sich um eine Beihilfe handelt, für die das Durchführungsverbot greift, weil das Vorliegen der Beihilfemerkmale völlig unklar war; schließlich (3) wenn die Rückzahlung keine angemessene Antwort auf den Verstoß gegen das Durchführungsverbot darstellt, was insbesondere der Fall ist, wenn die Beihilfe bereits zu Gewinneinbußen und dem Verlust von Marktanteilen bei Wettbewerbern geführt hat und deshalb die Wirksamkeit des Verbots besser auf andere Weise gewährleistet werden kann, etwa durch einen Schadenersatzprozess.[709] 237

Insgesamt wird damit eine unionsrechtliche Pflicht für die Mitgliedstaaten zur Rückforderung in drei Fällen ausgelöst: (1) Bei einer endgültigen Rückforderungsentscheidung der Kommission gemäß Art. 14 BeihVerfVO (oben Rn 223-231). (2) Bei einer vorläufigen Rückforderungsentscheidung der Kommission gemäß Art. 11 Abs. 2 BeihVerfVO (oben Rn 232-234). Schließlich (3) bei jedem Verstoß der Mitgliedstaaten gegen das Durchführungsverbot des Art. 108 Abs. 3 S. 3 AEUV, 238

702 EuGH, Rs. C-39/94 (SFEI), Slg 1996, I-3547 Rn 39.

703 EuGH, Rs. C-39/94 (SFEI), Slg 1996, I-3547 Rn 43; EuGH, Rs. C-354/90 (FNCE), Slg 1991, I-5505 Rn 13; *Jestaedt/Loest*, in: Heidenhain (Hrsg.), Hdb des Europäischen Beihilfenrechts, 2003, § 52 Rn 8 *Koenig/Kühling/Ritter*, EG-Beihilfenrecht, 2. Aufl. 2005 Rn 428.

704 EuGH, Rs. C-39/94 (SFEI), Slg 1996, I-3547 Rn 52, 67 f.

705 EuGH, Rs. C-39/94 (SFEI), Slg 1996, I-3547 Rn 44; *Lübbig/Martín-Ehlers*, Beihilfenrecht der EU, 2. Aufl. 2009 Rn 1029.

706 EuGH, Rs. C-1/09 (CELF u.a.), Slg 2010, I-2099 Rn 25-38.

707 EuGH, Rs. C-39/94 (SFEI), Slg 1996, I-3547 Rn 67; *Koenig/Paul/Kühling*, in: Streinz (Hrsg.), EUV/AEUV, Art. 108 AEUV Rn 59.

708 EuGH, Rs. C-39/94 (SFEI u.a.), Slg 1996, I-3547 Rn 70.

709 GA Jacobs, EuGH, Rs. C-39/94 (SFEI u.a.), Slg 1996, I-3547, Tz. 73, 74, 77.

Art. 3 BeihVerfVO, also ohne Entscheidung der Kommission (oben Rn 235-237). Dadurch trägt der Beihilfeempfänger grundsätzlich das Risiko einer späteren Rückforderungsentscheidung.[710] Zur Rechtslage in Deutschland unten Rn 264-275.

e) Pflichten und Rechte der Beteiligten im Verfahren

239 In Verfahren über rechtswidrige Beihilfen müssen die Mitgliedstaaten gemäß Art. 10 Abs. 2 und 3 BeihVerfVO die geforderten Informationen übermitteln. Kommt es zu einem förmlichen Prüfverfahren, gilt hinsichtlich der Beteiligtenrechte das zu den neuen Beihilfen Gesagte entsprechend, ebenso wie zu den sonstigen Rechten gemäß Art. 20 BeihVerfVO, zum Fehlen sonstiger Rechte und zur Wahrung des Berufsgeheimnisses (oben Rn 199-203). Das Recht auf Kopien gemäß Art. 20 Abs. 3 BeihVerfVO bezieht sich dabei naturgemäß auf diejenigen Entscheidungen, die bei rechtswidrigen Beihilfen getroffen werden können (dazu oben Rn 219-234).

240 Eine Besonderheit gegenüber den Verfahren bei neuen und bestehenden Beihilfen bildet das **Beschwerderecht** gemäß Art. 20 Abs. 2 BeihVerfVO. Danach kann jeder Beteiligte der Kommission eine rechtswidrige (oder eine missbräuchlich angewendete) Beihilfe mitteilen, unterrichtet die Kommission den Beschwerdeführer, wenn sie dem Beschwerdegegenstand nicht weiter nachgeht, und leitet die Kommission dem Beschwerdeführer Kopien etwaiger Entscheidungen zum Beschwerdegegenstand zu. Der Kommission steht grundsätzlich ein weites Verfolgungsermessen zu.[711] Die Bestimmung des Art. 20 Abs. 2 BeihVerfVO zum Beschwerderecht ist neu gefasst und ergänzt worden. Im Kern enthält die Vorschrift nun ein leichteres Zurückweisungsrecht der Kommission, wenn eine Beschwerde nicht genug Substanz aufweist. Im Einzelnen kann jeder Beteiligte eine Beschwerde einlegen, um die Kommission über mutmaßliche rechtswidrige Beihilfen oder eine mutmaßliche missbräuchliche Verwendung von Beihilfen zu informieren, indem er ein dafür vorgesehenes Formular ordnungsgemäß ausfüllt und die darin angeforderten obligatorischen Auskünfte erteilt. Wenn die Kommission nach einer ersten Prüfung zu der Auffassung gelangt, dass der Beteiligte dem vorgeschriebenen Beschwerdeformular nicht entsprochen hat oder die von ihm vorgebrachten sachlichen und rechtlichen Gesichtspunkte auf der Grundlage einer Prima-facie-Prüfung nicht als Nachweis für das Vorliegen einer rechtswidrigen oder die missbräuchliche Nutzung einer Beihilfe ausreichen, fasst sie unter Setzung einer Frist von höchstens einem Monat beim Beschwerdeführer nach. Nimmt der Beschwerdeführer nicht innerhalb dieser Frist Stellung, gilt die Beschwerde als zurückgezogen und informiert die Kommission den betreffenden Mitgliedstaat hierüber. Die Kommission übermittelt dem Beschwerdeführer (wie bislang) eine Kopie des Beschlusses zu einer Beihilfesache, die den Gegenstand der Beschwerde betrifft.

241 Die Unterrichtung an den Beschwerdeführer gemäß Art. 20 Abs. 2 Satz 2 BeihVerfVO in seiner bisherigen Fassung ist keine an den Beteiligten adressierte Entscheidung, mit der sein Antrag auf Einschreiten abgelehnt wird.[712] Ob und ggf. inwieweit das für die Neufassung des Art. 20 Abs. 2 Satz 2 BeihVerfVO unverändert fortgilt, bleibt abzuwarten. Erst recht handelt es sich bei der Übermittlung von Entscheidungskopien an den Beschwerdeführer gem. Art. 20 Abs. 2 Satz 3 BeihVerfVO um keine (eigenen) Entscheidungen. Bedeutsam ist das für den Rechtsschutz (dazu unten Rn 289).

242 Darüber hinaus soll der Rückforderungspflicht der Kommission aus Art. 14 Abs. 1 S. 1 BeihVerfVO ein entsprechendes Recht der betroffenen Dritten entsprechen, vor allem der Konkurrenten.[713] Dafür sprechen Aussagen in der Rechtsprechung, wonach an der Rückforderung nicht nur generell ein bedeutendes öffentliches Interesse besteht, sondern die Rückforderung insbesondere auch dem Schutz der Wettbewerber dient.[714] Zudem soll der Pflicht der Kommission, gegen nicht

710 *Koenig/Kühling/Ritter*, EG-Beihilfenrecht, 2. Aufl. 2005 Rn 112.
711 *Soltész*, EuZW 2014, 90.
712 EuGH, Rs. C-367/95 P (Sytraval), Slg 1998, I-1719 Rn 45; *Sinnaeve*, in: Heidenhain (Hrsg.), Hdb des Europäischen Beihilfenrechts, § 37 Rn 7, § 39 Rn 4 f.
713 *Mestmäcker/Schweitzer*, Europäisches Wettbewerbsrecht, § 45 Rn 25 Fn 68.
714 EuG, Rs. T-116/01 u.a. (P&O European Ferries u.a.), Slg 2003, II-2957 Rn 208.

angemeldete Beihilfen vorzugehen (oben Rn 220), ein Recht der Wettbewerber entsprechen.[715] Folgt man dem, hat das Auswirkungen auf die Rechtsschutzmöglichkeiten des Konkurrenten (dazu unten Rn 302-305).

3. Missbräuchlich angewendete Beihilfe

a) Abgrenzung und Besonderheiten

Die (einzige) Regelung über das Verfahren bei der missbräuchlichen Anwendung von Beihilfen in Art. 16 BeihVerfVO beschränkt sich darauf, auf die Regelungen über das förmliche Prüfverfahren und auf die Regelungen über rechtswidrige Beihilfen zu verweisen.[716] Missbräuchlich angewendete Beihilfen sind gemäß Art. 1 g) BeihVerfVO Beihilfen, die der Empfänger unter Verstoß gegen eine Entscheidung gemäß Art. 4 Abs. 3 BeihVerfVO, keine Einwände zu erheben, im Vorprüfungsverfahren oder gegen eine (ggf mit Auflagen versehene) Positiventscheidung gemäß Art. 7 Abs. 3, 4 BeihVerfVO verwendet. In Abgrenzung zu den rechtswidrigen Beihilfen hat die Kommission also die fragliche Beihilfe zu einem früheren Zeitpunkt genehmigt,[717] und der Verstoß geht nicht von dem Mitgliedstaat aus, sondern von dem Beihilfeempfänger.[718] Die fraglichen Beihilfen stellen daher durchweg bestehende Beihilfen dar, da gemäß Art. 1 b) ii) BeihVerfVO genehmigte Beihilfen als bestehende Beihilfen gelten. Bei der Beurteilung, ob eine Beihilfe missbräuchlich verwendet wird, steht der Kommission bei komplexen wirtschaftlichen Gegebenheiten ein **Ermessen** zu.[719] Der Missbrauch muss von der Kommission grundsätzlich nachgewiesen werden; hat sie vom Mitgliedstaat Informationen angefordert, kann sie jedoch auf der Grundlage der gelieferten Angaben entscheiden.[720] 243

Im Einzelnen kann die Kommission gemäß Art. 4 Abs. 4 BeihVerfVO das förmliche Prüfverfahren eröffnen; dann gelten Art. 6, 7 und 9 BeihVerfVO entsprechend (oben Rn 186-188). Dabei sind außerdem die neuen Bestimmungen der Art. 6 a und 6 b BeihVerfVO über Auskunftsersuchen an andere Mitgliedstaaten, Unternehmen und Unternehmensvereinigungen (oben Rn 195 f) gemäß der Neufassung des Art. 16 BeihVerfVO auch für die Verfahren bei der missbräuchlichen Anwendung von Beihilfen. Daneben sind folgende Regelungen über rechtswidrige Beihilfen anwendbar: Art. 10, 11 Abs. 1, Art. 12, 13, 14 und 15 BeihVerfVO. Es gilt also das zu den rechtswidrigen Beihilfen Gesagte mit Ausnahme der Möglichkeit, die fragliche Beihilfe einstweilig zurückzufordern (oben Rn 219-238).[721] Ein weiterer Unterschied zum Verfahren bei rechtswidrigen Beihilfen soll darin bestehen, dass die Kommission bei missbräuchlich angewendeten Beihilfen immer ein förmliches Prüfverfahren durchführen muss, wenn sie eine Entscheidung über einen Missbrauch erlassen will.[722] Jedoch sieht Art. 16 BeihVerfVO vor, dass die Kommission das förmliche Prüfverfahren eröffnen **kann** und verweist zudem auf Art. 13 BeihVerfVO, wo die Möglichkeit vorgesehen ist, das förmliche Prüfverfahren nicht zu eröffnen. Daher besteht insoweit kein Unterschied. 244

b) Pflichten und Rechte der Beteiligten im Verfahren

Was die Rechte und Pflichten im Verfahren der missbräuchlichen Anwendung von Beihilfen angeht, gilt das zu den neuen Beihilfen zu Art. 20 Abs. 1 BeihVerfVO Gesagte, wenn es zu einem förmlichen Prüfverfahren kommt (oben Rn 199-201). Zusätzlich besteht gemäß Art. 20 Abs. 2 BeihVerfVO ein Beschwerderecht (dazu oben Rn 240). Das Recht auf Kopien gemäß Art. 20 Abs. 3 245

715 *Mestmäcker/Schweitzer*, Europäisches Wettbewerbsrecht, § 45 Rn 54.
716 Näher zu missbräuchlich angewendeten Beihilfen *Sinnaeve*, in: Heidenhain (Hrsg.), European State Aid Law, 2010, § 33.
717 15. Begründungserwägung der BeihVerfVO.
718 EuG, Rs. T-111/01 u.a. (Saxonia Edelmetalle), Slg 2005, II-1579 Rn 96; *Sinnaeve*, in: Heidenhain (Hrsg.), Hdb des Europäischen Beihilfenrechts, § 32 Rn 25; *Mestmäcker/Schweitzer*, Europäisches Wettbewerbsrecht, § 45 Rn 27.
719 EuG, Rs. T-111/01 u.a. (Saxonia Edelmetalle), Slg 2005, II-1579 Rn 90 f.
720 EuG, Rs. T-111/01 u.a. (Saxonia Edelmetalle), Slg 2005, II-1579 Rn 93.
721 *Mestmäcker/Schweitzer*, Europäisches Wettbewerbsrecht, § 45 Rn 28.
722 So *Sinnaeve*, in: Heidenhain (Hrsg.), Hdb des Europäischen Beihilfenrechts, § 32 Rn 25, § 35 Rn 2.

BeihVerfVO besteht auch hier und bezieht sich naturgemäß auf diejenigen Entscheidungen, die bei missbräuchlich angewendeten Beihilfen getroffen werden können (dazu oben Rn 243). Zum Fehlen sonstiger Rechte und zur Wahrung des Berufsgeheimnisses oben Rn 202 f.

246 Kommt es zu einer **Nachprüfung vor Ort** gemäß Art. 22 BeihVerfVO, löst das die in dieser Bestimmung festgelegten Rechte und Pflichten für die Mitgliedstaaten und die Unternehmen, bei denen die Nachprüfung erfolgen soll, aus. Dies stellt ausweislich der 20. Begründungserwägung in der BeihVerfVO insbesondere bei der missbräuchlichen Verwendung von Beihilfen ein nützliches Instrument dar. Voraussetzung für die Nachprüfung vor Ort ist, dass eine Entscheidung über eine Einzelbeihilfe vorliegt. Die Nachprüfung ist auf die Beihilfen beschränkt, die Entscheidungsgegenstand sind oder einen Bezug dazu aufweisen.[723] Voraussetzung sind weiter ernsthafte Zweifel an der Einhaltung der Entscheidung. Ist das der Fall, **muss** die Kommission möglicherweise vor Ort nachprüfen, bevor sie eine Entscheidung erlässt.[724] Bei den in Art. 22 Abs. 1 BeihVerfVO aufgeführten Entscheidungen der Kommission, die eine Maßnahme erlauben und nicht verbieten, kann das Untersuchungsrecht etwa dazu genutzt werden, ob der Umfang der Erlaubnis eingehalten wird oder die Maßnahmen darüber hinausgehen.

247 Die Nachprüfung erfolgt grundsätzlich durch von der Kommission beauftragte Bedienstete bei den begünstigten Unternehmen nach Maßgabe des Art. 22 Abs. 2 bis 6 BeihVerfVO. Dabei sind manche Details des Nachprüfungsverfahrens und der Unterstützungspflicht der Mitgliedstaaten noch offen, nicht zuletzt deshalb, weil praktische Anwendungsfälle fehlen, andererseits aber auch kaum erwartet werden.[725]

IV. Folgen von Fehlern der Kommission oder des Rats

248 Fehler der Kommission (oder des Rats) führen gemäß Art. 264 Abs. 1 AEUV zur Nichtigkeit, soweit es sich gemäß Art. 263 Abs. 2 AEUV um Unzuständigkeit, Verletzung wesentlicher Formvorschriften, des sonstigen primären und sekundären Unionsrechts oder um Ermessensmissbrauch handelt. Allerdings dürfen allein das EuG und der EuGH feststellen, ob das Unionsrecht nichtig ist.[726] Bis dahin gilt eine Gültigkeitsvermutung zu Gunsten des Unionsrechts, wenn nicht ausnahmsweise ein sog. Nicht-Akt vorliegt, also ein Rechtsakt, der offenkundig mit einem derart schweren Fehler behaftet ist, dass die Unionsrechtsordnung ihn nicht tolerieren kann und er deshalb keine Rechtswirkungen entfaltet.[727]

D. Innerstaatliche Folgen von Verstößen gegen das Beihilfenrecht

I. Zur Bedeutung der Fehlerfolgen des nationalen Rechts

1. Grundsätzliche Anwendbarkeit des nationalen Rechts

249 Wie der EuGH in ständiger Rechtsprechung wiederholt, richtet sich nach dem **nationalen** Recht, welche Rechtsfolgen sich aus einem Verstoß gegen das Durchführungsverbot des Art. 108 Abs. 3 S. 3 AEUV ergeben: Die Mitgliedstaaten müssen nach nationalem Recht die Folgerungen aus der Unionsrechtswidrigkeit der Maßnahme für ihre Gültigkeit ziehen und die gewährte Unterstützung zurückfordern.[728] Aus dem Unionsrecht ergibt sich demnach in einem ersten Schritt die Unionsrechtswidrigkeit. Das nationale Recht muss in einem zweiten Schritt bestimmen, welche rechtlichen Konsequenzen dies hat. Diese Konsequenzen betreffen nicht nur die Rückabwicklung einer Maß-

723 Ebd. Rn 10.

724 In diese Richtung EuG, Rs. T-111/01 u.a. (Saxonia Edelmetalle), Slg 2005, II-1579 Rn 98-100.

725 *Bartosch*, EU-Beihilfenrecht, Art. 22 VO 659/1999 Rn 2, 13; *Sinnaeve*, in: Heidenhain (Hrsg.), Hdb des Europäischen Beihilfenrechts, § 38 Rn 12 mwN, 14.

726 *Jarass/Beljin*, Casebook Grundlagen des EG-Rechts, S. 34, 43, 82.

727 EuGH, Rs. C-137/92 P (Kommission/BASF u.a.), Slg 1994, I-2555 Rn 48-50; *Jarass/Beljin*, Casebook Grundlagen des EG-Rechts, S. 43.

728 EuGH, Rs. C-275/10 (Residex Capital IV), Slg 2011, I-00 Rn 29; Rs. C-34/01 u.a. (Enirisorse), Slg 2003, I-14243 Rn 42; Rs. C-261/01 u.a. (Van Calster u.a.), Slg 2003, I-12272 Rn 64 mwN; Rs. C-17/91 (Georges Lornoy en Zonen u.a.), Slg 1992, I-6523 Rn 30 f.

nahme, sondern auch ihre Gültigkeit. Aus der Anwendung nationaler Regelungen auf die Wirksamkeit der staatlichen Beihilfemaßnahme und ihre Rückabwicklung ergeben sich dabei verschiedenste **Ansprüche** zwischen dem Mitgliedstaat, dem Beihilfeempfänger und dessen Wettbewerber. Zum Tragen kommen nationale Anspruchsgrundlagen. Neben Ansprüchen auf Erfüllung, Beseitigung oder Rückabwicklung können dies Unterlassungs- oder Haftungsansprüche sein (zu ihnen näher unten Rn 264-273, 348-353).

Für die Durchführung einer Rückforderungsentscheidung der Kommission sieht Art. 14 Abs. 3 BeihVerfVO ebenfalls die Anwendung des nationalen Rechts vor: Danach erfolgt die Rückforderung nach den Verfahren des betreffenden Mitgliedstaats. Diese unternehmen im Falle eines gerichtlichen Verfahrens alle in ihren jeweiligen Rechtsordnungen verfügbaren Schritte. Dies entspricht der bisherigen Rechtsprechung, wonach die Rückforderung einer rechtswidrigen Beihilfe grundsätzlich nach Maßgabe des nationalen Rechts stattfindet.[729] Obwohl also die Kommission in einem konkreten Einzelfall die Pflicht zur Rückforderung in einem an die Mitgliedstaaten gerichteten Beschluss gemäß Art. 288 Abs. 4 AEUV (bisher Entscheidung gemäß Art. 249 Abs. 4 EGV) rechtsverbindlich festgelegt hat, muss der Mitgliedstaat die Rückforderung auf die Regeln des nationalen Rechts stützen, nicht auf die Entscheidung der Kommission. 250

Aus welchen nationalen Regelungen sich die Rechtsfolgen für die fragliche Beihilfe ergeben, hängt von der Rechtsnatur der Maßnahme ab. In Betracht kommt eine Gewährung der Beihilfe im Einzelfall durch Verwaltungsakt(e) oder durch vertragliche Beziehungen, sei es ein öffentlich-rechtlicher oder ein privatrechtlicher Vertrag.[730] Zur Anwendung kann mithin das deutsche Verwaltungsrecht ebenso wie das deutsche Zivilrecht gelangen. Eine Beihilfe kann auch durch schlicht-hoheitliches Handeln gewährt werden.[731] Einen Anwendungsfall bilden Beihilfen durch Unterlassen, wenn Forderungen nicht eingetrieben werden (zur Einstufung als Beihilfe oben Rn 55). Schließlich können Beihilfe**regelungen** (zu ihnen oben Rn 205) gegen Unionsrecht verstoßen. 251

Welche nationalen Regelungen zum Tragen kommen, hängt weiter davon ab, ob das Unionsrecht endgültige oder nur vorläufige Rechtsfolgen verlangt. Das Durchführungsverbot gemäß Art. 108 Abs. 3 S. 3 AEUV, Art. 3 BeihVerfVO führt zur vorläufigen Rechtswidrigkeit aller unter Verstoß gegen das Verbot durchgeführten Beihilfen (oben Rn 236), weshalb nur vorläufige nationale Rechtsfolgen verlangt werden müssen. Etwas anderes gilt nur für die Vorteile, die aus einer zu frühen Auszahlung erlangt werden (oben Rn 167). Wie bei dem Verstoß gegen das Durchführungsverbot begründet die Aussetzungs- oder Rückforderungsanordnung gemäß Art. 11 Abs. 1 und 2 BeihVerfVO nur die Pflicht zu vorläufigen Rechtsfolgen. Die (bestandskräftige) negative Entscheidung der Kommission gemäß Art. 7 Abs. 5 BeihVerfVO führt demgegenüber zu einem endgültigen Verbot. 252

2. Grenzen der Anwendbarkeit des nationalen Rechts

Die Anwendung des nationalen Rechts stößt allerdings an Grenzen. Denn die Mitgliedstaaten sind zwar zur Anwendung nationalen Rechts bei der Durchführung verpflichtet (oben Rn 249). Sie dürfen sich aber nicht auf Bestimmungen, Übungen oder Umstände ihrer internen Rechtsordnung berufen, um sich der Durchführung unionsrechtlicher Verpflichtungen zu entziehen.[732] Die Anwendung des nationalen Rechts darf die unionsrechtlich vorgeschriebene Rückforderung nicht praktisch unmöglich machen.[733] Insbesondere muss bei der Anwendung einer Vorschrift, die die Rücknahme eines rechtswidrigen Verwaltungsakts von der Abwägung der verschiedenen widerstreitenden Interessen abhängig macht, das Interesse der Union in vollem Umfang berücksichtigt 253

729 EuGH, Rs. C-24/95 (Alcan), Slg 1997, I-1591 Rn 24; Rs. C-5/89 (BUG Alutechnik), Slg 1990, I-3437 Rn 12; Rs. C-142/87 (Belgien/Kommission), Slg 1990, I-959 Rn 61.

730 *Jestaedt/Loest*, in: Heidenhain (Hrsg.), Hdb des Europäischen Beihilfenrechts, § 52 Rn 4.

731 *Schmidt-Kötters*, in: Heidenhain (Hrsg.), Hdb des Europäischen Beihilfenrechts, § 57 Rn 39.

732 EuGH, Rs. C-5/89 (BUG Alutechnik), Slg 1990, I-3437 Rn 18.

733 EuGH, Rs. C-24/95 (Alcan), Slg 1997, I-1591 Rn 24; Rs. C-5/89 (BUG Alutechnik), Slg 1990, I-3437 Rn 12; Rs. C-142/87 (Belgien/Kommission), Slg 1990, I-959 Rn 61; Rs. 94/87 (Kommission/Deutschland), Slg 1989, 175 Rn 12.

werden.[734] Die Grenzen der Effektivität gelten darüber hinaus generell bei jeder Durchführung des Unionsrechts durch mitgliedstaatliche Stellen, bei der nationale Bestimmungen zur Anwendung gelangen,[735] ebenso wie der Grundsatz der Gleichwertigkeit.[736]

254 Bei der Rückforderung unionsrechtswidriger Beihilfen haben die Grenzen der Anwendung nationalen Rechts eine zunehmende Rolle gespielt. Zunächst hat der EuGH dem Vertrauensschutz und der Rechtssicherheit sowie dem Ausgleich zwischen beiden Grundsätzen dienende nationale Bestimmungen für unionsrechtlich unbedenklich erklärt, solange die Grundsätze der Effektivität und Gleichwertigkeit gewahrt werden und bei der Abwägung dem Interesse der Union Rechnung getragen wird. Begründet hat der EuGH das damit, dass diese Grundsätze auch Bestandteil der Unionsrechtsordnung sind, ebenso wie sie den Rechtsordnungen der Mitgliedstaaten gemeinsam sind.[737] Diese für die Rückforderung von Unionsbeihilfen getroffenen Feststellungen hat der EuGH auf staatliche Beihilfen übertragen, dabei allerdings von Anfang an hinzugefügt, dass ein Unternehmen nur dann auf die Ordnungsmäßigkeit vertrauen darf, wenn es sich vergewissert hat, dass das Verfahren gemäß Art. 108 AEUV eingehalten wurde (zum Vertrauensschutz bereits oben Rn 226-228, 237).[738]

255 In welchem Umfang das nationale Recht im Einzelnen zum Einsatz gelangt, hängt entscheidend davon ab, ob eine Entscheidung der Kommission in dem konkreten Einzelfall vorliegt: Verpflichtet die Kommission den Mitgliedstaat gemäß Art. 14 BeihVerfVO, die Beihilfe zurückzufordern, muss diese Entscheidung durchgeführt werden, wenn sie bestandskräftig wird. Die Anwendung des deutschen Rechts unterliegt engen Grenzen (näher unten Rn 265 f). Denkbar ist ferner eine unmittelbar auf Art. 14 BeihVerfVO gestützt Rückforderungsentscheidung der mitgliedstaatlichen Behörden, was aber allenfalls in seltenen Ausnahmekonstellationen praktisch bedeutsam werden dürfte (dazu unten Rn 272). Da eine endgültige Rückforderung hauptsächlich bei neuen Beihilfen in Betracht kommt, wenn eine Genehmigung nicht widerrufen wird (oben Rn 212, 215), betrifft das vor allem neue Beihilfen. In anderen Fällen kann demgegenüber mehr Raum für die Anwendung des nationalen Rechts bestehen, wenn und weil das Unionsrecht hier weniger Vorgaben trifft. Dabei ist der mitgliedstaatliche Spielraum am größten, wenn es kein vorgelagertes Prüfverfahren mit dem damit verbundenen Durchführungsverbot gibt.[739]

II. Wirksamkeit des Akts der Beihilfegewährung

1. Verstoß eines Mitgliedstaats gegen das Durchführungsverbot oder eine endgültige Entscheidung der Kommission

a) Wirksamkeit von Verwaltungsakten

256 Eine durch Verwaltungsakt gewährte Beihilfe, die gegen eine unmittelbar anwendbare (generelle oder individuelle) Unionsvorgabe verstößt, ist nach dem deutschen System der Fehlerfolgen von Verwaltungsakten in § 43 Abs. 2 VwVfG rechtswidrig, aber wirksam, wenn sie nicht ausnahmsweise gemäß § 43 Abs. 3, § 44 VwVfG nichtig und damit unwirksam ist. Ein evidenter Fehler gemäß § 44 VwVfG dürfte regelmäßig abzulehnen sein, auch bei einem Verstoß gegen das Durchführungsverbot.[740] Die Rechtsfolge nach deutschem Recht ist also Rechtswidrigkeit, nicht Nichtig-

734 EuGH, Rs. C-24/95 (Alcan), Slg 1997, I-1591 Rn 24 mwN; Rs. 94/87 (Kommission/Deutschland), Slg 1989, 175 Rn 12.

735 Dazu, mit Rechtsprechungsnachweisen, *Jarass/Beljin*, Casebook Grundlagen des EG-Rechts, S. 220. Für das Beihilfenrecht *Mestmäcker/Schweitzer*, Europäisches Wettbewerbsrecht, § 45 Rn 37; *Jestaedt/Loest*, in: Heidenhain (Hrsg.), Hdb des Europäischen Beihilfenrechts, § 52 Rn 2.

736 Im Zusammenhang mit der Rückforderung staatlicher Beihilfen wird er in der Rspr seltener genannt, zB EuG, Rs. T-459/93 (Siemens), Slg 1995, II-1675 Rn 82.

737 EuGH, Rs. 205/82 u.a. (Deutsche Milchkontor), Slg 1983, 2633 Rn 30-32.

738 EuGH, Rs. C-5/89 (BUG Alutechnik), Slg 1990, I-3437 Rn 13 f.

739 *Jarass/Beljin*, Casebook Grundlagen des EG-Rechts, S. 237 f; *Ehlers*, GewArch 1999, 306 f, 309.

740 *Jestaedt/Loest*, in: Heidenhain (Hrsg.), Hdb des Europäischen Beihilfenrechts, § 52 Rn 12; *Schmidt-Kötters*, ebd, § 57 Rn 40.

keit.[741] In Betracht kommt eine Teilrechtswidrigkeit, wenn die Beihilfegewährung nur einen Teil des Regelungsgehalts des Verwaltungsakts ausmacht.[742]

Auch das Unionsrecht zwingt nicht zur Nichtigkeit von Verwaltungsakten, kann aber zu deren Unanwendbarkeit führen.[743] Das ändert aber nichts daran, dass der EuGH die Anwendung nationaler Regeln für die Aufhebung von Verwaltungsakten grundsätzlich akzeptiert, wie gerade das Beispiel der Rückforderung von Beihilfen belegt. Die Möglichkeit der Unanwendbarkeit eines Verwaltungsakts und seiner Aufhebung bestehen demgemäß nebeneinander.[744] Fehlt die unmittelbare Anwendung, wie das zB bei Art. 107 AEUV der Fall ist (oben Rn 42-44), löst das keine innerstaatlichen Rechtsfolgen für die Behörden, Gerichte und den Einzelnen aus. Vielmehr muss zunächst die Kommission und ggf der EuGH entscheiden.[745] 257

b) Wirksamkeit von privatrechtlichen und öffentlich-rechtlichen Verträgen

Bei zivilrechtlich vereinbarten Beihilfen bejaht der BGH einen Verstoß gegen ein Verbotsgesetz gemäß § 134 BGB, wenn gegen eine unmittelbar anwendbare Unionsregelung über Beihilfen verstoßen wird, sei es eine Sachentscheidung der Kommission oder Art. 108 Abs. 3 S. 3 AEUV, Art. 3 BeihVerfVO.[746] Die Nichtigkeit kann sich gemäß § 139 BGB auf einen Teil des Rechtsgeschäfts beschränken.[747] Dazu hat der BGH herausgestellt und im Hinblick auf seine bisherige Rechtsprechung klargestellt: Ein Verstoß gegen das beihilferechtliche Durchführungsverbot durch einen Vertrag führt gem. § 134 BGB zur Nichtigkeit des Vertrags, aber weder nach dem Unionsrecht noch nach deutschem Recht zwingend zur *Gesamt*nichtigkeit des Vertrags. Ist in einem Kaufvertrag ein zu niedriger Kaufpreis das Beihilfeelement, reicht es zur Beseitigung des rechtswidrig erlangten Wettbewerbsvorteils aus, wenn vom Beihilfeempfänger die Zahlung des Unterschiedsbetrags zwischen dem vereinbarten und dem höheren beihilfefreien Preis zuzüglich des bis zur Rückforderung entstandenen Zinsvorteils erlangt wird.[748] 258

Zur Begründung stützt sich der BGH unter anderem auf die Rechtsprechung des EuGH, wonach eine positive Entscheidung der Kommission einen etwaigen Verstoß gegen das Durchführungsverbot **nicht** (rückwirkend) heilt, das nationale Gericht aber nicht verpflichtet ist, die Rückforderung einer unter Verstoß gegen das Durchführungsverbot gewährten Beihilfe anzuordnen, wenn die Kommission in einer abschließenden Entscheidung die genannte Beihilfe für rechtmäßig erklärt, jedoch für die Dauer der Rechtswidrigkeit Zinsen zu verlangen sind, ferner die Beihilfe zurückverlangt (und ggf. erneut gewährt) kann, aber nicht muss (zu dieser Rechtsprechung oben Rn 167, 221, unten Rn 275). Der BGH folgert aus dieser Rechtsprechung, dass unionsrechtlich nur der beihilferechtswidrig erlangte Vorteil abgeschöpft werden muss, hingegen das Durchführungsverbot keinen Abschreckungseffekt bezweckt, der sich nur durch eine Gesamtnichtigkeit erreichen ließe.[749] Wie der BGH mit Blick auf das deutsche Recht festhält, gebietet dieses keine über das Unionsrecht hinausgehende Gesamtnichtigkeit von Kaufverträgen, deren Kaufpreisvereinbarung Beihilfeelemente enthält. Dient die Qualifikation als gesetzliches Verbot im Sine des § 134 BGB der effizienten Durchsetzung des unionsrechtlichen Durchführungsverbots, wird auch die sich daraus ergebende Rechtsfolge durch Sinn und Zweck des Durchführungsverbots bestimmt und begrenzt, mit der Folge, dass sich die durch einen zu niedrigen Kaufpreis hervorgerufene Wettbewerbsverzerrung außer durch eine Rückabwicklung des Geschäfts durch eine Anpassung des Kaufpreises errei- 259

741 Näher, mit offenem Ergebnis, *Lübbig/Martín-Ehlers*, Beihilfenrecht der EU Rn 1048-1052.
742 *Jestaedt/Loest*, in: Heidenhain (Hrsg.), Hdb des Europäischen Beihilfenrechts, § 52 Rn 14.
743 Vgl EuGH, Rs. C-224/97 (Ciola), Slg 1999, I-2517 Rn 29-32.
744 Vgl *Jarass/Beljin*, Casebook Grundlagen des EG-Rechts, S. 117.
745 Vgl *Schmidt-Räntsch*, NJW 2005, 107 für den Bereich des Zivilrechts.
746 BGH, EuZW 2003, 445; EuZW 2004, 252; aus der Lit. *Schmidt-Räntsch*, NJW 2005, 107; *Jestaedt/Loest*, in: Heidenhain (Hrsg.), Hdb des Europäischen Beihilfenrechts, § 52 Rn 49 f.
747 *Schmidt-Räntsch*, NJW 2005, 109; *Jestaedt/Loest*, in: Heidenhain (Hrsg.), Hdb des Europäischen Beihilfenrechts, § 52 Rn 52-55.
748 BGH, Urt. v. 5. Dezember 2012, Az I ZR 92/11 (CEPS-Pipeline), BGHZ 196, 254 Ls 2, Rn 33-50.
749 BGH, ebd., Rn 34-39; zustimmend *Bartosch*, EuZW 2013, 759 f.

chen lässt und für die Kaufpreisdifferenz Zinsen ab dem tatsächlichen Vollzug des Kaufvertrags zu leisten sind.[750] Allerdings kann trotz dieses Befunds die Gesamtnichtigkeit eines Vertrags anzunehmen sein, wenn für einen wesentlichen Vertragsbestandteil wie den Kaufpreis von den Vertragsparteien keine Ersatzvereinbarung getroffen ist und sich auch sonst keine Anhaltspunkte dafür finden, worauf sich die Parteien des Kaufvertrags bei – unterstellter – Nichtigkeit der Kaufpreisvereinbarung verständigt hätten. Eine vertraglich vereinbarte Erhaltens- und Ersetzungsvereinbarung, wonach für den Fall der Unwirksamkeit einzelner Regelungen der Kaufvertrag im Übrigen erhalten bleiben soll, und sich die Vertragsparteien verpflichten, einen dem Sinn und Zweck der unwirksamen Regelung wirtschaftlich entsprechende ergänzende Vereinbarung zu treffen (Ersetzungsklausel), bewirkt nicht, dass die vom Nichtigkeitsgrund nicht unmittelbar erfassten Teile des Geschäfts unter allen Umständen wirksam bleiben, sondern führt lediglich zu einer Umkehrung der Vermutung des § 139 BGB in ihr Gegenteil, so dass die Darlegungs- und Beweislast dafür, dass die Parteien das teilnichtige Geschäft als Ganzes verworfen hätten, denjenigen trifft, der entgegen der Erhaltensklausel den Vertrag als Ganzes für unwirksam hält.[751]

260 Sonderprobleme bestehen in Dreiecksbeziehungen, zB bei der Gewährung einer staatlichen Bürgschaft, bei der eine Dreiecksbeziehung zwischen dem Kreditnehmer, dem Kreditgeber (idR eine Bank) und dem staatlichen Bürgen besteht.[752] Unklar ist insbesondere, ob und ggf in welchen Konstellationen der Kreditgeber als Beihilfeempfänger einzustufen ist, was bedeutsam für die Beurteilung der Wirksamkeit der Beziehungen zwischen dem staatlichen Bürgen und dem Kreditgeber ist, ferner für die Frage, von wem etwaige Vorteile zurückzufordern sind, ob (nur) vom Kreditnehmer oder (auch) vom Kreditgeber. Wie der EuGH hierzu herausgestellt hat, kommen als Empfänger einer Beihilfe der Kreditnehmer, der Kreditgeber oder in bestimmten Fällen beide in Betracht; beurteilt sich die Frage der Nichtigkeit nach nationalem Recht und sind die Mitgliedstaaten verpflichtet, die Rückforderung der Beihilfe sicherzustellen.[753] Was das im Einzelnen bedeutet, ist unklar, weshalb dem Gerichtshof das Versäumen von Klarstellungen vorgeworfen wird.[754]

261 Ein öffentlich-rechtlicher Vertrag iSv §§ 54 ff VwVfG über eine Beihilfe, der gegen unmittelbar anwendbares Beihilfenrecht verstößt, ist entweder gemäß § 58 Abs. 2 VwVfG wegen fehlender Zustimmung der Kommission vorübergehend oder, wenn die Kommission endgültig entschieden hat, endgültig unwirksam.[755] In Betracht kommt ferner, dass der Vertrag gemäß § 59 Abs. 1 VwVfG iVm § 134 BGB wegen des Verstoßes gegen ein Verbotsgesetz nichtig ist.[756] Für Letzteres spricht die Parallele zur Behandlung zivilrechtlicher Verträge (oben Rn 258). Im praktischen Ergebnis gibt es keinen Unterschied. In Betracht kommt auch eine (schwebende) Teilunwirksamkeit oder eine Teilnichtigkeit.[757]

c) Wirksamkeit von Beihilferegelungen und Realakten

262 Eine Beihilferegelung wird nach den allgemeinen Regeln über den Anwendungsvorrang des Unionsrechts unanwendbar, wenn gegen eine unmittelbar anwendbare Unionsbestimmung verstoßen wird.[758] Die Unanwendbarkeit kann sich dabei sowohl auf die Feststellung des Haushaltsplanes, in dem die unionsrechtswidrigen Mittel angesetzt sind, als auch auf ein Subventions**fach**gesetz oder Subventionsrichtlinien in den Verwaltungsvorschriften erstrecken (oben Rn 57). Bei Realakten

750 BGH, ebd., Rn 44-46.
751 BGH, ebd., Ls 3, Rn 51-59.
752 Dazu BGH, III ZR 299/05, Urt. v. 12.10.2006; *Bartosch*, EU-Beihilfenrecht, Art. 88 EGV Rn 16 f.
753 EuGH, Rs. C-275/10 (Residex Capital IV), Slg 2011, I-00 Rn 29 ff.
754 *Soltész*, EuZW 2012, 178.
755 Dafür *Jestaedt/Loest*, in: Heidenhain (Hrsg.), Hdb des Europäischen Beihilfenrechts, § 52 Rn 32-35; *Schmidt-Kötters*, ebenda, § 56 Rn 36.
756 Vgl den Hinweis bei *Jestaedt/Loest*, in: Heidenhain (Hrsg.), Hdb des Europäischen Beihilfenrechts, § 52 Rn 32 Fn 55.
757 *Jestaedt/Loest*, in: Heidenhain (Hrsg.), Hdb des Europäischen Beihilfenrechts, § 42 Rn 36.
758 *Lübbig/Martín-Ehlers*, Beihilfenrecht der EU, 2. Aufl. 2009 Rn 1051; *Schmidt-Kötters*, in: Heidenhain (Hrsg.), Hdb des Europäischen Beihilfenrechts, § 56 Rn 57. Allg. zum Anwendungsvorrang *Jarass/Beljin*, NVwZ 2004, 1.

stellt sich die Frage der Wirksamkeit oder Anwendbarkeit nicht. Sie können rechtmäßig oder rechtswidrig sein, nicht aber rechtswirksam oder -unwirksam.

2. Sonderfall der missbräuchlichen Anwendung von Beihilfen

Im Falle der missbräuchlichen Anwendung der Beihilfe ist nicht die mitgliedstaatliche Gewährung rechtswidrig, sondern das Verhalten des Beihilfeempfängers (oben Rn 243), weshalb hier der Verwaltungsakt rechtmäßig ist.[759] Dasselbe muss für zivilrechtliche und öffentlich-rechtliche Verträge gelten oder für sonstige Gewährungsakte. Dies hat Folgen für die Rückabwicklung (unten Rn 264). 263

III. Rückabwicklung

1. Rechtslage bei Rückforderungsentscheidung der Kommission

a) Rückabwicklung von Verwaltungsakten

Die vom Unionsrecht verlangte Rückforderung der Beihilfe, die durch einen Verwaltungsakt gewährt wurde, erfolgt regelmäßig in zwei Schritten: (1) Der Verwaltungsakt wird zurückgenommen, wenn und weil er nicht ausnahmsweise nichtig ist (oben Rn 256 f). (2) Durch einen zweiten Verwaltungsakt ist die Rückzahlung anzuordnen, da nun der Rechtsgrund für die Beihilfe weggefallen ist. Fehlt es an speziellen Regelungen, kommen bei mitgliedstaatlichen Verstößen §§ 48, 49 a VwVfG zum Einsatz.[760] Im Falle der missbräuchlichen Anwendung der Beihilfe durch den Empfänger ist der Verwaltungsakt rechtmäßig (oben Rn 263), weshalb §§ 49, 49 a VwVfG einschlägig sind.[761] Zur Rückabwicklung auch oben *Gundel*, § 3, Rn 198-200; *Marauhn*, § 7, Rn 39. Im Regelfall wird eine Beihilfe als Geldleistung oder teilbare Sachleistung iSv § 48 Abs. 2 (oder § 49 Abs. 3) VwVfG einzustufen sein.[762] 264

Hat die Kommission in einem konkreten **Einzelfall** entschieden, dass die Beihilfe zurückzufordern ist, **muss** dies geschehen. Aspekte des Vertrauensschutzes oder der Verhältnismäßigkeit zählen zu den allgemeinen Grundsätzen des Unionsrechts iSv Art. 14 Abs. 1 S. 2 BeihVerfVO, mit denen sich die Kommission in dem konkreten Einzelfall ggf bereits auseinandergesetzt hat (oben Rn 225). Die Mitgliedstaaten oder der Beihilfeempfänger können die Entscheidung der Kommission vor dem EuG oder dem EuGH anfechten (unten Rn 282, 294, 296), denen die Überprüfung einer Kommissionsentscheidung vorbehalten ist.[763] Geschieht dies nicht, sind sie an die bestandskräftigen Inhalte der Entscheidung gebunden und dürfen zu keinen anderen Feststellungen gelangen,[764] auch nicht im Wege der Inzidentrüge gem. Art. 277 AEUV (unten Rn 310). Dann akzeptiert die Rechtsprechung nur noch den Einwand, dass es absolut unmöglich ist, die Entscheidung richtig durchzuführen.[765] An diese Feststellung sind hohe Anforderungen zu stellen (s. bereits oben Rn 225). Es muss sich um Umstände handeln, die nicht in einer Nichtigkeitsklage vorgebracht werden konnten. Administrative, faktische, technische oder politische Schwierigkeiten, die einem Mitgliedstaat bei der Durchsetzung der Rückforderungspflicht im mitgliedstaatlichen Recht begegnen, genügen nicht.[766] Deshalb hebt weder eine hohe Zahl von Begünstigten noch die (angebliche) Gefahr von Sozialkonflikten oder die Gefahr einer Insolvenz des begünstigten Unternehmens die Pflicht zur 265

759 *Jestaedt/Loest*, in: Heidenhain (Hrsg.), Hdb des Europäischen Beihilfenrechts, § 52 Rn 28.

760 *Koenig/Paul/Kühling*, in: Streinz (Hrsg.), EUV/AEUV, Art. 108 AEUV Rn 26 Fn 67.

761 Dazu *Jestaedt/Loest*, in: Heidenhain (Hrsg.), Hdb des Europäischen Beihilfenrechts, § 52 Rn 28-30.

762 *Sachs*, in: Stelkens/Bonk/Sachs, VwVfG, 7. Aufl. 2008, § 48 Rn 127; *Kopp/Ramsauer*, VwVfG, 10. Aufl. 2008, § 48 Rn 87.

763 EuGH, Rs. C-232/05 (Kommission/Frankreich), Slg 2006, I-10071 Rn 60.

764 Vgl EuGH, Rs. C-232/05 (Kommission/Frankreich), Slg 2006, I-10071 Rn 59; Rs. C-24/95 (Alcan), Slg 1997, I-1591 Rn 34; Rs. C-183/91 (Kommission/Griechenland), Slg 1993, I-3131 Rn 9 f, 13.

765 EuGH, Rs. C-183/91 (Kommission/Griechenland), Slg 1993, I-3131 Rn 10, 19.

766 EuGH, Rs. C-75/97 (Belgien/Kommission), Slg 1999, I-3671 Rn 90; Rs. C-404/97 (Kommission/Portugal), Slg 2000, I-4897 Rn 52 f; Rs. C-331/09 (Kommission/Polen), Slg 2011, I-2923 Rn 69-72; Rs. C-549/09 (Kommission/Frankreich), Slg 2011, I-155 Rn 34.

Rückforderung auf.[767] Stößt der Mitgliedstaat bei der Durchführung einer Rückforderungsentscheidung auf unvorhergesehene und unvorhersehbare Schwierigkeiten, oder wird er sich über von der Kommission nicht beabsichtigte Folgen bewusst, kann er diese Probleme der Kommission zur Beurteilung vorlegen und dabei geeignete Änderungen der fraglichen Entscheidung vorschlagen.[768]

266 Die strikte Bindung des Mitgliedstaats an die Entscheidung der Kommission hat weit reichende Folgen für die Anwendung der nationalen Bestimmungen: Es besteht kein Ermessen der Behörde gemäß § 48 Abs. 1 VwVfG. Die Frist des § 48 Abs. 4 VwVfG gilt nicht. Ebenso wenig spielen Vertrauensschutzgesichtspunkte gemäß § 48 Abs. 2 VwVfG oder der Wegfall der Bereicherung gemäß § 49 a Abs. 2 VwVfG eine Rolle. Dasselbe gilt für die Berufung der Behörde auf den Grundsatz von Treu und Glauben gemäß § 242 BGB, wenn die Behörde wusste oder grob fahrlässig nicht wusste, dass sie die Leistung zu Unrecht gewährte.[769] Das BVerwG folgt diesen Festsetzungen, eine dagegen gerichtete Verfassungsbeschwerde hat das BVerfG nicht zur Entscheidung angenommen.[770] Der Tatbestand und die Rechtsfolgen der Rückforderung sind demgemäß unionsrechtlich vorgegeben, die Bedeutung des nationalen Rechts erschöpft sich im Wesentlichen darin, die Rechtsgrundlagen für die Rückabwicklung bereitzuhalten.[771] Auch im Rahmen des Erstattungsanspruchs gemäß § 49 a VwVfG gelten die strikten Bindungen an eine Einzelfallentscheidung der Kommission. Beim Umfang der Erstattung ist der in Art. 14 Abs. 2 BeihVerfVO vorgesehene Zinsanspruch zu berücksichtigen.[772]

267 Rechtstechnisch kommen verschiedene Vorgehensweisen im Rahmen des § 48 VwVfG in Betracht: Die Frist des § 48 Abs. 4 VwVfG kann außer Anwendung gelassen werden. Beim Vertrauensschutz im Rahmen des § 48 Abs. 2 VwVfG lässt das BVerwG offen,[773] ob der Beihilfeempfänger gemäß § 48 Abs. 2 S. 3 Nr. 3 VwVfG bösgläubig ist, weil er die Missachtung des Verfahrens kennen muss, ob man in diesem Fall § 48 Abs. 2 VwVfG insgesamt oder einzelne Sätze außer Anwendung lässt oder ob man im Wege der unmittelbaren Anwendung eine zusätzliche Ausnahme (gewissermaßen als § 48 Abs. 2 S. 1 Nr. 4 VwVfG) des Inhalts anwendet, dass der Empfänger die Einhaltung des Verfahrens kennen muss.

268 Was die Adressaten angeht, könnten sich Probleme bei der Anwendung der §§ 48, 49 a VwVfG daraus ergeben, dass der Kreis der Adressaten der Aufhebungs- und Rückforderungsentscheidung im deutschen Recht enger ist als das Unionsrecht verlangt (zum Unionsrecht oben Rn 231).[774] Um des Weiteren der aus Art. 14 Abs. 3 S. 1 BeihVerfVO resultierenden Pflicht nachzukommen, **unverzüglich** die Kommissionsentscheidung durchzuführen, kommt die Anordnung der sofortigen Vollziehung der Verwaltungsakte gemäß § 80 Abs. 2 S. 1 Nr. 4 VwGO in Betracht, insbesondere bei dem nationalen Verwaltungsakt über die Rückforderung.[775]

b) Rückabwicklung von Verträgen

269 Ist die Beihilfe durch einen öffentlich-rechtlichen oder einen privatrechtlichen Vertrag vereinbart worden, scheidet die Möglichkeit, eine Rückabwicklung durch Verwaltungsakt anzuordnen, grundsätzlich aus (zu möglichen Ausnahmen unten Rn 272). Vielmehr erfolgt die Rückabwicklung mit vertraglichen Instrumenten und daran anknüpfenden vertraglichen oder gesetzlichen Rückab-

---

767 EuGH, Rs. C-6/97 (Italien/Kommission), Slg 1999, I-2981 Rn 32 f; Rs. 63/87 (Kommission/Griechenland), Slg 1988, 2875 Rn 14; Rs. C-499/99 (Kommission/Spanien), Slg 2002, I-6031 Rn 38; *Mestmäcker/Schweitzer*, Europäisches Wettbewerbsrecht, § 45 Rn 47.

768 EuGH, Rs. C-183/91 (Kommission/Griechenland), Slg 1993, I-3131 Rn 19 mwN; *Mestmäcker/Schweitzer*, Europäisches Wettbewerbsrecht, § 45 Rn 48.

769 EuGH, Rs. C-24/95 (Alcan), Slg 1997, I-1591 Rn 34-37, 41 f, 49-52.

770 BVerwGE 106, 328; BVerfG, DVBl. 2000, 900 = EuZW 2000, 445.

771 *Jestaedt/Loest*, in: Heidenhain (Hrsg.), Hdb des Europäischen Beihilfenrechts, § 52 Rn 2.

772 Ebd. § 52 Rn 21-23; näher *Lübbig/Martín-Ehlers*, Beihilfenrecht der EU, Rn 963-965.

773 BVerwGE 106, 328/336.

774 Näher *Jestaedt/Loest*, in: Heidenhain (Hrsg.), Hdb des Europäischen Beihilfenrechts, § 52 Rn 24-26. Ferner Ritter, EG-Beihilfenrückforderung von Dritten, 2004.

775 *Jestaedt/Loest*, in: Heidenhain (Hrsg.), Hdb des Europäischen Beihilfenrechts, § 52 Rn 27.

wicklungsansprüchen.[776] Ist ein Vertrag des öffentlichen Rechts ganz oder teilweise, schwebend oder endgültig unwirksam (dazu oben Rn 261), entsteht der (ungeschriebene) öffentlich-rechtliche Anspruch auf Erstattung bereits erbrachter Leistungen, der in weiten Teilen dem zivilrechtlichen Bereicherungsanspruch aus §§ 812 ff BGB entspricht.[777] In der Sache muss auch hier die Entscheidung der Kommission uneingeschränkt befolgt werden (für die Rechtslage bei Verwaltungsakten oben Rn 265 f).

Bei einem zivilrechtlichen Vertrag, der ganz oder teilweise, vorübergehend oder endgültig unwirksam ist (oben Rn 258), hängen die weiteren Folgen auch von dem Parteiwillen ab. Inhaltlich möglich ist eine Rückabwicklung oder, wenn das Unionsrecht keine Rückabwicklung verlangt und die Parteien sich darauf verständigen, einen Änderungsvertrag, in dem marktgerechte Zustände geschaffen werden.[778] Die Rückabwicklung findet in dem Umfang, in dem das Grundgeschäft unwirksam ist, auf der Grundlage des Bereicherungsrechts gemäß § 812 BGB statt,[779] wobei eine Einzelfallentscheidung der Kommission genauso strikt durchgeführt werden muss, als wäre die Beihilfe durch ein anderes Instrument gewährt worden (oben Rn 265 f). Erkennt man die Möglichkeit einer nur vorübergehenden Unwirksamkeit an, etwa wenn die Kommission eine positive Entscheidung erlässt und damit für die Zukunft der Verstoß gegen das Durchführungsverbot endet (oben Rn 258), besteht nur für den rechtswidrigen Zeitraum eine ungerechtfertigte Bereicherung.[780] 270

Bei einem rechtmäßigen öffentlich-rechtlichen Vertrag muss es im Falle des Missbrauchs Rücktritts- oder Kündigungsmöglichkeiten geben, sei es vertraglich vereinbarte oder gesetzliche gemäß § 62 VwVfG iVm § 323 BGB.[781] Dasselbe gilt für einen privatrechtlichen Vertrag.[782] Hat die beihilfegewährende Stelle den öffentlich-rechtlichen Vertrag gekündigt oder ist sie von ihm zurückgetreten, gelangen die vertraglichen Vereinbarungen oder die gesetzlichen Regelungen über die Rückabwicklung zur Anwendung. Fehlen spezialgesetzliche Vorgaben, gilt die Regelung über allgemeine Rückgewährverhältnisse gemäß § 62 VwVfG iVm § 346 BGB.[783] Dasselbe gilt für einen privatrechtlichen Vertrag.[784] 271

Ob und ggf in welchen Konstellationen die Rückforderung einer vertraglich gewährten Beihilfe durch Verwaltungsakt zulässig oder gar unionsrechtlich geboten ist, wie es das OVG Berlin-Brandenburg in einem viel beachteten Beschluss für möglich hält,[785] ist zweifelhaft. In der Literatur wird das vielfach abgelehnt.[786] In der Sache kommt eine unmittelbar auf Art. 14 BeihVerfVO iVm einer entsprechenden Rückforderungsentscheidung der Kommission oder auf §§ 48 f VwVfG gestützte Rückforderungsentscheidung allenfalls in Betracht, wenn dies die einzige Möglichkeit ist, um einem Rückforderungsverlangen der Kommission nachzukommen. Gibt es jedoch im nationalen Recht andere (und für die mitgliedstaatliche Rechtsordnung schonendere) Möglichkeiten, sind diese zu nutzen und verlangt auch das Unionsrecht nichts anderes. 272

Nimmt man bei einer Aussetzungsanordnung gemäß Art. 11 Abs. 1 BeihVerfVO für die Wirksamkeit der Beihilfemaßnahme dieselben Rechtsfolgen an wie im Fall einer endgültigen Entscheidung, wie das in der Literatur geschieht (oben Rn 258 f), ergeben sich keine Besonderheiten. 273

776 Vgl auch ebd § 52 Rn 4, 31, 45.
777 Näher ebd § 52 Rn 37 f, 40 f.
778 Zum Abänderungsvertrag ebd § 52 Rn 46, 55.
779 Einzelheiten ebd § 52 Rn 56-70; *Schmidt-Räntsch*, NJW 2005, 109.
780 *Jestaedt/Loest*, in: Heidenhain (Hrsg.), Hdb des Europäischen Beihilfenrechts, § 52 Rn 58.
781 Näher ebd § 52 Rn 42 f.
782 Ebd. § 52 Rn 71.
783 Ebd. § 52 Rn 44.
784 Vgl auch ebd § 52 Rn 71.
785 OVG Berlin-Brandenburg, – 8 S 93/05, Beschl. v. 7.11.2005, EuZW 2006, 91, NVwZ 2006, 104.
786 *Bartosch*, EU-Beihilfenrecht, Art. 14 VO 659/1999 Rn 18 mwN; ferner *Uwer/Wodarz*, DÖV 2006, 989 ff; *Hildebrandt/Castillon*, NVwZ 2006, 298 ff; *Cranshaw*, WM 2008, 340.

2. Rechtslage ohne Rückforderungsentscheidung der Kommission

274 Erlässt die Kommission keine Entscheidung über die Rückforderung in dem konkreten Einzelfall, besteht gleichwohl eine Rückforderungspflicht, wenn gegen das Durchführungsverbot gemäß Art. 108 Abs. 3 S. 3 AEUV verstoßen wird (oben Rn 235 f). An den anwendbaren deutschen Regelungen ändert sich nichts. Ihre Inhalte können aber tendenziell in größerem Umfang zum Einsatz gelangen (oben Rn 255. Dabei ist zu berücksichtigen, dass die Aufhebung einer rechtswidrigen Beihilfe die logische Folge der Feststellung der Rechtswidrigkeit ist (oben Rn 224). Dies bedeutet ein Regel-Ausnahme-Verhältnis zugunsten der Rückforderung. Zudem gilt, dass ein sorgfältiges Unternehmen sich vergewissern muss, ob die Verfahrensvorgaben eingehalten wurden (oben Rn 226), weshalb ein Vertrauensschutz auch dann regelmäßig ausscheidet, wenn keine Rückforderungsentscheidung der Kommission im konkreten Einzelfall vorliegt (oben Rn 236 f).

275 Der Erstattungs- oder Bereicherungsanspruch entsteht auch bei einem vorläufigen Verstoß gegen das Durchführungsverbot des Art. 108 Abs. 3 S. 3 AEUV, Art. 3 BeihVerfVO, auch wenn die Kommission später eine positive Entscheidung trifft oder ein Unionsgericht eine ablehnende Entscheidung der Kommission aufhebt, weil das den Verfahrensverstoß nicht für die Vergangenheit behebt (oben Rn 167, 221).[787] Bis zu einer abschließenden Entscheidung der Kommission kann das nationale Gericht im Rahmen des nationalen Rechts die Rückabwicklung der rechtswidrigen Beihilfe anordnen, unbeschadet des Rechts des Mitgliedstaats, die Beihilfe ggf später erneut zu gewähren.[788] Nach einer positiven Entscheidung beschränkt sich die Reichweite allerdings auf die rechtsgrundlos erlangten Vorteile durch die zu frühe Auszahlung, insb. Zinsen (oben Rn 167, 221). Das nationale Recht kann darüber hinaus nach nationalem Recht veranlasst sein, Ersatz der durch die zu frühe Auszahlung verursachten Schäden bei Konkurrenten stattzugeben.[789] Als Adressaten der Schadenersatzpflicht kommen der Beihilfeempfänger und -geber in Betracht (unten Rn 351 f). Wenn als Adressat dieser Schadenersatzpflicht der Beihilfeempfänger gemeint ist, kommt daneben ein Staatshaftungsanspruch gegen den Mitgliedstaat, unter Umständen nach den Voraussetzungen des gemeinschaftlichen Staatshaftungsanspruchs in Betracht.

E. Rechtsschutz

I. Unionsgerichte (EuG und EuGH)

276 Gegen Akte der **Unionsorgane** auf dem Gebiet des Beihilfenrechts bestehen Rechtsschutzmöglichkeiten vor dem EuG und dem EuGH. In Betracht kommt primär die Nichtigkeitsklage gemäß Art. 263 AEUV, daneben aber auch die Untätigkeitsklage gemäß Art. 265 AEUV sowie die Schadensersatzklage gemäß Art. 268 AEUV.[790] Als Kläger fungieren in erster Linie die Mitgliedstaaten, ihre Untergliederungen sowie private (natürliche und juristische) Personen (unten Rn 294-308). Daneben kommen aber auch Rechtsstreitigkeiten zwischen den Unionsorganen in Betracht; doch wird das seltener relevant (unten Rn 309). Zudem kann und ggf muss im Rahmen nationaler Rechtsstreitigkeiten der EuGH im Wege der Vorabentscheidung gemäß Art. 267 AEUV angerufen werden, wenn die Auslegung oder Gültigkeit eines Unionsakts bedeutsam wird. Das betrifft dann allerdings nicht den direkten Rechtsschutz gegen Unionsakte vor den Unionsgerichten, um den es hier geht. Klagemöglichkeiten bestehen schließlich im Verhältnis der Union gegen die **Mitgliedstaaten**, wenn diese gegen die Beihilferegelungen der Union verstoßen. Genauer kann die Kommission gemäß Art. 260, 108 Abs. 2 Unterabs. 2 AEUV ein Vertragsverletzungsverfahren einleiten (unten Rn 313-315).[791] Für alle Klagen natürlicher und juristischer Personen, einschließlich der innerstaat-

787 *Jestaedt/Loest*, in: Heidenhain (Hrsg.), Hdb des Europäischen Beihilfenrechts, § 52 Rn 39.

788 EuGH, Rs. C-199/06 (CELF/SIDE), Slg 2008, I-469 Rn 55. Näher zu dieser Entscheidung *Bartosch*, EU-Beihilfenrecht, Art. 88 EGV Rn 12-14.

789 EuGH, Rs. C-199/06 (CELF/SIDE), Slg 2008, I-469 Rn 55 mwN.

790 S. auch den Überblick bei *Soltész*, in: Heidenhain (Hrsg.), European State Aid Law, 2010, § 38.

791 Theoretisch kann das gemäß Art. 227, 88 Abs. 2 Unterabs. 2 EGV auch ein Mitgliedstaat. Doch wird diese Möglichkeit so gut wie nie genutzt.

lichen Stellen, ist (zunächst) das EuG zuständig, für Klagen der Mitgliedstaaten und der Unionsorgane der EuGH.[792]

1. Klagen gegen Unionsorgane, insb. die Kommission

a) Klagearten und vorläufiger Rechtsschutz

Der Rechtsschutz gegen Handlungen der Unionsorgane im Bereich der staatlichen Beihilfen findet praktisch am häufigsten im Wege der **Nichtigkeitsklage** gemäß Art. 263 AEUV statt. Diese Klageart hat generell eine zentrale Stellung im System der direkten Rechtsbehelfe. Ihr Gegenstück im deutschen Recht ist die Anfechtungsklage gemäß § 42 Abs. 1 VwGO.[793] 277

In Betracht kann aber auch eine **Untätigkeitsklage** gemäß Art. 265 AEUV kommen, wenn die Kommission nicht tätig wird. Sie ist allerdings praktisch selten. Grund dafür ist nicht zuletzt, dass an die Untätigkeit der Kommission gesetzliche Fiktionen geknüpft sein können und in diesem Falle für die von der Fiktion Begünstigten der Klageanlass entfällt, während für die von der Fiktion Belasteten die Nichtigkeitsklage der Untätigkeitsklage vorgezogen wird: So löst der Ablauf der praktisch bedeutsamen Zwei-Monats-Frist nach der Anmeldung einer Beihilfe die Genehmigungsfiktion des Art. 4 Abs. 6 BeihVerfVO aus (oben Rn 185). Für den Mitgliedstaat und den Beihilfeempfänger wird eine Klage dadurch regelmäßig entbehrlich,[794] der Konkurrent kann Nichtigkeitsklage erheben (unten Rn 286). 278

Die Untätigkeitsklage gemäß Art. 265 AEUV ist die richtige Klageart, wenn an das Unterlassen der Kommission keine Fiktion geknüpft ist: Dies betrifft zum Beispiel Klagen auf ein Einschreiten der Kommission gegen nicht angemeldete neue Beihilfen (wenn die Kommission trotz einer Beschwerde keinerlei Maßnahmen ergreift),[795] Klagen auf ein Tätigwerden der Kommission in Bezug auf bestehende Beihilfen oder Klagen auf Einhaltung der 18-Monats-Frist nach Eröffnung der förmlichen Prüfung, auch wenn diese Möglichkeit in der Praxis selten genutzt wird.[796] Weitere Fallgestaltungen sind denkbar, zum Beispiel eine Klage auf Rückforderung der Beihilfe (dazu unten Rn 293, 307, oben Rn 242). 279

Schadenersatzklagen gemäß Art. 268 AEUV gegen die Union auf Ersatz eines von der Kommission (oder dem Rat) durch eine falsche Beihilfeentscheidung verursachten Schadens gemäß Art. 340 AEUV sind zwar möglich, aber wegen der hohen Anforderungen an die qualifizierte Rechtsverletzung ohne praktische Bedeutung.[797] Immerhin werden sie in der Literatur erwogen.[798] 280

Ergänzend zu den Klagemöglichkeiten besteht die Möglichkeit **vorläufigen Rechtsschutzes** vor den Unionsgerichten. Da Klagen beim EuG und EuGH gemäß Art. 278 S. 1 AEUV generell keine aufschiebende Wirkung haben, muss gesondert geprüft werden, ob eine gerichtliche Aussetzung der Durchführung einer angefochtenen Handlung gemäß Art. 278 S. 2 AEUV erreicht werden kann. Praktisch bedeutsam wird dies bei der Nichtigkeitsklage, weil es bei ihr eine angefochtene Entscheidung der Union gibt.[799] Für andere Klagen wie die Untätigkeitsklage, Schadenersatzklage oder das Vertragsverletzungsverfahren kommt eine einstweilige Anordnung gemäß Art. 279 AEUV in Betracht.[800] Wegen der hohen Anforderungen haben Verfahren des vorläufigen Rechtsschutzes vor 281

792 EuGH, Rs. C-180/97 (Regione Toscana), Slg 1997, I-5245 Rn 5; EuG, Rs. T-214/95 (Het Vlaamse Gewest), Slg 1998, II-717 Rn 28 f; *Soltész*, in: Heidenhain (Hrsg.), Hdb des Europäischen Beihilfenrechts, § 40 Rn 21, 23 f, § 42 Rn 4.

793 *Soltész*, in: Heidenhain (Hrsg.), Hdb des Europäischen Beihilfenrechts, § 40 Rn 2; *ders.*, in: Heidenhain (Hrsg.), European State Aid Law, 2010, § 38 Rn 2.

794 *Soltész*, in: Heidenhain (Hrsg.), Hdb des Europäischen Beihilfenrechts, § 42 Rn 32, § 43 Rn 36.

795 ZB EuG, Rs. T-423/07 (Ryanair/Kommission), Slg 2011, II-2397 Rn 25 ff. Vgl auch *Soltész*, EuZW 2012, 180; *Sinnaeve*, in: Heidenhain (Hrsg.), Hdb des Europäischen Beihilfenrechts, § 37 Rn 9.

796 *Soltész*, in: Heidenhain (Hrsg.), Hdb des Europäischen Beihilfenrechts, § 42 Rn 32.

797 Näher ebd § 40 Rn 5, § 43 Rn 37; *Schmitt-Kötters*, in: Heidenhain (Hrsg.), Hdb des Europäischen Beihilfenrechts, § 59 Rn 1.

798 Vgl *Koenig*, EuZW 2005, 202.

799 *Kotzur*, in: Geiger/Khan/Kotzur, EUV/AEUV, 5. Aufl. 2010, Art. 278 AEUV Rn 1.

800 Ebd.

dem EuGH und dem EuG bislang in Beihilfefragen kaum praktische Bedeutung erlangt.[801] Doch gibt es auch Beispiele für erfolgreiche Anträge.[802]

b) Klagegegenstände

282 Klagegegenstände sind vor allem Handlungen und Unterlassungen der **Kommission,** da sie der Hauptakteur bei der Anwendung der Beihilferegeln ist. Möglich sind aber auch Klagen gegen den **Rat,** der zum Beispiel gemäß Art. 108 Abs. 2 Unterabs. 3 AEUV anstelle der Kommission über die Rechtmäßigkeit einer Beihilfe entscheidet (dazu oben Rn 171). Voraussetzung für die praktisch primär relevante Nichtigkeitsklage ist dabei gemäß Art. 263 Abs. 1 AEUV, dass es sich um eine Handlung handelt, die keine bloße Empfehlung oder Stellungnahme ist. Es muss sich um einen Akt handeln, der Rechtswirkungen erzeugen soll.[803] Dabei müssen die verbindlichen Rechtswirkungen des Akts die Interessen des Klägers durch eine qualifizierte Änderung seiner Rechtsstellung beeinträchtigen.[804] Wird eine Nichtigkeitsklage von einem nicht privilegierten Kläger gegen einen nicht an ihn adressierten Akt erhoben, überschneidet sich das Erfordernis der qualifizierten Änderung der Rechtsstellung mit den Voraussetzungen der Klagebefugnis nach Art. 263 Abs. 4 AEUV (zu Klagebefugnis und Rechtsschutzbedürfnis unten Rn 294-308).[805]

283 Zwischenmaßnahmen, die der Vorbereitung der endgültigen Entscheidung dienen, können grundsätzlich nicht Gegenstand einer Nichtigkeitsklage sein, was in erster Linie auf Handlungen zutrifft, die eine vorläufige Meinung des Unionsorgans zum Ausdruck bringen.[806] Ferner kann eine Maßnahme nicht Klagegenstand sein, wenn ihre Rechtswidrigkeit im Rahmen der endgültigen Entscheidung, deren Vorbereitung sie dient, geltend gemacht werden kann, wenn und soweit die Klage gegen die abschließende Entscheidung einen ausreichenden gerichtlichen Rechtsschutz bietet.[807]

284 Auf dem Gebiet des Beihilfenrechts können auf dieser Grundlage recht unterschiedliche Gegenstände mit der Nichtigkeitsklage angefochten werden (unten Rn 285-292).[808] Dabei macht es zunächst keinen Unterschied, ob sich die Handlung auf eine Beihilferegelung oder eine Einzelbeihilfe des Mitgliedstaats bezieht. Dieser Unterschied wird aber in der Klagebefugnis bedeutsam, weil andere als der Mitgliedstaat keine Adressaten eines Beschlusses (bisher Entscheidung) sind und deshalb unmittelbar und individuell betroffen sein müssen; bei Rechtsakten mit Verordnungscharakter kommt es seit der Neufassung des Art. 263 Abs. 4 AEUV durch den Vertrag von Lissabon darauf an, dass die fraglichen Akte eine Person unmittelbar betreffen und keine Durchführungsmaßnahmen nach sich ziehen (unten Rn 297-300, 302).

285 Jeder Beschluss (bisher Entscheidung) der Kommission, der ihre Kontrolle enden lässt, erzeugt Rechtswirkungen, weil damit eine Aussage über die Rechtmäßigkeit oder Rechtswidrigkeit der mitgliedstaatlichen Maßnahme verbunden ist: Das gilt für das Ende des förmlichen wie des vorläufigen Prüfverfahrens.[809] Im Einzelnen entfalten daher die Entscheidung gemäß Art. 4 Abs. 2 und Art. 7 Abs. 2 BeihVerfVO, bei der Maßnahme handele es sich um keine Beihilfe,[810] die Entschei-

801 *Soltész,* in: Heidenhain (Hrsg.), Hdb des Europäischen Beihilfenrechts, § 40 Rn 4. Beispiel aus der jüngeren Rechtsprechung EuG, Rs. T-457 R (Westfälisch-Lippischer Sparkassen- und Giroverband/Kommission), Slg 2011, II-51 Rn 29 ff; dazu *Soltész,* EuZW 2012, 175 f.

802 Etwa EuG, Rs. T-52/12 R (Griechenland/Kommission), Slg 2012, I-00 Rn 10 ff; dazu auch *Soltész,* EuZW 2013, 140.

803 EuGH, Rs. C-463/10 P u.a. (Deutsche Post u.a ./Kommission), Slg 2011, I-9639 Rn 36 mwN; Rs. C-316/91 (Parlament/Rat), Slg 1994, I-653 Rn 8.

804 EuGH, Rs. C-463/10 P u.a. (Deutsche Post u.a ./Kommission), Slg 2011, I-9639 Rn 37 mwN.

805 EuGH, Rs. C-463/10 P u.a. (Deutsche Post u.a ./Kommission), Slg 2011, I-9639 Rn 38.

806 EuGH, Rs. C-463/10 P u.a. (Deutsche Post u.a ./Kommission), Slg 2011, I-9639 Rn 50 mwN.

807 EuGH, Rs. C-463/10 P u.a. (Deutsche Post u.a ./Kommission), Slg 2011, I-9639 Rn 53 f mwN.

808 Dazu auch *Soltész,* in: Heidenhain (Hrsg.), European State Aid Law, 2010, § 41 Rn 3-8, 25.

809 EuGH, Rs. 169/84 (COFAZ), Slg 1986, 391 Rn 12; EuGH, Rs. C-313/90 (CIRFS), Slg 1993, I-1125 Rn 26; *Soltész,* in: Heidenhain (Hrsg.), Hdb des Europäischen Beihilfenrechts, § 44 Rn 4, 32, § 42 Rn 2; *Lübbig/Martín-Ehlers,* Beihilfenrecht der EU, Rn 990-994.

810 Vgl auch EuGH, Rs. C-367/95 P (Sytraval u.a.), Slg 1998, I-1719 Rn 45; EuG, Rs. T-82/96 (ARAP u.a.), Slg 1999, II-1889 Rn 28; *Soltész,* in: Heidenhain (Hrsg.), Hdb des Europäischen Beihilfenrechts, § 44 Rn 4.

dung gemäß Art. 4 Abs. 3 BeihVerfVO, keine Einwände zu erheben, die Positiventscheidung gemäß Art. 7 Abs. 3 BeihVerfVO, die Negativentscheidung gemäß Art. 7 Abs. 5 BeihVerfVO sowie die mit Bedingungen und Auflagen versehene Entscheidung gemäß Art. 7 Abs. 4 BeihVerfVO Rechtswirkungen iSd Art. 263 Abs. 1 AEUV. Dasselbe gilt für die mit einer Negativentscheidung regelmäßig einhergehende Rückforderungsentscheidung gemäß Art. 14 BeihVerfVO.

Den verfahrensabschließenden Entscheidungen kommt in ihren Wirkungen die gesetzliche Fiktion gleich, welche greift, wenn die Kommission nach der Anmeldung einer Beihilfe zwei Monate lang nicht reagiert (dazu oben Rn 185). Diese Fiktion greift zwar nicht bei einem aktiven Tun der Kommission, sondern bei einem Unterlassen. Gleichwohl wird in der Literatur davon ausgegangen, dass es sich bei der Fiktion um einen geeigneten Gegenstand der Nichtigkeitsklage handelt, weshalb sie und nicht die Untätigkeitsklage richtige Klageart ist.[811] 286

Nicht nur Beschlüsse (bisher Entscheidungen), die das Verfahren beenden, sondern auch solche, die das Verfahren weiterführen und begleiten, können mit der Nichtigkeitsklage anfechtbar sein, wenn sie eigene Rechtswirkungen erzeugen. Dies ist bei den (vorläufigen) Aussetzungs- und Rückforderungsanordnungen gemäß Art. 11 Abs. 1 und 2 BeihVerfVO der Fall. Sie sind für die Zeit ihrer Geltung verbindlich und daher grundsätzlich nach den gleichen Kriterien anfechtbar, wie verfahrensabschließende Entscheidungen.[812] 287

Die Entscheidung der Kommission über die Eröffnung des förmlichen Prüfverfahrens erzeugt jedenfalls dann eigene Rechtswirkungen, wenn sie das Durchführungsverbot auslöst. Relevant ist das etwa bei nicht angemeldeten Beihilfen, die die Kommission als neue Beihilfen einstuft.[813] Ob es ausreicht, dass die Eröffnungsentscheidung ein bereits bestehendes Durchführungsverbot aufrechterhält, ist mit Blick auf das Erfordernis der qualifizierten Änderung der Rechtsstellung durch die fragliche Maßnahme (oben Rn 282) zweifelhaft. Diese Frage stellt sich für angemeldete Beihilfen.[814] Besteht Streit über die Einordnung als neue oder bestehende Beihilfe, kann die Entscheidung für oder gegen die Eröffnung des förmlichen Prüfverfahrens jedenfalls mit der Nichtigkeitsklage angefochten werden.[815] 288

Was sonstige Anordnungen angeht, die im Prüfverfahren der Kommission ergehen, ist etwa die Anforderung zur Auskunftserteilung gemäß Art. 10 Abs. 3 BeihVerfVO eine anfechtbare Handlung im Sinne des Art. 263 AEUV.[816] Eine Entscheidung über die Nachprüfung vor Ort gemäß Art. 22 BeihVerfVO dürfte aber jedenfalls gerichtlich überprüfbar sein, so wie das im parallelen Rechtsgebiet des Kartellrechts der Fall ist.[817] Die Unterrichtung der Kommission an einen Beschwerdeführer gem. Art. 20 Abs. 2 Satz 2 BeihVerfVO, einer Beschwerde nicht weiter nachgehen zu wollen, ist grundsätzlich keine an den Beschwerdeführer gerichtete Entscheidung und daher grundsätzlich kein geeigneter Klagegenstand; auch die bloße Übermittlung einer Entscheidungskopie an einen Beschwerdeführer gem. Art. 20 Abs. 2 S. 3 BeihVerfVO ist keine eigenständige Rechtshandlung und 289

---

811 *Koenig/Kühling/Ritter*, EG-Beihilfenrecht, 2. Aufl. 2005 Rn 400, 418; dem folgend *Mestmäcker/Schweitzer*, Europäisches Wettbewerbsrecht, § 45 Rn 54 Fn 149; *Soltész*, in: Heidenhain (Hrsg.), Hdb des Europäischen Beihilfenrechts, § 44 Rn 6.

812 Vgl EuGH, Rs. 301/87 (Frankreich/Kommission), Slg 1990, I-307 Rn 18; Rs. C-400/99 (Italien/Kommission), Slg 2001, I-7303 Rn 51; *Soltész*, in: Heidenhain (Hrsg.), Hdb des Europäischen Beihilfenrechts, § 42 Rn 23 f.

813 EuGH, Rs. C-400/99 (Italien/Kommission), Slg 2001, I-7303 Rn 46 ff; Rs. C-312/90 (Spanien/Kommission), Slg 1992, I-4117 Rn 20; Rs. C-47/91 (Italien/Kommission), Slg 1992, I-4145 Rn 18 ff; EuG, Rs. T-195/01 u.a. (Regierung von Gibraltar), Slg 2002, II-2309 Rn 68 ff; Rs. T-269/99 (Diputación Foral de Guipúzcoa u.a.), Slg 2002, II-4217 Rn 37-40. Näher *Soltész*, in: Heidenhain (Hrsg.), Hdb des Europäischen Beihilfenrechts, § 42 Rn 16-19, § 43 Rn 27.

814 Zur Diskussion *Soltész*, in: Heidenhain (Hrsg.), Hdb des Europäischen Beihilfenrechts, § 42 Rn 15, 31, § 43 Rn 26.

815 Für die Einordnung als bestehende Beihilfe EuGH, Rs. C-321/99 P (ARAP u.a.), Slg 2002, I-4287 Rn 61; *Soltész*, in: Heidenhain (Hrsg.), Hdb des Europäischen Beihilfenrechts, § 44 Rn 8. Für die Einordnung als neue Beihilfe EuGH, Rs. C-400/99 (Italien/Kommission), Slg 2001, I-7303 Rn 62 (Zwischenurteil), bestätigt durch Slg 2005, I-3657 Rn 19 ff (Endurteil).

816 EuGH, Rs. C-463/10 P u.a. (Deutsche Post u.a ./Kommission), Slg 2011, I-9639 Rn 55 ff.

817 EuGH, Rs. 46/87 u.a. (Hoechst), Slg 1989, 2859 Rn 1 ff.

daher kein geeigneter Klagegegenstand (oben Rn 241). Soweit der Beschwerdeführer nicht gegen eine an ihn gerichtete Entscheidung gerichtlich vorgehen kann, bleibt ihm bei Vorliegen der entsprechenden Voraussetzungen die Möglichkeit, gegen etwaige an die Mitgliedstaaten adressierte Entscheidungen der Kommission vorgehen kann, etwa als Konkurrent mit einer entsprechenden Klagebefugnis (dazu unten Rn 302-305).[818] Gibt es keine derartigen Entscheidungen der Kommission, kann ggf. ausnahmsweise ein Vorgehen gegen die Unterrichtung gem. Art. 20 Abs. 2 Satz 2 BeihVerfVO in Betracht kommen.[819]

290 Der Vorschlag zweckdienlicher Maßnahmen in Bezug auf eine bestehende Beihilferegelung gemäß Art. 108 Abs. 1 S. 2 AEUV, Art. 18 BeihVerfVO ist eine Empfehlung iSv Art. 288 Abs. 5 AEUV,[820] weshalb sie keine verbindlichen Rechtswirkungen erzeugt und deshalb definitionsgemäß kein Beschluss iSv Art. 288 Abs. 4 AEUV sein kann.[821] Demgemäß ist der Vorschlag zweckdienlicher Maßnahmen nicht anfechtbar.[822] Stimmt der Mitgliedstaat dem Vorschlag gemäß Art. 19 Abs. 1 BeihVerfVO zu, liegt die entscheidende Handlung beim Mitgliedstaat, nicht bei der Union, was erklärt, weshalb der Vorschlag auch dann nicht anfechtbar sein dürfte, wenn er Rechtswirkungen erlangt.[823] Jedenfalls der zustimmende Mitgliedstaat ist aber nicht beschwert, auch wenn der Vorschlag der Kommission hinter seinen Wünschen zurückbleibt.[824]

291 Des Weiteren kann eine Mitteilung der Kommission Gegenstand der Nichtigkeitsklage sein, wenn diese Verpflichtungen enthält, die über das primäre und sekundäre Beihilfenrecht im AEUV (bisher EG-Vertrag), in Verordnungen, Richtlinien und Entscheidungen hinausgehen.[825] Auch dies ist dann eine Handlung der Kommission iSv Art. 263 Abs. 1 AEUV.

292 Auch gegen Legislativakte des Rats oder der Kommission sind Klagen denkbar, etwa gegen den Erlass einer Gruppenfreistellungsverordnung. Allerdings ergeben sich insoweit Einschränkungen bei der Klagebefugnis gemäß Art. 263 Abs. 4 AEUV, die nach bisher mit denen für Nicht-Adressaten einer Entscheidung vergleichbar sind (dazu unten Rn 296-307). Ob es seit der Neufassung des Art. 263 Abs. 4 AEUV dabei bleibt, ist abzuwarten: Danach kommt es für Rechtsakte mit Verordnungscharakter darauf an, dass sie eine Person unmittelbar betreffen und keine Durchführungsmaßnahmen nach sich ziehen (dazu unten Rn 295 f).

293 Vorteilhafte Maßnahmen können im Wege der Untätigkeitsklage erzwungen werden, wenn an die Untätigkeit keine Fiktion geknüpft ist (oben Rn 279, 286). Zu denken ist etwa an eine Klage auf die Eröffnung einer beihilfenrechtlichen Prüfung oder den Erlass einer Rückforderungsentscheidung.[826]

c) Klagebefugnis und Rechtsschutzinteresse

aa) Mitgliedstaat und Untergliederungen

294 Der **Mitgliedstaat** kann gemäß Art. 263 Abs. 2 AEUV als privilegierter Kläger Nichtigkeitsklage erheben, ohne dass besondere Anforderungen an seine Klagebefugnis oder sein Rechtsschutzinteresse gestellt werden.[827] Einzige Voraussetzung ist, dass er beschwert ist. Bei für rechtmäßig erklärten Beihilfen (Positiventscheidung) bedarf das der besonderen Begründung, wobei die – in dieser Hinsicht noch uneinheitliche – Rechtsprechung etwa Berichtspflichten der Mitgliedstaaten, die

---

818 EuGH, Rs. C-367/95 P (Sytraval u.a.), Slg 1998, I-1719 Rn 41, 45, 48.

819 Dazu EuGH, Rs. C-362/09 P (Athinaïki Techniki/Kommission), Slg 2010, I-13275 Rn 62 ff; *Nowak*, in: Birnstiel/Bungenberg/Heinrich (Hrsg.), Europäisches Beihilfenrecht, 2013, Kap. 2 Rn 701.

820 Explizit EuG, Rs. T-17/02 (Fred Olsen), Slg 2005, II-2031 Rn 169.

821 So aber *Khan*, in: Geiger/Khan/Kotzur, EUV/AEUV, 5. Aufl. 2010, Art. 108 AEUV Rn 7, anders Rn 3.

822 *Koenig/Kühling/Ritter*, EG-Beihilfenrecht, 2. Aufl. 2005 Rn 400; *Soltész*, in: Heidenhain (Hrsg.), Hdb des Europäischen Beihilfenrechts, § 42 Rn 28, § 43 Rn 32.

823 Näher *Soltész*, in: Heidenhain (Hrsg.), Hdb des Europäischen Beihilfenrechts, § 43 Rn 33 f.

824 EuGH, Rs. C-242/00 (Deutschland/Kommission), Slg 2002, I-5603 Rn 39 ff; *Soltész*, in: Heidenhain (Hrsg.), Hdb des Europäischen Beihilfenrechts, § 42 Rn 29.

825 EuGH, Rs. C-325/91 (Frankreich/Kommission), Slg 1993, I-3283 Rn 12-23.

826 Dafür *Mestmäcker/Schweitzer*, Europäisches Wettbewerbsrecht, § 45 Rn 25, Fn 68.

827 *Soltész*, in: Heidenhain (Hrsg.), Hdb des Europäischen Beihilfenrechts, § 42 Rn 3.

durch die Positiventscheidung ausgelöst werden, für die Beschwer genügen lässt.[828] Ferner ist eine Entscheidung anfechtbar (und zwar insgesamt), wenn sie eine Beihilfe zum Teil für rechtmäßig und zum Teil für rechtswidrig erklärt.[829] Das Klagerecht wird durch die Bundesregierung wahrgenommen. Da der Mitgliedstaat Adressat der Beschlüsse (bislang Entscheidungen) im Beihilfeverfahren ist (oben Rn 201), wäre er aber auch nach Art. 263 Abs. 4 AEUV klagebefugt.

Wird die Beihilfe durch ein Bundesland, eine Kommune oder eine andere innerstaatliche Stelle gewährt, können diese ein eigenes Klagerecht haben. Allerdings muss die jeweilige innerstaatliche Stelle gemäß Art. 263 Abs. 4 AEUV unmittelbar und individuell betroffen sein,[830] da sie nicht Beteiligte an dem Beihilfeverfahren und daher auch nicht Adressat der Beschlüsse (bislang Entscheidungen) der Kommission ist. Im Falle einer Klage gegen einen Rechtsakt mit Verordnungscharakter muss dieser gemäß Art. 263 Abs. 4 AEUV den Kläger unmittelbar betreffen und keine Durchführungsmaßnahmen nach sich ziehen (dazu unten Rn 296). An der Betroffenheit iSv Art. 263 Abs. 4 AEUV fehlt es, wenn sie über keinen eigenen Entscheidungsspielraum bei der Gewährung der Beihilfe verfügt.[831] **295**

bb) Private (Empfänger, Wettbewerber und sonstige)

Private (natürliche und juristische) Personen müssen ebenfalls gemäß Art. 263 Abs. 4 AEUV unmittelbar und individuell betroffen sein, um Nichtigkeitsklage erheben zu können, weil sie nicht Adressat eines Beschlusses (bislang Entscheidung) sind (dazu oben Rn 201). Bei Klagen gegen Rechtsakte mit Verordnungscharakter kommt es seit der Neufassung des Art. 263 Abs. 4 AEUV durch den Vertrag von Lissabon darauf an, dass die fraglichen Akte eine Person unmittelbar betreffen und keine Durchführungsmaßnahmen nach sich ziehen (s. auch oben *Classen*, § 4 Rn 28). Bei Beschlüssen der Kommission liegt eine unmittelbare Betroffenheit vor, wenn zwei Kriterien kumulativ vorliegen: Erstens muss sich die beanstandete Maßnahme unmittelbare auf die Rechtsstellung der betreffenden Person auswirken und zweitens darf die beanstandete Maßnahme ihren Adressaten, die mit ihrer Durchführung betraut sind, keinen Spielraum belassen, sodass die Umsetzung rein automatisch erfolgt und sich allein aus der Unionsregelung ohne Anwendung anderer Durchführungsvorschriften ergibt.[832] Die Rechtsprechung bejaht die unmittelbare und individuelle Betroffenheit unter verschiedenen Voraussetzungen bei dem Empfänger einer Beihilfe, dessen Wettbewerbern und sonstigen Dritten: **296**

Der (potentielle) **Empfänger** einer Beihilfe ist von einer negativen Entscheidung über eine **Einzelbeihilfe** selbstverständlich unmittelbar und individuell betroffen, ohne dass die Rechtsprechung dem weiter nachgeht,[833] ebenso wie bei einer vorläufigen Aussetzung und Rückforderung der Beihilfe.[834] Die Klagebefugnis besteht auch, wenn die Entscheidung an den Mitgliedstaat gerichtet ist.[835] **297**

Von einer negativen Entscheidung über eine Beihilfe**regelung** ist er jedenfalls dann **unmittelbar** betroffen, wenn er auf der Grundlage der allgemeinen Regelung bereits Beihilfen erhalten hat, die er zurückzahlen muss. Die unmittelbare Betroffenheit kann weiter dann gegeben sein, wenn der Empfänger einen bereits entstandenen Anspruch verliert, soweit die generelle Anforderung der **298**

---

828 EuGH, Rs. C-279/08 P (Kommission/Niederlande), Slg 2011, I-7671 Rn 40-42. Kritisch zur bislang uneinheitlichen Rechtsprechung *Soltész*, EuZW 2012, 179.

829 EuGH, Rs. C-310/99 (Italien/Kommission), Slg 2002, I-2289 Rn 65.

830 EuG, Rs. T-214/95 (Het Vlaamse Gewest), Slg 1998, II-717 Rn 28-30; Rs. T-269/99 (Diputación Foral de Guipúzcoa u.a.), Slg 2002, II-4217 Rn 41; *Mestmäcker/Schweitzer*, Europäisches Wettbewerbsrecht, § 45 Rn 8. Näher *Soltész*, in: Heidenhain (Hrsg.), Hdb des Europäischen Beihilfenrechts, § 42 Rn 4-13.

831 EuGH, Rs. 282/85 (DEFI), Slg 1986, 2469 Rn 18-20; EuG, Rs. T-214/95 (Het Vlaamse Gewest), Slg 1998, II-717 Rn 30; Rs. T-288/97 (Regione autonoma Friuli Venezia Giulia), Slg 1999, II-1871 Rn 34; Rs. T-132/96 u.a. (Freistaat Sachsen u.a.), Slg 1999, II-3663 Rn 91.

832 EuGH, Rs. C-463/10 P u.a. (Deutsche Post u.a ./Kommission), Slg 2011, I-9639 Rn 66 mwN.

833 *Soltész*, in: Heidenhain (Hrsg.), Hdb des Europäischen Beihilfenrechts, § 43 Rn 3, 10 mwN; *Schmidt-Kötters*, ebd § 57 Rn 14.

834 *Soltész*, ebd § 43 Rn 30.

835 EuGH, Rs. C-232/05 (Kommission/Frankreich), Slg 2006, I-10071 Rn 58 mwN.

Unmittelbarkeit erfüllt ist, dass eine Durchführung der Regelung automatisch erfolgt oder an dem Willen zur Durchführung kein Zweifel besteht, wobei sich dies auch auf den Willen der nationalen Stelle zur Gewährung der Beihilfe bezieht.[836]

299 **Individuell** betroffen von einer an einen anderen adressierten Entscheidung ist derjenige, der von ihr wegen bestimmter persönlicher Eigenschaften oder besonderer, ihn aus dem Kreis aller übrigen heraushebender Umstände, in ähnlicher Weise individualisiert wird wie der Adressat.[837] Bei einer Entscheidung über eine Beihilferegelung ist der Empfänger nur unter engen Voraussetzungen individuell betroffen:[838] Die Voraussetzung ist jedenfalls erfüllt, wenn der Empfänger auf der Grundlage der Beihilferegelung **tatsächlich** eine Beihilfe erhalten hat, die er wegen der Entscheidung der Kommission verliert.[839] Demgegenüber reicht es, wenn eine sektorielle Beihilferegelung verboten wird, nicht aus, dass ein Unternehmen allein wegen seiner Zugehörigkeit zu dem fraglichen Sektor und seiner Eigenschaft als durch diese Regelung potentiell Begünstigter betroffen ist.[840]

300 Im Ergebnis wird die Anfechtung einer Entscheidung über eine Beihilferegelung meist ausscheiden, wenn nicht bereits auf deren Grundlage eine Einzelbeihilfe gewährt wurde: Bei der ersten Art von Beihilferegelungen iSd Art. 1 d) BeihVerfVO sind die Unternehmen allgemein und abstrakt definiert, so dass sie genau die Eigenschaften aufweist, die die Individualität ausschließt. Bei der zweiten Art von Beihilferegelungen iSd Art. 1 d) BeihVerfVO sind zwar das oder die begünstigte(n) Unternehmen bestimmt, jedoch noch nicht das Vorhaben, der Zeitraum oder die Höhe der Beihilfe. Hier dürfte nach den Kriterien der Rechtsprechung Individualität gegeben sein, nicht aber die Unmittelbarkeit.

301 Unter denselben Voraussetzungen dürfte der Empfänger von der Eröffnung des förmlichen Prüfverfahrens unmittelbar und individuell betroffen sein, ebenso wie von jeder anderen Entscheidung zu seinem Nachteil, vorausgesetzt es handelt sich um geeignete Klagegegenstände (dazu oben Rn 282-292).

302 Der **Wettbewerber bzw Konkurrent ist unmittelbar** betroffen, wenn eine Einzelbeihilfe bereits gewährt wurde oder unmittelbar bevorsteht oder wenn die Gewährung auf der Grundlage einer Beihilferegelung außer Zweifel steht.[841] Insoweit gelten die für den Empfänger relevanten Gesichtspunkte entsprechend (oben Rn 297-300).

303 Bei der **individuellen** Betroffenheit macht es einen Unterschied, ob sich das Verfahren in der Vorprüfungsphase oder im Stadium des förmlichen Prüfverfahrens befindet: In der **Vorprüfung** kommt es für die individuelle Betroffenheit darauf an und reicht es aus, dass der Kläger als Wettbewerber iSv Art. 108 Abs. 2 Unterabs. 1 AEUV die entgangene Möglichkeit geltend macht, sich am förmlichen Prüfverfahren zu beteiligen: Erlässt die Kommission gem. Art. 4 Abs. 3 BeihVerfVO eine Entscheidung, keine Einwände zu erheben, lehnt sie implizit die Einleitung des in Art. 108 Abs. 2 AEUV und Art. 6 Abs. 1 BeihVerfVO vorgesehenen förmlichen Prüfverfahrens ab, an welchem sich alle Beteiligten iSd Art. 1 Buchst. h) BeihVerfVO beteiligen können. Deshalb ist jeder Beteiligte iSd Art. 1 Buchst. h) BeihVerfVO wegen der entgangenen Beteiligungsmöglichkeit von einer Entschei-

836 EuG, Rs. T-9/98 (Mitteldeutsche Erdöl-Raffinerie), Slg 2001, II-3367 Rn 51. Näher *Soltész*, in: Heidenhain (Hrsg.), Hdb des Europäischen Beihilfenrechts, § 43 Rn 5, 8.

837 Leitentscheidung EuGH, Rs. 25/62 (Plaumann), Slg 1963, 213/238 f; aus neuerer Zeit EuGH, Rs. C-106/98 P (Comité d`entreprise de la Société française de production u.a.), Slg 2000, I-3659 Rn 39; EuG, Rs. T-88/01 (Sniace), Slg 2005, II-1165 Rn 55; Rs. T-36/99 (Lenzing), Slg 2004, II-3597 Rn 73.

838 Näher *Soltész*, in: Heidenhain (Hrsg.), Hdb des Europäischen Beihilfenrechts, § 43 Rn 11-20.

839 EuGH, Rs. C-15/98 u.a. (Italien u.a ./Kommission), Slg 2000, I-8855 Rn 34; Rs. C-298/00 P (Italien/Kommission), Slg 2004, I-4087 Rn 38; Rs. C-71/09 P u.a. (Comitato "Venezia vuole vivere"/Kommission), Slg 2011, I-4727 Rn 53.

840 EuGH, Rs. 67/85 u.a. (Van der Kooy), Slg 1988, 219 Rn 15; Rs. C-6/92 (Federmineraria), Slg 1993, I-6357 Rn 14; Rs. C-15/98 u.a. (Italien u.a ./Kommission), Slg 2000, I-8855 Rn 33; Rs. C-298/00 P (Italien/Kommission), Slg 2004, I-4087 Rn 38.

841 *Soltész*, in: Heidenhain (Hrsg.), Hdb des Europäischen Beihilfenrechts, § 44 Rn 11-14, 34 f; *ders.*, in: Heidenhain (Hrsg.), European State Aid Law, 2010, § 41 Rn 10-14.

dung, keine Einwände zu erheben, unmittelbar und individuell betroffen.[842] Für die Beurteilung dieser **Verfahrensposition** als Beteiligter iSd Art. 1 Buchst. h) BeihVerfVO können auch Klagegründe im Zusammenhang mit der Begründetheit der streitigen Entscheidung herangezogen werden, wenn sich daraus Rückschlüsse auf die Verfahrensposition bzw die Beteiligteneigenschaft ziehen lassen.[843]

Stellt ein Kläger darüber hinaus die Begründetheit der Entscheidung über die Beihilfe selbst in Frage, reicht die Verfahrensposition der Beteiligteneigenschaft iSd Art. 1 Buchst. h) BeihVerfVO für die Klagebefugnis einer entsprechenden Anfechtungsklage nicht aus, sondern muss der Kläger darüber hinaus in seiner **materiellen Position** beeinträchtigt sein können, was insbesondere der Fall ist, wenn seine Marktstellung spürbar beeinträchtigt wird.[844] Der Unterschied zwischen Verfahrensposition und materieller Position ist bedeutsam, weil der Kreis der Beteiligten iSd Art. 1 Buchst. h) BeihVerfVO größer ist.[845] Dieselbe Rechtslage dürfte für Entscheidungen der Kommission gem. Art. 4 Abs. 2 BeihVerfVO, dass es sich um keine Beihilfe handelt, gelten, da dem Konkurrenten auch dann die Beteiligungsmöglichkeit im förmlichen Prüfverfahren entgeht.[846] 304

Bei Entscheidungen im **förmlichen** Prüfverfahren ermittelt die Rechtsprechung die individuelle Betroffenheit anhand von zwei Kriterien: die Stellung des Wettbewerbers im Verfahren und die spürbare Beeinträchtigung seiner Marktstellung. Ob und in welchen Fällen das eine Kriterium, das andere oder beide entscheidend sind, also die Verfahrensbeteiligung **und** die Marktstellung, ist nicht ganz gesichert. Eine Verfahrensbeteiligung ohne Beeinträchtigung der Marktstellung reicht jedenfalls nicht.[847] Die Prüfung der Beeinträchtigung der Marktstellung ist von einer am Einzelfall orientierten Betrachtung geprägt.[848] 305

Als weitere Dritte[849] außer den Wettbewerbern können **Vereinigungen** klagebefugt sein, genauer Unternehmensvereinigungen, insbesondere Berufsverbände, wie es die Legaldefinition des Art. 1 h) BeihVerfVO vorsieht. Die Klagebefugnis kann sich dabei aus abgeleitetem oder aus eigenem Recht ergeben:[850] Entweder nimmt die Vereinigung die Interessen von Mitgliedern wahr, die unmittelbar und individuell betroffen sind. Oder die Vereinigung selbst erfüllt die Voraussetzungen der unmittelbaren und individuellen Betroffenheit, wenn und weil sie in ihrer Position als Verhandlungspartnerin betroffen ist, die sie im Verfahren vor der Kommission angenommen hat. Schließlich kann der Adressat einer Abgabe klagebefugt sein, wenn die fragliche Abgabe Bestandteil einer Beihilfemaßnahme ist, weil die Entscheidung über die Beihilfe Folgen für die Erstattung erhobener Abgaben hat.[851] 306

Soweit der Empfänger oder dessen Wettbewerber für sie vorteilhafte Maßnahmen im Wege der Untätigkeitsklage anstreben (dazu Rn 279), geht das gemäß Art. 265 Abs. 3 AEUV, wenn der fragliche Akt an sie adressiert ist. Im Beihilfenrecht ist das allerdings die Ausnahme, weil die Entschei- 307

842 EuGH, Rs. C-83/09 P (Kommission/Kronopoly u.a.), Slg 2011, I-4441 Rn 43-48, Rs. C-47/10 P (Österreich/Kommission), Slg 2011, I-10707 Rn 40-44; Rs. C-148/09 P (Belgien/Kommission), Slg 2011, I-8573 Rn 52-54.

843 EuGH, Rs. C-47/10 P (Österreich/Kommission), Slg 2011, I-10707 Rn 47 f; Rs. C-148/09 P (Belgien/Kommission), Slg 2011, I-8573 Rn 55.

844 EuG, Rs. T-193/06 (TF1/Kommission), Slg 2010, II-4967 Rn 72 mwN. Vgl auch *Soltész*, EuZW 2012, 179 f; *ders.*, EuZW 2011, 548.

845 *Harringa*, in: Birnstiel/Bungenberg/Heinrich (Hrsg.), Europäisches Beihilfenrecht, 2013, Kap. 2 Rn 286.

846 Im Erg. ebenso *Harringa*, in: Birnstiel/Bungenberg/Heinrich (Hrsg.), Europäisches Beihilfenrecht, 2013, Kap. 2 Rn 286.

847 Vgl EuGH, Rs. C-106/98 P (Comité d`entreprise de la Société française de production u.a.), Slg 2000, I-3659 Rn 41; EuG, Rs. T-398/94 (Kahn Scheppvaart), Slg 1996, II-477 Rn 42.

848 *Soltész*, in: Heidenhain (Hrsg.), Hdb des Europäischen Beihilfenrechts, § 44 Rn 45.

849 Dazu auch *Soltész*, in: Heidenhain (Hrsg.), European State Aid Law, 2010, § 42.

850 Vgl EuGH, Rs. C-106/98 P (Comité d`entreprise de la Société française de production u.a.), Slg 2000, I-3659 Rn 42-52; EuG, Rs. T-114/00 (Aktionsgemeinschaft Recht und Eigentum), Slg 2002, II-5121 Rn 52-70; *Kühling*, in: Streinz (Hrsg.), EUV/AEUV, Art. 108 AEUV Rn 53. Näher *Bär-Bouyssière*, in: Schwarze/Becker/Hatje/Schoo (Hrsg.), EU-Kommentar, 3. Aufl. 2012, Art. 108 AEUV Rn 29; *Schmidt-Kötters*, in: Heidenhain (Hrsg.), Hdb des Europäischen Beihilfenrechts, § 57 Rn 15 f.

851 EuGH, Rs. C-174/02 (Streekgewest Westelijk Noord-Brabant), Slg 2005, I-85 Rn 19-21.

dungen an den Mitgliedstaat gerichtet werden (oben Rn 201). Gleichwohl schließt das die Klagebefugnis des Empfängers oder Wettbewerbers nicht aus. Denn sie können auch den Erlass solcher Akte einklagen, durch die sie iSv Art. 263 Abs. 4 AEUV unmittelbar und individuell betroffen sind.[852] Die Rechtsprechung überträgt diese Anforderung also. Zu denken ist etwa an eine Klage des Wettbewerbers auf Maßnahmen der Kommission gegen nicht angemeldete Beihilfen und bzw oder auf die Rückforderung rechtswidriger Beihilfen (oben Rn 242).

308 Bei natürlichen und juristischen Personen muss schließlich zusätzlich zur Klagebefugnis ein **Rechtsschutzinteresse** an der Entscheidung des Gerichts bestehen.[853] Bei einem Wettbewerber entfällt es, wenn er nicht mehr im Wettbewerb mit dem Empfänger der Beihilfe steht[854] oder wenn sich die Hauptsache erledigt, weil die Beihilfe vollständig aufgehoben wurde.[855]

cc) Klagen zwischen Organen der Union

309 Die Kommission kann gegen den Rat eine Nichtigkeitsklage erheben, wenn dieser eine Ausnahmeentscheidung gemäß Art. 108 Abs. 2 Unterabs. 3 AEUV getroffen hat.[856] Umgekehrt kann der Rat gegen die Kommission klagen, etwa wenn die Kommission keine Entscheidung trifft.[857]

d) Klagefrist, Inzidentkontrolle, Klagegründe und Gegenstand der gerichtlichen Prüfung

310 Lassen die Klagebefugten die Klagefrist des Art. 263 Abs. 5 AEUV für die Nichtigkeitsklage verstreichen, wird die Entscheidung der Kommission (oder des Rats) bestandskräftig. Dies müssen sie sich entgegenhalten lassen, auch im Rahmen eines Vorabentscheidungsverfahrens. Die Möglichkeit der Einrede der Unanwendbarkeit über die Inzidentkontrolle des Art. 277 AEUV steht ihnen in diesem Fall nicht zur Verfügung.[858] Dementsprechend kann zum Beispiel der Empfänger einer für rechtswidrig erklärten Beihilfe, der den Beschluss (bislang Entscheidung) der Kommission hätte anfechten können, diese nicht vor den nationalen Gerichten mit einem Rechtsbehelf gegen die von den nationalen Behörden getroffenen Durchführungsmaßnahmen erneut in Frage stellen; andernfalls würde ihm die Möglichkeit eingeräumt, die Bestandskraft des Beschlusses (bislang Entscheidung) nach Ablauf der Klagefrist zu umgehen.[859]

311 Klagegründe der Nichtigkeitsklage können die in Art. 263 Abs. 2 AEUV aufgeführten Verstöße sein. Da wegen des Ermessens der Kommission die sachliche Richtigkeit der Entscheidung nur eingeschränkt kontrollierbar ist, bilden Mängel in der Begründung der Kommission nicht selten einen Klagegrund (oben Rn 189). Häufig sind weiter Klagen mit der Begründung, dass die Kommission (zumindest) das förmliche Prüfverfahren hätte eröffnen müssen (oben Rn 304). Das Gericht darf dabei eine Verletzung des Vertrags oder einer bei seiner Durchführung anzuwendenden Rechtsnormen iSv Art. 263 Abs. 2 AEUV nur prüfen, wenn der Kläger sich darauf beruft, während sonstige Verletzungen iSv Art. 263 Abs. 2 AEUV von Amts wegen geprüft werden dürfen.[860] Dies gilt auch für Verstöße gegen allgemeine Kommissionsakte wie Mitteilungen uä, weshalb dies keine Frage der Rechtswirkungen von Mitteilungen ist, sondern des Prüfungsumfangs bei der Nichtigkeitsklage.[861]

---

852 EuG, Rs. T-95/96 (Gestvisión Telecino), Slg 1998, II-3407 Rn 58; EuGH, Rs. C-68/95 (T. Port), Slg 1996, I-6065 Rn 59; *Lübbig/Martín-Ehlers*, Beihilfenrecht der EU, Rn 1005 f; *Geiger*, EUV/EGV, Art. 232 EG Rn 9; *Ehricke*, in: Streinz (Hrsg.), EUV/AEUV, Art. 265 EG Rn 20.

853 Näher *Soltész*, in: Heidenhain (Hrsg.), Hdb des Europäischen Beihilfenrechts, § 43 Rn 21-25 (für den Begünstigten), § 44 Rn 29-31, 54 (für den Wettbewerber).

854 EuG, Rs. T-443/93 (Casillo Grani), Slg 1995, II-1375 Rn 7.

855 *Soltész*, in: Heidenhain (Hrsg.), Hdb des Europäischen Beihilfenrechts, § 44 Rn 31.

856 Vgl EuGH, Rs. C-110/02 (Kommission / Rat), Slg 2004, I-6333 Rn 1 ff.

857 *Geiger*, EUV/EGV, Art. 88 EG Rn 9.

858 EuGH, Rs. C-188/92 (Textilwerke Deggendorf), Slg 1994, I-833 Rn 10 ff; *Geiger*, EUV/EGV, Art. 88 EG Rn 25, Art. 241 EG Rn 5.

859 EuGH, Rs. C-232/05 (Kommission/Frankreich), Slg 2006, I-10071 Rn 59.

860 EuGH, Rs. C-367/95 P (Sytraval), Slg 1998, I-1719 Rn 67; *Geiger*, EUV/EGV Art. 230 EG Rn 33; *Burgi*, in: Rengeling/Middeke/Gellermann, Hdb des Rechtsschutzes in der EU, § 7 Rn 92, 99.

861 Die Fragen werden vermengt bei *Cremer*, in: Calliess/Ruffert (Hrsg.), EUV/AEUV, 4. Aufl. 2011, Art. 107 AEUV Rn 4, Fn 26.

Bei der Prüfung einer Entscheidung der Kommission sind das EuG und der EuGH an den Gegenstand des Verwaltungsverfahrens und der Kommissionsentscheidung gebunden, weshalb keine Fragen gerichtlich beurteilt werden dürfen, zu denen sich die Kommission noch nicht geäußert hat. Andernfalls würden die verschiedenen Abschnitte des Verwaltungs- und des gerichtlichen Verfahrens verwechselt, was mit der im AEUV vorgesehenen Zuständigkeitsverteilung zwischen der Kommission und dem EuG/EuGH, dem Klagesystem des AEUV sowie den Erfordernissen einer geordneten Rechtspflege unvereinbar wäre.[862] 312

2. Klagen der Union gegen den Mitgliedstaat

Die Kommission kann gegen den Mitgliedstaat, in dem die Beihilfe unter Verstoß gegen die Beihilferegeln der Union gewährt wird, gemäß Art. 258 AEUV Vertragsverletzungsklage erheben. Sie klagt dabei immer gegen den Mitgliedstaat, auch dann, wenn die Beihilfe von einem Bundesland, einer Kommune oder einer anderen innerstaatlichen Stelle gewährt wird. Hat ein Mitgliedstaat eine Entscheidung der Kommission nicht befolgt, kann die Kommission gemäß Art. 108 Abs. 2 Unterabs. 2 AEUV klagen, ohne das in Art. 258 AEUV vorgesehene Vorverfahren durchführen zu müssen.[863] Es handelt sich um einen Unterfall des Vertragsverletzungsverfahrens.[864] Bei der Entscheidung über die Einleitung dieses Verfahrens verfügt die Kommission über ein weites Ermessen.[865] 313

Im Einzelnen kann das Verfahren ohne Vorverfahren gemäß Art. 23 Abs. 1 BeihVerfVO eingeleitet werden, wenn der Mitgliedstaat einer mit Bedingungen und Auflagen verbundenen oder einer Negativentscheidung, insb. einer (endgültigen) Rückforderung nach Art. 14 BeihVerfVO nicht nachkommt. Dasselbe sieht Art. 12 BeihVerfVO vor, wenn der Mitgliedstaat eine Aussetzungs- oder Rückforderungsanordnung nicht befolgt. Bedeutsam ist das Verfahren damit vor allem im Zusammenhang mit der Rückforderung von Beihilfen.[866] 314

Wird ein Urteil des EuGH von einem Mitgliedstaat nicht befolgt, kann die Kommission ein Zwangsgeldverfahren gegen den Mitgliedstaat vor dem EuGH gemäß Art. 260 AEUV betreiben, wie es Art. 23 Abs. 2 BeihVerfVO vorsieht. 315

II. Nationale Gerichte

1. Bedeutung des nationalen Rechtsschutzes im Bereich des EU-Beihilfenrechts

Neben dem Rechtsschutz vor den Unionsgerichten haben Einzelne in erheblichem Umfang die Möglichkeit, gegen Akte nationaler Stellen Rechtsschutz vor den **nationalen** Gerichten zu suchen. Wie der EuGH in ständiger Rechtsprechung wiederholt, fallen den nationalen Gerichten und der Kommission im Rahmen der Kontrolle der Einhaltung der Verpflichtungen der Mitgliedstaaten aus Art. 107 f AEUV einander ergänzende und unterschiedliche Rollen zu: Für die Beurteilung der Rechtmäßigkeit einer Beihilfe ist ausschließlich die Kommission zuständig, die dabei der Kontrolle des EuG und EuGH unterliegt; die nationalen Gerichte wachen über die Wahrung der Rechte des Einzelnen bei Verstößen gegen das Durchführungsverbot gem. Art. 108 Abs. 3 S. 3 AEUV.[867] Dementsprechend betont der EuGH die Rolle der nationalen Gerichte in besonderer Weise, wenn es darum geht, dass Konkurrenten gegen eine unter Verstoß gegen das Durchführungsverbot des Art. 108 Abs. 3 S. 3 AEUV, Art. 3 BeihVerfVO gewährte Beihilfe klagen (oben Rn 235 f).[868] Nicht zuletzt mit Blick auf diese Rechtsprechung zur Rolle der nationalen Gerichte bei Verstößen gegen 316

---

862 EuGH, Rs. C-399/10 P (Bouygues u.a ./Kommission u.a.), Slg 2013, I-00 Rn 70-78.

863 Dazu *Mestmäcker/Schweitzer*, Europäisches Wettbewerbsrecht, § 45 Rn 20, 26.

864 *Soltész*, in: Heidenhain (Hrsg.), Hdb des Europäischen Beihilfenrechts, § 40 Rn 7.

865 EuG, Rs. T-277/94 (AITEC), Slg 1996, II-351 Rn 66.

866 Vgl auch *Soltész*, in: Heidenhain (Hrsg.), Hdb des Europäischen Beihilfenrechts, § 40 Rn 15; näher *Sinnaeve*, in: Heidenhain (Hrsg.), Hdb des Europäischen Beihilfenrechts, § 38 Rn 15-17.

867 EuGH, Rs. C-368/04 (Transalpine Ölleitung), Slg 2006, I-9957 Rn 37 f; Rs. C-71/04 (Van Calster), Slg 2005, I-7419 Rn 74 f; Rs. C-39/94 (SFEI), Slg 1996, I-3547 Rn 41; *Bartosch*, EU-Beihilfenrecht, Art. 88 EGV Rn 6; *Niemeyer*, in: Heidenhain (Hrsg.), European State Aid Law, 2010, § 44 Rn 1.

868 *Niemeyer*, in: Heidenhain (Hrsg.), European State Aid Law, 2010, § 44 Rn 2, Einzelheiten Rn 11 ff.

das Durchführungsverbot wird in der Literatur vor allem die Bedeutung der nationalen Gerichte für den Schutz des Konkurrenten behandelt.[869]

317 Die für den nationalen Rechtsschutz denkbaren Konstellationen, bei denen das Beihilfenrecht eine Rolle spielen kann, gehen aber darüber hinaus. Was die möglichen **Kläger** angeht, ist der nationale Rechtsschutz nicht nur für den Konkurrenten relevant, sondern auch für den Empfänger einer Beihilfe, zB gegen eine Rückforderungsentscheidung des Beihilfegebers. Ist allerdings eine Rückforderungsentscheidung der Kommission bestandskräftig geworden, weil der Empfänger gegen sie nicht beim EuG Nichtigkeitsklage gem. Art. 263 Abs. 2 AEUV erhoben hat, ist die Entscheidung der Kommission grundsätzlich zu beachten (oben Rn 265, unten Rn 331). Ein anderes Beispiel bildet eine Klage gegen die Versagung der Beihilfe, die damit begründet wird, dass die Voraussetzungen einer Gruppenfreistellungsverordnung nicht erfüllt sind. Generell kann der Beihilfeempfänger gegen jede an ihn adressierte Entscheidung vorgehen und den Erlass einer ihm günstigen Beihilfeentscheidung begehren, wenn die Voraussetzungen dafür erfüllt sind (unten Rn 330 f). Als **Beklagter** kommt nicht nur die beihilfegewährende staatliche Stelle in Betracht, sondern auch der Empfänger der Beihilfe (dazu unten Rn 347-351). Insgesamt ist die Bandbreite des denkbaren nationalen Rechtsschutzes im Bereich des Beihilfenrechts beträchtlich.

318 Praktische Erfahrungen mit dem nationalen Rechtsschutz im Bereich des Beihilfenrechts halten sich allerdings in Grenzen. Denn bislang haben nur wenige nationale Gerichte in ihren Entscheidungen das Beihilfenrecht angewendet.[870] Immerhin hat es in jüngerer Zeit viel beachtete höchstrichterliche Entscheidungen zum EU-Beihilfenrecht mit einigen wegweisenden Inhalten gegeben, im Einzelnen die Entscheidung des BVerwG zur Tierkörperbeseitigung aus dem Jahr 2010, die Entscheidungen des BGH zu den Flughäfen Frankfurt-Hahn und Lübeck aus dem Jahr 2011 sowie die Entscheidung des BGH zur sog. CEPS-Pipeline aus dem Jahr 2012.[871] Auch wenn dies einen Gewinn an Aussagen der nationalen Rechtsprechung zum EU-Beihilfenrecht bedeutet, bleiben (veröffentlichte) Entscheidungen der deutschen Gerichte – gemessen an der Bandbreite denkbarer Fallkonstellationen und den damit verbundenen prozessualen wie materiellen Rechtsfragen in den Fällen, in denen das EU-Beihilfenrecht Gegenstand bzw Maßstab eines deutschen Gerichtsverfahren sein kann – selten.[872]

2. Grundsätzliche Anwendbarkeit des nationalen Prozessrechts

319 Für die prozessuale Durchsetzung vor den nationalen Gerichten verweist der EuGH auf das innerstaatliche Recht,[873] ebenso wie generell das nationale Recht für die innerstaatlichen Folgen von Verstößen gegen das Beihilfenrecht einschlägig ist (bereits oben Rn 249). Nach den allgemeinen Regeln über die innerstaatliche Durchführung des Unionsrechts gelten dabei die Grenzen der Effektivität und der Gleichwertigkeit für die Anwendbarkeit des nationalen Rechts (oben Rn 254).[874] Dies bedeutet, dass grundsätzlich die deutschen Regelungen im Prozess anwendbar sind, als gäbe es die Beihilferegelungen nicht. Hinzu kommen dann die Vorgaben des Beihilfenrechts als (zusätzlicher) Maßstab für die Kontrolle der Beihilfe. Behindern die prozessualen Bestimmungen die Anwendung des Beihilfenrechts vor den nationalen Gerichten, liegt eine sog. indirekte Kollision vor und müssen die fraglichen Prozessbestimmungen ggf unionsrechtskonform ausgelegt werden oder

869 Vgl *Schmidt-Kötters*, in: Heidenhain (Hrsg.), Hdb des Europäischen Beihilfenrechts, § 56 Rn 1, 8; *Kühling*, in: Streinz (Hrsg.), EUV/AEUV, Art. 108 AEUV Rn 57; *Koenig/Kühling/Ritter*, EG-Beihilfenrecht, 2. Aufl. 2005 Rn 426.

870 *Schmidt-Kötters*, in: Heidenhain (Hrsg.), Hdb des Europäischen Beihilfenrechts, § 56 Rn 1, näher Rn 63-69; *Kühling*, in: Streinz (Hrsg.), EUV/AEUV, Art. 108 AEUV Rn 57, Fn 180.

871 Nachweise o. Abschnitt 1 B. Dazu *Rennert*, EuZW 2011, 576 ff; *Martin-Ehlers*, EuZW 2011, 583 ff; *Gundel*, WiVerw 2011, 242 ff; *Soltész*, EuR 2012, 60 ff.

872 Für verwaltungsgerichtliche Konkurrentenklagen im Bereich des EU-Beihilfenrechts *Rennert*, EuZW 2011, 576.

873 EuGH, Rs. 205/82 u.a. (Deutsche Milchkontor), Slg 1983, 2633 Rn 19; Rs. C-354/90 (FNCE), Slg 1991, I-5505 Rn 12; Rs. C-24/95 (Alcan), Slg 1997, I-1591 Rn 24; Rs. C-366/95 (Steff-Houlberg Export u.a.), Slg 1998, I-2661 Rn 15; Rs. C-261/01 u.a. (Van Calster u.a.), Slg 2003, I-12272 Rn 64.

874 S. Nachweise in der Vornote. Allg. *Jarass/Beljin*, NVwZ 2004, 10 f.

unangewendet bleiben. Soweit ersichtlich, hat der EuGH bislang keine (indirekten) Kollisionen zwischen den prozessualen Regelungen des deutschen Rechts und dem Beihilfenrecht angenommen.

3. Abgrenzung der Rechtswege

Für Klagen in Zusammenhang mit dem Beihilfenrecht sind in erster Linie zwei Rechtswege denkbar, der Verwaltungsrechtsweg und der ordentliche Rechtsweg. Bei Beihilfen in steuerrechtlichen Zusammenhängen kann der Rechtsweg zu den Finanzgerichten gegeben sein (s. auch unten *Wernsmann*, § 30, Rn 137). 320

Der **Verwaltungsrechtsweg** ist gemäß § 40 Abs. 1 VwGO einschlägig, wenn die Vergabe der Beihilfe durch öffentlich-rechtliches Handeln erfolgt. Praktisch dominiert die Bewilligung durch Verwaltungsakt.[875] Die Bejahung des Verwaltungsrechtswegs liegt hier auf der Hand,[876] ebenso wie bei dem Rechtsschutz gegen eine Rückforderung durch Verwaltungsakt gemäß §§ 48, 49 a VwVfG.[877] 321

Daneben werden öffentlich-rechtliche Verträge oder privatrechtliche Verträge geschlossen.[878] Der Verwaltungsrechtsweg ist eröffnet, wenn die Beihilfe durch öffentlich-rechtlichen Vertrag gewährt wird.[879] Erfolgt die Gewährung der Beihilfe zivilrechtlich, ist demgegenüber gemäß § 13 GVG der Rechtsweg zu den ordentlichen Gerichten eröffnet.[880] Bei Beihilfe**regelungen** (zu ihnen oben Rn 205) sind beide Rechtswege denkbar, vorausgesetzt es besteht eine Klagemöglichkeit gegen die entsprechende Rechtsnorm (unten Rn 333). Weiter ist die Möglichkeit des Rechtswegs kraft Sachzusammenhangs gemäß § 17 Abs. 2 GVG zu beachten. 322

Werden staatliche Beihilfen durch schlicht-hoheitliches Handeln gewährt (oben Rn 55), kann der Rechtsweg zur Finanzgerichtsbarkeit gegeben sein, wenn der Realakt im Bereich des Steuerrechts stattfindet. Im Übrigen dürfte im Zweifelsfall der Verwaltungsrechtsweg und nicht der Zivilrechtsweg eröffnet sein,[881] weil öffentlich-rechtliches Handeln die Regel für staatliches Verhalten ist. In manchen Konstellationen, insb. bei Subventionsdarlehen, nutzt die Rechtsprechung schließlich die sog. Zwei-Stufen-Theorie: Wird in einem ersten Schritt über die Gewährung („Ob") öffentlich-rechtlich entschieden und erfolgt in einem zweiten Schritt die Durchführung und Ausgestaltung dieser Entscheidung durch privatrechtlichen Vertrag („Wie"),[882] bestimmt sich der Rechtsweg danach, gegen welche Stufe sich der Rechtsschutz richtet: Für Klagen gegen die erste Stufe ist der Verwaltungsrechtsweg eröffnet. Bei der zweiten Stufe ist der ordentliche Rechtsweg einschlägig.[883] 323

Was den Rechtsweg zu den ordentlichen Gerichten angeht, führt eine Reihe von Ansprüchen vor die Zivilgerichte. Dies gilt zunächst für Erfüllungs- und Rückabwicklungsansprüche zwischen dem Geber und dem Empfänger einer Beihilfe, wenn das Rechtsverhältnis über die Beihilfe zwischen ihnen zivilrechtlicher Natur ist (unten Rn 348). Daneben bestehen möglicherweise zivilrechtliche Ansprüche von Wettbewerbern oder anderen Dritten gegen den Geber oder Empfänger der Beihilfe auf Unterlassung, Beseitigung oder Ersatz, die zivilrechtlich zu verfolgen sind (unten Rn 349-353). Schließlich gehören Staatshaftungsansprüche gemäß § 839 BGB iVm Art. 34 GG generell vor die Zivilgerichte, wie Art. 34 S. 3 GG bestimmt. Gem. § 17 Abs. 2 S. 2 GVG scheidet hier die Möglich- 324

875 *Schmidt-Kötters*, in: Heidenhain (Hrsg.), Hdb des Europäischen Beihilfenrechts, § 56 Rn 22.
876 *Schmidt-Kötters*, in: Heidenhain (Hrsg.), Hdb des Europäischen Beihilfenrechts, § 56 Rn 17.
877 *Kopp/Schenke*, VwGO, 16. Aufl. 2009, § 40 Rn 21.
878 Vgl *Maurer*, Allgemeines Verwaltungsrecht, 17. Aufl. 2009, § 17 Rn 4, 21-23.
879 *Schmidt-Kötters*, in: Heidenhain (Hrsg.), Hdb des Europäischen Beihilfenrechts, § 56 Rn 17, § 57 Rn 8, 10.
880 *Schmidt-Kötters*, in: Heidenhain (Hrsg.), Hdb des Europäischen Beihilfenrechts, § 56 Rn 17.
881 Vgl *Schmidt-Kötters*, in: Heidenhain (Hrsg.), Hdb des Europäischen Beihilfenrechts, § 57 Rn 39.
882 Vgl *Maurer*, Allgemeines Verwaltungsrecht, 17. Aufl. 2009, § 17 Rn 12, Kritik Rn 14 ff; *Schmidt-Kötters*, in: Heidenhain (Hrsg.), Hdb des Europäischen Beihilfenrechts, § 56 Rn 18-20, für einzelne Arten von Beihilfen, Rn 22-27.
883 Vgl *Kopp/Schenke*, VwGO, 17. Aufl. 2009, § 40 Rn 20; *Schmidt-Kötters*, in: Heidenhain (Hrsg.), Hdb des Europäischen Beihilfenrechts, § 56 Rn 46. Nach aA ist jedenfalls für den Konkurrenten immer der Verwaltungsrechtsweg gegeben, also offenbar auch dann, wenn sich die Klage gegen die Modalitäten der Durchführung auf der zweiten Stufe richtet; vgl *Schmidt-Kötters*, in: Heidenhain (Hrsg.), Hdb des Europäischen Beihilfenrechts, § 57 Rn 8 f, § 56 Rn 46, § 58 Rn 1.

keit eines anderen Rechtswegs aus. Für den (ungeschriebenen) unionsrechtlichen Staatshaftungsanspruch iSd **Francovich**-Rechtsprechung dürfte ebenfalls in der Regel der ordentliche Rechtsweg einschlägig sein. Im Unterschied zur Amtshaftung wird allerdings ein anderer Rechtsweg nicht gemäß § 17 Abs. 2 S. 2 GVG ausgeschlossen.[884]

4. Zusammenarbeit der Kommission mit den mitgliedstaatlichen Gerichten

325 Im Hinblick auf die Zusammenarbeit der Kommission mit den mitgliedstaatlichen Gerichten hat die BeihVerfVO ein neues Kapitel VIIa mit der Bestimmung des Art. 23 a BeihVerfVO erhalten. Danach können die mitgliedstaatlichen Gerichte die Kommission zum Zweck der Anwendung von Art. 107 Abs. 1 und Art. 108 AEUV um dort vorliegende Informationen sowie um Stellungnahmen bitten. Umgekehrt kann die Kommission den mit einem Fall aus dem EU-Beihilfenrecht betrauten mitgliedstaatlichen Gerichten aus eigener Initiative eine Stellungnahme zuleiten, sofern es ihr aus den Gründen einer kohärenten Anwendung der Art. 107 Abs. 1 und 108 AEUV erforderlich erscheint, wobei sie den betreffenden Mitgliedstaat im Voraus darüber unterrichtet, dass sie eine Stellungnahme einzureichen beabsichtigt. Die Kommission kann ausschließlich für die Ausarbeitung ihrer Stellungnahmen das betreffende mitgliedstaatliche Gericht ersuchen, ihr alle dem Gericht vorliegenden und zur Beurteilung der Beihilfesache durch die Kommission notwendigen Unterlagen zu übermitteln.

5. Verwaltungsgerichtliche Klagen

a) Klagen gegen den Beihilfegeber

aa) Klagearten

326 Die richtige Klageart für den **Konkurrenten** richtet sich nach dessen Rechtsschutzziel. Herkömmlich werden in Deutschland drei Gruppen von Konkurrentenkonstellationen unterschieden, wobei die Einzelheiten in mancherlei Hinsicht umstritten sind:[885] In die erste Gruppe fällt die Abwehr der Begünstigung des anderen, etwa wegen Verstoßes gegen das Durchführungsverbot. Dies kann eine Aufhebung, Beseitigung oder Unterlassung beinhalten, je nachdem, in welchem Stadium sich die Gewährung und der Vollzug der Beihilfe befinden. Will der Konkurrent die Beseitigung einer erfolgten Gewährung erreichen, kann er Anfechtungsklage gemäß § 42 Abs. 1 1. Alt. VwGO erheben, wenn die Beihilfe durch einen Verwaltungsakt gewährt wurde. Sind die Leistungen bereits erbracht worden, kann er zusätzlich deren Rückforderung durchsetzen, indem er einen Folgenbeseitigungsanspruch gemäß § 113 Abs. 1 S. 4 VwGO geltend macht. Wie das BVerwG betont, *muss* der Kläger einen der Beihilfe zugrunde liegenden Verwaltungsakt beseitigen.[886] § 113 Abs. 4 VwGO eröffnet die Möglichkeit, die Anfechtungsklage mit der Klage auf Rückzahlung der Beihilfe zu verbinden.[887] Eine Feststellungsklage ist gem. § 43 Abs. 2 VwGO unzulässig, soweit der Kläger seine Rechte durch Gestaltungs- oder Leistungsklage verfolgen kann.[888]

327 Die ungeschriebene Leistungsklage oder die Feststellungsklage gemäß § 43 Abs. 1 VwGO kann einschlägig sein, wenn der Konkurrent die Beseitigung eines schlicht-hoheitlichen Handelns verlangt. Ebenso kann er gemäß § 43 Abs. 1 VwGO die Feststellung des Nichtbestehens des durch einen öffentlich-rechtlichen Vertrag begründeten Rechtsverhältnisses verlangen. Denkbar ist ferner eine ungeschriebene vorbeugende Leistungsklage auf Unterlassung einer beabsichtigten Gewährung oder ihrer Vollziehung. Alternativ kann der Kläger vorbeugend eine entsprechende gerichtliche Feststellung anstreben.[889]

---

884 *Beljin*, Staatshaftung im Europarecht, 2000, S. 240 f.

885 Dazu *Rennert*, EuZW 2011, 576 ff; *Schmidt-Kötters*, in: Heidenhain (Hrsg.), Hdb des Europäischen Beihilfenrechts, § 57 Rn 39, 40-65; *Wernsmann*, Verw 2003, 69 f.

886 BVerwG, Urt. v. 16. Dezember 2010, Az 3 C 44/09 (Zweckverband Tierkörperbeseitigung), E 138, 322 Rn 15 f.

887 BVerwG, Urt. v. 16. Dezember 2010, Az 3 C 44/09 (Zweckverband Tierkörperbeseitigung), E 138, 322 Rn 20.

888 BVerwG, Urt. v. 16. Dezember 2010, Az 3 C 44/09 (Zweckverband Tierkörperbeseitigung), E 138, 322 Rn 22.

889 *Schmidt-Kötters*, in: Heidenhain (Hrsg.), Hdb des Europäischen Beihilfenrechts, § 57 Rn 45, 52, 56 bis 59.

Begehrt der Konkurrent die gleiche Begünstigung, ist die Verpflichtungsklage iSv § 42 Abs. 1 2. Alt. VwGO auf einen entsprechenden Verwaltungsakt oder die ungeschriebene Leistungsklage oder die Feststellungsklage gemäß § 43 Abs. 1 VwGO auf die Gewährung durch einen öffentlich-rechtlichen Vertrag oder durch eine schlicht-hoheitliche Gewährung einschlägig. Es ist allerdings kaum vorstellbar, dass ein Verstoß gegen das Beihilfenrecht das Recht des Konkurrenten auf die Gewährung der Beihilfe begründet. Das Recht auf die Beihilfe wird man anderen Vorschriften zu entnehmen haben. 328

Will der Konkurrent die Beihilfe **anstelle** des Empfängers, ist nach der wohl überwiegenden Ansicht eine Anfechtungsklage gegen die Begünstigung des anderen iVm einer Verpflichtungsklage auf die eigene Begünstigung einschlägig, soweit die Gewährung durch Verwaltungsakt erfolgt. Bei der Gewährung durch einen öffentlich-rechtlichen Vertrag oder durch schlicht-hoheitliches Handeln ist die allgemeine Leistungsklage einschlägig. Allerdings wird auch hier ein Verstoß gegen das Beihilfenrecht schwerlich einen Anspruch des Konkurrenten auf die Beihilfe begründen. Denkbar ist aber, dass die Vergabe an den Empfänger wegen Art. 108 Abs. 3 S. 3 AEUV rechtswidrig ist und der Konkurrent im Übrigen ein Recht auf dieselbe Begünstigung aus einer anderen Vorschrift herleitet.[890] 329

Für Klagen des Empfängers auf die Gewährung der Beihilfe oder des Konkurrenten auf die Rückforderung einer gewährten Beihilfe ist regelmäßig die Verpflichtungsklage gemäß § 42 Abs. 1 2. Alt. VwGO einschlägig, soweit die Gewährung und Rückforderung durch Verwaltungsakt verwirklicht werden.[891] Besteht die Begünstigung in einer Vergünstigung, kann aber auch die Anfechtungsklage die richtige Klageart sein, zB gegen eine von den Behörden nicht berücksichtigte Vergünstigung in einem Steuerbescheid.[892] 330

Gegen eine Rückforderungsentscheidung des Gebers durch Verwaltungsakt kann der Empfänger Anfechtungsklage erheben. Hat er allerdings eine Rückforderungsentscheidung der Kommission bestandskräftig werden lassen, wird die Klage häufig nur noch mit der Begründung aussichtsreich sein, dass die Rückabwicklung absolut unmöglich ist, weil der Geber abgesehen von diesem Ausnahmefall die Entscheidung der Kommission befolgen muss (oben Rn 265, 317). 331

Für Klagen des Konkurrenten gegen eine Beihilfe in einem öffentlich-rechtlichen Vertrag ist die Feststellungsklage gemäß § 43 Abs. 1 VwGO richtig.[893] Klagt der (potenzielle) Empfänger auf Erfüllung aus dem öffentlich-rechtlichen Vertrag, ist schließlich die allgemeine Leistungsklage statthaft. Zur umgekehrten Klage des Gebers gegen den Empfänger auf Rückabwicklung unten Rn 347. 332

Bei Klagen gegen Beihilfe**regelungen** kommt, je nachdem in welchem Rang die Regelung steht, eine Feststellungsklage mit einer inzidenten Normenkontrolle oder mit einer Vorlage gemäß Art. 100 Abs. 1 GG an das BVerfG oder eine Normenkontrolle gemäß § 47 VwGO in Betracht.[894] Dabei wird sich der Kläger darauf berufen können, dass Mittel in unionsrechtswidriger Weise im Haushaltsplan festgestellt worden sind: Das fragliche Gesetz ist dann unanwendbar. Wurde eine Subvention ohne entsprechende Grundlage im Haushaltsplan vergeben, ist sie im Außenverhältnis rechtswidrig.[895] Es dürfte vergleichbar sein, ob eine Grundlage fehlt oder zwar vorhanden, aber unanwendbar ist. 333

890 Zu einer solchen Konstellation VG Magdeburg, EuZW 1998, 671, *Schmidt-Kötters*, in: Heidenhain (Hrsg.), Hdb des Europäischen Beihilfenrechts, § 57 Rn 39.

891 Für den Konkurrenten *Schmidt-Kötters*, in: Heidenhain (Hrsg.), Hdb des Europäischen Beihilfenrechts, § 57 Rn 41.

892 *Maurer*, Allgemeines Verwaltungsrecht, 17. Aufl. 2009, § 17 Rn 4.

893 *Schmidt-Kötters*, in: Heidenhain (Hrsg.), Hdb des Europäischen Beihilfenrechts, § 56 Rn 17.

894 Vgl auch *Schmidt-Kötters*, in: Heidenhain (Hrsg.), Hdb des Europäischen Beihilfenrechts, § 57 Rn 44. Allgemein *Jarass*, in: Jarass/Pieroth, GG, 12. Aufl. 2012, Art. 20 Rn 36, 40.

895 *Jarass*, in: Jarass/Pieroth, GG, 12. Aufl. 2012, Art. 110 Rn 16 mwN.

bb) Klagebefugnis

334 Der **Empfänger** einer Beihilfe ist als Adressat einer belastenden Entscheidung, zum Beispiel einer Rückforderung, immer iSd § 42 Abs. 2 VwGO klagebefugt.[896] Ein Rückgriff auf eine Entscheidung der Kommission, auf eine Sekundärregelung wie die Gruppenfreistellungsverordnungen oder auf Art. 108 Abs. 3 S. 3 AEUV, ist nicht notwendig, aber nicht ausgeschlossen. Wer die Gewährung einer Beihilfe begehrt, muss geltend machen, auf diese Begünstigung ein Recht zu haben. Ein solches Recht ergibt sich nicht aus dem Beihilfenrecht, selbst wenn eine Beihilfe unionsrechtlich rechtmäßig ist, weil dies schwerlich eine **Pflicht** der Mitgliedstaaten zur Gewährung der Beihilfe begründet.

335 Der **Konkurrent** kann die Klagebefugnis gemäß § 42 Abs. 2 VwGO aus Art. 108 Abs. 3 S. 3 AEUV, Art. 3 BeihVerfVO oder aus einer Entscheidung der Kommission über die Rechtswidrigkeit der Beihilfe herleiten, wenn er gegen eine Begünstigung vorgeht. Diese Regelungen erfüllen die Voraussetzungen einer individualschützenden Norm nach der Schutznormtheorie.[897] Ob die Gruppenfreistellungsverordnungen seinem Schutz dienen, kann dahinstehen, weil das Durchführungsverbot greift, wenn ihre Voraussetzungen nicht gegeben sind. Dagegen dürften die in den Gruppenfreistellungsverordnungen enthaltenen Dokumentations- und Mitteilungspflichten der Mitgliedstaaten gegenüber der Kommission für den Einzelnen keine subjektiv-öffentlichen Rechte verleihen.[898] Eines Rückgriffs auf die nationalen Grundrechte[899] bedarf es auch hier nicht.

336 Ob der Kreis der geschützten Konkurrenten und sonstiger Dritter dem vor den Unionsgerichten Klagebefugten entsprechen muss (zu ihnen oben Rn 302-306) oder enger sein darf, ist bislang, soweit ersichtlich, kaum näher untersucht worden. Zum Teil wird der Kreis unter Hinweis auf die deutsche Schutznormtheorie enger gezogen.[900] Dies hat dann etwa zur Folge, dass der Wettbewerber wohl die Kommission auf Erlass einer Rückforderungsanordnung verklagen kann (oben Rn 242, 307), nicht aber den Mitgliedstaat auf Befolgung dieser Entscheidung.[901] Es ist schwer einzusehen, weshalb derjenige, der vor den Unionsgerichten ein obsiegendes Urteil erreicht hat, nicht auch die Durchsetzung der nationalen Rechtsfolgen vor den innerstaatlichen Gerichten durchsetzen können soll. Die Effektivität des Unionsrechts dürfte einer solchen Rechtslage Grenzen setzen: Wie der EuGH herausgestellt hat, verlangt das Unionsrecht effektive nationale Rechtsvorschriften über die Klagebefugnis und das Rechtsschutzinteresse, die die Ausübung der durch die Unionsrechtsordnung verliehenen Rechte nicht beeinträchtigen.[902] Wenn daher die Rechtsprechung bei Klagen vor den Unionsgerichten feststellt, wem aus dem Beihilfenrecht Rechte zustehen und wessen Interessen es berührt, kann das für den nationalen Rechtsschutz nicht bedeutungslos sein.

337 Rechtsschutz gegen eine **nicht notwendige** Anmeldung bei der Kommission dürfte ausscheiden, weil der Mitgliedstaat auch in den Fällen, in denen er durch Gruppenfreistellungsverordnung von der Anmeldung befreit ist, gleichwohl zur Anmeldung berechtigt ist.[903] Ein Recht des Empfängers

---

896 Die Rechtsprechung wendet § 42 Abs. 2 VwGO ihrem Inhalt nach auf alle Klagearten an; vgl *Pietzner/Ronellenfitsch*, Assessorexamen im Öffentlichen Recht, 11.Aufl. 2008, § 14 Rn 1; näher, auch zu Kritik in der Lit., *Wahl/Schütz*, in: Schoch/Schmidt-Aßmann/Pietzner, VwGO, § 42 Abs. 2 Rn 21-35.

897 Ebenso in der Sache BVerwG, Urt. v. 16. Dezember 2010, Az 3 C 44/09 (Zweckverband Tierkörperbeseitigung), E 138, 322 Rn 13; *Rennert*, EuZW 2011, 576; *Klein*, EuZW 2010, 278; *Niemeyer*, in: Heidenhain (Hrsg.), European State Aid Law, 2010, § 44 Rn 39; *Bartosch*, EU-Beihilfenrecht, Art. 88 EGV Rn 6; *Lübbig/Martín-Ehlers*, Beihilfenrecht der EU, 2. Aufl. 2009 Rn 1047; *Schmidt-Kötters*, in: Heidenhain (Hrsg.), Hdb des Europäischen Beihilfenrechts, § 57 Rn 26 f, § 56 Rn 59.

898 *Schmidt-Kötters*, in: Heidenhain (Hrsg.), Hdb des Europäischen Beihilfenrechts, § 57 Rn 126.

899 Dazu ebd § 57 Rn 35-38, § 56 Rn 72 f.

900 So wohl ebd § 57 Rn 18 ff.

901 Für letzteres *Soltész*, in: Heidenhain (Hrsg.), Hdb des Europäischen Beihilfenrechts, § 44 Rn 77.

902 EuGH, Rs. C-174/02 (Streekgewest Westelijk Noord-Brabant), Slg 2005, I-85 Rn 18 mwN.

903 *Mestmäcker/Schweitzer*, Europäisches Wettbewerbsrecht, § 44 Rn 26.

gegen oder des Konkurrenten auf eine Anmeldung, die nicht zwingend ist, scheidet daher aus, da es an einer Rechtspflicht des Mitgliedstaats iSd Schutznormtheorie fehlt.[904]

cc) Vorläufiger Rechtsschutz und Suspensiveffekt

Im Bereich des vorläufigen Rechtsschutzes ist zu beachten, dass der EuGH auch vorläufige gerichtliche Maßnahmen im Rahmen der nationalen Möglichkeiten verlangt, wenn gegen das Durchführungsverbot verstoßen wurde (oben Rn 236). Dasselbe dürfte für sonstige Verstöße gegen das Beihilfenrecht gelten, wie etwa wenn eine Negativentscheidung der Kommission nicht beachtet wird. Für den vorläufigen Rechtsschutz im Verwaltungsprozess kommen §§ 80, 80 a VwGO zum Tragen, wenn in der Hauptsache eine Anfechtungsklage richtig ist, während § 123 VwGO in allen übrigen Fällen einschlägig ist.[905] 338

Der vorläufige Rechtsschutz in den Mitgliedstaaten wird allerdings in nicht unerheblichem Umfang unionsrechtlich beeinflusst, nicht nur auf dem Gebiet des Beihilfenrechts.[906] Diskutiert wird vor allem, ob die in § 80 Abs. 1 VwGO vorgesehene aufschiebende Wirkung von Widerspruch und Anfechtungsklage auch bei Verstößen der Mitgliedstaaten gegen das Beihilfenrecht der Union zum Tragen kommt,[907] was abzulehnen ist: Der EuGH hat dazu herausgestellt, dass die aufschiebende Wirkung eines Rechtsbehelfs gegen die Rückforderungsentscheidung gegen die Pflicht des Mitgliedstaats zur unverzüglichen Rückforderung gem. Art. 14 Abs. 3 BeihVerfVO verstößt; die in Art. 14 Abs. 1 S. 1 BeihVerfVO ebenfalls vorgesehene Anwendbarkeit des mitgliedstaatlichen Verfahrensrechts hängt ausdrücklich von der Bedingung ab, dass die sofortige und tatsächliche Vollziehung der Kommissionsentscheidung ermöglicht wird, eine Bedingung, die die Rechtsprechung bereits zuvor aus dem unionsrechtlichen Effektivitätsgrundsatz hergeleitet hat.[908] Entsprechende Vorschriften des nationalen Rechts müssen daher bei der Rückforderung im Bereich des Art. 14 Abs. 3 BeihVerfVO unangewendet bleiben.[909] Bereits in seiner früheren Rechtsprechung hat der EuGH die nationalen Behörden zur Beseitigung der aufschiebenden Wirkung eines Rechtsbehelfs verpflichtet, der sich gegen einen auf das Unionsrecht gestützten Einzelakt richtet, wenn nur so unionsrechtlich vorgesehene Fristen eingehalten werden können.[910] Aus dieser Rechtsprechung hat die Literatur für den Bereich des Beihilfenrechts unterschiedliche Konsequenzen gezogen: Zum Teil hat sie sie auf alle Verstöße gegen das Unionsrecht ausgeweitet und aus ihr eine generelle Pflicht zur Anordnung der sofortigen Vollziehung gemäß § 80 Abs. 2 S. 1 Nr. 4 VwGO oder gar eine sofortige Vollziehung bzw der Wegfall der aufschiebenden Wirkung unmittelbar kraft Unionsrechts hergeleitet.[911] Zum Teil wird in der Literatur vor der Klarstellung des EuGH zum Beihilfenrecht aber auch vertreten, dass gemäß § 80 Abs. 2 S. 1 Nr. 4 VwGO die sofortige Vollziehung angeordnet werden kann, aber nicht muss.[912] 339

Im Zusammenhang mit dem Beihilfenrecht ist eine Reihe von Konstellationen für das vorläufige Rechtsschutzverfahren zu unterscheiden. Für den Fall, dass der Gegenstand des Rechtsschutzes ein Verwaltungsakt ist, kommt es darauf an, ob der Erlass eines Verwaltungsakts erstrebt wird oder ein Verwaltungsakt vorliegt, dessen Vollziehung der Begünstigte erreichen oder der Benachteiligte verhindern will: Vor dem Erlass eines begehrten Verwaltungsakts kann der potenzielle Empfänger 340

904 Zur Rechtspflicht als Voraussetzung subjektiv öffentlicher Rechte *Maurer*, Allgemeines Verwaltungsrecht, 17. Aufl. 2009, § 8 Rn 6, 8.

905 *Schmidt-Kötters*, in: Heidenhain (Hrsg.), Hdb des Europäischen Beihilfenrechts, § 57 Rn 74, 68.

906 Überblick bei *Jarass/Beljin*, Casebook Grundlagen des EG-Rechts, S. 254-256.

907 Dazu *Lübbig/Martín-Ehlers*, Beihilfenrecht der EU, Rn 958-960; *Schmidt-Kötters*, in: Heidenhain (Hrsg.), Hdb des Europäischen Beihilfenrechts, § 57 Rn 69, 78 f, 84; *Schoch*, in: Schoch/Schmidt-Aßmann/Pietzner, VwGO, Vor § 80 Rn 23 ff.

908 EuGH, Rs. C-232/05 (Kommission/Frankreich), Slg 2006, I-10071 Rn 43, 49.

909 Ebd. Rn 53.

910 EuGH, Rs. 217/88 (Kommission/Deutschland), Slg 1990, I-2879 Rn 24-28; *Jarass/Beljin*, Casebook Grundlagen des EG-Rechts, S. 255.

911 Vgl *Lübbig/Martín-Ehlers*, Beihilfenrecht der EU Rn 602-604.

912 *Koenig/Paul*, in: Streinz (Hrsg.), EUV/AEUV, Art. 108 AEUV Rn 26, Fn 87.

einer Beihilfe gemäß § 123 VwGO die vorläufige Gewährung anstreben, wenn in der Hauptsache die Verpflichtungsklage einschlägig ist. Das ist meist, aber nicht immer der Fall (dazu oben Rn 330). Der Wettbewerber kann gemäß § 123 VwGO die vorläufige Rückforderung einer bereits gewährten Beihilfe anstreben.[913]

341 **Nach** dem Erlass eines Verwaltungsakts fallen die denkbaren Rechtsschutzkonstellationen differenzierter aus. Widerspruch und Anfechtungsklage haben grundsätzlich gemäß § 80 Abs. 1 VwGO aufschiebende Wirkung, auch bei einem Verstoß gegen das Beihilfenrecht (dazu oben Rn 339). Zur Reichweite der aufschiebenden Wirkung siehe unten Rn 345. Dies gilt für den Widerspruch und die Anfechtungsklage des Empfängers gegen einen Rückforderungsbescheid ebenso wie für den Widerspruch und die Anfechtungsklage des Wettbewerbers gegen einen Bewilligungsbescheid.[914]

342 Für den vorläufigen Rechtsschutz gibt es auf dieser Grundlage mehrere Möglichkeiten: Nach einer **Bewilligung** kann der Empfänger bei Gericht einen Antrag auf die sofortige Vollziehung der Bewilligung stellen.[915] Gemäß § 80 a Abs. 1 Nr. 1 iVm Abs. 3 VwGO ist dies möglich, wenn der Wettbewerber einen Rechtsbehelf gegen die Bewilligung eingelegt hat. Über den Wortlaut hinaus ist der Antrag auch vor der Einlegung des Rechtsbehelfs möglich.[916] Der Wettbewerber kann bei Gericht einen Antrag auf Aussetzung der Vollziehung und auf einstweilige Maßnahmen zur Sicherung seiner Rechte stellen.[917] Wiederum besteht diese Möglichkeit über den Wortlaut hinaus schon bevor ein Widerspruchs- oder Klageverfahren gegen den Verwaltungsakt anhängig ist.[918]

343 Ähnlich verläuft der vorläufige Rechtsschutz im Zusammenhang mit einer **Rückforderungsentscheidung**, nur mit umgekehrter Rollenverteilung zwischen dem Empfänger und seinen Wettbewerbern. Der Wettbewerber kann bei Gericht einen Antrag auf die Anordnung der Vollziehung stellen. Dafür ist § 80 a Abs. 2 iVm Abs. 3 VwGO einschlägig. Über den Wortlaut hinaus ist dies auch schon vor der Einlegung eines Rechtsbehelfs möglich.[919] Der Empfänger der Beihilfe kann bei Gericht einen Antrag auf Anordnung oder Wiederherstellung der aufschiebenden Wirkung seines Rechtsbehelfs gemäß § 80 Abs. 5 VwGO stellen.[920]

344 Wird ein Verwaltungsakt trotz der aufschiebenden Wirkung vollzogen, liegt ein Fall der sog. faktischen Vollziehung vor, der den genannten Anträgen des Wettbewerbers oder des Empfängers automatisch zur Begründetheit verhilft.[921] Im Übrigen ist in der Begründetheit v.a. eine Interessenabwägung unter Berücksichtigung der Erfolgsaussichten in der Hauptsache vorzunehmen.[922]

345 Was die Reichweite der aufschiebenden Wirkung angeht, bezieht sich diese auf den Verwaltungsakt. In zweistufigen Konstellationen, in denen der Gewährung der Beihilfe durch einen Verwaltungsakt auf der ersten Stufe die Vollziehung durch einen Vertrag auf einer zweiten Stufe folgt, erstreckt sich die aufschiebende Wirkung nicht auf die zweite Stufe, weshalb insoweit vorläufiger Rechtsschutz nur gemäß § 123 VwGO gewährt werden kann.[923] Es gelten dann die Regeln für den vorläufigen Rechtsschutz ohne Verwaltungsakt bzw außerhalb der Anfechtungskonstellationen (unten Rn 346).

346 Bei der Gewährung bzw Vollziehung von Beihilfen und deren Rückgewähr durch andere Handlungsformen als Verwaltungsakte, also durch öffentlich-rechtliche Verträge oder ggf auch durch

---

913 Näher *Schmidt-Kötters*, in: Heidenhain (Hrsg.), Hdb des Europäischen Beihilfenrechts, § 57 Rn 78, 89, 97-100.
914 Für den Wettbewerber gegen den Bewilligungsbescheid *Schmidt-Kötters*, in: Heidenhain (Hrsg.), Hdb des Europäischen Beihilfenrechts, § 57 Rn 79.
915 Vgl auch *Schmidt-Kötters*, in: Heidenhain (Hrsg.), Hdb des Europäischen Beihilfenrechts, § 57 Rn 71.
916 *Kopp/Schenke*, VwGO, 16. Aufl. 2009, § 80 a Rn 8.
917 Vgl auch *Schmidt-Kötters*, in: Heidenhain (Hrsg.), Hdb des Europäischen Beihilfenrechts, § 57 Rn 71, 80.
918 *Kopp/Schenke*, VwGO, 16. Aufl. 2009, § 80 a Rn 13.
919 Ebd. Rn 16.
920 Vgl auch *Schmidt-Kötters*, in: Heidenhain (Hrsg.), Hdb des Europäischen Beihilfenrechts, § 57 Rn 69.
921 Ebd. Rn 81.
922 Dazu ebd § 57 Rn 101-107.
923 Ebd. § 57 Rn 73.

schlicht-hoheitliches Handeln, ist der vorläufige Rechtsschutz gemäß § 123 VwGO einschlägig.[924] Dies gilt auch in Fällen, in denen auf der ersten Stufe ein Verwaltungsakt vorliegt, die aufschiebende Wirkung eines Rechtsbehelfs gegen den Verwaltungsakt sich aber nicht auf die 2. Stufe des Beihilferechtsverhältnisses erstreckt (oben Rn 345).

b) Klagen gegen den Beihilfeempfänger

Eine aufgrund eines öffentlich-rechtlichen Vertrags geleistete Beihilfe darf nach den Regeln des deutschen Rechts ohne besondere gesetzliche Grundlage nicht durch Verwaltungsakt zurückgefordert werden.[925] Soll eine bereits gewährte Beihilfe zurückgefordert werden, muss der Geber gegebenenfalls auf (verwaltungs-)gerichtlichem Wege die Rückzahlung gegen den Empfänger durchsetzen. Etwas anderes gilt allerdings, wenn und soweit die Rückforderung vertraglich gewährter Beihilfen aus unionsrechtlichen Gründen durch Verwaltungsakt erfolgen muss; dies kommt jedoch allenfalls in Ausnahmefällen in Betracht (dazu oben Rn 272). 347

6. Zivilgerichtliche Klagen

a) Erfüllungs- und Rückabwicklungsansprüche zwischen Geber und Empfänger

Zwischen dem Geber und Empfänger einer Beihilfe können Erfüllungs- wie Rückabwicklungsansprüche entstehen, wenn das Rechtsverhältnis über die Beihilfe privatrechtlich ausgestaltet ist. Die Ansprüche richten sich nach den Vereinbarungen zwischen dem Geber und Empfänger sowie nach den darauf anwendbaren gesetzlichen Bestimmungen, insb. über die Wirksamkeit des Rechtsgeschäfts, über die Kündigungs- und Rücktrittsmöglichkeiten (oben Rn 258, 270). Des Weiteren kommen insolvenzrechtliche Mittel in Betracht.[926] Zu Schadensersatzansprüchen des Empfängers gegen den Geber im Falle einer Rückabwicklung unten Rn 351-353. 348

b) Unterlassungs- und Beseitigungsansprüche gegen den Beihilfegeber oder -empfänger

Wettbewerbern kann eine Reihe gesetzlicher Ansprüche zustehen. Die Rechtsprechung akzeptiert eine unmittelbar auf **Art. 108 Abs. 3 Satz 3 AEUV** gestützte Klage, welche auch als **Feststellungsklage** auf Nichtigkeit eines unter Verstoß gegen das Durchführungsverbot des Art. 108 Abs. 3 Satz 3 AEUV geschlossenen Kaufvertrags ausgestaltet sein kann. Zur Zulässigkeit einer solchen Feststellungsklage stellt der BGH heraus, dass das Durchführungsverbot des Art. 108 Abs. 3 AEUV für Konkurrenten subjektive Rechte begründet, ferner dass Gegenstand einer Feststellungsklage gemäß § 356 Abs. 1 ZPO auch das Bestehen oder Nichtbestehen eines Rechtsverhältnisses zwischen einer Partei und einem Dritten sein kann, wenn dieses Rechtsverhältnis zugleich für die Parteien untereinander von Bedeutung ist und der Kläger ein rechtliches Interesse an der alsbaldigen Klärung dieser Frage hat, was eben im Fall des Durchführungsverbots des Art. 108 Abs. 3 AEUV, der für Konkurrenten subjektive Rechte begründet, der Fall ist. Eine Leistungsklage ist nicht vorrangig, wenn zu erwarten ist, dass der Beklagte ein feststellendes Urteil respektieren wird.[927] 349

Des Weiteren können Wettbewerber gegen den Beihilfegeber auf **Rückforderung** von Beihilfen klagen, ggf. prozessual als **Stufenklage** ausgestaltet, wenn es zunächst einer Auskunft zur Konkretisierung des Rückforderungsbegehrens bedarf. Das beihilferechtliche Durchführungsverbot des Art. 108 Abs. 3 Satz 3 AEUV ist sowohl zugunsten der Wettbewerber des Beihilfeempfängers ein **Schutzgesetz** iSd **§ 823 Abs. 2 BGB** als auch eine **Marktverhaltensregelung** iSd **§ 4 Nr. 11 UWG.**[928] 350

---

924 Näher ebd § 57 Rn 73, 86 f, 90.

925 Ebd. Rn 21 mit Rspr-Nachweisen in Fn 49.

926 *Lübbig/Martín-Ehlers*, Beihilfenrecht der EU Rn 601; näher *Quardt*, in: Heidenhain (Hrsg.), Hdb des Europäischen Beihilfenrechts, § 54.

927 BGH, Urt. v. 5. Dezember 2012, Az I ZR 92/11 (CEPS-Pipeline), BGHZ 196, 254 Rn 13-15; BGH, Urt. v. 10. Februar 2011, Az I ZR 136/09 (Flughafen Frankfurt-Hahn), BGHZ 188, 326 Rn 19 ff.

928 Mit ausführlicher Begründung BGH, Urt. v. 10. Februar 2011, Az I ZR 136/09 (Flughafen Frankfurt-Hahn), BGHZ 188, Rn 15-37, 53. Vgl auch die Parallelentscheidung BGH, Urt. v. 10. Februar 2011, Az I ZR 213/08 (Flughafen Lübeck), Rn 23-45.

Der deliktsrechtliche Anspruch geht iVm § **1004 BGB** auf Beseitigung.[929] Für den Rückforderungsanspruch des Beihilfegebers gegen den Beihilfeempfänger kann dann etwa § **812 BGB** einschlägig sein, es gilt dann die **Verjährung** des § 195 BGB.[930] Kann die Rückforderung einer unter Verstoß gegen das Durchführungsverbot gewährten Beihilfe nicht nur nach allgemeinem Deliktsrecht, sondern auch wettbewerbsrechtlich begründet werden, findet die kurze Verjährung des § 11 UWG auf die Ansprüche aus § 823 Abs. 2 BGB iVm Art. 108 Abs. 3 S. 3 AEUV keine Anwendung. Unabhängig davon kann es dem Beihilfeempfänger aus Gründen des EU-rechtlichen Effektivitätsgrundsatzes verwehrt sein, sich auf eine inzwischen eingetretene Verjährung des Rückforderungsanspruchs zu berufen.[931] Ferner werden (sonstige) Unterlassungs- und Beseitigungsansprüche des Wettbewerbers bei Verstößen gegen das Beihilfenrecht auf Grundlage der lauterkeitsrechtlichen Generalklausel gemäß § 3 iVm § 8 UWG (§ 1 UWG aF) diskutiert, und zwar sowohl gegen den Geber der Beihilfe als auch gegen den Empfänger.[932] Als Schutzgesetz kann auch eine Negativentscheidung der Kommission fungieren.[933]

c) Ersatzansprüche gegen den Beihilfegeber und -empfänger

351 Auch Schadenersatzansprüche kommen in Betracht. Wie der EuGH festgehalten hat, existiert allerdings keine unionsrechtliche Grundlage für eine Haftung eines Beihilfeempfängers, was der Anwendung nationaler Anspruchsgrundlagen nicht entgegensteht. Der Mitgliedstaat ist dazu sogar aus Gründen der Gleichbehandlung verpflichtet, wenn für einen vergleichbaren Sachverhalt rein nationaler Prägung eine Haftung existiert.[934] Die Schadenersatzansprüche können sich gegen den Beihilfegeber, aber auch gegen den Beihilfeempfänger richten.[935] Ein Schadenersatzanspruch kann dabei auch bestehen, wenn eine gegen das Durchführungsverbot gewährte Beihilfe von der Kommission in einer abschließenden Entscheidung für materiell rechtmäßig erklärt wird (dazu oben Rn 222). Gegen den Empfänger einer Beihilfe kann ein Wettbewerber möglicherweise Schadenersatz gemäß § 823 Abs. 2 BGB wegen einer Schutzgesetzverletzung verlangen.[936] Zum Kreis der beihilfenrechtlichen Schutzgesetze oben Rn 350. Denkbar sind weiter Schadenersatzansprüche gemäß § 3 iVm § 9 UWG, wiederum sowohl gegen den Empfänger der Beihilfe als auch möglicherweise gegen den Geber.[937]

d) Staatshaftung des Beihilfegebers

352 Schließlich kommen Staatshaftungsansprüche in Betracht. Als Anspruchsgrundlage können vor allem § 839 BGB iVm Art. 34 GG und der ungeschriebene unionsrechtliche Staatshaftungsanspruch fungieren (oben Rn 324).[938] Wie das BVerwG allerdings herausgestellt hat, kann der Empfänger grds. keine Staatshaftung geltend machen, weil andernfalls derselbe Fehler des Gebers, der zu einer Rückgabepflicht des Empfängers führt, zugleich einen Amtshaftungsanspruch des Empfängers der Beihilfe begründen würde.[939] Dann liefe die Rückforderung ins Leere bzw würde umgangen. Noch nicht geklärt ist, ob sich der Ausschluss der Staatshaftung nur auf den Beihilfebetrag,

929 BGH, Urt. v. 10. Februar 2011, Az I ZR 136/09 (Flughafen Frankfurt-Hahn), BGHZ 188, Rn 49; Urt. v. 10. Februar 2011, Az I ZR 213/08 (Flughafen Lübeck), Rn 47.

930 BGH, Urt. v. 10. Februar 2011, Az I ZR 136/09 (Flughafen Frankfurt-Hahn), BGHZ 188, Rn 40.

931 BGH, Urt. v. 10. Februar 2011, Az I ZR 136/09 (Flughafen Frankfurt-Hahn), BGHZ 188, Rn 43-46, 55-58.

932 Dazu *Schmidt-Kötters*, in: Heidenhain (Hrsg.), Hdb des Europäischen Beihilfenrechts, § 58 Rn 2-18, 19-21; *König/Hellstern*, EWS 2011, 216-220; *Bartosch*, EU-Beihilfenrecht, Art. 88 EGV Rn 19.

933 *Bartosch*, EU-Beihilfenrecht, Art. 88 EGV Rn 20.

934 EuGH, Rs. C-39/94 (SFEI u.a.), Slg 1996, I-3547 Rn 74 f; *Mestmäcker/Schweitzer*, Europäisches Wettbewerbsrecht, § 45 Rn 64 f.

935 Dazu *Niemeyer*, in: Heidenhain (Hrsg.), European State Aid Law, 2010, § 44 Rn 33.

936 Dazu *Schmidt-Kötters*, in: Heidenhain (Hrsg.), Hdb des Europäischen Beihilfenrechts, § 59 Rn 8 f; *Bartosch*, EU-Beihilfenrecht, Art. 88 EGV Rn 21.

937 Dazu *Schmidt-Kötters*, ebd § 59 Rn 10-12, 27; *Bartosch*, EU-Beihilfenrecht, Art. 88 EGV Rn 21.

938 Dazu auch *Bartosch*, EU-Beihilfenrecht, Art. 88 EGV Rn 22.

939 BVerwGE 106, 328/338.

also den Erfüllungsschaden beschränkt, oder auch darüber hinausgehende Schäden des Beihilfe-Empfängers erfasst.[940]

Keine Umgehungsgefahr besteht bei dem Wettbewerber des Empfängers, weshalb hier grundsätzlich eine Staatshaftung in Betracht kommt.[941] In Betracht kommen Schadenersatzansprüche wegen Amtspflichtverletzung nach Art. 34 GG iVm § 839 BGB, ebenso wie der unionsrechtliche Staatshaftungsanspruch.[942] Unklar ist, inwieweit sonstige Dritte einen Staatshaftungsanspruch haben können, zB die kreditgewährende Bank bei Wegfall einer Staatsbürgschaft.[943] 353

e) Vorläufiger Rechtsschutz

Was den vorläufigen Rechtsschutz im Zivilprozess angeht, wird entweder das Arrestverfahren gemäß §§ 916 ff ZPO[944] oder die einstweilige Verfügung gemäß §§ 935 ff ZPO in Betracht gezogen.[945] Die Abgrenzung richtet sich nach den allgemeinen Regeln danach, ob es um einen Geldanspruch (dann Arrest) oder einen sonstigen Anspruch (dann einstweilige Verfügung) geht. Dabei erscheint es im Allgemeinen sachgerecht, dass sich die erzielten Ergebnisse nicht zu sehr von der Rechtslage im verwaltungsprozessualen vorläufigen Rechtsschutz unterscheiden (dazu oben Rn 338-346), auch wenn es im Zivilprozess keine § 80 Abs. 1 VwGO vergleichbare Bestimmung über die aufschiebende Wirkung zivilprozessualer Rechtsbehelfe gibt. 354

F. Ausblick

Die Entwicklung des EU-Beihilfenrechts lässt sich in verschiedene Phasen einteilen.[946] Nach einer vorangegangenen Reform des EU-Beihilfenrechts in den Jahren 2005 bis 2009,[947] in der die Kommission eine allgemeine Gruppenfreistellungsverordnung und eine allgemeine Verordnung über De-minimis-Beihilfen erließ sowie viele neue Mitteilungen, Leitlinien und Gemeinschaftsrahmen veröffentlichte, hat die Kommission im Mai 2012 eine neuerliche, umfassende **Modernisierung des EU-Beihilfenrechts** angestoßen (kurz **„SAM“** als Abkürzung für State Aid Modernisation). Zu Inhalten, Zielen und zum Stand dieser Modernisierung oben Rn 32-39. Insgesamt entwickelt sich das EU-Beihilfenrecht sehr dynamisch und mit einem hohen Tempo gerade auch im Bereich der EU-Rechtsetzung. Ob dieses Tempo beibehalten werden kann und muss, wie das in der Fachliteratur eingeschätzt wird,[948] muss sich in Zukunft erweisen. Mindestens ebenso bedeutsam für den Bereich des EU-Beihilfenrechts dürfte es jedenfalls sein, wie sich die Anwendung der zahlreichen Neuregelungen entwickeln wird. 355

940 Für den Ersatz weiter gehender Schäden *Middendorf*, ZfZ 2003, 40; *Soltész/Kühlmann*, EWS 2001, 513.
941 Dazu *Schmidt-Kötters*, in: Heidenhain (Hrsg.), Hdb des Europäischen Beihilfenrechts, § 59 Rn 13-26.
942 *Mestmäcker/Schweitzer*, Europäisches Wettbewerbsrecht, § 45 Rn 64.
943 Dazu *Schmidt-Kötters*, in: Heidenhain (Hrsg.), Hdb des Europäischen Beihilfenrechts, § 59 Rn 5, 28 f.
944 *Lübbig/Martín-Ehlers*, Beihilfenrecht der EU, Rn 960.
945 *Schmidt-Kötters*, in: Heidenhain (Hrsg.), Hdb des Europäischen Beihilfenrechts, § 58 Rn 3.
946 Einteilung in fünf Phasen bei *Heinrich*, in: Birnstiel/Bungenberg/Heinrich (Hrsg.), Europäisches Beihilfenrecht, 2013, Einl. Rn 82-85.
947 Dazu Rn 301 in der Vorauflage sowie „State Aid reform 2005 – 2009“, abrufbar unter http://ec.europa.eu/competition/state_aid/reform/archive.html.
948 *Soltész*, EuZW 2014, 97.

§ 29 Öffentliches Auftragsrecht

Literatur: *Arrowsmith*, The Law of Public and Utilities Procurement, London 1996; *dies.*, The E.C. procurement directives, national procurement policies and better governance, E.L. Rev. 27 (2002), 3; *Bayer*, EU-Vergaberecht, Berlin Wien Zürich 2001; *Bechtold*, GWB, 7. Aufl., München 2013; *Broß*, Vergaberechtlicher Rechtsschutz unterhalb der Schwellenwerte, Dokumentationsband Badenweiler Gespräche Mai 2003, Schriftenreihe des forum vergabe e.V. Berlin, Heft 19, S. 31 f; *Burgi*, Die Bedeutung der allgemeinen Vergabegrundsätze Wettbewerb, Transparenz und Gleichbehandlung, NZBau 2008, 29; *Byok/Jaeger*, Kommentar zum Vergaberecht, 3. Aufl. Frankfurt 2011; *Byok*, Die Entwicklung des Vergaberechts seit 2008, NJW 2009, 644; *Calliess/Ruffert* (Hrsg.), EUV EGV Kommentar, 3. Aufl. 2007; *dies.*, Kommentar zum EUV, AEUV, 4. Aufl. München 2011; *Fischer*, Öffentliche Aufträge im Spannungsfeld zwischen Vergaberecht und europäischem Beihilfenrecht, VergabeR 2004, 1; *Freund/Kallmeyer/Kraft*, Korruption und Kartelle bei Auftragsvergaben, München 2008; *Geiger*, EUV/EGV, Vertrag über die Europäische Union und Vertrag zur Gründung der Europäischen Gemeinschaft, 5. Aufl. München 2010; *Grabitz/Hilf* (Hrsg.), Kommentar zur Europäischen Union, München, Loseblattsammlung, Stand Mai 2013; *Hailbronner/Weber*, Die Neugestaltung des Vergabewesens durch die Europäische Gemeinschaft, EWS 1997, 73; *Haratsch/König*, Europarecht, 8. Aufl. Tübingen 2012; *Hauschild*, Das neue „Frühwarnsystem" für den freien Warenverkehr in der EG, EuZW 1999, 236; *Immenga/Mestmäcker*, Wettbewerbsrecht. Kommentar, 5. Aufl. München 2012; *Jaeger*, Vertragsänderungen und Vergaberecht, EuZW 2008, 492; *Kau*, Vergaberechtliches Kaskadenprinzip und europäisches Gemeinschaftsrecht, EuZW 2005, 492; *Knauff/Streit*, Die Reform des EU-Vergaberechtsschutzes – Überblick unter Berücksichtigung des Entwurfs des Vergaberechtsmodernisierungsgesetzes, EuZW 2009, 37; *Kunnert*, WTO-Vergaberecht, Baden-Baden 1998; *Lenz/Borchardt* (Hrsg.), EU-Verträge Kommentar, 6. Aufl. 2012; *dies.*, EU- und EG-Vertrag, Kommentar, 3. Aufl. 2003; *Mestmäcker/Schweitzer*, Europäisches Wettbewerbsrecht, 2. Aufl. München 2004; *Noch*, Die Vergabe von Staatsaufträgen und der Rechtsschutz nach europäischem und deutschem Recht, 1997, Bielefeld, Univ. Diss. 1997, auch veröffentlicht u.d.T. „Vergaberecht und subjektiver Rechtsschutz", Baden-Baden 1998; *ders.*, Vergaberecht kompakt, 5. Aufl. Neuwied 2011; *ders.*, Signale aus dem Bermuda-Dreieck – Vergabefremde Aspekte in einer neuen Rolle, VergabeNavigator 4/2009, 30; *Pietzcker*, Die Zweiteilung des Vergaberechts, Baden-Baden 2001; *Prieß*, Handbuch des europäischen Vergaberechts, 3. Aufl. Köln u.a. 2005; *Reidt/Stickler/Glahs*, Vergaberecht-Kommentar, 2. Aufl. Köln 2003; *Roos*, Die bilateralen Übereinkommen Schweiz-EG und das Freihandelsabkommen, EuZ 2000, 3; *Schwarze* (Hrsg.), EU-Kommentar, 3. Aufl. Baden-Baden 2012; *Seidel*, Öffentliches Auftragswesen, in: *Dauses* (Hrsg.), Handbuch des EU-Wirtschaftsrechts, München, Loseblattsammlung, Stand September 2013; *Sterner*, Rechtsbindungen bei der Vergabe öffentlicher Aufträge, Stuttgart 1996; *Thürer/Weber/Zäch*, Bilaterale Verträge Schweiz – EG, Ein Handbuch, 2. Aufl. Zürich 2007; *Weber*, Kapitalverkehr und Kapitalmärkte im Vertrag über die Europäische Union, EuZW 1992, 561; *Zuleeg*, Rechtsschutz und Grundrechtsbindung bei der Vergabe öffentlicher Aufträge, WuV 1984, 11.

Abschnitt 1

Abschnitt 1

A. Gesetzgebung

I. Primärrecht

Das Primärrecht genießt neben dem kodifizierten Sekundärrecht (Verordnungen und Richtlinien, s. unter III.) eine eigenständige Bedeutung, wie der EuGH[1] zu Recht konstatiert hat. Dieser Feststellung muss im Vergaberecht schon deshalb eine ganz erhebliche Tragweite zugesprochen werden, weil der größte Bereich von öffentlichen Vergabeverfahren außerhalb der EU-weiten Bekanntma- 1

1 EuGH, Rs. C-507/03, NZBau 2008, 71.

chungspflichten angesiedelt ist (etwa 97 %). Dementsprechend hat der EuGH seine Rechtsprechung dahingehend vertieft, dass ein Auftrag unterhalb der Schwellenwerte, der eine bestimmte grenzüberschreitende Bedeutung hat, nach den Grundsätzen des EU-Primärrechts zu beurteilen ist.[2] Aber auch im Anwendungsbereich oberhalb der EU-Schwellenwerte bildet das **Primärrecht** immer wieder den Auslegungsmaßstab für die Richtlinien.[3] Die bundesdeutsche Rechtsprechung vollzieht diese Schritte mit und verweist ganz grundsätzlich auf die Geltung des Primärrechts auch im Bereich von Auftragsvergaben mit Werten unterhalb der EU-Schwelle.[4] Dies betrifft auch die bisher aus dem europäischen Vergaberecht ausgeklammerten sog. „nachrangigen Dienstleistungen", und zwar erst recht dann, wenn infolge Grenznähe und/oder Volumen bzw Spezialität der Leistung eine **Binnenmarktrelevanz** anzunehmen ist.[5]

1. Nichtdiskriminierung (Art. 18 AEUV)

2 Das Verbot der Nichtdiskriminierung gilt im Anwendungsbereich des Vertrages bzw der Verträge. Es bedarf also eines **grenzüberschreitenden Sachverhalts**, dh eines solchen, der zumindest eine Verbindung zu einem unionsrechtlich geregelten Bereich aufweist.[6]

3 Art. 18 AEUV verlangt die vollständige Gleichbehandlung der Personen anderer Staatsangehörigkeit mit den Staatsangehörigen des betreffenden Mitgliedstaates.[7] Er räumt den Staatsangehörigen anderer Mitgliedstaaten Rechte ein.[8] **Spezielle Diskriminierungsverbote** wie sie die allgemeinen Grundfreiheiten, aber auch Art. 45 Abs. 2, 56 Abs. 2, 57 Abs. 3 AEUV enthalten, gehen dem **allgemeinen Diskriminierungsverbot** vor.[9]

4 Eine Diskriminierung liegt vor, wenn entweder unterschiedliche Vorschriften auf gleichartige Situationen angewandt werden oder dieselbe Vorschrift auf unterschiedliche Situationen angewandt wird.[10] Von der **direkten Diskriminierung**, welche die Staatsangehörigkeit selbst als Unterscheidungsmerkmal hat,[11] ist die **indirekte Diskriminierung** zu unterscheiden, bei der zwar an ein anderes Merkmal, aber mit gleicher Wirkung angeknüpft wird.[12] Diese Unterscheidung gilt speziell auch für das öffentliche Auftragswesen. Ausschreibungen können in sehr subtiler Weise „gesteuert" und damit diskriminierend gestaltet werden. Auch bei der Vergabe öffentlicher Aufträge wird auf die damit verbundene mögliche Gefahr einer Diskriminierung von Bietern wiederholt hingewiesen.[13]

5 **Nicht erfasst** wird die sog. **Inländerdiskriminierung.** Hier ist, weil es sich um eine rein nationale Angelegenheit handelt, der Anwendungsbereich des AEUV nicht eröffnet und damit eine Voraussetzung für ein Berufen auf Art. 18 AEUV nicht gegeben.[14] Eine Inländerdiskriminierung existiert beispielsweis bei den Verfahren zur Ausschreibung von Architektenleistungen, wo nach dem bun-

---

2 EuGH, Rs. C-376/08, VergabeR 2010, 469; EuGH, Rs. C-412/04 (Kommission/Italien), VergabeR 2008, 501; EuGH, verb. Rs. C-147/06 und C-148/06, VergabeR 2008, 625; vgl Mitteilung der Kommission vom 23.6.2006 zu „Auslegungsfragen in Bezug auf das Gemeinschaftsrecht, das für die Vergabe öffentlicher Aufträge gilt, die nicht oder nur teilweise unter die Vergaberichtlinien fallen"; hierzu Entscheidung EuG, Rs. T-255/06 (Bundesrepublik Deutschland/Europäische Kommission), vom 20.5.2010, NZBau 2010, 510, 516.

3 Mitteilung der Kommission vom 23.6.2006 zu „Auslegungsfragen in Bezug auf das Gemeinschaftsrecht, das für die Vergabe öffentlicher Aufträge gilt, die nicht oder nur teilweise unter die Vergaberichtlinien fallen, ABl. Nr. C 179 v. 1.8.2006.

4 BGH 30.8.2011 – X ZR 55/10. Unter Verweis auf EuGH, Rs. C-376/08, VergabeR 2010, 469.

5 OLG Saarbrücken, 29.1.2014 – 1 Verg 3/13.

6 *Haratsch/König*, Rn 706.

7 EuGH, Rs. C-360/00 (Ricordi), Slg 2002, I-05089; EuGH, Rs. C-43/95 (Delecta Aktiebolag), Slg 1996, I-4661.

8 *Lenz*, in: Lenz/Borchardt, Art. 18 AEUV Rn 2.

9 EuGH, Rs. C-397/98 und C-410/98 (Metallgesellschaft Ltd. U.a.), Slg 2001, I-1727; EuGH, Rs. C-240/10 (Schulz-Delzers), Slg 2011, I-08531. S.a. *Geiger*, Art. 18 AEUV Rn 2.

10 EuGH, Rs. C-123/08 (Wolzenburg), Slg 2009, I-0962.

11 EuGH, Rs. C-62/96 (Kommission/Griechenland), Slg 1997, I-6725.

12 EuGH, Rs. C-388/01 (Kommission/Deutschland), Slg 2003, I-721; Rs. C-356/97 (Clean Car), Slg 1998, I-2521.

13 OLG Jena 16.7.2007 – 9 Verg 4/07.

14 *Lenz*, in: Lenz/Borchardt, Art. 18 AEUV Rn 3; *Haratsch/ König*, Rn 718.

desdeutschen Preisrecht der **HOAI** Inländer schlechter gestellt werden als „EU-Ausländer".[15] Abgesehen von diesem Sonderfall gilt als Einschränkung insoweit, dass der Mitgliedstaat die eigenen Staatsangehörigen nicht vom Genuss unionsrechtlich garantierter Rechte ausschließen darf. **Adressat** des Diskriminierungsverbots sind neben den Organen der Union die Mitgliedstaaten und die juristischen Personen des öffentlichen Rechts; Einzelpersonen nur insoweit, als sie Macht ausüben.[16]

Für das **Vergaberecht** folgt aus Art. 18 AEUV die Verpflichtung der Mitgliedstaaten, jegliche Diskriminierung im Rahmen der Auftragsvergabe zu unterlassen und ein Verfahren vorzusehen, das durch Prinzipien wie das Gleichbehandlungs- und Transparenzgebot geprägt ist.[17] Entsprechend den primärrechtlichen Vorgaben normieren auch die Vergaberichtlinien den Grundsatz der Gleichbehandlung. Erstere werden dadurch nicht verdrängt, sondern sind als Auslegungsmaßstab heranzuziehen.[18] 6

2. Freier Warenverkehr (Art. 28 ff AEUV)

Die **Zollunion** ist gekennzeichnet durch die Abschaffung der Binnenzölle sowie einen gemeinsamen Außenzoll gegenüber Drittländern. Das letztgenannte Merkmal unterscheidet sie von der Freihandelszone. Das Zollgebiet ist grundsätzlich mit dem Staatsgebiet der Mitgliedstaaten identisch.[19] Die Zollunion bedarf zu ihrem Funktionieren zumindest harmonisierter oder aber einheitlicher materiellrechtlicher Bestimmungen und des Zollverfahrensrechts. Inzwischen ist mittels Rechtsverordnungen eine einheitliche Zollrechtsordnung für das gesamte Unionsgebiet geschaffen worden.[20] 7

Im Warenverkehr zwischen den Mitgliedstaaten sind darüber hinaus **mengenmäßige Beschränkungen und Maßnahmen gleicher Wirkung verboten,** wobei dies gleichermaßen für aus einem Mitgliedstaat stammende Waren wie für solche aus Drittländern gilt, die sich im freien Verkehr eines Mitgliedstaates befinden (Art. 29 AEUV). 8

Die Freiheit des Warenverkehrs, die zu den grundlegenden Normen des Unionsrechts zählt, sichert die auf den Warenaustausch zielende Wirtschaftstätigkeit[21] und ist damit von wesentlicher Bedeutung für die Verwirklichung des **Binnenmarktes,**[22] zu dem auch der **gemeinsame Beschaffungsmarkt** mit einem Anteil am BIP von ca. 19 % zu rechnen ist. Der Wert der Auftragsvergaben betrug im Jahr 2012 etwa 340 Billionen €.[23] 9

Obgleich die Grundfreiheiten sich – im Unterschied zu den unionsrechtlichen Grundrechten[24] – zunächst an die Mitgliedstaaten richten, sieht die Rechtsprechung des EuGH Art. 34 AEUV (früher: Art. 28 EGV) doch als unmittelbar anwendbares Recht an, aus dem sich für den Einzelnen ein **subjektives Recht** ergibt.[25] Mit der hieraus folgenden Möglichkeit der Abwehr von Beschränkungen der Warenverkehrsfreiheit wird die Durchsetzbarkeit der unionsrechtlichen Vorgaben wesent- 10

15 § 1 HOAI 2013 lautet: „*Diese Verordnung regelt die Berechnung der Entgelte für die Grundleistungen der Architekten und Architektinnen und der Ingenieure und Ingenieurinnen (Auftragnehmer oder Auftragnehmerinnen) mit Sitz im Inland, soweit die Grundleistungen durch diese Verordnung erfasst und vom Inland aus erbracht werden.*"

16 EuGH, Rs. C-415/86 (Bosman), Slg 1995, I-4921.

17 EuGH, Rs. C-275/98 (Unitron Scandinavia), Slg 1999, I-8291; Rs. C-285/99 u. C-286/99 (Lombardini u. Mantovani), Slg 2001, I-9233; *Arrowsmith*, E.L. Rev. 27 (2002), 3, 5: „First and foremost, transparency is intended to make it more difficult to discriminate ..."

18 S. EuGH, Rs. C-359/93 (Kommission/Niederlande), Slg 1995, I-157.

19 EuGH, Rs. C-293/02 (Jersey). *Schwarze*, Art. 28 AEUV Rn 14 (Ausnahme für Deutschland: die Insel Helgoland); *Geiger*, Art. 28 AEUV Rn 5.

20 VO des Rates Nr. 2913/92 zur Festlegung des Zollkodex der Gemeinschaften, ABl. 1992 Nr. L 302/1, zuletzt geändert durch VO 82/97, ABl. 1997 Nr. L 17/1.

21 *Schwarze*, Art. 34 AEUV, Rn 1.

22 Siehe EuGH, Rs. C-9/93 (Ideal Standard), Slg 1994, I-2789; Rs. C-265/95 (Kommission/Frankreich), Slg 1997, I-6959.

23 Europäische Kommission, Jährlicher Umsetzungsbericht zum öffentlichen Auftragswesen, 9.10.2012 (ec.europa.eu/internal_market/publicprocurement/index_de.htm).

24 Diese ergeben sich aus dem in den Mitgliedstaaten anzutreffenden Grundrechtsstandard sowie aus der EMRK.

25 Sehr instruktiv: LG Frankfurt/Oder 14.11.2007 – 13 O 360/07, NZBau 2008, 208 = VergabeR 2008, 132, unter Berufung auf: EuGH, Rs. C-264/03, VergabeR 2006, 54 = WuW 2006, 335.

lich gefördert.[26] Auf Art. 34 AEUV können sich natürliche Personen sowie juristische Personen und Personenvereinigungen berufen. Für letztgenannte Gruppe folgt dies aus dem Charakter der Gewährleistung als wirtschaftliche Freiheit. Hinsichtlich des persönlichen Anwendungsbereichs spielt die Staatsangehörigkeit keine Rolle; auch Drittstaatsangehörige können sich auf Art. 34 AEUV berufen.[27]

11 In sachlicher Hinsicht ist Art. 34 AEUV, wie alle Grundfreiheiten, auf grenzüberschreitende Sachverhalte anwendbar. Geschützt ist neben der Einfuhr von Waren, Art. 34 AEUV, auch die Ausfuhr, Art. 35 AEUV, sowie, wenn auch nicht ausdrücklich erwähnt, die Durchfuhr, bei der es sich um eine Kombination beider handelt.

12 In einer grundlegenden Entscheidung[28] hat der EuGH klargestellt, dass nicht lediglich die Mitgliedstaaten durch die Norm verpflichtet werden, eine Verletzung durch eigenes Handeln zu vermeiden, sondern das Verbot der Normverletzung sich vielmehr unter bestimmten Voraussetzungen auch auf Privatpersonen erstrecken kann. Zur Begründung berief sich der Gerichtshof auf Art. 4 Abs. 3 EUV (früher: Art. 10 EGV). Eine Beeinträchtigung des Handels innerhalb der Union kann auch durch die Untätigkeit des Staates gegenüber Handelshemmnissen Privater gegeben sein.[29] Eine Verletzung dieser staatlichen Pflicht zum Schutz der Warenverkehrsfreiheit ist allerdings nur im Falle **gravierender Beeinträchtigungen** anzunehmen, wenn auch unter Berücksichtigung der den Mitgliedstaaten zustehenden Einschätzungsprärogative das Untätigbleiben sich als nicht mehr vertretbar erweist.[30] Im Übrigen ist eine unmittelbare Bindung Privater an Art. 34 AEUV jedoch abzulehnen.[31] Hierfür sprechen auch systematische Gründe, gelten für den Wettbewerb Privater doch besondere Regelungen in Art 101 AEUV (früher: Art. 81 ff EGV).[32] Mittelbare Drittwirkung kommt Art. 28 hingegen als Auslegungsmaßstab im Rahmen privatrechtlicher Generalklauseln zu.

13 Im Interesse der Freiheit des Warenverkehrs untersagt Art. 34 AEUV **mengenmäßige Beschränkungen.** Das sind Regelungen, nach denen der Import nur in bestimmtem Umfang erlaubt ist. Hierunter fällt auch ein umfassendes Einfuhrverbot.[33] Die fraglichen Maßnahmen müssen auf eine Beschränkung der Einfuhr abzielen, andernfalls kommt eine **Maßnahme gleicher Wirkung** in Betracht. Nach der sog. **Dassonville**-Formel[34] gilt als solche „jede Handelsregelung der Mitgliedstaaten, die geeignet ist, den innergemeinschaftlichen Handel unmittelbar oder mittelbar, tatsächlich oder potentiell zu behindern". Es genügt danach, wenn eine Maßnahme lediglich potentiell beschränkende Wirkung hat, so dass auch die nur drohende Beeinträchtigung erfasst wird und eine Einfuhrbehinderung im Einzelfall nicht nachgewiesen werden muss. Auch ein gezielter Eingriff ist nicht erforderlich, entscheidend ist allein die Geeignetheit der Maßnahme den Warenverkehr zu behindern.[35]

14 Das den Mitgliedstaaten gemäß Art. 3 Abs. 3 EUV (früher: Art. 14 EGV) gesetzte Ziel, einen Binnenmarkt zu garantieren, betrifft auch das **öffentliche Auftragsrecht**, dessen Vereinheitlichung damit in die **Kompetenz** der EU fällt. Aus den Grundfreiheiten ergibt sich im Rahmen der Vergabe öffentlicher Aufträge das Gebot, Waren und Dienstleistungen aus dem EU-Ausland mit inländischen gleichzustellen. Alle diskriminierenden Regelungen sind unzulässig und können, unmittelbar gestützt auf die Gewährleistungen der Art. 34 und 56 AEUV, von der Union aufgehoben werden.[36]

---

26 *Schwarze*, Art. 34 AEUV, Rn 5.
27 *Schwarze*, Art. 34 AEUV Rn 8.
28 EuGH, Rs. C-112/00 (Schmidberger/Österreich), Slg 2003, I-5659.
29 S.a. *Schwarze*, Art. 34 AEUV Rn 12; *Lux* in: Lenz/Borchardt, Art. 34 AEUV Rn 21.
30 *Schwarze*, EuR 1998, 57 f.
31 Überwiegende Meinung, s. *Schwarze*, Art. 34 AEUV Rn 88 f unter Hinweis auf den freiheitssichernden, nicht freiheitseinschränkenden Charakter der Norm; aA *Steindorff*, in: FS Lerche, S. 581 ff.
32 Vgl EuGH Rs. 65/86 (Bayer u.a.), Slg 1988, 5249.
33 EuGH, Rs. 34/79 (Henn u. Darby), Slg 1979, 3795.
34 EuGH, Rs. 8/74 (Dassonville), Slg 1974, 837.
35 *Schwarze*, Art. 34 AEUV Rn 38.
36 *Schwarze*, Art. 34 AEUV Rn 1 f, 10; *Geiger*, Art. 34 AEUV Rn 11 ff.

Aus Art. 34 AEUV ergeben sich **Anforderungen an die Leistungsbeschreibung**, wenn eine Warenlieferung Gegenstand des öffentlichen Auftrags ist. So verstößt der (öffentliche) Auftraggeber gegen die Freiheit des Warenverkehrs, wenn mit der konkreten Fassung der Leistungsbeschreibung ausländische Produkte die Bedingungen nicht erfüllen können oder wenn auf bestimmte Marken Bezug genommen wird.[37] Dies kann beispielsweise auch ein europaweit nicht bekanntes Gütezeichen für Sprossenfenster sein.[38] Im Fall *Dundalk*,[39] in dem die einzuführenden Rohre (für Druckrohrleitungen) nach den Verdingungsunterlagen die Voraussetzungen einer von einem irischen Institut aufgestellten Norm erfüllen mussten, hat der Gerichtshof einen Verstoß Irlands gegen Art. 34 AEUV angenommen. 15

Auf Unionsebene bestehen hinsichtlich verschiedener Gruppen von Waren **Harmonisierungsmaßnahmen** in Form von Richtlinien und Verordnungen, so etwa für Lebensmittel,[40] Arzneimittel,[41] gefährliche Stoffe[42] oder hinsichtlich aus genetisch veränderten Organismen hergestellter Lebensmittel.[43] 16

Durch die **VO (EG) Nr. 26791/98** des Rates v. 7.12.1998[44] über das **Funktionieren des Binnenmarktes** im Zusammenhang mit dem freien Warenverkehr zwischen den Mitgliedstaaten hat die Kommission besondere Befugnisse erhalten, um in Fällen einer schwerwiegenden Störung des freien Warenverkehrs effektiv eingreifen zu können. Anknüpfungspunkt kann neben einem Handeln auch das Nichteinschreiten eines Mitgliedstaates sein. In Anlehnung an Art. 3 der Koordinierungsrichtlinie für die Anwendung des Nachprüfungsverfahrens im Rahmen der Vergabe öffentlicher Bau- und Lieferaufträge[45] enthält die Verordnung in den Art. 3-5 ein **Frühwarn- und Informationssystem.**[46] 17

Trotz der Formulierung „sind verboten" ist nicht jeder Eingriff vertragswidrig. Nach Art. 36 AEUV sind vielmehr Behinderungen des freien Warenverkehrs ausnahmsweise zulässig. Neben den in Art. 36 AEUV ausdrücklich genannten Rechtfertigungsgründen können seit der **Cassis-de-Dijon**-Entscheidung auch **zwingende Erfordernisse** geltend gemacht werden. Hierbei handelt es sich um ungeschriebene Schranken,[47] welche diejenigen Eingriffe in die Warenverkehrsfreiheit erlauben sollen, die zum Schutz anderer Rechtsgüter notwendig sind. Die weite Auslegung des Begriffs der Maßnahmen gleicher Wirkung erfährt hierdurch eine Einschränkung. „Im allgemeinen Interesse liegende Ziele" dürfen durch beschränkende Maßnahmen verwirklicht werden.[48] 18

Die Mitgliedstaaten trifft grundsätzlich die **Beweislast** für das Vorliegen der Ausnahmetatbestände, unter Berücksichtigung des ihnen hierbei zustehenden Beurteilungsspielraums.[49] Die Einschränkungen müssen, weil sie nur unter engen Voraussetzungen zulässig sein können, den Anforderungen des **Verhältnismäßigkeitsgrundsatzes** genügen. 19

37 EuGH, Rs. C-59/00 (Vestergaard), Slg 2001, I-9507.
38 LG Frankfurt/Oder 14.11.2007 – 13 O 360/07, NZBau 2008, 208 = VergabeR 2008, 132, unter Berufung auf: EuGH, Rs. C-264/03.
39 EuGH, Rs. 45/87 (Dundalk), Slg 1988, 4929.
40 RL 79/112 (ABl. 1979 Nr. L 33/1).
41 RL 65/65 (ABl. 1965 Nr. L 22/369 und RL 75/319 (ABl. 1975 Nr. L 147/3); Schaffung eines Gemeinschaftsverfahrens für die Zulassung von Arzneimitteln durch VO 2309/93 (ABl. Nr. L 214/1).
42 RL 67/548 (ABl. 1967 Nr. L 196/1); RL 78/631 (ABl. 1978 Nr. L 206/13); RL 88/379 (ABl. 1988 Nr. L 187/14); RL 76/769 (ABl. 1976 Nr. L 262/01).
43 VO 1139/1998 (ABl. 1998 Nr. L 159/4).
44 ABl. Nr. L 337/ 8.
45 RL 89/665/EWG v. 21.12.1989, ABl. Nr. L 395/33.
46 S. näher *Hauschild*, EuZW 1999, 236.
47 *Schwarze*, Art. 34 AEUV Rn 109; vgl EuGH, Rs. C-112/00 (Schmidberger/Österreich), Slg 2003, I-5659.
48 EuGH, Rs. 120/78 (Rewe/Bundesmonopolverwaltung für Branntwein), Slg 1979, 649.
49 EuGH, Rs. C-434/04 (Ahokainen/Leppik), Slg 2006, I-9171; EuGH, Rs. C-275/08 (Datenzentrale Baden-Württemberg – DZBW), VergabeR 2010, 57; *Schwarze*, Art. 36 AEUV Rn 76.

3. Niederlassungs- und Dienstleistungsfreiheit (Art. 49 und 56 AEUV)

a) Niederlassungsfreiheit

20 Die Niederlassungsfreiheit schützt die Freizügigkeit der selbständigen Erwerbstätigen und beinhaltet das Recht auf Aufnahme einer solchen Tätigkeit unter den gleichen Bedingungen wie sie für die Staatsangehörigen des betreffenden Mitgliedstaates gelten. Insoweit stellt die Niederlassungsfreiheit eine **Konkretisierung** des allgemeinen Diskriminierungsverbots dar.[50]

21 Sie schützt jede Art der wirtschaftlichen Tätigkeit Selbständiger.[51] Erfasst ist damit eine **gewerbliche Tätigkeit** ebenso wie eine solche im Rahmen der **freien Berufe**. Nach Art. 49 Abs. 2 AEUV fällt auch die Gründung und Leitung von Unternehmen unter die Normgewährleistung. Ferner gemäß Art. 54 AEUV die Beteiligung an einer Gesellschaft, sofern der hierdurch begründete Einfluss von bestimmender Art ist.[52]

22 Ausschließlich Sachverhalte mit **Auslandsberührung** unterfallen der Norm, bei reinem Inlandsbezug ist sie grundsätzlich nicht anwendbar.[53] Eine Ausnahme gilt jedoch insofern, als sich zB Inländer nach einem Erwerb ausländischer Diplome ihrem eigenen Mitgliedstaat gegenüber auf die durch das EU-Recht gewährten Vorteile berufen können. Kein bloßer Inlandsbezug liegt dagegen vor, wenn sich ein Inländer gegenüber seinem Heimatstaat auf im Ausland erworbene akademische Grade beruft.[54]

23 Neben natürlichen Personen können sich unter den Voraussetzungen des Art. 54 auch **Gesellschaften** auf Art. 49 AEUV berufen. Dieser beinhaltet für sie das Recht, innerhalb der EU frei ihren Sitz zu nehmen und zu verlegen sowie Zweigniederlassungen zu gründen. Auch die grenzüberschreitende Verschmelzung ist eine mögliche Form der Ausübung der Niederlassungsfreiheit.[55][56]

24 Das Recht der Freizügigkeit kann auch gegenüber dem Heimatstaat geltend gemacht werden, wenn die Angehörigen eines Mitgliedstaates in einem anderen Mitgliedstaat arbeiten oder arbeiten wollen oder wenn es sich sonst um einen unionsrechtlich relevanten Sachverhalt handelt.[57]

25 Adressat sind die Mitgliedstaaten und ihre öffentlichrechtlichen Körperschaften sowie private Verbände und Unternehmen, soweit sie Kollektivregelungen treffen.[58]

26 Art. 49 AEUV steht Behinderungen entgegen, die sich unmittelbar auf die Aufnahme und die Ausübung selbständiger Tätigkeiten der ausländischen Staatsangehörigen beziehen (**offene Diskriminierung**), so wenn die Ausübung durch Ausländer untersagt, von einer Genehmigung oder Probezeit abhängig gemacht wird. Ferner fällt hierunter auch eine Beschränkung derjenigen Rechte, die bei

50 *Geiger*, Art. 43 EGV Rn 8.

51 EuGH, Rs. C-268/99 (Jany), Slg 2001, I-8657.

52 Andernfalls handelt es sich um einen Anwendungsfall der Kapitalverkehrsfreiheit, s. EuGH, Rs. C-251/98 (Baars), Slg 2000, I-2805; *Geiger*, Art. 43 EGV Rn 6; vgl *Schwarze*, Art. 55 AEUV Rn 2: in der Regel sind Niederlassungsfreiheit und Kapitalverkehrsfreiheit betroffen; EuGH, Rs. C-284/06 (Burda), Slg 2008, I-4571; Rs. C-452/01 (Ospelt und Schlössle Weissenberg), Slg 2003, I-9743.

53 *Fischer* in: Lenz/Borchardt, Art. 49 AEUV Rn 2; *Schwarze*, Art. 49 AEUV Rn 42; *Dauses/Roth*, Handbuch, E I, Rn 31; EuGH, C-104/08 (Kurt), Slg. 2008, I-97; Rs. C-17/94 (Gervais), Slg 1995, I-4368.

54 *Schwarze*, Art. 49 AEUV Rn 43; EuGH, Rs. C-370/90 (Singh), Slg. 1992, I-4265; Rs. C-19/92 (Kraus), Slg. 1993, I-1663; Rs. C-264/96 (ICI), Slg. 1998, I-4695; Rs. C-104/08 (Kurt), Slg. 2008, I-97.

55 *Schwarze*, Art. 54 AEUV Rn 13.

56 Problematisch ist die Inanspruchnahme der Niederlassungsfreiheit durch Sitzverlegung, wenn nach der kollisionsrechtlichen Beurteilung die Sitzverlegung in einen anderen Mitgliedstaat als Auflösung der Gesellschaft betrachtet wird – so bei Geltung der Sitztheorie. Bei Geltung der Gründungstheorie ist die identitätswahrende Sitzverlegung hingegen möglich. Die Wahrnehmung der Niederlassungsfreiheit kann hierbei jedoch aufgrund von steuerlichen Nachteilen oder Schwierigkeiten des Verfahrens beeinträchtigt sein. Die Einführung der Societas Europaea durch die VO EG Nr. 2157/2001 des Rates v. 8.10.2001 vermindert diese Schwierigkeiten.

57 *Geiger*, Art. 49 AEUV Rn 7. Wenn eine reine Inländerdiskriminierung dem Anwendungsbereich der Niederlassungsfreiheit damit grundsätzlich nicht unterfällt, so werden nach der neuesten Rechtsprechung Ausnahmen gemacht, so wenn es bei der Vergabe von Dienstleistungskonzessionen aufgrund vollständig fehlender Ausschreibung zu einer potentiellen Diskriminierung auch ausländischer Interessenten kommen könnte (EuGH, Rs. C-458/03 (Parking Brixen), Slg 2005, I-8585; Rs. C-231/03 (Coname), Slg 2005, I-7287; Rs. C-410/04 (ANAV), Slg 2006, I-3303.

58 EuGH, Rs. 36/74 (Walrave), Slg 1974, 1405; Rs. C-309/99 (Wouters), Slg 2002, I-1653.

Ausübung einer Tätigkeit gegeben sein müssen, etwa auf Zugang zu den Gerichten oder auf Teilnahme an öffentlichen Beihilfen.[59]

Eine **versteckte Diskriminierung** liegt vor, wenn die Unterscheidung zwar nicht an die Staatsangehörigkeit anknüpft, aber gerade Ausländer trifft. So verstößt eine öffentliche Ausschreibung, welche eine Voraussetzung aufstellt, welche faktisch nur von inländischen Unternehmen erfüllt werden kann (zumindest mehrheitliche Beteiligung des italienischen Staates an dem Unternehmen), gegen die Niederlassungs- und Dienstleistungsfreiheit.[60] Eine unzulässige versteckte Diskriminierung kann auch darin liegen, dass der Erwerb eines Grundstücks in einem Mitgliedstaat von der ausreichenden Bindung zu der betreffenden Gemeinde abhängig gemacht wird.[61] Eine solch verbotene mittelbare Diskriminierung ist abzugrenzen von Hindernissen, die aus besonderen Gründen sachlich gerechtfertigt sind.[62] 27

Neben dem Verbot der Diskriminierung begründet Art. 49 AEUV auch die positive Pflicht der Mitgliedstaaten, die Niederlassungsfreiheit zu fördern. Dies geschieht durch Beseitigung von Hindernissen, die sich aus Unterschieden der nationalen Rechtsordnungen ergeben.[63] 28

Eine Beeinträchtigung der Niederlassungsfreiheit kann sich im Bereich des Vergaberechts daraus ergeben, dass EU-Ausländern die Ausübung der Erwerbstätigkeit in einem Mitgliedstaat durch eine diese **unmittelbar diskriminierende Ausschreibung** unmöglich gemacht wird. So sollte in dem vom Gerichtshof entschiedenen Fall *Steinhauser*[64] die Ausschreibung um die Vermietung von gemeindeeigenen Hafenbuden ausdrücklich nur den Angehörigen des eigenen Staates offen stehen, was der Gerichtshof für mit den unionsrechtlichen Anforderungen nicht vereinbar hält. 29

Eine Beschränkung der Niederlassungsfreiheit ist aus zwingenden Gründen des Gemeinwohls zulässig. Die Rechtsprechung hat hierfür als weitere Voraussetzung verlangt, dass die Anwendung beschränkender Maßnahmen in nicht diskriminierender Weise erfolgt und die Einschränkung zur Verwirklichung des hiermit verfolgten Zieles geeignet und erforderlich ist.[65] 30

Zur Verwirklichung der Niederlassungsfreiheit bedarf es eines Rechts auf Einreise und Aufenthalt, welches deshalb von der Gewährleistung des Art. 49 AEUV mit umfasst wird. Dieses Aufenthaltsrecht wird auch für Familienangehörige gewährt.[66] Die hierfür geltenden Grundsätze werden durch die Richtlinie 73/148/EWG[67] näher geregelt. 31

Nach dem Ende der Erwerbstätigkeit entfällt das **akzessorische Bleiberecht** nicht. Dies ergibt sich zwar nicht unmittelbar aus dem AEUV, wird aber von der Freizügigkeitsrichtlinie (Richtlinie 2004/38/EG), auch Unionsbürgerrichtlinie genannt, vorgesehen (früher: Richtlinie 75/34 – sog. Verbleibe-Richtlinie). 32

---

59 *Geiger*, Art. 49 AEUV Rn 13.

60 EuGH, Rs. C-3/88 (Datenverarbeitungssysteme), Slg 1989, 4035; s.a. EuGH, Rs. C-221/89 (Factortame), Slg 1991, I-3905. Keine unzulässige Diskriminierung liegt hingegen vor, wenn unterschiedliche Rechtsvorschriften in den Mitgliedstaaten dazu führen, dass Anforderungen an den Nachweis der wirtschaftlichen und finanziellen Leistungsfähigkeit unterschiedlich leicht erfüllt werden können, EuGH, Rs. C-218/11 (Edukövizig und Hochtief Construction).

61 EuGH, Rs. 197/11 und C-203/11 (Libert u.a./Königreich Belgien). Gleichzeitig liegt hierin eine Beeinträchtigung der Kapitalverkehrsfreiheit, vgl EuGH, Rs. C-567/07, Slg 2009, I-9021.

62 EuGH, Rs. C-19/92 (Kraus), Slg 1993, I-1663.

63 S. etwa Richtlinie zur gegenseitigen Anerkennung von Diplomen, Art. 47.

64 EuGH, Rs. 197/84 (Steinhauser/Stadt Biarritz), Slg 1985, 1819.

65 EuGH, Rs. C-197/11 und C-203/11 (Libert u.a./Königreich Belgien); Rs. 294/00 (Deutsche Paracelsus Schulen), Slg 2002, I-6540; Rs. 55/94 (Gebhard), Slg 1995, I-4186.

66 *Fischer*, in: Lenz/Borchardt, Art. 49 AEUV Rn 6; EuGH, Rs. C-1/05 (Yunying Jia), Slg 2007, I-1 (unter der Voraussetzung, dass sich das Familienmitglied vorher rechtmäßig in einem anderen Mitgliedstaat aufgehalten hat).

67 ABl. 1973 Nr. L 172.

b) Dienstleistungsfreiheit

33 Art. 56 AEUV schützt die grenzüberschreitende Erbringung von Dienstleistungen. Nicht erfasst sind damit Lebenssachverhalte, die nur den einzelnen Mitgliedstaat betreffen.[68] Dies gilt gleichermaßen dann, wenn zB freiwillig eine EU-weite Bekanntmachung geschaltet wurde, sich jedoch tatsächlich keine Bieter aus anderen EU-Staaten gemeldet haben.[69] Der Anwendungsbereich des Art. 56 AEUV ist auch dann eröffnet, wenn Erbringer und Empfänger der Dienstleistung ausnahmsweise in demselben Staat niedergelassen sind, diese jedoch in einem anderen Staat erbracht wird.[70] Dienstleistungsempfänger kann auch die öffentliche Hand sein.[71]

34 In **Abgrenzung zur Niederlassungsfreiheit** geht es hier um das Recht, von einem Mitgliedstaat aus einzelne Tätigkeiten in einem anderen Mitgliedstaat zu erbringen, ohne dass eine ständige Niederlassung dort unterhalten wird.[72] Eine gewisse Infrastruktur, wie die Einrichtung eines Büros, ist dabei allerdings erlaubt.[73] Der Begriff der Dienstleistung ist unionsrechtlich zu definieren (Art. 57 AEUV).

35 Die **Abgrenzung zur Warenverkehrsfreiheit** erfolgt nach dem Schwerpunkt der Tätigkeit.[74] Spielt die Dienstleistung im Zusammenhang mit einer Warenlieferung nur eine untergeordnete Rolle, so ist auch der Dienstleistungsanteil von der Warenverkehrsfreiheit mit umfasst.[75] Soweit die Tätigkeiten der Banken und Versicherungen über den reinen Kapitalverkehr hinausgehen, unterfallen sie Art. 56 ff AEUV.[76]

36 Die Gewährleistung gilt für natürliche Personen, die Staatsangehörige eines Mitgliedstaates sind sowie gemäß Artt. 62, 54 AEUV auch für juristische Personen, die nach den Rechtsvorschriften eines Mitgliedstaates gegründet sind und eine tatsächliche und dauerhafte Verbindung mit der Wirtschaft dieses Staates aufweisen.[77] Nach Art. 56 Abs. 2 AEUV besteht die Möglichkeit, die Dienstleistungsfreiheit auch auf Dienstleistende aus Drittländern zu erstrecken.

37 Art. 56 AEUV verbietet Beschränkungen sowohl durch den Staat des Leistungsempfängers als auch durch denjenigen des Erbringers der Leistung.[78] Im Fall ***Storebaelt*** hat der Gerichtshof einen Verstoß gegen die Dienstleistungsfreiheit bei einer öffentlichen Ausschreibung angenommen, welche die weitestgehende **Verwendung dänischer Baustoffe**, Verbrauchsgüter, Arbeitskräfte und Geräte **vorschrieb.**[79]

38 Besondere Bedeutung genießt die Dienstleistungsfreiheit in den Fällen der – bislang – nicht dem Vergaberecht unterfallenden **Dienstleistungskonzessionen.** Mangels sekundärrechtlicher Vorschriften des Europarechts kommen die Grundsätze der Dienstleistungsfreiheit mit den dem Vergaberecht entnommenen Grundsätzen der diskriminierungsfreien, wettbewerblichen und transparenten

---

68 EuGH, Rs. C-41/90 (Macrotron), Slg 1991, I-1979.
69 VGH Hessen, 20.12.2012 – 8 B 1668/12.
70 EuGH, Rs. C-154/89 (Kommission/Frankreich), Slg 1991, I-659; Rs. C-180/89 (Kommission/Italien), Slg 1991, I-709 – Tätigkeit als Fremdenführer im Ausland; Rs. 352/85 (Bond van Adverteerders), Slg 1988, 2085.
71 EuGH, Rs. C-113/89 (Rush Portuguesa), Slg 1990, I-1417.
72 EuGH, Rs. C-208/07 (Chamier-Glisczinski), Slg 2009, I-6095; Rs. C-3/95 (Reisebüro Broede), Slg 1996, I-6511; *Seyr*, in: Lenz/Borchardt, Vorbem. Art. 56-62 AEUV Rn 2.
73 EuGH, Rs. C-55/94 (Gebhard), Slg 1995, I-4165; Rs. C-3/95 (Reisebüro Broede), Slg 1996, I-6511.
74 EuGH, Rs. C-137/09 (Josemans), Slg 2010, I-0000; Rs. C-275/92 (Schindler), Slg 1994, I-1039; s.a. Rs. C-332/89 (Merchandise), Slg 1991, I-1027: der Gerichtshof misst die Vorschriften über die Sonntagsarbeit allein an Art. 28 ff EGV (jetzt Art. 34 ff AEUV), da es hierbei in erster Linie um den Wettbewerb der so produzierten Waren, nicht um den Produktionsvorgang gehe.
75 EuGH, Rs. C-137/09 (Josemans), Slg 2010, I-0000; EuGH, Rs. C-202/88 (Frankreich/Kommission), Slg 1991, I-1223.
76 *Seyr*, in: Lenz/Borchardt, Art. 56 AEUV Rn 8.
77 *Seyr*, in: Lenz/Borchardt, Art. 56 AEUV Rn 6.
78 EuGH, Rs. C-356/08 (Kommission/Österreich), Slg 2009, I-108; EuGH, Rs. C-384/93 (Alpine Investments), Slg 1995, I-1141.
79 EuGH, Rs. C-243/89 (Brücke über den Storebaelt), Slg 1993, I-3353.

Erteilung solcher Ausschließlichkeitsrechte in starkem Maße zur Anwendung.[80] Bei der Vergabe von Dienstleistungskonzessionen ist die Bekanntmachungspflicht bislang aber nur dann zu beachten, wenn an der Konzession ein sicheres grenzüberschreitendes Interesse besteht.[81] Andererseits ist nicht ausgeschlossen, dass Unternehmen grenzüberschreitend ein wirtschaftliches Interesse an der Konzession auch dann haben können, wenn dies zwar nicht per se ein lohnender Auftrag ist, jedoch der Erwerb der Konzession Teil einer Strategie ist, auf dem Markt des Mitgliedstaates, in dem die Konzession erworben werden soll, Fuß zu fassen.[82] Verschiedentlich haben Zivil- und Verwaltungsgerichte (die Zuständigkeit der Gerichte war bisher unklar) die Binnenmarktrelevanz von Dienstleistungskonzessionsvergaben geprüft und die primärrechtlichen Vorschriften oftmals für anwendbar erklärt – insbesondere Transparenz und Wettbewerb.[83] Dies ändert sich nun im Zuge des neuen Richtlinienpaketes. Die Dienstleistungskonzessionen werden in die Vergaberegeln des Sekundärrechts einbezogen und ebenso der Nachprüfung aufgrund der Rechtsmittelrichtlinien unterworfen. Damit werden in Deutschland die spezialisierten Vergabekammern und -senate bei den Oberlandesgerichten auch für die Dienstleistungskonzessionsvergaben zuständig.

Die Gewährleistung beinhaltet ein Verbot jeglicher Diskriminierungen des Leistungserbringers. 39
Eine **versteckte Diskriminierung** (des Leistungserbringers) erfolgt durch eine nationale Regelung eines Mitgliedstaates, welche die Verpflichtung zur Zahlung des Arbeitgeberanteils zur Sozialversicherung auch auf ausländische Arbeitgeber, die in dem Mitgliedstaat eine Dienstleistung erbringen, anwendet. Diese werden, da sie bereits in ihrem Heimatstaat entsprechende Beiträge zu entrichten haben, wirtschaftlich doppelt belastet und dadurch gegenüber inländischen Leistungserbringern diskriminiert.[84]

Der EuGH hat im Jahre 2008 die Anforderung aufgestellt, die **Arbeitnehmer-Entsenderichtlinie** 40
96/71/EG in der Weise auszulegen, dass lediglich solche Regelungen, die als staatliche, gesetzlich fixierte **Mindestlöhne** unterschiedslos für eine gesamte Branche bei der Erbringung von Leistungen in einem Mitgliedstaat gelten, in Öffentlichen Ausschreibungen angewendet werden dürfen. Privatwirtschaftliche Tariflöhne, die lediglich zwischen den Tarifparteien (Unternehmen und Gewerkschaften) ausgehandelt sind, können nicht zu einer Zugangsvoraussetzung für staatliche Aufträge gemacht werden, weil dies gegen Art. 56 AEUV (früher: Art. 49 EGV) verstoßen würde.[85] Es bedarf demnach gesetzlicher Regelungen. Zweifel an der Europarechtskonformität einiger Landes-Vergabesetze (zB § 2 Abs. 5 Satz 2 TVgG-NRW), die von Auftragnehmern die Zahlung eines bestimmten Mindeststundenentgeltes fordern und dies prinzipiell auch von ihren Nachunternehmern fordern, sind laut geworden. So hat etwa auf Vorlage der VK Arnsberg der EuGH entschieden, dass ein vom Bieter eingeschalteter in Polen tätiger Nachunternehmer nicht verpflichtet werden kann, den nordrhein-westfälischen Mindestlohn in Höhe von 8,62 EUR zu zahlen.[86]

Soweit es sich um Hindernisse in Form von speziellen Zugangserfordernissen handelt, müssen diese 41
bis zu einer Rechtsangleichung hingenommen werden. Dies entbindet die Mitgliedstaaten jedoch nicht von der Verpflichtung, eine Prüfung der Vergleichbarkeit ausländischer Befähigungsnachweise auch schon vor diesem Zeitpunkt vorzunehmen.[87]

Nach der neueren Rechtsprechung wird nicht mehr zwischen Diskriminierungen und Beschränkun- 42
gen unterschieden, sondern jede „Erschwerung des Marktzugangs“,[88] die nicht durch **zwingende**

80 EuGH, Rs. C-458/03 (Parking Brixen), Slg 2005, I-8585 = NZBau 2005, 644 = VergabeR 2005, 736; EuGH, Rs. C-300/07 (Oymanns GbR/AOK Rheinland-Hamburg), VergabeR 2009, 744.

81 EuGH, Rs. C-221/12 (Belgacom).

82 EuGH, Rs. C-388/12 (Comune di Ancona).

83 VGH Hessen 20.12.2012 – 8 B 1668/12; OVG Niedersachsen, 12.11.2012 – 13 ME 231/12; OLG Düsseldorf 7.3.2012 – VII-Verg 78/11.

84 EuGH, Rs. C-62/81 u. 63/81 (Seco), Slg 1982, 223.

85 EuGH, Rs. C-346/06; OLG Düsseldorf 5.5.2008 – VII Verg 5/08.

86 VK Arnsberg 26.9.2013 – VK 18/13, EuGH, Rs. C-549/13.

87 EuGH, Rs. C-340/89 (Vlassopoulou), Slg 1991, I-2357 betr. die Berufsausübung der Rechtsanwälte.

88 EuGH, Rs. C-422/01 (Skandia und Ramstadt), Slg 2008, I-6817; Rs. C-356/08 (Kommission/Österreich), Slg 2009, I-108; EuGH, Rs. C-287/10 (Tankreederei I).

Gründe des Allgemeininteresses[89] gerechtfertigt werden kann, untersagt. Diese weite Fassung des Schutzbereichs wird durch eine strenge Verhältnismäßigkeitskontrolle ausgeglichen. **Berufs- und Standesregeln,**[90] Regelungen des **sozialen Schutzes der Arbeitnehmer**[91] oder Vorschriften des Verbraucherschutzes[92] etwa sind als zwingende Gründe anerkannt.

43 Art. 56 AEUV ist **unmittelbar anwendbar** und kann deshalb als selbständige Rechtsgrundlage vor nationalen Gerichten geltend gemacht werden.[93] Bei Beschränkungen durch private Verbände und Berufsorganisationen kommt der Grundfreiheit auch horizontale Wirkung zu.[94] Wie aus der Niederlassungsfreiheit, so folgt auch aus der Dienstleistungsfreiheit ein Aufenthaltsrecht für die Dauer der Dienstleistung[95] sowie ein Recht auf ungehinderte Kommunikation.[96]

44 Die Artikel 49 und 56 AEUV bewirken bei vergaberechtlichen Lebenssachverhalten speziell eine grundsätzliche **Verpflichtung zur Transparenz.**[97] Allerdings stehen sie nicht in jedem Fall einer Direktvergabe, dh einer Vergabe ohne vorherige Vergabebekanntmachung bzw ohne Öffentlichen Teilnehmerwettbewerb, entgegen.[98]

4. Arbeitnehmerfreizügigkeit und Kapitalverkehrsfreiheit (Art. 45 bzw Art. 63 AEUV)

a) Arbeitnehmerfreizügigkeit

45 Die Freizügigkeit der Arbeitnehmer stellt eine der wesentlichen Voraussetzungen des Binnenmarktes dar.[99] In Ergänzung zur Niederlassungsfreiheit soll sie den **abhängig Beschäftigten** zugute kommen. Art. 45 AEUV (früher Art. 39 EGV) enthält dabei unmittelbar anwendbares Recht.[100]

46 In sachlicher Hinsicht findet Art. 45 AEUV Anwendung bei Vorliegen eines Arbeitsverhältnisses mit grenzüberschreitenden Elementen.[101] Im Einzelfall kann sich hieraus ein Problem der Inländerdiskriminierung stellen.[102] Eine derartige Schlechterstellung ist aber, da sie außerhalb des Anwendungsbereichs von Art. 45 AEUV liegt, nicht zu beanstanden.[103]

47 Der unionsrechtlich definierte[104] **Arbeitnehmerbegriff ist weit auszulegen.** Arbeitnehmer ist jeder, der Leistungen für einen anderen in Weisungsgebundenheit gegen Vergütung erbringt.[105] Art. 45 AEUV gilt auch für Personen, die noch nicht in einem Arbeitsverhältnis stehen, ein solches aber anstreben, gewährleistet also ein Recht auf Zugang zur Beschäftigung.[106]

89 EuGH, Rs. C-484/93 (Svensson), Slg 1995, I-3955.
90 EuGH, Rs. C-106/91 (Ramrath), Slg 1992, I-3351; Rs. C-148/91 (Veronica Omroep), Slg 1993, I-487.
91 EuGH, Rs. 62/81 u. 63/81 (Seco), Slg 1982, 223; Rs. C-113/89 (Rush Portuguesa), Slg 1990, I-1417.
92 EuGH, Rs. C-65/05 (Kommission/Griechenland), Slg 2006, I-10341; C-288/89 (Stichting Gouda), Slg 1991, I-4007; Rs. C-353/89 (Kommission/Niederlande), Slg 1991, I-4069.
93 Grundlegend EuGH, Rs. 33/74 (Van Binsbergen), Slg 1974, 1299; Rs. 205/84 (Kommission/Deutschland), Slg 1986, 3755; Rs. C-353/89 (Kommission/Niederlande), Slg 1991, I-4069.
94 EuGH, Rs. C-341/08 (Petersen), Slg 2010, I-00047; Rs. 36/74 (Walrave), Slg 1974, 1405; Rs. 13/76 (Donà), Slg 1976, 1333.
95 EuGH, Rs. C-363/89 (Roux), Slg 1991, I-273; *Schwarze*, Art. 56 AEUV Rn 130.
96 *Seyr*, in: Lenz/Borchardt, Art. 56/57 AEUV Rn 25.
97 Vgl Europäischen Kommission, Pressemitteilung (IP/05/44) v. 14.1.2005: Intransparente Direktvergabe von Dienstleistungsaufträgen deutscher Museen; intransparente Vergabe einer Dienstleistungskonzession für Breitbandkabel in Eisenhüttenstadt.
98 Vgl EuGH, Schlussantrag des Generalanwalts v. 12.4.2005, Rs. C-231/03.
99 *Schwarze*, Art. 45 AEUV Rn 1.
100 *Schwarze*, Art. 45 AEUV Rn 2.
101 Ständige Rspr, EuGH, Rs. 175/78 (Saunders), Slg 1979, 1129; Rs. C-153/91 (Camille Petit), Slg 1992, I-4973; Rs. C-206/91 (Poirrez), Slg 1992, I-6685.
102 *Scheuer/Weerth*, in: Lenz/Borchardt, Art. 45 AEUV Rn 40.
103 Verb. Rs 35 u. 36/82 (Morson u.a./Niederlande), Slg 1982, 3723.
104 EuGH, Rs. 53/81 (Levin), Slg 1982, 1035; Rs. 66/85 (Lawrie-Blum), Slg 1986, 2121 – ständ. Rspr.
105 Studenten sind damit aus dem Anwendungsbereich ausgenommen. Sie haben jedoch für die Dauer ihres Studiums ein Aufenthaltsrecht gemäß der RL 93/6/EWG, ABl. 1993 Nr. L 317/59.
106 Anspruch auf Gleichbehandlung bei der Stellensuche, sekundärrechtlich geregelt in Art. 1-6 VO Nr. 492/11; EuGH, Rs. C-138/02 (Collins), Slg 2004, I-2703; EuGH, Rs. 75/63 (Unger), Slg 1964, 379.

Art. 45 AEUV begünstigt die Staatsangehörigen der EU-Staaten sowie, unter sekundärrechtlichen Voraussetzungen, deren Familienangehörige.[107] Insoweit sind dann auch Drittstaatsangehörige berechtigt. Ein Recht auf Einreise und Aufenthalt folgt ebenfalls unmittelbar aus Art. 45.[108] Familienangehörigen steht ein von der Position des Arbeitnehmers abgeleitetes Recht zu.[109] 48

Die Dienstleistungsfreiheit beinhaltet für in einem Mitgliedstaat ansässige Unternehmen das Recht, Arbeiten in einem anderen Mitgliedstaat mit eigenem Personal zu erbringen. Die Dienstleistungsfreiheit des ausländischen Bauunternehmers darf dabei nicht dadurch eingeschränkt werden, dass ihm besondere Bedingungen etwa hinsichtlich der Einholung einer **Arbeitserlaubnis** gestellt werden (vgl jedoch die Übergangsregelungen betr. die zum 1.5.2004 beigetretenen Staaten).[110] Der Mitgliedstaat, in dem die Leistung erbracht wird, hat hierbei das Recht der Missbrauchskontrolle, die jedoch unter Beachtung der grundfreiheitlichen Gewährleistungen auszuüben ist.[111] 49

Adressat sind nicht nur die Mitgliedstaaten und die Unionsorgane, sondern auch Private.[112] So ordnet Art. 7 Abs. 4 der **VO Nr. 492/2011** ausdrücklich die Nichtigkeit von Bestimmungen in Einzel- oder in Tarifverträgen an, wenn diese unterschiedliche Regelungen für In- und Ausländer vorsehen oder zulassen.[113] Die Annahme einer solchen **Drittwirkung** ist aufgrund des Umstandes gerechtfertigt, dass die Arbeitsbedingungen häufig von nichtstaatlichen Instanzen festgelegt werden. 50

Art. 45 AEUV verbietet **offene Diskriminierungen** aus Gründen der Staatsangehörigkeit sowie versteckte mittelbare Beschränkungen. Letztere liegen bspw. vor, wenn die Erfüllung bestimmter Sachverhalte im Inland oder Ausland verlangt wird.[114] Ferner, wenn Bedingungen aufgestellt werden, die von Inländern leichter zu erfüllen sind oder die sich sonst zum Nachteil von EU-Ausländern auswirken.[115] 51

Eine **versteckte Diskriminierung** ist nicht automatisch, sondern nur dann verboten, wenn sie nicht durch objektive, von der Staatsangehörigkeit unabhängige Gründe gerechtfertigt ist.[116] Als solche zwingenden Gründe des Allgemeininteresses kommen alle „mit dem Vertrag zu vereinbarenden berechtigten Zwecke" in Betracht.[117] Jedoch sind die Geeignetheit und Erforderlichkeit der nationalen Regelung streng zu prüfen.[118] 52

b) Kapitalverkehrsfreiheit

Die Kapitalverkehrsfreiheit ist eine der vier Grundfreiheiten (s. Art. 26 Abs. 2 AEUV).[119] Kapital soll ungehindert dorthin fließen können, wo es den höchsten Ertrag bringt.[120] Der Kapitalverkehrsfreiheit gleichgestellt ist die **Zahlungsverkehrsfreiheit**. Art. 63 Abs. 1 AEUV verlangt die Beseitigung aller direkten und indirekten, legislativen, administrativen und sonstigen Beschränkungen 53

---

107 RL 2004/38, Art. 3 und VO Nr. 492/2011, Art. 10.

108 *Scheuer/Weerth*, in: Lenz/Borchardt, Art. 45 AEUV Rn 55, 57.

109 EuGH, Rs. 249/86 (Kommission/Deutschland), Slg 1989, 1263; *Schwarze*, Art. 45 AEUV Rn 23, 96 ff.

110 OLG Düsseldorf 7.7.2003 – Verg 34/03, EUK 2003, 137 = IBR 2003, 495: Berücksichtigung der Genehmigungspraxis betr. die Arbeitserlaubnis für polnische Arbeiter im Rahmen der Eignungsprüfung.

111 EuGH, Rs. C-113/89 (Rush Portuguesa), Slg 1990, I-1417.

112 EuGH, Rs. C-281/98 (Angonese), Slg 2000, I-4193; 36/74 (Walrave), Slg 1974, 1405.

113 Verordnung (EU) über die Freizügigkeit der Arbeitnehmer innerhalb der Union, Art. 7 Abs. 4: *„Alle Bestimmungen in Tarif- oder Einzelarbeitsverträgen oder sonstigen Kollektivvereinbarungen betreffend Zugang zur Beschäftigung, Entlohnung und sonstige Arbeits- und Kündigungsbedingungen sind von Rechts wegen nichtig, soweit sie für Arbeitnehmer, die Staatsangehörige anderer Mitgliedstaaten sind, diskriminierende Bedingungen vorsehen oder zulassen"*.

114 EuGH, Rs. C-278/94 (Kommission/Belgien), Slg 1996, I-4337; vgl auch Rs. C-197/11 und C-203/11 (Libert u.a./Königreich Belgien).

115 EuGH, Rs. C-31/87 (Beentjes), Slg 1988, 4635; EuGH, Rs. C-16/98 (Kommission/Frankreich), Slg 2000, I-8315; EuGH, Rs. C-237/94 (O'Flynn), Slg 1996, I-2617.

116 EuGH, Rs. C-237/94, ebd.; EuGH, Rs. C-415/93 (Bosman), Slg 1995, I-4921; *Schwarze*, Art. 45 AEUV Rn 38.

117 *Schwarze*, Art. 45 AEUV Rn 44; EuGH, Rs. C-325/08 (Olympique Lyonnais), Slg 2010, I-2177.

118 *Schwarze*, Art. 45 AEUV Rn 45; *Schroeder*, JZ 1996, 255 f.

119 EuGH, Rs. 203/80 (Casati), Slg 1981, 2595.

120 *Weber*, in: Lenz/Borchardt, Art. 56 EGV Rn 2 (3. Aufl. 2003).

grenzüberschreitender Kapitalbewegungen.[121] Als solche stellen sich alle staatlichen Maßnahmen dar, die für die Kapitaleinfuhr oder -ausfuhr eine gegenüber dem inländischen Kapitalverkehr formell oder materiell abweichende Regelung vorsehen.[122] Gefordert ist damit eine Liberalisierung des Zu-, Durch- und Abflusses von Kapital. Grundsätzlich verboten ist jede Form unmittelbarer oder mittelbarer, tatsächlicher oder potentieller Beschränkungen des grenzüberschreitenden Zahlungsverkehrs.[123] Zur Beseitigung von Beschränkungen bedarf es ferner einer Angleichung der Regelungen bezüglich des Börsenzwangsgebots oder der Zulassung von Wertpapieren zu den Kapitalmärkten.

54 Unter Zahlungsverkehr versteht man die Ein- und Ausfuhr von Zahlungsmitteln, zu welchen neben Geldmitteln auch Wechsel, Scheck oder Überweisung zählen. Der Begriff ist im Interesse der Freiheit des Waren- und Dienstleistungsverkehrs weit auszulegen.[124] Geschützt ist auch die Ausfuhr von Banknoten, welche innerhalb bestimmter, zwecks Verhinderung der Kapitalflucht errichteter Grenzen gestattet ist.[125]

55 Die Liberalisierung des Kapitalverkehrs wurde v.a. durch die (vierte) **Kapitalverkehrs-RL 88/361**[126] vorangetrieben, deren Aufführung von Kapitalverkehrsgeschäften in Anhang I nach wie vor maßgeblich ist. Mit der Einführung des Euro sind weitere Beschränkungen abgebaut. Darüber hinaus wird die Kapitalverkehrsfreiheit auch durch eine Zunahme des elektronischen Zahlungsverkehrs sowie eine Zusammenarbeit der Börsen gestärkt.[127] Dies bleibt auch nicht ohne Einfluss auf die öffentlichen Beschaffungen.

56 An Art. 63 AEUV müssen sich sowohl unionsrechtliche Rechtsakte als auch innerstaatliche Kapitalmarktregulierungen messen lassen, soweit es um den grenzüberschreitenden Kapitalverkehr geht. Art. 63 AEUV begründet damit eine unmittelbare Unterlassungspflicht, die von innerstaatlichen Gerichten und Verwaltungsbehörden ohne weiteres zu beachten ist. Art. 63 AEUV widersprechende Vorschriften sind unanwendbar zu lassen. In Zweifelsfällen ist der Gerichtshof anzurufen (Art. 267 AEUV), dem damit die Weiterentwicklung und konkrete Ausgestaltung der Norm obliegt.[128]

57 Neben beschränkenden Maßnahmen der Mitgliedstaaten selbst wird auch jedes den Mitgliedstaaten zurechenbare Verhalten von dem Verbot erfasst. Hingegen entfaltet Art. 63 AEUV keine unmittelbare Drittwirkung zwischen Privaten.[129] Eine Rechtfertigung etwaiger Beschränkungen ist nur durch **zwingende Erfordernisse** möglich.[130] Insoweit ist auf die für die anderen Grundfreiheiten geltenden Grundsätze zurückzugreifen. In entsprechender Anwendung der *Dassonville*-Formel[131] ist danach jede Maßnahme untersagt, die geeignet ist, den freien Kapital- und Zahlungsverkehr unmittelbar oder mittelbar, tatsächlich oder potentiell zu behindern.[132] In Konkretisierung dieses

121 *Schürmann*, in: Lenz/Borchardt, Art. 63 AEUV Rn 21.

122 *Seidel*, in: FS Kutscher, S. 408.

123 *Schwarze*, Art. 63 AEUV Rn 30.

124 *Börner*, EuR 1966, 99.

125 EuGH, Rs. 286/82 u. 26/83 (Luisi u. Carbone), Slg 1984, 406; Rs. 157/85 (Brugnoni/Ruffinengo), Slg 1986, 2031; Rs. 124/85 (Kommission/Griechenland), Slg 1986, 3949.

126 ABl. 1988 Nr. L 178/5. Die Kapitalverkehrsrichtlinien wurden im Wesentlichen 1994 durch Verankerung der Vorschriften über die Kapitalverkehrsfreiheit im EG-Vertrag ersetzt. Sie behalten ihre Bedeutung als Quelle für die gemeinschaftsrechtliche Definition wichtiger Begriffe der Kapitalverkehrsfreiheit, vgl Die große Enzyklopädie der Wirtschaft, www.economia48.com.

127 Vgl Kommission, Stärkung des Vertrauens der Kunden in elektronische Zahlungsmittel im Binnenmarkt, KOM (97) 353.

128 EuGH, Rs. C-358/93 u. C-416/93 (Bordessa), Slg 1995, I-385; EuGH, Rs. C-163/94, C-165/94 u. C-250/94 (Sanz de Lera), Slg 1995, I-4822 u. 4842.

129 S. *Schürmann*, in: Lenz/Borchardt, Art. 63 AEUV Rn 2; *Ress/Ukrow*, in: Grabitz/Hilf/Nettesheim, Art. 63 Rn 99.

130 *Schwarze*, Art. 63 AEUV Rn 24: Gesichtspunkte sind hierbei der Schutz der öffentlichen Ordnung, worunter auch der Finanzbedarf der öffentlichen Hand fällt, die Lauterkeit des Handelsverkehrs, der Verbraucherschutz. EuGH, Rs.C-197/11 und C-203/11.

131 EuGH, Rs. 8/74, Slg 1974, 837.

132 *Schürmann*, in: Lenz/Borchardt, Art. 63 AEUV Rn 22. Untersagt sind damit auch unterschiedslos für inländische Maßnahmen geltende Beschränkungen, *Geiger*, Art. 63 AEUV Rn 17.

Prinzips durch die *Cassis-de-Dijon*-Formel sind Beschränkungen außerhalb einer bestehenden Unionsregelung zulässig, die notwendig sind, um zwingenden Erfordernissen gerecht zu werden. Zwingende Erfordernisse können sich aus dem Schutz der öffentlichen Ordnung, der Lauterkeit des Handelsverkehrs, dem Verbraucherschutz und speziell aus Gesichtspunkten der Lauterkeit des Börsengeschäfts und des Anlegerschutzes ergeben.[133]

Berechtigt aus Art. 63 AEUV sind alle im Gebiet der Mitgliedstaaten sowie auch in Drittstaaten ansässigen natürlichen und juristischen Personen. Die Staatsangehörigkeit spielt keine Rolle.[134] Der Kapital- und Zahlungsverkehr mit **Drittstaaten** ist, unter den Einschränkungen der Art. 64 und 65 AEUV, in gleichem Umfang wie der Kapitalverkehr innerhalb der Union zu liberalisieren.[135] 58

Die Harmonisierung unterschiedlicher gesetzlicher und administrativer Regelungen in den Mitgliedstaaten schafft vergleichbare Rahmenbedingungen und erleichtert somit die Austauschbarkeit von Finanzprodukten.[136] Eine Harmonisierung des Kapitalmarktrechts ist auch zur Verwirklichung der Grundfreiheiten der Niederlassungs-, Dienstleistungs- und Kapitalverkehrsfreiheit unerlässlich. Ein homogener europäischer Kapitalmarkt, dh eine Integration der Finanzmärkte über die Verwirklichung der Kapital- und Zahlungsverkehrsfreiheit hinaus, kann darüber hinaus auch nur durch eine Harmonisierung des Zulassungs- und Aufsichtsrechts der Banken und der Finanz- und Versicherungsdienste erreicht werden. Die Erteilung einer Betriebslizenz in einem Mitgliedstaat muss zur Tätigkeit durch Zweigstellen in allen anderen Mitgliedstaaten berechtigen[137] und damit für Finanzprodukte ein ähnlich ungehinderter grenzüberschreitender Austausch wie für Waren erreicht werden.[138] Beschränkungen der gegenseitigen Anerkennung sind dabei durch im Allgemeininteresse gerechtfertigte Bestimmungen eines Mitgliedstaates zulässig.[139] 59

Schließlich bedarf es vergleichbarer rechtlicher Rahmenbedingungen in den Bereichen des Anleger- und Verbraucherschutzes, des Börsen-, Wertpapier- und Gesellschaftsrechts.[140] Zahlreiche sekundärrechtliche Bestimmungen dienen diesem Ziel. 60

Die Liberalisierung des Kapitalverkehrs wird durch völkerrechtliche Verträge vorangetrieben wie etwa das **OECD-Abkommen,**[141] den vom OECD-Rat verabschiedeten Code of Liberalization of Capital Movements und den Code of Liberalization of Current Invisible Operations, welche die Mitgliedstaaten des Abkommens in gleichem Umfang wie die OECD-Beschlüsse binden und damit das Verhältnis der Mitgliedstaaten der OECD untereinander und das Verhältnis der EU-Staaten zu den OECD-Staaten prägen[142] (zum EWR-Abkommen s.u. II.2.). 61

II. Völkerrechtliche Verträge

1. Government Procurement Act (WTO-GPA)

Die Union hat die Befugnis, völkerrechtliche Verträge über die Vergabe öffentlicher Aufträge zu schließen.[143] Völkerrechtliche Vereinbarungen in diesem Bereich stellen im Interesse des Gebotes sparsamer Mittelverwendung sicher, dass auch Bewerber aus anderen Mitgliedstaaten berücksichtigt werden und entsprechen der großen wirtschaftlichen Bedeutung des öffentlichen Beschaffungs- 62

133 *Weber*, EuZW 1992, 561.
134 *Schürmann*, in: Lenz/Borchardt, Art. 63 AEUV Rn 18.
135 Ebd. Rn 25.
136 Weißbuch, KOM (85), 310.
137 *Weber*, in: Lenz/Borchardt (3. Aufl. 2003), Art. 56 EGV Rn 27.
138 *Schürmann* in: Lenz/Borchardt, Art. 63 AEUV Rn 24.
139 EuGH, verb. Rs. 110/78 u. 111/78 (Van Wesemael), Slg 1979, 35; Rs. 205/84 (Versicherungen), Slg 1986, 3793: Verbraucherschutz; Rs. 384/93 (Alpine Investments), Slg 1995, I-1141: Wahrung des guten Rufs des Finanzsektors; Rs. C-3/95 (Reisebüro Broede), Slg 1996, I-6529: Gläubigerschutz.
140 Mitteilung der Kommission an den Rat und das Europäische Parlament, KOM (98), 625.
141 *Schwarze*, Art. 63 AEUV Rn 35.
142 Im Verhältnis der EU-Staaten untereinander gelten vorrangig die weitergehenden EU-rechtlichen Vorschriften.
143 *Schweitzer*, Europäisches Wettbewerbsrecht, § 36 Rn 58.

wesens.[144] Solche Vereinbarungen existieren erstmals mit dem 1981 in Kraft getretenen „Government Procurement Code" (**GPC**).[145] Ersetzt wurde dieses sich in seinem sachlichen Anwendungsbereich auf die Beschaffung von Waren beschränkende Übereinkommen[146] später durch das „Agreement on Government Procurement" (**GPA**),[147] welches erstmals auch die Beschaffung von Bau- und Dienstleistungen erfasste. Die Prinzipien der Inländergleichbehandlung und der Meistbegünstigung[148] sind wesentliche Grundsätze des Übereinkommens.[149] Weiter gefasst gegenüber dem früheren Übereinkommen wurde auch der persönliche Anwendungsbereich. Das GPA findet nicht nur bei der Auftragsvergabe durch staatliche Stellen, sondern auch bei solchen Unternehmen Anwendung, die zur Einhaltung spezifischer Vergaberegeln verpflichtet sind.[150]

63 Das Übereinkommen regelt das Vergabeverfahren in Anlehnung an die unionsrechtlichen Bestimmungen. Zwischen den einzelnen Verfahrensarten (Offenes, Nichtoffenes oder Freihändiges Verfahren) hat die Vergabestelle die Wahl.[151] Das Offene Verfahren bewirkt einen uneingeschränkten Zugang, das Nichtoffene Verfahren eröffnet erst nach erfolgreicher Absolvierung eines Wettbewerbes um das Mehr an Eignung, beim Verhandlungsverfahren kann die Auswahl der aufzufordernden Bieter noch restriktiver sein, und es kann dort, anders als beim Offenen oder Nichtoffenen Verfahren, verhandelt werden. Nach Regelung der konkreten Anforderungen an die Ausschreibung (in den Artt. IX bis XII) sieht Art. XIII Abs. 4 die Zuschlagserteilung an denjenigen Bieter vor, der die vertragliche Leistung erbringen kann und dessen Angebot das niedrigste oder das vorteilhafteste ist. Einen Anspruch auf Abschluss eines Vertrages hat der Bieter jedoch nicht, weil der Auftraggeber berechtigt ist, im „öffentlichen Interesse" von der Auftragsvergabe abzusehen.[152]

64 Die sich aus dem **Transparenzgebot** ergebenden Anforderungen an die Benachrichtigung der Verfahrensteilnehmer und die Information abgelehnter Bewerber ermöglichen eine wirksame gerichtliche Kontrolle, die nach Art. XX einem Gericht oder einem ähnlich unabhängigen Gremium obliegt. Den Vertragsparteien des GPA steht hierfür das WTO-Streitschlichtungsverfahren offen.[153]

65 **Mitglieder des GPA** sind die EU als solche mit ihren aktuell 28 Mitgliedstaaten, sowie die weiteren Staaten Armenien, Kanada, Hong Kong, China, Island, Israel, Japan, Korea, Liechtenstein, die Niederlande mit Aruba, Norwegen, Singapur, die Schweiz, China, Taipei, sowie die Vereinigten Staaten von Amerika. Aus dem GPA resultiert die Verpflichtung, das Vergaberecht an das Übereinkommen anzupassen. Da die EU als solche Vertragspartei ist, musste diese in der Zeit nach dem erneuerten GPA 1996 erst die notwendigen Rechtsänderungen mit dem Erlass der Richtlinie 97/52/EG[154] herbeiführen, bevor dann die einzelnen Mitgliedstaaten der EU die Umsetzung in ihr jeweiliges nationales Recht vornehmen konnten.

2. EWR-Abkommen; Bilaterale Verträge Schweiz – EU

66 Gemäß dem ursprünglichen Abkommen über den Europäischen Wirtschaftsraum (EWR)[155] gelten die unionsrechtlichen Regelungen zum Vergaberecht auch für drei **EFTA-Staaten** (Island, Liechtenstein und Norwegen). Durch Übereinkommen vom 14.3.2003 auf die neuen EU-Mitgliedstaaten

---

144 *Byok/Jaeger/Hailbronner*, Rn 54; *Gramlich*, RIW 1995, 793.
145 *Schweitzer*, § 36 Rn 59; ausführl. *Kunnert*, WTO-Vergaberecht, S. 196 ff.
146 Art. 1 Abs. 1 GPC.
147 Vom 15.4.1994, ABl. Nr. L 336/273 v. 23.12.1994.
148 Hierzu *Kunnert*, S. 71 ff.
149 Art. III Abs. 1 GPA.
150 Die Liste der Mitglieder der WTO wird unter der Adresse www.wto.org aktuell gehalten (Stand vom 11.3.2014: 153 Staaten).
151 Art. VII Abs. 3 GPA; s. *Kunnert*, S. 247.
152 Art. XIII Abs. 4 lit. b; kritisch *Kunnert*, S. 280; *Gramlich*, RIW 1995, 793, 800.
153 *Schweitzer*, Europäisches Wettbewerbsrecht, § 36 Rn 61; s. hierzu *Kunnert*, S. 313 ff.
154 Richtlinie zur Änderung der Richtlinien 92/50/EG (Dienstleistungsrichtlinie), 93/36/EG (Lieferkoordinierungsrichtlinie) und 93/37/EWG (Baukoordinierungsrichtlinie) vom 13.10.1997, ABL. L 328/1; Richtlinie 98/4/EG, ABl. 1998 L 101/1.
155 Abkommen über den Europäischen Wirtschaftsraum (zwischen der EG, ihren Mitgliedstaaten und den EFTA-Staaten) vom 2.5.1992, ABl. 1994 L 1/1.

erstreckt, geht das **EWR**-Abkommen über klassische Freihandelsabkommen hinaus und bezweckt eine weitgehende Erstreckung des Binnenmarktes auf den gesamten EWR-Raum. Dieser umfasst den freien Warenverkehr, die Arbeitnehmerfreizügigkeit, die Niederlassungs-, Dienstleistungs- und Kapitalverkehrsfreiheit.[156] Ausdruck der hiermit vorgenommenen Gleichstellung der EFTA-Länder mit den EU-Ländern ist auch die Geltung der unionsrechtlichen Vorschriften zum Wettbewerbs- und Beihilfenrecht.[157] Bereits mit dem Beschluss Nr. 7/94 des Gemeinsamen EWR-Ausschusses[158] fanden die neueren EU-Vergaberichtlinien Anwendung. Unterhalb der Schwellenwerte ist die Auftragsvergabe ausschließlich an den Maßstäben der Grundfreiheiten und des Diskriminierungsverbotes zu messen.[159]

Das Verhältnis zur Schweiz wird durch das GPA sowie das Abkommen zwischen der Europäischen Gemeinschaft und der Schweizerischen Eidgenossenschaft über bestimmte Aspekte des öffentlichen Beschaffungswesens[160] geregelt, mit welchem der Anwendungsbereich des GPA auf die hiervon nicht erfassten Gebiete erweitert wird. Ziel ist es, eine Liberalisierung der Märkte auch für diese zu erreichen.[161] Mit dem Abkommen soll schweizerischen Anbietern in der EU und Anbietern aus der Union in der Schweiz gleichermaßen Marktzugang gewährleistet werden, was mittels einer gegenseitigen Anerkennung der jeweiligen Konformitätsbewertungen erreicht werden soll.[162] Hiermit werden entscheidende Handelshemmnisse beseitigt.[163] Gegenstand des Abkommens ist die Vergabe öffentlicher Aufträge (ab einem bestimmten Auftragsvolumen) durch öffentliche und private Beschaffungsstellen auf den Gebieten des Schienenverkehrs, der Gas- und Wärmeversorgung, der Telekommunikation sowie durch private Auftraggeber, die aufgrund eines ausschließlichen Rechts in den Bereichen der Wasser-, Elektrizitäts- und Verkehrsversorgung tätig sind.[164] 67

3. Verträge mit Transitionsstaaten (Europaabkommen)

Die mit den (ehemaligen) Beitrittskandidaten geschlossenen Europaabkommen[165] haben zum Ziel, mit den jeweiligen Assoziierungsstaaten eine Freihandelszone zu errichten und die Verwirklichung der Grundfreiheiten vorzubereiten. Im Hinblick auf den Beitritt soll nach und nach eine vollständige Liberalisierung des Handels mit der Union erreicht werden. Dabei ist auch eine Öffnung der öffentlichen Beschaffungsmärkte vorgesehen. 68

Die Europaabkommen enthalten umfangreiche Regelungen zu den Grundfreiheiten, sehen dabei jedoch keine Verpflichtung der Beitrittsstaaten zur Übernahme des Gemeinschaftlichen Besitzstandes vor, sondern begnügen sich stattdessen mit der Bereiterklärung der Beitrittsstaaten, sich um eine solche schrittweise zu bemühen.[166] 69

III. Sekundärrecht

1. Verordnung über die Berechnung von Fristen und Terminen (Nr. 1182/71)

Die Verordnung EWG/Euratom Nr. 1182/71[167] galt schon für die Berechnung der Fristen nach den Vergaberichtlinien aus den 1990er Jahren – 93/37/EWG (Baukoordinierungsrichtlinie – BKR), 93/36/EWG (Lieferkoordinierungsrichtlinie – LKR), 92/50/EWG (Dienstleistungsrichtlinie – DKR) 70

156 *Schwarze*, Art. 217 AEUV Rn 9.
157 Vgl *Schwarze*, ebd.
158 ABl. 1994 L 1 und 134.
159 *Hailbronner/Weber*, EWS 1997, 73, 82.
160 ABl. 2002 L 114/430, am 1.6.2002 in Kraft getreten.
161 *Thürer/Weber/Zäch*, Handbuch, S. 68.
162 *Thürer/Weber/Zäch*, Handbuch, S. 69.
163 Vgl *Roos*, EuZ 2000, 3.
164 *Thürer/Weber/Zäch*, Handbuch, S. 68.
165 Seit 1991 sind solche Assoziierungsabkommen mit über 10 mittel- und osteuropäischen Staaten geschlossen worden.
166 *Schwarze*, Art. 217 AEUV Rn 10.
167 VO (EWG/Euratom) Nr. 1182/71 vom 3. Juni 1971 zur Festlegung der Regeln für die Fristen, Daten und Termine, ABl. L 124, S. 1.

und 93/38/EWG (Sektorenrichtlinie – SKR). Sie bleibt auch über die neueren Vergaberichtlinien-Pakete aus 2004[168] und 2014[169] anwendbar. Dies ergibt sich für die „klassische" Richtlinie 2014 (also für die staatlichen und staatsfunktionalen Auftraggeber) aus deren Erwägungsgrund Nr. 106, für die Sektorenrichtlinie 2014 aus Erwägungsgrund Nr. 112.

2. Verordnung über das Gemeinschaftsvokabular für öffentliche Aufträge (Nr. 213/2008)

71 Das Gemeinschaftsvokabular für öffentliche Aufträge (Common Procurement Vocabulary – **CPV**) stellt eine Klassifikation dar, welche bei den unionsweiten Ausschreibungen die Verständlichkeit erleichtern und durch Gewährung einer (größeren) Vergleichbarkeit der nachgefragten Bau-, Waren- und Dienstleistungen sowie durch die Vereinheitlichung der in den Bekanntmachungen enthaltenen Begriffe zur Erhöhung der Transparenz beitragen soll. Schon im Jahre 1996 forderte die Kommission die öffentlichen Auftraggeber in Form einer Empfehlung auf, bei Bekanntmachungen im Amtsblatt der EU das Gemeinschaftsvokabular für die Auftragsbeschreibung zu verwenden.[170]

72 Das CPV auf europäischer Ebene[171] geht zurück auf die Klassifikationen der Vereinten Nationen in den sog. **CPV-Referenz-Nummern.** Während diese jedoch unverbindlich waren, wurde dem Gemeinschaftsvokabular auf europäischer Ebene bereits mit der am 16.12.2003 in Kraft getretenen **CPV-Verordnung Nr. 2195/2002**[172] Verbindlichkeit verliehen. Eine weitergehende **Aktualisierung** ergibt sich aus der CPV-Änderungsverordnung **Nr. 213/2008.**[173] Die deutsche (Umsetzungs-) Regelung des § 14 S. 1 VgV (Vergabeverordnung) sieht vor, dass die Auftraggeber das CPV zwingend zu verwenden haben.[174] Die Verwendung des CPV ist in den Bundesländern zunehmend auch bei Unterschwellen-Vergaben vorgeschrieben. Nicht zuletzt werden dadurch die Vergabeplattformen gestärkt, weil es den die einschlägigen Leistungen suchenden Unternehmen nicht primär darauf ankommt, europaweite Ausschreibungen aufzufinden, sondern quer durch alle Arten von Ausschreibungen die Datenbanken zielgerichtet durchsuchen zu können. Die Suchfunktionen können sich zB nach Regionen richten, sie können sich jedoch anhand der Systematik der CPV auch nach ganz bestimmten Unterkategorien von Leistungen richten.

3. Verordnung über neue Standardformulare für die Veröffentlichung von Vergabebekanntmachungen (Nr. 842/2011)

73 Durch **EU-Verordnung Nr. 842/2011** vom 19.8.2011 (ABl. EU L 222, S. 1 v. 27.8.2011) wurde die bisherige Verordnung Nr. 1564/2005 abgelöst. Sie ist kraft des Prinzips stets direkt geltender EU-Verordnungen seit dem 16.9.2011 anwendbar, ohne dass es dazu einer deutschen Umsetzungsvorschrift bedürfte (s. Art. 288 AEUV). Sie enthält insbesondere die neuen Formulare im Bereich Verteidigung und Sicherheit. Damit sind für alle materiellen Vergabeverfahren **neue Standardformulare** für die Veröffentlichung von Vergabebekanntmachungen im Rahmen von Verfahren zur Vergabe öffentlicher Aufträge eingeführt worden.

---

168 Richtlinien der 2004er Generation: Richtlinie 2004/18/EG betreffend die öffentlichen Bau-, Liefer- und Dienstleistungsaufträge der klassischen öffentlichen Auftraggeber (VKRL) und der Richtlinie 2004/17/EG betreffend den Bereich der Wasser-, Energie- und Verkehrsversorgung sowie die Postdienste (SKRL). S. Rn 87 ff.

169 Richtlinien der 2014er Generation: Richtlinie 2014/24/EU betreffend die Vergabe öffentlicher Aufträge und der Richtlinie 2014/25/EU betreffend den Bereich der Wasser-, Energie- und Verkehrsversorgung sowie der Postdienste.

170 Empfehlung 96/527/EG, ABl. L 222, S. 10. Das CPV ist auch im Bundesanzeiger veröffentlicht, BAnz. Nr. 33 a vom 18.2.2004.

171 Gemeinsames Vokabular für öffentliche Aufträge vom 15.4.1999, BAnz. Nr. 183 a vom 29.9.1999.

172 VO (EG) Nr. 2195/2002 vom 5.11.2002 über das Gemeinsame Vokabular für öffentliche Aufträge (CPV), ABl. EG L 340, S. 1.

173 VO (EG) Nr. 213/2008 vom 28.11.2007 zur Änderung der Verordnung (EG) Nr. 2195/2002 über das Gemeinsame Vokabular für öffentliche Aufträge (CPV) und der Vergaberichtlinien des Europäischen Parlaments und des Rates 2004/17/EG und 2004/18/EG im Hinblick auf die Überarbeitung des Vokabulars, ABl. EU v. 15.3.2008 Nr. L 74, 1 ff.

174 *Byok/Jaeger/Kühnen*, Kommentar zum Vergaberecht, § 14 Rn 9 ff, 11.

Die neunzehn neuen Formulare sind die folgenden:[175] 74
- Vorinformation;
- Bekanntmachung;
- Bekanntmachung über vergebene Aufträge;
- Regelmäßige nichtverbindliche Bekanntmachung – Sektoren;
- Bekanntmachung – Sektoren;
- Bekanntmachung über vergebene Aufträge – Sektoren;
- Bekanntmachung über das Bestehen eines Prüfungssystems – Sektoren;
- Bekanntmachung über ein Beschafferprofil;
- Vereinfachte Bekanntmachung im Rahmen eines dynamischen Beschaffungssystems;
- Baukonzession;
- Vergabebekanntmachung – Konzession;
- Wettbewerbsbekanntmachung;
- Bekanntmachung über die Ergebnisse eines Wettbewerbs;
- Bekanntmachung über zusätzliche Informationen, Informationen über nichtabgeschlossene Verfahren oder Berichtigung;
- Freiwillige ex ante-Transparenz-Bekanntmachung;
- Vorinformation über Aufträge in den Bereichen Verteidigung und Sicherheit;
- Auftragsbekanntmachung – Verteidigung und Sicherheit;
- Bekanntmachung vergebener Aufträge in den Bereichen Verteidigung und Sicherheit;
- Bekanntmachung der Vergabe von Unteraufträgen.

Die in den Bekanntmachungen zu publizierenden Angaben sind im Laufe der Zeit verschiedentlich angepasst worden. Schon in der Vorgängerversion der Formulare war genauer anzugeben, aus welchem Bereich der öffentliche Auftraggeber kommt. Ein anderes Beispiel ist die Notwendigkeit der Spezifikation der Angaben zu Rahmenverträgen, so wurde bei diesem Instrument zB die Angabe der Laufzeit verlangt. Insbesondere über **vergebene Aufträge** wurden in den Formularen bereits aufgrund der Verordnung (EG) Nr. 1150/2009 genauere Angaben gefordert, beispielsweise hinsichtlich der Kriterien, die für die Zuschlagsentscheidung herangezogen wurden. Insbesondere wurden die Hinweispflichten auf die Institution, die für die Überprüfung der Vergabeentscheidung des Auftraggebers zuständig ist, verschärft. 75

Zusammenfassend ist zu sagen, dass die neueren Formulare eine **umfassendere Kontrolle** des Ablaufes der Vergabe ermöglichen und dadurch **größere Transparenz** schaffen. Sowohl die EU-Kommission als auch der einzelne Bieter wird mit Hilfe der neuen Formulare in die Lage versetzt, einzelne Schritte des Vergabeverlaufes und der Vergabeentscheidung nachzuvollziehen und ggf nachzuprüfen. 76

4. Verordnungen über die EU-Schwellenwerte (Nr. 1336/2013)

Am 14.12.2013 wurde die **EU-Verordnung Nr. 1336/2013** im Amtsblatt der EU (13 Nr. L 335 S. 17) veröffentlicht. Mit dieser Verordnung werden die EU-Schwellenwerte, ab denen regelmäßig vorab EU-weit bekanntzumachen und die EU-regulierten Vergabeverfahren anzuwenden sind, leicht erhöht (zum Bereich unterhalb der EU-Schwelle siehe Rn 90). 77

In der **RL 2004/17/EG** (**Sektorenrichtlinie – SKR**) wird **Art. 16 lit. a** von 400.000 EUR auf 414.000 EUR und **lit. b** von 5.000.000 EUR auf 5.186.000 EUR abgeändert und **Art. 61 Abs. 1 und Abs. 2** von 400.000 EUR auf 414.000 EUR. 78

Die Änderungen in der **RL 2004/18/EG** (**Vergabekoordinierungsrichtlinie – VKRL**) betreffen die **Artt. 7, 8 Abs. 1, 56, 63 Abs. 1 Unterabs. 1 und 67 Abs. 1:** 79

175 Die Formulare können unter der Adresse http://www.simap.europa.eu/buyer/forms-standard/index_de.htm abgerufen werden.

Art.	Alter Schwellenwert:	Neuer Schwellenwert:
Art. 7 lit. a	130.000 EUR	134.000 EUR
Art. 7 lit. b	200.000 EUR	207.000 EUR
Art. 7 lit. c	5.000.000 EUR	5.186.000 EUR
Art. 8 Abs. 1 lit. a	5.000.000 EUR	5.186.000 EUR
Art. 8 Abs. 1 lit. b	200.000 EUR	207.000 EUR
Art. 56	5.000.000 EUR	5.186.000 EUR
Art. 63 Abs. 1 Unterabs. 1	5.000.000 EUR	5.186.000 EUR
Art. 67 Abs. 1 lit. a	130.000 EUR	134.000 EUR
Art. 67 Abs. 1 lit. b	200.000 EUR	207.000 EUR
Art. 67 Abs. 1 lit. c	200.000 EUR	207.000 EUR

80 Ursache für die **alle zwei Jahre auftretenden Änderungserfordernisse** ist die aufgrund der völkerrechtlichen Verträge (s.o.) erfolgte Koppelung der EU-Schwellenwerte an den Währungskorb der UNO. Dies führt u.a. infolge der Dollarlastigkeit dieses Währungskorbes und der damit verbundenen Wechselkursvolatilitäten zu Verschiebungen der EU-Schwellenwerte für das öffentliche Auftragswesen.

5. Verordnung über öffentliche Personenverkehrsdienste auf Schiene und Straße (Nr. 1370/2007)

81 Die Verordnung (EG) Nr. 1370/2007[176] über öffentliche Personenverkehrsdienste auf Schiene und Straße und zur Aufhebung der Verordnungen (EWG) Nr. 1191/69 und (EWG) Nr. 1107/70 regelt einen Sonderbereich des Transportwesens im Schnittpunkt von gemein- und eigenwirtschaftlichen Verkehrsleistungen einerseits sowie Dienstleistungsaufträgen und Dienstleistungskonzessionen andererseits. Unter den dort genannten Voraussetzungen können bzw müssen die **Verkehrsleistungen ausgeschrieben** und dem Reglement der Vergabekoordinierungsrichtlinien inklusive der Nachprüfungsvorschriften unterworfen werden. Insoweit wird auf die Richtlinien verwiesen.

6. Materielle Vergaberichtlinien

82 Die Vergaberechtspolitik der Kommission hat zum Ziel, die erforderlichen Wettbewerbsbedingungen zu schaffen, damit öffentliche Aufträge ohne Diskriminierung vergeben werden, eine **rationelle Verwendung öffentlicher Mittel** durch die **Wahl des besten Angebots** erreicht, den Unternehmen Zugang zu einem gemeinsamen Markt mit großen Absatzmärkten verschafft und die Wettbewerbsfähigkeit der europäischen Unternehmen gestärkt wird.[177]

83 Das Ziel, die Vergabe öffentlicher Aufträge zu liberalisieren und die dafür erforderlichen rechtlichen Rahmenbedingungen zu schaffen, hatte in den 1970er Jahren zum Erlass von Richtlinien im Bau- und Lieferbereich geführt.[178] Hinzu kam in den 1990er Jahren als dritte Koordinierungsricht-

176 ABl. L 315/1 v. 3.12.2007.

177 Grünbuch „Das öffentliche Auftragswesen in der Europäischen Union, Überlegungen für die Zukunft" KOM (1996) 583 = BR-Drucks. 50/97.

178 1. Baukoordinierungsrichtlinie: RL 71/305/EWG vom 26.7.1971 über die Koordinierung der Verfahren öffentlicher Bauaufträge, ABl. 1971 Nr. L 185/5; spätere Fassung: RL 93/37/EWG des Rates vom 14.6.1993 zur Koordinierung der Verfahren zur Vergabe öffentlicher Bauaufträge, ABl. 1993 L 199/54.
*2. Lieferkoordinierungsrichtlinie: RL 93/36/*EWG vom 14.6.1993 über die Koordinierung der Verfahren zur Vergabe öffentlicher Lieferaufträge, ABl. 1993 L 199/1; geändert durch RL 97/52/EG vom 13.10.1997, ABl. 1997 L 328/1; erste Fassung: RL 77/62/EWG des Rates vom 21.12.1976 über die Koordinierung der Verfahren zur Vergabe öffentlicher Lieferaufträge, ABl. 1977 L 13/1.

linie die Dienstleistungsrichtlinie.[179] Die Sektoren der Energie-, Wasser- und Verkehrsversorgung und die Telekommunikation waren dabei zunächst bis zum Erlass der **Sektorenrichtlinie**[180] ausgeschlossen. Mit dieser wurde dann eine Regelung für die Bereiche Versorgung und Telekommunikation getroffen, die alle Auftragsarten (Bau-, Liefer- und Dienstleistungsaufträge) erfasste.

In ihrer Mitteilung zum öffentlichen Auftragswesen in der Europäischen Union[181] hatte die Kommission weitere Maßnahmen – darunter auch nicht legislative, wie eine stärkere Information und Schulung der Marktteilnehmer – vorgestellt, zu denen etwa die Bereitstellung von Auslegungstexten und eine verschärfte Rechtskontrolle zählen. Vor allem aber sah die Kommission die Notwendigkeit einer Anpassung und Vereinfachung des Rechtsrahmens. Am 10.5.2000 wurde vom Europäischen Rat von Lissabon ein entsprechendes **Legislativpaket** verabschiedet, das einen Richtlinienentwurf enthält, mit dem die damaligen drei Koordinierungsrichtlinien zu einer einzigen zusammengefasst wurden.[182] Im Frühjahr 2004 wurde das Legislativpaket mit **zwei Richtlinien** verabschiedet. Die neue Generation des Richtlinienpaketes wurde am 11.2.2014 verabschiedet und ist innerhalb von 2 Jahren in das nationale Recht umzusetzen. Kennzeichen der neuesten Richtliniengeneration ist u.a. die weitere Ausformung der Regeln zu den Umweltkriterien sowie spezielle Regeln zu Dienstleistungen im allgemeinen gesellschaftlichen Interesse, speziell im Bereich Gesundheit und Soziales mit erhöhten EU-Schwellenwerten, ab denen EU-weit ausgeschrieben werden muss. 84

a) Richtlinie 2004/18/EG (Richtlinie für die klassischen Auftraggeber)

Mit der **Richtlinie 2004/18/EG**[183] vom 31.3.2004 über die Koordinierung der Verfahren zur Vergabe öffentlicher Bauaufträge, Lieferaufträge und Dienstleistungsaufträge wurden die früheren drei (klassischen) Koordinierungsrichtlinien für den Bau-, Liefer- und Dienstleistungsbereich, soweit sie die staatlichen und sog. funktional staatlichen Auftraggeber betrafen, ersetzt (RL 93/36/EWG, 93/37/EWG, 92/50/EWG).[184] Bei den **Zuschlagskriterien**, entsprechend u.a. den Vorgaben des Beentjes-Urteils,[185] wurden erstmals **soziale und umweltbezogene Kriterien** zugelassen, was einem bis heute andauernden Paradigmenwechsel entsprach. 85

In der Richtlinie 2004/18/EG wurden erstmals Regelungen über die elektronische Vergabe (die in ihrer vollen Ausprägung weit über das elektronische Versenden der Bekanntmachung an die EU sowie über das Herunterladen von Vergabeunterlagen durch den Bieter hinausgeht, weil sie im Kern einen vollelektronischen Prozess der Angebotsabgabe und Wertung meint) sowie Versteigerungen (elektronische Auktionen), die es in dieser Form bisher nicht gab, aufgenommen. Letztere können freilich nur bei der Beschaffung standardisierter Produkte zum Einsatz kommen (sog. „C-Artikel“). 86

b) Richtlinie 2004/17/EG (Richtlinie für die Sektorenauftraggeber)

Die **Richtlinie 2004/17/EG** vom 31.3.2004[186] zur Koordinierung der Zuschlagserteilung durch Auftraggeber im Bereich der Wasser-, Energie- und Verkehrsversorgung sowie der Postdienste sah ebenfalls eine Vereinfachung der Rechtsvorschriften vor. Kennzeichen und Voraussetzung bei den 87

179 RL 92/50/EWG vom 18.6.1992 über die Koordinierung der Verfahren zur Vergabe öffentlicher Dienstleistungsaufträge, ABl. 1992 L 209/1; geändert durch die RL 97/52/EG vom 13.10.1997, ABl. 1997 L 328/1. Zur Abgrenzung des Anwendungsbereichs von Baukoordinierungsrichtlinie und Dienstleistungsrichtlinie s. zB EuGH, Rs. C-331/92 (Gestión/Hotelera Internacional), Slg 1994, I-1329.

180 RL 93/38/EWG vom 14.6.1993 zur Koordinierung der Auftragsvergabe durch Auftraggeber im Bereich der Wasser-, Energie- und Verkehrsversorgung sowie im Telekommunikationssektor, ABl. 1993 L 199/84; geändert durch die RL 98/4/EG vom 16.2.1998, ABl. 1998 L 101/1; erste Fassung RL 90/531/EWG des Rates vom 17.9.1990, ABl. 1990 L 297/1.

181 Mitteilung der Kommission vom 11.3.1998, KOM (98) 143 = BT-Drucks. 13/11160, S. 7 ff.

182 KOM (2000) 275 v. 10.5.2000 = BR-Drucks. 488/00.

183 ABl. v. 30.4.2004 L 134/114.

184 Siehe Fn 177-179.

185 EuGH, Rs. 31/87 (Beentjes), Slg 1988, 4635.

186 ABl. v. 30.4.2004 L 134/1.

Sektorenauftragsvergaben ist immer, dass auch für die spezifischen Zwecke dieses Versorgungssektors beschafft wird. Die Richtlinie enthält gemeinsame Regeln, die für alle Aufträge gelten, Vorschriften über Veröffentlichung und Transparenz, eine Mitteilungspflicht des öffentlichen Auftraggebers bezüglich aller die Auftragsvergabe betreffenden Entscheidungen, eine Pflicht zur Begründung und Aufbewahrung von Unterlagen, zur Information sowohl der zurückgewiesenen als auch des akzeptierten Bieters. Strenge Teilnahmekriterien sollen zum einen die Feststellung der Leistungsfähigkeit und zum anderen die Bekämpfung von Betrug und Korruption ermöglichen. Der Zuschlag wird nach dem Kriterium des niedrigsten Preises oder des wirtschaftlich günstigsten Angebots erteilt. Ungewöhnlich niedrige Angebote können abgelehnt werden, besonders dann, wenn sie auf unrechtmäßige staatliche Beihilfen zurückzuführen sind; desgleichen Angebote, wenn die Erzeugnisse zu mehr als 50% aus Drittländern stammen. Die Kommission kann in einem bestimmten Verfahren feststellen, dass in einem Mitgliedstaat oder in einem bestimmten Sektor bereits ein echter Wettbewerb besteht. In diesem Fall ist eine Freistellung von der Anwendungsverpflichtung möglich.

c) Richtlinienpaket (Richtlinien 2014/23/EU, 2014/24/EU und 2014/25/EU)

88 Das **Richtlinienpaket 2014**[187] verfolgt die Zielsetzung, eine Steigerung der Effizienz der öffentlichen Ausgaben zur Gewährleistung bestmöglicher Beschaffungsergebnisse im Sinne eines optimalen Preis-Leistungs-Verhältnisses herbeizuführen. Einmal mehr wird die Vereinfachung und Flexibilisierung der bestehenden Vorschriften für die öffentliche Auftragsvergabe angestrebt. Gestraffte, effizientere Verfahren sollen allen Wirtschaftsteilnehmern zugutekommen und es soll die Beteiligung von kleinen und mittleren Unternehmen (KMU) sowie die Beteiligung von Bietern aus anderen Mitgliedstaaten erleichtert werden. Die Möglichkeit, die öffentliche Auftragsvergabe besser zur Unterstützung gemeinsamer gesellschaftlicher Ziele zu nutzen, wurde gestärkt, so zB in den Bereichen Umweltschutz, Erhöhung der Ressourcen- und Energieeffizienz, Bekämpfung des Klimawandels, Förderung von Innovation, Beschäftigung und sozialer Eingliederung, sowie die Gewährleistung bestmöglicher Bedingungen für die Erbringung hochwertiger sozialer Dienstleistungen. Die wesentlichen Merkmale sind:

- Bau- und Dienstleistungskonzessionen werden in einer neuen Konzessionsrichtlinie geregelt;
- Kodifizierung der In-house-Problematik (ggf. vergabefreie Eigengeschäfte durch Vertragsschlüsse des Staates mit eigenen, staatlich beherrschten Betrieben oder Gesellschaften);
- Förderung der elektronische Auftragsvergabe;
- Verbesserter Zugang von KMU zu öffentlichen Aufträgen;
- Neue Regeln für Eignungs- und Zuschlagskriterien;
- Sektorenrichtlinie weicht von klassischer Richtlinie teilweise ab.

Am Prinzip der alle 2 Jahre aktualisierten Festsetzung von EU-Schwellenwerten wird festgehalten. Bei Bauaufträgen bleibt es bei ca. 5 Mio. EUR, bei den Liefer- und Dienstleistungsaufträgen von Bundesbehörden 130.000 EUR, bei allen anderen subzentralen Beschaffungsstellen 200.000 EUR. Neu ist u.a., dass bei den Liefer- und Dienstleistungsaufträgen „subzentraler" Dienststellen ein eigener Wert eingeführt wurde, sowie bei den sozialen Dienstleistungen ein Wert von 750.000 EUR. Die Förderung der KMU wird konkretisiert durch folgende Bestimmungen:

- Einführung eines standardisierten „Europäischen Passes für die Auftragsvergabe", mit dem nachgewiesen werden kann, dass keine Ausschlussgründe vorliegen;
- Will ein Auftraggeber einen Auftrag nicht in Lose aufteilen, so muss er schon in der Veröffentlichung den Losverzicht begründen (nicht in der Sektorenrichtlinie);
- Die Anforderung an den Jahresumsatz eines Bieters darf grundsätzlich (von Ausnahmen abgesehen) nicht höher als das Doppelte des Auftragswertes sein.

187 ABl. v. 28.3.2014 L 94/1.

Die **Nachhaltigkeit** in der Wertung wird gefördert durch folgende Regeln:

- Die Mitgliedstaaten sind gehalten, in nationalem Recht sicherzustellen, dass das Umwelt-, Sozial- und Arbeitsrecht der Union bei der Auftragsvergabe eingehalten wird;
- Neu ist, dass nun als Zuschlagskriterium die „günstigsten Kosten“ statt des „niedrigsten Preises“ fungieren. Dabei können auch die Lebenszyklkuskosten eines Produktes an Stelle des Kaufpreises betrachtet werden;
- Im Lebenszyklus dürfen auch die externen Umweltkosten eingerechnet werden.

Im Bereich von **Eignung und Zuschlag** ändert sich:

- Die starre Grenze zwischen Eignungs- und Zuschlagskriterien wird aufgehoben. So ist zB die Qualifikation des eingesetzten Personals nun auch als Zuschlagskriterium möglich. (vgl bereits die deutsche Vergabeverordnung (VgV) 2013, § 4 II Satz 2, bezogen auf die IB-Leistungen, den sog. Bereich nicht vorab EU-weit bekanntzumachender, nicht-prioritärer Dienstleistungen).
- Die Prüfungsreihenfolge „erst Eignung, dann Zuschlag“ ist nicht mehr zwingend.
- Eine abschließende Liste der Eignungskriterien wird geschaffen: Befähigung zur Berufsausübung, wirtschaftliche und finanzielle Leistungsfähigkeit, technische und berufliche Leistungsfähigkeit.
- Die Eignungsleihe in Bietergemeinschaften und Konzernen jetzt auch für die technische Leistungsfähigkeit möglich. Dann gilt aber auch gemeinsame Haftung für die Auftragserfüllung.

Überdies kommt künftig neben dem bekannten Offenen, Nichtoffenen und Verhandlungsverfahren und dem Wettbewerblichen Dialog auch das neue Verfahren der „Innovationspartnerschaft“ zur Anwendung. Das Offene Verfahren bewirkt einen uneingeschränkten Zugang, das Nichtoffene Verfahren eröffnet erst nach erfolgreicher Absolvierung eines Wettbewerbes um das Mehr an Eignung, beim Verhandlungsverfahren kann die Auswahl der aufzufordernden Bieter noch restriktiver sein, und es kann dort, anders als beim Offenen oder Nichtoffenen Verfahren, verhandelt werden. Der Wettbewerbliche Dialog wurde bereits 2004 eingeführt; er ist insbesondere ausgerichtet auf die Ausfindigmachung von im Einzelnen noch nicht absehbaren Investitionsformen, zB bei der Infrastruktur, wo der Leistungsbeschrieb erst im Laufe des Verfahrens festgelegt werden kann. Die Innovationspartnerschaft geht hierüber noch hinaus.

Ausgangspunkt und Grundlage der EU-Vergaberichtlinien sind die **Grundfreiheiten.**[188] Adressat 89
sind die Mitgliedstaaten (Art. 288 Abs. 3 AEUV), welche sie in nationales Recht umzusetzen haben, wobei ihnen die Wahl der Mittel überlassen ist. Aus Art. 288 Abs. 3 AEUV ergibt sich das Gebot des **„effet utile“**, dh die Verpflichtung, dem Richtlinieninhalt praktische Wirksamkeit zu verleihen.[189] Die Rechte der von der Richtlinie Begünstigten müssen bei der Umsetzung gewahrt bleiben. Daher genügen bloße beliebig änderbare Verwaltungspraktiken der Verpflichtung aus Art. 288 Abs. 3 AEUV nicht.[190] Für die EU-Vergaberichtlinien gilt, dass nicht alle ihre Bestimmungen umsetzungsbedürftig sind, was etwa auf solche zutrifft, die Aufträge an die Kommission zur Überprüfung enthalten oder Tätigkeitspflichten für die Regierungen der Mitgliedstaaten begründen, ohne Rechte und Pflichten des Einzelnen zu enthalten. Andere Regelungen werden ausdrücklich in das Belieben der Mitgliedstaaten gestellt.

Die EU-Richtlinien zur Vergabe öffentlicher Aufträge erfassen nur solche mit einem gewissen 90
Schwellenwert. Für die Mitgliedstaaten besteht damit eine weitgehende Freiheit, die Auftragsvergaben unterhalb der Schwellenwerte zu regeln, zumal insoweit auch ieS keine Unionskompetenz besteht.[191] Das sieht die Europäische Kommission freilich anders. Aus diesem Grunde hatte die

---

188 *Bayer*, EU-Vergaberecht, S. 11.

189 EuGH, Rs. C-71/92 (Spanische Gesetzgebung), Slg 1993, I-5923; EuGH, Rs. C-406/08 (Uniplex (UK) Ltd/NHS Business Services Authority).

190 EuGH, Rs. C-311/95 (Kommission/Griechenland), Slg 1996, I-2433.

191 *Bayer*, S. 14.

Bundesrepublik Deutschland gegen eine **Mitteilung der Kommission zu Unterschwellenvergaben**[192] Klage vor dem EuG erhoben, weil sie diesbezüglich die Kompetenz der Europäischen Kommission verneint. Es handelt sich bei diesen Mitteilungen der Kommission aber um keinen Akt der Rechtsetzung, sodass die dagegen gerichtete Klage der Bundesrepublik Deutschland ohne Erfolg blieb.[193] Oberhalb der Schwellenwerte gehen die EU-Vergaberichtlinien dem nationalen Vergaberecht vor. Für das nationale Vergaberecht gilt dabei, dass es jedenfalls nicht hinter den Richtlinienvorgaben zurückbleiben darf.[194] Aus Art. 288 Abs. 3 AEUV ergibt sich, in Verbindung mit Art. 4 Abs. 3 EUV nF, die Verpflichtung aller innerstaatlichen Stellen, nationale Umsetzungsvorschriften nach den Vorgaben der Richtlinien auszulegen.[195] Bei Unklarheiten sind die nationalen Gerichte berechtigt und verpflichtet, den Gerichtshof nach Art. 267 AEUV anzurufen, um damit der Gefahr widersprüchlicher Auslegungen des Unionsrechts zu begegnen. Wenn auch die Vorabentscheidung eine Bindungswirkung nur inter partes entfaltet, so besteht doch die Verpflichtung der Mitgliedstaaten, einen hierin festgestellten vertragswidrigen Zustand zu beseitigen.[196]

d) EU Defence Package

91 Unter dem Eindruck zunehmender Sicherheitsbedürfnisse der Mitgliedstaaten im Nachgang zu den Terroranschlägen von New York im September 2001, sowie angestoßen durch zunehmende Probleme mit der rechtlichen Einordnung von Beschaffungsmaßnahmen im Bereich der sog. „Dual Use-Güter“, also militärisch wie zivil nutzbarer Leistungen und Lieferungen, ist – unbeschadet der ansonsten stark proklamierten Verschlankungsbemühungen – eine spezielle Vergaberichtlinie für verteidigungs- und sicherheitsrelevante Vergaben auf den Weg gebracht worden. Diese gesetzgeberischen Aktivitäten firmieren unter dem Begriff des **„EU Defence Package“**.

92 Das Paket weist **zwei Komponenten** auf. Die eine – nicht vergaberechtliche – Komponente ist die sog. **Verbringungsrichtlinie.**[197] Die andere Komponente betrifft die einzelnen **vergaberechtlichen Regelungen** in Bezug auf die Geheimhaltungs- und Sicherheitsinteressen, im Falle deren Vorliegens im Ausnahmefall ein förmliches europaweites Vergabeverfahren unterbleiben kann. Die Vergaberichtlinie[198] wurde in Deutschland u.a. mit einer Novellierung des GWB, der Schaffung einer VSVgV und der VOB/A-VS im Spätjahr 2011 umgesetzt. Es sind substantielle Änderungen im Bereich der militärischen oder potentiell militärischen Beschaffungen zu verzeichnen.[199] Ebenso

---

192 „Mitteilung der Kommission zu Grundsätzen des Gemeinschaftsrechts für die Vergabe öffentlicher Aufträge, die nicht oder nur teilweise unter die Vergaberichtlinien fallen“, ABl. C 179/2 v. 1. 8. 2006; letztlich aber ohne Erfolg: EuG, Rs. T-258/06.

193 EuG, Rs. T-258/06, NZBau 2010, 510 = VergabeR 2010, 593.

194 EuGH, Rs. 103/88 (Fratelli Costanzo/Stadt Mailand), Slg 1989, 1839; EuGH Rs. (CEI und Bellini), Slg 1987, 3347; s.a. EuGH, Rs. 31/87 (Beentjes), Slg 1988, 4635.

195 Ständige Rechtsprechung: vgl EuGH, Rs. 31/87 (Beentjes), Slg 1988, 4635; EuGH, Rs. C-331/92 (Gestión/Hotelera Internacional), Slg 1994, I-1329; EuGH, Rs. C-54/96 (Dorsch Consult Ingenieurgesellschaft/ Bundesbaugesellschaft Berlin), Slg 1997, I-4961; EuGH, Rs. C-76/97 (Walter Tögel/Niederösterreichische Gebietskrankenkasse), Slg 1998, I-5357; EuGH, Rs. C-111/97 (EvoBus Austria GmbH), Slg 1998, I-5411; EuGH, Rs. 258/97, Slg 1999, I-1405; EuGH, Rs. C-456/08 (Europäische Kommission/Irland).

196 *Bayer*, S. 16.

197 RL 2009/43/EG vom 6.5.2009 zur Vereinfachung der Bedingungen für die innergemeinschaftliche Verbringung von Verteidigungsgütern, ABl. EU L 146/1 v. 10.6.2009.

198 RL 2009/81/EG vom 13.7.2009 über die Koordinierung der Verfahren zur Vergabe bestimmter Bau-, Liefer- und Dienstleistungsaufträge in den Bereichen Verteidigung und Sicherheit und zur Änderung der RL 2004/17/EG und 2004/18/EG, ABl. EU L 216/76 vom 20.8.2009.

199 *In Erwägungsgrund Nr. 10, Dok. P6_TA-PROV(2009)0016 v. 14.1.2009, heißt es: „Für die Zwecke dieser Richtlinie sollte der Begriff „Militärausrüstung“ auch Produkte einschließen, die zwar ursprünglich für zivile Zwecke konzipiert wurden, später aber für militärische Zwecke angepasst wurden, um als Waffen, Munition oder Kriegsmaterial eingesetzt zu werden.“*

wird ein wesentlich weiter definierter Bereich sicherheitsrelevanter Beschaffungen erfasst.[200] Ein allgemeines Umgehungsverbot ist in Art. 11 der Richtlinie RL 2009/81/EG (ABl. EU L 216/76) enthalten. Trotz der Richtliniendefinitionen sind **erhebliche Auslegungsspielräume** bei den normierten Ausnahmetatbeständen vorhanden. Dennoch sind größere Teile der früheren Rechtsprechung überholt. Die Praxis zeigt dessen unbeschadet, dass Kernbereiche der Sicherheitsinteressen eines Staates auch weiterhin ohne förmliche Ausschreibungspflichten auskommen können und müssen.[201] Die Spielräume sollen aber nach teilweise vertretener Auffassung eher geringer werden.[202]

7. Rechtsmittelrichtlinien

a) Richtlinie 89/665/EWG (Rechtsmittelrichtlinie)

Um die tatsächliche Anwendung der Bau- und Lieferkoordinierungsrichtlinie zu verstärken, nachdem diese aufgrund uneinheitlicher und zum Teil missbräuchlicher Anwendung den erwarteten Liberalisierungserfolg noch nicht gebracht hatten, sollte die Integration mit Hilfe eines neuen Richtlinienprogramms verstärkt werden. Die Rechtsmittelrichtlinien (RMR) haben dabei zum Ziel, die Einhaltung der in den (materiellen) Vergaberichtlinien enthaltenen Verfahrensregelungen in den Mitgliedstaaten durchzusetzen.[203] Eine **wirksame und zügige Nachprüfung** von Vergabeverfahren soll Verstöße gegen das Unionsrecht im Bereich des öffentlichen Auftragswesens möglichst gering halten.[204] Die Richtlinie 89/665/EWG, die für die klassischen öffentlichen Auftraggeber der Bau-, Lieferkoordinierungs- und Dienstleistungsrichtlinie gilt, gibt in diesem Sinne den Mitgliedstaaten die Umsetzung ihrer verbindlichen Inhalte auf, die da sind: eine möglichst frühzeitige Korrektur von Verfahrensfehlern der Auftraggeber, nämlich noch während des laufenden Vergabeverfahrens, die Beseitigung von Verstößen gegen das EU-Vergaberecht und die Gewährleistung von Schadensersatz für den durch einen Rechtsverstoß geschädigten Unternehmer. Die Richtlinie fordert die Einrichtung von von den Vergabebehörden unabhängigen Nachprüfungsinstanzen (Art. 2 Abs. 1 RMR), die Möglichkeit eines vorläufigen Rechtsschutzes, wobei im Wege einer Güterabwägung zwischen dem öffentlichen Interesse an der Wahrung höherrangiger Rechtsgüter (zB der Sicherung der öffentlichen Wasserversorgung)[205] und dem Interesse an der Aufhebung rechtswidriger Entscheidungen zu entscheiden ist, sowie die Möglichkeit von Schadensersatz für durch einen Rechtsverstoß geschädigte Beteiligte. 93

Ferner sieht die Richtlinie ein **Beanstandungsverfahren** vor, nach welchem die Kommission die Möglichkeit hat, die Beseitigung offensichtlicher Verstöße gegen das EU-Vergaberecht von dem Mitgliedstaat zu verlangen. Dieses Verfahren, bei dem die Kommission von dem betreffenden Staat entweder eine Bestätigung über die Beseitigung des Verstoßes, eine Begründung für die Nichtbeseitigung oder eine Mitteilung über die Aussetzung verlangen kann, wurde bereits vor Erlass der Richtlinie schon praktiziert. Wenn auch die der Kommission damit zustehenden Rechte hinter einem ursprünglichen Richtlinienvorschlag, nach dem der Kommission eigene unmittelbare Eingriffsbefugnisse zukommen sollten,[206] zurückbleiben, so hat sich das Verfahren in der Praxis doch bewährt im Hinblick auf sein Ziel, Verstöße umgehend zu beheben, um damit spätere langwierige 94

200 Erwägungsgrund Nr. 11 „*Im speziellen Bereich der nicht militärischen Sicherheit sollte diese Richtlinie für Beschaffungen gelten, die ähnliche Merkmale aufweisen wie Beschaffungen im Verteidigungsbereich und ebenso sensibel sind. Dies kann insbesondere in Bereichen der Fall sein, in denen militärische und nicht militärische Einsatzkräfte bei der Erfüllung derselben Missionen zusammenarbeiten und/oder die Beschaffung dazu dient, die Sicherheit der Union und/oder ihrer Mitgliedstaaten auf ihrem Hoheitsgebiet oder darüber hinaus vor ernsten Bedrohungen durch nicht militärische und/oder nichtstaatliche Akteure zu schützen. Dies kann beispielsweise den Grenzschutz, polizeiliche Tätigkeiten und Kriseneinsätze einschließen.*“

201 Vgl aus früherer Zeit: OLG Dresden, 18.9.2009 – WVerg 0003/09, VergabeR 2010, 90; OLG Düsseldorf, 10.9.2009, VII-Verg 12/09, VergabeR 2010, 83; OLG Celle, 3.12.2009, 13 Verg 14-09, VergabeR 2010, 230. Aus der Literatur: *Höfler/Petersen*, EuZW 2011, 336.

202 OLG Düsseldorf, 8.6.2011 – VII-Verg 49/11.

203 *Seidel*, in: Handbuch des EU-Wirtschaftsrechts, S. 45.

204 ABl. 1989 Nr. L 395.

205 EuGH, Beschluss, Rs. 45/87 (Dundalk), Slg 1987, 1369.

206 S. *Seidel*, S. 46 (Rn 158).

Vertragsverletzungsverfahren vor dem EuGH zu vermeiden. Für die Unternehmen hat dies den Vorteil, dass sie trotz des diskriminierenden Verhaltens des öffentlichen Auftraggebers noch am laufenden Vergabeverfahren teilnehmen können.[207]

95 Während die Richtlinie die Regelung des Schadensersatzes den Mitgliedstaaten überlässt (Art. 2 Abs. 1 lit. c RMR), gibt sie für die Nachprüfungsinstanzen detailliertere Vorgaben und verlangt, dass zumindest die letztinstanzliche Nachprüfung durch ein Gericht oder eine gerichtsähnliche Instanz erfolgt, welche die Befugnis besitzen muss, den EuGH im Vorabentscheidung nach Art. 267 AEUV anzurufen (Art. 2 Abs. 2 RMR).[208]

b) Richtlinie 92/13/EWG (Rechtsmittelrichtlinie betreffend die Sektoren)

96 Mit der Sektoren-Rechtsmittelrichtlinie (RMR-S) wird ein Nachprüfungsverfahren auch im Anwendungsbereich der Sektorenrichtlinie eingeführt. Hinsichtlich der hierunter fallenden Auftraggeber in privater Rechtsform (**Sektoren-Auftraggeber**) schafft die Richtlinie 92/13/EWG zusätzlich ein von dem Kontroll- und Sanktionsverfahren der klassischen Rechtsmittelrichtlinie, welches durch Aussetzung des Vergabeverfahrens und Aufhebung von Vergabeentscheidungen gekennzeichnet ist, abweichendes Verfahren, nämlich das sog. Zwangsgeldverfahren gemäß Art. 2 Abs. 1 lit. c RMR-S. Statt der behördlichen Aussetzung einer Ausschreibung und ihrer eventuellen Korrektur oder Aufhebung wird bei Verstößen gegen das EU-Vergaberecht gegen den Auftraggeber ein Zwangsgeld festgesetzt, das gegebenenfalls erst bei Rechtskraft eines abschließenden Gerichtsurteils zu zahlen ist (Art. 2 Abs. 5 RMR-S). Bei den in privater Rechtsform betriebenen Auftraggebern sollte nach dem Wunsch Deutschlands und Großbritanniens, die auf den Inhalt der Richtlinie entscheidend Einfluss genommen hatten,[209] eine Aussetzung des Vergabeverfahrens, die auch im Hinblick auf Art. 12 GG für problematisch gehalten wurde,[210] vermieden werden.[211] In Deutschland wurde dann allerdings doch die von der Richtlinie zugelassene Alternative der behördlichen Aussetzung umgesetzt, da von Seiten der Wirtschaftskreise ein Zwangsgeld als ein zu hohes Risiko angesehen wurde.

c) Rechtsmittel-Änderungsrichtlinie 2007/66/EG

97 Es ist eine Rechtsmittel-Änderungsrichtlinie 2007/66/EG[212] auf den Weg gebracht worden, welche die herkömmlichen Rechtsmittelrichtlinien ergänzt. Insbesondere normiert sie eine **15-tägige Stillhaltefrist** des öffentlichen Auftraggebers vor Zuschlagserteilung, damit Bieter effektive einstweilige Rechtsschutzmaßnahmen ergreifen können. Die Richtlinie war bis zum 20.12.2009 umzusetzen. In Deutschland ist diese 15-tägige Stillhaltefrist bereits seit April 2009 in der Bestimmung des § 101 a GWB (sog. Vorabinformation vor Zuschlagserteilung) verankert. Zudem enthält die Umsetzungsbestimmung des § 101 b GWB Regelungen zur sog. De-facto-Vergabe, sowie eine Begrenzung der Angreifbarkeit von Vergaben ohne Ausschreibung auf maximal ein halbes Jahr nach Vertragsabschluss. Im Regelfall bleibt es bei dieser objektiven Grenze von offiziell 6 Monaten nach Vertragsschluss. Der Rechtsgedanke von Treu und Glauben kann allerdings in Einzelfällen diese Ausschlussfrist des § 101 b Abs. 2 GWB ergänzen.[213] Die Europäische Kommission sieht sich als Hüterin der Verträge nicht an diese Frist gebunden. Sie kann Vertragsverletzungsverfahren auch deutlich nach Ablauf der Frist in Gang setzen.

---

207 *Seidel*, S. 47.

208 Der Gerichtshof stellt hierbei nicht auf die Bezeichnung, sondern auf die Funktion der betreffenden Instanz ab und bejaht die Vorlagebefugnis in weitem Umfang, s. *Dauses*, Das Vorabentscheidungsverfahren nach Art. 177 EG-Vertrag, 1995, S. 58.

209 *Seidel*, S. 49 (Rn 169).

210 Handelt es sich doch um das Vergabeverfahren eines Privaten.

211 *Seidel*, S. 49 (Rn 169).

212 ABl. EU 2007 L 335, 31 f.

213 OLG München 13.6.2013 – Verg 1/13.

IV. Nationale Umsetzungsvorschriften

1. Kurze Einleitung und Vorgeschichte

In Deutschland war das Vergaberecht traditionell alleiniger Teil des Haushaltsrechts, ausgehend von dem als vorrangig angesehenen Zweck, eine ökonomische Verwendung der Haushaltsmittel zu gewährleisten.[214] Einklagbare **individuelle Rechte der Bewerber und Bieter**, mit denen ein rechtmäßiges Vergabeverhalten erzwungen werden könnte, gab es nach traditionellem Verständnis nicht. Damit blieben die deutschen Umsetzungsvorschriften in Form der haushaltsrechtlichen Lösung hinter den europarechtlichen Anforderungen zurück[215] und beeinträchtigten somit den Wettbewerb.[216] 98

Mit dem Erlass des Zweiten Gesetzes zur Änderung des Haushaltsgrundsätzegesetzes (HGrG) vom 26.11.1993[217] kam es zur Einführung eines **förmlichen behördlichen Nachprüfungsverfahrens**, das jedoch, aufgrund der **Verneinung subjektiver Rechte**, den Anforderungen der Rechtsmittelrichtlinien nicht gerecht wurde, handelte es sich doch auch bei den Nachprüfungsinstanzen (Vergabeprüfstellen und Vergabeüberwachungsausschüsse) nicht um ein Gericht, sondern dementsprechend um eine eher verwaltungsinterne Nachprüfung.[218] 99

2. Gesetz gegen Wettbewerbsbeschränkungen

Die damit unbedingt notwendige Neuregelung erfolgte in Form der „wettbewerblichen bzw kartellrechtlichen Lösung“: Mit dem Vergaberechtsänderungsgesetz vom 26.8.1998 wurde, unter Aufhebung der §§ 57a-c HGrG aF und der Nachprüfungsverordnung, ein vierter Teil in das GWB eingefügt, die §§ 97-129, welche die „Vergabe öffentlicher Aufträge“ regeln. Wesentlicher Regelungsinhalt ist die Einführung des vom Unionsrecht geforderten **gerichtlichen Verfahrens** zur Durchsetzung des **subjektiven Anspruchs** auf Einhaltung der Bestimmungen über das Vergabeverfahren (§ 97 Abs. 7 GWB). 100

Die §§ 97-129 GWB gelten gemäß § 100 GWB nur für Aufträge, welche die Schwellenwerte erreichen oder überschreiten. Für Auftragsvergaben unterhalb der Schwellenwerte bleibt es damit weiterhin bei der haushaltsrechtlichen Lösung – es werden also die haushaltsrechtlichen Bestimmungen des Bundes und der Länder angewandt, ohne dass – zumindest für den Regelfall – subjektive Bieterrechte bestünden. 101

Hinsichtlich des persönlichen und sachlichen Anwendungsbereichs (§§ 98-100 GWB) ist das GWB weiter gefasst als die haushaltsrechtlichen Bestimmungen. Gerichtlicher Rechtsschutz nach §§ 102 ff GWB ist auf Vergabeverfahren ab dem Erreichen der Schwellenwerte beschränkt, wie auch der Anspruch aus § 97 Abs. 7 GWB nur für solche besteht. Auch insoweit wird damit die **Zweigleisigkeit des Vergaberechts** fortgesetzt. Hieraus ergeben sich, wenn auch nicht unbedingt verfassungsrechtliche Bedenken,[219] so aber doch Bedenken aus EU-rechtlicher Sicht, verpflichten doch die Grundfreiheiten die Mitgliedstaaten zu deren effektiver Durchsetzung und damit nach der Rechtsprechung des Gerichtshofs[220] zur Einräumung konkreter Rechtsschutzgarantien bis hin zur 102

214 Vgl Gesetzesbegründung zum VgRÄG, BT-Drucks. 13/9340, S. 12.

215 Von der Kommission mehrfach beanstandet, betonte der Gerichtshof in dem Vertragsverletzungsverfahren gegen Deutschland erneut, „daß die Vergaberichtlinien subjektive Rechte begründen, deren Verletzung vor den nationalen Gerichten geltend gemacht werden können muß (EuGH, Rs. C-433/93 (Kommission/Deutschland), Slg 1995, I-2303.

216 S. *Noch*, Die Vergabe von Staatsaufträgen und der Rechtsschutz nach europäischem und deutschem Recht, S. 120 ff.

217 BGBl. I S. 1928.

218 *Noch*, S. 283 ff.

219 So zumindest *Hailbronner*, in: Byok/Jaeger, GWB, 2. Aufl. 2005, § 100 Rn 542. Vgl aber: *Pietzcker*, Die Zweiteilung des Vergaberechts, 2001; *Broß*, Vergaberechtlicher Rechtsschutz unterhalb der Schwellenwerte, Dokumentationsband Badenweiler Gespräche Mai 2003, Schriftenreihe des forum vergabe e.V., Heft 19, S. 31 f. Keine Bedenken hat im Ergebnis das BVerfG, 13.6.2006, 1 BvR 1160/03, geäußert.

220 Vgl EuGH, Rs. 213/89 (Factortame), Slg 1990, I-2466.

Gewährung einstweiligen Rechtsschutzes.[221] Es herrscht allerdings die Rechtsansicht vor, dass der Schadensersatz, der unterhalb der EU-Schwelle geltend gemacht wird, als ausreichend zu betrachten ist. Allerdings sind nach neuerer, teilweiser Rechtsprechung auch Verfahren zum Erlass einstweiliger Verfügungsverfahren, die auf eine Korrektur vor Zuschlag gerichtet sind, in vielen Fällen möglich, und zwar nicht nur dann, wenn schwere Vergabeverstöße vorliegen, sondern auch dann, wenn einfache Regelverstöße geschehen sind. [222]

3. Vergabeverordnung

103 Beruhend auf der Ermächtigung in § 97 Abs. 6, § 100 Abs. 1 und § 127 GWB hat die Bundesregierung die Verordnung über die Vergabe öffentlicher Aufträge (VgV)[223] erlassen. Die VgV verweist auf die Verfahrensbestimmungen der **Vergabe- und Vertragsordnungen**, welche das maßgebliche materielle Recht enthalten. Die Vergabe- und Vertragsordnungen (VOB, VOL, VOF) bilden damit die dritte Stufe dieser sog. **Kaskadenlösung** des Vergaberechts.

104 In Kraft getreten ist erstmalig im Herbst 2009 eine spezielle Vergabeverordnung betreffend die Sektoren, genannt **Sektorenverordnung** (SektVO).[224] Sie **ersetzt** die bisherigen **Abschnitte 3 und 4 der Vergabe- und Vertragsordnungen VOL/A und VOB/A (vormals: Verdingungsordnungen)**, in denen bisher – differenziert nach sog. öffentlichen und privaten Sektorenauftraggebern – die betreffenden Vergabestellen je nach staatlicher Dominanz den Vorrang der öffentlichen Ausschreibung (so der bisherige dritte Abschnitt) beachten mussten oder schon bisher das Verhandlungsverfahren frei wählen konnten. Der deutsche Verordnungsgeber kam mit dem Regelwerk letztlich dem EuGH nach, der nur eine einheitliche Privilegierung der Sektorenunternehmen auf dem Gebiet sektorenspezifischer Tätigkeiten anerkannt hat.[225] Die klassischen öffentlichen Auftraggeber wenden unbeschadet dieser Sektorenregelungen den jeweils 2. Abschnitt der VOL/A und der VOB/A an, soweit die EU-Schwellenwerte überschritten sind. Hinzugetreten ist eine **Vergabeverordnung betreffend verteidigungs- und sicherheitstechnisch relevante Vergaben** (VSVgV).[226]

4. Vergabe- und Vertragsordnungen

105 Die Vergabe- und Vertragsordnungen VOB/A, VOL/A und VOF enthalten traditionell die **wesentlichen Regeln** zur öffentlichen Auftragsvergabe.

106 Die Novellierung der VOB/A und VOL/A im Jahre 1993 war von dem Bestreben getragen, das nationale Vergaberecht an das europäische Richtlinienrecht anzupassen. Auch diese Umsetzungslösung blieb jedoch hinter den EU-Vorgaben zurück, was etwa die zu ihrer Anwendung verpflichteten öffentlichen Auftraggeber angeht. So bestand die Anwendungsverpflichtung zwar für die „klassischen" öffentlichen Auftraggeber, nicht jedoch für die Auftraggeber in privater Rechtsform. Dies änderte sich durch das Einfügen eines § 57a in das HGrG in Verbindung mit einer damals neu geschaffenen Vergabeverordnung,[227] wodurch alle von den Richtlinien erfassten Auftraggeber verbindlich zur Anwendung der Verdingungsordnungen verpflichtet werden sollten.

---

221 *Bayer*, S. 21 (Rn 46).

222 OLG Saarbrücken 13.6.2012 – 1 U 357/11-107.

223 VO über die Vergabe öffentlicher Aufträge, zur Zeit der Abfassung dieses Beitrages in der Fassung der Siebten ÄnderungsVO zur der Vergabeverordnung, (BGBl. I Nr. 63, S. 3854 vom 24.10.2013).

224 BGBl. 2009 I, S. 3110. S.a. BR-Drucks. 522/09.

225 EuGH, Rs. C-393/06 ("Fernwärme Wien GmbH"). Die Sektorenrichtlinie (2004/17/EG) gilt nur für Aufträge im Zusammenhang mit Tätigkeiten in einem der Sektoren. Das heißt: Die Sektorenauftraggebereigenschaft privilegiert, sie wird für den Fall einer gleichzeitig gegebenen öffentlichen, also staatlichen, Auftraggebereigenschaft nicht verdrängt. Der deutsche § 98 Nr. 2 GWB ist nicht lex specialis zu § 98 Nr. 4 GWB.

226 Vergabeverordnung für die Bereiche Verteidigung und Sicherheit zur Umsetzung der Richtlinie 2009/81/EG des Europäischen Parlaments und des Rates vom 13.7.2009 über die Koordinierung der Verfahren zur Vergabe bestimmter Bau-, Liefer- und Dienstleistungsaufträge in den Bereichen Verteidigung und Sicherheit und zur Änderung der Richtlinien 2004/17/EG und 2004/18/EG (Vergabeverordnung Verteidigung und Sicherheit – VSVgV).

227 VO über die Vergabebestimmungen für öffentliche Aufträge vom 22.2.1994, BGBl. I S. 321, geändert durch VO vom 29.9.1997, BGBl. I S. 2384, aufgehoben durch § 24 der VO über die Vergabe öffentlicher Aufträge vom 9.1.2001, BGBl. I S. 110.

Die mit der Neufassung der heutigen Vergabe- und Vertragsordnungen (früher: Verdingungsordnungen) vorgenommene Aufteilung entspricht zum einen der **Zweiteilung des Vergaberechts** für Aufträge oberhalb und unterhalb der Schwellenwerte, zum anderen soll mit den zwei Abschnitten die Normanwendung erleichtert werden, indem sich die für die jeweilige Auftragsvergabe maßgeblichen Normen im Zusammenhang wiederfinden.[228] 107

So gilt der **erste Abschnitt** der VOL/A und der VOB/A (die früher so genannten „Basisparagraphen“) für Auftragsvergaben unterhalb der Schwellenwerte. Er enthält also die rein nationalen Verfahrensbestimmungen zur öffentlichen Auftragsvergabe. 108

Der **zweite Abschnitt** ist von den in § 98 Nr. 1-3, 5 und 6 GWB bezeichneten Auftraggebern bei Auftragsvergaben oberhalb der Schwellenwerte anzuwenden. Die Basisparagraphen waren dabei früher um die sog. a-Paragraphen zur Umsetzung des Richtlinienrechts ergänzt worden. Seit den Fassungen der VOL/A 2009 und der VOB/A 2012 handelt es sich jedoch bei den zweiten Abschnitten nicht mehr nur um Ergänzungsparagraphen des ersten Abschnitts, sondern um ein eigenständiges Regelwerk (VOL/A-EG bzw VOB/A-EG). 109

Die VOB/A enthält die Besonderheit, dass die Umsetzung der sicherheits- und verteidigungsrelevanten Vergaben derer in einem wieder neu geschaffenen dritten Abschnitt geregelt ist, wohingegen diese Arten der besonderen Vergaben im Liefer- und Dienstleistungsbereich in der VSVgV direkt geregelt sind. 110

Der aktuelle Stand bei Redaktionsschluss sind die Fassungen der VOB/A 2012, der VOL/A 2009 und der VOF 2009.[229] Damit wird die Zweiteilung in den 1. haushaltsrechtlichen und 2. europarechtlichen Abschnitt beibehalten.[230] Im Falle der VOF 2009 existiert traditionell nur ein europarechtlicher Abschnitt. 111

B. Rechtsprechung „Leading Cases“

I. EuGH

1. Transporoute

In dem Urteil **Transporoute** (Rs. 76/81)[231] hat der EuGH zu zwei Komplexen Stellung genommen, und zwar zur Frage der **Nachweiserbringung** durch die Bieter und zur Frage der Vorgehensweise bei **ungewöhnlich niedrigen Angeboten.** 112

Die belgische Firma Transporoute hatte sich um die Ausführung eines Autobahnbaus in Luxemburg erfolgreich beworben, war jedoch nicht im Besitz der geforderten Niederlassungsgenehmigung des Luxemburgischen Staates und wurde deshalb von der Zuschlagserteilung ausgeschlossen. Hinzu kam, dass die Transporoute nach Meinung der Vergabestelle ein ungewöhnlich niedriges Angebot abgegeben hat; dieses wurde allerdings nicht von ihr hinterfragt. 113

228 *Bayer*, S. 22 (Rn 48).

229 VOB/A 2012: BAnz. Nr. 182 a v. 2.12.2011; VOL/A: BAnz. Nr. 196 a v. 29.12.2009; VOF: BAnz. Nr. 185 a v. 8.12.2009. Die Veröffentlichung der Fassung der VOB/A 2012 wurde berichtigt mit Publikation 24.4.2012 im BAnz. AT v. 7.5.2012 und geändert mit Publikation vom 26.6.2012 im BAnz. AT v. 13.7.2012. Die Veröffentlichung der Fassung der VOL/A 2009 wurde berichtigt im BAnz. Nr. 36 v. 5.3.2010, S. 940. Der Bundesrat hat der Einführung der VOL/A 2009 im Wege der „Verordnung zur Anpassung der Verordnung über die Vergabe öffentlicher Aufträge (Vergabeverordnung – VgV) sowie der Verordnung über die Vergabe von Aufträgen im Bereich des Verkehrs, der Trinkwasserversorgung und der Energieversorgung (Sektorenverordnung – SektVO)“ mit Änderungen zugestimmt, BR-Drucks. 40/10 v. 26.3.2010. Der Einführung der VOB/A 2012 hat der Bundesrat mit der „Sechsten Verordnung zur Änderung der Verordnung über die Vergabe öffentlicher Aufträge“ BR-Drucks. 320/12 v. 25.5.2012 und der „Vergabeverordnung für die Bereiche Verteidigung und Sicherheit zur Umsetzung der Richtlinie 2009/81/EG des Europäischen Parlaments und des Rates vom 13. Juli 2009 über die Koordinierung der Verfahren zur Vergabe bestimmter Bau-, Liefer- und Dienstleistungsaufträge in den Bereichen Verteidigung und Sicherheit und zur Änderung der Richtlinien 2004/17/EG und 2004/18/EG (Vergabeverordnung Verteidigung und Sicherheit – VSVgV)“ BR-Drucks. 321/12 v. 25.5.2012 zugestimmt.

230 Kurioserweise heißen die Bestimmungen des 2. Abschnitts zB „§ 9 EG VOL/A“, obwohl seit dem 1.12.2009 gar keine „EG“ mehr existiert, was auch der Bundesrat moniert hat.

231 EuGH, Rs. 76/81 (Transporoute), Slg 1982, 417.

114 Der EuGH hat festgestellt, dass die BKR 71/305/EWG dahingehend auszulegen ist, dass sie es den Mitgliedstaaten **verbietet**, von einem in einem anderen Mitgliedstaat niedergelassenen Bieter **andere Nachweise** zu verlangen als diejenigen, welche in den Art. 23 bis 26 dieser Richtlinie festgelegt sind. Besonderheiten, die eine Abweichung vom Grundsatz der alleinigen Zulässigkeit der in der Richtlinie genannten Nachweise erlauben, liegen nicht vor. Zulässig sind allein die Nachweise, welche seine **berufliche Befähigung** und seine **Zuverlässigkeit** belegen. Dies ist bei der verlangten Niederlassungsgenehmigung nicht der Fall.

115 Sind Angebote eines Bieters nach Auffassung des öffentlichen Auftraggebers im Verhältnis zu den zu erbringenden Leistungen **offensichtlich ungewöhnlich niedrig**, so ist der Auftraggeber gemäß Art. 29 Abs. 5 der BKR 71/305/EWG verpflichtet, vor der Vergabe des Auftrags den Bieter aufzufordern, einen Beleg für seine Preisangebote beizubringen, oder dem Bieter mitzuteilen, welche seiner Angebote ungewöhnlich niedrig sind, und ihm eine angemessene **Frist für zusätzliche Angaben** einzuräumen. Dem öffentlichen Auftraggeber ist keinesfalls die Entscheidung darüber freigestellt, ob ein derartiges Auskunftsverlangen sinnvoll ist.

116 Überdies kommt den Rechtsgrundsätzen für die Auslegung der entsprechenden Richtlinienbestimmungen zum Umgang mit ungewöhnlich niedrigen Angeboten Ausstrahlungswirkung auf Auftragsvergaben zu, die sich unterhalb der EU-Schwellenwerte ereignen.[232]

2. Beentjes

117 In dem Urteil **Beentjes** (auch „Beentjes I" genannt) hat der EuGH[233] zu der grundlegenden Fragestellung des öffentlichen Auftraggeberbegriffes Position bezogen.

118 Die Örtliche Flurbereinigungskommission Waterland führte 1984 eine öffentliche Ausschreibung durch. Die BKR 71/305/EWG ist gemäß dem EuGH auf öffentliche Bauaufträge anwendbar, die von einer Einrichtung wie der Flurbereinigungskommission vergeben werden. Der EuGH hat mit dieser Entscheidung ganz maßgeblich den **Begriff des funktionellen öffentlichen Auftraggebers** geprägt. Er ist vom **institutionellen Auftraggeberbegriff**, also den originär staatlichen Auftraggebern (in Deutschland: Bund, Länder, Gemeinden), zu unterscheiden. Der EuGH betont, dass anderenfalls das Ziel der Richtlinie, welche die Verwirklichung der Niederlassungs- und Dienstleistungsfreiheit auf dem Gebiet der öffentlichen Bauaufträge anstrebt, gefährdet wäre, wenn sie allein deswegen unanwendbar wäre, weil ein öffentlicher Bauauftrag von einer nicht förmlich in die staatliche Verwaltung eingegliederten Institution vergeben wird.

119 Der EuGH stellt des Weiteren fest, dass sich **der Einzelne** vor den staatlichen Gerichten auf die Artt. 20, 26 und 29 der BKR 71/305/EWG **berufen kann** und rekurriert dabei auf das Urteil in der Sache „von Colson und Kamann"[234] sowie auf die Grundsätze der **unmittelbaren Anwendbarkeit** von Richtlinien bei deren nicht rechtzeitiger oder inhaltlich nicht ausreichender Umsetzung für den Fall, dass die Bestimmungen hinreichend klar bestimmt und daher einer unmittelbaren Anwendbarkeit zugänglich sind.[235]

3. Ballast Nedam Groep I

120 Die niederländische Gesellschaft Ballast Nedam NV war bis 1987 gemäß einer belgischen Regelung als Unternehmer zugelassen. Im Jahr 1989 beschloss das zuständige Ministerium, die Zulassung der Klägerin nicht zu erneuern. In der Stellungnahme heißt es, dass die **„Ballast Nedam Groep NV"** nicht als Unternehmer im Sinne der Zulassungsregelung angesehen werden könne, da es sich um eine Holdinggesellschaft handle, deren wichtigste Aktiva in Beteiligungen an Tochtergesellschaften bestünden; nicht die Holding, sondern die Tochtergesellschaften führten die Arbeiten aus, und die Holding beschäftige auch keine Arbeiter. Im Rahmen des sich entwickelnden Rechtsstreits erfolgte eine Vorlage an den EuGH.

232 EuGH, verb. Rs. C-147/06 und C-148/06.
233 EuGH, Rs. 31/87 (Beentjes), Slg 1988, 4652.
234 EuGH, Rs. 14/83, Slg 1984, 1891, Rn 26.
235 EuGH, Rs. 152/84 (Marshall), Slg 1986, 723, Rn 46.

Der Gerichtshof[236] stellt fest: Die Bauvergaberichtlinien ermächtigen dazu, bei der Beurteilung der Kriterien, welche ein Unternehmen im Rahmen der Prüfung eines von der beherrschenden juristischen Person eines Konzern gestellten Zulassungsantrags erfüllen muss, die **Gesellschaften** zu berücksichtigen, die **zu diesem Konzern gehören**. Dies gilt jedenfalls unter der Voraussetzung, dass die betreffende juristische Person nachzuweisen vermag, dass sie **tatsächlich über die diesen Gesellschaften zustehenden Mittel verfügen** kann, welche zur Ausführung der Aufträge erforderlich sind. Es ist Sache des nationalen Gerichts, zu beurteilen, ob ein solcher Nachweis im Ausgangsrechtsstreit erbracht worden ist. 121

Mit dieser Rechtsprechung hat der EuGH die **Beteiligung von Generalübernehmern** und auch von Totalübernehmern an Ausschreibungen von öffentlichen Bauleistungen grundsätzlich für statthaft erachtet. Demnach dürfen sich grundsätzlich auch Bauholdinggesellschaften an öffentlichen Ausschreibungen beteiligen, obwohl sie selbst diese Leistungen überhaupt nicht erbringen. 122

4. Kommission ./. Deutschland („Haushaltsrechtliche Lösung")

Dieses Urteil[237] stellt die Anforderung auf, dass sich die Bieter vor nationalen Gerichten auf ihre aus den Vergaberichtlinien resultierenden **subjektiven Rechte** berufen können müssen. Dies war seinerzeit nicht gegeben.[238] Insbesondere konnte die damalige sog. **haushaltsrechtliche Lösung**,[239] welche durch die Integration der materiell-rechtlichen Vergabevorschriften in das objektiv-rechtliche Haushaltsrecht (§§ 57 a, b HGrG aF) sowie durch die Rechtskontrolle seitens sog. Vergabeüberwachungsausschüsse (§ 57 c HGrG aF) als nicht-gerichtliche Instanzen gekennzeichnet war, nicht aufrechterhalten werden. 123

Die Angriffspunkte der Kommission waren, dass die Umsetzung der damaligen Richtlinien nicht den Anforderungen des Unionsrechts auf diesem Gebiet genüge. Wenn eine Richtlinie dem Einzelnen **subjektive Rechte** gewähren wolle, seien zu ihrer Umsetzung **verbindliche Rechtsvorschriften** erforderlich, welche die Begünstigten in die Lage versetzten, von allen ihren Rechten Kenntnis zu erlangen und diese gegebenenfalls vor den **nationalen Gerichten** geltend zu machen. Beanstandet wurde hingegen nicht, dass der entscheidende Anteil des umgesetzten materiellen Vergaberechts sich in den Normen der Vergabe- und Vertragsordnungen findet, die weder Gesetz noch Rechtsverordnungen sind. 124

5. Dorsch Consult

Der EuGH[240] hat in dieser Entscheidung auf Vorlage des Vergabeüberwachungsausschusses des Bundes (VÜA Bund) geklärt, ob eine **Vorlageberechtigung** des **Vergabeüberwachungsausschusses** als Gericht im Sinne des Art. 177 EGV (heute Art. 267 AEUV) besteht. Der EuGH bejahte die Vorlageberechtigung dieser verwaltungsmäßigen Überprüfungsinstanz, weil sie mit gerichtsähnlichen Merkmalen ausgestattet ist. Damit war freilich **keine Aussage** darüber getroffen, ob diese Institutionen den Anforderungen an einen **effektiven Rechtsschutz** nach der Rechtsmittelrichtlinie 89/665/EWG entsprachen. Außerdem war damit naturgemäß keine rechtliche Aussage darüber getätigt, ob im Falle der Zurverfügungstellung subjektiver Bieterrechte diese nichtgerichtliche Instanz aus Gründen des **deutschen Verfassungsrechts** genügenden Rechtsschutz bietet, welcher der Rechtsschutzgarantie des Art. 19 Abs. 4 GG sowie den einschlägigen Justizgrundrechten gerecht wird. All diese Gründe führten schließlich auch ab 1.1.1999 zur Integration des Vergaberechts in das Gesetz gegen Wettbewerbsbeschränkungen (GWB) und zu einem damit verbundenen Rechtsschutzsystem aus den Vergabekammern (VKs) als verwaltungsmäßige Eingangsinstanz und den Vergabesenaten bei den Oberlandesgerichten als originär justizielle Beschwerdeinstanz. Die Frage 125

236 EuGH, Rs. C-389/92 (Ballast Nedam Group I), Slg 1994, I, 1289.

237 EuGH, Rs. C-433/93 (Kommission/ Deutschland), Slg 1995-I, 2303.

238 *Noch*, Vergaberecht und subjektiver Rechtsschutz, 1998, S. 229, 231.

239 §§ 57 a bis c HGrG, eingefügt durch Gesetz v. 26.11.1993, BGBl. I, S. 1928 in das Haushaltsgrundsätzegesetz v. 19.8.1969.

240 EuGH, Rs. C-54/96 (Dorsch Consult), Slg 1997, I-4961.

der Vorlageberechtigung an den EuGH seitens nationaler nichtgerichtlicher Instanzen kann insofern wieder Aktualität erlangen, als im Jahre 2013 die Vergabekammer Arnsberg direkt eine Vorlage an den EuGH getätigt hat, mit der Maßgabe, zu überprüfen, inwieweit die Verpflichtung eines polnischen Nachunternehmers auf die Zahlung des nordrhein-westfälischen Mindestlohns in Höhe von 8,62 Euro unionsrechtskonform ist. Die gerichtliche Beschwerdeinstanz des OLG Düsseldorf wird damit übersprungen.[241]

6. Alcatel

126 Das Urteil in der Rechtssache „**Alcatel Austria**"[242] betrifft ganz grundsätzliche Fragen der Rechtskonstruktionen bei staatlichen Beschaffungsvorgängen.

127 Es handelte sich zwar um ein Vorlageverfahren des österreichischen Bundesvergabeamtes, jedoch ist die Rechtssituation betreffend das **öffentlich-rechtliche Auswahlverfahren** und die **nachfolgende zivilrechtliche Zuschlagserteilung** der fiskalisch handelnden Verwaltung in Deutschland und Österreich sehr ähnlich. Wesen der Rechtstradition in beiden Ländern ist es, dass die Zuschlagserteilung als Ergebnis des öffentlich-rechtlichen Auswahlverfahrens und der zivilrechtliche Vertragsschluss in einem Akt zusammenfallen. Dies wirft Probleme für die Bieter auf, rechtzeitig Rechtsschutz zu erlangen, dh insbesondere vor dem alles entscheidenden Moment des Vertragsabschlusses. Der zivilrechtliche Vertrag kann nach herkömmlichem deutschem Zivilrecht in aller Regel – außer in Fällen kollusiven Zusammenwirkens zwischen Vergabestelle und bevorteiltem Bieter (§ 138 BGB) – nicht mehr aufgehoben werden.[243] Große Probleme verursachen die nach deutschem Recht eng zu verstehenden Anfechtungsvorschriften des BGB (pacta sunt servanda) insbesondere bei vergaberechtswidrig geschlossenen Verträgen, die sodann auf das Betreiben entsprechender Vertragsverletzungsverfahren hin aufzuheben sind.[244]

128 Der EuGH stellt heraus, dass nach Art. 2 Abs. 1 lit. a und b iVm Abs. 6 Unterabs. 2 der Rechtsmittelrichtlinie 89/665/EWG die **dem Vertragsschluss vorangehende Zuschlagsentscheidung** des Auftraggebers in jedem Fall einem Nachprüfungsverfahren zugänglich gemacht werden muss. Unabhängig von der Möglichkeit, Schadensersatz zu erlangen, muss auch die Aufhebung der Entscheidung erwirkt werden können. Nach alledem musste für die europaweiten Vergabeverfahren in Österreich wie auch in Deutschland ein **Mechanismus geschaffen** werden, welcher die (vorzeitige) Zuschlagserteilung mit dem Ergebnis eines in der Regel nicht mehr rückgängig zu machenden zivilrechtlichen Vertrages verhindert.

129 Die Voraussetzungen für die Wahrnehmung der Rechtsschutzmöglichkeiten vor der alles entscheidenden Zuschlagserteilung wurden durch die Schaffung des Institutes der **Vorabinformation** (seit 2009: § 101 a GWB) hergestellt. So darf im Interesse der Gewährleistung effizienten Rechtsschutzes während 15 Kalendertagen der Zuschlag nicht erteilt werden. Damit war dem Mangel abgeholfen, dass das Europarecht von zwei vollständigen Vorgängen ausgeht, die sich deutlich in Zuschlagserteilung und Vertragsabschluss trennen lassen. In vielen anderen europäischen Ländern ist eine klare Trennung dieser Rechtsakte gegeben, und es ist dort außerdem auf viel einfachere Weise möglich, die zivilrechtlichen Verträge rückgängig zu machen. Anders ist dies in Deutschland und in Österreich.

241 VK Arnsberg 26.9.2013 – VK 18/13.

242 EuGH, Rs. C-81/98 (Alcatel Austria), Slg 1999, I-7479 = NZBau 2000, 33 = WuW 1999, 1262. *Malmendier*, DVBl 2000, 963.

243 KG 12.4.2000 – KartVerg 9/99: Kollusives Zusammenwirken iSd § 138 BGB verneint. Bejaht durch KG 11.11.2004 – 2 Verg 16/04, VergabeR 2005, 236.

244 EuGH, Rs. C-536/07 (»Messe Köln«), NZBau 2009, 792 = VergabeR 2010, 188.

7. Teckal

Das Institut des vergabefreien Eigengeschäftes („**Inhouse-Geschäft**") basiert maßgeblich auf der Rechtsprechung des EuGH in Sachen „Teckal"[245] und „ARGE Gewässerschutz".[246] 130

In der Entscheidung ging es um einen Rechtsstreit zwischen der Teckal Srl (Klägerin) und der Gemeinde Viano sowie der Azienda Gas-Acqua Consorziale (AGAC) Reggio Emilia wegen des Betreibens der Heizungsanlagen in öffentlichen Gebäuden durch diese Gemeinde. Die Gemeinde war der Auffassung, dass sie die Vergabe ohne Ausschreibung vornehmen könne. 131

Der EuGH stellte die **grundsätzlichen Anforderungen für vergabefreie Eigengeschäfte** auf. Beauftragt ein öffentlicher Auftraggeber ein privatwirtschaftliches Unternehmen (zB eine GmbH) mit Dienstleistungen, so kommt es **nicht zu einem öffentlichen Auftrag,** 132

- wenn der öffentliche Auftraggeber alleiniger Anteilseigner des Beauftragten ist,[247]
- er über diesen eine Kontrolle wie über eigene Dienststellen ausübt[248] und
- der Beauftragte seine Tätigkeit im Wesentlichen für diesen öffentlichen Auftraggeber verrichtet.

Im Falle des **kumulativen Vorliegens** dieser drei Merkmale wird dem Kern nach kein anderer mit der Erbringung der Dienstleistung beauftragt. Es fehlt an einem wirtschaftlichen Austauschverhältnis nach außen, dh an einem Vertragsabschluss unter Zunutzemachung der Kräfte des Marktes. Vielmehr ist dann ein sog. „Inhouse-Geschäft" gegeben, bei dem die Dienstleistung von einer Stelle erbracht wird, welche der öffentlichen Verwaltung bzw dem Geschäftsbetrieb des öffentlichen Auftraggebers zuzurechnen ist. Die Voraussetzungen des „Inhouse-Geschäftes" müssen – in Fortführung dieser Rechtsprechung – für die Dauer der gesamten Vertragslaufzeit weiterbestehen.[249] Es spielt dabei auch keine Rolle, ob dasjenige Unternehmen, an das im Wege des vergabefreien Eigengeschäftes („Inhouse-Geschäftes") vergeben werden soll, selbst öffentlicher Auftraggeber ist. 133

Diese Rechtsprechung des EuGH zum „Inhouse-Geschäft" wurde entgegen den Erwartungen nicht vollständig in das aktuelle Richtlinienpaket von 2014 übernommen. So soll es nun beispielsweise doch erlaubt sein, wenn eine private Minderheitsbeteiligung an dem mit dem Auftrag begünstigten Unternehmen oder der gemischt öffentlich-privatwirtschaftlichen Institution vorliegt. Außerdem wurde das 80%-Kriterium festgeschrieben, das durch verschiedentliche Rechtsprechung zwischenzeitlich relativiert worden war. Mit anderen Worten sind nunmehr bis zu 20% Fremdgeschäft des mit einem vergabefreien Eigengeschäft begünstigten Betriebes möglich.[250] 134

8. Fabricom und Assitur

Im Jahre 2005 hat der EuGH in der Sache „**Fabricom**"[251] zu der sog. **Projektantenproblematik** Stellung genommen und einen **pauschalen Ausschluss** jedes vorbefassten Unternehmens für **rechtswidrig** erklärt. Er stellte fest, dass eine belgische Bestimmung unionsrechtswidrig ist, wonach eine Person bzw ein Unternehmen, das zuvor mit Forschungs-, Planungs-, Erprobungs- oder Entwicklungsarbeiten für Bau-, Liefer- oder Dienstleistungen beauftragt war, generell und unwiderruflich nicht zur Teilnahme an einem nachfolgenden Vergabeverfahren zur Realisierung des Projektes zugelassen sein soll. Dies gilt so lange und so weit, wie diesem Projektanten nicht die Möglichkeit gegeben wird, zu beweisen, dass er im Einzelfall mit der von ihm erworbenen Erfahrung den **Wettbewerb nicht hat verfälschen können**. Mit diesem Judikat ist die Einzelfallmaxime des Vergabe- 135

245 EuGH, Rs. C-107/98 (Teckal), Slg 1999-I, 8121. Dazu u.a. *Dreher*, NZBau 2004, 14.

246 EuGH, Rs. C-94/99 (ARGE Gewässerschutz).

247 Schon eine Minderheitsbeteiligung oder gar eine symbolische Aktie ist schädlich: EuGH, Rs. C-340/04, NZBau 2006, 452.

248 EuGH, Rs. C-324/07 (Coditel Brabant SA/ Commune d'Uccle, Région de Bruxelles-Capitale"), VergabeR 2009, 440: Ausschreibungsfreie Vergabe an eine interkommunale Genossenschaft. EuGH, Rs. C-480/06, Nichtgeltung des Vergaberechts bei interkommunaler Kooperation.

249 EuGH, Rs. C-410/04 (ANAV/ Comune di Bari, AMTAB Servizio SpA"), NZBau 2006, 326.

250 Art. 12 der klassischen Vergaberichtlinie 2014 (2014/24/EU).

251 EuGH, Rs. C-21/03, Rs. C-34/03 (Fabricom SA/ Belgien), Slg 2005, I-1559.

rechts sowie auch der Gedanke des ggf zu ergreifenden individuellen Rechtsschutzes deutlich gestärkt worden.

136 Diese Entwicklung setzt sich fort in der Rechtsprechung zur Sache „**Assitur**".[252] Die **bisher** in der (auch deutschen) Vergabepraxis **vorherrschende Rechtsauffassung** war, dass im Falle des Anbietens zweier Bieter, die gesellschaftsrechtlich oder sonst geschäftlich miteinander verbunden sind (sog. „**Doppelangebote**"), **ohne nähere Prüfung ein zwingender formaler Ausschluss beider Angebote erfolgen** müsse, weil allein schon die Gefahr, dass ein Bieter vom anderen wissen und zB dessen Kalkulation kennen könnte, die Annahme einer schwerwiegenden und nicht mehr heilbaren Wettbewerbsstörung rechtfertige. Diese auch von deutschen Vergabenachprüfungsinstanzen jahrelang vertretene Rechtsansicht[253] ist hiermit obsolet. Der EuGH hebt hervor, dass Unternehmensgruppen (Teile von Konzernen) unterschiedliche Formen und Zielsetzungen haben können und dass es bei ihnen nicht zwangsläufig ausgeschlossen ist, dass die abhängigen Unternehmen bei der Gestaltung ihrer Geschäftspolitik und ihrer wirtschaftlichen Tätigkeit, insbesondere auf dem Gebiet der Teilnahme an öffentlichen Ausschreibungen, über eine gewisse Eigenständigkeit verfügen. Die Rechtsprechung zur Sache „Assitur" stellt eine konsequente Fortentwicklung der „Fabricom"-Rechtsprechung dar. Im Kern positioniert sich der EuGH zu Lasten einer pauschalen Unterstellung mangelnder Unabhängigkeit von Bietern. Insbesondere wird der Behauptung abstrakter Gefahren, die quasi jeder (böswillige) Konkurrent anführen kann, und die der betreffende Bieter kaum widerlegen kann, eine klare Absage erteilt.[254] Diese Rechtsprechung ist nicht zuletzt Folge des allgemeinen **Verhältnismäßigkeitsgebotes** bei der Festlegung von Eignungskriterien und der Handhabung von etwaigen Ausschlussgründen mangels Eignung.[255]

9. Parking Brixen

137 Ein praktisch wichtiger Bereich des allgemeinen Vergabewesens, nämlich derjenige der **Dienstleistungskonzessionen**, war auch nach dem Richtlinienpaket des Jahres 2004 vom Vergaberecht ausgenommen.[256] Die Bandbreite dieser Leistungen ist enorm, weswegen 2014 eine eigenständige Richtlinie über die Vergabe von Konzessionen geschaffen wurde. Bau- und Dienstleistungskonzessionen haben damit ein eigenständiges Regelwerk erhalten, was eine logische Fortentwicklung auch insofern darstellt, als der EuGH insbesondere seit der viel beachteten Entscheidung in der Sache „Parking Brixen" immer mehr rechtliche Erfordernisse für die Dienstleistungskonzessionsvergaben aufgestellt hat, die sich im Ergebnis dem klassischen Vergaberecht für öffentliche Aufträge annähern. Dienstleistungskonzessionen reichen von der Verpachtung einer öffentlichen Kantine oder eines Museumsshops über die Bewirtschaftung öffentlicher Plakatwände bis hin zur Bewirtschaftung öffentlichen Parkraums. Solange Dienstleistungen und keine Bauleistungen vergeben werden (letztere sind als Baukonzessionen ausschreibungspflichtig) und die beiden Konzessionsmerkmale

– Einräumung eines ausschließlichen Nutzungsrechts (zB Pacht) und
– Übernahme eines wirtschaftlichen Risikos (zB Nutzungs-/Auslastungsrisiko)

bejaht werden können, liegt eine Dienstleistungskonzession vor, die bisher **nicht dem formalen öffentlichen Ausschreibungsrecht** (in Deutschland: GWB, VgV, VOL/A) unterfällt. Der EuGH hat in dem Fall „Parking Brixen" [257] zum einen betont, dass die beiden Merkmale auch in der Sache vorliegen müssen und dem Pächter ein substantielles wirtschaftliches Risiko erwachsen muss, das nicht durch zu große öffentliche Garantien geschmälert werden darf. Zum anderen sind aber auch

252 EuGH, Rs. C-538/07 (Assitur Srl/ Camera di Commercio, Industria, Artigianato e Agricoltura di Milano, u.a. SDA Express Courier SpA, Poste Italiane SpA).

253 OLG Düsseldorf 27.7.2006 – VII Verg 23/06, VergabeR 2007, 229; OLG Düsseldorf, VII Verg 52/03, VergabeR 2003, 690; VK Berlin 16.11.2005 – VK B1-49/05.

254 Vgl Landessozialgericht (LSG) Nordrhein-Westfalen 6.8.2009 – L 21 KR 52/09 SFB.

255 EuGH, Rs. C-213/07 (Michaniki AE/ Ethniko Symvoulio Radiotileorasis, Ypourgos Epikrateias), VergabeR 2009, 146.

256 Vgl noch Art. 1 IV VKRL 2004/18/EG. Siehe jetzt Richtlinie des Europäischen Parlaments und des Rates 2014/23/EU vom 26.2.2014 über die Konzessionsvergabe.

257 EuGH, Rs. 458/03 (Parking Brixen GmbH).

Dienstleistungskonzessionen **wettbewerblich und in einem transparenten Verfahren zu vergeben,** das die Gleichbehandlungsgrundsätze wahrt. Die Europäische Kommission hatte den künftig dem formalen Ausschreibungsrecht unterstellten Bereich der Dienstleistungskonzessionen schon seit geraumer Zeit unter Beobachtung gehalten.[258]

10. Lianakis

Der EuGH[259] hat in einem grundsätzlichen Urteil, das die zum Teil vorangegangene Rechtsprechung der letzten Jahre zusammenfasst, betont, dass zwischen **„Eignungskriterien"**, welche die fachliche Eignung der Bieter betreffen, und **„Zuschlagskriterien"** für die Erteilung des Zuschlags konsequent **zu unterscheiden** ist. Zwar ist nicht ausgeschlossen, dass die Prüfung beider Kriterien auch gleichzeitig vorgenommen werden kann, jedoch handelt es sich um verschiedene Vorgänge, für die unterschiedliche Regeln gelten. So prüft der öffentliche Auftraggeber die fachliche Eignung der Bieter nach den in den Art. 31 und 32 der Richtlinie 92/50 genannten Kriterien der wirtschaftlichen, finanziellen und technischen Leistungsfähigkeit. Demgegenüber kann die Erteilung des Zuschlags nur auf die in Art. 36 Abs. 1 der Richtlinie aufgezählten Kriterien gestützt werden, dh entweder den niedrigsten Preis oder das wirtschaftlich günstigste Angebot. Im letztgenannten Fall haben mangels einer abschließenden Aufzählung der Kriterien für das wirtschaftlich günstigste Angebot die öffentlichen Auftraggeber die Wahl, nach welchen Kriterien sie den Zuschlag erteilen wollen, jedoch kommen grundsätzlich nur Kriterien in Betracht, welche der Ermittlung des wirtschaftlich günstigsten Angebots dienen. Eine Ausnahme besteht bei den in der Richtlinie 2004/18/EG neu eingeführten Umwelt- und Sozialkriterien, die eigens als „Ausführungsbedingungen" deklariert sind, in der Sache aber – wenn auch nur vorübergehend – zu Verteuerungen führen können. In jedem Fall jedoch sind als „Zuschlagskriterien" solche Kriterien **ausgeschlossen**, die **im Wesentlichen mit der Beurteilung der fachlichen Eignung der Bieter** für die Ausführung des Auftrags **zusammenhängen.** Auch ist es nicht zulässig, Kriterien doppelt zu verwenden, also sowohl bei der Eignungsprüfung als auch bei der Zuschlagsentscheidung. Dieser auch in Deutschland akzeptierte Stand der Rechtsetzung und Rechtsprechung[260] unterliegt seit einiger Zeit einer gewissen Dynamik. Seit der siebten Änderung der VgV vom 15.10.2013[261] können bei der Vergabe von Dienstleistungsaufträgen und freiberuflicher Leistungen im Anwendungsbereich des sog. Anhangs IB (nicht-prioritäre Dienstleistungen) bis zu einer Gewichtung von 25% eignungsbezogene Gesichtspunkte wie Erfahrungen oder Betriebsausstattung als Zuschlagskriterien berücksichtigt werden. Das Richtlinienpaket 2014 wird weitere Veränderungen bringen, wobei die genaue Umsetzung in Deutschland noch offen ist. 138

II. EFTA-Gerichtshof

1. Rechtssache Fagtún vom 12.5.1999

Am 12.5.1999 hat der EFTA-Gerichtshof[262] im Vorabentscheidungsverfahren über die Zulässigkeit von domestic-content-requirements im EWR entschieden. 139

258 Vgl Europäische Kommission, Mitteilung zu Auslegungsfragen im Bereich der Konzessionen, ABl. C 121 v. 29.4.2000, S. 2 ff; „Mitteilung der Kommission zu Grundsätzen des Gemeinschaftsrechts für die Vergabe öffentlicher Aufträge, die nicht oder nur teilweise unter die Vergaberichtlinien fallen", ABl. 2006 C 179/2.

259 EuGH, Rs. C-532/06 (Emm.G.Lianakis AE u.a./Dimos Alexandroupolis u.a.), VergabeR 2008, 496.

260 OLG München 10.2.2011 – Verg 24/10; OLG Naumburg 3.9.2009 – 1 Verg 4/09; OLG Düsseldorf 14.1.2009 – VII-Verg 59/08.

261 BGBl. I Nr. 63 S. 3854 v. 24.10.2013.

262 EWR-Abkommen, ABl. 1994 Nr. L 1/3; Abkommen über die Errichtung einer EFTA-Überwachungsbehörde und eines EFTA-Gerichtshofs (ÜGA), EFTA-Court Texts, Luxembourg 1996, S. 21 ff; über das Internet kann im Menu "Legal Texts" eine Liste der gefassten Übernahmebeschlüsse des Gemeinsamen EWR-Ausschusses von der Homepage des Sekretariats der EFTA heruntergeladen werden (http://www.efta.int/structure/EFTA/efta-sec.cfm). Das ÜGA und die Verfahrensordnung des EFTA-Gerichtshofs finden sich unter dem Menu "Legal Texts", sämtliche Entscheidungen unter dem Menu "Publications" auf der Homepage des EFTA-Gerichtshofs (http://www.efta.int/structure/court/efta-crt.cfm).

140 Fagtún ehf, eine Gesellschaft isländischen Rechts, war als Subunternehmerin an einem Vergabeverfahren über ein Bauvorhaben an einer isländischen Schule beteiligt. Sie importierte Dachelemente aus Norwegen. Die Vergabe erfolgte durch einen staatlichen Bauausschuss. Auf der Grundlage eines Angebots von Fagtún erhielt die Byrgi ehf den Zuschlag. Es war unstreitig, dass im Vergabeverfahren die **Vorschriften der BKR 93/37/EWG** eingehalten wurden.

141 In den darauf folgenden Verhandlungen verlangte der Bauausschuss allerdings die Verwendung von **in Island hergestellten Dachelementen.** Der Bauvertrag enthielt schließlich eine Regelung, wonach die Dachelemente im Inland hergestellt würden. Darauf verlor Fagtún den Unterauftrag. Fagtún verklagte zunächst Byrgi auf Schadensersatz. Das Gericht stellte einen **Europarechtsverstoß** fest und sprach das Vertrauensinteresse zu, verweigerte aber das Erfüllungsinteresse, weil kein Vertrag zwischen Fagtún und Byrgi zustande gekommen sei. Darauf verklagte Fagtún den Bauausschuss sowie dessen Träger auf das Erfüllungsinteresse. In der Berufung über dieses Verfahren wurde die Vorlagefrage gestellt, ob das allgemeine Diskriminierungsverbot bzw die Warenverkehrsfreiheit der Einbeziehung einer Vorschrift entgegenstehen, wonach Dachelemente in Island hergestellt sein müssen.

142 Im Hinblick auf die **Warenverkehrsfreiheit** (Art. 11 EWRA, entspr. früher Art. 30 EGV, nunmehr Art. 34 AEUV) stellte der EFTA-Gerichtshof im Anschluss an die Rechtsprechung des EuGH zunächst klar, dass auch Regelungen im Bereich der öffentlichen Auftragsvergabe davon erfasst werden. Im Hinblick auf Art. 11 EWRA findet ebenso wie auf Art. 34 AEUV die sog. **Dassonville-Rechtsprechung** Anwendung, wonach als Maßnahme gleicher Wirkung jede Handelsregelung der Mitgliedstaaten anzusehen ist, die geeignet ist, den Handel innerhalb der Union unmittelbar oder mittelbar, tatsächlich oder potentiell zu behindern. Das ist bei Vorschriften, wonach Dachelemente in Island hergestellt sein müssen, eindeutig der Fall.

143 Anders als in den bereits ergangenen Entscheidungen des EuGH war die **beschränkende Regelung allerdings nicht bereits in der Ausschreibung** enthalten. Erst in der **Vertragsschlussphase** – das isländische Recht unterscheidet zwischen der öffentlich-rechtlichen Grundsätzen unterliegenden Vergabeentscheidung und dem zivilrechtlichen Vertragsschluss[263] – wurde die anstößige Anforderung in den Vertrag aufgenommen. Zu Recht hat der EFTA-Gerichtshof angenommen, dass dieser Umstand zu keiner anderen Beurteilung führen könne, weil die **Verhandlungen nach der Ausschreibung nicht vom Ausschreibungsverfahren selbst getrennt werden können.** Die Ausschreibung unterlag der Baurichtlinie. Der Vertrag ist so eng mit der vorausgehenden Ausschreibung verbunden, dass die der Baurichtlinie zugrundeliegenden Grundsätze auch auf den Bauvertrag angewendet werden müssen.

144 Der EFTA-Gerichtshof erkennt keine Rechtfertigung unter der **Cassis-Doktrin,** weil die Anforderung **offen diskriminiert.** Art. 13 EWRA (Art. 36 AEUV) greift ebenfalls nicht ein, da die Beklagten nicht einmal dargelegt hatten, dass die Benutzung norwegischer Dachelemente zu einer Gefahr für das Leben oder die Gesundheit von Menschen führen könne. Der EFTA-Gerichtshof verzichtete angesichts des festgestellten Verstoßes gegen das aus der Warenverkehrsfreiheit fließende besondere Diskriminierungsverbot auf die Prüfung des allgemeinen Diskriminierungsverbotes in Art. 4 EWRA (Art. 18 AEUV, früher Art. 6 EGV).

145 Die Entscheidung macht deutlich, dass der Geltungsbereich des EU-Rechts – jedenfalls im Bereich der Marktintegration durch Grundfreiheiten und Wettbewerbsrecht – nicht an den Außengrenzen der Union endet.[264] Sie zeigt beispielhaft das **Zusammenspiel von EWR-Abkommen und AEUV,** von EuGH und EFTA-Gerichtshof. So sind bereits die Warenverkehrsfreiheit und das allgemeine Diskriminierungsverbot in EWR-Abkommen und AEUV nahezu wortgleich formuliert. Ebenso gilt das Sekundärrecht großteils auch im EWR: Die BKR 93/37/EWG wird auf der Grundlage des Beschlusses 7/94 des Gemeinsamen Ausschusses des EWR im Anhang XVI des EWR-Abkommens aufgeführt, auf den Art. 23 lit. a EWRA verweist.

263 Vgl zu der Problematik: EuGH, Rs. C-81/98 (Alcatel Austria), Slg 1999, I-7479.

264 Editorial CML Rev. 1999, 697, 698.

Schließlich handelt es sich um ein plastisches Beispiel für die wechselseitige Ergänzung der europäischen Gerichte in der Entwicklung ihrer Judikatur: Der EFTA-Gerichtshof übernimmt die vom EuGH entwickelten Grundsätze, bildet die Dogmatik aber durchaus selbstbewusst weiter. So enthält auch das vorliegende Urteil auf der einen Seite inhaltlich keine Überraschung.[265] Ausgehend von der Annahme einer (seltenen) offenen Diskriminierung[266] war kaum eine andere Entscheidung möglich. Durch seine Feststellung, dass das **Diskriminierungsverbot** nicht allein das Vergabeverfahren betrifft, sondern **auch die Vertragsschlussphase** erfasst, hat der EFTA-Gerichtshof das Europarecht mit überzeugender Begründung fortentwickelt.[267] 146

III. Nationale Instanzen

1. Grundsätzlich kein Rechtsschutz unterhalb der EU-Schwelle

Ein in einem nationalen Vergabeverfahren erfolgloser Bieter begehrte im Wege der einstweiligen Verfügung vor dem deutschen Zivilgericht die **Unterlassung der Zuschlagserteilung**. Das zuständige Landgericht wies den Unterlassungsanspruch ab, und verwies ihn auf die Möglichkeit der Geltendmachung von Schadensersatz. Daraufhin rief der Bieter im Wege der Verfassungsbeschwerde das Bundesverfassungsgericht an. Das BVerfG[268] nahm die Verfassungsbeschwerde nicht zur Entscheidung an. Es erkannte – jedenfalls für den Regelfall – weder Verstöße gegen Art. 12 Abs. 1 GG noch gegen Art. 3 Abs. 1 GG. Der Schutzbereich der Berufsfreiheit (Art. 12 Abs. 1 GG) des erfolglosen Bieters wird generell nicht durch die Vergabe eines Öffentlichen Auftrags an einen Mitbewerber berührt.[269] 147

Der **Gleichbehandlungsgrundsatz** des Art. 3 Abs. 1 GG ist erst dann verletzt, wenn „*die Rechtsanwendung oder das Verfahren unter keinem denkbaren Aspekt mehr rechtlich vertretbar sind und sich daher der Schluss aufdrängt, dass sie auf sachfremden und damit willkürlichen Erwägungen beruhen*".[270] 148

Mithin muss für den begründeten Erlass einer einstweiligen Verfügung – im Bereich unterhalb der EU-Schwellenwerte – im Grundsatz eine „**krasse Fehlentscheidung**" seitens der Vergabestelle vorliegen. Dies konnte in dem betreffenden Fall nicht angenommen werden. Entsprechend dieser Leitlinie des BVerfG sind in den zurückliegenden Jahren in „krassen" Einzelfällen[271] einstweilige Verfügungen für gerechtfertigt erachtet worden. In jüngerer Zeit tendiert eine größer werdende Zahl von Gerichten allerdings dazu, auch bereits bei einfachen Regelverstößen gegen das Vergaberecht einstweilige Verfügungen zu erlassen.[272] Teilweise wird vertreten, dass der Bieter analog dem Rechtsschutz oberhalb der EU-Schwelle zuvor förmlich rügen und den öffentlichen Auftraggeber warnen muss.[273] Die Möglichkeit des Erlasses einstweiliger Verfügungen gilt außerdem auch in der 149

265 *Mader*, Nachträgliche Einführung einer diskriminierenden Klausel in den Vertrag bei öffentlicher Bauausschreibung, European Law Reporter 1999, 313, 315.

266 *Dischendorfer*, Public Procurement 1999, L.R. 131, 135.

267 Zur Vertiefung *Baudenbacher*, Between Homogeneity and Independence: The Legal Position of the EFTA Court in the European Economic Area, Col. J. Eur.L. 1997, 169 ff; *ders.*, The Contribution of the EFTA Court to the Homogeneous Development of the Law in the European Economic Areas, Eur. Bus. L.R. 1997, 239 ff (Teil 1), 254 ff (Teil 2); *Forman*, The EEA Agreement Five Years On: Dynamic Homogeneity in Practice and its Implementation by the two EEA Courts, CML Rev. 1999, 751 ff; *Norberg*, The EFTA Court, in: *Plender* (Hrsg.), European Courts Practice and Precedents, 1997.

268 BVerfG, 27.2.2008 – 1 BvR 437/08, VergabeR 2008, 924.

269 BVerfG, 23.4.2009 – 1 BvR 3424/08, VergabeR 2009, 777.

270 BVerfGE 86, 59, 63.

271 OLG Brandenburg, 2.10.2008 – 12 U 91/08, VergabeR 2009, 530; OLG Brandenburg, 17.12.2007 – 13 W 79/07, VergabeR 2008, 294; LG Landshut, 11.12.2007 – 73 O 2576/07, VergabeR 2008, 298; LG Bad Kreuznach, 6.6.2007 – 2 O 201/07.

272 OLG Düsseldorf, 13.1.2010 – 27 U 1/09, IBR 2010, 160: Der Unterlassungsanspruch soll danach ausdrücklich nicht lediglich auf Fälle von Willkür oder bewusst diskriminierendes Verhalten des öffentlichen Auftraggebers beschränkt sein.

273 LG Berlin 5.12.2011 – 52 O 251/11.

Rechtsbeziehung zu privaten Auftraggebern, die sich in einem Vergabeverfahren an die Einhaltung der VOB/A binden.[274]

2. Anforderungen des Rechtsschutzes / Rüge – OLG Düsseldorf („Restabfall")

150 Der Vergabesenat beim OLG Düsseldorf[275] hatte hier die **erste Entscheidung** im Rahmen einer **sofortigen Beschwerde** nach den §§ 102, 116 ff GWB gefällt. Sie besaß damals wie heute Signalcharakter.

151 Im Kern ging es um eine Ausschreibung für die Planung, Herstellung und Montage einer Restabfallbehandlungsanlage (MBA), die im Nichtoffenen Verfahren mit öffentlichem Teilnahmewettbewerb durchgeführt werden sollte. Die Antragstellerin hatte sich um die Teilnahme beworben, wurde aber ohne Begründung nicht zur Abgabe eines Angebotes aufgefordert. Sie beanstandet, dass die MBA im Offenen Verfahren hätte ausgeschrieben werden müssen und rügt außerdem ihre ohne Begründung erfolgte Nichtberücksichtigung.

152 Der mit der sofortigen Beschwerde angerufene Vergabesenat bewertet die Frage der **Rechtzeitigkeit der Rüge** wie folgt: Das Erfordernis **„unverzügliche Rüge"** bedeutet, dass der Bieter „ohne schuldhaftes Zögern" (iSd § 121 BGB) rügen müsse und ihm in der Regel bis zu zwei Wochen Überlegungsfrist, also 14 Tage, zuzubilligen sind. Diese Maximalfrist kann sich jedoch verkürzen. Einige Meinungen wollen, von diesen **14 Tagen als Maximalfrist** ausgehend, uU nur einige wenige Tage zulassen, innerhalb derer der Bieter dann tatsächlich rügen muss.[276] In den angeführten Entscheidungen hat sich eine sehr differenzierte Rechtsprechung[277] entwickelt, die aus einzelfallbezogenen Gründen eine deutliche Verkürzung der zweiwöchigen Frist für gerechtfertigt hält. Maßgeblich hängt die Bemessung dieser auf maximal 14 Tage anzusetzenden Rügefrist von Faktoren wie der Erkennbarkeit des Fehlers,[278] Schwierigkeit der jeweiligen Rechtsfrage,[279] Vertrautheit des Bieters mit dem Vergaberecht, internen Bieterorganisation und Einschaltung eines Rechtsberaters ab. Diskussionen um die Frage der Anwendbarkeit dieser Rüge- und Präklusionsvorschrift sind im Nachgang des EuGH-Urteils in der Sache „Uniplex"[280] entstanden. Der Gerichtshof hatte eine britische Präklusionsvorschrift für nicht mit dem Gemeinschaftsrecht vereinbar erklärt, weil sie zu unbestimmt sei, und sie daher den Rechtsschutz unverhältnismäßig einschränke. Nach wohl herrschender Auffassung[281] regelt die deutsche Bestimmung des § 107 Abs. 3 S. 1 Nr. 1 GWB im Kern jedoch nicht die Ausschlussfrist für das Nachprüfungsverfahren, sondern lediglich die Anforderungen an die Rügeobliegenheit als Zulässigkeitsvoraussetzung für einen Nachprüfungsantrag. Im Übrigen ist gemäß der wohl überwiegenden Auffassung der Begriff der Unverzüglichkeit im deutschen Recht durch die Definition in § 121 Abs. 1 S. 1 BGB („ohne schuldhaftes Zögern") dergestalt ausreichend konkretisiert, dass von einer Europarechtswidrigkeit nicht auszugehen ist.[282]

153 Die Rechtsprechung hat sich denn auch im Hinblick auf die Erforderlichkeit des Merkmals einer **positiven Kenntnis** des Antragstellers **von dem Vergabefehler** weiterentwickelt. Zur Kenntnis

274 OLG Düsseldorf 15.8.2011 – 27 W 1/11.

275 OLG Düsseldorf, 13.4.1999 – Verg 1/99 („Restabfall"), NZBau 2000, 45 = WuW 1999, 813 = BauR 1999, 751.

276 OLG Koblenz, 25.5.2000 – 1 Verg 1/00, BauR 2000, 1600; OLG Frankfurt, 8.2.2005 – 11 Verg 24/04, VergabeR 2005; OLG Dresden, 22.10.2005 – WVerg 5/05, VergabeR 2006,249; VK Bund, 4.8.1999 – VK 2-16/99, NZBau 2000, 112; VK Brandenburg, 28.1.2000 – 1 VK 61/99; VK Sachsen, 03.02. 2000 – 1 VK 2/00; VK Sachsen-Anhalt, 16.10.2006 – VK 2-LVwA LSA 32/06; VK Nordbayern, 8.6.2011 – 21.VK-3194-14/11, IBR 2011, 606. *Bechtold*, GWB, 3. Aufl. 2002, § 107 Rn 3 („binnen ein bis drei Tagen"); *Korbion*, Vergaberechtsänderungsgesetz, § 107 Rn 5 („3-4 Tage").

277 Mit weiteren Nachweisen: OLG Koblenz, 18.9.2003 – 1 Verg 4/03, VergabeR 2003, 709.

278 OLG Saarbrücken, 26.9.2000 – 5 Verg 1/00, VergabE C-12-1/00 = VN 11/2000, 87; VK Nordbayern, 24.7.2012 – 21.VK-3194-14/12.

279 Dazu etwa: OLG Naumburg, 21.8.2003 – 1 Verg 12/03, Rn 14.

280 EuGH, Rs. C-406/08 (Uniplex (UK) Ltd/NHS Business Services Authority).

281 So die VK Bund, *5.3.2010* – VK 1-16/10. Offengelassen von der VK Nordbayern, 10.2.2010 – 21.VK-3194-01/10.

282 Dazu: *Jasper/Neven-Daroussis*, Behörden Spiegel, März 2010, S. 20; *Hoffmann-Klein*, Vergabe Spezial (VS) 2010, 18. So auch OLG Dresden, 7.5.2010 – WVerg 0006/10.

gehört zum einen das Wissen von denjenigen Tatsachen, aus denen sich der geltend gemachte Vergabefehler ergibt, und zum anderen die zumindest laienhafte Wertung, dass es sich in dem betreffenden Punkt um einen rechtlich zu beanstandenden Vergabefehler handelt.[283] Es kommt im Regelfall nicht darauf an, ob der Antragsteller den Fehler hätte erkennen müssen, sondern nur darauf, ob er ihn tatsächlich erkannt hat. Ausnahmen kann es geben, wenn sich die Vergabefehler geradezu aufdrängen und sich der Betreffende der Kenntnisnahme willentlich entzieht.[284] Andererseits sind Rügen, die pauschal die Fehlerhaftigkeit des Vergabeverfahrens angreifen oder die ohne Substanz auf bloßen Verdacht hin ins Blaue erhoben werden, unzulässig.[285]

Rügt der Bieter gemäß § 107 Abs. 3 Nr. 1 GWB **nicht** „unverzüglich" oder gemäß § 107 Abs. 3 154
Nr. 2 GWB nicht innerhalb der Angebotsfrist, so ist er mit seinem Vorbringen **materiellrechtlich präkludiert**, also ausgeschlossen. Der Antrag ist insoweit unzulässig. Dabei kann die Situation auftreten, dass einzelne Aspekte rechtzeitig gegenüber der Vergabestelle gerügt wurden, andere hingegen nicht. Es tritt in diesen Fällen eine teilweise Präklusion ein mit der Folge teilweiser Unzulässigkeit.[286] Gemäß der seit April 2009 geltenden neuen Bestimmung des § 107 Abs. 3 Nr. 4 GWB muss der Bieter innerhalb von 15 Kalendertagen nach Erhalt des Nichtabhilfeschreibens die Vergabekammer anrufen, wenn der Antrag bezüglich des gerügten Sachverhaltes nicht unzulässig sein soll.

Das OLG Düsseldorf stellt in dieser Entscheidung des Weiteren fest, dass das **Nachprüfungsverfahren dann unzulässig** ist, wenn der **Zuschlag bereits erteilt** ist. Dies ergibt sich aus den §§ 107 Abs. 2 155
S. 1 und 114 Abs. 2 S. 2 GWB. Dort ist bestimmt, dass die Vergabekammer nur dann auf Antrag feststellen kann, ob eine Rechtsverletzung vorgelegen hat, wenn sich „das (also schon begonnene) Nachprüfungsverfahren" nicht durch Erteilung des Zuschlags oder anderweitig erledigt hat. Nach Zuschlagserteilung ist kein Raum mehr für die Rechte des Bieters auf Einhaltung der Vergaberegeln.[287] Eine Ausnahme können Fortsetzungsfeststellungsanträge bilden, wenn das angestrengte Vergabenachprüfungsverfahren sich zwischenzeitlich zB Abhilfe erledigt. Abseits hiervon besteht für den Bieter lediglich noch die Möglichkeit, Schadensersatz im Wege des Sekundärrechtsschutzes einzuklagen. Primär- und Sekundärrechtsschutz im öffentlichen Auftragswesen sind strikt zu trennen.[288]

Für eine ordnungsgemäße **Beschwerdebegründung** vor dem Vergabesenat (§ 117 Abs. 2 Nr. 1 156
GWB) genügt es, wenn sich das Begehren aus der Begründung unzweifelhaft ergibt. Einer tenorierungsfähigen Ausformulierung der Anträge bedarf es nicht. Dies ist jedoch dessen unbeschadet empfehlenswert.[289]

3. Mittelbare öffentliche Auftraggebereigenschaft („Messegesellschaft Berlin")

Besondere praktische Bedeutung kommt der Frage der mittelbaren öffentlichen Auftraggebereigen- 157
schaft zu. Sogar in Fällen, in denen eine Funktion als öffentlicher Auftraggeber mit den dadurch ausgelösten Rechtsfolgen fern zu liegen scheint, kann Vorsicht geboten sein.

Seit der Richtliniengeneration aus den Jahren 1992/1993 sind auch mittelbar staatlich gesteuerte 158
oder in staatlicher Anteilseignerschaft befindliche privatrechtliche Institutionen als sog. **funktionale öffentliche Auftraggeber** formal ausschreibungspflichtig. Die Gesellschaftsverträge oder Satzungen dieser Institutionen schreiben jedoch nicht selten einen Rechtszustand oder eine wirtschaftliche Situation fest, die den **aktuellen tatsächlichen Verhältnissen** nicht entspricht. So lagen die Dinge auch im Falle der Berliner Messegesellschaft. Das Berliner Kammergericht[290] hat die Grundlagen-

283 BayObLG, 9.3.2004 – Verg 20/03, IBR 2004, 273.
284 OLG Brandenburg, 14.12.2007 – Verg W 23/07; OLG Naumburg, 14.12.2004 – 1 Verg 17/04, IBR 2005, 170.
285 OLG Celle, 20.12.2010 – 13 Verg 15/10.
286 BayObLG, 20.8.2001 – Verg 9/01, VergabeR 2001, 433 = NZBau 2002, 348.
287 BT-Drucks. 13/9340, S. 17.
288 BGH, 19.12.2000 – X ZB 14/00, VergabeR 2001, 71 = NZBau 2001, 151. OLG Naumburg, 3.3.2000 – 1 Verg 2/99.
289 *Jaeger*, in: *Byok/Jaeger*, Kommentar zum Vergaberecht, 2. Aufl. 2005, Rn 1155 zu § 117.
290 KG, 27.7.2006 – 2 Verg 5/06 („Messegesellschaft Berlin"), NZBau 2006, 725 = VergabeR 2006, 904.

vereinbarung zwischen dem Land Berlin und der MB GmbH vom Dezember 2004, die in § 1 das niedergelegte Ziel der Gewinnerzielung enthält, für nicht entscheidend erachtet, weil de facto das Land Berlin jährlich große Finanzbeträge zuschießt. Dies geschieht auf verschiedene Art, etwa dadurch, dass das Land Berlin der MB GmbH entstandene Kosten erstattet oder Zuwendungen zur Stärkung der Kapitalbasis erteilt. Auch die Ausgestaltung des Pachtvertrages, in dem das Land als Verpächter vertragstypische Verpflichtungen des Pächters übernommen hat wie nämlich die Aufwendungen für die veranstaltungsunabhängigen Kosten, macht nach Auffassung des KG deutlich, wie hier die Interessen des Landes und diejenigen der GmbH ineinander greifen. Die MB GmbH ist dadurch **keinem echten Kostenrisiko ausgesetzt** (wie es aber bei einem Privaten der Fall ist) und muss daher als **mittelbarer öffentlicher Auftraggeber** Gebäudereinigungsverträge öffentlich ausschreiben.

159 Diese Rechtsfigur des mittelbaren öffentlichen Auftraggebers ist verschiedentlich bestätigt worden, auch durch den EuGH.[291] So ist die damals so genannte Einzugszentrale für Rundfunkgebühren (**GEZ**), die durch die Bürger, welche Rundfunkgeräte besitzen, öffentlich zwangsfinanziert wird, ein (mittelbarer) öffentlicher Auftraggeber. Ebenso verhält es sich in Bezug auf die durch die Sozialversicherungsgesetze Pflichtversicherten, die eine Krankenkasse zwar wählen können, letztlich aber dem staatlichen Versicherungssystem angehören müssen und dieses finanzieren. Die **gesetzlichen Krankenkassen** werden damit zum (mittelbaren) öffentlichen Auftraggeber, wie der EuGH festgestellt hat.[292] Anders liegen die Dinge bei den freiberuflichen Kammern (zB Ärztekammern nebst angeschlossenen Versorgungswerken), bei denen eigentlich in ähnlicher Weise ein System der Zwangsmitgliedschaft existiert, hinsichtlich dessen sich aber der EuGH entschieden hat, keine funktionelle öffentliche Auftraggebereigenschaft anzuerkennen.[293]

160 Prinzipiell nicht anders verhält es sich mit Städten und Gemeinden, die **Grundstücke verkaufen** (an sich als Verwertungsgeschäft öffentlichen Vermögens ausschreibungsfrei), jedoch dies mit Bebauungspflichten zu Lasten des Käufers/Investors oder mit allgemeinen Vorstellungen zur Wirtschaftsförderung verbinden. Nutzen sie die Gebäude zB als späterer Mieter selbst, so ist eine mittelbare Auftraggebereigenschaft und eine Ausschreibungspflicht als öffentliche Baukonzession unbestritten. Geschieht dies nur in dem Sinne, dass es allgemeine Vorstellungen zur Wirtschaftsförderung gibt (ohne direktes Eigeninteresse), so war die Ausschreibungspflicht lange umstritten. Aus diesem Grunde gab es – unabhängig von der Rückführung des § 99 Abs. 3 GWB 2009 auf eine Ausschreibungspflicht nur noch im Falle unmittelbarer Eigeninteresen und unabhängig von der nicht einheitlich interpretierten Entscheidung im Fall „Roanne"[294] – eine Vorlage des OLG Düsseldorf[295] an den EuGH. Diese ist in der Weise entschieden worden, dass der Gerichtshof für die Ausschreibungspflichtigkeit des Vorhabens zentral auf das Vorliegen eines unmittelbaren Eigeninteresses der öffentlichen Hand, das sich klassischerweise in Form von direkten Verträgen mit dem Investor dokumentiert, abgestellt hat.[296]

4. Bedeutung des Vergabevermerkes / Interessenskollisionen – OLG Brandenburg („Flughafen Schönefeld I")

161 Dieses Verfahren[297] betraf die Vergabe von Bau- und Privatisierungsleistungen betreffend den Berliner Flughafen Schönefeld.

162 Grundlage der Prüfung war, dass trotz der vielen sonstigen Leistungen (Privatisierung, Entwicklung von Nutzungskonzepten, also Dienstleistungen) schwerpunktmäßig eine **Baukonzession** anzu-

---

291 EuGH, Rs. C-337/06 (Bayerischer Rundfunk u.a. [GEZ] / GEWA – Gesellschaft für Gebäudereinigung und Wartung mbH).

292 EuGH, Rs. C-300/07, VergabeR 2009, 744.

293 EuGH, Rs. C-526/11 (IVD GmbH & Co. KG/Ärztekammer Westfalen-Lippe).

294 EuGH, Rs. C-220/05, NZBau 2007, 185.

295 OLG Düsseldorf, 2.10.2008 – VII-Verg 25/08, VeragbeR 2008, 933.

296 EuGH, Rs. C-451/08 (Helmut Müller GmbH/Bundesanstalt für Immobilienaufgaben).

297 OLG Brandenburg, 3.8.1999 – 6 Verg 1/99 („Flughafen Schönefeld I"), NZBau 2000, 39.

nehmen ist. Diese ist von der vergaberechtlichen Vorschrift des § 99 Abs. 3 GWB in richtlinienkonformer Auslegung mitumfasst. Die Baukonzession ist von der (bisher) nicht ausschreibungspflichtigen Dienstleistungskonzession abzugrenzen.

Des Weiteren trifft die Vergabestelle die Verpflichtung, die **einzelnen Stufen des Vergabeverfahrens** einschließlich der Begründung der einzelnen Entscheidungen in den Vergabeakten zu **dokumentieren.** Dies ist Ausfluss des **Transparenzgebotes** des § 97 Abs. 1 GWB. Der Bieter hat gemäß § 97 Abs. 7 GWB einen subjektiv-rechtlichen Anspruch hierauf. Die Anforderungen an eine zeitnahe und nachvollziehbare Dokumentation sind umso höher als zB technische Bewertungen und/oder „weiche Zuschlagskriterien" eine Rolle spielen.[298] Eine Bezeichnung von Teilen der Vergabeakten als „geheim" kann eine Akteneinsicht grundsätzlich nicht verhindern. Letztlich muss das Nachprüfungsorgan eine Abwägung zwischen dem Schutz der Unternehmerrechte einerseits und dem Nachprüfungsinteresse treffen.[299] 163

Gegen das Diskriminierungsverbot des § 97 Abs. 2 GWB wurde verstoßen, weil das darin enthaltene **Neutralitätsgebot** bei der Vergabe missachtet wurde. Zu diesem Ergebnis kam das OLG, das, anders als der VÜA, § 20 VwVfG angewandt hat. Für das **Verwaltungsverfahren** regelt § 20 VwVfG, dass für eine Behörde nicht handeln darf, wer bei einem der Beteiligten gegen Entgelt beschäftigt ist oder dort als Mitglied in einem Aufsichtsrat oder einem gleichartigen Organ tätig ist. Das OLG hat zwar berücksichtigt, dass Vergabeentscheidungen dem Privatrecht zuzuordnen sind. Es sieht aber die Auftragsvergabe durch staatliche Vergabestellen als Akt öffentlicher Gewalt an. § 20 VwVfG gelte deshalb zumindest dort lückenschließend, wo keine konkreten Regelungen getroffen wurden. Damit war die Beteiligung auch nur möglicherweise Befangener nicht zulässig. Ob dadurch ein Einfluss auf das Vergabeergebnis erzielt wurde, war für das OLG unerheblich, weil allein auf die **Möglichkeit einer Neutralitätsverletzung** abzustellen war („böser Schein"). Das OLG hat deshalb die Wiederholung des Vergabeverfahrens unter Ausschluss von Personen verfügt, welche in irgendeiner Weise mit den Bietern verquickt sind.[300] 164

Als ähnlich bedenklich und zur Aufhebung der Vergabeentscheidung ausreichend hat es das OLG angesehen, dass ein **Mitglied des Konsortiums** einem für die Auftraggeber tätigen Unternehmen „lukrative Vertragsangebote" unterbreitet hatte. Auch hier war nicht entscheidend, ob tatsächlich eine Beeinflussung der Vergabeentscheidung erreicht wurde, weil allein der **Versuch der Vertragsanbahnung** das Neutralitätsgebot verletzt hat. 165

5. Eignungsprüfung und Berücksichtigung schlechter Erfahrungen („Gebäudereinigung Charlottenburg-Wilmersdorf")

Das Berliner Bezirksamt Charlottenburg-Wilmersdorf hatte über mehrere Jahre hinweg Ärger mit einem Gebäudereinigungsunternehmen, das nachweislich Leistungen schlecht oder zum Teil gar nicht ausgeführt hatte. Entsprechende Beschwerden der Hausmeister der Schulen waren aktenkundig. Auch kam es zu förmlichen Abmahnungen und Vertragskündigungen. Bei der anstehenden Ausschreibung dieses Auftrags in zehn Losen mit einem Auftragswert von ca. 16 Mio. EUR **bewarb sich das betreffende Unternehmen erneut,** wurde aber wegen dieser schlechten Erfahrungen **mangels Eignung ausgeschlossen.** Das Berliner Kammergericht hatte die Rechtskonformität dieses Ausschlusses im Rahmen eines Nachprüfungsverfahrens zu bewerten. Es **billigt** die Entscheidung des Bezirksamtes[301] mit **folgenden Argumenten:** 166

- Die Eignungsprüfung ist eine Prognoseentscheidung mit nur eingeschränkt überprüfbarem Beurteilungsspielraum. Die Vergabestelle ist insofern „sachnäher". Es ist Raum für ein subjektives Element, weil der Auftraggeber beurteilt, ob die Vertrauensgrundlage für eine Zusammen-

298 OLG Karlsruhe, 31.1.2014 – 15 Verg 10/13 („Vergabeplattform"); VK Südbayern, 8.10.2013 – Z3-3-3194-1-26-08/13.

299 OLG Naumburg, 15.7.2008 – 1 Verg 5/08.

300 Sehr restriktiv aus jüngerer Zeit: VK Bund, 24.4.2012 – 2 VK 169/11.

301 KG, 27.11.2008 – 2 Verg 4/08. Dazu *Noch*, „Angebotsausschluss mangels Eignung – Wie Auftraggeber Qualitätssicherung bei der Bieterauswahl treffen können", VergabeNavigator, 2/2009, S. 27.

arbeit gegeben ist. Schlechtleistungen können Berücksichtigung finden, wenn sie einigermaßen gravierend sind; auf die Verschuldensfrage bzgl des Versagens kommt es nicht an.

- Geben die Vergabeunterlagen nicht vor, dass alle Referenzen abtelefoniert, also überprüft, werden, so besteht keine Verpflichtung der Vergabestelle, andere Referenzen als die schlechten eigenen Referenzen mit dem sich erneut bewerbenden Schlechtleister in die Ermessenserwägung einzubeziehen.
- Eigene (negative) Erfahrungen gehen aufgrund der örtlich einzusetzenden Objektleiter vor. Eine gute Referenz in Hannover interessiert nicht, wenn das Bezirksamt in Berlin schlechte Erfahrungen mit der örtlichen Niederlassung des Gebäudemanagementkonzerns gemacht hat.

167 Es handelt sich um eine der wichtigsten deutschen (Grundsatz-) Entscheidungen der letzten zehn Jahre, in denen die **Spielräume der öffentlichen Auftraggeber** für einen Ausschluss im Falle von Eignungsdefiziten eines Bieters bei vorangegangener Schlechterfüllung umfassend dargestellt und im Ergebnis großzügig bejaht werden. Die Entscheidung fällt in den zeitlichen Kontext des EuGH-Urteils vom Dezember 2008,[302] in dem der Gerichtshof die Verhältnismäßigkeitsanforderungen an die Eignungsprüfung grundlegend betont hat.

6. Eignungsprüfung und Ausschluss wg. Korruptionsaffäre („BAB-Ausbau“)

168 Ein Angebotsausschluss aufgrund einer nachweislichen schweren Verfehlung des Bieters kommt in den unterschiedlichsten Konstellationen von Gesetzesverstößen (zB bei strafrechtlichen Verurteilungen) in Frage. Ein Paradefall sind **pressebekannte Korruptionsvorwürfe**. Dabei ist die Vergabestelle nach herrschender Meinung infolge des Prinzips der notwendigen „Momentaufnahme“ und des damit verbundenen Prognosespielraums nicht einmal verpflichtet, die rechtskräftige strafrechtliche Verurteilung abzuwarten. Erst recht kann ein Ausschluss gerechtfertigt sein, wenn es infolge einer Korruptionsaffäre bereits Verurteilungen gegeben hat. Im Bereich der europaweiten Ausschreibungen wurde mit dem Richtlinienpaket des Jahres 2004 die **Ausschlussbedürftigkeit** in den Fällen strafrechtlicher Verurteilungen zu einer **mehr oder weniger zwingenden Rechtsfolge** aufgewertet (vgl Art. 45 Abs. 1 VKRL 2004/18/EG). Dennoch gibt es entscheidende **Ausnahmefälle**, wie sie sich zB aus der deutschen Richtlinien-Umsetzungsvorschrift des § 6 Abs. 5 VOL/A-EG ergeben.[303]

169 Mit Blick auf eine im Berliner Umland pressebekannte Korruptionsaffäre stellt das OLG Brandenburg[304] fest, dass die Vergabestelle **nicht zum Ausschluss eines Angebots verpflichtet** ist, wenn der betreffende Bieter glaubhaft geltend macht, dass ein Mitglied der Geschäftsführung, das in eine Korruptionsaffäre verwickelt war, sich aus dem Geschäftsbetrieb zurückgezogen hat. Die Vergabestelle kann auf die tatsächlichen Angaben des Bieters zur „**Selbstreinigung**“ vertrauen. Solche Selbstreinigungsprozesse sind rechtlich unter den Ausnahmetatbestand zu subsumieren, dass „*aufgrund besonderer Umstände des Einzelfalls der Verstoß die Zuverlässigkeit des Unternehmens nicht in Frage stellt*“. Damit wird aus dem zwingend anmutenden Ausschlusstatbestand (vgl Art. 45 Abs. 1 VKRL 2004/18/EG) in der Rechtspraxis letztlich doch wieder ein **stark ermessensgetragener Ausschlusstatbestand**.

170 Die Ursache dieser Handhabung der Ausnahmevorschriften, bei Vorliegen von deren Voraussetzungen letztlich doch ein Ausschluss unterbleiben kann, liegt letzten Endes in einer gewissen **Faktizität** begründet, dass man auf die Leistungen bestimmter Unternehmen nicht verzichten kann. Zudem ist es eine nicht überzeugend lösbare Frage der Praktikabilität, in welcher rechtskonformen und verhältnismäßigen Weise es möglich sein soll, große Konzerne von der Anbietung bei öffentlichen Aufträgen im Einzelfall oder auch generell zu sperren (staatliche „Auftragssperre“). Es ist

302 EuGH, Rs. C-213/07 (Michaniki AE/ Ethniko Symvoulio Radiotileorasis, Ypourgos Epikrateias).

303 „*Von einem Ausschluss nach Absatz 4 kann nur abgesehen werden, wenn zwingende Gründe des Allgemeininteresses vorliegen und andere Unternehmen die Leistung nicht angemessen erbringen können oder wenn aufgrund besonderer Umstände des Einzelfalls der Verstoß die Zuverlässigkeit des Unternehmens nicht in Frage stellt.*“

304 OLG Brandenburg, 14.12.2007 – Verg W 21/07 („BAB-Ausbau“), NZBau 2008, 277, im Zusammenhang mit der sog. IKEA-Korruptionsaffäre.

kaum möglich, bei großen Konzernen überzeugend zu begründen, welche Konzernteile infolge Korruptionsvergehen ausgeschlossen werden sollen und welche nicht.

7. Wertung von Nebenangeboten und Mindestbedingungen („Umbau Straßenbahntrasse“)

Der EuGH[305] hatte, was dann später in das Richtlinienpaket 2004 eingeflossen ist, in der sog. „**Traunfellner**-Rechtsprechung“ für den Anwendungsbereich der europaweiten Ausschreibungen vorgegeben, dass die ausschreibende Stelle im Interesse der Transparenz und Wettbewerblichkeit in den Verdingungsunterlagen die **Mindestanforderungen festlegen** muss, auf deren Grundlage das Anbieten der Nebenangebote, und damit auch die spätere Wertung, stattfinden soll. Werden diese Mindestanforderungen (oder: Mindestbedingungen) nicht angegeben, so sind die Nebenangebote formal nicht wertbar. Verhindert werden sollen mit dieser Rechtsprechung Wettbewerbsstörungen, die sich daraus ergeben können, dass Bieter eine schlechtere Leistung anbieten (sog. „**Abmagerungsangebote**“), und dann aufgrund des geringeren Preises den Zuschlag erhalten. 171

Diese rechtliche Vorgabe führt in praxi dazu, dass die Vergabestelle ein sog. „**Schatten-Leistungsverzeichnis**“ anfertigen muss, in dem sie alle diejenigen technischen Anforderungen festlegt, hinsichtlich derer sie Nebenangebote erwartet. Die Nebenangebotsfähigkeit kann auch lediglich einen Teil der Leistung betreffen. Im Falle der Möglichkeit einer Bezugnahme auf technische Standards ist die Erfüllung der Vorgabe meist wenig problematisch, schwieriger wird es bei konzeptgetragenen, funktional beschriebenen Leistungen. 172

Der BGH[306] hat im Grundsatz diese Anforderung bestätigt. In der Regel sollen die Bieter im Wege der Zulassung von Nebenangeboten gerade dazu ermuntert werden, innovative, hochwertigere oder einfach nur alternative Offerten zu unterbreiten, die von den Vorgaben des Amtsvorschlags abweichen. Dies muss jedoch in einer solchen Weise geschehen, dass die Offerten die für die ausgeschriebene Leistung wesentlichen Mindestbedingungen erfüllen, welche die ausschreibende Stelle zuvor den Bietern bekanntgegeben hat. Anderenfalls wäre der Wettbewerb nicht transparent. Allerdings muss dies nicht in erschöpfender Dichte geschehen, um einen „lebhaften Wettbewerb“ mit substantiellen Ausführungsalternativen zu erhalten. Außerdem hat der BGH die lange umstrittene Frage beantwortet, ob sich das **Zuschlagskriterium „niedrigster Preis“** mit der **Zulassung von Nebenangeboten** verträgt. Er entscheidet, dass aussagekräftige Zuschlagskriterien neben dem Preis festgelegt werden müssen, die auf der zweiten und ggf dritten Ebene auch in gewisser Weise als offene Kriterien ausgestaltet sein können. Er stellt außerdem klar, dass eine überschießende Gleichwertigkeitsprüfung, also eine solche über erstens die Prüfung der Einhaltung der Mindestbedingungen hinaus sowie zweitens über die Bewertung anhand der bekanntgegebenen Zuschlagskriterien hinaus, nicht erfolgen darf. Schließlich ist es erforderlich, dass letztlich die genaue Nachvollziehbarkeit der Gründe für die Bezuschlagung des Nebenangebotes (etwa im Falle der Überprüfung durch die Vergabekammer) im Interesse bedeutender Geschäftsgeheimnisse des betreffenden Bieters von Einschränkungen gekennzeichnet ist. 173

8. Zuschlagskriterien und Angabe der Unterkriterien („Objekt- und Tragwerksplanung Regensburg“)

Im Nachgang zu der EuGH-Rechtsprechung[307] betreffend die präzise Angabe der Zuschlagskriterien unter Beachtung des Trennungsgebotes zwischen Eignungs- und Zuschlagskriterien[308] ist es nach der richtungsweisenden Entscheidung des OLG München[309] erforderlich, auch die **Unterkriterien** inklusive deren Gewichtung, sowie die **genauen Bewertungsmaßstäbe** zumindest dann den Bietern bekanntzugeben, wenn sie wertungs- und damit wettbewerbsrelevant sind, also sich die 174

305 EuGH, Rs. C-421/01 (Traunfellner), VergabeR 2004, 50.
306 BGH, 7.1.2014 – X ZB 15/13 („Umbau Straßenbahntrasse“).
307 EuGH, Rs. C-532/06, VergabeR 2008, 496.
308 Siehe auch: BGH, 15.4.2008 – X ZR 129/06, VergabeR 2008, 641.
309 OLG München, 17.1.2008 – Verg 15/07 („Objekt – und Tragwerksplanung Einhausung Regensburg“), VergabeR 2008, 574.

Kenntnis von den Unterkriterien und deren Gewichtung auf den Inhalt ihrer Angebote auswirken kann. Dies gilt auch für das in der konkreten VOF-Ausschreibung verwendete Hauptkriterium „Präsentation". Der Senat unterstellt, dass der Antragstellerin, wären ihr die Unterkriterien, zu denen der „Eindruck Projektteam" zählte, bekannt gewesen, mit Sicherheit ihre Präsentation anders gestaltet hätte.

175 In keinem Fall ist es, über diesen Fall hinausgehend, vergaberechtlich akzeptabel, wenn die bereits im Rahmen der Konzeption der Ausschreibung gefertigten Vermerke zur näheren Ausgestaltung des Wertungsvorganges (Leitfäden, Punktevergabe usw) den Bietern nicht bekannt gemacht worden sind.

9. Niedrigster Preis als Zuschlagskriterium („Hausmüll- und Altpapiersammlung")

176 Die deutsche Bestimmung des § 97 Abs. 5 GWB verengt die Auswahl der Zuschlagskriterien auf dasjenige des „wirtschaftlichsten Angebots". Ebenso enthalten die Verdingungsordnungen ausdrückliche Hinweise, dass der Preis alleine nicht entscheidend sein soll. Demgegenüber erlaubt die VKRL 2004/18/EG (Art. 53 Abs. 1) die Auswahl unter **zwei Zuschlagskriterien**, nämlich desjenigen des „wirtschaftlich günstigsten Angebotes" oder desjenigen des niedrigsten Preises.

177 Im Rahmen der Nachprüfung der Ausschreibung einer kommunalen Gebietskörperschaft, die einen Abfallentsorgungsvertrag mit einer Laufzeit von fünf Jahren betraf, und bei der **als alleiniges Zuschlagskriterium der niedrigste Preis** vorgesehen war, gelangte das OLG Naumburg[310] zu folgender Auffassung: Auch wenn der Wortlaut der nationalen vergaberechtlichen Vorschriften des § 97 Abs. 5 GWB und des § 25 Nr. 3 VOL/A gegen die Zulässigkeit einer solchen Beschränkung der Wertungskriterien zu sprechen scheinen, sind Ausschreibungen, deren Wertung allein nach dem niedrigsten Preis erfolgen soll, in der Praxis nicht nur keine Seltenheit, sondern zum Teil die Regel. Im Sinne einer pragmatischen, **europarechtskonformen Sichtweise** geht auch die ganz überwiegende Rechtsprechung von der Zulässigkeit einer Wertung allein nach dem Kriterium des Preises aus.[311]

178 Eine **Begründung für diese Kriterienauswahl** ist nach Meinung des OLG nicht erforderlich. Dem ist allerdings zu widersprechen. Es ist zu empfehlen, in der Vergabeakte eine Begründung für die Kriterienauswahl niederzulegen. Dies gilt oberhalb wie unterhalb der EU-Schwelle. Oberhalb der EU-Schwelle deshalb, weil eine unionsrechtskonforme Anwendung der Vorschriften über den Zuschlag (§ 97 Abs. 5 GWB, §§ 25 Nr. 3 VOB/A bzw VOL/A) als Prozess der nicht bloßen Rechtsanwendung, sondern der **Rechtsauslegung**, immer ein Begründungserfordernis aufwirft. Unterhalb der Schwelle deshalb, weil damit gegen den dortigen Auftrag bzw die dortige Anordnung der regelmäßigen Verwendung weiterer Kriterien als dem des niedrigsten Preises „verstoßen" wird. Die Berufung auf eine Ausnahme (nämlich die Wahl des niedrigsten Preises) ist prinzipiell begründungspflichtig.

Abschnitt 2

A. Problemfelder bei der öffentlichen Auftragsvergabe

I. Materielles Vergaberecht

1. Öffentliche Auftraggebereigenschaft

179 Betreffend den Anwendungsbereich der öffentlichen Auftraggeber (§ 98 GWB) sind bereits erhebliche Bereiche durch die Rechtsprechung judiziert worden. Dabei sind die wichtigsten Entscheidungen **praktisch alle durch den EuGH** getroffen worden. Nur in einzelnen Bereichen, wie etwa bei der Frage der sog. mittelbaren Auftraggebereigenschaft, wurden Akzente durch die nationale Recht-

310 OLG Naumburg, 5.12.2008 – 1 Verg 09/08 („Hausmüll- und Altpapiersammlung"), VergabeR 2009, 486, m.Anm. *Noch*. Vgl auch OLG Düsseldorf, 9.12.2009 – VII Verg 37/09.

311 OLG Frankfurt, 5.6.2012 – 11 Verg 4/12.

sprechung gesetzt. Letztverbindlich zu klären sind diese Fragen aber, weil es sich um die Auslegung von Unionsrecht handelt, vom EuGH.

In Betreff des EuGH ist grundlegend auf den Fall „Beentjes" (Abschn. 1, B. Kap. I 2)[312] zu verweisen, der den Ausgangspunkt für den **funktionalen Auftraggeberbegriff** bildet. Dieser bezeichnet die Ausweitung des klassischen institutionellen Auftraggeberbegriffes (Bund, Länder, Gemeinden – vgl § 98 Nr. 1 GWB) auf weitere Rechtssubjekte wie gemischt-wirtschaftliche oder auch private Betriebe, die so staatsnah sind, dass sie vergaberechtlich genauso wie staatliche Auftraggeber behandelt werden müssen („andere juristische Personen des öffentlichen und privaten Rechts" – § 98 Nr. 2 GWB). Zur Auslegung sind in dem Anhang I zu Art. 1 lit. b der Baukoordinierungsrichtlinie 93/37/EWG (dieser gilt auch für den Liefer- und Dienstleistungsbereich) für jeden Mitgliedstaat Auslegungshilfen mit Kategorien von solchen **„Einrichtungen des öffentlichen oder privaten Rechts"** bereitgestellt, die – vorbehaltlich einer Einzelfallprüfung – typischerweise zu dem Ergebnis führen, dass ein öffentlicher Auftraggeber im funktionellen Sinne vorliegt. 180

Bei der Entscheidung zur **Österreichischen Staatsdruckerei**[313] handelt es sich um eines der bedeutendsten Judikate zum öffentlichen Auftraggeberbegriff. Der EuGH hatte in dem Vorabentscheidungsverfahren[314] zu untersuchen, ob die mit eigener Rechtspersönlichkeit ausgestattete Staatsdruckerei, welche unter der Aufsicht der Republik Österreich steht und an der eine überwiegende staatliche Kapitalbeteiligung existiert, als eine Einrichtung des öffentlichen Rechts im Sinne des Art. 1 lit. b der Baukoordinierungsrichtlinie 93/37/EWG anzusehen ist. Von besonderem Gewicht ist vor allem die Frage gewesen, ob es für die Subsumtion unter den Begriff der Einrichtung des öffentlichen Rechts eine ausschlaggebende Rolle spielen kann, dass die staatlichen Druckaufträge nur noch einen kleineren Anteil (< 50%) der geschäftlichen Aktivitäten ausmachen. 181

Der EuGH stellt heraus, dass eine Einrichtung des öffentlichen Rechts iSv Art. 1 lit. b der Richtlinie 93/37/EWG dann gegeben ist, wenn die Tatbestandsmerkmale 182

- Allgemeininteresse,
- Nichtgewerblichkeit,
- Gründung zu dem besonderen Zweck und
- staatliche Beherrschung durch Aufsicht oder überwiegende Finanzierung kumulativ vorliegen.[315]

Zur Klärung der Einordnung der Staatsdruckerei zieht er maßgeblich die Vorschriften des **österreichischen Staatsdruckereigesetzes** heran.[316] Daraus ergibt sich u.a., dass die Staatsdruckerei im Handelsregister eingetragen ist und bei einigen Druckprodukten wie zB Reisepässen und Führerscheinen, Geheimhaltungs- und Sicherheitsvorschriften zu beachten hat, deren Einhaltung von einem **staatlichen Kontrolldienst** überwacht wird. Darüber hinaus werden die Preise für diese staatlichen Druckaufträge durch ein Organ festgelegt, dessen Besetzung die österreichische Bundesregierung regelt. All diese Merkmale belegen nach Auffassung des EuGH, dass die Staatsdruckerei zu dem besonderen Zweck gegründet ist, Aufgaben wahrzunehmen, die im Allgemeininteresse liegen und prinzipiell nichtgewerblich sind.[317] 183

Einen ganz **wesentlichen Hinweis** auf die Eigenschaft als öffentlicher Auftraggeber erblickt der EuGH darin, dass die Erfüllung der staatlichen Druckaufträge, hinsichtlich derer die Staatsdruckerei ein **Ausschließlichkeitsrecht** besitzt, sehr eng mit der **öffentlichen Ordnung** und dem **institutionellen Funktionieren des Staates** verknüpft ist. 184

312 EuGH, Rs. 31/87 (Beentjes), Slg 1988, 4652.

313 EuGH, Rs. C-44/96 (Österreichische Staatsdruckerei), Slg 1998, I-73 = EuZW 1998, 120.

314 EuGH, Rs. C-44/96 (Österreichische Staatsdruckerei), Slg 1998, I-73 = EuZW 1998, 120; dazu auch *Noch*, DÖV 1998, 623 ff.

315 EuGH, Rs. C-44/96 (Österreichische Staatsdruckerei), Slg 1998, I-73 = EuZW 1998, 120; EuGH, Rs. C-18/01 (Korhonen), VergabeR 2003, 420; EuGH, Rs. C-91/08 (Stadt Frankfurt).

316 Vgl § 1 des Bundesgesetzes über die Österreichische Staatsdruckerei (= StDrG) v. 1.7.1981, Bundesgesetzblatt für die Republik Österreich 340/1981.

317 Vgl VK Bund, 18.10.1999 – VK 1-25/99 („Bundesdruckerei").

185 **Nicht ausschlaggebend** ist nach seiner Ansicht, dass die Staatsdruckerei auf die Grundsätze kaufmännischer Unternehmensführung verpflichtet ist und sie sich in der Zwischenzeit **weitere Geschäftsfelder** erschlossen hat, die eine gewerbliche Tätigkeit zum Gegenstand haben. Entscheidend sei vielmehr die Tatsache, dass die Staatsdruckerei noch immer zu einem gewissen Anteil staatliche Druckaufträge erfüllt, auch wenn diese nur noch einen kleinen und untergeordneten Geschäftszweig darstellen.

186 Die Qualifizierung als Einrichtung des öffentlichen Rechts und damit als öffentlicher (Bau-) Auftraggeber wird nach Ansicht des EuGH im Übrigen dadurch unterstrichen, dass der **Rechnungshof** die Geschicke des Unternehmens kontrolliert und der **Generaldirektor durch staatliche Organe ernannt** wird.

187 Zu Recht hebt der EuGH weiter hervor, dass es bei der Prüfung der öffentlichen Auftraggebereigenschaft prinzipiell nicht darauf ankommen kann, ob der konkrete Beschaffungsvorgang nun den nichtgewerblichen oder den gewerblichen, also den kommerziellen und wettbewerblichen Unternehmenstätigkeiten, dient (Rn 34). Eine solche Unterscheidung verbietet sich im Interesse der Rechtsklarheit und Vorhersehbarkeit. Damit ist bei der Einordnung unter den Begriff des öffentlichen Auftraggebers grundsätzlich eine Gesamtbetrachtung vorzunehmen. Der persönliche Anwendungsbereich der Richtlinie muss also sinnvollerweise im Zweifel dem sachlichen Anwendungsbereich vorgehen (Rn 35).

188 Ebenso wird aus dem Urteil des EuGH deutlich, dass ein gewerblich tätiges Unternehmen, an dem ein öffentlicher Auftraggeber im Sinne der Richtlinie 93/37/EWG mehrheitlich beteiligt ist, nicht bereits dann als Einrichtung des öffentlichen Rechts zu qualifizieren ist, wenn es von dem öffentlichen Auftraggeber gegründet wurde und/oder von diesem finanzielle Zuwendungen erhält, die aus der Wahrnehmung von im Allgemeininteresse liegenden Aufgaben nichtgewerblicher Art herrühren (Rn 35). Somit fällt zB eine eigens gegründete und finanzierte Projektgesellschaft nicht automatisch unter den Begriff der öffentlichen Einrichtung und damit unter die Ausschreibungspflicht. Es ist auf die einzelne juristische Person abzustellen.[318]

189 Schließlich ist dem Urteil des EuGH zu entnehmen, dass sich prinzipiell an dem Geltungsanspruch der EU-Vergaberichtlinien auch dann nichts ändert, wenn ein öffentlicher Auftraggeber die sich aus einer Ausschreibung ergebenden Rechte und Pflichten auf ein Unternehmen überträgt, das ersichtlich nicht in den persönlichen Anwendungsbereich der Richtlinien fällt. Mit anderen Worten: Die öffentliche Auftraggebereigenschaft kann auch dann erhalten bleiben, wenn ein öffentlicher Auftraggeber rein äußerlich die aus der Ausschreibung resultierenden Rechtsbindungen auf ein Unternehmen/ eine Institution überträgt, das von seiner Rechtsnatur her nicht ausschreibungspflichtig ist (**Drittwirkung**). Etwas anderes kann nach dem Dafürhalten des EuGH nur in besonderen Ausnahmefällen gelten, wenn erstens das ausgeschriebene Projekt von vornherein und vollumfänglich dem ausschließlich gewerblichen Zweck des übernehmenden Unternehmers entspricht und zweitens die Bauaufträge schon von der ursprünglichen Absicht her für Rechnung dieses Unternehmens vergeben wurden. All dies verdeutlicht, wie präzise die Prüfung des Einzelfalles ausfallen muss.

190 Der EuGH[319] schreibt die Rechtsprechung zum öffentlichen Auftraggeberbegriff im Urteil **„Universale Bau“** wie folgt fort: Eine Einrichtung, die zwar ursprünglich nicht zu dem besonderen Zweck gegründet wurde, im Allgemeininteresse liegende Aufgaben nicht gewerblicher Art zu erfüllen, die jedoch **später solche Aufgaben übernommen** hat und diese seither tatsächlich wahrnimmt, erfüllt das Tatbestandsmerkmal des Art. 1 lit. b Unterabs. 2 erster Gedankenstrich der BKR 93/37/EWG, um als Einrichtung des öffentlichen Rechts qualifiziert werden zu können, sofern die Übernahme dieser Aufgaben objektiv festgestellt werden kann.

318 So auch OLG Naumburg, 17.3.2005 – 1 Verg 3/05.

319 EuGH, Rs. C-470/99 (Universale-Bau AG/ Entsorgungsbetriebe Simmering), VergabeR 2003, 141 = NZBau 2003, 162.

Der EuGH rekurriert auf die von ihm im Urteil „Österreichische Staatsdruckerei“[320] entwickelten Merkmale des öffentlichen Auftraggeberbegriffs und wendet diese auch auf mit der Zeit erfolgte Änderungen in der Person und Tätigkeit des betreffenden Rechtssubjekts an (Rn 31). Für die Erfüllung des öffentlichen Auftraggeberbegriffs komme es maßgeblich auf die tatsächlich ausgeübte Tätigkeit an, die Rechtsgrundlagen seien insofern weniger relevant. So sei es nicht bedeutsam, dass die Erweiterung des Tätigkeitsbereichs der betreffenden Institution *nicht zu einer Änderung der Bestimmungen des Gesellschaftsvertrags* über den Unternehmensgegenstand geführt hat (Rn 61). 191

Schlussfolgerungen: Die Erweiterung zum **funktionalen Begriffsverständnis** hat die vielbefürchtete „Flucht ins Privatrecht“ vom Grundsatz her weitgehend verhindern können. 192

Der öffentliche Auftraggeberbegriff bildet dessen unbeschadet einen klassischen Ansatzpunkt, das Vergaberecht zu **umgehen**. In einigen Fällen wird das auch heute noch versucht. So war es lange Zeit bei den Wohnungsunternehmen streitig, wie sie einzuordnen sind, wenn sie keinen sozialen **Wohnungsbau** versehen. Der Gemeinschaftsgesetzgeber hat dies in der einzigen Korrektur des Angangs I zur BKR 93/37/EWG (jetzt: Anhang III zu Art. 1 Abs. 9 Unterabs. 2 VKRL 2004/18/EG) präzisiert und die öffentliche Auftraggebereigenschaft auf solche Unternehmen verengt, die sozialen Wohnungsbau betreiben.[321] 193

Im Falle der **Krankenkassen,** die als Zwangsversichertengemeinschaft einzuordnen sind, der Rechtsaufsicht des Staates unterliegen und daher im weiteren Sinne staatlich sind, hat – nach zwischenzeitlich abweichender nationaler Rechtsprechung[322] – der EuGH im Jahre 2009 Klarheit geschaffen und diesen Bereich letztverbindlich dem Ausschreibungsrecht zugeordnet.[323] Unverständlicherweise mit gegenteiligem Ergebnis wurde dies für die Ärztekammern entschieden.[324] 194

In ähnlicher Weise verhält es sich in Bezug auf zwangsweise durch die Bürger finanzierte Institutionen wie die Rundfunkanstalten und die von ihnen getragene früher so genannte Gebühreneinzugszentrale (GEZ). Auch sie ist konsequenterweise funktionale öffentliche Auftraggeberin.[325] 195

Aus diesem Grunde hat es nicht überrascht, dass der EuGH auf der Basis seiner Entscheidung im Fall „*Roanne*“[326] auf eine Vorlage des OLG Düsseldorf[327] hin auch weite Bereiche der **Grundstücksverkäufe** von Gebietskörperschaften als ausschreibungspflichtige Baukonzessionen eingeordnet hat, sofern mit dem Verkauf bestimmte Pflichten für den Investor verbunden sind oder sofern besondere Sekundärinteressen der öffentlichen Hand bestehen, die sich in vertraglichen Verpflichtungen widerspiegeln. Lediglich allgemeine Sekundärinteressen wie zB Wirtschaftsförderung sind für die Begründung einer Ausschreibungspflicht nicht ausreichend.[328] 196

2. Öffentlicher Auftrag (inkl. „Inhouse-Geschäft“)

Das Verständnis des öffentlichen Auftrags ist in Konkordanz mit den Richtlinienvorgaben weit gezogen. Das bedeutet, dass jede Form von **privatrechtlichen Verträgen**[329] und auch Mischverträ- 197

320 EuGH, Rs. C-44/96 (Österreichische Staatsdruckerei), Slg 1998, I-73 = EuZW 1998, 120.

321 EuGH, Rs. C-237/99, VergabeR 2001, 118; KG, 2 Verg 1/03 („DEGEWO“), VergabeR 2003, 355. Mit gegenteiligem Ergebnis (Verneinung der öffentlichen Auftraggebereigenschaft): VK Brandenburg, VK 08/09.

322 BayObLG, 24.5.2004 – Verg 6/04 („AOK“), VergabeR 2004, 629. Kritisch hierzu: VK Lüneburg, 21.9.2004 – Az: 203-VgK-42/2004; *Noch*, Vergaberecht kompakt, 5. Aufl. 2011, S. 341.

323 EuGH, Rs. C-300/07, Vergabe 2009, 744. Vgl bereits: OLG Brandenburg, 12.2.2008 – Verg W 18/07, VergabeR *2008, 555 = IBR 2008, 288; VK Bund*, Beschl. v. 9.1.2008 – VK 1-145/07; VK Bund, 14.9.2007 – VK 1-101/07; VK Bund, 9.5.2007 – VK 1-26/07.

324 EuGH, Rs. C-526/11 (IVD GmbH & Co. KG/Ärztekammer Westfalen-Lippe).

325 EuGH, Rs. C-337/06 (Bayerischer Rundfunk u.a. [GEZ]/GEWA – Gesellschaft für Gebäudereinigung und Wartung mbH).

326 EuGH, Rs. C-220/05, NZBau 2007, 185.

327 OLG Düsseldorf, 2.10.2008 – VII-Verg 25/08, VergabeR 2008, 933.

328 EuGH, Rs. C-451/08 (Helmut Müller GmbH/Bundesanstalt für Immobilienaufgaben).

329 BGH, 1.2.2005 – X ZB 27/04, VergabeR 2005, 328.

gen mit zB **öffentlich-rechtlichen** Beleihungselementen,[330] die sich als Einkauf am Markt darstellen, als öffentlicher Auftrag einordnungsfähig ist. Die Entgeltlichkeit kann sich auch aus einer reinen Kostenersatzregelung ergeben,[331] die nach den nationalen Rechtsvorschriften einklagbar sein muss.[332] Schließlich muss der Auftraggeber an der Leistung ein unmittelbares wirtschaftliches Interesse haben.[333]

198 Das Institut des vergabefreien Eigengeschäftes, des sog. **„Inhouse-Geschäftes"**, bei dem das Vorliegen eines öffentlichen Auftrages iSd § 99 Abs. 1 GWB zu verneinen ist, weil es sich nicht um einen Vertragsschluss mit einem externen Wirtschaftsteilnehmer handelt, basiert maßgeblich auf der Rechtsprechung des EuGH in Sachen „Teckal"[334] und „ARGE Gewässerschutz".[335]

199 Der EuGH stellte die **grundsätzlichen Anforderungen für vergabefreie Eigengeschäfte** auf. Beauftragt ein öffentlicher Auftraggeber ein privatwirtschaftliches Unternehmen (zB eine GmbH) mit Dienstleistungen, so kommt es **nicht zu einem öffentlichen Auftrag,**

- wenn der öffentliche Auftraggeber (alleiniger) Anteilseigner des Beauftragten ist,
- er über diesen eine Kontrolle wie über eigene Dienststellen ausübt und
- der Beauftragte seine Tätigkeit im Wesentlichen für diesen öffentlichen Auftraggeber verrichtet.

200 Nur Im Falle des **kumulativen Vorliegens** dieser drei Merkmale[336] wird dem Kern nach kein Anderer mit der Erbringung der Dienstleistung beauftragt. Es fehlt an einem wirtschaftlichen Austauschverhältnis nach außen.

201 Auf Basis dieses Rechtsinstitutes wollte das **Land Thüringen** die Durchführung der Umsetzung von arbeitsmarktpolitischen Maßnahmen im Rahmen des Europäischen Sozialfonds (ESF) künftig **nicht mehr an außenstehende Unternehmen vergeben.** Es belieh die landeseigene GFAW und schloss einen öffentlich-rechtlichen Vertrag, mit der Aufgaben konkretisiert wurden.

202 Der BGH,[337] dem die Angelegenheit zur Entscheidung gemäß § 124 Abs. 2 GWB vorgelegt worden war, erkannte in der Beauftragung der GFAW **keinen öffentlichen Auftrag nach § 99 Abs. 1 GWB.** Es liegt insbesondere kein entgeltlicher Vertrag vor, weil es sich um einen Beleihungsakt handelt (gem. § 44 Abs. 3 ThürLHO), der materiell die Übertragung von Staatsfunktionen an ein Privatrechtssubjekt darstellt.

203 Weder der abgeschlossene privatrechtliche noch der öffentlich-rechtliche Vertrag führten zur Anwendbarkeit des Vergaberechts. Die **Voraussetzungen** des vom EuGH[338] entwickelten Rechtsinstitutes des **„Inhouse-Geschäfts"** waren erfüllt. Das Land Thüringen übt über die GFAW eine vergleichbare Kontrolle aus wie über ihre eigenen Dienststellen. Sie hält alle Geschäftsanteile der GFAW. Es existieren umfassende staatliche Einfluss- und Steuerungsmöglichkeiten. Gemäß dem vorgelegten Gesellschaftsvertrag (§ 12) wurde ein Aufsichtsrat gebildet, dessen Mitglieder mehrheitlich aus Vertretern des Landes Thüringen bestehen. Weiterhin ist vertraglich ein Katalog von Geschäften aufgeführt, welche die Geschäftsführer nur mit Zustimmung des Aufsichtsrats vornehmen dürfen. Letztlich verrichte die GFAW ihre Tätigkeit im Wesentlichen nur für das Land Thüringen.

---

330 OLG Düsseldorf, 14.2.2001 – Verg 14/00, NZBau 2003, 60 = WuW 2001, 651; KG, 4.4.2002 – Kart Verg 5/02, VergabeR 2002, 235.

331 EuGH, Rs. C-159/11 (Lecce).

332 EuGH, Rs. C-451/08 (Helmut Müller GmbH/Bundesanstalt für Immobilienaufgaben).

333 Siehe auch: EuGH, Rs. C-271/08 (Kommission/Deutschland).

334 EuGH, Rs. C-107/98 (Teckal), Slg 1999-I, 8121 = NZBau 2000, 90 = WuW 2000, 449. Dazu u.a. *Dreher*, NZBau 2004, 14.

335 EuGH, Rs. C-94/99 (ARGE Gewässerschutz), VergabeR 2001, 28 = NZBau 2001, 99 = WuW 2001, 108 = EUK 2001, 4.

336 EuGH, Rs. 386/11 (Piepenbrock).

337 BGH, 12.6.2001 – X ZB 10/01 (Technische Hilfe), WuW 2001, 905 = NZBau 2001, 517.

338 EuGH, Rs. C-107/98 (Teckal), NZBau 2000, 90 = WuW 2000, 449.

Angesichts des „Inhouse-Geschäftes“ konnte hier die Judizierung der Frage dahinstehen, ob ein öffentlich-rechtlicher Vertrag überhaupt den Begriff der Entgeltlichkeit iSv § 99 Abs. 1 GWB auszufüllen vermag und inwieweit ein öffentlicher Auftrag einen privatrechtlichen Auftrag voraussetzt. 204

Der EuGH[339] hat in einem **Vorabentscheidungungsverfahren des OLG Naumburg**[340] zum „Inhouse-Geschäft“ Stellung genommen. Der EuGH betont ganz grundsätzlich, dass vergabefreie Eigengeschäfte von öffentlichen Auftraggebern im Interesse der Vermeidung von Umgehungen des Unionsrechts nur sehr eingeschränkt zugelassen werden dürfen. 205

Als Begründung wird angeführt, dass die private Investition von Kapital andere Ziele verfolgt als die vom Staat mit öffentlichen Geldern wahrzunehmenden öffentlichen Interessen. Des Weiteren würde die Vergabe eines öffentlichen Auftrags an ein gemischtwirtschaftliches Unternehmen ohne Ausschreibung das Ziel eines freien und unverfälschten Wettbewerbs und den Grundsatz der Gleichbehandlung der Interessenten beeinträchtigen. Dies insbesondere deshalb, weil eine solche Vorgehensweise einem am Kapital dieses Unternehmens beteiligten privaten Unternehmen einen Vorteil gegenüber seinen Konkurrenten verschaffen würde. 206

Die Rechtsprechung hebt sich von den Schlussanträgen der Generalanwältin *Stix-Hackl* ab, die einer Wertung unter Einbeziehung quantitativer sowie qualitativer Umstände den Vorzug gegeben hatte. Freilich ist nicht zu verkennen, dass hierdurch Übergangsprozesse, die durch eine zumindest teilweise private Beteiligung befördert werden, erschwert werden können. Unter anderem aus diesem Grunde erlaubt die 2014er Vergaberichtlinie die rechtliche Möglichkeit einer privaten Minderheitsbeteiligung, ohne dass dies per se für das vergabefreie Eigengeschäft schädlich wäre. 207

Im Jahre 2005 hat es weitere Klärungen im Hinblick auf den Komplex **Inhouse-Vergabe** und **ausschreibungspflichtige Kooperationsvereinbarungen** zwischen staatlichen Stellen gegeben. Der EuGH[341] hatte einen Fall zu behandeln, in dem es um ein spanisches Gesetz ging, demgemäß bestimmte staatliche Kooperationen nicht ausschreibungspflichtig, weil dem Komplex der Inhouse-Geschäfte zuzurechnen, sind. 208

Von der Anwendung der europäischen Vergaberegeln sollten nach dem spanischen Gesetz außerdem **Kooperationsvereinbarungen** ausgeschlossen sein, die zwischen der allgemeinen Staatsverwaltung und Sozialversicherungen, autonomen Gemeinschaften, den Gebietskörperschaften, deren autonomen Einrichtungen oder allen anderen öffentlichen Einrichtungen geschlossen werden und Kooperationsvereinbarungen, die diese Einrichtungen untereinander schließen. 209

Der EuGH hat diesen **weiten Anwendungsbereich der Inhouse-Vergabe abgelehnt** und betont, dass ein Vertrag zwischen einer Gebietskörperschaft und einer rechtlich von dieser verschiedenen Person grundsätzlich den Regeln des europäischen Vergaberechts unterliegt. 210

Eine Ausnahme ist nach dem Willen des EuGH nur dann möglich, wenn die Gebietskörperschaft über den zukünftigen Vertragspartner eine **Kontrolle wie über ihre eigenen Dienststellen** ausübt und diese Person zugleich im Wesentlichen für die sie kontrollierende Gebietskörperschaft oder Gebietskörperschaften tätig ist.[342] Institutionen, die von öffentlichen Auftraggebern getragen sind und über die diese nach wie vor die entsprechende Kontrolle ausüben, können vergabefrei beauftragt werden.[343] Nur wenn dies aufgrund der Vielzahl von beteiligten Gebietskörperschaften und auch aufgrund der gesetzlichen Konstitution des beauftragten Rechtssubjektes nicht möglich ist, scheidet eine erfolgreiche Berufung auf das Inhouse-Geschäft aus.[344] 211

339 EuGH, Rs. C-26/03 (Stadt Halle), VergabeR 2005, 44.
340 OLG Naumburg, 8.1.2003 – 1 Verg 7/02, VergabeR 2003, 196.
341 EuGH, Rs. C-84/03 (Kommission/Königreich Spanien), VergabeR 2005, 176.
342 Vgl BGH, 12.6.2001 – X ZB 10/01 („GFAW Thüringen“), VergabeR 2001, 287.
343 EuGH, Rs. C-324/07 (Coditel Brabant SA./Commune d'Uccle, Région de Bruxelles-Capitale), VergabeR 2009, 440.
344 BGH, 3.7.2008 – I ZR 145/05, VergabeR 2008, 925; zuvor OLG Köln, 15.7.2005, 6 U 17/05, NZBau 2006, 69.

212 Im Bereich der Zusammenarbeit kommunaler Gebietskörperschaften (**interkommunale Kooperation**) hat der EuGH[345] geklärt, dass dies im Grundsatz eine staatliche Organisationsentscheidung darstellt, die unabhängig von der zivil- oder öffentlich-rechtlichen Ausgestaltung (gemäß der jedoch zwischenzeitlich differenziert wurde – Aufgabenübertragung/Aufgabenwahrnehmung)[346] kein öffentlicher Auftrag vorliegt. Anders kann dies zu bewerten sein, wenn eine entgeltliche Vereinbarung zwischen zwei Gebietskörperschaften vorliegt, wie im Falle des Landkreises und der Stadt Düren.[347]

213 Unbestritten ist, dass eine organisatorische Rückverlagerung (**Rekommunalisierung**) von ehemals an Private vergebenen Leistungen jederzeit möglich ist, weil sie der Organisationshoheit der öffentlichen Stellen unterliegen. In den vergangenen Jahren wurde von der Rückverlagerung von Aufgaben in den klassischen Eigenbetrieb häufig Gebrauch gemacht, weil sich die Erkenntnis durchsetzte, dass die Privatwirtschaft nicht alles besser kann.

3. Vertragsdauer und De-facto-Vergaben

214 Vor allem bei den **Dienstleistungsvergaben** ergeben sich ganz spezifische Fragestellungen, weil sie insbesondere im Unterschied zu Bauvergaben naturgemäß für interessierte Dritte, die etwaige Rechtsverstöße geltend machen könnten, weniger gut erkennbar sind.

215 Diese können sich darauf beziehen, dass sich **erstens Verträge** stillschweigend **über lange Zeiträume verlängern**, ohne dass sie ausgeschrieben werden. Hier kann nur der ungeschriebene Grundsatz genannt werden, dass regelmäßig ein Wettbewerb innerhalb von durchschnittlich 5 Jahren veranstaltet werden sollte. Das Einklagen der Durchführung einer Ausschreibung ist jedoch praktisch nicht möglich, weil dem die Zweckmäßigkeitserwägungen und das Ermessen der Vergabestelle entgegenstehen (Dispositionsgrundsatz). Es bleibt dann höchstens die Option, Beschwerde bei der Europäischen Kommission einzulegen.

216 **Zweitens** gibt es die Konstellation, dass **an bestehenden Dienstleistungsverträgen Änderungen vorgenommen** werden, also zB der Preis angepasst wird oder die Leistungszuschnitte geändert werden. Dies erfüllt jedoch im Falle des wesentlichen Charakters dieser Änderungen den Tatbestand der Neuausschreibung.[348] Eine wesentliche Änderung liegt grundsätzlich nicht in den Fällen einer (internen) Neuorganisation des Bieters vor. Sie kann aber beispielsweise dann vorliegen, wenn ein Nachunternehmer ausgetauscht wird, dessen Einsatz für die Vergabe und den Abschluss des Vertrages ein ausschlaggebendes Element gewesen ist.[349] Wird in den Fällen wesentlicher Änderungen nicht ausgeschrieben, so handelt es sich um eine sog. De-facto-Vergabe, es wird zwar zivilrechtlich ein Auftrag vergeben und ein Vertrag geschlossen, jedoch ohne die Anwendung des förmlichen Ausschreibungsrechts. Eine solche De-facto-Vergabe ist rechtswidrig und führt zur (schwebenden) Unwirksamkeit des Vertrages nach § 101 b GWB, die während eines halben Jahres von der Vergabekammer festgestellt werden kann. Falls nicht geklagt wird, erwächst der Vertrag danach in Wirksamkeit.[350]

217 Eine **dritte Konstellation** im Zusammenhang mit Dienstleistungsverträgen ist die **Wahl eines viel zu langen Zeitraumes**, der jeglichen Wettbewerb, unter Umständen sogar für Jahrzehnte, abschneidet.

218 Diesbezüglich hat der EuGH in seinem Urteil vom April 2003[351] in der Rechtssache ***„Braunschweig, Bockhorn“*** festgestellt, dass die Bundesrepublik Deutschland dadurch ihre Pflichten aus

345 EuGH, Rs. C-480/06, VergabeR 2009, 738.

346 OLG Düsseldorf, 21.6.2006 – VII–Verg 17/06, NZBau 2006, 662 = VergabeR 2006, 777.

347 EuGH, Rs. 386/11 (Piepenbrock).

348 EuGH, Rs. 454/06 (Pressetext).

349 EuGH, Rs. 91/08 (Wall).

350 OLG München, 11.3.2011 – Verg 1/11. Zur Frage der Reichweite der Anwendbarkeit des § 101 b GWB bei *unterlassener EU-weiter Ausschreibung*, mit zahlreichen Nachweisen: OLG Saarbrücken, 29.1.2014 – 1 Verg 3/13.

351 EuGH, verb. Rs. C-20/01 und C-28/01 (Gemeinde Bockhorn und Stadt Braunschweig), Slg 2003, I-3609 = ZfBR 2003, 592.

dem EG-Vertrag verletzt hat, dass zwei Gemeinden in Deutschland öffentliche Dienstleistungsaufträge unter Verstoß gegen die Bestimmungen der Dienstleistungsrichtlinie 92/50/EWG[352] vergeben hatten.

Bei diesen Aufträgen handelte es sich einmal um einen Vertrag über einen Zeitraum von mindestens **30 Jahren**, den die **Gemeinde Bockhorn** im Jahr 1997 mit dem Energieversorger Weser-Ems-AG über die **Ableitung ihrer Abwässer** geschlossen hatte; die Vergabe des Auftrags war nicht öffentlich ausgeschrieben worden. 219

Im zweiten Fall schloss die **Stadt Braunschweig** einen Vertrag ebenfalls über die Dauer von **30 Jahren** mit den Braunschweigischen Kohlebergwerken zur **thermischen Behandlung von Restabfall.** Die Stadt Braunschweig nahm unter Berufung auf Art. 11 Abs. 3 der Richtlinie keine Vergabebekanntmachung vor und vergab den Auftrag im Wege des Verhandlungsverfahrens. Die Stadt Braunschweig benannte dabei als „technischen Grund" die räumliche Nähe der Verbrennungsanlagen zum Gebiet der Stadt, um größere Transportentfernungen zu vermeiden. 220

Die Kommission leitete das Vertragsverletzungsverfahren gegen die Bundesrepublik ein und warf ihr vor, dass im Fall der Gemeinde Bockhorn entgegen Art. 8 iVm den Art. 15 Abs. 2 und 16 Abs. 1 der Richtlinie 92/50 der Auftrag **nicht ausgeschrieben** wurde und dass die Stadt Braunschweig ihren Auftrag unter Verstoß gegen Art. 8 der Richtlinie im Verhandlungsverfahren ohne vorherige Vergabebekanntmachung vergeben habe, ohne dass die Voraussetzungen für die Ausnahmebestimmung des Art. 11 Abs. 3 vorgelegen hätten. In ihrer Erwiderung wies die Bundesregierung darauf hin, dass der Vertragsverstoß nicht beseitigt werden könne, weil nach deutschem Recht eine Auflösung der Verträge rechtlich nicht möglich sei und im Falle einer Kündigung beide Gemeinden mit erheblichen Schadensersatzforderungen der vertragschließenden Unternehmen zu rechnen hätten. 221

Zum Vorbringen der deutschen Seite, die gerügten Vertragsverletzungen seien bereits vor Erhebung der Klage beendet worden, weil es sich lediglich um Verstöße gegen **Verfahrensvorschriften** handle und Deutschland diese Verstöße anerkannt habe, hat der Gerichtshof ausgeführt, dass die Richtlinie 92/50 zwar im Wesentlichen Verfahrensvorschriften enthalte, jedoch erlassen worden sei, um Hemmnisse für den freien Dienstleistungsverkehr im Hinblick darauf zu beseitigen, dass Wirtschaftsteilnehmer aus einem Mitgliedstaat Auftraggebern in einem anderen Mitgliedstaat Dienstleistungen anbieten könnten. Dementsprechend bestehe die durch die Missachtung der Richtlinie 92/50 erfolgte **Beeinträchtigung des freien Dienstleistungsverkehrs für die gesamte Dauer der unter Verstoß gegen die Richtlinie geschlossenen Verträge fort**. Die Möglichkeit, bei rechtswidriger Auftragsvergabe die Wirkungen geschlossener Verträge aufrechtzuerhalten und geschädigten Dritten nur Schadensersatz zuzuerkennen, könne nicht dazu führen, das Verhalten des Auftraggebers gegenüber Dritten nunmehr als unionsrechtskonform zu betrachten. 222

Beide Klagen waren begründet, weil die Gemeinde Bockhorn ihren Auftrag unter Verstoß gegen die Bestimmungen der Richtlinie 92/50 nicht ausgeschrieben und das Ergebnis des Vergabeverfahrens nicht im Amtsblatt der EG veröffentlicht hatte. 223

Im Hinblick auf das Verhalten der Stadt Braunschweig hat der EuGH geurteilt, dass Art. 11 Abs. 3 der Richtlinie 92/50 als Ausnahmebestimmung eng auszulegen sei und die Beweislast für das Vorliegen der tatsächlichen Umstände, die ihre Anwendung rechtfertigten, bei dem liege, der sich auf sie berufe. Umweltschutzkriterien könnten ein **„technischer Grund"** sein, der die Auftragsvergabe nur an einen bestimmten Dienstleistungserbringer rechtfertige. Bei der Anwendung solcher Kriterien im Vergabeverfahren müssten jedoch die wesentlichen Grundsätze des Unionsrechts, insbesondere das *Diskriminierungsverbot*, beachtet werden. Die Gefahr einer Verletzung des Diskriminierungsverbots sei jedoch besonders groß, wenn der Auftraggeber beschließe, einen bestimmten Auftrag nicht dem Wettbewerb zu öffnen. Im vorliegenden Fall habe die Bundesrepublik Deutschland keine Beweismittel dafür erbracht, dass die Entscheidung der Stadt Braunschweig für die thermische Behandlung der Abfälle und daraus folgend die Entsorgungsnähe Umstände seien, auf die sich 224

352 RL 92/50/EWG des Rates vom 18.6.1992 über die Koordinierung der Verfahren zur Vergabe öffentlicher Dienstleistungsaufträge (ABl. 1992 L 209, S. 1).

ein technischer Grund des Umweltschutzes stützen ließe, zumal es an dem Nachweis fehle, dass der Transport der Abfälle über größere Entfernungen notwendig eine Gefährdung der Umwelt oder der öffentlichen Gesundheit bedeute. Die **Nähe eines bestimmten Dienstleistungserbringers** zum Gemeindegebiet sei **allein noch kein „technischer Grund"** iSv Art. 11 Abs. 3 der Richtlinie. Aus diesen Gründen hat der Gerichtshof antragsgemäß die beanstandeten Vertragsverletzungen festgestellt.

225 Die geschlossenen **Verträge** waren mithin **aufzulösen**. Die Gemeinde Bockhorn erreichte dieses Ziel rechtzeitig, wohingegen die Stadt Braunschweig säumig war, was zu einem erneuten Verfahren vor dem EuGH[353] führte. Die Feststellungsklage der Kommission hatte Erfolg, weil die Bundesrepublik, die für das Handeln aller ihrer Gebietskörperschaften rechtlich verantwortlich ist und daher vor dem EuGH zu verklagen ist, für die nicht rechtzeitig erfolgte Auflösung des Vertrages einstehen muss. Die Bundesrepublik konnte insbesondere nicht anführen, dass das deutsche Zivilrecht bei der Rückabwicklung von europarechtswidrig geschlossenen Verträgen außerordentliche Schwierigkeiten bereitet. Das deutsche Anfechtungsrecht nach dem BGB Allg. Teil ist äußerst restriktiv, und überzeugende juristische Lösungen entsprechend einer Art Wegfall der Geschäftsgrundlage o.ä. sind erst in der Diskussion. Letztendlich konnte aber durch die dann doch erfolgte Auflösung des Vertrages ein Zwangsgeldverfahren vermieden werden.

226 Hinsichtlich des **Rechtsschutzes bei De-facto-Vergaben** nimmt der EuGH[354] im Fall „Stadt Halle" eine klare Position ein. Die Nachprüfungsmöglichkeiten gemäß der Rechtsmittelrichtlinie 89/665/EWG stehen jedem, der ein Interesse an dem fraglichen Auftrag hat oder hatte und dem durch einen behaupteten Rechtsverstoß ein Schaden entstanden ist bzw zu entstehen droht, von dem Zeitpunkt an zur Verfügung, zu dem der Wille des öffentlichen Auftraggebers, der Rechtswirkungen entfalten kann, geäußert wird. Die Mitgliedstaaten dürfen die Nachprüfungsmöglichkeit **nicht davon abhängig** machen, dass das fragliche Vergabeverfahren formal ein **bestimmtes Stadium erreicht** hat respektive sich der Betreffende in einer **formalen Eigenschaft als Bieter** oder Bewerber befindet (Rn 40). Eine andere Auslegung würde dazu führen, dass es die öffentlichen Auftraggeber in der Hand hätten, das zwingende Vergaberecht anzuwenden oder darauf zu verzichten (Rn 37).

227 Die Rechtsposition des EuGH zu der rechtlichen Überprüfbarkeit von De-facto-Vergaben unabhängig vom Stadium des Verfahrens oder der formalen Stellung des Bieters bzw potentiellen Bieters ist konsequent. Zugrunde liegt ein **materielles Rechtsverständnis des Vergaberechts**. Das OLG Düsseldorf[355] hatte in einer Entscheidung aus dem Jahre 2001 **erstmalig Rechtsschutz** gegen sog. **„De-facto-Vergaben"**, also Auftragsvergaben ohne jegliches Ausschreibungsverfahren, im Falle der **Erkennbarkeit organisatorischer Schritte** der Vergabestelle zur Deckung eines Beschaffungsbedarfs bejaht. Es erachtet den Nachprüfungsantrag, der sich gegen die beabsichtigte de-facto-Vergabe eines Entsorgungsvertrages richtet, für zulässig. Die beabsichtigte Vergabe ohne ordentliches Vergabeverfahren hatte sich bereits durch eine sog. Eckpunktevereinbarung zwischen der Vergabestelle und dem erwünschten Unternehmer konkretisiert. Dort waren schon die wesentlichen **Leistungsinhalte** des künftigen Vertrages festgeschrieben und sie sollten sogar „unabhängig vom Vertragsschluss" **faktische Geltung** beanspruchen.

228 Das OLG hebt hervor, dass im Interesse des Rechtsschutzes *„nicht unbedingt auf irgendwelche vom öffentlichen Auftraggeber bereits eingeleitete Förmlichkeiten – wie zB eine Ausschreibung – abgestellt werden (kann). Denn ein (**sogar besonders schwerwiegender) Vergaberechtsfehler**, der mit dem Nachprüfungsantrag angefochten werden kann, besteht gerade darin, dass die Ausschreibung einer Vergabe rechtswidrig unterblieb (vgl BReg. in ihrer Begr. zum heutigen § 107 GWB, BT-Drucks. 13/9340, S. 17). Für die Zwecke des Primärrechtsschutzes ist daher ein **materielles Verständnis des ‚Vergabeverfahrens'** notwendig"*.

---

353 EuGH, Rs. C-503/04, NZBau 2007, 594 = VergabeR 2007, 597.

354 EuGH, Rs. C-26/03 *(Stadt Halle)*, VergabeR 2005, 44.

355 OLG Düsseldorf, 20.6.2001 – Verg 3/01 (Abfallentsorgung), VergabeR 2001, 329 = NZBau 2001, 696. Vgl OLG Düsseldorf, 23.2.2005 – VII Verg 87/04, unter Berufung auf EuGH, Rs. C-26/03, VergabeR 2005, 44. S. auch *Noch*, Vergaberecht kompakt, 5. Aufl. 2011, Rn 53.

Der Düsseldorfer Vergabesenat stellt also für die Möglichkeit der Wahrnehmung des Rechtsschutzes auf die **Erkennbarkeit organisatorischer Schritte** zur Deckung eines Bedarfs ab, welche die Schwelle bloßer Markterkundung und -beobachtung deutlich überschreitet. Des Weiteren betont er, dass die **Änderung von Altverträgen** vergaberechtlich grundsätzlich unzulässig ist. Jede Änderung von Laufzeiten oder von Leistungsinhalten bedeutet einen ausschreibungspflichtigen Tatbestand.[356] Der Senat bejaht dem Kern nach, obwohl er das abstreitet, vorbeugenden Rechtsschutz im Vergaberecht.[357] 229

Andere Vergabesenate setzen etwas andere Akzente und **verneinen** ganz dezidiert **vorbeugenden Rechtsschutz.** Gegen Vertragsverhandlungen die in eine vergaberechtswidrige De-facto-Vergabe münden könnten, besteht danach gerade kein vorbeugender Rechtschutz. Der potentiell geschädigte Konkurrent muss den tatsächlichen Vertragsschluss abwarten. Sein Rechtsschutz wird durch die **Pflicht zum Abwarten** nicht verkürzt, weil die Fristen zur Nachprüfung erst mit der De-facto-Vergabe beginnen. Erst in diesem Stadium kann überhaupt festgestellt werden, ob es sich um einen rechtswidrigen Vertragsschluss handelt.[358] 230

Hinsichtlich des – in Vermeidung einer Ausschreibungspflicht (noch) zulässigen – **Umfangs der Änderungen** hat der **EuGH** im Jahre 2008 vertieft Position bezogen.[359] Zur Gewährleistung von Transparenz und Gleichbehandlung sind Änderungen der Bestimmungen eines öffentlichen Auftrags während seiner Geltungsdauer dann als Neuvergabe iSd RL 92/50 anzusehen, wenn hiermit wesentlich andere Merkmale des Vertrages bestimmt werden und damit der Wille der Parteien zu einer Neuverhandlung wesentlicher Vertragsbestimmungen zum Ausdruck kommt.[360] Wesentlich in diesem Sinne ist eine Änderung dann, wenn hiermit die Erteilung des Auftrags an einen anderen als den ursprünglich gewählten Bieter möglich würde oder der Auftragsgegenstand in großem Umfang auf ursprünglich nicht vorgesehene Dienstleistungen erweitert wird. Wesentlich ist eine Änderung auch, wenn das wirtschaftliche Gleichgewicht des Vertrags zugunsten des Auftragnehmers geändert wird, ohne dass dies im ursprünglichen Auftrag vorgesehen war.[361] Konkret sind demnach – neben den grundlegenden zivilrechtlichen Änderungen wie Leistungszeit, Leistungsort, Leistungsart und -umfang, Gegenleistung/Honorar – die Änderung von Haftungsrisiken oder die Änderung von Kündigungsrechten und -fristen relevant, nicht jedoch Rundungen nach Währungsumstellungen (Schilling/EURO) oder reine Umfirmierungen ohne Änderung des wirtschaftlich Berechtigten (in casu: Übertragung von der Republik Österreich auf von ihr konstituierte Tochterunternehmen). 231

4. Abgrenzung zwischen den Vertragstypen und Konzessionen

a) Bauleistungsbegriff

Bei der Abgrenzung der Vertragstypen ist nach den europäischen[362] wie auch gemäß den nationalen Vorgaben eine **Dominanz des Bauleistungsbegriffes** auszumachen.[363] 232

Dieser geht über die Kategorien der Werkleistungen und der wesentlichen Bestandteile (§§ 90 ff BGB) hinaus, insbesondere dann, wenn die Funktion eines Neubaus mit seinen spezifischen Aus- 233

356 So OLG Düsseldorf, 14.2.2001 – Verg 13/00 („Verlängerung eines Vertrages über Abfallentsorgung"), NZBau 2002, 54 = WuW 2001, 648. Überaus instruktiv aus neuerer Zeit: VK Münster, 18.3.2010, VK 1/10, VS 2010, 30.

357 Vgl OLG Celle, 4.5.2001 – 13 Verg 5/00, VergabeR 2001, 325 = WuW 2001, 1161 = NZBau 2002, 63, mit Anm. *Noch*, NZBau 2002, 67.

358 OLG Schleswig, 15.3.2013 – 1 Verg 4/12.

359 EuGH, Rs. C-454/06 (Pressetext Nachrichtenagentur GmbH/Republik Österreich), VergabeR 2008, 758.

360 Vgl EuGH, Rs. C-337/98, Slg 2000, I- 8377.

361 S. aus der Literatur: *Jaeger*, Vertragsänderungen und Vergaberecht, EuZW 2008, 492; *Krohn*, NZBau 2008, 619.

362 EuGH, Rs. C-331/92 (Gestión Hotelera Internacional SA/Comunidad Autónoma de Canarias), Slg 1994, I, S. 1329; EuGH, Rs. C-220/05 (Auroux u.a./Commune de Roanne), Slg 2007, I-385 = NZBau 2007, 185 = VergabeR 2007, 183; EuGH, Rs. C-412/04 – (Kommission/Italien).

363 *Noch*, BauR 1998, 941; *ders.*, BauRB 2005, 147.

stattungen (Bestuhlung im Konzertsaal, OP-Bereich im Krankenhaus, Küche in Mensa usw.) hergestellt werden soll. Ob es in Einzelfällen immer sachgerecht ist und dem Sinngehalt der Vergaberichtlinie entspricht, wenn auch einfachste Ausrüstungsgegenstände (zB Bücher für neue Bibliothek, DVDs für Schule) den Bauleistungen zugerechnet werden, ist **fraglich.**[364] Begründung dafür ist, dass Lieferanten mit den bauspezifischen Besonderheiten wie der deutschen Bauabzugssteuer nichts zu tun haben. Der Wettbewerb wird dadurch unnötig verengt. Zudem wird durch die Ausdehnung (und nach hier vertretener Auffassung: die Überdehnung) des Bauleistungsbegriffes der **Rechtsschutz** wegen des höheren Schwellenwertes für Bauvergaben iHv ca. 5 Mio. € **verkürzt.** Vollends fragwürdig sind einzelne Beispiele in der Abgrenzung zwischen Bau- und Dienstleistungen. Dort wird zT die Baumpflege oder das Rasenschneiden als Arbeit an einem Grundstück und damit als Bauleistung eingeordnet.

b) Vorrangige und nachrangige Dienstleistungen

234 Bei den **Dienstleistungen** ist bereits in der DKR 92/50/EWG eine Einteilung nach **Anhang IA und IB** (vgl die als Richtlinienumsetzung gleichlautenden Anhänge zur VOL/A und zur VOF) vorgenommen worden, wobei diejenigen nach Anhang IA die sog. **„vorrangigen Dienstleistungen"** bezeichnen, und diejenigen nach Anhang IB die nachrangigen. In der Vergaberichtlinie 2004/18/EG wird in den Artikeln 20 und 21 auf den Anhang IIA und IIB zur Richtlinie verwiesen, in dem Verzeichnisse mit 27 verschiedenen Dienstleistungskategorien enthalten sind, nach denen sich die volle oder nur eine sehr eingeschränkte Anwendung der europaweiten Ausschreibungsregularien richtet.

235 Die Vergabekammer Bund (VK) als VÜA hatte im Fall *„Deutschkurse"*[365] erstmalig grundlegend zur Funktion der sog. **nachrangigen Dienstleistungen** gemäß dem **Anhang IB** der DKR 92/50/EWG Stellung bezogen. Zur Überprüfung stand die Vergabe von Deutschkursen, die zu der Kategorie 24 des Anhangs IB („Unterrichtswesen und Berufsausbildung") zählen, und auf welche gemäß §§ 1 Abs. 1 VgV, 1 a Nr. 5 Abs. 2 VOL/A aF **lediglich das eingeschränkte Reglement** der (nationalen so genannten) Basisparagraphen sowie die europarechtlichen Bestimmungen des § 8 a VOL/A aF (Verwendung europäischer Spezifikationen) und § 28 a VOL/A aF (Bekanntgabe über vergebene Aufträge) Anwendung finden. Für die Zuordnung ist bei den Leistungen des Anhangs IB in besonderem Maße die Benennung des CPV-Codes wichtig, der so präzise wie möglich dem Beschaffungsvorhaben entspricht.[366]

236 Die Kammer bejaht vom Grundsatz her die **Nachprüfbarkeit** von solchen Vergaben.[367] Diese gilt unbeschadet des nach der Dienstleistungsrichtlinie äußerst eingeschränkten materiell-rechtlichen Reglements auch für die Auftragsvergaben im Bereich der Kategorien des Anhangs IB. Auch bei diesen Auftragsvergaben müssen die grundlegenden Prinzipien des Vergaberechts wie Transparenz, Wettbewerb und Nichtdiskriminierung beachtet werden, was die Nachprüfungsbefugnis legitimiert.

237 Sinn und Zweck der Einteilung in die Kategorien IA und IB, also die sog. vorrangigen und **nachrangigen Dienstleistungen** (gemäß dem österreichischen Sprachgebrauch: prioritäre und nichtprioritäre Dienstleistungen), ist die damalige Erwartung des Richtliniengebers gewesen, dass bei den nachrangigen Dienstleistungen gem. dem Anhang IB (zunächst) ein **geringeres Marktöffnungspotential** besteht. Gemäß den Erwägungsgründen 18 und 19 zur VKRL 2004/18/EG hatte sich der europäische Richtliniengeber diesbezüglich auch weiterhin eine gewisse Übergangs- und Beobach-

---

364 OLG Dresden, 2.11.2004 – W Verg 11/04, VergabeR 2005, 258, mwN. Kritisch hierzu: *Noch*, Vergaberecht kompakt, 5. Aufl. 2011, Rn 1186, S. 396; *ders.*, BauRB 2005, 147.

365 VK Bund als VÜA, 5.5.1999 – VKA-13/99 („Deutschkurse").

366 VK Sachsen, 9.7.2010 – 1/SVK/021-10.

367 So auch: OLG Dresden 25.1.2008 (WVerg 10/07), VergabeR 2008, 567; OLG Stuttgart 7.6.2004 – 2 Verg 4/04, VergabeR 2005, 247; VK Bund 24.3.2004 – VK 3-36/04; VK Bund 1.4.2004 – VK 1-11/04; VK Bund, 13.5.2004 – VK 1-42/04. Dazu auch *Noch* in: *Byok/Jaeger*, Kommentar zum Vergaberecht, 3. Aufl. 2011, Rn 54 zu § 102.

tungszeit[368] ausbedungen, um zu einem späteren Zeitpunkt zu entscheiden, ob er weitere Dienstleistungsbereiche in die Vergabekoordinierungsrichtlinien mit aufnimmt. Dieser Zeitpunkt ist mittlerweile eingetreten. Mit Umsetzung der 2014er Vergabekoordinierungsrichtlinie wird die Unterteilung in vorrangige und nachrangige Dienstleistungen aufgegeben. Bis zum Zeitpunkt der Umsetzung in den Mitgliedstaaten (spätestens 2016) ist noch von dieser Unterteilung auszugehen. Die anhand der nationalen Bekanntmachungs- und Ausschreibungsvorschriften erfolgten Vergaben sind lediglich nachträglich an das Amt für amtliche Veröffentlichungen zu melden, welches dazu Statistiken führt.[369]

c) Konzessionen

Im Hinblick auf **Konzessionen** gilt als gesichert, dass, ausgehend von den beiden Merkmalen des 238
ausschließlichen Nutzungsrechts und der Übernahme eines wirtschaftlichen Risikos durch den Investor, Mischformen, bei denen die öffentliche Hand Gelder zuwendet, möglich sind. Allein die **Baukonzession** ist nach derzeitigem Recht – im Gegensatz zur **Dienstleistungskonzession** – ausschreibungspflichtig. Letzteres wurde in der VKRL 2004/18/EG (Art. 17) klargestellt. Die Vergaben von Dienstleistungskonzessionen unterliegen jedoch schon bisher in ähnlicher Weise den Grundsätzen der Transparenz, Nichtdiskriminierung und Wettbewerblichkeit.[370] Mit Umsetzung des Richtlinienpaketes 2014 wird dies auch ganz förmlich der Fall sein.

5. Schwellenwerte

Die Grundsätze der Anwendung der Schwellenwerte sind wenig problematisch (vgl § 3 VgV). Es 239
handelt sich um eine Vorab-Schätzung (**Prognose**) der **Auftragswerte ohne Mehrwertsteuer**. Lose sind zusammenzurechnen, Optionen einzuberechnen, und es sind bei Dienstleistungen nachvollziehbare Leistungszeiträume zu wählen, die nicht auf eine **Umgehung** der EU-Schwellenwerte schließen lassen (zB in Form von sehr atypischen und kurzen Zeitspannen). Bei Bauvorhaben kommt es unter anderem auf einen zeitlichen und technisch-funktionalen Zusammenhang an.[371] An die Schätzung sind – unter Rückgriff auf die Rechtsprechung der Verwaltungsgerichte zu Prognoseentscheidungen – keine überhöhten Anforderungen zu stellen.[372] Liegen die tatsächlich eingegangenen Angebote ca. 10-20% höher als die Schätzung, und erreichen sie damit die EU-Schwellenwerte (Beispiel: Schätzung: 180.000 €, Angebote bei 210.000 €), so wird eine Umgehungsabsicht kaum nachzuweisen sein. Allerdings muss in den gerichtlichen Verfahren der Nachweis vorsätzlichen/absichtlichen oder fahrlässigen Handelns nicht geführt werden, weil der objektive Rechtsverstoß gegen das Unionsrecht, der zB durch eine unsachgerechte Aufteilung des Auftrags geschieht, ausreicht.[373] Bei größeren Abweichungen bzw nicht annähernd begründbaren Aufteilungen der Leistung, und insbesondere im Falle von Auftragswerten in der Nähe der Schwellenwerte, wird der Rechtfertigungsdruck für die Vergabesteller größer.[374]

6. Vergabeverfahren

Die **europaweiten Ausschreibungsverfahren** geben folgendes vor: Das Offene Verfahren bewirkt 240
einen uneingeschränkten Zugang, das Nichtoffene Verfahren eröffnet erst nach erfolgreicher

368 Dazu auch EuGH, Rs. C-411/00 („Felix Swoboda“), NZBau 2003, 52. Vgl des weiteren auch die Erwägung 18 in der Vergabekoordinierungsrichtlinie 2004/18/EG.

369 Vgl Erwägung 19 RL 2004/18/EG.

370 EuGH, Rs. C-458/03 (Parking Brixen), Slg 2005, I-8585. Vgl OLG Düsseldorf, 9.1.2013, VII-Verg 26/12; OVG Berlin-Brandenburg, 30.11.2010 – 1 S 107.10; OLG Brandenburg 3.8.2001 – Verg 3/01 („Breitbandkabel Eisenhüttenstadt“), VergabeR 2002, 45; VG Mainz, 30.8.2010 – 6 L 849/10. Instruktiv zum Merkmal des für eine Konzession erforderlichen Betriebsrisikos: OLG Dresden, 8.10.2009 – WVerg 5/09.

371 EuGH, Rs. C-187/04 und C-188/04; EuG, Rs. T-384/10; OLG Düsseldorf, 31.3.2004 – VII Verg 74/03; VK Arnsberg, 4.11.2008 – VK 23/08.

372 OLG Celle, 19.8.2009 – 13 Verg 4/09; OLG Celle, 12.7.2007 – 13 Verg 6/07, VergabeR 2007, 808; OLG Brandenburg, 20.8.2002 – Verg W 4/02; BayObLG, 18.6.2002 – Verg 8/02, VergabeR 2002, 657; KG, 24.8.1999 – Kart Verg 5/99, NZBau 2000, 258.

373 EuGH, Rs. C-574/10; EuG, Rs. T-384/10.

374 OLG Celle, 12.7.2007 – 13 Verg 6/07, VergabeR 2007, 808.

Absolvierung eines Wettbewerbes um das Mehr an Eignung, beim Verhandlungsverfahren kann die Auswahl der aufzufordernden Bieter noch restriktiver sein, und es kann dort, anders als beim Offenen oder Nichtoffenen Verfahren, verhandelt werden. Hinsichtlich der **Rangordnung** bei den Vergabeverfahrensarten werden die europarechtlichen Vorgaben von deutschen Gerichten weitgehend nachvollzogen. Die entsprechenden Vorschriften sind der § 101 Abs. 6 GWB sowie die §§ 3 VOL/A-EG bzw VOB/A-EG. Dabei korrelieren die europarechtlichen Vorgaben mit denjenigen des nationalen Haushaltsrechts, welches einen noch strengeren **Vorrang der Öffentlichen Ausschreibung** anordnet (§§ 3 Nr. 2 VOB/A bzw VOL/A). Ist nach nationalem Recht die Öffentliche Ausschreibung vor der Beschränkten Ausschreibung (die meist ohne Öffentlichen Teilnahmewettbewerb veranstaltet wird) vorrangig, so ist dies im europäischen Vergaberecht anders: Dort rangieren das Offene und Nichtoffene Verfahren seit jeher (bereits seit der RL 71/305/EWG) gleichrangig nebeneinander. Grund dafür ist, dass das Nichtoffene Verfahren zwingend einen Öffentlichen Teilnahmewettbewerb verlangt, was dazu führt, dass gleichermaßen ein unbeschränkter Bieterkreis angesprochen wird, nur mit dem Unterschied, dass die Eignungsprüfung im Rahmen einer eigenen Verfahrensstufe, nämlich des vorgeschalteten Teilnahmewettbewerbs, stattfindet. Die anderslautenden Umsetzungsbestimmungen der VOL/A und VOB/A, welche das nach deutschem Recht geltende Vorrangverhältnis zwischen Öffentlicher und Beschränkter Ausschreibung auf das Verhältnis der europaweiten Offenen und Nichtoffenen Verfahren übertragen, sind diesbezüglich an sich nicht erforderlich, werden aber dennoch mit großer Konsequenz angewendet. Das bedeutet, dass **in Deutschland** keine freie Wahl zwischen Offenem und Nichtoffenem Verfahren besteht, sondern dass streng zu prüfen ist, ob nicht doch sicherheitshalber das **vorrangige Offene Verfahren** anzuwenden ist.[375] Insofern ist es den Mitgliedstaaten nicht verwehrt, strengere Vorschriften zugunsten eines möglichst breiten Wettbewerbs zu erlassen.

241 Insbesondere die **Nachrangigkeit des Verhandlungsverfahrens** – und besonders desjenigen ohne die Veranstaltung eines vorgeschalteten Öffentlichen Teilnehmerwettbewerbs – wird von den deutschen Nachprüfungsorganen geteilt. Die Wahl der falschen Verfahrensart kann daher als selbständiger Vergaberechtsverstoß geltend gemacht werden.[376] Ursache hierfür sind einige Urteile des EuGH – auch gegen Deutschland –, die Signalcharakter besitzen.

242 So hatte der EuGH[377] im Jahre 1996 festgestellt, dass die Bundesrepublik Deutschland dadurch gegen ihre Verpflichtungen aus der BKR 71/305/EWG verstoßen hat, dass das Wasser- und Schifffahrtsamt Emden einen Auftrag betreffend die **Ausbaggerung der Unterems** im Rahmen eines Verhandlungsverfahrens ohne vorherige Veröffentlichung im Amtsblatt der EG vergeben hat. Die ausschreibende Stelle konnte nicht mit Erfolg geltend machen, dass nach deutschem Recht für die Vertiefung der Unterems ein Planfeststellungsverfahren durchgeführt werden musste, das es unmöglich gemacht habe, die normalen Fristen des Offenen Verfahrens einzuhalten. Die Wahl des Verhandlungsverfahrens ist nach Auffassung des EuGH nicht durch Art. 5 Abs. 3 Buchst. c der BKR 71/305/EWG gerechtfertigt gewesen. Im Sinne dieser Bestimmung der Richtlinie können die öffentlichen Auftraggeber in bestimmten Fällen Bauaufträge im **Verhandlungsverfahren ohne vorherige Vergabebekanntmachung** vergeben.

243 Die Befreiung von der Pflicht zur Veröffentlichung einer vorherigen Bekanntmachung greift nur ein, wenn **kumulativ drei Voraussetzungen** erfüllt sind, wenn nämlich

- erstens ein unvorhersehbares Ereignis vorliegt,
- zweitens dringliche und zwingende Gründe gegeben sind, welche die Einhaltung der in anderen Verfahren vorgeschriebenen Fristen nicht zulassen und

375 Sehr einprägsam: OLG Düsseldorf, 29.2.2012 – VII-Verg 75/11.

376 BGH, 10.11.2009 – X ZB 8/09, VergabeR 2010, 210; VK Schleswig-Holstein, 25.4.2008 – VK-SH 4/08.

377 EuGH, Rs. C-318/94 (Kommission/Deutschland – Vertiefung der Unterems), Slg 1996, I-1949 = EuZW 1996, 442.

– drittens schließlich ein Kausalzusammenhang zwischen dem unvorhersehbaren Ereignis und den sich daraus ergebenden dringlichen, zwingenden Gründen besteht.[378]

Ist eine dieser Voraussetzungen nicht gegeben, so besteht die Möglichkeit zur Anwendung des Verhandlungsverfahrens nicht. 244

Ausnahmen von den Vergabevorschriften, welche grundsätzlich die Wahl des Offenen Verfahrens vorschreiben, sind **eng auszulegen**. Die **Beweislast** für das tatsächliche Vorliegen der außergewöhnlichen Umstände, welche die Ausnahme rechtfertigen, obliegt der Vergabestelle.[379] Dieser Beweis wurde im Fall *„Heizkraftwerk München-Nord“* gleichermaßen nicht erbracht.[380] Der EuGH verwies darauf, dass in begründeten Ausnahmefällen eines besonderen Beschleunigungsbedarfes von der ausschreibenden Stelle das sog. **Beschleunigte Nichtoffene Verfahren** (Art. 38 Abs. 8 VKRL 2004/18/EG Teilnahmefrist: 15 Tage oder mindestens zehn Tage bei elektronischer Übermittlung) gewählt werden kann. Daher besteht grundsätzlich auch die Möglichkeit, eine Wettbewerbsöffnung trotz Dringlichkeit herbeizuführen. Das beschleunigte Nichtoffene Verfahren wurde beispielsweise bei einer Ausschreibung des italienischen Verteidigungsministeriums angewendet.[381] 245

Das OLG Düsseldorf[382] hatte schon in der Anfangszeit des verbindlichen Nachprüfungssystems mit kaum zu übertreffender Deutlichkeit bezüglich der **Verfahrenswahl** eine Entscheidung mit großer Reichweite betreffend alle möglichen Vergabegegenstände getroffen. In der Sache ging es um die Ausschreibung eines Versicherungsvertrages. Dieser sollte im Verhandlungsverfahren vergeben werden. Angeblich sei die Versicherungsleistung nicht eindeutig beschreibbar. Das entsprach jedoch in dieser Form nicht den Tatsachen. Das OLG hebt daher hervor, dass die Öffentliche Ausschreibung, dh das **Offene Verfahren**, bei der Vergabe von Standard-Leistungen die absolute Regel bildet – so auch bei der Vergabe von über Jahrzehnte erprobten Versicherungsdienstleistungen. Zur Rechtfertigung des Verhandlungsverfahrens hatte sich die Vergabestelle rechtswidrigerweise trotz des **standardisierten Charakters** der Leistung auf den Tatbestand der nicht ausreichenden Beschreibbarkeit der Leistung (§ 3 a Nr. 1 Abs. 4 Buchst. c VOL/A aF bzw Art. 11 Abs. 2 lit. c DKR 92/50/EWG) berufen. Sie hat als beweisbelastete Partei das tatsächliche Vorliegen dieser Umstände nicht darlegen können. 246

Das Verhandlungsverfahren findet – neben der **meist wenig erfolgreichen Berufung auf Aspekte der Dringlichkeit** – insbesondere dann seine Rechtfertigung auf der Grundlage der **sonstigen Ausnahmetatbestände** der VKRL 2004/18/EG und der §§ 3 VOB/A-EG bzw VOL/A-EG (zB: Unmöglichkeit einer Festlegung des Gesamtpreises und/oder vertragliche Spezifikationen können zuvor nicht ausreichend festgelegt werden), wenn in der Ausschreibung Leistungen abgefragt werden, in denen von den Bietern die Erstellung eines Konzeptes erwartet wird, das zudem im Wege einer objektiv erforderlichen Präzisierung einen Verhandlungsbedarf nach sich zieht, und zwar im wettbewerblichen Vergabeverfahren selbst und nicht erst im Stadium nach Zuschlagserteilung. In diesen Fällen hält die Wahl des Verhandlungsverfahrens der Nachprüfung stand.[383] Jegliche **Berufung zB auch auf „technische Besonderheiten“**, derentwegen eine Beschaffung im Wettbewerb nicht möglich ist, bedarf einer eingehenden Dokumentation der Gründe, denn hierin liegt eine besonders große 247

378 EuGH, Rs. C-107/92 (Kommission/Italien), Slg 1993, I-4655. Zur Vorhersehbarkeit der Gründe auch: EuGH, Rs. C-394/02.

379 EuGH, Rs. C-57/94 (Kommission/Italien), Slg 1995, I-1249; EuGH, Rs. C-275/08 (Datenzentrale Baden-Württemberg – DZBW), VergabeR 2010, 57.

380 EuGH, Rs. C-126/03 (Heizkraftwerk München-Nord), VergabeR 2005, 57 = WuW 2005, 461.

381 EuGH, Rs. C-226/04 und C-228/04, NZBau 2006, 328 = VergabeR 2006, 340: Dienstleistungsauftrag für Bewirtschaftungsdienstleistungen betreffend das italienische Verteidigungsministerium.

382 OLG Düsseldorf, 18.10.2000 – Verg 3/00 („Versicherungsdienstleistungen“), VergabeR 2001, 45 = NZBau 2001, 155.

383 VK Lüneburg, 8.7.2009 – VgK-29/2009 („Aufbau eines Outputmanagementsystems [OMS] mit Druckdienstleistung“), VS 2009, 64 [LS]; VK Sachsen, 26.6.2009 – 1/SVK/0024-09 („Erstellung von digitalen Planwerken für das Trinkwasser- und Abwasserkataster“), VS 2009, 64 [LS]. Vgl darüber hinaus VK Schleswig-Holstein, 26.11.2009 – VK-SH 22/09: Nach Meinung der Kammer hätte ein Verhandlungsverfahren anstelle eines beschleunigten Nichtoffenen Verfahrens gewählt werden müssen.

Gefahr des Verstoßes gegen das Diskriminierungsverbot.[384] Für die Berufung auf eine „technische Besonderheit" ist erforderlich, dass der Bieter gleichsam ein Monopol für die nachgefragte Leistung oder Ware hat; nicht ausreichend ist der subjektive Eindruck des Auftraggebers, es gäbe keinen anderen Bieter am Markt.[385] Allerdings finden sich in jüngerer Zeit mit Hinweis auf das **Bestimmungsrecht der Vergabestelle** durchaus Entscheidungen, wonach sie durch das Vergaberecht nicht gehalten ist, ihre Beschaffungsentscheidung schon im Voraus so zu treffen, dass ein Ausnahmetatbestand nach § 3 Abs. 4 lit. c VOL/A-EG („technische Gründe" für den Verzicht auf ein wettbewerbliches Vergabeverfahren) gar nicht erst eintritt.[386] In einer viel beachteten Entscheidung des OLG Düsseldorf werden Risiken von Fehlfunktionen, Kompatibilitätsprobleme, sowie ein hoher Umstellungsaufwand für einen „massiven Übergang" von einer Software auf die andere als rechtfertigend dafür anerkannt, auf ein wettbewerbliches Vergabeverfahren zu verzichten.[387] Damit sind erstmals auch wirtschaftliche Gründe anerkannt worden, die nach dem Wortlaut der Ausnahmevorschrift gerade nicht erfasst sind.[388]

248 Trotz der eigentlich großen Bedeutung der Verfahrenswahl bilden diesbezügliche Nachprüfungsverfahren bislang insgesamt einen eher **nachgeordneten Streitkomplex.**[389] Ursache hierfür ist, dass die Verfahrenswahl aus der Bekanntmachung erkennbar ist und idR nicht rechtzeitig gemäß § 107 Abs. 3 S. 1 Nr. 2 GWB gerügt wird. Folge daraus ist, dass die Bieter mit der Beanstandung der Verfahrenswahl präkludiert sind. Des Weiteren verhandeln die Bieter im Verhandlungsverfahren naturgemäß mit, so dass auch der Rechtsgrundsatz der **Verwirkung** zum Tragen kommt, wenn sie bei einem für sie negativen Ausgang nachträglich versuchen, die Rechtmäßigkeit der Wahl des Verhandlungsverfahrens per se in Frage zu stellen. Hinzu kommt außerdem, dass sie unter dem Maßstab der **Antragsbefugnis** (§ 107 Abs. 2 GWB) nachweisen müssen, dass ihnen durch die falsche Verfahrenswahl ein spezifischer Nachteil im Hinblick auf die Zuschlagschancen entstanden ist. Der Nachweis ist selten mit Erfolg zu führen. Insofern kommt der auch unter dem Maßstab der Rechtsmittelrichtlinie 89/665/EWG zulässige Charakter des Individualbeschwerdeverfahrens zum Tragen. Allerdings kann es immer wieder einmal Fälle geben, in denen die Vergabekammer das Amtskorrekturprinzip (objektives Hinwirken auf rechtmäßige Zustände, unabhängig von den Anträgen des die Nachprüfung initiierenden Bieters) höher bewertet und betreffende Ausschreibungen aufgrund ihres grundlegenden Wettbewerbsdefizites aufhebt.

7. Leistungsbeschreibung

249 Die Leistungsbeschreibung (§§ 7 VOL/A bzw VOB/A) bildet das **Kernstück** der Ausschreibung. Die Zusammenstellung der Vergabeunterlagen bildet denn auch nach den Erfahrungen mit dem sog. „Konjunkturpaket II" den größten Aufwand bei der Vergabe öffentlicher Aufträge, weswegen die Erleichterungen bei der Verfahrenswahl (großzügigere Zulassung von Beschränkten Ausschreibungen und Freihändigen Vergabeverfahren) bei weitem nicht den Beschleunigungserfolg für Vergaben und Investitionen gebracht haben, den man sich erhofft hatte.

250 Die Leistungsbeschreibung ist besonders diskriminierungsanfällig, weswegen der Grundsatz der **Produktneutralität**[390] gilt. Die nachgefragten Leistungen sind nach Möglichkeit abstrakt anhand ihrer (zB technischen) Merkmale zu beschreiben. Nur im Ausnahmefall darf auf bestimmte Hersteller oder Produkte Bezug genommen werden, dann jedoch zwingend mit dem Zusatz „oder gleichwertiger Art", wobei der Bieter die Gleichwertigkeit etwa anhand der Produktblätter mit der Angebotsabgabe nachweisen muss. Gibt es allerdings letztlich nur ein einziges Produkt, das die techni-

384 EuGH, Rs. C-275/08, Rn 62, 63; EuGH, Rs. C-20/10 und C-28/10.
385 OLG Frankfurt, 6.8.2007 – 11 Verg 5/07.
386 OLG Düsseldorf, 1.8.2012 – Verg 10/12.
387 OLG Düsseldorf, 22.5.2013 – Verg 16/12.
388 Kritisch hierzu: VK Arnsberg, 5.8.2013 – VK 12/12.
389 Rechtsprechungsintensiver ist es eher bei der Frage der korrekten Handhabung des Verhandlungsverfahrens: EuGH, 5.12.2013 Rs. C-561/12 (Nordecon und Ramboll Eesti); KG, 17.5.2013 – Verg 2/13.
390 BayObLG, 15.9.2004 – Verg 26/03; OLG Frankfurt, 28.10.2003 – 11 Verg 9/03; KG, 5.1.2000 – Kart Verg 11/99, BauR 2000, 1579.

schen oder zB auch funktional-ästhetischen Anforderungen erfüllt, so kann und muss der Zusatz „oder gleichwertiger Art" unterbleiben. Alles andere wäre für die Bieter schlicht irritierend.[391] Insofern sind die Fälle einer vergaberechtlich gerechtfertigten „echten Produktorientierung" einerseits und einer vergaberechtswidrigen „unechten Produktorientierung" andererseits zu unterscheiden.

Eine **eindeutige Leistungsbeschreibung**, die alle Bieter im gleichen Sinne verstehen können, ist Voraussetzung für die **Abgabe vergleichbarer Angebote.**[392] Haben 14 von 16 Bietern sie nicht oder jeweils anders verstanden, so ist sie nicht eindeutig.[393] **Erschöpfend** bedeutet, dass keine Leistungsbereiche verbleiben dürfen, welche die Vergabestelle nicht zuvor bereits klar umrissen hat. 251

Alle Bieter müssen die Leistungsbeschreibung in gleichem Sinne verstehen können. Es gilt das Prinzip der **Chancengleichheit.**[394] Die Leistungsbeschreibung mit detailliertem **Leistungsverzeichnis** bildet den Regelfall und die Leistungsbeschreibung mit Leistungsprogramm, in der die Leistung nur von ihren Funktionsanforderungen her beschrieben wird, die Ausnahme (**Funktionalausschreibung**). Es fällt grundsätzlich in das **Ermessen** der Vergabestelle, ob sie eine Funktionalausschreibung durchführt.[395] **Voraussetzung** ist jedoch infolge der Vorrangigkeit des detaillierten Leistungsverzeichnisses, dass Schwierigkeiten bei der Konkretisierung der ausgeschriebenen Leistung existieren (zB Bausanierungsmaßnahmen), die im Streitfall dann auch schlüssig bewiesen werden können müssen. Für die Funktionalausschreibung ist wesenstypisch, dass mit der Planung und Konzeptionierung der Leistung Teilaufgaben, die eigentlich dem öffentlichen Auftraggeber obliegen, auf die Bieter übertragen werden. Damit ist eine **Risikoverlagerung** verbunden, die bereits mit dem erhöhten Aufwand bei der Angebotsbearbeitung beginnt und bei Haftungsrisiken im Hinblick auf die Durchführung der Leistung endet, weil Mehraufwendungen im Falle von mit Funktionalausschreibungen typischerweise verbundenen **Pauschalverträgen** (insbesondere im Baubereich) fast gar nicht erfolgreich eingeklagt werden können.[396] Der Bieter und spätere Unternehmer ist vielmehr gehalten, einen Sicherheitszuschlag einzukalkulieren, was häufig nicht geschieht und dann zu erfolglosen Bauprozessen wegen höherer Werklohnforderungen führt. Eine aus sachlichen Gründen gerechtfertigte funktionale oder teil-funktionale Leistungsbeschreibung mit Pauschalierung der Preise führt nicht zu einer per se rechtswidrigen Überbürdung von ungewöhnlichen Wagnissen.[397] Allerdings darf der Auftraggeber nicht von jeder eigenen Planungstätigkeit absehen; insofern unterliegt auch die funktionale Ausschreibung gewissen Anforderungen an die Bestimmtheit.[398] 252

Der Grundsatz ist zunächst, dass die Vergabestelle bestimmt, welche Leistungen sie beschafft (**Dispositionsfreiheit**).[399] Engt sie den Wettbewerb durch bestimmte Vorstellungen zu Werkstoffen (zB Holz- anstatt Kunststofffenster oder Betongleitwände anstatt Stahlschutzplanken im Autobahnmittelstreifen)[400] ein, so ist dies Ausdruck ihres Beurteilungsermessens, welchen Soff sie für geeigneter hält. Auch kann sie aus einer evidenten, speziellen Beanspruchungssituation des zu beschaffenden Produkts heraus besondere Anforderungen stellen, die über DIN-Normen hinausgehen.[401] Rechtsschutz besteht diesbezüglich im Ergebnis praktisch nicht. Die **Begründungsanforderungen** steigen 253

391 OLG Düsseldorf, 9.1.2013 – Verg 33/12, VergabeR 2013, 604, m.Anm. *Noch*.

392 Grundlegend: OLG Saarbrücken, 22.10.1999 – 5 Verg 2/99; OLG Dresden, 10.1.2000 – WVerg 1/99, BauR 2000, 1582.

393 VK Sachsen-Anhalt, 25.4.2013 – 2 VK LSA 43/12.

394 BGH, 24.4.1997 – VII ZR 106/95.

395 OLG Düsseldorf, 5.10.2000 – Verg 14/00, VergabeR 2001, 59.

396 OLG Köln, 9.7.2008 – 11 U 72/07 („Abbruchmaßnahme mit Altlastenbeseitigung"), IBR 2008, 562; KG, 14.2.2006 – 21 U 5/03 („Olympiastadion"), IBR 2006, 189 = VergabeR 2006, 414; KG, 15.7.2004 – 27 U 300/03, BauR 2005, 1680 [Ls.]; BGH 21.7.2005- VII ZR 205/04 [Nichtzulassungsbeschwerde zurückgewiesen].

397 OLG Düsseldorf, 16.8.2010 – VII-Verg 35/10.

398 OLG Düsseldorf, 12.6.2013 – VII-Verg 7/13.

399 *Noch*, Vergaberecht kompakt, 5. Aufl. 2011, Rn 296, 304, 306. Vgl OLG Düsseldorf, 22.10.2009 – Verg 25/09; OLG Düsseldorf, 17.11.2008 – VII-Verg 52/08; VK Schleswig-Holstein, 22.7.2009 – VK-SH 6/09; VK Berlin, 9.2.2009 – VK-B 1-28/08; VS 2009, 30 [LS].

400 OLG Düsseldorf, 17.3.2004 VII-Verg 3/04, BauRB 2004, 271.

401 OLG Düsseldorf, 19.5.2005 – VII-Verg 26/05 („Sportrasen"), VS 2005, 46.

jedoch, wenn der Wettbewerb auf bestimmte Hersteller oder Produkte eingeengt wird. Hierzu bedarf es schon dezidierterer Darlegungen in der Vergabeakte, aus welchen Erwägungen und technischen Bewertungen heraus sich diese **Wettbewerbseinschränkung rechtfertigen** soll.[402] Die Reduzierung auf ein bestimmtes Produkt kann im Extremfall zur Folge haben, dass die Ausschreibung unterbleiben muss, weil sie keinen Wettbewerb mehr schaffen kann. Die Einengung der Leistungsbeschreibung auf ein bestimmtes Produkt (zB aus Gründen der technischen Kompatibilität) hat dann oftmals direkte **Rückwirkung auf die Verfahrenswahl.** Finden sich keine überzeugenden Argumente für diese Einschränkungen in der Vergabeakte, so kann dies zur Aufhebung der Ausschreibung führen, die dann durch die Nachprüfungsorgane verfügt wird. Erst recht gilt diese Rechtsfolge bei der Beschaffung von „Wunschprodukten", die auf subjektiven Meinungen oder Wünschen basieren.[403]

254 Darüber hinaus können fast schon evidente **europarechtliche Diskriminierungen** durch die Verwendung von nationalen Gütezeichen („Blauer Umweltengel",[404] „RAL",[405] „BUG-Fensternorm"[406] usw) hervorgerufen werden. Werden sie verwendet, so muss zwingend der Zusatz „oder gleichwertig" hinzugefügt werden. Aus europarechtlichen Gründen ist es dann allerdings zusätzlich erforderlich, exakt anzugeben, welche Anforderungen (durch das Label) an das jeweilige Produkt gestellt werden.[407] Der Verweis auf das Label kann demnach nur als eine Art Erläuterung dienen. So ist es zB möglich, aus einer Zertifizierung des Labels „Blauer Umweltengel" 6 von 40 Kriterien (aus denen heraus sich die Zertifizierung für das betreffende Produkt zusammensetzt) herauszugreifen, um in der betreffenden Ausschreibung die dann genau benannten Standards, auf deren Einhaltung man Wert legt, zu setzen.

8. Formale Angebotswertung und Ausschluss

255 Formale Mängel wie zB fehlende (Haupt-)Unterschrift, Verspätung der Einreichung oder Abweichungen von den Vergabeunterlagen führen im Sinne der fortgesetzten Rechtsprechung des **BGH** schon aus Gründen der Transparenz und Rechtssicherheit zwingend zum Ausschluss. Dies liegt prinzipiell auch im europarechtlichen Interesse, ohne dass es allerdings im Einzelnen dafür detaillierte Rechtsvorgaben des Unionsgesetzgebers gibt.

256 Kern der uneingeschränkt restriktiven BGH-Rechtsprechung aus dem Jahre 2003[408] war aber außerdem, dass auch **fehlende Erklärungen bzw Nachweise** (zur Eignung oder zur angebotenen Leistung) generell zum **formalen Ausschluss** führten. Die Rechtslage hat sich durch den deutschen Verordnungsgeber mit Inkraftsetzung der Neufassungen der VOL/A und VOB/A 2009 seit Juni 2010 fundamental geändert. Seither muss sich der öffentliche Auftraggeber bei Verfahren nach der VOB/A zwingend um eine Vervollständigung der Angebote bemühen. Er muss die Bieter anfragen, spätestens innerhalb von 6 Kalendertagen die **fehlenden Erklärungen nachzureichen.** In Verfahren nach der VOL/A ist dies in sein Ermessen gestellt. Werden sie dann nicht oder zB nicht in der richtigen Form nachgereicht, so scheiden diese Bieter aus dem Wettbewerb aus. Im Falle fehlender Preise darf bei Vergaben nach der VOB/A nur ein einziger, **unwesentlicher Preis fehlen,** bei Vergaben nach der VOL/A auch mehrere, jeweils unter der Bedingung, dass sich die Bieterrangfolge nicht ändert. Zu dieser Einschränkung des **Gleichbehandlungsgrundsatzes** war und ist man bereit, um im Wege der Reduzierung einer Vielzahl von früher notwendig gewesenen formalen Ausschlüssen wirtschaftlich günstige Angebote zuschlagsfähig zu erhalten.

402 VK Arnsberg, 5.8.2013 – VK 12/12; VK Arnsberg, 25.5.2009 – VK 08/09.
403 OLG Frankfurt, 29.5.2007 – 11 Verg 12/06, IBR 2008, 1121.
404 VK Nordbayern, 9.7.2009 – 21.VK – 3194 – 15/09.
405 VK Thüringen, 7.2.2006 – 360.4002.20-063/05-EF-S.
406 LG Frankfurt/Oder, 14.11.2007 – 13 O 360/07, NZBau 2008, 208 = VergabeR 2008, 132.
407 EuGH, Rs. C-368/10 (Kommission/Niederlande).
408 BGH, 18.2.2003 – X ZB 43/02, VergabeR 2003, 313 = NZBau 2003, 293.

Die neueren Regeln über die Heilung von Formfehlern sind **europarechtskonform.**[409] Es handelt sich dabei nicht um Verhandlungen zwischen dem öffentlicher Auftraggeber und einem Bewerber, sondern um Berichtigungen oder Ergänzungen im Zusammenhang mit offensichtlich gebotenen Klarstellungen bzw zur Behebung offensichtlicher sachlicher Fehler. Es ist jedoch stets eine Abgrenzung zu finden zu Fällen, in denen ein zwingender Ausschlussgrund zweifellos feststeht. Dann muss eine Aufklärung unterbleiben, damit sich der öffentliche Auftraggeber nicht dem Vorwurf des „bösen Scheins" aussetzt, er wolle formal auszuschließende Angebote „passend verhandeln".[410] 257

Inhaltlich von vornherein **falsch eingereichte oder falsch nachgereichte Erklärungen und Nachweise** führen nach wie vor zum **Ausschluss.**[411] Eine gewisse Diskussion ist um die Frage entbrannt, inwieweit Bieter berechtigt sind, sich erstmalig nach der Aufforderung zur Vervollständigung überhaupt um die Besorgung der Nachweise zu kümmern, respektive inwieweit die Vervollständigungsregeln ausschließlich erlauben, nur beim Einreichungsvorgang „vergessene" Nachweise kurzfristig nachzureichen.[412] 258

Der BGH[413] hatte des Weiteren die Anforderung aufgestellt, dass Angebote von der Wertung auszuschließen sind, die eine **Bepreisung** enthalten, welche erklärtermaßen auf einer **Mischkalkulation** basiert. Unzulässig ist demnach sog. Auf- und Abpreisen bei einzelnen Positionen mit Anmerkungen wie „Position x enthalten in Position y". Entsprechen demnach die angegebenen Einheitspreise wie „0,01 €" nicht den Tatsachen, so sind sie **rechtlich als fehlende Preise** einzustufen. Angebote mit fehlenden Preisen sind **zwingend auszuschließen.** Jede andere Auslegung würde den Anforderungen an die **Transparenz** widersprechen. 259

Die Situation mischkalkulierter Preise ist dabei von der Frage **zu trennen,** ob ein Angebot einen **unangemessen niedrigen Gesamtpreis** beinhaltet. Dies bedeutet, dass für einen bestimmten Bieter tatsächlich wegen besonderer Voraussetzungen (zB benachbarte Baustelle, nicht nötige Käufe) **bestimmte Preise tatsächlich nicht anfallen.** Diese sind dann real und müssen – anders als bei der Angabe von nicht realen, mischkalkulierten Preisen – nicht zum formalen Ausschluss auf der ersten Stufe führen. Es ist dann vielmehr auf der dritten Stufe der Angebotswertung seitens der Vergabestelle eine preisliche Angemessenheitsprüfung zu tätigen und vom Bieter eine Erklärung seiner Kalkulation zu verlangen. Die **Prüfungsstufen** im **Offenen Verfahren** sind dabei: 260

Erstens: Prüfung formaler Ausschlussgründe (ggf Nachreichung),

Zweitens: Eignungsprüfung (Fachkunde, Leistungsfähigkeit, Zuverlässigkeit),

Drittens: Preisliche Angemessenheitsprüfung (Gesamtpreis, uU auch Einzelpositionen) und

Viertens: Zuschlagsentscheidung anhand der zuvor veröffentlichten Kriterien.

Schlussfolgerungen: 261
- Wird, wie in dem entschiedenen Fall, ein Angebot mit erklärtermaßen „mischkalkulierten" Preisen angeboten, so muss zwingend ein Ausschluss erfolgen.
- Erweisen sich die niedrig bepreisten Positionen als nachvollziehbar, weil zB bei einem Bieter Kosten für die Gerüststellung nicht in Ansatz gebracht werden müssen, so ist dies seriös kalkuliert und auch nicht intransparent. Solchen Bietern ist allerdings dringend zu empfehlen, den Schritt voran zu tun und dies im Angebot zu vermerken.
- Die Vergabestelle ist berechtigt und ggf verpflichtet, bei „Ausreißer"-Positionen nachzufragen und über einen eventuellen Ausschluss zu entscheiden. Sie muss jedoch nicht zwingend Ermittlungen darüber anstellen, welche Preise marktgängig sind.

409 EuGH, Rs. C-336/12 (Monava).
410 EuGH, Rs. C-599/10 („SAG, Slovakpass ./. NDS").
411 VK Arnsberg, 18.2.2013 – VK 1/13; VK Brandenburg, 24.8.2012 – VK 25/12.
412 VK Nordbayern, 27.6.2013 – 21.VK-3194-28/13.
413 BGH, 18.5.2004 – X ZB 7/04, VergabeR 2004, 473.

262 Wichtige **Einschränkungen dieser grundsätzlich zwingenden Ausschlusstatbestände** bei fehlenden Erklärungen und/oder Nachweisen und/oder Preisen ergeben sich aus der Rechtsprechung.[414] Sie beziehen sich auf die in bestimmten Fällen anzunehmende Unzumutbarkeit der harten Sanktion eines Angebotsausschlusses und sind als sog. **Zumutbarkeitsrechtsprechung** bekannt geworden.[415] Beispiele sind:

- Objektiv missverständliche Anforderungen an die Nachweiserbringung,[416]
- Für einen Bieter objektiv-individuell nicht erfüllbare Anforderungen (zB weil sie auf ihn nicht passen: Freiberufler ohne Gewerbeschein),
- (Einzel-)Preise können nicht angegeben werden, weil sie ein Hersteller nicht hergibt und
- Unklarheiten, Unvollständigkeiten oder Missverständlichkeiten in der Leistungsbeschreibung.

263 Aus europarechtlicher Sicht ist diese Rechtsprechung unter dem Begriff **„fairer Wettbewerb"** einzuordnen, der speziell vom EuGH immer wieder gefordert wird, und der es in diesen Fällen gebietet, in die rechtliche Bewertung einfließen zu lassen, dass die Vergabestelle Veranstalterin des Vergabeverfahrens ist und sie in erster Linie gefordert ist, durch klare formale wie auch inhaltliche Vorgaben einen fairen Wettbewerb herzustellen.

264 Eine **Rückausnahme zu dem Korrektiv der Zumutbarkeitsrechtsprechung** kann allerdings dann einschlägig werden, wenn im Einzelfall die Vorgaben derart offensichtlich unklar oder unerfüllbar sind, dass man unter dem rechtlichen Gesichtspunkt eines vorvertraglichen Schuldverhältnisses (Vertragsanbahnungsverhältnis) die Anforderung aufstellen muss, dass der Bieter gefordert ist, dem öffentlichen Auftraggeber von sich aus gravierende Unklarheiten anzuzeigen.[417] Der anbietende Unternehmer ist nicht grenzenlos berechtigt, sich auf den der Zumutbarkeitsrechtsprechung entspringenden Bieterschutz zu berufen.

9. Teilnahmefähigkeit von öffentlichen Einrichtungen an Ausschreibungen

265 Die Teilnahmefähigkeit von öffentlichen Einrichtungen bzw Instituten an Ausschreibungen ist vor allem am **Maßstab etwaiger Einschränkungen des Wettbewerbs** zu messen. Es gibt in der VOB/A und VOL/A **Ausschlusstatbestände**, die beispielsweise für die Teilnahme von Justizvollzugsanstalten gelten. Diese Institutionen sind in besonderem Maße staatlich gefördert und dürfen sich daher wegen ihrer strukturellen Kostenvorteile nicht am Ausschreibungswettbewerb mit Privaten beteiligen.

266 In **Ausschreibungsverfahren nach der VOL/A** (§ 6 Abs. 7) sind außerhalb der Justizvollzugsanstalten alle Wirtschaftsteilnehmer an öffentlichen Ausschreibungen beteiligungsfähig. Zu nennen ist in diesem Zusammenhang die EuGH-Rechtsprechung, wonach auch Universitätsinstitute für beteiligungsfähig erachtet wurden.[418] Keine Rolle spielt demnach, wer diese Institution trägt. Auch die öffentliche Hand kann teilweiser oder gesamter Eigentümer des Bewerberunternehmens sein.

267 In **Ausschreibungsverfahren nach der VOB/A** verhält es sich anders. Gemäß der Bestimmung des § 6 Abs. 1 Nr. 3 VOB/A sind Justizvollzugsanstalten, Einrichtungen der Jugendhilfe, Aus- und Fortbildungsstätten und ähnliche Einrichtungen sowie Betriebe der öffentlichen Hand und Verwaltungen zum Wettbewerb mit gewerblichen Unternehmen nicht zuzulassen. Wenig überraschend ist, dass sich die Privatwirtschaft zumindest im Falle der VOB mit einer restriktiven Fassung zu Lasten

---

414 So bereits: BGH, 18.2.2003 – X ZB 43/02, VergabeR 2003, 313 = NZBau 2003, 293.

415 BGH, 10.6.2008 – X ZR 78/07, VergabeR 2008, 782; BGH, 26.9.2006 – X ZB 14/06, VergabeR 2007, 70; BGH, 1.8.2006 – X ZR 115/04, VergabeR 2007, 73; OLG Celle, 12.5.2005, 13 Verg 5/05, IBR 2005, 400; VK Nordbayern, 18.3.2008 – 21.VK-3194-08/08.

416 OLG Koblenz, 2.2.2011 – 1 Verg 1/11; OLG Celle, 3.6.2010 – 13 Verg 6/10; VK Arnsberg, 19.3.2009 – VK 35/08.

417 OLG Köln, 23.12.2009 – 11 U 173/09.

418 EuGH, Rs. C-305/08 (»Consorzio Nazionale Interuniversitario per le Scienze del Mare [CoNISMa] ./. Regione Marche«).

der Beteiligungsfähigkeit von seitens der öffentlichen Hand betriebenen Unternehmungen durchgesetzt hat. (§ 6 Abs. 7).[419]

Aus der europarechtlichen Perspektive gilt die Maxime, dass bei der Fassung nationaler Vorschriften und deren Anwendung Wettbewerbsverfälschungen zu verhindern sind, ohne dass es zu diesem Komplex spezielle Vorgaben gäbe. 268

Unbestritten ist, dass es eine **Grenze für die erwerbswirtschaftliche Betätigung der öffentlichen Hand** gibt. So kann sich ein Vergabeverstoß als den Wettbewerb verfälschende Unlauterkeit dadurch ergeben, dass etwa eine Gemeinde sich im Rahmen eines Vergabeverfahrens an einem Wettbewerb beteiligt, der ihr nach den Bestimmungen der Gemeindeordnung verschlossen ist.[420] Einer juristischen Person des öffentlichen Rechts kann wegen Überschreitung der Funktionsgrenze eine eigene wirtschaftliche Betätigung verboten sein, wenn dadurch die Erfüllung der ihr gesetzten öffentlichen Aufgaben vereitelt wäre.[421] 269

10. Bietereignung

a) Allgemeine Anforderungen

Allgemein hat die Vergabestelle trotz der zuzuerkennenden großen Beurteilungs- und Ermessensspielräume den **Verhältnismäßigkeits- und den Gleichbehandlungsgrundsatz** zu beachten. So dürfen entsprechend den bisherigen Vorgaben des Art. 44 Abs. 2 VKRL 2004/18/EG die Eignungsanforderungen nicht außer Verhältnis zu der nachgefragten Leistung stehen.[422] Berücksichtigungsfähig sind nur belegbare Umstände.[423] Zudem muss das vorhandene Ermessen auch ausgeübt werden, es darf also nicht zu einem Ermessensausfall kommen.[424] Der deutsche BGH hat diese europarechtlichen Anforderungen in seiner Grundsatzentscheidung zum sog. **Rücksichtnahmegebot** für alle Anwendungsbereiche – auch des nationalen Vergaberechts – konkretisiert: Eine Reduzierung des Wettbewerbs durch ausgeprägte Eignungsanforderungen, für die sich ein sachlicher Grund nur schwer finden lässt, schränkt die Bieterrechte in unzulässiger Weise ein und begründet in den Kategorien des zivilrechtlichen Schadensersatzanspruchs ausgedrückt eine Verletzung vorvertraglicher Rücksichtnahmepflichten iSv § 241 Abs. 2 BGB.[425] 270

Hinsichtlich der **Qualität der zu erbringenden Nachweise** gilt, dass grundsätzlich jede Art von Nachweisen genügen kann,[426] sofern dabei der Grundsatz der Gleichbehandlung beachtet wird. Nur dann, wenn in der Ausschreibung ausdrücklich eine höhere Qualität von Nachweisen verlangt wird (zB Originaldokumente statt Kopien oder staatliche Bescheinigungen anstatt Eigenerklärungen), tritt die Selbstbindung der Verwaltung[427] ein mit der Folge, dass die diesen Anforderungen nicht genügenden Nachweise unbeachtlich sind und zum Ausschluss des betreffenden Angebotes führen. Ein öffentlicher Auftraggeber hat die von ihm selbst festgelegten Kriterien strikt einzuhalten.[428] 271

Auch eine **Präzisierung** der verlangten Nachweise ist erforderlich. Wird beispielsweise eine Bescheinigung der Krankenkasse gefordert, bei der die Mitarbeiter krankenversichert sind, so ist von den 272

---

419 Ebenso im Ergebnis: VK Bund, 21.9.1999 – VK 1-21/99, VergabE D-1-21/99. Beachte aber OLG Düsseldorf, 7.8.2013 – VII-Verg 14/13 Rn 37 ff, zur Nichtanwendbarkeit der Restriktionen des § 6 Abs. 1 Nr. 3 VOB/A-EG.

420 OLG Düsseldorf, 12.1.2000 – Verg 3/99 („Entsorgungsvertrag"), NZBau 2000, 155. Mit gegenteiligem Ergebnis: OLG Celle, 9.4.2009 – 13 Verg 7/08 („Betrieb der Straßenbeleuchtung"), VergabeR 2009, 609. Vgl auch: VK Münster, 9.10.2009 – VK 19/09.

421 *Baumbach/Hefermehl*, UWG, § 1, Rn 915; *Köhler/Piper*, § 1, Rn 213. Vgl auch hier ergänzend OLG Düsseldorf, 7.8.2013 – VII-Verg 14/13, Rn 57, zu einem Wettbewerbsverstoß durch Ausnutzung des Bauplanungsrechts.

422 *EuGH*, *Rs. C-213/07* (Michaniki AE/Ethniko Symvoulio Radiotileorasis, Ypourgos Epikrateias), VergabeR 2009, 146; EuGH, Rs. C-176/98, NZBau 2000, 149.

423 KG, 27.11.2008 – 2 Verg 4/08; OLG Düsseldorf, 9.4.2003 – Verg 43/02, NZBau 2003, 578; VK Schleswig-Holstein, 27.1.2009 – VK-SH 19/08. Dazu *Noch*, VergabeNavigator, 2/2009, S. 27.

424 OLG Frankfurt/Main, 24.2.2009 – 11 Verg 19/08, VergabeR 2009, 629.

425 BGH, 5.6.2012 – X ZR 161/11.

426 VK Saarland, 28.10.2010 – 1 VK 12/2010.

427 VK Nordbayern, 24.1.2008 – 21. VK – 3194 – 52/07; VK Lüneburg, 17.4.2007 – VgK-11/2007.

428 EuGH, Rs. C-336/12 (Monava).

öffentlichen Auftraggebern eine Regelung aufzustellen, wie mit Fällen umzugehen ist, in denen die Mitarbeiter bei unterschiedlichen Krankenkassen versichert sind. Konkret stellt sich also die Frage, ob mehrere Bescheinigungen der Krankenkassen vorgelegt werden müssen oder ob eine Bescheinigung derjenigen Krankenkasse genügt, bei der die relative Mehrheit der Beschäftigten versichert ist.[429]

273 **Schlechte Erfahrungen aus der Vergangenheit** können grundsätzlich – im Rahmen der Einzelfallprüfung – gewertet werden, wobei die Schwere des zurückliegenden Rechtsverstoßes zu beachten ist.[430] Zudem kommt es entscheidend auf eine gute und beweiskräftige Dokumentation der Schlechtleistungen an.[431] Die Folge daraus ist, dass die Eignungsprüfung als Prognoseentscheidung mit dem dazugehörigen Beurteilungsspielraum nur eingeschränkt überprüfbar ist. Sie kann auch im Laufe des Vergabeverfahrens revidiert werden, wenn neue Erkenntnisse hinzutreten.[432]

Zumindest nach Auffassung des Kammergerichtes[433] soll es sogar Raum für ein subjektives Element geben, weil letztlich der Auftraggeber zu beurteilen habe, ob die Vertrauensgrundlage für eine Zusammenarbeit zerstört ist.

b) Spezielle Anforderungen und Publizität

274 Aspekte der Bietereignung wurden **im Speziellen** durch einige EuGH-Urteile konkretisiert, an die sich die deutschen Nachprüfungsorgane weitgehend gehalten haben. Allen voran hatte der EuGH im Falle „*Beentjes*“[434] bereits herausgestellt, dass das Kriterium der „für die auszuführenden Arbeiten erforderlichen spezifischen Erfahrung'“ im Hinblick auf die Prüfung der **fachlichen Eignung** der Unternehmer ein zulässiges Kriterium für die Bewertung der technischen Leistungsfähigkeit ist. Wird ein solches Kriterium in einer staatlichen Rechtsvorschrift vorgesehen, auf welche die Bekanntmachung der Ausschreibung verweist, so ist es nach der Richtlinie besonderen Anforderungen betreffend die Veröffentlichung in der Bekanntmachung oder in den Verdingungsunterlagen nicht unterworfen. Demnach ist im **Rückschluss** ein **grundsätzliches Publizitätserfordernis** für erläuterungsbedürftige Eignungsanforderungen zu bejahen. Dieses entfällt nur dann, wenn sich diese Eignungsanforderungen aus staatlichen Bestimmungen, also aus dem Gesetz oder einer Rechtsverordnung, ergeben.

275 Aufgrund der seit 2006 geltenden Regelung des Art. 44 Abs. 2, 2. Unterabs. VKRL 2004/18/EG[435] sind die **genauen Eignungsanforderungen bereits in der EU-weiten Bekanntmachung anzugeben** und nicht erst in den Verdingungsunterlagen, die von den Bietern abgefordert werden müssen. Der Bieter soll demnach im Sinne einer erweiterten Ex-ante-Transparenz prima vista aus der Bekanntmachung entnehmen können, ob sich die nähere Befassung mit der Ausschreibung überhaupt lohnt.[436] Diese Rechtslage oberhalb der Schwelle wird zunehmend auch bei Vergaben unterhalb der EU-Schwelle infolge der seit 2009 neu aufgenommenen Transparenzgrundsätze in die Basisparagrafen der VOL/A und VOB/A relevant. Steht nicht bereits in der Bekanntmachung oder spätestens in den Vergabeunterlagen möglichst abschließend, welche Eignungsvoraussetzungen verlangt werden, so kann es sein, dass der Bieter sich durch „scheibchenweises“ Nachverlangen von Eignungsnachweisen (nach Einreichung) aus dem Vergabeverfahren herausgeprüft fühlt und Schadensersatz geltend macht.[437]

---

429 OLG Koblenz, 4.7.2007 – 1 Verg 3/07.
430 VK Münster, 16.12.2010 – VK 9/10.
431 KG, 27.11.2008 – 2 Verg 4/08; VK Schleswig-Holstein, 27.1.2009 – VK-SH 19/08.
432 OLG München, 22.11.2012 – Verg 22/12.
433 KG, 27.11.2008 – 2 Verg 4/08.
434 EuGH, Rs. 31/87 (Beentjes), Slg 1988, 4652.
435 *„Die Mindestanforderungen werden in der Bekanntmachung angegeben.“*
436 VK Bund, 4.9.2007 – VK 1-89/07 („Neubau einer Schleuse“); VK Düsseldorf, 21.1.2009 – VK – 43/2008-L.
437 OLG Hamm, 12.9.2012 – 12 U 50/12.

c) Newcomer

Besonderheiten können sich bei der sog. **Newcomer-Problematik** ergeben, also der im Interesse des möglichst breiten Wettbewerbs zu prüfenden Möglichkeit, inwieweit auch Neulingen am Markt eine Chance auf Beteiligung zu geben ist. Unternehmen, die beispielsweise noch nicht drei Jahre am Markt sind und Umsatzzahlen der letzten 3 Jahre naturgemäß nicht vorlegen können, müssen ihre Eignung auch auf andere Weise belegen können (s. zB Art. 22 III LKR 93/36/EWG).[438] Zentral geht es nach mehrheitlicher Auffassung darum, dass diese Unternehmen im Normalfall nicht a priori, also formal auf der ersten Prüfungsstufe, ausgeschlossen werden dürfen. Bei der inhaltlichen Eignungsprüfung allerdings (zweite Prüfungsstufe) ist unter pflichtgemäßer Ausübung des Ermessens eine Nichtberücksichtigung mangels ausreichender Eignung möglich. Sofern diese Nichtberücksichtigung auf nachvollziehbaren Erwägungen (zB besondere Anforderungen bei der Leistungserbringung) beruht, kann sie von einem Nachprüfungsorgan kaum beanstandet werden.[439] Der Newcomer muss in überzeugender Weise darlegen können, dass er die Leistung ausführen kann. Gelingt das nicht, kann er (und ggf muss er) unberücksichtigt bleiben.[440] 276

d) Generalunternehmer, Nachunternehmer und Generalübernehmer

Des Weiteren sind im Rahmen der Eignungsprüfung bei **Generalunternehmervergaben** auch **Nachunternehmer** auf ihre Eignung zu untersuchen. 277

Generalübernehmer sind nach Europarecht schon seit langem beteiligungsfähig, jedoch nach deutscher Rechts- und Spruchpraxis erst seit der Neufassung der VOB/A 2006. Dies aber nur bei den **europaweiten Ausschreibungen**, bei den **nationalen Ausschreibungen** unterhalb der EU-Schwelle gilt nach wie vor die Regel des **Selbstausführungsgebotes**, wonach die Leistungen mindestens zu einem Drittel im Betrieb selbst zu erbringen sind. 278

Die Rechtsprechung des EuGH in Sachen *„Ballast Nedam Group I"*,[441] die im Urteil *„Ballast Nedam Group II"*[442] bekräftigt wurde, wird **in Deutschland erst seit 2006 umgesetzt.** Hintergrund für die zögernde Übernahme der EuGH-Rechtsprechung waren die mittelständisch strukturierte deutsche Bauwirtschaft sowie die hergebrachten Grundsätze der VOB, welche der Beteiligung von Generalübernehmern entgegenstehen. 279

Entsprechend der aktuellen Rechtslage hat das OLG Frankfurt[443] festgestellt, dass Ausschreibungen, die den klassischen Eigenleistungsanteil von 30% voraussetzen, oberhalb der EU-Schwelle nicht mehr zulässig sind. Die in der zu beurteilenden Ausschreibung verwendeten Bewerbungsbedingungen widersprachen dem (schon zu diesem Zeitpunkt) geltenden Vergaberecht, weil gemäß Art. 47 Abs. 2 der RL 2004/18/EG ein bestimmter Eigenleistungsanteil nicht mehr gefordert werden darf. Gleiches gilt für Planungsleistungen; es existiert zudem kein Erfahrungssatz dahingehend, dass ein Bieter, der **Nachunternehmer** einsetzt, weniger geeignet sei als derjenige, der alles in Eigenleistung erledigt.[444] Die Bieter besitzen vielmehr im Gegenteil ein Recht, Nachunternehmer einzusetzen und Kapazitäten zu kumulieren.[445] 280

e) Verhältnis zu den Zuschlagskriterien und Revision der Eignungsprüfung

Als **Ergebnis der Eignungsprüfung** muss zwischen geeigneten und nicht geeigneten Bietern unterschieden werden, wobei letztere auszusortieren sind. Eine weitere Unterscheidung zwischen geeig- 281

---

438 EuGH, Rs. C-327/00 („Santex"), VergabeR 2003, 305 = NZBau 2003, 284 = ZfBR 2003, 499 = WuW 2003, 442 = BauR 2003, 1091.

439 Vgl: OLG Celle, 8.5.2002 – 13 Verg 5/02; OLG Düsseldorf, 20.11.2001 – Verg 33/01; VK Brandenburg, 30.5.2005 – VK 21/05.

440 OLG Frankfurt, 9.7.2010 – 11 Verg 5/10.

441 EuGH, Rs. C-389/92 (Ballast Nedam Group I), Slg 1994, I, 1289 = RIW 1994, 521. S. Abschn. 1, B., I. 4.

442 EuGH, Rs. C-5/97 (Ballast Nedam Group II), WuW/E Verg 28.

443 OLG Frankfurt, 2.3.2007 – 11 Verg 14/06, NZBau 2007, 466.

444 VK Sachsen, 10.2.2012 – 1/SVK/001-12.

445 EuGH, Rs. C-94/12 (Swm Costruzioni).

neteren und weniger geeigneten Bietern darf es nicht geben. Dies könnte im Verfahrensfortgang zu einer unerlaubten Vermischung von unternehmensbezogenen Eignungsgesichtspunkten mit rein angebotsbezogenen Zuschlagskriterien führen.[446] Die Gefahr, dass der Zuschlag entgegen dem sachbezogenen Wertungsergebnis nach dem Motto „bekannt und bewährt“[447] erteilt wird, wäre zu groß.

282 Eine **Ausnahme** von dem Grundsatz,[448] dass nach Beendigung der Eignungsprüfung nicht mehr in selbige eingetreten werden darf, bildet der Fall, dass **nachträglich Umstände** bekannt werden, die eine Rückversetzung der Eignungsprüfung bezüglich des betreffenden Bieters erlauben. Eine Verböserung (reformatio in peius) ist demnach möglich, wenn es sachliche Gründe gibt, welche eine Änderung rechtfertigen.[449] Ein nochmaliger Eintritt in die Eignungsprüfung kann insbesondere im Hinblick auf den Gleichbehandlungsgrundsatz sogar im Wege der Ermessensreduzierung auf Null geboten sein. Dies gilt sowohl im Offenen Verfahren[450] als auch nach bereits abgeschlossenem Teilnahmewettbewerb.[451] Insoweit existiert kein Bestandsschutz eines Bewerbers. Ein Bestandsschutz für den Bieter respektive eine Selbstbindung an eine einmal getroffene Beurteilung besteht allerdings dann, wenn sachlich keine neuen Erkenntnisse aufgetreten sind und sich infolgedessen eine nachherige andersartige Beurteilung als willkürlich darstellen würde.[452]

11. Ungewöhnlich niedrige Angebote

283 Im Preis ungewöhnlich niedrig erscheinende Angebote bedürfen **der Nachfragepflicht** des öffentlichen Auftraggebers. Diese Anforderung hatte der EuGH bereits im Falle *„Fratelli Costanzo“* statuiert,[453] sie ist immer wieder bestätigt worden[454] und auch Gegenstand der Regelung des Art. 55 VKRL 2004/18/EG.

284 Die Nachfragepflicht besteht außerdem bei national ausgeschriebenen Aufträgen. Sie ergibt sich dann aus dem Primärrecht.[455] Der Gerichtshof stellt hierzu fest, dass auch ein Auftrag unterhalb des Schwellenwertes eine grenzüberschreitende Bedeutung haben kann. Die Artikel 49 und 56 AEUV finden unmittelbar auf solche Aufträge Anwendung, ohne dass es eines ausdrücklichen Hinweises in den zur Umsetzung der Richtlinien erlassenen Rechtsvorschriften bedarf.

285 Bei der Beurteilung des Tatbestandes eines „ungewöhnlich niedrigen Angebotes“ existiert ein **Ermessensspielraum.** Die generelle Nachfragepflicht bei Angeboten, die unangemessen niedrig **„erscheinen“**, ist sinnvoller und praxisnäher als nur eine solche im Falle von Angeboten, die offensichtlich niedrig **sind.** Gerade im Falle ungewöhnlicher Ausschreibungsgegenstände, insbesondere ist an den Dienstleistungsbereich zu denken, können für die Vergabestelle preisliche Überraschungen auftreten, die zB auf sich ändernden Rahmenbedingungen für bestimmte Märkte beruhen.

286 Ab welcher **prozentualen preislichen Abweichung zum Nächstbietenden** nun genau eine Nachfragepflicht entsteht, ist vom Grundsatz her Sache des **Ermessens.** Allerdings wurde in Deutschland das an sich zustehende Ermessen im Hinblick auf Nachfragen bei ungewöhnlich niedrig erscheinenden Angeboten in den letzten Jahren zT **deutlich eingeschränkt.** Zum einen beruht dies auf **Landesvergabegesetzen,** in denen eine sehr stereotype Nachfragepflicht ab einer Abweichung von 10%

446 EuGH, Rs. C-532/06 (Emm.G.Lianakis AE u.a./ Dimos Alexandroupolis u.a.), VergabeR 2008, 496; BGH 15.4.2008 – X ZR 129/06; BGH 8.9.1998 – X ZR 109/96, BauR 1998, 1246; OLG Naumburg 3.9.2009 – 1 Verg 4/09; OLG Düsseldorf 5.2.2003 – Verg 58/02; VK Bund 9.9.2009 – VK 2-111/09.

447 BGH, 26.10.2001 – X ZR 100/99, VergabeR 2002, 42.

448 S. auch: VÜA Bund, 16.12.1998 – 2 VÜ 22/98 („Rückbau Versuchsreaktor Jülich“).

449 OLG Frankfurt/Main, 24.2.2009 – 11 Verg 19/08, VergabeR 2009, 629.

450 OLG Saarbrücken, 8.7.2003 – 5 Verg 5/02, NJOZ 2004, 2730 = IBR 2003, 626.

451 OLG Düsseldorf, 18.7.2001 – Verg 16/01.

452 OLG Frankfurt, 24.2.2009 – 11 Verg 19/08, VergabeR 2009, 629; OLG Frankfurt, 20.7.2004 – 11 Verg 6/04, VergabeR 2004, 642; OLG Düsseldorf, 21.1.2002 – Verg 45/01, VergabeR 2002, 282.

453 EuGH, Rs. 103/88 (Fratelli Costanzo), Slg 1989, 1839.

454 Besonders instruktiv: EuGH, Rs. C-599/10 (SAG ELV Slovensko u.a.); EuGH, Rs. C-285/99 u. 286/99, VergabeR 2002, 131. Ferner: EuGH, verb. Rs. C-147/06 u. C-148/06, VergabeR 2008, 625; EuG, Rs. T-148/04.

455 EuGH, Rs. C-412/04 (Kommission/. Italien), VergabeR 2008, 501.

zum Nächstbietenden festgeschrieben wird. Zum anderen beruht dies auf **Gerichtsentscheidungen**, in denen auch im Falle einer gefestigten Erfahrung von öffentlichen Auftraggebern, dass es zB bei der Neuausschreibung von bisher nicht ausgeschriebenen Versicherungsverträgen zu erheblichen Prämienreduktionen von bis zu 50% und mehr kommt, an dem Erfordernis der Nachfrage festgehalten wird.[456] Dies zumeist auch schon ab 10% preislicher Abweichung zum nächstplazierten Bieter.[457] Andere Spruchkörper gehen von 10-15% aus,[458] wiederum andere Meinungen setzen 15-20% an.[459] Feststehen dürfte, dass mindestens ab einer Abweichung von 20% ein aufklärungsbedürftiges Missverhältnis besteht,[460] teilweise wird auch nach Bauvergaben (dann 10%) und Liefer-/Dienstleistungsvergaben (dann 20%) differenziert. Ein offensichtliches preisliches Missverhältnis, das nicht zur Nachfrage verpflichtet, sondern den sofortigen Ausschluss erlaubt, wird selten vorkommen.[461]

Seit der BGH-Rechtsprechung des Jahres 2004 kann es ausnahmsweise auch auf Einzelpreise ankommen, weil sich die preisliche Unangemessenheit nicht einzig und allein aus dem Gesamtpreisverhältnis der Angebote zueinander ergibt, sondern auch Ausreißerpositionen relevant sein können.[462] Dies korreliert in besonderem Maße mit den Anforderungen des EuGH, dass vor Ablehnung der betreffenden Angebote **schriftlich Aufklärung** über die Einzelposten des Angebotes zu verlangen ist.[463] **287**

12. Zuschlagserteilung

Die Zuschlagserteilung erfolgt in Deutschland gemäß dem § 97 Abs. 5 GWB iVm den Bestimmungen der VOB/A bzw VOL/A auf das **wirtschaftlichste Angebot**, also nach dem **Preis zzgl weiterer Kriterien** wie zB Betriebskosten, Kundendienst, Umweltverträglichkeit, Ästhetik usw. Die Kriterien sind, wie auch gemäß den EU-Richtlinien, nicht abschließend zu verstehen. Die Rechtsprechung zu den Zuschlagskriterien ist gleichfalls maßgeblich durch den EuGH geprägt. **288**

Fraglich ist, ob die genannten deutschen Umsetzungsvorschriften ein Verbot des Zuschlags auf das Angebot mit dem niedrigsten Preis als einziges Kriterium zur Folge haben. Bei zutreffender unionskonformer Auslegung auf der Grundlage der Regelung des Art. 53 Abs. 1 VKRL 2004/18/EG muss den deutschen ausschreibenden Stellen die Freiheit eingeräumt werden, in begründeten Fällen den **niedrigsten Preis als alleiniges Kriterium** vorzusehen.[464] Letzten Endes ist dies auch eine Frage der ureigenen Entscheidungs- und Gestaltungsfreiheit der ausschreibenden Stellen, die durchaus beinhalten kann, nur das Billigste zu beschaffen, weil beispielsweise die konkrete Ausschreibung ohnehin nur eine Interimsmaßnahme ist und es auf eine lange Haltbarkeit und sonstige besondere Qualität der einzukaufenden Produkte nicht ankommt.[465] **289**

a) Publizität und Gewichtung der Kriterien

Der EuGH hatte schon im Fall *Beentjes*[466] recht frühzeitig in Bezug auf die Eignungskriterien und die Bekanntgabe der Zuschlagskriterien die notwendige **Publizität** gefordert, die in der Bekanntmachung oder in den Verdingungsunterlagen hergestellt werden muss. Bereits aus den Vorgängerrege- **290**

456 OLG Celle, 18.12.2003 – 13 Verg 22/03, VergabeR 2004, 397, mit Anmerkung *Noch*, 406.
457 OLG Celle, 8.11.2001 – 13 Verg 12/01. So wohl auch VK Thüringen, 29.9.1999 – 216-4002.20-002/99-SLF.
458 VK Bund, 15.11.2000 – VK 2-34/00; VK Sachsen, 26.7.2001 – 1 VK 73/01, IBR 2001, 630.
459 OLG Jena, 22.12.1999 – 6 Verg 3/99, NZBau 2000, 349 = BauR 2000, 396 = ZVgR 2000, 73; *Noch*, IBR 2001, 630.
460 Das OLG Düsseldorf, 12.1.2000 – Verg 3/99, NZBau 2000, 155, hält 14% für nicht bedenklich.
461 KG, 23.6.2011 – 2 Verg 7/10; VK Bund, 14.10.2013 – VK 2-86/13; OLG Düsseldorf, 19.11.2003 – Verg 22/03, VergabeR 2004, 248. *Noch*, in: Müller-Wrede, VOL/A-Kommentar, 2. Aufl. 2007, Rn 274 zu § 25.
462 S. nur BGH, 18.5.2004 – X ZB 7/04, VergabeR 2004, 473.
463 EuGH, Rs. C-599/10 (SAG ELV Slovensko u.a.).
464 OLG Frankfurt, 5.6.2012 – 11 Verg 4/12; OLG Düsseldorf, 9.12.2009 – VII-Verg 37/09; OLG Naumburg, 5.12.2008 – 1 Verg 09/08, VergabeR 2009, 486; BayObLG, Beschl. v. 9.9.2004 – Verg 18/04, VergabeR 2005, 126. Wohl anders noch: OLG Düsseldorf, 6.6.2007 – VII-Verg 8/07, VergabeR 2008, 105.
465 *Noch*, VergabeNavigator 3/2009, 26.
466 EuGH, Urt. v. 20.9.1988 – Rs. 31/87 (Beentjes), Slg 1988, 4652.

lungen der aktuellen Vergaberichtlinie geht hervor, dass die öffentlichen Auftraggeber – falls sie bei der Erteilung des Zuschlags nicht ausschließlich das Kriterium des niedrigsten Preises anwenden, sondern sich auf verschiedene Kriterien stützen, um dem wirtschaftlich günstigsten Angebot den Zuschlag zu erteilen – gehalten sind, diese Kriterien entweder in der **Bekanntmachung der Ausschreibung oder** in den **Verdingungsunterlagen** anzugeben.

291 In Bezug auf die **Transparenzerfordernisse** bejahte der EuGH die **ausreichende Bestimmtheit** der dortigen Kriterien im Ergebnis. Wie der Gerichtshof bereits im Urteil „Transporoute“[467] zum damaligen Art. 29 der Richtlinie 71/305/EWG festgestellt hatte, sollen die Vorschriften der Richtlinie über die Teilnahme und die Publizität den Bieter vor der Willkür des öffentlichen Auftraggebers schützen. Dies sei aus den Vergaberichtlinien hinreichend klar ersichtlich. Damit wird der Begriff der **Transparenz** (Ex-ante-Transparenz) maßgeblich gestärkt.

292 Der EuGH[468] hat in der Rechtssache „Universale Bau“ dahingehend Anstoß gegeben, dass die öffentlichen Auftraggeber **im Voraus Regeln für die Gewichtung der Kriterien für die Auswahl der Bewerber** (und damit konsequenterweise auch für die Zuschlagskriterien) aufstellen müssen. Das Urteil war der Auslöser für die entsprechenden Regelungen des Art. 53 Abs. 2 VKRL 2004/18/EG und des Art. 55 Abs. 2 SKRL 2004/17/EG. Dies alles hat **erhebliche Konsequenzen für die Vergabepraxis**, weil damit eine **Selbstbindung** eintritt. Ein Abändern der Teilnahme- oder Zuschlagskriterien ist damit im Falle von EU-Ausschreibungen nicht mehr möglich. Nur noch unterhalb der Schwelle gilt der Grundsatz, dass die Kriterien *„möglichst in der Reihenfolge der ihnen zuerkannten Bedeutung“* anzugeben sind.

293 Nicht verwunderlich ist, dass sich in den vergangenen Jahren nach Einführung der grundsätzlichen Verpflichtung, die Zuschlagskriterien nebst deren Gewichtung in der Bekanntmachung oder spätestens in den Verdingungsunterlagen bekanntzugeben (Art. 53 Abs. 2 VKRL 2004/18/EG), die **Streitverfahren insbesondere zu dem Gesichtspunkt der notwendigen Bekanntgabetiefe von Unter- und Unter-Unterkriterien** sehr verstärkt haben.[469] Oftmals geht es auch um die Pflichten der Bekanntgabe von **Wertungsleitfäden**, was zumindest dann zu bejahen sein wird, wenn dazu vor Angebotsabgabe Vermerke in den Akten gefertigt wurden. Für die Verständlichkeit kann dies sogar dringend anzuraten sein, insbesondere dann, wenn es darum geht, **mathematische Formeln** zu verwenden.[470] Bei manchen dynamischeren Vergabesachverhalten (komplexe technisch-funktionale Ausschreibungen und/oder Verhandlungsverfahren) wird man allerdings die Anforderungen nicht überspannen dürfen, weil ansonsten ein unauflösbarer Zielkonflikt zwischen zu weit ausgelegten ex-ante-Bekanntgabepflichten und Praktikabilität in dynamischen Verfahren entstünde. Daher dürfen durchaus bestimmte Anforderungen in den Unterkriterien im Laufe des Verfahrens präzisiert werden.[471]

294 Was bei den Unterkriterien im Ausnahmefall möglich ist, nämlich gewisse Präzisierungen im Laufe des Vergabeverfahrens vorzunehmen, ist bei den Hauptkriterien nicht erlaubt: Hauptkriterien wie „Qualität“,[472] „Wirtschaftlichkeit“[473] oder „Umweltverträglichkeit“[474] sind von vornherein ausreichend klar zu bestimmen und den Bietern bekanntzugeben. Je mehr sich diese Kriterien in Zah-

467 EuGH, Rs. 76/81 (Transporoute), Slg 1982, 417.

468 EuGH, Rs. C-470/99 (Universale-Bau AG/Entsorgungsbetriebe Simmering), VergabeR 2003, 141 = NZBau 2003, 162.

469 OLG Düsseldorf, 30.7.2009 – VII-Verg 10/09; OLG München, 19.3.2009 – Verg 2/09, IBR 2009, 604; OLG Düsseldorf, 9.4.2008 – Verg 2/08, IBR 2009, 160; OLG München, 17.1.2008 – Verg 15/07, NJOZ 2008, 1019 = NZBau 2008, 280 = VergabeR 2008, 574; OLG Düsseldorf, 23.3.2005 – Verg 77/04; VK Brandenburg, 25.3.2009 – VK 10-11/09.

470 OLG Brandenburg, 29.1.2013 – Verg W 8/12.

471 OLG Schleswig, 20.3.2008 – 1 Verg 6/07, NZBau 2008, 472 = IBR 2008, 600 f; VK Brandenburg, 12.11.2008 – VK 35/08.

472 EuG, Rs. T-148/04; VK Baden-Württemberg, 21.11.2001 – 1 VK 37/01.

473 VK Baden-Württemberg, 21.11.2001 – 1 VK 37/01.

474 OLG Düsseldorf, 16.4.2003 – Verg 64/02 („Abfallentsorgung“), ZfBR 2003, 721 = WuW 2003, 861. Dazu auch *Noch*, Vergaberecht kompakt, 4. Aufl. 2008, Rn 387 ff, mwN.

len und Daten messen und bepunkten lassen, um so einfacher und transparenter wird der Wertungsvorgang.

b) Umweltkriterien

Insbesondere hinsichtlich der Verwendung von Umweltkriterien hatte der **EuGH** in den Jahren 2002/2003 maßgeblich **Rechtsfortbildung** betrieben. 295

Der EuGH[475] hat in der Rechtssache „*Concordia*“ entschieden, dass die Verwendung von Umweltkriterien bei öffentlichen Ausschreibungen grundsätzlich möglich ist, sofern sie Bestandteil des Leistungswettbewerbs sind, sie sich also in der Leistungsbeschreibung wiederfinden. Auch eine **Erhöhung der Umweltstandards**, die dazu führt, dass im Ergebnis nur wenige Bewerber bzw Bieter an der Ausschreibung teilnehmen können und sich der Wettbewerb dadurch verengt, ist möglich und führt nicht zwingend zu der Feststellung, dass eine Diskriminierung gegenüber solchen Unternehmern ausgeübt wird, welche diese Standards nicht zu erfüllen vermögen. 296

In dem Vorabentscheidungsverfahren ging es vornehmlich um die Auslegung der Art. 2 Absätze 1 Buchst. a, 2 Buchst. c und 4 sowie 34 Abs. 1[476] der „Sektorenrichtlinie“ 93/38/EWG. Die Entscheidung ist aber auch auf die klassischen Auftraggeber übertragbar. 297

Die dem EuGH vorgelegten Fragen stellten sich in einem Rechtsstreit zwischen der **Concordia Bus** Finland und der Stadt Helsinki sowie dem Unternehmen HKL über die Gültigkeit einer Entscheidung des Wirtschaftsausschusses der Stadt Helsinki über die Vergabe eines Auftrags für den Betrieb einer Linie des städtischen Busnetzes der Stadt Helsinki an die **HKL**. Die **Verkehrsbetriebe** sind ein **kommunaler Wirtschaftsbetrieb**, der sich funktionell und wirtschaftlich in vier Produktionseinheiten (Bus, Straßenbahn und Untergrundbahn sowie Fahrweg und Immobilien) gliedert. 298

Nach den Ausschreibungsbedingungen sollte das Unternehmen den Zuschlag erhalten, welches das für die Stadt **gesamtwirtschaftlich günstigste Angebot** machen würde. Bei dieser Beurteilung sollten drei Gruppen von Kriterien berücksichtigt werden, nämlich der für den Betrieb geforderte 299

- Gesamtpreis,
- die Qualität des Fuhrparks (Busse) und
- das Qualitäts- und Umweltkonzept des Verkehrsunternehmers.

Der Wirtschaftsausschuss beschloss, die HKL als Betreiber der Linie, die das Los 6 bildete, auszuwählen, weil deren Angebot als wirtschaftlich insgesamt am günstigsten angesehen wurde. 300

Die Concordia Bus erhob gegen die Entscheidung des Wirtschaftsausschusses Nichtigkeitsklage vor dem finnischen **Wettbewerbsrat** und machte u.a. geltend, dass die Vergabe von Zusatzpunkten für Fahrzeuge, die gewisse Stickoxidemissionen und gewisse Lärmpegel unterschritten, unangemessen und diskriminierend sei. Es seien Zusatzpunkte für den Einsatz einer Art von Autobussen gewährt worden, die tatsächlich nur ein Bieter, nämlich die HKL, habe anbieten können. Der Wettbewerbsrat wies die Klage ab. Das **vorlegende Gericht** stellt jedoch fest, dass Art. 36 Abs. 1 lit. a der **DKR 92/50/EWG** und Art. 34 Abs. 1 lit. a der **SKR 93/38/EWG** unter den Kriterien, nach denen sich das wirtschaftlich günstigste Angebot ermittle, Umweltgesichtspunkte nicht erwähnten. Demgegenüber habe der EuGH in seinen Urteilen in der Rechtssache „*Beentjes*“[477] und in der Rechtssache „*Evans Medical*“[478] zwar entschieden, dass den öffentlichen Auftraggebern die Auswahl der Zuschlagskriterien überlassen bleibe, jedoch könne sich diese nur auf Kriterien erstrecken, die der Wahl des wirtschaftlich günstigsten Angebots dienten. Schließlich nimmt das vorlegende Gericht auf die Mitteilung der Europäischen Kommission vom März 1998 zum öffentlichen Auftragswesen 301

475 EuGH, Rs. C-513/99 (Concordia Bus Finland Oy Ab, früher Stagecoach Finland Oy Ab/Helsingin kaupunki und HKL-Bussiliikenne),VergabeR 2002, 593 = NZBau 2002, 618 = ZfBR 2002, 812 = WuW 2002, 1023 = BauR 2003, 147.

476 Richtlinie 93/38/EWG des Rates vom 14.6.1993 zur Koordinierung der Auftragsvergabe durch Auftraggeber im Bereich der Wasser-, Energie- und Verkehrsversorgung sowie im Telekommunikationssektor (ABl. L 199, S. 84).

477 EuGH, Rs. 31/87 (Beentjes), Slg 1988, 4652.

478 EuGH, Rs. C-324/93 (Evans Medical und Macfarlan Smith), Slg 1995, I-563.

in der Europäischen Union[479] Bezug, in der diese Umweltelemente zur Auswahl des wirtschaftlich günstigsten Angebots als statthaft erachtet hatte.

302 Nach Auffassung des EuGH gehen die Fragen dahin, ob Art. 36 Abs. 1 der DKR 92/50/EWG oder Art. 34 Abs. 1 lit. a der SKR 93/38/EWG es zulassen, bei den Kriterien für den auf der Grundlage des wirtschaftlich günstigsten Angebots zu vergebenden öffentlichen Auftrag auch die **Verringerung der Stickoxid- und Lärmemissionen** der Fahrzeuge in der Weise zu berücksichtigen, dass **Zusatzpunkte** beim Vergleich der Angebote vergeben werden können, wenn die Emissionen oder der Lärmpegel der einzusetzenden Fahrzeuge unterhalb gewisser Grenzen bleiben. Zum anderen fragt das vorlegende Gericht auch, ob die in diesen Richtlinien formulierten Regeln, insbesondere der Grundsatz der Gleichbehandlung, die Berücksichtigung derartiger Kriterien zulassen, wenn von vornherein feststeht, dass das **eigene Busunternehmen der Stadt**, welche die Ausschreibung veranstaltet, **zu den wenigen Unternehmen gehört, die in der Lage sind, einen Fuhrpark anzubieten, der diesen Kriterien entspricht.**

303 Nach Art. 36 Abs. 1 lit. a der DKR 92/50/EWG kann der Auftraggeber **Zuschlagskriterien** wie zum Beispiel Qualität, technischer Wert, Ästhetik, Zweckmäßigkeit der Leistung, Kundendienst und technische Hilfe, Lieferzeitpunkt, Ausführungszeitraum oder -frist und Preis, anwenden. Erstens ist festzustellen, dass – wie eindeutig aus dem Wortlaut dieser Vorschrift und insbesondere aus der Verwendung des Ausdrucks *zum Beispiel* hervorgeht – die Kriterien, die als Faktoren für die Erteilung des Zuschlags für einen öffentlichen Auftrag an das wirtschaftlich günstigste Angebot festgelegt werden können, **nicht abschließend** aufgezählt sind.[480]

304 Zweitens darf Art. 36 Abs. 1 lit. a **nicht dahin ausgelegt** werden, dass **jedes Vergabekriterium**, das der Auftraggeber festgelegt hat, um das wirtschaftlich günstigste Angebot zu ermitteln, **notwendigerweise rein wirtschaftlicher Art sein muss.** Es kann nämlich nicht ausgeschlossen werden, dass Faktoren, die nicht rein wirtschaftlich sind, sich auf den Wert eines Angebots für diesen Auftraggeber auswirken können. Diese Feststellung wird durch den Wortlaut dieser Vorschrift, in dem die Ästhetik eines Angebots ausdrücklich als Kriterium genannt wird, bekräftigt.

305 Dies gilt auch in Anbetracht des Wortlauts des früheren Art. 130 r Abs. 2 Unterabs. 1 S. 3 EGV (vgl Art. 11 AEUV), nach dem die **Erfordernisse des Umweltschutzes** bei der Festlegung und Durchführung der Unionspolitiken einbezogen werden müssen.

306 Diese Feststellung bedeutet jedoch nicht, dass alle derartigen Kriterien vom Auftraggeber berücksichtigt werden dürfen. Auch die Zuschlagskriterien, die nach Art. 36 Abs. 1 lit. a DKR 92/50/EWG festgelegt werden können, müssen mit dem Auftragsgegenstand **zusammenhängen.** Zudem ist hinsichtlich der Form zu berücksichtigen, dass bei Anforderungen in Bezug auf Umwelteigenschaften Art. 23 Abs. 6 der Richtlinie 2004/18/EG den öffentlichen Auftraggebern lediglich erlaubt, die detaillierten Spezifikationen eines **Umweltgütezeichens**, nicht aber ein (nicht näher erklärtes) Umweltgütezeichen als solches zu verwenden.[481]

307 Bei der Entscheidung über die Auswahl der Zuschlagskriterien sind **qualitative und quantitative Kriterien** in Erwägung zu ziehen, sie müssen **publiziert**, also den Bietern bekannt gemacht werden, und es müssen alle wesentlichen Grundsätze des Unionsrechts, vor allem das Diskriminierungsverbot, das aus den Bestimmungen des Vertrages zum Niederlassungsrecht und zum Recht des freien Dienstleistungsverkehrs folgt, beachtet werden.

308 Schließlich hat der EuGH in der Entscheidung Concordia Bus festgestellt, dass in einem solchen tatsächlichen Rahmen der Umstand, dass eines der Kriterien, die der Auftraggeber zur Ermittlung des wirtschaftlich günstigsten Angebots festgelegt hatte, **nur von einer kleinen Zahl von Unterneh-**

479 Mitteilung der Kommission vom 11.3.1998 „Das öffentliche Auftragswesen in der Europäischen Union“ (KOM [1998] 143 endg.).

480 S. in diesem Sinne auch: EuGH, Rs. C-19/00 (SIAC Construction), Slg 2001, I-7725, Rn 35 = VergabeR 2002, 31.

481 EuGH, Rs. C-368/10 (Kommission/Niederlande).

men erfüllt werden konnte, zu denen ein zu diesem Auftraggeber gehörendes Unternehmen gehörte, **als solcher keinen Verstoß gegen den Gleichbehandlungsgrundsatz** darstellen kann.

Mit diesem Urteil ist der Weg zu weiter gefassten Zuschlagskriterien eröffnet worden. Eine Folgeentscheidung, welche diese Rechtsprechungslinie konsequent fortsetzt, ist die Rechtssache „***Wienstrom***".[482] In dem Urteil „*Wienstrom*" hatte der EuGH judiziert, dass das europäische Vergaberecht es einem öffentlichen Auftraggeber nicht verwehrt, bei der Vergabe eines Auftrags für die Lieferung von Strom im Rahmen der Zuschlagsentscheidung ein mit 45% gewichtetes Zuschlagskriterium zu berücksichtigen, das die Lieferung von **Strom aus erneuerbaren Energieträgern** verlangt. 309

Der Richtliniengesetzgeber hat die nach diesen Anforderungen zulässigen Umweltkriterien in Art. 26 VKRL 2004/18/EG offiziell eingeführt; der deutsche Gesetzgeber ist ihm in Gestalt des § 97 Abs. 4 GWB gefolgt (siehe dazu auch den nachfolgenden Punkt). 310

c) Vergabefremde Aspekte; soziale Kriterien

Im Fall „*Beentjes*"[483] finden sich Hinweise zur Art der verwendungsfähigen Zuschlagskriterien. Der dort in Rede stehende Auftrag wurde nicht an das Unternehmen mit dem niedrigsten Angebot, die Beentjes BV, vergeben, sondern an das Unternehmen mit dem **zweitniedrigsten Angebot**. Die über die Vergabe entscheidende örtliche Flurbereinigungskommission begründete ihre Zuschlagsentscheidung damit, dass es der Beentjes BV an der für die in Rede stehenden Arbeiten erforderlichen **spezifischen Erfahrung fehle**, dass ihr das Angebot der Beentjes BV weniger günstig erschienen sei und dass die Beentjes BV nicht in der Lage sei, **Langzeitarbeitslose einzusetzen**, zu welchem Punkt die Verdingungsunterlagen besondere Bestimmungen enthalten hätten. 311

Der EuGH stellt weiter fest, dass das in einer staatlichen Rechtsvorschrift vorgesehene Kriterium des **„günstigsten Angebots"** mit der Richtlinie vereinbar sein kann, wenn es das Beurteilungsermessen zum Ausdruck bringt, über das die öffentlichen Auftraggeber verfügen, um nach **objektiven Gesichtspunkten** das wirtschaftlich vorteilhafteste Angebot zu ermitteln, und es somit kein willkürliches Auswahlelement enthält. Somit gelten zum einen die sachlichen Anforderungen der **Objektivität der Kriterien** (zumindest bei dem in den Vergaberichtlinien genannten Kriterium der „Ästhetik" mag man dies allerdings bezweifeln). Zum anderen kann für das bundesdeutsche Recht eine Parallele zum **staatlichen Willkürverbot** (Art. 3 Abs. 1 GG) gezogen werden. Dieses wird denn auch in einer Reihe von deutschen Entscheidungen zu Recht bemüht.[484] 312

Die Aussagen des EuGH im Fall „*Beentjes*" in Bezug auf die Ausschreibungsbedingung der **Beschäftigung von Langzeitarbeitslosen** sind umstritten.[485] Bei wohl richtigem Verständnis der Passage, dass „*die öffentlichen Auftraggeber die fachliche Eignung der Unternehmer nur auf der Grundlage von Kriterien prüfen können, die sich auf die wirtschaftliche, finanzielle und technische Leistungsfähigkeit der Betroffenen beziehen*", ist eine **Prüfung sozialer Vergabekriterien unter dem Gesichtspunkt der Eignung nicht mehr möglich.** Unbeschadet dieser europarechtlichen Situation hat sich der deutsche Gesetzgeber entschlossen, die sozialen und Umweltkriterien im Zusammenhang mit den Eignungsanforderungen an die Bieter, und zwar in § 97 Abs. 4 GWB (Fassung 2009), zu regeln. 313

Letztlich unstreitig dürfte sein, dass sie unter dem Gesichtspunkt der **Zuschlagskriterien gleichermaßen nicht verwendet** werden dürfen, weil sie, anders als bei den Umweltkriterien, wo in noch überzeugender Weise auf eine ökologisch-ökonomische Gesamtbilanz abgestellt werden kann, 314

---

482 EuGH, Rs. C-448/01 (EVN AG, Wienstrom GmbH/Republik Österreich), VergabeR 2004, 36 = NZBau 2004, 105.

483 EuGH, Rs. 31/87 (Beentjes), Slg 1988, 4652, 4657.

484 Vgl: BVerfG, 1 BvR 437/08, VergabeR 2008, 924; OLG Brandenburg, 17.12.2007 – 13 W 79/07, NZBau 2008, 207 = VergabeR 2008, 294; OLG Celle, 14.3.2000 – 13 Verg 2/00; LG Bad Kreuznach, 6.6.2007 – 2 O 201/07; VK Baden-Württemberg, 18.7.2001 – 1 VK 12/01. Dazu aus der Literatur etwa: *Zuleeg*, WuV 1984, 112; *Sterner*, Rechtsbindungen bei der Vergabe öffentlicher Aufträge, 1996, S. 30, 81, unter Verweis auf BGHZ 116, 149.

485 Undeutlich in dieser Frage letztlich auch: EuGH, Rs. C-225/98 („Kommission/Frankreich"), NZBau 2000, 584 = WuW 2000, 1160.

nicht quantifiziert werden können. So ist die heutige, ebenfalls vom EuGH (im Jahre 2002) geschaffene Rechtslage zu berücksichtigen, dass die Zuschlagskriterien zu gewichten und mit einer transparenten Wertung zu versehen sind. Im Falle der Erfüllung oder Nichterfüllung sozialer Kriterien durch den Bieter ist dies problematisch bis unmöglich. Es handelt sich der Sache nach eher um K.o.-Bedingungen.

315 Sind sie also systematisch weder unter die Eignungskriterien einzuordnen noch unter die Zuschlagskriterien, so verbleibt lediglich die Zuordnung zur **Leistungsbeschreibung im weiteren Sinne.** Deswegen hat man sie für die klassischen Auftraggeber in der VKRL 2004/18/EG (Art. 26) als „Ausführungsbedingung", also eine Art Annex zur Leistungs- und Auftragsbeschreibung, deklariert.[486] Bei den zuvor unter Punkt b. genannten Umweltkriterien ist dies unproblematisch, solange und soweit die Umweltaspekte der Leistung im wahrsten Sinne des Wortes „anhaften". Im Falle der sozialen Kriterien kann, da sie nicht in einem unmittelbaren Sinne der Leistung anhaften und sich der Leistungswettbewerb nicht originär unter ihrer Einbeziehung abspielt, nur die Anforderung gelten, dass sie **nicht gegen die unionsrechtlichen Grundsätze des Verbots der (unmittelbaren oder mittelbaren) Diskriminierung verstoßen** dürfen. Das bedeutet konkret, dass beispielsweise die Begrenzung des Wettbewerbs auf Betriebe, die Lehrlinge ausbilden, unmöglich ist, weil ein duales Lehrlingsausbildungssystem (in den Betrieben und den staatlichen Berufsschulen) praktisch nur im deutschsprachigen Raum existiert. Anbieter aus anderen EU-Staaten wären dann unter Verstoß gegen das Diskriminierungsverbot a priori von der Teilnahme ausgeschlossen.[487]

316 Abseits der sozialen und Umweltkriterien sind als „vergabefremde Aspekte" insbesondere Gesichtspunkte der **Ortsansässigkeit nicht zu tolerieren.**[488] Ausnahmen kann es nur insofern geben, als eine besondere Verfügbarkeit zum Beispiel bei der Wartung von für die Versorgung der Bevölkerung bedeutenden technischen Anlagen gefordert ist.

d) Behandlung unterschiedlicher Umsatzsteuersätze beim Erwerb innerhalb der Union

317 Eine Diskriminierung durch **unterschiedliche Umsatzsteuersätze**, die in der EU von aktuell 12 bis 25% reichen, findet im Rahmen der öffentlichen Auftragsvergabe **beim früher sog. innergemeinschaftlichen Erwerb** (Erwerb innerhalb der Union) nicht statt. Gewertet werden die Brutto-Angebotspreise auf der Basis des jeweiligen inländischen Umsatzsteuersatzes. Das bedeutet, dass bei Angeboten im innergemeinschaftlichen Erwerb auf die Nettopreise des Bieters der Umsatzsteuersatz (in Deutschland derzeit 19 %) aufgeschlagen wird. Diese aufgeschlagene Umsatzsteuer wird dann an das zuständige Finanzamt abgeführt. Eine Diskriminierung von Bietern aus Staaten mit höherem Mehrwertsteuersatz respektive eine Wettbewerbsverzerrung zugunsten von Bietern aus Ländern mit geringeren Mehrwertsteuersätzen geschieht daher nicht.[489] Im Falle des **außergemeinschaftlichen Erwerbes** (zB bei Angeboten aus der Schweiz) sind die Zollämter zuständig.

318 **Innerhalb Deutschlands** gibt es jedoch – kurioserweise – Ungleichheiten insoweit, als Angebote mit dem normalen Umsatzsteuersatz (derzeit: 19 %) und dem ermäßigten Umsatzsteuersatz (derzeit: 7 %) gleichermaßen brutto zu werten sind, was zu einer Besserstellung nicht weniger Unternehmen zB bei der Ausschreibung von Bildungsmaßnahmen führt. Diese Besserstellung ist jedoch vom Steuergesetzgeber so gewollt und daher nach herrschender Auffassung nicht vom Vergaberecht zu lösen (indem man zB alternativ nur noch die Netto-Angebotssummen werten würde).

---

486 *„Artikel 26: Bedingungen für die Auftragsausführung: Die öffentlichen Auftraggeber können zusätzliche Bedingungen für die Ausführung des Auftrags vorschreiben, sofern diese mit dem Gemeinschaftsrecht vereinbar sind und in der Bekanntmachung oder in den Verdingungsunterlagen angegeben werden. Die Bedingungen für die Ausführung eines Auftrags können insbesondere soziale und umweltbezogene Aspekte betreffen."* Vgl für die Sektorenauftraggeber: Art. 38 SKRL (2004/17/EG).

487 *Noch*, VergabeNavigator 4/2009, 30.

488 EuGH, Rs. C-234/03 (Insalud), VergabeR 2006, 64; EuGH, Rs. C-360/89), Slg I, 1992, 3401; EuGH, Rs. C-21/88, Slg I, 1990, 889; BayObLG, 20.12.1999 – Verg 8/99, BayObLGZ 1999, Nr. 81 = BauR 2000, 258; KG, 20.5.1998 – Kart 24/97, WuW 1999, 1023.

489 S. *Krause-Sigle*, Rundschreiben des Bundesministers für Wirtschaft v. 8.12.1992, Az: I B 3 26 05 00. Dazu aus neuerer Zeit; *Noch*, VergabeNavigator 1/2009, 28.

e) Verzögerungen und Mehrkosten

In einigen Grundsatzentscheidungen des Jahres 2009 hat der BGH[490] geklärt, dass zum Beispiel durch ein Nachprüfungsverfahren verursachte Verzögerungen der Zuschlagserteilung, und damit der Leistungsausführung, **grundsätzlich zu Lasten der öffentlichen Hand** gehen. Das bedeutet: Der bezuschlagte Bieter und Vertragspartner darf Verteuerungen, die etwa auf zwischenzeitlich stark gestiegenen Rohstoffpreisen basieren, unter dem Gesichtspunkt der **ergänzenden Vertragsauslegung in Anlehnung an die Grundsätze des § 2 Nr. 5 VOB/B** gegenüber dem öffentlichen Auftraggeber durchsetzen. Er hat einen Nachverhandlungsanspruch, der ggf im Klagewege vor den Zivilgerichten durchgesetzt werden kann. Das Problem wird in diesem Falle also nicht vergaberechtlich gelöst, indem die Bieter zum Beispiel befugt wären, ihre Angebote zu überarbeiten, sondern es wird sachgerechter Weise auf der vertragsrechtlichen Ebene gelöst. Insbesondere verbleibt es demnach bei der Angebotswertung und Zuschlagserteilung auf der Grundlage der eingereichten Angebote. 319

13. Aufhebung der Ausschreibung

Die Aufhebung der Ausschreibung (geregelt in den §§ 17 VOB/A bzw VOL/A) bildete in der Vergangenheit deutscher Rechtspraxis immer wieder einen Streitpunkt. Anfangs waren die Nachprüfungsorgane häufig der Auffassung, die Nachprüfung der Rechtmäßigkeit der Verwendung der materiellen Aufhebungsgründe sei nicht möglich, weil das Ziel dieses spezifischen Rechtsschutzes lediglich auf den Sekundärrechtsschutz gerichtet sein könne.[491] Die diesbezüglichen grundlegenden Klärungen durch den EuGH und den BGH ergaben sich dann im Jahre 2002. 320

In der Rechtssache *„Hospital Ingenieure"* hatte der **EuGH**[492] zu entscheiden gehabt, inwiefern die Aufhebung einer Ausschreibung nachprüfbar ist. Maßgeblich ging es um drei Fragen hinsichtlich der Auslegung des Art. 2 Abs. 1 lit. b der Rechtsmittelrichtlinie 89/665/ EWG.[493] 321

Diese Fragen stellten sich in einem Rechtsstreit zwischen der *„Hospital Ingenieure"* Krankenhaustechnik Planungs-Gesellschaft mbH und der Stadt Wien wegen des **Widerrufs einer Ausschreibung** (so die österreichische Terminologie für die deutsche Aufhebung der Ausschreibung) für einen öffentlichen Dienstleistungsauftrag, für den die Antragstellerin ein Angebot abgegeben hatte. Nach dem Eingang von Angeboten widerrief die Stadt Wien innerhalb der Zuschlagsfrist das Vergabeverfahren. Sie unterrichtete die Antragstellerin davon, dass sie aus zwingenden Gründen gemäß § 32 Abs. 3 Z 1 WLVergG entschieden habe, das Verfahren nicht weiter zu verfolgen. Diese stellte daraufhin beim Vergabekontrollsenat mehrere Anträge, u.a. auf Nichtigerklärung des Widerrufs der Ausschreibung. 322

Der EuGH stellt fest, dass Art. 2 Abs. 1 lit. b der Richtlinie 89/665 nicht bestimmt, welche rechtswidrigen Entscheidungen auf Antrag aufgehoben werden können, sondern lediglich Maßnahmen aufzählt, welche die Mitgliedstaaten treffen müssen, um die in Art. 1 Abs. 1 dieser Richtlinie vorgesehene **Nachprüfung zu ermöglichen,**[494] während der Anwendungsbereich der betreffenden Richtlinie durch die zuletzt genannte Bestimmung festgelegt wird. Die Bestimmungen der Richtlinie 89/665 sehen **keine Beschränkung** in Bezug auf Art und Inhalt der dort genannten, für nachprüfbar erklärten Entscheidungen vor. 323

Wenn die Mitgliedstaaten keine **Verfahren zur Aufhebung von Entscheidungen über den Widerruf von Ausschreibungen** vorsehen müssten, könnten sie die Befugnis dazu nutzen, den Bietern, die von solchen unter Verstoß gegen die Regelungen des Unionsrechts getroffenen Entscheidungen in ihren 324

490 Vor allem: BGH, 11.5.2009 – VII ZR 11/08, VergabeR 2009, 595. Außerdem: BGH, 10.9.2009 – VII ZR 82/08; BGH, 10.9.2009 – VII ZR 152/08; BGH, 10.9.2009 – VII ZR 255/08.

491 VK Bund, 13.7.2000 – VK 2-12/00. AA: VK Bund, 9.4.2001 – VK 1-7/01, VergabeR 2001, 238, mit Anm. *Noch*, aaO, S. 242.

492 EuGH, Rs. C-92/00 (Hospital Ingenieure Krankenhaustechnik Planungs-Gesellschaft mbH/Stadt Wien).

493 RL 89/665/EWG zur Koordinierung der Rechts- und Verwaltungsvorschriften für die Anwendung der Nachprüfungsverfahren im Rahmen der Vergabe öffentlicher Liefer- und Bau- und Dienstleistungsaufträge (ABl. L 395, S. 33).

494 In diesem Sinne: EuGH, Rs. C-81/98 (Alcatel Austria), Slg 1999, I-7671, Rn 30 und 31.

Rechten verletzt werden, die Möglichkeit zur Erhebung von Schadensersatzklagen zu nehmen. Jede andere Auslegung würde die praktische Wirksamkeit der Richtlinie 89/665 beeinträchtigen. Nach alledem gehört die Entscheidung über den Widerruf einer Ausschreibung zu denjenigen, für welche die Mitgliedstaaten die Nachprüfungsverfahren einführen müssen.

325 Der BGH[495] entschied in Anknüpfung an den EuGH,[496] dass die Aufhebung der Ausschreibung umfänglich der **Vergabenachprüfung gemäß den §§ 102 ff GWB unterliegen muss.** Die Maßnahme der Aufhebung kann schließlich die **Bestimmungen des materiellen Rechts verletzen,** auf deren Beachtung der Bieter einen Anspruch aus § 97 Abs. 7 GWB hat. Die Aufhebung der Ausschreibung kommt nur in besonderen Ausnahmefällen als **ultima ratio** in Betracht.

326 Die Nachprüfungsentscheidung kann durchaus zum Inhalt haben, dass mangels Vorliegen von Aufhebungsgründen die **Aufhebung rückgängig zu machen** ist. Schließlich ist es ohnehin möglich, dass die **Vergabestelle von sich aus die Aufhebung rückgängig** macht. Stellt sich im Nachprüfungsverfahren heraus, dass Aufhebungsgründe fehlen, so muss die Möglichkeit zu einer entsprechenden **Anweisung der Vergabestelle** bestehen. Allerdings betont der BGH auch, dass die Vergabestelle an keinem Vergabeverfahren festgehalten werden darf, in dem es kein zuschlagsfähiges Angebot gibt. Die Aufhebung der Aufhebung kann daher von der Vergabekammer nur angeordnet werden:

- im Falle der missbräuchlichen Aufhebung und
- im Falle des Nichtvorliegens von Aufhebungsgründen bei Vorhandensein nicht offensichtlich unwertbarer Angebote sowie
- in anderen Fällen des Nichtvorliegens von Aufhebungsgründen, in denen zuschlagsfähige Angebote vorliegen, aber noch (uU auch formale) Wertungsprozesse zu durchlaufen bzw nachzuholen sind (die freilich von der Vergabekammer nicht vorweggenommen werden dürfen und die ihrerseits zu dem Ergebnis führen können, dass am Ende die Ausschreibung zB aus Gleichbehandlungsgründen doch aufgehoben werden muss).

327 Letztlich steht hinter dem Phänomen einer gewissen **Begrenzung der Nachprüfungsmöglichkeiten,** dass **kein uneingeschränkter Anspruch des Bieters** auf Wiedereinsetzung des Vergabeverfahrens existiert.[497] Dies wiederum hat seine Ursache darin, dass zu Lasten der öffentlichen Hand kein Kontrahierungszwang besteht.[498] Hinsichtlich der Beurteilung der faktischen Umstände für die Aufhebung besitzt die Vergabestelle eine gewisse Einschätzungsprärogative. Die Bewertung dieser Umstände ist daher lediglich mit Einschränkungen rechtlich überprüfbar.[499] Es ist daher fragwürdig, wenn ein Nachprüfungsorgan die Aufhebung unmittelbar anordnet;[500] wohl richtiger muss es in der Beschlussformel der ausschreibenden Stelle aufgeben, dies zu prüfen.[501] Unbeschadet der Begrenzungen im Primärrechtsschutz drohen Schadensersatzansprüche im Sekundärrechtsschutz.

14. Dokumentationspflichten

328 Bei den Dokumentationspflichten steht das **Transparenzprinzip** im Zentrum. Spätere **Mitteilungen** über die den Bieter vor allem interessierenden Erwägungen bei der Angebotswertung setzen eine

495 BGH, 18.2.2003 – X ZB 43/02, VergabeR 2003, 313 = NZBau 2003, 293.

496 EuGH, Rs. C-92/00 (Hospital Ingenieure Krankenhaustechnik Planungs- Gesellschaft mbH/Stadt Wien), VergabeR 2002, 361.

497 OLG Düsseldorf, 19.11.2003 – VII-Verg 59/03, ZfBR 2004, 202; OLG Dresden, 10.7.2003 – WVerg 0015/02 und 0016/02, VergabeR 2004, 92 = NZBau 2003, 573. Deutlich: VK Sachsen, 18.8.2006 – 1 SVK 77/06: *„Grundsätzlich ist nämlich ein Auftraggeber nicht gezwungen, das Vergabeverfahren durch Zuschlag und damit durch Vertragsschluss zu beenden. Dies gilt unabhängig davon, ob die Voraussetzungen für eine rechtmäßige Aufhebung der Ausschreibung gem. § 26 Nr. 1 VOL/A vorliegen"*.

498 BGH, 18.2.2003 – X ZB 43/02, VergabeR 2003, 313 = NZBau 2003, 293.

499 Zum Beurteilungsspielraum bei der Aufhebung einer Ausschreibung aus wirtschaftlichen Gründen: OLG Düsseldorf, 13.12.2006 – VII-Verg 54/06, NZBau 2007, 462.

500 VK Arnsberg, 23.4.2013 – VK 07/13.

501 Vgl OLG Celle, 10.6.2010 – 13 Verg 18/09: Auch im Fall des Vorliegens zwingender formaler Ausschlussgründe soll in Bezug auf die Aufhebung der Ausschreibung gelten, dass das Ermessen auszuüben ist.

gute **Dokumentation** der Entscheidungsprozesse in einem laufend – dh zeitnah[502] – zu fertigenden **Vergabevermerk** voraus. Nur dann kann der Bieter im Sinne der Maxime des „effet utile" seine Erfolgsaussichten im Hinblick auf die Wahrnehmung von Rechtsschutz abschätzen. Allerdings genügt die Verletzung von Dokumentationspflichten nicht per se, um im Nachprüfungsverfahren einen Erfolg zu erzielen. Es muss eine damit zusammenhängende Schlechterstellung oder die Gefahr einer solchen hinzukommen.[503]

Der BGH und ihm folgend weitere Vergabesenate[504] haben ein **Nachschieben von Begründungen** 329 im Sinne einer Vertiefung von zumindest im Ansatz vorhandenen und dokumentierten Gründen zwar nicht grundsätzlich ausgeschlossen. Jedenfalls aber in solchen Fällen, in denen nicht auszuschließen ist, dass durch die nachgeschobene Begründung im Nachhinein eine nicht authentische Begründung abgesichert werden soll, ist ein Nachschieben von Gründen nicht zuzulassen. Nachgeschobene Erwägungen besitzen in diesen Fällen unweigerlich einen **manipulativen Charakter.**[505] Dies gilt erst recht dann, wenn im laufenden Vergabenachprüfungsverfahren Aktenteile wie zB einzelne Vermerke nachgereicht werden. Mit Ausreichung der Vergabeakte an die Vergabekammer kommt der Dokumentation des Verfahrens ein Beweiswert nach außen zu, der auch nicht mehr verändert werden kann.[506]

15. Information der Bieter vor Zuschlagserteilung und Wirksamkeit des Vertrages

Gemäß den anfänglichen Klärungsversuchen zu der Frage, welche Informationsdichte denn die 330 Begründungspflichten bei der Mitteilung über die beabsichtigte Auftragsvergabe[507] (**Vorabinformation**, seinerzeit nach § 13 VgV) enthalten müssten, wurde zunächst eine (aus Sicht der Bieter) sehr restriktive Auffassung vertreten. Die Norm gestatte es, sich **kurz zu fassen.** Die Mitteilung müsse nicht der Begründung eines schriftlichen Verwaltungsakts entsprechen. Eine **zurückhaltende Auslegung** der **inhaltlichen Anforderungen** liege im Interesse der Reduzierung des Verwaltungsaufwandes.

Der Gesetzgeber hat reagiert, im § 101 a GWB (Fassung 2009) eine **Neufassung der Vorabinformationspflicht** vorgenommen und festgelegt, dass „die Gründe", also eine Mehrheit von Gründen für 331 die vorgesehene Nichtberücksichtigung, zu benennen sind.[508] Eine **Benennung des Grundes** der Nichtberücksichtigung etwa in der Weise „*Sie haben nicht das wirtschaftlichste Angebot abgegeben*", stellt für den Bieter keinen Informationswert dar. Das subjektive Recht auf umfassende Information kann im Nachprüfungsverfahren durchgesetzt werden.[509] Des Weiteren wurde entsprechend den Vorgaben der Rechtsmittelrichtlinie eine Wartepflicht von 15 Kalendertagen (10 Kalendertage bei Versendung per Telefax) eingeführt. Die Vergabestelle muss außerdem den unterlegenen Bietern mitteilen, wann der Zuschlag frühestens erfolgen kann.[510] Des Weiteren sind jetzt ausdrücklich auch Bewerber nach Durchführung eines Öffentlichen Teilnahmewettbewerbs zu informieren. Die Nichtdurchführung oder die nicht korrekte Durchführung des Vorabinformationsverfahrens führt gemäß § 101 b GWB zur (schwebenden) **Unwirksamkeit.** Wenn sich 6 Monate nach dem Vertragsabschluss kein Bieter vor der Vergabekammer beschwert, dann erwächst der Vertrag in Wirksamkeit.

---

502 OLG Bremen 14.4.2005 – 1 Verg 1/2005, VergabeR 2005, 537; OLG Düsseldorf, 4.3.2004 – VII Verg 8/04, VergabeR 2004, 511.

503 OLG Dresden, 31.3.2004 – W Verg 2/04, NZBau 2004, 574 = ZfBR 2004, 606.

504 BGH, 8.2.2011 – X ZB 4/10; OLG München, 5.4.2012 – Verg 3/13.

505 OLG Karlsruhe, 31.1.2014 – 15 Verg 10/13 („e-Vergabe-Plattform").

506 OLG Thüringen, 23.6.2009 – 1Ws 222/09.

507 OLG Düsseldorf, 6.8.2001 – Verg 28/01 („Berufsvorbereitende Bildungsmaßnahmen"), VergabeR 2001, 429 = WuW 2001, 1159.

508 Es ist keine erschöpfende Nennung erforderlich: OLG Dresden, 7.5.2010 – WVerg 0006/10, VergabeR 2010, 666.

509 VK Nordbayern, 18.11.2011 – 21.VK-3194-36/11. Zum Nachschieben von Gründen im Nachprüfungsverfahren: OLG Frankfurt, 9.7.2010 – 11 Verg 5/10.

510 OLG Thüringen, 9.9.2010 – 9 Verg 4/10.

II. Prozessuales Vergaberecht

1. Das deutsche Rechtsschutzsystem im Spiegel der Europarechtlichen Anforderungen

332 Der **Rechtsschutz** muss gemäß der Rechtsmittelrichtlinie 89/665/EWG **vor Zuschlagserteilung** stattfinden können. Es geht vorrangig um die Einräumung von **Primärrechtsschutz.** Erst in zweiter Linie will der Bieter **Sekundärrechtsschutz** (Schadensersatz für vergebliche Aufwendungen, entgangenen Gewinn) erstreiten. Regelungsmaterie des Europarechts ist allein der Primärrechtsschutz. Gefordert ist die Schaffung von Mechanismen, die eine Korrektur von Fehlern im noch laufenden Vergabeverfahren ermöglichen. Buchstäblicher Dreh- und Angelpunkt ist der **Suspensiveffekt** mit der Untersagung des Zuschlags und ggf auch jeder weiteren Maßnahme in Bezug auf die ausgeschriebene Leistung.[511]

333 Das deutsche Rechtsschutzsystem macht in den §§ 102 ff GWB von der in Art. 2 Abs. 2, Abs. 8 Rechtsmittelrichtlinie 89/665/EWG eingeräumten Variante Gebrauch, ein Nachprüfungssystem vorzusehen, das mehreren Instanzen übertragen ist. Das System aus verwaltungsmäßiger (aber im Wesentlichen schon gerichtsähnlicher) Überprüfung vor den **Vergabekammern** (§§ 107 ff GWB) und in zweiter Instanz vor den **Vergabesenaten** bei den Oberlandesgerichten (§§ 114 ff GWB) hat seit 1999 etliche tausend Entscheidungen hervorgebracht. Etwa 85-90% der Verfahren verbleiben in der ersten Instanz, im Schnitt gelangt also nur jedes zehnte Verfahren zum OLG. Damit hat sich die Erwartung des deutschen Gesetzgebers erfüllt, eine möglichst starke Klärung der Fälle bereits in der verwaltungsmäßigen Instanz zu erreichen.[512] Dies liegt letztlich auch im Interesse des in der Rechtsmittelrichtlinie festgeschriebenen **Prinzips effizienten und schnellen Rechtsschutzes** (vgl Art. 2 Abs. 1 lit. a: „so schnell wie möglich"). Dem Effizienzprinzip dient auch, dass die Nachprüfungsverfahren gegenüber den Sektorenauftraggebern (Sektorenrechtsmittelrichtlinie 92/13/EWG) vor den gleichen Instanzen geltend zu machen sind. Dennoch sind aus praktischer Sicht einige Besonderheiten gegeben, die sich beispielsweise darin äußern, dass die Zustellung des Nachprüfungsantrages durch die Vergabekammern gegenüber privatrechtlich organisierten Sektorenauftraggebern nicht im vereinfachten Verfahren der Verwaltungszustellung erfolgen kann (also zB vorab per Telefax), sondern nur durch die formale Zustellung zB durch Boten.[513] Der Rechtssuchende muss in diesen Fällen also mehr Zeit einplanen, um den Suspensiveffekt nach § 115 Abs. 1 GWB auslösen zu können.

2. Verfahren vor der Vergabekammer

334 Eine hohe Hürde stellen bei der Initiierung von Nachprüfungsverfahren immer noch die **Zulässigkeitsvoraussetzungen** dar. Dabei liegt – abgesehen von der Anfangszeit des GWB-Nachprüfungssystems – die Ursache weniger in unzureichenden Rechtskenntnissen der Unternehmer oder ihrer Berater als in tatsächlichen Gesichtspunkten, rechtzeitig das faktisch Richtige zu tun, um nachher zulässigerweise das Nachprüfungsverfahren durchführen zu können.

335 Der Bieter muss im Rahmen der **Antragsbefugnis** (§ 107 Abs. 2 GWB) nachweisen, dass ihm durch das behauptete Fehlverhalten der Vergabestelle ein Schaden entstanden ist bzw ein solcher zu entstehen droht (Art. 1 Abs. 3 Rechtsmittelrichtlinie 89/665/EWG). Seine tatsächlich vorhandenen Zuschlagschancen müssen sich dadurch verschlechtert haben. Das setzt voraus, dass er ein zuschlagsfähiges Angebot abgegeben hat bzw er als potentieller Bieter dazu in der Lage gewesen wäre. Ein Unternehmen, das **nur mittelbar** an einem öffentlichen Auftrag interessiert ist, kann **nicht als antragsbefugt** gemäß § 107 Abs. 2 GWB angesehen werden.[514] Es muss außerdem eine Kausalität zwischen dem behaupteten Rechtsfehler und der Chancenverschlechterung bestehen.

---

511 Instruktiv: OLG Brandenburg, 10.1.2013 – Verg W 8/12 (Rodungsarbeiten). Dort ging es um eine Untersagung der Schaffung vollendeter Tatsachen durch Erledigung der ausgeschriebenen Arbeiten seitens des (lediglich vorgesehenen) Zuschlagsbieters.

512 S. *Marx*, VgR 1/1997, 37, 38: *„Ziel ist es, den Kammern ein so hohes Ansehen zu verschaffen, daß der Weg zum Gericht nur noch in wenigen Ausnahmefällen beschritten wird."*

513 Dazu u.a. VK Magdeburg, 27.10.2003 – VK 16/03 MD. Aus der Literatur: *Terner*, VergabeR 2004, 28.

514 BVerfG, 23.4.2009 – 1 BvR 3424/08, VergabeR 2009, 777.

Diese **Anforderungen** dürfen andererseits auch **nicht überspannt** werden. Das **BVerfG**[515] hatte sich schon zu früherer Zeit einer zu beobachtenden Rechtspraxis entgegengestellt, welche die **Voraussetzungen der Antragsbefugnis** (**§ 107 Abs. 2 GWB**) für das Vergabenachprüfungsverfahren in nicht mehr europarechts- und verfassungskonformer Weise erhöht. Maßgeblich dürfen die **Anforderungen an die Antragsbefugnis** nicht dazu führen, dass der Bieter im Sinne einer hypothetischen Darlegung nachweisen muss, dass er den Zuschlag erhalten hätte, wenn das Ausschreibungsverfahren ganz anders konzipiert worden wäre. Das BVerfG hat entschieden, dass die Anwendung der Zulässigkeitsvoraussetzungen des vergaberechtlichen Primärrechtsschutzverfahrens, und zwar konkret die Anforderungen an die Antragsbefugnis (§ 107 Abs. 2 GWB), **effektiven Rechtsschutz** gewährleisten muss. 336

Der angegriffene Beschluss des OLG Frankfurt[516] verletzt die Beschwerdeführerin in ihrem Grundrecht aus Art. 19 Abs. 4 GG.[517] Diese Bestimmung eröffnet den Rechtsweg gegen jede behauptete Verletzung subjektiver Rechte durch ein Verhalten der öffentlichen Gewalt. Gewährleistet wird **nicht nur das formelle Recht**, die Gerichte anzurufen, sondern auch eine **tatsächlich wirksame gerichtliche Kontrolle.**[518] Das Erfordernis effektiven Rechtsschutzes enthält in Verfahren, in denen ein Primärrechtsschutz zur Abwendung von Gefahren und möglicher Nachteile begehrt wird, auch das Gebot, dass durch den gerichtlichen Rechtsschutz so weit wie möglich der Schaffung vollendeter Tatsachen zuvorzukommen ist. Im Interesse **effektiven vorläufigen Rechtsschutzes** dürfen **keine überspannten Anforderungen** an die Zulässigkeitsvoraussetzungen gestellt werden. Entscheidend für das **Vorliegen der Antragsbefugnis** ist mithin die grundsätzliche Eignung der gerügten Vergaberechtsverstöße, eine solche Chancenbeeinträchtigung zu begründen. Nicht erforderlich ist hingegen, dass der Antragsteller im Sinne einer **hypothetischen Kausalität** nachweist, dass er bei korrekter Anwendung des Vergaberechts (zB ordnungsgemäßer Leistungsbeschreibung) den Auftrag erhalten hätte. 337

Darüber hinaus liegt auch eine Verletzung des Art. 101 Abs. 1 S. 2 GG vor, weil das OLG, ausgehend von seiner Rechtsansicht, als letztinstanzliches Gericht nach Art. 234 EGV (jetzt Art. 267 AEUV) zur Vorlage der Sache an den EuGH verpflichtet war. Auch der **EuGH ist gesetzlicher Richter** im Sinne des Art. 101 Abs. 1 S. 2 GG. Das BVerfG beanstandet, dass das OLG in offensichtlich unhaltbarer Weise eine Vorlage trotz der Entscheidungserheblichkeit der unionsrechtlichen Frage überhaupt nicht in Erwägung gezogen hat. 338

Diese Entscheidung kann in einem Zusammenhang mit anderen Zulässigkeitsvoraussetzungen gesehen werden, wie zB den **Anforderungen** an die gegenüber dem Auftraggeber als **zwingende Vorbedingung** für das Nachprüfungsverfahren auszusprechende **Rüge gem. § 107 Abs. 3 GWB**. Nicht wenige Rechtsanwender berufen sich auf das EuGH-Urteil in der Sache „Uniplex“[519] und stellen in Frage, ob der auch im deutschen Vergaberecht verwendete Begriff der „Unverzüglichkeit“ einer Rüge unter dem Maßstab ausreichender Bestimmtheit noch europarechtskonform sein kann. Allerdings ist dagegen einzuwenden, dass der in § 107 Abs. 3 S. 1 Nr. 1 GWB verwendete Begriff der **„Unverzüglichkeit“** unter Zuhilfenahme der reichhaltigen Judikatur zu § 121 BGB („ohne schuldhaftes Zögern“) in ausreichendem Maße bestimmt sein dürfte. Zuzugestehen ist, dass die Rügeanforderungen verschiedentlich in einer Art und Weise restriktiv ausgelegt wurden, die effektiven Rechtsschutz nicht mehr sicherstellt. So wurde beispielsweise zT verlangt, dass der Bieter tatsächlich und rechtlich sehr schwierige Sachverhalte rügen muss, um mit seinem Vorbringen später nicht präkludiert zu sein. In manchen Fällen überschreiten die Anforderungen die Grenze zu sog. Verdachtsrügen, also Rügen, die quasi „ins Blaue hinein“ erhoben werden müssten. Die Diskussion um das Erfordernis einer unverzüglichen Rüge iSd § 107 Abs. 3 S. 1 Nr. 1 GWB hat sich allerdings seit ca. 2009/2010 dadurch deutlich entspannt, dass dieser Tatbestand nach **Einführung der Ange-** 339

515 BVerfG, 29.7.2004 – 2 BvR 2248/03, VergabeR 2004, 597 = BauRB 2004, 368.
516 OLG Frankfurt, 7.10.2003 – 11 Verg 12 u. 13/03.
517 OLG Frankfurt, 7.10.2003 – 11 Verg 12 u. 13/03.
518 BVerfG, 15.8.2002 – 1 BvR 1790/00, NJW 2002, 3691.
519 EuGH, Rs. C-406/08 (Uniplex).

bots- bzw Teilnahmefrist als verbindliche Schlussfrist für Rügen betreffend Vergabefehler, die aus der Vergabebekanntmachung oder den Vergabeunterlagen hervorgehen (§ 107 Abs. 3 S. 1 Nr. 2 und Nr. 3 GWB),[520] immer unbedeutender wurde. Er gilt praktisch nur noch für neue Mitteilungen seitens der Vergabestelle in der Angebotsphase und für die Mitteilung nach § 101 a GWB, bei der jedoch infolge der meist nach Telefax-Versendung geltenden Einspruchsfrist von 10 Kalendertagen vor Zuschlag ohnehin größte Eile geboten ist. Es steht jedoch – unbeschadet des Bedeutungswandels in der Ausformung der deutschen Rechtsvorschriften über die Rüge – fest, dass **Präklusionsregeln** gemäß dem EuGH[521] zulässig sind. Sie dürfen lediglich **nicht dazu führen**, dass die Rechtsschutzmöglichkeiten **faktisch so sehr eingeschränkt** werden, dass die **praktische Wirksamkeit** der Rechtsmittelrichtlinie 89/665/EWG („effet utile") **verletzt** wird. Seit der Novellierung des GWB 2009 gibt es in Deutschland außerdem die 15-Tage-Ausschlussfrist des § 107 Abs. 3 S. 1 Nr. 4 GWB, wonach den Bieter eine Pflicht zur **Einschaltung der Vergabekammer nach abschlägig beschiedener Rüge binnen 15 Kalendertagen** trifft, wenn er mit seinem Vorbringen nicht präkludiert sein möchte. Nach allgemeiner Auffassung sind zwingend Belehrungen über die Rechtsbehelfsmöglichkeiten mindestens bereits in der Ausschreibungsbekanntmachung erforderlich, weil es sich um eine Antrags- bzw Ausschlussfrist für die Vergabenachprüfung, und damit um eine echte Rechtsbehelfsfrist handele, und nicht lediglich um eine weitere Alternative einer „Rügepräklusion".[522]

340 Das **Recht auf Akteneinsicht** gemäß § 111 GWB ist Ausfluss verfassungsmäßig geschützter Rechte, namentlich der Gewährleistung des Anspruchs auf rechtliches Gehör (Art. 103 Abs. 1 GG) als einem Beitrag zur Wahrung des Rechtsstaatsprinzips (Art. 20 Abs. 3 GG). Danach darf ein Gericht – oder eine gerichtsähnliche Institution wie die Vergabekammer im Nachprüfungsverfahren – seiner Entscheidung nicht solche Tatsachen oder Beweisergebnisse zugrunde legen, zu denen sich die Beteiligten nicht äußern konnten.[523] Die **Akteneinsichtsmöglichkeiten** sind allerdings um die unternehmerischen Geheimnisse der Mitbieter begrenzt. Eine Einsichtnahme des klagenden Bieters in deren Angebote scheidet aus. Im Zweifel kann und muss die Vergabekammer ihre Amtsaufklärung wahrnehmen und eigenständige Wertungen treffen. Die **Aktenübersendung** im Falle eines Nachprüfungsverfahrens muss auch dann an die Vergabekammer erfolgen, wenn sich die Vergabestelle auf einen Ausnahmetatbestand des Vergaberechts nach § 100 Abs. 2 GWB beruft. Die Voraussetzungen für das Vorliegen eines Ausnahmetatbestandes (zB Sicherheitsinteressen) muss die Kammer nachprüfen können, auch wenn die Akten als „geheim" oder „Verschluss-Sache" deklariert sind.[524]

3. Verfahren vor dem Vergabesenat

341 Der im Rahmen der **sofortigen Beschwerde** gegen eine Entscheidung der Vergabekammer anrufbare Vergabesenat beim OLG ist nach herrschender Auffassung nicht nur die gerichtliche Kontrollinstanz im Sinne einer Revisionsinstanz, sondern es ist auch möglich, neue Tatsachen und Beweismittel einzuführen. Gleichermaßen können Betroffene nach herrschender Ansicht in diesem Verfahrenszug erstmals beigeladen werden.

342 Der Vergabesenat ist – ähnlich wie im Verfahren vor der Vergabekammer – nicht unbedingt an die Anträge des Beschwerdeführers gebunden. Insoweit kann – zumindest in den Fällen grober Rechtsverstöße abseits der individuellen Beschwer des Antragstellers – das System des Individualbeschwerdeverfahrens durch Merkmale einer Korrektur im öffentlichen Interesse überlagert sein. Wie

520 Instruktiv zu der Reichweite dieser Tatbestände: OLG Brandenburg, 30.4.2013 – Verg W 3/13.

521 EuGH, Rs. C-470/99 (Universale-Bau AG/Entsorgungsbetriebe Simmering); EuGH, Rs. C-406/08 (Uniplex).

522 OLG Celle, 4.3.2010 – 13 Verg 1/10; VK Münster, 17.6.2011 – VK 5/11; VK Südbayern, 5.2.2010 – Z3-3-3194-1-66-12/09; VK Sachsen, 11.12.2009 – 1/SVK/00054-09. *Jaeger*, Rügeobliegenheit und Vergabemodernisierungsgesetz, NZBau 2009, 558, 562.

523 OLG München, 8.11.2010 – Verg 20/10.

524 OLG Dresden, 18.9.2009 – WVerg 0003/09, VergabeR 20010, 90 = VS 2009, 66; VK Brandenburg, 22.3.2004 – VK 6/04.

weit diese Merkmale des **Offizialverfahrens** im Verhältnis zu der an sich grundsätzlich gegebenen **Dispositionsmaxime** reichen, ist Gegenstand durchaus unterschiedlicher Auslegung.

Eine **einheitliche Rechtsauslegung** durch die verschiedenen Vergabesenate bei den Oberlandesgerichten soll durch die Vorlagepflicht des § 124 Abs. 2 GWB garantiert werden. Es handelt sich um die Divergenzvorlagepflicht, die entsteht, wenn entscheidungserhebliche Fragen im Unterschied zu einem anderen OLG anders ausgelegt werden sollen. Es überrascht nicht, dass das Merkmal der Entscheidungserheblichkeit zurückhaltend ausgelegt wird, und dass es daher nicht allzu viele BGH-Divergenzentscheidungen gibt.[525] 343

B. Ausblick

Die Chancen für eine Verschlankung des Vergaberechts in Deutschland, die das **EU-Richtlinienpaket 2004** mit seiner Zusammenlegung der früher gesonderten Vergaberichtlinien für den Bau-, Liefer- und Dienstleistungsbereich eröffnet hat, sind ungenutzt verstrichen. Es ist im Gegenteil eine weitere Komplizierung u.a. durch eine separate Vergaberichtlinie für den verteidigungs- und sicherheitsrelevanten Bereich geschaffen worden. Zudem sind mit dem am 15.1.2014 vom Europäischen Parlament und am 11.2.2014 vom Europäischen Rat endgültig verabschiedeten **EU-Richtlinienpaket 2014** neue Regelungen für Dienstleistungskonzessionen vorgegeben worden. 344

In Deutschland wird es bis auf Weiteres wohl bei der Dreistufigkeit im Rahmen der sog. **Kaskadenlösung** (GWB, VgV, VSVgV, SektVO, Vergabe- und Vertragsordnungen) bleiben. Zwar sind in der VOB/A, VOL/A und VOF **zahlenmäßig weniger Paragraphen** als früher zu verzeichnen, jedoch ist die Struktur der einzelnen Vorschriften eher komplexer geworden, so dass man sich durch die zahlenmäßige Reduktion nicht zu der Schlussfolgerung verleiten lassen sollte, dass es sich um eine substantielle Verschlankung handelt. 345

Die **Änderungsmaßnahmen im deutschen Umsetzungsrecht** des Europarechts wirken in den vergangenen Jahren zunehmend wenig glücklich koordiniert. Der Wildwuchs von Landesvergabegesetzen und Durchführungsverordnungen sei hierbei noch einmal ausgeblendet. Zu kritisieren sind bereits die häufigen formalen Änderungen von Vorschriftenwerken mit oftmals nur sehr wenigen substantiellen Änderungen im Detail. Ein Beispiel ist die VOB/A 2012, die als neues Regelwerk offiziell eingeführt wurde, jedoch Änderungen nur im sog. 2. Abschnitt (VOB/A-EG) enthielt. Anachronismen wie die Titulierung mit dem Zusatz „EG" (gibt es doch seit dem 1.12.2009 gar keine „EG" mehr, sondern nur noch eine „EU") verstärken diesen Eindruck nicht wirklich durchdachter Neuausgaben der Vorschriftenwerke. Auf die kritischen Äußerungen des federführenden Wirtschaftsausschusses im Verfahren zur Verabschiedung der Vergabeverordnung 2010 (VgV) sei verwiesen.[526] 346

Verschlankungen der Vergabeprozesse, also der eigentlichen praktischen Verfahren, können sich andererseits aus der verstärkten Wahrnehmung der Präqualifikation durch die Unternehmen ergeben. Die Präqualifikation wird noch immer nicht in dem erhofften Umfang in Anspruch genommen, die Tendenz ist aber steigend. Vereinfachungspotentiale werden auch in der bevorstehenden **elektronischen Vergabe** gesehen, deren Akzeptanz deutlich ansteigt. Ausgehend vom EU-Richtlinienpaket 2014 wird ein gewisser Druck aufgebaut, die elektronische Vergabe sinnvollerweise durchgehend einzuführen, das bedeutet, sowohl für den Über- wie auch den Unterschwellenbereich, und auch für jede Verfahrensart. Diesbezüglich stehen deutliche Fortentwicklungen in der zweiten Hälfte der 2010er Jahre zu erwarten. 347

525 Zur Frage der Verletzung der Vorlagepflicht: BVerfG, 23.4.2009 – 1 BvR 3424/08, VergabeR 2009, 777.

526 BR-Drucks. 40/1/10 v. 15.3.2010: *„Die im Beschluss des Bundesrates zur Dritten Verordnung zur Änderung der Vergabeverordnung (vgl BR-Drucksache 476/06 (Beschluss) vom 22. September 2006) aufgestellten Erwartungen in Bezug auf Harmonisierung, Erforderlichkeit und Anwenderfreundlichkeit wurden mit den vorgenannten Vergabeordnungen nicht erreicht. Daher sieht der Bundesrat bei den von den Vergabeausschüssen – früher: Verdingungsausschüssen – erarbeiteten Regelwerken noch Nachbesserungsbedarf."*

§ 30 Steuerrecht

Literatur: Birk (Hrsg.), Handbuch des Europäischen Steuer- und Abgabenrechts, Herne, Berlin, 2000; *Cordewener*, Europäische Grundfreiheiten und nationales Steuerrecht, Köln, 2002; *ders.*, Deutsche Unternehmensbesteuerung und europäische Grundfreiheiten, DStR 2004, 6; *Cordewener/Schnitger*, Europarechtliche Vorgaben für die Vermeidung der internationalen Doppelbesteuerung im Wege der Anrechnungsmethode, StuW 2006, 50; *Elicker*, Die „steuerrechtliche Kohärenz" in der Rechtsprechung des Europäischen Gerichtshofes, IStR 2005, 89; *Fuest/Mitschke* (Hrsg.), Nachgelagerte Besteuerung und EU-Recht, Baden-Baden, 2008; *Gabert*, Die neue EU-Amtshilferichtlinie, IWB 7/2011, 250; *dies.*, Deutsche Amtshilfe nach dem EU-Amtshilfegesetz (EUAHiG) und ihr Einfluss auf das Ertragsteuerrecht, FR 2013, 986; *Galetta*, Begriff und Grenzen der Verfahrensautonomie der Mitgliedstaaten der Europäischen Union, EuR-Bei 2012, 37; *Grube*, Der Einfluss des unionsrechtlichen Beihilfeverbots auf das deutsche Steuerrecht, 2014; *Haase*, Internationales und Europäisches Steuerrecht, Heidelberg, 4. Aufl. 2014; *Hendricks*, Internationale Informationshilfe im Steuerverfahren, 2004; *Hey*, Harmonisierung der Unternehmensbesteuerung in Europa, Köln, 1997; *Homburg*, Die unheimliche Nummer Sechs – Eine Entscheidung zum Ausgleich grenzüberschreitender Konzernverluste, IStR 2010, 246; *Kempf/Gelsdorf*, Die EU-Schiedsverfahrenskonvention im Konkurrenzverhältnis zu Doppelbesteuerungsabkommen, IStR 2012, 329; *Kokott/Ost*, Europäische Grundfreiheiten und nationales Steuerrecht, EuZW 2011, 496; *Kube*, EuGH-Rechtsprechung zum direkten Steuerrecht – Stand und Perspektiven, 2009; *ders.*, Kernbrennstoffsteuer und EU-Sekundärrecht, IStR 2012, 553; *Lampert*, Perspektiven der Rechtsangleichung auf dem Gebiet der direkten Steuern in der Europäischen Union, EuZW 2013, 493; *Lang*, Direkte Steuern und EU-Steuerpolitik – Wo bleiben die Visionen?, IStR 2013, 365; *U. Lange*, Der Anspruch auf Erstattung gemeinschaftsrechtswidrig erhobener Steuern, Berlin, 2008; *Lehner* (Hrsg.), Grundfreiheiten im Steuerrecht der EU-Staaten, München, 2000; *ders.*, Der Einfluss des Europarechts auf die Doppelbesteuerungsabkommen, IStR 2001, 329; *Mitschke*, Direktes Steuerrecht auf Schlingerkurs?, IStR 2014, 37; *Musil/Schulz*, Grenzüberschreitende Einkünfteverlagerungen in verbundenen Unternehmen und europarechtliche Handlungsspielräume der Mitgliedstaaten, DStR 2013, 2205; *Rust* (Hrsg.), Double Taxation within the European Union, 2011; *Schaumburg*, Internationales Steuerrecht, 3. Auflage 2011; *ders.*, Außensteuerrecht und europäische Grundfreiheiten, DB 2005, 1129; *Schön*, Besteuerung im Binnenmarkt – die Rechtsprechung des EuGH zu den direkten Steuern, IStR 2004, 289; *Schönfeld*, Doppelbesteuerung und EG-Recht – Ergänzende Überlegungen zu Cordewener/Schnitger, StuW 2006, 79; *Seer*, Die Vollstreckungsamtshilfe in Steuersachen nach der neu gefassten Beitreibungsrichtlinie 2010/24/EU, IWB 4/2011, 144; *Seiler*, Das Steuerrecht unter dem Einfluss der Marktfreiheiten, StuW 2005, 25; *Siegle-Hartwig*, Richtlinienvorschlag der EU-Kommission zur Einführung einer Finanztransaktionssteuer – Ein stichhaltiges Konzept?, IStR 2013, 441; *Stapperfend*, Der Einfluss der Grundfreiheiten und Diskriminierungsverbote des EG-Vertrags auf die inländische Besteuerung, FR 2003, 165; *Spengel/Braunagel*, EU-Recht und Harmonisierung der Konzernbesteuerung in Europa, StuW 2006, 34; *Terra/Wattel*, European Tax Law, 6th ed. 2012; *Vögele/Forster*, Das EU-Schiedsübereinkommen, IStR 2006, 537; *Voß*, in: Dauses, Handbuch des EU-Wirtschaftsrechts, Abschnitt J, München, Stand: Februar 2014; *Waldhoff*, Steuern, in: Wegener (Hrsg.), Europäische Querschnittpolitiken, Enzyklopädie Europarecht Band 8, Baden-Baden, 2014; *Wernsmann*, Steuerliche Diskriminierungen und ihre Rechtfertigung durch die Kohärenz des nationalen Rechts, EuR 1999, 754; *ders.*, Internationale Doppelbesteuerung als unionsrechtliches Problem – am Beispiel grenzüberschreitender Erbschaften und Schenkungen, in: Damrau (Hrsg.), Erbrecht und Vermögensnachfolge – System, Struktur, Vertrag, Festschrift für Bengel und Reimann, München, 2012, S. 371; *Wernsman/Nippert*, Altersbesteuerung beim Wegzug und Europäisches Gemeinschaftsrecht, FR 2005, 1123; *dies.*, Gemeinschaftsrechtliche Vorgaben für die grenzüberschreitende Verlustberücksichtigung im Konzern, FR 2006, 153; *Wernsmann/Zirkl*, Die Regelungskompetenz der EU für eine Finanztransaktionssteuer, EuZW 2014, 167.

Abschnitt 1: Übersicht zu Gesetzgebung und Rechtsprechung

A. Gesetzgebung

I. Primärrecht

Art. 110 bis 113 AEUV, Art. 114 Abs. 1 und 2, 115 AEUV, Art. 191, 192 Abs. 2 lit. a AEUV; ferner Art. 18, 21, 45 ff, 49 ff, 56 ff, 63 ff, 107 ff AEUV.

II. Wichtige Sekundärrechtsakte

Umsatzsteuerrecht:

Erste Richtlinie 67/227/EWG des Rates zur Harmonisierung der Rechtsvorschriften der Mitgliedstaaten über die Umsatzsteuer v. 11.4.1967, ABl. 1967, 1301, aufgehoben durch Richtlinie 2006/112/EG v. 28.11.2006, ABl. 2006 L 347/1; **Sechste Richtlinie 77/388/EWG** des Rates zur Harmonisierung der Rechtsvorschriften der Mitgliedstaaten über die Umsatzsteuern v. 17.5.1977, ABl. 1977 L 145/1, aufgehoben durch RL 2006/112/EG v. 28.11.2006, ABl. 2006 L 347/1; **Richtlinie 91/680/EWG** des Rates zur Ergänzung des gemeinsamen Mehrwertsteuersystems und zur Änderung der Richtlinie 77/388/EWG im Hinblick auf die Beseitigung der Steuergrenzen (Binnenmarktrichtlinie) v. 16.12.1991, ABl. 1991 L 376/1, zuletzt geändert durch Richtlinie 2006/112/EG v. 28.11.2006, ABl. 2006 L 347/1; **Richtlinie 2006/112/EG** des Rates über das gemeinsame Mehrwertsteuersystem v. 28.11.2006 (MehrwertsteuersystemRL), ABl. 2006 L 347/1.

Besondere Verbrauchsteuern:

Richtlinie 92/12/EWG des Rates über das allgemeine System, den Besitz, die Beförderung und die Kontrolle verbrauchsteuerpflichtiger Waren v. 25.2.1992, ABl. 1992 L 76/1, aufgehoben durch Richtlinie 2008/118/EG v. 16.12.2008, ABl. 2009 L 9/12; **Richtlinie 92/79/EWG** des Rates zur Annäherung der Verbrauchsteuern auf Zigaretten v. 19.10.1992, ABl. 1992 L 316/8, aufgehoben durch Richtlinie 2011/64/EU v. 21.6.2011, ABl. 2011 L 176/24; **Richtlinie 92/80/EWG** des Rates zur Annäherung der Verbrauchsteuern auf andere Tabakwaren als Zigaretten v. 19.10.1992, ABl. 1992 L 316/10, aufgehoben durch Richtlinie 2011/64/EU v. 21.6.2011, ABl. 2011 L 176/24; **Richtlinie 92/83/EWG** des Rates zur Harmonisierung der Struktur der Verbrauchsteuern auf Alkohol und alkoholische Getränke v. 19.10.1992, ABl. 1992 L 316/21, zuletzt geändert durch Beitrittsakte 2007 v. 25.4.2005, ABl. 2005 L 157/203; **Richtlinie 92/84/EWG** des Rates über die Annäherung der Verbrauchsteuersätze auf Alkohol und alkoholische Getränke v. 19.10.1992, ABl. 1992 L 316/29; **Richtlinie 95/59/EWG** des Rates über die anderen Verbrauchsteuern auf Tabakwaren als die Umsatzsteuer v. 27.11.1995, ABl. 1995 L 291/40, aufgehoben durch Richtlinie 2011/64/EU v. 21.6.2011, ABl. 2011 L 176/24; **Richtlinie 2003/96/EG** des Rates zur Restrukturierung der gemeinschaftlichen Rahmenvorschriften zur Besteuerung von Energieerzeugnissen und elektrischem Strom v. 27.10.2003, ABl. 2003 L 283/51, zuletzt geändert durch RL 2004/75/EG v. 29.4.2004, ABl. L 195/31; **Richtlinie 2008/118/EG** des Rates über das allgemeine Verbrauchsteuersystem und zur Aufhebung der Richtlinie 92/12/EWG v. 16.12.2008, ABl. 2009 L 9/12; **Richtlinie 2011/64/EU** des Rates über die Struktur und die Sätze der Verbrauchsteuern auf Tabakwaren v. 21.6.2011, ABl. 2011 L 176/24.

Direkte Steuern:

Richtlinie 90/434/EWG des Rates über das gemeinsame Steuersystem für Fusionen, Spaltungen, die Einbringung von Unternehmensteilen und den Austausch von Anteilen, die Gesellschaften verschiedener Mitgliedstaaten betreffen v. 23.7.1990, ABl. 1990 L 225/1, aufgehoben durch Richtlinie 2009/133/EG v. 19.10.2009, ABl. 2009 L 310/34; **Richtlinie 90/435/EWG** des Rates über das gemeinsame Steuersystem der Mutter- und Tochtergesellschaften verschiedener Mitgliedstaaten v. 23.7.1990, ABl. 1990 L 225/1, aufgehoben durch Richtlinie 2011/96/EU v. 30.11.2011, ABl. 2011 L 345/8; ***Richtlinie 2003/48/EG*** des Rates im Bereich der Besteuerung von Zinserträgen v. 3.7.2003, ABl. 2003 L 157/38, zuletzt geändert durch RL 2014/48/EU v. 24.3.2014, ABl. 2014 L 111/50; **Richtlinie 2009/133/EG** des Rates über das gemeinsame Steuersystem für Fusionen, Spaltungen, Abspaltungen, die Einbringung von Unternehmensteilen und den Austausch von Anteilen, die Gesellschaften verschiedener Mitgliedstaaten betreffen, sowie für die Verlegung des Sitzes einer Europäischen Gesellschaft oder einer Europäischen Genossenschaft von einem Mitgliedstaat in einen anderen Mitgliedstaat v. 19.10.2009, ABl. 2009 L 310/34; **Richtlinie 2011/96/EU** des Rates über das gemeinsame Steuersystem der Mutter- und Tochtergesellschaften verschiedener Mitgliedstaaten v. 30.11.2011, ABl. 2011 L 345/8, zuletzt geändert durch RL 2014/86/EU v. 8.7.2014, ABl. 2014 L 219/40.

Verfahrensrecht:

Richtlinie 77/799/EWG des Rates über die gegenseitige Amtshilfe zwischen den zuständigen Behörden der Mitgliedstaaten im Bereich der direkten Steuern, bestimmter Verbrauchsteuern und der Steuern auf Versicherungsprämien v. 19.12.1977, ABl. 1977 L 336/15, aufgehoben durch Richtlinie 2011/16/EU v. 15.2.2011, ABl. 2011 L 64/1; **Verordnung 1798/2003/EG** des Rates über die Zusammenarbeit der Verwaltungsbehörden auf dem Gebiet der Mehrwertsteuer und zur Aufhebung der Verordnung 218/92/EWG v. 7.10.2003, ABl. 2003 L 264/1, aufgehoben durch **Verordnung (EU) Nr. 904/2010 v. 7.10.2010**, ABl. 2010 L 268/1; **Richtlinie 2011/16/EU** des Rates über die Zusammenarbeit der Verwaltungsbehörden im Bereich der Besteuerung und zur Aufhebung der Richtlinie 77/799/EWG v. 15.2.2011, ABl. 2011 L 64/1; **Verordnung 904/2010/EU** des Rates über die Zusammenarbeit der Verwaltungsbehörden und die Betrugsbekämpfung auf dem Gebiet der Mehrwertsteuer (Zusammenarbeitsverordnung), v. 7.10.2010, ABl. 2010 L 268/1.

B. Rechtsprechung des EuGH („Leading Cases")

Hinweis: Die Entscheidungen des EuGH sind zugänglich über http://curia.eu.int.

EuGH v. 28.1.1986, Rs. 270/83 (avoir fiscal), Slg 1986, 273 (Körperschaftsteuerguthaben nur für inländische Stpfl.); EuGH v. 8.5.1990, Rs. C-175/88 (Biehl), Slg 1990, I-1779 (daran anschließend v. 26.10.1995, Rs. C-151/94 (Kommission/Luxemburg), Slg 1995, I-3685); EuGH v. 28.1.1992, Rs. C-204/90 (Bachmann), Slg 1992, I-249 (Abziehbarkeit von Versicherungsprämien; Kohärenz); EuGH v. 13.7.1993, Rs. C-330/91 (Commerzbank), Slg 1993, I-4017; EuGH v. 26.1.1993, Rs. C-112/91 (Werner), Slg 1993, I-429 (nur Wohnsitz, nicht wirtschaftliche Betätigung im Ausland); EuGH v. 14.2.1995, Rs. C-279/93 (Schumacker), Slg 1995, I-225 (beschränkte Steuerpflicht; Grenzpendler); EuGH v. 11.8.1995, Rs. C-80/94 (Wielockx), Slg 1995, I-2493 (Fortsetzung von Bachmann); EuGH v. 14.12.1995, Rs. C-312/93 (Peterbroeck), Slg 1995, I-4599 (Steuerverfahrensrecht); EuGH v. 27.6.1996, Rs. C-107/94 (Asscher), Slg 1996, I-3089 (höherer Lohnsteuersatz für Nichtansässige); EuGH v. 15.5.1997, Rs. C-250/95 (Futura), Slg 1997, I-2471 (Betriebsstättenverluste); EuGH v. 12.5.1998, Rs. C-336/96 (Gilly), Slg 1998, I-2793 (Doppelbesteuerungsabkommen und Gemeinschaftsrecht); EuGH v. 16.7.1998, Rs. C-264/96 (ICI), Slg 1998, I-4695; EuGH v. 14.9.1999, Rs. C-391/97 (Gschwind), Slg 1999, I-5451 (90 %-Regelung; Fortsetzung von Schumacker); EuGH v. 29.4.1999, Rs. C-311/97 (Royal Bank of Scotland), Slg 1999, I-2651; EuGH v. 21.9.1999, Rs. C-307/97 (Saint-Gobain), Slg 1999, I-6161; EuGH v. 26.10.1999, Rs. C-294/97 (Eurowings), Slg 1997, I-1781; EuGH v. 28.10.1999, Rs. C-55/98 (Vestergaard), Slg 1999, I-7641 (Nachweisanforderungen bei Fortbildungsveranstaltungen im Ausland); EuGH v. 13.4.2000, Rs. C-251/98 (Baars), Slg 2000, I-2787; EuGH v. 16.5.2000, Rs. C-87/99 (Zurstrassen), Slg 2000, I-3337 (Ehegattensplitting und Wohnsitz des anderen Ehegatten); EuGH v. 6.6.2000, Rs. C-35/98 (Verkooijen), Slg 2000, I-4071; EuGH v. 14.12.2000, Rs. C-141/99 (AMID), Slg 2000, I-11619 (keine Berücksichtigung von Auslandsverlusten); EuGH v. 12.12.2002, Rs. C-385/00 (de Groot), Slg 2002, I-11819 (Doppelbesteuerungsabkommen); EuGH v. 8.3.2001, verb. Rs. C-397/98 (Metallgesellschaft) und Rs. C-410/98 (Hoechst), Slg 2001, I-1727 (diskriminierende Körperschaftsteuervorauszahlungen; Zinsschaden); EuGH v. 12.9.2002, Rs. C-431/01 (Mertens), Slg 2002, I-7073 (Bestätigung von AMID); EuGH v. 3.10.2002, Rs. C-136/00 (Danner), Slg 2002, I-8147 (keine Abziehbarkeit von Versicherungsprämien, wenn Versicherung im Ausland sitzt; Fortsetzung von Bachmann und Wielockx); EuGH v. 21.11.2002, Rs. C-436/00 (X und Y), Slg 2002, I-10829; EuGH v. 12.12.2002, Rs. C-324/00 (Lankhorst-Hohorst), Slg 2002, I-11779 (Gesellschafter-

Fremdfinanzierung, § 8 a KStG); EuGH v. 12.6.2003, Rs. C-234/01 (Gerritse), Slg 2003, I-5933 (Bruttobesteuerung beschränkt Steuerpflichtiger); EuGH v. 26.6.2003, Rs. C-422/01 (Ramstedt), Slg 2003, I-6817 (Fortsetzung von Danner); EuGH v. 18.9.2003, Rs. C-168/01 (Bosal), Slg 2003, I-9409 (Betriebsausgabenabzug für ausländische Tochtergesellschaft); EuGH v. 11.12.2003, Rs. C-364/01 (Erben von Barbier), (Erbschaftsteuer; Kapitalverkehrsfreiheit; allgemeine Freizügigkeit); EuGH v. 13.1.2004, Rs. C-453/00 (Kühne & Heitz), (Wiederaufgreifen des Verwaltungsverfahrens wegen nachträglich erkannter Unionsrechtswidrigkeit eines belastenden VA); EuGH v. 11.3.2004, Rs. C-9/02 (de Lasteyrie du Saillant), (Wegzugsbesteuerung); EuGH v. 1.7.2004, Rs. C-169/03 (Wallentin); EuGH v. 7.9.2004, Rs. C-319/02 (Manninen), (Anrechnung ausländischer Körperschaftsteuer); EuGH v. 5.7.2005, Rs. C-376/03 (D.), (Vermögensteuer); EuGH v. 12.7.2005, Rs. C-403/03 (Schempp), (Abziehbarkeit von Unterhaltsleistungen in Abhängigkeit von Besteuerung des Unterhalts im EU-Ausland – „grenzüberschreitende Korrespondenz"); EuGH v. 13.12.2005, Rs. C-446/03 (Marks & Spencer), (grenzüberschreitende Verlustberücksichtigung im Konzern); EuGH v. 21.2.2006, Rs. C-152/03 (Ritter-Coulais), (sog. negativer Progressionsvorbehalt bei freigestellten ausländischen Einkünften); EuGH v. 23.2.2006, Rs. C-513/03 (van Hilten), (sog. erweiterte unbeschränkte Erbschaftsteuerpflicht für inländische Staatsangehörige); EuGH v. 6.7.2006, Rs. C-346/04 (Conijn), (Abziehbarkeit privater Steuerberatungskosten nur bei unbeschränkt Steuerpflichtigen); EuGH v. 7.9.2006, Rs. C-470/04 (N), (Wegzugsbesteuerung – Fortsetzung zu Lasteyrie); EuGH v. 12.9.2006, Rs. C-196/04 (Cadbury-Schweppes), (Gefahr der Steuerumgehung); EuGH v. 14.9.2006, Rs. C-386/04 (Stauffer), (Steuerbefreiung für ausländischen gemeinnützigen Verein im Inland); EuGH v. 3.10.2006, Rs. C-290/04 (Scorpio), (Gefahr der Steuerumgehung); EuGH v. 14.11.2006, Rs. C-513/04 (Kerckhaert), (Doppelbesteuerung); EuGH v. 12.12.2006, Rs. C-446/04 (Test Claimants in the FII Group Litigation), (Freistellungs- oder Anrechnungsmethode); EuGH v. 14.12.2006, Rs. C-170/05 (Denkavit Internationaal), (Dividendenbesteuerung); EuGH v. 25.1.2007, Rs. C-329/05 (Meindl), (Zusammenveranlagung von Ehegatten); EuGH v. 6.3.2007, Rs. C-292/04 (Meilicke), (Dividendenbesteuerung, Fortsetzung von Manninen); EuGH v. 29.3.2007, Rs. C-347/04 (REWE Zentralfinanz), (Teilwertabschreibung auf ausländische Beteiligung, doppelte Verlustberücksichtigung, Verhältnis Niederlassungsfreiheit-Kapitalverkehrsfreiheit); EuGH v. 10.5.2007, Rs. C-492/04 (Lasertec), (Verhältnis Niederlassungsfreiheit-Kapitalverkehrsfreiheit); EuGH v. 10.5.2007, Rs. C-102/05 (A und B), (Verhältnis Niederlassungsfreiheit-Kapitalverkehrsfreiheit); EuGH v. 11.6.2007, Rs. C-415/06 (SEW), (Verhältnis Niederlassungsfreiheit-Kapitalverkehrsfreiheit in Bezug auf Drittstaatenregelung); EuGH v. 26.6.2007, Rs. C-369/04 (Hutchison 3G u.a.), (Sechste Richtlinie 77/388/EWG, UMTS-Lizenzen); EuGH v. 26.6.2007, Rs. C-284/04 (T-Mobile Austria u.a.), (Sechste Richtlinie 77/388/EWG, UMTS-Lizenzen); EuGH v. 18.7.2007, Rs. C-231/05 (Oy AA), (sog. umgekehrter Marks & Spencer-Fall; Aufteilung der Besteuerungsbefugnis und Verhinderung der Steuerumgehung als zwingende Gründe des Allgemeininteresses); EuGH v. 11.8.2007, Rs. C-379/05 (Amurta), (Doppelbesteuerung); EuGH v. 27.9.2007, Rs. C-409/04 (Teleos u.a.), (Sechste Richtlinie 77/388/EWG); EuGH v. 6.12.2007, Rs. C-298/05 (Columbus Container Services), (Verstoß gegen DBA); EuGH v. 28.12.2007, Rs. C-101/05 (A), (Kapitalverkehrsfreiheit im Verhältnis Mitgliedstaat-Drittland); EuGH v. 17.1.2008, Rs. C-256/06 (Jäger), (Begünstigung nur inländischen Vermögens bei Erbschaftsteuer als Verstoß gegen Kapitalverkehrsfreiheit); EuGH v. 12.2.2008, Rs. C-2/06 (Kempter), (Fortführung von Kühne & Heitz: Wiederaufgreifen des Verwaltungsverfahrens wegen Nichtvorlage an EuGH in früherem Rechtsstreit); EuGH v. 28.2.2008, Rs. C-293/06 (Deutsche Shell), (Betriebsstättenverluste/Währungsverluste); EuGH v. 23.4.2008, Rs. C-201/05 (Test Claimants in the CFC and Dividend Group Litigation), (Dividendenbesteuerung); EuGH v. 15.5.2008, Rs. C-414/06 (Lidl-Belgium), (grenzüberschreitende Verlustverrechnung im Konzern); EuGH v. 20.5.2008, Rs. C-194/06 (Orange European Smallcup Fund), (Dividendenbesteuerung, Beschränkung der Kapitalverkehrsfreiheit in Bezug auf Drittländer), EuGH v. 26.6.2008, Rs. C-284/06 (Burda Verlagsbeteiligungen), (Dividendenbesteuerung im Verhältnis Tochter- und Muttergesellschaft); EuGH v. 23.10.2008, Rs. C-157/07 (Krankenheim Ruhesitz am Wannsee-Seniorenheimstatt), (Betriebstättenverluste, Kohärenz); EuGH v. 27.1.2009, Rs. C-318/07 (Persche), (Abzug von Spenden für ausländischen gemeinnützigen Verein); EuGH v. 12.2.2009, Rs. C-67/08 (Block), (Doppelbesteuerung (Fortführung von Kerckhaert)); EuGH v. 18.6.2009, Rs. C-303/07 (Aberdeen), (Dividendenbesteuerung); EuGH v. 16.7.2009, Rs. C-128/08 (Damseaux Fortführung von Block u.a.), (Doppelbesteuerung, bilaterale Steuerabkommen); EuGH v. 10.9.2009, Rs. C-269/07 (Kommission/Deutschland), (Rückzahlungspflicht für Zulagen betr. Altersvorsorge bei Ende der unbeschränkten Steuerpflicht – „Riester-Rente“); EuGH v. 17.11.2009, Rs. C-169/08 (Presidente del Consiglio dei Ministri), (Verhältnis Beihilfeverbot-Grundfreiheiten); EuGH v. 21.1.2010, Rs. C-311/08 (Société de Gestion Industrielle), (Gefahr der Steuerumgehung (Fortführung von Cadbury-Schweppes)); EuGH v. 18.3.2010, Rs. C-440/08 (Gielen), (Diskriminierung gebietsfremder gegenüber gebietsansässigen Steuerpflichtigen); EuGH v. 22.4.2010, Rs. C-510/08 (Mattner), (unterschiedliche Freibeträge bei unbeschränkter und beschränkter Erbschaftsteuerpflicht); EuGH v. 3.6.2010, Rs. C-487/08 (Kommission/Spanien), (Diskriminierung gebietsfremder Aktionäre); EuGH v. 28.10.2010, Rs. C-72/09 (Etablissements Rimbaud), (Gefahr der Steuerumgehung); EuGH v. 10.2.2011, Rs. C-436/08 (Haribo Lakritzen), (Dividendenbesteuerung); EuGH v. 31.3.2011, Rs. C-450/09 (Schröder), (Sonderausgabenabzug für beschränkt Steuerpflichtige), (Änderung von Conijn); EuGH v. 15.9.2011, Rs. C-240/10 (Schulz-Delzers), (Berücksichtigung von Zulagen von Beamten eines anderen Mitgliedstaates); EuGH v. 15.9.2011, Rs. C-132/10 (Halley), (diskriminierende Erbschaftsteuer); EuGH v. 20.10.2011, Rs. C-284/09 (Kommission/Deutschland), (Dividendenbesteuerung); EuGH v. 29.11.2011, Rs. C-371/10 (National Grid Indus BV), (Wegzugsbesteuerung von Unternehmen); EuGH v. 1.12.2011, Rs. C-250/08 (Kommission/Belgien), (Kohärenz); EuGH v. 8.12.2011, Rs. C-157/10 (Banco Bilbao Vizcaya Argentaria), (Doppelbesteuerung (Fortführung von Kerckhaert u.a.)); EuGH v. 10.5.2012, Rs. C-39/10 (Kommission/Estland), (Steuerfreibetrag für Gebietsfremde (Fortführung von Schumacker)); EuGH v. 10.5.2012, Rs. C-338/11 u.a. (Santander Asset Management), (Dividendenbesteuerung); EuGH v. 12.7.2012, Rs. C-269/09 (Kommission/Spanien), (Wegzugsbesteuerung); EuGH v. 12.7.2012, Rs. C-384/11 (Tate & Lyle Investments Ltd.), (Dividendenbesteuerung); EuGH v. 19.7.2012, Rs. C-31/11 (Scheunemann), (Verhältnis Niederlassungsfreiheit-Kapitalverkehrsfreiheit in Bezug auf Drittstaatenregelung); EuGH v. 6.9.2012, Rs. C-38/10 (Kommission/Portugal), (Wegzugsbesteuerung von Unternehmen; Fortführung von National Grid Indus BV); EuGH v. 6.9.2012, Rs. C-18/11 (Philips Electronics), (grenzüberschreitende Verlustverrechnung im Konzern); EuGH v. 13.11.2012, Rs. C-35/11 (Test Claimants in the FII Group Litigation), (Dividendenbesteuerung); EuGH v. 21.2.2013, Rs. C-123/11 (A Oy), (grenzüberschreitende Verlustberücksichtigung); EuGH v. 28.2.2013, Rs. C-168/11 (Beker & Beker), (Anrechnung ausländischer Quellensteuer); EuGH v. 28.2.2013, Rs. C-544/11 (Petersen & Petersen), (Steuerbefreiung auf Arbeitslohn aus Auslandstätigkeit); EuGH v. 25.4.2013, Rs. C-64/11 (Kommission/Spanien), (Wegzugsbesteuerung); EuGH v. 6.6.2013, Rs. C-383/10 (Kommission/Belgien), (diskriminierende Zinsbesteuerung); EuGH v. 18.7.2013, Rs. C-261/11 (Kommission/Dänemark), (Wegzugsbesteuerung bei der Übertragung von Aktiva auf Betriebsstätten in anderen Mitgliedstaaten); EuGH v. 3.10.2013, Rs. C-282/12 (Itelcar), (Nichtabziehbarkeit von Zinsen, die für von Drittstaatenunternehmen gewährte Darlehen gezahlt wurden); EuGH v. 17.10.2013, Rs. C-181/12 (Welte), (Freibeträge bei Erbschaft (Fortführung von Mattner)); EuGH v. 24.10.2013, Rs. C-431/12 (SC Rafinaria Steaua Româna SA), (Verzugszinsen bei Verstoß gegen Grundsatz des Sofortabzugs der Vorsteuer); EuGH v. 7.11.2013, Rs. C-322/11 (K), (Verlustabzug aus Verkauf einer in einem anderen Mitgliedstaat belegenen Immobilie); EuGH v. 23.1.2014, Rs. C-164/12 (DMC Beteiligungsgesellschaft mbH), (Wegzugsbesteuerung von Unternehmen); EuGH v. 1.4.2014, Rs. C-80/12 (Felixstowe Dock and Railway Company u.a.), (Verlustabzug bei Bindegliedgesellschaft in anderem Mitgliedstaat); EuGH v. 12.6.2014, Rs. C-39/13 bis 41/13 (SCA Group Holding), (Möglichkeit der Bildung steuerlicher Einheiten auch bei multinationalen Konzernen); EuGH v. 19.6.2014, Rs. C-53/13 und C-80/13 (Strojírny Prostějov und ACO Industries), (diskriminierende Besteuerung grenzüberschreitender

Dienstleistungserbringer); EuGH v. 17.7.2014, Rs. C-48/13 (Nordea Bank Danmark), (Verlustabzug bei ausländischen Betriebsstätten).

Abschnitt 2: Analyse und Darstellung der Einwirkungspraxis des Europarechts auf das Steuerrecht

A. Übersicht

I. Steuergesetzgebung

1 Das Unionsrecht beeinflusst das Steuerrecht auf zwei unterschiedliche Weisen: Zum einen ermächtigen die Verträge (als wichtigster Teil des sog. primären Unionsrechts) die Union zur **Rechtsetzung** (dazu 1.). Findet sich in den Verträgen eine Rechtsgrundlage für ein gesetzgeberisches Tätigwerden der Union auf dem Gebiet des Steuerrechts, so kann diese entsprechende Regelungen erlassen. Diese sind entweder als Verordnungen unmittelbar verbindlich, oder sie bedürfen als Richtlinien grundsätzlich noch der Umsetzung (Art. 288 AEUV). Ohne ausdrückliche Ermächtigung darf die Union nach dem Prinzip der begrenzten Einzelermächtigung nicht tätig werden (Art. 5 Abs. 1 S. 1 und Abs. 2 S. 1 EUV). Zum anderen enthält das Unionsrecht Vorgaben für den nationalen Steuergesetzgeber (dazu 2.). Die nationalen Rechtsnormen müssen vor allem im Einklang mit den unionsrechtlichen Diskriminierungs- und Beschränkungsverboten stehen.

1. Rechtsetzungsbefugnisse der Union, insbesondere zur Harmonisierung

2 Soweit die Verträge Rechtsetzungskompetenzen der EU kennen, handelt es sich meist um **Harmonisierungsvorschriften** (dazu Rn 14 ff, Rn 62 ff). Grundlegend zu unterscheiden ist zwischen den indirekten Steuern und den sog. direkten Steuern. Indirekte Steuern sind auf Überwälzung auf den Endverbraucher angelegt, während bei den direkten Steuern der Steuerschuldner typischerweise auch die wirtschaftliche Belastung tragen soll.[1] IdR sind Verbrauchsteuern als indirekte Steuern ausgestaltet; hier soll der Endverbraucher wirtschaftlich die Steuern über den Preis der Ware tragen. Weil die Verbrauchsteuern (allgemeine Umsatzsteuer und besondere Verbrauchsteuern) die Preise beeinflussen, wirken sie sich unmittelbar auf das Funktionieren des Binnenmarktes aus. Aus diesem Grunde fordert Art. 113 AEUV die EU zur Harmonisierung der **indirekten** Steuern auf. Dagegen kommen als Rechtsgrundlage für die Harmonisierung der **direkten** Steuern nur Art. 114 Abs. 1, 2, 115 AEUV in Betracht, die die EU nicht zur Harmonisierung verpflichten, sondern im Gegenteil Rechtsakte der EU nur zulassen, wenn sich die jeweiligen Steuernormen unmittelbar auf die Errichtung oder das Funktionieren des Gemeinsamen Marktes auswirken.

3 **Harmonisierung** iSd Art. 113 AEUV ist gleichbedeutend mit **Rechtsangleichung** iSd Art. 115 AEUV.[2] Dh die EU schreibt den Mitgliedstaaten bestimmte Korridore vor, innerhalb derer die Mindest- oder Höchststeuersätze liegen oder wie die Bemessungsgrundlage einer Steuer zu ermitteln ist. Harmonisierung führt also nicht zwingend zu einer vollständigen Rechtsvereinheitlichung in allen Mitgliedstaaten, wenngleich Art. 113 AEUV durchaus zu einer Vollharmonisierung der Steuerrechtssysteme der Mitgliedstaaten ermächtigt (vgl Rn 16). Die EU kann nach den Verträgen zwar in deren Grenzen für eine Angleichung der Steuergesetze in den Mitgliedstaaten sorgen, aber grundsätzlich keine **eigenen Steuern** einführen. Davon gibt es nur wenige Ausnahmen. So darf sie ihr eigenes Personal besteuern, und außerdem kann sie gem. Art. 192 Abs. 2 AEUV im Bereich der Umweltpolitik steuerliche Vorschriften erlassen (dazu noch Rn 19 f).

1 Vgl *Wernsmann*, Verhaltenslenkung in einem rationalen Steuersystem, 2005, S. 56 f mwN. Dies schließt nicht aus, dass auch direkte Steuern in der Praxis auf einen Dritten abgewälzt werden: So kann kraft Mietvertrags der Mieter die Grundsteuer zu tragen haben. Ebensowenig steht der Einordnung als indirekte Steuer entgegen, dass die vom Gesetz bezweckte Überwälzung misslingt.

2 *Kamann*, in: Streinz, EUV/AEUV, 2. Aufl., Art. 113 AEUV, Rn 6.

2. Bindung der nationalen Steuergesetzgebung an das Unionsrecht

Der **Schwerpunkt der Rechtsetzungsbefugnisse** liegt also im Bereich des Steuerrechts weiterhin bei den **Mitgliedstaaten**. Diese sind allerdings verpflichtet, die (kompetenzgemäß erlassenen) **Sekundärrechtsakte zu beachten**. Dh sie sind an die unmittelbar anwendbaren Verordnungen gebunden und müssen die (zum Zweck der Steuerharmonisierung typischerweise erlassenen) Richtlinien inhaltlich korrekt und fristgemäß umsetzen. In Betracht kommt auch eine richtlinienkonforme Auslegung des nationalen Rechts, die unmittelbare Anwendung von Richtlinienbestimmungen sowie im Falle nicht rechtzeitiger oder nicht korrekter Umsetzung der Richtlinien die Staatshaftung des Mitgliedstaats wegen Nichtumsetzung der Richtlinie (vgl oben *König* § 2, Rn 56 ff, 70). 4

Auch soweit keine Sekundärrechtsakte vorliegen, weil die EU nicht handeln darf oder weil sie von etwaigen Kompetenzen keinen Gebrauch gemacht hat, müssen die Mitgliedstaaten die ihnen verbliebenen Rechtsetzungsbefugnisse im Einklang mit dem **primären Unionsrecht** ausüben.[3] Als Prüfungsmaßstäbe für die Steuergesetze der Mitgliedstaaten kommen vor allem die Grundfreiheiten (Art. 34/36, 45, 49, 56, 63 AEUV), das allgemeine Diskriminierungsverbot (Art. 18 AEUV) sowie die allgemeine Freizügigkeitsgarantie (Art. 21 AEUV) in Betracht (dazu Rn 74 ff). Daneben enthalten die Art. 110 ff AEUV noch besondere Bestimmungen vor allem für die sog. indirekten Steuern (insbesondere spezielle Diskriminierungsverbote; dazu Rn 44 ff). Echte Steuervergünstigungen fallen als sog. indirekte Subventionen oder Verschonungssubventionen[4] zudem unter das Beihilfenrecht (dazu oben *Beljin* § 28, Rn 47, 55). 5

3. Strukturelle Unterschiede zwischen Harmonisierungsnormen und Diskriminierungsverboten

Diskriminierungsverbote wirken anders als Harmonisierungsermächtigungen. Die Diskriminierungsverbote (zB die Grundfreiheiten sowie Art. 110 Abs. 1 AEUV und Art. 18 AEUV) sind unmittelbar anwendbar, während Ermächtigungsnormen (zB Art. 113 AEUV) noch der Umsetzung durch EU-Rechtsakte und ggf nationales Recht bedürfen. Noch bedeutsamer ist aber die unterschiedliche Wirkung von Diskriminierungsverboten und harmonisierenden Sekundärrechtsakten, die auf die primärrechtlichen Harmonisierungskompetenzen gestützt sind. Während Harmonisierung durch Unionsrecht dazu führt, dass sich das Recht („grenzüberschreitend") in allen Mitgliedstaaten hinsichtlich bestimmter Inhalte angleicht (sodass zB Mindeststeuersätze im Rahmen der Umsatzsteuer gelten), führen Diskriminierungsverbote – soweit es an Sekundärrechtsakten fehlt – immer nur dazu, dass EU-Ausländer (also Staatsangehörige anderer Mitgliedstaaten) Gleichbehandlung mit den jeweiligen Inländern beanspruchen können. Sie führen deshalb regelmäßig nur zu Gleichheit innerhalb des jeweiligen Mitgliedstaates (**„Kästchengleichheit"**),[5] grundsätzlich aber nicht zu Angleichungen innerhalb der gesamten EU.[6] 6

Verpflichten die Diskriminierungsverbote den jeweiligen Mitgliedstaat, EU-Ausländer ebenso zu behandeln wie seine eigenen Staatsangehörigen (**sog. Inländergleichbehandlung**), so kann etwa der in Belgien ansässige und in Deutschland Einkünfte erzielende B unter bestimmten Voraussetzungen 7

---

3 St. Rspr; vgl nur zuletzt EuGH v. 10.5.2012, Rs. C-39/10 (Kommission/Estland), Rn 47 mwN; v. 3.10.2013, Rs. C-282/12 (Itelcar), Rn 26.

4 Vgl BVerfGE 97, 67, 80; *Maurer*, Allgemeines Verwaltungsrecht, 18. Aufl., § 17, Rn 4. Zu den unionsrechtlichen Maßstäben der Beihilferegelungen zuletzt ausführlich *Grube*, Der Einfluss des unionsrechtlichen Beihilfenverbots auf das deutsche Steuerrecht, 2014.

5 *Birk*, DStJG 19 (1996), 63, 77, 79; *Cordewener*, S. 828 f; *Wernsmann*, in: Hübschmann/Hepp/Spitaler, AO/FGO, § 4 AO, Rn 432; zustimmend *Waldhoff*, in: Wegener, EnzEuR Bd. 8, 2014, § 10 Rn 29; ähnlich auch *Lampert*, EuZW 2013, 493, 496, der von „punktueller Annäherung" spricht.

6 Tendenziell andere Akzentsetzung bei *Schaumburg*, DB 2005, 1129, 1130, 1131, der im Anschluss an *Cordewener*, Europäische Grundfreiheiten und nationales Steuerrecht, S. 25 ff insoweit von „stiller Harmonisierung" spricht und den EuGH als „eigentlichen Motor der europäischen Steuerharmonisierung" bezeichnet; ähnlich *Lampert*, EuZW 2013, 493, 496 (EuGH als „Motor" und „Impulsgeber" der Annäherung der Unternehmensbesteuerung). Von „Harmonisierung" – also Rechtsangleichung – kann insoweit aber nur in einem weiteren Sinne gesprochen werden, nämlich soweit in allen Mitgliedstaaten gemeinschaftsrechtswidrige Steuernormen beseitigt werden. Vgl dazu auch *Kokott/Ost*, EuZW 2011, 496, 503, die betonen, dass die EuGH-Rechtsprechung zu den direkten Steuern gerade keine Harmonisierung durch die Hintertür herbeiführe und der EuGH vielmehr einen Ausgleich zwischen den Grundfreiheiten und der Steuersouveränität der Mitgliedstaaten herstelle.

verlangen, dass das deutsche Ehegattensplitting auf ihn angewendet wird, auch wenn das belgische Steuerrecht das Ehegattensplitting nicht kennt, er also besser behandelt wird, als wenn er seine Einkünfte in Belgien erzielt hätte.[7] Eine Harmonisierung der Ehegattenbesteuerung (für die es freilich an einer Rechtsgrundlage fehlt) würde hingegen dazu führen, dass in allen Ländern dasselbe System eingeführt würde. Die Diskriminierungsverbote binden zwar nicht nur die Mitgliedstaaten, sondern auch die EU.[8] Diese Bindung der Union aktualisiert sich aber nur beim Erlass von Sekundärrecht.

II. Steuerertragshoheit

8 Gem. Art. 311 Abs. 2 AEUV wird der Haushalt der EU unbeschadet der sonstigen Einnahmen[9] vollständig aus **„Eigenmitteln"** finanziert. Die Beschlussfassung über die Eigenmittel erfolgt in einem zweistufigen Verfahren (Art. 311 Abs. 3 AEUV): Zunächst legt der Rat nach Anhörung des Europäischen Parlaments einstimmig die Bestimmungen über das System der Eigenmittel fest, und sodann entscheiden die Mitgliedstaaten (also nicht Unionsorgane) nach ihren jeweiligen verfassungsrechtlichen Vorschriften über Annahme oder Ablehnung des Vorschlags (Art. 311 Abs. 3 S. 3 AEUV). Das Verfahren ähnelt dem Vorgehen bei Vertragsänderungen; dem Eigenmittel-Beschluss kommt Rang und Wirkung primären Unionsrechts zu.[10] Die Beteiligung der Mitgliedstaaten zeigt, welche Bedeutung die Mitgliedstaaten als die „Herren der Verträge" den Finanz-, Steuer- und Haushaltsfragen zumessen. Das BVerfG hat in diesem Sinne die fiskalischen Grundentscheidungen über Einnahmen und Ausgaben der öffentlichen Hand als besonders sensibel für die demokratische Selbstgestaltungsfähigkeit eines Verfassungsstaates bezeichnet und deshalb Grenzen der Übertragung von Hoheitsrechten im Bereich der Entscheidungen über die finanzielle Gesamtbelastung der Bürger formuliert.[11]

9 Die Finanzierung über Eigenmittel ist der Gegenbegriff zur Finanzierung durch Mitgliedsbeiträge. Bei der Beitragsfinanzierung leisten die Mitgliedstaaten Beiträge nach einem bestimmten Schlüssel, während nach dem (den Verträgen zugrunde liegenden) Eigenmittelsystem die EU selbst und originär **kraft Unionsrechts** über Finanzmittel verfügt, die von den Mitgliedstaaten erhoben und an die Union abgeführt werden. Der aktuell geltende Beschluss des Rates (2014/335/EU, Euratom) über das Eigenmittelsystem der Europäischen Union stammt vom 26.5.2014.[12] Nach der noch ausstehenden Ratifikation durch die Mitgliedstaaten wird der Beschluss rückwirkend zum 1.1.2014 in Kraft treten. Nach Art. 2 Abs. 1 dieses Beschlusses sind Eigenmittel **Abschöpfungen, Zölle und ein bestimmter Anteil an der Mehrwertsteuer sowie des Bruttonationaleinkommens** (BNE) der Mitgliedstaaten. Weitere Eigenmittel sind der Union bisher nicht zugewiesen. Art. 2 Abs. 2 des Beschlusses ordnet jedoch auch „Einnahmen aus sonstigen, gemäß dem Verfahren des Artikels 311 AEUV im Rahmen einer gemeinsamen Politik eingeführten Abgaben" den Eigenmitteln zu. Nach Art. 311 Abs. 3 AEUV kommt über einen Eigenmittelbeschluss, der aber der Ratifikation durch die Mitgliedstaaten bedarf, auch eine Unionssteuer in Betracht.[13]

7 EuGH v. 14.2.1995, Rs. C-279/93 (Schumacker), Slg 1995, I-225 ff. Vgl dazu auch *Wernsmann*, EuR 1999, 754, 757.

8 Vgl zB zu Art. 18 AEUV: *Streinz*, EUV/AEUV, 2. Aufl., Art. 18 AEUV, Rn 42.

9 Das sind u.a. die direkten Steuern auf die Bezüge der Bediensteten der Union, Verwaltungseinnahmen der Union wie Gebühren, Zwangsgelder, Säumniszinsen, Geldbußen. Näher *Niedobitek*, in: Streinz, EUV/AEUV, 2. Aufl., Art. 311 AEUV, Rn 32 mwN.

10 Vgl *Waldhoff*, in: Calliess/Ruffert, EUV/AEUV, 4. Aufl., Art. 311 AEUV, Rn 5 aE mwN.

11 BVerfG v. 30.6.2009 – 2 BvE 2/08 u.a., Rn 252, 256. Krit. etwa *Ruffert*, DVBl. 2009, 1197, 1203.

12 ABl. 2014 L 168/105 v. 7.6.2014.Dieser Eigenmittelbeschluss gilt für den Zeitraum 2014-2020.

13 Vgl *Niedobitek*, in: Streinz, EUV/AEUV, 2. Aufl., Art. 311 AEUV, Rn 27.

So wird derzeit etwa die Finanztransaktionssteuer als neue Eigenmittelquelle diskutiert.[14] Außerdem soll das alte Konzept der Mehrwertsteuer-Eigenmittel durch eine reformierte Mehrwertsteuer-Einnahme ersetzt werden.[15]

III. Steuerverwaltungshoheit

10 Die Verwaltungshoheit über die Steuern einschließlich der Zölle und Abschöpfungen liegt allein bei den **Mitgliedstaaten**. Die materiellen Steuergesetze werden ausschließlich durch die nationalen Steuerbehörden vollzogen, auch soweit sie ganz oder teilweise unionsrechtlich determiniert sind. Dabei haben die nationalen Steuerbehörden grundsätzlich das **nationale Steuerverfahrensrecht** (in Deutschland also die AO) anzuwenden. Allerdings kann dessen Auslegung und Anwendung in Fällen mit Unionsbezug wiederum durch das Unionsrecht beeinflusst und kraft dessen Anwendungsvorrangs modifiziert werden (dazu Rn 123 ff). Gleiches gilt für das von den Finanzgerichten anzuwendende Prozessrecht (FGO) (dazu Rn 140 ff).

11 Die Anwendung des nationalen Rechts können sowohl das **primäre** als auch das **sekundäre Unionsrecht** beeinflussen. Aus dem Primärrecht sind insbesondere der Effektivitätsgrundsatz und das Äquivalenzgebot (dazu Rn 135 ff) zu nennen, aus dem Sekundärrecht zB die sog. Amtshilferichtlinie (dazu unten Rn 127 ff). Aber auch die Grundrechte sowie rechtsstaatliche Grundsätze (zB Vertrauensschutz) können eine Rolle spielen, sofern die Mitgliedstaaten hieran gebunden sind. Dies ist der Fall, soweit sie Unionsrecht (insbes. Richtlinien) in nationales Recht umsetzen, Unionsrecht vollziehen oder Grundfreiheiten durch nationale Maßnahmen beschränken[16] (vgl Art. 51 Abs. 1 S. 1 aE GR-Charta).

B. Unionsrechtliche Einflüsse auf das Recht der indirekten Steuern

12 Im AEUV finden sich verschiedene Vorschriften, die sich mit den indirekten Steuern befassen. Ausdrücklich erwähnt werden sie in Art. 113 AEUV, welcher der Union die Kompetenz zu ihrer Harmonisierung zuweist, und in Art. 112 AEUV, der die indirekten Steuern von seinem Anwendungsbereich allerdings gerade ausnimmt. Auch Art. 110, 111 AEUV betreffen vor allem die indirekten Steuern.

13 Indirekte Steuern sind solche Steuern, bei denen nach dem Zweck des Gesetzes jemand anderes die Steuerbelastung **wirtschaftlich** tragen soll als derjenige, der die Steuer schuldet. Steuerträger und Steuerschuldner sollen auseinander fallen.[17] Indirekte Steuern sind folglich auf Überwälzung angelegt. Die Steuer soll in den Preis der Ware oder Leistung eingehen und diesen erhöhen. Was der Steuerschuldner als Steuer abführen muss, soll er nach der Konzeption der Abgabe durch eine entsprechende Erhöhung des Preises an den Träger der Steuer weitergeben. Diese **Preiswirksamkeit der indirekten Steuern** kann aber dem Binnenmarktziel entgegenwirken. So könnten nationale Gesetzgeber dadurch neue Grenzen errichten, dass sie ausländische Waren höher besteuern als inländische Waren. Der Unternehmer, der auf seine Gewinnspanne nicht verzichten will, wäre gezwungen, einen entsprechend höheren Preis zu verlangen. Dies macht die entsprechende Ware oder Leistung für den inländischen Verbraucher weniger attraktiv. Indirekte Steuern sind daher – ebenso wie Zölle – potenziell geeignet, den **freien Waren- und Dienstleistungsverkehr** innerhalb der EU – eine Essentiale des Gemeinsamen Marktes (Art. 26 AEUV) – zu beeinträchtigen. Daher treffen die Verträge ausdrückliche Regelungen für die indirekten Steuern, die das verhindern und für äußere

14 KOM (2011) 738 endg. Vgl zur Finanztransaktionssteuer noch unter Rn 41.

15 Zur vorgeschlagenen neuen Berechnungsmethode und den Vorteilen gegenüber der alten Methode vgl KOM (2011) 737 endg., S. 2 ff.

16 Näher *Ehlers*, Europäische Grundrechte und Grundfreiheiten, 4. Aufl., § 14, Rn 60 ff mwN; *Jarass*, Charta der Grundrechte der Europäischen Union, 2. Aufl., Art. 51, Rn 18 ff.

17 Oben Rn 2. Näher zum Preismechanismus und der Wirkung indirekter Steuern *Wernsmann*, Verhaltenslenkung in einem rationalen Steuersystem, 2005, S. 52 ff.

Wettbewerbsneutralität[18] sorgen sollen. Sie können unterteilt werden in Kompetenzvorschriften (I.) und unmittelbar anwendbare Diskriminierungsverbote (II.).

I. Die Harmonisierung des Rechts der indirekten Steuern

1. Die Kompetenzvorschrift des Art. 113 AEUV

14 Art. 113 AEUV sieht eine Harmonisierung der Umsatzsteuer, der Verbrauchsabgaben und der sonstigen **indirekten Steuern** vor, soweit diese **Harmonisierung für die Errichtung und das Funktionieren des Binnenmarkts** (Art. 26 Abs. 2 AEUV) und die Vermeidung von Wettbewerbsverzerrungen **notwendig** ist. Es handelt sich um eine geteilte Zuständigkeit.[19] Die Mitgliedstaaten öffnen sich einer unionsrechtlichen Rechtsetzung nur, soweit dies zur Erreichung der Unionsziele erforderlich ist.

15 Nach Art. 5 Abs. 1 EUV darf die Union nur in den Grenzen der ihr ausdrücklich zugewiesenen Kompetenzen tätig werden (**Prinzip der begrenzten Einzelermächtigung**). Zudem ist sie an das **Subsidiaritätsprinzip** (Art. 5 Abs. 3 EUV) und an das **Verhältnismäßigkeitsprinzip** (Art. 5 Abs. 4 EUV) gebunden. Nach dem Verhältnismäßigkeitsprinzip darf die Harmonisierung nicht über das notwendige Maß hinausgehen[20] (vgl auch explizit Art. 113 AEUV). Nicht erforderlich wäre insbesondere die Harmonisierung von Steuervorschriften, die ausschließlich innerstaatliche Sachverhalte betreffen. Selbst wenn man (nicht überzeugend) die Auffassung vertreten würde, dass auch diese Vorschriften das Binnenmarktziel betreffen, da auch das Inland Bestandteil des einheitlichen Binnenmarktes ist,[21] könnte die ausschließlich nationale Sachverhalte regelnde Vorschrift genauso gut und effektiv durch die jeweiligen nationalen Gesetzgeber geschaffen werden.

16 Ziel der Harmonisierung der indirekten Steuern ist im Hinblick auf das Binnenmarktziel aus Art. 26 Abs. 2 AEUV daher nicht die Herstellung eines einheitlichen europäischen Steuerrechts, sondern die Sicherung der Freiheiten des AEUV unter der Bedingung zwischenstaatlicher Wettbewerbsgleichheit.[22] **Harmonisierung** bedeutet grundsätzlich **Rechtsangleichung, nicht Rechtsvereinheitlichung.**[23] Entsprechend ermöglicht Art. 113 AEUV dem Grunde nach die Anwendung aller in Art. 288 AEUV verzeichneten Handlungsformen. Eine Vollharmonisierung ist dann zulässig, wenn das Binnenmarktziel anderweitig nicht erreichbar ist.[24]

17 Das Bundesverfassungsgericht hat in seiner Entscheidung zum Vertrag von Lissabon dem **Grundgesetz** Grenzen der Kompetenzübertragung auf die EU entnommen (**Grenze des Übertragbaren**): Es müsse den Mitgliedstaaten noch ausreichender Raum zur politischen Gestaltung der wirtschaftlichen, kulturellen und sozialen Lebensverhältnisse bleiben, u.a. in der Entscheidung über Einnahmen und Ausgaben einschließlich der Kreditaufnahme.[25] Die Gesamtverantwortung mit ausreichenden politischen Freiräumen für Einnahmen und Ausgaben (insbesondere deren Gesamthöhe) –

---

18 Die äußere Wettbewerbsneutralität bezieht sich auf grenzüberschreitende Vorgänge, während die innere Wettbewerbsneutralität rein innerstaatliche Leistungen betrifft, vgl *Lohse*, UR 2004, 582, 583.

19 Vgl jeweils zu dem insoweit vergleichbaren Art. 114 AEUV *Calliess*, in: Calliess/Ruffert, EUV/AEUV, 4. Aufl., Art. 4 AEUV, Rn 6 ff; *Streinz*, EUV/AEUV, 2. Aufl., Art. 4 AEUV, Rn 4.

20 BVerfG v. 12.10.1993, 2 BvR 2134, 2159/92, BVerfGE 89, 155, 212; *Bast/von Bogdandy*, in: Grabitz/Hilf/Nettesheim, Art. 5 EUV, Rn 66 ff; *von Danwitz*, EWS 2003, 393, 394; *Zuleeg*, DVBl. 1992, 1329, 1334.

21 In der Lit. wird – zu weitgehend – vereinzelt die Auffassung vertreten, in einem Raum ohne Binnengrenzen dürfe das Kriterium der Grenzüberschreitung für eine Anwendbarkeit der vertraglichen Regelungen überhaupt keine Bedeutung mehr haben (in diesem Sinne *Epiney*, in: Calliess/Ruffert, EUV/AEUV, 4. Aufl., Art. 18 AEUV, Rn 35 ff und *dies.*, Umgekehrte Diskriminierungen, 1995, S. 205 ff; zutreffend dagegen die hM: zB *Streinz*, EUV/AEUV, 2. Aufl., Art. 18 AEUV, Rn 65 f).

22 *Vogel/Waldhoff*, in: Bonner Kommentar, Vorbem. Art. 104a-115, Rn 664; *Klein*, DStJG 19 (1996), 1, 13 f.

23 *Waldhoff*, in: Calliess/Ruffert, EUV/AEUV, Art. 113 AEUV, Rn 2.

24 HM: *Haag*, in: Bieber/Epiney/Haag, Die Europäische Union, 10. Aufl., § 19, Rn 10; *Kamann*, in: Streinz, EUV/AEUV, Art. 113 AEUV, Rn 6.

25 BVerfG v. 30.6.2009 – 2 BvE 2/08 u.a., Rn 249.

nicht jede haushaltswirksame Detailfrage – müsse noch im Deutschen Bundestag wahrgenommen werden können.[26]

18 Das Bundesverfassungsgericht hält sich für berechtigt zu prüfen, ob Rechtsakte der europäischen Organe und Einrichtungen sich unter Wahrung des Subsidiaritätsprinzips (Art. 5 Abs. 1 S. 2 und Abs. 3 EUV) in den Grenzen der ihnen im Wege der begrenzten Einzelermächtigung eingeräumten Hoheitsrechte halten (sog. Ultra-vires-Kontrolle),[27] ob also ein sog. ausbrechender Rechtsakt vorliegt (**Grenze des Übertragenen**). Die Frage, ob ein Sekundärrechtsakt sich im Rahmen der durch die Verträge auf die EU übertragenen Kompetenzen hält, ist jedoch grundsätzlich dem EuGH zur Entscheidung zugewiesen (vgl Art. 267 Abs. 1 lit. b AEUV). Zudem wäre der Charakter gemeinsamen Unionsrechts beseitigt, wenn jedes nationale Gericht ohne weiteres einem Sekundärrechtsakt die Verbindlichkeit im nationalen Rechtsraum mit der Begründung absprechen könnte, er sei nicht kompetenzgerecht zustande gekommen.[28] Eine Reservekompetenz der nationalen (Verfassungs-)Gerichte kann nur in krassen Ausnahmefällen in Betracht kommen. Da das BVerfG seine Prüfungskompetenz durch Reduzierung des Prüfungsmaßstabs mittlerweile zurückgenommen hat und nur bei einem „hinreichend qualifizierten" Kompetenzverstoß der Unionsorgane selbst einschreiten will,[29] dürfte der Vorbehalt in Zukunft ohnehin kaum praktisch werden.[30]

2. Sondertatbestände (Umweltabgaben, Art. 192 Abs. 2 AEUV)

19 Daneben enthält der Vertrag an (wenigen) weiteren Stellen Vorschriften mit ausdrücklich steuerlichem Bezug (zB Art. 65 Abs. 1 lit. a, 114 Abs. 2 AEUV). Aber nur Art. 192 Abs. 2 lit. a AEUV enthält noch eine weitere Kompetenz zum Erlass von Vorschriften „überwiegend steuerlicher Art" zum Zwecke der Erhaltung und des Schutzes der Umwelt und der menschlichen Gesundheit, der umsichtigen und rationalen Verwendung der natürlichen Ressourcen sowie der Förderung von Maßnahmen auf internationaler Ebene zur Bewältigung regionaler oder globaler Umweltprobleme (Art. 191 Abs. 1 AEUV). Der EU wird die Kompetenz auch für **Lenkungssteuern** eingeräumt, und zwar ohne dass insoweit ein unmittelbarer Zusammenhang mit der Verwirklichung des Binnenmarktes bestehen muss.

20 Die Befugnis hat bislang keine große praktische Bedeutung erlangt. Zunächst war geplant, gestützt auf diese Vorschrift in Verbindung mit Art. 113 AEUV eine **CO2-/Energiesteuer** zu schaffen.[31] Nachdem sich die ersten Richtlinienvorschläge als nicht konsensfähig erwiesen hatten, stellte die Kommission im Jahre 1997 einen Vorschlag für eine Richtlinie des Rates zur Restrukturierung der gemeinschaftlichen Rahmenvorschriften zur Besteuerung von Energieerzeugnissen vor.[32] Höhere Mindeststeuersätze und die Ausweitung auf bislang nicht als verbrauchsteuerpflichtige Waren erfasste Energieträger sollten zu einer Verringerung der CO2-Emissionen führen. Wegen politischer Widerstände hat sich jedoch auch dieser Richtlinienvorschlag Ende 2001 endgültig erledigt.[33] Verabschiedet wurde dagegen die Richtlinie 2003/96[34] zur Restrukturierung der gemeinschaftlichen Rahmenvorschriften zur Besteuerung von Energieerzeugnissen und elektrischem Strom, die am 1.1.2004 in Kraft getreten ist und die „insbesondere auf Art. 93 EGV" als Vorgängernorm zu Art. 113 AEUV gestützt wurde.

---

26 BVerfG v. 30.6.2009 – 2 BvE 2/08 u.a., Rn 256.

27 Zuletzt BVerfG v. 30.6.2009, 2 BvE 2/08 u.a., Leitsatz 4 und Rn 240 mwN; v. 6.7.2010, 2 BvR 2661/06, Rn 55; einen Ultra-vires-Akt ablehnend BVerfG v. 7.9.2011, 2 BvR 987/10 u.a., Rn 62, 71.

28 Vgl allgemein *Wernsmann*, in: Ehlers/Schoch, Rechtsschutz im Öffentlichen Recht, § 16 Rn 35 ff mwN.

29 Vgl BVerfG v. 6.7.2010, 2 BvR 2661/06, Rn 58 ff.

30 *Streinz*, EUV/AEUV, 2. Aufl., Art. 4 EUV, Rn 23.

31 ABl. 1992 C 196/1.

32 ABl. 1997 C 139/14.

33 Hierzu *Bongartz*, in: Peters/Bongartz/Schröer-Schallenberg, Verbrauchsteuerrecht, Rn A 18 f; *Calliess*, in: Calliess/Ruffert, Art. 192 AEUV, Rn 29. Vgl auch *Jatzke*, IStR 1999, 137 ff.

34 ABl. 2003 L 283; dazu *Jatzke*, BB 2004, 21.

3. Stand der Harmonisierung der indirekten Steuern

a) Umsatzsteuer

21 Am weitesten vorangeschritten ist bislang die Harmonisierung der Umsatzsteuer, der allgemeinen Verbrauchsteuer.[35] Bei keiner anderen Steuer sind die nationalen Rechtskreise so eng mit dem europarechtlichen Rechtskreis verzahnt wie im Umsatzsteuerrecht. Die Umsatzsteuer wird auf Basis einer EU-weit einheitlichen Bemessungsgrundlage erhoben.[36] Dies entspricht ihrer Bedeutung für den freien Warenverkehr im Binnenmarkt.[37] Freilich ist auch die Umsatzsteuer nicht vollharmonisiert, was an der Möglichkeit unterschiedlich hoher Steuersätze deutlich wird. Hier ist nach Art. 96 ff MwStSystRL nur ein Minimalsteuersatz in Höhe von 15 % vorgesehen, bei privilegierten Umsätzen nach Art. 99 Abs. 1 MwStSystRL gar nur in Höhe von 5 % (vgl Rn 26 f). Der Umsatzsteuer unterliegen nach Art. 2 MwStSystRL die Lieferung von Gegenständen sowie Dienstleistungen, die ein steuerpflichtiger Unternehmer im Inland gegen Entgelt ausführt, sowie die Einfuhr von Gegenständen und der innergemeinschaftliche Erwerb als solche.[38] Ihre Harmonisierung erfolgte im Wesentlichen in **vier Schritten**.

aa) Einführung des Allphasennettosystems

22 In Deutschland wurde erstmalig 1918 eine allgemeine, nicht auf Gewerbebetriebe beschränkte Umsatzsteuer eingeführt. Mit Urteil vom 20.12.1966[39] hat das BVerfG die mangelnde Wettbewerbsneutralität des in Deutschland bestehenden **Allphasenbruttosystems** festgestellt. Kurze Zeit danach wurde durch die erste und zweite Richtlinie über die Umsatzsteuer vom 11.4.1967[40] europaweit ein neues Umsatzsteuersystem, nämlich das **Allphasennettosystem**, eingeführt. Gemeinsam ist beiden Systemen, dass jeder Wirtschaftsvorgang – dh jede Leistung eines Unternehmers – der Umsatzbesteuerung unterworfen wird (Allphasensteuer). Während jedoch beim Allphasenbruttosystem die Steuerbelastung kumulierte, weil die Umsatzsteuer auch auf die bereits besteuerten Preisbestandteile erhoben wurde, die Steuerbelastung so mit der Anzahl der in der Wertschöpfungskette involvierten Unternehmen kontinuierlich zunahm und beim Leistungsempfänger als Kostenfaktor verblieb, wird die steuerliche Belastung der Eingangsumsätze im Allphasennettosystem durch den **Vorsteuerabzug** neutralisiert. Die Einführung dieses Systems beseitigte die bis dahin bestehende Benachteiligung kleinerer Betriebe und solcher Geschäfte, die nicht direkt vom Hersteller beliefert wurden, sondern Waren über den Großhandel beziehen mussten. Es wirkt sich idealtypisch für den Unternehmer vollkommen **belastungsneutral und damit wettbewerbsneutral** aus (**Grundsatz der Neutralität**).[41] Denn für den Unternehmer soll die Umsatzsteuer – wirtschaftlich betrachtet – kein Kostenfaktor, sondern nur ein durchlaufender Posten sein, von der er durch den

---

35 Ob die Umsatzsteuer eine Verbrauchsteuer oder eine Verkehrsteuer ist, ist streitig, wird inzwischen aber von der nahezu einhelligen Auffassung iSd ersten Ansicht entschieden. Jedenfalls das Unionsrecht und folglich auch der EuGH ordnet die Mehrwertsteuer in Art. 2 Abs. 1 der 1. Umsatzsteuer-RL eindeutig als Verbrauchsteuer ein. Zu dem Streit vgl *Jakob*, Umsatzsteuer, 4. Aufl., Rn 11; *Söhn*, StuW 1975, 1, 17; *ders.*, StuW 1996, 165, 166; *Streng*, Zuschüsse und Subventionen im Umsatzsteuerrecht, 108 ff.; für die Qualifizierung als Verbrauchsteuer auch etwa EuGH v. 5.5.1982, Rs. 15/81, Slg 1982, 1409, Rn 10; v. 3.10.2006, Rs. C-475/03 (Banca popolare), Rn 28; st. Rspr; *Kamann*, in: Streinz, EUV/AEUV, 2. Aufl., Art. 113 AEUV, Rn 18; aA *Theile*, StuW 1996, 154; *ders.*, Wettbewerbsneutralität der harmonisierten Umsatzsteuer, 1995, 135 ff; *Weiß*, UR 1982, 242, 246; für Einordnung der Umsatzsteuer als Verkehrsteuer auch noch BFH BStBl. II 1988, 1017, 1019.

36 *Haase*, Internationales und Europäisches Steuerrecht, 3. Aufl., Rn 759.

37 *Haag*, in: Bieber/Epiney/Haag, Die Europäische Union, 10. Aufl., § 19, Rn 11.

38 Beim innergemeinschaftlichen Erwerb von Gegenständen gegen Entgelt im Gebiet eines Mitgliedstaates sind allerdings die in Art. 3 MwStSystRL normierten Abweichungen zu berücksichtigen.

39 BVerfG v. 20.12.1966, 1 BvR 320/57, 70/63, BVerfGE 21, 12 ff.

40 ABl. 1967, 1301 sowie 1303.

41 Als weitere Ausprägung des Grundsatzes der Neutralität entwickelte der EuGH das Gebot der Wettbewerbsneutralität mit dem Inhalt, hinsichtlich der Umsatzsteuer auf Ausgangsumsätze gleichartige und deshalb miteinander in Wettbewerb stehende Waren und Dienstleistungen nicht unterschiedlich zu behandeln. St. Rspr.; vgl nur EuGH v. 29.10.2009, Rs. C-29/08 (Skatteverket), Rn 67; v. 10.11.2011, Rs. C-259/10 und C-260/10 (The Rank Group plc), Rn 32.

Vorsteuerabzug vollständig entlastet wird. Um den Unternehmer auch nicht vorübergehend zu belasten, darf der Vorsteuerabzug sofort ausgeübt werden (**Grundsatz des Sofortabzuges**).[42]

bb) Sechste Umsatzsteuerrichtlinie

Die (mittlerweile aufgehobene, Rn 28) RL 77/388/EWG, sog. 6. Umsatzsteuerrichtlinie vom 17.5.1977, definierte den Anwendungsbereich des neuen Umsatzsteuersystems grundlegend.[43] Angeglichen wurden vor allem die **steuerliche Bemessungsgrundlage**, der **Steuertatbestand** sowie die **Pflichten des Steuerpflichtigen.** Schließlich enthielt die Richtlinie eine Liste der **Steuerbefreiungen.** 23

Erforderlich geworden war diese Richtlinie in erster Linie durch den Beschluss, der Gemeinschaft zum Ausgleich ihres Haushalts Mehrwertsteuereinnahmen der Mitgliedstaaten zuzuweisen.[44] 1 % der Bemessungsgrundlage sollte abzuführen sein (Art. 4 Abs. 1 S. 2 des Beschlusses). Um eine anteilsmäßig gleiche Finanzierung der Gemeinschaft durch die Mitgliedstaaten zu erreichen, musste die Bemessungsgrundlage vereinheitlicht werden. Anderenfalls hätten die Mitgliedstaaten durch Veränderungen der Bemessungsgrundlage Einfluss auf die Höhe der abzuführenden Beträge nehmen können.[45]

cc) Binnenmarkt-Richtlinie

Zum 31.12.1992 erfolgte die Vollendung des Binnenmarktes (vgl Art. 14 Abs. 1 EGV, jetzt Art. 26 Abs. 1 AEUV). Dieses Ereignis hatte auch steuerrechtliche Konsequenzen, denn durch den Wegfall der Grenzkontrollen konnten ab dem 1.1.1993 keine körperlichen Kontrollen der Warenbewegungen mehr durchgeführt werden. Hierdurch entstand im Umsatzsteuerrecht eine Gefahr für die Gleichmäßigkeit der Besteuerung. Das **Bestimmungslandprinzip**, nach dem der empfangende Unternehmer die Einfuhr zu versteuern hat, kann nur funktionieren, wenn die Finanzverwaltung des Bestimmungslandes auch Informationen darüber erlangt, dass umsatzsteuerbare Leistungen ausgeführt werden. 24

Mit der Binnenmarktrichtlinie[46] sollten die drohenden Verifikationsprobleme durch ein **Übergangssystem** beseitigt werden. Zu diesem Zweck wurden die Kontrollen von der Grenze in die anderen Mitgliedstaaten und dort in die Betriebe verlagert.[47] Daneben wurden einige weitere Änderungen vorgenommen. Statt der Einfuhr wird nunmehr der **innergemeinschaftliche Erwerb** (Art. 28 a Abs. 1, 1 a, 28 c Teil B. der 6. Umsatzsteuerrichtlinie [jetzt Art. 2 Abs. 1 lit. b, 68 f MwStSystRL], §§ 1 Abs. 1 Nr. 5, 1 a UStG) besteuert. Da es sich hierbei um einen normalen Besteuerungstatbestand handelt, sind die Landesfinanzbehörden (und nicht die Zollbehörden) sachlich zuständig. Zudem ist die Ausfuhrlieferung durch die steuerfreie innergemeinschaftliche Lieferung ersetzt worden (Art. 28 c Teil A. 6. Umsatzsteuerrichtlinie [jetzt Art. 138 f MwStSystRL], §§ 4 Nr. 1 b, 6 a UStG). Damit soll eine Doppelbesteuerung innergemeinschaftlicher Lieferungen, die dem Grundsatz der steuerlichen Neutralität (vgl Rn 22) zuwiderliefe, vermieden werden.[48] Das ursprünglich als Übergangsregelung gedachte System ist mittlerweile wohl als endgültiges Konzept anerkannt.[49] 25

In weiteren Richtlinien wurden umsatzsteuerrechtliche Details geändert.

---

42 EuGH v. 21.9.1988, Rs. 50/87 (Kommission/Frankreich), Slg 1988, 4797, 4817, Rn 16; v. 10.7.2008, Rs. C-25/07 (Alicja Sosnowska), Rn 15; v. 24.10.2013, Rs. C-431/12 (SC Rafinaria Steaua Româna SA), Rn 22 f, worin der EuGH sogar so weit geht, dem Steuerpflichtigen Verzugszinsen zuzusprechen, wenn die Erstattung nicht innerhalb einer angemessenen Frist erfolgte.

43 ABl. 1977 L 145/1.

44 ABl. 1970 L 94/19.

45 *Mick*, Die Steuerkonzeption der Europäischen Union, 1995, S. 79.

46 RL 91/680/EWG v. 16.12.1991, ABl. 1991 L 376/1.

47 *Förster*, in: Bleckmann, Europarecht, 6. Aufl., Rn 2019.

48 EuGH v. 27.9.2007, Rs. C-409/04 (Teleos), Rn 25.

49 *Robisch*, in: Bunjes/Geist, § 6 a Rn 1.

26 Die Steuersatzrichtlinie[50] schränkte die Freiheit der Mitgliedstaaten ein, die **Steuersätze** frei festzulegen. Es erfolgte jedoch keine Vereinheitlichung. Festgelegt wurde lediglich, dass der Normalsteuersatz 15 % nicht unterschreiten darf. Der ermäßigte Steuersatz musste mindestens 5 % betragen. Bestehende Nullsteuersätze und niedrigere ermäßigte Steuersätze blieben zulässig. Die Normalsteuersätze reichen von 15 % in Luxemburg bis zu 27 % in Ungarn.

27 Aus **Sicht des Binnenmarktes** und des Art. 113 AEUV erscheinen die unterschiedlich hohen Steuersätze unbefriedigend. Denn sie beeinflussen den zwischenstaatlichen Wettbewerb. Das mag nicht der Fall sein, solange das **Bestimmungslandprinzip** gilt, nach dem bei einer grenzüberschreitenden innergemeinschaftlichen Lieferung der Verbraucher mit dem Umsatzsteuersatz desjenigen Staates belastet wird, in dem der Verbrauch stattfindet. Auch insoweit ist aber denkbar, dass in grenznahen Bereichen ein Anreiz besteht, Waren und Leistungen in Mitgliedstaaten mit niedrigeren Steuersätzen zu beziehen. Hingegen erfolgt bei Anwendung des Ursprungslandprinzips die Umsatzbesteuerung mit dem Satz des Exportlandes, also desjenigen Staates, in welchem die Leistung erbracht wurde.[51] Die Anwendung des **Ursprungslandprinzips** kann somit dazu führen, dass eine aus dem Ausland stammende Leistung teurer oder billiger und damit attraktiver oder weniger attraktiv für den inländischen Verbraucher sein kann. Eine Gleichbehandlung mit den inländischen, unmittelbar konkurrierenden Umsätzen erfolgt insoweit nicht. Vielmehr kann die unterschiedliche Höhe der Steuersätze im Rahmen der Umsatzsteuer aufgrund ihres Einflusses auf den Preis den Wettbewerb verzerren, was durch die Harmonisierung eigentlich verhindert werden soll. Andererseits verbleibt den Mitgliedstaaten durch die Festlegung der Steuersätze innerhalb eines Korridors ein **zentrales Mittel politischer Gestaltung**, indem sie selbst die Höhe der steuerlichen Belastung festlegen (vgl Rn 17).

dd) Mehrwertsteuersystemrichtlinie

28 Die RL 2006/112/EG (sog. Mehrwertsteuersystemrichtlinie) löste bei ihrem Inkrafttreten am 1.1.2007 die 6. Umsatzsteuerrichtlinie als zentrale Harmonisierungsregelung auf dem Gebiet des Umsatzsteuerrechts ab. Inhaltlich entspricht die Mehrwertsteuersystemrichtlinie der 6. Umsatzsteuerrichtlinie einschließlich deren Änderungen.

Der Rat der EU hat im Rahmen des sog. MwSt-Paketes am 12.2.2008 zudem die RL 2008/8/EG[52] zur Änderung der Mehrwertsteuersystemrichtlinie verabschiedet. Diese regelt insbesondere den Ort von Dienstleistungen neu. Die Bundesrepublik Deutschland hat die Änderungen durch das Jahressteuergesetz 2009 umgesetzt. Mit der RL 2009/162/EU[53] zur Änderung verschiedener Bestimmungen der Mehrwertsteuersystemrichtlinie wurde mit Art. 168 a MwStSystRL (umgesetzt in § 15 Abs. 1 b UStG) beispielsweise eine Regelung aufgenommen, die der sog. Seeling-Rechtsprechung[54] den Riegel vorschiebt. Mehrere kleine Änderungen der Rechnungsstellungsvorschriften ergaben sich durch die RL 2010/45/EU.[55]

ee) Ausblick

29 Die Einführung eines endgültigen Umsatzsteuersystems im Binnenmarkt ist bislang nicht absehbar. Ein Vorschlag der Kommission, wonach grenzüberschreitende Lieferungen zu den Bedingungen des Lieferstaates (= des Ursprungslands) versteuert werden sollten wie entsprechende binnenstaatliche Lieferungen, war unter den Mitgliedstaaten nicht konsensfähig.[56] Nach diesem Konzept sollte der importierende Unternehmer die Umsatzsteuer des Ursprungslandes in seinem Heimatland als Vorsteuer abziehen dürfen. Im Rahmen eines Clearingverfahrens sollte dem Bestimmungsland die ver-

50 V. 19.10.1992, ABl. 1992 L 316/1.
51 Vgl *Jakob*, Umsatzsteuer, 4. Aufl., Rn 39.
52 RL 2008/8/EG v. 12.2.2008, ABl. L 44/11 v. 20. 2. 2008.
53 V. 22.12.2009, ABl. 2009 L 10/14.
54 EuGH v. 8.5.2003, Rs. C-269/00 (Seeling).
55 V. 13.7.2010, ABl. 2010 L 189/1, 299/46.
56 Vgl hierzu *Englisch*, in: Tipke/Lang, Steuerrecht, 21. Aufl., § 17, Rn 399.

gütete Vorsteuer des Ursprungslandes erstattet werden. Letztendlich sollte tatbestandstechnisch das Ursprungslandprinzip und bezüglich der Zuweisung des Steueraufkommens das Bestimmungslandprinzip verwirklicht werden.[57] Zur Gewährleistung von Wettbewerbsneutralität sollten gleichzeitig die Steuersätze vereinheitlicht werden.

Inzwischen hat die Kommission diesen Vorschlag jedoch aufgegeben und strebt seitdem eine konsequente Besteuerung nach dem Bestimmungslandprinzip an.[58]

Das Institut des Vorsteuerabzugs schafft viele Missbrauchsmöglichkeiten, etwa wenn mehrere Unternehmer in Karussellgeschäften planmäßig zusammenwirken.[59] Dem versucht der nationale Gesetzgeber durch die Haftungstatbestände der §§ 25 d, 13 c und 13 d UStG entgegenzuwirken. Auf EU-Ebene soll dem Mehrwertsteuerbetrug vor allem durch den in der VO 904/2010 geschaffenen verstärkten Informationsaustausch begegnet werden (vgl Rn 130 ff). Eine grundlegende Systemänderung wird es in naher Zukunft aber wohl nicht geben. 30

b) Sonstige Verbrauchsteuern

aa) Verbrauchsteuerliche Sekundärrechtsakte

Eine Angleichung der sonstigen Verbrauchsteuern[60] erfolgte im Gegensatz zur Umsatzsteuer erst spät. Bis zum Anfang der 90er Jahre des 20. Jh. war die Harmonisierung bei ihnen kaum vorangekommen. Die Arbeiten und Versuche zu einer Harmonisierung wurden vor allem dadurch erschwert, dass die Mitgliedstaaten etwa vierzig unterschiedliche Verbrauchsteuern erhoben.[61] Dennoch machte der Stichtag des 31.12.1992, zu dem der Binnenmarkt vollendet werden sollte, eine Angleichung der sonstigen Verbrauchsteuern unabdingbar. Auch die besonderen Verbrauchsteuern sollten so weit angeglichen werden, dass eine Grenzkontrolle weitgehend entbehrlich werden konnte. Zudem sollten das Dickicht verschiedenster Verbrauchsteuern zerschlagen und nur noch an den Steuern auf Alkohol (insbesondere Bier und Wein), Tabak und Mineralöl festgehalten werden.[62] Zu diesem Zweck wurden noch 1992 verschiedene die sonstigen Verbrauchsteuern betreffende Rechtsakte erlassen. 31

Am wichtigsten ist die RL 2008/118/EG vom 16.12.2008, die sog. **Systemrichtlinie.**[63] Die Richtlinie regelt die Verbrauchsteuern, die unmittelbar oder mittelbar auf den Verbrauch von Waren erhoben werden (Art. 1 Abs. 1 Systemrichtlinie). Erfasst werden jedoch nicht alle indirekten Steuern, sondern nur diejenigen, die sich auf folgende Waren beziehen: 32

- Energieerzeugnisse und elektrischer Strom gemäß der Richtlinie 2003/96/EG,[64]
- Alkohol und alkoholische Getränke sowie
- Tabakwaren.

Die Richtlinie erlaubt den Mitgliedstaaten, daneben Steuern auf andere Waren beizubehalten, sofern sie nicht zu Formalitäten beim Grenzübertritt führen (Art. 1 Abs. 3 lit. a Systemrichtlinie). Hiervon macht die Bundesrepublik Deutschland mit der Besteuerung von Kaffee Gebrauch. Daneben dürfen Steuern auf Dienstleistungen erhoben werden, soweit es sich nicht um umsatzbezogene Steuern handelt (Art. 1 Abs. 3 lit. b Systemrichtlinie). Letztere werden bereits abschließend durch die Mehrwertsteuersystemrichtlinie (Rn 28) geregelt. Nach Art. 1 Abs. 2 der Richtlinie dürfen auf Energieerzeugnisse und elektrischen Strom, Alkohol und alkoholische Getränke sowie Tabakwaren

57 *Englisch*, in: Tipke/Lang, Steuerrecht, 21. Aufl., § 17 Rn 399.
58 Mitteilung der Kommission v. 6.12.2011 zur Zukunft der Mehrwertsteuer, KOM (2011) 851 endgültig, S. 5 f.
59 *Englisch*, in: Tipke/Lang, Steuerrecht, 21. Aufl., § 17 Rn 464; zu den Karussellgeschäften *Kemper*, UR 2005, 1 ff.
60 Einen systematischen Überblick über die harmonisierten Verbrauchsteuern bieten *Jatzke*, Das System des deutschen Verbrauchsteuerrechts unter Berücksichtigung der Ergebnisse der Verbrauchsteuerharmonisierung in der Europäischen Union, 1997, passim; *Müller*, Struktur, Entwicklung und Begriff der Verbrauchsteuern, 1997, passim.
61 *Förster*, in: Bleckmann, Europarecht, 6. Aufl., Rn 2025.
62 *Bongartz*, in: Peters/Bongartz/Schröer-Schallenberg, Verbrauchsteuerrecht, Rn A 10.
63 ABl. 2009 L 9/12. Die Richtlinie ersetzte die RL 92/12/EWG v. 25.2.1992, ABl. 1992 L 76/1.
64 V. 27.10.2003, ABl. 2003 L 283/51.

andere indirekte Steuern erhoben werden, wenn sie u.a. eine „besondere Zielsetzung“ verfolgen.[65] Darunter können **Lenkungszwecke** fallen, richtiger Ansicht nach aber nicht solche Zwecke, die bloß eine bestimmte Art der Verwendung des Aufkommens vorsehen.[66] Denn dabei handelt es sich letztlich allein um fiskalische Interessen, die keine besondere über den bei einer Steuer stets (vgl § 3 Abs. 1 AO) erforderlichen Zweck der Einnahmeerzielung hinausgehende Zwecksetzung verfolgen.

33 Ohne die Öffnungsklauseln für nationale Regelungen wäre es zu der erforderlichen Einstimmigkeit im Rat nicht gekommen. Den Mitgliedstaaten wurde erst hierdurch die Möglichkeit gegeben, umwelt-, sozial- und gesundheitspolitisch motivierte **Lenkungssteuern** einzuführen oder beizubehalten. Gedacht war insbesondere an die Schaffung von umweltbezogenen Steuern auf Mineralöle.[67] Diese Steuern dürfen nicht zu Grenzformalitäten führen; Kontrollen dürfen nur im Landesinneren erfolgen.

34 Art. 3 Abs. 1 Systemrichtlinie verweist zum Zwecke der Definition der verbrauchsteuerpflichtigen Waren auf die „einschlägigen Richtlinien“. Die Richtlinien, in denen die einzelnen Warengruppen festgelegt werden, werden als **Strukturrichtlinien** bezeichnet. Sie zielen auf die Harmonisierung der Bemessungsgrundlage ab. Daher finden sich in ihnen auch Vorschriften über Befreiungen und Ermäßigungen. Da es sich um besondere steuerartspezifische Vorschriften handelt, existieren Richtlinien für jede der in Art. 3 Abs. 1 Systemrichtlinie genannten Warengruppen:

– Richtlinie 2011/64/EU des Rates über die Struktur und die Sätze der Verbrauchsteuern auf Tabakwaren,[68] welche die Richtlinie 95/59/EG[69] ersetzte,
– Richtlinie 2003/96/EG des Rates zur Restrukturierung der gemeinschaftlichen Rahmenvorschriften zur Besteuerung von Energieerzeugnissen und elektrischem Strom,[70] welche die bis dahin geltende Richtlinie 92/81/EWG[71] ersetzte, und
– Richtlinie 92/83/EWG des Rates zur Harmonisierung der Struktur der Verbrauchsteuern auf Alkohol und alkoholische Getränke.[72]

35 Die **Steuersatzrichtlinien** regeln die Mindeststeuersätze. Da es sich auch hier um steuerartspezifische Vorschriften handelt, gibt es grundsätzlich für die in Art. 3 Abs. 1 Systemrichtlinie genannten Waren eigene Steuersatzrichtlinien:

– für die Tabaksteuer die Richtlinie 2011/64/EU des Rates über die Struktur und die Sätze der Verbrauchsteuern auf Tabakwaren,[73] welche die Richtlinie 92/79/EWG des Rates zur Annäherung der Verbrauchsteuern auf Zigaretten[74] und die Richtlinie 92/80/EWG des Rates zur Annäherung der Verbrauchsteuern auf andere Tabakwaren als Zigaretten[75] ersetzte, sowie
– die Richtlinie 92/84/EWG des Rates über die Annäherung der Verbrauchsteuersätze auf Alkohol und alkoholische Getränke.[76]

Die Richtlinie 92/82/EWG des Rates zur Annäherung der Verbrauchsteuersätze für Mineralöle[77] ist durch die Richtlinie 2003/96/EG[78] des Rates zur Restrukturierung der gemeinschaftlichen Rah-

65 ZB die seit dem 1.7.2004 mit der Zielvorgabe des Jugendschutzes erhobene Steuer auf sog. Alkopops. Vgl zur Vereinbarkeit der Kernbrennstoffsteuer mit der Systemrichtlinie Rn 38.
66 Dazu EuGH v. 24.2.2000, Rs. C-434/97 und v. 9.3.2000, Rs. C-437/97. Ausführlich und näher *Wernsmann*, Verhaltenslenkung in einem rationalen Steuersystem, 2005, S. 452 ff mwN.
67 *Bongartz*, in: Peters/Bongartz/Schröer-Schallenberg, Verbrauchsteuerrecht, Rn B 12.
68 V. 21.6.2011, ABl. 2011 L 176/24.
69 V. 27.11.1995, ABl. 1995 L 291/40.
70 V. 27.10.2003, ABl. 2003 L 283/51.
71 V. 19.10.1992, ABl. 1992 L 316/12.
72 V. 19.10.1992, ABl. 1992 L 316/21.
73 V. 21.6.2011, ABl. 2011 L 176/24.
74 V. 19.10.1992, ABl. 1992 L 316/8.
75 V. 19.10.1992, ABl. 1992 L 316/10.
76 V. 19.10.1992, ABl. 1992 L 316/29.
77 V. 19.10.1992, ABl. 1992 L 316/19.
78 V. 27.10.2003, ABl. 2003 L 283/51.

menvorschriften zur Besteuerung von Energieerzeugnissen und elektrischem Strom ersetzt worden, die nun diesen Themenbereich mit regelt.

bb) Umsetzung in nationales Recht

Der deutsche Gesetzgeber hat das nationale **Verbrauchsteuerrecht** fast vollständig umgestaltet, um seiner Umsetzungsverpflichtung (Art. 288 Abs. 3, Art. 4 AEUV) nachzukommen. Im gleichen Zuge wurden die kleineren Verbrauchsteuern auf Salz, Zucker, Tee und Leuchtmittel abgeschafft. Seither gibt es in Deutschland nur noch eine Biersteuer,[79] eine Branntweinsteuer,[80] eine Steuer auf Energieerzeugnisse,[81] eine Steuer auf Schaumwein und Zwischenerzeugnisse,[82] eine Tabaksteuer[83] sowie seit 2011 eine Kernbrennstoffsteuer[84] (vgl dazu Rn 38). 36

Eine in Deutschland bestehende Besonderheit ist die **Kaffeesteuer,**[85] die nicht zu den harmonisierten Verbrauchsteuern gehört, dennoch aber nicht beseitigt werden musste. Art. 1 Abs. 3 lit. a Systemrichtlinie erlaubt den Mitgliedstaaten, auch auf andere als die in Art. 1 Abs. 1 Systemrichtlinie genannten Waren Steuern zu erheben, sofern diese Steuern keine mit dem Grenzübertritt verbundenen Formalitäten nach sich ziehen. Das Bestehen der Kaffeesteuer führt allerdings dazu, dass gerade bei Verbrauchern im grenznahen Bereich die preiserhöhende Wirkung der Kaffeesteuer einen Anreiz ausübt, Kaffee im nahe gelegenen Ausland zu erwerben. Die fehlende Harmonisierung führt zu Wettbewerbsverzerrungen. 37

Vor dem unionsrechtlichen Hintergrund wird die Vereinbarkeit der seit dem 1.1.2011 erhobenen Kernbrennstoffsteuer mit der Systemrichtlinie diskutiert. Sie stellt sich als Verbrauchsteuer im Sinn des EU-Rechts dar.[86] Da sie eine Besteuerung der zur Herstellung von elektrischem Strom verwendeten Energieerzeugnisse bewirkt, nahmen das FG Hamburg[87] und Teile der Literatur einen Verstoß des KernbrStG gegen Art. 14 Abs. 1 lit. a Satz 1 der Richtlinie 2003/96/EG an, der eine solche Inputbesteuerung und damit Doppelbesteuerung von Strom vermeiden wolle.[88] Die Kernbrennstoffsteuer stelle sich als mittelbare Steuer auf den Verbrauch von Strom dar und ist deshalb nicht mit Art. 1 Abs. 1 Systemrichtlinie vereinbar.[89] Denkbar bleibt eine Subsumtion unter Art. 1 Abs. 2 Systemrichtlinie. Danach müsste die Kernbrennstoffsteuer einen „besonderen Zweck" verfolgen. Dabei genügen reine Haushaltszwecke jedenfalls nicht.[90] 38

Eine **Sonderstellung** nimmt die **Weinsteuer** ein. Art. 5 Alkohol-Steuersatzrichtlinie setzt einen Mindeststeuersatz von 0 ECU (European Currency Unit als die damalige Währungseinheit) je Hektoliter Wein fest. Das hat die Bundesrepublik zum Anlass genommen, auf eine Besteuerung von Wein gänzlich zu verzichten. Zwar enthalten §§ 32 f SchaumwZwStG einen Teil 3 mit nur auf Wein 39

79 Biersteuergesetz (BierStG 2009) v. 15.7.2009, BGBl. I 2009, 1870, 1908, zuletzt geändert durch Art. 1 Sechstes Gesetz zur Änderung von Verbrauchsteuergesetzen, v. 16.6.2011, BGBl. I 2011, 1090.

80 §§ 130 bis 154 BranntwMonG (Gesetz über das Branntweinmonopol) v. 8.4.1922, zuletzt geändert durch Art. 1 Branntweinmonopolabschaffungsgesetz v. 21.6.2013, BGBl. I 2013, 1650.

81 Energiesteuergesetz (EnergieStG) v. 15.7.2006, BGBl. I 2006, 1534, zuletzt geändert durch Art. 1 Gesetz zur Änderung des Energie- und Stromsteuergesetzes sowie zur Änderung des Luftverkehrsteuergesetzes v. 5.12.2012, BGBl. I 2012, 2436.

82 Gesetz zur Besteuerung von Schaumwein und Zwischenerzeugnissen (SchaumwZwStG) v. 15.7.2009, BGBl. I 2009, 1870.

83 Tabaksteuergesetz (TabStG) v. 15.7.2009, BGBl. I 2009, 1870.

84 Kernbrennstoffsteuergesetz (KernbrStG) v. 8.12.2010, BGBl. I 2010, 1804.

85 Kaffeesteuergesetz (KaffeeStG) v. 15.7.2009, BGBl. I 2009, 1870, 1919.

86 *Kube*, IStR 2012, 553, 554; zur Einordnung als Verbrauchsteuer im Sinn des deutschen Finanzverfassungsrechts vgl *Wernsmann*, NVwZ 2011, 1367, 1368 f.

87 Az.: 4 K 122/13 (Vorabentscheidungsersuchen an EuGH). Zuvor hatte das FG Hamburg das KernbrStG wegen Zweifel an der Gesetzgebungskompetenz des Bundes nach Maßgabe von Art. 100 Abs. 1 GG dem BVerfG vorgelegt, Az.: 4 K 270/11. Kritisch zu diesem prozessrechtlichen Vorgehen *Gärditz*, ZfZ 2014, 18, 21 f.

88 *Kube*, IStR 2012, 553, 555 ff; *Englisch*, in: Tipke/Lang, 21. Aufl., § 18 Rn 118; *Stein/Thoms*, BB 2011, 471, 477. Eine direkte Anwendung scheidet aus, da Kernbrennstoff kein Erzeugnis im Sinne des Art. 2 EnergieStRL ist.

89 Ebenso *Kube*, IStR 2012, 553, 555 ff; *Stein/Thoms*, BB 2011, 471, 477.

90 EuGH v. 24.2.2000, Rs. C-434/97 (Kommission/Frankreich), Rn 19; v. 10.3.2005, Rs. C-491/03 (Hermann), Rn 16.

bezogenen Regelungen. Dennoch sieht das Gesetz keine steuer**tariflichen** Regelungen vor. Überhaupt verzichtet es darauf, Wein zu einem Steuer**gegenstand** zu machen. Es findet sich im ganzen Teil 3 keine Vorschrift, nach der Wein im Steuergebiet der Weinsteuer unterliegen soll.[91] Das hat in der Literatur Zweifel hervorgerufen, ob das geltende Recht mit europäischem Primärrecht vereinbar ist. Art. 110 AEUV verbietet gerade, dass gleichartige inländische Waren unmittelbar oder mittelbar geringere Abgaben zu tragen haben, als Waren aus anderen Mitgliedstaaten. Streitpunkt ist daher, ob Wein eine gleichartige Ware zu anderen alkoholischen Getränken darstellt, die dem Nullsteuersatz nicht unterliegen. Sollte das zu verneinen sein, stellt sich aber immer noch die Frage, ob Wein nicht wenigstens zu anderen alkoholischen Getränken in einem Substitutions- oder Wettbewerbsverhältnis steht (vgl Art. 110 Abs. 2 AEUV).[92]

Die rechtliche Konstruktion der Weinbesteuerung ist jedenfalls unübersichtlich: Wein nicht zu einem eigenen Steuergegenstand zu machen widerspricht einerseits Art. 7 Abs. 1 der Alkoholsteuer-Strukturrichtlinie, nach dem die Mitgliedstaaten nach Maßgabe dieser Richtlinie eine Verbrauchsteuer auf Wein erheben. Die Mitgliedstaaten haben nach Art. 7 Abs. 2 der Alkoholsteuer-Strukturrichtlinie nur die Steuersätze festzulegen. Diese eindeutigen Vorgaben der Richtlinie hat der deutsche Gesetzgeber nicht erfüllt. Andererseits steht der bestehende Rechtszustand im Ergebnis im Einklang mit der Richtlinie, weil diese einen Nullsteuersatz auf Wein ermöglicht.

cc) Bewertung der Harmonisierung

40 Das bestehende System stellt weder eine vollständige Wettbewerbsgleichheit her noch entspricht es voll der Forderung nach freiem und ungehindertem Warenverkehr. Damit wird der derzeitige Zustand dem Auftrag des Art. 113 AEUV nur teilweise gerecht. Gerade im privaten Reiseverkehr wirken sich die unterschiedlichen Steuersätze wettbewerbsverzerrend aus. Hier ist eine weitergehende Harmonisierung erforderlich. Schädlich wirkt sich auch die Kumulationswirkung der Verbrauchsbesteuerung aus. Denn durch die unterschiedlichen Steuersätze (etwa bei den Energieerzeugnissen) wird auch in unterschiedlichem Umfang auf die Bemessungsgrundlage der Umsatzsteuer eingewirkt. Bedenken im Hinblick auf den Binnenmarkt bestehen schließlich auch gegen das

91 Vgl auch *Schröer-Schallenberg*, in: Peters/Bongartz/Schröer-Schallenberg, Verbrauchsteuerrecht, Rn H 202.

92 Vgl *Schröer-Schallenberg*, in: Peters/Bongartz/Schröer-Schallenberg, Verbrauchsteuerrecht, Rn H 201; ein Substitutionsverhältnis bejaht der EuGH zwischen Bier und billigem Konsumwein, EuGH v. 12.7.1983, Rs. 170/78 (Kommission/Vereinigtes Königreich), Rn 12; v. 17.6.1999, Rs. C-166/98 (Socridis), Rn 18; v. 8.4.2008, Rs. C-167/05 (Kommission/Schweden), Rn 43. – Freilich folgen die unionsrechtlichen Bestimmungen selbst nicht einer einheitlichen Betrachtung: Wenn Art. 5 EWG-RL 92/84 den Mindeststeuersatz für Wein auf 0 ECU festlegt und Art. 6 derselben RL den Mindeststeuersatz für Bier auf 0,748 ECU je hl/Grad Plato oder 1,87 ECU je hl/Grad Alkohol, so ist nicht erkennbar, wo hier die Rechtfertigung für die unterschiedliche Besteuerung trotz gleichen Alkoholgehalts liegen soll. De lege lata lässt sich daraus jedoch kein Argument herleiten. Denn eine „besondere Zielsetzung" fordert Art. 1 Abs. 2 System-RL nur für „andere indirekte Steuern" als Steuern auf Energieerzeugnisse und elektrischen Strom, Alkohol und alkoholische Getränke sowie Tabakwaren, nicht für die von der RL selbst geregelten Steuern. Die RL selbst soll nicht gegen Primärrecht verstoßen (zweifelhaft allerdings in der Begründung BFH v. 5.8.2002, VII R 105/99, BFHE 200, 57, unter Bezugnahme auf EuGH v. 17.6.1999, Rs. C-166/98 (Socridis), Slg 1999, I-3791, Rn 19: Die RL lasse dem nationalen Gesetzgeber Freiraum und verstoße schon deshalb nicht gegen Primärrecht); zu denken wäre hier freilich an einen Verstoß der Unionsorgane gegen den unionsgrundrechtlich geltenden allg. Gleichheitssatz; vgl dazu Art. 20, 51 Abs. 1 GRC, Art. 6 Abs. 2 EUV und *Kingreen*, in: Ehlers, Europäische Grundrechte und Grundfreiheiten, 4. Aufl., § 21, Rn 4. Denn auch die Festlegung völlig unterschiedlicher Mindeststeuersätze bedürfte richtiger Ansicht nach der Rechtfertigung vor dem Gleichheitssatz. EuGH v. 17.6.1999, Rs. C-166/98 (Socridis), Rn 25, 30 begnügt sich insoweit mit der Feststellung, dass es nicht Ziel der RL gewesen sei, die Mindeststeuersätze für Bier und Wein einander anzunähern, sondern die jeweilige Bierbesteuerung einerseits und die jeweilige Weinbesteuerung andererseits – je für sich – zu harmonisieren. – Und auch die deutsche Nichtbesteuerung von Wein verstößt weder gegen die RL (die ja gerade für Wein einen Mindeststeuersatz von 0 festlegt) noch gegen Primärrecht. BFH v. 5.8.2002, VII R 105/99, BFHE 200, 57 lehnt einen Verstoß gegen das Verbot von Schutzmaßnahmen (Art. 110 Abs. 2 AEUV) mit der Begründung ab, dass Wein und Bier nicht in einem Wettbewerbsverhältnis stünden (allenfalls könne dies für „billigen Konsumwein" in Betracht kommen) und zudem gerade der in Deutschland verkaufte (steuerlich privilegierte) Wein zu *mehr als 50 % aus dem Ausland stamme*, während das (steuerlich benachteiligte) Bier, das in Deutschland verkauft werde, überwiegend aus heimischer Produktion stamme. Von einer „mittelbar protektionistischen Wirkung" zugunsten „billigen Konsumweins aus eigener Herstellung" durch Besteuerung EU-ausländischen Biers könne also keine Rede sein. Zu Art. 110 AEUV vgl noch unten Rn 44 ff.

Steuerlagersystem beim innergemeinschaftlichen Warenverkehr.[93] Eine Änderung des bestehenden rechtlichen Zustandes ist aber – zumal es sich im Gegensatz zum Umsatzsteuerrecht um das endgültige System handeln soll – nicht absehbar.

c) Kapitalverkehrsteuern

Hinsichtlich der indirekten Steuern auf die Ansammlung von Kapital wurde bereits im Jahre 1969 eine Richtlinie erlassen,[94] die diesen Bereich nur punktuell angleicht. Die Richtlinie dient dem freien Kapitalverkehr, indem Hindernisse im Bereich der Gesellschaftsteuern, der Börsenumsatzsteuer und der Wertpapiersteuern abgebaut werden sollen. 41

Der Vorschlag der Europäischen Kommission vom 28.9.2011 zur Einführung eines europaweiten Finanztransaktionssteuersystems[95] mit dem Ziel der Harmonisierung der indirekten Besteuerung von Finanztransaktionen scheiterte unter anderem am Widerstand von Großbritannien und Schweden. Infolgedessen unterbreitete die Kommission am 14.2.2013 einen auf Art. 113 AEUV gestützten neuen Richtlinienvorschlag über die Umsetzung einer Verstärken Zusammenarbeit, Art. 326 AEUV, im Bereich der **Finanztransaktionssteuer.**[96] Danach haben die in den elf an der Verstärkten Zusammenarbeit teilnehmenden Mitgliedstaaten ansässigen Finanzinstitute für jede Finanztransaktion eine Transaktionssteuer zu entrichten.[97] Die Richtlinie verfolgt folgende Ziele: Zum einen sollen die innerhalb einzelner Mitgliedstaaten geltenden Regelungen zur Transaktionssteuer[98] harmonisiert werden; zum anderen soll der Finanzsektor einen Beitrag zu den Kosten der jüngsten Finanzkrise leisten; und ferner soll die Finanzmarktstabilität verbessert werden, indem unerwünschte Verhaltensweisen verteuert werden.[99] Bedenken gegen Art. 113 AEUV als Rechtsgrundlage[100] erweisen sich als unberechtigt. Trotz derzeit fehlender Regelungen in den meisten Mitgliedstaaten ist gestützt auf Art. 113 AEUV eine präventive Rechtsangleichung möglich. Dass eine Überwälzung der Steuer auf private Anleger nicht gewollt ist, ändert an der Einordnung der Finanztransaktionssteuer als indirekter Steuer im Sinne des Art. 113 AEUV nichts, da hierfür deren als sicher erscheinende faktische Preiswirksamkeit ausreichend ist.[101] Auch erscheint es nicht widersprüchlich, dass die Finanztransaktionssteuer Einnahmen erzielen möchte und gleichzeitig als Lenkungsziel die Reduzierung unerwünschter Geschäfte verfolgt.[102]

Nach Vorstellung der Kommission hätten die teilnehmenden Mitgliedstaaten bereits bis zum 30.9.2013 nationale Regelungen erlassen sollen, welche ab dem 1.1.2014 anzuwenden seien.[103] Die Einhaltung dieses straffen Zeitplans war jedoch nicht möglich, zumal das Gesetzgebungsverfahren derzeit noch nicht abgeschlossen ist.

d) Versicherungsteuern

Bei den Versicherungsteuern finden sich bislang allenfalls Ansätze einer Harmonisierung in verschiedenen Rechtsakten, die eine Doppelbesteuerung verhindern sollen.[104] Dies wird erreicht, 42

93 Krit. auch *Mick*, Die Steuerkonzeption der Europäischen Union, 1995, S. 120 ff.
94 RL 69/335/EWG v. 17.7.1969, ABl. 1969 L 249/25, ersetzt durch RL 2008/7/EG v. 12.2.2008, ABl. 2008 L 46/11.
95 KOM (2011) 594 endg.
96 KOM (2013) 71 endg.
97 Art. 10 Abs. 1 des Richtlinienvorschlags.
98 So erheben Frankreich (seit dem 1.8.2012) und Italien (seit dem 1.3.2013) eine Finanztrankaktionssteuer.
99 KOM (2013) 71 endg., S. 4 f.
100 Vgl dazu etwa *Liepe/Pielka/Malaviya*, WM 2013, 1344, 1347; *Mayer/Heidfeld*, EuZW 2011, 373, 374 f.
101 Ausführlich und näher *Wernsmann/Zirkl*, EuZW 2014, 167, 170 f.
102 Vgl ausführlich *Wernsmann*, Verhaltenslenkung in einem rationalen Steuersystem, S. 151 ff, 199 ff, 381 ff mwN; aA *Siegle-Hartwig*, IStR 2013, 441, 448.
103 Art. 20 des Richtlinienvorschlags.
104 *Kamann*, in: Streinz, EUV/AEUV, 2. Aufl., Art. 113 AEUV, Rn 25.

indem in Art. 46 Abs. 2 der 3. Richtlinie Schadensversicherung[105] und in Art. 50 der Lebensversicherungsrichtlinie[106] der Ort der Besteuerung festgelegt wird.

e) Sonstige Abgaben

43 Die Erhebung von Maut- und Benutzungsgebühren für bestimmte Verkehrswege durch schwere Nutzfahrzeuge wird durch die RL 1999/62/EG[107] geregelt. Ob es sich um ein schweres Nutzfahrzeug im Sinne der Richtlinie handelt, entscheidet sich anhand der generellen Zweckbestimmung. Der konkrete Verwendungszweck ist irrelevant.[108]

II. Das besondere abgabenrechtliche Diskriminierungsverbot des Art. 110 AEUV

44 Die Sekundärrechtsakte werden flankiert von den **unmittelbar anwendbaren Diskriminierungsverboten des Primärrechts.**[109] An erster Stelle ist im Bereich der indirekten Steuern Art. 110 AEUV zu nennen. Aber auch der Dienstleistungsfreiheit aus Art. 56 AEUV kommt eine eng begrenzte Bedeutung zu, knüpft doch die Umsatzsteuer die Entstehung einer Steuerschuld auch an sonstige Leistungen und damit an Dienstleistungen im Sinne dieser Grundfreiheit an. Hingegen geht Art. 110 AEUV, der „Waren" betrifft, in seinem Anwendungsbereich Art. 34 AEUV vor.[110]

1. Zweck und Systematik der Vorschrift

45 Das steuerliche Diskriminierungsverbot des Art. 110 AEUV ergänzt und konkretisiert die **Warenverkehrsfreiheit**, insbesondere das Verbot von Zöllen und Abgaben gleicher Wirkung.[111] Es soll – ebenso wie die Warenverkehrsfreiheit und die Beihilfevorschriften – den freien Warenverkehr unter normalen Wettbewerbsbedingungen sicherstellen und den „Schutz inländischer Erzeugnisse" beseitigen, der sich aus der Erhebung inländischer diskriminierender Abgaben ergeben kann.[112] Angestrebt wird folglich die vollständige Wettbewerbsneutralität der Besteuerung für inländische und eingeführte Erzeugnisse.[113] Die Beihilfevorschriften (Art. 107 ff AEUV) und die besonderen steuerlichen Diskriminierungsverbote (Art. 110 AEUV) sind insoweit nebeneinander anwendbar.[114]

46 Art. 110 AEUV enthält **zwei eigenständige Tatbestände**. Nach Abs. 1 dürfen die Mitgliedstaaten weder unmittelbar noch mittelbar höhere inländische Abgaben gleich welcher Art auf Waren aus anderen Mitgliedstaaten erheben, als gleichartige inländische Waren zu tragen haben. **Ergänzend** verbietet Art. 110 Abs. 2 AEUV den Mitgliedstaaten im Wege eines Auffangtatbestandes,[115] inländische Abgaben zu erheben, die geeignet sind, andere Produktionen mittelbar zu schützen. Art. 110 Abs. 2 AEUV ist erst nach Abs. 1 zu prüfen. Denn eine eigene Bedeutung gewinnt Abs. 2 in den Fäl-

---

105 RL 92/49/EWG v. 18.6.1992, ABl. 1992 L 228/1.

106 RL 2002/83/EG v. 5.11.2002, ABl. 2002 L 345/1; vgl dazu zuletzt EuGH v. 21.2.2013, Rs. C-243/11 (RVS Levensverzekeringen).

107 V. 20.7.1999, ABl. 1999 L 187/42.

108 EuGH v. 28.10.1999, Rs. C-193/98 (Pfennigmann), Slg 1999, I-7747, 7768 ff, Rn 30-38; *Kamann*, in: Streinz, EUV/AEUV, 2. Aufl., Art. 113 AEUV, Rn 26.

109 Zur unterschiedlichen Struktur und Wirkung von Diskriminierungsverboten und Harmonisierungsmaßnahmen bereits o. Rn 6 f.

110 Vgl nur *Waldhoff*, in: Calliess/Ruffert, EUV/AEUV, Art. 110 AEUV, Rn 22 mwN; *Kamann*, in: Streinz, EUV/AEUV, 2. Aufl., Art. 110 AEUV, Rn 33. Vgl aber auch EuGH v. 7.5.1985, Rs. 18/84 (Kommission/Französische Republik), Slg 1985, 1339, Rn 13. Näher u. Rn 48 ff. Zur Anwendbarkeit der Warenverkehrsfreiheit im Bereich der direkten Steuern unten Rn 79.

111 *Schütz/Bruha/König*, Casebook Europarecht, 2004, S. 1025.

112 EuGH v. 27.2.1980, Rs. 171/78 (Kommission/Dänemark), Slg 1980, 447, 462, Rn 4; v. 13.7.1994, Rs C-130/92 (Oto SpA/Ministero delle Finanze), Slg 1994, I-3281, 3298, Rn 16.

113 EuGH v. 17.6.1999, Rs. C-166/98 (Socridis), Rn 16; v. 17.7.2008, Rs. C-426/07 (Krawczynski), Rn 31; v. 7.4.2011, Rs. C-402/09 (Tatu), Rn 35; *Nettesheim*, in: Oppermann, Europarecht, 5. Aufl., § 35 Rn 17.

114 EuGH v. 7.5.1985, Rs. 18/84 (Kommission/Französische Republik), Slg 1985, 1339, Rn 13; v. 17.7.2008, Rs. C-206/06 (Essent), Rn 59.

115 *Kamann*, in: Streinz, EUV/AEUV, 2. Aufl., Art. 110 AEUV, Rn 1.

len, in denen eine gleichartige inländische Ware **nicht** existiert.[116] Gleichwohl muss die Ware in einem Wettbewerbsverhältnis mit einer inländischen Ware stehen (dazu sogleich Rn 48 ff). Besteht ein solches Wettbewerbsverhältnis nicht, ist Art. 110 AEUV nicht einschlägig.

2. Adressaten des Diskriminierungsverbotes

Art. 110 AEUV hat nach der Rechtsprechung des EuGH trotz der weitgehenden Harmonisierung des Rechts der indirekten Steuern an Bedeutung nicht eingebüßt. Der Wortlaut des Art. 110 AEUV wendet sich zunächst an die **Mitgliedstaaten** (Legislative, Exekutive und Judikative). Gleichwohl ist auch die **EU** selbst an Art. 110 AEUV gebunden und dementsprechend das sekundäre Unionsrecht und das dem entsprechende nationale Umsetzungsrecht (soweit es unionsrechtlich determiniert ist) am Maßstab des Art. 110 AEUV zu überprüfen.[117] Art. 110 AEUV untersagt den Mitgliedstaaten, auf ausländische Waren diskriminierende Steuern zu erheben. Bezeichnet wird damit nur, wer das Gesetz anwendet, nicht aber, auf wessen Initiative oder auf wen es zurückgeht. Ob das zu überprüfende Gesetz nationalen oder europäischen Ursprungs ist, wird hierdurch nicht zum Ausdruck gebracht. So wendet der EuGH Art. 110 AEUV denn auch ohne weiteres auf harmonisiertes Steuerrecht an.[118] Jedoch gilt für Rechtsakte der Union die Vermutung der Rechtmäßigkeit, soweit sie weder zurückgenommen noch für nichtig erklärt noch mit einem so offensichtlichen, schweren Fehler behaftet sind, dass sie als rechtlich inexistent zu betrachten sind.[119] Eine Richtlinie ist hiernach dann rechtmäßig, wenn sie den Mitgliedstaaten einen hinreichenden Ermessensspielraum für eine mit Art. 110 AEUV vereinbare Umsetzung belässt, sie also primärrechtskonform ausgelegt werden kann.[120] 47

3. Sachlicher Anwendungsbereich

Art. 110 AEUV verdrängt die Warenverkehrsfreiheit nur insoweit, als es um **Abgaben auf Waren** geht. 48

a) Ware

Weder in Art. 110 AEUV noch in Art. 28 ff AEUV findet sich eine Legaldefinition des für die Anwendbarkeit der Vorschriften entscheidenden Begriffs der Ware. Einigkeit besteht jedoch darüber, dass der Begriff in Art. 110 AEUV im gleichen Sinne wie bei der Warenverkehrsfreiheit gebraucht wird und **körperliche Gegenstände** bezeichnet, die einen Geldwert haben und im Hinblick auf Handelsgeschäfte **über eine Grenze verbracht werden können.**[121] Aus dem Gleichlauf des steuerlichen Diskriminierungsverbotes mit der Warenverkehrsfreiheit ergibt sich, dass es sich entweder um Unionswaren oder um solche Drittlandswaren handeln muss, die nach Art. 28 Abs. 2 AEUV den Unionswaren gleichgestellt wurden.[122] Letzteres sind Waren aus dritten Ländern, die 49

116 *Schütz/Bruha/König*, Casebook Europarecht, 2004, S. 1034, 1038. S. zum Verhältnis von Wein und Bier unter dem Gesichtspunkt BFH (o. Rn 39 Fn 91); zuletzt EuGH v. 8.4.2008, Rs. C-167/05 (Kommission/Schweden), Rn 41.

117 EuGH v. 5.5.1982, Rs. C-15/81 (Schul I), Slg 1982, 1409, Rn 42; v. 17.6.1999, Rs. C-166/98 (Socridis), Slg 1999, I-3791, Rn 13 ff. Für die Grundfreiheiten zutreffend ebenfalls eine Bindung der EU annehmend etwa *Ehlers*, Europäische Grundrechte und Grundfreiheiten, 4. Aufl., § 7 Rn 53; *Jarass*, EuR 1995, 202, 211.

118 EuGH v. 5.5.1982, Rs. C-15/81 (Schul I), Slg 1982, 1409, 1429, Rn 42; v. 17.6.1999, Rs. C-166/98 (Socridis), Slg 1999, I-3791, 3813, Rn 13-21.

119 EuGH v. 5.10.2004, Rs. C-475/01 (Kommission/Griechenland), Rn 18 f; v. 12.2.2008, Rs. C-199/06 (CELF), Rn 60.

120 EuGH v. 17.6.1999, Rs. C-166/98 (Socridis), Rn 19; *Kamann*, in: Streinz, EUV/AEUV, 2. Aufl., Art. 110 AEUV, Rn 10.

121 EuGH v. 10.12.1968, Rs. C-7/68 (Kommission/Italien), Slg 1968, 634, 642, Rn 1; v. 28.3.1995, Rs. C-324/93 (Queen/Secretary of State for Home Deparment), Slg 1995, I-563, 604, Rn 20.

122 Vgl EuGH v. 7.5.1987, Rs. C-193/85 (Cooperativa Co-Frutta), Slg 1987, 2085, Rn 26; v. 17.7.1997, Rs. C-90/94 (Haahr Petroleum Ltd.), Slg 1997, I-4085, 4152, Rn 26.

sich in den Mitgliedstaaten im freien Verkehr befinden. Unanwendbar ist das steuerliche Diskriminierungsverbot hingegen auf unmittelbar aus einem Drittland eingeführte Erzeugnisse.[123]

b) Abgabe

50 Der Begriff der Abgabe ist weiter als der der Steuer.[124] Das Unionsrecht bestätigt dies dadurch, dass Art. 110 AEUV ausdrücklich Abgaben „gleich welcher Art" erfassen will. Auch nach Sinn und Zweck der Vorschrift, Hindernisse für den Binnenmarkt zu beseitigen, ist der Abgabenbegriff des Art. 110 AEUV weit auszulegen.[125] Umfasst sind zumindest **Steuern, Gebühren, Beiträge** und **Sonderabgaben.**

51 Zwar sind grundsätzlich auch warenbezogene **direkte Steuern** vom sachlichen Anwendungsbereich des Art. 110 AEUV umfasst. Jedoch besteht insoweit durch Art. 112 AEUV eine unmittelbar anwendbare Spezialvorschrift, die Art. 110 AEUV als die allgemeinere verdrängt.[126]

4. Vorliegen einer Diskriminierung

a) Vergleichsgruppenbildung

52 Während Art. 110 Abs. 1 AEUV eine gleichartige inländische Ware verlangt, erfordert Abs. 2 dies gerade nicht. Dieser soll umfassender als Abs. 1 einer **protektionistischen Besteuerung** vorbeugen und schützt ausländische Waren, die mit inländischen in einem Wettbewerbsverhältnis stehen.

aa) Art. 110 Abs. 1 AEUV

53 Waren sind **gleichartig iSd Abs. 1**, wenn sie ähnliche Eigenschaften haben und den gleichen Bedürfnissen des Verbrauchers dienen.[127] Es muss also keine strenge Identität vorliegen. Der Begriff der Gleichartigkeit ist in einem **weiten Sinne** auszulegen.[128] Entscheidend sind Ähnlichkeit und Vergleichbarkeit der Verwendung.[129] Als Unterscheidungsmerkmale dienen Ursprung und Art der Herstellung, die Art der Verwendung oder Konsumgewohnheiten bzw objektive Merkmale wie beispielsweise organoleptische Eigenschaften, bei Gebrauchtwagen Modell, Typ und Ausstattung oder der Wassergehalt im Obst.[130] Nach Auffassung des EuGH kann es als ein Indiz für die Gleichartigkeit gewertet werden, wenn das inländische und das ausländische Erzeugnis der gleichen Position des Gemeinsamen Zolltarifs zugeordnet ist.[131]

bb) Art. 110 Abs. 2 AEUV

54 Art. 110 Abs. 2 AEUV betrifft hingegen Abgaben, die geeignet sind, andere Produkte mittelbar zu schützen. Verhindert werden sollen abgabenrechtliche Maßnahmen, die einem **Substitutionswettbewerb** importierter Waren mit inländischen Waren entgegenwirken würden.[132] Dies droht nur dann, wenn die Waren mit bestimmten Produktionen des Einfuhrlandes teilweise oder zumindest potentiell im Wettbewerb stehen. Ob ein solches **Wettbewerbsverhältnis** besteht, ist nicht allein anhand

---

123 EuGH v. 13.7.1994, Rs. C-130/92 (Oto SpA/Ministero delle Finanze), Slg 1994, I-3281, 3299, Rn 18; v. 18.12.1997, Rs. C-284/96 (Tabouillot), Rn 23.

124 *Wernsmann*, in: Hübschmann/Hepp/Spitaler, AO/FGO, § 3 AO, Rn 38 ff.

125 Allgemeine Meinung. EuGH v. 16.2.1977, Rs. 20/76 (Schöttle/Finanzamt Freudenstadt), Slg 1977, 247, 258, Rn 13; v. 8.11.2007, Rs. C-221/06 (Stadtgemeinde Frohnleiten), Slg 2007, I-9643, Rn 40; *Kamann*, in: Streinz, EUV/AEUV, 2. Aufl., Art. 110 AEUV, Rn 11; *Stumpf*, in: Schwarze, EU-Kommentar, 3. Aufl., Rn 12.

126 *Kamann*, in: Streinz, EUV/AEUV, 2. Aufl., Art. 110 AEUV, Rn 14; *Waldhoff*, in: Calliess/Ruffert, EUV/AEUV, Art. 110 AEUV, Rn 10.

127 EuGH v. 17.2.1976, Rs. 45/75 (REWE Zentrale GmbH/Hauptzollamt Landau/Pfalz), Slg 1976, 181, 193, Rn 12; *Haag*, in: Bieber/Epiney/Haag, Die Europäische Union, 10. Aufl., § 19, Rn 5.

128 *Schütz/Bruha/König*, Casebook Europarecht, 2004, S. 1032.

129 EuGH v. 11.8.1995, verb. Rs. C-367/93 bis 377/93 (F.G. Roders BV u.a.), Slg 1995, I-2229, 2231, Leitsatz 2; v. 27.2.2002, Rs. C-302/00 (Kommission/Frankreich), Slg 2002, I-2055, 2087, Rn 23.

130 *Förster*, in: Bleckmann, Europarecht, 6. Aufl., Rn 1994; *Kamann*, in: Streinz, EUV/AEUV, 2. Aufl., Art. 110 AEUV, Rn 20.

131 EuGH v. 17.2.1976, Rs. 45/75 (REWE Zentrale GmbH/Hauptzollamt Landau/Pfalz), Slg 1976, 181, 193, Rn 12.

132 *Haag*, in: Bieber/Epiney/Haag, Die Europäische Union, 10. Aufl., § 19, Rn 6.

der derzeitigen Marktsituation zu beantworten. Abzustellen ist auch auf die im Rahmen des freien Warenverkehrs auf Unionsebene gegebenen Entwicklungsmöglichkeiten und Anreize für die Substitution von Erzeugnissen.[133]

b) Diskriminierende Wirkung

Eine Diskriminierung liegt vor, wenn die eingeführte ausländische Ware einer höheren Abgabenbelastung unterliegt als die gleichartige inländische Ware.[134] Dabei ist nicht nur der **Steuersatz** zu betrachten, sondern auch die **Bemessungsgrundlage** der Steuer und die Modalitäten ihrer Erhebung auf jeder Produktions- oder Handelsstufe.[135] Anders als bei der Überprüfung direkter Steuern am Maßstab der Grundfreiheiten (unten Rn 95, 112) hält der EuGH auch eine Berücksichtigung ausländischer Steuern für geboten, dh eine **Doppelbesteuerung** ist unzulässig.[136] 55

Art. 110 Abs. 1 AEUV verbietet sowohl **offene** als auch **versteckte Diskriminierungen.** Eine solche versteckte (mittelbare/faktische) Diskriminierung liegt vor, wenn die Abgabe zwar nicht formal an die Herkunft der Ware anknüpft, aber typischerweise die inländische Produktion faktisch begünstigt.[137] Eine versteckte Diskriminierung kann etwa in nachteiligen Modalitäten der Abgabenerhebung für an ausländische Produkte anknüpfende Abgaben zu sehen sein.[138] Eine faktische Diskriminierung liegt aber noch nicht allein deshalb vor, weil nur ausländische Erzeugnisse in die am höchsten besteuerte Kategorie fallen.[139]

Nach den allgemeinen Grundsätzen unionsrechtlicher Diskriminierungsverbote ist es den Mitgliedstaaten grundsätzlich möglich, importierte Waren einer niedrigeren Besteuerung zu unterwerfen (**Inländerdiskriminierung**).[140] Ein Mitgliedstaat kann daher – unionsrechtlich zulässig – jedenfalls importierte Waren gegenüber heimischen bevorzugen, dh niedriger besteuern.[141] Allerdings hat der EuGH Art. 110 AEUV – über dessen Wortlaut hinaus, der sich auf importierte Waren aus dem EU-Ausland bezieht – auch die Verpflichtung der Mitgliedstaaten entnommen, den Export heimischer Waren nicht zu erschweren: Danach soll Art. 110 AEUV im Sinne eines weiten Diskriminierungstatbestandes auch **inländische Waren** vor steuerlichen Diskriminierungen bei der Ausfuhr schützen. Die Vorschrift sei lediglich Ausdruck eines umfassenderen Diskriminierungsverbotes. Das Regelungssystem der Art. 110 bis 112 AEUV stelle auf eine vollständige Wettbewerbsneutralität im Binnenmarkt ab.[142] Eine solche Auslegung des Art. 110 Abs. 1 AEUV entspricht dem parallelen Ver- 56

---

133 EuGH v. 12.7.1983, Rs. 170/78 (Kommission/Vereinigtes Königreich), Slg 1983, 2265, 2266, Rn 6. Exemplarisch BFH v. 5.8.2002, VII R 105/99, BFHE 200, 57, zur Frage, ob inländischer Wein und besteuertes ausländisches Bier in einem Substitutionsverhältnis stehen (dazu Rn 39 Fn 91).

134 EuGH v. 5.5.1982, Rs. 15/81 (Schul I), Slg 1982, 1409, 1430, Rn 27; v. 18.1.2007, Rs. C-313/05 (Brzezinski), Slg 2007, I-513, Rn 29.

135 EuGH (Schul I) aaO; v. 17.6.1998, Rs. C-68/96 (Grundig Italiana), Slg 1998, I-3775, Rn 13 mwN; v. 3.6.2010, Rs. C-2/09 (Kalinchev), Rn 39.

136 EuGH v. 5.5.1982, Rs. 15/81 (Schul I), Slg 1982, 1409, 1431, Rn 31 ff; v. 21.5.1985, Rs. 47/84 (Schul II), Slg 1985, 1491 Rn 5, 15 ff; v. 25.2.1988, Rs. 299/86 (Drexl), Slg 1988, 1213 Rn 10 ff; v. 26.2.1991, Rs. C-159/89 (Kommission/Griechenland), Rn 7. Diese Verfahren betrafen die Anrechnung der Restmehrwertsteuer bei Privatimporten. Seit Einführung des Ursprungslandprinzips im privaten innergemeinschaftlichen Reiseverkehr ist diese Rechtsprechung gegenstandslos geworden.

137 Statt aller *Kamann*, in: Streinz, EUV/AEUV, 2. Aufl., Art. 110 AEUV, Rn 24; vgl dazu zuletzt EuGH v. 7.4.2011, Rs. C-402/09 (Tatu), Rn 37; v. 5.9.2013, Rs. C-385/12 (Hervis Sport), Rn 28.

138 *Waldhoff*, in: Calliess/Ruffert, EUV/AEUV, Art. 110 AEUV, Rn 13.

139 Schwankend der EuGH: Wie hier zB EuGH v. 14.1.1981, Rs. 140/79, Slg 1981, 1 Rn 18 (Chemical Farmaceutici); v. 5.4.1990, Rs. C-132/88 (Kommission/Griechenland), Slg 1990, I-1567 Rn 18; v. 30.11.1995, Rs. C-113/94 (Casarin), Slg 1995, I-4203 Rn 21; anders wohl EuGH v. 17.9.1987, Rs. 433/85 (Feldain), Slg 1987, 3521 Rn 18.

140 Vgl nur *Ehlers*, Europäische Grundrechte und Grundfreiheiten, 4. Aufl., § 7, Rn 25 ff mwN; *Wernsmann*, in: Hübschmann/Hepp/Spitaler, AO/FGO, § 4 AO, Rn 428 ff.

141 *Kamann*, in: Streinz, EUV/AEUV, 2. Aufl., Art. 110 AEUV, Rn 3 mwN.

142 EuGH v. 29.6.1978, Rs. 142/77 (Larsen), Slg 1978, 1543, 1557, Rn 21/27; *Förster*, in: Bleckmann, Europarecht, 6. Aufl., Rn 2003; *Stumpf*, in: Schwarze, EU-Kommentar, 3. Aufl., Art. 110, Rn 26.

ständnis der Grundfreiheiten, die ebenfalls **Inländer** dann schützen, wenn ihr Herkunftsstaat sie am Gebrauchmachen von ihren Grundfreiheiten (zB durch „Wegzug") hindern will.[143]

5. Kein Schutz vor Beschränkungen

57 Der EuGH entnimmt Art. 110 AEUV zutreffend kein umfassendes Beschränkungsverbot zugunsten ausländischer Waren.[144] Wenn keine vergleichbaren inländischen Waren vorliegen, kann also nicht eingewandt werden, dass der Absatz ausländischer Waren infolge der Besteuerung erschwert wird. In Betracht kommen soll jedoch die Anwendung des Art. 34 AEUV bei einer „Übermaßbesteuerung", die eine Maßnahme gleicher Wirkung zu einem Kontingent darstellt.[145]

6. Keine Rechtfertigung einer Diskriminierung

58 Eine Rechtfertigung einer festgestellten Diskriminierung – sei es durch wirtschaftspolitische[146] oder soziale Zwecke[147] oder umwelt- oder regionalpolitische Zwecke[148] – ist nicht möglich.[149]

7. Folgen eines Verstoßes

59 Liegt ein Verstoß gegen das Diskriminierungsverbot vor, so darf die diskriminierende Abgabe zulasten der diskriminierten Ware nicht mehr erhoben werden, und die bereits geleisteten Abgaben sind nach Maßgabe des nationalen Verfahrensrechtes zu erstatten.[150] Hinsichtlich der Modalitäten sind das sog. Äquivalenzgebot und das sog. Effektivitätsgebot zu beachten[151] (vgl dazu Rn 134 ff).

8. Verhältnis zu anderen Diskriminierungsverboten, insbesondere Dienstleistungsfreiheit (Art. 56 AEUV)

60 Die Dienstleistungsfreiheit ist de lege lata für die indirekten Steuern nur im Bereich der Umsatzsteuer bedeutsam. Eine direkte oder analoge Anwendung des Art. 110 AEUV auf Dienstleistungen ist ausgeschlossen.[152] Nach Art. 2 Abs. 1 lit. c) MwStSystRL unterliegen der Mehrwertsteuer aber Dienstleistungen, die ein Steuerpflichtiger als solcher im Inland gegen Entgelt ausführt. Art. 24 Abs. 1 MwStSystRL definiert Dienstleistung als Leistung, die nicht in der Lieferung eines Gegenstandes im Sinne des Art. 14 MwStSystRL besteht. Damit decken sich die Begriffe der Dienstleistung in Art. 57 Abs. 1 AEUV und Art. 24 Abs. 1 MwStSystRL. Dass die Umsatzsteuer weitestgehend unionsrechtlich determiniert ist, ist nach der Rechtsprechung des EuGH für die Anwendbarkeit der Dienstleistungsfreiheit irrelevant. An die Dienstleistungsfreiheit gebunden sind sowohl die Mitgliedstaaten als auch – ebenso wie bei Art. 110 AEUV (oben Rn 47) – die EU selbst.[153]

---

143 Vgl dazu *Wernsmann*, EuR 1999, 754, 758 f mwN.

144 EuGH v. 11.2.1990, Rs. C-47/88 (Kommission/Dänemark), Slg 1990, I-4509; zustimmend *Waldhoff*, in: Calliess/Ruffert, EUV/AEUV, Art. 110 AEUV, Rn 14, 17.

145 *Haag*, in: Bieber/Epiney/Haag, Die Europäische Union, 10. Aufl., § 19, Rn 3. Grundsätzlich geht Art. 110 AEUV dem Art. 34 AEUV vor. Handelt es sich aber nicht mehr um eine Abgabe, sondern um ein Verbot im Gewande der Abgabe, so kann Art. 34 AEUV möglicherweise wieder anwendbar sein.

146 EuGH v. 14.1.1981, Rs. 46/80 (Vinal/Orbat), Slg 1981, 77, Leitsatz 1.

147 EuGH v. 10.10.1978, Rs. 148/77 (Hansen & Balle), Slg 1978, 1787, 1806, Rn 16 f.

148 EuGH v. 8.11.2007, Rs. C-221/06 (Frohnleiten), Rn 67; vgl *Haag*, in: Bieber/Epiney/Haag, Die Europäische Union, 10. Aufl., § 19, Rn 5.

149 EuGH v. 16.2.1977, Rs. 20/76 (Schöttle/Finanzamt Freudenstadt), Slg 1977, 247, 260, Rn 22; vgl *Stumpf*, in: Schwarze, EU-Kommentar, Art. 110 AEUV, Rn 15.

150 Vgl (zum Recht der direkten Steuern) EuGH v. 8.3.2001, verb. Rs. C-397/98 und C-410/98 (Metallgesellschaft und Hoechst), Rn 84 mwN; (zum Recht der indirekten Steuern) EuGH v. 2.10.2003, Rs. C-147/01 (Weber's Wine World u.a.), Rn 93.

151 EuGH v. 27.2.1980, Rs. 68/79 (Just), Slg 1980, 501, 522, Rn 25.

152 Vgl *Waldhoff*, in: Calliess/Ruffert, EUV/AEUV, Art. 110 AEUV, Rn 10. Es fehlt insoweit, da die Dienstleistungsfreiheit den Fall erfasst, schon an einer Regelungslücke als Voraussetzung der Analogie.

153 EuGH v. 29.2.1984, Rs. 37/83 (REWE), Slg 1984, 1229, 1248, Rn 18; v. 9.8.1994, Rs. C-51/93 (Meyhui), Slg 1994, I-3879, 3898, Rn 11.

C. Unionsrechtliche Einflüsse auf das Recht der direkten Steuern

I. Überblick: Primär- und sekundärrechtliche Rechtsgrundlagen

Die Europäisierung des Rechts der direkten Steuern war lange weit weniger fortgeschritten als bei den indirekten Steuern. Da die direkten Steuern Personen und nicht Leistungsbewegungen belasten, gehen von den unterschiedlichen Steuersystemen der Mitgliedstaaten keine unmittelbaren Wettbewerbsverzerrungen aus.[154] Bei Schaffung der Verträge (EWGV bzw EGV bzw AEUV) wurden Vorschriften für die direkten Steuern daher nicht für notwendig erachtet. Stattdessen wird der Steuerwettbewerb oftmals als Gegenmodell zu Harmonisierungsmaßnahmen auf EU-Ebene angesehen.[155] Art. 112 AEUV, der als einzige Vorschrift des Kapitels über steuerliche Vorschriften (Art. 110-113 AEUV) eine Regelung für direkte Steuern und Abgaben trifft[156] und ein Verbot der Entlastung und Rückvergütung direkter Abgaben unter Genehmigungsvorbehalt darstellt,[157] hat bislang keine praktische Bedeutung erlangt. Das bedeutet aber nicht, dass das Unionsrecht die direkten Steuern nicht berührt. Zu unterscheiden ist dabei zwischen Harmonisierungsmaßnahmen durch Sekundärrecht (Rn 62 ff) und dem Primärrecht als Prüfungsmaßstab für nationales Steuerrecht; Diskriminierungen und Beschränkungen durch das mitgliedstaatliche Steuerrecht bedürfen der Rechtfertigung insbesondere vor den Grundfreiheiten, aber auch vor der allgemeinen Freizügigkeitsgarantie (Rn 74 ff). Im AEUV jetzt nicht mehr enthalten[158] ist die Befugnis und Verpflichtung zum Abschluss von völkerrechtlichen Verträgen zur Beseitigung der Doppelbesteuerung innerhalb der EU (vgl Art. 293 Spiegelstrich 2 EGV; dazu Rn 72 f). 61

II. Harmonisierung durch Sekundärrecht

Die EU kann unter den Voraussetzungen des Art. 115 AEUV sekundärrechtliche Normen erlassen. Der Rat kann gem. Art. 115 AEUV **einstimmig** Richtlinien zur **Angleichung** desjenigen mitgliedstaatlichen **Rechts** erlassen, das sich **unmittelbar auf Errichtung oder Funktionieren des Binnenmarkts** auswirkt – dies kann auch das Recht der direkten Steuern sein. Das Mehrheitsprinzip gilt nicht für den Erlass steuerrechtlicher Regelungen auf EU-Ebene (Art. 114 Abs. 2, 1 AEUV). Insoweit gilt für die Harmonisierung der direkten Steuern das Gleiche wie bei den indirekten Steuern (Art. 113 AEUV). In dem Einstimmigkeitserfordernis im Rat kommt die „Souveränitätssensibilität" des Steuerrechts[159] zum Ausdruck. 62

1. Harmonisierungskompetenz der EU

a) Art. 115 AEUV

Die wichtigste Vorschrift zur Harmonisierung der direkten Steuern ist Art. 115 AEUV. Im Gegensatz zu Art. 113 AEUV enthält diese Kompetenznorm **keinen Auftrag** zu einer Harmonisierung des Steuerrechts. Dass Art. 115 AEUV eine Harmonisierung auch des Rechts der direkten Steuern zulässt, unterliegt heute keinem Zweifel mehr.[160] Eine Kompetenz der EU kann nicht mit der Erwägung verneint werden, dass Art. 113 AEUV nur für die indirekten Steuern gilt und auch anderweitig in den Art. 110 ff AEUV keine ausdrückliche, auch die direkten Steuern betreffende Kompetenz enthalten ist. Vielmehr kann aus Art. 114 Abs. 2 AEUV geschlossen werden, dass Art. 115 AEUV auch die Harmonisierung direkter Steuern ermöglicht. Wenn nämlich die Steuern ausdrücklich der 63

154 *Birk*, FR 2005, 121, 122.
155 *Fuest*, Steuerharmonisierung und Steuerwettbewerb, 2006, S. 4 f.
156 *Waldhoff*, in: Calliess/Ruffert, EUV/AEUV, Art. 112 AEUV, Rn 1.
157 *Kamann*, in: Streinz, EUV/AEUV, 2. Aufl., Art. 112 AEUV, Rn 1.
158 Zu den Konsequenzen *Lehner*, IStR 2005, 397 f.
159 BVerfG v. 30.6.2009, 2 BvE 2/08 u.a., Rn 252; *Kokott*, in: Lehner, Grundfreiheiten im Steuerrecht der EU-Staaten, S. 1, 23; *Waldhoff*, in: Calliess/Ruffert, EUV/AEUV, Art. 110 AEUV, Rn 2; *ders.*, in: Wegener, EnzEuR Bd. 8, 2014, § 10 Rn 7.
160 Vgl *Kahl*, in: Calliess/Ruffert, EUV/AEUV, Art. 115 AEUV, Rn 11; *Leible/Schröder*, in: Streinz, EUV/AEUV, 2. Aufl., Art. 115 AEUV, Rn 4; *Tietje*, in: Grabitz/Hilf/Nettesheim, Das Recht der Europäischen Union, Art. 115 AEUV, Rn 4.

Möglichkeit des vereinfachten Verfahrens nach Art. 114 Abs. 1 AEUV entzogen sind, müssen sie grundsätzlich von der Befugnisnorm des Art. 115 AEUV erfasst sein.

64 Art. 115 AEUV ermöglicht im Vergleich zu dem für indirekte Steuern geltenden Art. 113 AEUV nur unter **strengeren Voraussetzungen** eine Rechtsangleichung. Zum einen müssen unmittelbare Auswirkungen auf den Gemeinsamen Markt bestehen, die nach zutreffender Auffassung in einer spürbaren, potentiellen oder tatsächlichen sowie kausalen negativen Auswirkung im Sinne einer Funktionsstörung bestehen müssen.[161] Zum anderen kann es im Vergleich zu den indirekten Steuern aufgrund der fehlenden Anknüpfung an grenzüberschreitende Leistungsbewegungen rascher an der Erforderlichkeit (Art. 5 Abs. 4 S. 1 EUV) fehlen.

b) Antidiskriminierungsmaßnahmen (Art. 19 AEUV)?

65 Art. 19 Abs. 1 AEUV ermächtigt die Union, **im Rahmen der durch den Vertrag auf sie übertragenen Zuständigkeiten** geeignete Vorkehrungen zu treffen, um Diskriminierungen aus Gründen des Geschlechts, der Rasse, der ethnischen Herkunft, der Religion oder der Weltanschauung, einer Behinderung, des Alters oder der sexuellen Ausrichtung zu bekämpfen. Art. 19 AEUV kommt indes als Rechtsgrundlage für ein Tätigwerden der Union im Bereich der **direkten Steuern** nicht in Betracht.[162] Denn das Recht der direkten Steuern fällt nicht in die Zuständigkeit der Union, sondern der Mitgliedstaaten.[163]

2. Derzeitiger Stand der Harmonisierung

66 Die Harmonisierung im Bereich der direkten Steuern ist bislang wenig fortgeschritten und wird zu Recht als rudimentär bezeichnet.[164] Zwar hat es viele Vorschläge gegeben; auf der Grundlage von Art. 94 EGV (nunmehr Art. 115 AEUV) wurden indes im Jahre 1990 nur die Mutter-Tochter-Richtlinie und die Fusionsrichtlinie beschlossen. Im Jahre 2003 folgten zwei weitere Richtlinien zur Zinsbesteuerung. Ausfluss weiterer Harmonisierungsbemühungen ist der 2001 begonnene Prozess der Entwicklung einer einheitlichen konsolidierten Körperschaftsteuer-Bemessungsgrundlage (CCCTB).[165]

a) Mutter-Tochter-Richtlinie

67 Schüttet eine Tochtergesellschaft eine Dividende an ihre Muttergesellschaft in einem anderen Mitgliedstaat aus, droht grundsätzlich eine **Doppelbesteuerung.** Dies soll durch die sog. Mutter-Tochter-Richtlinie[166] verhindert werden. Zu diesem Zweck eröffnet Art. 4 Mutter-Tochter-Richtlinie den Mitgliedstaaten zwei Möglichkeiten: (1) Entweder soll die Ausschüttung im Staat der Muttergesellschaft von der Körperschaftsteuer freigestellt werden, oder (2) es soll die Körperschaftsteuer der Tochtergesellschaft auf die Körperschaftsteuer der Muttergesellschaft angerechnet werden.

68 Die Umsetzung erfolgte in Deutschland durch das StÄndG 1992[167] in § 26Abs. 2 a KStG und § 44 d EStG. Mit dem StSenkG[168] wurden § 26 Abs. 2 bis 5 KStG aufgehoben. Da § 8 b Abs. 1 KStG idF

---

161 In diesem Sinne auch *Kahl*, in: Calliess/Ruffert, EUV/AEUV, Art. 115 AEUV, Rn 7 mwN; so auch *Classen*, in: Oppermann, Europarecht, 5. Aufl., § 32, Rn 17, der aber von einer weiten Auslegung ausgeht.

162 Näher *Wernsmann*, JZ 2005, 224, 225, 229 f.

163 St. Rspr. des EuGH; zuletzt EuGH v. 21.2.2013, Rs. C-123/11 (A Oy), Rn 29; außerdem EuGH v. 7.9.2004, Rs. C-319/02 (Manninen), Rn 19 mwN. Die Zuständigkeit der Gemeinschaft iSd Art. 19 AEUV für das Recht der direkten Steuern wird auch nicht dadurch begründet, dass die Gemeinschaft im Bereich der direkten Steuern – gestützt auf Art. 115 AEUV – RL zur Rechtsangleichung erlassen hat (dazu sogleich Rn 66 ff). Denn die allg. Rechtsangleichungskompetenz aus Art. 115 AEUV ist kein eigenständiges Sachgebiet; zutreffend *Zuleeg*, in: von der Groeben/Schwarze, Kommentar zum EUV und EGV I, Art. 13, Rn 12.

164 *Kamann*, in: Streinz, EUV/AEUV, 2. Aufl., Art. 113 AEUV, Rn 27; *Lampert*, EuZW 2013, 493, 494.

165 Vgl dazu Vorschlag für eine Richtlinie des Rates über eine Gemeinsame konsolidierte Körperschaftsteuer-Bemessungsgrundlage, KOM (2011) 121/4 v. 16.3.2011.

166 RL 90/435/EWG v. 20.8.1990, ABl. 1990 L 225/1, aufgehoben und ersetzt durch RL 2011/96/EU v. 30.11.2011, ABl. 2011 L 345/8.

167 V. 25.2.1992, BGBl. I 1992, 297.

168 V. 23.10.2000, BGBl. I 2000, 1433 = BStBl. I 2000, 1428.

des StSenkG[169] eine Freistellung von Dividenden zwischen Körperschaften vorsieht,[170] bedurfte es einer Anrechnung nach § 26 Abs. 2 a KStG nicht mehr.

Die Rechte, die sich aus Art. 5 der Mutter-Tochter-Richtlinie ergeben, wenn die Ausnahmeregelung des Art. 7 Abs. 2 der RL nicht anwendbar ist, sind unbedingt und ein Mitgliedstaat kann ihre Beachtung nicht vom Inhalt eines mit einem anderen Mitgliedstaat geschlossenen (Doppelbesteuerungs-)Abkommen abhängig machen.[171] Die **Richtlinie** ist also **vorrangig** zu beachten; **Doppelbesteuerungsabkommen** können dadurch leerlaufen.

Kürzlich wurde eine Änderung der Mutter-Tochter-Richtlinie verabschiedet, die Steuerschlupflöcher zu schließen sucht.[172] Die Änderung zielt hauptsächlich auf die Beseitigung einer doppelten Nichtbesteuerung, welche bei sog. Hybridanleihen entstehen kann. Wurden die zwischen den Mitgliedstaaten bestehenden Qualifikationskonflikte gezielt ausgenutzt, konnten die an die Mutter weitergeleiteten Erträge von der Tochter in deren Mitgliedstaat als steuerlich abzugsfähige Kreditrückzahlungen (Fremdkapital) in Ansatz gebracht werden, während sie im Mitgliedstaat der Muttergesellschaft als steuerfreie Dividenden (Eigenkapital) galten und so auch dort der Besteuerung entgingen.

b) Fusionsrichtlinie

Müsste bei der **grenzüberschreitenden Umwandlung** eines Unternehmens die **Besteuerung der stillen Reserven**, Rückstellungen und Rücklagen befürchtet werden, weil dies als Veräußerung gewertet wird, machte dies eine solche Gestaltung weniger attraktiv. Die Fusionsrichtlinie[173] soll das verhindern und verbietet in den von ihr bezeichneten Fällen die Besteuerung. Gestattet wird auch die Fortführung von Verlustvorträgen. Der deutsche Gesetzgeber hat die Fusionsrichtlinie durch § 23 UmwStG[174] in nationales Recht umgesetzt. 69

Die Änderung durch die RL 2005/19/EG des Rates vom 17.2.2005[175] betraf insbesondere die steuerrechtlichen Probleme der **Sitzverlegungen** der Europäischen Gesellschaft (SE) sowie der Europäischen Genossenschaft (SCE). Bleiben bei einer Sitzverlegung deren Wirtschaftsgüter weiterhin einer ihrer Betriebsstätten in dem Mitgliedstaat zugerechnet, in dem die SE/SCE zuvor ihren Sitz hatte, sollen für diese Betriebsstätte ähnliche Vorteile gelten, wie sie in Art. 4 ff RL 90/434/EWG hinsichtlich der steuerfreien Rückstellungen, Rücklagen und der Verlustübernahme vorgesehen sind. Ferner sollte eine Besteuerung der Gesellschafter anlässlich der Sitzverlegung ausgeschlossen werden (Präambel der RL 2005/19/EG, Erwägungsgrund 7). 70

c) Zinsrichtlinien

Am 3.6.2003 verabschiedete der Rat zwei Richtlinien über die Besteuerung von Zahlungen von Zinsen und Lizenzgebühren zwischen verbundenen Unternehmen verschiedener Mitgliedstaaten[176] sowie die Richtlinie zur Besteuerung von Zinserträgen von Privatpersonen.[177] Vorgesehen sind in der Richtlinie zur Besteuerung von Zinserträgen mindestens einmal jährliche, automatische **Kontrollmitteilungen** über Zinserträge zwischen den Mitgliedstaaten. Deutschland hat die notwendige gesetzliche Grundlage zur Auskunftserteilung mit der Zinsinformationsverordnung (ZIV)[178] 71

---

169 V. 23.10.2000, BGBl. I 2000, 1433 = BStBl. I 2000, 1428.

170 Zu unionsrechtlichen Bedenken gegen § 8 b Abs. 5 KStG aF vgl *Gosch*, KStG, 2. Aufl., § 8 b, Rn 59, 451 f, 505 mwN.

171 EuGH v. 4.10.2001, Rs. C-294/99 (Athinaiki Zythopoiia), Slg 2001, I-6797 Rn 32 mwN.

172 RL 2014/86/EU v. 8.7.2014 zur Änderung der Richtlinie 2011/96/EU, ABl. 2014 L 219/40. Vgl zu einer kritischen Würdigung *Listl*, IStR 2014, 448, 450 f.

173 RL 90/434/EWG v. 23.7.1990, ABl. EG 1990 L 225/1, aufgehoben und ersetzt durch RL 2009/133/EG des Rates vom 19.10.2009, ABl. 2009 L 310/34.

174 Gesetz zur Änderung des Umwandlungssteuerrechts v. 28.10.1994, BGBl. I 1994, 3247.

175 ABl. 2005 L 58/19.

176 RL 2003/49/EG, ABl. 2003 L 157/49.

177 RL 2003/48/EG, ABl. 2003 L 157/38; hierzu ausführlich *Sailer/Ismer*, IStR 2005, 1 ff; *Seiler*, DStR 2004, 781 ff.

178 V. 26.1.2004, BGBl. I 2004, 128.

geschaffen. Für Belgien (bis zum 31.12.2009), Luxemburg und Österreich gilt eine Ausnahmeregelung: Diese Staaten erheben eine **Quellensteuer** in Höhe von zunächst 15 %, ab 1.7.2008 in Höhe von 20 % und seit 1.7.2011 schließlich in Höhe von 35 %, weil sich diese Länder nicht an dem Auskunftsverfahren beteiligen. Die Regelung der Zinsrichtlinie ist am 1.7.2005 in Kraft getreten.[179] Für die übrigen Mitgliedstaaten hat dies zur Konsequenz, dass sie die sich aus Art. 11 der RL 2003/48/EG ergebenden möglichen Doppelbesteuerungen zu vermeiden haben (vgl hierzu Art. 14 der RL 2003/48/EG).[180]

III. Schiedsübereinkommen

72 Das Schiedsübereinkommen[181] ist bislang das einzige auf Art. 220 Spiegelstrich 2 EWGV (bzw den mittlerweile ersatzlos aufgehobenen Art. 293 Spiegelstrich 2 EGV) gestützte Abkommen der Mitgliedstaaten und verfolgt das Ziel, **Doppelbesteuerungen zu vermeiden**. Die Gefahr einer Doppelbesteuerung besteht, weil die Finanzbehörden der Mitgliedstaaten im internationalen Verrechnungsverkehr von verbundenen Unternehmen Preisberichtigungen durchführen können, sofern ein Unternehmen Vorteile gewährt, die jenseits dessen liegen, was zwei wirtschaftlich voneinander unabhängige Parteien vereinbart hätten (sog. Fremdvergleich). Es handelt sich um einen völkerrechtlichen Vertrag, der erst am 1.1.1995 in Kraft trat und zunächst nur bis 1999 befristet wurde. Durch das am 1.11.2004 rückwirkend zum 1.1.2000 in Kraft getretene Verlängerungsprotokoll[182] wurde eine automatische, jeweils fünfjährige Fortführung des Schiedsübereinkommens vereinbart, soweit kein Vertragsstaat Einwände erhebt. Aufgrund des völkerrechtlichen Charakters sind die Vorschriften des Übereinkommens der Kontrolle durch den EuGH entzogen.[183] Ebenso nehmen sie nicht am Vorrang des Unionsrechts vor dem nationalen Recht teil.[184] Da auch Doppelbesteuerungsabkommen Regelungen über die Gewinnberichtigung und Gewinnabgrenzung enthalten, kann es zu Normkollisionen kommen.[185]

73 Stimmt das betroffene Unternehmen der Gewinnzurechnung oder -korrektur nach Art. 4 des Abkommens bei verbundenen Unternehmen nicht zu (was ihm grundsätzlich freisteht), so kann es der Finanzbehörde diesen Fall unterbreiten (Art. 6 Abs. 1 des Abkommens), die – wenn sie die fehlende Zustimmung für begründet hält – durch ein Verständigungsverfahren mit dem anderen Vertragsstaat die Doppelbesteuerung unter Anwendung der Grundsätze des Art. 4 zu vermeiden sucht. Sollte auch dieses Verfahren fehlschlagen, gibt ein unabhängiger beratender Ausschuss eine Stellungnahme ab, von der die Vertragsstaaten nur einvernehmlich abweichen dürfen.

IV. Primärrecht als Maßstab für das nationale Recht der direkten Steuern

74 Zwar verbleibt das Recht der direkten Steuern in der Zuständigkeit der Mitgliedstaaten. Jedoch müssen die Mitgliedstaaten bei Ausübung ihrer Befugnisse das Unionsrecht wahren.[186] Das Primärrecht (insbes. die **Grundfreiheiten**) hat sich zum zentralen Prüfungsmaßstab für das nationale Recht der direkten Steuern entwickelt. Dabei weist die Prüfung von nationalen Steuergesetzen am Maß-

179 ABl. 2005 C 119 bzw C 137 v. 4.6.2005, S. 1.

180 Zu den Ergebnissen der Überprüfung der Richtlinie und ihrer Umsetzung: http://ec.europa.eu/taxation_customs/taxation/personal_tax/savings_tax/second_savings_directive_review/index_de.htm.

181 Übereinkommen über die Beseitigung der Doppelbesteuerung im Falle von Gewinnberichtigungen zwischen verbundenen Unternehmen (90/436/EWG) v. 23.7.1990, ABl. EG 1990 L 225/10; ratifiziert durch Gesetz v. 26.8.1993, BGBl. II 1993, 1308.

182 Protokoll v. 25.5.1999 zur Änderung des Übereinkommens vom 23.7.1990 über die Beseitigung der Doppelbesteuerung im Fall von Gewinnberichtigungen zwischen verbundenen Unternehmen, ABl. 1999 C 202/01 v. 16.7.1999.

183 *Cordewener*, Europäische Grundfreiheiten und nationales Steuerrecht, 2002, S. 12 f; *Knobbe-Keuk*, DB 1991, 298; *Vögele/Forster*, IStR 2006, 537.

184 *Birk*, in: Hübschmann/Hepp/Spitaler, AO/FGO, § 2 AO, Rn 269.

185 Vgl zur Auflösung solcher Normwidersprüche *Kempf/Gelsdorf*, IStR 2012, 329, 333 f.

186 Vgl nur EuGH v. 14.2.1995, Rs. C-279/93 (Schumacker), Rn 21; seitdem st. Rspr.

stab der Grundfreiheiten[187] allerdings **erhebliche Besonderheiten** auf (Rn 75 ff). Von zunehmender Bedeutung sind zudem die Auswirkungen des unionsrechtlichen Beihilfeverbots auf das Steuerrecht (Rn 121 f).

1. Überblick über die Grundfreiheiten

a) Schutzwirkungen und Rechtsfolgen

Die Grundfreiheiten sind **unmittelbar anwendbar**[188] und vermitteln den Unionsbürgern **subjektive Rechte**. Nationales Recht, das gegen Unionsrecht verstößt, bleibt außer Anwendung. EU-Ausländer können – wenn das nationale Recht eine gegen die Grundfreiheiten verstoßende Diskriminierung enthält – verlangen, so **wie die Inländer behandelt zu werden**; liegt ein Verstoß gegen die Grundfreiheiten in ihrer Funktion als Beschränkungsverbote vor, so ist diese Beschränkung der Grundfreiheiten (zB eine Wegzugsbesteuerung) unanwendbar. 75

Die Rechtsprechung des EuGH war seit Beginn der 1990er Jahre von einem bemerkenswerten Rigorismus[189] geprägt, der auf Haushaltsnöte der Mitgliedstaaten, die infolge seiner Entscheidungen entstehen, keine Rücksicht nahm. Tenorierungsformen, wie sie etwa das BVerfG entwickelt hat, wonach für verfassungswidrig erkanntes Recht unter bestimmten engen Voraussetzungen übergangsweise noch fortgilt, um nicht einem Haushalt und damit gegenwärtigen Steuerzahlern Lasten für die Beseitigung von sich über mehrere Jahre erstreckenden Verfassungsverstößen der Vergangenheit aufzubürden,[190] hat er bisher für unionsrechtswidriges nationales Recht nicht angewendet.[191] Für primärrechtswidrige Verordnungen lässt Art. 264 Abs. 2 AEUV ausdrücklich entsprechende übergangsweise **Fortgeltungsanordnungen** zu. Gegenüber den Mitgliedstaaten ist der EuGH hingegen strenger und lehnt eine analoge Anwendung des Art. 264 Abs. 2 AEUV in diesen Fällen ab, so dass die Wirkungen des Urteils immer auch für die Vergangenheit eintreten und die Auslegung des EuGH in allen noch offenen Verfahren zugrunde zu legen ist.[192] 76

b) Arten und Konkurrenzen

Die Grundfreiheiten schützen die Freiheit des Warenverkehrs (Art. 34, 36 AEUV), die Freizügigkeit der Arbeitnehmer (Art. 45 ff AEUV), die Dienstleistungsfreiheit (Art. 56 ff AEUV), die Niederlassungsfreiheit (Art. 49 ff AEUV) sowie die Kapitalverkehrsfreiheit (Art. 63 ff AEUV).[193] Daneben schützt Art. 21 AEUV die allgemeine Freizügigkeit der Unionsbürger **unabhängig von einer wirtschaftlichen Betätigung im EU-Ausland** (zB den Rentner, der seinen Ruhestand auf Mallorca ver- 77

187 Dazu umfassend *Cordewener*, Europäische Grundfreiheiten und nationales Steuerrecht, 2002; *Kokott/Ost*, EuZW 2011, 496.

188 Vgl nur EuGH v. 8.3.2001, verb. Rs. C-397/98 und C-410/98 (Metallgesellschaft und Hoechst), Rn 41; *Walter*, in: Ehlers, Europäische Grundrechte und Grundfreiheiten, 4. Aufl., § 1 Rn 45 f.

189 *Schaumburg*, DB 2005, 1129, 1132.

190 Zu den Anforderungen an die Rechtfertigung dieses Vorgehens etwa *Wernsmann*, Das gleichheitswidrige Steuergesetz – Rechtsfolgen und Rechtsschutz, 2000, S. 52 ff, 62 ff, 212 ff, 218 ff mwN.

191 Krit. *U. Lange*, Der Anspruch auf Erstattung gemeinschaftsrechtswidrig erhobener Steuern, 2008, S. 173 ff.

192 EuGH v. 6.3.2007, Rs. C-292/04 (Meilicke), Rn 32 ff; v. 21.3.2013, Rs. C-92/11 (RWE Vertrieb AG/Verbraucherzentrale Nordrhein-Westfalen e. V.), Rn 58.

193 Zur (insbesondere bei Drittstaaten-Sachverhalten relevanten) Abgrenzung Niederlassungsfreiheit – Kapitalverkehrsfreiheit: EuGH v. 15.5.2008, Rs. C-414/06 (Lidl Belgium), Rn 15 ff (Exklusivitätsverhältnis); v. 12.9.2006, Rs. C-196/04 (Cadbury Schweppes und Cadbury Schweppes Overseas), Rn 33; v. 17.9.2009, Rs. C-182/08 (Glaxo Wellcome), Rn 47; v. 21.1.2010, Rs. C-311/08 (Société de Gestion Industrielle), Rn 25; zur Auswirkung bei Drittstaaten-Sachverhalt: EuGH v. 11.6.2007, Rs. C-415/06 (SEW), Rn 14 ff; v. 19.7.2012, Rs. C-31/11 (Scheunemann), Rn 30 ff; v. 13.11.2012, Rs. C-35/11 (Test Claimants in the FII Group Litigation), Rn 97 ff; v. 3.10.2013, Rs. C-282/12 (Itelcar), Rn 23; vgl zu dieser Rechtsprechungsentwicklung *Musil/Schulz*, DStR 2013, 2205, 2210; *Mitschke*, IStR 2014, 37, 38 f; BFH v. 6.3.2013, I R 10/11, Rn 16 ff; vgl dazu kritisch *Lehmann*, IStR 2013, 739; zur Abgrenzung Niederlassungsfreiheit – Dienstleistungsfreiheit: EuGH v. 13.3.2007, Rs. C-524/04 (Test Claimants in the Thin Cap Group Litigation), Rn 34; zur Abgrenzung Dienstleistungsfreiheit – Kapitalverkehrsfreiheit: EuGH v. 3.10.2006, Rs. C-452/04 (Fidium Finanz), Rn 48 ff.

bringen will).[194] Ferner werden die Grundfreiheiten ergänzt durch ein (subsidiäres)[195] allgemeines Diskriminierungsverbot aus Gründen der Staatsangehörigkeit (Art. 18 Abs. 1 AEUV). Welche Grundfreiheit einschlägig ist, richtet sich nach dem Gegenstand der nationalen Regelung.[196]

78 Übersetzt in die Sprache des nationalen (Einkommen-)Steuerrechts sind die einzelnen Grundfreiheiten folgenden steuerlich relevanten Tätigkeiten zuzuordnen: Die Arbeitnehmerfreizügigkeit wird durch die Besteuerung der **Einkünfte aus nichtselbstständiger Arbeit (§ 19 EStG)** berührt sein. Der Schutzbereich der Niederlassungsfreiheit umfasst die Aufnahme und Ausübung einer selbstständigen wirtschaftlichen Erwerbstätigkeit, die auf der Grundlage einer festen Einrichtung dauerhaft auf die Teilnahme am Wirtschaftsleben eines anderen Mitgliedstaates angelegt ist, sowie die Gründung und Leitung von Unternehmen.[197] Er umfasst die **Einkünfte aus selbstständiger Arbeit, aus Gewerbebetrieb sowie Einkünfte aus kontrollierten Kapitalanteilen** (Aktien, GmbH-Anteilen). Handelt es sich bei den Kapitalanteilen hingegen um sog. **Streubesitz**, ist nicht die Niederlassungsfreiheit, sondern die Kapitalverkehrsfreiheit betroffen.[198] Die Kapitalverkehrsfreiheit schützt auch Schenkungen sowie den Erwerb von Todes wegen.[199]

79 Die **Warenverkehrsfreiheit** spielt für die **direkten Steuern** (insbesondere die Ertragsteuern) üblicherweise keine Rolle.[200] Der freie Warenverkehr wird meist nicht durch direkte, sondern durch indirekte Steuern (Verbrauchsteuern) behindert, für die aber ohnehin Art. 110 Abs. 1 AEUV einen spezielleren[201] Prüfungsmaßstab bereithält. Regelmäßig werden daher die anderen Grundfreiheiten als Prüfungsmaßstäbe der direkten Steuern heranzuziehen sein.

c) Die Grundfreiheiten als Diskriminierungs- und Beschränkungsverbote – Gleichheits- und freiheitsrechtliche Dimensionen

80 Die Grundfreiheiten enthalten Diskriminierungs- und Beschränkungsverbote. In ihrer Funktion als **Diskriminierungsverbote** verbieten sie ungerechtfertigte Benachteiligungen wegen der **Staatsangehörigkeit** eines anderen Mitgliedstaates, dh die Schlechterstellung von Staatsangehörigen anderer Mitgliedstaaten gegenüber den eigenen Staatsangehörigen. Bei Gesellschaften tritt an die Stelle der Staatsangehörigkeit das Kriterium ihres **Sitzes**, um die Zugehörigkeit zur Rechtsordnung eines bestimmten Staates zu bestimmen.[202] Eine Benachteiligung liegt in jeder ungünstigeren Behandlung, zB auch in der Verpflichtung zur Leistung von Vorauszahlungen, was zu Liquiditätsnachteilen

---

194 BFH v. 9.5.2012, I R 73/10, Rn 20; EuGH v. 10.9.2009, Rs. C-269/07 (Kommission/Deutschland), Rn 115 („Riester-Rente"). – Vor Einfügung des damaligen Art. 18 EGV war dieser wohl durch seine passive Dienstleistungsfreiheit (zB über die Entgegennahme von Dienstleistungen im Ausland etwa als Tourist) – noch nicht geschützt; vgl zu dieser Konstruktion etwa EuGH v. 2.2.1989, Rs. 186/87 (Cowan), Rn 14 ff.

195 EuGH v. 13.4.2000, Rs. C-251/98 (Baars), Rn 23; st. Rspr. Zuletzt etwa EuGH v. 21.1.2010, Rs. C-311/08 (Société de Gestion Industrielle), Rn 31.

196 EuGH v. 21.1.2010, Rs. C-311/08 (Société de Gestion Industrielle), Rn 25 mwN; st. Rspr.

197 S. nur *Müller-Graff*, in: Streinz, EUV/AEUV, 2. Aufl., Art. 49 AEUV, Rn 11 ff mwN.

198 *Schön*, in: GS für Knobbe-Keuk, S. 743, 750 f; *Schaumburg*, DB 2005, 1129, 1132, Fn 56; zuletzt EuGH v. 20.10.2011, Rs. C-284/09 (Kommission/Deutschland), Rn 44 ff, infolgedessen § 8 b Abs. 4 KStG nF eingeführt wurde; vgl zur Neuregelung *Watrin/Eberhardt*, IStR 2013, 814.

199 Die Kapitalbewegung ist im Übergang des Nachlassvermögens auf die Erben zu sehen: EuGH v. 23.2.2006, Rs. C-513/03 (van Hilten), Rn 38 ff; v. 22.4.2010, Rs. C-510/08 (Mattner), Rn 19 f; v. 17.10.2013, Rs. C-181/12 (Welte), Rn 20. Freilich ist diese nicht beeinträchtigt, wenn das nationale Steuerrecht (wie im Falle der sog. erweiterten unbeschränkten Steuerpflicht) weggezogene Inländer mit weiterhin ansässigen Inländern gleichbehandelt, EuGH v. 23.2.2006, Rs. C-513/03 (van Hilten), Rn 44 f.

200 Vgl aber EuGH v. 7.5.1985, Rs. 18/84 (Kommission/Französische Republik), Slg 1985, 1339, Rn 12 ff. Dort erhielten solche Unternehmen Steuervergünstigungen im Rahmen von direkten Steuern, die Druckerzeugnisse im Inland herstellen ließen. Hierin sah der EuGH eine gemeinschaftsrechtswidrige Beeinträchtigung der Warenverkehrsfreiheit (aaO Rn 12, 13, 16).

201 EuGH v. 4.4.1968, Rs. 27/67, Slg 1968, 334, 346; v. 18.1.2007, Rs. C-313/05 (Brzezinski), Slg 2007, I-513, Rn 50; st. Rspr.

202 EuGH v. 28.1.1986, Rs. 270/83 (avoir fiscal), Rn 18; v. 21.9.1999, Rs. C-307/97 (Saint Gobain), Rn 35; v. 8.3.2001, verb. Rs. C-397/98 und 410/98 (Metallgesellschaft und Hoechst), Rn 42 mwN.

führt.[203] Dabei stellt der EuGH die steuerliche Belastung eines innerstaatlichen Vorgangs einem vergleichbaren grenzüberschreitenden Vorgang gegenüber.[204] Allerdings akzeptiert es der EuGH, wenn eine Verlustverrechnung zunächst innerhalb desselben Mitgliedstaats durchgeführt werden soll, also keine Organschaft über die Grenze (Mutter im Inland, Tochter im EU-Ausland) stattfindet, was zu einer verzögerten Verlustverrechnung gegenüber einer inländischen Organschaft (Mutter und Tochter sitzen beide im Inland) führt.[205] Die damit verbundenen Liquiditäts- und Zinsnachteile nimmt der EuGH hin; erst bei Liquidierung der Tochtergesellschaft muss eine Verlustverrechnung über die Grenze möglich sein.

Rechtsfolge einer solchen rechtswidrigen **Diskriminierung** ist die sog. **Inländergleichbehandlung;**[206] dh die EU-Ausländer können verlangen, von dem betreffenden Mitgliedstaat ebenso wie dessen Staatsangehörige behandelt zu werden. Bezugspunkt ist immer die Behandlung der Inländer durch den jeweiligen Mitgliedstaat. Die Grundfreiheiten führen also in ihrer Funktion als Diskriminierungsverbote immer nur zu einer Angleichung der Rechtsstellung der EU-Ausländer an die jeweiligen Inländer. Über die Grundfreiheiten wird **keine Harmonisierung der Steuerrechtsordnungen der Mitgliedstaaten** erreicht; vielmehr sorgen die Grundfreiheiten nur für **„Kästchengleichheit“**, dh für Gleichbehandlung von In- und EU- Ausländern innerhalb des Steuerrechts des jeweiligen Mitgliedstaates[207] (dazu bereits oben Rn 6 f). Das Recht der direkten Steuern verbleibt in der Zuständigkeit der Mitgliedstaaten, wie der EuGH in st. Rspr mit Recht betont.[208] Daher sind etwa unterschiedliche Steuertarife oder die ungleiche Ermittlung von Bemessungsgrundlagen zB bei der Einkommen-, Körperschaft- oder Erbschaftsteuer in den einzelnen Mitgliedstaaten zwangsläufige Folgen dieser fehlenden Harmonisierung und damit grundsätzlich hinzunehmen. 81

Beschränkungen liegen im Steuerrecht vor allem vor, wenn die Grenzüberschreitung selbst unmöglich gemacht wird oder sich daran nachteilige Rechtsfolgen knüpfen, die bei Verbleib im Inland nicht eintreten würden (zB Zwang zur Realisierung stiller Reserven bei Wegzug). **Rechtsfolge** einer unionsrechtswidrigen Beschränkung ist deren Unanwendbarkeit, das Hindernis wird „aus dem Weg geräumt“. Letztlich lässt sich indes in aller Regel eine Beschränkung auch als **Diskriminierung eines grenzüberschreitenden Sachverhalts** verstehen (vgl auch Rn 80, 108).[209] Die Verlegung des Sitzes wird gegenüber dem Verbleib im Inland „diskriminiert“, auch wenn keine Diskriminierung nach der Staatsangehörigkeit des Handelnden vorliegt.

d) Anwendungsbereich des Vertrages

aa) Inländerdiskriminierung

Nicht in den Anwendungsbereich des Vertrages fällt die sog. **Inländerdiskriminierung.**[210] Behandelt ein Mitgliedstaat seine eigenen Staatsangehörigen schlechter als solche aus anderen Mitgliedstaaten (indem zB Deutschland das Reinheitsgebot für deutsches Bier für deutsche Produzenten in Kraft 82

203 Vgl EuGH v. 8.3.2001, verb. Rs. C-397/98 und 410/98 (Metallgesellschaft und Hoechst), Rn 44, 54; v. 13.12.2005, Rs. C-446/03 (Marks & Spencer), Rn 32 ff.

204 Vgl *Englisch*, in: Tipke/Lang, 21. Aufl., § 4 Rn 83.

205 EuGH v. 13.12.2005, Rs. C-446/03 (Marks & Spencer), Rn 55; v. 15.5.2008, Rs. C-414/06 (Lidl Belgium), Rn 32; v. 23.10.2008, Rs. C-157/07 (Krankenheim Ruhesitz am Wannsee-Seniorenheimstatt), Rn 55; *Eisenbarth/Hufeld*, IStR 2010, 309.

206 EuGH v. 28.1.1986, Rs. 270/83 (avoir fiscal), Rn 14.

207 *Birk*, DStJG 19 (1996), 63, 77, 79; vgl ferner *Wernsmann*, in: Hübschmann/Hepp/Spitaler, AO/FGO, § 4 AO, Rn 432; von „punktueller Annäherung“ spricht *Lampert*, EuZW 2013, 493, 496.

208 Diese Formulierung findet sich in jeder Entscheidung des EuGH zum Recht der direkten Steuern; vgl statt aller EuGH v. 14.2.1995, Rs. C-279/93 (Schumacker), Rn 21; v. 10.5.2012, Rs. C-39/10 (Kommission/Estland), Rn 47 mwN.

209 *Kingreen*, Die Struktur der Grundfreiheiten des Europäischen Gemeinschaftsrechts, 1999, S. 115 ff; *Wernsmann*, EuR 1999, 755 ff; krit. *Ehlers*, Europäische Grundrechte und Grundfreiheiten, 4. Aufl., § 7 Rn 30 f mwN. Instruktiv EuGH v. 22.4.2010, Rs. C-510/08 (Mattner), Rn 25, wo für das Vorliegen einer Beschränkung nicht in erster Linie auf einen abschreckenden Effekt abgestellt wird, sondern auf die Wertminderung der Schenkung in Fällen mit grenzüberschreitendem Bezug.

210 Zutreffend die hM: Vgl nur *Ehlers*, Europäische Grundrechte und Grundfreiheiten, 4. Aufl., § 7 Rn 25 f; *Streinz*, EUV/AEUV, Art. 18 AEUV, Rn 62 ff mwN.

lässt, während es kraft Unionsrechts für die Produzenten aus anderen EU-Staaten unanwendbar ist), so stellt das Unionsrecht insoweit keine Prüfungsmaßstäbe bereit. Die Zulässigkeit solcher Inländerdiskriminierungen beurteilt sich allein nach dem jeweiligen **nationalen Verfassungsrecht**. Das allgemeine Gleichbehandlungsgebot (Art. 3 Abs. 1 GG) kommt als Prüfungsmaßstab jedoch nur in Betracht, soweit die Ungleichbehandlung durch denselben Träger öffentlicher Gewalt erfolgt. Daran wird es fehlen, wenn die Behandlung der EU-Ausländer auf die Erfordernisse des Unionsrechts zurückgeht, während sich die Behandlung der Inländer allein nach nationalem Recht richtet.[211] Bei den Freiheitsrechten (zB der Berufsfreiheit, Art. 12 Abs. 1 GG) kann man an der Eignung und Erforderlichkeit bestimmter Restriktionen zweifeln, wenn diese für EU-Ausländer nicht mehr gelten. Es stellt sich dann die Frage, ob das die Berufsfreiheit einschränkende Mittel das beabsichtigte Ziel noch erreichen kann bzw ob nicht gleich geeignete Mittel das Ziel ebenso gut erreichen können.

83 Nicht um eine Inländerdiskriminierung handelt es sich aber, wenn ein Mitgliedstaat (der sog. **Herkunftsstaat**) an die Verwirklichung grenzüberschreitender Sachverhalte durch seine eigenen Staatsangehörigen, die von den Grundfreiheiten geschützt sind, nachteilige Rechtsfolgen knüpft (Beispiel: Deutschland erkennt von Deutschen im EU-Ausland erworbene Studienabschlüsse nicht an) oder das Gebrauchmachen von den Grundfreiheiten (etwa den **Wegzug ins Ausland**) [212] sogar ganz verhindert oder – im Wege der Besteuerung – unattraktiv macht. Solche Betätigungen unterfallen dem Schutz der Grundfreiheiten und bedürfen damit der Rechtfertigung vor dem Unionsrecht.[213]

bb) Auch nicht-wirtschaftliche Betätigung im EU-Ausland

84 Geschützt war ursprünglich nur die Verwirklichung **grenzüberschreitender Sachverhalte** im Schutzbereich der Grundfreiheiten. Aus diesem Grund verzichtete der EuGH auf eine Prüfung der Grundfreiheiten im **Werner**-Fall.[214] Werner war deutscher Staatsangehöriger und als Zahnarzt in Deutschland tätig. Er wohnte mit seiner Familie in den Niederlanden, wo die Familie keine weiteren Einkünfte bezog. Werner war in Deutschland beschränkt steuerpflichtig, in den Niederlanden

211 *Wernsmann*, in: Hübschmann/Hepp/Spitaler, AO/FGO, § 4 AO, Rn 428 f mwN; aA *Osterloh*, in: Sachs, GG, 6. Aufl., Art. 3, Rn 71; *Kokott*, in: Lehner, Grundfreiheiten im Steuerrecht der EU-Staaten, S. 1, 16, letztere mit der Begründung, dass das Unionsrecht nur aufgrund des Rechtsanwendungsbefehls des deutschen Zustimmungsgesetzes in Deutschland gelte. Indes handelt es sich beim Unionsrecht um eine autonome Rechtsquelle; *Kokott* will im Ergebnis iRd Art. 3 GG allerdings die Kontrolldichte hinsichtlich Inländerdiskriminierungen zurücknehmen. – Dagegen will *Schaumburg*, DB 2005, 1129, 1134; *ders.*, DStJG 24 (2001), 225, 232 mwN sogar über Art. 3 Abs. 1 GG und das Leistungsfähigkeitsprinzip als dessen bereichsspezifische Konkretisierung im Steuerrecht Staatsangehörigen von Drittstaaten (zB der USA) einen Anspruch darauf entnehmen, im Vergleich zu EU-Ausländern nicht benachteiligt zu werden. Diese seien nicht leistungsfähiger als EU-Ausländer und müssten daher im nationalen Steuerrecht ebenso behandelt werden wie diese. Im Ergebnis würden bei einer solchen Betrachtung die Staatsangehörigen von Drittstaaten so behandelt, wie die EU-Ausländer aufgrund der speziellen Verbürgungen der unionsrechtlichen Grundfreiheiten behandelt werden müssen. Diese Sichtweise vermag nicht zu überzeugen. Die Verträge (EUV nF, AEUV) enthalten Grundfreiheiten zugunsten der Unionsbürger, die zugleich dem Binnenmarktziel dienen sollen. Das BVerfG hat die Unterscheidung von unbeschränkter und beschränkter Steuerpflicht stets für verfassungsrechtlich gerechtfertigt erachtet (dazu noch u. Rn 98 Fn 218). Das Grundgesetz fordert also eine Gleichstellung keinesfalls, sondern nur – und zwar begrenzt auf die Unionsbürger, die Staatsangehörigen der Mitgliedstaaten – das Unionsrecht. Die Drittstaatsangehörigen fallen jedoch nicht in dessen Anwendungsbereich. Eine Einbeziehung von Drittstaatsangehörigen in Regelungen, wie sie für EU-Ausländer gelten, ist richtiger Auffassung nach der Vereinbarung durch Doppelbesteuerungsabkommen zwischen dem jeweiligen Mitgliedstaat und dem Drittstaat vorbehalten. Wie hier etwa *Knobbe-Keuk*, EuZW 1995, 167, 168; *Schön*, IStR 1995, 119, 123 f – Zu den Maßstäben der Grundfreiheiten für DBA, soweit es um Drittstaatsangehörige aus einem EU-Mitgliedstaat geht, s. noch u. Rn 91 ff.

212 Zur sog. „Wegzugsbesteuerung“: EuGH v. 21.11.2002, Rs. C-436/00 (X und Y); v. 11.3.2004, Rs. C-9/02 (Lasteyrie du Saillant); v. 7.9.2006, Rs C-470/04 (N); v. 10.9.2009, Rs. C-269/07 (Deutschland/Kommission); v. 29.11.2011, Rs. C-371/10 (National Grid Indus BV); v. 12.7.2012, Rs. C-269/09 (Kommission/Spanien); v. 6.9.2012, Rs. C-38/10 (Kommission/Portugal); v. 25.4.2013, Rs. C-64/11 (Kommission/Spanien); v. 18.7.2013, Rs. C-261/11 (Kommission/Dänemark); v. 23.1.2014, Rs. C-164/12 (DMC).

213 Vgl EuGH v. 12.9.2002, Rs. C-431/01 (Mertens), Rn 26 f, 33, 37 mwN; EuGH v. 7.9.2006, Rs. C-470/04 (N), Rn 34; v. 12.7.2012, Rs. C-269/09 (Kommission/Spanien), Rn 52.

214 EuGH v. 26.1.1993, Rs. C-112/91 (Werner), Slg 1993, I-429, 470.

unbeschränkt steuerpflichtig.[215] In Deutschland konnte er seine privaten Abzüge (insbes. Kindesunterhalt) nicht geltend machen, weil dies für beschränkt Steuerpflichtige nicht vorgesehen war, und in den Niederlanden wirkten sich seine privaten Abzüge nicht aus, weil das Besteuerungsrecht durch Doppelbesteuerungsabkommen Deutschland zugewiesen war, in den Niederlanden also nichts zu versteuern war. Der EuGH prüfte die Nichtberücksichtigung der privaten Abzüge in Deutschland in diesem Fall nicht am Maßstab der Grundfreiheiten. Denn Werner betätigte sich als deutscher Staatsangehöriger beruflich in Deutschland. Er machte also gerade nicht von seiner Arbeitnehmerfreizügigkeit gem. Art. 45 AEUV (als angestellter Zahnarzt) oder von seiner Niederlassungsfreiheit gem. Art. 49 AEUV (als selbstständiger Zahnarzt) Gebrauch, sondern hatte lediglich aus privaten Gründen seinen privaten Wohnsitz in die Niederlande verlegt. Damit hatte er nicht eine von den Grundfreiheiten geschützte (also eine **wirtschaftliche**) Tätigkeit grenzüberschreitend verwirklicht, sondern lediglich seinen privaten Wohnsitz grenzüberschreitend verlegt.

Nach dem Inkrafttreten des Vertrags von Maastricht ist auch die **Freizügigkeit unabhängig von einer wirtschaftlichen Betätigung im EU-Ausland geschützt** (Art. 21 AEUV).[216] Vom Schutz des Art. 21 AEUV umfasst ist also auch die Wohnsitzverlegung des Rentners, der sich nicht mehr im EU-Ausland wirtschaftlich betätigen will, oder eines potenziellen Erblassers, der durch erbschaftsteuerliche Regelungen von einer Wohnsitzverlegung abgeschreckt wird. Art. 21 AEUV ist auch unmittelbar anwendbar.[217] Ältere Rechtsprechung des EuGH ist daher darauf zu prüfen, ob sie im Lichte des Art. 21 AEUV noch fortgilt. 85

2. Diskriminierungen

a) Offene und versteckte Diskriminierungen

Die Grundfreiheiten und das subsidiäre allgemeine Diskriminierungsverbot (Art. 18 AEUV) verbieten nicht zu rechtfertigende Diskriminierungen **aus Gründen der Staatsangehörigkeit.** Die nationalen Steuerrechtsnormen knüpfen jedoch nur sehr selten ausdrücklich an die Staatsangehörigkeit an. Falls ausdrücklich auf die Staatsangehörigkeit Bezug genommen wird, so handelt es sich um eine sog. **offene, offensichtliche, unmittelbare, rechtliche, formale oder direkte Diskriminierung.** 86

Freilich liegt keine rechtfertigungsbedürftige Diskriminierung vor, wenn das nationale Steuerrecht nur deutsche Staatsangehörige, die weggezogen sind, mit weiterhin in Deutschland ansässigen deutschen Staatsangehörigen gleichbehandelt, nicht aber ausländische Staatsangehörige[218] (Beispiel: **erweiterte unbeschränkte Steuerpflicht** nach § 2 Abs. 1 Nr. 1 S. 2 lit. b ErbStG). Unter dem Gesichtspunkt des Schutzes vor Diskriminierungen werden nicht ausländische Staatsangehörige benachteiligt, die Gleichbehandlung mit Inländern verlangen können (Rn 82), und unter dem Gesichtspunkt des Schutzes vor Beschränkungen der Grundfreiheiten tritt durch die Verlängerung des inländischen Steuerzugriffs kein Abschreckungseffekt auf. Soweit ein solcher aus einer drohenden Doppelbesteuerung folgt (Verbleib in der deutschen Besteuerungsgewalt und gleichzeitige Eröffnung des ausländischen Steuerzugriffs durch dortige Wohnsitznahme), ist dies nur Folge der fehlenden Harmonisierung durch die Mitgliedstaaten, denen die Aufteilung ihrer Besteuerungsbefugnisse nach der Rspr des EuGH nicht durch das Unionsrecht vorgegeben ist (dazu Rn 89 ff, 111).

Häufiger knüpft das Steuerrecht indes an **Wohnsitz** (§ 8 AO) oder **gewöhnlichen Aufenthalt** (§ 9 AO) bzw – bei juristischen Personen – an **Geschäftsleitung** (§ 10 AO), **Sitz** (§ 11 AO) oder **Betriebsstätte** (§ 12 AO) an; vgl zB §§ 1 EStG, 1 KStG, 2 Abs. 1 GewStG, 6 AStG, 1 EigZulG aF. Führt die Verwendung eines anderen Differenzierungskriteriums als der Staatsangehörigkeit tatsächlich zu einem ähnlichen Ergebnis, weil typischerweise das Differenzierungskriterium zu einer 87

215 Zu den Vorgaben des Unionsrechts für beschränkt Steuerpflichtige vgl noch u. Rn 96 ff.

216 EuGH v. 10.9.2009, Rs. C-269/07 (Kommission/Deutschland), Rn 115; *Magiera*, in: Streinz, EUV/AEUV, 2. Aufl., Art. 21 AEUV, Rn 9. Noch offen lassend, aber in der Tendenz deutlich EuGH v. 11.12.2003, Rs. C-364/01 (Erben von Barbier), Rn 75.

217 *Magiera*, in: Streinz, EUV/AEUV, 2. Aufl., Art. 21, Rn 11.

218 Vgl zutreffend EuGH v. 23.2.2006, Rs. C-513/03 (van Hilten), Rn 44 f

Benachteiligung von EU-Ausländern führt, so handelt es sich um eine sog. **versteckte, verschleierte, mittelbare, materielle, faktische oder indirekte Diskriminierung.**[219]

88 Die genaue Bestimmung einer mittelbaren Diskriminierung ist allerdings unklar: Muss die Anwendung des Kriteriums zu demselben Ergebnis führen, wie wenn eine ausdrückliche Differenzierung nach der Staatsangehörigkeit vorläge[220] oder muss das Differenzierungskriterium **typischerweise EU-Ausländer benachteiligen**, ohne dass es darauf ankäme, dass viele Inländer ebenso benachteiligt werden wie die EU-Ausländer?[221] Oder reicht es aus, dass bei ausländischen Staatsangehörigen eine ungünstige Behandlung „wahrscheinlicher" ist als bei inländischen?[222] Für jede Sichtweise lassen sich Belege in der Rechtsprechung des EuGH finden. Vorzugswürdig erscheint jedoch der engere Diskriminierungsbegriff. Denn von einer versteckten Diskriminierung aus Gründen der Staatsangehörigkeit kann nur gesprochen werden, wenn die Verwendung des anderen Differenzierungskriteriums zu einer **ganz ähnlichen Gruppenabgrenzung** wie eine Differenzierung nach der Staatsangehörigkeit führt.[223]

b) Keine Diskriminierung als bloße Folge fehlender Harmonisierung der Steuersysteme

89 (1) Hat der Steuerpflichtige S – wenn er im Mitgliedstaat M 1 wohnt und dort seine Einkünfte erzielt – höhere Steuern zu zahlen, als wenn er im Mitgliedstaat M 2 wohnen und dort seine Einkünfte erzielen würde, so liegt in dieser unterschiedlichen Besteuerung je nach den unterschiedlichen Steuersystemen schon deshalb keine Diskriminierung nach der Staatsangehörigkeit, weil die Ungleichbehandlung auf Maßnahmen **unterschiedlicher** Hoheitsträger beruht. Ebensowenig wie nach deutschem Verfassungsrecht eine vor Art. 3 Abs. 1 GG rechtfertigungsbedürftige Ungleichbehandlung darin liegt, dass Gemeinde G 1 höhere Gewerbesteuerhebesätze kennt als Gemeinde G 2,[224] liegt eine vor den Grundfreiheiten rechtfertigungsbedürftige Diskriminierung darin, dass zwei Mitgliedstaaten unterschiedliche Steuergesetze erlassen haben mit der Folge, dass die Steuerlast unterschiedlich ausfällt, je nachdem welcher Mitgliedstaat für die Besteuerung jeweils zuständig ist.[225] Hier scheidet eine Diskriminierung schon deshalb aus, weil die unterschiedliche steuerliche Belastung auf dem **Handeln zweier unterschiedlicher Normsetzer** beruht (vgl auch Rn 111). Diskrepanzen, die Folge der Unterschiede zwischen den Steuersystemen und der unterschiedlichen Ausübung der steuerrechtlichen Zuständigkeiten durch die Mitgliedstaaten sind, fallen daher nicht in

---

219 Vgl grdl. zum Steuerrecht EuGH v. 14.2.1995, Rs. C-279/93 (Schumacker), Rn 26 ff; s. ferner *Ehlers*, Europäische Grundrechte und Grundfreiheiten, 4. Aufl., § 7, Rn 28.

220 So EuGH v. 14.2.1995, Rs. C-279/93 (Schumacker), Rn 26 mwN.

221 So wohl (mit einem weiten Verständnis der mittelbaren Diskriminierung) etwa EuGH v. 16.1.2003, Rs. C-388/01, Rn 13, 14 („freier Eintritt zu Museen der Stadt Florenz für Einwohner dieser Stadt"). Die Anwendung des Differenzierungskriteriums „Einwohner der Stadt Florenz" führt nach Ansicht des EuGH dazu, dass typischerweise Angehörige anderer Mitgliedstaaten als Italiens Eintritt zahlen müssen, was faktisch zu dem gleichen Ergebnis führe wie eine Differenzierung nach der Staatsangehörigkeit. Um eine Maßnahme als diskriminierend qualifizieren zu können, muss sie nach Ansicht des EuGH nicht bewirken, dass alle Inländer begünstigt werden oder dass unter Ausschluss der Inländer nur die Staatsangehörigen der Mitgliedstaaten benachteiligt werden. Da in Florenz typischerweise Italiener wohnen werden, kam der EuGH zu dem Ergebnis, dass der freie Eintritt zu Museen für Einwohner der Stadt Florenz eine mittelbare Diskriminierung aufgrund der Staatsangehörigkeit zum Nachteil von EU-Ausländern darstelle. – Die Auffassung des EuGH erscheint indes nicht zweifelsfrei, da die Verwendung des Merkmals „Einwohner von Florenz" faktisch nicht in aller Regel zum selben Ergebnis führt wie die Verwendung des Merkmals „italienischer Staatsangehöriger". Anderes könnte nur dann gelten, wenn andere Italiener als Florentiner typischerweise nicht zu den Besuchern der Museen gehören, wohl aber EU-Ausländer.

222 So formuliert EuGH v. 10.9.2009, Rs. C-269/07 (Kommission/Deutschland), Rn 102.

223 So auch etwa zuletzt EuGH, v. 6.10.2011, Rs. C-506/10 (Graf), Rn 26; ähnlich *Streinz*, EUV/AEUV, 2. Aufl., Art. 18 AEUV, Rn 53.

224 Vgl allgemein zu unterschiedlichen Regelungen durch verschiedene Hoheitsträger nur BVerfGE 10, 354, 371; 11, *299, 305; 12, 139, 143; 16, 6, 24; 93, 319, 351*; st. Rspr.

225 EuGH v. 23.10.2008, Rs. C-157/07 (Krankenheim Ruhesitz am Wannsee-Seniorenheimstatt), Rn 49 f; v. 8.12.2011, Rs. C-157/10 (Banco Bilbao Vizcaya Argentaria), Rn 38 f; BFH v. 28.5.2009, VI R 27/06, BStBl II 2009, 857 = BFHE 225, 377, Rn 23 mwN.

den Geltungsbereich der Grundfreiheiten und schließen eine rechtfertigungsbedürftige Ungleichbehandlung aus.[226]

(2) Ebenfalls eine bloße Folge fehlender Harmonisierung ist es, wenn der Steuerpflichtige mit seinem in den Niederlanden belegenen Vermögen dort beschränkt vermögensteuerpflichtig ist, während in seinem Wohnsitzstaat Deutschland die Vermögensteuer abgeschafft ist. Sehen die Niederlande für beschränkt Steuerpflichtige einen niedrigeren Freibetrag vor als für unbeschränkt Steuerpflichtige, weil sich Ansässige und Gebietsfremde in einer unterschiedlichen Situation befinden,[227] so verstößt das nicht gegen die Grundfreiheiten, sondern ist **Folge der unterschiedlichen Besteuerungssysteme in den Mitgliedstaaten.** Darauf, ob Deutschland Vermögensteuer erhebt oder nicht (und insoweit den Freibetrag im für die Berücksichtigung „zuständigen" Staat berücksichtigen kann), kommt es nicht an;[228] erhebt Deutschland gar keine Vermögensteuer, steht der Steuerpflichtige ohnehin schon besser, als wenn sie dort erhoben würde und der Freibetrag dort zu berücksichtigen wäre. 90

(3) Eine ungleiche steuerliche Belastung kann indes auch einmal auf dem Handeln **derselben** Rechtsetzer beruhen: Wird durch **Doppelbesteuerungsabkommen** einem der beiden vertragsschließenden Staaten das Besteuerungsrecht zugewiesen, sofern der Steuerpflichtige eine bestimmte Staatsangehörigkeit hat, und besteuert dieser insgesamt höher als der andere vertragsschließende Staat, so liegt darin – in der Zuordnung des Besteuerungsrechts an einen der beiden Staaten – keine rechtfertigungsbedürftige (offene) Diskriminierung.[229] Es steht den Mitgliedstaaten frei, im Rahmen bilateraler Doppelbesteuerungsabkommen die Anknüpfungspunkte für die **Aufteilung der Steuerhoheit** festzulegen.[230] Auch können die Mitgliedstaaten grundsätzlich zwischen der Anrechnungs- und Freistellungsmethode wählen.[231] Eine unterschiedliche Besteuerung, die sich aus den unterschiedlichen Steuertarifen in den jeweiligen Mitgliedstaaten ergibt, ist dann unionsrechtlich hinzunehmen.[232] 91

(4) Schließen Belgien und die Niederlande – bilateral – ein Doppelbesteuerungsabkommen und sehen sie darin vor, dass in den Niederlanden beschränkt steuerpflichtige Belgier in den Niederlanden wie unbeschränkt Steuerpflichtige behandelt werden (und damit zB höhere Freibeträge usw erhalten), so kann nicht der in den Niederlanden beschränkt steuerpflichtige Deutsche unter Berufung auf die Grundfreiheiten verlangen, in den Niederlanden ebenso wie ein Belgier behandelt zu werden. Mit anderen Worten: Der Staatsangehörige eines Mitgliedstaates, mit dem der besteuernde Mitgliedstaat kein Doppelbesteuerungsabkommen oder ein solches mit anderem Inhalt geschlossen hat, kann nicht unter Berufung auf die Diskriminierungsverbote aus den Grundfreiheiten verlangen, wie ein Staatsangehöriger desjenigen Mitgliedstaates steuerlich begünstigt zu werden, mit dem der besteuernde Mitgliedstaat das Doppelbesteuerungsabkommen geschlossen hat. Die Grundfreiheiten vermitteln **keinen Anspruch auf „Meistbegünstigung"**.[233] Die Grundfreiheiten verpflichten die Mitgliedstaaten ihrer Idee nach zur Gleichbehandlung von EU-Ausländern mit den eigenen Staatsangehörigen (sog. Inländergleichbehandlung, Rn 81), nicht aber mit anderen EU-Ausländern. 92

226 EuGH v. 12.9.2002, Rs. C-431/01 (Mertens), Rn 36 f; v. 1.12.2011, Rs. C-250/08 (Kommission/Belgien), Rn 46 f (in den konkreten Fällen aber jeweils abgelehnt).

227 Zu den gemeinschaftsrechtlichen Anforderungen an dieses zentrale Kriterium für Ungleichbehandlungen unbeschränkt und beschränkt Steuerpflichtiger u. Rn 96 ff.

228 Zutreffend EuGH v. 5.7.2005, Rs. C-376/03 (D.), Rn 36 f, 39 ff.

229 EuGH v. 12.5.1998, Rs. C-336/96 (Gilly), Rn 34, 47 zur Einkommensteuer; vgl ebenso für die Erbschaftsteuer EuGH v. 23.2.2006, Rs. C-513/03 (van Hilten), Rn 47 f; v. 11.9.2008, Rs. C-43/07 (Arens-Sikken), Rn 62. Kritisch dazu *Schön*, IStR 2004, 289, 292.

230 EuGH v. 21.9.1999, Rs. C-307/97 (Saint Gobain), Slg 1999, I-6161, Rn 56, 57; v. 5.7.2005, Rs. C-376/03 (D.), Rn 54.

231 EuGH v. 12.12.2006, Rs. C-446/04 (Test Claimants in the FII Group Litigation), Rn 43 ff; v. 6.12.2007, Rs. C-298/05 (Columbus Container Services), Rn 57.

232 EuGH v. 12.12.2002, Rs. C-385/00 (de Groot), Rn 86.

233 EuGH v. 5.7.2005, Rs. C-376/03 (D.), Rn 60; v. 20.5.2008, Rs. C-194/06 (Orange European Smallcap Fund), Rn 50; *Lang*, SWI 2011, 154 mwN.

93 Ein Steuerpflichtiger mit Ansässigkeit in demjenigen Mitgliedstaat, mit dem der besteuernde Mitgliedstaat kein Doppelbesteuerungsabkommen geschlossen hat, befindet sich nicht in einer vergleichbaren Lage wie ein Steuerpflichtiger des dritten Mitgliedstaates, mit dem der besteuernde Mitgliedstaat ein Doppelbesteuerungsabkommen geschlossen hat.[234] Aus dem **Wesen bilateraler Abkommen** zur Vermeidung der Doppelbesteuerung folgt, dass die jeweiligen Rechte und Pflichten nur für die Personen gelten, die in einem der beiden vertragsschließenden Mitgliedstaaten ansässig sind.[235] Eine andere Sichtweise würde dazu führen, dass jedes Doppelbesteuerungsabkommen durch andere – jeweils günstigere – Elemente aus Doppelbesteuerungsabkommen mit anderen Staaten überspielt werden könnte.

94 Da der AEUV keine Verpflichtung für die Harmonisierung der direkten Steuern vorsieht und die Regelung der direkten Steuern gemäß dem Grundsatz der begrenzten Einzelermächtigung (Art. 5 Abs. 2 EUV) in die Zuständigkeit der Mitgliedstaaten fällt, gibt **keine grenzüberschreitende Angleichung der Steuersysteme der Mitgliedstaaten.** Das BVerfG verlangt in seiner Entscheidung zum Vertrag von Lissabon sogar, dass die Übertragung einer Kompetenz auf die EU zur Vollharmonisierung im Bereich des Steuerrechts unterbleiben müsse und ein solches Zustimmungsgesetz ggf. gegen Art. 23 Abs. 1 Satz 3 iVm Art. 79 Abs. 3 GG verstoße, da die Festlegung der Gesamtbelastungshöhe zum Kern souveräner Staatlichkeit gehöre und bei einer Harmonisierung der Steuersätze nicht mehr von den nationalen Parlamenten entschieden werden könnte.[236] Die unterschiedliche steuerliche Belastung der Unionsbürger – je nachdem, welchem Mitgliedstaat das Besteuerungsrecht zugewiesen ist – beruht dann auf der fehlenden Harmonisierung des Rechts der direkten Steuern.[237] Entsprechende Belastungsunterschiede bedürfen dann nicht der Rechtfertigung vor den Diskriminierungsverboten, selbst wenn die Zuweisung des Besteuerungsrechts an einen der Mitgliedstaaten durch Doppelbesteuerungsabkommen an den höher besteuernden Mitgliedstaat sogar ausdrücklich von der Staatsangehörigkeit des Steuerpflichtigen abhängig gemacht wird. Dies folgt aus einer systematischen Interpretation der Grundfreiheiten im Lichte des fehlenden Harmonisierungsauftrags des AEUV.

Entsprechend liegt in der **Zuweisung des Besteuerungsrechts an den höher besteuernden Mitgliedstaat** keine Beeinträchtigung der Grundfreiheiten. Die Grundfreiheiten garantieren **kein „Meistbegünstigungsprinzip“[238] in Fällen mit grenzüberschreitendem Bezug.**[239] Die Rechtsfolge einer solchen Meistbegünstigung wäre nicht die von den Grundfreiheiten gewährleistete Gleichbehandlung mit Inländern, sondern Gleichbehandlung mit Drittstaatsangehörigen; darauf sind die Grundfreiheiten nicht zugeschnitten.[240] Wohl aber sind ihnen Vorgaben darüber zu entnehmen, dass bestimmte Besteuerungsmerkmale (zB persönliche Merkmale wie Anzahl der Kinder, Versicherungs- und Krankheitskosten) in einem Mitgliedstaat berücksichtigt werden müssen, und zwar auch darüber, in welchem Staat das erfolgen muss (dazu sogleich Rn 96 ff).

95 (5) Nach der st. Rspr des EuGH sind die Mitgliedstaaten beim gegenwärtigen Entwicklungsstand des Unionsrechts nicht verpflichtet, ihr eigenes Steuersystem den verschiedenen Steuersystemen anzupassen, um namentlich die sich aus der parallelen Ausübung ihrer Besteuerungsbefugnisse

234 Zutreffend EuGH v. 5.7.2005, Rs. C-376/03 (D.), Rn 52; v. 20.5.2008, Rs. C-194/06 (Orange European Smallcap Fund), Rn 51; v. 12.12.2006, Rs. C-374/04 (Test Claimants in Class IV of the ACT Group Litigation), Rn 58.

235 EuGH v. 5.7.2005, Rs. C-376/03 (D.), Rn 61.

236 BVerfG v. 30.6.2009, 2 BvE 2/08 u.a., Rn 256.

237 Vgl zum Problem der parallelen Ausübung der Besteuerungsbefugnis durch zwei Mitgliedstaaten unten Rn 95.

238 Unter Meistbegünstigung ist die Verpflichtung zu verstehen, den Vertragspartner (bzw dessen Staatsangehörige) wirtschaftlich so zu behandeln wie den bestbehandelten Dritten; vgl *Lehner*, in: Vogel/Lehner, DBA, 5. Aufl., 2008, Rn 268 mwN.

239 Ebenso für das nationale Verfassungsrecht BVerfGE 110, 412, 437, 444. S. ferner zum Unionsrecht auch *Heinicke*, in: Schmidt, EStG, 32. Aufl., § 1, Rn 7 mwN. Teilweise aA *Kokott*, in: Lehner, Grundfreiheiten im Steuerrecht der EU-Staaten, S. 1, 8 f, 24, wonach aus den Grundfreiheiten folge, dass EU-Ausländer Angleichung an eine bessere Behandlung von Drittstaatsangehörigen verlangen könnten, soweit es sich um nach 1993 geschlossene DBA handele.

240 Zutreffend *Lehner*, IStR 2001, 329, 332, 336 f.

ergebende **Doppelbesteuerung** im Bereich der direkten Steuern (zu den indirekten Steuern vgl Rn 55) zu beseitigen.[241] Eine solche Doppelbesteuerung kann daraus folgen, dass die in Deutschland lebende Tante ihrer in Deutschland lebenden Nichte ein Sparguthaben bei einer spanischen Bank vererbt und dadurch Erbschaftsteuer sowohl in Deutschland (unbeschränkte Steuerpflicht) als auch in Spanien (beschränkte Steuerpflicht) anfällt und weder Doppelbesteuerungsabkommen noch unilaterale Regelungen zur Vermeidung der Doppelbesteuerung[242] eingreifen mit der Folge, dass in beiden Staaten Erbschaftsteuer anfällt – ein wirtschaftlich erheblich ungünstigeres Ergebnis als bei Anlage des Geldes im Inland mit der Folge, dass eine steuerlich beratene Erblasserin sich gut überlegen wird, ob sie in Spanien das Geld anlegen soll.

Weiteres Beispiel:[243] Ein deutscher Arbeitgeber erbringt Zukunftssicherungsleistungen für einen unbeschränkt steuerpflichtigen schwedischen Arbeitnehmer an schwedische Versicherungsunternehmen aus versteuertem Arbeitslohn (also vorgelagert besteuert, dh die Vorsorgebeiträge werden als Arbeitslohn erfasst und nicht steuermindernd berücksichtigt). Sieht Schweden eine nachgelagerte Besteuerung vor, also Vollversteuerung der im Alter zufließenden Versorgungsleistungen, so kommt es zu einer doppelten steuerlichen Erfassung auch des Kapitalrückflusses – ein Zustand, den das Bundesverfassungsgericht für rein innerstaatliche Sachverhalte für verfassungswidrig hält.[244] Umgekehrt kann es dazu kommen, dass Deutschland nachgelagert besteuert, dh die Vorsorgebeiträge steuerfrei stellt, jedoch der Zuzugsstaat vorgelagert besteuert, dh nur den Zinsanteil, der in den Versorgungsleistungen enthalten ist, besteuert. Es entstehen dann sog. weiße Einkünfte, dh der Kapitalanteil ist weder in der Ansparphase (in Deutschland) noch in der Versorgungsphase (im Zuzugsstaat) besteuert worden.

In den Beispielen kann es dazu kommen, dass infolge ungezügelten Zugriffs zweier oder mehrerer Staaten von der Erbschaft oder dem Erwirtschafteten kaum etwas übrig bleibt. Schon dem alten – ersatzlos aufgehobenen – Art. 293 EGV aF ließ sich allerdings mangels unmittelbarer Anwendbarkeit kein Verbot der Doppelbesteuerung entnehmen,[245] und auch mit dem nationalen Verfassungsrecht ist dieser Form von übermäßiger Besteuerung kaum beizukommen, da das Übermaß aus dem Hinzutreten eines weiteren Akteurs folgt, der nicht an das Grundgesetz gebunden ist, nämlich des ausländischen Staats. Der EuGH verneint einen Verstoß gegen die Grundfreiheiten mit der Begründung, dass die Mitgliedstaaten nicht verpflichtet seien, ihre Steuersysteme aufeinander abzustimmen.[246]

Beide nationalen Steuergesetze sind je für sich betrachtet diskriminierungsfrei und völkerrechtlich nicht zu beanstanden, da jeweils Anknüpfungspunkte für den steuerlichen Zugriff (sog. genuine link) bestehen. Erst die kumulative Besteuerung, das Zusammentreffen zweier steuerlicher Zugriffe ohne das Zurücktreten eines der beiden Staaten, führt zu der erheblichen Höherbelastung und der **faktisch erheblichen Abschreckungswirkung**. Während der EuGH in Wegzugsfällen[247] oder bei

241 EuGH v. 14.11.2006, Rs. C-513/04 (Kerckhaert), Rn 22 ff; v. 6.12.2007, Rs. C-298/05 (Columbus Container Services), Rn 43; v. 23.10.2008, Rs. C-157/07 (Krankenheim Ruhesitz am Wannsee-Seniorenheimstatt), Rn 48 ff; v. 12.2.2009, Rs. C-67/08 (Block), Rn 31; v. 16.7.2009, Rs. C-128/08 (Damseaux), Rn 26 f; v. 8.12.2011, Rs. C-157/10 (Banco Bilbao Vizcaya Argentaria), Rn 39; zustimmend BFH v. 28.5.2009, VI R 27/06, BStBl II 2009, 857 = BFHE 225, 377, Rn 23; v. 19.6.2013, II R 10/12, Rn 22; *Kube*, EuGH-Rechtsprechung zum direkten Steuerrecht – Stand und Perspektiven, S. 30 ff mwN; *Rust*, DStR 2009, 2568, 2576 f; *Seiler*, Festschrift für Isensee, S. 875, 893; ablehnend *Englisch*, in: Tipke/Lang, 21. Aufl., § 4 Rn 92; *Kofler*, IStR 2011, 668, 669 mwN.

242 § 21 ErbStG greift im vorliegenden Fall nicht für Bankguthaben.

243 Nach BFH v. 28.5.2009, VI R 27/06, BStBl II 2009, 857 = BFHE 225, 377.

244 BVerfG v. 6.3.2002, 2 BvL 17/99, BVerfGE 105, 73 ff.

245 *Cordewener/Schnitger*, StuW 2006, 50, 56.

246 Nachweise s. Fn 239.

247 EuGH v. 11.3.2004, Rs. C-9/02 (Lasteyrie du Saillant); v. 7.9.2006, Rs. C-470/04 (N), Rn 54 f.

grenzüberschreitender Verlustverrechnung im Konzern[248] oder bei der Berücksichtigung persönlicher Abzüge bei Grenzpendlern (Rn 100) den Grundfreiheiten detaillierte Vorgaben entnimmt, welcher von zwei Mitgliedstaaten auf sein Besteuerungsrecht verzichten soll bzw welcher Mitgliedstaat auch aus dem anderen Mitgliedstaat herrührende Tatbestände berücksichtigen muss, wer also **für die Besteuerung in erster Linie „zuständig"** ist, verneint der EuGH in den Fällen unkoordinierter Doppelbesteuerung eine Pflicht zum Verzicht bei einem der beiden beteiligten Staaten. Diese Auffassung scheint unter dogmatischen Gesichtspunkten kritikwürdig, wenn man den Sinn und Zweck der Grundfreiheiten, einen Binnenmarkt ohne Grenzen zu gewährleisten, berücksichtigt. Insofern erscheint es geboten, hinsichtlich des Vorliegens einer Beeinträchtigung – wie in Fällen außerhalb der direkten Steuern[249] – eine staatenübergreifende Gesamtbetrachtung vorzunehmen („Konvergenz der Grundfreiheiten").[250] Richtiger Ansicht nach ist entgegen der Rechtsprechung des EuGH in den Fällen ungemilderter Doppelbesteuerung von einer Beschränkung der jeweiligen Grundfreiheit auszugehen,[251] dh der parallele steuerliche Zugriff durch beide Mitgliedstaaten bedarf der Rechtfertigung. Ein drohender Ausfall von Steuereinnahmen stellt dabei keinen Rechtfertigungsgrund für einen doppelten steuerlichen Zugriff dar.[252] Dann stellt sich die Frage, welcher Staat gerechtfertigt zugreifen darf. Die Allokation der Besteuerungsrechte ist ein grundfreiheitsneutraler Vorgang.[253] Im Falle eines Treaty Override sollte der das DBA verletzende Staat verantwortlich sein, die Doppelbesteuerung zu vermeiden und die Beeinträchtigung der Grundfreiheiten abzustellen.[254] Außerhalb des Anwendungsbereichs eines Doppelbesteuerungsabkommens böte sich als Lösung der Rückgriff auf die – auch sonst häufig vom EuGH herangezogenen – OECD-Musterabkommen an, um zu ermitteln, wer in erster Linie zuständig ist für die Vermeidung von Doppelbesteuerung.[255] Für die Praxis ist freilich zu konstatieren, dass der EuGH mittlerweile eine gefestigte Rechtsprechung entwickelt hat und davon kaum abrücken dürfte. Doppelbesteuerung durch zwei Mitgliedstaaten (sei es infolge **Fehlens von Doppelbesteuerungsabkommen** und einschlägiger unilateraler Maßnahmen zur Anrechnung ausländischer Steuern nach Art der §§ 34 c EStG, 21 ErbStG, sei es infolge eines **Treaty Override**)[256] stellt damit nach Auffassung des EuGH – als zwangsläufige Konsequenz der Existenz verschiedener nationaler Steuersysteme – keine Beschränkung dar und bedarf daher von vornherein nicht der Rechtfertigung.

c) Diskriminierung nur bei „vergleichbarer Situation" der Benachteiligten und der Bevorzugten, insbesondere: beschränkte und unbeschränkte Steuerpflicht

96 Nicht in jeder Benachteiligung von Staatsangehörigen anderer Mitgliedstaaten bzw Gebietsfremden, die nicht in dem Mitgliedstaat ansässig sind, liegt bereits eine rechtfertigungsbedürftige Diskriminierung. Der EuGH nimmt eine solche in st. Rspr vielmehr nur an, wenn unterschiedliche Vor-

---

248 EuGH v. 13.12.2005, Rs. C-446/03 (Marks & Spencer); v. 15.5.2008, Rs. C-414/06 (Lidl Belgium); v. 21.2.2013, Rs. C-123/11 (A Oy); v. 7.11.2013, Rs. C-322/11 (K); v. 17.7.2014, Rs. C-48/13 (Nordea Bank Danmark); vgl zu letzterer Entscheidung *Englisch*, IStR 2014, 561; *Mitschke*, IStR 2014, 565. Krit. *Kube*, EuGH-Rechtsprechung zum direkten Steuerrecht – Stand und Perspektiven, S. 32; *Mitschke*, IStR 2014, 37, 40 ff. Vgl dazu auch *Eisenbarth*, Grenzüberschreitende Verlustverrechnung als Kerngebiet des Europäischen Steuerrechts, S. 111 ff.

249 EuGH v. 15.7.2004, Rs. C-365/02 (Lindfors) für das Umsatzsteuerrecht; v. 9.8.1994, Rs. C-43/93 (Vander Elst), Rn 14 f für Sozialabgaben; v. 14.2.1995, Rs. C-279/93 (Schumacker), Rn 38, v. 12.2.2002, Rs. C-385/00 (de Groot), Rn 100 ff für die Beurteilung der Leistungsfähigkeit.

250 *Wernsmann*, Festschrift für Bengel und Reimann, 371, 378.

251 Ebenso etwa *Hamdan/Hamdan*, ZEV 2009, 205, 206; in der Tendenz ebenso *Waldhoff*, in: Wegener, EnzEuR Bd. 8, 2014, § 10 Rn 114.

252 EuGH v. 8.3.2001, Rs. C-397/98 (Metallgesellschaft), Rn 73.

253 *Wernsmann*, Festschrift für Bengel und Reimann, 371, 379; *Cordewener*, Europäische Grundfreiheiten und nationales Steuerrecht, 2002, 880 f.

254 So auch *Rust*, in: ders., Double Taxation within the European Union, S. 137, 155.

255 Näher und ausführlich *Wernsmann*, in: Schön/Beck, Zukunftsfragen des deutschen Steuerrechts, 2009, S. 171-179 mwN; *ders., in:* Festschrift für Bengel und Reimann, S. 371, 380; kritisch *Riedl*, Die internationale Doppelbesteuerung im EU-Binnenmarkt, 2011, S. 160 f.

256 EuGH v. 16.7.2009, Rs. 128/08 (Damseaux), Rn 22 mwN; v. 8.12.2011, Rs. C-157/10 (Banco Bilbao Vizcaya Argentaria), Rn 38.

schriften auf „vergleichbare Situationen“ angewendet werden oder dieselbe Vorschrift auf „unterschiedliche Situationen“ angewendet wird.[257]

Dieses Tatbestandsmerkmal, das in der Prüfung der Grundfreiheiten normalerweise kaum eine Rolle spielt, gewinnt im Steuerrecht große Bedeutung, wenn es um **Benachteiligungen beschränkt Steuerpflichtiger gegenüber unbeschränkt Steuerpflichtigen** geht. Unbeschränkt steuerpflichtig in Deutschland zB ist nach dem deutschen Einkommensteuerrecht (§ 1 Abs. 1 EStG), wer dort seinen Wohnsitz oder gewöhnlichen Aufenthalt hat.[258] Wer hingegen weder Wohnsitz noch gewöhnlichen Aufenthalt in Deutschland hat, aber inländische Einkünfte iSd § 49 EStG bezieht, ist in Deutschland nur beschränkt steuerpflichtig (§ 1 Abs. 4 EStG). 97

An die beschränkte Steuerpflicht knüpft sich regelmäßig eine Vielzahl von Besonderheiten. Zunächst unterliegt der beschränkt Steuerpflichtige nur mit seinen inländischen Einkünften der Besteuerung in Deutschland („Quellenprinzip“, § 1 Abs. 4 EStG). Häufig sehen die nationalen Steuerrechtsordnungen vor, dass Erwerbsaufwendungen (Betriebsausgaben, Werbungskosten) nur eingeschränkt abziehbar sind und dass die persönlichen Verhältnisse regelmäßig im Quellenstaat gar nicht berücksichtigt werden.[259] Aus unionsrechtlicher Sicht[260] stellt sich dann die Frage, ob Gebietsfremde durch solche Sonderregelungen (faktisch) diskriminiert werden. 98

Der EuGH geht davon aus, dass sich **Ansässige** (= unbeschränkt Steuerpflichtige) und **Gebietsfremde** (= beschränkt Steuerpflichtige) **regelmäßig nicht in einer vergleichbaren Situation** befinden.[261] Denn Einkünfte, die ein Gebietsfremder erzielt, stellen meist nur einen Teil seiner Gesamteinkünfte dar, deren Schwerpunkt regelmäßig am Wohnort liegen wird. Die Gesamtleistungsfähigkeit – die aus den Gesamteinkünften sowie den persönlichen Lebensverhältnissen folgt – kann am besten an seinem Lebensmittelpunkt ermittelt werden. Eine umfassende Besteuerung (einschließlich der – einmaligen – Berücksichtigung des Existenzminimums sowie der Anwendung des für gerecht erachteten, meist progressiven Tarifs) ist danach sinnvollerweise beim Ansässigkeitsstaat konzentriert. 99

Eine **rechtfertigungsbedürftige Diskriminierung** liegt nur dann vor, wenn die Situation des Gebietsfremden **ausnahmsweise** doch mit derjenigen eines Gebietsansässigen vergleichbar ist. Das ist dann der Fall, wenn der Gebietsfremde in seinem Wohnsitzstaat keine nennenswerten Einkünfte hat und seine Einkünfte im Wesentlichen (dh zu mehr als 90 %) im Quellenstaat (Beschäftigungsstaat usw) bezieht. Die Vergleichbarkeit der Situation des Ansässigen und des Gebietsfremden beruht darauf, dass der Wohnsitzstaat in einem solchen Fall die persönlichen Verhältnisse nicht berücksichtigen kann, weil dort nichts zu versteuern ist (die Bemessungsgrundlage ist dort schon bei oder nahe „0“). Die Diskriminierung folgt hier daraus, dass die **persönlichen Verhältnisse sonst nirgendwo** 100

257 Grdl. zum Steuerrecht wiederum EuGH v. 14.2.1995, Rs. C-279/93 (Schumacker), Rn 30 ff; st. Rspr; vgl zuletzt etwa noch EuGH v. 7.9.2004, Rs. C-319/02 (Manninen), Rn 32; v. 5.7.2005, Rs. C-376/03 (D.), Rn 26 ff, 31 (dort allg. zu direkten Steuern und konkret zur Vermögensteuer); v. 18.3.2010, Rs. C-440/08 (Gielen), Rn 38; v. 8.12.2011, Rs. C-157/10 (Banco Bilbao Vizcaya Argentaria), Rn 41; v. 10.5.2012, Rs. C-39/10 (Kommission/Estland), Rn 48; v. 12.7.2012, Rs. C-384/11 (Tate & Lyle Investments Ltd.), Rn 31. EuGH v. 21.9.1999, Rs. C-307/97 (Saint Gobain), Rn 44 ff und v. 3.6.2010, Rs. C-487/08 (Kommission/Spanien), Rn 48 ff behandeln die Frage, ob sich in- und ausländische Gesellschaften in einer vergleichbaren Situation befinden, auf der Rechtfertigungsebene, was indes dogmatisch nicht überzeugt. Vgl dazu auch *Wernsmann/Nippert*, FR 2005, 1123, 1126 mwN (dort Fn 27).

258 Zur Körperschaftsteuerpflicht von juristischen Personen und zum Sitz als Äquivalent der „Staatsangehörigkeit“ s.o. Rn 80 bei Fn 200. – Andere Staaten folgen in aller Regel derselben Differenzierung.

259 Vgl zum deutschen Steuerrecht etwa § 50 Abs. 1 S. 2, 3 EStG. Dies gilt etwa für Kinderfreibeträge, außergewöhnliche Belastungen, Sonderausgaben, Ehegattensplitting, aber auch für Steuervergünstigungen wie die Steuerermäßigung für haushaltsnahe Beschäftigungsverhältnisse und Dienstleistungen (§ 35 a EStG).

260 BVerfGE 19, 119 ff; 43, 1 ff hat die beschränkte Steuerpflicht und deren konkrete Ausgestaltung für vereinbar mit dem Grundgesetz gehalten.

261 Grdl. EuGH v. 14.2.1995, Rs. C-279/93 (Schumacker), Rn 31; daran anschließend EuGH v. 11.8.1995, Rs. C-80/94 (Wielockx), Rn 18 ff; v. 27.6.1996, Rs. C-107/94 (Asscher), Rn 41; v. 12.5.1998, Rs. C-336/96 (Gilly), Rn 49; v. 18.3.2010, Rs. C-440/08 (Gielen), Rn 43; v. 1.12.2011, Rs. C-250/08 (Kommission/Belgien), Rn 55; v. 10.5.2012, Rs. C-39/10 (Kommission/Estland), Rn 49; st. Rspr.

berücksichtigt werden könnten. Sind die Situationen danach ausnahmsweise doch vergleichbar, bedürfen die Ungleichbehandlungen der Rechtfertigung (allgemein dazu unten Rn 113 ff).

101 Die Rechtsprechung des EuGH zu den Voraussetzungen, unter denen sich Gebietsansässige und Gebietsfremde in einer vergleichbaren Situation befinden, führt im Ergebnis zu einer **klaren Zuständigkeitszuweisung** an die jeweils beteiligten **Mitgliedstaaten, welcher Staat was zu berücksichtigen hat.** Der bisherige Stand der Rechtsprechung des EuGH zur unbeschränkten und beschränkten Steuerpflicht lässt sich wie folgt zusammenfassen:

102 (1) Die grundsätzliche Differenzierung zwischen unbeschränkter und beschränkter Steuerpflicht ist unionsrechtlich grundsätzlich zulässig, weil sich Gebietsansässige und Gebietsfremde regelmäßig nicht in einer vergleichbaren Situation befinden. Insoweit ist der **Ausschluss privater Abzüge** (zB Kindesunterhalt, Ehegattensplitting – soweit der jeweilige Mitgliedstaat dieses kennt –, Krankheitskosten, Vorsorgeaufwendungen) gerechtfertigt, soweit im Ansässigkeitsstaat genügend Einkünfte vorliegen, von denen der Abzug möglich ist. Bei Erwirtschaftung von etwa 50 % der Gesamteinkünfte im Wohnsitzstaat sollte dieser in der Lage sein, Steuerkraft und persönliche Verhältnisse des Steuerpflichtigen ausreichend zu berücksichtigen.[262] Erzielt der Steuerpflichtige hingegen mehr als 90 % seiner gesamten Einkünfte im Quellenstaat, so muss zur Vermeidung von Diskriminierungen der Quellenstaat auch die persönlichen Abzüge berücksichtigen. Private Aufwendungen sind nur dann im Staat der beschränkten Steuerpflicht zu berücksichtigen, wenn der Steuerpflichtige dort nahezu seine gesamten Einkünfte (dh mindestens 90 %) erzielt.[263]

103 (2) Erwerbsaufwendungen (**Betriebsausgaben und Werbungskosten**) muss auch der beschränkt Steuerpflichtige im Quellenstaat abziehen können.[264] Dies beruht auf dem engen Zusammenhang von Einnahmen und den für ihre Erzielung getätigten Aufwendungen. Greift der Quellenstaat insofern zu, muss er auch die Erwerbsaufwendungen berücksichtigen.

104 (3) Die Anwendung eines höheren **Steuertarifs** (Mindeststeuersätze bzw proportionaler Tarif) kann ebenfalls eine Diskriminierung vergleichbarer Sachverhalte darstellen. Die Anwendung eines definitiven Steuersatzes von zB 25 % auf die Einkünfte Gebietsfremder ist aber zulässig, wenn und soweit der Steuersatz nicht höher ist als der Durchschnittssteuersatz, der sich aus der Anwendung des progressiven Tarifs auf die Nettoeinkünfte ergibt.[265] Der **Steuertarif** für beschränkt Steuerpflichtige darf also im Endergebnis nicht zu einer höheren tariflichen Belastung führen als der Steuertarif für unbeschränkt Steuerpflichtige. **Auch Freibeträge im Rahmen der Erbschaft- und Schenkungsteuer** dürfen nicht danach differenzieren, ob die Vermögensübertragung zwischen Gebietsansässigen oder Gebietsfremden erfolgt, ob also eine beschränkte oder unbeschränkte Steuerpflicht gegeben ist.[266]

105 (4) Der Grundfreibetrag dient der steuerlichen Verschonung des Existenzminimums und muss nur unbeschränkt Steuerpflichtigen gewährt werden.[267] Die **Freistellung des Existenzminimums** ist grundsätzlich Sache des Wohnsitzstaates. Der Grundfreibetrag muss daher nur im Wohnsitzstaat berücksichtigt werden. Im Tätigkeitsstaat darf er unberücksichtigt bleiben. Gebietsansässige und Gebietsfremde befinden sich insoweit nicht in einer vergleichbaren Situation. Sonst käme es auch zu merkwürdigen Doppelt- und Dreifach-Freistellungen, wenn die Einkünfte auf verschiedene Mitgliedstaaten verteilt sind. Etwas anderes muss jedoch dann gelten, wenn der Steuerpflichtige in seinem Wohnsitzstaat aufgrund des niedrigen Betrags seiner Gesamteinkünfte nicht steuerpflichtig ist.

262 EuGH v. 10.5.2012, Rs. C-39/10 (Kommission/Estland), Rn 54.

263 Auf dieser sog. Schumacker-Rspr des EuGH beruht nunmehr in Deutschland die sog. fingierte unbeschränkte Steuerpflicht (§§ 1 III, 1 a EStG). Krit. dazu *M. Lang*, RIW 2005, 336 ff. Vgl auch zur Erbschaftsteuer BFH v. 21.9.2005, II R 56/03, BStBl II 2005, 875 = BFHE 210, 522, Rn 26 ff.

264 Vgl EuGH v. 12.6.2003, Rs. C-234/01 (Gerritse), Rn 27 ff.

265 EuGH v. 12.6.2003, Rs. C-234/01 (Gerritse).

266 EuGH v. 22.4.2010, Rs. C-510/08 (Mattner), Rn 35 ff (Vergleichbarkeit der Situationen bejaht).

267 EuGH v. 12.6.2003, Rs. C-234/01 (Gerritse), Rn 48.

In diesem Fall muss der Beschäftigungsstaat auch dem beschränkt Steuerpflichtigen den Freibetrag gewähren.[268]

(5) Insgesamt ergibt sich aus den Vorgaben ein System, in welchen Fällen der Ansässigkeitsstaat und in welchen Fällen der Quellenstaat (zB Staat der beruflichen Tätigkeit) für die Berücksichtigung privater Aufwendungen, die weder Werbungskosten noch Betriebsausgaben sind (zu diesen Rn 103), sondern **Kosten der privaten Lebensführung** (zB Sonderausgaben nach § 10 EStG oder außergewöhnliche Belastungen nach § 33 EStG) und damit das subjektive Nettoprinzip betreffen, zuständig ist: 106

(a) Grundsätzlich müssen diese Aufwendungen, auch wenn sie im Quellenstaat getätigt werden, dort nicht abgezogen werden können. Die Berücksichtigung privater Abzüge ist grundsätzlich **Sache des Ansässigkeitsstaats.**

(b) Der Quellenstaat müsste diese Aufwendungen nur dann im Rahmen der beschränkten Steuerpflicht zum Abzug zulassen, wenn der beschränkt Steuerpflichtige in diesem mehr als 90 % seiner gesamten Einkünfte erzielt, weil diese Aufwendungen sonst nirgendwo (dh weder im Ansässigkeitsstaat noch im Quellenstaat) berücksichtigt werden können. Nach der (kritikwürdigen) Rechtsprechung des EuGH muss ein Abzug der privaten Aufwendungen ebenso möglich sein, wenn der Schwerpunkt der Einkünfteerzielung zwar nicht im Quellenstaat liegt, die Aufwendungen aber unmittelbar mit der im Quellenstaat besteuerten Tätigkeit zusammenhängen.[269]

(c) Ist die Berücksichtigung privater Abzüge Sache des Ansässigkeitsstaates, so folgt daraus automatisch für unbeschränkt Steuerpflichtige, dass diese sowohl **inländische** als auch **ausländische** Privataufwendungen müssen geltend machen können.

(d) Lässt der Ansässigkeitsstaat die privaten Aufwendungen nicht zum Abzug zu, so wird dadurch nicht das Recht des Quellenstaats unionsrechtswidrig, da der Quellenstaat insoweit **nicht „zuständig"** für die Berücksichtigung ist. Kann der unbeschränkt Steuerpflichtige diese in seinem Ansässigkeitsstaat nicht abziehen, so wäre das keine Frage des Unionsrechts mehr, sondern ggf eine solche des jeweiligen nationalen Verfassungsrechts.

3. Beschränkungen

Der EuGH entnimmt den Grundfreiheiten nicht nur eine gleichheitsrechtliche, sondern auch eine freiheitsrechtliche Schutzrichtung, indem er sie nicht nur als Diskriminierungs-, sondern auch als **Beschränkungsverbote** liest.[270] 107

a) Begriff

In ihrer Funktion als Beschränkungsverbote verbieten die Grundfreiheiten nationale Maßnahmen, die die Ausübung der jeweiligen Grundfreiheit **„behindern oder weniger attraktiv machen können"**,[271] und zwar unabhängig davon, ob Inländer und EU-Ausländer ungleich behandelt wer- 108

268 EuGH v. 10.5.2012, Rs. C-39/10 (Kommission/Estland), Rn 56.

269 EuGH v. 6.7.2006, Rs. C-346/04 (Conijn), wonach die Versagung des Abzugs „privater" Steuerberatungskosten für beschränkt Steuerpflichtige generell gemeinschaftsrechtswidrig sei; v. 31.3.2011, Rs. C-450/09 (Schröder), Rn 40 f, worin ein unmittelbarer Zusammenhang zwischen Aufwendungen für eine Rente, die zum Zwecke der Übertragung eines vermieteten Grundstücks gezahlt wurde, und Einkünften aus dieser Vermietung bejaht wurde; vgl zur dazu ergänzenden Vorlage BFH, Beschl. v. 14.5.2013, I R 49/12. Mit der Schumacker-Doktrin (Berücksichtigung privater Aufwendungen zur Verwirklichung des subjektiven Nettoprinzips im Staat der beschränkten Steuerpflicht nur bei Schwerpunkt der Einkünfteerzielung dort) passt das jedenfalls nicht zusammen. Insbesondere die Bezugnahme auf EuGH v. 12.6.2003, Rs. C-234/01 (Gerritse), worin es um die Verwirklichung des objektiven Nettoprinzips ging, erscheint widersprüchlich. Zutreffend hingegen noch FG Hamburg, EFG 2004, 563.

270 Exemplarisch zum Steuerrecht EuGH v. 12.12.2002, Rs. C-385/00 (de Groot), Rn 78 ff, 84; v. 15.9.2011, C-240/10 (Schulz-Delzers), Rn 34.

271 Grdl. für die Warenverkehrsfreiheit EuGH, Slg 1974, 837 (Dassonville), Rn 5; für die Dienstleistungsfreiheit EuGH, Slg 1974, 1299 (van Binsbergen), Rn 10 ff; für die Arbeitnehmerfreizügigkeit EuGH, Slg 1995, I-4921 (Bosman), Rn 92 ff; für die Niederlassungsfreiheit etwa EuGH, Slg 1995, I-4165 (Gebhard), Rn 34 ff.

den.[272] Für ein solches Verständnis spricht bei den meisten Grundfreiheiten schon der Wortlaut der Norm.[273] Während die Grundfreiheiten in ihrer Funktion als Diskriminierungsverbote vor allem die Gleichbehandlung mit den Inländern im **Aufnahmestaat** (Zuzugsstaat) sichern, binden sie als Beschränkungsverbote auch den **Herkunftsstaat** (Wegzugsstaat), der das vom Vertrag geschützte grenzüberschreitende Verhalten (wirtschaftliche Betätigung im Ausland; jetzt auch: bloßer Wegzug, Art. 21 AEUV) auch gegenüber seinen eigenen Staatsangehörigen – ebenso wie gegenüber EU-Ausländern – nicht behindern oder weniger attraktiv machen darf.[274] Auch die eigenen Staatsangehörigen dürfen nicht vom Gebrauch der Grundfreiheiten – etwa durch Verlegung des Wohnsitzes bzw Sitzes – abgeschreckt werden.[275] Außerdem stellt es eine Beschränkung dar, wenn ein ansässiger Steuerpflichtiger von personen- und familienbezogenen Abzügen nur dann voll profitiert, wenn er seine gesamten Einkünfte im Ansässigkeitsstaat und nicht etwa zum Teil im Ausland bezogen hat.[276]

109 Bei der Interpretation der Grundfreiheiten als Beschränkungsverbote ist aber – soweit es sich nicht schon um eine Diskriminierung von Inländern, die sich grenzüberschreitend betätigen, gegenüber Inländern ohne EU-ausländischen Bezug handelt – große Vorsicht geboten. Indem grenzüberschreitende Sachverhalte umfassend (dh unabhängig von der Behandlung rein innerstaatlicher Vorgänge) geschützt werden, erhöht sich die „Eindringtiefe" in das Recht der Mitgliedstaaten erheblich.[277]

110 Der EuGH geht häufig schon dann von Beschränkungen aus, wenn nach nationalem Verfassungsrecht von einem Eingriff in Freiheitsrechte noch nicht gesprochen würde.[278] In jeder steuerlichen Regelung, die tatsächlich oder potentiell geeignet ist, den Steuerpflichtigen von einer geschützten grenzüberschreitenden Betätigung „abzuhalten" bzw diese „zu behindern oder weniger attraktiv zu

---

272 EuGH v. 13.11.2003, Rs. C-209/01 (Schilling), Rn 25.

273 So auch *Ehlers*, Europäische Grundrechte und Grundfreiheiten, 4. Aufl., § 7, Rn 30.

274 Vgl nur EuGH v. 27.9.1988, Rs. 81/87 (Daily Mail), Rn 16; v. 13.4.2000, Rs. C-251/98 (Baars), Rn 28 f; v. 12.12.2002, Rs. C-385/00 (de Groot), Rn 79; v. 11.3.2004, Rs. C-9/02 (Lasteyrie du Saillant), Rn 42; v. 24.5.2007, Rs. C-157/05 (Holböck), Rn 27; v. 28.2.2013, Rs. C-168/11 (Beker & Beker), Rn 35; zur Wegzugsbesteuerung von Unternehmen EuGH v. 29.11.2011, Rs. C-371/10 (National Grid Indus BV), Rn 35; v. 6.9.2012, Rs. C-38/10 (Kommission/Portugal), Rn 25; v. 25.4.2013, Rs. C-64/11 (Kommission/Spanien); v. 18.7.2013, Rs. C-261/11 (Kommission/Dänemark); vgl dazu *Sydow*, IStR 2013, 663. Enger *Cordewener*, Europäische Grundfreiheiten und nationales Steuerrecht, S. 227 ff; *Schaumburg*, DB 2005, 1129, 1133; *Schön*, StbJb. 2003/04, S. 27, 31, wonach es nicht eigentlich um die Beschränkung der Wirtschaftsfreiheit grenzüberschreitender oder ausländischer Tätigkeiten inländischer Steuersubjekte gehe, sondern um die Diskriminierung grenzüberschreitender und ausländischer Aktivitäten von Inländern im Vergleich zu rein inländischen Aktivitäten derselben. Mit der Bosman-Rspr des EuGH ist das jedenfalls nicht in Einklang zu bringen. Danach sind Transfer-Ablösesummen gemeinschaftsrechtlich unzulässig wegen Verstoßes gegen die Arbeitnehmerfreizügigkeit, weil der Profi-Fußballer dadurch beschränkt wird, sich im Ausland beruflich zu betätigen; dies gilt auch dann, wenn für Transfers im Inland die gleiche Hürde gilt, also keine Diskriminierung der grenzüberschreitenden Betätigung gegenüber der rein inländischen vorliegt; s. EuGH v. 15.12.1995, Rs. C-415/93 (Bosman), Rn 88-104. Deutlich trennend im Bereich des Steuerrechts auch EuGH v. 12.9.2002, Rs. C-431/01 (Mertens), Rn 26 f.

275 EuGH v. 18.1.2007, Rs. C-104/06 (Kommission/Schweden), Rn 21; v. 5.7.2007, Rs. C-522/04 (Kommission/Belgien), Rn 73; v. 10.9.2009, Rs. C-269/07 (Kommission/Deutschland), Rn 106, 109 ff.

276 EuGH v. 12.12.2002, Rs. C-385/00 (de Groot), Rn 91 ff; v. 28.2.2013, Rs. C-168/11 (Beker & Beker), Rn 51, worin der EuGH die Höchstbetragsanrechnung gemäß § 34 c Abs. 1 Satz 2 EStG für unionsrechtswidrig erklärte, weil Sonderausgaben und außergewöhnliche Belastungen bei der Berechnung des Anrechnungsbetrags der ausländischen Quellensteuer auf Dividenden unberücksichtigt bleiben; zur Übergangsregelung vgl *BMF*, IStR 2013, 840.

277 *Ehlers*, Europäische Grundrechte und Grundfreiheiten, 4. Aufl., § 7, Rn 31.

278 Vgl einerseits EuGH v. 11.3.2004, Rs. C-9/02 (Lasteyrie du Saillant), Rn 45 f; zum anderen BVerfGE 110, 412, 444, jeweils zu bestimmten Regelungen, die einen Wegzug weniger attraktiv machen können (einerseits – im EuGH-Fall – Aufdeckung der stillen Reserven bei Wegzug ins Ausland, andererseits – im BVerfG-Fall – niedrigeres Kindergeld bei wirtschaftlicher Betätigung im Ausland). Das BVerfG führt aaO aus: Es dürfe den potentiell Kindergeldberechtigten aus verfassungsrechtlicher Sicht (Gleichheitssatz iVm den Freiheitsrechten des GG) „zugemutet" werden, ihre Arbeitsplatz- und Wohnsitzentscheidungen auch ohne Flankierung durch ein nationales Meistbegünstigungsprinzip zu treffen; eine Schlechterstellung im Einzelfall infolge wirtschaftlicher Betätigung im Ausland hat das BVerfG dementsprechend nicht beanstandet.

machen", sieht er eine rechtfertigungsbedürftige Beschränkung der Grundfreiheiten.[279] Da jede Steuererhebung per se die Ausübung einer Grundfreiheit weniger attraktiv machen kann, nimmt der EuGH eine Beschränkung im Bereich der direkten Steuern jedoch nur in Fällen an, in denen inländische und grenzüberschreitende Situationen ungleich behandelt werden (vgl auch Rn 89, 111).[280]

b) Insbesondere: Unterschiedliche Steuersysteme der Mitgliedstaaten keine Beschränkung der Grundfreiheiten

Bei der Auslegung der Grundfreiheiten im Sinne von Beschränkungsverboten muss man stets im Blick behalten, dass der AEUV gerade **keine Aufforderung zur Rechtsangleichung im Bereich der direkten Steuern** enthält. Die vertragsschließenden Staaten haben sich bewusst dagegen entschieden, die vorgefundenen Unterschiede in ihren jeweiligen Besteuerungssystemen zu beseitigen. Sie sind daher nicht dazu verpflichtet, ihre Steuervorschriften auf diejenigen eines anderen Mitgliedstaates abzustimmen, um eine gleiche Besteuerung von Investitionen im Inland und im Ausland zu gewährleisten.[281] Vielmehr sind sie bei der Ausgestaltung ihrer Steuersysteme frei. Das Nebeneinander der verschiedenen Steuerrechtsordnungen soll gerade nicht angetastet werden, auch wenn ungünstigere Abschreibungsbedingungen in Mitgliedstaat M 1 oder höhere Steuersätze in Mitgliedstaat M 2 einen bisher in Mitgliedstaat M 3 ansässigen Unternehmer U möglicherweise davon abhalten, dort zu investieren und sich dort unternehmerisch zu betätigen. Die systematische Interpretation des AEUV im Lichte auch der fehlenden Harmonisierungsaufträge für das Recht der direkten Steuern ergibt, dass unterschiedliche steuerliche Rahmenbedingungen (etwa ungünstigere Steuersätze in sog. Hochsteuerländern) keine Beschränkung der Grundfreiheiten darstellen können, auch wenn sich der in M 3 ansässige Einzelne möglicherweise dadurch abhalten lässt, von seinen Grundfreiheiten Gebrauch zu machen und sich in M 1 oder M 2 wirtschaftlich zu betätigen. Ebensowenig wie in einer unterschiedlich hohen Steuerbelastung der in M 1 Ansässigen gegenüber den in M 2 Ansässigen eine **Diskriminierung** liegt, weil die ungleiche steuerliche Belastung auf Rechtsakten unterschiedlicher Träger öffentlicher Gewalt beruht (Rn 89), liegt darin eine rechtfertigungsbedürftige **Beschränkung**. Der AEUV garantiert einem Unionsbürger nicht, seinen Wohnsitz in einen anderen Mitgliedstaat steuerneutral verlegen und dort die gleichen steuerlichen Rahmenbedingungen wie in seinem bisherigen Wohnsitzstaat vorfinden zu können.[282] 111

c) Ungemilderte Doppelbesteuerung und Zuweisung des Besteuerungsrechts an höher besteuernden Mitgliedstaat

Weist ein Doppelbesteuerungsabkommen in bestimmten Fällen dem Mitgliedstaat M 1 das Besteuerungsrecht zu und sieht M 1 höhere Steuern vor als M 2, so liegt auch darin keine Beschränkung der Grundfreiheiten (vgl auch Rn 91). Vielmehr beruht die möglicherweise „geringere Attraktivität" auf der fehlenden Harmonisierung der Steuersysteme der Mitgliedstaaten. Diese sieht der Vertrag nicht vor, so dass die unterschiedlich hohen Steuerbelastungen in den Mitgliedstaaten als Konsequenz des fehlenden Harmonisierungsauftrags [zweifelhaft] hingenommen werden müssen. 112

279 S. nur etwa EuGH v. 12.9.2002, Rs. C-431/01 (Mertens), Rn 33, 37; v. 7.11.2013, Rs C-322/11 (K), Rn 22; v. 1.4.2014, Rs. C-80/12 (Felixstowe Dock and Railway Company u.a.), Rn 21; v. 12.6.2014, Rs. C-39/13 bis 41/13 (SCA Group Holding), Rn 27, 48; krit. zu letztgenannter Entscheidung, wonach die Versagung der Gruppenbesteuerung für eine Schwestergesellschaft mit einer ausländischen Mutter eine Beschränkung der Niederlassungsfreiheit darstelle, *Sydow*, IStR 2014, 480 482 f.

280 *Kokott*, EuZW 2011, 496, 498; *Müller-Graff*, in: Streinz, EUV/AEUV, 2. Aufl., Art. 49 AEUV Rn 70 sieht in der allgemeinen Verpflichtung, Steuern zu zahlen, schon keine tatbestandliche Beschränkung des Art. 49 AEUV, sondern die Definition des finanziellen Beitrags zur Funktionsfähigkeit eines Gemeinwesens.

281 Vgl EuGH v. 7.11.2013, Rs. C-322/11 (K), Rn 80.

282 Vgl EuGH v. 12.7.2005, Rs. C-403/03 (Schempp), Rn 45; v. 15.9.2011, C-240/10 (Schulz-Delzers), Rn 42; st. Rspr.; ebenso BFH v. 28.5.2009, VI R 27/06, BStBl II 2009, 857 = BFHE 225, 377, Rn 23 mwN.

Greifen zwei Mitgliedstaaten unabhängig voneinander auf denselben Steuergegenstand zu und kommt es dadurch zu einer Doppelbesteuerung, so verneint der EuGH ebenfalls eine Beschränkung (näher – auch zur Kritik – oben Rn 95).

4. Rechtfertigung von Diskriminierungen und Beschränkungen

113 Nach hM und meist auch vom EuGH vertretener Auffassung können offene Diskriminierungen nur durch die ausdrücklichen („geschriebenen"), im AEUV genannten Gründe (zB Art. 45 Abs. 3, 52, 62) gerechtfertigt werden (insbesondere „öffentliche Ordnung, Sicherheit, Gesundheit"). Versteckte Diskriminierungen und Beschränkungen können nach hM hingegen daneben auch durch „zwingende Gründe des Allgemeinwohls" gerechtfertigt werden.[283] In jedem Fall müssen die Schranken ihrerseits dem **Verhältnismäßigkeitsprinzip** genügen, also zur Erreichung des jeweiligen Zwecks geeignet, erforderlich und angemessen (näher Rn 120) sein.[284]

a) Geschriebene Rechtfertigungsgründe

114 Nach Art. 65 Abs. 1 lit. a AEUV berührt die Kapitalverkehrsfreiheit (Art. 63 Abs. 1 AEUV) nicht das Recht der Mitgliedstaaten, die einschlägigen Vorschriften ihres Steuerrechts anzuwenden, die Steuerpflichtige mit unterschiedlichem Wohnort oder Kapitalanlageort unterschiedlich behandeln. Art. 65 Abs. 1 lit. b AEUV erlaubt daneben „unerlässliche Maßnahmen" zur Verhinderung von Zuwiderhandlungen gegen innerstaatliche Rechtsvorschriften insbesondere im Bereich des Steuerrechts. Der EuGH legt Art. 65 Abs. 1 lit. a AEUV eng aus.[285] Diese Norm werde ihrerseits wiederum durch Art. 65 Abs. 3 AEUV eingeschränkt, der willkürliche Diskriminierungen und verschleierte Beschränkungen des freien Kapital- und Zahlungsverkehrs verbiete (Schranken-Schranke). Letztendlich kommt Art. 65 Abs. 1 lit. a AEUV nur klarstellende Funktion insoweit zu, als dass eine Ungleichbehandlung nur von nicht vergleichbaren Situationen erlaubt ist.[286] Da es in solchen Fällen schon tatbestandlich an einer Beeinträchtigung der Grundfreiheit fehlt, wäre es präziser, bereits diese zu verneinen und nicht noch deren Rechtfertigung zu prüfen.[287]

b) Ungeschriebene Rechtfertigungsgründe

115 Der EuGH hat als „zwingende Gründe des Allgemeininteresses" und damit als ungeschriebene Rechtfertigungsgründe für versteckte Diskriminierungen und Beschränkungen anerkannt:

- Verhinderung von Steuerumgehungen und -hinterziehungen,[288]
- wirksame Steuerkontrolle,[289]
- das Kohärenzprinzip,[290]

---

283 Zusammenfassend *Ehlers*, Europäische Grundrechte und Grundfreiheiten, 4. Aufl., § 7, Rn 118 mwN.

284 EuGH v. 5.5.1997, Rs. C-250/95 (Futura), Slg 1997, I-2471, Rn 26. Häufig verzichtet der EuGH aber auf die Prüfung der Angemessenheit.

285 EuGH v. 7.9.2004, Rs. C-319/02 (Manninen), Rn 28; v. 10.5.2012, Rs. C-338/11 (Santander), Rn 21.

286 EuGH v. 7.9.2004, Rs. C-319/02 (Manninen), Rn 29; v. 3.6.2010, Rs. C-487/08 (Kommission/Spanien), Rn 47; v. 10.5.2012, Rs. C-338/11 (Santander), Rn 23.

287 *Sedlaczek/Züger*, in: Streinz, EUV/AEUV, 2. Aufl., Art. 65 AEUV Rn 43.

288 EuGH v. 16.7.1998, Rs. C-264/96 (ICI), Slg 1998, I-4695, Rn 19; v. 21.11.2002, Rs. C-436/00 (X und Y), Rn 51, 60 ff; v. 21.1.2010, Rs. C-311/08 (SGI), Rn 65; v. 28.10.2010, Rs. C-72/09 (Etablissements Rimbaud), Rn 33; v. 6.6.2013, Rs. C-383/10 (Kommission/Belgien), Rn 51. Wohl überholt insoweit EuGH v. 28.1.1986, Rs. 270/83 (avoir fiscal), Rn 25, wo noch ausgeführt wurde, dass der Vertrag keine Ausnahme zur Bekämpfung der Steuerflucht zulasse. Mittlerweile ist geklärt, dass auch ungeschriebene Rechtfertigungsgründe – jedenfalls für versteckte Diskriminierungen und Beschränkungen – in Betracht kommen.

289 EuGH v. 15.5.1997, Rs. C-250/95 (Futura), Rn 31 mwN; v. 15.7.2004, Rs. C-315/02 (Lenz), Rn 45 (dort iRd Kapitalverkehrsfreiheit aber auf geschriebene Rechtfertigungsgründe gestützt); v. 21.11.2002, Rs. C-436/00 (X und Y), Rn 51, 60 ff; v. 1.7.2010, Rs. C-233/09 (Dijkman), Rn 58 (dort iRd Kapitalverkehrsfreiheit wieder auf den *ungeschriebenen Rechtfertigungsgrund* der zwingenden Gründe des Allgemeininteresses gestützt); v. 28.2.2013, Rs. C-544/11 (Petersen & Petersen), Rn 50 (dort iRd Arbeitnehmerfreiheit auf zwingende Gründe des Allgemeininteresses gestützt).

290 Grdl. EuGH v. 28.1.1992, Rs. C-204/90 (Bachmann), Slg 1992, I-249, Rn 21 ff.

– Gefahr eines doppelten Abzugs (insbes. von Verlusten) und Wahrung der Aufteilung der Besteuerungsbefugnis.[291]

Das **Kohärenzprinzip** versteht der EuGH sehr eng, indem ein unmittelbarer Zusammenhang zwi- 116
schen der Gewährung eines Steuervorteils und dem Ausgleich dieses Vorteils durch eine steuerliche Belastung bestehen müsse.[292] Es hat ihn nur in wenigen Fällen veranlasst, eine Beeinträchtigung der Grundfreiheiten tatsächlich für gerechtfertigt zu halten.[293] Diskriminierungen (konkret: die Nichtabziehbarkeit von Beiträgen, die an eine ausländische Lebensversicherung gezahlt wurden), hielt der EuGH für gerechtfertigt, wenn dies dazu führte, dass die Leistungen aus der Lebensversicherung später steuerbefreit waren, also bei ein und demselben Steuerpflichtigen ein unmittelbarer Zusammenhang mit einer anderen korrespondierenden Steuernorm bestand.[294] Auf das Kohärenzargument können sich die Mitgliedstaaten aber jedenfalls dann nicht berufen, wenn sie durch den **Abschluss von Doppelbesteuerungsabkommen** mit einem anderen Mitgliedstaat selbst dafür verantwortlich sind, dass sie bei Steuerfreistellung der Beiträge in der Vorsorgephase (Ansparphase) auf die Zuflüsse in der Versorgungsphase (Auszahlungsphase) – zB im Alter – nicht mehr zugreifen können.[295] Sie haben dann freiwillig auf ihr Besteuerungsrecht verzichtet.

Statt einer Kohärenzlösung entnimmt der EuGH den Grundfreiheiten häufiger **Konkurrenzlösungen.** Dh über den neuen Rechtfertigungsgrund der Aufteilung der Besteuerungsbefugnisse als Ausfluss des Territorialitätsprinzips[296] erklärt er etwa primär den Sitzstaat der Tochtergesellschaft für **zuständig,** Verluste zu berücksichtigen.[297] Während der EuGH das Argument der Gefahr einer doppelten Verlustnutzung in zwei Mitgliedstaaten akzeptiert hat, verweist er in anderen Zusammenhängen aber darauf, dass die abstrakte Gefahr einer doppelten Berücksichtigung von Freibeträgen (**Kompensation**; dazu Rn 118) Diskriminierungen und Beschränkungen nicht rechtfertigen könne.[298] Völlig konsistent und widerspruchsfrei erscheint die Rechtsprechung des EuGH nicht.

291 EuGH v. 15.5.2008, Rs. C-414/06 (Lidl Belgium), Rn 30 ff, 42; noch unklar, ob diese beiden Rechtfertigungsgründe plus der Verhinderung der Steuerumgehung nur kumulativ „zwingende Gründe des Allgemeininteresses" ergeben: EuGH v. 13.12.2005, Rs. C-446/03 (Marks & Spencer), Rn 51; präzisierend EuGH v. 29.3.2007, Rs. C-247/04 (Rewe Zentralfinanz), Rn 41 ff; auch die beiden Rechtfertigungsgründe der Wahrung der Aufteilung der Besteuerungsbefugnis und die Verhinderung der Steuerumgehung zusammen sind nunmehr „zwingende Gründe des Allgemeininteresses", vgl EuGH v. 18.7.2007, Rs. C-231/05 (Oy AA), Rn 60. Die Rechtfertigung durch Wahrung der Aufteilung der Besteuerungsbefugnis galt lange nur in Verbindung mit anderen Rechtfertigungsgründen – Gefahr der Steuerflucht oder der doppelten Geltendmachung von Verlusten, siehe EuGH v. 8.11.2007, Rs. C-379/05 (Amurta), Rn 56 mwN; v. 15.5.2008, Rs. C-414/06 (Lidl Belgium), Rn 40 ff; in neuerer Rechtsprechung bemüht der EuGH den Rechtfertigungsgrund der Aufteilung der Besteuerungsbefugnis auch allein, siehe EuGH v. 25.2.2010, Rs. C-337/08 (X Holding), Rn 28; v. 10.2.2011, Rs. C-436/08 (Haribo), Rn 121; v. 20.10.2011, Rs. C-284/09 (Kommission/Deutschland), Rn 77; v. 23.1.2014, Rs. C-164/12 (DMC), Rn 46; zuletzt wieder Prüfung der Aufteilung der Besteuerungsbefugnis neben zwei anderen Rechtfertigungsgründen in EuGH v. 21.2.2013, Rs. C-123/11 (A Oy), Rn 40; vgl zu dieser Rechtsprechungsentwicklung auch *Musil/Schulz*, DStR 2013, 2205, 2210, *Mitschke,* IStR 2013, 37, 40; *Waldhoff*, in: Wegener, EnzEuR Bd. 8, 2014, § 10 Rn 125.

292 Anfangs verlangte der EuGH noch einen Zusammenhang in Bezug auf denselben Steuerpflichtigen, s. EuGH v. 13.4.2000, Rs. C-251/98 (Baars), Rn 40; mittlerweile wurde das Erfordernis einer Steuersubjektidentität durch eine personenübergreifende Betrachtung abgelöst: EuGH v. 7.9.2004, Rs. C-319/02 (Manninen), Rn 42 ff; v. 1.12.2011, Rs. C-250/08 (Kommission/Belgien), Rn 71; v. 4.7.2013, Rs. C-350/11 (Argenta Spaarbank), Rn 42; v. 7.11.2013, Rs. C-322/11 (K), Rn 66. Krit. zur Kohärenz *Held-Daab*, in: Freundesgabe für Schlink, 2014, S. 237, 241 f; *Waldhoff*, in: Wegener, EnzEuR Bd. 8, 2014, § 10 Rn 121.

293 EuGH v. 28.1.1992, Rs. C-204/90 (Bachmann), Slg 1992, I-249, Rn 21 ff; v. 23.10.2008, Rs. C-157/07 (Krankenheim Ruhesitz am Wannsee-Seniorenheimstatt), Rn 42 ff („spiegelbildliche Logik"); v. 1.12.2011, Rs. C-250/08 (Kommission/Belgien), Rn 82; übereinstimmend mit der Rs. Bachmann EuGH v. 28.1.1992, Rs. C-300/90 (Kommission/Belgien).

294 EuGH v. 28.1.1992, Rs. C-204/90 (Bachmann); näher *Wernsmann/Nippert*, FR 2005, 1123, 1128 f mwN.

295 Grdl. EuGH v. 11.8.1995, Rs. C-80/94 (Wielockx), Slg 1995, I-2493, Rn 25; v. 3.10.2002, Rs. C-136/00 (Danner), Rn 41; v. 10.9.2009, Rs. C-269/07 (Kommission/Deutschland), Rn 113.

296 EuGH v. 7.9.2006, Rs. C-470/04 (N), Rn 41.

297 EuGH v. 13.12.2005, Rs. C-446/03 (Marks & Spencer); näher *Wernsmann/Nippert*, FR 2006, 153, 157; *Homburg*, IStR 2007, 246 ff.

298 EuGH v. 22.4.2010, Rs. C-510/08 (Mattner), Rn 40 ff mwN.

117 Die **Vorbeugung der Steuerflucht** erkennt der EuGH zwar als Rechtfertigungsgrund grundsätzlich an.[299] Indes darf das nationale Steuergesetz nicht über das hinausgehen, was zur Erreichung dieses Ziels erforderlich (vgl Rn 120) ist. Knüpft etwa das nationale Steuerrecht an **jede** Wohnsitzverlagerung ins Ausland die Aufdeckung stiller Reserven oder andere steuerliche Nachteile, so kann der jeweilige Mitgliedstaat die Regelung insoweit nicht durch die Bekämpfung von Steuerflucht oder Steuerhinterziehung rechtfertigen.[300] Die entsprechende nationale Regelung muss speziell der **Missbrauchsbekämpfung** dienen,[301] darf aber nicht jedes Gebrauchmachen von Grundfreiheiten als Missbrauchsfall einordnen.[302] Insbesondere genügt eine allgemeine Vermutung der Steuerflucht zur Rechtfertigung nicht.[303] Insofern können die Maßstäbe, die das BVerfG für Typisierungen von Fällen mit reinem Inlandsbezug entwickelt hat,[304] nicht unbesehen auf das Unionsrecht übertragen werden.

118 **Nicht** anerkannt hat der EuGH als Rechtfertigungsgründe insbesondere:
- fiskalische Argumente (drohende Steuerausfälle),[305]
- das Argument, dass Nachteilen für Gebietsfremde an anderer Stelle Vorteile gegenüberstünden (Kompensation/„Saldierung"/Nachteilsausgleich),[306]
- Erschwernisse des Steuervollzugs bei grenzüberschreitenden Sachverhalten („verwaltungstechnische Gründe"),[307]
- den Zweck, die Wirtschaft nur des eigenen Landes durch lenkende Steuervergünstigungen zu fördern („wirtschaftspolitische Gründe"),[308]
- geringer Umfang des Nachteils,[309]
- fehlende Harmonisierung oder Verweis auf Doppelbesteuerungsabkommen.[310]

Fiskalische Gründe können Diskriminierungen nicht rechtfertigen. Dies entspricht auch der Rechtslage im nationalen Verfassungsrecht zu Art. 3 Abs. 1 GG.[311]

Bezüglich **verwaltungstechnischer Probleme** verweist der EuGH die Mitgliedstaaten auf die Amtshilferichtlinie und die dort vorgesehenen Möglichkeiten zur Erlangung der notwendigen Aus-

299 EuGH v. 12.9.2007, Rs. C-231/05 (Oy AA), Rn 58 ff und Tenor (Sog. "umgekehrter Marks & Spencer – Fall").

300 EuGH v. 11.3.2004, Rs. C-9/02 (Lasteyrie du Saillant), Rn 50 ff.

301 EuGH v. 12.9.2006, Rs. C-196/04 (Cadbury Schweppes und Cadbury Schweppes Overseas), Rn 51 ff (keine Rechtfertigung bei objektiven, für Dritte nachprüfbaren Anhaltspunkten für tatsächliche Ansiedelung im Mitgliedstaat und wirkliche wirtschaftliche Tätigkeit); s. auch EuGH v. 12.3.2007, Rs. C-524/04 (Test Claimants in the Thin Cap Group Litigation), Rn 79 ff mit Verweis auf EuGH v. 12.12.2002, Rs. C-324/00 (Lankhorst-Hohorst), Rn 37.

302 EuGH v. 21.11.2002, Rs. C-436/00 (X und Y), Rn 60 f. Vgl aber mit bemerkenswert anderer Tendenz EuGH v. 13.12.2005, Rs. C-446/03 (Marks & Spencer), Rn 49; dazu *Wernsmann/Nippert*, FR 2006, 153, 158.

303 EuGH v. 28.10.2010, Rs. C-72/09 (Etablissements Rimbaud), Rn 34; v. 6.6.2013, Rs. C-383/10 (Kommission/Belgien), Rn 64; v. 3.10.2013, Rs. C-282/12 (Itelcar), Rn 37.

304 Vgl zB BVerfGE 96, 1, 6 f; 101, 297, 310; 103, 310, 319.

305 EuGH v. 6.6.2000, Rs. C-35/98 (Verkooijen), Rn 59; v. 8.3.2001, verb. Rs. C-397/98 (Metallgesellschaft) und C-410/98 (Hoechst), Rn 59 mwN; v. 15.7.2004, Rs. C-315/02 (Lenz), Rn 40 mwN; v. 16.10.2011, Rs. C-10/10 (Kommission/Österreich), Rn 40.

306 EuGH v. 28.1.1986, Rs. 270/83 (avoir fiscal), Rn 21; v. 21.9.1999, Rs. C-307/97 (Saint Gobain), Rn 50 ff, 53; v. 6.6.2000, Rs. C-35/98 (Verkooijen), Rn 61 mwN; v. 15.7.2004, Rs. C-315/02 (Lenz), Rn 43 mwN; v. 13.12.2005, Rs. C-446/03 (Marks & Spencer).

307 EuGH v. 15.7.2004, Rs. C-315/02 (Lenz), Rn 48 mwN; v. 27.11.2008, Rs. C-418/07 (Papillon), Rn 54; v. 1.7.2010, Rs. C-233/09 (Dijkman), Rn 60. Der Mitgliedstaat darf vom Steuerpflichtigen für die Prüfung erforderliche Nachweise verlangen, s. EuGH v. 14.9.2006, Rs. C-386/04 (Stauffer), Rn 48 f.

308 EuGH v. 14.11.1995, Rs. C-484/93 (Svensson und Gustavsson), Rn 12 ff, 15; v. 6.6.2000, Rs. C-35/98 (Verkooijen), Rn 47 f mwN.

309 EuGH v. 28.1.1986, Rs. 270/83 (avoir fiscal), Rn 21 aE.

310 EuGH v. 28.1.1986, Rs. 270/83 (avoir fiscal), Rn 24. Dieser (nicht durchgreifende) Rechtfertigungsgrund ist von der oben Rn 89 ff, 110 erörterten Frage zu trennen, inwieweit unterschiedliche Steuerbelastungen aufgrund fehlender Harmonisierung überhaupt eine rechtfertigungsbedürftige Diskriminierung darstellen. Zur Erläuterung s. sogleich u.

311 Vgl *Wernsmann*, in: Hübschmann/Hepp/Spitaler, AO/FGO, § 4 AO, Rn 447 mwN.

künfte,[312] außerdem auf die Beitreibungsrichtlinie.[313] Auf Grund dieser Möglichkeiten können Ungleichbehandlungen selbst bei einem „Massenphänomen" nicht durch den Einwand einer wirksamen Steuerkontrolle gerechtfertigt werden.[314]

Zur fehlenden Harmonisierung, die Mitgliedstaaten bisweilen als Rechtfertigung für „einseitige Maßnahmen" heranziehen, führt der EuGH aus: Eine mangelnde Harmonisierung kann **Ungleichbehandlungen** von EU-Ausländern, die ein Mitgliedstaat vornimmt, nicht rechtfertigen.[315] Denn hier folgt die unterschiedliche Besteuerung von rein inländischen und grenzüberschreitenden Sachverhalten aus dem Handeln ein und desselben Hoheitsträgers, während unterschiedliche Belastungen danach, in welchem Mitgliedstaat der Steuerpflichtige ansässig ist bzw welchem der beiden Mitgliedstaaten das Doppelbesteuerungsabkommen das Besteuerungsrecht zuweist, auf dem Handeln unterschiedlicher Mitgliedstaaten beruht.[316] Auch kann der Mitgliedstaat nicht zur Rechtfertigung von Diskriminierungen und Beschränkungen auf Doppelbesteuerungsabkommen verweisen: Zwar ist die Allokation der Besteuerungsrechte Sache der Mitgliedstaaten und als solche ein grundfreiheitsneutraler Vorgang.[317] Jedoch kann der Mitgliedstaat Diskriminierungen weder unter Hinweis auf ein **fehlendes** DBA rechtfertigen, noch kann er der unionsrechtlichen Prüfung unter Hinweis darauf entgehen, dass eine von ihm vorgenommene Diskriminierung auf einem von ihm geschlossenen Doppelbesteuerungsabkommen beruhe, und er muss sich auch entgegenhalten lassen, wenn er auf die Besteuerung bestimmter Einkunftsteile durch DBA verzichtet hat.[318] Hierzu führt der EuGH aus, dass der Mitgliedstaat unbedingt an die Grundfreiheiten gebunden sei und deren Beachtung nicht vom Inhalt eines mit einem anderen Mitgliedstaat abgeschlossenen DBA abhängig machen könne;[319] aus demselben Grund könnten die Grundfreiheiten auch keiner „Gegenseitigkeitsbedingung" unterworfen werden.[320] 119

c) Verhältnismäßigkeit der Regelung zur Erreichung des Ziels

Liegt ein legitimer Grund für die Diskriminierung oder Beschränkung vor, so muss die Regelung geeignet und erforderlich zur Erreichung des Ziels sein.[321] Die Angemessenheit prüft der EuGH in aller Regel nicht ausdrücklich; eine Abwägung findet stattdessen oft im Rahmen der Prüfung der Erforderlichkeit statt.[322],[323] Das Verhältnismäßigkeitserfordernis bedeutet etwa bei Missbrauchsbekämpfungsnormen, dass diese nicht weiter gehen dürfen als notwendig. Werden auch Fallgrup- 120

312 Vgl bereits EuGH v. 28.1.1992, Rs. C-204/90 (Bachmann), Rn 18; v. 14.2.1995, Rs. C-279/93 (Schumacker), Rn 43 ff; v. 11.8.1995, Rs. C-80/94 (Wielockx), Rn 26.

313 RL 76/308/EWG des Rates vom 15.3.1976 über die gegenseitige Unterstützung bei der Beitreibung von Forderungen im Zusammenhang mit Abgaben auf bestimmten Zöllen und Steuern, zuletzt geändert durch RL 2004/79/EG vom 4.3.2004.

314 EuGH v. 27.1.2009, Rs. C-318/07 (Persche), Rn 71.

315 EuGH v. 28.1.1986, Rs. 270/83 (avoir fiscal), Rn 24.

316 Dazu o. Rn 89 ff, 112.

317 EuGH v. 12.5.1998, Rs. C-336/96 (Gilly); vgl dazu ausführlich *Wernsmann*, Festschrift für Bengel und Reimann, 2012, 371, 379.

318 *Schön*, IStR 2004, 289, 291. – Zu dem zuletzt genannten Gesichtspunkt EuGH v. 11.8.1995, Rs. C-80/94 (Wielockx), Rn 23 ff; da die Niederlande entsprechend dem OECD-Musterabkommen auf die Besteuerung im Quellenstaat verzichtet hat, kam der Rechtfertigungsgrund der Kohärenz dort nicht mehr zum Tragen. Dazu ausführlich *Wernsmann*, EuR 1999, 754, 764.

319 Ausführlich dazu *Schön*, IStR 2004, 289, 291.

320 EuGH v. 28.1.1986, Rs. 270/83 (avoir fiscal), Rn 26. Diese Frage ist zu unterscheiden von der oben behandelten Rolle der Doppelbesteuerungsabkommen: Rügt ein Steuerpflichtiger, dass in seinem Fall durch DBA zwischen zwei EU-Mitgliedstaaten (und sei es selbst durch offene Anknüpfung an die Staatsangehörigkeit) das Besteuerungsrecht dem höher besteuernden Mitgliedstaat zugewiesen worden sei, so liegt darin keine rechtfertigungsbedürftige Diskriminierung durch einen Mitgliedstaat. Vielmehr sind die Mitgliedstaaten in der Verteilung der Besteuerungsrechte frei; dazu o. Rn 91 ff sowie EuGH v. 12.5.1998, Rs. C-336/96 (Gilly).

321 Vgl etwa EuGH v. 23.10.2008, Rs. C-157/07 (Krankenheim Ruhesitz am Wannsee-Seniorenheimstatt), Rn 44 f; v. 28.10.2010, Rs. C-72/09 (Etablissements Rimbaud), Rn 33 mwN; v. 7.11.2013, Rs. C-322/11 (K), Rn 72.

322 EuGH v. 5.10.2004, Rs. C-442/02 (Caixa-Bank France), Rn 21.

323 Kritisch dazu etwa *Ehlers*, in: Ehlers, Europäische Grundrechte und Grundfreiheiten, 4. Aufl., § 7 Rn 132.

pen von der Diskriminierung oder Beschränkung erfasst, in denen kein Missbrauch vorliegt, so verstößt die Norm gegen die Grundfreiheiten.[324]

5. Beihilfeverbot

a) Überblick

121 Eine steuerliche Maßnahme stellt eine Beihilfe dar, wenn die in Art. 107 Abs. 1 AEUV normierten Voraussetzungen kumulativ vorliegen: Es muss sich um eine **Begünstigung** handeln, die zu einem Verlust von Steuereinnahmen und damit zu einer **Belastung der öffentlichen Haushalte** führt sowie den **Wettbewerb beeinträchtigt**, indem sie nur **bestimmten** Unternehmen oder Produktionszweigen zugute kommt (dazu oben *Beljin*, § 28, Rn 54 ff). Letzteres, die **Selektivität** der Maßnahme, ist in Abgrenzung zu zulässigen sog. „allgemeinen steuer- oder wirtschaftspolitischen Maßnahmen"[325] das entscheidende Merkmal einer unzulässigen steuerlichen Beihilfe. Dabei unterscheidet man zwischen materiell selektiven Maßnahmen, die Begünstigungen auf bestimmte Branchen beschränken, und geographisch selektiven Maßnahmen wie regional oder sektoral begrenzte Steuervergünstigungen.[326] Maßgebend ist, ob sich die von der Begünstigung profitierenden Unternehmen gegenüber anderen in einer „vergleichbaren tatsächlichen und rechtlichen Situation" befinden.[327] Eine selektive Maßnahme kann jedoch durch den „inneren Aufbau" oder das „Wesen"[328] des Steuersystems gerechtfertigt sein (dazu oben *Beljin*, § 28, Rn 77). Schon tatbestandlich nicht dem Beihilfebegriff unterfallen Ausgleichsleistungen für Dienstleistungen von allgemeinem wirtschaftlichen Interesse (DAWI).[329]

b) Verhältnis des Beihilfeverbots zu den Grundfreiheiten

122 Mitgliedstaatliche Steuervorschriften können gleichzeitig sowohl gegen die Grundfreiheiten als auch gegen das Beihilfeverbot aus Art. 107 Abs. 1 AEUV verstoßen.[330] Das Beihilfeverbot untersagt die Gewährung von bestimmten Steuervergünstigungen (zB nur für inländische Unternehmer), die Grundfreiheiten verbieten dagegen die Benachteiligung von Steuerausländern gegenüber Steuerinländern. Entscheidendes Kriterium ist in beiden Fällen die Vergleichbarkeit der Situation. Damit ergänzt das Beihilfeverbot die Diskriminierungs- und Beschränkungsverbote zu einem **allgemeinen steuerlichen Gleichbehandlungsgebot** für nationale und grenzüberschreitende Tätigkeiten.[331] Jedoch unterscheiden sich die jeweiligen **Rechtsfolgen** eines Verstoßes. Während Verstöße gegen die Grundfreiheiten im Wege des Anwendungsvorrangs durch Erstreckung der vorteilhaften Rechtsfolge – hier der Steuerbegünstigung – auf den grenzüberschreitenden Sachverhalt behoben werden (sog. Inländergleichbehandlung, vgl Rn 81), verpflichtet Art. 108 Abs. 3 Satz 3 AEUV dazu, die als Beihilfe einzuordnende Steuerbegünstigung außer Anwendung zu lassen. Wie dieser Wider-

324 Vgl etwa zuletzt EuGH v. 6.6.2013, Rs. C-383/10 (Kommission/Belgien), Rn 65 f; ferner allgemein etwa EuGH v. 7.9.2006, Rs. C-470/04 (N), Rn 48 ff.

325 Vgl zB EuGH v. 19.9.2000, Rs. C-156/98 (Deutschland/Kommission), Rn 23; v. 15.6.2006, Rs. C-393/04 und C-41/05 (Air Liquide Industries Belgium), Rn 32 mwN.

326 *Schön*, DStJG 23 (2000), 191, 215; *Grube*, Der Einfluss des unionsrechtlichen Beihilfenverbots auf das deutsche Steuerrecht, 2014, S. 46 ff mwN.

327 EuGH v. 8.11.2001, Rs. C-143/99 (Adria Wien Pipeline), Rn 41 mwN.

328 EuGH v. 26.9.2002, Rs. C-351/98 (Kommission/Spanien), Rn 42 mwN.

329 EuGH v. 24.7.2003, Rs. C-280/00 (Altmark Trans), Rn 87; dazu sowie zur Schwierigkeit, im Fall von Steuervergünstigungen die in der Rechtssache Altmark Trans (Rn 90) aufgestellten Anforderungen an die Berechnung der Ausgleichsparameter („objektiv und transparent") zu erfüllen, *Wernsmann/Loscher*, NVwZ 2014, 976, 978, 980.

330 EuGH v. 17.11.2009, Rs. C-169/08 (Presidente del Consiglio dei Ministri), Rn 50, 64.

331 *Jacobs/Endres/Spengel*, Internationale Unternehmensbesteuerung, 7. Aufl., S. 229; *Rust*, Regionale Steuerautonomie vor dem europäischen Beihilferecht, 2013, S. 266 ff.

spruch in den Rechtsfolgen (Gleichstellung der EU-Ausländer mit den Inländern oder der Inländer mit den EU-Ausländern?) aufzulösen ist, wurde vom EuGH bisher offen gelassen.[332]

D. Unionsrechtliche Einflüsse auf das Steuerverfahrensrecht

I. Überblick: Primär- und sekundärrechtliche Regelungen

Nicht nur die **Steuerverwaltungshoheit** ist bei den Mitgliedstaaten verblieben. Auch ein gemeinsames **Verwaltungsverfahrensrecht** existiert nicht. Eine Kompetenz zur Harmonisierung des Verfahrensrechts enthält der Vertrag nicht. Sie ergibt sich nur ausnahmsweise aus den Kompetenztiteln, die auch die Regelungsbefugnis hinsichtlich des materiellen Steuerrechts begründen. Kann das harmonisierte Steuerrecht nicht gleichmäßig vollzogen werden, ohne dass gleichzeitig verfahrensrechtliche Fragen mit geregelt werden, besitzt die Union auch die Befugnis zur Regelung des Verfahrensrechts. Das ist Folge der im Völkerrecht anerkannten und auf das Europarecht übertragbaren Lehre der **implied powers.**[333] Nach ihr stehen der Union auch nicht ausdrücklich genannte Befugnisse zu, ohne welche die Wahrnehmung der ausdrücklich zugewiesenen Aufgaben und Befugnisse sinnlos wäre bzw ohne die diese nicht in vernünftiger und zweckmäßiger Weise zur Anwendung gelangen könnten.[334] So können beispielsweise gestützt auf Art. 113 AEUV auch verfahrensrechtliche Bestimmungen geschaffen werden, soweit dies für die Verifikation grenzüberschreitender Sachverhalte notwendig ist. Zu diesem Zweck und auf dieser Grundlage wurde etwa die „VO 904/2010/EU des Rates über die Zusammenarbeit der Verwaltungsbehörden und die Betrugsbekämpfung auf dem Gebiet der Mehrwertsteuer“[335] erlassen. 123

Von diesen Ausnahmen abgesehen, richtet sich das **Steuerverfahren** weiterhin nach **nationalem Recht.** Das gilt sowohl für den unmittelbaren als auch für den mittelbaren Vollzug von Unionsrecht. 124

Drei Vollzugstypen sind bei Fällen mit Bezügen zum Unionsrecht zu unterscheiden. Entweder ist die Union selbst für den Vollzug des Unionsrechts zuständig (sog. **unionsunmittelbarer oder direkter Vollzug des Unionsrechts**), dann regelt sie selbst das einschlägige Verwaltungsverfahrensrecht. Der unionsunmittelbare Vollzug bedarf jedoch nach dem Prinzip der begrenzten Einzelermächtigung (Art. 5 Abs. 1 S. 1, Abs. 2 S. 1 AEUV) der ausdrücklichen Anordnung durch die Verträge. Er ist praktisch die Ausnahme.[336] Die Regel ist der **mitgliedstaatliche (oder indirekte) Vollzug des Unionsrechts,** dh der Vollzug des Unionsrechts durch nationale Behörden. Hier lässt sich wiederum unterscheiden zwischen dem **unmittelbaren** und dem **mittelbaren mitgliedstaatlichen Vollzug.** Im ersten Fall wenden die nationalen Behörden materielles Unionsrecht (insbesondere Verordnungen und Richtlinien) an, im zweiten Fall das Ausführungsrecht des jeweiligen Mitgliedstaats.[337]

---

332 EuGH v. 17.11.2009, Rs. C-169/08 (Presidente del Consiglio dei Ministri), Rn 65. Dort ging es um eine sog. Landungssteuer, die nur Unternehmern, die ihren steuerlichen Wohnsitz nicht in Sardinien haben, auferlegt wurde. Zur möglichen Auflösung dieses Widerspruchs vgl *Grube*, Der Einfluss des unionsrechtlichen Beihilfeverbots auf das deutsche Steuerrecht, 2014, S. 93 ff; *Lang*, IStR 2010, 570, 579; *Rust*, Regionale Steuerautonomie vor dem europäischen Beihilferecht, 2013, S. 266 ff.

333 Die Anwendbarkeit der implied-powers-Lehre im Europarecht ist allg. anerkannt und wird weder in der Rspr noch im Schrifttum weiter diskutiert. Vgl EuGH v. 31.3.1971, Rs. 22/70 (AETR), Slg 1971, 263 ff; vgl auch *Rossi*, in: Calliess/Ruffert, EUV/AEUV, Art. 352 AEUV, Rn 62, der den Vorrang der implied powers gegenüber der Flexibilitätsklausel in Art. 352 AEUV betont; *Nettesheim*, in: Oppermann, Europarecht, 5. Aufl., § 12 Rn 8 f; *ders.*, in: von Bogdandy, Europäisches Verfassungsrecht, 2. Aufl., S. 389 ff, 412 ff; *von Danwitz* Verwaltungsrechtliches System und Europäische Integration, 1996, S. 144.

334 *Huber*, Recht der Europäischen Integration, 2. Aufl., § 15, Rn 9; allg. *Kahl*, NVwZ 1996, 825 ff.

335 V. 7.10.2010, ABl. 2010 L 268/1.

336 Vgl *Streinz*, EUV/AEUV, 2. Aufl., Art. 4 EUV, Rn 51; Beispiele finden sich etwa im Wettbewerbsrecht, der Beihilfenaufsicht und der Handelspolitik.

337 *Ehlers*, in: Erichsen/Ehlers, Allg. Verwaltungsrecht, 14. Aufl., § 5, Rn 32 ff; *Streinz*, EUV/AEUV, 2. Aufl., Art. 4 EUV, Rn 52, 55.

125 Fehlen unionsrechtliche Rechtsnormen für den Verwaltungsvollzug, so richtet sich dieser nach dem nationalen Recht. Die **„Verfahrensautonomie“**[338] liegt grundsätzlich weiter bei den **Mitgliedstaaten**, nach deren Recht sich der Verwaltungsvollzug richtet. Insbesondere besteht für sie die Möglichkeit der autonomen Wahl der Mittel.[339] Indes steht die Anwendung des nationalen allgemeinen Verwaltungsrechts unter dem unionsrechtlichen (aus Art. 4 Abs. 3 Unterabs. 2 EUV folgenden) **Vorbehalt des Äquivalenz- und des Effektivitätsgebots**[340] (dazu unten Rn 134 ff).

II. Sekundärrechtliche Rechtsgrundlagen

126 Die sekundärrechtlichen verfahrensrechtlichen Bestimmungen betreffen vor allem die Ermittlung grenzüberschreitender steuerlicher Sachverhalte. Deren Verifikation unterliegt deshalb erhöhten Schwierigkeiten, weil die Finanzbehörden eines Mitgliedstaates auf dem Territorium eines anderen Mitgliedstaates aufgrund dessen Souveränität ohne dessen Zustimmung nicht ermitteln dürfen.[341] Es besteht die Gefahr, dass Steuerpflichtige dies zur Steuerhinterziehung bzw -vermeidung veranlasst. Das würde zu Verstößen gegen den Grundsatz der Steuergerechtigkeit und zu Verzerrungen des Kapitalverkehrs und der Wettbewerbsbedingungen führen, also das Binnenmarktziel konterkarieren. Die Möglichkeit freier und ungehinderter grenzüberschreitender wirtschaftlicher Betätigung muss also durch entsprechende Verifikationsmöglichkeiten bei der Sachverhaltsermittlung flankiert werden (dazu 1. und 2.). Darüber hinaus besteht ein Bedarf an verfahrensrechtlichen Instrumenten, um Steueransprüche auch im Ausland durchsetzen zu können (dazu 3.). Denn auch in Bezug auf die Durchsetzung von Steueransprüchen ist der Handlungsradius der einzelnen Staaten durch das Völkerrecht auf das eigene Hoheitsgebiet beschränkt.

1. Amtshilferichtlinie

127 Der wichtigste Sekundärrechtsakt zur **grenzüberschreitenden Auskunftserteilung** ist die EU-Amtshilferichtlinie.[342] Sie betrifft den Austausch steuerlich erheblicher Daten über Steuern aller Art mit Ausnahme der Mehrwertsteuer und besonders geregelter Verbrauchsteuern (Art. 1 Abs. 1 iVm Art. 2 Amtshilferichtlinie). Nachdem die EG-Amtshilferichtlinie[343] ihren Zweck, einen effektiven grenzüberschreitenden Informationsaustausch herzustellen, nicht erfüllte, möchte die neue Richtlinie klarere und präzisere Regeln der Zusammenarbeit der Verwaltungsbehörden der Mitgliedstaaten vorgeben und den Informationsaustausch in den Mitgliedstaaten ausdehnen und erleichtern.[344]

128 Nach der Intention des Rates soll sie der **Bekämpfung der internationalen Steuerumgehung** einschließlich der internationalen Gewinnverlagerung in Konzernen dienen. Zu diesem Zweck erlaubt sie drei verschiedene Formen von **Auskünften:** (1) Auskunft auf Ersuchen (Art. 5-7 Amtshilferichtli-

---

338 EuGH v. 12.5.2011, Rs. C-107/10 (Enel Maritsa Iztok), Rn 29 für den Bereich der Mehrwertsteuer; der Sache nach (ohne Verwendung des Begriffs „Verfahrensautonomie“) EuGH v. 12.2.2008, Rs. C-2/06 (Kempter), Rn 57 mwN. S. ferner Schlussanträge GA Léger, C-453/00, Kühne & Heitz, Rn 68 ff. – Grdl. *Rengeling*, in: GS für Sasse, 1981, S. 197, 198. Vgl ferner zB *Streinz*, EUV/AEUV, 2. Aufl., Art. 4 EUV, Rn 56; *U. Lange*, Der Anspruch auf Erstattung gemeinschaftsrechtswidrig erhobener Steuern, 2008, S. 64 ff; der EuGH spricht vom Grundsatz der institutionellen und verfahrensmäßigen Eigenständigkeit der Mitgliedstaaten; grdl. EuGH v. 21.9.1983, verb. Rs. 205 bis 215/82 (Deutsche Milchkontor I), Slg 1983, 2633, 2665, Rn 17.

339 *Galetta*, EuR-Bei 2012, 37, 39.

340 Speziell zum Steuerverfahrensrecht (Pflicht zur Erstattung unionsrechtswidriger Abgaben) EuGH v. 8.3.2001, verb. Rs. C-397/98 und C-410/98 (Metallgesellschaft und Hoechst), Rn 85 mwN. Vgl ferner allg. *Galetta*, EuR-Bei 2012, 37; *Ehlers*, in: Erichsen/Ehlers, Allg. Verwaltungsrecht, 14. Aufl., § 5, Rn 44; *Streinz*, EUV/AEUV, 2. Aufl., Art. 4 EUV, Rn 53 f; *Waldhoff*, in: Wegener, EnzEuR Bd. 8, 2014, § 10 Rn 145 ff. Diese beiden Schranken gelten übrigens auch für die Anwendung des nationalen Staatshaftungsrechts in Fällen mit Unionsbezug (zB bei Nichtumsetzung einer RL).

341 *Wolffgang/Hendricks*, in: Beermann/Gosch, AO/FGO, § 117 AO, Rn 12.

342 RL 2011/16/EU des Rates über die Zusammenarbeit der Verwaltungsbehörden im Bereich der Besteuerung und zur Aufhebung der RL 77/799/EWG v. 15.2.2011, ABl. 2011 L 64/1. Grundlegend und ausführlich dazu *Hendricks*, Internationale Informationshilfe im Steuerverfahren, 2004, S. 182 ff mwN.

343 RL 77/799/EWG des Rates über die gegenseitige Amtshilfe zwischen den zuständigen Behörden der Mitgliedstaaten im Bereich der direkten Steuern, bestimmter Verbrauchsteuern und der Steuern auf Versicherungsprämien v. 19.12.1977, ABl. 1977 L 336/15.

344 Erwägungsgrund 7 der RL 2011/16/EU.

nie), (2) verpflichtender automatischer Informationsaustausch (Art. 8 Amtshilferichtlinie) und (3) Spontanauskünfte (Art. 9-10 Amtshilferichtlinie). Während die Finanzbehörden sich bei den verpflichtenden automatischen Auskünften hinsichtlich der ausländischen Einkünfte eines Steuerpflichtigen Auskunft erteilen, werden bei der Spontanauskunft aus eigenem Antrieb der Finanzverwaltung eines anderen Mitgliedstaates steuerlich relevante Informationen erteilt. Die neue Richtlinie 2011/16/EU möchte den geänderten Anforderungen an die Zusammenarbeit der Finanzbehörden dadurch gerecht werden, dass sie etwa durch die Schaffung neuer Organisationseinheiten wie der Einrichtung eines zentralen Verbindungsbüros (Art. 4 Abs. 2 Amtshilferichtlinie) oder durch die Einführung von verbindlichen Fristen (Art. 7 Abs. 1 Amtshilferichtlinie) zur Verkürzung des Amtshilfewegs und zur Beschleunigung des Auskunftsverkehrs beiträgt.[345]

Die Bundesrepublik ist ihrer Umsetzungsverpflichtung ein halbes Jahr verspätet nachgekommen, **129**
nachdem zahlreiche Schwierigkeiten das erste Gesetzgebungsverfahren scheitern ließen. Erst am 26.6.2013 wurde das EU-Amtshilfegesetz (EU-AHiG)[346] erlassen, das die EU-Amtshilferichtlinie rückwirkend zum 1.1.2013 in deutsches Recht umsetzt.[347]

2. VO 904/2010/EU

Durch die VO 1798/2003/EG des Rates vom 7. Oktober 2003 über die Zusammenarbeit der Ver- **130**
waltungsbehörden auf dem Gebiet der Mehrwertsteuer und zur Aufhebung der VO (EWG) Nr. 218/92[348] war **eigens für die Umsatzsteuer** ein neues Verfahrensrecht zum Austausch steuerlich erheblicher Informationen geschaffen worden.[349] Die zuvor bestehenden Rechtsakte hatten nicht mehr ausgereicht, um die zunehmenden Aufgaben im Bereich der Verwaltungszusammenarbeit effektiv zu erfüllen. Die Verordnung sollte zu einer ausreichenden Regelung der Rechte und Pflichten der Beteiligten führen und die Zusammenarbeit klareren und verbindlicheren Vorschriften unterworfen werden (Gründe 9 bis 11 VO 1798/2003/EG). Die Verordnung wurde inzwischen durch die VO 904/2010/EU des Rates vom 7.10.2010[350] ersetzt, wobei ihre Instrumente zur Betrugsbekämpfung ergänzt und verbessert wurden (Grund 2). Im Gegensatz zur Amtshilferichtlinie bedarf die Verordnung keiner Umsetzung, sondern ist **unmittelbar anwendbar** (Art. 288 Abs. 2 AEUV).

Die Befugnisse der nationalen Behörden werden durch die VO 904/2010/EU erweitert. So besteht **131**
neben der Möglichkeit der Auskunft (vgl zu den Arten der Auskunft Rn 128) auch die Möglichkeit der Anwesenheit ordnungsgemäß befugter Beamter der ersuchenden Behörde in den Amtsräumen der ersuchten Behörden und der Teilnahme an behördlichen Ermittlungen (Art. 28 VO 904/2010/EU). Daneben kann die Finanzbehörde eines Mitgliedstaates begründet vorschlagen, warum sie die gleichzeitige Prüfung eines Steuerpflichtigen auch in einem anderen Mitgliedstaat für erforderlich hält. Die Finanzbehörde des anderen Mitgliedstaates entscheidet aber selbstständig darüber, ob sie diesem Vorschlag folgen will. Sie teilt ihr Einverständnis oder ihre Ablehnung der vorschlagenden Behörde mit (vgl im Einzelnen Art. 28 f VO 904/2010/EU). Jedoch dürfte die Verpflichtung zu einer größtmöglichen praktischen Wirksamkeit des Unionsrechts (Art. 4 EUV) gesteigerte Anforderungen an eine ablehnende Entscheidung stellen.

Zudem war in der Vergangenheit häufig auch die Zeitdauer bis zum Erhalt einer Auskunft zu **132**
bemängeln. Art. 5 Amtshilferichtlinie verlangte eine beschleunigte Übermittlung der Informationen, ohne allerdings eine konkrete Zeitspanne zu nennen. Dem hilft Art. 10 Abs. 1 VO 904/2010/EU wenigstens teilweise ab, indem er grundsätzlich eine Frist von drei Monaten bestimmt.

---

345 Vgl *Gabert,* IWB 7/2011, 250; hier auch zu den anderen wesentlichen Neuerungen.

346 BGBl. I 2013, 1809.

347 Vgl *Gabert,* FR 2013, 986 für einen Überblick über die wesentlichen Neuerungen des EU-AHiG und deren Auswirkungen auf das deutsche Ertragsteuerrecht.

348 ABl. 2003 L 264/1.

349 Ausführlich dazu *Hendricks,* Internationale Informationshilfe im Steuerverfahren, 2004, S. 243 ff mwN.

350 ABl. 2010 L 268/1.

Die Verordnung enthält in Art. 17 ff ein Datenaustauschsystem. Es betrifft die Speicherung und den Austausch von Informationen über zugeteilte und ungültig gewordene USt-Id-Nrn. und innergemeinschaftliche Umsätze. Art. 38 ff VO 904/2010/EU enthalten die erforderlichen Angaben für die Durchführung der Sonderregelung in Art. 58 MwStSystRL für nicht ansässige Steuerpflichtige, die elektronische Dienstleistungen an nicht steuerpflichtige Personen erbringen. Aufgrund der gesteigerten Schwierigkeiten der Verifikation dieser Leistungen sehen Art. 38 ff VO 904/2010/EU eine Verpflichtung zur Datenübermittlung vor, die über Art. 17 VO 904/2010/EU hinausgeht. Ferner wurde in Art. 33 ff VO 904/2010/EU das Netzwerk Eurofisc geschaffen, das durch einen Informationsaustausch zwischen den Mitgliedstaaten neue Formen von Mehrwertsteuerbetrug aufspüren und bekämpfen soll.

3. Beitreibungsrichtlinie

133 Regelungen für die **zwischenstaatliche Kooperation bei der Durchsetzung von Steueransprüchen** sind in der Beitreibungsrichtlinie niedergelegt. Die erste Fassung dieser Richtlinie[351] stammt bereits aus dem Jahr 1976 und ist zwischenzeitlich mehrfach geändert worden.[352] Die RL sieht verschiedene Formen der zwischenstaatlichen Unterstützung vor. Die Unterstützung kann zunächst durch die Erteilung von Auskünften geleistet werden (Art. 5 RL 2010/24/EU). Mitgeteilt wird beispielsweise, wo der Steuerschuldner über verwertbares Vermögen verfügt und wie sich seine Einkommens- und Vermögensverhältnisse darstellen. Ist der fragliche Anspruch noch nicht durch einen Steuerbescheid oder eine ähnliche behördliche Maßnahme konkretisiert worden, kann die Unterstützung auch durch die Zustellung forderungsbezogener Verfügungen des anspruchsberechtigten Staates geleistet werden (Art. 8 RL 2010/24/EU). Schließlich kann die Hilfe durch die Vornahme von Zwangsmaßnahmen erfolgen, zB durch die Vollstreckung der ausländischen Ansprüche und die anschließende Überweisung der eingezogenen Beträge ins Ausland (Art. 10 ff RL 2010/24/EU). Die neue RL 2010/24/EU sollte der mangelnden Effizienz der Vorgängerrichtlinien begegnen, deren Defizit vor allem im Fehlen eines einheitlichen Vollstreckungstitels lag. Sie zielt auf eine Ausdehnung des Auskunftsverkehrs ab, indem der Anwendungsbereich auf alle Steuerarten erstreckt wird.[353] In Deutschland wurden die Vorgaben der RL durch das Gesetz zur Umsetzung der Beitreibungsrichtlinie sowie zur Änderung steuerlicher Vorschriften (BeitrRLUmsG) vom 7.12.2011[354] umgesetzt.[355]

III. Primärrechtliche Vorgaben für die Ausgestaltung und Anwendung des nationalen Verfahrensrechts

134 Liegt der Vollzug des Steuerrechts nach wie vor weitestgehend in den Händen der Mitgliedstaaten (der nationalen Behörden) und richtet sich das anzuwendende Verfahrensrecht weiter nach nationalem Recht, so bedeutet dies nicht, dass das **Unionsrecht** keinen **Einfluss auf das nationale Verfahrensrecht** ausübt. Denn aus Art. 4 EUV folgt die Pflicht der Mitgliedstaaten, zum einen alle geeigneten Maßnahmen zu ergreifen, um ihre Verpflichtungen, die sich aus dem Vertrag oder aus den Handlungen der Union ergeben, zu erfüllen (Abs. 3 S. 2), und zum anderen auch alle Maßnahmen zu unterlassen, welche die Verwirklichung der Ziele der Union gefährden können (Abs. 3 S. 3). Daraus sind für das nationale Steuerverfahrens- und allgemeine Steuerschuldrecht die Gebote der Äquivalenz und Effektivität abzuleiten.

351 RL 76/308/EWG des Rates über die gegenseitige Unterstützung bei der Beitreibung von Forderungen in Bezug auf bestimmte Abgaben, Zölle, Steuern und sonstige Maßnahmen v. 15.3.1976, ABl. 1976, L 73/18.

352 Die letzte Änderung erfolgte durch RL 2010/24/EU des Rates über die Amtshilfe bei der Beitreibung von Forderungen in Bezug auf bestimmte Steuern, Abgaben und sonstige Maßnahmen v. 16.3.2010, ABl. 2010 L 84/1. Diese Richtlinie ersetzte die ältere, mehrfach geänderte Fassung der RL 2008/55/EG.

353 Zu den weiteren wesentlichen Neuerungen vgl *Seer,* IWB 4/2011, 144, 146.

354 BGBl. I 2011, 2592.

355 Zur Durchsetzung deutscher Steueransprüche im Ausland im Wege der Beitreibungshilfe *Hendricks*, IStR 2009, 846 ff.

1. Äquivalenz und Effektivität als Gebote des Unionsrechts (Art. 4 EUV)

Das **Äquivalenzgebot** (früher auch als Diskriminierungsverbot bezeichnet) verlangt, dass für Fälle mit Unionsrechtsbezug **keine ungünstigeren Bedingungen** gelten **als in rein nationalen Fällen,**[356] zB kürzere Klage- oder Verjährungsfristen. 135

Das **Effektivitätsgebot** (manchmal missverständlich auch als Effizienzgebot bezeichnet)[357] verlangt, dass die Verwirklichung des Unionsrechts durch die Ausgestaltung des Verfahrensrechts **nicht praktisch unmöglich gemacht oder übermäßig erschwert** werden darf.[358] So wäre etwa eine zweitägige Klagefrist – selbst wenn diese auch für rein nationale Fälle gelten würde – in Fällen mit Unionsrechtsbezug wegen Verstoßes gegen das Effektivitätsgebot unanwendbar. Denn die wirksame Durchsetzung des Unionsrechts wäre dadurch unmöglich gemacht. Sieht das (unionsrechtswidrige) nationale Recht Steuervorauszahlungen nur für ausländische Unternehmen vor, so fordert das Effektivitätsgebot, dass der Mitgliedstaat für die Steuerzahlungen, die er EU-rechtswidrig zu früh gefordert hat, Zinsen entrichten muss, auch wenn das jeweils anzuwendende nationale Steuerrecht dies nicht vorsieht.[359] Denn da der Verstoß gegen das Unionsrecht in diesen Fällen nicht aus der Zahlung der Steuer selbst folgt, sondern aus deren vorzeitiger Fälligkeit, bliebe der Unionsrechtsverstoß sonst sanktionslos.[360] 136

2. Einzelfälle

a) Beseitigung unionsrechtswidriger Begünstigungen

Auch im Steuerverfahrensrecht kann der Grundsatz des **effet utile** der möglichst wirksamen Durchsetzung des Unionsrechts und des Unionsinteresses – etwa bei der Aufhebung von Steuerstundungen und Steuererlassen gem. § 130 AO, bei Änderung von Steuerbescheiden nach § 173 ff AO oder bei Rückforderung unionsrechtswidriger, da gegen die Beihilfevorschriften verstoßender Steuervergünstigungen – Bedeutung erlangen. Gemäß den in der Rs. Alcan[361] zu § 48 VwVfG aufgestellten Grundsätzen ist die Finanzbehörde zur Rücknahme eines begünstigenden Verwaltungsakts auch dann verpflichtet, wenn die Frist zur Rücknahme (vgl §§ 48 Abs. 4 VwVfG, 130 Abs. 3 AO) an sich abgelaufen ist;[362] auch ist Vertrauensschutz in der Regel ausgeschlossen, da der EuGH vom Begünstigten (Unternehmen) verlangt, sich zu vergewissern, ob das unionsrechtlich vorgeschriebene Verfahren eingehalten wurde.[363] Dies folgt aus einer unionsrechtskonformen Auslegung des nationalen Rechts bzw – soweit eine solche Auslegung nicht möglich ist – aus dem Anwendungsvorrang des Unionsrechts (konkret: des Effektivitätsgebots, Rn 136). 137

Soweit nicht die allgemeinen Aufhebungstatbestände der §§ 130, 131 AO, sondern die §§ 173 ff AO einschlägig sind (bei Aufhebung oder Änderung von Steuerbescheiden oder gleichgestellten Bescheiden, vgl § 172 Abs. 1 Satz 1 Nr. 2 lit. d Halbsatz 2 AO), stellt sich das Problem, dass die deutschen Verfahrensvorschriften ihrem Wortlaut nach nicht zur Korrektur beihilfewidriger Steu-

356 Grdl. EuGH v. 21.9.1983, verb. Rs. 205 bis 215/82 (Deutsche Milchkontor I), Slg 1983, 2633, 2666 f, Rn 23; v. 15.9.1998, Rs. C-231/96 (Edis), Slg 1998, I-4951, Rn 36; v. 9.2.1999, Rs. C-343/96 (Dilexport), Slg 1999, I-579, Rn 25 ff; v. 15.4.2010, Rs. C-542/08 (Barth), Rn 19; vgl ferner zB *Ehlers*, in: Erichsen/Ehlers, Allg. Verwaltungsrecht, 14. Aufl., § 5, Rn 44; *U. Lange*, Der Anspruch auf Erstattung gemeinschaftsrechtswidrig erhobener Steuern, 2008, S. 103 ff.

357 Effektivität bedeutet Wirksamkeit, während Effizienz Wirtschaftlichkeit in dem Sinne bedeutet, dass ein gegebener Ertrag mit möglichst geringem Aufwand oder ein möglichst großer Ertrag mit einem bestimmten Aufwand erzielt wird, und damit eine Aussage über die Zweck-Mittel-Relation trifft.

358 Vgl EuGH v. 21.9.1983, verb. Rs. 205 bis 215/82 (Deutsche Milchkontor I), Slg 1983, 2633, 2666, Rn 22; v. 20.3.1997, Rs. C-24/95 (Alcan), Slg 1997, I-1591, 1616, Rn 24; v. 12.2.2008, Rs. C-2/06 (Kempter), Rn 57 mwN; *U. Lange* aaO, S. 95 ff; *Streinz*, EUV/AEUV, 2. Aufl., Art. 4 EUV, Rn 53.

359 EuGH v. 8.3.2001, verb. Rs. C-397/98 und C-410/98 (Metallgesellschaft und Hoechst), Rn 87. Die Zinsnachteile vernachlässigt EuGH v. 13.12.2005, Rs. C-446/03 (Marks & Spencer); krit. *Wernsmann/Nippert*, FR 2006, 153, 159 mit Fn 50.

360 EuGH v. 8.3.2001, verb. Rs. C-397/98 und C-410/98 (Metallgesellschaft und Hoechst), Rn 91.

361 EuGH v. 20.3.1997, Rs. C-24/95 (Alcan), Slg 1997, I-1591.

362 Näher *Wernsmann*, in: Hübschmann/Hepp/Spitaler, AO/FGO, § 130 Rn 95.

363 Näher *Wernsmann*, in: Hübschmann/Hepp/Spitaler, AO/FGO, § 130 Rn 79 ff mwN.

erfestsetzungen ermächtigen. Eine Negativentscheidung der Kommission ist nach den allgemeinen Auslegungsregeln keine nachträglich bekannt gewordene „Tatsache" im Sinne des § 173 Abs. 1 Nr. 1 AO.[364] Zudem ist diese nicht „nachträglich bekannt geworden", sondern „nachträglich entstanden"; für solche Fälle ist grundsätzlich § 175 Abs. 1 Satz 1 Nr. 2 AO einschlägig, der aber ebenfalls sachverhaltsbezogen auszulegen ist.[365] § 130 AO ist auf Steuerbescheide und gleichgestellte Bescheide nicht anwendbar, § 172 Abs. 1 Satz 1 Nr. 2 lit. d AO. Zur Rechtfertigung der unionsrechtlich gebotenen Rückgängigmachung beihilfewidriger Steuervergünstigungen bemühen nationale Gerichte daher den effet-utile-Grundsatz.[366] Kraft des Anwendungsvorrangs des Unionsrechts (konkret: des Effektivitätsgebots, Rn 136) ist nationales Recht insoweit unanwendbar, als es die Aufhebung unionsrechtswidriger Steuervergünstigungen in solchen Fällen gänzlich verhindert. Das Unionsrecht überspielt also nach i. Erg. zutreffender Auffassung des BFH das nationale Recht. Auch in den Fällen der Erstattung einer entgegen Art. 110 AEUV erhobenen Abgabe kann der effet utile bedeutsam sein (vgl o. Rn 59).

b) Beseitigung unionsrechtswidriger Belastungen

138 Das Unionsinteresse kann auch zugunsten des Steuerpflichtigen für die **Beseitigung eines bestandskräftigen belastenden Verwaltungsakts** streiten. Zwar erkennt auch das Unionsrecht die Rechtssicherheit, die für die Aufrechterhaltung bestandskräftiger Verwaltungsakte streitet, als allgemeinen Rechtsgrundsatz an.[367] Wenn jedoch

- die Behörde nach nationalem Recht befugt ist, den belastenden Verwaltungsakt aufzuheben,
- der Verwaltungsakt infolge der letztinstanzlichen Entscheidung eines nationalen Gerichts bestandskräftig geworden ist,
- diese Entscheidung, wie eine später ergangene Entscheidung des EuGH zeigt, unionsrechtswidrig ist,
- das letztinstanzlich entscheidende Gericht seine Vorlagepflicht nach Art. 267 Abs. 3 AEUV verletzt hat und
- der Betroffene sich unmittelbar nach Kenntnis von der EuGH-Entscheidung an die Verwaltungsbehörde gewandt hat,

dann hat der Adressat des belastenden Verwaltungsakts kraft Unionsrechts einen **Anspruch auf Wiederaufgreifen des Verfahrens.**[368] Der Betroffene muss sich im ursprünglichen Rechtsbehelfsverfahren nicht auf die Unionsrechtswidrigkeit berufen haben; die Mitgliedstaaten dürfen jedoch Fristen für den Antrag auf das Wiederaufgreifen des Verwaltungsverfahrens vorsehen, sofern diese mit dem Äquivalenz- und Effektivitätsgebot vereinbar sind.[369] Denn hier beruht die Bestandskraft des Verwaltungsakts einzig auf einem Fehlverhalten eines Organs des Mitgliedstaats (nämlich des letztinstanzlich entscheidenden Gerichts); der Betroffene konnte – da es gegen unionsrechtswidrige nationale Gesetze und nationale Gerichtsentscheidungen keinen Individualrechtsbehelf zum EuGH nach Art der Verfassungsbeschwerde im deutschen Recht gibt – hier keine frühere Sachentscheidung des EuGH erreichen.

Strittig ist, inwieweit sich die Rspr des EuGH zur Durchsetzung der Bestandskraft von belastenden Verwaltungsakten (zB grundfreiheitswidrige Besteuerung) mit derjenigen bei begünstigenden Verwaltungsakten (zB Gewährung von unionsrechtswidrigen Beihilfen, zB Steuererlassen; Rn 137) verträgt. In den letzteren hat der EuGH teilweise die Unanwendbarkeit nationalen Rechts wegen des

364 Die Kommissionsentscheidung stellt eine „rechtliche Würdigung" und damit keine „Tatsache" dar, vgl *v. Groll*, in: Hübschmann/Hepp/Spitaler, AO/FGO, § 173 AO, Rn 101 mwN.

365 Ebenso die Anwendung von § 175 Abs. 1 AO verneinend *Grube*, Der Einfluss des unionsrechtlichen Beihilfeverbots auf das deutsche Steuerrecht, 2014, S. 74.

366 BFH, Beschl. v. 30.1.2009, VII B 180/08, wo die Notwendigkeit der „Durchsetzung der gemeinschaftsrechtlichen Wettbewerbsordnung" betont wird.

367 EuGH v. 13.1.2004, Rs. C-453/00 (Kühne & Heitz), Rn 24; v. 12.2.2008, Rs. C-2/06 (Kempter), Rn 37.

368 EuGH v. 13.1.2004, Rs. C-453/00 (Kühne & Heitz), Rn 28. Vgl aber auch EuGH v. 16.3.2006, Rs. C-234/04 (Kapferer), Rn 19 ff.

369 EuGH v. 12.2.2008, Rs. C-2/06 (Kempter), Rn 45 f, 57 f.

Anwendungsvorrangs des Unionsrechts (Effektivitätsgebots) angenommen, während nach der Kühne & Heitz-Rspr die Aufhebung belastender unionsrechtswidriger Bescheide nur möglich sein soll, wenn das nationale Recht eine solche Aufhebungs- oder Änderungsbefugnis vorsieht. Richtiger Ansicht nach sollte die Aufhebung belastender Verwaltungsakte in den Fällen der Verletzung der Vorlagepflicht nach Art. 267 Abs. 3 AEUV aus Gründen des Effektivitätsgebots unabhängig davon möglich sein, ob das nationale Recht eine Korrekturmöglichkeit vorsieht.[370] Das Problem stellt sich wegen der Existenz des § 130 Abs. 1 AO nicht bei allgemeinen Steuerverwaltungsakten, wohl aber bei Steuerbescheiden und gleichgestellten Bescheiden, deren Aufhebung sich nach §§ 173 ff AO richtet (vgl Rn 137 aE).

Es wird in diesen Fällen also nicht die Rechtsbehelfsfrist gehemmt (zu solchen Fällen unter Rn 144 f), sondern es tritt Bestandskraft ein. Dennoch verpflichtet das Unionsrecht die Behörde zum Wiederaufgreifen des Verfahrens – dh zu einer **neuen Sachentscheidung auf der Grundlage des anzuwendenden materiellen Rechts** – soweit Rechte Dritter nicht entgegenstehen.[371] Rechtstechnisch handelt es sich um ein Wiederaufgreifen iwS[372] nach §§ 130, 131 AO bzw §§ 172 ff AO. **139**

E. Unionsrechtliche Einflüsse auf das Finanzprozessrecht

Auch auf das Finanzprozessrecht wirkt das Unionsrecht ein, wenn es auch bislang keine sekundärrechtlichen Maßnahmen gibt, die unmittelbar eine Änderung des Finanzprozessrechts erforderlich gemacht hätten. Eine Befugnis zur Harmonisierung fehlt genauso wie im Verfahrensrecht. **140**

Rechtstechnisch kann das Unionsrecht dergestalt auf das Finanzprozessrecht einwirken, dass **unbestimmte Rechtsbegriffe** im Lichte des Unionsrechts auszulegen sind oder ein etwaiges **Ermessen** in einem bestimmten Sinne ausgeübt werden muss oder – wenn die nationale Rechtsnorm einen solchen Auslegungsspielraum nicht lässt – das **nationale Recht** insoweit (wegen des Anwendungsvorrangs des Unionsrechts) **unangewendet** bleibt, soweit es mit diesem kollidiert. **141**

Zentraler Maßstab für die Ausgestaltung des nationalen Finanzprozessrechts ist wiederum – wie schon für das Steuerverfahrensrecht – Art. 4 EUV mit seinen Ausprägungen des **Äquivalenz-** und des **Effektivitätsgebots.**[373] Danach darf dieses nicht ungünstiger gestaltet sein als bei Klagen, die nur nationales Recht betreffen, und es darf die Ausübung der durch das Unionsrecht verliehenen Rechte nicht praktisch unmöglich machen oder übermäßig erschweren.[374] **142**

Im Folgenden sollen vier Besonderheiten ausdrücklich behandelt werden: die Rechtsbehelfsfristen, die Klagebefugnis, Besonderheiten beim vorläufigen Rechtsschutz (§ 69 FGO) und die Vorlagepflichten nach Art. 267 AEUV. **143**

I. Rechtsbehelfsfristen

Hat ein Mitgliedstaat eine Richtlinie nicht rechtzeitig umgesetzt und ist die Richtlinie ausnahmsweise unmittelbar anwendbar, so soll der Einzelne auch nach Ablauf der nach nationalem Recht bestehenden Klagefristen noch zulässigerweise um gerichtlichen Rechtsschutz nachsuchen können, wie der EuGH in der Rechtssache Emmott[375] entschieden hat; dort ging es um eine Invalidenrente, die nach nationalem irischen Recht für verheiratete Frauen gekürzt wurde, was nach der Richtlinie nicht mehr zulässig war. Der EuGH entschied, dass Frau Emmott der **Ablauf der Klagefrist** nicht **entgegengehalten** werden dürfe. **144**

---

370 Vgl auch EuGH v. 19.9.2006, Rs. C-392/04, 422/04 (i-21/Arcor), Slg 2006, I-8559: Ein offensichtlicher Verstoß verpflichte zu einer Rücknahme. Vgl *Gärditz*, NWVBl 2006, 441, 447 f; *Rennert*, DVBl 2007, 400, 402.

371 Ausdrücklich festgestellt von EuGH v. 13.1.2004, Rs. C-453/00 (Kühne & Heitz), Rn 27.

372 Zum Begriff (krit.) *Ruffert*, in: Erichsen/Ehlers, Allg. Verwaltungsrecht, 14. Aufl., § 26 Rn 12 mwN.

373 Vgl allg. zum (Verwaltungs-)Prozessrecht EuGH v. 25.7.1991, Rs. C-208/90 (Emmott), Rn 16; speziell zum Finanzprozessrecht EuGH v. 2.12.1997, Rs. C-188/95 (Fantask), Rn 46.

374 Vgl EuGH v. 14.12.1995, Rs. C-312/95 (Peterbroeck), Rn 12; v. 2.12.1997, Rs. C-188/95 (Fantask), Rn 38. Ausführlich *Ehlers*, Die Europäisierung des Verwaltungsprozessrechts, 1999; *Galetta*, EuR-Bei 2012, 37, 41.

375 EuGH v. 25.7.1991, Rs. C-208/90 (Emmott), Slg 1991, 4269, Rn 21 ff.

145 Unter Berufung auf diese Entscheidung wird in der Literatur zum Teil angenommen, dass immer dann, wenn ein Mitgliedstaat sekundäres Unionsrecht nicht rechtzeitig oder nicht ordnungsgemäß in nationales Recht umgesetzt habe (legislatives Vollzugsdefizit) und dies von einer unionsrechtswidrigen Rechtsprechung flankiert werde (judikatives Vollzugsdefizit), dem betroffenen Einzelnen der Ablauf der Rechtsbehelfsfrist (§§ 47, 55 FGO) nicht entgegengehalten werden dürfe (sog. **Emmott'sche Fristenhemmung**).[376] Diese Sichtweise hat der BFH mit Recht abgelehnt.[377] Der Einzelne ist – bei Verstößen gegen nationales Recht ebenso wie bei Verstößen gegen Unionsrecht – dafür verantwortlich, sein Recht zu suchen und die entsprechenden Rechtsbehelfe einzulegen.[378] Klagt er nicht innerhalb der vom nationalen Recht vorgesehenen angemessenen Fristen,[379] so gilt das Gleiche wie in rein nationalen Fällen. Der EuGH sieht zutreffend den Grundsatz der **Rechtssicherheit** auch unionsrechtlich verankert und anerkannt.[380] Verletzt das letztinstanzlich entscheidende Gericht seine Vorlagepflicht, so kann ein Anspruch auf Wiederaufgreifen des Verwaltungsverfahrens oder ein unionsrechtlich begründeter Staatshaftungsanspruch in Betracht kommen. Der **Verzicht auf einen Rechtsbehelf** fällt indes in den **Verantwortungsbereich des Einzelnen**. Der EuGH hat mittlerweile in mehreren Entscheidungen klargestellt, dass die Emmott-Rechtsprechung „durch die besonderen Umstände dieses Falles gerechtfertigt" war;[381] der Sache nach hat der EuGH die Emmott-Rspr wohl mittlerweile aufgegeben.

II. Klagebefugnis

146 Unionsrechtliche Modifikationen sind denkbar auch im Bereich der Klagebefugnis nach § 40 Abs. 2 FGO.[382] Denn unmittelbar anwendbares Unionsrecht kann auch ein **subjektives öffentliches Recht** vermitteln, das durch eine Maßnahme der Finanzverwaltung verletzt sein könnte. Beispielsweise muss die Finanzverwaltung eine Richtlinie, die unmittelbar anwendbar ist, bei der Auslegung des mitgliedstaatlichen Steuerrechts beachten und im konkreten Fall einer Normenkollision das nationale Recht außer Anwendung lassen. In diesem Fall vermittelt das unmittelbar anwendbare Sekundärrecht gleichzeitig auch ein subjektives öffentliches Recht.[383] Auch kann sich der Einzelne auf Unionsrecht berufen, welches auf Wettbewerbsneutralität zielt, und hierauf gestützt zB die Heranziehung einer konkurrierenden juristischen Person des öffentlichen Rechts durch das Finanzamt erreichen.[384]

III. Vorläufiger Rechtsschutz wegen Nichtigkeit eines Sekundärrechtsakts und wegen Unionsrechtswidrigkeit eines nationalen Gesetzes

147 Eine Aussetzung der Vollziehung von Verwaltungsakten, die mit Zweifeln an der Gültigkeit von **Rechtsakten der Union** begründet werden, ist nach der Rechtsprechung des EuGH (insoweit abweichend von § 69 Abs. 2 Satz 2 FGO) nur unter folgenden strengen Voraussetzungen zu gewähren:[385]

---

376 So *Friedrich/Nagler*, DStR 2005, 403 ff; zutreffend dagegen *Gosch*, DStR 2005, 413 f.

377 BFH v. 15.9.2004, I R 83/04 (NV), DStR 2004, 2005; v. 23.11.2006, V R 67/05, BStBl. II 2007, 436 = BFHE 216, 357.

378 Davon geht übrigens auch die o.g. Kühne & Heitz – Entscheidung des EuGH aus; s.o. Rn 138 f.

379 Zur Notwendigkeit angemessener Fristen vgl EuGH v. 25.7.1991, Rs. C-208/90 (Emmott), Rn 17.

380 EuGH v. 2.12.1997, Rs. C-188/95 (Fantask), Rn 47; v. 13.1.2004, Rs. C-453/00 (Kühne & Heitz), Rn 24; v. 16.3.2006, Rs. C-234/04 (Kapferer), Rn 20.

381 EuGH v. 2.12.1997, Rs. C-188/95 (Fantask), Rn 50 (zu einer nach fünf Jahren eintretenden Verjährung von Erstattungsansprüchen, sofern nicht Klage erhoben worden ist) mwN; v. 24.3.2009, Rs. C-445/06 (Danske Slagterier), Rn 53 f mwN; s. ferner Schlussanträge GA Jääskinen v. 26.5.2011, Rs. C-89/10, Rn 60.

382 Zu einem Fall des drittschützenden Charakters einer Norm des UStG aufgrund richtlinienkonformer Auslegung vgl BFH v. 8.7.2004, VII R 24/03, BStBl. II 2004, 1034 = BFHE 206, 521.

383 Vgl *von Beckerath*, in: Beermann/Gosch, AO/FGO, § 40 FGO, Rn 161.

384 EuGH v. 8.6.2006, Rs. C-430/04 (Feuerbestattungsverein Halle), Rn 31; *Wernsmann*, Die Verwaltung 2003, 67, 100.

385 Ohne Anwendung dieser Kriterien aber BFH v. 11.7.1989, VII B 183/88, BFHE 157, 265, 268.

(1) Es bestehen erhebliche Zweifel an der Gültigkeit der Handlung der Union,
(2) dem EuGH wird – soweit das noch nicht geschehen ist – gem. Art. 267 Abs. 1 lit. b AEUV vorgelegt,[386]
(3) die Entscheidung wird als dringlich erachtet, um einen schweren und nicht wiedergutzumachenden Schaden abzuwenden,
(4) das Interesse der Union wurde in ausreichendem Umfang berücksichtigt,
(5) die Entscheidungen des EuGH und des EuG über einstweilige Anordnungen in vergleichbaren Fällen werden in ausreichendem Umfang berücksichtigt.[387]

Der EuGH hält **vorläufigen Rechtsschutz**, der auf **Verstöße von Sekundärrecht gegen Primärrecht** gestützt wird, damit nur unter strengeren Voraussetzungen für zulässig, als dies nach deutschem Recht für Rechtsschutz wegen Verfassungswidrigkeit einer deutschen Steuernorm gilt.[388]

Hält ein Fachgericht **nationales Recht** für **unionsrechtswidrig**, bleibt es bei den allgemeinen Regeln. 148
Dh das Fachgericht kann die Vollziehung des angefochtenen Bescheids aufgrund ernstlicher Zweifel an dessen Rechtmäßigkeit infolge Verstoßes der angewendeten Rechtsnormen gegen höherrangiges Recht aussetzen, und zwar ohne Einschaltung des EuGH. Richtet das nationale Gericht – abweichend von dieser Möglichkeit – allerdings bereits im gerichtlichen Eilverfahren ein Vorabentscheidungsersuchen an den EuGH, so ist dieses nach der Rspr des EuGH gleichwohl zulässig.[389] Ernstliche Zweifel an der Vereinbarkeit nationalen Rechts mit Unionsrecht sind bereits dann anzunehmen, wenn bei summarischer Prüfung des angefochtenen Bescheids gewichtige Gründe zutage treten, die Unentschiedenheit oder Unsicherheit in der Beurteilung von Rechtsfragen oder Unklarheit in der Beurteilung entscheidungserheblicher Tatfragen bewirken. Es ist nicht erforderlich, dass die für die Rechtswidrigkeit sprechenden Gründe im Sinne einer Erfolgswahrscheinlichkeit überwiegen. Darüber hinaus kann die Anhängigkeit eines Vorabentscheidungsersuchens beim EuGH sowie die Möglichkeit, dass dieser eine ihm vorgelegte Rechtsfrage, auf die es im Streitfall ankommt, anders als der BFH beantwortet, zur Bejahung ernstlicher Zweifel an der Rechtmäßigkeit des angefochtenen Bescheids führen.[390] Da Auslegungsfragen (Art. 267 Abs. 1 lit. a AEUV) an den EuGH gerichtet werden können, ohne dass das vorlegende Fachgericht von der Unionsrechtswidrigkeit überzeugt sein müsste,[391] ist jedenfalls keine Überzeugung des Gerichts von der Unionsrechtswidrigkeit der nationalen Norm zu fordern.

IV. Vorlage des FG an den EuGH entgegen der Auffassung des BFH

Nach der Rechtsprechung des EuGH[392] besteht ein Vorrang des Art. 267 Abs. 2 AEUV gegenüber 149
§ 126 Abs. 5 FGO. Danach scheidet eine **Bindung des FG an die Beurteilung des BFH** aus, wenn das FG eine Frage nach der **Auslegung von Unionsrecht** dem EuGH vorlegen will. Dass die (nicht letztinstanzlich entscheidenden) Finanzgerichte nach Art. 267 Abs. 2 AEUV nicht zur Vorlage an

386 In den Fällen des Art. 267 Abs. 1 lit. b AEUV – dh soweit es um die Vereinbarkeit von sekundärem Unionsrecht mit dem höherrangigen Primärrecht geht (insbes. den Verträgen, aber auch den Unionsgrundrechten) – kommt dem EuGH ein Verwerfungsmonopol zu. Will ein nationales Fachgericht einen Sekundärrechtsakt für ungültig halten, so ist es – entgegen Art. 267 Abs. 2, 3 AEUV – auch dann zur Vorlage an den EuGH verpflichtet, wenn es nicht letztinstanzlich entscheidet. Denn nur so kann die notwendige einheitliche Anwendung des Unionsrechts in allen Mitgliedstaaten gewährleistet werden; EuGH v. 22.10.1987, Rs. 314/85 (Foto Frost), Slg 1987, 4199, Rn 11 ff. Näher dazu *Wernsmann*, in: Ehlers/Schoch, Rechtsschutz im Öffentlichen Recht, 2009, § 11, Rn 49 mwN.

387 Vgl dazu exemplarisch EuGH v. 9.11.1995, Rs. C-465/93 (Atlanta), Rn 51. Krit. zu diesen Einschränkungen des vorläufigen Rechtsschutzes *Schoch*, in: Ehlers/Schoch, Rechtsschutz im Öffentlichen Recht, § 29, Rn 149 mwN; *Seer*, in: Tipke/Kruse, AO/FGO, § 69 FGO, Rn 14 mwN.

388 Vgl BVerfGE 12, 180, 186.

389 EuGH, Slg 1977, 957 (Hoffmann-La Roche), Rn 4; Slg 1982, 3723 (Morson), Rn 10. Näher *Wernsmann*, in: Ehlers/Schoch, Rechtsschutz im Öffentlichen Recht, § 11 Rn 25, 53 mwN.

390 Vgl zuletzt BFH v. 19.12.2012, V S 30/12, BFH/NV 2013, 779, Rn 16 mwN.

391 Vgl *Wernsmann*, in: Ehlers/Schoch, Rechtsschutz im Öffentlichen Recht, § 11 Rn 39.

392 EuGH v. 16.1.1974, Rs. 166/73 (Rheinmühlen Düsseldorf/Einfuhr- und Vorratsstelle für Getreide und Futtermittel I), Slg 1974, 33; v. 12.2.1974, Rs. 146/73 (Rheinmühlen Düsseldorf/Einfuhr- und Vorratsstelle für Getreide und Futtermittel II), Slg 1974, 139.

den EuGH **verpflichtet** sind, ändert daran nichts.[393] Will Art. 267 Abs. 2 AEUV den mitgliedstaatlichen Gerichten ermöglichen, den EuGH anzurufen,[394] so steht diesem Recht § 126 Abs. 5 FGO entgegen, wenn das FG eine anzuwendende Vorschrift entgegen der Auffassung des BFH im gleichen Rechtszug für unionsrechtswidrig hält.[395] Teilt der BFH diese Meinung nicht und legt er daher nicht vor, müsste das FG nach § 126 Abs. 5 FGO unbesehen die Rechtsauffassung des BFH teilen.[396] Das Unionsrecht könnte nicht mehr gerichtlich durchgesetzt werden. Nach allgemeinen Grundsätzen kann diese Normenkollision nur durch den Anwendungsvorrang des Unionsrechts aufgelöst werden. Die Hierarchie der nationalen Gerichtsordnung bleibt hierbei gewahrt. Denn die Finanzgerichte sind nur zu einer Vorlage an den EuGH berechtigt, dessen Primat in europarechtlichen Fragen hierdurch zur Geltung kommt. Nicht aber wird durch die Rechtsprechung damit einer Unbeachtlichkeit der Auffassung des BFH für unterinstanzliche Gerichte das Wort geredet.[397]

F. Steuerwettbewerb in Europa

150 Ermöglichen die Grundfreiheiten den Steuerpflichtigen, diskriminierungsfrei und unbehindert den wirtschaftlichen Erfolg im EU-Ausland zu suchen, so hat dies Folgen für die Steuerpolitik der Mitgliedstaaten. Das starke Sinken der Körperschaftsteuersätze in den letzten Jahren macht etwa deutlich, wie sehr die Mitgliedstaaten nunmehr selbst im Wettbewerb um Investitionen und wirtschaftliche Betätigung stehen. Einerseits führt der Wettbewerb der Steuersysteme zu mehr Allokationseffizienz, zu niedrigeren Steuersätzen und dazu, dass die Mitgliedstaaten möglichst attraktive Rahmenbedingungen, die neben den steuerlichen noch für Investitionsentscheidungen ins Gewicht fallen, schaffen. Andererseits darf aber auch nicht verkannt werden, dass der Wettlauf um potenzielle Investoren unternehmerische Einkünfte tendenziell begünstigt und etwa Einkünfte der weniger mobilen Arbeitnehmer eher stärker belastet werden.[398] Legale Steuersparmodelle und Steuervermeidungsstrategien für internationale Großkonzerne in einigen Mitgliedstaaten drohen die Fairness und Integrität des Steuersystems zu untergraben und werden deshalb von der Kommission nun sogar auf einen Verstoß gegen das Beihilfeverbot geprüft.[399] Ob der Steuerwettbewerb Druck im

---

393 Ebenso *Seer*, in: Tipke/Kruse, AO/FGO, § 126 FGO, Rn 83. AA *Bergkemper*, in: Hübschmann/Hepp/Spitaler, AO/FGO, § 126 FGO, Rn 78; offen lassend, ob das FG den EuGH einschalten dürfe, wenn es von der Auslegung des Unionsrechts durch den BFH abweichen wolle, BFH v. 8.11.1983, VII R 141/82, BFHE 140, 11, 12 f; vgl auch *Rüsken*, in: Beermann/Gosch, AO/FGO, § 126 FGO, Rn 101; *Ruban*, in: Gräber, FGO, § 126 FGO, Rn 23.

394 EuGH v. 16.1.1974, Rs. 166/73 (Rheinmühlen Düsseldorf/Einfuhr- und Vorratsstelle für Getreide und Futtermittel I), Slg 1974, 33, Rn 3.

395 *Klein*, DStJG 19 (1996), 7, 8, Fn 4; *Wernsmann*, in: Ehlers/Schoch, Rechtsschutz im Öffentlichen Recht, 2009, § 11, Rn 26 ff.

396 Der EuGH ist gesetzlicher Richter iSd Art. 101 Abs. 1 S. 2 GG. Verletzt der BFH seine Vorlagepflicht an den EuGH, indem er seine Vorlagepflicht grundsätzlich verkannt oder in offensichtlich unhaltbarer Weise gehandhabt hat, so hat eine entsprechende Verfassungsbeschwerde zum BVerfG Erfolg; vgl nur BVerfGE 73, 339, 366 ff; 75, 223, 245; 82, 159, 195 f; zuletzt BVerfG v. 28.1.2014, 2 BvR 1561/12, Rn 176; dort auch zu den einzelnen Kriterien. – Einen Individualrechtsbehelf zum EuGH mit der Rüge, dass nationales Recht gegen Unionsrecht verstoße, gibt es dagegen nicht.

397 Im Ergebnis der Rspr des EuGH zustimmend auch etwa *Hirsch*, DStZ 1998, 489, 493.

398 In diese Richtung argumentierend BVerfGE 110, 274, 297 f, 300. Dort werden Steuervergünstigungen iRd sog. Ökosteuer zugunsten des Produzierenden Gewerbes mit dem Argument gerechtfertigt, dass das Produzierende Gewerbe durch die Herstellung und den Vertrieb von Waren gekennzeichnet sei, während die (steuerlich nicht begünstigten) Dienstleistungen in hohem Maße „standortgebunden" seien. Weil Dienstleistungen (man denke an das Haareschneiden durch den Friseur) weniger leicht ins Ausland zu verlagern seien als die Produktion von Waren, sei deren Höherbelastung gerechtfertigt. Krit. zur Begünstigung bestimmter Einkunftsarten *Seiler*, Festschrift für Isensee, S. 875, 889; *Lampert*, EuZW 493, 497; differenzierend *Wagner*, Steuergleichheit unter Standortvorbehalt, 2009, S. 166 f.

399 http://www.spiegel.de/wirtschaft/soziales/a-952769.html (Abruf: 11.2.2014).

Hinblick auf verstärkte Harmonisierungen der steuerlichen Bemessungsgrundlagen ausüben wird,[400] bleibt abzuwarten. Zur Bekämpfung unfairer Praktiken hat der ECOFIN-Rat am 1.12.1997 einen – rechtlich unverbindlichen – Verhaltenskodex zur Bekämpfung schädlichen Steuerwettbewerbs innerhalb der Union erlassen.[401]

400 Vgl *Lampert*, EuZW 2013, 493, 497.
401 S. im Einzelnen ABl. Nr. C 2 vom 6.1.1998, S. 1.

§ 31 Geld- und Währungsrecht

Literatur: *Bandilla,* Ist der Stabilitäts- und Wachstumspakt rechtlich durchsetzbar? Anmerkungen zum Urteil des Gerichtshofes in der Rechtssache Kommission/Rat (C-27/04), in: Gaitanides/Kadelbach/Rodríguez Iglesias (Hrsg.), Europa und seine Verfassung: Festschrift für Manfred Zuleeg zum 70. Geburtstag, Baden-Baden 2005, S. 538; *Baur,* Die Haftung der Europäischen Zentralbank, Frankfurt a.M. u.a. 2001; *Beukers,* The New ECB and its Relationship With The Eurozone Member States: Between Central Bank Independence and Central Bank Intervention, CMLR 2013, S. 1579-1620; *v. Borries,* Die Europäische Zentralbank als Gemeinschaftsinstitution, ZEuS 1999, 281; *Czaja,* Die außervertragliche Haftung der EG für ihre Organe, Baden-Baden 1996; *Dauses,* Rechtliche Grundlagen der Wirtschafts- und Währungsunion, München 2003; *Dziechciarz,* Rechtliche Integration der nationalen Zentralbanken in das Europäische System der Zentralbanken und in das Eurosystem, Baden-Baden 2009; *Endler,* Europäische Zentralbank und Preisstabilität, Stuttgart u.a., 1998; *Gaiser,* Gerichtliche Kontrolle im Europäischen System der Zentralbanken, EuR 2002, 517; *Fernández Martín/Gustavo Texieira,* The Imposition of Regulatory Sanctions by the European Central Bank, E.L.Rev. 25 (2000), 391; *Fögen,* Geld- und Währungsrecht, München 1969; *Gaitanides,* Das Recht der Europäischen Zentralbank – Unabhängigkeit und Kooperation in der Europäischen Währungsunion, Tübingen 2005; *dies.*, Die Verfassung für Europa und das Europäische System der Zentralbanken, in: Gaitanides/Kadelbach/Rodríguez Iglesias (Hrsg.), Europa und seine Verfassung: Festschrift für Manfred Zuleeg zum 70. Geburtstag, Baden-Baden, 2005, S. 550; *Glatzl*, Geldpolitik und Bankenaufsicht im Konflikt, 2009, Baden-Baden 2009; *Görgens/Ruckriegel/Seitz,* Europäische Geldpolitik, 5. Aufl., Stuttgart 2008; *Goetze,* Die Tätigkeit der nationalen Zentralbanken in der Wirtschafts- und Währungsunion, Frankfurt a.M. u.a. 1999; *Häde,* Die Deutsche Bundesbank in der Europäischen Währungsunion, in: Hahn (Hrsg.), Die Europäische Währung, Baden-Baden 1999, S. 103; *ders.,* Der Vertrag von Nizza und die Wirtschafts- und Währungsunion, EWS 2001, 97; *Hahn,* Der Stabilitätspakt für die Europäische Währungsunion, JZ 1997, 1133 (1136 f.); *ders.*, Berichtspflichten und Informationsmöglichkeiten der Europäischen Zentralbank, JZ 1999, 957; *Häde*, Die Europawährung in der Finanzkrise, in: Witzleb/Ellger/Mankowski/Merkt/Remien (Hrsg.), Festschrift für Dieter Martiny zum 70. Geburtstag, Tübingen 2014, S. 891 ff; *Hahn/Häde,* Die Zentralbank vor Gericht – Rechtsschutz und Haftung in der Wirtschafts- und Währungsunion, ZHR 2001, 30; *Hatje*, Die Reform des Stabilitäts- und Wachstumspakts: Sieg der Politik über das Recht?, DÖV 2006, 597; *Hentschelmann,* Der Stabilitäts- und Wachstumspakt, Baden-Baden 2009; *Herdegen,* Price Stability and Budgetary Restraints in the Economic and Monetary Union: The Law as Guardian of Economic Wisdom, CMLR 35 (1998), 9; *Herrmann,* EZB-Programm für die Kapitalmärkte verstößt nicht gegen die Verträge – Erwiderung auf Martin Seidel, EuZW 2010, 521, EuZW 2010, 645 ff; *ders.*, Die Folgen der Finanzkrise für die europäische Wirtschafts- und Währungsunion, in: Kadelbach (Hrsg.), Nach der Finanzkrise, Baden-Baden 2012, S. 79 ff; *Issing*, A New Paradigm for Monetary Policy?, International Finance 2013, S. 273-288; *Kämmerer*, Grenzen des Europarechts: Die Europäische Zentralbank als Hüterin der Gemeinschaftswährung, in: März (Hrsg.), An den Grenzen des Rechts – Kolloquium zum 60. Geburtstag von Wolfgang Graf Vitzthum, Berlin 2003, S. 79; *C. Köhler,* Vertragliche Grundlagen der Europäischen Währungsunion, Berlin, 1999; *C. Koenig,* Institutionelle Überlegungen zum Aufgabenzuwachs beim Europäischen Gerichtshof in der Währungsunion, EuZW 1993, 661; *Krägenau/Wetter,* Europäische Wirtschafts- und Währungsunion: Vom Werner-Plan zum Vertrag von Maastricht, Baden-Baden 1993; *Lastra/Louis*, European Economic and Monetary Union: History, Trends and Prospects, Yearbook of European Law 2013, S. 1-150; *Louis*, Guest Editorial: The No-Bailout Clause and Rescue Packages, CMLR 2010, 971 ff; *Manger-Nestler*, Par(s) inter pares? Die Bundesbank als nationale Zentralbank im Europäischen System der Zentralbanken, Berlin 2008; *Martenczuk,* Die Außenvertretung der Europäischen Gemeinschaft auf dem Gebiet der Währungspolitik, ZaöRV 59 (1999), 93; *Nicolaysen,* Rechtsfragen der Währungsunion, Berlin u.a. 1993; *Palm*, Preisstabilität in der Wirtschafts- und Währungsunion: eine rechtliche Untersuchung des stabilitätssichernden Instrumentariums insbesondere im Hinblick auf die Disziplinierung der mitgliedstaatlichen Haushaltspolitik, Baden-Baden 2000; *ders.*, Der Bruch des Stabilitäts- und Wachstumspakts, EuZW 2004, 71; *Potacs*, Nationale Zentralbanken in der Wirtschafts- und Währungsunion, EuR 1993, 23; *Radtke*, Liquiditätshilfen im Eurosystem – Zentralbanken als Lender of Last Resort, Jena 2010; *Schmid,* Das Personalrecht der Europäischen Zentralbank, Frankfurt a.M. u.a. 2002; *C. Schütz,* Die Legitimation der Europäischen Zentralbank zur Rechtsetzung, *EuR 2001, 291*; *Seidel,* Probleme der Verfassung der Europäischen Gemeinschaft als Wirtschafts- und Währungsunion, in: Europarecht, Energierecht, Wirtschaftsrecht: Festschrift für Bodo Börner, 1992, S. 417; *ders.*, Im Kompetenzkonflikt: Europäisches System der Zentralbanken (ESZB) versus EZB,

EuZW 2000, 552; *ders.*, Währungspolitik als Sozialpolitik, in: Gaitanides/Kadelbach/Rodríguez Iglesias (Hrsg.), Europa und seine Verfassung: Festschrift für Manfred Zuleeg zum 70. Geburtstag, Baden-Baden 2005, S. 505; *ders.*, Der Ankauf nicht markt- und börsengängiger Staatsanleihen, namentlich Griechenlands, durch die Europäische Zentralbank und durch nationale Zentralbanken – rechtlich nur fragwürdig oder Rechtsverstoß?, EuZW 2010, 521 ff; *Seiler*, Das Europäische System der Zentralbanken (ESZB) als Verantwortungsverbund: Systemgebundene Aufgabenerfüllung durch eigenständige Kompetenzträger, EuR 2004, 52; *Selmayr*, Die Wirtschafts- und Währungsunion als Rechtsgemeinschaft, AöR 1999, 357; *ders.*, Das Recht der Wirtschafts- und Währungsunion, Erster Band: Vergemeinschaftung der Währung, Baden-Baden 2002; *Smits*, The European Central Bank, The Hague 1997; *ders.*, The European Central Bank: Institutional Aspects, ICLQ 45 (1996), 319; *ders.*, The European Constitution and EMU. An Appraisal, CMLR 42 (2005), 425; *Siekmann* (Hrsg.), Kommentar zur Europäischen Währungsunion, Tübingen 2013; *Sodan*, Die funktionelle Unabhängigkeit der Zentralbanken, NJW 1999, 1521; *ders.*, The European Central Bank: Institutional Aspects, ICLQ 45 (1996), 319; *Streinz/Ohler/Herrmann*, Totgesagte leben länger – oder doch nicht?, NJW 2004, 1555; *Thiele*, Das Mandat der EZB und die Krise des Euro, Tübingen 2013; *Tohidipur*, The Emperor's New Clothes: The ECB and the New Institutional Concept, in: Dann/Rynkowski (Hrsg.), The Unity of the European Constitution, Berlin 2006, S. 175; *Weinbörner*, Die Stellung der Europäischen Zentralbank (EZB) und der nationalen Zentralbanken in der Wirtschafts- und Währungsunion nach dem Vertrag von Maastricht, Frankfurt a. M. u.a. 1998; *W. Weiß*, Kompetenzverteilung in der Währungspolitik und Außenvertretung des Euro, EuR 2002, 165; *Zilioli/Selmayr*, The European Central Bank, its System and its Law, Yearbook of European Law 1999-2000, 347; *Zilioli*, The European Central Bank: An Independent Specialized Organization of Community Law, CMLR 2000, 591; *dies.*, The Law of the European Central Bank, Oxford/Portland, Oregon 2001.

Abschnitt 1: Übersicht zu Gesetzgebung und Rechtsprechung

A. Gesetzgebung

I. Primärrecht

Art. 3 Abs. 4, Art. 13 Abs. 1 S. 2 und Abs. 3, Art. 119-144, Art. 219, Art. 282 bis 284, Art. 340, Art. 343 AEUV; Protokoll (Nr. 4) über die Satzung des Europäischen Systems der Zentralbanken [ESZB-Satzung]; Protokoll (Nr. 12) über das Verfahren bei einem übermäßigen Defizit; Protokoll (Nr. 13) über die Konvergenzkriterien; Protokoll (Nr. 14) betreffend die Euro-Gruppe; Protokoll (Nr. 15) über einige Bestimmungen betreffend das Vereinigte Königreich und Nordirland; Protokoll (Nr. 16) über einige Bestimmungen betreffend Dänemark; Protokoll (Nr. 17) betreffend Dänemark; Protokoll (Nr. 18) betreffend Frankreich.

II. Sekundärrecht

Verordnungen:

Verordnung (EG) **Nr. 975/98** des Rates v. 3. Mai 1998 über die Stückelung und technischen Merkmale der Euromünzen, ABl. 1998 Nr. L 139 S. 1; **Verordnung** (EG) **Nr. 2531/98** des Rates v. 23. November 1998 über die Auferlegung einer Mindestreservepflicht durch die Europäische Zentralbank, ABl. 1998 Nr. L 318 S. 1; **Verordnung** (EG) **Nr. 2532/98** des Rates v. 23. November 1998 über das Recht der Europäischen Zentralbank, Sanktionen zu verhängen, ABl. 1998 Nr. L 318 S. 4; **Verordnung** (EG) **Nr. 2533/98** des Rates v. 23. November 1998 über die Erfassung statistischer Daten durch die Europäische Zentralbank, ABl. Nr. L 318 S. 8; **Verordnung** (EG) **Nr. 1745/2003** der Europäischen Zentralbank v. 12. September 2003 über die Auferlegung der Mindestreservepflicht (EZB/2003/9), ABl. L 250 S. 11; geändert durch **Verordnung** (VO) EG **Nr. 1052/2008**, ABl. 2008 Nr. L 214 S. 44; geändert durch **Verordnung** (EU) **Nr. 1358/2011** der Europäischen Zentralbank vom 14. Dezember 2011, ABl. Nr. L 338, S. 51; **Verordnung** (EG) **Nr. 2157/1999** der Europäischen Zentralbank (EZB/1999/4) v. 23. September 1999 über das Recht der Europäischen Zentralbank, Sanktionen zu verhängen, ABl. 1999 Nr. L 264 S. 21; geändert durch **Verordnung** (EG) **Nr. 985/2001** der Europäischen Zentralbank, ABl. 2001 Nr. L 137 S. 24; **Verordnung** (EG) **Nr. 2423/2001** der Europäischen Zentralbank v. 22. November 2001 über die konsolidierte Bilanz des Sektors der monetären Finanzinstitute (EZB/2001/13), ABl. Nr. L 333 S. 1; **Verordnung** (EU) **Nr. 1024/2013** des Rates zur Übertragung besonderer Aufgaben im Zusammenhang mit der Aufsicht über Kreditinstitute auf die Europäische Zentralbank, ABl. v. 29.10.2013 Nr. L 287/63.

Sonstige Beschlüsse:

Entschließung des Europäischen Rates über den Stabilitäts- und Wachstumspakt, ABl. 1997 Nr. C 236 S. 1; Leitlinie der Europäischen Zentralbank v. 31. August 2000 über geldpolitische Instrumente und Verfahren des Eurosystems, ABl. 2000 Nr. L 310 S. 1; Beschluss des EZB-Rates, 14.5.2010 ECB/2010/5; Pressemitteilung vom 6.9.2012 – Technical features of Outright Monetary Transactions.

B. Rechtsprechung

EuGH, Rs. C-11/00 (Kommission/EZB), Slg 2003, I-7147; EuGH, Rs. C-27/04 (Kommission/Rat – „Stabilitäts- und Wachstumspakt"), EuZW 2004, 465; EuGH, Rs. C-370/12 (Pringle); EuGH, Rs. C-102/12 P (Städter/EZB); EuG, Rs. T-492/12, anhängige Rs. C-64/14 P (von Storch u.a./EZB); BVerfG – 2 BvR 2728/13 vom 14.1.2014.

Abschnitt 2: Analyse und Darstellung der Einwirkungspraxis des Europarechts auf den Bereich „Geld und Währung“

A. Einleitung

Seit dem **Beginn der Europäischen Währungsunion** am 1. Januar 1999 wird die Geldpolitik von der Europäischen Zentralbank (EZB) bestimmt. Die Übertragung der Geldpolitik auf eine unabhängige Zentralbank soll sicherstellen, dass dieser Politikbereich nicht von kurzfristigen politischen Interessen dominiert wird, sondern den privaten Wirtschaftssubjekten langfristig verlässliche Handlungsbedingungen bietet und den Rahmen für ein funktionierendes Wirtschaftsgeschehen schafft. Die politischen Entscheidungsmöglichkeiten der EZB sind rechtlich beschränkt, da ihre Politik im Primärrecht der Europäischen Union auf das Ziel der Preisstabilität festgelegt ist. Die **Errichtung einer unabhängigen Zentralbank** folgt den volkswirtschaftlichen Erfahrungen, wonach die Geldpolitik einer von der Regierung weisungsabhängigen Zentralbank eher finanz- und beschäftigungspolitischen Motiven als einer preisstabilen Geldpolitik verpflichtet ist. Mit der Unabhängigkeit wollte man einem volkswirtschaftlich nachteiligen Verlust des Vertrauens in die gemeinsame Währung vorbeugen, da eine unabhängige Zentralbank solchen Glaubwürdigkeitsproblemen bei der Durchführung der Geldpolitik nicht ausgesetzt ist.[1] Zudem ist auch die einseitige Fixierung auf die Preisstabilität notwenige Bedingung für das **Vertrauen der Wirtschaftssubjekte** in die Geldpolitik der Union. Ohne dieses Vertrauen würden die Wirtschaftssubjekte Inflationserwartungen bilden und künftige Preissteigerungen vorwegnehmen. Die Ratio der währungsrechtlichen Bestimmungen des Vertrags über die Arbeitsweise der Europäischen Union liegt dementsprechend darin, der EZB, die über keine geldpolitische Historie verfügt und daher von den Märkten in ihren Entscheidungen nicht berechenbar war, durch verfassungsrechtliche Garantien vor allem in Bezug auf die Zentralbankunabhängigkeit und durch das Primat der Preisstabilität Transparenz und Verlässlichkeit zu verleihen.[2] 1

In Konsequenz der Zentralbankunabhängigkeit fehlt im Vertrag über die Arbeitsweise der Europäischen Union eine **parlamentarische Kontrolle** darüber, ob die EZB ihrer Aufgabe pflichtgemäß nachkommt. Die Zentralbank ist damit trotz ihrer so wichtigen geldpolitischen Funktion, die gravierende Auswirkungen auch auf die allgemeine Wirtschaftspolitik haben kann, anders als andere Institutionen der Union nicht in den demokratischen Legitimationszusammenhang eingebunden. Gleichwohl lässt sich die Unabhängigkeit der EZB im Lichte der mit ihr verfolgten Gemeinwohlinteressen als **Ausnahme vom Demokratieprinzip** rechtfertigen.[3] Diese Rechtfertigung greift allerdings nur soweit, als die Unabhängigkeit zur Erreichung des Zieles der Preisstabilität tatsächlich erforderlich ist.[4] Die Kontrolle darüber, ob das geldpolitische Handeln der EZB den ihr primärrechtlich eingeräumten Handlungsspielraum nicht überschreitet, unterliegt der Rechtskontrolle des Europäischen Gerichtshofs (ausführlich dazu unten Rn 83 ff). 2

Neben der Geldpolitik ist die **auswärtige Währungspolitik** in den Kompetenzbereich der EU überführt worden.[5] Die Organkompetenz liegt jeweils beim Rat und nicht bei der EZB, die allerdings i.E. anzuhören ist bzw Empfehlungen aussprechen kann. In Ausübung dieser Kompetenz kann der Rat gem. Art. 138 Abs. 1 AEUV innerhalb internationaler Einrichtungen einzunehmende gemeinsame Standpunkte von EU und Mitgliedsstaaten im Politikbereich der Wirtschafts- und Währungsunion beschließen. Zudem enthält Art. 219 AEUV eine Unionskompetenz zum Abschluss von Währungs- und Devisenabkommen (Abs. 3), zum Beitritt in ein Wechselkursystem (Abs. 1) sowie zur Aufstellung einer Wechselkurspolitik gegenüber Drittstaaten, mit denen kein Abkommen besteht (Abs. 2). Diese Zuordnung der Währungsaußenpolitik nicht in den ausschließlichen Zuständigkeitsbereich der EZB sondern der allgemeinen Politik steht in gewissem Konflikt zur 3

1 Eingehend dazu *Gaitanides*, Recht der EZB, S. 28 ff, 220 ff.
2 *Gaitanides*, in: FS Zuleeg, S. 550, 552 f.
3 Zur „sozialen Dimension“ der Geldpolitik s. *Seidel*, in: FS Zuleeg, S. 505, 537.
4 S. *Gaitanides*, Recht der EZB, S. 226 ff.
5 Siehe eingehend *Kadelbach*, in: Siekmann, EWU, Art. 138, 219.

Durchführung einer an Preisstabilität orientierten Geldpolitik. Sie entspricht jedoch der Praxis in den meisten Staaten.[6]

B. Die Entwicklung der Europäischen Währungsunion

4 Die Idee der Zentralbankunabhängigkeit ist jüngeren Datums und steht nicht in der Tradition der europäischen Verfassungsgeschichte, die durch das auf Montesquieu und John Locke zurückgehende **Prinzip der Gewaltenteilung** geprägt war. Die Unabhängigkeit der Zentralbank fußt ideengeschichtlich auf dem Grundgedanken von „checks and balances" von *John Adams* und steht somit in der US-amerikanischen Verfassungstradition. Dabei war die Vorstellung einer unabhängigen Zentralbank auch in den USA nicht unumstritten. Ehe das US-amerikanische Zentralbankensystem, das Federal Reserve System, 1913/14 eingeführt wurde und die zwölf Federal Reserve Banks ihre Tätigkeit aufnahmen, hatten die Vereinigten Staaten keine zentrale Notenbank.[7]

5 In Europa entstand nach dem ersten Weltkrieg in Deutschland auf Initiative der Alliierten Siegermächte das erste unabhängige Zentralbanksystem. Während des Dritten Reiches verlor das Zentralbanksystem seine Unabhängigkeit jedoch wieder.[8] Nach dem Zweiten Weltkrieg bestanden die USA auf einem föderalen unabhängigen Zentralbanksystem in der Bundesrepublik Deutschland.[9] Die Unabhängigkeit wurde mit dem **Werner-Plan** Anfang der siebziger Jahre auch zum Thema europapolitischer Diskussion.[10] Das Konzept einer unabhängigen Zentralbank ging auch in den „Bericht zur Wirtschafts- und Währungsunion in der Europäischen Gemeinschaft", den sog. Delors-Bericht,[11] ein.[12] Dieser Bericht war das Ergebnis der Beratungen einer Expertengruppe unter dem Vorsitz von *Jacques Delors*. Auf seiner Grundlage haben die Mitgliedstaaten im Vertrag von Maastricht 1992 die Schaffung einer Wirtschafts- und Währungsunion (WWU) und damit die Einführung einer einheitlichen europäischen Währung beschlossen.

6 Im Mittelpunkt der Diskussion um die Ausgestaltung der europäischen Geld- und Währungsverfassung stand die Frage, wie die geldpolitische Instanz zu organisieren sei. In der Europäischen Union gab es eine Reihe unterschiedlicher Modelle der Zentralbankorganisation. Mögliche Vorbilder für die Europäische Zentralbank (EZB) waren einerseits das Modell der unabhängigen **Deutschen Bundesbank**, andererseits das angelsächsische Modell der an die Exekutive angebundenen **Bank of England**. Mit dem Vertrag von Maastricht wurde das **Europäische System der Zentralbanken** (ESZB) geschaffen, das aus der EZB und den nationalen Zentralbanken besteht. Die Unabhängigkeit der EZB wurde im EG-Vertrag ausdrücklich festgeschrieben. Die Regelungen des Vertrags über die Arbeitsweise der Europäischen Union, der den EG-Vertrag mit Inkrafttreten des Vertrages von Lissabon am 1. Dezember 2009 abgelöst hat, garantieren die Unabhängigkeit nun zusammen mit der ESZB-Satzung weit umfassender als dies bei der Deutschen Bundesbank und im Rahmen des Federal Reserve System vor Einführung der Wirtschafts- und Währungsunion der Fall war.

C. Das Europäische System der Zentralbanken (ESZB)

I. Geldpolitische Ziele und Aufgaben

7 Nach Art. 119 Abs. 2 AEUV umfasst die Tätigkeit der Union – nach der unwiderruflichen Festlegung der Wechselkurse und der Einführung des Euro – die **Festlegung und Durchführung einer einheitlichen Geld- und Wechselkurspolitik**. Die Geldpolitik bezieht sich auf den inneren Geldwert, dh den Binnenwert einer Währung. Die Wechselkurspolitik bezeichnet demgegenüber die Politik, die

6 *Lastra/Louis*, Yearbook of European Law 2013, S. 123.
7 Vgl *Born*, Geld und Banken im 19. und 20. Jahrhundert, 1977, S. 343.
8 Eingehend dazu *Born*, s. Fn o., S. 538 ff.
9 Vgl *Born*, s. Fn o., S. 554.
10 Zu diesem Stufenplan für eine Wirtschafts- und Währungsunion ausführlich *Endler*, S. 296 ff.
11 Ausschuss zur Prüfung der Wirtschafts- und Währungsunion, Bericht zur Wirtschafts- und Währungsunion in der Europäischen Gemeinschaft, abgedruckt in: *Krägenau/Wetter*, S. 146 ff.
12 S. *Endler*, S. 319 f.

auf den Außenwert einer Währung, also das Verhältnis des Euro zu den Währungen von Drittstaaten, ausgerichtet ist.

Die geldpolitischen Bestimmungen des Unionsrechts beruhen auf der Überzeugung, dass eine stabile europäische Währung nur durch die ausdrückliche **Garantie einer vorrangigen Stellung der Preisstabilität** gewährleistet werden kann. Daher wird die Europäische Union im europäischen Vertragsrecht gleich an mehreren Stellen auf die Verfolgung der Preisstabilität verpflichtet. Nach dem Wortlaut der Präambel soll die Errichtung einer Wirtschafts- und Währungsunion eine „einheitliche, stabile Währung" einschließen. Art. 119 Abs. 2 AEUV stellt auf „das Ziel der Preisstabilität" ab. Art. 119 Abs. 3 AEUV fordert „stabile Preise". 8

Art. 127 Abs. 1 S. 1 AEUV und Art. 2 ESZB-Satzung bestimmen vor diesem Hintergrund, dass es Aufgabe des Europäischen Systems der Zentralbanken (ESZB) und damit auch der EZB ist, die Preisstabilität als vorrangiges Ziel zu gewährleisten. 9

Art. 127 Abs. 1 S. 2 AEUV verweist auch auf ein weiteres Ziel, nämlich die **allgemeine Wirtschaftspolitik** in der Union zu unterstützen. Kraft ausdrücklichen Vorbehalts darf das ESZB das letztgenannte Ziel allerdings nur verfolgen, „soweit dies ohne Beeinträchtigung der Preisstabilität möglich ist". Beide Ziele sind rechtverbindliche Vorgaben für die Währungspolitik des ESZB und zugleich Auslegungsmaßstab für alle die Währungsunion betreffenden Regelungen.[13] Damit ist der Vorrang der Preisstabilität im Vertrag über die Arbeitsweise der Europäischen Union normativ festgelegt.[14] Andere Ziele dürfen nur berücksichtigt werden, soweit sie die Preisstabilität nicht beeinflussen. Einer eigenständigen Beschäftigungs- oder Finanzpolitik der Zentralbank sind mithin enge Grenzen gesetzt. 10

Charakteristisch für die Ausgestaltung der Europäischen Wirtschafts- und Währungsunion ist das **Auseinanderfallen der Kompetenzen** im Bereich der Geldpolitik einerseits und der allgemeinen Wirtschaftspolitik, insbesondere der Haushalts- und Finanzpolitik, andererseits.[15] Vor diesem Hintergrund sollen die Art. 120 bis 126 AEUV die auf Preisstabilität gerichtete Geldpolitik vor potentiellen Gefährdungen seitens der in der Kompetenz der Mitgliedstaaten verbleibenden Wirtschafts- und Fiskalpolitik absichern.[16] Die Vertragsbestimmungen verankern zu diesem Zweck **wirtschaftspolitische Verbote** (Art. 123 bis 125 AEUV), die den wirtschaftspolitischen Ordnungsrahmen der Wirtschaftspolitik in der Wirtschaftsunion abstecken: das Verbot der monetären Finanzierung gem. Art. 123 AEUV, das Verbot eines bevorrechtigten Zugangs zu den Finanzinstituten nach Art. 124 Abs. 1 AEUV, das Verbot der gemeinschaftlichen Haftung für Verbindlichkeiten der Mitgliedstaaten gem. Art. 125 Abs. 1 AEUV sowie das Verbot übermäßiger, dh über drei Prozent hinausgehender,[17] öffentlicher Defizite nach Art. 126 Abs. 1 AEUV. Letztere Bestimmung steht in einem engen inhaltlichen Zusammenhang zur Währungsunion. 11

Die vier Verbote werden durch zwei Verfahren zur gemeinschaftlichen **Überwachung und Koordinierung der Wirtschaftspolitiken** in der Wirtschaftsunion ergänzt, nämlich das in Art. 121 AEUV vorgesehene Koordinierungs- und Überwachungsverfahren und das in Art. 126 Abs. 6 bis Abs. 11 AEUV niedergelegte repressive Verfahren zur Sanktionierung mangelhafter Haushaltsdisziplin. 12

13 Vgl *Griller*, in:Grabitz/Hilf/Nettesheim, Das Recht der Europäischen Union, Art. 127 AEUV, Rn 5.

14 *V. Borries*, ZEuS 1999, 281, 285; *Smits*, ICLQ 45 (1996), 319, 327 ff.

15 Vgl *Hahn/Häde*, in: Dolzer/Vogel/Graßhof, BK zum GG, Art. 88, Rn 381; *Seidel*, in: FS Börner, 1992, S. 417, 419 f.

16 *EZB*, Der Einfluss der Finanzpolitik auf die gesamtwirtschaftliche Stabilität und die Preise, in: Monatsbericht April 2004, S. 49 ff.

17 Der Referenzwert von 3 % des BIP ergibt sich aus Art. 1 des Protokolls (Nr. 12) über das Verfahren bei einem übermäßigen Defizit.

13 Der sog. **Stabilitäts- und Wachstumspakt,** der aus einer Entschließung des Europäischen Rates sowie zwei Ratsverordnungen besteht,[18] konkretisiert und beschleunigt das Haushaltsüberwachungsverfahren des Art. 126 AEUV und präzisiert es in seiner Sanktionswirkung.[19] Auf diese Weise sucht der Pakt, die Praktikabilität der Regelungen zu erhöhen und Gefährdungen der Preisstabilität durch die Finanzpolitik der Mitgliedstaaten entgegenzuwirken.[20] Der Gerichtshof hat die rechtlichen Mittel zur Durchsetzung des Stabilitäts- und Wachstumspakts präzisiert und dadurch geschärft.[21] Danach muss der Rat eindeutig über die für die jeweilige Stufe vorgesehenen Instrumente entscheiden.[22] Die Kommission kann den Rat aufgrund ihres Initiativrechts mit den entsprechenden Vorlagen zu einer eindeutigen Antwort zwingen. Das Urteil bestätigt aber zugleich, dass die Verantwortung für die **Sicherung der Haushaltsdisziplin,** dh die Kontrolle der Haushaltsdisziplin der Mitgliedstaaten und die Ahndung von Verstößen gegen das Verbot übermäßiger Defizite, in der Hand der Rates liegt, der in diesem Bereich über weite Ermessensspielräume verfügt.[23]

14 Durch die **Finanz- und Wirtschaftskrise** ab 2007 wurde diese Ausgestaltung der Europäischen Währungsunion in Frage gestellt.[24] Das Prinzip der Eigenverantwortlichkeit der nationalen Haushalte sollte durch die Verpflichtungen des Stabilitäts- und Wachstumspakts sowie die disziplinierenden Kräfte des Marktes durchgesetzt werden, sodass eine einheitliche Geldpolitik der EZB für den Euroraum gelingen könnte. Beide Mechanismen schlugen im Vorfeld der Krise fehl: Die Insolvenz eines Eurostaats wurde aus politischen Gründen für unwahrscheinlich gehalten, sodass das in der Währungsunion minimierte Inflationsrisiko bei der Preisbildung von Staatsanleihen nicht durch das Risiko der Staateninsolvenz aufgrund der Verschuldung in einer **der souveränen staatlichen Kontrolle entzogenen Währung** ersetzt wurde. Die Zinssätze für Staatsanleihen der Eurostaaten glichen sich in der Folge an, sodass eine übermäßige Verschuldung der öffentlichen Haushalte erleichtert wurde.[25] Aufgrund der Effekte der Krise auf die Liquidität des Finanzsystems und das Vertrauen der Marktteilnehmer wurden einige Euroländer von der Zahlungsunfähigkeit bedroht.

15 In der Folge wurden zunächst **kurzfristige Maßnahmen** ergriffen, die zum Ziel hatten, über Liquiditätsprobleme hinwegzuhelfen und die Stabilität des Eurowährungsgebiets zu gewährleisten. Hierzu zählen die Errichtung des Europäischen Finanzstabilisierungsmechanismus (**EFSM**) durch die Europäische Union,[26] die Errichtung der Europäischen Finanzstabilisierungsfazilität (**EFSF**) durch die Mitgliedstaaten in Form einer Aktiengesellschaft luxemburgischen Rechts, sowie Hilfestellungen des Internationalen Währungsfonds (**IWF**).[27]

16 Hinzu kamen **auf Dauer angelegte Maßnahmen,** die sowohl die Solvenz der Mitgliedstaaten sicherstellen als auch den strukturellen Ursachen der sog. „Eurokrise" begegnen sollen. Als solche wurde der Europäische Stabilitätsmechanismus (**ESM**) als eine dem IWF ähnliche Institution für die Euro-

---

18 Entschließung des Europäischen Rates über den Stabilitäts- und Wachstumspakt, ABl. 1997 Nr. C 236 S. 1, sowie der VO (EG) Nr. 1466/97 des Rates v. 7. Juli 1997 über den Ausbau der haushaltspolitischen Überwachung und der Überwachung und Koordinierung der Wirtschaftspolitiken, ABl. 1997 Nr. L 209, S. 1, und VO (EG) Nr. 1467/97 des Rates v. 7. Juli 1997 über die Beschleunigung und Klärung des Verfahrens bei einem übermäßigen Defizit, ABl. 1997 Nr. L 209 S. 6; zum Zustandekommen der sekundärrechtlichen Regelungen des Stabilitäts- und Wachstumspaktes s. *Hahn*, JZ 1997, 1133, 1136 f.

19 Ausführlich dazu *Gaitanides*, Recht der EZB, S. 12 ff.

20 Die Eignung des stabilitätssichernden Instrumentariums zur Disziplinierung der mitgliedstaatlichen Haushaltspolitik bezweifelt *Palm*, Preisstabilität, S. 171 ff; *ders.*, EuZW 2004, 71, 75.

21 EuGH, Rs. C-27/04 (Kommission/Rat), Slg 2004, I-6649, EuZW 2004, 465; s. dazu die eingehende Urteilsbesprechung von *Bandilla*, in: FS Zuleeg, S. 538, 543 ff.

22 Vgl auch die Kritik an den Ratsbeschlüssen bei *Palm*, EuZW 2004, 71 und *Streinz/Ohler/Herrmann*, NJW 2004, 1555, 1556.

23 *Bandilla*, in: FS Zuleeg, S. 538, 549.

24 Vgl *Häde*, in: FS Martiny, S. 908 ff; *Lastra/Louis*, S. 6; *Herrmann*, in: Kadelbach (Hrsg.), Nach der Finanzkrise, S. 80.

25 Vgl *Louis*, CMLR 2010, S. 979; Sachverständigenrat, Jahresgutachten 2011/12, Abs.-Nr. 147.

26 VO des Rats Nr. 407/2010, ABl. 2010 Nr. L 118/1.

27 Die Rechtmäßigkeit der Maßnahmen des IWF wird teilweise bestritten: *Gaitanides*, NVwZ 2011, 848 ff; aA *Häde*, in: FS Martiny, S. 900.

zone errichtet.[28] Dieser stellt eine von den Mitgliedstaaten der Eurozone geschaffene internationale Organisation mit eigener Rechtspersönlichkeit auf Grundlage eines völkerrechtlichen Vertrages dar. Seine Errichtung außerhalb des EU-Rechts war zunächst einerseits wegen einer möglichen Unionskompetenz auf diesem Gebiet, andererseits aufgrund eines möglichen Verstoßes gegen Art. 125 AEUV umstritten.[29] Um erstere Problematik zu umschiffen, wurde Art. 136 AEUV um einen Abs. 3 im vereinfachten Vertragsänderungsverfahren gem. Art. 48 Abs. 6 AEUV ergänzt, wodurch den Mitgliedstaaten, deren Währung der Euro ist, die Errichtung eines solchen Mechanismus gestattet wird. In einem Vorabentscheidungsverfahren entschied der EuGH, dass **Art. 136 Abs. 3 AEUV** keine Erweiterung der Unionskompetenzen darstelle und somit seine Einfügung in diesem Verfahren rechtlich zulässig war. Zudem verortete er die Tätigkeit des ESM nicht in der Geld- und Währungspolitik, für das eine ausschließliche Unionskompetenz besteht, sondern in der allgemeinen Wirtschaftspolitik, in der es den Mitgliedsstaaten freisteht, völkerrechtliche Verträge zu schließen. Er stellte zudem keinen Konflikt mit **Art. 125 AEUV** fest.[30]

Weiter wurden **Maßnahmen zur Aktualisierung des rechtlichen Rahmens der Währungsunion** 17 ergriffen, die unter den Begriffen „Fiskalunion" und „Bankenunion" die Unvollkommenheit der Währungsunion zwar nicht überwinden, jedoch reduzieren sollen. Hierzu zählen im Bereich der **„Fiskalunion"** die mit **„Sixpack"** bzw **„Twopack"** bezeichneten Verordnungen und Richtlinien[31] durch die der Stabilitäts- und Wachstumspakt aktualisiert wird, um ua durch Präventivmaßnahmen wie das Europäische Semester makroökonomische Ungleichgewichte abzubauen sowie ein angepasstes Verfahren bei übermäßigem Defizit einzuführen. Der Stabilitäts- und Wachstumspakt wurde durch den „Vertrag über Stabilität, Koordinierung und Steuerung in der Wirtschafts- und Währungsunion" (**SKS-Vetrag**) ergänzt, der bei Überschreiten eines strukturellen Haushaltsdefizits von mehr als 0,5% des BIP automatische Korrekturmechanismen vorsieht.

Im Bereich der **„Bankenunion"** wurde der Aufgabenbereich der EZB um im Zusammenhang mit 18 dem **einheitlichen europäischen Aufsichtsmechanismus** (Single Supervisory Mechanism, SSM) stehende Aufgaben erweitert.[32] Die EZB übt ab November 2014 große Teile der Aufsicht über bedeutende Bankengruppen des Euro-Währungsraums aus. Art. 127 Abs. 6 AEUV erlaubt die Übertragung „besonderer Aufgaben im Zusammenhang mit der Aufsicht über Kreditinstitute." Es ist im Einzelnen unklar, was unter „besonderen Aufgaben" zu verstehen ist. Einigkeit herrscht darin, dass die gesamte Bankenaufsicht nicht auf die EZB übertragen werden dürfe.[33] Neben Zweifeln an der Belastbarkeit der Rechtsgrundlage wird vertreten, dass die Übernahme von Aufgaben der Bankenaufsicht die geldpolitische Unabhängigkeit der EZB gefährden könne. Insbesondere werden **Zielkonflikte** zwischen der Überwachung der für die Stabilität des Finanzsystems zentralen Institute und der Durchführung des geldpolitisch Gebotenen befürchtet.[34] Die Effektivität einer dieser Gefahr begegnenden **organisatorischen Trennung** der beiden Tätigkeitsbereiche wird teilweise aufgrund personeller Identität zwischen Geldpolitik und Aufsicht bezweifelt.[35] Des Weiteren sind europäische Regeln zur Bankenabwicklung sowie zur Einlagensicherung geplant.[36]

---

28 Siehe das deutsche Gesetz zu dem Vertrag vom 2. Februar 2012 zur Errichtung des Europäischen Stabilitätsmechanismus, BGBl. 2012 II, S. 981.

29 *Nettesheim*, Europarechtskonformität des Europäischen Stabilitätsmechanismus, NJW 2013, S. 14.

30 EuGH (Plenum), Urt. v. 27.11.2012 – Rs. C-370/12 (Thomas Pringle/Government of Ireland, Ireland, The Attorney General).

31 Sixpack: VO (EU) 1175/2011 zur Änderung der VO (EG) 1466/97; VO (EU) 1177/2011 zur Änderung der VO (EG) 1467/97; VO (EU) 1173/2011; Richtlinie 2011/85/EU; VO (EU) 1176/2011; VO (EU) 1174/2011; Twopack: VO (EU) 473/2013; VO (EU) 472/2013.

32 Verordnung des Rates zur Übertragung besonderer Aufgaben im Zusammenhang mit der Aufsicht über Kreditinstitute auf die Europäische Zentralbank, VO (EU) Nr. 1024/2013, ABl. v. 29.10.2013 Nr. L 287/63.

33 *Waldhoff*, in: Siekmann (Hrsg.), EWU, Art. 127, Rn 72; *Smits*, The European Central Bank S. 356.

34 *Becker*, DÖV 2009, 909, 916; *Smits*, The European Central Bank, S. 324.

35 *Kämmerer*, NVwZ 2013, 830, 832.

36 *Europäischer Rat*, Tagung vom 13./14. Dezember 2014, Schlussfolgerungen, EUCO 205/12, S. 1.

19 Diese Entwicklungen werden begleitet von **unkonventionellen Maßnahmen der EZB**. Ebenso wie die Maßnahmen des Rates bzw der Mitgliedstaaten lassen sich auch die Maßnahmen der EZB in zunächst kurzfristige, auf Sicherstellung der Liquiditätsversorung gerichtete, sowie langfristige, strukturelle Ursachen adressierende unterschieden werden (zu den einzelnen Maßnahmen siehe unten Rn 52 ff). Neben diesen auf das geldpolitische Instrumentarium zurückgreifenden Maßnahmen, trat die EZB in der Krise in einem **erweiterten Betätigungskreis** auf. Als Mitglied des informellen Gremiums aus Kommission, IWF und EZB (der „Troika"), im Rahmen ihrer Tätigkeit im Zusammenhang mit dem ESM im Wege einer Organleihe,[37] die Kopplung des OMT-Programms an eine Befassung des ESM sowie die neue Aufgabe als Bankenaufseherin hat sie ihren Tätigkeitsbereich weit über das herkömmliche Beschäftigungsfeld der Geld- und Währungspolitik ausgedehnt.

20 Diese Entwicklungen haben die sich aus der Unabhängigkeit der EZB ergebenden Problematiken intensiviert. Einerseits stellt die Erweiterung des Tätigkeitsbereichs der EZB sowie ihre unkonventionellen Maßnahmen die bisherige, von einer auf die bloße Durchführung der Geldpolitik beschränkten EZB ausgehende, institutionelle **Organisation ihrer Unabhängigkeit** auf die Probe. Die erhöhte Intervention in die Märkte für Staatsanleihen lassen die EZB in den Augen mancher zu einem fiskal- und wirtschaftspolitischen Agenten werden, wodurch Konflikte zu dem Primat der Preisstabilität erzeugt werden.[38] Andererseits gerät eine an den Grenzen zur Wirtschafts- und Fiskalpolitik operierende Zentralbank **in Konflikt mit dem Demokratieprinzip**, das Unabhängigkeit der Zentralbank lediglich zum Zweck der Erreichung des Ziels der Preisstabilität gewährt.[39]

II. Die Organisation des ESZB

21 Die Europäische Währungsunion verfügt über eine komplexe institutionelle Struktur. Sie basiert auf einer **zweistufigen Währungsverfassung**, in deren Mittelpunkt das mit dem Vertrag von Maastricht geschaffene Europäische System der Zentralbanken (ESZB) steht. Es setzt sich nach Art. 282 Abs. 1 S. 1 AEUV aus der Europäischen Zentralbank und den nationalen Zentralbanken zusammen.[40] Aus Art. 282 Abs. 3 S. 1 AEUV ist im Umkehrschluss zu folgern, dass dem ESZB, anders als der EZB, keine Rechtspersönlichkeit zukommt. Die EZB und die nationalen Zentralbanken sind infolgedessen die eigentlichen Handlungsträger des ESZB.[41] Mit diesem Aufbau sollte die Mehrebenenstruktur der Europäischen Union nachgezeichnet werden und die **Eigenständigkeit der nationalen Zentralbanken** in den Mitgliedstaaten erhalten bleiben.[42] Damit die Unabhängigkeit angesichts der herausgehobenen Rolle der nationalen Zentralbanken auch strukturell gewahrt wird, verleiht der Vertrag über die Arbeitsweise der Europäischen Union nicht nur der EZB, sondern auch den nationalen Zentralbanken Unabhängigkeit.[43]

22 Neben der EZB sind sämtliche nationale Zentralbanken der Mitgliedstaaten der Europäischen Union „integrale Bestandteile" des ESZB.[44] Die **nationalen Zentralbanken, die den Euro nicht eingeführt haben**, gehören dem ESZB zwar an, sind aber nicht an den geldpolitischen Beschlüssen des Euro-Währungsgebietes beteiligt. Hinsichtlich der **Nicht-Teilnehmerstaaten** sind zwei Gruppen zu unterscheiden: Die erste Gruppe bilden die Mitgliedstaaten, die zwar an der dritten Stufe der WWU teilnehmen, aber die Voraussetzungen für die Teilnahme am Euro nicht erfüllen. Zu dieser Gruppe gehören neben Schweden die zehn neuen Mitgliedstaaten der Europäischen Union. Für sie

---

37 Verständigung der EU-Mitgliedsstaaten, dass die EZB Aufgaben aus dem ESM-Vertrag wahrnehmen darf, Ratsdokument 12114/11; zur Organleihe EuGH, Urt. v. 2.3.1994 – Rs. C-316/91 (Parlament/Rat), Slg 1994, I-625, Rn 41.

38 S.u. Rn 55.

39 S.o. Rn 2.

40 S. auch Art. 1 ESZB-Satzung.

41 *Endler*, S. 481.

42 Vgl dazu den Bericht zur Wirtschafts- und Währungsunion in der EG (Delors-Bericht), abgedruckt bei *Krägenau/Wetter*, S. 146 (Ziff. 32).

43 Art. 130, 282 Abs. 1 Satz 3 AEUV.

44 Art. 14.3 ESZB-Satzung; vgl auch *Seiler*, EuR 2004, 52, 55.

gilt gem. Art. 139 Abs. 1 AEUV eine Ausnahmeregelung. Als **Mitgliedstaaten mit einer Ausnahmeregelung** sind sie, obwohl sie den Euro nicht sofort einführen, verpflichtet, bei Erfüllung der im Vertrag über die Arbeitsweise der Europäischen Union festgelegten Konvergenzkriterien die Einführung des Euro anzustreben.[45] Die zweite Gruppe bilden die **Mitgliedstaaten mit einem Sonderstatus.** Diese Staaten, Großbritannien und Dänemark, nehmen aufgrund von Sonderprotokollen nicht an der dritten Stufe der WWU teil, sondern verbleiben in der zweiten Stufe.

Entsprechend ihrer zentralen, aber nicht ausschließlichen Stellung nimmt die EZB die Aufgaben des Zentralbankensystems nicht notwendig eigenhändig wahr. Werden die Aufgaben nicht von ihr selbst erfüllt, stellt sie sicher, dass die nationalen Zentralbanken diese durchführen.[46] Obwohl auch die nationalen Zentralbanken beteiligt sind, ist das ESZB keineswegs ein föderales System mit unterschiedlichen Entscheidungsebenen.[47] Vielmehr obliegt die **Leitung und Beaufsichtigung des ESZB** gem. Art. 282 Abs. 2 AEUV ausschließlich den Beschlussorganen der EZB. Diese vertragsrechtliche Vorgabe verdeutlicht, dass das ESZB als mehrstufiges, aber insgesamt zentralisiertes Zentralbankensystem zu verstehen ist. 23

III. Die Struktur der EZB

In einem einheitlichen Währungsraum sind regional unterschiedliche Geldpolitiken einzelner Zentralbanken mit einer der Geldwertstabilität verpflichteten europäischen Geld- und Währungspolitik kaum zu vereinbaren. Um zu verhindern, dass das Zins- und damit das Stabilitätsniveau der europäischen Währung zufälliges Ergebnis der nationalen Zentralbanken wird, muss eine zentrale Institution über die gemeinsame Geldpolitik entscheiden. Im ESZB wird diese Aufgabe durch die Europäische Zentralbank erfüllt. Ihre Beschlussorgane sollen die **Einheitlichkeit der Geldpolitik** gewährleisten. 24

Organisatorisch ist die EZB wie folgt strukturiert: **Beschlussorgane der EZB** sind der EZB-Rat und das Direktorium.[48] Im **EZB-Rat** als dem obersten Beschlussorgan sind sowohl die sechs Mitglieder des Direktoriums, als auch die Zentralbankpräsidenten der Mitgliedstaaten vertreten, die dem Euro-Währungsraum angehören. Die Hauptaufgabe des EZB-Rates besteht darin, die Leitlinien und Beschlüsse zu erlassen, die notwendig sind, um die Erfüllung der dem Eurosystem übertragenen Aufgaben zu gewährleisten, insbesondere die Geldpolitik des Euroraumes festzulegen.[49] Dem **Direktorium** gehören der Präsident und der Vizepräsident der EZB sowie vier weitere Mitglieder an,[50] die aus dem Kreis von in Währungs- und Bankenkreisen anerkannten und erfahrenen Persönlichkeiten ausgewählt werden.[51] 25

Unter die in Art. 127 Abs. 2, 1. Spiegelstr. AEUV genannten zentralen Aufgaben des ESZB, die gemeinschaftliche Geldpolitik festzulegen und auszuführen, fallen gem. Art. 12.1 S. 2 ESZB-Satzung auch Beschlüsse in Bezug auf „geldpolitische Zwischenziele, Leitzinssätze und die Bereitstellung von Zentralbankgeld“ im Euroraum. Nach Art. 12.1 S. 1 ESZB-Satzung erlässt der EZB-Rat dafür die **Leitlinien und Beschlüsse**, die notwendig sind, um die Erfüllung dieser Aufgaben zu gewährleisten. Die im EG-Vertrag noch einschlägige Handlungsform der „Entscheidung“ wurde im Vertrag von Lissabon generell durch die des „Beschlusses“ ersetzt. 26

---

45 Vgl Art. 140 AEUV.
46 Art. 9.2 ESZB-Satzung.
47 Ebenso mit ausführlicher Begründung *Zilioli/Selmayr*, Yearbook of European Law 1999-2000, 347, 367ff; aA *Seidel*, EuZW 2000, 552, der die EZB als bloßes „Ausführungsorgan“ des ESZB ansieht; vorsichtiger *Seiler*, EuR 2004, 52, 53.
48 Art. 129 Abs. 1 AEUV.
49 Art. 12.1 ESZB-Satzung.
50 Art. 11.1 S. 1 ESZB-Satzung.
51 Art. 11.2 S. 2 ESZB-Satzung.

27 **Leitlinien** sind verbindliche, ESZB-interne Anordnungen an das Direktorium und die nationalen Zentralbanken,[52] die keine Außenwirkung erzeugen.[53] Beschlüsse des EZB-Rates, die zur Erfüllung der Aufgaben des ESZB notwendig sind, können entsprechend der jeweiligen Vertrags- und Satzungsbestimmung sehr unterschiedliche Maßnahmen enthalten. Anders als Leitlinien und Weisungen unterliegen Beschlüsse den Regeln der Art. 296 bis 299 AEUV, insbesondere der Pflicht, sie mit Gründen zu versehen. Ein Rückgriff auf die Form des Beschlusses ist daher nahe liegend, wenn Dritten durch sie Rechte gewährt oder Verpflichtungen auferlegt werden.

28 Das **Direktorium** führt die Geldpolitik gemäß den Leitlinien und Beschlüssen des EZB-Rates aus.[54] Dazu kann auch das Direktorium den nationalen Zentralbanken die erforderlichen **Weisungen** erteilen. Die nationalen Zentralbanken sind gem. Art. 14.3 ESZB-Satzung an die Leitlinien und Weisungen der EZB gebunden. Den nationalen Zentralbanken verbleiben hinsichtlich der Festlegung der europäischen Geldpolitik mithin keine eigenen Befugnisse. Auf diese Weise wird eine Regionalisierung der Geldpolitik verhindert.

IV. Mitwirkungsbefugnisse der nationalen Zentralbanken im Rahmen der Geldpolitik

29 Die **Subordination der nationalen Zentralbanken** unter die EZB bringt es mit sich, dass die nationalen Zentralbanken auf ihre Mitwirkungsbefugnisse in den Beschlussorganen der EZB angewiesen sind, wenn sie über deren Beschlüsse Einfluss auf die Geldpolitik gewinnen wollen.

30 Mitglieder der nationalen Zentralbanken sind nur im **EZB-Rat** repräsentiert.[55] Der EZB-Rat trifft als Leitungsgremium der EZB die Grundsatzentscheidungen über die Geldpolitik.[56] Er legt die Geldpolitik einschließlich der Entscheidung hinsichtlich der geldpolitischen Zwischenziele, Leitzinssätze und die Bereitstellung von Zentralbankgeld im ESZB fest und erlässt die zur Ausführung notwendigen Leitlinien.[57] Darüber hinaus werden auch alle weiteren wichtigen Beschlüsse zur Erfüllung der im Primärrecht niedergelegten Aufgaben des ESZB vom EZB-Rat getroffen. Das **Direktorium** führt die Geldpolitik als Exekutivorgan der EZB gemäß den Leitlinien und Beschlüssen des EZB-Rates aus. Allerdings verbleibt dem Direktorium bei der Umsetzung dieser Vorgaben ein Ermessensspielraum, auf dessen Ausübung die nationalen Zentralbanken keinen unmittelbaren Einfluss haben.[58]

31 Der **Einfluss der einzelnen nationalen Zentralbanken** bemisst sich nach ihren **Stimmrechten im EZB-Rat**. Für geldpolitisch bedeutsame Beschlüsse besagt Art. 10.2 ESZB-Satzung, dass jedem Mitglied eine Stimme zukommt („one country-one vote"-Prinzip). Mit dem **gleichgewichtigen Stimmrecht** soll unterstrichen werden, dass die Zentralbankpräsidenten im EZB-Rat nicht die geldpolitischen Interessen ihrer Heimatstaaten repräsentieren, sondern eine einheitliche Geldpolitik verfolgen, die vorrangig die Preisstabilität der Union zu gewährleisten hat.[59] Beschlüsse werden grundsätzlich mit **einfacher Mehrheit** getroffen.[60] Eine Stimmengewichtung nach **Anteilen der nationalen Zentralbanken am gezeichneten Kapital** der EZB sieht die ESZB-Satzung in Art. 10.3 und 11.3 nur für Beschlüsse vor, mit denen über finanzielle Fragen, insbesondere die Einbringung des Kapitals und der Währungsreserven in die EZB und die Gewinnverteilung, entschieden wird. Der Einfluss der einzelnen Zentralbank auf geldpolitische Entscheidungen des EZB-Rates ist daher bislang gering.[61]

52 Art. 14.3 ESZB-Satzung.
53 Sie gehören daher auch nicht zu den Rechtsakten des Art. 132 AEUV/Art. 34 ESZB-Satzung.
54 Art. 12.1 S. 3 ESZB-Satzung.
55 Art. 283 Abs. 1 AEUV.
56 Zu den Befugnissen s. zB *Nicolaysen*, S. 25 ff; *Potacs*, EuR 1993, 23, 32 ff.
57 Art. 12.1 Satz 2 ESZB-Satzung.
58 Vgl *Endler*, S. 492.
59 Vgl *Potacs*, EuR 1993, 23, 32.
60 Ausnahmen kann die ESZB-Satzung vorsehen, zB erfordert eine Entscheidung nach Art. 20 ESZB-Satzung eine Zwei-Drittel-Mehrheit.
61 So zutreffend *Endler*, S. 492.

Um den Anforderungen durch die **Erweiterung der Europäischen Union** um neue Mitgliedstaaten aus Mittel-, Ost- und Südeuropa, insbesondere einer künftigen Erweiterung des EZB-Rates um die Präsidenten der betreffenden nationalen Zentralbanken, begegnen zu können, ermöglichte der Vertrag von Nizza durch die Neuformulierung des Art. 10.6 ESZB-Satzung eine **Änderung der Abstimmungsregeln im EZB-Rat.** Danach kann der Rat in der Zusammensetzung der Staats- und Regierungschefs die Vorschrift des Art. 10.2 ESZB-Satzung einstimmig ändern, und zwar entweder auf Empfehlung der EZB[62] sowie nach Anhörung von Parlament und Kommission oder auf Empfehlung der Kommission nach Anhörung des Parlaments und der EZB. Auf dieser Grundlage beschloss der EZB-Rat am 3. Februar 2003 die „Empfehlung der Europäischen Zentralbank für einen Beschluss des Rates über eine Änderung des Art. 10.2 der Satzung des Europäischen Systems der Zentralbanken und der Europäischen Zentralbank".[63] Am 21. März 2003 verabschiedete der Rat den Beschluss über diese Satzungsänderung, der die Grundsätze für das neue Rotationssystem des EZB-Rats festlegt.[64] Am 18. Dezember 2008 hat der EZB-Rat allerdings mit der nach Art. 10.2 ESZB-Satzung erforderlichen Zweidrittelmehrheit des Mitglieder des EZB-Rats beschlossen, sein derzeitiges Abstimmungssystem beizubehalten und das Rotationssystem erst einzuführen, wenn die Anzahl der Präsidenten der nationalen Zentralbanken des Euroraums 18 übersteigt. Nach dem Beitritt Lettlands am 1. Januar 2014 sind es derzeit 18. Am 19.3.2009 verabschiedete der EZB-Rat die Durchführungsbestimmung zur Änderung seiner Geschäftsordnung.[65] Der Rat beschloss am 23.7.2014 den Beitritt Litauens zum Euro-Währungsgebiet, sodass Litauen den Euro am 1.1.2015 einführen wird. Ab diesem Zeitpunkt werden mehr als 19 Länder die Währung teilen, sodass die neuen Abstimmungsregeln in Kraft treten werden. 32

Das **neue Abstimmungsverfahren** weist eine komplexe Struktur auf:[66] Die Anzahl der stimmberechtigten Präsidenten der nationalen Zentralbanken wird auf 15 begrenzt. Diese Zahl entspricht dem institutionellen Status quo im EZB-Rat. Die sechs Mitglieder des Direktoriums behalten jeweils ein dauerhaftes Stimmrecht. In einem auf Gruppen basierenden Rotationssystem üben die Präsidenten der nationalen Zentralbanken ihr Stimmrecht unterschiedlich häufig aus, und zwar abhängig von einem Indikator, der sich aus der relativen Größe der Volkswirtschaft und des Finanzsektors des jeweiligen Mitgliedstaats im Euro-Währungsgebiet zusammensetzt.[67] Die Gruppeneinteilung erfolgt aufgrund der – nach dem zusammengesetzten Indikator bemessenen – Position der jeweiligen Mitgliedstaaten der Präsidenten. Mit der Einteilung der Zentralbankpräsidenten in Gruppen nach der Länderposition wird in Abkehr vom Grundsatz „ein Mitglied – eine Stimme" der Grundsatz der Repräsentativität in das neue Abstimmungsverfahren des EZB-Rates eingeführt.[68] 33

Die **Einführung des Rotationssystems** soll in zwei Stufen erfolgen: Das System der rotierenden Stimmrechte tritt in Kraft, sobald der neunzehnte Mitgliedstaat dem Eurogebiet beigetreten ist, und zwar zunächst auf Basis von zwei Gruppen (Stufe 1). Sobald die Zahl der Staaten, die am Euro-Währungsraum teilnehmen, auf mehr als 21 angestiegen ist, wird eine Einteilung in drei Gruppen vorgenommen (Stufe 2). 34

In der ersten Stufe werden die Präsidenten der nationalen Zentralbanken in zwei Gruppen eingeteilt. Die erste Gruppe besteht aus den fünf Zentralbankpräsidenten der Staaten des Euro-Wäh- 35

62 Für eine solche Empfehlung ist gem. Art. 10.6 ESZB-Satzung ein einstimmigen Beschluss des EZB-Rates erforderlich.

63 EZB/2003/1.

64 Beschluss des Rates in der Zusammensetzung der Staats- und Regierungschefs vom 21. März 2003 über eine Änderung des Artikels 10.2 der Satzung des Europäischen Systems der Zentralbanken und der Europäischen Zentralbank (2003/223/EG) auf Basis der Empfehlung der Europäischen Zentralbank EZB/2003/1, ABl. L 83 vom 1.4.2003, S. 66.

65 Beschluss EZB/2009/5 zur Änderung des Beschlusses EZB/2004/2 vom 19. Februar 2004 zur Verabschiedung der Geschäftsordnung der Europäischen Zentralbank.

66 Dazu eingehend *EZB*, Änderung der Abstimmungsregeln im EZB-Rat, in: Monatsbericht Mai 2003, S. 79, 83 ff.

67 Zu den Einzelheiten des zusammengesetzten Indikators zur Bestimmung der Position der Länder s. *EZB*, in: Monatsbericht Mai 2003, S. 79, 83 f.

68 *EZB*, in: Monatsbericht Mai 2003, S. 79, 82.

rungsraumes, die die oberste Position einnehmen. Dieser Gruppe werden vier Stimmrechte zugeteilt. Die zweite Gruppe setzt sich aus den übrigen Zentralbankpräsidenten zusammen. Auf sie entfallen elf Stimmrechte.

36 Sobald der zweiundzwanzigste Mitgliedstaat dem Euro-Währungsgebiet beigetreten ist, erfolgt im Rahmen **der zweiten Stufe** eine Einteilung in drei Gruppen. Die erste Gruppe besteht wie in der ersten Stufe aus den fünf Zentralbankpräsidenten der Staaten des Euro-Währungsraumes, die nach dem vorstehend genannten Indikator die obersten Ränge einnehmen. Diese Gruppe verfügt über vier Stimmen. Die zweite Gruppe setzt sich aus der Hälfte aller Zentralbankpräsidenten zusammen, die aus den Ländern auf den nachfolgenden Positionen ausgewählt werden. Auf diese Gruppe entfallen acht Stimmrechte. Die dritte Gruppe setzt sich aus den übrigen Zentralbankpräsidenten zusammen, die über insgesamt drei Stimmen verfügen.

37 Weitere Bestimmungen zur Umsetzung der aus der Gruppeneinteilung abgeleiteten Stimmrechte, wie zB der zeitliche Abstand zwischen den Rotationszyklen, werden vom EZB-Rat auf der Grundlage einer im geänderten Art. 10.2 ESZB-Satzung enthaltenen Bestimmung beschlossen. Da es sich bei diesen Regelungen um eher technische Vorgaben handelt, die keinen konstitutionellen Charakter haben, ist eine Regelung in der ESZB-Satzung nicht erforderlich.[69] Die **Durchführungsbestimmungen** werden auf der Grundlage des im geänderten Art. 10.2 ESZB-Satzung festzulegenden Abstimmungsverfahren vom EZB-Rat mit einer Mehrheit von zwei Dritteln seiner stimmberechtigten sowie nicht stimmberechtigten Mitglieder beschlossen.[70]

38 Insgesamt werden die **Einflussnahmemöglichkeiten einzelner Mitgliedstaaten** durch die Änderung der Abstimmungsregeln im EZB-Rat zugunsten des Direktoriums weiter abgeschwächt. Das folgt nicht nur aus der mit der Erweiterung des Euro-Währungsraumes einhergehenden größeren Zahl der Teilnehmer, sondern auch aus der Rotation der Stimmrechte, die für die Zentralbankpräsidenten einen zeitweiligen Verlust des Stimmrechts mit sich bringt. Zudem geht mit dem neuen Abstimmungsverfahren eine Kräfteverschiebung der teilnehmenden Mitgliedstaaten einher, die nach der Wirtschaftskraft der Staaten variiert. Die Zahl der Stimmrechte wird auch bei wachsender Zahl der Zentralbankpräsidenten konstant bleiben. Das Direktorium als Exekutive der EZB erfährt dadurch eine weitere Stärkung. Damit wirkt das neue Abstimmungsverfahren möglichen Zentrifugalkräften, die im Zuge künftiger Erweiterungen innerhalb des EZB-Rates entstehen könnten, entgegen. Im neuen Abstimmungsverfahren werden die Zentralbankpräsidenten noch stärker als bisher auf die Abstimmung und Koalitionsbildung mit anderen Zentralbankpräsidenten angewiesen sein. Um kurze Zeiträume ohne Stimmrechte für die jeweiligen Präsidenten mit einer relativ stabilen Zusammensetzung des stimmrechtsberechtigten Kollegiums zu verbinden, hat sich der EZB-Rat in seinem Beschluss vom 18. Dezember 2008 für eine monatliche Stimmrechtsrotation der Zentralbankpräsidenten entschieden.

D. Instrumentarien der Geldpolitik

I. Monopol der Emission von Banknoten

39 Art. 128 AEUV bestimmt, dass die EZB das ausschließliche Recht hat, die Ausgabe von Banknoten innerhalb der Union zu genehmigen. Zur **direkten Ausgabe von Banknoten** sind nur die EZB und die nationalen Zentralbanken berechtigt.[71]

40 Das Notenausgabemonopol des ESZB verbietet die Zulassung privater Emissionsbanken für die Notenausgabe und verhindert damit die Möglichkeit eines Währungswettbewerbs zwischen verschiedenen europäischen Bankinstituten aufgrund eigener Banknotenausgabe. Grundsätzlich unberührt vom Notenmonopol bleibt die Möglichkeit des Geschäftsbankensektors, Geschäftsbankengeld zu schaffen. Allerdings stellen nur die **Banknoten des ESZB** als Zentralbankgeld ein **gesetzli-**

69 *EZB*, s. Fn o. in: Monatsbericht Mai 2003, S. 79, 85 f.
70 Zur Bewertung des neuen Abstimmungsverfahrens s. *Gaitanides*, Recht der EZB, S. 92 ff.
71 S. die Neufassung des § 14 BBankG durch das sechste Gesetz zur Änderung des Bundesbankgesetzes v. 22. Dezember 1997, BGBl. I S. 3274.

ches Zahlungsmittel dar, auf das die Banken bei der Schaffung von Geschäftsbankengeld angewiesen sind, und das die Möglichkeit ihrer Kreditgewährung letztlich limitiert.[72]

Das Recht der EZB, die Banknotenausgabe zu genehmigen, korrespondiert mit einer entsprechenden geldpolitischen Verpflichtung. In einer wachsenden Volkswirtschaft muss die Notenbank das Notenbankvolumen erhöhen, damit die zusätzlichen Transaktionen der privaten Wirtschaftssubjekte abgewickelt werden können. Anderenfalls müssten sich die Zahlungsmodalitäten verändern. Dementsprechend bestimmt Art. 9.2 ESZB-Satzung, dass die EZB die Erfüllung dieser Aufgabe entweder durch ihre eigene Tätigkeit oder durch die der nationalen Zentralbanken sicherzustellen hat. Da die Versorgung mit Banknoten allein im öffentlichen Interesse steht, kann aus dieser Pflicht **kein subjektiver Anspruch einzelner Geldnachfrager oder -nutzer**, insbesondere einer Geschäftsbank, auf eine Versorgung mit Banknoten abgeleitet werden. 41

Aus dem Notenausgabemonopol des ESZB folgt, dass weder die Regierungen der Mitgliedstaaten noch die Unionsorgane eigene Banknoten drucken und ausgeben dürfen. Allerdings steht den Mitgliedstaaten nach Art. 128 Abs. 2 S. 1 AEUV das sog. **Münzregal** zu, also das Recht, Münzen zu prägen und in den Verkehr zu bringen. Der Rat kann die dafür erforderlichen Bedingungen auf Vorschlag der Kommission und nach Anhörung des Europäischen Parlaments und der Europäischen Zentralbank harmonisieren. Von diesem Recht hat der Rat durch die Verordnung (EG) Nr. 975/98 vom 3. Mai 1998,[73] die am 1. Januar 1999 in Kraft getreten ist, Gebrauch gemacht. 42

Damit die Mitgliedstaaten das Münzregal nicht zur massiven Geldschöpfung missbrauchen können, sieht Art. 128 Abs. 2 S. 1 AEUV ergänzend vor, dass der **Umfang der Münzausgabe** der Genehmigung der EZB bedarf. Bringt ein Mitgliedstaat Münzen ohne diese Genehmigung in den Verkehr, verstößt er gegen die Vorschrift des Art. 128 Abs. 2 S. 1 AEUV. Da die EZB keine vertragliche Möglichkeit hat, gerichtlich gegen diesen Mitgliedstaat vorzugehen, wäre sie auf ein von der Kommission oder einem anderen Mitgliedstaat eingeleitetes Vertragsverletzungsverfahren gem. Art. 258 bzw 259 AEUV angewiesen.[74] In der Praxis ist ein solcher Verstoß allerdings kaum vorstellbar, da die nationalen Zentralbanken die geprägten Münzen von den Regierungen gegen Gutschrift des entsprechenden Nennwerts übernehmen und in den Umlauf geben. 43

II. Die geldpolitischen Instrumente

1. Offenmarktpolitik

Den rechtlichen Rahmen für die geldpolitischen Instrumente und Verfahren regelt **Kapitel IV der ESZB-Satzung.** Nach Art. 18.1, 1. Spiegelstr. ESZB-Satzung sind die EZB und die nationalen Zentralbanken befugt, auf den Finanzmärkten tätig zu werden, indem sie Forderungen und börsengängige Wertpapiere kaufen und verkaufen. Die Modalitäten dieser Geschäfte werden in Art. 18.1 und 18.2 ESZB-Satzung näher erläutert. Die Bestimmungen sehen als geldpolitische Befugnisse des ESZB nur den **Abschluss von Offenmarkt- und Kreditgeschäften** (Art. 18 ESZB-Satzung) sowie die **Festsetzung der Mindestreserve** (Art. 19 ESZB-Satzung) vor. Mit Hilfe der Offenmarktgeschäfte versucht die EZB, ihr Angebot an Zentralbankgeld der jeweils aktuellen Nachfrage der Geschäftsbanken so anzupassen, dass sich der Zielwert am Geldmarkt tatsächlich einstellt. Das in der ESZB-Satzung vorgesehene geldpolitische Instrumentarium ist in erster Linie am **Prinzip der Marktorientierung** ausgerichtet.[75] Bei den in Art. 18.1, 1. Spiegelstr. iVm Art. 18.2 ESZB-Satzung geregelten Offenmarktgeschäften handelt es sich um geldpolitische Operationen, die **auf Initiative der Zentralbank** durchgeführt werden. Während unter Offenmarktgeschäften ursprünglich nur der Kauf und Verkauf von Wertpapieren verstanden wurde, die an den Geld- und Kapitalmärkten („offene 44

72 *Endler*, S. 446.

73 VO (EG) Nr. 975/98 vom 3. Mai 1998 über die Stückelung und technischen Merkmale der Euromünzen, ABl. 1998 Nr. L 139, S. 6.

74 *Endler*, S. 446.

75 S. Art. 17 bis 24 ESZB-Satzung.

Märkte") gehandelt werden,[76] verwendet das Eurosystem diesen Begriff enumerativ.[77] Dementsprechend sind unter Offenmarktgeschäften alle Geschäfte zu verstehen, die die Zentralbank als solche bezeichnet, ohne dass es sich dabei um Käufe bzw Verkäufe handeln muss, die tatsächlich über die Geld- und Kapitalmärkte abgewickelt werden.[78]

45 Im Mittelpunkt der **Offenmarktoperationen** stehen zwei Geschäftsarten: Die Hauptrefinanzierungsgeschäfte und die längerfristigen Refinanzierungsgeschäfte dienen der vorübergehenden Bereitstellung von Liquidität für die Kreditinstitute.[79] Beide Geschäftsarten sind revolvierend, an die Stelle der auslaufenden Geschäfte treten also automatisch Neuabschlüsse.[80]

46 Als **Hauptrefinanzierungsgeschäfte** fungieren im wöchentlichen Rhythmus angebotene Kredite mit einer Laufzeit von zwei Wochen. Über dieses Instrument stellt das Eurosystem dem Finanzsektor den größten Teil des Refinanzierungsgeschäfts zur Verfügung.[81] Ihr Anteil an der gesamten Refinanzierung lag bislang bei etwa 70 %.[82] Die Hauptrefinanzierungsgeschäfte nehmen auch eine Schlüsselrolle ein, wenn die EZB den geldpolitischen Kurs des Eurosystems über entsprechende Zinssignale verdeutlichen will. Der Zinssatz, den die Zentralbank für den Abschluss dieses Geschäfts von den Kreditinstituten verlangt, ist der entscheidende Referenzsatz für den Tagesgeldsatz unter den Banken.[83] Die verbleibenden Offenmarktgeschäfte sowie die ständigen Fazilitäten (eingehend dazu unten Rn 57 ff) wirken flankierend.

47 Neben den Hauptrefinanzierungsgeschäften gibt es im monatlichen Rhythmus angebotene **längerfristige Refinanzierungsgeschäfte** (Long Term Refinancing Operations, LTRO) mit einer dreimonatigen Laufzeit. Im Gegensatz zu den Hauptrefinanzierungsgeschäften verfolgt das Eurosystem bei längerfristigen Refinanzierungsgeschäften weder den Zweck, die Liquiditätsversorgung zu steuern, noch dem Markt Zinssignale zu geben.[84] Die längerfristigen Refinanzierungsgeschäfte machen im Jahr 2006 rund 20 % des gesamten Refinanzierungsvolumens aus.[85] Es handelt sich um befristete Transaktionen, dh um Geschäfte, bei denen die Zentralbank gemäß einer Rückkaufsvereinbarung Vermögenswerte kauft oder verkauft oder befristete Kredite gegen Verpfändung von Sicherheiten gewährt bzw befristete Einlagen entgegennimmt. Die Aufnahme dieser längerfristigen Finanzierungsmöglichkeit in den Kreis der Offenmarktgeschäfte ermöglicht auch kleineren Geldinstituten, die im wesentlichen klassisches Kreditgeschäft betreiben, eine längerfristige Refinanzierung unmittelbar durch das ESZB, da insoweit die Möglichkeit besteht, auch private Forderungen als Sicherheiten zu hinterlegen.[86] Der diesen Geschäften zugrunde liegende sog. **Basiszinssatz** hat mit Beginn der Währungsunion den **Diskontsatz der Deutschen Bundesbank** abgelöst.[87]

48 Im Zuge der Krisenmaßnahmen wurde die Durchführung von **LTRO sowohl hinsichtlich ihrer Höhe als auch hinsichtlich ihrer Laufzeit ausgeweitet.** So vergab die EZB am 21.12.2011 sowie am 29.2.2012 Zentralbankkredite in unbegrenzter Höhe zu einem Zinssatz von 1 % über eine Laufzeit

---

76 *Deutsche Bundesbank*, Die Geldpolitik der Bundesbank, Oktober 1995, S. 100, 110.

77 *EZB*, Die einheitliche Geldpolitik im Euro-Währungsgebiet – Allg. Regelungen für die geldpolitischen Instrumente und Verfahren des Eurosystems, April 2002, S. 4 f; Leitlinie der Europäischen Zentralbank vom 31. August 2000 über geldpolitische Instrumente und Verfahren des Eurosystems, ABl. 2000 Nr. L 310, S. 1.

78 Vgl *Görgens/Ruckriegel/Seitz*, Europäische Geldpolitik, 6. Aufl., 2013, S. 224.

79 Calliess/Ruffert/*Häde*, EUV/AEUV, Art. 127 AEUV, Rn 18.

80 *Görgens/Ruckriegel/Seitz*, Europäische Geldpolitik, S. 226.

81 Das Volumen des Hauptrefinanzierungsgeschäfts belief sich im Jahre 2006 im Tagesdurchschnitt auf 307 Mrd. Euro; s. *Görgens/Ruckriegel*/Seitz, Europäische Geldpolitik, S. 224.

82 *Görgens/Ruckriegel/Seitz*, Europäische Geldpolitik, S. 224.

83 *Görgens/Ruckriegel/Seitz*, Europäische Geldpolitik, S. 242.

84 *EZB*, Der Handlungsrahmen des Eurosystems: Beschreibung und erste Beurteilung, in: Monatsbericht 1999, S. 33 ff; *EZB*, Jahresbericht 2001, S. 74.

85 Das Volumen belief sich im Jahr 2006 im Tagesdurchschnitt auf ca. 115 Mrd. Euro; s. *Görgens/Ruckriegel*/Seitz, Europäische Geldpolitik, S. 225.

86 *Goetze*, S. 121.

87 S. das Diskontsatz-Überleitungsgesetz vom 9. Juni 1998, BGBl. I, S. 1242; zur Diskussion um die Übernahme des Diskontkredits nach deutschem Vorbild s. zB *Goetze*, S. 120 f.

von 36 Monaten. Hierbei wurden 490 Mrd. Euro bzw 530 Mrd. Euro in Umlauf gebracht.[88] Dem gegenüber stehen derzeit 107 Mrd. Euro im Hauptrefinanzierungsgeschäft und 27 Mrd. Euro in dreimonatigen LTRO.[89]

Hauptrefinanzierungsgeschäfte oder längerfristige Refinanzierungsgeschäfte können entweder als Pensionsgeschäfte oder in Form von Pfandkrediten durchgeführt werden. Die Deutsche Bundesbank wickelt liquiditätszuführende befristete Transaktionen aus Gründen der Vereinfachung nicht mehr wie früher auf der Basis der Pensionsgeschäfte ab, sondern nur gegen Verpfändung von refinanzierungsfähigen Sicherheiten.[90] Die **Pfandlösung** hat den Vorteil, dass das jeweilige Pfand nicht einem bestimmten Refinanzierungsgeschäft zugeordnet werden muss. Auf einem Pfandkonto werden vielmehr alle refinanzierungsfähigen Sicherheiten eines Kreditinstituts eingestellt, die „en bloc" der Besicherung aller Arten von Notenbankkrediten dienen. 49

Zu den Offenmarktgeschäften nach Art. 18.1, 1. Spiegelstr. ESZB-Satzung zählen darüber hinaus die sog. **Feinsteuerungsoperationen.**[91] Sie werden eingesetzt, um unerwarteten Veränderungen bei der Bankenliquidität, ausgelöst etwa durch nicht vorhergesehene Schwankungen bei der Bargeldhaltung der Nichtbanken, bei den Einlagen der öffentlichen Haushalte oder durch unerwartete Devisenmarktinterventionen des Eurosystems, entgegenzuwirken. Ihre Laufzeit ist auf wenige Tage begrenzt. Die Operationen können sowohl der kurzfristigen Liquiditätsbereitstellung als auch der kurzfristigen Liquiditätsabschöpfung dienen. Die Mindestreserve, in ihrer Funktion als individueller und genereller Liquiditätspuffer am Geldmarkt, führt allerdings dazu, dass sich der Bedarf an Feinsteuerungsmaßnahmen in engen Grenzen hält.[92] Die Folgen von vorübergehenden Schwankungen der Bankenliquidität für den Tagesgeldsatz können mit Hilfe der Durchschnittsmindestreserve abgefedert werden.[93] 50

Zu den Offenmarktgeschäften gehören schließlich die sog. **strukturellen Operationen.**[94] Sie werden genutzt, wenn die Liquiditätsposition des Finanzsektors gegenüber dem Eurosystem grundsätzlich und dauerhaft verändert werden soll.[95] Als liquiditätszuführende Transaktionen kommen befristete Transaktionen (Kredite) und definitive Käufe von Wertpapieren oder sonstigen Aktiva in Frage. Zur Liquiditätsabschöpfung kann die Zentralbank auf definitive Verkäufe von Wertpapieren und sonstigen Aktiva sowie auf die Emissionen von Schuldverschreibungen der EZB zurückgreifen. Im Gegensatz zu Feinsteuerungsoperationen sind strukturelle Operationen längerfristig – in der Regel zeitlich unbefristet – angelegt. 51

Offenmarktgeschäfte stellen die am kontroversesten diskutierten unkonventionellen Maßnahmen der EZB in der Krise dar. Bemühte sich die EZB anfangs noch darum, den Störungen des Interbankenmarktes durch Leitzins- und Mindestreservepolitik sowie durch die Absenkung der Qualitätsanforderungen für zu hinterlegende Sicherheiten zu begegnen (Enhanced Credit Support ab 2008), rückte später der Markt mit gewissen Staatsanleihen ins Zentrum des Zentralbankhandelns. Die EZB setzte hierzu zunächst das **Securites Markets Programme** (SMP) auf, durch das die EZB am Sekundärmarkt solche Staatsanleihen aufkaufte, deren Handel gestört war, sodass die Emittenten weit erhöhte Zinsen leisten mussten bzw Schwierigkeiten hatten, Anleihen zu veräußern.[96] Zur geldpolitischen Begründung dieser Maßnahme führte die EZB an, dass der Markt mit Staatsanleihen über mehrere Kanäle die allgemeine Zins- und Preisbildung beeinflusse und auf diese Weise für 52

88 Siehe EZB Pressemitteilung vom 8.12.2011 – ECB announces measures to support bank lending and money market activity.

89 Zahlen vom August 2014. Eine Übersicht über die Offenmarktgeschäfte der EZB ist abrufbar unter https://www.ecb.europa.eu/mopo/implement/omo/html/index.en.html.

90 *Görgens/Ruckriegel/Seitz*, Europäische Geldpolitik, S. 225

91 S. dazu *Görgens/Ruckriegel/Seitz*, Europäische Geldpolitik, S. 227.

92 Zum Konzept des Mindestreserveinstruments ausführlich Rn 62 ff.

93 *Görgens/Ruckriegel/Seitz*, Europäische Geldpolitik, S. 228.

94 Ausführlich dazu *Görgens/Ruckriegel/Seitz*, Europäische Geldpolitik, S. 228.

95 Vgl Calliess/Ruffert/*Häde*, EUV/AEUV, Art. 127 AEUV, Rn 18.

96 EZB-Rat, Beschluss v. 14.5.2010, ECB/2010/5.

die Gewährung der Preisstabilität relevant sei (**Transmissionsmechanismus**).[97] Gleichzeitig unternahm die EZB Eingriffe in den Markt, um die durch SMP ansteigende Geldmenge zu sterilisieren.

53 Am 6.9.2012 beendete die EZB das SMP und ersetzte es durch das Programm **„Outright Monetary Transactions“** (OMT).[98] Dieses unterscheidet sich insbesondere von SMP, indem ausdrücklich das Ankaufsvolumen nicht nach oben limitiert wird, die EZB auf eine bevorzugte Rangstelle in der Befriedigung der Forderungen aus Staatsanleihen verzichtet und die Teilnahme an einem ESM-Programm durch den betreffenden Emittentenstaat vorausgesetzt wird. Hierdurch soll einerseits der Befürchtung des Marktes begegnet werden, dass ein EZB-Ankaufsprogramm auf Kosten der übrigen Gläubiger durchgeführt werde, andererseits soll durch die unbegrenzte Höhe des Programms der Spekulation auf den Ausfall von Staatsanleihen der Boden entzogen werden. Die Verknüpfung mit dem ESM soll dem Entstehen einer „moral-hazard“-Problematik entgegenwirken (siehe sogleich). OMT führt nach Ansicht vieler zu einer größeren Stabilität der Märkte für Staatsanleihen und des Finanzmarkts insgesamt.[99]

54 In den Programmen der EZB ergibt sich eine **geldpolitische Parallelität** zu den Maßnahmen der Mitgliedsstaaten und der EU insgesamt. Wurde anfangs noch eine kurzfristige Politik zur Überwindung der durch die Finanzkrise ausgelösten Schwierigkeiten verfolgt, bedeuteten Entwicklungen wie die Vertiefung der Integration unter den Stichworten „Fiskalunion“ und „Bankenunion“ eine dauerhafte Änderung der Architektur der Währungsunion. Dem entsprechend wies SMP einen vorübergehenden, einzelfallbezogenen Charakter auf,[100] während im OMT-Programm auf Dauer angelegte Regeln aufgestellt wurden, unter denen in der Zukunft Ankäufe von Staatsanleihen am Sekundärmarkt durchgeführt werden würden. Die Bestimmungen dieses Programms lassen einige vertreten, dass die EZB hierdurch die Rolle eines **„Lender of Last Resort“ an den Märkten für Staatsanleihen** angenommen habe – eine Rolle, die in der bisherigen Währungsunion nicht vorhanden war.[101] Diese Rolle soll die Unsicherheits- und Spekulationsquelle trockenlegen, die dadurch entsteht, dass in der Währungsunion – anders als in Staaten mit voller geldpolitischer Souveränität – keine implizite oder explizite Garantie der Zentralbank für die Rückzahlung von Staatsanleihen besteht. Eine solche Garantie steht freilich mit dem Prinzip der Eigenverantwortlichkeit der nationalen Haushalte in Konflikt und könnte eine **„Moral-hazard“-Problematik** entstehen lassen. Staaten könnten versucht sein, anstatt ihre Kreditwürdigkeit durch solide Haushaltspolitik herzustellen, sich auf Ankaufsprogramme der EZB zu verlassen. Dieser Problematik versucht die EZB zu entgehen, indem sie ein Engagement im Rahmen von OMT an die Befassung des ESM knüpft, wodurch Mitgliedsstaaten zu fiskalischen Maßnahmen verpflichtet werden können.[102]

55 Sowohl SMP als auch OMT entziehen sich bisher einer klaren rechtlichen Bewertung. Es wird vertreten, dass beide Programme das **Verbot der monetären Staatsfinanzierung** aus Art. 123 AEUV umgingen, da ihre Effekte sich marktwirksam auf den von Staaten erzielbaren Emissionspreis der Anleihen auswirkten.[103] Das Bundesverfassungsgericht hat in seinem OMT-Vorlagebeschluss[104] zudem die Frage nach der Tragfähigkeit der Argumentation des Transmissionsmechanismus aufgeworfen. Es vertritt hierbei die Ansicht, dass die Durchführung eines solchen Programms nicht von der Verbandskompetenz der EU zur Durchführung der Geldpolitik gedeckt sei. Eine Maßnahme

97 EZB-Rat, Beschluss v. 14.5.2010, ECB/2010/5, Erwägungsgründe (2), (3).

98 Pressemitteilung der EZB vom 6.9.2012 – „Technical features of Outright Monetary Transactions“; EZB, Monatsbericht, September 2012, S. 7-12.

99 Sachverständigenrat zur Begutachtung der gesamtwirtschaftlichen Entwicklung, Jahresgutachten 2012/13, Abs.-Nr. 142.

100 EZB-Rat, Beschluss v. 14.5.2010 ECB/2010/5, Erwägungsgrund (2).

101 *De Grauwe*, CESifo Economic Studies 2013, S. 520–535; der Idee nicht abgeneigt *Lastra/Louis*, S. 90 Fn 245; BVerfG, 2 BvR 2728/13 vom 14.1.2014, Absatz-Nr. 94.

102 *De Grauwe*, S. 527.

103 Etwa *Seidel*, EuZW 2010, 521; aA *Herrmann*, EuZW 2010, 645 ff; s. a. *Thiele*, S. 63 ff. Die Gefahr der Umgehung dieses Verbots durch geldpolitische Maßnahmen wurde bereits in Verordnung (EG) Nr. 3603/93, Erwägungsgrund 7, ABl. 1993 Nr. L 332/1, gesehen.

104 BVerfG, 2 BvR 2728/13 vom 14.1.2014.

zur Rettung des Euro „koste es, was es wolle"[105] sei der in der Kompetenz der Mitgliedstaaten verbleibenden **allgemeinen Wirtschaftspolitik** zuzuordnen. Hierbei stützte es sich unter anderem auf das aus Anlass der Errichtung des ESM ergangene „Pringle"-Urteil des EuGH.[106] Es ist bislang ungeklärt, ob die einzelnen Bedingungen des Ankaufprogramms eine Umgehung des Verbots der monetären Staatenfinanzierung ermöglichen bzw ob eine scharfe Trennung von Geld- und Wirtschaftspolitik entlang der vom BVerfG vertretenen Linie möglich ist.

Von der Offenmarktpolitik der EZB zu unterscheiden ist die Vergabe von **Emergency Liquidity Assistance** (ELA). Diese wird von den nationalen Notenbanken gem. Art. 14.4 ESZB-Satzung als außerhalb des Tätigkeitsbereichs des ESZB liegende Aufgabe in eigener Verantwortung und auf eigene Rechnung durchgeführt. Im Unterschied zu den dargestellten geldpolitischen Instrumenten der EZB, deren Bezugspunkt der gesamte Markt ist, dienen ELA-Maßnahmen der Unterstützung einzelner Finanzinstitute.[107] Obwohl eine rein nationale Aufgabe, kann der EZB-Rat die Durchführung solcher Maßnahmen verhindern, indem er mit Zweidrittelmehrheit die Unvereinbarkeit mit den Zielen und Aufgaben des ESZB feststellt. Seit Ausbruch der Finanzkrise haben einige nationale Zentralbanken entsprechende Verfahren durchgeführt.[108] 56

2. Kreditgeschäfte als sog. ständige Fazilitäten

Die nach Art. 18.1, 2. Spiegelstr. ESZB-Satzung eröffneten „Kreditgeschäfte mit Kreditinstituten und anderen Marktteilnehmern" umfassen als sog. ständige Fazilitäten eine **Kreditlinie zur Spitzenrefinanzierung** und die sog. **Einlagefazilität**.[109] Die Kreditlinie ermöglicht es Geschäftsbanken, die am Tagesschluss Liquiditätsdefizite aufweisen, sich für einen Zinssatz oberhalb des Marktzinses mit Zentralbankgeld zu versorgen. Die Kreditinstitute können ständige Fazilitäten – anders als die nur vorübergehend bereitgestellte Liquidität im Rahmen der Offenmarktpolitik – jederzeit auf eigene Initiative in Anspruch nehmen.[110] Die EZB garantiert allerdings auch bei diesen Geschäften nicht, dass jederzeit quantitativ unbegrenzte Fazilitäten bereitstehen.[111] Sie hat ausdrücklich festgestellt, dass der Zugang zur Fazilität nur gemäß den Zielen und allgemeinen geldpolitischen Erwägungen der EZB gewährt wird. Die EZB kann die Bedingungen der Fazilität jederzeit ändern oder sie aussetzen.[112] 57

Weitere zentrale Funktion der ständigen Fazilitäten ist es, Zinsschwankungen am Geldmarkt zu begrenzen.[113] Dabei bedient sich die EZB des Preismechanismus, der darin besteht, dass der Bankenakteur immer dort Geld anlegen bzw nachfragt, wo ihm der günstigste Zinssatz angeboten wird, sei es am Geldmarkt selbst oder unmittelbar bei der EZB. Insoweit hat die EZB Einfluss auf die Zinsobergrenze im Falle der Geldnachfrage bzw Zinsuntergrenze bei dem Geldangebot. Mit dem von der EZB festgesetzten **Zinssatz für Übernachtkredite** wird also eine Zinsobergrenze am Geldmarkt festgelegt. Banken gleichen ihre Liquiditätsfehlbeträge nämlich am Geldmarkt nur aus, wenn dort die Zinssätze niedriger sind als der Zinssatz der EZB für Übernachtkredite. Auf der anderen Seite fixiert die EZB mit dem von ihr festgelegten Zinssatz für Übernachteinlagen eine Zinsuntergrenze am Geldmarkt, denn die Banken werden Übernachtliquidität nur am Geldmarkt anlegen, solange die Geldmarktsätze höher sind als der Zinssatz für Übernachteinlagen. 58

Die **Spitzenrefinanzierungsfazilität** dient der Refinanzierung eines unerwartet auftretenden Finanzbedarfs der Geschäftspartner des ESZB. Diese Art der Finanzierung kann nur über dem üblichen 59

105 Äußerungen des EZB-Präsidenten *Draghi*, siehe EZB, Verbatim of the remarks made by Mario Draghi at the Global Investment Conference in London 26 July 2012, abrufbar unter http://www.ecb.europa.eu/press/key/date/2012/html/sp120726.en.html (abgerufen am 22.8.2014).

106 EuGH, Urt. v. 27.11.2012, Rs. C-370/12 (Pringle).

107 *Radtke*, S. 119 ff.

108 *Siekmann*, in: Siekmann (Hrsg.), EWU, Art. 130, Rn 141.

109 S. dazu *EZB*, Die einheitliche Geldpolitik im Euro-Währungsgebiet, S. 22 f.

110 *Görgens/Ruckriegel/Seitz*, Europäische Geldpolitik, S. 236.

111 Vgl *Köhler*, S. 84.

112 So *EZB*, Die einheitliche Geldpolitik im Euro-Währungsgebiet, S. 23.

113 S. zum folgenden *Köhler*, S. 84.

Marktzins erfolgen. Sie wird daher auch als eine Art „Strafzins für ungenaues Disponieren" beschrieben. Der Zinssatz der Spitzenrefinanzierungsfazilität stellt einen offiziellen Leitzins dar, der von der EZB im Voraus bekannt gegeben wird und jederzeit geändert werden kann. Er wird regelmäßig die Obergrenze des Tagesgeldzinssatzes am Geldmarkt bilden. Aufgrund des hohen Zinssatzes wird die Spitzenrefinanzierung in der Praxis aber nur selten in Anspruch genommen.[114] Die Deutsche Bundesbank erfüllte den unerwartet auftretenden Finanzbedarf bis zur Aufgabe der geldpolitischen Souveränität durch die **Lombardfazilität.**

60 Mit der Spitzenrefinanzierungsfazilität wird den Geschäftspartnern des Eurosystems angeboten, sich bis zum nachfolgenden Geschäftstag („über Nacht") Liquidität zu einem vorher festgelegten Zinssatz gegen refinanzierungsfähige Sicherheiten zu verschaffen.[115] Für die Inanspruchnahme gibt es keine Höchstgrenzen.[116] Während des Geschäftstages stellt das Eurosystem seinen Geschäftspartnern auf der Grundlage von Sicherheiten zinslose Innertageskredite für Zwecke des Zahlungsverkehrs zur Verfügung. Am Ende des Geschäftstages werden noch in Anspruch genommene Innertageskredite automatisch als Antrag auf Inanspruchnahme der Spitzenrefinanzierungsfazilität betrachtet. Die Geschäftspartner können entsprechende Kredite aber auch während des Geschäftstages in Anspruch nehmen, indem sie der betreffenden nationalen Zentralbank einen Antrag zusenden. Der Kredit läuft nur einen Tag und muss mit Beginn des folgenden Tages zurückgezahlt worden sein.

61 Die **Einlagefazilität** stellt das Gegenstück zur Spitzenrefinanzierungsfazilität dar und dient dazu, Liquiditätsüberschüsse zu binden. Die Geschäftspartner haben die Möglichkeit ihre Liquidität zu senken, indem sie Guthaben bis zum nächsten Geschäftstag („über Nacht") beim Eurosystem zu einem vorher festgelegten Zinssatz anlegen.[117] Dieser Zinssatz stellt ebenfalls einen offiziellen EZB-Leitzins dar, der als solcher vom EZB-Rat zu beschließen ist.[118] Er wird normalerweise die Untergrenze des Tagesgeldsatzes markieren.[119]

62 Nach Art. 18.1, 2. Spiegelstr. ESZB-Satzung müssen die Kreditnehmer **ausreichende Sicherheiten** stellen. Die Bestimmung soll im Interesse der Stabilität des Finanzsystems verhindern, dass dem ESZB aus der Vergabe von Krediten Verluste entstehen.[120] Als Kreditgeschäfte im Sinne dieser Vorschrift sind daher auch liquiditätszuführende Offenmarktgeschäfte zu verstehen.[121] Darüber hinaus wird dieser Rechtsgedanke als allgemeiner Rechtsgrundsatz nicht nur auf Offenmarkt- und Kreditgeschäfte iSd Art. 18.1 ESZB-Satzung, sondern auch auf alle dem Bankensystem Liquidität zuführenden Operationen[122] anzuwenden sein.

3. Mindestreservepolitik

63 Neben den Offenmarkt- und Kreditgeschäften steht der EZB die Mindestreserve als weiteres geldpolitisches Instrument zur Verfügung. Gem. Art. 19.1 ESZB-Satzung kann die EZB zur Verwirklichung ihrer geldpolitischen Ziele verlangen, dass die in den Mitgliedstaaten niedergelassenen Kreditinstitute **Mindestreserven auf Konten bei der EZB oder den nationalen Zentralbanken** unterhalten. Nach den Mindestreservevorschriften wird die Höhe der von einem Kreditinstitut zu unterhaltenden Mindestreserven (Mindestreserve-Soll) durch Multiplikation der mindestreservepflichtigen Bilanzpositionen (Mindestreservebasis) des Kreditinstituts mit den jeweiligen Mindest-

114 *Goetze*, S. 112.
115 *Görgens/Ruckriegel/Seitz*, Europäische Geldpolitik, S. 237.
116 Die EZB könnte solche Beschränkungen allerdings einführen; s. *EZB*, Der Handlungsrahmen des Eurosystems – Beschreibung und erste Beurteilung, in: Monatsbericht Mai 1999, S. 33, 35.
117 *Görgens/Ruckriegel/Seitz*, Europäische Geldpolitik, S. 238.
118 Es wird jedoch bezweifelt, ob von diesem Zinssatz tatsächlich Signalwirkung ausgehen kann; s. dazu *Goetze*, S. 113 f. Fn 422.
119 EZB, Die einheitliche Geldpolitik im Euro-Währungsgebiet, S. 23; Leitlinie der Europäischen Zentralbank vom 31. August 2000 über geldpolitische Instrumente und Verfahren des Eurosystems, ABl. 2000 Nr. L 310 S. 18 ff.
120 *Weenink*, in: v. d. Groeben/Schwarze, Europäisches Unionsrecht, ESZB-Satzung Art. 18, Rn 26 f.
121 Vgl *Goetze*, S. 108.
122 ZB Art. 23, 4. Alt. ESZB-Satzung.

reservesätzen berechnet.[123] Der Zwang, Einlagen zu unterhalten, wirkt sich auf die Liquidität der Kreditinstitute aus.[124]

Konkret erklärt sich die **Aufnahme des Mindestreserveinstruments** in die ESZB-Satzung wie folgt: Eine erfolgreiche geldpolitische Steuerung setzt zunächst voraus, dass die Kreditinstitute eng an die Zentralbank gebunden sind.[125] Saisonale Schwankungen des Notenumlaufs können die Geschäftsbanken zeitweise, nämlich wenn Noten zur Zentralbank zurückfließen, vom Zentralbankkredit unabhängig machen, da ein Notenrückfluss die Bankenliquidität erhöht. Da die Zentralbank einen solchen Markteinfluss nicht verhindern kann, ist es erforderlich, einen ständigen Zentralbankgeldbedarf der Banken quasi „künstlich" aufrechtzuerhalten.[126] Diesen Zweck erfüllt das Instrument der Mindestreserve, indem sie das Liquiditätsdefizit des Bankensystems vergrößert.[127] Ihre **Anbindungsfunktion** schafft neben dem Banknotenmonopol der Zentralbank erst die Voraussetzung dafür, dass andere Instrumente der Notenbank greifen können. Die Mindestreserve kann daher nicht durch andere geldpolitische Instrumente, wie die Offenmarktpolitik, ersetzt werden.[128] 64

Die Mindestreserve ist ferner bedeutsam für die **Zinssteuerung der monetären Aggregate** (Geldmengendefinitionen). Wenn es zu einer stärkeren Kreditgewährung seitens der Geschäftsbanken und damit zu einer stärkeren Zunahme der Geldmenge kommt, steigt der Bedarf der Geschäftsbanken an zusätzlichem Zentralbankgeld, um das Mindestreservesoll zu erfüllen. Hält sich die Zentralbank bei der zusätzlichen Mittelbereitstellung zurück, steigen die Geldmarktsätze und dämpfen auf diese Weise die begonnene Expansion der Geldmenge.[129] 65

Das Mindestreservesystem des ESZB ist so ausgestaltet, dass es **stabilisierende Wirkung auf die Zinsentwicklungen** am Geldmarkt hat.[130] Die Banken müssen ihr Mindestreservesoll nicht täglich erfüllen, sondern nur innerhalb eines Monats im Tagesdurchschnitt. Fehlen einer Geschäftsbank kurzfristig liquide Mittel, braucht diese Bank sie nicht am Geldmarkt aufzunehmen, mit der Folge eventuell steigender Zinssätze, sondern kann sie ihrer Mindestreserve entnehmen. Die Geschäftsbank muss lediglich dafür Sorge tragen, dass im Tagesdurchschnitt eines Monats[131] das Mindestreserveguthaben das Mindestreservesoll erreicht.[132] 66

Die Entscheidung, auf der Grundlage des Art. 19.1 ESZB-Satzung tatsächlich eine Mindestreservepflicht einzuführen, traf der EZB-Rat am 7. Juli 1998.[133,134] Die nunmehr gültige Verordnung (EG) Nr. 1745/2003 der EZB vom 12. September 2003[135] regelt in rechtlich bindender Form das von der EZB angewandte **Mindestreservesystem.**[136] Ergänzend setzte die EZB mit der Verordnung 67

123 Zur Definition s. *EZB*, Jahresbericht 2002, S. 262 f.

124 Calliess/Ruffert/*Häde*, EUV/AEUV, Art. 127 AEUV, Rn 21 mwN.

125 Sog. Anbindungsfunktion; s. *Görgens/Ruckriegel/Seitz*, Europäische Geldpolitik, S. 214 ff.

126 *Köhler*, S. 85.

127 Vgl *EZB*, Der Handlungsrahmen des Eurosystems: Beschreibung und erste Beurteilung, in: Monatsbericht Mai 1999, S. 33, 36.

128 *Görgens/Ruckriegel/Seitz*, Europäische Geldpolitik, S. 215.

129 Vgl *Köhler*, S. 85 f.

130 *EZB*, Die einheitliche Geldpolitik im Euro-Währungsgebiet, S. 54.

131 Die Mindestreserveperiode, in der die Mindestreserve zu erfüllen ist, reicht vom 24. eines Monats bis zum 23. des nächsten Monats; s. *EZB*, Jahresbericht 1998, S. 69.

132 *EZB*, Die einheitliche Geldpolitik im Euro-Währungsgebiet, S. 6.

133 EZB, Jahresbericht 1998, S. 68.

134 EZB/1998/15, ABl. 1998 L 356 S. 1; geändert durch VO (EG) Nr. 1921/2000 (EZB/2000/8), ABl. 2000 L 229 S. 34, und VO (EG) Nr. 690/2002 (EZB/2002/3), ABl. 2002 L 106 S. 9; nunmehr ersetzt durch VO (EG) Nr. 1745/2003 der EZB (EZB/2003/9), ABl. 2003 L 205 S. 10.

135 Geändert durch Verordnung (EG) Nr. 1052/2008 der Europäischen Zentralbank vom 22. Oktober 2008, ABl. L 282, S. 14; geändert durch Verordnung (EU) Nr. 1358/2011 der Europäischen Zentralbank vom 14. Dezember 2011, ABl. L 338, S. 51.

136 Diese VO der EZB ist ihrerseits gestützt auf VO (EG) Nr. 2531/98 des Rates über die Auferlegung einer Mindestreservepflicht durch die Europäische Zentralbank, ABl. 1998 L 318 S. 1; zuletzt geändert durch VO (EG) Nr. 134/2002, ABl. 2002 L 24 S. 1, die der Rat am 23. November 1998 auf der Grundlage des Art. 19.2 ESZB nach dem Verfahren des Art. 42 ESZB-Satzung verabschiedet hat; siehe EZB, Jahresbericht 1998, S. 69.

(EG) Nr. 2157/1999 vom 23. September 1999[137] Bestimmungen in Kraft, welche ihr Recht konkretisieren, bei **Verletzung der Mindestreservepflicht** Sanktionen zu verhängen.[138] Sie sieht die Befugnis der EZB vor, Unternehmen bei Pflichtverstößen mit **finanziellen Sanktionen** zu belegen. Die Verordnung soll ein einheitliches Vorgehen gegenüber den betroffenen Wirtschaftsteilnehmern sowie eine effiziente Anwendung dieses Rechts sicherstellen (siehe auch unten Rn 73). Am 2. Februar 2000 gab die EZB die **Höhe der Strafzinsen** bei Verletzung der Mindestreservepflicht bekannt.[139]

68 Art. 2 der Verordnung (EG) Nr. 1745/2003 bestimmt den **Kreis der reservepflichtigen Institute.** Es handelt sich dabei um „Kreditinstitute" und „Zweigstellen von Kreditinstituten".[140] Die Zentralbank kann jedoch bestimmte Gruppen von Instituten von der Mindestreservepflicht freistellen.[141]

69 Nach Art. 19.1 ESZB-Satzung bestimmt die EZB nicht nur, ob das Mindestreserveinstrument eingesetzt wird, sondern auch welche Höhe der Mindestreservesatz hat. Die Höhe der Mindestreserve wird durch einen Prozentsatz, den **Mindestreservesatz**, bestimmt, der an den mindestreservepflichtigen Verbindlichkeiten, der **Mindestreservebasis**, gemessen wird.[142] Nach Art. 4 Abs. 2 der Verordnung (EG) Nr. 1745/2003 der EZB[143] haben die Kreditinstitute grundsätzlich eine Mindestreserve von 1 %, gemessen an ihren mindestreservepflichtigen Verbindlichkeiten, beim ESZB zu halten.[144] Die vom Rat auf der Grundlage des Art. 19.2 ESZB-Satzung festzulegende Basis für die Mindestreserven sind die Verbindlichkeiten eines Instituts aus der Annahme von Geldern sowie Verbindlichkeiten aus bilanzunwirksamen Positionen.[145] Reservepflichtig sind nur Positionen, die eine **Laufzeit von bis zu zwei Jahren** haben. Zwar sind auch die **länger laufenden Verbindlichkeiten** in die Mindestreservebasis einbezogen, jedoch wurde für Verbindlichkeiten mit einer vereinbarten Laufzeit von mehr als zwei Jahren ein Reservesatz von 0 % festgelegt.[146]

70 Betroffen von der Mindestreservepflicht sind grundsätzlich **Verbindlichkeiten der Banken gegenüber Nichtbanken.** Hingegen sind Verbindlichkeiten gegenüber anderen Kreditinstituten und Verbindlichkeiten gegenüber der EZB oder den nationalen Zentralbanken der teilnehmenden Staaten nicht mindestreservepflichtig.[147] Durch diese Ausnahmen von der Mindestreservepflicht wurde die Ende 1996 in Deutschland eingeführte Regelung übernommen. Sie soll eine Verlagerung von Wertpapierpensionsgeschäften auf Handelsplätze außerhalb der Währungsunion verhindern.[148]

71 Um **kleinere Kreditinstitute** von der Mindestreservepflicht zu entlasten, beschloss der EZB-Rat überdies, für alle Kreditinstitute einen pauschalen Freibetrag von 100.000 Euro einzuführen. Dieser wird vom Mindestreservesoll eines jeden mindestreservepflichtigen Kreditinstituts abgezogen.[149]

---

137 ABl. 1999 L Nr. 264 S. 21; geändert durch VO (EG) Nr. 985/2001 der EZB, ABl. 2001 Nr. L 137 S. 24 sowie Art. 1 ÄndVO (EU) 469/2014, ABl. Nr. L 141 S. 51.

138 EZB, Jahresbericht 1999, S. 55.

139 Im Normalfall liegt der Strafzins 2,5 % über dem Spitzenrefinanzierungssatz. Bei wiederholten Verstößen, wenn also ein Kreditinstitut seiner Mindestreservepflicht zweimal innerhalb von zwölf Monaten nicht nachkommt, erhöht sich der Aufschlag auf 5 %; s. EZB, Jahresbericht 2000, S. 71 f.

140 Art. 2 Abs. 1 lit. a und b der VO (EG) Nr. 1745/2003 der EZB.

141 Art. 2 Abs. 2 der VO (EG) Nr. 1745/2003 der EZB.

142 S. zB *Köhler*, S. 8.

143 Geändert durch Verordnung (EG) Nr. 1052/2008 der Europäischen Zentralbank vom 22. Oktober 2008, ABl. L 282, S. 14; geändert durch Verordnung (EU) Nr. 1358/2011 der Europäischen Zentralbank vom 14. Dezember 2011, ABl. L 338, S. 51.

144 Art. 4 Abs. 2 der VO (EG) Nr. 1745/2003 der EZB.

145 Art. 3 Abs. 1 der VO (EG) Nr. 2531/98 des Rates; s. auch EZB, Die einheitliche Geldpolitik im Euro-Währungsgebiet, S. 55 f.

146 Art. 4 Abs. 1 der VO (EG) Nr. 1745/2003 der EZB.

147 Die Beschränkung auf die nationalen Zentralbanken der teilnehmenden Mitgliedstaaten ergibt sich aus Art. 1 Nr. 2 der VO (EG) Nr. 2531/98 des Rates.

148 *Goetze*, S. 117.

149 Art. 5 Abs. 2 der VO (EG) Nr. 1745/2003 der EZB; vgl auch *Köhler*, S. 86.

Art. 6 Abs. 1 und 2 der Verordnung (EG) Nr. 2531/98 des Rates berechtigt die Notenbank, die für die Berechnung der Mindestreserve notwendigen Informationen bei den Instituten einzuholen und die **Richtigkeit und Qualität der Daten** zu überprüfen. Die genannte Bestimmung dürfte aber nur deklaratorische Bedeutung haben, da die Berechtigung der EZB, Daten zu erheben, bereits unmittelbar aus Art. 19.1 ESZB-Satzung folgt. Ohne entsprechende Kontrollmöglichkeiten wäre nämlich die Festlegung der Mindestreservesätze bzw der Strafen bei Nichteinhaltung der Mindestreservepflicht wirkungslos.[150] Die EZB muss die Aufgabe der **Informationsbeschaffung und -überprüfung** nicht selbst durchführen, sondern kann sie den nationalen Zentralbanken übertragen. Art. 6 Abs. 4 der Verordnung (EG) Nr. 2531/98 des Rates ermächtigt die EZB, die Bedingungen dieser Delegation in einer Verordnung näher zu erläutern. 72

Für den Fall der **Verletzung der Mindestreservepflichten** hat der Rat gem. Art. 19.2 ESZB-Satzung festzulegen, welche **angemessenen Sanktionen** ergriffen werden können. Nach Art. 7 der Verordnung (EG) Nr. 2531/98 des Rates kann die EZB in einem solchen Fall Sanktionen in Form von Sonderzinsen, die wesentlich über dem Spitzenfinanzierungssatz liegen, oder in Form von unverzinslichen Einlagen des Instituts bei der EZB oder bei den nationalen Zentralbanken verhängen. Die konkrete Festlegung der Sanktion im Einzelfall hat gem. Art. 19.1 ESZB-Satzung die EZB zu treffen. Der Vorschlag der EZB für das hierbei anzuwendende Verfahren findet sich in Art. 3 der Verordnung (EG) Nr. 2532/98.[151] Danach wird die Sanktion in einem – im Vergleich zur üblichen Vorgehensweise bei sonstigen Verstößen – **vereinfachten Verfahren** durch das **Direktorium** festgelegt. 73

E. Rechtsetzung der EZB

I. Grundlagen

Ein Instrument von zentraler Bedeutung für die Absicherung der Unabhängigkeit ist die Ausstattung der EZB mit Rechtsetzungsbefugnissen. Als weiteres Organ der Union neben dem Europäischen Parlament, dem Rat und der Kommission kann die Zentralbank unmittelbar ohne Zwischenschaltung des Rates rechtsverbindlich gegenüber den nationalen Wirtschaftsteilnehmern – in der Regel sind das Banken und Unternehmen – agieren. Sie hat damit die Möglichkeit, im Verhältnis zur nationalen Ebene rechtsetzend tätig zu werden, ohne dass die allgemeine Politik Einfluss nehmen könnte.[152] 74

Die Rechtsetzungsbefugnis der EZB begründet damit ein neues Zuordnungsverhältnis in der Geldpolitik, das dem umfassenden Transfer der geld- und währungspolitischen Kompetenz der Mitgliedstaaten auf die Union entspricht. Der **Ausnahmecharakter** dieser Ermächtigung ist bedingt durch die Eigenart des Regelungsgegenstandes. Die begrenzte Rechtsetzungskompetenz der Zentralbank ist eine sinnvolle Ergänzung zu ihrem sonstigen Einsatzinstrumentarium, denn sie versetzt die Zentralbank in die Lage, sich wiederholende Vorgänge und Einzelanweisungen, die eine Vielzahl von Adressaten betreffen, auf eine rechtlich verbindliche Basis zu stellen. Die Legislativbefugnis untermauert damit die institutionelle und funktionelle Unabhängigkeit der Zentralbank. 75

Hinsichtlich der **Rechtsetzungsbefugnis** der EZB besteht **kein Legitimationsproblem**, das über die allgemeine Frage der Vereinbarkeit ihrer Unabhängigkeit mit dem Demokratieprinzip hinausgeht.[153] Die EZB wird nur auf Grund von Verordnungen des Rates gesetzgebend tätig, die ihrerseits Inhalt, Zweck und Ausmaß der „ausführenden" Verordnung der Zentralbank bestimmen. Insofern handelt es sich nicht um die Wahrnehmung von Unabhängigkeit im Sinne einer Befugnis, 76

150 Ebenso *Goetze*, S. 119.

151 VO (EG) Nr. 2532/98 des Rates vom 23. November 1998 über das Recht der EZB, Sanktionen zu verhängen, ABl. 1998 Nr. L 318 S. 4.

152 Zur Frage der Legitimation der autonomen Zentralbankrechtsetzung s. *Gaitanides*, Recht der EZB, S. 199 ff.

153 S. dazu *Gaitanides,* Das Recht der EZB, S. 200, 202.

eigene Angelegenheiten im Wesentlichen selbst zu regeln.[154] Die Legislativtätigkeit der EZB entspricht in materieller Hinsicht eher der nationalen Verordnungsgebung. Der Rat trifft die wesentlichen grundrechtsrelevanten Entscheidungen. Im Rahmen seines legislativen Programms obliegt der EZB dann nur noch die Regelung von Detailfragen. Ihre Regelungen haben trotz ihrer unmittelbaren Wirkung kaum eigenständige Auswirkungen auf die Rechtspositionen des Einzelnen.

II. Rechtsetzungsinstrumente gem. Art. 132 AEUV

77 Die Form der allgemeinen Rechtsakte, die von den Unionsorganen Parlament, Rat und Kommission erlassen werden, und das institutionelle Zusammenwirken der Organe bei der Rechtsetzung sind in einem mit „Rechtsakte der Union" überschriebenen Kapitel des Vertrags über die Arbeitsweise der Europäischen Union geregelt.[155] Art. 288 AEUV enthält einen – nicht abschließenden – Katalog der Unionsrechtsakte, der Verordnungen, Richtlinien und Beschlüsse sowie Empfehlungen und Stellungnahmen umfasst.[156] Der Vertrag über die Arbeitsweise der Europäischen Union regelt die Rechtsakte der EZB allerdings nicht durch eine pauschale Bezugnahme auf diese Vorschrift. Vielmehr wurden sie gesondert in Art. 132 AEUV normiert.[157] Eine spezielle Regelung war erforderlich, weil die Richtlinie als mögliche Handlungsform ausgespart werden sollte.[158] Art. 132 AEUV nennt als Rechtsetzungsinstrumente **Verordnungen, Beschlüsse, Empfehlungen und Stellungnahmen**. Der Verzicht auf die **Richtlinie** als Rechtsetzungsinstrument ist folgerichtig, denn sie ist ungeeignet zur Ausführung der Geldpolitik, die ausweislich Art. 3 Abs. 1 lit. c AEUV in die ausschließliche Zuständigkeit der Union fällt.[159] Die notwendig aufgabenbezogene Rechtsetzung der EZB fordert zwingend sowohl eine einheitliche Anwendung als auch Umsetzung in den Mitgliedstaaten. Keine Anwendung finden Verordnungen der EZB allerdings in den Mitgliedstaaten, für die eine Ausnahmeregelung gilt, sowie in den Mitgliedstaaten mit einem Sonderstatus.

78 Ansonsten entsprechen die primärrechtlichen Vorgaben über die Form der Rechtsakte der EZB den Rechtsinstrumenten, die Art. 288 AEUV generell für die Organe zur Verfügung stellt. Eine wesentliche Ausnahme besteht allerdings insoweit, als der EZB nicht die Befugnis eingeräumt wurde, Verordnungen zu erlassen, die sich unmittelbar an die Mitgliedstaaten richten.

III. Verfahrensrechtliche Besonderheiten

79 Im Hinblick auf die Verfahrensregeln ergeben sich Unterschiede zur allgemeinen Unionsrechtsetzung. Die Zentralbank übt im Rahmen ihrer Rechtsetzung legislative Befugnisse aus, die den Unionsorganen ansonsten nur im Rahmen **funktionsteiligen Zusammenwirkens** eröffnet sind. Sie ist nicht angewiesen auf eine Initiative der Kommission und hat die Entscheidungsbefugnisse, die dem Rat entweder allein oder gemeinsam mit dem Europäischen Parlament zustehen. Verordnungen der Zentralbank werden vom EZB-Rat als dem maßgeblichen Beschlussorgan verabschiedet und in seinem Auftrag vom Präsidenten der EZB unterzeichnet.[160] Der EZB-Rat ist damit die „Legislative" des ESZB und insoweit dem Ministerrat vergleichbar. Hingegen hat das Direktorium Exekutivbefugnisse.[161] Es führt die „laufenden Geschäfte"[162] und hat die Geldpolitik nach den Leitlinien und Beschlüssen des EZB-Rates auszuführen.[163] Der EZB-Rat kann beschließen, „seine normativen

154 Vgl *Fögen*, Geld- und Währungsrecht, 1969, S. 64, hinsichtlich der Normsetzung der Bundesbank vor Einführung der EWU.

155 Art. 288 bis 292 AEUV.

156 Vgl Calliess/Ruffert/*Ruffert*, EUV/AEUV, Art. 288 AEUV, Rn 6.

157 S. auch Art. 34 ESZB-Satzung.

158 Lenz/Borchardt/*Koch*, EU Verträge, Art. 134 AEUV Rn 1. Bei der Verwendung des Begriffs „Richtlinie" in Art. 31.1 und 32.2 ESZB-Satzung handelt es sich offensichtlich um einen Übersetzungsfehler: gemeint ist die „Leitlinie"; aA wohl *Selmayr*, AöR 1999, 357, 374 mit Fn 74.

159 Vgl *Selmayr*, AöR 1999, 357, 374; *Weinbörner*, S. 428.

160 Art. 17.1 EZB-Geschäftsordnung.

161 *V. Borries*, ZEuS 1999, 281, 292.

162 Art. 11.6 ESZB-Satzung.

163 Art. 12.1 ESZB-Satzung.

Befugnisse zum Zwecke der Umsetzung seiner Verordnungen und Leitlinien auf das Direktorium (zu) übertragen".[164] In einem solchen Falle muss der EZB-Rat allerdings die umzusetzenden Maßnahmen im Einzelnen darlegen und die Grenzen und den Umfang der übertragenen Befugnisse angeben.

Die Verordnungen und Beschlüsse der EZB sind – wie auch die Rechtsakte der Unionsorgane – mit Gründen zu versehen und im Amtsblatt der Union zu veröffentlichen.[165] Diese **förmlichen Verfahrensregeln** sind Ausdruck des allgemeinen Rechtsstaatsprinzips und finden deshalb auch auf die Rechtsetzung der EZB Anwendung.[166] 80

IV. Rechtsetzungsaufgaben

Art. 132 Abs. 1 AEUV enthält eine erschöpfende Aufzählung der Aufgaben, zu deren Erfüllung die EZB Rechtsakte erlassen kann. Die im Verordnungswege zu regelnden Aufgaben stehen im Folgenden wegen des Gesetzescharakters der Verordnung im Mittelpunkt der Betrachtung. Verordnungen sind in allen Teilen verbindlich und gelten unmittelbar in jedem Mitgliedstaat.[167] 81

Die Zentralbank ist nach Art. 132 Abs. 1, 1. Spiegelstr. AEUV iVm Art. 3.1, 1. Spiegelstr. ESZB-Satzung befugt, Verordnungen zur Erfüllung der wichtigsten Aufgabe des ESZB zu erlassen, nämlich „die Geldpolitik der Union festzulegen und auszuführen". Das Recht der EZB zum Erlass von Verordnungen ebenso wie zur Regelung von Einzelfällen wird also beschränkt durch die im Vertrag über die Arbeitsweise der Europäischen Union sowie näher in der ESZB-Satzung festgelegten Aufgaben und Zielsetzungen. Auf dieser Rechtsgrundlage hat die Zentralbank eine **Verordnung über die Auferlegung einer Mindestreservepflicht**[168] erlassen (eingehend dazu oben Rn 54 ff). Unter Rückgriff auf Art. 5.1 ESZB-Satzung ist zudem eine **Verordnung über die konsolidierte Bilanz des Sektors der monetären Finanzindustrie**[169] ergangen. Diese Verordnung verpflichtet den Bankensektor, den nationalen Zentralbanken bestimmte statistische Daten mitzuteilen, die es der EZB ermöglichen, verlässliche und vergleichbare Daten seitens der Wirtschaftsteilnehmer einzuholen.[170] Die Erhebung von statistischen Daten ist eine Aufgabe des ESZB, die nur in Art. 5 ESZB-Satzung, nicht aber im Vertrag über die Arbeitsweise der Europäischen Union, geregelt ist. Sie kann allerdings als eine Nebenaufgabe angesehen werden, die zur Ausführung der vertraglich geregelten Aufgaben des ESZB erforderlich ist.[171] Von herausragender Bedeutung ist schließlich die **Verordnung über das Recht der EZB, Sanktionen zu verhängen.**[172] 82

F. Rechtsschutz gegenüber der EZB

I. Grundlagen

Die Zentralbank ist bei der Durchführung ihrer Geldpolitik an die Vorgaben des Primärrechts gebunden. Angesichts der weit reichenden Befugnisse der EZB als Organ der Union und der ihr garantierten Unabhängigkeit von Weisungen der anderen Organe und der Mitgliedstaaten war es 83

164 Art. 17.3 EZB-Geschäftsordnung.

165 S. die Begründungs- und Veröffentlichungspflicht der Art 296 bzw 297 AEUV.

166 *Weinbörner*, S. 428.

167 Vgl Art. 288 Abs. 2 Satz 2 AEUV..

168 VO (EG) Nr. 1745/2003 der EZB vom 1. Dezember 1998, ABl. 1998 L 356 S. 1; vgl hierzu die VO (EG) Nr. 2531/98 des Rates zur Auferlegung der Mindestreservepflicht durch die Europäische Zentralbank, ABl. 1998 L 318 S. 1.

169 VO (EG) Nr. 2423/2001 der Europäischen Zentralbank vom 22. November 2001 über die konsolidierte Bilanz des Sektors der monetären Finanzinstitute (EZB/2001/13), ABl. L 333 S. 1; gestützt auf VO (EG) Nr. 2533/98 des Rates vom 23. November 1998 über die Erfassung statistischer Daten durch die Europäische Zentralbank, ABl. 1998 L 318 S. 8.

170 Vgl *Selmayer*, AöR 1999, 357, 374.

171 *Schulze-Steinen*, in: v. d. Groeben/Schwarze/Hatje, Europäisches Unionsrecht, ESZB-Satzung Art. 5, Rn 6.

172 VO (EG) Nr. 2157/99 der EZB vom 23. September 1999, ABl. 1999 L 264 S. 21; Grenzen und Bedingungen regelt die VO (EG) Nr. 2532/98 des Rates über das Recht der Europäischen Zentralbank, Sanktionen zu erheben, ABl. 1998 L 318 S. 4.

notwendig, Rechtsschutz gegen ihr Verhalten in gleichem Maße vorzusehen wie gegen das der übrigen Unionsorgane.[173] Als **Ausprägung des allgemeinen Rechtstaatsprinzips** verbietet Art. 19 Abs. 1 S. 2 EUV, nF Handlungen der EZB der richterlichen Kontrolle zu entziehen.[174] Auch in der Logik einer unabhängigen Zentralbank ist es daher folgerichtig, dass die Kontrolle der EZB durch Parlament, Rat und Kommission im Wesentlichen aufgegeben und nur über gerichtliche Kontrollmechanismen aufgefangen wird.[175] Um eine Rechtmäßigkeitskontrolle des Handelns der EZB durch die Judikative zu ermöglichen, hatte bereits der Vertrag von Maastricht den einschlägigen Abschnitt des EG-Vertrags über die Zuständigkeiten des Gerichtshofes entsprechend ergänzt.

84 Die **Judikative in Gestalt des Gerichtshofs der Europäischen Union**[176] umfasst nach Art. 19 Abs. 1 S. 1 EUV nF den Gerichtshof im engeren Sinne (im Folgenden: EuGH),[177] das Gericht sowie Fachgerichte.[178] Die Zuständigkeiten des Gerichtshofes ergeben sich aus den Kompetenzzuweisungsnormen des Vertrags über die Europäische Union und des Vertrags über die Arbeitsweise der Europäischen Union. Diese Zuständigkeiten werden durch die Satzung des Gerichtshofes ergänzt und durch die Verfahrensordnungen konkretisiert.

85 Nach Art. 35.1 ESZB-Satzung unterliegen die Handlungen und Unterlassungen der EZB in den vertraglich vorgesehenen Fällen der Überprüfung und Auslegung durch den Gerichtshof. Die Vertragsbestimmungen beziehen die **EZB als Aktiv- und Passivlegitimierte** in die Verfahren der Nichtigkeitsklage (Art. 263 AEUV), der Untätigkeitsklage (Art. 265 AEUV), der Streitigkeiten im Rahmen des Europäischen Zentralbanksystems (Art. 271 lit. d AEUV), der Schadensersatzklage (Art. 268 iVm Art. 340 Abs. 2 und 3 AEUV) sowie der inzidenten Normenkontrolle (Art. 277 AEUV) ein. Im Übrigen steht für die Auslegung von Rechtsakten der EZB wie auch zur Überprüfung ihrer Rechtsgültigkeit das von den nationalen Gerichten zu initiierende Vorabentscheidungsverfahren offen (Art. 267 Abs. 1 lit. b AEUV).

86 Für eine **effektive Rechtskontrolle** ist wiederum die Vorgabe eines klaren Preisstabilitätszieles erforderlich, um der Zentralbank eine deutlich konturierte politische Aufgabe zuweisen zu können. Art. 127 Abs. 1 AEUV statuiert mit der Bindung der EZB an die Preisstabilität eine klar umrissenen Rechtsverpflichtung. Die Auswahl der geldpolitischen Maßnahmen der EZB unterliegt damit der Rechtskontrolle. Der tatsächliche Umfang dieser Rechtskontrolle hängt allerdings vom Ausmaß der Nachprüfbarkeit der Entscheidungen der EZB ab. Im Folgenden werden daher die gerichtlichen Verfahren betrachtet, in denen die EZB als Beklagte auftritt. Die unkonventionellen Maßnahmen der EZB haben dazu geführt, dass als Maßstab der Rechtmäßigkeit des Handelns der EZB neben die Preisstabilität das **Verbot des Art. 123 AEUV** sowie die Frage nach der Abgrenzung der **Kompetenzbereiche Wirtschaftspolitik/Geld- und Währungspolitik** getreten sind.[179]

II. Die einschlägigen Klagearten

87 Die EZB ist nach den Vorgaben des Vertrages über die Arbeitsweise der Europäischen Union in den Verfahren der Nichtigkeitsklage (unter 1.), der Untätigkeitsklage (unter 2.) und der Schadensersatzklage (unter 3.) passivlegitimiert. Dabei handelt es sich um Verfahren, die durch **direkte Klagen** eingeleitet und unmittelbar vor dem Gerichtshof erhoben werden.

88 Eine besondere Stellung im Rechtsschutzsystem der Union nehmen die **Vorabentscheidungsverfahren** gem. Art. 267 AEUV ein, die dem Gerichtshof von den nationalen Gerichten vorgelegt werden. Natürliche und juristische Personen können sich vor den innerstaatlichen Gerichten, die sich unter

173 Vgl *Koenig*, EuZW, 1993, 661, 664; *Smits*, ICLQ 1996, 329; *Hahn/Häde*, ZHR 2001, 30, 41; vgl auch *Streinz*/Kempen, EUV/AEUV, Art. 130 AEUV, Rn 11.

174 S. v. Münch/*Kämmerer*, GG, Bd. 3, Art. 88, Rn 28.

175 *Koenig*, EuZW 1993, 661, 664; *Pernice,* in: Grabitz/Hilf, Das Recht der EU, Art. 4 a EGV, Rn 7.

176 Vgl zur Terminologie *Gaitanides*, in: v. d. Groeben/Schwarze/Hatje, Europäisches Unionsrecht, Art. 19 EUV, Rn 11.

177 Vgl Art. 251, 253 AEUV.

178 S. Art. 257 AEUV.

179 Siehe oben Rn 55.

den Voraussetzungen des Art. 267 AEUV wiederum mit einer Vorlage an den EuGH wenden, auf ihre durch das Unionsrecht verliehenen Rechte berufen. Das Vorabentscheidungsverfahren kann im vorliegenden Zusammenhang allerdings nur im Rahmen von Streitigkeiten über die **Durchführung der Offenmarkt- und Refinanzierungsgeschäfte** Bedeutung erlangen. Offenmarkt- und Refinanzierungsgeschäfte werden im Rahmen des nationalen Privatrechts (marktkonform) abgewickelt. Diesbezügliche Streitigkeiten fallen unter die nationale Gerichtsbarkeit.

Eine besondere Stellung nimmt hierbei das durch das BVerfG eingeleitete **Vorabentscheidungsverfahren zur Frage der Vereinbarkeit des OMT-Programms mit dem europäischen Recht** ein. Grundlage ist eine Verfassungsbeschwerde, die aufgrund eines Unterlassens der deutschen Staatsgewalt angesichts eines möglichen Ultra-vires-Handelns der EZB anhängig gemacht werden konnte. In seinem Beschluss zur Aussetzung des Verfahrens und zur Durchführung eines Vorabentscheidungsverfahrens vor dem EuGH vertritt das BVerfG eine Auslegung des Unionsrechts, nach der das Ankaufsprogramm rechtswidrig wäre (s.o. Rn 55). Es ist unklar, ob der EuGH die Vorlagefrage zulassen wird. Eine Entscheidung des EuGH würde, obwohl die Ausgangsklage nicht gegen sie gerichtet ist, die EZB binden[180] und könnte so die Durchführung des OMT-Programms beeinflussen. 89

Der Vollständigkeit halber seien zwei weitere Rechtsschutzmöglichkeiten erwähnt: Der Gerichtshof ist nach Art. 36.2 ESZB-Satzung für **Streitigkeiten zwischen der EZB und ihren Bediensteten** zuständig.[181] Als außergerichtlicher Rechtsbehelf kommt schließlich eine Beschwerde beim Europäischen Bürgerbeauftragten in Betracht. 90

1. Nichtigkeitsklage

Die EZB kann, vertreten durch ihren Präsidenten oder eine von ihm benannte Person,[182] Beklagte im Rahmen einer Nichtigkeitsklage sein.[183] Diese Klage ermöglicht die Überprüfung der **Rechtmäßigkeit der Handlungen der EZB,** soweit es sich nicht um Empfehlungen und Stellungnahmen handelt. Die Nichtigkeitsklage kommt nicht allein gegen die in Art. 132 AEUV erwähnten Rechtsakte, sondern gegen alle Handlungen der EZB in Betracht, die dazu bestimmt sind, verbindliche Rechtswirkungen zu erzeugen.[184] 91

Nach Art. 263 Abs. 2 AEUV ist neben den Mitgliedstaaten, das Europäische Parlament, der Rat und die Kommission **privilegiert klageberechtigt,** dh per se klagebefugt.[185] Anders als Privatkläger müssen die Unionsorgane kein spezifisches Rechtsschutzinteresse für die Klageerhebung darlegen.[186] Es wird vielmehr vermutet, dass sie durch die angeblich rechtswidrige Handlung der EZB in ihrem Interesse an einem rechtmäßigen Funktionieren der Union betroffen sind. 92

Im Rahmen der Nichtigkeitsklage können die Rechtshandlungen der EZB auf die **Klagegründe** des Art. 263 Abs. 2 AEUV, also Unzuständigkeit, Verletzung wesentlicher Formvorschriften, Verletzung der Verträge oder einer bei ihrer Durchführung anzuwendenden Rechtsnorm oder Ermessensmissbrauch, überprüft werden. 93

Die Rechtmäßigkeitskontrolle im Wege der Nichtigkeitsklage steht auch hinsichtlich des Individualrechtsschutzes gegen Handlungen der EZB im Vordergrund. Unter den speziellen Voraussetzungen des Art. 263 Abs. 4 AEUV besteht eine **Klagebefugnis sog. nicht privilegierter Kläger,** dh natürlicher und juristischer Personen. Privatpersonen können nach Art. 263 Abs. 4 AEUV gegen Rechtsakte der EZB vorgehen, sofern sie geltend machen können, von einer ihrer Handlungen oder 94

---

180 *Karpenstein*, in: Grabitz/Hilf/Nettesheim (Hrsg.), Das Recht der Europäischen Union, Art. 267 AEUV, Rn 104.
181 Zur einschlägigen Rspr und dem Umfang der gerichtlichen Überprüfung *Schmid*, S. 126 ff.
182 Gem. Art. 13.2 ESZB-Satzung vertritt der Präsident oder eine von ihm benannte Person die EZB nach außen.
183 Art. 263 Abs. 1 AEUV.
184 *Gaiser*, EuR 2002, 517, 526.
185 Art. 263 Abs. 2 AEUV.
186 Zu den Voraussetzungen s. *Rengeling/Middeke/Gellermann/Burgi*, Hdb des Rechtsschutzes in der EU, 3. Aufl., 2014, § 7 Rn 52.

Entscheidungen unmittelbar und individuell betroffen und damit klagebefugt zu sein.[187] Im vorliegenden Zusammenhang kann diese Option vor allem für die Unternehmen der Kreditwirtschaft als Adressaten geldpolitischer Maßnahmen der EZB von Bedeutung sein.

2. Untätigkeitsklage

95 Unterlässt es die EZB unter Verletzung des Vertrags über die Arbeitsweise der Union, einer Handlungspflicht nachzukommen, so können die Mitgliedstaaten sowie das Europäische Parlament, der Rat, die Kommission und der Rechnungshof gem. Art. 265 Abs. 1 iVm Abs. 4 AEUV beim Gerichtshof Klage auf Feststellung dieser Vertragsverletzung erheben. Gem. Art. 265 Abs. 3 iVm Abs. 4 AEUV kann auch jede **natürliche und juristische Person** Beschwerde darüber führen, dass die EZB es unterlassen hat, einen anderen Akt als eine Empfehlung oder Stellungnahme an sie zu richten. Aus der Formulierung „an sie zu richten" ergibt sich, dass der Kläger nur das **Unterlassen von Einzelfallentscheidungen**, nicht aber unterlassene Normsetzung rügen kann.[188] Allerdings muss diese Entscheidung nicht unbedingt an den Kläger zu richten sein.[189] Es ist vielmehr erforderlich, aber auch ausreichend, wenn der begehrte Akt den Kläger unmittelbar und individuell betreffen würde.[190]

96 Nach Art. 265 Abs. 2 AEUV ist eine Klage nur zulässig, wenn der Kläger die EZB zuvor aufgefordert hat, tätig zu werden. Nimmt die EZB nicht innerhalb von zwei Monaten Stellung, kann der Kläger die Klage innerhalb einer weiteren Frist von zwei Monaten erheben. Gegen eine ablehnende Stellungnahme der EZB kann der Kläger im Wege der Nichtigkeitsklage vorgehen.

3. Schadensersatzklage

a) Außervertragliche Haftung

97 Art. 340 Abs. 2 AEUV sieht vor, dass die Union den Schaden, der durch ihre **Organe oder Bediensteten in Ausübung ihrer Amtstätigkeit** verursacht wird, nach den allgemeinen Rechtsgrundsätzen ersetzt, die den Rechtsordnungen der Mitgliedstaaten gemeinsam sind. Mit Blick auf die Unabhängigkeit der Zentralbank bestimmt Art. 340 Abs. 3 AEUV ergänzend, dass auch die EZB den durch sie oder ihre Bediensteten in Ausübung ihrer Amtstätigkeit verursachten Schaden ersetzt.[191] Als haftungsauslösende Tätigkeiten kommen beispielsweise Maßnahmen im Rahmen der Mindestreservepolitik in Betracht.

98 Art. 268 AEUV begründet für Schadensersatzklagen wegen außervertraglicher (deliktischer) Haftung gem. Art. 340 Abs. 2 AEUV eine **ausschließliche Zuständigkeit des Gerichtshofs.** Dem Wortlaut der Vorschrift ist nicht eindeutig zu entnehmen, ob diese auch für die Haftung der EZB nach Art. 340 Abs. 3 AEUV gilt. Aus der pauschalen Bezugnahme des Art. 340 Abs. 3 AEUV auf Absatz 2 kann aber gefolgert werden, dass die Haftung der EZB ebenfalls der Jurisdiktionskompetenz des Gerichtshofs unterliegt.[192] Für die Haftung der EZB ist daher auf die Grundsätze zurückzugreifen, die der Gerichtshof hinsichtlich der Haftung der Unionsorgane entwickelt hat.

99 Nicht alle geldpolitische Instrumente sind geeignet, die Haftung der Union zu begründen. Als **haftungsauslösende Maßnahmen** kommen vielmehr nur solche in Betracht, die direkte oder indirekte

187 Vgl zur Klagebefugnis *Gaitanides*, in: v. d. Groeben/Schwarze/Hatje, Europäisches Unionsrecht, Art. 263 AEUV, Rn 42 ff; Calliess/Ruffert/*Cremer*, EUV/AEUV, Art. 263 AEGV, Rn 33 ff; zur Klagebefugnis beim Rechtsschutz gegen die EZB *Selmayr*, AöR 1999, 357, 393 f.

188 Calliess/Ruffert/*Cremer*, EUV/AEUV, Art. 265 AEUV, Rn 6.

189 Ebenso Calliess/Ruffert/*Cremer*, EUV/AEUV, Art. 265 AEUV, Rn 7 f.

190 EuGH, Rs. 134/73 (Holtz und Willemsen/Rat), Slg 1974, 1, 10, Rn 5; EuGH, Rs. C-68/95 (T. Port/Bundesanstalt für Landwirtschaft und Ernährung), Slg 1996, I-6065, 6104, Rn 58; EuG, Rs. T-95/96 (Gestevisión Telecino/Kommission), Slg 1998, II-3407, 3426, Rn 58 ff.

191 Eingehend dazu *Hahn/Häde*, ZHR 2001, 30, 55 f.

192 S. *Gaitanides*, Recht der EZB, S. 252; *ebenso v. Bogdandy/Jacob*, in: Grabitz/Hilf/Nettesheim, Das Recht der Europäischen Union, Art. 268 AEUV, Rn 2; *Gaiser*, EuR 2002, 517, 530; *Hahn/Häde*, ZHR 2001, 30, 59.

Auswirkungen gegenüber Privaten oder Kreditinstituten haben können und die nicht im Zusammenhang mit der Erfüllung vertraglicher Verpflichtungen stehen.[193]

Hinsichtlich der **Offenmarktgeschäfte** der EZB,[194] die der Bereitstellung von Liquidität für die Kreditinstitute dienen (siehe oben Rn 44 ff), ist festzustellen, dass sie zwar dem Ziel der Preisstabilität unterliegen und damit öffentlich-rechtlich motiviert sind, es sich dennoch um privatrechtliche Ausführungsgeschäfte handelt. Etwaige Leistungsstörungen im Rahmen der zwischen den Kreditinstituten bzw Privaten und der Zentralbank abzuschließenden Kaufverträge sind mit den Mitteln des Zivilrechts zu beheben. Aufgrund ihres privatrechtlichen Charakters sind die Offenmarktgeschäfte nicht geeignet, eine Haftung der Union gem. Art. 340 Abs. 2 und 3 AEUV zu begründen.[195] 100

Entsprechendes wird auch für das Recht der EZB anzunehmen sein, **Kredite** gegen ausreichende Sicherheiten an Kreditinstitute und andere Marktteilnehmer zu vergeben.[196] Da auch hier der **Grundsatz der Marktkonformität** im Vordergrund steht, sind die Kreditgeschäfte wie Offenmarktgeschäfte zu behandeln. Sie eignen sich also nicht dazu, eine außervertragliche Haftung der Union zu begründen. 101

Anderes muss hingegen für die **Mindestreservepolitik** gelten. Art. 19 ESZB-Satzung ermächtigt die EZB, die Kreditinstitute des Euroraumes einer Mindestreservepflicht zu unterwerfen.[197] Die EZB übt bei der Festsetzung der Mindestreservesätze ihre geldpolitischen Befugnisse einseitig aus. Anders als bei der Offenmarktpolitik werden mit den Geschäftsbanken keine vertraglichen Vereinbarungen getroffen. Da die Anordnung der Mindestreservepflichten zur Sicherung der Preisstabilität, dh im öffentlichen Interesse erfolgt, sind entsprechende Maßnahmen dem öffentlichen Recht zuzuordnen.[198] Die Mindestreservepolitik entfaltet gegenüber den Kreditinstituten unmittelbare Außenwirkung. Da den Banken Liquidität entzogen wird, kann die Mindestreservepolitik mit Rechtsverletzungen einhergehen. Neben Eingriffen in die Berufsfreiheit und das Eigentumsrecht kommen vor allem Verstöße gegen den Gleichheitsgrundsatz in Betracht. Aufgrund möglicher Rechtsverletzungen Dritter ist das Mindestreserveinstrument geeignet, eine außervertragliche Haftung der Union zu begründen.[199] 102

Voraussetzung der außervertraglichen Haftung ist nach ständiger Rechtsprechung, dass die den Organen vorgeworfene **Handlung rechtswidrig** und ein **Schaden tatsächlich eingetreten** ist, sowie dass zwischen der Handlung und dem behaupteten Schaden ein **ursächlicher Zusammenhang** besteht.[200] Die inkriminierte Handlung der EZB bzw ihrer Bediensteten müsste also rechtswidrig sein, dh gegen Unionsrecht verstoßen. Da das Unionsrecht auch eine Haftung für normatives Unrecht kennt, kann es sich bei der rechtswidrigen Handlung nicht nur um eine Verwaltungstätigkeit, sondern auch um eine Rechtsnorm handeln. Einer besonderen Qualifikation der Rechtswidrigkeit bedarf es bei der **Haftung für administratives Unrecht** nicht. Dagegen fordert der Gerichtshof für die **Haftung aufgrund von Rechtssetzungsakten** „eine hinreichend qualifizierte Verletzung einer höherrangigen, dem Schutz der Einzelnen dienenden Rechtsnorm".[201] Höherrangige Rechts- 103

193 Ausführlich dazu *Czaja*, S. 174 ff.

194 Art. 18.1, 1. Spiegelstr. iVm Art. 18.2 ESZB-Satzung.

195 Ebenso *Czaja*, S. 175.

196 AA *Czaja*, S. 179.

197 Art. 19 ESZB-Satzung.

198 So zur Mindestreservepolitik der Deutschen Bundesbank vor Einführung der EWU *Coburger*, Die währungspolitischen Befugnisse der Deutschen Bundesbank, 1989, S. 73.

199 Ebenso *Czaja*, S. 179.

200 EuGH, Rs. 4/69 (Lütticke/Kommission), Slg 1971, 325, 337, Rn 10; EuGH, Rs. C-146/91 (KYDEP/Rat und Kommission), Slg 1994, I-4199, 4231, Rn 19; EuG, Rs. T-390/94 (Schröder/Kommission), Slg 1997, II-501, 518, Rn 50.

201 EuGH, Rs. 5/71 (Schöppenstedt/Rat), Slg 1971, 975, 984, Rn 11; EuGH, Rs. C-104/89 und C-37/90 (Mulder/Rat und Kommission), Slg 1992, I-3061, 3131, Rn 12; EuG, Rs. T-167/94 (Nölle/Rat und Kommission), Slg 1995, II-2589, 2611, Rn 51.

normen sind alle Bestimmungen des Primärrechts sowie die allgemeinen Rechtsgrundsätze bzw die in der Charta der Grundrechte der Europäischen Union anerkannten Unionsgrundrechte.[202]

104 Die eigentliche Hürde stellt das **Erfordernis der hinreichend qualifizierten Verletzung** dar.[203] Eine solche ist nach der Rechtsprechung anzunehmen, wenn das handelnde Organ seine Befugnisse „offenkundig und erheblich" überschritten hat.[204] Der Gerichtshof stellt diesbezüglich auf die Schwere des Schadens sowie darauf ab, ob eine begrenzte und klar umrissene Gruppe von Geschädigten betroffen ist. Amtshaftungsklagen wegen normativen Unrechts haben vor diesem Hintergrund in der gerichtlichen Praxis nur selten Erfolg.[205]

105 Liegen auch die weiteren Haftungsvoraussetzungen vor, also der tatsächliche Eintritt des Schadens sowie ein Kausalzusammenhang zwischen Handlung und Schaden, steht dem Geschädigten Ersatz des entstandenen Schadens zu. Dieser umfasst sowohl die eingetretenen **Vermögensschäden**, den entgangenen Gewinn eingeschlossen, als auch **immaterielle Schäden**.[206]

106 Fraglich ist, wer **Anspruchsgegner** von Schadensersatzklagen gem. Art. 268 iVm Art. 340 Abs. 2 und Abs. 3 AEUV ist. Zunächst erscheint eine Haftung der Union auch hinsichtlich der Schäden naheliegend, welche die EZB bzw ihre Bedienstete verursacht haben, denn nach Art. 340 Abs. 2 AEUV ist die Union Anspruchsgegner. Davon abweichend erklärt Art. 340 Abs. 3 AEUV die EZB ausdrücklich zum Anspruchsgegner. Diese mit dem Vertrag von Lissabon eingefügte Klarstellung ist sachgerecht, denn obwohl die EZB nunmehr zu den Unionsorganen iSd Art. 13 EUV nF gehört, so besitzt sie zugleich Rechtspersönlichkeit und verfügt auch über einen eigenen Haushalt. Es wäre daher ein Wertungswiderspruch, den Organen und Einrichtungen der Union jede Einflussnahme auf die EZB zu verbieten, die Union aber dennoch für ein Fehlverhalten der unabhängigen Zentralbank haften zu lassen. Schadensersatzklagen im Zusammenhang mit Schäden, welche die EZB oder ihre Bedienstete in Ausübung ihrer Amtstätigkeit verursacht haben, sind also allein gegen die EZB zu richten.[207]

b) Vertragliche Haftung

107 Für die vertragliche Haftung verweist Art. 35.3 ESZB-Satzung auf Art. 340 AEUV. Im Zusammenspiel mit Art. 340 Abs. 1 AEUV bestimmt sich die vertragliche Haftung der EZB somit nach dem Recht, das auf den betreffenden Vertrag anzuwenden ist.[208] Anders als in den Regelungen über die außervertragliche Haftung in Art. 268 iVm Art. 260 Abs. 2 und 3 AEUV ist in Art. 340 Abs. 1 AEUV weder die Entwicklung unionsrechtlicher Haftungsgrundsätze noch eine Zuständigkeit des Gerichtshofs vorgesehen.[209] Vielmehr sind nach Art. 35.4 ESZB-Satzung die **nationalen Gerichte** zur Entscheidung über Schadensersatzklagen aus Verträgen zuständig. Wenn nichts anderes vereinbart wurde, bestimmt sich das anwendbare Recht nach den **Kollisionsregeln des Internationalen Privatrechts**.[210] Sofern danach das Recht des Sitzstaates maßgeblich ist, kommt deutsches Recht zur Anwendung. Die Zuständigkeit des Gerichtshofs nach Art. 35.4 ESZB-Satzung kann allerdings durch eine in die Verträge aufgenommene **Schiedsklausel** begründet werden.

---

202 Calliess/Ruffert/*Ruffert*, EUV/AEUV, Art. 340, Rn 17.
203 Vgl *Hahn/Häde*, ZHR 2001, 30, 58.
204 EuGH, Rs. 83 und 94/76, 4, 15 und 40/77 (HNL/Rat und Kommission), Slg 1978, 1209, 1224, Rn 6; EuG, Rs. T-167/94 (Nölle/Rat und Kommission), Slg 1995, II-2589, 2611, Rn 85.
205 Vgl *Cappeli/Nehls*, EuR 1997, 132, 139.
206 Rengeling/Middeke/Gellermann/*Gellermann*, Hdb des Rechtsschutzes in der EU, § 9, Rn 50; Calliess/Ruffert/*Ruffert*, EUV/AEUV, Art. 340, Rn 30.
207 *Baur*, S. 250 ff; *Gaiser*, EuR 2002, 517, 531; *Hahn/Häde*, ZHR 2001, 30, 59; *Zilioli/Selmayr*, CMLR 2000, 591, 637 f.
208 Ebenso *Baur*, S. 16; *Gaiser*, EuR 2002, 517, 531; hingegen folgern *Hahn/Häde*, ZHR 2001, 30, 55, dieses Ergebnis direkt aus Art. 288 Abs. 1 EGV (entspricht Art. 340 Abs. 1 AEUV) und nicht erst aus der Verweisung des Art. 35.3 Satz 1 ESZB-Satzung.
209 Vgl *Gaiser*, EuR 2002, 517, 531.
210 *Hahn/Häde*, ZHR 2001, 30, 55.

III. Einzelne Fallgruppen

1. Einleitung

Im Folgenden soll der Rechtsschutz gegen Handlungen der EZB in den Tätigkeitsbereichen betrachtet werden, die in engem Zusammenhang mit der Wahrnehmung ihrer geldpolitischen Funktion und somit der Zentralbankunabhängigkeit stehen. Im Einzelnen handelt es sich um die Festlegung von Leitzinssätzen, die Offenmarkt- und Refinanzierungspolitik, die Mindestreservepolitik und das Sanktionsrecht. 108

Im Rahmen des vom Gerichtshof gewährten Rechtsschutzes lassen sich einerseits der Rechtsschutz privilegierter Kläger, dh der Unionsorgane und der Mitgliedstaaten, und andererseits der Individualrechtsschutz unterscheiden. In Bezug auf die Leitzinsfestlegungen sind beide Rechtsschutzkategorien einschlägig (unter 2.). Hinsichtlich der sonstigen unabhängigkeitsrelevanten Tätigkeitsbereiche der EZB, in concreto der Offenmarkt- und Refinanzierungspolitik, der Mindestreservepolitik und der Ausübung des Sanktionsrechts, ist hingegen nur der Individualrechtsschutz einschlägig, da die EZB im Rahmen dieser Politiken Geschäfte mit der Kreditwirtschaft abschließt bzw diese unmittelbar zu steuern sucht (unter 3. bis 5.). 109

2. Festlegung von Leitzinssätzen

a) Rechtsschutz für die Unionsorgane und die Mitgliedstaaten

Eine Klage gegen die EZB könnte auf den Vorwurf gestützt werden, dass die Festlegung eines Leitzinssatzes als zentrale geldpolitische Entscheidung zu expansiv oder zu restriktiv, und daher mit Art. 127 Abs. 1 AEUV unvereinbar ist. Wie bereits ausgeführt, werden in der geldpolitischen Praxis **drei von der EZB festzulegende Zinssätze** relevant (siehe oben Rn 46 ff). Dabei handelt es sich um die Sätze, zu denen Banken Zentralbankgeld erhalten oder aber Geld bei der Zentralbank anlegen können. Als Hintergrund möglicher Verfahrenskonstellationen soll von einem Szenario ausgegangen werden, in dem über mehrere Jahre deutliche Inflationsraten zu verzeichnen sind. 110

Als Klagemöglichkeit gegen die genannten geldpolitischen Festlegungen der EZB kommt für die Unionsorgane und die Mitgliedstaaten die Erhebung einer **Nichtigkeitsklage** gem. Art. 263 AEUV in Betracht. Zu den gem. Art. 263 Abs. 1 AEUV angreifbaren Handlungen gehören auch solche der EZB. Erforderlich ist allerdings, dass sie „verbindliche Rechtswirkungen" erzeugen, welche die Interessen des Klägers durch einen Eingriff in seine Rechtsstellung beeinträchtigen.[211] 111

Die Festsetzung der Schlüsselzinssätze obliegt nach Art. 12.1 Satz 2 ESZB-Satzung dem EZB-Rat. Ihre Höhe hat erhebliche Auswirkungen auf das Marktgeschehen und damit auch auf die einzelnen Marktteilnehmer.[212] Art. 12.1 Satz 2 ESZB-Satzung spricht insoweit von „Beschlüssen". Die **Rechtsnatur der Festlegung von Leitzinssätzen** bleibt dennoch unklar. Umstritten ist, ob nach Art. 12.1 der Satzung getroffene Beschlüsse des EZB-Rats durchgehend als „echte" Beschlüsse iSd Art. 132 Abs. 1, 1. Spiegelstr. iVm Art. 288 Unterabs. 4 AEUV (entspricht Entscheidungen iSd Art. 110 Abs. 1, 1. Spiegelstr. iVm Abs. 2 S. 4 EGV aF) zu qualifizieren sind und daher auch der gerichtlichen Kontrolle unterliegen.[213] Im Schrifttum wird die Ansicht vertreten, dass der Begriff „Beschluss" (früher „Entscheidung") in Art. 12.1 ESZB-Satzung als Oberbegriff zu verstehen ist. Er umfasse auch ESZB-interne Handlungen, für die mangels Außenwirkung eine Rechtskontrolle ausscheide.[214] Nach dieser Ansicht soll die Festsetzung der Zinssätze nicht die Voraussetzung eines „echten" Beschlusses iSd Art. 132 Abs. 1, 1. Spiegelstr. iVm Art. 288 Unterabs. 4 AEUV erfüllen, da Zinsfestlegungen in ihrer Wirkung auf das ESZB beschränkt blieben.[215] Diese Sichtweise vermag nicht zu überzeugen. Die **Verbindlichkeit der Leitzinsfixierung für alle Kreditinstitute** lässt die 112

211 St. Rspr; vgl EuGH, Rs. 60/81 (IBM/Kommission), Slg 1981, 2639; EuG, Rs. T-113/00 (DuPont Teijin Films Luxembourg SA/Kommission), Slg 2002, II-3681, Rn 47.

212 *Hahn/Häde* ZHR 2001, 30, 46.

213 So *Zilioli*, in: v. d. Groeben/Schwarze, EUV/EGV, ESZB-Satzung Art. 12, Rn 7 und 12.

214 So *Endler*, S. 514 f.

215 *Endler*, S. 515.

Charakterisierung als „innerbehördliche Akte“ nicht zu. Von einer Leitzinsfestlegung betroffen sind sämtliche Kreditinstitute, da sie auf Zentralbankgeld angewiesen sind.[216] Mit einer entsprechenden Festsetzung werden die unabdingbaren Voraussetzungen über den Zugang bestimmt. Diese Beschlüsse binden daher nicht nur die nationalen Zentralbanken, die die geldpolitischen Transaktionen letztlich durchführen. Sie gelten vielmehr unmittelbar für die Kreditinstitute und legen die Bedingungen für die Inanspruchnahme fest. Es handelt sich also um Rechtsakte mit Außenwirkung, für die generell die Rechtskontrolle vorgesehen ist.

113 Zweifel an dem Charakter der Zinsfestlegungen als „Entscheidung“ (jetzt: „Beschluss“) wurden vor Inkrafttreten des Vertrages von Lissabon in der Literatur auch deshalb geäußert, weil die Entscheidung nach den Vorgaben des EG-Vertrags der verbindliche Rechtsakt des Gemeinschaftsrechts für Einzelfälle war.[217] Die **Voraussetzung der Einzelfallregelung** war im Normtext zwar nicht explizit, aber doch implizit formuliert („für diejenigen verbindlich, an die sie gerichtet sind“).[218] Die Festlegung der Schlüsselzinssätze richtet sich nach dieser Auffassung nicht ausdrücklich an einen bestimmten Personenkreis, vielmehr seien sämtliche Geschäftspartner des ESZB von ihrer Festsetzung betroffen. Da die Zinssätze auch für neu hinzukommende Institute gelten, sei der Adressatenkreis im Zeitpunkt der Festsetzung nicht abschließend bestimmbar. Daher handele es sich bei Leitzinsfestlegungen nicht um die Regelung von Einzelfällen, sondern um generell-abstrakte Rechtsakte. Die Wahl der Begriffs „Entscheidung“ im EG-Vertrag müsse man als redaktionelles Versehen ansehen.[219]

114 Gegen diese Sichtweise ist in der Sache einzuwenden, dass der Adressatenkreis sehr wohl begrenzt und auch bestimmbar ist. Als Geschäftspartner des Eurosystems ist nämlich nicht jedes im Eurogebiet ansässige Kreditinstitut zugelassen, vielmehr müssen die Geschäftspartner bestimmte, einheitlich im gesamten Eurogebiet geltende Zulassungskriterien erfüllen, um die ständigen Fazilitäten in Anspruch nehmen bzw an den Offenmarktgeschäften im Wege von Standardtendern über die nationalen Zentralbanken des jeweiligen Mitgliedstaats teilnehmen zu können.[220] Als Rechtsakte des Unionsrechts, die Einzelfälle regeln, sind **Zinssatzfestlegungen daher als Beschlüsse** im Sinne des Unionsrechts anzusehen. An diesem Ergebnis kann auch die in der geldpolitischen Praxis festzustellende Größe des Adressatenkreises nichts ändern. Letztlich kann der Streit um die Qualifizierung der Leitzinsfestlegungen nach alter wie neuer Rechtslage dahinstehen, da es sich bei den Leitzinsentscheidungen jedenfalls um **verbindliche Rechtsakte** handelt. Schon aus diesem Grunde können die Unionsorgane und die Mitgliedstaaten gegen solche Maßnahmen – ungeachtet ihrer rechtlichen Klassifizierung – mit der Nichtigkeitsklage vorgehen. Mit Wirksamwerden des Vertrags von Lissabon hat sich der Streit aber auch deshalb erledigt, weil Art. 288 Abs. 4 Satz 1 AEUV für die Handlungsform des Beschlusses, anders als noch bei der Entscheidung iSd Art. 249 Abs. 4 EGV aF, nicht mehr zwingend eine Einzelfallregelung fordert („Sind sie an bestimmte Adressaten, gerichtet, so sind sie nur für diese verbindlich.“).

115 Hinsichtlich der Leitzinsfestlegungen des EZB-Rates kommt von den in Art. 263 Abs. 2 AEUV genannten Klagegründen zunächst der **Ermessensmissbrauch** in Betracht. Der Gerichtshof hat den Tatbestand des Ermessensmissbrauchs allerdings auf die Fälle beschränkt, in denen die handelnden Unionsorgane von ihren Kompetenzen zu einem anderen als dem angegebenen Zweck oder mit dem Ziel der Verfahrensumgehung Gebrauch gemacht haben.[221] Der Begriff ist also nur auf die

216 Vgl *EZB*, Die einheitliche Geldpolitik im Euro, S. 10.

217 So *Hahn/Häde*, ZHR 2001, 30, 46; zu den Voraussetzungen der Entscheidung vgl *Zilioli*, in: v. d. Groeben/Schwarze, EGV/EUV, ESZB-Satzung Art. 12, Rn 6 ff; Calliess/Ruffert/*Ruffert*, EUV/AEUV, Art. 288 AEUV, Rn 86.

218 Art. 110 Abs. 1, 2. Spiegelstr. sowie Art. 249 Abs. 4 EGV aF.

219 Nach *Hahn/Häde*, ZHR 2001, 30, 46 handelt es sich um Rechtsakte sui generis.

220 Dazu im Einzelnen: *EZB*, Die einheitliche Geldpolitik im Euro-Währungsgebiet, S. 10 f; *EZB*, Die Geldpolitik der EZB, 2001, S. 71.

221 EuGH, Rs. 18 und 35/65 (Gutmann/Kommission der EAG), Slg 1966, 154, 176; EuGH, Rs. 123/75 (Küster/Parlament), Slg 1976, 1701, 1710; EuGH, Rs. 69/83 (Lux/Rechnungshof), Slg 1984, 2447, 2465; EuGH, Rs. C-48/96 P (Windpark Groothusen/Kommission), Slg 1998, I-2873, Rn 52.

Fälle anwendbar, in denen mit den Mitteln des Unionsrechts ein subjektiv rechtswidriger Zweck verfolgt wird.[222] Die Zweckverfolgung muss aufgrund objektiver, schlüssiger und übereinstimmender Indizien in der Praxis anzunehmen sein.[223] Kann der Rechtsakt auf objektive Erwägungen gestützt werden, scheitert die Rüge des Ermessensmissbrauchs. Hinsichtlich anderer Ermessensfehler bleibt dann nur die **Rüge der Rechtsverletzung**,[224] dh die Berufung auf den umfassend angelegten Tatbestand „Verletzung dieses Vertrages oder einer bei seiner Durchführung anzuwendenden Rechtsnorm".[225]

In der **Rechtspraxis** dürfte es jedoch schwerlich nachzuweisen sein, dass der EZB-Rat mit seinem Leitzinsbeschluss einen subjektiv rechtwidrigen Zweck verfolgt. Hierfür sind objektive, schlüssige und übereinstimmende Hinweise beizubringen. Der Kläger müsste dem EZB-Rat nachweisen, dass er bei der Festlegung von Leitzinsen ein anderes Ziel als das der Preisstabilität verfolgt hat. Angesichts der Schäden, die ein solches Verhalten für die Glaubwürdigkeit der Zentralbank hätte, wird ein solcher Nachweis kaum zu erbringen sein. Der Vorwurf einer zu expansiven bzw zu restriktiven Leitzinsfestlegung wird daher regelmäßig auf den Klagegrund der Vertragsverletzung zu stützen sein. Dieser Klagegrund ist Auffangtatbestand für alle Vertragsverstöße, die sich nicht unter einen der drei anderen Begriffe subsumieren lassen.[226] 116

Darüber hinaus erscheint es in der Praxis auch wenig Erfolg versprechend, gegen einzelne Leitzinsfixierungen vorzugehen.[227] Hohe Inflationsraten sind aufgrund des längeren Transmissionsprozesses durch eine gegenwärtige Entscheidung nicht zu erklären. Sie können nur auf der zurückliegenden Geldpolitik der EZB beruhen. Die Entscheidungen der EZB sind aber bereits nach zwei Monaten nicht mehr anfechtbar.[228] Ob die angefochtene Entscheidung zukünftig Inflation auslöst, wird angesichts der **Komplexität der Transmissionsmechanismen** regelmäßig auch nicht nachweisbar sein.[229] Schließlich beschränkt sich die Bedeutung einzelner geldpolitischer Entscheidungen auf einen relativ kurzen Zeitraum. Wegen der langen Verfahrensdauer könnte über solche Maßnahmen deshalb nur im einstweiligen Rechtsschutz entschieden werden.[230] 117

Statt gegen einzelne Leitzinsentscheidungen der EZB vorzugehen, erscheint es naheliegender, der EZB generell vorzuwerfen, durch die vergangene Zinspolitik die Preisstabilität nicht gewährleistet und daher die vertraglichen Zielbestimmungen verletzt zu haben.[231] Dieser Vorwurf kann von den privilegierten Klägern im Wege einer **Untätigkeitsklage** nach Art. 265 AEUV geltend gemacht werden. Klagebefugt sind nach Absatz 1 wiederum neben den Mitgliedstaaten Rat, Kommission sowie das Europäische Parlament. Als Klagegegenstand muss das Unterlassen eines Beschlusses vorgetragen werden.[232] Da sich die der EZB vorgeworfene Handlung nicht auf eine bestimmte geldpolitische Entscheidung reduzieren lässt, könnte nur allgemein vorgetragen werden, dass die EZB es unterlassen hat, die zur Gewährleistung der Preisstabilität notwendigen zinspolitischen Entschei- 118

222 Vgl EuGH, Rs. 266/82 (Turner/Kommission), Slg 1984, 1, Rn 19.
223 EuGH, Rs. 69/83 (Lux/Rechnungshof), Slg 1984, 2447, 2465.
224 EuGH, Rs. 266/82 (Turner/Kommission), Slg 1984, 1, Rn 19; EuGH, Rs. 23/76 (Pellegrini/Kommission), Slg 1976, 1807, 1820.
225 Zur Rechtfertigung dieser subjektiv ausgerichteten, engen Begriffsinterpretation s. *Gaitanides*, in: v. d. Groeben/Schwarze/Hatje, Europäisches Unionsrecht, Art. 263 AEUV, Rn 137.
226 *Gaitanides*, in: v. d. Groeben/Schwarze/Hatje, Europäisches Unionsrecht, Art. 263 AEUV, Rn 137; Lenz/Borchardt/*Borchardt*, EU-Verträge, Art. 263 AEUV, Rn 82; Calliess/Ruffert/*Cremer*, EUV/AEUV, Art. 263 AEUV, Rn 91.
227 So zu Recht *Endler*, S. 515.
228 Art. 263 Abs. 5 AEUV.
229 In seinem OMT-Beschluss hat das BVerfG im Zusammenhang von Offenmarktgeschäften Zweifel an der Tragfähigkeit der Argumentationsfigur des Transmissionsmechanismus geäußert (s.o. Rn 55).
230 Zum einstweiligen Rechtsschutz in der Union, insbesondere die Entscheidung über die vorläufige Aussetzung einer Maßnahme s. Rengeling/Middeke/Gellermann/*Wegener*, Hdb des Rechtsschutzes in der Europäischen Union, § 19.
231 *Schütz*, EuR 2001, 291, 303; *Endler*, S. 516; vgl auch *Hahn/Häde*, ZHR 2001, 30, 48 mit Fn 87.
232 Rengeling/Middeke/Gellermann/*Burgi*, Hdb des Rechtsschutzes in der Europäischen Union, § 8, Rn 20.

dungen zu treffen.[233] Nach Art. 265 Abs. 2 AEUV muss die EZB zunächst in einem Vorverfahren zum Tätigwerden aufgefordert werden.[234] Die Durchführung eines solchen Vorverfahrens dürfte bereits großen Einfluss auf die Geldpolitik der EZB haben. Die Sensibilität der Finanzmärkte zwingt die EZB dazu, auch nur den Anschein einer Vertragsverletzung zu vermeiden, will sie ihre Glaubwürdigkeit nicht beeinträchtigen.

119 Für die Begründetheit einer Untätigkeitsklage gegen die EZB wäre zunächst eine sachlich und zeitlich hinreichend konkretisierte Handlungspflicht der EZB zum Tätigwerden Voraussetzung.[235] Mit der vertraglichen Verpflichtung zur Gewährleistung der Preisstabilität liegt eine hinreichend klare Zielvorgabe vor, die nach Art. 127 AEUV iVm Art. 9.2 ESZB-Satzung mit einer Rechtspflicht der EZB zum Tätigwerden korrespondiert. Der Zentralbank wird allerdings hinsichtlich der Beurteilung der Frage, wie dieses Ziel zu erreichen ist, ein weites Ermessen einzuräumen sein.[236] Der EuGH dürfte in Übereinstimmung mit seiner ständigen Rechtsprechung zur **Kontrolldichte im EU-Wirtschaftsrecht** auch die geldpolitischen Entscheidungen der EZB als Handlungen in einer „komplexen wirtschaftlichen Situation" einordnen. Folglich würde der EuGH seine Rechtmäßigkeitsprüfung darauf beschränken, ob die von der Zentralbank ergriffenen geldpolitischen Maßnahmen zur Erreichung der Preisstabilität offenkundig ungeeignet sind oder den Vorrang der Preisstabilität eindeutig missachten.[237] Ein Missbrauch oder die offensichtliche Überschreitung des Ermessensspielraumes der EZB stellt aber gerade den Kern einer Untätigkeitsklage dar, in welcher der Zentralbank vorgeworfen wird, mit ihrer Geldpolitik nicht die Preisstabilität, sondern andere vertragswidrige Ziele verfolgt zu haben.[238] Im Rahmen der Begründetheitsprüfung ist jedoch ein weiter Handlungsspielraum der EZB zugrunde zu legen, dessen Kontrolle sich im Wesentlichen auf eine Art Willkürprüfung durch den EuGH reduziert.[239] Das verfahrensabschließende Sachurteil ist ein nicht vollstreckungsfähiges Feststellungsurteil, das gegebenenfalls eine Vertragsverletzung durch Unterlassung konstatieren würde.

b) Individualrechtsschutz

120 Individualrechtsschutz gegen **Leitzinsfestlegungen** gewährt Art. 263 Abs. 4 AEUV nur unter den dort genannten Voraussetzungen. Nach der Neuregelung der zulässigen Klagegegenstände in Art. 263 Abs. 4 AEUV kann jede natürliche und juristische Person Rechtsschutz „gegen die an sie gerichteten oder sie unmittelbar und individuell betreffenden Handlungen" erheben. Sofern die Leitzinsentscheidungen der EZB diese Voraussetzungen erfüllen, ist auch das „Betroffensein" der Geschäftspartner des ESZB unproblematisch, da der Adressat eines Beschlusses stets unmittelbar und individuell betroffen ist.

121 Im Zusammenhang mit dem Rechtsschutz der Unionsorgane und Mitgliedstaaten wurde bereits dargelegt, dass Leitzinsfestlegungen nach hier vertretener Ansicht als echte „Beschlüsse" im Sinne des Unionsrechts anzusehen sind, da sie an einen **begrenzten und konkretisierbaren Adressatenkreis** ergehen (siehe oben Rn 113 ff). Nach anderer Ansicht im Schrifttum handelt es sich bei Leitzinsfestlegungen um Rechtsakte sui generis, die wie Verordnungen allgemeine Geltung und damit Normcharakter haben, deren Adressatenkreis aber nicht bestimmbar ist.

122 Nach der Neuregelung durch den Vertrag von Lissabon kommt es hinsichtlich der **Zulässigkeit der Nichtigkeitsklage** entscheidend darauf an, ob die Leitzinsfestlegungen einzelne Kreditinstitute unmittelbar und individuell betreffen. Die Tatsache, dass ihnen normativer Charakter zukommt,

---

233 *Endler*, S. 517 f.

234 Dazu ausführlich *Gaitanides*, in: v. d. Groeben/Schwarze/Hatje, Europäisches Unionsrecht, Art. 265 AEUV, Rn 15 ff.

235 Zu den praktischen Konsequenzen dieser Einschränkung *Dauses*, S. 243 f.

236 *Griller*, in: Grabitz/Hilf/Nettesheim, Das Recht der Europäischen Union, Art. 127 AEUV, Rn 26; zur Kontrolle des Ermessens im Unionsrecht ausführlich *Pache*, DVBl. 1998, 348 ff, 380.

237 St. Rspr, s. zB EuGH, Rs. 29/77 (SA Roquettes Frères/Frankreich), Slg 1977, 1835, 1842; EuGH, Rs. 25/80 (Denkavit Nederland/Produktschap voor Zuivel), Slg 1981, 45, 62.

238 S. *Endler*, S. 521.

239 Vgl *Dauses*, S. 248 f.

schließt Individualrechtsschutz noch nicht zwingend aus. Die Beschlüsse gelten allerdings für alle mindestreservepflichtigen Kreditinstitute. Der betroffene Personenkreis ist damit nur nach allgemeinen Merkmalen bestimmt. Nach ständiger Rechtsprechung des EuGH ist derjenige, der nicht Adressat einer Maßnahme ist, nur dann von dieser **individuell betroffen**, wenn sie ihn wegen bestimmter persönlicher Eigenschaften oder besonderer, ihn aus dem Kreis der übrigen Personen heraushebender Umstände berührt und ihn daher in ähnlicher Weise individualisiert wie den Adressaten einer Entscheidung.[240] Diese sog. Plaumann-Formel betrifft die Klagebefugnis in Bezug auf Verordnungen.[241] Die Formel muss daher, sofern man sie nicht grundsätzlich als zu restriktiv ablehnt, auch auf Rechtsakte sui generis Anwendung finden.

Folgt man hingegen der hier vertretenen Ansicht und sieht **Leitzinsfestlegungen als Beschlüsse** an, sind Individualnichtigkeitsklagen gegen die Festlegungen regelmäßig zulässig, da sich die unmittelbare und individuelle Betroffenheit schon aus der Rechtsqualität des angefochtenen Rechtsakts ergibt. Davon abgesehen sind allerdings auch hier die bereits oben dargelegten (siehe oben Rn 116 ff) grundsätzlichen Bedenken bezüglich einer Anfechtung einzelner Leitzinsfixierungen im Wege der Nichtigkeitsklage einschlägig. Angesichts der Komplexität geldpolitischer Steuerungsmechanismen wird es im Falle einer zulässigen Individualnichtigkeitsklage für die Rechtsprechung kaum feststellbar sein, ob und inwieweit eine einzelne Leitzinsentscheidung zur künftigen Inflationierung beiträgt. 123

3. Offenmarkt- und Refinanzierungspolitik

Hinsichtlich möglicher Streitigkeiten im Rahmen der Offenmarkt- und Refinanzierungspolitik des ESZB ist zwischen dem **Zugang der Kreditinstitute** zu diesen Geschäften und der konkreten **Durchführung** dieser Geschäfte am offenen Markt und im Rahmen der Refinanzierungspolitik zu unterscheiden. 124

Zunächst trifft das ESZB eine grundsätzliche Entscheidung über die **Zulassung von Kreditinstituten** zu diesen Geschäften. Zugang haben grundsätzlich alle mindestreservepflichtigen Kreditinstitute.[242] Das ESZB behält sich jedoch vor, Kreditinstituten den Zugang zu geldpolitischen Instrumenten aus Risikoerwägungen oder bei schwerwiegender oder dauerhafter Nichterfüllung von Verpflichtungen zu verweigern.[243] Hinsichtlich des insoweit einschlägigen Individualrechtsschutzes ist danach zu unterscheiden, ob der Zugang durch die EZB oder die nationalen Zentralbanken verweigert wird. Lehnt die EZB eine Zulassung ab, ist das Gericht für die Auseinandersetzung zuständig.[244] Wird einem Kreditinstitut von der nationalen Zentralbank die **Teilnahme an der Offenmarkt- oder Refinanzierungspolitik** verweigert, ist diese Entscheidung regelmäßig nicht als Maßnahme der EZB, sondern als Maßnahme der jeweiligen Zentralbank anzusehen.[245] Im Falle der Deutschen Bundesbank stellt eine solche Entscheidung einen Verwaltungsakt iS von § 35 VwVfG dar, mit der Folge, dass der Verwaltungsrechtsweg offen steht.[246] Begehrt das betroffene Kreditinstitut die Aufhebung dieses Verwaltungsakts, kann es **Anfechtungsklage** erheben.[247] Will ein nicht mindestreservepflichtiges Institut seine Zulassung erreichen, ohne dass ein Verwaltungsakt vorliegt, wird auf die **Verpflichtungsklage** zurückzugreifen sein. 125

Beschließt die Bundesbank in Durchführung der Offenmarkt- und Refinanzierungspolitik des ESZB ein bestimmtes, von privater Seite emittiertes Papier als Sicherheit einer bestimmten Kategorie 126

240 EuGH, Rs. 25/62 (Plaumann/Kommission), Slg 1963, 213, 238; EuGH, Rs. 309/89 (Cordoniu/Rat), Slg 1994, I-1853, Rn 20; EuG, Rs. T-14/97 und T-15/97 (Sofio SAS/Rat), Slg 1998, II-2601, Rn 3.

241 Die sog. Plaumann-Formel ist im Schrifttum und der europäischen Gerichtsbarkeit allerdings umstritten; eingehend dazu *Gaitanides*, in: v. d. Groeben/Schwarze/Hatje, Europäisches Unionsrecht, Art. 263 AEUV, Rn 66 ff mwN.

242 *EZB*, Die einheitliche Geldpolitik im Euro-Währungsgebiet, S. 10.

243 *EZB*, Die einheitliche Geldpolitik im Euro-Währungsgebiet, S. 12.

244 Art. 256 AEUV iVm Art. 51 Satzung des Gerichtshofs.

245 *Hahn/Häde*, ZHR 2001, 30, 49.

246 § 40 Abs. 1 VwGO.

247 § 42 Abs. 1, 1. Alt. VwGO.

anzuerkennen,[248] ist diese Entscheidung wegen ihrer Bedeutung für den Zugang zum Zentralbankgeld ebenfalls als Verwaltungsakt anzusehen. Rechtsschutz gegen die **Nichtanerkennung von Wertpapieren** lässt sich daher im Wege der Verpflichtungsklage erlangen. Aussicht auf Erfolg dürfte eine solche Klage aber nur dann haben, wenn die Bundesbank gegen ihre eigenen Auswahlkriterien bzw die der EZB verstößt, also willkürlich handelt.[249]

127 Die Durchführung der Offenmarkt- und Refinanzierungsgeschäfte mit den zugelassenen Kreditinstituten erfolgt über die nationalen Zentralbanken.[250] Die Geschäfte werden auf **privatrechtlicher Grundlage** abgewickelt. Die Nichtberücksichtigung des zu niedrigen Gebots eines Kreditinstituts im Verfahren der Zuteilung von Zentralbankgeld stellt daher eine Maßnahme im Rahmen dieser vertraglichen Beziehung dar und ist folglich kein Verwaltungsakt.[251] Entstehen bei der Durchführung dieser Geschäfte Streitigkeiten zwischen den nationalen Zentralbanken und Kreditinstituten, entscheiden die zuständigen nationalen Gerichte.[252]

128 Bei Streitigkeiten über die Durchführung der Offenmarkt- und Refinanzierungsgeschäfte entscheiden also grundsätzlich die nationalen Gerichte. Das wird auch dann zu gelten haben, wenn die nationalen Zentralbanken das Kreditinstitut aufgrund entsprechender Voraussetzungen in diesbezüglichen Leitlinien der EZB oder auf direkte Weisung der EZB ausschließt. Steht allerdings die **Rechtmäßigkeit der Leitlinien und Weisungen** in Frage, wird das Gericht das Vorlagerecht bzw die Vorlagepflicht nach Art. 267 Abs. 2 und 3 AEUV zu beachten haben.[253]

129 Die Maßnahmen der EZB in der Krise haben Klagen von Individuen hervorgerufen, die nicht unmittelbar am Offenmarktgeschäft beteiligt waren. Ziel dieser Klagen war es nicht, durch die EZB in einer bestimmten Art und Weise im Geschäftsverkehr behandelt zu werden, sondern **den geldpolitischen Kurs insgesamt zu beeinflussen**. Erwartungsgemäß wurden diese Klagen vor den europäischen Gerichten als unzulässig zurückgewiesen.[254] Über den Umweg der nationalen Verfassungsgerichtsbarkeit ist es jedoch in einem anderen Verfahren gelungen, eine Vorlagefrage beim EuGH durch das BVerfG zu platzieren (siehe oben Rn 90).

4. Mindestreservepolitik

130 Im Rahmen des subjektiven Rechtsschutzes gegen geldpolitische Maßnahmen kommen vor allem Klagen von Geschäftsbanken gegen die **Festlegung der Mindestreserven** in Betracht.[255] Seit dem Inkrafttreten der Verordnung der Europäischen Zentralbank über die Auferlegung der Mindestreservepflicht[256] am 1. Januar 1999 unterliegen nach deren Art. 2 Abs. 1 grundsätzlich alle Kreditinstitute und Zweigstellen von Kreditinstituten im Euro-Währungsgebiet der Mindestreservepflicht (vgl auch Rn 63). Obwohl Art. 8 der Verordnung eine Verzinsung dieser Pflichteinlagen vorsieht, liegt schon in dieser Verpflichtung eine Belastung für die Kreditinstitute, da ohne diese am Markt normalerweise höhere Margen zu erzielen wären.

131 Der mit dem Vertrag von Lissabon geänderte Art. 263 Abs. 4 AEUV beschränkt den zulässigen **Klagegegenstand bei Individualklagen**, wie ausgeführt (siehe oben Rn 120 ff), nicht mehr auf die „Entscheidung“ (jetzt: „Beschluss“). Vielmehr können private Kläger nun gegen alle „an sie gerich-

---

248 Vgl dazu *Goetze*, S. 184 f; allg. zu den zugelassenen Sicherheiten: *EZB*, Die einheitliche Geldpolitik im Euro-Währungsgebiet, S. 38 ff.

249 *Hahn/Häde*, ZHR 2001, 30, 49 f.

250 Ausführlich dazu *Goetze*, 1999, S. 100 ff.

251 *Hahn/Häde*, ZHR 2001, 30, 50.

252 Dieser Befund lässt sich allerdings nicht aus Art. 35.2 ESZB-Satzung herleiten; anders *Hahn/Häde*, ZHR 2001, 30, 50.

253 Zu den Voraussetzungen des Vorabentscheidungsverfahrens im Einzelnen *Gaitanides*, in: v. d. Groeben/Schwarze/Hatje, Europäisches Unionsrecht, Art. 267 AEUV, Rn 16 ff.

254 EuGH, Beschl. v. 15.11.2012, Rs. C-102/12 P (Städter/EZB) – unzulässig aufgrund Klagefristversäumnis; EuG, Beschl. v. 10.12.2013, Rs. T-492/12, anhängige Rs. C-64/14 P (von Storch u.a./EZB) – unzulässig aufgrund mangelnder unmittelbarer Betroffenheit.

255 *Koenig*, EuZW 1993, 661, 664.

256 VO (EG) Nr. 1745/2003 der EZB v. 12. September 2003 über die Auferlegung einer Mindestreservepflicht, ABl. 2003 L 250 S. 10.

teten oder sie unmittelbar und individuell betreffenden Handlungen" Klage erheben. Der neue Art. 263 Abs. 4 AEUV stellt also nicht mehr auf den speziellen Rechtsakt der „Entscheidung", sondern auf den weiter gefassten Begriff der „Handlung" ab. Diese Anpassung entspricht etablierter Rechtsprechung des EuGH. Zwar verstand die frühere Rechtsprechung des Gerichtshofs den Begriff der Entscheidung noch im technischen Sinne des Art. 249 Abs. 4 EGV aF, stellte aber bereits auf den tatsächlichen Regelungsgegenstand und nicht auf die amtliche Bezeichnung der Maßnahme ab.[257] Nach nunmehr ständiger Rechtsprechung sind alle Maßnahmen, die verbindliche Rechtswirkungen erzeugen und die Interessen des Klägers durch einen Eingriff in seine Rechtsstellung beeinträchtigen, Handlungen, gegen die die Nichtigkeitsklage eröffnet ist.[258] Dementsprechend stellt der neu geregelte Art. 263 Abs. 4 AEUV, nunmehr klar, dass private Kläger gegen alle in Art. 288 AEUV (Art. 249 EGV aF) genannten klassischen Handlungsformen der Union mit verbindlichem Charakter vorgehen können. Daher wären zum einen Klagen denkbar gegen die Verordnung der Europäischen Zentralbank über die Auferlegung der Mindestreservepflicht selbst, zum anderen aber auch Klagen gegen den Eintrag in die Liste der mindestreservepflichtigen Kreditinstitute sowie schließlich Klagen gegen sonstige Entscheidungen, die auf der Grundlage dieser Verordnung ergehen. Beispielsweise könnte die Gleichbehandlung der betroffenen Kreditinstitute bei der Durchführung der Mindestreservepflicht streitig sein.[259]

Individualklagen von Geschäftsbanken unmittelbar gegen die Verordnung der Europäischen Zentralbank über die Auferlegung der Mindestreservepflicht dürften hingegen an der Klagebefugnis scheitern. Da die Verordnung alle Kreditinstitute der Mindestreservepflicht unterwirft, lässt sich eine **individuelle Betroffenheit** nicht nachweisen.[260] Eine Nichtigkeitsklage natürlicher und juristischer Personen wäre aus diesem Grunde unzulässig. Gegen die Verordnung könnten also nur die Mitgliedstaaten und die Unionsorgane als privilegierte Kläger klagen.[261] 132

Die EZB veröffentlicht zudem eine **Liste der mindestreservepflichtigen Kreditinstitute.** Daher erscheint es zumindest denkbar, die Nennung eines bestimmten Kreditinstituts in dieser Liste als Beschluss anzusehen. Dagegen spricht aber, dass Art. 2 Abs. 3 S. 4 der Verordnung ausdrücklich feststellt, diese Liste sei im Hinblick auf die Mindestreservepflicht nicht maßgebend. Wie aus Art. 2 Abs. 3 S. 3 der Verordnung ersichtlich, können die Kreditinstitute die Liste heranziehen um festzustellen, ob ihrerseits Verbindlichkeiten gegenüber einem anderen Kreditinstitut bestehen, das selbst mindestreservepflichtig ist. Diese Information ist erforderlich, da nicht alle Institute der Mindestreservepflicht unterliegen. Vielmehr sieht Art. 2 Abs. 2 der Verordnung gewisse Ausnahmen vor, die in einer zweiten Liste aufgeführt werden. Art. 3 Abs. 2 der Verordnung bestimmt wiederum, dass Verbindlichkeiten gegenüber einem anderen Institut, das nicht in der Liste der befreiten Institute aufgeführt ist, von der Mindestreservepflicht ausgenommen sind. Aus den genannten Bestimmungen ergibt sich, dass die Listen die Mindestreservepflicht nicht begründen, sondern nur dem **Informationsbedürfnis der Kreditinstitute** dienen sollen. Eine Klage gegen den Eintrag in die Liste dürfte daher mangels Rechtsverbindlichkeit eines solchen Vermerks unzulässig sein.[262] 133

Andere Handlungen der EZB im Zusammenhang mit der Mindestreserve kommen hingegen als zulässiger Klagegegenstand von **Nichtigkeitsklagen Privater** in Betracht. Das gilt etwa, wenn die EZB es ablehnt, ein Kreditinstitut unter den Voraussetzungen des Art. 2 Abs. 2 der Verordnung von der Mindestreservepflicht zu entbinden. Als anfechtbare Entscheidung kommt auch die Nicht- 134

257 EuGH, Rs. 16 und 17/62 (Confédération Nationale des Producteurs de Fruits et Légumes/Rat), Slg 1962, 961, 978.

258 EuGH, Rs. 60/81 (IBM/Kommission), Slg 1981, 2639, Rn 9; EuGH, Rs. 114/86 (Vereinigtes Königreich/Kommission), Slg 1988, 5289, Rn 12; EuG, Rs. T-3/93 (Air France/Kommission), Slg 1994, II-121, Rn 43 ff.

259 So auch in BVerwGE 41, 334, 345 ff betreffend die Mindestreservepolitik der Bundesbank nach § 16 BBankG aF.

260 *Schütz*, EuR 2001, 291, 305; *Gaiser*, EuR 2002, 517, 528; *Hahn/Häde*, ZHR 2001, 30, 51; aA *Selmayr*, AöR 1999, 357, 394, dessen Bezugnahme auf die Rspr des EuGH zur Betroffenheit bei der Auferlegung von Antidumping-Zöllen mangels Vergleichbarkeit der Sachverhalte aber nicht zu überzeugen vermag.

261 *Gaiser*, EuR 2002, 517, 528.

262 *Hahn/Häde*, ZHR 2001, 30, 51.

erteilung der Erlaubnis, Mindestreserven direkt über einen Mittler zu unterhalten[263] sowie der Widerruf dieser Erlaubnis[264] in Betracht.[265]

135 Ein Kreditinstitut kann überdies **Untätigkeitsklage** erheben, wenn die EZB Anträge auf Entbindung von der Mindestreservepflicht oder auf Erteilung der Erlaubnis, Mindestreserven über einen Mittler zu unterhalten, überhaupt nicht bescheidet. Nach Art. 265 Abs. 2 AEUV ist eine solche Klage nur zulässig, wenn das Kreditinstitut die EZB zuvor aufgefordert hat, tätig zu werden. Nimmt die EZB innerhalb von zwei Monaten nicht Stellung, kann das Kreditinstitut die Klage innerhalb einer weiteren Frist von zwei Monaten erheben. Nimmt die EZB hingegen ablehnend Stellung, kommt als Klageart nur die Nichtigkeitsklage in Betracht.[266]

5. Sanktionsentscheidungen der EZB

a) Allgemeines

136 Gegen die Sanktionsentscheidungen der EZB können die betroffenen Unternehmen beim **Gericht** (vormals: Gericht erster Instanz) Nichtigkeitsklage erheben. Der Rat hat in seiner Verordnung (EG) Nr. 2532/98 von der in Art. 261 AEUV vorgesehenen Möglichkeit Gebrauch gemacht, den Prüfungsmaßstab des Gerichtshofes zu erweitern.[267] Die Ratsverordnung überträgt dem Gerichtshof die unbeschränkte Zuständigkeit für die Überprüfung der endgültigen Sanktionsentscheidung.[268] Das Gericht führt also nicht nur eine **Rechtmäßigkeitskontrolle,** sondern auch eine **Zweckmäßigkeits- und Billigkeitskontrolle** der Sanktion mit Blick auf die Aufrechterhaltung der Preisstabilität durch. Es ist außerdem zur **Änderung oder Verhängung von Zwangsmaßnahmen** befugt.[269] Selbst ohne Vorliegen eines Rechtsfehlers oder einer fehlerhaften Tatsachenbeurteilung kann das Gericht die Sanktionen ermäßigen, verschärfen oder sogar erstmals verhängen.[270] Von der Ermächtigung des Art. 261 AEUV hatte der Rat zuvor nur auf dem Gebiet des Wettbewerbsrechts und des Verkehrsrechts Gebrauch gemacht.[271]

137 Fraglich erscheint, ob die Erweiterung der Jurisdiktion des Gerichtshofs in der allgemeinen Ratsverordnung auch für die beiden **Verordnungen zu den speziellen Zuständigkeitsbereichen der EZB** gilt, die besondere Sanktionen vorsehen.[272] Gesonderte Bestimmungen über Sanktionen finden sich im Zusammenhang mit der Mindestreservepflicht sowie hinsichtlich der Erfassung statistischer Daten. Die insoweit einschlägigen Bestimmungen beider Verordnungen enthalten keinen Hinweis auf Art. 261 AEUV. Sie verweisen allerdings auf das Verfahren und die Grundsätze der allgemeinen VO (EG) Nr. 2532/1998 des Rates. Daher dürfte sich die auf der Grundlage des Art. 261 AEUV erlassene Bestimmung des Art. 5 VO (EG) Nr. 2532/1998 auch auf die in den besonderen Vorschriften geregelten Sanktionen beziehen.

138 Für den Rechtsschutz gegen Sanktionsentscheidungen der EZB ergeben sich als Folge der ESZB- sowie EZB-internen Aufgabenverteilung zwei weitere Problemfelder. Zum einen ist der Rechtskontrolle der Sanktionsentscheidung der EZB ein verwaltungsinternes Überprüfungsverfahren vorgeschaltet (unter b), zum anderen ist im Schrifttum noch nicht endgültig klärt, wie der Rechtsschutz

263 Vgl Art. 10 Abs. 2 VO (EG) Nr. 1745/2003 der EZB.

264 Vgl Art. 10 Abs. 4 VO (EG) Nr. 1745/2003 der EZB.

265 *Hahn/Häde*, ZHR 2001, 30, 52.

266 Vgl *Gaitanides*, in: v. d. Groeben/Schwarze/Hatje, Europäisches Unionsrecht, Art. 265 AEUV, Rn 23.

267 ABl. 1998 Nr. L 318 S. 4.

268 Art. 5 der VO (EG) Nr. 2532/98.

269 Vgl auch die entsprechende Ermächtigung in Art. 261 AEUV.

270 *Gaiser*, EuR 2002, 517, 529; *Hahn/Häde*, ZHR 2001, 30, 54.

271 S. die Auflistung der einschlägigen sekundärrechtlichen Bestimmungen bei *Gaitanides*, in: v. d. Groeben/Schwarze/Hatje, Europäisches Unionsrecht, Art. 261 AEUV, Rn 6 f.

272 VO (EG) Nr. 2531/98 des Rates über die Auferlegung einer Mindestreservepflicht durch die Europäische Zentralbank, ABl. 1998 Nr. L 318 S. 1; geändert durch VO (EG) Nr. 1921/2000, ABl. 2000 Nr. L 229 S. 34; VO (EG) Nr. 2533/1998 des Rates über die Erfassung statistischer Daten durch die Europäische Zentralbank, ABl. 1998 Nr. L 318 S. 8.

gegen Verfahrenshandlungen der nationalen Zentralbanken im Sanktionsverfahren ausgestaltet ist (unter c).

b) Verwaltungsinternes Überprüfungsverfahren der Sanktionsentscheidung

Nach der Verordnung (EG) Nr. 2532/98 des Rates geht einer Rechtskontrolle der Sanktionsentscheidung zunächst ein verwaltungsinternes Überprüfungsverfahren voraus. Das betreffende Unternehmen kann innerhalb von 30 Tagen eine **Überprüfung der Entscheidung des Direktoriums durch den EZB-Rat** beantragen.[273] In seiner diesbezüglichen Entscheidung muss der EZB-Rat das Unternehmen auf die Möglichkeit gerichtlicher Überprüfung hinweisen.[274] Trifft der EZB-Rat seine Entscheidung nicht innerhalb von zwei Monaten nach Antragstellung, kann das Unternehmen auch ohne Entscheidung des EZB-Rates eine gerichtliche Überprüfung der Ausgangsentscheidung des Direktoriums beantragen.[275] 139

Hinsichtlich des Rechtsschutzes gegen die Sanktionsentscheidung der EZB ist daraus im Umkehrschluss zu folgern, dass eine Nichtigkeitsklage direkt gegen eine **Entscheidung des Direktoriums** nicht zulässig sein kann, wenn der EZB-Rat auf Antrag des betroffenen Unternehmens eine Entscheidung getroffen hat. Die Klage kann sich in diesem Falle nur gegen die **Entscheidung des EZB-Rates** richten.[276] Da die Entscheidung des Direktoriums Teil eines mehrstufigen Verwaltungsverfahrens ist, handelt es sich lediglich um eine vorbereitende Maßnahme. Diese sind nach der Rechtsprechung des Gerichtshofes wegen fehlender Rechtswirkung nicht selbständig anfechtbar.[277] Rechtliche Mängel einer vorbereitenden Maßnahme kann der Kläger nur im Zusammenhang mit der Klage gegen die endgültige Entscheidung geltend machen.[278] 140

c) Rechtsschutz hinsichtlich der Verfahrenshandlungen der nationalen Zentralbanken im Sanktionsverfahren

Im **Verfahren zum Erlass von Sanktionen** sind nicht nur die EZB, sondern auch die nationalen Zentralbanken des Euro-Währungsraumes, in deren Zuständigkeitsbereich die sanktionsbewährte Übertretung erfolgt ist, befugt, das Verwaltungsverfahren gegen ein Unternehmen einzuleiten und auch durchzuführen. 141

Welche Rechtsschutzoptionen gegen möglicherweise grundrechtsrelevante **Verfahrenshandlungen der nationalen Zentralbanken** im Rahmen der Untersuchungsphase bestehen, ist im Schrifttum noch nicht abschließend geklärt. Nach einer Ansicht sollen der EZB Verfahrenshandlungen der nationalen Zentralbanken zuzurechnen sein.[279] Entsprechende Klagen wären dann im Wege der Nichtigkeitsklage vor dem Gericht erster Instanz zu erheben. Für diese Ansicht spricht, dass die nationalen Zentralbanken als integraler Bestandteil des ESZB tätig werden. Sie führen die dem ESZB übertragenen Aufgaben nach den vom EZB-Rat festgelegten Regeln durch. Ihre Aufgabenerfüllung ist mithin durch einen Rechtsakt der EZB legitimiert. Daraus folgt, dass die Handlungen der nationalen Zentralbanken der EZB zuzurechnen sind,[280] sofern sie, wie im Falle des Verwaltungsverfahrens zum Erlass von Sanktionen, von der EZB zur Durchführung von Geschäften in Anspruch genommen werden, die zu den Aufgaben des ESZB gehören.[281] Alle Verfahrenshandlun- 142

273 Art. 3 Abs. 6 VO (EG) Nr. 2532/98.
274 Art. 3 Abs. 7 S. 2 VO (EG) Nr. 2532/98.
275 Art. 3 Abs. 7 S. 2 VO (EG) Nr. 2532/98.
276 AA *Hahn/Häde*, ZHR 2001, 30, 53; zu dieser Problematik eingehend *Gaitanides*, Recht der EZB, S. 272 f.
277 Vgl EuGH, Rs. C-133/87 (Nashua Corporation/Rat und Kommission), Slg 1990, I-719, Rn 9; EuGH, Rs. 60/81 (IBM/Kommission), Slg 1981, 2639; EuGH, Rs. 17/78 (Fausta Deshormes/Kommission), Slg 1979, 189, 197; EuGH, Rs. 80/63 (Degreef/Kommission), Slg 1964, 837, 863; EuG, Rs. T-212/95 (Oficemen/Kommission), Slg 1997, II-1161, Rn 53; EuG, Rs. T-75/96 (Söktas/Kommission), Slg 1996, II-1689, Rn 26 ff; EuG, Rs. T-37/92 (BEUC/Kommission), Slg 1994, II-285, 301.
278 EuGH, Rs. 60/81 (IBM/Kommission), Slg 1981, 2639, Rn 12.
279 *Fernández Martín/Gustavo Texieira*, E.L.Rev. 25 (2000), 391, 398.
280 *Fernández Martín/Gustavo Texieira*, E.L.Rev. 25 (2000), 391, 407.
281 Vgl Art. 12.1 ESZB-Satzung.

gen, die sowohl die EZB als auch die nationalen Zentralbanken im Zusammenhang mit dem Sanktionsverfahren durchführen, dürften deshalb als Maßnahmen des Unionsrechts anzusehen und im Lichte des Unionsrechts zu beurteilen sein.[282] Die **Kompetenz des Gerichtshofes zur Überprüfung von EZB-Sanktionen** richtet sich daher nicht nur auf die abschließende Sanktionsentscheidung der EZB, sondern umfasst auch die vorbereitenden Verfahrenshandlungen der EZB und der nationalen Zentralbanken.

d) Rechtsschutz der nationalen Zentralbanken

143 Da die nationalen Zentralbanken als Bestandteil des ESZB der Direktionsbefugnis der EZB unterliegen,[283] sind sie bei Streitigkeiten innerhalb des ESZB nicht nur passiv-, sondern auch aktivlegitimiert. Die nationalen Zentralbanken können in Bezug auf Beschlüsse der EZB **Nichtigkeits- oder Untätigkeitsklage** erheben, sofern sie unmittelbar und individuell von solchen Beschlüssen betroffen sind.[284] „Leitlinien" und „Weisungen" der EZB an die nationalen Zentralbanken[285] sind also von diesen anfechtbar.[286]

144 Die gegenteilige Ansicht,[287] die unter Verweis auf das Fehlen eines entsprechenden Klagerechts in Art. 271 lit. d AEUV eine Aktivlegitimation für nicht gegeben hält, übersieht, dass sich die **Aktivlegitimation der nationalen Zentralbank** als juristischer Person bereits aus Art. 263 Abs. 4 AEUV ergibt. Die Einfügung des Art. 271 lit. d AEUV war nur deshalb notwendig, um die Möglichkeit zu schaffen, gegenüber den nationalen Zentralbanken Vertragsverstöße unmittelbar geltend machen zu können, denn insoweit handelt es sich um eine Durchbrechung des Grundsatzes, dass nur der Mitgliedstaat für staatliches Handeln einzustehen hat.[288]

145 Wegen der nachgeordneten Stellung der nationalen Zentralbanken im Verhältnis zur EZB sind in der Praxis vor allem Klagen denkbar, die auf die **Wahrung der Eigenkompetenz** der nationalen Zentralbanken abstellen.

G. Ausblick

146 Der rechtliche Rahmen der Europäischen Währungsunion wurde im **Vertrag von Lissabon** konsequent weiterentwickelt. Der Vertrag von Lissabon verankert die Preisstabilität als vorrangiges Ziel des ESZB und schreibt sie als Unionsziel fest. Zudem wird in Art. 119 Abs. 2 AEUV die Bestimmung bestätigt, dass das ESZB die allgemeine Wirtschaftspolitik in der Union (nur) unterstützen soll, soweit diese der Preisstabilität nicht abträglich ist. Indem der Vertrag von Lissabon das Mandat des ESZB und die besondere Bedeutung der Preisstabilität bekräftigt, wird der Erfolg der bestehenden Geldordnung anerkannt und ihre Tradition weitergeführt.

147 Der EG-Vertrag nannte das ESZB und die EZB noch in Art. 8 (aF) und schuf damit eine klare institutionelle Abgrenzung zu den in Art. 7 (aF) aufgezählten Gemeinschaftsorganen, also Parlament, Kommission, Gerichtshof und Rechnungshof. Mit Blick auf diese Trennung war die institutionelle Ein- bzw Zuordnung der EZB in der Vergangenheit umstritten. Der Vertrag von Lissabon hat die EZB eindeutig dem **institutionellen Rahmen der Union** zugeordnet. Art. 13 AEUV bestimmt nun ausdrücklich, dass die EZB ein **Organ** ist. Die Organqualität der EZB ist allerdings an die Besonderheit gekoppelt, dass die Zentralbank nach wie vor Rechtspersönlichkeit besitzt. Organqualität und Rechtspersönlichkeit sind aus dogmatischer Sicht kaum miteinander in Einklang zu bringen. Der rechtspolitische Beweggrund dürfte darin zu sehen sein, dass mit der Organeigenschaft der

---

282 Ebenso *Fernández Martín/Gustavo Texieira*, E.L.Rev. 25 (2000), 391, 400 f, 407.

283 Art. 14.3 ESZB-Satzung.

284 Rengeling/Middeke/Gellermann/*Schwarz*, Hdb des Rechtsschutzes in der EU, § 13, Rn 21; *Selmayr*, AöR 1999, 357, 393; Calliess/Ruffert/*Wegener*, EUV/AEUV, Art. 271 AEUV, Rn 6; *Dauses*, S. 243.

285 Art. 14.3 ESZB-Satzung; vgl auch Art. 12.1 ESZB-Satzung.

286 Ebenso *Dauses*, S. 244.

287 Calliess/Ruffert/*Häde*, EUV/AEUV, Art. 127 AEUV, Rn 30 ff; *Koenig*, EuZW 1993, 661, 666.

288 *Gaitanides*, in: v. d. Groeben/Schwarze/Hatje, Europäisches Unionsrecht, Art. 271 AEUV, Rn 19; *Schütz*, EuR 2001, 291, 304; aA Calliess/Ruffert/*Häde*, EUV/AEUV, Art. 127 AEUV, Rn 31.

EZB den Stimmen aus der Literatur eine Absage erteilt werden sollte, die die EZB als vom institutionellen Rahmen der Union losgelöste internationale Einrichtung sehen wollten.

In der geldpolitischen Praxis hat der Organstatus der EZB bisher keine Gefahren für das Stabilitätsziel mit sich gebracht. Zwar unterliegt die EZB als Organ gem. Art. 13 Abs. 2 S. 2 AEUV der **Pflicht zur loyalen Zusammenarbeit**, diese bestand aber schon nach alter Rechtslage. Mit Blick auf die strikten Vorgaben der europäischen Geldverfassung sind Schwächungen der Unabhängigkeit kaum zu befürchten. 148

Es ist folgerichtig, dass der Vertrag von Lissabon die umfangreichen **Rechtsschutzmöglichkeiten** nicht eingeschränkt hat. Der Gerichtshof kann auch auf der Grundlage der Unionsverträge ex post kontrollieren, ob die Unabhängigkeit der EZB sich in den Grenzen bewegt, die im Interesse der Preisstabilität und damit des Gemeinwohls vor dem **Demokratieprinzip** gerechtfertigt sind. 149

Noch nicht abgeschlossen ist der **Anpassungsprozess der Währungsunion** an die sich aus der Finanzkrise ergebenden Erkenntnisse: Die bloße Verpflichtung zu fiskalischer Solidität durch die Mitgliedstaaten hat sich nicht als ausreichend erwiesen, die strukturelle Asymmetrie, die sich aus dem Auseinanderfallen der Kompetenzen in der Wirtschafts- und Währungsunion ergibt, auszugleichen. Die rechtlichen Umbauten in diesem Bereich wurden von geldpolitischen Maßnahmen der EZB begleitet, die wiederum durch diese Änderungen beeinflusst wurden. Dies, gemeinsam mit der Übernahme zusätzlicher Aufgaben durch die EZB, etwa im Rahmen des ESM oder der Bankenaufsicht, erschweren es im Vergleich zur Situation vor der Krise, eine eindeutige Beschreibung der Rolle der EZB in der Währungsunion zu formulieren. Diese Entwicklung könnte einerseits eine Gefahr für die **Unabhängigkeit** der EZB darstellen. Die Bündelung von Zuständigkeiten in der Hand einer unabhängigen Institution könnte zudem mit dem **Demokratieprinzip** in Konflikt treten. Andererseits zeigen in den Augen mancher die Erfahrungen der Krise, dass die Aufgaben einer Zentralbank grundsätzlich überdacht werden müssen.[289] 150

Die Bemühungen der Mitgliedsstaaten, der EU insgesamt sowie der EZB im Besonderen haben sich teilweise an den Grenzen des rechtlichen Rahmens des Primärrechts (sowie des nationalen Verfassungsrechts) bewegt. Nationale Verfassungsgerichte und der EuGH haben bisher die ergriffenen Maßnahmen jedenfalls im Grundsatz gebilligt. Langfristig könnte zur Vervollkommnung des laufenden Anpassungsprozesses einer **Reform der Verträge** notwendig sein.[290] 151

289 *Issing*, International Finance 2013, S. 284 f.

290 Vgl den Vorschlag der Europäischen Kommission, Ein Konzept für eine vertiefte und echte Wirtschafts- und Währungsunion, COM(2012) 777 final/2 vom 30.11.2012, S. 36 ff.

§ 32 Außenwirtschaftsrecht

Literatur: *von Arnauld*, Das System der Europäischen Außenbeziehungen, in: Hatje/Müller-Graff/ders. (Hrsg.), Enzyklopädie des Europarechts, Bd. X, Europäische Außenbeziehungen, Baden-Baden, 2014, § 1, S. 41 ff; *ders.*, Entwicklung des gerichtlichen Rechtsschutzes im europäischen Außenwirtschaftsrecht, in: Ehlers/Terhechte/Wolffgang/Schröder (Hrsg.), Aktuelle Entwicklungen des Rechtsschutzes und der Streitbeilegung im Außenwirtschaftsrecht, Frankfurt a.M., 2013, S. 55 ff; *Baccini*, Explaining formation and design of EU trade agreements, European Union Politics 11 (2010), S. 195 ff; *Baris*, Defining the Legal Boundaries of Export Restrictions: A Case Law Analysis, JIEL 15 (2012), S. 443 ff; *Barnard*, The Substantive Law of the EU, 4. Auflage, Oxford, 2013; *Bartels*, Human Rights Conditionality in the EU's International Agreements, Oxford, 2005; *Bieling*, Die Globalisierungs- und Weltordnungspolitik der Europäischen Union, Wiesbaden, 2010; *Bieneck* (Hrsg.), Handbuch des Außenwirtschaftsrechts mit Kriegswaffenkontrollrecht, 2. Auflage, Köln, 2005; *Bischoff*, Just a Little Bit of „Mixity"? The EU's Role in the Field of International Investment Protection Law, CMLR 48 (2011), S. 1527 ff; *von Bogdandy*, Der rechtliche Rahmen der Zugangsregeln, in: Grabitz/ders./Nettesheim (Hrsg.), Europäisches Außenwirtschaftsrecht, München, 1994, S. 9 ff; *Bohanes*, The European Communities' Common Commercial Policy – A View From The Outside, in: Kadelbach (Hrsg.), Die Außenbeziehungen der EU, Baden-Baden, 2006, S. 69 ff; *Bollrath*, Die Vertragsschlusskompetenz der Europäischen Gemeinschaft auf dem Gebiet der Gemeinsamen Handelspolitik, Baden-Baden, 2008; *Bourgeois*, The EC in the WTO and Advisory Opinion 1/94: An Echternach Procession, CMLR 1995, S. 763 ff; *Boysen*, Das System des Außenwirtschaftsrechts, in: Hatje/Müller-Graff/von Arnauld (Hrsg.), Enzyklopädie des Europarechts, Bd. X, Europäische Außenbeziehungen, Baden-Baden, 2014, § 9, S. 447 ff; *dies.*, Regionale Handelsabkommen, in: Hilf/Oeter (Hrsg.), WTO-Recht – Rechtsordnung des Welthandels, 2. Auflage, Baden-Baden, 2010, § 31, S. 662 ff; *Brok*, Die neue Macht des Europäischen Parlaments nach ‚Lissabon' im Bereich der gemeinsamen Handelspolitik, Integration 3 (2010), S. 209 ff; *Bungenberg*, Autonome Handelspolitik, in: Hatje/Müller-Graff/von Arnauld (Hrsg.), Enzyklopädie des Europarechts, Bd. X, Europäische Außenbeziehungen, Baden-Baden, 2014, § 12, S. 681 ff; *ders.*, Europäischer Internationaler Investitionsschutz, a.a.O., S. 743 ff; *ders./Reinisch/Tietje* (Hrsg.), EU and Investment Agreements, Baden-Baden, 2013; *ders./Herrmann* (Hrsg.), Die gemeinsame Handelspolitik der Europäischen Union nach Lissabon, Baden-Baden, 2011; *ders.*, Export- und Importkontrollverwaltungsrecht, in: Terhechte/von Arnauld (Hrsg.), Verwaltungsrecht der Europäischen Union, Baden-Baden 2011, § 31, S. 1077 ff; *ders.*, Going Global? The Common Commercial Policy after Lisbon, in: Herrmann/Terhechte (Hrsg.), European Yearbook of International Economic Law, Heidelberg, 2010, S. 123 ff; *ders.*, Außenbeziehungen und Außenhandelspolitik, in: Schwarze/Hatje (Hrsg.), Der Reformvertrag von Lissabon, EuR Beiheft 2009, S. 195 ff; *Burghardt*, The Transatlantic Partnership: A Legal and Institutional Appraisal, in: Govaere/Lannon/Van Elsuweg/Adam (Hrsg.), The European Union in the World: Essays in Honour of Professor Marc Maresceau, Leiden, 2014, S. 461 ff; *Burgstaller*, European Law and Investment Treaties, Journal of International Arbitration 2009, S. 181 ff; *ders.*, The Future of Bilateral Investment Treaties of EU Member States, in: Bungenberg/Griebel/Hindelang (Hrsg.), Internationaler Investitionsschutz und Europarecht, Baden-Baden, 2010, S. 113 ff; *Ceyssens*, Towards a Common Foreign Investment Policy?, LIEI 32 (2005), S. 259 ff; *Chase*, MFN in the CARIFORUM-EC Economic Partnership Agreement: Policy Blunder or Legal Inconsistency?, LIEI 38 (2011), S. 189 ff; *Cottier*, International Trade Law: The Impact of Justiciability and Separations of Powers in EC LAW, ECLR 2009, S. 307 ff; *Cremona* (Hrsg.), Developments in EU External Relations Law, Oxford, 2008; *Cremona/de Witte* (Hrsg.), EU Foreign Relations Law, Oxford, 2008; *Dann/Wortmann*, Entwicklungszusammenarbeit und Humanitäre Hilfe, in: Hatje/Müller-Graff/von Arnauld (Hrsg.), Enzyklopädie des Europarechts, Bd. X, Europäische Außenbeziehungen, Baden-Baden, 2014, § 8, S. 407 ff; *De Baere*, Constitutional Principles of EU External Relations, Oxford, 2008; *De Búrca/Scott* (Hrsg.), The EU and the WTO – Legal and Constitutional Issues, Oxford, 2001; *Depayre*, Anti-Dumping Rules: For a Predictable, Transparent and Coherent Application – A European View, Global Trade and Customs Journal 2008, S. 123 ff; *Devuyst*, The European Parliament and International Trade Agreements: Practice after the Lisbon Treaty, in: Govaere/Lannon/Van Elsuweg/Adam (Hrsg.), The European Union in the World: Essays in Honour of Professor Marc Maresceau, Leiden, 2014, S. 171 ff; *Dierksmeier*, EG-Zollrecht im Konflikt mit dem Recht der WTO, Witten, 2007; *Eeckhout*, The European Internal Market and International Trade, London, 1994; *ders.*, EU External Relations Law, 2. Auflage, Oxford, 2011; *Ehlers/Terhechte/Wolfgang/Schröder* (Hrsg.), Aktuelle Entwicklungen des Rechtsschutzes und der Streitbeilegung im Außenwirtschaftsrecht, Frankfurt a.M., 2013; *Eilmansberger*, Bilateral Investment Treaties and EU Law, CMLR 2009, S. 383 ff; *Epping*, Die Außenwirtschaftsfreiheit, Tübingen, 1998; *Errico*, The WTO in the EU: Unwinding the Knot, Cornell International Law Journal 44 (2011), S. 179 ff; *Fassbender*, Triepel in Luxemburg, DÖV 2010, S. 333 ff; *Glashoff/Kühle*, Rechtsschutz in Zollsachen, 2. Auflage, Herne/Berlin, 2003; *Gruni*, Going from One Extreme to the Other: Food Security and Export Restrictions in the EU-CARIFORUM Economic Partnership Agreement, European Law Journal 19 (2013), S. 864 ff; *Gundel*, Die Europäische Gemeinschaft im Geflecht des internationalen Systems zum Schutz des geistigen Eigentums, ZUM 2007, S. 603 ff; *Held*, Die Haftung der EG für die Verletzung von WTO-Recht, Tübingen, 2006; *Herrmann/Streinz*, Die EU als Mitglied der WTO, in: Hatje/Müller-Graff/von Arnauld (Hrsg.), Enzyklopädie des Europarechts, Bd. X, Europäische Außenbeziehungen, Baden-Baden, 2014, § 11, S. 587 ff; *Herrmann*, Die Zukunft der mitgliedstaatlichen Investitionspolitik nach dem Vertrag von Lissabon, EuZW 2010, S. 207 ff; *Herrmann/Krenzler/Streinz*, Die Außenwirtschaftspolitik der Europäischen Union nach dem Verfassungsvertrag, Baden-Baden, 2006; *Herrmann/Michl*, Grundzüge des europäischen Außenwirtschaftsrechts, ZEuS 2008, S. 81 ff; *Hilf/Oeter* (Hrsg.), WTO-Recht – Rechtsordnung des Welthandels, 2. Auflage, Baden-Baden, 2010; *Hill/Smith* (Hrsg.), International Relations and the European Union, 2. Auflage, Oxford, 2011; *Hillion/Koutrakos* (Hrsg.), Mixed Agreements Revisited, Oxford, 2010; *Hilpold*, Die EU im GATT/WTO-System, 3. Auflage, Innsbruck, 2009; *Hindelang*, Die Entwicklung des gerichtlichen Rechtsschutzes im Außenwirtschaftsrecht, in: Ehlers/Terhechte/Wolffgang/Schröder (Hrsg.), Aktuelle Entwicklungen des Rechtschutzes und der Streitbeilegung im Außenwirtschaftsrecht, Frankfurt a.M., 2013, S. 9 ff; *ders.*, Der primärrechtliche Rahmen einer EU-Investitionsschutzpolitik, in: Bungenberg/Herrmann (Hrsg.), Die gemeinsame Handelspolitik der Europäischen Union nach Lissabon, Baden-Baden, 2011, S. 157 ff; *ders./Maydell*, Die gemeinsame Europäische Investitionspolitik – Alter Wein in neuen Schläuchen?, in: Bungenberg/Griebel/Hindelang (Hrsg.), Internationaler Investitionsschutz und Europarecht, Baden-Baden, 2010, S. 11 ff; *Hochbaum*, Die Harmonisierung des Verwaltungsrechts im Zollkodex der EG, Halle, 2003; *Hölscher*, Die Neufassung der Dual Use-Verordnung, RIW 2009, S. 524 ff; *ders./Wolffgang*, The Wassenaar-Arrangement between International Trade, Non-Proliferation, and Export Controls, JWT 32 (1998), S. 45 ff; *Hoffmeister/Ünüvar*, From BITS and Pieces towards European Investment Agreements, in: Bungenberg/Reinisch/Tietje, EU and Investment Agreements, Baden-Baden, 2013, S. 57 ff; *Hofmann/Tondl*, The European Union and the WTO Doha Round, Baden-Baden, 2007; *Hohmann*, Angemessene Außenhandelsfreiheit im Vergleich, Tübingen, 2002; *ders./John* (Hrsg.), Ausfuhrrecht, Kommentar, München, 2002; *Jahn*, Die Handelshemmnis-Verordnung (Verordnung EG Nr. 3286/94), Frankfurt a.M., 2009; *Johannsen*, Die Kompetenz der Europäischen Union für ausländische Direktinvestitionen nach dem Vertrag von Lissabon, Halle, 2009; *Kadelbach*, Handlungsformen und Steuerungsressourcen in den EU-Außenbeziehungen, in: Hatje/Müller-Graff/von Arnauld (Hrsg.), Enzyklopädie des Europarechts, Bd. X, Europäische Außenbeziehungen, Baden-Baden, 2014, § 4, S. 207 ff; *ders.*, Allgemeines Verwaltungsrecht unter europäischem Einfluss, Tübingen, 1999; *Karpenstein*, Europäisches Exportkontrollrecht für Dual-Use-Güter, Stuttgart u.a., 1998; *Khaliq*, Ethical Dimensions of the Foreign Policy of the European Union, Cambridge, 2008; *Krajewski*, Binnenorganisation der EU-Außenpolitik, in: Hatje/Müller-Graff/von Arnauld (Hrsg.), Enzyklopädie des Europarechts, Bd. X, Europäische Außenbeziehungen, Baden-Baden, 2014, § 3, S. 149 ff; *ders.*, The Reform of the Common Commercial Policy, in: Biondi/Eeckhout/Ripley (Hrsg.), EU Law after Lisbon, Oxford, 2012, S. 292; *ders.*, Die neue handelspolitische Bedeutung des Europäischen Parlaments, in: Bungenberg/Herrmann (Hrsg.), Die gemeinsame Handelspolitik der Europäischen Union nach Lissabon, Baden-Baden, 2011, S. 55 ff; *Krenzler/Herrmann* (Hrsg.), EU-Außenwirtschafts- und Zollrecht, Loseblatt-Kommentar, München, Stand: 4. Ergänzungslieferung, Januar 2014; *Kuijper/Wouters/Hoffmeister/de Baere*, The Law of EU External Relations, Oxford, 2013; *Lavranos*, Member States´ Bilateral Investment Treaties (BITs), Hague Yb. of Int´l.L. (2011), S. 281 ff; *Lorz/Meurers*, Außenkompetenzen der EU, in: Hatje/Müller-Graff/von Arnauld (Hrsg.), Enzyklopädie des Europarechts, Bd. X, Europäische Außenbeziehungen, Baden-Baden, 2014, § 2, S. 103 ff; *Micara*, Current Features of the European Union Regime for Export Control of Dual-Use Goods, JCMS 50 (2012), S. 578 ff; *Müller-Graff*, The Common Commercial Policy enhanced by the Reform Treaty of Lisbon?, in: Dashwood/Maresceau (Hrsg.), Law and Practice of EU External Relations: Salient Features of a Changing Landscape, Cambridge, 2008, S. 188 ff; *Nettesheim*, Ziele des Antidumping- und Antisubventionsrechts, München, 1994; *Niedrist*, Präferenzabkommen im Europarecht und im Welthandelsrecht, Berlin, 2009; *Niestedt/Trennt*, Das neue Außenwirtschaftsrecht, BB 2013, S. 2115 ff; *Nowak/Cremer* (Hrsg.), Individualrechtsschutz in der EG und der WTO, Baden-Baden, 2002; *Obermayr*, Gemeinschaftsrecht und nationales Außenwirtschaftsrecht über die Wareneinfuhr, Berlin, 2004; *Obwexer*, Die Vertragsschlusskompetenzen und die vertragsschlussbefugten Organe der Europäischen Union, EuR-Beiheft 2012/2, S. 49 ff; *Odendahl*, Beziehungen zu Drittstaaten und internationalen

Organisationen, in: Hatje/Müller-Graff/von Arnauld (Hrsg.), Enzyklopädie des Europarechts, Bd. X, Europäische Außenbeziehungen, Baden-Baden, 2014, § 5, S. 273 ff; *Prieß/Berrisch* (Hrsg.), WTO-Handbuch, München, 2003; *Reinhardt/Pelster*, Stärkere Kontrolle von ausländischen Investitionen – Zu den Änderungen von AWG und AWV, NZG 2009, S. 441 ff; *Reinisch*, The Division of Powers between the EU and its Member States „after Lisbon“, in: Bungenberg/Griebel/Hindelang (Hrsg.), Internationaler Investitionsschutz und Europarecht, Baden-Baden, 2010, S. 99 ff; *Ress*, Das Handelsembargo: Völker-, europa- und außenwirtschaftsrechtliche Rahmenbedingungen, Praxis und Entschädigung, Berlin, 2000; *Reuter*, Außenwirtschafts- und Exportkontrollrecht Deutschland/Europäische Union, München, 1995; *Roth*, Investitionsbeschränkungen im deutschen Außenwirtschaftsrecht – Europa- und völkerrechtliche Probleme, ZBB 2009, S. 257 ff; *Schaefer*, Die nationale Kompetenz zur Ausfuhrkontrolle nach Art. 133 EG, Baden-Baden, 2009; *Schäfer/Voland*, Staatsfonds: Die Kontrolle ausländischer Investitionen auf dem Prüfstand des Verfassungs-, Europa- und Welthandelsrechts, EWS 2008, 166; *Shan/Zhang*, The Treaty of Lisbon: Half Way toward a Common Investment Policy, EJIL 21 (2010), S. 1049 ff; *Terhechte*, (National-)Verfassungsrechtliche Grenzen der Weiterentwicklung des europäischen Außenwirtschaftsrechts, in: Bungenberg/Herrmann (Hrsg.), Die gemeinsame Handelspolitik der Europäischen Union nach Lissabon, Baden-Baden, 2011, S. 25 ff; *Thies*, EU Membership of the WTO: International Trade Disputes and Judicial Protection of Individuals by EU Courts, Global Constitutionalism 2 (2013), S. 237 ff; *Tietje*, Internationalisiertes Verwaltungshandeln, Berlin, 2001; *ders.*, Außenwirtschaftsrecht, in: ders. (Hrsg.), Internationales Wirtschaftsrecht, Berlin, 2009, § 15, S. 679 ff; *ders.*, Außenwirtschaftliche Dimensionen der europäischen Wirtschaftsverfassung, in: Fastenrath/Nowak (Hrsg.), Der Lissabonner Reformvertrag – Änderungsimpulse in einzelnen Rechts- und Politikbereichen, Berlin, 2009, S. 237 ff; *ders.*, Die Außenwirtschaftsverfassung der EU nach dem Vertrag von Lissabon, Halle, 2009; *ders.*, EU-Investitionsschutz und -förderung zwischen Übergangsregelungen und umfassender europäischer Auslandsinvestitionspolitik, EuZW 2010, S. 647 ff; *Uerpmann-Wittzack*, Das Anti-Counterfeiting Trade Agreement (ACTA) als Prüfstein für die Demokratie in Europa, AVR 49 (2011), S. 103 ff; *van Bael/Bellis*, EU Anti-Dumping and Other Trade Defence Instruments, 5. Auflage, Alphen aan den Rijn, 2011; *Vermulst*, The 10 Major Problems With the Anti-Dumping Instrument in the European Community, JWT 39 (2005), S. 105 ff; *Voland*, Freitag, der Dreizehnte – Die Neuregelungen des Außenwirtschaftsrechts zur verschärften Kontrolle ausländischer Investitionen, EuZW 2009, S. 519 ff; *ders.*, „Wellnesskur“ für das Außenwirtschaftsrecht, GWR 2013, 264 ff; *Weiler* (Hrsg.), The EU, the WTO, and the NAFTA – Towards a Common Law of International Trade?, Oxford, 2000; *Weiß*, Vertragliche Handelspolitik der EU, in: Hatje/Müller-Graff/von Arnauld (Hrsg.), Enzyklopädie des Europarechts, Bd. X, Europäische Außenbeziehungen, Baden-Baden, 2014, § 10, S. 515 ff; *ders.*, Handelspolitik im Europäischen Verfassungsverbund, in: Bungenberg/Herrmann (Hrsg.), Die gemeinsame Handelspolitik der Europäischen Union nach Lissabon, Baden-Baden, 2011, S. 35 ff; *Witte* (Hrsg.), Zollkodex, 6. Auflage, München, 2013; *ders./Henke/Kammerzell*, Der Zollkodex der Europäischen Union (UZK) – Vom Zollkodex über den Modernisierten Zollkodex zum Unionszollkodex, 2. Auflage, Köln, 2014; *Wölker*, The EU as a Player in the BIT Arena, ICSID Rev. 24 (2009), S. 434 ff; *ders.*, Die Stellung der Europäischen Union in den Organen der Welthandelsorganisation, EuR-Beiheft 2/2012, S. 125 ff; *Wolffgang*, Außenwirtschaftsrecht, in: Ehlers/Fehling/Pünder (Hrsg.), Besonderes Verwaltungsrecht, Bd.1: Öffentliches Wirtschaftsrecht, Heidelberg 3. Auflage 2012, § 30, S. 1127 ff; *Wolffgang/Natzel*, Fortentwicklung des Zollrechts durch Sicherheitsänderung und Modernisierten Zollkodex, EuZW 19, Heft 2 (2008), S. 39 ff; *Wolffgang/Simonsen*, AWR-Kommentar, Köln Loseblattsammlung (Stand Nov. 2013); *Wouters/Coppens/De Meester*, The European Unions´s External Relations after the Lisbon Treaty in: Griller/Ziller (Hrsg.), The Lisbon Treaty, Wien, 2008, S. 143 ff; *Zimmermann*, Die neuen Wirtschaftspartnerschaftsabkommen der EU: WTO-Konformität versus Entwicklungsorientierung?, EuZW 2009, S. 1 ff.

Abschnitt 1:
Übersicht zu Gesetzgebung und Rechtsprechung

Abschnitt 2:
Analyse und Darstellung des Außenwirtschaftsrechts der EU

Abschnitt 1: Übersicht zu Gesetzgebung und Rechtsprechung

A. Gesetzgebung

I. Primärrecht

Art. 21, 22 EUV; Art. 3 Abs. 1 lit. e AEUV; Art. 63-66 AEUV; Art. 75 AEUV; Art. 133, 138 AEUV; Art. 206, 207 AEUV; Art. 215 AEUV; Art. 217 AEUV; Art. 218 AEUV; Art. 220 AEUV.

II. Völkerrechtliche Verträge

WTO-Übereinkommen, Agreement Establishing the World Trade Organization, ABl. 1994 L 336/3, BGBl. II 1994, S. 1625; GATT 1994, General Agreement on Tariffs and Trade 1994, ABl. 1994 L 336/11, BGBl. II 1994, S. 1473; GATS, General Agreement on Trade in Services, ABl. 1994 L 336/190, BGBl. II 1994, S. 1643; TRIPS, Agreement on Trade-Related Aspects of Intellectual Property Rights, ABl. 1994 L 336/213, BGBl. II 1994, S. 1730.

III. Sekundärrecht

VO (EU) Nr. 1308/2013 des Europäischen Parlaments und des Rates vom 17.12.2013 über eine gemeinsame Marktorganisation für landwirtschaftliche Erzeugnisse und zur Aufhebung der Verordnungen (EWG) Nr. 922/72, (EWG) Nr. 234/79, (EG) Nr. 1037/2001 und (EG) Nr. 1234/2007, ABl. 2013 L 347/671; **VO (EU) Nr. 952/2013** des Europäischen Parlaments und des Rates vom 9.10.2013 zur Festlegung des Zollkodex der Union, ABl. 2013 L 269/1; **VO (EU) Nr. 1219/2012** des Europäischen Parlaments und des Rates vom 12.12.2012 zur Einführung einer Übergangsregelung für bilaterale Investitionsschutzabkommen zwischen den Mitgliedstaaten und Drittländern, ABl. 2012 L 351/40; **VO (EG) Nr. 1225/2009** des Rates vom 30.11.2009 über den Schutz gegen gedumpte Einfuhren aus nicht zur Europäischen Gemeinschaft gehörenden Ländern (kodifizierte Fassung, **Antidumpingverordnung**), ABl. 2009 L 343/51, zuletzt geändert durch VO (EU) Nr. 37/2014 des Europäischen Parlaments und des Rates vom 15.1.2014, ABl. 2014 L 18/1; VO

(EG) **Nr. 1061/2009** des Rates vom 19.10.2009 zur Festlegung einer gemeinsamen Ausfuhrregelung (kodifizierte Fassung, **Ausfuhrverordnung**), ABl. 2009 L 291/1, zuletzt geändert durch VO (EU) Nr. 37/2014 des Europäischen Parlaments und des Rates vom 15.1.2014, ABl. 2014 L 18/1; **VO (EG) Nr. 625/2009** des Rates vom 7.7.2009 über die gemeinsame Regelung der Einfuhren aus bestimmten Drittländern (kodifizierte Fassung), ABl. 2009 L 185/1; **VO (EG) Nr. 597/2009** des Rates vom 11.6.2009 über den Schutz gegen subventionierte Einfuhren aus nicht zur Europäischen Gemeinschaft gehörenden Ländern (kodifizierte Fassung, **Antisubventionsverordnung**), ABl. 2009 L 188/93, zuletzt geändert durch VO (EU) Nr. 37/2014 des Europäischen Parlaments und des Rates vom 15.1.2014, ABl. 2014 L 18/1; **VO (EG) Nr. 428/2009** des Rates vom 5.5.2009 über eine Gemeinschaftsregelung für die Kontrolle der Ausfuhr, der Verbringung, der Vermittlung und der Durchfuhr von Gütern mit doppeltem Verwendungszweck (**Dual-Use-Verordnung**), ABl. 2009 L 134/1, zuletzt geändert durch VO (EU) Nr. 388/2012 des Europäischen Parlaments und des Rates vom 19.4.2012, ABl. 2012 L 129/12; **VO (EG) Nr. 260/2009** des Rates vom 26.2.2009 über die gemeinsame Einfuhrregelung (kodifizierte Fassung, **Einfuhrverordnung**), ABl. 2009 L 84/1, zuletzt geändert durch VO (EU) Nr. 37/2014 des Europäischen Parlaments und des Rates vom 15.1.2014, ABl. 2014 L 18/1; **VO (EG) Nr. 116/2009** des Rates vom 18.12.2008 über die Ausfuhr von Kulturgütern (kodifizierte Fassung), ABl. 2009 L 39/1; **VO (EG) Nr. 732/2008** des Rates vom 22.7.2008 über ein Schema allgemeiner Zollpräferenzen für den Zeitraum vom 1. Januar 2009 bis 31. Dezember 2011 und zur Änderung der Verordnungen (EG) Nr. 552/97 und (EG) Nr. 1933/2006 sowie der Verordnungen (EG) Nr. 1100/2006 und (EG) Nr. 964/2007 der Kommission, ABl. 2008 L 211/1, zuletzt geändert durch Durchführungsverordnung (EU) Nr. 496/2013 der Kommission vom 29.5.2013, ABl. 2013 L 143/11; **VO (EG) Nr. 689/2008** des Europäischen Parlaments und des Rates vom 17.6.2008 über die Aus- und Einfuhr gefährlicher Chemikalien, ABl. 2008 L 204/1, zuletzt geändert durch VO (EU) Nr. 73/2013 der Kommission vom 25.1.2013, ABl. 2013 L 26/11; **VO (EG) Nr. 594/2008** des Rates vom 16.6.2008 über Verfahren für die Anwendung des Stabilisierungs- und Assoziierungsabkommens zwischen den Europäischen Gemeinschaften und ihren Mitgliedstaaten einerseits und Bosnien und Herzegowina andererseits und für die Anwendung des Interimsabkommens über Handel und Handelsfragen zwischen der Europäischen Gemeinschaft einerseits und Bosnien und Herzegowina andererseits, ABl. 2008 L 169/1, zuletzt geändert durch VO (EU) Nr. 37/2014 des Europäischen Parlaments und des Rates vom 15.1.2014, ABl. 2014 L 18/1; **VO (EG) Nr. 450/2008** des Europäischen Parlaments und des Rates vom 23.4.2008 zur Festlegung des Zollkodex der Gemeinschaft (**Modernisierter Zollkodex**), ABl. 2008 L 145/1, in der Zwischenzeit aufgehoben durch VO (EU) Nr. 952/2013 des Europäischen Parlaments und des Rates vom 9.10.2013 zur Festlegung des Zollkodex der Union, ABl. 2013 L 269/1; **VO (EG) Nr. 140/2008** des Rates vom 19.11.2007 über bestimmte Verfahren für die Anwendung des Stabilisierungs- und Assoziierungsabkommens zwischen den Europäischen Gemeinschaften und ihren Mitgliedstaaten einerseits und der Republik Montenegro andererseits und für die Anwendung des Interimsabkommens zwischen der Europäischen Gemeinschaft einerseits und der Republik Montenegro andererseits, ABl. 2008 L 43/1, zuletzt geändert durch VO (EU) Nr. 37/2014 des Europäischen Parlaments und des Rates vom 15.1.2014, ABl. 2014 L 18/1; **VO (EG) Nr. 55/2008** des Rates vom 21.1.2008 zur Einführung autonomer Handelspräferenzen für die Republik Moldau und zur Änderung der Verordnung (EG) Nr. 980/2005 sowie des Beschlusses 2005/924/EG der Kommission, ABl. 2008 L 20/1, zuletzt geändert durch VO (EU) Nr. 37/2014 des Europäischen Parlaments und des Rates vom 15.1.2014, ABl. 2014 L 18/1; **VO (EG) Nr. 1528/2007** des Rates vom 20.12.2007 mit Durchführungsbestimmungen zu den Regelungen der Wirtschaftspartnerschaftsabkommen oder der zu Wirtschaftspartnerschaftsabkommen führenden Abkommen für Waren mit Ursprung in bestimmten Staaten, die zur Gruppe der Staaten Afrikas, des karibischen Raums und des Pazifischen Ozeans (AKP) gehören, ABl. 2007 L 348/1, zuletzt geändert durch VO (EU) Nr. 37/2014 des Europäischen Parlaments und des Rates vom *15.1.2014, ABl. 2014 L 18/1*; **VO (EG) Nr. 1616/2006** des Rates vom 23.10.2006 über bestimmte Verfahren für die Anwendung des Stabilisierungs- und Assoziierungsabkommens zwischen den

Europäischen Gemeinschaften und ihren Mitgliedstaaten einerseits und der Republik Albanien andererseits und für die Anwendung des Interimsabkommens zwischen der Europäischen Gemeinschaft und der Republik Albanien, ABl. 2006 L 300/1, zuletzt geändert durch VO (EU) Nr. 37/2014 des Europäischen Parlaments und des Rates vom 15.1.2014, ABl. 2014 L 18/1; **VO (EG) Nr. 1236/2005** des Rates vom 27.6.2005 betreffend den Handel mit bestimmten Gütern, die zur Vollstreckung der Todesstrafe, zu Folter oder zu anderer grausamer, unmenschlicher oder erniedrigender Behandlung oder Strafe verwendet werden könnten, ABl. 2005 L 200/1, zuletzt geändert durch VO (EU) Nr. 37/2014 des Europäischen Parlaments und des Rates vom 15.1.2014, ABl. 2014 L 18/1; **VO (EG) Nr. 673/2005** des Rates vom 25.4.2005 zur Einführung zusätzlicher Zölle auf die Einfuhren bestimmter Waren mit Ursprung in den Vereinigten Staaten von Amerika, ABl. 2005 L 110/1, zuletzt geändert durch VO (EU) Nr. 37/2014 des Europäischen Parlaments und des Rates vom 15.1.2014, ABl. 2014 L 18/1; **VO (EG) Nr. 452/2003** des Rates vom 6.3.2003 über mögliche Maßnahmen der Gemeinschaft im Fall einer gleichzeitigen Anwendung von Antidumping- bzw Antisubventionsmaßnahmen und Schutzmaßnahmen, ABl. 2003 L 69/8, zuletzt geändert durch VO (EU) Nr. 37/2014 des Europäischen Parlaments und des Rates vom 15.1.2014, ABl. 2014 L 18/1; **VO (EG) Nr. 427/2003** des Rates vom 3.3.2003 über einen befristeten warenspezifischen Schutzmechanismus für die Einfuhren mit Ursprung in der Volksrepublik China und zur Änderung der Verordnung (EG) Nr. 519/94 des Rates über die gemeinsame Regelung der Einfuhren aus bestimmten Drittländern, ABl. 2003 L 65/1, zuletzt geändert durch VO (EU) Nr. 37/2014 des Europäischen Parlaments und des Rates vom 15.1.2014, ABl. 2014 L 18/1; **VO (EG) Nr. 153/2002** des Rates vom 21.1.2002 über Verfahren für die Anwendung des Stabilisierungs- und Assoziierungsabkommens zwischen den Europäischen Gemeinschaften und ihren Mitgliedstaaten einerseits und der ehemaligen jugoslawischen Republik Mazedonien andererseits und über die Anwendung des Interimsabkommens zwischen der Europäischen Gemeinschaft einerseits und der ehemaligen jugoslawischen Republik Mazedonien andererseits, ABl. 2002 L 25/16, zuletzt geändert durch VO (EU) Nr. 37/2014 des Europäischen Parlaments und des Rates vom 15.1.2014, ABl. 2014 L 18/1; **VO (EG) Nr. 1515/2001** des Rates vom 23.7.2001 über die möglichen Maßnahmen der Gemeinschaft aufgrund eines vom WTO-Streitbeilegungsgremium angenommenen Berichts über Antidumping- oder Antisubventionsmaßnahmen, ABl. 2001 L 201/10, zuletzt geändert durch VO (EU) Nr. 37/2014 des Europäischen Parlaments und des Rates vom 15.1.2014, ABl. 2014 L 18/1; **VO (EG) Nr. 2271/96** des Rates vom 22.11.1996 zum Schutz vor den Auswirkungen der extraterritorialen Anwendung von einem Drittland erlassener Rechtsakte sowie von darauf beruhenden oder sich daraus ergebenden Maßnahmen, ABl. 1996 L 309/1, zuletzt geändert durch VO (EU) Nr. 37/2014 des Europäischen Parlaments und des Rates vom 15.1.2014, ABl. 2014 L 18/1; **VO (EG) Nr. 3286/94** des Rates vom 22.12.1994 (**Handelshemmnisverordnung**), ABl. 1994 L 349/71, zuletzt geändert durch VO (EU) Nr. 37/2014 des Europäischen Parlaments und des Rates vom 15.1.2014, ABl. 2014 L 18/1; **VO (EWG) Nr. 2454/93** der Kommission vom 2.7.1993 mit Durchführungsvorschriften zu der Verordnung (EWG) Nr. 2913/92 des Rates zur Festlegung des Zollkodex der Gemeinschaften, ABl. 1993 L 253/1 (**Zollkodex-Durchführungsverordnung**), zuletzt geändert durch Durchführungsverordnung (EU) Nr. 174/2014 der Kommission vom 25.2.2014, ABl. 2014 L 56/1; **VO (EWG) Nr. 2913/92** des Rates vom 12.10.1992 zur Festlegung des Zollkodex der Gemeinschaft (**Zollkodex**), ABl. 1992 L 302/1, zuletzt geändert durch VO (EU) Nr. 952/2013 vom 9.10.2013, ABl. 2013 L 269/1.

B. Rechtsprechung

EuGH, Gutachten 1/78 (Internationales Naturkautschuk-Übereinkommen), Slg 1979, 2871; Gutachten 1/94 (WTO-Übereinkommen), Slg 1994, I-5267; Gutachten 1/08 (GATS), Slg 2009, I-11129; Rs. 21-24/72 (International Fruit Company), Slg 1972, 1219; Rs. 8/73 (Massey-Ferguson), Slg 1973, 897; verb. Rs. 267-269/81 (SPI und SAMI), Slg 1983, 801; Rs. 307/81 (Alusuisse), Slg 1982, 3463; verb. Rs. 239/82 und 275/82 (Allied Corporation u.a.), Slg 1984, 1005; Rs. 264/82 (Timex), Slg 1985, 849; Rs. 70/87 (Fediol), Slg 1989, I-1781; verb. Rs. C-133/87 und

C-150/87 (Nashua), Slg 1990, I-719; Rs. C-69/89 (Nakajima All Precision), Slg 1991, I-2069; Rs. C-358/89 (Extramet Industrie), Slg 1991, I-2501; Rs. C-16-90 (Nölle), Slg 1991, I-5163; Rs. C-75/92 (GAO YAO), Slg 1994, I-3141; Rs. C-70/94 (Werner), Slg 1995, I-3189; Rs. C-83/94 (Leifer), Slg 1995, I-3231; Rs. C-149/96 (Portugal/Rat), Slg 1999, I-8395; Rs. C-89/99 (Schieving-Nijstad u.a.), Slg 2001, I-5851; Rs. C-239/99 (Nachi Europe), Slg 2001, I-1197; Rs. C-76/00 P (Petrotub und Republica), Slg 2003, I-79; Rs. C-351/04 (Ikea Wholesale), Slg 2007, I-7723; Rs. C-335/05 (Řízení Letového Provozu), Slg 2007, I-4307; Rs. 398/05 (AGST Draht- und Biegetechnik), Slg 2008, I-1057; Rs. 431/05 (Merck Genéricos Pordutos Farmacêuticos), Slg 2007, I-7001; Rs. C-263/06 (Carboni e derivati), Slg 2008, I-1077; Rs. C-41/06 (Kommission/Rat), Slg 2009, I-7585; Rs. C-428/08 (Monsanto Technology), Slg 2010, I-6761; Rs. C-337/09 (Rat/Zhejiang Xinan Chemical Industrial Group), Urteil vom 19.7.2012, noch nicht in amtl. Slg; Rs. C-280/12 P (Rat/Fulmen und Mahmoudian), Urteil vom 28.11.2013, noch nicht in amtl. Slg; BVerfG, 2 BvE 2/08 u.a. (Lissabon-Vertrag), BVerfGE 123, 267.

Abschnitt 2: Analyse und Darstellung des Außenwirtschaftsrechts der EU

A. Außenwirtschaftsrecht als Kehrseite der gemeinsamen Handelspolitik der EU

1 Das Außenwirtschaftsrecht der Europäischen Union bildet die rechtlichen Rahmenbedingungen für den Waren-, Dienstleistungs-, Kapital-, Zahlungs- und sonstigen Wirtschaftsverkehr mit fremden Wirtschaftsgebieten. Es erfasst insbesondere alle rechtlichen Regelungen über den Handel mit Waren und Dienstleistungen, die Handelsaspekte des geistigen Eigentums, ausländische Direktinvestitionen, die Vereinheitlichung von Maßnahmen zur Handelsliberalisierung und handelspolitische Schutzmaßnahmen. Begrenzt wird diese weite Begriffsdefinition in räumlicher Hinsicht durch den Begriff des Binnenmarktes, der gem. Art. 355 AEUV die Hoheitsgebiete der EU-Mitgliedstaaten, nicht aber die Mitgliedstaaten der EFTA umfasst. In materieller Perspektive bietet die in Art. 206 und 207 AEUV geregelte **gemeinsame Handelspolitik** eine Orientierungshilfe. Zwar sind die Bereiche der gemeinsamen Handelspolitik und des Außenwirtschaftsrechts nicht deckungsgleich, da die gemeinsame Handelspolitik nur die außenwirtschaftlichen Vorgänge erfasst, die Bezüge zum Handelsverkehr aufweisen.[1] Über das Regelungswerk der Art. 206 und 207 AEUV hinaus finden sich im Vertrag eine Reihe weiterer Vorschriften mit außenwirtschaftlicher Relevanz, so die Bestimmungen über den **Kapitalverkehr mit Drittstaaten** in Art. 63 bis 66 sowie 75 AEUV, über die **Zuständigkeiten für Wechselkurse in der Währungsunion** in Art. 133, 138, 219 AEUV sowie die außenwirtschaftlichen Kompetenzen in Art. 215 (**Sanktionen**) und Art. 220 AEUV (Zusammenarbeit mit den Vereinten Nationen, dem Europarat und der OECD). Gleichwohl bildet die gemeinsame Handelspolitik den Kern der außenwirtschaftsrechtlichen Kompetenzen der EU und kann insoweit als Spiegelbild oder Kehrseite des europäischen Außenwirtschaftsrechts bezeichnet werden. Das Regelungsinstrumentarium besteht dabei neben vertraglichen Vereinbarungen zu einem erheblichen Teil aus einseitigen Maßnahmen. Hierzu zählen neben Zöllen auch nicht-tarifäre Maßnahmen, dh mengenmäßige Ein- und Ausfuhrbeschränkungen und Maßnahmen gleicher Wirkung. Das materielle Außenwirtschaftsrecht ist neben ökonomischen stark von außenpolitischen Erwägungen geprägt. Wichtige Impulse kommen darüber hinaus aus anderen Politikfeldern wie etwa der Umwelt- und Entwicklungspolitik.

I. Die gemeinsame Handelspolitik der Europäischen Union

1. Geschichtliche Entwicklung

2 Die Geschichte der gemeinsamen Handelspolitik folgt der Entwicklung des Welthandels in den vergangenen Jahrzehnten. Ihre erste, bis zum Beginn der Uruguay-Welthandelsrunde reichende Phase markiert eine der großen Erfolgsgeschichten des Europäischen Integrationsprozesses. Dieser Erfolg basierte letztlich auf zwei Faktoren: Zum einen war dies die Rechtsprechung des EuGH, der die

1 Zum Begriff der gemeinsamen Handelspolitik vgl *Hahn*, in: Calliess/Ruffert, Art. 207 AEUV, Rn 7 ff, 22 ff.

gemeinsame Handelspolitik auf Grundlage des **Art. 113 EWGV** (später Art. 133 EGV, heute Art. 207 AEUV) als ausschließliche Kompetenz der EG definierte und sie einer dynamischen Interpretation unterzog,.[2] Zum anderen ist das einfache Verfahren des Art. 113 EWGV zu nennen, wonach die Kommission dem Ministerrat Verhandlungsempfehlungen unterbreitete. Der Rat entschied dann mit qualifizierter Mehrheit über die Verhandlungsrichtlinien für die Kommission und das anschließende Verhandlungsergebnis. Dieses Verfahren mit der Kommission als alleiniger Verhandlungs- und Ansprechpartnerin während der Verhandlungen erlaubte es der Gemeinschaft, intern die Interessen der Mitgliedstaaten auszugleichen und nach außen einheitlich als starker Verhandlungspartner zu agieren. Damit war eine erfolgreiche Teilnahme an den GATT-Welthandelsrunden gewährleistet.

Die ursprüngliche Regelung der gemeinsamen Handelspolitik entsprach der handelspolitischen Situation der Nachkriegszeit. Hier ging es primär um den Handel mit Waren und die Überwindung restriktiver nationaler Handelspolitiken (Senkung von Zollschranken, Abbau mengenmäßiger Beschränkungen). In der Folgezeit rückten der **Handel mit Dienstleistungen** sowie die **handelsbezogenen Aspekte des geistigen Eigentums** immer mehr in den Vordergrund und wurden auch Gegenstand der Uruguay-Runde ab 1986. Der Ausweitung des Verhandlungskatalogs folgte ein Streit zwischen Kommission und einigen Mitgliedstaaten über entsprechende Zuständigkeiten der Gemeinschaft.[3] Dieser Streit betraf letztlich die Grundfrage, ob die Gemeinschaft allein für den Abschluss des WTO-Übereinkommens[4] einschließlich aller materiellen multilateralen Übereinkünfte über den Warenhandel (GATT 1994),[5] den Handel mit Dienstleistungen (GATS),[6] die handelsbezogenen Aspekte geistigen Eigentums (TRIPS)[7] sowie die Streitbeilegungsmechanismen (DSU) zuständig war. Der EuGH verneinte in seinem **Gutachten 1/94** die ausschließliche Kompetenz der Gemeinschaft zum Abschluss des WTO-Abkommens.[8] Von der Zuständigkeit der Gemeinschaft sah er den Warenhandel, nur einzelne Aspekte des Dienstleistungshandels und der handelsbezogenen Aspekte geistigen Eigentums erfasst, nämlich zum einen die grenzüberschreitende Erbringung von Dienstleistungen ohne Personenbewegung und zum anderen Maßnahmen an den Außengrenzen der Gemeinschaft zum Schutz gegen nachgeahmte Waren.[9] Das WTO-Übereinkommen wurde damit als **gemischtes Übereinkommen** qualifiziert[10] und war damit auch von den Mitgliedstaaten zu ratifizieren.[11] Die Spielräume der Mitgliedstaaten suchte der EuGH durch die Pflicht zur Zusammenarbeit zwischen Gemeinschaft und Mitgliedstaaten zu begrenzen, die er aus der „Notwendigkeit einer geschlossenen völkerrechtlichen Vertretung der Gemeinschaft" ableitete.[12] Die ursprüngliche Stärke der gemeinsamen Handelspolitik, die ursprüngliche Kongruenz zwischen dem Gegenstandsbereich der gemeinsamen Handelspolitik und den in der Welthandelsordnung geregelten Materien, war damit verloren. Immer weniger Verhandlungen auf dem Gebiet des modernen Welthandels betrafen allein den Warenverkehr. 3

Die eingeschränkte Handlungsfähigkeit der Gemeinschaft auf dem Gebiet der gemeinsamen Handelspolitik wurde zum Thema der Regierungskonferenzen von Amsterdam und Nizza.[13] Der **Vertrag von Amsterdam** nahm die zum Problem gewordenen Bereiche des Dienstleistungshandels und 4

2 EuGH, Gutachten 1/78 (Internationales Naturkautschuk-Übereinkommen), Slg 1979, 2871; Rs. 41/76 (Donckerwolcke), Slg 1976, 1921, Rn 31, 37.

3 Ausführlich hierzu *Krenzler/da Fonseca-Wollheim*, EuR 1998, 223, 226.

4 Agreement Establishing the World Trade Organization, ABl. 1994 L 336/3; BGBl. II 1994, S. 1625.

5 General Agreement on Tariffs and Trade 1994, ABl. 1994 L 336/11; BGBl. II 1994, S. 1473.

6 General Agreement on Trade in Services, ABl. 1994 L 336/190; BGBl. II 1994, S. 1643.

7 Agreement on Trade-Related Aspects of Intellectual Property Rights, ABl. 1994 L 336/213; BGBl. II 1994, S. 1730.

8 EuGH, Gutachten 1/94 (WTO-Übereinkommen), Slg 1994, I-5267, Rn 46 ff.

9 EuGH, Gutachten 1/94 (WTO-Übereinkommen), Slg 1994, I-5267, Rn 55, 57 f.

10 S. hierzu *Kadelbach*, in: Hatje/Müller-Graff/von Arnauld (Hrsg.), § 4, Rn 55 ff.

11 Zur erheblichen Kritik im Schrifttum vgl etwa *Bourgeois*, CMLR 1995, 763 ff; *Hilf*, EJIL 1995, 245 ff.

12 EuGH, Gutachten 1/94 (WTO-Übereinkommen), Slg 1994, I-5267, Rn 106 ff.

13 Vgl hierzu KOM (1996) 90 vom 28.12.1996, Rn 26 f.

der handelsbezogenen Aspekte geistigen Eigentums erstmalig in den Blick. Die neue Fassung des Art. 133 Abs. 5 EGV suchte eine Lösung in der dem Rat eingeräumten Möglichkeit, auf Vorschlag der Kommission und nach Anhörung des Europäischen Parlaments die gemeinsame Handelspolitik einstimmig auf „internationale Verhandlungen und Übereinkünfte über Dienstleistungen und Rechte des geistigen Eigentums" auszudehnen. Von dieser Ermächtigung machte der Rat freilich nie Gebrauch.[14]

5 Einen weiteren Versuch zur Stärkung der Handlungsfähigkeit der Gemeinschaft auf dem Gebiet der gemeinsamen Handelspolitik unternahm der **Vertrag von Nizza**. Die Mitgliedstaaten einigten sich hier auf einen höchst komplizierten Text,[15] der die Zuständigkeit der Gemeinschaft zumindest grundsätzlich auf die „Aushandlung und den Abschluss von Abkommen betreffend den Handel mit Dienstleistungen und Handelsaspekte des geistigen Eigentums" erstreckte.[16] Aufgrund einer Vielzahl von Einschränkungen und unterschiedlichen Abstimmungsmodalitäten löste allerdings auch die neue Fassung von Art. 133 Abs. 5 EGV die oben beschriebenen Probleme nicht. Eine zwischen Gemeinschaft und Mitgliedstaaten geteilte Kompetenz sah insbesondere weiterhin Art. 133 Abs. 6 Unterabs. 2 EGV vor (Bereich des Handels mit kulturellen und audiovisuellen Dienstleistungen, Dienstleistungen im Bereich Bildung sowie in den Bereichen Soziales und Gesundheitswesen). Zudem wurde der bedeutsame Bereich der ausländischen Direktinvestitionen nicht in die gemeinsame Handelspolitik einbezogen. In den von der Zuständigkeit der Gemeinschaft nach Art. 133 Abs. 5 EGV erfassten Bereichen war eine Ratifikation durch sämtliche Mitgliedstaaten nicht länger erforderlich. Aufgrund der Sonderbestimmungen in Art. 133 Abs. 5, 6 und 7 EGV blieb es jedoch in der Regel beim Einstimmigkeitsverfahren. Die so geschaffene Rechtslage wurde überwiegend als unbefriedigend empfunden.[17] Insbesondere die Kommission warb für die Kongruenz der europäischen Binnen- und Außenkompetenzen.[18]

6 In Reaktion auf die genannten Probleme sieht der **Vertrag von Lissabon** eine deutliche Kompetenzerweiterung der EU im Bereich der gemeinsamen Handelspolitik vor.[19] Die Grundlage dieser Entwicklung bildet Art. 3 Abs. 1 lit. e AEUV, der die gemeinsame Handelspolitik als Ganzes der ausschließlichen Zuständigkeit der Union unterstellt. Gemäß Art. 207 Abs. 1 AEUV zählen hierzu neben dem Warenhandel der Handel mit Dienstleistungen, die Handelsaspekte des geistigen Eigentums sowie nun auch ausländische Direktinvestitionen. Art. 206 AEUV formuliert als Ziel der gemeinsamen Handelspolitik neben dem Abbau von Zollschranken auch den Abbau „anderer Schranken", dh nicht-tarifärer Handelshemmnisse. Die vormals unübersichtliche Struktur zahlreicher Ausnahme- und Sonderregelungen für bestimmte, aus Sicht der Mitgliedstaaten sensible Bereiche der gemeinsamen Handelspolitik wird durch Art. 207 AEUV grundlegend vereinfacht.[20] Dieser sieht Sonderregelungen nur noch in Form von Einstimmigkeitserfordernissen vor (Art. 207 Abs. 4 Unterabs. 2 und 3 AEUV) und enthält im Übrigen keine Kompetenzvorbehalte zugunsten der Mitgliedstaaten.[21] Gemäß Art. 207 Abs. 2 AEUV bestimmen das Europäische Parlament und der Rat durch im Wege des ordentlichen Gesetzgebungsverfahrens nach Art. 289, 294 AEUV erlassene Verordnungen die Maßnahmen, mit denen der Rahmen der Umsetzung der gemeinsamen Handelspolitik bestimmt wird. Das damit zum Regelfall werdende Mitentscheidungsverfahren gemäß Art. 294

14 Vgl ausführlich zu den Änderungen des Amsterdamer Vertrags *Cremona*, in: Weiler (Hrsg.), S. 5 ff; *dies.*, in: O'Keeffe/Twomey (Hrsg.), S. 225 ff; *Krenzler/da Fonseca-Wollheim*, EuR 1998, 223 ff; *Berrisch/Kamann*, EuZW 1999, 714 ff.

15 Ausführlich zur Neufassung des Art. 133 EGV durch den Vertrag von Nizza *Krenzler/Pitschas*, EFA Rev. 6 (2001), 291 ff, ferner *Weiß*, in: Grabitz/Hilf/Nettesheim, Art. 207 AEUV, Rn 7 f.

16 Ausführlich zu den Änderungen des Art. 133 EGV *Krenzler/Pitschas*, EFA Rev. 6 (2001), 291, 298 ff; *Herrmann*, EuZW 2001, 269 ff.

17 Vgl etwa *Krenzler/Pitschas*, EFA Rev. 6 (2001), 291, 298 ff; *Herrmann*, EuZW 2001, 269 ff.

18 KOM (2006) 567 vom 4.10.2006.

19 Eingehend zur Neuordnung der Kompetenzen im Lissabon-Vertrag *Bungenberg*, EuR-Beiheft 2009, S. 195 ff; *Tietje*, Die Außenwirtschaftsverfassung der EU nach dem Vertrag von Lissabon, 2009, S. 9 ff; *Wouters/Coppen/De Meester*, in: Griller/Ziller (Hrsg.), S. 143 ff; *Müller-Graff*, in: Dashwood/Maresceau (Hrsg.), S. 188 ff.

20 Im Detail zu dieser Straffung *Weiß*, in: Grabitz/Hilf/Nettesheim, Art. 206 AEUV, Rn 2 f.

21 S. näher *Weiß*, in: Grabitz/Hilf/Nettesheim, Art. 207 AEUV, Rn 34, 103.

AEUV bedeutet eine wesentliche Stärkung der Rolle des Europäischen Parlaments im Rahmen der gemeinsamen Handelspolitik.[22]

2. Gegenstände der gemeinsamen Handelspolitik

Durch ihre Aufnahme in den fünften Teil des AEUV ist die gemeinsame Handelspolitik nunmehr in den Bereich des auswärtigen Handelns der Union eingebettet. Die wesentlichen Regelungen der gemeinsamen Handelspolitik enthalten die auf Grundlage der Art. 131 und 133 EGV gestalteten Vorschriften der **Art. 206 und 207 AEUV**. Ersatzlos gestrichen wurden Art. 132 EGV (Harmonisierungsauftrag für Ausfuhrbeihilfen) und der durch die Errichtung des Binnenmarktes obsolet gewordene 134 EGV (mitgliedstaatliche Kooperation zur Verhinderung der Verlagerung von Handelsströmen). 7

Der so bereinigte Normbestand des Titels II folgt einer übersichtlichen Systematik: **Art. 206 AEUV** formuliert zunächst die **Ziele der gemeinsamen Handelspolitik**. Neu aufgenommen in den Zielkatalog wurde die schrittweise Beseitigung der Beschränkungen bei den ausländischen Direktinvestitionen[23] sowie der Abbau „anderer", dh nicht-tarifärer Handelshemmnisse. Zentrale Vertragsbestimmung für die Inhalte der gemeinsamen Handelspolitik ist Art. 207 AEUV. Dieser baut auf Art. 3 Abs. 1 lit. e AEUV auf, der die gemeinsame Handelspolitik als Ganzes nun explizit[24] der ausschließlichen Zuständigkeit der Union unterstellt. Indem **Art. 207 Abs. 1 S. 1 AEUV** den **Anwendungsbereich der gemeinsamen Handelspolitik** auf den Handel mit Waren und Dienstleistungen, die handelsbezogenen Aspekte geistigen Eigentums sowie die ausländischen Direktinvestitionen erstreckt, trägt er den entsprechenden Entwicklungen des Welthandels Rechnung und erhöht so die Handlungsfähigkeit der EU in diesem Bereich.[25] Für die Mitgliedstaaten hat dies zur Folge, dass sie keine völkerrechtlichen Abkommen mehr schließen dürfen, die schwerpunktmäßig[26] die in Art. 207 Abs. 1 S. 1 AEUV genannten Materien betreffen. In diesem Bereich kommt es dementsprechend auch nicht mehr zu gemischten Abkommen unter Beteiligung von Union und Mitgliedstaaten. 8

Mit der Kompetenzerweiterung der Europäischen Union wurde zugleich die **Rolle des Europäischen Parlaments** im Bereich der gemeinsamen Handelspolitik deutlich gestärkt.[27] War es vormals völlig marginalisiert, wird es durch den Vertrag von Lissabon in seiner Rolle aufgewertet. Maßnahmen, mit denen der Rahmen für die Umsetzung der gemeinsamen Handelspolitik bestimmt wird, werden gemäß Art. 207 Abs. 2 AEUV nunmehr im ordentlichen Gesetzgebungsverfahren nach Art. 289 AEUV erlassen. Im Bereich der vertraglichen Handelspolitik bleibt das institutionelle Gefüge unter Art. 133 EGV aF grundsätzlich erhalten. Die ausschließliche Zuständigkeit für die Verhandlungsführung liegt weiterhin bei der Kommission. Auch hier finden sich freilich Modifikationen zu Gunsten des Europäischen Parlaments: Art. 207 Abs. 3 Unterabs. 3 AEUV sieht insoweit umfassende und einheitliche Berichterstattungspflichten der Kommission über Vertragsverhandlun- 9

22 Ebenso *Krajewski*, in: Biondi/Eeckhout/Ripley (Hrsg.), S. 292 ff; *Bungenberg*, EYIEL 1 (2010), 123 ff; *Tietje*, in: Fastenrath/Nowak (Hrsg.), S. 237 ff; *Brok*, integration 3 (2010), 209 ff sowie *Hahn*, in: Calliess/Ruffert, Art. 207 AEUV, Rn 3 mwN.

23 Dazu eingehend *Schäfer/Voland*, EWS 2008, 166 ff; *Voland*, EuZW 2009, 519 ff.

24 Der EuGH hatte bereits unter Geltung des Art. 113 EWGV aus der Formulierung, die gemeinsame Handelspolitik werde „nach einheitlichen Grundsätzen gestaltet", die Schlussfolgerung gezogen, es handele sich hierbei um eine ausschließliche Kompetenz der Gemeinschaft, st. Rspr seit Rs. 8/73 (HZA Bremerhaven/Massey-Ferguson), Slg 1973, 897, Rn 3. Eine andere Ansicht wurde mehrheitlich im Hinblick auf den später in Art. 133 Abs. 5 Unterabs. 4 EGV aufgenommenen Handel mit Dienstleistungen vertreten, vgl *Herrmann/Michl*, ZEuS 2008, 81, 91 mwN.

25 S. hierzu auch *Weiß*, in: Grabitz/Hilf/Nettesheim, Art. 207 AEUV, Rn 10.

26 Vgl EuGH, Gutachten 2/00 (Cartagena Protokoll), Slg 2001, I-9713; Rs. C-94/03 (Kommission/Rat), Slg 2006, I-1. Nach dieser Rechtsprechung unterfallen internationale Abkommen nur dann ausschließlich der gemeinsamen Handelspolitik und damit Art. 207 AEUV, wenn die handelspolitischen Ziele den inhaltlichen Schwerpunkt des Vertragswerks bilden und deutlich im Vordergrund stehen, vgl auch *Herrmann*, NVwZ 2002, 1168 ff und *Weiß*, in: Grabitz/Hilf/Nettesheim, Art. 207 AEUV, Rn 62, sowie EuGH, Rs. C-41/06 (Kommission/Rat), Slg. 2009, I-7585, Rn 71.

27 Ausführlich hierzu *Boysen*, in: Hatje/Müller-Graf/von Arnauld (Hrsg.), § 9, Rn 3 ff, 34 ff, 48 ff; *Krajewski*, in: Hatje/Müller-Graf/von Arnauld (Hrsg.), § 3, Rn 150 ff.

gen gegenüber dem Handelspolitischen Ausschuss und dem Parlament vor. Eine wesentliche Erweiterung parlamentarischer Zustimmungserfordernisse enthält schließlich Art. 218 Abs. 6 Unterabs. 2 lit. a (v) in Verbindung mit Art. 207 Abs. 2 AEUV. Dem Europäischen Parlament wird so in weiten Bereichen der gemeinsamen Handelspolitik ein Beteiligungsrecht an völkerrechtlichen Abkommen zugebilligt.[28]

10 Entsprechend der durch den Vertrag von Lissabon aufgehobenen Trennung von EU und EG bindet Art. 207 Abs. 1 S. 2 AEUV die gemeinsame Handelspolitik in das **auswärtige Handeln der Union**[29] ein und legt fest, dass die gemeinsame Handelspolitik „im Rahmen der Grundsätze und Ziele des auswärtigen Handelns der Union" zu gestalten ist.[30] Diese Grundsätze und Ziele werden in Art. 21 und 22 EUV (iVm. Art. 205 AEUV) formuliert.[31] Hierzu gehört die Förderung von Demokratie und Rechtsstaatlichkeit (Art. 21 Abs. 2 lit. b EUV)[32] ebenso wie das Ziel, die Integration aller Länder in die Weltwirtschaft u.a. durch den schrittweisen Abbau internationaler Handelshemmnisse zu fördern (Art. 21 Abs. 2 lit. e EUV). Das in Art. 21 Abs. 3 EUV statuierte **Kohärenzgebot** verpflichtet die Union, etwaige Zielkonflikte zwischen den verschiedenen Bereichen des auswärtigen Handelns sowie zwischen diesen und den übrigen Politikbereichen aufzulösen; dies freilich, ohne dafür konkrete inhaltliche Maßstäbe vorzugeben. Tatsächlich sind Konflikte zwischen der gemeinsamen Handelspolitik und der GASP vorprogrammiert.[33] Dies ergibt sich zunächst aus dem Umstand, dass die gemeinsame Handelspolitik der ausschließlichen Zuständigkeit der Union zugewiesen ist, während die GASP weiterhin nur nach Maßgabe der vom Europäischen Rat einstimmig zu treffenden Beschlüsse gemäß Art. 28, 31 EUV durchgeführt wird.[34]

11 Neben dem Dienstleistungshandel und den Handelsaspekten des geistigen Eigentums werden durch den Vertrag von Lissabon auch die **ausländischen Direktinvestitionen** in den Anwendungsbereich der gemeinsamen Handelspolitik nach Art. 206 und 207 AEUV einbezogen. Hierunter werden herkömmlicherweise grenzüberschreitende Investitionen in ausländische Unternehmen verstanden, in deren Folge es in der Regel zur unmittelbaren Kontrolle über die Geschäftsführung des jeweiligen Unternehmens mit der entsprechenden Management- und Risikoteilhabe der ausländischen Investoren kommt.[35] Den Gegenbegriff bilden die sog. **Portfolioinvestitionen**, die durch bloße Kapitalbeteiligungen vorgenommen werden und nicht auf eine langfristige Unternehmensführung, sondern allein auf eine Kapitalverzinsung abzielen.[36] In der Praxis macht es kaum Sinn, Investitionsschutzabkommen abzuschließen, die ausschließlich Direktinvestitionen erfassen. Aufgrund der in Art. 207 AEUV allein erwähnten „Direktinvestitionen" stellt sich damit die Frage, welche Inhalte von Investitionsabkommen von der Zuständigkeit der Union erfasst sind.[37] Die Kommission sieht auch Portfolioinvestitionen von einer ausschließlichen Kompetenz der EU erfasst, leitet diese allerdings nicht

28 Hierzu *Boysen*, in: Hatje/Müller-Graf/von Arnauld (Hrsg.), § 9, Rn 4 ff, 59 ff.

29 S. hierzu *von Arnauld*, in: Hatje/Müller-Graff/ders. (Hrsg.), § 1; *Krajewski*, in: Hatje/Müller-Graf/von Arnauld (Hrsg.), § 3.

30 Zum Hintergrund der Neukontextualisierung der gemeinsamen Handelspolitik *Weiß*, in: Grabitz/Hilf/Nettesheim, Art. 206 AEUV, Rn 9.

31 Hierzu eingehend, *Oeter*, in: Blanke/Mangiameli (Hrsg.), Art. 21 TEU, Rn 9 ff.

32 S. hierzu *von Arnauld*, in: Hatje/Müller-Graff/ders. (Hrsg.), § 1, Rn 79 ff.

33 Vgl ausführlich *Krenzler/Pitschas*, in: Herrmann/Krenzler/Streinz (Hrsg.), S. 11, 23 ff.

34 Ausführlich hierzu *Thym*, in: Hatje/Müller-Graff/von Arnauld (Hrsg.), § 16, Rn 21.

35 *Reinisch*, in: Tietje (Hrsg.), Internationales Wirtschaftsrecht, 2009, § 8, Rn 29; *Herrmann*, EuZW 2010, 207, 209; *Weiß*, in: Grabitz/Hilf/Nettesheim, Art. 207 AEUV, Rn 39 ff; EuGH, Rs. C-446/04 (Test Claimants in the FII Group Litigation), Slg 2006, I-11753, Rn 177 ff. Ausführlich *Bungenberg*, in: Hatje/Müller-Graff/von Arnauld (Hrsg.), § 13, Rn 10 ff.

36 *Lavranos*, Hague Yb. Int'l.L.24 (2011), 281 ff; *Shan/Zhang*, EJIL 21 (2011), 1049, 1059; *Burgstaller*, in: Bungenberg/Griebel/Hindelang (Hrsg.), S. 113 ff; *Wölker*, ICSID Rev. 24 (2010), 434 ff; *Reinisch*, in: Tietje (Hrsg.), Internationales Wirtschaftsrecht, 2009, § 8, Rn 29; vgl ferner *Weiß*, in: Grabitz/Hilf/Nettesheim, Art. 207 AEUV, Rn 44 ff; *Hahn*, in: Calliess/Ruffert, Art. 207 AEUV, Rn 20.

37 Einzelheiten bei *Bungenberg*, EYIEL 1 (2010), 123, 142 ff; *Herrmann*, EuZW 2010, 207, 210; *Johannsen*, Die Kompetenz der Europäischen Union für ausländische Direktinvestitionen nach dem Vertrag von Lissabon, 2009, S. 11 ff; *Tietje*, EuZW 2010, 647 ff; *Reinisch*, in: Bungenberg/Griebel/Hindelang (Hrsg.), S. 99, 107 ff; *Weiß*, in: Grabitz/Hilf/Nettesheim, Art. 207 AEUV, Rn 40 ff.

aus Art. 207 AEUV, sondern aus der Kapitalverkehrsfreiheit (Art. 63 AEUV) her.[38] Daneben wird die Zuständigkeit der EU auch Art. 207 AEUV selbst[39] sowie zT als implizite Kompetenz im Sinne der AETR-Rechtsprechung[40] der Kapitalverkehrsfreiheit entnommen.[41] Die Praxis des Rats scheint dieser Ansicht jedoch nicht zu folgen.[42] Viel spricht dafür, dass es in diesem Bereich jedenfalls bis zu einer Klärung durch den EuGH bei **gemischten Abkommen** der EU und ihrer Mitgliedstaaten bleiben wird.[43] Ohne Alternative bleibt damit auf mittlere Sicht die **Aufrechterhaltung der vielzähligen nationalen BITs**, die bis auf weiteres in Kraft bleiben und nur mit Ermächtigung der Kommission neu verhandelt oder geändert werden können.[44] Um den Umgang mit dem Geflecht der bestehenden BITs der Mitgliedstaaten näher zu regeln, hat die Kommission (zusammen mit einer Mitteilung über die künftige europäische Auslandsinvestitionspolitik) den Entwurf einer VO zur Einführung einer Übergangsregelung für bilaterale Investitionsabkommen[45] vorgelegt, der am 12. Dezember 2012 verabschiedet wurde.[46]

Die Aufnahme des Dienstleistungshandels und der handelsbezogenen Aspekte des geistigen Eigentums in den Katalog des Art. 207 Abs. 1 S. 1 AEUV stellt klar, dass die genannten Materien von nun an nicht mehr als Sonderfälle zu behandeln sind.[47] Dies zeigt sich insbesondere an dem im Vergleich zu Art. 133 EGV stark gekürzten Normtext, der auf die gegenüber Art. 133 Abs. 5 bis 7 EGV stark vereinfachte Struktur des Art. 207 Abs. 4 AEUV zurückzuführen ist. Hier sind **Sonderregelungen nur noch in Form von Einstimmigkeitserfordernissen** vorgesehen. Diese sollen die Kongruenz der internen und externen Kompetenzen und der für ihre Ausübung geltenden Entscheidungsmodalitäten sicherstellen sowie eine Mehrheitsentscheidung für bestimmte „sensible" Dienstleistungssektoren ausschließen.[48] 12

Dem Prinzip der **Reziprozität von Binnen- und Außenkompetenzen** entsprechend **sieht Art. 207 Abs. 4 Unterabs. 2 AEUV** einen einstimmigen Ratsbeschluss für den Abschluss von Abkommen in den Bereichen vor, in denen für die Annahme interner Vorschriften Einstimmigkeit erforderlich wäre. Die praktische Bedeutung dieser Vorschrift ist allerdings begrenzt, da nach dem Vertrag von Lissabon auf dem Gebiet der Niederlassungs- und Dienstleistungsfreiheit keine Einstimmigkeitserfordernisse mehr vorgesehen sind. Im Bereich der handelsbezogenen Aspekte geistigen Eigentums sieht Art. 118 AEUV die Kompetenz zum Erlass von Maßnahmen zur Schaffung europäischer Rechtstitel über einen einheitlichen Schutz der Rechte des geistigen Eigentums in der Union sowie zur Einführung von zentralisierten Zulassungs-, Koordinierungs- und Kontrollregelungen auf Unionsebene durch Parlament und Rat im ordentlichen Gesetzgebungsverfahren vor. Für ausländische 13

38 KOM (2012) 335, S. 3: „Die Zuständigkeit der Union für Portfolioinvestitionen geht nach Auffassung der Kommission aus Artikel 63 AEUV hervor. Danach sind Beschränkungen des Kapitalverkehrs zwischen den Mitgliedstaaten der Union und Drittländern verboten. Nach Artikel 3 Absatz 2 AEUV hat die Union die ausschließliche Zuständigkeit, sobald eine internationale Übereinkunft Vorschriften enthält, die ‚gemeinsame Regeln beeinträchtigen oder deren Tragweite verändern' könnten. Nach Auffassung der Kommission muss die Union auch in Fragen der Portfolioinvestitionen die ausschließliche Zuständigkeit haben, da die vorgesehenen Regeln, die gleichermaßen für Portfolioinvestitionen gelten würden, die gemeinsamen Regeln für den Kapitalverkehr nach Artikel 63 AEUV beeinträchtigen können".

39 *Hoffmeister/Ünüvar*, in: Bungenberg/Reinisch/Tietje (Hrsg.), S. 57 ff.

40 EuGH, Rs. 222/70 (AETR), Slg 1971, 263.

41 *Hindelang/Maydell*, in: Bungenberg/Griebel/Hindelang (Hrsg.), S. 11 ff. Vgl hierzu auch *Herrmann*, EuZW 2010, 207, 209.

42 S. hierzu und zum Ganzen *Bungenberg*, in: Hatje/Müller-Graff/von Arnauld (Hrsg.), § 13, Rn 13.

43 *Tietje*, Die Außenwirtschaftsverfassung der EU nach dem Vertrag von Lissabon, S. 16 f; *Bungenberg*, EYIEL 1 (2010), 123, 135; *Obwexer*, EuR-Beiheft 2012/2, 49, 68; *Bischoff*, CMLR 48 (2011), 1527, 1560; *Hahn*, in: Calliess/Ruffert, Art. 207 AEUV, Rn 62.

44 S. eingehend *Weiß*, in: Grabitz/Hilf/Nettesheim, Art. 207 AEUV, Rn 47 ff.

45 Dok. KOM (2010) 344 endg.

46 VO (EU) Nr. 1219/2012 des Europäischen Parlaments und des Rates v. 12.12.2012 zur Einführung einer Übergangsregelung für bilaterale Investitionsschutzabkommen zwischen den Mitgliedstaaten und Drittländern, ABl. 2012 L 351/40.

47 Vgl *Cremona*, CMLR 2003, 1347, 1363; *Krenzler/Pitschas*, in: Herrmann/Krenzler/Streinz (Hrsg.), S. 11, 21.

48 S. auch *Weiß*, in: Grabitz/Hilf/Nettesheim, Art. 207 AEUV, Rn 34 ff.

Direktinvestitionen enthält Art. 64 Abs. 2 AEUV die Rechtsgrundlage zum Erlass von Maßnahmen für den Kapitalverkehr mit Drittstaaten im Zusammenhang mit Direktinvestitionen.[49] Allein für den Fall, dass im Hinblick auf den Kapitalverkehr mit Drittstaaten Maßnahmen ergriffen werden, die für die Liberalisierung des Kapitalverkehrs einen Rückschritt darstellen, setzt Art. 64 Abs. 3 AEUV Einstimmigkeit im Rat voraus. Darüber hinaus könnte sich ein Einstimmigkeitserfordernis nur für den Fall ergeben, dass ein Abkommen die Änderung einer restriktiven steuerlichen Maßnahme eines Mitgliedstaats erfordern würde, die vom Rat nach Art. 64 Abs. 4 AEUV einstimmig für mit den Verträgen vereinbar erklärt worden ist.

14 Für aus Sicht der Mitgliedstaaten besonders **sensible Dienstleistungssektoren** enthält **Art. 207 Abs. 4 Unterabs. 3 AEUV** Einstimmigkeitserfordernisse. Die hiervon betroffenen Bereiche des Handels mit kulturellen und audiovisuellen Dienstleistungen sowie des Handels mit Dienstleistungen des Sozial-, Bildungs- und Gesundheitssektors waren unter Art. 133 Abs. 6 EGV noch der geteilten Zuständigkeit von EG und Mitgliedstaaten unterstellt und dementsprechend Gegenstand gemischter Abkommen. Art. 207 AEUV beendet diese Zuständigkeitsteilung und sieht nur noch eine einstimmige Entscheidung des Rates über die Aushandlung und den Abschluss entsprechender Verträge vor. Gemäß Art. 207 Abs. 4 Unterabs. 3 lit. a AEUV gilt das Einstimmigkeitserfordernis demnach für den Abschluss von Abkommen über den Handel mit kulturellen und audiovisuellen Dienstleistungen, wenn diese Abkommen die kulturelle und sprachliche Vielfalt in der Union beeinträchtigen könnten.[50] Die Frage, wann das der Fall ist, kann naturgemäß nur von allen Mitgliedstaaten gemeinsam beurteilt werden. Ist auch nur ein Mitgliedstaat anderer Auffassung, lässt sich eine einstimmige Entscheidung im Rat nicht herbeiführen. In diesen Fällen bleibt es grundsätzlich bei der qualifizierten Mehrheitsentscheidung,[51] wobei gemäß Art. 218 Abs. 11 AEUV über die Vereinbarkeit des geplanten Abkommens mit den Verträgen ein Gutachten des EuGH eingeholt werden kann. Gemäß Art. 207 Abs. 4 Unterabs. 3 lit. b AEUV gilt das Einstimmigkeitserfordernis schließlich auch für Abkommen über den Handel mit Dienstleistungen des Sozial-, des Bildungs- und des Gesundheitssektors, wenn diese Abkommen die einzelstaatliche Organisation dieser Dienstleistungen „ernsthaft stören und die Verantwortlichkeit der Mitgliedstaaten für ihre Erbringung beeinträchtigen" könnten. Ob diese kumulativen Voraussetzungen vorliegen, entscheiden die Mitgliedstaaten, denen insoweit ein Beurteilungsspielraum zukommt.[52]

15 Die beschriebenen Gegenstände der gemeinsamen Handelspolitik lassen ihre tatsächliche Gestalt freilich nur ansatzweise erkennen. Auch die Zielsetzungen des Art. 206 AEUV, demzufolge die Union im Rahmen der gemeinsamen Handelspolitik „im gemeinsamen Interesse zur harmonischen Entwicklung des Welthandels, zur schrittweisen Beseitigung der Beschränkungen im internationalen Handelsverkehr und bei den ausländischen Direktinvestitionen sowie zum Abbau der Zollschranken und anderer Schranken" beiträgt, liefert kaum belastbare Kriterien für die Beurteilung der Rechtmäßigkeit spezifischer Maßnahmen der gemeinsamen Handelspolitik.[53] Nach Art. 207 Abs. 1 S. 1 AEUV ist die gemeinsame Handelspolitik nach „einheitlichen Grundsätzen" zu gestalten. Die Rechtsprechung hat weitere **Prinzipien der gemeinsamen Handelspolitik** entwickelt. Hierzu gehören über den **Grundsatz der Einheitlichkeit**[54] hinaus die **Prinzipien der Angleichung und gegenseitigen Anerkennung.**[55] Nicht ohne Weiteres zu den Prinzipien der gemeinsamen Handelspolitik zu zählen ist dagegen der Grundsatz der Nichtdiskriminierung. Das wesentlich durch die Rechtsprechung des EuGH geformte Gleichheitsregime ist stark marktintegrativ orientiert und

---

49 Zur (problematischen) Anwendbarkeit der Kapitalverkehrsfreiheit auf ausländische Direktinvestitionen *Bröhmer*, in: Calliess/Ruffert, Art. 63 AEUV, Rn 29 mwN; *Krenzler/Pitschas*, in: Herrmann/Krenzler/Streinz (Hrsg.), S. 11, 35; vgl aber auch *Bröhmer*, in: Calliess/Ruffert, Art. 64 AEUV, Rn 2 f.

50 S. auch *Hahn*, in: Calliess/Ruffert, Art. 207 AEUV, Rn 106 ff.

51 *Pitschas*, in: Herrmann/Krenzler/Streinz (Hrsg.), S. 99, 110.

52 *Pitschas*, in: Herrmann/Krenzler/Streinz (Hrsg.), S. 99, 114.

53 S. hierzu EuGH, Rs. 112/80 (Dürbeck/Hauptzollamt Frankfurt a.M.), Slg 1981, 1094, Rn 44.

54 Ausführlich hierzu *Boysen*, in: Hatje/Müller-Graff/von Arnauld (Hrsg.), § 9, Rn 65 ff; *Eeckhout*, S. 440 ff.

55 *Boysen*, in: Hatje/Müller-Graff/von Arnauld (Hrsg.), § 9, Rn 67; *Cremona*, in: de Búrca/Scott (Hrsg.), S. 151 ff.

findet im Bereich der gemeinsamen Handelspolitik, dh auf der Ebene des Marktzugangs, keine rechte Entsprechung.[56]

3. Maßnahmen der gemeinsamen Handelspolitik

Als Instrumente der gemeinsamen Handelspolitik stehen der EU autonome, dh einseitig gesetzte Maßnahmen sowie vertragliche Vereinbarungen zur Verfügung. Die Aufzählung in Art. 207 Abs. 1 S. 1 AEUV ist insoweit nur beispielhaft. Sowohl das autonome Sekundärrecht als auch die völkerrechtlichen Verträge, die in der Normenhierarchie zwischen Primär- und Sekundärrecht rangieren, nehmen am Anwendungsvorrang des supranationalen Unionsrechts teil. 16

Als **autonome handelspolitische Maßnahmen** werden Rechtsakte der EU verstanden, die zu ihrer Gültigkeit keiner Mitwirkung anderer Verbände bedürfen.[57] Es handelt sich dabei zumeist um die Umsetzung völkerrechtlicher Verträge oder um handelspolitische Maßnahmen, die unabhängig von den bestehenden völkerrechtlichen Verpflichtungen für notwendig erachtet werden.[58] In materieller Hinsicht lassen sich in Anlehnung an die Kategorien des GATT tarifäre und nicht-tarifäre Maßnahmen unterscheiden. Zu den autonomen Maßnahmen zählen neben der Änderung des gemeinsamen Zolltarifs für den Außenzoll der EU gemäß Art. 31 AEUV insbesondere Ein- und Ausfuhrregelungen sowie handelspolitische Schutzmaßnahmen. Nicht zu den Maßnahmen der gemeinsamen Handelspolitik nach Art. 207 AEUV gehören Wirtschaftssanktionen (Embargo-Maßnahmen).[59] Für diese ist angesichts ihrer vorrangig außenpolitischen Zielsetzungen Art. 215 AEUV lex specialis. 17

Die **vertragliche Handelspolitik** ist in weitem Umfang durch das WTO-Recht bestimmt.[60] Innerhalb dieses rechtlichen Rahmens bleibt jedoch Gestaltungsspielraum für regionale Handelsabkommen (*Regional Trade Agreements*, RTA)[61] und den Abschluss bilateraler Handelsabkommen. Das Spannungsverhältnis zwischen regionalen Handelsabkommen und dem Meistbegünstigungsprinzip (Art. I:1 GATT, Art. II:1 GATS und Art. 4 TRIPS) lösen Art. XXIV:4 bis 8 GATT bzw Art. V und V^{bis} GATS auf, indem sie eine Reihe von Anforderungen an die innere Ordnung der RTA und ihr Verhältnis zu Drittstaaten formulieren.[62] Darüber hinaus sieht die sog. *enabling clause* Ausnahmen vom Meistbegünstigungsprinzip im Hinblick auf Präferenzabkommen mit bzw zwischen Entwicklungsländern vor.[63] Die Europäische Union (bzw vor ihr die Europäische Gemeinschaft) hat deshalb auf Grundlage von Art. 207 Abs. 3 bis 5 iVm Art. 218 AEUV eine Vielzahl **bi- und multilateraler handelspolitischer Abkommen mit Drittstaaten** geschlossen.[64] Während die auf Art. 207 AEUV gestützten multilateralen Abkommen überwiegend Rahmenregelungen auf dem Gebiet des Welthandelsrechts enthalten, sind die konkreten Handelsabkommen bilateral. Neben **horizontalen,** für alle Waren-Kategorien geltenden Handelsabkommen finden sich zahlreiche **sektorale Abkommen,** die sich lediglich auf bestimmte Waren oder Warengruppen beziehen. Alle Abkommen sind 18

---

56 Hierzu *Boysen*, in: Hatje/Müller-Graff/von Arnauld (Hrsg.), § 9, Rn 68 ff; *Eeckhout*, EU External Relations Law, S. 446 f.

57 Zu den Akteuren der autonomen Handelspolitik s. *Boysen*, in: Hatje/Müller-Graff/von Arnauld (Hrsg.), § 9, Rn 56 ff.

58 Zum Begriff der autonomen gemeinsamen Handelspolitik s. *Bungenberg*, in: Hatje/Müller-Graff/von Arnauld (Hrsg.), § 12, Rn 1.

59 *Hahn*, in: Calliess/Ruffert, Art. 207 AEUV, Rn 53.

60 Zu den Akteuren der vertraglichen Handelspolitik s. *Boysen*, in: Hatje/Müller-Graff/von Arnauld (Hrsg.), § 9, Rn 59 ff.

61 Der Begriff der Regional Trade Agreements umfasst dabei durchaus auch Abkommen, die sich nicht als regional im geographischen Sinne beschreiben lassen, s. hierzu *Boysen*, in: Hilf/Oeter (Hrsg.), § 31, Rn 1 ff.

62 Hierzu *Boysen*, in: Hilf/Oeter (Hrsg.), § 31, Rn 28 ff.

63 *Boysen*, in: Hilf/Oeter (Hrsg.), § 31, Rn 49 ff.

64 Entsprechende Übersichten finden sich in den regelmäßig erscheinenden Berichten der Kommission *European Commission*, Annotated Summary of Agreements Linking the Communities with Non-Member Countries, sowie auf der Seite des Regional Trade Agreements Information Systems der WTO unter rtais.wto.org. Vgl ferner die Übersicht der Kommission über die bilateralen Beziehungen der EU unter http://ec.europa.eu/trade/policy/countries-and-regions/ sowie *Weiß*, in: Hatje/Müller-Graff/von Arnauld (Hrsg.), § 10, Rn 65 ff.

integrierender Bestandteil des Unionsrechts,[65] ihre Vorschriften können im Einzelfall unmittelbar anwendbar sein.[66]

19 Während sich **nichtpräferenzielle Handelsabkommen** auf die Vereinbarung handelsfördernder Instrumente beschränken, ist es das erklärte Ziel präferenzieller Handelsabkommen, „besondere Beziehungen" zu bestimmten Ländern oder Ländergruppen zu schaffen **Präferenzabkommen** geraten so in Konflikt mit dem Grundsatz der Meistbegünstigung und unterliegen deshalb den Anforderungen der Art. XXIV:4 bis 8 GATT; Art. V und V^{bis} GATS bzw sind nach der *enabling clause* zu rechtfertigen.[67] Zu den präferenziellen Handelsabkommen zählen insbesondere die nach **Art. 217 AEUV** (früher: Art. 310 EGV) von der EU geschlossenen **Assoziierungs- und Kooperationsabkommen** mit Drittstaaten.[68] Beispiele sind etwa das Abkommen über den Europäischen Wirtschaftsraum[69] (mit Norwegen, Island und Liechtenstein), die Assoziierungsabkommen mit der PLO[70] und der Türkei[71] sowie die in Vorbereitung des Beitritts zur EU geschlossenen Abkommen mit Staaten Mittel- und Osteuropas.[72] Besondere Bedeutung kommt daneben den im Rahmen der sog. Nachbarschaftspolitik der EU geschlossenen Europa-Mittelmeer-Assoziierungsabkommen[73] sowie den als **Lomé-Abkommen** bekannten Verträgen mit 79 Staaten in Afrika, der Karibik und im Pazifik (AKP-Staaten) zu.[74] Das erste von vier[75] AKP-Abkommen von Lomé wurde am 28. Februar 1975 unterzeichnet und am 23. Juni 2000 durch das **Abkommen von Cotonou**[76] ersetzt. Als **entwicklungspolitisches Instrument** sahen die Lomé-Abkommen nicht-reziproke Handelspräferenzen vor, die indes wegen Verstoßes gegen den Grundsatz der Meistbegünstigung von nicht begünstigten Entwicklungsländern auf Ebene der WTO angegriffen wurden. In der Folge wurde in den Handelsbeziehungen der EU zu den AKP-Staaten ein **Paradigmenwechsel** eingeleitet. So wird das Handelsregime des Cotonou-Abkommens seit Dezember 2007 Schritt für Schritt durch ein System von **Wirtschaftspartnerschaftsabkommen** (EPA) ersetzt, die auf eine vollständige Handelsliberalisierung zwischen der EU und den AKP-Staaten zielen.[77] Mit dem Economic Partnership Agreement zwischen EU und CARIFORUM ist das erste dieser Abkommen neuen Typs bereits unterzeichnet.[78] Über vergleichbare Abkommen mit Staatengruppen Afrikas und des Pazifik werden aktuell Verhandlungen geführt.[79]

20 Ein Blick auf die Gesamtheit der vertraglichen Handelsbeziehungen der Union zeigt ein weit gespanntes Netz von **Handels- und Assoziierungsabkommen mit mehr als 100 Staaten.**[80] Zu den in

65 EuGH, Rs. 104/81 (Kupferberg), Slg 1982, 3641 Rn 27; Rs. 218/83 (Les Rapides Savoyards), Slg 1984, 3105 Rn 26 ff; st. Rspr. Zu den Besonderheiten hinsichtlich des WTO-Rechts s. unten Rn 31.

66 Dies gilt nach der Rspr des EuGH jedoch nicht für die WTO-Übereinkommen, s. etwa verb. Rs. C-300 und C-392/98 (Parfums Christian Dior u.a.), Slg 2000, I-11307, Rn 11; vgl auch eingehend zur Rspr des EuGH *Weiß*, in: Grabitz/Hilf/Nettesheim, Art. 207 AEUV, Rn 199 ff.

67 *Boysen*, in: Hilf/Oeter (Hrsg.), § 31, Rn 28 ff.

68 Vgl zum Geflecht der Assoziierungs- und Kooperationsabkommen mit Staaten Osteuropas, und des Mittelmeerraums *Weiß*, in: Grabitz/Hilf/Nettesheim, Art. 207 AEUV, Rn 262 ff.

69 ABl. 1994 L 1/3.

70 ABl. 1997 L 187/3.

71 ABl. 1964 217/3687.

72 Vgl hierzu die Aufstellung des Regional Trade Agreements Information Systems der WTO unter rtais.wto.org.

73 *Weiß*, in: Grabitz/Hilf/Nettesheim, Art. 207 AEUV, Rn 263.

74 Zur historischen Entwicklung s. *Dann/Wortmann*, in: Hatje/Müller-Graff/von Arnauld (Hrsg.), § 8 Rn 8 ff.

75 Zuletzt: Viertes AKP-EWG-Abkommen unterzeichnet am 15.12.1989 in Lomé, ABl. 1991 L 229/2.

76 Partnerschaftsabkommen zwischen den Mitgliedern der Staatengruppe der Afrikanischen, Karibischen und Pazifischen Staaten einerseits und der EG und ihren Mitgliedstaaten andererseits vom 23.6.2000, ABl. 2000 L 317/3, in Kraft seit dem 1.4.2003.

77 Ausführlich zur Vereinbarkeit der neuen Abkommen mit dem WTO-Recht sowie zur Frage entwicklungsorientierter Alternativen *Zimmermann*, EuZW 2009, 1.

78 ABl. 2008 L 289/I/3; vgl hierzu auch *Chase*, Legal Issues of Economic Integration 38 (2011), 189 ff; *Gruni*, European Law Journal 19 (2013), 864 ff.

79 S. allg. zu dieser Entwicklung *Yenkong*, Nordic Journal of International Law 78 (2009), 225 ff.

80 Ausführlich hierzu *Odendahl*, in: Hatje/Müller-Graff/von Arnauld (Hrsg.), § 5 Rn 14 ff.

neuerer Zeit geschlossenen handelspolitischen Abkommen gehören die Übereinkünfte mit Chile (2002),[81] Südkorea (2009)[82] sowie Kolumbien und Peru (2013).[83]

Auffällige Lücken[84] ergeben sich allein im Hinblick auf Japan und – bislang noch – die USA. Die Handels- und Wirtschaftsbeziehungen zu diesen beiden Staaten unterliegen mit Ausnahme einiger Spezialabkommen momentan allein dem WTO-Recht. Im Verhältnis zu den USA könnte sich dies durch die geplante Transatlantische Handels- und Investitionspartnerschaft (*Transatlantic Trade and Investment Partnership*, TTIP) ändern, über die seit 2013 verhandelt wird.[85] Tiefgreifende Kontroversen bestehen insbesondere im Hinblick auf das sog. regulatory chapter, ein horizontales Kapitel über regulatorische Kohärenz, in dessen Rahmen eine engere Zusammenarbeit zwischen EU- und US-Regulierungsbehörden und die Einrichtung eines „Regulatory Cooperation Council" angestrebt wird. Als Testfall für die TTIP gilt das Comprehensive Economic and Trade Agreement (CETA) zwischen der EU und Kanada, das am 26. September 2014 zum Verhandlungsabschluss veröffentlicht wurde.[86] Es enthält umfassende Handels- und Zollerleichterungen, ist allerdings ebenfalls in zahlreichen Punkten umstritten. Dies betrifft insbesondere die Bestimmungen zum Investitionsschutz und die in diesem Rahmen vorgesehene Streitbeilegung (Investor-State Dispute Settlement). Hier bestehen inhaltliche Parallelen zum internationalen Anti-Counterfeiting Trade Agreement (ACTA), das im Juli 2012 vom Europäischen Parlament abgelehnt wurde. Als gemischtes Abkommen bedürfte das CETA allerdings neben der Zustimmung der EU-Organe auch der Ratifikation in den Mitgliedstaaten.

Die ausschließlichen Kompetenz der EU im Bereich der gemeinsamen Handelspolitik gem. Art. 3 Abs. 1 lit. e AEUV sollte die Zahl parallel von der EU und den Mitgliedstaaten abzuschließender Handelsabkommen verringern. Die mit gemischten Abkommen zusammenhängenden Rechtsfragen bleiben jedoch weiterhin relevant. Eine ganze Reihe von Handelsabkommen enthält Regelungen, die in die Zuständigkeit der Mitgliedstaaten fallen. Von besonderer praktischer Relevanz sind insoweit vor allem sicherheits- oder umweltpolitische Aspekte und Finanzierungsmechanismen.[87] Letztere sind etwa regelmäßig in internationalen Rohstoffabkommen vorgesehen. Darüber hinaus weist die ausschließliche Kompetenz der Union auf dem Gebiet der gemeinsamen Handelspolitik einzelne Lücken auf. Der in Art. 207 AEUV aufgenommene Begriff der „ausländische Direktinvestitionen" schließt entgegen der Praxis des internationalen Investitionsschutzrechts sog. Portfolioinvestitionen aus. Auch wenn die Kommission eine entsprechende Kompetenz der Union auf Art. 63 AEUV zu gründen versucht,[88] werden umfassende Investitionsschutzabkommen – wie auch die Trade and Investment Partnership Agreements neuen Typs[89] – bis auf weiteres wohl nur als gemischte Abkommen abgeschlossen werden können.[90] 21

4. Verfahrensregeln und institutioneller Rahmen

a) Erlass von Sekundärrecht

Nach Art. 207 Abs. 2 AEUV erlassen das Europäische Parlament und der Rat im **ordentlichen Gesetzgebungsverfahren** Verordnungen, mit denen der Rahmen für die Umsetzung der gemeinsa- 22

81 ABl. 2002 L 352/1, in Kraft seit dem 1.2.2003.

82 Das Abkommen wurde am 15.10.2009 in Brüssel paraphiert und am 6.10.2010 unterzeichnet. Seit dem 1.7.2011 wird es vorläufig angewendet.

83 ABl. 2012 L 354/II/1; das Abkommen ist vorläufig in Kraft seit März bzw August 2013.

84 Zu geplanten neuen Freihandelsabkommen s. *Weiß*, in: Hatje/Müller-Graff/von Arnauld (Hrsg.), § 10, Rn 90 ff.

85 Einzelheiten unter: http://ec.europa.eu/trade/policy/in-focus/ttip/ (10/2014).

86 Text abrufbar unter: http://ec.europa.eu/trade/policy/in-focus/ceta/ (10/2014).

87 Abkommen dieser Art sind nach der Rspr des EuGH nur dann auf Grundlage von Art. 207 AEUV zu schließen, sofern ihr inhaltlicher Schwerpunkt auf den handelspolitischen Zielen liegt, vgl EuGH, Gutachten 2/00 (Cartagena/Protokoll), Slg 2001, I-9713; Rs. C-94/03 (Kommission/Rat), Slg 2006, I-1.

88 Ausführlich hierzu oben, Rn 11 und Fn 38. Zum Ganzen *Bungenberg*, in: Hatje/Müller-Graff/von Arnauld (Hrsg.), § 13, Rn 13.

89 Vgl nur exemplarisch zu den Verhandlungen über die Transatlantic Trade and Investment Partnership *Burghardt*, in: Govaere/Lannon/Van Elsuweg/Adam (Hrsg.), S. 461 ff.

90 S. oben Rn 3, 11.

men Handelspolitik bestimmt wird.[91] Das so jedenfalls für den Erlass der Rahmenverordnungen zum Regelfall erklärte Mitentscheidungsverfahren nach Art. 289, 294 AEUV **stärkt die Rechte und die Stellung des Europäischen Parlaments**, das bis dato im Bereich der gemeinsamen Handelspolitik eine völlig untergeordnete Rolle spielte.[92] Eine bedeutsame Nebenwirkung der Anwendung des ordentlichen Gesetzgebungsverfahrens ist freilich die **Schwächung der Stellung der Kommission:** Gemäß Art. 294 Abs. 10 bis 13 AEUV können Rat und Parlament im Vermittlungsausschuss vom ursprünglichen Vorschlag der Kommission abweichen, ohne dass dadurch das sonst greifende Einstimmigkeitserfordernis im Rat ausgelöst wird.[93]

b) Aushandlung und Abschluss völkerrechtlicher Abkommen

23 Eine weiterhin zentrale Rolle kommt der Kommission im Hinblick auf die **Aushandlung und den Abschluss** die gemeinsame Handelspolitik betreffender **völkerrechtlicher Übereinkommen** zu. Art. 207 Abs. 3 Unterabs. 2 und 3 AEUV überträgt der Kommission insoweit in Abweichung von Art. 218 Abs. 3 AEUV die ausschließliche Zuständigkeit für die Verhandlungsführung.[94] Weniger klar geregelt ist demgegenüber die **Stellung des Europäischen Parlaments** in diesem Bereich. Nach Art. 207 Abs. 3 Unterabs. 3 S. 2 AEUV hat die Kommission dem Parlament regelmäßig Bericht über den Stand der Verhandlungen zu erstatten. Anders als der Verfassungsentwurf des Europäischen Konvents, der den Abschluss die gemeinsame Handelspolitik betreffender völkerrechtlicher Übereinkommen an die Zustimmung des Parlaments band, sieht Art. 207 AEUV aber kein klares Zustimmungserfordernis vor. Allerdings ergibt sich aus der Gesamtsystematik der Bestimmungen, dass der Abschluss handelspolitischer Verträge dem ordentlichen Gesetzgebungsverfahren unterliegt.[95]

24 Dies folgt aus dem Zusammenspiel von Art. 207 und Art. 218 AEUV. Konkret stellt sich insoweit die Frage, ob Art. 218 Abs. 6 Unterabs. 2 lit. a AEUV, der als allgemeine Regelung ein Zustimmungserfordernis in einer Reihe von Fällen vorsieht, für den Bereich der gemeinsamen Handelspolitik durch Art. 207 Abs. 4 AEUV verdrängt wird. Unstrittig ist dabei zunächst, dass **Art. 207 AEUV** eine von **Art. 218 AEUV** abweichende Sonderregelung enthält. Nicht geklärt ist damit freilich, wie weit diese Sonderregelung reicht. Insbesondere stellt sich insoweit die Frage nach dem Regelungsgehalt von Art. 207 Abs. 4 AEUV, der die Mehrheitserfordernisse für die Abstimmung im Rat festlegt, zur Mitwirkung des Europäischen Parlaments aber schweigt. Geht man davon aus, dass es sich bei Art. 207 Abs. 4 AEUV um eine lex specialis zu Art. 218 Abs. 6 AEUV handelt, so wäre damit die Beteiligung des Parlaments ausgeschlossen. Gegen eine solche Auslegung spricht indes der Wortlaut des Art. 207 Abs. 3 S. 1 AEUV. Er erklärt Art. 218 AEUV „vorbehaltlich der besonderen Bestimmungen dieses Artikels" explizit für anwendbar. Vor diesem Hintergrund kann der Regelung der Mehrheitserfordernisse im Rat keine implizite Absage an die in Art. 218 Abs. 6 AEUV vorgesehene Parlamentsbeteiligung gesehen werden. Hinzu kommt, dass Parlamentsbeteiligung und Mehrheitserfordernisse im Rat in Art. 218 AEUV in unterschiedlichen Absätzen geregelt sind. Aufgrund des ähnlichen Wortlauts liegt es deshalb näher, Art. 207 Abs. 4 AEUV allein als lex specialis zu Art. 218 Abs. 8 AEUV zu begreifen. Art. 218 Abs. 6 AEUV enthält dagegen eine gegenüber Art. 218 Abs. 8 AEUV selbstständige und abschließende Regelung, die für den Bereich der

---

91 S. dazu eingehend *Hahn*, in: Calliess/Ruffert, Art. 207 AEUV, Rn 87 ff; *Weiß*, in: Grabitz/Hilf/Nettesheim, Art. 207 AEUV, Rn 109 ff.

92 Dazu im Detail *Devuyst*, in: Govaere/Lannon/Van Elsuweg/Adam (Hrsg.), S. 171 ff; vgl ferner *Hahn*, in: Calliess/Ruffert, Art. 207 AEUV, Rn 89 ff.

93 Ausführlich zu den Akteuren der gemeinsamen Handelspolitik *Boysen*, in: Hatje/Müller-Graff/von Arnauld (Hrsg.), § 9, Rn 56 ff.

94 Vgl nur *Weiß*, in: Grabitz/Hilf/Nettesheim, Art. 207 AEUV, Rn 96.

95 *Hahn*, in: Calliess/Ruffert, Art. 207 AEUV, Rn 105.

gemeinsamen Handelspolitik nicht abbedungen wurde.[96] Das Zustimmungserfordernis des Europäischen Parlaments gilt hiernach insbesondere für Übereinkünfte in Bereichen, in denen das ordentliche Gesetzgebungsverfahren zur Anwendung kommt (Art. 218 Abs. 6 Unterabs. 2 lit. a [v] AEUV), dh für solche Abkommen, mit denen iSd Art. 207 Abs. 2 AEUV „der Rahmen für die Umsetzung der gemeinsamen Handelspolitik bestimmt wird". Die Zustimmung des Parlaments wird darüber hinaus auch jenseits des Anwendungsbereichs von Art. 207 Abs. 2 AEUV befürwortet.[97]

II. Vorgaben des WTO-Rechts

Auch die Europäische Union hat in der Folge zunehmender Globalisierung der rechtlichen und tatsächlichen Voraussetzungen des Welthandels nur noch eingeschränkte Kontrolle über Kapitalbewegungen und Handelsverkehr. Das Außenwirtschaftsrecht der Union wird in erheblichem Maße durch die im Rahmen der Welthandelsorganisation (WTO) eingegangenen Verpflichtungen bestimmt und begrenzt.[98] Mitglieder der WTO sind dabei in Übereinstimmung mit dem Gutachten des EuGH 1/94[99] bislang nach wie vor sowohl die EU als auch die Mitgliedstaaten.[100] Mit der Erweiterung der Kompetenzen der Union um die Sachbereiche ausländische Direktinvestitionen, Dienstleistungshandel und Handelsaspekte des geistigen Eigentums hat der Vertrag von Lissabon die ursprünglich unter Art. 113 EWGV vorhandene Kongruenz von unionaler Zuständigkeit und dem Anwendungsbereichs des Welthandelsrechts wiederhergestellt.[101] Die aus der Doppelmitgliedschaft und der daraus folgenden gemischten Umsetzungskompetenz[102] resultierenden Schwierigkeiten wurden damit weitgehend beseitigt.[103] 25

Rechtliche Grundlage der WTO ist ein aus 26 Abkommen sowie 22 gemeinsamen Erklärungen der zuständigen Minister bestehendes Vertragswerk. Die wichtigsten Abkommen sind der Gründungsvertrag der Welthandelsorganisation (WTO-Übereinkommen), das GATT 1994, das GATS, das TRIPS und die Vereinbarung über Regeln und Verfahren zur Beilegung von Streitigkeiten (WTO-Streitbeilegungsabkommen).[104] Die WTO bildet dabei nach Art. II Abs. 1 des WTO-Übereinkommens den institutionellen Rahmen für die Wahrnehmung der Handelsbeziehungen zwischen ihren Mitgliedern und soll gemäß Art. III WTO-Übereinkommen als Forum für Verhandlungen die Weiterentwicklung der Handelsübereinkommen ermöglichen und ihre Implementierung erleichtern. Alle genannten Abkommen unterfallen nach der Erweiterung der Unionskompetenzen auf dem Gebiet der gemeinsamen Handelspolitik nunmehr der alleinigen Zuständigkeit der EU. 26

Die materiellen Pflichten der WTO-Mitglieder ergeben sich aus den in den Annexen des WTO-Übereinkommens aufgelisteten Abkommen. Diese enthalten vor allem folgende, auch für die EU **verbindlichen Grundsätze:** 27

- Meistbegünstigung,
- Inländergleichbehandlung,
- Reziprozität,
- Abbau von Handelshemmnissen,

96 Ebenso *Herrmann*, in: Streinz/Ohler/ders. (Hrsg.), Der Vertrag von Lissabon zur Reform der EU, 2008, S. 126, 130; *Krenzler/Pitschas*, in: Herrmann/Krenzler/Pitschas, S. 11, 38 f; *Weiß*, in: Grabitz/Hilf/Nettesheim, Art. 207 AEUV, Rn 97; vgl auch *Cremona*, CMLR 2003, 1347, 1364; *Hilpold*, S. 283 ff; *Thies*, Global Constitutionalism 2 (2013), 237 ff.

97 *Herrmann*, in: Streinz/Ohler/ders. (Hrsg.), Der Vertrag von Lissabon zur Reform der EU, 2008, S. 130; aA *Krajewski*, in: Herrmann/Krenzler/Streinz (Hrsg.), S. 63, 71 f.

98 S. hierzu vor allem *Herrmann/Streinz*, in: Hatje/Müller-Graff/von Arnauld (Hrsg.), § 11; ferner *de Búrca/Scott* (Hrsg.), The EU and the WTO – Legal and Constitutional Issues, 2001.

99 Gutachten 1/94 (WTO-Übereinkommen), Slg 1994, I-5267, Rn 46 ff.

100 S. hierzu *Bungenberg*, EYIEL 1 (2010), 123, 133; *Tietje*, in: Herrmann/Krenzler/Streinz (Hrsg.), S. 161 ff.

101 Zur Frage möglicherweise dennoch fortbestehender Kompetenzen der Mitgliedstaaten s. *Herrmann/Streinz*, in: Hatje/Müller-Graff/von Arnauld (Hrsg.), § 11, Rn 66 ff.

102 Ausführlich zu den rechtlichen Folgen der parallelen Mitgliedschaft *Herrmann/Streinz*, in: Hatje/Müller-Graff/von Arnauld (Hrsg.), § 11, Rn 87 ff.

103 Vgl hierzu *Hahn*, in: Bungenberg/Herrmann (Hrsg.), S. 13 ff.

104 S. eingehend *Göttsche*, in: Hilf/Oeter (Hrsg.), § 5, Rn 4 ff.

- Begünstigung von Entwicklungsländern,
- Transparenz.[105]

28 Zwar waren die WTO-Vertragsstaaten nicht bereit, durch Schaffung eines gemeinsamen Marktes einen uneingeschränkten internationalen Wettbewerb zu eröffnen. Das im GATT eingeführte und in den GATS- und TRIPS-Abkommen übernommene **Diskriminierungsverbot** geht jedoch einen ersten Schritt in diese Richtung. Es besteht im Wesentlichen aus dem **Grundsatz der Meistbegünstigung**, wonach alle Vorteile, Vergünstigungen, Vorrechte oder Befreiungen, die einer Vertragspartei gewährt werden, unverzüglich und bedingungslos auch allen anderen Mitgliedstaaten gewährt werden müssen (Art. I GATT; Art. II GATS; Art. 4 TRIPS),[106] sowie dem **Prinzip der Inländergleichbehandlung** (Art. III GATT; Art. XVII GATS; Art. 3 TRIPS).[107] Diese Gleichstellung inländischer und ausländischer Handelsteilnehmer führt freilich nur dann zu gleichen Wettbewerbsbedingungen, wenn der Zielstaat keine Zutrittsschranken aufstellt. Im Bereich des Warenhandels verbietet das GATT solche Zutrittsschranken nicht generell. Nach Art. II und XI GATT dürfen sie jedoch grundsätzlich nur in Form von Zöllen errichtet werden. Die hiernach verbleibenden Marktzugangshürden sind für die betroffenen Marktteilnehmer kalkulierbar und entsprechen damit dem oben erwähnten **Transparenzprinzip.**[108] Dieses wird darüber hinaus auch durch die in Art. X GATT aufgestellte Verpflichtung der Vertragsparteien verwirklicht, staatliche handelsbezogene Maßnahmen aller drei Gewalten unverzüglich in einer Weise zu veröffentlichen, die ausländischen Regierungen und den Handelsteilnehmern effektive Kenntnisnahme ermöglicht.

29 Die in GATT, GATS und TRIPS eingegangenen Verpflichtungen zur Liberalisierung des Welthandels schränken den Handlungsspielraum der EU bei der Umsetzung nicht-ökonomischer Politikziele erheblich ein. Grenzen dieser Restriktionen ergeben sich aus Art. VI und XVI GATT, wonach die Vertragsstaaten nur gehalten sind, „fairen" Handel zu dulden, womit insbesondere die Erhebung von Antidumping- und Antisubventionszöllen ermöglicht wird.[109] Gewisse Freiräume werden den WTO-Mitgliedern auch auf der Rechtfertigungsebene durch eine Reihe von **Ausnahmeregelungen** eingeräumt. Hierzu zählen im Rahmen des GATT insbesondere die Ausnahmen nach Art. XIX (Schaden für die heimische Industrie) und Art. XXI (Sicherheit) sowie die allgemeinen Ausnahmen des Art. XX. Hinzu kommt die Möglichkeit eines durch die Ministerkonferenz gemäß Art. XXV:5 GATT iVm Art. IX Abs. 3 WTO-Übereinkommen erteilten *waiver*, durch den Vertragsstaaten eine befristete Ausnahmegenehmigung hinsichtlich ihrer aus dem WTO-Recht erwachsenden Pflichten erhalten können. Noch umfangreichere Ausnahmeregelungen finden sich im GATS-Abkommen.[110]

30 Das **Verhältnis des WTO-Regelwerks zum europäischen Außenwirtschaftsrecht** ist formal durch Ratsentscheidung[111] geregelt worden. Im Zuge der Kompetenzerweiterung der EU durch den Vertrag von Lissabon und der sich hieraus ergebenden ausschließlichen Zuständigkeit der EU im derzeitigen Anwendungsbereich des WTO-Rechts stellt sich deshalb die Frage, ob die parallele Mitgliedschaft von Union und Mitgliedstaaten[112] nunmehr zu beenden ist. Rechtliche Gründe sind hierfür zunächst nicht ersichtlich.[113] Auch tatsächliche Gründe für die Beendigung der Doppelmitgliedschaft sind nach jahrzehntelanger Praxis nicht wirklich vorhanden.[114] Zwar würde die Regelung, die der Union das Stimmgewicht der Mitgliedstaaten überträgt, obsolet werden und die Union dementsprechend an Stimmgewicht verlieren. Dies hätte allerdings keine so gravierenden

105 Vgl zu den Grundprinzipien des WTO-Rechts *Göttsche*, in: Hilf/Oeter (Hrsg.), § 5, Rn 36 ff.
106 Dazu im Detail *Bender*, in: Hilf/Oeter (Hrsg.), § 10, Rn 29 ff.
107 *Bender*, in: Hilf/Oeter (Hrsg.), § 10, Rn 50 ff.
108 Vgl *Göttsche*, in: Hilf/Oeter (Hrsg.), § 5, Rn 50 ff.
109 Vgl *Jackson*, The World Trading System, 2. Auflage, 2002, S. 217 ff; *Nettesheim*, Ziele des Antidumping- und Antisubventionsrechts, 1994, S. 86 ff.
110 Vgl etwa Art. XVI ff GATS.
111 Vgl KOM(1994) 414 endg., die acht VO, eine RL und zwei Entscheidungen umfasst.
112 Ausführlich zur bisherigen Praxis: *Herrmann/Streinz*, in: Hatje/Müller-Graff/von Arnauld (Hrsg.), § 11, Rn 149 ff.
113 *Hahn*, in: Bungenberg/Herrmann (Hrsg.), S. 13 ff.
114 Vgl hierzu *Boysen*, in: Hatje/Müller-Graff/von Arnauld (Hrsg.), § 9, Rn 40 mwN.

Auswirkungen wie teilweise befürchtet.[115] Formale Abstimmungen sind in der WTO die Ausnahme. Die EU hätte im Übrigen ohne die Stimmen der Mitgliedstaaten das gleiche Stimmgewicht wie etwa die USA.[116] In eine andere Richtung weisen die Ausführungen des BVerfG im Lissabon-Urteil. Sie suggerieren, dass das Gericht den Fortbestand einer „kooperativ gemischten und parallel wahrgenommenen Mitgliedschaft" für verfassungsrechtlich geboten erachtet.[117] Insgesamt erscheint es nicht wahrscheinlich, dass sich die Mitgliedstaaten freiwillig zurückziehen werden, zumal mit der Fortentwicklung des WTO-Rechts auch wieder konkurrierende Zuständigkeiten entstehen und Doppelmitgliedschaften somit wieder erforderlich werden könnten. Vor dem Hintergrund der jetzigen Rechtslage der ausschließlichen Zuständigkeit der Union auf dem Gebiet des WTO-Rechts besteht jedenfalls die Möglichkeit einer Rückermächtigung der Mitgliedstaaten nach Art. 2 Abs. 1 HS 2 AEUV. Eine solche Rückermächtigung liegt im politischen Ermessen der Unionsorgane.[118] Auch ohne Rückermächtigung können die EU-Mitgliedstaaten ihre Mitgliedschaft in der WTO aufrechterhalten, sofern die WTO die Annahme durch die EU auch für die Mitgliedstaaten gelten lässt[119] oder die Aufrechterhaltung der Mitgliedschaft gemäß Art. X:3 S. 2 Alt. 2 bzw Art. X:5 S. 2 Alt. 2 WTO-Übereinkommen genehmigt.

Die EU ist als Rechtsnachfolgerin der EG an die Bestimmungen des ursprünglich von den Europä- 31
ischen Gemeinschaften abgeschlossenen WTO-Übereinkommens gebunden.[120] Die in Art. XI Abs. 1 WTO-Übereinkommen ausdrücklich geregelte Mitgliedschaft der Europäischen Gemeinschaften in der WTO beendete die unter dem GATT 1947 bestehende Übergangsregelung, in der der EWG aufgrund der fortschreitenden Kompetenzübertragung im Bereich der Außenwirtschaft de facto bereits ein Status als Vertragspartei zukam.[121] Gemäß Art. 216 Abs. 2 AEUV sind die geschlossenen Abkommen sowohl für die Unionsorgane als auch für die Mitgliedstaaten verbindlich. Diese unionsrechtliche Bindung tritt dabei neben die externe, völkerrechtliche Bindung von Union und Mitgliedstaaten.[122] Das WTO-Übereinkommen einschließlich seiner Anhänge ist damit **integrierender Bestandteil der Unionsrechtsordnung**[123] und nimmt insoweit am Anwendungsvorrang des supranationalen Unionsrechts vor nationalem Recht teil.[124] Es verpflichtet sowohl die Unionsorgane als auch die Mitgliedstaaten, die erforderlichen Ausführungsmaßnahmen vorzunehmen.[125] Wie sich aus der Zusammenschau von Art. 216 Abs. 2 und Art. 218 Abs. 11 AEUV ergibt, stehen von der Union geschlossene internationale Übereinkünfte und damit auch das in den Kompetenzbereich der Union fallende Welthandelsrecht in der Normenhierarchie zwischen Primär- und

115 *Weiß*, in: Bungenberg/Herrmann (Hrsg.), S. 35, 45.

116 *Bungenberg*, EuR-Beiheift 1/2009, 195, 206.

117 BVerfGE 123, 267 (420). Zur Kritik an der Position des BVerfG s. *Herrmann/Streinz*, in: Hatje/Müller-Graff/von Arnauld (Hrsg.), § 11, Rn 84 mwN.

118 Eine entsprechende Verpflichtung der EU folgt insbesondere nicht aus Art. 4 Abs. 3 EUV, s. *Herrmann/Streinz*, in: Hatje/Müller-Graff/von Arnauld (Hrsg.), § 11, Rn 182.

119 *Wölker*, EuR-Beiheft 2/2012, 125, 129.

120 *Herrmann/Streinz*, in: Hatje/Müller-Graff/von Arnauld (Hrsg.), § 11, Rn 59. Allg. zur Rolle Mitgliedschaft der EU in internationalen Organisationen *Odendahl*, in: Hatje/Müller-Graff/von Arnauld (Hrsg.), § 5, Rn 42 ff.

121 Bereits vor Gründung der WTO bestand Einigkeit darüber, dass die damalige Europäische Wirtschaftsgemeinschaft (EWG) die Verpflichtungen ihrer Mitgliedstaaten aus dem GATT 1947 übernommen hatte und spätestens seit Inkrafttreten des gemeinsamen Zolltarifs im Jahr 1968 in ihrem Zuständigkeitsbereich selbst an die Vorschriften des GATT gebunden war, vgl EuGH, Rs. 21-24/72 (International Fruit Company), Slg 1972, 1219; Rs. 267-269/81 (Amministrazione delle finanze dello Stato/SPI, SAMI und Michelin Italia), Slg 1983, 801.

122 *Herrmann/Streinz*, in: Hatje/Müller-Graff/von Arnauld (Hrsg.), § 11, Rn 112 ff.

123 So allg. im Hinblick auf nach Art. 300 EGV (= Art. 216 AEUV) geschlossene Verträge EuGH, Rs. 181/73 (Haegman/Belgien), Slg 1974, 449, Rn 2, 6; Rs. 104/81 (HZA Mainz/Kupferberg), Slg 1982, 3641, Rn 11, 13; Rs. C-12/86 (Demirel), Slg 1987, 3719, Rn 7; vgl auch zusammenfassend *Hahn*, in: Calliess/Ruffert, Art. 207 AEUV, Rn 163 f.

124 EuGH, Rs. C-61/94 (Kommission/Deutschland), Slg 1996, I-3989, Rn 52.

125 St. Rspr seit EuGH, Rs. 21-24/72 (International Fruit Company), Slg 1972, 1219, 1227.

Sekundärrecht.[126] Die EU muss damit bei der Ausgestaltung der gemeinsamen Handelspolitik die Vorgaben des Welthandelsrechts beachten.

32 Gleichzeitig ist die Frage der Wirkung des WTO-Rechts im Recht der Europäischen Union hoch umstritten.[127] Die Frage, welche Wirkung völkerrechtliche Normen in einer sub-völkerrechtlichen Rechtsordnung entfalten, wird dabei letztlich vor dem Hintergrund der für das Verhältnis von Völkerrecht und staatlichem Recht entwickelten Theorien diskutiert. Dabei wird dem Unionsrecht häufig eine monistische Grundhaltung unterstellt, bzw es werden angebliche „dualistische Tendenzen" in der Rechtsprechung des EuGH kritisch kommentiert.[128] Der EuGH, dem die Beantwortung der Frage der Wirkung des WTO-Rechts im Recht der Europäischen Union mangels entsprechender Festlegungen im WTO- oder EU-Recht überlassen ist, hat wiederholt festgestellt, dass den Vorschriften der WTO-Übereinkünfte **keine unmittelbare Wirkung** zu Gunsten von Individuen zukommt.[129] Die Rechtsprechung zeigt gleichwohl zahlreiche Ansätze für eine **mittelbare Wirkung** des WTO-Rechts.[130] Der EuGH zieht das WTO-Recht insoweit nicht nur im Rahmen einer **WTO-konformen Auslegung** des EU-Sekundärrechts mittelbar heran.[131] Nach der als **Fediol-** bzw **Nakajima-Doktrin** bekannten Rechtsprechung des Gerichtshofs ist das WTO-Recht außerdem auch dann als Prüfungsmaßstab heranzuziehen, wenn die Union eine im Rahmen ihrer Mitgliedschaft in der WTO übernommene Verpflichtung umsetzt oder wenn ein angegriffener Sekundärrechtsakt explizit auf WTO-rechtliche Normen verweist.[132] Jedoch ist das WTO-Recht nach Ansicht des Gerichtshofs **kein unmittelbarer Prüfungsmaßstab für das Sekundärrecht** der Union. Zur Begründung seiner Auffassung beruft sich der EuGH vor allem auf Argumente der Gewaltenteilung. Der Unionsrichter habe nicht die Aufgabe, die Vereinbarkeit des Sekundärrechts der EU mit den von ihr eingegangenen völkerrechtlichen Verpflichtungen zu überprüfen, da hierdurch den Legislativ- und Exekutivorganen der Union der Spielraum genommen würde, über den die entsprechenden Organe der Handelspartner der EU in ihrem jeweiligen nationalen System verfügen.[133]

33 Die **mitgliedstaatlichen Gerichte** sind dem EuGH in seiner restriktiven Haltung hinsichtlich der unmittelbaren Wirkung des WTO-Rechts im Wesentlichen auch dort gefolgt, wo ihnen vor Inkrafttreten des Vertrags von Lissabon aufgrund mitgliedstaatlicher Kompetenzen die Entscheidung über

---

126 *Petersmann*, Constitutional Functions and Constitutional Problems of International Economic Law, 1991, S. 401 mwN; GA *Lenz* in EuGH, Rs. 69/89 (Nakajima), Slg 1991, I-2069, 2127, Rn 53.

127 S. hierzu etwa *Hilpold*, S. 285 sowie *Herrmann/Streinz*, in: Hatje/Müller-Graff/von Arnauld (Hrsg.), § 11, Rn 116 ff mwN.

128 Zum Ganzen *Herrmann/Streinz*, in: Hatje/Müller-Graff/von Arnauld (Hrsg.), § 11, Rn 112. Vgl ferner *Cottier*, ECLR 2009, 307 sowie (allgemein zum Verhältnis zwischen Unionsrecht und Völkerrecht) *Fassbender*, DÖV 2010, 333.

129 S. etwa EuGH, Rs. C-149/96 (Portugal/Rat), Slg 1999, I-8395, Rn 25 ff; verb. Rs. C-300 und C-392/98 (Dior u.a.), Slg 2000, I-11307, Rn 11; Rs. C-43/05 (Merck Genéricos Produtos Farmacêuticos), Slg 2007, I-7001, Rn 33 f; Rs. C-120/06 P (FIAMM), Slg 2008, I-6513, Rn 132. Eine andere Ansicht vertrat GA Tesauro in seinen Schlussanträgen in der Rs. C-53/96 (Hermès), Slg 1998, I-3603, Rn 36: Er sprach sich für die unmittelbare Anwendbarkeit des TRIPS aus. In diesem Sinne auch GA Saggio, Rs. C-149/96 (Portugal/Rat), Slg 1999, I-8395, Rn 20.

130 Ausführlich hierzu *Herrmann/Streinz*, in: Hatje/Müller-Graff/von Arnauld (Hrsg.), § 11, Rn 132 ff.

131 EuGH, Rs. C-70/94 (Werner/Bundesrepublik Deutschland), Slg 1995, I-3189, Rn 23; Rs. C-61/84 (Kommission/Deutschland), Slg 1996, I-3989, Rn 52.

132 EuGH, Rs. 70/87 (Fediol/Kommission), Slg 1989, 1825, Rn 20 ff; Rs. C-69/89 (Nakajima/Rat), Slg 1991, I-2069, Rn 28 ff. Vgl ferner EuGH, Rs. 149/96 (Portugal/Rat), Slg 1999, I-8395, Rn 49; Rs. C-93/02 P (Biret International), Slg 2003, I-10497, Rn 53; Rs. C-377/02 (Van Parys), Slg 2005, I-1465, Rn 40; Rs. C-351/04 (Ikea Wholesale), Slg 2007, I-7723, Rn 30. Zu den aus dieser Rechtsprechung resultierenden Problemen *Tietje*, in: ders. (Hrsg.), Internationales Wirtschaftsrecht, 2009, § 15, Rn 45; ferner *Hilpold*, Die EU im GATT/WTO-System, S. 423 ff.

133 EuGH, Rs. C-149/96 (Portugal/Rat), Slg 1999, I-8395, Rn 47. Aus der umfangreichen Lit. s. beispielhaft *Herrmann/Streinz*, in: Hatje/Müller-Graff/von Arnauld (Hrsg.), § 11, Rn 132 ff; *Petersmann*, CMLR 20 (1983), 397, 401 mwN; *ders.*, EuZW 1997, 325 ff; *Hahn/Schuster*, EuR 1993, 261 ff; *Kuilwijk*, The European Court of Justice and the GATT *Dillemma:* Public Interests versus Individual Rights?, 1996; *Berkey*, EJIL 1998, 626 ff; *Zonnekeyn*, JWTL 34 (2000), 111 ff; Errico, Cornell Int'l.L.J. 44 (2011), 179, 190; Thies, Global Constitutionalism 2 (2013), 237, 244 ff; *Weiß*, in: Grabitz/Hilf/Nettesheim, Art. 207 AEUV, Rn 200 ff; *Hahn*, in: Calliess/Ruffert, Art. 207 AEUV, Rn 165 ff.

die unmittelbare Wirkung des WTO-Rechts oblag (vor allem im Bereich des TRIPS).[134] Vereinzelt nahmen die Gerichte dennoch eine unmittelbare Wirkung an, so der BGH für Art. 9 und 13 TRIPS.[135] Der hierdurch zumindest theoretisch möglichen uneinheitlichen Beurteilung der unmittelbaren Wirksamkeit von WTO-Recht durch mitgliedstaatliche Gerichte ist durch die Ausweitung der Kompetenzen der Union auf dem Gebiet der gemeinsamen Handelspolitik im Zuge des Vertrags von Lissabon bis auf Weiteres die Grundlage entzogen.

III. Nationale Rechtsvorschriften

Nachdem der Vertrag von Lissabon der Union in Art. 3 Abs. 1 lit. e AEUV die ausschließliche Zuständigkeit für die gemeinsame Handelspolitik zuweist, ergeben sich auf diesem Gebiet nahezu keine Freiräume für Aktivitäten der Mitgliedstaaten mehr. Das materielle deutsche Außenwirtschaftsrecht, das durch das **Außenwirtschaftsgesetz (AWG)**[136] sowie die **Außenwirtschaftsverordnung (AWV)**[137] kodifiziert ist, läuft dementsprechend weitgehend leer.[138] Seine Hauptfunktion liegt in der Bereitstellung der notwendigen Verfahrensvorschriften für den mitgliedstaatlichen Vollzug des Unionsrechts in diesem Bereich. Für den Außenwirtschaftsverkehr mit landwirtschaftlichen Erzeugnissen sieht das **Marktorganisationsgesetz (MOG)**[139] spezielle Regelungen vor. 34

Weiterhin der Zuständigkeit der Mitgliedstaaten unterliegt indes der **Handel mit Waffen und Rüstungsgut**, der in Deutschland durch das **Kriegswaffenkontrollgesetz**[140] geregelt ist. Gemäß Art. 346 Abs. 1 lit. b AEUV kann jeder Mitgliedstaat „die Maßnahmen ergreifen, die seines Erachtens für die Wahrung seiner wesentlichen Sicherheitsinteressen erforderlich sind, soweit sie die Erzeugung von Waffen, Munition und Kriegsmaterial oder den Handel damit betreffen". Die so ergriffenen Maßnahmen dürfen dabei „die Wettbewerbsbedingungen hinsichtlich der nicht eigens für militärische Zwecke bestimmten Waren" im Binnenmarkt nicht beeinträchtigen. Nicht in den Zuständigkeitsbereich der Mitgliedstaaten fällt die Regelung des Exports von Gütern mit doppeltem Verwendungszweck (sog. **Dual-Use-Güter**), die im Gefolge der Rechtsprechung des EuGH[141] aus der GASP in den Bereich der gemeinsamen Handelspolitik überführt wurde.[142] 35

Abkommen, die die Mitgliedstaaten **vor Etablierung der ausschließlichen Kompetenz der EU** auf dem Gebiet der gemeinsamen Handelspolitik abgeschlossen haben, gelten nach Art. 351 AEUV fort. Art. 351 Unterabs. 2 AEUV statuiert jedoch eine unionsrechtliche Verpflichtung, etwaige Unvereinbarkeiten zu beseitigen. Diesem Zweck dient auch die seit 1970 bestehende Genehmigungspflicht für die Verlängerung und Aufrechterhaltung von handelspolitisch relevanten Abkom- 36

134 S. etwa BPatGE 42, 208 (allgemein zur Frage der unmittelbaren Wirksamkeit des TRIPS und speziell zu Art. 27 TRIPS).

135 BGH, NJW 1999, 1953, 1958: „Das TRIPS-Übereinkommen hat wie die Berner Übereinkunft aufgrund des Zustimmungsgesetzes innerstaatlich den Rang eines einfachen Gesetzes und ist in seinem Art. 9 und 13 unmittelbar anwendbar".

136 IdF der Bekanntmachung vom 6.6.2013 (BGBl. I, S. 1482); vgl zu den jüngsten Änderungen des AWG *Voland*, GWR 2013, 264 ff sowie *Niestedt/Trennt*, BB 2013, 2115 ff.

137 IdF der Bekanntmachung vom 2.8.2013 (BGBl. I, S. 2865), zuletzt geändert durch Artikel 1 der Verordnung vom 25.3.2014 (BAnz. 2014 AT 31.3.2014 V1).

138 Vgl *Epping*, S. 567 ff sowie Wolffgang, in: Ehlers/Fehling/Pünder (Hrsg.), § 30 Rn 5.

139 Gesetz zur Durchführung der Gemeinsamen Marktordnung (Marktorganisationsgesetz, MOG) idF der Bekanntmachung vom 24.6.2005 (BGBl. I, S. 1847), zuletzt geändert durch Gesetz vom 7.8.2013 (BGBl. I, S. 3154).

140 Ausführungsgesetz zu Artikel 26 Abs. 2 des Grundgesetzes (Gesetz über die Kontrolle von Kriegswaffen) vom 20.4.1961 (BGBl. I, S. 444) idF der Bekanntmachung vom 22.11.1990 (BGBl. I, S. 2506), zuletzt geändert durch Gesetz vom 6.6.2013 (BGBl. I, S. 1482).

141 EuGH, Rs. C-83/94 (Leifer), Slg 1995, I-3231.

142 Ausführlich hierzu unten, Rn 62 ff.

men der Mitgliedstaaten.[143] Eine spezielle Übergangsregelung für bilaterale Investitionsschutzabkommen zwischen Mitgliedstaaten und Drittstaaten normiert die VO (EU) Nr. 1219/2012.[144]

B. Grundlagen der autonomen Handelspolitik der EU

37 Die autonome Handelspolitik erfasst den Bereich der gemeinsamen Handelspolitik, in dem die Union einseitig durch Rechtsakte tätig wird.[145] Auch wenn es hier somit gerade nicht um die Aushandlung und den Abschluss völkerrechtlicher Verträge geht, betrifft ein großer Teil der Maßnahmen die Umsetzung völkerrechtlicher Abkommen. Darüber hinaus erfasst die autonome Handelspolitik der Union handelspolitische Maßnahmen, die unabhängig von völkerrechtlichen Vorgaben erlassen werden. Das Instrumentarium der autonomen Handelspolitik steht im Zuge der Parlamentarisierung der gemeinsamen Handelspolitik und ihrer Einbindung in das auswärtige Handeln der Europäischen Union vor großen Herausforderungen. Die erweiterten Rechte des Europäischen Parlaments sind insoweit bei der Reform des Einfuhr- und Ausfuhrregimes und der handelspolitischen Schutzmaßnahmen ebenso zu berücksichtigen wie die stärkere Einbindung politischer Zielvorgaben im Rahmen des auswärtigen Handelns der Union.[146]

38 Neben tarifären Handelsregeln fungieren mengenmäßige Beschränkungen bis hin zum völligen Ein- oder Ausfuhrverbot als Steuerungsinstrumente der Außenhandelspolitik. Nach Art. II und XI GATT darf der freie Warenverkehr grundsätzlich nur in Form von Zöllen beschränkt werden. Mengenmäßige Beschränkungen und andere nicht-tarifäre Handelshemmnisse sind nach Art. XI GATT grundsätzlich verboten und damit rechtfertigungsbedürftig.[147] **Art. XI:1 GATT** bestimmt, dass „[a]ußer Zöllen, Abgaben und sonstigen Belastungen [...] bei der Einfuhr einer Ware [...] Verbote oder Beschränkungen, sei es in Form von Kontingenten, Einfuhr- und Ausfuhrbewilligungen oder in Form anderer Maßnahmen, weder erlassen noch beibehalten" werden dürfen (sog. *tariffs only*-Ansatz). Ausnahmen von diesem Grundsatz sieht das GATT in Art. XX vor,[148] darüber hinaus auch in Form von Schutzmaßnahmen gemäß Art. XIX GATT iVm dem Übereinkommen über Schutzmaßnahmen (ÜSM)[149] sowie in Form von Antidumping- und Antisubventionsmaßnahmen[150] gemäß Art. VI GATT und den entsprechenden Übereinkommen.[151] Das unionsrechtliche Regelwerk folgt der vom GATT vorgegebenen Systematik und trägt den Vorgaben des WTO-Rechts zunächst durch die sekundärrechtlich statuierte Ein- und Ausfuhrfreiheit Rechnung. Hiernach sind Ein- und Ausfuhren der EU im Grundsatz liberalisiert. Darüber hinaus enthält es Ausnahmeregelungen zu Schutzmaßnahmen sowie zum Antidumping- und Antisubventionsrecht.

I. Einfuhrregime

39 Die Einfuhr von Waren in das Zollgebiet der Union wird durch Verordnungen geregelt, die den **Grundsatz der Einfuhrfreiheit** statuieren, aber unter bestimmten Voraussetzungen Maßnahmen zum Schutz der europäischen Hersteller und Wirtschaftszweige vorsehen. Ausgangspunkt ist die

143 Gestützt wird dieses Genehmigungserfordernis auf Art. 3 der Entscheidung 69/494/EWG des Rates vom 16.12.1969 über die schrittweise Vereinheitlichung der Abkommen über die Handelsbeziehungen zwischen den Mitgliedstaaten und dritten Ländern und über die Aushandlung der gemeinschaftlichen Abkommen, ABl. 1969 L 326/39.

144 VO (EU) Nr. 1219/2012 des Europäischen Parlaments und des Rates vom 12.12.2012 zur Einführung einer Übergangsregelung für bilaterale Investitionsschutzabkommen zwischen den Mitgliedstaaten und Drittländern, ABl. 2012 L 351/40.

145 *Bungenberg*, in: Hatje/Müller-Graff/von Arnauld (Hrsg.), § 12, Rn 1; *Hahn*, in: Calliess/Ruffert, Art. 207, Rn 122.

146 *Bungenberg*, in: Hatje/Müller-Graff/von Arnauld (Hrsg.), § 12, Rn 133.

147 Dazu im Detail *Bender*, in: Hilf/Oeter (Hrsg.), § 10, Rn 14 ff.

148 Einzelheiten bei *Bender*, in: Hilf/Oeter (Hrsg.), § 10, Rn 74 ff.

149 Ausführlich hierzu *Bender*, in: Hilf/Oeter (Hrsg.), § 14, Rn 10 ff.

150 Einzelheiten bei *Tietje*, in: ders. (Hrsg.), Internationales Wirtschaftsrecht, 2009, § 3, Rn 138 ff.

151 Übereinkommen zur Durchführung des Artikels VI des Allgemeinen Zoll- und Handelsabkommens 1994 vom 15.4.1994, ABl. 1994 L 336/103 und Übereinkommen über Subventionen und Ausgleichsmaßnahmen vom 15.4.1994, ABl. 1994 L 336/156.

allgemeine Einfuhrregelung der VO 260/2009.[152] Maßgebliche Sonderregelungen enthalten die Verordnungen über die Einfuhr von Waren aus bestimmten Drittstaaten,[153] die Verordnungen über Textilerzeugnisse und Textilwaren[154] sowie die Verordnungen über die Beschränkung der Einfuhr nachgeahmter Waren[155] und Chemikalien.[156] Schließlich existieren Regelungen über Handelsbeschränkungen aus Gründen des Menschenrechtsschutzes[157] sowie des Umwelt- und Tierschutzes.[158] Sie werden teilweise im Kontext des Ausfuhrregimes behandelt.[159]

1. Allgemeine Einfuhrregelung der VO 260/2009

Für den Großteil der Einfuhren in die EU gilt die **allgemeine Einfuhrregelung der VO 260/2009.**[160] 40
Nach Art. 1 Abs. 2 VO 260/2009 ist die „Einfuhr der in Absatz 1 genannten Waren in die Gemeinschaft [...] frei und unterliegt mithin – unbeschadet etwaiger Schutzmaßnahmen gemäß Titel V – keinen mengenmäßigen Beschränkungen." Ausgehend vom Wortlaut der Vorschrift hat der EuGH für die Vorläuferregelung der heute gültigen allgemeinen Einfuhrregelung festgestellt, dass diese tatsächlich nur mengenmäßige Beschränkungen, nicht jedoch **Maßnahmen gleicher Wirkung** untersagt.[161] Vor dem Hintergrund der zur Ausfuhrfreiheit ergangenen Entscheidungen Werner[162] und Leifer[163] ist jedoch anzunehmen, dass der EuGH mittlerweile anders judizieren würde. Der Begriff der mengenmäßigen Beschränkung in Art. 1 Abs. 2 VO 260/2009 ist demnach weit auszulegen und erfasst in Übereinstimmung mit Art. XI:1 GATT auch Maßnahmen gleicher Wirkung iSv Art. 34

---

152 VO (EG) Nr. 260/2009 des Rates vom 26.2.2009 über die gemeinsame Einfuhrregelung (kodifizierte Fassung), ABl. 2009 L 84/1, zuletzt geändert durch VO (EU) Nr. 37/2014 vom 15.1.2014, ABl. 2014 L 18/1.

153 VO (EG) Nr. 625/2009 des Rates vom 7.7.2009 über die gemeinsame Regelung der Einfuhren aus bestimmten Drittländern (kodifizierte Fassung), ABl. 2009 L 185/1; VO (EG) Nr. 673/2005 des Rates vom 25.4.2005 zur Einführung zusätzlicher Zölle auf die Einfuhren bestimmter Waren mit Ursprung in den Vereinigten Staaten von Amerika, ABl. 2005 L 110/1, zuletzt geändert durch VO (EU) Nr. 37/2014 vom 15.1.2014, ABl. 2014 L 18/1; VO (EG) Nr. 427/2003 des Rates vom 3.3.2003 über einen befristeten warenspezifischen Schutzmechanismus für die Einfuhren mit Ursprung in der Volksrepublik China und zur Änderung der Verordnung (EG) Nr. 519/94 des Rates über die gemeinsame Regelung der Einfuhren aus bestimmten Drittländern, ABl. 2003 L 65/1, zuletzt geändert durch VO (EU) Nr. 37/2014 vom 15.1.2014, ABl. 2014 L 18/1.

154 VO (EWG) Nr. 3030/93 des Rates vom 12.12.1993 über die gemeinsame Einfuhrregelung für bestimmte Textilwaren mit Ursprung in Drittländern, ABl. 1993 L 275/1, zuletzt geändert durch VO (EU) Nr. 38/2014 vom 21.1.2014, ABl. 2014 L 18/52; VO (EG) Nr. 517/94 des Rates vom 7. März 1994 über die gemeinsame Regelung der Einfuhren von Textilwaren aus bestimmten Drittländern, die nicht unter bilaterale Abkommen, Protokolle, andere Vereinbarungen oder eine spezifische gemeinschaftliche Einfuhrregelung fallen, ABl. 1994 L 67/1, zuletzt geändert durch VO (EU) Nr. 38/2014 vom 21.1.2014, ABl. 2014 L 18/52.

155 VO (EWG) Nr. 3842/86 des Rates vom 1.12.1986 über Maßnahmen zum Verbot der Überführung nachgeahmter Waren in den zollrechtlich freien Verkehr, ABl. 1986 L 357/1; VO (EWG) Nr. 3077/87 der Kommission vom 14.10.1987 zur Festlegung der Durchführungsvorschriften zu der Verordnung (EWG) Nr. 3842/86 des Rates über Maßnahmen zum Verbot der Überführung nachgeahmter Waren in den zollrechtlich freien Verkehr, ABl. 1987 L 291/19.

156 VO (EG) Nr. 689/2008 des Europäischen Parlaments und des Rates vom 17.6.2008 über die Aus- und Einfuhr gefährlicher Chemikalien, ABl. 2008 L 204/1, zuletzt geändert durch VO (EU) Nr. 73/2013 vom 25.1.2013, ABl. 2013 L 26/11; vgl auch VO (EG) Nr. 1907/2006 des Europäischen Parlaments und des Rates vom 18.12.2006 zur Registrierung, Bewertung, Zulassung und Beschränkung chemischer Stoffe (REACH), ABl.2007 L 136/3, zuletzt geändert durch VO (EU) Nr. 517/2013 vom 13.5.2013, ABl. 2013 L 158/1.

157 S. etwa VO (EG) Nr. 1236/2005 des Rates vom 27.6.2005 betreffend den Handel mit bestimmten Gütern, die zur Vollstreckung der Todesstrafe, zu Folter oder zu anderer grausamer, unmenschlicher oder erniedrigender Behandlung oder Strafe verwendet werden könnten, ABl. 2005 L 200/1, zuletzt geändert durch VO (EU) Nr. 37/2014 vom 15.1.2014, ABl. 2014 L 18/1, s. hierzu auch unten, Rn 62; VO (EG) Nr. 1889/2006 des Europäischen Parlaments und des Rates vom 20.12.2006 zur Einführung eines Finanzierungsinstruments für die weltweite Förderung der Demokratie und der Menschenrechte, ABl. 2006 L 386/1, zuletzt geändert durch VO (EU) Nr. 1340/2011 vom 13.12.2011, ABl. 2011 L 347/32.

158 S. etwa VO (EG) Nr. 1007/2009 des Europäischen Parlaments und des Rates vom 16.9.2009 über den Handel mit Robbenerzeugnissen, ABl. 2009 L 286/36 und die Durchführungs-VO 737/2010, ABl. 2010 L 216/1.

159 S. unten, Rn 53 ff.

160 S. oben, Fn 151. Vgl hierzu auch *Osteneck*, in: Schwarze, Art. 207 AEUV, Rn 89.

161 EuGH, Rs. 51/75 (EMI Records/CBS United Kingdom), Slg 1976, 811, Rn 20.

162 EuGH, Rs. C-70/94 (Werner/Bundesrepublik Deutschland), Slg 1995, I-3189.

163 EuGH, Rs. C-83/94 (Leifer), Slg 1995, I-3231.

AEUV.[164] Im Übrigen folgt die VO 260/2009 einer klaren Systematik. Im Anschluss an die allgemeinen Grundsätze des Art. 1 VO 260/2009 folgen Vorschriften zum Informations- und Konsultationsverfahren (Kapitel II, Art. 2 bis 4 VO 260/2009) sowie zum Untersuchungsverfahren (Kapitel III, Art. 5 bis 10 VO 260/2009). Den Schluss bilden Regelungen über Überwachungs- (Kapitel IV, Art. 11 bis 15 VO 260/2009) und Schutzmaßnahmen (Kapitel V, Art. 16 bis 22 VO 260/2009).[165]

41 Art. 24 Abs. 2 VO 260/2009 statuiert für den Grundsatz der Einfuhrfreiheit eine Reihe von **Ausnahmen**. Art. 24 Abs. 2 lit. a VO 260/2009 eröffnet den Mitgliedstaaten im Anwendungsbereich der Einfuhrverordnung zunächst die Möglichkeit, den Import aus Drittstaaten aus den Gründen des **Art. 36 AEUV**[166] einzuschränken, dh „aus Gründen der öffentlichen Sittlichkeit, der öffentlichen Sicherheit und Ordnung, zum Schutz der Gesundheit und des Lebens von Menschen oder Tieren oder des Schutzes von Pflanzen, des nationalen Kulturguts von künstlerischem, geschichtlichem oder archäologischem Wert oder des gewerblichen oder kommerziellen Eigentums". Weiterhin stehen nach Art. 24 Abs. 2 lit. b und c VO 260/2009 der Erlass bzw die Anwendung „besondere[r] devisenrechtliche[r] Förmlichkeiten" sowie „Formalitäten, die aufgrund internationaler Übereinkünfte in Übereinstimmung mit dem Vertrag eingeführt wurden" dem Grundsatz der Einfuhrfreiheit nach Art. 1 Abs. 2 VO 260/2009 nicht entgegen.

2. Spezielle Einfuhrregime

a) Textilwaren

42 Ausweislich Art. 1 Abs. 1 VO 260/2009 gilt die Einfuhrverordnung für die Einfuhr von Waren aus Drittländern. Nicht vom Anwendungsbereich der allgemeinen Einfuhrverordnung umfasst sind dagegen gemäß Art. 1 Abs. 1 lit. a VO 260/2009 **Textilwaren**, die unter eine spezifische Einfuhrregelung gemäß der **VO 517/94**[167] fallen. Mit diesen Spezialregeln sollte ursprünglich dem Spannungsverhältnis zwischen dem Interesse der Union und anderer Industriestaaten an der Erhaltung ihrer Textilindustrie einerseits und dem Interesse an günstigen und entwicklungspolitisch sinnvollen Textilimporten aus Entwicklungsländern andererseits Rechnung getragen werden. In der Folge des Außerkrafttretens des WTO-Textilübereinkommens zum 1. Januar 2005 kommt es auch in diesem Bereich zu einer **umfassenden Liberalisierung**. Auf europäischer Ebene wurde in diesem Zusammenhang durch die **VO 2200/2004** des Rates[168] ein auf Zollabgaben gestütztes System der nachträglichen Überwachung eingeführt. Das geltende Sekundärrecht der Union lässt sich demnach wie folgt systematisieren: Im Bereich des Handels mit WTO-Mitgliedern greift für Textil- und Bekleidungswaren, die in das GATT 1994 integriert worden sind, die allgemeine Einfuhrregelung der VO 260/2009.[169] Der Textilhandel mit Staaten, die nicht Mitglieder der WTO sind, wird zum

---

164 *Barnard*, S. 234; *Tietje*, in: ders. (Hrsg.), Internationales Wirtschaftsrecht, 2009, § 15, Rn 121; *Berrisch*, in: Prieß/ders. (Hrsg.), WTO-Handbuch, 2003, Abschn. B I 1, Rn 146 ff; aA *Lux*, in: Dorsch (Hrsg.), Zollrecht, F II 1 Einführung, Rn 60 ff. Zum Begriff der Maßnahme gleicher Wirkung s. EuGH, Rs. 8/74 (Dassonville), Slg 1974, 837, Rn 5.

165 Einzelheiten hierzu unten, Rn 69 ff.

166 Der EuGH hat die Parallelität der Vorschriften des für den Bereich des Binnenmarktverkehrs geltenden Art. 36 AEUV und des den Außenhandel betreffenden Art. 24 der Einfuhrverordnung (vormals VO [EG] Nr. 3285/94, nunmehr VO [EG] Nr. 260/2009) bereits explizit thematisiert, Rs. C-296/00 (Carbonne), Slg 2002, I-4657, Rn 34.

167 VO (EG) Nr. 517/94 des Rates vom 7. März 1994 über die gemeinsame Regelung der Einfuhren von Textilwaren aus bestimmten Drittländern, die nicht unter bilaterale Abkommen, Protokolle, andere Vereinbarungen oder eine spezifische gemeinschaftliche Einfuhrregelung fallen, ABl. 1994 L 67/1, zuletzt geändert durch VO (EU) Nr. 38/2014 vom 21.1.2014, ABl. 2014 L 18/52.

168 VO (EG) Nr. 2200/2004 des Rates vom 13.12.2004 zur Änderung der Verordnungen (EWG) Nr. 3030/93 und (EG) Nr. 3285/94 des Rates in Bezug auf die gemeinsame Einfuhrregelung für bestimmte Textilwaren mit Ursprung in Drittländern, ABl. 2004 L 374/1, vgl insbesondere Erwägungsgrund 1.

169 VO (EG) Nr. 260/2009 des Rates vom 26.2.2009 über die gemeinsame Einfuhrregelung (kodifizierte Fassung), ABl. 2009 L 84/1, zuletzt geändert durch VO (EU) Nr. 38/2014 vom 21.1.2014, ABl. 2014 L 18/52.

einen auf Grundlage von bilateralen Verträgen durch die VO 3030/93[170] geregelt, zum anderen durch die Auffangregelung der VO 517/94 über die gemeinsame Regelung der Einfuhren von Textilwaren aus bestimmten Drittländern, die nicht unter bilaterale Abkommen, Protokolle, andere Vereinbarungen oder eine spezifische Einfuhrregelung der EU fallen.[171]

b) Agrarbereich

Vom allgemeinen Einfuhrregime der VO 260/2009 abweichende Regelungen finden sich darüber hinaus für Agrarprodukte.[172] Die **gemeinsame Marktordnung für landwirtschaftliche Erzeugnisse**[173] enthält insoweit ein umfangreiches Regelwerk zum Handel mit Drittländern (Teil III VO 1308/2013), insbesondere zu zusätzlichen Einfuhrzöllen (Art. 182 VO 1308/2013), zu Zollkontingenten (Art. 184 ff VO 1308/2013) und zu Schutzmaßnahmen (Art. 194 VO 1308/2013). Ziel der Regelungen ist der Schutz der EU-Landwirtschaft vor billigeren Erzeugnissen aus Drittstaaten sowie die Förderung der Ausfuhr von EU-Agrarüberschüssen. Viele der hierunter fallenden Maßnahmen sind im Hinblick auf ihre Vereinbarkeit mit dem WTO-Recht umstritten.[174] 43

c) Einfuhren aus bestimmten Drittländern

Eine weitere Sonderregelung zum allgemeinen Einfuhrregime der VO 260/2009 sieht die mittlerweile als kodifizierte Fassung der VO 519/94[175] vorgelegte VO 625/2009[176] für Drittländer mit nicht marktwirtschaftlich organisierten Wirtschaftsordnungen vor.[177] Diese werden im Anhang der Verordnung aufgezählt. Hierzu gehören gemäß Art. 1 Abs. 1 iVm Anhang 1 der VO 625/2009: Armenien, Aserbaidschan, Weißrussland, Kasachstan, Nordkorea, Russland, Tadschikistan, Turkmenistan, Usbekistan und Vietnam. Die Systematik der VO 625/2009 folgt der allgemeinen Einfuhrregelung der VO 260/2009. Neben einem Informations- und Konsultationsverfahren (Kapitel II, Art. 2 bis 4 VO 625/2009) sind ein Untersuchungsverfahren (Kapitel III, Art. 5 bis 8 VO 625/2009) sowie im Anschluss hieran Überwachungs- (Kapitel IV, Art. 9 bis 14 VO 625/2009) und Schutzmaßnahmen (Kapitel V, Art. 15 bis 18 VO 625/2009) vorgesehen. Ausgangspunkt ist wie in der allgemeinen Einfuhrregelung der Grundsatz der Einfuhrfreiheit (Art. 1 Abs. 2 VO 625/2009). Unterschiede zu den allgemeinen Regeln ergeben sich aber im Hinblick auf den **Erlass von Überwachungs- und Schutzmaßnahmen**. Anders als Art. 11 Abs. 1 der allgemeinen Einfuhrregelung setzt Art. 9 Abs. 1 VO 625/2009 für die Verhängung von Überwachungsmaßnahmen keine drohende Schädigung der EU-Hersteller voraus, sondern fordert **lediglich ein entsprechendes Interesse der EU**. Auch die in Art. 15 VO 625/2009 aufgestellten Voraussetzungen für den Erlass von Schutzmaßnahmen sind im Vergleich zur allgemeinen Einfuhrregelung weniger streng. Dies gilt namentlich auch für die in Art. 16 Abs. 1 VO 625/2009 vorgesehenen weiteren, nicht näher bestimmten „geeigneten Maßnahmen“ (vgl Art. 17 VO 260/2009). 44

---

170 VO (EWG) Nr. 3030/93 des Rates vom 12.12.1993 über die gemeinsame Einfuhrregelung für bestimmte Textilwaren mit Ursprung in Drittländern, ABl. 1993 L 275/1, zuletzt geändert durch VO (EU) Nr. 38/2014 vom 21.1.2014, ABl. 2014 L 18/52.

171 Vgl auch *Berz*, in: Grabitz/Hilf, 40. Aufl., 2009, Bd. V, E 11, Rn 134.

172 Ausführlich hierzu *Möhler*, in: Krenzler/Herrmann (Hrsg.), § 40.

173 VO (EU) Nr. 1308/2013 des Europäischen Parlaments und des Rates vom 17.12.2013 über eine gemeinsame Marktorganisation für landwirtschaftliche Erzeugnisse und zur Aufhebung der Verordnungen (EWG) Nr. 922/72, (EWG) Nr. 234/79, (EG) Nr. 1037/2001 und (EG) Nr. 1234/2007, ABl. 2013 L 347/671. Zu den Übergangsvorschriften für 2014 s. VO (EU) Nr. 1310/2013 vom 17.12.2013, ABl. 2013 L 347/865.

174 S. hierzu ausführlich *Jessen*, in: Hilf/Oeter (Hrsg.), § 17, Rn 18 ff.

175 VO (EG) Nr. 519/94 vom 7.3.1994 über die gemeinsame Regelung der Einfuhren aus bestimmten Drittländern und zur Aufhebung der VOen (EWG) Nr. 1765/82, Nr. 1766/82 und Nr. 3420/83, ABl. 1994 L 67.

176 VO (EG) Nr. 625/2009 des Rates vom 7.7.2009 über die gemeinsame Regelung der Einfuhren aus bestimmten Drittländern (kodifizierte Fassung), ABl. 2009 L 185/1.

177 Vgl auch *Weiß*, in: Grabitz/Hilf/Nettesheim, Art. 207 AEUV, Rn 151; *Bungenberg*, in: Terhechte (Hrsg.), § 31, Rn 39.

45 Spezielle Regelungen gelten schließlich auch für Einfuhren aus der **Volksrepublik China**. Auf Grundlage des Beitrittsprotokolls Chinas zur WTO,[178] das bis zum Jahr 2013 befristete warenspezifische Schutzmaßnahmen und Maßnahmen bei Handelsumlenkungen vorsieht, werden Einfuhren aus China in die EU durch die VO 427/2003[179] geregelt.

d) Schutz geistiger Eigentumsrechte

46 Die Einfuhr nachgeahmter Waren in den Binnenmarkt ist seit 1988 verboten.[180] In Umsetzung der aus dem WTO-Übereinkommen über die handelsrelevanten Aspekte des geistigen Eigentums (TRIPS)[181] resultierenden Verpflichtungen der Union regelt nunmehr die **VO 608/2013**[182] das Vorgehen der Zollbehörden bei Verletzung eines Rechts geistigen Eigentums. Die Zollbehörden werden dabei in der Regel nur auf Antrag des Rechtsinhabers tätig (Art. 3 ff VO 608/2013). Bei stattgebender Entscheidung der zuständigen Zolldienststelle sind die Zollbehörden nach Art. 17 VO 608/2013 verpflichtet, in der Entscheidung aufgeführte Waren, die im Verdacht stehen, ein Recht geistigen Eigentums zu verletzen, entweder zurückzuhalten oder die Überlassung auszusetzen. Art. 23 VO 608/2013 sieht ferner vor, dass die Mitgliedstaaten Maßnahmen treffen, damit die zuständigen Stellen die Ware vernichten, aus dem Marktkreislauf ziehen oder den aus dem Vorgang erwachsenen wirtschaftliche Gewinn entziehen können. Bei der Ergreifung solcher Maßnahmen sind die Vorgaben des WTO-Rechts zu beachten. Hier eröffnen Art. 51 bis 60 TRIPS Handlungsspielräume für Maßnahmen der beschriebenen Art.

47 In den Anwendungsbereich der VO 608/2013 fallen alle Waren, die ein Recht geistigen Eigentums verletzen. Dies sind gemäß Art. 2 Nr. 5 VO 608/2013 zunächst **„nachgeahmte Waren“**, dh Waren einschließlich ihrer Verpackungen, auf denen ohne Genehmigung Marken oder Zeichen angebracht sind, die mit der für derartige Waren rechtsgültig eingetragenen Marke identisch sind. Darüber hinaus erstreckt sich der Anwendungsbereich der Verordnung auch auf **„unerlaubt hergestellte Waren“** (Art. 2 Nr. 6 VO 608/2013) sowie „Waren, die im Verdacht stehen, ein Recht geistigen Eigentums zu verletzen“ (Art. 2 Nr. 7 VO 608/2013).

48 Das geplante multilaterale Anti-Produktpiraterie-Handelsabkommen (Anti-Counterfeiting Trade Agreement) **ACTA**[183] wurde nach langen, öffentlichkeitswirksamen Debatten am 4. Juli 2012 durch das Europäische Parlament mit großer Mehrheit abgelehnt.[184] Es sollte auf Grundlage der

178 Protocol on the Accession of the People's Republic of China vom 23.11.2001, WT/L/432.

179 VO (EG) Nr. 427/2003 des Rates vom 3.3.2003 über einen befristeten warenspezifischen Schutzmechanismus für die Einfuhren mit Ursprung in der Volksrepublik China und zur Änderung der Verordnung (EG) Nr. 519/94 des Rates über die gemeinsame Regelung der Einfuhren aus bestimmten Drittländern, ABl. 2003 L 65/1, zuletzt geändert durch VO (EU) Nr. 37/2014 vom 15.1.2014, ABl. 2014 L 18/1.

180 VO (EWG) Nr. 3842/86 des Rates vom 1.12.1986 über Maßnahmen zum Verbot der Überführung nachgeahmter Waren in den zollrechtlich freien Verkehr, ABl. 1986 L 357/1.

181 Vom 15.4.1994, BGBl. 1994 II, S. 1730, ABl. 1994 L 336/213.

182 VO (EU) Nr. 608/2013 des Europäischen Parlaments und des Rates vom 12.6.2013 zur Durchsetzung der Rechte geistigen Eigentums durch die Zollbehörden und zur Aufhebung der Verordnung (EG) Nr. 1383/2003 des Rates, ABl. 2013 L 181/15.

183 Vom 3.10.2010, Handelsübereinkommen zur Bekämpfung von Produkt- und Markenpiraterie zwischen der Europäischen Union und ihren Mitgliedstaaten, Australien, Kanada, Japan, der Republik Korea, den Vereinigten Mexikanischen Staaten, dem Königreich Marokko, Neuseeland, der Republik Singapur, der Schweizerischen Eidgenossenschaft und den Vereinigten Staaten von Amerika, 12196/3/11 REV 3 (de), abrufbar unter: http://register.consilium.europa.eu. Eine ausführliche Darstellung des Verhandlungsprozesses findet sich bei *Uerpmann-Wittzack*, AVR 49 (2011), 103 ff.

184 Für ACTA stimmten 39 Abgeordnete, 478 dagegen. 165 Abgeordnete enthielten sich. Die erste Entschließung des Europäischen Parlament zum ACTA stammt aus dem Jahre 2008: Entschließung v. 18.12.2008, ABl. 2010 C 45 E/47, Ziff. 13-28. Schon hier warnte das Parlament vor möglichen Freiheitsgefährdungen, machte konkrete Vorschläge zum Schutz der Grundrechte betroffener Bürger und verlangte vor diesem Hintergrund mehr Transparenz im Verhandlungsprozess. Eine weitere Entschließung aus dem Jahr 2010 erneuerte die Forderung nach größerer Transparenz bei den ACTA-Verhandlungen, Entschließung vom 10.3.2010, ABl. C 349 E/46, Ziff. 1 ff. Nur einen Monat später beugten sich alle Verhandlungspartner dem Druck und veröffentlichten einen Vertragsentwurf (abrufbar unter http://trade.ec.europa.eu/doclib/docs/2010/april/tradoc_146029.pdf). Gleichzeitig wurden die umstrittenen Inhalte des Entwurfs in dieser Phase wesentlich entschärft.

einschlägigen Vorschriften in den USA, der EU und einigen anderen Ländern gemeinsame Mindeststandards für die Durchsetzung von Schutzrechten für geistiges Eigentum festschreiben.

e) Umwelt- und Menschenrechtsschutz

Eine Reihe von Sonderregelungen zum allgemeinen Einfuhrregime der EU findet sich in Form von Ein- und Ausfuhrverboten oder Handelserschwerungen aus Gründen des Umwelt-und Menschenrechtsschutzes. So ist etwa die Einfuhr von Rohdiamanten in die Union nur noch aus Teilnehmerstaaten des sog. **Kimberley-Prozesses** und mit entsprechendem Zertifikat möglich. Das Zertifikationssystem des Kimberly-Prozesses, das den internationalen Handel mit Blut- und Konfliktdiamanten unterbinden soll, wurde auf Ebene der EU durch die VO (EG) Nr. 2368/2002[185] umgesetzt. 49

Darüber hinaus bestehen **Ein- und Ausfuhrverbote oder -beschränkungen**, die auf Grundlage internationaler Vereinbarungen auf dem Gebiet des **Umwelt-, Arten- und Naturschutzes** erlassen wurden. Beispiele sind die VO 689/2008 über die Aus- und Einfuhr gefährlicher Chemikalien[186] sowie die Verbote der Einfuhr von Walerzeugnissen für kommerzielle Zwecke[187] Jungrobbenfellen[188] und bestimmten Pelzsorten.[189] Ungeachtet der unterschiedlichen Rechtsgrundlagen, auf die diese Handelsregelungen zT gestützt wurden,[190] handelt es sich hierbei um handelspolitische Instrumente iSv Art. 207 AEUV. 50

Das grundlegende Regelwerk des internationalen Handels mit geschützten Arten ist das **Washingtoner Artenschutzabkommen.** Hiernach ist je nach Grad ihrer Gefährdung der Handel mit den in den Anhängen genannten lebenden und toten Arten (Flora und Fauna) und daraus gewonnenen Erzeugnissen verboten oder nur unter bestimmten Bedingungen erlaubt. Das Washingtoner Artenschutzabkommen wird, da es seinerzeit nur Staaten den Beitritt eröffnete, von der EU seit dem 1. Januar 1984 einseitig angewendet.[191] In Umsetzung des Abkommens enthält die VO 338/97 des Rates[192] Regelungen zur Ein- und Ausfuhr bestimmter im Anhang aufgeführter Tier- und Pflanzenarten. Gemäß Art. 4 Abs. 6 VO 338/97 kann die Kommission unter bestimmten Bedingungen die Einfuhr bestimmter Tier- und Pflanzenarten in den Binnenmarkt einschränken. Die Kommission 51

185 VO (EG) Nr. 2368/2002 des Rates vom 20.12.2002 zur Umsetzung des Zertifikationssystems des Kimberley-Prozesses für den internationalen Handel mit Rohdiamanten, ABl. 2002 L 358/28, zuletzt geändert durch VO (EU) Nr. 789/2013 vom 16.8.2013, ABl. 2013 L 222/1.

186 VO (EG) Nr. 689/2008 des Europäischen Parlaments und des Rates vom 17.6.2008 VO die Aus- und Einfuhr gefährlicher Chemikalien, ABl. 2008 L 204/1, zuletzt geändert durch VO (EU) Nr. 73/2013 vom 25.1.2013, ABl. 2013 L 26/11.

187 VO (EWG) Nr. 348/81 des Rates vom 20.1.1981 über eine gemeinsame Regelung für die Einfuhr von Walerzeugnissen, ABl. 1981 L 39/1, zuletzt geändert durch Beitrittsakte 1994 vom 24.6.1994, ABl. 1994 C 241/186.

188 RL 83/129/EWG betreffend die Einfuhr in die Mitgliedstaaten von Fellen bestimmter Jungrobben und Waren daraus vom 28.3.1983, ABl. 1983 L 91/30 idF der RL 89/370/EWG des Rates vom 8.6.1989, ABl. 1989 L 163/37; Entschließung des Rates und der im Rat vereinigten Vertreter der Regierungen der Mitgliedstaaten betreffend Jungrobben vom 5.1.1983, ABl. C 14/1; VO (EG) Nr. 1007/2009 des Europäischen Parlaments und des Rates vom 16.9.2009 über den Handel mit Robbenerzeugnissen, ABl. 2009 L 286/36.

189 VO (EG) Nr. 1771/94 der Kommission vom 19.7.1994 über die Einfuhr von Pelzen und Fertigartikeln aus Exemplaren bestimmter wildlebender Tierarten, ABl. 1994 L 184/3, gestützt auf VO (EWG) Nr. 3254/91 des Rates zum Verbot von Tellereisen und der Einfuhr von Pelzen, ABl. 1991 L 308/1.

190 Etwa auf die sog. Vertragsabrundungskompetenz nach Art. 352 AEUV, die seinerzeit als Rechtsgrundlage für umweltpolitische Maßnahmen herangezogen wurde.

191 Vgl VO (EG) Nr. 338/97 des Rates vom 9.12.1996 über den Schutz von Exemplaren wildlebender Tier- und Pflanzenarten durch Überwachung des Handels, ABl. 1997 L 61/1, zuletzt geändert durch VO (EU) Nr. 750/2013 vom 29.7.2013, ABl. 2013 L 212/1; zur Durchführung VO (EG) Nr. 939/97 der Kommission vom 26.5.1997, ABl. 1997 L 140/9 und VO 247/98 der Kommission vom 16.11.1998, ABl. 1998 L 308/18 und *Weiß*, in: Grabitz/Hilf/Nettesheim, Art. 207, Rn 246.

192 VO (EG) Nr. 338/97 des Rates vom 9.12.1996 über den Schutz von Exemplaren wildlebender Tier- und Pflanzenarten durch Überwachung des Handels, ABl. 1997 L 61/1, zuletzt geändert durch VO (EU) Nr. 750/2013 vom 29.7.2013, ABl. 2013 L 212/1.

hat von dieser Ermächtigung durch die VO 359/2009[193] Gebrauch gemacht. Nähere Bestimmungen enthält die Durchführungsverordnung 865/2006 der Kommission.[194]

52 Am 3. März 2013 ist zudem die **EU-Holzhandelsverordnung** Nr. 995/2010[195] in Kraft getreten. Sie verbietet den Handel mit Holz und Holzerzeugnissen aus illegalem Einschlag. Marktteilnehmer, die Holz und Holzerzeugnisse in den Binnenmarkt einführen, müssen hiernach den Nachweis legalen Ursprungs erbringen. Eine entsprechende „Sorgfaltspflichtregelung" beinhaltet ua Dokumentationspflichten zu Art und Herkunft des Holzes, zum jeweiligen Lieferanten und etabliert Verfahren zur Bewertung und Verringerung des Risikos, dass das Holz aus illegalem Einschlag stammen könnte.[196]

II. Ausfuhrregime

53 Im Unterschied zum Einfuhrregime, das darauf abzielt, Hersteller im Gebiet der EU vor Schäden durch plötzlich auftretende Wettbewerbsverschiebungen zu schützen, besteht im Hinblick auf Ausfuhren aus der EU in erster Linie Interesse an einem möglichst großen Exportvolumen. Die allgemeine Ausfuhrregelung der VO (EG) Nr. 1061/2009[197] sieht dementsprechend neben einigen grundlegenden Prinzipien nur allgemeine Schutzvorkehrungen vor. Sie wird ergänzt durch spezifische Ausfuhrbeschränkungen für bestimmte sensible Produkte, namentlich Kriegswaffen und Dual-Use-Güter.

1. Allgemeine Ausfuhrregelung der VO 1061/2009

54 Die Ausfuhrverordnung 1061/2009 liberalisiert die Ausfuhr aller Waren aus dem Binnenmarkt mit Ausnahme in einer Negativliste benannter Produkte.[198] Die Verordnung und mit ihr der Grundsatz der Ausfuhrfreiheit (Art. 1 VO 1061/2009) gilt dabei praktisch für alle unter den AEUV fallenden gewerblichen und landwirtschaftlichen Erzeugnisse. Bei Letzteren findet sie ergänzend zu den Regelungen über die gemeinsame Agrarmarktorganisation[199] sowie zu den besonderen Regelungen für landwirtschaftliche Verarbeitungserzeugnisse Anwendung. Ihr räumlicher Anwendungsbereich erstreckt sich auf alle Drittländer. Anders als Art. 34 AEUV erwähnt Art. 1 VO 1061/2009 nur mengenmäßige Beschränkungen. Der EuGH erstreckt den Anwendungsbereich des Art. 1 VO 1061/2009 gleichwohl auch auf **Maßnahmen gleicher Wirkung.**[200]

---

193 VO (EG) Nr. 359/2009 der Kommission vom 30.4.2009 zur Aussetzung der Einfuhr von Exemplaren wild lebender Tier- und Pflanzenarten in die Gemeinschaft, ABl. 2009 L 110/3.

194 VO (EG) Nr. 865/2006 der Kommission mit Durchführungsbestimmungen zur Verordnung (EG) Nr. 338/97 des Rates in Bezug auf Musterkollektionen und bestimmte Formalitäten im Zusammenhang mit dem Handel mit Arten freilebender Tiere und Pflanzen, ABl. 2006 L 166/1, zuletzt geändert durch VO (EU) Nr. 1283/2013 vom 10.12.2013, ABl. 2013 L 332/14.

195 VO (EU) Nr. 995/2020 des Europäischen Parlaments und des Rats vom 20.20.2010 über die Verpflichtungen von Marktteilnehmern, die Holz und Holzerzeugnisse in Verkehr bringen, ABl. 2010 L 295/23.

196 Zur Klärung von Einzelfragen hat die Kommission Leitlinien veröffentlicht: http://ec.europa.eu/environment/eutr 2013/_static/files/guidance/guidance-document-5-feb-13_de.pdf (10/2014). Weitere Informationen bietet die BLE: http://www.ble.de.

197 VO (EG) Nr. 1061/2009 des Rates vom 19.10.2009 zur Festlegung einer gemeinsamen Ausfuhrregelung, ABl. 2009 L 291/1, zuletzt geändert durch VO (EU) Nr. 37/2014 vom 15.1.2014, ABl. 2014 L 18/1.

198 Einzelheiten bei *Weiß*, in: Grabitz/Hilf/Nettesheim, Art. 207 AEUV, Rn 145; vgl außerdem *Bungenberg*, in: Terhechte, (Hrsg.) § 31, Rn 48 ff; Wolffgang, in: Ehlers/Fehling/Pünder (Hrsg.), § 30, Rn 12 f.

199 VO (EU) Nr. 1308/2013 des Europäischen Parlaments und des Rates vom 17.12.2013 über eine gemeinsame Marktorganisation für landwirtschaftliche Erzeugnisse und zur Aufhebung der Verordnungen (EWG) Nr. 922/72, (EWG) Nr. 234/79, (EG) Nr. 1037/2001 und (EG) Nr. 1234/2007, ABl. 2013 L 347/671. Zu den Übergangsvorschriften für 2014 s. VO (EU) Nr. 1310/2013 vom 17.12.2013, ABl. 2013 L 347/865.

200 EuGH, Rs. C-70/94 (Werner/Bundesrepublik Deutschland), Slg 1995, I-3189, Rn 22.

Zeitweilige **sektorale Ausfuhrbeschränkungen**[201] sind vorgesehen für den Fall einer durch Mangel an lebenswichtigen Gütern bedingten Krisenlage (Kapitel III, Art. 6 bis 8 VO 1061/2009).[202] Die Schutzmaßnahmen bestehen in der Einführung des Erfordernisses einer **Ausfuhrgenehmigung** (Art. 6 Abs. 1 VO 1061/2009) oder der Festsetzung mengenmäßiger Beschränkungen (Art. 6 Abs. 1 iVm Art. 7 Abs. 3 VO 1061/2009). Darüber hinaus kann der Rat nicht näher bestimmte „geeignete Maßnahmen" gemäß Art. 7 Abs. 1 VO 1061/2009 treffen. Ausgangspunkt ist jeweils ein entsprechendes Informations- und Konsultationsverfahren (Kapitel II, Art. 2 bis 5 VO 1061/2009) im Beratenden Ausschuss (früher: sog. 133er Ausschuss). Konsultationen können auf Initiative der Kommission oder auf Antrag eines Mitgliedstaats eingeleitet werden, um festzustellen, ob Schutzmaßnahmen erforderlich sind. 55

Weitere Ausnahmen vom Grundsatz der Ausfuhrfreiheit enthalten die Übergangs- und Schlussbestimmungen der VO 1061/2009 (Kapitel IV, Art. 9 bis 13 VO 1061/2009). **Art. 9 VO 1061/2009** sieht hier eine Übergangsregelung für bestimmte in Anhang I der Verordnung aufgelistete Güter vor. Nach **Art. 10 VO 1061/2009** verbleibt den Mitgliedstaaten im Anwendungsbereich der Verordnung zudem die Möglichkeit, den Export in Drittstaaten aus den ebenfalls in Art. 36 AEUV genannten Gründen des **nationalen ordre public** (Gründe der öffentlichen Sittlichkeit, Ordnung und Sicherheit, zum Schutz der Gesundheit und des Lebens von Menschen, Tieren oder Pflanzen, des nationalen Kulturguts von künstlerischem, geschichtlichem oder archäologischem Wert oder des gewerblichen und kommerziellen Eigentums) einzuschränken.[203] Für Art. 36 AEUV hat der EuGH insoweit festgestellt, dass der Begriff der öffentlichen Sicherheit sowohl die innere als auch die äußere Sicherheit des Mitgliedstaats umfasst.[204] Diese Auslegung übertrug er auch auf die Ausfuhrverordnung. Eine engere Auslegung im Rahmen des Art. 10 (vormals Art. 11) der Ausfuhrverordnung, so der Gerichtshof, liefe auf eine Ermächtigung der Mitgliedstaaten hinaus, den Warenverkehr auf dem Binnenmarkt stärker zu beschränken als den Handel mit Drittländern.[205] 56

2. Spezielle Ausfuhrregime

Dauerhafte **Ausnahmen vom Grundsatz der Ausfuhrfreiheit** bestehen für Kriegswaffen und Güter mit doppeltem Verwendungszweck – sog. Dual-Use-Güter. Als Dual-Use-Güter bezeichnet Art. 2 Nr. 1 der VO (EG) Nr. 428/2009[206] „Güter, einschließlich Datenverarbeitungsprogramme und Technologie, die sowohl für zivile als auch für militärische Zwecke verwendet werden können; darin eingeschlossen sind alle Waren, die sowohl für nichtexplosive Zwecke als auch für jedwede Form der Unterstützung bei der Herstellung von Kernwaffen oder sonstigen Kernsprengkörpern verwendet werden können". 57

a) Kriegswaffen

Das wichtigste allgemeine internationale Exportkontrollregime ist – in Nachfolge des Coordinating Committee for East West Trade Policy (CoCom) – das **Wassenaar-Abkommen** für Exportkontrollen von konventionellen Waffen und doppelverwendungsfähigen Gütern und Technologien.[207] Gegenstand des Übereinkommens sind unterschiedliche Notifizierungsverfahren für bestimmte Waffen und Rüstungsgüter, die auf Listen (sog. *basic list*, *sensitive list* und *very sensitive list*) auf- 58

201 Zu nennen sind insoweit die Ausfuhrrestriktionen im Stahl- und Textilhandel, vgl hierzu die Übersicht bei *Berz*, in: Grabitz/Hilf, 40. Aufl., 2009, Bd. V, Abschnitte E 11 und E 12 sowie *Osteneck*, in: Schwarze, Art. 207 AEUV, Rn 112 ff; vgl ferner allgemein zum rechtlichen Rahmen für Ausfuhrbeschränkungen *Baris*, JIEL 15 (2012), 443 ff.

202 Vgl nur *Weiß*, in: Grabitz/Hilf/Nettesheim, Art. 207 AEUV, Rn 157.

203 S. dazu *Weiß*, in: Grabitz/Hilf/Nettesheim, Art. 207 AEUV, Rn 145.

204 EuGH, Rs. C-367/89 (Richardt und Les Accessoires Scientifiques), Slg 1991, I-4621, Rn 22.

205 EuGH, Rs. C-70/94 (Werner/Bundesrepublik Deutschland), Slg 1995, I-3189, Rn 25.

206 VO (EG) Nr. 428/2009 des Rates vom 5.5.2009 über eine Gemeinschaftsregelung für die Kontrolle der Ausfuhr, der Verbringung, der Vermittlung und der Durchfuhr von Gütern mit doppeltem Verwendungszweck, ABl. 2009 L 134/1, zuletzt geändert durch VO (EU) Nr. 388/2012 vom 19.4.2012, ABl. 2012 L 129/12.

207 Wassenaar Arrangement on Export Controls for Conventional Arms and Dual-Use Goods and Technologies) vom 12.5.1996. Dem Abkommen sind mittlerweile 41 Staaten beigetreten, vgl www.wassenaar.org.

geführt werden. Hinzu tritt nun der **Arms Trade Treaty** (ATT) der Vereinten Nationen vom 2. April 2013. Er soll den internationalen Handel mit konventionellen Waffen regeln.[208] Da der Vertrag eine Mitgliedschaft der EU nicht vorsieht, hat der Rat die Mitgliedstaaten mit Beschluss vom 3. März 2014 zur Ratifikation des ATT ermächtigt.[209] Der ATT wurde seitdem von 23 Mitgliedstaaten, unter ihnen Deutschland, ratifiziert bzw ohne Ratifikationsprozess angenommen.[210] Gemäß Art. 22 Abs. 1 ATT tritt der Vertrag 90 Tage nach Hinterlegung der fünfzigsten Ratifikations-/Zustimmungsurkunde und damit nun am 24. Dezember 2014 in Kraft.[211]

59 Die Ausfuhr von **Kriegswaffen** wird auf Grundlage von Art. 346 Abs. 1 lit. b AEUV nach wie vor durch die Mitgliedstaaten überwacht und beschränkt. Dies geschieht auf Grundlage des Wassenaar-Abkommens und des Gemeinsamen Standpunkts 2008/944/GASP des Rates betreffend gemeinsame Regeln für die Kontrolle der Ausfuhr von Militärtechnologie und Militärgütern,[212] der den unverbindlichen Europäischen Verhaltenskodex für Rüstungsexporte[213] aus dem Jahr 1998 ersetzt. Der Gemeinsame Standpunkt 2008/944/GASP zielt auf Harmonisierung und Transparenz durch Etablierung gewisser Mindeststandards für den Transfer von Militärtechnologie und Militärgütern sowie den Austausch relevanter Informationen zwischen den Mitgliedstaaten.[214] Zu diesem Zweck enthält Art. 2 des Gemeinsamen Standpunkts 2008/944/GASP eine Liste von acht Kriterien, anhand derer gemäß Art. 1 Anträge auf Ausfuhrgenehmigung für Gegenstände der regelmäßig aktualisierten Gemeinsamen Militärgüterliste der EU[215] zu prüfen sind. Zu den Kriterien gehören neben der Einhaltung der internationalen Verpflichtungen der Mitgliedstaaten, insbesondere vom VN-Sicherheitsrat oder der EU verhängter Sanktionen (Art. 2 Abs. 1, Kriterium 1) u.a. die Achtung der Menschenrechte und des humanitären Völkerrechts durch das Endbestimmungsland (Art. 2 Abs. 2, Kriterium 2). Genannt wird auch die nationale Sicherheit der Mitgliedstaaten (Art. 2 Abs. 5, Kriterium 5). Nach Art. 8 Abs. 1 des Gemeinsamen Standpunkts hat darüber hinaus jeder Mitgliedstaat den anderen Mitgliedstaaten jährlich einen vertraulichen Bericht über die Ausfuhren von Militärtechnologie und Militärgütern sowie seine Umsetzung des Gemeinsamen Standpunkts zu übermitteln.

60 Die inhaltlichen Regelungen des Kriegswaffenkontrollrechts enthält in Deutschland das Ausführungsgesetz zu Art. 26 Abs. 2 GG (**Kriegswaffenkontrollgesetz**, KWKG).[216] Sein Anwendungsbereich erstreckt sich gemäß § 1 Abs. 1 KWKG auf alle im Anhang des Gesetzes aufgeführten Kriegswaffen. Für die erfassten Waffen statuieren §§ 2 bis 4 KWKG **umfassende Genehmigungserforder-**

---

208 Vgl http://www.un.org/disarmament/ATT/ (10/2014).

209 Beschluss des Rates vom 3.3.2014 zur Ermächtigung der Mitgliedstaaten, im Interesse der Europäischen Union den Vertrag über den Waffenhandel zu ratifizieren (2014/165/EU), ABl. 2014 L 89/44.Vgl hierzu die Empfehlung des Europäischen Parlaments (Ausschuss für internationalen Handel, Berichterstatter: David Martin) vom 23.1.2014 (12178/2013 – C7-0233/2013 – 2013/0225 [NLE]). Vgl ferner die Entschließung des Europäischen Parlaments vom 5.2.2014 zur Ratifizierung des Vertrags über den Waffenhandel (2014/2534[RSP]) sowie den Beschluss 2013/768/GASP des Rates vom 16.10.2013 über Maßnahmen der EU zur Unterstützung der Durchführung des Vertrags über den Waffenhandel im Rahmen der Europäischen Sicherheitsstrategie, ABl. 2013 L 341/56.

210 Noch nicht ratifiziert wurde der ATT in Griechenland, Litauen, den Niederlanden, Polen und Zypern (Stand: 10/2014).

211 Insgesamt hat der ATT jetzt 53 Vertragsstaaten, von 121 Signatarstaaten (Stand: 10/2014).

212 Gemeinsamer Standpunkt 2008/944/GASP des Rates vom 8.12.2008 betreffend gemeinsame Regeln für die Kontrolle der Ausfuhr von Militärtechnologie und Militärgütern, ABl. 2008 L 335/99. S. hierzu auch den Gemeinsamen Standpunkt 2003/468/GASP des Rates vom 23.6.2003 betreffend die Überwachung von Waffenvermittlungstätigkeiten, ABl. 2003 L 156/79.

213 Verhaltenskodex der Europäischen Union für Waffenausfuhren vom 8.6.1998, Bull. 6/1998, Ziff. 1.4.7. Vgl hierzu die Entschließung des Europäischen Parlaments vom 13.3.2008, ABl. 2008 C 66 E/48.

214 Vgl hierzu den 3. Erwägungsgrund des Gemeinsamen Standpunkts 2008/944/GASP.

215 Gemeinsame Militärgüterliste der Europäischen Union vom 17.3.2014, angenommen im Gemeinsamen Standpunkt 2008/944/GASP des Rates betreffend gemeinsame Regeln für die Kontrolle der Ausfuhr von Militärtechnologie und Militärgütern erfasste Ausrüstung (GASP), ABl. 2014 C 107/1.

216 Ausführungsgesetz zu Artikel 26 Abs. 2 des Grundgesetzes (Gesetz über die Kontrolle von Kriegswaffen) vom 20.4.1961 (BGBl. I, S. 444) idF der Bekanntmachung vom 22.11.1990 (BGBl. I, S. 2506, zuletzt geändert durch Gesetz vom 6.6.2013 (BGBl. I, S. 1482).

nisse, die namentlich ihre Herstellung und ihr Inverkehrbringen (§ 2 KWKG), ihre Beförderung innerhalb (§ 3 KWKG) und außerhalb (§ 4 KWKG) des Bundesgebietes sowie entsprechende Vermittlungstätigkeiten (§ 4a KWKG) betreffen. Auf eine Genehmigung besteht gemäß § 6 Abs. 1 KWKG kein Anspruch. Eine Reihe von Versagungsgründen wird beispielhaft in § 6 Abs. 2 KWKG aufgezählt. Entsprechend der verfassungsrechtlichen Wertentscheidung des Art. 26 Abs. 2 GG handelt es sich hierbei um ein **repressives Verbot mit Befreiungsvorbehalt.**[217] Zuständige Genehmigungsbehörde ist gemäß § 11 KWKG in der Regel das Bundesministerium für Wirtschaft und Technologie. Unterstützende Aufgaben nimmt das Bundesamt für Wirtschaft und Ausfuhrkontrolle (BAFA) wahr. Straf- und Bußgeldvorschriften enthalten die §§ 19 ff KWKG.

b) Rüstungsgüter

Ebenfalls in den Zuständigkeitsbereich der Mitgliedstaaten fällt die Ausfuhrkontrolle von **Rüstungsgütern**. Anders als Kriegswaffen unterliegen sie nicht dem KWKG. Die Ausfuhrkontrolle erfolgt stattdessen auf Grundlage der AWV.[218] Die Liste der zu kontrollierenden Güter in Teil 1 Abschnitt A der Ausfuhrliste entspricht dabei weitgehend der Gemeinsamen Militärgüterliste der EU.[219] Innerhalb der Union soll die **Richtlinie 2009/43/EG**[220] die Verbringung von Verteidigungsgütern und damit insbesondere das Genehmigungsverfahren im Binnenmarkt erleichtern. 61

c) Dual-Use-Güter

Im Bereich der **Dual-Use-Güter**, die sowohl militärisch als auch zivil nutzbar sind, hat die Praxis schwierige Abgrenzungsfragen aufgeworfen.[221] Zum Schutz der Sicherheitsinteressen und zur Erfüllung internationaler Verpflichtungen wurde dieser Bereich auch auf europäischer Ebene einer Regelung unterzogen. Diese erfolgte im Hinblick auf die gleichermaßen betroffenen handels- und sicherheitspolitischen Aspekte zunächst im Rahmen eines **integrierten Systems**. Es basierte zum einen auf einer auf Art. 113 EGV aF (nun Art. 207 AEUV) gestützten Verordnung des Rates[222] und zum anderen auf einem von den Mitgliedstaaten im Rat im Rahmen der GASP nach Art. 14 Abs. 1 EUV aF (nun Art. 28 Abs. 1 EUV) angenommenen Beschluss zur Ausfuhrkontrolle.[223] Das integrierte System wurde schnell Gegenstand vielfältiger Kritik und blieb aufgrund der divergierenden Umsetzung und Anwendung der Dual-Use-Verordnung in den Mitgliedstaaten ohne große praktische Wirkung.[224] In Erkenntnis dieser theoretischen und praktischen Defizite sowie unter Berufung auf die Rechtsprechung des EuGH, der zwischenzeitlich die ausschließliche Zuständigkeit der Gemeinschaft für Exportkontrollen festgestellt hatte,[225] wurde das integrierte System im Jahr 2000 in eine Regelung auf der alleinigen Grundlage des damaligen Art. 133 EGV (nun Art. 207 AEUV) 62

217 *Tietje*, in: ders. (Hrsg.), § 15, Rn 112.

218 IdF der Bekanntmachung vom 2.8.2013 (BGBl. I, S. 2865), zuletzt geändert durch Artikel 1 der Verordnung vom 25.3.2014 (BAnz. 2014 AT 31.3.2014 V1).

219 S. hierzu auch *Wolffgang*, in: Ehlers/Fehling/Pünder (Hrsg.), § 30, Rn 35 f.

220 RL 2009/43/EG des Europäischen Parlaments und des Rates vom 6.5.2009 zur Vereinfachung der Bedingungen für die innergemeinschaftliche Verbringung von Verteidigungsgütern, ABl. 2009 L 146/1, zuletzt geändert durch delegierte RL 2014/18/EU vom 29.1.2014, ABl. 2014 L 40/20.

221 S. hierzu *Bungenberg*, in: Hatje/Müller-Graff/von Arnauld (Hrsg.), § 12, Rn 52 ff; *Jaeckel*, in: Grabitz/Hilf/Nettesheim, Art. 346 AEUV, Rn 21; ferner *Wolffgang*, in: Ehlers/Fehling/Pünder (Hrsg.), § 30 Rn 31 ff sowie *Bungenberg*, in: Terhechte (Hrsg.), § 31, Rn 60 ff.

222 VO (EG) Nr. 3381/94 des Rates vom 19.12.1994 über eine Gemeinschaftsregelung der Ausfuhrkontrolle von Gütern mit doppeltem Verwendungszweck, ABl. 1994 L 367/1.

223 Beschl. 94/942/GASP des Rates vom 19.12.1994 über die vom Rat gemäß Art. J.3 des Vertrages über die Europäische Union angenommene Gemeinsame Aktion zur Ausfuhrkontrolle von Gütern mit doppeltem Verwendungszweck, ABl. 1994 L 367/8, zuletzt geändert durch Beschl. 2000/243 GASP, ABl. 2000 L 82/1.

224 S. hierzu *Karpenstein/Kottmann*, in: Krenzler/Herrmann (Hrsg.), § 31, Erwägungsgründe, Rn 7.

225 EuGH, Rs. C-70/94 (Werner/Bundesrepublik Deutschland), Slg 1995, I-3189; Rs. C-83/94 (Leifer), Slg 1995, I-3231; Rs. C-124/95 (Centro-Com), Slg 1997, I-81.

überführt.[226] Die zwischenzeitlich neu gefasste **Dual-Use-Verordnung 428/2009**[227] ist nach wie vor eine Rahmenverordnung, die keine Vollharmonisierung anstrebt, sondern den nationalen Behörden bei der Anwendung und Durchsetzung von Exportkontrollen einige Spielräume lässt.[228] Die Neufassung zielt gleichwohl explizit auf eine einheitliche und kohärente Durchführung der Kontrollen ab, um neben dem Schutz der Sicherheitsinteressen auch gleiche Wettbewerbsbedingungen für EU-Hersteller zu schaffen.[229]

63 Art. 3 Abs. 1 VO 428/2009 unterwirft die **Ausfuhr** der in Anhang I aufgelisteten Güter mit doppeltem Verwendungszweck einer **Genehmigungspflicht.**[230] Für nicht in Anhang I aufgeführte Güter kann sich ein Genehmigungserfordernis nach Art. 4 Abs. 1 VO 428/2009 u.a. dann ergeben, wenn der Ausführer von der Genehmigungsbehörde darüber unterrichtet wird, dass die Güter für eine Verwendung im Zusammenhang mit Massenvernichtungswaffen (chemische, biologische oder Kernwaffen) oder für Flugkörper für diese Waffen bestimmt sind oder bestimmt sein können. Darüber hinaus statuiert Art. 4 Abs. 2 VO 428/2009 eine Genehmigungspflicht, wenn gegen das Käufer- oder Bestimmungsland ein Waffenembargo verhängt wurde und die Güter ganz oder teilweise für eine militärische Endverwendung bestimmt sind oder sein können. Den Ausführer trifft in beiden Fällen die Pflicht, die zuständige Behörde über ihm bekannte Verwendungszwecke zu informieren (Art. 4 Abs. 4 VO 438/2009). **Innerhalb der EU** geht die Verordnung von der **Genehmigungsfreiheit** des Verkehrs mit Dual-Use-Gütern aus (sog. Verbringung). Eine Berufung auf Art. 36 AEUV kommt insoweit grundsätzlich nicht in Betracht.[231] Ausnahmen vom Grundsatz der genehmigungsfreien Verbringung ergeben sich aus Art. 22 iVm Anhang IV VO 428/2009 für besonders sensible Dual-Use-Güter sowie für den Fall, dass der Exporteur Kenntnis von einer bereits geplanten späteren Ausfuhr aus dem Binnenmarkt hat.

64 Durch die VO 428/2009 neu in den Anwendungsbereich der Dual-Use-Verordnung aufgenommen wurde die Kontrolle von bestimmten **Vermittlungstätigkeiten**. Hierunter ist nach Art. 2 Nr. 5 VO 428/2009 die Vermittlung von Lieferungen von Gütern mit doppeltem Verwendungszweck von einem Nicht-EU-Land in ein anderes Nicht-EU-Land (sog. Drittstaaten) zu verstehen.[232] Der Vermittler muss in der EU ansässig sein. Bloße Hilfstätigkeiten, wie etwa die Beförderung, sind nicht erfasst. Der Kontrollmechanismus in Art. 5 VO 428/2009 lehnt sich an das oben skizzierte Verfahren nach Art. 4 VO 428/2009 an. Vermittlungstätigkeiten sind demnach nicht generell genehmigungspflichtig, sondern nur dann, wenn der Vermittler von der Genehmigungsbehörde über einen potentiellen tatbestandsmäßigen Verwendungszweck der betroffenen Güter informiert wird. Auch den Vermittler trifft insoweit nach Art. 5 Abs. 1 S. 2 VO 428/2009 eine Informationspflicht gegenüber der zuständigen Behörde. Die durch Art. 5 Abs. 1 VO 428/2009 eingeführten Maßnahmen sind auf die Vermittlung von in Anhang I gelisteten Gütern beschränkt. Die Mitgliedstaaten sind jedoch gemäß Art. 5 Abs. 2 VO 428/2009 befugt, auf nationaler Basis weitergehende Kontrollen einzuführen. Im Zusammenhang mit den Vermittlungstätigkeiten enthält die neue Verordnung eine Reihe ergänzender Regelungen zu besonderen Informations- und Dokumentationspflichten für Vermittler (vgl etwa Art. 10 Abs. 2 VO 428/2009).

---

226 Beschl. 2000/402/GASP des Rates vom 22.6.2000 zur Aufhebung des Beschl. 94/942/GASP, ABl. 2000 L 159/218, und VO (EG) Nr. 1334/2000 des Rates vom 22.6.2000 über eine Gemeinschaftsregelung der Ausfuhrkontrolle von Gütern mit doppeltem Verwendungszweck, ABl. 2000 L 159/1.

227 VO (EG) Nr. 428/2009 des Rates vom 5.5.2009 über eine Gemeinschaftsregelung für die Kontrolle der Ausfuhr, der Verbringung, der Vermittlung und der Durchfuhr von Gütern mit doppeltem Verwendungszweck, ABl. 2009 L 134/1, zuletzt geändert durch VO (EU) Nr. 388/2012 vom 19.4.2012, ABl. 2012 L 129/12.

228 *Jaeckel*, in: Grabitz/Hilf/Nettesheim, Art. 346 AEUV, Rn 21; *Wolffgang*, in: Ehlers/Fehling/Pünder (Hrsg.), § 30, Rn 33 f.

229 S. den 18. Erwägungsgrund der VO 428/2009; vgl auch Micara, JCMS 50 (2012), 578, 590.

230 *Weiß*, in: Grabitz/Hilf/Nettesheim, Art. 207 AEUV, Rn 148.

231 So im Hinblick auf die VO 1334/2000 *Karpenstein/Kottmann*, in: Krenzler/Herrmann (Hrsg.), § 31, Art. 22, Rn 3 f mwN.

232 Vgl auch *Weiß*, in: Grabitz/Hilf/Nettesheim, Art. 207 AEUV, Rn 149.

Als zweite wesentliche Neuregelung sieht Art. 6 VO 428/2009 die Kontrolle von **Durchfuhren** durch die EU und dort die Möglichkeit der Untersagung im Einzelfall vor. Auch hier besteht keine generelle Genehmigungspflicht für sämtliche Durchfuhren von Gütern mit doppeltem Verwendungszweck. Nach Art. 2 Nr. 7 VO 428/2009 ist unter Durchfuhr die „Beförderung nichtgemeinschaftlicher Güter mit doppeltem Verwendungszweck in und durch das Zollgebiet der Gemeinschaft zu einem Bestimmungsziel außerhalb der Gemeinschaft" zu verstehen. Die Untersagungsmöglichkeit bezieht sich dabei nur auf solche Güter, die ihren Ursprung nicht in der EU haben. Untersagt werden kann die Durchfuhr dann, wenn die Güter für eine Verwendung im Zusammenhang mit Massenvernichtungswaffen bzw als Trägertechnologie bestimmt sind oder bestimmt sein können. Die Information über einen solchen Verwendungszweck und der Erlass des Untersagungsbescheids obliegen der zuständigen Behörde. Die durch Art. 6 Abs. 1 VO 428/2009 geschaffene Untersagungsmöglichkeit ist auf die in Anhang I gelisteten Güter beschränkt. Auch hier haben die Mitgliedstaaten jedoch nach Art. 6 Abs. 3 VO 428/2009 die Möglichkeit, auf nationaler Basis weitergehende Kontrollen einzuführen. 65

Hinsichtlich der Voraussetzungen für die Erteilung einer Genehmigung enthält die VO 428/2009 nur allgemeine Vorgaben. Art. 12 VO 428/2009 nennt insoweit eine Reihe von Kriterien, die bei der Genehmigungsentscheidung über die Ausfuhr bzw Vermittlung von Gütern mit doppeltem Verwendungszweck zu berücksichtigen sind. Hierzu gehört gemäß Art. 12 Abs. 2 VO 428/2009 und in Übereinstimmung mit der bisherigen deutschen Praxis nunmehr auch auf europäischer Ebene die Existenz **unternehmensinterner Exportkontrollprogramme** (*Internal Compliance Programmes*, ICP). Die Genehmigung selbst wird von den zuständigen Behörden der Mitgliedstaaten erteilt.[233] Eine einmal erteilte Genehmigung ist dabei als **transnationaler Verwaltungsakt**[234] unionsweit gültig (Art. 9 Abs. 2 Unterabs. 2 VO 428/2009). Art. 19 ff VO 428/2009 regeln die Zusammenarbeit der mitgliedstaatlichen Verwaltungen, durch die die einheitliche Anwendung der Dual-Use-Verordnung sichergestellt werden soll. In diesem Sinne verpflichtet Art. 24 VO 438/2009 die Mitgliedstaaten zur Festlegung wirksamer, verhältnismäßiger und abschreckender Sanktionen für Verstöße gegen die Verordnung. In **Deutschland** wurde diese Verpflichtung durch die Vorschriften des **AWG**[235] und der **AWV**[236] umgesetzt. Anknüpfungspunkte der Exportkontrolle sind auch hier Ausfuhr und Verbringung aus dem Inland (§§ 8 ff AWV), Durchfuhren (§§ 44, 45 AWV) sowie Handels- und Vermittlungsgeschäfte nach §§ 46 ff AWV. Zuständige Genehmigungsbehörde für in Deutschland ansässige Exporteure ist das Bundesamt für Wirtschaft und Ausfuhrkontrolle in Eschborn. 66

d) Menschenrechtsschutz

Handelsregelungen aus Gründen des Menschenrechtsschutzes enthält insbesondere die VO 1236/2005 über den Handel mit bestimmten Gütern, die zur Vollstreckung der Todesstrafe, zu Folter oder zu anderer grausamer, unmenschlicher oder erniedrigender Behandlung oder Strafe verwendet werden könnten.[237] Daneben hat die Union auf der Grundlage von Menschenrechts- oder Schutzklauseln mit entsprechender Zielrichtung in ihren Handelsabkommen mit Drittstaaten sowie im Rahmen des APS-Systems[238] die Möglichkeit, aus Gründen des Menschenrechtsschutzes han- 67

---

233 Dazu eingehend *Wolffgang*, in: Ehlers/Fehling/Pünder (Hrsg.), § 30, Rn 37 ff.

234 Ausführlich hierzu *Schmidt-Aßmann*, DVBl. 1993, 924, 935; *Ruffert*, Die Verwaltung 36 (2003), 293 ff.

235 IdF der Bekanntmachung vom 6.6.2013 (BGBl. I, S. 1482); vgl zu den jüngsten Änderungen des AWG *Voland*, GWR 2013, 264 ff sowie *Niestedt/Trennt*, BB 2013, 2115 ff.

236 IdF der Bekanntmachung vom 2.8.2013 (BGBl. I, S. 2865), zuletzt geändert durch Artikel 1 der Verordnung vom 25.3.2014 (BAnz. 2014 AT 31.3.2014 V1).

237 VO (EG) Nr. 1236/2005 des Rates vom 27.6.2005 betreffend den Handel mit bestimmten Gütern, die zur Vollstreckung der Todesstrafe, zu Folter oder zu anderer grausamer, unmenschlicher oder erniedrigender Behandlung oder Strafe verwendet werden könnten, ABl. 2005 L 200/1, zuletzt geändert durch VO (EU) Nr. 37/2014 vom 15.1.2014, ABl. 2014 L 18/1, s. hierzu auch unten, Rn 62.

238 S. oben Rn 19. Im Jahr 1997 hat die EG im Rahmen des APS wegen Zwangsarbeit gegenüber Myanmar Zollpräferenzen zurückgenommen vgl VO (EG) Nr. 552/97 des Rates vom 24.3.1997 zur vorübergehenden Rücknahme der allgemeinen Zollpräferenzen für Waren aus der Union Myanmar, ABl. 1997 L 85/8 zuletzt geändert durch VO (EG) Nr. 732/2008 vom 22.7.2008, ABl. 2008 L 211/1.

delspolitische Begünstigungen zurückzunehmen oder zusätzliche Vergünstigungen zu gewähren, um Verbesserungen der Menschenrechtssituation in den betreffenden Ländern zu fördern (sog. Sonderregelung für nachhaltige Entwicklung und verantwortungsvolle Staatsführung, Art. 7 ff VO 732/2008).[239]

e) Kulturgüterschutz

68 Ausfuhrbeschränkungen für **nationales Kulturgut „von künstlerischem, geschichtlichem oder archäologischem Wert"** sind **gemäß Art. XX lit. f GATT**, der die Formulierung des Art. 36 AEUV übernimmt, auch außerhalb des europäischen Binnenmarktes grundsätzlich zulässig. Die genannten Vorschriften sind Teil eines umfangreichen völkerrechtlichen Regelwerks zum Schutz von Kulturgütern, das neben Regelungen zum Umgang mit Kulturgütern in bewaffneten Konflikten[240] u.a. auch Vorschriften über ihre unzulässige Verbringung in Friedenszeiten[241] erfasst. Eine entsprechende Regelung für Ausfuhren aus der EU trifft auf dieser Grundlage die im Jahr 2009 als kodifizierte Fassung vorgelegte **VO 116/2009** über die **Ausfuhr von Kulturgütern.**[242] Nach Art. 2 Abs. 1 VO 116/2009 ist die Ausfuhr von Kulturgütern iSv Art. 1 VO 116/2009 genehmigungsbedürftig. Anhang I enthält hierzu eine Liste mit Kategorien von Kulturgütern, die in den Anwendungsbereich der VO 116/2009 fallen.[243] Die hieraus resultierenden Zuordnungsprobleme müssen von den mitgliedstaatlichen Behörden gelöst werden, in deren Zuständigkeit die Genehmigungserteilung fällt. Die VO 116/2009 legt somit ähnlich wie die Dual-Use-Verordnung[244] nur Rahmenregelungen fest, deren konkretisierende Anwendung den Mitgliedstaaten obliegt. Eine einmal erteilte Genehmigung gilt auch hier in der gesamten EU (Art. 2 Abs. 3 VO 116/2009). Hinsichtlich der gleichwohl erforderlichen Zusammenarbeit der mitgliedstaatlichen Verwaltung verweist Art. 6 VO 116/2009 auf die Vorschriften der VO 515/97 des Rates vom 13. März 1997[245] zur Schaffung eines zentralen Informationssystems für den Zoll (sog. ZIS-System).

III. Die handelspolitischen Schutzmaßnahmen der EU

69 Neben den oben genannten Ausnahmen vom Grundsatz der Aus- und Einfuhrfreiheit stehen der EU im Rahmen der durch das GATT und die anderen WTO-Übereinkommen vorgegebenen Grenzen eine Reihe handelspolitischer Schutzinstrumente zur Verfügung. Diese erlauben in den meisten Fällen unter bestimmten Voraussetzungen die befristete Erhebung zusätzlicher Zölle. Das entsprechende Sekundärrecht der EU folgt dabei im Wesentlichen den Regelungen der einschlägigen

---

239 Einzelheiten bei *Hoffmeister*, Menschenrechts- und Demokratieklauseln in den vertraglichen Außenbeziehungen der EG, 1998, S. 7 ff; *Simma/Aschenbrenner/Schulte*, Human Rights Considerations in the Development Co-operation Activities of the EC, in: Alston (Hrsg.), The EU and Human Rights, 1999, S. 571 ff; *Brandtner/Rosas*, Trade Preferences and Human Rights, ebd., S. 699 ff; *Riedel/Will*, Human Rights Clauses in External Agreements of the EC, ebd., S. 723 ff.

240 Einschlägige Vorschriften enthalten insbesondere Art. 22, 23, 46 und 56 der Haager Landkriegsordnung von 1907 (RGBl. 1910, S. 107). Einzelheiten bei *Dolzer*, in: Vitzthum/Proelß (Hrsg.), Völkerrecht, 6. Abschn., Rn 145 ff.

241 Vgl etwa das Übereinkommen über Maßnahmen zum Verbot und zur Verhütung der unzulässigen Einfuhr, Ausfuhr und Übereignung von Kulturgut von 1970, ILM 10 (1971), S. 289 ff, Ratifikation in Deutschland durch Zustimmungsgesetz vom 20.4.2007 (BGBl. II, S. 626). Einzelheiten bei *Dolzer*, in: Vitzthum/Proelß (Hrsg.), Völkerrecht, 6. Abschn., Rn 150 ff. Vgl ferner die (von Deutschland nicht unterzeichnete) UNIDROIT-Konvention über gestohlene oder illegal exportierte Kulturgüter von 1995, abgedruckt in: ZVglRWiss 95 (1996), S. 214 ff.

242 VO (EG) Nr. 116/2009 des Rates vom 18.12.2008 über die Ausfuhr von Kulturgütern (kodifizierte Fassung), ABl. 2009 L 39/1, s. hierzu auch *Weiß*, in: Grabitz/Hilf/Nettesheim, Art. 207 AEUV, Rn 150.

243 Vgl auch *Bungenberg*, in: Terhechte (Hrsg.), § 31, Rn 75 ff; *Weiß*, in: Grabitz/Hilf/Nettesheim, Art. 207 AEUV, Rn 150.

244 VO (EG) Nr. 428/2009 des Rates vom 5.5.2009 über eine Gemeinschaftsregelung für die Kontrolle der Ausfuhr, der Verbringung, der Vermittlung und der Durchfuhr von Gütern mit doppeltem Verwendungszweck, ABl. 2009 L 134/1, zuletzt geändert durch VO (EU) Nr. 388/2012 vom 19.4.2012, ABl. 2012 L 129/12.

245 VO (EG) Nr. 515/97 vom 25.3.1997 zur Regelung der gegenseitigen Amtshilfe der Verwaltungsbehörden der Mitgliedstaaten und der Zusammenarbeit dieser Behörden mit der Kommission, um die ordnungsgemäße Anwendung der Zoll- und Agrarregelungen zu gewährleisten, ABl. 1997 L 82/1 (ber. ABl. 1997 L 123/25), zuletzt geändert durch VO (EG) Nr. 766/2008 vom 9.7.2008, ABl. 2008 L 218/48.

WTO-Übereinkommen, namentlich Art. XIX GATT iVm dem Übereinkommen über Schutzmaßnahmen (ÜSM)[246] sowie Art. VI GATT iVm dem Antidumpingübereinkommen (ADÜ)[247] und dem Subventionsübereinkommen.[248] Neben den defensiv ausgerichteten Schutzmaßnahmen des Antidumping-und Antisubventionsrechts sowie der allgemeinen Einfuhrregelung ist dies sog. Handelshemmnisverordnung 3286/94 zu nennen. Diese stellt ein offensives Verfahren bereit, mit dem Marktteilnehmer die EU veranlassen können, die ihr durch das internationale Handelsrecht eingeräumten Rechte wahrzunehmen.

1. Antidumping- und Antisubventionsmaßnahmen

70 Neben den Schutzmaßnahmen auf Grundlage der Ein- und Ausfuhrregelungen, die Interventionsmöglichkeiten bei unvorhergesehenen Marktstörungen vorsehen, ermöglichen die Vorschriften des Antidumping- und Antisubventionsrechts Schutzmaßnahmen zur Abwehr unlauterer Handelspraktiken.[249]

71 Handelspolitische Schutzmaßnahmen unterliegen auf der Ebene des Welthandelsrechts zahlreichen Restriktionen. Grenzen dieser Restriktionen ergeben sich aus Art. VI und XVI GATT, wonach die Vertragsstaaten nur gehalten sind, „fairen" Handel zu dulden. Als unfaire Handelspraktiken in diesem Sinne werden insbesondere Dumping und bestimmte ausländische Subventionen angesehen, die es Exporteuren aus Drittstaaten ermöglichen, zu geringeren Preisen anzubieten als dies im Binnenmarkt für vergleichbare Waren möglich ist. Die **ökonomische Berechtigung handelspolitischer Schutzinstrumente** ist unter Wirtschaftswissenschaftlern nach wie vor umstritten. Während einige die Notwendigkeit handelspolitischer Schutzinstrumente mit dem Fehlen international vereinbarter Wettbewerbsregeln begründen, halten andere sie für volkswirtschaftlich nicht vertretbar. Ungeachtet dieser Differenzen ist aus ökonomischer Sicht jedenfalls anerkannt, dass Dumping nicht per se als unfaire Handelspraktik qualifiziert werden kann, sondern häufig auf der Ausnutzung von Strukturunterschieden beruht, wie sie auch – unsanktioniert – im innerstaatlichen Bereich oder im Binnenmarkt bestehen können.[250] Das Antidumpingrecht in seiner heutigen Fassung wird diesen Umständen kaum gerecht und wurde insoweit als „protektionistisches Sicherheitsventil" bezeichnet, „das der Ableitung von protektionistischem Druck dient".[251] Zum Umgang mit unfairen Handelspraktiken gibt es verschieden Ansätze. Neben der allgemeinen Befürwortung von Schutzmaßnahmen gibt es auch differenzierende Modelle, die allein das sog. räuberische Dumping (***predatory dumping***) sanktionieren wollen. Des Weiteren wird vorgeschlagen, die Problematik über das nationale Wettbewerbsrecht zu lösen. Schließlich wird auch die Auffassung vertreten, dass gedumpte oder subventionierte Einfuhren letztendlich auch für das Importland uneingeschränkt günstig seien.[252] In der Praxis haben sich alle großen Handelsmächte für den ersten Ansatz entschieden, dh für entsprechende Gegenmaßnahmen zum Schutz der einheimischen Industrien.[253]

72 Die Antidumpingbestimmungen sind das meistgenutzte handelspolitische Schutzinstrument der EU. Die EU hat zwischen August 1994 und Februar 2014 490 endgültige Antidumpingmaßnahmen verhängt. Die Länder, in denen in diesem Zeitraum am häufigsten Dumping festgestellt wurde,

---

246 Übereinkommen über Schutzmaßnahmen vom 15.4.1994, ABl. 1994 L 336/184. Ausführlich hierzu *Bender*, in: Hilf/Oeter (Hrsg.), § 14, Rn 10 ff.

247 Übereinkommen zur Durchführung des Artikels VI des Allgemeinen Zoll- und Handelsabkommens 1994 vom 15.4.1994, ABl. 1994 L 336/103.

248 Übereinkommen über Subventionen und Ausgleichsmaßnahmen vom 15.4.1994, ABl. 1994 L 336/156.

249 Ausführlich hierzu *Bungenberg*, in: Hatje/Müller-Graff/von Arnauld (Hrsg.), § 12, Rn 78 ff.

250 *Nettesheim*, in: Oppermann/Classen/ders. (Hrsg.) Europarecht, 6. Aufl., 2014, § 40, Rn 28; ausführlich *ders.*, Ziele des Antidumping- und Antisubventionsrechts, 1994.

251 *Nettesheim*, in: Oppermann/Classen/ders. (Hrsg.) Europarecht, 6. Aufl., 2014, § 40, Rn 28.

252 Vgl *Bierwagen*, GATT Article VI and the protectionist bias in anti-dumping laws, 1990; *Hoekman/Mavoridis*, JWTL 30 (1996), 27 ff.

253 Vgl hierzu *Nettesheim*, Ziele des Antidumping- und Antisubventionsrechts, 1994, sowie die Beiträge in: *Steele* (Hrsg.), Anti-dumping under the WTO: A Comparative Review, 1996.

waren China (138 Maßnahmen) und Indien (48 Maßnahmen).[254] Sie wenden sich gegen Wareneinfuhren in die EU, die zu einem Preis erfolgen, der unter dem Normalwert auf dem Heimatmarkt des Herstellers liegt. Die Gründe für solche Niedrigpreise liegen zumeist in fehlendem Wettbewerb oder staatlichem Eingreifen in den Produktionsprozess, wodurch dem Hersteller eine künstliche Senkung der Ausfuhrkosten ermöglicht wird. Typische Beispiele für Verzerrungen, die zu Dumping führen, sind etwa die unzureichende Durchsetzung von Wettbewerbsvorschriften, Steuererleichterungen für Exportgeschäfte sowie künstlich niedrige Rohstoff- oder Energiepreise. Zum Kreis der durch Dumping potentiell Geschädigten zählen dabei nicht nur EU-Hersteller, sondern auch Hersteller in Drittländern, die um den Zugang zum EU-Markt konkurrieren. Wird im Rahmen einer entsprechenden Untersuchung eine solche Schädigung sowie ein spezifisches Interesse der Union an einem Einschreiten festgestellt, so können nach den Vorschriften der Antidumpingverordnung Maßnahmen ergriffen werden. Hierbei handelt es sich in der Regel um die Einführung eines Zolls auf die gedumpten Einfuhren. Das Grundproblem bleibt dabei stets dasselbe: Eine ökonomisch-rationale Antwort auf die Frage, ob es sich beim Dumping um eine unfaire Handelspraxis handelt, existiert nicht. Die Gefahr der **Politisierung des Außenwirtschaftsrechts** lässt sich damit auch in der EU kaum von der Hand weisen. Dies zeigt sich gerade im Hinblick auf die Feststellung des für jede Antidumpingmaßnahme erforderlichen „Gemeinschaftsinteresses" (Art. 21 Abs. 1 S. 3 VO 1125/2009). Auf entsprechend viel Interesse ist der von der Kommission im Herbst 2006 eingeleitete Reflexionsprozess zu den handelspolitischen Schutzmaßnahmen[255] gestoßen.

73 Die im Jahr 2009 als kodifizierte Fassung der ursprünglichen[256] **Antidumpingverordnung** erlassene **VO 1225/2009**[257] regelt die Abwehr von Dumping durch Verhängung von Antidumpingzöllen. Die Systematik der VO 1225/2009 folgt der des WTO-Antidumpingrechts. Dieses kennt kein generelles Dumpingverbot, sondern eröffnet durch Art. 2 ff ADÜ[258] lediglich die Möglichkeit, im Falle durch Dumping verursachter Schäden (*material injury*) Gegenmaßnahmen zu ergreifen. Die grundlegende Bestimmung auf EU-Ebene enthält insoweit Art. 1 Abs. 1 VO 1225/2009, wonach ein Antidumpingzoll auf jede Ware erhoben werden kann, die Gegenstand eines Dumpings ist und deren Überführung in den Binnenmarkt einen Wirtschaftszweig der Union bedeutend schädigt, zu schädigen droht oder die Errichtung eines Wirtschaftszweigs der Union erheblich verzögert. In Zusammenschau der Vorschriften der Art. 1 bis 4 VO 1225/2009 kann eine Antidumpingmaßnahme unter **drei Voraussetzungen**[259] ergriffen werden:

– Dumping,
– (Drohender) kausaler Schaden,
– Interesse der EU an Schutzmaßnahmen.

74 Von **Dumping** ist gemäß Art. 1 Abs. 2 VO 1225/2009 auszugehen, wenn der Preis einer Ware bei der Ausfuhr in die EU niedriger ist als der vergleichbare Preis der zum Verbrauch im Ausfuhrland

254 S. hierzu die Aufstellung der Kommission unter: http://ec.europa.eu/trade/policy/accessing-markets/trade-defence/actions-against-imports-into-the-eu (Stand: 2/2014).

255 KOM (2006) 763 vom 6.12.2006.

256 VO (EG) Nr. 384/96 des Rates vom 22.12.1995, ABl. 1996 L 56/1, mehrfach geändert.

257 VO (EG) Nr. 1225/2009 des Rates vom 30.11.2009 über den Schutz gegen gedumpte Einfuhren aus nicht zur Europäischen Gemeinschaft gehörenden Ländern (Antidumpingverordnung), ABl. 2009 L 343/51, zuletzt geändert durch VO (EU) Nr. 37/2014 vom 15.1.2014, ABl. 2014 L 18/1. Ausführlich zur Antidumpingverordnung *Scharf u.a.*, in: Krenzler/Herrmann (Hrsg.), § 70.

258 Im Einzelnen regeln Art. 2 ff ADÜ die materiellrechtlichen Voraussetzungen für eine Antidumpingmaßnahme. Die prozeduralen Erfordernisse normieren Art. 5 und Art. 12.1. ADÜ (Einleitung des Verfahrens), Art. 6 und Anhang I und II ADÜ (Durchführung der Untersuchungen), Art. 11.3. bis 11.5. ADÜ (Überprüfung von Untersuchungen). Die Rechtsfolgen eines abgeschlossenen Untersuchungsverfahrens sind Gegenstand von Art. 7 und 9 ADÜ (Festsetzung vorläufiger und endgültiger Maßnahmen). Art. 13 ADÜ regelt die gerichtliche Überprüfung von Antidumpingmaßnahmen. Zwei Sonderfälle normieren schließlich Art. 14 (Antidumpingmaßnahmen zugunsten eines Drittlandes) und Art. 15 ADÜ (Berücksichtigung der besonderen Situation von Entwicklungsländern). Einzelheiten bei *Tietje*, in: ders. (Hrsg.), Internationales Wirtschaftsrecht, 2009, § 3, Rn 143 ff.

259 Einzelheiten zu allen drei Voraussetzungen bei *Bungenberg*, in: Hatje/Müller-Graff/von Arnauld (Hrsg.), § 12, Rn 79 ff.

bestimmten gleichartigen Ware im normalen Handelsverkehr.[260] Die Vorschrift zielt demnach nicht auf die Sanktionierung günstigerer Produktionsweisen im Herkunftsland, sondern auf die gezielte Unterbietung der Marktpreise sogar im Ausfuhrland zum Zwecke der unlauteren Stärkung der eigenen Marktposition im Binnenmarkt der EU. Unter „gleichartiger Ware" ist dabei nach Art. 1 Abs. 4 VO 1225/2009 eine Ware zu verstehen, die mit der betreffenden Ware identisch ist, dh ihr in jeder Hinsicht gleicht, oder ihr – wenn es eine solche Ware nicht gibt – sehr ähnlich ist. Ausgangspunkt der Feststellung von Dumping ist der sog. **Normalwert** der in Rede stehenden Ware im Herkunftsland (Art. 2 VO 1225/2009).[261] Die Differenz zwischen Normalwert und Ausfuhrpreis wird als **Dumpingspanne** bezeichnet (Art. 2 Abs. 11 Alt. 2 VO 1225/2009). Bei der Feststellung des Normalwerts lassen die von der Kommission auf Grundlage der komplizierten Berechnungsmodalitäten nach Art. 2 VO 1225/2009 zugrunde gelegten „konstruierten" Preisen durchaus Raum für Manipulationen zugunsten der Hersteller der EU.

Im Rahmen der Feststellung einer drohenden oder bereits eingetretenen **bedeutenden Schädigung** 75 werden das Volumen der gedumpten Einfuhren und ihre Auswirkungen auf die Preise gleichartiger Waren im Binnenmarkt sowie die Auswirkungen dieser Einfuhren auf den Wirtschaftszweig der Union[262] untersucht (Art. 3 Abs. 2 VO 1225/2009). Berücksichtigung finden u.a. folgende Faktoren:

- eine erhebliche Steigerungsrate bei den gedumpten Einfuhren auf dem Binnenmarkt (Art. 3 Abs. 9 lit. a VO 1225/2009),
- genügend frei verfügbare Kapazitäten beim Ausführer oder eine unmittelbar bevorstehende, erhebliche Ausweitung seiner Kapazitäten als Indiz für einen voraussichtlichen erheblichen Anstieg der gedumpten Ausfuhren in die EU (Art. 3 Abs. 9 lit. b VO 1225/2009),
- die Preisgestaltung der Einfuhren (Art. 3 Abs. 9 lit. c VO 1225/2009),
- die Lagerbestände bei der untersuchten Ware (Art. 3 Abs. 9 lit. d VO 1225/2009).

Darüber hinaus ist nach Art. 21 Abs. 1 S. 3 VO 1225/2009 die Feststellung eines **besonderen Interesses der EU** am Erlass von Schutzmaßnahmen erforderlich. Dieses politische Kriterium entspricht 76 der im WTO-Recht angelegten Tendenz, Abwehrmaßnahmen nur als ultima ratio zuzulassen.[263] Gleichzeitig eröffnet es Rat und Kommission einen weiten, nicht überprüfbaren Beurteilungsspielraum.[264] Die Feststellung, dass das Interesse der EU ein Eingreifen erfordert, stützt sich gemäß Art. 21 Abs. 1 S. 1 VO 1225/2009 „auf eine Bewertung aller Interessen, einschließlich der Interessen des inländischen Wirtschaftszweigs, der Verwender und der Verbraucher". Im Vordergrund der Prüfung steht dabei nach Art. 21 Abs. 1 S. 2 VO 1225/2009 die „Notwendigkeit, die handelsverzerrenden Auswirkungen des die Schädigung verursachenden Dumpings zu beseitigen und einen fairen Wettbewerb wiederherzustellen". Art. 21 Abs. 2 bis 7 VO 1225/2009 regeln hierzu ein entsprechendes Anhörungsverfahren.

Das **Dumpingverfahren** vor der Kommission ist quasi-kontradiktorisch ausgestaltet. Es stehen sich 77 der betroffene EU-Wirtschaftszweig und die Exporteure bzw Importeure der Drittlandsware gegenüber. Der wesentliche Unterschied zum Recht der allgemeinen Schutzmaßnahmen nach der VO 260/2009[265] ist, dass das Verfahren grundsätzlich[266] nur auf Antrag eines betroffenen Wirtschaftsteilnehmers eingeleitet wird.

260 Vgl hierzu EuG, verb. Rs. T-159 und 160/94 (Ajinomoto Co. Inc und The NutraSweet Company), Slg 1997, II-2461.

261 Ausführlich hierzu *Herrmann/Michl*, ZEuS 2008, 81, 130 f.

262 Vgl die Legaldefinition des Begriffs „Wirtschaftszweig der Gemeinschaft" in Art. 4 VO 1225/2009.

263 *Hartmann*, in: Krenzler/Herrmann (Hrsg.), § 70, Art. 21 VO 1225/2009, Rn 4 f.

264 EuGH, Rs. C-156/87 (Gestetner Holdings), Slg 1990, I-781, Rn 63; Rs. C-174/87 (Ricoh), Slg 1992, I-1335, Rn 68.

265 Hierzu unten, Rn 82 ff.

266 Eine Ausnahme von diesem Grundsatz normiert Art. 5 Abs. 6 VO 1225/2009. Hiernach kann unter besonderen Umständen eine Untersuchung auch ohne entsprechenden Antrag eingeleitet werden.

Insgesamt lassen sich folgende **vier Verfahrensschritte** unterscheiden:
- Antragstellung,
- Vorverfahren (Entscheidung über die Einleitung einer Untersuchung),
- Untersuchung,
- Beendigung des Verfahrens durch Einstellung oder Verhängung von Antidumpingzöllen.

Das Verfahren beginnt mit einem schriftlichen **Antrag an die Kommission**. Antragsberechtigt sind natürliche oder juristische Personen oder Vereinigungen ohne Rechtspersönlichkeit, die im Namen eines Wirtschaftszweigs der Union handeln (Art. 5 Abs. 1 VO 1225/2009). Der Antrag muss Beweise für das Vorliegen von Dumping und für eine kausale Schädigung enthalten (Art. 5 Abs. 2 VO 1225/2009). Alleinige Untersuchungsführerin ist die Kommission. Sie prüft die Richtigkeit und Stichhaltigkeit der Angaben und macht den Antrag zum Gegenstand eines **Konsultationsverfahrens im Beratenden Ausschuss**, in dem unter ihrem Vorsitz Vertreter aller Mitgliedstaaten tagen (Art. 4 Abs. 1 VO 1225/2009). Den Beteiligten werden umfassende Anhörungs-, Informations- und Akteneinsichtsrechte gewährt, die durch die Rechtsprechung des EuGH wesentlich gestärkt wurden.[267] Das hierdurch gestärkte Verteidigungsrecht der betroffenen Unternehmen steht freilich regelmäßig in einem Spannungsverhältnis zur Vertraulichkeit der insgesamt betroffenen Geschäftsinformationen. Das insoweit von den europäischen Gerichten betonte Prinzip des Vorrangs der Vertraulichkeit[268] führt dabei oftmals zu gravierenden Einschränkungen des Rechts auf Verteidigung.[269] Einen alternativen Ansatz wählt das US-amerikanische Antidumpingrecht mit dem Institut der *protective order*. Demnach erhalten allein die Rechtsanwälte der beteiligten Unternehmen die notwendigen Informationen, dürfen diese aber nicht an ihre Mandanten weitergeben. Stellt sich nach den Konsultationen heraus, dass genügend Beweise die Einleitung einer Untersuchung rechtfertigen, eröffnet die Kommission ein entsprechendes Verfahren und veröffentlicht eine Bekanntmachung im Amtsblatt der EU. Reichen die Beweise nicht aus, so ist der Antragsteller hiervon innerhalb von 45 Tagen nach Antragstellung zu unterrichten (Art. 5 Abs. 9 S. 2 VO 1225/2009).

78 Die **Untersuchung** erstreckt sich sowohl auf den Dumpingvorwurf als auch auf die behauptete Schädigung. Die Kommission beurteilt das von beiden Seiten vorgelegte Material und schlägt gegebenenfalls Ausgleichszölle (Antidumpingzölle) vor. Anders als bei Schutzmaßnahmen nach der VO 260/2009, die eine qualifizierte Mehrheit erfordern, beschließt der Rat endgültige Antidumpingmaßnahmen ebenso wie Antisubventionsmaßnahmen in Form von Verordnungen mit einfacher Mehrheit. Der Vorschlag der Kommission gilt als angenommen, sofern nicht der Rat innerhalb eines Monats nach dessen Vorlage durch die Kommission mit einfacher Mehrheit beschließt, den Vorschlag abzulehnen (Art. 9 Abs. 4 VO 1225/2009). Das Verfahren muss gemäß Art. 6 Abs. 9 VO 1225/2009 binnen eines Jahres abgeschlossen werden, und zwar entweder mit dem Ergreifen einer Maßnahme oder mit der Einstellung des Verfahrens. Das Verfahren wird eingestellt, wenn kein Dumping bzw keine Schädigung vorliegen oder diese als unerheblich eingestuft werden (Art. 9 Abs. 2 und 3 VO 1225/2009). Das Verfahren kann auch dann ohne die Einführung vorläufiger oder endgültiger Zölle eingestellt werden, wenn von den Herstellern bzw Ausführern Verpflichtungen angeboten und von der Kommission als annehmbar erachtet werden, die eine weitere Fortsetzung des Dumpings ausschließen (Art. 8 Abs. 1 VO 1225/2009). Die Ausführer können sich etwa verpflichten, ihre Preise auf das Niveau der konkurrierenden EU-Anbieter anzuheben oder die Ausfuhr zu Dumpingpreisen in die EU zu unterlassen.

79 Als erste Maßnahme gegen ein festgestelltes Dumping sieht Art. 7 VO 1225/2009 die Erhebung **vorläufiger Zölle** vor. Sie dürfen bei Vorliegen eines entsprechenden Interesses der Union im Rahmen der vorläufig ermittelten Dumpingspanne (Abs. 2, sog. *lesser duty rule*) frühestens 60 Tage, spätestens neun Monate nach Einleitung des Verfahrens verhängt werden (Abs. 1), dies indes höchstens für einen Zeitraum von neun Monaten (Abs. 7). Ebenso wie der vorläufige Zoll darf der

267 EuGH, Rs. C-49/88 (Al-Jubail Fertilizer Company u.a.), Slg 1991, I-3187, Rn 17 f.
268 EuGH, Rs. C-49/88 (Al-Jubail Fertilizer Company u.a.), Slg 1991, I-3187, Rn 17; EuG, verb. Rs. T-159 und 160/94 (Ajinomoto Co. Inc und The NutraSweet Company), Slg 1997, II-2461, Rn 83, 86, 106, 108 f.
269 *Tietje*, in: ders. (Hrsg.), Internationales Wirtschaftsrecht, 2009, § 15, Rn 135.

endgültige Zoll gemäß Art. 9 Abs. 4 VO 1225/2009 die Dumpingspanne nicht übersteigen. Vielmehr soll der Zollsatz niedriger sein, wenn ein solcher ausreicht, um die Schädigung zu beseitigen. Der Zoll muss ohne Diskriminierung auf alle Einfuhren der gedumpten Ware, die die Schädigung verursachen, erhoben werden. In der Verordnung, mit welcher der Zoll festgesetzt wird, wird dieser für jeden einzelnen Lieferanten oder, wenn dies nicht praktikabel ist, für jedes betroffene Lieferland bestimmt (Art. 9 Abs. 5 VO 1225/2009). Eine rückwirkende Zollerhebung ist grundsätzlich nicht möglich. Allerdings kann ein endgültiger Antidumpingzoll auf Waren erstreckt werden, die innerhalb von 90 Tagen vor dem Zeitpunkt der Anwendung der vorläufigen Maßnahme in den zollrechtlich freien Verkehr überführt wurden (Art. 10 Abs. 4 VO 1225/2009). Für den Fall einer Umgehung der getroffenen Maßnahmen können die verhängten Antidumpingzölle auch auf Einfuhren gleichartiger Waren aus Drittländern ausgeweitet werden. Die Voraussetzungen eines solchen Umgehungstatbestandes regelt Art. 13 VO 1225/2009.

Eine endgültige Antidumpingmaßnahme tritt **fünf Jahre** nach ihrer Einführung bzw fünf Jahre nach **80**
dem Abschluss der letzten Überprüfung außer Kraft. Etwas anderes gilt, wenn im Rahmen der Überprüfung festgestellt wird, dass das Dumping und die Schädigung bei einem Auslaufen der Maßnahme wahrscheinlich anhalten oder erneut auftreten würden. Eine solche **Überprüfung** wird entweder auf Initiative der Kommission oder auf Antrag der EU-Hersteller durchgeführt und entfaltet keinen Suspensiveffekt (Art. 11 Abs. 2 VO 1225/2009). Die vereinnahmten Zölle können schließlich erstattet werden, wenn der Einführer nachweist, dass die Dumpingspanne beseitigt oder soweit verringert worden ist, dass sie niedriger ist als der geltende Antidumpingzoll. Insoweit gilt eine Antragsfrist von sechs Monaten ab dem Zeitpunkt, zu dem der Betrag der zu erhebenden endgültigen Zölle festgesetzt wurde oder zu dem der Beschluss über die endgültige Vereinnahmung der vorläufigen Zölle erging. Der Antrag wird bei dem Mitgliedstaat gestellt, in dessen Gebiet die betreffenden Waren in den zollrechtlich freien Verkehr übergeführt werden. Der Mitgliedstaat leitet den Antrag an die Kommission weiter, die nach Konsultationen im Beratenden Ausschuss entscheidet (Art. 11 Abs. 8 VO 1225/2009).

Die **Antisubventionsverordnung VO 597/2009**[270] folgt einer ähnlichen Systematik. Hinsichtlich **81**
der Feststellung einer Schädigung, des Verfahrensgangs sowie der möglichen Schutzmaßnahmen trifft sie in weiten Teilen wortgleiche Regelungen wie die Antidumpingverordnung. Tatsächlich haben Subventionen für die Wettbewerber in der EU vergleichbare Effekte wie Dumpingpraktiken: Sie führen zu unfair niedrigen Preisen. Ursache ist hier nicht Preisdiskriminierung seitens privater Unternehmen, sondern eine staatliche Intervention des Ausfuhrlandes. In ihrer praktischen Relevanz unterscheiden sich das Antidumping- und das Antisubventionsrecht allerdings erheblich: Von insgesamt 796 Untersuchungen betrafen nur 84 Antisubventions-, die restlichen 712 dagegen Antidumping-Fälle. Auf Grundlage dieser Untersuchungen wurden 78 Antisubventions-Maßnahmen (im Vergleich: 708 Antidumping-Maßnahmen) verhängt. 532 Maßnahmen waren endgültig, hierunter wiederum nur 42 Antisubventions-Maßnahmen (im Vergleich zu 490 Antidumping-Maßnahmen).[271]

Der Begriff der **Subvention** wird in Art. 3 VO 597/2009 in Anlehnung an den Beihilfebegriff konturiert und anhand von zwei Kriterien bestimmt: einer finanziellen Unterstützung durch eine Regierung und einem damit verbundenen Vorteil. Weitere Konkretisierungen finden sich in zwei Entscheidungen der Kommission[272] sowie in der Rechtsprechung des EuGH.[273] Der Subventionsbegriff setzt hiernach eine Belastung der öffentlichen Finanzen und einen Vorteil für die Begünstigten

270 VO (EG) Nr. 597/2009 des Rates vom 11.6.2009 über den Schutz gegen subventionierte Einfuhren aus nicht zur Europäischen Gemeinschaft gehörenden Ländern (kodifizierte Fassung), ABl. 2009 L 188/93. Ausführlich hierzu *Bungenberg*, in: Hatje/Müller-Graff/von Arnauld (Hrsg.), § 12, Rn 89 ff.

271 S. hierzu die Aufstellung der Kommission unter: http://ec.europa.eu/trade/policy/accessing-markets/trade-defence/actions-against-imports-into-the-eu (Stand: 2/2014).

272 Sojakuchen aus Brasilien, ABl. 1985 L 106 und Sojakuchen aus Argentinien, ABl. 1985 L 108.

273 EuGH, Rs. 187/85 und 188/85 (Fediol), Slg 1988, 4155 und 4193, trotz gegenteiliger Schlussanträge des Generalanwalts.

voraus.[274] Inländische Subventionen müssen darüber hinaus spezifischer Natur sein sowie bestimmten Unternehmen im Verhältnis zu anderen einen Vorteil verschaffen und somit wettbewerbsverzerrend wirken. Hiernach kann ein auch ein Steuernachlass unter bestimmten Umständen eine Subvention darstellen. Dies ist etwa dann der Fall, wenn er nicht der gesamten verarbeitenden Industrie, sondern nur bestimmten Unternehmen oder allen Unternehmen eines bestimmten Wirtschaftszweigs gewährt wird. Keine Subvention liegt dagegen in dem Beschluss eines Staates, eine Abgabe nicht einzuführen.

82 **Antisubventionsmaßnahmen** sind ebenso wie Antidumpingmaßnahmen **spezifisch**, dh gegen Einfuhren aus einem bestimmten Ursprungsland gerichtet, Art. 4 VO 597/2009. Entsprechend der Regelung des Art. 1 Abs. 1 der Antidumpingverordnung 1225/2009 kann nach Art. 1 Abs. 1 VO 597/2009 ein besonderer Zoll erhoben werden, „um eine Subvention auszugleichen, die mittelbar oder unmittelbar für die Herstellung, Produktion, Ausfuhr oder Beförderung einer Ware gewährt wird, deren Überführung in den zollrechtlich freien Verkehr der Union eine Schädigung verursacht." Wiederum hängt die rechtmäßige Verhängung von Ausgleichszöllen von drei Voraussetzungen ab:

- Subvention,
- (Drohender) kausaler Schaden,
- Interesse der EU an Schutzmaßnahmen.

2. Schutzmaßnahmen nach VO 260/2009

83 Im Unterschied zu Antidumping- und Antisubventionsmaßnahmen sind Schutzmaßnahmen ieS nicht auf die Beseitigung unlauterer Handelspraktiken ausgerichtet, sondern auf **Änderungen des Handelsvolumens**, die so unvermittelt und in solchem Umfang erfolgen, dass den Herstellern in der EU bedeutende Schäden drohen. In solchen Situationen erlauben die entsprechenden Regelungen des Unionsrechts in Übereinstimmung mit dem Recht der WTO kurzfristige Einfuhrbeschränkungen, um die heimischen Hersteller zu entlasten und ihnen die Möglichkeit zu geben, sich an die sprunghafte Veränderung anzupassen.

84 Das **Grundmodell** solcher Schutzmaßnahmen normiert Kapitel V (Art. 16 ff) der allgemeinen Einfuhrregelung der **VO 260/2009**[275] im Rahmen der Vorgaben der einschlägigen GATT-Vorschriften, namentlich von Art. XI und Art. XIX GATT iVm dem WTO-Übereinkommen über Schutzmaßnahmen (ÜSM). Ein Verstoß gegen das Verbot mengenmäßiger Beschränkungen in Art. XI GATT kann hiernach nur im Anwendungsbereich der allgemeinen Schutzklausel des Art. XIX GATT gerechtfertigt werden, die durch die Vorschriften des ÜSM konkretisiert wird. Nach Art. 2 Abs. 2 ÜSM sind Schutzmaßnahmen ungeachtet der Herkunft, dh nicht selektiv, anzuwenden. Die Vorschriften des Kapitels V der VO 260/2009 setzen diese Vorgaben um und sehen handelspolitische Schutzmaßnahmen in Form von Überwachungsmaßnahmen und mengenmäßigen Beschränkungen vor. Diese setzen voraus, dass die Entwicklung der Einfuhren schädigende Marktstörungen verursacht.[276] Entsprechend den Vorgaben des GATT und des ÜSM handelt es sich hierbei um ein generelles Schutzinstrument, das sich nicht gegen Einfuhren aus einzelnen Ursprungsländern richtet (Art. 16 VO 260/2009). Es sanktioniert nicht unfaire Handelspraktiken, sondern ist ausschließlich zur Abmilderung plötzlicher Handelsverschiebungen gedacht. Man spricht insoweit auch von der **ausschließlichen Ventil-(*Interface*-)Funktion.**

85 Die **Voraussetzungen** des Ergreifens von **Schutzmaßnahmen** entsprechen dieser Zielsetzung und bestehen aus der **Feststellung einer Handelsverschiebung** und der durch sie verursachten **bedeutenden Schädigung**. Art. 16 Abs. 1 VO 260/2009 setzt insoweit voraus, dass „eine Ware in derart erhöhten Mengen und/oder unter derartigen Bedingungen in die Gemeinschaft eingeführt [wird], dass den Gemeinschaftsherstellern eine bedeutende Schädigung entsteht oder zu entstehen

274 Zur Kritik an dieser Definition vgl *Lehmann*, World Competition 1989, 31 ff.
275 VO (EG) Nr. 260/2009 des Rates vom 26.2.2009 über die gemeinsame Einfuhrregelung (kodifizierte Fassung), ABl. 2009 L 84/1.
276 Hierzu *Osteneck*, in: Schwarze, Art. 207 AEUV, Rn 96 ff.

droht".[277] Für Maßnahmen gegenüber WTO-Mitgliedern müssen nach Art. 16 Abs. 2 VO 260/2009 beide Voraussetzungen kumulativ erfüllt sein. Liegen die genannten Voraussetzungen vor, so kann die Kommission zur Wahrung der Interessen der Union auf Antrag eines Mitgliedstaates oder von sich aus die Frist verkürzen, innerhalb derer die Einfuhrdokumente iSv Art. 12 VO 260/2009 verwendet werden dürfen (**Art. 16 Abs. 1 lit. a VO 260/2009**). Sie kann auch die Einfuhrregelung für die in Rede stehende Ware dahin gehend ändern, dass sie nur gegen Vorlage einer Einfuhrgenehmigung zum zollrechtlich freien Verkehr abgefertigt werden darf. Voraussetzungen und Grenzen einer solchen Genehmigung werden von der Kommission festgelegt (**Art. 16 Abs. 1 lit. b VO 260/2009**). Vergleichbare Befugnisse kommen nach Art. 17 VO 260/2009 dem Rat zu. Darüber hinaus sieht die VO 260/2009 in Kapitel IV (Art. 11 ff VO 260/2009) Eingriffe geringerer Intensität in Form von **Überwachungsmaßnahmen** vor.

Das **Verfahren** zur Anwendung von Schutzmaßnahmen nach den Einfuhrregelungen kann nur durch die Kommission von Amts wegen oder auf Antrag eines Mitgliedstaats eingeleitet werden (Art. 3 VO 260/2009), nicht jedoch auf Antrag betroffener Wirtschaftszweige. Ausgangspunkt ist Art. 2 VO 260/2009, der die Mitgliedstaaten verpflichtet, vor der Einleitung von Überwachungs- oder Schutzmaßnahmen die Kommission zu informieren. Das eigentliche Verfahren besteht aus Konsultationen im **Beratenden Ausschuss**, der sich nach Art. 4 Abs. 1 VO 260/2009 aus Vertretern der einzelnen Mitgliedstaaten zusammensetzt und unter dem Vorsitz eines Kommissionsvertreters tagt. Nach Abschluss der Konsultationen kann die Kommission – sofern ausreichende Nachweise ein solches Vorgehen rechtfertigen – gemäß Art. 6 Abs. 1 VO 260/2009 eine Untersuchung einleiten. Das Verfahren darf nicht länger als neun Monate dauern, nach denen die Untersuchung entweder beendet oder eine Überwachungs- oder Schutzmaßnahme beschlossen wird, Art. 7 Abs. 2 und 3 VO 260/2009. Etwas anderes gilt für **vorläufige Schutzmaßnahmen** nach Art. 8 VO 260/2009, die bei Gefahr im Verzug ergriffen werden können. Hier nimmt die Kommission die erforderlichen Untersuchungen erst nach Erlass der Schutzmaßnahmen vor, Art. 8 Abs. 3 VO 260/2009. Anders als die herkömmlichen Schutzmaßnahmen nach Art. 16 Abs. 1 lit. a und b VO 260/2009 sollen vorläufige Schutzmaßnahmen nach Art. 8 Abs. 2 VO 260/2009 in Zollerhöhungen bestehen, wenn diese Maßnahmen geeignet sind, die drohende Schädigung zu vermeiden oder zu kompensieren. 86

In der Praxis spielen die allgemeinen handelspolitischen Schutzmaßnahmen nach Kapitel V der VO 260/2009 im Vergleich zu anderen Maßnahmen, etwa solchen nach dem Antidumpingregime, eine **untergeordnete Rolle**. Dies liegt zum einen daran, dass das Instrumentarium der Einfuhrverordnung 260/2009 im Vergleich zu Antidumpingzöllen eher unattraktiv ausgestaltet ist. Kontingentierungen haben keinen Einfluss auf den Preis der importierten Güter, diese bleiben damit konkurrenzfähig und geeignet, die EU-Hersteller zu schädigen. Darüber hinaus sind die allgemeinen Schutzmaßnahmen nach Art. 2 Abs. 2 ÜSM erga omnes anzuwenden und können anders als Antidumpingmaßnahmen nicht gegen spezifische Staaten oder Exporteure gerichtet werden. Hinzu tritt die fehlende Antragsbefugnis Privater (vgl Art. 3 VO 260/2009). Schließlich bieten Maßnahmen nach der Antidumping- bzw Antisubventionsverordnung den Vorzug, dass sie keine Kompensationen vorsehen. Auch die Kommission geht in der Folge davon aus, dass Schutzmaßnahmen nach der Einfuhrverordnung nur in ganz besonderen Ausnahmefällen zu ergreifen sind.[278] 87

277 Zum Begriff der „bedeutenden Schädigung" vgl Art. 5 Abs. 3 lit. a sowie Art. 10 VO 260/2009. Art. 5 Abs. 3 lit. a VO 260/2009 definiert eine bedeutende Schädigung als „eine deutliche allgemeine Verschlechterung der Lage der Gemeinschaftshersteller". Der Begriff „Gemeinschaftshersteller" wird seinerseits durch Art. 5 Abs. 3 lit. c VO 260/2009 definiert. Er erfasst „die Hersteller gleichartiger oder unmittelbar konkurrierender Waren im Gebiet der Gemeinschaft insgesamt oder diejenigen Hersteller, deren Produktion gleichartiger oder unmittelbar konkurrierender Waren insgesamt einen erheblichen Teil der gesamten Gemeinschaftsproduktion dieser Waren ausmacht".

278 Vgl KOM (2006) 763 vom 6.12.2006.

3. Maßnahmen gegen Handelshemmnisse nach VO 3286/94

88 Nicht defensiv, sondern offensiv angelegt sind als weiteres handelspolitisches Schutzinstrument der EU Maßnahmen gegen Handelshemmnisse auf Grundlage der **Handelshemmnisverordnung 3286/94 (Trade-Barriers Regulation, TBR)**.[279] Die Handelshemmnisverordnung schafft einen verfahrensmäßigen Mechanismus, in dessen Rahmen Unternehmen die EU veranlassen können, die – mangels unmittelbarer Anwendbarkeit der völkerrechtlichen Vorschriften – nur ihr durch das internationale Handelsrecht eingeräumten Rechte wahrzunehmen. Die Handelshemmnisverordnung eröffnet damit insbesondere **privaten Parteien** ein Antragsverfahren, mit dem sie die WTO-Widrigkeit von drittstaatlichen Regeln feststellen lassen und einen Beschluss darüber herbeiführen können, ob ein Streitschlichtungsverfahren vor der WTO zu beantragen ist bzw Gegenmaßnahmen zu ergreifen sind. Die Handelshemmnisverordnung dient damit insbesondere als Brücke zwischen privaten Handelsinteressen und dem zwischenstaatlich ausgestalteten Streitbeilegungsverfahren der WTO.

89 Die Handelshemmnisverordnung wendet sich gegen von Drittstaaten verursachte Handelshemmnisse, die handelsschädigende Auswirkungen zeitigen. Art. 1 Abs. 1 VO 3286/94 nennt insoweit **zwei Arten von Handelshemmnissen:**

- diejenigen, die sich unmittelbar auf den Binnenmarkt auswirken und dort Schädigungen verursachen (Art. 1 Abs. 1 lit. a VO 3286/94),
- diejenigen, die sich primär auf den Markt eines Drittlandes auswirken und dadurch handelsschädigende Auswirkungen haben (Art. 1 Abs. 1 lit. b VO 3286/94).

Diese Unterscheidung ist von besonderer Bedeutung für das Gesamtkonzept der Handelshemmnisverordnung. Sie wird zum einen für das Verfahren unter Beteiligung Privater aufgegriffen (Art. 3 und 4 VO 3286/94). Zum anderen macht sie deutlich, dass die Handelshemmnisverordnung nicht nur als Schutzinstrument für den Binnenmarkt, sondern auch als Schutzinstrument zur Durchsetzung internationaler Handelsregeln zugunsten der EU-Wirtschaft auf Drittlandsmärkten konzipiert ist.

90 Im Sinne dieser Zielsetzung richtet die Handelshemmnisverordnung ein **formalisiertes Verfahren** ein. Mit diesem können neben Mitgliedstaaten und Vertretern eines Wirtschaftszweigs der EU insbesondere natürliche und juristische Personen den EU-Organen Handelshemmnisse zur Kenntnis bringen, um sie zum Einschreiten zu bewegen (Art. 1 VO 3286/94). Bei der Prüfung der von der Handelshemmnisverordnung aufgestellten Voraussetzungen kommt der Kommission indes ein **weiter Beurteilungsspielraum** zu. Es kann also keinesfalls von einem Recht auf Einleitung eines Verfahrens gesprochen werden. Tatsächlich haben die seit 1996 durchgeführten 24 Verfahren unter der VO 3286/94 [280] nicht alle zu einem WTO-Streitbeilegungsverfahren geführt.[281] Die EU kann ihre Rechte freilich auch unabhängig von einem entsprechenden Verfahren wahrnehmen. Dass dies sogar die Regel ist, belegt die Zahl der von der EU im genannten Zeitraum angestrengten 91 WTO-Streitbeilegungsverfahren.[282]

91 Als **Handelshemmnisse** im Sinne der VO 3286/94 gelten alle von einem Drittland eingeführten oder beibehaltenen Handelspraktiken, gegen die die internationalen Handelsregeln das Recht zu einem Vorgehen einräumen (Art. 2 Abs. 1 S. 1 VO 3286/94). Zu den internationalen Handelsregeln, die bestimmte Handelspraktiken verbieten, gehören in erster Linie die unter dem Dach der WTO geschlossenen Übereinkommen.

92 Ähnlich wie unter der Antidumping- und der Antisubventionsverordnung setzt auch das Ergreifen von Maßnahmen unter der Handelshemmnisverordnung die Durchführung eines **Untersuchungs-**

279 VO (EG) Nr. 3296/94 des Rates vom 22.12.1994, ABl. L 349, zuletzt geändert durch VO (EU) Nr. 37/2014 vom 15.1.2014, ABl. 2014 L 18/1.

280 S. hierzu die Übersicht auf der Homepage der Kommission unter http://ec.europa.eu/trade/tackling-unfair-trade/trade-barriers/investigations (Stand: 03/2013).

281 Eine chronologische Übersicht der Fälle unter der VO 3286/94 und ihrer Vorgängerin, der VO 3286/94, findet sich bei *Berrisch/Kamann*, in: Krenzler/Herrmann (Hrsg.), § 111, Art. 16 VO 3286/94, Rn 1 ff.

282 S. hierzu die Übersicht auf der Homepage der WTO, www.wto.org (Stand: 5/2014).

verfahrens voraus. Die **Anträge auf Verfahrenseinleitung** können auf dreierlei Weise gestellt werden: (1.)Im Namen eines Wirtschaftszweigs der EU, der sich durch Handelshemmnisse, die sich auf den Markt der EU auswirken, für geschädigt hält (Art. 3 Abs. 1 VO 3286/94). (2.) Im Namen eines oder mehrerer Unternehmen der EU, die handelsschädigende Auswirkungen infolge von Handelshemmnissen erlitten haben, die sich auf den Markt eines Drittlandes auswirken (Art. 4 Abs. 1 VO 3286/94). (3.)Von einem Mitgliedstaat, der das Vorliegen eines Handelshemmnisses anzeigt (Art. 6 Abs. 1 VO 3286/94). Die Bestimmungen über das Untersuchungsverfahren wurden mutatis mutandis aus der Antidumping- und Antisubventionsverordnung übernommen (Art. 8 Abs. 2 bis 7 VO 3286/94). Stellt sich im Rahmen des Untersuchungsverfahrens heraus, dass die Interessen der EU ein Eingreifen erfordern, so kann der Rat auf Vorschlag der Kommission entsprechende **Maßnahmen auf Grundlage von Art. 207 AEUV** mit qualifizierter Mehrheit beschließen (Art. 12 und 13 VO 3286/94). Hinsichtlich der Entscheidungsfindung im Beratenden Ausschuss gilt jedoch die Besonderheit, dass die EU alle Maßnahmen ergreifen kann, die mit den bestehenden internationalen Verpflichtungen und Verfahren vereinbar sind (Art. 12 Abs. 3 VO 3286/94). Gegenüber WTO-Mitgliedern sind insoweit insbesondere die Vorschriften des GATT und des GATS mit der Verpflichtung zur Kompensation zu beachten. Ist die EU aufgrund ihrer internationalen Bindungen zur Durchführung eines **Konsultations- oder Streitbeilegungsverfahrens** verpflichtet, werden etwaige Maßnahmen erst nach Abschluss dieser Verfahren und unter Berücksichtigung der dort gefundenen Ergebnisse beschlossen (Art. 12 Abs. 2 VO 3286/94).

Nicht in den Anwendungsbereich der Handelshemmnisverordnung fallen Sachverhalte, die den bestehenden Regelungen im Rahmen der gemeinsamen Handelspolitik zuzuordnen sind (Art. 15 VO 3286/94). Die Handelshemmnisverordnung bietet somit **keinen Auffangtatbestand** für die Fälle, in denen die Voraussetzungen für das Ergreifen von handelspolitischen Maßnahmen nicht erfüllt sind. Auch unter der Handelshemmnisverordnung können etwa Dumpingpraktiken nicht sanktioniert werden, durch die eine andere, nicht gleichartige Ware geschädigt wird. Prominentes Opfer der Handelshemmnisverordnung ist der amerikanische Anti-Dumping Act 1916, der im Wege eines Verfahrens nach der VO 3286/94 zu Fall gebracht wurde. Anlass waren die auf Grundlage dieses Gesetzes gegen eine Tochtergesellschaft eines EU-Unternehmens eingeleiteten rechtlichen Schritte, durch die diese Tochtergesellschaft in ihrer Tätigkeit beeinträchtigt und in ihrer Existenz bedroht wurde. In der Folge konnten sich die Stahlausführer der EU nicht länger im vollen Umfang auf ihr fest etabliertes Vertriebsnetz in den USA verlassen. Zudem war nicht auszuschließen, dass amerikanische Unternehmen auf Grundlage des Gesetzes auch gegen andere Konkurrenten vorgehen würden. Das Untersuchungsverfahren nach der Handelshemmnisverordnung ergab, dass der Anti-Dumping Act 1916 mit den Verpflichtungen der USA unter dem WTO-Übereinkommen nicht vereinbar war. Da im Rahmen der informellen Konsultationen keine Lösung gefunden wurde, leitete die Kommission ein WTO-Streitbeilegungsverfahren ein. Der im Februar 1999 ausgefertigte Panel-Bericht gab der EU Recht. 93

IV. Wirtschaftssanktionen

Nicht ohne Weiteres dem handelspolitischen Instrumentarium zuzurechnen sind Wirtschaftssanktionen der EU als politische Sanktionen gegenüber Drittstaaten und als Maßnahmen der Terrorismusbekämpfung. In Anerkennung des offensichtlichen Handelsbezugs solcher Maßnahmen ergibt sich hier eine **Doppelfunktionalität:** Das Hauptziel eines solchen Handelsembargos ist rein außenpolitischer Natur, da es den betroffenen Staat zur Abkehr von einem völkerrechtswidrigen Verhalten bewegen soll. Zugleich handelt es sich aber um einen Sachverhalt, der die vom EuGH aufgestellten Voraussetzungen einer Handelsregelung („Gegenstand und Zielsetzung“)[283] erfüllt. Diese Doppelfunktionalität außenpolitisch motivierter Wirtschaftssanktionen führte in den 1980er Jahren zu einem Streit über die Rechtsgrundlage solcher Maßnahmen. In Ermangelung von Alternati- 94

283 Gutachten 1/78 (Internationales Naturkautschuk-Übereinkommen), Slg 1979, 2871, Rn 36.

ven wurden entsprechende Maßnahmen[284] schließlich mehrheitlich auf Art. 113 EWGV (jetzt: Art. 207 AEUV) gestützt.[285]

95 Seit der Einführung von Art. 301 EGV durch den Vertrag von Maastricht ist der Rat – nunmehr durch **Art. 215 AEUV** – befugt, in Umsetzung von Beschlüssen im Rahmen der **Gemeinsamen Außen- und Sicherheitspolitik** (GASP) nach **Art. 23 ff EUV** Wirtschaftssanktionen gegen Drittstaaten zu erlassen.[286] Art. 215 AEUV enthält besondere Voraussetzungen für außenpolitisch motivierte Einschränkungen des Wirtschaftsverkehrs. „Reine" Handelssanktionen können demgegenüber nach wie vor auf Art. 207 AEUV gestützt werden. Daneben existieren Sonderregelungen für den **Kapital- und Zahlungsverkehr** in **Art. 75 AEUV** sowie für Verkehrssanktionen (etwa durch die Verweigerung von Flugrechten) in Art. 91 AEUV. In der Praxis sind Handels- und Wirtschaftsembargos seit Inkrafttreten des Vertrags von Maastricht fast ausschließlich auf Art. 301 EGV (nunmehr Art. 215 AEUV) gestützt worden.[287] Keine Grundlage in Art. 207 AEUV finden die in Umsetzung entsprechender UN-Sicherheitsratsresolutionen verhängten restriktiven Maßnahmen gegen Individuen. Sie ergehen ausschließlich auf Grundlage von Art. 215 Abs. 2 AEUV.[288]

96 Sieht ein GASP-Beschluss – in der Regel in Umsetzung eines Beschlusses des Sicherheitsrats auf Grundlage von Kapitel VII der UN-Charta – die „Aussetzung, Einschränkung oder vollständige Einstellung der Wirtschafts- und Finanzbeziehungen zu einem oder mehreren Drittländern" vor, so erlässt der Rat gemäß Art. 215 Abs. 1 AEUV die erforderlichen Maßnahmen auf gemeinsamen Vorschlag des Hohen Vertreters der Union für Außen- und Sicherheitspolitik und der Kommission mit qualifizierter Mehrheit. Das Europäische Parlament wird hiervon lediglich unterrichtet. Gleiches gilt nach der durch den Vertrag von Lissabon neu geschaffenen Regelung des Art. 215 Abs. 2 AEUV für **Sanktionen gegen natürliche oder juristische Personen** sowie Gruppierungen oder nichtstaatliche Einheiten. Die Grundentscheidung über das „Ob" der restriktiven Maßnahmen fällt damit im Rahmen der GASP. Sie kann nach Art. 31 Abs. 1 EUV nur einstimmig gefasst werden. Zuständig zum Erlass entsprechender Maßnahmen ist sodann unter dem AEUV der Rat, der nach Art. 215 Abs. 1 AEUV mit qualifizierter Mehrheit entscheidet. Der Rat wird auf Grundlage eines gemeinsamen Vorschlags des Hohen Vertreters der Union für Außen- und Sicherheitspolitik und der Kommission tätig, den er gemäß Art. 293 Abs. 1 AEUV nur einstimmig abändern kann. Die **Maßnahmen** iSv Art. 215 AEUV ergehen in Form von Verordnungen und erfassen Wirtschaftssanktionen aller Art, die in ihrer Intensität von punktuellen Einschränkungen des Handelsverkehrs bis zur vollständigen Aussetzung der Wirtschaftsbeziehungen reichen können.

97 Auf Grundlage von Art. 215 AEUV bzw seiner Vorgängerregelung sind bislang eine Reihe von Verordnungen ergangen, die zumeist unmittelbar der **Umsetzung von Beschlüssen des UN-Sicherheitsrats** dienten.[289] Die so getroffenen Maßnahmen sind vielgestaltig. Sie reichen von Wirtschaftssanktionen ieS, die die wirtschaftlichen Beziehungen zu einem Drittstaat unterbrechen bzw beschränken,[290] über begleitende Maßnahmen (wie etwa das Verbot von Erfüllungshandlungen im Rahmen

284 Derartige Maßnahmen wurden u.a. gegenüber Rhodesien, der damaligen UdSSR, Argentinien, Iran, Südafrika, Irak, Libyen, Sudan, Haiti und dem ehemaligen Jugoslawien ergriffen, zumeist in Befolgung von Resolutionen des Sicherheitsrats der Vereinten Nationen.

285 *Marauhn*, ZaöRV 54 (1994), 779, 784 ff; *Stein*, Die Gemeinsame Außen- und Sicherheitspolitik der Union unter besonderer Berücksichtigung der Sanktionspolitik, 1993, S. 21 ff, 31 ff.

286 Hierzu *Weiß*, in: Hatje/Müller-Graff/von Arnauld (Hrsg.), § 10, Rn 156 ff; *Bungenberg*, in: Terhechte (Hrsg.), Europäisches Verwaltungsrecht, § 31, Rn 82 ff.

287 Ausnahmen von diesem Grundsatz bilden die allein auf Art. 133 EGV (jetzt Art. 207 AEUV) gestützten Verordnungen (EG) Nr. 2368/2002 des Rates vom 20.12.2002 zur Umsetzung des Zertifikationssystems des Kimberley-Prozesses für den internationalen Handel mit Rohdiamanten, ABl. 2002 L 358/28, zuletzt geändert durch VO (EU) Nr. 789/2013 vom 16.8.2013, ABl. 2013 L 222/1, und (EG) Nr. 2173/2005 des Rates vom 20.12.2005 zur Einführung eines FLEGT-Genehmigungssystems für Holzeinfuhren in die Europäische Gemeinschaft, ABl. 2005 L 347/1.

288 Vgl EuGH, Rs. C-280/12 P (Rat/Fulmen u.a.), Urteil vom 28.11.2013, noch nicht in amtl. Slg, Rn 50, 81.

289 S. hierzu *Cremer*, in: Calliess/Ruffert, Art. 215 AEUV, Rn 9.

290 S. etwa VO (EG) Nr. 131/2004 vom 26.1.2004 über bestimmte restriktive Maßnahmen gegen Sudan, ABl. 2004 L 21/1, zuletzt geändert durch VO (EU) Nr. 1215/2011 vom 24.11.2011, ABl. 2011 L 310/1.

von Geschäften mit Personen in boykottierten Staaten) bis hin zur teilweisen oder vollständigen Aufhebung bzw Aussetzung von Embargomaßnahmen.[291] **Rechtsschutz** gegen Maßnahmen nach Art. 215 AEUV ist für die Betroffenen als Individualklage über Art. 263 Abs. 4 AEUV bzw im Wege des Vorabentscheidungsverfahrens nach Art. 267 AEUV möglich. Was den **Prüfungsumfang** angeht, so hat der EuGH mittlerweile entschieden, dass auch in Umsetzung von UN-Sicherheitsratsresolutionen erlassene Durchführungsverordnungen auf EU-Ebene auf ihre Vereinbarkeit mit den Grundrechten der Grundrechtecharta zu überprüfen sind.[292]

Schadensersatzansprüche für Vermögensschäden von Wirtschaftsteilnehmern als Folge von Embargomaßnahmen können sich allenfalls aus Unionsrecht ergeben. Der BGH hat solche Ansprüche unter Verweis auf die Zuständigkeit der EU abgelehnt.[293] Auf EU-Ebene gilt insoweit zunächst nur der allgemeine Grundsatz des Art. 266 AEUV,[294] wonach im Falle der Feststellung der Ungültigkeit einer EU-Maßnahme diejenigen Organe, denen das für nichtig erklärte Handeln zur Last fällt, die „sich aus dem Urteil des Gerichtshofes ergebenden Maßnahmen zu ergreifen" haben. Darüber hinaus kommt ein Anspruch gegen die EU aus außervertraglicher Haftung nach **Art. 340 Abs. 2 AEUV** in Betracht. An den hiernach erforderlichen unmittelbaren Kausalzusammenhang zwischen dem geltend gemachten Schaden und der Maßnahme eines EU-Organs stellt die Rechtsprechung indes hohe Anforderungen.[295] Diese dürften jedenfalls für die vielen Sanktionsmaßnahmen, die auf völkerrechtlichen Verpflichtungen und Beschlüssen der entsprechenden Organe etwa im Rahmen der WTO oder der Vereinten Nationen beruhen, regelmäßig nicht erfüllt sein. 98

V. Zollrecht

Das materielle **Zollrecht** der EU[296] ergeht auf Grundlage von Art. 28 bis 32 AEUV, findet jedoch in Art. 206 AEUV noch einmal ausdrückliche Erwähnung. Grundlage des autonomen Zollrechts ist dabei der in Anwendung von Art. 31 AEUV vom Rat auf Vorschlag der Kommission festgelegte **gemeinsame Zolltarif**, der fortlaufend aktualisiert wird.[297] Der gemeinsame Zolltarif legt den Zollsatz jeweils für bestimmte, eng gefasste Warengruppen und Herkunftsländer fest. Zu beachten sind in diesem Zusammenhang die die EU auf Grundlage von Art. II GATT verpflichtenden Zollhöchstsätze (sog. tariff-bindings). Das über Jahre gewachsene und in mehr als vierzig Verordnungen völlig zerfaserte Zollverfahrensrecht wurde mit Wirkung ab dem 1. Januar 1994 im Zollkodex geregelt,[298] der im Jahre 2008 modernisiert wurde.[299] Der modernisierte Zollkodex (MZK) ist am 24. Juni 2008 in Kraft getreten. Seine Vorschriften waren gemäß Art. 188 MZK für eine Übergangszeit jedoch nur insoweit anwendbar, als sie die Kommission ermächtigen, Durchführungsmaßnahmen vorzunehmen. In der Zwischenzeit fanden der bisherige Zollkodex und seine Durchführungsvorschriften vorläufig weiterhin Anwendung. Der für Juni 2013 geplante Geltungsbeginn konnte indes nicht eingehalten werden. Zum einen gelang es nicht, die für die Umsetzung der neuen Verfahren nach dem MZK erforderlichen IT-Systeme rechtzeitig bereitzustellen. Zum ande- 99

---

291 Eine Aufstellung des BAFA über die gültigen Wirtschaftssanktionen ist abrufbar unter: http://www.ausfuhrkontrolle.info/ausfuhrkontrolle/de/embargos/ (Stand: 17.4.2014); s. auch die Nachweise bei *Bungenberg*, in: Hatje/Müller-Graff/von Arnauld (Hrsg.), § 12, Rn 104.

292 EuGH, Rs. C-402/05 P (Kadi und Al Barakaat International Foundation), Slg 2008, I-6351; verb. Rs. C-584/10 P, C-593/10 P und C-595/10 P (Kadi II), Urt. v. 18.7.2013, noch nicht in amtl. Slg.

293 BGHZ 125, 27 m.Anm. *Ress*, EuZW 1994, 223 f.

294 Die Vorschrift des Art. 266 AEUV ist nach der Rspr des EuGH im Rahmen des Vorabentscheidungsverfahrens entsprechend anzuwenden: Rs. C-120/06 P (FIAMM), Slg 2008, I-6513, Rn 123.

295 EuG, Rs. T-220/96 (EVO), Slg 2002, II-2265 Rn 41 ff.

296 S. hierzu *Bungenberg*, in: Hatje/Müller-Graff/von Arnauld (Hrsg.), § 12, Rn 107 ff.

297 S. auch als Überblick *Weiß*, in: Grabitz/Hilf/Nettesheim, Art. 207 AEUV, Rn 127 ff.

298 VO (EWG) Nr. 2913/92 des Rates vom 12.10.1992 zur Festlegung des Zollkodex der Gemeinschaft, ABl. 1992 L 302/1, zuletzt geändert durch VO (EU) Nr. 952/2013 vom 9.10.2013, ABl. 2013 L 269/1. Durchführungsvorschriften werden durch die Kommission erlassen, vgl VO (EWG) Nr. 2454/93 mit Durchführungsvorschriften zu der VO (EWG) Nr. 2913/92 des Rates zur Festlegung des Zollkodex der Gemeinschaften, ABl. L 253/1, zuletzt geändert durch DurchführungsVO (EU) Nr. 174/2014 vom 25.2.2014, ABl. 2014 L 56/1.

299 VO (EG) Nr. 450/2008 des Europäischen Parlaments und des Rates vom 23.4.2008 zur Festlegung des Zollkodex in der Gemeinschaft (modernisierter Zollkodex), ABl. 2008 L 145/1.

ren führte die durch den Vertrag von Lissabon geschaffene Rechtslage zu neuem Anpassungsbedarf. Noch vor dem Geltungsbeginn des MZK wurde deshalb eine Neufassung des MZK als Zollkodex der Union (UZK)[300] verabschiedet. Der UZK ersetzte den MZK zum 30. Oktober 2013. Auch der UZK soll indes erst nach Verabschiedung der erforderlichen Detailregelungen durch delegierte Rechtsakte und Durchführungsrechtsakte ab dem 1. Mai 2016 anwendbar sein. In der Zwischenzeit sollen die UZK-betreffenden Rechtsakte der Kommission (delegierte Rechtsakte und Durchführungsrechtsakte) angenommen werden. Bis zum 1. Mai 2016 bleiben der alte Zollkodex der Gemeinschaft (VO [EWG] Nr. 2913/92)[301] und die dazugehörigen Durchführungsvorschriften (VO [EWG] Nr. 2454/93)[302] gültig. Die Durchführungsbefugnisse wurden der Kommission übertragen, die vom Ausschuss für den Zollkodex unterstützt wird.[303]

100 Der UZK passt die zollrechtlichen Regelungen dem Rechtsrahmen des AEUV an und nimmt insbesondere die Unterscheidung der Art. 290 und 291 AEUV in delegierte Rechtsakte und Durchführungsrechtsakte auf. Viele bislang strittige Punkte sind indes nicht geklärt, sondern wurden der Regelung durch die Kommission in Form delegierter Rechtsakte vorbehalten. Dies gilt insbesondere für die geforderte Abschaffung der 1000-Euro-Schwelle und die angekündigte Einführung verbindlicher Listenregeln für den nichtpräferentiellen Ursprung.

C. Vollzug des Außenwirtschaftsrechts

I. Allgemeines

101 Der Vollzug des Außenwirtschaftsrechts ist durch ein Nebeneinander unionaler und mitgliedstaatlicher Zuständigkeiten gekennzeichnet und weist eine dementsprechend komplexe Struktur auf. Grundsätzlich bleibt es auch hier bei der Zuständigkeit der Mitgliedstaaten. In allen Fällen, in denen die Kommission nicht über selbstständige Verwaltungskompetenzen für einen direkten Verwaltungsvollzug verfügt, unterliegt das Unionsrecht dem (indirekten) Vollzug durch die Mitgliedstaaten. Im Rahmen ihrer Vollzugstätigkeit wenden die nationalen Behörden das Unionsrecht bei der Durchführung von Verordnungen unmittelbar (sog. **indirekter unmittelbarer Vollzug**), im Falle von Richtlinien mittelbar an (sog. **indirekter mittelbarer Vollzug**).[304] Auch der Vollzug von Unionsrecht durch die Mitgliedstaaten unterliegt dabei unionsrechtlichen Vorgaben. Sie werden insbesondere aus Art. 4 Abs. 3 EUV abgeleitet und betreffen Organisation und Ausgestaltung des innerstaatlichen Vollzugs.[305] Hierzu gehören nach der Rechtsprechung des EuGH insbesondere das **Effizienzgebot** sowie das **Diskriminierungsverbot**,[306] aber auch die Pflicht der Mitgliedstaaten, für den Vollzug des Unionsrechts eine Organisationsform zu wählen, die seine Wirksamkeit nicht gefährdet.[307] Darüber hinaus lässt sich in stetig steigendem Maße die Tendenz der Rechtsprechung der Unionsgerichte beobachten, der mitgliedstaatlichen Vollzugstätigkeit unter Rückgriff auf **allgemeine Rechtsgrundsätze** Grenzen zu setzen.[308] Die Wirksamkeit der unionsrechtlichen Vorgaben

300 VO (EU) Nr. 952/2013 des Europäischen Parlaments und des Rates vom 9.10.2013 zur Festlegung des Zollkodex der Union, ABl. 2013 L 269/1.

301 VO (EWG) Nr. 2913/92 des Rates vom vom 12.10.1992 zur Festlegung des Zollkodex der Gemeinschaften, ABl. 1992 L 302/1, zuletzt geändert durch VO (EU) Nr. 952/2013 vom 9.10.2013, ABl. 2013 L 269/1.

302 VO (EWG) Nr. 2454/93 der Kommission vom 2.7.1993 mit Durchführungsvorschriften zu der Verordnung (EWG) Nr. 2913/92 des Rates zur Festlegung des Zollkodex der Gemeinschaften, ABl. 1993 L 253/1, zuletzt geändert durch VO (EU) Nr. 174/2014 vom 25.2.2014, ABl. 2014 L 56/1.

303 S. hierzu die Geschäftsordnung des Ausschusses für den Zollkodex vom 19.4.2012, TAXUD/A2/2011/011 endg.

304 *Ehrlich*, in: Bieneck (Hrsg.), § 17, Rn 5 ff.

305 Vgl ausführlich *von Bogdandy/Schill*, in: Grabitz/Hilf/Nettesheim, Art. 4 EUV, Rn 72 ff mwN, s. ferner *Schmidt-Aßmann*, in: Hoffmann-Riem/ders./Vosskuhle (Hrsg.), Grundlagen des Verwaltungsrechts, Bd. I, 2. Aufl., 2012, § 5, Rn 29 ff.

306 Einzelheiten unten, Rn 108.

307 EuGH, Rs. 68/88 (Kommission/Griechenland), Slg 1989, I-2965.

308 S. hierzu *Nettesheim*, in: Oppermann/Classen/ders. (Hrsg.), Europarecht, 6. Aufl., 2014, § 12, Rn 37 und 12 ff.

wird dabei durch Bestandskraft- bzw Rechtskraftdurchbrechungen unionsrechtswidriger Entscheidungen gesichert.[309]

Über die genannten allgemeinen Vorgaben hinaus unterliegen die **mitgliedstaatlichen Vollzugsbehörden** auf dem Gebiet des Außenwirtschaftsrechts weiteren **Bindungen**. Das Sekundärrecht im Bereich der gemeinsamen Handelspolitik besteht insoweit nahezu ausschließlich aus **Verordnungen**, die für die Mitgliedstaaten in allen Teilen verbindlich sind und ihnen, anders als Richtlinien, kaum Gestaltungsspielräume lassen. Auf dem Gebiet des Zollrechts existiert schließlich mit dem **Zollkodex**[310] nebst entsprechenden Durchführungsbestimmungen ein umfassendes unionsrechtliches Regelwerk, das die entsprechenden Verwaltungsverfahren in den Mitgliedstaaten weitgehend determiniert.[311] 102

Darüber hinaus verfügt die Union auf dem Gebiet der gemeinsamen Handelspolitik über umfangreiche **eigene (direkte) Verwaltungskompetenzen**. Hierzu gehören wesentliche Teile der autonomen Handelspolitik, namentlich die Handelsschutzinstrumente im Antidumping- und Antisubventionsecht und nach der Handelshemmnisverordnung. Die Union hat ihrer Vollzugstätigkeit hier einen umfangreichen sekundärrechtlichen Rahmen gegeben, der in den vorangegangenen Abschnitten bereits beschrieben wurde. Die einschlägigen Verordnungen regeln hier jeweils Verwaltungsverfahren im Zuständigkeitsbereich der Kommission. Der Vollzug der in diesen auf Unionsebene angesiedelten Verfahren verhängten Maßnahmen fällt wiederum in die Zuständigkeit der mitgliedstaatlichen Behörden.[312] Insgesamt ist das bislang nicht hinreichend konkretisierte **Recht auf eine gute Verwaltung** nach Art. 41 GRC[313] zu beachten. 103

II. Zuständigkeit

In Deutschland wird das Außenwirtschaftsrecht durch **bundeseigene Verwaltung** vollzogen. Für die Kriegswaffenkontrolle ergibt sich die Verwaltungskompetenz des Bundes bereits aus Art. 26 Abs. 2 GG. Im Übrigen eröffnet Art. 87 Abs. 3 GG iVm Art. 73 Abs. 1 Nr. 5 GG die Bundeskompetenz im Außenwirtschaftsverkehr.[314] Nach Art. 73 Abs. 1 Nr. 5 GG hat der Bund die ausschließliche Gesetzgebungskompetenz für den Außenwirtschaftsverkehr und gemäß Art. 87 Abs. 3 GG können für Angelegenheiten, für die dem Bund die Gesetzgebung zusteht, selbstständige Bundesbehörden errichtet werden. Von seiner Verwaltungskompetenz im Außenwirtschaftsrecht hat der Bund durch Errichtung verschiedener Behörden umfassend Gebrauch gemacht. 104

1. Bundesamt für Wirtschaft und Ausfuhrkontrolle

Das 1992 errichtete Bundesamt für Wirtschaft und Ausfuhrkontrolle (BAFA) in Eschborn ist eine Bundesoberbehörde im Geschäftsbereich des Bundesministeriums für Wirtschaft und Energie (BMWi). Das BAFA ist die **zentrale Genehmigungsbehörde** im Außenwirtschaftsverkehr.[315] Kernbereich des BAFA ist die **Ausfuhrkontrolle**, die insbesondere die Genehmigung von **Dual-Use-** 105

309 Ebd., Rn 38 ff.

310 Dies ist mittlerweile der Zollkodex der Union (UZK): VO (EU) Nr. 952/2013 des Europäischen Parlaments und des Rates vom 9.10.2013 zur Festlegung des Zollkodex der Union, ABl. 2013 L 269/1. In einer Übergangsphase gilt allerdings weiterhin der alte Zollkodex der VO (EWG) Nr. 2913/92 des Rates vom vom 12.10.1992 zur Festlegung des Zollkodex der Gemeinschaften, ABl. 1992 L 302/1, zuletzt geändert durch VO (EU) Nr. 952/2013 vom 9.10.2013, ABl. 2013 L 269/1. Ausführlich hierzu oben, Rn 98 f.

311 Ausführlich hierzu *Bungenberg*, in: Hatje/Müller-Graff/von Arnauld (Hrsg.), § 12, Rn 107 ff.

312 Vgl hierzu *von Bogdandy*, in: Grabitz/ders./Nettesheim (Hrsg.), S. 47.

313 Ausführlich hierzu *Frenz*, Handbuch Europarecht, Bd. 4, Rn 4527 ff; *Jarass*, Charta der Grundrechte der EU, 2. Aufl., 2013, Art. 41 GRCh sowie *Voet van Vormizeele*, in: Schwarze, Art. 41 GRC. Zu den für Verwaltungsorganisation und -verfahren geltenden allgemeinen Rechtsgrundsätzen s. *Ehlers*, in: Erichsen/Ehlers (Hrsg.), Allgemeines Verwaltungsrecht, 14. Aufl., 2010, § 5 Rn. 41 f und *Nettesheim*, in: Oppermann/Classen/ders. (Hrsg.), Europarecht, 6. Aufl., 2014, § 12, Rn 12 ff.

314 S. zum Umfang der Bundeskompetenz im Außenwirtschaftsrecht im Allgemeinen und die darauf bezogenen präventiv-polizeilichen Maßnahmen im Besonderen BVerfGE 110, 33.

315 § 13 Abs. 1 AWG, mit Ausnahme der nach § 13 Abs. 2 AWG in ihrem Bereich ausschließlich zuständigen spezialisierten Behörden.

Gütern, aber auch die administrative Umsetzung von **Embargobeschlüssen** der internationalen Gremien umfasst.[316] Im Bereich der **Kriegswaffenkontrolle** hat die gemäß Art. 26 Abs. 2 GG zuständige Bundesregierung ihre Verwaltungskompetenzen an fünf verschiedene Bundesministerien delegiert,[317] wobei das BMWi seine Überwachungsbefugnisse wiederum dem BAFA übertragen hat.[318] Im Bereich der **Einfuhr** erteilt das BAFA für die Waren des gewerblichen Sektors, die durch europäische Regelungen einer Genehmigungspflicht oder Überwachung unterstellt worden sind, Einfuhrgenehmigungen und Überwachungsdokumente und setzt damit als eine von 28 Genehmigungsbehörden in der EU die gemeinsame Handelspolitik der Union in Einzelentscheidungen um.[319]

2. Bundesanstalt für Landwirtschaft und Ernährung

106 Die zum 1.1.1995 errichtete Bundesanstalt für Landwirtschaft und Ernährung (BLE) ist eine bundesunmittelbare rechtsfähige Anstalt des öffentlichen Rechts im Geschäftsbereich des Bundesministeriums für Ernährung und Landwirtschaft (BMEL).[320] Die BLE ist **Marktordnungsstelle** für die in der EU bestehenden gemeinsamen Marktorganisationen.[321] Als **Genehmigungsstelle** für den grenzüberschreitenden Waren- und Dienstleistungsverkehr mit Erzeugnissen der Ernährungs-, Land- und Forstwirtschaft erteilt die BLE Einfuhr- und Ausfuhrlizenzen sowie -genehmigungen.[322] Ferner überwacht die BLE **Embargomaßnahmen** und die Einhaltung von Kontingentregelungen.[323]

3. Zollbehörden

107 Das Zollrecht der EU wird durch die mitgliedstaatlichen Behörden vollzogen. Dabei werden sekundärrechtlich enge Vorgaben für den Ablauf des Verfahrens gemacht.[324] Geltung beansprucht insoweit zum einen der Zollkodex, dh der neue Zollkodex der Union (UZK)[325] und der momentan wieder gültige alte Zollkodex der VO (EWG) 2913/92.[326] Zum anderen ist die Zolldurchführungsverordnung[327] zu beachten. Das Zollrecht steht damit beispielhaft für eine allgemeine Kodifikation auf dem Gebiet des Verwaltungsrechts der EU und bildet so einen ersten Baustein im System des europäischen Verwaltungsrechts.[328] Angesichts der stetig zunehmenden Dichte des unionsrechtli-

---

316 Zu den Aufgaben des BAFA im Bereich der Ausfuhrkontrolle s. auch www.ausfuhrkontrolle.info.

317 Vgl Erste Verordnung zur Durchführung des Gesetzes über die Kontrolle von Kriegswaffen (DVO KWKG) vom 1.6.1961 (BGBl. I, S. 649), zuletzt geändert durch Verordnung vom 31.10.2006 (BGBl. I, S. 2407); Zweite DVO KWKG vom 1.6.1961 (BGBl. I, S. 649), zuletzt geändert durch Verordnung vom 21.12.2000 (BGBl. I, S. 1956); Dritte DVO KWKG vom 11.7.1969 (BGBl. I, S. 841), zuletzt geändert durch Verordnung vom 31.10.2006 (BGBl. I, S. 2407); zu den verfassungsrechtlichen Bedenken s. *Pathe/Wagner*, in: Bieneck (Hrsg.), § 41, Rn 4 ff.

318 § 2 der 1. DVO KWKG.

319 Vgl zu den Aufgaben des BAFA im Bereich der Einfuhr Art. 13 AWG sowie www.bafa.de.

320 § 1 Gesetz über die Errichtung einer Bundesanstalt für Landwirtschaft und Ernährung (LEG) vom 2.8.1994 (BGBl. I, S. 2018), zuletzt geändert durch Gesetz vom 9.12.2010 (BGBl. I, S. 1885).

321 § 3 Gesetz zur Durchführung der gemeinsamen Marktorganisationen und der Direktzahlungen (MOG) vom 31.8.1972 (BGBl. I, S. 1617) idF vom 24.6.2005 (BGBl. I, S. 1847), zuletzt geändert durch Gesetz zur Durchführung der gemeinsamen Marktorganisationen und der Direktzahlungen vom 7.8.2013 (BGBl. I, S. 3154).

322 § 13 Abs. 2 Nr. 5 AWG iVm VO (EU) Nr. 1308/2013 des Europäischen Parlaments und des Rates vom 17.12.2013 über eine gemeinsame Marktorganisation für landwirtschaftliche Erzeugnisse und zur Aufhebung der Verordnungen (EWG) Nr. 922/72, (EWG) Nr. 234/79, (EG) Nr. 1037/2001 und (EG) Nr. 1234/2007, ABl. 2013 L 347/671.

323 Zu den Aufgaben der BLE s. auch www.ble.de.

324 S. hierzu oben, Rn 101.

325 VO (EU) Nr. 952/2013 des Europäischen Parlaments und des Rates vom 9.10.2013 zur Festlegung des Zollkodex der Union, ABl. 2013 L 269/1.

326 VO (EWG) Nr. 2913/92 des Rates vom vom 12.10.1992 zur Festlegung des Zollkodex der Gemeinschaften, ABl. 1992 L 302/1, zuletzt geändert durch VO (EU) Nr. 952/2013 vom 9.10.2013, ABl. 2013 L 269/1. Zur Geltung des alten Zollkodex s. oben, Rn 99.

327 VO (EWG) Nr. 2454/93 mit Durchführungsvorschriften zu der Verordnung (EWG) Nr. 2913/92 des Rates zur Festlegung des Zollkodex der Gemeinschaften, ABl. L 253/1, zuletzt geändert durch DurchführungsVO (EU) Nr. 174/2014 vom 25.2.2014, ABl. 2014 L 56/1. S. hierzu *Wolffgang*, in: Bieneck (Hrsg.), § 13, Rn 5; *Dünnweber*, in: Bieneck (Hrsg.), § 14, Rn 1.

328 Hierzu *Nettesheim*, in: Oppermann/Classen/ders. (Hrsg.), Europarecht, 6. Aufl., 2014, § 12, Rn 4.

chen Regelwerks[329] kommen den Mitgliedstaaten auf diesem Gebiet kaum noch eigene Handlungsspielräume zu. Das entsprechende Organisationsrecht ist in Deutschland im Zollverwaltungsgesetz (ZollVG)[330] und in der Zollverordnung (ZollV)[331] geregelt. Ergänzend hierzu gilt das allgemeine Verfahrensrecht der Abgabenordnung (AO).[332] Die deutsche Zollverwaltung ist dreistufig organisiert und dem Bundesministerium der Finanzen (BMF) zugeordnet.[333] Bundes-Mittelbehörden sind die Oberfinanzdirektionen und das Zollkriminalamt. Auf der dritten Verwaltungsstufe sind die Hauptzollämter mit ihren Dienststellen (Zollämter, Zollkommissariate) und die Zollfahndungsämter als örtliche Bundesbehörden für die Durchführung der Zollaufgaben zuständig.[334] Die **Zuständigkeiten der deutschen Zollverwaltung** beim grenzüberschreitenden Warenverkehr sind im Wesentlichen im ZollVG zusammengefasst. Gemäß § 1 ZollVG sind die zentralen Aufgaben in diesem Bereich die Erhebung der Ein- und Ausfuhrabgaben (Abs. 1 S. 2) und die Überwachung der Einhaltung der Verbote und Beschränkungen (Abs. 3).[335] Zu den Ein- und Ausfuhrabgaben zählen insbesondere auch Antidumping- und Ausgleichszölle.[336] Die Finanzbehörden sind zudem für die Festsetzung von Ausfuhrerstattungen im Ausfuhrverfahren für Marktordnungswaren zuständig, wobei die Zuständigkeit zentral dem Hauptzollamt Hamburg-Jonas übertragen wurde. Ferner ergibt sich die Ermittlungszuständigkeit der Hauptzollämter und der Zollfahndungsämter aus § 37 Abs. 1 und 2 AWG für Ordnungswidrigkeiten und Straftaten nach dem AWG und aus §§ 23, 14 Abs. 2 KWKG iVm § 1 Abs. 2 der 3. DVO KWKG für Ordnungswidrigkeiten im Zusammenhang mit der Ein-, Aus- und Durchfuhr von Kriegswaffen.

III. Verfahren

Der lange Zeit postulierte Grundsatz der institutionellen Eigenständigkeit der Mitgliedstaaten beim Vollzug des Unionsrechts vermag die Realität des europäischen Verwaltungsverbunds nur noch unzureichend zu beschreiben.[337] Zwar ist es auch heute noch grundsätzlich Angelegenheit der nationalen Rechtsordnungen zu bestimmen, welche nationalen Behörden das Unionsrecht vollziehen.[338] Insbesondere die bundesstaatliche Kompetenzverteilung, dh die Frage, ob die Ausführung des Unionsrechts in die Zuständigkeit der Bundes- oder der Landesbehörden fällt, richtet sich nach den Vorschriften des nationalen Verfassungsrechts. Der EuGH hat in seiner Rechtsprechung gleichwohl schon früh die Pflicht der Mitgliedstaaten festgestellt, für den Vollzug des Unionsrechts eine Organisationsform zu wählen, die seine praktische Wirksamkeit gewährleistet, und damit der Eigenständigkeit der Mitgliedstaaten enge Grenzen gesetzt.[339] Die Rechtssetzungszuständigkeit der Union für das für den Vollzug maßgebliche allgemeine Verwaltungsrecht ließe sich heute kaum noch bestreiten.[340] Soweit für einen Bereich unionsrechtliche Regelungen bestehen und diese mit den nationalen Vorschriften kollidieren, wird dieser Normkonflikt nach den Grundsätzen des 108

329 *Witte/Henke/Kammerzell*, S. 17 ff; s. auch *Wolffgang/Natzel*, EuZW 2008, 39 ff.

330 Zollverwaltungsgesetz vom 21.12.1992 (BGBl. I, S. 2125), zuletzt geändert durch Gesetz vom 21.7.2012 (BGBl. I, S. 1566).

331 Zollverordnung vom 23.12.1993 (BGBl. I, S. 2449), zuletzt geändert durch Verordnung vom 5.10.2009 (BGBl. I, S. 3262).

332 Vom 16.3.1976, (BGBl. 1976 I, S. 613; 1977 I, S. 269) idF vom 1.10.2002 (BGBl. 2002 I, S. 3866; 2003 I, S. 61), zuletzt geändert durch Gesetz vom 18.12.2013 (BGBl. I, S. 4318).

333 § 17 Abs. 1 ZollVG iVm §§ 1 ff Finanzverwaltungsgesetz (FVG) idF der Bekanntmachung vom 4.4.2006 (BGBl. I, S. 846, 1202), zuletzt geändert durch Gesetz vom 18.12.2013 (BGBl. I, S. 4318); zur Organisation der Zollverwaltung s. auch www.zoll.de.

334 § 12 Abs. 2 FVG.

335 Hinsichtlich der Verbote und Beschränkungen sehen einige der Spezialgesetze auch explizite Aufgabenzuweisungen an die Zollbehörden vor; vgl etwa § 8 Abs. 3 BmTierSSchV, § 45 BNatschG, § 33 Abs. 3 WaffG.

336 *Alexander*, in: Witte (Hrsg.), Art. 20, Rn 74 ff.

337 S. hierzu auch *Nettesheim*, in: Oppermann/Classen/ders. (Hrsg.), Europarecht, 6. Aufl., 2014, § 12, Rn 1 ff.

338 Vgl aber schon EuGH, Rs. 68/88 (Kommission/Griechenland), Slg 1989, I-2965.

339 EuGH, Rs. 68/88 (Kommission/Griechenland), Slg 1989, I-2965.

340 *Nettesheim*, in: Oppermann/Classen/ders. (Hrsg.), Europarecht, 6. Aufl., 2014, § 12, Rn 1 ff.

Anwendungsvorrangs gelöst.[341] Im Übrigen muss der Vollzug des Unionsrechts stets zwei Grundsätzen entsprechen: dem **Effizienzgebot** und dem **Diskriminierungsverbot.**[342] Die Anwendung des nationalen Rechts hat hiernach das Interesse der EU an der wirksamen Vollziehung des Unionsrechts hinreichend zu berücksichtigen und darf insbesondere nicht dazu führen, dass die Verwirklichung der Unionsregelungen praktisch unmöglich wird. Zum anderen dürfen die anzuwendenden nationalen Vorschriften Sachverhalte mit EU-Bezug nicht nachteiliger behandeln als rein nationale Sachverhalte.[343] Den Mitgliedstaaten kommen innerhalb des so gesetzten Rahmens erhebliche Freiheiten zu. Gleichwohl ist zu berücksichtigen, dass der EuGH in einer Reihe von Entscheidungen die Tendenz gezeigt hat, unter Berufung auf **allgemeine Rechtsgrundsätze** unmittelbaren Zugriff auf den mitgliedstaatlichen Vollzug des Unionsrechts zu nehmen. Dies gilt etwa für den Bereich der Haftung der Mitgliedstaaten für die Verletzung von Unionsrecht. Hier hat der EuGH die mitgliedstaatlichen Vollzugsmaßnahmen in mehreren Schritten, über die genannten Grundsätze des Diskriminierungsverbots und des Effizienzgebots[344] hinaus, zunächst einer eigenen Verhältnismäßigkeitsprüfung unterzogen[345] und schließlich durch einen selbst geschaffenen unionsrechtlichen Haftungstatbestand ersetzt.[346]

1. Genehmigungs- und Lizenzverfahren

109 Für die Genehmigungsverfahren im Anwendungsbereich des AWG,[347] die Lizenzverfahren im Bereich des Marktorganisationsgesetzes (MOG) und – sofern das Kriegswaffenkontrollrecht keine besonderen Vorschriften enthält – für die Genehmigungsverfahren des KWKG[348] gilt das **Verwaltungsverfahrensgesetz** des Bundes (VwVfG). Gleiches gilt für das Verfahren bei der unmittelbaren Anwendung der Dual-Use-Verordnung, da diese keine zusammenhängenden und systematisch geordneten Regelungen über das Genehmigungsverfahren enthält.[349] Die ist ein begünstigender und mitwirkungsbedürftiger **Verwaltungsakt** im Sinne des § 35 VwVfG[350] und kann in der Regel mit Nebenbestimmungen versehen werden (§ 14 Abs. 1 AWG, § 36 VwVfG).[351] Widerspruch und Anfechtungsklage gegen Verwaltungsakte im Anwendungsbereich des AWG haben gemäß § 14 Abs. 2 AWG keine aufschiebende Wirkung. Widerspruchsbehörde ist das BAFA bzw die BLE, da die jeweils höhere Behörde eine oberste Bundesbehörde ist.

2. Ausfuhrerstattungen

110 Für die Erteilung der Ausfuhrerstattungen nach dem **Marktorganisationsgesetz** (MOG)[352] ist zentral das Hauptzollamt Hamburg-Jonas zuständig. Da es sich bei Ausfuhrerstattungen nicht um negative Steuern, sondern um Ausfuhrsubventionen handelt, unterliegt das Verfahren im Grundsatz nicht der Abgabenordnung, sondern dem allgemeinen Verwaltungsverfahrensrecht des VwVfG.[353] Für Streitigkeiten über Ausfuhrerstattungen sind gleichwohl gemäß § 34 Abs. 1 MOG die Finanzgerichte zuständig und für das außergerichtliche Vorverfahren sind die Bestimmungen

---

341 *Kadelbach*, S. 187 ff.
342 EuGH, verb. Rs. 205 bis 215/82 (Deutsche Milchkontor), Slg 1983, 2633; Rs. C-24/95 (Alcan), Slg 1997, I-1591.
343 EuGH, verb. Rs. 205 bis 215/82 (Deutsche Milchkontor), Slg 1983, 2633.
344 EuGH, Rs. 33/76 (Rewe-Zentralfinanz), Slg 1976, 1989; Rs. 158/80 (Rewe-Handelsgesellschaft Nord), Slg 1981, 1805; Rs. 265/78 (Ferwerda), Slg 1980, 617.
345 EuGH, Rs. C-213/89 (Factortame I), Slg 1990, I-2433; Rs. C-377/89 (Cotter und McDermott), Slg 1991, I-1155; Rs. C-280/90 (Emmott), Slg 1991, I-4269; Rs. C-271/91 (Marshall II), Slg 1993, I-4367.
346 EuGH, verb. Rs. C-6 und 9/90 (Francovich), Slg 1991, I-5357; verb. Rs. C-46 und 48/93 (Brasserie du pêcheur/Factortame III), Slg 1996, I-1029.
347 *Ehrlich*, in: Bieneck (Hrsg.), § 17, Rn 37; *Reuter*, S. 291, Rn 713.
348 *Pathe/Wagner*, in: Bieneck (Hrsg.), § 41, Rn 10.
349 *Ehrlich*, in: Bieneck (Hrsg.), § 17, Rn 2, 37.
350 *Reuter*, S. 296, Rn 724.
351 Vgl § 14 Abs. 1 AWG, § 10 Abs. 1 und 2.
352 Marktorganisationsgesetz idF der Bekanntmachung vom 24.6.2005 (BGBl. I, S. 1847), zuletzt geändert durch Gesetz vom 7.8.2013 (BGBl. I, S. 3154).
353 *Glashoff/Kühle*, S. 167, Rn 465.

der Abgabenordnung sinngemäß anzuwenden. Für den Fall der Rückforderung der Ausfuhrerstattung ordnet § 10 MOG die Anwendung der §§ 48 Abs. 2 bis 4, 49 a Abs. 1 S. 1, Abs. 2 VwVfG an. Mit Verweis auf die Rechtsprechung des EuGH zur Rückforderung rechtswidrig gewährter Beihilfen hat der BFH allerdings entschieden, dass sich die Rechtsgrundlage für die Rückforderung der Ausfuhrerstattung abschließend aus dem Unionsrecht[354] ergebe und § 10 MOG und damit auch § 48 VwVfG nicht mehr zur Anwendung kämen.[355]

IV. Sanktionen

1. Außenwirtschaftsgesetz

Das AWG (§§ 17-19) und die AWV (§§ 81, 82) enthalten eigene Straf- und Ordnungswidrigkeitstatbestände, die die Einhaltung der außenwirtschaftsrechtlichen Beschränkungen und Verwaltungsvorschriften sicherstellen sollen. Die Mehrzahl der Tatbestände ist als **Blankettnorm** konzipiert.[356] Entsprechend regeln sie nur die allgemeinen Voraussetzungen[357] sowie Art und Maß der Sanktionen und nehmen im Übrigen auf andere Vorschriften Bezug, so namentlich auf die AWV und auf das im Rahmen der gemeinsamen Handelspolitik erlassene Sekundärrecht der EU. 111

Die **Strafvorschriften** der **§§ 17, 18 AWG** sanktionieren zunächst Verstöße gegen Durchführungsverordnungen zu wirtschaftlichen Sanktionsmaßnahmen des UN-Sicherheitsrats nach Kapitel VII UNCh und des Rats der Europäischen Union im Bereich der GASP. Weitere Straftatbestände sind vorgesehen für Verstöße gegen die AWV (§ 18 Abs. 2 AWG), gegen die Kimberley-Prozess-VO (EG) Nr. 2368/2002[358] (§ 18 Abs. 3 AWG), gegen die VO (EG) Nr. 1236/2005[359] (§ 18 Abs. 4 AWG) und für Verstöße gegen die Dual-Use-VO (EG) Nr. 428/2009[360] (§ 18 Abs. 5 AWG). Die Tatbestände sind teilweise **verwaltungsakzessorisch**, da das Handeln ohne verwaltungsrechtliche Genehmigung ausdrücklich oder konkludent zur Tatbeschreibung gehört und damit die Entscheidung der Behörde der strafrechtlichen Beurteilung zugrunde zu legen ist.[361] Ergänzend zu den §§ 17, 18 AWG sind die allgemeinen Vorschriften des StGB, des OWiG und der StPO anwendbar.[362] Insbesondere gelten die Grundsätze des StGB zu den Schuldformen, Täterschaft und Teilnahme, der Irrtumslehre sowie der Verjährung. **Ordnungswidrigkeitstatbestände** enthält § 19 AWG, der unter anderem die fahrlässige Begehung der in § 18 AWG bezeichneten Handlungen mit Bußgeldern belegt. Für die AWG-Verstöße sind zum Teil schwere **Sanktionen** vorgesehen, bei denen der Gesetzgeber bewusst in Kauf genommen hat, dass sie durchaus die wirtschaftliche Existenz der Unternehmen bedrohen können.[363] Neben hohen Bußgeldandrohungen und erheblichen Geld- und Freiheitsstrafen besteht auch im Außenwirtschaftsstraf- und Ordnungswidrigkeitsrecht 112

354 S. hierzu Art. 196 ff der VO (EU) Nr. 1308/2013 des Europäischen Parlaments und des Rates vom 17.12.2013 über eine gemeinsame Marktorganisation für landwirtschaftliche Erzeugnisse und zur Aufhebung der Verordnungen (EWG) Nr. 922/72, (EWG) Nr. 234/79, (EG) Nr. 1037/2001 und (EG) Nr. 1234/2007, ABl. 2007 L 347/671. Zu den Übergangsvorschriften für 2014 s. VO (EU) Nr. 1310/2013 vom 17.12.2013, ABl. 2013 L 347/865.

355 BFH, 23.8.2000 VII B 145, 146/00, HFR 2001, S. 103.

356 *Bieneck*, in: ders. (Hrsg.), § 23, Rn 22.

357 Vgl hierzu *Bieneck*, wistra 2008, 208 ff.

358 Verordnung (EG) Nr. 2368/2002 des Rates vom 20.12.2002 zur Umsetzung des Zertifikationssystems des Kimberley-Prozesses für den internationalen Handel mit Rohdiamanten, ABl. 2002 L 358/28, zuletzt geändert durch VO (EU) Nr. 789/2013 vom 16.8.2013, ABl. 2013 L 222/1; s. hierzu auch oben, Rn 49.

359 VO (EG) Nr. 1236/2005 des Rates vom 27.6.2005 betreffend den Handel mit bestimmten Gütern, die zur Vollstreckung der Todesstrafe, zu Folter oder zu anderer grausamer, unmenschlicher oder erniedrigender Behandlung oder Strafe verwendet werden könnten, ABl. 2005 L 79/32 und 200/1, zuletzt geändert durch VO (EU) Nr. 37/2014 vom 15.1.2014, ABl. 2014 L 18/1.

360 VO (EG) Nr. 428/2009 des Rates vom 5.5.2009 über eine Gemeinschaftsregelung für die Kontrolle der Ausfuhr, der Verbringung, der Vermittlung und der Durchfuhr von Gütern mit doppeltem Verwendungszweck, ABl. 2009 L 134/1, zuletzt geändert durch VO (EU) Nr. 388/2012 vom 19.4.2012, ABl. 2012 L 129/12.

361 *Bieneck*, in: ders. (Hrsg.), § 23, Rn 58.

362 *John*, in: Hohmann/ders. (Hrsg.), vor §§ 33, 34 AWG, Rn 2.

363 *Reuter*, S. 306, Rn 754.

nach § 20 AWG die Möglichkeit von **Einziehung** und erweitertem Verfall von Gegenständen, auf die sich die Straftat bzw Ordnungswidrigkeit bezogen hat (Bezugsgegenstände).

2. Kriegswaffenkontrollgesetz

113 Das Kriegswaffenkontrollgesetz (KWKG)[364] enthält mit § 19 (Atomwaffen), § 20 (biologische und chemische Waffen), § 20 a (Antipersonenminen und Streumunition) und § 22 a (sonstige Strafvorschriften) vier Strafvorschriften sowie einen Ordnungswidrigkeitenkatalog (§ 22 b). Die Tatbestände der §§ 22 a und 22 b KWKG knüpfen zum Großteil an den **Verstoß gegen Genehmigungsvorschriften** an und sind damit verwaltungsakzessorisch sowie weitgehend inlandsbezogen. Die §§ 19, 20 und 20 a KWKG hingegen beziehen sich auf **Verstöße gegen absolute Verbote**, so dass hier die strafrechtliche Beurteilung unabhängig von der Entscheidung einer Behörde ist.[365] Im Übrigen gelten auch im Anwendungsbereich des KWKG ergänzend die Vorschriften des Strafgesetzbuches, des Ordnungswidrigkeitsgesetzes und der Strafprozessordnung.[366] Hinsichtlich der Sanktionen ist auch hier hervorzuheben, dass § 24 KWKG die **Einziehung der Bezugsgegenstände** ermöglicht, sofern einer der Straftatbestände erfüllt ist. Im Gegensatz zum AWG ist diese Einziehung jedoch nicht bei den Ordnungswidrigkeitstatbeständen möglich.[367]

3. Abgabenordnung

114 Die wesentlichen **Straftaten und Ordnungswidrigkeiten** im Zollbereich sind in der Abgabenordnung (AO) geregelt. Hierzu gehören insbesondere die Hinterziehung von Ein- und Ausfuhrabgaben (§ 370 AO), die Zuwiderhandlung gegen bestehende Ein-, Aus- oder Durchfuhrverbote (Bannbruch gemäß § 372 AO), der gewerbsmäßige Schmuggel (§ 373 AO), die Steuerhehlerei (§ 374 AO), die leichtfertige Steuerverkürzung (§ 378 AO) und die Gefährdung von Ein- und Ausfuhrabgaben (§ 382 AO). Im Zusammenhang mit der Gewährung von besonderen Vergünstigungen, wie beispielsweise Ausfuhrerstattungen, kommen darüber hinaus die Straftatbestände des Betrugs (§ 263 StGB) und des Subventionsbetrugs (§ 264 StGB) in Betracht.

D. Rechtsschutz

115 Der gerichtliche Rechtsschutz spielt im europäischen Außenwirtschaftsrecht eine untergeordnete Rolle.[368] Dies liegt zum einen daran, dass viele Rechtsstreitigkeiten die Gerichte gar nicht erst erreichen. In den typischen außenwirtschaftsrechtlichen Konstellationen käme der gerichtliche Rechtsschutz regelmäßig zu spät. Aus Sicht der betroffenen Unternehmen liegt es deshalb näher, sich auf die Verwaltungspraxis zu konzentrieren. Hinzu kommt, dass der Zugang zu europäischen Gerichten durch die Zulässigkeitsvoraussetzungen der Nichtigkeitsklage nach Art. 263 Abs. 4 AEUV nur in seltenen Fällen gewährleistet ist. Für einen erheblichen Teil der Rechtsstreitigkeiten im Außenwirtschaftsrecht sind daher die nationalen Gerichte zuständig.[369] Und auch wenn die Legislativ- und Exekutivakte der Union auf dem Gebiet des Außenwirtschaftsrechts die Gerichte erreichen,

364 Ausführungsgesetz zu Artikel 26 Abs. 2 des Grundgesetzes (Gesetz über die Kontrolle von Kriegswaffen) vom 20.4.1961 (BGBl. I, S. 444) idF der Bekanntmachung vom 22.11.1990 (BGBl. I, S. 2506), zuletzt geändert durch Gesetz vom 6.6.2013 (BGBl. I, S. 1482).

365 Vgl *Pathe/Wagner*, in: Bieneck (Hrsg.), § 44, Rn 2.

366 Vgl *Pietsch*, in: Hohmann/John (Hrsg.), §§ 19 bis 24 KWKG; *Pathe/Wagner*, in: Bieneck (Hrsg.), § 44, Rn 55 ff und § 45, Rn 26 ff.

367 *Pietsch*, in: Hohmann/John (Hrsg.), § 24 KWKG, Rn 2; *Lampe*, in: Erbs/Kohlhaas (Hrsg.), Strafrechtliche Nebengesetze, § 24 KWKG, Rn 2.

368 S. hierzu und zum Ganzen *von Arnauld*, in: Ehlers/Terhechte/Wolffgang/Schröder (Hrsg.), S. 55 ff.

369 S. hierzu *Hindelang*, in: Ehlers/Terhechte/Wolffgang/Schröder (Hrsg.), S. 9 ff. Vgl auch EuGH, Rs. C-50/00 P (Unión de Pequeños Agricultores), Slg 2002, I-6677, Rn 40 ff; Rs. C-263/02 P (Jégo-Quéré), Slg 2004, I-3425, Rn 30, 32.

unterliegen sie keiner umfassenden gerichtlichen Kontrolle.[370] Zu den zentralen Problemen des gerichtlichen Verfahrens gehört aufgrund der besonderen politischen Sensibilität sowie der tatsächlichen Komplexität außenwirtschaftsrechtlicher Sachverhalte die Frage behördlicher Beurteilungs- und Ermessenspielräumen, die von den Gerichten in weitem Umfang gewährt werden.[371] Spezifische Probleme wirft schließlich die in außenwirtschaftsrechtlichen Sachverhalten regelmäßig auftretende Frage auf, inwieweit Völkerrecht, namentlich das Recht der WTO, als gerichtlicher Prüfungsmaßstab in Betracht kommt.[372]

I. Klagebefugnis: Individuelle Betroffenheit

Nach **Art. 263 Abs. 4 AEUV** setzt die Klagebefugnis im Rahmen der **Nichtigkeitsklage** voraus, dass der Kläger unmittelbar und individuell betroffen ist. Das Kriterium der Unmittelbarkeit handhabt die Rechtsprechung eher großzügig: Sie stellt nicht formal darauf ab, ob noch weitere Umsetzungsrechtsakte erforderlich sind, sondern darauf, ob einer ausführenden Stelle noch ein eigener Entscheidungsspielraum verbleibt.[373] Sehr restriktiv wird dagegen die Voraussetzung der individuellen Betroffenheit ausgelegt. Nach der sog. *Plaumann*-Formel kann ein Kläger, der nicht Adressat einer Entscheidung ist, nur dann geltend machen, von ihr individuell betroffen zu sein, wenn sie ihn „wegen bestimmter persönlicher Eigenschaften oder besonderer, ihn aus dem Kreis aller übrigen Personen heraushebender Umstände berührt und ihn daher in ähnlicher Weise individualisiert wie den Adressaten".[374] Eine Ausnahme gilt seit der Vertragsänderung von Lissabon für „Rechtsakte mit Verordnungscharakter". Hier reicht die unmittelbare Betroffenheit aus, um die Klagebefugnis zu begründen.[375] Die restriktiven Voraussetzungen der individuellen Betroffenheit wurden vom EuGH auf dem Gebiet des Außenwirtschaftsrechts im Hinblick auf alle wesentlichen Handlungsformen konkretisiert und teilweise auch gelockert. 116

So ist hinsichtlich der individuellen Betroffenheit bei **Klagen gegen Antidumpingverordnungen** zwischen den folgenden Gruppen von Wirtschaftsteilnehmern zu unterscheiden: 117

- **Durch Dumping geschädigte Unternehmen** sind als Antragsteller einer Antidumpinguntersuchung regelmäßig klagebefugt.[376]
- **Hersteller und selbst produzierende Ausführer** sind individuell betroffen, wenn sie nachweisen können, dass sie in der Verordnung namentlich genannt oder von den vorhergehenden Untersuchungen betroffen waren.[377]
- **Abhängige Einführer**, deren Wiederverkaufspreise für die betreffenden Waren in der Union zur Feststellung des Ausfuhrpreises dienen, sind ebenfalls klagebefugt.[378] Nicht ausreichend ist indes, dass ein Einführer gleichzeitig als Importagent für einen betroffenen Ausführer bzw Hersteller handelt, soweit das Vorliegen eines Dumpings nicht aufgrund seiner Wiederverkaufspreise festgestellt wurde.[379]

370 St. Rspr, vgl etwa EuGH, Rs. C-156/87 (Gestetner Holdings), Slg 1990, I-781, Rn 63; Rs. C-16/90 (Nölle), Slg 1991, I-5163, Rn 12 f; Rs. C-150/94 (Vereinigtes Königreich/Rat), Slg 1998, I-7235, Rn 53 f; Rs. C-398/05 (AGST Draht- und Biegetechnik), Slg 2008, I-1057, Rn 34; Rs. 373/08 (Hoesch Metals und Alloys), Slg 2010, I-951, Rn 62; EuG, Rs. T-164/94 (Ferchimex), Slg 1995, II-2681, Rn 67; Rs. T-317/02 (FICF u.a.), Slg 2004, II-4325, Rn 94.

371 Einzelheiten bei *von Arnauld*, in: Ehlers/Terhechte/Wolffgang/Schröder (Hrsg.), S. 56 ff sowie *Hindelang*, ebd., S. 10 ff.

372 Hierzu *von Arnauld*, in: Ehlers/Terhechte/Wolffgang/Schröder (Hrsg.), S. 57 ff.

373 EuGH, verb. Rs. 41 bis 44/70 (International Fruit Company), Slg 1971, 411.

374 EuGH, Rs. 25/62 (Plaumann), Slg 1963, 213, 238, st. Rspr.

375 S. hierzu *Cremer*, in: Calliess/Ruffert, Art. 263 AEUV, Rn 55 ff mwN.

376 Einzelheiten bei *Berrisch/Kamann*, in: Grabitz/Hilf, 40. Aufl., 2009, Bd. V, E 10, Rn 29 mwN; *Weiß*, in: Grabitz/Hilf/Nettesheim, Art. 207, Rn 173 ff.

377 EuGH, verb. Rs. 239/82 und 275/82 (Allied Corporation), Slg 1984, 1005, Rn 12; EuGH, Rs. C-75/92 (GAO YAO), Slg 1994, I-3141, Rn 27.

378 EuGH, Rs. C-75/92 (GAO YAO), Slg 1994, I-3141, Rn 27.

379 EuGH, verb. Rs. 239/82 und 275/82 (Allied Corporation), Slg 1984, 1005, Rn 15.

- **Unabhängige Einführer** sind dagegen grundsätzlich nicht individuell betroffen.[380] Eine Klagebefugnis wurde vom EuGH nur für den Ausnahmefall zuerkannt, dass sich die streitige Verordnung besonders schwer auf den Kläger als größten Einführer und zugleich Endverbraucher des betroffenen Erzeugnisses auswirkt.[381]
- **Verwender und Verbraucher** sind ebenfalls grundsätzlich nicht klagebefugt.
- Sog. **Original Equipment Manufacturer** (OEM), dh Unternehmen, die fremde Produkte unter eigenem Namen verkaufen, nehmen eine Sonderstellung ein. Soweit sie mit Antidumpingmaßnahmen belegte Produkte importieren, sind sie von diesen Maßnahmen grundsätzlich individuell betroffen. Die Besonderheiten der Verkäufe von den unter Dumpingverdacht stehenden Herstellern und Ausführern an die OEM werden bei der Berechnung des Normalpreises nämlich stets berücksichtigt.[382]

118 Allgemein gilt, dass Wirtschaftsteilnehmer, die sich an der Antidumpinguntersuchung nicht beteiligt oder falsche oder unvollständige Auskünfte erteilt haben (sog. **nicht-kooperierende Unternehmen**), grundsätzlich nicht individuell betroffen sind, da die Verordnung mangels individueller Daten nicht die besondere Situation des Wirtschaftsteilnehmers zum Gegenstand haben kann.[383] Sofern eine Antidumpingverordnung verschiedenen Unternehmen unterschiedliche Antidumpingzölle auferlegt, kann ein Unternehmen nur den ihm gegenüber festgesetzten Abgabensatz angreifen. Die Klage ist daher nur zulässig, soweit mit ihr die Nichtigkeit derjenigen Bestimmungen der Verordnung begehrt wird, die ausschließlich den Kläger betreffen.[384] Für **vorläufige Antidumpingverordnungen** gilt die Besonderheit, dass angesichts der kurzen Geltungsdauer der Maßnahme der Kläger regelmäßig sein Rechtsschutzinteresse an der Feststellung der Nichtigkeit verliert.[385]

119 Als Gegenstand einer Nichtigkeitsklage kommen darüber hinaus auch **einzelne Entscheidungen im Antidumpingverfahren** in Betracht. Kein tauglicher Klagegegenstand ist dabei zunächst die Einleitung eines Antidumpingverfahrens. Hierbei handelt es sich lediglich um eine vorbereitende Maßnahme.[386] Dagegen kann die Ablehnung der Einleitung eines Antidumpingverfahrens vom Antragsteller im Wege der Nichtigkeitsklage angegriffen werden.[387] Dasselbe gilt für die Einstellung des Verfahrens ohne Verhängung von Schutzmaßnahmen.[388] Zu den Voraussetzungen des Erlasses einer Antidumpingmaßnahme gehört – wie oben dargestellt wurde[389] – ein besonderes Interesse der EU am Erlass von Schutzmaßnahmen. Dieses politische Kriterium eröffnet Rat und Kommission einen weiten, nicht überprüfbaren Beurteilungsspielraum[390] und führt dazu, dass die Ablehnung eines Kommissionsvorschlags durch den Rat nicht anfechtbar ist.[391] Wiederum nur eine vorbereitende Maßnahme für die endgültige Verordnung und deshalb ebenfalls nicht (isoliert) anfechtbar ist die Ablehnung des Verpflichtungsangebots eines Wirtschaftsteilnehmers. Sie kann lediglich im Rahmen einer Klage gegen die Verordnung selbst gerügt werden.[392] Lehnt die Kommission den Antrag eines Berechtigten auf Einsicht in nicht-vertrauliche Akten ab, so ist diese Entscheidung mit

380 EuGH, Rs. 307/81 (Alusuisse), Slg 1982, 3463, Rn 9.
381 EuGH, Rs. C-358/89 (Extramet), Slg 1991, I-2501, Rn 17.
382 EuGH, verb. Rs. C-133/87 und C-150/87 (Nashua), Slg 1990, I-719, Rn 17 ff.
383 *Berrisch/Kamann*, in: Grabitz/Hilf, 40. Aufl., 2009, Bd. V, E 10, Rn 21; für den Fall der Nichtbeteiligung s. EuG, Rs. T-597/97 (Euromin), Slg 2000, II-2419.
384 EuGH, Rs. C-239/99 (Nachi Europe), Slg 2001, I-1197, Rn 22 mwN.
385 Hierzu ausführlich mit Darstellung der Ausnahmen *Berrisch/Kamann*, in: Grabitz/Hilf, 40. Aufl., 2009, Bd. V, E 10, Rn 36.
386 EuG, Rs. T-134/95 (Dysan Magnetics und Review Magnetics), Slg 1996, II-181, Rn 19 ff.
387 Für den gleichgelagerten Fall im Antisubventionsverfahren s. EuGH, Rs. 191/82 (Fediol I), Slg 1983, 2913, Rn 28 ff.
388 EuGH, Rs. 121/86 (Epichirisseon), Slg 1989, 3919, Rn 8.
389 S. oben, Rn 76.
390 EuGH, Rs. C-156/87 (Gestetner Holdings), Slg 1990, I-781, Rn 63; Rs. C-174/87 (Ricoh), Slg 1992, I-1335, Rn 68.
391 EuG, Rs. T-213/97 (Eurocoton), Slg 1997, II-1609, Rn 37 ff.
392 EuGH, verb. Rs. C-133/87 und C-150/87 (Nashua), Slg 1990, I-719, Rn 9 ff.

der Nichtigkeitsklage anfechtbar.[393] Hinsichtlich der Überprüfung, ob die Aufrechterhaltung der Schutzmaßnahme auch nach Ablauf von fünf Jahren erforderlich ist, gilt, dass sowohl die Einleitung,[394] als auch die Ablehnung[395] einer Überprüfung taugliche Klagegenstände sind.

Während auf dem Gebiet des Subventionsrechts im Wesentlichen dieselben Grundsätze gelten,[396] sind die gerichtlichen Zugangsvoraussetzungen in anderen Bereichen der gemeinsamen Handelspolitik deutlich restriktiver ausgestaltet. Dies gilt zunächst für das **Recht der allgemeinen Schutzmaßnahmen** nach der Einfuhrverordnung, die gegen bestimmte Produkte aus bestimmten Drittstaaten verhängt werden und daher in der Regel[397] alle Im- und Exporteure gleichermaßen und eben nicht individuell betreffen.[398] Bei **Maßnahmen auf Grundlage der Handelshemmnisverordnung** ist zu differenzieren. Die Ablehnung der Eröffnung eines Untersuchungsverfahrens oder des Ergreifens spezifischer Maßnahmen kann vom Antragsteller im Wege der Nichtigkeitsklage angegriffen werden, da sie seine Rechtsstellung verbindlich bestimmt und verfahrensabschließende Wirkung hat.[399] Rechtsschutzmöglichkeiten für Unternehmen aus Drittstaaten sowie Unternehmen aus der EU, die nicht Antragsteller sind, bestehen demgegenüber nur im Hinblick auf ihre spezifischen Verfahrensrechte aus der Handelshemmnisverordnung 3286/94.[400] Kein zulässiger Klagegegenstand ist schließlich die Entscheidung der EU, auf Grundlage eines Verfahrens nach der VO 3286/94 ein WTO-Streitbeilegungsverfahren einzuleiten. Es fehlt an der unmittelbaren Betroffenheit des Antragstellers oder anderer privater Dritter.[401] 120

II. Gerichtliche Kontrolldichte

Rechtsakte der EU auf dem Gebiet des Außenwirtschaftsrechts unterliegen lediglich einer **beschränkten gerichtlichen Kontrolle.**[402] Der vor allem im Antidumpingrecht konkretisierte gerichtliche Prüfungsmaßstab umfasst grundsätzlich nur folgende Punkte: 121

- Einhaltung der Verfahrensvorschriften,[403]
- zutreffende Sachverhaltsfeststellung,[404]
- evidente Fehler bei der rechtlichen Würdigung des Sachverhalts,
- angemessene Beweiswürdigung,[405]

393 EuGH, Rs. C-170/89 (BEUC), Slg 1991, I-5709, Rn 11.

394 *Berrisch/Kamann*, in: Grabitz/Hilf, 40. Aufl., 2009, Bd. V, E 10, Rn 43; Rs. T-192/95 (Hitachi) wurde wegen Rücknahme nicht entschieden.

395 EuG, Rs. T-188/99 (Euroalliages), Slg 2001, II-1757, Rn 26 ff.

396 Einzelheiten bei *Berrisch/Kamann*, in: Grabitz/Hilf, 40. Aufl., 2009, Bd. V, E 10, Rn 109 ff.

397 Zu den Ausnahmen s. EuGH, Rs. 11/82 (Piraiki-Patraiki), Slg 1985, 207, Rn 19; Rs. C-152/88 (Sofrimport), Slg 1990, I-2477, Rn 10 ff; vgl auch EuGH, verb. Rs. 41-44/70 (International Fruit Company), Slg 1971, 411, Rn 16 ff, wo die Zahl der von der VO betroffenen Importeure bei ihrem Erlass abschließend bestimmt war.

398 Ebd., Rn 120 ff.

399 EuGH, Rs. 70/87 (Fediol IV), Slg 1989, 1781, Rn 22; EuG, Rs. T-317/02 (FICF u.a.), Slg 2004, II-4325, Rn 41.

400 *Tietje*, in: ders. (Hrsg.), Internationales Wirtschaftsrecht, 2009, § 15, Rn 171.

401 *Berrisch/Kamann*, in: Grabitz/Hilf, 40. Aufl., 2009, Bd. V, E 10, Rn 116.

402 St. Rspr, vgl etwa EuGH, Rs. C-156/87 (Gestetner Holdings), Slg 1990, I-781, Rn 63; Rs. C-16/90 (Nölle), Slg 1991, I-5163, Rn 12 f; Rs. C-150/94 (Vereinigtes Königreich/Rat), Slg 1998, I-7235, Rn 53 f; Rs. C-398/05 (AGST Draht- und Biegetechnik), Slg 2008, I-1057, Rn 34; Rs. 373/08 (Hoesch Metals und Alloys), Slg 2010, I-951, Rn 62; EuG, Rs. T-164/94 (Ferchimex), Slg 1995, II-2681, Rn 67; Rs. T-118/96 (Thai Bicycle), Slg 1998, II-2991, Rn 67; Rs. T-317/02 (FICF u.a.), Slg 2004, II-4325, Rn 94.

403 *Weiß*, in: Grabitz/Hilf/Nettesheim, Art. 207 AEUV, Rn 177.

404 Das Ermessen, über das die Unionsorgane bei der Würdigung einer komplexen wirtschaftlichen Situation verfügen, erstreckt sich nach der Rspr des EuGH „bis zu einem gewissen Grad auch auf die Ermittlung der zugrundeliegenden Daten", was insbesondere bedeutet, dass sie sich ggf auf „globale Feststellungen" stützen dürfen und nicht alle betroffenen Wirtschaftssektoren eingehend untersuchen müssen, EuGH, Rs. 166/78 (Italien/Rat), Slg 1979, 2575, Rn 14; Rs. C-150/94 (Vereinigtes Königreich/Rat), Slg 1998, I-7235, Rn 55.

405 EuGH, Rs. C-337/09 P (Rat/Zhejiang Xinan Chemical Industrial Group), noch nicht in amtl. Slg, Rn 104. Rat und Kommission sind hiernach „nach dem Grundsatz der ordnungsgemäßen Verwaltung verpflichtet, mit der gebotenen Sorgfalt und Unparteilichkeit die [...] vorgelegten Beweise zu prüfen und alle maßgeblichen Belege bei ihrer Beurteilung [...] angemessen zu berücksichtigen".

– Ermessensfehler,
– allgemeine Rechtsgrundsätze, insbesondere Verhältnismäßigkeit.

Im Rahmen der Überprüfung der Rechtmäßigkeit des Verfahrens wird der Wahrung der Verteidigungsrechte besondere Bedeutung beigemessen. Hier geht es insbesondere um die Frage, ob den betroffenen Wirtschaftsteilnehmer ausreichend Gelegenheit gegeben wurde, zur Richtigkeit und Relevanz der zugrunde gelegten Daten Stellung zu nehmen.[406] Hinsichtlich der ebenfalls zu überprüfenden Sachverhaltsfeststellung besteht häufig das Problem, dass maßgebliche Daten vertraulich zu behandeln sind. Die Unionsorgane dürfen diese Daten nicht den Gerichten übermitteln, da sämtliche dem Gericht vorliegenden Daten auch dem Kläger zugänglich gemacht werden müssen.[407] Sofern die Kläger in diesen Fällen nicht in der Lage sind, die von den Unionsorganen schlüssig vorgetragenen Tatsachen qualifiziert zu bestreiten, gehen die Gerichte von der Richtigkeit dieser Tatsachen aus.[408] Die gerichtliche Überprüfung erstreckt sich schließlich auch auf die allgemeinen Rechtsgrundsätze, hierunter fallen namentlich der Verhältnismäßigkeitsgrundsatz und das Diskriminierungsverbot.[409] Auch hier gilt indes ein großzügiger Maßstab, der allein auf evidente Rechtsverletzungen abstellt.[410]

III. Rechtsfolge

122 Entgegen dem Grundsatz des Art. 264 AEUV, der die Nichtigkeit der angefochtenen Maßnahme insgesamt vorsieht, sprechen die europäischen Gerichte zumeist nur die **Teilnichtigkeit** der Vorschriften der Verordnung aus, die dem Kläger die angegriffene Maßnahme auferlegen.[411] Dies spiegelt den Umstand wider, dass Nichtigkeitsklagen regelmäßig nur im Hinblick auf diejenigen Bestimmungen einer Verordnung zulässig sind, die ausschließlich den Kläger betreffen. Maßnahmen gegen nicht klagende Wirtschaftsteilnehmer bleiben von der Nichtigkeitserklärung unberührt und gelten zunächst weiter.[412]

IV. Schadensersatz

123 Hinsichtlich der Sekundäransprüche geschädigter Wirtschaftsteilnehmer stellt sich vor allem die Frage, ob die EU für Schäden haftet, die infolge der Verletzung von WTO-Recht entstanden sind. Mögliche Klagegenstände sind dabei insbesondere Handelsschäden weltweit tätiger EU-Unternehmen, die durch Strafzölle eines Drittstaates gegenüber der EU eingetreten sind. Eine Haftung der Union auf Schadensersatz setzt grundsätzlich gemäß **Art. 340 Abs. 2 AEUV** ein rechtswidriges Verhalten ihrer Organe, einen hierdurch entstandenen Schaden sowie eine offenkundige und erhebliche Überschreitung des ihr eingeräumten Ermessens voraus.[413] Nach st. Rspr der europäischen Gerichte scheitert die Haftung der EU in den genannten Fallkonstellationen indes an der fehlenden unmittelbaren Wirkung des WTO-Rechts.[414] Ein Anspruch auf Schadensersatz kommt hiernach nur als Rechtsfolge einer **Rechtmäßigkeitshaftung** der Union in Betracht. Das EuG in seinem Urteil

406 Vgl EuGH, Rs. C-49/88 (Al-Jubail), Slg 1991, I-3187, Rn 15 ff; Rs. 141/08 P (Foshan Shunde Yongjian Housewares & Hardware), Slg 2009, I-9147, Rn 33 ff, 93.

407 *Berrisch/Kamann*, in: Grabitz/Hilf, 40. Aufl., 2009, Bd. V, E 10, Rn 46 f.

408 Vgl EuG, Rs. T-164/94 (Ferchimex), Slg 1995, II-2681, Rn 79.

409 Ausführlich hierzu *Berrisch/Kamann*, in: Grabitz/Hilf, 40. Aufl., 2009, Bd. V, E 10, Rn 54 ff.

410 Vgl etwa EuGH, Rs. C-150/94 (Vereinigtes Königreich/Rat), Slg 1998, I-7235, Rn 87: „in einem Bereich, in dem wie im vorliegenden Fall die Gemeinschaftsorgane über ein weites Ermessen verfügen, [kann] die Rechtmäßigkeit einer Maßnahme nur dann beeinträchtigt sein [...], wenn diese Maßnahme zur Erreichung des verfolgten Zieles *offensichtlich ungeeignet* ist", Hervorh. d. Verf.

411 *Berrisch/Kamann*, in: Grabitz/Hilf, 40. Aufl., 2009, Bd. V, E 10, Rn 76 mwN.

412 Zu der Frage, wie die Unionsorgane in der Folge zu verfahren haben, wenn der Rechtswidrigkeitsgrund auch auf die Bestimmungen durchschlägt, die nicht Verfahrensgegenstand waren, s. *Berrisch/Kamann*, in: Grabitz/Hilf, 40. Aufl., 2009, Bd. V, E 10, Rn 85 ff.

413 Zu den Voraussetzungen im Einzelnen s. *Jordan*, Sanktionsmöglichkeiten im WTO-Streitbeilegungsverfahren, *2005, S. 402 ff.*

414 EuG, Rs. T-69/00 (FIAMM und FIAMM Technologies), Slg 2005, II-5393, Rn 111 unter Verweis auf EuGH, Rs. C-93/02 P (Biret International), Slg 2003, I-10497, Rn 52; EuGH, Rs. C-120/06 P (FIAMM und FIAMM Technologies), Slg 2008, I-6513, Rn 112, 119.

in der Sache *FIAMM* im Einklang mit einigen Stimmen in der Literatur[415] die Haftung der EU auch für rechtmäßiges Handeln ihrer Organe als allgemeinen Rechtsgrundsatz des Unionsrechts anerkannt.[416] Erforderlich sind allerdings ein **hinreichend unmittelbarer Kausalzusammenhang** sowie ein **außergewöhnlicher Schaden**, der die Grenzen der üblichen wirtschaftlichen Risiken überschreitet und eine besondere Gruppe von Wirtschaftsteilnehmern gegenüber den anderen marktrelevanten Wirtschaftsteilnehmern unverhältnismäßig belastet.[417] Für Strafzölle verneint das EuG einen solchen außergewöhnlichen Schaden unter Verweis auf Art. 22 Abs. 3 lit. b und c DSU.[418] Der EuGH lehnt eine Rechtmäßigkeitshaftung für Schäden aus WTO-Handelsauseinandersetzungen grundsätzlich ab.[419]

E. Ausblick

Der Vertrag von Lissabon hat die Kompetenzen des Europäischen Parlaments auf dem Gebiet der gemeinsamen Handelspolitik erheblich erweitert. Dem Parlament kommt nunmehr insbesondere das traditionelle parlamentarische Beteiligungsrecht an völkerrechtlichen Abkommen zu. Dass damit nicht automatisch inhaltliche Gestaltungsmöglichkeiten einhergehen, zeigt der Blick auf das parlamentarische Regierungssystem der Bundesrepublik Deutschland, wo der Bundestag nur nach Vertragsschluss einsetzende Kontrollrechte wahrnimmt. Im Exekutivföderalismus der Europäischen Union ist das Verhältnis zwischen Europäischem Parlament und Kommission anders angelegt. Hier sieht die jeweilige Parlamentsmehrheit die Kommission nicht als „ihre" Regierung an und die Kommission ist grundsätzlich nicht auf eine bestimmte politische Mehrheit im Europäischen Parlament angewiesen. Daraus folgt eine größere politische Unabhängigkeit des Europäischen Parlaments, die diesem im Vergleich zu den Parlamenten der Mitgliedstaaten mehr Handlungsmöglichkeiten beim Umgang mit völkerrechtlichen Verträgen eröffnet. Die Verweigerung der Zustimmung zu internationalen Abkommen ist damit auf Ebene der EU eine reale Option und wurde auch bereits praktisch erprobt. Der Umgang des Europäischen Parlaments mit ACTA und dem SWIFT-Abkommen, das freilich nicht die gemeinsame Handelspolitik betraf, zeigen deutlich das Potential des Europäischen Parlaments für die demokratische Kontrolle der gemeinsamen Handelspolitik. 124

Mit der Erweiterung der Kataloge der Art. 206 und Art. 207 Abs. 1 AEUV trägt das Primärrecht den veränderten Bedingungen des Welthandels und dem daraus resultierenden Bedürfnis nach multilateralen Abkommen auf diesem Gebiet Rechnung und stärkt die Handlungsfähigkeit der EU auf internationaler Ebene. Gleiches gilt für den Wegfall geteilter Zuständigkeiten und des damit einhergehenden Ratifikationserfordernisses auf mitgliedstaatlicher Ebene. Relativiert wird dieser positive Befund durch das in einigen wesentlichen Bereichen aufrechterhaltene Prinzip der Einstimmigkeit, das bei allen breit angelegten Abkommen nach wie vor die Zustimmung aller 28 Mitgliedstaaten erforderlich macht. Darüber hinaus wird insbesondere die dem internationalen Investitionsschutzrecht mittlerweile fremde Unterscheidung zwischen (vom Anwendungsbereich des Art. 207 AEUV erfassten) Direktinvestitionen und (nicht erfassten) Portfolioinvestitionen in der Praxis dazu führen, dass auf dem Gebiet des Investitionsschutzes wiederum nur gemischte Abkommen abgeschlossen werden können. Gleiches gilt für die wichtigen Verkehrsdienstleistungen, die weiterhin nicht der gemeinsamen Handelspolitik unterfallen. Auch nach der jüngsten Reform steht der Union im Rahmen der gemeinsamen Handelspolitik damit nicht das Instrumentarium zur Verfügung, das bis zur Uruguay-Runde Garant für ihren Erfolg war. Gleichzeitig darf nicht verkannt werden, dass die Ausgestaltung der Außenwirtschaftspolitik in stetig zunehmendem Maße in die Entwicklungen des Welthandels eingebunden ist. Hierzu zählen Veränderungen auf rechtlicher Ebene ebenso wie die Verbindung ökonomischer und gesellschaftspolitischer Anliegen im Rahmen der Globalisierungsdebatte. Deutliches Entwicklungspotential beinhaltet deshalb die Politisierung der gemeinsamen

415 S. nur *Held*, Die Haftung der EG für die Verletzung von WTO-Recht, 2006, S. 268 mwN.
416 EuG, Rs. T-69/00 (FIAMM und FIAMM Technologies), Slg 2005, II-5393, Rn 159.
417 Ebd., Rn 205. Vgl hierzu *Verlage*, EuZW 2009, 9 ff.
418 EuG, Rs. T-69/00 (FIAMM und FIAMM Technologies), Slg 2005, II-5393, Rn 207 f.
419 EuGH, Rs. C-120/06 P (FIAMM und FIAMM Technologies), Slg 2008, I-6513, Rn 175.

Handelspolitik durch ihre Einbindung in das auswärtige Handeln der Union und die institutionelle Einbeziehung des Europäischen Parlaments. Aus verwaltungsrechtlicher Perspektive erweist sich die Außenwirtschaftspolitik als Prüfstein des europäischen Verwaltungsverbunds. Neben Fragen der Verwaltungskoordination und -kooperation zwischen Union und Mitgliedstaaten geht es hier vor allem um die Entwicklung geeigneter verwaltungsrechtlicher Instrumentarien, die den in Art. 21 EUV genannten Grundsätzen und Zielen ebenso genügen wie den Interessen der durch sie betroffenen Individuen.

§ 33 Zollrecht

Literatur: *Dorsch/Rüsken* (Hrsg.), Zollrecht – Recht des grenzüberschreitenden Warenverkehrs, Kommentar, Loseblattsammlung, Bonn, 2001; *Hübschmann/Hepp/Spitaler* (HHSp), Kommentar Abgabenordnung – Finanzgerichtsordnung, Europäisches Abgaben- und Abgabenverfahrensrecht, Loseblattsammlung, Köln, 2004; *Lux*, Guide to Community Customs Legislation, Brüssel, 2002; *Witte/Wolffgang* (Hrsg.), Lehrbuch des Europäischen Zollrechts, 7. Auflage, Herne/Berlin, 2012; *Witte* (Hrsg.), Zollkodex Kommentar, 6. Auflage, München, 2013; *Wolffgang/Simonsen*, Kommentar für das gesamte Außenwirtschaftsrecht, Loseblattsammlung Köln, 2001.

Abschnitt 1: Übersicht zu Gesetzgebung und Rechtsprechung

A. Gesetzgebung

I. Primärrecht

Vertrag über die Europäische Union (EUV), ABl. 2012, C 326, S. 13.

Vertrag über die Arbeitsweise der Europäischen Union (AEUV), ABl. 2012, C 326, S. 47.

II. Völkerrechtliche Verträge

GATT / WTO Abkommen:

Allgemeines Zoll- und Handelsabkommen (General Agreement on Tariffs and Trade – GATT) von **1947** (GATT 1947), Originaltext elektronisch zugänglich unter: http://www.wto.org/english/docs_e/legal_e/gatt47_e.pdf; **Allgemeines Zoll- und Handelsabkommen** (General Agreement on Tariffs and Trade – GATT) von **1994** (GATT 1994), Originaltext elektronisch zugänglich unter: http://www.wto.org/english/docs_e/legal_e/06-gatt.pdf; **Allgemeines Übereinkommen über den Handel mit Dienstleistungen** (General Agreement on Trade in Services – GATS), Originaltext elektronisch zugänglich unter: http://www.wto.org/english/docs_e/legal_e/26-gats.pdf; **Abkommen über handelsbezogene Aspekte der Rechte des geistigen Eigentums** (Agreement on Trade-Related Aspects of Intellectual Property Rights – TRIPS), Originaltext elektronisch zugänglich unter: http://www.wto.org/english/docs_e/legal_e/27-trips.pdf; **Rahmenabkommen im Rahmen der Doha-Runde vom August 2004**, Originaltexte elektronisch zugänglich unter: http://www.wto.org/english/tratop_e/dda_e/draft_text_gc_dg_31july04_e.htm; **Übereinkommen zur Durchführung des Art. VII GATT** (GATT-Zollwert-Kodex), ABl. 1980, L 71, S. 107, Originaltext elektronisch zugänglich unter: http://www.wto.org/english/docs_e/legal_e/20-val.pdf.

WCO Abkommen:

Internationales Übereinkommen zur Vereinfachung und Harmonisierung der Zollverfahren vom 18.5.1973 (Kyoto – Konvention), vgl ABl. 1975, L 100, S. 1, Originaltext der Konvention elektronisch zugänglich unter: http://www.unece.org/cefact/recommendations/kyoto/ky-01-e0.htm; in der Fassung der „revidierten Kyoto – Konvention" von 1999, Originaltext elektronisch zugänglich unter: http://www.wcoomd.org/kybodycontent.htm; **Internationales Übereinkommen über das Harmonisierte System (HS) zur Bezeichnung und Codierung von Waren vom 1.1.1988 der WCO,** Originaltext elektronisch zugänglich unter: http://www.wcoomd.org/en/topics/nomenclature/instrument-and-tools/hs_classification-decisions.aspx; **WCO SAFE Framework of Standards,** Originaltext elektronisch zugänglich unter: http://www.wcoomd.org/en/topics/facilitation/instrument-and-tools/tools/safe_package.aspx.

Sonstige völkerrechtliche Verträge:

Washingtoner Artenschutzübereinkommen von 1983 (Convention on International Trade in endangered species – CITES), Originaltext elektronisch zugänglich unter: http://www.cites.org/eng/disc/E-Text.pdf; **Zollübereinkommen über den internationalen Warentransport mit Carnet TIR** (TIR Übereinkommen 1975) der UNECE vom 14.11.1975, Originaltext elektronisch zugänglich unter: http://www.unece.org/fileadmin/DAM/tir/handbook/german/newtirhand/TIR-6Rev 1DE_Bookmarks.pdf; **Assoziierungsabkommen mit der Türkei,** Abkommen zur Gründung einer Assoziation zwischen der Europäischen Wirtschaftsgemeinschaft und der Republik Türkei (Abkommen von Ankara), ABl. 1996, L 35, S. 1.

III. Sekundärrecht

Verordnung (EWG) Nr. 2913/92 v. 12.10.1992 zur Festlegung des Zollkodex der Gemeinschaften – Zollkodex der Gemeinschaften (ZK), ABl. 1992, L 302, S. 1; **Verordnung (EWG) Nr. 2454/93** *v. 2.7.1993 – Durchführungs*verordnung zum ZK (ZK-DVO), ABl. 1993, L 253, S. 1; **Verordnung (EG) Nr. 450/2008** zur Festlegung des Zollkodex der Gemeinschaft (Modernisierter Zollkodex), ABl. 2008, L 145, S. 1; **Verordnung (EWG) Nr. 2658/87** über die zolltarifliche und statistische Nomenklatur und den Gemeinsamen Zolltarif (GZT),, ABl. 1987, L 256, S. 1; **Verordnung (EG) Nr. 1186/2009** v. 28.3.1983 (Zollbefreiungsverordnung), ABl. 2009, L 324, S. 23; **Verordnung (EWG) Nr. 2112/78** des Rates v. 25.7.1978 (mit dieser Verordnung hat die Europäischen Gemeinschaft das TIR-Übereinkommen 1975 angenommen, was in der Gemeinschaft am 20. Juni 1983 in Kraft trat), ABl. 1978, L 252, S. 1; **Verordnung (EG) Nr. 428/2009** v. 5.5.2009 (Dual-use-VO), ABl. 2009, L 134, S. 1; **Verordnung (EU) Nr. 952/2013** vom 9. Oktober 2013 zur Festlegung des Zollkodex der Union (EU-Zollkodex), ABl. 2013, L 269, S. 1.

IV. Nationales Recht

Abgabenordung (AO) vom 16. März 1976, BGBl. I 1976, 613; Zollverwaltungsgesetz (ZollVG) vom 21. Dezember 1992, BGBl. I 1992, 2125; Zollverordnung (ZollV) vom 23. Dezember 1993, BGBl. I 1993, 2449.

B. Rechtsprechung

EuGH, Rs. 14/70 (Deutsche Bakels/OFD München), Slg 1970, 1001 = ZfZ 1971, 148; EuGH, Rs. 90/77 (Stimming/Kommission), Slg 1978, 995 = RIW 1978, 392; EuGH, Rs. 161/88 (Binder/HZA Reichenhall), Slg 1989, 2415= ZfZ 1990, 78; EuGH, Rs. C-79/89 (Brown Boveri/HZA Mannheim), Slg 1991, I-1853 = ZfZ 1991, 231; EuGH, Rs. C-35/93 (Develop Dr. Eisbein/HZA Stuttgart-West), Slg 1994, I-655 = ZfZ 1994, 276; EuGH, Rs. C-143/93 (van Es/Inspecteur der Invoerrechten en Accijnzen), Slg 1996, I-431 = ZfZ 1996, 242; EuGH, Rs. C-437/93 (HZA Heilbronn/Temic Telefunken), Slg 1995, I-1687 = ZfZ 1995, 317; EuGH, Rs. C-315/96 (Lopex Export/HZA Hamburg-Jonas), Slg 1998, I-317 = ZfZ 1998, 199; EuGH, Rs. C-370/96 (Covita AVE/Elliniko Dimosio (Griechenland)), Slg 1998, I-7711 = ZfZ 1999, 86; EuGH, Rs. C-48/98 (Söhl & Söhlke/HZA Bremen), Slg 1999, I-7877 = ZfZ 2000, 12; EuGH, Rs. C-86/97 (Woltmann/HZA Potsdam), Slg 1999, I-1041 = ZfZ 1999, 198; EuGH, Rs. C-61/98 (De Haan/Inspecteur der Invoerechten in Akzijnzen te Rotterdam), Slg 1999, I-5003 = ZfZ 1999, 371; EuGH, Rs. C-217/98 (HZA Hamburg – Jonas/LFZ Nordfleisch), Slg 2000, I-1619 = ZfZ 2000, 200; EuGH, Rs. C-226/99 und C-1/99 (Kofisa/Ministero delle Finanze), Slg 2001, I-207 = ZfZ 2001, 119; EuGH, Rs. C-201/04 (Molenbergnatie), Slg 2006, I-2049; EuGH, Rs. C-293/04 (Beemsterboer), Slg 2006, I-2263; EuGH, Rs. C-443/05 (Common Market Fertilizers), Slg 2007, I-7209; EuGH, Rs. C-447/05 (Thomson und Vestel), Slg 2007, I-2049; EuGH, Rs. C-62/06 (ZF Zefeser), Slg 2007, I-11995; EuGH, Rs. C-161/06 (Skoma-Lux), Slg 2007, I-10841 = ZfZ 2008, 7; EuGH, Rs. C-263/06 (Carboni), Slg 2007, I-1077; EuGH, Rs. C-372/06 (Asda Stores), Slg 2007, I-11223 = ZfZ 2008, 38; EuGH, Rs. C-256/07 (Mitsui); EuGH, Rs. C-459/07 (Veli Elshani/HZA Linz), Slg 2009, I-2759; EuGH, Rs. C-38/07 (Heuschen & Schrouff), Slg 2008, I-8599 = ZfZ 2009, 43; EuGH, Rs. C-349/07 (Sopropé), Slg 2008, I-10369 = ZfZ 2009, 98; EuGH, Rs. C-477/07 (Gerlach), Slg 2008, I-105 = ZfZ 2009, 46; EuGH, Rs. C-158/08 (Pometon), Slg 2009, I-4696; EuGH, Rs. C-230/08 (Dansk Transport og Logistik), Slg 2010, I-3799; EuGH, Rs. C-260/08 (Heko Industrieerzeugnisse), Slg 2009, I-11571 = ZfZ 2010, 16; EuGH, Rs. C-373/08 (Hoesch Metals and Alloys GmbH), Slg 2010, I-951 = ZfZ 2010, 71; EuGH, Rs. C-386/08 (Brita GmbH), Slg 2010, I-1289 = ZfZ 2010, 104; EuGH, Rs. C-199/09 (Schenker), Slg 2010, I-12311 = ZfZ 2011, 10; EuGH, Rs. C-288/09 (British Sky Broadcasting Group), Slg 2011, I-2851 = ZfZ 2011, 161; EuGH, Rs. C-354/09 (Gaston Schul), Slg 2010, I-7449 = ZfZ 2010, 238; EuGH, Rs. C-494/09 (Bolton Alimentari), Slg 2011, I-647 = ZfZ 2011, 75; EuGH, Rs. C-546/09 (Aurubis Balgaria), Slg 2011, I-2531 = ZfZ 2011, 157; EuGH, Rs. C-78/10 (Berel), Slg 2011, I-717 = ZfZ 2011, 71; EuGH, Rs. C-138/10 (DP grup EOOD), Slg 2011, I-8369 = ZfZ 2012, 76; EuGH, Rs. C-153/10 (Sony Supply Chain Solutions Europe), Slg 2011, I-2775 = ZfZ 2011, 149; EuGH, Rs. C-262/10 (Döhler Neuenkirchen) = ZfZ 2012, 322; EuGH, Rs. C-323/10 bis 326/10 (Doux Gefügel), Slg. 2011, I-12117 = ZfZ 2012, 14; EuGH, Rs. C-409/10 (Afasia), Slg 2011, I-13331 = ZfZ 2012, 79; EuGH, Rs. C-454/10 (Jestel), Slg 2011, I-11725 = ZfZ 2012, 47; EuGH, Rs. C-533/10 (CIVAD) = ZfZ 2012, 185; EuGH, Rs. C-608/10, C-10/11 und C-23/11 (Südzucker) = ZfZ 2013, 103; EuGH,

Rs. C-28/11 (Eurogate) = ZfZ 2012, 264; EuGH, Rs. C-438/11 (Lagura Vermögensverwaltung) = ZfZ 2013, 12; EuGH, Rs. C-351/11 (KGH Belgium) = ZfZ 2013, 15; EuGH, Rs. C-542/11 (Codirex Expeditie) = ZfZ 2013, 242; EuGH, Rs. C-116/12 (Christodoulou) = ZfZ 2014, 66; EuGH, Rs. C-175/12 (Sandler) = ZfZ 2013, 320; EuGH, Rs. C-273/12 (Harry Winston SARL) = ZfZ 2014, 22; EuGH, Rs. C-182/12 (Gábor Fekete) = ZfZ 2013, 130; EuGH, Rs. C-480/12 (Minister van Financien/XBV) = ZfZ 2014, 221; EuGH, Rs. C-613/12 (Helm Düngemittel) = ZfZ 2014, 94; EuGH, Rs. C-571/12 (Greencarrier Freight Services Latvia SIA) = ZfZ 2014, 97; EuGH, Rs. C-29/13 und C-30/13 (Global Trans Lodzhistik OOD); EuGH, Rs. C-75/13 (SEK Zollagentur GmbH).

Abschnitt 2: Analyse und Darstellung der Einwirkungspraxis des Europarechts auf das Zollrecht

A. Grundlagen des Europäischen Zollrechts

I. Gründung einer Zollunion

1 Das EU-Recht stellt die wesentliche Rechtsquelle des geltenden europäischen Zollrechts dar. Auf dieser Ebene spielen insbesondere der **Vertrag über die Europäische Union** (EUV)[1] und der **Vertrag über die Arbeitsweise der Europäischen Union** (AEUV),[2] beides auch als **Vertrag von Lissabon** bezeichnet, eine wesentliche Rolle.

Gem. Art. 3 EUV nF ist es Aufgabe der Union, eine Wirtschafts- und Währungsunion zu errichten. Eine Wirtschafts- und Währungsunion beinhaltet als höherer Grad der Integration auch die Merkmale einer Zollunion. Gem. Art. 3 AEUV hat die Union die ausschließliche Zuständigkeit im Bereich der Zollunion.

2 Die Art. 28-36 AEUV geben den Inhalt der **Warenverkehrsfreiheit** vor. Danach soll die Grundfreiheit des freien Warenverkehrs durch eine **Zollunion** ausgestaltet sein. Unter einer **Zollunion** wird nach dem völkerrechtlichen General Agreement on Tariffs and Trade (GATT) der Zusammenschluss von zwei oder mehreren souveränen Staaten verstanden, deren Hoheitsgebiete zu einem einzigen Zollgebiet zusammengefasst werden (Art. XXIV GATT). Gem. Art. 28 Abs. 1 AEUV umfasst die **Zollunion** die Abschaffung aller **Ein- und Ausfuhrzölle zwischen den Mitgliedstaaten (Binnenzölle)** sowie das Verbot zollgleicher Abgaben und die Schaffung eines **Gemeinsamen Zolltarifs (GZT)** gegenüber Drittstaaten. Nach der Einführung des Gemeinsamen Zolltarifs im Jahre 1968 wurde diese Zielvorgabe endgültig erst am 1.1.1993 erreicht. Seit diesem Zeitpunkt sind für alle Waren Grenzkontrollen aus zollrechtlichen Gründen an den Grenzen überflüssig geworden, weil alle im EU-Zollgebiet beförderten Waren als Gemeinschaftswaren gelten (vgl Art. 28 Abs. 2 AEUV) und damit keiner Zollkontrolle mehr unterliegen. Dies gilt ebenso für alle Waren aus Nicht-Mitgliedstaaten, die ordnungsgemäß verzollt und in den freien Verkehr übergeführt worden sind (vgl Art. 28 Abs. 2, Art. 29 AEUV).

II. Zoll als Instrument finanz-, handels- und sicherheitspolitischer Ziele

3 **Zölle** gehören zu den ältesten staatlich erhobenen Abgaben. Wesentliche Grundlage des geltenden europäischen Zollrechts ist damit auch heute noch der Begriff des Zolls an sich. Etymologisch geht dieser auf das altgriechische Wort „tèlos“ (Ziel, Ende, endgültige Zahlung), das spätlateinische Wort „teloneum“ (Abgabe) und das niederdeutsche Wort „tol“ zurück.[3] Eine rechtlich verbindliche, allgemeingültige Begriffsbestimmung gibt es trotz dieser langen Entwicklungsgeschichte nicht. Der Begriff **„Zoll“** wird heute allgemein für **Abgaben** verwendet, die bei der **Ein-, Aus- oder Durchfuhr von Waren** über die Staatsgrenze erhoben werden, ohne dass es sich – wie bei der Erhebung einer Gebühr – um ein Entgelt für eine Leistung der Verwaltung handelt, und ohne dass

1 ABl. 2012, C 326, S. 13 (Konsolidierte Fassung).
2 ABl. 2012, C 326, S. 47 (Konsolidierte Fassung).
3 *Wolffgang*, in: Witte/Wolffgang, Rn 1.

inländische Waren – ähnlich einer Verbrauchsteuer – mit einer gleichartigen Abgabe belastet werden.

Allein die **Erhebung des Zolls** wurde je nach rechtlicher Ausgestaltung und dem damit verfolgten Zweck im Laufe der Zeit unterschiedlich begründet. Dienten im Mittelalter Wege-, Brücken- oder Geleitzölle vor allem der Erzielung von Staatseinnahmen (**Finanzzölle**), sah die merkantilistische Politik die Staaten bereits als Wirtschaftseinheit und Regulator des Wirtschaftslebens, sodass die Märkte zum Schutz der heimischen Wirtschaft vor unerwünschter Konkurrenz schutzzöllnerisch verschlossen wurden (**Schutzzölle/Protektionismus**).[4] 4

Wenn heute im grenzüberschreitenden Warenverkehr Zölle erhoben werden, sind diese im Wesentlichen vom Gedanken des **Gebiets- oder Wirtschaftszolls** her motiviert. Nach dem **Wirtschaftszollgedanken** knüpft der Zollanspruch eines Staates an den unmittelbaren Eingang einer Ware in den Wirtschaftskreislauf an, so dass der Zollanspruch entstanden ist, sobald eine ausländische Ware in den inländischen Verkehr übergeführt wurde und damit an der inländischen Preisbildung beteiligt ist.[5] Eine Zollerhebung für Waren, die lediglich durchgeführt, gelagert oder verwendet werden, ohne in den Wirtschaftskreislauf des Zollgebiets einzugehen, verstößt damit gegen den Gedanken des Wirtschaftszollrechts. Dieses Prinzip spiegelt sich insbesondere in der Struktur der einzelnen Zollverfahren in Form der Nichterhebungsverfahren wider. Da die modernen Wirtschaftszölle auf den Übergang der Waren in das Wirtschaftsgebiet abstellen, spricht man insofern auch von **Gebietszöllen**. 5

Neben dem fiskalischen Motiv der Zölle (**Finanzzölle**), können Zölle auch dem Schutz der Wirtschaft dienen (**Wirtschafts- oder Schutzzölle**), zB wenn sie den Start neuer Industrien erleichtern (**Erziehungszölle**) oder wenn sie Standortnachteile der Industrie oder hohe Lohnkosten ausgleichen oder wenn sie zur Beseitigung einer Krise in einem Wirtschaftszweig bzw der gesamten Volkswirtschaft dienen (**Krisenzölle**). Unter den Wirtschaftszöllen spielen die Einfuhrzölle die wichtigste Rolle. Zölle können ferner – zumeist in Form von Zusatzzöllen – wegen Zahlungsbilanzschwierigkeiten oder aus anderen währungspolitischen Gründen erhoben werden (**Währungszölle**). Zölle können aus konjunkturpolitischen Gründen generell erhöht oder gesenkt werden. Weiterhin kann aus entwicklungspolitischen Gründen ganz oder teilweise auf die Erhebung von Zöllen aus bestimmten Ländern verzichtet werden. 6

Zölle beeinflussen aber auch den Weltmarkt und die internationalen Warenströme. Hohe Zollmauern der Einfuhrländer verengen den Absatzmarkt einer Ware und können dadurch zu einem Schrumpfen des Welthandels führen, während niedrige Zollmauern das Welthandelsvolumen erhöhen und zu einer größeren internationalen Arbeitsteilung beitragen. Grundsätzlich ist der Staat frei in der Festsetzung seiner Zölle (**autonome Zölle**). Jedoch haben sich die meisten Staaten im Rahmen des GATT in ihrer Autonomie selbst beschränkt (**Vertragszölle**). Den Zollzugeständnissen, die dem Ausland in der Form der Senkung oder der Bindung von Zollsätzen gemacht werden, stehen Zugeständnisse der anderen Mitgliedstaaten des GATT gegenüber, die den inländischen Waren den Zugang zu den Auslandsmärkten erleichtern. Da sich mittlerweile über 150 Staaten gegenseitig das Recht eingeräumt haben, ebenso günstig wie der am meisten begünstigte Staat behandelt zu werden (**Meistbegünstigungsrecht oder Gleichbegünstigungsrecht**), hat jedes einzelne Zollzugeständnis in der Regel weltweite Wirkung. In Ausnahmefällen können Zölle auch weiterhin autonom festgesetzt werden, zB als Notstandszölle oder als **Antidumping- oder Ausgleichszölle.** Diese haben den Charakter von Schutzmaßnahmen gegen den **unlauteren Wettbewerb**, wenn sie zur Beseitigung einer schädlichen Entwicklung oder zur Abwehr von Dumping und illegalen Subventionen eingesetzt werden. 7

Der Zoll ist auch ein Instrument **sicherheitspolitischer Ziele**. Allerdings ist Zoll dabei nicht mehr als Abgabe sondern als Verwaltungseinheit zu verstehen. Aufgabe der Zollverwaltung ist die **Überwachung des grenzüberschreitenden Waren- und Personenverkehrs** an den Außengrenzen der EU. 8

4 *Lux*, S. 1, 73.
5 *Prieß*, in: Witte, Einführung, Rn 15.

So kontrolliert die Zollverwaltung die Einhaltung von so genannten **Verboten und Beschränkungen** bei der Einfuhr von Waren. Die Zöllner suchen dabei ebenso nach eingeschmuggelten Rauschgiften, Waffen, Kriegsmaterial, Sprengstoffen, radioaktiven, chemischen oder biologischen Stoffen als auch beispielsweise nach pornografischen Schriften oder Zahlungsmitteln mit Geldwäscheverdacht. Besondere Bedeutung hat für die Zollverwaltungen nach den Anschlägen vom 11. September 2001 die **Kontrolle des grenzüberschreitenden Frachtverkehrs** auf möglicherweise gefährliche Güter gewonnen. An den Grenzen hat die Kontrolle von Transportmitteln auf **illegale Einwanderer** eine immer größere Bedeutung. Neben den Zöllnern in Uniform leisten auch die **Zollfahnder des Zollkriminalamtes** und der regionalen Zollfahndungsämter ihren Beitrag zum Thema „Innere Sicherheit". Sie sind die „Kriminalpolizei des Zolls" und führen die strafrechtlichen Ermittlungen bei Verstößen gegen Zollbestimmungen durch.

9 In der EU haben sich die Zollverwaltungen der Mitgliedstaaten im Rahmen des **„europäischen integrierten Grenzmanagements"** zusammengeschlossen und rechtliche und technische Instrumente für eine tatsächliche operative Zusammenarbeit geschaffen. Ein weiterer wichtiger Schritt zum Schutz der inneren Sicherheit auf europäischer Ebene ist etwa die Zusammenarbeit der Zollverwaltungen der Mitgliedstaaten mit dem europäischen Polizeiamt **EUROPOL** (Den Haag/NL) und dem Europäischen Amt für Betrugsbekämpfung **OLAF** (Office Européen de Lutte Anti-Fraude).

III. Zollrecht im Zusammenhang mit Unionspolitiken

10 Das europäische Zollrecht und die errichtete Zollunion gewährleisten die Umsetzung diverser gemeinsamer Ziele der EU. Zentrale Bedeutung kommt in diesem Zusammenhang der **gemeinsamen Handels- und Entwicklungspolitik** der EU zu. Das Zollrecht sorgt weiterhin für eine wirksame Koordinierung der Wirtschafts- und Währungspolitik der Mitgliedstaaten.

11 Die EU-Zollabgaben dienen auch der Durchsetzung der **gemeinsamen Agrar- und Fischereipolitik.** Die Unterschiede zwischen den niedrigen Weltmarktpreisen und den höheren Preisen in der EU könnten zu einem Anstieg der Einfuhren oder zum Verlust von Exportmärkten führen. Daher kontrollieren die Zollverwaltungen der EU die Einfuhren landwirtschaftlicher Erzeugnisse und erheben entsprechende Zölle, um das Preisniveau für solche Produkte in der EU stabil zu halten. Außerdem sind sie für die Berechnung und Auszahlung der „Erstattungen" zuständig, die bei der Ausfuhr in Drittländer gewährt werden, damit die europäischen Agrarprodukte auf dem Weltmarkt wettbewerbsfähig sind. Die Höhe der Zölle und der Erstattungen wird durch die **gemeinsamen Marktordnungen** festgelegt.

12 Die Einfuhrkontrollen, die die Zollverwaltungen der Mitgliedstaaten zusammen mit anderen nationalen Behörden durchführen, gewährleisten auch den **Gesundheits- und Umweltschutz** an den Grenzen der EU. So werden aus Drittländern eingeführte Lebensmittel auf Gesundheitsrisiken hin überprüft oder es wird die Einfuhr von gefährlichen Gütern (zB radioaktives Material) kontrolliert. Im Rahmen des **Artenschutzes** sorgt der Zoll für die Durchsetzung des Washingtoner Artenschutzübereinkommens von 1983 (Convention on International Trade in Endangered Species of Wild Fauna and Flora – CITES). Die nationalen Zollverwaltungen sorgen auch für die Durchsetzung der **Rechte am geistigen Eigentum**, indem sie die Einfuhr von Waren mit gefälschten Warenzeichen oder sonstige unerlaubt hergestellte Waren verhindern. Im Übrigen helfen die Zollverwaltungen der EU-Länder, die Ausfuhr **geschützter Kulturgüter** zu verhindern und widerrechtlich ausgeführte Güter in ihren Ursprungsmitgliedstaat zurückzuführen.

13 Die Zollunion gewährleistet zudem die Durchsetzung der **gemeinsamen Außen- und Sicherheitspolitik**, wenn es darum geht, Maßnahmen wie Sanktionen oder Embargos durchzuführen. Diese werden zunehmend dazu genutzt, Druck auf Länder auszuüben, die sich völkerrechtswidrig verhalten. Die Zollverwaltungen spielen bei der Durchsetzung von **Wirtschaftssanktionen** wie Einfuhrverboten und der Überwachung von Ausfuhren in Länder, über die ein **Embargo** verhängt wurde, eine zentrale Rolle. Ein weiteres Beispiel für außenpolitische Maßnahmen ist die Überwachung der **Ausfuhr von Waffen und sog. Dual-use-Gütern.** Das sind Waren, die zwar für zivile Zwecke hergestellt wurden, aber auch zu militärischen Zwecken verwendet werden können.

Art. 3 des (neuen, erst ab 2016 anwendbaren) Zollkodex der EU (UZK) manifestiert als Auftrag der Zollbehörden, den internationalen Handel der EU zu überwachen und dadurch zu einem fairen und liberalisierten Handel, zur Umsetzung der externen Aspekte des Binnenmarkts, der gemeinsamen Handelspolitik und der anderen Politiken der EU in handelsrelevanten Bereichen sowie zur Sicherheit der Lieferkette insgesamt beizutragen. Die durch die Zollbehörden getroffenen Maßnahmen sollen auf den Schutz der finanziellen Interessen der Union und ihrer Mitgliedstaaten, den Schutz der EU vor unlauterem und illegalem Handel bei gleichzeitiger Unterstützung der legalen Wirtschaftstätigkeit, die Gewährleistung von Schutz und Sicherheit der EU und ihrer Bewohner sowie des Schutzes der Umwelt, gegebenenfalls in enger Zusammenarbeit mit anderen Behörden und die Wahrung eines angemessenen Gleichgewichts zwischen Zollkontrollen und der Erleichterung des legalen Handels abzielen.[6] 14

B. Kodifizierung des Europäischen Zollrechts

Bereits im Jahre 1968 waren die Zölle der sechs Gründungsmitgliedstaaten der Europäischen Wirtschaftsgemeinschaft (EWG) so weit angeglichen, dass ein **Gemeinsamer Zolltarif** die gegenüber Drittländern zu erhebenden Zölle festlegen konnte. Da auch im Warenverkehr zwischen den Mitgliedstaaten keine Zölle mehr erhoben wurden, bestand schon lange vor der Verwirklichung des Europäischen Binnenmarktes eine **Zolltarifunion** zwischen den Gründungsmitgliedstaaten der heutigen EU. Allerdings reichte allein die Schaffung eines **Gemeinsamen Zolltarifs** zur Verwirklichung einer **Zollunion** als wesentliches Merkmal des Europäischen Binnenmarktes nicht aus. Bereits nach den Vorgaben des EWG-Vertrages musste neben den Zollabgaben auch das Zollverfahrensrecht angeglichen werden. Nachdem über viele Jahre zahlreiche zollrechtliche Regelungen über einzelne Verordnungen verstreut waren und teilweise unterschiedlich geregelt wurden, wurde im Jahre 1994 mit dem **Zollkodex**[7] und der **Durchführungsverordnung zum Zollkodex**[8] ein für alle Mitgliedstaaten verbindlich geltendes einheitliches **Europäisches Zollrecht** geschaffen. 15

I. Zolltarif

Die Intentionen des EWG-Vertrages waren von vornherein wesentlich auf die Schaffung einer Zollunion ausgerichtet, die auch immer eines **Gemeinsamen Zolltarifes** der beteiligten Länder bedarf. So wurde ein Gemeinsamer Zolltarif geschaffen, der am 1.7.1968 in Kraft trat. Bei der Festlegung der Zollsätze ging man von den nationalen Tarifen der beteiligten Staaten aus. Neben der als Zolltarifschema verwendeten Nomenklatur existierte als gesonderte Statistiknomenklatur die sog. **NIMEXE.** Eine Beseitigung dieser wenig effektiven Zweigleisigkeit wurde mit der Einführung der **Kombinierten Nomenklatur (KN)** angestrebt und tatsächlich erreicht. Diese fand ihre Grundlage im **Harmonisierten System zur Bezeichnung und Codierung der Waren (HS).** Mit dem neuen Zolltarifschema wurde zum 1.1.1988 der Gemeinsame Zolltarif in seiner noch heute gültigen Grundstruktur erlassen. Die Kombinierte Nomenklatur wurde faktisch als eine weitere Aufgliederung des HS für die tariflichen und statistischen Erfordernisse der EU geschaffen.[9] 16

Unmittelbare rechtliche Grundlage des Zolltarifes ist die **„Verordnung über die zolltarifliche und statistische Nomenklatur sowie den Gemeinsamen Zolltarif** (GZT)" (VO (EWG) Nr. 2658/87).[10] Diese Rechtsgrundlage konstituiert die Kombinierte Nomenklatur als **Zolltarifschema** und **Statistiknomenklatur,** enthält in einem Anhang deren aktuelle Fassung sowie die jeweiligen Zollsätze und ermächtigt ferner die Kommission zur Erstellung des **TARIC,** des integrierten EU-Zolltarifs (Tarif intégré des communautés européennes). Mit dessen Hilfe werden Unionsmaßnahmen, wie zB Zollaussetzungen und Zollkontingente, erfasst. Der TARIC basiert auf der KNund ergänzt diese 17

6 S.VO (EU) Nr 952/2013, ABl. 2013, L 269, 1.
7 VO (EWG) Nr. 2913/92, ABl. 1992, L 302, S. 1.
8 VO (EWG) Nr. 2454/93, ABl. 1993, L 253, S. 1.
9 *Bleihauer*, in: Witte/Wolffgang, Rn 1458.
10 VO (EWG) Nr. 2658/87, ABl.1987, L 256, S. 1.

um die 9. und 10. Stelle der im Regelfall elfstelligen Codierung des EZT (Elektronischer Zolltarif). Der TARIC stellt selbst kein Recht dar. In Art. 20 ZK wird der Umfang des EU-Zolltarifs definiert. Im nationalen deutschen Recht verweist § 6 des ZollVG auf Art. 20 ZK und legt fest, dass der Zolltarif die dort genannten Rechtsakte umfasst.[11]

II. Zollkodex

18 Um das praktische Funktionieren des Binnenmarktes gewährleisten zu können, musste das nationale Zollrecht der Mitgliedstaaten umfangreich angeglichen werden. Daher wurde vom Rat der EU der **Zollkodex der Gemeinschaften** (ZK) erlassen. Der ZK ist seit dem 1.1.1994 das für alle EU-Mitgliedstaaten einheitlich geltende allgemeine Zollgesetz (vgl Art. 1 S. 1 ZK). Als Verordnung ist der ZK gem. Art. 288 AEUV unmittelbar in allen Mitgliedstaaten geltendes Recht. Er genießt unionsweiten Anwendungsvorrang vor gleich gerichtetem nationalen Recht, so dass diesem nur noch eine ergänzende Funktion verbleibt.[12] Aufgrund der Veränderungen der wirtschaftlichen Realität in Form von Globalisierung, Terrorgefahr, Erweiterung der EU und weitgehend elektronischem Arbeitsumfeld wurde 2008 der Modernisierte Zollkodex[13] veröffentlicht, der aber nie zur Anwendung kam, sondern durch den Unionszollkodex (UZK) aufgehoben wurde.[14] Der UZK wird im Mai 2016 vollumfänglich Anwendung finden wird. Bis dahin gelten ZK und ZK-DVO fort.

19 Der ZK enthält in seinen 9 Titeln und 257 Artikeln nur die grundsätzlichen Bestimmungen des europäischen Zollrechts. Einzelheiten finden sich in den 900 Artikeln der **Durchführungsverordnung zum ZK (ZK-DVO)** und ihren 113 Anhängen, dessen Regelungen allesamt dem ZK systematisch zugeordnet sind, um eine (einheitliche) Anwendung des auf den wesentlichen Inhalt beschränkten ZK sicherstellen zu können. Die ZK-DVO wird ein- bis zweimal pro Jahr geändert, um das Zollrecht den veränderten wirtschaftlichen oder rechtlichen Anforderungen anzupassen. Alle in der ZK-DVO, aber auch im ZK getroffenen Regelungen müssen klar und deutlich formuliert sein, so dass der Wirtschaftsbeteiligte seine Rechte und Pflichten unzweifelhaft erkennen und dementsprechend handeln kann.[15]

20 Inhaltlich bildet der ZK drei Schwerpunkte: das in den Titeln III – V geregelte Verfahrensrecht bzw formelle Recht, das Abgabenrecht bzw materielle Recht in den Titeln II, VI und VII und die in den Titeln I, VIII und IX aufgeführten allgemeinen Regeln. Die **allgemeinen Regeln** des europäischen Zollrechts stehen zu Beginn und am Ende des ZK. Unter der Überschrift „Allgemeines" in Titel I des ZK sind der Geltungsbereich des ZK, grundlegende Bestimmungen (Art. 1-4 ZK), die Stellvertretung (Art. 5 ZK), der „zugelassene Wirtschaftsbeteiligte" (Art. 5 a ZK), Entscheidungen (Art. 6-10 ZK), Auskünfte (Art. 11-12 ZK) und sonstige Vorschriften (Art. 13-19 ZK) verankert und damit allgemeingültige, zentrale Begriffsbestimmungen für die Anwendung des ZK „vor die Klammer" spezieller Regelungen gezogen worden.

21 Art. 1-3 ZK bestimmen den Anwendungsbereich des ZK. Art. 1 S. 1 ZK definiert, welche Rechtsbereiche überhaupt vom **Zollrecht** iSd ZK umfasst werden. Dem Wortlaut nach sind dies die Regelungen des ZK an sich sowie die auf unionsrechtlicher Ebene und einzelstaatlicher Ebene dazu erlassenen Vorschriften. Der **sachliche Anwendungsbereich** des ZK erstreckt sich gem. Art. 1 S. 2, 1. Anstrich ZK lediglich auf den **grenzüberschreitenden Warenverkehr** mit Drittländern, wobei der Begriff der „Ware" weit verstanden wird. Art. 2 ZK definiert den **räumlichen Anwendungsbereich** des ZK, wonach sich sich der Anwendungsbereich des ZK auf die in Art. 3 ZK genannten Gebiete erstreckt, wobei vom Prinzip her die Summe der Hoheitsgebiete der Mitgliedstaaten als das EU-Zollgebiet angesehen werden kann.

---

11 *Bleihauer,* in: Witte/Wolffgang, Rn 1458.

12 Vgl dazu umfassend *Gellert*, Zollkodex und Abgabenordnung, 2003; s. auch die Synopse bei *Hohrmann,* in: HHSp, Einführung ZK, Rn 150.

13 VO (EG) Nr. 450/2008, ABl. 2008, L 145, S. 1.

14 Art. 286 VO (EU) Nr. 952/2013, ABl. 2013, L 269, S. 87.

15 EuGH, Rs. 143/93 (van Es/Inspecteur der Invoerrechten en Accijnzen), Slg 1996, I-431.

Art. 4 ZK beinhaltet einige wichtige Begriffsbestimmungen, die dem gesamten Zollrecht zugrunde liegen. Eine der wichtigsten Bestimmungen enthält Art. 4 Nr. 23 ZK. Diese Vorschrift definiert den Begriff des **„geltenden Rechts“** (iSd ZK) sowohl als Unionsrecht als auch einzelstaatliches Recht. Mitgliedstaatliche Zollbehörden dürfen Einzelheiten auch auf nationaler Ebene regeln, sofern dies ausdrücklich vorgesehen ist. Der Grundsatz vom Vorrang des Unionsrechts wird dadurch nicht durchbrochen. In diesen Fällen ermächtigt das Unionsrecht zum Erlass nationaler Vorschriften. Trotz seines Umfangs ist der Definitionskatalog nicht abschließend. Weitere wichtige Definitionen sind über den gesamten ZK verstreut; insbesondere in Art. 84 ZK und den einzelnen Zollverfahrensvorschriften. 22

Zu den allgemeinen Regeln gehört auch der Rechtsschutz in Zollsachen. Gem. Art. 243 ZK ist es jeder Person iSv Art. 4 Nr. 1 ZK möglich, gegen ergangene oder unterbliebene Entscheidungen der Zollbehörde in einem zweistufigen Verfahren auf Verwaltungs- und Gerichtsebene Rechtsbehelfe einzulegen, wenn sie unmittelbar und persönlich betroffen ist. Dies ist insbesondere der Fall, wenn ein **Abgabenbescheid** erlassen wurde. Eine (teilweise) **aufschiebende Wirkung** der angefochtenen Entscheidung tritt gem. Art. 244 Unterabs. 2 ZK nur ein, wenn die Zollbehörde begründete Zweifel an der angefochtenen Entscheidung hat oder dem Beteiligten ein unersetzbarer Schaden entstehen könnte. Nur wenn das nationale Recht nicht ausdrücklich vorsieht, dass der Rechtsbehelf unmittelbar einem Gericht vorgelegt werden kann, muss dieser zunächst bei einer für diesen Zweck bestimmten Zollbehörde vorgelegt werden.[16] Alle weiteren Verfahrenseinzelheiten sind nur rudimentär im ZK geregelt. Art. 245 ZK verweist an dieser Stelle auf die Regelungen des nationalen Rechts. 23

III. Völkerrechtliche Zollabkommen

Das europäische Zollrecht wird durch zahlreiche völkerrechtliche Regelungen beeinflusst. Von maßgeblicher Bedeutung sind die Regeln des **Wirtschaftsvölkerrechts**, die sich aus internationalen Abkommen oder Übereinkommen ergeben. 24

1. The General Agreement on Tariffs and Trade (GATT)

Für die heutige Situation der Welthandelsordnung ist das **Allgemeine Zoll- und Handelsabkommen (General Agreement on Tariffs and Trade – GATT)** entscheidend. Dieses Abkommen wurde im Jahre 1947 geschlossen und trat am 1.1.1948 als **GATT 47** in Kraft.[17] Geschlossen wurde dieses multilaterale Vertragswerk einst, um den weltweiten Handel durch den stetigen Abbau von Zöllen und nicht-tarifären Handelshemmnissen gegenseitig zu fördern und eine Neuordnung der Handelsbeziehungen nach dem Zweiten Weltkrieg herbeizuführen.[18] Um das Erreichen dieser Ziele nachhaltig gewährleisten zu können, wurde, neben weiteren Grundprinzipien, das **Prinzip der Meistbegünstigung** geschaffen. Danach sollen gem. Art. I GATT 47 alle Vergünstigungen und Vorteile (für Zölle und Zollförmlichkeiten) sowie Zollbefreiungen, die im weltweiten zwischenstaatlichen Handel einem Vertragsland gewährt werden, allen GATT-Mitgliedstaaten zugute kommen. 25

In insgesamt acht Verhandlungsrunden, sog. **„Zollrunden“**, gelang ein beachtlicher Abbau von Zöllen und Handelsschranken. Die von den Industrieländern auf gewerbliche Importgüter erhobenen Zölle konnten derart vermindert werden, dass sie in erheblicher Weise an kommerzieller Bedeutung für den grenzüberschreitenden Warenverkehr verloren. 26

2. The World Trade Organization (WTO)

Zum 1.1.1995 wurde die **Welthandelsorganisation (World Trade Organization – WTO)**[19] in Genf gegründet. Dadurch wurde das als Vertragswerk geschlossene Allgemeine Zoll- und Handelsab- 27

16 EuGH, Rs. C-226/99 und Rs. C-1/99 (Kofisa/Ministero delle Finanze), Slg 2001, I-207; EuGH, Rs. C-29/13 und C-30/13 (Global Trans Lodzhistik OOD).

17 Originaltext des GATT 47 elektronisch zugänglich unter: http://www.wto.org/english/docs_e/legal_e/gatt47_01_e.htm.

18 *Lux*, S. 12.

19 Homepage der WTO zugänglich unter: www.wto.org.

kommen GATT 47 in eine internationale Organisation umgeformt und dem im Jahre 1994 geschlossenen **GATT 94** sowie weiteren Übereinkommen der **Uruguay-Runde** für die Zukunft ein organisatorischer Rahmen gegeben. Durch diese neue Organisationsstruktur konnte insbesondere die gezielte Umsetzung des **„single-package"-Ansatzes** gewährleistet werden. Danach sind alle GATT-Vertragsparteien verpflichtet, alle Übereinkommen der Uruguay-Runde zu übernehmen, so dass eine auf bestimmte Übereinkommen beschränkte Mitgliedschaft nicht mehr möglich ist.[20] Die Option des „Rosinenpickens" besteht nicht mehr. Wer die Vorteile eines liberalen Marktzuganges genießen will, muss auch die eigenen Märkte öffnen.

28 Die **WTO-Übereinkommen** umfassen mit dem **GATT 94** den globalen Güterverkehr, regeln mit dem **General Agreement on Trade in Services (GATS)** aber auch den Dienstleistungshandel und beinhalten mit dem **Agreement on Trade – Related Aspects of Intellectual Property Rights (TRIPs)** ein umfangreiches Vertragswerk zum geistigen Eigentumsrecht. Seitdem wird die Welthandelsordnung von insgesamt drei materiell-rechtlichen Säulen (GATT, GATS und TRIPs) gestützt, die durch die WTO zusammengehalten werden.

29 Die Ministerkonferenz von Doha (Katar), die im November 2001 stattgefunden hat, hat die **„Doha-Runde"** der WTO eingeläutet. Diese Verhandlungsrunde soll insbesondere die gezielte **Stärkung der Entwicklungsländer** verfolgen (**„Doha-Entwicklungsagenda"**), aber auch **Handelserleichterungen (Trade Facilitation)** im grenzüberschreitenden Warenverkehr einführen, welche insbesondere durch den Abbau von Papierformalitäten und einen umfangreichen **Einsatz von IT-Systemen (e-Customs)** gekennzeichnet sein sollen.[21] Der Zeitplan des Abschlusses der Verhandlungen bis zum 1.1.2005 konnte nach der gescheiterten Konferenz von Cancun (Mexiko) im September 2003 nicht eingehalten werden. Erreicht wurde insoweit lediglich die Verabschiedung von Rahmenabkommen im August 2004.[22] Bei der Ministerkonferenz im Dezember 2013 in Bali gelang aber die Einigung auf ein multilaterales Abkommen über die Einführung von Handelsvereinfachungen (Trade Facilitation Agreement). [23]

3. The World Customs Organization (WCO)

30 Im Jahre 1952 wurde die **World Customs Organisation (Weltzollorganisation – WCO)**[24] als **„Rat für die Zusammenarbeit auf dem Gebiet Zollwesens"** (RZZ) in Brüssel gegründet und mit der Aufgabe betraut, den höchstmöglichen Grad an Harmonie und Übereinstimmung zwischen den Tarifsystemen der Vertragspartner des GATT bzw der Mitgliedstaaten der WTO zu gewährleisten und sich mit der Entwicklung und Verbesserung des Zollrechts und seiner Verfahren zu befassen.

31 Bis zum heutigen Tage wurden viele grundlegende völkerrechtliche Konventionen unter dem Einfluss der WCO geschlossen. Dies gilt insbesondere für das **„Internationale Übereinkommen zur Vereinfachung und Harmonisierung der Zollverfahren"** vom 18.5.1973, die **„Kyoto-Konvention"**.[25] Da die Vertragsparteien lediglich zur Akzeptanz einer neben der Grundkonvention gültigen Anlage verpflichtet waren, besaß diese Konvention einen zu geringen Grad an völkerrechtlicher Verbindlichkeit. Die im Jahre 1999 umfassend geänderte **„revidierte Kyoto-Konvention"**[26] hat ihre völkerrechtliche Bindungswirkung erhöhen können. Gem. Art. 12 Abs. 1 der Grundkonvention sind nunmehr alle Vertragsparteien verpflichtet, die Grundkonvention und den Allgemeinen Anhang ohne Vorbehalte anzunehmen und anzuwenden. Außerdem enthält der Allgemeine Anhang sämtliche Kernvorschriften, die Anwendung auf spezielle Anlagen finden. Die revidierte

20 *Wolffgang*, in: Witte/Wolffgang, Rn 25.
21 *Rogmann*, in: Wolffgang/Simonsen, 40, Rn 13.
22 Diese Rahmenabkommen sind elektronisch zugänglich unter www.wto.org/english/tratop_e/dda_e/draft_text_gc_dg_31july04_e.htm.
23 Text zugänglich unter: http://wto.org/english/thewto_e/minist_e/mc9_e/desci36_e.htm.
24 Homepage der WCO zugänglich unter: www.wcoomd.org.
25 Vgl ABl. 1975, L 100, S. 1; Originaltext der Konvention elektronisch zugänglich unter: http://www.unece.org/cefact/recommendations/kyoto/ky-01-e0.htm http://www.wcoomd.org/kybodycontent.htm.
26 Dokument zugänglich unter: http://www.wcoomd.org/kybodycontent.htm.

Konvention trat im Jahr 2006 in Kraft. Sie nahm bereits viele Handelsvereinfachungen vorweg, die dann auch Gegenstand des Trade Facilitation Agreements der WTO wurden.

IV. Nationales Zollrecht

32 Aufgrund des **Anwendungsvorrangs des Unionsrechts** bestand mit dem Inkrafttreten des Zollkodex mit wenigen Ausnahmen im Bereich des Truppenzollrechts kein Bedürfnis mehr für das deutsche Zollgesetz. Allerdings sind trotz der umfassenden zollrechtlichen EU-Regeln in bestimmten Fällen nationale Regelungen erforderlich, die **ergänzende oder lückenfüllende Funktion** haben. So belässt der Zollkodex die Regelung von Einzelheiten ausdrücklich den Mitgliedsstaaten (vgl zB Art. 10, 167, 217 Abs. 2, 229, 245 ZK). Die fehlenden Zollregelungen sind in Deutschland im Zollverwaltungsgesetz (**ZollVG**) und in der Zollverordnung (**ZollV**) getroffen.[27] Darüber hinaus wurden die Aufgaben der Zollverwaltung den Erfordernissen des Binnenmarktes angepasst. Das ZollVG befasst sich daher nicht nur mit dem Drittlands- oder Extrahandel, sondern überträgt der Zollverwaltung auch die Aufgabe, den Verkehr mit verbrauchsteuerpflichtigen Waren über die Grenze des deutschen Verbrauchsteuererhebungsgebiets und den Verkehr mit Waren, die Verboten und Beschränkungen unterliegen, über die Grenzen des Geltungsbereichs des ZollVG nicht nur im grenznahen Bereich, sondern im gesamten Bundesgebiet zu überwachen (§ 1 Abs. 2 und 3 ZollVG).[28]

33 Die ergänzende Geltung des allgemeinen Verfahrensrechts nach der **Abgabenordnung** (**AO**) birgt Schwierigkeiten. Das EU-Zollrecht wird regelmäßig in Form des sog. **unmittelbaren mitgliedstaatlichen Verwaltungsvollzugs** ausgeübt. Die Anwendbarkeit von Bestimmungen der AO ist dann unproblematisch, wenn der Zollkodex ausdrücklich auf das nationale Verfahrensrecht verweist oder den mitgliedstaatlichen Zollbehörden die Befugnis einräumt, bestimmte Einzelheiten zu regeln. Im Übrigen kann grds. davon ausgegangen werden, dass der Zollkodex nur punktuell einzelne Bereiche des allgemeinen Verfahrensrechts regelt und, soweit er keine Regelungen enthält, weiterhin nationales Verfahrensrecht gilt.

C. Zollverfahrensrecht

34 Im Mittelpunkt des Zollkodex steht das formelle Zollrecht, das **Verfahrensrecht**. Dieses besteht aus den Titeln III, IV und V und regelt Aspekte, die bei Ein- und Ausfuhr von Waren zu beachten sind. Erstmals wird verbindlich für das gesamte EU-Zollgebiet festgelegt, wie eine Ware in ein Zollverfahren zu überführen ist und welche grundsätzlichen Vereinfachungen es gibt, wie das Zollverfahren „Überführung in den zollrechtlichen Verkehr" aussieht und welche weiteren, abschließend festgelegten Zollverfahren es gibt. Der ZK kennt acht Zollverfahren, nämlich die Überführung in den freien Verkehr, das Versandverfahren, das Ausfuhrverfahren sowie die Verfahren zur Vermeidung von Zollabgaben (das Zolllagerverfahren, die aktive und passive Veredelung, das Umwandlungsverfahren und die vorübergehende Verwendung). In vielen Fällen geht es um Wege und Möglichkeiten, Abgaben nicht oder noch nicht entstehen zu lassen, da diese nach dem Wirtschaftszollgedanken nur erhoben werden dürfen, wenn die Nichtgemeinschaftsware unmittelbar in den Wirtschaftskreislauf eingeht. Inwieweit dies der Fall ist, hängt von der gewählten zollrechtlichen Bestimmung ab, die in Titel IV geregelt werden.

I. Zollamtliche Überwachung des grenzüberschreitenden Warenverkehrs

1. Das Verbringen der Ware in das Zollgebiet der Union

35 Um die zentralen Regelungen der zollrechtlichen Bestimmungen sind gleichsam wie ein Vor- und ein Nachspann die Vorschriften für das Verbringen von Waren in das (Titel III des ZK) und aus dem EU-Zollgebiet (Titel V des ZK) angeordnet. Insbesondere Titel III des ZK spielt eine wesentli-

27 *Hohrmann*, in: HHSp, Einführung Rn 65.
28 *Wolffgang*, in: Witte/Wolffgang, Rn 18.

che Rolle, wenn es darum geht, die in das EU-Zollgebiet verbrachten Waren körperlich zu erfassen, bevor sie in ein Zollverfahren übergeführt werden können.

a) Die zollamtliche Überwachung der Ware

36 Um die Ware körperlich erfassen zu können, unterliegt sie nach Entgegennahme der Zollanmeldung oder Mitteilung (vgl Art. 59 Abs. 2 ZK) der **zollamtlichen Überwachung**, sobald sie in das EU-Zollgebiet verbracht wurde (Art. 37 Abs. 1 S. 1 ZK). Ab diesem Zeitpunkt kann die Zollverwaltung allgemeine Maßnahmen iSv Art. 4 Nr. 13 ZK treffen, um die Sicherung aller Zollbelange zu gewährleisten. Welche besonderen zollamtlichen Prüfungen dies sein können, zählt Art. 4 Nr. 14 ZK beispielhaft auf. Insbesondere unterliegt die Ware dem **Zollstraßen- und Öffnungszeitenzwang.** Danach kann die Zollbehörde bestimmen, wie und wohin die Ware zur Gestellung zu transportieren ist. Vor der Ankunft der Waren muss eine elektronische **summarische Anmeldung** oder Zollanmeldung abgegeben werden (Art. 36a-36c ZK). Eingänge von Waren in das EU-Zollgebiet soll es also nur noch nach vorheriger Anmeldung geben. Diese Vorgehensweise gilt grundsätzlich für jede in das Zollgebiet zu verbringende Ware, sofern keine Ausnahme gem. Art. 181c ZK-DVO gegeben ist (zB Waren im persönlichen Gepäck von Reisenden). Praktisch von Bedeutung sind vor allem die in Art. 184a ZK-DVO enthaltenen Fristen für die Abgabe der Eingangsanmeldungen (zB bei Containerfracht vor Verladung auf das Schiff im Abgangshafen). Die für die Eingangsmeldung erforderlichen Inhalte sind im Detail in Anhang 30A der ZK-DVO geregelt. Für Zugelassene Wirtschaftsbeteiligte bestehen gem. Art. 14b ZK-DVO verfahrensmäßige Vereinfachungen (zB reduzierte Datensätze, weniger Beschauen und belegmäßige Kontrollen).

b) Die Gestellung

37 Gem. Art. 40 ZK ist jede Ware, die dem Zollstraßenzwang unterliegt, zu gestellen. Eine solche **Gestellung** ist die Mitteilung an einen Bediensteten der zuständigen Zollstelle, dass sich die Ware an dem dafür vorgesehenen Ort befindet (Art. 4 Nr. 19 ZK). Die Zollstelle erlangt in diesem Zeitpunkt zum ersten Mal Kenntnis vom Vorhandensein der Ware im EU-Zollgebiet. Ist die Ware gestellt worden, kann schon in diesem Zeitpunkt dem Beteiligten gem. Art. 42 ZK die Möglichkeit gegeben werden, diese auf Antrag zu besichtigen, um sie später zügig einer bestimmten zollrechtlichen Bestimmung zuführen zu können. Im Rahmen dieser **Vorbesichtigung** kann der Wirtschaftsbeteiligte die Ware prüfen und zur Ermittlung der stofflichen Beschaffenheit Proben oder Muster entnehmen (Art. 42 ZK). Nach der Gestellung der Waren ist zudem eine **summarische Anmeldung zur vorübergehenden Verwahrung** abzugeben. Diese summarische Anmeldung darf nicht mit der summarischen Eingangsanmeldung verwechselt werden. Die summarische Anmeldung zur vorübergehenden Verwahrung dient dazu, die vorgeschriebenen Fristen zum Erhalt einer zollrechtlichen Bestimmung zu überwachen. Inhaltlich übersteigt sie den Gehalt der Gestellungsmitteilung, bleibt jedoch hinter der eigentlichen Zollanmeldung zurück. Anzugeben sind hierbei die Art des Beförderungsmittels, die Verpackung der Waren sowie die Warenart und die Warenmenge.

38 Nach der Gestellung besteht gem. Art. 49 Abs. 1 Buchst. b ZK 20 Tage Zeit, eine **Zollanmeldung** für die Ware abzugeben oder eine sonstige zollrechtliche Bestimmung mitzuteilen. Wurde die Ware auf dem Seewege befördert, gilt eine Zeitspanne von 45 Tagen (Art. 49 Abs. 1 Buchst. a ZK). Zwar kann gem. Art. 49 Abs. 2 ZK eine Fristverlängerung beantragt werden. Diese wird allerdings nur bei Vorliegen besonderer Umstände gewährt.[29] Sollte der Wirtschaftsbeteiligte nicht innerhalb von 20 Tagen eine **zollrechtliche Bestimmung** gewählt haben, darf die Zollbehörde die Waren gem. Art. 53, 56 ZK grundsätzlich verkaufen, unter ihrer Überwachung lagern oder vernichten. Außerdem entsteht eine **Zollschuld,** da gem. Art. 204 Abs. 1 Buchst. a ZK eine Pflicht aus der vorübergehenden Verwahrung verletzt wurde.

29 EuGH, Rs. C-48/98 (Söhl & Söhlke/HZA Bremen), Slg 1999, I-7877.

c) Die vorübergehende Verwahrung

Von der Gestellung bis zum Erhalt ihrer zollrechtlichen Bestimmung befindet sich die Ware in der **vorübergehenden Verwahrung** (Art. 50-53 ZK, Art. 185-187 ZK-DVO). In diesem Zeitraum darf die Ware nur solchen Erhaltungsmaßnahmen unterzogen werden, die ihre Aufmachung oder technischen Merkmale nicht ändern (Art. 52 ZK). 39

Die Zollstelle entscheidet über die **vorübergehende Lagerung** der Ware. Welche Möglichkeiten zur Verfügung stehen, wird durch die Regelungen des ZK nicht näher umgrenzt. Normalerweise wird die Ware aus Platzgründen im Besitz des Einführers oder eines Lagerhalters belassen. Eine Sicherheit kann gem. Art. 51 Abs. 2, Art. 189 ZK verlangt werden. Die Zollbehörde kann die Ware auch selbst einlagern (vgl Art. 51 Abs. 1, Art. 53 ZK). Orte, die dauernd für die Lagerung vorübergehend verwahrter Ware genutzt werden, werden als **Verwahrungslager** bezeichnet (Art. 185 Abs. 1 ZK-DVO). Bereits vorhandene Zolllager können als Verwahrungslager dienen (vgl Art. 98 ff ZK, Art. 526 Abs. 1 ZK-DVO). Aus diesem Verwahrungslager darf die Ware erst entnommen werden, wenn sie endgültig einer zollrechtlichen Bestimmung durch Überlassung zugeführt werden soll.[30] 40

2. Das Verbringen der Ware aus dem Zollgebiet der Union

Titel V des ZK regelt zum Abschluss des formellen Verfahrensrechts das Verbringen der Ware aus dem EU-Zollgebiet. Er beinhaltet in Art. 183 ZK und Art. 843 ZK-DVO den Grundsatz, dass auch Waren, die aus dem EU-Zollgebiet verbracht werden, unter **zollamtlicher Überwachung** stehen. Ob dies Gemeinschaftswaren sind, die sich im Ausfuhrverfahren befinden, oder Nichtgemeinschaftswaren, die der Wiederausfuhr zugeführt worden sind, spielt keine Rolle. Auch die vorübergehende Ausfuhr wird überwacht (vgl Art. 183 ZK). Vor dem Ausgang der Waren muss eine elektronische Zollanmeldung oder summarische Anmeldung abgegeben werden (Art. 182a-182 d ZK). Bei der summarischen Ausgangsanmeldung muss allerdings das Verhältnis zum Ausfuhrverfahren berücksichtigt werden: Während eine fristgerechte Ausfuhranmeldung bei der Ausfuhrzollstelle für jede Ausfuhr von Gemeinschaftswaren aus dem Zollgebiet der Union sowie für Anmeldungen zur Wiederausfuhr nach einem Zollverfahren mit wirtschaftlicher Bedeutung abgegeben werden muss, muss die summarische Ausgangsanmeldung für die Wiederausfuhren von Nichtgemeinschaftswaren abgegeben werden, für die keine Ausfuhranmeldung erforderlich ist. Für Ausnahmen von der Pflicht zur Abgabe der summarischen Ausgangsanmeldung gelten Art. 842 a iVm 592 a ZK-DVO. Die Fristen sind in Art. 842 d ff ZK-DVO und die Inhalte in Anhang 30A ZK-DVO geregelt. Die Vereinfachungen für Zugelassene Wirtschaftsbeteiligte entsprechen denen bei der summarischen Eingangsanmeldung. 41

II. Überführung von Waren in ein Zollverfahren

1. Der Erhalt einer zollrechtlichen Bestimmung

Wie mit einer Ware verfahren werden kann, die in das EU-Zollgebiet oder aus dem EU-Zollgebiet verbracht worden ist, hängt von ihrer **zollrechtlichen Bestimmung** ab. Der Wirtschaftsbeteiligte kann bestimmen, was mit der Ware passiert. Art. 4 Nr. 15 und 16 ZK legen abschließend fest, welche möglichen, gleichwertig nebeneinander stehenden **„Zollverfahren"** für die Ein- oder Ausfuhr gewählt werden können oder welche **„sonstigen zollrechtlichen Bestimmungen"** für die Ware in Frage kommen. Beide Verfahrensarten unterscheiden sich darin, dass das Überführen der Ware in ein Zollverfahren einer Anmeldung bedarf (Art. 59 Abs. 1 ZK), während eine sonstige zollrechtliche Bestimmung eine nur tatsächliche Handlung seitens des Wirtschaftsbeteiligten erfordert.[31] 42

a) Die Wahlfreiheit des Wirtschaftsbeteiligten

Die **Wahlfreiheit des Wirtschaftsbeteiligten** steht im Mittelpunkt aller zollrechtlichen Bestimmungen. Unter der Regie des Anmelders kann für die Ware eine beliebige, wirtschaftlich zulässige zoll- 43

30 EuGH, Rs. C-542/11 (Codirex Expeditie BV).

31 *Lux*, S. 242.

rechtliche Bestimmung gewählt werden. „Herr des Verfahrens" ist nicht die Zollbehörde, sondern der Verfügungsberechtigte selbst.[32]

44 Ob die vom Wirtschaftsbeteiligten gewählte zollrechtliche Bestimmung zulässig ist, hängt in erster Linie von dem **Status der Ware** ab. Gem. Art. 4 Nr. 6 ZK wird zwischen dem der **Gemeinschaftsware** und dem der **Nichtgemeinschaftsware** unterschieden. Nach der Legaldefinition in Art. 4 Nr. 7 ZK sind **Gemeinschaftswaren** alle Waren mit EU-Ursprung und solche, die aus fremden Zollgebieten stammen, aber in der EU in den zollrechtlich freien Verkehr übergeführt worden sind. Eine positive Definition der **Nichtgemeinschaftsware** fehlt. Art. 4 Nr. 8 Unterabs. 1 ZK bestimmt lediglich, dass dies alle Waren sind, die nicht Gemeinschaftswaren sind. Aufgrund des in Art. 4 Nr. 8 Unterabs. 2 ZK verankerten **Territorialitätsprinzips**, wonach alle Gemeinschaftswaren ihren Status bei Verlassen des Zollgebiets verlieren, ist davon auszugehen, dass dies alle Waren sind, die aus dritten Staaten in das EU-Zollgebiet verbracht werden.

b) Die Grenzen der Wahlfreiheit – Verbote und Beschränkungen

45 Die Wahlfreiheit des Wirtschaftsbeteiligten kann eingeschränkt sein. Derartige Verkehrsbeschränkungen können sich aus der Beschaffenheit oder dem Ursprung der Ware und der Warenmenge, aber auch aus dem Bestimmungsort der Ware sowie aus gegenteiligen Bestimmungen ergeben (Art. 58 Abs. 1 ZK). Solche gegenteilige Bestimmungen werden als **Verbote und Beschränkungen** bezeichnet und können aus der Anwendung handels- oder sicherheitspolitischer Maßnahmen oder von Verboten und Beschränkungen iSv Art. 58 Abs. 2 ZK resultieren. Da diese Maßnahmen keine Abgaben zur Folge haben, werden sie als nicht-tarifäre Maßnahmen verstanden.

46 Neben den sich aus den Verboten und Beschränkungen ergebenden Einschränkungen können sich aber auch Beschränkungen aus der Anwendung handelspolitischer Maßnahmen ergeben. Unter **handelspolitischen Maßnahmen** werden alle wirtschaftlich veranlassten Maßnahmen verstanden, die durch Unionsvorschriften im Rahmen der gemeinsamen Handelspolitik (Art. 207 AEUV) getroffen worden sind, wie zB Überwachungs- oder Schutzmaßnahmen, mengenmäßige Beschränkungen, Höchstmengen sowie Ein- und Ausfuhrverbote (vgl Art. 1 Nr. 7 ZK-DVO). Sie dienen insbesondere dem Schutz der heimischen Industrie und der Landwirtschaft.

47 Hinsichtlich möglicher **Verbote und Beschränkungen (VuB)** iSv Art. 58 Abs. 2 ZK, die im Gegensatz zu den handelspolitischen Maßnahmen nicht wirtschaftlich veranlasst sind, wird zwischen **absoluten** und **relativen Verboten und Beschränkungen** unterschieden.[33] Danach rechtfertigen es zahlreiche Beschränkungen zum Schutze von Mensch und Tier, aber auch Gründe der öffentlichen Sittlichkeit, Ordnung oder Sicherheit, eine zollrechtliche Bestimmung **gänzlich auszuschließen (absolute VuB)** oder von **bestimmten Voraussetzungen** abhängig zu machen **(relative VuB)**.

2. Die Überführung von Waren in ein Zollverfahren

48 Unter welchen Voraussetzungen eine Ware in ein Zollverfahren zu überführen ist, wird in den Art. 59-78 ZK näher geregelt. Auch hier gelten die meisten Regelungen für alle Zollverfahren, bedürfen allerdings hinsichtlich der vereinfachten Verfahren noch der Ausfüllung durch die ZK-DVO.

a) Die Zollanmeldung

49 Der ZK geht von folgendem Grundprinzip aus: Zum Erhalt einer zollrechtlichen Bestimmung bedarf es der Zollanmeldung oder Mitteilung. Gem. Art. 59 Abs. 1 ZK sind demnach alle Waren, die in ein Zollverfahren übergeführt werden sollen, unabhängig von ihrem Status als Gemeinschafts- oder Nichtgemeinschaftsware zu dem betreffenden Verfahren anzumelden. Nach der Legaldefinition in Art. 4 Nr. 17 ZK stellt jede Handlung, mit der eine Person in der vorgeschriebenen Form und nach den vorgeschriebenen Bestimmungen die Absicht bekundet, eine Ware in ein

32 *Henke*, in: Witte, Art. 58 ZK, Rn 1.
33 *Dorsch/Stüwe*, Art. 58 ZK, Rn 63.

bestimmtes Zollverfahren überführen zu lassen, eine Zollanmeldung dar. Die Zollanmeldung ist damit eine **öffentlich-rechtliche Willenserklärung** des Anmelders (Art. 4 Nr. 18 ZK), durch die er das ihm gem. Art. 58 Abs. 1 ZK zustehende Wahl- und Gestaltungsrecht in Richtung auf die wirtschaftliche Nutzung der Zollverfahren ausführen kann. Als **Zollanmelder** kann gem. Art. 64 Abs. 1 ZK jede Person in Erscheinung treten, die in der Lage ist, eine Ware bei der zuständigen Zollstelle zu gestellen oder gestellen zu lassen und die alle erforderlichen Unterlagen für das jeweilige Zollverfahren vorlegen kann. Gem. Art. 5 Abs. 1 ZK kann sich die Person auch vertreten lassen (zB durch eine Spedition). In Art. 61 legt sich der ZK auf vier abschließend geregelte, gleichberechtigte Formen einer Zollanmeldung fest: die schriftliche Zollanmeldung, die mittels Datenverarbeitung, die mündliche und die durch andere Handlungen bewirkte Zollanmeldung.

aa) Normales Anmeldeverfahren

Für gewerbliche Ein- und Ausfuhren wurde die Zollanmeldung grundsätzlich **schriftlich abgegeben.** 50
Aufgrund der Entwicklungen im IT-Bereich stellt sie nunmehr die Ausnahme zum Grundfall der Zollabwicklung mittels IT dar. Sie kann gem. Art. 62 – 75 und Art. 198-238 ZK-DVO im **„normalen Verfahren“** mittels Einheitspapier oder im **„vereinfachten Verfahren“** unter den Voraussetzungen von Art. 76 ZK iVm Art. 253 ff ZK-DVO abgegeben werden. Welche Unterlagen der Zollanmeldung beigefügt werden müssen, hängt gem. Art. 218 ff ZK-DVO von dem beabsichtigten Zollverfahren ab. Dies können Rechnungen, Zollwertanmeldungen, Präferenznachweise oder Einfuhr- und Ausfuhrgenehmigungen sein. Nur unter besonderen Umständen kann dem Anmelder eine Berichtigung oder Ungültigkeitserklärung der Anmeldung gestattet werden (vgl Art. 65 ZK, Art. 66 ZK).[34]

(1) Schriftliche Zollanmeldung

Amtliches Muster für die schriftliche Anmeldung von Waren im normalen Verfahren ist das **Einheitspapier** (Art. 62 ZK, Art. 205-221 ZK-DVO). Wird in einer Unionsregelung auf eine (schriftliche) Zollanmeldung Bezug genommen, ist stets dieses Einheitspapier gemeint.[35] Etwas anderes gilt gem. Art. 205 Abs. 2 und 5 ZK-DVO nur, wenn spezielle Verwaltungspapiere durch EU-Rechtsakte oder internationale Übereinkommen eingeführt worden sind, wie zB das Carnet TIR oder ATA (Art. 91 Abs. 2 Buchst. b-c ZK). 51

Die inhaltlichen Angaben, die das **Einheitspapier** für das jeweilige Zollverfahren enthalten muss, werden alljährlich in einer (fakultativen) Maximal- und einer (zwingenden) Minimalliste sowie in Form eines **Merkblattes** aufbereitet (Art. 216 ZK-DVO, Anhang 37 ZK-DVO). Dieses Merkblatt kann seitens der Mitgliedstaaten ergänzt werden (Art. 212 Abs. 3 ZK-DVO). 52

(2) Zollanmeldung mittels Datenverarbeitung

Anstelle der Vorlage schriftlicher Unterlagen werden die in Anhang 37 ZK-DVO für eine schriftliche Zollanmeldung vorgesehenen Angaben bei der Abgabe der Zollanmeldung mit **Mitteln der Datenverarbeitung im Informatikverfahren** (Art. 61 Buchst. b ZK, Art. 4a-c, 222-224 ZK-DVO) elektronisch übermittelt. Art. 4 a Abs. 1 Unterabs. 2 ZK-DVO definiert sowohl den Austausch von Standardnachrichten gem. **EDI (Electronic Data Interchange)** als auch die Eingabe in Zollinformatiksysteme als Informatikverfahren. 53

In Deutschland wurde flächendeckend das **IT-Gesamtkonzept ATLAS (Automatisiertes Tarif- und Lokales Zollabwicklungssystem)** eingeführt. Insbesondere zur Überführung von Waren in den freien Verkehr eröffnen sich dem Zollanmelder derzeit verschiedene Möglichkeiten, eine elektronische Anmeldung abzugeben. Nach dem derzeitigen Stand kann eine (vereinfachte) Zollanmeldung sowohl auf elektronischem Wege von dem Unternehmen des Wirtschaftsbeteiligten aus (Teilnehmereingabe) als auch schriftlich mit anschließender Eingabe in ATLAS durch die Zollbehörde (Benutzereingabe) bei der Zollstelle abgegeben werden. Für die **Teilnehmereingabe** bedarf es aller- 54

34 EuGH, Rs. C-138/10, (DP grup EOOD), Slg 2011, I-8369.
35 *Henke*, in: Witte Art. 62 ZK, Rn 1.

dings einer vorherigen Anmeldung bei der zuständigen Behörde, um eine die handschriftliche Unterschrift ersetzende **Beteiligten-Identifikationsnummer (BIN)** zu erhalten (Art. 4 b ZK-DVO). Weniger strengen (und kostenintensiven) Voraussetzungen unterliegt die seit dem 1.8.2002 mögliche **Internetzollanmeldung (IZA)** zur Überführung von Waren in den freien Verkehr, die über ein elektronisches Formular im Internet[36] vorgenommen werden kann und eine adäquate Lösung für denjenigen Wirtschaftsbeteiligten darstellt, der keine bestimmte, kompatible Hard- und Softwareausstattung für die Teilnahme an ATLAS im Betrieb einführen möchte.

bb) Vereinfachtes Anmeldeverfahren

55 Um die Abfertigungsmodalitäten auf ein Mindestmaß zu reduzieren und die Passierdauer der Ware an der Grenze verkürzen zu können, wurden auf der Grundlage von Art. 76 Abs. 1 ZK drei vereinfachte Zollanmeldungsverfahren in der ZK-DVO geschaffen: die **unvollständige Zollanmeldung** (Art. 253 Abs. 1 ZK-DVO), das **vereinfachte Anmeldeverfahren** (Art. 253 Abs. 2 ZK-DVO) und das **Anschreibeverfahren** (Art. 253 Abs. 3 ZK-DVO). Eine Zollanmeldung muss grundsätzlich alle notwendigen Angaben und Unterlagen enthalten. Bei der Abgabe einer unvollständigen Zollanmeldung muss die Zollanmeldung zunächst noch nicht alle Angaben enthalten. Ferner sind auch noch nicht alle Unterlagen beizufügen. Denn oftmals ist dies zum maßgeblichen Zeitpunkt noch nicht möglich. Die fehlenden Angaben und Unterlagen sind grundsätzlich innerhalb eines Monats nach der Annahme der Zollanmeldung nachzureichen. Die Inanspruchnahme dieses Verfahrens bedarf keiner vorher erteilten Bewilligung. Die bewilligungsbedürftige Abgabe einer vereinfachten Zollanmeldung erlaubt ebenfalls die Abgabe einer unvollständigen Zollanmeldung. Im Unterschied zum oben dargestellten Verfahren der unvollständigen Zollanmeldung muss die ergänzende Anmeldung nicht einzeln für jede unvollständige Zollanmeldung nachgereicht werden, sondern es können die fehlenden Angaben und Unterlagen mehrerer vereinfachter Zollanmeldungen periodisch zusammengefasst beim Zoll nachgereicht werden. Im Rahmen des bewilligungsbedürftigen Anschreibeverfahrens wird die Anmeldung der Waren durch die Abschreibung in der Buchhaltung vorgenommen. Ferner wird die Gestellung der Ware in die Geschäftsräume des Warenempfängers (sog. **zugelassener Empfänger**) oder des Anmelders (sog. zugelassener Ausführer) verlagert.

b) Die Überprüfung der Zollanmeldung, Warenbeschau

56 Die Regelungen in Art. 68 und Art. 73 Abs. 1 ZK sehen vor, dass die Zollbehörde grundsätzlich nicht verpflichtet ist, die ihr vorgelegte Zollanmeldung zu überprüfen. Die in der Anmeldung enthaltenen Angaben werden schlichtweg der weiteren Zollbehandlung zugrunde gelegt (Art. 71 Abs. 2 ZK). Allerdings besteht gem. Art. 78 ZK die Möglichkeit einer **nachträglichen Überprüfung** fort, dh die Anmeldung kann weiterhin ex post anhand der Geschäftsunterlagen im Unternehmen des Zollanmelders überprüft werden.

57 Neben der Prüfung der Zollanmeldung und der beigefügten Unterlagen (Art. 68 Buchst. a ZK) ist die **Zollbeschau** der Ware gem. Art. 68 Buchst. b ZK das Kernstück der geregelten Überprüfung der Zollanmeldung. Die Zollbeschau umfasst die **Mengen- und Beschaffenheitsschau** und kann sich auf sämtliche Waren der Anmeldung beziehen (volle Beschau) oder als stichprobenweise Beschau nur bei einem Teil der Sendung durchgeführt werden. Über ihre Anordnung und Durchführung hat die Zollbehörde nach pflichtgemäßem Ermessen zu entscheiden. Proben und Muster können gem. Art. 69 Abs. 1 Buchst. b ZK entnommen werden, wenn die Beschaffenheitsmerkmale einer Ware nicht vor Ort geklärt werden können. Hat eine **volle Zollbeschau** stattgefunden, wird deren Ergebnis der weiteren Zollbehandlung zugrunde gelegt (Art. 71 Abs. 1 ZK). Ansonsten gelten gesetzliche Fiktionen, dh die nicht zollamtlich festgestellten Merkmale werden der Anmeldung entnommen. Bei einer **stichprobenweisen Beschau** wird gem. Art. 70 Abs. 1 ZK vermutet, dass der nicht geprüfte Teil dem beschauten Teil entspricht.[37] Der **Zollbefund**, dh die anlässlich der Prüfung

36 Informationen zur Internetzollanmeldung elektronisch erhältlich unter: https://www.einfuhr.internetzollanmeldung.de/iza/content.do.

37 EuGH, Rs. C-323/10 bis 326/10 (Doux Geflügel).

und Zollbeschau gefundenen Ergebnisse, sind für den weiteren Verlauf des Verfahrens auf der Zollanmeldung oder auf einem Zusatzblatt zu vermerken (Art. 247 Abs. 1 ZK-DVO).

c) Das Überlassen der Ware

Sobald die Angaben in der Zollanmeldung überprüft oder ohne Überprüfung angenommen worden sind, wird die Ware dem Anmelder überlassen, sofern für sie keine Verbote oder Beschränkungen (VuB) bestehen (Art. 73 Abs. 1 ZK). Gem. Art. 4 Nr. 20 ZK ist unter einer solchen **Überlassung** jegliche zollamtliche Maßnahme zu verstehen, die es dem Zollanmelder endgültig erlaubt, die Ware von nun an im Rahmen des gewählten Zollverfahrens zu verwenden. Soll die Ware in den zollrechtlich freien Verkehr übergeführt werden, kann sie dem Wirtschaftsbeteiligten gem. Art. 74 ZK erst überlassen werden, wenn entweder der Zollschuldbetrag oder eine Sicherheitsleistung entrichtet wurde. 58

3. Gemeinsame Vorschriften für Zollverfahren mit wirtschaftlicher Bedeutung

In den Art. 84-90 ZK sind zentrale Regelungen und Begriffsbestimmungen mehrerer Zollverfahren vor die Klammer einzelner, spezieller Vorschriften gezogen worden. Besondere Bedeutung haben die gemeinsamen Regelungen für **Zollverfahren mit wirtschaftlicher Bedeutung.** Dies sind das Zolllagerverfahren, die aktive Veredelung, das Umwandlungsverfahren, die vorübergehende Verwendung und die passive Veredelung (Art. 84 Abs. 1 Buchst. b ZK). Folglich bleiben die Überführung in den freien Verkehr, das Versandverfahren und das Ausfuhrverfahren von den folgenden Regelungen ausgeschlossen. 59

a) Die Bewilligung eines Zollverfahrens

Gem. Art. 85 ZK bedarf die Inanspruchnahme eines Zollverfahrens mit wirtschaftlicher Bedeutung der **Bewilligung**, dh einer Erlaubnis zur Inanspruchnahme des gewählten Verfahrens durch die Zollbehörden (Art. 496 Buchst. b ZK-DVO). Die Bewilligung dient insbesondere der ordnungsgemäßen Abwicklung des Zollverfahrens und legt u.a. den Inhaber der Bewilligung, die ausstellende Behörde, die Geltungsdauer, die Bezeichnung der Ware, die Frist der Verwendung, die beteiligten Zollstellen und vor allem die Art und Weise der Nämlichkeitssicherung fest. 60

Als Nämlichkeitssicherung werden alle Maßnahmen bezeichnet, die die Identität der Ware sichern, also zB das Festlegen der Identitätsmerkmale in der Bewilligung. Dabei sind Zollplomben, selbst verschließende Verschlüsse, Siegel, Stempel, selbstklebende Plaketten, Ablichtungen, Beschreibungen, Fahrgestellnummern usw die gebräuchlichsten **Nämlichkeitsmittel**. Alle an den Waren oder Beförderungsmitteln angebrachten Nämlichkeitsmittel dürfen gem. Art. 72 Abs. 2 ZK nur von den Zollbehörden oder mit deren Zulassung entfernt oder zerstört werden. 61

Drei der notwendigen Bewilligungsvoraussetzungen enthält Art. 86 ZK. Gemeinsam ist danach allen Zollverfahren mit wirtschaftlicher Bedeutung, dass die Bewilligung von **persönlichen Voraussetzungen** und **verwaltungsökonomischen Voraussetzungen** abhängig ist. Zum einen muss der Wirtschaftsbeteiligte in Person die erforderliche Gewähr für den Ablauf des Verfahrens bringen (Art. 86, 1. Anstrich ZK). In welchen Fällen diese Gewähr gegeben ist, wird weder im ZK noch in der ZK-DVO näher erläutert. Da es sich um eine vor die Klammer gezogene Regelung handelt, ist die **persönliche Gewähr** unabhängig von dem zu bewilligenden Zollverfahren zu beurteilen. Orientierungspunkte können die persönliche Zuverlässigkeit, die Vertrauenswürdigkeit und regelmäßige Abschlüsse des Wirtschaftsbeteiligten sein.[38] In diesem Zusammenhang spielt die Bewilligung als **„zugelassener Wirtschaftsbeteiligter“** (Art. 5 a ZK) eine große Rolle. Zum anderen muss seitens der Verwaltung gewährleistet werden können, dass Überwachungsaufwand und zollamtliche Prüfung nicht mit einem zu dem wirtschaftlichen Bedürfnis außer Verhältnis stehenden Verwaltungsaufwand verbunden sind (Art. 86, 2. Anstrich ZK). Die fehlende Effizienz in der Verwaltung darf nicht zu Lasten der Wirtschaftsbeteiligten gehen. 62

38 *Henke*, in: Witte, Art. 86 ZK, Rn 7.

b) Zugelassene Wirtschaftsbeteiligte

63 In diesem Zusammenhang spielt die Bewilligung als **„zugelassener Wirtschaftsbeteiligter"** (AEO – Authorised Enonomic Operator) gemäß Art. 5 a ZK eine große Rolle. Aufgrund der veränderten internationalen Sicherheitslage und der fortschreitenden Globalisierung hat die Weltzollorganisation (WCO) mit dem „Framework of Standards to Secure and Facilitate Global Trade (SAFE) weltweite Rahmenbedingungen für ein modernes und effektives Risikomanagement geschaffen. Der AEO ist die europäische Umsetzung des SAFE-Frameworks der Weltzollorganisation. Den AEO gibt in unterschiedlichen Ausprägungen auch bereits u.a. in Japan, den USA, Australien und Neuseeland. Derzeitige Verhandlungen mit Drittländern sollen zu einer weltweiten Anerkennung des Status führen. In dieser Hinsicht wurden bereits im Verhältnis zu den USA und Kanada Erfolge erzielt. Der AEO dient der Verbesserung der Sicherheit der internationalen Lieferketten (supply chain). Seit dem 1.1.2008 kann der AEO von Unternehmen beantragt werden. Der Status berechtigt zu Vergünstigungen bei sicherheitsrelevanten Zollkontrollen und Vereinfachung gemäß den Zollvorschriften. Den AEO gibt es in drei unterschiedlichen Ausprägungen. Zum einen geht es um den Nachweis der zollrechtlichen Zuverlässigkeit als AEO-C (Customs simplification), damit nach der Einführung des modernisierten Zollkodex der Zugang zu bestimmten Vereinfachungen leichter möglich ist. Zum anderen gibt es den AEO-S (safety and security) als sicheren Teil einer internationalen Lieferkette. Darüber hinaus kann auch die Kombination beider Varianten als AEO-F (full) beantragt werden.

Bewilligungsvoraussetzungen für den AEO-C sind:

- Ansässigkeit des Unternehmens in der EU,
- Angemessene Einhaltung der Zollvorschriften,
- Zufriedenstellendes System der Buchführung,
- Zahlungsfähigkeit.

Für die Bewilligung des AEO-S und F muss der Antragssteller zusätzlich noch den Nachweis über das Vorliegen von

- geeigneten Sicherheitsstandards

erbringen. Der AEO-S muss jedoch als einziger Unterschied zum AEO-F nicht über ein logistisches System verfügen, das zwischen Gemeinschaftswaren und Nichtgemeinschaftswaren unterscheidet (Art. 14 i Unterabs. 2 ZK-DVO). Im Rahmen eines Monitoringprozesses muss die dauerhafte Einhaltung der Bewilligungsvoraussetzungen sichergestellt werden.

c) Einzige Bewilligung

64 Erhebliche Erleichterungen für die Wirtschaft bringt auch die sog. **Einzige Bewilligung**. Die Einzige Bewilligung ist eine Bewilligung für ein Zollverfahren im Rahmen dessen innerhalb der EU grenzüberschreitende Warenverkehre abgewickelt werden können, die Zollverwaltungen verschiedener Mitgliedstaaten berühren. Die Einzige Bewilligung eröffnet die Möglichkeit die Zollabfertigung von Waren zur Überführung in das Verfahren oder zur Beendigung des Verfahrens, die Lagerung, die aufeinander folgenden Be- oder Verarbeitungsvorgänge oder vorübergehenden Verwendungen in mehreren Mitgliedstaaten durchzuführen. Die Erleichterung besteht darin, dass im Rahmen der Einzigen Bewilligung jeweils dieselbe Zollbehörde für Bewilligungen im gesamten Zollgebiet zuständig ist. Zuständig für die Erteilung einer Einzigen Bewilligung ist grundsätzlich die zuständige Zollbehörde des Mitgliedstaates, in dem der Ort der Hauptbuchhaltung liegt (Art. 500 Abs. 2 Unterabs. 2 und 3 ZK-DVO). Wenn also sowohl in den Niederlanden als auch in Belgien und in Deutschland eine Lagerung durchgeführt wird und sich der Ort der Hauptbuchhaltung in Deutschland befindet, muss im Rahmen der Einzigen Bewilligung nur noch eine Bewilligung bei der zuständigen Zollstelle in Deutschland beantragt werden.

d) Die Beendigung eines Zollverfahrens

Die Beendigung der Nichterhebungsverfahren mit wirtschaftlicher Bedeutung tritt gem. Art. 89 ZK ein, sobald die darin übergeführten Waren oder gewonnenen Veredelungs- oder Umwandlungserzeugnisse eine neue zulässige **zollrechtliche Bestimmung** erhalten haben. 65

III. Freier Verkehr

Die **Überführung in den zollrechtlich freien Verkehr** (Art. 4 Nr. 16 Buchst. a ZK) ist das klassische Zollverfahren, welches ausführlich in den Art. 79-83 ZK und 290-300 ZK-DVO geregelt wird. Dieses Zollverfahren ist stets heranzuziehen, wenn die in das EU-Zollgebiet verbrachte **Nichtgemeinschaftsware** in den Wirtschaftskreislauf eingehen soll, um dort wie eine **Gemeinschaftsware** am Güterumsatz und an der Preisbildung beteiligt zu sein. Ein solcher **Statuswechsel** iSv Art. 79 Unterabs. 1 ZK setzt gem. Art. 79 Unterabs. 2 ZK voraus, dass bei der Überführung der Ware sowohl **handelspolitische Maßnahmen** (Art. 1 Nr. 7 ZK-DVO) als auch die übrigen Einfuhrförmlichkeiten beachtet und gesetzlich geschuldete **Einfuhrabgaben** (Art. 4 Nr. 10 ZK) erhoben werden. Erst wenn diese Voraussetzungen erfüllt worden sind, steht die Nichtgemeinschaftsware einer inländischen Ware gleich und unterliegt keiner weiteren zollamtlichen Überwachung mehr, so dass sie für den Wirtschaftsbeteiligten frei verfügbar ist. 66

Gem. Art. 82 Abs. 1 ZK greift der **„Grundsatz freier Verfügbarkeit"** nicht mehr ein, wenn die Ware wegen ihrer **besonderen Verwendung** abgabenbegünstigt oder -befreit in das EU-Zollgebiet übergeführt worden ist. Sofern die eingeführte Ware einer besonderen Verwendung unterliegt, wird sie zwecks Sicherung möglicher Abgaben so lange überwacht, bis sie ihrem vorhergesehenen Zweck zugeführt worden ist. Eine Abgabenbefreiung oder -begünstigung kann im Zolltarif vorgesehen oder in der **ZollbefreiungsVO**[39] bestimmt sein, die eine Vielzahl von kulturell und sozial motivierten Befreiungstatbeständen zusammenfasst. 67

IV. Verfahren der Beförderungsüberwachung

Verfahren der Beförderungsüberwachung sind die verschiedenen Arten der Versandverfahren sowie das Ausfuhrverfahren. 68

1. Das Versandverfahren

Das Versandverfahren (Art. 4 Nr. 16 Buchst. b, 91 ff ZK, Art. 340a-462 a ZK-DVO) ermöglicht es dem Wirtschaftsbeteiligten, Waren unverändert und zeitnah vom **Grenzzollamt (Abgangsstelle)** zum **Binnenzollamt (Bestimmungsstelle)** in der EU zu befördern. Ziel dieses **Nichterhebungsverfahrens** (Art. 84 Abs. 1 Buchst. a, 1. Anstrich ZK) ist die Überwindung einer Strecke, ohne dass die Ware Einfuhrabgaben oder handelspolitischen Maßnahmen unterliegt. 69

Da die beförderten Waren weder genutzt noch verändert werden und ein primärer wirtschaftlicher Zweck fehlt, nimmt dieses Verfahren als **Nichterhebungsverfahren ohne wirtschaftliche Bedeutung** eine Sonderstellung unter den Zollverfahren ein. Aufgrund seines dienenden Charakters kann das Versandverfahren den wirtschaftlich geprägten Zollverfahren entweder vor- oder nachgeschaltet sein und dient mittels eines Versandpapiers allein der zollamtlichen Überwachung während der Beförderung der Ware. Allerdings bedarf es zur Sicherung des Abgabenrisikos der Leistung einer Sicherheit für die auf den Waren lastenden **Einfuhrabgaben** (vgl Art. 88 Unterabs. 1, 94 Abs. 1, 189 ff ZK). 70

a) Das externe gemeinschaftliche Versandverfahren

Gem. Art. 91 Abs. 1 Buchst. a ZK werden alle **Nichtgemeinschaftswaren**, die in das EU-Zollgebiet verbracht worden sind, innerhalb des EU-Zollgebiets im **externen Versandverfahren** befördert. Ist dies der Fall, kommen für die Art der Beförderung sechs verschiedene Beförderungsarten in Betracht (Art. 91 Abs. 2 Buchst. a-f ZK). Das **gemeinschaftliche externe Versandverfahren** (gVV) 71

39 VO (EG) Nr. 1186/2009, ABl. 2009, L 324, S. 23.

nach Art. 91 Abs. 2 Buchst. a ZK ist zwingend anzuwenden, wenn **Nichtgemeinschaftswaren** zwischen zwei Orten der EU (mit dem Versandpapier T 1) befördert werden sollen, ohne dass ein Drittland berührt wird. Dieses Vorgehen kann insbesondere sinnvoll sein, wenn bei Verbringung der Ware in das EU-Zollgebiet noch gar nicht feststeht, in welches Zollverfahren diese konkret übergeführt werden soll oder die Ware vor Ort an ihrer Bestimmungsstelle auf mögliche Mängel überprüft werden soll.

b) Das interne gemeinschaftliche Versandverfahren

72 Sollen **Gemeinschaftswaren** über ein Drittland erneut in das EU-Zollgebiet verbracht werden, ohne dass die Ware ihren Status als Gemeinschaftsware verliert (Territorialitätsprinzip) und als Nichtgemeinschaftsware in die EU wieder eingeführt wird, muss vom Wirtschaftsbeteiligten das **interne Versandverfahren** gewählt werden. Wie beim externen Versandverfahren ist auch hier das **interne gemeinschaftliche Versandverfahren** (gVV) mit dem Versandpapier T 2 gem. Art. 163 Abs. 2 Buchst. a ZK das Standardverfahren. Aufgrund der territorialen Lage einiger Staaten der EU erlangt dieses Verfahren seine Bedeutung insbesondere im Warenverkehr über die Schweiz.

c) Das Carnet TIR – Versandverfahren

73 Zur Vereinfachung der Beförderung von Waren durch mehrere Staaten wurden verschiedene internationale Übereinkommen geschlossen. Das bedeutendste Verfahren dieser Art ist die Beförderung von Waren mit dem **Carnet TIR** (Transports Internationaux Routiers = Internationale Straßentransporte). Seine Rechtsgrundlage ist das „Zollübereinkommen über den internationalen Warentransport mit Carnet TIR" vom 14.11.1975.[40]

74 Dieses Versandverfahren zeichnet sich dadurch aus, dass es nicht nur die Durchführung eines einzigen Versandverfahrens betrifft, sondern die Abfolge mehrerer Versandverfahren durch verschiedene Staaten durch die Vereinfachung von Zollformalitäten ermöglicht. Während normalerweise für den Transport der Ware durch mehrere Staaten in jedem Einzelstaat das jeweilige nationale Versandverfahren gemäß den nationalen Formvorschriften mit Nämlichkeitsmitteln und Sicherheitsleistung eröffnet, überwacht und beendet werden muss, werden im TIR – Verfahren in jeder Vertragspartei Verbände als Bürgen und zur Ausgabe von Versandpapieren (Carnets) autorisiert. Der jeweils bürgende Verband haftet gesamtschuldnerisch mit dem Carnet-Inhaber für die Ein- und Ausfuhrabgaben gegenüber dem Land, in dem die Zuwiderhandlung, die zu einer Zollschuldentstehung führt, festgestellt wurde. Erst wenn das Verfahren von einer der Vertragsparteien ordnungsgemäß beendet wurde, endet die Haftung. Das Carnet-TIR kann für die gesamte zurückzulegende Stecke als Versandanmeldung genutzt werden (vgl Art. 205 Abs. 2 ZK-DVO), so dass ein zügiger Transport der Ware durch mehrere Staaten möglich ist. Dieses Verfahren wird angewendet, wenn ein Warentransport in der EU startet oder endet und nicht nur EFTA-Staaten berührt werden.

2. Das Ausfuhrverfahren

75 Auch das **Ausfuhrverfahren** gehört gem. Art. 4 Nr. 16 Buchst. h ZK zu den Zollverfahren iSd ZK. Es ist in den Art. 161-162 ZK und 788-798 ZK-DVO ausführlich geregelt und ermöglicht gem. Art. 161 Abs. 1 ZK die ordnungsgemäße Verbringung von **Gemeinschaftswaren** aus dem EU-Zollgebiet. Da Ausfuhrabgaben aufgrund des hohen Exportinteresses der EU zurzeit nicht bestehen, dient das Ausfuhrverfahren in besonderem Maße der **zollamtlichen Überwachung der Ware** (Art. 183 ZK). Insbesondere handelspolitische Maßnahmen (Art. 1 Nr. 7 ZK-DVO) müssen seitens des Wirtschaftsbeteiligten gem. Art. 161 Abs. 1 Unterabs. 1 ZK eingehalten werden.[41] Auf diesem Gebiet kommt vor allem in heutiger Zeit der **Exportkontrolle** große Bedeutung zu. Inwieweit ins-

40 ABl. 1978, L 252, S. 1.
41 *Weerth/Wolffgang*, in: Wolffgang/Simonsen, 141, Art. 161 ZK, Rn 19.

besondere militärische Güter oder für militärische Zwecke verwendbare Güter, sog. **Dual-use-Güter**, ausgeführt werden dürfen, regelt eingehend die **Dual-use-VO.**[42]

Die Durchführung des Ausfuhrverfahrens erfolgt in einem **zweistufigen Verfahren.** Zunächst wird die Ware bei einer am Geschäftssitz des Ausführers ansässigen Ausfuhrzollstelle angemeldet, gestellt und auf die Zulässigkeit der Ausfuhr geprüft (Art. 161 Abs. 5 ZK). Die eigentliche Ausfuhr, dh der Ausgang der Ware aus dem EU-Zollgebiet, erfolgt im Anschluss über die Ausgangszollstelle an der Grenze des EU-Zollgebiets (Art. 793 ZK-DVO). Bei der Durchführung des Ausfuhrverfahrens ist somit zwischen dem **Anmelder** iSv Art. 64 Abs. 1 und 2 Buchst. b ZK und dem **Ausführer** iSv Art. 788 ZK-DVO zu unterscheiden. Diese Differenzierung ist für die Zuordnung der Erfüllung unterschiedlicher Ausfuhrverpflichtungen und für die Bestimmung der zuständigen Zollstellen unerlässlich. Ergeben die Bestimmungen des Ausfuhrgeschäftes, dass eine nicht in der EU ansässige Person als Ausführer anzusehen ist, gilt in einem solchen Falle aus überwachungstechnischen Gründen der in der EU ansässige Vertragspartner als Ausführer (Art. 788 Abs. 2 ZK-DVO). 76

V. Zollverfahren zur Vermeidung von Zollabgaben

Zu den Verfahren, bei denen bei der Überführung von Nichtgemeinschaftswaren in diese Verfahren keine Einfuhrabgaben erhoben oder handelspolitische Maßnahmen angewendet werden, sog. **Nichterhebungsverfahren,** zählen neben dem bereits erwähnten Versandverfahren das Zolllagerverfahren, die aktive und passive Veredelung, das Umwandlungsverfahren sowie die vorübergehende Verwendung. 77

1. Das Zolllagerverfahren

Das **Zolllagerverfahren** gem. Art. 4 Nr. 16 Buchst. c, Art. 98 ff ZK, Art. 524 – 535 ZK-DVO ist eines der ältesten Zollverfahren mit wirtschaftlicher Bedeutung (Art. 84 Abs. 1 Buchst. b, 2. Anstrich ZK). Gegenstand dieses Verfahrens ist die zeitlich nicht begrenzte Lagerung von **Nichtgemeinschaftswaren** im EU-Zollgebiet, ohne dass diese der Zahlung von Einfuhrabgaben (Art. 4 Nr. 10 ZK) oder der Berücksichtigung handelspolitischer Maßnahmen iSv Art. 1 Nr. 7 ZK-DVO unterliegen (Art. 98 Abs. 1 Buchst. a ZK). 78

Wirtschaftsbeteiligte nutzen dieses Zollverfahren aus den unterschiedlichsten Gründen. Ohne dass Einfuhrabgaben entstanden sind, kann die Ware nach der Lagerung wieder aus dem Unionsgebiet ausgeführt werden (**Transitlagerung**) oder so lange auf Vorrat gelagert werden, bis sie in ein anderes Zollverfahren (mit etwaiger Einfuhrabgabenerhebung) übergeführt wird (**Kreditlagerung**).[43] Im Rahmen einer **Ausfuhrlagerung** können die Waren sogar mit dem Ziel der Beendigung eines vorangegangenen Zollverfahrens in das Zolllager übergeführt werden. Diese Möglichkeit wird insbesondere für Waren aus der beendeten aktiven Veredelung genutzt (vgl Art. 89 Abs. 1 ZK, 128 Abs. 1 ZK). Sollte sich der Wirtschaftsbeteiligte für eine solche Ausfuhrlagerung entschieden haben, ist die spätere Überführung der Ware in den freien Verkehr nicht ausgeschlossen, wenn trotz vorheriger Überführung der Ware in das Zolllager ordnungsgemäß Einfuhrabgaben gezahlt werden.[44] 79

Zolllager sind von der Zollbehörde zugelassene und unter ihrer Überwachung stehende Orte, an denen die Waren unter festgelegten Voraussetzungen gelagert werden können (Art. 98 Abs. 2 ZK). Gem. Art. 99 Abs. 1 ZK, Art. 525 Unterabs. 1 ZK-DVO sind dies Räumlichkeiten oder andere abgegrenzte Orte, welche in öffentliche und private Zolllager unterteilt werden. Während **öffentliche Zolllager** von jedermann zur Lagerung der Ware genutzt werden können, sind **private Zolllager** auf die Lagerung durch den Lagerhalter beschränkt. Art. 525 Abs. 1 – 3 ZK-DVO schafft hier sechs **Lagertypen von A bis F** von unterschiedlicher Ausgestaltung und wirtschaftlicher Leistungsfähigkeit, die sich hinsichtlich konkreter Regelungen nach der Person des Lagerverantwortlichen richten. 80

42 VO (EG) Nr. 428/2009, ABl. 2009, L 134, S. 1.
43 *Lux*, S. 348.
44 EuGH, Rs. C-217/98 (HZA Hamburg – Jonas/LFZ Nordfleisch), Slg 2000, I-1619.

81 In allen Zolllagern kann die Ware gem. Art. 109 Abs. 1 ZK unter dem Verbot der Entstehung einer neuen Ware **üblichen Behandlungen** zur Erhaltung, Verbesserung oder Vorbereitung des Vertriebs sowie zum Weiterverkauf unterzogen werden. Welche Vorgänge dies konkret sind, regelt die in Anhang 72 ZK-DVO enthaltene Liste. Die dort abschließend aufgeführten bewilligungsbedürftigen üblichen Behandlungen sind von normalen, bewilligungsfreien Lagervorgängen, dem **Lagerhandling**, abzugrenzen. Zu diesen Vorgängen gehört insbesondere die Lagerung der Einfuhrware an sich, die Sinn und Zweck des Verfahrens ist, aber auch das Be- und Entladen des Beförderungsmittels, Transportvorgänge sowie Umlagerungen, Bestandsaufnahmen, Probeentnahmen, das Wiegen der Ware usw sind dem hinzuzurechnen.[45]

2. Die aktive und passive Veredelung

82 Die **aktive Veredelung** (Art. 4 Nr. 16 Buchst. d ZK) und die **passive Veredelung** (Art. 4 Nr. 16 Buchst. g ZK) stellen zwei spiegelbildlich zueinander stehende Zollverfahren dar. Bis auf die aktive Veredelung nach dem Nichterhebungsverfahren sind beide Verfahren Zollverfahren mit wirtschaftlicher Bedeutung, unterscheiden sich hinsichtlich der Erhebung von Einfuhrabgaben jedoch grundlegend.

a) Die aktive Veredelung

83 Die **aktive Veredelung** nach Art. 4 Nr. 16 Buchst. d, Art. 114 ff ZK, Art. 536-550 ZK-DVO ermöglicht es dem **Wirtschaftsbeteiligten (Veredeler)**, **Nichtgemeinschaftswaren** in Form von **Vorprodukten** in das EU-Zollgebiet einzuführen, um sie nach der **Veredelung** (Bearbeitung, Verarbeitung oder Ausbesserung der Ware) in der EU als **Endprodukte** wieder ausführen[46] zu können, ohne dass für die Waren Einfuhrabgaben (Art. 4 Nr. 10 ZK) erhoben oder handelspolitische Maßnahmen (Art. 1 Nr. 7 ZK-DVO) angewandt werden (Art. 114 Abs. 1 Buchst. a ZK). Dabei kann der Wirtschaftsbeteiligte wählen zwischen dem **Nichterhebungsverfahren** (Art. 114 Abs. 1 Buchst. a ZK), bei dem von Anfang an keine Einfuhrabgaben (Art. 4 Nr. 10 ZK) erhoben oder handelspolitische Maßnahmen (Art. 1 Nr. 7 ZK-DVO) angewandt werden, und dem **Zollrückvergütungsverfahren** (Art. 114 Abs. 1 Buchst. b ZK), bei dem die Nichtgemeinschaftswaren zunächst in den freien Verkehr (Art. 79 ZK) übergeführt und erst bei der (Wieder-) Ausfuhr die bereits entstandenen Einfuhrabgaben erlassen oder erstattet werden.

84 Dieses Verfahren fördert die Gleichstellung von Veredelungsbetrieben innerhalb der EU mit drittländischen Konkurrenzbetrieben. Diese stellen häufig eine gleichartige Ware her, ohne einer Zollbelastung bei der Einfuhr zu unterliegen. Allerdings dürfen die Interessen derjenigen Hersteller innerhalb der EU nicht außer Acht gelassen werden, die die gleichen Endprodukte herstellen. Ihren Interessen kann es zuwiderlaufen, wenn die für die Produktion benötigten Vorprodukte abgabenfrei eingeführt werden dürfen, obwohl diese Waren ebenfalls in der EU erworben werden könnten. Die Bewilligung des Verfahrens kann daher gem. Art. 117 Buchst. c ZK nur gewährt werden, wenn durch deren Inanspruchnahme **wesentliche Interessen der Hersteller** in der EU nicht beeinträchtigt werden.

85 Alle Erzeugnisse, die aus den **Veredelungsvorgängen** entstanden sind, werden gem. Art. 114 Abs. 2 ZK als **Veredelungserzeugnisse** bezeichnet. Da die Veredelung gem. Art. 116 ZK der Bewilligung, also der Zulassung durch die Zollbehörde bedarf, sind nur die aus bewilligten Veredelungsvorgängen entstandenen Erzeugnisse gemeint. Folgerichtig definiert Art. 496 Buchst. k ZK-DVO als **Hauptveredelungserzeugnisse** solche, für deren Herstellung die aktive Veredelung bewilligt worden ist. Alle anderen Erzeugnisse, die zwangsläufig bei den Veredelungsvorgängen angefallen sind, werden gem. Art. 496 Buchst. l ZK-DVO als **Nebenveredelungserzeugnisse** bezeichnet. Dazu zählen typischerweise Abfälle und Reste, aber auch wertvolle Produkte.

86 Sobald die gewonnenen Veredelungserzeugnisse eine neue zulässige zollrechtliche Bestimmung erhalten haben, ist das Zollverfahren der aktiven Veredelung beendet (Art. 89 Abs. 1 ZK). Eine

45 *Lyons*, S. 379.

46 EuGH, Rs. C-158/08 (Pometon), Slg 2009, I-4696.

Mengenbeschränkung der Waren zur weiteren Überführung in den freien Verkehr darf seitens der Zollbehörden nicht festgelegt werden.[47] Anstelle der Einfuhrwaren können unter den Voraussetzungen von Art. 115 ZK auch Gemeinschaftswaren zur Herstellung von Veredelungserzeugnissen verwendet werden. Sie werden gem. Art. 114 Abs. 2 Buchst. e ZK als **Ersatzwaren** bezeichnet.

b) Die passive Veredelung

Die **passive Veredelung** nach Art. 4 Nr. 16 Buchst. g ZK, welche in Art. 145-160 ZK und 585-592 ZK-DVO näher geregelt wird, bildet das Gegenstück zur aktiven Veredelung. Je nachdem, ob eine die ausgeführte Gemeinschaftsware oder eine Nichtgemeinschaftsware anstelle der Gemeinschaftsware wieder eingeführt werden soll, werden zwei Verfahrensarten unterschieden: das Grundverfahren und das Verfahren des Standardaustausches. 87

Art. 145 Abs. 1 ZK regelt das **Grundverfahren** der passiven Veredelung. Eine Ware wird als Ware der **vorübergehenden Ausfuhr** (Art. 145 Abs. 3 Buchst. a ZK) aus dem EU-Zollgebiet ausgeführt, um nach der Veredelung in einem Drittland als **Veredelungserzeugnis** (Art. 145 Abs. 3 Buchst. c ZK) wieder in das EU-Zollgebiet eingeführt zu werden. Diese Vorgehensweise fördert den Einsatz fortschrittlicher Herstellungsweisen und die Nutzung drittländischer Kapazitäten. 88

Die durch die passive Veredelung entstandenen und wieder eingeführten **Veredelungserzeugnisse** können unter vollständiger oder teilweiser Befreiung von Einfuhrabgaben in den zollrechtlich freien Verkehr übergehen (Art. 145 Abs. 1, 79 ZK). Wird die Ware in den zollrechtlichen freien Verkehr übergeführt, kann unter den in Art. 151-153 ZK geregelten Voraussetzungen eine Zollbegünstigung bis hin zur Zollfreiheit gewährt werden. Für die genaue Berechnung einer (teilweisen) Zollbegünstigung stehen dem Wirtschaftsbeteiligten die **Differenzverzollung** (Art. 151 ff ZK, Art. 591-592 ZK-DVO) oder **Mehrwertverzollung** (Art. 153 Unterabs. 2 ZK, Art. 591 ZK-DVO) zur Verfügung. 89

Hinzuweisen ist bei der passiven Veredelung auf das in den Art. 154-159 ZK geregelte Verfahren des Standardaustausches. Dieses Sonderverfahren durchbricht das **Nämlichkeitsprinzip**, wonach grundsätzlich nur die Ware der vorübergehenden Ausfuhr und keine andere wieder eingeführt werden darf. Es ist dadurch gekennzeichnet ist, dass Nichtgemeinschaftswaren im Verarbeitungsland (**Ersatzerzeugnis**) an die Stelle der Gemeinschaftswaren (**Veredelungserzeugnis**) treten und zwar in dem Zustand, in dem sich die Gemeinschaftswaren befunden hätten, wenn daran die Ausbesserung vorgenommen worden wäre. Dann kann das Ersatzerzeugnis mit dem Status einer Nichtgemeinschaftsware wieder eingeführt werden (Art. 154 Abs. 1 ZK). 90

3. Das Umwandlungsverfahren

Art. 130 ZK beschreibt das **Umwandlungsverfahren** (Art. 4 Nr. 16 Buchst. e ZK). In das EU-Zollgebiet eingeführte **Nichtgemeinschaftswaren** sollen danach nicht sofort und nicht in ursprünglicher Form, sondern erst später nach Änderung ihrer Beschaffenheit in den zollrechtlich freien Verkehr (Art. 79 ZK) übergeführt werden. Zum einen kann auf diesem Wege eine Absenkung der Ware auf eine niedrigere Produktionsstufe erreicht werden, um bei der Überführung in den zollrechtlich freien Verkehr von einem niedrigeren Zollsatz profitieren zu können (vgl Art. 551 Abs. 1 ZK-DVO), zum anderen kann die Beseitigung von Einfuhrbeschränkungen und -verboten das Ziel einer solchen Umwandlung sein (vgl Art. 551 Abs. 2 ZK-VO). 91

Wie bei der aktiven Veredelung steht auch bei diesem Verfahren die Be- oder Verarbeitung der Ware im Vordergrund. Die Endprodukte der Umwandlung werden jedoch nicht wieder ausgeführt, sondern verbleiben durch die Überführung der Ware in den zollrechtlich freien Verkehr im EU-Zollgebiet. Einfuhrabgaben (Art. 4 Nr. 10 ZK) werden daher nicht bereits für die eingeführten Waren erhoben, sondern für die bei der Umwandlung entstandenen Erzeugnisse (**Umwandlungserzeugnisse**). Entsprechendes gilt gem. Art. 509 Abs. 3 ZK-DVO für die Anwendung handelspolitischer Maßnahmen (Art. 1 Nr. 7 ZK-DVO). Eine Pflicht zur Umwandlung im Verfahren besteht 92

47 EuGH, Rs. C-437/93 (HZA Heilbronn/Temic Telefunken), Slg 1995, I-1687.

nicht. Wer umwandelt, muss sich im Rahmen der ihm erteilten Bewilligung halten und darf die Umwandlung nur unter den in Art. 131-133 ZK aufgeführten Voraussetzungen durchführen.

4. Die vorübergehende Verwendung

93 Das Zollverfahren der **vorübergehenden Verwendung** nach Art. 4 Nr. 16 Buchst. f ZK wird durch die Art. 137-144 ZK und Art. 553-584 ZK-DVO näher ausgestaltet. In dieses Verfahren können gem. Art. 137 ZK nur Waren gelangen, die nicht endgültig in den Wirtschaftskreislauf des EU-Zollgebiets eingehen, sondern dort nur zeitlich begrenzt genutzt und nach vorübergehendem Gebrauch unverändert wieder ausgeführt werden sollen, so dass Einfuhrabgaben entweder gar nicht oder nur teilweise entstehen und auch handelspolitische Maßnahmen keine Anwendung finden. Dieses Prinzip gilt insbesondere für Berufsausrüstungen, Ausstellungsgut oder auch Gerätschaften der Presse, des Rundfunks, Fernsehens usw. Die EU orientiert sich insoweit an dem **„Übereinkommen über die vorübergehende Verwendung“**, das sog. **„Übereinkommen von Istanbul“**, welches im Jahre 1990 durch die WCO ausgearbeitet wurde.

94 Die vorübergehende Verwendung basiert auf einem Dualismus von **vollständiger und teilweiser Einfuhrabgabenbefreiung.** Dies hat zur Folge, dass die vorübergehende Verwendung sowohl als Nichterhebungsverfahren (Art. 84 Abs. 1 Buchst. a ZK, 5. Anstrich ZK) als auch Zollverfahren mit wirtschaftlicher Bedeutung (Art. 84 Abs. 1 Buchst. b, 4. Anstrich ZK) gehandhabt wird. Welche konkreten Gegenstände von einer **vollständigen Zollbefreiung** erfasst werden, legt Art. 141 ZK iVm Art. 555-578 ZK-DVO abschließend fest.[48] Liegt keiner der abschließend geregelten vollständigen Befreiungstatbestände vor, ist eine **Teilverzollung der Ware** vorgesehen (Art. 142 ZK).

VI. Die sonstigen zollrechtlichen Bestimmungen

95 Neben den Zollverfahren kann für eine Ware auch eine sog. **sonstige zollrechtliche Bestimmung** gewählt werden. Gem. Art. 4 Nr. 15 Buchst. b-e ZK fallen hierunter das Verbringen in eine Freizone oder in ein Freilager, die Wiederausfuhr aus dem EU-Zollgebiet sowie die Vernichtung oder Zerstörung der Ware.

1. Freizonen und Freilager

96 Was mit einer Ware geschieht, die in eine Freizone oder ein Freilager verbracht worden ist, regelt Art. 166 ZK. Danach sind sowohl Freizonen als auch Freilager Teile des EU-Zollgebiets oder in diesem gelegene Räumlichkeiten, die vom übrigen Zollgebiet getrennt sind, in Deutschland zB die Freihäfen. Auf diesem Wege wird eine **Drittlandssituation fingiert**, so dass dorthin verbrachte Nichtgemeinschaftswaren als nicht in der EU befindlich gelten und damit als Institut der gemeinsamen Handelspolitik Zentren für die Umverteilung der ein- und auszuführenden Ware geschaffen werden. In diesen Zentren können gem. Art. 166 ZK weder Einfuhrabgaben (Art. 4 Nr. 10 ZK) erhoben noch handelspolitische Maßnahmen (Art. 1 Nr. 7 ZK-DVO) angewandt werden.

97 Gem. Art. 167 Abs. 1 und 2 ZK liegt es in der Kompetenz der Mitgliedstaaten, bestimmte Teile des EU-Zollgebiets zu Freizonen zu erklären bzw die Einrichtung von Freilagern zu bewilligen und deren Ausgestaltung zu regeln. Begrifflich unterscheiden sich Freizone und Freilager kaum. Da ein **Freilager** auch ein Gebäude oder Gebäudeteil sein kann, wäre eine Bezeichnung als Zone nicht mehr gerechtfertigt.[49] Alle industriellen und gewerblichen Tätigkeiten sowie Dienstleistungen aller Art sind an der Ware zugelassen (Art. 172 Abs. 1 ZK), können aber nach Art der Ware (zB explosive Gegenstände) eingeschränkt werden (Art. 172 Abs. 2 ZK). Im Gegensatz zum Zolllager bedürfen diese Behandlungen aber keiner ausdrücklichen Bewilligung (Art. 173 Buchst. b, 174 ZK).

2. Die Wiederausfuhr, Vernichtung, Zerstörung der Ware

98 Sollen **Nichtgemeinschaftswaren** wieder ordnungsgemäß aus dem EU-Zollgebiet ausgeführt werden, ohne in den zollrechtlich freien Verkehr übergeführt worden zu sein, sind sie der zollrechtli-

48 Vgl etwa EuGH, Rs. C-182/12 (Gábor Fekete).
49 *Hebenstreit*, in: Witte/Wolffgang, Rn 1169.

chen Bestimmung der **Wiederausfuhr** nach Art. 4 Nr. 15 Buchst. c, Art. 182 Abs. 1, 1. Anstrich ZK zuzuführen. Gem. Art. 182 Abs. 2 ZK werden auch in diesen Fällen handelspolitische Maßnahmen aktiviert, um ein Eingehen der Ware in den Wirtschaftskreislauf und einen Verstoß gegen Verbote und Beschränkungen nach Art. 58 Abs. 2 ZK zu verhindern. Die Wiederausfuhr von Nichtgemeinschaftswaren ist das Parallelverfahren zum Ausfuhrverfahren der Gemeinschaftswaren nach Art. 161 ff ZK.

Gem. Art. 182 Abs. 1, 2. Anstrich ZK können Nichtgemeinschaftswaren auch vernichtet oder zerstört werden. Eine solche Entscheidung des Wirtschaftsbeteiligten kann sinnvoll sein, wenn die in das EU-Zollgebiet eingeführte Ware beschädigt ist, Einfuhrbeschränkungen unterliegt oder die Abgabenbelastung zu hoch erscheint und eine Rückbeförderung der Ware (Wiederausfuhr) nicht möglich oder zu teuer ist. Wird eine Ware **vernichtet**, ist dies eine mit menschlichem Willen herbeigeführte, willkürliche Beseitigung oder völlige Entwertung der Sache. Eine Ware wird hingegen lediglich **zerstört**, wenn deren Beschaffenheit verändert worden ist.[50] Sollten bei der Zerstörung verwertbare Reste anfallen, müssen diese gem. Art. 182 Abs. 5 ZK einer für Nichtgemeinschaftswaren zulässigen weiteren zollrechtlichen Bestimmung zugeführt werden. Eine **Aufgabe der Ware zugunsten der Staatskasse** ist nur möglich, wenn dies im einzelstaatlichen Recht vorgesehen ist (Art. 182 Abs. 1, 3. Anstrich ZK). 99

D. Zollschuldrecht

Das **materielle Zollrecht**, das **Abgabenrecht**, regelt in den Titeln II, VI und VII des ZK das Entstehen, die Erhebung, das Erlöschen, den Erlass sowie die Erstattung von **Ein- und Ausfuhrabgaben** im grenzüberschreitenden Warenverkehr einschließlich ihrer Absicherung durch Sicherheiten. Im Vordergrund aller Regelungen steht die Erhebung von **Zöllen**, die gem. Art. 4 Nr. 10 und 11 ZK als Ein- bzw Ausfuhrabgaben gelten. Ihre Entstehung kann sowohl an den **Eingang einer Ware in den Wirtschaftskreislauf (Einfuhrzoll)** als auch an das **Verlassen der Union (Ausfuhrzoll)** anknüpfen. Die Verpflichtung zu ihrer Entrichtung wird als **Ein- oder Ausfuhrzollschuld** bezeichnet (Art. 4 Nr. 9 ZK). 100

I. Zollschuldentstehung

Die Art. 201-216 ZK und 859-867 a ZK-DVO regeln sämtliche Tatbestände wie, wann und für wen eine Zollschuld entstehen kann. Da Waren in das EU-Zollgebiet ein- und ausgeführt werden können, wird zwischen der **Einfuhr- und Ausfuhrzollschuld** unterschieden (Art. 4 Nr. 9 ZK). Deren Entstehungstatbestände sind derart einheitlich aufgebaut, dass in Absatz 1 die Voraussetzungen der Entstehung geregelt sind, Absatz 2 den Entstehungszeitpunkt festlegt und die Person des Zollschuldners in Absatz 3 genannt wird. All diese Entstehungstatbestände setzen voraus, dass es sich bei der zu verzollenden Ware um eine **ein- bzw ausfuhrabgabenpflichtige Ware** handelt. Dies ist immer dann der Fall, wenn tariflich Zölle oder Agrarabgaben vorgesehen sind und im konkreten Einzelfall keinerlei außertarifliche Abgabenbefreiungen für die Ware in Frage kommen.[51] Zollschuldrechtliche Tatbestände sind einfuhrseitig neben der Überführung von einfuhrabgabenpflichtigen Waren in den zollrechtlich freien Verkehr oder in das Verfahren der vorübergehenden Verwendung (Art. 201 Abs. 1 ZK) das vorschriftswidrige Verbringen in das EU-Zollgebiet (Art. 202 Abs. 1 ZK), das Entziehen aus der zollamtlichen Überwachung (Art. 203 Abs. 1 ZK),[52] bestimmte statuierten Verfehlungen (Art. 204 Abs. 1 ZK),[53] das Verbrauchen oder Verwenden in einer Freizone (Art. 205 Abs. 1 ZK) und die Präferenzzollschuld (Art. 216 Abs. 1 ZK). Ausfuhrseitig kann die Ausfuhr einer ausfuhrabgabenpflichtigen Ware (Art. 209 Abs. 1 ZK), das vorschriftswidrige Ver- 101

50 *Prieß*, in: *Witte*, Art. 182 ZK, Rn 14.
51 *Witte*, in: Witte/Wolffgang, Rn 1214.
52 EuGH, Rs. C-273/12 (Harry Winston SARL); EuGH, Rs. C-75/13 (SEK Zollagentur GmbH).
53 EuGH, Rs. C-262/10 (Döhler Neuenkirchen); EuGH, Rs. C-28/11 (Eurogate); EuGH, Rs. C-480/12 (Minister van Financien/XBV).

bringen aus dem EU-Zollgebiet (Art. 210 Abs. 1 ZK) und die Nichterfüllung von Voraussetzungen (Art. 211 Abs. 1 ZK) zu einer Zollschuldentstehung führen.

102 Die entstandene Zollschuld begründet eine **persönliche Zahlungspflicht des Zollschuldners.** Drei Personengruppen sind zu unterscheiden. Zunächst wird grundsätzlich der **Handelnde** Zollschuldner. Dies kann der **Anmelder** (Art. 201 Abs. 3 ZK, 209 Abs. 3 ZK, 211 Abs. 3 ZK, 216 Abs. 3 ZK), der **Schmuggler** (Art. 202 Abs. 3 ZK, 210 Abs. 3 ZK), derjenige, der die Ware entzieht (Art. 203 Abs. 3 ZK), der **Pflichtenverletzer** (Art. 204 Abs. 3 ZK) und derjenige sein, der die Waren in der Freizone verbraucht oder verwendet (Art. 205 Abs. 3 ZK). Daneben kann auf die **Teilnehmer** zurückgegriffen werden, die am Schmuggel (Art. 202 Abs. 3 2. Anstrich ZK), am Entziehen (Art. 203 Abs. 3, 2. Anstrich ZK) oder am Verbrauch sowie der Verwendung der Ware (Art. 205 Abs. 3, 2. Anstrich ZK) beteiligt waren, obwohl sie wussten oder hätten vernünftigerweise wissen müssen, dass sie vorschriftswidrig handeln.[54] Ferner kommen Personen in Betracht, welche die betreffenden Waren **erworben oder in Besitz** gehabt haben, obwohl sie die Hintergründe kannten oder billigerweise hätten kennen können (Art. 202 Abs. 3 ZK). In fast allen Fällen kann somit auf mehrere Personen zurückgegriffen werden.

103 Gibt es **mehrere Zollschuldner**, sind diese gesamtschuldnerisch verpflichtet (Art. 213 ZK).[55] Folglich können die Zollbehörden die Leistung von jedem Schuldner ganz oder zu einem Teil fordern, während bis zur Bewirkung der ganzen Zollschuld sämtliche Schuldner verpflichtet bleiben. Grundsätzlich ist der Zollschuldner heranzuziehen, der der Zollschuld am nächsten steht. Dies kann insbesondere anhand der Reihenfolge ihrer Auflistung im ZK geschehen.

104 Die **Zollschuld entsteht** gem. Art. 201 Abs. 2 ZK mit der Annahme der Zollanmeldung. Diese liegt bei einem normalen Verfahren vor, wenn die Zollbehörden eine abgegebene Zollanmeldung gem. Art. 62 iVm Art. 205 DVO auf ihre ordnungsgemäße Erstellung und innere Schlüssigkeit hin geprüft und einschließlich der notwendigen Unterlagen gem. Art. 218-221 DVO angenommen haben, Art. 63 DVO. Gem. Art. 203 DVO wird dieser Zeitpunkt auf der Zollanmeldung dokumentiert.

105 Im Gegensatz zu Art. 201 ZK fingiert Art. 206 ZK ein Nichtentstehen der Einfuhrzollschuld. Die Einfuhrzollschuld gilt als nicht entstanden, wenn Pflichten aufgrund eines abschließenden Kataloges nicht erfüllt worden sind, die Ware also vernichtet, zerstört oder unwiederbringlich verloren gegangen ist.[56]

106 Neben die Zollschuld können **Haftungstatbestände** treten. Der ZK regelt das Einstehen für fremde Schulden nur unter dem Aspekt der Sicherheitsleistung. Hier ist der Bürge vorgesehen. Er muss sich gem. Art. 195 ZK vertraglich verpflichten, den zu sichernden Betrag bei Fälligkeit der Zollschuld zu entrichten. Damit haftet der Bürge gesamtschuldnerisch mit dem Zollschuldner, ohne selbst Zollschuldner zu werden. Eine Haftung nach nationalem Recht, etwa die persönliche Geschäftsführerhaftung nach § 69 AO, bleibt unberührt.

II. Die Erhebung der Zollschuld

107 Auf welche Art und Weise die Zollschuld zu erheben ist, regelt Kapitel III des ZK. In Art. 217-232 ZK sind die einzelnen Schritte des Besteuerungsverfahrens zusammengefasst.[57] Danach muss die Zollbehörde zunächst den der Zollschuld entsprechenden Abgabenbetrag berechnen und eintragen, also buchmäßig erfassen (Art. 217 ZK).[58] Sodann ist der Abgabenbetrag dem Zollschuldner in geeigneter Form mitzuteilen. Da der ZK diesbezüglich keine Regelung enthält, geschieht dies bei den deutschen Zollbehörden durch den **Erlass eines Steuerbescheides** gem. §§ 155 ff AO.

54 EuGH, Rs. C-454/10 (Jestel).
55 EuGH, Rs. C-78/10 (Berel), Slg 2011, I-717.
56 EuGH, Rs. C-273/12 (Harry Winston SARL).
57 EuGH, Rs. C-201/04 (Molenbergnatie), Slg 2006, I-2049; EuGH, Rs C-62/06 (ZF Zefeser), Slg 2007, I-11995; EuGH, Rs. C-477/07 (Gerlach), Slg 2008, I-105; EuGH, Rs. C-349/07 (Sopropé), Slg 2008, I-10369.
58 EuGH, Rs. C-351/11 (KGH Belgium).

Erst im Anschluss an die **buchmäßige Erfassung** ist der Abgabenbetrag dem Zollschuldner in geeigneter Form unter Mitteilung einer Zahlungsfrist von höchstens 10 Tagen mitzuteilen (Art. 221 Abs. 1, 222 Abs. 1 Buchst. a ZK).[59] Diese Mitteilung kann gem. § 29 b ZollV elektronisch übermittelt werden. Gem. Art. 223, 224 ZK kann in bar oder mit anderen nach nationalem Recht zugelassenen Zahlungsmitteln gezahlt werden. Der Festsetzung einer Frist gem. Art. 222 ZK bedarf es nicht, wenn dem Wirtschaftsbeteiligten Zahlungserleichterungen eingeräumt worden sind. Dies kann ein **Zahlungsaufschub** (Art. 224 ff ZK) oder eine **sonstige Zahlungserleichterung** (Art. 229 ZK) sein. Unter den Voraussetzungen von Art. 217 Abs. 1 Unterabs. 2 und 3 ZK kann in den Fällen von der buchmäßigen Erfassung abgesehen werden, in denen der Abgabenbetrag höher als der Betrag ist, der auf der Grundlage einer **verbindlichen Zolltarifauskunft** (Art. 12 ZK) festgelegt wurde oder nur ein Kleinbetrag zu verzollen ist. Kann keine dieser Fallgruppen herangezogen werden, muss die buchmäßige Erfassung innerhalb bestimmter Fristen erfolgen (Art. 218 ZK, Art. 219 ZK). 108

III. Das Erlöschen der Zollschuld

Art. 233 Unterabs. 1 ZK legt fest, unter welchen Voraussetzungen eine Zollschuld erlöschen kann und listet verschiedene, inhaltlich nicht zusammengehörende Fälle auf. Danach kann die Zollschuld durch Entrichtung der Abgaben, durch Ungültigkeitserklärung der Zollanmeldung, durch Verjährung, durch Zahlungsunfähigkeit oder durch Beschlagnahme oder Entziehung erlöschen.[60] 109

IV. Bemessungsgrundlagen der Zollschuld

Um die Höhe einer Zollschuld bestimmen zu können, bedarf es verschiedener Grundbegriffe, die zu den Erhebungsgrundlagen einer jeden Zollschuld gehören und in Titel II des ZK in ihren Grundzügen geregelt sind: der **Zolltarif**, der **Warenursprung** und der **Zollwert der Ware**. 110

1. Der Gemeinsame Zolltarif

Der **EU-Zolltarif** legt fest, ob und in welcher Höhe eine Zollschuld entsteht (Art. 20 Abs. 1 ZK), ohne nähere tarifliche Regelungen zu treffen. Art. 20 Abs. 1 ZK regelt lediglich, dass sich der Abgabensatz einer Zollschuld aus dem EU-Zolltarif ergibt. Grundkomponenten eines jeden Zolltarifs sind das Zolltarifschema und die Zollsätze. Art. 20 Abs. 3 ZK listet die einzelnen Bestandteile des Zolltarifs auf; dies sind das **Zolltarifschema** in Form der **Kombinierten Nomenklatur** (Art. 20 Abs. 3 Buchst. a ZK), die **verschiedenen Zollsätze** sowie Zollpräferenzen und autonome Aussetzungsregelungen, mit denen die bei der Einfuhr bestimmter Waren geltenden Zollsätze herabgesetzt oder ausgesetzt werden (Art. 20 Abs. 3 Buchst. c-g ZK). Weitere Vorschriften sind in zahlreichen Verordnungen und weiteren Rechtsakten auf Unionsrechtsebene enthalten. 111

a) Das Zolltarifschema

Das **Zolltarifschema** stellt sich als eine Auflistung aller nur denkbaren Waren dar, worin auch solche Waren eingeschlossen sind, deren potentielle Existenz aus heutiger Sicht möglicherweise noch nicht einmal absehbar ist. Strukturelle Grundlage für diese **Warennomenklatur** ist das 1988 eingeführte **Harmonisierte System zur Bezeichnung und Codierung der Waren**, kurz HS genannt. Der sachliche Aufbau des HS richtet sich nach dem sog. Produktionsprinzip, welches eine systematische Differenzierung der Waren nach Produktions- oder Wirtschaftszweigen beinhaltet, und welches eine grundsätzliche Erfassung der Waren in Abfolge vom Grundstoff über das Halbfertigungserzeugnis bis zum Fertigprodukt zulässt. Erfassungskriterien sind hierbei im Regelfall entweder der Stoff, aus dem die Ware besteht, die Zweckbestimmung der Ware oder weitere Kriterien, wie die Herstellungsart, die Aufmachung oder das Datum der Einfuhr. 112

59 EuGH, Rs. C-201/04 (Molenbergnatie), Slg 2006, I-2049; EuGH, Rs C-62/06 (ZF Zefeser), Slg 2007, I-11995.

60 EuGH, Rs. C-459/07 (Veli Elshani/HZA Linz), Slg 2009, I-2759; EuGH, Rs. C-230/08, (Dansk Transport og Logistik), Slg 2010, I-3799.

113 Für die zolltariflichen Zwecke der EU war das HS allerdings nicht tiefgründig genug. So erfolgte eine weitere Aufgliederung. Aus dem sechsstelligen Code der Unterposition des HS wurde in der EU ein achtstelliger Code, der als **Kombinierte Nomenklatur** (**KN**) gem. Art. 20 Abs. 3 Buchst. a ZK das dem Gemeinsamen Zolltarif zugrunde liegende **Zolltarifschema** darstellt. Diese Aufgliederung des Warenverzeichnisses war jedoch immer noch nicht in der Lage, den EU-Zolltarif in seinem vollen Umfang zu erfassen, so dass es erforderlich war, eine zusätzliche Unterteilung durch eine 9. und 10. Stelle zu schaffen und diese in einen integrierten Tarif der Union, dem **TARIC**, aufzunehmen.[61] Der TARIC berücksichtigt weitere europäische Besonderheiten, wie zB Antidumpingmaßnahmen, Zollaussetzungen und/oder Zollkontingente und wird als informelle Datenbank in Brüssel verwaltet. Zur Berücksichtigung nationaler Besonderheiten, wie zB der Einfuhrumsatz- oder Verbrauchsteuer, können die Mitgliedstaaten eine 11. Stelle zur weiteren Feindifferenzierung in den TARIC aufnehmen.

114 Zur Gewährleistung einer permanenten Aktualität ist bestimmt, dass die EU-Kommission jedes Jahr bis zum 31.10. die vollständige Fassung der KN zusammen mit den Zollsätzen (elektronisch) zu veröffentlichen hat. Der so aktualisierte Zolltarif tritt jeweils zum 1.1. des folgenden Jahres in Kraft. Die praktische Arbeit mit dem Zolltarif erfolgt vorwiegend in elektronischer Form. Es werden EDV – gestützte Auskunftssysteme genutzt, die täglich durch Datenübertragung aktualisiert werden. In Deutschland wurde zum 1.1.1999 der **Elektronische Zolltarif (EZT)** als ein Subsystem des **IT-Gesamtkonzeptes ATLAS** (**Automatisiertes Tarif- und lokales Zollabwicklungssystem**) bei allen Zollstellen eingeführt. Der EZT entfaltet keine rechtliche Bindungswirkung für den Wirtschaftsbeteiligten. Rechtliche Bindungswirkung entfalten ausschließlich die maßgebenden Vorschriften.[62]

115 Um einer Ware ihre ordnungsgemäße Warennummer zuzuteilen, muss diese in den Zolltarif eingereiht werden (vgl Art. 20 Abs. 6 ZK). Für diese **Einreihung in den Zolltarif** sind insbesondere die **stoffliche Beschaffenheit der Ware** und die **Verwendung oder Funktion der Waren** entscheidend.[63] Um eine einheitliche Einreihung der Ware vornehmen zu können, sind neben diversen anderen Mitteln insbesondere die von der WCO veröffentlichten **Erläuterungen zum** HS heranzuziehen. Als Verwaltungsanweisung dienen sie seit jeher als maßgebliches Erkenntnismittel für die Anwendung des Zolltarifs, ohne die Gerichte zu binden und ohne dass seitens der Mitgliedstaaten eigene Auslegungsregeln geschaffen werden können.[64]

116 Damit der Wirtschaftsbeteiligte die bei der Einfuhr entstehenden Zollschulden präziser kalkulieren kann, kann von ihm auf schriftlichen Antrag gemäß dem Vordruck in Anhang 1 b ZK-DVO eine **verbindliche Zolltarifauskunft** (**vZTA**) von der zuständigen Zollbehörde eingeholt werden (Art. 12 Abs. 1 ZK, Art. 6 Abs. 1 ZK-DVO).[65] Hat der Antragsteller eine Auskunft erhalten, ist für die nächsten sechs Jahre jede EU-Zollstelle an ihren Inhalt gebunden, es sei denn, sie wird aufgrund unrichtiger oder unvollständiger Angaben rückwirkend zurückgenommen (Art. 12 Abs. 4 ZK) oder es tritt unter den Voraussetzungen von Art. 12 Abs. 5 ZK[66] eine vorzeitige Ungültigkeit ein. Sollten sich die rechtlichen Hintergründe im Zeitraum ihrer Wirksamkeit geändert haben, entfaltet die vZTA im Folgenden keinen Schutz mehr für den Wirtschaftsbeteiligten.[67] Jeder Wirtschaftsbetei-

61 *Bleihauer*, in: HHSp, Art. 20 ZK, Rn 61.

62 EuGH, Rs. 161/88 (Binder/HZA Reichenhall), Slg 1989, 2415.

63 *Bleihauer*, in: HHSp, Art. 20 ZK, Rn 74.

64 EuGH, Rs. 14/70 (Deutsche Bakels/OFD München), Slg 1970, 1001; EuGH, Rs. C-35/93 (Develop Dr. Eisbein/HZA Stuttgart-West), Slg 1994, I-2655.

65 EuGH, Rs. C-199/09 (Schenker), Slg 2010, I-12311.

66 *EuGH, Rs. C-288/09 (British Sky Broadcasting Group), Slg 2011, I-2851; EuGH, Rs. C-153/10 (Sony Supply Chain Solutions Europe), Slg 2011, I-2775.*

67 EuGH, Rs. C-90/77 (Stimming/Kommission), Slg 1978, 995; EuGH, Rs. C-315/96 (Lopex Export/HZA Hamburg-Jonas), Slg 1998, I-317.

ligte hat die Möglichkeit, sich über bereits erteilte **verbindliche (europäische) Zolltarifauskünfte** im Internet[68] zu informieren.

b) Die Zollsätze

117 Der Zolltarif besteht nicht nur aus der Nomenklatur, sondern auch aus den Abgabensätzen für die von der Kombinierten Nomenklatur erfassten Waren. Die aufgeführten Zollsätze sind ein Maßstab für die Berechnung des Zollbetrags. Man unterscheidet vor allem zwischen Wertzöllen, Mischzöllen und spezifischen Zöllen. Moderne Zolltarife wie der Gemeinsame Zolltarif der EU enthalten vorwiegend **Wertzölle**. Der Zollerhebung liegt hierbei in der Regel ein Wertzollsatz zugrunde, dh die Zollschuld wird nach einem Prozentsatz des Warenwertes errechnet. Maßgeblich für die Anwendung dieses Zollsatzes ist in der Regel der Zeitpunkt der Zollentstehung.

aa) Das Zollpräferenzrecht

118 Grundsätzlich sind für alle eingeführten Waren **Regelzollsätze** vorgesehen (Art. 20 Abs. 3 Buchst. c ZK), die gegenüber Drittstaaten angewandt werden. Allerdings können auch **autonome Zollaussetzungen/oder -ermäßigungen** (wie zB Zollaussetzungen, Zollkontingente oder Zollplafonds) und **Präferenzzollsätze** bei der Erhebung der Zollschuld zu berücksichtigen sein (Art. 20 Abs. 3 Buchst. d-f ZK). Gem. Art. 20 Abs. 3 Buchst. c-f ZK können für eingeführte Waren begünstigte Zollsätze zur Anwendung kommen. Das **Zollpräferenzrecht** gilt aufgrund der heutigen Welthandelsordnung für einen Großteil der eingeführten Waren und ist meist so beschaffen, dass der Zollsatz für die Ware sogar null beträgt. An sich stellen die Zollpräferenzen einen Verstoß gegen den innerhalb der WTO gem. Art. I GATT geltenden **Grundsatz der Meistbegünstigung** dar. Da dieser Grundsatz gem. Art. XXIV GATT von Zollunionen und Freihandelszonen durchbrochen werden darf, gilt dieses Prinzip für die EU im Hinblick auf das Präferenzrecht nicht.[69]

119 Das Europäische Zollrecht unterscheidet in Art. 20 Abs. 3 Buchst. d und e ZK zwischen **vertraglichen Präferenzmaßnahmen** (Art. 20 Abs. 3 Buchst. d ZK) und **autonomen Präferenzmaßnahmen** (Art. 20 Abs. 3 Buchst. e ZK). Während sich **vertragliche Zollpräferenzen** aus völkerrechtlichen Abkommen zwischen der EU und bestimmten Staaten oder Staatengruppen ergeben, werden **autonome Zollpräferenzen** bei der Einfuhr von Waren aus bestimmten Ländern (vor allem Entwicklungsländern) seitens der EU aufgrund festgelegter Regelungen in der ZK-DVO gewährt.

120 Für eine Präferenzbehandlung kann die **Freiverkehrseigenschaft** oder die **Ursprungseigenschaft** der Ware maßgeblich sein. Ob sich die Ware im freien Verkehr befindet, ist vor allem im Rahmen des mit der Türkei abgeschlossenen Assoziierungsabkommens[70] von Bedeutung. Fast alle anderen autonomen oder vertraglichen Präferenzmaßnahmen machen die Präferenzbehandlung regelmäßig davon abhängig, ob die Ware ihren **Ursprung** in der Präferenzzone oder Präferenzpartei hat. Außerdem kann die Präferenz nur gewährt werden, wenn die Ware ordnungsgemäß in den zollrechtlich freien Verkehr übergeführt wurde (Art. 79 ZK) und Zollkontingente oder Zollplafonds nicht überschritten wurden. Während **Zollkontingente** aufgrund besonderer Rechtsvorschriften vorgesehene Abgabenbegünstigungen sind, die innerhalb eines bestimmten Zeitraums gewährt werden, an dessen Ende automatisch der Regelsatz wieder anwendbar ist, tritt bei **Zollplafonds** der eigentliche Zollsatz erst durch eine EU-Verordnung wieder in Kraft (Art. 20 Abs. 5 Buchst. b ZK). Zollkontingente oder Zollplafonds räumen Abgabenbegünstigungen durch Senkung des Zollsatzes nur für bestimmte Waren ein. So sehen sowohl die autonomen als auch die vertraglichen Präferenzmaßnahmen Beschränkungen des Warensektors vor. Während die Vergünstigungen auf Waren des gewerblichen Sektors (Kap. 25-97 KN) grds. Anwendung finden, ist der Agrarsektor (Kap. 1-24 KN) häufig von den Vorzugstarifen ausgeschlossen.

---

68 Europäische verbindliche Zolltarifauskünfte elektronisch zugänglich unter: http://ec.europa.eu/taxation_customs/dds2/ebti/ebti_consultation.jsp?Lang=de.

69 *Wolffgang*, in: HHSp, Art. 27 ZK, Rn 10 ff.

70 ABl. 1996, L 35, S. 1.

bb) Der Warenursprung

121 Unter welchen Voraussetzungen einer Ware der präferentielle Ursprung in einem Land verliehen werden kann, ergibt sich über Art. 27 ZK im Rahmen von autonomen Zollvergünstigungen entweder aus den Art. 66 bis 123 ZK-DVO bzw aus dem jeweils anzuwendenden Präferenzabkommen, sofern vertragliche Zollvergünstigungen vorgesehen sind. Der **präferentielle Ursprung** ist strikt von dem **nicht-präferentiellen Ursprung** (Art. 22-26 ZK, Art. 35-65 ZK-DVO) zu unterscheiden. Der nichtpräferentielle Ursprung spielt gem. Art. 22 ZK dann eine Rolle, wenn die Ermittlung des Ursprungs einer Ware sonstigen handelspolitischen Maßnahmen im grenzüberschreitenden Warenverkehr dient, also gerade nicht der Ermittlung eines Präferenzzollsatzes.[71]

122 Alle Präferenzmaßnahmen sehen vor, dass die Ware ihren Ursprung in einer Präferenzpartei hat, wenn sie dort **vollständig erzeugt**, also naturalisiert worden ist (zB Art. 75, 99 ZK-DVO). Auch wenn die Präferenzmaßnahmen eine kasuistische Aufzählung möglicher Vorgänge enthalten, die zu einer vollständigen Erzeugung der Ware führen, werden in der heute überwiegend arbeitsteiligen Produktion nur noch wenige Güter in einem Land erzeugt. In den meisten Fällen werden Vormaterialien aus einem anderen Land eingesetzt, die von den Herstellern zugekauft worden sind. Ist dies geschehen, muss das Vormaterial im Rahmen der Produktion **ausreichend be- oder verarbeitet** worden sein, um die Ursprungseigenschaft einer Präferenzzone zu erhalten.[72] Alle Präferenzmaßnahmen enthalten die Regelung, dass Ursprungswaren, die außerhalb des Gebiets der Präferenzparteien be- oder verarbeitet worden sind, dadurch ihren Anspruch auf Präferenzbehandlung verlieren (Territorialitätsprinzip).[73]

123 Die heutige Arbeitsteilung führt außerdem dazu, dass Produktionsvorgänge, die in einem oder mehreren Ländern einer Präferenzzone vorgenommen worden sind, also Fälle, in denen Waren unter Verwendung von Teilen verschiedener Länder hergestellt werden, beim Erwerb der Ursprungseigenschaft angerechnet bzw mitgezählt, also **kumuliert** werden können.[74] Dabei wird zwischen der vollen und der eingeschränkten Kumulierung unterschieden, wobei letztere wiederum in die bilaterale und multilaterale Kumulierung einzuteilen ist. Insbesondere die **multilaterale Kumulierung** hat Bedeutung erlangt. Eine solche ermöglicht, auch Produktionsvorgänge anzurechnen, die weder in dem einen noch dem anderen, sondern in einem drittem Land derselben Präferenzzone stattgefunden haben, zB **paneuromediterrane Kumulierungszone** (EU, EFTA-Staaten, Türkei, Mittelmeerländer und färöische Inseln) haben ein solches Gebiet arbeitsteiliger Produktion geschaffen.

124 Um den Präferenzzollsatz gewähren zu können, muss der Einführer der Zollanmeldung die für den Nachweis der Präferenzberechtigung erforderlichen Unterlagen beifügen (Art. 218 Abs. 1 Buchst. c ZK-DVO). Im Regelfall ist dies ein **förmlicher Präferenznachweis**, der je nach Präferenzzone unterschiedlich ausgestaltet ist (Formblatt A, EUR.1, EUR-Med, Ursprungserklärung auf der Rechnung oder ATR).[75] Mehr und mehr Präferenzmaßnahmen verlangen als Regelnachweis eine Ursprungserklärung auf der Rechnung. In den Abkommen mit Südkorea, Singapur und Kanada sind nur noch diese vom Exporteur ausgestellten Nachweise möglich.

2. Zollwert

125 Die Anwendung des Zolltarifs setzt die Ermittlung des **Zollwertes einer Ware** voraus. Die heute gültigen Zollwertregelungen gehen auf das **„Übereinkommen zur Durchführung des Art. VII GATT"**, den **GATT-Zollwert-Kodex**[76] zurück, der in den Art. 28 – 36 ZK übernommen wurde.

71 EuGH, Rs. C-447/05 (Thomson und Vestel), Slg 2007, I-2049; EuGH, Rs. C-372/06 (Asda Stores), Slg 2007, I-11223; EuGH, Rs. C-260/08 (Heko Industrieerzeugnisse), Slg 2009, I-11571; EuGH, Rs. C-373/08 (Hoesch Metals and Alloys GmbH), Slg 2010, I-951.

72 *Prieß*, in: Witte, Art. 27 ZK, Rn 9.

73 *Wolffgang*, in: HHSp, Art. 27 ZK, Rn 53; EuGH, Rs. C-386/08 (Brita), Slg 2010, I-1289.

74 *Harings*, in: Dorsch, Art. 27 ZK, Rn 60.

75 S. hierzu näher EuGH, Rs. C-613/12 (Helm Düngemittel).

76 ABl. 1980, L 71, S. 107.

Für die Ermittlung des Zollwertes stehen mit den Art. 29, 30 Abs. 1 und 31 Abs. 1 ZK sechs Methoden zur Verfügung, die in vorgegebener Reihenfolge zu prüfen sind. Nur wenn die erste Bewertungsmethode nicht zur Anwendung kommen kann, sind die anderen Bewertungsmethoden heranzuziehen (vgl Art. 30 Abs. 1 ZK). Subsidiär gelten demnach grundsätzlich in dieser Reihenfolge der **Wert gleicher Waren** (Art. 30 Abs. 2 Buchst. a ZK), der **Wert gleichartiger Waren** (Art. 30 Abs. 2 Buchst. b ZK), die **deduktive Methode** (Art. 30 Abs. 2 Buchst. c ZK), der **errechnete Wert der Ware** (Art. 30 Abs. 2 Buchst. d ZK) und die **Schlussmethode**, die sogar auf eine Schätzung des Wertes der Ware hinauslaufen kann (vgl Art. 31 ZK). Die **Zollwertanmeldung**, die der Zollanmeldung als zusätzliche Unterlage gem. Art. 218 Abs. 1 Buchst. b ZK-DVO beizulegen ist, ist auf dem **D.V. 1 Vordruck (Declaration of Value)** nach dem Muster des Anhangs 28 ZK-DVO vorzunehmen.

126 Die vornehmlich anzuwendende Ermittlungsmethode des Art. 29 ZK (**Transaktionswertmethode**) behandelt den Hauptfall aller Zollwertberechnungen. Dieser geht davon aus, dass Verkäufer und Käufer die Abwicklung eines **Kaufgeschäfts** in das EU-Zollgebiet bezwecken. In Anbetracht der unterschiedlichen Rechtsordnungen, die die Unterzeichnerstaaten des GATT-Zollwert-Kodex haben, wird man den Begriff des Kaufvertrages weit auslegen müssen.[77] Ob der geschlossene Vertrag tatsächlich ein Kaufvertrag oder ein Werklieferungsvertrag (zB nach deutschem Recht gem. § 651 BGB) oder ein Werkvertrag (zB nach deutschem Recht gem. § 631 BGB) ist, spielt daher keine Rolle.

127 Im Mittelpunkt der Ermittlungsmethode steht damit der **Transaktionswert der Ware.** Dies ist der tatsächlich gezahlte oder zu zahlende Preis für die eingeführten Waren, wenn diese zur Ausfuhr in das EU-Zollgebiet verkauft wurden (Art. 29 Abs. 1 ZK).[78] Können eingeführte materielle Güter und darin enthaltene immaterielle Bestandteile nicht voneinander getrennt werden, wie zB das Hören von Musik auf einer CD, sondern nur in Verbindung genutzt werden, ist der Preis für beide Bestandteile grundsätzlich der Transaktionswert.[79] Dieser Transaktionswert ist, je nach Ausgestaltung der Lieferbedingungen, um **Hinzurechnungen** (Art. 32 ZK) und **Abzüge** (Art. 33 ZK)[80] zu berichtigen.

V. Nacherhebung, Erlass und Erstattung

128 Die Höhe der Zollschuld kann nachträglich geändert werden in Fällen, in denen die Einfuhr- oder Ausfuhrabgaben zu hoch oder zu niedrig buchmäßig erfasst, festgesetzt oder entrichtet worden sind. Die zu niedrige Abgabenerhebung und die damit einhergehende nachträgliche Geltendmachung von Abgabenansprüchen durch die nachträgliche buchmäßige Erfassung (**Nacherhebung**) wird direkt im Rahmen der buchmäßigen Erfassung (Art. 217-221 ZK) abgehandelt. Die zu hohe Abgabenerhebung und die damit verbundenen Institute des **Erlass** und der **Erstattung** werden dagegen in einem besonderen Abschnitt des ZK als letztes Kapitel des Zollschuldrechts geregelt (Art. 235-242 ZK).

1. Nacherhebung

129 In Art. 220 ZK ist die **Nacherhebung** als Teil der buchmäßigen Erfassung geregelt. Die Vorschrift legt eine Verjährungsfrist fest, nach deren Ablauf die Nacherhebung eines Abgabenbetrages ausgeschlossen ist und der Abgabenanspruch erlischt (vgl Art. 233 UAbs. 1 ZK). Die AO-Vorschriften, die sich mit der Korrektur von Steuerbescheiden zu Lasten des Beteiligten beschäftigen (insb. §§ 129, 164, 169-171 und 172 AO), werden entsprechend überlagert. Eine nachträgliche buchmäßige Erfassung nach Art. 220 ZK kommt in zwei Fällen in Betracht. Nämlich erstens, wenn der Abgabenbetrag von der Verwaltung zB wegen zu großen Arbeitsanfalls nicht innerhalb der Erfas-

77 *Wäger*, in: HHSp, Art. 29 ZK, Rn 25.
78 EuGH, Rs. C-256/07 (Mitsui), Slg 2009, I-1951; EuGH, Rs. C-263/06 (Carboni), Slg 2007, I-1077.
79 EuGH, Rs. C-79/89 (Brown Boveri/HZA Mannheim), Slg 1991, I-1853.
80 EuGH, Rs. C-354/09 (Gaston Schul), Slg 2010, I-7445.

sungsfristen der Art. 218 und 219 ZK buchmäßig erfasst wurde und zweitens, wenn der Abgabenbetrag mit einem geringeren als dem gesetzlich geschuldeten Betrag buchmäßig erfasst wurde.[81]

130 In beiden Fallgruppen des Art. 220 Abs. 1 ZK hat die buchmäßige Erfassung innerhalb von zwei Tagen nach dem Tag zu erfolgen, an dem die Zollbehörden die entsprechenden Umstände feststellen und in der Lage sind, den gesetzlich geschuldeten Betrag zu berechnen und den Zollschuldner zu bestimmen. Diese Frist ist ebenfalls nach Art. 219 ZK verlängerbar. Auch hier gilt, dass der Abgabenschuldner sich nicht darauf berufen kann, dass diese Frist überschritten wurde; ihre Überschreitung stellt keinen Rechtsmangel des Abgabenbescheides dar.[82]

131 Aus Gründen des **Vertrauensschutzes des Beteiligten** und der **Verwaltungsökonomie** (Kleinbeträge) sowie um der Rechtssicherheit willen scheidet eine nachträgliche buchmäßige Erfassung in bestimmten Fällen aus (Art. 220 Abs. 2 ZK). Dabei erklärt Art. 220 Abs. 2 ZK zunächst die in Art. 217 Abs. 1 Unterabs. 2 und 3 ZK genannten Ausschlussregelungen, in denen eine buchmäßige Erfassung nicht in Betracht kommt, für anwendbar. Art. 220 Abs. 2 sieht drei Ausschlussgründe für die nachträgliche buchmäßige Erfassung vor. Nach **Art. 220 Abs. 2 Buchst. a ZK** ist eine Nacherhebung ausgeschlossen, wenn ein dafür zuständiges Gericht die zur niedrigeren Abgabenfestsetzung führende Rechtsnorm mit rückwirkender Wirkung aufgehoben hat, also von Anfang an eine höhere (aber nicht buchmäßig erfasste) Abgabenschuld bestand.

132 Nach **Art. 220 Abs. 2 Buchst. b Unterabs. 1 ZK** wird ein von der Zollbehörde irrtümlich nicht oder zu gering buchmäßig erfasster Abgabenbetrag nicht nachträglich buchmäßig erfasst, wenn der Zollschuldner diesen Irrtum nicht erkennen konnte, gutgläubig gehandelt und alle geltenden Vorschriften über die Zollanmeldung eingehalten hat. Es muss sich dabei um einen „aktiven Irrtum" der Zollbehörden gehandelt haben, den der Zollschulder „vernünftigerweise" nicht erkennen konnte.[83] Allerdings genießt der Zollschuldner keinen Vertrauensschutz, wenn er mit der jederzeitigen Änderung seines Bescheides rechnen musste.[84]

133 Nach **Art. 220 Abs. 2 Buchst. b Unterabs. 2-5 ZK** wird von der Nacherhebung abgesehen, wenn eine Behörde im Drittland im Rahmen eines Systems der administrativen Zusammenarbeit eine falsche Präferenzbescheinigung ausstellt (dann wird ein Irrtum des Zollschuldners fingiert), der Zollschuldner gutgläubig ist (dazu enthält Unterabs. 4 eine Erleichterung) und alle geltenden Vorschriften über die Zollanmeldung eingehalten werden.[85]

134 Um eine **gleichmäßige Praxis** beim Absehen von der Nacherhebung in den Mitgliedstaaten zu gewährleisten und den **Erhalt der Eigenmittel** der EU zu sichern, sieht Art. 871 DVO vor, dass die nationalen Behörden nur bis zu einem Abgabenbetrag, der niedriger als 50.000 € ist, selbst den Verzicht auf die Nacherhebung aussprechen dürfen. Ist der Betrag überschritten, so müssen sie den Fall mit allen entscheidungserheblichen Unterlagen der Kommission zur Entscheidung vorzulegen.

135 Nach Art. 868 Unterabs. 2 DVO ist auch bei **Kleinbeträgen** von weniger als 10 Euro je Einzelfall von der Nacherhebung abzusehen. Gegen die Durchführung einer Nacherhebung kann der Beteiligte **Rechtsbehelf nach Art. 243 ZK** einlegen, da es sich dabei um eine Entscheidung der Zollbehörden auf dem Gebiet des Zollrechts handelt. Hat in seinem Fall die Kommission nach Art. 871 DVO die Entscheidung getroffen, dass nachzuerheben ist, kann der Beteiligte auch **Klage gegen die Kommissionsentscheidung** beim EuG erster Instanz erheben (Art. 263 AEUV).[86]

2. Erlass und Erstattung der Zollschuld

136 In bestimmten, eng umrissenen Fällen kann es gem. Art. 235 – 242 ZK zum **Erlass** oder zur **Erstattung** von Ein- oder Ausfuhrabgaben kommen. Als Erstattung gilt die Rückzahlung eines Teils oder

81 *Huchatz*, in: Witte/Wolffgang, Rn 1354.
82 EuGH, Rs. C-370/96 (Covita AVE/Elliniko Dimosio), Slg 1998, I-7711.
83 *Deimel*, in: HHSp, Art. 220 ZK, Rn 84.
84 *Deimel*, in: HHSp, Art. 220 ZK, Rn 101.
85 EuGH, Rs. C-293/04 (Beemsterboer), Slg 2006, I-2263; EuGH, Rs. C-552/08 P (Agrar-Invest-Tatschl), Slg 2009, I-9265; EuGH. Rs. C-409/10 (Afasia); EuGH, Rs. C-438/11 (Lagura Vermögensverwaltung).
86 *Huchatz*, in: Witte/Wolffgang, Rn 315.

der Gesamtheit der entrichteten Abgaben (Art. 235 Buchst. a ZK). Wird eine Abgabe hingegen erlassen, wird auf die Erhebung der Gesamtheit oder eines Teils der Zollschuld verzichtet (Art. 235 Buchst. b ZK). Beide Institute können sich auch nur auf einen Teilbetrag der Zollschuld beziehen (vgl Art. 897 ZK-DVO). Zum Erlass oder zur Erstattung kann es insbesondere kommen, wenn die Abgaben gem. Art. 236 ZK[87] gesetzlich nicht geschuldet waren, die Zollanmeldung nach der Abgabenentrichtung für ungültig erklärt worden ist (Art. 237 ZK), die Waren bei der Anmeldung schadhaft waren, vor Überlassung beschädigt worden sind oder nicht den Bedingungen des Vertrages entsprachen und deshalb vom Einführer zurückgewiesen wurden (Art. 238 ZK) oder ein Sonderfall gegeben ist (Art. 239 ZK). Art. 239 ZK hat dabei als Billigkeitsvorschrift eine Auffangfunktion. Art. 239 Abs. 1, 1. Anstrich bestimmt, dass in der ZK-DVO alle Fälle (insb. die Katalogfälle des Art. 900 ZK-DVO) festgelegt werden, die zu einem Erlass oder einer Erstattung führen können.[88] Subsidiär kann eine Erstattung oder ein Erlass „in besonderen Fällen" bei Pflichtverletzungen der Kommission auch durch die Kommission gewährt werden. Ob ein besonderer Fall gegeben ist, richtet sich danach, ob sich der Wirtschaftsbeteiligte im Vergleich mit anderen die gleiche Tätigkeit Ausübenden in einer außergewöhnlichen Situation befindet.[89] Ist eine Erstattung oder ein Erlass zu Unrecht gewährt worden, lebt die ursprüngliche Einfuhrabgabenschuld gem. Art. 242 ZK wieder auf. In den Fällen des Art. 905 DVO haben die nationalen Behörden den Fall der Kommission vorzulegen.[90]

VI. Sanktionen bei Verzug

Wird der Abgabenbetrag nicht fristgerecht entrichtet, müssen die Zollbehörden zum einen alle Möglichkeiten einer Erlangung des Abgabenbetrages ausschöpfen, und zum anderen sind **Säumniszinsen** zu erheben (Art. 232 ZK).[91] Art. 232 Abs. 1 Buchst. a ZK ordnet an, dass die Zollbehörden alle nach den geltenden Vorschriften bestehenden Möglichkeiten ausschöpfen und nennt namentlich die **Zwangsvollstreckung**. Da der ZK zur Zwangsvollstreckung keine Regelungen enthält, ist diese nach §§ 249 ff AO durchzuführen. Als weitere Möglichkeit, die Entrichtung des fälligen Betrages herbeizuführen, ist die Inanspruchnahme eines für die Abgabenschuld Haftenden anzusehen. Da auch in diesem Fall der ZK selbst keine Haftungsnormen enthält, ist auf die zahlreichen nationalen Haftungsnormen (vgl zB §§ 69 ff AO, §§ 25 ff HGB, §§ 128, 171 HGB) zurückzugreifen. Ist eine Haftungsnorm erfüllt, kann die Zollbehörde einen Haftungsbescheid gem. § 191 AO erlassen, auf den gem. der Verweisung des Art. 232 ZK das Verfahrensrecht der AO anwendbar ist.[92] 137

E. Entwicklungsperspektiven des Europäischen Zollrechts

I. Sicherheitsinitiative

Die WCO antwortete auf die gestiegenen Sicherheitsanforderungen des 21. Jahrhunderts mit der Verabschiedung des sog. SAFE Framework (Resolution of the Customs Cooperation Council on the Framework of Standards to secure and facilitate global Trade),[93] das Minimalstandards für die internationale Lieferkette festlegt. Ziel und Perspektive ist dabei, einerseits die Sicherheitsstandards der internationalen Lieferkette durch international vereinbarte Risikomanagement-Standards, Informationstechnologie und die enge Zusammenarbeit der Beteiligten zu erhöhen und andererseits 138

---

87 EuGH, Rs. C-533/10 (CIVAD); EuGH, Rs. C-175/12 (Sandler).

88 EuGH, Rs. C-443/05 (Common Market Fertilizers), Slg 2007, I-7209.

89 EuGH, Rs. C-86/97 (Woltmann/HZA Potsdam), Slg 1999, I-1041; EuGH, Rs. C- 61/98 (De Haan/Inspecteur der Invoerechten in Akzijnzen te Rotterdam), Slg 1999, I-5003; EuGH, Rs. C-161/06 (Scoma-Lux), Slg 2007, I-10841; EuGH, Rs. C-38/07 (Heuschen & Schrouff Oriental Foods Trading/Kommission), Slg 2008, I-8599; EuGH, Rs. C-494/09 (Bolton Alimentari), Slg 2011, I-647.

90 EuGH, Rs. C-506/09 P (Transnáutica).

91 EuGH, Rs. C-546/09 (Aurubis Balgaria), Slg 2011, I-2531.

92 *Huchatz*, in: Witte/Wolffgang, Rn 1377.

93 http://www.wcoomd.org/en/topics/facilitation/instrument-and-tools/tools/safe_package.aspx.

gleichzeitig aus sozioökonomischen Gesichtspunkten Handelshemmnisse zu beseitigen. Das SAFE Framework enthält Standards sowohl für die Zollbehörden untereinander (Customs-to-Customs-Pillar) als auch für die Ebene Zollbehörde und Wirtschaftsbeteiligter (Customs-to Business-Pillar). Die erste Säule (Customs-to-Customs-Pillar) basiert auf dem Grundelement der elektronischen Vorabübersendung von Wareninformationen zwischen den verschiedenen nationalen Zollverwaltungen, das die Errichtung kompatibler Informationssysteme voraussetzt. Grundlage der zweiten Säule (Customs-to-Business-Pillar) ist die Errichtung von Partnerschaften zwischen den Zollbehörden und den Wirtschaftsbeteiligten, die zum einen die Sicherheit erhöhen sollen und zum anderen den Wirtschaftsbeteiligten Vorteile in Form von schnellerer Zollabfertigung und verminderten Dokumentationspflichten gewähren sollen (AEO-Status, vgl Rn 63). Mittelfristiges Ziel des SAFE Framework ist der Abschluss bilateraler und multilateraler Abkommen zwischen den WCO-Mitgliedern, die die Vereinbarung und Anerkennung gemeinsamer Standards zum Gegenstand haben, um weltweit die Sicherheit aller Beteiligten und aller Abschnitte in der Lieferkette gewähren zu können.

II. Modernisierungen im Zollbereich

139 Das Europäische Zollrecht wird mit der Globalisierung und Liberalisierung des Handels, dem wachsende Handelsvolumen, der Notwendigkeit von „just-in-time"-Lieferungen und der zunehmenden Automatisierung des Geschäfts- und Wirtschaftslebens vor neue Herausforderungen gestellt. Sowohl auf internationaler als auch europäischer Ebene gibt es zahlreiche Initiativen, die zur Erleichterung des Handels durch den Einsatz von Informationstechnologie (IT) und zur Verbesserung und Vereinfachung der zollrechtlichen Vorschriften beitragen sollen.

140 Auf internationaler Ebene sind **Handelserleichterungen (Trade Facilitation)** nach der Ministererklärung von Doha Teil der gegenwärtigen WTO-Verhandlungen. Auf europäischer Ebene werden diese Anforderungen durch die ***e*-Customs-Initiative** umgesetzt. Diese Initiative umfasst insbesondere die Bestrebungen der Regierungen der Mitgliedstaaten, im Rahmen von ***e*-Government** mit allen internetfähigen Dienstleistungen bis 2005 für den Bürger online zu sein. Insbesondere soll dadurch auch das **Single-Window-Prinzip** gestärkt werden. Dieses eröffnet dem Wirtschaftsbeteiligten die Nutzung eines einheitlichen Internet-Portals und damit die Möglichkeit des einfachen Zugriffs auf Vorschriften und Verfahren an einem einzigen Ort, ohne dass es der Einschaltung verschiedener Zollbehörden bedarf. Verschieden ausgestaltete Informationstechnologien der einzelnen Mitgliedstaaten dürfen nicht länger ein Handelshemmnis sein.

141 Den Veränderungen der wirtschaftlichen Realität in Form von Globalisierung, Terrorgefahr, Erweiterung der EU und weitgehend elektronischem Arbeitsumfeld begegnete die EU mit dem Erlass eines **Modernisierten Zollkodex.**[94] Geplant war, dass der bereits 2008 in Kraft getretene MZK spätestens am 24.6.2013 Anwendung finden sollte.

142 Der modernisierte Zollkodex bestimmte ausdrücklich, dass sowohl jeglicher Datenaustausch zwischen dem Zoll und den Wirtschaftsbeteiligten als auch die Kommunikation und Weitergabe von Informationen zwischen den Mitgliedstaaten mit Mitteln der Datenverarbeitung erfolgen soll und statuierte erstmalig die Aufgaben des Zolls (Schutz von finanziellen Interessen, Überwachung von Verboten und Beschränkungen u.a.). Im Rahmen des Verbringens von Waren in das EU-Zollgebiet war vorab ebenfalls eine summarische Eingangsanmeldung oder eine Zollanmeldung abzugeben. Neu war, dass die Waren nach der Gestellung als in die vorübergehende Verwahrung übergeführt galten, soweit sie nicht in ein anderes Zollverfahren übergeführt wurden. Mit dieser neuen Regelung sollten die zollschuldrechtlichen Folgen entfallen, die bisher eingetreten sind, wenn die Waren nicht fristgerecht einer neuen zollrechtlichen Bestimmung zugeführt worden sind. Die **Verschmelzung und Reduzierung aller verfahrensmäßigen Sonderregelungen** sollte dadurch erreicht werden, dass alle 13 dem Wirtschaftsbeteiligten bis dato zur Verfügung stehenden zollrechtlichen Bestimmungen in **drei Verfahrensarten** zusammengefasst werden. Dies sind die Einfuhr, Ausfuhr und die besonderen Zollverfahren (Lagerung, Verwendung, Verarbeitung). Damit entfiel die Unterschei-

94 VO (EG) Nr. 450/2008, ABl. 2008, L 145, S. 1.

dung von „Zollverfahren“ und „sonstigen zollrechtlichen Bestimmungen“ und auch der Begriff der „Zollverfahren mit wirtschaftlicher Bedeutung“ wurde nicht mehr benötigt. Ausfuhrverfahren und Wiederausfuhr wurden in einem einheitlichen Ausfuhrverfahren zusammengefasst. Die Reform des ZK sah zudem vor, dass die Zollschuld infolge einer Zollanmeldung, die auf Unregelmäßigkeiten beruhende Zollschuld und die Heilung von Unregelmäßigkeiten in einem Artikel zusammengefasst werden sollten. Die bis dato nur in Art. 204 ZK vorgesehene Heilungsmöglichkeit, die eine Zollschuld nicht entstehen lässt, wenn sich die Verfehlung nicht auf das Verfahren ausgewirkt hat, ist nunmehr als Erlöschenstatbestand auf alle Fälle einer Zollschuldentstehung anwendbar. Ferner soll in Zukunft eine einzige **Sicherheitsleistung** in allen Mitgliedstaaten gelten und alle Verfahren sowie die Mehrwertsteuer und etwaige Verbrauchsteuern abdecken.

Aufgrund des zwischenzeitlichen Inkrafttreten des Lissabon-Vertrags und Problemen bei der Umsetzung der für den MZK vorgesehenen IT-Konzepte waren eine Überarbeitung und eine Verschiebung des Anwendungsbeginns des MZK erforderlich. Der MZK wurde daher neu gefasst und zum **Unionszollkodex (UZK)** weiter entwickelt. Statt der bisherigen Durchführungsvorschriften wird es künftig sog. delegierte Rechtsakte und Durchführungsrechtsakte geben.[95] Die oberhalb aufgeführten MZK-Neuerungen sind weiterhin im UZK enthalten. Der UZK wurde am 10.10.2013 im EU-Amtsblatt veröffentlicht[96] und soll ab dem 1.5.2016 umfassend Anwendung finden. Bis dahin finden nur die Vorschriften des UZK Anwendung, die Ermächtigungen zum Erlass der delegierten Rechtsakte und der Durchführungsrechtsakte enthalten. 143

95 Bisherige Entwurfsfassungen sind auf der Homepage der Generaldirektion für Steuern und Zölle erhältlich: http://ec.europa.eu/taxation_customs/customs/customs_code/union_customs_code/index_de.htm

96 VO (EU) Nr. 952/2013, ABl. 2013, L 269, S. 1.

§ 34 Transport- und Verkehrsrecht

Literatur: *Albrecht,* Europa und der Straßenverkehr nach dem Lissabon-Vertrag, DAR 2010, 185 ff; *Albrecht/Gabriel,* Die geplante neue EU-Verordnung zum ÖPNV, DÖV 2007, 907 ff; *Bartlik*, Der „außergewöhnliche Umstand“ nach dem Urteil des Europäischen Gerichtshofs in der Rechtssache Wallentin-Herrmann gegen Allitalia, RRa 2009, 272 ff; *Basedow*, Rome II at Sea – General Aspects of Maritime Torts, RabelsZ 74 (2010), 118 ff; *Berndt/Lerche/Remmert,* Die Unabhängigkeit des Eisenbahninfrastrukturbetreibers gemäß der aktuellen Rechtsprechung des EUGH, EuZW 2013, 647 ff; *Bieber/Epiney/Haag,* Die Europäische Union, 10. Auflage Baden-Baden 2013; *Boehme-Neßler*, Pkw-Maut für EU-Ausländer? – Europarechtliche Grenzen und Gestaltungsspielräume einer Straßenbenutzungsabgabe für EU-Ausländer, NVwZ 2014, 97 ff; *Bollweg,* Luftverkehrsrechtliche Ausgleichsleistungen und reisevertragliche Gewährleistung, RRa 2009, 10 ff; *ders.*, Die Kundenrechte des Flug-, Bahn- und Busverkehrs im Vergleich, RRa 2010, 106 ff; *ders./Schnellenbach,* Die Neuordnung der Luftverkehrshaftung, ZEuP 2007, 798 ff; *Bosch/Lorz*, Aktuelle Entwicklungen in der Rechtsprechung zu Umfang und Grenzen der Haftung von Fluggesellschaften im Rahmen der Fluggastrechteverordnung, NZV 2013, 105 ff; *Brandenberg,* Entwicklungen der Eisenbahnregulierung aus europäischer Sicht, EuZW 2009, 359 ff; *Calliess/Ruffert,* EUV/AEUV – Das Verfassungsrecht der Europäischen Union mit Europäischer Grundrechtecharta – Kommentar, 4. Auflage München 2011; *Colin,* Grenzüberschreitende Unfallregulierung und die neue Rom II-Verordnung, zfs 2009, 242 ff; *Damar*, Die „Costa Concordia“ ist auf den Felsen aufgelaufen – auch das Recht auf Haftungsbeschränkung?, VuR 2012, 287 ff; *Dauer*, Wenig Bewegung in Sachen Führerscheintourismus, NJW 2008, 2381 ff; *Degott*, Gerichtsstände in Flugreisesachen, DAR 2011, 510 ff; *Epiney/Heuck/Schleiss,* Verkehrsrecht, in: Dauses, Handbuch des EU-Wirtschaftsrechts BD. I, 34. Ergänzungslieferung München Stand Oktober 2013; *Filthaut,* Neues Haftungsrecht für Unfälle von Eisenbahnfahrgästen, NZV 2009, 417 ff; *Führich*, Neues Gesetz zur Schlichtung im Luftverkehr, MDR 2013, 749 ff; *Grabitz/Hilf/Nettesheim*, Das Recht der Europäischen Union Bd. I EUV/AEUV, 52. Ergänzungslieferung München Stand Januar 2014; *G. Geiger,* Die unendliche Geschichte des Führerscheintourismus, DAR 2010, 121 ff; *H. Geiger*, Verkehrsrecht-Praxis: Die Fahrerlaubnis im Europäischen Recht, DAR 2012, 45 ff; *Giesecke/Makiol,* Passagierrechte und technische Defekte, TranspR 2009, 213 ff; *Giemulla/Schmid/Müller-Rostin* (Hrsg.), Frankfurter Kommentar zum Luftverkehrsrecht, Band 1.1 und 1.3, 63. Ergänzungslieferung Köln Stand Juni 2013; *Haak*, Rechtliche Entwicklungen im Bereich der internationalen Personenbeförderung, TranspR 2009, 162 ff; *Hacksteiner*, Implementation des Budapester Übereinkommens über den Vertrag für die Güterbeförderung in der Binnenschifffahrt (CMNI), TranspR 2009, 145 ff; *Hailbronner*, Arbeitsgenehmigungserfordernisse für türkische Fernfahrer, TranspR 2004, 393; *ders.*, Anerkennung der in anderen EU-Mitgliedstaaten erworbenen Fahrerlaubnisse, NZV 2009, 361 ff; *Hartenstein,* Grenzüberschreitende Transporte in der Binnenschifffahrt, TranspR 2007, 385 ff; *Hasche,* Das IPR der Passagierbeförderung, TranspR 2010, 282 ff; *Hatje/Kindt,* Der Vertrag von Lissabon – Europa endlich in guter Verfassung?, NJW 2008, 1761 ff; *Heuck*, Die Außenkompetenzen der Europäischen Union nach dem Vertrag von Lissabon, Jura 2013, 199 ff; *Hilpert,* Fahrgastrechte im Eisenbahnverkehr nach der neuen Verordnung (EG) Nr. 1371/2007, MDR 2008, 597 ff; *Hoffmann-Grambow*, Der Einsatz eines Ersatzflugzeugs als „zumutbare Maßnahme“ im Sinne von Art. 5 Abs. 3 VO (EG) Nr. 261/2004?, RRa 2013, 213 ff; *Hoffmann/Tüngler/Kirchner*, Europarechtliche Unfallhaftung und Versicherungspflicht der Anbieter von Seereisen, EuZW 2013, 332 ff; *Isermann*, Das neue Gesetz zur Schlichtung im Luftverkehr, RRa 2013, 158 ff; *Janker*, Das vorläufige Ende des Führerscheintourismus, DAR 2009, 181 ff; *Johnson/Loroch,* Die EU-weite Anerkennung und Vollstreckung von Geldsanktionen – eine erste Bestandsaufnahme, DAR 2013, 253 ff; *Junker,* Das Internationale Privatrecht der Straßenverkehrsunfälle nach der Rom II-Verordnung, JZ 2008, 169 ff; *Karsten,* Kap 24: Verbraucherschutz im Bereich Tourismus und Freizeit, in: Verbraucherrecht – Rechtliches Umfeld, Vertragstypen, Rechtsdurchsetzung, in: Tamm/Tonner (Hrsg.), 2012; *ders.*, Passagierrechte und Passagierbegriff im Gemeinschaftsrecht und die Überarbeitung des Gemeinschaftlichen Besitzstandes im Verbraucherrecht, VuR 2008, 201 ff; *ders.,* Im Fahrwasser der Athener Verordnung zu Seereisenden: Neue Entwicklungen des europäischen Passagierrechts, VuR 2009, 213 ff; *ders.*, Das Weißbuch zur Verkehrspolitik und die Konsolidierung des EU-Passagierrechts, VuR 2011, 215 ff; *ders./Schuster-Wolf*, Entwicklungen im EU-Passagierrecht 2011/2012 – Teil I, VuR 2012, 463 ff; Teil II, VuR 2013, 6 ff; *ders./Seidenspinner*, „Zum Vorteile des Verkehrsnutzers“ – Zwanzig Jahre EU-Passagierrecht im Spanungsfeld zwischen international governance und europäischen Nutzerrechten, ZEuP 2010, 830 ff; *Keil*, Die Strafbarkeit des Führerscheintourismus im Spiegel der Rechtsprechung des EuGH, DAR 2012, 376; *Keiler*, Ansprüche von Fahrgästen im Kraftomnibusverkehr bei Verspätung und Annullierung im Konzept der Europäischen Passagierrechte, in: Internationale Dimensionen des Wirtschaftsrechts, in: Binder/Eichel (Hrsg.), 2013, 167 ff; *ders.*, Der Vorschlag für eine Änderung der Fluggastrechte-VO – Eine Analyse aus wissenschaftlicher Sicht, RRa 2013, 163 ff; *Koehl*, Führerscheintourismus: Die Rechtsprechung des EuGH zur dritten EU-Führerscheinrichtlinie und ihre Konsequenzen für verwaltungsbehördliche und gerichtliche Verfahren, DAR 2012, 446 ff; *ders.*, Anwaltliche Checkliste für Verfahren über die Inlands(un)gültigkeit einer ausländischen EU-Fahrerlaubnis, DAR 2013, 241 ff; *Korte/Gurreck*, Die europarechtliche Zulässigkeit der sog. PKW-Maut, EuR 2014, 420 ff; *Kummer*, Der gegenwärtige Stand der höchstrichterlichen Rechtsprechung zum Fluggast- und allgemeinen Reiserecht, DAR 2013, 121 ff; *Kunz*, Der Ausfall eines Zuges im internationalen Zugverkehr, TranspR 2009, 245 ff; *Lagoni*, Die Haftung des Beförderers von Reisenden auf See und im Binnenschiffsverkehr und das Gemeinschaftsrecht – Die EG auf Konfrontationskurs mit dem Völkerrecht, ZEuP 2007, 1079 ff; *Langeloh*, Die verfassungs- und unionsrechtliche Rechtfertigung einer zulassungsortabhängigen Autobahnbenutzungsgebühr, DÖV 2014, 365 ff; *Lehmann*, Wo verklagt man Billigflieger wegen Annullierung, Überbuchung oder Verspätung von Flügen?, NJW 2007, 1500 ff; *ders.*, Gerichtsstand bei Klagen wegen Annullierung einer Flugreise, NJW 2010, 655 ff; *Leible/ders.*, Die neue EG-Verordnung über das auf außervertragliche Schuldverhältnisse anzuwendende Recht („Rom II"), RIW 2007, 721 ff; *Lindemann*, Fahrgastrechte im Eisenbahnverkehr, in: Tagungsband zum 48. Deutschen Verkehrsgerichtstag, Deutsche Akademie für Verkehrswissenschaft (Hrsg.), 2010, 77 ff; *ders.*, Neue Fahrgastrechte im Eisenbahnverkehr, TranspR 2011, 10 ff; *Mankowski*, Entwicklungen im Internationalen Privat- und Prozessrecht für Transportverträge in Abkommen und speziellen EG-Verordnungen, TranspR 2008, 177 ff; *ders.*, Der europäische Erfüllungsortsgerichtsstand des Art. 5 Nr. 1 lit. b EuGVVO und Transportverträge, TranspR 2008, 67 ff; *Martens*, Zur Aussagekraft der „schwarzen Liste" gemäß Verordnungen (EG) Nr. 619/2009 und Nr. 474/2009, RRa 2010, 76 ff; *Mayer/Lindemann*, Einklagen von Fluggastrechten mit dem Europäischen Verfahren für geringfügige Forderungen, NJW 2012, 2317 ff; *Mosbacher/Gräfe*, Die Strafbarkeit von „Führerscheintourismus" nach neuem Recht, NJW 2009, 801 ff; *Müller-Rostin*, Verordnung (EG) Nr. 261/2004: Ein Zwischenruf, RRa 2007, 256 ff; *ders.*, Zu extensive Rechtsfortbildung durch den EuGH? – Urteilsanmerkung zu EuGH Rs. C 402/07 und 432/07, TranspR 2010, 93 ff; *ders.*, Flugannullierungen wegen Sperrung des Luftraumes – die Rechte der Fluggäste und der Absender von Luftfracht, TranspR 2011, 129 ff; *ders.*, Von den Schwierigkeiten, eine ausgewogene Fluggastrechte-Verordnung zu schaffen, euvr 2013, 138 ff; *Neumann*, Die gemeinschaftsrechtliche Prüfungskompetenz des Bundespräsidenten, DVBl. 2007, 1335 ff; *Otting/Soltész/Melcher*, Verkehrsverträge vor dem Hintergrund des Europäischen Beihilferechts – Verwaltungsrichter weisen Brüssel in die Schranken, EuZW 2009, 444 ff; *Palandt*, Bürgerliches Gesetzbuch, 73. Auflage München 2014; *Pießkalla*, § 28 IV Nr. 2 FeV – (wieder) ein Verstoß gegen die EG-Führerscheinrichtlinie?, NZV 2009, 479 ff; *Politis*, Sturgeon und kein Ende – Zum Umgang der Gerichte mit einer möglichen Kompetenzüberschreitung des EuGH, EuZW 2014, 8 ff; *Pünder*, Beschränkungen der In-house-Vergabe im öffentlichen Personenverkehr, NJW 2010, 263 ff; *Riedmeyer*, Entwicklungen beim Europäischen Fahrerlaubnisrecht, ZfS 2009, 422 ff; *Rebler/Schneidler*, Schienenverkehr – Haftung von Betriebsunternehmer und Beförderer, MDR 2010, 300 ff; *Rodegra*, Rechte von Reisenden mit eingeschränkter Mobilität, MDR 2011, 761 ff; *ders.*, Neue EU-Verordnung für Kreuzfahrtreisen, MDR 2013, 194 ff; *Ruzik*, Der Erfüllungsgerichtsstand nach § 29 ZPO bei internationalen Flugreisen, NJW 2011, 2019 ff; *Saxinger*, Übergangsregelungen, Legisvakanz und Vorwirkungen der Verordnung (EG) Nr. 1370/2007, EuZW 2009, 449 ff; *ders.*, Die rechtlichen Rahmenbedingungen von Busfernverkehren, GewArch 2011, 151 ff; *Scheele*, Transport and inland navigation policy of the European Union, TranspR 2009, 138 ff; *Scheidler*, Bessere Möglichkeiten deutscher Behörden, ausländischen Führerscheinen die Anerkennung zu versagen durch die 3. Führerscheinrichtlinie?, NZV 2012, 65 ff; *Schmid*, Das Zusammenspiel von internationalen und europäischen Vorschriften zur Haftung für Passagier- und Gepäckschäden im internationalen Luftverkehr, RRa 2004, 198 ff; *ders.*, Die Vorauszahlungspflicht des Luftfrachtführers bei Passagierunfällen im Rahmen von Luftbeförderungsverträgen, TranspR 2005, 346 ff; *ders.*, Fluggastrechte in der Praxis, NJW 2007, 261 ff; *ders.*, Die Nichtbeförderung von Fluggästen im Licht der neuesten Rechtsprechung des BGH, NJW 2009, 2724 ff; *ders.*, Dürfen Luftfahrtunternehmen veröffentlichte Flugzeiten frei ändern?, RRa 2009, 66 f; *ders./Hopperdietzel*, Die Fluggastrechte – Eine Momentaufnahme, NJW 2010, 1905 ff; *Schmidt*, Die neue Verordnung (EG) Nr. 1371/2007 über Rechte und Pflichten der Fahrgäste im Eisenbahnverkehr, RRa 2008, 154 ff; *Schmitt*, Zwischen Lobby- und Fluggastinteressen – Zum Kommissionsentwurf COM(2013) 130 zur Novellierung der Verordnung (EG) Nr. 261/2004, VuR 2013, 277 ff; *Schmitz/Winkelhüsener*, Der Öffentliche Personennahverkehr im Übergang zur VO 1370/2007: Vergaberechtliche Handlungsoptionen und deren beihilferechtliche Konsequenzen, EuZW 2011, 52 ff; *Scholz*, Das Ende des sog. „Führerscheintourismus" in der Europäischen Union?, EuR 2009, 275 ff; *Schuster-*

Wolf, Aktuelle Probleme bei der Anwendung der Fluggastrechte-VO 261/2004/EG und Perspektiven bei der geplanten Reform aus der Sicht des Passagiers, euvr 2012, 149 ff; *Schwarze*, EU-Kommentar, 3. Auflage Baden-Baden 2012; *Sendmeyer*, Alle Jahre wieder: Europäische Fluggastrechte im Schneechaos, NJW 2011, 808 ff; *Shariatmadari*, Das IPR der Multimodal-Beförderung (unter Einschluss einer Seestrecke), TranspR 2010, 275 ff *Siehr*, The Rome II Regulation and Specific Maritime Torts: Product Liability, Environmental Damage, Industrial Actions, RabelsZ 74 (2010), 139 ff; *Staudinger*, Zweifelsfragen der Verordnung (EG) Nr. 1371/2007 des Europäischen Parlaments und des Rates vom 23.10.2007 über die Rechte und Pflichten der Fahrgäste im Eisenbahnverkehr, EuZW 2008, 751 ff; *ders.*, Gemeinschaftsrechtlicher Erfüllungsortsgerichtstand bei grenzüberschreitender Luftbeförderung, IPRax 2008, 493 ff; *ders.*, Praktikertipps zum Erfüllungsortsgerichtsstand im Luftverkehr, RRa 2009, 219 ff; *ders.*, Das Urteil des EuGH in den Rechtssachen Sturgeon und Böck – Über den Wolken muss die Freiheit (zur (Rechtsfortbildung) wohl grenzenlos sein, RRa 2010, 10 ff; *ders.*, Internationale Zuständigkeit und Anwendbarkeit der Verordnung (EG) Nr. 261/2004 bei Zwischenlandungen, RRa 2012, 154 ff; *ders./Bauer/Röben*, Die Entwicklung des Reiserechts im ersten Halbjahr 2013, NJW 2013, 3760 ff; *ders./Czaplinski*, Verkehrsopferschutz im Lichte der Rom I-, Rom II- sowie Brüssel I-Verordnung, NJW 2009, 2249 ff; *ders./Krüger*, Die Entwicklung des Reiserechts im Jahr 2012, NJW 2013, 913 ff; *diess.*, Die Entwicklung des Reiserechts in den Jahren 2011/2012, NJW 2012, 2853 ff; *Tomson*, Der Verkehrsunfall im Ausland vor deutschen Gerichten – Alle Wege führen nach Rom, EuZW 2009, 204 ff; *Tonner*, Der Luftbeförderungsvertrag zwischen europäischer und globaler Regulierung, NJW 2006, 1854 ff; *ders.*, Fluggastrechte und der EuGH, VuR 2009, 209 ff; *ders.*, Anmerkung zu EuGH, Rs. C-173/07 (Schenkel/Emirates), EuZW 2008, 571 ff; *ders.*, Die EU-Fluggastrechte-VO und das Montrealer Übereinkommen, VuR 2011, 203 ff; *ders.*, Zur Zukunft der Passagierrechte: Folgerungen aus dem EU-Weißbuch zum einheitlichen europäischen Verkehrsraum, RRa 2012, 162 ff; *ders.*, Reiserecht maritim – Die Kreuzfahrt als Pauschalreise, die Haftung nach dem Athener Übereinkommen 2002 und die Fahrgastrechte im Schiffsverkehr, RRa 2013, 206 ff; *Tournaye*, Revision of the CLNI, TranspR 2009, 156 ff; *Volz/Ehm*, Die EU-Verordnung zur Liberalisierung der Seekabotage, TranspR 2009, 393 ff; *von Wallenberg*, Der Mautkompromiss auf dem Prüfstand des europäischen Beihilferechts, TranspR 2007, 398 f; *Wagner*, Neue kollisionsrechtliche Vorschriften für Beförderungsverträge in der Rom I-Verordnung, TranspR 2008, 221 ff; *ders.*, Normenkonflikte zwischen den EG-Verordnungen Brüssel I, Rom I und Rom II und transportrechtlichen Rechtsinstrumenten, TranspR 2009, 103 ff; *Wahl*, Wer zu spät kommt ... – Ausgewählte Probleme der Fluggastrechte-Verordnung in der amtsgerichtlichen Praxis, RRa 2013, 262 ff; *Weber*, Vom Verfassungsvertrag zum Vertrag von Lissabon, EuZW 2008, 7 ff; *Winnes/Schwarz/Mietzsch*, Zu den Auswirkungen der VO 1370/07 für den öffentlichen Nahverkehr in Deutschland, EuR 2009, 290 ff; *Woehrling*, Chancen und Bedrohungen für die Rheinschifffahrt im heutigen Verkehrssystem und Rolle der Zentralkommission für die Rheinschifffahrt, TranspR 2009, 141 ff.

Abschnitt 1:
Übersicht zu Gesetzgebung und Rechtsprechung

Abschnitt 2:
Analyse und Darstellung der Einwirkungspraxis des Europarechts auf das Transport- und Verkehrsrecht

Abschnitt 1: Übersicht zu Gesetzgebung und Rechtsprechung

A. Gesetzgebung

I. Europäisches Primärrecht

Art. 90 bis 100 (Verkehr) sowie Art. 170 bis 172 (transeuropäische Netze) des **Vertrages über die *Arbeitsweise der Europäischen Union*** (AEUV), in der Fassung des Vertrages über die Europäische Union vom 7. Februar 1992, BGBl. II 1992, S. 1253 ff, zuletzt geändert durch den Vertrag über den Beitritt der Republik Bulgarien und Rumäniens zur Europäischen Union vom 25. April 2005,

BGBl. II 2005, S. 1146 f, nach der Änderung durch den **Vertrag von Lissabon** vom 13. Dezember 2007, ABl. 2007 C 306, S. 1 ff.

II. Verkehrsweißbücher und Mitteilung der Kommission zum Passagierrecht

Weißbuch der Kommission: Fahrplan zu einem einheitlichen europäischen Verkehrsraum – Hin zu einem wettbewerbsorientierten und ressourcenschonenden Verkehrssystem, KOM(2011), 144 endg.; **Weißbuch der Kommission:** Europäische Verkehrspolitik bis 2010: Weichenstellungen für die Zukunft, KOM(2001) 370 endg.; **Mitteilung der Kommission** an den Rat und an das Europäische Parlament: Für ein mobiles Europa – Nachhaltige Mobilität für unseren Kontinent, **Halbzeitbilanz zum Verkehrsweißbuch** der Europäischen Kommission von 2001, KOM(2006) 314 endg.; **Mitteilung der Kommission** an das Europäische Parlament und den Rat: Eine europäische Perspektive für Reisende: Mitteilung über die Rechte der Benutzer aller Verkehrsträger, KOM(2011) 898 endg.

III. Sekundärrecht

Da der europäische Gesetzgeber im Verkehrs- und Transportrecht eine immense Vielzahl an Sekundärrechtsakten erlassen hat, ist eine abschließende Aufzählung an dieser Stelle nicht möglich. Im Folgenden werden daher nur die Sekundärrechtsakte aufgeführt, auf die im Text ausführlicher eingegangen wird; in den Fußnoten finden sich weitere Hinweise auf relevante Rechtsakte.

1. Allgemeine Vorschriften

Verordnung (EG) **Nr. 593/2008** des Europäischen Parlaments und des Rates vom 17. Juli 2008 über das auf vertragliche Schuldverhältnisse anwendbare Recht (**Rom I**), ABl. 2008 L 177, S. 6 ff; **Verordnung** (EG) **Nr. 864/2007** des Europäischen Parlaments und des Rates vom 11. Juli 2007 über das auf außervertragliche Schuldverhältnisse anzuwendende Recht (**Rom II**), ABl. 2007 L 199, S. 40 ff; **Verordnung** (EG) **Nr. 1215/2012** des Europäischen Parlaments und des Rates vom 12. Dezember 2012 über die gerichtliche Zuständigkeit und die Anerkennung und Vollstreckung von Entscheidungen in Zivil- und Handelssachen (Neufassung, **Brüssel I**), ABl. 2012 L 351, S. 1 ff; zur geplanten Änderung s. KOM(2013) 554 endg.

2. Verkehrsträger Straße

Verordnungen:

Verordnung (EG) **Nr. 1072/2009** des Europäischen Parlaments und des Rates vom 21. Oktober 2009 über gemeinsame Regeln für den Zugang zum Markt des grenzüberschreitenden Güterkraftverkehrs (Neufassung), ABl. 2009 L 300, S. 72 ff, zuletzt geändert durch VO 517/2013, ABl. 2013 L 158, S. 1 ff; **Verordnung (EG) Nr. 1071/2009** des Europäischen Parlaments und des Rates vom 21. Oktober 2009 zur Festlegung gemeinsamer Regeln für die Zulassung zum Beruf des Kraftverkehrsunternehmers und zur Aufhebung der Richtlinie 96/26/EG des Rates, ABl. 2009 L 300, S. 51 ff, zuletzt geändert durch VO 517/2013, ABl. 2013 L 158, S. 1 ff; **Verordnung (EG) Nr. 1073/2009** des Europäischen Parlaments und des Rates vom 21. Oktober 2009 über gemeinsame Regeln für den Zugang zum grenzüberschreitenden Personenkraftverkehrsmarkt und zur Änderung der Verordnung (EG) Nr. 561/2006 (Neufassung), ABl. 2009 L 300, S. 88 ff, geändert durch VO 517/2013, ABl. 2013 L 158, S. 1 ff; **Verordnung (EG) Nr. 1370/2007** des Europäischen Parlaments und des Rates vom 23. Oktober 2007 über öffentliche Personenverkehrsdienste auf Schiene und Straße und zur Aufhebung der Verordnungen (EWG) Nr. 1191/69 und (EWG) Nr. 1107/70 des Rates, ABl. 2007 L 315, S. 1 ff; **Verordnung** (EU) **Nr. 181/2011** des Europäischen Parlaments und des Rates vom 16. Februar 2011 über die Fahrgastrechte im Kraftomnibusverkehr und zur Änderung der Verordnung (EG) Nr. 2006/2004, ABl. 2011 L 55, S. 1 ff.

Richtlinien:

Richtlinie 91/439/EWG des Rates vom 29. Juli 1991 über den Führerschein (**2. Führerscheinrichtlinie**), ABl. 1991 L 237, S. 1 ff, zuletzt geändert durch Richtlinie 2009/112/EG, ABl. 2009 L 223,

S. 26 ff; **Richtlinie 2006/126/EG** des Europäischen Parlaments und des Rates vom 20. Dezember 2006 über den Führerschein (Neufassung) (**3. Führerscheinrichtlinie**), ABl. 2006 L 403, S. 18 ff, zuletzt geändert durch RL 2014/85/EU, ABl. 2014 L 194, S. 10 ff.

3. Schienenverkehr

Verordnungen:

Verordnung (EG) Nr. 1371/2007 des Europäischen Parlaments und des Rates vom 23. Oktober 2007 über die Rechte und Pflichten der Fahrgäste im Eisenbahnverkehr (**Fahrgastrechte-Verordnung**), ABl. 2007 L 315, S. 14 ff.

Richtlinien:

Richtlinie 2012/34/EU des Europäischen Parlaments und des Rates vom 21. November 2012 zur Schaffung eines einheitlichen europäischen Eisenbahnraums (Neufassung), ABl. 2012 L 343, S. 32 ff; **Richtlinie 2004/49/EG** des Europäischen Parlaments und des Rates vom 29. April 2004 über Eisenbahnsicherheit in der Gemeinschaft und zur Änderung der Richtlinie 95/18/EG des Rates über die Erteilung von Genehmigungen an Eisenbahnunternehmen und der Richtlinie 2001/14/EG des Europäischen Parlaments und des Rates über die Zuweisung von Fahrwegkapazitäten der Eisenbahn, die Erhebung von Entgelten für die Nutzung von Eisenbahninfrastruktur und die Sicherheitsbescheinigung (**Richtlinie über die Eisenbahnsicherheit**), ABl. 2004 L 164, S. 44 ff, korrigierte Fassung in ABl. 2004 L 220, 16 ff, zuletzt geändert durch RL 2014/88/EU, ABl. 2014 L 201, S. 9 ff.

4. Binnenschifffahrt

Verordnung (EU) Nr. 1177/2010 des Europäischen Parlaments und des Rates vom 24. November 2010 über die Fahrgastrechte im See- und Binnenschiffsverkehr und zur Änderung der Verordnung (EG) Nr. 2006/2004 (**Athen II-VO**), ABl. 2010 L 344, S. 1 ff.

5. Seeschifffahrt

Verordnung (EG) 392/2009 des Europäischen Parlaments und des Rates vom 23. April 2009 über die Unfallhaftung von Beförderern von Reisenden auf See (**Athen I-VO**), ABl. 2009 L 131, S. 24 ff; **Verordnung (EU) Nr. 1177/2010** des Europäischen Parlaments und des Rates vom 24. November 2010 über die Fahrgastrechte im See- und Binnenschiffsverkehr und zur Änderung der Verordnung (EG) Nr. 2006/2004 (**Athen II-VO**), ABl. 2010 L 344, S. 1 ff.

6. Flugverkehr

Verordnung (EG) Nr. 1008/2008 des Europäischen Parlaments und des Rates vom 24. September 2008 über gemeinsame Vorschriften für die Durchführung von Luftverkehrsdiensten in der Gemeinschaft (Neufassung), ABl. 2008 L 293, S. 3 ff; **Verordnung (EG) Nr. 550/2004** des Europäischen Parlaments und des Rates vom 10. März 2004 über die Erbringung von Flugsicherungsdiensten im einheitlichen europäischen Luftraum (**Flugsicherungsdienste-Verordnung**), ABl. 2004 L 96, S. 10 ff, geändert durch VO 1070/2009, ABl. 2009 L 300, S. 34 ff; **Verordnung (EWG) Nr. 95/93** des Rates vom 18. Januar 1993 über gemeinsame Regeln für die Zuweisung von Zeitnischen auf Flughäfen in der Gemeinschaft, ABl. 1993 L 14, S. 1 ff, zuletzt geändert durch VO 545/2009, ABl. 2009 L 167, S. 24 ff; **Verordnung (EG) Nr. 216/2008** des Europäischen Parlaments und des Rates vom 20. Februar 2008 zur Festlegung gemeinsamer Vorschriften für die Zivilluftfahrt und zur Errichtung einer Europäischen Agentur für Flugsicherheit, zur Aufhebung der Richtlinie 91/670/EWG des Rates, der Verordnung (EG) Nr. 1592/2002 und der Richtlinie 2004/36/EG, ABl. 2008 L 79, S. 1 ff, zuletzt geändert durch VO 6/2013, ABl. 2013 L 4, S. 34 ff; **Verordnung (EG) Nr. 1107/2006** des Europäischen Parlaments und des Rates vom 5. Juli 2006 über die Rechte von behinderten Flugreisenden und Flugreisenden mit eingeschränkter Mobilität, ABl. 2006 L 204, S. 1 ff; **Verordnung (EG) Nr. 2027/97** des Rates vom 9. Oktober 1997 über die Haftung von Luftfahrtunternehmen bei der Beförderung von Fluggästen und deren Gepäck im Luftverkehr,

ABl. 1997 L 285, S. 1 ff, zuletzt geändert VO 889/2002, ABl. 2002 L 140, S. 2 ff; **Verordnung (EG) Nr. 261/2004** des Europäischen Parlaments und des Rates vom 11. Februar 2004 über eine gemeinsame Regelung für Ausgleichs- und Unterstützungsleistungen für Fluggäste im Fall der Nichtbeförderung und bei Annullierung oder großer Verspätung von Flügen und zur Aufhebung der Verordnung (EWG) Nr. 295/91 (**Fluggastrechte-Verordnung**), ABl. 2004 L 46, S. 1 ff; zur Reform s. **Verordnungsvorschlag KOM(2013), 130 endg.**

B. Rechtsprechung

Aus der Masse der Gerichtsentscheidungen werden nachfolgend – in der Reihenfolge, in der sie im Text erscheinen – nur diejenigen aufgeführt, auf die im Text eingegangen wird.

I. Allgemeine Urteile

EuGH, Rs. 97/78 (Schumalla), Slg 1978, 2311; EuGH, verb. Rs. C-184/02 und C-223/02 (Spanien, Finnland/Europäische Parlament, Rat), Slg 2004, I-7789; EuGH, Rs. 22/70 (AETR), Slg 1971, 263; EuGH, Rs. C-195/90 (Kommission/Deutschland), Slg 1992, I-3141; EuGH, verb. Rs. 3/76, 4/76 und 6/76 (Kramer u.a.), Slg 1976, 1279; EuGH, Gutachten 1/76 (Stilllegungsfond für die Binnenschifffahrt), Slg 1977, 741; EuGH, Rs. 167/73 (Kommission/Französische Republik), Slg 1974, 359; EuGH, verb. Rs. 209 bis 213/84 (Asjes), Slg 1986, 1425; EuGH, Rs. 66/86 (Ahmed Saeed Flugreisen und Silverline Reisebüro), Slg 1989, 803.

II. Verkehrsträger Straße

EuGH, Rs. C-228/06 (Soysal u.a./Deutschland), EuZW 2009, 257 ff; EuGH, verb. Rs. C-317/01 und C-369/01 (Abatay u.a. und Sahin gegen Bundesanstalt für Arbeit), Slg 2003, I-12301 ff; EuGH, Rs. C-280/00 (Altmark Trans GmbH, Regierungspräsidium Magdeburg/Nahverkehrsgesellschaft Altmark GmbH), Slg 2003, I-7747 ff; EuGH, Rs. C-476/01 (Kapper), Slg 2004, I-5205 ff = NJW 2004, 1725 ff; EuGH, Rs. C-227/05 (Halbritter), Slg 2006, I-49 ff = NJW 2006, 2173 ff; EuGH, Rs. C-334/09 (Scheffler), Slg 2010, I-12379 ff = NJW 2011, 587 ff; EuGH, verb. Rs. C-334/06 bis C-336/06 (Zerche, Seuke und Schubert), Slg 2008, I-4691 f = DAR 2008, 459 ff; EuGH, verb. Rs. C-329/08 und C-343/06 (Wiedemann und Funk), Slg 2008, I-4635 ff = NJW 2008, 2403 ff; EuGH, Rs. C-467/10 (Akyüz), NJW 2012, 1341 ff; EuGH, Rs. C-445/08 (Wierer), Slg 2009, I-119 ff = NJW 2010, 217 ff; EuGH, Rs. C-184/10 (Grasser), Slg 2011, I-4057 ff = NJW 2011, 3635 ff; EuGH, Rs. C-224/10 (Apelt), NJW 2012, 369 ff; EuGH, Rs. C-590/10 (Köppl), Slg 2011, I-177 (abgekürzte Fassung) = DAR 2012, 198 ff = NZV 2012, 501 ff; EuGH, Rs. C-225/07 (Möginger), NJW 2009, 207 ff; EuGH, Rs. C-1/07 (Weber), NJW 2008, 3767 ff; EuGH, Rs. C-321/07 (Schwarz), Slg 2009, I-1113 ff = DAR 2009, 191 ff; EuGH, Rs. C-419/10 (Hofmann), NJW 2012, 1935 ff = DAR 2012, 319 ff.

III. Schienenverkehr

EuGH, Rs. C-556/10 (Kommission/Bundesrepublik Deutschland), EuZW 2013, 666 ff = NVwZ 2013, 494 ff; EuGH, Rs. C-136/11 (Westbahn Management), RRa 2013, 36 ff = NVwZ 2013, 355 ff; EuGH, Rs. C-509/11 (ÖBB-Personenverkehr AG), NJW 2013, 3429 ff.

IV. Binnenschifffahrt

EuGH, Rs. C-585/08 (Pammer), Slg 2010, I-12527 ff = NJW 2011, 505 ff.

V. Flugverkehr

EuGH, Rs. C-112/11 (ebookers.com), NJW 2012, 2367 f; EuGH, Rs. C-176/09 (Luxemburg/Europäisches Parlament und Rat), Slg 2011 I-3755 ff = BeckRS 2011, 80517; EuGH, Rs. C-410/11 (Sánchez/Iberia), NJW 2013, 845 f; EuGH, Rs. C-63/09 (Walz/Clickair), Slg. 2010 I-4239 ff = NJW 2010, 2113 ff; EuGH, Rs. C-344/04 (The Queen/Department of Transport), Slg I-403 ff = NJW

2006, 351; EuGH, verb. Rs. C-402/07 und C-432/07 (Sturgeon u.a.), NJW 2010, 43 ff; EuGH, verb. Rs. C-581/10 und C-629/10 (Nelson u.a.), NJW 2013, 671; EuGH, Rs. C-11/11 (Folkerts), NJW 2013, 1291 ff; EuGH, Rs. C-173/07 (Schenkel/Emirates), NJW 2008, 2697 ff; EuGH, Rs. C-321/11 (Cachafeiro u.a.), RRa 2012, 279; EuGH, Rs. C-22/11 (Finnair/Lassooy), NJW 2013, 682; EuGH, Rs. C-83/10 (Sousa Rodriguez/Air France), Slg 2011 I-9469 = NJW 2011, 3776 ff; EuGH, Rs. C-549/07 (Wallentin-Hermann/Alitalia), NJW 2009, 347 ff; EuGH, Rs. C-294/10 (Eglitis), Slg 2011 I-3983 = NJW 2011, 2865 ff; EuGH, Rs. C.12/11 (McDonagh), NJW 2013, 921 ff; EuGH, Rs. C-139/11 (Cuadrech Moré), RRa 2013, 18 ff; EuGH, Rs. C-204-08 (Rehder/Air Baltic Corporation), NJW 2009, 2801 ff.

Abschnitt 2: Analyse und Darstellung der Einwirkungspraxis des Europarechts auf das Transport- und Verkehrsrecht

A. Einleitung in das europäische Transport- und Verkehrsrecht

I. Primärrechtlicher Rahmen

1 Der Transport von Personen und Gütern ist von essentieller Bedeutung für die Volkswirtschaft moderner Industriegesellschaften und stellt quasi den „Blutkreislauf der Wirtschaft"[1] dar. Damit dieser Kreislauf an den Grenzen der Mitgliedstaaten nicht ins Stocken gerät und im gesamten Binnenmarkt ungehindert fließen kann, hat die Europäische Union sich bereits 1958 die gemeinsame Politik auf dem Gebiet des Verkehrs (Art. 3 lit. f) EGV) und die Förderung des Auf- und Ausbaus transeuropäischer Netze (Art. 3 lit. o) EGV) zur Aufgabe gemacht. Im **Vertrag über die Arbeitsweise der Europäischen Union** (im Folgenden: AEUV)[2] ist der Union in Art. 4 Abs. 2 lit. g) AEUV eine geteilte Zuständigkeit[3] für den Verkehr und in Art. 4 Abs. 2 lit. h) AEUV für transeuropäische Netze eingeräumt. Die konkrete Ausformung der **gemeinschaftsrechtlichen Verkehrspolitik** ist sodann in zwei gesonderten Titeln geregelt: In Titel VI (Art. 90 bis 100 AEUV) finden sich die Regelungen über den **Verkehr**, in Titel XVI (Art. 170 bis 172 AEUV) die für das Verkehrsrecht ebenfalls relevanten Vorschriften über die **transeuropäischen Netze**. Der sachliche Anwendungsbereich des Titels VI erstreckt sich nach Art. 100 Abs. 1 AEUV zwar nur auf die Beförderungen im Eisenbahn-, Straßen- und Binnenschiffsverkehr. Nach Art. 100 Abs. 2 AEUV können das Europäische Parlament und der Rat gemäß dem ordentlichen Gesetzgebungsverfahren aber auch geeignete Vorschriften für die Seeschifffahrt und die Luftfahrt erlassen. Dieser schon im EG-Vertrag enthaltenen Unterscheidung kommt auf Grund der angeglichenen Abstimmungsverfahren kaum Bedeutung zu.[4] Der Begriff **Verkehr** ist im Europarecht weit zu verstehen und erfasst neben der eigentlichen Beförderung auch alle damit in engem Zusammenhang stehenden Rahmenbedingungen der Verkehrsmärkte und der dazugehörigen Infrastruktur.[5] Ausgeschlossen sind lediglich solche Transportmittel, die nicht in Art. 100 Abs. 1 und Abs. 2, 94 AEUV aufgezählt sind. Die **Raumfahrt** ist in Art. 189 AEUV geregelt.

2 Der Verkehr im Sinne des Titels VI erfasst zudem sowohl den Verkehr zwischen den einzelnen Mitgliedstaaten als auch den Verkehr zwischen Binnenmarkt und Drittstaaten.[6] Da sich die Rechtssetzungsbefugnis der Union auf ihr Hoheitsgebiet beschränkt, muss dieser zweite Bereich durch völkerrechtliche Verträge mit den betroffenen Drittstaaten geregelt werden. Die dazu erforderliche **Außenkompetenz der Union** war im EG-Vertrag nicht geregelt. Der EuGH ging davon aus, dass

---

1 Schwarze/*Stadler*, Art. 91 AEUV Rn 2.

2 Vertrag über die Arbeitsweise der Europäischen Union, ABl. 2008 C 115, S. 47 ff, zuletzt geändert durch Beschluss 2012/419/EU, ABl. 2012 L 204, S. 131 ff.

3 S. dazu *Hatje/Kindt*, NJW 2008, 1761, 1762; *Weber*, EuZW 2008, 7, 11.

4 Schwarze/*Stadler*, Art. 100 AEUV Rn 1.

5 EuGH, Rs. 97/78 (Schumalla), Slg 1978, 2311, Rn 5; verb. Rs. C-184/02 und C-223/02 (Spanien, Finnland/Europäische Parlament, Rat), Slg 2004, I-7789; Schwarze/*Stadler*, Art. 100 AEUV Rn 3.

6 *Boeing/Kotthaus/Maxian Rusche*, in: Grabitz/Hilf/Nettesheim, Art. 91 AEUV Rn 19; *Jung*, in: Calliess/Ruffert, Art. 91 AEUV Rn 2, 51 ff.

die Gemeinschaft in den Bereichen völkerrechtliche Verträge abschließen konnte, in denen ihr die Kompetenz im Innenverhältnis zugeteilt war und in denen sie von dieser Kompetenz bereits Gebrauch gemacht hatte oder in denen das maßgebliche Vertragsziel nicht ohne die Beteiligung eines Drittstaates verwirklicht werden konnte.[7] Die Gemeinschaft hat im Rahmen der so begründeten Außenkompetenz mehrere völkerrechtliche Verträge im Bereich des Verkehrsrechts abgeschlossen.[8] Für den Luftverkehr wurde die Außenzuständigkeit sogar in einer Verordnung festgestellt und konkreter ausgestaltet.[9] Nunmehr ist die Befugnis der Union zum Abschluss völkerrechtlicher Verträge mit Drittstaaten in Art. 216 AEUV festgeschrieben; nach Art. 3 Abs. 2 AEUV wird ihr unter bestimmten Voraussetzungen zudem die ausschließliche Zuständigkeit eingeräumt. Mit diesen Vorschriften wurde allerdings nur die ständige Rechtsprechung des EuGH primärrechtlich kodifiziert, so dass es praktisch bei der bisherigen Zuständigkeitsverteilung bleibt.[10]

Außerhalb des Anwendungsbereichs der verkehrsrechtlichen Sonderregelungen kommt den allgemeinen Vorschriften, insbesondere den **europäischen Grundfreiheiten**, Bedeutung auf dem Gebiet des Verkehrs zu. Dabei ist zu berücksichtigen, dass nach Art. 58 Abs. 1 AEUV für den freien Dienstleistungsverkehr auf dem Gebiet des Verkehrs die Bestimmungen des Titels über den Verkehr gelten. Die Dienstleistungsfreiheit ist also ausschließlich über die verkehrsspezifischen Bestimmungen und nicht über Art. 56 ff AEUV zu verwirklichen.[11] 3

Des Weiteren findet das gesamte europäische **Wettbewerbsrecht** auch im Verkehrssektor Anwendung.[12] Bereits in der Vergangenheit hat der EuGH mehrfach klargestellt, dass die nach Art. 91 Abs. 1 AEUV zu berücksichtigenden „Besonderheiten des Verkehrs" die Union nicht daran hindern, den Verkehr für den freien Wettbewerb zu öffnen und nach wettbewerblichen Grundsätzen auszugestalten.[13] Der europäische Gesetzgeber kann für die Anwendung der Wettbewerbsregeln im Verkehr aber besondere Bestimmungen erlassen.[14] Für die „Festlegung der für das Funktionieren des Binnenmarktes erforderlichen Wettbewerbsregeln" ist die Union nach Art. 3 Abs. 1 lit. b) AEUV ausschließlich zuständig. 4

II. Ziele und Entwicklung der gemeinsamen Verkehrspolitik

1. Zielsetzung, insbesondere im neuen Weißbuch zur Verkehrspolitik

Nach Art. 90 AEUV werden im Rahmen einer gemeinsamen Verkehrspolitik die „Ziele der Verträge" verfolgt. Primäres Ziel ist damit auch im Verkehrssektor die in Art. 3 Abs. 3 S. 3 EUV nF festgeschriebene **Errichtung des Binnenmarktes.** Dieser erfordert den freien Verkehrsfluss über die Grenzen der einzelnen Mitgliedstaaten hinaus und damit einen **gemeinsamen Verkehrsmarkt,** der den Verkehrsunternehmen aus allen Mitgliedstaaten offen steht und in dem der unverfälschte 5

7 EuGH, Rs. 22/70 (AETR), Slg 1971, 263, Rn 15/19; verb. Rs. 3/76, 4/76 und 6/76 (Kramer u.a.), Slg 1976, 1279, Rn 19/20, 32/33, 39; Gutachten 1/76 (Stilllegungsfond für die Binnenschifffahrt), Slg 1977, 741, Rn 3; s. auch *Jung*, in: Calliess/Ruffert, Art. 91 EGV Rn 52.

8 So etwa Beschluss 2007/339/EG des Rates und der im Rat vereinigten Vertreter der Regierungen der Mitgliedstaaten der Europäischen Union vom 25. April 2007 über die Unterzeichnung und vorläufige Anwendung des Luftverkehrsabkommens zwischen der Europäischen Gemeinschaft und ihren Mitgliedstaaten einerseits und den Vereinigten Staaten von Amerika andererseits, ABl. 2007 L 134, S. 1 ff; Abkommen zwischen der Europäischen Gemeinschaft und der Schweizerischen Eidgenossenschaft über den Güter- und Personenverkehr auf Schiene und Straße, ABl. 2002 L 114, S. 91 ff; Abkommen zwischen der Europäischen Gemeinschaft und der Schweizerischen Eidgenossenschaft über den Luftverkehr, ABl. 2002 L 114, S. 73 ff.

9 VO (EG) Nr. 847/2004 des Europäischen Parlaments und des Rates vom 29. April 2004 über die Aushandlung und Durchführung von Luftverkehrsabkommen zwischen Mitgliedstaaten und Drittstaaten, ABl. 2004 L 195, S. 3 ff.

10 *Jung*, in: Calliess/Ruffert, Art. 91 AEUV Rn 51 ff; s. ausführlicher *Heuck*, Jura 2013, 199 ff.

11 *Bieber*, in: Bieber/Epiney/Haag, § 24 Rn 7; *Jung*, in: Calliess/Ruffert, Art. 90 AEUV Rn 16.

12 *Bieber*, in: Bieber/Epiney/Haag, § 24 Rn 3; *Jung*, in: Calliess/Ruffert, Art. 90 AEUV Rn 16.

13 EuGH, Rs. 167/73 (Kommission/Französische Republik), Slg 1974, 359, Rn 27/28, 29/33; verb. Rs. 209 bis 213/84 (Asjes), Slg 1986, 1425, Rn 42; Rs. 66/86 (Ahmed Saeed Flugreisen und Silverline Reisebüro), Slg 1989, 803, Rn 21, 33; s. auch *Jung*, in: Calliess/Ruffert, Art. 90 AEUV Rn 16.

14 So etwa VO (EG) Nr. 169/2009 des Rates vom 26. Februar 2009 über die Anwendung von Wettbewerbsregeln auf dem Gebiet des Eisenbahn-, Straßen- und Binnenschiffsverkehr (kodifizierte Fassung), ABl. 2009 L 61, S. 1 ff.

Wettbewerb sichergestellt ist.[15] Im Rahmen der sog. **TEN-V-Politik**[16] wird der Auf- und Ausbau der europäischen Netze im Verkehrssektor vorangetrieben, um eine integrierte Infrastruktur für die Erbringung der Verkehrsdienstleistungen innerhalb der gesamten Union zu schaffen.[17] Neben der Verwirklichung und Gewährleistung des Binnenmarktes spielen zudem „außerökonomische Zielsetzungen“[18] eine Rolle: Nach Art. 3 Abs. 3 S. 2 EUV nF wirkt die Union „auf die nachhaltige Entwicklung Europas auf der Grundlage eines ausgewogenen Wirtschaftswachstums und von Preisstabilität, [auf] eine in hohem Maße wettbewerbsfähige soziale Marktwirtschaft, die auf Vollbeschäftigung und sozialen Fortschritt abzielt, sowie [auf] ein hohes Maß an Umweltschutz und Verbesserung der Umweltqualität hin.“ Nach Art. 11 AEUV müssen die Erfordernisse des **Umweltschutzes**, insbesondere zur Förderung einer nachhaltigen Entwicklung, bei der Festlegung und Durchführung der Unionspolitiken und -maßnahmen einbezogen werden. Und schließlich ist nach Art. 12 AEUV den Erfordernissen des **Verbraucherschutzes** Rechnung zu tragen.

6 Die Kommission hat diese Ziele aufgegriffen und sowohl in der Halbzeitbilanz[19] zum vorangegangenen Weißbuch[20] wie auch in ihrem nunmehr veröffentlichten **neuen Weißbuch zur Verkehrspolitik**[21] die Schaffung eines einheitlichen europäischen Verkehrsraums als Ziel ihrer Politik proklamiert. Dieser Verkehrsraum soll **wettbewerbsorientiert und ressourcenschonend** ausgestaltet sein. Rechtliche Marktzugangsschranken und wettbewerbsverzerrende Maßnahmen sollen (weiter) abgebaut, die Infrastrukturen technisch so ausgestaltet und miteinander verknüpft werden, dass sowohl ein grenzüberschreitender multimodaler Verkehr problemlos möglich als auch die bestmögliche – und damit nachhaltige – Auslastung gewährleistet ist. Als notwendig für die Erreichung dieses Ziels wird dabei auch die Vereinheitlichung der Vorschriften in den Bereichen technische Sicherheit, Unfallvermeidung, Gefahrenabwehr, Beschäftigung und Arbeitsbedingungen, Verkehrssteuerung, Passagierrechte, Umweltschutz und Energienutzung erachtet. Die bestehenden Verkehrssysteme sollen durch die Förderung und Einführung innovativer Technologien, die Infrastrukturen mit Hilfe einer sinnvoll(er)en Bepreisung nachhaltiger und umweltfreundlicher gestaltet werden. Schließlich soll der europäische Verkehrsraum stärker mit den weltweiten Verkehrssystemen, insbesondere mit denen der Nachbarländer, verknüpft und eine engere Zusammenarbeit in den internationalen Organisationen im Bereich Verkehr angestrebt werden. Alle angeregten Maßnahmen dienen letztlich dem **„Greening“ des Verkehrs**[22] und stehen im Zusammenhang mit den klimapolitischen Zielen der Gemeinschaft.[23] Das Grünbuch ist auf die Vision ausgerichtet, die Verkehrssysteme vom Öl unabhängig zu machen sowie die Treibhausgasemissionen um 60 % (zum Stand von 1990) zu verringern, ohne die Effizienz des Verkehrs und den bestehenden Grad an Mobilität ein-

15 *Jung*, in: Calliess/Ruffert, Art. 90 AEUV Rn 14; zurückhaltender *Epiney/Heuck/Schleiss*, in: Dauses, Rn 28, 97, 108 f.

16 Basierend auf der Entscheidung Nr. 1692/96/EG des Europäischen Parlaments und des Rates vom 23. Juli 1996 über gemeinschaftliche Leitlinien über den Aufbau eines transeuropäischen Verkehrsnetzes, ABl. 1996 L 228, S. 1 ff; s. dazu jüngst VO (EU) Nr. 1315/2013 des Europäischen Parlaments und des Rates vom 11. Dezember 2013 über Leitlinien der Union für den Aufbau eines transeuropäischen Verkehrsnetzes und zur Aufhebung des Beschlusses Nr. 661/2010/EU, ABl. 2013 L 348, S. 1 ff; VO (EU) Nr. 1316/2013 des Europäischen Parlaments und des Rates vom 11. Dezember 2013 zur Schaffung der Fazilität „Connecting Europe“, zur Änderung der VO (EU) Nr. 913/2010 und zur Aufhebung der VOen (EG) Nr. 680/2007 und (EG) Nr. 67/2010, ABl. 2013 L 348, S. 129 ff.

17 *Epiney/Heuck/Schleiss*, in: Dauses, Rn 126 ff.

18 *Hatje/Kindt*, NJW 2008, 1761, 1765.

19 Mitteilung der Kommission an den Rat und an das Europäische Parlament: Für ein mobiles Europa – Nachhaltige Mobilität für unseren Kontinent, Halbzeitbilanz zum Verkehrsweißbuch der Europäischen Kommission von 2001, KOM(2006) 314 endg.

20 Weißbuch der Kommission: Europäische Verkehrspolitik bis 2010: Weichenstellungen für die Zukunft, KOM(2001) 370 endg.

21 Weißbuch der Kommission: Fahrplan zu einem einheitlichen europäischen Verkehrsraum – Hin zu einem wettbewerbsorientierten und ressourcenschonenden Verkehrssystem, KOM(2011), 144 endg.

22 *Tonner*, RRa 2012, 162, 163.

23 Mitteilung der Kommission: Energiefahrplan 2050: ein sicherer, wettbewerbsfähiger und CO2-armer Energiesektor ist möglich, KOM(2011), 885 endg.; s. hierzu auch *Tonner*, RRa 2012, 162 f.

zubüßen.[24] Der Verkehr, insbesondere der Personenverkehr über mittlere Entfernungen und der Ferngüterverkehr, soll weitest möglich von der Straße auf andere Verkehrsträger verlagert werden.[25] Im Stadt- und Pendlerverkehr sollen umweltfreundlichere Technologien sowie eine verstärkte Nutzung des öffentlichen Nahverkehrs die Nachhaltigkeit erheblich steigern.[26] Das neue Weißbuch ist in Deutschland weitestgehend positiv aufgenommen worden.[27]

2. Entwicklung der Verkehrspolitik

Auf Grund der unterschiedlichen Ausgangssituation und um den spezifischen Besonderheiten und Anforderungen jedes einzelnen Verkehrsträgers besser gerecht werden zu können, erfolgen die Maßnahmen grundsätzlich **für jeden Verkehrsträger einzeln**. Teilweise wird dabei noch weitergehend zwischen Personen- und Güterverkehr, gerade in der Vergangenheit auch zwischen grenzüberschreitendem und Kabotageverkehr unterschieden. Die Entwicklung des europäischen Verkehrsraums vollzog und vollzieht sich demnach sowohl im Hinblick auf die einzelnen Verkehrsträger als auch innerhalb dieser Sektoren mit unterschiedlicher Geschwindigkeit und verschieden gelagerter Schwerpunktsetzung. 7

Während die Maßnahmen zu Anfang noch maßgeblich auf die Öffnung der Märkte für alle mitgliedstaatlichen Verkehrsunternehmen sowie ihre wettbewerbliche Ausgestaltung ausgerichtet waren, steht nunmehr eher die Harmonisierung der im europäischen Verkehrsraum geltenden Vorschriften im Fokus der europäischen Rechtssetzung. Dabei beeinflussen die europäischen Vorgaben und Vorschriften immer öfter auch die **privatrechtliche Ausgestaltung der im Verkehrsrecht relevanten Rechtsverhältnisse**. Sie regeln insbesondere die Arbeits- und Versicherungsverhältnisse im Verkehrssektor sowie die rechtliche Beziehung zwischen dem Verkehrsunternehmen und seinen Kunden. Auch dies dient den verkehrspolitischen Zielen: So soll etwa durch die Gewährung von Flug- und Fahrgastrechten die Attraktivität der kollektiven Verkehrsmittel erhöht und so eine Verlagerung des privaten Verkehrs von der Straße auf die ressourcenschonenderen Transportmöglichkeiten erreicht werden.[28] Zur Vorbereitung der Vorschriften und zu ihrer Koordinierung wurden für die jeweiligen Verkehrsträger **europäische Agenturen** geschaffen. Insgesamt geht daher mit der europäisch motivierten Deregulierung der Märkte eine Regulierung durch europäische Vorschriften einher. 8

III. Privatrechtliche Ausgestaltung der im Verkehrsrecht relevanten Beziehungen

Das europäische Recht wirkt in zweierlei Weise auf die privatrechtlichen Beziehungen im Verkehrssektor ein. Zum einen hat der europäische Gesetzgeber mit den Passagierrechte-Verordnungen unmittelbar geltendes Recht für die Rechtsbeziehungen zwischen Verkehrsunternehmen und ihren Kunden gesetzt. Zum anderen gelten auch im Verkehrssektor die europäisierten Kollisionsnormen und Verfahrensvorschriften. 9

1. Das europäische Passagierrecht

Die Kommission hat in ihrem Weißbuch von 2001 und in ihrer Mitteilung aus dem Jahre 2005[29] angekündigt, die Rechte der Fahr- und Fluggäste im Binnenmarkt zu vereinheitlichen und auf hohem Niveau festzuschreiben. In der Folgezeit hat der europäische Gesetzgeber für alle Verkehrsträger entsprechende Verordnungen erlassen und so das **Passagierrecht** als neuen **„Zweig des Ver-** 10

24 Weißbuch (Fn 21), S. 5 f.

25 Weißbuch (Fn 21), S. 7, 10.

26 Weißbuch (Fn 21), S. 9, 10.

27 Vgl etwa den Beschluss des Bundesrates (Drucks 179/11) sowie die Stellungnahmen des BDI (http://www.bdi.eu/download_content/Broschuere_Weissbuch_web.pdf).

28 Mitteilung der Kommission an das Europäische Parlament und den Rat: Eine europäische Perspektive für Reisende: Mitteilung über die Rechte der Benutzer aller Verkehrsträger, KOM(2011), 898 endg., S. 3; s. auch *Tonner*, RRa 2012, 162, 166.

29 Mitteilung der Kommission an das Europäische Parlament und an den Rat: Stärkung der Rechte von Reisenden in der Europäischen Union, KOM(2005) 46 endg.

braucherrechts“[30] etabliert. Im Gegensatz zum Verbraucher bzw Pauschalreisenden[31] ist der Passagier dabei unabhängig davon schutzwürdig, ob er zu privaten oder zu selbstständig beruflichen bzw gewerblichen Zwecken handelt.[32]

11 Die weitere Entwicklung des Passagierrechts hat die Kommission im neuen Weißbuch dargelegt.[33] Danach geht es ihr darum, die bereits geschaffenen Rechtsakte zu konsolidieren, die Auslegung der Vorschriften zu vereinheitlichen und die Durchsetzung der Rechte zu verbessern. Zudem sollen die Passagierrechte auf multimodale Reisen (Beispiel: Rail and Fly) ausgedehnt und durch bi- und multilaterale Vereinbarungen auf den Verkehr mit Drittstaaten erstreckt werden. Die Qualität der Beförderung von Personen mit eingeschränkter Mobilität soll weiter verbessert werden. Zu einem späteren Zeitpunkt ist schließlich der **Erlass einer einzigen EU-Rahmenverordnung** angedacht, welche die Passagierrechte für alle Verkehrsträger regelt. Zur Vorbereitung hat die Kommission in einer weiteren Mitteilung[34] nunmehr die gemeinsamen Grundsätze des europäischen Passagierrechts festgeschrieben. Auf Grundlage der drei Eckpfeiler der **Diskriminierungsfreiheit**, der genauen, zeitgerechten und zugänglichen **Information** sowie den unverzüglichen und angemessenen **Hilfeleistungen** hat sie die folgenden zehn Rechte als **„Kern der EU-Passagierrechte“** festgeschrieben: 1) Diskriminierungsfreier Zugang zu den Verkehrsdiensten; 2) das Recht auf Mobilität, dh Zugang und unentgeltliche Hilfeleistungen für Personen mit Behinderungen oder eingeschränkter Mobilität; 3) das Recht auf Information vor dem Kauf und während der einzelnen Reiseabschnitte, insbesondere bei Verkehrsproblemen; 4) das Rücktrittsrecht (Erstattung des vollen Fahrpreises) bei Änderung der planmäßigen Reise; 5) das Recht auf Erfüllung des Beförderungsvertrags bei Verkehrsproblemen in Form einer anderweitigen Beförderung oder Umbuchung; 6) das Recht auf Unterstützungsleistungen bei großen Verspätungen der Abreise oder von Anschlüssen; 7) das Recht auf Ausgleichsleistungen unter bestimmten Umständen; 8) die Haftung des Beförderungsunternehmens für Reisende und deren Gepäck; 9) das Recht auf ein zügig funktionierendes, zugängliches System zur Bearbeitung von Beschwerden und 10) das Recht auf die uneingeschränkte und wirksame Durchsetzung der EU-Vorschriften.[35]

12 Zwar finden sich in den geltenden Passagierrechte-Verordnungen alle diese aufgezählten Rechte. Ihre Ausgestaltung im Detail variiert aber teilweise sehr stark. Dies gilt gerade mit Blick auf die Ausgleichs- bzw Entschädigungsleistungen, die weder hinsichtlich ihrer Voraussetzungen noch hinsichtlich der Rechtsfolgen verkehrsträgerübergreifend angeglichen sind. So wird dieses Recht – je nach Verkehrsträger – mal ganz allgemein bei einer Ankunftsverzögerung, mal bei einer Ankunftsverzögerung, einer Annullierung und einer Nichtbeförderung und mal nur dann gewährt, wenn der Verkehrsunternehmen dem Fahrgast nicht die erforderlichen Betreuungsleistungen anbietet. Unterschiedlich wird außerdem die Möglichkeit eines Haftungsausschlusses gehandhabt. In ähnlicher Weise unterscheiden sich auch die Voraussetzungen und die konkrete Ausgestaltung der zu erbringenden Unterstützungs- bzw Betreuungsleistungen. Zudem sind die Passagierrechte nicht in vollem Maße mit den durch die Pauschalreise-Richtlinie gewährten Rechten abgestimmt, so dass es hier zu Normkonflikten kommt, die noch der Auflösung harren. Die Haftung des Unternehmers für Reisende und Gepäck ist schließlich nicht nur auf europäischer, sondern auch auf völkerrechtlicher Ebene geregelt. So hat die EU für den Schienen-, den See- und den Flugverkehr entsprechende Übereinkommen mit Blick auf die Haftung der Reisenden und ihres Gepäcks gezeichnet.[36] Sie sind nach ständiger Rechtsprechung des EuGH auf Grundlage des Art. 216 Abs. 2 AEUV „integraler

---

30 *Karsten*, VuR 2008, 201, 210.
31 S. dazu *Schulte-Nölke*, in diesem Werk § 23 Rn 33 ff, 91, 113.
32 *Karsten*, VuR 2008, 201 ff.; s auch *ders.*, VuR 2011, 215, 217; *Tonner*, RRa 2012, 162, 165.
33 Weißbuch (Fn 21), S. 27.
34 Mitteilung der Kommission an das Europäische Parlament und den Rat: Eine europäische Perspektive für Reisende: Mitteilung über die Rechte der Benutzer aller Verkehrsträger, KOM(2011), 898 endg.
35 Mitteilung der Kommission (Fn 34), KOM(2011), 898 endg., S. 4 ff.
36 S. hierzu jeweils im Text.

Bestandteil des Unionsrechts“[37] und gehen anderen europäischen Rechtsakten vor. Diese Vorschriften müssen bei der Auslegung der europäischen Passagierrechte-Verordnungen berücksichtigt werden. Es gilt daher in diesem Rechtsgebiet immer auch die verschiedenen europäischen Rechtsakte miteinander sowie mit den völkerrechtlichen Vorgaben in Einklang zu bringen.

2. Kollisions- und (international-) verfahrensrechtliche Harmonisierungsmaßnahmen

Zudem kommt den europäischen Kollisionsnormen und Verfahrensvorschriften Bedeutung im Verkehrssektor zu. Mit Hilfe dieser Regelungen wird das auf einen Fall mit Auslandsberührung anwendbare materielle Recht bzw im Falle einer Klage das international zuständige Gericht bestimmt. Auf diese Vorschriften muss insbesondere im Falle einer grenzüberschreitenden Beförderung zurückgegriffen werden. 13

a) Europäisches Kollisionsrecht: Die Rom I- und die Rom II-VO

Die europäisierten Kollisionsnormen finden sich für vertragliche Rechtsbeziehungen in der Rom I-,[38] für außervertragliche Rechtsbeziehungen in der Rom II-Verordnung.[39] Für den Kabotageverkehr finden sich zudem Kollisionsnormen in den verkehrsrechtlichen Verordnungen zur Marktöffnung, auf die jeweils im Text hingewiesen wird. 14

aa) Die Rom I-VO: Das auf vertragliche Rechtsverhältnisse anwendbare Recht

In Art. 5 Rom I-VO findet sich eine speziell auf den **Beförderungsvertrag** zugeschnittene Anknüpfungsregel, die einerseits das auf den Güterbeförderungsvertrag und andererseits das auf den Personenbeförderungsvertrag anwendbare Recht bestimmt. Die Anwendung der zum Schutz des Verbrauchers konzipierten Sonderanknüpfung in Art. 6 Rom I-VO ist in beiden Fällen auch dann ausgeschlossen, wenn der Kunde des Verkehrsunternehmens zu privaten Zwecken handelt.[40] Nach **Art. 5 Abs. 1 Rom I-VO** ist auf einen Vertrag über die **Beförderung von Gütern** dann, wenn die Parteien keine vorrangig zu beachtende Rechtswahl getroffen haben, das Recht des Staates anzuwenden, in dem der Beförderer seinen gewöhnlichen Aufenthalt hat, sofern sich in dem Staat auch der Übernahmeort oder der Ablieferungsort oder der gewöhnliche Aufenthalt des Absenders befindet. Liegen diese Voraussetzungen nicht vor, ist nach Satz 2 der Vorschrift das Recht des Staates anzuwenden, in dem der von den Parteien vereinbarte Ablieferungsort liegt. Wenn die Parteien einen solchen Ablieferungsort nicht vereinbart haben und sich dieser lediglich auf Grund der gesetzlichen Bestimmungen ermitteln lässt, muss das anwendbare Recht nach der Ausweichklausel des Art. 5 Abs. 3 Rom I-VO bestimmt werden, so dass letztlich das Recht des Staates zur Anwendung berufen wird, zu dem der Vertrag die engste Verbindung aufweist.[41] Diese Ausweichklausel ermöglicht auch in anderen Fällen ein Abweichen von dem durch Absatz 1 bestimmten Recht, wenn der Vertrag zu dem Recht eines anderen Staates eine „offensichtlich engere Verbindung“ aufweist. Die **Beförderung von Personen** ist in **Art. 5 Abs. 2 Rom I-VO** geregelt. Danach ist die Möglichkeit einer Rechtswahl dahingehend eingeschränkt, dass die Parteien nur das Recht des Staates wählen können, in dem entweder eine von ihnen ihren gewöhnlichen Aufenthalt bzw ihre Hauptverwaltung hat oder in dem sich der Abgangs- oder Bestimmungsort der Beförderung befindet. Wurde keine wirksame Rechtswahl getroffen, ist das Recht des Staates anzuwenden, in dem die zu befördernde Person bei Vertragsschluss ihren gewöhnlichen Aufenthalt hat, sofern sich in diesem Staat auch der Abgangs- oder Bestimmungsort befindet. Fehlt es auch nur an einer dieser beiden 15

37 EuGH, Rs. C-344/04 (IATA), NJW 2006, 351 ff, Rn 35; Rs. C-308/06 (Intertanko), EuZW 2008, 439 ff, Rn 42; Rs. C-173/03 (Schenkel), NJW 2008, 2697 ff, Rn 43.

38 VO (EG) Nr. 593/2008 des Europäischen Parlaments und des Rates vom 17. Juli 2008 über das auf vertragliche Schuldverhältnisse anzuwendende Recht (Rom I), ABl. 2008 L 177, S. 6 ff.

39 VO (EG) Nr. 864/2007 des Europäischen Parlaments und des Rates vom 11. Juli 2007 über das auf außervertragliche Schuldverhältnisse anzuwendende Recht (Rom II), ABl. 2007 L 199, S. 40 ff.

40 *Karsten*, in: Verbraucherrecht, Kap 24 Rn 321; Palandt/*Thorn*, Art. 5 Rom I-VO Rn 1, 3; *Wagner*, TranspR 2008, 221, 222.

41 Palandt/*Thorn*, Art. 5 Rom I-VO Rn 7; einschränkend *Shariatmadari*, TranspR 2010, 275, 279.

Voraussetzungen, gilt das Recht des Staates, in dem der Beförderer seinen gewöhnlichen Aufenthalt hat. Oftmals dürfte es daher – sofern nicht die Ausweichklausel des Art. 5 Abs. 3 Rom I-VO eingreift – zur Anwendung des Rechts am Sitz des Beförderers kommen. Eine Ausnahme bildet allenfalls das auf Kreuzfahrten anwendbare Recht, weil es sich hier um eine Pauschalreise handelt und daher Art. 6 Rom I-VO zum Tragen kommt.[42] Der eigentlich intendierte Schutz der zu befördernden Person wird dadurch für das Passagierrecht weitgehend ausgehöhlt.[43]

16 Die Kollisionsnormen der Rom I-VO treten nach Art. 23 Rom I-VO hinter dem in den **Verordnungen über Passagierrechte** enthaltenen vereinheitlichten Sachrecht[44] sowie nach Art. 25 Rom I-VO hinter den Regelungen solcher **völkerrechtlicher Übereinkommen** zurück, denen neben den Mitgliedstaaten der Gemeinschaft auch Drittstaaten angehören, so etwa die CMR,[45] die CIV als Anhang der COTIF, das Budapester, das Athener und das Montreal Übereinkommen.[46, 47]

bb) Die Rom II-VO: Das auf außervertragliche Rechtsverhältnisse, insbesondere auf Verkehrsunfälle mit Auslandsbezug anzuwendende Recht

17 Die Kollisionsnormen für die **außervertraglichen Rechtsbeziehungen** zwischen Beförderungsunternehmen und Kunden wie auch für das Verhältnis der einzelnen Verkehrsteilnehmer zueinander finden sich in der Rom II-VO. Ihnen kommt **insbesondere bei Verkehrsunfällen mit Auslandsbezug** Bedeutung zu.[48] Nach Maßgabe des Art. 14 Rom II-VO können die Parteien das auf das außervertragliche Schuldverhältnis anwendbare Recht **frei wählen.** In den meisten Fällen wird zwar eine solche Rechtswahl nur nach dem schädigenden Ereignis in Betracht kommen, weil die Personen vorher in keinerlei Beziehung zueinander standen. Unter den in der Norm genannten – engen – Voraussetzungen ist eine Rechtswahl aber grundsätzlich auch vor dem Unfall möglich. Dies ist insbesondere für das Verhältnis von Beförderungsunternehmen und Kunden denkbar. Wurde keine Rechtswahl getroffen, richtet sich das Recht nach der Anknüpfungsregel in Art. 4 Rom II-VO. Nach dessen Abs. 2 ist vorrangig das Recht des Staates anwendbar, in dem sowohl Haftender als auch Geschädigter im Zeitpunkt des Schadenseintritts ihren gewöhnlichen Aufenthalt haben. Existiert kein **gemeinsamer gewöhnlicher Aufenthalt**, ist nach Abs. 1 der Norm das Recht des Staates anzuwenden, in dem der Schaden eintritt, unabhängig davon, in welchem Staat das schadensbegründende Ereignis oder indirekte Schadensfolgen eingetreten sind. Angeknüpft wird damit an den sog. **Erfolgsort.** Das ist bei der Verletzung von Leben, Körper, Gesundheit und Eigentum der Ort, an dem die Rechtsgutverletzung eingetreten ist.[49] Der Umstand, dass die schädigende Handlung an einem anderen Ort erfolgte, ist ebenso irrelevant wie der Eintritt späterer Folgeschäden (etwa Heilungs- oder Reparaturkosten) an einem anderen Ort.[50] Von dem Recht des gemeinsamen gewöhnlichen Aufenthalts oder des Erfolgsorts kann nach Art. 4 Abs. 3 Rom II-VO abgewichen werden, wenn sich aus der Gesamtheit der Umstände ergibt, dass die unerlaubte Handlung eine offensichtlich engere Verbindung mit einem anderen Staat aufweist. Dies ist etwa denkbar, wenn zwischen den Unfallbeteiligten ein Beförderungsvertrag besteht.[51] Für die Beurteilung des Verhaltens der Parteien im Hinblick auf ein Verschulden oder Mitverschulden sind nach Art. 17 Rom II-VO die **Sicherheits- und Verhaltensregeln**, im Verkehr also insbesondere die Verkehrsvorschriften des Ortes zu berücksichtigen, an dem die schädigende Handlung erfolgte. Das gilt auch dann, wenn

42 *Hasche*, TranspR 2010, 282 ff; *Karsten*, in: Verbraucherrecht, Kap 24 Rn 322; *Tonner*, RRa 2013, 206, 211.
43 Palandt/*Thorn*, Art. 5 Rom I-VO Rn 10; wohl anders *Wagner*, TranspR 2008, 281, 287.
44 S. auch *Mankowski*, TranspR 2008, 177, 180 ff; *Wagner*, TranspR 2009, 103, 105 ff.
45 Übereinkommen vom 19. Mai 1956 über den Beförderungsvertrag im internationalen Straßengüterverkehr (CMR), BGBl. II 1961, S. 1119 ff, zuletzt geändert durch BGBl. II 1989, S. 586 f.
46 Zu den letzten vier Übereinkommen jeweils ausführlicher im Text.
47 Palandt/*Thorn*, Art. 5 Rom I-VO Rn 5; ausführlich *Mankowski*, TranspR 2008, 177 ff.
48 Zur Anwendung der Rom II-VO im Seerecht s. *Basedow*, RabelsZ 74 (2010), S. 118 ff; *Siehr*, RabelsZ 74 (2010), S. 139 ff.
49 Palandt/*Thorn*, Art. 4 Rom II-VO Rn 7.
50 *Junker*, JZ 2008, 169, 174; *Leible/Lehmann*, RIW 2007, 721, 725; Palandt/*Thorn*, Art. 4 Rom II-VO Rn 7.
51 *Junker*, JZ 2008, 169, 175 f, s. dort auch zu weiteren Beispielsfällen.

dieses Recht ansonsten nicht zur Anwendung auf den Fall berufen ist.[52] Gerade für den Fall, dass die Parteien einen gemeinsamen gewöhnlichen Aufenthalt haben, wird diskutiert, die (strengeren) Verhaltensnormen dieses Staates ergänzend heranzuziehen, wenn dies der Verkehrserwartung der Beteiligten entspricht.[53] Nach Art. 18 Rom II-VO schließlich ist eine **direkte Klage gegen den Versicherer** des Haftenden möglich, wenn dies nach dem auf das außervertragliche Schuldverhältnis oder nach dem auf den Versicherungsvertrag anzuwendende Recht vorgesehen ist. Dies ist im Verkehrsrecht gemeinhin der Fall, weil die entsprechenden europäischen Vorgaben, etwa in der **Kraftfahrzeughaftplicht-Richtlinie,**[54] die Mitgliedstaaten zur Einführung eines solchen Direktanspruchs verpflichten.[55] Das auf diesen Anspruch anwendbare Recht bestimmt sich aber ausschließlich nach dem Recht, dem der Versicherungsvertrag unterliegt.[56]

Die Kollisionsnormen der Rom II-VO können nach Art. 28 Rom II-VO ggf. durch die Vorschriften solcher Übereinkommen verdrängt werden, an denen neben den Mitgliedstaaten auch Drittstaaten beteiligt sind. Mit Blick auf Verkehrsunfälle kann insbesondere dem Haager Übereinkommen über das auf Straßenverkehrsunfälle anwendbare Recht[57] Bedeutung zukommen, auch wenn Deutschland selbst das Übereinkommen nicht gezeichnet hat.[58] 18

b) Flankierende verfahrensrechtliche Regelungen

Flankiert werden die kollisionsrechtlichen Regelungen von der **Brüssel I-Verordnung,**[59] durch die der europäische Gesetzgeber die Vorschriften über die gerichtliche Zuständigkeit sowie die Anerkennung und Vollstreckung von Entscheidungen in Zivil- und Handelssachen geregelt hat. Auch diese Vorschriften sind – mit Ausnahme des Art. 9 Brüssel I-VO – nicht speziell auf das Transportrecht bezogen. Mit Hilfe der allgemeinen Regelungen der Brüssel I-VO lässt sich bestimmen, vor den Gerichten welches Landes der Kläger seine (vermeintlichen) Ansprüche geltend machen muss bzw kann. Wie schon im Kollisionsrecht ist der Schutz der Passagiere auch im internationalen Verfahrensrecht nicht so weitgehend wie der Schutz der Verbraucher: Die verfahrensrechtlichen Verbraucherschutzvorschriften, welche die Gerichte am Aufenthaltsort des Verbrauchers für international zuständig erklären, findet nach Art. 17 Abs. 3 Brüssel I-VO keine Anwendung auf Beförderungsverträge.[60] 19

Die Bestimmungen der Brüssel I-VO gelten nicht, wenn sich aus völkerrechtlichen Übereinkommen oder spezielleren Gemeinschaftsrechtsakten besondere Gerichtsstände ergeben.[61] Im Transportrecht ist hier auf die in Art. 57 CIV, Art. 33 MÜ und Art. 17 Athener VO hinzuweisen.[62] Dies gilt aber 20

52 *Junker*, JZ 2008, 169, 177; *Leible/Lehmann*, RIW 2007, 721, 725; Palandt/*Thorn*, Art. 4 Rom II-VO Rn 15 f, Art. 17 Rom II-VO Rn 2, 4 f; *Tomson*, EuZW 2009, 204, 207.

53 S. Palandt/*Thorn*, Art. 17 Rom II-VO Rn 5.

54 Art. 18 RL 2009/103/EG des Europäischen Parlaments und des Rates vom 16. September 2009 über die Kraftfahrzeug-Haftpflichtversicherung und die Kontrolle der entsprechenden Versicherungspflicht (kodifizierte Fassung), ABl. 2009 L 263, S. 11 ff.

55 S. *Junker*, JZ 2008, 169, 177; Palandt/*Thorn*, Art. 18 Rom II-VO Rn 3.

56 *Junker*, JZ 2008, 169, 177; Palandt/*Thorn*, Art. 18 Rom II-VO Rn 1 mwN.

57 Haager Übereinkommen über das auf Straßenverkehrsunfälle anzuwendende Recht vom 4. Mai 1971, abgedruckt in *Jayme/Hausmann* (16. Aufl. 2012) unter Ordnungsnummer 100.

58 S. hierzu *Staudinger/Czaplinski*, NJW 2009, 2249 ff; auch *Colin*, zfs 2009, 242, 245 f; *Tomson*, EuZW 2009, 204, 206 f.

59 VO (EG) Nr. 1215/2012 des Europäischen Parlaments und des Rates vom 12. Dezember 2012 über die gerichtliche Zuständigkeit und die Anerkennung und Vollstreckung von Entscheidungen in Zivil- und Handelssachen (Neufassung), ABl. 2012 L 351, S. 1 ff; zur geplanten Änderung s. KOM(2013) 554 endg. Die Verordnung gilt ab dem 10. Januar 2015; bis dahin gilt die in weiten Teilen inhaltsgleiche VO 44/2001, ABl. 2001 L 12, S. 1 ff.

60 *Mankowski*, TranspR 2008, 177, 184 f; *Wagner*, TranpsR 2008, 281, 282.

61 Vgl Art. 71 Brüssel I-VO; s. auch *Karsten*, VuR 2008, 201, 207; *Mankowski*, TranspR 2008, 181; *Wagner*, TranspR 2008, 281 ff.

62 S. hierzu jeweils im Text.

nur, wenn es sich um die Geltendmachung von Ansprüchen handelt, die von dem jeweiligem Rechtsakt erfasst werden.[63]

21 Neben der Brüssel I-Verordnung ermöglichen insbesondere die europäische Mahnverordnung[64] und die sog. Bagatell-Verordnung[65] eine vereinfachte Rechtsdurchsetzung in internationalen Rechtsstreitigkeiten.

B. Verkehrsträger Straße

I. Verkehrsträgerspezifische Besonderheiten und Zielsetzungen

22 Die Straße ist der **am stärksten genutzte Verkehrsträger**. Auf sie entfallen 75,5 % des gesamten Güter- und 92,9 % des gesamten Personenverkehrs. Letzterer erfolgt dabei zu 84,1 % durch privatgenutzte Pkw und zu 8,8 % durch Busse.[66] Die Zahlen machen deutlich, dass die Herstellung und Gewährleistung des Binnenmarktes in diesem Verkehrssektor nicht nur Ziel der gemeinsamen Verkehrspolitik sein muss, sondern gleichzeitig erforderlich ist, um die **Waren-, Personen- und Dienstleistungsfreiheit** für Unternehmen und Bürger zu gewährleisten.[67] Im Rahmen einer **nachhaltigen und umweltfreundlichen Verkehrspolitik** ist es der Union aber auch ein Anliegen, den stetig zunehmenden Verkehr auf der Straße auf andere umweltfreundlichere Verkehrsträger zu verlagern.[68] Dies soll dadurch erreicht werden, dass diese Verkehrsträger besonders gefördert und die Kosten der Infrastruktur Straße durch Mautgebühren oder Steuern auf die Verkehrsnutzer umgelegt werden. Schließlich will der europäische Gesetzgeber durch die auf Art. 91 Abs. 1 lit. c) AEUV (ex Art. 71 Abs. 1 lit. c) EGV) gestützten Rechtsakte ein hohes Maß an Verkehrssicherheit im Binnenmarkt schaffen, um insbesondere die Zahl der Unfalltoten zu reduzieren.[69] Da die Straße – anders als die anderen Verkehrsträger – in starkem Maß zum privaten Transport genutzt wird, finden sich in diesem Verkehrssektor oftmals auch Regelungen, die nicht nur die gewerblich tätigen Unternehmen, sondern auch die privaten Nutzer treffen.

II. Marktöffnung und wettbewerbliche Ordnung

1. Marktzugangsregelungen für den Straßengüterverkehr

23 Der Transport von Gütern durch das Hoheitsgebiet eines fremden Staates bedarf grundsätzlich einer Genehmigung dieses Staates. Das gilt sowohl für den grenzüberschreitenden Güterkraft- als auch für den sog. Kabotage-Verkehr,[70] also den Güterverkehr innerhalb eines Staates, der durch ein nicht in diesem Staat niedergelassenes Transportunternehmen durchgeführt wird. Die Erteilung solcher Genehmigungen war in der Vergangenheit zwischenstaatlich durch bilaterale oder multilaterale Übereinkommen geregelt und zumeist kontingentiert. Im Laufe der Zeit hat der europäische Gesetzgeber dann zunächst den grenzüberschreitenden, später auch den Kabotageverkehr durch

---

63 *Mankowski*, TranspR 2008, 67; *ders.*, TranspR 2009, 303, 304; *Staudinger*, RRa 2009, 219; *ders.*, IPRax 2008, 493, 496.

64 VO (EG) Nr. 1896/2006/EG des Europäischen Parlaments und des Rates vom 12. Dezember 2006 zur Einführung eines Europäischen Mahnverfahrens, ABl. 2006 L 399, S. 1 ff, zuletzt geändert durch VO 936/2012, ABl. 2012 L 283, S. 1 ff.

65 VO (EG) Nr. 861/2007/EG des Europäischen Parlaments und des Rates vom 11. Juli 2007 zur Einführung eines europäischen Verfahrens für geringfügige Forderungen, ABl. 2007 L 199, S. 11, zuletzt geändert durch VO 517/2013, ABl. 2013 L 158, S. 1 ff.

66 S. bei Eurostat: http://appsso.eurostat.ec.europa.eu unter „Statistiken – Statistiken A-Z – Verkehr – Datenbank – Multimodale Daten".

67 Allgemein für den Verkehr *Epiney/Heuck/Schleiss*, in: Dauses, Rn 6; *Jung*, in: Calliess/Ruffert, Art. 90 AEUV Rn 10; ebenso *Boeing/Maxian Rusche/Kotthaus*, in: Grabitz/Hilf/Nettesheim, Art. 90 AEUV Rn 17.

68 Verkehrsweißbuch (Fn 21), S. 7; Halbzeitbilanz zum Verkehrsweißbuch (Fn 20), S. 4.

69 *Weißbuch (Fn 21), S. 11 (Punkt 9)*, 13, 25; vorher Mitteilung der Kommission: Europäisches Aktionsprogramm für die Straßenverkehrssicherheit – Halbierung der Zahl der Unfallopfer im Straßenverkehr in der Europäischen Union bis 2010: eine gemeinsame Aufgabe, KOM(2003) 311 endg.

70 Zum Ursprung des Begriffs Kabotage s. *Volz/Ehm*, TranspR 2009, 393 f.

entsprechende Rechtsakte liberalisiert.[71] Nunmehr sind die Marktzugangsregelungen in der **Verordnung (EG) Nr. 1072/2009**[72] enthalten, welche die vorher geltenden Rechtsakte ohne wesentliche inhaltliche Änderungen zusammen- und neugefasst. Die Regelungen gelten insgesamt ab dem 4. Dezember 2011, im Hinblick auf die Kabotage schon ab dem 14. Mai 2010.[73]

a) Anwendungsbereich der VO 1072/2009

Die VO 1072/2009 gilt nach ihrem Art. 1 Abs. 1 für den **grenzüberschreitenden gewerblichen Güterkraftverkehr** auf den im Gebiet der Gemeinschaft zurückgelegten Wegstrecken. Bei einer Beförderung aus oder nach einem Drittstaat ist sie nur für die im Transit durchfahrenen Mitgliedstaaten anwendbar, so dass es für die Wegstrecke durch das Hoheitsgebiet des Mitgliedstaates, in dem die Be- oder Entladung erfolgte, bis zum Abschluss eines entsprechenden Übereinkommens zwischen der Gemeinschaft und dem Drittstaat bei der Anwendung der derzeit bestehenden bilateralen Abkommen bleibt. Die Verordnung gilt nach ihrem Art. 1 Abs. 4 zudem auch für den **Kabotage-**, dh innerstaatlichen Güterkraftverkehr durch Verkehrsunternehmen, die in diesem Staat nicht niedergelassen sind. Ausgenommen von ihrem Anwendungsbereich bzw genauer: von dem Erfordernis einer Gemeinschaftslizenz ist nach Absatz 5 der Verordnung lediglich die Beförderung bestimmter Güter (etwa beschädigter Fahrzeuge, Medikamente, Hilfsgüter und Postsendungen im Rahmen des Universaldienstes), die Beförderung von Gütern mit Kraftfahrzeugen, deren zulässiges Gesamtgewicht, einschließlich der Anhänger, 3,5 t nicht übersteigt, sowie die Beförderung im Rahmen des sog. Werkverkehrs, dh die nur als Hilfstätigkeit ausgeführte Beförderung von Gütern des Unternehmers durch seine eigenen Fahrzeuge und Fahrer. 24

b) Gemeinschaftslizenz

Sowohl für den grenzüberschreitenden als auch für den Kabotageverkehr benötigt der Unternehmer eine **Gemeinschaftslizenz.**[74] Diese wird nach Art. 4 Abs. 1, Abs. 2 VO 1072/2009 von den zuständigen Behörden des Niederlassungsmitgliedstaates erteilt, wenn der Güterkraftverkehrsunternehmer in diesem Mitgliedstaat gemäß den europäischen und nationalen Rechtsvorschriften über den Zugang zum Beruf des Verkehrsunternehmers zur Durchführung des grenzüberschreitenden Güterkraftverkehrs berechtigt ist. Die Voraussetzungen, unter denen ein Unternehmer zum **Beruf des Güter- und Personenkraftverkehrsunternehmers** zuzulassen ist, sind in der **Verordnung (EG) Nr. 1071/2009**[75] genauer geregelt. Die Verordnung gilt nach ihrem Art. 1 Abs. 2, Abs. 4 für alle in der Gemeinschaft niedergelassenen Kraftverkehrsunternehmer, die Fahrzeuge mit einem zulässigen Gesamtgewicht von mindestens 3,5 t und einer zulässigen Höchstgeschwindigkeit von mindestens 40 km/h einsetzen. Nach Art. 3 Abs. 1 VO 1071/2009 muss das Unternehmen über eine tatsächliche und dauerhafte Niederlassung in einem Mitgliedstaat verfügen, zuverlässig sein, eine angemessene finanzielle Leistungsfähigkeit haben und die geforderte fachliche Eignung besitzen. Nach Absatz 2 können die Mitgliedstaaten darüber hinaus zusätzliche verhältnismäßige und nicht diskriminierende Anforderungen festlegen. Die entsprechenden Durchführungsvorschriften finden sich für den Güterverkehr in Deutschland im Wesentlichen in der Berufszugangsverordnung für den Güterverkehr.[76] 25

---

71 S. zur alten Rechtslage ausführlich in der Vorauflage.

72 VO (EG) Nr. 1072/2009 des Europäischen Parlaments und des Rates vom 21. Oktober 2009 über gemeinsame Regeln für den Zugang zum Markt des grenzüberschreitenden Güterkraftverkehrs (Neufassung), ABl. 2009 L 300, S. 72 ff, zuletzt geändert durch VO 517/2013, ABl. 2013 L 158, S. 1 ff.

73 Vgl Art. 19 Abs. 2 VO 1072/2009.

74 Art. 3 bzw Art. 8 Abs. 1 VO 1072/2009.

75 VO (EG) Nr. 1071/2009 des Europäischen Parlaments und des Rates vom 21. Oktober 2009 zur Festlegung gemeinsamer Regeln für die Zulassung zum Beruf des Kraftverkehrsunternehmers und zur Aufhebung der RL 96/26/EG des Rates, ABl. 2009 L 300, S. 51 ff, zuletzt geändert durch VO 517/2013, ABl. 2013 L 158, S. 1 ff; s. jüngst den Bericht der Kommission an das Europäische Parlament und den Rat über die Umsetzung, KOM(2014) 592 endg.

76 Berufszugangsverordnung für den Güterverkehr vom 21. Dezember 2011, BGBl. I 2011, S. 3120 ff, zuletzt geändert durch BGBl. I 2013, S. 3920 ff.

26 Die Gemeinschaftslizenz wird dem Unternehmer nach Art. 4 VO 1072/2009 im Original ausgehändigt und ist von ihm zu verwahren. Zudem erhält er so viele beglaubigte Abschriften der Lizenz, wie ihm Fahrzeuge als volles Eigentum oder auf Grund eines anderen Rechts (Ratenkauf-, Miet- oder Leasingvertrag)[77] zur Verfügung stehen. Diese sind im jeweiligen Fahrzeug mitzuführen und bei Kontrollen vorzuzeigen. Sowohl das Original als auch die beglaubigten Kopien müssen bestimmte im Anhang der Verordnung aufgeführte Sicherheitsmerkmale aufweisen und das Dienstsiegel der ausstellenden Behörde sowie eine Unterschrift und eine Seriennummer tragen. Die Seriennummern werden in einem elektronischen Register der Mitgliedstaaten gespeichert. Der Kommission ist durch die Mitgliedstaaten regelmäßig Mitteilung darüber zu machen, wie viele Transportunternehmer Inhaber einer Gemeinschaftslizenz sind und wie viele beglaubigte Abschriften jeder dieser Unternehmer ausgehändigt bekommen hat.[78]

27 Die Gemeinschaftslizenz gilt nach Art. 4 Abs. 2 VO 1072/2009 für einen verlängerbaren Zeitraum von bis zu zehn Jahren. Sind die Voraussetzungen nicht mehr erfüllt oder hat der Transportunternehmer zu Tatsachen, die für die Beantragung erheblich waren, unrichtige Angaben gemacht, kann die Lizenz nach Art. 7 Abs. 2 VO 1072/2009 entzogen werden. Darüber hinaus können die Gemeinschaftslizenz sowie ihre beglaubigten Kopien durch die Behörden des Niederlassungsmitgliedstaates entzogen werden, wenn schwerwiegende Verstöße gegen die Gemeinschaftsvorschriften im Bereich des Straßenverkehrs festgestellt wurden. Die Mitgliedstaaten haben nach Art. 13 Abs. 1 VO 1072/2009 die zuständigen Behörden des Niederlassungsmitgliedstaates zu informieren, wenn ein gebietsfremder Verkehrsunternehmer solche Verstöße auf ihrem Hoheitsgebiet begangen hat. Die Verstöße gegen die Vorschriften sowie der Entzug der Gemeinschaftslizenz bzw der beglaubigten Kopien sind nach Art. 14 der Verordnung in ein von den Mitgliedstaaten geführtes Register einzutragen.

28 In Deutschland ist für die Erbringung von Güterverkehrsdiensten die in § 3 Güterkraftverkehrsgesetz (GüKG)[79] geregelte Erlaubnis erforderlich. Nach § 5 des Gesetzes ist für Unternehmen mit Sitz in Deutschland die Gemeinschaftslizenz einer solchen Erlaubnis gleichgestellt. Unternehmen mit Sitz im Ausland, die Inhaber einer Gemeinschaftslizenz sind, werden nach § 6 Nr. 1 GüKG von der Erlaubnispflicht nach § 3 GüKG befreit. Die Erteilung und Entziehung der Gemeinschaftslizenz folgt gemäß § 1 GüKGRKabotageV[80] nach Maßgabe der §§ 3 Abs. 3, 5, 5 a, 5 b, 4, 8, 21 a GüKG.

c) Fahrerbescheinigung

29 Nach Art. 3 VO 1072/2009 ist dann, wenn der Verkehrsunternehmer **Fahrer aus Drittstaaten** einsetzt, zusätzlich eine **Fahrerbescheinigung** erforderlich, mit der nachgewiesen wird, dass der Fahrer legal beschäftigt ist. Die Bescheinigung ist in Art. 5 der Verordnung geregelt und wird einem Verkehrsunternehmer, der Inhaber einer Gemeinschaftslizenz ist, von den zuständigen Behörden des Niederlassungsmitgliedstaates ausgestellt, wenn er einen Fahrer, der weder ein Staatsangehöriger eines Mitgliedstaats noch ein langfristig Aufenthaltsberechtigter im Sinne der Richtlinie 2003/109/EG[81] ist, rechtmäßig beschäftigt oder einen solchen Fahrer, der ihm gemäß den gesetzlichen und tariflichen Bestimmungen der Mitgliedstaaten zur Verfügung gestellt wird, rechtmäßig einsetzt. Auch die Fahrerbescheinigung muss bestimmte im Anhang der Verordnung aufgeführte Sicherheitsmerkmale aufweisen und das Dienstsiegel der ausstellenden Behörde sowie eine Unter-

---

77 S. zur Verwendung von gemieteten Fahrzeugen: RL 2006/1/EG des Europäischen Parlaments und des Rates vom 18. Januar 2006 über die Verwendung von ohne Fahrer gemieteten Fahrzeugen im Güterkraftverkehr (kodifizierte Fassung), ABl. 2006 L 33, S. 82 ff.

78 Vgl Art. 17 VO 1072/2009.

79 Güterkraftverkehrsgesetz vom 22. Juni 1998, BGBl. I 1998, S. 1485 ff, zuletzt geändert durch BGBl. I 2013, S. 1558 ff, abgedruckt im Sartorius unter Ordnungsnummer 952.

80 Verordnung über den grenzüberschreitenden Güterkraftverkehr und den Kabotageverkehr (GüKGRKabotageV) vom 28. Dezember 2011, BGBl. I 2012, S. 42 ff, zuletzt geändert durch BGBl. I 2013, S. 1395 ff.

81 RL 2003/109/EG des Rates vom 25. November 2003 betreffend die Rechtsstellung der langfristig aufenthaltsberechtigten Drittstaatsangehörigen, ABl. 2004 L 16, S. 44 ff, zuletzt geändert durch RL 2011/51/EU, ABl. 2011 L 132, S. 1 ff.

schrift und eine im elektronischen Register zu speichernde Seriennummer tragen. Sie wird auf den Namen des Fahrers ausgestellt, steht aber im Eigentum des Transportunternehmers. Er stellt sie dem Fahrer bei Fahrten zur Verfügung und bewahrt eine beglaubigte Abschrift in seinen Geschäftsräumen auf, um sie bei Kontrollen vorzeigen zu können. Die Niederlassungsmitgliedstaaten müssen nach Art. 6 Abs. 2 VO 1072/2009 jedes Jahr mindestens 20 % der von ihnen ausgestellten Fahrerbescheinigungen daraufhin kontrollieren, ob die Voraussetzungen für die Erteilung weiterhin erfüllt sind. Für **türkische Fernfahrer** ist Art. 41 Abs. 1 des Zusatzprotokolls[82] zum Assoziierungsabkommen zwischen der Europäischen Wirtschaftsgemeinschaft und der Türkei[83] zu berücksichtigen. Diese Vorschrift schränkt in bestimmten Fällen die Visumspflicht[84] und das Erfordernis einer Arbeitserlaubnis[85] ein.

Die Fahrerbescheinigung wird nach Art. 5 Abs. 7 VO 1072/2009 für höchstens fünf Jahre erteilt 30
und kann nach Art. 7 Abs. 2 VO 1072/2009 aus den gleichen Gründen wie die Gemeinschaftslizenz entzogen werden. Beim Missbrauch von Fahrerbescheinigungen steht dem Niederlassungsmitgliedstaat der in Art. 12 Abs. 2 VO 1072/2009 aufgelistete Katalog von Sanktionen zu: Er kann die Ausstellung weiterer Fahrerbescheinigungen aussetzen oder an zusätzliche Bedingungen knüpfen und er kann sowohl die Gemeinschaftslizenz oder deren beglaubigten Kopien wie auch die Fahrerbescheinigung entziehen.

d) Besonderheiten bei der Kabotage

Die **Kabotage** ist in Art. 8 ff VO 1072/2009 geregelt und in Art. 2 Nr. 6 iVm Nr. 3 VO 1072/2009 31
definiert als gewerblicher innerstaatlicher Verkehr, der im Einklang mit dieser Verordnung zeitweilig in einem Mitgliedstaat durchgeführt wird, in dem der Verkehrsunternehmer nicht niedergelassen ist. Die Berechtigung zur Kabotage ist beschränkt auf drei Kabotagebeförderungen nach Auslieferung der grenzüberschreitend in den Aufnahmemitgliedstaat gelieferten Güter innerhalb einer Frist von sieben Tagen nach Entladung der in den Staat eingeführten Lieferung. Unter diesen Voraussetzungen ebenfalls möglich sind Kabotagefahrten in einem anderen Mitgliedstaat, wenn sie innerhalb von drei Tagen nach der Einfahrt des unbeladenen Fahrzeugs in das Hoheitsgebiet erfolgen. Die grenzüberschreitende Beförderung in den Mitgliedstaat, in dem die Kabotage durchgeführt wird, sowie die einzelnen Kabotagebeförderungen sind mit eindeutigen Belegen nachzuweisen. Nach Art. 9 Abs. 1 VO 1072/2009 gelten im Hinblick auf die Beförderungsbedingungen, die Fahrzeuggewichte und -abmessungen, die Anforderungen an die Beförderung bestimmter Waren (etwa gefährlicher Güter, verderblicher Lebensmittel und lebender Tiere), die Lenk- und Ruhezeiten sowie die Mehrwertsteuer auf die Beförderungsdienstleistung die Rechts- und Verwaltungsvorschriften des Aufnahmemitgliedstaats. Die Norm stellt eine **Kollisionsnorm** dar.[86]

Bei Verstößen gegen die Verordnung oder bei Verstößen gegen nationale oder gemeinschaftliche 32
Vorschriften im Bereich des Straßenverkehrs kann der Aufnahmemitgliedstaat nach Art. 13 Abs. 2 VO 1072/2009 auch gegen gebietsfremde Unternehmen Sanktionen verhängen; bei schwerwiegenden Verstößen kann er sogar zeitweilig die Kabotage verbieten. Bei „**ernsten Marktstörungen** im innerstaatlichen Verkehr innerhalb eines bestimmten geographischen Gebietes" sind nach Art. 10 VO 1072/2009 zudem zeitlich begrenzte Schutzmaßnahmen durch die Kommission bzw den Rat möglich, die ebenfalls ein zeitweiliges Verbot der Kabotage ermöglichen.

82 VO (EWG) Nr. 2760/72 des Rates vom 19. Dezember 1972 über den Abschluss des Zusatzprotokolls und des Finanzprotokolls, die am 23. November 1970 unterzeichnet wurden und dem Abkommen zur Gründung einer Assoziation zwischen der Europäischen Wirtschaftsgemeinschaft und der Türkei als Anhänge beigefügt sind, und über die zu deren Inkrafttreten zu treffenden Maßnahmen, ABl. 1972 L 293, S. 1 f.

83 Beschluss 64/732/EWG des Rates vom 23. Dezember 1963 über den Abschluss des Abkommens zur Gründung einer Assoziation zwischen der Europäischen Wirtschaftsgemeinschaft und der Türkei, ABl. 1964 217, S. 3685 f.

84 EuGH, Rs. C-228/06 (Soysal u.a./Deutschland), EuZW 2009, 257 ff.

85 EuGH, verb. Rs. C-317/01 und C-369/01 (Abatay u.a. und Sahin gegen Bundesanstalt für Arbeit), Slg 2003, I-12301 ff; s. hierzu insgesamt auch *Hailbronner*, TranspR 2004, 393 ff.

86 S. dazu auch *Staudinger*, in diesem Werk § 22 Rn 125.

2. Marktzugangsregelungen im Personenkraftverkehr

33 Der Zugang zum grenzüberschreitenden Personenkraftverkehr wird seit dem 4. Dezember 2011 durch die **Verordnung (EG) Nr. 1073/2009**[87] geregelt. Ähnlich wie auch im Güterkraftverkehr wurden mit diesem Rechtsakt die bisher geltenden Marktzugangsregelungen ohne wesentliche Änderungen zusammen- und neugefasst.

a) Anwendungsbereich der VO 1073/2009

34 Die Verordnung finden nach ihrem Art. 1 Anwendung auf den **grenzüberschreitenden Personenverkehr mit Kraftomnibussen** im Gebiet der Gemeinschaft, der von in einem Mitgliedstaat gemäß dessen Rechtsvorschriften niedergelassenen Unternehmen gewerblich oder im Werkverkehr mit Fahrzeugen durchgeführt wird, die in diesem Mitgliedstaat zugelassen und die nach ihrer Bauart und Ausstattung geeignet und dazu bestimmt sind, mehr als neun Personen – einschließlich des Fahrers – zu befördern. Ebenfalls erfasst werden die Leerfahrten im Zusammenhang mit diesem Verkehr. Die zwischenzeitliche Nutzung eines anderen Verkehrsträgers ist unschädlich. Als grenzüberschreitender Verkehr gelten dabei nach Art. 2 Nr. 1 VO 1073/2009 auch Fahrten, bei denen sich zwar Ausgangs- und Bestimmungsort in demselben Mitgliedstaat befinden, bei denen während der Fahrt aber in einem anderen Mitglied- oder Drittstaat Fahrgäste aufgenommen oder abgesetzt werden. Wie auch der entsprechende Rechtsakt im Güterkraftverkehr[88] erfasst die Verordnung nach ihrem Art. 1 Abs. 2 im Falle einer Beförderung nach oder von einem Drittstaat nur die Wegstrecke der im Transit durchfahrenen Mitgliedstaaten, nicht aber die Strecke, die auf dem Hoheitsgebiet des Mitgliedstaates zurückgelegt wurde, in dem die Aufnahme oder das Absetzen der Passagiere erfolgte. Auf dieser Strecke bleibt es bis zum Abschluss eines Übereinkommens der Union mit dem jeweiligen Drittstaat bei der Geltung der bestehenden bilateralen Übereinkommen. Die Verordnung gilt nach ihrem Art. 1 Abs. 4 auch für die **Kabotage**. Diese ist in Art. 2 Nr. 7 VO 1073/2009 genauer definiert. Sie umfasst zum einen den gewerblichen innerstaatlichen Personenkraftverkehr, der zeitweilig von einem Kraftverkehrsunternehmer in einem Mitgliedstaat durchgeführt wird, in dem er nicht niedergelassen ist. Ebenfalls als Kabotagefahrt iSd Verordnung gelten Fahrten, bei denen der Beförderer im Rahmen des grenzüberschreitenden Linienverkehrs Fahrgäste im gleichen Mitgliedstaat aufnimmt und wieder absetzt. Voraussetzung hier ist aber, dass die Kabotage nicht der Hauptzweck des Verkehrsdienstes ist.

b) Gemeinschaftslizenz

35 Grundvoraussetzung sowohl für den grenzüberschreitenden als auch für den Kabotageverkehr ist eine **Gemeinschaftslizenz.**[89] Sie wird dem Verkehrsunternehmer nach Art. 4 der Verordnung von der zuständigen Behörde des Mitgliedstaates ausgestellt, in dem er niedergelassen ist. Nach Art. 3 Abs. 1 VO 1073/2009 ist sie jedem ordnungsgemäß in der Gemeinschaft niedergelassenen gewerblichen Verkehrsunternehmer zu erteilen, der die in Art. 1 Abs. 1 VO 1073/2009 beschriebenen Fahrzeuge nutzt, wenn er im Niederlassungsmitgliedstaat die Genehmigung zur Personenbeförderung mit Kraftomnibussen erhalten hat und sowohl die in der **VO 1071/2009**[90] festgeschriebenen Zulassungsvorschriften zum Beruf des Personenkraftverkehrsunternehmers als auch die Rechtsvor-

---

87 VO (EG) Nr. 1073/2009 des Europäischen Parlaments und des Rates vom 21. Oktober 2009 über gemeinsame Regeln für den Zugang zum grenzüberschreitenden Personenkraftverkehrsmarkt und zur Änderung der VO (EG) Nr. 561/2006 (Neufassung), ABl. 2009 L 300, S. 88 ff; geändert durch VO 517/2013, ABl. 2013 L 158, S. 1 ff; s. hierzu auch die VO (EU) Nr. 361/2014 der Kommission vom 9. April 2014 mit Durchführungsvorschriften zur VO (EG) Nr. 1073/2009 hinsichtlich der Beförderungsdokumente für den grenzüberschreitenden Personenverkehr mit Kraftomnibussen und zur Aufhebung der VO (EG) Nr. 2121/98 der Kommission, ABl. 2014 L 107, S. 39 ff.

88 S. hierzu unter B.II.1. a) (Rn 23).

89 Art. 4 Abs. 1 bzw Art. 14 VO 1073/2009.

90 S. Nachweis in Fn 75 und Ausführungen unter B.II.1.b) (Rn 25 ff).

schriften für Fahrer und Fahrzeuge erfüllt, die insbesondere in den Richtlinien 92/6/EWG,[91] 96/53/EG[92] und 2003/59/EG[93] niedergelegt sind. Die Gemeinschaftslizenz gilt sowohl für den Linienverkehr und dessen Sonderformen als auch für den Gelegenheitsverkehr. Der **Linienverkehr** ist in Art. 2 Nr. 2 VO 1073/2009 definiert als regelmäßige Beförderung von Fahrgästen auf einer bestimmten Verkehrsstrecke, wobei Fahrgäste an vorher festgelegten Haltestellen aufgenommen oder abgesetzt werden können. Unter **Sonderformen des Linienverkehrs** sind nach Art. 2 Nr. 3 der Verordnung solche Dienste im Linienverkehr zu verstehen, die unabhängig vom Veranstalter der Fahrten nur bestimmte Gruppen von Fahrgästen unter Ausschluss anderer Fahrgäste befördern. Der **Gelegenheitsverkehr** bildet den Konterpart zum Linienverkehr und wird in Art. 2 Nr. 4 VO 1073/2009 charakterisiert als die Beförderung vorab gebildeter Fahrgastgruppen auf Initiative eines Auftraggebers oder des Verkehrsunternehmers selbst, etwa bei Busreisen.

Für die Zulassung zum sog. **Werkverkehr,** dh für den nicht kommerziellen Verkehrsdienst ohne Erwerbszweck, der lediglich eine Nebentätigkeit darstellt und mit eigenen Fahrzeugen und eigenen Fahrern des Unternehmers durchgeführt wird (Art. 2 Nr. 5 VO 1073/2009), gelten nach Art. 3 Abs. 2 der Verordnung im Grundsatz die gleichen Voraussetzungen, nur wird darauf verzichtet, dass die Zulassungsvorschriften erfüllt sind. 36

Die Vorschriften zur Erteilung und Entziehung der Lizenz, zu den Vorzeigepflichten von Unternehmer und Fahrer sowie zur Ahndung von Verstößen entsprechen im Wesentlichen den gemeinschaftsrechtlichen Vorschriften zur Gemeinschaftslizenz im Güterkraftverkehr.[94] Die Durchführungsvorschriften zur Verordnung finden sich für Deutschland im Wesentlichen in der Berufszugangsverordnung für den Straßenpersonenverkehr.[95] 37

c) Erfordernis einer zusätzlichen Genehmigung

Für den **Linienverkehr** bedarf der Unternehmer nach Art. 5 Abs. 1, Unterabs. 2 der Verordnung noch einer zusätzlichen, nämlich der in den Art. 6 ff VO 1073/2009 näher geregelten Genehmigung. In dieser Genehmigung werden die Art des Verkehrsdienstes, die Streckenführung vom Ausgangs- zum Bestimmungsort, die Haltestellen, der Fahrplan und die Gültigkeitsdauer festgelegt. Die Genehmigung wird auf den Namen des Verkehrsunternehmers ausgestellt und hat eine maximale Gültigkeit von fünf Jahren. Zuständig für ihre Erteilung sind nach Art. 8 der Verordnung die Behörden des Mitgliedstaates, in dessen Hoheitsgebiet sich der Ausgangspunkt des Linienverkehrs befindet; diese haben das Einvernehmen der Behörden der Mitgliedstaaten einzuholen, in deren Hoheitsgebiet Fahrgäste aufgenommen oder abgesetzt werden. Die Genehmigung wird nicht erteilt, wenn einer der folgenden Gründe vorliegt: 1) der Antragsteller kann den Verkehr nicht mit ihm unmittelbar zur Verfügung stehenden Fahrzeugen durchführen, 2) er hat Rechtsvorschriften über die Beförderung im Straßenverkehr nicht eingehalten, 3) er hat schwerwiegende Verstöße gegen die Gemeinschaftsvorschriften im Bereich des Straßenverkehrs begangen, 4) er hat die Bedingungen einer nunmehr zu verlängernden Genehmigung nicht erfüllt, 5) der Hauptzweck des Verkehrsdienstes besteht nicht darin, Fahrgäste zwischen Haltestellen in verschiedenen Mitgliedstaaten zu beför- 38

91 RL 92/6/EWG des Rates vom 10. Februar 1992 über Einbau und Benutzung von Geschwindigkeitsbegrenzern für bestimmte Kraftfahrzeugklassen in der Gemeinschaft, ABl. 1992 L 57, S. 27 ff, geändert durch RL 2002/85/EG, ABl. 2002 L 327, S. 8 ff.

92 RL 96/53/EG des Rates vom 25. Juli 1996 zur Festlegung der höchstzulässigen Abmessungen für bestimmte Straßenfahrzeuge im innerstaatlichen und grenzüberschreitenden Verkehr in der Gemeinschaft sowie zur Festlegung der höchstzulässigen Gewichte im grenzüberschreitenden Verkehr, ABl. 1996 L 235, S. 59 ff; zuletzt geändert durch RL 2002/7/EG, ABl. 1997 L 233, S. 1 ff, zur vorgeschlagenen Änderung der RL s. KOM(2013), 195 endg.

93 RL 2003/59/EG des Europäischen Parlaments und des Rates vom 15. Juli 2003 über die Grundqualifikation und Weiterbildung der Fahrer bestimmter Kraftfahrzeuge für den Güter- oder Personenkraftverkehr, ABl. 2003 L 226, S. 4 ff, geändert durch RL 2013/22/EU des Rates, ABl. 2013 L 158; in Deutschland umgesetzt durch das Berufskraftfahrer-Qualifikations-Gesetz vom 14. August 2006, BGBl. I 2006, S. 1958 ff, zuletzt geändert durch BGBl. I 2013, S. 1558 ff.

94 S. dazu unter B.II.1. b) (Rn 25 ff).

95 Berufszugangsverordnung für den Straßenpersonenverkehr vom 15. Juni 2000, BGBl. I 2000, S. 851 ff, zuletzt geändert durch BGBl. I 2013, S. 347 ff.

dern, oder 6) der betreffende Verkehrsdienst beeinträchtigt nach Ansicht des Mitgliedstaates ernsthaft die Funktionsfähigkeit eines vergleichbaren Dienstes, der im Rahmen eines **öffentlichen Dienstleistungsauftrags mit gemeinwirtschaftlichen Verpflichtungen** durchgeführt wird.[96] Bei der späteren Feststellung einer solchen Beeinträchtigung kann die Genehmigung mit Zustimmung der Kommission sechs Monate nach Unterrichtung des Verkehrsunternehmers entzogen oder ausgesetzt werden. Der Umstand, dass ein Unternehmer niedrigere Preise als andere Unternehmen anbietet oder die entsprechende Verbindung bereits von einem anderen Unternehmen bedient wird, rechtfertigt für sich genommen noch keine Ablehnung der beantragten Genehmigung.[97]

39 In Art. 5 Abs. 2 der Verordnung werden sowohl die **Sonderformen des Linienverkehrs**, die zwischen dem Veranstalter und dem Verkehrsunternehmer vertraglich geregelt sind, wie auch der **Gelegenheitsverkehr**, der nicht den bestehenden Liniendiensten vergleichbar und auf deren Benutzer ausgerichtet ist, vom Erfordernis der zusätzlichen Genehmigung ausgenommen. In beiden Fällen hat der Verkehrsunternehmer allerdings sog. **Kontrollpapiere** mitzuführen: Im Gelegenheitsverkehr ist dies ein Fahrtenblatt, in dem die Art des Verkehrsdienstes, die Hauptstreckenführung sowie der oder die beteiligten Verkehrsunternehmer aufgeführt sind; im Fall der Sonderformen des Linienverkehrs ist es der der Beförderung zu Grunde liegende Vertrag oder dessen beglaubigte Kopie.[98]

Der **Werkverkehr** unterfällt schließlich nach Art. 5 Abs. 5 VO 1073/2009 keiner der Genehmigungsregeln und bedarf lediglich einer **Bescheinigung**, die von den Behörden des Zulassungsstaates ausgestellt wird.

d) Besonderheiten bei der Kabotage

40 **Kabotage**beförderungen sind uneingeschränkt nur für die **Sonderformen des Linienverkehrs** und den **Gelegenheitsverkehr** zugelassen. Ihre Durchführung unterliegt nach Art. 16 VO 1073/2009 grundsätzlich den Vorschriften des Aufnahmemitgliedstaates. Auch hier findet sich also – wie im Güterverkehr[99] – eine **Kollisionsnorm**. Im Linienverkehr darf die Kabotage nur im Rahmen eines grenzüberschreitenden Verkehrsdienstes durchgeführt werden, und auch dann nur, wenn dadurch nicht die Verkehrsbedürfnisse im Stadtgebiet oder Ballungsraum bzw zwischen einem Stadtgebiet und seinem Umland befriedigt werden.[100] Der öffentliche **Liniennahverkehr** bleibt damit im Ergebnis aus Gründen der Versorgungssicherheit auch weiterhin von der Kabotage ausgenommen.

3. Regelungen zur wettbewerblichen Ordnung des Marktes

41 Neben den Marktzugangsregelungen hat der europäische Gesetzgeber weitere Vorgaben zur wettbewerblichen Ordnung des Marktes gemacht.

a) Güterkraftverkehr

42 Für den grenzüberschreitenden Güterverkehr statuiert die Verordnung (EWG) Nr. 4058/89[101] die Möglichkeit der freien Preisbildung. Staatlich verordnete Tarife sind daher innerhalb der Union nicht zulässig. Ebenso wenig dürfen die Frachten und Beförderungsbedingungen in Abhängigkeit vom Herkunfts- oder Bestimmungsland der Güter unterschiedlich gestaltet werden.[102] Der Kom-

96 S. dazu genauer unter B.II.3.b)aa) (Rn 43).

97 Art. 8 Abs. 4 Unterabs. 3 VO 1073/2009.

98 Art. 12 Abs. 2 und 3 bzw Abs. 6 VO 1073/2009.

99 S. dazu unter B.II.1.d) (Rn 31).

100 Vgl Art. 15 lit. c) VO (EG) Nr. 1073/2009.

101 VO (EWG) Nr. 4058/89 des Rates vom 21. Dezember 1989 über die Preisbildung im Güterkraftverkehr zwischen den Mitgliedstaaten, ABl. 1989 L 390, S. 1 f.

102 VO (EWG) Nr. 11/60 über die Beseitigung von Diskriminierungen auf dem Gebiet der Frachten und Beförderungsbedingungen gemäß Art. 79 Abs. 3 des Vertrages zur Gründung der Europäischen Wirtschaftsgemeinschaft, ABl. 1960 L 52, S. 1121 ff, zuletzt geändert durch VO 569/2008, ABl. 2008 L 161, S. 1 ff.

mission ist es aber nach Maßgabe der Verordnung (EWG) Nr. 3916/90[103] erlaubt, die Entwicklung des Marktes zu beobachten und im Falle einer Krise durch zeitlich begrenzte **Schutzmaßnahmen** einzugreifen.

b) Personenkraftverkehr

Im Personenverkehr ist es nach Meinung des europäischen Gesetzgebers weiterhin erforderlich, die vorhandenen Marktteilnehmer durch staatliche Maßnahmen vor einem ruinösen Wettbewerb zu schützen, um so die dauerhafte, preisgünstige und hochwertige Erbringung solcher Verkehrsdienstleistungen zu garantieren, die im allgemeinen Interesse stehen. Die **Verordnung (EG) Nr. 1370/2007,**[104] die zum 3. Dezember 2009 an die Stelle der Verordnung (EWG) Nr. 1191/69[105] getreten ist, ermöglicht nur einen **Wettbewerb um den Markt**: Die mitgliedstaatlichen Verkehrsunternehmen konkurrieren nicht im Markt, sie konkurrieren aber um die Erlangung des zu vergebenden Dienstauftrags. Anwendbar ist die Verordnung nach ihrem Art. 1 Abs. 2 auf den innerstaatlichen und grenzüberschreitenden Personenverkehr sowohl auf der Straße als auch mit der Eisenbahn und anderen Arten des Schienenverkehrs. Ausgenommen sind nur Verkehrsdienste, die hauptsächlich aus Gründen des historischen Interesses oder zu touristischen Zwecken betrieben werden. 43

aa) Vergaberechtliche Vorgaben

Nach Art. 3 VO 1370/2007 können die Mitgliedstaaten dem Betreiber eines öffentlichen Verkehrsdienstes **im Gegenzug für die Erfüllung gemeinwirtschaftlicher Verkehrspflichten im Rahmen eines öffentlichen Dienstleistungsauftrags ausschließliche Rechte und/oder Ausgleichsleistungen** gleich welcher Art gewähren. Dabei dürfen sie bestimmte Höchsttarife nach allgemeinen Vorschriften festlegen, sofern diese gemäß Art. 108 AEUV durch die Kommission notifiziert werden.[106] Die Vergabe eines solchen Dienstleistungsauftrags richtet sich grundsätzlich nach Art. 5 VO 1370/2007. Ausgenommen sind allerdings (öffentliche) Dienstleistungsaufträge für öffentliche Personenverkehrsdienste mit Bussen und Straßenbahnen nach Maßgabe der (derzeit noch geltenden) Richtlinien 2004/17/EG[107] oder 2004/18/EG,[108] die keine Dienstleistungskonzessionen im Sinne jener Richtlinien darstellen:[109] Sie werden nach dem in diesen Richtlinien geregelten allgemeinen Vergabeverfahren vergeben. Nach Art. 5 Abs. 3 VO 1370/2007 müssen die öffentlichen Dienstleistungsaufträge grundsätzlich im Wege eines **wettbewerblichen Vergabeverfahrens** vergeben werden, das allen Betreibern offen steht, fair ist und den Grundsätzen der Transparenz und Nichtdiskriminie- 44

---

103 VO (EWG) Nr. 3916/90 des Rates vom 21. Dezember 1990 über Maßnahmen bei Krisen auf dem Güterkraftverkehrsmarkt, ABl. 1990 L 375, S. 10 ff.

104 VO (EG) Nr. 1370/2007 des Europäischen Parlaments und des Rates vom 23. Oktober 2007 über öffentliche Personenverkehrsdienste auf Schiene und Straße und zur Aufhebung der VO (EWG) Nr. 1191/69 und VO (EWG) Nr. 1107/70 des Rates, ABl. 2007 L 315, S. 1 ff; s. auch die Mitteilung der Kommission über die Auslegungsleitlinien zu der VO (EG) Nr. 1370/2007, ABl. 2014 C 92, S. 1 ff.

105 VO (EWG) Nr. 1191/69 des Rates vom 26. Juni 1969 über das Vorgehen der Mitgliedstaaten bei mit dem Begriff des öffentlichen Dienstes verbundenen Verpflichtungen auf dem Gebiet des Eisenbahn-, Straßen- und Binnenschiffsverkehrs, ABl. 1969 L 156, S. 1 ff, zuletzt geändert durch VO 1893/91, ABl. 1991 L 169, S. 1 ff.

106 *Winnes/Schwarz/Mietzsch*, EuR 2009, 290, 292 ff.

107 RL 2004/17/EG des Europäischen Parlaments und des Rates vom 31. März 2004 zur Koordinierung der Zuschlagserteilung durch Auftraggeber im Bereich der Wasser-, Energie- und Verkehrsversorgung sowie der Postdienste, ABl. 2004 L 134, S. 1 ff, zuletzt geändert durch VO (EU) 1336/2013, ABl. 2013 L 335, S. 17 ff. Am 18. April 2016 wird die RL aufgehoben und ersetzt durch RL 2014/25/EU des Europäischen Parlaments und des Rates vom 26. Februar 2014 über die Vergabe von Aufträgen durch Auftraggeber im Bereich der Wasser-, Energie- und Verkehrsversorgung sowie der Postdienste und zur Aufhebung der RL 2004/17/EG, ABl. 2014 L 94, S. 243 ff.

108 RL 2004/18/EG des Europäischen Parlaments und des Rates vom 31. März 2004 über die Koordinierung der Verfahren zur Vergabe öffentlicher Bauaufträge, Lieferaufträge und Dienstleistungsaufträge, ABl. 2004 L 134, S. 114, zuletzt geändert durch VO (EU) 1336/2013, ABl. 2013 L 335, S. 17 ff. Am 18. April 2016 wird die RL aufgehoben und ersetzt durch RL 2014/24/EU des Europäischen Parlaments und des Rates vom 26. Februar 2014 über die öffentliche Auftragsvergabe und zur Aufhebung der RL 2004/18/EG, ABl. 2014 L 94, S. 65 ff.

109 S. zu der Ausnahme *Schmitz/Winkelhüsener*, EuZW 2011, 52, 53.

rung genügt. Entsprechende Informationen über das Vergabeverfahren sind spätestens ein Jahr vor Einleitung des Verfahrens im Amtsblatt der EU zu veröffentlichen.[110] Allerdings kann die Behörde unter den Voraussetzungen des Art. 5 Abs. 2 VO 1370/2007 auch selbst öffentliche Personenverkehrsdienste erbringen oder den entsprechenden Auftrag direkt an eine von ihr rechtlich getrennte Einheit vergeben, über die sie eine Kontrolle ausübt, die der Kontrolle über ihre eigenen Dienststellen entspricht.[111] Eine **Direktvergabe** ist zudem nach Art. 5 Abs. 4 VO 1370/2007 bei öffentlichen Dienstleistungsaufträgen möglich, die einen geschätzten Jahresdurchschnittswert von weniger als 1.000.000 EUR (bzw bei KMU: 2.000.000 EUR) oder eine jährliche öffentliche Personenverkehrsleistung von weniger als 300.000 km (bzw bei KMU: 600.000 km) aufweisen. Nach Art. 5 Abs. 5 VO 1370/2007 kann der Auftrag schließlich auch dann direkt vergeben werden, wenn eine Unterbrechung des Verkehrsdienstes eingetreten ist oder unmittelbar bevorsteht.[112]

bb) Beihilferechtliche Vorgaben

45 Mit Blick auf beihilferechtliche Fragen verdrängt VO 1370/2007 in ihrem Anwendungsbereich die primärrechtlichen Regelungen des Art. 93 und Art. 107 AEUV.[113] Die Beihilfe in diesem Bereich ist daher nur anhand der Regelungen der Verordnung zu prüfen. Nach Art. 6 der Verordnung muss jede Ausgleichsleistung den Vorgaben des Art. 4 VO 1370/2007 entsprechen, welcher die inhaltlichen Mindestanforderungen an öffentliche Dienstleistungsaufträge normiert. In dieser Regelung ist insbesondere festgeschrieben, dass die Laufzeit eines Dienstleistungsauftrags maximal zehn Jahre bei Busverkehrsdiensten und 15 Jahre bei schienengestützten Verkehrsträgern betragen darf. Bei Ausgleichsleistungen im Zusammenhang mit einem direkt vergebenen Dienstleistungsauftrag oder einer allgemeinen Vorschrift (Art. 3 Abs. 2 VO 1370/2007) müssen zudem die Bestimmungen im Anhang der Verordnung beachtet werden. Bei Direktvergaben darf die Ausgleichsleistung nach Art. 4 Abs. 1 lit. b) S. 2 der Verordnung zudem den Betrag nicht übersteigen, der erforderlich ist, um die finanziellen Nettoauswirkungen auf die Kosten und Einnahmen zu decken, die auf die Erfüllung der gemeinwirtschaftlichen Verpflichtung zurückzuführen sind. Einnahmen und ein angemessener Gewinn können berücksichtigt werden. Damit hat die Verordnung die im **Altmark Trans-Urteil des EuGH**[114] festgelegten Kriterien in ihren Regelungsbereich übernommen.[115]

cc) Anpassung des deutschen Rechts an die Verordnung

46 Auch wenn die Verordnung bereits am 3. Dezember 2009 in Kraft getreten ist, müssen die soeben dargestellten Vorgaben hinsichtlich des Vergabeverfahrens erst zum 3. Dezember 2019 umgesetzt werden. Art. 8 VO 1370/2007 normierten an dieser Stelle **weitgehende Übergangsregelungen**[116] und gewährt den bereits am Markt bestehenden Unternehmen auch noch darüber hinaus **Bestandsschutz.** In Deutschland wurde die Vergabe der Genehmigung, die für die Erbringung der Verkehrsdienste im Bereich des öffentlichen Personennahverkehrs erforderlich ist, bis zum 1. Januar 2013[117] nach § 13 a Personenbeförderungsgesetz (PBefG)[118] erteilt. Nunmehr bestimmt **§ 8 a Abs. 1 PBefG,** dass die Vergabe öffentlicher Dienstleistungsaufträge nach Maßgabe der VO 1370/2007 erfolgt, soweit eine ausreichende Verkehrsbedienung nicht eigenwirtschaftlich iSv § 8 Abs. 4 PBefG

---

110 Vgl Art. 7 Abs. 2 VO 1370/2007.

111 S. hierzu *Pünder*, NJW 2010, 263 ff.

112 Nach Art. 5 Abs. 6 VO 1370/2007 ist ein Direktvergabe zudem für öffentliche Dienstleistungsaufträge im Eisenbahnverkehr möglich; dazu unter C.II.2) (Rn 88).

113 *Otting/Soltész/Melcher*, EuZW 2009, 444, 445; *Winnes/Schwarz/Mietzsch*, EuR 2009, 290, 291 f.

114 EuGH, Rs. C-280/00 (Altmark Trans GmbH, Regierungspräsidium Magdeburg/Nahverkehrsgesellschaft Altmark GmbH), Slg 2003, I-7747 ff.

115 *Albrecht/Gabriel*, DÖV 2007, 907, 911; *Schmitz/Winkelhüsener*, EuZW 2011, 52, 57.

116 Ausführlich *Saxinger*, EuZW 2009, 449 ff.

117 S. Art 1 Nr. 6 des Gesetzes zur Änderung personenbeförderungsrechtlicher Vorschriften vom 14. Dezember 2012, BGBl. I 2012, S. 2598 ff.

118 Personenbeförderungsgesetz in der Fassung der Bekanntmachung vom 8. August 1990, BGBl. I 1990, S. 1690 ff, zuletzt geändert durch BGBl. I 2013, S. 3154 ff, abgedruckt im Sartorius unter Ordnungsnummer 950.

möglich ist. Eine genauere Gestaltung des wettbewerblichen Vergabeverfahrens findet sich in § 8b PBefG.

III. Harmonisierungsmaßnahme zur Gewährung der Verkehrssicherheit

1. Technische Vorgaben

Der europäische Gesetzgeber hat in großem Maße die technischen Anforderungen harmonisiert, die erfüllt sein müssen, damit ein zur Beförderung von Gütern oder Personen eingesetztes Fahrzeug den **Sicherheitsanforderungen** entspricht und zugelassen wird. Die Rechtsakte betreffen alle denkbaren Teile und Eigenschaften von Kraftfahrzeugen und ihren Bestandteilen und unterliegen in Anbetracht der ständig fortschreitenden Entwicklung einem immerwährenden Wandel. Zur Veranschaulichung seien als Regelungsgegenstände beispielhaft – und in keiner Weise abschließend – genannt: höchstzulässige Abmessungen und Gewichte von Fahrzeugen,[119] Kraftstoffverbrauch,[120] Reifen,[121] Beschaffenheit und Verankerung von Sicherheitsgurten,[122] Auspuffvorrichtung[123] und Windschutzscheiben.[124] In Deutschland wurde eine Vielzahl dieser europäischen Vorgaben in der Straßenverkehrs-Zulassungs-Ordnung[125] umgesetzt. Die harmonisierten technischen Anforderungen dienen zumeist in erster Linie der Verkehrssicherheit. Teilweise soll dadurch aber auch sichergestellt werden, dass die Fahrzeuge und Fahrzeugteile EU-weit vertrieben und zugelassen werden können.[126] Zudem sollen durch die europäischen Vorgaben die **Gesundheit und Umwelt** geschützt und insbesondere ein Beitrag zur Erreichung der angestrebten klimapolitischen Ziele geleistet wer- 47

119 RL 96/53/EG (Fn 92).

120 RL 80/1268/EWG des Rates vom 16. Dezember 1980 zur Angleichung der Rechtsvorschriften der Mitgliedstaaten über den Kraftstoffverbrauch von Kraftfahrzeugen, ABl. 1980 L 375, S. 36 ff, zuletzt geändert durch RL 2004/3/EG, ABl. 2004 L 49, S. 36 ff.

121 RL 89/459/EWG des Rates vom 18. Juli 1989 zur Angleichung der Rechtsvorschriften der Mitgliedstaaten über die Profiltiefe der Reifen an bestimmten Klassen von Kraftfahrzeugen und deren Anhängern, ABl. 1989 L 226, S. 4 ff.

122 RL 77/541/EWG des Rates vom 28. Juni 1977 zur Angleichung der Rechtsvorschriften der Mitgliedstaaten über Sicherheitsgurte und Haltesysteme für Kraftfahrzeuge. ABl. 1977 L 220, S. 95 ff, zuletzt geändert durch RL 2005/40/EG, ABl. 2005 L 255, S. 146 ff; RL 76/115/EWG des Rates vom 18. Dezember 1975 zur Angleichung der Rechtsvorschriften der Mitgliedstaaten über die Verankerung der Sicherheitsgurte in Kraftfahrzeugen, ABl. 1976 L 24, S. 6 ff, zuletzt geändert durch RL 2005/41/EG, ABl. 2005 L 255, S. 149 ff.

123 RL 70/157/EWG des Rats vom 6. Februar 1970 zur Angleichung der Rechtsvorschriften der Mitgliedstaaten über den zulässigen Geräuschpegel und die Auspuffvorrichtung von Kraftfahrzeugen ABl. 1970 L 42, S. 16 ff, zuletzt geändert durch RL 2007/34/EG, ABl. 2007 L 155, S. 49 ff; zur geplanten Neukodifizierung s. KOM(2010), 508 endg.

124 RL 92/22/EWG des Rates vom 31. März 1992 über Sicherheitsscheiben und Werkstoffe für Windschutzscheiben in Kraftfahrzeugen und Kraftfahrzeuganhängern, ABl. 1992 L 129, S. 11 ff, zuletzt geändert durch RL 2001/92/EG, ABl. 2001 L 291, S. 24 ff; RL 77/649/EWG des Rates vom 27. September 1977 zur Angleichung der Rechtsvorschriften der Mitgliedstaaten über das Sichtfeld der Fahrer von Kraftfahrzeugen, ABl. 1977 L 267, S. 1 ff, zuletzt geändert durch RL 90/630/EWG, ABl. 1990 L 341, S. 20 ff.

125 Straßenverkehrs-Zulassungs-Ordnung in der Fassung der Bekanntmachung vom 28. September 1988, BGBl. I, S. 1793 ff, zuletzt geändert durch BGBl. I 2013, S. 3920 ff.

126 Zu den maßgeblichen Ermächtigungsgrundlagen s. *Albrecht*, DAR 2010, 185 ff.

den. Dementsprechend findet sich auch eine Vielzahl von Regelungen, mit denen der Ausstoß schädlicher Stoffe reduziert und so eine bessere Luftqualität erreicht werden soll.[127]

48 Das Verfahren, auf Grund dessen die Mitgliedstaaten eine Betriebserlaubnis erteilen und die Einhaltung der technischen Vorgaben bestätigen, ist ebenfalls gemeinschaftsrechtlich vorgegeben: Mit der **Richtlinie 2007/46/EG**[128] wird ein gemeinschaftliches Verfahren für die Erteilung der sog. **Einzelgenehmigung**, also für die Bestätigung darüber eingeführt, dass ein konkretes Fahrzeug den technischen Anforderungen entspricht. Für besondere Fahrzeugarten, insbesondere für zwei- oder dreirädrige Kraftfahrzeuge sowie land- oder forstwirtschaftliche Zugmaschinen, besteht ein einheitliches Verfahren zumindest im Hinblick auf die sog. **Typgenehmigung**, mit der ein Mitgliedstaat bestätigt, dass ein in den Verkehr zu bringender Typ eines Fahrzeugs oder eines Bauteils den technischen Vorschriften entspricht.[129] Außerdem gelten harmonisierte Vorschriften hinsichtlich der jährlich erforderlichen technischen Überwachung[130] und der sog. Unterwegskontrollen.[131] Deutschland hat die europäischen Vorgaben in der EG-Fahrzeuggenehmigungsverordnung[132] umgesetzt.

2. Andere Harmonisierungsmaßnahmen zum Zwecke der Verkehrssicherheit

49 Neben den Harmonisierungsmaßnahmen im technischen Bereich finden sich noch andere Regelungen, mit deren Hilfe der europäische Gesetzgeber ein hohes Maß an Verkehrssicherheit im Binnenmarkt gewährleisten will. So hat er etwa einheitliche Regelungen über die Beförderung gefährlicher

127 S. zB RL 2009/30/EG des Europäischen Parlaments und des Rates vom 23. April 2009 zur Änderung der RL 98/70/EG im Hinblick auf die Spezifikationen für Otto-, Diesel- und Gasölkraftstoffe und die Einführung eines Systems zur Überwachung und Verringerung der Treibhausgasemissionen sowie zur Änderung der RL 1999/32/EG des Rates im Hinblick auf die Spezifikationen für von Binnenschiffen gebrauchte Kraftstoffe und zur Aufhebung der RL 93/12/EWG, ABl. 2009 L 140, S. 88 ff; RL 97/68/EG des Europäischen Parlaments und des Rates vom 16. Dezember 1997 zur Angleichung der Rechtsvorschriften der Mitgliedstaaten über Maßnahmen zur Bekämpfung der Emission von gasförmigen Partikeln aus Verbrennungsmotoren für mobile Maschinen und Geräte, ABl. 1998 L 59, S. 1 ff, zuletzt geändert durch RL 2010/26/EU, ABl. 2010 L 86, S. 29 ff; RL 88/77/EWG des Rates vom 3. Dezember 1987 zur Angleichung der Rechtsvorschriften der Mitgliedstaaten über Maßnahmen gegen die Emission gasförmiger Stoffe und luftverunreinigender Partikel aus Dieselmotoren zum Antrieb von Fahrzeugen, ABl. 1988 L 36, S. 33 ff, zuletzt geändert durch RL 2001/27/EG, ABl. 2001 L 107, S. 10 ff; VO (EG) Nr. 443/2009 des Europäischen Parlaments und des Rates vom 23. April 2009 zur Festsetzung von Emissionsnormen für neue Personenkraftwagen im Rahmen des Gesamtkonzepts der Gemeinschaft zur Verringerung der CO 2-Emissionen von Personenkraftwagen und leichten Nutzfahrzeugen, ABl. 2009 L 140, S. 1 ff, geändert durch VO 333/2014, ABl. 2014 L 103, S. 15 ff.

128 RL 2007/46/EG des Europäischen Parlaments und des Rates vom 5. September 2007 zur Schaffung eines Rahmens für die Genehmigung von Kraftfahrzeugen und Kraftfahrzeuganhängern sowie von Systemen, Bauteilen und selbstständigen technische Einheiten für diese Fahrzeuge (Rahmenrichtlinie), ABl. 2007 L 263, S. 1 ff, zuletzt geändert durch VO 136/2014, ABl. 2014 L 43, S. 12 ff.

129 RL 2002/24/EG des Europäischen Parlaments und des Rates vom 18. März 2002 über die Typengenehmigung für zweirädrige oder dreirädrige Kraftfahrzeuge und zur Aufhebung der RL 92/61/EWG des Rates, ABl. 2002 L 124, S. 1 ff, zuletzt geändert durch RL 2013/60/EU, ABl. 2013 L 329, S. 15 ff; RL 2003/37/EG des Europäischen Parlaments und des Rates vom 26. Mai 2003 über die Typengenehmigung für land- oder forstwirtschaftliche Zugmaschinen, ihre Anhänger und die von ihnen gezogenen auswechselbaren Maschinen sowie für Systeme, Bauteile und selbstständige technische Einheiten dieser Fahrzeuge und zur Aufhebung der RL 74/150/EG, ABl. 2003 L 171, S. 1 ff, zuletzt geändert durch RL 2010/22/EU, ABl. 2010 L 91, S. 1 ff; VO (EG) Nr. 79/2009 des Europäischen Parlaments und des Rates vom 14. Januar 2009 über die Typgenehmigung von wasserstoffbetriebenen Kraftfahrzeugen und zur Änderung der RL 2007/46/EG, ABl. 2009 L 35, S. 32 ff mit Durchführungs-VO (EU) Nr. 406/2010, ABl. 2010 L 122, S. 1 ff.

130 RL 2009/40/EG des Europäischen Parlaments und des Rates vom 6. Mai 2009 über die technische Überwachung der Kraftfahrzeuge und Kraftfahrzeuganhänger (Neufassung), ABl. 2009 L 141, S. 12 ff, zuletzt geändert durch RL 2010/48/EU, ABl. 2010 L 173, S. 47 ff.

131 RL 2000/30/EG des Europäischen Parlaments und des Rates vom 6. Juni 2000 über die technische Unterwegskontrolle von Nutzfahrzeugen, die in der Gemeinschaft am Straßenverkehr teilnehmen, ABl. 2000 L 203, S. 1 ff, zuletzt geändert durch RL 2010/47/EU, ABl. 2010 L 173, S. 33 ff; zur geplanten Änderung s. KOM(2012), 382 endg.

132 VO über die EG-Genehmigung für Kraftfahrzeuge und ihre Anhänger sowie für Systeme, Bauteile und selbstständige technische Einheiten dieser Fahrzeuge (EG-Fahrzeuggenehmigungsverordnung – EG-FGV), BGBl. I 2009, S. 872 ff.

Stoffe, insbesondere zu den **Gefahrguttransporten,**[133] oder zur Sicherheit der Infrastruktur[134] erlassen. Des Weiteren soll die Verkehrssicherheit durch eine bessere Durchsetzung der bei Verkehrsregelverstößen auferlegten Sanktionen ermöglicht werden. So können auf Grundlage des **Rahmenbeschlusses 2005/214/JI** des Rates[135] **Geldsanktionen,** die insbesondere auch im Rahmen von Verkehrsdelikten verhängt wurden, **EU-weit anerkannt und vollstreckt** werden. Deutschland hat diesen Rahmenbeschluss durch Gesetz vom 18. Oktober 2010 umgesetzt.[136] In den §§ 86 ff des Gesetzes sind das Umwandlungs- und Bewilligungsverfahren geregelt, mit denen ausländische Behörden ihre Entscheidungen in Deutschland durch das Bundesamt für Justiz anerkennen und vollstrecken lassen können. Nach § 87 o f des Gesetzes kann Deutschland andere Staaten um Anerkennung und Vollstreckung ersuchen. Zudem ermöglicht(e) die **Richtlinie 2011/82/EU** einen besseren **Informationsaustausch** zwischen den Mitgliedstaaten im Hinblick auf die durch Fahrer von ausländischen Fahrzeugen begangenen Verkehrsdelikte, welche die Verkehrssicherheit gefährden.[137] Dieser Rechtsakt wurde vom EuGH zwar für nichtig erklärt, weil er auf der falschen Rechtsgrundlage erlassen wurde; seine Wirkungen werden aber aufrechterhalten, bis innerhalb von einer Frist von höhstens zwölf Monaten eine neue Richtlinie erlassen wird.[138] Die Richtlinie wurde in Deutschland durch das Vierte Gesetz zur Änderung des Straßenverkehrsgesetzes und anderer Gesetze in nationales Recht umgesetzt.[139]

IV. Harmonisierte Regelungen zur Nutzung der Infrastruktur

1. Abgaben im Bereich des Straßenverkehrs

Zur Finanzierung der Infrastruktur werden oftmals Nutzungsentgelte erhoben. Um Wettbewerbsverzerrungen durch die unterschiedliche Ausgestaltung dieser Entgelte zu beseitigen, hat der europäische Gesetzgeber Vorgaben zur Angleichung der Abgabesysteme und zur Einführung gerechter Mechanismen für die Erhebung von Gebühren von Verkehrsunternehmen gemacht. Diese Vorgaben finden sich – nachdem die Richtlinie 93/89/EWG[140] vom Europäischen Gerichtshof für nichtig 50

133 RL 2008/68/EG des Europäischen Parlaments und des Rates vom 24. September 2008 über die Beförderung gefährlicher Güter im Binnenland, ABl. 2008 L 260, S. 13 ff, zuletzt geändert durch RL 2012/45/EU, ABl. 2012 L 332, S. 18 f; RL 98/91/EG des Europäischen Parlaments und des Rates vom 14. Dezember 1998 über Kraftfahrzeuge und Kraftfahrzeuganhänger, die zur Beförderung gefährlicher Güter auf der Straße bestimmt sind, und zur Änderung der RL 70/156//EWG über die Betriebserlaubnis für Kraftfahrzeuge und Kraftfahrzeuganhänger, ABl. 1999 L 11, S. 25 ff; RL 95/50/EG des Rates vom 6. Oktober 1995 über einheitliche Verfahren für die Kontrolle von Gefahrguttransporten auf der Straße, ABl. 1995 L 249, S. 35 ff; zuletzt geändert durch RL 2008/54/EG, ABl. 2008 L 162, S. 11 f.

134 RL 2004/54/EG des Europäischen Parlaments und des Rates vom 29. April 2004 über Mindestanforderungen an die Sicherheit von Tunneln im transeuropäischen Straßennetz, ABl. 2004 L 167, S. 39 ff; RL 2008/96/EG des Europäischen Parlaments und des Rates vom 19. November 2008 über ein Sicherheitsmanagement für die Straßenverkehrsinfrastruktur, ABl. 2008 L 319, S. 59 ff.

135 Rahmenbeschluss 2005/214/JI des Rates vom 24. Februar 2005 über die Anwendung des Grundsatzes der gegenseitigen Anerkennung von Geldstrafen und Geldbußen, ABl. 2005 L 76, S. 16 ff; geändert durch Rahmenbeschluss 2009/299/JI, ABl. 2009 L 81, S. 24 ff.

136 Gesetz zur Umsetzung des Rahmenbeschlusses 2005/214/JI des Rates vom 24. Februar 2005 über die Anwendung des Grundsatzes der gegenseitigen Anerkennung von Geldstrafen und Geldbußen vom 18. Oktober 2010, BGBl. I 2010, S. 1408 ff; s. dazu *Johnson/Loroch*, DAR 2013, 253 ff.

137 RL 2011/82/EU des Europäischen Parlaments und des Rates vom 25. Oktober 2011 zur Erleichterung des grenzüberschreitenden Austauschs von Informationen über die Straßenverkehrssicherheit gefährdende Verkehrsdelikte, ABl. 2011 L 288, S. 1 ff.

138 EuGH, Rs. C-43/12, NJW 2014, 2173 ff.

139 Viertes Gesetz zur Änderung des Straßenverkehrsgesetzes und anderer Gesetze vom 28. August 2013, BGBl. I 2013, S. 3310 ff.

140 RL 93/89/EWG des Rates vom 25. Oktober 1993 über die Besteuerung bestimmter Kraftfahrzeuge zur Güterbeförderung sowie die Erhebung von Maut- und Benutzungsgebühren für bestimmte Verkehrswege durch die Mitgliedstaaten, ABl. 1993 L 279, S. 32 ff.

erklärt wurde[141] – in der **Richtlinie 1999/62/EG.**[142] Danach gelten zum einen Mindestsätze für die von den Mitgliedstaaten zu erhebenden Kraftverkehrssteuern. Zum anderen wird den Mitgliedstaaten erlaubt, **Maut- und Benutzungsgebühren** für die Nutzung bestimmter Verkehrswege (Autobahnen, Brücken, Tunnel, Gebirgspässe) durch ausschließlich für den Güterkraftverkehr zugelassene Fahrzeuge mit einem zulässigen Gesamtgewicht von mehr als 3,5 t[143] zu erheben. In Deutschland wurde die Richtlinie durch das Autobahnmautgesetz[144] bzw nunmehr durch das an seine Stelle getretene Bundesfernstraßenmautgesetz[145] umgesetzt. Die Maut wird teilweise dadurch aufgefangen, dass die Steuern für bestimmte Fahrzeuge gesenkt wurden.[146]

51 Die Kommission bezweckt mit der Regelung der Maut- und Gebührensysteme nicht nur die Verwirklichung des Binnenmarktes und die Beseitigung von Wettbewerbsverzerrungen, sondern seit langem auch die **Internalisierung der externen Kosten**, besonders der Kosten, die speziell durch den Güterkraftverkehr entstehen.[147] Die durch den Straßenverkehr entstehenden Belastungen (etwa der Zeitverlust anderer Verkehrsteilnehmer auf Grund der durch das hohe Verkehrsaufkommen verursachten Staus, die durch den Lärm und die Luftverschmutzung hervorgerufenen Gesundheitsschäden, die sich auf das Klima auswirkenden Treibhausgasemissionen und die durch Unfälle entstehenden Kosten) sollen nicht von der Gesellschaft, sondern – über die Nutzungsentgelte – von dem Verkehrsunternehmer als Verursacher getragen werden. Nur wenn diese externen Kosten in die Gebühren eingerechnet würden, ließe sich über den Anreiz, Kosten zu senken, eine Verlagerung des Straßenverkehrs auf andere Verkehrsträger und damit eine **nachhaltigere Mobilität** erreichen. Die RL 1999/62/EG trägt diesem Ansatz in der durch die in Richtlinie 2011/76/EU[148] geänderten Form nunmehr erstmalig Rechnung: Der neu eingefügte Art. 7 c ermöglicht eine Orientierung der Gebühr für externe Kosten an den Kosten der verkehrsbedingten Luftverschmutzung und Lärmbelästigung. Ähnliche Internalisierungsmaßnahmen strebt die Kommission bei der weitergehenden Harmonisierung der für den Verkehr relevanten **Steuern** an. In ihrem Vorschlag zur Änderung der Energiesteuerrichtlinie[149] will sie den Umweltauswirkungen bei der Besteuerung von Kraftstoffen (besser) Rechnung tragen.

52 Anders als für den Güterkraftverkehr finden sich für den Personenkraft- und den privaten Straßenverkehr keine europäischen Regelungen hinsichtlich Steuern und/oder Straßennutzungsgebühren. Die von den Mitgliedstaaten diesbezüglich getroffenen Regelungen sind demnach (nur) an den primärrechtlichen Vorschriften der Union zu messen. In Deutschland stellt sich in diesem Zusammenhang sehr aktuell die Frage, inwieweit die geplante Einführung einer Autobahnbenutzungsgebühr für in- wie ausländische Nutzer bei gleichzeitigen steuerrechtlichen Erleichterungen für inländische Pkw (in der politischen Diskussion schlagwortartig als **„Pkw-Maut für Ausländer"**[150] bezeichnet), mit den europäischen Diskriminierungsverboten vereinbar ist. Aus verkehrsrechtlicher Sicht fällt dabei zunächst die sog. **Stillhalteverpflichtung in Art. 92 AEUV (ex Art. 72 EGV)** ins Auge. Diese

141 EuGH, Rs. C-21/94 (Parlament/Rat), Slg 1995, I-1827 ff.

142 RL 1999/62/EG des Europäischen Parlaments und des Rates vom 17. Juni 1999 über die Erhebung von Gebühren für die Benutzung bestimmter Verkehrswege durch schwere Nutzfahrzeuge, ABl. 1999 Nr. L 187, S. 42 ff, zuletzt geändert durch RL 2013/22/EU, ABl. 2013 L 158, S. 356 ff.

143 Vgl Art. 2 Abs. d) RL 1999/62/EG; beachte die Ausnahmen in Art. 7 Abs. 2 RL 1999/62/EG.

144 Autobahnmautgesetz für schwere Nutzfahrzeuge in der Fassung der Bekanntmachung vom 2. Dezember 2004, BGBl. I 2004, S. 3122 ff, zuletzt geändert durch BGBl. I 2009, S. 1170 ff.

145 Gesetz über die Erhebung von streckenbezogenen Gebühren für die Benutzung von Bundesautobahnen und Bundesstraßen (Bundesfernstraßenmautgesetz – BFStrMG) vom 12. Juli 2011, BGBl. I 2011, S. 1378 ff.

146 Dazu ausführlich *von Wallenberg*, TranspR 2007, 398 ff.

147 S. schon die Mitteilung der Kommission an das Europäische Parlament, den Rat, den Wirtschafts- und Sozialausschuss und den Ausschuss der Regionen: Strategie zur Internalisierung externer Kosten, KOM(2008) 435 endg.; Weißbuch (Fn 21), S. 17 ff, insb. Rn 61.

148 RL 2011/76/EU des Europäischen Parlaments und des Rates vom 27. September 2011 zur Änderung der RL 1999/62/EG, ABl. 2011 L 269, S. 1 ff.

149 Vorschlag für eine RL des Rates zur Änderung der RL 2003/96/EG zur Restrukturierung der gemeinschaftlichen Rahmenvorschriften zur Besteuerung von Energieerzeugnissen und elektrischem Strom, KOM(2011), 169 endg.

150 Rechtstechnisch gesehen handelt es sich nicht um ein Maut-, sondern um ein Vignettensystem, weil es nicht um eine entfernungs-, sondern um eine zeitabhängige Gebühr geht.

Vorschrift verbietet den Mitgliedstaaten, ihre geltenden Vorschriften „in ihren unmittelbaren oder mittelbaren Auswirkungen auf die Verkehrsunternehmer anderer Mitgliedstaaten im Vergleich zu den inländischen Verkehrsunternehmern ungünstiger zu gestalten“. Der EuGH hat in der Vergangenheit die damals von Deutschland geplante Einführung einer allgemeinen Straßenbenutzungsgebühr für schwere Lastfahrzeuge bei gleichzeitiger Senkung der inländischen Kraftfahrzeugsteuer als Verstoß gegen diese Regelung gewertet.[151] Zu berücksichtigen ist dabei allerdings, dass die Regelung ausschließlich für Verkehrsunternehmer, dh nur für den gewerblichen Verkehr gilt, und auf die Mehrzahl der von der geplanten Nutzungsgebühr für Pkw betroffenen Personen von vornherein keine Anwendung findet.[152] Die Einführung einer Pkw-Maut, wie sie in Deutschland diskutiert wird, ist daher wohl in erster Linie an dem allgemeinen Diskriminierungsverbot des Art. 18 AEUV (ex Art. 12 EGV) zu messen. Im Anwendungsbereich dieser Norm erlaubt der EuGH zumindest bei mittelbarer Diskriminierung aus Gründen der Staatsangehörigkeit ein Rechtfertigung.[153] Als Rechtfertigungsgrund kommt dabei in der vorliegenden Konstellation insbesondere die lastengleiche Beteiligung von in- und ausländischen Straßennutzern an den Kosten für den Erhalt der Infrastruktur iSe kohärenten – aus Steuern und Maut bestehenden – Straßennetzfinanzierungssystems in Betracht.[154] Bei der Frage nach der Rechtfertigung ist dabei auch zu berücksichtigen, dass es gerade Ziel der gemeinsamen europäischen Verkehrspolitik ist, die Kosten der Infrastruktur entsprechend ihrer konkreten Nutzung – dh im Rahmen einer die Steuer ersetzenden Nutzungsgebühr – auf die jeweiligen Verkehrsteilnehmer umzulegen.

2. Einführung intelligenter Verkehrssysteme im Straßenverkehr

Um der wachsenden Überlastung der Straßeninfrastruktur entgegenzuwirken, legt der europäische Gesetzgeber mit der Richtlinie 2010/40/EU[155] den Rahmen für die Einführung intelligenter Verkehrssysteme im Straßenverkehr fest. Durch die Zurverfügungstellung von entsprechenden Informationen soll der Nutzer in die Lage versetzt werden, die Infrastruktur koordinierter bzw auf „klügere“ Weise zu nutzen. In Deutschland wurden die Vorgaben der Richtlinie im Intelligente Verkehrssysteme Gesetz[156] umgesetzt. 53

3. Europäisches Führerscheinrecht

a) Gemeinschaftsrechtliche Grundlagen und Anerkennungsgrundsatz

Um im Straßenverkehr ein Fahrzeug zu führen, bedarf es einer entsprechenden Fahrerlaubnis, die durch den Führerschein nachgewiesen wird. Grundlage des europäischen Führerscheinrechts ist seit dem 19. Januar 2013 die sog. **3. Führerscheinrichtlinie.**[157] Sie ersetzt die vorher geltende und nunmehr aufgehobene **2. Führerscheinrichtlinie.**[158] Deutschland hatte die Vorgaben der 3. Führer- 54

151 EuGH, Rs. C-195/90 (Kommission/Deutschland), Slg 1992, I-3141, Rn 24 ff (zur inhaltsgleichen Norm des Art. 76 EWG); s. hierzu auch *Korte/Gurreck,* EuR 2014, 420, 424 f, 429 ff; *Langeloh,* DÖV 2014, 365, 371 f, 373.

152 *Korte/Gurreck,* EuR 2014, 420, 427; *Langeloh,* DÖV 2014, 365, 372 f.

153 EuGH, Rs. C-398/92 (Mund und Fester), Slg 1994, I-467, Rn 17; Rs. C-180/96 (Vereinigtes Königreich/Kommission), Slg 1998, I-2265, Rn 114; s. auch *Boehme-Neßler,* NVwZ 2014, 97, 98 f; *Korte/Gurreck,* EuR 2014, 420, 437.

154 *Korte/Gurreck,* EuR 2014, 420, 437 ff; ausführlich *Langeloh,* DÖV 2014, 365, 370 ff.

155 RL 2010/40/EU des Europäischen Parlaments und des Rates vom 7. Juli 2010 zum Rahmen für die Einführung intelligenter Verkehrssysteme im Straßenverkehr und für deren Schnittstellen zu anderen Verkehrsträgern, ABl. 2010 L 207, S. 1 ff, ergänzt durch Delegierte VO 885/2013, ABl. 2013 L 247, S. 1 ff.

156 Gesetz über Intelligente Verkehrssysteme im Straßenverkehr und deren Schnittstellen zu anderen Verkehrsträgern (Intelligente Verkehrssysteme Gesetz – IVSG), BGBl. I 2013, S. 1553 f.

157 RL 2006/126/EG des Europäischen Parlaments und des Rates vom 20. Dezember 2006 über den Führerschein (Neufassung), ABl. 2006 L 403, S. 18 ff; zuletzt geändert durch RL 2014/85/EU, ABl. 2014 L 194, S. 10 ff.

158 RL 91/439/EWG des Rates vom 29. Juli 1991 über den Führerschein, ABl. 1991 L 237, S. 1 ff, zuletzt geändert durch RL 2009/112/EG, ABl. 2009 L 223, S. 26 ff.

scheinrichtlinie mit der dritten Verordnung zur Änderung der Fahrerlaubnisverordnung (FeV)[159160] bereits zum 19. Januar 2009 umgesetzt.

55 Grundsatz beider Richtlinien ist die **gegenseitige Anerkennung** der in einem (anderen) Mitgliedstaat ausgestellten Fahrerlaubnis.[161] Der Führerschein wird von dem Mitgliedstaat ausgestellt, in dem die Person ihren ordentlichen Wohnsitz hat oder in dem sie während eines Mindestzeitraums von sechs Monaten studiert hat.[162] Bei einem Wohnsitzwechsel wird der Führerschein von den anderen Mitgliedstaaten anerkannt (und in einen inländischen umgetauscht), ohne zu prüfen, ob die Voraussetzungen für die Erteilung der Fahrerlaubnis im konkreten Fall vorlagen oder die vom Ausstellerstaat geforderten Voraussetzungen für die Erteilung mit denen des anerkennenden Staates vergleichbar sind. Jeder EU-Bürger ist damit grundsätzlich Inhaber eines einzigen Führerscheins, nämlich dem des Staates, in dem er bei Ausstellung seinen Wohnsitz hatte.[163] Wie auch im europäischen Internationalen Verfahrensrecht[164] vertrauen die Mitgliedstaaten darauf, dass die von einem anderen Mitgliedstaat getroffene Entscheidung hinsichtlich der Erteilung der Fahrerlaubnis ordnungsgemäß zustande gekommen und inhaltlich richtig ist. Als Basis dieses Vertrauens sind die Voraussetzungen für die Erteilung eines Führerscheins etwa in Bezug auf das Mindestalter, die Mindestbefähigung hinsichtlich der bestimmten Klassen und den gesundheitlichen Zustand harmonisiert. Die Fähigkeit zum Führen eines Fahrzeugs ist zudem zwingend durch eine entsprechende Prüfung nachzuweisen.

b) Problem des sog. Führerscheintourismus

56 Die deutschen Behörden und Gerichte taten und tun sich mit dieser voraussetzungslosen Anerkennung gerade in den Fällen schwer, in denen einer Person, welcher die deutsche Fahrerlaubnis durch Strafurteil oder als verwaltungsrechtliche Maßnahme entzogen worden war, im europäischen Ausland ein neuer Führerschein ausgestellt worden ist. Die beantragte Anerkennung des in einem anderen Mitgliedstaat erlangten Führerscheins wurde in der Vergangenheit insbesondere dann abgelehnt, wenn der betreffenden Person der Führerschein in Deutschland mangels der nach §§ 20 Abs. 3, 11 Abs. 3 S. 1 Nr. 9 FeV erforderlichen positiven medizinisch-psychologischen Begutachtung nicht wieder erteilt worden wäre und sie mit der Anerkennung der ausländischen Fahrerlaubnis die streng(er)en deutschen Vorschriften umgehen wollte.[165] Personen, die mit einem auf diese Weise erworbenen ausländischen Führerschein fuhren, wurden wegen Fahrens ohne Fahrerlaubnis strafrechtlich verfolgt.[166] Dieser Rechtspraxis wurde durch den EuGH weitestgehend eine Absage erteilt und erforderte mehrfach eine Änderung der diesbezüglichen nationalen Umsetzungsvorschriften, insbesondere des § 28 FeV.

aa) Strenger Anerkennungsgrundsatz

57 Bereits in seiner ersten Leitentscheidung (**Rechtssache Kapper**)[167] führt der EuGH aus, dass jeder Mitgliedstaat die von einem anderen Mitgliedstaat ausgestellten Führerscheine ohne jede Formalität und ohne jeden Ermessensspielraum anzuerkennen hat und die **Anerkennung** nicht mit der Begründung ablehnen darf, der Antragsteller habe nach den ihm vorliegenden Informationen seinen Wohnsitz nicht in dem ausstellenden, sondern in dem Mitgliedstaat, der die Fahrerlaubnis

---

159 Verordnung über die Zulassung von Personen zum Straßenverkehr (Fahrerlaubnis-Verordnung – FeV) vom 13. Dezember 2010, BGBl. I 2010, S. 1980 ff, zuletzt geändert durch BGBl. I 2013, S. 1084.

160 Dritte Verordnung zur Änderung der Fahrerlaubnisverordnung vom 7. Januar 2009, BGBl. I 2009, S. 29 f.

161 Art. 1 Abs. 2 der 2. Führerschein-RL; Art. 2 der 3. Führerschein-RL.

162 Art. 7 Abs. 1 lit. b) der 2. Führerschein-RL; Art. 7 Abs. 1 Nr. 1 lit. e) der 3. Führerschein-RL.

163 *Hailbronner*, NZV 2009, 361, 362.

164 S. dazu *Staudinger* in diesem Werk § 22 Rn 177 ff.

165 S. hierzu *Dauer*, NJW 2008, 2381; *G. Geiger*, DAR 2010, 121 ff; *H. Geiger*, DAR 2012, 45 ff; *Hailbronner*, NZV 2009, 361 f; *Koehl*, DAR 2013, 241 ff; *Koehl*, DAR 2012, 446 ff; *Pießkalla*, NZV 2009, 479; *Riedmeyer*, zfs 2009, 422 f.

166 S. zur Strafbarkeit *Keil*, DAR 2012, 376 ff; *Mosbacher/Gräfe*, NJW 2009, 801 ff.

167 EuGH, Rs. C-476/01 (Kapper), Slg 2004, I-5205 ff = NJW 2004, 1725 ff = NZV 2004, 372 ff.

anerkennen soll. Die Anerkennung darf auch nicht deshalb abgelehnt werden, weil der anerkennende Mitgliedstaat in der Vergangenheit eine Maßnahme des Entzugs oder der Aufhebung der Fahrerlaubnis auf den Inhaber des Führerscheins angewendet hat, zumindest dann nicht, wenn die zusammen mit dieser Maßnahme angeordnete **Sperrfrist** für die Neuerteilung der Fahrerlaubnis abgelaufen ist, bevor der Führerschein von dem anderen Mitgliedstaat ausgestellt wurde. Der EuGH gesteht dem anerkennenden Staat mithin keinerlei Prüfungskompetenz hinsichtlich der Frage zu, ob der ausstellende Staat die Fahrerlaubnis ordnungsgemäß erteilt hat – weder in Bezug auf das Wohnsitzerfordernis noch in Bezug auf die Eignung der Person zum Führen eines Fahrzeugs. Diese Rechtsprechung festigt und ergänzt der EuGH im Laufe der Zeit durch weitere Urteile: So führt er in der **Rechtssache Halbritter** ergänzend zu dem obigen Grundsatz aus, dass weder die Verweigerung der Anerkennung noch eine Beschränkung oder der Entzug der ausländischen Fahrerlaubnis auf ein Verhalten des Betroffenen gestützt werden kann, das dieser vor dem Erwerb der ausländischen Fahrerlaubnis gezeigt hat.[168] Wurde ein medizinisch-psychologisches Gutachten über die Fahrungeeignetheit ausgestellt, kommt es nicht auf den Zeitpunkt der Erstellung dieses Gutachtens, sondern darauf an, ob es sich auf Tatsachen bezieht, die sich nach Erteilung der Fahrerlaubnis ereignet haben.[169]

bb) Ausnahmen vom Anerkennungsgrundsatz

Abweichungen vom Grundsatz der Anerkennung gesteht der EuGH den Mitgliedstaaten nur in wenigen Ausnahmefällen zu. So erlaubt er in den **Rechtssachen Zerche, Seuke und Schuber**[170] sowie **Wiedemann/Funk**[171] einem Mitgliedstaat, der dem Führerscheininhaber früher die Fahrerlaubnis entzogen hat, dann die Ablehnung der von einem anderen Mitgliedstaat ausgestellten Fahrerlaubnis, wenn sich aus den Angaben des Führerscheins selbst oder auf Grund anderer, vom Ausstellermitgliedstaat herrührender, unbestreitbarer Informationen feststellen lässt, dass das **Wohnsitzerfordernis** zum Zeitpunkt der Ausstellung des Führerscheins nicht erfüllt war. Das ist insbesondere dann der Fall, wenn in dem Führerschein ein ausländischer Wohnsitz eingetragen ist. Es ist aber auch nicht schädlich, wenn die Informationen aus dem Ausstellungsmitgliedstaat über die Behörden des Aufnahmemitgliedstaats (etwa die dortige Botschaft) angefragt und weitergeleitet werden.[172] Nicht ausreichend ist dagegen allerdings, dass sich der Verstoß gegen das Wohnsitzerfordernis lediglich aus Informationen aus dem Aufnahmemitgliedstaat ergibt, etwa durch eine Aussage des Betroffenen selbst oder aus (unbestreitbaren) Informationen der Behörden dieses Staates.[173] 58

Der Verstoß gegen das Wohnsitzerfordernis erlaubt die Nichtanerkennung der ausländischen Fahrerlaubnis auch dann, wenn sich der Betroffene im Vorfeld nicht als fahrungeeignet erwiesen hat, dh wenn ihm vor dem anzuerkennenden Führerschein noch nie eine Fahrerlaubnis erteilt und auf ihn noch nie eine der in Art. 8 Abs. 2 der Richtlinie genannten Maßnahmen angewandt worden ist.[174] Wurde die Fahrerlaubnis der Klasse B unter Verstoß gegen das Wohnsitzerfordernis erteilt, ist auch die Anerkennung einer darauf basierenden Fahrerlaubnis der Klasse D abzulehnen, und zwar unabhängig davon, ob auch diese Fahrerlaubnis unter Verstoß gegen das Wohnsitzerfordernis erteilt wurde.[175] 59

Neben diesen Fällen des Wohnsitzverstoßes kann ein Aufnahmemitgliedstaat die Anerkennung eines europäischen Führerscheins zudem dann ablehnen, wenn dieser während einer laufenden 60

---

168 EuGH, Rs. C-227/05 (Halbritter), Slg 2006, I-49 ff = NJW 2006, 2173 ff = NZV 2006, 498 ff.
169 EuGH, Rs. C-334/09 (Scheffler), Slg 2010, I-12379 ff = NJW 2011, 587 ff = DAR 2011, 74 ff.
170 EuGH, verb. Rs. C-334/06 bis C-336/06 (Zerche, Seuke und Schubert), Slg 2008, I-4691 f = DAR 2008, 459 ff.
171 EuGH, verb. Rs. C-329/08 und C-343/06 (Wiedemann und Funk), Slg 2008, I-4635 ff = NJW 2008, 2403 ff = NZV 2008, 641 ff.
172 EuGH, Rs. C-467/10 (Akyüz), NJW 2012, 1341 ff, Rn 71.
173 EuGH, Rs. C-445/08 (Wierer), Slg 2009, I-119 ff = NJW 2010, 217 ff.
174 EuGH, Rs. C-184/10 (Grasser), Slg 2011, I-4057 ff = NJW 2011, 3635 ff = DAR 2011, 385 ff.
175 EuGH, Rs. C-224/10 (Apelt), NJW 2012, 369 ff = DAR 2011, 629 ff; EuGH, Rs. C-590/10 (Köppl), Slg 2011, I-177 (abgekürzte Fassung) = DAR 2012, 198 ff = NZV 2012, 501 ff.

Sperrfrist ausgestellt wurde; der Umstand, dass die Anerkennung erst nach Ablauf dieser Frist beantragt wird, ist unerheblich.[176] Gleiches gilt dann, wenn der anzuerkennende Führerschein während der Dauer der Gültigkeit einer **Maßnahme der Aussetzung der Fahrerlaubnis** ausgestellt wurde und sowohl diese Maßnahme als auch der spätere Entzug des Führerscheins aus Gründen gerechtfertigt sind, die bereits zum Zeitpunkt der Ausstellung des anzuerkennenden Führerscheins vorlagen.[177] Nicht verweigert werden kann die Anerkennung dagegen dann, wenn dem Betroffenen im Aufnahmemitgliedstaat die **erstmalige Ausstellung eines Führerscheins** wegen Fahrungeeignetheit verweigert wurde.[178] Zudem muss eine von einem Mitgliedstaat vor Beitritt zur Union erteilte Fahrerlaubnis dann nicht anerkannt werden, wenn der Betroffene neben dieser eine weitere Fahrerlaubnis in einem anderen Mitgliedstaat erworben hat und diese ihm vom Aufnahmemitgliedstaat wieder entzogen worden ist.[179]

cc) Führerscheintourismus unter Geltung der 3. Führerschein-RL

61 In Deutschland ging man überwiegend davon aus, dass die weitestgehend unter Geltung der 2. Führerschein-RL entwickelten Grundsätze der Anerkennung nicht ohne Weiteres auf die Rechtslage nach Inkrafttreten der 3. Führerschein-RL übertragen werden können. Dies wurde insbesondere damit begründet, dass die Vorschriften über die **Ablehnung der Anerkennung** in der neuen Richtlinie **als Muss-Vorschrift ausgestaltet** wurden. Während es in Art. 8 Abs. 4 der 2. Führerschein-RL noch hieß, dass ein Mitgliedstaat die Anerkennung verweigern kann, heißt es in Art. 11 Abs. 4 S. 2 und 3 der 3. Führerschein-RL: „Ein Mitgliedstaat lehnt die Anerkennung der Gültigkeit eines Führerscheins ab, der von einem anderen Mitgliedstaat [...] ausgestellt wurde, [...]. Ein Mitgliedstaat kann es ferner ablehnen, einem Bewerber, dessen Führerschein in einem anderen Mitgliedstaat aufgehoben wurde, einen Führerschein auszustellen." Der deutsche Gesetzgeber[180] und weite Teile der Literatur[181] gingen davon aus, dass durch diese Änderung das Regel-Ausnahme-Verhältnis von Anerkennung und Ablehnung der Anerkennung aufgehoben sei und das Argument des EuGH, die Nichtanerkennung sei als Ausnahme restriktiv zu handhaben, entfalle. Viele Gerichte verweigerten deshalb wieder die Anerkennung ausländischer Führerscheine von Personen, denen im Inland zuvor der Führerschein entzogen worden war.[182] Der EuGH hat dieser Rechtsprechung in seinem Urteil in der **Rechtssache Hofmann** allerdings nun erneut eine Absage erteilt und unmissverständlich festgestellt, dass er auch unter Geltung der 3. Führerschein-RL an den bisher entwickelten Grundsätzen festhält.[183] Auch Art. 11 Abs. 4 S. 2 und 3 der 3. Führerschein-RL stelle eine Ausnahme vom Anerkennungsgrundsatz dar und gebiete keine Änderung der bisherigen Rechtsprechung.

62 Insgesamt ist damit die Ablehnung der Anerkennung eines Führerscheins innerhalb der Gemeinschaft auch weiterhin nur dann möglich, wenn der Führerschein im Ausland während der Sperrfrist oder während der Dauer einer wirksamen Maßnahme der Aussetzung ausgestellt wurde oder wenn sich aus dem Führerschein selbst oder aus unbestreitbaren Informationen aus dem Ausstellermitgliedstaat ein Verstoß gegen das Wohnsitzerfordernis ergibt. Ist dies nicht der Fall, ist der Führerschein anzuerkennen. Die deutsche Umsetzungsnorm zu der Führerschein-RL, der § 28 FeV, greift in seinem Abs. 4 Nr. 2 die Ausnahme der Anerkennung im Hinblick auf das Wohnsitzerfordernis in europarechtskonformer Weise auf. § 28 Abs. 4 Nr. 3 bis 5, Abs. 5 FeV regeln die Nichtanerken-

176 EuGH, Rs. C-225/07 (Möginger), NJW 2009, 207 ff; hierzu *Scholz*, EuR 2009, 275 ff.
177 EuGH, Rs. C-1/07 (Frank Weber), NJW 2008, 3767 ff.
178 EuGH, Rs. C-467/10 (Akyüz), NJW 2012, 1341 ff, Rn 58 f.
179 EuGH, Rs. C-321/07 (Schwarz), Slg 2009, I-1113 ff = DAR 2009, 191 ff.
180 BR-Drucks. 851/08, S. 7 f.
181 *Geiger*, DAR 2010, 121, 123; *Janker*, DAR 2009, 181, 184, 186; *Mosbacher/Gräfe*, NJW 2009, 801, 802; *Scheidler*, NZV 2012, 66, 69; aA: *Hailbronner*, NZV 2009, 361, 366 f; *Riedmeyer*, zfs 2009, 422, 425, 428; ebenfalls ablehnend an diesem Ort in der Vorauflage.
182 VGH München, NJW 2011, 1380; VGH Baden-Württemberg, NJW 2010, 2821 ff; OLG Stuttgart, NZV 2010, 631 ff; gegen diese Auslegung BVerfG, DAR 2012, 14.
183 EuGH, Rs. C-419/10 (Hofmann), NJW 2012, 1935 ff = DAR 2012, 319 ff = DÖV 2012, 567 ff.

nung einer europäischen Fahrerlaubnis nach Erlass einer Maßnahme iSv Art. 11 Abs. 4 S. 2 der Richtlinie. Die Vorschriften sind unter Beachtung der vom EuGH entwickelten Grundsätze restriktiv auszulegen.

V. Harmonisierungsmaßnahmen mit arbeitsrechtlichem Bezug

Ebenfalls harmonisiert sind die grundlegenden arbeitsrechtlichen Regelungen im Verkehrssektor. 63
Dies gilt zum einen im Hinblick auf die Anforderungen an die **Ausbildung von Kraftfahrzeugführern**, die durch die **Richtlinie 2003/59/EG**[184] vereinheitlicht wurde. Dieser Rechtsakt schreibt für das Führen bestimmter Fahrzeuge eine gewisse Grundqualifikation und die Pflicht zur Weiterbildung vor. Deutschland hat die Vorgaben durch das Berufskraftfahrer-Qualifikations-Gesetz[185] umgesetzt. Zum anderen hat der europäische Gesetzgeber durch die **Verordnung (EG) Nr. 561/2006**[186] die Regelungen in Bezug auf die **Lenk- und Ruhezeiten** sowie die erforderlichen Fahrtunterbrechungen für Kraftfahrer im Straßengüter- und -personenverkehr europäisiert. Durch die angeglichenen Vorschriften soll ein fairer Wettbewerb gewährleistet, die Gesundheit und Sicherheit des Personals geschützt und die Verkehrssicherheit erhöht werden. Deutschland hat die Vorgaben durch § 21 a Arbeitszeitgesetz[187] in nationales Recht übernommen. Ergänzend zu diesem Rechtsakt finden sich in der **Richtlinie 2002/15/EG**[188] weitere Vorgaben zur Gestaltung der Arbeitszeit von Personen, „die Fahrtätigkeiten im Bereich des Straßentransports ausüben". Dies betrifft – trotz heftiger Kontroverse[189] – sowohl abhängig beschäftigte wie auch selbstständige Fahrer. Der von der Kommission vorgeschlagene Ausschluss **selbstständiger Fahrer**[190] aus dem Anwendungsbereich der Richtlinie wurde vom Parlament abgelehnt.[191]

Zur Überprüfung der Einhaltung der Sozialvorschriften müssen die genutzten Fahrzeuge mit einem 64
Fahrtenschreiber ausgestattet sein, welcher die Angaben über die Fahrt und über den Einsatz und das Verhalten des Fahrers aufzeichnet.[192] Darüber hinaus werden in der Richtlinie 2006/22/EG[193] die Mindestbedingungen für Kontrollen im Bereich der Sozialvorschriften festgeschrieben.

VI. Passagierrechte im Kraftomnibusverkehr: Die Verordnung (EU) Nr. 181/2011

Mit der **Verordnung (EU) Nr. 181/2011** über die Fahrgastrechte im Kraftomnibusverkehr[194] hat 65
die EU den bereits für die anderen Verkehrsträger normierten Schutz von Passagieren auch für den Personenverkehr auf der Straße festgeschrieben. Die Regelungen gelten mit Wirkung zum 1. März

184 S. Nachweis in Fn 93.

185 Berufskraftfahrer-Qualifikations-Gesetz vom 14. August 2006, BGBl. I 2006, S. 1958 ff.

186 VO (EG) Nr. 561/2006 des Europäischen Parlaments und des Rates vom 15. März 2006 zur Harmonisierung bestimmter Sozialvorschriften im Straßenverkehr und zur Änderung der VO (EWG) Nr. 3821/85 und VO (EG) Nr. 2135/98 des Rates sowie zur Aufhebung der VO (EWG) Nr. 3820/85 des Rates, ABl. 2006 L 102, S. 1 ff, geändert durch VO 165/2014, ABl. 2014 L 60, S. 1 ff.

187 Arbeitszeitgesetz vom 6. Juni 1994, BGBl. I 1994, S. 1170 ff, zuletzt geändert durch BGBl. I 2013, S. 868 ff.

188 RL 2002/15/EG des Europäischen Parlaments und des Rates vom 11. März 2002 zur Reglung der Arbeitszeit von Personen, die Fahrtätigkeiten im Bereich des Straßentransports ausüben, ABl. 2002 L 80 S. 35 ff.

189 S. hierzu in der Vorauflage.

190 Vorschlag für eine RL des Europäischen Parlaments und des Rates zur Änderung der Richtlinie 2002/15/EG zur Regelung der Arbeitszeit von Personen, die Fahrtätigkeiten im Bereich des Straßentransports ausüben, KOM(2008) 650 endg.

191 S. Legislative Entschließung des Europäischen Parlaments vom 16. Juni 2010, ABl. 2011 CE 236, S. 186.

192 VO (EU) Nr. 165/2014 des Europäischen Parlaments und des Rates vom 4. Februar 2014 über Fahrtenschreiber im Straßenverkehr, zur Aufhebung der VO (EWG) Nr. 3821/85 des Rates über das Kontrollgerät im Straßenverkehr und zur Änderung der VO (EG) Nr. 561/2006 des Europäischen Parlaments und des Rates zur Harmonisierung bestimmter Sozialvorschriften im Straßenverkehr, ABl. 2014 L 60 S. 1 ff.

193 RL 2006/22/EG des Europäischen Parlaments und des Rates vom 15. März 2006 über Mindestbedingungen für die Durchführung der VO (EWG) Nr. 3820/85 und (EWG) Nr. 3821/85 des Rates über Sozialvorschriften für Tätigkeiten im Kraftverkehr sowie zur Aufhebung der RL 88/599/EWG des Rates, ABl. 2006, L 102, S. 35 ff, zuletzt geändert durch RL 2009/5/EG, ABl. 2009 L 29, S. 45 ff.

194 VO (EU) Nr. 181/2011 des Europäischen Parlaments und des Rates vom 16. Februar 2011 über die Fahrgastrechte im Kraftomnibusverkehr und zur Änderung der Verordnung (EG) Nr. 2006/2004, ABl. 2011 L 55, S. 1 ff; s. dazu auch *Keiler*, in: Internationale Dimensionen, S. 167 ff.

2013[195] und bilden den – vorläufigen – Schlussstein bei der Etablierung des europäischen Passagierrechts. Anders als bei den anderen Verkehrsträgern wurde für diese Verträge kein völkerrechtliches Übereinkommen in europäisches Recht übernommen, weil das insoweit einschlägige CVR[196] nur von sehr wenigen europäischen Staaten ratifiziert wurde. Es kommt daher nicht zu dem komplizierten Zusammenspiel von völkerrechtlich vereinbartem und europäischem Recht.

Die Verordnung tritt zu einem Zeitpunkt in Kraft, zu dem in Deutschland der bislang durch das PBefG regulierte **inländische Fernbusverkehr liberalisiert** worden ist[197] und daher in der Zukunft deutlich ausgebaut werden dürfte.

1. Anwendungsbereich der VO 181/2011

66 Die Verordnung findet nach ihrem Art. 2 Anwendung auf die Fahrgäste von **Linienverkehrsdiensten**, bei denen der Abfahrts- oder Ankunftsort des Fahrgastes im Hoheitsgebiet eines Mitgliedstaats liegt und bei denen die planmäßige Wegstrecke 250 km oder mehr beträgt. Für den Linienverkehr mit einer planmäßig geringeren Wegstrecke gelten nur die Regelungen, die sich mit den Rechten von behinderten Menschen und Personen mit eingeschränkter Mobilität befassen. Die Mitgliedstaaten können allerdings für die ersten acht Jahre ab Inkrafttreten der Verordnung in transparenter und nichtdiskriminierender Weise bestimmte Linienverkehrsdienste von der Anwendung der Verordnung ausnehmen: Dies gilt zum einen für inländische Linienverkehrsdienste – hier darf sich der Ausschluss allerdings nicht auf die Regelungen zu den Rechten von behinderten Personen und Personen mit eingeschränkter Mobilität erstrecken[198] – und zum anderen für solche Linienverkehrsdienste, die einen erheblichen Teil ihres Dienstes, der mindestens einen planmäßigen Halt umfassen muss, außerhalb der Union betreiben. Deutschland hat letztere bis zum Ablauf des 28. Februar 2017 von der Anwendung der Verordnung ausgenommen.[199] Fahrgäste eines **Gelegenheitsverkehrs**, bei dem ursprünglicher Abfahrts- oder Ankunftsort des Fahrgastes im Hoheitsgebiet desselben Mitgliedstaats liegt, können sich zumindest auf die Regelungen über die Entschädigung und Hilfeleistung bei Unfällen berufen.

2. Regelungen über den Beförderungsvertrag

67 Nach Art. 4 der Verordnung sind die Beförderer dazu verpflichtet, dem Fahrgast einen Fahrschein auszustellen und Vertragsbedingungen sowie Tarife ohne Diskriminierung zu gestalten.

3. Haftung für Fahrgäste und Gepäck

68 Die **Haftung des Beförderers für Personen und Gepäck** ist in Art. 7 Abs. 1 der Verordnung geregelt. Danach haben Fahrgäste bei aus der Nutzung des Kraftomnibusses resultierenden Unfällen „gemäß den geltenden nationalen Rechtsvorschriften“ Anspruch auf Entschädigung bei Tod oder Körperverletzung sowie bei Verlust oder Beschädigung von Gepäck. Die Voraussetzungen dieser Haftung richten sich damit sowohl hinsichtlich der einzelnen Voraussetzungen als auch hinsichtlich der Höhe der konkreten Entschädigung nach nationalem Recht. In Deutschland ist damit weiterhin die in der StVG geregelte Gefährdungshaftung[200] sowie die in ihrer Höhe unbegrenzte, aber verschuldensabhängige Haftung aus dem Beförderungsvertrag maßgeblich. Die Verordnung legt allerdings

195 Art. 34 S. 2 VO (EU) Nr. 181/2011.

196 Übereinkommen vom 1. März 1973 über den Beförderungsvertrag für Reisende und Gepäck im internationalen Straßenverkehr (CVR), abrufbar unter www.unece.org unter „Other Legal Instruments related to Road Transport“, Nr. 28.

197 Vgl Art. 1 Nr. 5 und 16 des Gesetzes zur Änderung personenbeförderungsrechtlicher Vorschriften vom 14. Dezember 2012, BGBl. I 2012, S. 2598 ff; §§ 13, 42 a PBefG nF, durch welche insbesondere das Verbot der Doppelbedienung entfällt; s. hierzu auch BVerwGE 137, 199 ff = NVwZ 2011, 115 ff; *Saxinger*, GewArch 2011, 151 ff.

198 S. allerdings auch Art. 18 VO (EU) Nr. 181/2011.

199 Vgl § 1 Abs. 2 des EU-Fahrgastrechte-Kraftomnibus-Gesetz (EU-FahrgRBusG) vom 23. Juli 2013, BGBl. 2013 I, S. 2547.

200 Vgl insbesondere § 12 Straßenverkehrsgesetz (StVG) in der Fassung der Bekanntmachung vom 5. März 2003, BGBl. I 2003, S. 310 ff, zuletzt geändert durch BGBl. I 2013, S. 3313 ff.

eine **Mindesthöhe** für diese Entschädigung fest: Sie muss mindestens 220.000 Euro je Fahrgast bzw mindestens 1.200 Euro je Gepäckstück betragen. Die in **§ 23 PBefG** normierte Möglichkeit, die Haftung vertraglich auf 1.000 Euro zu begrenzen, ist daher aus europarechtlicher Sicht problematisch.[201] Bei Verlust oder Beschädigung von **Mobilitätshilfen** (etwa Rollstühlen) oder anderen Hilfsgeräten ist eine Entschädigung in Höhe des Wiederbeschaffungswertes bzw der Reparaturkosten zu leisten. Darüber hinaus haben die Beförderer nach Art. 8 der Verordnung „angemessene und verhältnismäßige Hilfe im Hinblick auf die unmittelbaren praktischen Bedürfnisse der Fahrgäste nach dem Unfall zu leisten". Dies umfasst etwa die Unterbringung, Verpflegung, Kleidung, Beförderung und die Bereitstellung erster Hilfe, wobei der Beförderer die Gesamtkosten der Unterbringung je Fahrgast auf 80 Euro pro Nacht und auf höchstens zwei Nächte beschränken kann.

Die Vorschriften dieses Kapitels haben im Vergleich zum ursprünglichen Verordnungsvorschlag 69
der Kommission[202] nur noch eine verminderte Schlagkraft. So war etwa die Haftung der Beförderer in Art. 6 Nr. 2 bis 4 des Vorschlags noch abschließend und insbesondere hinsichtlich der möglichen Haftungsausschlüsse und -beschränkungen harmonisiert:[203] Bis zu den Haftungshöchstbeträgen konnte der Beförderer seine Haftung nur dann ausschließen, wenn der Unfall auf ein Verschulden des Fahrgastes zurückzuführen war. Eine über diesen Betrag hinausgehende Haftung durfte er nur dann ausschließen, wenn der Unfall durch außerhalb des Busverkehrsbetriebs liegende Umstände verursacht worden war, die das Unternehmen trotz Anwendung der nach Sachlage gebotenen Sorgfalt nicht vermeiden und deren Folgen es nicht abwenden konnte. Und auch die in Art. 8 des Vorschlags enthaltene Pflicht zur Vorauszahlung, wonach dem Geschädigten spätestens 15 Tage nach Feststellung seiner Identität ein **Vorschuss** zu zahlen ist, der im Todesfall bei mindestens 21.000 Euro je Fahrgast liegen muss, wurde gestrichen. Außerdem sind die Haftungshöchstsummen für den Verlust und die Beschädigung von Gepäck herabgesenkt worden.[204]

4. Rechte von Passagieren mit Behinderungen oder eingeschränkter Mobilität

Die Regelungen über die Rechte von **Passagieren mit Behinderungen oder eingeschränkter Mobilität** finden sich in Art. 9 und 10 des Rechtsakts und sind den Vorschriften aus den vergleichbaren Rechtsakten für andere Verkehrsträger nachgebildet. Definiert werden diese Passagiere nach Art. 3 lit. j) VO 1818/2011 als Personen, deren Mobilität bei der Benutzung von Beförderungsmitteln wegen einer körperlichen Behinderung, einer geistigen Behinderung oder Beeinträchtigungen, wegen anderen Behinderungen oder auf Grund des Alters eingeschränkt ist und deren Zustand angemessene Unterstützung und eine Anpassung der für alle Passagiere bereitgestellten Dienstleistungen an ihre besonderen Bedürfnisse erfordert. Beförderer, Reisevermittler und Reiseveranstalter dürfen diesen Passagieren grundsätzlich **weder die Reservierung eines Verkehrsdienstes, die Ausstellung eines Fahrscheins oder das Anbordnehmen verweigern noch** einen **Aufpreis für ihre Dienstleistung verlangen**. Eine Verweigerung der Beförderung ist ausnahmsweise dann möglich, wenn nur so geltenden Sicherheitsanforderungen nachgekommen werden kann oder wenn die Bauart des Fahrzeugs oder die Infrastruktur den Einstieg oder die Beförderung physisch unmöglich machen. Falls sich die für die Weigerung angeführten Gründe dadurch entkräften lassen, dass die Person mit eingeschränkter Mobilität von einer anderen Person begleitet wird, so ist diese Person kostenlos zu befördern. Darüber hinaus hat der Beförderer bzw der Busbahnhofsbetreiber auf bestimmten, speziell benannten Busbahnhöfen den Zugang zu den Verkehrsdiensten sicherzustellen und die im Anhang I Abschnitt a der Verordnung genannte **Hilfe zu leisten**.[205] Um diese Hilfeleistungen in Anspruch nehmen zu können, muss die Person mit eingeschränkter Mobilität den Hilfsbedarf aller-

70 (margin number beside the first line of this paragraph)

---

201 S. auch *Bollweg*, RRa 2010, 106, 111.

202 Vorschlag für eine VO des Europäischen Parlaments und des Rates über die Fahrgastrechte im Kraftomnibusverkehr und zur Änderung der VO (EG) Nr. 2006/2004 über die Zusammenarbeit zwischen den für die Durchsetzung der Verbraucherschutzgesetze zuständigen nationalen Behörden, KOM(2008) 817 endg.; hierzu ausführlich in der Vorauflage.

203 S. auch *Bollweg*, RRa 2010, 106, 109.

204 Vgl Art. 9 VO-Vorschlag KOM(2008) 817 endg.

205 Art. 11 bis 14 VO 181/2011.

dings spätestens 36 Stunden, bevor er benötigt wird, angemeldet haben und sich zu einem im Voraus vom Beförderer festgelegten Zeitpunkt, an einer klar gekennzeichneten und leicht zugänglichen Kontaktstelle einfinden.[206] Der vereinbarte Zeitpunkt darf höchstens 60 Minuten vor der veröffentlichten Abfahrtszeit liegen. Wurde keine Zeit vereinbart, muss sich der Passagier spätestens 30 Minuten vor der veröffentlichten Abfahrtszeit an der entsprechenden Kontaktstelle einfinden.

71 Die Mitarbeiter der Beförderer sowie gegebenenfalls der Busbahnhofbetreiber sind nach Art. 16 der Verordnung für die entsprechenden Aufgaben zu **schulen.** Deutschland hat von der diesbezüglich in der Verordnung erlaubten Aufschiebung dieser Vorschrift Gebrauch gemacht: Sie ist hier erst ab dem 28. Februar 2018 anwendbar.[207]

5. Haftung für Annullierung und Verspätung

72 Die Fahrgastrechte bei Annullierung oder Verspätung finden sich im vierten Kapitel der Verordnung. Nach Art. 19 VO 181/2011 hat der Beförderer dem Fahrgast dann, „wenn er vernünftigerweise davon ausgehen [muss], dass die Abfahrt eines Linienverkehrsdienstes von einem Busbahnhof (dh von einer mit Personal besetzten Bushaltestelle)[208] annulliert wird oder sich um mehr als 120 Minuten verzögert", unverzüglich die **Fortsetzung der Fahrt, die Weiterreise mit geänderter Streckenführung oder die Erstattung des Fahrpreises** und ggf. kostenlose Rückfahrt zum Abfahrtsort anzubieten. Gleiches gilt für den Fall der Überbuchung. Kommt der Beförderer dieser Verpflichtung nicht nach, kann der Fahrgast nach Abs. 2 der Norm „zusätzlich zur Erstattung des Fahrpreises" eine Entschädigung in Höhe von 50 % des Fahrpreises verlangen, die innerhalb von einem Monat nach Einreichung des Antrags zu zahlen ist. Wird ein Linienverkehrsdienst annulliert oder verzögert sich seine Abfahrt von einer Bushaltestelle um mehr als 120 Minuten, kann der Fahrgast die gleichen Rechte geltend machen, wie sie ihm bei Abfahrt von einem Busbahnhof zustünden. Eine Entschädigung in Höhe von 50 % des Fahrpreises wird ihm allerdings in dieser Situation nicht zugestanden. Wird ein Kraftomnibus während der Fahrt betriebsunfähig, hat der Beförderer ebenfalls die Fortsetzung des Verkehrsdienstes mit einem anderen Fahrzeug oder die Beförderung zu einem Ort anzubieten, von dem die Fortsetzung der Reise möglich ist.

73 Die Gewährung der in Abs. 2 geregelten Entschädigung, die – in Höhe von 100 % – bereits in Art. 20 c) des von der Kommission vorgelegten Verordnungsvorschlags enthalten war, bereitet Probleme. Dem Wortlaut nach ist die Entschädigung nur dann zu zahlen, wenn der Beförderer dem Fahrgast trotz drohender Annullierung bzw Verzögerung nicht die in Art. 19 Abs. 1 genannten Rechte anbietet und der Fahrgast letztlich nicht befördert wird – entweder, weil eine Fortsetzung der Fahrt bzw die Weiterfahrt mit geänderter Streckenführung vom Beförderer gar nicht angeboten wird oder weil der Passagier von seinem Rücktrittsrecht Gebrauch macht[209] („zusätzlich zur Erstattung"). Kompensiert würde damit der Zeitverlust des Passagiers, den er dadurch erleidet, dass er auf dem Bahnhof wartet, ohne letztlich befördert zu werden; sein Warten quasi sinnlos war. Entscheidet er sich dagegen für die Fortsetzung der Fahrt bzw die Weiterreise mit geänderter Streckenführung wird sein Zeitverlust nicht kompensiert. Ob dies wirklich gewollt ist, erscheint auch in Anbetracht der genau gegenteiligen Regelungen in der Fahrgastrechte-VO und der Athener VO[210] fraglich. Bei genauer Betrachtung des Wortlauts fällt zudem auf, dass der Beförderer dem Fahrgast die Fortsetzung der Fahrt bzw die Weiterreise mit geänderter Streckenführung zwar anbieten muss, um nicht die Entschädigung zahlen zu müssen. Ein Anspruch auf diese Rechte wird in der Verordnung dagegen – zumindest explizit – nur für die Passagiere an einer Bushaltestelle, nicht aber für die Passagiere an einem Busbahnhof festgeschrieben. Dies wäre eine gravierende Lücke im Passagierschutz und wird mit Blick auf die in der Mitteilung der Kommission festge-

206 Art. 14 Abs. 1, Abs. 5, Art. 15 VO 181/2011.
207 Vgl § 1 Abs. 3 EU-FahrgRBusG.
208 Vgl Art. 2 lit. m VO 181/2011.
209 Kritsch zur Beschränkung auf die Fälle der Erstattung auch *Keiler*, in: Internationale Dimensionen, S. 167, 177 f.
210 S. dazu unter C.V.2.c) (Rn 104) und D.V.2.d) (Rn 129).

schriebenen Grundsätze im Passagierrecht[211] wohl auch nicht gewollt sein. Wie diese Regelung in der Verordnung zu verstehen ist, wird letztlich nur durch den EuGH zu klären sein.

Über diese in Art. 19 des Rechtsakts genannten Rechte hinaus hat der Passagier nach Art. 21 VO 181/2011 zudem Anspruch auf Hilfeleistungen. Diese werden sowohl bei einer Annullierung als auch bei einer Verzögerung der Abfahrt von einem Busbahnhof von mehr als 90 Minuten gewährt, wenn es sich um eine Fahrt mit einer planmäßigen Dauer von über drei Stunden handelt. Sind diese Voraussetzungen gegeben, hat der Beförderer seinen Fahrgästen kostenlos „Imbisse, Mahlzeiten oder Erfrischungen" im angemessenen Verhältnis zur Wartezeit bzw Verspätung anzubieten, sofern sie verfügbar oder in zumutbarer Weise zu beschaffen sind. Ist ein Aufenthalt von einer Nacht oder mehr erforderlich, kann der Fahrgast ein Hotelzimmer oder eine andere Unterbringungsmöglichkeit sowie Beistand bei der Beförderung zum Ort der Unterbringung verlangen. Die Gesamtkosten der Unterbringung sind allerdings auf 80 EUR pro Nacht je Fahrgast und auf höchstens zwei Nächte beschränkt. Nach Art. 23 Abs. 2 VO 181/2011 ist die kostenlose Übernachtung zudem dann nicht anzubieten, wenn der Beförderer nachweist, dass die Annullierung oder Verspätung durch widrige Wetterbedingungen oder schwere Naturkatastrophen, die den sicheren Betrieb des Busverkehrsdienstes beeinträchtigen, verursacht wurde. Wann widrige Wetterbedingungen vorliegen, wird sicherlich ein maßgeblicher Streitpunkt zwischen Verkehrsunternehmen und Passagier und damit Gegenstand der ein oder anderen Vorlage beim EuGH werden. Streit dürfte ebenfalls über die Frage entstehen, ob die Rechtsfolgen des Art. 21 VO 181/2011 – über den Wortlaut hinaus – auch im Falle einer Überbuchung zu gewähren sind.[212] 74

Nach Art. 22 VO 181/2011 sind weitergehende Ansprüche der Fahrgäste nach nationalem Recht durch die Vorschriften der Verordnung nicht ausgeschlossen. 75

Nach Art. 20 der Verordnung hat der Beförderer oder ggf. der Busbahnhofsbetreiber schließlich die Fahrgäste, die von einem Busbahnhof abfahren, so schnell wie möglich, spätestens aber 30 Minuten nach der fahrplanmäßigen Abfahrtszeit über die Lage zu informieren. Ebenfalls hat er „alle zumutbaren Anstrengungen" zu unternehmen, um die Fahrgäste über alternative Anschlüsse zu unterrichten. 76

6. Durchsetzung der Rechte

Die Beförderer (und Busbahnhofsbetreiber) haben nach Art. 24 bis 27 der Verordnung angemessen über die in der Verordnung enthaltene Rechte zu informieren und ein System zur Bearbeitung von Beschwerden zu errichten bzw zu unterhalten. Die Mitgliedstaaten haben nach Art. 28 zudem nationale Durchsetzungsstellen zu benennen, die für die Durchsetzung dieser Verordnung zuständig sind. In Deutschland ist dies das Eisenbahn-Bundesamt.[213] Regelungen zur Durchsetzung finden sich in der EU-Fahrgastrechte-Kraftomnibus-Verordnung.[214] 77

C. Schienenverkehr

I. Verkehrsträgerspezifische Besonderheiten und Zielsetzungen

Der Schienenverkehr war in der Vergangenheit in vielen Mitgliedstaaten in staatlicher Hand; der Betrieb der Infrastruktur und die Erbringung der Verkehrsdienstleistungen waren als organisatorische Einheit konzipiert. Die Technik im Hinblick auf die genutzten Fahrzeuge und Schienennetze wurde isoliert von den in anderen Mitgliedstaaten verwendeten Techniken entwickelt. Um den Markt, insbesondere das Schienennetz, auch ausländischen Unternehmen zu öffnen, war und ist es daher erforderlich, die europäischen Eisenbahnen von der staatlichen Einflussnahme zu lösen und 78

211 S. dazu unter A.III.1. (Rn 11).

212 S. auch *Keiler*, in: Internationale Dimensionen, S. 167, 176 f, 178 f.

213 Vgl § 4 Abs. 2 AEG; die Grundsätze der Erteilung ergeben sich aus den §§ 7 a bis 7 c AEG. Vgl § 3 EU-FahrgRBusG.

214 Verordnung zur Durchsetzung von Fahrgastrechten der Europäischen Union im Kraftomnibusverkehr (EU-Fahrgastrechte-Kraftomnibus-Verordnung – EU-FahrgRBusV) vom 11. Dezember 2013, BGBl. I 2013, S. 4098 f.

die Erbringung der Verkehrsdienste vom Betrieb der Infrastruktur zu trennen. Die von den Eisenbahnen genutzten Techniken müssen aneinander angeglichen werden, um eine Kompatibilität der jeweils verwendeten Fahrzeuge mit der Infrastruktur der einzelnen Mitgliedstaaten zu erreichen. Diese Ziele hat die Kommission sich explizit bereits 1996 in ihrem **Weißbuch zur Revitalisierung der Eisenbahn**[215] gesetzt. Die durch die geplanten Maßnahmen angestrebte Aufwertung des Eisenbahnverkehrs im europäischen Binnenmarkt sollte und soll den Verkehr von der Straße auf die Schiene verlagern. Die Maßnahmen werden finanziell in großem Maße mit europäischen Mitteln unterstützt.[216]

79 Der europäische Gesetzgeber hat die im Weißbuch aufgeführten Ziele im Wesentlichen durch die drei sog. **Eisenbahnpakete** aus den Jahren 2001, 2004 und 2007 umgesetzt:[217] Mit dem ersten Eisenbahnpaket von 2001 (dem sog. „Eisenbahninfrastrukturpaket")[218] wurde die Öffnung der Märkte für den grenzüberschreitenden Güterverkehr eingeleitet; mit dem Zweiten Eisenbahnpakt[219] wurde diese Entwicklung beschleunigt und auf den Kabotageverkehr erstreckt. Das Dritte Eisenbahnpaket[220] öffnete die Märkte dann für den grenzüberschreitenden Personenverkehr und schrieb mit der Verordnung (EG) Nr. 1371/2007[221] die Passagierrechte im Schienenverkehr fest. Die Märkte für den inländischen Schienenpersonenverkehr sind dagegen bisher noch nicht durch europäische Vorgaben, sondern allenfalls durch unilaterale Verträge liberalisiert.[222] Die Öffnung dieser Märkte soll im Rahmen des geplanten Vierten Eisenbahnpakets[223] erfolgen.[224]

215 Weißbuch der Kommission vom 30. Juli 1996: Eine Strategie zur Revitalisierung der Eisenbahn in der Gemeinschaft, KOM(1996) 421 endg.

216 VO (EG) Nr. 1692/2006 des Europäischen Parlaments und des Rates vom 24. Oktober 2006 zur Aufstellung des zweiten Marco Polo-Programms über die Gewährung von Finanzhilfen der Gemeinschaft zur Verbesserung der Umweltfreundlichkeit des Güterverkehrssystems (Marco Polo II) und zur Aufhebung der VO (EG) Nr. 1382/2003, ABl. 2006 L 328, S. 1 ff, zuletzt geändert durch VO 923/2009, ABl. 2009 L 266, S. 1 ff.

217 S. hierzu *Brandenberg*, EuZW 2009, 359 ff; *Jung*, in: Calliess/Ruffert, Art. 91 AEUV Rn 9, 14 f.

218 Das Paket umfasst folgenden Rechtsakte: RL 2001/12/EG des Europäischen Parlaments und des Rates vom 26. Februar 2001 zur Änderung der RL 91/440/EWG des Rates zur Entwicklung der Eisenbahnunternehmen der Gemeinschaft, ABl. 2001 L 75, S. 1 ff; RL 2001/13/EG des Europäischen Parlaments und des Rates vom 26. Februar 2001 zur Änderung der RL 95/18/EG des Rates über die Erteilung von Genehmigungen an Eisenbahnunternehmen, ABl. 2001 L 75, S. 26 ff, und RL 2001/14/EG (Fn 227).

219 Das Paket umfasst die folgenden Rechtsakte: RL 2004/51/EG des Europäischen Parlaments und des Rates vom 29. Februar 2004 zur Änderung der RL 91/440/EWG des Rates zur Entwicklung der Eisenbahnunternehmen der Gemeinschaft, ABl. 2004 L 164, S. 164 ff, korrigierte Fassung in ABl. 2004 L 220, S. 58 ff; RL 2004/49/EG (Fn 235), RL 2004/50/EG (Fn 256), und VO (EG) Nr. 881/2004 (Fn 258).

220 Das Paket umfasst die folgenden Rechtsakte: RL 2007/58/EG des Europäischen Parlaments und des Rates vom 23. Oktober 2007 zur Änderung der RL 91/440/EWG des Rates zur Entwicklung der Eisenbahnunternehmen der Gemeinschaft sowie der RL 2001/14/EG über die Zuweisung von Fahrwegkapazität der Eisenbahn und die Erhebung von Entgelten für die Nutzung von Eisenbahninfrastruktur, ABl. 2007 L 315, S. 44 ff; RL 2007/59/EG (Fn 262) und VO (EG) Nr. 1371/2007 (Fn 267).

221 S. dazu ausführlicher im Text sowie die Nachweise in Fn 267.

222 Deutschland räumt diese Möglichkeit in § 14 Abs. 3 Rn 3 AEG ein.

223 S. hierzu insbesondere die Mitteilung der Kommission an das Europäische Parlament, den Rat, den Europäischen Wirtschafts- und Sozialausschuss und den Ausschuss der Regionen: Das Vierte Eisenbahnpaket – Vollendung des Einheitlichen Europäischen Eisenbahnraums zur Steigerung von Wettbewerbsfähigkeit und Wachstum in der EU, KOM(2013) 25 endg., sowie KOM(2013) 26 endg. bis 31 endg.; s. zuletzt die Stellungnahme des Ausschusses der Regionen vom 7. bis 9. Oktober 2013, ABl. 2013 C 356, S. 92 ff; s. auch die Stellungnahme des Wirtschafts- und Sozialausschusses vom 11. Juli 2013, ABl. 2013 C 327, S. 122 ff.

224 Vgl die entsprechend geänderte Fassung von Art. 10 Abs. 2 im Vorschlag für eine RL des Europäischen Parlaments und des Rates zur Änderung der RL 2012/34/EU des Europäischen Parlaments und des Rates vom 21. November 2012 zur Schaffung eines einheitlichen europäischen Eisenbahnraums bezüglich der Öffnung des Marktes für inländische Schienenpersonenverkehrsdienste und der Verwaltung der Eisenbahninfrastruktur, KOM(2013) 29 endg.

II. Marktöffnung und wettbewerbliche Ordnung

1. Die RL 2012/34/EU als maßgeblicher Rechtsakt zur Marktöffnung

In der Vergangenheit wurde die Marktöffnung maßgeblich durch die **Richtlinie 91/440/EG**[225] geregelt. Die Vorgaben für die Erteilung, Verlängerung und Änderung der für den Zugang erforderlichen Genehmigungen fanden sich in der **Richtlinie 95/18/EG**.[226] Der diskriminierungsfreie Zugang zur Infrastruktur wurde durch die **Richtlinie 2001/14/EG**[227] gewährleistet. Die drei Rechtsakte wurden durch die Maßnahmen der drei Eisenbahnpakete schrittweise ausgeweitet und verändert. Sie sind mit Wirkung zum 15. Dezember 2012 aufgehoben[228] und in der **Richtlinie 2012/34/EU**[229] zusammen- und neugefasst worden. Deren Vorgaben sind von den Mitgliedstaaten bis zum 16. Juni 2015 umzusetzen.[230] Die RL 2012/34/EU enthält in ihrem Kapitel II ganz allgemein Vorschriften sowohl für die Erbringung von Eisenbahnverkehrsdiensten als auch für den Betrieb der Eisenbahninfrastruktur durch Eisenbahnunternehmen, die ihren Sitz in einem Mitgliedstaat haben oder haben werden und die nicht ausschließlich im Stadt-, Vorort- oder Regionalverkehr auf eigenständigen örtlichen und regionalen Netzen bzw Netzen tätig sind, die zur Durchführung eines solchen Verkehrs bestimmt sind. In Kapitel III der Richtlinie ist die Erteilung, Verlängerung und Änderung der für den Zugang erforderlichen Genehmigung geregelt. In Kapitel IV finden sich die Grundsätze und Verfahren für die Festlegung und Erhebung von Wegeentgelten im Eisenbahnverkehr und die Zuweisung von Fahrwegkapazität. Flankiert werden die Regelungen von mehreren Durchführungsverordnungen.[231] 80

a) Marktzugangsregelungen

Nach Art. 10 RL 2012/34/EU haben die Eisenbahnunternehmen zu „angemessenen, nichtdiskriminierenden und transparenten Bedingungen" das Recht auf Zugang zur Eisenbahninfrastruktur in allen Mitgliedstaaten. Dies gilt sowohl für den **grenzüberschreitenden und inländischen Schienengüterverkehrsdienst** als auch für die Erbringung **grenzüberschreitender Personenverkehrsdienste**. Im Rahmen dieser Verkehrsdienste dürfen Fahrgäste an beliebigen Bahnhöfen auf der grenzüberschreitenden Strecke aufgenommen und an einem anderen Bahnhof abgesetzt werden, auch wenn sich dieser Bahnhof in demselben Mitgliedstaat befindet, es sich also quasi um eine Kabotagefahrt handelt. Sind die Strecken zwischen dem Ursprungs- und dem Zielort Gegenstand eines oder mehrerer dem Unionsrecht entsprechender öffentlicher Dienstleistungsaufträge, dürfen die Mitgliedstaaten das Zugangsrecht nach Art. 11 Abs. 1 RL 2012/34/EU einschränken, wenn durch die Ausübung dieses Rechts das wirtschaftliche Gleichgewicht des öffentlichen Dienstleistungsauftrags gefährdet würde. Gleiches gilt nach Abs. 5 der Norm, wenn auf einer Strecke zwischen beliebigen Bahnhöfen innerhalb desselben Mitgliedstaats ausschließliche Rechte für die Beförderung von Fahrgästen eingeräumt wurden. Nach Maßgabe des Art. 12 der Richtlinie ist es den Mitgliedstaaten schließlich erlaubt, **für den Schienenpersonenverkehr auf innerstaatlichen Strecken eine Abgabe** zu erheben. 81

225 RL 91/440/EWG des Rates vom 29. Juli 1991 zur Entwicklung der Eisenbahnunternehmen der Gemeinschaft, ABl. 1991 L 237, S. 25 ff.

226 RL 95/18/EG des Rates vom 19. Juni 1995 über die Erteilung von Genehmigungen an Eisenbahnunternehmen, ABl. 1995 L 143, S. 70 ff, erweitert durch RL 2001/13/EG, ABl. 2001 L 75, S. 26 ff.

227 RL 2001/14/EG des Europäischen Parlaments und des Rates vom 26. Februar 2001 über die Zuweisung von Fahrwegkapazitäten der Eisenbahn, die Erhebung von Entgelten für die Nutzung von Eisenbahninfrastruktur und die Sicherheitsbescheinigung, ABl. 2001 L 75, 29 ff, zuletzt geändert durch RL 2007/58/EG, ABl. 2007 L 315, S. 44 ff.

228 Vgl Art. 65 RL 2012/34/EU (Fn 229).

229 RL 2012/34/EU des Europäischen Parlaments und des Rates vom 21. November 2012 zur Schaffung eines einheitlichen europäischen Eisenbahnraums (Neufassung), ABl. 2012 L 343, S. 32 ff.

230 S. Art. 64 Abs. 1 Unterabs. 1 RL 2012/34/EU.

231 S. Durchführungs-VO (EU) Nr. 869/2014 der Kommission vom 11. August 2014 über neue Schienenverkehrsdienste, ABl. 2014 L 239, S. 1 ff; Durchführungs-VO (EU) Nr. 870/2014 vom 11. August 2014 über Kriterien für Antragsteller hinsichtlich der Zuweisung von Eisenbahn-Fahrwegkapazität, ABl. 2014 L 239, S. 11 ff.

b) Für den Marktzugang erforderliche Genehmigungen

aa) Genehmigung nach Art. 16 ff RL 2012/34/EU

82 Um Eisenbahndienste innerhalb der Gemeinschaft erbringen zu können, bedarf der Unternehmer der in den Art. 16 ff. RL 2012/34/EU geregelten **Genehmigung.** Sie wird erteilt, wenn die in Art. 19 bis 22 RL 2012/34/EU festgeschriebenen Anforderungen an die Zuverlässigkeit, die finanzielle Leistungsfähigkeit und die fachliche Eignung erfüllt sind sowie ein Nachweis darüber erbracht wird, dass eine ausreichende **Versicherung** besteht, um die Unfallhaftpflicht nach innerstaatlichem und nationalem Recht zu decken. Zuständig für die Erteilung ist nach Art. 16 RL 2012/34/EU die vom Mitgliedstaat benannte Genehmigungsbehörde, die selbst keine Eisenbahnverkehrsleistungen erbringen darf und unabhängig von allen Unternehmen oder Stellen sein muss, die solche Leistungen erbringen. Die Genehmigung gilt nach Art. 23 Abs. 1 und Abs. 2 RL 2012/34/EG für das gesamte Gemeinschaftsgebiet und ist im Hinblick auf das Vorliegen ihrer Voraussetzungen zumindest alle fünf Jahre zu überprüfen. Die Mitgliedstaaten können von der Genehmigungspflicht nach Art. 2 Abs. 2 des Rechtsakts Personenverkehrsdienste auf örtlichen oder regionalen Infrastrukturen sowie im Stadt- und Vorortverkehr, regionale Güterverkehrsdienste und eigenen Güterverkehr auf privaten Fahrwegen ausnehmen. In Deutschland wird die Genehmigung nach Maßgabe des § 6 des Allgemeinen Eisenbahngesetzes (AEG)[232] iVm den Vorschriften der Eisenbahnunternehmer-Berufszugangsverordnung[233] durch das **Eisenbahn-Bundesamt** erteilt.

bb) Sicherheitsbescheinigung

83 Für die Nutzung der Eisenbahninfrastruktur benötigen Eisenbahnunternehmen zudem nach Art. 10 der – derzeit geltenden[234] – **Richtlinie 2004/49/EG (Richtlinie über die Eisenbahnsicherheit)**[235] eine **Sicherheitsbescheinigung**, die entweder für das gesamte Netz eines Mitgliedstaates oder für einen bestimmten Teil davon gilt. Mit der Bescheinigung weist das Eisenbahnunternehmen nach, „dass es ein Sicherheitsmanagementsystem eingeführt hat und die in den **TSI [technischen Spezifikationen für die Interoperabilität]** und anderen einschlägigen Rechtsvorschriften der Gemeinschaft sowie in nationalen Sicherheitsvorschriften festgelegten Anforderungen erfüllen kann und damit in der Lage ist, Risiken zu kontrollieren und sichere Verkehrsdienste auf dem Netz zu erbringen." Ausgestellt wird die Sicherheitsbescheinigung in dem Mitgliedstaat, in dem das Unternehmen seinen Betrieb zuerst aufnimmt; gültig ist sie für gleichwertige Eisenbahnverkehrsdienste in der gesamten Gemeinschaft. Die Bescheinigung wird spätestens alle fünf Jahre auf Antrag erneuert und kann widerrufen werden, wenn ihre Voraussetzungen nicht mehr vorliegen. Ihr Format ist durch die Verordnung (EG) Nr. 653/2007[236] vereinheitlicht; weitere Vorgaben finden sich in den Verordnungen (EU)

232 Allgemeines Eisenbahngesetz (AEG) vom 27. Dezember 1993, BGBl. I 1993, S. 2378 ff, 2396 ff; BGBl. I 1994, S. 2439, zuletzt geändert durch BGBl. I 2013, S. 3154 ff, abgedruckt im Sartorius unter Ordnungsnummer 962.

233 Eisenbahnunternehmer-Berufszugangsverordnung vom 27. Oktober 1994, BGBl. I 1994, S. 3203 ff, zuletzt geändert durch BGBl. I 2007, S. 1305 ff.

234 Zur geplanten Änderung s. Vorschlag für eine RL des Europäischen Parlaments und des Rates über die Eisenbahnsicherheit, KOM(2013) 31 endg.

235 RL 2004/49/EG des Europäischen Parlaments und des Rates vom 29. April 2004 über Eisenbahnsicherheit in der Gemeinschaft und zur Änderung der RL 95/18/EG des Rates über die Erteilung von Genehmigungen an Eisenbahnunternehmen und der RL 2001/14/EG des Europäischen Parlaments und des Rates über die Zuweisung von Fahrwegkapazitäten der Eisenbahn, die Erhebung von Entgelten für die Nutzung von Eisenbahninfrastruktur und die Sicherheitsbescheinigung (RL über die Eisenbahnsicherheit), ABl. 2004 L 164, S. 44 ff, korrigierte Fassung in ABl. 2004 L 220, 16 ff, zuletzt geändert durch RL 2014/88/EU, ABl. 2014 L 201, S. 9 ff; zur geplanten Änderung s. KOM(2013) 31 endg.

236 VO (EG) Nr. 653/2007 der Kommission vom 13. Juni 2007 zur Verwendung eines einheitlichen europäischen *Formats für Sicherheitsbescheinigungen* und Antragsunterlagen gemäß Art. 10 der RL 2004/49/EG des Europäischen Parlaments und des Rates und zur Gültigkeit von gemäß der RL 2001/14/EG des Europäischen Parlaments und des Rates ausgestellten Sicherheitsbescheinigungen, ABl. 2007 L 153, S. 9 ff, zuletzt geändert durch VO (EU) Nr. 445/2011, ABl. 2011 L 122, S. 22 ff.

Nr. 1158/2010[237] und (EU) Nr. 1169/2010.[238] Für die Erteilung der Sicherheitsbescheinigungen haben die Mitgliedstaaten nach Art. 16 RL 2004/49/EG eine Sicherheitsbehörde einzurichten. In Deutschland ist dies das **Eisenbahn-Bundesamt.**[239]

Gegen die Bundesrepublik war ein **Verfahren wegen Vertragsverletzung** anhängig, weil die Kommission ihr vorgeworfen hatte, die Vorgaben der Richtlinie 2008/110/EG zur Änderung der Eisenbahnsicherheits-RL[240] nicht bis zum 24. Dezember 2012 umgesetzt zu haben.[241] Das Verfahren ist nunmehr eingestellt; Deutschland hat die Vorgaben umgesetzt.[242] 84

c) Vorgaben zur Trennung von Eisenbahnunternehmen und Staat sowie zur Trennung von Verkehrsdiensterbringung und Betrieb der Infrastruktur

Grundvoraussetzung für die Liberalisierung des Eisenbahnverkehrs ist die **Unterbindung der staatlichen Einflussnahme** in diesem Bereich. Dementsprechend bestimmt Art. 4 RL 2012/34/EU, dass Haushalt und Rechnungsführung der europäischen Eisenbahnunternehmen von Haushalt und Rechnungsführung des Staates zu trennen sind. Art. 5 RL 2012/34/EU schreibt vor, dass die Unternehmen – auch im Hinblick auf die Verpflichtungen des öffentlichen Dienstes – nach den für Handelsgesellschaften geltenden Grundsätzen zu führen sind. Die Mitgliedstaaten haben die Unternehmen nach Art. 8 des Rechtsakts bei der **finanziellen Sanierung** zu unterstützen. 85

Nach Art. 6 f des Rechtsaktes hat darüber hinaus eine **Trennung zwischen Erbringung der Verkehrsdienstleistungen und dem Betrieb der Eisenbahninfrastruktur** zu erfolgen, wozu nach Art. 6 Abs. 1 RL 2012/34/EU insbesondere eine **getrennte Rechnungsführung** erforderlich ist. In Deutschland wird die Trennung durch §§ 8 und 9 AEG verwirklicht. Der Umstand, dass bei der Deutschen Bahn Schienennetzbetreiber und Verkehrsdiensterbringer Teil einer Holding sind, verstößt dabei nicht gegen die europäischen Vorgaben.[243] Im Vierten Eisenbahnpaket sollen die Anforderungen an die Trennung von Verkehrsdiensterbringung und Betrieb der Infrastruktur aber verschärft werden.[244]

d) Diskriminierungsfreier Zugang zur Infrastruktur

Um eine effektive Verwaltung und eine gerechte und diskriminierungsfreie Zuweisung der Infrastruktur und der einzelnen Fahrwege zu gewährleisten, hat der europäische Gesetzgeber in den Art. 26 ff RL 2012/34/EU die Grundsätze und das Verfahren für die Festlegung und Berechnung der Nutzungsentgelte sowie die **Zuweisung von Fahrwegkapazität** festgeschrieben. Dazu hat der Betreiber der Infrastruktur nach Art. 27 RL 2012/34/EU die Schienennetznutzungsbedingungen mit den in Anhang IV der Richtlinie näher umschriebenen Angaben zu Fahrweg, Zugangsbedingungen, Entgeltgrundsätzen und Kriterien für die Zuweisung zu veröffentlichen. Für die Festsetzung der von den Eisenbahnunternehmen zu zahlenden Nutzungsentgelte sind dabei die in den Art. 29 ff des Rechtsakts normierten Anforderungen zu berücksichtigen: Das Entgelt ist diskriminierungsfrei fest- 86

---

237 VO (EU) Nr. 1158/2010 der Kommission vom 9. Dezember 2010 über eine gemeinsame Sicherheitsmethode für die Konformitätsbewertung in Bezug auf die Anforderungen an die Ausstellung von Eisenbahnsicherheitsbescheinigungen, ABl. 2010 L 326, S. 11 ff.

238 VO (EU) Nr. 1169/2010 der Kommission vom 10. Dezember 2010 über eine gemeinsame Sicherheitsmethode für die Konformitätsbewertung in Bezug auf die Anforderungen an die Erteilung von Eisenbahnsicherheitsbescheinigungen, ABl. 2010 L 327, S. 13 f.

239 Vgl §§ 5 a, 5 Abs. 1 a und 1 e S. 1 Nr. 2 a, S. 2 AEG iVm § 3 Abs. 1 S. 1 Nr. 2 des Gesetzes über die Eisenbahnverkehrsverwaltung des Bundes vom 27. Dezember 1993, BGBl. I 1993, S. 2378 f, zuletzt geändert durch BGBl. I 2013, S. 3154. Die Grundsätze der Erteilung ergeben sich aus § 7 a AEG.

240 RL 2008/110/EG des Europäischen Parlaments und des Rates vom 16. Dezember 2008 zur Änderung der Richtlinie 2004/49/EG über Eisenbahnsicherheit in der Gemeinschaft (RL über die Eisenbahnsicherheit), ABl. 2008 L 345, S. 62 ff.

241 Rs. C-148/12 (Kommission/Bundesrepublik Deutschland), s. ABl. 2012 C 138, S. 10.

242 Vgl das Achte Gesetz zur Änderung eisenbahnrechtlicher Vorschriften vom 12. September 2012, BGBl. I 2012, S. 1884 ff; zum Einstellungsbeschluss s. BeckRS 2013, 80803.

243 EuGH, Rs. C-556/10 (Kommission/Bundesrepublik Deutschland), EuZW 2013, 666 ff = NVwZ 2013, 494 ff; s. hierzu *Berndt/Lerche/Remmert*, EuZW 2013, 647, 649 ff.

244 S. KOM(2013), 29 endg. (Fn. 224), S. 12 ff.

zulegen und muss nach Art. 31 Abs. 3 der Richtlinie zumindest grundsätzlich in der Höhe den Kosten entsprechen, die unmittelbar auf Grund des Zugbetriebs anfallen. Die Zuweisung der Fahrwegkapazität erfolgt dann nach Maßgabe der Art. 38 ff RL 2012/34/EU: Sie gilt grundsätzlich für die Dauer einer Netzfahrplanperiode, kann aber durch Rahmenverträge iSv Art. 42 der Richtlinie auch für fünf Jahre erteilt werden. Die zugewiesene Fahrwegkapazität kann nach Art. 38 Abs. 1 Unterabs. 1 S. 2 und 3 RL 2012/34/EU – anders als die Slots im Flugverkehr[245] – nicht auf ein anderes Unternehmen oder einen anderen Verkehrsdienst übertragen werden. Kann der Betreiber der Infrastruktur den Anträgen auf Fahrwegkapazität entgegen der Vorgabe in Art. 45 der Richtlinie nicht nachkommen, hat er den Streckenabschnitt nach Art. 47 Abs. 6 RL 2012/34/EG **für überlastet zu erklären** und die Kapazität nach dem in den Nutzungsbedingungen beschriebenen Verfahren zu vergeben. In Deutschland finden sich die maßgeblichen Vorschriften zum Zugang der Infrastruktur in § 14 AEG und in der Eisenbahninfrastruktur-Benutzungsverordnung.[246]

87 Nach Art. 55, 56 Abs. 1 RL 2012/34/EU haben die Mitgliedstaaten darüber hinaus eine vom Infrastrukturbetreiber unabhängige Regulierungsstelle einzurichten, welche insbesondere gewährleistet, dass die Entgelte nichtdiskriminierend und entsprechend den Maßgaben dieser Richtlinie festgesetzt werden. In Deutschland wird diese Aufgabe durch die **Bundesnetzagentur** für Elektrizität, Gas, Telekommunikation, Post und Eisenbahnen wahrgenommen.[247]

2. Wettbewerbliche Ordnung des Marktes

88 Für die Erbringung der Verkehrsdienstleistungen ergibt sich aus Art. 4 RL 2012/34/EU das **Prinzip der freien Preisbildung.**[248] Tarife im Personenbeförderungsverkehr müssen allerdings nach § 12 Abs. 3 AEG genehmigt werden. Ansonsten gelten im Schienenverkehr in dieser Hinsicht zumeist dieselben Rechtsakte wie im Straßenverkehr; bei der Personenbeförderung ist insbesondere die **VO 1370/2007** zu berücksichtigen.[249] Dieser Rechtsakt erlaubt in seinem Art. 5 Abs. 6 grundsätzliche eine direkte Vergabe von öffentlichen Dienstleistungsaufträgen für den Schienenverkehr, so dass selbst der Wettbewerb um den Markt für diesen Verkehrssektor weitestgehend eingeschränkt ist. Im Rahmen des Vierten Eisenbahnpakets ist allerdings geplant, die entsprechende Vorschrift zu streichen und auch für den Schienenverkehr ein **wettbewerbliches Vergabeverfahren einzuführen:**[250] Eine Direktvergabe soll nach dem neugefassten Abs. 4 der Norm nur dann noch möglich sein, wenn der Jahresdurchschnittswert der Aufträge auf weniger als 5.000.000 Euro veranschlagt wird oder wenn sie eine jährliche öffentliche Personenverkehrsleistung von weniger als 150.000 km aufweisen. Nach einem neu einzufügenden Abs. 6 soll es außerdem möglich sein, Aufträge für den öffentlichen Schienenpersonenverkehr, die Teile desselben Netzes oder Streckenpakets betreffen, an unterschiedliche Eisenbahnunternehmen zu vergeben. Nach einem neu einzufügenden Art. 5 a müssen die Mitgliedstaaten den Betreibern solcher Verkehrsdienste zudem einen effektiven und diskriminierungsfreien Zugang zu geeignetem Rollmaterial (Schienenfahrzeuge) ermöglichen.

89 Aus beihilferechtlicher Sicht kommt im Schienenverkehr außerdem der **Verordnung (EWG) Nr. 1192/69**[251] Bedeutung zu. Danach ist den Mitgliedstaaten die **Gewährung von Ausgleichszahlungen** an die in dem Rechtsakt genannten Eisenbahnunternehmen für bestimmte Zahlungsver-

245 S. dort F.IV. (Rn 174).

246 Verordnung über den diskriminierungsfreien Zugang zur Eisenbahninfrastruktur und über die Grundsätze zur Erhebung von Entgelt für die Benutzung der Eisenbahninfrastruktur (Eisenbahninfrastruktur-Benutzungsverordnung – EIBV) vom 3. Juni 2005, BGBl. I 2005, S. 1566 ff, zuletzt geändert durch BGBl. I 2011, S. 3044 f.

247 Vgl § 14 b AEG, § 4 Gesetz über die Eisenbahnverkehrsverwaltung des Bundes (Bundeseisenbahnverkehrsverwaltungsgesetz – BEVVG) vom 27. Dezember 1993, BGBl. I 1993, S. 2378 ff, 2394 ff, zuletzt geändert durch BGBl. I 2013, S. 3154 f, abgedruckt im Sartorius unter Ordnungsnummer 965).

248 *Jung*, in: Calliess/Ruffert, Art. 91 AEUV Rn 12 (zur Vorgänger-Norm).

249 Vgl dazu oben unter B.II.3.b) (Rn 431 ff).

250 Vorschlag für eine VO des Europäischen Parlaments und des Rates zur Änderung der VO (EG) Nr. 1370/2007 hinsichtlich der Öffnung des Marktes für inländische Schienenpersonenverkehrsdienste, KOM(2013) 28 endg.

251 Verordnung (EWG) Nr. 1192/69 des Rates vom 26. Juni 1969 über gemeinsame Regeln für die Normalisierung der Konten der Eisenbahnunternehmen, ABl. 1969 L 156, S. 8, zuletzt geändert durch VO (EU) Nr. 51/2013, ABl. 2013 L 158, S. 1.

pflichtungen gestattet, die für Unternehmen anderer Verkehrsträger nicht gelten. Zu den Unternehmen, auf welche diese Verordnung anwendbar ist, zählt auch die Deutsche Bahn. Die Regelung wird von der Kommission allerdings als unvereinbar mit den geltenden Rechtsvorschriften eingestuft und soll aufgehoben werden.[252] Die Zahlungen (in 2010: 72,8 Mio. Euro), die Deutschland auf Grundlage dieses Rechtsakts als Ausgleichszahlungen an die Deutsche Bahn geleistet hat, wären aber auch über Art. 8 RL 2012/34/EU als Finanzierung der Funktionen eines Infrastrukturbetriebs gerechtfertigt.

III. Interoperabilität[253]

Die meisten Schienenfahrzeuge können nur in der inländischen Infrastruktur betrieben werden, weil die von einer ausländischen Infrastruktur verwendeten Informations- und Steuerungssysteme mit den von ihnen verwendeten Techniken, etwa in Bezug auf Fahrstromart, Abmessungen, Zug- und Verkehrssteuerungssysteme, Zugsicherheit, Signalgebung, Bremssysteme und Geschwindigkeitsbegrenzung, nicht kompatibel sind. Um also auch faktisch den freien Marktzugang zu gewährleisten, müssen die in den einzelnen Mitgliedstaaten verwendeten technischen Betriebskomponenten aneinander angepasst und durch gemeinsame Normen festgelegt werden. Diese Angleichung, die der Gesetzgeber als **Interoperabilität** bezeichnet, wurde schrittweise zunächst für das Hochgeschwindigkeitsbahnsystem[254] und dann für das konventionelle transeuropäische Eisenbahnsystem[255] vorgenommen. Nach mehreren Änderungen der insofern maßgeblichen Richtlinien[256] finden sich die einschlägigen Vorschriften nunmehr in der Richtlinie 2008/57/EG.[257] Dieser Rechtsakt setzt mit Hilfe der sog. **TSI (technische Spezifikationen für die Interoperabilität)** ordnungsrechtliche, technische und betriebliche Voraussetzungen für Planung, Bau, Inbetriebnahmen und Betrieb fest, die für den sicheren und durchgehenden Zugverkehr erfüllt sein müssen. Die TSI werden von der – durch Verordnung Nr. 881/2004[258] errichteten – Europäischen Agentur für Sicherheit und Interoperabilität im Eisenbahnverkehr (**Europäische Eisenbahnagentur**) erarbeitet. In Deutschland finden sich die entsprechenden Umsetzungsvorschriften in der Transeuropäischen Eisenbahn-Interoperabilitätsverordnung (TEIV).[259] 90

Weitere Maßnahmen zur Verbesserung der Interoperabilität befinden sich noch in der Anfangsphase: So soll in Zukunft etwa ein **einheitliches europäisches Eisenbahnleitsystem** (European Rail Traffic Managment System – **ERTMS**) die derzeit mehr als 20 verschiedenen Systeme zur Zug- 91

252 Vorschlag für eine VO des Europäischen Parlaments und des Rates zur Aufhebung der Verordnung (EWG) Nr. 1192/69 des Rates über gemeinsame Regeln für die Normalisierung der Konten der Eisenbahnunternehmen, KOM(2013) 26 endg.

253 S. hierzu auch *Brandenberg*, EuZW 2009, 359, 360 f.

254 RL 96/48/EG des Rates vom 23. Juli 1996 über die Interoperabilität des transeuropäischen Hochgeschwindigkeitsbahnsystems, ABl. 1996 L 235, S. 63 ff.

255 RL 2001/16/EG des Europäischen Parlaments und des Rates vom 19. März 2001 über die Interoperabiliät des konventionellen transeuropäischen Eisenbahnsystems, ABl. 2001 L 110, S. 1 ff.

256 RL 2004/50/EG des Europäischen Parlaments und des Rates vom 29. April 2004 zur Änderung der RL 96/48/EG des Rates vom 23. Juli 1996 über die Interoperabilität des transeuropäischen Hochgeschwindigkeitsbahnsystems und der RL 2001/16/EG des Europäischen Parlaments und des Rates vom 19. März 2001 über die Interoperabilität des konventionellen transeuropäischen Eisenbahnsystems, ABl. 2004 L 164, 114 ff, berichtigte Fassung in ABl. 2004 L 220, S. 40 ff; RL 2007/32/EG der Kommission vom 1. Juni 2007 zur Änderung des Anhangs VI der RL 96/48/EG des Rates über die Interoperabilität des transeuropäischen Hochgeschwindigkeitsbahnsystems und des Anhangs VI der RL 2001/16/EG des Europäischen Parlaments und des Rates über die Interoperabilität des konventionellen transeuropäischen Eisenbahnsystems, ABl. 2007 L 141, S. 63 ff.

257 RL 2008/57/EG des Europäischen Parlaments und des Rates vom 17. Juni 2008 über die Interoperabilität des Eisenbahnsystems in der Gemeinschaft (Neufassung), ABl. 2008 L 191, S. 1 ff, zuletzt geändert durch RL 2013/9/EU, ABl. 2013 L 68, S. 55; zur geplanten Änderung s. KOM(2013) 30 endg.

258 VO (EG) Nr. 881/2004 des Europäischen Parlaments und des Rates vom 29. April 2004 zur Errichtung einer Europäischen Eisenbahnagentur (Agenturverordnung), ABl. 2004 L 164, S. 1 ff, korrigiert in ABl. 2004 L 220, S. 3 ff, zuletzt geändert durch VO (EG) Nr. 1335/2008, ABl. 2008 L 354, S. 51 ff; zu den geplanten Änderungen s. KOM(2013) 27 endg.

259 Transeuropäische Eisenbahn-Interoperabilitätsverordnung vom 5. Juli 2007, BGBl. I 2007, S. 1305, zuletzt geändert durch BGBl. I 2013, S. 4008 ff.

steuerung und Zugsicherung bzw zur Signalgebung in den einzelnen Mitgliedstaaten ersetzen.[260] Durch die Einrichtung grenzübergreifender Güterverkehrskorridore soll außerdem ein europäisches, interoperables Schienennetz für einen wettbewerbsfähigen Güterverkehr geschaffen werden.[261]

IV. Harmonisierungsmaßnahmen mit arbeitsrechtlichem Bezug

92 Mit der **Richtlinie 2007/59/EG**[262] hat der europäische Gesetzgeber die Voraussetzungen und das Verfahren für die **Zertifizierung von Triebfahrzeugführern** harmonisiert. Nach Art. 4 dieser Richtlinie muss jeder Triebfahrzeugführer sowohl eine **Fahrerlaubnis** als auch eine **Bescheinigung** vorweisen können, in der aufgeführt ist, auf welchen Infrastrukturen er welche Fahrzeuge führen darf. Beide Dokumente werden nach Maßgabe des Art. 6 RL 2007/59/EG vergeben. Die Fahrerlaubnis wird von der zuständigen Behörde nach dem in der Richtlinie geregelten Verfahren erteilt und ist Eigentum des jeweiligen Inhabers. Sie gilt nach Art. 7 Abs. 1 RL 2007/59/EG für das gesamte Gebiet der Union. Die Bescheinigung wird von dem Eisenbahnunternehmen oder dem Infrastrukturbetreiber ausgestellt, das bzw der den Fahrer beschäftigt, und verbleibt in dessen Eigentum. Der Triebfahrzeugführer erhält eine beglaubigte Kopie. Die Bescheinigung gilt nur für die in ihr aufgeführten Infrastrukturen und Fahrzeuge und verliert ihre Gültigkeit, wenn das Beschäftigungsverhältnis des Triebfahrzeugführers endet. In den Art. 9 bis 14 und in Anhang II der Richtlinie sind die Mindestanforderungen insbesondere im Hinblick auf Mindestalter, Schulbildung, körperliche und arbeitspsychologische Anforderungen sowie fachliche Kenntnisse festgelegt, die für die Erteilung sowohl der Fahrerlaubnis als auch der Bescheinigung erfüllt sein müssen. Zur Umsetzung der Vorgaben in Deutschland wurde das AEG entsprechend geändert.[263]

93 Darüber hinaus hat der europäische Gesetzgeber durch die Richtlinie 2005/47/EG[264] Vorschriften zur Regelung der **Einsatzbedingungen von Arbeitnehmern** im grenzüberschreitenden Schienenverkehr geschaffen.

V. Einfluss auf die privatrechtliche Ausgestaltung der Rechtsverhältnisse

1. Entschädigungsregeln für den Güterverkehr

94 Im Rahmen des Dritten Eisenbahnpakets wollte die Kommission Entschädigungsregeln für den Schienengüterverkehr einführen, um Anreize zur Verbesserung der als zu gering bemängelten Dienstleistungsqualität zu setzen.[265] In dem Beförderungsvertrag zwischen Eisenbahnunternehmen und Kunde sollten „obligatorisch" bestimmte Qualitätsklauseln vereinbart werden, deren Verletzung eine pauschal festgelegte Entschädigung auslöst. Erfasst werden sollten insbesondere der Ver-

---

260 Mitteilung der Kommission an das Europäische Parlament und den Rat über die Einführung des europäischen Zugsicherungs-/Zugsteuerungs- und Signalgebungssystems ERTMS/ETCS, KOM(2005) 298 endg., nicht im ABl. veröffentlicht; vgl dazu den Beschluss 2012/88/EU der Kommission vom 25. Januar 2012 über die Technische Spezifikation für die Interoperabilität der Teilsysteme „Zugsteuerung, Zugsicherung und Signalgebung" des transeuropäischen Eisenbahnsystems, geändert durch Beschluss 2012/696/EU, ABl. 2012 L 311, S. 3 f.

261 VO (EU) Nr. 913/2010 des Europäischen Parlaments und des Rates vom 22. September 2010 zur Schaffung eines europäischen Schienennetzes für einen wettbewerbsfähigen Güterverkehr, ABl. 2010 L 276, S. 22, zuletzt geändert durch VO 1316/2013, ABl. 2013 L 348, S. 129 ff.

262 RL 2007/59/EG des Europäischen Parlaments und des Rates vom 23. Oktober 2007 über die Zertifizierung von Triebfahrzeugführern, die Lokomotiven und Züge im Eisenbahnsystem in der Gemeinschaft führen, ABl. 2007 L 315, S. 51 ff, geändert durch RL 2014/82/EU, ABl. 2014 L 184, S. 11 ff.

263 Vgl dazu das Sechste Gesetz zur Änderung eisenbahnrechtlicher Vorschriften vom 30. Juli 2009, BGBl. I 2009, S. 2497 ff.

264 RL 2005/47/EG des Rates vom 18. Juli 2005 betreffend die Vereinbarung zwischen der Gemeinschaft der Europäischen Bahnen (CER) und der Europäischen Transportarbeiter-Föderation (ETF) über bestimmte Aspekte der Einsatzbedingungen des fahrenden Personals im interoperablen grenzüberschreitenden Verkehr im Eisenbahnsektor, ABl. 2005 L 195 S. 15 ff.

265 Vorschlag für eine VO des Europäischen Parlaments und des Rates über Entschädigungen bei Nichterfüllung vertraglicher Qualitätsanforderungen im Schienengüterverkehr, KOM(2004) 144 endg.; s. auch Mitteilung der Kommission: Fortsetzung der Integration des europäischen Eisenbahnsystems – drittes Eisenbahnpaket, KOM(2004) 144 endg., unter 5.

lust und die Beschädigung des zu befördernden Guts, die Annullierung geplanter Züge sowie eine Verspätung der Lieferung. Der Vorschlag wurde vom Parlament in erster Lesung abgelehnt.[266]

2. Passagierrechte in der sog. Fahrgastrechte-VO

Die Passagierrechte im Schienenverkehr sind in der **Verordnung (EG) Nr. 1371/2007 (sog. Fahrgastrechte-Verordnung)**[267] festgeschrieben. Mit diesem Rechtsakt werden die Regelungen der – der COTIF als Anhang A beigefügten – **CIV**[268] über die Rechte der Fahrgäste im Schienenverkehr in europäisches Recht gegossen. Das Übereinkommen wird dabei auf den innerstaatlichen Eisenbahnverkehr erstreckt und um einige Regelungen ergänzt.[269] 95

Seit dem Beitritt der EU zur COTIF[270] finden die Vorschriften des Übereinkommens auch unmittelbar Anwendung.

a) Anwendungsbereich der VO 1371/2007

Die VO 1371/2007 gilt nach ihrem Art. 2 EU-weit für alle Eisenbahnfahrten und -dienstleistungen, die von einem oder mehreren nach Maßgabe der RL 95/18/EG – bzw nunmehr: RL 2012/34/EU – genehmigten Eisenbahnunternehmen erbracht werden. Ausnahmen sind im Hinblick auf den inländischen, den in erheblichen Teilen außerhalb der Gemeinschaft betriebenen sowie den Stadt-, Vorort- und Regionalverkehr möglich.[271] Deutschland hat die Verordnung vor dem offiziellen Stichtag am 3. Dezember 2009 bereits zum 29. Juli 2009 umgesetzt.[272] Ausgenommen vom Anwendungsbereich der Verordnung ist dabei lediglich der Schienenpersonennahverkehr, der aus historischen oder touristischen Zwecken betrieben wird.[273] Zudem gilt die Verordnung nicht für Straßen- und U-Bahnen, weil diese nicht nach Maßgabe des genannten Rechtsakts genehmigt werden.[274] 96

b) Regelungen zum Beförderungsvertrag und zur Information der Fahrgäste

Die Verordnung enthält in ihrem zweiten Kapitel Regelungen über den **Beförderungsvertrag** und den Erwerb von Fahrkarten. Art. 4 VO 1371/2007 verweist dabei für die sich aus dem Beförderungsvertrag ergebenden Rechte und Pflichten auf die in Anhang I der Verordnung enthaltenen Titel II und III der CIV. Danach ist bei Abschluss eines Vertrages ein entsprechender Ausweis zu erteilen, der als Nachweis für den Abschluss des Beförderungsvertrages bzw als Nachweis der Gepäckaufgabe dient.[275] In den Allgemeinen Beförderungsbedingungen kann nach Art. 9 Abs. 1 CIV vorgesehen werden, dass ein Fahrgast, der den Beförderungsnachweis bei der Fahrt nicht vorzeigt, einen Aufpreis zum Beförderungspreis zahlen muss oder von der Beförderung ausgeschlossen werden kann. Des Weiteren sind dem Fahrgast nach Art. 8 VO 1371/2007 die in Anhang II des 97

266 Legislative Entschließung des Europäischen Parlaments zu KOM(2004) 144 endg., ABl. 2006 E 272, S. 173.

267 VO (EG) Nr. 1371/2007 des Europäischen Parlaments und des Rates vom 23. Oktober 2007 über die Rechte und Pflichten der Fahrgäste im Eisenbahnverkehr, ABl. 2007 L 315, S. 14 ff; s. hierzu nunmehr den Bericht der Kommission an das Europäische Parlament und den Rat über die Anwendung der VO (EG) Nr. 1371/2007, KOM(2013) 587 endg.

268 Anhang A – Einheitliche Rechtsvorschriften für den Vertrag über die internationale Eisenbahnbeförderung von Personen und Gepäck (ER CIV 1999) zum Übereinkommen vom 9. Mai 1980 über den Internationalen Eisenbahnverkehr (COTIF), BGBl. II 1985, S. 130 ff, in der Fassung des Änderungsprotokolls von Vilnius vom 3. Juni 1999, BGBl. II 2002, S. 2140 ff, bekanntgemacht in BGBl. II 2006, S. 827.

269 Zur Regelungstechnik s. *Schmidt*, RRa 2008, 154, 155 f.

270 S. Beschluss 2013/103/EU des Rates vom 16. Juni 2011 über die Unterzeichnung und den Abschluss der Vereinbarung zwischen der Europäischen Union und der Zwischenstaatlichen Organisation für den Internationalen Eisenbahnverkehr über den Beitritt der Europäischen Union zum Übereinkommen über den Internationalen Eisenbahnverkehr (COTIF) vom 9. Mai 1980 in der Fassung des Änderungsprotokolls von Vilnius vom 3. Juni 1999, ABl. 2013 L 51 S. 1 ff.

271 Ausführlicher zu den Ausnahmen *Schmidt*, RRa 2008, 154, 157; *Staudinger*, EuZW 2008, 751, 752.

272 Gesetz zur Anpassung eisenbahnrechtlicher Vorschriften an die VO (EG) Nr. 1371/2007 des Europäischen Parlaments und des Rates vom 23. Oktober 2007 über die Rechte und Pflichten der Fahrgäste im Eisenbahnverkehr vom 26. Mai 2009, BGBl. I 2009, S. 1146 ff.

273 § 1 Abs. 4 AEG; § 1 S. 4 EVO.

274 *Filthaut*, NZV 2009, 417; *Hilpert*, MDR 2008, 597, 601.

275 Art. 6 Abs. 2, Art. 16 Abs. 1, Art. 24 Abs. 1 CIV, Art. 4 VO 1371/2007.

Rechtsakts aufgeführten **Informationen** zur Verfügung zu stellen. Dazu gehören vor Fahrtantritt etwa die Mitteilung der Allgemeinen Vertragsbedingungen sowie der Fahrpläne, einschließlich der Bedingungen für die Fahrt mit der kürzesten Fahrzeit bzw für die Fahrt zum günstigsten Fahrpreis. Während der Fahrt hat das Eisenbahnunternehmen insbesondere über den nächsten Haltebahnhof, Verspätungen und die wichtigsten Anschlussverbindungen zu informieren. Dabei sind nicht nur die fahrplanmäßigen Abfahrtszeiten, sondern auch Verspätungen und Ausfälle von Anschlusszügen mitzuteilen, unabhängig davon, ob diese Anschlussverbindungen vom Eisenbahnunternehmen selbst durchgeführt werden oder nicht. [276] Der Infrastrukturbetreiber hat den Eisenbahnunternehmen dazu in diskriminierungsfreier Weise Echtzeitdaten über die Züge anderer Eisenbahnunternehmen zu übermitteln, sofern es sich bei diesen um die wichtigsten Anschlussverbindungen handelt.[277]

c) Haftung für Fahrgäste und Gepäck

98 Im dritten Kapitel der Verordnung finden sich Regelungen zur Haftung für Fahrgäste und Gepäck, für deren Deckung das Unternehmen nach Art. 12 Abs. 2 VO 1371/2007 eine entsprechende **Versicherung** abzuschließen hat.[278] Die nähere Ausgestaltung der Haftung richtet sich auf Grund des Verweises in Art. 11 VO 1371/2007 nach den in Bezug genommenen **Vorschriften der CIV**. Der danach maßgebliche Art. 26 CIV bestimmt, dass der Beförderer für den Schaden haftet, der dadurch entsteht, dass der Reisende „durch einen Unfall im Zusammenhang mit dem Eisenbahnbetrieb während seines Aufenthalts in den Eisenbahnwagen oder beim Ein- oder Aussteigen" **getötet, verletzt oder sonst in seiner körperlichen oder geistigen Gesundheit beeinträchtigt** wird. Die Haftung ist ausgeschlossen, wenn der die Haftung auslösende Unfall entweder durch ein Verschulden des Reisenden selbst, „durch außerhalb des Eisenbahnbetriebs liegende Umstände" oder ein Verhalten eines Dritten verursacht worden ist, welche bzw welches der Eisenbahnunternehmer trotz Anwendung der nach Lage des Falles gebotenen Sorgfalt nicht vermeiden und deren Folgen er nicht abwenden konnte. Unternehmen, welche dieselbe Infrastruktur nutzen wie das schädigende Eisenbahnunternehmen, sind nach Art. 26 Abs. 2 lit. c) VO 1371/2007 nicht als Dritter im Sinne dieser Vorschrift zu verstehen. In dogmatischer Hinsicht wird darüber gestritten, ob diese Haftung als Gefährdungshaftung[279] oder als Haftung für vermutetes Verschulden[280] zu werten ist. Auf die tatsächliche Rechtslage hat dies jedoch keinen Einfluss: Von der Ausnahme erfasst werden im Wesentlichen wohl nur Attentate und Selbsttötungen.[281]

99 Die Höhe des Schadensersatzes richtet sich nach nationalem Recht. Die **Haftungshöchstgrenze** muss aber mindestens 175.000 Rechnungseinheiten (= Sonderziehungsrechte, das entspricht etwa 196.000 Euro) betragen. Liegt die durch nationales Recht festgesetzte Haftungshöchstgrenze unter diesem Betrag, ist sie auf diesen Betrag zu erhöhen; liegt sie darüber, so gilt der höhere Betrag. In Deutschland gilt damit als Haftungshöchstgrenze für die Haftung der in **§ 9 HPflG**[282] genannte Betrag von **600.000 Euro als Kapitalbetrag** bzw 36.000 Euro als jährlicher Rentenbetrag.[283] Neben dieser Haftung nach Art. 26 CIV (mit der durch nationales Recht festgelegten Rechtsfolge) erlaubt Art. 11 VO 1371/2007 die Anwendung nationaler Vorschriften, die eine weitergehende Haftung ermöglichen. Diese Möglichkeit steht aber in gewissem Widerspruch zu Art. 52 CIV, wonach die

---

276 EuGH, Rs. C-136/11 (Westbahn Management), RRa 2013, 36 ff = NVwZ 2013, 355 ff; s. dazu *Karsten/Schuster-Wolf*, VuR 2013, 6, 8.

277 EuGH, Rs. C-136/11 (Westbahn Management), RRa 2013, 36 ff = NVwZ 2013, 355 ff.

278 S. hierzu auch *Schmidt*, RRa 2008, 154, 156.

279 So zumindest für Fälle, in denen die den Unfall auslösenden Umstände außerhalb des Eisenbahnbetriebs anzusiedeln sind: *Lindemann*, TranspR 2011, 10, 11 f; *ders.*, in: Tagungsband Verkehrsgerichtstag, S. 77, 81.

280 *Filthaut*, NZV 2009, 417, 420; *Rebler/Scheidler*, MDR 2010, 300, 302.

281 *Filthaut*, NZV 2009, 417, 420.

282 Haftpflichtgesetz in der Fassung der Bekanntmachung vom 4. Januar 1978, BGBl. I 1978, S. 145 ff, zuletzt geändert durch BGBl. I 2002, S. 2674 f.

283 S. dazu auch *Karsten*, in: Verbraucherrecht, Kap 24 Rn 301; *Lindemann*, TranspR 2011, 10, 12; *ders.*, in: Tagungsband Verkehrsgerichtstag, S. 77, 82.

Ansprüche gegen das Eisenbahnunternehmen nur unter den in der CIV formulierten Voraussetzungen und Beschränkungen geltend gemacht werden können. Um die völkerrechtliche Verpflichtung aus der CIV nicht zu verletzen, darf diese Regelung daher nur in solchen Fällen angewendet werden, in denen zwar der Anwendungsbereich der Verordnung, nicht aber derjenige des CIV eröffnet ist, also etwa im inländischen Schienenpersonenverkehr.[284] Nach Art. 13 VO 1371/2007 hat das Eisenbahnunternehmen bei Tod und Verletzung eines Fahrgastes spätestens 15 Tage nach Feststellung der Identität der entschädigungsberechtigten Person einen **Vorschuss** zu zahlen, der im Todesfall mindestens 21.000 Euro je Fahrgast betragen muss.

Die Haftung bei Tod oder Verletzung wird nach Art. 33 Abs. 1 CIV auf den **Verlust oder die Beschädigung von** solchem **Gepäck** erstreckt, **das der Fahrgast bei sich trägt**. Sie ist nach Art. 34 CIV auf 1.400 Rechnungseinheiten pro Fahrgast beschränkt. Für den Verlust oder die Beschädigung von Handgepäck in anderen Fällen gilt nach Abs. 2 der Norm eine unbegrenzte Verschuldenshaftung. Für den Schaden, der durch den Verlust, die Beschädigung oder die verspätete Auslieferung des **aufgegebenen Gepäcks** entsteht, haftet der Beförderer nach Maßgabe des Art. 36 CIV. Die Haftung ist in allen Fällen ausgeschlossen, wenn entweder der Schaden durch ein Verschulden des Fahrgastes oder durch Umstände verursacht wurde, welche der Beförderer nicht vermeiden und deren Folge er nicht abwenden konnte, oder wenn der Schaden durch die Beschaffenheit oder Verpackung des Gepäcks bedingt ist. Für den Schadensersatz **bei Verlust** gilt nach Art. 41 CIV eine Höchstgrenze von 80 Rechnungseinheiten je fehlendem Kilogramm bzw 1.200 Rechnungseinheiten je Gepäckstück. Ist die Höhe des Schadens nicht nachgewiesen, wird ein Pauschalbetrag von 20 Rechnungseinheiten je Kilogramm bzw 300 Rechnungseinheiten je Gepäckstück gezahlt. Darüber hinaus ist der für die Beförderung des Gepäckstücks gezahlte Preis zurückzuerstatten. **Bei Beschädigung** ist nach Art. 42 CIV eine Entschädigung in Höhe der Wertminderung zu zahlen, aber nicht über die in Art. 41 Abs. 1 CIV genannte Höchstgrenze hinaus. **Bei verspäteter Auslieferung** schließlich kann der Reisende nach Art. 43 CIV pro angefangenen Tag und für die Dauer von bis zu zwei Wochen den nachgewiesenen Schaden bis zu einer Höchstgrenze von 0,8 Rechnungseinheiten je Kilogramm bzw 14 Rechnungseinheiten je Stück oder eine Pauschalentschädigung in Höhe von 0,14 Rechnungseinheiten je Kilogramm bzw 2,8 Rechnungseinheiten je Gepäckstück verlangen. Dieser Anspruch wegen verspäteter Auslieferung kann nicht neben einer Entschädigung bei Verlust und nur unter besonderen Umständen – und dann auch nur bis zu den genannten Höchstgrenzen – neben der Entschädigung für Beschädigungen des Gepäcks verlangt werden. 100

Die genannten Haftungsobergrenzen gelten nach Art. 25 VO 1371/2007 nicht bei Verlust oder Beschädigung von **Mobilitätshilfen** (etwa Rollstühlen). 101

d) Haftung für Verspätung, verpasste Anschlusszüge und Zugausfälle

Die Haftung „für Verspätung, verpasste Anschlüsse und Zugausfälle“ bestimmt sich gemäß Art. 15 VO 1371/2007 nach den Art. 16 bis 18 der Verordnung sowie nach Art. 32 CIV. Nach Art. 32 CIV haftet der Beförderer dem Passagier für den Schaden, der dadurch entsteht, dass die Reise wegen **Ausfall, Verspätung oder Versäumnis des Anschlusses** nicht am selben Tag fortgesetzt werden kann oder eine Fortsetzung der Reise am selben Tag unter den gegebenen Umständen nicht zumutbar ist. Zu erstatten sind die angemessenen Kosten einer Übernachtung, die Benachrichtigung der den Fahrgast erwartenden Person und – über den Wortlaut der Norm hinaus – die Taxifahrt nach Hause, welche im Vergleich zu einer Übernachtung kostengünstiger ist.[285] Die Haftung tritt nicht ein, wenn der Ausfall, die Verspätung oder das Anschlussversäumnis auf außerhalb des Eisenbahnbetriebes liegende Umstände oder auf das Verhalten eines Dritten zurückzuführen ist, die bzw das der Beförderer trotz Anwendung der nach Lage des Falles gebotenen Sorgfalt nicht vermeiden und deren bzw dessen Folgen er nicht abwenden konnte. Die Haftung tritt ebenfalls nicht ein, wenn der Schaden auf einem Verschulden des Reisenden beruht. 102

284 *Karsten*, in: Verbraucherrecht, Kap 24 Rn 301; *Schmidt*, RRa 2008, 154, 158; s. auch *Filthaut*, NZV 2009, 417, 419, 421; *Lindemann*, TranspR 2011, 10, 12.

285 *Lindemann*, TranspR 2011, 10, 13.

103 In den Art. 16 bis 18 VO 1371/2007 finden sich darüber hinaus weitere Rechte, die dem Fahrgast im Falle einer **Verspätung** zustehen. Unter Verspätung iSd Norm ist nach Art. 3 Nr. 12 der Verordnung die Zeitdifferenz zwischen der planmäßigen Ankunftszeit des Fahrgasts gemäß dem veröffentlichten Fahrplan und dem Zeitpunkt seiner tatsächlichen oder erwarteten Ankunft zu verstehen. Erfasst werden dabei auch solche Verspätungen, die bei einer einheitlichen Buchung einer Umsteigeverbindung durch **verpasste Anschlusszüge** entstehen.[286] Erfasst werden muss ebenfalls eine Verspätung, die dadurch entsteht, dass der ursprünglich gebuchte **Zug ausfällt** und der Fahrgast auf alternative Zugverbindungen zurückgreifen muss, mit denen er später als geplant am Ziel ankommt.[287] Nach Art. 16 VO 1371/2007 hat der Fahrgast in den Fällen, in denen vernünftigerweise davon ausgegangen werden muss, dass sich die Ankunft am Zielort um mehr als 60 Minuten verzögern wird, die Wahl zwischen der **Erstattung** des Fahrpreises oder der **Fortsetzung der Fahrt** oder der **Weiterreise mit geänderter Streckenführung bei nächster Gelegenheit** oder **zu einem von ihm gewählten späteren Zeitpunkt.** Im Falle der Erstattung sind dem Fahrgast dann, wenn er kein Interesse mehr an der Fahrt hat, auch die bereits durchgeführten Reiseteile zu ersetzen und er ist zum Ausgangspunkt seiner Reise zurückzubefördern.

104 Wählt der Fahrgast die sofortige oder spätere Weiterfahrt,[288] kann er – ohne seinen Beförderungsanspruch zu verlieren – nach Art. 17 VO 1371/2007 eine **Fahrpreisentschädigung** verlangen. Die Entschädigung beträgt mindestens 25 % des Fahrpreises, wenn sich die Ankunft zwischen 60 bis 119 Minuten verzögert, und mindestens 50 % des Fahrpreises, wenn die Verspätung 120 Minuten und mehr beträgt.[289] Bei der Berechnung der Verspätungen werden sog. „importierte" Verspätungen,[290] also solche, die nachweislich außerhalb des Hoheitsgebiets der Mitgliedstaaten eingetreten sind, nicht mitgerechnet.[291] Fahrgäste mit sog. **Zeitfahrkarten** können lediglich eine „angemessene Entschädigung gemäß den Entschädigungsbedingungen des Eisenbahnunternehmens" verlangen, „wenn ihnen wiederholt Verspätungen und Zugausfälle widerfahren."[292] Die Zahlung der Entschädigung hat innerhalb eines Monats nach einem entsprechenden Antrag des Passagiers zu erfolgen und kann in Form von Gutscheinen und/oder anderen Leistungen geleistet werden, wenn Gültigkeitszeitraum und Zielort flexibel sind und der Passagier nicht auf eine Entschädigung in Geld besteht. Die Festsetzung einer Bagatellgrenze von bis zu vier Euro, wie sie sich in den AGB der Deutschen Bahn findet, ist zulässig.[293] Die **Haftung ist ausgeschlossen,** wenn der Fahrgast bereits vor dem Kauf der Fahrkarte über die Verspätung informiert wurde oder wenn die Verspätung auf Grund der alternativ genutzten Beförderung auf unter 60 Minuten geschrumpft ist. In der Literatur wurde zudem überwiegend davon ausgegangen, dass die Haftung für die in Art. 17 (und 18) VO 1371/2007 geregelten Ansprüche auch dann ausgeschlossen ist, wenn einer der in Art. 32 Abs. 2 CIV normierten Ausschlussgründe vorliegt.[294] Einer solchen Lesart ist der EuGH jetzt entgegengetreten: In seinem Urteil in der **Rechtssache ÖBB-Personenverkehr AG** hat er festgestellt, dass die Haftung nach Art. 17 VO 1371/2007 weder wegen höherer Gewalt noch auf Grund-

286 *Hilpert*, MDR 2008, 597, 599; *Lindemann*, in: Tagungsband Verkehrsgerichtstag, S. 77, 84; *Schmidt*, RRa 2008, 154,158.

287 *Lindemann*, TranspR 2011, 10, 13 f; anders wohl *Karsten/Seidenspinner*, ZEuP 2010, 830, 856; *Kunz*, TranspR 2009, 245, 247 f, insb. 250.

288 Hier unterscheiden sich die Voraussetzungen der Regelung deutlich von denen im Kraftomnibusverkehr, wo die Entschädigung nach dem Wortlaut von Art. 19 Abs. 2 VO 181/2011 gerade nur für den Fall der Erstattung gewährt wird; vgl unter B.VI.5. (Rn 72 f).

289 Inwieweit die Mitgliedstaaten bzw Bahnunternehmen die in der Verordnung genannten Entschädigungshöhen hochsetzen können, ist in der Literatur strittig; ablehnend *Schmidt*, RRa 2008, 154,159; bejahend *Staudinger*, EuZW 2008, 751 753 f; s. auch *Tonner*, VuR 2009, 201 f.

290 *Schmidt*, RRa 2009, 154,157.

291 Art. 17 Abs. 1 Unterabs. 5 VO 1371/2007.

292 S. hierzu ausführlich *Hilpert*, MDR 2008, 597, 599 f.

293 Vgl Art. 17 Abs. 3 S. 2 und 3 VO 1371/2007.

294 *Filthaut*, NZV 2009, 417, 421; *Hilpert*, MDR 2007, 597, 600; *Karsten/Seidenspinner*, ZEuP 2010, 830, 856 Fn 194; *Lindemann*, TranspR 2011, 10, 14 f; *ders.*, in: Tagungsband Verkehrsgerichtstag, S. 77, 87 f; *Schmidt*, RRa 2008, 154, 159; aA: *Staudinger*, EuZW 2008, 751, 754.

lage der in Art. 32 Abs. 2 CIV niedergelegten Ausschlussgründe ausgeschlossen werden darf,[295] mithin immer zu zahlen ist. In dogmatischer Hinsicht bleibt die Frage, ob es sich bei der Entschädigung um eine Minderung[296] oder um einen verschuldensunabhängigen immateriellen Schadensersatz für den durch die Verspätung erlittenen Zeitverlust handelt.[297]

Nach Art. 18 der Verordnung ist der Fahrgast schließlich über eine Verspätung von Abfahrt oder Ankunft durch Eisenbahn oder Bahnhofsbetreiber zu informieren. Bei einer Verspätung von mehr als 60 Minuten hat er – sofern dies praktisch möglich ist – **Anspruch auf Mahlzeiten und Erfrischungen** in angemessenem Verhältnis zur Wartezeit. In den Fällen, in denen ein Aufenthalt von einer oder mehreren Nächten notwendig wird und sofern dies praktisch durchführbar ist, hat der Fahrgast zudem Anspruch auf eine **kostenlose Unterbringung** im Hotel oder einer anderweitigen Unterkunft sowie auf die Beförderung zwischen Bahnhof und Hotel bzw Unterkunft. 105

Über die in der Verordnung genannten Rechte hinaus gewährt der deutsche Gesetzgeber im **Schienenpersonennahverkehr** nach **§ 17 EVO** die Möglichkeit, bei einer Verspätung von mehr als 20 Minuten ohne Aufpreis auf schnellere Züge (IC und ICE) umzusteigen.[298] 106

e) Rechte von Passagieren mit Behinderungen oder eingeschränkter Mobilität

In ihrem fünften Kapitel regelt die Verordnung die **Rechte von Passagieren mit Behinderungen oder eingeschränkter Mobilität**, die im CIV nicht normiert sind. Die in Art. 3 Nr. 15 VO 1371/2007 enthaltene Definition dieser Passagiergruppe entspricht derjenigen im Kraftomnibusverkehr.[299] Nach Art. 19 Abs. 2 der Verordnung ist den Passgieren mit eingeschränkter Mobilität auch im Schienenverkehr ohne Aufpreis Zugang zu den Verkehrsdiensten zu gewähren. Eine Verweigerung der Beförderung oder die Forderung, dass der betroffene Fahrgast von einer weiteren Person begleitet wird, ist nur in Ausnahmefällen möglich. Eisenbahnunternehmen und Bahnhofsbetreiber haben zudem durch Einhaltung der entsprechenden technischen Spezifikationen dafür zu sorgen, dass Personen mit eingeschränkter Mobilität Bahnhöfe, Bahnsteige und Fahrzeuge zugänglich sind und Anlaufstellen bestehen, an denen die Personen ihren Hilfsbedarf anmelden können.[300] Darüber hinaus haben die Bahnhofsbetreiber nach Art. 22 VO 1371/2007 Hilfe bei Abfahrt, Umsteigen und Ankunft und die Eisenbahnunternehmen nach Art. 23 VO 1371/2007 Hilfe während der Beförderung zu leisten. Nach der Verordnung besteht allerdings kein Anspruch auf eine Sitzplatz; dieser muss vielmehr – wie von allen anderen Fahrgästen auch – durch eine Sitzplatzreservierung abgesichert werden.[301] Der Hilfsbedarf ist dem Eisenbahnunternehmen, dem Bahnhofsbetreiber oder dem Fahrkartenverkäufer bzw Reiseveranstalter spätestens 48 Stunden vor dem Zeitpunkt zu melden, zu dem die Hilfe benötigt wird. Die der Hilfe bedürftige Person hat sich zur vereinbarten Zeit an dem vertraglich festgelegten Punkt einzufinden. Die vereinbarte Zeit darf höchstens 60 Minuten vor der Zeit liegen, zu der sich die anderen Fahrgäste zur Abfahrt einzufinden haben. Wurde keine Zeit vereinbart, muss sich die Person spätestens 30 Minuten vor der fahrplanmäßigen Abfahrt einfinden. 107

f) Durchsetzung der Rechte

Die Fahrgäste sind nach Art. 29 VO 1371/2007 über die in der Verordnung enthaltenen Rechte zu informieren. Zudem haben die Mitgliedstaaten zur Durchsetzung dieser Rechte Beschwerde- und Schlichtungsstellen einzurichten. In Deutschland sind dies nach § 5 a Abs. 8 AEG die **Eisenbahnaufsichtsbehörden** und das **Eisenbahn-Bundesamt** sowie nach **§ 37 EVO** die zum 1. Dezember 2009 108

295 EuGH, Rs. C-509/11 (ÖBB-Personenverkehr AG), NJW 2013, 3429 ff = EuZW 2013, 906 ff.
296 *Tonner*, RRa 2012, 162, 165.
297 *Lindemann*, TranspR 2011, 10, 13; *ders.*, in: Tagungsband Verkehrsgerichtstag, S. 77, 85.
298 S. hierzu *Filthaut*, NVZ 2009, 417, 422; *Lindemann*, TranspR 2011, 10, 12.
299 S. dazu unter B.VI.4. (Rn 70).
300 Art. 21, 24 lit. d) VO 1371/2007.
301 Kritisch hierzu *Rodegra*, MDR 2011, 761, 765.

eingerichtete und von den Verkehrsunternehmen selbst finanzierte **Schlichtungsstelle für den öffentlichen Personenverkehr e.V.**[302]

109 Die gerichtliche Durchsetzung der in dieser Verordnung geregelten Ansprüche richtet sich nach der **Brüssel I-VO** und nicht nach Art. 57 CIV, da diese Vorschrift nicht in die Verordnung aufgenommen wurde.[303]

D. Binnenschifffahrt

I. Verkehrsträgerspezifische Besonderheiten und Zielsetzungen

110 Auf den wichtigsten Binnenschifffahrtswegen der Europäischen Union, insbesondere auf dem Rhein und der Donau, wird der Rechtsrahmen maßgeblich durch multilaterale Übereinkommen gesetzt. Die Schifffahrt auf dem Rhein (einschließlich Lek und Waal) wird in weiten Teilen durch die auch von Deutschland gezeichnete Revidierte Rheinschifffahrtsakte (sog. **Mannheimer Akte**)[304] und die anderen von der **Zentralkommission für die Rheinschifffahrt (ZKR)** getroffenen schifffahrtspolizeilichen, verkehrsrechtlichen und technischen Regelungen bestimmt.[305] Die Schifffahrt auf der Donau wird im Wesentlichen durch die Belgrader Donaukonvention (**Belgrader Akte**)[306] geregelt, der die Bundesrepublik 1998 beigetreten ist[307] und deren Durchführung der **Donaukommission** obliegt. Die durch diese beiden Kommissionen erlassenen Vorschriften haben maßgeblichen Einfluss auf die europäische Rechtssetzung. Zum einen hat der europäische Gesetzgeber die durch die Mannheimer und Belgrader Akte erreichte Liberalisierung in das europäische Recht übernommen. Zum anderen erstreckt er viele der durch die Zentralkommission gesetzten Rechtsakte auf sämtliche Binnenwasserstraßen der Europäischen Union, um innerhalb des Binnenmarktes einen einheitlichen Rechtsrahmen herzustellen und zu erhalten. Um eine bessere Zusammenarbeit der verschiedenen Rechtssetzungsinstanzen zu erreichen, wird teilweise der Beitritt der Europäischen Union zu den Internationalen Stromkommissionen gefordert.

111 Viele der vom europäischen Gesetzgeber darüber hinaus erlassenen Maßnahmen dienen der Förderung und dem Ausbau des Binnenschifffahrtssektors.[308] Dadurch soll der Verkehr von dem umweltschädlichen Verkehrsträger Straße auf die Binnenschifffahrtsstraßen verlagert und die im Weißbuch der Kommission angestrebte **nachhaltige Mobilität** erreicht werden. Die Binnenschifffahrt bietet sich dafür in besonderem Maße an, weil sie zum einen der umweltfreundlichste Landverkehrsträger ist und zum anderen ihr Potential mit einem derzeitigen Verkehrsträgeranteil von nur 6,2 %[309] nach Auffassung der Kommission noch bei weitem nicht ausgeschöpft ist.[310] Zur Koordinierung des weiteren Vorgehens hat die Kommission das Maßnahmenprogramm **NAIA-**

302 S. die Internetseite unter www.soep-online.de.

303 *Karsten*, in: Verbraucherrecht, Kap 24 Rn 327 (kritisch aber in Bezug auf den Beitritt der EU zur COTIF); *Kunz*, TranspR 2009, 245, 249; *Staudinger*, EuZW 2008, 751, 755.

304 Revidierte Rheinschifffahrtsakte vom 17. Oktober 1868 (Mannheimer Akte), abgedruckt in der Neufassung des deutschen Wortlauts in BGBl. II 1969, S. 598 ff; geändert durch das Zusatzprotokoll Nr. 2 zu der Revidierten Rheinschifffahrtsakte vom 17. Oktober 1979, abgedruckt in BGBl. II 1980, S. 870 ff.

305 S. hierzu *Woehrling*, TranspR 2009, 141 ff.

306 Übereinkommen vom 18. August 1948 über die Regelung der Schifffahrt auf der Donau (Belgrader Donaukonvention), abgedruckt in BGBl. II 1999, S. 584 ff, geändert durch das Zusatzprotokoll vom 26. März 1998, abgedruckt in BGBl. II 1999, S. 579 ff.

307 Gesetz vom 26. Juli 1999 zu dem Zusatzprotokoll vom 26. März 1998 zum Übereinkommen vom 18. August 1948 über die Regelung der Schifffahrt auf der Donau (Belgrader Donaukonvention), abgedruckt in BGBl. II 1999, S. 579 ff.

308 S. hierzu *Scheele*, TranspR 2009, 138 ff.

309 *S. bei Eurostat: http://appsso.eurostat.ec.europa.eu* unter „Statistiken – Statistiken A-Z – Verkehr – Datenbank – Multimodale Daten".

310 Zum Vergleich: Der Mississippi allein hat einen Verkehrsträgeranteil von 12 %; vgl Mitteilung: NAIADES (Fn 311), unter II.

DES[311] erlassen: **Um die Wirtschaftlichkeit des Sektors zu verbessern**, sollen neue Märkte und Marktnischen (etwa der Gefahrgut- oder Mülltransport) für die Binnenschifffahrt erschlossen, der Zugang zu Kapital für die in diesem Sektor vorwiegend tätigen kleinen und mittleren Unternehmen erleichtert und der Verwaltungs- und Rechtsrahmen verbessert werden. Darüber hinaus soll die Flotte der Binnenschiffe durch Investitionen modernisiert und auf den neu(est)en technischen Stand gebracht werden. Durch eine Verbesserung der Arbeits- und Sozialbedingungen soll außerdem dem Mangel an Arbeitskräften entgegengewirkt werden. Insgesamt soll das Image der Binnenschifffahrt als Verkehrsträger verbessert und vermehrt auf ihr enormes Potential hingewiesen werden. Schließlich gilt es, die Infrastruktur der Wasserstraßen zu verbessern und bestehende Engpässe abzubauen.

II. Marktöffnung und wettbewerbliche Ordnung

1. Marktzugangsregeln

a) Grenzüberschreitender Verkehr[312]

Mit der **Verordnung (EG) Nr. 2919/85**[313] sind die **Rheinzugangsbestimmungen**, wie sie sich aus dem Zusatzprotokoll Nr. 2 zu der Revidierten Rheinschifffahrtsakte[314] ergeben, in Gemeinschaftsrecht übernommen worden. Die für den freien Zugang zur Rheinschifffahrt erforderliche Urkunde über die Zugehörigkeit eines Schiffes zur Rheinschifffahrt wird auch solchen Schiffen erteilt, die eine sog. **echte Verbindung** zu einem europäischen Mitgliedstaat aufweisen, auch wenn dieser nicht Vertragsstaat der Mannheimer Akte ist. Eine echte Verbindung liegt vor, wenn das Schiff im Eigentum einer Person steht, welche die Staatsangehörigkeit eines Mitgliedstaates besitzt und ihren Wohnsitz oder dauernden Aufenthalt innerhalb der Union hat.[315] Handelt es sich bei dem Eigentümer um eine juristische Person, muss diese nach dem Recht eines Mitgliedstaates gegründet worden sein und ihren Sitz innerhalb der Union haben. Sie muss ferner von Personen geleitet werden, die in der Mehrheit Staatsangehörige eines Mitgliedstaates sind und ihren Wohnsitz oder dauernden Aufenthalt bzw Sitz innerhalb des Binnenmarktes haben. Mit der **Verordnung (EG) Nr. 1356/96**[316] ist der **Zugang zu sämtlichen (anderen) Binnenschifffahrtsstraßen innerhalb der Gemeinschaft** liberalisiert. Nach Art. 1 und 2 des Rechtsakts ist ein Binnenschifffahrtsunternehmer ohne Diskriminierung auf Grund seiner Staatsangehörigkeit oder seines Niederlassungsortes zum Binnenschiffsgüter- und -personenverkehr zwischen Mitgliedstaaten und für den Durchgangsverkehr durch Mitgliedstaaten zuzulassen, wenn er in einem Mitgliedstaat in Übereinstimmung mit dessen Rechtsvorschriften niedergelassen ist, dort zur Durchführung von **grenzüberschreitenden Güter- und Personenbeförderungen** in der Binnenschifffahrt befugt ist und Binnenschiffe einsetzt, die in einem Mitgliedstaat eingetragen sind oder für die eine Bescheinigung über ihre Zugehörigkeit zur Flotte eines Mitgliedstaates vorliegt. Des Weiteren ist auch hier die oben bereits beschriebene **echte Verbindung** des Schiffes zu einem Mitgliedstaat der Europäischen Union erforderlich. Die Erfüllung der dafür erforderlichen Bedingungen ist durch eine Bescheinigung des Mitgliedstaats nachzuweisen, in dem das Schiff in das entsprechende Register eingetragen ist oder – falls eine solche Registrierung nicht besteht – in dem sich der Eigentümer niedergelassen hat. Die sich aus der Mannheimer und Belgrader Akte ergebenden Rechte für Verkehrsunternehmen aus Drittstaaten 112

311 Mitteilung der Kommission vom 17. Januar 2006 über die Förderung der Binnenschifffahrt „NAIADES" – Integriertes europäisches Aktionsprogramm für die Binnenschifffahrt, KOM(2006) 6 endg. Der Name ist eine Anspielung auf die Najaden, die Süßwassernymphen in der griechischen Mythologie, die über die Binnengewässer wachen.

312 S. hierzu insgesamt *Hartenstein*, TranspR 2007, 385 ff.

313 VO (EWG) Nr. 2919/85 des Rates vom 17. Oktober 1985 zur Festlegung der Bedingungen für die Inanspruchnahme der Regelung, die aufgrund der Revidierten Rheinschifffahrtsakte den Schiffen der Rheinschifffahrt vorbehalten ist, ABl. 1985 L 280, S. 4 ff.

314 Zusatzprotokoll Nr. 2 zu der Revidierten Rheinschifffahrtsakte vom 17. Oktober 1979, abgedruckt in BGBl. II 1980, S. 870 ff.

315 S. Art. 3 Abs. 1 Ausführungs-VO zu VO (EG) Nr. 2919/85, abgedruckt als Anhang der VO (EG) Nr. 2919/85.

316 VO (EG) Nr. 1356/96 des Rates vom 8. Juli 1996 über gemeinsame Regeln zur Verwirklichung der Dienstleistungsfreiheit im Binnenschiffsgüter- und -personenverkehr zwischen Mitgliedstaaten ABl. 1996 L 175, S. 7 f.

sowie die internationalen Verpflichtungen, welche die Union eingegangen ist, bleiben nach Art. 3 VO 1356/96 unberührt.

113 Die Voraussetzungen, wann jemand zum **Beruf des Binnenschiffsunternehmers** im Güterverkehr zuzulassen ist, ergeben sich aus der **Richtlinie 87/540/EWG,**[317] sofern nicht der Unternehmer eine Fähre betreiben oder Schiffe einsetzen will, deren Ladefähigkeit bei höchstzulässigem Tiefgang 200 metrische Tonnen nicht überschreitet.[318] Nach Art. 3 RL 87/540/EWG wird für den Zugang zum Beruf (lediglich) die behördliche Feststellung der fachlichen Eignung vorausgesetzt. Zuverlässigkeit und finanzielle Leistungsfähigkeit sind – anders als bei den anderen Verkehrsträgen – aus europäischer Warte keine zwingenden Voraussetzungen für den Zugang zum Beruf. Die Mitgliedstaaten dürfen diese Kriterien aber zu Voraussetzungen erheben. In Deutschland finden sich die Umsetzungsvorschriften zu der Richtlinie in der Binnenschiffsgüter-Berufszugangsverordnung (BinSchZV).[319] In dieser Verordnung wurde von der Möglichkeit, neben der fachlichen Eignung noch eines der anderen Kriterien zur Zugangsvoraussetzung zu erheben, kein Gebrauch gemacht.

b) Kabotageverkehr

114 Die Durchführung von **Kabotage**transporten, also von innerstaatlichem gewerblichem Verkehr in einem Mitgliedstaat, in dem der Schiffsunternehmer nicht ansässig ist, steht nach der **Verordnung (EWG) Nr. 3921/91**[320] allen Binnenschiffsverkehrsunternehmern offen, die in einem Mitgliedstaat der Gemeinschaft in Übereinstimmung mit dessen Rechtsvorschriften niedergelassen sind und dort die Genehmigung für den grenzüberschreitenden Güter- und Personenverkehr in der Binnenschifffahrt erhalten haben. Voraussetzung ist nach Art. 2 der Verordnung allerdings, dass Schiffe eingesetzt werden, welche die oben bereits beschriebene **echte Verbindung** zum Mitgliedstaat aufweisen. Die Urkunde über die Zughörigkeit zur Rheinschifffahrt gemäß VO 2919/85 ist ausreichend. Die Durchführung der Kabotagefahrten unterliegt nach Art. 3 Abs. 1 und 2 VO 3921/91 im Hinblick auf das Beförderungsvertragsrecht, schiffstechnische und schifffahrtspolizeiliche Vorschriften, Steuer- und Ruhezeiten sowie die Mehrwertsteuer auf den Beförderungsdienst den Rechts- und Verwaltungsvorschriften des Aufnahmemitgliedstaates. Auch in der Binnenschifffahrt findet sich damit die bei Kabotagebeförderungen übliche **Kollisionsnorm.**

2. Weitere für den Zugang erforderliche Genehmigungen

a) Gemeinschaftszeugnis

115 Um die Wasserstraßen der Gemeinschaft befahren zu können, ist ein von den Mitgliedstaaten ausgestelltes **Gemeinschaftszeugnis** für Binnenschiffe erforderlich, mit dem bescheinigt wird, dass das Schiff die geltenden technischen Vorschriften uneingeschränkt erfüllt. Die Erteilung des Gemeinschaftszeugnisses ist in – der derzeit noch geltenden[321] – **Richtlinie 2006/87/EG**[322] festgeschrieben. Dieser Rechtsakt harmonisiert die Bedingungen für die Erteilung des Gemeinschaftszeugnisses und enthält in ihren Anhängen die Mindestanforderungen, die ein Schiff in technischer Hinsicht erfül-

317 RL 87/540/EWG des Rates vom 9. November 1987 über den Zugang zum Beruf des Unternehmers im innerstaatlichen und grenzüberschreitenden Binnenschiffsgüterverkehr und über die gegenseitige Anerkennung der Diplome, Prüfungszeugnisse und sonstigen Befähigungsnachweise für diesen Beruf, ABl. 1987 L 322, S. 20 ff.

318 Vgl Art. 2 RL 87/540/EWG.

319 Binnenschiffsgüter-Berufszugangs-VO (Artikel 1 der VO über den Zugang zum Beruf des Unternehmers im innerstaatlichen und grenzüberschreitenden Binnenschiffsgüterverkehr – BinSchZV) vom 30. September 1992, BGBl. I 1992, S. 1760 ff, zuletzt geändert durch BGBl. 1997 I, S. 2622 ff.

320 VO (EWG) Nr. 3921/91 des Rates vom 16. Dezember 1991 über die Bedingungen für die Zulassung von Verkehrsunternehmen zum Binnenschiffsgüter- und -personenverkehr innerhalb eines Mitgliedstaates, in dem sie nicht ansässig sind, ABl. 1991 L 373, S. 1 ff.

321 Vorschlag für eine RL des Europäischen Parlaments und des Rates zur Festlegung technischer Vorschriften für Binnenschiffe und zur Aufhebung der RL 2006/87/EG des Europäischen Parlaments und des Rates, KOM(2013) *622 endg.*

322 RL 2006/87/EG des Europäischen Parlaments und des Rates vom 12. Dezember 2006 über die technischen Vorschriften für Binnenschiffe und zur Aufhebung der RL 82/714/EWG des Rates, ABl. 2006 L 389, S. 1 ff, zuletzt geändert durch RL 2013/49/EU, ABl. 2013 L 272, S. 41.

len muss, damit ein Gemeinschaftszeugnis ausgestellt wird. Nach Art. 3 RL 2006/87/EG gilt ein von den Mitgliedstaaten ausgestelltes Gemeinschaftszeugnis auf allen Wasserstraßen der Union. Für die von der Mannheimer Akte erfassten Wasserstraßen, also insbesondere für den Rhein, gilt nach Art. 3 Abs. 1 der Richtlinie weiterhin das gemäß Art. 22 Mannheimer Akte erteilte Schiffsattest. Das Gemeinschaftszeugnis gilt hier nur, wenn es nach dem 30. Dezember 2008 erteilt oder erneuert wurde und eine Bestätigung darüber enthält, dass das Schiff den technischen Vorschriften aus Anhang II der Richtlinie voll entspricht.

b) Schiffsattest

Neben dem Gemeinschaftszeugnis ist auf den meisten Wasserstraßen zudem noch das eigentliche **Schiffsattest** als **Fahrtauglichkeitsbescheinigung** mitzuführen. Für Deutschland ergibt sich das aus § 6 Abs. 1, Abs. 2 der Binnenschiffsuntersuchungsordnung,[323] der für alle Wasserstraßen außer dem Rhein das Mitführen sowohl des Gemeinschaftszeugnisses als auch eines Schiffsattests vorschreibt. Für den Rhein reicht ein nach dem 30. Dezember 2008 erteiltes oder erneuertes Gemeinschaftszeugnis aus. Die Regelungen zur Erteilung eines Schiffsattests sowie dessen Anerkennung durch andere Mitgliedstaaten sind in der **Richtlinie 2009/100/EG**[324] enthalten. Nach deren Art. 2 Abs. 2 ist das Schiffsattest von dem Mitgliedstaat zu erteilen, in dem das Schiff eingetragen ist oder seinen Heimathafen hat, sonst von dem Staat, in dem der Schiffseigner seinen Wohnsitz hat. Ein Mitgliedstaat kann einen anderen Mitgliedstaat ersuchen, Schiffsatteste für die von seinen Staatsangehörigen betriebenen Schiffe zu erteilen. Das Attest ist nach Art. 3 RL 2009/100/EG von den anderen Mitgliedstaaten für Fahrten auf ihren Binnenwasserstraßen ohne erneute Prüfung anzuerkennen, wenn es noch gültig ist und seit dem Zeitpunkt seiner Ausstellung oder der letzten Verlängerung nicht mehr als fünf Jahre vergangen sind. Ein nach der Rheinschiffsuntersuchungsordnung[325] ausgestelltes Attest wird für seine gesamte Gültigkeit zugelassen. Nach Art. 4 der Richtlinie kann einem Unternehmer ausnahmsweise selbst bei Vorlage eines gültigen Schiffsattests die Weiterfahrt versagt werden, wenn bei einer Kontrolle festgestellt wird, dass das Schiff sich in einem Zustand befindet, „der für die Umgebung eine Gefahr darstellt," oder wenn das Schiff bzw seine Ausrüstung nicht den Anforderungen entspricht, die es gemäß Schiffsattest zu erfüllen hat. 116

3. Wettbewerbliche Ordnung des Marktes

In der Vergangenheit wurde der freie Wettbewerb in der Binnenschifffahrt durch die sog. Rotations-Befrachtungssysteme, insbesondere das marktregulierende Tour-de-Rôle-Verfahren in Belgien, den Niederlanden und Frankreich beeinträchtigt: Die Transportaufträge wurden an einer Frachtbörse zu vorher festgesetzten Preisen und Bedingungen in der Reihenfolge vergeben, in der die Schiffe nach dem Löschen verfügbar waren. Durch die **Richtlinie 96/75/EG**[326] wurden die nationalen **Rotations-Befrachtungssysteme abgeschafft**. Nach deren Art. 2 werden im innerstaatlichen sowie im grenzüberschreitenden Binnenschiffsgüterverkehr in der Gemeinschaft die Verträge zwischen den betroffenen Parteien frei geschlossen und die Frachtraten frei ausgehandelt. Staatliche Einflussnahme ist unzulässig. Im Falle **schwerer Marktstörungen** kann die Kommission aber nach Art. 7 RL 96/75/EG auf Antrag eines Mitgliedstaates geeignete Maßnahmen treffen, um insbesondere Erhöhungen der Transportkapazität auf dem betreffenden Markt zu verhindern. Unter einer schweren Marktstörung ist dabei nach Art. 1 lit. d) RL 96/75/EG das Auftreten von Problemen auf dem Markt des Binnenschiffsgüterverkehrs zu verstehen, „die diesem Markt eigen sind und zu 117

323 VO über die Schiffssicherheit in der Binnenschifffahrt (Binnenschiffsuntersuchungsordnung – BinSchUO) vom 6. Dezember 2008, BGBl. I 2008, S. 2450 ff, zuletzt geändert durch BGBl. I 2012, S. 2802 ff.

324 RL 2009/100/EG des Europäischen Parlaments und des Rates vom 16. September 2009 über die gegenseitige Anerkennung von Schiffsattesten für Binnenschiffe, ABl. 2009 L 259, S. 8 ff.

325 Rheinschifffahrtsuntersuchungsordnung von 1995 in der Fassung vom April 2014, abrufbar auf der Homepage der Zentralkommission für die Rheinschifffahrt unter www.ccr-zkr.org unter „Service – Dokumente zum Herunterladen – ZKR Verordnungen".

326 RL 96/75/EG des Rates vom 19. November 1996 über die Einzelheiten der Befrachtung und der Frachtratenbildung im innerstaatlichen und grenzüberschreitenden Binnenschiffsgüterverkehr in der Gemeinschaft, ABl. 1996 L 304, S. 12 ff.

einem möglicherweise anhaltenden deutlichen Angebotsüberhang führen können, der das finanzielle Gleichgewicht und das Überleben zahlreicher Binnenschiffsgüterverkehrsunternehmen ernstlich gefährden könnte, sofern die kurz- und mittelfristigen Prognosen für den betreffenden Markt keine deutliche und dauerhafte Besserung erwarten lassen."

118 Als Schutzmaßnahme kommt insbesondere die Wiedereinführung des als **„Alt für Neu"-Regelung** bezeichneten Regulierungsmechanismus in Betracht,[327] durch den die Inbetriebnahme neugebauter oder aus Drittländern importierter Schiffe von der Abwrackung einer entsprechend hohen Tonnage bestehenden Schiffsraums oder der Zahlung eines entsprechenden Sonderbeitrags an den Binnenschifffahrtsfonds abhängig gemacht wird.[328] Mit dieser Regelung war bereits in der Vergangenheit einem strukturellen Schiffsraumüberhang begegnet worden.

III. Binnenschifffahrtsinformationsdienste (RIS)

119 Ähnlich wie für die anderen Verkehrsträger soll die Planung und das Management von Verkehr und Transport auf den Binnenwasserstraßen durch die Einführung eines kompatiblen und interoperativen Informationssystems erleichtert werden. Aus diesem Grund schafft die Richtlinie 2005/44/EG[329] den rechtlichen Rahmen für die Einführung und Nutzung harmonisierter **Binnenschifffahrtsinformationsdienste** (River Information Services – **RIS**), durch welche die Informationen zu Fahrwasser und Verkehr, Verkehrsmanagement, Statistik, Zolldiensten, Wasserstraßenabgaben und Hafengebühren für alle Verkehrsteilnehmer besser zugänglich sind.

IV. Binnenschifferpatent

120 Die von den Mitgliedstaaten ausgestellten **Schifferpatente** für den Binnenschiffsgüter- und -personenverkehr sind von den anderen Mitgliedstaaten nach Maßgabe der **Richtlinie 91/672/EWG**[330] anzuerkennen. Nach Art. 5 Abs. 3 dieser Richtlinie können die Mitgliedstaaten für die Fahrt auf bestimmten Binnenwasserstraßen als zusätzliche Voraussetzung besondere Kenntnisse der örtlichen Verhältnisse verlangen Die Richtlinie gilt nicht für Rhein, Lek und Waal.[331] Um auf diesen Wasserstraßen ein Schiff zu führen, ist das gemäß der Mannheimer Akte erteilte **Rheinschifferpatent** erforderlich. Dieses wird nach Art. 2 der Richtlinie gleichzeitig für alle Wasserstraßen der Union anerkannt. Die Bedingungen für den Erwerb einzelstaatlicher Schifferpatente sind in der **Richtlinie 96/50/EG**[332] harmonisiert. Darin werden bestimmte Mindestanforderungen in Bezug auf das Alter, die körperliche und geistige Eignung, die Berufserfahrung und die erforderlichen fachspezifischen Kenntnisse gestellt. Deutschland hat die europäischen Vorgaben zum Binnenschifferpatent in der Binnenschifferpatentverordnung[333] umgesetzt.

---

327 Vgl Art. 4 Abs. 2 Unterabs. 2 und 3 VO (EG) Nr. 718/1999 des Rates vom 29. März 1999 über kapazitätsbezogene Maßnahmen für die Binnenschifffahrtsflotten der Gemeinschaft zur Förderung des Binnenschiffsverkehrs, ABl. 1999 L 90, S. 1 ff; zur geplanten Änderung s. KOM(2013) 621 endg; s. auch VO (EG) Nr. 181/2008 der Kommission vom 28. Februar 2008 zur Festlegung der Durchführungsbestimmungen zur VO (EG) 718/1999, ABl. 2008 L 56, S. 8 ff.

328 Vgl Art. 8 VO (EWG) Nr. 1101/89 des Rates vom 27. April 1989 über die Strukturbereinigung in der Binnenschifffahrt, ABl. 1989 L 116, 25 ff, zuletzt geändert durch VO (EG) Nr. 742/98/EG, ABl. 1998 L 103, S. 3; VO (EWG) Nr. 1102/89 der Kommission vom 27. April 1989 mit Durchführungsbestimmungen zur VO (EWG) Nr. 1101/89, ABl. 1989 L 116, S. 30 ff, zuletzt geändert durch VO (EG) Nr. 812/1999, ABl. 1999 L 103, S. 5 ff.

329 RL 2005/44/EG des Europäischen Parlaments und des Rates vom 7. September 2005 über harmonisierte Binnenschifffahrtsinformationsdienste (RIS) auf den Binnenwasserstraßen der Gemeinschaft, ABl. 2005 L 255, S. 152 ff.

330 RL 91/672/EWG des Rates vom 16. Dezember 1991 über die gegenseitige Anerkennung der einzelstaatlichen Schifferpatente für den Binnenschiffsgüter- und -personenverkehr, ABl. 1991 L 373, S. 29 ff, geändert durch RL 2013/22/EU, ABl. 2013 L 158, S. 356 ff.

331 Vgl dazu die Gruppeneinteilung in Art. 1 RL 91/672/EWG (Fn 330) iVm Anhang II der Richtlinie.

332 RL 96/50/EG des Rates vom 23. Juli 1996 über die Harmonisierung der Bedingungen für den Erwerb einzelstaatlicher Schifferpatente für den Binnenschiffsgüter- und -personenverkehr in der Gemeinschaft, ABl. 1996 L 235, S. 31 ff, geändert durch VO (EG) Nr. 1137/2008, ABl. 2008 L 311, S. 1 ff.

333 VO über Befähigungszeugnisse in der Binnenschifffahrt (Binnenschifferpatentverordnung – BinSchPatentV) vom 15. Dezember 1997, BGBl. I 1997, S. 3066 ff, zuletzt geändert durch BGBl. I 2012, S. 2802 ff.

V. Einfluss auf die privatrechtliche Ausgestaltung der Rechtsbeziehungen

1. Völkerrechtliche Regelungen

Die privatrechtliche Ausgestaltung der im Binnenschifffahrtssektor relevanten Rechtsverhältnisse ist in erster Linie durch die von den Stromkommissionen gesetzten Regelungsakte vereinheitlicht. So wird beispielsweise mit dem **Straßburger Übereinkommen** (CLNI) von 1988[334] die Beschränkung der Haftung in der Rheinschifffahrt normiert. Als völkerrechtliche Regelungen, an denen nicht nur Mitgliedstaaten der Gemeinschaft beteiligt sind, gehen die von den Stromkommissionen erlassenen Regelungen europäischen Rechtsakten vor. Diesem Umstand kann für die Anwendung der Rom I-, der Rom II- und der Brüssel I-VO im Bereich der Binnenschifffahrt Bedeutung zukommen. Dies gilt insbesondere in Anbetracht dessen, dass die großen Stromkommissionen jeweils eine **eigene Gerichtsbarkeit** etabliert haben. Neben diesen Übereinkommen im Einflussbereich der großen Stromkommissionen hat Deutschland zudem das **Budapester Übereinkommen** über den Vertrag für die Güterbeförderung in der Binnenschifffahrt (CMNI)[335] gezeichnet.[336] 121

Ein erster Vorstoß, die Rechtsbeziehungen zwischen Binnenschifffahrtsunternehmen und Kunden auf europäischer Ebene auszugestalten, scheiterte: Der ursprünglich auch für die Binnenschifffahrt geplante **Verordnungsvorschlag über die Haftung von Beförderern von Reisenden auf See und im Binnenschiffsverkehr bei Unfällen**[337] ist letztlich nur für den Seeverkehr realisiert worden.[338] Für den Binnenschiffsverkehr bleibt es hinsichtlich der Haftung für Reisende und Gepäck demnach bei der Anwendung des Binnenschifffahrtsgesetz.[339] **§ 77 Abs. 1 BinSchG** verweist für die Regelung der Beförderung von Reisenden und ihrem Gepäck auf die mit dem Gesetz zur Reform des Seehandelsrecht[340] neu eingeführten §§ 536 ff HGB, welche die nunmehr aufgehobene Anlage zu § 664 HGB ersetzen. Die in diesen Regelungen enthaltenen Haftungsstandards sind an das Athener Übereinkommen 2002 und damit auch an die Regelungen der für den Seeverkehr geltenden VO 392/2009[341] angepasst. 122

2. Passagierrechte im Schiffsverkehr: Die sog. Athen II-VO

Mit der **Verordnung (EU) Nr. 1177/2010**[342] wurden die Passagierrechte sowohl im See- wie auch im Binnenschiffsverkehr europäisiert. Der Rechtsakt ist nach seinem Art. 31 Unterabs. 2 ab dem 18. Dezember 2012 anwendbar. Da er die Vorschriften aus der – für den Binnenschiffsverkehr nicht geltenden – VO 392/2009 über die Unfallhaftung auf See ergänzt, die ihrerseits wiederum das Übereinkommen von Athen umsetzt, wird die Verordnung oftmals auch als Athen II-VO bezeichnet. 123

334 Straßburger Übereinkommen über die Beschränkung der Haftung in der Binnenschifffahrt (CLNI) vom 4. November 1988, BGBl. II 1998, S. 1644 ff; s. dazu *Tournaye*, TranspR 2009, 156 ff.

335 Budapester Übereinkommen vom 22. Juni 2001 über den Vertrag über die Güterbeförderung in der Binnenschifffahrt (CMNI), abgedruckt in BGBl. II 2007, S. 299 ff (bekanntgemacht in BGBl. II 2007, S. 1390); s. zu dem Übereinkommen ausführlich *Hacksteiner*, TranspR 2009, 145 ff.

336 Gesetz zu dem Budapester Übereinkommen vom 22. Juni 2001 über den Vertrag über die Güterbeförderung in der Binnenschifffahrt (CMNI), BGBl. II 2007, S. 298 ff.

337 Vorschlag für eine VO des Europäischen Parlaments und des Rates über die Haftung von Beförderern von Reisenden auf See und im Binnenschiffsverkehr bei Unfällen, KOM(2005) 592 endg.

338 S. dazu unter E.V.1. (Rn 144 ff); zu den Folgen, die diese VO auf die Binnenschifffahrt gehabt hätte, s. *Haak*, TranspR 2009, 162, 165 ff.

339 Gesetz betreffend die privatrechtlichen Verhältnisse der Binnenschifffahrt (Binnenschifffahrtsgesetz – BinSchG) vom 15. Juni 1895, BGB III, Gliederungsnr. 4103-1, zuletzt geändert durch BGBl. I 2013, S. 831.

340 Gesetz zur Reform des Seehandelsrechts vom 20. April 2013, BGBl. I 2013, S. 831 ff.

341 S. dazu ebenfalls unter E.V.1. (Rn 144 ff) sowie die Nachweise in Fn 397.

342 VO (EU) Nr. 1177/2010 des Europäischen Parlaments und des Rates vom 24. November 2010 über die Fahrgastrechte im See- und Binnenschiffsverkehr und zur Änderung der VO (EG) Nr. 2006/2004, ABl. 2010 L 334, S. 1 ff; s. dazu etwa *Karsten*, VuR 2011, 215, 217 ff; *Rodegra*, MDR 2013, 194 ff; *Tonner*, RRa 2013, 206, 211 f.

a) Anwendungsbereich der VO 1177/2010

124 Die Verordnung gilt nach ihrem Art. 2 für Fahrgäste, die auf einem mitgliedstaatlichen Hafen einschiffen oder mit einem mitgliedstaatlichen Personenverkehrsdienst von einem Einschiffungshafen außerhalb der Gemeinschaft starten, aber auf einem Hafen innerhalb der Gemeinschaft ausschiffen. Auf **Kreuzfahrten** findet der Rechtsakt dann Anwendung, wenn der Einschiffungshafen in einem Mitgliedstaat liegt. In diesem Fall gelten allerdings die in Art. 16 Abs. 2 VO 1177/2010 geregelten Informationspflicht über alternative Anschlüsse und die in Art. 18, 19, 20 Abs. 1 und 4 der Verordnung normierten Rechte, dh die Regelungen über die anderweitige Beförderung und Fahrpreiserstattung bei annullierten oder verspäteten Abfahrten sowie die Entschädigung durch Fahrpreisnachlass bei verspäteter Ankunft, nicht. Stattdessen gelten die Vorschriften der Pauschalreise-RL.[343] Unter den Begriff der Kreuzfahrt nach Art. 3 lit. t) der Verordnung lassen sich – gerade angesichts der Rechtsprechung des EuGH[344] – auch Frachtschiffsreisen fassen.[345] Allgemein vom Anwendungsbereich der Verordnung ausgenommen sind Schiffe, die für die Beförderung von maximal 12 bzw – unter besonderen Umständen – maximal 36 Fahrgästen zugelassen sind, deren Besatzung aus höchstens drei Personen besteht oder die nur eine Gesamtstrecke von weniger als 500 m pro einfacher Fahrt zurücklegen, sowie Schiffe, die für Ausflugs- und Besichtigungsfahrten eingesetzt werden. Den Mitgliedstaaten ist es zudem gestattet, Verkehrsdienste, die im Rahmen **gemeinwirtschaftlicher Verpflichtungen, öffentlicher Dienstleistungsverträge** oder integrierter Verkehrsdienste erbracht werden, auszuschließen, wenn diese Verträge ein gleiches Schutzniveau für die Passagiere bieten. Ebenso können bis zum 18. Dezember 2014 bestimmte im Inlandsverkehr betriebene Seeschiffe ausgenommen werden. Deutschland hat von diesen Ausnahmemöglichkeiten keinen Gebrauch gemacht.[346]

b) Regelungen zum Beförderungsvertrag

125 Nach Art. 4 der Verordnung haben die Beförderer dem Fahrgast einen Fahrschein auszustellen, sofern nicht andere Dokumente nach den nationalen Vorschriften den Anspruch auf eine Beförderungsleistung begründen. Die Vertragsbedingungen und Tarife der Allgemeinheit haben ohne jegliche unmittelbare oder mittelbare Diskriminierung auf Grund der Staatsangehörigkeit des Kunden oder des Ortes der Niederlassung des Beförderers bzw Fahrscheinverkäufers zu erfolgen.

c) Rechte von Passagieren mit Behinderungen oder eingeschränkter Mobilität

126 In den Art. 7 ff VO 1177/2010 sind die Regelungen über die **Rechte von Passagieren mit Behinderungen oder eingeschränkter Mobilität** enthalten. Sie decken sich im Wesentlichen mit denen, die in der VO 1371/2007 und in der VO 1177/2010 enthalten sind.[347] Der Beförderer und der Terminalbetreiber haben nach Art. 9 VO 1177/2010 nichtdiskriminierende Zugangsbedingungen für die Beförderung von Personen mit eingeschränkter Mobilität sowie deren Begleitpersonen auszustellen und den Personen nach Art. 8 VO 1177/2010 die in Anhängen II und III der Verordnung aufgeführten Hilfeleistungen zu gewähren. Um diese **Hilfeleistungen** in Anspruch zu nehmen, muss der Hilfsbedarf dem Beförderer oder Terminalbetreiber spätestens 48 Stunden vor dem Zeitpunkt, zu dem die Hilfe benötigt wird, angemeldet werden und die der Hilfe bedürftige Person hat sich zur vereinbarten Zeit an dem vertraglich festgelegten Punkt einzufinden. Die vereinbarte Zeit darf höchstens 60 Minuten vor der Einschiffungszeit bzw der fahrplanmäßigen Abfahrt liegen.[348]

Art. 15 des Rechtsakts statuiert schließlich eine verschuldensabhängige Haftung der Beförderer und Terminalbetreiber für Schäden infolge des **Verlustes oder der Beschädigung von Mobilitätshilfen**

343 S. dazu *Schulte-Nölke*, in diesem Werk § 23 Rn 89 ff.

344 EuGH, Rs. C-585/08 (Pammer), Slg 2010, I-12527 ff = NJW 2011, 505 ff = BB 2011, 200 ff; s. auch BGH, RRa 2013, 108 ff.

345 So auch *Karsten*, in: Verbraucherrecht, Kap 24 Rn 310, *ders.*, VuR 2011, 215, 217.

346 Vgl EU-Fahrgastrechte-Schifffahrt-Gesetz (EU-FahrgRSchG) vom 5. Dezember 2012, BGBl. I 57, S. 2454 f.

347 S. unter B.VI.4 (Rn 70) und C.V.2.d) (Rn 107).

348 Vgl Art. 11 Abs. 1 VO 1177/2010.

oder sonstigen speziellen Ausrüstungen. Dabei wird das Verschulden vermutet, wenn der Schaden durch ein Schiffsereignis verursacht wurde. Die Entschädigung muss dem Wiederbeschaffungswert der Ausrüstungen bzw den Reparaturkosten entsprechen. Die Vorschrift tritt im Seeverkehr hinter Art. 4 VO 392/2009 zurück.

d) Haftung für Annullierungen und Verspätungen

Die Pflichten der Beförderer und der Terminalbetreiber bei Reiseunterbrechungen sind in den Art. 16 ff der Verordnung geregelt. Nach Art. 16 VO 1177/2010 haben sie „so rasch wie möglich" bzw sobald verfügbar, spätestens jedoch 30 Minuten nach einer planmäßigen Abfahrt, Informationen über die geschätzte Abfahrts- und Ankunftszeit mitzuteilen. Dabei muss in zumutbarer Weise auch über alternative Anschlüsse unterrichtet werden. Muss der Beförderer vernünftigerweise davon ausgehen, dass die Abfahrt eines Personenverkehrsdienstes oder einer Kreuzfahrt annulliert wird oder sich um mehr als 90 Minuten[349] verzögert, hat er nach Art. 17 des Rechtsaktes **kostenlos Mahlzeiten und Erfrischungen** in angemessenem Verhältnis zur Wartezeit anzubieten, sofern diese verfügbar oder in zumutbarer Weise zu beschaffen sind. Machen eine Annullierung oder Verspätung der Abfahrt den Aufenthalt von einer oder mehrerer Nächte notwendig, hat der Beförderer den Fahrgästen zudem – sofern dies praktisch durchführbar ist – eine kostenlose und angemessene **Unterbringung an Bord oder an Land** sowie die Beförderung zwischen Terminal und Unterkunft anzubieten. Die Gesamtkosten für die Unterbringung an Land kann er auf 80 Euro je Nacht und Fahrgast und auf höchstens drei Nächte beschränken. Anders als im Eisenbahn- und Flugverkehr ist die Benachrichtigung der den Fahrgast erwartenden Personen nicht vom Umfang der Hilfeleistungen umfasst. Zudem finden sich in Art. 20 des Rechtsakts Regelungen, nach denen der **Beförderer nicht nach Art. 17 haftet**, dh die jeweiligen Hilfeleistungen nicht erbringen muss. Dies gilt zunächst nach Abs. 1 der Norm bei Fahrscheinen mit **offenem Reisedatum**, dh wenn noch keine Abfahrtszeit festgelegt ist, sofern es sich nicht um eine Zeitfahrkarte handelt. Zudem ist die Haftung nach Abs. 2 der Norm dann ausgeschlossen, wenn der Fahrgast vor dem Kauf des Fahrscheins **über die Annullierung oder Verspätung informiert** wird oder die Annullierung oder Verspätung **auf sein Verschulden zurückgeht**. Eine Unterbringung schuldet der Beförderer nach Art. 20 Abs. 3 des Rechtsaktes schließlich dann nicht, wenn er nachweist, dass die Annullierung oder Verspätung durch **Wetterbedingungen** verursacht wurde, die den sicheren Betrieb des Schiffes beeinträchtigen. Eine – nicht abschließende – Aufzählung solcher Wetterbedingungen findet sich in Erwägungsgrund Nr. 16 der Verordnung. 127

Nach Art. 18 Abs. 2 VO 1177/2010 stehen dem Passagier im Falle einer Annullierung oder mindestens 90-minütigen Abfahrtsverspätung eine **anderweitige Beförderung** zum im Beförderungsvertrag festgelegten Endziel unter vergleichbaren Bedingungen zum frühestmöglichen Zeitpunkt oder die **Erstattung des Fahrpreises** samt Rückbeförderung zum Ausgangspunkt der Reise zu. Die Erstattung des Fahrpreises kann dabei auch für bereits durchgeführte Teile der Fahrt verlangt werden, wenn diese mit Blick auf die ursprünglichen Reisepläne für den Fahrgast zwecklos geworden sind. Die Haftung ist ausgeschlossen, wenn es sich um eine **Fahrkarte mit offenem Reisedatum** (Art. 20 Abs. 1 VO 1177/2010) handelt. Außerdem findet Art. 18 der Verordnung nach Art. 2 Abs. 1 lit. c) VO 1177/2010 keine Anwendung, wenn es sich um eine **Kreuzfahrt** handelt. 128

Nach Art. 19 der Verordnung hat der Passagier **bei einer verspäteten Ankunft** schließlich Anspruch auf **Entschädigung durch Fahrpreisnachlass**, ohne dadurch sein Recht auf die Beförderung zu verlieren. Da nur derjenige Passagier zu spät ankommen kann, der die Beförderung überhaupt in Anspruch nimmt, ist die Entschädigung nur dann zu zahlen, wenn der Fahrgast die Weiterfahrt mit 129

349 Im Vorschlag der Kommission sollte diese Hilfe bereits ab einer Verspätung von 60 Minuten gewährt werden; vgl Art. 18 Abs. 1 des Vorschlags für eine VO des Europäischen Parlaments und des Rates über die Passagierrechte im See- und Binnenschiffsverkehr und zur Änderung der VO (EG) Nr. 2006/2004 über die Zusammenarbeit zwischen den für die Durchsetzung der Verbraucherschutzgesetze zuständigen nationalen Behörden, KOM(2008) 816 endg. Der Rat hat eine Verspätung von 120 Minuten für angemessen erachtet, vgl hierzu in der Vorauflage.

dem verspäteten Verkehrsdienst bzw die alternative Beförderung wählt.[350] Im Falle der Erstattung ist sie nicht zu gewähren. Die Entschädigung beträgt 25% des Fahrpreises bei einer Verspätung von einer Stunde bei einer bis zu vierstündigen, von zwei Stunden bei einer vier- bis achtstündigen, von drei Stunden bei einer acht- bis 24-stündigen und von sechs Stunden bei eine Fahrt von mehr als 24 Stunden. Die Entschädigung erhöht sich auf 50% des Fahrpreises, wenn sich die Verspätung jeweils verdoppelt, also je nach planmäßiger Dauer der Fahrt zwei, vier, sechs oder zwölf Stunden beträgt. Die Vorschrift im ursprünglichen Entwurf der Kommission, wonach sich die Entschädigung auf 100% des Fahrpreises erhöht, wenn der Beförderer die erforderlichen alternativen Verkehrsdienste oder Informationen über die Verkehrsdienste anderer Unternehmen nicht bereitgestellt,[351] wurde gestrichen. Die Regelung für Fahrgäste mit einer **Zeitfahrkarte** entspricht im Wesentlichen der bereits für den Schienenverkehr getroffenen Regelung: Hier hat der Passagier nur einen Anspruch auf eine „angemessene Entschädigung gemäß den Entschädigungsbedingungen des Beförderers“, wenn es wiederholt zu Verspätungen bei der Ankunft gekommen ist. Der Entschädigungsbetrag darf nicht um die Kosten der Finanztransaktion gekürzt werden. Es darf aber eine Bagatellgrenze von bis zu sechs Euro festgeschrieben werden. **Ausgeschlossen** ist die Entschädigung dann, wenn es sich um eine **offene Fahrkarte** (Art. 20 Abs. 1 VO 1177/2010) handelt, der Fahrgast vor dem Kauf des Fahrscheins **über die Annullierung oder Verspätung informiert** wird oder die Annullierung oder Verspätung **auf sein Verschulden zurückgeht** (Art. 20 Abs. 2 VO 1177/2010). Nach Art. 20 Abs. 4 des Rechtsaktes ist die Haftung schließlich auch dann ausgeschlossen, wenn der Beförderer nachweist, dass die Annullierung oder Verspätung durch **Wetterbedingungen** verursacht wurde, die den sicheren Betrieb des Schiffes beeinträchtigen, oder wenn sie durch **außergewöhnliche Umstände** verursacht wurde, welche „die Erbringung des Personenverkehrsdienstes behindern und die auch dann nicht hätten vermieden werden können, wenn alle zumutbaren Maßnahmen getroffen worden wären“. Die außergewöhnlichen Umstände sind in nicht abschließender Weise im Erwägungsgrund Nr. 17 aufgeführt. Dazu zählen etwa Naturkatastrophen, wie Brände und Erdbeben, oder Terroranschläge und Krieg, aber auch Ereignisse wie Arbeitskämpfe oder dringende Verkehrsbedürfnisse. Schließlich findet die Entschädigungsregelung nach Art. 2 Abs. 1 lit. c VO 1177/2010 auf **Kreuzfahrten** keine Anwendung.

130 Nach Art. 21 VO 1177/2010 bleiben weitergehende Ansprüche der Passagiere unberührt. Dies gilt insbesondere für Ansprüche, die nach den Umsetzungsnormen der Pauschalreise-RL gewährt werden.[352]

e) Durchsetzung der Rechte

131 Die Fahrgäste sind nach Art. 23 VO 1177/2010 über die in der Verordnung enthaltenen Rechte zu informieren. Zudem haben die Mitgliedstaaten zur Durchsetzung dieser Rechte Beschwerde- und Schlichtungsstellen einzurichten. In Deutschland wurde das **Eisenbahn-Bundesamt** als Beschwerdestelle bestimmt.[353] Für Streitschlichtungen kann die **Schlichtungsstelle für den öffentlichen Personenverkehr** angerufen werden.

E. Seeschifffahrt

I. Verkehrsträgerspezifische Besonderheiten und Zielsetzungen

132 Fast Dreiviertel der in die Union ein- und ausgeführten Waren sowie 37 % des Warenaustauschs innerhalb der Union werden über den Seeweg abgewickelt.[354] Diesem Verkehrssektor kommt daher sowohl innerhalb der EU wie auch im Verhältnis der EU zu Drittstaaten immense Bedeutung

350 S. hierzu schon Rn 105 in der Vorauflage.

351 Eine solche Vorschrift findet sich im Passagierrecht für den Kraftomnibusverkehr; s. unter B.VI.5. (Rn 72 f).

352 *Rodegra*, MDR 2013, 194, 197; *Tonner*, RRa 2013, 206, 212.

353 § 3 EU-FahrgRSchG (Fn 346); s. auch Verordnung zur Durchsetzung von Fahrgastrechten der Europäischen Union in der Schifffahrt (EU-Fahrgastrechte-Schifffahrts-Verordnung – EU-FahrgRSchV) vom 12. Dezember 2012, ABl. 2012 I 58, S. 2571 f.

354 Vgl Mitteilung der Kommission KOM(2013) 510 endg. (Fn 354), S. 1.

zu. Innerhalb des Binnenmarktes fallen im Seeverkehr allerdings weiterhin viele Zollförmlichkeiten an, weil jedes Schiff, das die Hoheitsgewässer eines Mitgliedstaates verlässt, auch die EU-Außengrenze und damit das EU-Zollgebiet verlässt. Um den Verkehrssektor und gerade den Kurzstreckenseeverkehr als Alternative zum Verkehrsträger Straße attraktiver zu machen, soll der sog. **Blaue Gürtel**, dh ein **einheitlicher europäischer Verkehrsraum für die Schifffahrt** geschaffen werden, in dem das Verwaltungsverfahren und die Zollförmlichkeiten für den Seeverkehr zwischen Mitgliedstaaten vereinfacht werden.[355] Dabei muss die EU aber auch bemüht bleiben, die Schifffahrtsinteressen der Mitgliedstaaten und der Gemeinschaft vor der Billigkonkurrenz aus Drittstaaten zu schützen.[356] In die Seeverkehrspolitik der Union sind auch die Häfen einbezogen.[357] Daneben sind die Seeverkehrssicherheit und der Umweltschutz[358] Regelungsgegenstände der europäischen Harmonisierungsmaßnahmen. Mit den Verordnungen (EG) Nr. 392/2009 und (EU) Nr. 1177/2010 existieren zudem nunmehr auch im Seeverkehrsrecht europäische Regelungen zur Ausgestaltung der privatrechtlichen Rechtsverhältnisse.[359]

II. Marktöffnung und wettbewerbliche Ordnung

1. Marktzugangsregeln

a) Grenzüberschreitender Seeverkehr

Mit der **Verordnung (EWG) Nr. 4055/86**[360] kodifiziert der europäische Gesetzgeber den völkerrechtlichen **Grundsatz der Freiheit der Meere**[361] und gewährleistet den freien Dienstleistungsverkehr in der Güter- und Personenseeschifffahrt sowohl zwischen den einzelnen Mitgliedstaaten als auch zwischen Mitgliedstaaten und Drittländern. Der Zugang zum Seeverkehrsmarkt wird nach Art. 1 der Verordnung zum einen allen innerhalb der Union ansässigen Staatsangehörigen der Mitgliedstaaten mit Sitz in einem anderen Mitgliedstaat als dem des Dienstleistungsnehmers gewährt. Zum anderen werden außerhalb der Gemeinschaft ansässige Staatsangehörige sowie von Staatsangehörigen eines Mitgliedstaats kontrollierte Linienreeder mit Sitz außerhalb der Gemeinschaft zugelassen, wenn sie Schiffe nutzen, die in einem Mitgliedstaat nach den dort geltenden Rechtsvorschriften registriert sind. Nach Art. 3 ff der Verordnung sind sog. **Ladungsaufteilungsvereinbarungen**, die sich aus noch bestehenden bilateralen Übereinkommen ergeben, **abzuschaffen** oder entsprechend der Verordnung anzupassen; Ladungsaufteilungsvereinbarungen in künftigen Abkommen sind grundsätzlich untersagt. Sie können nur dann zwischen der Gemeinschaft und einem Drittstaat vereinbart werden, wenn die Linienreedereien der Gemeinschaft andernfalls auf Grund ungewöhnlicher Umstände keinen Zugang zum Handelsverkehr mit dem Drittstaat hätten. 133

b) Kabotage

Den freien Zugang zum **Kabotage**verkehr in den Mitgliedstaaten erlaubt die **Verordnung (EWG) Nr. 3577/92.**[362] Nach deren Art. 1 sind die Staatsangehörigen eines Mitgliedstaates bzw juristische 134

355 Mitteilung der Kommission: Der „Blaue Gürtel" – ein einheitlicher europäischer Verkehrsraum für die Schifffahrt, KOM(2013) 510 endg.; Mitteilung der Kommission an das Europäische Parlament, den Rat, den Europäischen Wirtschafts- und Sozialausschuss und den Ausschuss der Regionen: Mitteilung und Aktionsplan zur Errichtung eines europäischen Seeverkehrsraums ohne Grenzen, KOM(2009) 11 endg.

356 *Jung*, in: Calliess/Ruffert, Art. 100 AEUV Rn. 10.

357 S. jüngst die Mitteilung der Kommission: Häfen als Wachstumsmotor, KOM(2013) 295 endg.

358 S. etwa Mitteilung der Kommission an das Europäische Parlament, den Rat, den Wirtschafts- und Sozialausschuss und den Ausschuss der Regionen: Eine integrierte Meerespolitik für die Europäische Union, KOM(2007) 575 endg.

359 S. dazu ausführlich weiter unten im Text.

360 VO (EWG) Nr. 4055/86 des Rates vom 22. Dezember 1986 zur Anwendung des Grundsatzes des freien Dienstleistungsverkehrs auf die Seeschifffahrt zwischen Mitgliedstaaten sowie zwischen Mitgliedstaaten und Drittländern, ABl. 1986 L 378, S. 1 ff, geändert durch VO (EWG) Nr. 3573/90, ABl. 1990 L 353, S. 16.

361 *Jung*, in: Calliess/Ruffert, Art. 100 AEUV Rn 11.

362 VO (EWG) Nr. 3577/92 des Rates vom 7. Dezember 1992 zur Anwendung des Grundsatzes des freien Dienstleistungsverkehrs auf den Seeverkehr in den Mitgliedstaaten (Seekabotage), ABl. 1992 L 364, S. 7 ff; s. hierzu *Volz/Ehm*, TranspR 2009, 393 ff.

Personen, die nach dem Recht eines Mitgliedstaates gegründet worden sind, in einem solchen ihre Hauptniederlassung haben und unter der Aufsicht eines Mitgliedstaates stehen, zum Seeverkehr innerhalb eines Mitgliedstaates zuzulassen, wenn ihre Schiffe in einem Mitgliedstaat registriert sind, unter der Flagge eines solchen fahren und alle Voraussetzungen erfüllen, um zur Kabotage in diesem Mitgliedstaat zugelassen zu werden. Für die Liniendienste von, zwischen und nach Inseln kann ein Mitgliedstaat den Schifffahrtsgesellschaften nach Art. 4 der Verordnung als Voraussetzungen für das Recht zur Erbringung der Kabotage im Rahmen **öffentlicher Dienstleistungsverträge gemeinwirtschaftliche Pflichten** auferlegen. Nach Art. 5 VO 3577/92 können die Kommission bzw der Rat – wie auch bei den anderen Verkehrsträgern – im Falle von schweren Störungen des innerstaatlichen Verkehrsmarktes, die auf die Liberalisierung der Kabotage zurückzuführen sind, **Schutzmaßnahmen** ergreifen.

135 In Art. 3 VO 3577/92 findet sich eine **kollisionsrechtlich relevante Vorschrift,** nach der für alle Fragen im Zusammenhang mit der Besatzung eines Kreuzfahrtschiffes oder eines zur Festlandkabotage eingesetzten Schiffes das Recht des Staates anwendbar ist, in dem das Schiff registriert ist, also das **Recht des sog. Flaggenstaats.** Dies gilt jedoch nur, wenn es sich um ein Schiff über 650 BRZ handelt. Ebenfalls dem Recht des Flaggenstaates unterliegen die Fragen im Zusammenhang mit der Besatzung eines Frachtschiffes über 650 BRZ, das zur Inselkabotage eingesetzt wird, wenn die betreffende Kabotagefahrt einer grenzüberschreitenden Fahrt vorangeht oder nachfolgt. In anderen Fällen der Inselkabotage und in den Fällen der Festlandkabotage mit Schiffen unter 650 BRZ ist auf die Fragen im Zusammenhang mit der Besatzung das **Recht des Aufnahmestaates** anwendbar, also das Recht des Staates, in dem die Verkehrsdienstleistung erbracht wird.

2. Der Marktzugang mit Blick auf Drittstaaten: Schutz vor protektionistischen Maßnahmen und unlauteren Praktiken

136 Beschränkt ein Drittland den freien Zugang zu bestimmten Dienstleistungen im Güter- oder Personenverkehr (Beförderung von Linienladungen, Massegutladungen und andere Ladungen im Trampverkehr, Beförderung von Reisenden oder Personen und Gütern zu und zwischen Off-Shore-Anlagen) gegenüber Reedereien der Mitgliedstaaten oder gegenüber Schiffen, die in einem Mitgliedstaat registriert sind, kann die Union dagegen auf Antrag eines Mitgliedstaates entsprechend der **Verordnung (EWG) Nr. 4058/86**[363] vorgehen. Als **Schutzmaßnahmen** kommen nach Art. 4 des Rechtsakts – neben diplomatischen Schritten – insbesondere die Einführung von **Kontingenten und Genehmigungspflichten** sowie die **Erhebung von Abgaben** gegenüber Reedern der betreffenden Drittländer oder solcher Länder in Betracht, die aus den Maßnahmen des Drittlandes Nutzen ziehen. Die **Verordnung (EWG) Nr. 4057/86**[364] erlaubt in ihren Art. 2 und 11 zudem, international tätige Linienreedereien aus Drittstaaten mit **Ausgleichsabgaben** zu belegen, wenn diese durch unlautere Praktiken das Niveau der Frachtverhältnisse auf einer bestimmten Schiffsroute ernsthaft stören und dadurch eine erhebliche Schädigung der auf dieser Route tätigen Reedereien der Union verursacht wird oder verursacht zu werden droht.

3. Marktzugang zu Hafendienstleistungen

137 Nachdem die Kommission ihren ersten Vorschlag für einen Rechtsakt über den freien Zugang zum **Markt für Hafendienste**[365] zurückgenommen hat,[366] hat sie nunmehr einen neuen Vorschlag unter-

363 VO (EWG) Nr. 4058/86 des Rates vom 22. Dezember 1986 über ein koordiniertes Vorgehen zum Schutz des freien Zugangs zu Ladungen in der Seeschifffahrt, ABl. 1986 L 378, S. 21 ff.

364 VO (EWG) Nr. 4057/86 des Rates vom 22. Dezember 1986 über unlautere Preisbildungspraktiken in der Seeschifffahrt, ABl. 1986 L 378, S. 14 ff.

365 Vorschlag für eine RL des Europäischen Parlaments und des Rates über den Zugang zum Markt für Hafendienste, KOM(2004) 654 endg.

366 S. zu der Rücknahme durch die Kommission unter: http://ec.europa.eu/prelex/detail_dossier_real.cfm?CL=de&DosId=191832#377348.

breitet.[367] Danach soll allen in der Union niedergelassenen Hafendienstanbietern Dienstleistungsfreiheit in Form von freiem Zugang zu den Hafenanlagen von grundlegender Bedeutung gewährt werden, soweit dies für ihre Tätigkeit erforderlich ist. Die Zugangsbedingungen sollen fair, angemessen und nicht diskriminierend ausgestaltet werden.

4. Wettbewerbliche Ordnung des Marktes

Die **Wettbewerbsregeln der Gemeinschaft** fanden in der Vergangenheit auf den internationalen Seeverkehr von oder nach einem Hafen der Union nach Maßgabe der Verordnung (EWG) Nr. 4056/86[368] Anwendung. Danach waren solche Vereinbarungen, Beschlüsse oder aufeinander abgestimmte Verhaltensweisen, welche ausschließlich die technische Verbesserung oder Zusammenarbeit bezweckten, nicht von Art. 81 Abs. 1 EGV (nunmehr Art. 101 Abs. 1 AEUV) erfasst. Auf Grund der in Art. 3 VO 4056/86 niedergelegten **Gruppenfreistellung** konnten Linienkonferenzen zudem unter bestimmten Voraussetzungen die Beförderungspreise und -bedingungen sowie Regelungen hinsichtlich des Fahrplans und der Transportkapazität festlegen. Gleiches galt nach Art. 6 der Verordnung für die entsprechenden Vereinbarungen im Verhältnis zu den Kunden. Die Verordnung wurde mit Blick auf ihren verfahrensrechtlichen Teil durch Art. 38 der Verordnung (EG) Nr. 1/2003[369] und in ihrer Gänze durch Verordnung (EG) Nr. 1419/2006[370] aufgehoben. Damit gilt nunmehr für den Seeverkehr insgesamt das gemeinschaftsrechtliche Wettbewerbsrecht nach Maßgabe der in VO 1/2003 enthaltenen Durchführungsbestimmungen. Für die Anwendung von Art. 101 AEUV (ex Art. 81 EGV) auf Seeverkehrsdienstleistungen hat die Kommission **Leitlinien** festgelegt, nach denen sie Kooperationsvereinbarungen in diesem Bereich bewertet.[371] Außerdem kann die Kommission gemäß der **Verordnung (EG) Nr. 246/2009**[372] **Gruppenfreistellungen** für „gemeinsame Dienstleistungsvereinbarungen zwischen Linienreedereien mit dem Ziel einer Rationalisierung ihrer Dienste durch technische, betriebliche und/oder kommerzielle Abmachungen" (sog. Konsortien) gewähren.[373] 138

Beihilfen unterfallen im Seerecht nicht dem Art. 93 AEUV, sondern dem **allgemeinen Beihilferecht der Gemeinschaft**, also den Art. 107 ff AEUV (ex Art. 87 ff EGV).[374] Die Voraussetzungen, unter denen Beihilfen im Seeverkehrssektor gewährt werden dürfen, sind in den Leitlinien der Gemeinschaft für staatliche Beihilfen im Seeverkehr,[375] in der **Verordnung (EG) Nr. 3094/95**[376] über Beihilfen für den Schiffsbau und in den Leitlinien für staatliche Beihilfen, welche die Anschubfinanzierung der Union für Meeresautobahnen ergänzen,[377] genauer beschrieben. 139

367 Vorschlag für eine Verordnung des Europäischen Parlaments und des Rates zur Schaffung eines Rahmens für den Zugang zum Markt für Hafendienste und für die finanzielle Transparenz der Häfen, KOM(2013) 296 endg.

368 VO (EWG) Nr. 4056/86 des Rates vom 22. Dezember 1986 über die Einzelheiten der Anwendung der Artikel 85 und 86 des Vertrages auf den Seeverkehr, ABl. 1986 L 378, S. 4 ff.

369 VO (EG) Nr. 1/2003 des Rates vom 16. Dezember 2002 zur Durchführung der in den Artikeln 81 und 82 des Vertrages niedergelegten Wettbewerbsregeln, ABl. 2003 L 1, S. 1 ff, zuletzt geändert durch VO 487/2009, ABl. 2009 L 148, S. 1 ff.

370 VO (EG) Nr. 1419/2006 des Rates vom 25. September 2006 zur Aufhebung der VO (EWG) Nr. 4056/86 über die Einzelheiten der Anwendung der Artikel 85 und 86 des Vertrags auf den Seeverkehr und zur Ausweitung des Anwendungsbereichs der VO (EG) Nr. 1/2003 auf Kabotage und internationale Trampdienste, ABl. 2006 L 269, S. 1 ff.

371 Leitlinien für die Anwendung von Art. 81 des EG-Vertrags auf Seeverkehrsdienstleistungen, ABl. 2008 C 245, S. 2 ff.

372 VO (EG) Nr. 246/2009 des Rates vom 26. Februar 2009 über die Anwendung des Artikels 81 Absatz 3 des Vertrages auf bestimmte Gruppen von Vereinbarungen, Beschlüssen und aufeinander abgestimmten Verhaltensweisen zwischen Seeschifffahrtsunternehmen (Konsortien), ABl. 2009 L 79, S. 1 ff.

373 Vgl Erwägungsgrund Nr. 5 VO (EG) Nr. 246/2009.

374 *Jung*, in: Calliess/Ruffert, Art. 93 AEUV Rn 18.

375 Leitlinien der Gemeinschaft für staatliche Beihilfen im Seeverkehr, ABl. 1997 C 205, S. 5 ff; Mitteilung C(2004) 43 der Kommission: Leitlinien der Gemeinschaft für staatliche Beihilfen im Seeverkehr, ABl. 2004 C 13, S. 3 ff.

376 VO (EG) Nr. 3094/95 des Rates vom 22. Dezember 1995 über Beihilfen für den Schiffsbau, ABl. 1995 L 332, S. 1 ff, geändert durch VO (EG) Nr. 2600/97, ABl. 1997 L 351, S. 18.

377 Mitteilung der Kommission betreffend die Leitlinien für staatliche Beihilfen, die die Anschubfinanzierung der Gemeinschaft für Meeresautobahnen ergänzen, ABl. 2008 C 317, S. 10 ff.

III. Seeverkehrssicherheit

140 Ein Großteil der Sekundärrechtsakte dient der Verbesserung der **Seeverkehrssicherheit** in den Gewässern der Gemeinschaft, um so insbesondere das Risiko von Unfällen zu reduzieren. Dazu stellt der europäische Gesetzgeber zum einen Sicherheitsvorschriften und -normen sowohl für Schiffe insgesamt[378] als auch für die Schiffsausrüstung[379] auf. Zum anderen hat er mit der **Verordnung (EG) Nr. 336/2006**[380] den von der Internationalen Seeschifffahrtsorganisation IMO (International Maritime Organization) ausgegebenen Internationalen Code für Maßnahmen zur Organisation eines sicheren Schiffsbetriebs und zur Verhütung der Meeresverschmutzung in europäisches Recht übernommen. Um sicherzustellen, dass die durch diese Regelungen gesetzten Standards eingehalten werden, hat die Union Bestimmungen zur Überprüfung der Schiffe erlassen[381] und ein **gemeinschaftliches Überwachungs- und Informationssystem für den Schiffsverkehr (VMS)** eingeführt.[382] Zur **Vermeidung von (zukünftigen) Unfällen** finden sich außerdem Vorschriften über das sichere Be- und Entladen von Schiffen[383] und zur Untersuchung von Unfällen im Seeverkehr.[384] Mit der Vorgabe, die an Bord befindlichen Personen zu zählen bzw mit bestimmten Angaben zu registrieren,[385] soll schließlich die Bergung von Personen im Falle eines Unfalls erleichtert werden. In Deutschland sind die Regelungen weitestgehend im Schiffssicherheitsgesetz[386] enthalten.

141 Nach den Terroranschlägen vom 11. September 2001 auf das World Trade Center sind zudem weltweit die **Sicherheitsbestimmungen zum Schutz der Seeschiffe und Hafenanlagen vor terroristischen Angriffen** erhöht worden: Die von der IMO vorgenommenen Änderungen des Übereinkommens zum Schutze des menschlichen Lebens auf See (**SOLAS**) sowie des **ISPS-Codes** (International Ship and Port Facility Security Code) werden auf europäischer Ebene durch die Verordnung (EG)

---

378 Für Fischereifahrzeuge: RL 97/70 des Rates vom 11. Dezember 1997 über eine harmonisierte Sicherheitsregelung für Fischereifahrzeuge von 24 Meter Länge und mehr, ABl. 1970 L 34, S. 1 ff, zuletzt geändert durch RL 2002/35/EG, ABl. 2002 L 112, S. 21 ff; für Fahrgastschiffe: RL 2009/45/EG des Europäischen Parlaments und des Rates vom 6. Mai 2009 über Sicherheitsvorschriften und -normen für Fahrgastschiffe, ABl. 2009 L 163, S. 1 ff, zuletzt geändert durch RL 2013/36/EU, ABl. 2013 L 162, S. 1 f.

379 RL 96/98/EG des Rates vom 20. Dezember 1996 über Schiffsausrüstung, ABl. 1996 L 46, S. 25 ff, zuletzt geändert durch RL 2013/52/EU, ABl. 2013 L 304, S. 1 f.

380 VO (EG) Nr. 336/2006 des Europäischen Parlaments und des Rates vom 15. Februar 2006 zur Umsetzung des Internationalen Codes für Maßnahmen zur Organisation eines sicheren Schiffsbetriebs innerhalb der Gemeinschaft und zur Aufhebung der VO (EG) Nr. 3051/95 des Rates, ABl. 2006 L 64, S. 1 ff, zuletzt geändert durch VO (EG) Nr. 540/2008, ABl. 2008 L 157, S. 15 ff.

381 VO (EG) Nr. 391/2009 des Europäischen Parlaments und des Rates vom 23. April 2009 über gemeinsame Vorschriften und Normen für Schiffsüberprüfungs- und -besichtigungsorganisationen (Neufassung), ABl. 2009 L 131, S. 11 ff; RL 2009/16/EG des Europäischen Parlaments und des Rates vom 23. April 2009 über die Hafenstaatkontrolle (Neufassung), ABl. 2009 L 131, S. 57 ff, berichtigt in ABl. 2013 L 32, S. 23, zuletzt geändert durch RL 2013/38/EU, ABl. 2013 L 218, S. 1 ff.

382 RL 2002/59/EG des Europäischen Parlaments und des Rates vom 27. Juni 2002 über die Einrichtung eines gemeinschaftlichen Überwachungs- und Informationssystems für den Schiffsverkehr und zur Aufhebung der RL 93/75/EWG des Rates, ABl. 2002 L 208, S. 10 ff, zuletzt geändert durch RL 2011/15/EU, ABl. 2011 L 49, S. 33 f.

383 RL 2001/96/EG des Europäischen Parlaments und des Rates vom 4. Dezember 2001 zur Festlegung von harmonisierten Vorschriften und Verfahrensregeln für das sichere Be- und Entladen von Massengutschiffen, ABl. 2001 L 13, S. 9 ff.

384 RL 2009/18/EG des Europäischen Parlaments und des Rates vom 23. April 2009 zur Festlegung der Grundsätze für die Untersuchung von Unfällen im Seeverkehr und zur Änderung der RL 1999/35/EG des Rates und der RL 2002/59/EG des Europäischen Parlaments und des Rates, ABl. 2009 L 131, S. 114 ff; VO (EU) Nr. 1286/2011 der Kommission vom 9. Dezember 2011 über die Festlegung einer gemeinsamen Methodik zur Untersuchung von Unfällen und Vorkommnissen auf See gemäß Art. 5 Abs. 4 der RL 2009/18/EG des Europäischen Parlaments und des Rates, ABl. 2011 L 328, S. 36 ff.

385 RL 98/41/EG des Rates vom 18. Juni 1998 über die Registrierung der an Bord von Fahrgastschiffen im Verkehr nach oder von einem Hafen eines Mitgliedstaates der Gemeinschaft befindlichen Personen, ABl. 1998 L 188, S. 35 ff, zuletzt geändert durch VO (EG) Nr. 1137/2008, ABl. 2008 L 311, S. 1 f.

386 Schiffssicherheitsgesetz vom 9. September 1998, BGBl. I 1998, S. 2860 ff, zuletzt geändert durch BGBl. I 2014, S. 78 ff.

Nr. 725/2004[387] eingeführt und umgesetzt. Die dort getroffenen Maßnahmen zu einer verbesserten Gefahrenabwehr werden durch Richtlinie 2005/65/EG[388] auf die von dem Rechtsakt nicht erfassten Hafengebiete ausgeweitet.

Um die Kommission technisch und wissenschaftlich in Fragen der Seeverkehrssicherheit zu beraten und bei der Erarbeitung und Aktualisierung von Rechtsakten in diesem Bereich sowie bei deren Überwachung zu unterstützen, ist die in Lissabon ansässige **Europäische Agentur für die Sicherheit des Seeverkehrs** (EMSA) gegründet worden.[389] Daneben gibt es noch einen **gemeinschaftlichen Ausschuss (COSS)**, der ebenfalls für Fragen der Sicherheit im Seeverkehr und der Vermeidung von Umweltverschmutzungen zuständig ist.[390] 142

IV. Harmonisierungsmaßnahmen mit arbeitsrechtlichem Bezug

Der europäische Gesetzgeber hat auch für den Seeverkehr Harmonisierungsmaßnahmen mit arbeitsrechtlichem Bezug erlassen. Durch die dadurch bewirkte Verbesserung der Arbeitsbedingungen soll sowohl eine hohe Verkehrssicherheit gewährleistet als auch dem Arbeitskräftemangel entgegengewirkt werden, mit dem speziell dieser Verkehrssektor zu kämpfen hat. Von besonderer Bedeutung für die Praxis sind dabei die detaillierten europäischen Vorgaben zur **Regelung der Arbeitszeit,**[391] die Deutschland im Seearbeitsgesetz[392] umgesetzt hat. Darüber hinaus finden sich in Richtlinie 92/29/EG[393] Vorgaben zur Sicherheit und zum Gesundheitsschutz der Seeleute. Mit der Richtlinie 2008/106/EG[394] werden schließlich Mindestanforderungen für die Ausbildung von Seeleuten festgelegt. Flankierend wird dazu in Richtlinie 2005/36/EG[395] bestimmt, dass die in anderen Mitgliedstaaten erbrachten Diplome und Befähigungsnachweise **anzuerkennen** sind. In Deutschland wurden die Vorgaben mit dem Zweiten Seeschifffahrtsanpassungsgesetz[396] umgesetzt. 143

387 VO (EG) Nr. 725/2004 des Europäischen Parlaments und des Rates vom 31. März 2004 zur Erhöhung der Gefahrenabwehr auf Schiffen und in Hafenanlagen, ABl. 2004 L 129, S. 6 ff.

388 RL 2005/65/EG des Europäischen Parlaments und des Rates vom 26. Oktober 2005 zur Erhöhung der Gefahrenabwehr in Häfen, ABl. 2005 L 310, S. 28 ff, zuletzt geändert durch VO (EG) Nr. 219/2009, ABl. 2009 L 87, S. 109 ff.

389 VO (EG) Nr. 1406/2002 des Europäischen Parlaments und des Rates vom 27. Juni 2002 zur Errichtung einer Europäischen Agentur für die Sicherheit des Seeverkehrs, ABl. 2002 L 208, S. 1 ff, zuletzt geändert durch VO (EU) Nr. 100/2013, ABl. 2013 L 39, S. 30 ff.

390 VO (EG) Nr. 2099/2002 des Europäischen Parlaments und des Rates vom 5. November 2002 zur Einsetzung eines Ausschusses für die Sicherheit im Seeverkehr und die Vermeidung von Umweltverschmutzung durch Schiffe (COSS) sowie zur Änderung der VOen über die Sicherheit im Seeverkehr und die Vermeidung von Umweltverschmutzung durch Schiffe, ABl. 2002 L 324, S. 1 ff, zuletzt geändert durch VO (EG) Nr. 93/2007, ABl. 2007 L 22, S. 12 f.

391 RL 1999/95/EG des Europäischen Parlaments und des Rates vom 13. Dezember 1999 zur Durchsetzung der Arbeitszeitregelung für Seeleute an Bord von Schiffe, die Gemeinschaftshäfen anlaufen, ABl. 1999 L 14, S. 29 ff; RL 1999/63/EG des Rates vom 21. Juni 1999 zu der vom Verband der Reeder in der Europäischen Gemeinschaft (European Community Shipowners' Association – ECSA) und dem Verband der Verkehrsgewerkschaften in der Europäischen Union (Federation of Transport Workers' Unions in the European Union – FST) getroffenen Vereinbarung über die Regelung der Arbeitszeit von Seeleuten, ABl. 1999 L 167, S. 33 ff, zuletzt geändert durch RL 2009/13/EG, ABl. 2009 L 124, S. 30 ff.

392 Seearbeitsgesetz (SeeArbG) vom 20. April 2013, BGBl. I 2013, S. 868 ff, geändert durch BGBl. II 2013, S. 763 ff.

393 RL 92/29/EWG des Rates vom 31. März 1992 über Mindestvorschriften für die Sicherheit und den Gesundheitsschutz zum Zweck einer besseren medizinischen Versorgung auf Schiffen, ABl. 1992 L 113, S. 19 ff, zuletzt geändert durch RL 2007/30/EG, ABl. 2007 L 165, S. 21 ff.

394 RL 2008/106/EG des Europäischen Parlaments und des Rates vom 19. November 2008 über Mindestanforderungen für die Ausbildung von Seeleuten (Neufassung), ABl. 2008 L 323, S. 33 ff, geändert durch RL 2012/35/EU, ABl. 2012 L 343, S. 78 ff.

395 RL 2005/36/EG des Europäischen Parlaments und des Rates vom 7. September 2005 über die Anerkennung von Berufsqualifikationen, ABl. 2005 L 255, S. 22 ff, zuletzt geändert durch RL 2013/55/EU, ABl. 2013 L 354, S. 132 ff.

396 Zweites Gesetz zur Anpassung bestimmter Bedingungen in der Seeschifffahrt an den internationalen Standard vom 16. Juni 2002 (Zweites Seeschifffahrtsanpassungsgesetz), BGBl. I 2002, S. 1815 ff.

V. Einfluss auf die privatrechtliche Ausgestaltung der Rechtsverhältnisse

1. Haftung für Personenschäden und Gepäck: Die Athen I-VO

144 Mit der **Verordnung** (EG) **Nr. 392/2009**[397] hat der europäische Gesetzgeber die **Haftung von Beförderern von Reisenden bei Unfällen auf See** harmonisiert und das **Athener Übereinkommen** über die Beförderung von Reisenden und ihrem Gepäck auf See aus dem Jahre 1974 in seiner durch das Londoner Protokoll von 2002 geänderten Fassung mitsamt dem IMO-Vorbehalt und der IMO-Richtlinie zur Durchführung des Athener Übereinkommens[398] – um einige Regelungen ergänzt und mit erweitertem Anwendungsbereich – in Gemeinschaftsrecht gegossen.[399] Die Verordnung gilt nach ihrem Art. 12 ab dem 31. Dezember 2012.[400] Daneben gilt ab dem 23. April 2014 auch unmittelbar das Übereinkommen,[401] dem die EU beigetreten ist.[402] Für die Anwendung der §§ 536 ff. HGB verbleibt damit so gut wie kein Spielraum mehr.

a) Anwendungsbereich der VO 392/2009

145 Die Verordnung ist nach ihrem Art. 2 auf den gesamten grenzüberschreitenden sowie den mit Schiffen der Klassen A und B[403] ausgeführten inländischen Seeverkehr anwendbar, wenn entweder – erstens – das Schiff die Flagge eines Mitgliedstaates führt oder in einem Mitgliedstaat registriert ist, oder – zweitens – der Beförderungsvertrag in einem Mitgliedstaat geschlossen wurde oder – drittens – der vertragliche Abgangs- oder Bestimmungsort in einem Mitgliedstaat liegt. Der Anwendungsbereich der Verordnung ist damit weiter als derjenige des Übereinkommens, welches nur für internationale Beförderungen gilt. Nach Art. 11 der Verordnung dürfen die Mitgliedstaaten den inländischen Seeverkehr bis zum 31. Dezember 2016 bzw bis zum 31. Dezember 2018 vom Anwendungsbereich der Verordnung ausnehmen. Deutschland hat von dieser Möglichkeit Gebrauch gemacht.[404]

b) Haftung für Tod oder Körperverletzung

146 Art. 3 der Verordnung bestimmt, dass sich die Haftungsregeln sowie die Bestimmungen über die abzuschließende Versicherung nach den in Bezug genommenen Regelungen des Athener Übereinkommens richten. Dessen Art. 3 enthält ein ausdifferenziertes **Nebeneinander von Gefährdungs- und Verschuldenshaftung**, wobei bei letzterer das Verschulden in einigen Fällen vermutet wird: Für den Schaden, der durch den Tod oder die Körperverletzung eines Reisenden auf Grund eines Schifffahrtsereignisses entstanden ist, besteht bis zu 250.000 Sonderziehungsrechten des IWF[405] je Reisenden und Vorfall eine **Gefährdungshaftung**, die nur im Falle von Krieg und ähnlichen Ausnahmesituationen, Naturkatastrophen, terroristischen Akten oder Sabotage ausgeschlossen ist. Als **Schiffsereignis** wird dabei nach Art. 3 Abs. 5 lit. a) des Übereinkommens Schiffsbruch, Kentern, Zusammenstoß oder Strandung des Schiffes, Explosion oder Feuer im Schiff sowie ganz allgemein

397 VO (EG) Nr. 392/2009 des Europäischen Parlaments und des Rates vom 23. April 2009 über die Unfallhaftung von Beförderern von Reisenden auf See, ABl. 2009 L 131, 24 ff.

398 Athener Übereinkommen über die Beförderung von Reisenden und ihrem Gepäck auf See vom 13. Dezember 1974 idF des Londoner Protokolls vom 1. November 2002, abgedruckt als Anhang I der VO 392/2009 (Fn 397).

399 S. dazu auch *Karsten*, in: Verbraucherrecht, Kap 24 Rn 312; *ders.*, VuR 2009, 213, 214 ff; ausführlich zu den Divergenzen zwischen der europäischen und der völkerrechtlichen Regelung *Lagoni*, ZEuP 2007, 1079 ff.

400 Zum alten Haftungsregime, das auch hinsichtlich des Unglücks der Costa Concordia vom 13. Januar 2012 von Bedeutung ist, s. *Damar*, VuR 2012, 287 ff.

401 Vgl Pressemitteilung auf der Internetseite der IMO www.imo.org.

402 Beschluss 2012/22/EU des Rates vom 12. Dezember 2011 über den Beitritt der Europäischen Union zum Protokoll von 2002 zum Athener Übereinkommen von 1974 über die Beförderung von Reisenden und ihrem Gepäck auf See, mit Ausnahme der Art. 10 und 11, ABl. 2012 L 8, S. 1 ff, geändert durch VO (EU) Nr. 517/2013, ABl. 2013 L 158, S. 1 ff; Beschluss 2012/23/EU des Rates vom 12. Dezember 2011 über den Beitritt der Europäischen Union zum Protokoll von 2002 zum Athener Übereinkommen von 1974 über die Beförderung von Reisenden und ihrem Gepäck auf See in Bezug auf Art. 10 und 11, ABl. 2012 L 8, S. 13 ff.

403 Für die Einteilung der Fahrgastschiffsklassen s. Art. 4 RL 2009/45/EG (Fn 378).

404 § 13 SeeVersNachwG (Fn 412).

405 Vgl Art. 9 Athener Übereinkommen.

ein Mangel des Schiffes verstanden. Für den 250.000 Sonderziehungsrechte übersteigenden Schaden greift eine Verschuldenshaftung, wobei das Verschulden des Beförderers vermutet wird. Bei Tod oder Körperverletzung eines Reisenden infolge eines Schifffahrtsereignisses hat der Beförderer nach Art. 6 VO 392/2009 zudem – ohne dadurch die Haftung anzuerkennen – binnen 15 Tagen nach Feststellung der Identität des Schadensersatzberechtigten eine zur Deckung der unmittelbaren wirtschaftlichen Bedürfnisse ausreichende und in angemessenem Verhältnis zum erlittenen Schaden stehende **Vorschusszahlung** zu leisten, die im Todesfall mindestens 21.000 Euro beträgt. Für den Schaden, der durch den Tod oder die Körperverletzung eines Reisenden auf Grund eines anderen als eines Schifffahrtsereignisses entstanden ist, haftet der Beförderer dagegen nur, wenn er das den Schaden verursachende Ereignis verschuldet hat. Die Beweislast für das Verschulden liegt beim Passagier. In jedem Fall liegt die **Haftungshöchstgrenze** aber bei 400.000 Sonderziehungsrechten je Reisenden und Vorfall. Lediglich in den im IMO-Vorbehalt genauer umschriebenen Ausnahmefällen kann sie auf 250.000 Sonderziehungsrechte je Reisenden und Vorfall oder – falls dies der niedrigere Betrag ist – auf 340 Millionen Sonderziehungsrechte je Schiff und Vorfall beschränkt werden.[406]

c) Haftung für Verlust oder Beschädigung von Gepäck

Für Schäden, die durch den Verlust oder die Beschädigung von **Kabinengepäck** entstanden sind, haftet der Beförderer nur bei Verschulden, welches wiederum bei einem Schifffahrtsereignis vermutet wird. Als Kabinengepäck angesehen werden dabei auch das Gepäck, das der Reisende in oder auf mitbeförderten Fahrzeugen transportiert,[407] sowie die Mobilitätshilfen von Reisenden mit Behinderungen oder eingeschränkter Mobilität. Die Haftung ist für Kabinengepäck auf 2.250, für Fahrzeuge (einschließlich des in oder auf ihnen beförderten Gepäcks) auf 12.700 Sonderziehungsrechte beschränkt. Für den Verlust oder die Beschädigung der **Mobilitätshilfen** ist nach Art. 4 VO 392/2009 Entschädigung in Höhe des Wiederbeschaffungswertes bzw der Reparaturkosten zu leisten. Für **anderes Gepäck als Kabinengepäck** besteht eine Haftung für vermutetes Verschulden – und zwar unabhängig von der Art des schadensbegründenden Ereignisses. Für **Wertsachen** haftet der Beförderer nach Art. 5 des Übereinkommens nur, wenn diese zur sicheren Aufbewahrung hinterlegt wurden. In beiden Fällen ist die Haftung auf 3.375 Sonderziehungsrechte beschränkt. 147

d) Vereinbarungen über Haftungshöchstgrenzen und Ausschluss einer weitergehenden Haftung

Der Beförderer und der Reisende können nach Art. 10 des Übereinkommens ausdrücklich und schriftlich **höhere Haftungshöchstbeträge** vereinbaren. Nicht wirksam sind nach Art. 18 des Übereinkommens dagegen vor Eintritt des Ereignisses getroffene Vereinbarungen, die den Beförderer von seiner Haftung befreien oder in denen niedrigere Höchstbeträge festgesetzt werden. Auf die Haftungshöchstgrenze – sowohl die gesetzlich festgeschriebene als auch die vertraglich vereinbarte – kann sich der Beförderer nach Art. 13 des Übereinkommens nicht berufen, wenn er den Schaden absichtlich oder leichtfertig durch eigenes Handeln oder Unterlassen verursacht hat. Dem Beförderer wird das Verschulden der in Ausübung ihrer Verrichtung handelnden Bediensteten und des ausführenden Beförderers sowie dessen in Ausübung ihrer Verrichtung handelnden Bediensteten[408] zugerechnet. 148

Nach Art. 14 des Übereinkommens kann Schadensersatz wegen Todes oder Körperverletzung eines Reisenden oder wegen Verlusts oder Beschädigung von Gepäck nur auf Grundlage des Übereinkommens verlangt werden. Die zusätzliche Geltendmachung von Ansprüchen auf der Grundlage des nationalen Rechts scheidet aus, da dadurch das in dem Übereinkommen niedergelegte System aus Haftungserleichterungen für den Reisenden bei gleichzeitiger Festsetzung von Haftungshöchstgrenzen unterlaufen würde. Unberührt von dem Übereinkommen und der Verordnung bleiben aber nach Art. 5 der Verordnung die Rechte und Pflichten, die sich auf Grund der innerstaatlichen 149

406 Vgl Art. 1.2 des IMO-Vorbehalts iVm Art. 2.2 der IMO-Richtlinien.
407 Art. 1 Nr. 6 Athener Übereinkommen.
408 Art. 5 Abs. 2 lit. b) bzw Art. 4 Abs. 2 Athener Übereinkommen.

Rechtsvorschriften zur Umsetzung des Übereinkommens von 1976 über die Beschränkung der Haftung von Seeforderungen in der durch das Protokoll von 1996 geänderten Fassung[409] ergeben.

e) Abschluss einer Pflichtversicherung

150 Für Schiffe, die in das Schiffsregister eines Mitgliedstaates eingetragen und für mehr als 12 Reisende zugelassen sind, hat der Beförderer, der die Reise ganz oder teilweise tatsächlich durchführt, nach Art. 4bis des Übereinkommens eine **Pflichtversicherung** abzuschließen oder finanzielle Sicherheiten, etwa in Form einer Bankbürgschaft, zu gewähren, um seine Haftung in Bezug auf solche Schäden zu decken, die durch Tod oder Körperverletzung von Reisenden entstehen.[410] Die Versicherung muss mindestens die durch die Gefährdungshaftung möglichen Ansprüche abdecken, also die Deckungsgrenze bei mindestens 250.000 Sonderziehungsrechten pro Reisenden und Vorfall haben. Über die Versicherung ist eine – für die Zwecke des Übereinkommens von allen anderen Mitgliedstaaten anzuerkennende – Bescheinigung auszustellen und an Bord mitzuführen; eine Kopie der Bescheinigung ist bei der Behörde, die das entsprechende Schiffsregister führt bzw die Bescheinigung ausgestellt hat, zu hinterlegen. Der Reisende kann seinen Anspruch in Höhe der durch das Übereinkommen vorgegebenen Haftungsgrenze unmittelbar gegen den Versicherer geltend machen.

151 Die Schiffseigentümer werden darüber hinaus durch die **Richtlinie 2009/20/EG**[411] verpflichtet, eine **Versicherung für Seeforderungen** abzuschließen. Auch eine solche Versicherung muss durch eine entsprechende Bescheinigung an Bord nachgewiesen werden, wenn ein Schiff mit einer ausländischen Flagge in den Hafen eines Mitgliedstaats einlaufen will.

152 In Deutschland finden sich die Vorschriften im Hinblick auf die Ausstellung dieser Haftungsbescheinigungen im Seeversicherungsnachweisgesetz[412] samt entsprechender Verordnung.[413]

f) Durchsetzung der Rechte

153 Für die Durchsetzung der Rechte ist der besondere Gerichtsstand in Art. 17 des Athener Übereinkommens zu berücksichtigen. Die Vorschrift gilt aber nur im Anwendungsbereich dieses Übereinkommens, nicht also für den inländischen Seeverkehr.[414]

2. Passagierrechte im Schiffsverkehr: Die Athen II-VO (VO 1177/2010)

154 Neben der Athener Verordnung gilt zudem die im Kapitel über die Binnenschifffahrt bereits vorgestellte VO 1177/2010 (sog. Athen II-VO) über Passagierrechte. Insoweit wird auf die oben bereits gemachten Ausführungen verwiesen.[415]

F. Luftverkehr

I. Verkehrsträgerspezifische Besonderheiten und Zielsetzungen

155 Der europäische Luftverkehrsmarkt ist weitestgehend dereguliert, oder um es mit den Worten der Kommission zu sagen: „Der Luftverkehrsbinnenmarkt ist Branchenrealität geworden."[416] Der

---

409 Übereinkommen von 1976 über die Beschränkung der Haftung von Seeforderungen in der durch das Protokoll von 1996 geänderten Fassung, BGBl. II 2000, S. 786; BGBl. II 2004, S. 1793. Das ursprüngliche Übereinkommen hat Deutschland zum 13. Mai 2004 gekündigt; BGBl. II 2005, S. 189.

410 Hierzu ausführlich *Hoffmann/Tüngler/Kirchner*, EuZW 2013, 332 ff.

411 RL 2009/20/EG des Europäischen Parlaments und des Rates vom 23. April 2009 über die Versicherung von Schiffseigentümern für Seeforderungen, ABl. 2009 L 131, S. 128 ff.

412 Gesetz über bestimmte Versicherungsnachweise in der Seeschifffahrt (Seeversicherungsnachweisgesetz – SeeVersNachwG) vom 4. Juni 2013, BGBl. I 2013, S. 1471 ff.

413 VO über die Ausstellung von Haftungsbescheinigungen nach dem Seeversicherungsnachweisgesetz (Seeversicherungsnachweis-VO – SeeVersNachwV) vom 27. Juni 2013, BGBl. I 2013, S. 1926 f.

414 S. auch *Tonner*, RRa 2013, 206, 210.

415 S. unter D.V.2 (Rn 123 ff).

416 Halbzeitbilanz zum Verkehrsweißbuch (Fn 19), S. 12.

europäische Gesetzgeber ist dementsprechend dazu übergegangen, die mit dem Flugverkehr in Verbindung stehenden Tätigkeiten, insbesondere das Luftverkehrsmanagement, die Bodenabfertigung und die Luftverkehrssicherheit, zum Regelungsgegenstand seiner Verkehrspolitik zu machen. Ziel ist die Schaffung eines einheitlichen europäischen Luftraums, der auch über die Grenzen der Gemeinschaft hinaus erstreckt werden soll. Daher hat die Union und haben die Mitgliedstaaten völkerrechtliche Verträge mit vielen Drittländer – insbesondere europäischen Nachbarländern – geschlossen, um so die europäischen Regelungen im Flugverkehr auch im Verhältnis zu diesen Staaten anwenden zu können.[417] Zudem gilt es, den steigenden Kapazitätsengpässen zu begegnen, denen der Verkehrsträger ausgesetzt ist. In diesem Zusammenhang gelangt auch der Flughafen in den Blickpunkt der europäischen Verkehrspolitik.[418] Weil der Flugverkehr weit überwiegend der Personenbeförderung dient, steht hier auch die Wiege der europäischen Passagierrechte, und es finden sich in einem hohen Maße europäische Regelungen, die sich speziell mit der privatrechtlichen Ausgestaltung der Beziehungen zwischen dem Luftfahrtunternehmen und den Passagieren befassen.

II. Marktöffnung und wettbewerbliche Ordnung

1. Liberalisierung des Marktes für Luftfahrtunternehmen

Die Marktzugangsregelungen finden sich in der **Verordnung (EG) Nr. 1008/2008.**[419] In diesem 156
Rechtsakt wurden die Verordnungen (EWG) Nr. 2408/92,[420] (EWG) Nr. 2407/92[421] und (EWG) Nr. 2409/92[422] zusammen- und neugefasst.[423] Der Rechtsakt enthält neben den Marktzugangsregelungen auch die Vorschriften über die Erteilung der zum Marktzugang notwendigen Betriebsgenehmigungen sowie Regelungen über Flugpreise und Luftfrachtraten.

a) Marktzugangsregeln

Nach Art. 15 Abs. 1 VO 1008/2008 sind Luftfahrtunternehmen, die in der Union niedergelassen 157
sind und denen entsprechend den Vorschriften der Verordnung eine Genehmigung erteilt wurde,[424] berechtigt, **innergemeinschaftliche Flugdienste** durchzuführen. Die Mitgliedstaaten dürfen die Durchführung der Flugdienste nicht von einer Zulassung oder einer zusätzlich zu der Betriebsge-

417 S. insbesondere das Übereinkommen zwischen der Europäischen Gemeinschaft und ihren Mitgliedstaaten, der Republik Albanien, Bosnien und Herzegowina, der Republik Bulgarien, der ehemaligen jugoslawischen Republik Mazedonien, der Republik Island, der Republik Kroatien, der Republik Montenegro, dem Königreich Norwegen, Rumänien, der Republik Serbien und der Übergangsverwaltung der Vereinten Nationen in Kosovo zur Schaffung eines gemeinsamen europäischen Luftverkehrsraums, ABl. 2006 L 285, S. 3 ff; s. für Deutschland auch das entsprechende Gesetz in BGBl. II 2011, S. 162 ff; Beschluss Nr. 1/2012 des gemischten Luftverkehrsausschusses Europäische Union/Schweiz, der durch das Abkommen zwischen der Europäischen Gemeinschaft und der Schweizerischen Eidgenossenschaft über den Luftverkehr eingesetzt wurde, vom 10. Mai 2012 zur Ersetzung des Anhangs des Abkommens zwischen der Europäischen Gemeinschaft und der Schweizerischen Eidgenossenschaft über den Luftverkehr, ABl. 2012 L 128, S. 14 ff; s. auch Fn 8.

418 S. Mitteilung der Kommission an das Europäische Parlament, den Rat, den Europäischen Wirtschafts- und Sozialausschuss und den Ausschuss der Regionen: Flughafenpolitik in der Europäischen Union – Kapazität und Qualität zur Förderung des Wachstums, guter Verkehrsverbindungen und einer nachhaltigen Mobilität, KOM(2011) 823 endg.; davor Mitteilung der Kommission an den Rat, das Europäische Parlament, den Europäischen Wirtschafts- und Sozialausschuss und den Ausschuss der Regionen: Ein Aktionsplan für Kapazität, Effizienz und Sicherheit von Flughäfen in Europa, KOM(2006) 819 endg.

419 VO (EG) Nr. 1008/2008 des Europäischen Parlaments und des Rates vom 24. September 2008 über gemeinsame Vorschriften für die Durchführung von Luftverkehrsdiensten in der Gemeinschaft (Neufassung), ABl. 2008 L 293, S. 3 ff.

420 VO (EWG) Nr. 2408/92 des Rates vom 23. Juli 1992 über den Zugang von Luftfahrtunternehmen der Gemeinschaft zu Strecken des innergemeinschaftlichen Flugverkehrs, ABl. 1992 L 240, S. 8 ff, zuletzt geändert durch VO (EG) Nr. 1791/2006, ABl. 2006 L 363, S. 1 ff.

421 VO (EWG) Nr. 2407/92 des Rates vom 23. Juli 1992 über die Erteilung von Betriebsgenehmigungen an Luftfahrtunternehmen, ABl. 1992 L 240, S. 1 ff.

422 VO (EWG) Nr. 2409/92 des Rates vom 23. Juli 1992 über Flugpreise und Luftfrachtraten, ABl. 1992 L 240, S. 15 ff.

423 Zur Entwicklung der Marktöffnung s. die Ausführungen in der Vorauflage und *Giemulla*, in: Giemulla/Schmid/Müller-Rostin, Einl. zum LuftVG Rn 7.

424 Vgl Art. 2 Nr. 11 VO (EG) Nr. 1008/2008; s. zur Genehmigung sogleich unter lit b).

nehmigung zu erteilenden nationalen Genehmigung abhängig machen; Einschränkungen auf Grund bilateraler Abkommen zwischen den Mitgliedstaaten sind nach Art. 15 Abs. 2, Abs. 4 Unterabs. 2 der Verordnung aufgehoben. Die Ausübung eines Fluges innerhalb der Union unterliegt nach Art. 19 Abs. 1 VO 1008/2008 den veröffentlichten gemeinschaftlichen, einzelstaatlichen, regionalen und örtlichen Vorschriften in den Bereichen Flugsicherheit, Luftsicherheit, Umweltschutz und Zuweisung von Start- und Landezeiten. Nach Art. 20 f VO 1008/2008 kann ein Mitgliedstaat die Ausübung der Verkehrsrechte aber im Falle von „schwerwiegenden Umweltproblemen“ oder „plötzlich auftretenden kurzfristigen Problemen, die sich aus unvorhersehbaren und unvermeidbaren Umständen ergeben,“ einschränken oder verweigern. Nach Art. 16 Abs. 1 VO 1008/2008 kann er im Linienflugverkehr zwischen einem Flughafen in der Gemeinschaft und einem Flughafen, der ein Rand- oder Entwicklungsgebiet seines Hoheitsgebiets bedient, oder auf einer wenig frequentierten Strecke zu einem Flughafen seines Hoheitsgebiets zudem **gemeinwirtschaftliche Verpflichtungen** auferlegen, „soweit die jeweilige Strecke für die wirtschaftliche und soziale Entwicklung des Gebiets, das der Flughafen bedient, als unabdingbar gilt.“

b) Betriebsgenehmigung

158 Nach Art. 3 Abs. 1 VO 1008/2008 bedarf die Erbringung von Flugverkehrsdiensten einer **Betriebsgenehmigung**, für deren Erteilung die in Art. 4 VO 1008/2008 genannten Voraussetzungen erfüllt sein müssen: Das Unternehmen muss als Haupttätigkeit Flugdienste durchführen, seinen Hauptgeschäftssitz in dem die Genehmigung ausstellenden Mitgliedstaat haben und Inhaber eines von diesem Mitgliedstaat ausgestellten gültigen **Luftverkehrsbetreiberzeugnisses** (AOC) sein. Es muss des Weiteren in einer Weise strukturiert sein, welche die Umsetzung der im Kapitel über die Betriebsgenehmigung geregelten Bestimmungen erlaubt, und zu mehr als 50 % im Eigentum und unter tatsächlicher Kontrolle der Mitgliedstaaten oder ihrer Staatsangehörigen stehen sowie über ein oder mehrere Luftfahrzeuge verfügen, die in seinem Eigentum stehen oder die es im Rahmen einer sog. Dry-Lease-Vereinbarung[425] unter seinem Luftverkehrsbetreiberzeugnis betreibt. Schließlich muss es die in dem Rechtsakt niedergelegten Anforderungen an die **finanzielle Ausstattung** und die **Zuverlässigkeit** sowie die – in Verordnung (EG) Nr. 785/2004[426] mit Blick auf die besonderen Bedingungen und erforderlichen Haftungshöchstbeträge konkretisierten – **Versicherungserfordernisse** erfüllen. Die Betriebsgenehmigung ist nach Art. 8 VO 1008/2008 so lange gültig, wie das Unternehmen nachweisen kann, dass es den gestellten Anforderungen nachkommt. Dabei werden gerade an die Überprüfung der finanziellen Ausstattung hohe Anforderungen gestellt, weil vermutet wird, dass bei finanzieller Gesundheit die hohen Sicherheitsstandards besser garantiert werden.[427] Nach Art. 12 VO 1008/2008 schließlich ist ein Luftfahrzeug in dem Register eines – nicht zwingend des genehmigenden – Mitgliedstaates zu führen.

---

425 S. für die Definition Art. 2 Nr. 24 VO 1008/2008; zu den Voraussetzungen des Betriebs geleaster Fahrzeuge s. Art. 13 VO 1008/2008.

426 VO (EG) Nr. 785/2004 des Europäischen Parlaments und des Rates vom 21. April 2004 über Versicherungsanforderungen an Luftfahrtunternehmen und Luftfahrzeugbetreiber, ABl. 2004 L 138, S. 1 ff, geändert durch VO 285/2010, ABl. 2010 L 87, S. 19 f.

427 Art. 8 und 9, Erwägungsgrund Nr. 3 VO 1008/2008.

2. Liberalisierung der Bodenabfertigungsdienste

Die – derzeit noch geltende[428] – **Richtlinie 96/67/EG**[429] öffnet den Markt für **Bodenabfertigungsdienste**[430] auf solchen Flughäfen der Gemeinschaft, die im gewerblichen Luftverkehr jährlich mindestens zwei Millionen Fluggäste oder 50.000 t Fracht befördern. Den Mitgliedstaaten ist es erlaubt, den Markt nur solchen Unternehmen zu öffnen, die in einem Mitgliedstaat der Union oder in einem solchen Drittstaat niedergelassen sind, der den mitgliedstaatlichen Unternehmen einen entsprechenden Zugang zu ihrem Markt gewährt. Sie können die Ausübung der Dienste außerdem von der Zulassung durch eine vom Flughafen unabhängige Behörde abhängig machen.[431] Des Weiteren können sie die Zahl der Dienstleister, die zur Erbringung bestimmter Bodenabfertigungsdienste befugt sind, nach Maßgabe der Art. 6 Abs. 2 bis 4 und Art. 7 Abs. 2 RL 96/67/EG beschränken. Unter der Voraussetzung, dass die Erbringung der Dienste von der übrigen Tätigkeit getrennt ist, kann das Leitungsorgan eines Flughafens die Bodenabfertigungsdienste auch selbst anbieten.[432] Die Umsetzungsnormen zu dieser Richtlinie finden sich in Deutschland in der Bodenabfertigungsdienst-Verordnung.[433] 159

3. Wettbewerbliche Ordnung des Marktes

a) Preisfreiheit

Nach Art. 22 VO 1008/2008 können die Luftfahrtunternehmen der Union ihre Flugpreise und Frachtraten frei festlegen. Dies gilt auch für die Luftfahrtunternehmen solcher Drittländer, die den mitgliedstaatlichen Luftfahrtunternehmen die gleiche Preisfreiheit gewähren. Bei der Gestattung der Flugpreise und Frachtraten für Flugdienste zwischen dem Hoheitsgebiet der Union und einem Drittland dürfen die Mitgliedstaaten die Flugunternehmen nicht aus Gründen der Staatszugehörigkeit oder der Unternehmensidentität diskriminieren. Durch die **Richtlinie 2009/12/EG**[434] werden außerdem gemeinschaftliche Grundsätze für die **Erhebung von Entgelten** für bestimmte Dienstleistungen von solchen **Flughäfen** innerhalb der Union festgelegt, die für den gewerblichen Verkehr geöffnet sind und jährlich mehr als fünf Millionen Fluggastbewegungen aufweisen, sowie für solche mit den meisten Fluggastbewegungen in jedem Mitgliedstaat. Eine Klage auf Nichtigerklärung dieses Rechtsaktes hat der EuGH abgewiesen.[435] Die Vorgaben der Richtlinie sind in Deutschland – etwas verzögert – durch eine Änderung des Luftverkehrsgesetzes[436] umgesetzt worden.[437] 160

b) Vorgaben für die Buchung von Flügen

Der Wettbewerb wurde in der Vergangenheit oftmals dadurch verzerrt, dass die zur Buchung des Flugverkehrsdienstes von den Reisebüros genutzten Computersysteme die Flüge der Luftfahrtunternehmen bevorzugten, die Betreiber des **Buchungssystems** waren. Der europäische Gesetzgeber legt 161

---

428 Zur geplanten Neufassung s. Vorschlag für eine VO des Europäischen Parlaments und des Rates über Bodenabfertigungsdienste auf Flughäfen der Union und zur Aufhebung der RL 96/67/EG, KOM(2011) 824 endg.; vgl zuletzt die ablehnende Haltung des Europäischen Parlaments in der Legislativen Entschließung (P7 TA(2013)0116, abrufbar unter www.eruoparl.europa.eu.

429 RL 96/67/EG des Rates vom 15. Oktober 1996 über den Zugang zum Markt der Bodenabfertigungsdienste auf den Flughäfen der Gemeinschaft, ABl. 1996 L 272, S. 36 ff, zuletzt geändert durch VO (EG) Nr. 1882/2003, ABl. 2003 L 284, S. 1 ff; s. auch den Bericht der Kommission über die Anwendung der RL 96/67/EG des Rates vom 15. Oktober 1996, (KOM) 2006, 821 endg.

430 Eine Aufzählung dieser Dienste findet sich im Anhang der RL 96/67/EG.

431 Art. 6 Abs. 1, Art. 20 und 14 RL 96/67/EG.

432 Art. 4 und 2 lit. f) und Erwägungsgründe Nr. 19 und 20 RL 96/67/EG.

433 Verordnung über Bodenabfertigungsdienste auf Flugplätzen (Bodenabfertigungsdienst-VO – BADV) vom 10. Dezember 1997, BGBl. I 1997, S. 2885 ff, zuletzt geändert durch BGBl. I 2011, S. 820 f.

434 RL 2009/12/EG des Europäischen Parlaments und des Rates vom 11. März 2009 über Flughafenentgelte, ABl. 2009 L 70, S. 11 ff.

435 EuGH, Rs. C-176/09 (Luxemburg/Europäisches Parlament und Rat), Slg 2011 I-3755 ff = BeckRS 2011, 80517.

436 Luftverkehrsgesetz (LuftVG) vom 1. August 1922, neugefasst durch Bekanntmachung vom 10. Mai 2007, BGBl. I 2007, S. 698 ff, zuletzt geändert durch BGBl. I 2013, S. 3123 ff.

437 Vgl den durch das 14. Gesetz zur Änderung des Luftverkehrsgesetzes, BGBl. I 2012, S. 1032 ff, neueingefügten § 19 b LuftVG.

daher in der **Verordnung (EG) Nr. 80/2009**[438] einen Verhaltenskodex für Computerreservierungssysteme fest. Nach Art. 3 dieses Rechtsakts ist allen Flugunternehmen unabhängig davon, ob sie ihre Dienste auch über andere Computersysteme vertreiben oder nicht, die Teilnahme am System zu angemessenen Bedingungen zu gewähren. In Bezug auf Eingabe- und Verarbeitungsverfahren sowie Gestaltung der am Bildschirm des Kunden erscheinenden Anzeige der Angebote darf es nach Art. 4 f VO 80/2009 nicht zu Diskriminierungen kommen. Ein Luftfahrtunternehmen muss außerdem die Informationen über Flugpläne, Flugpreise und verfügbare Sitzplätze, die es in seinem eigenen System bereitstellt, auf Verlangen auch anderen Systemen zur Verfügung stellen.

162 Nach Art. 23 VO 1008/2008 sind die Fluggesellschaften zudem ganz allgemein verpflichtet, der **Öffentlichkeit die Flugpreise** und Luftfrachtraten samt Tarifbedingungen, insbesondere Endpreis samt Steuern und Zuschlägen, **zugänglich zu machen.** So soll dem Nutzer ein besserer Vergleich der einzelnen Preise bei den verschiedenen Fluggesellschaften möglich sein. Dabei sind am Beginn des Buchungsvorgangs auch sog. **fakultative Zusatzkosten** auf klare, transparente und eindeutige Weise mitzuteilen. Sie können nur auf der sog. „Opt-in"-Basis, also durch ein aktives Verhalten des Kunden, Vertragsbestandteil werden. Zu den fakultativen Zusatzkosten sind auch die Kosten für eine Reiserücktrittsversicherung zu zählen.[439]

c) Wettbewerbsregeln und Beihilfen

163 Die Einzelheiten hinsichtlich der **Anwendung der europäischen Wettbewerbsregeln** auf Luftfahrtunternehmen waren früher in der Verordnung (EWG) Nr. 3975/87[440] normiert. Diese ist jedoch durch die Verordnung (EG) Nr. 411/2004[441] aufgehoben worden. Die Möglichkeit der **Gruppenfreistellungen** sowohl für den Luftverkehr innerhalb der Union als auch denjenigen zwischen der Union und Drittländern ist – nach Aufhebung der Verordnung (EWG) Nr. 3976/87[442] – nunmehr in der Verordnung (EG) Nr. 487/2009[443] geregelt. **Beihilfen** unterfallen wie auch im Seerecht direkt den Art. 107 ff AEUV und nicht der Sonderregelung in Art. 93 AEUV (ex Art. 73 EGV).[444] Die diesbezügliche Bewertungspraxis der Kommission ist in **Leitlinien**[445] niedergelegt, um den Prozess insgesamt transparenter zu machen. Mit der Verordnung (EG) Nr. 868/2004[446] etabliert der europäische Gesetzgeber zudem ein Verfahren zum Schutz der gemeinschaftlichen Luftfahrtunternehmen vor Schädigungen, die dadurch entstehen, dass Drittländer ihre Luftfahrtunternehmen subventionieren oder unlautere Preisbildungspraktiken zulassen. Diesen Unternehmen dürfen nach Art. 9 VO 868/2004 **zusätzliche Abgaben** auferlegt werden.

---

438 VO (EG) Nr. 80/2009 des Europäischen Parlaments und des Rates vom 14. Januar 2009 über einen Verhaltenskodex in Bezug auf Computerreservierungssysteme und zur Aufhebung der VO (EWG) Nr. 2299/89 des Rates, ABl. 2009 L 35, S. 47 ff.

439 EuGH, Rs. C-112/11 (ebookers.com), NJW 2012, 2867 f = EuZW 2012, 703 f.

440 VO (EWG) Nr. 3975/87 des Rates vom 14. Dezember 1987 über die Einzelheiten der Anwendung der Wettbewerbsregeln auf Luftfahrtunternehmen, ABl. 1987 L 374, S. 1 ff.

441 VO (EG) Nr. 411/2004 des Rates vom 26. Februar 2004 zur Aufhebung der VO (EWG) Nr. 3975/87 und zur Änderung der VO (EWG) Nr. 3976/87 sowie der VO (EG) Nr. 1/2003 hinsichtlich des Luftverkehrs zwischen der Gemeinschaft und Drittländern, ABl. 2004 L 68, S. 1 ff.

442 VO (EWG) Nr. 3976/87 des Rates vom 14. Dezember 1987 zur Anwendung von Artikel 85 Absatz 3 des Vertrages auf bestimmte Gruppen von Vereinbarungen und aufeinander abgestimmten Verhaltensweisen im Luftverkehr, ABl. 1987 L 374, S. 9 ff.

443 VO (EG) Nr. 487/2009 des Rates vom 25. Mai 2009 zur Anwendung von Artikel 81 Absatz 3 des Vertag auf bestimmte Gruppen von Vereinbarungen und aufeinander abgestimmte Verhaltensweisen im Luftverkehr (kodifizierte Fassung), ABl. 2009 L 148, S. 1 ff.

444 *Jung*, in: Calliess/Ruffert, Art. 93 EGV Rn 18.

445 Etwa Mitteilung der Kommission: Leitlinien für staatliche Beihilfe für Flughäfen und Luftverkehrsgesellschaften, ABl. 2014 C 99, S. 13 ff; Mitteilung der Kommission: Gemeinschaftliche Leitlinien für die Finanzierung von Flughäfen und die Gewährung staatlicher Anlaufbeihilfen für Luftfahrtunternehmen auf Regionalflughäfen, ABl. 2005 C 312, S. 1 ff.

446 VO (EG) Nr. 868/2004 des Europäischen Parlaments und des Rates vom 21. April 2004 über den Schutz vor Schädigung der Luftfahrtunternehmen der Gemeinschaft durch Subventionierung und unlautere Preisbildungspraktiken bei der Erbringung von Flugverkehrsdiensten von Ländern, die nicht Mitglied der Europäischen Gemeinschaft sind, ABl. 2004 L 162, S. 1 ff.

III. Schaffung eines einheitlichen europäischen Luftraums

Der Flugverkehr wird im Rahmen der sog. **Flugsicherung** von dem Mitgliedstaat koordiniert, über dessen Hoheitsgebiet sich der durchflogene Luftraum befindet. Diese Fragmentierung des europäischen Luftraums verhindert seine optimale und effiziente Nutzung, die in Anbetracht des steigenden Luftverkehrsaufkommens immer dringlicher wird. Der europäische Gesetzgeber hat es sich daher zum Ziel gesetzt, einen **einheitlichen europäischen Luftraum (Single European Sky** – SES) zu schaffen, der stärker integriert betrieben wird. Dazu hat er 2004 ein aus vier Verordnungen bestehendes Maßnahmenpaket – das sog. SES I-Paket[447] – verabschiedet, mit dem der Luftraum und seine Nutzung neu geordnet, harmonisierte Regeln für die Erbringung von Flugsicherungsdiensten innerhalb des europäischen Luftraums aufgestellt und Vorgaben für die Interoperabilität des europäischen Flugverkehrsmanagementnetzes gemacht werden. Zur Leistungssteigerung sowie zur Vereinfachung des Rechtsrahmens wurden die Verordnungen 2009 im Rahmen des SES II-Pakets durch die Verordnung (EG) Nr. 1070/2009[448] geändert. Im Jahr 2013 hat die Kommission eine erneute Änderung – das sog. SES IIa-Paket – vorgeschlagen, um die Verwirklichung des einheitlichen europäischen Luftraums zu beschleunigen.[449] 164

1. Rahmenverordnung (EG) Nr. 549/2004

Die **Verordnung (EG) Nr. 549/2004**[450] legt als **Rahmenverordnung** zunächst das Ziel und den Anwendungsbereich für alle vier Verordnungen fest und definiert eine Reihe oftmals technischer Begriffe. Gemäß ihrem Art. 1 in der durch VO 1070/2009 geänderten Fassung wird mit der Schaffung eines einheitlichen europäischen Luftraums das Ziel verfolgt, die derzeitigen Sicherheitsstandards des zivilen[451] Luftverkehrs zu verbessern, einen Beitrag zur nachhaltigen Entwicklung des Luftverkehrssystems zu leisten und die Gesamteffizienz des Flugverkehrsmanagements (ATM) und der Luftsicherungsdienste (ANS) für den allgemeinen Flugverkehr in Europa zu steigern, um so den Anforderungen aller Luftraumnutzer zu entsprechen. Dabei ist die Gemeinschaft bestrebt, den einheitlichen europäischen Luftraum auch auf Staaten zu erstrecken, die nicht Mitglied der Europäischen Union sind.[452] Die Mitgliedstaaten haben nach Art. 4 des Rechtsakts Aufsichtsbehörden einzurichten, die unabhängig von den Flugsicherheitsorganisationen sind und über die Durchführung der Flugsicherheit entsprechend der Verordnungen wachen. In Deutschland ist dies das 2009 neu gegründete **Bundesaufsichtsamt für Flugsicherung** mit Sitz in Langen.[453] 165

447 Zu dem Paket gehören folgende Rechtsakte: VO 549/2004 (Fn 450), VO 550/2004 (Fn 458), VO 551/2004 (Fn 454) und VO 552/2004 (Fn 470).

448 VO (EG) Nr. 1070/2009 des Europäischen Parlaments und des Rates vom 21. Oktober zur Änderung der VOen (EG) Nr. 549/2004, (EG) Nr. 550/2004, (EG) Nr. 551/2004 und (EG) Nr. 552/2004 im Hinblick auf die Verbesserung der Leistung und Nachhaltigkeit des europäischen Luftverkehrssystems, ABl. 2009 L 300, S. 34 ff; s. auch Mitteilung der Kommission an den Rat, das Europäische Parlament, den Europäischen Wirtschafts- und Sozialausschuss und den Ausschuss der Regionen: Einheitlicher europäischer Luftraum II: Kurs auf einen nachhaltigeren und leistungsfähigeren Luftverkehr, KOM (2008) 389 endg.

449 Mitteilung der Kommission an das Europäische Parlament, den Rat, den Europäischen Wirtschafts- und Sozialausschuss und den Ausschuss der Regionen: Beschleunigte Verwirklichung des einheitlichen europäischen Luftraums, KOM(2013) 408 endg.

450 VO (EG) Nr. 549/2004 des Europäischen Parlaments und des Rates vom 10. März 2004 zur Festlegung des Rahmens für die Schaffung eines einheitlichen europäischen Luftraums (Rahmenverordnung), ABl. 2004 L 96, S. 1 ff, geändert durch VO 1070/2009.

451 Militärische Einsätze und Übungen sind nach Art. 1 Abs. 2 VO 549/2004 vom Anwendungsbereich ausgenommen.

452 Art. 7, Erwägungsgrund Nr. 12 VO 54/2004.

453 S. dazu das Gesetz über die Errichtung des Bundesaufsichtsamtes für Flugsicherung (BAFG) vom 29. Juli 2009, BGBl. I 2009, S. 2424 ff.

2. Neuordnung des europäischen Luftraums

166 Der Luftraum der Mitgliedstaaten wird nach den Vorgaben der **Verordnung (EG) Nr. 551/2004**[454] neu geordnet und genutzt. Nach deren Art. 2 und 3 soll oberhalb der Flugfläche 285 (28.500 Fuß), also für den Bereich, der zum Überflug genutzt wird, ein einziges europäisches **Fluginformationsgebiet für den oberen Luftraum** (European Upper Flight Information Region – EUIR) eingerichtet und von der Internationalen Zivilluftfahrt-Organisation ICAO anerkannt werden. Zudem gewährleistet die Kommission nach Art. 3 a der Verordnung die Verfügbarkeit harmonisierter elektronischer Luftfahrtinformationen und entwickelt dazu eine „gemeinschaftliche Infrastruktur für Luftfahrtinformationen in Form eines elektronischen integrierten Flugberaterportals mit uneingeschränktem öffentlichem Zugang für interessierte Beteiligte." Mit der Durchführung des Verkehrsflussmanagements wird nach Art. 6 Abs. 6 VO 551/2004 Eurocontrol oder eine andere unparteiische und kompetente Stelle betraut. Die genaueren Vorgaben zur Nutzung des Luftraums – auch zur Koordinierung von ziviler und militärischer Luftfahrt[455] – finden sich in Art. 4 und Art. 6 bis 8 VO 551/2004. Nach Art. 9 a und 9 b VO 551/2004 haben die Mitgliedstaaten sog. **funktionale Luftraumblöcke,** dh räumlich und zeitlich abgegrenzte Luftbereiche für die Erbringung von Flugsicherungsdiensten zu schaffen, deren Abmessungen sich nicht nach den staatlichen Grenzen, sondern nach funktionalen Kriterien richten. Solche Luftraumblöcke sind nunmehr – teilweise mit Verspätung – weitestgehend festgelegt.[456]

In der Verordnung (EG) Nr. 730/2006[457] findet sich eine gemeinschaftsweit einheitliche Klassifizierung des Luftraums zwischen den Luftflächen 195 (19.500 Fuß) und 285 (28.500 Fuß).

3. Erbringung von Flugsicherungsdiensten

167 Die **Verordnung (EG) Nr. 550/2004**[458] legt gemeinsame Anforderungen für die sichere und effiziente **Erbringung von Flugsicherungsdiensten** in der Gemeinschaft fest. Die gemeinsamen Anforderungen betreffen nach Art. 6 VO 550/2004 die technische und betriebliche Fähigkeit und Eignung, Systeme und Verfahren für das Sicherheits- und Qualitätsmanagement, Meldesysteme, Qualität der Dienste, Finanzkraft, Haftung und Versicherungsschutz, Eigentums- und Organisationsstruktur, Personal, einschließlich einer angemessenen Personalplanung, und Sicherheit. Darüber hinaus bestimmt und billigt die Kommission nach Art. 4 der Verordnung die **Eurocontrol-Sicherheitsanforderungen** (Eurocontrol Safety Regulatory Requirements – ESARR), die für die Union verbindlich sein sollen. Die Erbringung von Flugsicherungsdiensten wird nach Art. 2 VO 550/2004 durch die nationalen Aufsichtsbehörden überwacht und unterliegt nach Art. 7 VO 550/2004 – zumindest für den allgemeinen Flugverkehr[459] – der **Zertifizierung durch die Aufsichtsbehörde** des Mitgliedstaates, in dem der Antragsteller seine Hauptbetriebsstätte bzw seinen eingetragenen Sitz hat. Die Behörde erteilt dem Anbieter der Flugsicherungsdienste für einzelne Kategorien oder für ein Bündel von Diensten ein Zeugnis, wenn dieser die in Art. 6 VO 550/2004 niedergelegten Anforderungen erfüllt. Genauere Bestimmungen zu diesen Anforderungen finden sich in der Verordnung (EG)

---

454 VO (EG) Nr. 551/2004 des Europäischen Parlaments und des Rates vom 10. März 2004 über die Ordnung und Nutzung des Luftraums im einheitlichen europäischen Luftraum (Luftraum-Verordnung), ABl. 2004 L 96, S. 20 ff, geändert durch VO 1070/2009.

455 Siehe hierzu auch Erwägungsgründe Nr. 14 bis 17 VO 551/2004.

456 Insgesamt gibt es momentan neun sog. FABs; s. etwa die Mitteilungen über die Anwendung des Art. 9 a Abs. 7 der VO (EG) Nr. 550/2004: 2009/C 49/06: Vereinigtes Königreich und Irland, ABl. 2009 C 46, S. 26; 2010/C 324/06: Dänemark und Schweden, ABl. 2010 C 324, S. 20; 2013/C 31/10: Bulgarien und Rumänien; 2013/C 31/11: Estland, Finnland, Lettland, Norwegen; 2013/C 31/12: Österreich, Tschechien, Ungarn, Slowenien, Slowakei; alle ABl. 2013 C 31, S. 12; 2013/C 31/10: Belgien, Frankreich, Deutschland, Luxemburg, Niederlande, Schweiz, ABl. 2013 C 220, S. 23.

457 VO (EG) Nr. 730/2006 der Kommission vom 11. Mai 2006 über die Luftraumklassifizierung und den Zugang von Flügen nach Sichtflugregeln zum Luftraum oberhalb der Flugfläche 195, ABl. 2006 L 128, S. 3 f, zuletzt geändert durch Durchführungs-VO 923/2012, ABl. 2012 L 281, S. 1 ff.

458 VO (EG) Nr. 550/2004 des Europäischen Parlaments und des Rates vom 10. März 2004 über die Erbringung von Flugsicherungsdiensten im einheitlichen europäischen Luftraum (Flugsicherungsdienste-VO), ABl. 2004 L 96, S. 10 ff, geändert durch VO 1070/2009 (Fn 448).

459 S. insoweit die Ausnahme in Art. 7 Abs. 5 VO 550/2004.

Nr. 2096/2005.[460] Die Festlegung eines entsprechenden Leistungssystems ist derzeit noch[461] in der Verordnung (EU) Nr. 691/2010 geregelt.[462] Das erteilte Zeugnis wird nach Art. 7 Abs. 6, Abs. 8 VO 550/2004 von allen Mitgliedstaaten **anerkannt** und erlaubt dem Anbieter, seine zertifizierten Flugsicherungsdienste innerhalb der Gemeinschaft anderen Flugsicherungsorganisationen, Luftraumnutzern und Flughäfen anzubieten. Aus den so miteinander konkurrierenden mitgliedstaatlichen Anbietern ernennen die Mitgliedstaaten nach Art. 8 und 9 VO 550/2004 die Dienstleister für die erforderlichen Dienste.

Für die Flugsicherungsdienste können die Anbieter **Gebühren** nach den in Art. 14 bis 16 VO 550/2004 festgeschriebenen Grundsätzen und nach Maßgabe der Verordnung (EG) Nr. 1794/2006[463] verlangen. Auf die Luftraumnutzer umzulegen sind danach die Kosten, die durch die Erbringung der Dienstleistung entstehen, einschließlich angemessener Verzinsung von Investitionen und Abschreibung von Vermögenswerten sowie Kosten für Instandhaltung, Betrieb, Leitung und Verwaltung.[464] Die Erwirtschaftung von Erträgen, „die zur Erzielung einer angemessenen Rendite auf das Anlagekapital ausreichen und einen Beitrag zu notwendigen Kapitalverbesserungen leisten", ist nach Art. 15 Abs. 3 lit. d) VO 550/2004 möglich. Die Gebühren werden grundsätzlich jedes Jahr neu festgesetzt.[465] Nach Art. 9 VO 1794/2006 sind bestimmte Fahrzeuge vom Gebührensystem ausgenommen. Nach Art. 1 Abs. 6 VO 1794/2006 können die Mitgliedstaaten darüber hinaus auch Flughäfen mit jährlich weniger als 150.000 Flugbewegungen im gewerblichen Luftverkehr vom Anwendungsbereich der Verordnung ausnehmen. 168

Der von der Verordnung geforderte Wettbewerb bei der Durchführung von Flugsicherungsdiensten sollte in Deutschland zunächst durch das **geplante Flugsicherungsgesetz**[466] ermöglicht werden, das eine Beteiligung von privatem Kapital an der Deutschen Flugsicherung (DFS) zulassen sollte. Das Gesetz ist nicht in Kraft getreten, weil Bundespräsident Köhler es für nicht mit dem Grundgesetz vereinbar hielt und seine für die Ausfertigung erforderliche Unterschrift verweigerte.[467] Mit Wirkung zum 1. August 2009 wurde dementsprechend das **Grundgesetz geändert:**[468] Aufgaben der Flugsicherheit können nach Art. 87 d Abs. 1 GG nunmehr auch durch ausländische Flugsicherungsorganisationen erbracht werden, die nach europäischem Recht zugelassen sind. In **§ 27 c LuftVG** wird daher – nach entsprechender Änderung im August 2009[469] – zwischen Flugverkehrsdiensten und Unterstützungsdiensten für die Flugsicherung unterschieden. Letztere sind keine hoheitliche Aufgabe und können privatwirtschaftlich sowohl von inländischen als auch von nach europäischem Recht zugelassenen ausländischen Flugsicherungsorganisationen erbracht werden. 169

460 VO (EG) Nr. 2096/2005 der Kommission vom 20. Dezember 2005 zur Festlegung gemeinsamer Anforderungen bezüglich der Erbringung von Flugsicherungsdiensten, ABl. 2005 L 335, S. 13 ff, zuletzt geändert durch VO 691/2010, ABl. 2010 L 201, S. 1 ff.

461 Diese Verordnung wird mit Wirkung zum 1. Januar 2015 aufgehoben und ersetzt durch die Durchführungs-VO (EU) Nr. 390/2013 der Kommission vom 3. Mai 2013 zur Festlegung eines Leistungssystems für Flugsicherungsdienste und Netzfunktionen, ABl. 2013 L 128, S. 1 ff.

462 VO (EU) Nr. 691/2010 der Kommission vom 29. Juli 2010 zur Festlegung eines Leistungssystems für Flugsicherungsdienste und Netzfunktionen und zur Änderung der VO (EG) Nr. 2096/2005 zur Festlegung gemeinsamer Anforderungen bezüglich der Erbringung von Flugsicherungsdiensten, ABl. 2010 L 201, S. 1 ff, zuletzt geändert durch Durchführungs-VO 1216/2011, ABl. 2011 L 310, S. 3 ff.

463 VO (EG) Nr. 1794/2006 der Kommission vom 6. Dezember 2006 zur Einführung einer gemeinsamen Gebührenregelung für Flugsicherungsdienste, ABl. 2006 L 341, S. 3 ff.

464 Art. 15 Abs. 2 lit. b), Abs. 3 lit. d) VO 550/2004; s. auch Art. 3 Abs. 1 VO 1074/2006.

465 Art. 15 Abs. 3 lit. c) VO 550/2004; Art. 13 Abs. 1 VO 1794/2006.

466 Entwurf eines Gesetzes zur Neuregelung der Flugsicherung vom 12. August 2005, BR-Drucks. 622/05.

467 S. dazu *Neumann*, DVBl. 2007, 1335.

468 Gesetz zur Änderung des Grundgesetzes (Art. 87 d) vom 29. Juli 2009, BGBl. I 2009, S. 2247 ff.

469 Gesetz zur Änderung luftverkehrsrechtlicher Vorschriften vom 24. August 2009, BGBl. I 2009, S. 2924 ff.

4. Interoperabilität

170 Die **Verordnung (EG) Nr. 552/2004**[470] schließlich schreibt grundlegende Anforderungen für das europäische Flugverkehrsmanagementnetz, seine Systeme und Komponenten sowie das Verfahren zur Überwachung dieser Anforderungen fest, die nach Art. 10 Abs. 2 der Verordnung bis zum 20. April 2011 erfüllt sein müssen. Die Sekundärrechtsakte, die bisher **technische Spezifikationen** enthielten, werden gemäß Art. 11 VO 552/2004 aufgehoben. Komponenten wird durch eine **EG-Konformitätserklärung** oder eine **EG-Gebrauchstauglichkeitserklärung**, Systemen durch eine **EG-Prüferklärung** bescheinigt, dass sie den grundlegenden Anforderungen entsprechen.[471] Ein nach Maßgabe der VO 216/2008[472] erteiltes Zeugnis steht nach Art. 6 a VO 552/2004 den Erklärungen im Hinblick auf die Verwirklichung der Anforderungen an die **Interoperabilität** gleich.

171 Zur Modernisierung des Flugverkehrsmanagements wird durch die Verordnung (EG) Nr. 219/2007[473] ein Gemeinsames Unternehmen zur Entwicklung des europäischen Flugverkehrsmanagementsystems **SESAR** gegründet, welches die innerhalb der Union nebeneinander bestehenden Forschungs- und Entwicklungsvorhaben auf dem Gebiet des Flugverkehrsmanagements bündeln und koordinieren soll. Ausgewiesenes Ziel ist es, der EU bis 2020 eine leistungsfähige Flugsicherungsinfrastruktur zu geben. Das Gemeinsame Unternehmen war bis zum 31. Dezember 2016 befristet[474] und ist nunmehr bis zum 31. Dezember 2024 verlängert worden.[475]

5. Geplante Änderung des Rechtsrahmens

172 Die Kommission plant im Rahmen des SES IIa-Pakets eine Änderung der derzeitigen Rechtslage. Danach sollen die oben dargestellten Verordnungen (VOen 549/2004, 550/2004, 551/2004 und 552/2004) in einer Verordnung zusammengefasst und so besser miteinander und mit der VO 216/2008[476] koordiniert werden.[477] Angestrebt wird insbesondere die Gewährleistung transparenter, auf Marktprinzipien und Kundenwert basierender Flugsicherungsdienste, eine Stärkung der Rolle der nationalen Aufsichtsbehörden und eine strategische Neuausrichtung der funktionalen Luftraumblöcke.

IV. Zeitnischen (Slots)

173 Der zunehmende Flugverkehr führt dazu, dass immer mehr Flughäfen in der Gemeinschaft überlastet sind. Um die nur begrenzt bestehenden Kapazitäten der überlasteten Flughäfen möglichst effektiv zu nutzen, hat der europäische Gesetzgeber mit der – derzeit noch geltenden[478] – **Verordnung (EWG) Nr. 95/93**[479] gemeinsame Regeln für die **Zuweisung sog. Zeitnischen bzw Slots** festgelegt.

---

470 VO (EG) Nr. 552/2004 des Europäischen Parlaments und des Rates vom 10. März 2004 über die Interoperabilität des europäischen Flugverkehrsmanagementnetzes (Interoperabilitäts-Verordnung), ABl. 2004 L 96, S. 26 ff, geändert durch VO 1070/2009.

471 Vgl Art. 5 bis 8 VO 552/2004.

472 S. Nachweis in Fn 483.

473 VO (EG) Nr. 219/2007 des Rates vom 27. Februar 2007 zur Gründung eines gemeinsamen Unternehmens zur Entwicklung des europäischen Flugverkehrsmanagementsystems der neuen Generation (SESAR), ABl. 2007 L 64, S. 1 ff, zuletzt geändert durch VO 721/2014 (Fn 475).

474 Vgl Art. 1 Abs. 2 VO 219/2007.

475 S. Art. 1 Abs. 1 lit. b) der VO (EU) Nr. 721/2014 des Rates vom 16. Juni 2014 zur Änderung der VO (EG) Nr. 219/2007 zur Gründung eines gemeinsamen Unternehmens zur Entwicklung des europäischen Flugverkehrsmanagementsystems der neuen Generation (SESAR) im Hinblick auf die Verlängerung der Bestandsdauer des gemeinsamen Unternehmens bis 2024, ABl. 2014 L 192, S. 1 ff.

476 S. Nachweis in Fn 483.

477 Vorschlag für eine VO des Europäischen Parlaments und des Rates zur Verwirklichung des einheitlichen europäischen Luftraums (Neufassung), KOM(2013) 410 endg.

478 S. zur geplanten Änderung den Vorschlag für eine VO des Europäischen Parlaments und des Rates über gemeinsame Regeln für die Zuweisung von Zeitnischen auf Flughäfen in der Europäischen Union, KOM(2011) 827 endg.

479 VO (EWG) Nr. 95/93 des Rates vom 18. Januar 1993 über gemeinsame Regeln für die Zuweisung von Zeitnischen auf Flughäfen in der Gemeinschaft, ABl. 1993 L 14, S. 1 ff, zuletzt geändert durch VO 545/2009, ABl. 2009 L 167, S. 24 ff.

Bei einer Zeitnische handelt es sich nach Art. 2 lit. a) der Verordnung um die von einem Koordinator gemäß der Verordnung gegebene Erlaubnis, die für den Betrieb eines Luftverkehrsdienstes erforderliche Flughafeninfrastruktur eines **koordinierten Flughafens** an einem bestimmten Tag zu einer bestimmten Uhrzeit zum Starten oder Landen zu nutzen. Aus der Definition ergibt sich bereits, dass die Zuweisung von Zeitnischen nur auf Flughäfen erfolgt, die der Mitgliedstaat für koordiniert erklärt hat, dh nach Art. 3 Abs. 5 VO 95/93 auf solchen Flughäfen, die an Kapazitätsproblemen leiden, die nicht kurzfristig behoben werden können und die ohne Koordination unvermeidlich zu erheblichen Verspätungen auf dem Flughafen führen würden. Wird ein Flughafen für koordiniert erklärt, ist nach Art. 4 VO 95/93 eine entsprechend qualifizierte, unabhängige natürliche oder juristische Person als **Flughafenkoordinator** mit der Aufgabe zu betrauen, die Zeitnischen entsprechend den Vorgaben dieser Verordnung zuzuweisen.

Allen Luftfahrtunternehmen, denen bereits in der vorangegangenen Flugplanperiode eine Abfolge von Zeitnischen für die Erbringung von Linienflugdiensten und programmierten Gelegenheitsflugdiensten zugewiesen war und die nachweisen, diese zugewiesenen Nischen zu mindestens 80 % genutzt zu haben, steht ein Anrecht auf die gleiche Abfolge von Zeitnischen in der nächsten Flugplanperiode zu.[480] Nach Art. 9 VO 95/93 können zudem für Strecken, für die gemeinwirtschaftliche Verpflichtungen auferlegt wurden, die benötigten Zeitnischen reserviert werden. Die nicht nach diesen Grundsätzen zugewiesenen Zeitnischen und neu ermittelte Zeitnischenkapazitäten werden nach Art. 10 der Verordnung in einen **Zeitnischenpool** eingestellt und unter den antragenden Luftfahrtunternehmen verteilt. Dabei sind 50 % der Zeitnischen vorrangig an die in Art. 2 lit. b) VO 95/93 genauer definierten Neubewerber zu vergeben. Kann der Koordinator nicht allen Anträgen stattgeben, ist dem gewerblichen Luft-, insbesondere dem Linien- und programmierten Gelegenheitsverkehr Vorrang einzuräumen, innerhalb dieser Kategorie dem Anbieter, der einen ganzjährigen Flugbetrieb anbietet. Darüber hinaus können nach Art. 8 Abs. 5 VO 95/93 Vorrangregelungen des Luftverkehrsgewerbes und ggf. vom Koordinierungsausschuss empfohlene Leitlinien berücksichtigt werden. Zeitnischen können nach Maßgabe des Art. 8 a VO 95/93 – anders als im Eisenbahnverkehr[481] – innerhalb eines Unternehmens auf andere Strecken, Verkehrsarten oder Unternehmensteile übertragen und mit anderen Luftfahrtunternehmen getauscht werden. Werden mitgliedstaatliche Unternehmen bei der Zuweisung von Zeitnischen auf Flughäfen in Drittländern diskriminiert, kann die Kommission die Anwendung dieser Verordnung gegenüber den Luftfahrtunternehmen der betreffenden Staaten aussetzen. 174

Flughäfen, die nur zu bestimmten Tages-, Wochen- oder Jahreszeiten zu Überlastungen neigen, können vom Mitgliedstaat **für flugplanvermittelt erklärt** werden. In diesem Fall wird ein sog. **Flugplanvermittler** eingesetzt, der die Betriebsvorgänge der einzelnen Unternehmen durch empfohlene Flugpläne koordiniert und die Luftfahrtunternehmen berät.[482] 175

V. Luftverkehrssicherheit

Grundvoraussetzung des Flugverkehrs ist die **Sicherheit**. Der europäische Gesetzgeber hat zu diesem Zweck eine Vielzahl an Regelungen und Harmonisierungsmaßnahmen erlassen, die das hohe Sicherheitsniveau des Flugverkehrs innerhalb der Union gewährleisten sollen. Wie auch bei den anderen Verkehrsträgern werden sowohl Sicherheitsanforderungen an die verwendeten Fahrzeuge als auch an das mit den Betriebsabläufen betraute Personal gestellt sowie Vorschriften zur Vermeidung von Unfällen erlassen. Im Luftverkehr kommt zudem der Verhinderung rechtswidriger Übergriffe besondere Bedeutung zu. 176

1. Grundlegende Anforderungen der Verordnung (EG) Nr. 216/2008

Die grundlegenden europäischen Vorgaben für die für den Luftverkehr verwendeten Fahrzeuge, ihre Betreiber, die Flughäfen und die in diesem Sektor tätigen Personen finden sich in der **Verord-** 177

480 Art. 8 Abs. 2, Art. 10 Abs. 2, Abs. 4 VO 95/93.
481 S. dazu unter C.II.1.d) (Rn 86).
482 Art. 3 Abs. 1 lit. a), Art. 4 Abs. 1 bis 4, Abs. 6 und 7 VO 95/93.

nung (EG) Nr. 216/2008.[483] Diese Verordnung gilt spätestens ab dem 8. April 2012[484] und soll durch eine im Jahr 2013 geplante Änderung an die geänderten Vorschriften der SES-Verordnungen (VOen 549/2004, 550/2004, 551/2004 und 552/2004) angepasst werden.[485] Soweit die Verordnung nicht anwendbar ist oder keine Regelungen enthält, gelten in Deutschland insbesondere die Vorschriften der Verordnung zur Prüfung von Luftfahrgerät.[486]

a) Luftfahrzeuge und Betreiber von Luftfahrzeugen

178 Luftfahrzeuge, die in einem Mitgliedstaat der Gemeinschaft registriert sind, müssen die in Art. 5 VO 216/2008 niedergelegten Anfordern an die Lufttüchtigkeit erfüllen. Insbesondere muss jedes Luftahrzeug über ein individuelles **Lufttüchtigkeitszeugnis** verfügen, mit dem nachgewiesen wird, dass das Fahrzeug der durch Musterzulassung genehmigten Bauart entspricht und die Voraussetzungen für einen sicheren Betrieb erfüllt. Die von Flugunternehmen aus Drittstaaten auf Flugstrecken in die, innerhalb der oder aus der Union eingesetzten Luftfahrzeuge müssen in erster Linie den von der Internationalen Zivilluftfahrtorganisation erlassenen Normen entsprechen. Nur wenn solche fehlen, kann unter den Voraussetzungen des Art. 9 VO 216/2008 auf bestimmte Vorschriften dieser Verordnung zurückgegriffen werden. Die technischen Vorschriften und Verwaltungsverfahren in Bezug auf Betrieb und Instandhaltung der Luftfahrzeuge sind in der Verordnung (EWG) Nr. 3922/91[487] enthalten, diejenigen im Hinblick auf die Aufrechterhaltung der Lufttüchtigkeit in der Verordnung (EG) Nr. 2042/2003.[488] Die Durchführungsbestimmungen für die Erteilung der Lufttüchtigkeits- und Umweltzeugnisse finden sich in der Verordnung (EU) Nr. 748/2012.[489]

179 Die **Betreiber von Luftfahrzeugen** müssen nach Art. 8 der Verordnung ihre „Befähigung und die Mittel zur Wahrnehmung der Verantwortlichkeiten" ebenfalls durch ein entsprechendes Zeugnis nachweisen. Ähnliches gilt nach Art. 8 b VO 216/2008 für die Anbieter von Flugverkehrsmanagement und Flugsicherungsdiensten. Die entsprechenden Durchführungsbestimmungen finden sich in der Verordnung (EU) Nr. 965/2012.[490]

b) Flugplätze

180 Gemäß Art. 8 a VO 216/2008 müssen auch **Flugplätze** grundlegenden gemeinschaftlichen Anforderungen entsprechen und dies durch ein Zeugnis nachweisen. Den Mitgliedstaaten steht es dabei nach Art. 4 Abs. 3 b der Verordnung frei, Flughäfen, die jährlich nicht mehr als 10.000 Fluggäste und nicht mehr als 850 Bewegungen im Frachtbetrieb abfertigen, von den Vorschriften der Verord-

483 VO (EG) Nr. 216/2008 des Europäischen Parlaments und des Rates vom 20. Februar 2008 zur Festlegung gemeinsamer Vorschriften für die Zivilluftfahrt und zur Errichtung einer Europäischen Agentur für Flugsicherheit, zur Aufhebung der RL 91/670/EWG des Rates, der VO (EG) Nr. 1592/2002 und der RL 2004/36/EG, ABl. 2008 L 79, S. 1 ff, zuletzt geändert durch VO 6/2013, ABl. 2013 L 4, S. 34 f.

484 Art. 70 VO 216/2008.

485 Vgl Vorschlag für eine VO des Europäischen Parlaments und des Rates zur Änderung der VO (EG) Nr. 216/2008 in Bezug auf Flugplätze, Flugverkehrsmanagement und Flugsicherungsdienst KOM(2013) 409 endg.; dazu zuletzt DR-Drucks. 516/13 (Beschluss).

486 Verordnung zur Prüfung von Luftfahrtgerät (LuftGerPV), BGBl. I 2013, S. 293 ff.

487 VO (EWG) Nr. 3922/91 des Rates vom 16. Dezember 1991 zur Harmonisierung der technischen Vorschriften und der Verwaltungsverfahren in der Zivilluftfahrt, ABl. 1991 L 373, S. 4 ff, zuletzt geändert durch VO 859/2008 der Kommission vom 20. August 2008, ABl. 2008 L 254, S. 1 ff.

488 VO (EG) Nr. 2042/2003 der Kommission vom 20. November 2003 über die Aufrechterhaltung der Lufttüchtigkeit von Luftfahrzeugen und luftfahrttechnischen Erzeugnissen, Teilen und Ausrüstungen und die Erteilung von Genehmigungen für Organisationen und Personen, die diese Tätigkeiten ausführen, ABl. 2003 L 315, S. 1 ff, zuletzt geändert durch VO 1149/2011, ABl. 2011 L 298, S. 1 ff.

489 VO (EU) Nr. 748/2012 der Kommission vom 3. August 2012 zur Festlegung der Durchführungsbestimmungen für die Erteilung von Lufttüchtigkeits- und Umweltzeugnissen für Luftfahrzeuge und zugehörige Produkte, Bau- und Ausrüstungsteile sowie für die Zulassung von Entwicklungs- und Herstellungsbetrieben (Neufassung), ABl. 2012 L 224, S. 1 ff, zuletzt geändert durch VO 69/2014, ABl. 2014 L 23, S. 12 ff.

490 VO (EU) Nr. 965/2012 der Kommission vom 5. Oktober 212 zur Festlegung technischer Vorschriften und von Verwaltungsverfahren in Bezug auf den Flugbetrieb gemäß der VO (EG) Nr. 216/2008 des Europäischen Parlaments und des Rates, ABl. 2012 L 296 ff, zuletzt geändert durch VO 139/2014, ABl. 2014 L 44, S. 1 ff.

nung freizustellen. Die Durchführungsbestimmungen für diesen Bereich finden sich in der Verordnung (EU) Nr. 139/2014.[491]

c) Betreiber und Personal

181 Die Vorgaben für **Piloten** sind in Art. 7 der Verordnung enthalten. Danach muss ein Pilot im Besitz einer Lizenz und eines ärztlichen Zeugnisses sein, um ein in einem Mitgliedstaat registriertes Fahrzeug zu fliegen. Gleiches gilt für ein in einem Drittstaat registriertes Fahrzeug, das von einem Betreiber, über den ein Mitgliedstaat die Betriebsaufsicht ausübt, oder von einem Betreiber, der in der Union niedergelassen ist, auf Strecken eingesetzt wird, bei denen zumindest Start- oder Landepunkt innerhalb der Union liegen. Für die Erteilung der Lizenz werden bestimmte grundlegende Anforderungen, insbesondere im Hinblick auf theoretische Kenntnisse, praktische Fertigkeiten, Sprachkenntnisse und Erfahrungen, festgelegt. Die Befähigung der **Ausbildungseinrichtungen für Piloten** und der **flugmedizinischen Zentren** ist durch Ausstellung einer Zulassung zu zertifizieren. Ähnliche Reglungen finden sich in Art. 8 c VO 216/2008 für **Fluglotsen. Flugbegleiter** müssen in Besitz der in Art. 8 Abs. 4 VO 216/2008 beschriebenen Bescheinigung sein. Die Festlegung technischer Vorschriften und des Verwaltungsverfahrens in Bezug auf das fliegende Personal sind in der VO 3922/91,[492] der Verordnung (EU) Nr. 1178/2011[493] und der Verordnung (EU) Nr. 805/2011[494] harmonisiert.

2. Europäische Agentur für Flugsicherheit

182 In den Art. 17 ff VO 216/2008 finden sich die Rechtsvorschriften im Hinblick auf die **Europäische Agentur für Flugsicherheit.**[495] Diese hat ihren Sitz in Köln und unterstützt die Kommission in technischer Hinsicht bei der Durchführung der Verordnung. Sie führt insbesondere die erforderlichen Inspektionen durch und stellt die entsprechenden Zeugnisse aus. Die Agentur, an der sich auch europäische Drittstaaten beteiligen können, [496] kann die Kommission auffordern, Geldbußen aufzuerlegen und Zwangsgelder zu verhängen. Die Arbeitsweise der Agentur ist in der Durchführungsverordnung (EU) Nr. 628/2013[497] niedergelegt. Die von ihr erhobenen **Gebühren** und Entgelte werden durch die Verordnung (EG) Nr. 319/2014[498] geregelt, die von ihr auferlegten Geldbußen und Zwangsgelder durch die Durchführungsverordnung (EU) Nr. 646/2012.[499]

183 Für das auf die Haftung anwendbare Recht findet sich eine spezielle **Kollisionsnorm** in Art. 31 der Verordnung. Danach ist für vertragliche Haftungsansprüche das auf den Vertrag anzuwendende

---

491 VO (EU) Nr. 139/2014 der Kommission vom 12. Februar 2014 zur Festlegung von Anforderungen und Verwaltungsverfahren in Bezug auf Flugplätze gemäß der VO (EG) Nr. 216/2008 des Europäischen Parlaments und des Rates, ABl. 2014 L 44, S. 1 ff.

492 S. Fn 487.

493 VO (EU) Nr. 1178/2011 der Kommission vom 3. November 2011 zur Festlegung technischer Vorschriften und von Verwaltungsverfahren in Bezug auf das fliegende Personal in der Zivilluftfahrt gemäß der VO (EG) Nr. 216/2008 des Europäischen Parlaments und des Rates, ABl. 2011 L 311, S. 1 ff, zuletzt geändert durch VO 70/2014, ABl. 2014 L 23, S. 25 ff.

494 VO (EU) Nr. 805/2011 der Kommission vom 10. August 2011 zur Festlegung detaillierter Vorschriften für Fluglotsenlizenzen und bestimmte Zeugnisse gemäß der VO (EG) Nr. 216/2008 des Europäischen Parlaments und des Rates, ABl. 2011 L 206, S. 21 ff.

495 Nach dem Fahrplan der Kommission zur Umsetzung dezentraler Agenturen vom 19. Dezember 2012 soll die Agentur umbenannt werden in Luftfahrtagentur der Europäischen Union (European Union Agency for Aviation – EAA).

496 Art. 66 VO 216/2008.

497 Durchführungs-VO (EU) Nr. 628/2013 der Kommission vom 28. Juni 2013 über die Arbeitsweise der Europäischen Agentur für Flugsicherheit bei Inspektionen zur Kontrolle der Normung und für die Überwachung der Anwendung der Bestimmungen der VO (EG) Nr. 216/2008 des Europäischen Parlaments und des Rates und zur Aufhebung der VO 736/2006 der Kommission, ABl. 2013 L 179, S. 46 ff.

498 VO (EG) Nr. 319/2014 der Kommission vom 27. März 2014 über die von der Europäischen Agentur für Flugsicherheit erhobenen Gebühren und Entgelte und zur Aufhebung der VO (EG) Nr. 593/2007, ABl. 2014 L 93, S. 58 ff.

499 Durchführungs-VO (EU) Nr. 646/2012 vom 16. Juli 2012 mit Bestimmungen über Geldbußen und Zwangsgelder gemäß der VO (EG) Nr. 216/2008 des Europäischen Parlaments und des Rates, ABl. 2012 L 187, S. 29 ff.

Recht maßgeblich, während sich die außervertragliche Haftung im Rahmen der Amtshaftung nach den „allgemeinen Rechtsgrundsätzen, die den Rechtsordnungen der Mitgliedstaaten gemeinsam sind," richtet. Die persönliche Haftung der Bediensteten gegenüber der Agentur bestimmt sich schließlich nach den Rechtsvorschriften des Gesellschaftsstatuts bzw nach den für die Bediensteten geltenden Beschäftigungsbedingungen.

3. Vorschriften zur Vermeidung rechtswidriger Übergriffe

184 Gerade mit Blick auf terroristische Anschläge ist die Verhinderung unrechtmäßiger Eingriffe in den Flugverkehr ein wichtiger Aspekt der Luftsicherheit. Die **Verordnung (EG) Nr. 300/2008**[500] harmonisiert die Vorschriften für die **Gefahrenabwehr in der Zivilluftfahrt**, indem sie Grundstandards im Hinblick auf Flughafensicherheit, Zugangskontrollen, Kontrollen von Fluggästen, Handgepäck, aufgegebenem Gepäck, Fracht und Post sowie Sicherheitsmaßnahmen während des Fluges und Mechanismen für die Überwachung der Einhaltung dieser Standards festlegt. Die Festlegung der detaillierten Maßnahmen erfolgt nach Maßgabe der Verordnung (EU) Nr. 185/2010.[501] Den Mitgliedstaaten steht es nach Art. 6 Abs. 1 dieser Verordnung frei, strengere Maßnahmen zu erlassen. Deutschland hat die Standards im **Luftsicherheitsgesetz (LuftSiG)**[502] genauer ausgeformt. In den Fokus der Öffentlichkeit ist dabei insbesondere § 14 Abs. 3 LuftSiG gelangt, der als ultima ratio bei Vorliegen eines „besonders schweren Unglücksfalles" den Be-/Abschuss von Passagierflugzeugen erlaubte. Der Erste Senat des BVerfG erklärte mit Urteil vom 15. Februar 2006, dass die Vorschrift mit dem Recht auf Leben nach Art. 2 Abs. 2 S. 1 GG iVm der Menschenwürdegarantie des Art. 1 Abs. 1 GG nicht vereinbar ist, soweit durch den Abschuss tatunbeteiligte Menschen an Bord des Flugzeugs betroffen sind.[503]

185 Durch die Richtlinie 2004/82/EG[504] werden Luftverkehrsunternehmen schließlich verpflichtet, den mit der Durchführung der Personenkontrollen an den Außengrenzen der Gemeinschaft beauftragten Behörden bei Abschluss des Check-ins Angaben über die zum Grenzübergang zu befördernden Personen zu übermitteln. Dadurch sollen die Grenzkontrollen verbessert und die illegale Einwanderung bekämpft werden. Zudem hat die Kommission vorgeschlagen, die Fluggastdatensätze für die Verhütung und Verfolgung von terroristischen Straftaten und schwerer Kriminalität zu nutzen.[505] Die **Übermittlung von Passagierdaten** (sog. Passenger Name Records – PNR) zur Terrorismusbekämpfung wird im Verhältnis zu Drittstaaten, etwa den USA, bereits in gewissem Rahmen zugelassen.[506]

---

500 VO (EG) Nr. 300/2008 des Europäischen Parlaments und des Rates vom 11. März 2008 über gemeinsame Vorschriften für die Sicherheit in der Zivilluftfahrt und zur Aufhebung der VO (EG) Nr. 2320/2002, ABl. 2008 L 97, S. 72 ff, zuletzt geändert durch VO 18/2010, ABl. 2010 L 7, S. 3 ff.

501 VO (EU) Nr. 185/2010 der Kommission vom 4. März 2010 zur Festlegung von detaillierten Maßnahmen für die Durchführung der gemeinsamen Grundstandards in der Luftsicherheit, ABl. 2010 L 55, S. 1 ff, zuletzt geändert durch Durchführungs-VO 104/2013, ABl. 2013 L 34, S. 13 ff.

502 Luftsicherheitsgesetz vom 11. Januar 2005, BGBl. I 2005, S. 78 ff, zuletzt geändert durch BGBl. I 2013, S. 3154 ff.

503 BVerfG E 115, 118 ff = NJW 2006, 751 ff.

504 RL 2004/82/EG des Rates vom 29. April 2004 über die Verpflichtung von Beförderungsunternehmen, Angaben über die beförderten Personen zu übermitteln, ABl. 2004 L 261, S. 24 ff.

505 Vorschlag für eine RL des Europäischen Parlaments und des Rates über die Verwendung von Fluggastdatensätzen zu Zwecken der Verhütung, Aufdeckung, Aufklärung und strafrechtlichen Verfolgung von terroristischen Straftaten und schwerer Kriminalität, KOM(2011) 32 endg. Der frühere Vorschlag für einen Rahmenbeschluss des Rates über die Verwendung von Fluggastdatensätzen (PNR-Daten) zu Strafverfolgungszwecken, KOM(2007) 654 endg, war auf Grund des Inkrafttretens des AEUV hinfällig geworden.

506 S. Abkommen zwischen den Vereinigten Staaten von Amerika und der Europäischen Union über die Verwendung von Fluggastdatensätzen und deren Übermittlung an das United States Department of Homeland Security, angenommen durch Beschluss des Rates 2012/472/EU am 26. April 2012, abgedruckt in ABl. 2012 L 215, S. 4 ff; s. bereits früher ABl. 2007 L 204, S. 18 ff; jüngst nun Bericht der Kommisison an das Europäische Parlament und den Rat über die gemeinsame Überprüfung der Umsetzung des Abkommens, KOM(2013) 844 endg.

4. Vorschriften zur Vermeidung von Unfällen

Zur **Vermeidung zukünftiger Unfälle** sind Unfälle und solche Ereignisse, die ein Luftfahrzeug, seine Insassen oder andere Personen gefährden können, zu melden und zu untersuchen.[507] Luftfahrtunternehmen, die den geltenden Sicherheitskriterien nicht genügen und denen deshalb der Betrieb untersagt wird, werden in einer gemeinschaftlich erstellten Liste, der sog. **Schwarzen Liste**, aufgeführt, die im Amtsblatt der Union veröffentlicht wird.[508] 186

VI. Berücksichtigung von Umweltschutzaspekten

Gerade mit Blick auf den Klimawandel ist auch der Umweltaspekt in der Luftfahrt Regelungsgegenstand der europäischen Rechtsakte geworden. So ist etwa der Flugverkehr durch die Richtlinie 2008/101/EG[509] in das System des **Handels mit Treibhausgasemissionszertifikaten** aufgenommen worden. Darüber hinaus wurde das Gemeinsame Unternehmen **Clean Sky bzw Clean Sky 2** gegründet, welches die Entwicklung umweltfreundlicher(er) Luftverkehrstechnologien innerhalb der Gemeinschaft beschleunigen soll.[510] Die Verordnung (EU) Nr. 598/2014[511] schließlich zielt auf die Reduzierung von Lärm ab, der im Zusammenhang mit der Luftfahrt entsteht. 187

VII. Einfluss auf die privatrechtliche Ausgestaltung der Rechtsverhältnisse

Der europäische Gesetzgeber ist schon früh dazu übergegangen, Einfluss auf die privatrechtliche Ausgestaltung der im Flugverkehr relevanten Rechtsverhältnisse zwischen Luftfahrtunternehmen und Kunden zu nehmen. Anders als bei den anderen Verkehrsträgen sind die gewährten Rechte aber nicht gebündelt in einer Verordnung, sondern finden sich in insgesamt drei verschiedenen Rechtsakten. 188

---

507 VO (EU) Nr. 996/2010 des Europäischen Parlaments und des Rates vom 20. Oktober 2010 über die Untersuchung und Verhütung von Unfällen und Störungen in der Zivilluftfahrt und zur Aufhebung der RL 94/56/EG, ABl. 2010 L 295, S. 35 ff, zuletzt geändert durch VO 376/2014 (s. sogleich); VO (EU) Nr. 376/2014 des Europäischen Parlaments und des Rates vom 3. April 2014 über die Meldung, Analyse und Weiterverfolgung von Ereignissen in der Zivilluftfahrt, zur Änderung der VO (EU) Nr. 996/2010 des Europäischen Parlaments und des Rates und zur Aufhebung der RL 2003/42/EG des Europäischen Parlaments und des Rates und der VOen (EG) Nr. 1321/2007 und (EG) Nr. 1330/2007 der Kommission, ABl. 2014 L 122, S. 18 ff.

508 VO (EG) Nr. 2111/2005 des Europäischen Parlaments und des Rates vom 14. Dezember 2005 über die Erstellung einer gemeinschaftlichen Liste der Luftfahrtunternehmen, gegen die in der Gemeinschaft eine Betriebsuntersagung ergangen ist, sowie über die Unterrichtung von Fluggästen über die Identität des ausführenden Luftfahrtunternehmens und zur Aufhebung des Artikels 9 der RL 2004/36/EG, ABl. 2005 L 344, S. 15 ff, zuletzt geändert durch VO 596/2009, ABl. 2009 L 188, S. 14 ff; VO (EG) Nr. 474/2006 der Kommission vom 22. März 2006 zur Erstellung der in Kapitel II der VO (EG) Nr. 2111/2005 des Europäischen Parlaments und des Rates genannten gemeinschaftlichen List der Luftfahrtunternehmen, gegen die in der Gemeinschaft eine Betriebsuntersagung ergangen ist, ABl. 2006 L 84, S. 14 ff, zuletzt geändert durch Durchführungs-VO 1264/2013, ABl. 2013 L 326, S. 7 ff; s. hierzu *Martens*, RRa 2010, 76 ff.

509 RL 2008/101/EG des Europäischen Parlaments und des Rates vom 19. November 2008 zur Änderung der RL 2003/87/EG zwecks Einbeziehung des Luftverkehrs in das System für den Handel mit Treibhausgasemissionszertifikaten, in der Gemeinschaft, ABl. 2009 L 8, S. 3 ff.

510 VO (EU) Nr. 558/2014 des Rates vom 6. Mai 2014 zur Gründung des Gemeinsamen Unternehmens Clean Sky 2, ABl. 2014 L 169, S. 77 ff; VO (EG) Nr. 71/2008 des Rates vom 20. Dezember 2007 über die Gründung des Gemeinsamen Unternehms Clean Sky, ABl. 2008 L 30, S. 1 ff.

511 VO (EU) Nr. 598/2014 des Europäischen Parlaments und des Rates vom 16. April 2014 über Regeln und Verfahren für lärmbedingte Betriebsbeschränkungen auf Flughäfen der Union im Rahmen eines ausgewogenen Ansatzes sowie zur Aufhebung der RL 2002/30/EG, ABl. 2014 L 173, S. 65 ff.

1. Rechte von Passagieren mit Behinderungen oder eingeschränkter Mobilität

a) Anwendungsbereich der Verordnung (EG) Nr. 1107/2006

189 Die Rechte von **Passagieren mit Behinderungen oder eingeschränkter Mobilität** sind in der Verordnung (EG) Nr. 1107/2006[512] enthalten. Der Rechtsakt findet nach seinem Art. 1 Abs. 2 Anwendung auf behinderte Menschen und Personen mit eingeschränkter Mobilität, die gewerbliche Passagierflugdienste nutzen oder zu nutzen beabsichtigen und von einem Flughafen der Union abfliegen, auf einem solchen ankommen oder einen solchen im Transit benutzen. Die Vorschriften über die Beförderungspflicht und die von den Luftfahrtunternehmen sowie Leitungsorganen des Flughafens zu erbringenden Hilfeleistungen gelten darüber hinaus nach Abs. 3 der Norm auch für Fluggäste, die von einem Flughafen in einem Drittland zu einem Flughafen der Gemeinschaft reisen, wenn es sich bei dem ausführenden Luftfahrtunternehmen um ein Luftfahrtunternehmen der Union handelt. Diese Regelung verwirrt auf den ersten Blick: Immerhin nutzen auch Passagiere, die von einem Flughafen in einem Drittland zu einem solchen in der Union reisen, einen gewerblichen Passagierflugdienst und kommen auf einem Flughafen der Union an; dh sie unterfallen bereits nach Absatz 2 dem Anwendungsbereich der Verordnung. Bei genauerer Betrachtung ergibt sich aber, dass die allgemeine Anwendungsregel nur die in der EU belegenen Flughäfen erfasst; hinsichtlich der außereuropäischen Flughäfen fehlt der EU die Rechtsetzungskompetenz. Um nun auch Flüge zu und von einem Drittstaat möglichst in den Anwendungsbereich des Rechtsaktes mit einzubeziehen, knüpft der europäische Gesetzgeber in solchen Fällen mit Drittstaatenbezug nicht an die Belegenheit des Flughafens in der Union, sondern an die Staatszugehörigkeit des Flugunternehmens an: Handelt es sich um ein solches der Union, ist es auch bei Flügen von und nach Drittstaaten an die Regelungen der Verordnung gebunden. Der Umstand, dass Art. 1 Abs. 3 Nr. 1107/2006 nur Flüge von einem Drittland in die Gemeinschaft und nicht auch Flüge aus der Gemeinschaft in ein Drittland erfasst, liegt darin begründet, dass die Verordnung den Luftfahrtunternehmen nur Pflichten im Vorfeld und während der Durchführung des Fluges, nicht aber nach Abschluss des Fluges auferlegt.

b) Inhaltliche Regelungen der Verordnung

190 Der Inhalt der Verordnung deckt sich im Wesentlichen mit dem der entsprechenden Rechtsakte für die anderen Verkehrsträger. Die in Art. 2 lit. a) VO 1107/2006 enthaltene Definition von „behinderter Mensch“ und „Person mit eingeschränkter Mobilität“ ist wortgleich zu den dort zu findenden Definitionen. Die unterschiedliche Wortwahl ist wohl mit der Sensibilisierung hinsichtlich des angemessenen Begriffs zu erklären. Art. 3 und 4 der Verordnung gewähren dem Passagier freien Zugang zum Flugverkehr. Die Beförderung darf nur dann verweigert werden, wenn sie durch die geltenden Sicherheitsanforderungen oder die Größe des Fahrzeugs bzw seiner Türen gerechtfertigt bzw bedingt ist. In Ausnahmefällen kann das Luftfahrtunternehmen auch verlangen, dass die Person mit eingeschränkter Mobilität von einer anderen Person begleitet wird, die ihr die erforderliche Hilfe leistet. Die in den anderen Rechtsakten übliche Regelung, wonach Buchungen und Fahrscheine nicht mit Aufpreis angeboten werden dürfen, fehlt zwar, auf Grund der europäischen Anti-Diskriminierungsregelungen dürfte sie aber entbehrlich sein. Das Luftfahrtunternehmen hat nach Art. 10 VO 1107/2006 jedenfalls ohne Aufpreis die in Anhang II genannte Hilfe, das Leitungsorgan des Flughafens nach Art. 7 VO 1107/2006 ohne Aufpreis[513] die in Anhang I genannte Hilfe zu leisten. Diese umfasst auch das Geleiten der Person zu und von ihrem Sitz im Flugzeug. Um Anspruch auf die **Hilfeleistung** zu haben, muss die Person dem Luftfahrt- oder Reiseunternehmen ihr besonderes Bedürfnis nach Hilfe 48 Stunden vor dem Flug ankündigen. Sie muss sich ferner zu

512 VO (EG) Nr. 1107/2006 des Europäischen Parlaments und des Rates vom 5. Juli 2006 über die Rechte von behinderten Flugreisenden und Flugreisenden mit eingeschränkter Mobilität, ABl. 2006 L 204, S. 1 ff; s. nunmehr auch Bericht der Kommission an das Europäische Parlament und den Rat über die VO (EG) Nr. 1107/2006, KOM(2011) 166 endg.; zur VO: *Rodegra*, MDR 2011, 761, 763 f.

513 S. zum Umlageverfahren dieser Kosten auf alle Flughafennutzer: Art. 8 Abs. 3 und Erwägungsgrund Nr. 8 VO 1107/2006; kritisch hierzu die Stellungnahme des Europäischen Wirtschafts- und Sozialausschusses zu dem Vorschlag für eine VO des Europäischen Parlaments und des Rates über die Rechte von Flugreisenden mit eingeschränkter Mobilität, ABl. 2006 C 24, S. 12 ff, unter 2.7.

der vorgegebenen Zeit bzw – falls eine solche nicht angegeben wurde – spätestens eine Stunde vor Abflug zur Abfertigung oder zur angegebenen Zeit bzw spätesten zwei Stunden vor Abflug an einem dafür vorgesehenen Ort auf dem Flughafen einfinden.[514]

Für verloren gegangene oder beschädigte **Mobilitätshilfen**, insbesondere Rollstühle, ist dem Inhaber nach Art. 12 der Verordnung „gemäß den internationalen, gemeinschaftlichen und nationalen Rechtsvorschriften" Entschädigung zu leisten. Für die Durchsetzung der Verordnung haben die Mitgliedstaaten nach Art. 14 VO 1107/2006 eine entsprechende Stelle einzurichten.

2. Haftung für Fluggäste und Gepäck

Der europäische Gesetzgeber hat mit der **Verordnung (EG) Nr. 2027/97**[515] die Haftung der Luftfahrtunternehmen bei Unfällen harmonisiert. Nach ihrem Art. 3 richtet sich die Haftung eines Luftfahrtunternehmens der Union für Fluggäste und deren Gepäck nach den „einschlägigen Bestimmungen" des **Montreal Übereinkommens** (MÜ),[516] welches die Europäische Union Ende 1999 unterzeichnet und mit Beschluss des Rates 2001/539/EG[517] in ihrem Namen genehmigt hat.[518] Die in dem Übereinkommen geregelte Haftung wird nach Art. 1 S. 2 VO 2027/97 um einige Regelungen ergänzt und auf innerstaatliche Flüge erstreckt.[519] 191

a) Haftung für Tod oder Körperverletzung

Die von der Verordnung in Bezug genommenen Vorschriften zur Haftung des Luftfrachtführers und zum Umfang des zu leistenden Schadensersatzes finden sich im dritten Kapitel des Übereinkommens. Nach Art. 17 Abs. 1 MÜ hat der Luftfrachtführer den Schaden zu ersetzen, der durch die **Verletzung oder Tötung eines Reisenden** in Folge eines Unfalls an Bord des Luftfahrzeugs oder beim Ein- oder Aussteigen entsteht. Die Haftung kann nach Art. 21 Abs. 1 MÜ – in der Ende 2009 geänderten Fassung[520] – in einer Höhe von bis zu 113.100 Sonderziehungsrechten je Reisenden weder beschränkt noch ausgeschlossen werden; sie ist als **Gefährdungshaftung** konzipiert. Eine Haftungsbefreiung ist dem Luftfrachtführer nach Art. 20 MÜ nur ausnahmsweise dann möglich, wenn er nachweist, dass der Schaden durch eine „unrechtmäßige Handlung oder Unterlassung" des Reisenden verursacht wurde oder das Verhalten des Reisenden zur Schadensentstehung beigetragen hat. Über den genannten Betrag hinaus besteht nach Art. 21 Abs. 2 MÜ eine **Haftung für vermutetes Verschulden**. Dh der Unternehmer kann sich von der Haftung für einen Schaden, der über 113.100 Sonderziehungsrechte hinausgeht, befreien, wenn er nachweist, dass ihn kein Verschulden trifft. Gelingt dem Geschädigten der Nachweis, dass der Schaden durch eine Handlung oder Unterlassung des Luftfrachtführers oder „seiner Leute" verursacht worden ist, „die entweder in der Absicht, Schaden herbeizuführen, oder leichtfertig und in dem Bewusstsein begangen wurde, 192

514 Art. 7 Abs. 1, Abs. 4 VO 1107/2006.

515 VO (EG) Nr. 2027/97 des Rates vom 9. Oktober 1997 über die Haftung von Luftfahrtunternehmen bei der Beförderung von Fluggästen und deren Gepäck im Luftverkehr, ABl. 1997 L 285, S. 1 ff, geändert durch VO (EG) Nr. 889/2002, ABl. 2002 L 140, S. 2 ff; zur geplanten Änderung s. KOM(2013), 130 endg.

516 Übereinkommen zur Vereinheitlichung bestimmter Vorschriften über die Beförderung im internationalen Luftverkehr (Übereinkommen von Montreal), abgedruckt in ABl. 2001 L 194, S. 39 ff; BGBl II 2004, S. 458 ff; hinsichtlich der Haftungshöchstgrenzen s. BGBl. II 2009, S. 1258 ff.

517 Beschluss 2001/539/EG des Rates vom 5. April 2001 über den Abschluss des Übereinkommens zur Vereinheitlichung bestimmter Vorschriften über die Beförderung im internationalen Luftverkehr (Übereinkommen von Montreal) durch die europäische Gemeinschaft, ABl. 2001 L 194, S. 38.

518 Da das Übereinkommen nicht nur Gegenstände im Zuständigkeitsbereich der Gemeinschaft, sondern auch solche im Zuständigkeitsbereich der Mitgliedstaaten regelt, ist es auch von den Mitgliedstaaten zu ratifizieren; vgl Erwägungsgrund Nr. 4 Beschluss 2001/539/EG. Deutschland hat das Übereinkommen mit dem Gesetz zur Harmonisierung des Haftungsrechts im Luftverkehr vom 6. April 2004, BGBl. I 2004, S. 550 ff, ratifiziert.

519 Zu dieser Regelungstechnik *Schmid*, RRa 2004, 198, 300; *Tonner*, NJW 2006, 154 f; zu der VO ausführlich auch *Bollweg/Schnellenbach*, ZEuP 2007, 798, 804 ff. Zu bemängeln ist, dass der Text des Übereinkommens der Verordnung nicht als Anhang beigefügt ist.

520 S. VO über die Inkraftsetzung der angepassten Haftungshöchstbeträge des Montrealer Übereinkommens vom 14. Dezember 2009, BGBl. II 2009, S. 1258 ff.

dass wahrscheinlich ein Schaden eintreten wird", entfallen nach Art. 22 Abs. 5 MÜ die zu Gunsten des Luftfrachtführers aufgestellten Haftungshöchstgrenzen, dh er haftet in der Höhe unbegrenzt.

193 Nach Art. 5 VO 2027/97 hat das Luftfahrtunternehmen spätestens 15 Tage nach Feststellung der Identität der schadensersatzberechtigten Person einen **Vorschuss** zu zahlen, der im Falle des Todes mindestens 16.000 Sonderziehungsrechte betragen muss.[521]

b) Haftung für Verlust oder Beschädigung von Gepäck

194 Nach Art. 17 Abs. 2 MÜ ist zudem der Schaden zu ersetzen, der dadurch entsteht, dass das aufgegebene **Reisegepäck** an Bord des Luftfahrzeugs oder in der Zeit, während es sich in der Obhut des Luftfrachtführers befindet, **zerstört bzw beschädigt wird oder verloren geht**. Der Anspruch steht nicht nur dem Inhaber des betroffenen Gepäckstücks, sondern auch einem Mitreisenden zu, dessen Gegenstände sich in dem Gepäckstück befunden haben.[522] Die Haftung tritt nicht ein, wenn und soweit der Schaden durch die Eigenart des Gepäcks oder einen ihm innewohnenden Mangel verursacht wurde. Bei nicht aufgegebenem Reisegepäck besteht lediglich eine Verschuldenshaftung. In allen Fällen ist die Haftung nach Art. 22 Abs. 2 MÜ auf 1.131 Sonderziehungsrechte je Reisenden **beschränkt**. Diese Haftungshöchstsumme erfasst sowohl den materiellen wie den immateriellen Schaden.[523] Eine höhere Haftung ist möglich, wenn der Reisende sein Interesse daran, dass das Gepäck unversehrt am Bestimmungsort ankommt, betragsmäßig angegeben und dafür den vom Flugunternehmen verlangten Zuschlag entrichtet hat. Nach Art. 19 MÜ schließlich hat der Frachtführer den Schaden zu ersetzen, der durch **Verspätungen von Reisenden und Reisegepäck** entsteht, außer er weist nach, dass er alle zumutbaren Maßnahmen zur Vermeidung des Schadens getroffen hat oder ihm die Ergreifung solcher Maßnahmen nicht möglich war. In den Fällen der Verspätung ist die Haftung nach Art. 22 Abs. 1 und 2 MÜ bei der Beförderung von Personen auf 4.694 Sonderziehungsrechte je Reisenden, bei der Beförderung von Reisegepäck auf 1.131 Sonderziehungsrechte je Reisenden **beschränkt**.

c) Regelungen zu den Haftungshöchstgrenzen

195 Nach Art. 26 und 40 MÜ kann die in dem Übereinkommen normierte Haftung weder ausgeschlossen noch können die genannten Haftungshöchstgrenzen reduziert werden. Dem Luftfrachtführer steht es aber nach Art. 25 MÜ frei, die **Haftungshöchstbeträge** zu **erhöhen** oder ganz auf sie zu verzichten. Die Haftungshöchstbeträge sind nach Art. 24 Abs. 2 des Übereinkommens alle fünf Jahre an einem Inflationsfaktor zu überprüfen und ggf. anzupassen. Eine solche Anpassung wurde 2009 erstmals vorgenommen.[524]

d) Ausschlussfristen und Ausschluss einer weitergehenden Haftung

196 Für die Geltendmachung der Ansprüche normieren Art. 31 und 35 MÜ **Ausschlussfristen** für die Schadensanzeige und die Klageerhebung. Ein Anspruch auf Schadensersatz kann nach Art. 29 des Übereinkommens – auch wenn er sich nicht auf dieses Übereinkommen, sondern einen Vertrag, eine unerlaubte Handlung oder einen sonstigen Rechtsgrund stützt – nur unter den Voraussetzungen und mit den Beschränkungen geltend gemacht werden, die im Übereinkommen von Montreal niedergelegt sind. Dies gilt zumindest insofern, als es sich um die Verwirklichung luftfahrttypischer Gefahren handelt.[525] Ein Strafschadensersatz ist ausgeschlossen.

---

521 S. zur Vorauszahlungspflicht ausführlich *Schmid*, TranspR 2005, 346 ff.
522 EuGH, Rs. C-410/11 (Sánchez/Iberia), NJW 2013, 845 f = EuZW 2013, 356 f.
523 EuGH, Rs. C-63/09 (Walz/Clickair), Slg 2010 I-4239 = NJW 2010, 2113 ff = EuZW 2010, 459.
524 S. Nachweis in Fn 520.
525 *Karsten*, in: Verbraucherrecht Kap 24 Rn 277.

e) Abschluss einer Pflichtversicherung

Nach Art. 50 MÜ müssen sich die Luftfrachtführer zur Deckung ihrer Haftung nach diesem Übereinkommen angemessen versichern. Eine solche Verpflichtung ergibt sich auch aus Art. 4 und 6 VO 785/2004.[526] 197

3. Haftung für Nichtbeförderung, Annullierung und Verspätung

Die **Verordnung (EG) Nr. 261/2004** (sog. **Fluggastrechte-Verordnung**)[527] statuiert einen Mindeststandard an Rechten, die Fluggästen im Falle der Nichtbeförderung gegen ihren Willen, bei der Annullierung oder einer Verspätung des Fluges gegen das **ausführende Flugunternehmen**[528] zustehen. Sie ist die wohl bekannteste Verordnung im Passagierrecht und hat als „Dauerbrenner in der deutschen Gerichtspraxis"[529] nach nur zehn Jahren zu einer nur schwer überschaubaren Fülle an Urteilen aller Instanzen, einschließlich des EuGH, geführt.[530] Ihre Gültigkeit stand bereits mehrfach wegen ihrer **Vereinbarkeit mit dem vorrangigen Montreal Übereinkommen**[531] in Frage.[532] In der Rechtssache The Queen/Department of Transport entschied der EuGH, dass die Verordnung nicht gegen das Übereinkommen verstoße, weil dieses nicht die Nichtbeförderung und Annullierung betreffe und in Bezug auf Verspätungen nur den nachgewiesenen Schaden auf Grund einer Ankunftsverspätung, nicht aber eine „Wiedergutmachung in Form standardisierter sofortiger Unterstützungs- oder Betreuungsleistungen"[533] erfasse.[534] Nachdem der EuGH in der Rechtssache Sturgeon[535] den Ausgleichsanspruch nach Art. 7 der Verordnung auch im Falle einer mehr als dreistündigen Abflugs- und Ankunftsverspätung gewährte, waren erneut Zweifel an der Vereinbarkeit des Rechtsaktes mit dem Übereinkommen aufgekommen.[536] Der Gerichtshof hat in der **Rechtssache Nelson**[537] allerdings klargestellt, dass die Verordnung auch bei dieser extensiven Auslegung mit dem Montreal Übereinkommen vereinbar sei, weil die in der Verordnung gewährte pauschalierte Ausgleichszahlung ihrem Wesen nach etwas anderes sei als der Ersatz eines nachzuweisenden Schadens im Sinne des Übereinkommens. Der Gerichtshof stellt damit in seiner Begründung gerade nicht auf die Verspätung als gemeinsame Voraussetzung, sondern auf die Wesensverschiedenheit der durch die Verordnung und das Übereinkommen gewährten Rechtsfolgen ab. Insofern ist es für die Gültigkeit der Verordnung auch unschädlich, dass der Gerichtshof in der Rechtssache Folkerts[538] den Ausgleichsanspruch nunmehr auch für einen Fall gewährt hat, in dem lediglich eine dreistündige Ankunftsverspätung, nicht aber eine entsprechende Abflugverspätung gegeben war. Denn auch wenn damit die Voraussetzungen beider Rechtsakte weitgehend identisch sind, bleibt die Verschiedenheit hinsichtlich der Rechtsfolgen. 198

526 S. hierzu Fn 426.

527 VO (EG) Nr. 261/2004 des Europäischen Parlaments und des Rates vom 11. Februar 2004 über eine gemeinsame Regelung für Ausgleichs- und Unterstützungsleistungen für Fluggäste im Fall der Nichtbeförderung und bei Annullierung oder großer Verspätung von Flügen und zur Aufhebung der VO (EWG) Nr. 295/91, ABl. 2004 L 46, S. 1 ff.

528 Vgl für die Fälle des sog. Code-Sharing: BGH, NJW 2010, 1522 ff = EuZW 2010, 271 ff = MDR 2010, 257 ff. Der Anspruch gilt nicht gegen den Reisveranstalter; vgl BGH, NJW 2009, 287, 288.

529 *Mankowski*, TranspR 2008, 177, 181.

530 Für einen Überblick über die neueste Rechtsprechung s. etwa *Kummer*, DAR 2013, 121 ff.

531 Vgl die Nachweise in Fn 516.

532 EuGH, Rs. C-344/04 (The Queen/Department of Transport), Slg I-403 ff = NJW 2006, 351 ff; s. dazu *Karsten/Seidenspinner*, ZeuP 2010, 830, 848 ff; *Tonner*, NJW 2006, 1854 ff.

533 EuGH, Rs. C-344/04 (The Queen/Department of Transport), Slg I-403 ff, Rn 43; so auch *Schmid*, RRa 2004, 198, 202.

534 *Schmid*, RRa 2004, 198, 202; *Tonner*, NJW 2006, 1854, 1856.

535 EuGH, verb. Rs. C-402/07 und C-432/07 (Sturgeon u.a.), NJW 2010, 43 ff = EuZW 2009, 890 ff.

536 *Karsten*, in: Verbraucherrecht, Kap 24 Rn 280, 289; *Müller-Rostin*, TranspR 2010, 93, 98 ff; *Politis*, EuZW 2014, 8 ff; *Staudinger*, RRa 2010, 10, 11 f; die Vereinbarkeit bejahen *Schuster-Wolf*, euvr 2012, 154, 161; *Tonner*, VuR 2011, 203, 204 ff.

537 EuGH, verb. Rs. C-581/10, C-629/10 (Nelson u.a.), NJW 2013, 671 ff = RRa 2012, 272 ff.

538 EuGH, Rs. C-11/11 (Folkerts), NJW 2013, 1291 ff = RRa 2013, 78 ff = DAR 2013, 320 ff; s. auch BGH, NJW-RR 2013, 1065 ff = NZV 2013, 538 ff.

a) Anwendungsbereich der VO 261/2004

199 Die Verordnung ist nach ihrem Art. 3 auf Fluggäste anwendbar, die entweder mit einem Flugunternehmen der Gemeinschaft fliegen oder mit einem Flugunternehmen eines Drittstaates von einem Flughafen der Gemeinschaft abfliegen und in dem Drittstaat keine Leistungen erhalten haben, die denen in dieser Verordnung geregelten Ansprüchen vergleichbar sind. Lange Zeit war umstritten,[539] ob die Beförderung von einem Mitgliedstaat in ein Drittland und wieder zurück, also etwa ein Flug von Deutschland nach Thailand und zurück, als einheitlicher Flug angesehen werden kann, wie dies etwa nach dem Montreal Übereinkommen der Fall ist. Dies hätte zur Folge, dass der Rückflug zu einem Flughafen der Gemeinschaft auch dann dem Anwendungsbereich der Verordnung unterfällt, wenn er durch das Flugunternehmen eines Drittstaates ausgeführt wird. Der EuGH hat ein solches Verständnis abgelehnt und entschieden, dass **Hin- und Rückflug jeweils selbständige Flüge** sind und dementsprechend der Rückflug von einem Drittland in die Gemeinschaft mit einem Luftfahrtunternehmen aus einem Drittstaat nicht unter die Verordnung fällt.[540] Der BGH[541] überträgt dieses Verständnis auf die einzelnen Flugstrecken des Hin- bzw Rückfluges und prüft die Anwendbarkeit der Verordnung gesondert für jeden Flugabschnitt: Ereignet sich das Beförderungsproblem erst auf einem Anschlussflug, der nicht dem Anwendungsbereich der Verordnung unterfällt, werden dem Passagier keine Ausgleichsansprüche gewährt. Führt aber ein Beförderungsproblem des – dem Anwendungsbereich der Verordnung unterfallenden – Zubringerflugs, etwa eine Verspätung dieses Fluges, dazu, dass der Passagier verspätet am Endziel ankommt, wird der Anspruch auch dann gewährt, wenn auf der Strecke ein Zwischenstopp in einem Drittstaat lag. Erfolgt der Hinflug nach Thailand mit einer Fluggesellschaft aus einem Drittland etwa über die Vereinigten Arabischen Emirate, ist schon die Flugstrecke von dort nach Thailand nicht mehr von der Verordnung erfasst. Kommt der Passagier zu spät in Thailand an, weil der Anschlussflug in den Emiraten verspätet abgeflogen oder annulliert worden ist, stehen ihm keine Ansprüche nach Art. 7 der Verordnung zu. Hat er allerdings wegen einer – wenn auch nur geringfügigen Verspätung des Zubringerflugs – seinen Anschluss in den Emiraten verpasst und kommt deshalb verspätet in Thailand an, kann er den Ausgleichsanspruch geltend machen.

Aktuell hat der BGH dem EuGH nunmehr die Frage vorgelegt, ob die Verordnung auch auf Passagiere Anwendung findet, die ihre Reise auf Flughäfen der Schweiz in einen Drittstaat antreten.[542] Zwar finden die Vorschriften der Verordnung auf Grund völkerrechtlicher Vereinbarungen auch in der Schweiz Anwendung.[543] Es ist aber fraglich, ob dies nur für den Flugverkehr zwischen der Schweiz und den Mitgliedstaaten der EU oder auch für den Flugverkehr zwischen der Schweiz und den Drittstaaten gilt. Bei dieser Gelegenheit wird der EuGH möglicherweise auch Stellung nehmen zu dem der Vorlagefrage zu Grunde gelegten Verständnis von Zubringer- und Anschlussflug als jeweils gesonderten Flügen iSd Verordnung.

200 Die Anwendung der Verordnung erfordert des Weiteren, dass der Fluggast über eine **bestätigte Buchung** über den betreffenden Flug verfügt und sich – außer im Falle der Annullierung oder der Verlegung auf einen anderen Flug – zu der schriftlich angegebenen Zeit oder – falls eine solche nicht angegeben wurde – spätestens 45 Minuten vor der veröffentlichten Abflugzeit **zur Abfertigung einfindet**. Dabei ist zu berücksichtigen, dass ein Flugschein seine Gültigkeit nach der Rechtsprechung des BGH nicht allein deshalb verliert, weil der Passagiere die Flugscheine – entgegen den Vorgaben in den AGB des Flugunternehmens – nicht in der vorgegebenen Reihenfolge nutzt, also

---

539 S. auch *Schmid*, NJW 2007, 261, 262 (mit Nachweise zur Rspr); *Tonner*, VuR 2009, 209.

540 EuGH, Rs. C-173/07 (Schenkel/Emirates), NJW 2008, 2697 ff = RRa2008, 237 ff = EuZW 2008, 569 ff.

541 BGH, RRa 2013, 237 ff; NJW 2013, 682 = RRa 2013, 19 ff = DAR 2013, 267 ff; NJW 2009, 2743 ff = RRa 2009, 242 ff; NJW 2009, 2740 ff; ebenso bei Wechsel des Luftfahrtunternehmens *Staudinger*, RRa 2012, 154, 156 ff; kritisch ggü dieser Sichtweise *Schmid*, NJW 2009, 2724, 2725; *ders./Hopperdietzel*, NJW 2010, 1905, 1907; *Tonner*, VuR 2009, 209, 210.

542 BGH, RRa 2013, 183 ff = NJW-RR 2013, 1068 (Ls); s. hierzu *Staudinger/Bauer/Röben*, NJW 2013, 3760, 3761.

543 S. hierzu in Fn 8 und 417.

etwa den Rückflug antritt, ohne vorher das Ticket für den Hinflug genutzt zu haben.[544] Fluggäste, die „kostenlos oder zu einem reduzierten Tarif reisen, der für die Öffentlichkeit nicht unmittelbar oder mittelbar verfügbar ist," können sich nach Art. 3 Abs. 3 VO 261/2004 nicht auf die Verordnung berufen. Von dieser Ausnahme erfasst sind aber letztlich nur die reduzierten Angebote für Flugpersonal in ihrer Freizeit; nicht erfasst werden hiervon Fluggäste, die zum Senioren- bzw Kindertarif fliegen,[545] Meilen im Rahmen eines Werbeprogramms einlösen oder den Flug als Teil einer Pauschalreise zu einem nicht explizit ausgeworfenen Preis gebucht haben.[546]

b) Durch die Verordnung gewährte Rechte

Die Verordnung regelt drei verschiedene Tatbestände, nämlich Nichtbeförderung, Annullierung und Verspätung, und gewährt drei verschiedene Arten von Ansprüchen. Nach Art. 9 VO 261/2004 sind **Betreuungsleistungen** in Form von Mahlzeiten und Erfrischungen in angemessenem Verhältnis zur Wartezeit sowie ggf. eine Hotelunterbringung und die Beförderung zum Hotel sowie die Möglichkeit zu gewähren, unentgeltlich zwei Telefonate zu führen oder zwei E-Mails bzw Telefaxe zu versenden. Nach Art. 8 VO 261/2004 kann der Fluggast die vollständige **Erstattung des Flugpreises** innerhalb von sieben Tagen in bar, per Überweisung oder – bei schriftlichem Einverständnis – als Reisegutschein oder Dienstleistung verlangen. Zu erstatten ist der Reisepreis dabei nicht nur für den noch nicht zurückgelegten Teil der Reise, sondern auch für die bereits durchgeführten Reiseabschnitte, an denen der Fluggast im Hinblick auf den ursprünglichen Reiseplan kein Interesse mehr hat. Der Fluggast ist in diesem Fall an den ersten Abflugort zurückzubringen. Anstelle der Erstattung kann er aber auch eine **anderweitige Beförderung** zum Endziel unter vergleichbaren Bedingungen zum frühestmöglichen Zeitpunkt oder zu einem von ihm bestimmten späteren Zeitpunkt wählen. Verweigert das Luftfahrtunternehmen die Erbringung der in Art. 8 und 9 der Verordnung gewährten Rechte, so steht dem Fluggast ein Anspruch auf einen entsprechenden Ausgleich zu. Dieser **Anspruch auf Schadensersatz** leitet sich direkt aus den Bestimmungen der Verordnung ab,[547] ohne dass es eines Rückgriffs auf das nationale Recht oder das MÜ bedürfe.[548] Art. 7 VO 261/2004 schließlich gestaltet den gewährten **Ausgleichsanspruch** genauer aus. Dieser beträgt bei Flügen von bis zu 1.500 km 250 Euro, bei allen längeren EU-weiten Flügen oder Flügen nach und von Drittländern bis 3.500 km 400 Euro und bei allen sonstigen Flügen 600 Euro. Die Beträge reduzieren sich um 50 %, wenn das Luftfahrtunternehmen eine alternative Beförderung anbietet, mit welcher der Fluggast – entsprechend den in Art. 7 VO 261/2004 genannten Kategorien – höchstens zwei, drei oder vier Stunden später als geplant ankommt. Bei gemeinsam gebuchten Zubringer- und Anschlussflügen kommt es für die Berechnung der Ausgleichsansprüche – entgegen der anonsten vorgenommenen isolierten Betrachtung der Flugabschnitte durch den BGH – auf die Entfernung zum Endziel, dh dem Ziel des letzten Anschlussflugs an.[549] Darüber hinaus bestimmt Art. 10 der Verordnung, dass von einem Fluggast, der in eine **höhere Klasse** verlegt wird, kein Aufpreis verlangt werden kann, und einem Fluggast, der eine Klasse herabgestuft wird, – je nach Länge der Flugstrecke – 30, 50 oder 75 % des Flugpreises zu erstatten sind. 201

c) Die einzelnen Tatbestände

aa) Nichtbeförderung

Im Falle der Nichtbeförderung stehen dem Fluggast nach Art. 4 Abs. 3 der Verordnung die in Art. 9 VO 261/2004 geregelten Betreuungsleistungen, der in Art. 8 VO 261/2004 geregelte Anspruch auf 202

544 BGH, RRa 2010, 188 ff = EuZW 2010 557 ff; RRa 2010, 191 ff.
545 *Wahl*, RRa 2013, 262, 265.
546 *Schmid*, NJW 2007, 261, 262.
547 EuGH, Rs. C-83/10 (Sousa Rodriguez/Air France), Slg 2011 I-9469 = NJW 2011, 3776 ff = EuZW 2011, 916 ff = DAR 2011, 631 ff, Rn 44; EuGH, Rs. C-12/11 (Mc Donagh), NJW 2013, 921, Rn 20 ff; s. auch *Staudinger/Krüger*, NJW 2012, 2853, 2856; *diess.*, NJW 2013, 913, 916.
548 So noch BGH, NJW-RR 2010, 1641 ff = RRa 2010, 221 ff = ZGS 2010, 425 ff, Rn 24; *Sendmeyer*, NJW 2011, 808, 810.
549 BGH, NJW-RR 2011, 355; *Karsten*, in: Verbraucherrecht, Kap 24 Rn 291.

Erstattung des Flugpreises oder auf anderweitige Beförderung sowie die in Art. 7 VO 261/2004 genauer beschriebenen Ausgleichsleistungen zu. Die **Nichtbeförderung** ist in Art. 2 lit. j) VO 261/2004 definiert als „Weigerung, Fluggäste zu befördern, obwohl sie sich unter den in Art. 3 Abs. 2 VO 261/2004 genannten Bedingungen am Flugsteig eingefunden haben, sofern keine vertretbaren Gründe für die Nichtbeförderung gegeben sind, zB im Zusammenhang mit der Gesundheit[550] oder der allgemeinen oder betrieblichen Sicherung oder unzureichenden Reiseunterlagen." Anders als noch in der Vorgängerverordnung (EWG) Nr. 295/91[551] ist die Nichtbeförderung damit **nicht mehr auf die Überbuchung beschränkt**, sondern erfasst auch Fälle, in denen einem Fluggast die Beförderung aus anderen (insbesondere betrieblichen) Gründen verweigert wird.[552] So geht der EuGH etwa dann von einer Nichtbeförderung aus, wenn dem Passagier die Beförderung auf dem Anschlussflug verweigert wird, weil sein Platz wegen der **Verspätung des Zubringerflugs** bereits annulliert und an andere Passagiere vergeben wurde.[553] Das gilt zumindest für die Fälle, in denen Zubringer- und Anschlussflug im Rahmen eines einheitlichen Beförderungsvertrages gebucht wurden, der Passagier bereits vor dem Anschlussflug sein Gepäck bis an das Endziel „durchgecheckt" und die Bordkarten für alle Teilstrecken bis zum Endziel erhalten hat. Die Verweigerung der Beförderung kann auch nicht damit begründet werden, dass das Reisgepäck des Passagiers nicht mehr auf den Anschlussflug verladen werden konnte.[554] Wurde dem Passagier bei Antritt des Zubringerfluges noch keine Bordkarte für den Anschlussflug ausgestellt, verneint der BGH die Nichtbeförderung, wenn sich der Passagier nicht spätestens 45 Minuten vor Abflug des Anschlussfluges zur Abfertigung einfindet.[555] Ebenso liegt keine Nichtbeförderung vor, wenn der Passagier auf Grund langer Warteschlangen nicht pünktlich zum Check-in erscheint.[556] Ob die **Umbuchung** auf einen anderen Flug gegen den Willen des Fluggastes eine Nichtbeförderung im Sinne der Verordnung darstellt, wurde bisher nicht höchstrichterlich geklärt. Das auf Vorlage des BGH beim EuGH initiierte Verfahren[557] wurde zwischenzeitlich wieder gestrichen.[558]

203 Der Ausgleichsanspruch wegen Nichtbeförderung ist nicht dadurch ausgeschlossen, dass die Weigerung, einen Fluggast zu befördern, auf Umstände zurückzuführen ist, die als **außergewöhnliche Umstände** iSv Art. 5 Abs. 2 VO 261/2004 zu qualifizieren sind. So hat der EuGH das Vorliegen einer Nichtbeförderung etwa auch für den Fall bejaht, dass einem Fluggast die Beförderung verweigert wurde, weil sein Sitzplatz im Rahmen einer streikbedingten Umorganisation des Flugplans einem anderen Reisenden angeboten wurde, der schon länger auf seine Beförderung gewartet hat.[559] Dies mag rechtspolitisch fragwürdig sein, ist aber die Konsequenz aus der Verquickung von Tatbestand und Haftungsausschluss: Würde man einen Haftungsausschluss bei Vorliegen außergewöhnlicher Umstände bejahen, verlöre der nichtbeförderte Passagier nicht nur seinen Ausgleichsanspruch, sondern auch die anderen durch die Verordnung gewährten Rechte.[560]

550 Körperliche Beeinträchtigungen auf Grund einer Behinderung fallen nicht hierunter, s. etwa *Rodegra*, MDR 2011, 761, 763.

551 VO (EWG) Nr. 295/91 des Rates vom 4. Februar 1991 über eine gemeinsame Regelung für ein System von Ausgleichsleistungen bei Nichtbeförderung im Linienflugverkehr, ABl. 1991 L 36, S. 5 ff.

552 EuGH, Rs. C-321/11 (Cachafeiro u.a.), RRa 2012, 279 ff Rn 21; EuGH, Rs. C-22/11 (Finnair/Lassooy), NJW 2013, 682 ff = RRa 2012, 281 ff; BGH, TranspR 2009, 320, 321, Rn 10 = RRa 2009, 239 ff = NJW 2009, 2740 ff; so auch *Schmid*, NJW 2009, 2724, 2725.

553 EuGH, Rs. C-321/11 (Cachafeiro u.a.), RRa 2012, 279 ff; so bereits vorher *Schmid*, NJW 2009, 2724, 2725 f; s. auch BGH, TranspR 2009, 320, 322, Rn 15.

554 BGH, NJW 2013, 378 ff = RRa 2012, 285 ff.

555 BGH, EuZW 2009, 586 ff = TranspR 2009, 320 ff; fast identisch: BGH, TranspR 2009, 325 ff; s. dazu auch *Sendmeyer*, NJW 2011, 808, 809.

556 BGH, RRa 2013, 282 ff = MDR 2013, 1088 ff.

557 EuGH, Rs. C-525/08 (Bienek), ABl. C 2009 C 55, S. 8; zum Vorlagebeschluss BGH, NJW 2009, 285 ff = VuR 2009, 230 ff = EuZW 2009, 93 ff.

558 S. Beschluss vom 15. Januar 2010 ABl. C 100, S. 34.

559 EuGH, Rs. C-22/11 (Finnair/Lassooy), NJW 2013, 682 ff = RRa 2012, 281 ff.

560 *Bosch/Lorz*, NZV 2013, 105, 110.

Ist nach vernünftigem Ermessen absehbar, dass es zu einer Nichtbeförderung kommen wird, muss das Flugunternehmen versuchen, Fluggäste gegen eine entsprechende Gegenleistung zum **freiwilligen Verzicht** auf ihre Buchung zu bewegen. Diejenigen, die durch eine solche Vereinbarung auf ihre Buchung verzichten, haben weiterhin Anspruch auf Erstattung oder alternative Beförderung nach Art. 8 VO 261/2004. Ausgleichsansprüche und – zumindest dem Wortlaut nach – Betreuungsleistungen nach Art. 9 VO 261/2004 stehen ihnen dagegen nicht zu. Ebenso wenig können sie einen weitergehenden Schadensersatz geltend machen.[561] 204

bb) Annullierung

Im Falle der **Annullierung** eines Fluges stehen dem Fluggast nach Art. 5 der Verordnung der in Art. 8 VO 261/2004 geregelte Anspruch auf Erstattung des Flugpreises oder auf alternative Beförderung, die in Art. 9 VO 261/2004 geregelten Unterstützungsleistungen sowie Ausgleichszahlungen nach Art. 7 VO 261/2004 zu. Die Annullierung ist in Art. 2 lit. l) VO 261/2004 definiert als „die Nichtdurchführung eines geplanten Fluges, für den zumindest ein Platz reserviert war." Darunter fällt auch der Fall, dass ein Flugzeug zwar startet, aber anschließend, aus welchen Gründen auch immer, zum Ausgangsflughafen zurückfliegen muss und die Fluggäste auf andere Flüge umgebucht werden.[562] Der Anspruch auf Ausgleichszahlungen besteht nach Art. 5 Abs. 1 lit. c) der Verordnung jedoch dann nicht, wenn der Fluggast entweder zwei Wochen vor Abflug über die Annullierung unterrichtet wurde oder wenn er weniger als zwei Wochen vor Abflug unterrichtet, ihm aber eine alternative Reisemöglichkeit angeboten wurde, mit der er – abhängig vom Zeitpunkt, zu dem er informiert wurde – höchstens ein bis zwei Stunden vor dem eigentlichen Abflugtermin abfliegt und spätestens zwei bis vier Stunden später als geplant ankommt. Der Anspruch auf die Ausgleichszahlung entfällt zudem nach Art. 5 Abs. 3 VO 261/2004 dann, wenn das Luftfahrtunternehmen „nachweisen kann, dass die Annullierung auf **außergewöhnliche Umstände** zurückgeht, die sich auch dann nicht hätten vermeiden lassen, wenn alle zumutbaren Maßnahmen ergriffen worden wären."[563] 205

cc) Verspätung

Im Falle einer **Verspätung** kommt es für die Rechte des Fluggastes auf das Ausmaß der Verspätung an: Die in Art. 9 VO 261/2004 beschriebenen Unterstützungsleistungen stehen dem Fluggast bei Flügen von bis zu 1.500 km ab einer Abflugverspätung von zwei Stunden, bei solchen von mehr als 1.500 km ab drei Stunden und bei Flügen von mehr als 3.500 km, die nicht auf das Gebiet der Union beschränkt sind, ab vier Stunden zu. Beträgt die Abflugverspätung mehr als fünf Stunden, kann der Fluggast darüber hinaus Erstattung des Flugpreises nach Art. 8 Abs. 1 lit. a) VO 261/2004 verlangen. Da auf europäischer Ebene kein Unterschied zwischen Linien- und Charterflügen gemacht wird, gelten diese Grenzen für beide Arten von Flügen; Charterflüge werden nicht privilegiert.[564] Ein Ausgleichsanspruch iSv Art. 7 VO 261/2004 wird dagegen nach dem Wortlaut der Norm nicht gewährt. Aus diesem Grund kam in der Praxis der Abgrenzung der Verspätung von der Annullierung gesteigerte Bedeutung zu. Schließlich hing von dieser Einordnung ab, ob dem Fluggast ein Ausgleichsanspruch gewährt wurde oder nicht. Mit dem Urteil des EuGH in der **Rechtssache Sturgeon**[565] sowie dem Anschlussurteil des BGH[566] wurde dieser Streit um die Abgrenzung zwischen Annullierung und Verspätung nicht nur entschieden, ihm wurde auch weitgehend seine Brisanz genommen: Der Gerichtshof stellt – ähnlich wie der BGH[567] – für die Abgren- 206

561 Vgl Art. 12 Abs. 2 VO 261/2004.

562 EuGH, Rs. C-83/10 (Sousa Rodriguez/Air France), Slg 2011 I-9469 = NJW 2011, 3776 ff = EuZW 2011, 916 ff = DAR 2011, 631 ff.

563 S. dazu sogleich unter F.VII.3.d) (Rn 207 ff).

564 So auch *Schmid*, RRa 2009, 66 f.

565 EuGH, verb. Rs. C-402/07 und C-432/07 (Sturgeon u.a.), NJW 2010, 43 ff = EuZW 2009, 890 ff; bestätigt durch EuGH, verb. Rs. C-581/19 und C-628/10 (Nelson u.a.), NJW 2013, 671 ff = RRa 2012, 272 ff.

566 BGH, NJW 2010, 2281 f = RRa 2010, 93 ff.

567 BGH, NJW 2009, 358 ff = RRa 2009, 43 ff.

zung der beiden Tatbestände darauf ab, ob das Luftfahrtunternehmen an seiner bisherigen Flugplanung festhält. Ist dies der Fall, liegt keine Annullierung, sondern immer eine Verspätung vor. Eine Verspätung kann mithin auch bei erheblicher Dauer nicht in eine Annullierung umschlagen. Die Fluggäste verspäteter Flüge können jedoch in **analoger Anwendung des Art. 7 VO 261/2004** einen Ausgleichsanspruch gelten machen, wenn sie wegen eines verspäteten Fluges einen Zeitverlust von drei Stunden oder mehr erleiden, dh, wenn sie ihr Endziel mehr als drei Stunden nach der geplanten Ankunftszeit erreichen. Die **Grenze von drei Stunden** ergibt sich aus einem Vergleich mit Art. 5 Abs. 1 lit. c) Nr. iii VO 261/2004:[568] Nach dieser Regelung besteht der Anspruch auf Ausgleichszahlung in den Fällen, in denen der Fluggast des annullierten Fluges anderweitig befördert wird, nur dann, wenn der anderweitige Flug nicht mehr als eine Stunde vor der geplanten Abflugzeit startet und spätestens zwei Stunden nach der planmäßigen Ankunftszeit landet. Daraus wird abgeleitet, dass erst ein Zeitverlust von mindestens drei Stunden einen Ausgleichsanspruch auslösen kann. In der **Rechtssache Folkerts**[569] hat der Gerichtshof klargestellt, dass es für die Gewährung des Ausgleichsanspruchs ausschließlich auf die dreistündige Verspätung am Ankunftsort ankommt; es ist nicht erforderlich, dass der Flug schon beim Abflug eine Verspätung iSv Art. 6 der Verordnung aufgewiesen hat.[570] Der EuGH hat damit letztlich eine **neue Anspruchskategorie** begründet: Ausgleichsansprüche sind danach auch im Falle einer erheblichen, dh **mindestens dreistündigen Ankunftsverspätung** zu gewähren. Für den Ankunftszeitpunkt kommt es dabei auf den Zeitpunkt an, in dem mindestens eine Tür des Flugzeugs geöffnet und den Passagieren der Ausstieg erlaubt ist.[571] Ebenso wie bei der Annullierung ist der Anspruch auf die Ausgleichszahlung aber auch hier ausgeschlossen, wenn die Verspätung erwiesenermaßen auf außergewöhnliche Umstände zurückzuführen ist. Ebenso kann der Anspruch unter den Voraussetzungen des Art. 7 Abs. 2 VO 261/2004 um 50% gekürzt werden.[572]

d) Das Vorliegen außergewöhnlicher Umstände als Haftungsausschluss

aa) Voraussetzungen des Haftungsausschlusses

207 Die Fluggesellschaften müssen im Falle einer Annullierung oder erheblichen Ankunftsverspätung dann keine Ausgleichsansprüche gewähren, wenn sie nachweisen, dass die Annullierung bzw die Verspätung auf außergewöhnliche Umstände zurückzuführen ist, die sich auch dann nicht hätten vermeiden lassen, wenn alle zumutbaren Maßnahmen ergriffen worden wären. Das Merkmal ist als Ausnahmeregelung eng auszulegen.[573] Erwägungsgrund Nr. 14 der Verordnung etwa zählt als außergewöhnliche Umstände beispielhaft politische Instabilität, schlechte Wetterbedingungen, Sicherheitsrisiken, unerwartete Flugsicherheitsmängel und Streiks auf. Höchstrichterlich sind insbesondere bereits Naturkatastrophen (Vulkanausbruch),[574] Wetter (Nebel),[575] sog. Vogelschlag,[576] der Streik des Flugpersonals (hier: Piloten)[577] und die Überlastung des Luftraums wegen (streikbedingt) fehlender Fluglotsen und Radarausfälle[578] als außergewöhnliche Umstände eingestuft worden. Ein **technisches Problem** stellt dagegen nach Auffassung des EuGH grundsätzlich keinen außergewöhnlichen Umstand im Sinne dieser Vorschrift dar. Eine Ausnahme gilt nur dann, wenn

---

568 EuGH, verb. Rs. C-402/07 und C-432/07 (Sturgeon u.a.), NJW 2010, 43 ff = EuZW 2009, 890 ff, Rn 55 ff, insb. Rn 57; kritisch hierzu *Müller-Rostin*, TranspR 2010, 93,95 f; *Staudinger*, RRa 2010, 10, 12.

569 EuGH, Rs. C-11/11 (Folkerts), NJW 2013, 1291 ff = RRa 2013, 78 ff = DAR 2013, 320 ff; s. auch BGH, NJW-RR 2013, 1065 ff = NZV 2013, 538 ff.

570 So insbesondere *Staudinger*, RRa 2010, 10, 11 f; *ders.*, RRa 2012, 154, 159.

571 EuGH, Rs. C-452/13 (Germanwings GmbH/Henning), BeckRS 2014, 81734.

572 EuGH, verb. Rs. C-402/07 und C-432/07 (Sturgeon u.a.), NJW 2010, 43 ff = EuZW 2009, 890 ff, Rn 63.

573 EuGH Rs. C-549/07 (Wallentin-Hermann/Alitalia), NJW 2009, 347 ff = EuZW 2009, 111 ff; *Bosch/Lorz*, NZV 2013, 105, 109; *Sendmeyer*, NJW 2011, 808, 811; *Tonner*, VuR 2012, 209, 211.

574 EuGH, Rs. C-12/11 (McDonagh), NJW 2013, 921 ff = RRa 2013, 81 ff = DAR 2013, 132 ff.

575 BGH, NJW-RR 2010, 1641 ff = RRa 2010, 221 ff = ZGS 2010, 425 ff.

576 BGH, NJW 2014, 861 ff = RRa 2014, 25 ff; *Bosch/Lorz*, NZV 2013, 105, 108.

577 BGH, RRa 2012, 288 ff; ablehnend bei Streiks des eigenen Personals *Bartlik*, RRa 2009, 272, 278 mwN; *Bosch/Lorz*, NZV 2013, 105, 107; *Schmid*, NJW 2007, 261, 266.

578 S. BGH, Urteil – X ZR 104/13 vom 12. Juni 2014, abrufbar unter www.bundesgerichtshof.de.

das Problem auf Vorkommnisse zurückgeht, „die auf Grund ihrer Natur oder Ursache nicht Teil der normalen Ausübung der Tätigkeit des betroffenen Luftfahrtunternehmens sind und von ihm tatsächlich nicht zu beherrschen sind."[579] Dies wäre etwa bei technischen Defekten der Fall, die auf Sabotage oder terroristische Akte zurückzuführen sind.[580] Entscheidendes Kriterium für die ausnahmsweise Einordnung der technischen Mängel als außergewöhnlichen Umstand aber auch für die Definition der außergewöhnlichen Umstände allgemein muss also sein, dass die Ursache der Mängel nicht in die Risikosphäre des Flugunternehmens fällt und damit von ihm **nicht beherrschbar** ist.

Das Vorliegen eines außergewöhnlichen Umstands allein reicht aber noch nicht aus. Erforderlich ist zusätzlich, dass das Luftfahrtunternehmen die Kausalkette zwischen diesen Umständen und der Annullierung bzw Verspätung des Flugs nicht **durch zumutbare Maßnahmen hätte verhindern können.**[581] So muss das Unternehmen etwa eine gewisse Zeitreserve in ihrem Flugplan einplanen, damit der Flug alsbald nach Wegfall der außergewöhnlichen Umstände durchgeführt werden kann.[582] Ein Ersatzflugzeug wird er dagegen regelmäßig nicht bereithalten müssen.[583] Bei widrigen Wetterbedingen kommt es darauf an, ob der Flugbetrieb mit entsprechender Ausrüstung bzw durch entsprechende Vorkehrungen trotz der widrigen Umstände reibungslos hätte fortgeführt werden können. In diesem Zusammenhang wird der Haftungsausschluss bei starkem Schnee bzw eisiger Kälte dann abzulehnen sein, wenn der Flug nur wegen fehlender Schneeräumfahrzeuge oder mangelnder Bevorratung von Enteisungsmittel nicht bzw nur verspätet durchgeführt werden konnte.[584] Der Flughafenbetreiber ist dabei als Erfüllungsgehilfe des Luftbeförderers anzusehen.[585] Weitere Einzelheiten hinsichtlich der Auslegung des Haftungsausschlusses und seiner Voraussetzungen sind dem EuGH zur Entscheidung vorgelegt.[586] 208

bb) Übertragung des Haftungsausschlusses auf die Ansprüche nach Art. 8 und 9 VO 261/2004

Der Haftungsausschluss auf Grund außergewöhnlicher Umstände gilt nur für die Ausgleichszahlung nach Art. 7 der Verordnung, nicht aber für den in Art. 8 VO 261/2004 geregelten Anspruch auf Erstattung bzw anderweitige Beförderung oder den in Art. 9 VO 261/2004 normierten Anspruch auf Betreuungsleistungen. Diese Rechte stehen dem Passagier auch bei Vorliegen außergewöhnlicher Umstände zu. Der EuGH hat den Ausschluss der Haftung selbst dann nicht zugelassen, als der europäische Luftraum im Nachgang zum **Ausbruch des Eyjafjallajökull** für längere Zeit gesperrt werden musste.[587] Eine entsprechende Anwendung der diesbezüglichen Haftungsbeschränkungen aus den anderen Passagier-Verordnungen lehnte er mit dem Hinweis darauf ab, dass die Situation der verschiedenen Verkehrsträger nicht miteinander vergleichbar sei.[588] Bei Nichterbringung der Betreuungsleistungen sind aber nur solche Beträge zu erstatten, die sich in Anbetracht der konkreten Umstände des jeweiligen Falls als notwendig, angemessen und zumutbar darstellen. 209

579 EuGH, Rs. C-549/07 (Wallentin-Hermann/Alitalia), NJW 2009, 347 ff = EuZW 2009, 111 ff; BGH, MDR 2010, 258 f = RRa 2010, 34 f; s. dazu auch *Bartlik*, RRa 2009, 272 ff.

580 *Giesecke/Makiol*, TranspR 2009, 213, 214.

581 EuGH, Rs. C-549/07 (Wallentin-Hermann/Alitalia), NJW 2009, 347, 348, Rn 22; *Sendmeyer*, NJW 2011, 808, 811.

582 EuGH, Rs. C-294/10 (Eglitis), Slg 2011 I-3983 = NJW 2011, 2865 ff; s zu dieser Problematik auch *Wahl*, RRa 2013, 262, 267 f.

583 S. BGH, Urteil – X ZR 104/13 vom 12. Juni 2014 abrufbar unter www.bundesgerichtshof.de; *Hoffmann-Grambow*, RRa 2013, 213 ff.

584 *Sendmeyer*, NJW 2011, 808, 811 f; *Staudinger/Krüger*, NJW 2012, 2853, 2857; anders *Wahl*, RRa 2013, 262, 265 f.

585 *Staudinger/Krüger*, NJW 2012, 2853, 2857; offengelassen ÖstOGH, RRa 2013, 256; kritisch auch *Müller-Rostin*, TranspR 2011, 129, 130 f.

586 So insbesondere EuGH, Rs. C-337/14 (Mandl/Condor Flugdienste GmbH), ABl. 2014 C 315, S. 42; Rs. C-365/14 (Liebler/Condor Flugdienst GmbH), ABl. 2014 C 329, S. 10 f.

587 EuGH, Rs. C.12/11 (McDonagh), NJW 2013, 921 ff, Rn 26 ff = RRa 2013, 81 ff = DAR 2013, 132 ff; s. hierzu kritisch auch *Müller-Rostin*, TranspR 2011, 129 ff.

588 *Karsten*, in: Verbraucherrecht, Kap 24 Rn 286; *Staudinger/Krüger*, NJW 2013, 913, 916.

e) Weitergehender Schadensersatz

210 Nach Art. 12 Abs. 1 VO 261/2004 kann der Passagier neben den in der Verordnung enthaltenen Ansprüchen auch einen **weitergehenden Schadensersatzanspruch** geltend machen,[589] etwa nach Art. 19 MÜ oder nach §§ 280 ff BGB. Auf einen solchen Schadensersatzanspruch kann aber nach S. 2 der Norm die „nach dieser Verordnung gewährte Ausgleichsleistung“ angerechnet werden. Da sich ein Ausgleichsanspruch wegen Verletzung der in Art. 8 und 9 der Verordnung normierten Rechte, dh insbesondere ein Anspruch wegen Nichterbringung der geschuldeten Betreuungsleistungen, bereits unmittelbar aus der Verordnung selbst ergibt,[590] stellt er keinen weitergehenden Schadensersatzanspruch dar, welcher iSv Art. 12 Abs. 2 der Verordnung auf den Ausgleichsanspruch nach Art. 7 der Verordnung anzurechnen wäre.[591] Die Frage, inwieweit eine Anrechnung zumindest dann vorzunehmen ist, wenn das Luftfahrtunternehmen seine Verpflichtung aus Art. 8 und 9 der Verordnung nicht verletzt hat, sondern sich der Passagier aus eigenem Antrieb um eine Ersatzbeförderung gekümmert hat,[592] wird der EuGH nach Streichung der Rechtssache nunmehr nicht mehr entscheiden.[593]

f) Verjährung der Rechte

211 Die Frist, innerhalb derer Klagen auf Zahlung der Ausgleichsleistung erhoben werden müssen, richtet sich nach den nationalen Verjährungsvorschriften.[594] Die in Art. 35 MÜ geregelte Ausschlussfrist von zwei Jahren findet keine Anwendung.[595] Im Schrifttum wird dabei auf die Gefahr hingewiesen, dass möglicherweise weit in der Vergangenheit liegende Ausgleichsansprüche wegen Verspätung noch geltend gemacht werden können, wenn die Urteilswirkungen durch den EuGH nicht beschränkt werden und die nach § 199 Abs. 1 Nr. 2 BGB erforderliche Kenntnis bzw grob fahrlässige Unkenntnis der anspruchsbegründenden Umstände erst mit Erlass des EuGH-Urteils angenommen wird.[596]

g) (Verfahrensrechtliche) Durchsetzung der Rechte

212 Art. 16 VO 261/2004 schreibt vor, dass die Mitgliedstaaten eine Durchsetzungsstelle und eine Beschwerdestelle einzurichten haben. In Deutschland nimmt diese Aufgaben das **Luftfahrt-Bundesamt** wahr.[597] Die Beschwerdestelle kann auf die Beschwerden des Fluggastes nur mit den Mitteln des Ordnungswidrigkeitenrechts reagieren, also etwa Bußgelder gegen die Fluggesellschaften verhängen; dem Rechtstreit zwischen dem Fluggast und dem Flugunternehmen abhelfen kann sie dagegen nicht. Die Möglichkeit der Schlichtung – etwa durch die **Schlichtungsstelle für den öffentlichen Personenverkehr** – schied in der Vergangenheit aus, weil sich die Fluggesellschaften an der Schlichtung nicht beteiligen wollten.[598] Daher hat der deutsche Gesetzgeber nunmehr das LuftVG geändert und in den neuen §§ 57 bis 57 c LuftVG Regelungen zur Schlichtung im Luftverkehr getroffen:[599] Verweigert eine Fluggesellschaft die Erfüllung der vom Fluggast geltend gemachten

589 Ausführlich zum Verhältnis zur reisevertraglichen Gewährleistung *Bollweg*, RRa 2009, 10 ff.

590 S. bereits oben unter F.VII.3.b) (Rn 201).

591 BGH, NJW-RR 2010, 1641, 1643 = RRa 2010, 221, 224; *Sendmeyer*, NJW 2011, 808, 810, *Tonner*, VuR 2009, 209, 212; ebenso in der Vorauflage.

592 EuGH, verb. Rs. C-475/13 und 476/13 (Jublin und Retzlaff), ABl. 2013 C 359, S. 3 f; BGH, RRa 2013, 233 ff; s. dazu *Staudinger/Bauer/Röben*, NJW 2013, 3760, 3762.

593 Vgl den Beschluss 2014/C 261/34 des Präsidenten des Gerichtshofs vom 21. Mai 2014, ABl. 2014 C 261, S. 19.

594 EuGH, Rs. C-139/11 (Cuadrech Moré), RRa 2013, 18 ff = EuZW 2013, 156 (Ls); BGH, NJW 2010, 1526 ff; *Karsten*, in: Verbraucherrecht, Kap 24 Rn 292; *Staudinger*, RRa 2010, 10, 12 f.

595 EuGH, Rs. C-139/11 (Cuadrech Moré), RRa 2013, 18, Rn 27 ff; BGH, NJW 2010, 1526 ff; s. auch *Staudinger/Krüger*, NJW 2013, 913, 916.

596 *Staudinger/Krüger*, NJW 2013, 913, 916.

597 S. § 63 d Luftverkehrs-Zulassungs-Ordnung (LuftVZO) idF der Bekanntmachung vom 10. Juli 2008, BGBl. I 2008, S. 1229 ff, zuletzt geändert durch BGBl. I 2013, S. 2749 ff.

598 S. dazu in der Vorauflage.

599 Gesetz zur Schlichtung im Luftverkehr vom 11. Juni 2013, BGBl. I 2013, S. 1545 ff; s. dazu *Führich*, MDR 2013, 749 ff; *Isermann*, RRa 2013, 158 ff.

Ansprüche aus europäischen Verordnungen, kann sich der Fluggast – sofern er Verbraucher iSv § 13 BGB ist – zur außergerichtlichen Beilegung der Streitigkeit an eine behördliche Schlichtungsstelle beim Bundesamt für Justiz wenden, sofern sich die betroffene Fluggesellschaft nicht an einer privatrechtlich organisierten, staatlich anerkannten Schlichtungsstelle beteiligt. Die Teilnahme der Fluggesellschaften ist aber auch bei dieser Form der Schlichtung nicht zwingend, der Schlichtungsvorschlag für die Beteiligten nicht verbindlich.[600]

Die gerichtliche Zuständigkeit für die Ansprüche aus der Verordnung ergibt sich nicht aus Art. 33 MÜ, sondern aus der Brüssel I-VO[601] und – sofern diese nicht anwendbar ist – aus den nationalen Vorschriften.[602] Sowohl nach Art. 7 Nr. 1 lit. b) Brüssel I-VO[603] als auch nach § 29 ZPO[604] kann der Passagier nach seiner Wahl sowohl am Ankunfts- wie am Abflugort Klage erheben. Oftmals dürfte es sich in diesen Fällen anbieten, ein Verfahren nach der Bagatell-VO[605] durchzuführen.[606] 213

4. Geplante Änderungen im Fluggastrecht

Auf Grund der Vielzahl an Problemen, die sich aus der Anwendung und Durchsetzung der Fluggastrechte-VO ergeben haben, hat die Kommission Anfang 2013 einen **Vorschlag zur Änderung der Fluggastrechte-VO und der VO 2027/97** gemacht.[607] Der Änderungsvorschlag wird flankiert von dem Vorstoß, den Fluggästen **Schutz bei der Insolvenz** des Flugunternehmens zu gewähren.[608] Der Vorschlag ist Anfang 2014 im Europäischen Parlament in erster Lesung beraten worden[609] und soll voraussichtlich im Herbst 2014 erneut im – dann neu zusammengesetzten – Europäischen Parlament verhandelt werden. Die Reaktionen auf den Vorschlag sind angesichts der praktischen Bedeutung der Verordnung und der divergierenden Interessen der betroffenen Personenkreise zahlreich und vielfältig.[610] Es wird insbesondere befürchtet, dass das derzeit bestehende Schutzniveau der Passagiere deutlich absinkt, wenn der Entwurf unverändert in Kraft tritt.[611] 214

Der Vorschlag sieht insbesondere vor, den vom EuGH entwickelten Tatbestand der Ankunftsverspätung im Verordnungstext festzuschreiben. Dabei soll die Verspätungsdauer, ab welcher der Ausgleichsanspruch gewährt wird, insgesamt angehoben und nach der Entfernung des jeweiligen Flugs gestaffelt werden: Für EU-weite Flüge wie bei Reisen nach/aus einem Drittland bis 3.500 km soll der Ausgleichsanspruch erst bei einer Verspätung von fünf Stunden, bei Flügen außerhalb der EU von 3.500 bis zu 6.000 km Entfernung erst bei einer Verspätung von neun Stunden und bei Flügen ab 6.000 km erst bei einer Verspätung von zwölf Stunden entstehen.[612] Er ist bei Vorliegen ungewöhnlicher Umstände ausgeschlossen. Hinsichtlich des Anspruchs auf Betreuungsleistungen 215

---

600 *Führich*, MDR 2013, 749, 753; *Isermann*, RRa 2013, 158, 161.

601 *Lehmann*, NJW 2007, 1500 ff; *ders.*, NJW 2010, 655 ff; *Staudinger*, RRa 2009, 219 ff; *ders.*, RRa 2010, 10, 13.

602 EuGH, Rs. C-204-08 (Rehder/Air Baltic Corporation), NJW 2009, 2801 ff = TranspR 2009, 336 ff = EuZW 2009, 569 ff; *Karsten*, in: Verbraucherrecht, Rn. 326; *Lehmann*, NJW 2010, 655 ff.

603 EuGH, Rs. C-204-08 (Rehder/Air Baltic Corporation), NJW 2009, 2801 ff = TranspR 2009, 336 ff = EuZW 2009, 569 ff; *Lehmann*, NJW 2010, 655, 656.

604 BGH, NJW 2011, 2056 f = RRa 2011, 146 f; *Degott*, DAR 2011, 510, 511; *Staudinger*, RRa 2012, 154 ff; *ders./Krüger*, NJW 2012, 2853, 2857; kritischer *Ruzik*, NJW 2011, 2019, 2020 ff.

605 S. Nachweis in Fn 65.

606 S. hierzu ausführlich *Mayer/Lindemann*, NJW 2012, 2317 ff.

607 Vorschlag für eine VO des Europäischen Parlaments und des Rates zur Änderung der Verordnung (EG) Nr. 261/2004 über eine gemeinsame Reglung für Ausgleichs- und Unterstützungsleistungen für Fluggäste im Fall der Nichtbeförderung und bei Annullierung oder großer Verspätung von Flügen und der VO (EG) Nr. 2027/97 über die Haftung von Luftfahrtunternehmen bei der Beförderung von Fluggästen und deren Gepäck im Luftverkehr, KOM(2013), 130 endg.; zur historischen Entwicklung s. *Schuster-Wolf*, euvr 2012, 154 ff.

608 Mitteilung der Kommission an das Europäische Parlament, den Rat, den Europäischen Wirtschafts- und Sozialausschuss und den Ausschuss der Regionen: Schutz der Fluggäste bei Insolvenz des Luftfahrtunternehmens, KOM(2013), 129 endg.

609 Pressemitteilung vom 5. Februar 2014 (IP/14/119).

610 Vgl etwa aus dem juristischen Schrifttum: *Keiler*, RRa 2013, 163 ff; *Müller-Rostin*, euvr 2013, 138 ff; *Schmitt*, VuR 2013 277 ff.

611 *Schmitt*, VuR 2013, 277 ff.

612 Art. 6 Abs. 2 VO-Vorschlag für VO 261/2004, KOM(2013), 130 endg.

nach Art. 9 der Verordnung wird die Staffelung nach Flugentfernungen aufgehoben. Diese Leistungen können jetzt immer schon ab einer Verspätung von zwei bzw – wenn es um die Unterbringung der Fluggäste geht – ab fünf Stunden verlangt werden. Die Erstattung oder anderweitige Beförderung kann weiterhin nach erst fünf Stunden verlangt werden.[613] Die Betreuungsleistungen hinsichtlich einer Unterbringung werden zudem nach einem neu einzufügenden Art. 9 Abs. 4 nur noch für maximal drei Nächte und für höchstens 100 Euro pro Nacht pro Person gewährt. Um die Betreuungsleistungen zu optimieren, müssen die Flughäfen entsprechende Notfallpläne für mögliche Situationen mehrfacher Flugausfälle entwickeln.[614]

216 Ansonsten übernimmt der Verordnungsvorschlag in weiten Teilen die Rechtsprechung des EuGH. So schreibt er in einem neu einzufügenden Art. 6 a etwa die diesbezügliche Rechtsprechung des EuGH für verpasste Anschlussflüge fest. Im neuen Art. 4 Abs. 4 wird festgehalten, dass einem Fluggast die Beförderung auf dem Rückflug nicht deshalb verweigert werden darf, weil er den Hinflug nicht angetreten hat. In den Definitionen für die Begriffe Annullierung und außergewöhnliche Umstände wird ebenfalls die entsprechende Rechtsprechung des EuGH aufgegriffen. Zudem soll der Verordnung eine – nicht abschließende – Liste mit außergewöhnlichen Umständen angefügt werden, um mehr Rechtsklarheit zu schaffen.

217 Mit Blick auf die VO 2027/97 soll insbesondere der Schutz von Personen mit eingeschränkter Mobilität verbessert werden.[615] Zudem sollen die Luftfahrtunternehmen den Passagieren Beschwerdeformulare für die problemlosere Geltendmachung ihrer Ansprüche zur Verfügung stellen.[616]

218 Jüngst war der Presse zu entnehmen, dass angesichts der neuesten Entwicklungen auf europäischer Ebene derzeit nicht damit zu rechnen ist, dass der vorgestellte Verordnungsentwurf in baldiger Zukunft oder überhaupt in Kraft tritt.[617]

G. Fazit

219 Der Überblick zeigt, dass die Verkehrsmärkte in der Europäischen Union weitgehend liberalisiert sind und den Unternehmern aller Mitgliedstaaten offen stehen. Die Entwicklung hat sich in den einzelnen Verkehrsträgern mit unterschiedlicher Geschwindigkeit und verschiedener Schwerpunktsetzung vollzogen, abhängig von den vorgefundenen Ausgangsbedingungen und den Interessen der im jeweiligen Verkehrssektor agierenden Marktteilnehmer. Die den europäischen Maßnahmen zu Grunde liegenden Leitlinien sind aber für alle Sektoren gleich und Ausdruck einer verkehrsträgerübergreifenden Politik, die insbesondere um Nachhaltigkeit bemüht ist. Zur Ausgestaltung der gemeinsamen Verkehrsräume hat der europäische Gesetzgeber eine oftmals nur noch schwer zu überschauende Vielzahl an Rechtsakten getroffen. Diese ist längst nicht mehr nur auf die Harmonisierung verwaltungsrechtlicher Vorschriften beschränkt, sondern nimmt immer stärker auch Einfluss auf die privatrechtliche Ausgestaltung der rechtlichen Beziehungen zwischen den Verkehrsteilnehmern. Mit den Verordnungen zum Schutz von Passagieren erhält das europäische Transportrecht damit eine privatrechtliche Komponente und das Passier- hat sich neben dem Verbraucherrecht als weitgehend eigenständiges Rechtsgebiet etabliert.

613 Vgl hierzu Art. 6 Abs. 1 VO-Vorschlag für VO 261/2004, KOM(2013), 130 endg.
614 S. den neu eingefügten Art. 5 Abs. 5 des VO-Vorschlags für VO 261/2004, KOM(2013), 130 endg.
615 Vgl den neu einzufügenden Art. 6 a des VO-Vorschlags für VO 2027/97, KOM(2013), 130 endg.
616 S. Art. 3 Abs. 2 des VO-Vorschlags für VO 2027/97, KOM(2013), 130 endg.
617 Vgl etwa unter www.spiegel.de/reise/aktuell/fluggastrechte-von-der-eu-kommission-geplante-reform-kommt-nicht-a-972813.html.

§ 35 Energierecht

Literatur: *Barchewitz*, Ausbausteuerung im Energieregulierungsverbund am Beispiel der Verbindungsleitungen. Eine rechtswissenschaftliche Analyse des Instrumentenmixes aus Investitionsanordnung, Investitionsbudget und Regulierungsausnahme unter Berücksichtigung des dritten Energiepaketes, Baden-Baden, 2012; *Bauer/Salje/Schmidt-Preuß (Hrsg.)*, Regulierung in der Energiewirtschaft. Ein Praxishandbuch, Köln, 2011; *Boers*, Konsequenzen des dritten Energiebinnenmarktpakets für die Verteilernetzbetreiber, N&R 2011, 16; *Britz*, Vom Europäischen Verwaltungsverbund zum Regulierungsverbund? Europäische Verwaltungsentwicklung am Beispiel der Netzzugangsregulierung bei Telekommunikation, Energie und Bahn, EuR 2006, 46 ff; *Britz/Eifert/Reimer (Hrsg.)*, Energieeffizienzrecht. Perspektiven und Probleme, Baden-Baden, 2010; *Britz/Hellermann/Hermes (Hrsg.)*, EnWG. Kommentar, 2. Aufl., München, 2010; *Büdenbender/Rosin*, Eckpunkte der Energierechtsreform 2011, RdE 2010, 197; *Cremer/Pielow (Hrsg.)*, Probleme und Perspektiven im Energieumweltrecht, Stuttgart, 2010; *Däuper*, Aller guten Dinge sind drei? Die Weiterentwicklung des energiewirtschaftlichen Regulierungsrahmens durch das dritte EG-Energiepaket, N&R 2009, 214 ff; *Danner/Theobald* (Hrsg.), Energierecht (78. EL 2013); *Ehricke/Hackländer*, Europäische Energiepolitik auf der Grundlage der neuen Bestimmungen des Vertrags von Lissabon, ZEuS 2008, 579; *Fehling/Ruffert (Hrsg.)*, Regulierungsrecht, Tübingen, 2010; *Frenz/Kane*, Die europäische Energiepolitik, NuR 2010, 464; *Gärditz*, Europäisches Regulierungsverwaltungsrecht auf Abwegen, AöR 135 (2010), 251 ff; *Gärditz/Rubel*, Die regulierungsbehördliche Sanktionierung ausbleibender Netzinvestitionen im Rahmen des dritten Legislativpakets zur Liberalisierung der Energiebinnenmärkte, N&R 2010, 194 ff; *Geden/Fischer*, Die Energie- und Klimapolitik der Europäischen Union. Bestandsaufnahme und Perspektive, Baden-Baden, 2008; *Gundel*, Die energiepolitischen Kompetenzen der EU nach dem Vertrag von Lissabon: Bedeutung und Reichweite des neuen Art. 194 AEUV, EWS 2011, 25 ff; *Gundel*, Die Regulierung der europäischen Energiemärkte – Perspektiven nach dem Dritten Binnenmarktpaket, WiVerw 2010, 127 ff; *Gundel/Germelmann*, Kein Schlussstein für die Liberalisierung der Energiemärkte: Das Dritte Binnenmarktpaket, EuZW 2009, 763 ff; *Gundel/Lange (Hrsg.)*, Die Umsetzung des 3. Energiebinnenmarktpakets, Tübingen, 2011; *Hackländer*, Die allgemeine Energiekompetenz im Primärrecht der Europäischen Union. Eine Analyse des Artikels 194 des Vertrags über die Arbeitsweise der Europäischen Union in der Fassung des Vertrags von Lissabon unter Berücksichtigung der historischen Entwicklung der Energiekompetenz, Frankfurt am Main, 2010; *Härtel*, Energieeffizienzrecht – ein neues Rechtsgebiet?, NuR 2011, 825; *Haller*, Der Verwaltungsverbund in der Energieregulierung. Eine Untersuchung der Entwicklungstendenzen im Energierecht mit vergleichender Betrachtung des Wettbewerbsrechts, Baden-Baden, 2013; *Hermes*, Staatliche Infrastrukturverantwortung – Rechtliche Grundstrukturen netzgebundener Transport- und Übertragungssysteme zwischen Daseinsvorsorge und Wettbewerbsregulierung am Beispiel der leitungsgebundenen Energieversorgung in Europa, Tübingen, 1998; *Hobe*, Energiepolitik, EuR 2009, Beiheft 1, 219 ff; *Jarass*, Europäisches Energierecht: Bestand – Fortentwicklung – Umweltschutz, Berlin, 1996; *Kahl*, Die Kompetenzen der EU in der Energiepolitik nach Lissabon, EuR 2009, 601 ff; *Kühling*, Sektorspezifische Regulierung in den Netzwirtschaften. Typologie, Wirtschaftsverwaltungsrecht. Wirtschaftsverfassungsrecht, München, 2004; *Kühling/Pisal*, Die Umsetzung der EU-Entflechtungsvorgaben im EnWG 2011, ET 1-2/2012, 127 ff; *dies.*, Das Dritte Energiebinnenmarktpaket – Herausforderungen für den deutschen Gesetzgeber, RdE 2010, 161 ff; *dies.*, Objektnetzbetreiber zwischen EuGH und Europäischem Parlament, IR 2009, 74 ff; *Lehnert/Vollprecht*, Neue Impulse für Europa: Die Erneuerbare-Energien-Richtlinie der EU, ZUR 2009, 307 ff; *Löwer (Hrsg.)*, Neuere europäische Vorgaben für den Energiebinnenmarkt, Göttingen, 2010; *Ludwigs*, § 5 Energierecht, in: Ruffert (Hrsg.), Europäisches Sektorales Wirtschaftsrecht, Baden-Baden, 2013 (Enzyklopädie Europarecht, Bd. 5); *ders.*, Das veränderte Machtgefüge der Institutionen nach dem Dritten EU-Binnenmarktpaket, DVBl. 2011, 61; *ders.*, Die Energierechtsgesetzgebung der EU zwischen Binnenmarkt und Klimaschutz, ZG 2010, 222; *Mayen/Karpenstein*, Eigentumsrechtliche Entflechtung der Energieversorgungsnetze, RdE 2008, 33 ff; *Michaelis/Kemper*, Die Umsetzung des sog. ITO-Modells des 3. EU-Energie-Binnenmarktpaketes in Deutschland und Frankreich, RdE 2012, 10; *Nettesheim*, Das Energiekapitel im Vertrag von Lissabon, JZ 2010, 19 ff; *Neveling*, Verschärfte Regulierung der Strom- und Gasmärkte in der EU – Vorschläge der Kommission für ein 3. Richtlinienpaket, ZNER 2007, 378 ff; *Nordmann*, Integrierte Energie- und Klimapolitik: Die Sicherstellung der Erdgasversorgung. Eine Untersuchung deutschen und europäischen Rechts, Baden-Baden, 2012; *Papenkort/Wellershof*, Der Energietitel im Vertrag von Lissabon – Alter Wein in neuen Schläuchen, RdE 2010, 77; *Pielow*, Grundstrukturen öffentlicher Versorgung. Vorgaben des Europäischen Gemeinschaftsrechts sowie des französischen und des deutschen Rechts unter besonderer Berücksichtigung der Elektrizitätswirtschaft, Tübingen, 2001;

Rottmann, Vom Wettbewerbsrecht zur Ordnungspolitik. Art. 86 Abs. 2 EGV, Baden-Baden, 2008; *Säcker*, Die wettbewerbsorientierte Anreizregulierung von Netzwirtschaften, N&R 2009, 78 ff; *ders.*, Netzausbau- und Kooperationsverpflichtungen der Übertragungsnetzbetreiber nach Inkrafttreten des EnLAG und der Dritten StromRL 2009/72 EG vom 13.7.2009, RdE 2009, 305 ff; *ders.*, Das neue „institutionelle Design" des Independent System Operator, ET 11/2007, 86 ff; *ders./Mohr*, Die Entflechtung der Transportnetzbetreiber durch das Modell des "Independent Transmission Operator" (ITO), N&R 2012, 1 ff; *Schiller*, Staatliche Gewährleistungsverantwortung und die Sicherstellung von Anschluss und Versorgung im Bereich der Energiewirtschaft, Baden-Baden, 2012; *Schmidt-Preuß*, Europarechtliche Grundlagen der Energiepolitik, in: Säcker (Hrsg.), Berliner Kommentar zum Energierecht, Bd. 1 Halbbd. 1, 3. Aufl., Frankfurt am Main, 2013, Einl. B; *Schmidt-Preuß*, OU – ISO – ITO: Die Unbundling-Optionen des 3. EU-Liberalisierungspakets, ET 9/2009, 82 ff; *Schneider, Almut*, EU-Kompetenzen einer Europäischen Energiepolitik, Baden-Baden, 2010; *Schneider*, Liberalisierung der Stromwirtschaft durch regulative Marktorganisation, Baden-Baden, 1999; *Schneider/Theobald (Hrsg.)*, Recht der Energiewirtschaft: Praxishandbuch, 4. Aufl., München, 2013; *Schomerus*, Die Umsetzung von Art. 7 Energieeffizienz-Richtlinie 2012/27/EU in nationales Recht, ER 2013, 184 ff; *Schreiber*, Die Änderungen des Gemeinschaftsrechtsrahmens für den Energiesektor im Überblick: das dritte Legislativpaket, N&R 3/2009, 154 ff; *Schulenberg*, Die Energiepolitik der Europäischen Union. Eine kompetenzrechtliche Untersuchung unter besonderer Berücksichtigung finaler Kompetenznormen, Baden-Baden, 2009; *Schulze-Fielitz/Müller* (Hrsg.), Europäisches Klimaschutzrecht, Baden-Baden, 2009; *Stöger*, Gedanken zur institutionellen Autonomie der Mitgliedstaaten am Beispiel der neuen Energieregulierungsbehörden, ZÖR 2010, 247 ff; *Storr*, Die Vorschläge der EU-Komission zur Verschärfung der Unbundling-Vorschriften im Energiesektor, EuZW 2007, 232 ff; *Theobald/Gey-Kern*, Das dritte Energiebinnenmarktpaket der EU und die Reform des deutschen Energiewirtschaftsrechts 2011, EuZW 2011, 896 ff; *Wagner*, Erneuerbare Energien erfordern koordinierten Ausbau des europäischen Netzes, ET 2009, 54 ff; *Walther*, Die Regulierung der Elektrizitätsnetzentgelte nach der Anreizregulierungsverordnung. Eine rechtliche Untersuchung der Anreizregulierung sowie ihrer verfassungsrechtlichen Grenzen, Baden-Baden, 2009; *Weyer*, Der Rechtsrahmen für den Ausbau der Übertragungsnetze in Deutschland, ZNER 2009, 210 ff; *Wüstemann*, Die Vorgaben der Europäischen Union im Bereich der Energieeffizienz, Baden-Baden, 2011; *Zippel*, Transeuropäische Netze, Baden-Baden, 2006.

Abschnitt 1:
Übersicht zu Gesetzgebung und Rechtsprechung

Abschnitt 2:
Analyse und Darstellung der Einwirkungspraxis des Europarechts auf das deutsche Energierecht

Abschnitt 1: Übersicht zu Gesetzgebung und Rechtsprechung

A. Gesetzgebung

I. Primärrecht

Normen mit explizitem Bezug auf die Energieversorgung:

Art. 4 Abs. 2 lit. i) AEUV – **„Energie" als mit den Mitgliedstaaten geteilter Zuständigkeitsbereich der Union**; Art. 122 Abs. 1 AEUV – Solidarische Maßnahmen im Fall von **Versorgungskrisen** insbesondere im Energiebereich; Art. 170 bis 172 AEUV– Beitrag zu Ausbau, Interoperabilität und Zugänglichkeit **transeuropäischer (Energie-)Netze** durch (Planungs-)Leitlinien, Harmonisierung technischer Normen, administrative und finanzielle Förderung einzelner Investitionsvorhaben von gemeinsamem Interesse;[1] Art. 192 Abs. 2 lit. c) AEUV– **gesondertes Gesetzgebungsverfahren** mit Einstimmigkeitserfordernis und reduzierter Einflussnahme des Europäischen Parlaments für Maßnahmen, die die Wahl eines Mitgliedstaats zwischen verschiedenen **Energiequellen** und die allgemeine **Struktur seiner Energieversorgung** erheblich berühren;[2] Art. 194 AEUV– Ziele der **Energiepolitik der Union** und Rechtsgrundlage für deren Verwirklichung.[3]

1 S. dazu unten Rn 38 f; *Bogs*, Die Planung transeuropäischer Verkehrsnetze; *Zippel*, Transeuropäische Netze; *Hermes*, Infrastrukturverantwortung, S. 362 ff, 408 ff.
2 Vgl dazu nur *Schneider*, in: Schneider/Theobald, § 2 Rn 8 mwN.
3 Dazu unten Rn 3 ff.

Allgemeine – auf die Energiewirtschaft anwendbare – Normen:
Art. 34 ff AEUV (Warenverkehrsfreiheit),[4] insbesondere Art. 37 AEUV (Umformung staatlicher Handelsmonopole)[5] – Lieferung von **Strom**[6] **und Gas als Ware; keine Bereichsausnahme** von den allgemeinen wirtschaftsrechtlichen Bestimmungen des Vertrages für den Energiesektor;[7] Art. 56 AEUV (Dienstleistungsfreiheit); Art. 101, 102 AEUV (Kartellverbot, Missbrauchsverbot);[8] Art. 106 Abs. 1 AEUV (Pflicht der Mitgliedstaaten in Bezug auf öffentliche und auf solche Unternehmen, denen sie besondere oder ausschließliche Rechte gewähren);[9] Art. 107 bis 109 AEUV (Beihilfeaufsicht) – insbesondere im Hinblick auf die **Förderung erneuerbarer Energien** durch Mindestvergütungsregeln,[10] Vergünstigungen im Rahmen der Stromsteuerpflicht,[11] Ausgestaltung der Haftpflicht beim Betrieb von Atomanlagen,[12] steuerliche Behandlung von Rückstellungen für die Endlagerung abgebrannter Kernbrennstoffe;[13] Art. 106 Abs. 2 AEUV, Art. 14 AEUV[14] (Ausnahme von der Anwendung aller Normen des Vertrages zum Schutz der Dienstleistungen von allgemeinem wirtschaftlichen Interesse).[15]

II. Völkerrechtliche Verträge

Schlussakte der Europäischen Energiechartakonferenz – Anhang 1: Vertrag über die Energiecharta – Anhang 2: Beschlüsse zum Vertrag über die Energiecharta, ABl. 1994 L 380, S. 24; Schlussakte der Europäischen Energiechartakonferenz – Anhang 3: Energiechartaprotokoll über Energieeffizienz und damit verbundene Umweltaspekte, ABl. 1994 L 380, S. 91.

---

4 Zuletzt dazu EuGH, Rs. C-573/12 (Ålands Vindkraft AB), Rn 65 ff; s. bereits: EuGH, Rs. 6/64 (Costa/E.N.E.L.), Slg 1964, 1253, 1274 ff.

5 EuGH, Rs. C-157/94 (Niederl. Stromhandelsmonopol), Slg 1997, I-5699 ff, Rn 24; EuGH, Rs. C-158/94 (Ital. Stromhandelsmonopol), Slg 1997, I-5789 ff, Rn 33; EuGH, Rs. C-159/94 (Franz. Stromhandelsmonopole), Slg 1997 I-5815 ff, Rn 41; s. bereits: EuGH, Rs. 6/64 (Costa/E.N.E.L.), Slg 1964, 1253, 1274 ff.

6 Ausdrücklich: EuGH,, Rs. C-393/92 (Almelo), Slg 1994, I-1477 ff, Rn 28; EuGH, Rs. C-206/06 (Essent Netwerk), Slg 2008, I-5497 ff, Rn 43; implizit: EuGH, Rs. C-159/94 (Franz. Stromhandelsmonopole), Slg 1997 I-5815 ff, Rn 28; EuGH, Rs. C-379/98 (PreussenElektra), Slg 2001, I-2099 ff, Rn 68 ff; noch unklar: EuGH, Rs. 6/64 (Costa/E.N.E.L.), Slg 1964, 1253, 1276.

7 Vgl insb. EuGH, Rs. C-157/94 (Niederl. Stromhandelsmonopol), Slg 1997, I-5699 ff; EuGH, Rs. C-158/94 (Ital. Stromhandelsmonopol), Slg 1997, I-5789 ff; EuGH, Rs. C-159/94 (Franz. Stromhandelsmonopole), Slg 1997, I-5815 ff; Nachweise zur früheren Diskussion bei *Jarass*, Europäisches Energierecht, S. 14 ff, 65 ff, 81 ff.

8 Dazu *Mäger*, § 16, Rn 61 ff, 87 ff, 190 ff; *Weiß*, in: Baur/Salje/Schmidt-Preuß (Hrsg.), Regulierung, Kap. 11.

9 Zur eigenständigen Marktöffnungsfunktion des Art. 106 Abs. 1 AEUV in Entscheidungen der Kommission und des EuGH s. *Basedow*, JbNPÖ 16 (1997), 121, 127 ff; *Heinemann*, Grenzen staatl. Monopole, S. 168 ff. Tendenziell wird der unternehmensbezogene Missbrauchsabwehrtatbestand des Art. 102 AEUV bei seiner über Art. 106 Abs. 1 AEUV vermittelten staatsbezogenen Anwendung durch die Rechtsprechung des EuGH um einen staatsbezogenen Missbrauchsvorsorgetatbestand ergänzt; dazu und zur Bedeutung für die Energiewirtschaft *Schneider*, Liberalisierung, S. 391.

10 Dazu unten Rn 100; *Schneider*, in: Schneider/Theobald, § 21 Rn 138 ff.

11 *Rodi*, in: Schneider/Theobald, § 22 Rn 17, 272 ff; *Kühling*, RdE 2001, 93, 94 f.

12 *Kühling*, RdE 2001, 93, 95 f.

13 Nicht als Beihilfe eingestuft von EuG, Rs. T-92/02 (Stadtwerke Schwäbisch Hall GmbH u.a.), RdE 2006, 192 ff; im Rechtsmittelverfahren dazu ohne Entscheidung in der Sache EuGH, Rs. C-176/06 P (Stadtwerke Schwäbisch Hall GmbH u.a), EuZW 2008, 49 ff; *Hermes*, ZNER 1999, 156 ff; *Kühling*, RdE 2001, 93, 99 ff; *Pechstein*, EuZW 2001, 307 ff.

14 S. in diesem Zusammenhang auch Art. 36 der Grundrechte-Charta, der im Grunde nur Art. 14 AEUV wiederholt und weitergehende eigenständige Rechte nicht begründet; s. auch EG-Kommission, Mitteilung „Leistungen der Daseinsvorsorge in Europa", KOM(2000) 580 endg., Rn 64.

15 Zur Anwendung des Art. 106 Abs. 2 AEUV im Hinblick auf staatliche Preisintervention auf dem Gasmarkt EuGH, Rs. 265/08 (Federutility), Slg 2010, I-3377 ff, Rn 26 ff; im Hinblick auf Pflichten von Elektrizitätserzeugern zum Angebot zu festgelegten Bedingungen aus Gründen der Sicherheit des Netzes EuGH, Rs. C-242/10 (Enel Produzione SpA), Slg 2011, I-13665 ff, Rn 50 ff; zur Anwendung im Rahmen der Warenverkehrsfreiheit s. EuGH, Rs. C-159/94 (Franz. Stromhandelsmonopole), Slg 1997, I-5815 ff, Rn 43 ff; zur Anwendung mit Bezug auf Art. 101, 102 AEUV im Bereich der Energieversorgung: EuGH, Rs. C-393/92 (Almelo), Slg 1994, I-1477 ff, Rn 46 ff; insgesamt dazu *Bala*, Art. 90 II EG im System unverfälschten Wettbewerbs; *Pielow*, Grundstrukturen, S. 78 ff; *Lecheler/Gundel*, RdE 1998, 92 ff; *Rottmann*, Wettbewerbsrecht, S. 165 ff.

III. Sekundärrecht

Liberalisierung der leitungsgebundenen Energiewirtschaft:

Richtlinie 2009/72/EG des Europäischen Parlaments und des Rates vom 13.7.2009 über gemeinsame Vorschriften für den **Elektrizitätsbinnenmarkt** und zur Aufhebung der Richtlinie 2003/54/EG, ABl. 2009 L 211, S. 55; **Richtlinie 2009/73/EG** des Europäischen Parlaments und des Rates vom 13.7.2009 über gemeinsame Vorschriften für den **Erdgasbinnenmarkt** und zur Aufhebung der Richtlinie 2003/55/EG, ABl. 2009 L 211, S. 94; **Verordnung (EG) Nr. 713/2009** des Europäischen Parlaments und des Rates vom 13.7.2009 zur Gründung einer **Agentur für die Zusammenarbeit der Energieregulierungsbehörden,** ABl. 2009 L 211, S. 1, zuletzt geändert durch Art. 20 der Verordnung (EU) Nr. 347/2013 des Europäischen Parlaments und des Rates vom 17.4.2013 zu Leitlinien für die transeuropäische Energieinfrastruktur und zur Aufhebung der Entscheidung Nr. 1364/2006/EG und zur Änderung der Verordnungen (EG) Nr. 713/2009, (EG) Nr. 714/2009 und (EG) Nr. 715/2009, ABl. 2013 L 155, S. 39; **Verordnung (EG) Nr. 714/2009** des Europäischen Parlaments und des Rates vom 13.7.2009 über die **Netzzugangsbedingungen für den grenzüberschreitenden Stromhandel** und zur Aufhebung der Verordnung (EG) Nr. 1228/2003, ABl. 2009 L 211, S. 15, zuletzt geändert durch Art. 19 der Verordnung (EU) Nr. 543/2013 der Kommission vom 14.6.2013 über die Übermittlung und die Veröffentlichung von Daten in Strommärkten und zur Änderung des Anhangs I der Verordnung (EG) Nr. 714/2009 des Europäischen Parlaments und des Rates, ABl. 2013 L 163, S. 1; **Verordnung (EG) Nr. 715/2009** des Europäischen Parlaments und des Rates vom 13.7.2009 über die Bedingungen für den **Zugang zu den Erdgasfernleitungsnetzen** und zur Aufhebung der Verordnung (EG) Nr. 1775/2005, ABl. 2009 L 211, S. 36, zuletzt geändert durch Art. 22 der Verordnung (EU) Nr. 347/2013 des Europäischen Parlaments und des Rates vom 17.4.2013 zu Leitlinien für die transeuropäische Energieinfrastruktur und zur Aufhebung der Entscheidung Nr. 1364/2006/EG und zur Änderung der Verordnungen (EG) Nr. 713/2009, (EG) Nr. 714/2009 und (EG) Nr. 715/2009, ABl. 2013 L 155, S. 39.

Transeuropäische Energienetze und ihre Finanzierung:

Verordnung (EU) **Nr. 347/2013** des Europäischen Parlaments und des Rates vom 17.4.2013 zu Leitlinien für die **transeuropäische Energieinfrastruktur** und zur Aufhebung der Entscheidung Nr. 1364/2006/EG und zur Änderung der Verordnungen (EG) Nr. 713/2009, (EG) Nr. 714/2009 und (EG) Nr. 715/2009, ABl. 2013 L 115, S. 39, zuletzt geändert durch Delegierte Verordnung (EU) Nr. 1391/2013 der Kommission vom 14.10.2013 zur Änderung der Verordnung (EU) Nr. 347/2013 des Europäischen Parlaments und des Rates zu Leitlinien für die transeuropäische Energieinfrastruktur in Bezug auf die Unionsliste der Vorhaben von gemeinsamem Interesse, ABl. 2013 L 349, S. 28; **Verordnung (EU) Nr. 1316/2013** des Europäischen Parlaments und des Rates vom 11.12.2013 zur Schaffung der **Fazilität „Connecting Europe"**, zur Änderung der Verordnung (EU) Nr. 913/2010 und zur Aufhebung der Verordnungen (EG) Nr. 680/2007 und (EG) Nr. 67/2010, ABl. 2013 L 348, S. 129, zuletzt geändert durch Delegierte Verordnung (EU) Nr. 275/2014 der Kommission vom 7.1.2014 zur Änderung des Anhangs I der Verordnung (EU) Nr. 1316/2013 des Europäischen Parlaments und des Rates zur Schaffung der Fazilität „Connecting Europe", ABl. 2014 L 80, S. 1.

Energiehandel (Integrität/Transparenz):

Verordnung (EU) **Nr. 1227/2011** des Europäischen Parlaments und des Rates vom 25.10.2011 über die **Integrität und Transparenz des Energiegroßhandelsmarkts,** ABl. 2011 L 326, S. 1; **Richtlinie 2008/92/EG** des Europäischen Parlaments und des Rates vom 22.10.2008 zur Einführung eines gemeinschaftlichen Verfahrens zur Gewährleistung der **Transparenz der vom industriellen Endverbraucher zu zahlenden Gas- und Strompreise** (Neufassung), ABl. 2008 L 298, S. 9.

Versorgungssicherheit:

Richtlinie 2005/89/EG des Europäischen Parlaments und des Rates vom 18.1.2006 über Maßnahmen zur Gewährleistung der **Sicherheit der Elektrizitätsversorgung** und von Infrastrukturinvestitionen, ABl. 2006 L 33, S. 22; **Verordnung** (EU) **Nr. 994/2010** des Europäischen Parlaments und des

Rates vom 20.10.2010 über Maßnahmen zur Gewährleistung der sicheren Erdgasversorgung und zur Aufhebung der Richtlinie 2004/67/EG des Rates, ABl. 2010 L 295, S. 1; **Richtlinie 2008/114/EG** des Rates vom 8.12.2008 über die Ermittlung und Ausweisung **europäischer kritischer Infrastrukturen** und die Bewertung der Notwendigkeit, ihren Schutz zu verbessern, ABl. 2008 L 345, S. 75.

Förderung erneuerbarer Energien:

Richtlinie 2009/28/EG des Europäischen Parlaments und des Rates vom 23.4.2009 zur Förderung der Nutzung von **Energie aus erneuerbaren Quellen** und zur Änderung und anschließenden Aufhebung der Richtlinien 2001/77/EG und 2003/30/EG, ABl. 2009 L 140, S. 16, zuletzt geändert durch Art. 1 der Richtlinie 2013/18/EU des Rates vom 13.5.2013 zur Anpassung der Richtlinie 2009/28/EG des Europäischen Parlaments und des Rates zur Förderung der Nutzung von Energie aus erneuerbaren Quellen aufgrund des Beitritt der Republik Kroatien, ABl. 2013 L 158, S. 230.

Energieeffizienz:

Richtlinie 2012/27/EU des Europäischen Parlaments und des Rates vom 25.10.2012 zur **Energieeffizienz**, zur Änderung der Richtlinien 2009/125/EG und 2010/30/EU und zur Aufhebung der Richtlinien 2004/8/EG und 2006/32/EG, ABl. 2012 L 315, S. 1, ber. 2013 S. 24, zuletzt geändert durch Art. 1 der Richtlinie 2013/12/EU des Rates vom 13.5.2013 zur Anpassung der Richtlinie 2012/27/EU des Europäischen Parlaments und des Rates zur Energieeffizienz aufgrund des Beitritts der Republik Kroatien, ABl. 2013 L 141, S. 28; **Richtlinie 2010/31/EU** des Europäischen Parlaments und des Rates vom 19.5.2010 über die **Gesamtenergieeffizienz von Gebäuden** (Neufassung), ABl. 2010 L 153, S. 13; **Richtlinie 2009/125/EG** des Europäischen Parlaments und des Rates vom 21.10.2009 zur Schaffung eines Rahmens für die Festlegung von **Anforderungen an die umweltgerechte Gestaltung energieverbrauchsrelevanter Produkte** (Neufassung), ABl. 2009 L 285, S. 10, zuletzt geändert durch Art. 27 Abs. 3 der Richtlinie 2012/27/EU des Europäischen Parlaments und des Rates vom 25.10.2012 zur Energieeffizienz, zur Änderung der Richtlinien 2009/125/EG und 2010/30/EU und zur Aufhebung der Richtlinien 2004/8/EG und 2006/32/EG, ABl. 2012 L 315, S. 1; **Richtlinie 2010/30/EU** des Europäischen Parlaments und des Rates vom 19.5.2010 über die Angabe des Verbrauchs an Energie und anderen Ressourcen durch **energieverbrauchsrelevante Produkte mittels einheitlicher Etiketten und Produktinformationen** (Neufassung), ABl. 2010 L 153, S. 1, zuletzt geändert durch Art. 27 Abs. 2 der Richtlinie 2012/27/EU des Europäischen Parlaments und des Rates vom 25.10.2012 zur Energieeffizienz, zur Änderung der Richtlinien 2009/125/EG und 2010/30/EU und zur Aufhebung der Richtlinien 2004/8/EG und 2006/32/EG, ABl. 2012 L 315, S. 1.

B. Rechtsprechung

I. EuGH

EuGH, Rs. C-573/12 (Ålands Vindkraft AB); EuGH, Rs. C-105/12 bis 107/12 (Staat Nederlanden/Essent NV u.a.), EnWZ 2013, 550 ff; EuGH, Rs. C-92/11 (RWE Vertrieb AG), NJW 2013, 2253 ff; EuGH, Rs. C-490/10 (Parlament/Rat), EnWZ 2012, 29 f; EuGH, Rs. C-242/10 (Enel Produzione SpA), Slg 2011, I-13665 ff; EuGH, Rs. C-265/08 (Federutility), Slg 2010, I-3377 ff; EuGH, Rs. C-439/06 (Citiworks), Slg 2008, I-3913 ff; EuGH, Rs. C-206/06 (Essent Netwerk), Slg 2008, I-5497 ff; EuGH, Rs. C-17/03 (VEMW), Slg 2005, I-4983 ff; EuGH, Rs. C-379/98 (PreussenElektra), Slg 2001, I-2099 ff; EuGH, Rs. C-159/94 (Franz. Stromhandelsmonopole), Slg 1997, I-5815 ff; EuGH, Rs. C-158/94 (Ital. Stromhandelsmonopol), Slg 1997, I-5789 ff; EuGH, Rs. C-157/94 (Niederl. Stromhandelsmonopol), Slg 1997, I-5699 ff; EuGH, Rs. C-393/92 (Almelo), Slg 1994, I-1477 ff; EuGH, Rs. 72/83 (Campus Oil), Slg 1984, 2727 ff; EuGH, Rs. 6/64 (Costa/E.N.E.L.), Slg 1964, 1253 ff.

II. Nationale Gerichte

BGH 17.12.2013 – KZR 65/12 – (Stromnetz Heiligenhafen, gemeindliche Vergabe von Wegerechtskonzessionen), NVwZ 2014, 817 ff; BGH 5.6.2013 – VIII ZR 131/12 – (AGB in Gaslieferungsvertrag zu Zahlungsmodalitäten), NJW 2013, 2814 ff; OLG Düsseldorf 6.3.2013 – VI-3 Kart 65/12 (V) – (Befreiung stromintensiver Netznutzer von den Netzentgelten), ZNER 2013, 271 ff; OLG Düsseldorf 13.6.2012 – VI-2 U (Kart) 10/11, 2 U (Kart) 10/11 – (Preisanpassungsrecht des Gasversorgers in der Grundversorgung), ZNER 2012, 505 f; BGH 24.8.2010 – EnVR 17/09 – (Objektnetze, Flughafennetz Leipzig/Halle), ZNER 2010, 584 ff; OLG Naumburg 28.12.2009 – 1 W 35/06 – (Objektnetze); BGH 21.7.2009 – EnVR 12/08 – (Rückwirkung der Entgeltgenehmigung für Netzzugang); BFH 21.4.2009 – VII R 25/07 – (Keine Stromsteuerermäßigung für Gastransport in Rohrfernleitungen; Begriffsauslegung; Gleichheitssatz), StEW 2010, 19 ff; BFH 21.4.2009 – VII R 24/07 – (Keine Stromsteuerermäßigung für Gastransport in Rohrfernleitungen; Begriffsauslegung; Gleichheitssatz), BFHE 225, 464 ff; OLG München 13.12.2007 – Kart 14/07 – (Anspruch eines Energieversorgungsunternehmens auf die Genehmigung von Netzentgelten), RdE 2008, 252 ff; BGH 14.7.2004 – VIII ZR 345/03- (Energieversorgung: Vergütungsanspruch des Betreibers einer Anlage zur Stromerzeugung aus Kraft-Wärme-Kopplung), VersorgW 2004, 276 ff; BGH 26.11.2003 – VIII ZR 89/03 – (Anschlusskostenerstattungsanspruch des zur Abnahme und Vergütung des Stroms aus erneuerbaren Energien verpflichteten Elektrizitätsversorgungsunternehmens bzw Netzbetreibers gegen den Anlagenbetreiber), NVwZ 2004, 766 ff; BGH 11.6.2003 – VIII ZR 160/02- (Stromeinspeisung: Verfassungsmäßigkeit und EU-Konformität der Abnahme- und Vergütungspflicht durch Elektrizitätsversorgungsunternehmen; direkte Inanspruchnahme der Unternehmen aufgrund des EEG), BGHZ 155, 141 ff; BGH 11.6.2003 – VIII ZR 161/02- (Stromeinspeisung: Verfassungsmäßigkeit und EU-Konformität der Abnahme- und Vergütungspflicht durch Elektrizitätsversorgungsunternehmen; direkte Inanspruchnahme der Unternehmen aufgrund des EEG), ZNER 2003, 234 ff; BGH 11.6.2003 – VIII ZR 322/02 – (Stromeinspeisung: Verfassungsmäßigkeit und EU-Konformität der Abnahme- und Vergütungspflicht durch Elektrizitätsversorgungsunternehmen; direkte Inanspruchnahme der Unternehmen aufgrund des EEG), VersorgW 2003, 181 f; OLG Düsseldorf 7.11.2001 – U (Kart) 31/00 – (Unwirksamkeit von Energie-Altbezugsverträgen in Ansehung wettbewerbsbeschränkender Klauseln), ZNER 2001, 255 ff; LG Berlin 25.7.2000 – 16 O 749/99- (Wettbewerbsbeschränkender Missbrauch einer marktbeherrschenden Stellung: Verpflichtung eines Elektrizitätsverbundunternehmens zur Durchleitungsgestattung für ein österreichisches Stromlieferungsunternehmen im Stromübertragungsnetz in den neuen Bundesländern); BKartA Berlin 30.8.1999 – B 8-4000-T-99/99 – (Bindung des Bundeskartellamtes durch den Verwaltungsakt einer Landesenergieaufsichtsbehörde; Bemessung des Durchleitungsentgeltes für Fremdeinleiter), RdE 2000, 31 ff.

Abschnitt 2: Analyse und Darstellung der Einwirkungspraxis des Europarechts auf das deutsche Energierecht

A. Europäisches und deutsches Energierecht im Überblick

Das Energierecht im engeren Sinne, auf das sich die nachfolgende Darstellung im Wesentlichen beschränkt, hat die leitungsgebundene Versorgung mit Elektrizität und Gas zum Gegenstand. Während für das Verhalten der an der Energieversorgung beteiligten Akteure und das gesamte energiewirtschaftliche Geschehen zunächst die allgemeine Privatrechtsordnung, das allgemeine Wettbewerbsrecht,[16] das allgemeine Umwelt-[17] und Planungsrecht etc. maßgeblich sind, steht im Zentrum des speziellen deutschen Energierechts das Gesetz über die Elektrizitäts- und Gasversorgung (**Ener-** 1

16 Dazu *Mäger*, § 16.
17 Dazu *Krämer/Winter*, § 26.

giewirtschaftsgesetz – EnWG) vom 7. Juli 2005.[18] In seiner ursprünglichen Fassung diente es der Umsetzung der beiden Richtlinien aus dem Jahr 2003 über gemeinsame Vorschriften für den **Elektrizitätsbinnenmarkt**[19] (EltRL 2003) und für den **Erdgasbinnenmarkt**[20] (GasRL 2003). Dem durch die Neufassung dieser beiden **Richtlinien aus dem Jahr 2009 (EltRL, GasRL)**[21] ausgelösten Anpassungsbedarf ist die deutsche Gesetzgebung im Wesentlichen mit dem Gesetz zur Neuregelung energiewirtschaftsrechtlicher Vorschriften vom 26. Juli 2011[22] nachgekommen. Die Einwirkung des Unionsrechts auf das deutsche Energierecht vollzieht sich also primär durch die – nicht selten verspätete – richtlinienkonforme Umsetzung dieser beiden zentralen Binnenmarktrichtlinien. Für das Verständnis der Grundkonzeption des Energiewirtschaftsgesetzes wie auch für die Lösung einzelner Auslegungs- und Anwendungsfragen kommt den Richtlinien wesentliche Bedeutung zu.

2 Neben dem im Energiewirtschaftsgesetz normierten Energiemarktrecht lässt sich das spezielle **Energieumweltrecht** als zweiter Bestandteil des Energierechts identifizieren, das der ressourcenschonenden Gewinnung von Energie aus erneuerbaren Quellen, dem effizienten Einsatz von Energie zB durch Kraft-Wärme-Kopplung und dem sparsamen Einsatz von Energie dient. Die wichtigsten Normen des deutschen Rechts[23] sind hier das Gesetz für den Ausbau erneuerbarer Energien (Erneuerbare-Energien-Gesetz – EEG 2014), das Gesetz zur Förderung Erneuerbarer Energien im Wärmebereich (Erneuerbare-Energien-Wärmegesetz – EEWärmeG) und das Gesetz für die Erhaltung, die Modernisierung und den Ausbau der Kraft-Wärme-Kopplung (Kraft-Wärme-Kopplungs-Gesetz – KWKG) sowie verschiedene Normen, die der Energieeinsparung insbesondere bei Gebäuden[24] und der Förderung des Einsatzes energiesparender Geräte insbesondere durch entsprechende Verbrauchskennzeichnungen[25] dienen. Auch dieses Energieumweltrecht beruht in wesentlichen Teilen auf EU-Richtlinien.

I. Europäisches Energierecht

1. Die Kompetenz der Union für das Recht der Energiewirtschaft

3 Der **EG-Vertrag** enthielt kein eigenständiges Energiekapitel. Allerdings enthielt er auch keine Bereichsausnahme, die den Energiesektor von den allgemeinen wirtschaftsrechtlichen Bestimmungen des Vertrages freistellte.[26] Da außerdem seit dem Maastrichter Vertrag „Maßnahmen im Bereich der Energie" zu den **Vertragszielen** gehörten (Art. 3 lit. u EGV) und „Maßnahmen, welche die Wahl eines Mitgliedstaates zwischen verschiedenen Energiequellen und die allgemeine Struktur seiner Energieversorgung erheblich berühren" in Art. 175 Abs. 2 EGV ausdrücklich erwähnt waren, ließ sich die Kompetenz der Gemeinschaft auf dem Gebiet des Energierechts schon bislang

18 Verkündet als Art. 1 des Zweiten Gesetzes zur Neuregelung des Energiewirtschaftsrechts vom 7. Juli 2005 (BGBl. I, S. 1970, ber. S. 3621), zuletzt geändert durch Art. 3 Abs. 4 des G. v. 4.10.2013 (BGBl. I, S. 3746).

19 RL 2003/54/EG (ABl. L 176, S. 37).

20 RL 2003/55/EG (ABl. L 176, S. 57).

21 S. oben im Abschnitt 1 unter III. Sekundärrecht.

22 BGBl. I, S. 1554; nach der amtlichen Anmerkung diente dieses Gesetz der Umsetzung der Richtlinie 2009/72/EG des Europäischen Parlaments und des Rates vom 13. Juli 2009 über gemeinsame Vorschriften für den Elektrizitätsbinnenmarkt und zur Aufhebung der Richtlinie 2003/54/EG (ABl. L 211 vom 14. 8. 2009, S. 55), der Richtlinie 2009/73/EG des Europäischen Parlaments und des Rates vom 13. Juli 2009 über gemeinsame Vorschriften für den Erdgasbinnenmarkt und zur Aufhebung der Richtlinie 2003/55/EG (ABl. L 211 vom 14. 8. 2009, S. 94) sowie der Richtlinie 2008/114/EG des Rates vom 8. Dezember 2008 über die Ermittlung und Ausweisung europäischer kritischer Infrastrukturen und die Bewertung der Notwendigkeit, ihren Schutz zu verbessern (ABl. L 345 vom 14. 8. 2008, S. 75).

23 Genauere Übersicht über den aktuellen Normenbestand unten in Rn 17 ff.

24 Energieeinsparungsgesetz (EnEG) idF der Bekanntmachung v. 1.9.2005 (BGBl. I, S. 2684), zuletzt geändert durch Art. 1 G. v. 4.7.2013 (BGBl. I, S. 2197) und Energieeinsparverordnung (EnEV) v. 24.7.2007 (BGBl. I, S. 1519), zuletzt geändert durch Art. 1 VO v. 18.11.2013 (BGBl. I, S. 3951).

25 Energieverbrauchskennzeichnungsgesetz (EnVKG) v. 10.5.2012 (BGBl. I, S. 1070) und Energieverbrauchsrelevante-Produkte-Gesetz (EVPG) v. 27.2.2008 (BGBl. I, S. 258), zuletzt geändert durch Art. 6 G. v. 31.5.2013 (BGBl. I, S. 1388).

26 Mit Nachweisen zur früheren Diskussion *Jarass*, Europäisches Energierecht, S. 14 ff, 65 ff, 81 ff.

kaum allgemein bestreiten.[27] Weil spezielle energiepolitische Bestimmungen fehlten, fanden die allgemeinen Vorschriften des Vertrages, einschließlich der Binnenmarktkompetenzen, auf die Energiewirtschaft Anwendung, wenn ihre jeweiligen Voraussetzungen erfüllt waren.[28] Was die Anwendung von Art. 95 EGV anging, so ließ sich ihr nicht entgegenhalten, dass mit einer markt- und wettbewerbsorientierten Neuordnung der früher durch Versorgungsmonopole gekennzeichneten Elektrizitäts- und Gasversorgung fast alle Mitgliedstaaten Neuland betreten haben. Es war nämlich anerkannt, dass die **Angleichung der Rechts- und Verwaltungsvorschriften** der Mitgliedstaaten nicht auf die Herstellung des kleinsten gemeinsamen Nenners beschränkt ist, sondern auch die gemeinschaftsrechtliche Durchsetzung neuer Lösungen erlaubt, wenn diese das Funktionieren des Binnenmarktes fördern.[29] Die beiden Richtlinien zum Energiebinnenmarkt aus dem Jahr 2003 hielten sich in diesem kompetenzrechtlichen Rahmen.[30] Da mehrere Mitgliedstaaten eine Liberalisierung ihrer Strom- und Gasmärkte eingeleitet hatten,[31] konnte von einer grundlegenden konzeptionellen Neuschöpfung durch die EG nicht mehr die Rede sein, wenngleich die institutionellen Einzelgestaltungen (Entflechtung, Regulierungsbehörde) mitunter durchaus neuartig waren.

Obwohl sich spätestens seit den neunziger Jahren des letzten Jahrhunderts eine durchaus eigenständige europäische Energiepolitik mit hoher Regelungsdichte entwickelt hatte,[32] wurden die Kompetenzen der Gemeinschaft zunehmend als fragmentiert und lückenhaft angesehen. Nachdem bereits der Verfassungskonvent auf diese Defizite mit dem Vorschlag eines eigenen Energiekapitels reagiert hatte,[33] enthalten nunmehr Art. 4 Abs. 2 lit. i AEUV (geteilte Zuständigkeit) und **Art. 194 AEUV** die explizite, eigenständige und spezielle[34] **Grundlage für eine Energiepolitik der Union,**[35] die alle Primärenergiequellen (einschließlich erneuerbarer Energien) und Sekundärenergieträger erfasst und insbesondere deren Gewinnung, Transport und Umwandlung (Energieeffizienz, Energieeinsparung) betreffen kann. Neben den Zielen der Energiepolitik[36] in Art. 194 Abs. 1 AEUV[37] enthält Abs. 2 Unterabs. 1 die eigentliche Kompetenzgrundlage, die zu „Maßnahmen" im Sinne der in Art. 288 AEUV genannten Handlungsformen und darüber hinaus auch zu allen sonstigen „weichen" Handlungsformen ermächtigt, die sich zwischenzeitlich entwickelt haben. 4

Konfliktpotential verbirgt sich hinter dem **Vorbehalt** des Art. 194 Abs. 2 Unterabs. 2 AEUV 5
zugunsten jedes Mitgliedstaates bei Entscheidungen über die Nutzung seiner Ressourcen (1), bei

27 Zusammenfassend mit Nachweisen *Lecheler/Gundel*, EuZW 2003, 621, 622/623. Vor allem in der deutschen Literatur war die Kompetenz der Gemeinschaft zum Erlass der Binnenmarktrichtlinien aus dem Jahr 2003 in Frage gestellt worden; s. nur *Schmidt-Preuß*, in: FS Baur, 2002, S. 309 ff; *Baur/Lückenbach*, ET 2002, 420 ff; *Baur/Blask*, ET 2002, 636; *Scholz*, ET 2001, 678, 680 f.

28 *Lecheler/Gundel*, EuZW 2003, 621, 622 f.

29 EuGH, Rs. C-350/92 (Spanien/Rat), Slg 1995, I-1985 = EuZW 1995, 666; die Rechtsprechung zusammenfassend und mwN *Lecheler/Gundel*, EuZW 2003, 621, 623.

30 Im Vorfeld kritisch etwa *Scholz*, ET 2001, 678 ff.

31 Vgl dazu nur die Begründung in KOM (2001) 125 endg.

32 Skeptisch dazu mwN *Kahl*, EuR 2009, 601, 604 f.

33 Art. I-14 Abs. 2 lit. i, Art. III-256 EVV; s. dazu CONV 528/03, S. 17.

34 EuGH, Rs. C-490/10 (Parlament/Rat), EurUP 2013, 226, Rn 66 f; *Ludwigs*, Energierecht, in: Ruffert (Hrsg.), Europ. Sekt. Wirtschaftsrecht, § 5 Rn 77 ff; *Schneider*, in: Schneider/Theobald, § 2 Rn 10 mwN; dort auch zur – umstrittenen – analogen Anwendbarkeit der Schutzverstärkungsklausel in Art. 193 AEUV auf Art. 194 I lit. c AEUV im Anschluss an *Britz*, in: Schulze-Fielitz/Müller (Hrsg.), Europäisches Klimaschutzrecht, 71, 86; weitere Nachw. dazu auch bei *Gundel*, EuEnR, in: Danner/Theobald, Rn 23.

35 S. dazu die Analysen und Bewertungen von *Ehricke/Hackländer*, ZEuS 2008, 579 ff; *Kahl*, EuR 2009, 601; *Nettesheim*, JZ 2010, 19; *Hobe*, EuR 2009, Beiheft 1, 219, 226 ff; *Papenkort/Wellershoff*, RdE 2010, 77 ff; *Frenz/Kane*, NuR 2010, 464, 467 ff; *Schneider*, EU-Kompetenzen, S. 301 ff; *Gundel*, EWS 2011, 25 ff; ausführlich *Hackländer*, Die allgemeine Energiekompetenz im Primärrecht der Europäischen Union, 2010, S. 83 ff; s. auch die neuere Übersicht von *Ludwigs*, Energierecht, in: Ruffert (Hrsg.), Europ. Sekt. Wirtschaftsrecht, § 5 Rn 56 ff.

36 Allgemein zu den drei Zielen (Binnenmarkt, Umwelt- und Klimaschutz, Versorgungssicherheit), ihrer primärrechtlichen Fundierung und Gleichrangigkeit *Ludwigs*, Energierecht, in: Ruffert (Hrsg.), Europ. Sekt. Wirtschaftsrecht, § 5 Rn 44 ff.

37 Zu den energiepolitischen Zielen in Art. 194 Abs. 1 AEUV s. den Überblick von *Ludwigs*, Energierecht, in: Ruffert (Hrsg.), Europ. Sekt. Wirtschaftsrecht, § 5 Rn 57 ff; insbesondere zur Solidaritätsklausel s. *Hermes*, in: Kadelbach (Hrsg.), Solidarität als Europäisches Rechtsprinzip?, Baden-Baden, 2014, S. 59 ff.

seiner Wahl zwischen verschiedenen Energiequellen (2) und bei der Bestimmung der allgemeinen Energieversorgungsstruktur (3).[38] Während die mitgliedstaatliche „Ressourcenhoheit“ politisch problematisch, rechtlich aber handhabbar sein dürfte, geraten der zweite und dritte Vorbehalt unausweichlich in Konflikt mit der Unions-Energiekompetenz, weil eine substantielle Energiepolitik, die diesen Namen verdient, nicht ohne Einfluss auf den „Energiemix“ und die allgemeine Versorgungsstruktur bleiben kann. Soweit diese Konflikte nicht politisch – insbesondere über das Einstimmigkeit im Rat erfordernde Rechtsetzungsverfahren nach Art. 192 Abs. 2 AEUV – gelöst werden können, wird sich rechtlich die Unionskompetenz nur dort klar verneinen lassen, wo Zweck und Wirkungsweise energiepolitischer Instrumente der Union auf den zweiten und dritten Vorbehaltsbereich zielen, die Wahl zwischen verschiedenen Energiequellen und die allgemeine Versorgungsstruktur also nicht lediglich als „Nebeneffekt“ tangiert wird.

2. Die Energiebinnenmarkt-Richtlinien

a) Hintergründe und Erfahrungen mit den Binnenmarktrichtlinien 1996/1998

6 Die Bemühungen um eine Anpassung der durch (nationale) Versorgungsmonopole geprägten leitungsgebundenen Energieversorgung an die Regeln des Binnenmarktes[39] lassen sich zurückverfolgen bis zu dem Beschluss des Ministerrates aus dem Jahre 1986 über die “Neuen energiepolitischen Ziele der Gemeinschaft für 1995“.[40] Auf dessen Grundlage entwickelte die Europäische Kommission im Jahre 1988 mit dem Arbeitsdokument “Der **Binnenmarkt für Energie**”[41] ihre Grundkonzeption zur Umsetzung des primärrechtlich vorgegebenen Binnenmarktziels.[42] Das nur in Teilen umgesetzte Konzept enthielt in seiner ersten Stufe u.a. die Richtlinien über den **Transit von Elektrizitätslieferungen über große Netze** vom 29.10.1990[43] und über Strompreistransparenz bei industriellen Endverbrauchern vom 29.6.1990[44] sowie die gescheiterten Vertragsverletzungsverfahren gegen Mitgliedstaaten, die Ausschließlichkeitsrechte für Stromimport und -export vorsahen.[45] Nach dem Verzicht auf die in einer zweiten Stufe u.a. vorgesehene – auf Art. 86 Abs. 3 EGV gestützte – Richtlinie der Kommission gegen Monopole bei der Stromerzeugung und der Errichtung von Leitungen kam es schließlich zu der Richtlinie 96/92/EG des Europäischen Parlaments und des Rates betreffend gemeinsame Vorschriften für den **Elektrizitätsbinnenmarkt** vom 19.12.1996[46] sowie später zur Richtlinie 98/30/EG über den **Gasbinnenmarkt** vom 22.6.1998.[47] Mit diesem Übergang zu einer legislativen Strategie[48] hatte sich die Erkenntnis durchgesetzt, dass ein Energiebinnenmarkt nicht als ein „natürlich“ vorgegebenes Phänomen gedacht werden kann, das mit Hilfe der Grundfreiheiten und des Wettbewerbsrechts lediglich gegen Störungen geschützt werden muss, sondern dass er einer regulativen Marktorganisation bedarf.[49]

38 Zur Auslegung zwischen „Totalvorbehalt“ einerseits und Rechtsfolgenverweis auf das Verfahren mit Einstimmigkeit andererseits s. die Nachw. bei *Gundel*, EWS 2011, 25, 27 f.

39 *Schneider*, in: Schneider/Theobald, § 2 Rn 30 ff; *Ludwigs*, Energierecht, in: Ruffert (Hrsg.), Europ. Sekt. Wirtschaftsrecht, § 5 Rn 4 ff.

40 ABl. 1986 C 241, S. 1; hierzu: *Hüffer/Ipsen/Tettinger*, Die Transitrichtlinien, S. 36 f.

41 KOM (88) 238 endg. v. 2.5.1988 = BR-Drucks. 264/88; hierzu: *Hüffer/Ipsen/Tettinger*, Die Transitrichtlinien, S. 37 ff.

42 Ausgangspunkt ist die Zieltrias (1) der Verbesserung der Transparenz zur Feststellung von Versorgungsmängeln im Binnenmarkt, (2) der Ermöglichung eines freien Spiels der Kräfte auf dem Binnenmarkt zur Mängelbeseitigung und (3) der Beseitigung von Wettbewerbsverzerrungen etwa durch Subventionen. Zum Folgenden ferner: *Hermann*, RdE 1992, 96 f; *Jarass*, Europäisches Energierecht, S. 16 ff.

43 ABl. L 313, S. 30.

44 ABl. L 185, S. 16.

45 EuGH, Rs. C-159/94 (Kommission/Frankreich), Slg 1997, I-05815; EuGH, Rs. C-157/94 (Kommission/Niederlande), Slg 1997, I-5699; EuGH, Rs. C-158/94 (Kommission/Italien), Slg 1997, I-5789.

46 ABl. 1997 L 27, 20.

47 ABl. L 204, S. 1.

48 *Ludwigs*, Energierecht, in: Ruffert (Hrsg.), Europ. Sekt. Wirtschaftsrecht, § 5 Rn 6 f. mwN auch zu den wesentlichen Inhalten der beiden Richtlinien (Netzzugang, Entflechtung).

49 Grundlegend dazu *Schneider*, Liberalisierung, S. 525 ff.

Bei diesen beiden Richtlinien handelte es sich allerdings trotz des konfliktreichen und mühevollen Entstehungsprozesses lediglich um einen Zwischenschritt auf dem Weg zu einer vollständigen Öffnung der europäischen Energiemärkte.[50] Die in den Berichten der Kommission festgehaltenen Erfahrungen[51] mit der Anwendung der Binnenmarkt-Richtlinie Strom hatten zu dem Schluss geführt, dass das geltende Recht zur zeitnahen Herstellung funktionierenden Wettbewerbs auf den Energiemärkten nicht ausreiche, wofür insbesondere die stark divergierenden Marktöffnungsgrade in den Mitgliedstaaten, die geringe Entwicklung des grenzüberschreitenden Stromhandels[52] sowie die großen Disparitäten bei der Ausgestaltung der Regulierung in den einzelnen Mitgliedstaaten[53] ins Feld geführt wurden.[54] Der Europäische Rat und das Europäische Parlament[55] haben dann die **Forderung nach einer Beschleunigung des Liberalisierungsprozesses** erhoben, auf die die Kommission mit ihren Vorschlägen vom Frühjahr 2001[56] reagiert hat. Seit dem Frühjahr 2001 wurde dann auf europäischer Ebene um die Verabschiedung dieser Vorschläge gerungen.[57] Schwierige Konsensfindungsprozesse, die durch die Opposition Frankreichs gegen eine vollständige Marktöffnung und – vor dem Hintergrund des Sonderweges der sog. Verbändevereinbarungen[58] – durch den Widerstand Deutschlands[59] gegen die Netzzugangsregulierung geprägt waren,[60] führten schließlich[61] zu den Binnenmarktrichtlinien für Strom bzw Gas sowie zur Verordnung über die Netzzugangsbedingungen für den grenzüberschreitenden Stromhandel.[62] 7

50 Dies wurde schon in ihren Erwägungsgründen festgehalten: Vgl Erwägungsgrund 39 der RL 96/92/EG und 32 der RL 98/30/EG.

51 Zum Folgenden Kommission, Mitteilung, KOM (2001) 125 endg., S. 6 f; vgl auch den auf der Grundlage von Art. 26 RL 96/92/EG (parallel: Art. 28 RL 98/30/EG) von der Kommission erstatteten Bericht über den Stand der Liberalisierung der Energiemärkte, KOM (1999) 198 endg. v. 4.5.1999; erster Bericht über den Harmonisierungsbedarf, KOM (1998) 167 endg. v. 16.3.1998; zweiter Bericht über den Harmonisierungsbedarf, KOM (1999) 164 endg. v. 16.4.1999. Die Erfahrungen mit der RL 98/30/EG – für die die Umsetzungsfrist erst im August 2000 ablief – wurden nicht abgewartet.

52 Die Kommission nennt für 1999 einen Anteil von 8% der Erzeugung, KOM (2001) 125 endg. S. 10.

53 Den sehr unterschiedlichen Umfang der Marktöffnung in den Mitgliedstaaten hat die Kommission in ihren beiden Benchmarking-Berichten dokumentiert (Erster Benchmarking-Bericht über die Verwirklichung des Elektrizitäts- und Erdgas-Binnenmarktes v. 3.12.2001, SEK [2001] 1957 und Zweiter Benchmarking-Bericht über die Vollendung des Elektrizitäts- und Erdgasbinnenmarktes v. 1. 10. 2002, SEK [2002] 1038).

54 Zusammenfassend mwN *Lecheler/Gundel*, EuZW 2003, 621, 622. Mitteilung „Vollendung des Energiebinnenmarktes", KOM (2001) 125 endg. S. 10 ff, 33 ff. Zum Fortbestand von im Wesentlichen nationalen Märkten s. auch die Fusionskontrollentscheidung der Kommission VEBA/VIAG v. 13. 6. 2000, ABl. 2000 L 188, S. 1, Rn 26 ff.

55 Entschließung „Liberalisierung der Energiemärkte" v. 6.7.2000, A 5/180/2000.

56 Mitteilung „Vollendung des Energiebinnenmarktes" vom 13.3.2001 mit Vorschlägen für eine RL zur Änderung der Elektrizitäts- (1996) und Gasbinnenmarktrichtlinie (1998) sowie für eine VO des Parlaments und des Rates über die Netzzugangsbedingungen für den grenzüberschreitenden Stromhandel: KOM (2001) 125 endg.

57 Hierzu *Lecheler/Gundel*, EWS 2001, 249; *Scholtka*, NJW 2002, 483; *Pirstner-Ebner*, NVwZ 2004, 69.

58 Zur dogmatischen Einordnung *Rosin*, in: FS Baur, 2002, S. 259 ff. Inzwischen hatte der deutsche Gesetzgeber mit der so genannten „Verrechtlichung" der Vereinbarungen durch die Inbezugnahme in der Neufassung von § 6 EnWG (1. Gesetz zur Änderung des Gesetzes zur Neuregelung des Energiewirtschaftsrechts, BGBl. I 2003, S. 686) eine – wenn auch eingeschränkte – Verantwortung für ihren Inhalt übernommen, s. dazu *Kühne/Brodowski*, NVwZ 2003, 769, 771 f.

59 Flankiert von – nicht begründeten – grundrechtlichen Bedenken gegen die weitreichenden Entflechtungsanforderungen insbesondere für den Gassektor bei *Scholz*, ET 2001, 678 ff; zutreffend dagegen *J.-P. Schneider*, Liberalisierung, S. 506 f, 496 ff.

60 Dazu wie auch zur Zurückweisung des Vorwurfs eines Verstoßes gegen das Subsidiaritätsprinzip zutreffend *Lecheler/Gundel*, EuZW 2003, 621 ff.

61 Die Vorschläge zur Vollendung des Energiebinnenmarktes sind von der Kommission dann in abgeänderter Form, die den Stand der Diskussion mit dem Rat wiedergab, am 7.6.2002 erneut beschlossen worden (KOM (2002) 304 endg. v. 7.6.2002 = ABl. 2002 C 227 E, S. 393). Die Einigung im Rat folgte im November 2002, im Anschluss daran: Gemeinsamer Standpunkt (EG) Nr. 5/2003, vom Rat festgelegt am 3.2.2003 ABl. C 50 E, S. 1; zu den Entwürfen in den verschiedenen Stadien s. *Neveling/Theobald*, EuZW 2002, 106; *Mombaur*, ET 2001, 546; *Schütz/Tüngler*, RdE 2003, 98 mit einer Erwiderung von *Balke/Mombaur*, RdE 2003, 161.

62 Ausführlich hierzu: BReg., BT-Drucks. 15/1510, S. 5; *Baur*, ET 2003, 670; *Lecheler/Gundel*, EuZW 2003, 621.

b) Beschleunigungsrichtlinien 2003

8 Die beiden so genannten **Beschleunigungsrichtlinien 2003/54/EG** für den Elektrizitätsbinnenmarkt **und 2003/55/EG** für den Erdgasbinnenmarkt sind am 4.8.2003 in Kraft getreten und waren bis zum 1.7.2004 in nationales Recht umzusetzen.[63] Sie haben die ursprünglichen Binnenmarktrichtlinien für Strom (96/62/EG) und Gas (98/30/EG) mit Wirkung ab dem 1.7.2004 ersetzt[64] und die Richtlinien über den Transit von Strom[65] bzw Erdgas[66] über große Netze aufgehoben.

9 Im Kern betreffen die Änderungen der Beschleunigungsrichtlinien[67] zwei Problemfelder, die von der Kommission schlagwortartig als **„quantitative"** und **„qualitative" Verbesserung der Marktöffnung** gekennzeichnet werden.[68] Die erste Frage betrifft die Erweiterung des Kreises der „zugelassenen Kunden", die frei über den Lieferanten ihres Strom- oder Gasbedarfs entscheiden können, mit dem Endergebnis eines vollständig geöffneten Binnenmarktes. Zunächst für alle gewerblichen Kunden und bis zum 1.7.2004 war für alle Kunden sicherzustellen, dass sie sich ihren Anbieter frei wählen können.[69] Die qualitativen Verbesserungen der Marktöffnung bezeichnen ein Bündel von Maßnahmen, das neben Regelungen zum Schutz der Verbraucher durch die Festlegung gemeinwirtschaftlicher Verpflichtungen und Maßnahmen zur Wahrung der Versorgungssicherheit vor allem die Verbesserung des Zugangs durch eine verstärkte Regulierung und durch die Regelungen zum so genannten „Unbundling" umfasste.[70]

10 Mit der verpflichtenden Einführung des **„regulierten Netzzugangs"** als allein zulässiges Modell, um Dritten Zugang zu fremden Netzen gegen Zahlung eines angemessenen Entgelts[71] zu verschaffen,[72] wurden die bis dahin daneben zulässigen Netzzugangsmodelle des verhandelten Netzzugangs sowie des Alleinabnehmersystems abgeschafft.[73] Zentrale Bedeutung kam damit den nationalen **Regulierungsbehörden** zu. Ihnen wies Art. 23 EltRL bzw Art. 25 GasRL die Aufgaben zu, Nichtdiskriminierung, echten Wettbewerb und ein effizientes Funktionieren des Marktes sicherzustellen sowie ein jährliches Monitoring durchzuführen. Das zweite Kernelement der qualitativen Änderungsvorschläge lag in der strukturellen Vorsorge gegen Diskriminierungen von Netznutzern durch eine erheblich intensivierte **Entflechtung** von monopolisiertem Netzbetrieb und energiewirtschaftlichen Wettbewerbsbereichen (Erzeugung und Vertrieb).[74]

c) Das dritte Energiebinnenmarktpaket 2009

11 Auch nach der – in vielen Mitgliedstaaten verspäteten – Umsetzung der Beschleunigungsrichtlinien aus dem Jahr 2003 bestand weitgehender Konsens darüber, dass funktionierender **Wettbewerb** auf

63 Vgl hierzu die Ausführungen von *Balke/Mombaur*, RdE 2003, 161; *Baur/Lückenbach*, Die fortschreitende Regulierung der Energiewirtschaft; *Baur*, ET 2003, 670; *Böge/Lange*, WuW 2003, 870; *Brattig/Kahle*, NVwZ 2005, 642; *Breuer*, NVwZ 2004, 520; *Büdenbender*, RdE 2004, 284; *Büdenbender/Rosin/Heinlein*, ET 2003, 746; *Eder/de Wyl/Becker*, ZNER 2004, 3; *Herrmann*, Europäische Vorgaben zur Regulierung der Energienetze; *Hummert*, RdE 2005, 26; *Kriete/Werner*, WuW 2004, 1272; *Kühling*, N&R 2004, 12; *Lecheler/Gundel*, EuZW 2003, 621; *Rosin/Krause*, ET 2003, 17; *Säcker*, AöR 130 (2005), 180; *ders.*, DB 2004, 691; *Schneider/Prater*, RdE 2004, 57; *Scholtka*, NJW 2005, 2421; *ders./Baumbach*, NJW 2004, 723; *Schütz/Tüngler*, RdE 2003, 98; *Theobald/Hummel*, ZNER 2003, 176; *Theobald/Zenke*, Grundlagen der Strom- und Gasdurchleitung; *Wiedmann/Langerfeld*, ET 2004, 158.

64 Art. 29 Abs. 2 EltRL 2003, Art. 32 Abs. 2 GasRL 2003.

65 RL 90/547/EWG (ABl. L 313, S. 30).

66 RL 91/296/EWG (ABl. L, S. 37).

67 Knappe Zusammenfassung dazu bei *Ludwigs*, Energierecht, in: Ruffert (Hrsg.), Europ. Sekt. Wirtschaftsrecht, § 5 Rn 8 f.

68 So die Einteilung in der Begründung zum Kommissionsvorschlag, KOM (2001) 125 endg., S. 37 f.

69 So übereinstimmend Art. 21 Abs. 1 lit. b), c) EltRL, Art. 23 Abs. 1 lit. b), c) GasRL.

70 Zusammenfassend *Lecheler/Gundel*, EuZW 2003, 621, 624.

71 Die Binnenmarktrichtlinien Strom und Gas lassen in den Art. 23 resp. 25 den Mitgliedstaaten die Wahl zwischen einer Ex-ante-Genehmigung sowie einer bloßen Methodengenehmigung.

72 Art. 20 EltRL 2003; Art. 18 GasRL 2003.

73 *Scholtka/Baumbach*, NJW 2004, 723, 724.

74 Dazu u. Rn 30 ff.

den europäischen Strom- und Gasmärkten noch nicht erreicht war.[75] Vor diesem Hintergrund erklären sich die bereits im Jahr 2007 einsetzenden Bemühungen der Kommission, die Rahmenbedingungen für einen funktionierenden Wettbewerb weiter zu verbessern, die nach einem sehr kontroversen Rechtsetzungsverfahren im Jahr 2009 zu einer Reihe von Richtlinien und Verordnungen geführt haben,[76] die zusammenfassend als **„drittes Energiebinnenmarktpaket"** bezeichnet zu werden pflegen.[77] Die beiden neuen Richtlinien Strom und Gas waren bis zum 3. März 2011 umzusetzen. Um den Gleichklang mit diesen Richtlinien sicherzustellen, wurden auch die Verordnungen erst ab diesem Zeitpunkt in Geltung gesetzt.[78] Neben der Förderung des Wettbewerbs – insbesondere durch verschärfte Regelungen zum „Unbundling"[79] – ist das Paket geprägt von dem Bemühen um den **Ausbau der Netzinfrastrukturen**, der nicht nur im Interesse der Marktintegration (grenzüberschreitende Transportkapazitäten) und der Versorgungssicherheit, sondern auch im Zusammenhang mit der Netzanbindung von Anlagen, die Elektrizität aus erneuerbaren Energien gewinnen, ein zunehmend dringliches Problem darstellt. Schließlich gehört die **neue institutionelle Struktur** der europäischen Energiemarktregulierung zu den Schwerpunkten des dritten Energiebinnenmarktpaketes. Sie ist geprägt durch die (Zwangs-)Gründung eines europäischen Netzes der Übertragungs- bzw Gasfernleitungsnetzbetreiber (ENTSO-Strom, ENTSO-Gas), die Errichtung der Agentur für die Zusammenarbeit der Energieregulierungsbehörden (ACER) sowie umfangreiche Kooperationsregeln zwischen diesen, den mit zusätzlichen Aufgaben und Befugnissen ausgestatteten nationalen Regulierungsbehörden und der Kommission. Diese neue Struktur wird als europäischer (Energie-)Regulierungsverbund charakterisiert, der u.a. durch die stark erweiterten Steuerungsbefugnisse der Kommission geprägt ist.[80]

3. Grenzüberschreitender Handel und Markttransparenz

Die VO (EG) Nr. 714/2009 des Europäischen Parlaments und des Rates vom 13.7.2009 über die Netzzugangsbedingungen für den **grenzüberschreitenden Stromhandel**[81] verfolgt das Ziel, 12
„gerechte Regeln" (Art. 1) für den grenzüberschreitenden Stromhandel festzulegen und dadurch eine Verbesserung des Wettbewerbs auf dem Strombinnenmarkt unter Berücksichtigung der Besonderheiten nationaler und regionaler Märkte zu erreichen.[82] Darüber hinaus verfolgt die Verordnung das Ziel eines „reibungslos funktionierenden und transparenten Großhandelsmarkts mit einem hohen Maß an Stromversorgungssicherheit". Im Interesse eines grenzüberschreitenden Stromhandels erhalten Übertragungsnetzbetreiber einen Ausgleich für die Kosten, die durch grenzüberschreitende Stromflüsse über ihre Netze entstehen. Verpflichtet dazu sind die Betreiber der Übertragungsnetze, aus denen der grenzüberschreitende Strom stammt und in denen der Stromfluss endet. Um jedem Stromanbieter einen diskriminierungsfreien Marktzugang zu ermöglichen, soll eine möglichst große Übertragungskapazität zur Verfügung gestellt werden. Aus Transparenzgründen wird den Übertragungsnetzbetreibern aufgegeben, ein allgemein gültiges Modell für die

75 S. dazu nur den Fortschrittsbericht der Kommission über die Verwirklichung des Erdgas- und Elektrizitätsbinnenmarkts, KOM (2009) 115 endg.; für die deutsche Situation Sondergutachten der Monopolkommission „Strom und Gas 2009".

76 S. die oben im 1. Abschnitt unter A. III. unter „Liberalisierung der leitungsgebundenen Energiewirtschaft" aufgeführten fünf Rechtsakte.

77 Vgl dazu die zusammenfassenden Übersichten von *Gundel/Germelmann*, EuZW 2009, 763 ff; *Däuper*, N&R 2009, 214 ff; *Schreiber*, N&R 2009, 154 ff; *Gundel*, WiVerw 2010, 127 ff; *Kühling/Pisal*, RdE 2010, 161 ff; *Theobald/Gey-Kern*, EuZW 2011, 896 ff; speziell zum neuen Energie-Regulierungsverbund *Ludwigs*, DVBl. 2011, 61 ff; *Stöger*, ZÖR 2010, 247 ff.

78 Eine Ausnahme galt für die organisationsrechtlichen Bestimmungen der Agentur-Verordnung, so dass diese bei Geltung der Aufgabenbestimmungen im Jahr 2011 ihre Arbeit aufnehmen konnte; vgl Art. 35 VO (EG) Nr. 713/2009.

79 S. dazu unten Rn 30 ff.

80 Zusammenfassend mwN *Schneider*, in: Schneider/Theobald, § 2 Rn 70 ff.

81 Diese gehört auch zu dem als „drittes Energiebinnenmarktpaket" bezeichneten Legislativpaket aus dem Jahr 2009 und hat die VO (EG) Nr. 1228/2003 abgelöst.

82 Zusammenfassend zur Vorgängerregelung in der VO (EG) Nr. 1228/2003 *Hamdorf*, IR 2004, 245; *Scholtka/Baumbach*, NJW 2004, 723, 724.

Berechnung der Gesamtübertragungskapazität und der Sicherheitsmarge zu veröffentlichen. Durch die Neufassung aus dem Jahr 2009 wurden diese Transparenzpflichten erweitert (Nachfrage, Verfügbarkeit, Nutzung von Erzeugungskapazitäten u.a.). Für den Fall eines Engpasses sind Einzelheiten eines Engpassmanagements vorgesehen. Über die Einhaltung der Verordnung wachen die staatlichen Regulierungsbehörden in Zusammenarbeit mit der Kommission. Vergleichbare Regelungen zum grenzüberschreitenden **Gashandel** trifft die Verordnung (EG) Nr. 715/2009 über die Bedingungen für den Zugang zu den Erdgasfernleitungsnetzen.[83]

13 Der Sicherung von **Markttransparenz** im Energiehandel dient die Verordnung (EU) Nr. 1227/2011 über die Integrität und Transparenz des Energiegroßhandelsmarkts (**REMIT[84]-Verordnung**), die Insiderhandel und Marktmanipulationen bei allen Energiegroßhandelstransaktionen in der EU verbietet und von der Energieagentur ACER im Zusammenwirken mit den nationalen Regulierungsbehörden ausgeführt wird. Der Durchführung dieser Verordnung dienen eine Reihe von Vorschriften des EnWG, die die Anzeige von Verdachtsfällen, die Zusammenarbeit von Bundesbehörden und Staatsanwaltschaften, Ermittlungsbefugnisse der Bundesnetzagentur sowie materielle Strafvorschriften enthalten.[85] Ebenfalls in diesen Zusammenhang der Markttransparenz gehört die **Richtlinie 2008/92/EG** zur Einführung eines gemeinschaftlichen Verfahrens zur Gewährleistung der **Transparenz der vom industriellen Endverbraucher zu zahlenden Gas- und Strompreise**, die Übermittlungspflichten der für die Gas- oder Stromversorgung der industriellen Endverbraucher zuständigen Unternehmen gegenüber Eurostat vorsieht. Diese beziehen sich u.a. auf die Preise und Bedingungen, zu denen Gas und Strom an die industriellen Endverbraucher verkauft werden, und sollen den Wettbewerb um industrielle Energieverbraucher durch Preistransparenz stärken.

4. Europäisches Energieumweltrecht

14 Die zunehmende Abhängigkeit der Union von Energielieferungen aus Drittländern, die Knappheit von Energieressourcen und nicht zuletzt die notwendige Verringerung von Treibhausgasemissionen haben auch auf europäischer Ebene zunehmend zu Maßnahmen geführt, die der **Ressourcenschonung**, dem **Umwelt-** und **Klimaschutz** durch den Einsatz erneuerbarer Energien und dem rationellen Umgang mit Energie (Energieeffizienz, -einsparung) dienen[86] und auf dem Wege sind, sich zu einem **Energieumweltrecht** der Union zu verdichten.[87] Diese Maßnahmen sind eingebettet in ein **energiepolitisches Konzept** der Union, das den Fragen der Versorgungssicherheit, der Ressourcenschonung und der rationellen Energienutzung einen zunehmenden Stellenwert einräumt.[88]

15 Der Beginn einer kohärenten Klima- und Energiepolitik geht zurück auf die Beschlüsse des Europäischen Rats zu einer integrierten Energie- und Klimapolitik[89] aus dem Jahr 2007. Die sog. Initiative „20-20-20" umfasst eine Senkung der Treibhausgasemissionen bis 2020 um 20% gegenüber 1990,[90] eine Erhöhung des Anteils erneuerbarer Energien um 20% sowie eine Steigerung der Ener-

83 Einzelheiten u. Rn 75 f.

84 *R*egulation on Wholesale *E*nergy *M*arket *I*ntegrity and *T*ransparency.

85 S. §§ 5 b, 58 a, 58 b, 68, 68 a, 95 a, 95 b EnWG.

86 Ein allgemeiner Überblick über die Umweltrelevanz der Energieversorgung findet sich etwa bei *Schneider*, in: Schneider/Theobald, § 21 Rn 1 ff.

87 *Ludwigs*, Energierecht, in: Ruffert (Hrsg.), Europ. Sekt. Wirtschaftsrecht, § 5 Rn 15 mwN.

88 S. insbesondere die Entscheidung Nr. 1230/2003/EG des Europäischen Parlaments und des Rates v. 26.6.2003 zur Festlegung eines mehrjährigen Programms für Maßnahmen im Energiebereich: „intelligente Energie Europa" (2003-2006) (ABl. L 176, S. 29); Grünbuch „Eine europäische Strategie für nachhaltige, wettbewerbsfähige und sichere Energie", KOM(2006) 105 endg.; Mitteilung der Kommission an den Europäischen Rat und das Europäische Parlament „Eine Energiepolitik für Europa", KOM(2007) 1 endg.; *Geden/Fischer*, Die Energie- und Klimapolitik der Europäischen Union, 2008.

89 S. Europäischer Rat von Brüssel 8./9.3.2007 – Schlussfolgerungen des Vorsitzes – 7224/1/07 Rev 1 v. 2.5.2007 (unter III.).

90 Zu dem wichtigsten Instrument zur Erreichung dieses Ziels, dem Emissionshandelssystem, das hier nicht behandelt wird, siehe dazu *Krämer/Winter*, § 26 Rn 153, 211 ff.

gieeffizienz um 20%.[91] In der Folge legte die Kommission im Januar 2008 als Teil des „Klimapaketes“ u.a. den Vorschlag für eine neue Richtlinie zur Förderung der Nutzung von Energie aus erneuerbaren Quellen vor.[92] Anders als die Vorgänger-Richtlinie,[93] die sich nur auf die Stromerzeugung bezog, erfasst der Anwendungsbereich der neuen **Erneuerbare-Energien-Richtlinie (EE-RL)**[94] den **Bruttoendenergieverbrauch**, also insbesondere auch den Bereich Wärme/Kälte, sowie den Verkehrssektor. Das Regelungskonzept ist geprägt durch die erstmalig verbindliche Vorgabe von Zielen für den Anteil erneuerbarer Energien für jeden Mitgliedstaat im Jahr 2020,[95] die zur Erreichung des **Ausbauziels von 20% in der Union** insgesamt beitragen sollen. Für Deutschland bedeutet dies etwa, dass der Anteil der erneuerbaren Energien am Bruttoendenergieverbrauch im Jahr 2020 auf mindestens 18% gestiegen sein muss und bis dahin die ebenfalls in der Richtlinie genau definierten Zwischenziele[96] auf dem Weg dorthin erreicht werden sollen. Für alle Mitgliedstaaten gilt, dass der Anteil bei allen Verkehrsträgern im Jahr 2020 bei mindestens 10% des Endenergieverbrauchs im Verkehrssektor liegen muss.[97]

Einen umfassenden Ansatz zur Steigerung der Energieeffizienz im Sinne des Verhältnisses von „Ertrag an Leistung, Dienstleistungen, Waren oder Energie zu Energieeinsatz“ [98] verfolgt die **Energieeffizienzrichtlinie** 2012/27/EU, die sowohl die Richtlinie über Endenergieeffizienz und Energiedienstleistungen aus dem Jahr 2006[99] als auch die Richtlinie über die Förderung einer am Nutzwärmebedarf orientierten Kraft-Wärme-Kopplung im Energiebinnenmarkt[100] aus dem Jahr 2004 abgelöst hat.[101] Das Spektrum der Instrumente, die teilweise in der neuen Energieeffizienzrichtlinie konzentriert wurden, teilweise in fortgeltenden speziellen Richtlinien behandelt werden,[102] reicht von der Förderung der **Kraft-Wärme-Kopplung** über die Energieeinsparung im **Gebäudesektor** und die Förderung des Angebots von **Energiedienstleistungen** bis hin zu Anforderungen an die energieeffiziente Gestaltung von Haushaltsgeräten und anderen **Produkten** sowie Maßnahmen zur Information der Verbraucher durch **Kennzeichnungspflichten**, die über den Energieverbrauch Auskunft geben. 16

II. Deutsches Energierecht

1. Das Energiewirtschaftsgesetz und zugehörige Verordnungen

Die Beschleunigungsrichtlinien aus dem Jahr 2003 sind in Deutschland – verspätet[103] – durch das am 13.7.2005 in Kraft getretene Zweite Gesetz zur Neuregelung des Energiewirtschaftsrechts[104] 17

91 Zu den diversen Mitteilungen der Kommission, in denen an diesen Zielen trotz Hindernissen festgehalten wird, s. nur *Ludwigs*, Energierecht, in: Ruffert (Hrsg.), Europ. Sekt. Wirtschaftsrecht, § 5 Rn 16; zuletzt s. EU-Kommission, Grünbuch „Ein Rahmen für die Klima- und Energiepolitik bis 2030“, KOM (2013) 169 endg., S. 4 ff.

92 Genauer zur Vorgeschichte, zu den wesentlichen Neuerungen und zum Umsetzungsbedarf s. *Lehnert/Vollprecht*, ZUR 2009, 307 ff; *Ringel/Bitsch*, NVwZ 2009, 807 ff.

93 RL 2001/77/EG v. 27.9.2001 zur Förderung der Stromerzeugung aus erneuerbaren Energiequellen im Elektrizitätsbinnenmarkt (ABl. L 283, S. 33), die insbesondere Referenzwerte für den Anteil erneuerbarer Energien an der Stromproduktion vorsieht (für Deutschland 12,5 % bis 2010); dazu *Sötebier*, ZUR 2003, 65 ff; zur Kompetenzgrundlage s. *Oschmann*, Strom aus erneuerbaren Energien im Europarecht, S. 117, 155.

94 RL 2009/28/EG.

95 Art. 3 Abs. 1 iVm Anhang I Teil A EE-RL.

96 S. Art. 3 Abs. 2 iVm Anhang I Teil B EE-RL. Dazu, dass dieser „indikative Zielpfad“ nicht rechtsverbindlich ist, s. Erwägungsgrund 19.

97 S. Art. 3 Abs. 4 der EE-RL.

98 So die Definition der Energieeffizienz in Art. 2 Nr. 4 der EnergieeffizienzRL 2012/27/EU.

99 RL 2006/32/EG v. 5.4.2006 über Endenergieeffizienz und Energiedienstleistungen (ABl. L 114, S. 64).

100 RL 2004/8/EG v. 11.2.2004 (ABl. L 52, S. 50).

101 Zu den wesentlichen Stationen der Energieeffizienzpolitik der Union s. *Ludwigs*, Energierecht, in: Ruffert (Hrsg.), Europ. Sekt. Wirtschaftsrecht, § 5 Rn 30 ff.

102 S. die Übersicht über die wichtigsten Rechtsakte oben im 1. Abschnitt unter A. Gesetzgebung, II. Sekundärrecht („Energieeffizienz und Energieeinsparung“).

103 Da die „Beschleunigungsrichtlinien“ bereits zum 1.7.2004 hätten umgesetzt werden müssen, hatte die EU-Kommission zwischenzeitlich ein Vertragsverletzungsverfahren gegen Deutschland eingeleitet.

104 Vom 7.7.2005 (BGBl. I, S. 1970, ber. S. 3621).

umgesetzt worden, dessen wesentlicher Inhalt in einer **umfassenden Novellierung des Energiewirtschaftsgesetzes**[105] bestand.[106] Der Umsetzung des dritten Energiebinnenmarktpaketes aus dem Jahr 2009 dienten die umfangreichen Ergänzungen und Änderungen des EnWG durch das Gesetz zur Neuregelung energiewirtschaftsrechtlicher Vorschriften vom 26.7.2011.[107] Zahlreiche weitere Änderungen seit der Neufassung 2005, die u.a. Fragen der Versorgungssicherheit, des Netzausbaus und der Flankierung der Förderung erneuerbarer Energien durch das EEG dienten, weisen das Energierecht im Allgemeinen und das EnWG im Besonderen als eine Materie aus, die nicht erst seit der Energiewende des Jahres 2011 durch eine erhebliche Dynamik und durch einen flächendeckenden Einfluss des Unionsrechts geprägt ist, der sich nach wie vor in erster Linie in Gestalt des durch Richtlinien ausgelösten Umsetzungsbedarfs zeigt, zunehmend aber auch durch EU-Verordnungen bewirkt wird, die ergänzender nationaler Ausführungsbestimmungen bedürfen.

18 Flankiert wird das EnWG auf der untergesetzlichen Ebene durch eine kontinuierlich steigende Zahl von **Verordnungen**. Diese regeln u.a. die Einzelheiten des Netzzugangs[108] und der Netzentgelte,[109] die Bedingungen des Netzanschlusses[110] und der Grundversorgung von Haushaltskunden mit Strom[111] und Gas[112] sowie Sicherheitsanforderungen an die Errichtung und den Betrieb von Gashochdruckleitungen.[113]

19 Entsprechend den unionsrechtlichen Vorgaben liegt das Ziel des EnWG seit der Novelle des Jahres 2005 vor allem darin, über die **Regulierung der Energieversorgungsnetze** wirksamen **Wettbewerb** auf den Märkten zu ermöglichen, die dem Netzbereich vor- und nachgelagert sind. Entsprechend legt § 1 Abs. 2 EnWG fest, dass die Netzregulierung der Sicherstellung eines wirksamen und unverfälschten Wettbewerbs bei der Versorgung mit Elektrizität und Gas und der Sicherung eines langfristig angelegten leistungsfähigen und zuverlässigen Betriebs der Energieversorgungsnetze dient. Dass die wettbewerbliche Funktionsweise der leitungsgebundenen Energieversorgung kein Selbstzweck ist, folgt aus § 1 Abs. 1 EnWG, der in Übereinstimmung mit dem Unionsrecht[114] die Zieltrias einer möglichst **sicheren, preisgünstigen und umweltverträglichen** leitungsgebundenen Ener-

105 Das EnWG 2005 unterschied sich bereits auf Grund seines auf 118 Normen angewachsenen Umfangs erheblich von dem vorangegangenen, nur 18 Paragrafen umfassenden EnWG 1998.

106 Zum energiepolitischen und europarechtlichen Hintergrund *Scholz*, ET 2001, 678 ff; *Baur/Lückenbach*, ET 2002, 420 ff; *Kühne/Brodowski*, NVwZ 2003, 769, 770.

107 BGBl I S. 1554; dazu die Übersichten von *Theobald/Gey-Kern*, EuZW 2011, 896 ff; *Kühling/Rasbach*, RdE 2011, 323 ff; *Scholtka/Helmes*, NJW 2011, 3185 ff.

108 Stromnetzzugangsverordnung (StromNZV) v. 25.7.2005 (BGBl. I, S. 2243), zuletzt geändert durch Art. 8 G. v. 21.7.2014 (BGBl. I, S. 1066); Gasnetzzugangsverordnung (GasNZV) v. 25.7.2005 (BGBl. I, S. 2210), zuletzt geändert durch Art. 4 G. v. 21.7.2014 (BGBl. I, S. 1066).

109 Stromnetzentgeltverordnung (StromNEV) v. 25.7.2005 (BGBl. I S. 2225), zuletzt geändert durch Art. 7 G. v. 21.7.2014 (BGBl. I, S. 1066); Gasnetzentgeltverordnung (GasNEV) v. 25.7.2005 (BGBl. I S. 2197), zuletzt geändert durch Art. 3 VO v. 14.8.2013 (BGBl. I, S. 3250); seit dem 1.1.2009 ist maßgeblich die Anreizregulierungsverordnung (ARegV) v. 29.10.2007 (BGBl. I, S. 2529), zuletzt geändert durch Art. 9 G. v. 21.7.2014 (BGBl. I, S. 1066).

110 Niederspannungsanschlussverordnung (NAV) v. 1.11.2006 (BGBl. I, S. 2477), zuletzt geändert durch Art. 4 VO v. 3.9.2010 (BGBl. I, S. 1261); Kraftwerks-Netzanschlussverordnung (KraftNAV) v. 26.6.2007 (BGBl. I, S. 1187); Niederdruckanschlussverordnung (NDAV) v. 1.11.2006 (BGBl. I, S. 2477, 2485), zuletzt geändert durch Art. 3 VO v. 3.9.2010 (BGBl. I, S. 1261).

111 Stromgrundversorgungsverordnung (StromGVV) v. 26.10.2006 (BGBl. I, S. 2391), zuletzt geändert durch Art. 12 G. v. 25.7.2013 (BGBl. I, S. 2722).

112 Gasgrundversorgungsverordnung (GasGVV) v. 26.10.2006 (BGBl. I, S. 2391, 2396), zuletzt geändert durch Art. 13 G. v. 25.7.2013 (BGBl. I, S. 2722).

113 Gashochdruckleitungsverordnung (GasHDrLtgV) v. 18.5.2011 (BGBl. I, S. 928), zuletzt geändert durch Art. 5 G. v. 31.5.2013 (BGBl. I, S. 1388).

114 Art. 3 Abs. 1 EltRL gibt das Ziel eines „wettbewerbsbestimmten, sicheren und unter ökologischen Aspekten nachhaltigen Elektrizitätsmarkts" vor und Art. 3 Abs. 2 EltRL erlaubt mitgliedstaatliche Verpflichtungen der Unternehmen, die sich auf „Sicherheit, einschließlich Versorgungssicherheit, Regelmäßigkeit, Qualität und Preis der Versorgung sowie Umweltschutz, einschließlich Energieeffizienz, Energie aus erneuerbaren Quellen und Klimaschutz, beziehen können". Nahezu wortgleiche Formulierungen finden sich in Art. 3 Abs. 1 und 2 GasRL.

gieversorgung fortführt und diese um die Ziele einer möglichst **effizienten** und **verbraucherfreundlichen** Versorgung ergänzt.[115]

Den unionsrechtlichen Veränderungsimpulsen aus den Beschleunigungsrichtlinien und aus dem dritten Energiebinnenmarktpaket folgend, die sich in Deutschland primär auf die zwingende Einführung des regulierten Netzzugangs einschließlich der verpflichtenden Einrichtung einer Regulierungsbehörde sowie auf die neuen Entflechtungsregeln für integrierte Energieversorgungsunternehmen bezogen, ist prägendes Merkmal des aktuellen Energiewirtschaftsgesetzes insbesondere ein straffes **Regulierungsregime für den Netzbereich.** Hervorzuheben sind dabei der Netzzugang und die Netzzugangsentgelte sowie die Entflechtung (Unbundling). Der Übergang vom verhandelten zum regulierten Zugang zu Strom- und Gasnetzen und die Verpflichtungen vertikal integrierter Energieversorgungsunternehmen zu unterschiedlichen Stufen der **Entflechtung** stellten die wichtigsten Merkmale der Neuregelung aus dem Jahr 2005 dar.[116] Das dritte Energiebinnenmarktpaket hat vor allem Umsetzungsbedarf im Hinblick auf die erneut verschärften Entflechtungsanforderungen für die Transportnetzbetreiber mit sich gebracht.[117] 20

2. Ressourcenschonung, Energieeinsparung, Umweltschutz

Den **Zielen des Klimaschutzes und der Ressourcenschonung** speziell im Bereich der Energieversorgung dient zunächst das mehrfach, zuletzt 2014 grundlegend novellierte Erneuerbare Energien-Gesetz (EEG),[118] das entsprechend den Zielvorgaben der EE-Richtlinie 2009/28/EG[119] den Beitrag der **erneuerbaren Energien** an der Stromversorgung weiter erhöhen soll.[120] Konzeptionell geschieht dies im Wege einer **Preissteuerung** durch Abnahme- und Vergütungspflichten zu festgelegten Entgelten für die Einspeisung von Strom aus erneuerbaren Energien, wobei die finanzielle Belastung letztlich an alle Endverbraucher weitergegeben wird. Deren Entlastung durch Senkung der Kosten für den weiteren Ausbau erneuerbarer Energien und durch eine gerechtere Verteilung der Lasten zwischen Haushalten und Industrie waren wesentliche Ziele der EEG-Reform des Jahres 2014. 21

Der „zweite zentrale Pfeiler der deutschen und europäischen Klimaschutzpolitik im Bereich der **Energieversorgung**"[121] ist die Förderung der **Kraft-Wärme-Kopplung**, die sich entsprechend den unionsrechtlichen Vorgaben in der Richtlinie 2012/27/EU im deutschen Recht nach dem Kraft-Wärme-Kopplungs-Gesetz (KWKG)[122] vollzieht. Die gleichzeitige Umwandlung von eingesetzter Energie in elektrische Energie und Nutzwärme, die wegen ihres deutlich höheren Energienutzungsgrades zu einer Reduktion der **Umweltbelastungen** führt, wird im KWKG – ähnlich dem Konzept des EEG – ebenfalls durch eine Preissteuerung gefördert, die einen Anschluss- und Abnahmeanspruch der Anlagenbetreiber mit einem gesetzlichen Zuschlag auf den auszuhandelnden Abnahmepreis (üblichen Marktpreis) koppelt. 22

Schließlich lassen sich dem Ziel des **Umweltschutzes** im Bereich der Energieversorgung verschiedene Normen zuordnen, die auf der Seite der Endabnehmer der **Energieeinsparung** insbesondere bei Gebäuden[123] sowie der Förderung des Einsatzes energiesparender Produkte dienen. Der Umsetzung der Ökodesign-Richtlinie und der Richtlinie 2010/30/EU über die Angabe des Verbrauchs an 23

---

115 Genauer dazu *Hellermann/Hermes*, in: Britz/Hellermann/Hermes, EnWG, § 1 Rn 1 ff.

116 *Nill-Theobald/Theobald*, IR 2005, 175.

117 Dazu unten Rn 34.

118 Verkündet als Art. 1 G. v. 21.7.2014 (BGBl. I, S. 1066), zuletzt geändert durch Art. 4 G.v. 22.7.2014 (BGBl. I, S. 1218). Ein Überblick über die Entwicklung seit dem Stromeinspeisungsgesetz 1990 findet sich bei *Schneider*, in: Schneider/Theobald, § 21 Rn 24 ff.

119 S.o. Rn 14.

120 Einen Überblick über das Reformvorhaben 2014 geben *Vollprecht/Clausen*, EnWZ 2014, 112 ff; zur vorherigen Rechtslage siehe den Überblick bei *Schneider*, in: Schneider/Theobald, § 21 Rn 34 ff.

121 So *Schneider*, in: Schneider/Theobald, § 21 Rn 158; dort (Rn 166 f) auch ein Überblick über das KWKG 2002; vgl auch *Schalast*, IR 2005, 194.

122 Vom 19.3.2002 (BGBl. I, S. 1092), zuletzt geändert durch Art. 13 G. v. 21.7.2014 (BGBl. I, S. 1066, 1127).

123 Energieeinsparungsgesetz; Energieeinsparverordnung (s. oben Rn 2).

Energie und anderen Ressourcen durch energieverbrauchsrelevante Produkte[124] dienen das **Energieverbrauchsrelevante-Produkte-Gesetz**[125] sowie das **Energieverbrauchskennzeichnungsgesetz.**[126]

B. Die an der Energieversorgung beteiligten Unternehmen

24 Während die Energieversorgung über lange Zeit nur wenige funktionale Kategorien der beteiligten Akteure kannte (**Energieversorgungsunternehmen**, Abnehmer), ist das Bild der unterschiedlichen Funktionen, die von verschiedenen Unternehmen wahrgenommen werden können, in der unionsrechtlich liberalisierten Ordnung der Energieversorgung sehr viel bunter geworden. Bereits die Begriffsbestimmungen der beiden Richtlinien (EltRL, GasRL) vermitteln einen Eindruck von dem unionsrechtlich vorgegebenen Ausmaß der Differenzierung: Für den **Stromsektor** unterscheidet Art. 2 EltRL u.a. zwischen Erzeugern, Übertragungsnetzbetreibern, Verteilernetzbetreibern, Großhändlern, Endkunden, Haushalts-Kunden, Nichthaushaltskunden, zugelassenen Kunden und Netzbenutzern. Auf dem **Gassektor** kennt Art. 2 GasRL neben dem allgemeinen Begriff des Erdgasunternehmens (Gewinnung, Fernleitung, Verteilung, Lieferung, Kauf oder Speicherung von Erdgas mit Ausnahme der Endkunden) u.a. Fernleitungsnetzbetreiber, Verteilernetzbetreiber, Versorgungsunternehmen, Betreiber einer Speicheranlage, Betreiber einer LNG-Anlage, Netzbenutzer, Haushaltskunden, Nichthaushaltskunden, Endkunden, zugelassene Kunden und Großhändler.

I. Freier Marktzutritt

25 Der Zugang zu den unterschiedlichen Formen und Funktionen unternehmerischer Betätigung auf dem **Energiesektor** ist frei.[127] Unionsrechtlich folgt dies jedenfalls aus dem in beiden Richtlinien ausgeformten **Binnenmarktprinzip** sowie aus einer Reihe von Bestimmungen, in denen transparente, objektive und nichtdiskriminierende Kriterien für die Erteilung der Genehmigungen, Zulassungen etc. von Aktivitäten oder Vorhaben, die Bestandteil oder Voraussetzung energiewirtschaftlicher Aktivitäten sind, vorgeschrieben sind.[128] Dabei setzt das Unionsrecht offensichtlich voraus, dass anlagen- oder unternehmensbezogene Genehmigungsvorbehalte nationalen Rechts zulässig sind, so dass gegen die im deutschen Recht nur noch punktuell zu findenden Anzeige- oder Genehmigungspflichten keine Bedenken bestehen.[129]

26 **Energieversorgungsunternehmen**, die **Haushaltskunden** mit Energie beliefern, bedürfen keiner besonderen Versorgungsgenehmigung[130] mehr. Seit 2005 genügt eine Anzeige an die Regulierungsbehörde. Die Regulierungsbehörde kann dann im Einzelfall die Ausübung der Tätigkeit ganz oder teilweise untersagen, wenn die personelle, technische oder wirtschaftliche Leistungsfähigkeit oder Zuverlässigkeit nicht gewährleistet ist (§ 5 EnWG). Die Belieferung von Großhändlern, Weiterverteilern, Industriekunden und sonstigen Letztverbrauchern, die nicht Haushaltskunden[131] sind, ist also nicht nur genehmigungsfrei, sondern unterliegt auch keiner Anzeigepflicht.

27 Nur die Aufnahme des Betriebs eines **Energieversorgungsnetzes** – einschließlich der geschlossenen Verteilnetze nach § 110 EnWG – unterliegt nach § 4 EnWG noch dem Vorbehalt einer Genehmigung, deren Erteilung allein von der personellen, technischen und wirtschaftlichen Leistungsfähigkeit des Antragstellers abhängig ist.[132] Hinzu kommt aufgrund der Vorgaben des dritten Energiebinnenmarktpaketes (Art. 10 EltRL/GasRL) die Pflicht zur **Zertifizierung** von **Transportnetzbetrei-**

---

124 S. u. Rn 115 f.

125 Energieverbrauchsrelevante-Produkte-Gesetz (EVPG) v. 27.2.2009 (BGBl. I S. 258), zuletzt geändert durch Art. 6 G. v. 31.5.2013 (BGBl. I, S. 1388).

126 Energieverbrauchskennzeichnungsgesetz (EnVKG) v. 10.5.2012 (BGBl. I S. 1070).

127 Dazu *Franke*, in: Schneider/Theobald, § 3 Rn 1 f, 28 ff.

128 Vgl etwa Art. 3 Abs. 1 und insbesondere Abs. 2, Art. 7 EltRL, Art. 4 GasRL.

129 So auch *Franke*, in: Schneider/Theobald, § 3 Rn 3.

130 Vgl nach altem Recht § 3 EnWG (1998).

131 Gemäß § 5 EnWG ist nur noch die Aufnahme und die Beendigung der Belieferung von Haushaltskunden (§ 3 Nr. 22 EnWG) anzeigepflichtig.

132 Einzelheiten bei *Hermes*, in: Britz/Hellermann/Hermes, EnWG, § 4 Rn 17 ff.

bern, die im Zusammenhang der Entflechtungsvorgaben steht und deren Kontrolle dient (§ 4 a Abs. 3 EnWG). Das Zertifizierungsverfahren wird von der Bundesnetzagentur unter Beteiligung der EU-Kommission geführt, deren Stellungnahme „so weit wie möglich" zu berücksichtigen ist.[133]

II. Öffentliche und gemischtwirtschaftliche Unternehmen

Die beiden **Energiebinnenmarktrichtlinien** kennen keine Differenzierung zwischen öffentlichen, gemischtwirtschaftlichen und privaten Unternehmen. Die unionsrechtlichen Vorgaben gelten vielmehr für alle Unternehmen, die die in den Richtlinien definierten energiewirtschaftlichen Funktionen wahrnehmen, in gleicher Weise. Ihre Geltung ist also unabhängig sowohl von den Rechtsformen des öffentlichen oder des privaten Rechts, in denen die jeweiligen Unternehmen organisiert sind, als auch von den konkreten **Beteiligungsverhältnissen.** Ohne Verstoß gegen die Freiheit des Kapitalverkehrs kann ein Mitgliedstaat zB für Elektrizitäts- oder Gasverteilernetze Privatisierungen aus Gründen eines funktionsfähigen Energieversorgungssystems verbieten.[134] Privilegierungen bestimmter Energieversorgungsunternehmen sind nur in engen Grenzen und unabhängig von diesen Rechtsform- und Beteiligungsfragen zulässig, wenn die Wahrnehmung von gemeinwirtschaftlichen Aufgaben, die bestimmten Unternehmen übertragen wurden, durch die Anwendung von Regeln verhindert würde.[135] Entsprechend diesen unionsrechtlichen Vorgaben verzichtet auch das deutsche Energiewirtschaftsgesetz auf eine Differenzierung nach Rechtsformen oder Beteiligungsverhältnissen insbesondere der öffentlichen Hand, sondern stellt nur auf die Wahrnehmung der energiewirtschaftlichen Funktion des Unternehmens ab (§ 3 Nr. 18 EnWG). 28

Besonderes Augenmerk legt das Unionsrecht auf die Vermeidung von Diskriminierung, **Quersubventionierung** und Wettbewerbsverzerrung insbesondere bei öffentlichen Unternehmen. Während für die internen Finanzströme innerhalb öffentlicher Energieversorgungsunternehmen die speziellen Anforderungen an die **Rechnungslegung** von Elektrizitäts- und Erdgasunternehmen[136] einschlägig sind,[137] bleibt es für die finanziellen Beziehungen zwischen der öffentlichen Hand und „ihren" öffentlichen Unternehmen bei den Anforderungen der **Transparenzrichtlinie,**[138] die durch das Transparenzrichtlinien-Gesetz[139] in deutsches Recht umgesetzt wurde. 29

III. Entflechtung von vertikal integrierten Unternehmen

Von besonderer Bedeutung für die im Bereich der Energiewirtschaft tätigen Unternehmen sind die unionsrechtlichen Vorgaben für die Entflechtung solcher Unternehmen, die sowohl im (Monopol-) Bereich des **leitungsgebundenen Transports von Energie** als auch in einem der wettbewerblichen Bereiche (Erzeugung, Vertrieb) tätig sind.[140] Wie in allen **Netzinfrastrukturbereichen** besteht bei solchen vertikal integrierten Unternehmen[141] insbesondere die Gefahr einer Diskriminierung beim Netzzugang bzw einer Bevorzugung der eigenen Erzeugung durch den Netzbetreiber.[142] Um Wettbewerbsverzerrungen – vor allem durch Quersubventionierungen vom Monopolbereich in Wettbewerbsbereiche – zu verhindern und um die Netzzugangsregeln zu flankieren, enthielten bereits die beiden Beschleunigungsrichtlinien aus dem Jahr 2003 als wesentliches Element einer wettbewerbs- 30

133 Einzelheiten zu den Zertifizierungsvoraussetzungen und zum Verfahren bei *Franke*, in: Schneider/Theobald, § 3 Rn 28 ff; s. auch *Ludwigs*, Energierecht, in: Ruffert (Hrsg.), Europ. Sekt. Wirtschaftsrecht, § 5 Rn 203 ff.

134 EuGH, Rs. C-105/12 bis 107/12, (Staat Nederlanden/Essent NV u.a.), EnWZ 2013, 550 ff.

135 Art. 3 Abs. 14 EltRL, Art. 3 Abs. 10 GasRL.

136 Art. 31 EltRL, Art. 31 GasRL.

137 Nach Art. 4 Abs. 2 der Transparenzrichtlinie treten deren Anforderungen an eine getrennte Rechnungsführung hinter diejenigen für spezielle Sektoren zurück.

138 RL 2006/111/EG (ABl. L 318, S. 17).

139 Vom 16.8.2001 (BGBl. I, S. 2141), zuletzt geändert durch Art. 1 G. v. 21.12.2006 (BGBl. I, S. 3364).

140 S. dazu die Übersicht von *de Wyl/Finke*, in: Schneider/Theobald, § 4.

141 Zum Begriff „vertikal integriertes Unternehmen" vgl Art. 2 Nr. 21 EltRL, Art. 2 Nr. 20 GasRL.

142 Das theoretische Idealmodell wäre danach ein Netzbetreiber, der über keine eigene Produktion verfügt, sondern sich ausschließlich auf die Erzielung von angemessenen Nutzungsentgelten für sein Netz konzentriert; s. Monopolkommission, Hauptgutachten 1998/99, Rn 82.

konformen Ausgestaltung der Energiemärkte ein abgestuftes System von Entflechtungsanforderungen.[143]

1. Verteilernetzbetreiber

31 Die bereits vor dem dritten Energiebinnenmarktpaket bekannten – überwiegend bereits durch die Beschleunigungsrichtlinien näher ausgestalteten und präzisierten – vier Formen der Entflechtung[144] blieben auch nach 2009 maßgeblich für die Verteilernetzbetreiber.[145] Dabei handelt es sich um die **buchhalterische**, die **informatorische**, die **operationelle** bzw funktionelle sowie die (gesellschafts-)**rechtliche** Entflechtung.[146] vor. Eine Ausnahmemöglichkeit ist den Mitgliedstaaten für solche Unternehmen eröffnet, die weniger als 100.000 angeschlossene Kunden beliefern.[147]

32 Diese unionsrechtlichen Vorgaben wurden **richtlinienkonform** durch das **Energiewirtschaftsgesetz** aus dem Jahr 2005 in das deutsche Recht umgesetzt[148] und im Jahr 2011 an die zusätzlichen Anforderungen des Binnenmarktpakets 2009 zB für Speicheranlagenbetreiber (§ 7 b EnWG) angepasst.[149] In den §§ 6 bis 6 d EnWG werden zunächst die allgemeinen Anforderungen an die informatorische[150] und die buchhalterische Entflechtung detailliert geregelt. Die Anforderungen an die rechtliche[151] und operationelle[152] Entflechtung von Verteilernetzbetreibern und Betreibern von Speicheranlagen enthalten sodann die §§ 7 ff EnWG. Von den **Ausnahmeregelungen der Richtlinien** wurde dadurch Gebrauch gemacht, dass vertikal integrierte Energieversorgungsunternehmen (§ 3 Nr. 38 EnWG) mit weniger als 100.000 Netzkunden von der Verpflichtung zur rechtlichen und operationellen Entflechtung freigestellt sind (§§ 7 Abs. 2, 8 Abs. 7 EnWG). Trotz dieses rechtlichen Rahmens scheint die Praxis allerdings Mittel und Wege zu finden, eine nur scheinbare **Trennung des Netzbereichs von den übrigen Tätigkeiten** eines integrierten Unternehmens anzustreben.[153]

2. Transportnetzbetreiber

33 Wesentlich umgestaltet und verschärft wurden die Entflechtungsanforderungen im Jahr 2009 dagegen für die Transportnetzbetreiber.[154] Diese Anforderungen standen im Mittelpunkt der politischen Diskussion um das dritte Legislativpaket.[155] Hier hatte die Kommission ursprünglich das Modell einer vollständigen eigentumsrechtlichen Entflechtung favorisiert, das auf die vollständige Herauslösung des Netzes aus den vertikal integrierten Unternehmen hinausläuft („**Ownership**

143 Vgl dazu *Kühne/Brodowski*, NVwZ 2005, 849, 850; *Scholtka/Baumbach*, NJW 2004, 723, 724/725; *Pirstner-Ebner*, NVwZ 2004, 69.

144 Übersicht etwa bei *Ludwigs*, Energierecht, in: Ruffert (Hrsg.), Europ. Sekt. Wirtschaftsrecht, § 5 Rn 181 ff.

145 Art. 26 und 27 der EltRL und der GasRL.

146 Instruktive Übersicht mit den geringfügigen Änderungen, die die Binnenmarktrichtlinien 2009 jeweils gebracht haben, bei *Schneider*, in: Schneider/Theobald, § 2 Rn 48 ff.

147 Aufgrund der Konzernklausel (§ 3 Nr. 38 EnWG) können dennoch auch kleine Unternehmen den strengen Entflechtungsregeln unterworfen sein, wenn nach der EG-Fusionskontrollverordnung eine Kontrolle (Mehrheit der Anteile, paritätischer Erwerb, Beherrschungsverträge, Betriebsüberlassungsverträge etc.) des kleinen Unternehmens durch ein anderes besteht und beide Unternehmen zusammen die 100.000-Kunden-Zahl überschreiten.

148 Dazu *Scholtka*, NJW 2005, 2421, 2423 f; *Kühne/Brodowski*, NVwZ 2005, 849, 853 f; *Nill-Theobald/Theobald*, IR 2005, 175, 176.

149 Weitere Verschärfungen, die insbesondere die personelle, technische, materielle und finanzielle Ausstattung des Verteilernetzbetreibers sowie die Unabhängigkeit des Gleichbehandlungsbeauftragten betreffen – dazu *Boers*, N&R 2011, 16, 17 ff. – sind in § 7 a EnWG berücksichtigt.

150 Zum begleitenden Charakter der informatorischen Entflechtung *Staebe*, DVBl. 2004, 853, 857.

151 Hierzu *Lecheler/Herrmann*, WuW 2005, 482, 485; *Scholtka*, NJW 2005, 2421, 2423.

152 Ausführlich zu dieser Form des Unbundling *Schoon*, ET 2004, 606; zu Fragen des Gleichbehandlungsprogramms s. *Koenig/Rasbach*, IR 2004, 197 ff; *Theobald*, IR 2004, 218 ff..

153 So die Bewertung der Monopolkommission, Strom und Gas 2009, Sondergutachten, 2009, Rn 225.

154 Übersichten dazu bei *Schneider*, in: Schneider/Theobald, § 2 Rn 53 ff; *Ludwigs*, Energierecht, in: Ruffert (Hrsg.), *Europ. Sekt. Wirtschaftsrecht, § 5 Rn 186 ff.*

155 Neben der Neuregelung des Entflechtungsregimes hat die Kommission im Rahmen wettbewerbsrechtlicher Missbrauchsverfahren mit Hilfe von Verpflichtungszusagen erreicht, dass E.ON sein Übertragungsnetz und RWE sein Hochdrucknetz verkaufen; s. dazu die Nachweise der Kommissionsentscheidungen oben im 1. Abschnitt.

Unbundling").[156] Aufgrund des kompetenz- und grundrechtlich[157] unterlegten politischen Widerstandes wurde dieses Modell dann ergänzt um die zweite Option des **„Independent System Operator"** (**ISO**).[158] Nach diesem Modell gibt das vertikal integrierte Unternehmen das Netzeigentum zwar nicht ab, überträgt aber bei fortbestehender Finanzierungs- und Haftungsverantwortung den Netzbetrieb auf einen unabhängigen Betreiber, der seinerseits dann den gleichen Anforderungen wie nach dem Modell des Ownership Unbundling unterliegt.[159] Dieses zweite Modell sah sich allerdings der Kritik ausgesetzt, dass es das Netzeigentum vertikal integrierter Unternehmen zugunsten des unabhängigen Netzbetreibers auf eine „leere Hülse" reduziere.[160] Der schließlich gefundene Kompromiss enthält die „dritte Option" des **„Independent Transmission Operator"** (**ITO**), die auf eine deutliche Verschärfung der bereits geltenden Entflechtungsregeln hinausläuft und auch als „ISO-Lösung light"[161] charakterisiert wird. Die drei Optionen[162] stehen formal gleichberechtigt nebeneinander.[163] Die dritte Option, die insbesondere auf die Initiative Deutschlands zurückgeht, hat für die Umsetzung in das deutsche Recht erheblichen Änderungsbedarf ausgelöst. Gefordert ist hier nämlich die Quadratur des Kreises, weil der Übertragungsnetz- bzw. Fernleitungsnetzbetreiber zwar im Konzernverbund des vertikal integrierten Unternehmens verbleiben darf, zugleich aber „Autonomie genießen und damit so stark positioniert werden" soll, dass „er seine Aufgabe diskriminierungsfrei erfüllen kann".[164] Der in den Richtlinien vorgeschriebene Bericht der Kommission über die Erfahrungen mit dem ITO-Modell zeigt die Skepsis, mit der diese dritte Option zu Recht betrachtet wird.

Entgegen der naheliegenden Erwartung, der **deutsche Gesetzgeber** werde sich neben der eigentums- 34
rechtlichen Entflechtung, die unionsrechtlich zwingend „angeboten" werden muss,[165] nur für das im europäischen Gesetzgebungsverfahren favorisierte ITO-Modell entscheiden, hat er in §§ 8 bis 10 e EnWG in enger Anlehnung an den Wortlaut der Richtlinien[166] die **drei Modelle** formal als **gleichberechtigte** vorgesehen und auf diese Weise die Auswahlentscheidung an die betroffenen Unternehmen weitergegeben. Ob der deutsche Gesetzgeber mit der Umsetzung insbesondere des ITO-Modells in den §§ 10 bis 10 e EnWG die „komplexen Gestaltungsaufgaben"[167] in unionsrechtskonformer Weise bewältigt hat, lässt sich in allen Details noch nicht abschließend beurteilen.[168] Erste Schwierigkeiten haben sich offenbar bei einem Übertragungsnetzbetreiber gezeigt, der für das Modell der eigentumsrechtlichen Entflechtung optiert hatte und dessen Zertifizierung die Bundesnetzagentur an nicht ausreichenden finanziellen, materiellen, technischen und personellen Mitteln (§ 8 Abs. 2 Satz 9 EnWG) scheitern ließ, während die EU-Kommission die Auffassung vertritt, dass diese Anforderungen nur im Rahmen des ISO- und des ITO-Modells gestellt werden können.[169]

---

156 S. Art. 9 ff. der EltRL und der GasRL.

157 Nachweise der Diskussion, bei *Gundel/Germelmann*, EuZW 2009, 763, 765; ausführliche Nachweise bei *Schneider*, in: Schneider/Theobald, § 2 Rn 57; *Ludwigs*, Energierecht, in: Ruffert (Hrsg.), Europ. Sekt. Wirtschaftsrecht, § 5 Rn 199 f.

158 Näher ausgeformt in Art. 13 EltRL, Art. 14 GasRL.

159 Art. 13 Abs. 2 lit. a) EltRL, Art. 14 Abs. 2 lit. a GasRL.

160 Repräsentativ *Schmidt-Preuß*, ET 9/2009, 82, 84.

161 *Däuper*, N&R 2009, 214, 216.

162 Zu den drei Modellen *Büdenbender/Rosin*, RdE 2010, 197 ff; *Kühling/Pisal*, RdE 2010, 161, 163 ff.

163 S. Art. 9 Abs. 8 der EltRL und der GasRL.

164 So *Schmidt-Preuß*, ET 9/2009, 82, 84; dort (S. 84 ff) auch Einzelheiten zu den umfangreichen Regelungen der Richtlinien, mit deren Hilfe die tatsächliche Unabhängigkeit der Netzbetreiber gesichert werden soll.

165 Art. 9 Abs. 11 EltRL/GasRL.

166 Zur Umsetzung der Entflechtungsvorgaben durch die EnWG-Reform aus dem Jahr 2011 s. etwa *Busch*, N&R 2011, 226; *Kühling/Rasbach*, RdE 2011, 332, 333 ff; *Michaelis/Kemper*, RdE 2011, 10, 13 ff.

167 So *Schneider*, in: Schneider/Theobald, § 2 Rn 57.

168 Zahlreiche Unklarheiten bei der deutschen Umsetzung des ITO-Modells behandeln *Säcker/Mohr*, N&R 2012, 1 ff; s. auch *Kühling/Pisal*, ET 2012, 127, 130 ff.

169 Darüber informiert *Franke*, in: Schneider/Theobald, § 3 Rn 30 mit Fn 81.

IV. Fusionskontrolle in der Energiewirtschaft

35 Mit Blick auf das für die Energieversorgungsunternehmen relevante unternehmensbezogene Recht, das einem besonderen unionsrechtlichen Einfluss unterliegt, bedarf schließlich das Fusionskontrollrecht einer kurzen Erwähnung.[170] Dem europäischen Fusionskontrollrecht[171] kommt angesichts eines durch zunehmende Konzentration geprägten europäischen Energiemarktes erhebliche Bedeutung zu. Nachdem die Praxis der **Fusionskontrollentscheidungen der Kommission** im Energiebereich, die zunächst noch auf der Grundlage der Fusionskontrollverordnung aus dem Jahr 1989 beruhte, durch die Umbruchphase eines am Anfang der **Liberalisierung** stehenden Energiemarktes geprägt war,[172] zeigt sich zwischenzeitlich eine Tendenz, das Instrument der Verpflichtungszusagen intensiv zu nutzen und auf diese Weise Marktstrukturen zu fördern, für die das Energiebinnenmarkt-Recht keine Handhabe bietet.[173]

C. Planung, Errichtung und Betrieb von Energieanlagen

36 Wegen der primär auf die Liberalisierung bezogenen Zielrichtung des europäischen Energierechts haben die Fragen, die sich auf die Planung, die Errichtung und den Betrieb von Energieanlagen beziehen, bislang vor allem insoweit Aufmerksamkeit gefunden, als sie einen erkennbaren Bezug zur **wettbewerblichen Ordnung der Energieversorgung** aufweisen. Hinzu tritt zunehmend die Sorge um die **Versorgungssicherheit,** die auch und insbesondere im Zusammenhang mit der Förderung erneuerbarer Energiequellen nur durch zusätzliche Transportkapazitäten und durch ausreichende Erzeugungs-Reservekapazitäten gewährleistet werden kann.[174] Im Übrigen ist es das europäische Umweltrecht, das raum- und umweltbeanspruchende Energieanlagen zB mit Hilfe des Instruments der Umweltverträglichkeitsprüfung neuen Anforderungen unterworfen und auf diese Weise in Deutschland zB die Einführung einer Planfeststellung für große Energieleitungen[175] erzwungen hat.

I. Netze

1. Netzplanung und -zulassung

37 Vor dem Hintergrund nach wie vor knapper **grenzüberschreitender Transportkapazitäten** – vor allem auf dem Elektrizitätssektor[176] – musste es mit der Entwicklung eines **europäischen Energiebinnenmarktes** zwangsläufig dazu kommen, dass die Europäische Union den Ausbau und die technische Kompatibilität der europäischen Energienetze zu ihrem Anliegen macht. Dass insoweit Defizite bestehen, liegt seit Jahren offen zutage. Sie resultieren nicht nur aus den zunehmenden grenzüberschreitenden Transporten, sondern auch aus Veränderungen der Erzeugungsstruktur, bei der die Erneuerbaren Energien und unter ihnen die Windenergie eine entscheidende Rolle spielen.

170 S. dazu den Überblick bei *Gussone/Theobald*, in: Schneider/Theobald, § 6 Rn 26 ff.

171 FusionskontrollVO (EG) Nr. 139/2004 (ABl. L 24, S. 1).

172 Vgl exemplarisch für den Elektrizitätsmarkt die Kommissionsentscheidung VEBA/VIAG v. 13.6.2000 (ABl. 2001, L 188, S. 13); für den Gasmarkt die Kommissionsentscheidung Exxon/Mobil v. 29.9.1999 (ABl. 2004, L 103, S. 1).

173 Krit. dazu mwN *Gundel*, EuEnR, in: Danner/Theobald, Rn 33; eine Analyse ausgewählter Beispiele bieten *Gussone/Theobald*, in: Schneider/Theobald, § 6 Rn 95 ff.

174 Auf diese Zusammenhänge ist die RL 2005/89/EG bezogen.

175 §§ 43 ff. EnWG und §§ 18 ff. NABEG (zum Verhältnis dieser beiden Planfeststellungsregime s. nur *Hermes*, in: Schneider/Theobald, § 7 Rn 22 ff; zur Einfügung der Vorgängerregelung des § 11 a in das EnWG 1998 durch das UVP-Änderungsgesetz aus dem Jahr 2001, das der Umsetzung der UVP-Änderungsrichtlinie 97/11/EG diente, s. *Hermes/Pöcker*, RdE 2002, 85 ff.

176 S. nur die Mitteilung der Kommission an den Rat und das Europäische Parlament „Vorrangiger Verbundplan", KOM(2006) 846 endg., sowie die Analyse in der VEBA/VIAG-Entscheidung der Kommission v. 13.6.2000 (ABl. L 188, S. 1, Rn 26 ff); s. auch die Mitteilung „Energieinfrastrukturprioritäten bis 2020 und danach – ein Konzept für ein integriertes europäisches Energienetz", KOM (2010) 677 endg.

a) Transeuropäische Energieinfrastrukturplanung und -finanzierung

Auf europäischer Ebene hat denn auch die fachliche Bedarfsplanung für große Energieleitungen in dem Titel XVI AEUV über die transeuropäischen Netze eine rechtliche Form erhalten.[177] Art. 170 Abs. 1 AEUV ermächtigt die Union u.a. zum Auf- und Ausbau **transeuropäischer Netze** im Bereich der Energieinfrastrukturen „beizutragen". Die Tätigkeit der Union zielt nach Art. 170 Abs. 2 AEUV auf eine „Förderung" ab, die sich an drei Zielen – **Verbund, Interoperabilität** der Netze und **Zugang** zu diesen Netzen – zu orientieren hat. Die Instrumente, die der Union für diese Förderung zu Gebote stehen, umfassen zunächst nach Art. 171 Abs. 1 AEUV **„Leitlinien"**,[178] die „Vorhaben von gemeinsamem Interesse" ausweisen, welche dann von der Union finanziell gefördert werden können. Planung ist ein selbständiger notwendiger Bestandteil dieser Unionsaktivität.[179] Außerdem kann die Union nach Art. 171 Abs. 1 AEUV Aktionen durchführen, die sich als notwendig erweisen, um die Interoperabilität der Netze zu gewährleisten. Die Gewährung von Unionszuschüssen nach Art. 171 Abs. 1 AEUV regelt eine Verordnung, die die materiellen und verfahrensrechtlichen Grundregeln enthält und insoweit eine wesentliche Konkretisierung der vorgesehenen Instrumente darstellt.[180] 38

Die maßgeblichen **„Leitlinien"** sind in der **Verordnung (EU) Nr. 347/2013 des Europäischen Parlaments und des Rates** enthalten.[181] Sie betrifft die Energieinfrastruktur in einem umfassend verstandenen Sinne. Dazu gehören neben Hochspannungsfreileitungen (min. 220 kV), Erd- und Seekabeln (min. 150 kV) einschließlich der erforderlichen Kommunikationsinfrastruktur, Gasfernleitungen und -speicher sowie Anlagen zur Übernahme, Speicherung und Rückvergasung oder Dekomprimierung von Flüssigerdgas (LNG) oder komprimiertem Erdgas (CNG). Auch Erdöl- und Kohlendioxidleitungen und zugehörige Anlagen werden von den Leitlinien erfasst.[182] Die Grundlage bilden die in Anhang I benannten neun strategisch prioritären transeuropäischen Energieinfrastrukuturkorridore (4 Strom- und 4 Gaskorridore, 1 Erdölkorridor) sowie drei vorrangige thematische Gebiete (intelligente Netze, Stromautobahnen und grenzüberschreitendes CO_2-Netz). Sodann werden Kriterien (insbesondere Marktintegration und Versorgungssicherheit) und ein mehrstufiges Verfahren[183] festgelegt, in dem unter Beteiligung der Mitgliedstaaten und der nationalen Regulierungsbehörden, der Netzbetreiber, des ENTSO-Strom bzw. des ENTSO-Gas und der Agentur letztlich die Kommission die konkreten „Vorhaben von gemeinsamem Interesse" bestimmt, die notwendig sind, um die prioritären Korridore und thematischen Gebiete umzusetzen.[184] Den dritten Schwerpunkt bilden organisatorische (Projektentwickler, Europäischer Koordinator, eine nationale Genehmigungsstelle) und verfahrensrechtliche Vorkehrungen, die eine zügige Genehmigung (regelmäßige Höchstdauer von drei Jahren) und Durchführung der prioritären Vorhaben gewährleisten sollen. Regelungen über die Kostenaufteilung bei Investitionen mit grenzüberschreitenden Auswirkungen runden den neuen Regulierungsansatz ab, hinter den das ursprünglich im Vordergrund stehende Finanzierungsinstrument in den Hintergrund zu treten scheint. 39

b) Gemeinschaftsweiter Netzentwicklungsplan

Daneben kennt das Unionsrecht Ansätze einer **europäischen Ebene der Netzbedarfsplanung,** der die Stromhandelsverordnung (EG) Nr. 714/2009 mit dem zehnjährigen „gemeinschaftsweiten Netzentwicklungsplan"[185] eine Form gibt. Dieser Plan ist alle zwei Jahre von der ENTSO (Strom) zu verabschieden und zu veröffentlichen und hat die „Modellierung des integrierten Netzes, die 40

177 Vgl dazu die Übersicht bei *Hermes*, in: Schneider/Theobald, § 7 Rn 53 ff.

178 Zu diesen „guidelines" oder „orientations", die den französischen „schémas directeurs" für die Transportinfrastruktur ähneln, vgl bereits *Vinois*, Revue du Marché Unique Européen 1993, 93, 103.

179 *Jarass*, DVBl. 2000, 949.

180 VO (EU) Nr. 1316/2013 (s. oben Abschnitt 1).

181 S. oben Abschnitt 1.

182 S. Anlage II der VO (EU) 347/2013.

183 Zu dem Verfahren *Schmitz/Jornitz*, NVwZ 2012, 332, 336 f.

184 Diese Liste wurde festgelegt durch DelVO (EU) Nr. 1391/2013 (ABl. L 349, S. 28).

185 Art. 8 III lit. b) der VO (EG) Nr. 714/2009.

Entwicklung von Szenarien, eine europäische Prognose zur Angemessenheit der Stromerzeugung und eine Bewertung der Belastbarkeit des Systems" zum Inhalt und ist insbesondere mit den Leitlinien für die transeuropäischen Energienetze abzustimmen. Die Agentur für die Zusammenarbeit der Energieregulierungsbehörden sorgt im Wege von „Stellungnahmen" für die Übereinstimmung der nationalen zehnjährigen Netzentwicklungspläne mit diesem gemeinschaftsweiten Netzentwicklungsplan. Allerdings bleiben dessen Wirkungen begrenzt, weil der Plan **„nicht bindend"** ist, wie die Verordnung ausdrücklich klarstellt. Das Instrument bleibt darüber hinaus allein auf die binnenmarktperspektivisch erforderlichen grenzüberschreitenden Verbindungsleitungen fokussiert,[186] ohne von der energie- und umweltpolitischen Dimension der Netzbedarfsplanung Notiz zu nehmen.

c) Netzentwicklungspläne der Übertragungsnetzbetreiber

41 Schließlich enthält das dritte Energiebinnenmarktpaket Vorgaben für eine **nationale Netzbedarfsplanung**, die in engem Zusammenhang mit den umstrittenen Entflechtungsregeln[187] stehen. Im Rahmen des ISO-Modells kann nur ein Netzbetreiber zertifiziert werden, der sich verpflichtet hat, einen von der nationalen Regulierungsbehörde überwachten **zehnjährigen Netzentwicklungsplan** umzusetzen.[188] Darüber hinaus sind von solchen Netzbetreibern eine jährliche Investitionsplanung (im Rahmen des ersten zehnjährigen Netzentwicklungsplans) sowie ein mehrjähriger Netzentwicklungsplan vorzulegen, der der Genehmigung durch die Regulierungsbehörde bedarf.[189] Im Rahmen des ITO-Modells ist ein – verbindlicher – zehnjähriger Netzentwicklungsplan vorzusehen,[190] der von den ÜNB jährlich vorzulegen ist. Entscheidend dabei ist, dass die **nationale Regulierungsbehörde** nach „offenen und transparenten Konsultationen" mit „allen tatsächlichen und potenziellen Netzbenutzern" das **Letztentscheidungsrecht** über die konkrete Gestalt des Netzentwicklungsplans hat[191] und auch über ein Plan-Durchsetzungsinstrumentarium verfügen muss, das bis hin zur Finanzierung, Errichtung und Betrieb eines Leitungsvorhabens durch Dritte reicht.[192] Der Preis für die Option zugunsten des **ITO-Modells** liegt unionsrechtlich – konsequent und ohne dass hiergegen verfassungsrechtliche Einwände durchgreifen könnten[193] – also in dem **Verlust an Investitions(planungs-)freiheit der Netzbetreiber**, die darüber hinaus zu einer verstärkten **Netzkooperation verpflichtet** werden.[194]

d) Das neue System der Netzentwicklungsplanung in Deutschland

42 Mit der Ausgestaltung der Netzentwicklungsplanung in §§ 12 a ff. EnWG hat der deutsche Gesetzgeber eine „überschießende Umsetzung" der Richtlinie vorgenommen,[195] weil der verbindliche zehnjährige Netzentwicklungsplan unabhängig von der gewählten Entflechtungsoption zwingend für alle Übertragungsnetzbetreiber vorgeschrieben wurde. Nachdem im Jahr 2009 zunächst in

---

186 Dies zeigt sich etwa an den Maßstäben für die vorgesehene Stellungnahme der Agentur zu dem Entwurf des gemeinschaftsweiten Netzentwicklungsplans, vgl Art. 9 II 2 StromhandelsVO 2009.

187 Dazu s.o. Rn 30 ff; auf den Zusammenhang zwischen Entflechtungsregime und Netzausbauverpflichtung weist zutreffend hin *Däuper*, N&R 2009, 214, 220 f.

188 Art. 13 II lit. c EltRL.

189 Art. 37 III lit. c EltRL.

190 Art. 22 EltRL.

191 Art. 22 V letzter Satz der EltRL.

192 Art. 22 VII EltRL; zu den einzelnen Sanktionsmechanismen s. *Barchewitz*, Ausbausteuerung, S. 297 ff; zur Verpflichtung der Übertragungs-/Fernleitungsnetzbetreiber, einer Kapitalerhöhung zuzustimmen, um die notwendigen Investitionen zu ermöglichen, kritisch *Gärditz/Rubel*, N&R 2010, 194, 196 ff; ähnlich *Schmidt-Preuß*, in: Säcker (Hrsg.), BerlKommEnR, Einl. Rn 159. Letztgenannte Autoren verkennen allerdings die dienende Funktion der Energienetze, die bei nicht ausreichenden Investitionen durch die Betreiber regulierende Eingriffe notwendig machen.

193 Die gegenteilige Ansicht von *Schmidt-Preuß*, ET 9/2009, 82, 87, verkennt den gemeinwohlgebundenen Status der Netzbetreiber; s. dazu zuletzt (allerdings im Zusammenhang mit einer mehrheitlichen Beteiligung der öffentlichen Hand) BVerfG, NVwZ 2009, 1282; grundlegend *Hermes*, Infrastrukturverantwortung, S. 380 f., 477 ff.

194 Dazu allgemein *Schulte-Beckhausen*, RdE 2011, 77 ff.

195 So auch *Grigoleit/Weisensee*, UPR 2011, 401, 404.

Gestalt des **Energieleitungsausbaugesetzes**[196] eine bundesgesetzliche Bedarfsplanung für Höchstspannungsnetze eingeführt worden war, die 24 Vorhaben mit vordringlichem Bedarf festlegte,[197] wurden im Jahr 2011 die genannten unionsrechtlichen Vorgaben umgesetzt. Dabei wurde der vorgeschriebene zehnjährige Netzentwicklungsplan – unabhängig von dem Entflechtungsmodell, für das sich ein Übertragungsnetzbetreiber entscheidet – verbindlich vorgeschrieben und eingebettet in ein im Zuge der Energiewende ein völlig neu konzipiertes Planungsrechtsregime für das Übertragungsnetz.[198] Seine zentralen Elemente sind die **Netzentwicklungs- und Bedarfsplanung** (§§ 12 a ff EnWG),[199] die im Jahr 2012 für **Offshore-Windparks** im Bereich der ausschließlichen Wirtschaftszone und deren Anbindungsleitungen durch spezielle Planungsinstrumente (§§ 17 a ff EnWG)[200] ergänzt wurde, sowie ein spezielles **Trassenfindungs-** und ein besonderes **Planfeststellungsverfahren** für länderübergreifende oder grenzüberschreitende Höchstspannungsleitungen und für Anbindungsleitungen von Offshore-Windparks in dem neuen Netzausbaubeschleunigungsgesetz Übertragungsnetz (**NABEG**).[201] Dabei bildet die entscheidende Grundlage des gesamten Systems der sog. **Szenariorahmen**, der gem. § 12 a EnWG von den Übertragungsnetzbetreibern jährlich zu erarbeiten ist. Mit Hilfe dieses Instruments soll in Gestalt von (mindestens drei) verschiedenen Entwicklungspfaden (Szenarien) mit einem Zeithorizont von 10 Jahren die Bandbreite wahrscheinlicher Entwicklungen der Erzeugung, der Versorgung und des Verbrauchs von Strom sowie dessen Austausch mit anderen Ländern prognostiziert werden. Der von der Bundesnetzagentur genehmigte Szenariorahmen bildet dann die Grundlage für den **Netzentwicklungsplan** nach § 12 b EnWG, der die – unionsrechtlich vorgeschriebene[202] – zweite Stufe des Bedarfsplanungsverfahrens bildet. Erarbeitet wird er wiederum von den Übertragungsnetzbetreibern, ist anschließend der BNetzA vorzulegen und von dieser – nach eventuellen Änderungsverlangen – schließlich festzustellen bzw. zu genehmigen,[203] wodurch der Plan rechtliche Verbindlichkeit[204] erlangt (§ 12 c EnWG). Die unmittelbare regulierungsrechtliche Wirkung des – bestätigten – Netzentwicklungsplans liegt darin, dass die verantwortlichen Übertragungsnetzbetreiber[205] verpflichtet sind, die in dem Plan enthaltenen Maßnahmen zur bedarfsgerechten Optimierung, Verstärkung und zum Ausbau des Netzes zu verwirklichen. Ein gegenüber diesem Regime für Übertragungsleitungen deutlich „abgespecktes" Planungssystem, das aber die unionsrechtlichen Vorgaben erfüllt, sieht § 15 a EnWG für die **Fernleitungsnetzbetreiber im Gassektor** vor.

Jenseits der zuvor erwähnten gesetzlichen Bedarfsplanung ist im Hinblick auf die Trassierung von Energieleitungen im deutschen Recht zunächst das Raumordnungsrecht maßgeblich, während die konkrete Zulassungsentscheidung für großen Leitungsvorhaben gem. § 43 EnWG oder nach §§ 18 ff. NABEG durch Planfeststellung erfolgt.[206] Einflüsse des Unionsrechts machen sich hier vor allem dadurch bemerkbar, dass es sowohl für vorbereitende (Raumordnungs-)Pläne als auch für 43

196 Energieleitungsausbaugesetz (EnLAG) v. 21.8.2009 (BGBl. I, S. 2870), zuletzt geändert durch Art. 3 G. v. 23.7.2013 (BGBl. I, S. 2543).

197 S. dazu *Weyer*, ZNER 2009, 210 ff; *Säcker*, RdE 2009, 305 ff; *Wagner*, ET 2009, 54 ff. Diese gesetzliche Bedarfsplanung wirft aus unionsrechtlicher Perspektive vor allem die Frage auf, warum nicht alle Vorhaben von europäischem Interesse in den Bedarfsplan aufgenommen wurden.

198 Dazu *Hermes*, in: Schneider/Theobald, § 7 Rn 64 ff.

199 Eingefügt durch Gesetz zur Neuregelung energiewirtschaftlicher Vorschriften vom 26.7.2011, BGBl. I S. 1554.

200 Eingefügt durch Drittes Gesetz zur Neuregelung energiewirtschaftlicher Vorschriften vom 20.12.2012 (BGBl. I, S. 2730).

201 Verkündet als Art. 1 des Gesetzes über Maßnahmen zur Beschleunigung des Netzausbaus Elektrizitätsnetze vom 28.7.2011 (BGBl. I, S. 1690), zuletzt geändert durch Art. 4 G. v. 20.12.2012 (BGBl. I, S. 2730).

202 Zusammenfassend zu den unionsrechtlichen Vorgaben für den Netzentwicklungsplan *Franke*, in: FS Salje, 2013, S. 121, 126 f.

203 Das Gesetz spricht in § 12 I 3 Nr. 1 EnWG von „Feststellung" und in § 12 c IV EnWG von „bestätigt", was nach der Systematik aber nur als förmliche Genehmigung verstanden werden kann.

204 Vom „Eintritt der Verbindlichkeit" spricht ausdrücklich § 65 IIa 1 EnWG.

205 In Zweifelsfällen kann die BNetzA gem. § 12 c IV 3 EnWG bestimmen, welcher Übertragungsnetzbetreiber für die Durchführung einer im Netzentwicklungsplan enthaltenen Maßnahme verantwortlich ist.

206 Für einen Überblick über das Planungsrecht der Energienetze s. *Hermes*, in: Schneider/Theobald, § 7.

die abschließende Zulassungsentscheidung durch Planfeststellungsbeschluss eine **Umweltverträglichkeitsprüfung** vorschreibt und der Realisierung von Energieleitungsvorhaben in besonders schutzwürdigen Gebieten verfahrensrechtliche und materielle Grenzen zieht.[207]

44 Ein besonderes (privilegiertes) Planungs- und Zulassungsrecht für die sog. **Direktleitungen**, deren Bau das Unionsrecht als „Druckmittel" für die Gewährung von Netzzugang besonders regelt,[208] kennt das deutsche Recht nicht. Ein solches Sonderrecht für Direktleitungen ist auch nicht erforderlich, weil das allgemeine Planungs- und Zulassungsrecht den unionsrechtlichen Anforderungen genügt. Nach diesen allgemeinen rechtlichen Regeln ist insbesondere auch die Frage zu prüfen, ob für eine Direktleitung angesichts vorhandener Leitungen überhaupt ein Bedarf besteht, der die damit verbundenen nachteiligen – insbesondere enteignungsrechtlichen – Wirkungen rechtfertigt. Dies ist nur dann der Fall, wenn die Kapazität der vorhandenen Leitungen erschöpft ist.[209]

2. Nutzung öffentlicher Verkehrsflächen für Leitungen

45 Der **Grundsatz der Nichtdiskriminierung und der Transparenz**, der für die mitgliedstaatliche Planung und Genehmigung von Energieleitungen maßgeblich ist, steuert auch die Bereitstellung öffentlicher (Verkehrs-)Flächen für die Verlegung (unterirdischer) Energieleitungen.[210] Daneben gibt es umstrittene Versuche, insbesondere die Gemeinden bei der Vergabe von Wegerechten dem funktionalen Unternehmerbegriff zuzuordnen und sie auf diese Weise der Kontrolle des europäischen und des nationalen Kartellrechts zu unterwerfen.[211] In der Sache geht es dabei vor allem um die diskriminierungs- und missbrauchsfreie Bereitstellung des kommunalen Straßen- und Wegenetzes, das die unverzichtbare Grundlage für die Realisierung der lokalen **Verteilernetze** ist. Da ein Wettbewerb durch parallele Verteilernetze aus ökonomischen Gründen praktisch ausscheidet, verfolgen auch die Binnenmarktrichtlinien – von der punktuell zu gewährenden Möglichkeit des Direktleitungsbaus abgesehen – nicht das Konzept eines Wettbewerbs durch konkurrierenden Parallelleitungsbau.[212]

46 Vor diesem Hintergrund beschränkt sich das Energiewirtschaftsgesetz darauf, zusätzlich zu dem **Durchleitungswettbewerb** einen begrenzten Wettbewerb um die Position des Verteilernetzbetreibers dadurch zu initiieren, dass **Konzessionsverträge** zwischen Gemeinden und Energieversorgungsunternehmen über die Nutzung öffentlicher Verkehrswege[213] für das **allgemeine Versorgungsnetz** auf eine Laufzeit von höchstens 20 Jahren begrenzt werden (§ 46 Abs. 2 EnWG). Spätestens zwei Jahre vor Ablauf des Konzessionsvertrags ist das Vertragsende im Bundesanzeiger, in Gemeindegebieten mit mehr als 100.000 Kunden zusätzlich im Amtsblatt der Europäischen Union, bekannt zu machen. Hierdurch soll ein Wettbewerb um Netze der allgemeinen Versorgung zumindest alle 20 Jahre ermöglicht werden. Nach § 46 Abs. 3 S. 3 EnWG gilt ein abgekürztes Verfahren auch bei frühzeitiger Verlängerung von Konzessionsverträgen.[214] Der Konzessionsvertrag ist ohne Einfluss auf die Frage, welches Unternehmen grundversorgungspflichtig ist (§ 36 Abs. 2 EnWG).[215]

47 Wird ein neuer **Konzessionsvertrag** mit einem anderen als dem bisherigen Vertragspartner abgeschlossen, ist der bisherige Konzessionsinhaber verpflichtet, dem Nachfolger das Netz gegen Zahlung einer angemessenen Vergütung zu „überlassen". Diese angemessene Vergütung, deren Höhe

207 Zur gemeinschaftsrechtlich zwingenden Umweltverträglichkeitsprüfung s. *Krämer/Winter*, § 26 Rn 111 ff; zur Fauna-Flora-Habitat-Richtlinie s. *Krämer/Winter*, § 26 Rn 126.
208 Art. 34 EltRL, Art. 38 GasRL.
209 Näher dazu *Hermes*, Infrastrukturverantwortung, S. 471 ff.
210 Art. 3 Abs. 2, Art. 34 Abs. 2 EltRL, Art. 4, Art. 38 Abs. 2 GasRL.
211 Dazu mwN *Albrecht*, in: Schneider/Theobald, § 9 Rn 24; zuletzt etwa BGH, NVwZ 2014, 817 ff; gegen eine Qualifikation der gemeindlichen Konzessionsvergabe als unternehmerische Tätigkeit etwa *Hellermann*, in: Britz/Hellermann/Hermes, EnWG, § 46 Rn 9, 44, 59 mwN; *Hermes*, Infrastrukturverantwortung, S. 464 ff.
212 Grundsätzlich gegen ein Konzept konkurrierender Netze *Hermes*, Infrastrukturverantwortung, S. 454 ff.
213 Zu den Neuerungen im Konzessionsvertragsrecht und weiteren Detailproblemen s. *Boos*, IR 2005, 101 ff; *Kermel*, RdE 2005, 153 ff; *Theobald*, IR 2005, 149 ff.
214 *Scholtka*, NJW 2005, 2421, 2425.
215 *Nill-Theobald/Theobald*, IR 2005, 175, 176.

letztlich über die Beachtung der unionsrechtlich geforderten Gleichbehandlung verschiedener Bewerber um einen Konzessionsvertrag entscheidet, wird zukünftig nicht mehr in primärer Orientierung am Sachzeitwert[216] bestimmt werden können. Denn mit zunehmend funktionsfähiger Netzentgeltregulierung werden die Erträge aus dem Netzbetrieb sinken mit der Folge, dass der Ertragswert als Korrektiv des Sachzeitwertes maßgeblich werden muss.[217]

3. Netzbetreiberpflichten

Was die Pflichten der Betreiber von Übertragungs-, Fernleitungs- und Verteilernetzen jenseits der Pflicht zur Gewährung des **Netzzugangs**[218] angeht, so widmen die beiden **Energiebinnenmarktrichtlinien** seit ihrer Fassung aus dem Jahr 2003 diesen Pflichten deutlich größere Aufmerksamkeit als ihre Vorgänger.[219] Vor dem Hintergrund fehlenden Wettbewerbsdrucks auf die Netzbetreiber werden diese hoheitlich verpflichtet, **sichere, zuverlässige und leistungsfähige Netzinfrastrukturen** auszubauen und zu unterhalten.[220] Darüber hinaus werden sie dazu verpflichtet, bei der Beschaffung von Regel- und Ausgleichsenergie andere Anbieter nicht zu diskriminieren.[221] Die Infrastrukturrichtlinie 2005/89/EG hat diese Anforderungen im Interesse der Versorgungssicherheit ergänzt.[222] 48

Diese Vorgaben setzt das Energiewirtschaftsgesetz in dem Abschnitt über die Aufgaben der Netzbetreiber[223] richtlinienkonform um. Zu einer **präventiven Kontrolle** der Netzbetreiberpflichten ermächtigt und verpflichtet § 4 EnWG, der die Aufnahme des Betriebes eines Energieversorgungsnetzes einem **Genehmigungsvorbehalt** unterwirft. Die Beschaffung von Regel- und Ausgleichsenergie ist ebenfalls in richtlinienkonformer Weise durch die §§ 22 f EnWG geregelt. Übertragungsnetzbetreiber haben nach Maßgabe des § 22 Abs. 2 EnWG ein diskriminierungsfreies und transparentes **Ausschreibungsverfahren** durchzuführen. Was die Verpflichtung zu Investitionssignalen im Interesse des Netzausbaus und der -unterhaltung angeht, so ist in erster Linie auf die Anreizregulierungsverordnung zu verweisen, die in Gestalt der Investitionsbudgets bestimmte Netzinvestitionen als nicht beeinflussbare Kostenanteile aus der Berechnung der Erlösobergrenze eliminiert und sie auf diese Weise fördern will. 49

II. Energiegewinnungs- und Erzeugungsanlagen

1. Anlagen zur Gewinnung von Primärenergie

Die Konflikte, die die Gewinnung der für die Energieversorgung relevanten Rohstoffe betreffen, sind nicht Gegenstand des Energierechts im engeren Sinne.[224] Angesichts der erheblichen **Umweltbelastungen**, die mit der Förderung von Erdöl, Erdgas und (Braun-)Kohle einhergehen,[225] ist es neben dem Bergrecht[226] und dem allgemeinen Raumordnungsrecht in erster Linie das **Umweltrecht**, das – mit erheblichen unionsrechtlichen Einflüssen – die Primärenergiegewinnung rechtlich begrenzt und steuert. Von besonderer Bedeutung sind auch hier die Richtlinien über die Umwelt- 50

216 Vgl BGH v. 16.11.1999 – KZR 12/97, NJW 2000, 577 = RdE 2000, 108.

217 Dazu mwN *Hellermann*, in: Britz/Hellermann/Hermes, EnWG, § 46 Rn 80 f.

218 Dazu u. Rn 63 ff.

219 Mit Blick auf die Haftungsbeschränkungen für Netzbetreiber *Ehricke/Kästner*, ET 2005, 242.

220 Vgl Art. 12, 25 EltRL, Art. 13, 25 GasRL.

221 Dazu ausführlich *Herrmann*, Europäische Vorgaben, S. 206 ff.

222 Dazu unten Rn 93.

223 §§ 11 ff EnWG, zu den Netzausbau- und Kooperationspflichten der Übertragungsnetzbetreiber *Säcker*, RdE 2012, 305 ff.

224 Als „Energierecht im weiteren Sinne“ wird das Recht der Gewinnung primärer Energieträger behandelt, etwa von *Lippert*, Energiewirtschaftsrecht, S. 201 ff.

225 Dazu Sachverständigenrat für Umweltfragen, Umweltgutachten 2000, Rn 1250 ff.

226 S. dazu nur den Überblick bei *Sparwasser/Engel/Voßkuhle*, Umweltrecht, 5. Aufl. 2003, § 9 Rn 295 ff.

verträglichkeitsprüfung und ihre Umsetzung durch die Verordnung über die **Umweltverträglichkeitsprüfung** bergbaulicher Vorhaben.[227]

2. Kraftwerke

51 Ähnliches gilt auch für die (Erzeugungs-)Anlagen zur **Umwandlung von Primärenergie in Elektrizität.** Art. 7 EltRL lässt den Mitgliedstaaten ein breites Spektrum von Kriterien, das von der Anlagensicherheit über den Gesundheits- und Umweltschutz bis hin zu Belangen der Flächennutzung und Standortwahl sowie der Steuerung des Energiemixes einschließlich der Förderung erneuerbarer Energien reicht. Allerdings müssen die an diesen Kriterien ausgerichteten nationalen Genehmigungsverfahren den Erfordernissen der Objektivität, Transparenz und Nichtdiskriminierung genügen. In Konformität mit diesen unionsrechtlichen Anforderungen beantwortet das deutsche Recht Fragen der raum- und umweltverträglichen Lokalisierung von Erzeugungsanlagen mit Hilfe des Raumordnungs- und Bauplanungsrechts,[228] das europarechtliche Vorgaben vor allem im Hinblick auf die Umweltverträglichkeitsprüfung und auf den **Naturschutz** zu beachten hat.[229] Die anlagenbezogenen Anforderungen, die der Gefahrenabwehr und dem – darüber hinausgehenden – Umweltschutz dienen, sind Gegenstand immissionsschutz-, atom-, bau- wie auch wasserrechtlicher **Zulassungs- und Kontrollverfahren.**[230] Auch insoweit muss hier auf die Europäisierung des einschlägigen Umweltrechts verwiesen werden.[231]

52 Einer spezifisch energierechtlichen Regelung ist auf europäischer Ebene allerdings die Frage unterworfen, nach welchen Regeln im Interesse der **Versorgungssicherheit** neue Erzeugungskapazitäten bereitgestellt oder Energieeffizienz-/Nachfragesteuerungsmaßnahmen getroffen werden. Art. 8 EltRL verlangt hier ein **Ausschreibungsverfahren,** wenn die auf Initiative der jeweiligen Energieversorgungsunternehmen getroffenen Maßnahmen zur Gewährleistung der Versorgungssicherheit nicht ausreichen. Gleiches gilt, wenn Mitgliedstaaten im Interesse des Umweltschutzes und der **Förderung neuer Technologien** neue Kapazitäten initiieren wollen (Art. 8 Abs. 2 EltRL). Das deutsche Recht beschränkt sich insoweit auf die Verordnungsermächtigung des § 53 EnWG für Ausschreibungsverfahren aus Gründen der Versorgungssicherheit. Offen ist, ob die in jüngerer Zeit vermehrt diskutierten Kapazitätsmechanismen als Instrument zur Bewältigung langfristig befürchteter Kapazitätsengpässe[232] allein auf der Grundlage von § 53 EnWG installiert werden könnten oder ob es hierzu einer den Anforderungen des Art. 8 EltRL genügenden Gesetzesänderung bedürfte.

3. Stromproduktion durch Kernkraftwerke und der Euratom-Vertrag

53 Soweit Elektrizität durch Kernkraftwerke produziert wird, gewinnt der EAG-Vertrag als die **„zweite traditionelle Säule des energiespezifischen Primärrechts“**[233] Bedeutung, wobei dieser Vertrag nur den Umgang mit den eingesetzten Kernbrennstoffen sowie den Umwandlungsbereich, nicht jedoch die wirtschaftlichen Fragen betreffend den aus Kernenergie gewonnenen Strom, behandelt.[234]

54 Zwar enthält der EAG-Vertrag in Art. 2 einen umfangreichen Aufgabenkatalog,[235] der u.a. die Kernforschung und die Verbreitung technischer Kenntnisse,[236] die Erleichterung von Investitionen

---

227 VO über die Umweltverträglichkeitsprüfung bergbaulicher Vorhaben (UVP-V Bergbau) v. 13.7.1990 (BGBl. I, S. 1420), zuletzt geändert durch Art. 8 VO v. 3.9.2010 (BGBl. I, S. 1261).

228 Dazu *Hermes*, in: Schneider/Theobald, § 7 Rn 76 ff, 165 ff.

229 S. dazu *Krämer/Winter*, § 26, Rn 111 ff, 125 ff.

230 Vgl die Übersicht bei *Fehling*, in: Schneider/Theobald, § 8 Rn 82 ff, 118 ff, 166 ff.

231 *Krämer/Winter*, § 26.

232 Dazu etwa *Nailis/Baumgart/Hinüber*, ET 2011 (Heft 1/2), S. 2 ff; *Matthes u.a.*, Fokussierte Kapazitätsmärkte (Studie für die Umweltstiftung WWF Deutschland), 8. Oktober 2012; *Ecke/Herrmann*, IR 2013, 255 ff; *Däuper/Voß*, in: FG Schwintowski, 2012, S. 173 ff.

233 *Schneider*, in: Schneider/Theobald, § 2 Rn 3; *Hofherr*, VBl. BW 2001, 347.

234 Vgl hierzu *Schroeder*, DVBl. 1995, 332; *ders.*, JA 1995, 728.

235 S. dazu im Überblick mwN *Schneider*, in: Schneider/Theobald, § 2 Rn 3 ff.

236 Art. 2 lit. a) iVm Art. 4 bis 29 EAGV.

und die Förderung gemeinsamer Unternehmen[237] oder die Sicherstellung eines gemeinsamen Marktes für auf dem Kerngebiet verwendete Stoffe und Ausrüstungen sowie die Förderung der Freizügigkeit für nukleares Fachpersonal[238] umfasst. Der praktische Schwerpunkt der Tätigkeit der Atomgemeinschaft liegt aber angesichts offensichtlicher Differenzen über die politische Bewertung der **Kernenergienutzung** bei der Tätigkeit der Versorgungsagentur[239] und beim Abschluss von Importabkommen mit Drittstaaten,[240] deren Einzelheiten hier keiner genaueren Erläuterung bedürfen. Weitgehende Einigkeit besteht darüber, dass der EAG-Vertrag die Mitgliedstaaten nicht dazu zwingt, die wirtschaftliche Nutzung der Atomenergie weiterhin zu fördern oder zuzulassen.[241]

Den Kern der Rechtsetzungstätigkeit der Atomgemeinschaft bildet der **Gesundheitsschutz,**[242] wobei 55
im Vergleich zu den europäischen „Grundnormen" nach Art. 30 EAGV **strengere nationale Standards** zulässig sind.[243] Nachdem die „Richtlinien zur Festlegung der Grundnormen zum Gesundheitsschutz der Bevölkerung und der Arbeitskräfte gegen die Gefahren ionisierender Strahlungen"[244] aus dem Jahr 1959 in den folgenden Jahrzehnten kontinuierlich an den jeweils aktuellen Stand von Wissenschaft und Technik angepasst worden waren,[245] wurden sie mit Verabschiedung der Richtlinie 96/29/Euratom[246] durch ein einheitliches und umfassendes Grundnormenwerk abgelöst. Zentraler Inhalt dieser Strahlenschutzrichtlinie ist die Normierung der sog. **„Strahlenschutzgrundsätze"**, die bei sämtlichen Tätigkeiten im Zusammenhang mit ionisierenden Strahlen zu beachten sind. Danach muss jede Tätigkeit, die mit einer Strahlenexposition einhergeht, durch die mit dieser Tätigkeit verbundenen Vorteile gerechtfertigt sein (Grundsatz der Rechtfertigung). Jede Strahlenexposition ist so niedrig zu halten, wie diese vernünftigerweise erreichbar ist (Grundsatz der Optimierung). Schließlich dürfen die für bestimmte Personengruppen festgelegten Dosisgrenzwerte nicht überschritten werden (Grundsatz der Begrenzung). Für die gem. Art. 2 in den Anwendungsbereich der Richtlinie 96/29/Euratom fallenden Tätigkeiten sehen die Art. 3 bis 5 der Grundnormen-Richtlinie eine Anmelde- bzw Genehmigungspflicht vor, für die unter Berücksichtigung des jeweiligen Strahlenrisikos Abstufungen vorgesehen sind. Zum Schutz der Bevölkerung vor Strahlenexposition unter normalen Bedingungen werden die Mitgliedstaaten im Rahmen des achten Titels der Strahlenschutz-Richtlinie verpflichtet, Maßnahmen zu erlassen, die den Strahlenschutzgrundsätzen Rechnung tragen. Dazu zählt gemäß Art. 44 u.a. die Prüfung und Genehmigung der Pläne für Anlagen, bei denen die Gefahr einer Strahlenexposition gegeben ist, sowie der Standortplanung für derartige Anlagen in dem betreffenden Gebiet unter dem Gesichtspunkt des Strahlenschutzes. Auch muss eine Abnahme der neuen Anlagen hinsichtlich eines angemessenen Schutzes vor Strahlenexposition und radioaktiver Kontamination, die sich auch außerhalb des Standorts der Anlage auswirken können, erfolgen.

Zum **Schutze von Arbeitskräften**, die mit den in Art. 2 der Richtlinie 96/29/Euratom genannten 56
Tätigkeiten befasst sind, sieht die **Strahlenschutz-Richtlinie** in den Art. 17 ff besondere Maßnahmen

237 Art. 2 lit. c) iVm Art. 40 bis 51 EAGV.

238 Art. 2 lit. g) iVm Art. 92 bis 100 EAGV.

239 Zur Versorgung mit Brennstoffen und Erzen s. Art. 2 lit. d) iVm Art. 52 bis 76 EAGV; zur Versorgungsagentur speziell Art. 57 ff EAGV.

240 Zu den Außenbeziehungen zu anderen Ländern und zu zwischenstaatlichen Einrichtungen s. Art. 2 lit. h) iVm Art. 101 bis 106 EAGV.

241 Ausführlich zur Problematik: *Wahl/Hermes*, Nationale Kernenergiepolitik und Gemeinschaftsrecht.

242 Art. 2 lit. b) iVm Art. 30 bis 39 EAGV.

243 Vgl hierzu EUGH, Rs. C-376/90 (Kommission/ Belgien), Slg 1992, I-6153; *Scheuing*, Grenzüberschreitende atomare Wiederaufarbeitung im Lichte des europäischen Gemeinschaftsrechts; *Wahl/Hermes*, Nationale Kernenergiepolitik und Gemeinschaftsrecht.

244 Inhaltlicher Schwerpunkt der Richtlinien war die Festlegung von Grenzwerten für den Bereich der Strahlenexposition von Arbeitskräften und der Bevölkerung. Wissenschaftliche Grundlage der Grenzwerte waren (und sind bis heute) im Wesentlichen die Empfehlungen der Internationalen Strahlenschutzkommission (ICRP – International Commission on Radiological Protection).

245 Vgl dazu den Überblick bei *Hermes*, ZUR 2004, 12 ff.

246 Zur Festlegung der grundlegenden Sicherheitsnormen für den Schutz der Gesundheit der Arbeitskräfte und der Bevölkerung gegen die Gefahren durch ionisierende Strahlung vom 13.5.1996 (ABl. L 159, S. 1).

vor. Dazu zählen die **Festsetzung von Grenzwerten**, die Einteilung und Abgrenzung von Strahlenschutzbereichen, die Kategorisierung der strahlenexponierten Arbeitskräfte sowie die Überwachung sowohl des Arbeitsplatzes als auch der Arbeitskräfte. Letztere unterliegen vor allem einer ärztlichen Kontrolle.[247]

57 Ebenfalls auf der Grundlage der Art. 31 und 32 EAGV hat die Gemeinschaft in Ergänzung der Grundnormen-Richtlinie Regelungen über die **Verbringung radioaktiver Stoffe**, insbesondere von radioaktiven Abfällen, verabschiedet. Als Folge des **Transnuklear-Skandals** wurde im Jahr 1992 die Richtlinie 92/3/Euratom zur Überwachung und Kontrolle der Verbringung radioaktiver Abfälle von einem Mitgliedstaat in einen anderen, in die Gemeinschaft und aus der Gemeinschaft[248] erlassen, die zwischenzeitlich durch die Richtlinie 2006/117/Euratom[249] über die Überwachung und Kontrolle der Verbringungen radioaktiver Abfälle und abgebrannter Brennelemente ersetzt wurde. Ergänzende Regelungen enthält die Verordnung Nr. 1493/93/Euratom über die Verbringung radioaktiver Stoffe zwischen den Mitgliedstaaten.[250] Sie unterwerfen die grenzüberschreitende Verbringung radioaktiver Abfälle einem **Genehmigungsverfahren**, schließen bestimmte Verbringungen von vornherein aus und sehen ein standardisiertes Kontrollverfahren vor.

58 Schließlich verdienen hier verschiedene Maßnahmen Erwähnung, die als Reaktion auf die Katastrophe von **Tschernobyl** im Falle eines radiologischen Unfalls den **Informationsaustausch** beschleunigen, eine Unterrichtung der Bevölkerung sicherstellen und Höchstwerte an Radioaktivität in Nahrungs- und Futtermitteln im Falle eines nuklearen Unfalls festlegen.[251]

59 An der **unionsrechtskonformen Umsetzung** der genannten Richtlinien durch das **Atomgesetz** und die darauf beruhenden Verordnungen,[252] insbesondere die Strahlenschutzverordnung,[253] sowie durch das Strahlenschutzvorsorgegesetz[254] sind – soweit ersichtlich – keine Zweifel geäußert worden. Kontrovers diskutiert wird allerdings die Vereinbarkeit des deutschen Atomrechts mit dem Unionsrecht im Hinblick auf das Verbot der Wiederaufarbeitung (auch) im Ausland.[255]

D. Netzzugang

I. Vom verhandelten zum regulierten Netzzugang

1. Das Konzept der Energiebinnenmarktrichtlinien

60 Den Kern der Energiemarktregulierung, der insbesondere in den Neuregelungen der Beschleunigungsrichtlinien für den Elektrizitäts- und den Erdgasbinnenmarkt aus dem Jahr 2003 seinen Ausdruck gefunden hat, bilden die Vorschriften zum Netzzugang. Dazu gehören die Konditionen und die Entgelte des Zugangs sowie die **Regulierung** durch besondere, von den Mitgliedstaaten einzurichtende Behörden. Insbesondere in einer strikten Regulierung sah und sieht der Unionsgesetzgeber die einzige Möglichkeit, die bisherige Monopolwirtschaft auf dem Strom- und Gassektor euro-

247 Ergänzende Normen auf dem Gebiet des Strahlenschutzes hat der Rat erlassen auf der Grundlage der Art. 31 und 32 EAGV durch die RL 90/641/Euratom zum Schutz externer Arbeitskräfte, die einer Gefährdung durch ionisierende Strahlungen beim Einsatz im Kontrollbereich ausgesetzt sind (ABl. L 349, S. 21).

248 ABl. L 35, S. 24.

249 ABl. L 337, S. 21.

250 ABl. L 148, S. 1.

251 S. dazu die Nachweise bei *Hermes*, ZUR 2004, 12 ff.

252 S. die Übersicht bei *Sparwasser/Engel/Voßkuhle*, Umweltrecht, 5. Aufl. 2003, § 7 Rn 150 ff.

253 Dazu *Schmidt-Preuß*, in: Rengeling, Handbuch zum europäischen Umweltrecht, § 60 Rn 116 ff.

254 StrVG v. 19.12.1986 (BGBl. I, S. 2610), zuletzt geändert durch Art. 1 G. v. 8.4.2008 (BGBl. I, S. 686).

255 S. § 9 a Abs. 1 S. 2 AtG; dazu *Wahl/Hermes*, Nationale Kernenergiepolitik und Gemeinschaftsrecht, S. 123 ff, 151 ff, einerseits und *Schmidt-Preuß*, in: Rengeling, Handbuch zum europäischen Umweltrecht, § 60 Rn 20 ff, 93 ff andererseits.

paweit und endgültig aufzubrechen.[256] Die wesentliche Neuerung gegenüber den vorausgegangenen Richtlinien 96/62/EG und 98/30/EG lag darin, dass die Beschleunigungsrichtlinien die Mitgliedstaaten auf ein System des geregelten Netzzugangs festlegen, während die vorhergehenden Richtlinien den **„Netzzugang auf Vertragsbasis"**, alternativ ein **„geregeltes Netzzugangssystem"** und im Strombereich als weitere Alternative das „Alleinabnehmersystem" vorsahen. Das in Deutschland praktizierte Modell des „verhandelten Netzzugangs"[257] war damit unionsrechtlich unzulässig geworden.[258] Nach der zentralen Vorschrift beider Richtlinien gewährleisten die Mitgliedstaaten die Einführung eines Systems für den Zugang Dritter zu den Übertragungs- und Verteilernetzen[259] sowie zum Fernleitungs- und Verteilernetz und zu den LNG-Anlagen[260] auf der Grundlage veröffentlichter und genehmigter Tarife.[261] Diskriminierendes oder missbräuchliches Verhalten von Netzbetreibern soll damit nicht mehr allein durch repressive Eingriffe im Einzelfall sanktioniert, sondern im Wege der ex-ante-Kontrolle von vornherein vermieden werden.[262] Das unionsrechtlich vorgeschriebene Minimum dieser ex-ante-Regulierung umfasste nach den Beschleunigungsrichtlinien das Recht und die Pflicht der Regulierungsbehörde, zumindest die Methoden „festzulegen oder zu genehmigen", nach denen die Bedingungen für den Anschluss an und den Zugang zu den nationalen Netzen festgelegt, die Tarife für die Übertragung/Fernleitung und Verteilung berechnet und die Bedingungen zur Erbringung von Ausgleichsleistungen festgelegt bzw berechnet werden. Bei der Tarifgestaltung musste berücksichtigt werden, dass die notwendigen Investitionen zur Sicherung der Netze vorgenommen werden können.[263] Eine nachträgliche Kontrolle der Netzzugangsbedingungen durch die Regulierungsbehörde war ebenfalls zwingend vorgeschrieben.[264]

Diese Konzeption der **Netzzugangs- und Entgeltregulierung** wurde anlässlich der Reform 2009 nicht wesentlich verändert. Der Grundsatz der Kostenorientierung wurde – wenn auch mit verbleibenden Umsetzungsspielräumen der Mitgliedstaaten – durch den Effizienzkostenmaßstab präzisiert.[265] Verfahrensrechtlich ist das bisherige Regime um ein obligatorisches Streitbeilegungsverfahren ergänzt worden und die **Anreizregulierung** wurde deutlicher akzentuiert. Hinzu gekommen sind außerdem Regelungen betreffend den Zugang zu Speicheranlagen. Insgesamt wurden die **Transparenzregeln** deutlich verstärkt, um neuen Unternehmen den Marktzugang zu erleichtern.[266] 61

2. Umsetzung durch das Energiewirtschaftsgesetz

In richtlinienkonformer[267] Umsetzung dieser Vorgaben war Hauptthema des Energiewirtschaftsgesetzes 2005 die **Neuordnung des Netzzugangsregimes** durch die Einführung des regulierten Netzzugangs und der Genehmigungspflichtigkeit von Netzentgelten in den §§ 20 ff EnWG. Ausgefüllt wurden diese Regelungen durch die **Netzzugangsverordnungen** Strom bzw. Gas sowie die **Netzent-** 62

256 S. dazu nur den Bericht der Bundesregierung über die energiewirtschaftlichen und wettbewerblichen Wirkungen der Verbändevereinbarungen (Monitoring-Bericht), BT-Drucks. 15/1510, S. 4 ff, 29 ff; *Baur*, ET 2003, 670 ff; *Schütz/Tüngler*, RdE 2003, 98 ff; *Theobald/Schiebold*, VerwArch 94 (2003), 157, 160 ff; *Büdenbender*, ET 2003 Special, 2 ff.

257 Zur Kontroverse zwischen der EG-Kommission und der deutschen Seite über den verhandelten Netzzugang *Scholz*, ET 2001, 678 ff; *Baur/Lückenbach*, ET 2002, 420 ff; *Schütz/Tüngler*, RdE 2003, 98, 102 f, 104, 105 f; *Theobald/Schiebold*, VerwArch 94 (2003), 157, 161 f.

258 Eine Option zugunsten des verhandelten Netzzugangs ist nur noch im Gassektor beim Zugang zu den Speicherstätten vorgesehen: Art. 19 Abs. 3 und 4 GasRL 2003, jetzt Art. 33 GasRL.

259 Art. 20 Abs. 1 S. 1 EltRL 2003.

260 Art. 18 Abs. 1 S. 1 GasRL 2003.

261 Eine Ausnahme galt weiterhin – vgl bereits Art. 25 RL 98/30/EG – nur im Gassektor gem. Art. 27 GasRL 2003 für sog. „take-or-pay"-Verträge; dazu *Lecheler/Gundel*, EuZW 2003, 621, 625 f.

262 *Lecheler/Gundel*, EuZW 2003, 621, 625.

263 Dazu *Pirstner-Ebner*, NVwZ 2004, 69, 71.

264 Art. 23 Abs. 4 EltRL 2003, Art. 25 Abs. 4 GasRL 2003.

265 Art. 37 Abs. 8 EltRL, Art. 41 Abs. 8 GasRL; dazu *Ludwigs*, Energierecht, in: Ruffert (Hrsg.), Europ. Sekt. Wirtschaftsrecht, § 5 Rn 176 ff mwN.

266 Zusammenfassend *Däuper*, N&R 2009, 214, 220.

267 Zur Problematik der Objektnetze nach § 110 Abs. 1 EnWG s.u. Rn 71.

geltverordnungen Strom bzw. Gas, wobei letztere mit Wirkung ab dem 1. Januar 2009 durch die Anreizregulierungsverordnung abgelöst wurden.[268] Die Ergänzungen und Verschärfungen der Netzzugangsregulierung durch das dritte Energiebinnenmarktpaket wurden durch die Novelle des EnWG aus dem Jahr 2011 umgesetzt.[269]

a) Anschlusspflicht

63 Voraussetzung für den Netzzugang ist zunächst der **Anschluss des Netzzugangswilligen** an das **Netz des Zugangsverpflichteten.**[270] Für **Haushalts-Kunden** sehen die Richtlinien eine Verpflichtung der Verteilerunternehmen vor, sie zu Bedingungen und Tarifen an das Verteilernetz anzuschließen, die von der Regulierungsbehörde festzulegen sind.[271] Entsprechend dieser Vorgabe enthält § 18 EnWG besondere Pflichten derjenigen Betreiber, die Netze der allgemeinen Versorgung von **Letztverbrauchern** betreiben. Sie haben allgemeine Bedingungen für den Netzanschluss von Letztverbrauchern – also nicht nur von Haushaltskunden, sondern auch von sonstigen Kunden, die Energie für den eigenen Verbrauch kaufen – in Niederspannung oder Niederdruck und für die Anschlussnutzung durch Letztverbraucher zu veröffentlichen und nach diesen jedermann an ihr Energieversorgungsnetz anzuschließen und die Nutzung des Anschlusses zur Entnahme von Energie zu gestatten. Was die Einzelheiten des Netzanschlusses angeht, so hat das deutsche Recht die Regelungsbefugnis in § 18 Abs. 3 EnWG zulässigerweise[272] der Bundesregierung (Verordnungsermächtigung) zugewiesen, die davon mit der Niederspannungsanschlussverordnung und der Niederdruckanschlussverordnung[273] Gebrauch gemacht hat. Darüber hinaus enthält § 17 EnWG für alle Netzbetreiber die Verpflichtung, sowohl alle sonstigen **Letztverbraucher** als auch gleich- oder nachgelagerte Elektrizitäts- und Gasversorgungsnetze sowie -leitungen, Erzeugungs- und Speicheranlagen an ihr Netz anzuschließen.[274] Die Bedingungen des Netzanschlusses müssen angemessen, diskriminierungsfrei, transparent und nicht ungünstiger sein, als sie von den Netzbetreibern in vergleichbaren Fällen für Leistungen innerhalb ihres Unternehmens oder gegenüber verbundenen oder assoziierten Unternehmen angewendet werden. Der Netzanschluss kann nur bei Unmöglichkeit oder Unzumutbarkeit aus wirtschaftlichen oder technischen Gründen verweigert werden. Von der Verordnungsermächtigung in § 17 Abs. 3 hat die Bundesregierung bislang lediglich im Hinblick auf Großkraftwerke Gebrauch gemacht.[275]

b) Netzzugang

64 Nach § 20 Abs. 1 EnWG hat „jedermann" einen grundsätzlichen Anspruch auf Netzzugang. Die Umsetzung dieses Zugangsanspruchs erfolgt durch Verträge.[276] Der **Wechsel vom verhandelten zum regulierten Netzzugang** in den §§ 20 ff EnWG führte also nicht zu einer Abkehr von der Praxis einer Gestaltung der Netzzugangsbedingungen auf vertraglicher Grundlage.[277] Die Neuerungen betreffen vielmehr die veränderte Entgeltkalkulation und die in den Netzzugangsverordnungen enthaltenen **Standardisierungs- und Eingriffsmöglichkeiten** der Regulierungsbehörden.[278]

268 S. die Nachweise dieser Normen oben in Rn 18.
269 Vgl dazu die Nachweise auch der Literatur oben in Rn 17.
270 *Nill-Theobald/Theobald*, IR 2005, 175, 176; einen Überblick über die Regelungen zum Netzanschluss geben *de Wyl/Thole/Bartsch*, in: Schneider/Theobald, § 16 Rn 19 ff; ausführlich *Schiller*, Gewährleistungsverantwortung, S. 176 ff.
271 Art. 3 Abs. 3 S. 3 iVm Art. 37 Abs. 6 EltRL, ähnlich Art. 3 Abs. 3 S. 3 iVm Art. 41 Abs. 6 GasRL.
272 So *de Wyl/Thole/Bartsch*, in: Schneider/Theobald, § 16 Rn 20.
273 S. die Nachweise oben in Rn 18.
274 S. dazu BGH 23.6.2009 – EnVR 48/08, ZNER 2009, 239 ff.
275 Die KraftNAV (s. oben Rn 18) beschränkt ihren Anwendungsbereich (§ 1 Abs. 1) auf Erzeugungsanlagen mit einer Nennleistung ab 100 Megawatt.
276 Für den Strombereich ergibt sich dies aus § 20 Abs. 1 a S. 1 EnWG (Netznutzungsvertrag), für den Gasbereich aus § 20 Abs. 1 b S. 2, 3 EnWG (Einspeisevertrag, Ausspeisevertrag); vgl dazu BT-Drucks. 15/5736, S. 5 f.
277 Zu diesen vertraglichen Grundlagen s. nur *de Wyl/Thole/Bartsch*, in: Schneider/Theobald, § 16 Rn 321 ff, 431 ff.
278 S. dazu die Übersichten in: Schneider/Theobald, § 15 (*Theobald/Zenke/Dessau*), § 16 (*de Wyl/Thole/Bartsch*) und § 17 (*Theobald/Zenke/Lange*).

Die in § 20 Abs. 2 EnWG gesetzlich zugelassenen **Verweigerungsgründe** verlangen vom Netzbetreiber den Nachweis, dass ihm die **Gewährung des Netzzugangs** aus betriebsbedingten oder sonstigen Gründen nicht möglich oder nicht zumutbar ist.[279] Von der unionsrechtlich eröffneten Möglichkeit einer besonderen **Zumutbarkeitsregelung** für den Zugang zu Gasversorgungsnetzen im Zusammenhang mit unbedingten Zahlungsverpflichtungen wurde in § 25 EnWG Gebrauch gemacht. 65

Die Einzelheiten des Netzzugangs werden in der **Stromnetzzugangsverordnung** sowie in der **Gasnetzzugangsverordnung** geregelt.[280] Der Übergang vom verhandelten zum regulierten Netzzugang zeigt sich u.a. darin, dass die Netznutzungs-, Lieferantenrahmen- und Bilanzkreisverträge auf Vorlage durch den jeweiligen Netzbetreiber von der Regulierungsbehörde kontrolliert werden. Auf diese Weise wird es der Behörde ermöglicht, Standardangebote zu erarbeiten und festzulegen. Damit trägt das Gesetz dem Umstand Rechnung, dass auf Grund der Vielzahl von Netzbetreibern und -nutzern ein funktionierender Netzzugang nur bei Vorliegen einheitlicher Bedingungen gewährleistet werden kann.[281] 66

Die Netzzugangsregeln gelten nach dem Energiewirtschaftsgesetz für den Strom- und für den Gassektor prinzipiell in gleicher Weise. Für die Gaswirtschaft sieht § 20 Abs. 1 b EnWG deshalb vor, dass Betreiber von Gasversorgungsnetzen **Einspeise- und Ausspeisekapazitäten** anbieten müssen, die den Netzzugang ohne Festlegung eines transaktionsabhängigen Transportpfads ermöglichen und unabhängig voneinander nutzbar und handelbar sind.[282] Ein besonderes Regulierungsregime ist allerdings für den **Zugang zu vorgelagerten Rohrleitungsnetzen und zu Speicheranlagen im Gasbereich** vorgesehen.[283] Er erfolgt weiterhin auf der Basis des **verhandelten Netzzugangs.** Die Bedingungen für diesen Zugang werden somit weiterhin vertraglich ausgehandelt und bedürfen keiner vorherigen Genehmigung.[284] 67

c) Netznutzungsentgelte

Den Schlüssel für einen funktionierenden Wettbewerb in der Energiewirtschaft wie auch in anderen Netzinfrastrukturen[285] bilden die Netznutzungsentgelte, die **Nutzungspetenten** den Netzbetreibern für die **Durchleitung zum Endkunden** zu zahlen haben. Die Binnenmarktrichtlinien beschränken sich in dieser Hinsicht auf die Umschreibung der grundsätzlichen Maßstäbe, zu denen einerseits Investitionsanreize zur Gewährleistung von Versorgungssicherheit und andererseits Effizienzanforderungen gehören.[286] Die Grundnorm des § 21 Abs. 1 EnWG setzt diese Maßstäbe richtlinienkonform zunächst durch die Vorgabe um, dass Bedingungen und Entgelte für den Netzzugang angemessen, diskriminierungsfrei sowie transparent sein müssen und nicht ungünstiger sein dürfen, als sie von den Betreibern der Energieversorgungsnetze in vergleichbaren Fällen für Leistungen innerhalb ihres Unternehmens oder gegenüber verbundenen oder assoziierten Unternehmen angewendet und tatsächlich oder kalkulatorisch in Rechnung gestellt werden. Sodann bestimmt § 21 Abs. 2 EnWG, dass Grundlage der Netznutzungsentgelte die Kosten einer Betriebsführung sind, die sich an denen eines effizienten und strukturell vergleichbaren Netzbetreibers orientieren. Darüber hinaus sind Anreize für eine effiziente Leistungserbringung sowie eine angemessene Verzinsung des eingesetzten Kapitals zu berücksichtigen. 68

279 Die Ablehnung ist in Textform zu begründen und der Regulierungsbehörde unverzüglich mitzuteilen (vgl § 20 Abs. 2 S. 2 EnWG).
280 S.o. Rn 18.
281 Einzelheiten bei *de Wyl/Thole/Bartsch*, in: Schneider/Theobald, § 16 Rn 237 ff, 258 ff.
282 Dazu *Scholtka*, NJW 2005, 2421, 2424.
283 §§ 26 bis 28 EnWG.
284 *Scholtka*, NJW 2005, 2421, 2424 f.
285 Dazu *Hermes*, Infrastrukturverantwortung, S. 162 ff, 375 ff, 382 ff; *Kühling*, Netzwirtschaften, S. 284 ff.
286 Art. 37 Abs. 6 und 8 sowie Art. 36 lit. f) EltRL; Art. 41 Abs. 6 und 8 sowie Art. 40 lit. f) GasRL.

69 Angesichts dieser allgemein gehaltenen Vorgaben kam bis zur Anwendung der Anreizregulierungsverordnung seit dem 1.1.2009 und kommt auch noch bei Anwendung der Anreizregulierung[287] der **untergesetzlichen kostenorientierten Regulierung der Netzzugangsentgelte** maßgebliche Bedeutung zu. Die Netzentgeltverordnungen Strom und Gas[288] enthalten umfangreiche Regelungen zur Bestimmung und Höhe der für den Netzzugang zu zahlenden Entgelte. So regelt die Verordnung für den Elektrizitätssektor etwa die Kalkulationsgrundlagen und -methoden der Netznutzungsentgelte nach den Prinzipien der Nettosubstanzerhaltung (Altanlagen) und der Realkapitalerhaltung (Neuanlagen), die Höhe der Verzinsung des eingesetzten Kapitals, Fragen der Rabattgewährung für Großkunden, die für eine stabile Netzauslastung sorgen sowie die nähere Ausgestaltung des in § 21 Abs. 3 EnWG vorgesehenen Vergleichsverfahrens. Auch die Gasnetzentgeltverordnung sieht im Grundsatz eine kostenorientierte Entgeltbestimmung vor, die in den §§ 4 bis 20 konkretisiert wird (Nettosubstanz-/Realkapitalerhaltung). Eine Ausnahme von der kostenorientierten Entgeltbestimmung gilt für Fernleitungsnetze, wenn diese zu einem überwiegenden Teil wirksam bestehenden oder potenziellen Leitungswettbewerb ausgesetzt sind. In diesem Fall erfolgt die Bildung der Ein- und Ausspeiseentgelte ausschließlich auf der Grundlage eines von der Regulierungsbehörde durchzuführenden Vergleichsverfahrens.[289] Ein solches Vergleichsverfahren findet im Übrigen grundsätzlich neben der kostenorientierten Entgeltbestimmung statt.[290] Wie im Stromsektor werden in den Vergleich von Erlösen und Kosten der Gasnetzbetreiber auch Netzbetreiber aus anderen Mitgliedstaaten der Europäischen Union einbezogen.[291] Durchgesetzt werden diese Entgeltmaßstäbe durch einen Genehmigungsvorbehalt (§ 23 a Abs. 1 EnWG). Die Genehmigung ist zu erteilen, wenn die Entgelte den Anforderungen des Gesetzes und der Rechtsverordnungen entsprechen. Für einzelne Auslegungsfragen der Entgeltverordnungen greift die Rechtsprechung auf die EltRL oder die GasRL zurück.[292]

70 Diese kostenorientierte Entgeltregulierung nach den Netzentgeltverordnungen wurde zum 1.1.2009 durch die in § 21 a EnWG vorgesehene Regulierung abgelöst, die Anreize für eine effiziente Leistungserbringung setzt (Anreizregulierung).[293] Grundprinzip dieser **Anreizregulierung** ist, den Unternehmen für eine bestimmte Regulierungsperiode Obergrenzen vorzugeben, die in der Regel für die Höhe der Netzzugangsentgelte oder die Gesamterlöse aus Netzzugangsentgelten gebildet werden. Aufgrund dieser Zielvorgaben kann der Netzbetreiber seine Anstrengungen darauf richten, durch Effizienzsteigerung die Vorgaben möglichst zu übertreffen und die Gewinne zu behalten.[294] Die auf diese Weise erzielten **Effizienzsteigerungen** können in der nächsten Regulierungsperiode an alle Netznutzer weitergegeben werden, indem sie bei der Ausgestaltung der Regulierungsvorgaben für die neue Regulierungsperiode Berücksichtigung finden. Die Bundesregierung hat gem. § 21 a Abs. 6 EnWG durch Rechtsverordnung mit Zustimmung des Bundesrates die Struktur und das Verfahren der Anreizregulierung näher bestimmt.[295]

---

287 Dazu, dass die Anreizregulierung u.a. bei der Ermittlung des Ausgangsniveaus für die Bestimmung der Erlösobergrenzen auf eine Kostenprüfung nach Maßgabe der Netzentgeltverordnungen angewiesen ist, s. nur *Theobald/Zenke/Lange*, in: Schneider/Theobald, § 17 Rn 47.

288 S.o. Rn 18. Zu den Einzelheiten der Anwendungsprobleme s. nur *Theobald/Zenke/Lange*, in: Schneider/Theobald, § 17 Rn 52 ff.

289 Nach Maßgabe des § 26 GasNEV.

290 §§ 21-26 GasNEV.

291 § 21 Abs. 3 GasNEV, § 22 Abs. 3 StromNEV.

292 Zur Frage der Gleichbehandlung der Netznutzer (Art. 32 Abs. 1 EltRL) bei der Frage der Rückwirkung von Netzentgeltgenehmigungen s. etwa OLG München v. 13.12.2007 – Kart 14/07, RdE 2008, 252 ff (Rn 31).

293 Dazu *Säcker*, ET 2008, 74 ff; *ders.*, N&R 2009, 78 ff; *Meinzenbach*, Anreizregulierung; *Walther*, Anreizregulierungsverordnung.

294 BT-Drucks. 15/5268, S. 120.

295 Gem. § 1 ARegV werden seit dem 1. Januar 2009 die Entgelte für den Zugang zu den Energieversorgungsnetzen im Wege der Anreizregulierung bestimmt.

d) Geschlossene Verteilernetze

Entsprechend den unionsrechtlich seit 2009 vorgesehenen Ausnahmen[296] sieht § 110 EnWG für geschlossene Verteilernetze Ausnahmen von einigen Vorschriften der Netzzugangsregulierung vor. Diese Ausnahmen sind allerdings deutlich geringer als die in der Vorgängerregelung für Objektnetze vorgesehenen. Diese Regelung war das erste bedeutsame Defizit bei der Umsetzung der EltRL 2003 wie auch der GasRL 2003 durch das Energiewirtschaftsgesetz 2005. Bezogen auf die Freistellung in § 110 Abs. 1 Nr. 1 EnWG a.F. (Werks- und Industrienetze) hatte der EuGH auf Vorabentscheidungsersuchen des OLG Dresden klargestellt, dass der Grundsatz des freien Netzzugangs zu den unionsrechtlich definierten Übertragungs- und Verteilernetzen keine pauschalen Ausnahmen aufgrund der geringen Größe des Netzes oder der geringen Menge des über das Netz transportierten Stroms kennt und dass es für die Anwendung des Grundsatzes auch nicht darauf ankommt, ob der Netzbetrieb Hauptzweck des betreibenden Unternehmens ist.[297] Wenn die Voraussetzungen eines Verteilernetzes – nämlich die Funktion der Weiterleitung von Elektrizität, die zum Verkauf an Großhändler oder Endkunden bestimmt ist – gegeben ist, so kommen nach dieser Entscheidung nur die in der EltRL ausdrücklich vorgesehenen Ausnahmen in Betracht. Die im dritten Binnenmarktpaket vorgesehene und in § 110 EnWG umgesetzte Ausnahme für geschlossene Verteilernetze ist als Reaktion auf diese restriktive Rechtsprechung des EuGH zu interpretieren.[298] 71

II. Grenzüberschreitender Strom- und Gashandel

Das **Energiebinnenmarktziel** kann nur erreicht werden, wenn die Voraussetzungen für einen grenzüberschreitenden Energiehandel und -transport gewährleistet sind. Während die Binnenmarktrichtlinien auf die Liberalisierung der nationalen Energiemärkte zielen und die Förderung der grenzüberschreitenden Leitungskapazitäten Gegenstand der Regelungen über die transeuropäischen Netze ist,[299] zielt die 2009 neu gefasste Verordnung (EG) Nr. 714/2009 über die Netzzugangsbedingungen für den **grenzüberschreitenden Stromhandel** auf die Regeln für den grenzüberschreitenden Stromhandel und einen **transparenten Großhandelsmarkt**.[300] Kostenorientierung, Transparenz, Netzeffizienz und Diskriminierungsfreiheit bei dem Zugang zu grenzüberschreitenden Elektrizitätstransportkapazitäten standen bereits bei der Vorgängerregelung aus dem Jahr 2004 im Mittelpunkt.[301] Hier geht es um Regelungen, die grenzüberschreitend gelten und deshalb von einer unterschiedlichen Umsetzung durch die Mitgliedstaaten unabhängig sein müssen. Deshalb war die Wahl der Handlungsform einer Verordnung erforderlich. 72

Hintergrund der Stromhandelsverordnung aus dem Jahr 2003[302] war der relativ **geringe innereuropäische Handel auf dem Stromsektor**. Beschränkungen resultierten nach den Analysen der Kommission – abgesehen von beschränkten Leitungskapazitäten – insbesondere aus den unterschiedlichen Strukturen der mitgliedstaatlichen Entgeltsysteme, die den tatsächlich entstehenden Kosten nicht entsprachen. Die damit verbundenen Fragen waren Gegenstände der sog. Foren von Florenz (Strom) und Madrid (Gas). An diesen von der Kommission ins Leben gerufenen Plattformen für freiwillige Vereinbarungen nahmen halbjährlich Vertreter der Kommission, der Mitgliedstaaten, der nationalen Regulierungsbehörden sowie der Übertragungsnetzbetreiber, Produzenten, Verbraucher und Stromhändler teil. Für den grenzüberschreitenden Stromhandel wurden allerdings alsbald die Grenzen eines rein konsensualen Regulierungsmodells deutlich, als keine Einigung über die Grundsätze zur Berechnung der Ausgleichszahlungen zwischen den Übertragungsnetzbetreibern erzielt werden konnte. Diese Erfahrung hat dann zu einer **verbindlichen Regelung auf europäischer** 73

296 Art. 28 EltRL, Art. 28 GasRL; dazu *Ortlieb/Bier*, N&R 2008, 143, 145 ff.

297 EuGH, Rs. C 439/06 (Citiworks), Slg 2008, I-3913, Rn 45 ff.

298 Dazu mwN zur Vorgeschichte *Schneider*, in: Schneider/Theobald, § 2 Rn 59.

299 S. dazu o. Rn 6 f, 38.

300 Einen Überblick über Hintergründe und wesentliche Regelungsgehalte der VO (EG) Nr. 714/2009 gibt *Pritzsche*, in: Baur/Salje/Schmidt-Preuß (Hrsg.), Regulierung, Kap. 15.

301 S. zu dieser VO (EG) Nr. 11228/2003 *Hamdorf*, IR 2004, 245 ff; *Balke/Mombaur*, RdE 2003, 161.

302 Zum Folgenden: Begründung, KOM (2001) 125 endg., S. 71 ff; dass sich daran in der Folgezeit nicht viel geändert hat, zeigt die Mitteilung der Kommission KOM (2006) 851 endg., S. 7, 12 ff.

Ebene durch die Verordnung geführt,[303] die sich zunächst auf den Stromsektor beschränkte, weil im Gasbereich grenzüberschreitende Transporte bereits seit langem in großem Umfang stattfanden und praktikable **Tariflösungen** existierten.[304]

74 Wesentliche Regelungsgegenstände sind das **Engpassmanagement an den Grenzkuppelstellen** zwischen den einzelnen Übertragungsnetzen, die zum Teil nicht über die benötigte Kapazität verfügen, die Festsetzung von **Ausgleichszahlungen** zwischen den Übertragungsnetzbetreibern für die Kosten grenzüberschreitender Stromflüsse sowie **Grundsätze für die Bemessung der Netzzugangsentgelte.** Für diese Problemkreise sieht die Verordnung den Erlass von verbindlichen „Leitlinien" durch die Kommission vor, deren Beachtung die nationalen Regulierungsbehörden im Rahmen ihrer Aufgaben durchzusetzen haben.[305] Der **Vollzug der Stromhandelsverordnung** liegt in den Händen der nationalen Regulierungsbehörden.[306]

75 Erst ca. zwei Jahre nach der ersten Stromhandelsverordnung wurde die vergleichbare Verordnung betreffend den **Zugang zu den Erdgasfernleitungen**[307] erlassen, die ebenfalls 2009 im Rahmen des dritten Energiebinnenmarktpakets abgelöst wurde durch die Verordnung (EG) Nr. 715/2009 über die Bedingungen für den Zugang zu den Erdgasfernleitungsnetzen.[308] Die bis 2005 auf den Leitlinien des Europäischen Erdgasregulierungsforums beruhende Praxis gab Anlass, diese Leitlinien mit rechtlicher Verbindlichkeit auszustatten. Dementsprechend verfolgt die Verordnung das Ziel, auf der Grundlage dieser Leitlinien Grundprinzipien und Regeln für den Netzzugang und die damit in Zusammenhang stehenden Dienstleistungen, das Engpassmanagement, die Transparenz, den Ausgleich von Mengenabweichungen und den Handel mit Kapazitätsrechten festzulegen. In ihrer rechtlichen Struktur folgt die Verordnung weitgehend derjenigen für den Stromsektor.

76 Die Neufassung der beiden Verordnungen aus dem Jahr 2009[309] haben die Transparenz- und Informationsanforderungen erhöht[310] und den Anwendungsbereich auf die Funktionsbedingungen des Großhandelsmarktes erweitert. In die Gasfernleitungszugangsverordnung wurden auch Speicher- und Flüssigerdgasanlagen einbezogen. Einnahmen aus der Vergabe von Verbindungen sind zur Erhöhung der grenzüberschreitenden Verbindungskapazitäten zu verwenden. Vor allem aber wurde durch die Neufassung 2009 die rechtliche Grundlage für die beiden (Zwangs-)Verbünde der europäischen Übertragungs- (**ENTSO Strom**) und Fernleitungsnetzbetreiber (**ENTSO Gas**) geschaffen, die über die allgemeine Förderung der Zusammenarbeit hinaus im Rahmen des neuen institutionellen Gefüges der europäischen Energieregulierung[311] insbesondere zuständig sind für die Erarbeitung des zehnjährigen gemeinschaftsweiten Netzentwicklungsplans,[312] der Netzkodizes (u.a. Netzsicherheit, Netzanschluss und -zugang, Interoperabilität, Kapazitätsvergabe, Engpassmanagement) und weiterer „Instrumente" und Forschungspläne zum Netzbetrieb.

---

303 KOM (2001) 125 endg., S. 13 ff, 15: erforderlich sei nun „ein Rechtsinstrument für einen klaren Entscheidungsfindungsprozess", das auch die umfassende Beteiligung des Rates und des Europäischen Parlaments gewährleiste. *Lecheler/Gundel*, EuZW 2003, 621, 627.

304 Dazu mwN *Lecheler/Gundel*, EuZW 2003, 621, 628.

305 Art. 18 VO (EG) Nr. 714/2009; s. zB die VO (EU) Nr. 838/2010 der Kommission zur Festlegung von Leitlinien für den Ausgleichsmechanismus zwischen Übertragungsnetzbetreibern und für einen gemeinsamen Regelungsrahmen im Bereich der Übertragungsentgelte (ABl. L 250, S. 5).

306 Art. 19 VO (EG) Nr. 714/2009.

307 VO (EG) Nr. 1775/2005 (ABl. L 289, S. 1); zusammenfassend dazu *Schneider*, in: Schneider/Theobald, § 2 Rn 62.

308 Dazu *Barbknecht*, in: Baur/Salje/Schmidt-Preuß (Hrsg.), Regulierung, Kap. 16.

309 Dazu im Überblick *Schreiber*, N&R 2009, 154, 156 f.

310 Zu der innerhalb des ENTSO-Strom einzurichtenden zentralen Informationstransparenzplattform siehe die Einzelheiten der VO (EU) Nr. 543/2013 der Kommission über die Übermittlung und die Veröffentlichung von Daten in Strommärkten und zur Änderung des Anhangs I der Verordnung (EG) Nr. 714/2009 (ABl. L 163, S. 1).

311 Dazu im Zusammenhang unten Rn 119 ff.

312 S. dazu unten Rn 125.

E. Der rechtliche Rahmen für Energielieferverträge und Schutz der Kunden

Die Energielieferungsverträge,[313] also die schuldrechtlichen Verträge über die Belieferung eines Kunden (Händler oder Endkunde) mit Elektrizität oder Gas über Leitungen.[314] richten sich nach **allgemeinem Zivil- und Wettbewerbsrecht,** das nur partiell durch spezielle energierechtliche Regelungen überlagert und modifiziert wird. Das dritte Energiebinnenmarktpaket hat auf Initiative des Europäischen Parlaments insoweit eine Stärkung der **Verbraucherrechte** mit sich gebracht, die vor allem den Lieferantenwechsel erleichtern sollen.[315] Darüber hinaus wird ein prinzipiell neuer Regulierungsansatz erkennbar, weil die behördliche Kontrolle über die Regulierung der Netze hinausgehend auch auf die Lieferverträge erstreckt wird, um Marktmanipulationen zu verhindern.[316] 77

I. Belieferung von Haushaltskunden (Verbraucherschutz)

Modifikationen der allgemeinen privat- und wettbewerbsrechtlichen Regeln finden sich in erster Linie für solche Verträge, die die Belieferung von Haushaltskunden zum Gegenstand haben.[317] Das europäische und das nationale Energierecht tragen insoweit dem Umstand Rechnung, dass Energie keine beliebige Ware darstellt und die Verbraucher entsprechend dem **Konzept der Daseinsvorsorge,** das sich teilweise mit dem deckt, was in der neueren unionsrechtlichen Entwicklung als **service public,** Universaldienst oder Grundversorgung bezeichnet wird,[318] eines besonderen Schutzes bedürfen, und dass ein funktionsfähiger Wettbewerb um Haushaltskunden besonderer Vorkehrungen (zB zur Ausgestaltung des Lieferantenwechsels) bedarf. 78

1. Vorgaben der Energiebinnenmarktrichtlinien

Entsprechend diesem Grundprinzip sieht die Elektrizitätsbinnenmarktrichtlinie[319] die Verpflichtung der Mitgliedstaaten vor, sicherzustellen, dass alle **Haushaltskunden** über eine **Grundversorgung** verfügen, also das Recht auf Versorgung mit Elektrizität einer bestimmten Qualität zu angemessenen, leicht und eindeutig vergleichbaren und transparenten Preisen.[320] Für den Gasbereich besteht eine solche Verpflichtung der Mitgliedstaaten nicht. Hier gilt die allgemeine Befugnis, den Energieversorgungsunternehmen „im allgemeinen wirtschaftlichen Interesse Verpflichtungen" aufzuerlegen, die sich insbesondere auf **Versorgungssicherheit, Regelmäßigkeit, Qualität** und **Preis** der Versorgung beziehen können.[321] Darüber hinaus enthalten die Binnenmarktrichtlinien eine Reihe von Vorkehrungen zur Erleichterung des Lieferantenwechsels, zur **Information der Verbraucher** u.a. über den Anteil der einzelnen Energiequellen („**Produktinformation**" im Hinblick auf die „Herkunft" des Stroms), über ihre Rechte im Rahmen des **Streitbeilegungsverfahrens.**[322] Diese Vorgaben für den Kundenschutz sind nicht auf Haushaltskunden beschränkt, sondern gelten teilweise für alle Kunden (einschließlich der Großhändler), teilweise für Endkunden (Haushalts- und gewerbliche Kunden).[323] 79

313 Eine ausführliche Übersicht dazu geben *de Wyl/Soetebeer*, in: Schneider/Theobald, § 11.
314 Vgl die Definition von „Energie" in § 3 Nr. 14 EnWG.
315 Übersicht bei *Däuper*, N&R 2009, 214, 221 f.
316 S. Art. 41 EltRL, Art. 45 GasRL.
317 Zu der Ausgestaltungsmöglichkeit von Haushaltskundenverträgen *Steurer*, IR 2005, 218.
318 S. dazu nur das Weißbuch der Kommission zu Dienstleistungen von allgemeinem Interesse, KOM (2004) 374 endg.
319 Zusammenfassend zum verstärkten Verbraucherschutz im dritten Energiebinnenmarktpaket s. *Schneider*, in: Schneider/Theobald, § 2 Rn 69 mwN.
320 Art. 3 Abs. 3 EltRL.
321 Art. 3 Abs. 2 EltRL, Art. 3 Abs. 2 GasRL.
322 Art. 3 iVm Anhang I EltRL, Art. 3 iVm Anhang I GasRL.
323 Vgl die differenzierte Terminologie in Art. 3 EltRL und Art. 3 GasRL.

2. Die Umsetzung im deutschen Recht

a) Grund- und Ersatzversorgung

80 Das frühere deutsche Energierecht kannte die **allgemeine Anschluss- und Versorgungspflicht.** Entsprechend der unionsrechtlich vorgegebenen Trennung zwischen Netzbereich und Vertrieb wurde diese allgemeine Anschluss- und Versorgungspflicht im Energiewirtschaftsgesetz aufgespalten in eine allgemeine Anschlusspflicht[324] einerseits und allgemeine Belieferungspflichten andererseits, die nun als **Grund- bzw Ersatzversorgung** bezeichnet werden.[325]

81 Was die Verpflichtung zur Lieferung von Energie (Versorgungspflicht) angeht, so fehlt es in einer **wettbewerblich geordneten Energieversorgungslandschaft** zwangsläufig an einem (Monopol-)Versorger, dem diese Pflicht auferlegt werden könnte. Deshalb kann es einen „allgemeinen Versorger" in der seit Einführung des Energiewirtschaftsgesetzes von 1935 bekannten Form nicht mehr geben. An seine Stelle tritt im Bereich der Versorgung von **Haushaltskunden** der so genannte **Grundversorger,** den § 36 Abs. 2 EnWG als dasjenige Unternehmen definiert, das zu einem Stichtag[326] die meisten Haushaltskunden beliefert.[327] Dieser Grundversorger hat nach § 36 Abs. 1 EnWG allgemeine Bedingungen und allgemeine Preise für die Versorgung in Niederspannung oder Niederdruck öffentlich bekannt zu geben und zu diesen Bedingungen und Preisen jeden Haushaltskunden zu versorgen.

82 Für alle Letztverbraucher – also auch diejenigen, die nicht Haushaltskunden sind[328] – begründet § 38 EnWG darüber hinaus ein **gesetzliches Schuldverhältnis** für den Fall, dass die Energieversorgung in Niederspannung oder Niederdruck ohne vertragliche Grundlage allein auf Grund der Entnahme von Energie erfolgt (sog. Ersatzbelieferung). Dieses Rechtsverhältnis endet aber spätestens drei Monate nach Beginn der **Ersatzversorgung.**

b) Preise und Versorgungsbedingungen, Verbraucherinformationen

83 Die Einzelheiten der **Bedingungen für die Grund- und Ersatzversorgung** von **Haushaltskunden** können durch Rechtsverordnungen des Bundesministeriums für Wirtschaft und Arbeit festgelegt werden.[329] Von dieser Verordnungsermächtigung wurde mit den beiden Rechtsverordnungen über die Allgemeinen Bedingungen für die Grundversorgung von Haushaltskunden und die Ersatzversorgung mit Elektrizität und Gas[330] Gebrauch gemacht. § 39 Abs. 1 EnWG enthält darüber hinaus auch noch eine Verordnungsermächtigung hinsichtlich der **„Gestaltung der Allgemeinen Preise"** der Grundversorgung, die allerdings – entsprechend dem auch für Haushaltskunden realisierten Marktmodell – die Einführung einer Genehmigungspflicht für Tarife ebenso wenig deckt wie sie eine Preishöhenfestsetzung durch Rechtsverordnung eröffnen will. Es geht bei dieser Verordnungsermächtigung vielmehr um Vorgaben eines **Preisstrukturrechts,**[331] die allerdings bislang nicht normiert wurden. Die auf der Grundlage des alten Rechts ergangene **Bundestarifordnung Elektrizität (BTOElt)** und mit ihr auch der Genehmigungsvorbehalt für Strompreise bei Haushaltskunden ist zum 1.7.2007 außer Kraft getreten.[332] Die Energiepreise für Letztverbraucher einschließlich der

324 § 18 EnWG; dazu bereits oben Rn 63 im Zusammenhang mit dem Netzzugang.

325 §§ 36 bis 41 EnWG; dazu *Nill-Theobald/Theobald*, IR 2005, 175, 176; *de Wyl*, in: Schneider/Theobald, § 14.

326 Festzustellen alle drei Jahre jeweils zum 1.7.

327 In Streitfällen entscheidet die nach Landesrecht zuständige Behörde; zum Schicksal der alten Lieferverträge bei Übergang der Verpflichtung zur Grundversorgung auf ein anderes Unternehmen – nach altem Recht – vgl LG Köln, RdE 2002, 42, einerseits (Übergang auch der Verträge) und LG Stuttgart, ZNER 2005, 78 (kein Übergang) andererseits. Zu der Grundversorgungsthematik: *Hampel*, ZNER 2004, 117; ausführlich *Schiller*, Gewährleistungsverantwortung, S. 283 ff.

328 Deren Jahresverbrauch also über 10.000 Kilowattstunden liegt; s. § 3 Ziff. 22 und 25 EnWG.

329 § 39 Abs. 2 EnWG.

330 Zu diesen zwei Rechtsverordnungen s.o. Rn 18.

331 Dazu mwN *Hellermann*, in: Britz/Hellermann/Hermes, EnWG, § 39 Rn 25.

332 Art. 5 Abs. 3 des Zweiten Gesetzes zur Neuregelung des Energiewirtschaftsrechts (BGBl. I 2005, S. 1970, ber. S. 3621). Die frühere BTOGas war bereits im Zuge der Energierechtsreform 1998 aufgehoben worden.

Haushaltskunden sind damit dem Wettbewerb und seiner zivil- und kartellrechtlichen Kontrolle[333] überlassen worden.

Zweifel an der korrekten Umsetzung der Richtlinienbestimmungen zum Schutz der Haushaltskunden[334] beziehen sich in erster Linie auf die **Regelungen zu einseitigen Preisänderungen**[335] durch das Versorgungsunternehmen. Zweifel an der ausreichenden Transparenz und tatbestandlichen Bestimmtheit dieser Preisanpassungsregeln haben den BGH zu Vorlagen an den EuGH veranlasst.[336] Nach der Entscheidung des EuGH zur parallelen Problematik im Sondervertragskundenbereich[337] und der entsprechenden Anpassung der Rechtsprechung des BGH[338] erscheint die Unionsrechtskonformität des einseitigen Preisänderungsrechts nach § 5 Abs. 3 der Grundversorgungsverordnungen sehr fraglich.[339] 84

Was die unionsrechtlich vorgeschriebene **Information der Verbraucher** über die „Herkunft" des Stroms angeht, so enthält § 42 EnWG die erforderliche Umsetzung. Die Norm verpflichtet die Elektrizitätsversorgungsunternehmen, in ihren Rechnungen an Letztverbraucher den **Anteil der einzelnen Energieträger** (Kernkraft, fossile Energieträger etc.) an dem **Gesamtenergieträgermix** anzugeben, den der Lieferant in einem vergangenen Zeitraum verwendet hat. Zusätzlich sind zumindest in Bezug auf Kohlendioxidemissionen und radioaktiven Abfall Angaben darüber zu machen, welche Umweltauswirkungen auf den genannten Gesamtenergieträgermix zurückzuführen sind.[340] 85

c) Lieferverträge außerhalb der Grundversorgung

Da der unionsrechtlich vorgeschriebene Schutz der Haushaltskunden nicht auf die Grundversorgung im Sinne des § 36 EnWG beschränkt ist, bedurfte es über die erwähnten Grundversorgungsverordnungen hinaus gesonderter Anforderungen für den Schutz von Haushaltskunden außerhalb der Grundversorgung. Diese Funktion erfüllt § 41 EnWG,[341] der immer dann zu Anwendung kommt, wenn ein Versorgungsunternehmen die Versorgung **nicht** zu den **öffentlich bekannt gemachten Bedingungen und Preisen** im Rahmen der nach § 36 Abs. 1 begründeten Versorgungspflicht, sondern unabhängig davon im Rahmen der allgemeinen Vertragsfreiheit anbietet.[342] Für solche Sonderverträge normiert § 41 EnWG Mindestanforderungen und enthält darüber hinaus in Absatz 5 eine Verordnungsermächtigung, die eine lückenlose Umsetzung der Richtlinienanforderungen ermöglicht, wozu bislang allerdings offenbar noch kein Anlass bestand. 86

II. Belieferung sonstiger Kunden

Was die **Energielieferung an Nichthaushaltskunden**[343] angeht, so kommt den Gesichtspunkten des Verbraucherschutzes hier geringere Bedeutung zu. Dementsprechend bezieht sich die unionsrechtliche Verpflichtung der Mitgliedstaaten zur Gewährleistung einer Grundversorgung (Art. 3 Abs. 3 87

333 Zur Kontrolle der Energielieferpreise nach § 29 GWB und nach § 315 BGB s. nur *Becker/Blau*, in: Schneider/Theobald, § 12; zur Kontrolle nach § 29 GWB s. auch *Schiller*, Gewährleistungsverantwortung, S. 355 ff.

334 S. die Übersicht über die 2011 neu eingeführten Verbraucherschutzregelungen im EnWG bei *Theobald/Gey-Kern*, EuZW 2011, 896, 897 f.; Zweifel an der richtlinienkonformen Ausgestaltung des Verbraucherschutzrechts im EnWG äußert *Salje*, in: Gundel/Lange, Umsetzung, S. 1, 17 ff.

335 Geregelt in § 5 Abs. 2 StromGVV und in § 5 Abs. 2 GasGVV.

336 BGH v. 18.5.2011 – VIII ZR 71/10, RdE 2011, 370 (noch zur Vorgängerregelung in § 4 Abs. 1 und 2 AVBGasV); BGH v. 29.6.2011 – VIII ZR 211/10, RdE 2011, 372 (zur AVBEltV und § 5 Abs. 2 StromGVV); dazu auch *Büdenbender*, NJW 2013, 3601, 3604; s. auch OLG Oldenburg v. 14.12.2010 – 12 U 49/07, RdE 2011, 152.

337 EuGH, Rs. C-92/11 (RWE Vertrieb AG), NJW 2013, 2253; s. dazu nur *Säcker*, BB 2013, 1859 ff; *Büdenbender*, NJW 2013, 3601 ff; *Markert*, ZNER 2013, 257 f.

338 BGH 31.7.2013 – VIII ZR 162/09, NJW 2013, 3647.

339 S. dazu auch die Schlussanträge des Generalanwalts N. Wahl in den verbundenen Rechtssachen C-359/11 und C-400/11.

340 *Kühne/Brodowski*, NVwZ 2005, 849, 857; *Tödtmann*, ZNER 2005, 118.

341 Einzelheiten dazu bei *Hellermann*, in: Britz/Hellermann/Hermes, EnWG, § 41 Rn 1 ff.

342 Dazu etwa BGH v. 15.7.2009 – VIII ZR 225/07, NJW 2009, 2662, 2663; BGH v. 15.7.2009 – VIII 56/08, NJW 2009, 2667, 2668; BGH v. 11.5.2011 – VIII ZR 42/10, NJW 2011, 2736, 2738 f.

343 S. dazu die Definition des Nichthaushaltskunden in Art. 2 Nr. 11 EltRL, Art. 2 Nr. 26 GasRL.

EltRL) nur auf Haushaltskunden. Allerdings sind die weiteren Kundenschutzanforderungen (zB betr. Lieferantenwechsel, Kundeninformation) der Binnenmarktrichtlinien nicht auf Haushaltskunden beschränkt, sondern beziehen entweder alle **Kunden** oder zumindest alle **Endkunden** ein.[344] Die **rechtlichen Rahmenbedingungen** für die Belieferung von Nichthaushaltskunden, die sich ansonsten aus dem allgemeinen Zivil- und Wettbewerbsrecht ergeben, müssen also energiemarktspezifische Kundenschutzanforderungen nach Art. 3 EltRL und Art. 3 GasRL, jeweils in Verbindung mit Anhang I zu den Richtlinien erfüllen.

88 Diese Anforderungen des Kundenschutzes, soweit es nicht um Haushaltskunden geht, sucht das deutsche Recht durch § 40 EnWG umzusetzen. Die dort normierten Anforderungen u.a. an Tarife, Rechnungen gelten für alle **Letztverbraucher**, gem. § 2 Nr. 25 EnWG also nicht für Großhändler. Demgegenüber formuliert das Unionsrecht in Art. 3 und in Anhang I der Binnenmarktrichtlinien Anforderungen, die für alle **„Kunden"** im Sinne der Richtlinie gelten, wozu auch **Großhändler** gehören. Der deutsche Gesetzgeber hat mit der von den Richtlinien abweichenden Terminologie offenbar auch das Risiko eingegangen, den unionsrechtlich vorgegebenen Kundenschutz nur unvollständig umzusetzen.

89 Im Zusammenhang mit dem Schutz der Nichthaushaltskunden verdient die **Richtlinie 2008/92/EG zur Gewährleistung der Transparenz der vom industriellen Endverbraucher zu zahlenden Gas- und Strompreise** Erwähnung. Sie soll den Wettbewerb um industrielle Energieverbraucher durch Preistransparenz stärken und vor Verfälschungen schützen. Zu diesem Zweck müssen die Mitgliedstaaten sicherstellen, dass die Energieversorgungsunternehmen ihre Industrieabnehmerpreise, ihr Preissystem und die Verteilung ihrer Kunden auf verschiedene Verbraucherkategorien dem Statistischen Amt der EU und den zuständigen nationalen Behörden mitteilen. Stößt das Amt bei den übermittelten Daten auf Auffälligkeiten oder Unstimmigkeiten, kann es die Mitgliedstaaten auffordern, ihm Zugang zu den Grunddaten bei den Unternehmen zu verschaffen. Auf diese Weise wird das Amt in die Lage versetzt, aggregierte Daten zu veröffentlichen, die zur **Transparenz der Industrieabnehmerpreise** beitragen können. Eine Umsetzung in deutsches Recht ist offenbar nicht erfolgt, weil der Bundesverband der Energie- und Wasserwirtschaft e.V. (BDEW) im Auftrag des Bundesministeriums für Wirtschaft und Energie die erforderlichen Angaben an Eurostat meldet, ohne dass sich dabei die Notwendigkeit einer gesetzlichen Regelung ergeben hat.

90 Im Übrigen kommt bei allen Lieferverträgen für Nichthaushaltskunden das allgemeine Zivilrecht, das AGB-Recht sowie das Kartellrecht mit seinen **Vorschriften zum Missbrauch einer marktbeherrschenden Stellung** zur Anwendung.[345] In diesem Zusammenhang hat insbesondere die Frage der **Wirksamkeit langfristiger Lieferverträge mit Alleinbezugsverpflichtungen** die Kartellbehörden und die Gerichte beschäftigt.[346] Im Rahmen der kartellrechtlichen Preiskontrolle stellt sich die Frage, inwieweit die von den Energieversorgungsunternehmen veröffentlichten Netznutzungsentgelte für die Zwecke der Bewertung der Rechtmäßigkeit von Energielieferpreisen nach §§ 19, 20 GWB oder nach Art. 102 AEUV als bindend zugrunde zu legen sind.[347] Soweit es dabei um die Anwendung des Art. 102 AEUV geht, ist eine Bindung der kartellbehördlichen Kontrolle an regulierungsbehördliche Vorentscheidungen nicht unproblematisch, wenn eine Überprüfung von Preisen am Maß-

---

344 Vgl dazu zunächst die systematische Zuordnung und Abgrenzung der Begriffe „Kunde", „Großhändler", „Endkunde", „Haushalts-Kunde", „Nichthaushaltskunde" in Art. 2 Nrn. 7 bis 11 EltRL, sodann den auf dieser Grundlage differenzierten Anwendungsbereich der verschiedenen Kundenschutzanfoderungen in Art. 3 EltRL und schließlich die Konkretisierung der Kundenschutzanforderungen im Anhang I zur EltRL, die sich auf alle „Kunden" bezieht.

345 Vgl etwa die ausführlichen Nachweise bei *de Wyl/Soetebeer*, in: Schneider/Theobald, § 11.

346 Art. 32 Abs. 3 GasRL verweist hinsichtlich langfristiger Verträge ausdrücklich auf das Wettbewerbsrecht; zum Problem OLG Stuttgart, RdE 2002, 182; OLG Düsseldorf, RdE 2002, 44; vgl *Bunte*, Langfristige Gaslieferverträge nach nationalem u. europäischem KartellR, S. 17 f mwN.

347 § 111 Abs. 3 EnWG bejaht diese Frage, soweit nicht ein anderes durch eine sofort vollziehbare oder bestandskräftige Entscheidung der Regulierungsbehörde oder ein rechtskräftiges Urteil festgestellt worden ist.

stab des primären Unionrechts durch ein nationales Gesetz ausgeschlossen oder eingeschränkt werden soll.[348]

F. Versorgungssicherheit

Vor dem Hintergrund von Befürchtungen, die Überführung des Energiesektors in eine **wettbewerbliche Ordnung** könne langfristig zu **Versorgungsengpässen und Störungen** führen,[349] haben Fragen der Versorgungssicherheit bereits in den Energiebinnenmarktrichtlinien des Jahres 2003 eine deutlich intensivere Berücksichtigung gefunden als in den vorangegangenen Richtlinien.[350] Insbesondere die zunehmende Bedeutung des Erdgases für die Energieversorgung und die damit einhergehende steigende **Abhängigkeit von Erdgasimporten**[351] haben das Thema der Versorgungssicherheit zum Gegenstand europäischer Politik gemacht. 91

Allgemein werden die Mitgliedstaaten sowohl für den Elektrizitäts- als auch für den Gassektor dazu verpflichtet, eine **systematische Beobachtung der Energieversorgungssituation („Monitoring" der Versorgungssicherheit)** einzuführen.[352] Sie hat sich zu beziehen auf das Verhältnis von Angebot und Nachfrage, auf die zu erwartende Nachfrageentwicklung und die projektierten neuen Kapazitäten, auf die Qualität und den Umfang der Netzwartung sowie auf Maßnahmen zur Bedienung von Nachfragespitzen und zur Bewältigung von Ausfällen eines oder mehrerer Versorger. Der deutsche Gesetzgeber hat diese Aufgabe in § 51 EnWG dem Bundesministerium für Wirtschaft und Arbeit zugewiesen und es mit den erforderlichen Befugnissen zur Erhebung von Informationen bei den Energieversorgungsunternehmen ausgestattet. 92

Für den Fall, dass sich als Ergebnis dieser Beobachtungen drohende Versorgungslücken oder -engpässe zeigen, hält das europäische wie auch das deutsche Energierecht allerdings nur begrenzte staatliche **(Zwangs-)Instrumente** bereit. Zu erwähnen ist in diesem Zusammenhang zunächst die in den Binnenmarktrichtlinien vorgesehene[353] und in den §§ 11 ff EnWG umgesetzte Möglichkeit, den Netzbetreibern Mindestanforderungen in Bezug auf Netzwartung und -ausbau aufzuerlegen. Daneben sind die Instrumente von Bedeutung, die **günstige Rahmenbedingungen** dafür schaffen sollen, dass die Energieversorgungsunternehmen die erforderlichen Investitionen zur Vermeidung von Versorgungsengpässen tätigen. Hierher gehört insbesondere die in Art. 36 GasRL zugelassene Möglichkeit, neu zu errichtende Infrastrukturen auf Antrag vom Zugang Dritter auszunehmen, wenn sie die Versorgungssicherheit verbessern und ohne die Freistellung ihre Realisierung unterbliebe.[354] Eine vergleichbare Ausnahmeregelung findet sich in der Verordnung über den grenzüberschreitenden Stromhandel, soweit es um neue grenzüberschreitende Verbindungsleitungen geht.[355] In die gleiche Richtung zielt die **Richtlinie 2005/89/EG** über Maßnahmen zur Gewährleistung der **Sicherheit der Elektrizitätsversorgung** und von Infrastrukturinvestitionen, indem sie die Anforderungen an die Betriebssicherheit der Netze, an die Erhaltung des Gleichgewichts zwischen Elektrizitätsnachfrage und verfügbarer Erzeugungskapazität präzisiert und darüber hinaus die Mitgliedstaaten 93

---

348 Dazu *Kühne/Brodowski*, NVwZ 2005, 849, 856.

349 Mitteilung der Kommission „Energiebinnenmarkt: Abgestimmte Maßnahmen im Bereich der Energieversorgungssicherheit", KOM (2002) 488 endg. v. 11.9.2002; zum Schreckbild der kalifornischen Stromkrise s. nur *Horn*, RdE 2003, 85, 86 ff.

350 Zu mitgliedstaatlichen Schutzmaßnahmen bei plötzlichen Marktkrisen im Energiesektor s. Art. 24 EltRL 2003 (Art. 42 EltRL); dazu EuGH, Rs. C-242/10 (Enel Produzione SpA), Slg 2011, I-13665 ff, Rn 35.

351 S. nur Erwägungsgrund 1 der RL 2004/67/EG über Maßnahmen zur Gewährleistung der sicheren Erdgasversorgung (ABl. L 127, S. 92).

352 Art. 4 EltRL bzw Art. 5 GasRL.

353 Art. 12 EltRL für die Übertragungsnetze, Art. 13 GasRL für die Fernleitungsnetze.

354 Die Genehmigung eines solchen Antrags durch die mitgliedstaatliche Regulierungsbehörde ist gem. Art. 36 Abs. 8 GasRL der Kommission mitzuteilen, die binnen 2 Monaten Änderung oder Widerruf verlangen kann.

355 Art. 17 VO (EG) Nr. 714/2009.

verpflichtet, durch rechtliche Rahmenbedingungen Investitionssignale für den Ausbau, die Instandhaltung und die Erneuerung von Elektrizitätsnetzen zu setzen.[356]

94 Die **Verordnung** (EU) **Nr. 994/2010** über Maßnahmen zur **Gewährleistung der sicheren Erdgasversorgung**, die eine entsprechende Richtlinie aus dem Jahr 2004[357] abgelöst hat, beruht auf den Erfahrungen mit dem russisch-ukrainischen Gasstreit aus dem Jahr 2009.[358] Angesichts der offensichtlichen Defizite der Vorgänger-Richtlinie sucht die Verordnung neue Wege.[359] Das reibungslose Funktionieren des Binnenmarktes für Erdgas soll gem. Art. 1 der VO dadurch bewerkstelligt werden, dass außerordentliche Maßnahmen für den Fall ermöglicht werden, „dass der Markt die notwendigen Erdgaslieferungen nicht mehr bereitstellen kann". Die Verantwortung für eine sichere Erdgasversorgung wird gemeinsam den Erdgasunternehmen, den Mitgliedstaaten und der Kommission zugewiesen. Die zuständigen nationalen Behörden stellen unter Aufsicht der Kommission[360] einen **Präventions- und einen Notfallplan**[361] auf, die vorgegebene Infrastrukturstandards (ausreichende Kapazität bei Ausfall der größten einzelnen Gasinfrastruktur)[362] erfüllen müssen.[363] Zu diesen Standards gehört etwa auch, dass die Leitungen Kapazitäten für **Lastflüsse in beide Richtungen** aufweisen. Soweit eine Investition für die Schaffung von Kapazitäten für Lastflüsse in beide Richtungen vom Markt nicht benötigt wird[364] und wenn durch diese Investition Kosten in mehr als einem Mitgliedstaat oder in einem Mitgliedstaat zum Nutzen eines oder mehrerer anderer Mitgliedstaaten entstehen, entscheiden die nationalen Regulierungsbehörden aller betreffenden Mitgliedstaaten gemeinsam über die Kostenaufteilung, bevor eine Entscheidung über die Investition getroffen wird. Die erforderlichen Regelungen über die Zuständigkeiten für Maßnahmen auf der Grundlage der Verordnung trifft § 54 a EnWG.

95 Schließlich sei im Zusammenhang mit der Versorgungssicherheit erwähnt, dass der Energiesektor neben dem Verkehr zu den beiden Sektoren gehört, auf die die **Richtlinie 2008/114/EG** über die europäischen kritischen Infrastrukturen Anwendung findet, die ein Verfahren zur Ermittlung und Ausweisung **europäischer kritischer Infrastrukturen („EKI")** sowie einen gemeinsamen Ansatz für die Bewertung der Notwendigkeit entwickelt, diese besser zu schützen.[365]

G. Umweltverträgliche Stromproduktion und Energieeffizienz

96 Neben und in engem Zusammenhang mit den **Fragen der Versorgungssicherheit**[366] hat die EU in jüngster Zeit dem **Umweltschutz in der Energieversorgung** verstärkte Aufmerksamkeit gewidmet. Dies betrifft zum einen den Einsatz ressourcenschonender und klimaverträglicher Primärenergie zur Produktion von Strom und Wärme (Förderung **erneuerbarer Energien**) und zum anderen den effizienten Einsatz von Energie bei der Umwandlung in Strom (u.a. Förderung der **Kraft-Wärme-Kopplung**) wie auch bei der Umwandlung von Strom in Nutzenergie (Energieeffizienz von Gebäuden und Verbrauchsgeräten).

---

356 Dazu, dass diese Vorgaben sehr allgemein bleiben und den Mitgliedstaaten erhebliche Umsetzungsspielräume lassen, s. nur *Ludwigs*, Energierecht, in: Ruffert (Hrsg.), Europ. Sekt. Wirtschaftsrecht, § 5 Rn 261; einen Überblick über die RL 2005/89/EG gibt *Schmidt-Preuß*, in: Baur/Salje/Schmidt-Preuß (Hrsg.), Regulierung, Kap. 13.

357 RL 2004/67/EG.

358 Dazu der VO-Vorschlag der Kommission, KOM (2009) 363 endg., S. 2.

359 Überblick bei *Hohaus/Würzberg*, in: Baur/Salje/Schmidt-Preuß (Hrsg.), Regulierung, Kap. 14 Rn 23 ff.

360 Art. 4 Abs. 7 und 8 VO (EU) Nr. 994/2010.

361 S. BMWi (Hrsg.), Notfallplan Gas für die Bundesrepublik Deutschland gemäß Art. 4 der Verordnung (EU) Nr. 994/2010 (Stand 2012).

362 Sog. n-1-Formel nach Anhang I der Verordnung.

363 Art. 6 VO (EU) Nr. 994/2010.

364 Weil sich der Markt auf den Normalfall des Lastflusses in eine Richtung (von den Lieferländern zu den Verbrauchsschwerpunkten) einstellt.

365 S. dazu die Verordnung zum Schutz von Übertragungsnetzen vom 6.1.2012 (BGBl. I, S. 69).

366 Zum „magischen Dreieck aus Sicherheit, Versorgungssicherheit und Preisbildung" in der Energieversorgung, wie auch zu ihrer Umweltbedeutung vgl nur *Sparwasser/Engel/Voßkuhle*, Umweltrecht, 5. Aufl. 2003, § 7 Rn 1 ff; informativ auch *Schneider*, in: Schneider/Theobald, § 21 Rn 1 ff.

I. Förderung erneuerbarer Energien

Was zunächst die Förderung erneuerbarer Energien angeht, so bildet die **Richtlinie 2009/28/EG zur Förderung der Nutzung von Energie aus erneuerbaren Quellen** (EE-RL 2009), die die entsprechende Richtlinie aus dem Jahr 2001 abgelöst hat,[367] den unionsrechtlichen Rahmen für die Maßnahmen der Mitgliedstaaten auf diesem Gebiet. Zu dem Zweck, die Steigerung des Anteils erneuerbarer Energiequellen an der Stromerzeugung im Elektrizitätsbinnenmarkt zu fördern, enthielt bereits die Richtlinie 2001 sog. **Referenzwerte** (Deutschland: 12,5 %) für den prozentualen Anteil des Jahresverbrauchs von Strom aus erneuerbaren Energiequellen. Diesen Referenzwert hatten die Mitgliedstaaten bei der Festlegung ihrer eigenen „Richtziele" zu berücksichtigen.[368] Auf der Grundlage dieser nationalen Richtziele und der zu ihrer Verwirklichung geplanten Maßnahmen wurden die Mitgliedstaaten umfangreichen **Berichtspflichten** unterworfen, hatten einen Herkunftsnachweis für Strom aus erneuerbaren Quellen zu gewährleisten und mussten sicherstellen, dass die Produzenten solchen Stroms an die Übertragungs- und Verteilungsnetze nach vorgegebenen Regeln angeschlossen werden.[369] Abgesehen von diesen Vorgaben ließ die Richtlinie den Mitgliedstaaten weitestgehend freie Hand bei der Wahl des Modells, mit dessen Hilfe die Richtziele erreicht werden sollen.[370] 97

Bei diesem Konzept bleibt auch die zuletzt 2013 geänderte **EE-RL 2009**.[371] Allerdings wurde der Anwendungsbereich über die Stromerzeugung hinaus auf den Gesamtenergieverbrauch einschließlich des Verkehrssektors und des Wärmemarktes ausgedehnt. Außerdem wurde die Vorgabe nationaler Quoten für das Jahr 2020 (Deutschland: 18%) nunmehr verbindlich gemacht und wird mit einem indikativen Zielpfad mit Zweijahresabständen verbunden.[372] Mit Hilfe welcher Maßnahmen dieses Ziel erreicht werden soll, überlässt auch diese Richtlinie weitestgehend den Mitgliedstaaten. In Art. 3 Abs. 3 EE-RL werden lediglich **„Förderregelungen"** genannt. Unterschiedliche nationale Fördermodelle bleiben also unionsrechtlich zulässig. Dass diese Förderregelungen auf die Produktion von „Grünstrom" in dem jeweiligen Mitgliedstaat beschränkt werden dürfen, regelt die Richtlinie ausdrücklich in Art. 3 Abs. 3 Satz 2.[373] Außerdem werden die Mitgliedstaaten – neben anderen prozeduralen (Berichts-)Pflichten[374] – auf die Verabschiedung eines **nationalen Aktionsplans** für erneuerbare Energie verpflichtet, der spätestens bis zum 30. Juni 2010 der Kommission mitzuteilen war[375] und zu dem die Kommission eine Empfehlung abgeben kann. Darüber hinaus enthält die Richtlinie detaillierte Regelungen über Kooperationsformen zwischen den Mitgliedstaaten und mit Drittländern, die die zulässigen Ausnahmen von dem Grundsatz definieren, dass die für das nationale Ziel berücksichtigungsfähige Energiemenge in dem Mitgliedstaat selbst erzeugt werden muss. Schließlich enthält die Richtlinie Mindestanforderungen, die zur Förderung erneuerbarer Energien bei der rechtlichen Ausgestaltung von Verwaltungsverfahren, technischen Spezifikationen und Bauvorschriften sowie bei den Regeln über den Netzzugang und Netzbetrieb zu gewährleisten sind.[376] 98

---

367 RL 2001/77/EG (ABl. L 283, S. 33); dazu *Oschmann*, Strom aus erneuerbaren Energien im Europarecht.

368 Art. 3 Abs. 2 der RL 2001/77/EG.

369 Vgl Art. 3, 5 und 7 der RL 2001/77/EG.

370 Zu diesen verschiedenen Modellen *Schneider*, in: Schneider/Theobald, § 21 Rn 21 ff.

371 Zu den Kontroversen im Rahmen der Vorbereitung der EE-RL siehe nur die Nachweise bei *Schneider*, in: Schneider/Theobald, § 21 Rn 33 ff.

372 Art. 3 Abs. 1 und 2 iVm Anhang I der EE-RL.

373 Erwägungsgrund 25 der EE-RL stellt insoweit auf das „ungestörte Funktionieren der nationalen Förderregelungen" ab; zu dieser sekundärrechtlichen Legalisierung diskriminierender Fördersysteme *Müller*, in: Cremer/Pielow (Hrsg.), Energieumweltrecht, S. 142, 164 ff.

374 Dazu *Müller*, in: Cremer/Pielow (Hrsg.), Energieumweltrecht, S. 142, 159 f.

375 Die nationalen Aktionspläne sind abrufbar unter ec.europa.eu/energy/renewables/action_plan_de.htm.

376 Überblick dazu und zum Umsetzungsbedarf in Deutschland bei *Lehnert/Vollprecht*, ZUR 2009, 307, 314 ff; *Ringel/Bitsch*, NVwZ 2009, 807, 810 f.; *Ludwigs*, Energierecht, in: Ruffert (Hrsg.), Europ. Sekt. Wirtschaftsrecht, § 5 Rn 226 ff.

99 Der deutsche Gesetzgeber hatte sich bereits in dem Stromeinspeisungsgesetz aus dem Jahr 1990[377] für das **Modell einer gesetzlichen Abnahmepflicht** für Strom aus erneuerbaren Energiequellen zu gesetzlich festgelegten **Mindestpreisen**, verbunden mit einer Anschlusspflicht, entschieden.[378] Die **Vereinbarkeit dieses Modells sowohl mit dem Unionsrecht**[379] als auch mit dem nationalen Verfassungsrecht stand nach Entscheidungen des Europäischen Gerichtshofs,[380] des Bundesgerichtshofs[381] und auch des Bundesverfassungsgerichts[382] über lange Zeit weitgehend außer Streit.[383] Vor dem Hintergrund zwischenzeitlicher Änderungen des deutschen Förder- und Umlagesystems, die den staatlichen Einfluss auf das von den Übertragungsnetzbetreibern „verwaltete" Umlagesystem erhöht haben, und angesichts des fortschreitenden Energiebinnenmarktes wurde allerdings in der jüngeren Vergangenheit die Vereinbarkeit des deutschen EEG-Fördersystems sowohl mit dem Beihilferecht als auch mit der Warenverkehrsfreiheit wieder in Frage gestellt.

100 Was zunächst die **beihilferechtliche Beurteilung** des deutschen Fördersystems angeht, so hatte der EuGH 2001 festgestellt, dass die Begünstigung weder unmittelbar noch mittelbar aus staatlichen Mitteln gewährt werde.[384] Diese Einschätzung hat die Kommission aufgrund der zwischenzeitlich eingetretenen Änderungen des Umlagesystems in Zweifel gezogen und 2013 das Verfahren nach Art. 108 Abs. 2 AEUV betreffend das EEG 2012 eingeleitet,[385] welches insbesondere auf die weitgehende Befreiung der stromintensiven Industrie[386] von der EEG-Umlage zielt.[387] Dabei geht die Kommission davon aus, dass das gesamte EEG-Umlagesystem von den Übertragungsnetzbetreibern im Auftrag und unter Kontrolle des Staates verwaltet wird,[388] dass der Staat die Verwaltung der betreffenden Mittel kontrollieren, steuern und beeinflussen kann und dass folglich die Erlöse aus der EEG-Umlage als staatliche Mittel zu qualifizieren sind, weshalb auch die Verringerung bzw. eine Begrenzung der EEG-Umlage zugunsten stromintensiver Unternehmen einen Verzicht auf staatliche Mittel darstellt und somit eine Beihilfe im unionsrechtlichen Sinne bewirkt.[389] Nach dem politischen Kompromiss, der im Zuge der Novellierung des EEG im Jahr 2014 zwischen der Bundesregierung und der Kommission erzielt wurde[390] und der offenbar den Hintergrund[391] des Kom-

377 StromEinspG v. 7.12.1990 (BGBl. I, S. 2633).

378 Gesetzlicher Änderungsbedarf zeigte sich bereits 1999, der dann zum EEG 2000 führte. Zur Entwicklung der kontinuierlich weiterentwickelten Förderregelung seit dem EEG 2000 s. den Überblick bei *Schneider*, in: Schneider/Theobald, § 21 Rn 26 ff.

379 Dazu die ausführlichen Nachweise bei *Schneider*, in: Schneider/Theobald, § 21 Rn 138 ff.

380 EuGH, Rs. C-379/98 (PreussenElektra), Slg 2001, I-2099.

381 BGH v. 14.7.2004 – VIII ZR 345/03, VersorgW 2004, 276 ff; BGH v. 26.11.2003 – VIII ZR 89/03, NVwZ 2004, 766 ff; BGH v. 11.6.2003 – VIII ZR 160/02, NVwZ 2003, 1143 ff; BGH v. 11.6.2003 – VIII ZR 161/02, ZNER 2003, 234 ff; BGH v. 11.6.2003 – VIII ZR 322/02, VersorgW 2003, 181 f.

382 BVerfG v. 3.1.2002 – 2 BvR 1827/01, NVwZ-RR 2002, 321 f; BVerfG v. 3.1.2002 – 2 BvR 1828/01, NVwZ-RR 2002, 322 f.

383 Zusammenfassend zur Unionsrechtskonformität *Schneider*, in: Schneider/Theobald, § 21 Rn 138 ff.

384 EuGH, Rs. C-379/98 (PreussenElektra), Slg 2001, I-2099 (Rn 58 ff).

385 KOM C(2013) 4425 final vom 18.12.2013.

386 Nach der bis 2014 geltenden Fassung des EEG hatten Unternehmen mit einem Strombezug von mindestens 1 GWh zunächst einen Selbstbehalt bis einschließlich 1 GWh zu tragen. Für den Stromanteil über 1 bis einschließlich 10 GWh erfolgte eine Begrenzung auf 10 % der EEG-Umlage, für den Stromanteil über 10 bis einschließlich 100 GWh auf 1 % der EEG-Umlage und für den Stromanteil über 100 GWh auf 0,05 ct/kWh. Bei Unternehmen mit einem Strombezug von über 100 GWh und einem Verhältnis der Stromkosten zur Bruttowertschöpfung von mehr als 20 % erfolgte für den gesamten Strombezug eine Begrenzung auf 0,05 ct/kWh.

387 Aus der Literatur im Vorfeld s. etwa *Ismer/Karch*, ZUR 2013, 526; *Schlacke/Kröger*, NVwZ 2013, 313; *Greinacher*, ER 2013, 97.

388 KOM C(2013) 4425 final vom 18.12.2013, Tz. 109 f.

389 KOM C(2013) 4425 final vom 18.12.2013, Tz. 137, 138, 139, 148.

390 S. die Veröffentlichung des Bundesministeriums für Wirtschaft und Energie (www.bmwi.de/DE/Themen/energie,did=646128.html).

391 Die Kommission hat die Vereinbarkeit des EEG 2014 mit dem Beihilferecht auf der Grundlage der neuen Leitlinien für Umweltschutz- und Energiebeihilfen 2014-2020, ABl. 2014 C 200, S. 1, geprüft; s. zur Vereinbarkeit des EEG 2014 mit diesen Leitlinien auch *Frenz*, ZNER 2014, 345.

missionsbeschlusses vom 23.7.2014 bildete, das Fördersystem des EEG 2014 zu genehmigen,[392] bleibt die juristische Frage nach der Beihilfequalität des EEG-Umlagesystems in der Schwebe.

Was die Vereinbarkeit der durch die nationalen Förderregime bewirkten **Benachteiligung des in anderen Mitgliedstaaten erzeugten „Grünstroms"** mit der **Warenverkehrsfreiheit** angeht, so hatte der EuGH 2001 maßgeblich darauf abgestellt, dass der Elektrizitätsbinnenmarkt noch nicht vollendet sei und Hemmnisse für den Elektrizitätshandel zwischen den Mitgliedstaaten fortbestünden.[393] Angesichts der zwischenzeitlich erzielten Fortschritte bei der Schaffung eines funktionsfähigen Strombinnenmarktes bestand deshalb Anlass, eine Neubewertung durch den EuGH zu erwarten. Das deshalb mit Spannung erwartete[394] **Urteil des EuGH vom 1.7.2014** hat insoweit inzwischen Klarheit gebracht:[395] Da die RL 2009/28/EG es explizit erlaubt, nationale Förderregelungen auf die Erzeugung von grünem Strom im Hoheitsgebiet des jeweiligen Mitgliedstaates zu begrenzen,[396] kommt es – da die Richtlinie keine abschließende Harmonisierung der nationalen Fördersysteme darstellt[397] – maßgeblich auf die Warenverkehrsfreiheit an. Zwar sind die hier fraglichen nationalen Fördersysteme geeignet, „grüne" Stromeinfuhren aus anderen Mitgliedstaaten zu behindern, und stellen folglich eine Maßnahme mit gleicher Wirkung wie mengenmäßige Einfuhrbeschränkungen dar.[398] Allerdings ist diese Beschränkung der Warenverkehrsfreiheit rechtfertigungsfähig durch Ziele des Umweltschutzes (Reduktion von Treibhausgasen) als zwingendes Erfordernis und „zugleich" zum Schutz von Menschen, Tieren und Pflanzen (Art. 36 AEUV).[399] Entscheidend dürfte nun die Begründung für die Verhältnismäßigkeit dieser Beschränkung sein, die darin liegt, dass eine systematische Separation von Strom als grünem Strom in den Stadien der Verteilung und des Verbrauchs kaum durchführbar ist („Fungibilität" von Strom), grüner Strom folglich „in erster Linie" im Stadium der Erzeugung gefördert werden kann und mangels einer europäischen Harmonisierung der nationalen Fördersysteme die Mitgliedstaaten sich deshalb auf in ihrem Hoheitsgebiet produzierten Grünstrom beschränken dürfen.[400] Letztlich gilt hier wie bereits bei der Liberalisierung des Binnenmarktes seit den neunziger Jahren, dass ein Energiebinnenmarkt keine „natürliche" Gegebenheit ist, die mit Hilfe der Warenverkehrsfreiheit gegen nationale Abschottungen verteidigt werden könnte, sondern vielmehr einer regulativen Marktorganisation bedarf,[401] für die es bislang für grünen Strom fehlt. 101

Jenseits der angesprochenen unionsrechtlichen Grundsatzfragen ist das deutsche Recht in seinen Details kontinuierlich an die veränderten Richtlinien angepasst worden. Das **Gesetz für den Vorrang Erneuerbarer Energien** aus dem Jahr 2000[402] (EEG), das u.a. zur Umsetzung der RL 2001/77/EG im Jahr 2004 geändert wurde,[403] ist abgelöst worden durch das erneut novellierte EEG vom 25.10.2008, das die Grundkonzeption unverändert gelassen hat. Das Ziel wurde richtlinienkonform dahin formuliert, den Anteil der erneuerbaren Energien an der gesamten Stromversorgung bis zum Jahr 2020 auf mindestens 30% und danach kontinuierlich weiter zu erhöhen.[404] Zu diesem Zweck wurden u.a. der Kreis der in den Anwendungsbereich des Gesetzes fallenden Anlagen erweitert und die festgesetzten Preise den energiewirtschaftlichen Entwicklungen ange- 102

392 S. die Pressemitteilung IP/14/867 der Kommission vom 23.7.2014, wonach die Genehmigung hinsichtlich der Förderung ohne vorherige Ausschreibung auf den 31.12.2016 begrenzt ist, während die Förderung von Kleinanlagen (unter 100 kW) ohne Vermarktungspflicht auf 10 Jahre befristet wurde.

393 EuGH, Rs. C-379/98 (PreussenElektra), Slg 2001, I-2099 (Rn 78 ff).

394 S. etwa *Gundel*, in: Weyer (Hrsg.), Energienetze, EEG und Energiewende, 2014, S. 53, 60 ff.

395 EuGH, Rs. C-573/12 (Ålands Vindkraft AB), Rn 38 ff.

396 EuGH, Rs. C-573/12 (Ålands Vindkraft AB), Rn 54; s. dazu schon oben Rn 98.

397 EuGH, Rs. C-573/12 (Ålands Vindkraft AB), Rn 63.

398 EuGH, Rs. C-573/12(Ålands Vindkraft AB), Rn 75.

399 EuGH, Rs. C-573/12 (Ålands Vindkraft AB), Rn 78 ff.

400 EuGH, Rs. C-573/12 (Ålands Vindkraft AB), Rn 90 ff.

401 Grundlegend *Schneider*, Liberalisierung, S. 525 ff.

402 EEG v. 29.3.2000 (BGBl. I, S. 305).

403 Durch Art. 1 des Gesetzes zur Neuregelung des Rechts der Erneuerbaren Energien im Strombereich vom 21.7.2004 (BGBl. I, S. 1918); zu den weiteren Zielen vgl BT-Drucks. 15/2864, S. 26 zu § 1.

404 § 1 Abs. 2 EEG 2009.

passt. Außerdem wurde aus **Gründen des Verbraucherschutzes** wie auch für Zwecke der Werbung durch die Anlagenbetreiber die **Möglichkeit eines Herkunftsnachweises** durch einen Umweltgutachter vorgesehen. Der durch die EE-RL 2009 in Deutschland ausgelöste **Umsetzungsbedarf** wurde im Jahr 2011 befriedigt.[405] Nach der vorsichtigen „Vorausschätzung der Bundesrepublik Deutschland zur Nutzung der flexiblen Kooperationsmechanismen zur Zielerreichung gemäß Art. 4 Abs. 3 der Richtlinie 2009/28/EG"[406] wird Deutschland sein Ziel von 18% im Jahr 2020 mit voraussichtlich 18,7% übertreffen. Abzuwarten bleibt, wie sich das aktuelle **Gesetz zur grundlegenden Reform des Erneuerbaren-Energien-Gesetzes und zur Änderung weiterer Bestimmungen des Energiewirtschaftsrechts vom 21.7.2014,**[407] dessen Art. 1 das EEG neu fasst, auf die Prognosen auswirken wird.

103 Während sich die RL 2001/77/EG noch auf den Einsatz erneuerbarer Energien zur Stromproduktion beschränkte und erst die EE-RL 2009 auch den **Wärmemarkt** einbezog, ist der deutsche Gesetzgeber mit dem Gesetz zur Förderung Erneuerbarer Energien im Wärmebereich (**EEWärmeG**) aus dem Jahr 2008[408] der unionsrechtlichen Entwicklung vorausgeeilt, um im Interesse des Klimaschutzes, der Ressourcenschonung und der Verminderung der Importabhängigkeit den Anteil Erneuerbarer Energien am Endenergieverbrauch für Wärme (Raum-, Kühl- und Prozesswärme sowie Warmwasser) bis zum Jahr 2020 auf 14 Prozent zu erhöhen.[409] Zentrales Instrument des Gesetzes ist die ordnungsrechtliche Pflicht der Eigentümer neu errichteter Gebäude, den Wärmebedarf durch die anteilige Nutzung von Erneuerbaren Energien zu decken, wobei dieser Anteil je nach eingesetzter Energie zwischen 15 und 50 Prozent beträgt. Die notwendige Anpassung an die Vorgaben der EE-RL 2009 erfolgte 2011 und betraf insbesondere die unionsrechtlich vorgegebene Vorbildfunktion öffentlicher Gebäude.[410] Dies betrifft insbesondere die Nutzung erneuerbarer Energien in Bestandsgebäuden, die § 3 Abs. 2 EE-WärmeG des Bundes den Ländern überlassen hat.

II. Förderung der Energieeffizienz und der Energieeinsparung

104 Während die zuvor erwähnten Maßnahmen die Auswahl zwischen den verschiedenen Primärenergieträgern zur Strom- bzw Wärmeerzeugung betreffen und in diesem Zusammenhang den Anteil der erneuerbaren Energien erhöhen sollen, liegt der zweite Schwerpunkt einer auf Versorgungssicherheit, Ressourcenschonung, Klima- und Umweltschutz gerichteten Strategie darin, die **Energieeffizienz** in einem umfassenden – insbesondere den gebräuchlichen Begriff der Energieeinsparung einschließenden – Sinne des Verhältnisses von **„Ertrag an Leistung, Dienstleistungen, Waren oder Energie zu Energieeinsatz"**[411] zu steigern.[412] Die „kaum noch überschaubare Regelungsvielfalt"[413] des insoweit einschlägigen Unionsrechts kann hier nur in groben Zügen mit dem primären Anliegen einer systematisierenden Ordnung[414] präsentiert werden.

405 Durch Gesetz zur Umsetzung der Richtlinie 2009/28/EG zur Förderung der Nutzung von Energie aus erneuerbaren Quellen (Europarechtsanpassungsgesetz Erneuerbare Energien – EAG EE) vom 12.4.2011 (BGBl I, S. 619).

406 Veröffentlicht am 21. Dezember 2009 durch das Bundesministerium für Umwelt, Naturschutz und Reaktorsicherheit (www.bmu.de).

407 BGBl. I, S. 1066.

408 Vom 7.8.2008 (BGBl. I, S. 1658).

409 S. § 1 EEWärmeG. Zu der Konzeption des Gesetzes s. etwa *Müller*, ZNER 2008, 132 ff.

410 Art. 2 EAG EE. Zu Einzelheiten des Umsetzungsbedarfs *Lehnert/Vollprecht*, ZUR 2009, 307, 314 ff.

411 So die Definition der Energieeffizienz in Art. 2 Nr. 4 der EnergieeffizienzRL 2012/27/EU.

412 Zu Begriff und Konzept der Energieeffizienz sowie zur Abgrenzung von der „Energieeinsparung" *Wüstemann*, Energieeffizienz, S. 25 ff; zu den Grundstrukturen s. auch *Härtel*, NuR 2011, 825 ff; s. auch die Beiträge in: Britz/Eifert/Reimer, Energieeffizienzrecht; *Pielow*, in: Cremer/Pielow (Hrsg.), Energieumweltrecht, S. 176 ff.

413 *Ludwigs*, Energierecht, in: Ruffert (Hrsg.), Europ. Sekt. Wirtschaftsrecht, § 5 Rn 237.

414 Einen vergleichbaren Versuch, der allerdings die EnergieeffizienzRL 2012/27/EU nur am Rande berücksichtigt, unternimmt *Ludwigs*, Energierecht, in: Ruffert (Hrsg.), Europ. Sekt. Wirtschaftsrecht, § 5 Rn 237 ff; auf dem Stand von 2010 s. die umfassende Darstellung von *Wüstemann*, Energieeffizienz, S. 127 ff.

1. Allgemeiner Rahmen: Energieeffizienzrichtlinie 2012/27/EU

Den allgemeinen Rahmen der Energieeffizienzpolitik der Union bildet die **Energieeffizienzrichtlinie** 2012/27/EU, die das Ziel einer **Senkung des Primärenergieverbrauchs der Union um 20 % bis 2020** im Vergleich zu den Projektionen von 2007 durch eine entsprechende Steigerung der Energieeffizienz verfolgt. Diesem Ziel dienen zum einen **indikative nationale Energieeffizienzziele** bis 2020[415] und zum anderen ein gemeinsamer Rahmen für Maßnahmen zur Förderung von Energieeffizienz sowie Regeln, mit denen Hemmnisse im Energiemarkt und Marktversagen, die der Effizienz bei der Energieversorgung und -nutzung entgegenstehen, beseitigt werden sollen. Bestandsaufnahmen, Prognosen, Maßnahmen zur Verbesserung der Energieeffizienz sowie erzielte bzw. erwartete Verbesserungen mit Bezug auf die nationalen Effizienzziele sind ab 2014 alle drei Jahre in **Nationalen Energieeffizienz-Aktionsplänen** zu dokumentieren und der Kommission zu übermitteln.[416] 105

Diese Energieeffizienzrichtlinie 2012 löst mit ihrem umfassenden Ansatz die **vorangegangenen Richtlinien** über **Endenergieeffizienz und Energiedienstleistungen** aus dem Jahr **2006**[417] und die Richtlinie über die Förderung einer am Nutzwärmebedarf orientierten **Kraft-Wärme-Kopplung** im Energiebinnenmarkt[418] aus dem Jahr **2004** ab. Die erstgenannte RL 2006/32/EG hatte in erster Linie die Strategie verfolgt, die Endenergieeffizienz dadurch zu steigern, dass ein Markt für Energiedienstleistungen entwickelt und gefördert wird, der anstatt auf die schlichte Bereitstellung von Endenergie (Elektrizität) auf die „Befriedigung energierelevanter Bedürfnisse“[419] (Licht, Kraft, Kühlung etc.) ausgerichtet ist und dementsprechend die Energielieferung als integrierten Teil eines Gesamtpaketes anbietet, zu dem auch die einschlägigen Technologien (Leuchtmittel, Kühlgeräte etc.) einschließlich der Wartung gehören.[420] Die Richtlinie zur Förderung der Kraft-Wärme-Kopplung hatte dagegen **gemeinsame und transparente Rahmenbedingungen** für die spezielle Steigerung der Effizienz des Primärenergieeinsatzes durch gleichzeitige Produktion von Elektrizität und Wärme im Auge, die sich durch ihren gegenüber konventionellen Kraftwerken deutlich besseren Wirkungsgrad wie auch durch die Vermeidung von Übertragungsverlusten aufgrund der dezentralen Struktur auszeichnet.[421] 106

a) Effizienzmaßnahmen bei der Energienutzung

Im Rahmen der Effizienz bei der Energienutzung[422] sieht die Effizienzrichtlinie 2012/27/EU ein breites Spektrum von Maßnahmen vor, das von nationalen Programmen zur Mobilisierung von Investitionen in den Gebäudebestand über die Vorbildfunktion der **Gebäude** im Eigentum der „Zentralregierung“ – 3% davon sind nach den Mindestanforderungen gemäß der RL 2010/31/EU jährlich zu renovieren – und die **Beschaffung** energieeffizienter Produkte, Dienstleistungen und Gebäude durch die zentralen Behörden bis hin zu **Energieaudits und Energiemanagementsysteme**n und Anforderungen an die **Verbrauchserfassung** (intelligente Zähler) und die Abrechnungsinforma- 107

415 In einer Mitteilung vom 11.6.2013 hat die Bundesregierung zur Umsetzung von Artikel 3 der Richtlinie ihr indikatives nationales Energieeffizienzziel an die Europäische Kommission gemeldet: Verminderung des Endenergieverbrauchs von 220,7 Millionen Tonnen Rohöläquivalent (Mtoe) im Jahr 2008 auf 194,3 Mtoe im Jahr 2020; so die Angabe in: BMWi (Hrsg.), 3. Nationaler Energieeffizienz-Aktionsplan (NEEAP) 2014 der Bundesrepublik Deutschland (Stand: April 2014), S. 3.

416 Dazu Durchführungsbeschluss 2013/242/EU der Kommission zur Festlegung eines Musters für die Nationalen Energieeffizienz-Aktionspläne (ABl. L 141, S. 48); BMWi (Hrsg.), 3. Nationaler Energieeffizienz-Aktionsplan (NEEAP) 2014 der Bundesrepublik Deutschland (Stand: April 2014). Über weitere Mitteilungen der Bundesregierung an die Kommission in Umsetzung der RL 2012/27/EU informiert das von der Deutschen Energie-Agentur betriebene Portal „energieeffizient-online.info“ (unter Rechtliche Rahmenbedingungen/Energieeffizienz-RL/Aktuelles zur Umsetzung der EED).

417 RL 2006/32/EG.

418 RL 2004/8/EG.

419 *Thomas*, Aktivitäten der Energiewirtschaft zur Förderung der Energieeffizienz auf der Nachfrageseite in liberalisierten Strom- und Gasmärkten europäischer Staaten, 2007, S. XXII.

420 Einzelheiten bei *Bottke*, Energieunternehmen als Energiedienstleister i.S.d. EDL-Richtlinie, in: Britz/Eifert/Reimer (Hrsg.), Energieeffizienzrecht, 2010, S. 187 ff.

421 S. dazu *Brattig/Kahle*, NVwZ 2005, 642 f.

422 Dazu Art. 4 bis 13 der RL 2012/27/EU.

tionen reicht. Besondere Bedeutung kommt der Einführung von **Energieeffizienzverpflichtungssystemen** gem. Art. 7 der Effizienzrichtlinie zu, die auch mit absehbaren Schwierigkeiten bei der Umsetzung in Deutschland verbunden ist.[423] Dabei geht es um die Verpflichtung aller Energieverteiler und/oder Energieeinzelhandelsunternehmen, ab dem 1.1.2014 bis 31.12.2020 mindestens jährliche Energieeinsparungen in Höhe von 1,5% des jährlichen Energieabsatzes an Endkunden zu erzielen, wobei der Bezugswert präzise durch das Absatzvolumen über einen Dreijahreszeitraum vor dem 1.1.2013 definiert ist. Als Alternative können sich die Mitgliedstaaten unter strengen Voraussetzungen für „andere strategische Maßnahmen" entscheiden. Die Umsetzung dieser Anforderungen steht noch aus.[424]

b) Energiedienstleistungen, Energieeffizienzfonds

108 Daneben gehören die Förderung des Energiedienstleistungsmarktes, wie sie schon in der Vorgängerrichtlinie 2006/32/EG vorgesehen war, und die Einführung eines nationalen Energieeffizienzfonds zu den „horizontalen Bestimmungen".[425]

2. Energieeffiziente Stromproduktion: Kraft-Wärme-Kopplung

109 Durch die Energieeffizienzrichtlinie wird die Förderung der Kraft-Wärme-Kopplung, wie sie bereits in der Vorgängerrichtlinie 2004/8/EG konzipiert war, fortgeführt. Die Steuerungswirkung ist nach wie vor gering,[426] weil weder die alte noch die neue Richtlinie Vorgaben zum Fördermodell machen und Zielwerte weder vorgeben noch verlangen. Durch die Energieeffizienzrichtlinie wurden lediglich die Vorgaben zum Einspeisevorrang sowie zur Bewertung von nationalen Wärme- und Kälteversorgungspotentialen.[427]

110 Vor diesem Hintergrund ist in Deutschland nennenswerter Umsetzungsbedarf über das geltende **Gesetz zur Kraft-Wärme-Kopplung aus dem Jahr 2002**[428] hinaus nicht ersichtlich. Durch die Förderung nach diesem Gesetz soll ein Beitrag zum befristeten Schutz und zur Modernisierung von KWK-Anlagen im Interesse der Energieeinsparung, des Umweltschutzes sowie zur Erreichung der Klimaschutzziele der Bundesregierung geleistet werden.[429] Das Instrumentarium folgt dem Modell der Förderung erneuerbarer Energien, enthält also als zentrale Elemente eine Anschluss-, Abnahme- und Vergütungspflicht für Strom aus KWK-Anlagen. Als Vergütung ist der übliche Preis bzw der mit einem Dritten vereinbarte Preis zuzüglich eines KWK-Zuschlags zu zahlen.[430] Was die unionsrechtliche Bewertung dieses Modells angeht, so gelten hier dieselben Grundsätze, die der Europäische Gerichtshof im Hinblick auf das Fördermodell des Stromeinspeisungsgesetzes angewendet hatte.[431]

3. Energieeffizienz im Gebäudesektor

111 Angesichts eines Anteils des **Gebäudesektors** von ca. 40 % am Gesamtenergieverbrauch in der Union[432] hat sich die auf Umweltschutz und Ressourcenschonung ausgerichtete Politik der Union bereit früh der Einsparung von Energie zugewandt, die für die Heizung, Warmwasserbereitung, Kühlung, Lüftung und Beleuchtung in Gebäuden eingesetzt wird. Bereits die Richtlinie zur Begren-

423 Dazu *Schomerus*, ER 2013, 184 ff.
424 S. dazu die Antwort der Bundesregierung auf eine Kleine Anfrage zur Umsetzung der EU-Energieeffizienzrichtlinie, BT-Drucks. 18/665 v. 25.2.2014.
425 Art. 16 ff der Energieeffizienzrichtlinie 2012/27/EU.
426 *Schneider*, in: Schneider/Theobald, § 21 Rn 164.
427 Art. 15 Abs. 5 sowie Art. 14 Abs. 1 iVm Anhang VIII der RL 2012/27/EU.
428 Gesetz für die Erhaltung, die Modernisierung und den Ausbau der Kraft-Wärme-Kopplung (Kraft-Wärme-Kopplungsgesetz) v. 19.3.2002 (BGBl. I, S. 1092). Es ersetzte das erst am 18.5.2000 in Kraft getretene Kraft-Wärme-Kopplung-(Vorschalt-)Gesetz.
429 § 1 Abs. 2 KWK-AusbauG; zu diesem Gesetz *Rosin/Elspas*, RdE 2002, 174.
430 *Scholtka/Baumbach*, NJW 2004, 723, 725.
431 So auch *Schneider*, in: Schneider/Theobald, § 21 Rn 174 f.
432 So Erwägungsgrund 6 der RL 2002/91/EG über die Gesamtenergieeffizienz von Gebäuden (ABl. 2003, L 1, S. 65).

zung der Kohlendioxidemissionen durch eine effizientere Energienutzung aus dem Jahr 1993[433] hatte die Mitgliedstaaten dazu verpflichtet, Programme im Zusammenhang mit dem Energieausweis für Gebäude, Programme für eine in einem angemessenen Verhältnis zum tatsächlichen Verbrauch stehende Abrechnung der Kosten für Heizung, Klimatisierung und Warmwasserbereitung und für eine wirksame Wärmedämmung von Neubauten aufzustellen und ähnliche Maßnahmen zu ergreifen. Diese Vorgaben wurden dann im Jahr 2002 ergänzt, präzisiert und mit größerer rechtlicher Verbindlichkeit ausgestattet durch die **Richtlinie über die Gesamtenergieeffizienz von Gebäuden,**[434] die ihrerseits dann im Jahr 2010 neu gefasst wurde.[435]

Diese Richtlinie betrifft grundsätzlich alle Gebäude[436] und legt Berechnungsmethoden zur Bestim- 112
mung der Gesamtenergieeffizienz fest, schreibt die Anwendung von **Mindesteffizienzstandards** vor und gestaltet insbesondere den **Energieausweis** aus, der bereits beim Bau und außerdem beim Verkauf oder bei der Vermietung eines Gebäudes vorgelegt werden muss. Auf diese Weise wird das **Instrument der Produktkennzeichnung** auf dem Markt für Kauf und Miete von Gebäuden durch gehaltvolle Verbraucherinformation fruchtbar gemacht.[437] In Deutschland wurde die Richtlinie durch das zuletzt 2013 geänderte **Energieeinsparungsgesetzes** und die überarbeitete **Energieeinsparverordnung**[438] verspätet umgesetzt.[439]

Zusätzliche Maßnahmen im Gebäudesektor schreibt die **Energieeffizienzrichtlinie** 2012/27/EU[440] 113
vor. Dazu gehört zunächst die „langfristige **Strategie** zur Mobilisierung von Investitionen in die Renovierung des nationalen Bestands" sowohl an öffentlichen Gebäuden als auch an privaten Wohn- und Geschäftsgebäuden.[441] Hinzu kommt die Konkretisierung der **Vorbildfunktion der öffentlichen Hand,** die die Energieeffizienzrichtlinie durch einen Anteil von 3 % der im Eigentum der „Zentralregierung" stehenden beheizten oder gekühlten Gebäudefläche konkretisiert, die jährlich energetisch saniert werden muss.

4. Energieeffizienz energieverbrauchsrelevanter Produkte

Was die Effizienz von energieverbrauchsrelevanten (Haushalts-)Geräten und anderen Produkten 114
angeht, so ist das Unionsrecht durch einen zweigleisigen Ansatz geprägt, der einerseits materielle **Gestaltungsanforderungen** an die Energieeffizienz aller energieverbrauchsrelevanten Produkte stellt und andererseits energieeffiziente Produkte durch entsprechende **Verbraucherinformation** zu fördern sucht, indem den Käufern mittels einheitlicher Etiketten und Produktinformationen die energieverbrauchsrelevanten Angaben zur Verfügung gestellt werden.[442]

Im Rahmen der ersten Gruppe von Maßnahmen, die **Mindesteffizienz- bzw. Höchstverbrauchs-** 115
standards für bestimmte Produktgruppen festlegen, hatte die Union ursprünglich den Weg einzelner Richtlinien für die jeweilige Produktgruppe verfolgt.[443] Weil angesichts der breiten Palette energiebetriebener Geräte das Richtlinienverfahren offensichtlich überfordert war, wurde seit 2005

433 RL 93/76/EWG v. 13.9.1993 zur Begrenzung der Kohlendioxidemissionen durch eine effizientere Energienutzung (SAVE) (ABl. L 237, S. 28).

434 RL 2002/91/EG; *Brattig/Kahle*, NVwZ 2005, 642, 644.

435 RL 2010/31/EU v. 19.5.2010 über die Gesamtenergieeffizienz von Gebäuden (Neufassung) (ABl. L 153, S. 13).

436 Zu Ausnahmen von den Mindestanforderungen an die Gesamtenergieeffizienz zB für Industriegebäude, Kirchen u.a. siehe Art. 4 Abs. 2 RL 2010/31/EU.

437 Dazu *Schneider*, in: Schneider/Theobald, § 21 Rn 184.

438 S. oben Fn 24.

439 Einzelheiten mwN bei *Schneider,* in: Schneider/Theobald, § 21 Rn 179 ff.

440 Dazu bereits oben Rn 105 ff.

441 Art. 4 der EnergieeffizienzRL 2012/27/EU; siehe BMWi, Bericht über die langfristige Strategie zur Mobilisierung von Investitionen in die Renovierung des nationalen Gebäudebestands – Mitteilung der Regierung der Bundesrepublik Deutschland an die Kommission der Europäischen Union vom 16. April 2014.

442 Die EU-Kommission schätzt die Wirkung dieser Maßnahmen mit einem Einsparpotential in Höhe von 90 Mio. t RöE im Jahr 2020 ein; Grünbuch „Ein Rahmen für die Klima- und Energiepolitik bis 2030", KOM (2013) 169 endg., S. 7.

443 ZB die RL 96/57/EG v. 3.9.1996 über Anforderungen im Hinblick auf die Energieeffizienz von elektrischen Haushaltskühl- und -gefriergeräten und entsprechenden Kombinationen (ABl. L 236, S. 36); ab 1.7.2010 aufgehoben durch VO (EG) Nr. 643/2009 (ABl. L 191, S. 53).

mit der sog. **Ökodesign-Rahmenrichtlinie** betreffend die umweltgerechte Gestaltung energiebetriebener Produkte[444] ein Neuansatz verfolgt. Sie wurde im Jahr 2009 neu gefasst und in ihrem Geltungsbereich auf alle **energieverbrauchsrelevanten Produkte** erweitert. [445] Die Richtlinie definiert lediglich Prinzipien, Bedingungen und Kriterien für die Festlegung von Energieeffizienz- und sonstigen ökologischen Anforderungen an Produkte und überlässt diese produktspezifischen Anforderungen den sog. „Durchführungsmaßnahmen", für die die Kommission[446] entscheidungsbefugt ist, soweit es nicht zu schneller oder kostengünstiger wirkenden **„Selbstregulierungsmaßnahmen"** kommt, zu denen insbesondere freiwillige Vereinbarungen zählen.[447] Die Kommission hat derartige Durchführungsmaßnahmen unter anderem zur Festlegung von Anforderungen an die umweltgerechte Gestaltung von Haushaltslampen erlassen.[448] Wenn solche Durchführungsmaßnahmen erlassen sind, versichert der Hersteller mit der **CE-Konformitätskennzeichnung** und einer entsprechenden Erklärung, dass das Produkt allen einschlägigen Bestimmungen der jeweils geltenden Durchführungsmaßnahme entspricht.[449] Produkte, die nicht diesen Vorgaben entsprechen und/oder kein CE-Kennzeichen tragen, dürfen weder in Verkehr gebracht, noch in Betrieb genommen werden, was von den Mitgliedstaaten sicherzustellen ist.[450] Die Umsetzung mit den entsprechenden Ge- und Verboten, den Überwachungs- und Dursetzungsinstrumenten enthält das Gesetz über die umweltgerechte Gestaltung energieverbrauchsrelevanter Produkte.[451]

116 Was die **Verbraucherinformation** über den Energieverbrauch von Produkten angeht, so beschränkte sich das Unionsrecht über lange Zeit auf Haushaltsgeräte[452] und die Verordnung über ein – auf einem Abkommen mit den USA beruhendes – gemeinschaftliches Kennzeichnungsprogramm für Strom sparende Bürogeräte.[453] Mit der Neufassung der **Kennzeichnungsrichtlinie 2010/30/EU** wurde deren Anwendungsbereich auf alle energieverbrauchsrelevanten Produkte ausgedehnt. Hersteller und Lieferanten werden verpflichtet, auf der Grundlage einer ausreichenden technischen Dokumentation durch normierte Etiketten und Datenblätter den Endverbraucher über Ressourcen- und Energieverbrauch zu informieren, um auf diese Weise Anreize für die Hersteller zu setzen, energieeffiziente Produkte zu entwickeln. Allerdings ist die als Rahmenrichtlinie konzipierte Kennzeichnungsrichtlinie 2010/30/EU auf Durchführungsmaßnahmen angewiesen, die die Kommission in Gestalt von Delegierten Verordnungen bislang zB für Haushaltsbacköfen und -dunstabzugshauben,[454] für Haushaltskühlgeräte[455] etc. erlassen hat.[456] Die Umsetzung ist in

444 RL 2005/32/EG v. 6.7.2005 (ABl. L 191, S. 29); aufgehoben durch RL 2009/125/EG.

445 RL 2009/125/EG.

446 Diese wird in Zusammenarbeit mit einem Ausschuss tätig; hinsichtlich des Verfahrens gelten die Art. 5 bis 7 und 8 des Beschlusses 1999/468/EG des Rates vom 28. Juni 1999 zur Festlegung der Modalitäten für die Ausübung der der Kommission übertragenen Durchführungsbefugnisse (ABl. L 184, S. 23).

447 S. Art. 15 Abs. 1 und 3, Art. 17 mit Anhang VIII der RL 2009/125/EG.

448 VO (EG) Nr. 244/2009 (ABl. L 76, S. 3). Weitere Durchführungsmaßnahmen betreffen u.a.: Bürogeräte, VO (EG) Nr. 106/2008 (ABl. L 39, S. 2); den Stromverbrauch von Geräten im Bereitschafts- und Aus-Zustand, VO (EG) Nr. 1275/2008 (ABl. L 399, S. 45); Set-Top-Boxen, VO (EG) Nr. 107/2009 (ABl. L 36, S. 8); Leuchtstofflampen, VO (EG) Nr. 245/2009 (ABl. L 76, S. 17); externe Netzteile, VO (EG) Nr. 278/2009 (ABl. L 93, S. 3); Elektromotoren, VO (EG) Nr. 640/2009 (ABl. L 191, S. 26); Nassläufer-Umwälzpumpen, VO (EG) Nr. 641/2009 (ABl. L 191, S. 35); Fernsehgeräte, VO (EG) Nr. 642/2009 (ABl. L 191, S. 42); Haushaltskühlgeräte, VO (EG) Nr. 643/2009 (ABl. L 191, S. 53); Staubsauger, VO (EU) Nr. 666/2013 (ABl. L 192, S. 24); Haushaltsbacköfen, -kochmulden und -dunstabzugshauben, VO (EU) Nr. 66/2014 (ABl. L 29, S. 33).

449 Art. 5 Abs. 1 RL 2009/125/EG.

450 Art. 3 Abs. 1 RL 2009/125/EG.

451 Vom 27.2.2008 (BGBl. I, S. 258); durch ÄndG v. 16.11.2011 (BGBl. I, S. 2224) wurde dieses an die neu gefasste ÖkodesignRL 2009/125/EG angepasst; dazu *Dietrich*, NVwZ 2012, 598 ff.

452 RL 92/75/EWG (ABl. L 297, S. 16).

453 Zunächst geregelt in der sog. Energy-Star-Verordnung VO (EG) Nr. 2422/2001 (ABl. L 332, S. 1); aufgehoben und ersetzt durch VO (EG) Nr. 106/2008 (ABl. L 39, S. 1), zuletzt geändert durch VO (EU) Nr. 174/2013 (ABl. L 63, S. 1).

454 DelVO (EU) Nr. 65/2014 (ABl. L 29, S. 1).

455 DelVO (EU) Nr. 1060/2010 (ABl. L 314, S. 1, ber. ABl. 2011, L 78, S. 70).

456 Zur DelVO (EU) Nr. 1062/2010 (ABl. L 314, S. 64, ber. ABl. 2011, L 78, S. 69) betr. die Kennzeichnung von Fernsehgeräten s. EuGH, Rs. C-319/13 (Rätzke/S+K Handels GmbH), WRP 2014, 681 f.

Deutschland durch das **Energieverbrauchskennzeichnungsgesetz**[457] erfolgt, das sich im Wesentlichen auf die erforderlichen Gebote und Verbote, die an die Hersteller, Händler etc. gerichtet sind, sowie Kontroll-, Beobachtungs- und Durchsetzungsinstrumente beschränkt.

III. Besteuerung von Energieerzeugnissen und Strom

117 Als energie- und umweltpolitisches **Steuerungsinstrument** haben Abgaben und insbesondere Steuern zunehmend an Bedeutung gewonnen, die – mangels Praktikabilität von Emissionssteuern – als Produktabgaben nicht an der Umweltbelastung selbst, sondern am Verbrauch umweltbelastender Energieerzeugnisse ansetzen.[458] Die in der Europäischen Union verbreitetsten Formen sind Steuern auf Benzin, Diesel, Heizöl und Strom.[459]

118 Im Interesse einer **Harmonisierung der unterschiedlichen Besteuerung von Energieerzeugnissen und Strom** in den Mitgliedstaaten, wie auch zur Durchsetzung der umweltpolitischen Ziele der Union, wurde nach langen und kontroversen Vorbereitungsarbeiten[460] im Jahre 2003 die Richtlinie zur Restrukturierung der gemeinschaftlichen Rahmenvorschriften zur Besteuerung von Energieerzeugnissen und elektrischem Strom verabschiedet.[461] Danach müssen die Mitgliedstaaten Steuern auf Energieerzeugnisse einschließlich Erdgas und Kohle sowie auf elektrischen Strom erheben. Für die **Bestimmung der zu besteuernden Energieerzeugnisse** kommt es maßgeblich darauf an, ob sie als Heiz- oder Kraftstoff verwendet werden.[462] Durch die Festsetzung gemeinschaftlicher Mindeststeuerbeträge sollen die bestehenden Unterschiede bei den nationalen Steuersätzen verringert werden. Dementsprechend dürfen die in der Richtlinie festgelegten **Mindeststeuerbeträge** von den Mitgliedstaaten nicht unterschritten werden. Die in ihrer Grundstruktur einfache, durch eine Fülle von Ausnahmen und Abweichungsermächtigungen an die Mitgliedstaaten aber durchaus nicht einfach zu handhabende Richtlinie hat im Hinblick auf ihre (verspätete) Umsetzung in Deutschland[463] bereits in zwei Fällen zu Differenzen geführt, die mangels rechtzeitiger Umsetzung von Urteilen des Europäischen Gerichtshofs durch den Gesetzgeber zur Einleitung erneuter Vertragsverletzungsverfahren geführt haben.[464] Auch die Unionsrechtskonformität der **Kernbrennstoffsteuer** wird u.a. wegen eines Verstoßes gegen die Richtlinie 2003/96/EG in Zweifel gezogen[465], weil es sich um eine indirekte Steuer auf elektrischen Strom handeln könnte.

H. Zuständigkeiten, Organisation und Verfahren des Vollzugs

119 Bis zum dritten Energiebinnenmarktpaket lag der Schwerpunkt des Vollzugs europäischen Energierechts bei den mitgliedstaatlichen (Regulierungs-)Behörden, deren nähere Ausgestaltung nur rudimentären unionsrechtlichen Vorgaben unterlag. Der Kommission waren nur punktuelle Entscheidungsbefugnisse zugewiesen und im Übrigen existierte auf europäischer Ebene eine Fülle informel-

---

457 EnVKG (s. oben Fn 25).

458 Zu der ökonomischen Konzeption von Umweltsteuern s. nur *Rodi*, in: Schneider/Theobald, § 22 Rn 19 ff.

459 Mitteilung der Kommission „Umweltsteuern und -gebühren im Binnenmarkt", KOM(97) endg. vom 26.3.1997.

460 Dazu die Nachweise bei *Rodi*, in: Schneider/Theobald, § 22 Rn 29 ff.

461 RL 2003/96/EG (ABl. L 283, S. 51).

462 Art. 2 der RL 2003/96/EG.

463 Durch das Gesetz zur Neuregelung der Besteuerung von Energieerzeugnissen und zur Änderung des Stromsteuergesetzes" vom 1.8.2006 (BGBl. I, S. 1534), dessen Art. 1 das Energiesteuergesetz enthält; s. dazu nur *Rodi*, in: Schneider/Theobald, § 22 Rn 10 ff.

464 Es geht dabei zum einen um den im Verhältnis zur RL 2003/96/EG im deutschen Steuerrecht enger definierten Begriff des „Heizstoffs", der zu einer unionsrechtswidrigen Steuerbefreiung von Kraftstoffverwendungen führt, obwohl der EuGH mit Urteil vom 29.4.2004 (Rs. C-240/01 [Kommission/Deutschland] – Slg 2004, I-4733) diese Auslegungsfrage bereits geklärt hatte. Zum anderen geht es um die – gemessen an den unionsrechtlichen Harmonisierungsanforderungen in der RL 92/81/EWG und in der diese ersetzende RL 2003/96/EG – nicht ausreichende Steuerbefreiung für Kraftstoffe für die Schifffahrt in Meeresgewässern der Gemeinschaft. Auch hierzu hatte der EuGH mit Urteil vom 1.4.2004 (Deutsche See-Bestattungs-Genossenschaft, Rs. C-389/02 – Slg 2004, I-3537) die in Rede stehenden Auslegungsfragen bereits geklärt.

465 Vorabentscheidungsersuchen des FG Hamburg vom 19.11.2013, EnWZ 2014, 233; zum Problem s. *Schmälzger/Kuhs*, ELR 2014, 24 ff.

ler Kooperationsformen und -gremien, die beratende, vorbereitende und koordinierende Funktionen wahrnahmen. Gegenüber dieser Ausgangslage hat das Legislativpaket aus dem Jahr 2009 zu grundlegenden Veränderungen geführt.[466] Der Erkenntnis folgend, dass die Um- und Durchsetzung materieller Regeln organisations- und verfahrensrechtlicher Vorkehrungen bedarf, machten die Binnenmarktrichtlinien zunächst präzisere Vorgaben für den Status, die Aufgaben und das Verfahren der **nationalen Regulierungsbehörden.** Sodann wurden diese eingebunden in einen **europäischen Energieregulierungsverbund**, dessen zentrale Elemente die europäische Energieagentur ACER, der Verbund der Übertragungs- bzw. Fernleitungsnetzbetreiber (ENTSO Strom/Gas) sowie eine deutliche Ausweitung der Entscheidungs- und Kontrollaufgaben der Kommission sind.

I. Status und Aufgabenprofil der nationalen Regulierungsbehörden

120 Große Aufmerksamkeit widmet das dritte Paket dem Status und den erweiterten Befugnissen der nationalen Regulierungsbehörden, die insbesondere im Hinblick auf Energieeffizienz und Erneuerbare Energien weit über herkömmliche Regulierungsbefugnisse hinausgehen. Nach vorausgegangenen Auseinandersetzungen über das Verhältnis zwischen allgemeinen Kartellbehörden und fachspezifischer Regulierungsbehörde[467] hat sich der deutsche Gesetzgeber[468] dafür entschieden, mit den Regulierungsaufgaben des Bundes auf dem Energiesektor die zuvor nur für Telekommunikation und Post zuständige Regulierungsbehörde zu betrauen, die seither den Namen „**Bundesnetzagentur** für Elektrizität, Gas, Telekommunikation, Post und Eisenbahnen" trägt.[469] Daneben nehmen die **Landesregulierungsbehörden** wesentliche Aufgaben nach Maßgabe des § 54 Abs. 2 EnWG wahr, soweit Energieversorgungsunternehmen betroffen sind, an deren Verteilernetz jeweils weniger als 100.000 Kunden unmittelbar oder mittelbar angeschlossen sind.[470] Soweit eine Vorschrift des Gesetzes eine Zuständigkeit nicht einer bestimmten Behörde zuweist, nimmt grundsätzlich die Bundesnetzagentur die im Energiewirtschaftsgesetz einer Behörde übertragenen Aufgaben und Befugnisse wahr.[471] Zwar ist unionsrechtlich vorgesehen, dass jeder Mitgliedstaat auf nationaler Ebene „eine **einzige nationale Regulierungsbehörde**"[472] benennt. Allerdings lassen die Richtlinien ausdrücklich „die Benennung anderer **Regulierungsbehörden auf regionaler Ebene**" zu, sofern es für die Vertretung und als Ansprechpartner auf Unionsebene nur einen einzigen ranghohen Vertreter gibt.[473] Von dieser Option macht § 54 EnWG mit der Verteilung der Aufgaben zwischen BNetzA und Landesregulierungsbehörden Gebrauch, so dass an der Unionsrechtskonformität der föderalen Zuständigkeitsverteilung kein Zweifel besteht.[474]

121 Gravierende Auswirkungen für das deutsche Verfassungs- und Verwaltungsorganisationsrecht bringen die neuen Vorgaben mit sich, die die Richtlinien für die **Unabhängigkeit der nationalen Regulierungsbehörde** enthalten. Die bereits in der Vergangenheit geforderte Unabhängigkeit wird nunmehr nämlich dahin konkretisiert, dass die Behörde „keine direkten Weisungen von Regierungsstellen oder anderen öffentlichen oder privaten Einrichtungen einholt oder entgegennimmt" und „unabhängig von allen politischen Stellen selbständige Entscheidungen treffen kann".[475] Gemessen an der traditionellen deutschen Lehre von der Bedeutung des Demokratieprinzips für die

466 Überblick bei *Schneider*, in: Schneider/Theobald, § 2 Rn 70 ff; *Ludwigs*, Energierecht, in: Ruffert (Hrsg.), Europ. Sekt. Wirtschaftsrecht, § 5 Rn 122 ff.

467 Dazu *Lecheler/Gundel*, EWS 2001, 249, 253, 255; *Bullinger*, DVBl. 2003, 1355 ff; rechtsvergleichend *Masing*, AöR 128 (2003), 558 ff.

468 In Umsetzung des Monitoring-Berichts der Bundesregierung vom 1.9.2003, BT-Drucks. 15/1510, S. 31.

469 Gesetz über die Bundesnetzagentur für Elektrizität, Gas, Telekommunikation, Post und Eisenbahnen (verkündet als Art. 2 des Zweiten Gesetzes zur Neuregelung des Energiewirtschaftsrechts, BGBl. 2005 I, S. 1970, 2009).

470 Soweit das Verteilernetz über das Gebiet eines Landes hinausreicht, ist allerdings die Bundesnetzagentur zuständig (§ 54 Abs. 2 S. 2 EnWG); zur Zusammenarbeit von Bundesnetzagentur und Landesbehörden (gemeinsamer Länderausschuss) siehe § 60 a EnWG.

471 § 54 Abs. 3 EnWG.

472 Art. 35 Abs. 1 EltRL, Art. 39 Abs. 1 GasRL.

473 Art. 35 II EltRL, Art. 39 II GasRL.

474 *Franke*, in: Schneider/Theobald, § 19 Rn 3.

475 Art. 35 Abs. 4 und 5 EltRL, Art. 39 Abs. 4 und 5 GasRL.

Verwaltungsorganisation (Verbot ministerialfreier Räume) bedeutet dies einen offenen Konflikt zwischen Unions- und nationalem Verfassungsrecht, der nur durch modernisierende Anpassungen der deutschen Doktrin gelöst werden kann.[476] Ob diese „politische" Unabhängigkeit in dem Sinne, dass die Regulierungsbehörden außerhalb ministerieller Weisungsbefugnisse angesiedelt und politisch verselbständigt sind,[477] in Deutschland hinreichend gewährleistet ist, erscheint noch nicht abschließend geklärt.[478] Hinsichtlich der Landesregulierungsbehörden, die über lange Zeit „ersichtlich nicht den europäischen Vorgaben"[479] entsprachen, sind einige Landesgesetzgeber im Jahr 2013 aktiv geworden und haben unabhängige Regulierungskammern eingerichtet.[480]

Was die **Aufgaben und Befugnisse** der Energieregulierungsbehörden angeht, so hat das dritte Binnenmarktpaket zu einer erheblichen Ausdehnung der unionsrechtlichen Vorgaben geführt.[481] Dazu gehört nicht mehr nur die präventive Befugnis, die Bedingungen für den Anschluss an die Energienetze sowie die Tarife oder zumindest Methoden für die Berechnung von Tarifen für die Übertragung und Verteilung festzulegen oder zu genehmigen.[482] Der Regulierungsbehörde muss darüber hinaus auch die repressive Befugnis eingeräumt werden, von den Netzbetreibern die Änderung oder Anpassung ihrer Bedingungen zu verlangen. Sie fungiert zugleich als **Streitbeilegungsstelle** bei Beschwerden gegen Netzbetreiber, über die sie grundsätzlich binnen zwei Monaten eine verbindliche Entscheidung trifft. Darüber hinaus wird den Regulierungsbehörden eine Reihe von **Beobachtungs- und Überwachungsaufgaben** in Bezug auf die Einhaltung der Richtlinienvorgaben durch die Marktteilnehmer zugewiesen (**„Monitoring"**). Zwar fehlt es im deutschen Recht an einer zusammenfassenden Normierung der Ziele, Aufgaben und Befugnisse der Regulierungsbehörden. Aber immerhin wurden die unionsrechtlich vorgegebenen Monitoring-Aufgaben zusammengefasst in § 35 EnWG normiert. So ist bislang nicht ersichtlich, dass es der Bundesnetzagentur oder den Landesregulierungsbehörden an einer der unionsrechtlich geforderten Befugnisse oder Aufgaben fehlt. 122

Dass sie dabei in erheblichem Umfang an Rechtsverordnungen[483] der Bundesregierung gebunden sind und die politische Spitze auf diese Weise einen Teil der (normativ wahrnehmbaren) Regulierungsentscheidungen an sich ziehen kann,[484] erscheint zwar als verfassungsrechtliche Selbstverständlichkeit, ist aber unionsrechtlich nicht ganz unproblematisch.[485] Denn die Richtlinien weisen die maßgeblichen Entscheidungsbefugnisse tatsächlich primär den Regulierungsbehörden zu. Allerdings dürfte der Zweck der Binnenmarktrichtlinien nicht darin liegen, die verfassungsrechtliche Kompetenzverteilung zwischen den nationalen Organen, die für Gesetz- und Verordnungsgebung zuständig sind, und den nationalen Regulierungsbehörden zu verschieben. 123

476 Zum Problem: *Hermes*, Legitimationsprobleme unabhängiger Behörden, in: Bauer/Huber/Sommermann (Hrsg.), Demokratie in Europa, 2005, S. 457 ff; *Gundel/Germelmann*, EuZW 2009, 763, 768, sehen dagegen keinen Konflikt, weil nach dem Binnenmarktpaket „eine allgemeine Eingliederung in das Behördensystem und damit das politische Gefüge der demokratischen Verantwortlichkeit" nicht verboten sei; für eine – zulässige – Beschränkung auf „grundsätzliche Zielvorgaben der Regierung" plädiert *Schmidt-Preuß*, in: Säcker (Hrsg.), BerlKommEnR, Einl. Rn 84; weitere Nachw. dazu bei *Ludwigs*, Energierecht, in: Ruffert (Hrsg.), Europ. Sekt. Wirtschaftsrecht, § 5 Rn 166 f.

477 Dazu auf der Grundlage der Richtlinien 2003 bereits *Pielow*, DÖV 2005, 1017, 1018 f; *Britz*, EuZW 2004, 462, 464.).

478 Dazu *Schneider*, in: Schneider/Theobald, § 2 Rn 70; *Franke*, in: Schneider/Theobald, § 19 Rn 20 f.

479 So *Franke*, in: Schneider/Theobald, § 19 Rn 21; dazu schon *Pielow*, DÖV 2005, 1017, 1020.

480 S. dazu die Nachweise bei *Weyer*, N&R 2014, 84, 85.

481 Während Art. 36 EltRL/Art. 40 GasRL die allgemeinen Ziele der Regulierungsbehörde auflisten, enthalten Art. 37 EltRL/Art. 41 GasRL eine detaillierte Auflistung der Aufgaben und Befugnisse, zu denen u.a. genaue Beobachtungsaufgaben, wirksame Durchsetzungsbefugnisse, spezielle Aufgaben und Befugnisse im Hinblick auf Übertragungsnetzbetreiber nach dem ISO- und dem ITO-Modell und Vorgaben für die Ausgestaltung des Streitbeilegungsverfahren gehören.

482 So bereits die Mindestanforderungen in Art. 23 EltRL 2003, Art. 25 GasRL 2003.

483 S. die Übersicht über die wichtigsten Rechtsverordnungen auf der Grundlage des EnWG oben in Rn 18.

484 Dazu, dass der Umfang der Regulierungstätigkeit der Bundesnetzagentur entscheidend von der Regelungstiefe der Rechtsverordnungen bestimmt wird, s. *Staebe*, DVBl. 2004, 853, 860.

485 Zweifelnd *Breuer*, NVwZ 2004, 520, 528.

II. Einbindung in den europäischen Regulierungsverbund

124 Noch deutlicher als durch die an die nationalen Regulierungsbehörden adressierten Anforderungen wird das Gesamtsystem der Energieregulierungsbehörden in Europa dadurch verändert, dass die mitgliedstaatlichen Behörden in einen **europäischen Regulierungsverbund** eingebunden werden, der neben der gebotenen Kooperation mit anderen mitgliedstaatlichen Behörden die nationalen Regulierungsbehörden vor allem im Verhältnis zur EU-Kommission in die Position einer vielfachen Steuerungsinstrumenten ausgesetzten „nachgeordneten" Behörde bringt.[486]

1. Verbund der Übertragungs-/Gasfernleitungsnetzbetreiber (ENTSO)

125 Auf die nach wie vor mangelhafte Integration der nationalen Energiemärkte reagierte das dritte Energiebinnenmarktpaket institutionell zunächst dadurch, dass es die Übertragungs- und Gasfernleitungsnetzbetreiber auf europäischer Ebene zu Zwangsverbänden – **ENTSO**[487] **(Strom)** und **ENTSO (Gas)** – zusammenschloss.[488] Diesen beiden Zwangsverbänden wurde zum einen die unter Aufsicht der neuen Energieagentur und unter dem Vorbehalt des Letztentscheidungsrechts der Kommission[489] stehende Aufgabe übertragen, technische und marktbezogene **Netzkodizes** zu entwickeln bzw umzusetzen (Koordinierung des Netzbetriebs), die im Hinblick auf grenzüberschreitende Netze Fragen der Netzsicherheit und -zuverlässigkeit, des Netzanschlusses und –zugangs, der Interoperabilität sowie der Kapazitätsvergabe und des Engpassmanagements regeln. Zum anderen sind ENTSO Strom und ENTSO Gas zuständig für den alle zwei Jahre zu aktualisierenden zehnjährigen **„gemeinschaftsweiten Netzentwicklungsplan"**[490] sowie für weitere „Instrumente" und Forschungspläne zum Netzbetrieb.

2. Energieagentur ACER

126 Die mit der VO (EG) Nr. 713/2009 errichtete **Europäischen Energieagentur**[491] mit Sitz in Ljubljana führt zunächst die Aufsicht über die erwähnten Verbünde (ENTSO), unterstützt und koordiniert darüber hinaus das Handeln der nationalen Regulierungsbehörden. Der dritte Schwerpunkt ihrer Aufgaben liegt in der Unterstützung und Beratung der EU-Kommission. Im Bereich der rechtlich unverbindlichen Vorbereitungs- und Unterstützungsaufgaben bleibt insbesondere die Vorbereitung der Netzkodizes in Gestalt von Rahmenleitlinien sowie die Abgabe von Empfehlungen und Stellungnahmen gegenüber Netzbetreibern, nationalen Regulierungsbehörden und Organen der Union. Eigenständige Entscheidungsbefugnisse (Art. 7 bis 9) betreffen neben technischen Fragen den grenzüberschreitenden Strom- und Gashandel in den Fällen, in denen sich die beteiligten nationalen Regulierungsbehörden binnen einer vorgegebenen Frist nicht über Modalitäten des Zugangs zu grenzüberschreitenden Infrastrukturen oder über Fragen der Betriebssicherheit einigen können oder von sich aus die Agentur anrufen. Gleiches gilt für die Freistellung neuer Infrastrukturen von der Regulierung. Mangels ausgeprägter Entscheidungsbefugnisse und wegen der institutionell nur schwach ausgeprägten Einbeziehung der nationalen Regulierungsbehörden scheint der Eindruck vorzuherrschen, dass es sich primär um den „verlängerten Arm der Kommission"[492] mit Unterstützungs- und Koordinierungsfunktionen handelt.

---

486 Dazu ausführlich *Haller*, Verwaltungsverbund, S. 50 ff.
487 European Network of Transmission System Operators.
488 Überblick bei *Ludwigs*, Energierecht, in: Ruffert (Hrsg.), Europ. Sekt. Wirtschaftsrecht, § 5 Rn 143 ff; die Gründung der Gesellschaften nach belgischem Recht erfolgte 2009; dazu *Gundel*, EuEnR, in: Danner/Theobald, Rn 59.
489 Zu den Einzelheiten des Verfahrens unter Beteiligung der Kommission, der Agentur und von ENTSO (Strom/Gas) s. nur *Ludwigs*, Energierecht, in: Ruffert (Hrsg.), Europ. Sekt. Wirtschaftsrecht, § 5 Rn 147; dort (Rn 149) auch zur Verbindlichkeit der Netzkodizes im Falle ihrer Bestätigung durch die Kommission.
490 S. dazu oben Rn 40.
491 S. dazu mwN *Ludwigs*, Energierecht, in: Ruffert (Hrsg.), Europ. Sekt. Wirtschaftsrecht, § 5 Rn 125 ff.
492 *Däuper*, N&R 2009, 214, 218.

3. Die veränderte Rolle der Kommission

Schließlich sind die institutionellen Neuerungen des Legislativpaketes 2009 gekennzeichnet durch einen – umstrittenen[493] – deutlichen **Kompetenzzuwachs der Kommission.**[494] Er zeigt sich an einer Reihe von Ermächtigungen zum Erlass von verbindlichen[495] **Leitlinien,**[496] die u.a. Fragen des Entflechtungsregimes, der Zertifizierung der Übertragungsnetz- bzw Fernleitungsnetzbetreiber, des Netzzugangs und der Bilanzierung, der Kapazitätszuweisung und des Engpassmanagements betreffen. Auch die Ausarbeitung der Netzkodizes[497] vollzieht sich nach Maßgabe von Prioritätsentscheidungen der Kommission[498] und die rechtsverbindliche Festlegung der Netzkodizes bleibt ihr vorbehalten.[499] Die Einhaltung der Leitlinien wird durch ein rigides Kontrollsystem überwacht, an dessen Ende die Kommission von der nationalen Regulierungsbehörde den Widerruf ihrer Entscheidung verlangen kann.[500] Hervorzuheben ist neben einer Reihe weiterer **Vetorechte**[501] auch die erforderliche Zertifizierung der Übertragungs- und Fernleitungsnetzbetreiber, in deren Rahmen unter Beteiligung der Kommission die Beachtung der Entflechtungsregeln überprüft wird,[502] sowie die erforderliche Zustimmung der Kommission zur Benennung des Netzbetreibers im Rahmen des ISO-Modells.[503] Abgerundet und unterstützt werden diese Normierungs- und Einzelentscheidungskompetenzen durch eine große Zahl von **Berichts- und Mitteilungspflichten**[504] sowohl der mitgliedstaatlichen Regulierungsbehörden als auch der Agentur und der ENTSO Strom bzw Gas gegenüber der Kommission, so dass die Kommission auch über die erforderliche Informationsbasis verfügt, um ihre Energieregulierungspolitik weitgehend unabhängig von Rat und Parlament durchzusetzen. 127

I. Ausblick

Der hier zwangsläufig auf die Grundzüge reduzierte Überblick über das Energierecht der Union und seine vielfältigen Einflüsse auf die nationale Energierechtsordnung zeigt eine deutliche Tendenz, die geprägt ist durch die **Abkehr** von einer ursprünglich ausschließlich auf die **Liberalisierung** monopolisierter nationaler Energieversorgungssysteme ausgerichteten Konzeption und durch die **Hinwendung** zu einem breiteren Ansatz, der Aspekte der **Umweltverträglichkeit und des Klimaschutzes,**[505] der **Versorgungssicherheit** und der **Grundversorgung** als integrale Elemente einer erforderlichen Energiemarktordnung aufnimmt. Elemente dieser Vervollständigung des europäischen Ansatzes sind die gestiegene Aufmerksamkeit für erneuerbare Energien und Fragen der Energieeffizienz in einem umfassenden Sinne, neue Anforderungen an die Grundversorgung und den Verbraucherschutz und nicht zuletzt die wachsende Erkenntnis der dienenden Funktion der Energieversorgungsnetze, die sich nicht nur in dem verschärften Entflechtungsregime, sondern auch in den For- 128

493 Krit. etwa *Lecheler*, DVBl. 2008, 873, 878 ff; weitere Nachw. bei *Ludwigs*, Energierecht, in: Ruffert (Hrsg.), Europ. Sekt. Wirtschaftsrecht, § 5 Rn 156.

494 Übersicht bei *Ludwigs*, Energierecht, in: Ruffert (Hrsg.), Europ. Sekt. Wirtschaftsrecht, § 5 Rn 150 ff.

495 Zur Verbindlichkeit der Leitlinien *Ludwigs*, Energierecht, in: Ruffert (Hrsg.), Europ. Sekt. Wirtschaftsrecht, § 5 Rn 155; *Schneider*, in: Schneider/Theobald, § 2 Rn 71 jeweils mwN.

496 Diese sind im Wege des Komitologieverfahrens unter Beteiligung des Rats und des Parlaments gem. Art. 5 a Abs. 1 bis 4, Art. 7, Art. 8 des Beschlusses 1999/468/EG (ABl. L 184, S. 23) zu erlassen. Krit. dazu mwN *Gundel/Germelmann*, EuZW 2009, 763, 767 f.

497 S.o. Rn 125, 126.

498 S. etwa die Beschlüsse 2012/413/EU und 2013/442/EU der Kommission zu den jährlichen Prioritätenlisten für die Ausarbeitung von Netzkodizes und Leitlinien 2013 bzw. 2014.

499 S. als Beispiel die auf Art. 6 Abs. 11 GasRL gestützte VO (EU) Nr. 984/2013 zur Festlegung eines Netzkodex über Mechanismen für die Kapazitätszuweisung in Fernleitungsnetzen (ABl. L 273, S. 5).

500 Art. 39 EltRL, Art. 43 GasRL.

501 S. die Auflistung bei *Ludwigs*, Energierecht, in: Ruffert (Hrsg.), Europ. Sekt. Wirtschaftsrecht, § 5 Rn 158.

502 S. Art. 10 der EltRL und der GasRL sowie Art. 3 der Stromhandels- bzw GasfernleitungsVO.

503 Art. 13 Abs. 1 S. 2 EltRL; Art. 14 Abs. 1 S. 2 GasRL. Unklar bleibt, in welchem Verhältnis diese Zustimmung der Kommission zu dem Zertifizierungsverfahren steht.

504 Beispiele nennt *Ludwigs*, Energierecht, in: Ruffert (Hrsg.), Europ. Sekt. Wirtschaftsrecht, § 5 Rn 151.

505 *Ludwigs*, ZG 2010, 222 ff.

men der regulierten Selbstregulierung der Übertragungs-/Fernleitungsnetzbetreiber und in einer ausgeprägteren Netzbedarfs- und Investitionsplanung niederschlägt.

129 Dafür, dass diese Entwicklung mit dem dritten Energiebinnenmarktpaket aus dem Jahr 2009 zu einem Abschluss gekommen ist, spricht wenig. Die EU-Kommission bemängelte bereits ein Jahr später die nach wie vor bestehende Fragmentierung des Energiebinnenmarktes, enttäuschende Zwischenergebnisse bei der Energieeffizienz und beim Umstieg auf erneuerbare Energien sowie zu geringe Anstrengungen bei der Versorgungssicherheit.[506] Wie die deutsche Diskussion um die Folgen der Energiewende 2011 und insbesondere um die Reform des EEG im Jahr 2014 gezeigt hat, stellt sich die Grundfrage nach der Ausbalancierung von Wettbewerbselementen und regulativer Steuerung nach wie vor.[507] Auf der Tagesordnung bleibt die Frage nach dem „Marktdesign", mit dessen Hilfe nicht nur die mit unterschiedlichen nationalen Systemen geförderten erneuerbaren Energien, sondern auch konventionelle Erzeugungsanlagen, die im Interesse der Versorgungssicherheit errichtet oder erhalten werden sollen, in ein wettbewerbliches Energieversorgungssystem integriert werden können. Ob „das Ziel eines stärker nachhaltig ausgerichteten Energiesystems Hand in Hand mit der Notwendigkeit eines vollständig liberalisierten und integrierten Energiemarkts gehen"[508] kann, bleibt eine offene Frage.

---

506 Energie 2020 – Eine Strategie für wettbewerbsfähige, nachhaltige und sichere Energie, KOM (2010) 639 endg., S. 3 f.

507 Eine nur noch untergeordnete Rolle der Intensivierung des Wettbewerbs im Energiemarkt und eine Dominanz „ökonomisch eher fragwürdiger Ziele wie die Steigerung der Energieeffizienz und der Ausbau der erneuerbaren Energien" diagnostizieren in der Strategie der EU-Kommission *Haucap/Coenen*, in: FS Säcker, 2011, S. 721, 735.

508 So die EU-Kommission im Grünbuch „Ein Rahmen für die Klima- und Energiepolitik bis 2030", KOM (2013) 169 endg., S. 8.

§ 36 Kommunikationsrecht

Literatur: **Kommentierungen und Handbücher:** *Abel* (Hrsg.), Telemediengesetz, Telekommunikationsgesetz und TKÜV, 2. Auflage (2011); *Arndt/Fetzer/Scherer* (Hrsg.) TKG: Telekommunikationsgesetz (2008), 2. Auflage (2014, im Erscheinen); *Geppert/Schütz* (Hrsg.), Beck'scher TKG-Kommentar, 4. Auflage (2013); *Heun* (Hrsg.), Handbuch zum Telekommunikationsrecht, 2. Auflage (2007); *Hoeren*, Handbuch Wegerechte und Telekommunikation (2007); *Holznagel/Enaux/Nienhaus*, Telekommunikationsrecht, 2. Auflage (2006); *Kühling/Elbracht*, Telekommunikationsrecht (2008); *Manssen* (Hrsg.), Telekommunikations- und Multimediarecht (2006); *Neumann/Koch*, Telekommunikationsrecht, 2. Auflage (2013); *Säcker* (Hrsg.), Telekommunikationsgesetz, 3. Auflage (2013); *Scheurle/Mayen*, Telekommunikationsgesetz, 2. Auflage (2008); *Schütz*, Kommunikationsrecht (2009); *Spindler/Schuster*, Recht der elektronischen Medien, 2. Auflage (2011).
Monographien: *Attendorn,* Die Regulierungsbehörde als freier Marktgestalter und Normsetzer? (2008); *Fiedler,* Marktabgrenzung in der Telekommunikation (2009); *Fischer,* Das System konsistenter Entgeltregulierung im deutschen Telekommunikationsrecht (2012); *Freund*, Der Telekommunikationssektor zwischen sektorspezifischem und allgemeinem Wettbewerbsrecht (2007); *Frühmorgen,* Daseinsvorsorge und Wettbewerb im Telekommunikationsrecht (2007); *Hermeier*, Der Europäische Regulierungsverbund im EG-Rechtsrahmen für Telekommunikation (2009); *Hinz*, Telekommunikationsregulierung der nächsten Generation (2013); *Kühling*, Telekommunikationsrecht (2008); *Lüdemann*, Wettbewerb und Regulierung in der Telekommunikation (2008); *Preißinger*, Die Entgeltgenehmigung im Telekommunikationsrecht (2007); *Scherer* (Hrsg.), Telecommunication Laws in Europe, 6. Auflage (2013); *Schumacher*, Das EU-Richtlinienpaket zur Neuordnung der Telekommunikationsmärkte und seine Umsetzung im TKG 2004 (2007); *Simon*, Wettbewerbsunterstützende Regulierung bei der Liberalisierung des deutschen Telekommunikationsmarktes (2006); *Weinhuber*, Marktregulierungsverfahren in der elektronischen Kommunikation (2007).
Abhandlungen: *Ellinghaus,* Der Stand der Telekommunikationsgesetzgebung, MMR 2003, 91; *ders.,* Die Regulierungsverfügung in der verwaltungsgerichtlichen Praxis, CR 2009, 87; *ders.*, Das Telekom-Reformpaket der EU, CR 2010, 20; *Gitter/Schnabel*, Die Richtlinie zur Vorratsdatenspeicherung und ihre Umsetzung in das nationale Recht, MMR 2007, 411; *Gramlich*, Die TK-Tätigkeit der BNetzA in den Jahren 2006 und 2007, CR 2008, 151; *Hamm,* Geldausgleich für Wegerechte zum Aufbau öffentlich genutzter Telekommunikationsnetze, MMR 2005, 358; *Hoeren/Müller*, MMR 2008, Beilage zu Heft 7: Entwicklung des Internet- und Multimediarechts im Jahr 2007; *Hoeren/Müller*, MMR 2009, Beilage zu Heft 6: Entwicklung des Internet- und Multimediarechts im Jahr 2008; *Holznagel,* Domainnamen- und IP-Nummern-Vergabe – eine Aufgabe der Regulierungsbehörde?, MMR 2003, 219; *Koenig/Neumann*, Telekommunikationsrechtliche Ansprüche auf Leistungen bei der Fakturierung und des Inkassos für Internet-by-Call-Dienstleistungen, K&R-Beilage 2003, 1; *Ladeur*, Das Europäische Telekommunikationsrecht im Jahre 2006, K&R 2007, 187; *ders.*, Das Europäische Telekommunikationsrecht im Jahre 2007, K&R 2008, 265; *ders.*, Das Europäische Telekommunikationsrecht im Jahre 2008, K&R 2009, 299; *ders.*, Das Europäische Telekommunikationsrecht im Jahre 2009, K&R 2010, 308; *ders.*, Das Europäische Telekommunikationsrecht im Jahre 2011, K&R 2012, 317; *Möschel*, Der zukünftige Ordnungsrahmen für die Telekommunikation – Allgemeines Wettbewerbsgesetz statt sektorspezifischer Regulierung! MMR 2008, 503; *Nacimiento*, Telekommunikationsrecht: Rechtsprechungsbericht 2006, K&R 2007, 125; *dies.*, Telekommunikationsrecht: Rechtsprechungsbericht 2007, K&R 2008, 17; *dies.*, Telekommunikationsrecht: Rechtsprechungsbericht 2008, K&R 2009, 73; *dies.*, Telekommunikationsrecht: Rechtsprechungsbericht 2009, K&R 2010, 87; *dies.*, Telekommunikationsrecht: Rechtsprechungsbericht 2010, K&R 2011, 77; *dies.*, Telekommunikationsrecht: Rechtsprechungsbericht 2011, K&R 2012, 251; *dies.*, Telekommunikationsrecht: Rechtsprechungsbericht 2012, K&R 2013, 228; *dies.*, Telekommunikationsrecht: Rechtsprechungsbericht 2013, K&R 2014, 246; *Scherer,* Die Überprüfung des europäischen Telekommunikationsrechts – Regulierungsbedarf und Optionen für das künftige Recht der elektronischen Kommunikationsinfrastrukturen, Bonn, 2000; *ders.*, Die Umgestaltung des europäischen und deutschen Telekommunikationsrechts durch das EU-Richtlinienpaket – Teil I, K&R 2002, 273; *ders.*, Die Umgestaltung des europäischen und deutschen Telekommunikationsrechts durch das EU-Richtlinienpaket – Teil II, K&R 2002, 329; *ders.*, Die Umgestaltung des europäischen und deutschen Telekommunikationsrechts durch das EU-Richtlinienpaket – Teil III, K&R 2002, 385; *ders.*, Die Entwicklung des Telekommunikationsrechts in den Jahren 2000 bis 2002, NJW 2003, 1004; *ders.*, Die Entwicklung des Telekommunikationsrechts in den Jahren 2003 bis 2006, NJW 2006, 2016; *ders./Heinickel,* Die Entwicklung des Telekommunikationsrechts in den Jahren 2007 – 2009, NVwZ 2009, 1405; *ders./Heinickel,* Die Ent-

wicklung des Telekommunikationsrechts in den Jahren 2009 – 2011, NVwZ 2012, 142; *ders./Heinickel*, Die TKG-Novelle 2012, NVwZ 2012, 585.

Abschnitt 1: Übersicht zu Gesetzgebung und Rechtsprechung

Abschnitt 2: Analyse und Darstellung der Einwirkungspraxis des Europarechts auf das deutsche Telekommunikationsrecht

Abschnitt 1: Übersicht zu Gesetzgebung und Rechtsprechung

A. Gesetzgebung

I. Primärrecht

Artikel 56-62, 101, 102 und 106 des Vertrags über die Arbeitsweise der Europäischen Union („AEUV“), ABl. EU C 115/47 v. 9. Mai 2008.

II. Völkerrechtliche Verträge

Konstitution der Internationalen Fernmeldeunion, Neufassung BGBl. II 2001, S. 1121 – für die BRD *gültig mit Wirkung v. 19. September* 2001 BGBl. II 2003, S. 148;. Konvention der Internationalen Fernmeldeunion, Neufassung BGBl. II 2001, S. 2001 – für die BRD gültig mit Wirkung v. 19. September 2001 BGBl. II 2003, S. 1482; Vollzugsordnung für Telekommunikationsdienste, in Kraft getreten 1990 (VO Telekom); Vollzugsordnung für Funkdienste v. 16. Juni 2003 (VO Funk).

III. Sekundärrecht

Verordnungen:

Verordnung (EG) **Nr. 2887/2000** v. 18. Dezember 2000 über den entbündelten Zugang zum Teilnehmeranschluss [**Entbündelungsverordnung**], ABl. EU L 336/04 v. 30. Dezember 2000, aufgehoben mit Wirkung zum 18.12.2009 durch **Richtlinie 2009/140/EG** v. 25. November 2009, ABl. EU L 337/37 v. 18. Dezember 2009; **Verordnung (EG) Nr. 531/2012** v. 13. Juni 2012 [**Roamingverordnung**], ABl. EU L 172/10 v. 13. Juni 2012; **Verordnung (EG) Nr. 1211/2009** v. 25. November 2009 zur Einrichtung des Gremiums Europäischer Regulierungsstellen für elektronische Kommunikation (GEREK) und des Büros, ABl. EU L 337/1 v. 18. Dezember 2009; **Delegierte Verordnung** (EU) **Nr. 305/2013** v. 26. November 2012 zur Ergänzung der Richtlinie 2010/40/EU des Europäischen Parlaments und des Rates in Bezug auf die harmonisierte Bereitstellung eines interoperablen EU-weiten eCall-Dienstes, ABl. EU L 91/1 v. 3. April 2013; **Verordnung (EU) Nr. 283/2014** v. 11. März 2014 über Leitlinien für transeuropäische Netze im Bereich der Telekommunikationsinfrastruktur und zur Aufhebung der Entscheidung Nr. 1336/97/EG, ABl. EU L 86/14 v. 21. März 2014.

Richtlinien:

Richtlinie 1999/5/EG v. 9. März 1999 über Funkanlagen und Telekommunikationsendeinrichtungen und die gegenseitige Anerkennung ihrer Konformität, ABl. EU L 91/10 v. 7. April 1999, zuletzt geändert durch **Verordnung (EG) Nr. 596/2009** v. 18. Juni 2009, ABl. EU L 188/14 v. 18. Juli 2009; **Richtlinie 2002/19/EG** v. 7. März 2002 über den Zugang zu elektronischen Kommunikationsnetzen sowie deren Zusammenschaltung [**Zugangsrichtlinie**], ABl. EU L 108/7 v. 24. April 2002, zuletzt geändert durch **Richtlinie 2009/140/EG** v. 25. November 2009, ABl. EU L 337/37 v. 18. Dezember 2009; **Richtlinie 2002/20/EG** v. 7. März 2002 über die Genehmigung elektronischer Kommunikationsnetze und -dienste [**Genehmigungsrichtlinie**], ABl. EU L 108/21 v. 24. April 2002, zuletzt geändert durch **Richtlinie 2009/140/EG** v. 25. November 2009, ABl. EU L 337/37 v. 18. Dezember 2009; **Richtlinie 2002/21/EG** v. 7. März 2002 über einen gemeinsamen Rechtsrahmen für elektronische Kommunikationsnetze und -dienste [**Rahmenrichtlinie**], ABl. EU L 108/33 v. 24. April 2002, zuletzt geändert durch **Richtlinie 2009/140/EG** v. 25. November 2009, ABl. EU L 337/37 v. 18. Dezember 2009; **Richtlinie 2002/22/EG** v. 7. März 2002 über den Universaldienst und Nutzerrechte bei elektronischen Kommunikationsnetzen und -diensten [**Universaldienstrichtlinie**], ABl. EU L 108/51 v. 24. April 2002, zuletzt geändert durch **Richtlinie 2009/136/EG** v. 25. November 2009, ABl. EU L 337/11 v. 18. Dezember 2009; **Richtlinie 2002/58/EG** v. 12. Juli 2002 über die Verarbeitung personenbezogener Daten und den Schutz der Privatsphäre in der elektronischen Kommunikation [**Datenschutzrichtlinie für elektronische Kommunikation**], ABl. EU L 201/37 v. 31. Juli 2002, zuletzt geändert durch **Richtlinie 2009/136/EG** v. 25. November 2009, ABl. EU L 337/11 v. 18. Dezember 2009; **Richtlinie 2002/77/EG** v. 16. September 2002 über den Wettbewerb auf den Märkten für elektronische Kommunikationsnetze und -dienste [**Wettbewerbsrichtlinie**], ABl. EU L 249/21 v. 17. September 2002; **Richtlinie 2006/24/EG** v. 15. März 2006 über die Vorratsspeicherung von Daten, die bei der Bereitstellung öffentlich zugänglicher elektronischer Kommunikationsdienste oder öffentlicher Kommunikationsnetze erzeugt oder verarbeitet werden, und zur Änderung der Richtlinie 2002/58/EG, ABl. L 105/54 v. 15. März 2006; **Richtlinie 2009/136/EG** v. 25. November 2009 zur Änderung der Richtlinie 2002/22/EG über den Universaldienst und Nutzerrechte bei elektronischen Kommunikationsnetzen und -diensten, der Richtlinie 2002/58/EG über die Verarbeitung personenbezogener Daten und den Schutz der Privatsphäre in der elektronischen Kommunikation und der Verordnung (EG) Nr. 2006/2004 über die Zusammenarbeit im Verbraucherschutz, ABl. EU L 337/11 v. 18. Dezember 2009, berichtigt in ABl. EU L 241/9 v. 10. September 2013; **Richtlinie 2009/140/EG** des Europäischen Parlaments und des Rates v. 25. November 2009 zur Änderung der Richtlinie

2002/21/EG über einen gemeinsamen Rechtsrahmen für elektronische Kommunikationsnetze und -dienste, der Richtlinie 2002/19/EG über den Zugang zu elektronischen Kommunikationsnetzen und zugehörigen Einrichtungen sowie deren Zusammenschaltung und der Richtlinie 2002/20/EG über die Genehmigung elektronischer Kommunikationsnetze und -dienste, ABl. EU L 337/37 v. 18. Dezember 2009, berichtigt in ABl. EU L 241/8 v. 10. September 2013; **Richtlinie 2014/61/EG** des Europäischen Parlaments und des Rates v. 15. Mai 2014 über Maßnahmen zur Reduzierung der Kosten des Ausbaus von Hochgeschwindigkeitsnetzen für die elektronische Kommunikation, ABl. EU L 155/1 v. 23. Mai 2014.

Entscheidungen:

Entscheidung Nr. 128/1999/EG v. 14. Dezember 1998 über die koordinierte Einführung eines Drahtlos- und Mobilkommunikationssystems (UMTS) der dritten Generation in der Gemeinschaft, ABl. EU L 17/1 v. 22. Januar 1999; **Entscheidung 676/2002/EG** v. 7. März 2002 über einen Rechtsrahmen für die Frequenzpolitik in der Europäischen Gemeinschaft **[Frequenzentscheidung]**, ABl. EU 108/1 v. 24. April 2002; **Entscheidung 2004/545/EG** v. 8. Juli 2004 zur Harmonisierung der Frequenznutzung im Bereich 79 GHz für Kfz-Kurzstreckenradargeräte in der Gemeinschaft, ABl. EU L 241/66 v. 13. Juli 2004; **Entscheidung 2005/50/EG** v. 17. Januar 2005 zur Harmonisierung der befristeten Nutzung des Frequenzbands im Bereich um 24 GHz durch Kfz-Kurzstreckenradargeräte in der Gemeinschaft, ABl. EU L 21/15 v. 25. Januar 2005; **Entscheidung 2005/50/EG** v. 15. Februar 2007 über die Reservierung der mit „116" beginnenden nationalen Nummernbereiche für einheitliche Rufnummern für harmonisierte Dienste von sozialem Wert, ABl. EU L 49/30 v. 17. Februar 2007, zuletzt geändert durch **Entscheidung 2009/884/EG**, ABl. EU L 317/46 v. 3. Dezember 2009.

Empfehlungen und Stellungnahmen:

Leitlinien der Kommission 2002/C 165/03 zur Marktanalyse und Ermittlung beträchtlicher Marktmacht v. 11. Juli 2002, ABl. EU C 165/6 v. 11. Juli 2002; **Empfehlung der Kommission 2003/311/EG** v. 11. Februar 2003 über relevante Produkt- und Dienstmärkte des elektronischen Kommunikationssektors, die aufgrund der Richtlinie 2002/21/EG des Europäischen Parlaments und des Rates über einen gemeinsamen Rechtsrahmen für elektronische Kommunikationsnetze und -dienste für eine Vorabregulierung in Betracht kommen, ABl. EU L 114/45 v. 8. Mai 2003; **Empfehlung der Kommission 2003/203/EG** v. 20. März 2003 zur harmonisierten Gewährung des öffentlichen Funk-LAN-Zugangs zu öffentlichen elektronischen Kommunikationsnetzen und -diensten in der Gemeinschaft, ABl. EU L 78/12 v. 25. März 2003; **Empfehlung der Kommission 2003/561/EG** v. 23. Juli 2003 zu den Notifizierungen, Fristen und Anhörungen gemäß Artikel 7 der Richtlinie 2002/21/EG des Europäischen Parlaments und des Rates über einen gemeinsamen Rechtsrahmen für elektronische Kommunikationsnetze und -dienste, ABl. EU L 190/13 v. 30. Juli 2003; **Empfehlung der Kommission 2005/57/EG** v. 21. Januar 2005 zur Bereitstellung von Mietleitungen in der Europäischen Union [Teil 1 – Wesentliche Lieferbedingungen für Großkunden-Mietleitungen], ABl. EU L 24/39 v. 27. Januar 2005; **Empfehlung der Kommission 2005/268/EG** v. 29. März 2005 zur Bereitstellung von Mietleitungen in der Europäischen Union **[Teil 2 – Preisgestaltung für Großkunden-Teilmietleitungen]**, ABl. EU L 83/52 v. 1. April 2005; **Empfehlung der Kommission 2009/396/EG** v. 7. Mai 2009 über die Regulierung der Festnetz- und Mobilfunk-Zugangsentgelte in der EU, ABl. EU L 124/67 v. 20. Mai 2009; **Empfehlung der Kommission 2009/848/EG** v. 28. Oktober 2009 zur leichteren Freisetzung der digitalen Dividende in der EU, ABl. EU L 308/24 v. 24. November 2009; **Empfehlung der Kommission 2010/572/EU** v. 20. September 2010 über den regulierten Zugang zu Zugangsnetzen der nächsten Generation (NGA), ABl. EU L 251/35 v. 25. September 2010; **Empfehlung der Kommission 2011/750/EU** v. 8. September 2011 zur Unterstützung eines EU-weiten eCall-Dienstes in elektronischen Kommunikationsnetzen für die Übertragung bordseitig ausgelöster 112-Notrufe („eCalls"), ABl. EU L 303/46 v. 22. November 2011.

Sonstige Beschlüsse:

Beschluss der Kommission 2002/622/EG v. 26. Juli 2002 zur Einrichtung einer Gruppe für Frequenzpolitik, ABl. EU L 198/49 v. 27. Juli 2002, geändert durch **Beschluss 2009/978/EU** v. 16. Dezember 2009, ABl. EU L 336/50 v. 18. Dezember 2009; **Beschluss der Kommission 2002/627/EG** v. 29. Juli 2002 zur Einrichtung der Gruppe Europäischer Regulierungsstellen für elektronische Kommunikationsnetze und -dienste, ABl. EU L 200/38 v. 30. Juli 2002, zuletzt geändert durch **Beschluss 2007/804/EG** v. 6. Dezember 2007, ABl. EU L 323/43 v. 8. Dezember 2007; **Beschluss der Kommission 2003/548/EG** v. 24. Juli 2003 über das Mindestangebot an Mietleitungen mit harmonisierten Merkmalen und die entsprechenden Normen gemäß Artikel 18 der Universaldienstrichtlinie, ABl. EU L 186/43 v. 25. Juli 2003, geändert durch **Entscheidung 2008/60/EG** v. 21. Dezember 2007, ABl. EU L 15/32 v. 18. Januar 2008; **Beschluss der Kommission 2012/243/EU** v. 14. März 2012 über ein Mehrjahresprogramm für die Funkfrequenzpolitik, ABl. EU L 87/7 v. 21. März 2013.

B. Rechtsprechung („Leading Cases")

EuGH / Kommissionsentscheidungen:

EuGH, 8.4.2014, verb. Rs. C-293/12 und C-594/12 (Ungültigkeit der Richtlinie über die Vorratsdatenspeicherung), BB 2014, 1100; EuGH, 8.6.2010, Rs. C-58/08 (Gültigkeit der EU-Roamingverordnung), Slg 2010, I-4999; EuGH, 3.12.2009, Rs. C 424/07 (Gemeinschaftsrechtswidrigkeit von § 9 a TKG), MMR 2010, 119; EuGH, 12.11.2009, Rs. C 192/08 (Pflicht zur Zusammenschaltung von Kommunikationsnetzen), NVwZ 2010, 307; EuGH, 10.2.2009, Rs. C-301/06 (Rechtsgrundlage für die Vorratsdatenspeicherungsrichtlinie), Slg 2009, I-593; EuGH, 17.7.2008, Rs. C-152/07 bis C-154/07 (Anschlusskostenbeitrag), Slg 2008, I-5959; EuGH, 24.4.2008, Rs. C-55/06 (Kostenorientierung: historische und voraussichtliche Kosten), Slg 2008, I-2931; EuGH, 22.11.2007, Rs. C-262/06 (§ 150, vorübergehende Anwendbarkeit des TKG 1996), Slg 2007, I-10057; EuGH, 20.10.2005, Rs. C-327/03 und C-328/03, Slg 2005, I-8877 (Gemeinschaftsrechtswidrigkeit der kostenlosen Rufnummern-Übernahme durch die DTAG); EuGH, 19.9.2002, Rs. C-221/01 (Kommission/Belgien), Slg 2002, I-07835; EuGH, 13.12.2001, Rs. C-79/00 (Telefónica de Espana), Slg 2001, I-10075; EuGH, 6.12.2001, Rs. C-146/00 (Kommission/Frankreich), Slg 2001, I-9767; EuGH, 16.10.2001, verbundene Rs. C-396/99 und C-397/99 (Kommission/Griechenland), Slg 2001, I-7577; EuGH, 16.10.2001, Rs. C-429/99 (Kommission/Portugal), Slg 2001, I-7605; EuGH, 12.12.1996, Rs. C-302/94 (British Telecommunications II), Slg 1996, I-6417; EuGH, 26.3.1996, Rs. C-392/93 (British Telecommunications I), Slg 1996, I-1631.

Entscheidungen nationaler Gerichte:

BVerwG, 9.5.2012 – Az 6 C 3.11, BVerwGE 143, 87 (CFV-Entgelte 2009/10); BVerwG, 14.12.2011 – 6 C 36.10, N&R 2012, 102 (Rückwirkung Markt Nr. 12/IP-Bitstrom (2003)); BVerwG, 23.11.2011 – 6 C 11.10, N&R 2012, 30 (TAL-Entgelte 2001-2003); BVerwG, 23.6.2010 – 6 C 36.08, N&R 2010, 233 (Vergleichsmarktbetrachtung); BVerfG, 2.3.2010 – 1 BvR 256/08, 1 BvR 263/08, 1 BvR 586/08, BVerfGE 125, 260, NJW 2010, 833 (Vorratsdatenspeicherung); BVerwG, 24.6.2009 – 6 C 19.08, MMR 2010, 207 (Line-Sharing; Antrag als Rahmen für die Entgeltgenehmigung); BVerwG, 28.1.2009 – 6 C 39.07, MMR 2009, 786 (Gemeinschaftsrechtskonforme Auslegung: Ermessen iRd § 30 Abs. 1); BVerwG, 25.3.2009 – 6 C 3.08, MMR 2009, 531 (Gerichtliche Anordnung eines höheren Entgelts); OVG Münster, 30.10.2008 – 13 A 2394/07 und 13 A 2395/07, DVBl 2009, 51 (keine Verlängerung von Frequenzzuteilungen im 2,6 GHz-Bereich); BVerwG 28.11.2007 – 6 C 42.06, BVerwGE 130, 39 (Umfang der gerichtlichen Überprüfbarkeit von Entscheidungen der BNetzA über die Auferlegung von Verpflichtungen); BVerwG, 31. 3. 2008 – 6 C 14.07, 15.07, 16.07, 17.07, BeckRS 2008, 34939 (Beurteilungsspielraum der BNetzA iRd Marktdefinition und -analyse; Ermessen bei Auferlegung von Verpflichtungen); BVerwG, 16.7.2008 – 6 C 2.07, DÖV 2009, 87 (Überlassung von Teilnehmerdaten); BVerwG, 17.5.2006 – 6 C 14.05 (§ 150, vorübergehende Anwendbarkeit des TKG 1996); BVerwG

25.1.2005 – Az 6 C 6.00, BVerwGE 114, 160 (TAL); BVerwG 31.3.2004 – 6 C 11.03, BVerwGE 120, 263 (Zusammenschaltung), NVwZ 2004, 1365; BVerwG 7.7.2004 – 6 C 23.03, CR 2004, 907.[1]

Abschnitt 2: Analyse und Darstellung der Einwirkungspraxis des Europarechts auf das deutsche Telekommunikationsrecht

A. Einleitung/Überblick zum TKG

I. Einführung

1 Das aktuelle TKG[2] ist am 26. Juni 2004 an die Stelle des Telekommunikationsgesetzes vom 25. Juli 1996 getreten.[3] Nur vier Jahre nach der vollständigen Öffnung auch der deutschen Telekommunikationsmärkte für den Wettbewerb, die das TKG (1996) auf der Grundlage des europäischen Telekommunikationsrechts[4] am 1. Januar 1998 herbeigeführt hat,[5] hatte der europäische Gesetzgeber nach öffentlichen Konsultationen[6] ein Paket von sechs Richtlinien und einer Entscheidung verabschiedet.[7] Er hatte damit vor allem vier – teils im Gesetzgebungsprozess ausdrücklich adressierte, teils in den Richtlinien und ihren Erwägungsgründen erwähnte – Regulierungsziele verfolgt:[8] Erstens zielte das Richtlinienpaket auf eine Vereinfachung des europäischen Rechtsrahmens; zweitens sollte mit den Richtlinien der „Verschmelzung von Telekommunikation, Medien und Informationstechnologien" Rechnung getragen werden, drittens bezweckten die Richtlinien eine flexiblere Zuordnung von sektorspezifischer Regulierung einerseits und dem Einsatz der Instrumente des nationalen und gemeinschaftlichen Wettbewerbsrechts andererseits, viertens schafften sie die inhaltlichen, verfahrens- und organisationsrechtlichen Voraussetzungen für eine gemeinschaftsweit stärker harmonisierte Anwendung des europäischen Rechtsrahmens.

2 Die europarechtlich vorgegebene Umsetzungsfrist, die am 24. Juli 2003 ablief, hatte der deutsche Gesetzgeber um nahezu ein Jahr überschritten. Ein im April 2003 vom Bundesministerium für Wirtschaft und Arbeit vorgelegter Referentenentwurf wurde nach öffentlicher Kommentierung und Ressortabstimmung in zentralen Bestimmungen geändert. Der Regierungsentwurf, zu dem der Bundesrat eine ausführliche Stellungnahme abgegeben hatte, wurde auf der Grundlage von Beschlussempfehlungen des Ausschusses für Wirtschaft und Arbeit ergänzt und unter Ablehnung zweier Änderungsanträge aus den Reihen der FDP vom Bundestag beschlossen. Auf Betreiben des Bundesrates wurden u.a. das Konzept der Marktdefinition (§ 10 Abs. 1) den europarechtlichen Vorgaben

1 S. hierzu EuGH, 19.9.2006 – Rs. C-392/04 und C-422/04, Slg 2006, I-8559.

2 BGBl. I, S. 1190, zul. geändert durch Gesetz v. 25.7.2014, BGBl. I, S. 1266; Paragraphenangaben ohne Angabe des Gesetzes beziehen sich auf das TKG.

3 BGBl. I, S. 1120, zul. geändert durch Art. 1 und 3 des Gesetzes v. 9.8.2003, BGBl. I, S. 1590, im Folgenden: TKG (1996); s. dazu *Scherer*, NJW 1996, 2953 ff und die Rechtsprechungsberichte in NJW 1998, 1607; 2000, 772; 2003, 1004.

4 Dazu *Ladeur*, K&R 2009, 299; K&R 2008, 265; K&R 2007, 187.

5 Zur gemeinschaftsrechtlichen Grundlage s. RL 96/19/EG der Kommission v. 13.3.1996, ABl. EG L 74/13 v. 22.3.1996, zur Umsetzung des Telekommunikationsrechts der Gemeinschaft in den EU-Mitgliedstaaten s. *Scherer* (Hrsg.), Telecommunication Laws in Europe, 6. Aufl. 2013.

6 Europäische Kommission, Kommunikationsbericht 1999, KOM (1999) 539; s. dazu *Scherer*, Überprüfung des europäischen Telekommunikationsrechts.

7 RL 2002/21/EG v. 7.3.2002, ABl. EG L 108/33 v. 24.4.2002 (Rahmenrichtlinie, im Folgenden: „RRL"), RL 2002/20/EG v. 7.3.2002, ABl. EG L 108/21 v. 24.4.2002 (Genehmigungsrichtlinie, im Folgenden: „GRL"), RL 2002/22/EG v. 7.3.2002, ABl. EG L 108/51 v. 24.4.2002 (Universaldienstrichtlinie, im Folgenden: „UDR"), RL 2002/19/EG v. 7.3.2002, ABl. EG 108/7 v. 24.4.2002 (Zugangsrichtlinie, im Folgenden: „ZRL"), RL 2002/58/EG v. 12.7.2002, ABl. EG L 201/37 v. 11.7.2002 (Datenschutzrichtlinie, im Folgenden: „DRL"), Entscheidung Nr. 676/2002/EG v. 7.3.2002 über einen Rechtsrahmen für die Frequenzpolitik in der Europäischen Gemeinschaft, ABl. EG 108/1 v. 24.4.2002. RL 2002/77/EG v. 16.9.2002 über den Wettbewerb auf den Märkten für elektronische Kommunikationsnetze und -dienste, ABl. EG L 249/21; dazu *Scherer*, K&R 2002, S. 273 ff, 329 ff, 385 ff; *Schütz/Attendorn*, MMR-Beilage 4/2002; umf. *Koenig/Bartosch/Braun* (Hrsg.), EC Competition and Telecommunications Law, 2002; auch *Husch/Kemmler/Ohlenburg*, MMR 2003, 139 ff sowie *Immenga/Kirchner*, TKMR 2002, 340 ff.

8 Hierzu und zum Folgenden *Scherer*, K&R 2002, 273, 274 ff mwN.

angepasst, ein Diskriminierungsverbot (§ 19), eine Transparenzverpflichtung (§ 20) sowie eine Pflicht zur zeitgleichen Vorlage von Entgeltmaßnahmen für Zugangsleistungen im Endnutzerbereich und von Angeboten für die damit korrespondierende Vorleistung für Wettbewerber (§ 39 Abs. 4) in das Gesetz aufgenommen. Nach Anrufung des Vermittlungsausschusses durch den Bundesrat und Durchführung des Vermittlungsverfahrens wurde das TKG schließlich unter Übernahme wesentlicher Teile der Beschlussempfehlung des Vermittlungsausschusses in seiner heutigen Fassung am 6. Mai 2004 angenommen. Ein im Februar 2005 von der Bundesregierung eingebrachter Entwurf eines Änderungsgesetzes, mit dem insbesondere die verbraucherschützenden Vorschriften der UDR ins Gesetz aufgenommen werden sollten,[9] wurde wegen der vorzeitigen Auflösung des 15. Bundestages nicht verabschiedet.

Nach Verabschiedung des TKG 2004 hatte die Europäische Kommission Vertragsverletzungsverfahren gegen die Bundesrepublik Deutschland wegen mangelhafter Umsetzung der ZRL[10] und der UDR[11] eingeleitet, die später jedoch eingestellt wurden.

Fünf Jahre nach Inkrafttreten des Richtlinienpakets hat die Europäische Kommission eine Überprü- 3
fung des europäischen Telekommunikationsrechts („EU-Review") durchgeführt.[12] Im Rahmen des EU-Review wurde das Richtlinienpaket durch den Erlass zweier Änderungsrichtlinien[13] umfassend überarbeitet und eine Verordnung zur Einsetzung des Gremiums Europäischer Regulierungsstellen für elektronische Kommunikation („GEREK") erlassen. Darüber hinaus wurde im Zuge des EU-Review eine Richtlinie zur Änderung der GSM-Richtlinie[14] erlassen.[15] Die im Rahmen des EU-Review eingeführten relevanten Änderungen des gemeinschaftsrechtlichen Rahmens werden unten jeweils im Zusammenhang mit der Darstellung der Regelungen des TKG beschrieben.

Das TKG 2004 wurde seit seinem Erlass mehrfach geändert. Wesentliche Änderungen erfolgten 4
insbesondere durch das TKG-Änderungsgesetz von 2007 („TKG-ÄndG 2007"),[16] das Gesetz zur Neuregelung der Telekommunikationsüberwachung,[17] das TK-Entschädigungs-Neuordnungsgesetz von 2009,[18] das Erste Gesetz zur Änderung des Telekommunikationsgesetzes und des Gesetzes über die elektromagnetische Verträglichkeit von Betriebsmitteln („TKG-Änderungsgesetz 2009"),[19] das Gesetz zur Bekämpfung unerlaubter Telefonwerbung und zur Verbesserung des Verbraucher-

9 BT-Drucks. 15/5213; s. dazu Stellungnahme des Bundesrates BR-Drucks. 92/05, Gegenäußerung der Bundesregierung: Anlage 3 zu BT-Drucks. 15/5213, s. auch BT-Drucks. 15/5694.

10 Verfahren 2004/2221: In ihrer mit Gründen versehenen Stellungnahme v. 12.4.2005 rügt die Kommission insbesondere eine unzulässige Beschränkung des Ermessensspielraums der Regulierungsbehörde bei der Regulierung der Zugangsentgelte (§ 30) und bei der Auferlegung der Pflicht zur Vorlage von Standardangeboten (§ 23); hierdurch würden Art. 8 Abs. 1-4, 9 Abs. 2 und 16 Abs. 4 ZRL unzulänglich umgesetzt.

11 Verfahren Nr. 2005/2067; in ihrem Aufforderungsschreiben v. 12.4.2005 rügt die Kommission die unzulängliche Umsetzung von Art. 14, 17, 19 Abs. 2 und 33 UDR durch §§ 82 Abs. 4, 39, 40 und 78 Abs. 4 TKG.

12 Vgl dazu *Ellinghaus*, CR 2010, 20.

13 RL 2009/136/EG v. 25. November 2009 zur Änderung der Richtlinie 2002/22/EG über den Universaldienst und Nutzerrechte bei elektronischen Kommunikationsnetzen und -diensten, der Richtlinie 2002/58/EG über die Verarbeitung personenbezogener Daten und den Schutz der Privatsphäre in der elektronischen Kommunikation und der Verordnung (EG) Nr. 2006/2004 über die Zusammenarbeit im Verbraucherschutz, ABl. EU L 337/11; RL 2009/140/EG des Europäischen Parlaments und des Rates v. 25.11.2009 zur Änderung der Richtlinie 2002/21/EG über einen gemeinsamen Rechtsrahmen für elektronische Kommunikationsnetze und -dienste, der Richtlinie 2002/19/EG über den Zugang zu elektronischen Kommunikationsnetzen und zugehörigen Einrichtungen sowie deren Zusammenschaltung und der Richtlinie 2002/20/EG über die Genehmigung elektronischer Kommunikationsnetze und –dienste, ABl. EU L 337/37.

14 RL 87/372/EWG v. 25.6.1987, ABl. EU L 196/85.

15 RL 2009/114/EG v. 16.9.2009 zur Änderung der Richtlinie 87/372/EWG des Rates über die Frequenzbänder, die für die koordinierte Einführung eines europaweiten öffentlichen zellularen digitalen terrestrischen Mobilfunkdienstes in der Gemeinschaft bereitzustellen sind, ABl. EU L 274/25.

16 Gesetz zur Änderung telekommunikationsrechtlicher Vorschriften v. 18.2.2007, BGBl. I, S. 106.

17 V. 21.12.2007, BGBl. I, S. 3198.

18 Gesetz zur Neuordnung der Entschädigung von Telekommunikationsunternehmen für die Heranziehung im Rahmen der Strafverfolgung (TKEntschNeuOG) v. 29.4.2009, BGBl. I, S. 994.

19 V. 29.7.2009, BGBl. I, S. 2409. Dazu *Ditscheid/Ufer*, MMR 2009, 367.

schutzes bei besonderen Vertriebsformen[20] sowie durch das Gesetz zur Änderung telekommunikationsrechtlicher Regelungen („TKG-ÄndG 2012“).[21]

Das TKG-ÄndG 2007 inkorporierte die an die gemeinschaftsrechtlichen Vorgaben angepassten Kundenschutzvorschriften der Telekommunikations-Kundenschutzverordnung (TKV) in das TKG (§§ 43 a ff, §§ 66 a ff).[22] Darüber hinaus wurden durch das TKG-ÄndG 2007 u.a. § 30 Abs. 3 und § 42 Abs. 4[23] angepasst. Im Mittelpunkt der rechtspolitischen Diskussion um das TKG-ÄndG 2007 stand § 9 a, der „Regulierungsferien“ für sog. „neue Märkte“ vorsah.[24]

Das TKG-ÄndG 2009 sowie das Gesetz zur Bekämpfung unerlaubter Telefonwerbung und zur Verbesserung des Verbraucherschutzes bei besonderen Vertriebsformen führten u.a. weitere verbraucherschützende Vorschriften in das Gesetz ein. Darüber hinaus wurden durch das TKG-ÄndG 2009 die Regelung zum Telekommunikationsbeitrag aufgehoben und der in § 142 enthaltene Katalog von Amtshandlungen, für die die Bundesnetzagentur Gebühren und Auslagen erhebt, ausgeweitet.[25]

5 Mit dem TKG-ÄndG 2012 wurden die im Rahmen des EU-Review 2009 vorgenommenen Änderungen der europarechtlichen Vorgaben in deutsches Recht umgesetzt. Geändert wurden insbesondere die Vorschriften zur Marktregulierung (u.a. Festlegung von Regulierungsgrundsätzen, Einbindung des GEREK, Einführung der funktionellen Separierung, Regelungen zur Förderung des Ausbaus hochleistungsfähiger Breitbandnetze), die Kunden- und Datenschutzvorschriften (u.a. Einführung der „kostenlosen Warteschleife“ sowie einer Informationspflicht von Diensteanbietern im Falle der Verletzung des Schutzes personenbezogener Daten) sowie die Vorschriften zur Frequenzregulierung (u.a. Erweiterung des Frequenzhandels um die Optionen der Vermietung und der gemeinsamen Nutzung eines Frequenzpools).[26]

II. Überblick

6 Das Gesetz besteht aus elf Teilen und umfasst 198 Paragraphen; es ist damit um 94 Paragraphen länger als das TKG (1996)[27] und soll durch eine Vielzahl von Rechtsverordnungen[28] ergänzt werden, von denen bislang neun erlassen worden sind.[29]

---

20 V. 29.7.2009, BGBl. I, S. 2413.

21 Gesetz zur Änderung telekommunikationsrechtlicher Regelungen v. 3.5.2012, BGBl. I, S. 958. Dazu *Scherer/Heinickel*, NVwZ 2012, 585.

22 Dazu unten, Rn 102 ff.

23 Dazu unten, Rn 100.

24 Dazu unten, Rn 24.

25 Dazu unten, Rn 150.

26 Vgl dazu *Scherer/Heinickel*, NVwZ 2012, 585; *Franzius*, N&R 2012, 126; *Roßnagel/Johannes/Kartal*, K&R 2012, 244.

27 Das TKG (1996) enthielt nach Einfügung der §§ 43a-c durch das Gesetz zur Bekämpfung des Missbrauchs von 0190er-/0900er-Mehrwertdiensterufnummern v. 9.8.2003 (BGBl. I, S. 1590) und § 75 a durch das post- und telekommunikationsrechtliche Bereinigungsgesetz v. 7.5.2002 (BGBl. I, S. 1529) insgesamt 104 Paragraphen.

28 Die entsprechenden Ermächtigungsnormen finden sich für eine Netzneutralitätsverordnung (NetzNeutrV) in § 41 a Abs. 1, für eine VO zur Förderung der Transparenz, Veröffentlichung von Informationen und zusätzlicher Dienstmerkmale zur Kostenkontrolle auf dem Telekommunikationsmarkt in § 45 n Abs. 1, für die Frequenzverordnung (FreqV) in § 53 Abs. 1, für die Telekommunikations-Nummerierungsverordnung (TNV) in § 66 Abs. 4, für die Verordnung über Notrufverbindungen (NotrufV) in § 108 Abs. 3, für die Telekommunikations-Überwachungsverordnung (TKÜV) in § 110 Abs. 2, für eine VO betreffend das automatisierte Auskunftsverfahren in § 112 Abs. 3, für eine Frequenzgebührenverordnung (FGebV), eine Telekommunikations-Nummerngebührenverordnung (TNGebV) sowie für eine VO über Telekommunikationsgebühren (TKGebV) in § 142 Abs. 3 und für eine VO über Beiträge zum Schutz einer störungsfreien Frequenznutzung (Frequenzschutzbeitragsverordnung – FSBeitrV) in § 143 Abs. 4. Die Vorschriften der TKV, TUDLV, der TDSV und TEntgV, der FreqZV sowie der NZV und das Fernsehsignalübertragungsgesetz wurden, soweit erforderlich, in das neue Gesetz integriert und sind außer Kraft getreten.

29 Frequenzverordnung (FreqV) v. 27.8.2013, BGBl. I, S. 3326; VO zur Übertragung der Befugnis zum Erlass von Rechtsverordnungen nach dem Telekommunikationsgesetz und dem Gesetz über die elektromagnetische Verträglichkeit von Betriebsmitteln (TK-EMVÜbertragungsverordnung – TKEMVÜbertrV) v. 16.1.2013, BGBl. I, S. 79 – durch diese VO macht das BMWI von der in den §§ 45 n Abs. 7 S. 1, 142 Abs. 3 S. 2 und 144 Abs. 4 S. 3 einge-

Der erste Teil (§§ 1-8) legt den Zweck des Gesetzes fest (§ 1), statuiert eine Vielzahl von Regulierungszielen (§ 2 Abs. 2) und -grundsätzen (§ 2 Abs. 3) und enthält einen gegenüber dem TKG (1996) deutlich erweiterten Katalog von Begriffsbestimmungen (§ 3). In diesem Teil ist auch die – nach Abschaffung der Lizenzpflicht für das Betreiben von Übertragungswegen und des Angebots von Sprachtelefondienst – nunmehr bestehende Meldepflicht für gewerbsmäßige Betreiber von öffentlichen Telekommunikationsnetzen und für die gewerbliche Erbringung von Telekommunikationsdiensten für die Öffentlichkeit geregelt (§ 6). 7

Der zweite Teil (§§ 9-43) enthält die zentralen Vorschriften des Regulierungsregimes. In dem Abschnitt „Verfahren der Marktregulierung" (§§ 9-15a) werden Voraussetzungen und Rechtsfolgen der Regulierungsverfügung[30] geregelt: Sie ergeht, wenn die Regulierungsbehörde, die mit Wirkung vom 13. Juli 2005 in „Bundesnetzagentur" (BNetzA) umbenannt wurde,[31] nach Festlegung der sachlich und räumlich relevanten Märkte, die für eine Regulierung in Betracht kommen (Marktdefinition, § 10), und aufgrund einer Marktanalyse (§ 11) einem Unternehmen mit beträchtlicher Marktmacht bestimmte „Verpflichtungen" auferlegt oder solche Verpflichtungen ändert, beibehält oder widerruft (dazu im Einzelnen unten Rn 60 ff). In jeweils gesonderten Abschnitten finden sich inhaltliche und prozedurale Regeln zur Zugangs- (§§ 16-26) und Entgeltregulierung (§§ 27-39) sowie zu „sonstigen Verpflichtungen" – u.a. zur funktionellen Trennung[32] (§ 40) und zur Netzneutralität (§ 41 a). Im 5. Abschnitt von Teil 2 ist die Missbrauchsaufsicht geregelt, deren Ausgestaltung im Einzelnen höchst umstritten war.[33] Anders als das TKG (1996) sieht das Gesetz – in Anlehnung an § 34 GWB – die Vorteilsabschöpfung vor (§ 43). 8

Der dritte Teil (§§ 43 a-47 b) enthält Regelungen zum Kundenschutz, die nach der ursprünglichen Konzeption des Gesetzes durch eine auf die Ermächtigungsgrundlage in § 45 gestützte Kundenschutzverordnung konkretisiert werden sollten. Im April 2005 legte die Bundesregierung stattdessen den Entwurf eines Gesetzes zur Änderung telekommunikationsrechtlicher Vorschriften vor,[34] mit dem die europarechtlichen Vorgaben der Universaldienstrichtlinie im Einzelnen umgesetzt und spezielle verbraucherschützende Vorschriften, die in den Vorschriften des Gesetzes zur Bekämpfung des Missbrauchs mit 0190er-/0900er-Mehrwertdiensterufnummern enthalten sind,[35] fortge- 9

---

räumten Befugnis Gebrauch, der BNetzA den Erlass, die Änderung oder Aufhebung von Rechtsverordnungen in Einvernehmen mit dem BMWI und dem Bundesministerium der Finanzen zu übertragen; Telekommunikations-Nummerierungsverordnung (TNV) v. 5.2.2008, BGBl. I, S. 141, zuletzt geändert durch Art. 4 G v. 7.8.2013, BGBl. I, S. 3154; VO über Notrufverbindungen (NotrufV) v. 6.3.2009, BGBl. I, S. 481, zuletzt geändert durch Art. 1 G v. 26.11.2012, BGBl. I, S. 2347; VO über die technische und organisatorische Umsetzung von Maßnahmen zur Überwachung der Telekommunikation (TKÜV) v. 3.11.2005, BGBl. I, S. 3136, zuletzt geändert durch Art. 4 G v. 25.12.2008, BGBl. I, S. 3038; Frequenzgebührenverordnung (FGebV) v. 21.5.1997, BGBl. I, S. 1226, zuletzt geändert durch Art. 1 VO v. 24.9.2013, BGBl. I, S. 3710; Telekommunikations-Nummerngebührenverordnung (TNGebV) v. 16.8.1999, BGBl. I, S. 1887, zuletzt geändert durch Art. 1 VO v. 24.10.2013, BGBl. I, S. 3896; VO über Telekommunikationsgebühren (TKGebV) v. 19.7.2007, BGBl. I, S. 1477, zuletzt geändert durch Art. 4 G v. 7.8.2013, BGBl. I, S. 3154; Frequenzschutzbeitragsverordnung (FSBeitrV) v. 13.5.2004, BGBl. I, S. 958, zuletzt geändert durch Art. 1 VO vom 17.12.2013, BGBl. I, S. 4312. Der europäische Gesetzgeber schuf unmittelbar anwendbares Telekommunikationsrecht mit der Verordnung über das Roaming in öffentlichen Mobilfunknetzen in der Union (VO (EG) Nr. 531/2012 v. 13.6.2012, ABl. EU L 172/10, ABl. EU die im Wege einer rechtspolitisch nicht unproblematischen europäischen Preisregulierungsmaßnahme u.a. Preis-Höchstgrenzen für Roaming-Anrufe im EU-Ausland sowie für das SMS- und Datenroaming festlegt, dazu *Gerpott*, N&R 2012, 208. Darüber hinaus wurde auf Grundlage des § 6 Abs. 3 des Gesetzes über die elektromagnetische Verträglichkeit von Betriebsmitteln (BGBl. I 2008, S. 220) die Verordnung zum Schutz von öffentlichen Telekommunikationsnetzen und Sende- und Empfangsfunkanlagen erlassen, BGBl. I 2009, S. 1060 (SchuTSEV).

30 S. § 13 Abs. 1 S. 1 TKG; zum Begriff *Scherer*, MMR-Beilage 12/2002, 23, 28.

31 Überblick über die Regulierungspraxis bei *Gramlich*, CR 2008, 151 und CR 2010, 289; s. auch Tätigkeitsberichte der BNetzA unter http://www.bundesnetzagentur.de/DE/Allgemeines/DieBundesnetzagentur/Publikationen/Bericht e/berichte-node.html, abgerufen am 10.10.2014.

32 Dazu unten Rn 71.

33 Vgl hierzu die Stellungnahme des Bundesrates zum Gesetzesentwurf der Bundesregierung in BT-Drucks. 15/2316, S. 115 sowie die diesbezügliche Gegenäußerung der Bundesregierung in BT-Drucks. 15/2345.

34 BT-Drucks. 15/5213, s. bereits o. Fn 9.

35 BGBl. I 2003, S. 1590.

schrieben werden sollten. Wegen der vorgezogenen Auflösung des Bundestages in der 15. Legislaturperiode verzögerte sich die Verabschiedung des TKG-Änderungsgesetzes.

10 Mit dem TKG-ÄndG 2007 wurden die an die gemeinschaftsrechtlichen Vorgaben angepassten Kundenschutzvorschriften der §§ 43 a ff und §§ 66 a ff[36] schließlich in das Gesetz inkorporiert. Das TKG-ÄndG 2009 sowie das Gesetz zur Bekämpfung unerlaubter Telefonwerbung und zur Verbesserung des Verbraucherschutzes bei besonderen Vertriebsformen führten weitere verbraucherschützende Regelungen in das TKG ein. Mit dem TKG-ÄndG 2012 hat der Gesetzgeber den Kundenschutz nochmals gestärkt. So wurde beispielsweise § 43 a, der die Informationspflichten bei Vertragsschluss regelt, wesentlich erweitert und die bis dato geltende Regelung zur Rufnummernübertragbarkeit durch den neu gefassten § 46 ersetzt, der Anbieterwechsel und Wohnsitzwechsel umfassend regelt und erheblich vereinfacht. Zudem wurden Anbietern Vorgaben zur technischen Umsetzung der „kostenlosen Warteschleife" gemacht (§ 66 g).

11 Im vierten Teil (§§ 48-51) finden sich – hier nicht im Einzelnen darzustellende – Regelungen, die den Digitalisierungsprozess im Bereich der Rundfunkübertragung fördern, Transparenz und Chancengleichheit bei der Verwendung von Zugangsberechtigungssystemen anstreben und die noch relevanten Vorschriften des Fernsehsignalübertragungsgesetzes[37] in das Gesetz integrieren.

12 Der fünfte Teil (§§ 52-77e) regelt die Vergabe von Frequenzen, Nummern und Wegerechten. Die bisherigen Regelungen zur Vergabe dieser knappen Ressourcen wurden weitgehend beibehalten, allerdings wurde das Verfahren für die Frequenzzuweisung angepasst. Darüber hinaus wurden die Voraussetzungen für eine flexiblere Frequenznutzung geschaffen(§ 62).[38] Zur Förderung der Effizienz des Netzausbaus hat das TKG-ÄndG 2012 die Vorschriften zu den Wegerechten um Bestimmungen über die gemeinsame Nutzung von Infrastrukturen, die Mitnutzung von Bundesstraßen in der Baulast des Bundes, die Mitnutzung von Bundeswasserstraßen und die Mitnutzung von Eisenbahninfrastruktur erweitert (§§ 77a-77 e).

13 Der sechste Teil (§§ 78-87) definiert im Einklang mit Art. 2 Abs. 1 Buchst. j RRL den Begriff der Universaldienstleistungen (§ 78 Abs. 1) und regelt – in Anlehnung an das TKG (1996) – die Verpflichtung zur Erbringung von Universaldienstleistungen sowie deren Finanzierung. Die einzelnen, durch Art. 4-6 UDR vorgegebenen Universaldienstleistungen sind im Gesetz bestimmt (§ 78 Abs. 2); die bisherige Telekommunikations-Universaldienstleistungsverordnung (TUDLV)[39] fiel damit weg.

14 Im siebten Teil (§§ 88-115) finden sich die Regelungen zur Wahrung des Fernmeldegeheimnisses, zum Datenschutz und zur öffentlichen Sicherheit. Die datenschutzbezogenen Vorschriften der früheren Telekommunikations-Datenschutzverordnung wurden in das Gesetz übernommen.[40] Durch das TKG-ÄndG 2012 wurden erweiterte datenschutzrechtliche Informationspflichten eingeführt.[41]

15 Der achte Teil (§§ 116-141) regelt Organisation, Verfahren und Befugnisse der Regulierungsbehörde und ihrer Beschlusskammern. Gegen die Entscheidungen der Beschlusskammern ist der Verwaltungsrechtsweg eröffnet,[42] der allerdings im Interesse der Verfahrensbeschleunigung auf eine Tatsacheninstanz verkürzt ist (§ 137 Abs. 2).

---

36 S. hierzu Mitteilung Nr. 583/2007, ABl. BNetzA 2007, 3274.

37 V. 14.11.1997, BGBl. I, S. 2710, zuletzt geändert durch das Post- und telekommunikationsrechtliche Bereinigungsgesetz v. 7.5.2002, BGBl. I, S. 1529.

38 Vgl Art. 9 Abs. 3 RRL.

39 V. 30.1.1997, BGBl. I, S. 141.

40 V. 18.12.2000, BGBl. I, S. 1740, zuletzt geändert durch das Gesetz zur Bekämpfung des Missbrauchs von 0190er-/0900er-Mehrwertdiensterufnummern v. 9.8.2003, BGBl. I, S. 1590.

41 Dazu unten, Rn 131.

42 § 137; s. aber die Entschließungen des Bundesrates v. 14.5.2004 (Antrag BR-Drucks. 379/1/04) sowie des Bundestags v. 27.5.2004 (Antrag BT-Drucks. 15/32/8) zur Änderung des Rechtswegs noch vor Ende der Legislaturperiode 2006; dazu u. Rn 144.

Im neunten Teil (§§ 142-147) sind alle Gebührentatbestände des Gesetzes zusammengefasst. Nachdem zunächst die – heftig umstrittene[43] – durch die europarechtliche Kann-Vorschrift des Art. 12 GRL ermöglichte Erhebung eines sog. Telekommunikationsbeitrags[44] zur Finanzierung der Tätigkeit der Regulierungsbehörde vorgesehen war (ehemals § 144), ist die Vorschrift mittlerweile aus dem TKG gestrichen worden. Statt dessen wurde der Katalog der behördlichen Tätigkeiten erweitert, für die die BNetzA Gebühren und Auslagen erhebt (§ 142). 16

Der zehnte Teil (§§ 148-149) enthält Straf- und Bußgeldvorschriften, der elfte Teil (§§ 150 – 152) regelt den Übergang zum neuen Recht einschließlich der Fortgeltung von Frequenz- und Nummernzuteilungen sowie von erteilten Wegerechten und bestimmten lizenzrechtlichen Verpflichtungen. 17

B. Der Regulierungsrahmen des TKG

Der Regelungsansatz des TKG ist verfassungsrechtlich nach wie vor durch Art. 87f GG geprägt, wonach auf dem bis 31.12.1997 in wesentlichen Teilen von einem Staatsunternehmen monopolisierten Markt[45] chancengleicher Wettbewerb zu schaffen (Art. 87f Abs. 2 S. 1 GG und §§ 1, 2 Abs. 2) und zugleich „flächendeckend angemessene und ausreichende Dienstleistungen" zu gewährleisten sind (Art. 87f Abs. 1 GG und § 1). Das Gesetz nimmt die Zielvorgaben des europäischen Gesetzgebers auf (dazu I.), ersetzt das bisherige Instrumentarium der Marktzutrittskontrolle mittels Kontrollerlaubnis (Lizenz) durch eine bloße Meldepflicht (§ 6) (dazu II.) und schafft ein neuartiges Marktregulierungsverfahren, das der BNetzA breite Auswahlermessensspielräume gewährt, ihre Regulierungsbefugnisse aber zugleich durch Kontroll- und Harmonisierungsbefugnisse der Europäischen Kommission einschränkt (dazu Teil C.). 18

I. Regelungsgegenstand, Grundsätze und Ziele der Regulierung

Regelungsgegenstand des TKG ist die Telekommunikation, die in § 3 Nr. 22 als der technische Vorgang des Aussendens, Übermittelns und Empfangens von Signalen mittels Telekommunikationsanlagen legal definiert ist. Telekommunikationsanlagen wiederum sind technische Einrichtungen oder Systeme, die als Nachrichten identifizierbare elektromagnetische oder optische Signale senden, übertragen, vermitteln, empfangen, steuern oder kontrollieren können (§ 3 Nr. 23). Während der Bund für die Regulierung von „Telekommunikation" zuständig ist, kommt den Ländern die Gesetzgebungskompetenz für den weit überwiegenden Teil der inhaltsbezogenen Regulierung zu; dies gilt insbesondere für die Regulierung von Rundfunk und Fernsehen im Rundfunkstaatsvertrag. Telemedien (zB Online-Shops) sind Gegenstand des Telemediengesetzes, das in den Zuständigkeitsbereich des Bundes fällt. Telemedien mit journalistischem und redaktionellem Inhalt (zB Internetzeitungen) sind wiederum Gegenstand des Rundfunkstaatsvertrages und damit Ländersache. 19

Vorrangiges Ziel des Gesetzes ist es, durch sektorspezifische Regulierung, die nach den Vorgaben des Gemeinschaftsrechts technologieneutral zu sein hat,[46] den Wettbewerb im Bereich der Telekommunikation zu fördern und flächendeckend angemessene und ausreichende Dienstleistungen zu gewährleisten. Ergänzt wird dieses in Anlehnung an Art. 87f Abs. 1 GG formulierte Gesetzesziel 20

---

43 Stellungnahme des Bundesrates zum Gesetzesentwurf der Bundesregierung, BT-Drucks. 15/2316, S. 127; Gegenäußerung der Bundesregierung BT-Drucks. 15/2345, S. 10; Antrag der CDU/CSU-Fraktion, BT-Drucks. 15/2329, S. 7; Bericht des Ausschusses für Wirtschaft und Arbeit, BT-Drucks. 15/2679, S. 7, 9 u. 10.

44 Die Bundesregierung hatte bereits im Jahre 2002 versucht, im Rahmen des Ersten Gesetzes zur Änderung des Telekommunikationsgesetzes v. 21.10.2002, BGBl. I, S. 4186, einen Telekommunikationsbeitrag einzuführen (§ 72 a), Beschlussempfehlung, BR-Drucks. 333/02, S. 6 f. Beschlussempfehlung, BT-Drucks. 14/9711, S. 4, dazu *Scherer*, NJW 2003, 1005. Dieses Vorhaben scheiterte jedoch im Gesetzgebungsverfahren, s.a. *Ellinghaus*, MMR 2003, 91, 94.

45 Während das Übertragungswegemonopol der Deutschen Telekom AG am 1.8.1996 endete, wurde das Sprachtelefondienstmonopol erst zum 1.1.1998 aufgehoben, vgl § 100 Abs. 1 TKG (1996).

46 Vgl § 1 TKG und dazu Art. 8 Abs. 2 RRL; zur Technologieneutralität und ihren Grenzen *Scherer*, K&R 2002, 273, 274.

durch die Zielsetzung, „leistungsfähige Telekommunikationsinfrastrukturen zu fördern". Der damit – auf Anregung des Bundesrates[47] – in die Zielbestimmung des Gesetzes aufgenommene Dualismus von Infrastrukturwettbewerb und Dienstwettbewerb spiegelt sich auch in den Zielvorgaben für die Regulierung (§ 2 Abs. 2) und den Regulierungsgrundsätzen (§ 2 Abs. 3) wider: Hierzu zählen einerseits „die Sicherstellung eines chancengleichen Wettbewerbs und die Förderung nachhaltig wettbewerbsorientierter Märkte der Telekommunikation im Bereich der Telekommunikationsdienste und -netze sowie der zugehörigen Einrichtungen und Dienste, auch in der Fläche" (§ 2 Abs. 2 Nr. 2) und andererseits die Förderung „effiziente(r) Investitionen und Innovationen im Bereich neuer und verbesserter Infrastrukturen" (§ 2 Abs. 3 Nr. 4).[48]

Die Zielvorgaben, „die Entwicklung des Binnenmarktes der Europäischen Union zu fördern" (§ 2 Abs. 2 Nr. 3) und „eine effiziente Nutzung von Nummerierungsressourcen zu gewährleisten" (§ 2 Abs. 2 Nr. 8), gehen auf Art. 8 Abs. 2 RRL zurück.

21 Mit dem EU-Review wurden darüber hinaus u.a. die Regulierungsgrundsätze der Förderung der Vorhersehbarkeit der Regulierung, der diskriminierungsfreien Behandlung der Anbieter öffentlicher Kommunikationsnetze sowie der Investitionsförderung im Bereich neuer und verbesserter Infrastrukturen in die Rahmenrichtlinie aufgenommen (Art. 8 Abs. 5 RRL). Das TKG-ÄndG 2012 setzte diese Vorgaben in dem neu gefassten § 2 Abs. 3 TKG mit einer nicht abschließenden Auflistung von Regulierungsgrundsätzen um. Zu den Regulierungsgrundsätzen zählen demnach

- die Förderung der Vorhersehbarkeit der Regulierung durch die Beibehaltung eines einheitlichen Regulierungskonzeptes über angemessene Überprüfungszeiträume,
- die Gewährleistung, dass Betreiber von Telekommunikationsnetzen und Anbieter von Telekommunikationsdiensten unter vergleichbaren Umständen nicht diskriminiert werden,
- der Schutz des Wettbewerbs zum Nutzen der Verbraucher und, soweit sachgerecht, die Förderung des infrastrukturbasierten Wettbewerbs,
- die Förderung effizienter Investitionen und Innovationen im Bereich neuer und verbesserter Infrastrukturen unter anderem dadurch, dass bei jeglicher Zugangsverpflichtung dem Risiko der investierenden Unternehmen gebührend Rechnung getragen wird, und dass verschiedene Kooperationsvereinbarungen zur Aufteilung des Investitionsrisikos zwischen Investoren und Zugangsbegehrenden zugelassen werden, während gleichzeitig gewährleistet wird, dass der Wettbewerb auf dem Markt und der Grundsatz der Nichtdiskriminierung gewahrt werden,
- die gebührende Berücksichtigung der vielfältigen Bedingungen im Zusammenhang mit Wettbewerb und Verbrauchern, die in den verschiedenen geografischen Gebieten innerhalb der Bundesrepublik Deutschland herrschen,
- die Auferlegung regulatorischer Vorabverpflichtungen nur für den Fall, dass es keinen wirksamen und nachhaltigen Wettbewerb gibt, und die Lockerung und Aufhebung dieser Verpflichtungen lockert, sobald es einen solchen Wettbewerb gibt.

II. Freiheit der elektronischen Kommunikation

22 Nach Art. 3 Abs. 1 GRL haben die Mitgliedstaaten „die Freiheit, elektronische Kommunikationsdienste und -netze [...] bereitzustellen", zu gewährleisten. Der Gesetzgeber hat diesem gemeinschaftsrechtlichen Gebot Rechnung getragen, indem er den Genehmigungsvorbehalt des § 6 TKG (1996) für den Betrieb von Übertragungswegen und das Angebot von Sprachtelefondienst abgeschafft hat. Wer gewerblich öffentliche Telekommunikationsnetze betreibt oder gewerblich Telekommunikationsdienste für die Öffentlichkeit erbringt, hat lediglich die Aufnahme, Änderung und Beendigung seiner Tätigkeit sowie Änderungen seiner Firma der BNetzA unverzüglich schriftlich zu melden (§ 6 Abs. 1 TKG). Gewerblich ist nach der Gesetzesbegründung „jede Tätigkeit, die zumindest mit der Absicht der Kostendeckung der Öffentlichkeit angeboten wird"; Öffentlichkeit ist jeder unbestimmte Personenkreis. Diese weitgehend dem bisherigen § 4 S. 1 TKG (1996) entspre-

47 *BT-Drucks. 15/2316, S. 109.*

48 S. hierzu Art. 8 Abs. 2 lit. c RRL und den klarstellenden Hinweis in der Amtl. Begr., dass damit kein „genereller Schutz einmal getätigter Investitionen" intendiert sei.

chende Meldepflicht lässt die Anzeigepflicht nach § 14 GewO unberührt; Unternehmen, die aufgrund des TKG (1996) angezeigt haben, dass sie Telekommunikationsdienstleistungen erbringen oder Lizenznehmer sind, sollen nach dem wenig präzisen Wortlaut des § 150 Abs. 2 „nicht meldepflichtig nach § 6“ sein.[49] Der Umfang der Meldepflicht ist – in Anlehnung an § 14 Abs. 4 GewO – auf diejenigen Angaben beschränkt, die für eine Identifizierung des Anbieters erforderlich sind (§ 6 Abs. 2); auf Antrag bestätigt die BNetzA innerhalb einer Woche die Vollständigkeit der Meldung und bescheinigt, dass dem Unternehmen die sich hieraus ergebenden Rechte zustehen (§ 6 Abs. 3).

Die nicht ordnungsgemäße Erfüllung der Meldepflicht ist nach § 149 Abs. 1 Nr. 2 bußgeldbewehrt. 23

C. Verfahren der Marktregulierung

Eines der vorrangigen Regelungsziele des EU-Richtlinienpakets ist der flexiblere, strikt am Grundsatz der Erforderlichkeit orientierte Einsatz des Instrumentariums sektorspezifischer Regulierung und des allgemeinen Wettbewerbsrechts.[50] Diesem Ziel dient das in Art. 15 und 16 RRL vorgesehene und in §§ 9-15a umgesetzte mehrstufige Verfahren der Marktregulierung, das entscheidend von der Kommission gesteuert bzw kontrolliert wird.[51] Auf der Grundlage eines Marktdefinitionsverfahrens (dazu I.) und des damit verknüpften[52] Marktanalyseverfahrens (dazu II.) stellt die BNetzA diejenigen Märkte fest, auf denen kein wirksamer Wettbewerb besteht und die deshalb der Marktregulierung unterliegen;[53] diejenigen Märkte, auf denen wirksamer Wettbewerb herrscht, sind aus der sektorspezifischen Regulierung entlassen und unterliegen dem allgemeinen Wettbewerbsrecht.[54] 24

Von der Regulierung grundsätzlich ausgenommen[55] waren nach dem durch das TKG-ÄndG 2007 in das TKG eingefügten und äußerst kontrovers diskutierten § 9 a sog. „neue Märkte“.[56] Der EuGH hat entschieden,[57] dass die Vorschrift in Widerspruch zu den Regelungen der ZRL,[58] der RRL[59] sowie der UDR[60] steht. Die Vorschrift ist daher mit dem Gesetz zur Neuregelung des Post- und Telekommunikationssicherstellungsrechts und zur Änderung telekommunikationsrechtlicher Vorschriften im Jahr 2011 aufgehoben worden.[61]

Sowohl die Festlegung der Märkte als auch das Ergebnis der Marktanalyse – die Feststellung der beträchtlichen Marktmacht eines oder mehrerer Unternehmen – sowie die daran anknüpfenden „Verpflichtungen“, die den betroffenen Unternehmen aufzuerlegen sind, unterliegen der Abstimmung und Kontrolle in einem komplexen Konsultations- und Konsolidierungsverfahren auf nationaler und europäischer Ebene (dazu III.). 25

---

49 Gemeint ist wohl, dass eine abermalige Anzeige der „Aufnahme“ der Tätigkeit entfällt; Änderungen und Beendigung der Tätigkeit sowie Änderungen der Firma sind auch für bisherige Lizenznehmer nach § 6 Abs. 1 meldepflichtig.

50 S. oben, Rn 20.

51 S. hierzu *Scherer*, K&R 2002, 273, 283 ff mwN.

52 Vgl § 11 Abs. 1 S. 1 („im Rahmen…“); zur Verknüpfung noch unten, Rn 31 ff.

53 Zum Rechtsschutz gegen Marktdefinition und -analyse, vgl *Oster*, MMR 2009, 454.

54 Vgl § 2 Abs. 4 S. 1; s. auch Amtl. Begr., BT-Drucks. 15/2316, zu § 9, S. 60; vgl aber § 18. Vgl auch Kommission, Stellungnahme, 22.12.2008, DE/2008/0846-0847. Zur Kritik der Kommission wegen Überregulierung, vgl Kommission, Stellungnahme, 21.5.2007, DE/2007/0627. Zum Verhältnis der Regulierung zur allgemeinen Wettbewerbsaufsicht, vgl *Schütze/Salevic*, CR 2008, 483; *Möschel*, MMR 2008, 503.

55 Eine Ausnahme von diesem Grundsatz enthielt § 9 a Abs. 2, der der BNetzA die Möglichkeit eröffnete, „neue Märkte“ dann der Regulierung zu unterwerfen, wenn anderenfalls „die Entwicklung eines nachhaltig wettbewerbsorientierten Marktes im Bereich der Telekommunikationsdienste oder -netze langfristig behindert wird“.

56 Zum Begriff *Scherer/Hagelberg*, in: Arndt/Fetzer/Scherer, TKG, § 150, Rn 6 f mwN; zu Entstehungsgeschichte und Regelungsgehalt s. *Scherer/Hagelberg*, in: Arndt/Fetzer/Scherer, TKG, § 9 a mwN; vgl auch *Scherer*, NJW 2006, 2016. Zur regulatorischen Behandlung, vgl Mitteilung Nr. 79/2006, ABl. BNetzA 2006, 703; Mitteilung Nr. 558/2007, ABl. BNetzA 2007, 3169.

57 EuGH, 3.12.2009, Rs. C 424/07, MMR 2010, 119 mit Anmerkung von *Körber*.

58 Art. 8 Abs. 4.

59 Art. 6 bis 8 Abs. 1, Abs. 2, 15 Abs. 3, 16.

60 Art. 17 Abs. 2.

61 V. 24.3.2011 BGBl. I, S. 506.

26 Konsequenz der Feststellung der beträchtlichen Marktmacht eines oder mehrerer Unternehmen ist der Erlass einer Regulierungsverfügung, mit der die BNetzA Unternehmen, die über beträchtliche Marktmacht verfügen, bestimmte Verpflichtungen auferlegt, oder mit der solche Verpflichtungen geändert, beibehalten oder widerrufen werden (§ 13 Abs. 1 S. 1) (dazu IV.). Marktdefinition und Marktanalyse werden regelmäßig und bei Bedarf überprüft (dazu V.).

I. Marktdefinitionsverfahren

27 Die BNetzA war verpflichtet, unverzüglich nach Inkrafttreten des TKG die sachlich und räumlich relevanten Telekommunikationsmärkte festzulegen, die für eine Regulierung nach Teil 2 des Gesetzes[62] in Betracht kommen. Welche diese Märkte sind, umschreibt § 10 Abs. 2 S. 1, der auf Veranlassung des Bundesrates in das Gesetz eingefügt wurde,[63] in enger Anlehnung[64] an die Kommissionsempfehlung über relevante Produkt- und Dienstmärkte des elektronischen Kommunikationssektors (Märkteempfehlung).[65] Es handelt sich um Märkte, die (1) durch beträchtliche und anhaltende, strukturell oder rechtlich bedingte Marktzutrittsschranken gekennzeichnet sind, (2) längerfristig nicht zu wirksamem Wettbewerb tendieren und (3) auf denen die Anwendung des allgemeinen Wettbewerbs allein nicht ausreicht, um dem betreffenden Marktversagen entgegenzuwirken.[66]

28 Bei der Bestimmung dieser Märkte verfügt die BNetzA über einen gerichtlich nur eingeschränkt überprüfbaren[67] Beurteilungsspielraum (§ 10 Abs. 2 S. 2). Er wird ausgefüllt und begrenzt durch die Märkteempfehlung: Sie legt – gegliedert nach Endkunden- und Großkundenmärkten – sieben Märkte[68] fest, die von der BNetzA im Rahmen ihrer Marktdefinition ebenso „weitestgehend" zu berücksichtigen sind wie die Leitlinien zur Marktanalyse und zur Bewertung beträchtlicher Marktmacht (§ 10 Abs. 2 S. 3).[69]

---

62 Sie umfasst die Auferlegung von Pflichten betreffend Zugang und Entgelten (s. auch Rn 48 ff) sowie die besondere Missbrauchsaufsicht.

63 Der Gesetzentwurf der Bundesregierung enthielt zunächst allein den schillernden Begriff des „funktionsfähigen Wettbewerbs" (BT-Drucks. 15/2316, S. 10). In seiner diesbezüglichen Stellungnahme wies der Bundesrat (und in der Folge auch die CDU/CSU-Fraktion, BT-Drucks. 15/2329, S. 2 f u. 7) darauf hin, dass der Wettbewerbsbegriff ausschließlich anhand der Empfehlungen der Europäischen Kommission zu definieren sei (BT-Drucks. 15/2316, S. 110). Die Bundesregierung sagte in ihrer Gegenäußerung zu, eine Aufnahme entsprechender Kriterien in den Wortlaut des § 10 Abs. 2 TKG zu prüfen, BT-Drucks. 15/2345, S. 2. Daraufhin wurde auf eine Beschlussempfehlung des Ausschusses für Wirtschaft und Arbeit hin (BT-Drucks. 15/2674, S. 17) der Begriff des „funktionsfähigen Wettbewerbs" in § 10 Abs. 2 TKG gestrichen und durch die in der Empfehlung der Kommission enthaltenen Kriterien ersetzt (vgl auch den Ausschussbericht BT-Drucks. 15/2679, S. 13).

64 Widerlegbare gesetzliche Vermutung dafür, dass die genannten Märkte in Deutschland potenziell der Regulierung bedürfen. Vgl BVerwG, NVwZ 2008, 798; bestätigt durch BVerwG, CR 2009, 366 (367). S. auch VG Köln, 8.3.2007 – 1 K 4314/06, MMR 2007, 744.

65 Empfehlung 2007/879/EG der Kommission v. 17.12.2007 über relevante Produkt- und Dienstmärkte des elektronischen Kommunikationssektors, die aufgrund der RL 2002/21/EG des Europäischen Parlaments und des Rates über einen gemeinsamen Rechtsrahmen für elektronische Kommunikationsnetze und -Dienste für eine Vorabregulierung in Betracht kommen, ABl. EU Nr. L 344/65 (im Folgenden: „Märkteempfehlung"). Die Märkteempfehlung wird derzeit überarbeitet. Die aktuelle Entwurfsfassung (Stand März 2014) sieht eine Regulierung nur noch auf vier Vorleistungsmärkten vor, die Endkundenmärkte sollen nach der Empfehlung damit insgesamt aus der Regulierung entlassen werden. Es ist zu erwarten, dass die neue Märkteempfehlung im Laufe des Jahres 2014 verabschiedet werden wird.

66 Einzelheiten zum Verfahren der Marktdefinition und -analyse enthalten die Leitlinien der Kommission zur Marktanalyse und Ermittlung beträchtlicher Marktmacht nach dem gemeinsamen Rechtsrahmen für elektronische Kommunikationsnetze und -dienste, ABl. EU 2002, C 165/6; s dazu auch *Möschel*, MMR 2007, 343.

67 BVerwG, 31.3.2008, NVwZ 2008, 798. S. auch BVerwG, 29.10.2008, – 6 C 38.07, NVwZ 2009, 653; sowie BVerwG, 28.1.2009 – 6 C 39.07, CR 2009, 366 (367). Das BVerfG hat diese Rechtsprechung gebilligt, s. BVerfG, 8.12.2011 – 1 BvR 1932/08, MMR 2012, 186.

68 Die durch die aktuelle Empfehlung abgelöste Märkteempfehlung der Kommission v. 11.2.2003 über relevante Produkt- und Dienstmärkte des elektronischen Kommunikationssektors, die aufgrund der RL 2002/21/EG des Europäischen Parlaments und des Rates über einen gemeinsamen Rechtsrahmen für elektronische Kommunikationsnetze und -dienste für eine Vorabregulierung in Betracht kommen, ABl. EU Nr. L 114/45, hatte dagegen noch 18 Märkte als potentiell regulierungsbedürftig aufgeführt.

69 Zum Erfordernis der „weitestgehenden Berücksichtigung" s. BVerwG, 28.1.2009, 6 C 39.07, MMR 2009, 786.

Bevor Märkte definiert werden, die von denen in der Empfehlung abweichen, haben die nationalen Regulierungsbehörden nach § 12 (Art. 15 Abs. 3 RRL) ein öffentliches Konsultationsverfahren (Art. 6 RRL) und ein Konsolidierungsverfahren (Art. 7 RRL) durchzuführen. Im Rahmen des Konsolidierungsverfahrens kann die Kommission ein Veto gegen die beabsichtigte Festlegung eines relevanten Marktes einlegen, der von den in der Empfehlung festgelegten Marktdefinitionen abweicht, wenn die beabsichtigte Marktdefinition Auswirkungen auf den Handel zwischen den Mitgliedstaaten hätte und die Kommission gegenüber der nationalen Regulierungsbehörde erklärt hat, dass der Maßnahmenentwurf ein Hemmnis für den Binnenmarkt schaffen würde, oder sie ernsthafte Zweifel an der Vereinbarkeit mit dem Gemeinschaftsrecht hat. Im Rahmen des EU-Review wurden ferner dem GEREK[70] Beteiligungs- und Mitwirkungsrechte im Rahmen des Konsultationsverfahrens und des Verfahrens zur einheitlichen Anwendung von Abhilfemaßnahmen eingeräumt (§ 12 Abs. 2 Nr. 1, 2 und 4, Abs. 3). 29

Die entsprechende Vorlagepflicht der BNetzA regelt § 10 Abs. 3; die BNetzA hält sich bei der Marktdefinition im Wesentlichen im Rahmen der in der Empfehlung festgelegten sieben (vormals 18) Märkte.[71] 30

II. Marktanalyseverfahren

Bei den im Verfahren der Marktdefinition festgelegten Märkten hat die BNetzA im nächsten Verfahrensschritt zu prüfen, ob auf dem untersuchten Markt wirksamer Wettbewerb besteht (§ 11 Abs. 1 S. 1). Das Gesetz definiert, ebenso wie Art. 16 Abs. 4 RRL, das Vorliegen wirksamen Wettbewerbs mit Blick auf die Marktmacht der auf dem betreffenden Markt tätigen Unternehmen. Wirksamer Wettbewerb besteht nicht, wenn ein oder mehrere Unternehmen auf diesem Markt über beträchtliche Marktmacht verfügen (§ 11 Abs. 1 S. 2). Der telekommunikationsrechtliche Begriff der beträchtlichen Marktmacht wird in § 11 Abs. 1 S. 3 in enger Anlehnung an Art. 14 Abs. 2 RRL definiert, der seinerseits auf den Marktbeherrschungsbegriff des EG-Wettbewerbsrechts zurückgreift. Danach gilt ein Unternehmen als Unternehmen mit beträchtlicher Marktmacht, wenn es entweder allein oder gemeinsam mit anderen eine der Beherrschung gleichkommende Stellung einnimmt, das heißt eine wirtschaftlich starke Stellung, die es ihm gestattet, sich in beträchtlichem Umfang unabhängig von Wettbewerbern und Endnutzern zu verhalten. Bei der Prüfung, ob ein Unternehmen über beträchtliche Marktmacht verfügt, hat die BNetzA die Leitlinien der Kommission[72] „weitestgehend zu berücksichtigen" (§ 11 Abs. 3):[73] Danach ist der Marktanteil eines Unternehmens als „Marktmachtindikator" heranzuziehen, wobei die Schwelle für eine beherrschende Stellung „in der Regel" bei einem Marktanteil von 40 % liegt. Weitere Indikatoren, die die Regu- 31

70 Durch die Verordnung 1211/2009/EG v. 25.11.2009 zur Einrichtung des Gremiums Europäischer Regulierungsstellen für Elektronische Kommunikation und des Büros, ABl. EU v. 18.12.2009, L 337/1 (GEREK-VO) wurde das GEREK eingesetzt, das die Gruppe der Europäischen Regulierungsstellen („ERG") ersetzt. Das GEREK soll „einen Beitrag zur Entwicklung und zum besseren Funktionieren des Binnenmarkts für elektronische Kommunikationsnetze und -dienste leisten, indem es die Gewährleistung einer einheitlichen Anwendung des EU-Rechtsrahmen für elektronische Kommunikation anstrebt" (Art. 1 Abs. 3 GEREK-VO) und „die Zusammenarbeit zwischen den nationalen Regulierungsbehörden und der Kommission fördern" (Art. 1 Abs. 4 GEREK-VO). Die Rolle des GEREK umfasst u.a. die Unterstützung der nationalen Regulierungsbehörden (Art. 2 lit. b) GEREK-VO), die Abgabe von Stellungnahmen zu Entwürfen von Entscheidungen, Empfehlungen und Leitlinien der Kommission (Art. 2 lit. c GEREK-VO) sowie die Beratung der Kommission (Art. 2 lit. d) GEREK-VO). In diesem Rahmen gibt das GEREK u.a. Stellungnahmen zu Maßnahmenentwürfen der nationalen Regulierungsbehörden im Konsolidierungsverfahren ab (Art. 3 Abs. 1 lit. a GEREK-VO), berät die Kommission beim Erlass von Märkteempfehlungen (Art. 3 Abs. 1 lit. c GEREK-VO) und unterstützt die nationalen Regulierungsbehörden auf Antrag im Marktanalyseverfahren (Art. 3 Abs. 1 lit. d GEREK-VO). Das GEREK soll zudem den elektronischen Kommunikationssektor überwachen, darüber Bericht erstatten und einen Jahresbericht über die Entwicklung des elektronischen Kommunikationssektors veröffentlichen (Art. 3 Abs. 1 lit. n GEREK-VO). Die nationalen Regulierungsbehörden und die Kommission sind verpflichtet, den von GEREK verabschiedeten Stellungnahmen, Empfehlungen, Leitlinien und Ratschlägen „weitgehend Rechnung zu tragen" (Art. 3 Abs. 3 GEREK-VO).

71 S. u.a. Festlegung der BNetzA – Marktdefinition und Marktanalyse der Märkte „Breitband-Zuführung" v. 27.6.2007.

72 ABl. EU 2002 C 165, S. 6 ff.

73 Zum Begriff der „weitestgehenden Berücksichtigung" s. BVerwG, 2.4.2008, 6 C 14.07 (Rn 24 ff).

lierungsbehörde bei der Bestimmung der Marktmacht zu untersuchen hat, sind u.a. die Gesamtgröße des Unternehmens, seine Kontrolle über nicht leicht zu duplizierende Infrastruktur, technologische Vorteile oder Überlegenheit, Größen- und Verbundvorteile, vertikale Integration und ein hoch entwickeltes Vertriebs- und Verkaufsnetz.[74]

32 § 11 Abs. 1 S. 5 regelt in nahezu wörtlicher Übernahme von Art. 14 Abs. 3 RRL die Situation der Übertragung beträchtlicher Marktmacht auf einen Nachbarmarkt: Danach kann ein Unternehmen, das auf einem (nach § 10 Abs. 2 bestimmten) Markt über beträchtliche Marktmacht verfügt, auch auf einem (nach § 10 Abs. 2 bestimmten) benachbarten Markt als Unternehmen mit beträchtlicher Marktmacht angesehen werden, wenn die Verbindungen zwischen beiden Märkten es gestatten, diese von dem einen auf den anderen Markt zu übertragen und damit die gesamte Marktmacht des Unternehmens zu verstärken.

33 Auch die Entwürfe der Ergebnisse der Marktanalyse sind Gegenstand des Konsultationsverfahrens auf nationaler Ebene (§ 12 Abs. 1; Art. 6 RRL) sowie des Konsolidierungsverfahrens auf europäischer Ebene (§ 12 Abs. 2; Art. 7 RRL) und unterliegen hinsichtlich der „Festlegung, inwieweit ein Unternehmen allein oder zusammen mit anderen eine beträchtliche Marktmacht [...] hat", dem Vetorecht der Kommission (Art. 7 Abs. 4 RRL, § 11 Abs. 4 iVm § 12 Abs. 2 Nr. 3).[75] Die BNetzA ist im Begriff, die vom Gesetz (§ 14) vorgesehene Überprüfung der Regulierung für die Märkte abzuschließen, die sie zuvor einer Vorabregulierung unterworfen hatte. Es wird deutlich, dass die BNetzA, ebenso wie bereits die Kommission mit der Märkteempfehlung 2007, die Vorabregulierung nunmehr im Wesentlichen auf Vorleistungsmärkte beschränkt.[76] Nach der Märkteempfehlung 2007 unterliegen die folgenden Märkte nach wie vor potentiell der sektorspezifischen Regulierung: Markt für den Zugang von Privat- und Geschäftskunden zum öffentlichen Telefonnetz an festen Standorten (Markt Nr. 1), für den Verbindungsaufbau im öffentlichen Telefonnetz an festen Standorten (Markt Nr. 2), für die Anrufzustellung in einzelnen öffentlichen Telefonnetzen an festen Standorten (Markt Nr. 3), ferner der Vorleistungsmarkt für den (physischen) Zugang zu Netzinfrastrukturen (einschließlich des gemeinsamen oder vollständig entbündelten Zugangs) an festen Standorten (Markt Nr. 4) sowie die Märkte für den Breitbandzugang für Großkunden (Markt Nr. 5), die Abschluss-Segmente von Mietleitungen für Großkunden, unabhängig von der für die Miet- oder Standleitungskapazitäten genutzten Technik (Markt Nr. 6) und die Anrufzustellung in einzelnen Mobilfunknetzen (Markt Nr. 7).

III. Konsultations- und Konsolidierungsverfahren

1. Das Konsultationsverfahren

34 Die RRL statuiert in Art. 6 eine weitreichende Rechtspflicht der Mitgliedstaaten, dafür zu sorgen, „dass die nationalen Regulierungsbehörden interessierten Parteien innerhalb einer angemessenen Frist Gelegenheit zur Stellungnahme zum Entwurf von Maßnahmen geben, die sie gemäß der RRL oder den Einzelrichtlinien zu treffen gedenken oder mit denen sie beabsichtigen, Einschrän-

74 Leitlinien der Kommission zur Marktanalyse und Ermittlung beträchtlicher Marktmacht nach dem gemeinsamen Rechtsrahmen für elektronische Kommunikationsnetze und -dienste, 2002/C 165/03, ABl. EU C 165/6, Rn 78; s. hierzu *Ruhle*, Medien und Recht 2003, S. 55 ff.

75 S. dazu noch u. Rn 51.

76 In der aktuellen Empfehlung wird lediglich ein Endkundenmarkt als potentiell regulierungsbedürftig genannt, während die Vorgängerempfehlung noch 7 Endkundenmärkte nannte. Eine erneute Untersuchung ist nicht erforderlich auf den Märkten für öffentliche Auslandsgespräche an festen Standorten sowie für Verbindungen aus dem Festnetz in ausländische Mobilfunknetze (Nr. 4 und 6 der Märkteempfehlung 2003), auf dem Markt für das Angebot von Fernübertragungs-Segmenten von Mietleitungen für Großkunden (Nr. 14 der Märkteempfehlung 2003), auf dem Markt für den Zugang und Verbindungsaufbau in öffentlichen Mobiltelefonnetzen (Nr. 15 der Märkteempfehlung 2003) sowie auf dem Markt für Auslandsroaming (Nr. 17 der Märkteempfehlung 2003). Ein Überblick über den jeweils aktuellen Stand der Marktregulierung ist abrufbar unter: http://www.bundesnetzagentur.de/cln_1412/DE/Service-Funktionen/Beschlusskammern/Beschlusskammer1/BK1_91_Marktdefinition_Marktanalyseverfahren/BK1_Marktdefintion_Analyseverfahren_node.html, abgerufen am 10.10.2014.

kungen im Rahmen der Frequenznutzung (Art. 9 Abs. 3, 4 RRL) aufzuerlegen und die beträchtliche Auswirkungen auf den betreffenden Markt haben werden".[77]

Dieses Konsultationsverfahren regelt § 12 Abs. 1; danach gibt die BNetzA den „interessierten Parteien"[78] – dh jedem, dessen Interessen durch die beabsichtigte Maßnahme berührt werden,[79] Gelegenheit zur Stellungnahme 35

- zu dem Entwurf der Ergebnisse der Marktdefinition (§ 12 Abs. 1 S. 1, 1. Var.),
- zu dem Entwurf der Ergebnisse der Marktanalyse (§ 12 Abs. 1 S. 1, 2. Var.),
- zu dem Entwurf einer Verfügung, mit der auf Grund einer Marktanalyse bestimmte Verpflichtungen (siehe dazu unten Rn 50 ff) auferlegt, geändert, beibehalten oder widerrufen werden, „sofern die Maßnahme Auswirkungen auf den Handel zwischen den Mitgliedstaaten hat" (§ 13 Abs. 1 S. 1),[80]
- zu dem Entwurf von Zugangsverpflichtungen von Unternehmen, die nicht über beträchtliche Marktmacht (gem. § 18) verfügen (§ 13 Abs. 1 S. 5),
- zu dem Entwurf von Maßnahmen, die im Fall länderübergreifender Märkte einvernehmlich mit den betroffenen nationalen Regulierungsbehörden getroffen werden sollen (§ 13 Abs. 3 S. 2).

In der Praxis der BNetzA werden zudem Entgeltgenehmigungsentscheidungen und Anordnungen im nachträglichen Entgeltgenehmigungsverfahren[81] konsultiert.[82]

2. Das Konsolidierungsverfahren

§ 12 Abs. 2 bildet das in Art. 7 RRL unter der Überschrift „Konsolidierung des Binnenmarktes für elektronische Kommunikation" vorgesehene mehrstufige Konsolidierungsverfahren ab, mit dem der Erweiterung der Regulierungsbefugnisse und des Auswahlermessens der nationalen Regulierungsbehörden ein „Gegengewicht in Form einer stärkeren Koordination zwischen Entscheidungen der nationalen Regulierungsbehörden und Positionen auf EU-Ebene" entgegengesetzt werden soll.[83] Im Rahmen des EU-Review wurden Art. 7 RRL neu gefasst und die Koordination auf Gemeinschaftsebene gestärkt und erweitert:[84] In Art. 7 Abs. 2 RRL ist neben der Zusammenarbeit mit der Kommission nunmehr auch eine Zusammenarbeit mit dem GEREK vorgesehen. 36

Das Konsolidierungsverfahren ist grundsätzlich durchzuführen vor der Entscheidung 37

- über die Festlegung der Telekommunikationsmärkte, die für eine Regulierung in Betracht kommen (Marktdefinition),[85]
- über die Frage, ob auf den untersuchten Märkten wirksamer Wettbewerb besteht einschließlich der Feststellung, welche Unternehmen über beträchtliche Marktmacht verfügen (Marktanalyse),[86]

---

77 Die Kommission betont, dass alle interessierten Parteien rechtzeitig konsultiert und ihre Hinweise berücksichtigt werden müssen, s. Kommission, Stellungnahme, 26.11.2008, DE/2008/0813. Zur Konsultation als einem die Entscheidungsrationalität fördernden Zwischenschritt, s. Kommission, Mitteilung zur Überprüfung der Märkte, 6.2.2006, SEK(2006) 86.

78 Zu diesem aus dem Gemeinschaftsrecht übernommenen Rechtsbegriff *Scherer*, K&R 2002, 273, 279, 280 f.

79 Vgl BT-Drucks. 15/2316, zu § 12, S. 62.

80 Die BNetzA hat einen Maßnahmenentwurf zu veröffentlichen, der neben dem Tenor der Entscheidung auch die tragenden Gründe der beabsichtigten Verfügung umfasst, s. BVerwG, 31.3.2008, 6 C 14.07 (Rn 39 f), NVwZ 2008, 798; anders die Vorinstanz, VG Köln, 8.3.2007 – 1 K 4314/06, MMR 2007, 744 (746).

81 S. dazu unten, Rn 91.

82 S. u.a. BNetzA, Beschluss v. 27.2.2012 – Az: BK 3-06/00.

83 Kommunikationsbericht 1999, o. Fn 6, S. 59.

84 Kritisch dazu *Kurth*, MMR 2009, 818.

85 §§ 10 Abs. 3, 12 Abs. 2 S. 1; vgl Art. 7 Abs. 3 lit. a RRL.

86 §§ 11 Abs. 4, 12 Abs. 2 S. 1; vgl Art. 7 Abs. 3 lit. a RRL.

- einem Unternehmen mit beträchtlicher Marktmacht die gesetzlich vorgesehenen Verpflichtungen aufzuerlegen oder solche Verpflichtungen zu ändern, beizubehalten oder zu widerrufen (Regulierungsverfügung),[87]
- über die Auferlegung von Verpflichtungen im Falle länderübergreifender Märkte.[88]

38 Die Pflicht zur Einleitung des Konsolidierungsverfahrens besteht nur, wenn die beabsichtigte Entscheidung Auswirkungen auf den Handel zwischen den Mitgliedstaaten hat.[89] Ob dies der Fall ist, hat die BNetzA nach den allgemeinen gemeinschaftsrechtlichen Grundsätzen zu entscheiden;[90] ihre Entscheidung unterliegt gemeinschaftsrechtlicher Überprüfung im Verfahren nach Art. 258 AEUV.

39 Das Konsolidierungsverfahren ist nach Durchführung der öffentlichen Konsultation[91] einzuleiten (§ 12 Abs. 2 Nr. 1). Es beginnt damit, dass die BNetzA den Entwurf ihrer beabsichtigten Maßnahme mit einer Begründung der Kommission und gleichzeitig dem GEREK und den nationalen Regulierungsbehörden der anderen Mitgliedstaaten zur Verfügung stellt.[92] Die nationalen Regulierungsbehörden, das GEREK und die Kommission haben dann einen Monat Zeit, zu dem Maßnahmenentwurf Stellung zu nehmen.[93] Nach Ablauf der Monatsfrist trifft die BNetzA die beabsichtigte Maßnahme, wobei sie den Stellungnahmen der Kommission,[94] des GEREK und der anderen nationalen Regulierungsbehörden „weitestgehend" Rechnung zu tragen hat;[95] sie kann also die beabsichtigte Maßnahme trotz ablehnender Stellungnahmen beschließen.

40 Im Zuge des EU-Review wurde durch die Änderung der RRL ein „Verfahren zur einheitlichen Anwendung von Abhilfemaßnahmen" (Art. 7 a RRL) eingefügt, das der Kommission – entgegen ihrem Wunsch – kein Vetorecht einräumt. Vielmehr unterliegen Regulierungsmaßnahmen, die eine nationale Regulierungsbehörde im Anschluss an das Marktdefinitions- und -analyseverfahren auferlegen gedenkt, ebenso wie die Änderung bzw Aufhebung solcher Regulierungsmaßnahmen, lediglich der Mitsprache der Kommission und des GEREK. Geht die Kommission davon aus, dass die geplante Maßnahme ein „Hemmnis für den Binnenmarkt darstellen würde" oder hat die Kommission „erhebliche Zweifel" an der Vereinbarkeit der Maßnahme mit dem Gemeinschaftsrecht, so kann sie die nationalen Regulierungsbehörden und das GEREK hierüber informieren. Wenn eine solche Mitteilung nicht erfolgt, kann die Maßnahme unter weitestgehender Berücksichtigung der Stellungnahmen der Kommission und des GEREK angenommen werden (Art. 7 a Abs. 1 RRL). Anderenfalls darf der Maßnahmenentwurf für weitere 3 Monate nicht umgesetzt werden (Art. 7 a Abs. 1 RRL). Innerhalb dieses Zeitraums kooperieren die Kommission, das GEREK und die nationalen Regulierungsbehörden mit dem Ziel, die am besten geeignete und wirksamste Maßnahme im Hinblick auf die in Art. 8 RRL normierten Regulierungsziele zu ermitteln (Art. 7 a Abs. 2 RRL): Innerhalb von 6 Wochen nach Beginn der Dreimonatsfrist gibt das GEREK eine mit Gründen versehene Stellungnahme zur Mitteilung der Kommission ab, in der es darlegt, ob der beanstandete Maßnahmenentwurf geändert oder zurückgezogen werden sollte und legt ggf Vorschläge vor (Art. 7 a Abs. 3 RRL). Teilt das GEREK die Bedenken der Kommission, so kooperiert es mit der

87 §§ 13 Abs. 1 S. 1; vgl Art. 7 Abs. 3 lit. a, Art. 16 Abs. 3, 4 und 6 RRL.

88 §§ 13 Abs. 2 S. 2, 11 Abs. 2; vgl Art. 16 Abs. 5 und 6 RRL.

89 Vgl §§ 10 Abs. 3, 11 Abs. 3, 13 Abs. 1 S. 1 sowie Art. 7 Abs. 3 lit. b RRL.

90 Zu prüfen ist, ob mit hinreichender Wahrscheinlichkeit voraussehbar ist, dass die Maßnahme unmittelbar oder mittelbar, tatsächlich oder potenziell den Handel zwischen den Mitgliedstaaten beeinflussen kann, so zu Art. 81 EGV EuGH, 30.6.1966, Rs. 56/65 (LTM/Maschinenbau Ulm), Slg 1966, 282, 303; 21.1.1999, Rs. C-215/96 und C 216-96 (Bagnasco), Slg 1999, I-135.

91 S. o. Rn 34 ff. Zu den Anforderungen an die Notifizierung s. Empfehlung der Kommission v. 23.7.2003, 2003/561/EG.

92 Die Marktanalyse und die Regulierungsverfügung sollen zusammen vorgelegt werden, vgl Kritik der Kommission, Stellungnahme, 22.12.2008, DE/2008/0843, DE/2008/0844, DE/2008/0845. Die BNetzA muss auch Mitteilung von Beschlüssen machen, wenn sie Einfluss auf das Verfahren haben, vgl Kommission, Stellungnahme, 26.11.2008, DE/2008/0813.

93 Diese Einmonatsfrist kann nach Art. 7 Abs. 3 S. 3 RRL nicht verlängert werden.

94 Diese Stellungnahmen sind keine Entscheidungen, gegen welche sich die Unternehmen mit der Nichtigkeitsklage wehren können, vgl EuG, 22.2.2008, Rs. T-295/06 (Base), Slg 2008, II-28.

95 § 12 Abs. 2 Nr. 2; vgl Art. 7 Abs. 7 RRL.

nationalen Regulierungsbehörde, um die am besten geeignete und wirksamste Maßnahme zu ermitteln; die nationale Regulierungsbehörde kann ihren Maßnahmenentwurf entweder ändern oder zurückziehen oder ihn beibehalten (Art. 7 a Abs. 4 RRL). Teilt das GEREK die Bedenken der Kommission nicht oder gibt es keine Stellungnahme ab oder ändert die nationale Regulierungsbehörde ihren Maßnahmenentwurf oder behält ihn bei, so kann die Kommission nach Ablauf der Drei-Monats-Frist eine Empfehlung abgeben, in der die nationale Regulierungsbehörde aufgefordert wird, ihren Maßnahmenentwurf zu ändern oder zurückzuziehen oder die Kommission beschließt, ihre geäußerten Vorbehalte zurückzuziehen (Art. 7 a Abs. 5 RRL). Die nationale Regulierungsbehörde kann der Empfehlung der Kommission entweder folgen, oder die beanstandete Maßnahme trotz der anderslautenden Empfehlung der Kommission annehmen; in diesem Fall hat die nationale Regulierungsbehörde ihre Entscheidung zu begründen (Art. 7 a Abs. 7 RRL). Die Vorgaben zur Konsolidierung und zu Abhilfemaßnahmen wurden durch das TKG-ÄndG 2012 in § 12 Abs. 2 nahezu wortgleich umgesetzt.

3. Das Vetorecht der Kommission

Anders verhält es sich in den Fällen, die Gegenstand des Vetorechts der Kommission sind:[96] Bezieht 41
sich eine von der BNetzA beabsichtigte Maßnahme, die Auswirkungen auf den Handel zwischen den Mitgliedstaaten hat, auf die Festlegung eines relevanten Marktes, der von den in der Empfehlung festgelegten Marktdefinitionen abweicht oder die Festlegung, inwieweit ein oder mehrere Unternehmen auf einem festgelegten Markt über beträchtliche Marktmacht verfügen, so kann sich an die einmonatige Phase der Konsolidierung das Vetoverfahren gem. Art. 7 Abs. 4 RRL, § 12 Abs. 2 Nr. 3 anschließen, bei dem der Kommission die Rolle eines europäischen „Super-Regulierers" zukommt.[97]

Voraussetzung ist, dass die Kommission innerhalb der Frist des § 12 Abs. 2 Nr. 1 S. 3 erklärt, 42

- der Entwurf würde ein Hemmnis für den Binnenmarkt schaffen oder
- sie habe ernsthafte Zweifel an der Vereinbarkeit mit dem Gemeinschaftsrecht und insbesondere mit den in Art. 8 RRL festgelegten Regulierungszielen.

In diesem Fall hat die BNetzA die beabsichtigte Maßnahme um zwei weitere Monate aufzuschieben. 43
Beschließt die Kommission innerhalb dieses Zeitraums, die BNetzA aufzufordern, den Entwurf zurückzuziehen,[98] so hat die BNetzA zwei Optionen. Die BNetzA kann (1) den Änderungsvorschlägen der Kommission folgen und den Entwurf im Einklang mit den Vorschlägen der Kommission innerhalb von sechs Monaten abändern[99] oder (2) ihren Entwurf zurückziehen (§ 12 Abs. 2 Nr. 3 S. 2). In letzterem Fall unterrichtet die BNetzA das Bundesministerium für Wirtschaft und Technologie (§ 12 Abs. 2 Nr. 3 S. 4). Das Ministerium hat zu prüfen, ob gegen die Entscheidung der Kommission Klage beim Europäischen Gerichtshof zu erheben ist (Art. 263 AEUV, ex-

96 Vgl Art. 7 Abs. 4 RRL und bereits o. Rn 25 ff, 29 ff. Die von der nationalen Regulierungsbehörde festzulegenden Verpflichtungen (remedies) sind nicht Gegenstand des Vetorechts der Kommission, vgl Art. 7 a Abs. 7 RRL, dazu bereits o. Rn 38.

97 Ihre erste Vetoentscheidung traf die Kommission am 20.2.2004 hinsichtlich der Marktanalyse der finnischen Regulierungsbehörde bezüglich der Märkte für öff. Auslandstelefonverbindungen für Privatkunden bzw für andere Kunden an festen Standorten, K (2004) 527 endg. Weitere Vetoentscheidungen betrafen u.a. die Entscheidung des polnischen Regulierers betreffend IP-Peering und –transitdienste (Kommissionsentscheidung in Sachen PL/2009/1019 und PL/2009/1020), die Entscheidung des polnischen Regulierers betreffend Breitbandzugang (Kommissionsentscheidung in Sachen PL/2009/518 und PL/2006/24), die Entscheidung des finnischen Regulierers betreffend den Markt für Zugang und Verbindungsaufbau in öffentlichen Mobilfunknetzen (Kommissionsentscheidung C (2004) 3682 endg.) und die Entscheidung des deutschen Regulierers betreffend die Marktmacht alternativer Teilnehmernetzbetreiber auf dem Markt für Anrufzustellung in öffentlichen Telefonnetzen an festen Standorten (Kommissionsentscheidung C (2005) 1442 endg.).

98 Dieser Entscheidung (Art. 249 Abs. 4 EGV), die detailliert zu begründen und mit spezifischen Änderungsvorschlägen zu versehen ist (vgl Art. 7 Abs. 4 S. 5 RRL), geht ein Beratungsverfahren nach Art. 22 Abs. 2 RRL voraus.

99 In diesem Fall hat die BNetzA erneut ein Konsultationsverfahren durchzuführen und den geänderten Entwurf der Kommission vorzulegen (§ 12 Abs. 2 Nr. 3 Satz 2).

Art. 230 EGV)[100] oder ob es die BNetzA im Wege der Weisung (§ 117) zur Umsetzung der Kommissionsentscheidung verpflichtet.[101]

44 Mit ihrer Vetoentscheidung vom 17. Mai 2005[102] forderte die Europäische Kommission die BNetzA auf, ihren „Maßnahmenentwurf", dh den Entwurf ihrer Regulierungsverfügung, hinsichtlich des Marktes für die Anrufzustellung in einzelnen öffentlichen Telefonnetzen an festen Standorten zurückzuziehen. Die Kommission beanstandete insbesondere, dass die Regulierungsbehörde in ihrer Marktanalyse davon ausgegangen war, dass die 53 in Deutschland tätigen alternativen Teilnehmernetzbetreiber trotz eines Marktanteils von 100% im Markt für die Anrufzustellung in ihren jeweiligen öffentlichen Telefonnetzen nicht über beträchtliche Marktmacht verfügen.[103] Nach Ansicht der Kommission habe die Regulierungsbehörde für diese Annahme „keine ausreichende Evidenz" geliefert.[104] Vielmehr begründe die Tatsache, dass jeder einzelne alternative Netzbetreiber im Markt für die Anrufstellung in seinem Telefonnetz einen Marktanteil von 100% habe, „eine starke Vermutung für das Bestehen beträchtlicher Marktmacht"; diese Vermutung könne allenfalls dadurch entkräftet werden, dass „konkret dargestellt wird, wie die behauptete ausgleichende Nachfragemacht der marktbeherrschenden Deutsche Telekom AG das Preissetzungsverhalten der alternativen Netzbetreiber faktisch beschränkt hat und weiter beschränken wird".[105] Daraufhin hat die BNetzA die der Regulierungsverfügung zugrundeliegende Festlegung zum Markt Nr. 9 der Märkteempfehlung 2003 abgeändert und die betroffenen alternativen Teilnehmernetzbetreiber der Zugangs- und nachträglichen Entgeltregulierung unterworfen.[106]

45 Nur bei Vorliegen „außergewöhnlicher Umstände" und wenn die BNetzA der Ansicht ist, dass „dringend ... gehandelt werden muss, um den Wettbewerb zu gewährleisten und die Nutzerinteressen zu schützen", kann sie unter Verzicht auf das Konsultations- und Konsolidierungsverfahren vorläufige Maßnahmen erlassen, über die die Kommission, GEREK und die übrigen nationalen Regulierungsbehörden unverzüglich zu unterrichten sind (§ 12 Abs. 3).

46 Gegenstände des Konsultations- und Konsolidierungsverfahrens sind u.a., wie erwähnt, die Entwürfe von Marktdefinitionen, Marktanalysen, einschließlich der Feststellung, welche Unternehmen über beträchtliche Marktmacht verfügen, sowie Regulierungsverfügungen und – nach der neueren Praxis der BNetzA – auch Entgeltgenehmigungsentscheidungen.[107]

47 Diese „Entwürfe" sind jeweils das Ergebnis unterschiedlicher Verfahrensabschnitte des gestuften Verfahrens der Marktregulierung, so dass es auf den ersten Blick nahe liegt, zum vorgeschlagenen Ergebnis jedes Verfahrensabschnitts ein separates Konsultations- und Konsolidierungsverfahren durchzuführen. Das Gesetz räumt der BNetzA insoweit jedoch einen Gestaltungsspielraum ein: Sie kann das Verfahren zum Erlass einer Regulierungsverfügung „zusammen mit dem oder im Anschluss an" das Konsultations- und Konsolidierungsverfahren zu Marktdefinition und Marktanalyse, also ein- oder zweistufig, durchführen (§ 13 Abs. 1 S. 4). Im erstgenannten Fall erstrecken sich sonach Konsultations- und Konsolidierungsverfahren auf drei unterschiedliche Regelungsgegenstände: die Marktdefinition, die Marktanalyse und die auf deren Grundlage vorgeschlagene

100 So auch BT-Drucks. 15/2316, zu § 12, S. 63.

101 Mit dem EU-Review wurde eine grundsätzliche Weisungsfreiheit der NRA eingeführt (Art. 3 a RRL). Es bleibt abzuwarten, wie diese gemeinschaftsrechtliche Vorgabe angesichts des verfassungsrechtlichen Verbots ministerialfreier Räume verfassungskonform in nationales Recht umgesetzt wird.

102 Europäische Kommission, Veto-Entscheidung bezüglich eines notifizierten Maßnahmeentwurfs gemäß Art. 7 Abs. 4 der RL 2002/21/EG, Sache DE/2005/0144, K (2005) 1442 endg.

103 Notifizierung der BNetzA zu Zuführungs-, Terminierungs- und Transitleistungen im öffentlichen Telefonnetz DE/2005/0144.

104 Europäische Kommission, K (2005) 1442 endg., Rn 20.

105 Europäische Kommission, K (2005) 1442 endg., Rn 45.

106 S. BNetzA, Beschluss v. 29. Mai 2006, BK4d-05-016(-067)/R.

107 S. u.a. BNetzA, Beschlüsse v. 19.7.2013, BK3-12-084, -085, -086, -087 und Beschluss v. 30.8.2013, BK 3-12-089.

Regulierungsverfügung. Im letzteren Fall, dem die bisherige Regulierungspraxis entspricht,[108] ist die Festlegung der Verpflichtungen, die dem oder den Unternehmen mit beträchtlicher Marktmacht aufzuerlegen sind, Gegenstand eines weiteren Konsultations- und Konsolidierungsverfahrens. Behördenintern bleibt es bei der Stufung von Marktdefinition und Marktanalyse einerseits und dem Erlass von Regulierungsverfügungen andererseits: Für „Festlegungen" nach den §§ 10 (Marktdefinition) und 11 (Marktanalyse) ist die Präsidentenkammer zuständig, während die – das gestufte, interne Verfahren abschließende – Regulierungsverfügung von der jeweiligen Beschlusskammer erlassen wird.

IV. Die Regulierungsverfügung

Auf der Grundlage der Marktanalyse erlässt die BNetzA Regulierungsverfügungen.[109] Mit diesen im Beschlusskammerverfahren zu erlassenden Verwaltungsakten (§ 132 Abs. 1 S. 2) werden die gesetzlich vorgesehenen Verpflichtungen („remedies") auferlegt, geändert, beibehalten oder widerrufen. Stellt die BNetzA fest, dass auf einem relevanten Markt kein wirksamer Wettbewerb besteht, so muss sie dem Unternehmen, das auf diesem Markt über beträchtliche Marktmacht verfügt,[110] geeignete Maßnahmen auf der Grundlage des gesetzlichen Maßnahmenkatalogs auferlegen.[111] Ein Entschließungsermessen steht der BNetzA, wie § 9 Abs. 2[112] klarstellt, nicht zu; ihr Auswahlermessen[113] wird durch die (ihrerseits durch das Europarecht geprägten) Tatbestandsvoraussetzungen der einzelnen Maßnahmen sowie die Regulierungsziele gesteuert und begrenzt; eine ermessenssteuernde Funktion kommt auch dem mit der Kommission abgestimmten „Remedies"-Papier der Gruppe Europäischer Regulierungsstellen[114] sowie den einschlägigen Empfehlungen des GEREK für bestimmte relevante Märkte[115] zu, die – rechtlich nicht verbindliche – Grundsätze zur Auswahl und Anwendung der Verpflichtungen nach Maßgabe des Richtlinienpakets enthalten. 48

§ 13 Abs. 5 stellt klar, dass die Ergebnisse der Marktdefinition und der Marktanalyse zusammen mit den Entscheidungen über die Verpflichtungen nach den §§ 19, 20, 21, 23, 24, 30, 39 oder 42 Abs. 4 S. 3 als einheitlicher Verwaltungsakt ergehen. Sowohl das Ergebnis der Marktdefinition als auch das Ergebnis der Marktanalyse kann also trotz der auch behördenintern gestuften Entschei- 49

108 Regulierungsverfügung BK 4a-04/075-R, 20.4.2005, ABl. RegTP 7/2005, S. 578 (betreffend Markt 11, Mitteilung 83/2005); Konsultationsentwurf einer Regulierungsverfügung BK 4c-05/002-R, ABl. RegTP 9/2005 v. 18.5.2005, 819 (betreffend Märkte 8-10, Mitteilung 112/2005); in beiden Fällen erfolgte die Durchführung des Konsultations- und Konsolidierungsverfahrens bzgl der Regulierungsverfügung unabhängig von der Durchführung des Konsultations- und Konsolidierungsverfahrens zur Marktdefinition und Marktanalyse der betreffenden Märkte.

109 Illustrativ die Regulierungsverfügung betr. den Zugang von Privat- und Geschäftskunden zum öffentlichen Telefonnetz an festen Standorten (Markt Nr. 1), BK 2c 09/002-R, 25.1.2010; ABl. BNetzA 2010, 280. Vgl *Ellinghaus*, CR 2009, 87.

110 Bzw im Fall der kollektiven Marktbeherrschung den Unternehmen, die gemeinsam über beträchtliche Marktmacht verfügen.

111 Die BNetzA kann Zugangsverpflichtungen auch dann auferlegen, wenn das Unternehmen die betreffenden Leistungen freiwillig anbietet, vgl BVerwG, 2.4.2008 – 6 C 15.07, MMR 2009, 68.

112 Vgl auch die gemeinschaftsrechtliche Vorgabe in Art. 16 Abs. 4 RRL und dazu *Scherer*, K&R 2002, 273, 286.

113 Vgl zum Umfang der gerichtlichen Überprüfbarkeit von Entscheidungen der BNetzA über die Auferlegung von Verpflichtungen BVerwG, 28.11.2007 – 6 C 42.06, BVerwGE 130, 39; BVerwG, 31. 3. 2008 – 6 C 15.07, BeckRS 2008, 34938; BVerwG, 31.3.2008 – 6 C 16.07, BeckRS 2008, 34939; BVerwG, 31.3.2008 – 6 C 17.07, BeckRS 2008, 34940; ebenso die Vorinstanz, VG Köln, MMR 2007, 744 (745). S. auch BVerwG, 29.10.2008 – 6 C 38.07, NVwZ 2009, 653, sowie die Vorinstanz, VG Köln, 5.9.2007 – 21 K 3395/06, CR 2008, 25 ff.

114 Die Gruppe Europäischer Regulierungsstellen wurde durch die Kommissionsentscheidung 2002/627/EG v. 29.7.2002 als beratendes Gremium eingerichtet und mittlerweile durch das GEREK abgelöst; s. auch ERG Common Position on Best Practices in Remedies Imposed as a Consequence of a Position of Significant Market Power in the Relevant Markets for Wholesale Leased Lines, ERG (07) 54 final.

115 S. u.a. Revised BEREC Common Position on best practice in remedies imposed as a consequence of a position of significant market power in the relevant market for wholesale broadband access (WBA), BoR (12) 128; BEREC Common Position on best practice in remedies on the market for wholesale (physical) network infrastructure access (including shared or fully unbundled access) at a fixed location imposed as a consequence of a position of significant market power in the relevant market, BoR (12) 127.

dungsvorbereitung[116] nur gemeinsam mit der Regulierungsverfügung angefochten werden;[117] lehnt die BNetzA im Rahmen einer Regulierungsverfügung den Erlass einer bestimmten Verpflichtung oder den Erlass einer Regulierungsverfügung insgesamt ab oder unterlässt ihn, so steht den Betroffenen der Verwaltungsrechtsweg offen, soweit sie geltend machen können, durch die Ablehnung oder Unterlassung in ihren Rechten verletzt zu sein.[118] Voraussetzung für die Zulässigkeit einer verwaltungsgerichtlichen Verpflichtungsklage ist allerdings, dass der Betroffene bereits im Verwaltungsverfahren einen Antrag auf Erlass der begehrten Maßnahme gestellt hat.[119]

50 Soweit eine Marktanalyse ergibt, dass keine beträchtliche Marktmacht (mehr) besteht und die BNetzA deshalb eine Regulierungsverfügung („Verpflichtung") widerrufen[120] will, hat sie dies „den betroffenen Unternehmen"[121] innerhalb einer angemessenen Frist vorher anzukündigen (§ 13 Abs. 1 S. 2). Der Widerruf der Regulierungsverpflichtungen erfolgt durch Regulierungsverfügung (§ 13 Abs. 1).[122] Klagebefugte Dritte können im Wege der Anfechtungsklage gegen den Widerruf vorgehen,[123] in deren Rahmen die Festlegung der BNetzA zur Marktdefinition- und -analyse inzident zur Überprüfung gestellt werden kann. Begehren die Dritten den Erlass bzw die Aufrechterhaltung einzelner Regulierungsmaßnahmen, kommt eine Verpflichtungsklage in Betracht,[124] in deren Rahmen ebenfalls eine inzidente Überprüfung der relevanten Festlegung erfolgen kann. Nicht ausdrücklich geregelt sind Verfahrensabschluss und Rechtsschutz für den Fall, dass die BNetzA bei ihrer Marktanalyse zu dem Ergebnis kommt, dass auf dem untersuchten Markt wirksamer Wettbewerb besteht.[125] Bei der entsprechenden „Festlegung" (§ 132 Abs. 4 S. 2) dürfte es sich um einen Realakt handeln, dessen Überprüfung durch klagebefugte Mitbewerber inzident im Rahmen einer (Verpflichtungs-)Klage auf Erlass von Regulierungsmaßnahmen begehrt werden kann.[126]

V. Überprüfung von Marktdefinition, Marktanalyse und Regulierungsverfügung

51 Die Ergebnisse des Marktdefinitions- und –analyseverfahrens sowie der Regulierungsverfügung hat die BNetzA grundsätzlich im Drei-Jahres-Rhythmus zu überprüfen (§ 14 Abs. 2).[127] Diese Frist kann die BNetzA ausnahmsweise um bis zu drei weitere Jahre verlängern, muss der Kommission hierzu allerdings einen mit Gründen versehenen Vorschlag unterbreiten. Erhebt die Kommission binnen eines Monats keine Einwände, gilt die beantragte verlängerte Überprüfungsfrist (§ 12 Abs. 2 S. 4). Werden der BNetzA (1) Tatsachen bekannt, die die Annahme rechtfertigen, dass die Ergebnisse des Marktdefinitions- und -analyseverfahrens nicht mehr den tatsächlichen Marktgegebenheiten entsprechen oder (2) hat sich die Empfehlung der Kommission bei Märkten, zu denen die BNetzA bislang keine Maßnahmenentwürfe notifiziert hat, geändert, so ist eine Überprüfung der Ergebnisse bereits vor Ablauf des Drei-Jahres-Zeitraums vorzunehmen (§ 14 Abs. 1). Im letzt-

---

116 S. nochmals § 132 Abs. 4 S. 2 und dazu bereits o. Rn 47.

117 Vgl *Kopp/Schenke*, VwGO, § 44 a Rn 5. S. auch BVerwG, 29.10.2008 – 6 C 38.07, NVwZ 2009, 653.

118 § 42 Abs. 2 VwGO; s. auch BT-Drucks. 15/2316, zu § 13, S. 63. Zum Drittschutz im Bereich der Zugangsregulierung BVerwG, 28.11.2007 – 6 C 42.06, NVwZ 2008, 575. Zum Drittschutz unter den Entgeltregelungen der §§ 23 ff TKG (1996) BVerwG, 10.10.2002 – 6 C 8.01, BVerwGE 117, 93 ff. Zur Klagebefugnis von Wettbewerbern vgl VG Köln, 17.4.2009 – 1 K 1312/05, CR 2008, 308; VG Köln, 1.8.2007 – 21 K 4013/06, BeckRS 2008, 34859; VG Köln, 17.4.2008 – 1 K 1312/05, BeckRS 2009 31493; EuGH, 24.4.2008 – C-55/06, MMR 2008, 523 (529); VG Köln, 22.8.2012, 21 K 2317/11; BVerwG, 12.6.2013, Az: 6 C 10.12.

119 St. Rspr. seit BVerwG, 28.11.2007 – 6 C 42.06, NVwZ 2008, 575 (Rn 22 ff); kritisch dazu die Anm. von *Kind*, CR 2008, 294, 295 f.

120 BVerwG, 14.2.2007 – 6 C 28/05, MMR 2007, 522.

121 Damit sind nicht nur die Adressaten der Verpflichtung („Unternehmen"), sondern alle „betroffenen Parteien", also zB auch Wettbewerber des regulierten Unternehmens gemeint, vgl Art. 16 Abs. 3 RRL.

122 Vgl u.a. BNetzA, 22.4.2009 – BK 2 a 09/001-R.

123 S. *Geers*, in: Arndt/Fetzer/Scherer, TKG, § 150, Rn 6 f; *Gurlit*, in: Säcker, TKG, § 13 Rn 48, 50 mwN.

124 *Gurlit*, in: Säcker, TKG, § 13 Rn 50.

125 Auf europäischer Ebene steht der Kommission in diesem Fall ein Vetorecht zu, s.o. Rn 41 ff.

126 Vgl u.a. Festlegung der Präsidentenkammer im Bereich „Zugang und Verbindungsaufbau in öffentlichen Mobiltelefonnetzen", BK1-06/001, ABl. BNetzA v. 19.12.2007, Mitteilung Nr. 982/07.

127 Die Verlängerung der Regulierungszyklen erfolgt aufgrund einer Anpassung der RRL im Rahmen des EU-Review (Art. 16 IV RRL).

genannten Fall sind die Entwürfe für eine Marktdefinition und -analyse sowie eine Regulierungsverfügung innerhalb von zwei Jahren nach Verabschiedung der Änderung auf europäischer Ebene im Konsolidierungsverfahren zu notifizieren (§ 14 Abs. 1 S. 2).

D. Die Zugangsregulierung

Die Regulierung des Zugangs[128] zu elektronischen Kommunikationsnetzen und -diensten sowie ihrer Zusammenschaltung dient im wesentlichen drei, in Art. 1 Abs. 1 S. 2 ZRL vorgegebenen Zielen:[129] der Gewährleistung eines nachhaltigen Wettbewerbs, der Interoperabilität der elektronischen Kommunikationsdienste sowie der Förderung der Verbraucherinteressen. 52

Das Gesetz definiert den Rechtsbegriff des Zugangs im Einklang mit den gemeinschaftsrechtlichen Vorgaben (dazu I.). Es unterscheidet zwischen Rechtspflichten und Regulierungsbefugnissen, die unabhängig von der Marktmacht des zu regulierenden Unternehmens (dazu II.) und speziell gegenüber Teilnehmernetzbetreibern bestehen (dazu III.), sowie solchen, die ausschließlich gegenüber Unternehmen mit beträchtlicher Marktmacht anwendbar sind (dazu IV.). Kommt es nicht zum Abschluss einer Zugangsvereinbarung, so ist die BNetzA zur Anordnung des Zugangs bzw der Zusammenschaltung befugt (dazu V.). 53

I. Zugang und Zusammenschaltung

Das Gesetz definiert „Zugang" als die Bereitstellung von Einrichtungen oder Diensten für ein anderes Unternehmen unter bestimmten Bedingungen zur Erbringung von Telekommunikationsdiensten.[130] Der Beispielskatalog des Art. 2 lit. a ZRL[131] wurde durch das TKG-ÄndG 2012 in das TKG eingefügt (§ 3 Nr. 32). 54

„Zusammenschaltung" bezeichnet denjenigen Zugang, der die physische und logische Verbindung öffentlicher Telekommunikationsnetze herstellt, um Nutzern eines Unternehmens die Kommunikation mit Nutzern desselben oder eines anderen Unternehmens oder die Inanspruchnahme von Diensten eines anderen Unternehmens zu ermöglichen. Dienste können von den beteiligten Parteien erbracht werden oder von anderen Parteien, die Zugang zum Netz haben. Bei der Zusammenschaltung handelt es sich um einen Sonderfall des Zugangs, der zwischen Betreibern öffentlicher Telekommunikationsnetze hergestellt wird.[132] 55

II. Allgemeine Grundsätze

Als Grundregel für alle Betreiber öffentlicher Telekommunikationsnetze statuiert § 16 eine Verpflichtung jedes Betreibers eines öffentlichen Telekommunikationsnetzes, auf Verlangen anderer Betreiber öffentlicher Telekommunikationsnetze ein Angebot auf Zusammenschaltung zu unterbreiten, „um die Kommunikation der Nutzer, die Bereitstellung von Telekommunikationsdiensten sowie deren Interoperabilität gemeinschaftsweit zu gewährleisten".[133] 56

Ebenfalls für alle Betreiber öffentlicher Telekommunikationsnetze gilt die Vertraulichkeitsverpflichtung gem. § 17, wonach Informationen, die von Betreibern öffentlicher Netze im Rahmen von Verhandlungen oder Vereinbarungen über Zugänge oder Zusammenschaltungen gewonnen werden, 57

128 Vgl zum Gleichbehandlungsgebot, *Attendorn*, MMR 2005, 353; zur Regulierung nicht marktmächtiger Unternehmen, *Bosch*, K&R 2005, 208; zu Zugangsverpflichtungen marktmächtiger Unternehmen, *Jochum*, MMR 2005, 161; zum Standardangebot, *Steinwärder*, MMR 2005, 84.

129 S. hierzu aus europarechtlicher Sicht *Scherer*, K&R 2002, 329, 337 f.

130 § 3 Nr. 32 TKG; ähnlich breit Art. 2 lit. a ZRL. Zur Rechtsnatur der Zusammenschaltungsanordnung vgl BVerwG, 31.3.2004 – 6 C 11.03, NVwZ 2004, 1365, m.Anm. *Steinwärder*, MMR 2004, 566.

131 Nach diesem nicht abschließenden Katalog sind vom Zugangsbegriff u.a. erfasst: der Zugang zu Netzkomponenten und zugehörigen Einrichtungen, zu physischen Infrastrukturen wie Gebäuden, Leitungen und Masten sowie zu einschlägigen Softwaresystemen.

132 § 3 Nr. 34; nahezu wortgleich Art. 2 lit. b ZRL, s. dazu *Scherer*, K&R 2002, 329, 337 mwN.

133 Vgl Art. 4 Abs. 1 ZRL; der Reg-E sah ursprünglich nur eine Rechtspflicht, „zu verhandeln" vor, s. BT-Drucks. 15/2316, zu § 16, S. 64, anders dann BT-Drucks. 15/2345, zu Nr. 12, S. 2.

nur für die Zwecke verwendet werden dürfen, für die sie bereitgestellt werden.[134] Gegenstand dieser Vertraulichkeitspflicht sind Informationen, die „im Rahmen" von Verhandlungen über Zugänge oder Zusammenschaltungen gewonnen werden. Diese Gesetzesformulierung ist weniger präzise als der Text der zugrundeliegenden Richtlinienbestimmung (Art. 4 Abs. 3 ZRL), wonach sich die Vertraulichkeitsverpflichtung auf Informationen erstreckt, die ein Unternehmen „vor, bei oder nach Verhandlungen über Zugangs- oder Zusammenschaltungsregelungen" von einem anderen Unternehmen erhalten hat.

III. Sonderregelungen für Teilnehmernetzbetreiber

58 Für Unternehmen, die den Zugang zu Endnutzern kontrollieren[135] (Teilnehmernetzbetreiber) statuiert § 18 unabhängig vom Vorliegen beträchtlicher Marktmacht spezielle Zugangsregeln, mit denen der Ende-zu-Ende-Verbund von Diensten sichergestellt werden soll:[136] Zu diesem Zweck kann die BNetzA Teilnehmernetzbetreiber, zur Zusammenschaltung verpflichten (§ 18 Abs. 1 S. 1) oder sonstige Zugangsverpflichtungen auferlegen (§ 18 Abs. 1 S. 2), sofern dies erforderlich ist, um die Kommunikation der Nutzer und die Bereitstellung von Diensten sowie deren Interoperabilität zu gewährleisten.[137] der Endnutzer angemeldet ist. Das Tatbestandsmerkmal der fehlenden beträchtlichen Marktmacht wurde mit dem im TKG-ÄndG 2012 gestrichen. Anders als beim Grundsatz des „Any-to-Any", nach dem eine Zusammenschaltung jedes Telekommunikationsnetzes mit jedem anderen Telekommunikationsnetz erforderlich ist, ist im Anwendungsbereich des „End-to-End"-Prinzips nur erforderlich, dass die Kommunikation der Endnutzer untereinander sichergestellt ist. Dies bedeutet, dass der „Ende-zu-Ende"-Verbund gewährleistet ist, wenn jeder Endnutzer mit jedem anderen Endnutzer kommunizieren kann, und zwar unabhängig von dem Netz, in dem der Endnutzer angemeldet ist.[138] Eine „Ende-zu-Ende"-Kommunikation kann auch über eine mittelbare Netzzusammenschaltung, dh über Transitnetze sichergestellt werden. Daher ist die Verpflichtung zur Zusammenschaltung dann nicht erforderlich zur Gewährleistung der Kommunikation der Endnutzer untereinander, wenn und soweit die Erreichbarkeit des Endnutzers dadurch sichergestellt wird, dass ein Teilnehmernetzbetreiber mit einem Verbindungsnetzbetreiber zusammengeschaltet ist, dessen Netz wiederum mit dem eines nachfragenden Teilnehmernetzbetreibers zusammengeschaltet ist. Die gegenteilige Ansicht in der Begründung des Gesetzentwurfs der Bundesregierung[139] dürfte mit der im Gemeinschaftsrecht ausdrücklichen vorgesehenen von Zugangsverpflichtungen gegenüber Teilnehmernetzbetreibern auf solche, die zur Gewährleistung des „Ende-zu-Ende"-Verbundes von Diensten erforderlich sind (Art. 5 Abs. 1 lit. a ZRL), nicht vereinbar sein.[140]

59 Die Auferlegung der Zugangsverpflichtungen, die objektiv, transparent und nichtdiskriminierend (§ 18 Abs. 3 S. 1) sowie an den Regulierungszielen des § 21 Abs. 1 ausgerichtet sein müssen (§ 18 Abs. 3 S. 2),[141] erfolgt durch Regulierungsverfügung (§ 13 Abs. 1 S. 3). Nach der Änderung des § 18 Abs. 1 durch das TKG-ÄndG 2012 ist eine vorherige Marktanalyse durch die BNetzA nicht länger Voraussetzung für die Auferlegung, Änderung, Beibehaltung und den Widerruf von Verpflichtungen nach § 18 TKG, da es auf das (Nicht-)Vorliegen einer beträchtlichen Marktmacht

134 Vgl Art. 4 Abs. 3 ZRL; zur Sanktionierung von Verstößen s. § 149 Abs. 1 Nr. 3.

135 Zum Erfordernis der „Kontrolle" des Zugangs zu Endnutzern durch Dienstleister, die die Netzinfrastruktur eines anderen nutzen, s. *Scherer*, in: Arndt/Fetzer/Scherer, TKG, § 18, Rn 4.

136 Vgl Art. 5 Abs. 1 lit. a ZRL.

137 Vgl auch den durch das EU-Review eingeführten Art. 5 Abs. 1 lit. a, b ZRL.

138 *Neitzel/Müller*, CR 2004, 736, 741.

139 BT-Drucks. 15/2316, zu § 18, S. 64.

140 Wie hier *Nolte*, in: Säcker, TKG, 3. Aufl. 2013, § 18 Rn 32. AA *Jochum*, in: Wilms/Masing/Jochum, TKG, § 18 Rn 25 unter Hinweis auf die Gesetzesbegründung (BT-Drucks. 15/2316, zu § 18); *Schütz*, in: Beck'scher TKG-Kommentar, 4. Aufl. 2013, § 18 Rn 27; RegTP, Beschluss v. 28.12.2004 – BK 3d-04-028, S. 11 f; sowie BNetzA, 18.9.2008 – BK 3b-08/131 (Konsultationsentwurf), S. 7; offen gelassen von VG Köln v. 22.2.2006 – 21 K 745/05, CR 2006, 397, 399.

141 Begrenzt werden die Zugangsverpflichtungen durch das Interesse des Betreibers an der Aufrechterhaltung der Netzintegrität und der Sicherheit des Netzbetriebs, § 18 Abs. 3 S. 2 iVm § 21 Abs. 4, dazu noch u. Rn 65.

nicht mehr ankommt. Ehe die BNetzA durch Regulierungsverfügung Verpflichtungen nach § 18 TKG auferlegt, ändert, beibehält oder widerruft, muss sie jedoch das Konsultationsverfahren (§ 12 Abs. 1 TKG) sowie das Konsolidierungsverfahren (§ 12 Abs. 2 Nr. 1, 2 und 4 TKG) durchführen.

IV. Zugangsverpflichtungen für Betreiber mit beträchtlicher Marktmacht

Das Gesetz statuiert – in Umsetzung von Art. 9-11 ZRL – eine Reihe von Zugangsverpflichtungen, die die BNetzA im Rahmen ihres Auswahlermessens (siehe dazu oben Rn 48 ff) den als Unternehmen mit beträchtlicher Marktmacht eingestuften Betreibern auferlegen kann: (1) Gleichbehandlungsverpflichtungen, (2) Transparenzverpflichtungen, (3) Verpflichtungen hinsichtlich des Zugangs zu bestimmten Netzeinrichtungen und deren Nutzung, (4) Verpflichtung zur Veröffentlichung eines Standardangebots sowie (5) Verpflichtungen zur Preiskontrolle und Kostenrechnung. Im Rahmen des EU-Review wurde dieser Maßnahmenkatalog erweitert und als „ultima ratio"-Maßnahme die gemeinschaftsrechtliche Grundlage für eine Verpflichtung des regulierten Unternehmens zur funktionellen Trennung von Geschäftsbereichen, die Vorleistungsprodukte bereit stellen, eingeführt (6). 60

1. Gleichbehandlungspflichten

Die BNetzA kann Betreiber öffentlicher Telekommunikationsnetze mit beträchtlicher Marktmacht dazu verpflichten, dass von ihnen zu schließende Zugangsvereinbarungen auf objektiven Maßstäben beruhen, nachvollziehbar sind, einen gleichwertigen Zugang gewähren und den Geboten der Chancengleichheit und Billigkeit genügen (§ 19 Abs. 1). In wörtlicher Übernahme von Art. 10 Abs. 2 ZRL stellt § 19 Abs. 2 klar, dass die Gleichbehandlungsverpflichtungen insbesondere sicherstellen sollen, dass der betreffende Betreiber anderen Unternehmen, die gleichartige Dienste erbringen, unter den gleichen Umständen gleichwertige Bedingungen anbietet und Dienste und Informationen für Dritte zu den gleichen Bedingungen und mit der gleichen Qualität bereitstellt wie für seine eigenen Produkte oder die seiner Tochter- oder Partnerunternehmen.[142] 61

2. Transparenzverpflichtungen

Die BNetzA kann Betreiber mit beträchtlicher Marktmacht des Weiteren dazu verpflichten,[143] für die zum Zugang berechtigten Unternehmen alle für die Inanspruchnahme der entsprechenden Zugangsleistungen benötigten Informationen zu veröffentlichen, insbesondere (aber nicht nur) Informationen zur Buchführung, technische Spezifikationen, Netzmerkmale, Bereitstellungs- und Nutzungsbedingungen, einschließlich aller Bedingungen, die den Zugang zu und die Nutzung von Diensten und Anwendungen beschränken, sowie die zu zahlenden Entgelte (§ 20),[144] wobei die BNetzA befugt ist, die „Form" vorzuschreiben, in der die Informationen zur Verfügung zu stellen sind (§ 20 Abs. 2).[145] 62

3. Zugangsverpflichtungen

In Umsetzung von Art. 12 ZRL ermächtigt § 21 die BNetzA, Betreibern mit beträchtlicher Marktmacht bestimmte Zugangsverpflichtungen,[146] einschließlich der Verpflichtung zu nachfragegerechter Entbündelung, aufzuerlegen.[147] Die Norm statuiert – in enger Anlehnung an Art. 12 Abs. 2 ZRL – einen nicht abschließenden, durch das TKG-ÄndG 2012 auf Grund des EU-Review ange- 63

142 Im Einzelnen *Scherer*, in: Arndt/Fetzer/Scherer, TKG, § 19, Rn 5 ff.

143 § 20 ist drittschützend, ein Wettbewerber kann klagebefugt sein mit dem Ziel, die Auferlegung weitergehender Verpflichtungen zu erstreiten, vgl (auch für §§ 21, 24) BVerwG, 28.11.2007 – 6 C 42.06, MMR 2008, 463.

144 Im Einzelnen *Scherer*, in: Arndt/Fetzer/Scherer, TKG, § 20, Rn 3 ff.

145 Vgl Art. 9 Abs. 1 und 3 ZRL.

146 Im Rahmen der Zugangsanordnung können auch Informationspflichten auferlegt werden, vgl VG Köln, 10.1.2008 – 21 L 1178/07, MMR 2008, 706.

147 Im Einzelnen *Scherer*, in: Arndt/Fetzer/Scherer, TKG, § 21, Rn 3 ff.

passten Katalog von Faktoren, die bei der Ausübung des Auswahlermessens[148] zu berücksichtigen sind (§ 21 Abs. 1).[149] Es werden zwei Gruppen von Zugangsverpflichtungen unterschieden: Die in einem abschließenden Katalog (§ 21 Abs. 3) enthaltenen Zugangsverpflichtungen zur Bereitstellung des Zugangs zu nicht aktiven Netzkomponenten, des vollständig entbündelten Zugangs zum Teilnehmeranschluss, zur Zusammenschaltung, zur Gewährung offenen Zugangs zu Schlüsseltechnologien, die für die Interoperabilität von Diensten unentbehrlich sind, Kollokation[150] und des Zugangs zu bestimmten Netzkomponenten, -einrichtungen und Diensten, um unter anderem die Betreiberauswahl bzw -vorauswahl zu ermöglichen,[151] „soll" die Regulierungsbehörde den Betreibern mit beträchtlicher Marktmacht auferlegen. Ihr Ermessensspielraum soll nach dem Willen des Gesetzgebers insoweit stark reduziert sein; die BNetzA soll diese Verpflichtungen in der Regel auferlegen müssen und nur in Ausnahmefällen von einer Auferlegung absehen können.[152] Das BVerwG geht demgegenüber zutreffend davon aus, dass die Annahme einer solchen Ermessensbindung der Bundesnetzagentur gemeinschaftsrechtswidrig ist.[153] Die BNetzA hat sonach ihr Regulierungsermessen vollumfänglich auszuüben, in ständiger Praxis nimmt sie eine solche umfassende Prüfung im Einzelfall auch stets vor.[154]

Demgegenüber ist der Katalog von Zugangsverpflichtungen in § 21 Abs. 2 nicht abschließend und umfasst Zugangsverpflichtungen, deren Auferlegung ebenfalls im Ermessen der BNetzA liegt, dessen Ausübung durch die in § 21 Abs. 1 S. 2 genannten Faktoren gesteuert wird.[155] Zu diesen Verpflichtungen zählen u.a. die – konkretisierungsbedürftige – Pflicht, Zugang zu bestimmten Netzkomponenten oder -einrichtungen zu gewähren (Nr. 1), die Pflicht, Wiederverkäufern Zugang zu vom Betreiber angebotenen Endnutzerdiensten zu Großhandelsbedingungen zu gewähren (Nr. 3),[156] sowie bestimmte, für die Interoperabilität der Ende-zu-Ende-Kommunikation notwendige Voraussetzungen, einschließlich der Bereitstellung von Einrichtungen für intelligente Netzdienste oder Roaming zu schaffen (Nr. 4). Das Gesetz ermöglicht es der BNetzA, das regulierte Unternehmen zu verpflichten, Zugang zu Dienstleistungen im Bereich der einheitlichen Rechnungsstellung (Fakturierung) sowie zur Entgegennahme oder dem Einzug von Zahlungen (Inkasso) zu gewähren, und regelt detailliert den Inhalt und die Grenzen dieser Verpflichtung. Dadurch wird der unter dem TKG (1996) sowohl vor den Zivil- als auch vor den Verwaltungsgerichten ausgetragene Grundsatzstreit darüber, ob und inwieweit ein marktbeherrschender Anbieter von Telekommunikationsdienstleistungen verpflichtet ist, für seine Wettbewerber Leistungen der Fakturierung und

---

148 Genauer: bei der Prüfung, ob eine Zugangsverpflichtung gerechtfertigt ist und ob sie in einem angemessenen Verhältnis zu den Regulierungszielen (§ 2 Abs. 2, dazu o. Rn 19) steht. Die gerichtliche Überprüfung einer Abwägungsentscheidung nach § 21 Abs. 1 ist eingeschränkt, vgl VG Köln, 23.4.2008 – 21 K 2701/07, MMR 2008, 699.

149 VG Köln, 19.10.2006 – 1 K 2976/05, MMR 2007, 198.

150 Zu Einzelheiten s. § 21 Abs. 3 Nr. 1-4 und Art. 12 Abs. 1 Abs. 2 lit. e, f, i sowie lit. a, 2. Hs, zur europarechtlichen Problematik der Soll-Vorschrift s. *Ellinghaus*, CR 2004, 23, 26; *Wegmann*, K&R/Beilage1/2004, 25, 29.

151 Damit wurde die im Zuge des EU-Review erfolgte Präzisierung des Art. 12 Abs. 1 S. 1 lit. a ZRL umgesetzt. Die Änderung trägt dem Umstand Rechnung, dass im Rahmen des EU-Review die Vorschriften der URL zur Betreiberauswahl und -vorauswahl (Art. 19 URL) sowie zu den Regulierungsmaßnahmen in Bezug auf das Mindestangebot an Mietleitungen (Art. 18 URL) gestrichen wurden. Die Begriffe wurden in § 3 Nr. 4 a (Betreiberauswahl) und Nr. 4 b (Betreibervorauswahl) TKG legal definiert. Die Verpflichtungen können nunmehr – anders als nach der alten Rechtslage – neben Festnetzbetreibern auch Mobilfunknetzbetreibern auferlegt werden.

152 S. dazu BT-Drucks. 15/2316, zu § 19, S. 65. Zur Ermessensbeschränkung durch Soll-Vorschriften s. BVerwGE 72, 1, 6; 105, 55, 57 f; *Maurer*, Allgemeines Verwaltungsrecht, 18. Aufl., München 2011, § 7 Rn 11 f mwN, s. auch VG Köln, 1.3.2007 – 1 K 3928/06, CR 2007, 305 und VG Köln, 23.4.2008 – 21 K 2701/08, MMR 2008, 699.

153 BVerwG, Az: 6 C 22/08, Rn 15. NVwZ 2010, 1359.

154 Vgl. statt vieler BNetzA, Beschluss v. 19.7.2013, Az: BK 3b-12/005, S. 11 ff (Regulierungsverfügung Markt Nr. 7).

155 Die Aufzählung der zu berücksichtigenden Faktoren in § 21 Abs. 1 Nr. 1-7, die durch den Verweis auf § 2 um die Regulierungsziele erweitert wird, ist nicht abschließend.

156 Zum Streit um den Umfang dieser Resale-Verpflichtung s. Monopolkommission, Sondergutachten, 2004, Tz. 82 ff; BT-Drucks. 15/2316, § 19 Abs. 2 Nr. 3 und BT-Drucks. 15/2907, Nr. 5. Vgl auch BVerwG, 3.12.2003 – 6 C 20.02, NVwZ 2004, 878.

des Inkasso insbesondere bei sogenannten Mehrwertdiensten[157] zu übernehmen, weitgehend beendet.[158]

Vor allem der Umfang der „Resale“-Verpflichtung (Nr. 3) war im Gesetzgebungsverfahren höchst umstritten; die in § 19 Abs. 2 Nr. 3 Reg-E vorgesehene Pflicht zum Angebot von Diensten „wie sie Endnutzern [...] angeboten werden“, zu Großhandelsbedingungen wurde im Gesetzesbeschluss des Bundestages durch eine Pflicht zur Ermöglichung des entbündelten „Anschluss“-Resale ersetzt;[159] hierunter versteht man den Wiederverkauf des bloßen Teilnehmeranschlusses durch Dritte ohne eine Koppelung mit Verbindungsleistungen. 64

Ihre Grenze finden die Zugangsverpflichtungen dort, wo die Aufrechterhaltung der Netzintegrität oder die Sicherheit des Netzbetriebs gefährdet würde; diese Gefährdungslage ist vom Betreiber nachzuweisen und „nach objektiven Maßstäben“ zu beurteilen (§ 21 Abs. 4).[160] Die BNetzA hat die Möglichkeit, die auferlegten Zugangsverpflichtungen an die Einhaltung bestimmter Betriebsbedingungen zu knüpfen (§ 21 Abs. 5). 65

4. Pflicht zur Veröffentlichung eines Standardangebots

Die BNetzA kann einen Betreiber mit beträchtlicher Marktmacht[161] verpflichten, „in der Regel innerhalb von drei Monaten“[162] ein Standardangebot für die Zugangsleistung zu veröffentlichen, sofern für die Zugangsleistung eine „allgemeine Nachfrage“ besteht. 66

§ 23 Abs. 1 war zunächst als „Soll-Vorschrift“ ausgestaltet und sah die Möglichkeit einer Verpflichtung zur Vorlage eines Standardangebots nur für Betreiber vor, die „einer Zugangsverpflichtung nach § 21 unterliegen“. Die Vorschrift wurde durch das TKG-ÄndG 2007 angepasst, um den Bedenken Rechnung zu tragen, die die Kommission im Hinblick auf die Gemeinschaftsrechtskonformität der Regelung geäußert hatte.[163] Nach Ansicht der Kommission war Art. 9 Abs. 2 ZRL durch § 23 Abs. 1 S. 1 mangelhaft umgesetzt worden, weil § 23 Abs. 1 S. 1 nur Betreiber betraf, die einer Zugangsverpflichtung unterliegen, während Art. 9 Abs. 2 S. 1 ZRL insbesondere für Betreiber mit Gleichbehandlungsverpflichtungen gilt; überdies beschränke § 23 Abs. 1 S. 1 durch seine „Soll-Bestimmung“ in unzulässiger Weise den Ermessensspielraum, den die Richtlinie den nationalen Regulierungsbehörden einräume.[164]

§ 23 Abs. 7 setzt den durch das EU-Review eingeführten Art. 9 Abs. 4 ZRL um, der das Auswahlermessen der nationalen Regulierungsbehörden in Bezug auf die Auferlegung von Transparenzverpflichtungen einschränkt, sofern sie einem regulierten Betreiber Verpflichtungen hinsichtlich des Zugangs zur Netzinfrastruktur auf Vorleistungsebene auferlegt haben.

Die BNetzA ist ermächtigt, zu ermitteln, für welche Zugangsleistungen eine allgemeine Nachfrage besteht (§ 23 Abs. 3) und hat weitreichende Befugnisse, Standardangebote inhaltlich auszugestalten und abzuändern (§ 23 Abs. 3, 4 und 6). 67

157 Eine Legaldefinition des Begriffs „Mehrwertdienste“ existiert nicht. Mehrwertdienste sind Telekommunikationsdienste im Sinne von § 3 Nr. 24, die darüber hinaus weitere Leistungsmerkmale umfassen, die als Einheit gegenüber dem Teilnehmer abgerechnet werden, dazu *Schütz*, in: Beck'Scher TKG-Kommentar, § 6 Rn 29 ff.

158 S. aus der Rspr zum TKG (1996) VG Köln, 14.11.2002 – 1 K 2788/00, MMR 2003, 284 ff gegen BNetzA, 14.3.2000 – BK 3a-99/032, MMR 2000, 312; s. OLG Düsseldorf, 4.5.2005 – Az VI-U (Kart) 6/05. Aus der Lit. zu Fakturierung und Inkasso *Schmitz/Eckhardt*, CR 2007, 560; *Stögmüller*, CR 2003, 251 ff; *Ditscheid/Rudloff*, K&R 2004, 1 ff sowie *Koenig/Neumann*, K&R-Beilage 3/2004, 1.

159 Das Bundesverwaltungsgericht hat jüngst entschieden, dass Zugangsleistungen auf der Vorleistungsebene (hier: sog. „entbündeltes Anschluss-Resale“) nicht nur auf Grundlage einer Marktanalyse für den relevanten Vorleistungsmarkt auferlegt werden dürfen, sondern auch dann, wenn auf einem korrespondierenden Endkundenmarkt ein Marktversagen festgestellt wurde (vgl BVerwG, Az: 6 C 10.12, Rn 26 ff, NVwZ 2013, 1352).

160 Dazu BT-Drucks. 15/2316, zu § 19, S. 66. S. auch *Scherer*, in: Arndt/Fetzer/Scherer, TKG, § 21, Rn 48 ff.

161 Dazu oben Rn 31.

162 Der Verwaltungsakt, mit dem die Vorlage des Standardangebots angeordnet wird, kann gemeinsam mit der Entscheidung über die Auferlegung der Zugangsverpflichtung nach § 21 ergehen (§ 23 Abs. 1 S. 2).

163 Vertragsverletzungsverfahren Nr. 2004-2221, mit Gründen versehene Stellungnahme v. 12.4.2005, S. 15.

164 S. dazu ausführlich *Scherer*, in: Arndt/Fetzer/Scherer, TKG, § 23 Rn 1 ff.

5. Akzessorische Verpflichtungen

68 §§ 22 und 24 enthalten Rechtspflichten von Betreibern mit beträchtlicher Marktmacht, die zu den Zugangsverpflichtungen nach § 21 in einem Akzessorietätsverhältnis stehen:

69 Ein Betreiber mit beträchtlicher Marktmacht, dem eine Zugangsverpflichtung nach § 21 auferlegt wurde, muss gegenüber anderen Unternehmen, die diese Leistung nachfragen, um Telekommunikationsdienste anbieten zu können, unverzüglich, spätestens aber drei Monate nach Auferlegung der Zugangsverpflichtung ein Angebot auf einen entsprechenden Zugang abgeben. Die auf dieser Grundlage abzuschließenden Zugangsvereinbarungen bedürfen der Schriftform (§ 22 Abs. 2).[165]

70 Für bestimmte Tätigkeiten im Zusammenhang mit Zugangsleistungen (§ 21) kann Betreibern, die über beträchtliche Marktmacht verfügen, eine getrennte Rechnungsführung vorgeschrieben werden; insbesondere hat die BNetzA „in der Regel" von einem vertikal integrierten Unternehmen zu verlangen, dass es seine internen Verrechnungspreise transparent gestaltet.[166]

6. Funktionelle Trennung

71 § 40 TKG setzt die EU-rechtliche Vorgabe um, wonach als ultima ratio eine Verpflichtung zur funktionellen Trennung auferlegt werden kann (Art. 13 a ZRL). Die Vorschrift sieht vor, dass die BNetzA marktmächtigen, vertikal integrierten Unternehmen als „außerordentliche Maßnahme" die Verpflichtung auferlegen kann, „ihre Tätigkeiten im Zusammenhang mit der Bereitstellung der betreffenden Zugangsprodukte auf Vorleistungsebene in einem unabhängig arbeitenden Geschäftsbereich unterzubringen" (§ 40 Abs. 1 S. 1). Dieser ausgelagerte Geschäftsbereich muss die Zugangsprodukte und -dienste allen Unternehmen, einschließlich den anderen Geschäftsbereichen des Mutterunternehmens, zu den gleichen Bedingungen und mit den gleichen Fristen zur Verfügung stellen (§ 40 Abs. 1 S. 2).

V. Anordnung von Zugang und Zusammenschaltung

72 Das Gesetz geht – wie schon das TKG (1996) – vom Vorrang der vertraglichen Regelung von Zugang und Zusammenschaltung gegenüber Zugangs- bzw Zusammenschaltungsanordnungen aus (§ 25 Abs. 2).

73 Nur „soweit und solange" die Beteiligten keine Zugangs- oder Zusammenschaltungsvereinbarung treffen, ordnet die BNetzA auf Antrag eines der an der zu schließenden Vereinbarung Beteiligten den Zugang an; die BNetzA kann zur Erreichung der Regulierungsziele des § 2 jedoch auch von Amts wegen ein Verfahren einleiten.[167] Im Antragsverfahren erfolgt die Anordnung nach Anhörung der Beteiligten innerhalb einer Frist von zehn Wochen ab Anrufung; diese Frist kann auf höchstens vier Monate verlängert werden (§ 25 Abs. 1).

74 Das Gesetz unterscheidet zwei Anordnungssituationen, die sich hinsichtlich ihrer Tatbestandsvoraussetzungen und Rechtsfolgen, insbesondere bezüglich der Anordnung von Zusammenschaltungsentgelten,[168] unterscheiden: Zum einen die Situation, dass eine Zugangsvereinbarung zwischen einem zugangsverpflichteten Betreiber mit beträchtlicher Marktmacht und einem zugangssuchenden Diensteanbieter nach § 22 und zum anderen die Situation, dass eine Vereinbarung über Zugangsleistungen zwischen einem zur Zugangsgewährung verpflichteten Teilnehmernetzbetreiber und dem Betreiber eines anderen öffentlichen Telekommunikationsnetzes nach § 18 ganz oder teilweise nicht zustande gekommen ist. In beiden Fällen muss die Anrufung der BNetzA schriftlich erfolgen und bedarf einer Begründung (§ 25 Abs. 3), in der u.a. darzulegen ist, welchen genauen Inhalt die Anordnung der BNetzA haben soll (Nr. 1), wann der Zugang und welche konkreten Leistungen nachgefragt worden sind (Nr. 2), dass ernsthafte Verhandlungen stattgefunden haben

165 S. dazu ausführlich *Scherer*, in: Arndt/Fetzer/Scherer, TKG, § 22 Rn 4 ff.
166 S. dazu ausführlich *Scherer*, in: Arndt/Fetzer/Scherer, TKG, § 24 Rn 4 ff.
167 Vgl Art. 5 Abs. 4 ZRL.
168 Dazu noch unten, Rn 81 ff.

oder Verhandlungen vom Anrufungsgegner verweigert worden sind (Nr. 3) und hinsichtlich welcher Punkte keine Einigung erzielt worden ist (Nr. 4).[169]

Gegenstand der Anordnung können alle Bedingungen einer Zugangsvereinbarung einschließlich 75 der Entgelte sein,[170] wobei die BNetzA ihre Anordnung „mit Bedingungen einschließlich Vertragsstrafen in Bezug auf Chancengleichheit, Billigkeit und Rechtssicherheit verknüpfen" darf (§ 25 Abs. 5).[171]

Das Gesetz sieht vor, dass die BNetzA in Fällen, in denen sowohl die Bedingungen einer Zugangs- 76 vereinbarung als auch die zu entrichtenden Entgelte für nachgefragte Leistungen streitig sind, im Regelfall zunächst die Bedingungen des Zugangs anordnen soll und dann in einem zweiten Verfahrensabschnitt die für die Zugangsleistungen zu entrichtenden Entgelte (§ 25 Abs. 6 S. 1). Wenn nur noch ein unwesentlicher Teil der Leistungen streitig ist und die Entgelte den Kern des Streits ausmachen, kann die Anordnung nach der Vorstellung des Gesetzgebers auch in einem einheitlichen Verfahren ergehen und sich gleichzeitig auf die Bedingungen und die Entgelte beziehen. Auch wenn zwei Teil-Verwaltungsakte ergehen, können diese „nur insgesamt" gerichtlich angegriffen werden (§ 25 Abs. 6 S. 3). Trotz dieser Formulierung ist nach der Rechtsprechung des VG Köln eine teilweise Anfechtung der Verfügung nach Erlass beider Teilentscheidungen grundsätzlich möglich, solange sich diese auf abtrennbare Teile der Entscheidung bezieht.[172] Zur Beurteilung der Frage der Teilbarkeit des angefochtenen Teils der Verfügung greift das VG Köln auf die zu § 113 Abs. 1 S. 1 VwGO entwickelten Grundsätze zurück.[173] Vor Erlass der zweiten Teilentscheidung kann die erste Teilentscheidung nicht vollzogen werden. Dafür spricht zunächst der Wortlaut von § 25 Abs. 6 S. 1 einerseits und Abs. 6 S. 3 andererseits, sowie der systematische Zusammenhang zu § 25 Abs. 8, der zwischen „Teilentscheidungen" (Satz 1) und der „Anordnung" differenziert, die aus beiden Teilentscheidungen zusammengesetzt ist (Satz 3). Außerdem spricht hierfür vor allem die verfassungsrechtliche Erwägung, dass der Zugangsverpflichtete im Hinblick auf das Recht aus Art. 19 Abs. 4 GG auf effektiven und lückenlosen Rechtsschutz nicht darauf verwiesen werden kann, die Vollziehung einer Teilentscheidung hinzunehmen, und erst nach Erlass der zweiten Teilentscheidung Rechtsschutz zu erlangen.[174]

Zur Durchsetzung ihrer Anordnungen kann die BNetzA Zwangsgelder bis zu einer Million Euro 77 festsetzen (§ 25 Abs. 8 S. 2).

169 S. zum Verfahren ausführlich *Scherer*, in: Arndt/Fetzer/Scherer, TKG, § 25 Rn 11 ff.

170 Zur Spruchpraxis der BNetzA im Rahmen der Entgeltanordnung nach § 25 TKG vgl BNetzA, 20.9.2005 – BK 4 d 04/030, Amtl. Umdruck S. 9 f; BNetzA 21.9.2005 – BK 4 a 04/031, Amtl. Umdruck S. 9 f; BNetzA 4.10.2005 – BK 4 a 04/041, Amtl. Umdruck, S. 9 f.

171 Zur Rechtsgrundverweisung in § 25 Abs. 5 S. 3 vgl VG Köln, 15.9.2005 – 1 K 8432/04, BeckRS 2005, 30182; 24.3.2005, 1 L 6/05, BeckRS 2005, 26446.

172 Vgl VG Köln, 7.6.2005 – 1 L 624/05, Amtl. Umdruck, S. 3 f, BeckRS 2005, 29655; VG Köln 24.3.2005 – 1 L 6/05, Amtl. Umdruck, S. 9; VG Köln, 8.12.2004 – 1 L 2921/04, BeckRS 2005, 25137; VG Köln, 15.9.2005 – 1 K 8432/04, BeckRS 2005, 30182. Zur Teilbarkeit von Verwaltungsakten im Telekommunikationsrecht s. auch BVerwG, 2.5.2005 – 6 B 6.05, BeckRS 2005, 26958. Vgl auch BVerwG, 31.3.2008 – 6 C 14.07, NVwZ 2008, 798; – 28.1.2009 – 6 C 39.07, CR 2009, 366; sowie 19.3.1996 – 1 C 34/93, BVerwGE 100, 335; 13.11.1997 – 3 C 33/96, BVerwGE 105, 354 (358).

173 Eine isolierte Anfechtung der Teilanordnung ist dann möglich, wenn der aufzuhebende Teil nicht mit den übrigen Teilen des Verwaltungsaktes in einem untrennbaren inneren Zusammenhang steht. Ein solcher Zusammenhang ist nach den allgemeinen von der Rspr entwickelten Grundsätzen dann gegeben, wenn der nach der Teilaufhebung verbleibende Teil des Verwaltungsaktes ohne Änderung seines Inhalts rechtmäßiger- oder sinnvollerweise nicht selbständig bestehen bleiben kann oder so nicht erlassen worden wäre (vgl BVerwG, Beschluss v. 2.5.2005, Az. 6 B 6.05; s. auch VG Köln, 7.6.2005 – 1 L 624/05, Amtl. Umdruck, S. 5, vgl VG Köln, 3.6.2005 – 21 L 319/05, Amtl. Umdruck, S. 9). Die isolierte Anfechtung der Entgeltanordnung scheiterte im Fall 1 L 624/05 daran, dass der der Entgeltanordnung zugrundeliegende Rechtsfehler auf die Zugangsanordnung durchgriff, so dass diese für sich genommen keinen Bestand haben konnte – deshalb bejahte das VG Köln nach den o.g. Grundsätzen einen untrennbaren inneren Zusammenhang zwischen Zugangs- und Entgeltanordnung.

174 S. hierzu VG Köln, 8.12.2004 – 1 L 2921/04, BeckRS 2005, 25137, Amtl. Umdruck, S. 6. Zum Drittschutz iRd Zugangsregulierung, vgl *Attendorn*, MMR 2008, 444.

E. Entgeltregulierung

78 Neben der Zugangsregulierung ist die Entgeltregulierung[175] zentraler Bestandteil der sektorspezifischen Regulierung. Der Anwendungsbereich der Entgeltregulierung wurde – entsprechend den Vorgaben des EU-Richtlinienpakets[176] – umstrukturiert und gegenüber dem TKG (1996) eingeschränkt, das Regulierungsinstrumentarium wurde verschärft und Unklarheiten, die unter dem TKG (1996) bestanden, wurden zT beseitigt.[177] Im Rahmen des EU-Review wurden keine wesentlichen Änderungen der Regelungen zur Entgeltregulierung vorgenommen. Das TKG-ÄndG 2012 nahm Anpassungen des Gesetzestextes vor, um der BNetzA entsprechend den europarechtlichen Vorgaben weiterreichende Ermessensspielräume einzuräumen.

79 Das Gesetz enthält allgemeine Vorschriften, die sowohl die Entgelte für Zugangsleistungen als auch die Entgelte für Endnutzerleistungen betreffen (dazu I.) und statuiert – entsprechend der im Gemeinschaftsrecht vorgegebenen Trennung[178] – inhaltliche und Verfahrensregeln für die Regulierung von Entgelten für Zugangsleistungen (dazu II.) und für Endnutzerleistungen (dazu III.).

I. Allgemeine Vorschriften

80 Ziel der Entgeltregulierung ist es, „eine missbräuchliche Ausbeutung, Behinderung oder Diskriminierung von Wettbewerbern durch preispolitische Maßnahmen von Unternehmen mit beträchtlicher Marktmacht zu verhindern" (§ 27 Abs. 1). Die BNetzA ist verpflichtet, darauf zu achten, „dass Entgeltregulierungsmaßnahmen in ihrer Gesamtheit aufeinander abgestimmt sind" (§ 27 Abs. 2 S. 1). Dieses Konsistenzgebot,[179] das insbesondere auf eine „zeitliche und inhaltliche Abstimmung" der Entgeltregulierungsmaßnahmen der BNetzA zielt (§ 27 Abs. 2 S. 2) wird (binnen-) organisationsrechtlich abgesichert durch behördeninterne, aufbau- und ablauforganisatorische Maßnahmen, die „umfassende Abstimmungs-, Auskunfts- und Informationspflichten der jeweiligen Beschlusskammern und der Abteilungen" der BNetzA schaffen (§ 132 Abs. 4 S. 1).[180]

81 § 28 Abs. 1 enthält ein generelles, an § 19 GWB angelehntes Verbot missbräuchlichen Verhaltens durch Anbieter mit beträchtlicher Marktmacht bei der Forderung und Vereinbarung von Entgelten.[181] Zur Konkretisierung des Missbrauchstatbestandes der erheblichen Beeinträchtigung der Wettbewerbsmöglichkeiten anderer Unternehmen auf einem Telekommunikationsmarkt (§ 28 Abs. 1 S. 2 Nr. 2) statuiert § 28 Abs. 2 drei Vermutungstatbestände für missbräuchliche Behinderungspraktiken: Sie betreffen das Preisdumping, dh die Festlegung eines Entgelts, das die langfristigen zusätzlichen Kosten der betreffenden Leistung einschließlich einer angemessenen Verzinsung

---

175 Zur Entgeltregulierung, vgl *Jochum*, Das Verhältnis der vorherigen zur nachträglichen Regulierung nach dem TKG, 2008; *Hofmann*, Die telekommunikationsrechtliche Entgeltregulierung als Form der sektorspezifischen Preismissbrauchsaufsicht, 2007; *Preißinger*, Die Entgeltgenehmigung im Telekommunikationsrecht, 2007.

176 S. dazu *Scherer*, K&R 2002, 342, 389 f; zu den Vertragsverletzungsverfahren 2004/2221 und 2005/2067, in denen die Kommission die unzulängliche Umsetzung einzelner Vorgaben für die Entgeltregulierung durch §§ 30 und 39 beanstandete, s.o. Rn 3.

177 S. zB § 32 Abs. 3 (ex § 31 Abs. 4 TKG-2004) zu den im Gesetzgebungsverfahren str. Prüfkriterien der BNetzA bei der Festlegung der „angemessenen Verzinsung des Kapitals", hierzu krit. mit Blick auf § 29 Abs. 4 Reg-E Monopolkommission, Sondergutachten 2004, Tz. 76 ff; s. zum Beurteilungsspielraum der BNetzA bei der Festlegung des kalkulatorischen Zinssatzes im Rahmen der Preisregulierung u.a. VG Köln, 22.1.2014, Az. 21 K 2745/09; VG Köln, 22.1.2014, Az. 21 K 2807/09.

178 S. einerseits Art. 13 ZRL, andererseits Art. 17 Abs. 2 URL.

179 S. dazu BT-Drucks. 15/2316, zu § 25, S. 67; s. auch Monopolkommission, Sondergutachten 39, Tz. 142 ff; Sondergutachten 2004, Tz. 64 f; *K.-H. Neumann*, wik-Newsletter 54 (2004), S. 1 ff; s. im Einzelnen BNetzA, 4.11.2009, Hinweise zur konsistenten Entgeltregulierung iSd § 27 Abs. 2 TKG, ABl. BNetzA 21/2009.

180 Zum Konsistenzgebot s. *Gerpott*, K&R 2005, 108 ff sowie die Beiträge in BNetzA (Hrsg.), Konsistenzgebot und Entgeltregulierung, MMR-Beilage 6/2005; s. auch BNetzA, 29.9.2004 – BK 3 b-04/019, S. 60, BNetzA, 3.8.2005 – BK 4 a 05/013, S. 22 f.

181 So hat die BNetzA mit der Regulierungsverfügung BK 2 a 06/001-R v. 23.6.2006 die Deutsche Telekom verpflichtet, alle neu abgeschlossenen Individualverträge nach erfolgtem Vertragsschluss der BNetzA zur Kenntnis zu geben. In den Jahren 2008 und 2009 wurden insgesamt 112 Verträge geprüft, in fünf Fällen Entgelte für unwirksam erklärt. In der neuen Regulierungsverfügung BK 2 c 09/002-R v. 25.1.2010 ist die Kenntnisgabepflicht trotz heftiger Kritik der Wettbewerber (S. 23 f des Amtl. Umdrucks) nicht vorgesehen.

des eingesetzten Kapitals nicht deckt (Nr. 1), die „Preis-Kosten-Schere" (Nr. 2)[182] und die ungerechtfertigte Bündelung von Produkten (Nr. 3).[183] Stellt die BNetzA fest, dass Entgelte den Maßstäben des § 28 nicht genügen,[184] so untersagt sie das verbotene Verhalten und erklärt die beanstandeten Entgelte ab dem Zeitpunkt der Feststellung für unwirksam (§ 38 Abs. 4 S. 1); sie kann darüber hinaus Entgelte anordnen, die den Maßstäben des § 28 genügen (§ 38 Abs. 4 S. 2) und im Falle einer missbräuchlichen Bündelung die Entbündelung anordnen (§ 38 Abs. 4 S. 5).

Im Rahmen und zur Vorbereitung von Verfahren der Entgeltregulierung stehen der BNetzA weitreichende Informations- und Anordnungsbefugnisse zu (§ 29).[185] 82

II. Regulierung von Entgelten für Zugangsleistungen

Die Entgelte der Betreiber öffentlicher Telekommunikationsnetze, die über beträchtliche Marktmacht verfügen, für Zugangsleistungen unterliegen grundsätzlich einer Genehmigungspflicht (dazu 1.); bestimmte Zugangsentgelte, die Betreiber mit beträchtlicher Marktmarkt (dazu 2.) und Entgelte, die Teilnehmernetzbetreiber ohne beträchtliche Marktmacht für ihnen auferlegte Zugangs- und Zusammenschaltungsleistungen verlangen (dazu 3.) unterliegen der nachträglichen Regulierung. 83

1. Genehmigungspflicht für Zugangsentgelte

Entgelte, die ein Betreiber mit beträchtlicher Marktmacht für ihm nach § 21 auferlegte Zugangsleistungen[186] verlangt,[187] bedürfen regelmäßig der Genehmigung (ex ante-Regulierung, § 30 Abs. 1 S. 1).[188] Genehmigungsfähig sind diese Entgelte, wenn sie die Kosten der effizienten Leistungsbereitstellung[189] nicht überschreiten. Eine Sonderregelung (§ 31 Abs. 2 Nr. 1) gilt für Resale-Entgelte, die sich am Endnutzerpreis des marktmächtigen Unternehmens orientieren müssen, das der Resale-Verpflichtung unterliegt; der Abschlag auf den Endnutzerpreis („retail minus") darf – nach einer 84

182 Damit wird die Situation bezeichnet, dass die Spanne zwischen dem Entgelt, das der Betreiber eines öffentlichen Telekommunikationsnetzes, der über beträchtliche Marktmacht verfügt, Wettbewerbern für eine Zugangsleistung in Rechnung stellt, und dem entsprechenden Endnutzerentgelt nicht ausreicht, um einem effizienten Unternehmen die Erzielung einer angemessenen Verzinsung des eingesetzten Kapitals auf dem Endnutzermarkt zu ermöglichen. Dazu *Klotz*, MMR 2008, 650; *Nolte*, K&R 2008, 417. Vgl auch EuG, 10.4.2008 – T-271/03, MMR 2008, 385, s. auch Hinweise zu Preis-Kosten-Scheren iSv § 28 Abs. 2, Mitteilung Nr. 441/2006, ABl. BNetzA 2006, 4048.

183 Zum Einsatz des Regulierungsinstrumentariums im Fall der Bündelung s. ERG, Remedies Paper, (o. Fn 114), S. 91 f.

184 Allerdings dürfen Maßnahmen nach § 28 keine Anforderungen an Entgelte begründen, die nicht der Entgeltregulierung unterliegen, vgl VG Köln, 25.1.2007 – 1 K 7668/04, CR 2007, 373.

185 Vgl hierzu Art. 13 Abs. 1-4 ZRL, Art. 17 URL.

186 Zur Kongruenz von Zugangsleistungen und Genehmigungsbedürftigkeit vgl BVerwG, 25.6.2003 – 6 C 17.02, BVerwGE 118, 226.

187 S. dazu oben Rn 60; zu den Ausnahmen s. § 30 Abs. 1 S. 2, Abs. 2 und Abs. 3 und unten Rn 91.

188 BVerwG, 31.3.2008 – 6 C 14.07, NVwZ 2008, 798 (in Fortsetzung seiner Rechtsprechung vom 28.11.2007, 6 C 42.06, NVwZ 2008, 575, Rn 27-29) gesteht der BNetzA bei der Auswahl der richtigen Entgeltregulierungsmaßnahme ein gerichtlich nur eingeschränkt überprüfbares Regulierungsermessen zu. Nach BVerwG, 28.1.2009 – 6 C 39/07, CR 2009, 366 (370) darf der Gesetzgeber dieses Regulierungsermessen nicht generell für bestimmte Fallgruppen ausschließen, weshalb § 30 Abs. 1 richtlinienkonform dahingehend auszulegen ist, dass die Genehmigungspflicht durch die BNetzA aufzuerlegen ist und sich – anders als der Wortlaut der Vorschrift das nahelegt – nicht unmittelbar aus dem Gesetz ergibt. S. auch *Attendorn*, MMR 2009, 238.

189 Sie ergeben sich aus den langfristigen zusätzlichen Kosten der Leistungsbereitstellung und einem angemessenen Zuschlag für leistungsmengenneutrale Gemeinkosten (vgl OVG Münster, 20.1.2003 – 13 A 363/01, BeckRS 2003, 21092), einschließlich einer angemessenen Verzinsung des Kapitals, soweit diese Kosten jeweils für die Leistungsbereitstellung notwendig sind (§ 31 Abs. 2 S. 1)). Zur Ermittlung der Kosten der effizienten Leistungsbereitstellung s. EuGHE, 24.4.2008, Slg 2008, I-2931 (Vorlageentscheidung) und auf dieser Grundlage VG Köln, 27.11.2008 – 1 K 1749/99, MMR 2009, 211 (213). Zur Festlegung der angemessenen Verzinsung s. § 31 Abs. 4 und bereits oben, Fn 107, hierbei ist der BNetzA nach VG Köln ein gerichtlich nur eingeschränkt überprüfbarer Beurteilungsspielraum eingeräumt, vgl VG Köln, 13.2.2003 – 1 K 8003/98; VG Köln, 17.2.2005 – 1 K 8312/01, ZUM-RD 2005, 259 ff OVG Münster dagegen unterwirft die „Feststellung einer regulierungsrechtlich akzeptablen Zinsbestimmungsmethode" der verwaltungsgerichtlichen Kontrolle, vgl OVG Münster, 19.8.2005 – 13 A 1521/03, BeckRS 2005, 30609, dazu auch BVerwG, 15.12.2005 – 6 B 70/05, BeckRS 2006, 20910.

umstrittenen „Klarstellung" im Gesetz – nicht so hoch sein, dass der Resale-Preis die Kosten der effizienten Leistungsbereitstellung für die bei den marktmächtigen Unternehmen verbleibenden Vorleistungen unterschreitet.[190] Zudem hat der Gesetzgeber mit dem TKG-ÄndG 2012 „andere Vorgehensweisen" für die Entgeltbestimmung zugelassen und damit der BNetzA die Möglichkeit eröffnet, auch den „Pure-LRIC-Ansatz" der Empfehlung 2009/396/EU[191] zu verwenden (§ 31 Abs. 2 Nr. 2).

85 Abweichend von dem Grundsatz der ex ante-Regulierung (§ 30 Abs. 1 S. 1) „kann" die BNetzA Entgelte eines marktmächtigen Unternehmens für nach § 21 auferlegte Zugangsleistungen einer nachträglichen Entgeltregulierung unterwerfen, wenn dies ausreicht, um die in § 2 genannten Regulierungsziele zu erreichen (§ 30 Abs. 1 Satz 2). Damit hat es der Gesetzgeber im Zuge des TKG-ÄndG 2012 noch deutlicher in das Ermessen der BNetzA gestellt, ob Entgelte der Entgeltgenehmigungspflicht oder der ex-post-Kontrolle unterworfen werden sollen.[192] Dies entspricht dem durch Art. 8, 13 ZRL im Gemeinschaftsrecht vorgegebenen Ermessensspielraum der Regulierungsbehörde.[193]

86 Die Genehmigungsentscheidung der BNetzA setzt grundsätzlich einen vorherigen Antrag des regulierten Unternehmens voraus;[194] die genehmigungsbedürftigen Entgelte sind der BNetzA einschließlich aller zur Genehmigungserteilung erforderlichen Unterlagen[195] vor dem beabsichtigten Inkrafttreten vorzulegen (§ 31 Abs. 3). Die BNetzA kann auch zur Stellung von Kostenanträgen auffordern; wird einer Aufforderung nicht innerhalb eines Monats Folge geleistet, leitet die BNetzA von Amts wegen ein Verfahren ein. Sie soll innerhalb von zehn Wochen nach Antragstellung bzw Verfahrenseinleitung entscheiden (§ 31 Abs. 4 S. 3).

87 Das Gesetz unterscheidet – wie bereits das TKG (1996) – zwei Arten der Entgeltgenehmigung, nämlich die Genehmigung im Price-Cap-Verfahren, dh auf der Grundlage der von der BNetzA vorgegebenen Maßgrößen für die durchschnittlichen Änderungsraten der Entgelte für einen Korb zusammengefasster Dienste (§ 31 Abs. 1 S. 1 Nr. 2) – diese Methode spielte in der Praxis der BNetzA bislang keine wesentliche Rolle – und die Genehmigung auf der Grundlage der auf die einzelnen Dienste entfallenden Kosten der effizienten Leistungsbereitstellung (§ 31 Abs. 1 S. 1 Nr. 1) – diese Methode stellt den Regelfall der behördlichen Entgeltgenehmigungspraxis dar.

88 Im Verfahren der Entgeltgenehmigung kann die BNetzA neben den vom regulierten Unternehmen vorgelegten und ihr sonst vorliegenden Kosteninformationen zusätzlich oder (im Falle unzulänglicher Kostenunterlagen) an Stelle der Kostenunterlagen auf Vergleichsmarktuntersuchungen zurück-

---

190 BT-Drucks. 15/2316 zu § 28, S. 68; s. die Stellungnahmen von *Neumann* und *Kurth*, in: Ausschuss für Wirtschaft und Arbeit, Wortprotokoll, 49. Sitzung, Prot. 15/49, S. 794 f; Monopolkommission, Sondergutachten, Tz. 86.

191 Empfehlung der Kommission 2009/396/EG v. 7. Mai 2009 über die Regulierung der Festnetz- und Mobilfunk-Zugangsentgelte in der EU, ABl. EU L 124/67 v. 20. Mai 2009. Pure LRIC (pure long-run incremental cost)-basierte Entgelte sind Entgelte, die ausschließlich auf Grundlage der langfristigen zusätzlichen Kosten der relevanten Leistungserbringung ermittelt werden. Es werden daher nur sog. verkehrsabhängige Kosten der regulierten Leistung berücksichtigt, vgl. dazu *Berger-Kögler/Cornils*, in: Beck'scher TKG-Kommentar, 4. Aufl. 2013, § 35 Rn 51 f.

192 Vgl dazu BT-Drucks. 17/5707, S. 60.

193 Zum vorherigen, gemeinschaftsrechtlich teilweise bedenklichen Rechtsregime siehe die Vorauflage.

194 Eine darüber hinausgehende Entgeltgenehmigung kommt nur dann in Betracht, wenn die Leistungen dem regulierten Unternehmen über die allgemeine Zugangspflicht nach § 21 TKG hinaus von der Bundesnetzagentur konkret auferlegt wurden, VG Köln, 14.2.2008 – 1 K 3043/07, CR 2008, 368 (nicht beantragte Kündigungsentgelte).

195 Zum Umfang der Nachweispflicht vgl BVerwG, 15.12.2005 – 6 B 70.05, BeckRS 2006, 20910, s. bereits die Vorinstanz, OVG Münster, 19.8.2005 – 13 A 1521/03, BeckRS 2005, 30609; VG Köln, 17.2.2005 – 1 K 8312/01 (S. 5 unter 3), ZUM-RD 2005, 259, und 18.11.2004 – 1 K 639/00, BeckRS 2005, 25132 (mit Verweis auf OVG Münster, NVwZ 2002, 496); s. auch OVG Münster, 15.8.2003 – 13 A 2773/10, MMR 2003, 808.

greifen (§ 35 Abs. 1 S. 1 Nr. 1)[196] und eine von der Kostenrechnung des regulierten Unternehmens unabhängige Kostenrechnung anstellen und hierfür Kostenmodelle heranziehen (§ 35 Abs. 1 S. 1 Nr. 2).[197] Bei Vorliegen der gesetzlichen Voraussetzungen besteht ein Anspruch auf Erteilung der Entgeltgenehmigung, die in der Regel zu befristen ist (§ 35 Abs. 4); sie kann versagt werden, wenn das Unternehmen die erforderlichen Unterlagen nicht vollständig vorgelegt hat (§ 35 Abs. 3 S. 3).[198]

Das Gesetz stellt klar, dass Entgeltgenehmigungen auf den Zeitpunkt der erstmaligen Leistungsbereitstellung durch das marktmächtige Unternehmen zurückwirken;[199] diese Rückwirkung ist jedoch verfahrensrechtlich begrenzt: Betrifft eine Entgeltgenehmigung die vollständige oder teilweise Genehmigung eines vertraglich vereinbarten Entgelts, so entfaltet die gerichtliche Verpflichtung nur dann Rückwirkung, wenn das Verwaltungsgericht zuvor im Eilverfahren (§ 123 VwGO) die vorläufige Zahlung eines höheren Entgelts angeordnet hat (§ 35 Abs. 5). Eine solche Anordnung erfolgt, wenn „überwiegend wahrscheinlich“[200] ist, dass das marktmächtige Unternehmen Anspruch auf ein von ihm beantragtes höheres Entgelt hat. Verpflichtet das Gericht sodann im Hauptsacheverfahren die BNetzA, höhere Entgelte zu genehmigen, sind diese auch rückwirkend an das marktmächtige Unternehmen zu zahlen. Fehlt es hingegen an einer vorherigen Anordnung nach § 123 VwGO, so kommt eine rückwirkende Zahlung der höheren Entgelte nicht in Betracht. Der Gesetzgeber bezweckt damit, das Risiko der Wettbewerber, die im Fall uneingeschränkter Rückwirkung uU Nachzahlungen für mehrere Jahre (nämlich für den Zeitraum bis zum rechtskräftigen Abschluss eines Gerichtsverfahrens über die Entgeltgenehmigung) leisten und entsprechende Rückstellungen bilden müssten, zu reduzieren.[201] Allerdings greift bereits die gesetzliche Pflicht zur Entgeltgenehmigung und das damit einhergehende Verbot, ungenehmigte Entgelte zu verlangen, in die Berufsausübungsfreiheit (Art. 12 Abs. 1 GG) des marktmächtigen Unternehmens ein.[202] Durch die Einschränkung der Rückwirkung (§ 35 Abs. 5) und die restriktive Spruchpraxis des Verwaltungsgerichts Köln in den Eilverfahren nach § 35 Abs. 5, § 123 VwGO[203] wird dieser Grundrechtseingriff erheblich verstärkt. Es ist zurzeit gerichtlich noch nicht geklärt, ob dem Grundrechtsschutz und 89

196 Das Vergleichsmarktverfahren stützt sich auf Preise und nicht auf Kosten, vgl VG Köln, 23.4.2007 – 1 L 1997/06, MMR 2007, 680. Als Vergleichsmärkte können auch regulierte („dem Wettbewerb geöffnete“) Märkte herangezogen werden, vgl BT-Drucks. 15/2316, zu § 33, S. 69; dies gilt auch, wenn es sich um regulierte Monopolmärkte handelt, s. BVerwG, Az: 6 C 36.08, NVwZ 2010, 1356. Der BNetzA steht bei der Auswahl des Entgeltregulierungssystems ein breiter, gerichtlich lediglich eingeschränkt zu überprüfender Beurteilungsspielraum zu, BVerwG, 31.3.2008 – 6 C 14.07, NVwZ 2008, 798; vgl auch VG Köln, 27.11.2008 – 1 K 1749/99, MMR 2009, 211.

197 Zum Streit über die Zulässigkeit der Heranziehung von Kostenmodellen unter dem TKG (1996) s. OVG Münster, 3.5.2001 – 13 B 69/01, MMR 2001, 548, 550; OVG Münster, 8.5.2002 – 13 B 1636/01, CR 2002, 504.

198 Da der Antrag auf Genehmigung höherer Entgelte nach den rechtlichen und tatsächlichen Verhältnissen im Zeitpunkt der Entscheidung der BNetzA zu beurteilen ist, können im gerichtlichen Verfahren nur diejenigen Kostenunterlagen berücksichtigt werden, die bereits zum Zeitpunkt der Entscheidung der BNetzA vorgelegt wurden – s. VG Köln, 18.5.2005 – 1 L 3263/05, CR 2005, 575, Amtl. Umdruck, S. 10 f.

199 Zur Rückwirkung von Entgeltgenehmigungen unter § 39 TKG (1996) BVerwG, 21.1.2004 – 6 C 1.03, Amtl. Umdruck, S. 8 ff, NVwZ 2004, 871; vgl auch BVerwG, 25.3.2009 – 6 C 3.08, NVwZ 2009, 924.

200 Für die Annahme einer „überwiegenden Wahrscheinlichkeit“ reicht es nicht aus, dass das Gericht nach Ausschöpfung aller zur Verfügung stehenden Erkenntnismittel nicht ausschließen kann, dass ein Anspruch auf das beantragte höhere Entgelt besteht, s. VG Köln, 18.5.2005 – 1 L 3263/05, CR 2005, 575, Amtl. Umdruck, S. 8. Ebenfalls nicht ausreichend ist, dass offen ist, ob der geltend gemachte Anspruch besteht; die Wahrscheinlichkeit für das Bestehen des Anspruchs muss vielmehr höher sein als die Wahrscheinlichkeit für dessen Nichtbestehen, vgl statt vieler VG Köln, 13.7.2010, 21 L 963/09, VG Köln. 15.12.2011, 1 L 797/11 (st. Rspr).

201 S. BT-Drucks. 15/2316, zu § 33, S. 69 f.

202 S. BVerwG, 21.1.2004 – 6 C 1.03, Amtl. Umdruck, S. 16 ff, NVwZ 2004, 871, zu der anders gelagerten Frage, ob die Genehmigung nach § 39 (alt) TKG (1996) insgesamt (dh nicht nur hinsichtlich eines „beantragten höheren Entgelts“, vgl § 35 Abs. 5 S. 2), zurückwirkt oder ob eine „ausschließlich in die Zukunft gerichtete Entgeltgenehmigung“ erforderlich ist.

203 Vgl statt vieler VG Köln, 8.8.2007 – 1 L 289/07, BeckRS 2008, 32084; VG Köln, 13.7.2010, 21 L 963/09, VG Köln. 15.12.2011, 1 L 797/11. Zur notwendigen Beiladung vgl BVerwG, 25.3.2009 – 6 C 3.08, NVwZ 2009, 924. Anders bis dahin das VG Köln in ständiger Beschlusspraxis, vgl VG Köln, 4.4.2006 – 1 L 2056/05, BeckRS 2006, 22926, die vom BVerfG, 9.11.2006 – 1 BvR 675, 2699/06, CR 2007, 300, nicht beanstandet wurde.

dem Gebot des effektiven Rechtsschutzes[204] des regulierten Unternehmens durch das in § 35 Abs. 5 S. 2 vorgesehene Verfahren nach § 123 VwGO in Einklang mit dem Grundsatz der Verhältnismäßigkeit ausreichend Rechnung getragen wird. Das BVerwG hat diese Frage dem BVerfG zur Entscheidung vorgelegt, da es § 35 Abs. 5 für verfassungswidrig hält.[205]

90 Andere als die von der BNetzA genehmigten Entgelte darf ein Betreiber mit beträchtlicher Marktmacht nicht verlangen (§ 37 Abs. 1);[206] Verträge, die andere als die genehmigten Entgelte enthalten, werden mit der Maßgabe wirksam, dass das genehmigte Entgelt an die Stelle des vereinbarten Entgelts tritt (§ 37 Abs. 2). Der marktmächtige Betreiber hat auch ohne Vorliegen einer Entgeltgenehmigung diejenigen Leistungen zu erbringen, zu denen er vertraglich oder gesetzlich verpflichtet ist (§ 37 Abs. 3 S. 1).[207] Die BNetzA ist befugt, im Vorfeld des Vertragsabschlusses nicht genehmigte Preise zu untersagen (§ 37 Abs. 3 S. 2).

2. Nachträgliche Entgeltregulierung bei marktmächtigen Anbietern

91 Nicht alle Entgelte eines Unternehmens mit beträchtlicher Marktmacht für Zugangsleistungen unterliegen der ex ante-Regulierung: Der nachträglichen Entgeltregulierung unterliegen regelmäßig Entgelte von marktmächtigen Unternehmen für Zugangsleistungen, die nicht nach § 21 TKG auferlegt wurden (§ 30 Abs. 2 S. 1 Nr. 2). Bereits durch das TKG-ÄndG 2007 wurde jedoch die Möglichkeit der BNetzA in das Gesetz aufgenommen, die Entgelte für nicht auferlegte Zugangsleistungen der Genehmigungspflicht zu unterwerfen, wenn sie dies zur Erreichung der Regulierungsziele für geboten hält (§ 30 Abs. 2 S. 2 2. Var.).

3. Nachträgliche Entgeltregulierung bei Teilnehmernetzbetreibern

92 Entgelte, die ein Betreiber, der den Zugang zu Endnutzern kontrolliert und nicht über beträchtliche Marktmacht verfügt, im Rahmen von ihm auferlegten Zugangsverpflichtungen (§ 18) verlangt, unterliegen regelmäßig ebenfalls einer nachträglichen Regulierung (§ 30 Abs. 2 S. 1 Nr. 1).[208]

4. Verfahren der nachträglichen Entgeltregulierung

93 Entgelte, die gem. § 30 Abs. 2 oder aufgrund einer Regulierungsverfügung der BNetzA nach § 30 Abs. 1 Satz 2 der „nachträglichen Entgeltregulierung nach § 38“ unterliegen auferlegten Zugangsverpflichtungen, sind der BNetzA zwei Monate vor dem geplanten Inkrafttreten vorzulegen. Die BNetzA untersagt innerhalb von zwei Wochen nach Zugang der Anzeige der Entgeltmaßnahme die Einführung des Entgelts bis zum Abschluss ihrer Prüfung, wenn die geplante Entgeltmaßnahme offenkundig nicht mit § 28[209] vereinbar wäre (§ 38 Abs. 1 S. 2). Entgelte, die einer nachträglichen Regulierung „nach“ bzw „nach Maßgabe“ von „§ 38 Abs. 2 bis 4“ unterworfen werden,[210] unterliegen dagegen keiner Anzeigepflicht,[211] sondern werden von der BNetzA lediglich dann überprüft, wenn ihr Tatsachen bekannt werden, dass sie nicht den Maßstäben des § 28 genügen (§ 38 Abs. 2). Maßstab für die Überprüfung sind in beiden Fällen nicht – wie im Fall der ex ante-Genehmigung –

204 S. zur Vorverlagerung des Rechtsschutzes BVerfG, 12.1.1993 – 1 BvR 1474/92, BVerfGE 88, 76, 81 ff; BVerfG, 17.8.1993 – 1 BvR 1474/99, BVerfGE 89, 113, 117 sowie BVerfG, 17.6.1998 – 1 BvR 2386/94, NVwZ-RR 1999, 205.

205 BVerwG, 26.2.2014 – 6 C 3.13, Amtl. Umdruck, Rn 21 ff.

206 Ebenso wenig können Entgeltgenehmigungen mit der Anfechtungsklage mit dem Ziel angegriffen werden, höhere als die festgelegten Entgelte zu erreichen, vgl OVG Münster, 1.8.2003 – 13 A 1618/01, MMR 2004, 204 (205); anders für den Bereich der sog. "Homezone"-Entgelte BVerwG, 20.10.2010, 6 C 18.09.

207 Die Regelung des § 37 Abs. 3 S. 1 TKG 2004 hatte keine Entsprechung im TKG 1996. Sie wurde eingefügt zur Klarstellung, dass ein Unternehmen mit beträchtlicher Marktmacht auch ohne Entgeltgenehmigung zur vertraglich vereinbarten Leistung verpflichtet bleibt (vgl BT- Drucks. 15/2316, zu § 35, S. 70). Zur früheren Rechtslage vgl *Schuster/Ruhle*, in: Beck'scher TKG- Kommentar, 3. Aufl. 2006, § 29, Rn 21 ff.

208 Dazu *Coppik*, MMR 2007, 225.

209 S. dazu o. Rn 81.

210 S. u.a. § 30 Abs. 2 S. 1 Nr. 1, 2 TKG, § 30 Abs. 1 S. 2, 2. Alt., § 46 Abs. 5 S. 3 TKG.

211 Vgl BVerwG, 29.10.2008 – 6 C 38.07, NVwZ 2009, 653. Zum Anwendungsbereich des § 38 Abs. 1 s. *Heinickel/Scherer*, in: Arndt/Fetzer/Scherer, TKG, § 38, Rn 7 ff.

die Kosten der effizienten Leistungsbereitstellung, sondern der allgemeine Missbrauchstatbestand des § 28 Abs. 1.[212] Ob ein Preismissbrauch vorliegt,[213] ist, wie die Gesetzesbegründung klarstellt, grundsätzlich auf der Grundlage von Vergleichsmarktbetrachtungen zu prüfen,[214] „nachrangig" kann auch eine Kostenprüfung durchgeführt werden.[215] Im Rahmen der Vergleichsmarktbetrachtung[216] nach § 35 Abs. 1 S. 1 sind, anders als im Rahmen der Betrachtung nach GWB[217] (hier ist auf „Märkte mit funktionierendem Wettbewerb" abzustellen) grundsätzlich auch regulierte Märkte als potentielle Märkte zugelassen, da dem Wortlaut der Vorschrift nach alle „dem Wettbewerb geöffneten Märkte" betrachtet werden können.[218] Von einem Preishöhenmissbrauch ist, wegen der mit der Feststellung eines fiktiven[219] Marktpreises möglicherweise verbundenen Unsicherheiten, erst dann auszugehen, wenn der zu beurteilende Preis den fiktiven Preis erheblich übersteigt.[220] Wenn der BNetzA Tatsachen bekannt werden, die die Annahme eines Preismissbrauchs bei Entgelten für Zugangsleistungen von Unternehmen mit beträchtlicher Marktmacht rechtfertigen, hat die Behörde „unverzüglich" [221] eine Überprüfung durchzuführen (§ 38 Abs. 2 S. 1); sie hat innerhalb von zwei Monaten[222] nach Einleitung der Überprüfung zu entscheiden (§ 38 Abs. 3).[223] Sofern die Regulierungsbehörde feststellt, dass ein Preismissbrauch vorliegt, untersagt sie das verbotene Verhalten und erklärt die beanstandeten Entgelte ab dem Zeitpunkt der Feststellung für unwirksam. Sie kann gleichzeitig Entgelte anordnen, die den gesetzlichen Maßstäben genügen. Legt der Anbieter danach eigene Entgeltvorschläge vor, so prüft die BNetzA innerhalb eines Monats, ob diese Entgelte die festgestellten Verstöße gegen die Maßstäbe des § 28 abstellen. Ist dies der Fall, so kann das Unternehmen die von ihm vorgelegten Entgelte ab dem Zeitpunkt der behördlichen Entscheidung verlangen.[224]

Sofern die Behörde im Verfahren der nachträglichen Entgeltregulierung eine missbräuchliche Produktbündelung (§ 28 Abs. 2 Nr. 3) festgestellt hat, ordnet die BNetzA auch an, in welcher Weise das Unternehmen eine Entbündelung vorzunehmen hat (§ 38 Abs. 4 S. 5). 94

III. Regulierung von Entgelten für Endnutzerleistungen

Die Regulierung von Entgelten für Endnutzerleistungen ist nach den gemeinschaftsrechtlichen Vorgaben[225] nur noch zulässig, wenn aufgrund einer Marktanalyse festgestellt wurde, dass auf einem bestimmten Endnutzermarkt „kein wirksamer Wettbewerb herrscht" und die Regulierungsbehörde 95

212 Vgl VG Köln, 15.9.2005 – 1 K 8432/04, BeckRS 2005, 30182.

213 Die Bestimmungen über die nachträgliche Entgeltregulierung im Fall der Feststellung missbräuchlicher Entgelte sind nicht nur auf Unternehmen mit beträchtlicher Marktmacht anwendbar, sondern gemäß § 30 Abs. 4 S. 2 auch auf Teilnehmernetzbetreiber, die nicht über beträchtliche Marktmacht verfügen, denen aber im Rahmen einer förmlichen Verpflichtung nach § 18 die Erbringung bestimmter Zugangsleistungen auferlegt wurde.

214 Vgl VG Köln, 24.3.2005 – 1 L 6/05, Amtl. Umdruck, S. 7 f.

215 BT-Drucks. 15/2316, zu § 36, S. 70, krit. Monopolkommission, Sondergutachten, Tz. 81, vgl VG Köln, 24.3.2005 – 1 L 6/05, Amtl. Umdruck, S. 7, VG Köln, 3.6.2005 – 21 L 319/05, Amtl. Umdruck, S. 6.

216 Dazu *Koenig/Senger*, MMR 2007, 290.

217 BGH, 28.6.2005 – KVR 17/04, BeckRS 2005, 9050; s. auch *Bechtold*, GWB, 6. Aufl. (2010), § 19 Rn 70 mwN.

218 Vgl BVerwG, Az: 6 C 36.08, NVwZ 2010, 1356.

219 VG Köln, 15.9.2005 – 1 K 8432/04, BeckRS 2005, 30182.

220 Vgl BVerwG, 2.4.2008, 6 C 14.07 Rn. 61 (st. Rspr.), s. auch VG Köln, 15.9.2005 – 1 K 8432/04, BeckRS 2005, 30182 m. Hinw. auf BGH; 28.6.2005 – KVR 17/04, BeckRS 2005, 9050; VG Köln, 24.3.2005 – 1 L 6/05; VG Köln, 13.12.2006 – 21 K 5175/05, MMR 2007, 541 (543); Amtl. Umdruck, S. 7.

221 § 121 BGB.

222 Die Fristberechnung erfolgt nach § 31 VwVfG iVm § 187 Abs. 1 BGB.

223 Eine Überschreitung dieser Frist führt nicht zur Rechtswidrigkeit der Entscheidung der BNetzA, da es sich nicht um eine materielle Ausschlussfrist handelt, sondern lediglich um eine Ordnungsfrist, s. VG Köln, 19.8.1998 – 1 L 1717/98, MMR 1999, 244.

224 Zu Einzelheiten im Hinblick auf die Entscheidung der BNetzA nach § 38 Abs. 4 s. *Heinickel/Scherer*, in: Arndt/Fetzer/Scherer, TKG, § 38, Rn 38 ff.

225 Art. 17 Abs. 1, Abs. 5 URL.

„zu der Schlussfolgerung kommt", dass Verpflichtungen im Zugangsbereich[226] nicht zur Erreichung der Regulierungsziele nach § 2 führen.[227] § 39 Abs. 1 ergänzt diese im Gemeinschaftsrecht vorgesehenen Eingriffsschwellen um eine „Soll"-Bestimmung, wonach die Regulierungsbehörde die Genehmigungspflicht auf solche Märkte beschränken soll, „auf denen in absehbarer Zeit nicht mit der Entstehung eines nachhaltig wettbewerbsorientierten Marktes zu rechnen ist" (§ 39 Abs. 1 S. 2). Die Europäische Kommission gab zu bedenken, dass die gemeinschaftsrechtlichen Vorgaben zur Regulierung von Unternehmen mit beträchtlicher Marktmacht auf Endnutzermärkten durch § 39 nur unzulänglich umgesetzt worden seien: Insbesondere sehe § 39 neben der Entgeltregulierung keine weiteren Abhilfemaßnahmen für Endnutzermärkte vor, was im Widerspruch zu Art. 17 UDR stehe, wonach die nationalen Regulierungsbehörden „geeignete regulatorische Verpflichtungen" aufzuerlegen haben, die „der Art des festgestellten Problems entsprechen" und „angesichts der Ziele nach Art. 8 RRL verhältnismäßig und gerechtfertigt" sind. Darüber hinaus werde durch das TKG der Ermessensspielraum der Regulierungsbehörde bei der Anwendung der Tarifregulierung im konkreten Einzelfall in unzulässiger Weise eingeschränkt.[228] Diese Bedenken der Kommission sind auch nach der Erweiterung der Entscheidungs- und Ermessensbefugnisse der BNetzA nicht vollständig ausgeräumt.

96 Sofern Entgelte für Endnutzerleistungen von marktmächtigen Anbietern im Rahmen der Ermessensausübung der BNetzA (§ 39 Abs. 1) keiner Entgeltgenehmigung unterworfen sind, „unterliegen" sie der nachträglichen Entgeltregulierung gemäß § 39 Abs. 3. Obwohl der Wortlaut der Vorschrift nahelegt, dass die nachträgliche Entgeltregulierung in diesem Fall gesetzesunmittelbar gilt, erfordert § 39 Abs. 3 bei gemeinschaftsrechtskonformer Auslegung, dass die BNetzA die betroffenen Endnutzerentgelte der nachträglichen Entgeltregulierung ausdrücklich unterwirft.[229] Über die Anordnung der nachträglichen Entgeltregulierung hinaus kann die BNetzA das regulierte Unternehmen dazu verpflichten, ihr Entgeltmaßnahmen betreffend Endnutzerleistungen zwei Monate vor deren geplantem Inkrafttreten zur Kenntnis zu geben (§ 39 Abs. 3 S. 2).[230] Auf Anregung des Bundesrates[231] wurde die zentrale Forderung der Wettbewerber nach einer Rechtspflicht marktmächtiger Unternehmen zur gleichzeitigen Bereitstellung von Endkundenprodukten und den entsprechenden Vorprodukten im Gesetz verankert (§ 39 Abs. 4). Ziel dieser Bestimmung ist es, den Wettbewerbern auf der Grundlage des Vorleistungsprodukts die rasche Einführung eines eigenen Endkundenprodukts zu ermöglichen, ohne dass sie das Vorleistungsangebot über langwierige Missbrauchs- oder Anordnungsverfahren erstreiten müssen.

F. Missbrauchsaufsicht

97 Das Gesetz behält die – bereits in § 33 TKG (1996) enthaltene – sektorspezifische Missbrauchsaufsicht durch die BNetzA bei, erweitert ihren personellen Anwendungsbereich und verschärft ihr Instrumentarium.[232]

---

226 Hier sind insbesondere die Zugangspflichten nach § 21 TKG relevant, diese beinhalten nunmehr auch Verpflichtung zur Ermöglichung der Betreiberauswahl und -vorauswahl (§ 21 Abs. 3 Nr. 6 TKG).

227 VG Köln, 26.1.2006 – 1 K 266/05, MMR 2007, 203.

228 Europäische Kommission, Vertragsverletzungsverfahren Nr. 2005/2067, Aufforderungsschreiben v. 12.4.2005, S. 4 ff. Zur Europarechtskonformität des § 39 Abs. 1 S. 2 ausführlich *Heinickel/Scherer*, in: Arndt/Fetzer/Scherer, TKG, § 39, Rn 22 ff.

229 BVerwG, 29.10.2008 – 6 C 38.07, CR 2009, 298 (300).

230 Zur Wirkung einer Verpflichtung nach § 39 Abs. 3 S. 2 s. BVerwG, 29.10.2008 – 6 C 38.07, CR 2009, 298 (300).

231 BT-Drucks. 15/2316, Anl. 2, Nr. 33.

232 Zur Missbrauchsaufsicht nach § 33 TKG s. *Scherer*, NJW 2003, 1004, 1009 f mwN. Der sachliche Anwendungsbereich der Missbrauchsaufsicht ist durch den Vorrang der speziellen Regeln der Entgelt- und Zugangsregulierung begrenzt. Die Anrufung der BNetzA im besonderen Missbrauchsverfahren schließt ein paralleles zivilgerichtliches Vorgehen gegen den Wettbewerbsverstoß nicht aus, LG Frankfurt, 22.4.2005 – 3/11 O 133/04, MMR 2005, 551.

I. Missbrauchstatbestand

Die sektorspezifische Missbrauchsaufsicht[233] erstreckt sich auf Anbieter von Telekommunikationsdiensten, von Universaldienstleistungen und telekommunikationsgestützten Diensten[234] sowie auf Betreiber von öffentlichen Telekommunikationsnetzen, die über beträchtliche Marktmacht verfügen.[235] Nach der Generalklausel des § 42 Abs. 1 darf ein solcher Betreiber seine Stellung nicht missbräuchlich ausnutzen, wobei ein Missbrauch insbesondere vorliegt, „wenn andere Unternehmen unmittelbar oder mittelbar unbillig behindert oder deren Wettbewerbsmöglichkeiten ohne sachlich gerechtfertigten Grund erheblich beeinträchtigt werden". 98

Das Gesetz konkretisiert diese an § 19 GWB angelehnte[236] Generalklausel durch zwei Vermutungstatbestände: Ein Missbrauch wird zum einen dann vermutet, wenn ein Unternehmen mit beträchtlicher Marktmacht sich selbst, seinen Tochter- oder Partnerunternehmen den Zugang zu seinen intern genutzten oder zu seinen am Markt angebotenen Leistungen zu günstigeren Bedingungen oder zu einer besseren Qualität ermöglicht, als es sie anderen Unternehmen bei der Nutzung der Leistung für deren Telekommunikationsdienste oder mit diesen in Zusammenhang stehenden Diensten einräumt.[237] Diese Vermutung kann durch den Nachweis einer sachlichen Rechtfertigung entkräftet werden (§ 42 Abs. 2, letzter Hs). Eine Vermutung missbräuchlichen Verhaltens besteht zum anderen dann, wenn ein Unternehmen mit beträchtlicher Marktmacht Zugangsanträge verzögert bearbeitet, wobei als Vergleichsmaßstab der bei anderen Nachfragern, eigenen Tochterunternehmen oder eigenen Unternehmenssparten übliche Zeitrahmen in Betracht kommt (§ 42 Abs. 3). 99

II. Verfahren

Im Gesetzgebungsverfahren stark umstritten war die Frage, ob die Einleitung des Missbrauchsverfahrens im Entschließungsermessen der BNetzA stehen oder ob es ein Antragsrecht von Wettbewerbern geben sollte.[238] Gegen die Aufnahme eines Antragsrechts war insbesondere angeführt worden, dass sich die BNetzA im förmlichen Verfahren mit einer Vielzahl „unbegründeter" Anträge befassen müsste, was zu überflüssigem bürokratischen Aufwand führe.[239] § 42 Abs. 4 räumt nunmehr jedem Anbieter von Telekommunikationsdiensten, der geltend macht, in eigenen Rechten verletzt zu sein, ein Antragsrecht ein. Die BNetzA ist auf Antrag oder von Amts wegen verpflichtet, eine „Entscheidung" zu treffen, um die missbräuchliche Ausnutzung einer marktmächtigen Stellung zu beenden (§ 42 Abs. 4 S. 1).[240] Dies kann dadurch geschehen, dass dem betreffenden Unternehmen ein Verhalten auferlegt oder untersagt wird oder Verträge ganz oder teilweise für unwirksam erklärt werden. Die Entscheidung soll in der Regel innerhalb einer Frist von vier Monaten nach Einleitung des Verfahrens bzw nach Antragseingang getroffen werden. Durch das TKG-ÄndG 2007 wurde der BNetzA die Möglichkeit eingeräumt, auch gegen zukünftiges missbräuchliches Verhalten vorzugehen, soweit Tatsachen die Annahme rechtfertigen, dass ein Unternehmen seine 100

233 Die Aufsicht nach § 42 findet idR auf den zuvor als regulierungsbedürftig festgelegten Märkten statt, vgl BVerwGE 128, 305 – 6 C 21.06; BVerwG, 19.9.2007 – 6 C 34.06, NVwZ 2008, 84. Zur Systematik, vgl *Ellinghaus*, CR 2007, 698.

234 Vgl § 3 Nr. 25, hierzu zählen Dienste, die während der Telekommunikationsverbindung in Anspruch genommen werden, vgl BT-Drucks. 15/2316 zu Nr. 23, S. 58 und Anlage 2, Ziff. 4; s. auch VG Köln, 21.12.2005 – 21 K 1200/05, CR 2006, 239.

235 Grundlage für die Unterbindung eines Missbrauchs kann nur eine bereits durchgeführte Marktdefinition- und -analyse sein, BVerwG, 18.4.2007 – 6 C 21/06, BVerwGE 128, 305; BVerwG, 19.9.2007 – 6 C 35/06, BeckRS 2007, 27309.

236 Zu Parallelen zum allgemeinen Wettbewerbsrecht, s. *Attendorn*, MMR 2005, 353, 355.

237 Vgl zB VG Köln, 17.5.2006 – 21 K 7045/05 – „Missbräuchliche Duldungsvereinbarung", in CR 2007, 508.

238 S. Stellungnahme des Bundesrates, BT-Drucks. 15/2316, zu § 40 Abs. 4; dazu Gegenäußerung der Bundesregierung, BT-Drucks. 15/2345, zu Nr. 38, S. 4, s. auch zu Nr. 10, S. 2; Anrufung des Vermittlungsausschusses, BT-Drucks. 15/2907, Ziff. 1.

239 Gegenäußerung der Bundesregierung, BT-Drucks. 15/2345, zu Nr. 10, S. 2, zu Nr. 38, S. 4.

240 Die Aufsicht nach § 42 TKG findet idR auf zuvor als regulierungsbedürftig festgelegten Märkten statt, vgl BVerwG, 19.9.2007 – 6 C 34.06, NVwZ 2008, 84; 18.4.2007 – 6 C 21.06, BVerwGE 128, 305.

marktmächtige Stellung auf einem Endkundenmarkt missbräuchlich auszunutzen droht (§ 42 Abs. 4 S. 3).

III. Vorteilsabschöpfung

101 § 43 sieht eine an der Regelung des § 34 GWB orientierte Mehrerlösabschöpfung vor,[241] die im Vermittlungsverfahren gegenüber dem Regierungsentwurf deutlich verschärft worden ist: Die BNetzA „soll" die Abschöpfung des wirtschaftlichen Vorteils anordnen, den ein Unternehmen dadurch erlangt hat, dass es (1) gegen eine Missbrauchsverfügung der BNetzA oder (2) vorsätzlich oder fahrlässig gegen eine Vorschrift des TKG verstoßen hat.[242] Die Höhe des wirtschaftlichen Vorteils kann geschätzt werden und ist als Geldbetrag zahlenmäßig zu bestimmen (§ 43 Abs. 4). Die Vorteilsabschöpfung wirkt zurück, kann allerdings nur innerhalb einer Frist von 5 Jahren seit Beendigung der Zuwiderhandlung und längstens für einen Zeitraum von 5 Jahren angeordnet werden.

G. Kundenschutz

102 Das Gesetz übernimmt[243] den bereits in § 40 TKG (1996) enthaltenen Anspruch von Endverbrauchern und Wettbewerbern regulierter Unternehmen (§ 44 Abs. 1 S. 3) auf Schadenersatz sowie einen Unterlassungsanspruch gegen Unternehmen, die gegen das TKG, eine aufgrund des Gesetzes erlassene Rechtsverordnung, eine im Rahmen einer Zuteilung auferlegte Verpflichtung oder eine Verfügung der BNetzA verstoßen (§ 44 Abs. 1).[244]

103 Das Gesetz regelt – in Umsetzung der gemeinschaftsrechtlichen Vorgaben (Art. 20 Abs. 2 UDR)[245] – die Informationspflichten im Verhältnis von Diensteanbietern zu Endkunden: § 43 a verpflichtet den Dienstanbieter dazu, dem Verbraucher und auf Verlangen anderen Endnutzern im Vertrag umfassende Informationen zur Verfügung zu stellen, die u.a. Art und Umfang der zu erbringenden Leistungen,[246] Einzelheiten zu den Entgelten, Angaben zu Dauer und Beendigungsmöglichkeiten des Vertragsverhältnisses, Angaben zum Leistungserbringer, einen Hinweis auf die Voraussetzungen zur Einleitung des Streitbeilegungsverfahrens nach § 47 a[247] sowie Arten von Maßnahmen, mit denen das Unternehmen auf Sicherheits- oder Integritätsverletzungen oder auf Bedrohungen und Schwachstellen reagieren kann, umfassen müssen.

104 Ferner statuiert das Gesetz Informationspflichten im Rahmen der Erbringung von Kurzwahldiensten: Nach § 45 l Abs. 3 hat der Anbieter dem Nutzer eine deutliche Information über die wesentlichen Vertragsbestandteile anzubieten, die neben Preis, Abrechnungszeitraum und Kündigungsmodalitäten auch Angaben über die Höchstzahl der eingehenden Kurzwahlsendungen im Abrech-

241 Vgl § 41 Reg-E, BT-Drucks. 15/2316, S. 72; s. dazu die Stellungnahme des BR, BT-Drucks. 15/2316, zu § 41 Abs. 1, S. 115 f, Anrufung des Vermittlungsausschusses, BT-Drucks. 15/2907, Ziff. 3.

242 Zu Ausnahmen s. § 43 Abs. 2, s. auch die Härteklausel in § 43 Abs. 3.

243 Vgl zu den durch das TK-ÄndG 2007 eingeführten Kundenschutzvorschriften die Überblicksaufsätze von *Ditscheid*, MMR 2007, 210 und *Klaes*, CR 2007, 220; *Kessel*, K&R 2007, 506; *Mayer/Möller*, MMR 2007, 559. Zu Verbraucherschutzregelungen im europäischen Vergleich, vgl *Klaes*, MMR 2007, 21. Zu den Änderungen durch das TKG-Änderungsgesetz 2009 sowie das Gesetz zur Bekämpfung unerlaubter Telefonwerbung und zur Verbesserung des Verbraucherschutzes bei besonderen Vertriebsformen vgl *Ditscheid/Ufer*, MMR 2009, 367.

244 Zur parallelen Anwendbarkeit der Ansprüche aus GWB vgl OLG Frankfurt, 1.4.2008 – 11 U 14/07 (Kart), Beck RS 2008, 21389.

245 Nach der Änderung der Vorschrift im Rahmen des EU-Review sind die – erweiterten – Regelungen zu den Informationspflichten in Art. 21 Abs. 3 URL enthalten.

246 Dazu näher § 43 a Abs. 2 sowie die Festlegungsbefugnis der BNetzA zu vertraglichen Mindestvorgaben in § 43 a Abs. 3.

247 Vgl Schlichtungsordnung gem. § 47 a Abs. 4 (SchliO2008), Mitteilung Nr. 374/2008, ABl. BNetzA 13/2008.

nungszeitraum enthalten muss.[248] Teilnehmer, die Kurzwahldienste nutzen, haben ein jederzeitiges Kündigungsrecht (§ 45 l Abs. 2).

Nach § 45 n, der Art. 22 Abs. 1, 2 UDR umsetzt, kann das Bundesministerium für Wirtschaft und Technologie durch Rechtsverordnung Rahmenvorschriften für die Dienstequalität und für zusätzliche Dienstemerkmale, welche der Kostenkontrolle dienen, erlassen. Diese Befugnis kann auf die BNetzA übertragen werden (§ 45 n Abs. 7). In der Rechtsverordnung können die Anbieter gemäß § 45 n Abs. 2 verpflichtet werden, vergleichbare, angemessene und aktuelle Endnutzerinformationen über geltende Preise und Tarife, anfallende Gebühren sowie Standardbedingungen und die Dienstqualität zu veröffentlichen. 105

Im TKG-ÄndG 2012 hat der Grundsatz der Netzneutralität erstmals eine einfach-gesetzliche Ausprägung im deutschen Recht gefunden (§ 41 a).[249] Die Bundesregierung wird ermächtigt, im Wege einer Rechtsverordnung, die der Zustimmung von Bundesrat und Bundesrat bedarf, die allgemeinen Anforderungen an eine diskriminierungsfreie Datenübermittlung und den diskriminierungsfreien Zugang zu Inhalten und Anwendungen festzulegen, um eine willkürliche Verschlechterung von Diensten und eine ungerechtfertigte Behinderung oder Verlangsamung des Datenverkehrs in den Netzen zu verhindern (§ 41 a Abs. 1).[250] Die BNetzA kann per Allgemeinverfügung Mindestanforderungen an die Dienstequalität festlegen (§ 41 a Abs. 2). 106

Das Gesetz sieht in § 66 b vor, die bisher in § 43 b Abs. 1 TKG 1996 enthaltenen Verpflichtungen in Bezug auf 0190-/ 0900er- Mehrwertdienstnummern auch auf andere Dienste zu übertragen; so gilt nunmehr die Verpflichtung zur Preisansage u.a. auch für Call-by-Call-Dienste.[251] 107

In § 66 a ist für Premium-Dienste, Auskunftsdienste, Massenverkehrsdienste,[252] Neuartige Dienste sowie Kurzwahldienste, die gegenüber Endnutzern erbracht werden, eine Pflicht zur Preisangabe vorgesehen. 108

Für Kurzwahl-Datendienste regelt § 66 c ebenfalls eine Verpflichtung zur Preisanzeige, die der Endkunde in jedem Fall der Inanspruchnahme per Kurzmitteilung zu bestätigen hat, wenn der Bestellwert 2 € übersteigt.[253] 109

Ferner enthält das Gesetz Regelungen zu Anschlusssperrung[254] (§ 45 k), Einzelverbindungsnachweis (§ 45 e),[255] Anspruch auf Beseitigung von Störungen (45 b), Anspruch des Endnutzers auf Auf- 110

248 Die Pflicht zur Angabe der Höchstzahl von Kurzwahlsendungen wurde für ergebnisbezogene Dienste überwiegend als praxisfern abgelehnt (vgl Stellungnahme des VPRT, S. 4;) s. auch Gegenäußerung des Bundesrats (Drucks. 15/5213, S. 34). Als Kompromiss wird vorgeschlagen, dass diese Verpflichtung nur noch gelten solle, „sofern die Angaben nach Art der Leistung möglich sind", vgl Gegenäußerung der Bundesregierung (Drucks. 15/5213, S. 40).

249 Vgl zum Gemeinschaftsrecht die der RL 2009/140/EG beigefügte "Erklärung der Kommission zur Netzneutralität", ABl. EU L 337/69 sowie Art. 8 Abs. 4 g) RRL.

250 Vgl dazu den Entwurf einer Verordnung zur Gewährleistung der Netzneutralität (Netzneutralitätsverordnung, NetzNeutrV), http://www.bmwi.de/BMWi/Redaktion/PDF/M-O/netzneutralitaet-zweiter-entwurf,property=pdf,bereich=bmwi2012,sprache=de,rwb=true.pdf. Der Koalitionsvertrag zwischen CDU, CSU und SPD für die 18. Legislaturperiode sieht vor (S. 49), die Gewährleistung von Netzneutralität als eines der Regulierungsziele im TKG verbindlich zu verankern, http://www.bundesregierung.de/Content/DE/_Anlagen/2013/2013-12-17-koalitionsvertrag.pdf;jsessionid=E1864B7ED36B46D1B42D7129BF6A2D22.s3t2?__blob=publicationFile&v=2. Allgemein zur Netzneutralität *Fetzer/Peitz/Schweitzer*, „Ökonomische und juristische Grundlagen der Netzneutralität", Erste Impulsstudie für das BMWi, 2012; *Jäkel*, Netzneutralität im Internet, 2013; *Wimmer*, ZUM 2013, 641; *König/Meyer*, CR 2013, 643.

251 Die Ausdehnung der bisherigen Verpflichtungen des § 43 b Abs. 1 TKG 1996 auf andere Dienste wurde stark kritisiert (vgl Stellungnahme des VATM, Ausschuss Drucks. 15(9)1906, S. 24), als Argument wurde u.a. angeführt, die aufgetretenen Missbrauchsfälle und das damit einhergehende Regelungsbedürfnis seien nicht auf andere Dienste übertragbar (vgl Stellungnahme des VPRT, S. 4).

252 Vgl Mitteilung Nr. 506/2007, ABl. BNetzA 2007, 2921.

253 Zum Abweichen von der Pflicht zur Preisanzeige, vgl Verfügung Nr. 49/2007, ABl. BNetzA 2007, 3441.

254 Vgl hierzu BGH, 12.2.2009 – III ZR 179/08, CR 2009, 302; LG München I, 21.12.2006 – 12 O 12375/06, CR 2008, 31; AG Meldorf, 28.11.2006 – 81 C 1093/06, MMR 2007, 340. Vgl auch *Höppner*, K&R 2007, 635.

255 Zur Beweiskraft eines Einzelverbindungsnachweises, vgl AG Bamberg, 22.7.2008 – 0104 C 878/08, MMR 2009, 203. Zu den Mindestangaben und zur Form, vgl Mitteilung Nr. 939/2007, ABl. BNetzA 2007, 4485.

nahme in das öffentliche Teilnehmerverzeichnis (§ 45 m), Rechnungsinhalt[256] und -beanstandungen[257] (§§ 45 h, i)[258] Rufnummernmissbrauch (§ 45 o) sowie Entgeltpflicht für den Fall, dass das tatsächliche Verbindungsaufkommen nicht festgestellt werden kann (§ 45 j).

§ 66 f enthält Regelungen für sog. Dialer,[259] die u.a. eine Registrierung solcher Programme bei der BNetzA vorsehen. Um das finanzielle Risiko der Verbraucher zu verringern enthält das Gesetz eine Verpflichtung zur automatischen Trennung von Verbindungen zu 0190er- oder 0900er Mehrwertdiensterufnummern (§ 66 e) sowie die Festlegung eines Verbindungshöchstpreises[260] im Zusammenhang mit 0190er- oder 0900er-Mehrwertdiensterufnummern (§ 66 d).[261]

111 Zu den sonstigen im Gesetz enthaltenen Kundenschutz-Vorschriften zählen auch Regelungen zur Rufnummernübertragbarkeit zu Anbieterwechsel und Umzug (§ 46) und zur Erreichbarkeit des europäischen Telefonnummernraums (§ 46 Abs. 6) sowie Regeln zur Bereitstellung von Teilnehmerdaten[262] für Auskunftsdienste und Teilnehmerverzeichnisse (§ 47).[263] Mit dem TKG-ÄndG 2012 wurden die Rechte des Teilnehmers im Falle eines Anbieterwechsels erheblich ausgeweitet. Das abgebende Unternehmen darf seine Leistungen solange nicht einstellen, bis die technischen und vertraglichen Voraussetzungen für den Wechsel zu einem anderen Anbieter vorliegen; liegen die Voraussetzungen für den Wechsel vor, darf der Telekommunikationsdienst nicht länger als einen Tag unterbrochen sein (§ 46 Abs. 1). Ein weiteres zentrales Thema des TKG-ÄndG 2012 im Bereich des Kundenschutzes war die Stärkung des Verbraucherschutzes bei Warteschleifen, das heißt der Zeitspanne zwischen Herstellung der Verbindung und der tatsächlichen Bearbeitung des Anliegens (vgl § 3 Nr. 30). Der Einsatz entgeltpflichtiger Warteschleifen bei Anrufen aus dem Inland ist nunmehr auf Fälle beschränkt, in denen der Anruf an eine ortsgebundene Rufnummer bzw an eine der ortsgebundenen Rufnummer gleichgestellte Nummer oder an eine Mobilfunknummer gerichtet ist oder ein Festpreis pro Verbindung gilt (§ 66 g Abs. 1).

112 Im Rahmen des EU-Review wurde die UDR dahingehend angepasst, dass in Art. 30 Abs. 4 UDR nunmehr ein Anspruch der europäischen Teilnehmer auf Wechsel ihres Festnetz- oder Mobilfunkanbieters innerhalb eines Werktages unter Beibehaltung ihrer bisherigen Telefonnummer vorgesehen ist. Außerdem sieht der neu eingefügte Art. 30 Abs. 5 UDR vor, dass die Mindestlaufzeit von zwischen Betreibern und Verbrauchern geschlossenen Verträgen höchstens 24 Monate beträgt und Anbieter den Verbrauchern die Möglichkeit geben müssen, auch einen Vertrag über maximal 12 Monate abzuschließen.

H. Verwaltung knapper Ressourcen

I. Frequenzordnung

113 Das Gesetz statuiert entsprechend den gemeinschaftsrechtlichen Vorgaben (Art. 5 GRL) den Vorrang der Allgemeinzuteilung vor der Frequenzzuteilung „für einzelne Frequenznutzungen“ (§ 55

256 Zur Geltendmachung Mehrwertdienste-Forderungen Dritter vgl BGH, 16.11.2006 – III ZR 58/06, MMR 2007, 179; OLG Koblenz, 5.4.2007 – 2 U 42/05, Beck RS 2008, 2909; LG Koblenz, 6.3.2007 – 6 S 316/05, CR 2007, 513.

257 Zur Frage der Beweislast für die Inanspruchnahme von TK-Leistungen vgl LG Stendal, 18.8.2005 – 22 S 51/05, BeckRS 2005, 9989; LG Augsburg, 24.4.2007 – 3 O 678/06, MMR 2007, 672; AG Luckenwalde, 11.8.2008 – 12 C 117/08, MMR 2009, 202. Vgl auch *Pohle/Dorschel*, CR 2007, 153 und CR 2007, 628.

258 Zum Wegfall der Vergütungspflicht gem. § 45 i Abs. 4, vgl *Mankowski*, MMR 2009, 808.

259 Zur Vergleichbarkeit von Dialer und Trojaner vgl LG Stralsund, 22.2.2006 – 1 S 237/05, CR 2008, 222. S. auch Verfügung Nr. 36/2007, ABl. BNetzA 2007, 3240; Verfügung Nr. 48/2007, ABl. BNetzA 2007, 3441.

260 Der Minutenhöchstpreis für Mehrwertdienste wurde von 2 EUR auf 3 EUR angehoben.

261 Vgl Verfügung Nr. 37/2007, ABl. BNetzA 2007, 3241.

262 Vgl u.a. EuGH, EuZW 2011, 484 – Überlassung von Teilnehmerdaten; BVerwG, MMR 2010, 130 – Umfang des Anspruchs auf Überlassung von Teilnehmerdaten (Vorlagebeschluss; BGH, K&R 2010, 672, MMR 2010, 429, MMR 2010, 427, MMR 2010, 633, MMR 2010, 784 – Höhe der Entgelte für die Überlassung von Teilnehmerdaten (§ 47); BGH, MMR 2010, 124 – Umfang des Anspruchs auf Überlassung von Teilnehmerdaten). S. auch BNetzA, 23.10.2007, BK 2 b 07/005, Mitteilung Nr. 952/2007, ABl. BNetzA 2007, 4673.

263 *Dietlein/Brandenberg*, MMR 2008, 372.

Abs. 2, Abs. 3 S. 1). Frequenzen werden „in der Regel“ befristet zugeteilt,[264] wobei eine befristete Zuteilung zu verlängern[265] ist (§ 55 Abs. 9 S. 2), wenn die Voraussetzungen für eine Frequenzzuteilung nach § 55 Abs. 5 vorliegen. Die Übertragung und Überlassung von Frequenznutzungsrechten ist in dem durch die Vorschriften der RRL abgesteckten Rahmen grundsätzlich zulässig.[266]

Die Regelungen der RRL zur Verwaltung der Funkfrequenzen sind im Rahmen des EU-Review umfassend überarbeitet und erweitert worden; diese Regelungen hat der Gesetzgeber durch das TK-ÄndG 2012 in deutsches Recht umgesetzt. In der RRL (Art. 8 a, 9) wurde die Möglichkeit zur technologie- und diensteneutralen Nutzung von Funkfrequenzen ausdrücklich verankert. Eine Beschränkung der Nutzung ist nur unter bestimmten Bedingungen möglich (§§ 54 Abs. 3, 53 Abs. 2). Neu eingeführt wurde Art. 9 a RRL, der eine Überprüfung der Beschränkung bestehender Frequenznutzungsrechte vorsieht und in § 150 Abs. 8 S. 2 seine Entsprechung findet. Art. 9 b RRL enthält Regeln zur Übertragung und Vermietung von Frequenzen (vgl § 62 TKG). Art. 9 Abs. 7 RRL ermächtigt die nationalen Regulierungsbehörden, Vorschriften zu erlassen, um dem Horten von Frequenzen vorzubeugen.[267] Auch die Vorschriften der GRL wurden angepasst, um die Flexibilisierung und Effizienz der Frequenznutzung zu gewährleisten.[268] 114

§ 62 schafft die Grundlagen für eine flexible Nutzung der Frequenzzuteilungen. Zuteilungsinhabern kann die Möglichkeit eingeräumt werden, (1) ihre Frequenzen zu handeln, (2) Dritten im Wege der Vermietung zur Nutzung oder Mitnutzung oder (3) im Wege des Frequenzpooling zur kooperativen oder gemeinschaftlichen Nutzung zur Verfügung zu stellen. Diese Optionen bestehen jedoch nur, wenn die BNetzA die betreffenden Frequenzbereiche für die beschriebenen Formen der flexibilisierten Nutzung freigibt (§ 62 Abs. 1 S. 1) und Rahmenbedingungen für die flexible Nutzung festlegt (§ 62 Abs. 1 S. 2, Abs. 2). Das Gesetz legt in nicht abschließender Aufzählung einige Zielvorgaben für die Rahmenbedingungen und das Verfahren fest. Unter anderem ist sicherzustellen, dass die Effizienz der Frequenznutzung gesteigert oder gewahrt wird, das ursprüngliche Vergabeverfahren einer Frequenzzuteilung nicht entgegensteht und eine Verzerrung des Wettbewerbs nicht zu besorgen ist. Die durch die flexible Nutzung der Frequenzzuteilung erzielten Erlöse stehen dem Inhaber der betroffenen Frequenzzuteilung zu (§ 62 Abs. 3). 115

Ausdrücklich ausgeschlossen ist die flexible Nutzung der zugeteilten Frequenzen hinsichtlich derjenigen Frequenzen, die aufgrund von Verleihungen nach § 2 Abs. 1 Fernmeldeanlagengesetz[269] und von Lizenzen oder Frequenzzuteilungen nach dem TKG (1996) zugeteilt worden sind (§ 150 116

264 Zum Rechtsschutz bei der Frequenzvergabe, vgl BVerwG, 1.9.2009 – 6 C 4. 09, NVwZ 2009, 1558; VG Köln, 3.12.2008 – 21 K 3363/07, CR 2009, 513. Zur frequenzrechtlichen Konkurrentenklage vgl VG Köln, 23. 11. 2007 – 11 K 3270/06, BeckRS 2008, 31482.

265 OVG Münster, 30.10.2008 – 13 A 2394/07, DVBl 2009, 51, zur Verlängerung der Zuteilung von Wireless-Local-Loop („WLL-")-Frequenzen; anders die Vorinstanz, VG Köln, 15.6.2007 – 11 K 572/07, BeckRS 2007, 26281 Rn 76 ff, die die Nebenbestimmung, die dem Zuteilungsbescheid beigefügt war, entgegen ihrem Wortlaut nicht als Befristung, sondern als auflösende Bedingung ansah.

266 Vgl Art. 9 b RRL einerseits und § 55 Abs. 8 TKG andererseits.

267 Genannt sind u.a. die Einführung strengerer Fristen für die tatsächliche Wahrnehmung der erteilten Nutzungsrechte und die Verhängung von Sanktionen für die Nichteinhaltung solcher Fristen, die bis zum Widerruf des Nutzungsrechts reichen können. Zum Widerruf einer UMTS-Lizenz und der Zuteilung von UMTS-Frequenzen vgl OVG Münster, 30.6.2009 – 13 A 2069/07, DÖV 2009, 869; VG Köln, 25.4.2007 – 21 K 3675/05, BeckRS 2007, 24145. Zur UMTS-Versteigerung *Gerpott*, MMR 2007, 83ff. Zur Versteigerung von Frequenzen für den drahtlosen Netzzugang (2010), vgl http://www.bundesnetzagentur.de/DE/Sachgebiete/Telekommunikation/Unternehmen_Institutionen/Frequenzen/OeffentlicheNetze/Mobilfunknetze/Z_VergabeverfDrahtloserNetzzugang2010.html, abgerufen am 10.10.2014; sowie Verfügung 34/2007, v. 19.6.2007, ABl. BNetzA 14/2007, S. 3115; Verfügung 34/2008, ABl. BNetzA 7/2008, S. 581. Zur digitalen Dividende, vgl Mitteilung 209/2009, ABl. BNetzA 6/2009, S. 985 ff; Vergabebedingungen, Mitteilung 319/2009, ABl. BNetzA 10/2009, S. 2556; Auktionsregeln, Mitteilung 390/2009, ABl. BNetzA 14/2009, S. 2880; *Kopf*, MMR 2007, 681; *Holznagel*, MMR 2008, 207; *Koenig/Hasenkamp*, K&R 2009, 696.

268 S. insb. Art. 5 Abs. 2, Abs. 6 GRL. Die BNetzA hat die Frequenznutzungsrechte in den Bereichen 450 MHz, 900 MHz, 1800 MHz, 2 GHz und 3,5 GHz flexibilisiert, vgl BK 1-05/008, Verfügung 42/2006, ABl. BNetzA 20/2006, S. 3051; Mitteilung 663/2008, ABl. BNetzA 22/2008, S. 3649; Verfügung 58/2009, ABl. BNetzA 20/2009, S. 3575.

269 V. 3.7.1989, BGBl. I, S. 1455.

Abs. 8); insbesondere einen Frequenzhandel mit den UMTS-Frequenzen soll es nach dem Willen des Gesetzgebers somit nicht geben.

II. Nummerierung

117 Das Gemeinschaftsrecht verpflichtet die Mitgliedstaaten, dafür zu sorgen, dass die nationalen Regulierungsbehörden die Zuteilung aller nationalen Nummerierungsressourcen und die Verwaltung der nationalen Nummerierungspläne kontrollieren, für die Bereitstellung adäquater Nummern und Nummerierungsbereiche für alle öffentlich zugänglichen elektronischen Kommunikationsdienste sorgen und objektive, transparente und nicht diskriminierende Verfahren für die Zuteilung der nationalen Nummerierungsressourcen festlegen (Art. 10 Abs. 1 RRL). Demgemäß regelt das TKG die Grundzüge der Nummerierung und weist die Aufgaben der Strukturierung und Ausgestaltung des Nummernraums sowie die Zuteilung von Nummern an Betreiber von Telekommunikationsnetzen, Anbieter von Telekommunikationsdiensten und Endnutzer der BNetzA zu. Ausgenommen von ihrer Zuständigkeit ist die Verwaltung von Domänenamen oberster und nachgeordneter Stufen, für die es bei der privatwirtschaftlichen Zuteilung bleibt.[270] Die Maßstäbe und Leitlinien für die Strukturierung, Ausgestaltung und Verwaltung der Nummernräume, für den Erwerb, den Umfang und den Verlust von Nutzungsrechten an Nummern[271] einschließlich der Vorgaben für telekommunikationsgestützte Dienste werden in einer Rechtsverordnung der Bundesregierung geregelt, die der Zustimmung des Bundestages und des Bundesrates bedarf (§ 66 Abs. 4).[272] Die BNetzA kann im Rahmen der Nummernverwaltung Anordnungen und andere geeignete Maßnahmen[273] treffen, um die Einhaltung gesetzlicher Vorschriften und der von ihr erteilten Bedingungen über die Zuteilung von Nummern sicherzustellen. Sie kann im Rahmen ihres Entschließungs- und Auswahlermessens auch rechtswidrig genutzte Nummern entziehen (§ 67 Abs. 1 S. 3).[274] Darüber hinaus soll sie im Fall der gesicherten Kenntnis von der rechtswidrigen Nutzung einer Rufnummer gegenüber dem Netzbetreiber, in dessen Netz die Nummer geschaltet ist, die Abschaltung der Nummer anordnen (§ 67 Abs. 1 S. 4).[275]

---

270 *Bettinger/Freytag*, CR 1999, 28, 29 f; *Eckhard*, Das Domain Name System, 2001; vgl *Holznagel*, MMR 2003, 219 ff; *Koenig/Neumann*, CR 2003, 182 ff.

271 Zum Ermessen bezüglich einer Verlängerung der Rufnummernzuteilung, vgl VG Köln, 28.11.2005 – 11 L 1879/05, MMR 2006, 185; s. hierzu auch *Bosse/Richter/Schreier*, MMR 2006, 146.

272 Von dieser Ermächtigung wurde durch den Erlass der Telekommunikations-Nummerierungsverordnung (TNV) Gebrauch gemacht. Die BNetzA veröffentlicht nach Maßgabe von § 2 TNV jährlich ein Nummerierungskonzept, das die Entwicklungen auf den Telekommunikationsmärkten und deren Auswirkungen auf die Nummerierung darstellt. Die BNetzA hat einen Entwurf für ein Nummerierungskonzept 2013 erstellt und Ende November 2013 veröffentlicht, vgl http://www.bundesnetzagentur.de/SharedDocs/Downloads/DE/Sachgebiete/Telekommunikation/Unternehmen_Institutionen/Nummerierung/Nummerierungskonzept/Nummerierungskonzept2013_Entwurf.pdf, abgerufen am 10.10.2014. Stellungnahmen zu diesem Entwurf, die bis Mitte Januar 2014 bei der BNetzA einzureichen waren, werden derzeit (Stand: Oktober 2014) ausgewertet. Zu den Auswirkungen der Entwicklungen bei der Machine-to-Machine (M2M) Kommunikation auf die Nummerierung s. *Scherer/Heinickel*, ENLR 2014, 141 (146 f).

273 Die Behörde kann nicht nur gegen den Inhaber der Rufnummer, sondern auch gegen denjenigen vorgehen, dem der Gesetzesverstoß zur Last fällt. Vgl VG Köln, 29.6.2005 – 11 L 765/05, MMR 2005, 641. Darüber hinaus ermächtigt § 67 die BNetzA, jegliche Verstöße bei der Nummernnutzung zu verfolgen. Auch Zuwiderhandlungen gegen Bestimmungen ohne unmittelbaren telekommunikationsrechtlichen Bezug wie zB das UWG können einen beachtlichen Verstoß iSd § 67 darstellen, vgl OVG Münster, 26.9.2008 – 13 B 1396/08, MMR 2009, 284. Die BNetzA hat in den Jahren 2012/2013 (Stand: 31.10.2013) 99.910 Anfragen und Beschwerden bearbeitet, vgl Tätigkeitsbericht Telekommunikation 2012/2013, BT-Drucks. 18/209, S. 268.

274 Zum Widerruf einer Auskunftsnummer (118xy-Gasse), OVG Münster, MMR 2009, 220 L; zum Missbrauch einer Telefonauskunftsnummer bei überwiegendem Angebot von Unterhaltungsleistungen, VG Köln, 22.8.2008 – 11 K 2940/06, MMR 2008, 846; vgl auch VG Köln, 9.9.2005 – 11 L 1269/05, BeckRS 2005, 29650.

275 Vgl dazu VG Köln, 13.12.2007 – 11 L 1693/07, MMR 2008, 499, CR 2008, 298 – fehlender Hinweis auf Zeitabhängigkeit. OVG Münster, 25.6.2008 – 13 B 668/08, MMR 2009, 286 – missbräuchliche Nutzung eines Premium-Dienstes. VG Köln, 16.4.2008 – 11 L 307/08, K&R 2008, 489 –missbräuchliche Weiterleitung zu kostenpflichtigen Mehrwertdiensten.

III. Wegerechte

Nach Art. 11 RRL haben die Mitgliedstaaten dafür zu sorgen, dass die zuständigen Behörden bei der Prüfung von Anträgen „auf Erteilung von Rechten für die Installation von Einrichtungen auf, über oder unter öffentlichem oder privatem Grundbesitz" an Telekommunikationsunternehmen auf Grundlage transparenter, öffentlich zugänglicher Verfahren handeln, die nicht diskriminierend sind und unverzüglich angewandt werden (Art. 11 Abs. 1 RRL). 118

1. Nutzung öffentlicher Wege

Für die Benutzung öffentlicher Wege sieht § 68 eine Befugnis des Bundes vor, Verkehrswege für die öffentlichen Zwecke dienenden Telekommunikationslinien[276] unentgeltlich[277] zu nutzen, soweit dadurch nicht der Widmungszweck der Verkehrswege dauernd beschränkt wird (§ 68 Abs. 1).[278] Während nach altem Recht die Nutzungsberechtigung vom Bund auf Lizenznehmer übertragen wurde (§ 50 Abs. 2 TKG (1996)), erfolgt die Übertragung nach geltendem Recht, das keine Lizenzpflicht mehr statuiert, durch die BNetzA auf schriftlichen Antrag an Betreiber oder Eigentümer öffentlicher Telekommunikationsnetze (§ 69 Abs. 1).[279] Die Verlegung neuer Telekommunikationslinien und die Änderung vorhandener Telekommunikationslinien bedürfen der schriftlichen Zustimmung der Träger der Wegebaulast (§ 68 Abs. 3 S. 1). Die Zustimmung kann mit Nebenbestimmungen versehen werden, die diskriminierungsfrei zu gestalten sind und von der Leistung einer angemessenen Sicherheit abhängig gemacht werden können (§ 68 Abs. 3 S. 4). Die Nebenbestimmungen dürfen nur die Art und Weise der Errichtung der Telekommunikationslinie sowie die dabei zu beachtenden Regeln der Technik, die Sicherheit und Leichtigkeit des Verkehrs, die im Bereich des jeweiligen Wegebaulastträgers übliche Dokumentation der Lage der Telekommunikationslinie nach geographischen Koordinaten, und die Verkehrssicherungspflichten regeln. 119

2. Inanspruchnahme privater Grundstücke

Die Inanspruchnahme privater Grundstücke[280] zur Errichtung und zum Betrieb von Telekommunikationslinien sowie den Anschluss der auf dem Grundstück befindlichen Gebäude an öffentliche Telekommunikationsnetze der nächsten Generation regelt § 76, bei dem es sich um eine zulässige Inhalts- und Schrankenbestimmung des Eigentums iSv Art. 14 Abs. 1 S. 2 GG handelt.[281] § 76 Abs. 1 statuiert eine Duldungspflicht des Grundstückseigentümers: er hat die Errichtung, den Betrieb und die Erneuerung von Telekommunikationslinien auf seinem Grundstück „insoweit" zu dulden, als auf dem Grundstück einschließlich der Gebäudeanschlüsse eine durch ein Recht gesicherte Leitung oder Anlage auch für die Errichtung, den Betrieb und die Erneuerung einer Telekommunikationslinie genutzt und hierdurch die Nutzbarkeit des Grundstücks nicht dauerhaft zusätzlich eingeschränkt wird (§ 76 Abs. 1 Nr. 1) oder das Grundstück einschließlich der Gebäude durch die Benutzung nicht unzumutbar beeinträchtigt wird (§ 76 Abs. 1 Nr. 2).[282] 120

§ 76 Abs. 1 Nr. 1 gestattet nicht nur die Ausdehnung einer gestatteten betriebsinternen Telekommunikation, wie sie typischerweise entlang der Versorgungsleitungen von Energieversorgungs- 121

276 Telefonzellen fallen nicht unter diesen Begriff, vgl VG Berlin, 13.6.2003 – 3 A 17/02, NVwZ 2004, 1014, unter Hinweis auf die Legaldefinition in § 3 Nr. 20 TKG 1996, s. jetzt ebenso § 3 Nr. 26 TKG.

277 Zur Entgeltlichkeit der straßenverkehrsrechtlichen Anordnungen auf der Grundlage des § 45 VI 1 StVO, vgl BVerwG, 9.3.2005 – 6 C 8.04, NVwZ 2005, 821.

278 S. dazu *Hoeren*, Hdb Wegerechte und Telekommunikation, 2006.

279 Vgl ABl. BNetzA v. 28.7.2004, S. 785 ff. Zu der Frage, ob sich die Übertragung von Wegerechten, die Unternehmen auf Grund von nach dem TKG-1996 erteilten Lizenzrechten innehaben, nach den Vorschriften des TKG-1996 oder des TKG-2004 richtet, vgl VG Köln, 26.6.2009 – 1 L 321/09, BeckRS 2009, 41809.

280 Es existiert keine Verpflichtung, für die Verlegung von TK-Linien vorrangig öffentlichen Grund und Boden in Anspruch zu nehmen, vgl LG Bonn, 31.10.2007 – 5 S 66/07, MMR 2008, 489.

281 BVerfG, 18.1.2001 – 1 BvR 1700/00, NJW 2001, 2960 ff; BVerfG, 26.8.2002 – 1 BvR 142/02, NJW 2003, 196 ff, BVerfG, 25.8.1999 – 1 BvR 1499/97, NJW 2000, 798 ff.

282 Vgl hierzu BGH, 14.5.2004 – VZR 292/03, NJW-RR 2004, 1314; BGH, 14.11.2003 – VZR 102/03, NJW 2004, 1037.

unternehmen bereits vor Eröffnung der Telekommunikationsmärkte vorgenommen wurde,[283] auf Dienstleistungen für die Öffentlichkeit,[284] sondern auch die Nutzung bestehender Rechte für die Neuerrichtung von Telekommunikationslinien.[285] Durch die Inanspruchnahme darf die Nutzbarkeit des Grundstücks allerdings nicht dauerhaft zusätzlich eingeschränkt werden; lediglich vorübergehende Beschränkungen (zB im Rahmen von Errichtung, Erneuerung, Wartung oder Reparatur) sind hinzunehmen, aber gemäß § 76 Abs. 2 S. 1 ausgleichspflichtig.[286] Eine dauerhafte zusätzliche Einschränkung liegt dann nicht vor, wenn die Nutzung zu Zwecken der Telekommunikation von der Art der Grundstücksnutzung her nicht über den durch die Dienstbarkeit vorgegebenen Rahmen hinausgeht.[287]

122 Der – gegenüber dem Duldungstatbestand in § 76 Abs. 1 Nr. 1 allgemeinere – Tatbestand des § 76 Abs. 1 Nr. 2 verlangt, dass das Privatgrundstück einschließlich der Gebäude durch die Errichtung, den Betrieb und die Erneuerung von Telekommunikationslinien nicht unzumutbar beeinträchtigt wird; abzustellen ist hierbei auf das Empfinden des verständigen Durchschnittsbenutzers des betroffenen Grundstücks in seiner durch Natur, Gestaltung und Zweckbestimmung geprägten Beschaffenheit.[288]

123 Sofern der Grundstückseigentümer keine Einwirkung nach § 76 Abs. 1 zu dulden hat, kann er von dem Betreiber der Telekommunikationslinie oder dem Eigentümer des Leitungsnetzes einen angemessenen Ausgleich in Geld verlangen, wenn die Benutzung seines Grundstücks oder dessen Ertrag über das zumutbare Maß hinaus beeinträchtigt wird (§ 76 Abs. 2 S. 1).[289]

3. Gemeinsame Nutzung von Infrastrukturen

124 Die Kosten des Netzausbaus entstehen zu einem nicht unerheblichen Teil durch die Verlegung von Telekommunikationskabeln. Durch die gemeinsame Nutzung bereits bestehender Infrastrukturen lassen sich Aufwand und damit auch Kosten des Netzausbaus signifikant reduzieren. Das TKG-ÄndG 2012 hat daher die Vorschriften zu den Wegerechten um Befugnisse der BNetzA erweitert, die gemeinsame Nutzung von Infrastrukturen auch gegenüber solchen Adressaten anzuordnen, die nicht auf den Telekommunikationsmärkten tätig sind und die nicht über beträchtliche Marktmacht verfügen. Diese Regelungen des deutschen Rechts haben als Leitbild für die Richtlinie über Maßnahmen zur Kostenreduzierung beim Ausbau von Hochgeschwindigkeitsnetzen für die elektronische Kommunikation[290] gedient.

125 Zu den Befugnissen der BNetzA zählt die Anordnung der Mitbenutzung der Verkabelung oder von Kabelkanälen in Gebäuden sowie außerhalb von Gebäuden bis zum ersten Konzentrations- oder Verteilerpunkt durch Betreiber öffentlicher Telekommunikationsnetze (§ 77 a Abs. 1).[291] Eine solche Anordnung setzt voraus, dass eine Vervielfachung der Infrastruktur wirtschaftlich ineffizient oder praktisch unmöglich wäre (§ 77 a Abs. 1 S. 3). Diese Formulierung entspricht im Wesentlichen

283 Die Vorschrift des § 76 Abs. 1 entspricht unverändert der des § 57 TKG (1996).

284 BGH, 7.7.2000 – VZR 435/98, BGHZ 145, 16, 22 ff.

285 BGH, 23.11.2001 – VZR 419/00, BGHZ 149, 213 ff.

286 Vgl BGH, 14.5.2004 – VZR 292/03, NJW-RR 2004, 1314; sowie *Hamm*, MMR 2005, 358 mwN. Zur Höhe des Ausgleichsanspruchs, vgl BGHZ 145, 16 (34 f.); BVerfG, 26.8.2002 – 1 BvR 142/02, NJW 2003, 196 (198); BVerfG, 20.1.2005 – 1 BvR 290/01, NJW-RR 2005, 741. Vgl auch *Lisch*, MMR 2007, 89.

287 BGH, 23.11.2001 – VZR 419/00, BGHZ 149, 213 ff.

288 BGH, 14.5.2004 – VZR 292/03, NJW-RR 2004, 1314; s. auch BGH, 14.11.2003 – V ZR 102/03, NJW 2004, 1037 ff.

289 Zu den Folgeproblemen der gegenüber dem TKG (1996) auf Vorschlag des Bundesrates (BT-Drucks. 15/2316, 120) herbeigeführten Erweiterung des Kreises der Schuldner der Ausgleichsansprüche auf den Eigentümer des Leitungsnetzes s. *Hamm*, MMR, 2005, 358 ff mwN.

290 RL 2014/61/EG v. 15.4.2014, ABl. EU L 155/1 v. 23.5.2014. Ursprünglich (im März 2013) hatte die Kommission eine „Verordnung zur Reduzierung der Kosten des Ausbaus von Hochgeschwindigkeitsnetzen für die elektronische Kommunikation" (COM(2013) 147 final) vorgelegt, vgl dazu *Schramm/Schumacher*, MMR 2013, 571.

291 § 77 a setzt Art. 12 Abs. 3-5 RRL um.

dem Wortlaut des Art. 12 Abs. 3 S. 1 (a.E.) RRL. Die BNetzA hat für die Mitbenutzung ein angemessenes Entgelt festzusetzen (§ 77 a Abs. 2).

126 § 77 b ermöglicht die Mitbenutzung so genannter alternativer Infrastrukturen (wie etwa kommunale Abwasserkanäle oder Energieleitungen) und verpflichtet Unternehmen und juristische Personen des öffentlichen Rechts, Betreibern öffentlicher Telekommunikationsnetze auf Anfrage ein Angebot zur Mitnutzung dieser Infrastrukturen zu unterbreiten. Sofern eine Einigung über die Mitbenutzung nicht erzielt wird, kann ein Schlichtungsverfahren bei der BNetzA anhängig gemacht werden (§ 77 b Abs. 2 TKG), das mit einer Einigung der Parteien bzw. einem Schlichterspruch der BNetzA endet (§ 77 b Abs. 3). Sinn und Zweck von § 77 b ist es, die Nutzung von Synergieeffekte zu ermöglichen, die sich aus der Mitnutzung vorhandener öffentlicher und privater Infrastrukturen für den Auf- und Ausbau von Glasfasernetzen ergeben;[292] beispielsweise können Verlegekosten durch die Vermeidung von zusätzlichen Grabungskosten reduziert werden.[293]

127 § 77 c bis § 77 e räumen Betreibern öffentlicher Telekommunikationsrechte Rechte zur Mitbenutzung solcher öffentlicher Infrastrukturen (Bundesfernstraßen, Bundeswasserstraßen, öffentlichen Eisenbahninfrastrukturen) ein, die zum Aus- und Aufbau von Netzen der nächsten Generation genutzt werden können.[294] Diese Bestimmungen beruhen nicht auf normativen europäischen Vorgaben, folgen jedoch der Zielrichtung der europäischen Politik, den Ausbau von Breitbandnetzen zu fördern.[295] Die Mitnutzungstrias der §§ 77 c bis § 77 e soll insbesondere die Mitnutzung bestehender Leerrohrsysteme ermöglichen und zugleich die Basis dafür schaffen, Mitnutzungsmöglichkeiten schon in der Planungsphase von Neu- und Ausbaumaßnahmen berücksichtigen zu können.[296]

128 § 77 a Abs. 3 legt den Telekommunikationsnetzbetreibern sowie Unternehmen und juristischen Personen des öffentlichen Rechts, die über Einrichtungen verfügen, die zu Telekommunikationszwecken genutzt werden können, Informationspflichten auf. Die BNetzA kann diejenigen Informationen verlangen, die für die Erstellung eines detaillierten Verzeichnisses über Art und Verfügbarkeit und geografische Lage dieser Einrichtungen erforderlich sind (§ 77 a Abs. 3 S. 1). Diese Informationspflichten zielen darauf ab, die Rolle des sogenannten „Infrastrukturatlas"[297] zu stärken, der von der BNetzA gepflegt wird und vor dem TKG-ÄndG 2012 nur auf Basis freiwillig erteilter Informationen erstellt wurde. Mit dem Infrastrukturatlas wird das Ziel verfolgt, Informationen über die in Deutschland existierende Infrastruktur zu sammeln, die zum Aus- und Aufbau von Netzen der nächsten Generation genutzt werden können und diese Informationen interessierten Personen zugänglich zu machen. Dazu zählen nach der nicht abschließenden Aufzählung des § 77 a Abs. 3 S. 2 insbesondere Gebäude, Gebäudezugänge, Verkabelungen oder Kabelkanäle in Gebäuden, Masten, Antennen, Türme und andere Trägerstrukturen, Leitungsrohre, Leerrohre, Einstiegskästen und Verteilerkästen.[298]

292 BT-Drucks. 17/7521, S. 116.

293 Vgl dazu *Giger/Beyersdorff/Schuster*, Möglichkeiten des effizienten Einsatzes vorhandener geeigneter öffentlicher und privater Infrastrukturen für den Ausbau von Hochleistungsnetzen, Studie im Auftrag des BMWi, 10.10.2011, S. 30 ff.

294 Im März 2013 hat die BNetzA im Rahmen eines Streitbeilegungsverfahrens die erste Entscheidung zu dem durch das TKG-ÄndG 2012 neu eingefügten § 77 e getroffen; BNetzA, Beschluss vom 21.3.2013 – BK 3e-12/117, BeckRS 2013, 09630; vgl dazu *Michalczyk*, MMR 2013, 426.

295 Vgl Empfehlung 2010/572/EU der Kommission vom 20.9.2010 über den regulierten Zugang zu Zugangsnetzen der nächsten Generation (NGA), ABl. EU Nr. L 251 vom 25.9.2010, S. 35 ff sowie die Richtlinie über Maßnahmen zur Kostenreduzierung beim Ausbau von Hochgeschwindigkeitsnetzen für die elektronische Kommunikation, RL 2014/61/EG v. 15.4.2014, ABl. EU L 155/1 v. 23.5.2014.

296 BT-Drucks. 17/7521, S. 116 ff.

297 Vgl dazu im Einzelnen *Scherer*, in: Arndt/Fetzer/Scherer/Graulich, TKG, 2. Aufl. 2014 (im Erscheinen), § 77 a.

298 Vgl auch Art. 12 Abs. 4 RRL sowie die von der BNetzA festgelegten Bedingungen für eine Datenlieferung an den bundesweiten Infrastrukturatlas der Bundesnetzagentur, abrufbar unter http://www.bundesnetzagentur.de/cln_1931/DE/Sachgebiete/Telekommunikation/Unternehmen_Institutionen/Breitband/Infrastrukturatlas/Infrastrukturinhaber/infrastrukturinhaber-node.html, abgerufen am 30.4.2014.

I. Universaldienst

129 Das Gesetz definiert Universaldienstleistungen – im Einklang mit Art. 2 lit. j RRL – abstrakt als Mindestangebot an Diensten für die Öffentlichkeit, für die eine bestimmte Qualität festgelegt ist und zu denen alle Endnutzer unabhängig von ihrem Wohn- oder Geschäftsort zu einem erschwinglichen Preis[299] Zugang haben müssen und deren Erbringung für die Öffentlichkeit als Grundversorgung unabdingbar geworden ist (§ 78 Abs. 1). Die bereits unter Geltung des TKG (1996) in der Telekommunikations-Universaldienstverordnung[300] bestimmten Dienste werden nunmehr abschließend im Gesetz (§ 78 Abs. 2) im Einzelnen benannt. Zu den Universaldiensten zählen die Bereitstellung eines Anschlusses an das öffentliche Telekommunikationsnetz, der Zugang zu öffentlich zugänglichen Telefondiensten über den genannten Netzanschluss, die Verfügbarkeit eines öffentlichen Teilnehmerverzeichnisses, eines öffentlichen Telefonauskunftsdienstes sowie die flächendeckende Bereitstellung von öffentlichen Münz- oder Kartentelefonen oder anderer Zugangspunkte für den öffentlichen Sprachtelefondienst.[301] Das Gesetz geht davon aus, dass die als Universaldienstleistungen bestimmten Dienste in der Regel auf dem Markt erbracht werden, ohne dass es eines Regulierungseingriffs bedarf. Wird auf einem bestimmten Markt eine Universaldienstleistung nicht angemessen oder nicht ausreichend erbracht, so verpflichtet die BNetzA nach einer förmlichen Feststellung (§ 81 Abs. 1) – sofern sich kein Unternehmen zur Erbringung der betreffenden Universaldienstleistung ohne finanziellen Ausgleich bereit erklärt – entweder im Wege der einseitigen Bestimmung oder auf der Grundlage eines Ausschreibungsverfahrens ein Unternehmen zur Erbringung der Universaldienstleistungen (§ 81 Abs. 2-5). Die Finanzierung von Ausgleichsleistungen für die Erbringung von Universaldienstleistungen erfolgt im Falle einer Verpflichtung zur Erbringung von Universaldiensten (§ 81 Abs. 3) durch eine Universaldienstleistungsabgabe, die von den in § 80 genannten Unternehmen zu erheben ist (§ 82).

130 Bis auf weiteres werden die Universaldienstleistungen von der Deutsche Telekom AG erbracht, die nach § 150 Abs. 9 verpflichtet ist, die BNetzA ein Jahr im Voraus zu informieren, falls sie beabsichtigt, die Universaldienstleistungen nicht in vollem Umfang oder zu schlechteren als den im Gesetz vorgesehenen Bedingungen anzubieten.

J. Fernmeldegeheimnis, Datenschutz und öffentliche Sicherheit

131 Das Gesetz schützt das Fernmeldegeheimnis, den Inhalt der Telekommunikation und ihre näheren Umstände, „insbesondere die Tatsache, ob jemand an einem Telekommunikationsvorgang beteiligt ist oder war" (§ 88 Abs. 1 S. 1).[302] Zur Wahrung des Fernmeldegeheimnisses ist jeder Diensteanbieter verpflichtet, wobei es den Verpflichteten untersagt ist, sich oder anderen über das für die geschäftsmäßige Erbringung der Telekommunikationsdienste einschließlich des Schutzes ihrer technischen Systeme erforderliche Maß hinaus Kenntnis vom Inhalt oder den näheren Umständen der Telekommunikation zu verschaffen (§ 88 Abs. 3).

132 Die datenschutzrechtlichen Regelungen des TKG (§§ 91-107) haben ihre gemeinschaftsrechtliche Grundlage in der DRL.[303] Das Gesetz regelt den Schutz personenbezogener Daten der Teilnehmer

299 Vgl § 79.

300 V. 30.1.1997, BGBl. I, S. 141.

301 Zu Einzelheiten s. § 78 Abs. 2 Nr. 1-6; s. auch Art. 4, 5 und 6 UDR.

302 Zur Definition des Schutzbereichs vgl BVerfG, 27.10.2006 – 1 BvR 1811/99, NJW 2007, 3055, BVerfGE 115, 166, 2.3.2006 – 2 BvR 2099/04.

303 S. Richtlinie 2002/58/EG, ABl. EU Nr. L 201 v. 31.7.2002, S. 37 ff zuletzt geändert durch Art. 11 der Richtlinie über die Vorratsdatenspeicherung v. 15.3.2006, ABl. EU Nr. L 105 S. 54 ff als Nachfolgerin der Richtlinie 97/66/EG, ABl. EU Nr. L 24 v. 30. 1. 1998, S. 1 ff und die allgemeine Datenschutzrichtlinie 95/46/EG, ABl. EU Nr. L 281 v. 23.11.1995, S. 31 ff, welche subsidiär anwendbar ist, vgl Erwägungsgrund 10; vgl auch *Fetzer*, in Arndt/Fetzer/Scherer, TKG, Vorbem. § 91 ff, Rn 1. Die Verordnung zum Schutze natürlicher Personen bei der Verarbeitung personenbezogener Daten und zum freien Datenverkehr („Datenschutz–Grundverordnung") soll die Richtlinie 95/46/EG (Datenschutzrichtlinie) ersetzen (vgl dazu *Koós*, ZD 2014, 9). Einem entsprechenden Entwurf für eine Datenschutz–Grundverordnung (COM (2012) 11 final) hat das Europäische Parlament am 12.3.2014 zugestimmt (P7_TA(2014)0212).

und Nutzer von Telekommunikation bei der Erhebung und Verwendung dieser Daten durch Unternehmen und Personen, die geschäftsmäßig Telekommunikationsdienste erbringen oder an deren Erbringung mitwirken (§ 91 Abs. 1 S. 1). Subsidiär gelten die Vorschriften des BDSG.[304] Aus Gründen der Verhältnismäßigkeit werden Diensteanbieter, die ihre Dienste nur den Teilnehmern geschlossener Benutzergruppen anbieten, von der Anwendung einzelner datenschutzrechtlicher Vorschriften ausgenommen.[305]

Diensteanbieter sind verpflichtet, ihre Teilnehmer bei Vertragsabschluss über Art, Umfang, Ort und Zweck der Erhebung und Verwendung personenbezogener Daten so zu unterrichten, dass die Teilnehmer in allgemeinverständlicher Form Kenntnis von den grundlegenden Verarbeitungstatbeständen der Daten erhalten (§ 93 Abs. 1; Art. 6 Abs. 4 DRL). Das Gesetz regelt im Einzelnen den Umgang mit Bestandsdaten,[306] dh solchen Daten, die für die Begründung, inhaltliche Ausgestaltung, Änderung oder Beendigung eines Vertragsverhältnisses über Telekommunikationsdienste erforderlich sind (§ 3 Nr. 3) und für Verkehrsdaten,[307] dh Daten, die bei der Erbringung eines Telekommunikationsdienstes erhoben, verarbeitet und genutzt werden (§ 3 Nr. 30). § 96 bestimmt, dass die vom Diensteanbieter gespeicherten Verkehrsdaten über das Ende der Verbindung hinaus nur verwendet werden dürfen, soweit sie zum Aufbau weiterer Verbindungen oder für spezifische, gesetzlich definierte Zwecke benötigt werden (§ 96 Abs. 2). Diese Zwecke sind die Entgeltermittlung bzw Entgeltabrechnung (§ 97), die Erstellung eines Einzelverbindungsnachweises (§ 99), die Beseitigung von Störungen[308] bzw die Missbrauchsbekämpfung (§ 100) oder die Mitteilung ankommender Verbindungen bei bedrohenden oder belästigenden Anrufen (§ 101). Ferner dürfen Anrufende bei Werbung mit einem Telefonanruf ihre Rufnummeranzeige nicht unterdrücken (§ 102 Abs. 2).[309] 133

304 Vgl § 1 Abs. 3 BDSG.

305 BT-Drucks. 15/2316 zu § 89, S. 88. S. §§ 99 Abs. 1 S. 8; 99 Abs. 2 S. 7; 102 Abs. 3, 103 S. 2.

306 Zur Auskunftspflicht von Internet-Providern, vgl LG Stuttgart, 4.1.2005 – 13 Qs 89/04, NJW 2005, 614; LG Hamburg, 23.6.2005 – 631 Qs 43/05, 23.6.2005 – 631 Qs 43/05, MMR 2005, 711. Vgl auch OVG Münster, 17.2.2009 – 13 B 33/09, MMR 2009, 424. Zur Speicherung dynamischer IP-Adressen, vgl AG Darmstadt, 30.6.2005 – 300 C 397/04, MMR 2005, 634 m.Anm. *Kczemi*.

307 Zu dynamischen IP-Adressen als Verkehrsdaten, vgl OLG Karlsruhe, 4.12.2008 – 4 U 86/07, CR 2009, 373.

308 Vgl dazu AG Bonn, 5.7.2007 – 9 C 177/07, MMR 2008, 203.

309 Ein Verstoß hiergegen ist mit Bußgeld von bis zu 10.000,- Euro bewehrt, vgl § 149 Abs. 1 Nr. 17 c.

§§ 113 a, 113 b[310] sahen – in Umsetzung der Vorratsdatenspeicherungs-Richtlinie[311] – Regelungen zur Vorratsdatenspeicherung von Verkehrsdaten vor,[312] die stets äußerst umstritten[313] waren. Das Bundesverfassungsgericht hatte die Herausgabe von Vorratsdaten durch einstweilige Anordnungen zunächst eingeschränkt.[314] Am 2.3.2010 entschied das Bundesverfassungsgericht, dass §§ 113 a, 113 b TKG und § 100 g Abs. 1 Satz 1 StPO, soweit sich die Norm auf § 113 a TKG bezieht, in ihrer konkreten Ausgestaltung nicht mit der Verfassung in Einklang stehen und erklärte die Regelungen für nichtig. Die Telekommunikationsdiensteanbieter wurden angewiesen, die auf Grundlage dieser Vorschriften bereits erhobenen Verkehrsdaten zu löschen. Das BVerfG hat sich jedoch nicht grundsätzlich gegen eine Vereinbarkeit der Vorratsdatenspeicherung mit der Verfassung ausgesprochen.[315] Auf dieser Linie bewegt sich auch die Anfang April 2014 ergangene Grundsatzentscheidung des Europäischen Gerichtshofs zur Vorratsdatenspeicherung:[316] Zwar soll die anlasslose Speicherung von Telekommunikationsdaten mit der Grundrechtecharta grundsätzlich vereinbar sein. Jedoch habe es der europäische Gesetzgeber versäumt, in der Vorratsdatenspeicherungs-Richtlinie die schwerwiegenden Eingriffe in die Grundrechte auf Achtung des Privatlebens und auf den Schutz personenbezogener Daten auf das absolut Notwendige zu beschränken. Aus diesem Grund hat der Europäische Gerichtshof die Vorratsdatenspeicherungs-Richtlinie für nichtig erklärt. Damit ist der deutsche Gesetzgeber – trotz einer entsprechenden Absichtserklärung im Koalitionsvertrag der Großen Koalition – europarechtlich bis auf weiteres nicht mehr dazu verpflichtet, neue Regelungen zur Vorratsdatenspeicherung in das TKG aufzunehmen.[317]

---

310 Eingefügt durch das Gesetz zur Neuregelung der Telekommunikationsüberwachung und anderer verdeckter Ermittlungsmaßnahmen sowie zur Umsetzung der Richtlinie 2006/24/EG v. 21.12. 2007, BGBl. I, S. 3198; dazu *Gitter/Schnabel*, MMR 2007, 411; *Eckhard*, MMR 2007, 405; *Bär*, MMR 2008, 215.

311 Richtlinie 2006/24/EG des Europäischen Parlaments und des Rates v. 15.3.2006 über die Vorratsspeicherung von Daten, die bei der Bereitstellung öffentlich zugänglicher elektronischer Kommunikationsdienste oder öffentlicher Kommunikationsnetze erzeugt oder verarbeitet werden, und zur Änderung der Richtlinie 2002/58/EG, ABl. L 105/54. Dazu *Gitter/Schnabel*, MMR 2007, 411. Am 6.7.2006 reichte Irland Nichtigkeitsklage gegen die Richtlinie 2006/24/EG ein (C-301/06) mit der Begründung, die Vorratsdatenspeicherung diene der Strafverfolgung und dürfe deswegen nicht im Wege einer EG-Richtlinie beschlossen werden. Am 10.2.2009 wies der Europäische Gerichtshof die Klage ab, EuGH, NJW 2009, 1801. Denn die Richtlinie diene primär der Harmonisierung der Speicherpflichten für Diensteanbieter und beträfe dadurch „in überwiegendem Maß das Funktionieren des Binnenmarkts“ (Rn 85).

312 § 113 a Abs. 1 S. 1 verpflichtete Anbieter öffentlich zugänglicher Telekommunikationsdienste für Endnutzer, die bei der Nutzung des Dienstes erzeugten oder verarbeiteten Verkehrsdaten sechs Monate im Inland oder in einem anderen Mitgliedstaat der Europäischen Union zu speichern. Erfolgte die Erbringung der Telekommunikationsdienste ohne dass der Anbieter selbst Verkehrsdaten erzeugte oder verarbeitete, so hatte er sicherzustellen, dass die Daten von einem Dritten gespeichert werden und der BNetzA auf deren Verlangen mitzuteilen, wer diese Daten speichert (§ 113 a Abs. 1 S. 2). Die gespeicherten Daten mussten innerhalb eines Monats nach Ablauf der sechsmonatigen Frist gelöscht werden (§ 113 a Abs. 11). Der Inhalt der Kommunikation und Daten über aufgerufene Internetseiten durften nicht gespeichert werden (§ 113 a Abs. 8). Die gespeicherten Verkehrsdaten durften nur zu Zwecken der Strafverfolgung, zur Abwehr von erheblichen Gefahren für die öffentliche Sicherheit oder zur Erfüllung der gesetzlichen Aufgaben der Verfassungsschutzbehörden des Bundes und der Länder, des Bundesnachrichtendienstes und des Militärischen Abschirmdienstes an die zuständigen Stellen auf deren Verlangen übermitteln werden.

313 Vgl auch BVerfG, 11.3.2008 – 1 BvR 256/08, MMR 2008, 303. Dazu *Jenny*, CR 2008, 282. S. auch VG Berlin, 16.1.2009 – VG 27 A 321.08, MMR 2009, 355.

314 BVerfG, 11. 3. 2008 – 1 BvR 256/08, NVwZ 2008, 543; BVerfG, 28.10.2008 – 1 BvR 256/08, MMR 2009, 29; BVerfG, 15.10.2008 – 2 BvR 236/08 u. 2 BvR 237/08, MMR 2009, 36. S. auch *Jenny*, CR 2008, 282.

315 BVerfGE 125, 260 (Urteil vom 2.3.2010 – 1 BvR 256/08, 1 BvR 263/08, 1 BvR 586/08), dazu *Wybitul*, BB 2010, 889 ff.

316 Die Entscheidung ging auf ein Vorabentscheidungsersuchen des irischen High Court und des österreichischen Verfassungsgerichtshofs zurück (EuGH v. 8.4.2014, verb. Rs. C-293/12 und C-594/12 – Digital Rights Ireland und Seitlinger u.a., BB 2014, 1100 mit Anmerkung *Härting*).

317 Folgerichtig hat die EU-Kommission Anfang Mai 2014 ihre im Juli 2012 vor dem EuGH eingereichte Klage gegen die Bundesrepublik Deutschland wegen Nichtumsetzung der Vorratsdatenspeicherungsrichtlinie (Rs. C-329/12, ABl. EU C 287/23 v. 22.9.2012) zurückgezogen.

Eine besondere Form der Verkehrsdaten sind die Standortdaten,[318] für die § 98 Abs. 1 bestimmt, dass sie nur „im zur Bereitstellung von Diensten mit Zusatznutzen erforderlichen Umfang und innerhalb des dafür erforderlichen Zeitraums verarbeitet werden" dürfen, wenn sie anonymisiert wurden oder wenn der Teilnehmer seine Einwilligung erteilt hat. Dienste mit Zusatznutzen, für deren Bereitstellung Standortdaten verwandt werden dürfen, sind nach § 3 Nr. 5 solche Dienste, die eine Verwendung von Verkehrsdaten oder Standortdaten über das für die Nachrichtenübermittlung oder die Entgeltabrechnung notwendige Maß hinaus erfordern, wie zB Navigationshilfen, Personenortungsdienste oder standortbezogene Informationsdienste wie Hotel- oder Restaurantsuchdienste. Im Interesse der informationellen Selbstbestimmung müssen Teilnehmer – auch bei Vorliegen einer entsprechenden Einwilligung – stets die Möglichkeit haben, für einzelne Verbindungen bzw Nachrichten die Verarbeitung der Standortdaten zu untersagen (§ 98 Abs. 2); diese zeitweise Untersagung muss unentgeltlich und auf einfache Weise möglich sein. 134

Die bestehenden Bestimmungen über die Erreichbarkeit der Notdienste (§ 108) werden durch die im Rahmen des EU-Review erfolgte Anpassung des Art. 26 UDR erweitert und die Pflichten zur Weitergabe von Angaben über den Anruferstandort an die Notrufstellen präzisiert. Weitere Details sind in der Verordnung über Notrufverbindungen[319] sowie in der Technischen Richtlinie Notrufverbindungen[320] geregelt. 135

Sämtliche Diensteanbieter sind verpflichtet, technische Vorkehrungen und sonstige Maßnahmen zum Schutz des Fernmeldegeheimnisses und gegen die Verletzung personenbezogener Daten zu treffen (§ 109 Abs. 1). Für die Betreiber von öffentlichen Telekommunikationsnetzen und die Erbringer öffentlich zugänglicher Telekommunikationsdienste gelten weiterreichende Verpflichtungen (§ 109 Abs. 2), die durch den eigens definierten Grundsatz der Angemessenheit (§ 109 Abs. 2 S. 4) begrenzt sind. Sicherheitsverletzungen einschließlich Störungen von Telekommunikationsnetzen und -diensten sind der BNetzA unverzüglich mitzuteilen, sofern dadurch beträchtliche Auswirkungen auf den Betrieb der Telekommunikationsnetze oder das Erbringen von Telekommunikationsdiensten entstehen (§ 109 Abs. 5).[321] 136

Die weitreichenden Pflichten zur technischen Umsetzung von Überwachungsmaßnahmen[322] gelten nicht nur für die Betreiber von Telekommunikationsanlagen, mit denen öffentlich zugängliche Telekommunikationsdienste erbracht werden, sondern auch für Anbieter öffentlich zugänglicher Telekommunikationsdienstleistungen, die keine Telekommunikationsanlagen betreiben (§ 110 Abs. 1 S. 2).[323] Trotz verfassungsrechtlicher Bedenken bleibt es hinsichtlich der Vorkehrungen zur 137

318 Hierbei handelt es sich um Daten, die in einem Telekommunikationsnetz oder von einem Telekommunikationsdienst erhoben oder verwendet werden, und die den Standort des Endgeräts eines Endnutzers eines öffentlich zugänglichenTelekommunikationsdienstes für die Öffentlichkeit angeben, § 3 Nr. 19 TKG. Zur Kritik an der durch das TKG-ÄndG 2012 herbeigeführten Erweiterung dieser Begriffsbestimmung vgl *Scherer/Heinickel*, NVwZ 2012, 585, 591.

319 Verordnung über Notrufverbindungen (NotrufV) v. 6.3.2009 (BGBl. I, S. 481), zuletzt geändert durch Art. 2 des Gesetzes v. 3.5.2012 (BGBl. I, S. 958).

320 S. Technische Richtlinie Notrufverbindungen (TR Notruf), in: ABl. BNetzA 12/2011, S. 1910.

321 § 109 Abs. 5 dient der Umsetzung von Art. 13 a Abs. 3 RRL; Details hierzu hat die BNetzA in ihrem Umsetzungskonzept (Version 2.0) zu „§ 109 Absatz 5 TKG; Mitteilung einer Sicherheitsverletzung", veröffentlicht, vgl ABl. BNetzA 2/2014, S. 374.

322 Zur Online-Durchsuchung vgl BVerfG, 27.2.2008 – 1 BvR 370/07 und 1 BvR 595/07, BVerfGE 120, 274, MMR 2008, 315; *Hoeren*, MMR 2008, 365; *Hornung*, CR 2008, 299; *Stögmüller*, CR 2008, 435; *Bartsch*, CR 2008, 613. Zur Quellen-TKÜ vgl LG Hamburg, 1.10.2007, MMR 2008, 423.

323 Diese Verpflichtung betrifft nach der Gesetzesbegründung zB Service-Provider im Mobilfunk, s. BT-Drucks. 15/2316 zu § 108, S. 93.

technischen Umsetzung von Überwachungsmaßnahmen bei der uneingeschränkten Kostentragungspflicht der Unternehmen.[324]

138 In dem durch das TKG-ÄndG 2012 neu eingeführten § 109 a, der Art. 4 Abs. 3 UDR[325] umsetzt, ist eine Benachrichtigungspflicht vorgesehen, nach der Diensteanbieter die betroffenen Teilnehmer oder Personen unverzüglich über Sicherheitsverletzungen informieren müssen, sofern eine schwerwiegende Beeinträchtigung ihrer Rechte oder schutzwürdiger Interessen anzunehmen ist. Eine Benachrichtigungspflicht besteht für Anbieter öffentlich zugänglicher Telekommunikationsdienste bei Verletzung des Schutzes personenbezogener Daten darüber hinaus gegenüber der BNetzA und dem Bundesbeauftragten für Datenschutz und die Informationsfreiheit (§ 109 a Abs. 1).[326] Den Anbietern öffentlich zugänglicher Telekommunikationsdienste obliegt es zudem, ein Verzeichnis der Verletzungen des Schutzes personenbezogener Daten zu führen (§ 109 a Abs. 3).

K. Regulierungsbehörde: Organisation, Befugnisse und Verfahren

139 Gemeinschaftsrechtlich geprägt sind auch die in Teil 8 des Gesetzes enthaltenen Vorschriften zu Organisation (§§ 116-125), Befugnissen (§§ 126-131) und Verfahren (§§ 132-141) der Regulierungsbehörde.

I. Organisation

140 Dem gemeinschaftsrechtlichen Erfordernis, eine nationale Regulierungsbehörde zu schaffen, die „rechtlich und funktional von allen Unternehmen unabhängig [ist], die elektronische Kommunikationsnetze, -geräte oder -dienste anbieten“ (Art. 3 Abs. 2 RRL) hat der Gesetzgeber mit der – bereits auf der Grundlage des TKG (1996) erfolgten – Schaffung der Regulierungsbehörde für Telekommunikation und Post (jetzt: Bundesnetzagentur für Elektrizität, Gas, Telekommunikation, Post und Eisenbahnen)[327] Rechnung getragen. Die gemeinschaftsrechtlichen Anforderungen an die Unabhängigkeit der nationalen Regulierungsbehörde wurden durch die Neufassung des Art. 3 Abs. 3 sowie die Einführung des Art. 3 Abs. 3 a RRL im Rahmen des EU-Review erweitert und konkretisiert. U.a. ist eine Entlassung von Behördenleitern nur noch eingeschränkt möglich (Art. 3 Abs. 3 a RRL); der nationalen Regulierungsbehörde sind „angemessene finanzielle und personelle Ressourcen“ zur Verfügung zu stellen, um die Aufgabenerfüllung durch die Behörde (Art. 3 Abs. 3 RRL) und deren Beteiligung an dem GEREK (Art. 3 Abs. 3 a RRL) zu sichern. Gegenüber § 67 Abs. 5 TKG (1996) deutlich ausgeweitet ist die Rechtspflicht des Bundesministeriums für Wirtschaft und Technologie, sämtliche der BNetzA erteilten Weisungen – mit Ausnahme von Weisungen, die sich auf originäre Aufgaben des Ministeriums beziehen – im Amtsblatt zu veröffentlichen (§ 117). Damit bemüht sich der Gesetzgeber um Transparenz bei formellen Einflussnahmen auf die BNetzA, die nach den gemeinschaftsrechtlichen Vorgaben ihre Befugnisse „unparteiisch und transparent“ auszuüben hat (Art. 3 Abs. 3 RRL). Art. 3 Abs. 3 a RRL, der im Rahmen des EU-Review eingeführt wurde, sieht vor, dass die nationalen Regulierungsbehörden bei der Erfüllung ihrer Aufgaben weder „Weisungen einer anderen Stelle ein[holen] noch … solche entgegen[nehmen]“, eröffnet den Mitgliedstaaten jedoch die Möglichkeit, eine Aufsicht im Rahmen des nationalen Verfassungsrechts vorzusehen. Es sind nur die zur Überprüfung der Entscheidungen der nationalen Regu-

324 OVG Münster, 6.8.2007 – 13 A 1354/06, MMR 2007, 813. Gegen Kostentragungspflicht vgl VG Berlin, 2.7.2008 – VG 27 A 3.07, in MMR 2008, 851; VG Berlin, 8.11.2007 – 27 A 315/07, CR 2008,165. Anders die Stellungnahme des Bundesrates, BT-Drucks. 15/2316, zu Ziff. 65, S. 121 f mit Hinweis auf eine Entscheidung des Österreichischen Verfassungsgerichtshofs v. 27.2.2003. Dagegen Gegenäußerung der Bundesregierung, BT-Drucks. 15/2345, zu Ziff. 65, S. 7; s. auch *Berger*, CR 2008, 557; *Kube/Schütze*, CR 2003, 663 ff; vgl § 113 II zur Kostenerstattung bei einem manuellen Auskunftsverfahren.

325 RL 2009/136/EG v. 25.11.2009, s. oben Rn 15.

326 Details sind in den „Leitlinien zur Melde- bzw. Benachrichtigungspflicht nach § 109 a TKG“ geregelt, vgl *http://www.bfdi.bund.de/SharedDocs/ExterneLinks/Sachthemen/LeitlinienMeldebogen.pdf?__blob=publicationFile*, abgerufen am 10.10.2014.

327 Vgl § 1 Gesetz über die Bundesnetzagentur für Elektrizität, Gas, Telekommunikation, Post und Eisenbahnen, BGBl. I 2005, S. 2009.

lierungsbehörden vorgesehenen Stellen (Art. 4 RRL) berechtigt, Entscheidungen der nationalen Regulierungsbehörden auszusetzen oder aufzuheben (Art. 3 Abs. 3 a RRL).

II. Befugnisse

Der BNetzA stehen weitreichende Auskunfts- (§ 127), Ermittlungs- (§ 128) und Beschlagnahmebefugnisse (§ 129) zu. Die Verpflichtung der Unternehmen, die öffentliche Telekommunikationsnetze betreiben und öffentlich zugängliche Telekommunikationsdienste anbieten, der BNetzA die zur Erfüllung ihrer Aufgaben notwendigen Informationen zur Verfügung zu stellen, wurde durch das TKG-ÄndG 2012 erweitert(vgl § 127 Abs. 2 S. 2, 3). 141

In Umsetzung der in Art. 10 GRL vorgesehenen Untersagungsbefugnisse ermächtigt § 126 die BNetzA, ein Unternehmen, das seine Verpflichtungen nach dem TKG oder aufgrund dieses Gesetzes nicht erfüllt, zur Stellungnahme und Abhilfe aufzufordern. Kommt das Unternehmen innerhalb der ihm gesetzten Frist seinen Verpflichtungen nicht nach, so kann die BNetzA die zur Einhaltung der Verpflichtung erforderlichen Maßnahmen anordnen; hierbei ist dem Unternehmen eine angemessene Frist zu setzen (§ 126 Abs. 2). Verletzt das Unternehmen seine Verpflichtungen in schwerer oder wiederholter Weise oder kommt es den von der BNetzA angeordneten Abhilfemaßnahmen nicht nach, so kann die BNetzA ihm die Tätigkeit als Betreiber von Telekommunikationsnetzen oder Anbieter von Telekommunikationsdiensten untersagen (§ 126 Abs. 3). Sofern durch die Verletzung von Verpflichtungen die öffentliche Sicherheit und Ordnung unmittelbar und erheblich gefährdet sind oder wenn die Pflichtverletzung bei anderen Anbietern oder Nutzern von Telekommunikationsnetzen und Diensten zu erheblichen wirtschaftlichen oder betrieblichen Problemen führt, kann die BNetzA ohne vorherige Aufforderung vorläufige Maßnahmen ergreifen (§ 126 Abs. 4). 142

III. Verfahren

1. Zuständigkeit der Beschlusskammern

Die BNetzA entscheidet in den in Teil 2 des Gesetzes geregelten Verfahren der Marktregulierung durch Beschlusskammern.[328] Zur Zuständigkeit der Beschlusskammern zählen auch Entscheidungen über die Frequenzzuteilung in Knappheitssituationen (§§ 55 Abs. 10, 61), Entscheidungen über das Ob und Wie des Frequenzhandels oder flexibler Frequenznutzungen (§ 62), Entscheidungen über die gemeinsame Nutzung von Infrastrukturen durch Betreiber öffentlicher Telekommunikationsnetze (§ 77 a) und Entscheidungen über die Auferlegung von Universaldienstverpflichtungen (§ 81). In den Fällen der §§ 55 Abs. 10, 61, 62, 77 a Abs. 1 und 2 und des 81 entscheidet die Präsidentenkammer.[329] Die Beschlusskammern entscheiden auf der Grundlage von Amts wegen oder auf Antrag eingeleiteter, förmlicher Verfahren (§ 134), grundsätzlich nach öffentlicher mündlicher Verhandlung (§ 135 Abs. 3) durch Verwaltungsakt (§ 132 Abs. 1 S. 2). 143

2. Rechtsschutz gegen Beschlusskammerentscheidungen

Gegen Entscheidungen der Beschlusskammern ist der Verwaltungsrechtsweg eröffnet; der Instanzenzug ist durch Ausschluss von Berufung und Beschwerde gegen Urteile des Verwaltungsgerichts verkürzt (§ 137 Abs. 3).[330] Hierdurch soll eine Beschleunigung der Gerichtsverfahren erreicht werden, die der Gesetzgeber aufgrund der unter dem TKG (1996) gemachten Erfahrungen für geboten halten durfte, weil „der Faktor Zeit [...] existenzielle Bedeutung für die Wettbewerber und damit für die Förderung von Wettbewerb im ehemals monopolistisch strukturierten Telekommunikati- 144

328 Die Beschlusskammern bestehen aus drei Mitgliedern, von denen mindestens ein Mitglied die Befähigung zum Richteramt haben muss (§ 132 Abs. 2 S. 3).

329 Ihr gehören der Präsident der BNetzA und die beiden Vizepräsidenten an, vgl § 132 Abs. 3. Zum Rechtsschutz gegen die Anordnung eines Vergabeverfahrens, vgl *Jenny*, CR 2009, 502.

330 S. auch *Holznagel*, MMR 2003, 513 ff; *Korehnke*, TKMR 2003, Tagungsband 2003, S. 21 und *Wissmann/Klümper*, K&R 2003, 52, 56 insb. zur Verfahrensdauer.

onsmarkt" hat.[331] Der im Gesetzgebungsverfahren zum TKG 2004 neu aufgeflammte Streit über die gerichtliche Zuständigkeit für die Überprüfung von Regulierungsmaßnahmen[332] wurde mit einer Empfehlung von Bundesrat und Bundestag vorläufig beendet: darin wurde die Bundesregierung aufgefordert, noch vor Ablauf der 15. Legislaturperiode eine Gesetzesnovelle einzubringen mit dem Ziel, die Umstellung vom Verwaltungsrechtsweg auf den zivilrechtlichen Kartellrechtsweg herbeizuführen.[333] Zu einer entsprechenden Gesetzesänderung ist es wegen des vorzeitigen Endes der 15. Legislaturperiode nicht mehr gekommen. Gegen eine Änderung des Rechtswegs bei Fortgeltung des TKG sprechen gewichtige Praktikabilitätserwägungen: Die Regulierungsentscheidungen nach Maßgabe des TKG und die Verfahren zur Entscheidungsvorbereitung sind in hohem Maße verwaltungsrechtlich geprägt. Der BNetzA sind vielfältige Ermessens- und Beurteilungsspielräume[334] eingeräumt, für deren Überprüfung nach Maßgabe verwaltungsrechtlicher Grundsätze – trotz der Anlehnung von Marktdefinition und Marktanalyse an wettbewerbsrechtliche Kategorien – die Verwaltungsgerichte sachnäher sind. Hinzu kommt, dass die Verwaltungsgerichte seit Inkrafttreten des TKG (1996) die zur sachgerechten Entscheidung telekommunikationsrechtlicher Streitigkeiten erforderliche technische Sachkunde erlangt und ein umfangreiches „case law" entwickelt haben, das die verwaltungsrechtlich geprägten Vorschriften des TKG konkretisiert und ausfüllt. Die damit geschaffene und durch Judikate des Bundesverwaltungsgerichts gefestigte Rechtssicherheit[335] würde durch eine Rechtswegänderung unnötig aufs Spiel gesetzt.

3. Schutz von Betriebs- und Geschäftsgeheimnissen

145 Behördenakten können Betriebs- oder Geschäftsgeheimnisse[336] des regulierten Unternehmens enthalten, die anderen Verfahrensbeteiligten (insbesondere den Wettbewerbern des regulierten Unternehmens) nicht zugänglich gemacht werden sollen.[337] § 138 schafft für das telekommunikationsrechtliche Zwischenverfahren eine Sondervorschrift, wonach das Gericht der Hauptsache über einen vollständigen oder teilweisen Ausschluss des Akteneinsichtsrechts der Verfahrensbeteiligten und die Einbeziehung der betroffenen Unterlagen in die Gründe der gerichtlichen Entscheidung entscheidet. Damit soll die zeitliche Verzögerung verhindert werden, die sich ergibt, wenn sich ein spezieller, mit der Hauptsache nicht befasster Fachsenat (§ 99 Abs. 2 VwGO) zur Entscheidung des Zwischenstreits neu in den Streitstoff einarbeiten muss.[338] Das Gesetz spezifiziert die für das Gericht maßgeblichen Abwägungskriterien (§ 138 Abs. 2 S. 2), und statuiert eine Antragsfrist, mit der Verfahrensverzögerungen durch Verfahrensbeteiligte verhindert werden sollen (§ 138 Abs. 3

331 BT-Drucks. 15/2316, zu § 134, S. 101.

332 S. dazu Monopolkommission, Sondergutachten, Tz. 100 ff; *Kind/Geppert/Schütze* u.a., MMR-Beilage 12/2003; s. auch Ausschuss für Wirtschaft und Arbeit, Wortprotokoll der 49. Sitzung, Prot. 15/49, S. 64 ff; zur Diskussion des Themas im Rahmen des Gesetzgebungsverfahrens für das TKG (1996) s. BT-Drucks. 13/4438, Anlage 2, S. 5; BT-Drucks. 13/4438, S. 30.

333 S. hierzu die Entschließungen des Bundestages und Bundesrates, oben Fn 40.

334 ZB iRd §§ 10, 11, vgl VG Köln, 5.9.2007 – 21 K 3395/06, CR 2008, 25. Vgl auch BVerfG, 27.5.2008 – 1 BvR 478/08, MMR 2008, 590; BVerwG, 2.4.2008 – 6 C 15.07, BVerwGE 131,41.

335 S. BVerwG, 25.4.2001 – 6 C 6.00, BVerwGE 114, 160 ff; BVerwG, 10.10.2002 – 6 C 8.01, BVerwGE 117, 93 ff;. BVerwG, 25.6.2003 – 6 C 17.02, BVerwGE 118, 226 ff; BVerwG, 3.12.2003 – 6 C 20.02, BVerwGE 119, 282 ff, BVerwG, 21.1.2004 – 6 C 1.03, BVerwGE 120, 54 ff; BVerwG, 31.3.2004 – 6 C 11.03, BVerwGE 120, 263 ff.

336 Zur Definition s. BVerfG, 14.3.2006 – 1 BvR 2087, 211/03, BeckRS 2006, 22998 Rn 87; zu Begriff und Verfahren s. auch *Danwitz*, DVBl 2005, 597; *Ohlenburg*, NVwZ 2005, 15.

337 S. hierzu aus der Rspr BVerfG, 14.3.2006 – 1 BvR 2087, 2111/03, BeckRS 2006, 22998; BVerfG, 27.10.1999 – 1 BvR 385/90, BVerfGE 101, 106 ff; BVerwG, 15.8.2003 – 20 F 8.03, NVwZ 2004, 105; BVerwG, 15.8.2003 – 20 F. 9.03, MMR 2003, 729; BVerwG, 4.8.2003 – 20 F 1.03, BVerwGE 118, 350 ff; s. auch *Holznagel*, MMR-Beilage 12/2002, S. 34 ff sowie *Lau*, ebd, S. 3, 4 f.

338 BT-Drucks. 15/2316, zu § 136, S. 102.

S. 1). Die BNetzA hat dagegen lediglich die Befugnis, Unterlagen als geheimhaltungsbedürftig zu kennzeichnen, ehe sie diese Unterlagen an das Gericht übermittelt (§ 138 Abs. 1).[339]

Das BVerwG entschied, dass § 99 VwGO gemeinschaftsrechtskonform so auszulegen ist, dass die BNetzA die Vorlage von Akten, die für die gerichtliche Sachverhaltsaufklärung benötigt werden, nicht mit der Begründung ablehnen darf, dass sie Betriebs- und Geschäftsgeheimnisse enthalten. § 138 sieht die Durchführung eines In-camera-Verfahrens vor, das nach Auffassung des BVerwG bei gemeinschaftsrechtskonformer Auslegung der Vorschrift nicht auf den Zwischenstreit über die Vorlage der Akten durch die BNetzA beschränkt ist, sondern sich auf den Rechtsstreit in der Hauptsache erstreckt.[340] In Folge dessen kann das Gericht die geheimnisbehafteten Unterlagen in diesen Fällen in das Hauptsacheverfahren einbeziehen, ohne den Beteiligten Einsicht zu gewähren.[341] 146

4. Streitbeilegungsverfahren

Art. 20 RRL sieht vor, dass die nationalen Regulierungsbehörden auf Antrag eine „verbindliche Entscheidung" zu treffen haben, wenn sich im Zusammenhang mit Verpflichtungen aus den Regelungen des EU-Richtlinienpakets Streitigkeiten zwischen Telekommunikationsunternehmen ergeben (Art. 20 Abs. 1 RRL). In Umsetzung dieser Bestimmung sieht § 133 Abs. 1 vor, dass die Beschlusskammer in Fällen von Streitigkeiten zwischen Telekommunikationsunternehmen oder zwischen diesen und anderen Unternehmen, denen Zugangs- oder Zusammenschaltungsverpflichtungen zugutekommen, im Zusammenhang mit Verpflichtungen aus dem TKG oder aufgrund des TKG,[342] soweit dies gesetzlich nicht anders geregelt ist, eine verbindliche Entscheidung trifft.[343] Diese Entscheidung muss innerhalb einer Frist von höchstens vier Monaten, beginnend mit der Anrufung durch einen der am Streitfall Beteiligten, erfolgen. Voraussetzung für das Vorliegen einer „Streitigkeit" iSd § 133 Abs. 1 S. 1 ist, dass sich Unternehmen über Rechte und Ansprüche streiten, die ihnen unmittelbar gegeneinander zustehen bzw zustehen können.[344] Zwar setzt § 133 Abs. 1 seinem Wortlaut nach nicht – wie zB § 25 – voraus, dass die Streitparteien vorher kommerzielle Verhandlung geführt haben und diese gescheitert sind;[345] allerdings kann es bei einer Anrufung der BNetzA ohne vorherige Vertragsverhandlungen „häufig schon an einer Streitigkeit zwischen den Parteien fehlen, da die Anrufung der [BNetzA] der Schlichtung eines bestehenden Streits und nicht der Herbeiführung eines solchen dient.[346] 147

Der Streitentscheidung durch privatrechtsgestaltenden Verwaltungsakt[347] sind vom Gesetz enge Grenzen gesetzt: Als Auffangvorschrift gilt § 133 nicht in den Fällen, in denen das Gesetz – wie zB in § 25 – spezielle Regelungen für die Entscheidung von Streitigkeiten zwischen Telekommunikationsunternehmen vorsieht und in Fällen, in denen die Regulierungsbehörde von Amts wegen zur 148

339 Mit der Neufassung des § 138 Abs. 1 TKG durch das TKG-ÄndG 2012 hat der Gesetzgeber der zuvor mit Blick auf die Rechtsprechung des EuGH (Urt. v. 13.7.2006 – Rs. C-438/04 –, Slg 2006, I-6675) vom BVerwG (BVerwG, 9.1.2007 – 20 F 1.06, BVerwGE 127, 282) angemahnten europarechtskonformen Auslegung der Norm Rechnung getragen.

340 BVerwG, 9.1.2007 – 20 F 1.06, BVerwGE 127, 282: das BVerfG, 14.3.2006 – 1 BvR 2087.03 und 1 BvR 2111.03, MMR 2006, 375 war mehrheitlich davon ausgegangen, dass die Verwertung der v. Geheimnisschutz umfassten Unterlagen im Rahmen eines In-camera-Verfahrens in der Hauptsache mangels gesetzlicher Ermächtigungsgrundlage nicht möglich sei; vgl hierzu auch *Scherer*, NJW 2006, 2016 (2023).

341 Vgl hierzu ausf. *Ellinghaus*, in: Arndt/Fetzer/Scherer, § 138 Rn 19 ff. Zum Schutz von Betriebs- und Geschäftsgeheimnissen nach Art. 14 GG vgl allg. *Brammsen*, DÖV 2007, 10.

342 Hierbei muss es sich nicht um Vorschriften handeln, die Verpflichtungen aus der RRL umsetzen, vgl BNetzA 12.7.2005 – BK 3 a 05/035, Amtl. Umdruck, S. 13.

343 Zum Anwendungsbereich der Norm und die Zulässigkeitsvoraussetzung von Anträgen, vgl *Attendorn*, MMR 2005, 732; BNetzA, 12.7.2005 – Bk 3a-05/035, MMR 2005, 801 (802); BNetzA, 14.10.2005 – Bk 3a-05/042, amtl. Umdr. S. 11 ff; BNetzA, v. 14.10.2005 – Bk 4a-05/100 amtl. Umdr. S. 4; BNetzA, 14.10.2005 – Bk 3a-05/042, amtl. Umdr. S. 15.

344 BNetzA 12.7.2005 – BK 3 a 05/035, Amtl. Umdruck, S. 11 f.

345 So BNetzA 12.7.2005 – BK 3 a 05/035, Amtl. Umdruck, S. 13.

346 BNetzA 12.7.2005 – BK 3 a 05/035, Amtl. Umdruck, S. 13.BNA

347 BT-Drucks. 15/2316, zu § 131, S. 100.

Erfüllung ihrer öffentlichen Aufgaben tätig ist, wie zB im Verfahren des § 126, soweit es die Durchsetzung von gesetzlichen Verpflichtungen betrifft. Nach Ansicht der BNetzA kann § 126 allerdings nicht generell als lex specialis zu § 133 angesehen werden:[348] Da sich sowohl § 126 Abs. 1 S. 1 als auch § 133 Abs. 1 S. 1 „allgemein mit Verstößen gegen Verpflichtungen aus dem TKG bzw aufgrund des TKG" befassen und damit generalklauselartige Normen seien, „die sich nur darin unterscheiden, dass im einen Fall die [BNetzA] von Amts wegen, im anderen auf Antrag tätig wird", bliebe für das Streitbeilegungsverfahren „keinerlei Anwendungsbereich", was einen Verstoß gegen Artikel 20 f RRL darstellt.[349] Eine Abgrenzung beider Verfahren sei dadurch möglich, dass für die Zulässigkeit eines Antrags nach § 133 zusätzlich auf die Geltendmachung eines subjektiven Rechts der einen gegenüber der anderen Streitpartei abzustellen sei.[350]

149 Das BVerwG hat die Praxis[351] der BNetzA in Streitbeilegungsverfahren nach § 133 in einem Grundsatzurteil bestätigt.[352]

L. Abgaben

150 Zur Finanzierung der Kosten der BNetzA sah das Gesetz zunächst die Einführung eines Telekommunikationsbeitrags vor (§ 144),[353] der seine gemeinschaftsrechtliche Grundlage in Art. 12 GRL fand. Art. 12 Abs. 1 GRL eröffnete den nationalen Gesetzgebern die Möglichkeit der Einführung von Verwaltungsabgaben zur Deckung der „administrativen Kosten" der Regulierung.[354] Beitragspflichtig sollte jeder sein, der gewerblich Telekommunikationsnetze betreibt oder Telekommunikationsdienste für die Öffentlichkeit erbringt. Umgelegt werden die Kosten für „Maßnahmen zur Sicherstellung eines chancengleichen und funktionsfähigen Wettbewerbs", wozu nach der Gesetzesbegründung u.a. Maßnahmen der Entgeltregulierung, der Zusammenschaltung und der Nummerierung gehörten.[355] Die Vorschrift ist jedoch nie praktisch umgesetzt und wegen erheblicher Umsetzungsschwierigkeiten[356] durch das TKG-Änderungsgesetz 2009 gestrichen worden. Stattdessen ist der Katalog der Tätigkeiten der BNetzA, für die Gebühren und Abgaben erhoben werden können (§ 142), deutlich erweitert worden.

M. Übergangsvorschriften

151 Die Übergangsvorschrift des § 150 Abs. 1 hat Streitfragen aufgeworfen,[357] die mittlerweile geklärt sind. In der Beschlusskammerpraxis der BNetzA, der verwaltungsgerichtlichen Rechtsprechung und der Literatur wurde höchst kontrovers diskutiert, ob die Übergangsvorschrift auch solche Verpflichtungen nach dem TKG (1996) erfasst, die von Gesetzes wegen galten, oder sich nur auf konkret-individuelle Verpflichtungen der regulierten Unternehmen bezieht.[358] Der EuGH[359] entschied, dass Art. 27 Abs. 1 der RRL und Art. 16 Abs. 1 a UDR so auszulegen sind, dass gesetzliche Gebote wie die in § 25 TKG (1996) angeordnete Genehmigungspflicht von Entgelten für die Erbringung

348 Vgl BNetzA 12.7.2005 – BK 3 a 05/035, Amtl. Umdruck, S. 13.

349 Vgl BNetzA 12.7.2005 – BK 3 a 05/035, Amtl. Umdruck, S. 13.

350 Vgl BNetzA 12.7.2005 – BK 3 a 05/035, Amtl. Umdruck, S. 13.

351 Vgl dazu *Scherer*, NJW 2006, 2016, 2022 f.

352 BVerwG, 18.12.2007 – 6 C 47.06, MMR 2008, 235 („Simyo"). Im Ergebnis ebenso die erste Instanz, VG Köln, 2.11.2006 – 1 K 4871/05, MMR 2007, 132, hierzu *Dietlein/Brandenberg*, CR 2007, 294.

353 Vgl EuGH, 19.9.2006 – C-392/04 und C-422/04, Slg 2006 I – 08559; BVerwG, 17.1.2007 – 6 C 32.06, MMR 2007, 365 (der Gebührenschuldner hat keinen Erstattungsanspruch, da der EuGH nicht feststellte, dass die nationale Regelung für die Berechnung der Gebühr offensichtlich rechtswidrig ist); *Heyle*, MMR 2007, 159.

354 Zur Kritik *Scherer*, K&R 2002, 329, 334 f; s. bereits oben, Rn 16.

355 BT-Drucks. 15/2316, zu § 142, S. 105.

356 Vgl BT-Drucks. 16/10731, S. 12.

357 Vgl BVerwG, 30.8.2006 – 6 C 17.05 = MMR 2007, 32; BVerwG, 15.11.2006 – 6 C 18.05, MMR 2007, 362; *Scherer*, NJW 2004, 3001; NJW 2006, 2016.

358 Zum Stand der Diskussion s. *Scherer*, in: Arndt/Fetzer/Scherer, TKG, § 150, Rn 6 f mwN.

359 EuGH, 22.11.2007, Rs. C-262/06, Slg 2007, I – 10057 (im Vorlageverfahren; s. hierzu BVerwG, 17.5.2006, Az 6 C 14.05). Vgl auch *Koenig/Leinen/Senger*, CR 2007, 147.

von Sprachtelefondienstleistungen gegenüber Endnutzern und die diesbezüglichen feststellenden Verwaltungsakte vorübergehend aufrechtzuerhalten sind. Somit bestätigte der EuGH, dass § 150 Abs. 1 nicht lediglich auf konkret-individuelle Verpflichtungen anwendbar ist, sondern darüber hinaus auch unmittelbar kraft Gesetzes geltende abstrakt- generelle Verpflichtungen umfasst. Mit dem Fortschreiten der Marktregulierung auf Grundlage des TKG (2004) hat die Übergangsregelung des § 150 Abs. 1 jedoch mittlerweile ihre praktische Relevanz im Wesentlichen verloren.

N. Ausblick

Seit Anfang der 1990er Jahre wird das deutsche Telekommunikationsrecht in zunehmendem Maße vom Europäischen Gemeinschaftsrecht geprägt. Mit dem Richtlinienpaket von 2002 wurde der Europäischen Kommission im Interesse einer gemeinschaftsweiten Harmonisierung von Regulierungsmaßnahmen die unmittelbare Einflussnahme auf Regulierungsentscheidungen der nationalen Regulierungsbehörden eröffnet. Der Preis für die gemeinschaftsweite Harmonisierung von Regulierungsmaßnahmen ist ein außerordentlich komplexes und langwieriges Regulierungsverfahren, in dem die Europäische Kommission als Superregulierer[360] die Marktdefinitionen, vor allem aber die Marktanalysen der nationalen Regulierungsbehörden, bis in die Einzelheiten überprüft (siehe oben Rn 34 ff). 152

Bereits das Richtlinienpaket von 2002 hatte nationale Gesetzgeber und Regulierungsbehörden überfordert und war nicht nur in Deutschland verspätet umgesetzt worden. Die Schwierigkeiten bei der Umsetzung der gemeinschaftsrechtlichen Vorgaben und die damit verbundenen Verzögerungen haben sich auch bei der Implementierung der infolge des EU-Review[361] vorgenommenen Änderungen der Richtlinien des Richtlinienpakets wiederholt. Eine fristgerechte Umsetzung[362] der gemeinschaftsrechtlichen Neuerungen zum 25.11.2011 ist nicht erfolgt; das TKG-ÄndG 2012 trat erst am 10.5.2012 in Kraft. 153

Letztendlich wird sich der gemeinschaftsrechtliche Rechtsrahmen insbesondere daran messen lassen müssen, ob er das Ziel, Wettbewerb in den Telekommunikationsmärkten zu gewährleisten und eine ex ante-Regulierung damit weitgehend obsolet zu machen, langfristig erreichen kann. 154

Ende September 2013 hat die EU Kommission ein Maßnahmenpaket vorgelegt, dessen ehrgeiziges Ziel es ist, einen EU-weiten Binnenmarkt der elektronischen Kommunikation, einen „vernetzten Kontinent", zu schaffen.[363] Dieses Paket besteht aus (1) einer Mitteilung zum Hintergrund und zur Dringlichkeit des Telekommunikationsbinnenmarktes,[364] (2) der Telekommunikationsbinnenmarktverordnung (TBV)[365] sowie (3) einer Empfehlung über Kostenrechnungsmethoden und Nichtdiskriminierungsverpflichtungen.[366] 155

---

360 Der abermalige Versuch, eine europäische Regulierungsbehörde (European Electronic Communications Market Authority, EECMA) zu schaffen, ist gescheitert, vgl KOM (2007) 699; krit. dazu *Koenig/Loetz*, MMR 2008, 367; zu früheren Versuchen *Scherer*, in: ders. (Hrsg.) Telecommunication Laws in Europe, 6. Aufl. 2013), S. 16. Stattdessen wurde das Gremium Europäischer Regulierungsstellen für elektronische Kommunikation (GEREK) eingerichtet, VO (EG) Nr. 1211/2009 v. 25.11.2009, ABl. EU L 337/1 v. 18.12.2009.

361 KOM (2007) 697, KOM (2007) 698, KOM (2007) 699, v. 13.11.2007; KOM (2008) 724 und KOM (2008) 723 v. 6.11.2008 sowie KOM (2008) 720 v. 5.11.2008. Zum EU-Review vgl die Aufsätze von *Niederalt*, ZUM 2007, 109, und *Enaux/Worok*, CR 2006, 736.

362 Zum Anpassungsbedarf im TKG vgl *Klotz/Brandenberg*, MMR 2010, 147.

363 Vgl dazu und zum Folgenden *Scherer*, MMR 2013, 685.

364 Mitteilung der Kommission an das Europäische Parlament, den Rat, den Europäischen Wirtschafts- und Sozialausschuss und den Ausschuss der Regionen über den Telekommunikationsbinnenmarkt, COM(2013) 634.

365 Vorschlag für eine Verordnung des Europäischen Parlaments und des Rates über Maßnahmen zum europäischen Binnenmarkt der elektronischen Kommunikation und zur Verwirklichung des vernetzten Kontinents und zur Änderung der Richtlinien 2002/20/EG, 2002/21/EG und 2002/22/EG und der Verordnungen (EG) Nr. 1211/2009 und (EU) Nr. 531/2012, COM(2013) 627 final.

366 Empfehlung der Kommission über einheitliche Nichtdiskriminierungsverpflichtungen und Kostenrechnungsmethoden zur Förderung des Wettbewerbs und zur Verbesserung des Umfelds für Breitbandinvestitionen, 2013/466/EU.

Den TBV-Entwurf[367] hat das Europäische Parlament Anfang April 2014 – wenn auch mit erheblichen Abweichungen von der ursprünglichen Fassung – in erster Lesung verabschiedet.[368] Da die Verordnung dem ordentlichen Gesetzgebungsverfahren nach Art. 294 AEUV unterliegt, müssen sich das Europäische Parlament und der Rat auf eine gemeinsame Position einigen.

156 Der TBV-Entwurf sah in seiner ursprünglichen Fassung die Einführung einer unionsweiten Genehmigungsregimes vor: Grenzüberschreitend tätige Anbieter von elektronischer Kommunikation sollten lediglich dazu verpflichtet werden, sich in dem Mitgliedstaat notifizieren zu lassen, in dem sie ihren Hauptsitz haben. Dieses Vorhaben wurde im Laufe des Gesetzgebungsverfahrens jedoch aufgegeben.

157 Des Weiteren sieht der TBV-Entwurf eine intensivere Koordinierung der Nutzung von Funkfrequenzen vor (Art. 8 ff TBV-Entwurf). Beispielsweise sollen die Mitgliedstaaten bei der Festlegung von Genehmigungsbedingungen und -verfahren für die Funkfrequenznutzungsrechte Regulierungsgrundsätze nach Maßgabe der TBV beachten;[369] zudem ist die Option eines gemeinsamen Genehmigungsverfahrens zweier oder mehrerer Mitgliedstaaten zur Gewährung individueller Funkfrequenznutzungsrechte vorgesehen, das etwa gemeinsame Bedingungen und für die Auswahl und Gewährung individueller Rechte aufweist.[370]

158 Weitreichende Änderungen enthält der TBV-Entwurf im Hinblick auf den Verbraucherschutz sowie die Sicherung der Netzneutralität. Beispielsweise sollen die Mitgliedstaaten sicherzustellen haben, dass die maximale Laufzeit von Verträgen zwischen Verbrauchern und Anbietern 24 Monate beträgt; Endnutzern soll die Möglichkeit eingeräumt werden, Verträge mit einer Laufzeit von 12 Monaten abzuschließen.[371] Die im TBV-Entwurf definierte Netzneutralität[372] soll gesichert werden, indem das Blockieren oder Drosseln von Inhalten untersagt wird. Dennoch soll den Zugangsanbietern die Möglichkeit offen stehen, so genannte Spezialdienste[373] mit einer zugesicherten Dienstequalität – wie etwa Video-on-Demand – anzubieten, solange dies „die Verfügbarkeit oder Qualität der Internetzugangsdienste nicht beeinträchtigt", welche anderen Unternehmen oder Diensten angeboten werden (Art. 23 Abs. 2 TBV-Entwurf).

159 In die Preisgestaltung der Anbieter wird durch die mit dem TBV-Entwurf intendierten Änderungen der Roamingverordnung eingegriffen. Anbieter dürfen demnach in Zukunft für die Abwicklung von Roaming-Diensten keine zusätzlichen Entgelte oder allgemeinen Entgelte für den Zugriff über Endgeräte oder die Nutzung von Dienstleistungen im Ausland berechnen.[374] Das ursprüngliche Vorhaben, die Preise für unionsweite Ferngespräche bei der Höhe der Preise für inländische Ferngespräche zu deckeln, wurde dagegen im Laufe des Gesetzgebungsverfahrens aufgegeben.

Mit einer abschließenden gesetzgeberischen Entscheidung ist nicht vor Ende 2014 zu rechnen. Das europäische Recht der elektronischen Kommunikation bleibt in Bewegung.

---

367 Vgl dazu *Huber*, MMR 2014, 221.

368 Vgl die Legislative Entschließung des Europäischen Parlaments vom 3. April 2014 zu dem Vorschlag für eine Verordnung des Europäischen Parlaments und des Rates über Maßnahmen zum europäischen Binnenmarkt der elektronischen Kommunikation und zur Verwirklichung des vernetzten Kontinents und zur Änderung der Richtlinien 2002/20/EG, 2002/21/EG und 2002/22/EG und der Verordnungen (EG) Nr. 1211/2009 und (EU) Nr. 531/2012 (COM(2013)0627 – C7-0267/2013 – 2013/0309(COD)), P7_TA-PROV(2014)0281. Soweit im Text auf Normen des TBV-Entwurfs verwiesen wird, beziehen sich diese Verweise auf den TBV-Entwurf in der Fassung dieser legislativen Entschließung.

369 Art. 9 Abs. 4 TBV-Entwurf.

370 Art. 12 a TBV-Entwurf.

371 Art. 36 Nr. 1 c TBV-Entwurf.

372 Art. 2 Abs. 12 a TBV-Entwurf: „Netzneutralität bezeichnet den Grundsatz, nach dem der gesamte Internetverkehr ohne Diskriminierung, Einschränkung oder Beeinträchtigung und unabhängig von Absender, Empfänger, Art, Inhalt, Gerät, Dienst oder Anwendung gleich behandelt wird".

373 Art. 2 Abs. 15 TBV-Entwurf: „Spezialdienst ist ein elektronischer Kommunikationsdienst, der für spezielle Inhalte, Anwendungen oder andere Dienste oder eine Kombination dieser Angebote optimiert ist, über logisch getrennte Kapazitäten und mit strenger Zugangskontrolle erbracht wird, Funktionen anbietet, die durchgehend verbesserte Qualitätsmerkmale erfordern, und als Substitut für Internetzugangsdienst weder vermarktet wird noch genutzt werden kann."

374 Art. 37 Nr. 4 a TBV-Entwurf.

§ 37 Europäischer Datenschutz*

Literatur: *Calliess/Ruffert* (Hrsg.), EUV/AEUV, 4. Aufl., München 2011; *Dammann/Simitis*, EG-Datenschutzrichtlinie, Baden-Baden 1997; *Ehlers* (Hrsg.), Europäische Grundrechte und Grundfreiheiten, 3. Aufl., Berlin 2009; *Ehmann/Helfrich*, EG-Datenschutzrichtlinie, Köln 1999; *Fink/Cole/Keber*, Europäisches und internationales Medienrecht, Heidelberg 2008; *Gola/Klug*, Grundzüge des Datenschutzrechts, 2. Aufl., München 2013; *Gola/Schomerus* (Hrsg.), Bundesdatenschutzgesetz (BDSG), 11. Aufl., München 2012; *Grabenwarter/Pabel*, Europäische Menschenrechtskonvention, 5. Aufl., München/Basel/Wien 2012; *Grabitz/Hilf* (Hrsg.), Das Recht der Europäischen Union, 40. EGL., München 2009; *Grabitz/Hilf/Nettesheim* (Hrsg.), Das Recht der Europäischen Union, 51. EGL., München 2013; *Jarass*, Charta der Grundrechte der Europäischen Union, München 2010; *Karpenstein/Mayer* (Hrsg.), EMRK, München 2012; *Meyer* (Hrsg.), Charta der Grundrechte der Europäischen Union, 3. Aufl., Baden-Baden 2011; *Meyer-Ladewig*, Europäische Menschenrechtskonvention, 3. Aufl., Baden-Baden 2011; *Peters/Altwicker*, Europäische Menschenrechtskonvention, 2. Aufl., München 2012; *Roßnagel* (Hrsg.), Handbuch Datenschutzrecht, München 2003; *Simitis* (Hrsg.), Kommentar zum Bundesdatenschutzgesetz, 7. Aufl., Baden-Baden 2011; *Streinz* (Hrsg.), EUV/AEUV, 2. Aufl., München 2012; *Viethen*, Datenschutz als Aufgabe der EG – Bestandsaufnahme des datenschutzspezifischen Sekundärrechts und Analyse anhand der Kompetenzordnung des EG-Vertrages, Münster 2003.

Abschnitt 1: Vorgaben der Europäischen Grund- und Menschenrechte

Der Schutz personenbezogener Daten ist innerhalb Europas grundrechtlich garantiert. Sowohl die **Europäische Menschenrechts-Konvention**[1] als auch die **Grundrechtecharta der EU**[2] enthalten entsprechende Vorkehrungen. Das Verhältnis der Normwerke ist durch Art. 52 Abs. 3 GRC geregelt. Danach hat die Grundrechtecharta, soweit sie Rechte enthält, die den durch die Europäische Konvention zum Schutze der Menschenrechte und Grundfreiheiten garantierten Rechten entsprechen, die gleiche Bedeutung und Tragweite. Folglich sind auch die Entscheidungen des Europäischen 1

* Die Autoren danken Sarah Hartmann, Wiss. Mitarbeiterin am ITM, für wertvolle Hinweise bei der Erstellung des Manuskripts.

1 Konvention 5 des Europarates zum Schutze der Menschenrechte und Grundfreiheiten vom 4.11.1950, BGBl. 1952 II, S. 685 ff., berichtigt S. 953 ff.

2 Charta der Grundrechte der Europäischen Union, ABl. C 326/02 v. 26.10.2012, S. 391 ff.

Gerichtshofs für Menschenrechte im Rahmen der Europäischen Union von Bedeutung. Die Art. 29-Datenschutzgruppe der Europäischen Union hat diesbezüglich anerkannt, dass öffentliche Stellen im Rahmen der Zusammenarbeit im Bereich Justiz und Inneres (Raum der Freiheit, der Sicherheit und des Rechts) an Urteile des EGMR gebunden sind und die Schutzbereiche des Art. 7 GRC und des Art. 8 EMRK den gleichen Inhalt und die gleiche Reichweite haben.[3]

Der Europarat hat mit der Verankerung des Rechts auf Privatsphäre in der Menschenrechtskonvention die Entwicklung des Datenschutzes auf internationaler Ebene maßgeblich vorangetrieben.[4] Verstärkt wurde der Einfluss durch das **Übereinkommen des Europarates zum Schutz des Menschen bei der automatisierten Datenverarbeitung personenbezogener Daten.**[5] Als völkerrechtlicher Vertrag, der von allen Mitgliedstaaten der Union unterzeichnet wurde, konkretisiert das Übereinkommen das Grundrecht auf Achtung des Privatlebens durch eine Bindung der Vertragsstaaten an datenschutzrechtliche Grundsätze.[6] Zudem wird es bei der Auslegung des Art. 8 EMRK herangezogen. Dies gilt sowohl im Hinblick auf die Festlegung des Schutzbereichs als auch im Hinblick auf die Anforderungen an die Rechtfertigung von Eingriffen.[7]

Neben Art. 8 EMRK existierte auf europäischer Ebene vor Inkrafttreten der Grundrechtecharta kein subjektives Recht auf den Schutz personenbezogener Daten. In Art. 286 Abs. 1 EGV war lediglich geregelt, dass die in den Datenschutzrichtlinien für die Mitgliedstaaten festgelegten Standards auch auf die Unionsorgane Anwendung finden, die ohne diese Norm keiner geschriebenen Datenschutzbestimmung unterfielen.[8] Auch der EuGH berief sich jedoch bereits zu diesem Zeitpunkt auf das in Art. 8 EMRK verbürgte Recht auf informationelle Selbstbestimmung.[9] Beispielsweise wurde bezüglich der Datenschutzrichtlinie 95/46/EG entschieden, dass die Mitgliedstaaten die unmittelbar anwendbaren Vorschriften im Lichte des Art. 8 EMRK auszulegen hätten.[10] Zudem bezeichnete der EuGH die Richtlinie als Übernahme allgemeiner Grundsätze aus den Rechtsordnungen der Mitgliedstaaten.[11] Ein subjektives Recht auf Datenschutz wurde erst in den Vertrag über die Arbeitsweise der EU mit dem Vertrag von Lissabon aufgenommen und findet sich nunmehr im **Vertrag über die Arbeitsweise der EU** in Art. 16 Abs. 1.[12]

A. Menschenrechts-Konvention des Europarates

2 Die Achtung des Privatlebens und der Korrespondenz wird durch Art. 8 Abs. 1 EMRK geschützt. Hierunter fällt auch das Recht auf informationelle Selbstbestimmung. Es ist als wichtiger Bestandteil des Rechts auf **Achtung des Privatlebens** anerkannt.[13] Der Schutzbereich des Art. 8 Abs. 1 EMRK wird von einer „systematischen Sammlung, Speicherung, Verarbeitung und Verwertung personenbezogener Daten durch öffentliche Stellen“[14] berührt.[15] Zusätzliche Anforderung ist eine Beeinträchtigung des Privatlebens des Betroffenen.[16] Unter den Schutzbereich fällt ebenso die indi-

3 Art. 29-Datenschutzgruppe, Opinion 01/2014 on the application of necessity and proportionality concepts and data protection within the law enforcement sector, v. 27.2.2014, WP 211, Rn 2.2.

4 Vgl *Simitis*, in: ders., Einleitung, Rn 136.

5 Übereinkommen 108 des Europarates zum Schutz des Menschen bei der automatisierten Datenverarbeitung personenbezogener Daten vom 28.1.1981.

6 Zum Inhalt und zur Reichweite des Übereinkommens vgl *Simitis*, in: ders., Einleitung, Rn 137 ff.

7 *Fink/Cole/Keber*, Rn 287.

8 Vgl *Kingreen*, in: Calliess/Ruffert, Art. 16, Rn 2.

9 EuGH, Urt. v. 29.1.2008, Rs. C-275/06 (Promusicae), Rn 64.

10 EuGH, Urt. v. 20.5.2003, Slg 2003, I-4989 (Österreichischer Rundfunk), Rn 68.

11 EuGH, Rs. C-369/98, Slg 2000, I-6751 (TR und P Fischer), Rn 34.

12 Siehe dazu, insbesondere zum strittigen Verhältnis zur Grundrechtecharta unten bei Rn 44 ff.

13 EGMR, Urt. v. 26.3.1987, 9248/81 (Leander/Schweden), Rn 48; Urt. v. 16.2.2000, 27798/95 (Amann/Schweiz), Rn 65; *Grabenwarter/Pabel*, § 22, Rn 10; *Schorkopf*, in: Ehlers, § 16, Rn 14.

14 *Pätzold*, in: Karpenstein/Mayer, Art. 8, Rn 28.

15 EGMR, Urt. v. 4.5.2000, 28341/95 (Rotaru/Rumänien), Rn 46; Urt. v. 17.2.2011, 12884/03 (Wasmuth/Deutschland), Rn 74.

16 *Grabenwarter/Pabel*, § 22, Rn 10; EGMR, Urt. v. 17.2.2011, 12884/03 (Wasmuth/Deutschland), Rn 74.

viduelle Kommunikation mit Dritten.[17] Bezüglich dieser Kommunikation sind auch die äußeren Umstände – also Metadaten zB über Kommunikationszeitpunkt, -dauer und -partner sowie die Anschlusskennung bzw IP-Adresse – vom Schutz umfasst.[18] Eine Abgrenzung zwischen Korrespondenzschutz und Privatleben ist nicht immer trennscharf möglich.[19] Der EGMR zieht in seinen Entscheidungen zumeist beide Schutzbereiche heran.[20] Neben der abwehrrechtlichen Dimension folgt aus Art. 8 EMRK auch eine positive Gewährleistungspflicht[21] der Mitgliedstaaten, durch eine entsprechende Gesetzgebung für die faktische Gewährleistung dieses Grundrechts zu sorgen.[22]

Die Anforderungen an **Grundrechtsschranken** des Rechts auf Achtung des Privatlebens bestimmt Art. 8 Abs. 2 EMRK. Eingriffe in den Schutzbereich des Art. 8 EMRK können demnach gerechtfertigt werden, „soweit der Eingriff gesetzlich vorgesehen und in einer demokratischen Gesellschaft notwendig ist für die nationale oder öffentliche Sicherheit, für das wirtschaftliche Wohl des Landes, zur Aufrechterhaltung der Ordnung, zur Verhütung von Straftaten, zum Schutz der Gesundheit oder der Moral oder zum Schutz der Rechte und Freiheiten anderer". Eine einschränkende Maßnahme bedarf daher eines Gesetzes.[23] Dieses muss für den Betroffenen zugänglich und hinreichend bestimmt sein, um Anlass, Reichweite und Art der Speicherung/Überwachung vorhersehen zu können.[24] Mit den Anforderungen an die Bestimmtheit des einschränkenden Gesetzes setzte sich der EGMR u.a. in seinem Urteil zur Speicherung von Fingerabdrücken, Zellproben und DNA-Profilen im Rahmen der Strafverfolgung in Großbritannien detailliert auseinander.[25] Im Einzelnen seien „klare und detaillierte Vorschriften unverzichtbar, die Umfang und Anwendung solcher Maßnahmen regeln und Mindestanforderungen aufstellen, u.a. für die Dauer, Aufbewahrung und Verwendung, den Zugang Dritter, das Verfahren zur Sicherung der Integrität und Vertraulichkeit der Daten sowie ihre Vernichtung, also ausreichende Sicherungen gegen die Gefahr von Missbrauch und Willkür".[26] Zudem müssen im Falle verdeckter Überwachungsmaßnahmen[27] gesetzliche Kontrollmechanismen[28] vorgesehen sein, die sich an den Werten einer demokratischen Gesellschaft orientieren.[29]

Der EGMR hat überdies in seinen Entscheidungen zum Übereinkommen des Europarats zum Schutz des Menschen bei der automatisierten Datenverarbeitung personenbezogener Daten das Grundrecht auf Privatsphäre gemäß Art. 8 EMRK mehrmals mit **kollidierenden Grundrechten** abgewogen. Dies betrifft u.a. die Informationsfreiheit[30] sowie die Kunstfreiheit.[31] Zur Abwägung des Rechts auf Privatsphäre mit der Meinungsfreiheit aus Art. 10 EMRK (in der Ausprägung der freien Presseberichterstattung) sind insbesondere Urteile zur Berichterstattung über Prominente ergangen.[32]

---

17 *Grabenwarter/Pabel*, § 22, Rn 10.

18 EGMR, Urt. v. 3.4.2007, 62617/00 (Copland/Vereinigtes Königreich), Rn 44 = MMR 2007, 431.

19 *Peters/Altwicker*, § 26, Rn 13; *Uerpmann-Wittzack*, in: Ehlers, § 3, Rn 6.

20 EGMR, Urt.v. 6.9.1978, 5029/71 (Klass/Deutschland), Rn 41 ff. = NJW 1979, 1755; Urt. v. 2.8.1984, 8691/79 (Malone/Vereinigtes Königreich), Rn 64; Urt. v. 15.6.1992, 12433/86 (Lüdi/Schweiz), Rn 39 = NJW 1992, 3088.

21 Vgl *Grabenwarter/Pabel*, § 19.

22 *Meyer-Ladewig*, Art. 8, Rn 2; *Pätzold*, in: Karpenstein/Mayer, Art. 8, Rn 2.

23 EGMR, Urt. v. 24.4.1990, 11105/84 (Huvig/Frankreich), Rn 26, 29.

24 EGMR, Urt. v. 24.4.1990, 11105/84 (Huvig/Frankreich), Rn 29; Urt. v. 4.5.2000, 28341/95 (Rotaru/Rumänien), Rn 55; Urt. v. 31.5.2005, 64330/01 (Antunes Rocha/Portugal), Rn 68.

25 EGMR, Urt. v. 4.12.2008, 30562/04 (Marper/Vereinigtes Königreich), Rn 95 ff, 103.

26 EGMR, Urt. v. 4.12.2008, 30562/04 (Marper/Vereinigtes Königreich), Rn 99.

27 Siehe zu den Minimalbedingungen der Zulässigkeit EGMR, Urt. v. 24.4.1990, 11105/84 (Huvig/Frankreich), Rn 26 ff; siehe auch *Peters/Altwicker*, § 26, Rn 19 ff. mwN.

28 Siehe hierzu grundlegend: EGMR, Urt.v. 6.9.1978, 5029/71 (Klass/Deutschland), Rn 41 ff = NJW 1979, 1755 zur Vereinbarkeit des deutschen G-10 Gesetzes mit Art. 8 EMRK.

29 EGMR, Urt. v. 4.5.2000, 28341/95 (Rotaru/Rumänien), Rn 59.

30 EGMR, Urt. v. 14.4.2009, 37374/05 (Társaság a Szabadságjogokért/Ungarn), Rn 27, 36-38.

31 EGMR, Urt. v. 25.1.2007, 683454/01 (Vereinigung bilder der Künstler/Österreich), Rn 26, 34.

32 EGMR, Urt. v. 7.2.2012, 39954/08 (Axel Springer/Bundesrepublik Deutschland), Rn 90 f; Urt. v. 7.2.2012, 40660/08 u. 60641/08 (von Hannover/Bundesrepublik Deutschland), Rn 118, 124; Urt. v. 10.5.2011, 48009/08 (Mosley/Vereinigtes Königreich), Rn 129 f.

B. Grundrechtecharta der Europäischen Union

3 In der Europäischen Grundrechtecharta, die seit dem Vertrag von Lissabon ausdrücklich Teil des europäischen Primärrechts ist (Art. 6 Abs. 1 EUV), findet sich das **Recht auf Schutz personenbezogener Daten** in Art. 8 Abs. 1. Zwar enthält die Charta mit Art. 7 eine dem Art. 8 EMRK wörtlich ähnelnde Gewährleistung des Privatlebens und der Kommunikation, Art. 8 GRC stellt jedoch die speziellere Konkretisierung in Bezug auf den Datenschutz dar.[33] In den Diskussionen des Grundrechtekonvents ist bereits betont worden, dass dem Datenschutz als Aspekt der Achtung der Privatsphäre heutzutage eine besondere Bedeutung zukommt und dieser daher in einem gesonderten Artikel zu regeln ist.[34] Maßgeblichen Einfluss auf die Auslegung des Grundrechts haben neben der Rechtsprechung des EGMR zu Art. 8 EMRK vor allem die sekundärrechtlichen Bestimmungen der Union im Bereich des Datenschutzes.[35] Es handelt sich um ein normgeprägtes Grundrecht.[36]

Verpflichtet werden durch Art. 8 GRC alle Stellen der Union sowie die Mitgliedstaaten, soweit sie Unionsrecht durchführen.[37] Der **sachliche Schutzbereich** geht über den in Art. 8 EMRK garantierten hinaus. Die für die EMRK bestehende Einschränkung, dass die verarbeiteten Daten einen hinreichenden Bezug zum Privatleben aufweisen müssen, gilt im Rahmen der Charta nicht.[38] Im Verhältnis zur EMRK ist Art. 52 Abs. 3 S. 2 GRC maßgeblich, wonach das in der Konvention festgelegte Schutzmindestmaß durch das Recht der Europäischen Union überschritten werden kann.[39]

Voraussetzungen für einen **Eingriff** in das Recht auf Schutz personenbezogener Daten sind in Art. 8 Abs. 2 GRC festgelegt. Demnach ist die Verarbeitung personenbezogenen Daten nur zulässig, wenn dies nach Treu und Glauben für festgelegte Zwecke erfolgt und eine Einwilligung der betroffenen Person oder eine gesetzlich geregelte Grundlage besteht. Die betroffene Person verfügt zudem über das Recht, Auskunft über die sie betreffenden erhobenen Daten zu erhalten und die Berichtigung der Daten zu erwirken. Diese Voraussetzungen entsprechen den Regelungen im Übereinkommen des Europarates zum Schutz des Menschen bei der automatisierten Datenverarbeitung personenbezogener Daten.[40] Eine unabhängige Stelle hat nach Art. 8 Abs. 3 GRC die Einhaltung dieser Vorschriften zu überwachen.

Der EuGH hat in einigen seiner Urteile **Grenzen** des Rechts auf Schutz personenbezogener Daten in der Abwägung mit anderen Grundrechten gezogen.[41] Als kollidierende Güter kommen insbesondere das Recht auf freie Meinungsäußerung gemäß Art. 11 GRC,[42] das Eigentumsgrundrecht gemäß Art. 17 GRC[43] und das Recht auf Informationsfreiheit[44] in Betracht. Systematisch stellt der EuGH dabei auf eine grundrechtskonforme Ausübung des mitgliedstaatlichen Gestaltungsspielraums bei der Lösung von Kollisionen ab:[45] „Die Mitgliedstaaten sind gemäß dem Gemeinschaftsrecht [...] dazu verpflichtet, sich bei der Umsetzung dieser Richtlinien auf eine Auslegung derselben zu stützen, die es ihnen erlaubt, ein angemessenes Gleichgewicht zwischen den verschiedenen durch die Gemeinschaftsrechtsordnung geschützten Grundrechten sicherzustellen. Bei der Durchführung der Maßnahmen zur Umsetzung dieser Richtlinien haben die Behörden und Gerichte der Mitglied-

33 *Streinz*, Art. 8 GRC, Rn 7.
34 *Bernsdorff*, in: Meyer, Art. 8, Rn 6.
35 *Kingreen*, in: Calliess/Ruffert, Art. 8 GRC, Rn 3, Art. 52, Rn 5 ff.
36 *Kingreen*, in: Calliess/Ruffert, Art. 8 GRC, Rn 3, Art. 52, Rn 5 ff.
37 *Jarass*, Art. 8, Rn 3.
38 *Jarass*, Art. 8, Rn 6; *Sobotta*, in: Grabitz/Hilf/Nettesheim, Art. 16, Rn 7.
39 *Sobotta*, in: Grabitz/Hilf/Nettesheim, Art. 16, Rn 5.
40 Siehe Fn 5.
41 Vgl zu mit dem Recht auf Schutz personenbezogener Daten kollidierenden Grundrechten sowie instruktiv zur Prüfung des Grundrechts im Allgemeinen EuGH, Urt. v. 9.11.2010, Rs. C-92/10 und C-93/10 (Volker und Markus Schecke und Eifert), Rn 45 ff = EuZW 2010, 939 (941 f).
42 EuGH, Urt. v. 16.12.2008, Rs. C-73/07 (Satakunnan Markkinapörssi und Satamedia) = MMR 2009, 175 ff; s.a. EuGH, Urt. v. 6.11.2003, C-101/01 (Lindqvist), Slg 2003, I-12971.
43 EuGH, Urt. v. 29.1.2008, Rs. C-275/06 (Promusicae), Rn 64 ff.
44 EuGH, Urt. v. 29.6.2010, Rs. C-28/08 (Bavarian Lager).
45 Vgl *Schorkopf*, in: Ehlers, § 16, Rn 51.

staaten nicht nur ihr nationales Recht im Einklang mit diesen Richtlinien auszulegen, sondern auch darauf zu achten, dass sie sich nicht auf eine Auslegung dieser Richtlinien stützen, die mit diesen Grundrechten [...] kollidiert."[46]

Abschnitt 2: Harmonisierungsmaßnahmen

A. Richtlinie zum Schutz natürlicher Personen bei der Verarbeitung personenbezogener Daten und zum freien Datenverkehr

Die zentrale Harmonisierungsmaßnahme des europäischen Datenschutzes bildet die **Richtlinie 95/46/EG** des Europäischen Parlaments und des Rat vom 24. Oktober 1995 zum Schutz natürlicher Personen bei der Verarbeitung personenbezogener Daten und zum freien Datenverkehr.[47] 4

I. Zielsetzung

Die RL 95/46/EG soll einen effektiven Schutz der Privatsphäre des Einzelnen bei weitgehendem Erhalt der Freiheit des Datenverkehrs gewährleisten.[48] In dieser **dualistischen Zielsetzung** spiegelt sich das zu bewältigende Spannungsverhältnis wider,[49] einen ausgewogenen Ausgleich zwischen dem Schutz der Rechte des Einzelnen und dem gemeinschaftlichen Ziel der Errichtung eines gemeinsamen Marktes zu finden. Die angestrebte Freiheit des Datenverkehrs soll dort ihre Grenzen finden, wo nach dem Willen des Richtliniengebers dem Persönlichkeitsrecht der Betroffenen der Vorrang zu geben ist.[50] Dieser Ansatz bestätigt sich in der in Art. 1 RL 95/46/EG niedergelegten Zielvorgabe der Herstellung eines homogenen Schutzniveaus in den Mitgliedstaaten.[51] Ein einheitliches Schutzniveau soll sowohl im öffentlichen als auch im nicht-öffentlichen Sektor erreicht werden. Aufbau und Inhalt der RL 95/46/EG werden dabei durch die Grundsätze der Begrenzung der Verarbeitung personenbezogener Daten auf das unvermeidbare Maß, der Transparenz und der effizienten Verarbeitungskontrolle bestimmt.[52] Das Grundprinzip der Richtlinie ist ein Verbot der Verarbeitung personenbezogener Daten mit Erlaubnisvorbehalt.[53] 5

II. Anwendungsbereich

Sachliche Anwendung findet die RL 95/46/EG nach Art. 3 Abs. 1 RL 95/46/EG sowohl auf die automatisierte als auch auf die nicht automatisierte Verarbeitung personenbezogener Daten, die in einer Datei als strukturierte Sammlung, die nach bestimmten Kriterien zugänglich ist (Art. 2 c RL 95/46/EG), gespeichert sind oder gespeichert werden sollen. Dem Begriff der **personenbezogenen Daten** unterfallen alle Informationen über eine bestimmte oder bestimmbare natürliche Person. Eine Person wird in diesem Sinne als bestimmbar angesehen, wenn sie auf Grundlage der Informationen direkt oder indirekt identifiziert werden kann (Art. 2 a RL 95/46/EG).[54] Bei der Entscheidung, ob eine Person bestimmbar ist, sind alle Mittel zu berücksichtigen, die vernünftigerweise entweder von dem Verantwortlichen für die Verarbeitung oder von einem Dritten eingesetzt werden könnten, um die betreffende Person zu bestimmen. Daten weisen hingegen keinen Personenbezug 6

46 EuGH, Urt. v. 29.1.2008, Rs. C-275/06 (Promusicae), Rn 71; in diesem Sinne auch EuGH, Urt. v. 6.11.2003, C-101/01 (Lindqvist), Slg 2003, I-12971, Rn 90 ff.

47 RL 95/46/EG des Europäischen Parlaments und des Rates vom 24. Oktober 1995 zum Schutz natürlicher Personen bei der Verarbeitung personenbezogener Daten und zum freien Datenverkehr, ABl. L 281 v. 23.11.1995, S. 31.

48 So vor allem Erwägungsgrund 3 der RL 95/46/EG.

49 Vgl *Ehmann/Helfrich*, Einleitung, Rn 4.

50 Vgl *Ehmann/Helfrich*, Einleitung, Rn 4.

51 Zum Umfang der Harmonisierung vgl *Brühann*, in: Grabitz/Hilf, A 30 Vorbem., Rn 43 ff.

52 So treffend *Simitis*, NJW 1997, 281, 258 ff.

53 Vgl *Gounalakis/Mand*, CR 1997, 431, 433.

54 Vgl zur Reichweite des Begriffs *Dammann/Simitis*, Art. 2, Rn 1 ff; *Ehmann/Helfrich*, Art. 2, Rn 14 ff; *Brühann*, in: Roßnagel, 2.4, Rn 17; weitere Hinweise zur Auslegung mit Praxisbeispielen enthält Art. 29-Datenschutzgruppe, Stellungnahme 4/2007 zum Begriff „personenbezogene Daten" v. 20.6.2007, WP 136.

auf, wenn sie anonymisiert sind, so dass die betroffene Person nicht mehr identifizierbar ist.[55] Bei der Bestimmung des Personenbezugs ist nicht ausschlaggebend, dass das Datum das Privatleben betrifft, auch berufliche Daten einer natürlichen Person können personenbezogen sein.[56] Nicht vom Anwendungsbereich der Richtlinie umfasst sind hingegen Daten über juristische Personen. Die Mitgliedstaaten können jedoch ihrerseits Regeln zum Schutz der Daten juristischer Personen schaffen.[57]

Der Begriff der **Verarbeitung** in Art. 2 b RL 95/46/EG umschreibt einen weiten Anwendungsbereich. Erfasst wird jeder – mit oder ohne Hilfe automatisierter Verfahren ausgeführte – Vorgang im Zusammenhang mit personenbezogenen Daten. Hierunter fallen u.a. das Erheben, Speichern, die Benutzung, jede Form der Bereitstellung, das Sperren, Löschen und das Vernichten personenbezogener Daten.

7 Der **räumliche Anwendungsbereich** wird gemäß Art. 4 Abs. 1 a RL 95/46/EG durch den Ort der Niederlassung des für die Verarbeitung Verantwortlichen bestimmt. Anwendbar sind somit grundsätzlich die zur Umsetzung der Richtlinie im Sitzstaat des Verantwortlichen erlassenen Rechtsvorschriften. Das nationale Recht wird nach Art. 4 Abs. 1 c RL 95/46/EG auch auf Verantwortliche mit Sitz außerhalb des Gebietes der Gemeinschaft erstreckt, wenn diese zum Zwecke der Verarbeitung personenbezogener Daten auf im Hoheitsgebiet des betreffenden Mitgliedstaates belegene Mittel zurückgreifen.[58]

Für die Verarbeitung **verantwortlich** ist gemäß Art. 2 d S. 1 RL 95/46/EG die natürliche oder juristische Person, Behörde, Einrichtung oder jede andere Stelle, die allein oder gemeinsam mit anderen über die Zwecke und Mittel der Verarbeitung von personenbezogenen Daten entscheidet.[59] Anknüpfungspunkt ist nicht die Tätigkeit der Verarbeitung als solche, sondern die Entscheidung über den Zweck und die Mittel der Verarbeitung.[60] Auf diese Entscheidungsbefugnis ist auch innerhalb eines Konzerns, bestehend aus einer Hauptgesellschaft und einer oder mehreren Tochtergesellschaft(en), abzustellen. Ist die Tochtergesellschaft selbständig, dann ist die Weitergabe personenbezogener Daten innerhalb des Konzerns deshalb als Übermittlung an einen Dritten zu werten, die der Einwilligung des Betroffenen oder einer gesetzlichen Erlaubnis bedarf.[61] Keine Übermittlung an einen Dritten stellt demgegenüber die Weitergabe an einen **Auftragsverarbeiter** iSd Art. 2 e RL 95/46/EG dar, der die Daten im Auftrag des für die Verarbeitung Verantwortlichen verarbeitet. Bei einer Auftragsdatenverarbeitung bleibt der Auftraggeber verantwortliche Stelle, den Auftragnehmer treffen hingegen lediglich eingeschränkte Pflichten (Art. 17 Abs. 1 RL 95/46/EG). Voraussetzungen für eine Auftragsdatenverarbeitung ist, dass der Auftragnehmer sorgfältig ausgewählt wird sowie regelmäßig dass ein schriftlicher Vertrag geschlossen wird, in dem die Weisungsgebundenheit des Auftragsverarbeiters festgeschrieben wird (Art. 17 Abs. 2-4 RL 95/46/EG).

Aufgrund der Vielgestaltigkeit der Verarbeitungsformen und Verantwortungsstrukturen kann eine Bestimmung der Verantwortlichkeit im Einzelfall mit nicht unerheblichen Schwierigkeiten behaftet sein. Die Mitgliedstaaten können aus diesem Grund gemäß Art. 2 d S. 2 RL 95/46/EG in Rechts- und Verwaltungsvorschriften festlegen, wer in welchem Umfang für die Verarbeitung verantwortlich sein soll, beziehungsweise nach welchen Kriterien der Verantwortliche zu bestimmen ist.[62]

---

55 Erwägungsgrund 26 der RL 95/46/EG, zu den Anforderungen an eine Anonymisierung s. Art. 29-Datenschutzgruppe, Opinion 5/2014 on anonymisation techniques, v. 10.4.2014, WP 216.

56 EuGH, Urt. v. 9.11.2010, Rs. C-92/10 und C-93/10 (Volker und Markus Schecke und Eifert), Rn 59.

57 Vgl Erwägungsgrund 24 der RL 95/46/EG; nach der Rechtsprechung des EuGH können sich juristische Personen jedoch insoweit auf das Recht auf Schutz personenbezogener Daten berufen, "soweit der Name der juristischen Person eine oder mehrere natürliche Personen bestimmt", EuGH, Urt. 9.11.2010, Rs. C-92/10 und C-93/10 (Volker und Markus Schecke und Eifert), Rn 53.

58 Eingehend zum im Einzelfall anwendbaren Recht *Dammann*, RDV 2002, 70 ff.

59 Zur näheren Konturierung des Begriffes vgl *Ehmann/Helfrich*, Art. 2, Rn 39 ff.

60 Vgl zum Kriterium der Entscheidungsverantwortung *Brühann*, in: Roßnagel, 2.4, Rn 21.

61 Art. 29-Datenschutzgruppe, Stellungnahme 1/2010 zu den Begriffen „für die Verarbeitung Verantwortlicher" und „Auftragsverarbeiter" v. 16.2.2010, WP 169, S. 37.

62 *Dammann/Simitis*, Art. 2, Rn 14.

Nach Art. 3 Abs. 2 RL 95/46/EG findet die Richtlinie in zwei Fällen keine Anwendung. Der erste Fall betrifft die Verarbeitung personenbezogener Daten, die für die Ausübung von Tätigkeiten erfolgt, die nicht in den Anwendungsbereich des Gemeinschaftsrechts fallen, sowie Verarbeitungen, welche die öffentliche Sicherheit, die Landesverteidigung, die Sicherheit des Staates und die Tätigkeit des Staates im strafrechtlichen Bereich betreffen (Art. 3 Abs. 2 1. Gedankenstrich RL 95/46/EG).[63] Der zweite Fall betrifft die von einer natürlichen Person zur Ausübung ausschließlich persönlicher oder familiärer Tätigkeiten vorgenommene Verarbeitung personenbezogener Daten (Art. 3 Abs. 2 2. Gedankenstrich RL 95/46/EG).[64] Durch Abweichungen und **Ausnahmen im Anwendungsbereich** eingeschränkt werden können nach Art. 9 RL 95/46/EG zudem einzelne Regelungsbereiche der Richtlinie im Bereich der Verarbeitung personenbezogener Daten zu journalistischen, literarischen oder künstlerischen Zwecken. Die von den Mitgliedstaaten vorzusehenden Abweichungen und Ausnahmen müssen sich jedoch als notwendig erweisen, um das Recht auf Privatsphäre mit den für die Freiheit der Meinungsäußerung geltenden Vorschriften in Einklang zu bringen.[65] 8

III. Anforderungen an die Verarbeitung personenbezogener Daten

Die Verpflichtungen der RL 95/46/EG richten sich an den Verantwortlichen der Datenverarbeitung. Die RL 95/46/EG trennt dabei nicht zwischen der Datenverarbeitung im öffentlichen und im privaten Bereich.[66] Der Begriff des Verantwortlichen der Verarbeitung ist somit einer der Dreh- und Angelpunkte der Richtlinie.[67] Der für die Verarbeitung Verantwortliche hat für die Umsetzung der in Art. 6, 16 und 17 RL 95/46/EG festgelegten **Grundsätze** Sorge zu tragen. Hierauf aufbauend enthält Art. 7 RL 95/46/EG allgemeine Rechtmäßigkeitsanforderungen für Verarbeitungen personenbezogener Daten und legt Art. 8 RL 95/46/EG Voraussetzungen für die Verarbeitung besonderer Kategorien personenbezogener Daten fest. 9

1. Allgemeine Verarbeitungsgrundsätze

Aus Art. 6, 16 und 17 RL 95/46/EG ergeben sich die nachfolgenden **allgemeinen Verarbeitungsgrundsätze**, deren Einhaltung der im Sinne des Art. 2 d RL 95/46/EG Verantwortliche zu gewährleisten hat. Zur Durchsetzung der Pflichten sehen die Mitgliedstaaten nach Art. 24 RL 95/46/EG geeignete Sanktionen vor: 10

- Personenbezogene Daten müssen nach Treu und Glauben und auf rechtmäßige Weise verarbeitet werden (Art. 6 Abs. 1 a RL 95/46/EG).[68]
- Personenbezogene Daten dürfen nur für eindeutig festgelegte und rechtmäßige Zwecke erhoben und im Rahmen dieser Zweckbindung weiterverarbeitet werden (Art. 6 Abs. 1 b RL 95/46/EG).[69]

63 Vgl hierzu EuGH, Urt. v. 30.5.2006, Rs. C-317/04 und C-318/04 (Parlament/Rat und Kommission), Rn 56 ff; Urt. v. 16.12.2006, Rs. C-524/06 (Huber), Rn 45.

64 Vgl hierzu die Entscheidung des EuGH, Urt. v. 6.11.2003, Rs. C-101/01 (Bodil Lindqvist). aaO, Rn 47, nach der die Veröffentlichung personenbezogener Daten auf einer Webseite, die einer unbestimmten Vielzahl von Nutzern zugänglich ist, den Bereich der rein persönlichen oder privaten Tätigkeit überschreitet.

65 Vgl hierzu EuGH, Urt. v. 16.12.2008, Rs. C-73/07 (Satakunnan Markkinapörssi und Satamedia), aaO, Rn 50 ff.

66 Zu den hierdurch angestrebten einheitlichen Datenschutzstandards und den Folgen für das Deutsche Recht vgl *Gounalakis/Mand*, NJW 1997, 431, 433.

67 *Brühann*, in: Roßnagel, 2.4, Rn 20.

68 Zu Anforderungen an die rechtmäßige Verarbeitung personenbezogener Daten zum Zweck der öffentlichen Sicherheit vgl EGMR, Urt. v. 4.5.2000 (Rotaru/Rumänien), Rs. 28341/95, Rn 57.

69 Allgemein zur Zweckbindung vgl Art. 29-Datenschutzgruppe, Opinion 03/2013 on purpose limitation, v. 2.4.2013, WP 211; speziell zur Weitergabe der Aufnahme einer Überwachungskamera an die Medien mit anschließender Veröffentlichung ohne Unkenntlichmachung des Abgebildeten vgl EGMR, Urt. v. 28.1.2003, Rs. 44647/98 (Peck/Vereinigtes Königreich), Rn 85.

- Die Erhebung und Weiterverarbeitung personenbezogener Daten muss verhältnismäßig sein. Die personenbezogenen Daten müssen für den Zweck der Erhebung und Weiterverarbeitung erheblich sein und dürfen nicht darüber hinausgehen (Art. 6 Abs. 1 c RL 95/46/EG).[70]
- Personenbezogene Daten müssen sachlich richtig, aktuell und vollständig sein (Art. 6 Abs. 1 d RL 95/46/EG).
- Personenbezogene Daten dürfen nicht länger, als es für die Realisierung der Zwecke der Erhebung oder Weiterverarbeitung erforderlich ist, in einer Form aufbewahrt werden, die die Identifizierung der betroffenen Person ermöglicht (Art. 6 Abs. 1 e S. 1 RL 95/46/EG).
- Bei der Verarbeitung muss die Vertraulichkeit der personenbezogenen Daten gewahrt werden (Art. 16 RL 95/46/EG).
- Es müssen geeignete technische und organisatorische Maßnahmen zum Schutz gegen die zufällige oder unrechtmäßige Zerstörung, den zufälligen Verlust, die unberechtigte Änderung, die unberechtigte Weitergabe, den unberechtigten Zugang und jede andere Form der unrechtmäßigen Verarbeitung personenbezogener Daten getroffen werden (Art. 17 Abs. 1 RL 95/46/EG).[71]

11 Besondere Bedeutung kommt dem **Grundsatz von Treu und Glauben** der Datenverarbeitung zu. Der Grundsatz umfasst insbesondere die Transparenz der Verarbeitung.[72] Der Richtliniengeber betont in Erwägungsgrund 38 der RL 95/46/EG, „eine Datenverarbeitung nach Treu und Glauben setzt voraus, dass die betroffenen Personen in der Lage sind, das Vorhandensein einer Verarbeitung zu erfahren und ordnungsgemäß und umfassend über die Bedingungen der Erhebung informiert zu werden, wenn bei ihnen Daten erhoben werden". Dem **Transparenzgebot** wird durch die in Art. 18 ff RL 95/46/EG geregelten Meldepflichten[73] sowie die in Art. 10 und 11 RL 95/46/EG geregelte Pflicht zur Information der betroffenen Person[74] Rechnung getragen.

Der für die Verarbeitung Verantwortliche muss den Betroffenen über die Verarbeitung personenbezogener Daten individuell informieren. In jedem Fall muss der Betroffene über die Identität des für die Verarbeitung Verantwortlichen und die Zweckbestimmung der Verarbeitung aufgeklärt werden. Die **Informationspflicht** kann sich nach Treu und Glauben aber auch auf weitere Angaben wie die zu verarbeitenden Datenkategorien, die Empfänger oder die Kategorien der Empfänger der Daten sowie das Bestehen von Auskunfts- und Berichtigungsrechten erstrecken.[75] Der Betroffene muss bei der Erhebung (Art. 10 RL 95/46/EG) oder, soweit die Daten nicht bei der betroffenen Person erhoben werden, bei der Speicherung oder spätestens bei der ersten Übermittlung (Art. 11 RL 95/46/EG) informiert werden. Ausnahmen können die Mitgliedstaaten nach Art. 13 Abs. 1 RL 95/46/EG für wesentliche Bereiche der öffentlichen Datenverarbeitung etwa im Interesse der öffentlichen Sicherheit oder der Strafverfolgung zulassen.

12 Eine vollständige oder teilweise automatisierte Verarbeitung personenbezogener Daten muss nach Art. 18 Abs. 1 RL 95/46/EG grundsätzlich der zuständigen nationalen Kontrollstelle gemeldet werden. Die **Meldepflichten** der Art. 18 ff RL 95/46/EG dienen der Offenlegung der Zweckbestimmungen der Verarbeitungen sowie ihrer wichtigsten Merkmale mit dem Zweck der Überprüfung ihrer Vereinbarkeit mit den einzelstaatlichen Vorschriften zur Umsetzung der Richtlinie.[76] Die Meldungen mit dem in Art. 19 RL 95/46/EG festgelegten Inhalt erfolgen zu einem von den Kontrollstellen

---

70 Zur Speicherung personenbezogener Daten in einer polizeilichen Datei ohne hinreichende Verdachtsmomente oder Vorstrafen vgl EGMR, Urt. v. 18.10.2011, Rs. 16188/07 (Khelili/Schweiz); allgemein zu dem in Art. 6 Abs. 1 c RL 95/46/EG angelegten Verhältnismäßigkeitsgrundsatz vgl *Brühann*, in: Roßnagel, 2.4, Rn 30.

71 Eine Möglichkeit des Nachweises der Einhaltung technischer Sicherheitsanforderungen ist die Zertifizierung von IT-Produkten oder IT-basierten Verfahren. In Fragen der Informationssicherheit berät zudem die Europäische Agentur für Netz- und Informationssicherheit (ENISA) die EU, deren Mitgliedstaaten sowie Unternehmen (vgl Verordnung (EG) 460/2004 des Europäischen Parlaments und des Rats vom 10. März 2004, ABl. L 77).

72 Vgl *Gola/Klug*, S. 18; *Brühann*, in: Roßnagel, 2.4, Rn 35.

73 Vgl *Brühann*, in: Roßnagel, 2.4, Rn 35.

74 Vgl *Dammann/Simitis*, Art. 10, Rn 1; zu Vorschlägen der Artikel 29-Datenschutzgruppe hinsichtlich einer auf Ebenen verteilten Information vgl Stellungnahme 10/2004 zu einheitlicheren Bestimmungen über Informationspflichten, v. 25.11.2004 (WP 100), S. 8 ff.

75 Zu den weiteren Informationspflichten *Ehmann/Helfrich*, Art. 10, Rn 24 ff; *Dammann/Simitis*, Art. 10, Rn 9 ff.

76 Vgl Erwägungsgrund 48 der RL 95/46/EG.

nach Art. 21 RL 95/46/EG geführten öffentlichen Register. Die Meldungen zum Register haben grundsätzlich nur informatorischen Charakter.[77]

13 Allein Verarbeitungen, die aufgrund ihrer Art, Tragweite oder Zweckbestimmung mit besonderen Risiken für die Rechte und Freiheiten der betroffenen Personen verbunden sind, unterliegen gemäß Art. 20 RL 95/46/EG einer **Vorabkontrolle.** Ein Risiko in diesem Sinne kann etwa die Datenverarbeitung zum Zweck des Ausschlusses einer Person von der Inanspruchnahme eines Rechts, einer Leistung oder eines Vertrags bergen.[78] Verarbeitungen mit geringen Risiken können die Mitgliedstaaten nach Art. 18 Abs. 2 RL 95/46/EG von der Meldepflicht ausnehmen, wenn die Details der Verarbeitung festgelegt werden oder vom Verantwortlichen der Verarbeitung nach nationalen Vorschriften ein Datenschutzbeauftragter mit den Aufgaben einer unabhängigen Überwachung und der Führung eines Verarbeitungsverzeichnisses betraut wird.[79] Ebenso können gemäß Art. 18 Abs. 3 RL 95/46/EG öffentliche Register und nach Art. 18 Abs. 5 RL 95/46/EG nicht automatisierte Verarbeitungen von der Meldepflicht ausgenommen werden.

2. Voraussetzungen einer rechtmäßigen Verarbeitung

14 Im Sinne eines **Verbotes mit Erlaubnisvorbehalt** ist die Verarbeitung personenbezogener Daten nur unter den Voraussetzungen des Art. 7 RL 95/46/EG zulässig und somit im Sinne der Verarbeitungsgrundsätze des Art. 6 RL 95/46/EG rechtmäßig. Zulässig ist die Datenverarbeitung zum einen im Falle der **Einwilligung** der betroffenen Person (Art. 7 a RL 95/46/EG). Die Einwilligung ist definiert als jede Willensbekundung, die ohne Zwang,[80] für den konkreten Fall[81] und in Kenntnis der Sachlage erfolgt und mit der die betroffene Person akzeptiert, dass personenbezogene Daten, die sie betreffen, verarbeitet werden (Art. 2 h RL 95/46/EG). Gemäß Art. 7 a RL 95/46/EG muss eine Einwilligung „ohne jeden Zweifel" vorliegen. Im Rahmen dieses Erfordernisses kann die Einwilligung ausdrücklich oder konkludent[82] sowie mündlich oder schriftlich[83] erklärt werden. Nicht genügend ist hingegen bloße Inaktivität oder bloßes Schweigen.[84] Die Einwilligung ist jederzeit widerruflich.[85]

Zulässig ist die Datenverarbeitung zum anderen, wenn sie zur Wahrnehmung der in Art. 7 RL 95/46/EG niedergelegten **berechtigten Interessen** erforderlich ist.[86] Die Verarbeitung personenbezogener Daten kann erforderlich sein zur

- Erfüllung eines Vertrages oder vorvertraglicher Maßnahmen auf Antrag der betroffenen Person (Art. 7 b RL 95/46/EG),
- Erfüllung einer rechtlichen Verpflichtung des für die Verarbeitung Verantwortlichen (Art. 7 c RL 95/46/EG),
- Wahrung lebenswichtiger Interessen der betroffenen Person (Art. 7 d RL 95/46/EG),
- Wahrnehmung im öffentlichen Interesse liegender oder in Ausübung öffentlicher Gewalt erfolgender Aufgaben (Art. 7 e RL 95/46/EG),[87]

---

77 Vgl *Dammann/Simitis*, Art. 18, Rn 3.

78 Vgl Erwägungsgrund 53 der RL 95/46/EG.

79 Zur Bedeutung des internen Datenschutzbeauftragten *Gounalakis/Mand*, CR 1997, 497, 500.

80 Zur Freiwilligkeit der Einwilligung in Beschäftigungsverhältnissen s. Art. 29-Datenschutzgruppe, Stellungnahme 8/2001 zur Verarbeitung personenbezogener Daten von Beschäftigten, v. 13.9.2001, WP 48.

81 Zur Bestimmtheit der Einwilligung bei der Weitergabe von Teilnehmerdaten durch Telekommunikationsdiensteanbieter an zuvor nicht benannte Verzeichnisdienste: EuGH, Urt. v. 5.5.2011, Rs. 543/09 (Deutsche Telekom gegen Bundesrepublik Deutschland).

82 *Art. 29-Datenschutzgruppe*, Stellungnahme 15/2011 zur Definition von Einwilligung, v. 13.7.2011, WP 187, S. 25.

83 Art. 29-Datenschutzgruppe, WP 187, aaO, S. 13.

84 Art. 29-Datenschutzgruppe, WP 187, aaO, S. 28.

85 So ausdrücklich in Art. 6 Abs. 3, Art. 9 Abs. 3-4 RL 2002/58/EG und nach der Art. 29-Datenschutzgruppe implizit für die RL 95/46/EG, WP 187, aaO, S. 39.

86 Zur Bedeutung der Zweigleisigkeit des Modells *Hoeren*, RDV 2009, 89 ff.

87 Zur zulässigen Reichweite der Speicherung personenbezogener Daten im Ausländerzentralregister vgl EuGH, Urt. v. 16.12.2008, Rs. C-524/06 (Huber), aaO, Rn 47 ff.

- Verwirklichung des berechtigten Interesses des für die Verarbeitung Verantwortlichen, soweit dies das Interesse oder die Grundrechte und Grundfreiheiten der betroffenen Person überwiegt (Art. 7 f RL 95/46/EG).[88]

3. Restriktive Verarbeitung besonderer Kategorien personenbezogener Daten

15 Einer besonders restriktiven Regelung unterliegen personenbezogene Daten iSd Art. 8 Abs. 1 RL 95/46/EG,[89] aus denen die rassische und ethnische Herkunft, politische Meinungen, religiöse oder philosophische Überzeugungen oder die Gewerkschaftszugehörigkeit hervorgehen, sowie Daten über die Gesundheit[90] oder das Sexualleben.[91] Die Verarbeitung dieser **besonders geschützten Daten** wird durch Art. 8 Abs. 1 RL 95/46/EG grundsätzlich untersagt. Ausnahmen können die Mitgliedstaaten nur nach Maßgabe der engen Voraussetzungen des Art. 8 Abs. 2-7 RL 95/46/EG zulassen.[92] Demzufolge bedarf die Verarbeitung solcher Daten idR gemäß Art. 8 Abs. 2 a RL 95/46/EG der ausdrücklichen Einwilligung des Betroffenen. Ausnahmsweise genügt es, dass die betroffene Person die Daten selbst offenkundig öffentlich gemacht hat (Art. 8 Abs. 2 e RL 95/46/EG). Die Einwilligung ist gemäß Art. 8 Abs. 2 c RL 95/46/EG ferner dann nicht erforderlich, wenn vitale Interessen berührt sind und die Person aus physischen oder rechtlichen Gründen außerstande ist, ihre Einwilligung zu geben. Schließlich ist die Verarbeitung insbesondere von Gesundheitsdaten erlaubt, sofern sie zum Zweck der Gesundheitsvorsorge, der medizinischen Diagnostik, der Gesundheitsversorgung oder Behandlung oder für die Verwaltung von Gesundheitsdiensten erforderlich ist und die Verarbeitung dieser Daten durch ärztliches Personal erfolgt (Art. 8 Abs. 3 RL 95/46/EG).

IV. Rechte der betroffenen Personen

16 Art. 12 RL 95/46/EG garantiert den betroffenen Personen umfängliche Rechte auf **Auskunft, Berichtigung, Löschung** und **Sperrung**. Die Ausübung der Auskunftsrechte gründet auf der durch die bereits erläuterten Informationspflichten vermittelten Kenntnis der Existenz einer Verarbeitung personenbezogener Daten.[93] Im Einzelnen hat die betroffene Person nach Art. 12 a RL 95/46/EG gegen den für die Verarbeitung Verantwortlichen insbesondere einen Anspruch auf

- Auskunft über die Art der Verarbeitung einschließlich der Zweckbestimmung, der Kategorien der Daten und der Empfänger oder der Kategorien der Empfänger der Daten,[94]
- Auskunft über Inhalt und Herkunft der Daten,
- Auskunft über den logischen Aufbau der Verarbeitung.

Soweit die Verarbeitung nicht den Vorschriften der RL 95/46/EG entspricht, kann die betroffene Person von dem für die Verarbeitung Verantwortlichen gemäß Art. 12 b RL 95/46/EG die Berichtigung, Löschung oder Sperrung der Daten verlangen. Die Rechte auf Auskunft und Berichtigung sind in Art. 8 Abs. 2 S. 2 GRC garantiert und haben somit grundrechtlichen Charakter.

---

88 Zur Unwirksamkeit des im nationalen Recht vorgesehenen zusätzlichen Erfordernisses der Erhebung aus öffentlich zugänglichen Quellen und zur unmittelbaren Wirkung des Art. 7 f RL 95/46/EG s. EuGH, Urt. v. 24.11.2011, Rs. C-468/10, C-469/10 (Asociación Nacional de Establecimientos Financieros de Crédito und Federación de Comercio Electrónico y Marketing Directo gegen Administración del Estado).

89 Art. 8 Abs. 5 RL 95/46/EG enthält Anforderungen an die Verarbeitung von Daten, die Straftaten, strafrechtliche Verurteilungen oder Sicherungsmaßregeln betreffen; ebenso bestimmt Artikel 6 des Europarats-Übereinkommens 108 Angaben über Strafurteile als besondere Arten personenbezogener Daten.

90 Zu der formalistischen Bestimmung des Begriffs der Gesundheitsdaten vgl EuGH, Urt. v. 6.11.2003, Rs. C-101/01 (Bodil Lindqvist), Rn 50.

91 Zu den Gründen des grundsätzlichen Verbotes der Verarbeitung besonderer Kategorien personenbezogener Daten vgl *Weber*, CR 1995, 297, 300 f.

92 Vgl zu den restriktiven Ausnahmebereichen *Geis*, CR 1995, 171, 174; *Ehmann/Helfrich*, Art. 8, Rn 14 ff; *Dammann/Simitis*, Art. 8, Rn 8 ff.

93 *Brühann*, in: Roßnagel, 2.4, Rn 37.

94 Zur Zulässigkeit eines auf vergangene Datenübermittlungen gerichteten Auskunftsersuchens sowie zur Aufbewahrungsdauer von Informationen über übermittelte Daten und deren Empfänger vgl EuGH, Urt. v. 7.5.2009, Rs. C-553/07 (College van burgemeester en wethouders van Rotterdam).

Die Mitgliedstaaten können der betroffenen Person nach Art. 14 RL 95/46/EG zudem ein über das Recht auf Berichtigung, Löschung und Sperrung hinausgehendes **Widerspruchsrecht** gewähren. Das Widerspruchsrecht ermöglicht der betroffenen Person, jederzeit aus überwiegenden, schutzwürdigen, sich aus ihrer besonderen Situation ergebenden Gründen eine weitere Verarbeitung der sie betreffenden Daten zu verhindern.

Mit der zu beobachtenden Ausweitung informationstechnisch gestützter Entscheidungen, wie etwa dem **Scoringverfahren** bei der Kreditvergabe, erlangt das jeder Person durch Art. 15 RL 95/46/EG eingeräumte **Recht auf Schutz vor automatisierten Entscheidungen** zunehmend an Bedeutung. Nach Art. 15 Abs. 1 RL 95/46/EG hat jede Person das Recht, keiner für sie rechtliche Folgen nach sich ziehenden und keiner sie erheblich beeinträchtigenden Entscheidung unterworfen zu werden, die ausschließlich aufgrund einer automatisierten Verarbeitung von Daten zum Zwecke der Bewertung einzelner Aspekte ihrer Person ergeht.[95] 17

Die RL 95/46/EG begründet **subjektive Rechte** der betroffenen Personen, zu deren Durchsetzung Art. 22 RL 95/46/EG die Mitgliedstaaten zur Gewährung effektiver gerichtlicher Rechtsbehelfe verpflichtet. Ferner sieht die RL 95/46/EG Regelungen zur **Haftung** vor. Den für die Verarbeitung Verantwortlichen trifft nach Art. 23 Abs. 1 RL 95/46/EG eine verschuldensunabhängige Schadensersatzpflicht für rechtswidrige Verarbeitungshandlungen. Die Mitgliedstaaten können nach Art. 23 Abs. 2 RL 95/46/EG eine Haftungsbefreiung in Form einer Exkulpationsmöglichkeit vorsehen, soweit der für die Verarbeitung Verantwortliche nachweist, dass der Umstand, durch den der Schaden eingetreten ist, ihm nicht zur Last gelegt werden kann. 18

V. Verhaltensregeln/Codes of Conduct

Die Mitgliedstaaten und die Kommission werden durch Art. 27 RL 95/46/EG angehalten, in ihrem jeweiligen Zuständigkeitsbereich die betroffenen Wirtschaftskreise zu ermutigen, Verhaltensregeln auszuarbeiten, um unter Berücksichtigung der Besonderheiten der Verarbeitung personenbezogener Daten in bestimmten Bereichen die Durchführung der RL 95/46/EG zu fördern.[96] Berufsverbände und andere Vereinigungen können in Umsetzung des von Art. 27 Abs. 2 RL 95/46/EG angedeuteten Systems einer regulierten **Selbstregulierung** den mitgliedstaatlichen Aufsichtsbehörden Verhaltensregeln (**Codes of Conduct**) vorlegen. Die vorgelegten Verhaltensregeln werden von den Aufsichtsbehörden auf ihre Vereinbarkeit mit den zur Umsetzung der RL 95/46/EG erlassenen einzelstaatlichen Vorschriften geprüft. Von den Möglichkeiten dieses kooperativen Regulierungsansatzes wurde trotz eines zunächst positiven Echos auf die Regelung[97] in keinem nennenswerten Umfang Gebrauch gemacht.[98] Auf nationaler Ebene hat lediglich der Gesamtverband der Deutschen Versicherungswirtschaft die am 2. November 2012 vom Berliner Beauftragten für Datenschutz und Informationsfreiheit anerkannten „Verhaltensregeln für den Umgang mit personenbezogenen Daten durch die deutsche Versicherungswirtschaft" veröffentlicht. Auf europäischer Ebene hat die Art. 29-Datenschutzgruppe den Verhaltenskodex des Fachverbands Federation of European Direct and Interactive Marketing (FEDMA) zur Verwendung personenbezogener Daten zum Zweck des Direktmarketings für konform mit europäischem und nationalem Datenschutzrecht erklärt.[99] 19

VI. Übermittlung personenbezogener Daten in Drittstaaten

Aus dem Zweck der RL 95/46/EG der Vereinheitlichung der nationalen Datenschutzbestimmungen zur **Förderung des Binnenmarkts** folgt, dass der Datentransfer innerhalb der Mitgliedstaaten der Europäischen Union sowie weiterer Unterzeichnerstaaten des Europäischen Wirtschaftsraums 20

95 Zu dem Begriff der Bewertung einzelner Persönlichkeitsmerkmale vgl *Scholz*, in: Simitis, § 6 a, Rn 21 ff.
96 Vgl Erwägungsgrund 61 der RL 95/46/EG.
97 Vgl etwa *Wuermeling*, NJW-CoR 1995, 111, 113.
98 Zur Selbstregulierung im Anwendungsbereich des Bundesdatenschutzgesetzes vgl *Petri*, in: Simitis, § 38 a, Rn 1 ff.
99 Art. 29-Datenschutzgruppe, Stellungnahme 4/2010 zum europäischen Verhaltenskodex von FEDMA zur Verwendung personenbezogener Daten im Direktmarketing, v. 13.7.2010 (WP 174), S. 6.

(Island, Liechtenstein und Norwegen)[100] privilegiert ist und nicht als Rechtfertigung für eine Beschränkung des Datenverkehrs herangezogen werden kann, Art. 1 Abs. 2 RL 95/46/EG.

Um einer Umgehung des im europäischen Binnenmarkt harmonisierten Datenschutzniveaus vorzubeugen,[101] bedarf die Datenübermittlung in Nicht-EU-Staaten besonderer Schutzvorkehrungen. Generell dürfen nach Art. 25 Abs. 1 RL 95/46/EG personenbezogene Daten in Staaten außerhalb der Europäischen Union übermittelt werden, wenn sie ein angemessenes Schutzniveau gewährleisten. Die **Angemessenheit des Schutzniveaus eines Drittstaates** ist nach Art. 25 Abs. 2 RL 95/46/EG unter Berücksichtigung aller Merkmale zu beurteilen, die bei einer Datenübermittlung eine Rolle spielen, wie etwa den in dem betreffenden Drittstaat geltenden allgemeinen oder sektoriellen Rechtsnormen sowie den dort geltenden Standesregeln und Sicherheitsmaßnahmen. Die Feststellung der Angemessenheit des Schutzniveaus eines Drittstaats obliegt gemäß Art. 25 Abs. 6 RL 95/46/EG der Kommission. Sie berücksichtigt hierbei Stellungnahmen der Art. 29-Datenschutzgruppe.[102] Die Kommission hat auf dieser Grundlage die Angemessenheit des Schutzniveaus u.a. in Argentinien, Australien, Kanada, der Schweiz, Israel und Neuseeland anerkannt.[103]

21 Des Weiteren können Mitgliedstaaten vorsehen, dass personenbezogene Daten unter den Voraussetzungen des Art. 26 Abs. 1 RL 95/46/EG in bestimmten **Einzelfällen** an Drittstaaten übermittelt werden dürfen, die kein angemessenes Schutzniveau gewährleisten. Insbesondere können unter den Voraussetzungen des Art. 26 Abs. 1 RL 95/46/EG Daten übermittelt werden, wenn die betroffene Person eingewilligt hat, sofern die Übermittlung für die Erfüllung eines Vertrags zwischen der betroffenen Person und der für die Verarbeitung verantwortlichen Stelle erforderlich ist sowie zur Wahrung eines wichtigen öffentlichen Interesses oder eines lebenswichtigen Interessen der betroffenen Person.[104]

22 Im Einzelfall kann eine Übermittlung oder eine Kategorie von Übermittlungen nach Art. 26 Abs. 2 RL 95/46/EG **genehmigt** werden, wenn der für die Verarbeitung Verantwortliche ausreichende Garantien hinsichtlich des Schutzes der Privatsphäre bietet. Es müssen Maßnahmen getroffen werden, um das unzureichende Schutzniveau in dem Drittstaat auszugleichen. Die wichtigsten Mittel, um Garantien im Sinne des Art. 26 Abs. 2 RL 95/46/EG zu begründen, sind zum einen vertragliche Vereinbarungen zwischen dem für die Verarbeitung Verantwortlichen und dem Empfänger der Daten im Drittstaat[105] sowie zum anderen verbindliche unternehmensinterne Datenschutzregelungen (Binding Corporate Rules, BCR).

1. Standardvertragsklauseln

23 Um die vertraglichen Transferregelungen zu harmonisieren, erkennt die Kommission nach Art. 26 Abs. 4 RL 95/46/EG im Wege des in Art. 31 Abs. 2 RL 95/46/EG iVm Art. 5, 10 f. der Verordnung (EU) Nr. 182/2011[106] geregelten Ausschussverfahrens unter Mitwirkung von Vertretern der Mitgliedstaaten allgemeine **Standardvertragsklauseln** an, die einen ausreichenden Schutz im Sinne des

---

100 Vgl Beschluss des Rates und der Kommission vom 13. Dezember 1993 über den Abschluss des Abkommens über den Europäischen Wirtschaftsraum zwischen den Europäischen Gemeinschaften und ihren Mitgliedstaaten sowie der Republik Österreich, der Republik Finnland, der Republik Island, dem Fürstentum Liechtenstein, dem Königreich Norwegen, dem Königreich Schweden und der Schweizerischen Eidgenossenschaft (ABl. 1994, L 1).

101 *Gola/Klug*, S. 20.

102 Um den unbestimmten Rechtsbegriff auszufüllen, hat die Art. 29-Datenschutzgruppe einen konkreten Bewertungsmaßstab zur Feststellung der Angemessenheit erarbeitet: Arbeitsunterlage Übermittlung personenbezogener Daten an Drittländer: Anwendung von Artikel 25 und 26 der Datenschutz-RL der EU, v. 24.7.1998 (WP 12).

103 Eine ständig aktualisierte Übersicht über den Stand der Anerkennungsverfahren findet sich unter http://ec.europa.eu/justice/data-protection/document/international-transfers/adequacy/index_en.htm.

104 Als Auslegungshilfe vgl Art. 29-Datenschutzgruppe, Arbeitspapier über eine gemeinsame Auslegung des Artikels 26 Absatz 1 der Richtlinie 95/46/EG vom 24.10.1995, v. 25.11.2005 (WP 114); zu den einzelnen Ausnahmetatbeständen vgl *Ehmann/Helfrich*, Art. 26, Rn 6 ff.

105 *Dammann/Simitis*, Art. 26, Rn 16 ff.

106 Verordnung (EU) Nr. 182/2011 des Europäischen Parlaments und des Rates vom 16. Februar 2011 zur Festlegung der allgemeinen Regeln und Grundsätze, nach denen die Mitgliedstaaten die Wahrnehmung der Durchführungsbefugnisse durch die Kommission kontrollieren, ABl. L 055 v. 28.2.2011, S. 13.

Art. 26 Abs. 2 RL 95/46/EG garantieren. Beispielsweise hat die Kommission mit der Entscheidung vom 15. Juni 2001 hinsichtlich Standardvertragsklauseln für die Übermittlung personenbezogener Daten in Drittländer[107] in Verbindung mit der Entscheidung zur Änderung der Entscheidung 2001/497/EG bezüglich der Einführung alternativer Standardvertragsklauseln für die Übermittlung personenbezogener Daten in Drittländer vom 27. Dezember 2004[108] sowie der Entscheidung vom 27. Dezember 2001 hinsichtlich Standardvertragsklauseln für die Übermittlung personenbezogener Daten an Auftragsverarbeiter in Drittländern[109] Klauselwerke anerkannt.[110]

Die anerkannten Standardvertragsklauseln können von den mitgliedstaatlichen Unternehmen zur Grundlage von Verträgen mit Empfängern von personenbezogenen Daten außerhalb der Europäischen Union gemacht werden. Die Entscheidungen der Kommission sind gemäß Art. 288 AEUV für die Mitgliedstaaten verbindlich und somit von den Datenschutzaufsichtsbehörden im Rahmen ihrer Aufsichtstätigkeit zu berücksichtigen. Mit der vertraglichen Vereinbarung wird ein ausreichender Schutz im Sinne des Art. 26 Abs. 2 RL 95/46/EG garantiert. Die Vertragsparteien verpflichten sich zur Einhaltung festgelegter Datenschutzgrundsätze. Diese entfalten im Wege einer Drittbegünstigungsklausel eine Schutzwirkung zu Gunsten der durch den Datentransfer betroffenen Person. Im Falle der Verletzung der drittschützenden Vertragsbestimmungen trifft sowohl den Datenexporteur als auch den Datenimporteur eine gesamtschuldnerische Haftung.[111]

2. Verbindliche unternehmensinterne Datenschutzregeln

Eine weitere Möglichkeit, neben Standardvertragsklauseln im Empfängerland gemäß Art. 26 Abs. 2 24
RL 95/46/EG ein angemessenes Datenschutzniveau nachzuweisen, ist die Einführung **verbindlicher unternehmensinterner Datenschutzregelungen**.[112] Solche finden in der Regel in multinationalen Unternehmensgruppen Anwendung. An der Prüfung und Genehmigung dieser Regeln sind zumeist mehrere Datenschutzaufsichtsbehörden beteiligt. Eingeleitet wird ein Prüfverfahren durch einen standardisierten Antrag auf Prüfung des Entwurfs einer verbindlichen unternehmensinternen Datenschutzregel an eine federführende Datenschutzaufsichtsbehörde.[113] Die federführende Behörde gibt denjenigen Aufsichtsbehörden weiterer Länder, in denen das geprüfte Unternehmen Niederlassungen hat, Gelegenheit zur Beteiligung an der Prüfung. Auch wenn das Ergebnis der Prüfung aufgrund der Unabhängigkeit insbesondere der an der Prüfung nicht beteiligten Aufsichtsbehörden nicht bindend ist, ist es jedoch in der Aufsichtspraxis regelmäßig anerkannt.

---

107 Kommission der Europäischen Gemeinschaften, Entscheidung 2001/497/EG v. 15.6.2001 hinsichtlich Standardvertragsklauseln für die Übermittlung personenbezogener Daten in Drittländer nach der RL 95/46/EG, ABl. L 181 v. 4.7.2001, S. 19.

108 Kommission der Europäischen Gemeinschaften, Entscheidung 2004/915/EG v. 27.12.2004 zur Änderung der Entscheidung 2001/497/EG bezüglich der Einführung alternativer Standardvertragsklauseln für die Übermittlung personenbezogener Daten in Drittländer, ABl. L 385 v. 29.12.2004, S. 74.

109 Kommission der Europäischen Gemeinschaften, Entscheidung 2010/87/EG v. 5.2.2001 hinsichtlich Standardvertragsklauseln für die Übermittlung personenbezogener Daten an Auftragsverarbeiter in Drittländern nach der RL 95/46/EG, ABl. L 39.

110 Eine ständig aktualisierte Übersicht der anerkannten Standardvertragsklauseln findet sich unter http://ec.europa.eu/justice/data-protection/document/international-transfers/transfer/index_en.htm.

111 Eingehend zu den einzelnen Standardvertragsklauseln *Räber/Seitz*, MMR 2002, 520, 522 ff.

112 Allgemein zur Zulässigkeit des Nachweises eines angemessenen Schutzniveaus durch verbindliche unternehmensinterne Regeln vgl Art. 29-Datenschutzgruppe, Arbeitsdokument „Übermittlung personenbezogener Daten in Drittländer: Anwendung von Artikel 26 Absatz 2 der EU-Datenschutzrichtlinie auf verbindliche unternehmensinterne Vorschriften für den internationalen Datentransfer“, v. 3.6.2003 (WP 74); zu Inhalt und Aufbau der verbindlichen unternehmensinternen Datenschutzregeln vgl Art. 29-Datenschutzgruppe, Arbeitsdokument „Rahmen für verbindliche unternehmensinterne Datenschutzregelungen (BCR)“, v. 24.6.2008 (WP 154) sowie Arbeitsdokument mit einer Übersicht über die Bestandteile und Grundsätze verbindlicher unternehmensinterner Datenschutzregelungen (BCR), v. 24.6.2008 (WP 153).

113 Das Formular eines Antrags auf Prüfung einer verbindlichen unternehmensinternen Datenschutzregel enthält Art. 29-Datenschutzgruppe, Recommendation 1/2007 on the Standard Application for Approval of Binding Corporate Rules for the Transfer of Personal Data, v. 10.1.2007 (WP 133).

3. Angemessenheit des Schutzes personenbezogener Daten insbesondere in den USA

25 Nach Art. 25 Abs. 6 RL 95/46/EG kann die Kommission feststellen, dass ein Drittstaat aufgrund seiner innerstaatlichen Rechtsvorschriften oder internationaler Verpflichtungen ein **angemessenes Schutzniveau** im Sinne des Art. 25 Abs. 2 RL 95/46/EG gewährleistet. In den USA existiert kein einheitliches Datenschutzrecht.[114] Vielmehr vertraut der Staat im Grundsatz auf Selbstregulierungsansätze.[115] Ein angemessenes Datenschutzniveau im Sinne des Art. 25 Abs. 2 RL 95/46/EG kann aus diesem Grund nicht festgestellt werden.[116]

26 Als Auffanglösung wurden im Dialog zwischen der Kommission und dem amerikanischen Handelsministerium die auf einer Selbstregulierung der amerikanischen Unternehmen basierenden **Safe Harbor** Grundsätze festgelegt.[117] An amerikanische Unternehmen, die sich durch eine Erklärung gegenüber dem amerikanischen Handelsministerium diesen Grundsätzen für die Verarbeitung personenbezogener Daten unterwerfen, dürfen personenbezogene Daten aus den Mitgliedstaaten der Europäischen Union übermittelt werden.[118] Die Namen der den Safe Harbor Grundsätzen beigetretenen Unternehmen werden in einem öffentlich zugänglichen Register aufgenommen.

27 Daneben ist die Angemessenheit des Schutzniveaus auch Gegenstand vertraglicher Vereinbarungen zwischen der EU und den USA. Dies betrifft zum einen das Abkommen bezüglich der Society for Worldwide Interbank Financial Telecommunication (**SWIFT**)[119] aus dem Jahr 2010. SWIFT ist eine Gesellschaft mit Sitz in Belgien, welche einen Großteil des weltweiten Geldtransfers europäischer Banken abwickelt. Dem Abkommen vorausgegangen war die von der Art. 29-Datenschutzgruppe als rechtswidrig bewertete Herausgabe von Daten durch SWIFT an US-Behörden.[120] Der daraufhin geschlossene Vertrag sieht eine Beschränkung des Zugriffs auf Zwecke der Gefahrenabwehr und der Strafverfolgung vor. Neben einer unabhängigen Kontrolle sollen Anfragen durch US-Behörden vor der Beauskunftung durch Europol überprüft werden. Der Vertrag sieht das grundsätzliche Recht der Betroffenen auf Auskunft, Berichtigung, Löschung oder Sperrung ihrer personenbezogenen Daten vor. Die Speicherdauer der übermittelten Daten beträgt fünf Jahre, es sei denn die Daten werden für laufende Ermittlung darüber hinaus benötigt. Der Vertrag ist zunächst bis August 2015 gültig und verlängert sich ohne Kündigung durch eine der Vertragsparteien jeweils automatisch um ein Jahr.

Zum anderen ist hinsichtlich **Fluggastdaten** (Passenger Name Records, PNR) eine vertragliche Vereinbarung der Datenübermittlung zwischen der EU und den USA getroffen worden. Das United States Bureau of Customs and Border Protection (CBP) des Departments of Homeland Security

114 Einen Überblick über die datenschutzrechtliche Situation in den USA findet sich bei *Burkert*, in: Roßnagel, 2.3 Rn 78 ff.

115 Vgl *Räther/Seitz*, MMR 2002, 425, 427.

116 Vgl Art. 29-Datenschutzgruppe, Stellungnahme zum Stand des Datenschutzes in den Vereinigten Staaten und zu den derzeitigen Verhandlungen zwischen der Europäischen Kommission und der amerikanischen Regierung, v. 26.1.1999 (WP 15).

117 Vgl Kommission der Europäischen Gemeinschaften, Entscheidung 2000/520/EG v. 26.7.2000 gemäß der RL 95/46/EG des Europäischen Parlaments und des Rates über die Angemessenheit des von den Grundsätzen des „sicheren Hafens" und der diesbezüglichen „Häufig gestellten Fragen" (FAQ) gewährleisteten Schutzes, vorgelegt vom Handelsministerium der USA – K(2000) 2441, ABl. L 215 v. 25.8.2000, S. 7, vgl Arbeitsdokument der Kommissionsdienststellen über die Umsetzung der Entscheidung 520/2000/EG der Kommission v. 26.7.2000 gemäß der Richtlinie 95/46/EG des Europäischen Parlaments und des Rates über die Angemessenheit des von den Grundsätzen des „sicheren Hafens" und der diesbezüglichen „Häufig gestellten Fragen" (FAQ) gewährleisteten Schutzes, vorgelegt vom Handelsministerium der USA v. 13.2.2002, SEK (2002) 196 und Arbeitsdokument der Kommissionsdienststellen v. 20.10.2004, SEK (2004) 1323.

118 Vgl zum Schutzauftrag der EU im Zusammenhang mit Safe-Harbor und SWIFT *Hoffmann-Riem*, JZ 2014, 53, 61.

119 Der Vertragstext ist im Anhang zum Beschluss des Rates 2010/412/EU vom 13. Juli 2010 über den Abschluss des Abkommens zwischen der Europäischen Union und den Vereinigten Staaten von Amerika über die Verarbeitung von Zahlungsverkehrsdaten und deren Übermittlung aus der Europäischen Union an die Vereinigten Staaten für die Zwecke des Programms zum Aufspüren der Finanzierung des Terrorismus veröffentlicht, ABl. L 195 v. 27.7.2010, S. 3.

120 Vgl Art. 29-Datenschutzgruppe, Stellungnahme 14/2011 zu Fragen des Datenschutzes im Zusammenhang mit der Verhinderung von Geldwäsche und Terrorismusfinanzierung, v. 13.6.2011 (WP 186) nebst Anhang.

(DHS) fordert auf Grundlage eines nach den Terroranschlägen vom 11. September 2001 in den USA erlassenen Gesetzes von allen Fluggesellschaften, die Passagierflüge aus dem Ausland in die Vereinigten Staaten oder von den Vereinigten Staaten ins Ausland anbieten, dass sie ihm elektronischen Zugriff auf die Fluggastdatensätze gewähren, soweit diese in den automatischen Abfertigungssystemen der Fluggesellschaften erfasst und gespeichert werden.

Auf Grundlage einer Verpflichtungserklärung des DHS und des Abkommens der Europäischen Gemeinschaft und der Vereinigten Staaten von Amerika über die Verarbeitung von Fluggastdatensätzen und deren Übermittlung durch die Fluggesellschaften an das CBP vom 28. Mai 2004 (PNR-Abkommen 2004)[121] durften die in den Fluggastdatensätzen enthaltenen personenbezogenen Daten nach der Angemessenheitsentscheidung der Kommission vom 14. Mai 2004[122] und der Genehmigung des Abkommens durch Beschluss des Rates vom 17. Mai 2004[123] von in den Mitgliedstaaten der Europäischen Union ansässigen Fluggesellschaften an das CBP übermittelt werden. Auf die Klage des Europäischen Parlaments hat der EuGH die Entscheidung der Kommission und den Beschluss des Rates vom 17. Mai 2004 mit Urteil vom 30. Mai 2006[124] für nichtig erklärt, da diese eine Verarbeitung von Daten beträfen, die nach Art. 3 Abs. 2 1. Gedankenstrich RL 95/46/EG vom Anwendungsbereich der RL 95/46/EG ausgenommen sei. Die Übermittlung der PNR-Daten an das CBP stelle eine Verarbeitung dar, die die öffentliche Sicherheit und die Tätigkeiten des Staates im strafrechtlichen Bereich betreffe. Aus diesen Gründen habe zugleich der Beschluss des Rates vom 17. Mai 2004 nicht auf Art. 95 EGV iVm Art. 25 RL 95/46/EG gestützt werden können.

Zur Gewährleistung der Fluggastdatenübermittlung in die USA wurde das PNR-Abkommen aus dem Jahr 2004 nachgehend durch das Abkommen zwischen der Europäischen Union und den Vereinigten Staaten von Amerika über die Verarbeitung von Fluggastdatensätzen und deren Übermittlung durch die Fluggesellschaften an das United States Department of Homeland Security vom 23. und 26. Juli 2007 (PNR-Abkommen 2007) ersetzt.[125] Nach weiterer Kritik wurde diese Regelung im Jahr 2011 durch ein erneutes Abkommen ersetzt, welches der Rat durch Beschluss 2012/472/EU vom 26. April 2012 genehmigt hat.[126] Das Abkommen aus dem Jahr 2011 reduziert die Speicherdauer von zuvor 15 auf 10 Jahre, sieht die Anonymisierung der Daten nach sechs Monaten vor und gewährt den Betroffenen ein grundsätzliches Recht auf Auskunft, Korrektur oder Löschung ihrer Daten. Es ist am 1. Juli 2012 in Kraft getreten und bis zum Jahr 2019 gültig.

VII. Nationale Datenschutzaufsicht

Ein wesentliches Element des Schutzes der Betroffenen bei der Verarbeitung personenbezogener 28
Daten ist die Einrichtung **unabhängiger Aufsichtsbehörden** in den Mitgliedstaaten nach Art. 28 RL 95/46/EG.[127] Die Einrichtung unabhängiger Aufsichtsbehörden ist primärrechtlich in Art. 8

121 Abrufbar unter http://ec.europa.eu/justice/policies/privacy/docs/adequacy/pnr/2004-05-28-agreement_en.pdf.

122 Kommission der Europäischen Gemeinschaften, Entscheidung 2004/535/EG v. 14.5.2004 über die Angemessenheit des Schutzes der personenbezogenen Daten, die in den Passenger Name Records enthalten sind, welche dem United States Bureau of Customs and Border Protection übermittelt werden – K (2004) 1914, ABl. L 235 v. 6.7.2004, S. 11.

123 Rat der Europäischen Union, Beschluss 2004/496/EG v. 17. Mai 2004 über den Abschluss eines Abkommens zwischen der Europäischen Gemeinschaft und den Vereinigten Staaten von Amerika über die Verarbeitung von Fluggastdatensätzen und deren Übermittlung durch die Fluggesellschaften an das Bureau of Customs and Border Protection des United States Department of Homeland Security, ABl. L 183 v. 20.5.2004, S. 83.

124 EuGH, Urt. v. 30.5.2006, Rs. C-317/04 und C-318/04 (Parlament/Rat und Kommission), aaO. Vgl hierzu auch die Anmerkung von *Szczekalla*, DVBl. 2006, 896.

125 ABl. L 204 v. 4.8.2007, S. 18.

126 Der Text des Abkommens im Anhang zum Beschluss des Rates 2012/472/EU vom 26. April 2012 über den Abschluss des Abkommens zwischen den Vereinigten Staaten von Amerika und der Europäischen Union über die Verwendung von Fluggastdatensätzen und deren Übermittlung an das United States Department of Homeland Security veröffentlicht, ABl. L 215 v. 11.8.2012, S. 4.

127 So Erwägungsgrund 62 der RL 95/46/EG; zum Konflikt mit dem Demokratieprinzip deutscher Prägung *Fassbender*, RDV 2009, 96 ff.

Abs. 3 GRC sowie in Art. 16 Abs. 2 S. 2 AEUV festgeschrieben.[128] Die mit der Überwachung der Einhaltung der von den Mitgliedstaaten zur Umsetzung der RL 95/46/EG erlassenen einzelstaatlichen Vorschriften betrauten öffentlichen Behörden sind gemäß Art. 28 Abs. 3 RL 95/46/EG mit Untersuchungsbefugnissen und wirksamen Eingriffsbefugnissen auszustatten. Neben der Kontrollfunktion kommen ihnen auch Beratungsaufgaben (Art. 28 Abs. 2 RL 95/46/EG) und die Aufgabe der Bearbeitung von Eingaben betroffener Personen (Art. 28 Abs. 4 RL 95/46/EG) zu. Nach Art. 28 Abs. 5 RL 95/46/EG trifft die Aufsicht fernerhin eine regelmäßige Berichtspflicht. Nachhaltige Bedeutung kommt der in Art. 28 Abs. 1 S. 2 RL 95/46/EG ausdrücklich geforderten völligen Unabhängigkeit der Aufsichtsbehörde zu.[129] In der Bundesrepublik Deutschland werden die Aufgaben im Sinne des Art. 28 Abs. 1 RL 95/46/EG von der Bundesdatenschutzbeauftragten und den Datenschutzaufsichtsbehörden der Länder wahrgenommen.[130]

VIII. Europäische Zusammenarbeit der Datenschutzaufsicht

29 Eine wesentliche Bedeutung im Rahmen der weiteren Entwicklung und Ausgestaltung des europäischen Datenschutzes kommt der auf Grundlage des Art. 29 RL 95/46/EG gegründeten Gruppe für den Schutz von Personen bei der Verarbeitung personenbezogener Daten zu. Die so genannte **Art. 29-Datenschutzgruppe** besteht aus Vertretern der mitgliedstaatlichen und gemeinschaftlichen Kontrollstellen sowie der Kommission.[131] Im Rahmen ihrer beratenden Funktion gegenüber der Kommission hat die Datenschutzgruppe nach Art. 30 Abs. 1 RL 95/46/EG im Einzelnen die Aufgabe, die Umsetzung der RL 95/46/EG in den Mitgliedstaaten zu beobachten und die Kommission beim Erlass und bei der Änderung datenschutzrelevanter Rechtsakte zu beraten. Neben einem jährlichen Bericht über den Stand des Datenschutzes in der Gemeinschaft und in Drittstaaten nach Art. 30 Abs. 6 RL 95/46/EG veröffentlicht die Datenschutzgruppe ihre Stellungnahmen, Empfehlungen und Diskussionsgrundlagen in Form von fortlaufend nummerierten **Working Papers.**[132]

30 Neben der Beratung durch die Datenschutzgruppe erfährt die Kommission in ihrer Arbeit Unterstützung durch den auf Grundlage von Art. 31 Abs. 2 RL 95/46/EG iVm Art. 5, 10 f. der Verordnung (EU) Nr. 182/2011[133] gebildeten **Ausschuss.** Der von weisungsgebundenen Regierungsvertretern der Mitgliedstaaten besetzte Ausschuss wirkt bei der Feststellung eines angemessenen Datenschutzniveaus in einem Drittstaat (Art. 25 Abs. 4 und 6 RL 95/46/EG) und der Feststellung des angemessenen Schutzcharakters von Standardvertragsklauseln (Art. 26 Abs. 4 RL 95/46/EG) sowie von mitgliedstaatlichen Einzelfallgenehmigungen im Widerspruchsfall (Art. 26 Abs. 3 RL 95/46/EG) mit.

---

128 Die Forderung nach Aufsichtsbehörden zum Schutz personenbezogener Daten enthalten auch die Richtlinien der OECD zum Schutz der Privatsphäre und des grenzüberschreitenden Datenverkehrs (Guidelines governing the Protection of Privacy and Transborder Flows of Personal Data (2013), Rn 19 c) sowie Art. 1 Abs. 1 des Zusatzprotokolls des Europarats zum Übereinkommen zum Schutz des Menschen bei der automatischen Verarbeitung personenbezogener Daten bezüglich Kontrollstellen und grenzüberschreitendem Datenverkehr vom 8.11.2001.

129 Zu den Anforderungen an die Unabhängigkeit der Aufsichtsbehörden vgl EuGH, Urt. v. 9.3.2010, Rs. C-518/07 (Europäische Kommission gegen Bundesrepublik Deutschland), Rn 27; Urt. v. 16.10.2012, Rs. C-614/10 (Europäische Kommission gegen Republik Österreich), Rn 59, 63; Urt. v. 8.4.2014, Rs. C-288/12 (Europäische Kommission gegen Ungarn); vgl zu den einzelnen Voraussetzungen des Erfordernisses der Unabhängigkeit *Brühann*, in: Roßnagel, 2.4, Rn 42 ff; *Schaar*, DuD 2005, 579 ff.

130 Hierzu *Rudolf*, DuD 1995, 446 f.

131 Einzelheiten der Zusammensetzung und zum Verfahren regelt die auf Grundlage des Art. 29 Abs. 6 RL 95/46/EG festgelegte Geschäftsordnung. Der Text der Geschäftsordnung ist abgedruckt im Anhang zu der Kommentierung zu Art. 29 RL 95/46/EG bei *Ehmann/Helfrich*.

132 Ein Katalog der von der Datenschutzgruppe angenommenen Working Papers findet sich unter http://ec.europa.eu/justice/data-protection/article-29/documentation/opinion-recommendation/index_en.htm.

133 Verordnung (EU) Nr. 182/2011 des Europäischen Parlaments und des Rates vom 16. Februar 2011, aaO.

B. Besonderheiten bei der Verarbeitung personenbezogener Daten in der elektronischen Kommunikation

Neben der allgemeinen Datenschutz-Richtlinie 95/46/EG gibt es zahlreiche **bereichsspezifische Rechtsakte**, die den Zielen des Schutzes natürlicher Personen und des freien Datenverkehrs dienen sollen.[134] Für den Bereich der elektronischen Kommunikation hat die Europäische Union mit der Richtlinie 2002/58/EG eine solche bereichsspezifische Regelung geschaffen. Ebenfalls für den Bereich der Telekommunikation hatte die EU mit der vom EuGH für ungültig erklärten Richtlinie 2006/24/EG über die Vorratsdatenspeicherung die Mitgliedstaaten zur anlasslosen Speicherung von Bestands- und Verbindungsdaten durch TK-Anbieter zum Zweck möglicher künftiger staatlicher Auskunftsersuchen verpflichtet. Inhalt und Rechtmäßigkeit der EU-rechtlichen Vorgaben zum Datenschutz in der elektronischen Kommunikation sind wiederholt Gegenstand der Rechtsprechung des EuGH gewesen. 31

I. Richtlinie über die Verarbeitung personenbezogener Daten und den Schutz der Privatsphäre in der elektronischen Kommunikation

Für den Bereich der Telekommunikation ist insbesondere die Richtlinie 2002/58/EG über die **Verarbeitung personenbezogener Daten und den Schutz der Privatsphäre in der elektronischen Kommunikation** von Bedeutung.[135] Geändert und ergänzt wurde die RL 2002/58/EG zuletzt im Mai 2009 gemeinsam mit der Universaldienstrichtlinie 2002/22/EG anlässlich der regelmäßigen Überprüfung des Rechtsrahmens für elektronische Kommunikationsnetze und -dienste. Die Änderungen betrafen insbesondere personenbezogene Daten in Teilnehmerverzeichnissen, den Schutz von Standortdaten im Zusammenhang mit RFID-Funkfrequenzerkennungsgeräten (Radio Frequency Identification Devices) und den Schutz vor unerbetenen Nachrichten (Spam).[136] 32

Der **Anwendungsbereich** der RL 2002/58/EG erstreckt sich nach Art. 3 Abs. 1 RL 2002/58/EG auf die Verarbeitung personenbezogener Daten in Verbindung mit der Bereitstellung öffentlich zugänglicher elektronischer Kommunikationsdienste in öffentlichen Kommunikationsnetzen in der Gemeinschaft. Die durch die RL 97/66/EG gezogene Beschränkung auf Telekommunikationsdienste wurde aufgehoben, um das Ziel der Technologieneutralität zu erreichen. Erfasst werden somit etwa auch Internetprovider oder Nachrichtenübermittlungen mittels elektronischer Post. Aus dem Anwendungsbereich ausgenommen sind nach Art. 1 Abs. 3 RL 2002/58/EG Tätigkeiten, die die öffentliche Sicherheit, die Landesverteidigung, die Sicherheit des Staates und die Tätigkeit des Staates im strafrechtlichen Bereich betreffen. 33

Nach Art. 4 RL 2002/58/EG müssen die Betreiber öffentlich zugänglicher elektronischer Kommunikationsdienste geeignete technische und organisatorische Maßnahmen ergreifen, um die **Betriebssicherheit** zu gewährleisten. Gemäß Art. 4 Abs. 3 RL 2002/58/EG sind die Betreiber zur Meldung gegenüber der zuständigen nationalen Behörden und ggf. zur Benachrichtigung der Betroffenen bei Verletzung des Schutzes personenbezogener Daten verpflichtet. Die Mitgliedstaaten stellen nach 34

134 Zur Notwendigkeit bereichsspezifischer Regelungen *Simitis*, in: ders., Einleitung, Rn 204.

135 Richtlinie 2002/58/EG des Europäischen Parlaments und des Rates vom 12. Juli 2002 über die Verarbeitung personenbezogener Daten und den Schutz der Privatsphäre in der elektronischen Kommunikation (Datenschutzrichtlinie für elektronische Kommunikation), ABl. L 201 v. 31.7.2002, S. 37; zuletzt geändert durch Richtlinie 2009/136/EG des Europäischen Parlaments und des Rates vom 25. November 2009 zur Änderung der Richtlinie 2002/22/EG über den Universaldienst und Nutzerrechte bei elektronischen Kommunikationsnetzen und -diensten, der Richtlinie 2002/58/EG über die Verarbeitung personenbezogener Daten und den Schutz der Privatsphäre in der elektronischen Kommunikation und der Verordnung (EG) Nr. 2006/2004 über die Zusammenarbeit im Verbraucherschutz, ABl. L 337 v. 18.12.2009, S. 11.

136 Gemeinsamer Standpunkt (EG) Nr. 16/2009 v. 16.2.2009, vom Rat festgelegt gemäß dem Verfahren des Artikels 251 des Vertrags zur Gründung der Europäischen Gemeinschaft im Hinblick auf den Erlass einer Richtlinie des Europäischen Parlaments und des Rates zur Änderung der Richtlinie 2002/22/EG über den Universaldienst und Nutzerrechte bei elektronischen Kommunikationsnetzen und -diensten, der Richtlinie 2002/58/EG über die Verarbeitung personenbezogener Daten und den Schutz der Privatsphäre in der elektronischen Kommunikation und der VO (EG) Nr. 2006/2004 über die Zusammenarbeit im Verbraucherschutz, ABl. C 103E v. 5.5.2009, S. 40 ff, Rn 25, 30, 44, 53 ff.

Art. 5 Abs. 1 RL 2002/58/EG durch innerstaatliche Vorschriften die **Vertraulichkeit** der mit öffentlichen Kommunikationsnetzen und öffentlich zugänglichen Kommunikationsdiensten übertragenen Nachrichten und der damit verbundenen Verkehrsdaten sicher. Gemäß Art. 5 Abs. 3 RL 2002/58/EG stellen die Mitgliedstaaten sicher, dass die Speicherung von Informationen oder der Zugriff auf Informationen, die bereits im Endgerät eines Teilnehmers oder Nutzers gespeichert sind, nur gestattet ist, wenn der betreffende Teilnehmer oder Nutzer auf der Grundlage von klaren und umfassenden Informationen, die er gemäß der Richtlinie 95/46/EG u.a. über die Zwecke der Verarbeitung erhält, seine Einwilligung gegeben hat.[137] Dies betrifft grundsätzlich ebenso sog. **Cookies**, die Aufschluss hinsichtlich des Nutzungsverhaltens beim Aufruf von Webseiten geben können.[138] Gemäß Erwägungsgrund 66 der Richtlinie 2009/136/EG kann die Einwilligung des Nutzers, wenn es technisch durchführbar und wirksam ist, auch über die Handhabung der entsprechenden Einstellungen eines Browsers oder einer anderen Anwendung ausgedrückt werden.[139]

35 **Verkehrsdaten** zum Zwecke der Weiterleitung einer Nachricht an ein elektronisches Kommunikationsnetz sind fernerhin nach Art. 6 Abs. 1 RL 2002/58/EG grundsätzlich zu löschen oder zu anonymisieren, sobald sie für die Übertragung nicht mehr benötigt werden. Zum Zweck der Fakturierung erforderliche Verkehrsdaten dürfen nur bis zum Ablauf der Frist bearbeitet werden, innerhalb derer die Rechnung rechtlich angefochten oder der Anspruch auf Zahlung geltend gemacht werden kann.

36 Die RL 2002/58/EG gewährt dem Teilnehmer mit Art. 7 und Art. 8 RL 2002/58/EG das Recht, Rechnungen ohne **Einzelgebührennachweis** zu erhalten, und verpflichtet die Diensteanbieter zur Einräumung der Möglichkeit, eine Rufnummernanzeige für jeden Anruf einzeln auf einfache Weise und gebührenfrei zu verhindern. Die Mitgliedstaaten stellen nach Art. 11 RL 2002/58/EG fernerhin sicher, dass jeder Teilnehmer die Möglichkeit hat, auf einfache Weise und gebührenfrei die von einer dritten Partei veranlasste automatische **Anrufweiterschaltung** zum Endgerät des Teilnehmers abzustellen. Nach Art. 12 RL 2002/58/EG ist sicherzustellen, dass die Teilnehmer bestimmen können, in welchem Umfang und für welche Zwecke ihre personenbezogenen Daten in einem Teilnehmerverzeichnis veröffentlicht werden. So kann der Teilnehmer bei grundsätzlichem Zugang der Öffentlichkeit zu seinen personenbezogenen Daten etwa eine Inverssuche ausschließen.

37 Eine weniger dem Schutz personenbezogener Daten im engeren Sinne als vielmehr dem Schutz vor belästigender Werbung verpflichtete Regelung enthält Art. 13 RL 2002/58/EG mit der Einschränkung unerbetener Nachrichten. Grundsätzlich dürfen **Werbenachrichten** mittels elektronischer Kommunikationsdienste nach Art. 13 Abs. 1 RL 2002/58/EG nur bei vorheriger Einwilligung des Teilnehmers übermittelt werden. Der Einwilligungsvorbehalt gewinnt mit der Zunahme der relativ leicht und preiswert in Form von elektronischer Post zu versendenden Direktwerbung zunehmend an Bedeutung. Die rasant steigende Zahl des so genannten **Spam** bedeutet für den Empfänger eine Belastung sowie einen nicht zu unterschätzenden Kosten- und Zeitaufwand. Insbesondere die Ausfilterung von Spam-Mails kann rechtliche und technische Schwierigkeiten für die Anbieter elektronischer Kommunikationsnetze verursachen. Verboten ist aus diesen Gründen nach Art. 13 Abs. 4 RL 2002/58/EG die Praxis des Versendens elektronischer Nachrichten zu Zwecken der Direktwerbung, bei der die Identität des Absenders, in dessen Auftrag die Nachricht versandt wird, nicht offengelegt wird oder bei der keine gültige Adresse vorhanden ist, an die der Empfänger eine Aufforderung zur Einstellung solcher Nachrichten richten kann. Zumindest soweit solche Nachrichten aus Drittstaaten versandt werden, hat das Verbot jedoch nicht zu einer Einschränkung des Massenphänomens Spam geführt.[140]

137 Vgl Erwägungsgründe 24 f der RL 2002/58/EG.

138 *Zur Ausnahme von der Einwilligungspflicht* für Cookies vgl Art. 29-Datenschutzgruppe, Stellungnahme 04/2012, v. 7.6.2012 (WP 194).

139 Vgl Richtlinie 2009/136/EG des Europäischen Parlaments und des Rates vom 25. November 2009, aaO.

140 Zu den internationalen Bemühungen im Kampf gegen Spam vgl *Nolte*, CR 2004, 239 ff.

II. Vorratsdatenspeicherung von Telekommunikationsdaten

Eine einschneidende Einschränkung des Gebots, nicht mehr benötigte Verkehrsdaten unverzüglich zu löschen, begründete die Richtlinie 2006/24/EG über die **Vorratsdatenspeicherung** von Daten, die bei der Bereitstellung öffentlich zugänglicher elektronischer Kommunikationsdienste oder öffentlicher Kommunikationsnetze erzeugt oder verarbeitet werden, und zur Änderung der Richtlinie 2002/58/EG vom 15. März 2006.[141] Die Richtlinie sah zum Zwecke der Ermittlung, Feststellung und Verfolgung schwerer Straftaten eine Vorratsspeicherungsverpflichtung für Bestands-, Verkehrs- und Standortdaten durch Telekommunikationsdiensteanbieter vor.[142] Die Mitgliedstaaten hatten sicherzustellen, dass die im Einzelnen in Art. 5 RL 2006/24/EG angegebenen Datenkategorien von Anbietern öffentlich zugänglicher elektronischer Kommunikationsdienste oder Betreibern eines öffentlichen Kommunikationsnetzes für einen Zeitraum von mindestens sechs Monaten und höchstens zwei Jahren (Art. 6 RL 2006/24/EG) auf Vorrat gespeichert (Art. 3 RL 2006/24/EG) und in im Einzelnen von den Mitgliedstaaten festzulegenden Fällen an Behörden weitergegeben (Art. 4 RL 2006/24/EG) wurden. 38

Die Vereinbarkeit der RL 2006/24/EG mit höherrangigem Recht war seit ihrem Inkrafttreten umstritten. Der Europäische Gerichtshof hatte in einem Urteil vom 10. Februar 2009 zunächst bestätigt, dass die Richtlinie als Binnenmarktregelung formell rechtmäßig auf der zutreffenden Rechtsgrundlage verabschiedet worden ist.[143] In seinem **Urteil** vom 8. April 2014 hat der **EuGH** die Richtlinie für ungültig erklärt.[144] Zwar hat der Gerichtshof die Vorratsdatenspeicherung nicht für gänzlich unzulässig erklärt und ausgeführt, dass sie ein nützliches Mittel für strafrechtliche Ermittlungen darstellen könne.[145] Jedoch hat der EuGH in der Richtlinie einen besonders schwerwiegenden Eingriff von großem Ausmaß in die Achtung des Privatlebens gemäß Art. 7 GRC sowie in den Schutz personenbezogener Daten nach Art. 8 GRC erkannt. Hierbei hat das Gericht darauf abgestellt, dass die Vorratsdatenspeicherung geeignet sei, bei den Betroffenen das Gefühl zu erzeugen, ihr Privatleben sei Gegenstand einer ständigen Überwachung.[146] Auch ohne Speicherung der Kommunikationsinhalte könnten aus der Gesamtheit der Verkehrsdaten genaue Schlüsse auf das Privatleben der Personen, deren Daten auf Vorrat gespeichert wurden, gezogen werden, etwa auf Gewohnheiten des täglichen Lebens, ständige oder vorübergehende Aufenthaltsorte, tägliche oder in anderem Rhythmus erfolgende Ortsveränderungen, ausgeübte Tätigkeiten sowie soziale Beziehungen.[147]

Dementsprechend hat der EuGH an eine verhältnismäßige Ausgestaltung der Vorratsdatenspeicherung **hohe rechtliche Hürden** im Sinne einer Beschränkung auf das absolut Notwendige gestellt. So moniert das Gericht, dass sich die Richtlinie 2006/24/EG generell auf alle Personen und alle elektronischen Kommunikationsmittel sowie auf sämtliche Verkehrsdaten erstrecke, ohne Differenzierungen, Einschränkungen oder Ausnahmen anhand des Ziels der Bekämpfung schwerer Straftaten vorzusehen.[148] Insbesondere seien keinerlei Ausnahmen für Kommunikationsvorgänge derjenigen Personen vorgesehen, die nach den nationalen Rechtsvorschriften dem Berufsgeheimnis unterliegen.[149] Des Weiteren sei keine Beschränkung des Eingriffs auf die Daten eines bestimmten Zeitraums, eines bestimmten geografischen Gebiets und/oder eines bestimmten Personenkreises, der in irgendeiner Weise in eine schwere Straftat verwickelt sein könnte oder deren auf Vorrat gespei-

141 RL 2006/24/EG des Europäischen Parlaments und des Rates vom 15. März 2006 über die Vorratsdatenspeicherung von Daten, die bei der Bereitstellung öffentlich zugänglicher elektronischer Kommunikationsdienste oder öffentlicher Kommunikationsnetze erzeugt oder verarbeitet werden, und zur Änderung der RL 2002/58/EG, *ABl. L 105 v. 13.4.2006, S. 54.*

142 *Simitis*, NJW 2009, 1782 ff; s. § 36 des Handbuchs.

143 Vgl EuGH, Urt. v. 10.2.2009, Rs. C-301/06 (Irland), MMR 2009, 244 ff.

144 EuGH, Urt. v. 8.4.2014, Rs. C-293/12 (Digital Rights Ireland) und C-594/12 (Kärntner Landesregierung u.a.).

145 EuGH, aaO, Rn 49.

146 EuGH, aaO, Rn 37.

147 EuGH, aaO, Rn 27.

148 EuGH, aaO, Rn 57.

149 EuGH, aaO, Rn 58.

cherte Daten aus anderen Gründen zur Verhütung, Feststellung oder Verfolgung schwerer Straftaten beitragen könnten, vorgesehen.[150] Schließlich bemängelt das Gericht, dass der Zugang der zuständigen nationalen Behörden zu den auf Vorrat gespeicherten Daten keiner vorherigen Kontrolle durch ein Gericht oder eine unabhängige Verwaltungsstelle unterliege,[151] dass hinsichtlich der Dauer der Vorratsspeicherung keine Unterscheidung nach Datenkategorien erfolge,[152] und dass keine Beschränkung des Speicherortes auf das Unionsgebiet vorgenommen worden sei.[153]

Bereits zuvor hatten die Verfassungsgerichte der Mitgliedstaaten Bundesrepublik Deutschland, Rumänien und Tschechische Republik die jeweiligen **nationalen Umsetzungen** der Richtlinie zur Vorratsdatenspeicherung für verfassungswidrig erklärt.[154]

III. Veröffentlichung personenbezogener Daten im Internet

39 Mit der stetig **zunehmenden Verbreitung** personenbezogener Informationen über das Internet nimmt zugleich die Gefahr der Verkürzung des Rechts des Einzelnen auf Schutz seiner personenbezogenen Daten zu. So finden sich auf Webseiten von Unternehmen, Organisationen oder Vereinen sowie in Suchmaschinen nicht selten Nennungen der Namen von Personen in Verbindung mit Angaben über deren vergangenen oder derzeitigen Lebensverhältnisse.

40 Der EuGH hat in seinem Urteil in der Sache Bodil Lindqvist[155] grundlegende Aussagen zu der Anwendbarkeit der Regelungen der RL 95/46/EG auf die Angabe personenbezogener Daten auf Webseiten getroffen. Im Wege des von einem schwedischen Gericht eingeleiteten Vorabentscheidungsverfahren hat der EuGH zunächst festgestellt, dass die Vorgänge des **Hochladens** und des **Abrufs** von Webseiten automatische Datenverarbeitungen im Sinne des Art. 3 Abs. 1 RL 95/46/EG darstellen und die RL 95/46/EG somit auf die Darstellung personenbezogener Daten im Internet Anwendung findet. Regelmäßig bedarf der Anbieter der Webseiten somit nach Art. 7 a RL 95/46/EG einer Einwilligung der betroffenen Personen.

Zugleich hat der EuGH aber auch festgestellt, dass keine **Übermittlung in ein Drittland** im Sinne des Art. 25 RL 95/46/EG vorliegt, wenn eine Person, die sich in einem Mitgliedstaat befindet, auf eine Webseite, die bei einem in demselben oder einem anderen Mitgliedstaat ansässigen Host-Provider gespeichert ist, personenbezogene Daten aufnimmt und sie damit jeder Person, die eine Verbindung zum WWW herstellt, einschließlich Personen in Drittstaaten, zugänglich macht. Diese Feststellung ist von nicht zu unterschätzender Bedeutung. Wäre das Angebot von Webseiten als eine Übermittlung in ein Drittland zu klassifizieren, würde der Vollzug der Regelung des Art. 25 RL 95/46/EG für Europa weitgehend zum Erliegen des WWW führen.[156] Sobald die Kommission nach Art. 25 Abs. 4 RL 95/46/EG feststellen würde, dass auch nur ein Staat kein angemessenes Schutzniveau aufweist, wären die Mitgliedstaaten verpflichtet, jedes Hochladen personenbezogener Daten auf Webseiten zu unterbinden.

41 In seinem Urteil in der Rechtssache Google Spain/Google Inc. gegen die spanische Datenschutzaufsichtsbehörde Agencia Española de Protección de Datos und Mario Costeja González hat der EuGH am 13.5.2014 entschieden, dass Betroffene aufgrund Art. 12 a und Art. 14 b RL 95/46/EG gegen **Suchmaschinenanbieter** einen Anspruch gegen die Anzeige ihrer personenbezogenen Daten als Ergebnis einer anhand ihres Namens durchgeführten Suche haben.[157] Der Anspruch bestehe unabhängig davon, ob der Name oder die Informationen auf den Internetseiten, auf welche die Suchmaschine verweise, gelöscht würden und gegebenenfalls auch dann, wenn ihre Veröffentli-

150 EuGH, aaO, Rn 59.
151 EuGH, aaO, Rn 62.
152 EuGH, aaO, Rn 63.
153 EuGH, aaO, Rn 68.
154 BVerfG, Urt. v. 2.3.2010, Az. 1 BvR 256/08; Rumänisches Verfassungsgericht, Urt. v. 8.10.2009, Az. 1258 und *Verfassungsgericht der Tschechischen* Republik, Urt. v. 22.3.2011, Az. 94/2011.
155 EuGH, Urt. v. 6.11.2003, C-101/01 (Lindqvist), Slg 2003, I-12971.
156 *Roßnagel*, MMR 2004, 95, 99.
157 EuGH, Urt. v. 13.5.2014, Rs. C-131/12.

chung auf den Internetseiten als solche rechtmäßig sei.[158] Ferner hat der EuGH geurteilt, dass die Grundrechte aus den Art. 7 und 8 GRC, aufgrund derer Betroffene die Anzeige der Suchergebnisse untersagen können, grundsätzlich nicht nur gegenüber dem wirtschaftlichen Interesse des Suchmaschinenbetreibers überwögen, sondern auch gegenüber dem Interesse der breiten Öffentlichkeit am Zugang zu der Information. Dies sei nur ausnahmsweise, etwa aufgrund der Rolle der betreffenden Person im öffentlichen Leben, nicht der Fall.[159]

Der EuGH hat das Finden der von Dritten ins Internet gestellten oder dort veröffentlichten Informationen, deren automatische Indexierung, vorübergehende Speicherung und schließlich Zurverfügungstellen in einer bestimmten Rangfolge als „Verarbeitung personenbezogener Daten" im Sinne von Art. 2 b der RL 95/46/EG eingestuft und den Betreiber der Suchmaschine als für die Verarbeitung Verantwortlichen im Sinne von Art. 2 d der RL 95/46/EG angesehen.[160] Schließlich hat der EuGH zur Bestimmung der Niederlassung der verantwortlichen Stelle genügen lassen, dass der Suchmaschinenanbieter in einem Mitgliedstaat für die Förderung des Verkaufs der Werbeflächen der Suchmaschine und diesen Verkauf selbst eine Zweigniederlassung oder Tochtergesellschaft gründet und deren Tätigkeit auf die Einwohner dieses Staates ausgerichtet ist.[161]

C. Zusammenarbeit auf dem Gebiet der öffentlichen Sicherheit

Schließlich hat die Europäische Union insbesondere für die grenzüberschreitende Zusammenarbeit 42
auf dem Gebiet der **öffentlichen Sicherheit**, die gemäß Art. 3 Abs. 2 nicht in den Anwendungsbereich der Richtlinie 95/46/EG fällt, Rechtsinstrumente zum Austausch personenbezogener Daten geschafften. Hierzu zählen insbesondere der Rahmenbeschluss 2008/977/JI über den Schutz personenbezogener Daten, die im Rahmen der polizeilichen und justiziellen Zusammenarbeit in Strafsachen verarbeitet werden,[162] der Rahmenbeschluss 2009/315/JI über die Durchführung und den Inhalt des Austauschs von Informationen aus dem Strafregister zwischen den Mitgliedstaaten,[163] der Beschluss 2008/615/JI zur Vertiefung der grenzüberschreitenden Zusammenarbeit, insbesondere zur Bekämpfung des Terrorismus und der grenzüberschreitenden Kriminalität (Prüm-Entscheidung),[164] der Beschluss 2009/371/JI zur Errichtung des Europäischen Polizeiamts (Europol),[165] der Beschluss 2002/187/JI über die Errichtung von Eurojust zur Verstärkung der Bekämpfung der schweren Kriminalität,[166] die Verordnung (EG) Nr. 1987/2006[167] sowie der Beschluss 2007/533/

158 EuGH, aaO, Rn 93, 94.

159 EuGH, aaO, Rn 97.

160 EuGH, aaO, Rn 41.

161 EuGH. aaO, Rn 54 ff.

162 Rahmenbeschluss 2008/977/JI des Rates vom 27. November 2008 über den Schutz personenbezogener Daten, die im Rahmen der polizeilichen und justiziellen Zusammenarbeit in Strafsachen verarbeitet werden, ABl. L 350 v. 30.12.2008, S. 60.

163 Rahmenbeschluss 2009/315/JI des Rates vom 26. Februar 2009 über die Durchführung und den Inhalt des Austauschs von Informationen aus dem Strafregister zwischen den Mitgliedstaaten, ABl. L 93 v. 7.4.2009, S. 23.

164 Beschluss 2008/615/JI des Rates vom 23. Juni 2008 zur Vertiefung der grenzüberschreitenden Zusammenarbeit, insbesondere zur Bekämpfung des Terrorismus und der grenzüberschreitenden Kriminalität, ABl. L 210 v. 6.8.2008, S. 1.

165 Beschluss 2009/371/JI des Rates vom 6. April 2009 zur Errichtung des Europäischen Polizeiamts (Europol), ABl. L 121 v. 15.5.2009, S. 37.

166 Beschluss 2002/187/JI des Rates vom 28. Februar 2002 über die Errichtung von Eurojust zur Verstärkung der Bekämpfung der schweren Kriminalität, ABl. L 63 v. 6.3.2002, S. 1; geändert durch Beschluss 2003/659/JHA des Rates vom 18. Juni 2003 zur Änderung des Beschlusses 2002/187/JI über die Errichtung von Eurojust zur Verstärkung der Bekämpfung der schweren Kriminalität, ABl. L 245 v. 29.9.2003, S. 44; geändert durch Beschluss 2009/426/JI des Rates vom 16. Dezember 2008 zur Stärkung von Eurojust und zur Änderung des Beschlusses 2002/187/JI über die Errichtung von Eurojust zur Verstärkung der Bekämpfung der schweren Kriminalität, ABl. L 138 v. 4.6.2009, S. 14.

167 Verordnung (EG) Nr. 1987/2006 des Europäischen Parlaments und des Rates vom 20. Dezember 2006 über die Einrichtung, den Betrieb und die Nutzung des Schengener Informationssystems der zweiten Generation (SIS II), ABl. L 381 v. 28.12.2006, S. 4.

JI[168] über die Einrichtung, den Betrieb und die Nutzung des Schengener Informationssystems der zweiten Generation (SIS II), die Entscheidung 2004/512/EG zur Einrichtung des Visa-Informationssystems (VIS),[169] die Verordnung (EG) Nr. 2725/2000 über die Einrichtung von „Eurodac" für den Vergleich von Fingerabdrücken zum Zwecke der effektiven Anwendung des Dubliner Übereinkommens,[170] die Verordnung (EU) Nr. 1052/2013 zur Errichtung eines Europäischen Grenzüberwachungssystems (EUROSUR)[171] und der Rechtsakt 95/C 316/02 über die Fertigstellung des Übereinkommens über den Einsatz der Informationstechnologie im Zollbereich.[172]

Abschnitt 3: Datenschutz bei EU-Einrichtungen

A. Primärrechtliche Vorgaben

43 Neben der Grundrechtecharta enthält der **Vertrag über die Arbeitsweise der Europäischen Union** Vorgaben für den Datenschutz. Art. 16 AEUV[173] normiert in Absatz 1 das ausdrückliche Recht jeder Person auf den Schutz der sie betreffenden personenbezogenen Daten. Die inhaltliche Gewährleistung entspricht dem Grundrecht aus Art. 8 Abs. 1 der Grundrechtecharta.[174]

44 Umstritten ist das **Verhältnis** des Art. 16 AEUV zum Recht aus Art. 8 Abs. 1 GRC. Die Charta enthält in Art. 52 Abs. 2 eine Bestimmung, wonach für Rechte, die ebenfalls in den Verträgen festgelegt sind, die dort genannten Schranken gelten sollen. Der Art. 16 AEUV enthält keine Schrankenbestimmungen, in Art. 8 GRC sind jedoch Eingriffsvoraussetzungen normiert. Diese würden bei Anwendung des Art. 52 Abs. 2 GRC leerlaufen. Es wird argumentiert, Art. 16 AEUV sei nicht von Art. 52 Abs. 2 GRC umfasst,[175] da das gesetzgeberische Ziel nicht die Schaffung eines über die Grundrechtecharta hinausgehenden Schutzes gewesen sei.[176] Die Regelung in Art. 52 Abs. 2 GRC würde sich zudem als Kollisionsregel auf bereits vor Inkrafttreten der Charta in den Verträgen enthaltene Rechte beziehen, die durch die Charta nicht entkräftet werden sollen.[177] Art. 16 AEUV ist allerdings erst mit dem Vertrag von Lissabon in Kraft getreten, der vorherige Art. 286 EGV enthielt kein subjektives Recht, sondern erstreckte lediglich den Geltungsbereich der für die Mitgliedstaaten erlassenen Datenschutzrichtlinien auf die Union und ihre Organe.[178] Ein anderer Argumentationsansatz betrachtet den Art. 8 GRC als Konkretisierung des Art. 16 AEUV, mit der Folge, dass beide Artikel gemeinsam angewendet werden müssen.[179] Die Schranken des Art. 8 GRC blieben daher

168 Beschluss 2007/533/JI des Rates vom 12. Juni 2007 über die Einrichtung, den Betrieb und die Nutzung des Schengener Informationssystems der zweiten Generation (SIS II), ABl. L 205 v. 7.8.2007, S. 63.

169 Entscheidung des Rates 2004/512/EG vom 8. Juni 2004 zur Einrichtung des Visa-Informationssystems (VIS), ABl. L 213 v. 15.6.2004, S. 5; iVm Verordnung (EG) Nr. 767/2008 des Europäischen Parlaments und des Rates vom 9. Juli 2008 über das Visa-Informationssystem (VIS) und den Datenaustausch zwischen den Mitgliedstaaten über Visa für einen kurzfristigen Aufenthalt (VIS-Verordnung), ABl. L 218 v. 13.8.2008, S. 60, und dem Beschluss 2008/633/JI des Rates vom 23. Juni 2008 über den Zugang der benannten Behörden der Mitgliedstaaten und von Europol zum Visa-Informationssystem (VIS) für Datenabfragen zum Zwecke der Verhütung, Aufdeckung und Ermittlung terroristischer und sonstiger schwerwiegender Straftaten, ABl. L 218 v. 13.8.2008, S. 129.

170 Verordnung (EG) Nr. 2725/2000 des Rates vom 11. Dezember 2000 über die Einrichtung von "Eurodac" für den Vergleich von Fingerabdrücken zum Zwecke der effektiven Anwendung des Dubliner Übereinkommens, ABl. L 316 v. 15.12.2000, S. 1.

171 Verordnung (EU) Nr. 1052/2013 des Europäischen Parlaments und des Rates vom 22. Oktober 2013 zur Errichtung eines Europäischen Grenzüberwachungssystems (EUROSUR), ABl. L 295 v. 6.11.2013, S. 11.

172 Rechtsakt des Rates 95/C 316/02 vom 26. Juli 1995 über die Fertigstellung des Übereinkommens über den Einsatz der Informationstechnologie im Zollbereich, ABl. C 316 v. 27.11.1995, S. 33; geändert durch Beschluss 2009/917/JI des Rates vom 30. November 2009 über den Einsatz der Informationstechnologie im Zollbereich, ABl. L 323 v. 10.12.2009, S. 20.

173 Konsolidierte Fassung des Vertrags über die Arbeitsweise der Europäischen Union, ABl. C 83/01 v. 30.3.2010, S. 47.

174 Vgl hierzu oben Rn 3.

175 *Kingreen*, in: Calliess/Ruffert, Art. 16, Rn 3.

176 *Sobotta, in: Grabitz/Hilf/Nettesheim, Art. 16, Rn 8.*

177 *Kingreen*, in: Calliess/Ruffert, Art. 8 GRC Rn 3, Art. 52, Rn 3 ff.

178 Vgl *Kingreen*, in: Calliess/Ruffert, Art. 16, Rn 2.

179 *Herrmann*, in: Streinz, Art. 16 AEUV, Rn 4.

anwendbar.[180] Nach anderer Ansicht greift Art. 52 Abs. 2 GRC, ohne dass es dabei in der Konsequenz jedoch zu einer schrankenlosen Gewährleistung des Grundrechts aus Art. 16 AEUV käme.[181] Heranzuziehen seien die im Sekundärrecht angelegten Datenverarbeitungsanforderungen.[182]

Art. 16 Abs. 2 AEUV bildet die flankierende Rechtsgrundlage für den Erlass **sekundärrechtlicher Vorschriften** durch das Europäische Parlament und den Rat über den Datenschutz bei der Verarbeitung personenbezogener Daten durch die Organe, Einrichtungen und sonstigen Stellen der Union sowie durch die Mitgliedstaaten im Rahmen der Ausübung von Tätigkeiten, die in den Anwendungsbereich des Unionsrechts fallen. Zudem werden nach demselben Verfahren Vorschriften über den freien Datenverkehr erlassen. Damit besteht nunmehr eine gesonderte Rechtsgrundlage für an die Mitgliedstaaten gerichtete Rechtsakte der Union. Abweichend von dieser Vorschrift erlässt nach Art. 39 Satz 1 EUV der Rat – ohne Beteiligung des Parlaments – im Rahmen der Gemeinsamen Außen- und Sicherheitspolitik einen Beschluss zur Festlegung von Vorschriften über den Datenschutz durch die Mitgliedstaaten und über den freien Datenverkehr. 45

B. Verordnung zum Schutz natürlicher Personen bei der Verarbeitung personenbezogener Daten durch die Organe und Einrichtungen der Gemeinschaft und zum freien Datenverkehr

Zum Schutz natürlicher Personen bei der Verarbeitung personenbezogener Daten durch die **Organe und Einrichtungen der Gemeinschaft** und zum freien Datenverkehr haben das Europäische Parlament und der Rat die VO (EG) Nr. 45/2001 erlassen. Mit der VO (EG) Nr. 45/2001 werden die Organe und Einrichtungen der Gemeinschaft an die Regelungen der RL 95/46/EG und RL 2002/58/EG gebunden. Ziel ist die Gewährleistung einer kohärenten und homogenen Anwendung der Bestimmungen für den Schutz der Grundrechte und Grundfreiheiten bei der Verarbeitung personenbezogener Daten in der gesamten Gemeinschaft.[183] 46

Der **Anwendungsbereich** der VO (EG) Nr. 45/2001 erstreckt sich gemäß Art. 3 Abs. 1 VO (EG) Nr. 45/2001 auf die Verarbeitung personenbezogener Daten durch alle Organe und Einrichtungen der Gemeinschaft, soweit die Verarbeitung im Rahmen von Tätigkeiten erfolgt, die ganz oder teilweise in den Anwendungsbereich des Gemeinschaftsrechts fallen.[184] 47

Nach Art. 24 VO (EG) Nr. 45/2001 bestellt jedes Organ und jede Einrichtung der Gemeinschaft einen **behördlichen Datenschutzbeauftragten,** der für die Anwendung der Bestimmungen der VO (EG) Nr. 45/2001 Sorge trägt und die für die Verarbeitung Verantwortlichen bei der Erfüllung ihrer Verpflichtungen berät. Der für die Verarbeitung Verantwortliche hat dem behördlichen Datenschutzbeauftragten gemäß Art. 25 Abs. 1 VO (EG) Nr. 45/2001 jede Verarbeitung vorab zu melden. 48

Die in den Mitgliedstaaten durch die Kontrollstellen zu gewährleistende Aufsicht wird auf Gemeinschaftsebene durch den **Europäischen Datenschutzbeauftragten** ausgeübt. Der erstmals vom Europäischen Parlament und Rat am 22. Dezember 2003 ernannte Europäische Datenschutzbeauftragte[185] übt sein Amt nach Art. 44 Abs. 1 VO (EG) Nr. 45/2001 ebenso wie die mitgliedstaatlichen Kontrollstellen in völliger Unabhängigkeit aus. 49

Die Gemeinschaft **haftet** gemäß Art. 32 Abs. 4 VO (EG) Nr. 45/2001 für durch eine rechtswidrige Verarbeitung von Daten oder jede andere mit der VO (EG) Nr. 45/2001 nicht zu vereinbarende Handlung verursachte Schäden nach Art. 340 AEUV. Jede vorsätzliche oder fahrlässige Nichtein- 50

180 *Herrmann,* in: Streinz, Art. 16 AEUV, Rn 4 ff.; *Kingreen,* in: Calliess/Ruffert, Art. 8 GRC, Rn 3.
181 *Bernsdorff,* in: Meyer, Art. 8, Rn 17.
182 *Bernsdorff,* in: Meyer, Art. 8, Rn 17.
183 Vgl Erwägungsgrund 12 der VO (EG) Nr. 45/2001.
184 Zu den der VO im Einzelnen unterworfenen Organen und Einrichtungen vgl *Gola/Klug,* S. 28 f.
185 Beschluss des Europäischen Parlaments und des Rates vom 22. Dezember 2003 über die Nominierung für das Amt der unabhängigen Kontrollbehörde gem. Art. 286 des EG-Vertrages – 2004/55/EG, ABl. L 12 v. 17.1.2004, S. 47.

haltung der Verpflichtungen aus der VO (EG) Nr. 45/2001 zieht für Beamte oder sonstige Bedienstete der Gemeinschaft nach Art. 49 VO (EG) Nr. 45/2001 überdies disziplinarische Maßnahmen nach sich. Die Zuständigkeit für Schadensersatzklagen liegt nach Art. 32 Abs. 1 VO (EG) Nr. 45/2001 ebenso wie die Zuständigkeit für alle Streitfälle, die die Bestimmungen der VO (EG) Nr. 45/2001 betreffen, beim EuGH. Neben dem Rechtsbehelf der Klage kann die betroffene Person nach Art. 32 Abs. 1 VO (EG) Nr. 45/2001 eine Beschwerde beim Europäischen Datenschutzbeauftragten einreichen. Gegen Entscheidungen des Europäischen Datenschutzbeauftragten kann gemäß Art. 32 Abs. 3 VO (EG) Nr. 45/2001 Klage beim EuGH erhoben werden. Neben den betroffenen Personen können nach Art. 33 VO (EG) Nr. 45/2001 desgleichen alle bei einem Organ oder einer Einrichtung der Gemeinschaft beschäftigten Personen beim Europäischen Datenschutzbeauftragten eine Beschwerde wegen Verletzung der Bestimmungen der VO (EG) Nr. 45/2001 ohne Beschreiten des Dienstweges einlegen.

Abschnitt 4: Ausblick

51 Die Datenschutzrichtlinie 95/46/EG ist vor der rasanten Entwicklung der Informationstechnologien und des Internet erlassen worden. Nach Feststellung der Kommission wurde sie zudem in den Mitgliedstaaten nicht einheitlich umgesetzt. Mit dem Vertrag von Lissabon ist nunmehr in Art. 16 AEUV eine Rechtsgrundlage auch für den Bereich der polizeilichen und justiziellen Zusammenarbeit in Strafsachen geschaffen worden. Vor diesem Hintergrund hat die Kommission am 25. Januar 2012 zur Modernisierung, europaweiten Vereinheitlichung und Neuordnung des Datenschutzrechts der Europäischen Union einen Vorschlag für eine **Datenschutz-Grundverordnung**[186] für den nicht-öffentlichen sowie den allgemein-öffentlichen Bereich und einen Vorschlag für eine **Datenschutz-Richtlinie**[187] insbesondere für den Bereich Inneres und Justiz vorgestellt. Der Vorstellung der Entwürfe vorausgegangen waren seit 2009 eine Vielzahl öffentlicher Anhörungen der Kommission sowie die Veröffentlichung einer Mitteilung der Kommission über ein Gesamtkonzept für den Datenschutz in der Europäischen Union.[188]

In dem Entwurf der unmittelbar anwendbaren Datenschutz-Grundverordnung sind zur Durchsetzung des Datenschutzrechts **neue Rechtsinstrumente** vorgesehen. Personen, deren Daten durch Dritte, insbesondere in sozialen Netzwerken, verarbeitet worden sind, sollen ein Recht auf Vergessenwerden geltend machen können. Datenschutzrechtliche Anforderungen sollen bereits im Stadium der Produktentwicklung (Privacy by design) und in den Voreinstellungen der Produkte und Dienstleistungen berücksichtigt werden (Privacy by default). Um den Anbieterwechsel zu ermöglichen, soll ein Recht auf Datenübertragbarkeit festgeschrieben werden. Europäisches Datenschutzrecht soll nach dem Marktortprinzip unabhängig von der Niederlassung der verantwortlichen Stelle dann anwendbar sein, wenn Waren oder Dienstleitungen in der EU angeboten werden oder das Verhalten von EU-Bürgern im Netz beobachtet wird. Ähnlich der Vorschrift für elektronische Kommunikationsdienste in der RL 2002/58/EG soll eine allgemeine Meldepflicht bei Datenschutzverstößen europaweit eingeführt werden. Bei besonders risikobehafteten Datenverarbeitungen soll eine Datenschutz-Folgenabschätzung vorgeschrieben werden.

Des Weiteren soll die **Datenschutzkontrolle** verbessert werden. Der Vorschlag sieht europaweite Regelungen zur Bestellung innerbetrieblicher Datenschutzbeauftragter vor. Zudem soll die Zusammenarbeit der Datenschutzaufsichtsbehörden durch Schaffung eines unabhängigen Datenschutz-

---

186 Vorschlag für Verordnung des Europäischen Parlaments und des Rates zum Schutz natürlicher Personen bei der Verarbeitung personenbezogener Daten und zum freien Datenverkehr (Datenschutz-Grundverordnung), KOM(2012) 11 endg.

187 Vorschlag für Richtlinie des Europäischen Parlaments und des Rates zum Schutz natürlicher Personen bei der Verarbeitung personenbezogener Daten durch die zuständigen Behörden zum Zwecke der Verhütung, Aufdeckung, Untersuchung oder Verfolgung von Straftaten oder der Strafvollstreckung sowie zum freien Datenverkehr, *KOM(2012) 10 endg.*

188 Mitteilung der Kommission an das Europäische Parlament, den Rat, den Europäischen Wirtschafts- und Sozialausschuss und den Ausschuss der Regionen Gesamtkonzept für den Datenschutz in der Europäischen Union, KOM(2010) 609 endg.

ausschusses und durch Vorschriften zum Ablauf eines Kohärenzverfahrens verbessert werden. Schließlich sieht der Entwurf verschärfte Sanktionen bei Datenschutzverstößen inklusive Geldbußen in Höhe von bis zu zwei Prozent des Jahresumsatzes eines Unternehmens vor. Zur Geltendmachung von Datenschutzverstößen vor Gericht sollen Datenschutzverbände Klage im Namen einer natürlichen Person erheben dürfen.

Zum Zeitpunkt der Drucklegung dieses Handbuchs ist das Rechtsetzungverfahren über die Neuordnung des EU-Datenschutzrechts noch nicht beendet gewesen.

Die nach der Annahme der RL 95/46/EG sich rasant entwickelnde Informationstechnologie inklusive deren Vernetzung verdeutlichen die Notwendigkeit einer Reaktion des Gesetzgebers, um Grundrechte auch unter **geänderten technischen, wirtschaftlichen und politischen Rahmenbedingungen** möglichst umfangreiche Geltung zu verschaffen. Mit der Zunahme der über elektronische Kommunikationsnetze abgewickelten Informationsbeziehungen, z.B. in sozialen Netzwerken, durch Nutzung vernetzter Rechenkapazitäten iSv Cloud Computing oder infolge der als Big Data bezeichneten Auswertung riesiger Datenbestände durch leistungsfähige Algorithmen, werden in zunehmendem Maße personenbezogene Daten verschiedenster Art verarbeitet. Zugleich dürfte auf Grund der in der jüngeren Vergangenheit bekannt gewordenen, umfangreichen Überwachung insbesondere des Internetverkehrs durch ausländische Geheimdienste wie die US-amerikanische National Security Agency (NSA) die Sensibilität der Bevölkerung gegenüber der Erhebung und Verarbeitung von Daten gestiegen sein. Das Vertrauen der Bevölkerung in den Schutz ihrer personenbezogenen Daten und die Sicherheit ihrer Rechensysteme ist jedoch Voraussetzung für deren Nutzung im Beruf sowie in der Freizeit, z.B. zum Einkauf, zur Nutzung von E-Government-Angeboten sowie sonstigen Diensten der öffentlichen Hand, zur Information, Bildung, Kommunikation, Unterhaltung etc. Der Datenschutz steht auch in der Zukunft vor technischen, politischen und wirtschaftlichen Herausforderungen. Es gilt daher weiterhin im Einzelnen im Wege der Abwägung Sicherheitsinteressen, Wirtschaftsinteressen, das Interesse der Öffentlichkeit am Zugang zu Informationen und den Schutz von personenbezogenen Daten zu einem **ausgewogenen Ausgleich** zu bringen. 52

§ 38 Bildung und Kultur, Forschung, technologische Entwicklung und Raumfahrt

Literatur: *Alber*, Die Selbstbindung der europäischen Organe an die Charta der Grundrechte, EuGRZ 2001, 349 ff; *Andréani*, Contribution à la Convention Européenne sur la place de la culture dans le future traité, Anlage zum Dokument des Europäischen Konvents CONV 460/02 vom 17. Dezember 2002; *Bardenhewer*, Die Einheitlichkeit der Organisationsstruktur der Europäischen Union, EuR 1998, Beiheft 2, 125 ff; *Bartosch*, Die neue Gruppenfreistellungsverordnung im EG-Beihilfenrecht, NJW 2001, 921 ff; *Beaucamp*, Das Konzept der zukunftsfähigen Entwicklung im Recht, Tübingen, 2002; *Berggreen-Merkel*, Aufbau eines Europäischen Bildungssystems, RdJB 2001, 133 ff; *dies.*, Die rechtlichen Aspekte der Kulturpolitik nach dem Maastrichter Vertrag, Saarbrücken, 1995; *Bergsdorf/Nagel* (Hrsg.), Universitäten in der Wissensgesellschaft, München, 2001; *Berndt*, Internationaler Kulturgüterschutz, Köln u.a., 1998; *Bila*, Nationaler Kulturgüterschutz in der EU, Bonn, 1997; *Blanke/Kitz*, Grenzüberschreitende Buchpreisbindung und Europäisches Gemeinschaftsrecht, JZ 2000, 118 ff; *Blanke*, Europa auf dem Weg zu einer Bildungs- und Kulturgemeinschaft, Köln u.a., 1994; *Blankenagel*, Wissenschaftsfreiheit aus Sicht der Wissenschaftssoziologie, AöR 105 (1980), 35 ff; *Bleckmann*, Die Rechtsquellen des Europäischen Gemeinschaftsrechts, NVwZ 1993, 824 ff; *ders.*, Die Wahrung der „nationalen Identität" im Unionsvertrag, JZ 1997, 265 ff; *Bleicher*, Auf dem Weg in die Wissensgesellschaft, Frankfurt am Main, 2002; *v. Bogdandy/Westphal*, The legal framework of an autonomous European Research Council, ELR 29 (2004), 788 ff; *Bohne*, Langfristige Entwicklungstendenzen im Umwelt- und Technikrecht, in: Schmidt-Aßmann/Hoffmann-Riem (Hrsg.), Strukturen des Europäischen Verwaltungsrechts, Baden-Baden, 1999, S. 217 ff; *Bohr/Albert*, Die Europäische Union – das Ende der eigenständigen Kulturpolitik der deutschen Bundesländer?, ZRP 1993, 61 ff; *v. Borries*, Das Subsidiaritätsprinzip im Recht der Europäischen Union, EuR 1994, 263 ff; *Brinckmann/Vollebreg*, The Marketing of Sport and its Relation to E. C. Competition Law, ECLR 43 (1998), 281 ff; *Calliess*, Die neue Querschnittsklausel des Art. 6 ex 3 c EGV als Instrument zur Umsetzung des Grundsatzes der nachhaltigen Entwicklung, DVBl. 1998, 559 ff; *Caspar*, Die EU-Charta der Grundrechte und das Bildungsrecht, RdJB 2001, 165 ff; *Classen*, Bildungspolitische Förderprogramme der EG. Eine kritische Untersuchung der vertraglichen Grundlagen, EuR 1990, 10 ff; *ders.*, Forschungsförderung durch die EG und Freiheit der Wissenschaft, WissR 1995, 97 ff; *Cludius*, Die Kompetenzen der Europäischen Gemeinschaft für den Bereich der Bildungspolitik, Frankfurt am Main u.a., 1995; *Czysz*, Bildungspolitische Rahmenbedingungen in der Europäischen Union, in: Timmermann (Hrsg.), Bildung in der Europäischen Union, Berlin, 1995, S. 21 ff; *v. Danwitz*, Die Kultur in der Verfassungsordnung der Europäischen Union, NJW 2005, 529 ff; *D'Atena*, Die Subsidiarität: Werte und Wandel, in: Blankenagel, Alexander u.a. (Hrsg.), Liber Amicorum Peter Häberle, Tübingen, 2004, S. 327 ff; *Di Fabio*, Der neue Art. 23 des Grundgesetzes. Positivierung des vollzogenen Verfassungswandels oder Verfassungsneuschöpfung?, Der Staat 32 (1994), 191 ff; *Dittmann/Fehrenbacher*, Die bildungsrechtlichen Harmonisierungsverbote (Art. 126 Abs. 4, Art. 127 Abs. 4 EGV) und ihre Bedeutung für die nationale „Bildungshoheit", RdJB 1992, 478 ff; *Doehring*, Die nationale Identität der Mitgliedstaaten der Europäischen Union, in: Due (Hrsg.), FS für Ulrich Everling, Baden-Baden, 1995, S. 263 ff; *Dohms*, Die Kompetenzen der EG im Bereich der allgemeinen Bildung nach Art. 126 EGV, RdJB 1992, 451 ff; *Dolzer*, Wirtschaft und Kultur im Völkerrecht, in: Graf Vitzthum (Hrsg.), Völkerrecht, 6. Aufl., Berlin, 2013, 6. Abschnitt, S. 439 ff; *Dolzer/Jayme/Mußgnug* (Hrsg.), Rechtsfragen des internationalen Kulturgüterschutzes, Heidelberg, 1994; *Eberle*, Das europäische Recht und die Medien am Beispiel des Rundfunkrechts, AfP 1993, 422 ff; *Eikenberg*, Forschung und technologische Entwicklung im AEUV – Fortschritte und Widersprüche, EuR 2013, 224 ff; *Everling*, Die Buchpreisbindung im deutschen Sprachraum und Europäisches Gemeinschaftsrecht, Baden-Baden, 1997; *Fechner*, Auswirkungen des europarechtlichen Diskriminierungsverbots auf die Bildung, RdJB 2002, 339 ff; *ders.*, Einwirkungen des Europarechts auf die nationale Bildungsordnung, in: Lassahn/Offenbach (Hrsg.), Bildung in Europa, Frankfurt am Main, 1994, S. 17 ff; *ders.*, Kultur und Bildung im Europarecht, RdJB 1996, 35 ff; *ders.*, Medienrecht, 9. Aufl., Tübingen, 2008; *ders.*, Prinzipien des Kulturgüterschutzes, in: Fechner/Oppermann/Prott (Hrsg.), Prinzipien des Kulturgüterschutzes, Berlin, 1996, S. 11 ff; *Feuchthofen*, Berufliche Bildung nach Maastricht – Chancen und Risiken für das deutsche System, in: Lassahn/Offenbach (Hrsg.), Bildung in Europa, Frankfurt am Main, 1994, S. 73 ff; *ders.*, Die Neuordnung der europäischen Bildungspolitik, RdJB 1994, 326 ff; *Fiedler*, Impulse der Europäischen Gemeinschaft im kulturellen Bereich – Rechtliche Grundlagen und politische Fortentwicklung, in: Magiera (Hrsg.), Das Europa der Bürger in einer Gemeinschaft ohne Binnengrenzen, Baden-Baden, 1990, S. 147 ff; *Fink*, Gewährt das Recht der Europäischen Gemeinschaften den wissenschaftlichen Hochschulen grundrechtliche Freiheit?, EuGRZ 2001,

193 ff; *Fischer, H. G.*, Kulturpolitik, in: v. Borries/Zacker (Hrsg.), Europarecht von A – Z, 3. Aufl., München, 2002, S. 389 ff; *Fürst*, Die bildungspolitischen Kompetenzen der europäischen Gemeinschaft, Frankfurt am Main, 1999; *Geissler*, Staatliche Kunstförderung nach dem Grundgesetz und Recht der EG, Berlin, 1995; *Glaser, A.*, Die Studierfreiheit, Analyse eines ungeklärten „Grundrechts" in historischer und europäischer Perspektive, Der Staat 2008, 213 ff; *Godt*, Forschungs- und Technologiepolitik, in: Dauses (Hrsg.), Handbuch des EU-Wirtschaftsrechts, Bd. 2, 31. Ergänzungslieferung, München, 2012; *Götting*, Gewerblicher Rechtsschutz, 9. Aufl., München, 2010; *Grabitz/Hilf/Nettesheim* (Hrsg.), Das Recht der Europäischen Union, München, 51. Ergänzungslieferung, September 2013; *Graf Vitzthum*, Die Identität Europas, EuR 2002, 1 ff; *Granieri/Renda*, Horizont 2020: Innovation Law and Policy in the European Union: Towards Horizon 2020, Mailand, 2012; *Groß, T.*, Die Autonomie der Wissenschaft im europäischen Rechtsvergleich, Baden-Baden, 1992; *Grunwald*, Neuere Entwicklungen des EU-Forschungsrechts, ZEuS 2011, S. 607 ff;*Häberle*, Das Prinzip der Subsidiarität aus Sicht der vergleichenden Verfassungslehre, AöR 119 (1994), 169 ff; *ders.*, Die Freiheit der Wissenschaft im Verfassungsstaat, AöR 110 (1985), 329 ff; *ders.*, Die Menschenwürde als Grundlage der staatlichen Gemeinschaft, in: Isensee/Kirchhof (Hrsg.), Handbuch des Staatsrechts der Bundesrepublik Deutschland, Bd. I/2, 3. Aufl., Heidelberg, 2004; *ders.*, Verfassungslehre als Kulturwissenschaft, 2. Aufl., 1998; *ders.*, Europäische Rechtskultur, Baden-Baden, 1994; *ders.*, Europäische Verfassungslehre, 7. Aufl., Baden-Baden, 2011; *ders.*, Gibt es eine europäische Öffentlichkeit?, Berlin, 2000; *ders.*, National-verfassungsstaatlicher und universeller Kulturgüterschutz – ein Textstufenvergleich, in: Fechner/Oppermann/Prot (Hrsg.), Prinzipien des Kulturgüterschutzes, Berlin, 1996, S. 91 ff; *Hablitzel*, Subsidiaritätsprinzip und Bildungskompetenzen im Vertrag über die Europäische Union, Regensburg, 1994; *Hahn*, Eine kulturelle Bereichsausnahme im Recht der WTO?, ZaöRV 56 (1996), 315 ff; *ders.*, Europäische Kulturpolitik, Sindelfingen, 1987; *Hailbronner/Weber*, Die Hochschulen vor den Herausforderungen von Europäisierung und Regionalisierung, WissR 1997, 298 ff; *Hailbronner/Weber*, Möglichkeiten zur Förderung der europäischen Kultur in Rundfunk und Fernsehen anhand der Fernsehrichtlinie der Europäischen Gemeinschaft, DÖV 1997, 561 ff; *Harenberg*, Bildung für eine nachhaltige Entwicklung in der Wissensgesellschaft, Wiesbaden, 2005; *Hartley*, European Union Law in a Global Context, Cambridge, 2004 (Neudruck 2005); *Heins*, Die Rolle des Staates für eine nachhaltige Entwicklung der Industriegesellschaft, Berlin, 1997; *Hesse, K.*, Grundzüge des Verfassungsrechts der Bundesrepublik Deutschland, 20. Aufl., Heidelberg, 1995 (Neudruck 1999); *Hilf*, Europäische Union und nationale Identität der Mitgliedstaaten, in: GS für Eberhard Grabitz, München, 1995, S. 157 ff; *Hilpold*, Bildung und Europa, Baden-Baden, 1995; *Hipp*, Schutz von Kulturgütern in Deutschland, Berlin 2000; *Hochbaum*, Der Begriff der Kultur im Maastrichter und Amsterdamer Vertrag, BayVBl. 1997, 641 ff; *Hoeren*, Internet- und Kommunikationsrecht, 2. Aufl., Köln, 2012; *Hubig* (Hrsg.), Unterwegs zur Wissensgesellschaft, Berlin, 2000; *Ipsen*, Der „Kulturbereich" im Zugriff der Gemeinschaft, in: Fiedler/Ress (Hrsg.), GS für Wilhelm Karl Geck, Köln, 1989, S. 339 ff; *Isensee*, Subsidiaritätsprinzip und Verfassungsrecht, 2. Aufl., Berlin, 2001; *Jacqué*, in: von der Groeben/Schwarze (Hrsg.), Kommentar zum Vertrag über die Europäische Union und zur Gründung der Europäischen Gemeinschaft, Band 1, 6. Aufl., Baden-Baden, 2003; *Kirchhof/Schäfer/Tietmeyer*, Europa als politische Idee und als rechtliche Form, 2. Aufl., Berlin, 1994; *Klodt*, Grundlagen der Forschungs- und Technologiepolitik, Kieler Arbeitspapiere Nr. 664, 1995; *Koenig/Kühling*, Mitgliedstaatliche Kulturförderung und gemeinschaftliche Beihilfenkontrolle durch die EG-Kommission, EuZW 2000, 197 ff; *Konow*, Bildungspolitik nach Maastricht, RdJB 1992, 428 ff; *ders.*, Zur europäischen Forschungspolitik nach Maastricht, WissR, Beiheft 11 (1993), 40 ff; *Kotzur*, Nachhaltigkeit im rechtswissenschaftlichen Diskurs, in: Baumert/Schlütter/Stoppe/Zlotowski (Hrsg.), Nachhaltigkeit. Auf den Spuren eines Begriffs und seiner Bedeutung im universitären Kontext, 2013, S. 41 ff; *ders.*, Die Bildungskompetenzen der Europäischen Union nach Art. 165, 166 AEUV, in: Odendahl (Hrsg.), Europäische (Bildungs-)Union?, 2011, 107 ff; *ders.*, Die Ziele der Union: Verfassungsidentität und Gemeinschaftsidee, DÖV 2005, 313 ff; *ders.*, Grenznachbarschaftliche Zusammenarbeit in Europa, Berlin, 2004; *ders.*, Theorieelemente des internationalen Menschenrechtsschutzes. Das Beispiel der Präambel des Internationalen Paktes über bürgerliche und politische Rechte, Berlin, 2001; *Krüger*, Die europarechtlichen Kompetenzen im Bereich Forschung und Technologie, WissR 1989, 201 ff; *Lamping/Ludwigs*, Die kartellrechtliche Bedeutung des Buches als Wirtschafts- und Kulturgut nach europäischem Gemeinschaftsrecht: Sind Bücher anders?, ZaöRV 1999, 51 ff; *Landfried*, Das politische Europa. Differenz als Potential der Europäischen Union, 2. Aufl., Baden-Baden, 2005; *Lang*, Die Mitwirkungsrechte des Bundestages und des Bundesrates in Angelegenheiten der Europäischen Union gemäß Art. 23 Abs. 2 bis 7 GG, Berlin, 1997; *Leisner*, Kontinuität als Verfassungsprinzip, Tübingen, 2002; *Lenaerts*, Education in European Community Law after „Maastricht", CMLR 31 (1994), 7 ff; *Lenz*, Die Rechtsprechung des Europäischen Gerichtshofs im Bereich des Bildungswe-

sens, Europa-Archiv 1989, 125 ff; *Lepsius*, Die Europäische Union: Ökonomisch-politische Integration und kulturelle Pluralität, in: ders., Institutionalisierung politischen Handelns, Wiesbaden, 2013; *Lindner*, Die Europäisierung des Wissenschaftsrechts, 2009; *Magiera*, Die Grundrechtecharta der Europäischen Union, DÖV 2000, 1017 ff; *Mayer*, Wege aus der Verfassungskrise, JZ 2007, 593 ff; *Möwes/Meier*, Die Revision der EG-Fernsehrichtlinie, Berlin, 2008; *Müller-Graff*, Einheit und Kohärenz der Vertragsziele von EG und EU, EuR 1998, Beiheft 2, 67 ff; *Munke/Thoß* (Hrsg.), Europäische Räume – Les espaces européens: Forschungsperspektiven der Human- und Sozialwissenschaften – Perspectives des recherches en sciences humaines et sociales, Berlin, 2013; *Mußgnug*, Kultur und Kulturgut in der Europäischen Gemeinschaft, in: FS für Helmut Steinberger, Heidelberg, 2002, S. 1303 ff; *Nettesheim*, Das Kulturverfassungsrecht der Europäischen Union, JZ 2002, 157 ff; *Niedobitek*, Die kulturelle Dimension im Vertrag über die Europäische Union, EuR 1995, 349 ff; *ders.*, Kultur und Europäisches Gemeinschaftsrecht, Berlin, 1992; *O'Leary*, The Evolving Concept of Community Citizenship, Den Haag, 1996; *Ohler*, Die Anerkennung ausländischer Hochschulen in Deutschland als Problem des Gemeinschaftsrechts, WissR 1998, 170 ff; *Pipkorn*, Das Subsidiaritätsprinzip im Vertrag über die Europäische Union – rechtliche Bedeutung und gerichtliche Überprüfbarkeit, EuZW 1992, 697 ff; *Pernice* (Hrsg.), Der Vertrag von Lissabon – Reform der EU ohne Verfassung?, Baden-Baden 2008; *Plehwe, v.*, European Union and the Free Movement of Cultural Goods, ELR 20 (1995), 431 ff; *Popper*, Objektive Erkenntnis, Hamburg, 1993; *Pouchard*, Les systèmes de prix fixe du livre dans les zones linguistiques transnationales au regard du droit communautaire, RTDE 37 (2001), 63 ff; *Preuschen*, Kulturgutsicherungsgesetz und EG-Recht, EuZW 1999, 40 ff; *Ress*, Die neue Kulturkompetenz der EG, DÖV 1992, 944 ff; *ders.*, Die Zulässigkeit von Kulturbeihilfen in der Europäischen Union, in: GS für Eberhard Grabitz, München, 1995, S. 595 ff; *ders.*, Kultur und Europäischer Binnenmarkt, Stuttgart, 1997; *Ress/Ukrow*, Auswirkungen von Art. 128 Abs. 4 EGV auf die wettbewerbsrechtliche Beurteilung von Buchpreisbindungssystemen, ZEuS 1999, 1 ff; *Rodríguez Iglesias*, Zur Stellung der Europäischen Menschenrechtskonvention im Europäischen Gemeinschaftsrecht, in: FS für Rudolf Bernhardt, Berlin, 1995, S. 1269 ff; *Roettinger*, Urheberrecht und Europarecht: Rechtspolitik und Rechtsetzung der Europäischen Gemeinschaft, ZEuS 2001, 285 ff; *Schiedermair*, Qualifikation durch Wissenschaft – der besondere Ausbildungsauftrag der Universität, in: ders., Schriften zur Bildung und Wissenschaft, Bonn, 1996, S. 262 ff; *Schmahl*, Die Kulturkompetenz der Europäischen Gemeinschaft, Baden-Baden, 1996; *Schmidhuber*, Das Subsidiaritätsprinzip im Vertrag von Maastricht, DVBl. 1993, 417 ff; *Schmidt-Aßmann*, Organisationsfragen der europäischen Forschungspolitik, in: FS für Ulrich Everling, Bd. I, Baden-Baden, 1995, S. 1281 ff; *Scholz*, Europäische Union und deutscher Bundesstaat, NVwZ 1993, 817 ff; *v. Schorlemer*, Internationaler Kulturgüterschutz, Berlin, 1992; *Schröder, M.*, Europäische Bildungspolitik und bundesstaatliche Ordnung, Baden-Baden, 1990; *ders.*, Sustainable Development – Ausgleich zwischen Umwelt und Entwicklung als Gestaltungsaufgabe der Staaten, ArchVR 34 (1996), 251 ff; *Schulze-Fielitz*, Freiheit der Wissenschaft, in: Benda/Maihofer/Vogel (Hrsg.), Handbuch des Verfassungsrechts, 2. Aufl., Berlin, 1994, (Neudruck 2012), § 27; *Schwartz*, Subsidiarität und EG-Kompetenzen. Der neue Titel „Kultur“, Medienvielfalt und Binnenmarkt, AfP 1993, 409 ff; *Schwarze*, Der Schutz nationalen Kulturguts im europäischen Binnenmarkt, JZ 1994, 111 ff; *Schweitzer*, EG-Kompetenzen im Bereich von Kultur und Bildung, in: Merten (Hrsg.), Föderalismus und Europäische Gemeinschaften, 2. Aufl., Berlin, 1993, S. 147 ff; *Seidel/Beck*, Rechtliche Aspekte der Bildungspolitik der EG, Jura 1997, 393 ff; *Selmer/Gersdorf*, Die Finanzierung des Rundfunks in der Bundesrepublik Deutschland auf dem Prüfstand des EG-Beihilferegimes, Berlin, 1994; *Sieben*, Was bedeutet Nachhaltigkeit als Rechtsbegriff?, NVwZ 2003, 1173 ff; *Siehr*, Kulturgüterschutz innerhalb der europäischen Union, ZVerglRWiss 95 (1996), 170 ff; *Starbatty/Vetterlein*, Die Technologiepolitik der Europäischen Gemeinschaft, Baden-Baden, 1990; *Staudenmayer*, Mittelbare Auswirkungen des Gemeinschaftsrechts auf das Bildungswesen, WissR 1994, 249 ff; *ders.*, Europäische Bildungspolitik – vor und nach Maastricht, BayVBl. 1995, 312 ff; *Stolleis*, Europa – Seine historischen Wurzeln und seine künftige Verfassung, Tartu, 1997; *Streinz*, Auswirkungen des Rechts auf „Sustainable Development“ – Stütze oder Hemmschuh?, Die Verwaltung 31 (1998), 449 ff; *ders.*, Internationaler Schutz von Museumsgut, Opladen, 1998; *Stremmel*, Die Forschungs- und Technologiepolitik der Europäischen Gemeinschaft, Aachen, 1988; *Stroud*, Decentralized Management of DG XII Research and Development Programs, 1993; *Sturm*, Die Rolle des Subsidiaritätsprinzips in der Forschungs- und Technologiepolitik, in: ders. (Hrsg.), Europäische Forschungs- und Technologiepolitik und die Anforderungen des Subsidiaritätsprinzips, Baden-Baden, 1996, S. 37 ff; *Trute*, Die Forschung zwischen grundrechtlicher Freiheit und staatlicher Institutionalisierung, Tübingen, 1994; *Trute/Groß*, Rechtsvergleichende Grundlagen der europäischen Forschungspolitik, WissR 1994, 203 ff; *Tumbrägel*, Die Zentralvermarktung von Sportübertragungsrechten am Beispiel von Fußball und Formel 1, Göttingen, 2001; *Uebersohn*, Europarechtliche Wirkungen im

Bildungsrecht und in der Bildungspolitik, RdJB 1995, 100 ff; *Voss*, Das Leitbild der nachhaltigen Entwicklung, Köln, 1997; *Wägenbaur*, Auf dem Wege zur Bildungs- und Kulturgemeinschaft, in: GS für Eberhard Grabitz, München, 1995, S. 851 ff; *Wemmer*, Die neuen Kulturklauseln des EG-Vertrags, Frankfurt am Main, 1996; *Wingens*, Wissensgesellschaft und Industrialisierung der Wissenschaft, Wiesbaden, 1998; *Wittkowski*, Bildungsrechtliche Folgen des Maastricht-Vertrages aus deutscher Sicht, RdJB 1994, 317 ff; *ders.*, Die Rechtsprechung des Europäischen Gerichtshofs zur Freizügigkeit und Gleichbehandlung von Angehörigen der EG-Mitgliedstaaten hinsichtlich des Besuchs von Ausbildungsstätten und deren Auswirkung für die Bundesrepublik Deutschland, Frankfurt am Main, 1991, S. 39 ff; *Zacher*, Forschungsfreiheit und Forschungsförderung in Europa, FS für Günther Jahr, Tübingen, 1993, S. 199 ff; *Zuleeg*, Zum Verhältnis nationaler und europäischer Grundrechte, Funktion einer EU-Charta der Grundrechte, EuGRZ 2000, 511 ff; *ders.*, The European Constitution under Constitutional Constraints: The German Scenario, ELR 22 (1997), 19 ff.

Abschnitt 1: Übersicht zu Gesetzgebung und Rechtsprechung

A. Gesetzgebung

I. Wichtige Normen zu den Themen Kultur und Bildung

EUV: Präambel, Art. 3; AEUV: Präambel, Art. 165, 166, 167.

II. Wichtige Normen zu den Themen Forschung, technologische Entwicklung und Raumfahrt

EUV: Präambel, Art. 3; AEUV: Präambel, Art. 179 bis 190.

B. Rechtsprechung

I. Wichtige Entscheidungen des EuGH zu den Themen Kultur und Bildung

EuGH, Rs. 7/68 (Kommission/Italien), Slg 1968, 633 (zur Anwendung der Warenverkehrsfreiheit auf Kulturgüter); EuGH, Rs. 9/74 (Casagrande), Slg 1974, 773; EuGH, Rs. 229/83 (Leclerc), Slg 1985, 1 und EuGH, verb. Rs. 60 und 61/84 (Cinéthèque), Slg 1985, 2605 (zur Anwendung von Art. 30 EG respektive der *Cassis*-Formel auf den freien Warenverkehr mit Kulturgütern); EuGH, Rs. 293/83 (Gravier), Slg 1985, 593; EuGH, Rs. C-9/99 (Echirolles Distribution SA/Association due Dauphiné u.a.), Slg 2000, I-8207 (zur Zulässigkeit nationaler Buchpreisbindungsregelungen); EuGH, Rs. C-169/00 (Kommission/Finnland), Slg 2002, I-2433; EuGH, Rs. C-144/00 (Hoffmann), Slg 2003, I-2921; EuGH, Rs. C-250/06 (United Pan-Europe Communications), Slg 2007, I-11135; EuGH, Rs. C-275/06 (Productores de Música de España/Telefónica de España SAU), Slg 2008, I-00271; EuGH, Rs. C-615/12 P (Arbos/Kommission), zVv.

II. Wichtige Entscheidungen des EuGH zu den Themen Forschung, technologische Entwicklung und Raumfahrt

EuG, Rs. T-184/97 (BP Chemicals Ltd./Kommission), Slg 2000, II-3145, Rn 60 ff; EuGH, Rs. C-269/90 (TU München), Slg 1991, I-5469 (5499 ff); EuGH, Rs. C 34/10 (Brüstle/Greenpeace e.V.), Slg 2011, I-09821; EuGH, Rs. C-355/12 (Nintendo u.a.), zVv.

Abschnitt 2: Analyse und Darstellung der Einwirkungspraxis des Europarechts auf Bildung und Kultur, Forschung, technologische Entwicklung und Raumfahrt

A. Einleitung: Die Europäische Union als „Entwicklungsgemeinschaft" auf den Teilfeldern Bildung und Kultur, Forschung, technologische Entwicklung und Raumfahrt

„Wissen ist Macht"! Dieses dem englischen Philosophen *Francis Bacon* zugeschriebene Dictum ist heute plausibler denn je. Die Gründe liegen auf der Hand: Im postindustriellen Zeitalter mit seinen weltumspannenden Datenautobahnen gewinnt der Faktor „Wissen" mehr und mehr an Gewicht. Wissen ist Voraussetzung für innovationsabhängige ökonomische Prosperität, Voraussetzung für ökologischen Wandel, Voraussetzung für die erfolgreiche Teilhabe an weit verzweigten Globalisierungsprozessen. Verallgemeinernd formuliert: Wissen bildet eine der entscheidenden Grundbedingungen, um politische Gemeinschaften reformfähig zu erhalten und damit ihre soziale Stabilität (auch in der Generationenperspektive) zu sichern. Der Terminus von der **„Wissensgesellschaft"**[1] bringt all das auf einen treffenden Nenner. Der Wissensbegriff darf indes nicht auf das schlichte Haben spezifischer Kenntnisse verengt werden („knowledge" ist mehr als „know how"), sondern muss tiefer gründen und weiter aufgefächert sein. So hat die Wissensgesellschaft ihre Wurzeln in der Kultur,[2] sie lebt von Bildung gleichermaßen wie von Ausbildung, sie setzt auf Forschung und technologische Entwicklung. Um angesichts dieses komplexen Gefüges mitunter widerstreitender Zielperspektiven nicht Kapital gegen Kultur oder Ökonomie gegen Ökologie auszuspielen, bedarf es eines ganzheitlichen Ansatzes, der eine nachhaltige Entwicklung auch in der Generationenperspektive garantiert.[3] 1

Der Vertrag von Lissabon berücksichtigt – wie vordem schon der Entwurf einer künftigen Europäischen Verfassung – dieses Postulat auf vielfache Weise, sei es in der Präambel, sei es im operativen Teil. Und auch das sekundäre Unionsrecht macht Bildung und Kultur, Forschung, Technologie und Raumfahrt, verknüpft durch das Band nachhaltiger Entwicklung, zu normativ verankerten „Gemeinschaftsthemen". Auch wenn mit dem Vertrag von Lissabon der Gemeinschafts- durch den Unionsbegriff abgelöst wurde, lebt jenseits aller Semantik die *Gemeinschaftsidee* fort, gibt es auch zukünftig „Gemeinschaftsthemen" in der und für die Union. Schon im Jahre 2000 hat der Europäische Rat, damals ebenfalls in Lissabon, selbstbewusst gefordert, die Europäische Union solle bis zum Jahre 2010 eine in höchstem Maße wettbewerbsfähige Wissensgesellschaft werden.[4] Unabhängig von globaler Finanz- und europäischer Staatsschuldenkrise war diese Ambition wohl doch zu vollmundig. Anlässlich des Gipfels in Barcelona (2002) entschieden die europäischen Staats- und Regierungschefs, zur Erreichung des Ziels müssten die für Forschung und Technologie verwendeten Mittel auf drei Prozent des unionsweiten Bruttosozialprodukts ansteigen.[5] Zudem wurde die 2

---

1 Allg.: *Wingens*, Wissensgesellschaft und Industrialisierung der Wissenschaft; *Hubig* (Hrsg.), Unterwegs zur Wissensgesellschaft; *Bergsdorf/Nagel* (Hrsg.), Universitäten in der Wissensgesellschaft; *Bleicher*, Auf dem Weg in die Wissensgesellschaft; *Harenberg*, Bildung für eine nachhaltige Entwicklung in der Wissensgesellschaft; *Streinz*, in: ders. (Hrsg.), EUV/AEUV, AEUV Präambel, Rn 4, ferner die Entschließung des Rates vom 21. Januar 2002, ABl. 2002, C 32, S. 1 zur Rolle der Kultur in der Wissensgesellschaft.

2 *Häberle*, Europäische Rechtskultur; *ders.*, Europäische Verfassungslehre, S. 55 ff, S. 104 ff; *Kotzur*, Grenznachbarschaftliche Zusammenarbeit in Europa, S. 70 ff.

3 *Kahl* (Hrsg.), Nachhaltigkeit als Verbundbegriff, 2008.

4 Conclusion of the Presidency, European Council (Lisbon), March 23-24, 2000 (SN 100/00), point 5.

5 Conclusions of the Presidency, European Council (Barcelona), March 15-16, 2002 (SN 100/02 ADD 1), point 47.

Gründung eines **„European Research Council"** vorgeschlagen[6] und von der damaligen dänischen Ratspräsidentschaft eine ad hoc-Kommission aus hochrangigen Wissenschaftlern und Politikern unter dem Vorsitz von *F. Mayor* eingesetzt. Seit Dezember 2003 liegt der Abschlussbericht vor. Er empfiehlt, was wenig überraschen mag, die Einsetzung des „Forschungsrates" mit großem Nachdruck.[7] Der „European Research Council" (ERC) als von der Kommission eingerichtete Institution zur Finanzierung grundlagenorientierter Forschung wurde 2007 über das spezifische Programm Ideen des 7. Forschungsrahmenprogramms (2007-2013) der EU implementiert.[8] Auch unter dem neuen Rahmenprogramm der EU für Forschung und Innovation „Horizont 2020", welches das Europäische Innovations- und Technologieinstitut (EIT) und die Innovationselemente des Rahmenprogramms für Wettbewerbsfähigkeit und Innovation (CIP) in das Forschungsrahmenprogramm integriert, wird die Institution des ERC weitergeführt. Die institutionelle Rahmung der „europäischen Wissensgesellschaft" bewahrt damit eine gewisse Kontinuität. Die „wissensspezifischen" Handlungsspielräume und rechtlichen Gestaltungsmöglichkeiten der Union auszuleuchten, ist nur eine von vielen Aufgaben, die sich neben der Wissenschaft auch dem europäischen Rechtspraktiker auf dem Kultur-, Forschungs-, und Technologiesektor stellen und die institutioneller bzw infrastruktureller Grundlagen bedürfen. Ob es um Hochschulprogramme oder Forschungsförderung, Kulturbeihilfen oder Kulturgüterschutz, das Rundfunkrecht oder den Rüstungsbereich, Montan- oder Weltraumforschung geht, stets sind neben den nationalen die europarechtlichen Regelungen von zunehmend hoher Praxisrelevanz. Der europäische Verfassungsverbund versteht sich ohne Zweifel auch als ein „Wissensverbund".

3 Die auf diesen Vorüberlegungen beruhende Ausgangsthese lautet: Die hier vorzustellenden Teilbereiche des Unionsrechts weisen die Europäische Union als eine *Entwicklungsgemeinschaft* aus, die weit über das Umweltrecht hinaus auf dem Prinzip des „sustainable development" fußt. Das Ziel der Nachhaltigkeit wurde zunächst im Kontext der Umwelt-Querschnittsklausel des Amsterdamer Vertrages in das Europäische Vertragswerk aufgenommen.[9] Bei aller Ambivalenz und Konkretisierungsbedürftigkeit verweist das Konzept doch mit hinreichender Deutlichkeit auf jenen ganzheitlichen Ansatz, der alle Unionspolitiken, vor allem umwelt-, wirtschafts- und forschungspolitisches Handeln, zusammenführen und die Union gerade dadurch reform- wie gestaltungsfähig erhalten will.[10] Was bereits früher an vielerlei Stellen des EU- und EG-Rechts bereichsspezifischen Niederschlag fand, war in den parallelen Zielkatalogen aus Art. 2 EUV aF und Art. I-3 des Verfassungsentwurfs allgemein formuliert und wird heute von Art. 3 EUV (insbesondere Abs. 3) modifiziert aufgegriffen: eine „nachhaltige Entwicklung Europas" als Grundlage aller Politiken, zudem als Ausdruck eines langfristigen, generationenübergreifenden Denkens.[11] Das englische Adjektiv „sustainable" verdeutlicht dabei präziser noch als sein deutschsprachiges Pendant „nachhaltig" – ursprünglich ein terminus technicus aus der Forstwirtschaft[12] – den *temporalen* Aspekt einer dauerhaften Entwicklung, die sich nicht in einmaligem Handeln erschöpft oder kurzzeitigen Erfolg anstrebt, sondern durch schrittweise, langsam wirkende und schonend aufeinander abgestimmte Maßnahmen die Annäherung an ein seinerseits nicht statisches, sondern entwicklungsoffenes Ziel sucht.[13] Die europäische Integration selbst ist ein solcher Prozess mit begrenzt offener Finalität –

---

6 Dazu *v. Bogdandy/Westphal*, ELR 29 (2004), 788 ff.

7 ERC expert group (Mayor Group), Report: The European Research Council, A Cornerstone in the European Research Area, Danish Ministry of Science, Technology and Innovation, Copenhagen, December 15, 2003, S. 3.

8 Vgl auf der Homepage des ERC:http://erc.europa.eu/index.cfm?fuseaction=page.display&topicID=14 (letzter Zugriff: 31.3.2014).

9 *Kotzur*, Nachhaltigkeit, S. 45; *Calliess*, DVBl. 1998, 559 ff; allg. zum Begriff *Beaucamp*, Das Konzept der zukunftsfähigen Entwicklung im Recht, 2002, S. 251 ff und passim; *Streinz*, Die Verwaltung 31 (1998), 449 ff; *Heins*, Die Rolle des Staates für eine nachhaltige Entwicklung der Industriegesellschaft; *Voss*, Das Leitbild der nachhaltigen Entwicklung; *M. Schröder*, ArchVR 34 (1996), 251 ff.

10 *Beaucamp*, Das Konzept der zukunftsfähigen Entwicklung im Recht, S. 169; *Sieben*, NVwZ 2003, 1173 ff; siehe auch *Kotzur*, Nachhaltigkeit, S. 41 ff.

11 *Ruffert*, in: Calliess/Ruffert (Hrsg.), EUV/AEUV, Art. 3 EUV, Rn 23.

12 *Voss*, S. 5; *Heins*, S. 40.

13 *Sieben*, NVwZ 2003, 1173, 1174.

auch nach Lissabon.[14] Die Union lebt – übrigens auch als Akteur auf der internationalen Bühne und im völkerrechtlichen Verkehr mit Drittstaaten[15] – von den gegenläufigen Prinzipien der Nachhaltigkeit und Dynamik. Die Nachhaltigkeit macht die Dynamik kontrollierbar, indem sie zukünftige Entwicklungen an die kulturellen Traditionen rückbindet, unkontrolliertem Ökonomismus ebenso einen Riegel vorschiebt wie vereinseitigender Fortschrittsgläubigkeit. In den Unionsrechtsbestimmungen zu Bildung und Kultur, Forschung und Technologie, spezifisch noch zur Raumfahrt (Art. 189 AEUV)[16] gewinnt die so verstandene **„Europäische Entwicklungsgemeinschaft"** als **„Rechtsgemeinschaft"** ihre normativen Konturen. In Art. 13 GRC (Freiheit von Kunst und Wissenschaft) findet sie grundrechtliche Radizierung.[17]

B. Die Europäische Union als Kulturgemeinschaft

I. Das Europa der Kultur, die Kultur Europas

Nach dem Scheitern hochfliegender Visionen einer „Art vereinigter Staaten von Europa" (*W. Churchill*, 1946),[18] reduzierte sich das ursprüngliche Selbstverständnis der heutigen Union auf das einer reinen **Wirtschaftsgemeinschaft**. Der Kulturbereich schien ihr ganz folgerichtig versperrt.[19] Bis zum Maastrichter Unionsvertrag kannte die vormalige EWG, dann EG, jetzt vereinheitlicht zur Union, in der Tat keine expliziten Kulturkompetenzen.[20] Dennoch liegt die Kulturrelevanz vieler Themen schon des ursprünglichen EWG-Konzepts auf der Hand. Zu denken ist nur an seinen materiellen Kern, die Marktfreiheiten. Umfasst war der Warenverkehr mit Gütern von kulturellem Wert ebenso wie der freie Verkehr kultureller Dienstleistungen. Das bestätigt die Ausnahmevorschrift des heutigen Art. 36 AEUV, damaligen Art. 36 EWGV, die den Handel mit „nationalem Kulturgut von künstlerischem, geschichtlichem oder archäologischem Wert" dem uneingeschränkt freien Warenverkehr entzieht. Das findet ferner Bestätigung, wenn die unionsrechtlichen Bestimmungen zum Umsatzsteuerrecht auch auf die Lieferung „kultureller" Gegenstände und Dienstleistungen angewendet werden.[21] Von einer **kulturellen Bereichsausnahme** konnte folglich niemals die Rede sein.[22] 4

Aufgrund der marktspezifischen perspektivischen Verengung fand aber keine hinreichende theoretische Reflexion über den Kulturbegriff und die kulturelle Identität Europas statt, das selbst nichts anderes als ein **„kulturgeprägter Raum"** und damit eine kulturelle Größe ist.[23] Zu solchem Nachdenken gibt der heutige „Vertrag über die Arbeitsweise der Europäischen Union" schon textlich vielfachen Anlass. Als Beispiel seien allein die Nuancierungen des Titels XIII „Kultur" gewählt. Der Kulturbegriff ist zunächst schlichte Titelüberschrift, entfaltet sich dann aber in vielerlei Variations- 5

14 Die Grenzen liegen einerseits beim Integrationsgrad: Ein Aufgehen der Mitgliedstaaten in einem einheitlichen „Europastaat" ist nicht gewollt. Die Grenzen sind auch räumlich bedingt, ein Erweiterungsprozess ad infinitum würde die Integrationskraft der Union sprengen. Die aktuelle Debatte um den EU-Beitritt der Türkei belegt die Brisanz der Problematik.

15 ZB im Hinblick auf den Weltgipfel für nachhaltige Entwicklung (2002) in Johannesburg, s. *Kahl*, in: Streinz (Hrsg.), EUV/AEUV, Art. 11 AEUV, Rn 45; Mitteilung der Kommission, 10 Jahre nach Rio: Vorbereitung auf den Weltgipfel für nachhaltige Entwicklung im Jahr 2002, KOM (2001) 53 endg.; Mitteilung der Kommission, Auf dem Weg zu einer globalen Partnerschaft für nachhaltige Entwicklung, KOM (2002) 82 endg. Mittlerweile fand im Juni 2012 als weitere Umwelt- bzw Nachhaltigkeitskonferenz der Vereinten Nationen die „Konferenz der Vereinten Nationen über nachhaltige Entwicklung" in Rio de Janeiro/Brasilien („Rio+20") statt, auf die sich die Kommission in einer Mitteilung aus dem Februar 2013 mit dem Titel „EIN MENSCHENWÜRDIGES LEBEN FÜR ALLE: Beseitigung der Armut und Gestaltung einer nachhaltigen Zukunft für die Welt" bezogen hat, vgl KOM (2013) 92 endg.

16 Dazu *Trute/Pilniok*, in: Streinz (Hrsg.), EUV/AEUV, Art. 189 AEUV, Rn 1 ff.

17 Aus der Literatur etwa *Lindner*, Die Europäisierung des Wissenschaftsrechts, 2009.

18 Dazu *Oppermann*, in: Oppermann/Classen/Nettesheim, Europarecht, § 2, Rn 3 ff.

19 *Niedobitek*, in: Streinz (Hrsg.), EUV/AEUV Art. 167 AEUV, Rn 1; *ders.*, Kultur und Europäisches Gemeinschaftsrecht, S. 188 f; *Ipsen*, in: GS Geck, 1989, S. 339 ff.

20 *Fechner*, Medienrecht, 7. Kapitel, Rn 2; *Nettesheim*, JZ 2002, 157 ff, *Niedobitek*, EuR 1995, 349 ff.

21 EuGH, Rs. C-169/00 (Kommission/Finnland), Slg 2002, I-2433.

22 *Niedobitek*, Kultur und Europäisches Gemeinschaftsrecht, S. 195.

23 *Häberle*, Verfassungslehre als Kulturwissenschaft, S. 65 ff; *ders.*, Europäische Rechtskultur.

formen: als *Bereichsbegriff*, wenn Art. 167 Abs. 3 AEUV den „Kulturbereich" nennt; als *Komplementärbegriff*, wenn die Querschnittsklausel des Art. 167 Abs. 4 AEUV „kulturelle Aspekte" einbezieht; als *Konnexbegriff*, der Union und Mitgliedstaaten in ihrem wechselseitigen Identitäts- und Achtungsanspruch charakterisiert, wenn Art. 167 Abs. 1 AEUV auf die „Kulturen der Mitgliedstaaten" verweist. Der Kulturtopos kann zur *Bekenntnisformel* mit bewusstem Pathos werden: „gemeinsames kulturelles Erbe" (Art. 167 Abs. 1 AEUV), „Kultur und Geschichte der europäischen Völker" (Art. 167 Abs. 2 AEUV). Im „kulturellen Erbe von europäischer Bedeutung" (Art. 167 Abs. 2 AEUV) erhebt er gleichermaßen *wertenden* wie *werthaften* Anspruch.

6 Bei allen Ausdifferenzierungen darf aber eine übergreifende, die Teilaspekte bündelnde Prämisse nicht übersehen werden. Europa selbst ist kein geographisch limitierter, sondern ein kulturell geprägter Raum. Die Kultur wirkt mitbestimmend für Europas Realität und Idealität. Eine europäische politische Öffentlichkeit kann nur als kulturelle Öffentlichkeit gelingen.[24] Und so wie Europa selbst nicht etwas Abgeschlossenes, sondern politische Einheit in beständigem Werden ist, so wird diesem Europa nur ein **offener**, ein **dynamischer Kulturbegriff** gerecht.[25] Er muss das Moment der Verschiedenheit der mitgliedstaatlichen Kulturen respektieren, darf sie nicht zu homogenisieren versuchen. Die kulturelle Differenz ist ein entscheidendes Identitätsmerkmal der Europäischen Union.[26] *Jacob Burckhardt* hat das mit seiner „Discordia concors" klassisch formuliert und damit der Verfassungsbildung ein Paradigma vorgegeben: „Einswerden der Vielheit".[27] Das kann nur in beständiger Rückbesinnung auf die kulturellen Wurzeln gelingen. Nicht zuletzt deshalb hat das Europäische Vertragswerk heute dem **„Kulturverfassungsrecht im Werden"** ein deutliches normatives Profil gegeben. Nach Lissabon ist dieses Profil noch geschärft.

II. Die normativen Grundlagen

1. Europäisches Kulturverfassungsrecht im Werden

a) Der Regelungsbereich Kultur/Bildung im Entwurf für eine Europäische Verfassung – sein konstitutionelles Fortwirken nach Lissabon

7 Auch wenn das Lissabonner Vertragswerk das anspruchsvolle Prädikat einer Verfassung verabschiedet hat, leben die verfassungsqualitativen „Momente" fort. Deshalb lohnt auch nach dem Scheitern des Verfassungsvertrages der selbstvergewissernde Blick auf dessen konstitutionelles Programm. Die Präambel des Verfassungsentwurfs wollte **kultureller Vorspruch**[28] des gesamten Einigungswerkes sein. Ihr Passus 1 (heute Präambel zum EUV, Passus 2) benannte die Grundlage der europäischen Rechtskultur: „schöpfend aus dem kulturellen, religiösen und humanistischen Erbe Europas". Ihr Passus 2 forderte „ein(en) Kontinent (…), der offen ist für Kultur, Wissen und sozialen Fortschritt". Besonders kulturhaltig waren der Gründungsartikel I-1, der Werteartikel I-2 (heute Art. 2 EUV) und der Zieleartikel I-3 (heute Art. 3 EUV, allerdings im Einzelnen geändert). Letzterer berief sich in seinem Abs. 3 Unterabs. 4 (heute Art. 3 Abs. 3 Unterabs. 3 EUV) bezüglich der Union auf den „Reichtum ihrer kulturellen und sprachlichen Vielfalt", auf das **„kulturelle Erbe"**. Abs. 4 (heute Art. 3 Abs. 5 EUV) wollte die Werte der europäischen Kultur gegenüber der Welt gefördert wissen. Art. I-8 schließlich begründete die Symbole der Union aus der Tiefe ihrer Kultur. Dass ausgerechnet dieses Identität stiftende Moment wegen vermeintlicher „Staatsnähe" durch Lissabon aufgegeben wurde, gehört zu den Defiziten des Reformvertrages.[29] Dass die Kulturpolitik zwar weithin Sache der Mitgliedstaaten bleibt und die Union nur unterstützend, ergän-

---

24 Einerseits *Häberle*, Gibt es eine Europäische Öffentlichkeit?, 2000; andererseits *Grimm*, Braucht Europa eine Verfassung?, 1995.

25 *Blanke*, in: Calliess/Ruffert (Hrsg.), EUV/AEUV, Art. 167 AEUV, Rn 3.

26 *Landfried*, Das politische Europa.

27 S. *Hesse*, Grundzüge des Verfassungsrechts, Rn 6.

28 *Häberle*, in: Listl (Hrsg.), FS Broermann, 1982, S. 211 ff; *Kotzur*, Theorieelemente des internationalen Menschenrechtsschutzes, S. 59 ff.

29 Grundlegend *Häberle*, Nationalhymnen als kulturelle Identitätselemente des Verfassungsstaates, 2007; *ders.*, Nationalflaggen. Bürgerdemokratische Identitätselemente und internationale Erkennungssymbole, 2008.

zend und koordinierend tätig werden darf, bestätigen auch die neuen Kompetenzregelungen, etwa (Art. 2 Abs. 5 AEUV, Art. 167 Abs. 2 AEUV). Aber dennoch wirkt die Kultur für Europa und sein Recht konstitutiv, sei es, dass Art. 8 Abs. 1 EUV einen „Raum der guten Nachbarschaft" wiederum in den kulturellen Werten der Union verankert, sei es, dass Art. 17 AEUV die religiöse Identität als einen Teil der kulturellen Identität Europas versteht.

Damit zum Grundrechtsteil der „Constitutio Europaea". Hatte der Entwurf des Verfassungsvertrags die Grundrechtecharta inkorporiert, bleibt sie jetzt selbständiger Vertrag mit primärrechtlicher, „den Verträgen" (EUV und AEUV) gleichrangiger Qualität. In der Charta finden sich zahlreiche Artikel mit Bezügen zum kulturellen Bereich. Insgesamt müssen die Freiheitsrechte ohnehin als **kulturelle Freiheiten** verstanden, muss die Menschenwürde aus Art. 1 GRC als kulturanthropologische Prämisse politischer Einheit in Europa aufgefasst werden.[30] Im Folgenden nur einige illustrierende Aspekte. Zu denken ist an die kulturellen Tiefenschichten der Glaubens-, Gewissens- und Religionsfreiheit (Art. 10 GRC), an die Freiheit der Medien in ihrer selbstverständlichen kulturellen Pluralität (Art. 11 Abs. 2 GRC), ausdrücklich an Art. 13 S. 1 GRC mit der Kunst- und Forschungsfreiheit, an seinen S. 2 mit der Achtung vor der akademischen Freiheit und Lehrfreiheit. Im Bildungsbereich[31] gewährleistet Art. 14 Abs. 1 GRC ein Recht auf Bildung sowie den Zugang zur beruflichen Ausbildung und Weiterbildung, sein Abs. 2 garantiert den unentgeltlichen Pflichtschulunterricht, sein Abs. 3 die Freiheit zur Gründung von Lehranstalten. Die GRC weiß aber auch um die Gefahr, kulturelle Differenz zur Diskriminierung zu missbrauchen. So formuliert Art. 21 GRC, nationalverfassungsrechtlichen wie völkerrechtlichen Vorbildern folgend, u.a. ein Diskriminierungsverbot aufgrund von Sprache und Religion. Art. 22 GRC sagt sodann: „Die Union achtet die Vielfalt der Kulturen, Religionen und Sprachen". In der Generationenperspektive denkt Art. 25 GRC und gibt den älteren Menschen ein Recht auf Teilhabe am sozialen und kulturellen Leben. 8

Der dritte Teil des Verfassungsentwurfs zu den Unionspolitiken war nicht minder reich an kulturellen Bezügen. Hier nur eine Auswahl. An erster Stelle rangierte Kapitel V, Abschnitt 3, Art. III-280 (jetzt Titel XIII, Art. 167 AEUV), der die Kultur zum eigenen Politikbereich machte. In Abschnitt 5, Art. III-282 und 283 (jetzt Titel XII, Art. 165 und 166 AEUV, der aber nicht ganz deckungsgleich ist) folgte die „Allgemeine Bildung, Jugend, Sport und berufliche Bildung" (jetzt systematisch sinnvoller „Allgemeine und berufliche Bildung, Jugend und Sport"). Die systematische Trennung durch einen Abschnitt 4 über „Tourismus" war wenig glücklich. Der jetzige Titel XXII des AEUV behebt dieses Defizit. Aber auch im Kontext der übrigen Politiken spielt die Kultur nicht nur eine untergeordnete Rolle. So garantiert Art. 9 AEUV, als Querschnittsklausel, das hohe Niveau der allgemeinen und beruflichen Bildung bei der Durchführung der Politiken. Art. 13 AEUV verlangt, das Wohlergehen der Tiere bei der Durchführung der Politiken zu berücksichtigen, nimmt aber (einschränkend) auch auf „religiöse Riten, kulturelle Traditionen und das regionale Erbe" Bezug. Kultur und Verbraucherschutz sind einander nicht fremd. Art. 169 AEUV stellt Bildung und Erziehung in einen Zusammenhang mit den Verbraucherinteressen und zeichnet das Idealbild des mündigen Verbrauchers. Auch der in Titel V, AEUV umrissene „Raum der Freiheit, der Sicherheit und des Rechts" ist ein kulturgeprägter Raum, siehe etwa Art. 67 Abs. 1 AEUV mit seinem Verweis auf die „Rechtstraditionen" und damit die Rechtskulturen der Mitgliedstaaten. Nicht zuletzt im Beihilferecht spielen kulturelle Aspekte eine wichtige Rolle. Art. 107 Abs. 3 lit. d AEUV räumt ein, dass wettbewerbsbeeinträchtigende Beihilfen zulässig sein können, wenn sie „der Förderung der Kultur und der Erhaltung des kulturellen Erbes dienen". Schließlich sei auf die spezifische 9

30 *Häberle*, in: Isensee/Kirchhof (Hrsg.), HStR, Bd. I/2; *ders.*, Verfassungslehre als Kulturwissenschaft, S. 7 ff und öfter; *Andréani*, Contribution à la Convention Européenne sur la place de la culture dans le future traité, Anlage zum Dokument des Europäischen Konvents CONV 460/02 vom 17. Dezember 2002.

31 *Caspar*, RdJB 2001, 165 ff, s. auch *Magiera*, DÖV 2000, 1017, 1026 f.

Kulturhaltigkeit des Subsidiaritätsprinzips verwiesen,[32] das die **Einheit in Vielfalt**[33] entscheidend mitgestaltet.

b) Der Regelungsbereich Kultur/Bildung im europäischen Verfassungsverbund – das Zusammenspiel europa- und nationalverfassungsrechtlicher Normierungen zum Kulturthema

10 Der Blick allein auf die „Verfassungstexte" unionalen Ursprungs griffe zu kurz, um das konstitutionelle Europa in seiner Vielschichtigkeit und multiplen Verfasstheit zu begreifen. Europa ist **Verfassungsverbund** (*I. Pernice*) oder **Verfassungsgemeinschaft** (*P. Häberle*), was der Vertrag von Lissabon der Sache nach eher bestätigt als relativiert. Um die verfassungsprägende Dimension des Kulturthemas vollständig zu analysieren, müssten neben den Artikeln des Verfassungsentwurfs und deren Rezeption nach Lissabon sowie der EU-Grundrechtecharta die jeweiligen nationalen kulturrelevanten Verfassungsnormen und im Grundrechtsbereich zusätzlich die EMRK-Garantien[34] berücksichtigt und aufeinander bezogen werden. Eine solch umfassende, 28 Mitgliedstaaten umgreifende rechtsvergleichende Untersuchung kann vorliegend nicht geleistet werden. Aber die methodischen Eckdaten seien nicht unterschlagen, können sie doch auch dem Praktiker wichtige Argumentationshilfen an die Hand geben. Besonders ergiebig wäre der wertende Vergleich der verschiedenen Präambelbestimmungen zum Kulturthema, ebenso der mitgliedstaatlichen Staatszielbestimmungen und der Unionsziele. Besonders schwierig ist es, aus nationalen Verfassungen, EMRK, EU-Grundrechtecharta und allgemeinen Rechtsgrundsätzen ein kohärentes System kulturrelevanter Grundrechtspositionen zu formen. Nicht zu vernachlässigen bliebe schließlich eine Gegenüberstellung der Kompetenzvorschriften. So gehört in Deutschland, eine föderale Besonderheit, die Kultur zum Hausgut der Länder.[35]

11 Ein solch komparatistisches Vorgehen wird gerade für das Kulturthema zum unverzichtbaren Desiderat. Zwar gibt es vielfältige Berührungspunkte von Unionsrecht und Kultur, doch sind die kulturellen Kompetenzen und Aktivitäten der Union flankierend, komplementär. Entscheidendes verbleibt in mitgliedstaatlicher Zuständigkeit.[36] Aber nur aus und dank der Kultur, spezifisch der **Verfassungskultur,** kann Identität entstehen. Deshalb trägt mitgliedstaatliche Kulturpolitik entscheidend zur Genese einer europäischen Identität bei, ist Kulturförderung eine unverzichtbare Form der **„Integrationspflege"**.[37] Die Rechts-, vor allem die Verfassungstexte geben in maßgeblicher Weise den Rahmen vor. Und erst im Zusammenspiel von europäischen und nationalen Verfassungstexten wird das Wechselspiel von europäischer und nationaler (Verfassungs-)Identität nachvollziehbar. Die Union hat die nationalen Identitäten ihrer Mitgliedstaaten zu achten. Es geht um interdependente **Identitätssicherung** und **Identitätsbehauptung.**[38] Auch das meint Einheit in Vielfalt.

32 Aus der kaum mehr überschaubaren Literatur *D'Atena*, Die Subsidiarität: Werte und Wandel, in: Liber Amicorum P. Häberle, S. 327 ff; *Hartley*, European Union Law in a Global Context, S. 60 ff; *v. Borries*, EuR 1994, 263 ff; Häberle, AöR 119 (1994), 169 ff; *Pipkorn*, EuZW 1992, 697 ff; *Isensee*, Subsidiaritätsprinzip und Verfassungsrecht, 1968.

33 Vgl dazu das Europamotto „In Vielfalt geeint".

34 Mit dem Vertrag von Lissabon sind diese für die Union verbindlich geworden, Art. 6 Abs. 2 EUV nF; dazu *Geiger*, in: Geiger/Khan/Kotzur, EUV/AEUV, Art. 6 EUV, Rn 1 ff.

35 *Stetter*, in: Dreier (Hrsg.), GG-Kommentar, Bd II, Art. 30 GG, Rn 18, Art. 70 GG, Rn 59; *Niedobitek*, Kultur und Europäisches Gemeinschaftsrecht, S. 224; *Ress*, Kultur und Europäischer Binnenmarkt, S. 17.

36 S. etwa *Wemmer*, Die neuen Kulturklauseln des EG-Vertrags; *Berggreen-Merkel*, Die rechtlichen Aspekte der Kulturpolitik nach dem Maastrichter Vertrag; *dies.*, RdJB 2001, 13 ff; *Blanke*, Europa auf dem Weg zu einer Bildungs- und Kulturgemeinschaft; *Fiedler*, in: Magiera (Hrsg.), Das Europa der Bürger in einer Gemeinschaft ohne Binnengrenzen, S. 147 ff.

37 Von „Staatsintegrationspflege spricht *Ress*, in: GS Grabitz, S. 595, 600. Überdies beschäftigt die Identitätsfrage *die Gemeinschaft seit langem.* Schon im Jahre 1973 wurde eine „Deklaration über die Europäische Identität" verabschiedet, s. „Declaration on European Identity", Bulletin of European Communities 12 (1973), S. 118 ff; aus der Literatur: *Graf Vitzthum*, EuR 2002, 1 ff; *Korioth/ v. Bogdandy*, VVDStRL 62 (2003), 117 ff bzw 156 ff.

38 *Doehring*, in: FS Everling, Bd. 1, S. 263 f; *Hilf*, in: GS Grabitz, S. 157 ff; *Bleckmann*, JZ 1997, 265 ff.

2. Die primärrechtliche Verankerung der „Kultur" und des Bildungswesens im europäischen Vertragswerk vor und nach Lissabon

Begonnen sei wiederum mit den identitätsstiftenden ***kulturellen Leitmotiven***, die sich in den Präambeltexten finden lassen. Als besonders reich daran erweist sich die Präambel des EUV. Gewiss sind schon die Bezugnahmen auf Frieden und Freiheit, Demokratie, Rechtsstaatlichkeit und Menschenwürde auf ihre Weise kulturhaltig, eine explizite Bezugnahme aber beinhaltet der 6. Erwägungsgrund der Präambel des EUV, wenn es heißt: „die Solidarität zwischen ihren Völkern unter Achtung ihrer Geschichte, ihrer Kultur und ihrer Traditionen zu stärken".[39] Eher „kulturvergessen" bleibt demgegenüber die Präambel des AEUV. Die Gründe dafür liegen auf der Hand. Ihr Text wurde nahezu unverändert aus dem EWGV vom 25. März 1957 übernommen.[40] Der aber folgte noch ganz einer ökonomisch ausgerichteten, funktionalistischen Integrationstheorie, wonach die wirtschaftliche Integration dank so genannter „spill-over-Effekte" schrittweise auf andere Bereiche ausgreifen würde.[41] In seinem operativen Teil wird der AEUV mit Blick auf die Kultur sehr viel konkreter. Der allgemeinen kulturellen Aufgabenzuweisung in Art. 4 Abs. 3 AEUV zu Forschung und Technologie sowie in Art. 6 S. 2 lit. c AEUV zur Kultur korrespondieren Art. 167 AEUV und der Sache nach ebenfalls Art. 165 und 166 AEUV. Die systematisch wenig überzeugende Bündelung unter dem Titel „Sozialpolitik" ist behoben. 12

Kulturrelevantes findet sich aber auch im Kontext der übrigen Unionspolitiken. Art. 36 AEUV erlaubt die Einschränkung der Warenverkehrsfreiheit „zum Schutz des nationalen Kulturgutes von künstlerischem, geschichtlichem oder archäologischem Wert". Darauf wird in Art. 114 Abs. 4 AEUV Bezug genommen. Art. 107 Abs. 3 AEUV macht staatliche Beihilfen genehmigungsfähig, wenn sie der Förderung der Kultur und der Erhaltung des kulturellen Erbes dienen.[42] Sogar bei der Assoziierung überseeischer Länder und Hoheitsgebiete (Art. 198 Abs. 3 AEUV) ist ein maßgebliches Ziel, die von den Einwohnern erstrebte kulturelle Entwicklung zu fördern. Wichtige Kulturbezüge enthalten das 29. Protokoll zum AEUV betreffend den öffentlich-rechtlichen Rundfunk in den Mitgliedstaaten oder Art. 13 AEUV. Gerade die letztgenannte Querschnittsklausel zum Tierschutz bestätigt: Der Respekt vor Mitgeschöpfen selbst kann als kulturelle Errungenschaft gelten. In seinem Rahmen soll andererseits auf religiöse Riten (Schächten), kulturelle Traditionen und das regionale Erbe Rücksicht genommen werden.[43] Kulturhaltig sind schließlich wiederum die übergreifenden Prinzipien des Unionsrechts:[44] die Grundrechte als allgemeine Rechtsprinzipien,[45] der Verhältnismäßigkeitsgrundsatz oder das Transparenzgebot. Herausgehoben werden muss neuerlich der Grundsatz der Nicht-Diskriminierung in seiner allgemeinen Bedeutung, aber auch den Konsequenzen im Detail. So garantiert Art. 18 AEUV iVm Art. 56 AEUV, verstärkt durch den bürgerschaftlichen Status aus Art. 21 Abs. 1 AEUV, den gleichberechtigten Zugang zu Museen und anderen kulturellen Einrichtungen.[46] Der Unionsbürger ist selbstverständlich **„Kulturbürger"**. 13

39 Allg. *Stolleis*, Europa – Seine historischen Wurzeln und seine künftige Verfassung; *Kirchhof/Schäfer/Tietmeyer*, Europa als politische Idee und rechtliche Form.

40 BGBl. 1989, II, 387, 395.

41 Die These vom „spill-over-effect", wonach sektorale Integration zur Verflechtung immer weiterer Sektoren und schließlich zum Endstadium einer allgemeinen politischen Föderation führe, geht zurück auf Haas, dazu *Oppermann*, in: Oppermann/Classen/Nettesheim, Europarecht, § 2, Rn 29 und § 4, Rn 27.

42 *Ress, in: GS Grabitz, S. 595* ff. Zum Beihilfebegriff, der über den Subventionsbegriff hinausgeht, ebd, S. 608 f, und EuGH, Rs. 30/50 (Steenkoelnmijnen), Slg 1961, 1, 43; Rs. 387/92 (Banco Exterior de Espana SA/Ayuntamiento de Valencia), Slg 1994, I-877.

43 *Niedobitek*, in: Streinz (Hrsg.), EUV/AEUV, Art. 167 AEUV, Rn 17.

44 *Streinz*, Europarecht, 9. Aufl., 2012, Rn 731 ff; *Hartley*, S. 265 ff; *Bleckmann*, NVwZ 1993, 824 ff.

45 St. Rspr seit EuGH, Rs. 4/73 (Nold), Slg 1974, 491, 507.

46 EuGH, Rs. C-45/93 (Kommission/Spanien), Slg 1994, I-911; EuGH, Rs. C-184/99 (Rudy Grzelczyk), Slg 2001, I-6193, Rn 27 ff; EuGH, Rs. C-224/98 (Marie-Nathalie D'Hoop/ Office national de l' emlpoi), Slg 2002, I-6191, Rn 27 ff; EuGH, Rs. C-388/01 (Kommission/Italien), Slg 2003, I-721.

3. Sekundärrechtliche Normierungen zum Kulturthema und zum Bildungssektor

14 Aus der Fülle der sekundärrechtlichen Normierungen zu Kultur und Bildung können nur Schlaglichter angedeutet werden. Dazu gehören die Verordnung (EG) Nr. 116/2009 über die Ausfuhr von Kulturgütern, gestützt auf den damaligen Art. 133 EGV (heute Art. 207 AEUV)[47] oder die Richtlinie 93/7/EWG über die Rückgabe von unrechtmäßig aus dem Hoheitsgebiet eines Mitgliedstaates verbrachten Kulturgütern.[48] Zahlreiche sekundärrechtliche Regelungen zu Urheberrecht, geistigem Eigentum, gewerblichem Rechtsschutz, die hier im Einzelnen nicht aufgeführt werden können, konkretisieren das Kulturthema normativ.[49] Für Rundfunk und Fernsehen spielte die nunmehr revidierte Fernsehrichtlinie eine prägende Rolle, welche heute die Richtlinie über audiovisuelle Mediendienste übernommen hat.[50] Im Bildungsbereich gibt es zahlreiche sektorale und drei wichtige sektorenübergreifende Richtlinien zur **wechselseitigen Anerkennung beruflicher Befähigungsnachweise.**[51]

III. Die Schwerpunktbereiche

1. Die Kulturkompetenzen im engeren Sinne: Art. 167 AEUV

a) Der Kulturbegriff des Art. 167 AEUV – Kultur im engeren europarechtlichen Sinne

15 Der heutige Titel XIII AEUV wurde ursprünglich durch den Maastrichter Unionsvertrag eingeführt,[52] (der heutige Art. 167 Abs. 4 AEUV) bereits durch den Amsterdamer Vertrag geändert. Die Neufassung setzt bewusst einen stärkeren Akzent auf die „kulturelle Vielfalt", ohne das Moment der kulturellen Einheit zu relativieren. Gerade das „gemeinsame kulturelle Erbe" will einheitsbildend wirken, identitätsstiftende Homogenität betonen. Es kommt so zu einem spannungsreichen ***Zugleich* von Einheit und Vielfalt**, das auch für die Erfassung des Kulturbegriffs im engeren Sinne wegleitend bleibt. Vom Vertrag wird er vorausgesetzt, nicht definiert.[53] Eine ausdrückliche **Legaldefinition** ließe der dynamisch-wandelbare, von gesellschaftlichen Entwicklungen abhängige Kulturbegriff auch nicht zu.[54] Wie jede Vertragsnorm ist er **autonom** zu interpretieren,[55] doch auch der EuGH hat bislang noch keinen griffigen Umschreibungsversuch vorgelegt bzw vorlegen müssen.[56] Bei allen eigenständig-europäischen Kulturspezifika liefern die kulturellen Traditionen der Mitgliedstaaten, der europäischen Völker und der europäischen Bürgergesellschaften wesentliche der relevanten Auslegungskriterien.[57] Eine von den mitgliedstaatlichen Kulturen gelöste europäische Kultur kann es nicht geben.

---

47 ABl. 2009, L 39, S. 1. Bisher: Verordnung (EWG) Nr. 3911/92 über die Ausfuhr von Kulturgütern, ABl. 1992, L 395, S. 1.

48 ABl. 1993, L 74, S. 74. Zuletzt geändert durch RL 2001/38/EG, ABl. 2001, L 187, S. 43 (ab 18. Dezember 2015 wird die alte Richtlinie über die Rückgabe von unrechtmäßig aus dem Hoheitsgebiet eines Mitgliedstaates verbrachten Kulturgütern ersetzt durch Richtlinie 2014/60/EU); umgesetzt für die Bundesrepublik Deutschland bereits durch das Kulturgutsicherungsgesetz vom 15. Oktober 1998, BGBl. 1998, I, 3162; dazu *Preuschen*, EuZW 1999, 40 ff.

49 Nachweise etwa bei *Niedobitek*, in: Streinz (Hrsg.), EUV/AEUV Art. 167 AEUV, Rn 8; s. auch den Beitrag von *Haedicke* in diesem Handbuch (§ 21).

50 RL 89/552 EWG, ABl. 1989, L 298, S. 23; geändert durch RL 97/36/EG, ABl. 1997, L 202, S. 60; grundlegend novelliert durch die Richtlinie über audiovisuelle Mediendienste (RL 2007/65/EG), ABl. 2007, L 332, S. 27. *Möwes/Meier,* Die Revision der EG-Fernsehrichtlinie.

51 Dazu u. Rn 32.

52 *Schmahl*, Die Kulturkompetenz der Europäischen Gemeinschaft; *Wemmer*, Die neuen Kulturklauseln des EG-Vertrags; *Wägenbaur*, in: GS Grabitz, S. 851 ff.

53 In Deutschland hat das BVerfG Kultur als „Inbegriff der typischen Lebensformen, Wert- und Verhaltenseinstellungen innerhalb der Gesellschaft", als „Gesamtheit der innerhalb einer Gemeinschaft wirksamen geistigen Kräfte, die sich unabhängig vom Staat entfalten und ihren Wert in sich tragen" zu umschreiben versucht, vgl BVerfGE 10, 20, 36; 41, 29, 52 f; dazu *Steiner*, VVDStRL 42 (1984), 7 f; *Hochbaum*, BayVBl. 1997, 641, 642.

54 *Fischer*, in: Lenz/Borchardt (Hrsg.), EU-Verträge, Art. 167 AEUV, Rn 4; *Ress/Ukrow*, in: Grabitz/Hilf/Nettesheim *(Hrsg.), Das Recht der EU*, Art. 167 AEUV, Rn 85 ff.

55 *Sparr*, in: Schwarze (Hrsg.), EU-Kommentar, Art. 167 AEUV, Rn 4.

56 Rechtsprechungshinweise finden sich bei *Hochbaum*, BayVBl. 1997, 641, 650.

57 Vgl *Blanke*, in: Calliess/Ruffert (Hrsg.), EUV/AEUV, Art. 167 AEUV, Rn 2.

Bei aller notwendigen Offenheit muss der Kulturbegriff jedoch verengt werden und normativ fassbar sein. Andernfalls könnte der weite Aktionsradius allzu indifferenter Kulturrelevanz für eine **Hochzonung** von Politikfeldern missbraucht werden, auf denen die Union nach dem Prinzip der begrenzten Einzelermächtigung keine Kompetenzen besitzt. Solches zu verhindern sucht das **Subsidiaritätsprinzip**. Das allein genügt aber nicht. Auch die Interpretation von Art. 167 AEUV muss im Lichte des Subsidiaritätsgedankens erfolgen. Dazu dient zunächst die Technik der **Negativabgrenzung**,[58] derer sich der AEUV bewusst bedient. Durchaus „kulturhaltige" Bereiche werden ausgegliedert und separat geregelt, so etwa die Forschung und Technologie (Art. 179 bis 190 AEUV), die Raumfahrt (Art. 189 AEUV), die Industrie (Art. 173 AEUV) und – systematisch zweifelhaft – die Bildungspolitik (Art. 165, 166 AEUV).[59] Eine **positive Konkretisierung** kann sich an den Zielen aus Art. 167 Abs. 2 AEUV orientieren.[60] Ein topisch-induktives Vorgehen trägt der notwendigen Wirklichkeitsnähe Rechnung und hält den Kulturbegriff offen für neue Kulturphänomene. So umfasst die europäische Kulturpolitik all das, was typischerweise zur Kulturpolitik der Mitgliedstaaten gehört:[61] Bildende und darstellende Künste, Literatur und Musik, Film, Rundfunk und Fernsehen, Museums- und Bibliothekswesen, Denkmalpflege und Brauchtum, aber auch die neuen Medien (CD-ROMs, digitales Fernsehen, Internetangebote etc.). Schließlich darf der Kulturbegriff nicht elitär auf die Hochkultur verengt werden, sondern umfasst auch Alternativ- und Subkulturen sowie die Massen- und Alltagskultur(en).[62] 16

b) Die konkreten Tätigkeitsbereiche, Zielsetzungen und Handlungsbefugnisse der Union auf dem Kultursektor

aa) Tätigkeitsbereiche und Zielsetzungen, Art. 167 Abs. 1 und 2 AEUV

Nach Art. 167 Abs. 1 AEUV leistet die Union „einen Beitrag zur Entfaltung der Kulturen der Mitgliedstaaten". Die Natur dieses Beitrages wird durch die Aufgabentrias aus Art. 167 Abs. 2 AEUV, der im Zusammenklang mit Art. 6 AEUV zu lesen ist, zunächst anhand der Tätigkeitsformen konkretisiert. Gemeint sind die *Förderung* der Zusammenarbeit zwischen den Mitgliedstaaten, die *Unterstützung* der Tätigkeit der Mitgliedstaaten und die *Ergänzung* der Tätigkeit der Mitgliedstaaten. Die Formulierungen belegen, dass die primäre Zuständigkeit bei den Mitgliedstaaten verbleibt,[63] dass die **parallelen Zuständigkeiten der Union komplementär** zu verstehen sind. Indes verstecken sich hinter diesen Unionskompetenzen durchaus Erwartungen an die Mitgliedstaaten. So setzt die fördernde Tätigkeit eine grenzüberschreitende Zusammenarbeit der Mitgliedstaaten voraus.[64] Eine mitgliedstaatliche *Verpflichtung* dergestalt ist jedoch nicht gegeben. Genauso wenig kann vice versa die Förderkompetenz der Union in eine Förderpflicht umgedeutet werden.[65] Förderung und Unterstützung lassen sich zwar nicht trennscharf abgrenzen, die Unterstützung stellt aber 17

58 *Sparr*, in: Schwarze (Hrsg.), EU-Kommentar, Art. 167, Rn 6; *Kotzur*, in: Geiger/Khan/Kotzur, EUV/AEUV, Art. 167 AEUV, Rn 4, 5.

59 *Kotzur*, Bildungskompetenzen, S. 109 ff.

60 Strittig ist, inwieweit der Katalog abschließend zu verstehen ist. Gewiss lässt sich die Fülle denkbarer kultureller Aktivitäten nicht abschließend kanonisieren. Das würde schon der notwendigen Offenheit des Kulturbegriffs zuwiderlaufen. Aber unter Wahrung des Prinzips der begrenzten Einzelermächtigung aus Art. 5 EUV sind die genannten Tätigkeitsfelder abschließend zu verstehen. Zum Diskussionsstand s. *Fischer*, in: Lenz/Borchardt (Hrsg.), EU-Verträge, Art. 167 AEUV, Rn 9 sowie *Ress/Ukrow*, in: Grabitz/Hilf/Nettesheim (Hrsg.), Das Recht der EU, Art. 167 AEUV, Rn 36, jeweils mwN.

61 *Ress/Ukrow*, ebd, Rn 32; *Blanke*, in: Calliess/Ruffert (Hrsg.), EUV/AEUV, Art. 167 AEUV, Rn 2; *Fischer*, in: Lenz/Borchardt (Hrsg.), EU-Verträge, Art. 167 AEUV, Rn 5; *Ress*, in: GS Grabitz, S. 595.

62 *Häberle*, Europäische Verfassungslehre, S. 202 f; *ders.*, Verfassungslehre als Kulturwissenschaft, S. 3 ff; vgl auch *Steiner/Grimm*, VVDStRL 42 (1984), 7 ff bzw 46 ff. Dass auch dem Sport eine kulturelle Dimension innewohnt, sei nur ergänzend angemerkt.

63 *Blanke*, in: Calliess/Ruffert (Hrsg.), EUV/AEUV, Art. 167 AEUV, Rn 1.

64 *Fischer*, in: Lenz/Borchardt (Hrsg.), EU-Verträge, Art. 167 AEUV, Rn 7; allg. *Kotzur*, Grenznachbarschaftliche Zusammenarbeit in Europa.

65 *Ress/Ukrow*, in: Grabitz/Hilf/Nettesheim (Hrsg.), Das Recht der EU, Art. 167 AEUV, Rn 108; *Fischer*, in: Lenz/Borchardt (Hrsg.), EU-Verträge, Art. 167 AEUV, Rn 8; s. auch *Blanke*, in: Calliess/Ruffert (Hrsg.), EUV/AEUV, Art. 167 AEUV, Rn 5.

deutlicher auf die finanziellen Hilfen ab, die für eine Förderung notwendig sind.[66] Mit der ergänzenden Tätigkeit ist gesagt, dass die Union auch eigenständige kulturpolitische Zielsetzungen verfolgen darf, solange die kulturelle Vielfalt in den Mitgliedstaaten und der komplementäre Charakter der europäischen Kulturpolitik dabei gewahrt bleiben.[67]

18 Darüber hinaus hat eine materielle Konkretisierung anhand der genannten Tätigkeitsbereiche bzw Ziele zu erfolgen. Die Formulierungen in Art. 167 Abs. 2 AEUV sprechen weithin für sich. Die zuerst genannte „Verbesserung der Kenntnis und Verbreitung der Kultur und der Geschichte der europäischen Völker“ weist sogar über die Mitgliedstaaten hinaus und soll allgemein die notwendige Information über die wesentlichen kulturellen Daten Europas gerade in der schulischen und universitären Ausbildung sichern.[68] Ein anspruchsvolles Ziel geben „Erhaltung und Schutz des kulturellen Erbes von europäischer Bedeutung“ vor. In vielen mitgliedstaatlichen Verfassungstexten findet diese **Klausel zum kulturellen Erbe** ihr Pendant. Sie wird damit für die Europäische Verfassungsgemeinschaft zu einem konstitutionellen Bindemittel der besonderen Art, steht aber auch ganz pragmatisch für den Denkmal- und Kulturgüterschutz.[69] Der „nichtkommerzielle Kulturaustausch“ ist weit zu verstehen. Er umfasst den gesamten Austausch von kulturellen Waren, Dienstleistungen, aber auch Begegnungen von Kulturschaffenden, soweit sich solche Projekte finanziell nicht selbst tragen und daher der Unterstützung durch Kulturfördermittel bedürfen.[70] Der besonders wichtige Studentenaustausch gehört indes zum Bildungsbereich (Art. 165, 166 AEUV). Das „künstlerische und literarische Schaffen“ umspannt schließlich den gesamten „Werk- und Wirkbereich kultureller Lebensäußerungen“.[71] Der audiovisuelle Bereich (Film, Video, DVD, Rundfunk und Fernsehen) ist gesondert genannt.[72] Die Förderung erstreckt sich allerdings nicht auf Rundfunk und Fernsehen als Institutionen, sondern auf die konkrete künstlerische Entfaltung im Rahmen dieser Medien.[73] Ein Ausschluss der Fach- und Sachbuchliteratur aus dem künstlerisch-literarischen Schaffenskreis erscheint nicht gerechtfertigt, da auch diese Literaturgattungen mitunter eigenständige künstlerisch-literarische Qualität entfalten können.[74]

bb) Handlungsbefugnisse, Art. 167 Abs. 5 AEUV

19 Die Handlungsbefugnisse müssen den Schutzzwecken korrespondieren, also dem komplementären und unterstützenden Charakter der europäischen Kulturpolitik Rechnung tragen. Als konkrete Handlungsmöglichkeiten nennt Art. 167 Abs. 5 AEUV daher **„Fördermaßnahmen“** und den Erlass von **„Empfehlungen“**. Die Fördermaßnahmen gehören zu den im Handlungskatalog von Art. 288-292 AEUV nicht aufgeführten „unbenannten“ oder „ungekennzeichneten“ Rechtshandlungen. Manche Stimmen in der Literatur nehmen daher an, der Rückgriff auf das Instrumentarium der Art. 288-292 AEUV, insbesondere auf verbindliche Rechtsakte, sei ausgeschlossen.[75] Das überzeugt jedoch nicht. Zu der *materiellen* Beschränkung der ***Handlungsbefugnisse*** läuft eine *formelle* Beschränkung der ***Handlungsinstrumente*** nicht parallel. Entscheidend für die Qualifikation

66 *Fischer*, in: Lenz/Borchardt (Hrsg.), EU-Verträge, Art. 167 AEUV, Rn 8.

67 *Ress/Ukrow*, in: Grabitz/Hilf/Nettesheim (Hrsg.), Das Recht der EU, Art. 167 AEUV, Rn 109; *Blanke*, in: Calliess/Ruffert (Hrsg.), EUV/AEUV, Art. 167 AEUV, Rn 5.

68 *Sparr*, in: Schwarze (Hrsg.), EU-Kommentar, Art. 167 AEUV, Rn 25; *Fischer*, in: Lenz/Borchardt (Hrsg.), EU-Verträge, Art. 167 AEUV, Rn 9.

69 Dazu u. Rn 38; s. überdies *Fischer*, in: Lenz/Borchardt (Hrsg.), EU-Verträge, Art. 167 AEUV, Rn 9.

70 *Niedobitek*, in: Streinz (Hrsg.), EUV/AEUV Art. 167 AEUV, Rn 47; *Fischer*, in: Lenz/Borchardt (Hrsg.), EU-Verträge, Art. 167 AEUV, Rn 9.

71 So *Blanke*, in: Calliess/Ruffert (Hrsg.), EUV/AEUV, Art. 167 AEUV, Rn 12, sich an die Terminologie des Bundesverfassungsgerichts zum Schutzbereich der Kunstfreiheit anlehnend.

72 S. dazu *Eberle*, AfP 1993, 425.

73 *Ress/Ukrow*, in: Grabitz/Hilf/Nettesheim (Hrsg.), Das Recht der EU, Art. 167 AEUV, Rn 124 ff; *Fischer*, in: Lenz/Borchardt (Hrsg.), EU-Verträge, Art. 167 AEUV, Rn 9.

74 Wohl anderer Ansicht *Ress/Ukrow*, in: Grabitz/Hilf/Nettesheim (Hrsg.), Das Recht der EU, Art. 167 AEUV, Rn 126.

75 So etwa *Blanke*, in: Calliess/Ruffert (Hrsg.), EUV/AEUV, Art. 167 AEUV, Rn 18; *Fischer*, in: Lenz/Borchardt (Hrsg.), EU-Verträge, Art. 167, Rn 12.

einer „Fördermaßnahme" ist demnach der materielle Gehalt des Unionshandelns, nicht die Rechtsform, derer sich die Union für ihr Handeln bedient. Der Begriff der Förderung ist hier ebenso zu verstehen wie oben für Art. 167 Abs. 2 AEUV dargelegt. Insoweit das Unionshandeln also unterstützenden Charakter hat, stehen ihm alle Instrumente der Art. 288-292 AEUV offen.[76] Zur Wahrung der kulturellen Vielfalt und Eigenständigkeit ist überdies eine Anhörung des Ausschusses der Regionen geboten. Den gleichen Schutzzweck verfolgt das strenge Harmonisierungsverbot. Das ehemalige Einstimmigkeitserfordernis im kulturellen Bereich wurde jedoch aufgehoben.[77] Es greift das ordentliche Gesetzgebungsverfahren nach Art. 294 AEUV. Schließlich können für effektive Fördermaßnahmen auch **Mitwirkungspflichten** der Mitgliedstaaten notwendig werden.

cc) Die Kultur im Kontext anderer Unionspolitiken, Entwicklungslinien und Abgrenzungsfragen

Die Querschnittsklausel des Art. 167 Abs. 4 AEUV hat deutlich gemacht, welche Rolle der Kultur im Kontext der übrigen Unionspolitiken zukommt. Auch vor den einschneidenden Veränderungen durch den Unionsvertrag von Maastricht waren gerade im Bereich der Freiheiten des Binnenmarktes, des Beihilferechts und der Kompetenzgrundlagen der heutigen Art. 114 und 352, 353 AEUV wichtige Rechtsentwicklungen zu beobachten. 20

Die Anwendung der Warenverkehrsfreiheit auf Kulturgüter, auf Waren von kultureller Bedeutung (Bücher, Gemälde, Kunstwerke aller Art etc.) wurde schon früh vom EuGH bestätigt.[78] Bei allem kulturellen Wert solcher Waren und Güter, der sich gewiss nicht materiell bemessen, ökonomisch quantifizieren lässt, sind sie doch nicht generell eine **„res extra commercium"**. Es existiert vielmehr ein sehr lebendiger Kunstmarkt im engeren und weiteren Sinne. Daher tut ein Ausgleich zwischen der Warenverkehrsfreiheit einerseits und den in Art. 36 AEUV anerkannten kulturellen Interessen der Mitgliedstaaten andererseits Not. Dem Rechnung tragen wollen u.a. die bereits oben genannte Verordnung über die Ausfuhr von Kulturgütern und die Richtlinie über die Rückgabe von Kulturgütern, die unrechtmäßig aus dem Hoheitsgebiet eines Mitgliedstaates verbracht wurden.[79] Der „Schutz des nationalen Kulturgutes von künstlerischem, historischem oder geschichtlichem Wert" nach Art. 36 AEUV, obwohl mitgliedstaatlich intensiv geregelt (Ausfuhrverbote, Genehmigungserfordernisse, staatliche Vorkaufsrechte), hat in der Rechtsprechung des EuGH bisher kaum eine Rolle gespielt.[80] Grund ist ein eng gefasster Begriff des Kulturguts, der nicht jede Ware von kultureller Bedeutung (alle Bücher, Tonträger, Filme etc.) umfasst.[81] Dennoch lassen sich auch für solche Waren von einem gewissen kulturellen Wert Verkehrsbeschränkungen rechtfertigen. Kulturpolitische Ziele, insbesondere die kulturelle Vielfalt, können nämlich zwingende Erfordernisse des Gemeinwohls im Sinne der Cassis-Rechtsprechung[82] sein und so als Rechtfertigungsgrund für Handelsrestriktionen dienen.[83] Dabei gilt es, das Verhältnismäßigkeitsprinzip zu wahren.[84] Auf die Parallelproblematik im WTO-Recht sei nur verwiesen.[85] 21

Besonders praxisrelevant ist auch das Schnittfeld von freiem Warenverkehr, Wettbewerbs- und Kartellrecht. Zur Illustration nur ein Beispiel: Die Buchpreisbindung in den deutschsprachigen EU-Mitgliedstaaten und die Frage ihrer Vereinbarkeit mit dem unionalen Wettbewerbsrecht haben 22

76 Dazu u. Rn 47 ff.

77 *Niedobitek*, in: Streinz (Hrsg.), EUV/AEUV, Art. 167 AEUV, Rn 50; *Fischer*, in: Lenz/Borchardt (Hrsg.), EU-Verträge, Art. 167, Rn 13.

78 EuGH, Rs. 7/68 (Kommission/Italien), Slg 1968, 633; s. auch *v. Pehwe*, ELR 20 (1995), 431 ff.

79 O. Rn 14.

80 *Schroeder, in: Streinz (Hrsg.), EUV/AEUV,* Art. 36 AEUV, Rn 18; weiterhin *Mußgnug*, in: FS *Steinberger*, 2002, S. 1303 ff; *Schwarze*, JZ 1994, 111 ff.

81 Vgl EuGH, Rs. 229/83 (Leclerc), Slg 1985, 1, Rn 30.

82 EuGH, Rs. 120/70 (Cassis de Dijon), Slg 1979, 649, Rn 8.

83 EuGH verb. Rs. 60 und 61/84 (Cinéthèque), Slg 1985, 2605, Rn 20 ff; s. auch Rs. C-368/95 (Familiapress), Slg 1997, I-3689, Rn 18 f; *Niedobitek*, Kultur und Europäisches Gemeinschaftsrecht, S. 250 ff.

84 EuGH, Rs. C-6/98 (ARD/PRO Sieben), Slg 1999, I-7599, Rn 50; EuG, Rs. T-266/97 (Vlaamse Televisie Maatschapij/Kommission), Slg 1999, II-2339, Rn 108 ff.

85 *Hahn*, ZaöRV 56 (1996), 315 ff.

über Jahre hinweg für intensive Diskussion und mediale Aufmerksamkeit gesorgt.[86] Der EuGH betont, dass im Hinblick auf diese Problematik das Unionsrecht keine Bestimmungen enthalte, „die den Mitgliedstaaten klare und unbedingte Verpflichtungen auferlegen, auf die sich die Einzelnen vor den nationalen Gerichten berufen können. Es handelt sich dabei nämlich um einen allgemeinen Grundsatz, dessen Anwendung komplexe wirtschaftliche Beurteilungen erfordert, die in die Zuständigkeit des Gesetzgebers oder der nationalen Verwaltung fallen.“[87] Der Luxemburger Gerichtshof hat so, auch wenn er die „komplexe wirtschaftliche Beurteilung“ hervorhebt, vor allem die Bedeutung des **„Kulturgutes Buch“** gestärkt und sich sehr viel großzügiger gezeigt als in anderen, weniger kulturrelevanten Bereichen der Warenverkehrsfreiheit und des Wettbewerbsrechts. Auch der deutsche Gesetzgeber blieb nicht untätig. Ein System der Preisbindung für Verlagserzeugnisse wurde gesetzlich geregelt.[88]

23 Ein System staatlicher Beihilfen ist auf dem Kultursektor, der nicht allein Marktgesetzen gehorcht und sich finanziell häufig nicht trägt, von größter Bedeutung.[89] Es mag daher überraschen, dass die **Ausnahmeklausel für Kulturförderung** aus Art. 107 Abs. 3 lit. d AEUV erst durch den Vertrag von Maastricht eingefügt wurde.[90] Demnach können heute Beihilfen als mit dem gemeinsamen Markt vereinbar und daher genehmigungsfähig angesehen werden, wenn sie der Förderung und Erhaltung des kulturellen Erbes dienen.[91] Die Gruppenfreistellung von bestimmten horizontalen, durch die Mitgliedstaaten gewährten Beihilfen, für die bereits eine gefestigte Kommissionspraxis besteht, ist im Verordnungswege möglich.[92] Lange Zeit hatte die Kommission die mitgliedstaatliche Beihilfepraxis auf dem Kultursektor unbehelligt gelassen. Das änderte sich erst allmählich und gerade dort, wo Kunst und Kommerz besonders eng verzahnt sind, so zum Beispiel mit Blick auf staatliche Beihilfen für die Filmwirtschaft.[93] Für die Konkretisierung des Kulturbegriffs aus Art. 107 Abs. 3 lit. d AEUV gilt es, den systematischen Zusammenhang mit Art. 167 AEUV zu beachten. Gemeint ist wiederum der Kulturbegriff im engeren Sinne, der sich am Kulturbestand der Mitgliedstaaten, an deren kulturellen Traditionen[94] und ganz pragmatisch an deren typischer Kulturpolitik (Medien, Theater, Museen, Kunstgalerien, Film etc.) orientiert.[95] Dabei kulturelle strikt von wirtschaftlichen Beweggründen zu scheiden, wäre wirklichkeitsblind. Die **„auch kulturelle“ Betätigung** genügt, kommerzielle Elemente dürfen enthalten sein, wenn sie die Fördermaßnahme nicht eindeutig dominieren.[96] Unbestritten kann auch der Sport als Ausdrucksform von Kultur angesehen werden. Indes bleibt noch ungeklärt, ob und inwieweit Art. 107 Abs. 3 lit. d AEUV den Sportbereich umfasst.[97] Wegen des hohen Maßes an Kommerzialisierung ist das Thema in Bezug auf den Profisport besonders heikel. Ausdrücklich bezieht sich die Ausnahmeklausel demgegenüber auf ein Kernthema, die

---

86 *Everling*, Buchpreisbindung; *Ress/Ukrow*, ZEuS 1999, 1; *Lamping/Ludwigs*, ZaöRV 1999, 51 ff; *Blanke/Kitz*, JZ 2000, 118 ff; *Pouchard*, RTDE 37 (2001), 63 ff.

87 EuGH, Rs. C-9/99 (Echirolles Distribution SA/Association du Dauphiné u.a.), Slg 2000, I-8207, Rn 25.

88 Gesetz zur Regelung der Preisbindung bei Verlagserzeugnissen, BGBl. 2002, I, 4448.

89 Eine umfangreiche Analyse der gesamten staatlichen Kunstförderung findet sich etwa bei *Geißler*, Staatliche Kunstförderung nach dem Grundgesetz und Recht der EG.

90 *Kühling*, in: Streinz (Hrsg.), EUV/AEUV, Art. 107 AEUV, Rn 133.

91 *Selmer/Gersdorf*, Die Finanzierung des Rundfunks in der Bundesrepublik Deutschland auf dem Prüfstand des EG-Beihilferegimes; *Ress*, in: GS Grabitz, S. 595 ff; *Koenig/Kühling*, EuZW 2000, 197 ff.

92 *Barotsch*, NJW 2001, 921 ff.

93 KOM (2001), 534 endg., Ziff. 2; Mitteilung der Kommission über die Anwendung der Vorschriften über staatliche Beihilfen auf den öffentlich-rechtlichen Rundfunk, ABl. 2001, C 320, S. 5, Ziff. 26 f; dazu auch *Koenig/Kühling*, in: Streinz (Hrsg.), EUV/AEUV, Art. 107 AEUV, Rn 133; *Kreuschitz/Wernicke*, in: Lenz/Borchardt (Hrsg.), EU-Verträge, Art. 107 AEUV, Rn 59 f.

94 Die wichtige Abgrenzungsfunktion des Kulturbegriffs im Beihilferecht betont *Ress*, in: GS Grabitz, S. 595, 622; zur wichtigen Rolle von Tradition und Herkommen bei der Rechtskonkretisierung allg. *Leisner*, Kontinuität als Verfassungsprinzip.

95 *Ress, in: GS Grabitz, S. 595 ff.*

96 Nachweise zur Kommissionspraxis bei *König/Kühling*, EuZW 2000, 197, 202.

97 Vgl dazu *von Wallenberg/Schütte*, in: Grabitz/Hilf/Nettesheim (Hrsg.), Das Recht der EU, Art. 107 AEUV, Rn 133.

„Förderung und Erhaltung des kulturellen Erbes". In der Praxis spielt sie für Subventionen zur Denkmalpflege eine große Rolle.

Weder ist Art. 167 Abs. 1 AEUV die einzige Handlungsermächtigung der EU auf kulturellem Gebiet noch eine abschließende Spezialvorschrift, die alle anderen Ermächtigungsgrundlagen verdrängen würde.[98] Das gilt auch für alle allgemeinen und speziellen Vorschriften zur Rechtsangleichung, wobei hier besonders streng geprüft werden muss, ob eine **Umgehung des Harmonisierungsverbotes** aus Art. 167 Abs. 5 AEUV droht. Die Abgrenzung hat nach dem Schwerpunkt der Maßnahme zu erfolgen. Dabei zeigt sich neuerlich, warum im Rahmen von Art. 167 AEUV nur ein enger Kulturbegriff praktikabel ist. Ein zu weit gefasster Ermächtigungstitel ließe eine sinnvolle Schwerpunktbildung nicht mehr zu. Bei binnenmarktrelevanten Harmonisierungsmaßnahmen nach Art. 114 AEUV kommt es entscheidend darauf an, ob die Maßnahme tatsächlich Hemmnisse für die Grundfreiheiten oder nachhaltige Wettbewerbsverzerrungen zu beseitigen geeignet ist.[99] Ist dies der Fall, kann ein Unionsakt *allein* auf die Rechtsgrundlage aus Art. 114 AEUV gestellt werden. Ein besonders signifikantes Beispiel gibt die bereits zitierte Harmonisierungsrichtlinie über die Rückgabe von unrechtmäßig aus dem Hoheitsgebiet eines Mitgliedstaates verbrachten Kulturgütern.[100] 24

Nach dem Schwerpunkt bzw Hauptziel der Maßnahme ist auch die Abgrenzung gegenüber Art. 113, 149, 207, 165, 166, 173, 174 AEUV vorzunehmen. So können zur „Wettbewerbsfähigkeit der Industrie" gem. Art. 173 Abs. 1 AEUV auch Programme bezüglich audiovisueller Medien, Internetnutzung etc. gehören.[101] Hier wurde diskutiert, ob der Kulturtitel zusätzlich als Ermächtigungsgrundlage herangezogen werden müsse. Die Rechtsprechung des EuGH gibt eine eher restriktive Antwort. Das sei nur dann erforderlich, wenn das einschlägige Programm „untrennbar und gleichgewichtig" sowohl Industrie als auch Kultur betreffe. Wenn die kulturellen Aspekte demgegenüber von untergeordneter Bedeutung blieben, dann reiche ein Verweis auf die **Querschnittsklausel** des Art. 167 Abs. 4 AEUV aus.[102] Fraglich ist auch, ob die subsidiäre Auffangkompetenz aus Art. 352, 353 AEUV noch Anwendung finden kann. Wie ausgeführt, konkretisiert Art. 167 AEUV zwar die Unionsziele aus Art. 4 Abs. 3 AEUV zu Forschung und Technologie sowie aus Art. 6 S. 2 lit. c AEUV zur Kultur, stellt aber keine abschließende lex specialis für alle – oft nur mittelbar – kulturrelevanten Handlungen dar. In engen Grenzen können daher auch Art. 352, 353 AEUV auf dem Kultur- und Bildungssektor zur Anwendung kommen.[103] 25

c) Die Querschnittsklausel nach Art. 167 Abs. 4 AEUV

Die Querschnittsklausel oder „Kulturverträglichkeitsklausel"[104] aus Art. 167 Abs. 4 AEUV steht für einen ganzheitlichen Ansatz. Die Union hat auch bei ihrer Tätigkeit nach anderen Vertragsvorschriften den kulturellen Implikationen Rechnung zu tragen. So wirkt die Querschnittsklausel als ein rechtlich bindendes **„Gebot der Rücksichtnahme auf kulturelle Aspekte"**.[105] Wie aber entfaltet sich dieses Gebot? Zunächst als methodisches Prinzip einer Auslegung „im Lichte der Kultur", die für das Gesamtgefüge des Vertrages eine tragende Rolle spielt und – um eine Terminologie von *R. Alexy* aufzugreifen – zu einem **„kulturellen Optimierungsgebot"** erstarken kann. Damit wäre ein zweiter Aspekt angesprochen, nämlich das Gewicht kultureller Gesichtspunkte bei Abwägungsentscheidungen. Vorausgeschickt sei, dass Art. 167 Abs. 4 AEUV keine Kompetenzverteilungsregelung 26

---

98 *Ress/Ukrow*, in: Grabitz/Hilf/Nettesheim (Hrsg.), Das Recht der EU, Art. 167 AEUV, Rn 14; *Fischer*, in: Lenz/Borchardt (Hrsg.), EU-Verträge, Art. 167 AEUV, Rn 14.

99 *EuGH, Rs. C-376/98 (Deutschland/Rat)* („Tabakwerbung"), Slg 2000, I-8419, Rn 85.

100 S. hierzu Rn 14.

101 Nachweise bei *Niedobitek*, in: Streinz (Hrsg.), EUV/AEUV, Art. 167 AEUV, Rn 32.

102 EuGH, Rs. C-42/97 (Europäisches Parlament/Rat), Slg 1999, I-869, vor allem Rn 41, 42.

103 Zum Diskussionsstand: *Blanke*, in: Calliess/Ruffert (Hrsg.), EUV/AEUV, Art. 167 AEUV, Rn 22; *ders.*, Europa auf dem Weg zu einer Bildungs- und Kulturgemeinschaft, S. 79; *Fechner*, RdJB 1996, 35, 38.

104 So *Fechner*, RdJB 1996, 35, 39.

105 *Ress/Ukrow*, in: Grabitz/Hilf/Nettesheim (Hrsg.), Das Recht der EU, Art. 167 AEUV, Rn 148; *Fischer*, in: Lenz/Borchardt (Hrsg.), EU-Verträge, Art. 167 AEUV, Rn 11.

darstellt und keine neue Kompetenzgrundlage schafft, sondern die Kompetenzausübung im Rahmen der vorhandenen Vertragsbestimmungen betrifft.[106] Er konkretisiert die Pflicht zu **ermessensfehlerfreier Kompetenzausübung.** Der Kultur kommt gegenüber den sonstigen Vertragszielen weder vorrangiges Gewicht zu noch bleibt sie, insbesondere gegenüber der Wirtschaft, von untergeordneter Bedeutung. Verlangt ist vielmehr eine gleichgewichtige positive Berücksichtigung der Kultur, eine Art **„praktische Konkordanz"** (*K. Hesse*), die den kulturellen Aspekten auch im Kontext ökonomischer, ökologischer, technologischer etc. Handlungsermächtigungen der Union bestmögliche Entfaltung sichert.[107] Hinsichtlich der Justiziabilität eines solchen Optimierungsgebotes muss indes berücksichtigt werden, dass der EuGH den Unionsorganen bei Abwägungsentscheidungen einen weiten Ermessensspielraum einräumt und nur gegen offensichtlich fehlerhafte Überschreitungen vorgehen will.[108]

27 Manche Einzelfragen sind umstritten. So wird diskutiert, ob dort, wo kein Ermessen eingeräumt wird, die Querschnittsklausel ein Abweichen von den übrigen Vertragsbestimmungen erlaubt.[109] Dem steht schon die Wortwahl „Rechnung tragen" entgegen. Sie verweist auf die Berücksichtigung der Kultur im Rahmen bestehender Handlungsspielräume, nicht auf eine mögliche Durchbrechung zwingenden Rechts. Die Querschnittsklausel setzt ein entsprechendes Ermessen der Unionsorgane voraus, sie darf nicht zu einer **Generalklausel der Kulturpräferenz** umgedeutet werden. Unter dieser Prämisse muss auch das sekundäre Unionsrecht mit einbezogen werden. Art. 167 Abs. 4 AEUV ermächtigt die Mitgliedstaaten nicht, eine Richtlinienvorschrift durch eine einschneidendere Norm zu ersetzen[110] oder strenger als in der Richtlinie vorgesehen Kontrollen durchzuführen.[111] All das würde letztlich keine gleichgewichtige, sondern eine übergewichtige Berücksichtigung der Kultur bedeuten. Auch der EGV und der Verfassungsentwurf standen nicht für eine solche Präferenz. Wenig praktische Konsequenzen hat der Streit, ob die Querschnittsklausel auch die kulturellen Kompetenzen, das heißt die **Kulturhoheit der Mitgliedstaaten**, schützen will.[112] Dem wird entgegengehalten, es gehe nur um eine Förderung der Kulturen selbst, nicht um die kulturbezogene Tätigkeit der Mitgliedstaaten. Der Schutz ihrer Kulturkompetenzen sei allenfalls ein Reflex.[113] Gleich, ob Art. 167 Abs. 4 AEUV nun ein unmittelbarer Schutzzweck zugunsten der mitgliedstaatlichen Kulturvielfalt oder lediglich deren reflexhafte Mitberücksichtigung entnommen wird, so muss klar sein, dass in der Europäischen Verfassungsgemeinschaft **gemeineuropäische**[114] und **mitgliedstaatliche Kulturmomente** ineinandergreifen und eine Trennung nach Schutzsphären nicht möglich ist. So schützen Kulturklauseln im mitgliedstaatlichen (Verfassungs-)Recht wenigstens mittelbar auch den **gemeineuropäischen Kulturraum**, und umgekehrt schützt Art. 167 Abs. 4 AEUV wiederum wenigstens mittelbar auch die nationalstaatlichen Kulturräume und die vielgestaltigen mitgliedstaatlichen Kulturen, aus denen das eine Europa seine Identität gewinnt.

d) Die internationale Dimension, Art. 167 Abs. 3 AEUV

28 Art. 167 Abs. 3 AEUV ergänzt die der Union eingeräumten Innenkompetenzen um eine Außenkompetenz.[115] Damit ist auch eine kulturelle Öffnung Europas nach außen hin postuliert, jedenfalls ermöglicht. Weder in wirtschaftlicher noch kultureller Hinsicht soll die Union zu einer „Fes-

106 *Blanke*, in: Calliess/Ruffert (Hrsg.), EUV/AEUV, Art. 151 AEUV, Rn 15; *Schwartz*, AfP 1993, 409, 417.

107 *Fischer*, in: Lenz/Borchardt (Hrsg.), EU-Verträge, Art. 167 AEUV, Rn 11.

108 EuGH, Rs. C-233/94 (Deutschland/Rat), Slg 1997, I-2405, Rn 55 f.

109 Vgl *Ress/Ukrow*, in: Grabitz/Hilf/Nettesheim (Hrsg.), Das Recht der EU, Art. 67 AEUV, Rn 148 ff.

110 EuGH, Rs. C-85/94 (Piageme), Slg 1995, I-2955, Rn 15.

111 EuGH, Rs. C-11/95 (Kommission/Belgien), Slg 1996, I-4115, Rn 46-50.

112 So die hM; *Ress*, DÖV 1992, 944, 947 f; *Blanke*, Europa auf dem Weg zu einer Bildungs- und Kulturgemeinschaft, S. 103; *Hochbaum*, BayVBl. 1997, 641, 680 ff, 684.

113 So *Niedobitek*, in: Streinz (Hrsg.), EUV/AEUV, Art. 167 AEUV, Rn 38; *ders.*, EuR 1995, 349, 374 f.

114 Zum Begriff des „Gemeineuropäischen" *Häberle*, Europäische Verfassungslehre, S. 111 ff.

115 *Fischer*, in: Lenz/Borchardt (Hrsg.), EU-Verträge, Art. 167 AEUV, Rn 10.

tung", zu einem geschlossen-selbstreferentiellen System politischer Einheit werden.[116] Der Verweis auf den Europarat bindet vor allem das Europa im weiteren Sinne und die Menschenrechtskultur der EMRK bewusst mit ein. Allerdings lässt die Unionskompetenz die mitgliedstaatliche Zuständigkeit für die **auswärtige Kulturpolitik** unberührt und verleiht den Unionsorganen keine eigenständigen Handlungsbefugnisse. Die Union kann, gemäß der Parallelität von Innen- und Außenkompetenzen, nur soweit tätig werden, als Art. 167 Abs. 1 und 2 AEUV einen innerunionalen Handlungsraum eröffnen. In diesen Grenzen ist eine eigenständige auswärtige Kulturpolitik der Union jedoch durchaus möglich.[117] Das umfasst alle Kooperationsformen mit Drittstaaten und internationalen Organisationen einschließlich des Abschlusses völkerrechtlicher Verträge. Da letztere in der Praxis aber auch die auswärtige Kulturkompetenz der Mitgliedstaaten mitbetreffen und wechselseitige Abstimmung erforderlich machen, können sie nur in Form **gemischter Abkommen** geschlossen werden.[118] Wichtige Beispiele der internationalen Kooperation von EU und Drittstaaten auf dem Kultursektor sind etwa die Lomé-Abkommen, der „europäische Kulturmonat", der zwischen 1992 und 2003 alljährlich in einem europäischen Drittstaat parallel zur „Kulturhauptstadt Europas" stattfand, das Projekt „EUREKA audiovisuell" oder der Förderfonds „EURIMAGES".[119]

2. Über den engen Kulturbegriff des Art. 167 AEUV hinaus: Der Bildungssektor

a) Allgemeine Bildung, berufliche Bildung und Ausbildung, Art. 165, 166 AEUV respektive Titel XII: Allgemeine und berufliche Bildung, Jugend und Sport

Das Bildungswesen weist seit jeher zahlreiche Berührungspunkte mit dem Unionsrecht auf.[120] Hierauf reagiert auch der Reformvertrag von Lissabon. Neu eingefügt wurde in Art. 165 AEUV einerseits der Sport, viel wichtiger aber noch ist Abs. 2: Er enthält ein demokratiebezogenes Erziehungsziel (*P. Häberle*) und will eine „verstärkte Beteiligung der Jugendlichen am demokratischen Leben in Europa". Neu ist auch der Hinweis auf die Bildung in Art. 9 AEUV. Er verstärkt die horizontale Bedeutung für alle Kompetenz- und Politikbereiche der Union. Allerdings formte das Bildungswesen ursprünglich keinen unabhängigen Politikbereich, sondern war ganz auf den wirtschaftlichen Sektor bezogen und von ökonomischen Entwicklungen geprägt.[121] Der EuGH folgte zunächst der Idee einer sukzessiven Weiterentwicklung, dann auch einer zwar allmählichen, aber immer konsequenteren Einbeziehung des Bildungswesens in den gesamten Anwendungsbereich des heutigen AEUV.[122] Einmal mehr spielte der Luxemburger Gerichtshof seine Rolle als „Motor der Integration" erfolgreich.[123] Was von der Rechtsprechung vorgeformt war, fand durch den Maastrichter Unionsvertrag auch textlichen Niederschlag. Der Regelungsbereich „Allgemeine und berufliche Bildung, Jugend und Sport" wurde unter dem eigenständigen Titel XII in das Vertragswerk einge- 29

116 Der Zielekatalog aus Art. I-3 des Verfassungsentwurfs geht diesen Weg konsequent weiter, dazu *Kotzur*, DÖV 2005, 313 ff.

117 *Blanke*, in: Calliess/Ruffert (Hrsg.), EUV/AEUV, Art. 167 AEUV, Rn 13.

118 *Ress/Ukrow*, in: Grabitz/Hilf/Nettesheim (Hrsg.), Das Recht der EU, Art. 167 AEUV, Rn 138; *Blanke*, in: Calliess/Ruffert (Hrsg.), EUV/AEUV, Art. 167 AEUV, Rn 14; *Fischer*, in: Lenz/Borchardt (Hrsg.), EU-Verträge, Art. 167 AEUV, Rn 10.

119 Nachweise dazu bei *Ress/Ukrow*, in: Grabitz/Hilf/Nettesheim (Hrsg.), Das Recht der EU, Art. 167 AEUV, Rn 139 ff.

120 Eine Übersicht zu den ursprünglichen Rechtsgrundlagen gibt *Niedobitek*, Kultur und Europäisches Gemeinschaftsrecht, S. 24 ff; s. ferner *Schweitzer*, in: Merten (Hrsg.), Föderalismus und Europäische Gemeinschaften, S. 147 ff; *Dohms*, RdJB 1992, 451 ff; *Staudenmayer*, WissR 1994, 249 ff; *ders.*, BayVBl. 1995, 312 ff; *Fechner*, RdJB 1996, 35, 37; allg. *Hilpold*, Bildung und Europa.

121 EuGH, Rs. 9/74 (Casagrande), Slg 1974, 773, Rn 6.

122 Aus der Rspr etwa EuGH, Rs 293/83 (Gravier), Slg 1985, 593, Rn 23; verbundene Rs. 51/89, 90/89, 94/89 (Vereinigtes Koenigreich/Rat), Slg 1991, I-2757; EuGH, Rs. C-184/99 (Rudy Grzelczyk), Slg 2001, I-6193, Rn 27 ff.

123 Bsp. bei *Lenz*, Europa-Archiv 1989, 125 ff; *Wittkowski*, Die Rechtsprechung des Europäischen Gerichtshofs zur Freizügigkeit, S. 39 ff.

fügt.[124] Damit ist ein systematisches Defizit behoben. Die ursprüngliche Zuordnung des Bildungssektors zur Sozialpolitik blieb unbefriedigend. Sie verleugnete den selbstverständlichen **Kontext von Kultur und Bildung**, was umso weniger nachvollziehbar erscheint, als bereits der damalige Art. 3 Abs. 1 lit. q EGV die „qualitativ hoch stehende allgemeine und berufliche Bildung" zutreffend in einem Atemzug mit dem „Kulturleben" nannte.[125] Der Vertrag von Amsterdam (1997) brachte zwar inhaltliche und formale Korrekturen, hat die systematische Inkonsequenz jedoch nicht aufgelöst.[126] Diesbezüglich vermag auch der AEUV nicht vollständig zu überzeugen. Bildungs- und Kultursektor bleiben getrennt. Ohne bewusste Bezugnahme auf die Bildung ist der Kulturbegriff zu eng gefasst, zumal mit solcher Kontextualisierung noch lange kein Gleichlauf von Kompetenzen und Entscheidungsverfahren gefordert ist. Die vorliegende Behandlung des Bildungswesens unter dem Kulturstichwort folgt somit mehr der Sachlogik als der Vertragssystematik.[127] Damit sei nicht abgeleugnet, dass Bildung wie Ausbildung hohe sozialpolitische Relevanz innewohnt.

aa) Definitionen

30 Eine trennscharfe Abgrenzung der Begriffe „Bildung/allgemeine Bildung", „berufliche Bildung" und „Berufsausbildung" ist nicht möglich. Zu vielfältig sind die Überschneidungen, zu deutlich greifbar die mit der berufsspezifischen Bildung notwendig verbundenen allgemeinbildenden Elemente. Zugleich verbieten sich aber auch eine Überhöhung des **Bildungsideals** oder der Rückgriff auf eine rein nationalstaatliche Bildungstradition. Wer etwa zu sehr auf das assoziative Bedeutungsumfeld des deutschen **Bildungsbegriffs** setzt, wird durch andere Sprachfassungen eines Besseren belehrt. Das englische „education", das französische „éducation" klingt nüchterner, verlangt einen stärker pragmatischen Ansatz. Der – auf eine Weise sehr deutsche Streit – um die begriffsgenaue Scheidung von „Bildung" in Art. 165 Abs. 1 AEUV und „beruflicher Bildung" in Art. 166 Abs. 1 AEUV[128] darf dabei nicht überbewertet werden, zumal die Verfahren zum Erlass der Maßnahmen nach beiden Ermächtigungsgrundlagen seit der Amsterdamer Vertragsrevision weithin identisch sind.[129] Der Bildungsbegriff aus Art. 165 AEUV ist umfassend zu verstehen. Er betrifft vorrangig die allgemeine Bildung (das Schulwesen mit Vor-, Grund- und Sekundarschulen, ebenso die Hochschulen und Universitäten), aber auch die allgemeinbildenden Grundlagen der beruflichen Bildung.[130] Für letztere stellt, soweit sie im engeren Sinne betroffen ist, Art. 166 AEUV die lex specialis dar.[131] Auch hier bestätigen die englische und die französische Sprachfassung den Befund, indem sie „education"/„éducation" von „vocational training" bzw „formation professionnelle" scheiden. Der alte, vom EuGH noch vor Maastricht unter effet utile-Gesichtspunkten definierte Begriff **„Berufsausbildung"** ist der heutigen Rechtslage nicht vorbehaltlos zugrunde zu legen.[132] Damals hatte der Luxemburger Gerichtshof formuliert: „jede Form der Ausbildung, die auf eine

124 *Wittkowski*, RdJB 1994, 317 ff; *Blanke*, Europa auf dem Weg zu einer Bildungs- und Kulturgemeinschaft; *Cludius*, Die Kompetenzen der Europäischen Gemeinschaft für den Bereich der Bildungspolitik.

125 Die damalige systematische Inkonsequenz kritisiert zu Recht *Niedobitek*, in: Streinz (Hrsg.), EUV/AEUV, Art. 167 AEUV, Rn 23.

126 *Niedobitek*, ebd, Art. 165 AEUV, Rn 3.

127 Vgl *Fechner*, RdJB 1996, 35, 36.

128 So etwa *Schröder*, Europäische Bildungspolitik und bundesstaatliche Ordnung, S. 32 ff, 43 ff; *Ruffert*, in: Calliess/Ruffert (Hrsg.), EUV/AEUV, Art. 165 AEUV, Rn 12; *Fischer*, in: Borchardt/Lenz (Hrsg.), Art. 165, Rn 11.

129 *Ruffert*, in: Calliess/Ruffert (Hrsg.), EUV/AEUV, Art. 165 AEUV, Rn 11 f.

130 Für eine eindeutige Zuordnung der allgemeinen Bildung allein zu Art. 149 EGV (Art. 165 AEUV), der beruflichen Bildung allein zu Art. 150 EGV (Art. 166 AEUV) aber wohl *Berggreen-Merkel*, Die rechtlichen Aspekte der Kulturpolitik nach dem Maastrichter Vertrag, S. 18, 19 und *Czysz*, in: Timmermann (Hrsg.), Bildung in der Europäischen Union, S. 21 ff, 25, jeweils mwN; eingehend auch zum Schul- und Hochschulwesen *Dohms*, RdJB 1992, 451, 453 ff; *Hablitzel*, Subsidiaritätsprinzip und Bildungskompetenzen im Vertrag über die Europäische Union, S. 21, *Fechner*, in: Lassahn/Ofenbach (Hrsg.), Bildung in Europa, S. 17 ff, 23.

131 *Konow, RdJB 1992, 428, 432; Fischer*, in: Lenz/Borchardt (Hrsg.), EU-Verträge, Art. 165 AEUV, Rn 11; *Ruffert*, in: Calliess/Ruffert (Hrsg.), EUV/AEUV, Art. 165 AEUV, Rn 11.

132 So zutreffend *Ruffert*, in: Calliess/Ruffert (Hrsg.), EUV/AEUV, Art. 165 AEUV, Rn 12; aA *Staudenmayer*, BayVBl. 1995, 312, 321, 326; *Seidel/Beck*, Jura 1997, 393, 397.

Qualifikation für einen bestimmten Beruf oder eine bestimmte Beschäftigung vorbereitet oder die besondere Befähigung zur Ausübung eines solchen Berufes oder einer solchen Beschäftigung verleiht, und zwar unabhängig vom Alter und vom Ausbildungsniveau der Schüler und Studenten und selbst dann, wenn der Lehrplan auch allgemeinbildenden Unterricht enthält."[133] Die Universitätsstudien waren in den Bereich der Berufsausbildung einbezogen,[134] um die Effektivität des Unionsrechts zu garantieren. Das ist heute nicht mehr nötig, da Art. 165 AEUV eine eigene Ermächtigungsgrundlage schafft.

bb) Wichtige Entwicklungslinien auf dem europäischen Bildungssektor

Für einen funktionierenden Binnenmarkt und die damit verbundene Verwirklichung der Freizügigkeit spielen Bildung und Ausbildung eine entscheidende Rolle. Diese **wirtschaftlicher Prosperität dienende Dimension** der Bildung ist im EG- und EU-Recht schon lange höchst präsent.[135] Vor allem im Bereich der Arbeitnehmerfreizügigkeit haben Rechtsprechung und Rechtspraxis immer wieder für nachhaltige Entwicklungsschübe gesorgt. 31

Grundlegend wirkt zunächst die **wechselseitige Anerkennung beruflicher Befähigungsnachweise.** 32
Diesbezüglich existierten zahlreiche sektorale und zwei sektorenübergreifende Richtlinien. Die jeweiligen Anerkennungsbestimmungen divergierten, inhaltlich wie prozedural, in hohem Maße. Für manche Fälle existierten keine einschlägigen Regelungen, andere Fallgruppen waren überreguliert. Dies ließ sich mit der schrittweisen Entwicklungsgeschichte erklären. Heute existiert die Richtlinie 2005/36/EG über die Anerkennung von Berufsqualifikationen,[136] die zum 20. Oktober 2007 die Richtlinie 89/48/EWG über eine allgemeine Regelung zur Anerkennung der Hochschuldiplome, die eine mindestens dreijährige Berufsausbildung abschließen, sowie die Richtlinie 92/51/EWG über eine zweite allgemeine Regelung zur Anerkennung beruflicher Befähigungsnachweise in Ergänzung zur Richtlinie 89/48/EWG und die Richtlinie 1999/42/EG des Europäischen Parlaments und des Rates vom 7. Juni 1999, einschließlich ihrer jeweiligen Änderungen, ersetzte. Sie will einen einheitlichen, **kohärenten Rechtsrahmen** konturieren, der alle anwendbaren Vorschriften so weit wie möglich vereinheitlicht, dabei aber gleichzeitig die Garantien aller gegenwärtig existierenden Anerkennungssysteme wahrt.[137]

Einen zweiten wichtigen Bereich bilden die **Aus- und Fortbildung der Arbeitnehmer** selbst sowie 33
die Bildungschancen für ihre **Kinder** und **Familienangehörigen**. Die Arbeitnehmerfreizügigkeit bietet nur dann eine Zukunftsperspektive, wenn die eigene berufliche Weiterqualifikation gesichert ist und dem Zusammenleben der Familien nicht schwerwiegende Ausbildungsnachteile entgegenstehen.[138] Für die Arbeitnehmer selbst schafft wiederum die Verordnung 492/2011die sekundärrechtliche Grundlage. Sie garantiert die berufliche Aus- und Weiterbildung, den Besuch von Berufsschulen und sonst notwendige Aus- und Weiterbildungsmaßnahmen.[139] Für die Ausbildung der Kinder bzw der Familienangehörigen von Arbeitnehmern kommt wiederum die Richtlinie 2004/38/EG über das Recht der Unionsbürger und ihrer Familienangehörigen, sich im Hoheitsgebiet der Mit-

---

133 EuGH, Rs. 293/83 (Gravier), Slg 1985, 593, Rn 30; s. auch Rs. 263/86 (Humbel), Slg 1988, 5365, Rn 11 ff.

134 EuGH, Rs. 24/86 (Blaizot), Slg 1988, 379, Rn 19 f.

135 *Ohler*, WissR 1998, 170, 174 (im Hinblick auf die Niederlassungsfreiheit ausländischer Hochschulen); *Fechner*, RdJB 1996, 35.

136 ABl. 2005, L 255, S. 22.

137 S. dazu die Mitteilung der Kommission an das Europäische Parlament gemäß Artikel 251 Absatz 2 Unterabs. 2 EG-Vertrag betreffend den vom Rat angenommenen gemeinsamen Standpunkt im Hinblick auf den Erlass einer RL des Europäischen Parlaments und des Rates über die Anerkennung von Berufsqualifikationen KOM/ 2004/0853 endg. – COD 2002/0061.

138 Gleiches muss iRd Niederlassungsfreiheit selbstverständlich auch für die selbständig Tätigen gelten.

139 So noch für die alte VO 1612/68: EuGH, Rs. 157/84 (Frascogna/Caisse de Dépôts et Consignations), Slg 1985, 1739; Rs. 39/86 (Lair), Slg 1988, 3161; Rs. 235/87 (Matteucci/Communauté française de Belgique), Slg 1988, 5589; Rs. 357/89 (Raulin/Minister van Onderwijs en Wetenschappen), Slg 1992, I-1027; Rs. 3/90 (Bernini/ Minister van Onderwijs en Wetenschappen), Slg 1992, I-1071; Rs. 337/97 (C. P. M. Meeusen/Hoofddirectie van de Informatie Beheer Groep), Slg 1999, I-3289.

gliedstaaten frei zu bewegen und aufzuhalten[140] ins Spiel. Sie gewährleistet gleiche Ausbildungsmöglichkeiten (für die Kinder) und wird durch den EuGH großzügig interpretiert.[141] So will der Luxemburger Gerichtshof die effektive Verwirklichung ihres Telos (erfolgreicher Ausbildungsabschluss, gleichberechtigter Zugang zu Fördermitteln etc.) sicherstellen.

34 Einen dritten Bereich formt die **„Ausbildungsfreizügigkeit"** für Studierende. Zunächst wurden die Freizügigkeitsbestimmungen auf Studienreferendare für das Lehramt angewandt. Der EuGH hat diese unter den weit verstandenen Arbeitnehmerbegriff des Art. 45 Abs. 1 AEUV gefasst und zugleich die Ausnahmebestimmung aus Art. 45 Abs. 4 AEUV über Beschäftigungsverhältnisse in der öffentlichen Verwaltung restriktiv interpretiert.[142] Studierende allgemein unterfallen indes nicht dem Arbeitnehmerbegriff. Daher hat der EuGH seine Rechtsprechung zu deren gleichen Bildungschancen (einschließlich des gleichen Zugangs zu Bildungseinrichtungen) anfangs auf das allgemeine Diskriminierungsverbot aus Art. 18 AEUV gestützt.[143] Heute greift er zudem auf Art. 166 AEUV[144] zurück. Das Fallrecht ist äußerst vielgestaltig. So dürfen keine Studiengebühren für EU-ausländische Studierende erhoben werden, wenn nicht für die inländischen Studierenden die gleichen Lasten anfallen.[145] Vor Einführung des Bildungskapitels wurde das Universitätsstudium, wenngleich es zu einem gewichtigen Teil allgemeinbildende Elemente enthält, als berufsspezifische Ausbildung qualifiziert.[146] Jede Diskriminierung bezüglich Zulassungsbedingungen oder Studiengebühren ist zu vermeiden.[147] Schließlich umfasst die europäische „Ausbildungsfreizügigkeit" auch das **freie Niederlassungsrecht während der Ausbildung.**[148] Was vom EuGH richterrechtlich entwickelt wurde, findet nun auch in Rechtstexten seinen Niederschlag bzw seine positiv-rechtliche Fortschreibung. Verwiesen sei zunächst auf die Richtlinie 90/366/EWG.[149] Allerdings hat sie der EuGH wegen Wahl der unzutreffenden Ermächtigungsgrundlage für ungültig erklärt.[150] Sie wurde aber alsbald durch eine nahezu identische Regelung ersetzt, die „Richtlinie 93/96/EWG des Rates vom 29. Oktober 1993 über das Aufenthaltsrecht der Studenten".[151] Heute anwendbar ist die Freizügigkeitsrichtlinie 2004/38/EG.[152] Neuerdings ziehen die Luxemburger Richter zur Stärkung gleicher Ausbildungschancen auch die mit der **Unionsbürgerschaft** verknüpften Rechte aus Art. 21 AEUV als ergänzende Rechtsgrundlage heran. Während früher nur die Diskriminierung bei den Zulassungsvoraussetzungen oder Studiengebühren unterbunden war, unterfallen nach aktueller Rechtsprechung auch staatliche Fördermaßnahmen (wie Studiendarlehen, BAföG etc.) dem Diskriminierungsverbot.[153] Die grundrechtliche Dimension in Art. 14 und Art. 15 GRC wird solche Tendenzen wohl noch verstärken.

---

140 ABl. 2004, L 158, S. 77. Die Richtlinie ändert die Verordnung (EWG) 1612/68 über die Freizügigkeit der Arbeitnehmer innerhalb der Gemeinschaft.

141 Der EuGH entschied die folgenden Fälle, die noch auf der alten Verordnung 1612/68 basierten: EuGH, Rs. 76/72 (Michel S/Fonds National de Reclassement Handicapés), Slg 1973, 457; Rs. 9/74 (Casagrande), Slg 1974, 773; verbundene Rs. 389 und 390/87 (Echternach und Moritz), Slg 1989, 723; Rs. 308/89 (Di Leo/Land Berlin), Slg 1990, I-4185; Rs. 7/94 (Landesamt für Ausbildungsförderung Nordrhein-Westfalen/Lubor Gaal), Slg 1996, I-1031.

142 EuGH, Rs. 66/85 (Lawrie-Blum), Slg 1986, 2121.

143 *Fechner*, RdJB 2002, S. 339 ff.

144 *Dohms*, RdJB 1992, 451 ff; *Lenaerts*, CMLR 31 (1994), 7 ff.

145 EuGH, Rs. 152/82 (Forcheri/Belgien), Slg 1983, 2323; EuGH, Rs. 293/83 (Gravier), Slg 1985, 593; weiterhin Rs. 42/87 (Kommission/Belgien), Slg 1988, 5445; Rs. 47/93 (Kommission/Belgien), Slg 1994, I-1593.

146 EuGH, Rs. 24/86 (Blaizot), Slg 1988, 379.

147 EuGH, Rs. 39/86 (Lair), Slg 1988, 3161; Rs. 197/86 (Brown/Secretary of State of Scotland), Slg 1988, 3205.

148 EuGH, Rs. 357/89 (Raulin/Minister van Onderwijs en Wetenschappen), Slg 1992, I-1027, insbes. Rn 39.

149 ABl. 1990, L 180, S. 30.

150 Die RL war nicht auf Art. 235 EWGV, jetzt Art. 352, 353 AEUV, zu stützen, sondern auf Art. 7 Abs. 2 EWGV, jetzt Art. 18 Abs. 2 AEUV: EuGH, Rs. 295/90 (Europäisches Parlament/Rat), Slg 1992, I-4193.

151 ABl. 1993, L 317, S. 59.

152 ABl. 2004, L 158, S. 77.

153 EuGH, Rs. 184/99 (Rudy Grzelczyk), Slg 2001, I-6193; vorher schon Rs. 85/96 (Maria Martinez Sala/Freistaat Bayern), Slg 1998, I-2691; zu dieser Dimension der Unionsbürgerschaft s. auch *O'Leary*, The Evolving Concept of Community Citizenship, S. 188 f.

b) Insbesondere: Das Hochschulwesen

Eine besonders exponierte Rolle in der europäischen Entwicklungsgemeinschaft „Kultur, Forschung und Technologie“ spielen die Hochschulen. Nur wenn diese effizient kooperieren und hohe Qualitätsstandards erfüllen (Stichwort: **Elitebildung und -förderung**),[154] stehen das Europa der Kultur wie das Europa des Marktes auf einer soliden Grundlage. Die hochschulspezifischen Problematiken wechselseitiger Abschlussanerkennung und gleicher Ausbildungschancen wurden soeben erörtert. Die grundrechtsrelevanten Fragen der Hochschulautonomie sind im Kontext der Wissenschaftsfreiheit dargestellt.[155] Neben den europarechtlichen Regelungen im engeren Sinne existiert eine Vielzahl völkerrechtlicher Vereinbarungen, die sowohl im Forschungs- als auch Bildungsbereich für das europäische Hochschulwesen von zentraler Bedeutung sind. Verwiesen sei an dieser Stelle nur auf das **Europäische Kulturabkommen** von 1954[156] und die Gründung des **Europäischen Hochschulinstituts** in Florenz, das nicht auf unionsrechtlicher Basis, sondern auf einem formell selbständigen völkerrechtlichen Vertrag beruht.[157] 35

Eine der wichtigsten aktuellen Veränderungen der europäischen Hochschullandschaft wurde durch den sog. **Bologna-Prozess** eingeläutet.[158] In der **„Erklärung von Bologna“** hatten sich über die EU/EG hinaus die Bildungsminister von insgesamt 29 Staaten verpflichtet, einen europäischen Hochschulraum zu schaffen, der insbesondere auf den folgenden 6 Aktionsschwerpunkten beruht: 36

„a) Einführung eines Systems leicht verständlicher und vergleichbarer Hochschulabschlüsse, einschließlich Einführung des Diplomzusatzes (Diploma Supplement) (...).

b) Einführung eines Systems, das sich im Wesentlichen auf zwei Hauptzyklen stützt. Der erste Zyklus dauert mindestens drei Jahre, der erworbene Abschluss attestiert eine für den europäischen Arbeitsmarkt relevante Qualifikationsebene. Er ist Regelvoraussetzung für die Zulassung zum zweiten Zyklus (Master).

c) Einführung eines Systems zur Akkumulierung und zur Anrechnung/Übertragung von Studienleistungen (ECTS-System) (...).

d) Mobilität von Studierenden, Lehrkräften und Forschern.

e) Zusammenarbeit bei der Qualitätssicherung.

f) Europäische Dimension der Hochschulbildung.“

Heute beteiligen sich 47 Staaten, die EU-Kommission und acht weitere Organisationen aus dem Hochschulbereich am Bologna-Prozess. Die Bologna-Reformen wurden seit der Bologna-Erklärung aus 1999 im Rahmen von zweijährlichen Folgeministerkonferenzen, insbesondere im Kontext der **„Lissabon-Strategie“** und der ihr nachfolgenden Strategie **„Europa 2020“**,[159] weiterentwickelt. Die 7. und bislang letzte Nachfolgekonferenz fand im April 2012 in Bukarest statt; sie griff die bereits 2009 gesetzten Ziele zur Mobilität von Studierenden auf (europaweit sollten danach bis 2020 20% aller Graduierten einen Studien- oder Praktikumsaufenthalt im Ausland absolviert haben – „Bologna 2020“) und benannte konkrete Maßnahmen zur Umsetzung einer „Mobiltiätsstrategie 2020“. Die nächste Bologna-Konferenz ist für 2015 in Armenien geplant. Im Anschluss an die Ministerkonferenz 2005 wurde erstmals die Diskussion um eine mögliche Kooperation mit Vertretern aus 15 außereuropäischen Ländern eröffnet. Zudem wurden die Bologna-Ziele schrittweise präzisiert. Verwiesen sei (a) auf die Einführung eines Systems leicht verständlicher und vergleichbarer Abschlüsse (**Bachelor und Master**) und die Einbeziehung der Promotionsphase als dritte Stufe in den Bologna-Prozess, wobei sie gleichzeitig als erste Berufstätigkeit anerkannt wird. Verwiesen sei

154 Ohne dass damit dem noch eher unausgegorenen deutschen Konzept der Eliteuniversitäten das Wort geredet sei.

155 Dazu unten Rn 44; sowie *Hailbronner/Weber*, WissR 1997, 298 ff.

156 BGBl. 1955, II, 1128.

157 Letzteres gegründet durch den Vertrag der Mitgliedstaaten der EG vom 19. April 1972, ABl. 1976, C 29, S. 1. Dazu *Oppermann*, in: Oppermann/Classen/Nettesheim, Europarecht, § 34, Rn 28; eine Übersicht über die vielfältigen völkerrechtlichen Vereinbarungen gibt *Hailbronner/Weber*, WissR 1997, 298, 293-301.

158 Informationen dazu bei *Oppermann*, in: Oppermann/Classen/Nettesheim, Europarecht, § 34, Rn 30 f.

159 Dazu o. Rn 2.

weiterhin auf (b) die Definition eines Rahmens vergleichbarer und kompatibler Hochschulabschlüsse auf nationaler und europäischer Ebene (**Qualifikationsrahmen**) und die Einführung eines Leistungspunktsystems (ECTS); (c) die Förderung der **Mobilität** durch geeignete Maßnahmen, zB durch die Einführung und Intensivierung von Hochschulkooperationen und Doppelabschlüssen (Joint Degrees), sowie die Beseitigung von Mobilitätshemmnissen; (d) die Verbesserung der **Anerkennung** von Abschlüssen und Studienleistungen durch die Ratifizierung und Umsetzung der Lissabon-Konvention; die Einführung von Transparenzinstrumenten wie ECTS und Diploma Supplement; (e) die europäische Zusammenarbeit im Bereich der **Qualitätssicherung** sowie die Förderung der Qualitätssicherung auf institutioneller, nationaler und europäischer Ebene; die Umsetzung der in Bergen beschlossenen Standards und Leitlinien für die Qualitätssicherung, u.a. durch die Einrichtung eines Europäischen Qualitätsregisters EQAR, in das Qualitätssicherungsagenturen auf Antrag aufgenommen werden, die nach den Standards und Leitlinien für die Qualitätssicherung im Europäischen Hochschulraum arbeiten; (f) die Förderung der **europäischen Dimension** in der Hochschulausbildung; (g) die Einbettung in das Konzept des **Lebenslangen Lernens** durch Schaffung von flexiblen Lernangeboten im Hochschulbereich oder durch Verfahren für die Anerkennung früher, auch außerhalb der Hochschule erworbener Kenntnisse; (h) die Beteiligung der Studierenden am Bologna-Prozess; die Stärkung der **sozialen Dimension** der Hochschulbildung durch mehr Chancengerechtigkeit (participative equity); (j) die Steigerung der **Attraktivität des Europäischen Hochschulraums** im globalen Maßstab. (Der Europäische Hochschulraum will attraktiv und offen für die Welt bleiben. Mit einer in London beschlossenen „Strategie zum Europäischen Hochschulraum im globalen Rahmen" sollten die Informationen zum Bologna-Prozess verbessert, die partnerschaftliche Zusammenarbeit verstärkt und Fortschritte bei der Anerkennung von Qualifikationen und Studienabschnitten erreicht werden.); (k) die **Berufsqualifizierung/Beschäftigungsfähigkeit** der Absolventinnen und Absolventen aller drei Stufen, die stärker in den Fokus gerückt werden soll.[160] Trotz solcher Vollmundigkeit bei seinen Versprechen bleibt der Bologna-Prozess weiterhin umstritten und hat noch manchen Praxistest zu bestehen.

c) Konkrete Förderprogramme – eine Übersicht

37 Für die Entwicklung der europäischen Entwicklungsgemeinschaft „Kultur, Forschung und Technologie" sind über den **Bologna-Prozess** hinaus spezifische Aktions- und Förderprogramme maßgebliche Integrationsfaktoren.[161]

Seit dem 1. Januar 2014 existiert das neue EU-Programm für Allgemeine Bildung, Jugend und Sport „Erasmus +". Dieses Programm löst das Programm für Lebenslanges Lernen (ehemals Sokrates II), das Programm „Jugend in Aktion" sowie EU-Hochschulprogramme mit Drittländern ab und führt die Programme „Erasmus", „Leonardo da Vinci" und „Comenius" unter seinem vereinheitlichten Dach, aber unter den altbekannten Namen, fort.

Von den früheren Einzelprogrammen sei an erster Stelle das Programm **„TEMPUS"** („Trans-European Mobility Scheme for Studies") genannt.[162] Es förderte die europaweite Zusammenarbeit der Bildungseinrichtungen, vor allem der Hochschulen. Diese Initiative wurde 1990 ins Leben gerufen, um nach dem Fall der Mauer dem Reformbedarf der Universitäten in Zentral- und Osteuropa Rechnung zu tragen. Das **„ERASMUS-Programm"** („European Action Scheme for the Mobility of Students")[163] unterstützte seit jeher die Mobilität der europäischen Hochschulstudenten. Spezifischer ausgerichtet waren die **„COMETT-Programme"** („Community Programme in Education and

160 Vgl www.bmbf.de/de/3336.php (zuletzt abgerufen am 6.10.2014).

161 Für weitere Informationen s. unter http://ec.europa.eu/programmes/erasmus-plus/index_en.htm (zuletzt abgerufen am 29.1.2014).

162 90/233/EEC Council Decision; 93/246/EEC Council Decision; 96/663/EC Council Decision; 1999/311/EC Council Decision: 2666/2000 Council Regulation; 2002/601/EC Council Decision Beschl. 1999/311/EG des Rates vom *29. April 1999, ABl. 1999, L 120,* S. 30; geändert durch den Beschl. 2002/601/EG des Rates vom 27. Juni 2002, ABl. 2002, L 195, S. 34.

163 Weitere Informationen um das ERASMUS-Programm sind auf den folgenden Internetseiten zusammengestellt: https://eu.daad.de/erasmus/de/ (zuletzt abgerufen am 6.10.2014).

Training for Technology").[164] Hier ging es um die Zusammenarbeit von Hochschulen und Wirtschaft. Die COMETT-Initiative wurde durch **„Leonardo da Vinci"**, ein umfassendes Programm zum Thema berufliche Bildung, weitergeführt.[165] Die Intentionen des ERASMUS-Programms erstreckte das **Comenius-Programm** auf die Schulausbildung; auf die Erwachsenenbildung zugeschnitten war das Programm **„Grundtvig"**.[166] Das **„Jean Monnet"-Programm**[167] schließlich förderte die Entwicklung eines universitären Ausbildungsangebotes zum Thema „Europäische Integration". Für den Zeitraum von 2007 bis 2013 wurde das Programm **„Jugend in Aktion"**[168] avisiert und durchgeführt. Es verfolgte das Ziel, soziales Verantwortungsgefühl und bürgerschaftliches Engagement zu stärken. Die Kommission hatte ebenfalls für den Zeitraum von 2007 bis 2013 ein **integriertes Aktionsprogramm im Bereich „Lebenslanges Lernen"**[169] entwickelt, das die bisherigen Aktionsprogramme in ein stärker kohärentes System einbinden sollte. Das damals neue Bildungsdachprogramm „Lebenslanges Lernen (LLP)"[170] enthielt die Teilprogramme Comenius (Schulbildung), ERASMUS (Hochschulbildung), LEONARDO DA VINCI (Berufsbildung) und GRUNDTVIG (Erwachsenenbildung); das Programm SOKRATES wurde damit abgelöst.[171] Die letztlich unübersichtliche Programmvielfalt beweist wie wichtig die Konsolidierungsbestrebungen unter dem neuen einheitlichen Dach „Erasmus+" sind.

3. Kulturspezifische Regelungsbereiche der Union

a) Kulturgüterschutz

Der Kulturgüterschutz[172] sei hier nur als Merkposten angeführt, die in anderem Kontext bereits mitbehandelten Aspekte seien zusammengefasst. Unionsrechtlich relevant ist die Anwendung der Warenverkehrsfreiheiten auf Kulturgüter mit der Ausnahmeklausel des Art. 36 AEUV. Aus dem Sekundärrecht sind wiederum die Verordnung (EG) Nr. 116/2009 über die Ausfuhr von Kulturgütern[173] und die Richtlinie über die Rückgabe von unrechtmäßig aus dem Hoheitsgebiet eines Mitgliedstaates verbrachten Kulturgütern[174] zu nennen. Auf die besondere Bedeutung des Kulturgutes Buch wird an anderer Stelle eingegangen.[175] 38

b) Rundfunk und Fernsehen, Internet

Die Binnenmarktrelevanz grenzüberschreitender Rundfunk- und Fernsehsendungen ist offensichtlich. Dem trägt das 29. Protokoll zum AEUV betreffend den öffentlich-rechtlichen Rundfunk Rech- 39

164 ABl. EG 1986, L 222, S. 17; ABl. EG 1989, L 13, S. 28.

165 ABl. EG 1994, L 340, S. 8; vgl auch die Übersichten bei *Seidl/Beck*, Jura 1997, 393, 400; *Uebersohn*, RdJB 1995, 100 ff; *Feuchthofen*, RdJB 1994, 326, 328 ff; *Classen*, EuR 1990, 10 ff.

166 Nachweise dazu bei *Simm*, in: Schwarze, EU-Kommentar (Hrsg.), Art. 167 AEUV, Rn 29.

167 ABl. EG 1989, C 308, S. 13.

168 Vorschlag der Kommission, KOM (2004) 471 endg.; jetzt: Beschluss Nr. 1719/2006/EG des Europäischen Parlaments und des Rats über die Durchführung des Programms „JUGEND IN AKTION" im Zeitraum 2007-2013, ABl. 2006, L 327, S. 30.

169 Vorschlag der Kommission, KOM (2004) 474 endg.; jetzt: Beschluss Nr. 1720/2006/EG des Europäischen Parlaments und des Rates über ein Aktionsprogramm im Bereich des lebenslangen Lernens, ABl. 2006, L 327, S. 45.

170 ABl. 2006, L 327, S. 45.

171 Vgl für die bisherigen Einzelprogramme und das neue einheitliche Programm zB im Internet https://eu.daad.de/de/ (zuletzt abgerufen am 6.10.2014).

172 *Dolzer*, in: Graf Vitzthum (Hrsg.), Völkerrecht, 6. Abschnitt, Rn 130 ff; *Hipp*, Schutz von Kulturgütern in Deutschland; *Streinz*, Internationaler Schutz von Museumsgut; *Berndt*, Internationaler Kulturgüterschutz; *Bila*, Nationaler Kulturgüterschutz in der EU; *Fechner*, in: Fechner/Oppermann/Prott (Hrsg.), Prinzipien des Kulturgüterschutzes, S. 11 ff; *Häberle*, National-verfassungsstaatlicher und universeller Kulturgüterschutz – ein Textstufenvergleich, in: ebd, S. 91 ff; *Siehr*, ZVerglRW 95 (1996), 170 ff; *Dolzer/Jayme/Mußgnug* (Hrsg.), Rechtsfragen des internationalen Kulturgüterschutzes; *v. Schorlemer*, Internationaler Kulturgüterschutz.

173 ABl. 2009, L 39, S. 1.

174 ABl. 1993, L 74, S. 74; geändert durch RL 2001/38/EG des Europäischen Parlaments und des Rates vom 5. Juni 2001, ABl. 2001, L 187, S. 43; umgesetzt für die Bundesrepublik Deutschland bereits durch das Kulturgutsicherungsgesetz vom 15. Oktober 1998, BGBl. 1998, I, 3162; dazu *Preuschen*, EuZW 1999, 40 ff; siehe auch oben Rn 14.

175 Zu alldem auch *Niedobitek*, in: Streinz (Hrsg.), EUV/AEUV, Art. 167 AEUV, Rn 7.

nung. Auch sekundärrechtlich hat die große Bedeutung der Medien Rundfunk und Fernsehen Niederschlag gefunden. Am 3. Oktober 1989 erließ der Rat, gestützt auf Art. 57 Abs. 2 EWGV, heute Art. 53 AEUV, und auf Art. 66 EWGV, heute Art. 62 AEUV, die Richtlinie zur Koordinierung bestimmter Rechts- und Verwaltungsvorschriften der Mitgliedstaaten über die Ausübung der Fernsehtätigkeit, die jetzt revidierte sog. Fernsehrichtlinie.[176] Sie beruht auf folgender, auch vom EuGH getragener Grundannahme: Fernsehtätigkeit ist „Dienstleistung im Sinne dieses Vertrages", und zwar **Dienstleistung *sui generis*** ohne Grenzübertritt von Dienstleistungserbringer oder Dienstleistungsempfänger.[177] Heute muss Gleiches für kulturelle Dienstleistungen via Internet gelten.[178]

c) Geistiges Eigentum und Urheberrecht

40 Der Schutz des geistigen Eigentums und des Urheberrechts im Binnenmarkt gehört gewiss auch zum großen Komplex „Kultur".[179] Das Thema unterfällt aber zugleich dem eigenständigen Rechtsgebiet des gewerblichen Rechtsschutzes, das in vorliegendem Handbuch gesondert behandelt wird.[180] Hier daher nur wenige Stichworte, die die Kulturrelevanz belegen. Spezifischer Gegenstand des Urheberrechts ist die Berechtigung zur körperlichen und unkörperlichen Verwertung von „Kulturgütern" jedenfalls im weiteren Sinne. Umfasst werden also Aufführungs-, Vervielfältigungs- und Verbreitungsrechte.[181] Zugleich betroffen werden aber, wie gesagt, die Bereiche des Wettbewerbsrechts und des gewerblichen Rechtsschutzes.[182] Beide zeichnen sich durch zahlreiche sekundärrechtliche Vorschriften, vor allem durch vielfältige Harmonisierungsmaßnahmen aus. Deshalb kann es zu Konflikten mit dem strikten Harmonisierungsverbot auf dem Kultursektor kommen. Die rechtsangleichenden Regelungen zum Urheberrecht werden regelmäßig entweder allein oder zumindest auch auf Art. 114 AEUV gestützt. Zu prüfen ist immer, ob mit der Wahl dieser Rechtsgrundlage eine **Umgehung des Harmonisierungsverbotes** einhergeht. Zu orientieren hat sich die Prüfung am jeweiligen Schwerpunkt der Maßnahme. Von besonderer Kulturrelevanz sind schließlich Patente, Lizenzverträge, Know-how-Verträge und die Sonderprobleme bei der Lizenzierung von Sportübertragungsrechten, soweit die kulturelle Seite des Sports (mit-)betroffen ist.[183]

d) Weitere unspezifische Bereiche

41 Das Kultur- und Bildungswesen hat viele Berührungspunkte mit auf den ersten Blick unspezifischen Feldern des Unionsrechts. Zu denken ist etwa an Einreisebedingungen zur Aufnahme eines Studiums, einer Berufsausbildung oder eines Freiwilligendienstes. Diese können ihre Rechtsgrundlagen im 3. Teil, Titel V AEUV: „Der Raum der Freiheit, der Sicherheit und des Rechts" finden: „Visa, Asyl, Einwanderung und andere Politiken betreffend den freien Personenverkehr".[184] Ausbildungsbeihilfen unterfallen als staatliche Beihilfen dem Beihilferecht.[185] Fortbildungsmaßnahmen können

---

176 RL 89/552/EWG, ABl. 1989, L 298, S. 23; geändert durch RL 97/36/EG des Europäischen Parlaments und Rates vom 30. Juni 1997, ABl. 1997, L 202, S. 60; hierzu wiederum die Schlussfolgerungen des Rates vom 19. Dezember 2002 zur RL „Fernsehen ohne Grenzen", ABl. 2003, C13, S. 1; aus der Literatur: *Hailbronner/Weber*, DÖV 1997, 561 ff; *Möwes/Meier*, Die Revision der EG-Fernsehrichtlinie, 2008.

177 EuGH, Rs. 155/73 (Sacchi), Slg 1974, 409; ferner Erwägungsgrund 6 der RL 89/552/EWG.

178 Allg. *Hoeren*, Internet- und Kommunikationsrecht, 2. Aufl., 2012.

179 *Roettinger*, ZEuS 2001, 285 ff.

180 *Haedicke*, Recht des geistigen Eigentums, § 21, Rn 2 ff.

181 EuGH, Rs. 158/86 (Warner Brothers/Christiansen), Slg 1988, 2605, Rn 13: dazu *Eilmansberger*, in: Streinz (Hrsg.), EUV/AEUV, Art. 101 AEUV, Rn 239.

182 *Götting*, Gewerblicher Rechtsschutz, 9. Aufl., 2010, unter § 7 insbesondere zu den Aspekten des internationalen gewerblichen Rechtsschutzes.

183 *Tumbrägel*, Die Zentralvermarktung von Sportübertragungsrechten am Beispiel von Fußball und Formel 1; *Brinckmann/Vollebreght*, ECLR 19 (1998), 281 ff.

184 S. etwa den Richtlinienvorschlag der Kommission KOM (2002) 548 endg.; jetzt RL 2004/114/EG des Rates über die Bedingungen für die Zulassung von Drittstaatsangehörigen zur Absolvierung eines Studiums oder zur Teilnahme an einem Schüleraustausch, einer unbezahlten Ausbildungsmaßnahme oder einem Freiwilligendienst, ABl. 2004, L 375, S. 12.

185 Dazu die VO (EG) Nr. 68/2001 der Kommission vom 12. Juni 2001 über die Anwendung der Artikel 87 und 88 EG-Vertrag auf Ausbildungsbeihilfen, ABl. 2001, L 10, S. 20.

auch im Kontext der **Harmonisierung** angesprochen sein. So wurde die Aus- und Fortbildung von Zollbeamten im Rahmen des Aktionsprogramms „Zoll 2007" auf Art. 114 AEUV gestützt.[186] Genannt sei schließlich das weite Feld der Art. 352, 353 AEUV,[187] die von vornherein nur zur Anwendung kommen können, wenn die erforderlichen Befugnisse nicht bereits in spezielleren Vertragsbestimmungen vorgesehen sind. Die Bildungsziele sind im Bildungskapitel aber nicht abschließend konkretisiert.[188] So konnte etwa das 2013 ausgelaufene TEMPUS-Programm über die europaweite Zusammenarbeit im Bildungsbereich auf Art. 352, 353 AEUV gestützt werden.[189]

4. Das gemeinsame Schnittfeld von Bildung und Kultur, Forschung und technologischer Entwicklung: Die Wissenschaft

a) Eine Standortbestimmung: Wissenschaft zwischen „ewiger Wahrheitssuche" und anwendungsorientierter Forschung

Die Wissenschaftsfreiheit liegt im Schnittfeld von Kultur und Bildung, von Forschung und Techno- 42
logie. Sie ist **kulturelle Freiheit,**[190] sie schafft die Erkenntnisgrundlagen, die im Prozess allgemeiner und beruflicher Bildung vermittelt werden, die zugleich Voraussetzungen anwendungsorientierter Forschung und technologischer Fortentwicklung sind. Dass im Unionsrecht indes an prominenter Stelle, so in Art. 13 GRC oder in der Überschrift zum Dritten Teil, Titel XIX, Art. 179 ff AEUV, nicht von Wissenschaft, sondern von Forschung (in der englischen Fassung „research", in der französischen Fassung „recherche") die Rede ist, fällt auf. Hinter dieser begrifflichen Verengung steht die sehr deutliche **technologische und industriepolitische Grundorientierung** der EU-Forschungspolitik, die, ganz dem Selbstverständnis einer Wirtschafts- eher denn Wissenschaftsgemeinschaft entsprechend, die Stärkung der Industrie und die Förderung der internationalen Wettbewerbsfähigkeit Europas zum Ziel hat (vgl nur Art. 179 Abs. 1 AEUV).[191] Doch dürfen solche terminologischen Feinheiten auch nicht überbewertet werden, vor allem da Art. 163 Abs. 1 EGV nach Maastricht und auch sein Nachfolger Art. 179 Abs. 1 AEUV in seiner zweiten Alternative „alle Forschungsmaßnahmen", die „aufgrund anderer Kapitel dieses Vertrages für erforderlich gehalten werden", nunmehr mit einbezieht. Aus dem Kontext zum Kulturtitel folgt demnach die längst fällige Öffnung gegenüber den Geistes-, den Sozialwissenschaften und der **Grundlagenforschung**. Forschen wird **wissenschaftliches Forschen** im umfassenden Sinne, die europäische Forschungs-, ist echte **Wissenschaftsfreiheit.**

Daher ähnelt in seinen Konturen der Forschungs- dem Wissenschaftsbegriff, verbindet die Wissen- 43
schaft Kultur, Bildung, Forschung und Technologie sowohl hinsichtlich des **Erkenntnisanspruchs** als auch hinsichtlich der Wege des **Erkenntnisgewinns**. Die Wissenschaft ist ein kommunikativer, diskursiv-offener Prozess innerhalb der europäischen Wissenschaftler- und Kulturgemeinschaft.[192] Sie setzt schöpferische Kraft und Erkenntnisfähigkeit des Menschen voraus[193] und hat sich am **Bemühen um Wahrheit** im *Humboldtschen* Sinne zu orientieren.[194] Dass solche annäherungsweise Wahrheitssuche nicht einem (totalitären) Absolutheitsanspruch gleichgesetzt werden darf, ist für die wissenschaftliche Methodik konstitutiv. Wissenschaftliches Forschen muss stets selbst- und fremdkritischer Überprüfung offen stehen. Relativer Erkenntnisgewinn lebt, ganz im Sinne des **kri-**

186 Entscheidung Nr. 253/2003/EG des Europäischen Parlaments und des Rates vom 6. Februar 2003, ABl. 2003, L 36, S. 1; Berichtigung in ABl. 2003, L 51, S. 23.

187 Ausführlich *Fürst*, Die bildungspolitischen Kompetenzen der europäischen Gemeinschaft, S. 241 ff.

188 Das ist indes nicht unstrittig. Für eine abschließende Regelung plädiert *Lenaerts*, CMLR 31 (1994), 7, 36; siehe auch *Simm*, in: Schwarze (Hrsg.), EU-Kommentar, Art. 165, 166 AEUV, Rn 19; *Blanke*, Europa auf dem Weg zu einer Bildungs- und Kulturgemeinschaft, S. 79.

189 *Simm*, in: Schwarze, EU-Kommentar, Art. 165, 166 AEUV, Rn 23.

190 S.o. Fn 30.

191 *Trute/Groß*, WissR 1994, 203, 204; *Schmidt-Aßmann*, in: FS Everling, S. 1281 ff.

192 *Häberle*, AöR 110 (1985), 329 ff; *ders.*, Europäische Verfassungslehre, S. 10, 124 und öfter; *Schulze-Fielitz*, in: Benda/Maihofer/Vogel (Hrsg.), HdbVerfR, § 27, Rn 13 ff.

193 BVerfGE 35, 79, 114.

194 BVerfGE 35, 79, 113; kritisch zum Wahrheitsbegriff *Trute*, Die Forschung zwischen grundrechtlicher Freiheit und staatlicher Institutionalisierung, 1994, S. 113 ff; vorher schon *Blankenagel*, AöR 105 (1980), 35, 47.

tischen Rationalismus eines *Karl Popper*,[195] von Versuch und Irrtum. Doch verfolgt Wissenschaft keine reinen Selbstzwecke – zumal in der **Wissensgesellschaft**, die in ihrer Zukunftsfähigkeit gerade auch vom wissenschaftlichen Fortschritt abhängt. Wenigstens mittelbares Ziel der Wissenschaft ist die **vermittelbare Erkenntnis** zu kulturellem, wirtschaftlichem, letztlich gesamtgesellschaftlichem Nutzen. Solche Zweckhaftigkeit spiegelt sich deutlich in der anwendungsorientierten Forschung, insbesondere der Industrieforschung.[196] Gleich aber, ob wissenschaftliche Grundlagen- oder anwendungsorientierte Forschung betrieben wird, bedarf die Freiheit der Forschungsarbeit grundrechtlicher Absicherung.

b) Die grundrechtliche Dimension: Wissenschaftsfreiheit

44 Die grundrechtliche Verankerung der Wissenschafts- und Forschungsfreiheit auf europäischer Ebene ist längst noch nicht so ausdifferenziert wie etwa Art. 5 Abs. 3 GG dank wissenschaftlich konturierter Grundrechtsdoktrin und bundesverfassungsgerichtlicher Rechtsprechung. Die EMRK enthält keine vergleichbare Garantie, nur die Publikation von Forschungsergebnissen bzw die Entscheidung zur Nicht-Veröffentlichung wird von Art. 10 EMRK geschützt.[197] Auch eine prätorische Anknüpfung hilft nur bedingt weiter. Aus den gemeinsamen Verfassungsüberlieferungen der Mitgliedstaaten, vom EuGH in wertendem Rechtsvergleich gewonnen,[198] lässt sich wohl in abstracto eine **„individuelle Autonomiegarantie“** der Wissenschaft herleiten, die aber nur das „Ob“ freier wissenschaftlicher Meinungsäußerung, nicht das konkrete „Wie“ der Ausgestaltung des Wissenschaftsprozesses (Forschungsförderung, Autonomie der Hochschulen) umfasst.[199] Gewiss finden sich manche explizite, häufiger implizite Bezugnahmen auf die Wissenschaftsfreiheit im AEUV. So ist zu überlegen, ob die Freizügigkeit von Studierenden bzw studierenden Arbeitnehmern auch deren Status als partielle Träger der Wissenschaftsfreiheit (mit-)garantiert.[200] Auch die Kapitel über Kultur und Bildung verweisen auf die Hochschulen als Kulturträger und Bildungsstätten mit entsprechendem Kultur- und Bildungsauftrag.[201] Um diesem Auftrag gerecht werden zu können, ist effektive Wissenschaftsfreiheit implizite Voraussetzung. Sehr bewusst erwähnt Art. 3 Abs. 1 des Übereinkommens zur Gründung des Europäischen Hochschulinstituts in Florenz mit grundrechtstypischem Sprachduktus die **„Wahrung der Freiheit von Forschung und Lehre“**.[202] Doch konkrete Grundrechtsgehalte, die über die gemeinsamen Verfassungsüberlieferungen hinausweisen, liefert all das nicht.

45 Je mehr Kompetenzen die Union im Bereich von Kultur, Bildung, Forschung und Technologie aber beansprucht, umso wichtiger wird ein **effektiver Grundrechtsschutz**, der über die bloße Freiheit zu wissenschaftlicher Meinungsäußerung hinausweist und neben **institutioneller Absicherung** (Hochschulautonomie) auch die **leistungsrechtliche Dimension** (Forschungsförderung) erschließt. Die Garantie der Forschungsfreiheit in Art. 13 GRC bietet diesbezüglich eine große Chance. Dort heißt es: „Kunst und Forschung sind frei. Die akademische Freiheit wird geachtet.“ Parallel spricht der englische Vertragstext von „scientific research; academic freedom“, der französische Text spricht von „recherche scientifique; liberté académique“. Mangels entsprechender Eingriffsbefugnisse der EU fehlt es aber an konkreter Rechtsprechung des EuGH zu Art. 13 GRC.[203] Rechtsprechung und europäische Rechtswissenschaft sind deshalb künftig gefordert und sollten in rechtsvergleichender

195 *Popper*, Objektive Erkenntnis.

196 *Britz*, in: Dreier (Hrsg.), GG-Kommentar, Bd. I, Art. 5 III (Wissenschaft), Rn 17; *Trute*, Die Forschung zwischen grundrechtlicher Freiheit und staatlicher Institutionalisierung, S. 99 ff.

197 *Classen*, WissR 1995, 97, 100.

198 Nachweise zur EuGH-Rspr bei *Britz*, in: Dreier (Hrsg.), GG-Kommentar, Bd. I, Art. 5 III (Wissenschaft), Rn 6.

199 So *Trute/Groß*, WissR 1994, 203, 236; s. auch *Streinz*, in: ders. (Hrsg.), EUV/AEUV, Art. 13 GRC, Rn 3; *Fink*, EuGRZ 2001, 193, 197 f mwN; *Classen*, WissR 1995, 97, 99 ff.

200 *Bernsdorff*, in: J. Meyer (Hrsg.), Charta der Grundrechte der Europäischen Union, Art. 13 GRC, Rn 12 mwN.

201 *Fink*, EuGRZ 2001, 193; *Schiedermair*, in: ders., Schriften zur Bildung und Wissenschaft, 1996, S. 262 ff.

202 BGBl. 1974, II, S. 1137.

203 *Streinz*, in: ders. (Hrsg.), EUV/AEUV, Art. 13 GRC, Rn 3.

Auseinandersetzung mit der mitgliedstaatlichen Grundrechtsdoktrin um einen hohen gemeinsamen europäischen Schutzstandard ringen.

c) Konkrete Beispielsfelder

Konkrete Beispielsfelder liefert der gesamte Kultur- und Bildungsbereich, soweit Hochschulen mitbetroffen sind. Hier geht es zum einem um die **wissenschaftliche Autonomie** der Hochschulen als Bildungsträger,[204] zum anderen um die **individuelle Wissenschaftsfreiheit der Forschenden** und die **partielle individuelle Wissenschaftsfreiheit der Studierenden**. Die beiden letzten Aspekte können vor allem im Kontext der Freizügigkeit, neuerdings verstärkt um den bürgerschaftlichen Freizügigkeitsanspruch aus Art. 21 AEUV,[205] virulent werden. Ein eventueller Anspruch auf einen Studienplatz oder Studienförderung ist kein Problem der Wissenschaftsfreiheit, sondern im Zusammenspiel von Freizügigkeit, Unionsbürgerschaft, Art. 14 GRC (Recht auf Bildung) und Art. 15 GRC (Berufsfreiheit) anzusiedeln. Die abwehr- wie die leistungsrechtliche Dimension der Forschungsfreiheit kommt bei der Forschungsförderung nach Art. 179 ff AEUV in Betracht. Das gilt gleichermaßen für die Grundlagen- wie für die anwendungsorientierte Forschung und umfasst alle denkbaren Bereiche der Forschungsförderung. Schwierige grundrechtliche Abwägungsprobleme tauchen insbesondere bei der medizinisch-technologischen Forschung[206] (Stammzellenforschung, Präimplantationsdiagnostik, Embryonenschutz) und in sicherheitsrelevanten Forschungsbereichen (Kernforschung, Rüstungsforschung, biologische und chemische Forschung etc.) auf. Auch die aus den mitgliedstaatlichen Verfassungen bekannten Konfliktfelder wie Forschung contra Tierschutz, Forschung contra Umweltschutz dürften in Zukunft ihr europäisches Pendant finden. 46

IV. Die Handlungsinstrumente der Union auf dem Kultursektor und im Bildungsbereich

1. Die Handlungsinstrumente auf dem Kultursektor

Bezüglich der kulturpolitischen Handlungs- bzw Gestaltungsmöglichkeiten der Union gilt es nach rechtlichen Instrumenten und Maßnahmen vorwiegend politischer Natur zu differenzieren. Bei letzteren liegt ein gewisser Schwerpunkt, war doch die **Kulturpolitik** immer schon **flankierende Politik** auf Unionsebene, selbst als es an einer ausdrücklichen Kulturkompetenz noch fehlte.[207] Doch zunächst zu den rechtlichen Konturen: 47

Art. 167 Abs. 5 AEUV formuliert die Handlungsbefugnisse, denen die Handlungsinstrumente korrespondieren müssen. Zunächst ist in Spiegelstrich 1 von Fördermaßnahmen die Rede. Zur „Förderung" kommen, wie bereits ausgeführt, alle rechtlich verbindlichen und unverbindlichen Handlungsformen der Art. 288-292 AEUV in Betracht: von Verordnungen, Richtlinien und Entscheidungen bis hin zu Empfehlungen und Stellungnahmen. Daneben sind auch alle **unbenannten Handlungsformen** denkbar, die ihrerseits wiederum verbindlich (Beschluss) und unverbindlich (Entschließung) sein können.[208] Kein Handlungsinstrument ist die Harmonisierung, da gem. Art. 167 Abs. 5 AEUV ein **strenges Harmonisierungsverbot** gilt.[209] Werden kulturrelevante Maßnahmen auf andere Vertragsbestimmungen als Art. 167 AEUV gestützt, so findet das Harmonisierungsverbot zwar keine (analoge) Anwendung, es ist aber zu prüfen, ob die andere Rechtsgrundlage etwa nur zum Zwecke seiner Umgehung gewählt worden ist.[210] Das Harmonisierungsverbot wirkt insoweit auch als Umgehungsverbot. 48

Die zweite Handlungsmöglichkeit nach Art. 167 Abs. 5 AEUV ist eindeutig formuliert. Der Rat kann auf Vorschlag der Kommission **Empfehlungen** gem. Art. 292 AEUV geben. Nach hier vertre- 49

204 *Fink*, EuGRZ 2001, 193 ff.
205 *Fink*, EuGRZ 2001, 193 ff.
206 *Streinz*, in: ders. (Hrsg.), EUV/AEUV, Art. 13 GRC, Rn 6.
207 S. *Fischer*, in: Borries/Zacker (Hrsg.), Europarecht von A–Z, S. 425 ff; *Nettesheim*, JZ 2002, 157 ff.
208 *Niedobitek*, in: Streinz (Hrsg.), EUV/AEUV, Art. 167 AEUV, Rn 52.
209 *Ress*, in: GS Grabitz, S. 595, 625.
210 Vgl EuGH, Rs. C-376/98 (Tabakwerberichtlinie), Slg 2000, I-8419, Rn 79.

tener Auffassung[211] wird die Empfehlung zwar schon von den Fördermaßnahmen umfasst, eine nochmals gesonderte Nennung bleibt aber notwendig. Da Empfehlungen materiell nicht auf den rein fördernden Aspekt beschränkt sind, können sie weitreichenden Einfluss auf die Kulturhoheit der Mitgliedstaaten haben.

50 Außerordentlich vielgestaltig sind die Maßnahmen politischer Natur. Die Neu- oder besser Wiederentdeckung des Integrationsfaktors „Kultur" nach Maastricht und Amsterdam führte zu einer Rückbesinnung auf die kulturellen Wurzeln des gemeinsamen Europa. Dessen eingedenk, äußern sich heute die Unionsorgane zu den unterschiedlichsten Aspekten des kulturellen Lebens. Bewährt haben sich Entschließungen zur kulturellen Kooperation, seien sie genereller Natur oder bereichsspezifisch, etwa mit Blick auf die Wissensgesellschaft, die interaktiven Medien, den Film, das Fernsehen, den Städtebau, die Natur- und Kulturbedingungen des Umweltschutzes oder, weit ins Detail gehend, die **Buchpreisbindung.**[212] Ein noch größeres, Europa integrierendes Gewicht kommt den **Kulturprogrammen** zu. Beispielhaft seien **Kaleidoskop, Ariane, Raphael, L.E.A.D.E.R. II** oder seit 1985 auf Initiative von *Melina Mercouri* die **„Kulturhauptstadt Europas"** genannt.[213] Aufgrund der unübersichtlichen Zersplitterung zahlreicher einzelner Kulturprogramme schien eine vereinheitlichende Bündelung schon seit langem wünschenswert. Dem stellte sich das **Programm „Kultur 2000"**, initiiert durch das Europäische Parlament und den Rat.[214] Ursprünglich war es als maßgebliche Grundlage der Unionstätigkeit auf dem Kultursektor für die Jahre 2000 bis 2004 geplant, wurde aber bis 2006 verlängert.[215] Das Programm wurde durch so genannte **"Memoranda of understanding"** früh auch den Beitrittskandidaten gegenüber geöffnet. Sein Ziel war die umfassende Förderung des gemeinsamen Kulturraums, die einzelnen Stichworte bei der Programmbeschreibung lauteten: kultureller Dialog, Förderung des kulturellen Schaffens, Berücksichtigung der Rolle der Kultur im Rahmen der wirtschaftlichen und gesellschaftlichen Entwicklung. Mit Beschluss Nr. 1855/2006/EG des Europäischen Parlamentes und des Rates vom 12. Dezember 2006 wurde das Programm „Kultur" (2007–2013) verabschiedet.[216] Damit wurde nach Beendigung des Programms Kultur 2000 die weitere Kulturförderung der EU ab 1. Januar 2007 sichergestellt. Seit Beginn 2014 erfolgt die Kulturförderung über das Programm „Kreatives Europa", welches die Programme „Kultur", „Media" und „Media mundus" (jeweils von 2007-2013) vereint.[217]

51 Weitere Programme aus der Vergangenheit seien exemplarisch genannt. Durch gemeinsamen Beschluss von Europäischem Parlament und Rat wurde das **„Aktionsprogramm der Gemeinschaft zur Förderung der auf Europäischer Ebene tätigen kulturellen Einrichtungen"** für die Jahre 2004 bis 2006 ins Leben gerufen. Ein direktes Folgeprogramm nach 2006 blieb indes aus.[218] Des Weiteren schlug die Kommission ein **Programm Media 2007** zur Umsetzung von Fördermaßnahmen auf dem europäischen audiovisuellen Sektor vor. Das Programm galt für den Zeitraum von 2007

211 Dazu o. Rn 19.

212 Zahlreiche Nachweise bei *Niedobitek*, in: Streinz (Hrsg.), EUV/AEUV, Art. 167 AEUV, Rn 7.

213 *Fechner*, RdJB 1996, 35, 44; eine umfangreiche Übersicht wiederum bei *Niedobitek*, in: Streinz (Hrsg.), EUV/AEUV, Art. 167 AEUV, Rn 58, sowie bei *Ress/Ukrow*, in: Grabitz/Hilf (Hrsg.), Das Recht der EU, Art. 167 AEUV, Rn 178. Zur Änderung des Wahlsystems in ein Rotationssystem, das nun in Wechselfolge jeden Mitgliedstaat zum Gastgeberland macht, s. den Beschl. Nr. 1419/1999/EG des Europäischen Parlaments und des Rates vom 25. Mai 1999, ABl. 1999, L 166, S. 1; s. auch *Fischer*, in: Lenz/Borchardt (Hrsg.), EU-Verträge, Art. 167 AEUV, Rn 17.

214 Beschl. Nr. 508/2000/EG des Europäischen Parlaments und des Rates vom 14. Februar 2000, ABl. 2000, L 63, S. 1.

215 Die Verlängerung wurde von der Kommission vorgeschlagen, s. KOM (2003) 187; seine Umsetzung fand der Vorschlag durch den Beschl. Nr. 626/2004/EG vom 31. März 2004, ABl. 2004, L 99, S. 3.

216 ABl. 2006, L 372, S. 1.

217 http://ec.europa.eu/culture/creative-europe/index_de.htm (zuletzt abgerufen am 12.2.2014).

218 Beschl. Nr. 792/2004/EG des Europäischen Parlaments und des Rates vom 21. April 2004, ABl. 2004, L 138, S. 40.

bis 2013.[219] Bei den Programmzielen hieß es unter anderem: „die kulturelle Vielfalt Europas sowie sein kinematografisches und audiovisuelles Erbe zu bewahren, den europäischen Bürgerinnen und Bürgern den Zugang dazu zu gewährleisten und den interkulturellen Dialog zu fördern." Die schon klassische Formel vom kulturellen Erbe hat mit dem **„kinematografischen und audiovisuellen Erbe"** eine interessante Konkretisierung bzw textliche Fortschreibung erfahren. Außerdem wurde mit dem Beschluss 2005/56/EG eine „Exekutivagentur Bildung, Audiovisuelles und Kultur" eingerichtet. Kulturelle Bezüge enthalten selbstverständlich auch zahlreiche andere Programme, die nicht vorrangig den Kultursektor, sondern etwa die Technologie oder Umwelt betreffen.[220]

Die Integrationskraft der Kultur – gleichsam ihre emotionale Seite – entfaltet sich vor allem auch im Symbolischen. Kulturpolitik ist ein Stück weit immer auch **Symbolpolitik** im positiven Sinne. So sind denn auch viele kulturpolitische Maßnahmen der Union neben ihrem fördernden und unterstützenden Charakter von hoher symbolischer Bedeutung. Das gilt etwa für die Ausrufung des Jahres 2005 zum **EU-Japan-Jahr,** beschlossen auf dem EU-Japan Gipfel 2002. Das gilt ebenso für vielerlei öffentlichkeitswirksame **Preise** und **Wettbewerbe.** Große Beachtung findet der Europäische Literaturpreis, ein Geldpreis, mit dem hervorragende Leistungen im Bereich der zeitgenössischen europäischen Literatur gewürdigt werden sollen.[221] Zu denken ist an Architekturpreise oder den Europäischen Bildhauerwettbewerb,[222] zu denken ist ebenso an Ausstellungen, Kolloquien und Festivals. Die Beispielsliste ließe sich fortsetzen, entscheidend bleiben aber stets die Symbol- respektive Integrationskraft in der und für die **„Europäische Öffentlichkeit"**.[223] 52

2. Handlungsmöglichkeiten und Handlungsinstrumente im Bildungsbereich

Den Handlungsmöglichkeiten der Union auf dem Bildungssektor sind enge Grenzen gezogen. Art. 165 Abs. 4 AEUV ermächtigt zu **„Fördermaßnahmen"**, Art. 166 AEUV ohne die präzisierende und zugleich relativierende Einschränkung zu **„Maßnahmen"**. Das heißt indes nicht, im Rahmen von Art. 165 AEUV seien nur unverbindliche Aktionsprogramme, im Rahmen von Art. 166 AEUV demgegenüber alle rechtlichen Gestaltungsmöglichkeiten der Art. 288-292 AEUV vorgesehen.[224] Auch bei Politiken, die alle wesentlichen Kompetenzen den Mitgliedstaaten belassen und die Union allein auf deren komplementäre Unterstützung bzw die Förderung der Zusammenarbeit verweisen, ist eine **materielle Restriktion der Handlungsbefugnisse**, aber, soweit solche Befugnisse eingeräumt sind, keine **formelle Restriktion der Handlungsinstrumente** gewünscht.[225] Unabhängig von der Rechtsform, müssen sich „Fördermaßnahmen" jedoch auf bloße Anreize, auf Vorschläge alternativer Lösungsmodelle beschränken.[226] Konkrete inhaltliche Vorgaben für die Mitgliedstaaten sind nicht umfasst. Frei von solchen Beschränkungen kann der Rat zusammen mit dem Europäischen Parlament gestützt auf Art. 166 Abs. 4 AEUV alle nach Art. 288-292 AEUV denkbaren Maßnahmen in Betracht ziehen. Doch auch hier setzen das umfassende Harmonisierungsverbot und das Subsidiaritätsprinzip dem Unionshandeln eindeutige Schranken, so dass der Unterschied zwischen Art. 165 Abs. 4 und 166 Abs. 4 AEUV weniger stark ins Gewicht fällt, als es die unterschiedliche Terminologie nahe legen mag.[227] Und selbstverständlich kann sich der Rat auch im Rahmen von Art. 166 Abs. 4 AEUV auf unbenannte Maßnahmen wie etwa Aktionsprogramme beschränken. 53

---

219 Vorschlag der Kommission vom 14. Juni 2004, KOM (2004) 470 endg.; jetzt: Beschl. Nr. 1718/2006/EG des Europäischen Parlaments und des Rates zur Umsetzung eines Förderprogramms für den europäischen audiovisuellen Sektor (MEDIA 2007), ABl. 2006, L 327, S. 12. Das Programm wird im Rahmen des Programms „Kreatives Europa" fortgeführt, s. o. Rn 50.

220 S. *Niedobitek*, in: Streinz (Hrsg.), EUV/AEUV, Art. 167 AEUV, Rn 55.

221 ABl. 1990, C 35, S. 7; dazu auch *Fechner*, RdJB 1996, 35, 44.

222 ABl. 1985, C 135, S. 2.

223 *Häberle*, Gibt es eine europäische Öffentlichkeit?, 2000.

224 *Fischer*, in: Lenz/Borchardt (Hrsg.), EU-Verträge, Art. 165 AEUV, Rn 16; *Hilpold*, S. 122.

225 *Ruffert*, in: Calliess/Ruffert (Hrsg.), EUV/AEUV, Art. 165 AEUV, Rn 23; vgl auch *Staudenmayer*, BayVBl. 1995, 312, 327 f; *Fürst*, Die bildungspolitischen Kompetenzen der europäischen Gemeinschaft, S. 98 ff.

226 *Ruffert*, in: Calliess/Ruffert (Hrsg.), EUV/AEUV, Art. 165 AEUV, Rn 24.

227 *Feuchthofen*, in: Lasshahn/Ofenbach (Hrsg.), S. 73, 77; in der Tendenz großzügiger wohl *Fechner*, Auswirkungen des Europarechts auf die nationale Bildungsordnung, in: ebd, S. 17 ff, 23.

V. Die rechtlichen Grenzen der europäischen Kulturpolitik, auch im Hinblick auf die Kulturhoheit der deutschen Länder

54 Es ist weniger die Wirtschaft als die Kultur, die die Europäische Union zu einer erlebbaren **„Zugehörigengemeinschaft“** (*P. Kirchhof*) für ihre Bürger macht.[228] An Schulen und Universitäten, im gesamten Bildungsbereich wird zu einem wesentlichen Teil mitgeformt, welche Zukunftschancen der Europagedanke bekommt und von der Bevölkerung – gerade angesichts von einschneidenden Wirtschafts- und Sozialreformen, von Verfassungs- und Beitrittsdebatten – getragen wird. **Emotional** wie rational kann nur dank kultureller Vielfalt und Eigenständigkeit ein **europäisches Bürgerbewusstsein** entstehen. Andernfalls wäre das Misstrauen vor Nivellierung oder unitarisierender Überformung viel zu groß – und zwar mit Recht. Der Europäischen Kulturpolitik sind im Spannungsfeld von kultureller Identitätsfindung und unwillkommener Einflussnahme daher deutliche Grenzen gesetzt. Am wohl effektivsten wirkt der Ausschluss jeder Harmonisierung: Art. 167 Abs. 5, 165 Abs. 4 und 166 Abs. 4 AEUV formen eine Schutztrias zur Sicherung der mitgliedstaatlichen Kultur- und Bildungshoheit.[229] Sie ist zugleich **kulturspezifischer Ausdruck des Subsidiaritätsprinzips**, das zur Sicherung kultureller Eigenständigkeit und Unabhängigkeit ebenfalls herangezogen werden muss. Die notwendigen Grenzen zieht immer auch der Wortlaut von Art. 165, 166 und 167 AEUV. Er steht für die lediglich komplementäre Unterstützungsfunktion der flankierenden Kultur- und Bildungspolitik.[230] Sehr deutlich reduziert Art. 167 Abs. 2 AEUV den dynamisch-offenen Kulturbegriff auf bestimmte Tätigkeitsfelder.[231] Die Offenheit, Weite und Dynamik der vielfältigen, kaum auf den gemeinsamen Nenner einer präzisen Definition herunterzubrechenden Kulturphänomene dürfen das Prinzip der begrenzten Einzelfallermächtigung nicht aufweichen.

55 Trotz all dieser Restriktionen sehen sich die deutschen **Länder** durch die europäische Kulturpolitik in ihrer **Kulturhoheit** gefährdet.[232] Schon lange vor Maastricht wurde das Verhältnis zwischen europäischer Kultur- respektive Bildungspolitik und bundesstaatlicher Ordnung diskutiert.[233] Durch die Neufassung von Art. 23 GG sollen den Ländern durch den Bundesrat die notwendigen Mitwirkungsbefugnisse an den unionsrechtlich relevanten nationalen Entscheidungen eingeräumt werden, die Struktursicherungsklausel aus Art. 23 Abs. 1 GG schützt die bundesstaatlichen Strukturen als solche.[234] Entscheidende Bedeutung kommt aber Art. 23 Abs. 6 GG zu. Er spricht – für das Grundgesetz eine neue Terminologie – von **„ausschließlichen Gesetzgebungsbefugnissen der Länder“** und meint jenen engen Bereich, in dem keine Zuständigkeiten des Bundes begründet sind.[235] Dazu gehört jedenfalls die Kulturhoheit mit Blick auf das Bildungs- und Schulwesen. Hier macht sich Art. 23 Abs. 6 GG die Neufassung von Art. 16 Abs. 2 EUV zu Nutze. Die Vertretung der Mitgliedstaaten im Rat kann nun allgemein durch einen Repräsentanten „auf Ministerebene“, also auch durch einen Landesminister erfolgen. Zwar bleibt aus inhaltlichen wie taktischen Gründen eine Abstimmung zwischen Ländervertreter und Bundesregierung unentbehrlich, wenn aber der Ländervertreter, ausgestattet mit gesamtstaatlicher Vertretungsmacht, für die Bundesrepublik deren Rechte im Rat wahrnimmt, so kommt der Stimme der Länder ein deutlich stärkeres Gewicht

228 *Häberle*, Europa in kulturverfassungsrechtlicher Perspektive, in: ders., Rechtsvergleichung im Kraftfeld des Verfassungsstaates, S. 45, 69 f; *Hahn*, Europäische Kulturpolitik, S. 117 ff; *Fechner*, RdJB 1996, 35, 40.

229 *Dittmann/Fehrenbacher*, RdJB 1992, 488 ff; *Ress*, in: GS Grabitz, 595, 625.

230 *Fischer*, in: Lenz/Borchardt (Hrsg.), EU-Verträge, Art. 167, Rn 3.

231 *Fechner*, RdJB 1996, 35, 40.

232 S. etwa die Reaktionen der Länder anlässlich der Beratung des „Neuen Kulturkonzepts“ im Herbst 1992, dazu *Hochbaum*, BayVBl. 1997, 641, 648 f.

233 *M. Schröder*, Europäische Bildungspolitik und bundesstaatliche Ordnung, 32 ff, 48 ff und öfter; *Bohr/Albert*, ZRP 1993, 61 ff.

234 *Aus der Literatur: Di Fabio*, Der Staat 32 (1994), 191 ff; *R. Lang*, Die Mitwirkungsrechte des Bundestages und des Bundesrates in Angelegenheiten der Europäischen Union gemäß Art. 23 Abs. 2 bis 7 GG; *Scholz*, NVwZ 1993, 817 ff; *Zuleeg*, ELR 22 (1997), 19 ff.

235 *Pernice*, in: Dreier (Hrsg.), GG-Kommentar, Bd. 2, Art. 23 GG, Rn 117 mwN.

zu.[236] All das ändert aber noch nichts daran, dass die Länder auch im hochsensiblen Kultur- und Bildungsbereich an einmal gesetztes oder vom EuGH im Wege der richterlichen Rechtsfortbildung mitgeschaffenes Unionsrecht gebunden sind.[237] Hier helfen nicht die Schutzmechanismen der mitgliedstaatlichen Verfassungen, sondern nur die Restriktionen im EU-Recht selbst weiter, damit zentrales Schutzgut auch auf europäischer Ebene die kulturelle Vielfalt bleibt.[238]

C. Forschung, technologische Entwicklung und Raumfahrt

I. Eine Vorbemerkung zur notwendig einheitlichen Betrachtung von Wissenschaft, Forschung und technologischer Entwicklung, Art. 179 ff AEUV

Was für das 19. Jahrhundert die „Industrielle Revolution" war, ist für das ausgehende 20./beginnende 21. Jahrhundert die **„Technologische Revolution"**. Das gilt gleichermaßen für die Chancen und Grenzen, aber auch für die Risiken und Gefahren. Ausgehend von den USA brachten vor allem das Internet sowie die neuen Informations- und Kommunikationstechnologien einen revolutionären Entwicklungsschub. Europa muss sich für einen harten Wettbewerb[239] vorwiegend mit dem US-amerikanischen und dem asiatischen Wirtschaftsraum rüsten. Dass unabgestimmte individuell-mitgliedstaatliche oder sektoriell verengte unionale Forschungspolitiken dabei zu kurz greifen, liegt auf der Hand. Der Europäische Rat von Lissabon hat daher im März 2000 das ehrgeizige Ziel formuliert, die Union zur **„wettbewerbsfähigsten und dynamischsten wissensbestimmten Wirtschaft der Welt"**[240] werden zu lassen. Zugleich wurde der **„Lissabon-Prozess"** (**„Lisbon Strategy"**) aus der Taufe gehoben. Seine Innovationsstrategien umfassten Felder wie die Forschung, das Erziehungswesen, die berufliche Ausbildung, einen unionsweit effizient genutzten Internet-Zugang, das sog. „Online-Business", eine Stärkung der mittelständischen Unternehmen und die Reform der Sozialsysteme. Dahinter stand wiederum jener **integrative, nachhaltige Ansatz**, der schon für die Bildungs- und Kulturpolitik beschrieben wurde.[241] Bei späteren Ratstreffen wurden die Ziele bekräftigt, konkrete Zielvorgaben aber bewusst vermieden. Die ambitionierten Wachstumsvorgaben hatten sich schon zu diesem Zeitpunkt als unrealistisch erwiesen. Mängel im europäischen Forschungssystem deckten auch das Kommissionsarbeitspapier SEC (2005) 430 vom 4. Juni 2005 und der im November 2004 vorgelegte Bericht einer hochrangigen Sachverständigengruppe zur Lissabon-Strategie (Kok-Bericht) auf. Kritisiert wurde insbesondere die ungenügende Koordinierung nationaler Forschungspolitiken etc. Eine Neuausrichtung respektive Ablösung der Lissabon-Strategie ist durch die einheitliche und umfassende Strategie „Europa 2020" ab 2014 erfolgt. Bezüglich des Teilbereichs Forschung und Entwicklung hat sich die EU das ehrgeizige Ziel gesetzt, 3% des BIP der EU für Forschung und Bildung aufzuwenden.[242] 56

Ein ganzheitlicher Ansatz fordert aber auch die einheitliche Betrachtung von Wissenschaft, Forschung und technologischer Entwicklung. Weder lassen sich wissenschaftlich-disziplinäre Grundlagen- und anwendungsorientierte Forschung noch originär akademische und primär ökonomische Zwecksetzungen in streng geschiedene Schubladen einordnen. Die Europäische **„Forschungs- und Wissenschaftsgemeinschaft"** heutiger Entwicklungsstufe steht weder für selbstzweckhaften Wissenschaftsidealismus noch für ein Primat rein ökonomisch motivierter Forschungs- und Technologie- 57

236 Dieses Gewicht wollen die Länder durchaus selbstbewusst in die Waagschale werfen, zu denken ist etwa an den Streit zwischen Bund und Ländern anlässlich der Beratungen zu den damaligen Programmen „SOCRATES" und „LEONARDO", Nachweise bei *Blanke*, Europa auf dem Weg zu einer Bildungs- und Kulturgemeinschaft, 85.

237 *Fechner*, RdJB 1996, 35, 46.

238 *Ress*, in: GS Grabitz, S. 595, 627 f.

239 Die ökonomischen Aspekte von Forschungs- und Technologiepolitik beleuchtet *Klodt*, Grundlagen der Forschungs- und Technologiepolitik, Kieler Arbeitspapiere Nr. 664, 1994.

240 Dazu und zum Folgenden *Mönig*, in: Lenz/Borchardt (Hrsg.), EU-Verträge, Vorbem. Art. 179–190 AEUV, Rn 25; *Niedobitek*, in: Streinz (Hrsg.), EUV/AEUV, Art. 145 AEUV, Rn 15.

241 Dazu o. Rn 3.

242 Für die verschiedenen Einzelaspekt des Programms, s. http://ec.europa.eu/europe2020/index_de.htm (zuletzt abgerufen am 31.3.2014).

politik. Die verbindliche Zielsetzung aus Art. 179 Abs. 1 AEUV verweist auf beide Dimensionen und verortet, wie bereits ausgeführt, wissenschaftliche Forschungsarbeit zwischen „ewiger Wahrheitssuche“ und **anwendungsorientierter Forschung.**[243] Die Zusammenschau von Wissenschaft, Forschung und Technologie bleibt aus einem weiteren Grunde unabdingbar. Wie die Kultur- und Bildungspolitik ist auch die unionale Forschungs- und Technologiepolitik komplementär zu den je mitgliedstaatlichen Politiken (vgl Art. 179, 180 AEUV).[244] Nur aus dem ineinandergreifenden Normgefüge und der darin gründenden Praxis nationaler wie unionaler Forschungspolitiken/Technologiepolitiken gewinnt der **Europäische Forschungsraum** Wirklichkeit.

II. Die normativen Grundlagen

1. Die Konstitutionalisierung eines europäischen „Forschungsraums in Forschungsfreiheit“

a) Der Regelungsbereich Forschung und technologische Entwicklung im Entwurf für eine Europäische Verfassung und in der Grundrechte-Charta, ihr Fortwirken nach Lissabon

58 Zunächst die Retrospektive als entwicklungsgeschichtliche Annäherung an die Gegenwart: Die Präambel des Verfassungsentwurfs bekannte sich in Passus 2 zu „Wissen und soziale(m) Fortschritt“, Art. I-3 Abs. 3 Unterabs. 1 S. 2 sagte: die Union “fördert den wissenschaftlichen und technischen Fortschritt“. In S. 1 war ein besonderer Akzent auf der „Umweltqualität“, aber auch auf die „nachhaltige Entwicklung“ gelegt. Diesem **ganzheitlichen Ansatz** korrespondierte im Grundrechtsteil Art. II-97. Hinzuweisen ist auch auf Art. III-121. Das Wohlergehen der Tiere konnte schon seinerzeit als Einschränkung der entsprechenden Politiken gelten. Die grundlegende Forschungsfreiheit garantierte Art. II-73 S. 1. Einschränkungen fanden sich in Art. II-63 Abs. 2 lit. b („eugenische Praktiken“) und lit. d („Verbot des reproduktiven Klonens“). Aus dem Kompetenzteil ist auf Art. I-14 Abs. 3 zu verweisen. Auf den Feldern der Forschung, der technologischen Entwicklung und der Raumfahrt bestand nach Konzeption des Verfassungsentwurfs eine beschränkte Zuständigkeit der Union. Sie konnte und kann Maßnahmen treffen und Programme erstellen. Den Mitgliedstaaten ist es aber nicht verwehrt, weiterhin ihre eigene Zuständigkeit auszuüben. Bei den Wettbewerbsregeln der Art. III-161 und III-162 fanden sich Ausnahmebestimmungen zur Förderung des technischen Fortschritts. Schließlich wurde ein eigener Politikbereich formuliert. Teil 3, Abschnitt 9 „Forschung, technologische Entwicklung und Raumfahrt“ umfasste die Art. III-248 bis Art. III-255. Die ebenfalls forschungs- und technologierelevante Energiepolitik wurde ausgegliedert und anschließend in einem eigenständigen Abschnitt 10 geregelt.

Dieses Programm haben EUV und AEUV nach Lissabon weitgehend (systematisch) rezipiert und gewissermaßen „konstitutionell“ fortgeschrieben. Es gibt aber auch Unterschiede. So nennt etwa Passus 8 der Präambel zum AEUV die Pflicht, auf „umfassenden Zugang zu Bildung und durch ständige Weiterbildung auf einen möglichst hohen Wissensstand der Völker hinzuwirken“. Art. I-3 Abs. 3 des Verfassungsentwurfs entspricht dem heutigen Art. 3 Abs. 3 EUV nF. Hinsichtlich der Grundrechtsverbürgungen ergeben sich keine Unterschiede; sie verbleiben nur in einem selbständigen Vertrag. Art. I-14 Abs. 3 des Verfassungsentwurfs wird zu Art. 4 Abs. 3 AEUV, Art. III-161 und III-162 des Verfassungsentwurfs korrespondieren mit Art. 101, 102 AEUV. Teil 3, Abschnitt 9 (Art. III-248-255 des Verfassungsentwurfs) findet sich in Titel XIX (Art. 179-190 AEUV) wieder. Zum Teil wurden die Vorschriften geändert. Besondere Beachtung verdient dabei zB die Einfügung eines „Europäischen Raums der Forschung“ in Art. 179 Abs. 1 AEUV.[245] Abschnitt 10 des Verfassungsentwurfs (Energiepolitik) wurde zu Titel XXI AEUV.

---

243 Dazu bereits o. Rn 42; weiterhin *Ruffert*, in: Calliess/Ruffert (Hrsg.), EUV/AEUV, Art. 179 AEUV, Rn 1; allg. *Starbatty/Vetterlein*, Die Technologiepolitik der Europäischen Gemeinschaft; *Stremmel*, Die Forschungs- und Technologiepolitik der Europäischen Gemeinschaft.

244 *Godt*, in: Dauses (Hrsg.), Hdb des EU-Wirtschaftsrechts, Rn 2; *Classen*, WissR 1995, 97, 109 f.

245 *Trute/Pilniok*, in: Streinz (Hrsg.), EUV/AEUV, Art. 179 AEUV, Rn 10.

b) Der Regelungsbereich Forschung und technologische Entwicklung im europäischen Verfassungsverbund – das Zusammenspiel europa- und nationalverfassungsrechtlicher Normierungen zum Thema „Forschung und Technologie"

Das für den Kultur- und Bildungsbereich formulierte methodische Postulat **komplementärer Rechtskonkretisierung** aus nationalem und unionalem (Verfassungs-)Recht gilt auch für die Forschungs- und Technologiepolitik. Die Rechtsstrukturen der europäischen „Wissenschafts- und Forschungsgemeinschaft" als Teil der Europäischen Verfassungsgemeinschaft sind rechtsvergleichend, unter stetiger Mitberücksichtigung der relevanten mitgliedstaatlichen Normgruppen zu gewinnen.[246] Solch ein Rechtsvergleich verfolgt auf dem grundrechtssensiblen Feld von Wissenschaft und Forschung nicht zuletzt eine **Geltungssicherung der Grundrechtsstandards**. Gewiss dürfte das „verfassungsdogmatische Filigran" vorbehaltlos gewährter Wissenschaftsfreiheit nach dem Modell von Art. 5 Abs. 3 GG europarechtlichen Vergröberungen unterliegen.[247] Nichtsdestoweniger sollte ein **Mindestniveau der Forschungsautonomie** nach dem Vorbild mitgliedstaatlicher Verfassungstexte gesichert und nicht europarechtlicher Nivellierung preisgegeben werden.[248] Gerade der Verlust an Eigenständigkeit der Hochschulen und eine Relativierung der Hochschulautonomie wären ein zu hoher Preis für neue Unionskompetenzen.[249] Einem weiteren Aspekt ist vergleichend Rechnung zu tragen. Zu Recht wird die Forderung nach einer stärkeren Annäherung der oft sehr unterschiedlichen Organisation der Forschungsförderung in den Mitgliedstaaten erhoben, ebenso nach kohärenten und kompatiblen institutionellen Modellen, transparenten Entscheidungsverfahren und Entscheidungskriterien.[250] Dafür einen gemeineuropäischen Rahmen zu konturieren, wäre Effizienz- und Transparenzgewinn zugleich. Insgesamt geht es um eine Europa integrierende **Kooperationskultur**, die nicht nur dem Anwendungsvorrang und der Effektivität des Unionsrechts Rechnung trägt, sondern auch dem Gebot der **Zusammenarbeit** mit den und der **Rücksichtnahme** auf die nationalen autonomen Forschungsinstitutionen.[251] 59

2. Die primärrechtliche Verankerung von Forschung und technologischer Entwicklung (einschließlich der Raumfahrt) im europäischen Vertragswerk

Im Zeitpunkt ihrer Gründung verfügten die drei Europäischen Gemeinschaften mit Art. 55 EGKS, Art. 4 ff EAGV und Art. 35 lit. a EWGV nur über sektorielle Kompetenzen auf dem Feld der Forschungs- und Technologiepolitik.[252] Den Grundstein einer allgemeinen, damals „gemeinschaftlichen", heute unionalen Forschungspolitik legte der Rat mit seiner Entschließung vom 14. Januar 1974.[253] Gegründet wurde insbesondere der Ausschuss für wissenschaftliche und technische Forschung (CREST),[254] der als Beratungsgremium dem Rat und der Kommission lange unverzichtbare Hilfe leistete.[255] Die Einheitliche Europäische Akte (EEA),[256] in Kraft getreten am 1. Juli 1987, hat den damaligen EWGV um einen eigenständigen Titel „Forschung und technologische Entwicklung" angereichert und so eine Kompetenzgrundlage für Maßnahmen geschaffen, die vorher allenfalls gestützt auf die Rechtsgrundlage der heutigen Art. 352, 353 AEUV in den Zuständigkeitsbe- 60

246 *Groß*, Die Autonomie der Wissenschaft im europäischen Rechtsvergleich; *Trute/Groß*, WissR 1994, 203 ff.
247 *Schulze-Fielitz*, in: Benda/Maihofer/Vogel, § 27, Rn 43.
248 *Classen*, WissR 1995, 97 ff; *Trute/Groß*, WissR 1994, 203, 236 f.
249 *Hailbronner/Weber*, WissR 1997, 298 ff.
250 *Trute/Groß*, WissR 1994, 203, 247 f.
251 Ebd.
252 *Ruffert*, in: Calliess/Ruffert (Hrsg.), EUV/AEUV, Art. 179 AEUV, Rn 4; *Mönig*, in: Lenz/Borchardt (Hrsg.), EU-Verträge, Vorbem. Art. 179-190 AEUV, Rn 5; *Trute/Pilnick*, in: Streinz (Hrsg.), EUV/AEUV, Art. 179 AEUV, Rn 2.
253 ABl. EG 1974, C 7, S. 2.
254 Im Jahre 1995 wurde der Ausschuss novelliert, s. die Entschließung des Rates vom 28. September 1995, ABl. EG 1995, C 264, S. 4.
255 *Mönig*, in: Lenz/Borchardt (Hrsg.), EU-Verträge, Vorbem. Art. 179-190 AEUV, Rn 11. Die Aufgaben des CREST wurden mittlerweile von ERAC übernommen, s. Rn 74.
256 ABl. 1987, L 169, S. 1; BBPS, Slg Nr. I.7; Nomos, Europarecht, Textausgabe, Nr. 5.

reich der Union fielen.[257] Erst der Vertrag von Maastricht schuf die entscheidenden Kompetenzgrundlagen. Sie leben nach Lissabon fort. Art. 7 AEUV fordert Kohärenz mit den Zielen des EUV.[258] So betont Art. 3 EUV die nachhaltige Entwicklung. Verwiesen ist auf die in Art. 3–6, 8 AEUV – bzw Art. 119 AEUV genannten **Politiken** und **Maßnahmen**, ohne dass die Differenzierung zwischen Politik und Maßnahme eine qualitative Abstufung beinhalten würde.[259] Schließlich wurde der Titel „Forschung, technologische Entwicklung und Raumfahrt" (Art. 179 bis 190 AEUV) neu gefasst. Die Kompetenzzuweisung kann als **Rahmenkompetenz** verstanden werden, vorgesehen werden unionale Kooperations- und Koordinationsbefugnisse, die sich in der Aufstellung von Rahmenbedingungen und Programmen erschöpfen.[260] Deren Konkretisierung verbleibt im Zuständigkeitsbereich der Mitgliedstaaten. Schon der Vertrag von Amsterdam hatte die Einstimmigkeitsregel bei der Verabschiedung des Forschungsrahmenprogramms durch eine qualifizierte Mehrheit (heute Art. 182 Abs. 4 AEUV) ersetzt.[261] Auch die Entscheidung über die Gründung gemeinsamer Unternehmen kann seither mehrheitlich getroffen werden, siehe Art. 188 AEUV. Der Vertrag von Nizza brachte keine weiteren Änderungen.

3. Sekundärrechtliche Normierungen zum Thema Forschung, technologische Entwicklung und Raumfahrt

61 Auf den Beginn der allgemeinen Forschungspolitik durch die oben erwähnte Entschließung des Rates vom 14. Januar 1974 folgten bis in die 80er Jahre mehr als 60 Forschungsprogramme zu Spezialbereichen. Am 25. Juli 1983 wurde das **„Erste Rahmenprogramm"** auf Rechtsgrundlage der heutigen Art. 352, 353 AEUV verabschiedet.[262] Bis Ende 2013 war das Siebte Forschungsrahmenprogramm (2007-2013) der Europäischen Gemeinschaft für Forschung, technologische Entwicklung und Demonstration (Beschluss 1982/2006/EG des Parlaments und des Rates vom 28. Juni 2006; ABl. 2006, L 412, S. 1) in Kraft. Seine vier Hauptziele waren Zusammenarbeit, Ideen, Menschen, Kapazitäten. Neu eingeführt wurde auch der unabhängige Europäische Forschungsrat.[263] Das aktuelle, zusammenfassende Rahmenprogramm „Horizont 2020" gilt seit Beginn 2014.[264] Sein Ziel ist ein „Europäischer Forschungsraum", den Art. 179 Abs. 1 AEUV („Raum der Forschung") schon terminologisch avisiert.[265] Neben den Rahmenprogrammen sei aus dem Sekundärrecht noch auf die Normen zum Forschungsfonds für Kohle und Stahl verwiesen.[266]

III. Zur Klärung der Schüsselbegriffe

1. Forschung

62 Der **Forschungsbegriff**, im Unionsrecht nicht definiert und von der europarechtlichen Literatur erst allmählich zur Kenntnis genommen, ist in Anlehnung an den bereits vorgestellten, weiteren Wissenschaftsbegriff zu konkretisieren.[267] Mit ihm teilt er nicht nur das Moment einer gewissen **Unabhängigkeit**.[268] Forschung meint zudem die planmäßige, zielgerichtete, durch wissenschaftliche Methodik abgesicherte und stets kritischer Überprüfung offenstehende Suche nach neuen Erkenntnissen, sei es in Form der eher anwendungsfernen **disziplinären Grundlagenforschung** oder in Form

257 *Streinz*, Europarecht, 9. Aufl., 2012, Rn 36; *Trute/Groß*, WissR 1994, 203; *Krüger*, WissR 1989, 201 ff.
258 *Bardenhewer*, EuR 1998, Beiheft 2, 125 ff; *Mueller-Graff*, EuR 1998, Beiheft 2, 67 ff.
259 *Terhechte*, in: Grabitz/Hilf/Nettesheim (Hrsg.), Das Recht der EU, Art. 3 AEUV, Rn 17.
260 *Streinz*, Europarecht, 9. Aufl., 2012, Rn 158.
261 *Ruffert*, in: Calliess/Ruffert (Hrsg.), EUV/AEUV, Art. 166 AEUV, Rn 5; *Elizade*, CMLR 29 (1992), 309, 315 f.
262 ABl. EG 1983, C 208, S. 1. Einen illustrativen entwicklungsgeschichtlichen Überblick gibt *Krüger*, WissR 1989, 201, 206 ff.
263 Vgl im Detail: http://erc.europa.eu/.
264 Siehe auch schon Rn 2.
265 S. zu diesem Europäischen Forschungsraum als Herzstück der Strategie „Europa 2020" auch schon die Mitteilung der Kommission mit dem Titel „Eine verstärkte Partnerschaft im Europäischen Forschungsraum im Zeichen von Exzellenz und Wachstum", KOM (2012) 392 endg.
266 Dazu u. Rn 67.
267 S.o. Rn 42.
268 *Classen*, WissR 1995, 97, 101.

der anwendungsnahen sog. **„angewandten Forschung"**.[269] In beiden Spielarten zielt Forschung immer auch auf die Weitervermittlung, die Nutzung und (unmittelbare oder mittelbare) Anwendung der gewonnenen Erkenntnisse ab. Die Grundlagenforschung, die anwendungsorientierte Forschung und die (technologische) Entwicklung sind deshalb keine trennscharf abgrenzbaren Forschungstypen. Eine kategorial scheidende Typisierung macht zudem wenig Sinn, wirkt gar konterkarierend, nachdem der europäische Forschungsbereich sich von einseitig technologiepolitischer Zwecksetzung emanzipiert hat und heute **Wissenschaftsförderung in vollem Umfang** gemeint ist.[270] Die begriffliche Differenzierung kann so nur Akzente setzen. So charakterisiert die Grundlagenforschung eine klassisch **kulturstaatliche** – für den Unionsraum: **„kulturgemeinschaftliche" – Orientierung.** Sie umfasst den gesamten Wissenschaftsbereich, gerade auch die Geistes-, Kultur- und Sozialwissenschaften, und ist zweckfrei in dem Sinne, dass sie nicht vorrangig industriellen oder kommerziellen Zielen dient. Deshalb hat ein einzelnes Wirtschaftssubjekt keine, jedenfalls keine primär auf den eigenen wirtschaftlichen Erfolg ausgerichteten Interessen an der Finanzierung. Prägend für die Grundlagenforschung wirkt somit ihr gemeinwohlorientierter **„Kollektivgutcharakter"**.[271] Umgekehrt bleibt sie damit aber auch auf Finanzierung durch die bürgerschaftliche Solidargemeinschaft, insbesondere durch Stiftungen, Sponsoren etc. angewiesen. Die anwendungsorientierte Forschung tritt demgegenüber zumeist im Gewand der Industrieforschung auf. Sie nutzt die Ergebnisse der Grundlagenforschung und will darauf aufbauend weitergehende Erkenntnisse gewinnen, die spezifisch der Entwicklung neuer Produkte, Produktionsverfahren oder Dienstleistungen dienen sollen.[272] Dank dieser **Zweckorientierung** wird sie üblicherweise ganz oder wenigstens zum Teil durch die begünstigten Wirtschaftssubjekte finanziert. Zwischen Grundlagenforschung und anwendungsorientierter Forschung steht die **„industrielle Grundlagenforschung"**. Gemeint ist damit eine „eigenständige theoretische oder experimentelle Arbeit, deren Ziel es ist, ein neues oder besseres Verständnis der Gesetze von Wissenschaft und Technik, einschließlich ihrer Anwendung auf einem Industriesektor oder für den Tätigkeitsbereich bestimmter Unternehmen zu gewinnen".[273] 63

2. Technologische Entwicklung, Demonstrationsvorhaben

Die Forschungsergebnisse müssen, um letztlich für den Technologiewettbewerb nutzbar zu sein, 64
umgesetzt werden. Diesen Prozess umschreibt die **vorwettbewerbliche technologische Entwicklung.** Hier geht es um die Erarbeitung oder Verbesserung einer Technologie durch Nutzung der in der Forschung gewonnenen Erkenntnisse, noch konkreter um Pläne oder Entwürfe für neue, geänderte, verbesserte Produkte, Produktionsverfahren oder auch Dienstleistungen.[274] Am Ende des technologischen Entwicklungsprozesses steht häufig die Schaffung eines ersten **Prototyps** (oder **prototypischer Verfahrensabläufe**), der (respektive die) noch nicht zur kommerziellen Verwendung geeignet ist (sind). Sofern der Prototyp bzw die prototypischen Verfahrensabläufe einer industriellen Anwendung oder wirtschaftlichen Nutzung dienen sollen, schließen sich sog. **Demonstrationsverfahren** oder **Pilotprojekte** an, die über die Praxistauglichkeit Aufschluss geben respektive eine kritische Fachöffentlichkeit von der Praxistauglichkeit überzeugen können. Die Erstellung solcher praxisnaher, oft sehr kostenintensiver Pilotanlagen ist unverzichtbarer Schlussstein der europäischen Forschungsförderungspolitik.[275] Die im industriellen Fertigungsprozess allgemeinüblichen Routinemaßnahmen zur Produktverbesserung, die allenfalls geringfügigen wissenschaftlichen Aufwand

---

269 *Ruffert*, in: Calliess/Ruffert (Hrsg.), EUV/AEUV, Art. 179 AEUV, Rn 1.

270 *Trute/Groß*, WissR 1994, 203, 205; kritisch gegenüber der fehlenden Wissenschaftlichkeit der EU-Forschungsförderung *Konow*, WissR, Beiheft 11 (1993), 40 ff; *Zacher*, in: FS Jahr, 1993, S. 199, 213 ff.

271 *Krüger*, WissR 1989, 201, 216.

272 *Mönig*, in: Lenz/Borchardt (Hrsg.), EU-Verträge, Art. 179 AEUV, Rn 38.

273 Ebd, Rn 34.

274 *Ruffert*, in: Calliess/Ruffert (Hrsg.), EUV/AEUV, Art. 179 AEUV, Rn 6; *Mönig*, in: Lenz/Borchardt (Hrsg.), EU-Verträge, Art. 179 AEUV, Rn 39.

275 Zum Begriff der Pilotanlage EuG, Rs. T-184/97 (BP Chemicals Ltd./Kommission), Slg 2000, II-3145, Rn 60 ff; s. weiterhin den Gemeinschaftsrahmen für staatliche Forschungs- und Entwicklungsbeihilfen, ABl. EG 1996, C 45, S. 5, Ziff. 2.2 und Anlage 1; zu all dem auch *Ruffert*, in: Calliess/Ruffert (Hrsg.), EUV/AEUV, Art. 179 AEUV, Rn 3.

erfordern, unterfallen weder dem Forschungsbereich noch der technologischen Entwicklung mit ihren abschließenden Demonstrationsverfahren.[276]

IV. Die Schwerpunktbereiche

1. Die Grundlagenforschung

65 Durch die neuen Kompetenzen (Art. 179 ff AEUV) ist die Grundlagenforschung eindeutig in den Kompetenzbereich der Union einbezogen. Um das **Prinzip der begrenzten Einzelfallermächtigung** zu wahren, konnte dies vor Lissabon nur gelten, wenn die konkreten Forschungsvorhaben – und sei es mittelbar – zur Erreichung der heute in Art. 179 Abs. 1 AEUV genannten Ziele beigetragen hatten.[277] Damit blieben weite Teile der Natur- und Geisteswissenschaften ausgespart. Den europäischen Staaten stand es indes frei, auf diesen Gebieten durch völkerrechtlichen Vertrag die für notwendig erachtete **Forschungsinfrastruktur** zu schaffen. Nur ein Beispiel hierfür gibt die **„European Space Agency (ESA)“**. So galt und gilt es bis heute nicht nur **die Autonomie der Wissenschaft** gegenüber Staat und Gesellschaft zu wahren[278] und einer hoheitlichen Wissenschaftsverwaltung eindeutige Riegel vorzuschieben (siehe wiederum Art. 13 GRC), sondern auch die Kompetenzen der Mitgliedstaaten auf dem Gebiet der Grundlagenforschung gegenüber allzu dominanter unionaler Überwucherung abzusichern.

2. Die anwendungsorientierte Forschung im Interesse einer wettbewerbsfähigen Industrie

66 Das Unionsrecht zeigt deutlich, dass die an externen, vornehmlich industriepolitischen Zielsetzungen orientierte Wissenschaftsförderung nicht für illegitim gehalten wird.[279] Die Wirtschaft ist auf die Wissenschaft angewiesen und vice versa. So liegen, wie bereits gezeigt, die Ursprünge der unionalen Forschungspolitik in der Industriepolitik. Art. 179 Abs. 1 AEUV gibt der **anwendungsorientierten Forschung** die Förderung der **„Wettbewerbsfähigkeit“** als Paradigma vor. Die entsprechenden Forschungsvorhaben können zielorientiert, anwendungsorientiert oder programmorientiert sein.[280] Den Zielsetzungen der anwendungsorientierten unionalen Forschung entspricht ihr Adressatenkreis (Art. 179 Abs. 2 AEUV). Wie bei der Grundlagenforschung sind Hochschulen und Forschungszentren angesprochen. Wichtig ist aber, dass gerade auch an Unternehmen und sonstige Rechtspersonen der Union Forschungsförderungsmaßnahmen gerichtet werden können.[281] Bei der anwendungsorientierten Forschung sind die interessierten Wirtschaftssubjekte ausdrücklich angesprochen.

3. Zentrale Forschungsbereiche

a) Die Montanforschung

67 Die Kohle- und Stahlforschung ist der älteste Teil der unionsrechtlichen Forschungspolitik. Art. 55 EGKSV war hierfür die Grundlage. Indes ist der EGKSV gem. Art. 97 am 22. Juli 2002 ausgelaufen. Nach Inkrafttreten des Vertrages von Nizza am 1. Februar gingen am 24. Juli 2002 das Vermögen und die Verbindlichkeiten der EGKS (Bestand vom 23. Juli) auf die Europäische Union über. Wie in einem Protokoll zum Vertrag von Nizza festgelegt, wurde der **Forschungsfonds für Kohle und Stahl** ins Leben gerufen.[282] Sein Ziel ist die Förderung der **Wettbewerbsfähigkeit von Kohle- und Stahlindustrie**. Alle dazu notwendigen Forschungsprogramme und technischen Leitli-

---

276 *Mönig*, in: Lenz/Borchardt (Hrsg.), EU-Verträge, Art. 179 AEUV, Rn 36.

277 *Trute/Pilniok*, in: Streinz (Hrsg.), EUV/AEUV, Art. 179 AEUV Rn. 12; zur alten Rechtslage: *Mönig*, in: Lenz/Borchardt (Hrsg.), EUV/EGV, Vorbem. Art. 163-173 EGV, Rn 19.

278 *Trute/Groß*, WissR 1994, 203, 208; *Groß*, Die Autonomie der Wissenschaft im europäischen Rechtsvergleich, S. 131 ff.

279 *Classen*, WissR 1995, 97, 108 f.

280 Zu diesen Differenzierungen *Trute/Groß*, WissR 1994, 203, 226 ff.

281 *Mönig*, in: Lenz/Borchardt (Hrsg.), EU-Verträge, Art. 179 AEUV, Rn 28 ff; *Trute/Pilniok*, in: Streinz (Hrsg.), EUV/AEUV, Art. 179 AEUV, Rn 22 mwN, auch auf die Rolle der kleineren und mittleren Unternehmen (KMU).

282 Nachweise bei *Mönig*, in: Lenz/Borchardt (Hrsg.), EU-Verträge, Vorbem. Art. 197-190 AEUV, Rn 7; *Trute/Pilniok*, in: Streinz (Hrsg.), EUV/AEUV, Art. 179 AEUV, Rn 3 ff.

nien werden vom Rat beschlossen. Sie sollen in einem 5-Jahres-Rhythmus überprüft und gegebenenfalls ergänzt werden. Der erste Programmzeitraum endete am 31.12.2007. Das spezifische Kohle- und Stahl-Programm ergänzte einerseits die Aktivitäten der Mitgliedstaaten, andererseits die Projekte des europäischen Rahmenprogramms „Forschung".[283] Das Programm „Forschung" ist jetzt Teil des seit 2014 laufenden Forschungsrahmenprogramms „Horizont 2020".

b) Binnenmarktspezifische Forschungsförderung

Art. 179 Abs. 2 AEUV bringt den Binnenmarktbezug der Forschungsförderung zum Ausdruck. Die Union soll im gesamten Unionsbereich die Unternehmen einschließlich der kleineren und mittleren Unternehmen (KMU) unterstützen.[284] Vor allem soll die Union Zusammenarbeitsbestrebungen fördern, damit die Unternehmen die Möglichkeiten des Binnenmarktes als **Kooperationsraum** effizient nutzen können. Dazu gilt es nicht nur, wie etwa im Sechsten Rahmenprogramm, positive Anreize zu schaffen, sondern auch Kooperationshindernisse (ungleiche Ausbildungsbedingungen etc.) abzubauen. Art. 179 Abs. 2 AEUV nennt explizit, aber nicht abschließend, drei **binnenmarktspezifische Politikfelder**: die Öffnung des mitgliedstaatlichen öffentlichen Auftragswesens (Vergaberecht), die Festlegung gemeinsamer Normen und die Beseitigung von rechtlichen wie steuerlichen Hindernissen, die die Zusammenarbeit behindern könnten.[285] Das Programm „Horizont 2020" richtet ein eigenes Instrument für KMUs ein, welches die spezifischen Maßnahmen des 7. Forschungsprogramms ersetzt. Das Instrument für KMUs ist in drei Phasen eingeteilt. Von besonders innovativen KMUs gefundene Forschungsergebnisse werden umfassend von der Erstellung einer Machbarkeitsstudie an (1. Stufe), über die Prototypentwicklung und die Testphase (2. Stufe) sowie bei der Vermarktung des Produkts (3. Stufe) gefördert.[286] Schließlich sei noch auf einen ganz anderen Aspekt mittelbarer Forschungsförderung in einem sich nach außen hin öffnenden Binnenmarkt verwiesen. Nach dem Zollrecht der Union darf auf die Einfuhr von Geräten, die für Durchführung wissenschaftlicher Forschungsprojekte benötigt werden, dann kein Zoll erhoben werden, wenn innerhalb der Union kein Gerät von gleichem wissenschaftlichem Wert hergestellt werden kann.[287] 68

c) Die atomare Forschung

Die Förderung der Kernforschung lässt sich systematisch gewiss der europäischen Forschungspolitik, noch näher liegend aber der Spezialmaterie des Atom- und Energierechts zuordnen.[288] Sie sei deshalb hier nur als Merkposten berücksichtigt. Der EAGV, durch das Protokoll Nr. 2 zum Lissabon-Vertrag an eben diesen angepasst, weist in seinen Art. 4 bis 11 der Union sehr detaillierte, umfassende Kompetenzen auf dem Gebiet der **Kernforschung** zu.[289] Ähnlich wie im Montanbereich werden spezielle, regelmäßig mehrjährige Forschungs- und Ausbildungsprogramme durchgeführt.[290] Insbesondere seit dem **Atomunglück von Tschernobyl und Fukushima** bilden Sicherheitsfragen, auch der Ab- und Rückbau von Kernanlagen einen Schwerpunkt. Der deutsche Ausstieg aus der Kernenergie wirft weiterführende Fragen von energiepolitischer Relevanz für ganz Europa auf, die in vorliegendem Kontext nicht vertieft werden können. Gestützt auf Art. 8 EAGV wurde eine **„Gemeinsame Forschungsstelle"** errichtet.[291] Dieses unionseigene Forschungszentrum hat sich anfangs nur mit Kernforschungsprojekten im engeren Sinne befasst, seine Tätigkeit zwischenzeitlich indes auch auf Felder wie Umwelt- und Werkstoffforschung ausgedehnt. Wenngleich die ato- 69

283 *Mönig*, in: Lenz/Borchardt (Hrsg.), EU-Verträge, Vorbem. Art. 197-190 AEUV, Rn 424.

284 Dazu *Trute/Pilniok*, in: Streinz (Hrsg.), EUV/AEUV, Art. 179 AEUV, Rn 22.

285 Eher kritisch *Mellein*, in: Schwarze (Hrsg.), EU-Kommentar, Art. 179 AEUV, Rn 13 ff, Rn 16 (kritisch vor allem zu den Subventionen).

286 http://www.horizont2020.de/einstieg-innovation-kmu.htm (zuletzt abgerufen am 12.2.2014).

287 S. noch explizit Art. 3 VO (EWG) Nr. 1798/75 (ABl. 1979, L 134, S. 1), aufgehoben durch die bis 2011 geltende VO (EWG) 2290/83, mittlerweile VO (EU) Nr. 1225/2011, ABl. 2011, L 314, S. 20; EuGH, Rs. C-269/90 (TU München), Slg 1991, I-5469 (5499 ff); dazu auch *Classen*, WissR 1995, 97, 105.

288 *Hermes*, Energierecht, § 35, Rn 1 ff.

289 *Krüger*, WissR 1989, 201, 203.

290 Dazu und zum Folgenden *Mönig*, in: Lenz/Borchardt (Hrsg.), EU-Verträge, Vorbem. Art. 179-190 AEUV, Rn 9 f.

291 Vgl *Krüger*, WissR 1989, 201, 210 f.

mare Forschung im EAGV eine eigene Grundlage hat, besteht doch die Notwendigkeit, das EAGV-Forschungsprogramm zeitlich wie inhaltlich mit den Rahmenprogrammen im Kontext des AEUV abzustimmen.[292] Derzeit läuft das Forschungs- und Ausbildungsprogramm (2014-2018) der Europäischen Atomgemeinschaft in Ergänzung zum „Rahmenprogramm für Forschung und Innovation Horizont 2020".[293]

d) Weltraumforschung

70 Bei der Weltraumforschung sind wissenschaftliche, wirtschafts- und industriepolitische Zielsetzungen besonders eng verknüpft. Angeleitet von ökonomischen und technologischen Motiven, arbeiten die meisten der EU-Mitgliedstaaten deshalb im Rahmen der **„European Space Agency (ESA)"** zusammen. Deshalb besteht zwischen den ESA-Projekten, den Unionsaktivitäten und den eigenständigen Initiativen der Mitgliedstaaten ein dreifacher Koordinierungsbedarf.[294] Eine kooperationsoffene, sich gerade gegenüber den USA und Russland aber durchaus als Gegengewicht verstehende europäische Weltraumpolitik zu entwickeln, ist satzungsmäßige Aufgabe der ESA. Der EU ist jetzt in Art. 189 AEUV eine raumfahrtspezifische Kompetenz eröffnet bzw eine (forschungs-)politische Förderaufgabe zugewiesen. Dazu hat die EU auch zweckdienliche Verbindungen zur Europäischen Weltraumorganisation herzustellen (Art. 189 Abs. 3 AEUV). Schon bisher trugen die Rahmenprogramme Forschung und Technologie solcher forschungspolitischer Aufgabenstellung Rechnung. So förderte das Siebte Forschungsrahmenprogramm der EU (2007-2013)[295] mit einem Fördervolumen von 1,43 Milliarden Euro Projekte zum Themenbereich „Weltraum", explizit zudem die Möglichkeiten der Zusammenarbeit zwischen Europa und Russland auf dem Gebiet der Weltraumforschung. Auch das Siebte Forschungsrahmenprogramm enthielt einen Bereich „Weltraum" mit speziellem Akzent auf Kooperationspflichten. Ende 2013 wurde das „EU-Russia Year of Science 2014" eingeläutet.[296] Das gesamte „Weltraumprogramm" läuft jetzt unter dem Titel „Raumfahrt", innerhalb des Schwerpunktes „Führende Rolle in der Industrie" im Forschungsrahmenprogramm „Horizont 2020", weiter.

e) Forschung und technologische Entwicklung im Rüstungsbereich

71 Da die Rüstungsforschung sicherheitspolitischen Zielsetzungen dient, ist sie auch in der Friedensgemeinschaft der EU[297] bzw in einem **„Raum der Freiheit, der Sicherheit und des Rechts"** (Teil 3, Titel V, Art. 61 ff AEUV) probates Mittel der Forschungs- und Technologiepolitik. Mittelbar rüstungsrelevant sind zunächst unspezifische Forschungsbereiche wie die Luftfahrtforschung, die Materialforschung, Informations- und Kommunikationstechnologien. So wäre unter dem Dach der GASP, jetzt in den AEUV integriert, gleichwohl weiterhin intergouvernemental konzipiert, ein eigenständiges Forschungs- und Technologieprogramm ebenso denkbar wie eine Mitberücksichti-

---

292 *Mönig*, in: Lenz/Borchardt (Hrsg.), EU-Verträge, Vorbem. Art. 179-190 AEUV, Rn 8.

293 Vgl im Detail: Durchführungsbeschluss der Kommission vom 10. Dezember 2013, http://ec.europa.eu/dgs/jrc/downloads/mawp-2014-2015-decision_de.pdf (zuletzt abgerufen am 31.3.2014).

294 Am 21. Januar 2003 nahm etwa die Kommission das Grünbuch über die Raumfahrtpolitik der EU an. Das Papier wurde von der Kommission zusammen mit der Europäischen Weltraumorganisation (ESA) erarbeitet. Der Bericht behandelt u.a. Schlüsselfragen wie den unabhängigen Zugang der EU zum Weltraum, hochqualifizierte wissenschaftliche Aktivitäten auf diesem Gebiet, die industriellen und technologischen Grundlagen der Weltraumforschung, relevante Märkte, Humanressourcen, den rechtlichen und institutionellen Rahmen, die internationale Zusammenarbeit, nicht zuletzt das Zusammenspiel mit der Sicherheits- und Umweltpolitik. S. IP/03/118 vom 24. Januar 2003. 2005 entwickelten der Rat „Wettbewerbsfähigkeit" und der ESA-Ministerrat Leitideen einer europäischen Raumfahrtpolitik, welche am 22. Mai 2007 in einer Entschließung zur Europäischen Raumfahrtpolitik verabschiedet wurden, http://www.consilium.europa.eu/ueDocs/cms_Data/docs/pressData/de/intm/94215.pdf (zuletzt abgerufen am 31.3.2014).

295 *Allg. Informationen* über Siebte Rahmenprogramm finden sich unter http://www.forschungsrahmenprogramm.de/frp-ueberblick.htm (zuletzt abgerufen am 31.3.2014).

296 http://www.eu-russia-yearofscience.eu/en/1379.php (zuletzt abgerufen am 31.3.2014).

297 Dazu *Kotzur*, DÖV 2005, 313 ff, 316.

gung des Rüstungsbereichs in den Rahmenprogrammen.[298] Indes wird, angelehnt an die erste Alternative, seit 2004 die Rüstungsforschung in die neu gegründete **Europäische Verteidigungsagentur (European Defence Agency)** eingebunden. Eine solche, dem Rat unterstellte Agentur war in Art. III-311 Abs. 1 des Verfassungsentwurfs vorgesehen und ist ungeachtet dessen Scheiterns durch die „Gemeinsame Aktion 2004/551/GASP des Rates vom 12. Juli 2004 über die Einrichtung der Europäischen Verteidigungsagentur“[299] rechtliche Wirklichkeit geworden. Im 3. Erwägungsgrund heißt es:

„Die Europäische Verteidigungsagentur («Agentur») sollte der Aufsicht des Rates unterstehen und allen Mitgliedstaaten zur Beteiligung offen stehen; ihr Auftrag wird es sein, (…), die europäische Rüstungszusammenarbeit zu fördern und zu verbessern, die europäische industrielle und technische Verteidigungsbasis (ITVB) zu stärken und einen wettbewerbsfähigen europäischen Markt für Verteidigungsgüter zu schaffen sowie, gegebenenfalls in Verbindung mit den Forschungsmaßnahmen der Union, die auf die Führung bei strategischen Technologien für künftige Verteidigungs- und Sicherheitsfähigkeiten ausgerichtete Forschung zu unterstützen und somit das industrielle Potenzial Europas in diesem Bereich zu stärken.“

Ergänzend formuliert der 4. Erwägungsgrund:

„Es sollten, gegebenenfalls im Benehmen mit der Kommission und der Industrie, einschlägige politische Maßnahmen und Strategien gefördert werden, um die europäische ITVB ausgewogen und unter Berücksichtigung der Stärken der industriellen Kapazitäten der Mitgliedstaaten zu entwickeln.“

Die europäische Sicherheitsforschung will, wie die Kommission betont,[300] gerade durch Koordinierungsmaßnahmen den **Schutz des Bürgers** verbessern. Dazu sind die folgenden Schwerpunktbereiche vorgesehen: Schutz vor Terrorismus (einschließlich Bioterrorismus); Verbesserung des Krisenmanagements; Verbesserung von Sicherheit, Zuverlässigkeit, Schutz und Interoperabilität von Kommunikationssystemen, um zivilen und Militärbehörden die EU-weite Koordinierung ihrer Maßnahmen zu erleichtern. Für die Anlaufphase (2004-2006) war zunächst ein Budget in Höhe von 65 Mio. Euro vorgesehen. Heute ist allein für 2014 ein Budget von 30,5 Mio. Euro veranschlagt.[301]

4. Eine neue Forschungsperspektive: Der Europäische Forschungsraum

Art. 179 Abs. 1 AEUV bringt, wie schon mehrfach angedeutet, eine substantielle Neuerung mit sich, sein neuer Abs. 1 hat Programmcharakter: „Die Union hat zum Ziel, ihre wissenschaftliche und technologische Grundlagen dadurch zu stärken, dass ein europäischer Raum der Forschung geschaffen wird, in dem Freizügigkeit für Forscher herrscht und wissenschaftliche Erkenntnisse und Technologien frei ausgetauscht werden, die Entwicklung ihrer Wettbewerbsfähigkeit einschließlich der ihrer Industrie zu fördern sowie alle Forschungsmaßnahmen zu unterstützen, die aufgrund anderer Kapitel der Verträge für erforderlich gehalten werden.“ Auf diesen Forschungsraum und seine „Forscherfreizügigkeit“ hin ist auch das Programm „Europa 2020“ ausgerichtet. Art. 182 Abs. 5 AEUV ermöglicht „Maßnahmen“, „die für die Verwirklichung des Europäischen Raums der Forschung notwendig sind“. Dafür vorgesehen ist das ordentliche Gesetzgebungsverfahren (Art. 289 Abs. 1 AEUV). Bedingt durch das weite Spektrum der Zielvorgaben aus Art. 179, 180 AEUV können Entscheidungen über konkrete Inhalte der Forschungspolitik erst im Rahmenpro- 72

298 *Mönig*, in: Lenz/Borchardt (Hrsg.), EU-Verträge, Vorbem. Art. 179-190 AEUV, Rn 21; vgl auch die früheren Mitteilungen der Kommission zur Rüstungsindustrie aus den Jahren 1996 und 1997, KOM (1996) 10 endg. bzw KOM (1997) 583 endg.

299 ABl. 2004, L 245, S. 17.

300 S. die Pressemitteilung IP/04/145 vom 3. Februar 2004: Mitteilung der Kommission über die „Ausarbeitung eines Programms zur Erhöhung der Sicherheit in Europa durch Forschung und Technologie“.

301 https://www.eda.europa.eu/Aboutus/how-we-do-it/Finance (zuletzt abgerufen am 31.3.2014).

gramm getroffen werden.[302] Bis hin zum Fünften Rahmenprogramm[303] standen, ganz der industrie- und technologiepolitisch verengten Sichtweise von „Forschung" entsprechend, solche Projekte im Vordergrund, die auf unmittelbaren Anwendungsnutzen und damit die Stärkung einer wettbewerbsfähigen Industrie abzielten. Mit seinem wesentlich breiteren Ansatz brachte das Sechste Rahmenprogramm einen grundlegenden Perspektivenwechsel. Hauptziel war die Schaffung eines **Europäischen Forschungsraumes.**[304] Der Entwurf basierte auf der schlichten Grundidee, dass es eines **ganzheitlichen Forschungsansatzes**, einer Neustrukturierung der europäischen Forschungslandschaft und damit auch einer weit umfassenderen **Bündelung der europäischen Forschungsaktivitäten** und **-kapazitäten** bedarf. Grundlagen- und anwendungsorientierte Forschung standen und stehen dabei gleichberechtigt nebeneinander. Inhaltliche Konturen gewann der Europäische Forschungsraum aus der bereits erläuterten, weit gefächerten Aufgabenspezifizierung des Sechsten Rahmenprogramms.[305] Aber auch eine strategische Neuausrichtung charakterisiert den europäischen Forschungsraum. Dazu gehört (a) die bereits in anderen Politikbereichen erprobte Methode der Koordinierung, hier von Forschungsaktivitäten. Des Weiteren sind (b) durch eine Erhöhung der Forschungsausgaben die notwendigen finanziellen Spielräume sicherzustellen. Schließlich greift der ganzheitlich-integrative Ansatz über die Forschung im engeren Sinne hinaus, wenn das Forschungsumfeld und die Ergebnisverwertung verbessert werden sollen.

V. Die zuständigen Organe und Ausschüsse, die Handlungsinstrumente der Union im Bereich Forschung und Technologie

1. Eine Vorbemerkung: Die Subsidiarität als Strukturprinzip der EU-Forschungsförderung

73 Das Verhältnis von Europäischer Union, von Nationalstaaten und autonomer Forschung ist allein durch die Kompetenzkataloge des Vertrages und die noch allzu rudimentäre grundrechtliche Absicherung nicht hinreichend zu strukturieren. Ergänzend dazu wirkt das **Subsidiaritätsprinzip** strukturprägend.[306] So enthielt noch vor der expliziten primärrechtlichen Verankerung bereits das Dritte Rahmenprogramm Garantien der Subsidiarität.[307] Ohne Zweifel bleibt seine Realisierung schwierig, da die Einschätzungsprärogative der Unionsorgane angesichts großer Disparitäten bei Forschungsstrukturen und mehr oder wenigen effizienten Forschungsförderungsmaßnahmen in den Mitgliedstaaten sehr weit reicht.[308] Dennoch darf auch in der Forschungs- und Technologiepolitik das Subsidiaritätsprinzip nicht zu einer wohlklingenden leeren Hülse werden. Die pauschale Behauptung, durch Unionsmaßnahmen das Gesamtniveau der Forschung zu heben, kann deshalb den Zuständigkeitsbereich der Union nicht eröffnen. Es muss zudem der Bereich der nationalen Forschungsförderung entweder thematisch oder von den institutionellen Möglichkeiten her überschritten sein. Die Leistungsfähigkeit der Mitgliedstaaten gibt gewiss ein Argument,[309] doch wäre

302 *Ruffert*, in: Calliess/Ruffert (Hrsg.), EUV/AEUV, Art. 182 AEUV, Rn 2; *Mönig*, in: Lenz/Borchardt (Hrsg.), EU-Verträge, Vorbem. Art. 179–190 AEUV, Rn 24.

303 Weitere Nachweise zu den Rahmenprogrammen 1-4 bei *Ruffert*, in: Calliess/Ruffert (Hrsg.), EUV/AEUV, Art. 182 AEUV, Rn 2.

304 S. neben dem Sechsten Rahmenprogramm bereits die Dokumente KOM (00) 6 endg. und KOM (00) 612 endg.

305 S. o. Rn 61.

306 *Trute/Groß*, WissR 1994, 203, 237 ff; *Schmidt-Aßmann*, in: FS Everling, S. 1281, 1293 f; *Sturm*, in: ders. (Hrsg.), Europäische Forschungs- und Technologiepolitik und die Anforderungen des Subsidiaritätsprinzips, 1996, S. 37 ff; *Godt*, in: Dauses (Hrsg.), Hdb des EU-Wirtschaftsrechts, Rn 7.

307 Vgl den Beschluss des Rates vom 23. April 1990 über das gemeinschaftliche Rahmenprogramm im Bereich der Forschung und technologischen Entwicklung (1990-1994), ABl. 1990, L117, S. 28, 9. Erwägungsgrund und Anhang II 3. Absatz.

308 *Trute/Groß*, WissR 1994, 203, 239; in eine ähnliche Richtung verweist – wenig überraschend – auch die Kommission in ihrer Publikation: Die Forschung nach Maastricht, S. 27. Der Rat hat zur Bestimmung des möglichen „Mehr-Werts" der EG-Forschungsaktivitäten im Jahre 1983 vier, allerdings sehr interpretationsoffene, Kriterien vorgelegt, u.a. den großen Umfang, offensichtliche finanzielle Vorteile, Forschung in geographischen Großräumen, für den Zusammenhalt des Gemeinsamen Marktes relevante Forschungstätigkeit, Nachweise bei *Sturm*, in: ders. (Hrsg.), Europäische Forschungs- und Technologiepolitik und die Anforderungen des Subsidiaritätsprinzips, 1996, S. 37 ff, 43 f.

309 *Starbatty/Vetterlein*, Die Technologiepolitik der Europäischen Gemeinschaft, S. 198 ff.

es verfehlt, letztere allein anhand des Etats zu bemessen. Die Tatsache, dass in den Mitgliedstaaten angesichts einer angespannten Haushaltssituation, gar einer verfehlten Haushaltspolitik oder einer bewussten Mittelzuweisung an die Union nun die Fördermittel fehlen, kann keine Unionszuständigkeit begründen.[310] Diese mag aber aus dem notwendigen Abstimmungsbedarf mit anderen Sachmaterien der Industrie-, Integrations- und Kohäsionspolitik folgen (zB in den typischerweise grenzüberschreitenden Bereichen Umwelt, Verkehr, Hochschulzusammenarbeit, Technologietransfer).[311]

2. Organe und Ausschüsse

Die Organisation lässt wichtige Rückschlüsse auf die **Qualität** und Effektivität der **Forschungsförderung** zu. In ihrer Organisation ist die EU-Forschungsförderung weniger ausdifferenziert als viele mitgliedstaatliche Systeme. Defizite bestehen vor allem auf der **intermediären Ebene**, Institutionen nach Vorbild der DFG in Deutschland (CNRS in Frankreich, CNR in Italien) fehlen noch weithin.[312] Auch ist die Auswahl bei Forschungsförderungsprojekten noch zu stark von politischen Kriterien determiniert, wissenschaftliche Aspekte treten in den Hintergrund. Zu Recht wird daher eine stärkere Transparenz und Neutralität (zB durch sog. **„peer-review"-Verfahren**) gefordert.[313] Auf Ebene der Programme sind das Europäische Parlament und der Rat die Beschlussorgane. Die Kommission ist nach den allgemeinen Regeln der Art. 17 Abs. 2 S. 1 EUV, Art. 290, 291 AEUV für die Initiative und den Verwaltungsvollzug zuständig. Der Wirtschafts- und Sozialausschuss hat Anhörungsrechte. Jedes dieser Organe hat darüber hinaus speziell zuständige Sub- bzw beratende Einheiten ausgebildet: das Parlament einen Ausschuss für Energie, Forschung und Technologie; der Rat eine Gruppe Forschung; die Kommission einen eigenen Kommissar „Forschung" und eine eigene Generaldirektion Forschung. Vereinzelte Zuständigkeiten auf dem Feld Forschung und technologische Entwicklung haben aber auch die Generaldirektionen Informationsgesellschaft, Unternehmen, Fischerei, Energie und Verkehr. Daneben existiert eine Vielzahl beteiligter Ausschüsse, zB der 1974 begründete, 1995 novellierte „Ausschuss für Wissenschaftliche und Technische Forschung" (CREST), bestehend aus Vertretern der Mitgliedstaaten und der Kommission.[314] Der Ausschuss fand im Jahre 2013 durch das „European Research Area and Innovation Committee (ERAC)" einen auf den „Europäischen Forschungsraum" hin konzipierten strategischen Nachfolger (Ratsdokument doc. 10331/13). Im Jahre 1998 wurde von der Kommission das **Europäische Forschungsforum (European Research Forum, ERF)** ins Leben gerufen.[315] Seine Mitglieder kommen aus Forschungseinrichtungen der Mitgliedstaaten oder Unternehmen und Verbänden.[316] Das neue Forschungsforum ersetzt den früheren „Beratenden Ausschuss für Industrielle Forschung und Entwicklung (IRDAC)"[317] sowie die – ihrerseits erst 1994 etablierte – „Europäische Wissenschafts- und Technologieversammlung (ESTA)".[318] Der Europäische Forschungsrat ist als eine der sechs Exekutivagenturen der europäischen Union durch das Siebente Rahmenprogramm hinzugetreten. 74

310 *Trute/Groß*, WissR 1994, 203, 239; *Schmidhuber*, DVBl. 1993, 417, 419.

311 *Sturm*, in: ders. (Hrsg.), Europäische Forschungs- und Technologiepolitik und die Anforderungen des Subsidiaritätsprinzips, 1996, S. 37 ff, 39.

312 Vgl *Trute/Groß*, WissR 1994, 203, 220 ff, 234 ff; *Classen*, WissR 1995, 97, 98; *Schmidt-Aßmann*, in: FS Everling, S. 1281, 1289.

313 *Stroud*, Decentralized Management of DG XII Research and Development Programs, 1993, S. 26; *Schmidt-Aßmann*, in: FS Everling, S. 1281, 1284; *Zacher*, in: FS Jahr, 1993, S. 199, 212.

314 ABl. EG 1974, C 7, S. 2 sowie die Entschließung des Rates vom 28. September 1995, ABl. EG 1995, C264, S. 4.

315 ABl. EG 1998, L 290, S. 61.

316 Art. 3 Beschluss 8/611/EG, Euratom der Kommission vom 23. Oktober 1998 zur Einrichtung eines europäischen Forschungsforums (Bekanntgegeben unter Aktenzeichen K(1998) 3069).

317 Beschl. der Kommission vom 29. Februar 1984, ABl. EG 1984, L 66, S. 30; dazu auch *Trute/Groß*, WissR 1994, 203, 217.

318 ABl. EG 1994, L 98, S. 34; dazu *Schmidt-Aßmann*, in: FS Everling, S. 1281, 1287 f; *Classen*, WissR 1995, 97, 106 f.

3. Handlungsinstrumente

75 Die Handlungsinstrumente müssen den Zielen der Forschungsförderung entsprechen. Diese sind, wie erläutert, in Art. 179 Abs. 1 AEUV genannt.[319] Die „Stärkung der wissenschaftlichen und technologischen Grundlagen der Industrie und die Förderung ihrer Wettbewerbsfähigkeit“ gestattet nur eine Förderung, die sich an „forschungsexternen“, nämlich industriepolitischen Zwecksetzungen orientiert.[320] Daneben eröffnet Art. 179 Abs. 1 AEUV aber auch die freie Forschungsförderung im Zusammenhang mit anderen Unionspolitiken. Dazu gehört auch die Kulturkompetenz, wobei aber zu beachten ist, dass ein enger Kulturbegriff gilt. Art. 179 Abs. 2 AEUV betont die Kooperationsförderung und steht daher ebenfalls für eine horizontale Vernetzung mit anderen Unionsaufgaben.[321] Art. 180 AEUV benennt alle Maßnahmen, die die Union zur Verwirklichung ihrer Ziele gemäß Art. 179 AEUV korrespondierend treffen kann. Zudem müssen die Maßnahmen komplementär bleiben. In lit. a bis d konturiert Art. 180 AEUV **vier Maßnahmetypen.**[322] Typ (a) umfasst die **Rahmenprogramme** (Art. 182 Abs. 1, 2 AEUV), die **spezifischen Programme** (Art. 182 Abs. 3, 4 AEUV) sowie die **Zusatzprogramme** (Art. 184 AEUV). Seit der EEA greift ein mehrstufiger Mechanismus. Die Mitgliedstaaten, heute der Rat zusammen mit dem Parlament, verabschieden mehrjährige Rahmenprogramme für Forschung und technologische Entwicklung. Die Rahmenprogramme formulieren nur eine generelle Zielperspektive. Auf dieser Grundlage werden spezifische Programme ausgeformt (Art. 182 Abs. 3 und 4 AEUV) und der Kommission zur Durchführung anvertraut. Bei der Durchführung der von der Union beschlossenen Programme ist zudem zu differenzieren zwischen solchen, die die Union selbst realisiert („direkte Aktionen“) und solchen, die auf vertraglicher Grundlage durch Dritte realisiert werden („indirekte Aktionen“). Die Vertragsforschung durch Wissenschaftler in Universitäten, Forschungszentren, aber auch Privatunternehmen der Mitgliedstaaten, bei der die Forschungskosten häufig geteilt werden, spielt in der Praxis eine große Rolle.[323]

76 Typ (b) fördert die Programmbeteiligung von Drittländern und internationalen Organisationen. Näher ausgestaltet wird diese **internationale Forschungskooperation** durch Art. 186 AEUV. Verwiesen sei auch auf die forschungspolitischen Bestimmungen, die sich in zahlreichen Assoziierungsabkommen finden, dies ist – ebenso wie der Kulturbereich – ein wichtiger, kontroverser Gegenstand zB in dem gegenwärtig verhandelten Freihandelsabkommen zwischen der EU und den USA. Typ (c) betrifft die **Auswertung und Verbreitung von Forschungsergebnissen.** Art. 183 AEUV gibt dem Rat die Kompetenz zur dafür nötigen Setzung von Sekundärrecht. Typ (d) schließlich ist unmittelbar **binnenmarktrelevant.** Er beseitigt die **Mobilitätsgrenzen für Forscher** in eben der Weise, wie es vordem schon das Freizügigkeitsrecht für die Arbeitnehmer tat (siehe auch Art. 179 Abs. 1 AEUV).[324] Art. 181 AEUV begründet in Abs. 1 die notwendigen Koordinierungspflichten und weist in Abs. 2 der Kommission die Zuständigkeit für alle Koordinierungsmaßnahmen zu. Eine letzte Handlungsmöglichkeit ist schließlich die Gründung eines gemeinsamen Unternehmens nach Art. 187 AEUV. Vorbild waren Art. 45 ff EAGV.[325] Angesichts einer solchen Vielfalt von Handlungsmöglichkeiten und Programmen wird eine Berichtspflicht zur unabdingbaren Voraussetzung von Transparenz. Art. 190 AEUV trägt dem Rechnung. Der neu formulierte Art. 182 Abs. 5 AEUV erlaubt überdies, wie schon dargestellt, Maßnahmen zur Weiterentwicklung des Europäischen Forschungsraums.

---

319 S. auch *Krüger*, WissR 1989, 201, 205 f.

320 So *Classen*, WissR 1995, 97, 102.

321 *Schmidt-Aßmann*, in: FS Everling, S. 1281, 1285.

322 *Ruffert*, in: Calliess/Ruffert (Hrsg.), EUV/AEUV, Art. 180 AEUV, Rn 4 ff.

323 *Krüger*, WissR 1989, 201, 211 f.

324 *Mellein*, in: Schwarze (Hrsg.), EU-Kommentar, Art. 180 AEUV, Rn 6; *Ruffert*, in: Calliess/Ruffert (Hrsg.), EUV/AEUV, Art. 180 AEUV, Rn 7.

325 Dok. KOM (85) 350 endg.; dazu auch *Ruffert*, in: Calliess/Ruffert (Hrsg.), EUV/AEUV, Art. 187 AEUV, Rn 7.

VI. Grenzen der Forschung und der Forschungsfreiheit

Dem Aktionsradius der Union auf dem Gebiet der Forschungspolitik und Forschungsförderung sind kompetenzielle Grenzen gesetzt. Forschungspolitische Maßnahmen müssen sich zudem in den Grenzen bewegen, die das **Wettbewerbsrecht** ihnen setzt (Stichwort: Vorrang des Wettbewerbsrechts).[326] Inhaltlich gilt indes, grundrechtlich abgesichert gem. Art. 13 GRC: „Kunst und Forschung sind frei." Deshalb gibt es auch keinen generellen Primat der Politik gegenüber der Forschung,[327] wenngleich konkrete Fördermaßnahmen immer auf politischer Entscheidung beruhen. Der Forschung sind indes selbst **grundrechtliche Grenzen** gesetzt.[328] Neben der allgemeinen Einschränkungsmöglichkeit (Art. 52 GRC) finden sich ausdrückliche Schranken in Art. 3 GRC, Abs. 2 lit. b („eugenische Praktiken") und lit. d („Verbot des reproduktiven Klonens"). Damit seien nur einige Aspekte genannt, die eine Einschränkung der Wissenschaftsfreiheit aufgrund entgegenstehender Rechte anderer oder solcher Werte rechtfertigen, die für die europäische Verfassungsgemeinschaft konstitutiv sind (von der Unantastbarkeit würdebegabten menschlichen Lebens bis zum Tier- und Umweltschutz). Einen abschließenden Kanon ethischer wie rechtlicher Grenzen kann es nicht geben. Sie müssen immer anhand der je zeitbedingten gesellschaftlichen Herausforderungen konkretisiert werden und sich mitunter auch gegen den Zeitgeist bewähren. 77

D. Schlussbetrachtung: Die Zukunftsperspektiven der europäischen „Entwicklungsgemeinschaft" in Sachen Bildung und Kultur, Forschung, Technologie und Raumfahrt

Die europäische Entwicklungsgemeinschaft hat auf den Feldern Kultur, Bildung, Forschung und Technologie nach Maastricht prägende eigenständige Kompetenzen hinzugewonnen. Das war für den Wandel von einer Wirtschafts- zu einer politischen Union auch unabdingbar. Allein aus Kompetenzen folgt aber noch kein Profil. Die vorliegend geschilderten komplementären Maßnahmen und Programme dienen der Profilbildung und haben einen **Prozess** eingeleitet, der genauso offen bleibt wie die Einheitswerdung Europas selbst. Die Lissabon-Strategie war, „Europa 2020" ist eine mehr oder weniger realistische Zwischenetappe. Offen bleiben aber auch die mit diesem Prozess verbundenen Risiken in der fragilen Balance zwischen unionaler und mitgliedstaatlicher Handlungsmacht (dem „Handeln-Können" wie dem „Handeln-Dürfen"). Denn ein offener Prozess kann zu **Kompetenzanmaßungen** durch die Union und zu einem gestörten Gelichgewicht zwischen mitgliedstaatlichem und unionalem Aktionsradius führen. Das **Subsidiaritätsprinzip** und die Grundrechte wollen davor schützen, ersteres primär die Mitgliedstaaten, letztere primär die Unionsbürgerinnen und Unionsbürger. Gerade auf dem Feld der Forschungspolitik zeigt sich die dafür bestehende dringende Notwendigkeit. Je intensiver und umfassender die Union im Bereich der Grundlagenforschung aktiv wird, je stärker nationale Forschungsinstitute wegen knapper Mittel auf europäische Hilfe angewiesen sind, umso wichtiger wird die **strukturelle Absicherung** (durch transparente Entscheidungsverfahren, den peer-reviews. wissenschaftlich angeleitete, nicht politisch motivierte Entscheidungsfindung). Kultur-, Bildungs-, Forschungs- und Technologiepolitik bedürfen deshalb einer struktursichernden Langzeitperspektive sowie grundrechtlicher Absicherung, aber auch Begrenzung.[329] Eine solche Perspektive wollen die neugefassten „Verträge" (EUV nF, AEUV) und das auf ihrer Grundlage erlassene Sekundärrecht bieten. Nicht zuletzt vom Erfolg dieser Regelungen hängt die Zukunft der hier vorgestellten „europäischen Entwicklungsgemeinschaft" in Sachen Bildung und Kultur sowie Forschung, Technologie und Raumfahrt ab. Dem (konstitutionellen) Europa nach Lissabon stehen noch vielfache Bewährungsproben bevor.[330] 78

326 *Ruffert*, in: Calliess/Ruffert (Hrsg.), EUV/AEUV, Art. 179 AEUV, Rn 16 mwN.
327 Vgl *Classen*, WissR 1995, 97, 103 mit Nachweisen auch zur Gegenauffassung.
328 *Ruffert*, in: Calliess/Ruffert (Hrsg.), EUV/AEUV, Art. 179 AEUV, Rn 7 mwN.
329 *Bohne*, in: Schmidt-Aßmann/Hoffmann-Riem (Hrsg.), Strukturen des Europäischen Verwaltungsrechts, S. 217 ff.
330 *v. Bogdandy*, Der verfassungsrechtliche Ansatz und das Unionsrecht, in: ders./Bast (Hrsg.), Europäisches Verfassungsrecht, 2. Aufl., 2009, S. 1 ff, 9.

§ 39 Arbeitsrecht

Literatur: *Ales,* Der transnationale Kollektivvertrag, ZESAR 2007, 150; *Annuß,* Das AGG im Arbeitsrecht, BB 2006, 1629; *Anzinger/Wank* (Hrsg.), Entwicklung im Arbeitsrecht und Arbeitsschutzrecht, Festschrift für Otfried Wlotzke zum 70. Geburtstag, 1996; *Barnard,* EU Employment Law, 3. Aufl. 2012; *Bauer,* Europäische Antidiskriminierungsrichtlinien und ihr Einfluss auf das deutsche Arbeitsrecht, NJW 2001, 2672; *Bauer/Krieger/Powietzka,* Geänderte Voraussetzungen für Massenentlassungen nach der „Junk"-Entscheidung des EuGH?, DB 2005, 445; *Bercusson,* European Labour Law, 2. Aufl. 2009; *Birk,* Das Nachweisgesetz zur Umsetzung der Richtlinie 91/533/EWG in das deutsche Recht, NZA 1996, 281; *ders.,* Arbeitskampf und Europarecht, FS 50 Jahre BAG (2004), S. 1165; *Blanke,* Die neue EBR-Richtlinie 2009/38/EG, ArbuR 2009, 242; *Bonin,* Die Richtlinie 2002/14/EG zur Unterrichtung und Anhörung der Arbeitnehmer und ihre Umsetzung in das Betriebsverfassungsrecht, AuR 2004, 321; *Brors,* Das System der Arbeitnehmer-Beteiligungsrichtlinien, 2005; *Däubler,* Das neue Teilzeit- und Befristungsgesetz, ZIP 2001, 217; *ders,* Weltanschauung auf europäisch, NJW 2006, 2608; *Deinert,* Partizipation europäischer Sozialpartner an der Gemeinschaftsrechtsetzung, RdA 2004, 211; *Düwell,* Die Neuregelung des Verbots der Benachteiligung wegen Behinderung im AGG, BB 2006, 1741; *Epiney/Freiermuth-Abt,* Das Recht der Gleichstellung von Mann und Frau in der EU, 2003; *Fuchs,* Die Bilanz des Europäischen Arbeitsrechts, ZESAR 2004, 5; *ders.,* Das Gleichbehandlungsgebot in der Leiharbeit nach der neuen Leiharbeitsrichtlinie, NZA 2009, 57; *Fuchs/Marhold,* Europäisches Arbeitsrecht, 4. Aufl. 2014; *Gilles,* Das Zustandekommen und die Durchführung von Sozialpartnervereinbarungen im Rahmen des europäischen sozialen Dialogs, 1999; *Görres,* Grenzüberschreitende Arbeitnehmerentsendung in der EU, 2003; *Grobys,* Die Beweislast im Anti-Diskriminierungsprozess, NZA 2006, 898; *Hamann,* Die Richtlinie Leiharbeit und ihre Auswirkungen auf das nationale Recht der Arbeitnehmerüberlassung, EuZA 2009, 287; *Hanau/Steinmeyer/Wank,* Handbuch des europäischen Arbeits- und Sozialrechts, 2002; *Joussen,* § 9 AGG und die europäischen Grenzen für das kirchliche Arbeitsrecht, NZA 2008, 675; *Junker,* Europäisches Arbeitsrecht 2000-2002, RiW 2003, 698; *ders.,* Standortverlagerung und Niederlassungsfreiheit – das Rosella-Verfahren vor dem EuGH, EWS 2007, 49; *Kamanabrou,* Europarechtskonformer Schutz vor Benachteiligungen bei Kündigungen, RdA 2007, 199; *Kisker,* Unternehmerische Mitbestimmung in der Europäischen Gesellschaft, der Europäischen Genossenschaft und bei grenzüberschreitender Verschmelzung im Vergleich, RdA 2006, 206; *Klumpp,* Betriebsübergang und Leiharbeit, EuZA 2009, 69; *Kocher,* Osterweiterung und Arbeitnehmerfreizügigkeit, in: Kocher/Nowak (Hrsg.), Freie Fahrt für Arbeitnehmer/innen zwischen Ost und West, 2012, 29; *Körner,* EU-Dienstleistungsrichtlinie und Arbeitsrecht, NZA 2007, 233; *Krebber,* Rechtsfolgen einer Diskriminierung durch gesetzliche und kollektivrechtliche Regelungen, EuZA 2009, 200; *ders.,* Die Bedeutung der Grundrechtecharta und der EMRK für das deutsche Individualarbeitsrecht, EuZA 2013, 188; *Oetker,* Die Vorgaben der Betriebsübergangsrichtlinie für die Beteiligungsrechte des Betriebsrats, NZA 1998, 1193; *Preis/Gotthardt,* Neuregelung der Teilzeitarbeit und befristeten Arbeitsverhältnisse, DB 2000, 2065; *Preis/Temming,* Der EuGH, das BVerfG und der Gesetzgeber – Lehren aus Mangold II, NZA 2010, 185; *Rebhahn,* Grundfreiheit vor Arbeitskampf- der Fall Viking, ZESAR 2008, 109; *Reichold,* Durchbruch zu einer europäischen Betriebsverfassung, NZA 2003, 289; *Richardi/Wlotzke/Wißmann/Oetker* (Hrsg.), Münchener Handbuch zum Arbeitsrecht, 3. Auflage, 2009; *Richardi/Reichold* (Hrsg.), Altersgrenzen und Alterssicherung im Arbeitsrecht, Gedächtnisschrift für Wolfgang Blomeyer, 2003; *Riesenhuber,* Europäisches Arbeitsrecht, 2009; *Roloff,* Das Beschränkungsverbot des Art. 39 (Freizügigkeit) EG und seine Auswirkungen auf das nationale Arbeitsrecht, 2003; *Schiek,* Europäisches Arbeitsrecht, 3. Aufl. 2007; *dies.,* Gleichbehandlungsrichtlinien der EU-Umsetzung in deutsches Arbeitsrecht, NZA 2004, 873; *Schlachter,* Entwicklungen im Individualarbeitsrecht unter dem Einfluss der Rechtsprechung des EuGH – erforderliche und entbehrliche Veränderungen, RdA 2009, 31; *dies.,* Grenzüberschreitende Arbeitsverhältnisse, NZA 2000, 57; *dies.,* Grenzüberschreitende Dienstleistungen: Die Arbeitnehmerentsendung zwischen Dienstleistungsfreiheit und Verdrängungswettbewerb, NZA 2002, 1242; *dies.,* Richtlinie über die Beweislast bei Diskriminierung, RdA 1998, 321; *dies.,* Gemeinschaftsrechtliche Grenzen der Altersbefristung, RdA 2004, 352; *dies.,* Wege zur Gleichberechtigung, 1993; *dies.,* Methoden der Rechtsgewinnung zwischen EuGH und der Arbeitsgerichtsbarkeit, ZfA 2007, 249; *dies.,* Das Arbeitsrecht im AGG, ZESAR 2006, 391; *dies.,* in: Schlachter/Ohler (Hrsg.) Europäische Dienstleistungsrichtlinie, 2008, Vor § 19: Grenzüberschreitende Dienstleistungen und das Arbeitsrecht; *M. Schmidt,* Die neue EG-Richtlinie zur Teilzeitarbeit, NZA *1998, 576*; *M. Schmidt/D. Senne,* Das gemeinschaftsrechtliche Verbot der Altersdiskriminierung und seine Bedeutung für das deutsche Arbeitsrecht, RdA 2002, 80; *C. Schubert,* Die Mitbestimmung der Arbeitnehmer bei grenzüberschreitender Verschmelzung, RdA 2007, 9; *Seifert,*

Die Bedeutung von EMRK und GRCh für das deutsche kollektive Arbeitsrecht, EuZA 2013, 205; *ders.*, Das Arbeitsrecht nach der Kücükdeveci-Entscheidung des EuGH und der Honeywell-Entscheidung des BVerfG, Jahrbuch des Arbeitsrechts (48) 2011, 119; *ders.*, Mangold und kein Ende – die Entscheidung der Großen Kammer des EuGH v. 19. 1. 2010 in der Rechtssache Kücükdeveci, EuR 2010, 802; *ders.*, Arbeitsrecht im Binnenmarkt aus der Perspektive des Grossherzogtums Luxemburg, in: J. Schwarze/U. Becker (Hrsg.), Gemeinwohlverantwortung im Binnenmarkt, 2010, S. 75; *ders.*, Der Beitrag der IAO zur Verwirklichung des Grundsatzes der Entgeltgleichheit zwischen Frauen und Männern, in: Hohmann-Dennhardt/Körner/Zimmer (Hrsg.), Geschlechtergerechtigkeit, in: Festschrift für Heide Pfarr, 2010, S. 459; *ders.*, Die vergaberechtliche Tariftreuepflicht vor dem Europäischen Gerichtshof, EuZA 2008, 526; *ders.*, Der Schutz kleiner und mittlerer Unternehmen im europäischen Arbeitsrecht, EWS 2007, 444; *Sigemann,* Zur Umsetzung der Nachweis-Richtlinie in nationales Recht, RdA 2001, Beil. 5, S. 39; *Steinmeyer,* Der Vertrag von Amsterdam und seine Bedeutung für das Arbeits- und Sozialrecht, RdA 2001, 10; *Sutschet,* Assoziierte Diskriminierung, EuZA 2009, 245; *Temming,* Der Fall Palacios, Kehrtwende im Recht der Altersdiskriminierung, NZA 2007, 1193; *Thüsing,* Der Fortschritt des Diskriminierungsschutzes im Europäischen Arbeitsrecht, ZfA 2001, 397; *ders.*, Europäisches Arbeitsrecht, 2. Auflage, 2011; *ders.*, Umsetzungsdefizite in § 14 TzBfG, BB 2002, 829; *Waltermann,* Verbot der Altersdiskriminierung – Richtlinie und Umsetzung, NZA 2005, 1265; *Weber,* Massenentlassung und Arbeitnehmerbeteiligung im deutschen und europäischen Mitbestimmungsrecht, ArbuR 2008, 365; *Weth/Kerwer,* Grenzgänger, RdA 1998, 233, *Wißmann/Schneider,* Europa hat gesprochen: Betriebsübergang ohne Erhalt der organisatorischen Einheit!, BB 2009, 1126; *Wolter,* Wende im Recht der Massenentlassungen, AuR 2005, 135; *Zeppenfeld,* Das europäische Arbeitszeitrecht und seine Umsetzung, 1999.

Abschnitt 1: Übersicht zu Gesetzgebung und Rechtsprechung

Abschnitt 2: Analyse und Darstellung der Einwirkungspraxis des Europarechts auf das Arbeitsrecht

Abschnitt 1: Übersicht zu Gesetzgebung und Rechtsprechung

A. Gesetzgebung

I. Primärrecht

1. Vertrag über die Arbeitsweise der Europäischen Union

Art. 18, Art. 19, Art. 45 bis Art. 48, Art. 56, Art. 151 bis Art. 161, Art. 162 bis Art. 164.

2. Charta der Grundrechte der Europäischen Union

Art. 21, Art. 23, Art. 27 bis Art. 33.

II. Sekundärrecht

1. Freizügigkeit der Arbeitnehmer

Verordnungen:

Verordnung (EG) Nr. 883/**2004** des Europäischen Parlamentes und des Rates vom 29. April 2004 zur Koordinierung der Systeme der sozialen Sicherheit, ABl. Nr. L 166 vom 30.4.2004, S. 0001 – 0123;**Verordnung (EWG) Nr. 492/2011** des Europäischen Parlaments und des Rates vom 5. April 2011 über die Freizügigkeit der Arbeitnehmer innerhalb der Union, ABl. Nr. L 141 vom 27.5.2011, S. 0001 – 0012.

Richtlinien:

Richtlinie 2009/104/EG des Europäischen Parlaments und des Rates vom 19. November 2008 über Leiharbeit, ABl. Nr. L 327 vom 5.12.2008, S. 0009 – 0014; **Berichtigung der Richtlinie 2004/38/EG** des Europäischen Parlaments und des Rates vom 29. April 2004 über das Recht der Unionsbürger und ihrer Familienangehörigen, sich im Hoheitsgebiet der Mitgliedstaaten frei zu bewegen und aufzuhalten, zur Änderung der Verordnung (EWG) Nr. 1612/68 und zur Aufhebung der Richtlinien 64/221/EWG, 68/360/EWG, 72/194/EWG, 73/148/EWG, 75/34/EWG, 75/35/EWG, 90/364/EWG, 90/365/EWG und 93/96/EWG (ABl. L 158 vom 30.4.2004), ABl. Nr. L 229 vom 29.6.2004, S. 0035 – 0048; **Richtlinie 2005/36/EG** des Europäischen Parlaments und des Rates vom 7. September 2005 über die Anerkennung von Berufsqualifikationen, ABl. Nr. L 255 vom 30.9.2005, S. 0022 – 0142; **Richtlinie 2004/38/EG** des Europäischen Parlaments und des Rates vom 29. April 2004 über das Recht der Unionsbürger und ihrer Familienangehörigen, sich im Hoheitsgebiet der Mitgliedstaaten frei zu bewegen und aufzuhalten, ABl. Nr. L 158 vom *30.4.2004, S. 0077 – 0123;* ***Richtlinie*** **98/49/EG** des Rates vom 29. Juni 1998 zur Wahrung ergänzender Rentenansprüche von Arbeitnehmern und Selbständigen, die innerhalb der Europäischen Gemeinschaft zu- und abwandern, ABl. Nr. L 209 vom 25.7.1998, S. 0046 – 0049.

2. Diskriminierungsverbote

Richtlinien:

Richtlinie 2006/54/EG des Europäischen Parlaments und des Rates vom 5. Juli 2006 zur Verwirklichung des Grundsatzes der Chancengleichheit und Gleichbehandlung von Männern und Frauen in Arbeits- und Beschäftigungsfragen (Neufassung), ABl. Nr. L 204 vom 26.7.2006, S. 0023 – 0036; **Richtlinie 2004/113/EG** des Rates vom 13. Dezember 2004 zur Verwirklichung des Grundsatzes der Gleichbehandlung von Männern und Frauen beim Zugang zu und bei der Versorgung mit Gütern und Dienstleistungen, ABl. Nr. L 373 vom 21.12.2004, S. 0037 – 0043; **Richtlinie 2000/78/EG** des Rates vom 27. November 2000 zur Festlegung eines allgemeinen Rahmens für die Verwirklichung der Gleichbehandlung in Beschäftigung und Beruf, ABl. Nr. L 303 vom 2.12.2000, S. 0016 – 0022; **Richtlinie 2000/43/EG** des Rates vom 29. Juni 2000 zur Anwendung des Gleichbehandlungsgrundsatzes ohne Unterschied der Rasse oder der ethnischen Herkunft, ABl. Nr. L 180 vom 19.7.2000, S. 0022 – 0026.

3. Arbeitsvertragsrecht

Richtlinien:

Richtlinie 2010/18/EU des Europäischen Parlamentes und des Rates vom 8.3.2010 zur Durchführung der von BUSINESSEUROPE, UEAPME, CEEP und EGB geschlossenen überarbeiteten Rahmenvereinbarung über den Elternurlaub und zur Aufhebung der Richtlinie 96/34/EG, ABl. Nr. L 68 vom 18.3.2010, S. 0013-0020; **Richtlinie 2008/94/EG** des Europäischen Parlaments und des Rates vom 22. Oktober 2008 über den Schutz der Arbeitnehmer bei Zahlungsunfähigkeit des Arbeitgebers, ABl. Nr. L 283 vom 28.10.2008, S. 0036 – 0042; **Richtlinie 2003/88/EG** des Europäischen Parlaments und des Rates vom 4. November 2003 über bestimmte Aspekte der Arbeitszeitgestaltung, ABl. Nr. L 299 vom 18.11.2003, S. 0009 0019; **Richtlinie 2001/23/EG** des Rates vom 12. März 2001 zur Angleichung der Rechtsvorschriften der Mitgliedstaaten über die Wahrung von Ansprüchen der Arbeitnehmer beim Übergang von Unternehmen, Betrieben oder Unternehmens- oder Betriebsteilen, ABl. Nr. L 082 vom 22.3.2001, S. 0016 – 0020; **Richtlinie 1999/70/EG** des Rates vom 28. Juni 1999 zu der EGB-UNICE-CEEP-Rahmenvereinbarung über befristete Arbeitsverträge, ABl. Nr. L 175 vom 10.7.1999, S. 0043 – 0048; **Richtlinie 98/59/EG** des Rates vom 20. Juli 1998 zur Angleichung der Rechtsvorschriften der Mitgliedstaaten über Massenentlassungen, ABl. Nr. L 225 vom 12.8.1998, S. 0016 – 0021; **Berichtigung der Richtlinie 97/81/EG** des Rates vom 15. Dezember 1997 zu der von UNICE, CEEP and EGB geschlossenen Rahmenvereinigung über Teilzeitarbeit (Amtsblatt der Europäischen Gemeinschaften L 14 vom 20. Januar 1998), ABl. Nr. L 128 vom 30.4.1998, S. 0071 – 0071; **Richtlinie 97/81/EG** des Rates vom 15. Dezember 1997 zu der von UNICE, CEEP and EGB geschlossenen Rahmenvereinigung über Teilzeitarbeit – Anhang: Rahmenvereinbarung über Teilzeitarbeit, ABl. Nr. L 014 vom 20.1.1998, S. 0009 – 0014; **Richtlinie 96/71/EG** des Europäischen Parlaments und des Rates vom 16. Dezember 1996 über die Entsendung von Arbeitnehmern im Rahmen der Erbringung von Dienstleistungen, ABl. Nr. L 18 vom 21.1.1997, S. 0001 – 0006; **Richtlinie 94/33/EG** des Rates vom 22. Juni 1994 über den Jugendarbeitsschutz, ABl. Nr. L 216 vom 20.8.1994, S. 0012 – 0020; **Richtlinie 92/85/EWG** des Rates vom 19. Oktober 1992 über die Durchführung von Maßnahmen zur Verbesserung der Sicherheit und des Gesundheitsschutzes von schwangeren Arbeitnehmerinnen, Wöchnerinnen und stillenden Arbeitnehmerinnen am Arbeitsplatz (zehnte Einzelrichtlinie im Sinne des Artikels 16 Absatz 1 der Richtlinie 89/391/EWG), ABl. Nr. L 348 vom 28.11.1992, S. *0001 – 0008*; ***Richtlinie* 91/533/EWG** des Rates vom 14. Oktober 1991 über die Pflicht des Arbeitgebers zur Unterrichtung des Arbeitnehmers über die für seinen Arbeitsvertrag oder sein Arbeitsverhältnis geltenden Bedingungen, ABl. Nr. L 288 vom 18.10.1991, S. 0032 – 0035.

4. Kollektives Arbeitsrecht

Richtlinie 2009/38/EG des Europäischen Parlaments und des Rates vom 6. Mai 2009 über die Einsetzung eines Europäischen Betriebsrats oder die Schaffung eines Verfahrens zur Unterrichtung und

Anhörung der Arbeitnehmer in gemeinschaftsweit operierenden Unternehmen und Unternehmensgruppen (Neufassung), ABl. Nr. L 122 vom 16.5.2009, S. 0028 – 0044; **Richtlinie 2005/56/EG** des Europäischen Parlaments und des Rates vom 26. Oktober 2005 über die Verschmelzung von Kapitalgesellschaften aus verschiedenen Mitgliedstaaten, ABl. Nr. L 310 vom 25.11.2005, S. 0001 – 0009; **Verordnung (EG) Nr. 2157/2001** des Rates vom 8. Oktober 2001 über das Statut der Europäischen Gesellschaft (SE), ABl. Nr. L 294 vom 10.11.2001, S. 0001 – 0021; **Richtlinie 2001/86/EG** des Rates vom 8. Oktober 2001 zur Ergänzung des Statuts der Europäischen Gesellschaft hinsichtlich der Beteiligung der Arbeitnehmer, ABl. Nr. L 294 vom 10.11.2001, S. 0022 – 0032.

B. Rechtsprechung

EuGH, 19.3.1964, Rs. 75/63 (Unger), Slg 1964, 381; EuGH, 12.5.1971, Rs. C-80/70 (Defrenne I), Slg 1971, 445; EuGH, 12.2.1974, Rs. 152/73 (Sotigu), Slg 1974, 153; EuGH, 12.12.1974, Rs. 36/74 (Walrave), Slg 1974, 1405; EuGH, 8.4.1976, Rs. 43-75 (Defrenne II), Slg 1976, 455; EuGH, 31.3.1981, Rs. 96/80 (Jenkins), Slg 1981, 911; EuGH, 10.4.1984, Rs. C-14/83 (von Colson), Slg 1984, 1891; EuGH, 18.3.1986, Rs. 24/85 (Spijkers), Slg 1986, 1119; EuGH, 13.5.1986, Rs. 170/84 (Bilka), Slg 1986, 1607; EuGH, 1.7.1986, Rs. C-237/85 (Rummler), Slg 1986, 2107; EuGH, 3.7.1986, Rs. 66/85 (Lawrie-Blum), Slg 1986, 2121; EuGH, 17.10.1989, Rs. 109/88 (Danfoss), Slg 1989, 3199; EuGH, 27.3.1990, Rs. C-113/89 (Rush Portuguesa), Slg 1990, 1417; EuGH, 17.5.1990, Rs. 262/88 (Barber), Slg 1990, I-1989; EuGH, 8.11.1990, Rs. C-177/88 (Dekker), Slg 1990, I-3941; EuGH, 25.7.1991, Rs. C-345/89 (Alfred Stoeckel), Slg 1991, I-04047; EuGH, 16.12.1992, verb. Rs. C-132, C-138, C-139/91 (Katsikas), Slg 1992, I-6577; EuGH, 2.8.1993, Rs. C-271/91 (Marshall II), Slg 1993, I-4367; EuGH, 14.4.1994, Rs. C-392/92 (Christel Schmidt), Slg 1994, I-1311; EuGH, 8.6.1994, Rs. C-382/92 (Kommission/Vereinigtes Königreich), Slg 1994, I-2435; EuGH, 8.6.1994, Rs C-383/92 (Kommission/Vereinigtes Königreich), Slg 1994, I-2479; EuGH, 14.7.1994, Rs. C-32/93 (Webb), Slg 1994, I-3564; EuGH, 9.8.1994, Rs. C-43/93 (Vander Elst), Slg 1994, I-3803; EuGH, 31.5.1995, Rs. C-400/93 (Royal Copenhagen), Slg 1995, I-1275; EuGH, 17.10.1995, Rs. C-450/93 (Kalenke), Slg 1995, I-3051; EuGH, 7.12.1995, Rs. C-449/93 (Rockfon), Slg 1995, I-4291; EuGH, 15.12.1995, Rs. C-415/93 (Bosman), Slg 1995, I-4921; EuGH, 28.3.1996, Rs. C-272/94 (Guiot), Slg 1996, I-1905; EuGH, 11.3.1997, verb. Rs. C-13/95 und C-172/94 (Ayse Süzen), Slg 1997, I-1259; EuGH, 22.4.1997, Rs. C-180/95 (Draehmpaehl), Slg 1997, I-2195; EuGH, 11.11.1997, Rs. C-409/95 (Marschall), Slg 1997, I-06363; EuGH, 4.12.1997, Rs. C-353/96 bis C-358/96 (Kampelmann), Slg 1997, I-6907; EuG, 7.6.1998, Rs. T-135/96 (UEAPME/Rat der Europäischen Union), Slg 1998, II-2335; EuGH, 11.1.2000, Rs. C-285/98 (Kreil), Slg 2000, I-69 = NZA 2000, 137; EuGH, 3.2.2000, Rs. C-207/98 (Mahlburg), Slg 2000, I-594; EuGH, 28.3.2000, Rs. C-158/97 (Badeck u.a.), Slg 2000, I-01875 = AP EWG-RL 76/207 Nr. 20; EuGH, 6.6.2000, Rs. C-281/98 (Angonese), Slg 2000, I-4139; EuGH, 6.7.2000, Rs. C-407/98 (Abrahamsson), Slg 2000, I-05539; EuGH, 17.9.2000, Rs. C-320/00 (Lawrence), Slg 2000, I-7325; EuGH, 3.10.2000, Rs. C-303/98 (Simap), Slg 2000, I-7963; EuGH, 8.2.2001, Rs. C-350/99 (Lange), Slg 2001, I-1061 = NZA 2001, 381; EuGH, 29.3.2001, Rs. C-62/99 (bofrost), Slg 2001, I-2579; EuGH, 4.10.2001, Rs. C-438/99 (Jimènez Melgar), Slg 2001, I-6915; EuGH, 25.10.2001, Rs. C-49/98 (Finalarte), Slg 2001, I-7831; EuGH, 24.1.2002, Rs. C-164/99 (Portugaia Construções Ltda.), Slg 2002, I-787; EuGH, 9.9.2003, Rs. C-151/02 (Jaeger), Slg 2003, I-8389 = NZA 2004, 1265; EuGH, 6.11.2003, Rs. C-413/01 (Ninni-Orasche), NZA 2004, 87, EuZW 2004, 117; EuGH, 20.11.2003, Rs. C-340/01 (Abler u.a.), NZA 2003, 1385 = EuZW 2004, 52; EuGH, 13.1.2004, Rs. C-440/00 (Kühne & Nagel), NZA 2004, 160; EuGH, 13.1.2004, Rs. C-256/01 (Allonby), NZA 2004, 201 = EuZW 2004, 210; EuGH, 4.3.2004, Rs. C-19, 50, 84/01 (Barsotti u.a.), Slg 2003, I-12447; EuGH, 30.3.2004, Rs. C-147/02 (Alabaster), *NZA 2004, 839* = EuZW 2004, 471; EuGH, 15.7.2004, Rs. C-349/01 (ADS-Anker), NZA 2004, 1167 = EuZW 2004, 734; EuGH, 5.10.2004, verb. Rs. C-397/01 bis C-403/01 (Pfeiffer u.a.), NZA 2004, 1145 = EuZW 2004, 691; EuGH, 12.10.2004, Rs. C-55/02 (Kommission/Portugal), Slg 2004, I-9387 = NZA 2004, 1265; EuGH, 12.10.2004, Rs. C-60/03 (Wolff & Müller-GmbH), NZA 2004, 1211 = EuZW 2005, 93; EuGH, 21.10.2004, Rs. C-445/03 (Kommission/Luxemburg), NZA 2005, 99 = EuZW 2005, 90; EuGH, 11.11.2004, Rs C-425/02 (Delahaye), NZA 2004, 389 = EuZW 2004, 767; EuGH, 27.1.2005, Rs. C-188/03 (Junk), NZA 2005, 213 = EuZW 2005, 145; EuGH, 14.7.2005, Rs. C- 52/04 (Feuerwehr Hamburg), NZA 2005, 921; EuGH, 22.11.2005, Rs. C-144/04 (Mangold), NZA 2005, 1345; EuGH, 15.12.2005, verb. Rs. C-232/04, C-233/04 (Güney-Görres und Gül Demir), Slg 2005, I-11237 = NZA 2006, 29; EuGH, 18.1.2006, Rs. C-385/05 (CGT), NZA 2007, 193; EuGH, 25.1.2007, Rs. C-278/05 (Robins), Slg 2007, I.1053 = NZA 2007, 499; EuGH, 21.6.2007, Rs. C-231/06 bis C-233/06 (Jonkmann), NJW 2007, 3625; EuGH, 13.9.2007, Rs. C-307/05 (Del Cerro Alonso), Slg 2007, I-7109 = NZA 2007, 1223; EuGH, 11.10.2007, Rs. C-460/06 (Paquay), NZA 2007, 1271; EuGH, 16.10.2007, Rs. C-411/05 (Palacios de la Villa), NZA 2007, 1219; EuGH, 11.12.2007, Rs. C-438/05 (Viking Line), NZA 2008, 124; EuGH, 18.12.2007, Rs. C-341/05 (Laval), NZA 2008, 159; EuGH, 26.2.2008, Rs. C-506/06 (Mayr), NZA 2008, 345; EuGH, 1.4.2008, Rs. C-267/06 (Maruko), NZA 2008, 459; EuGH, 3.4.2008, Rs. C-346/06 (Rüffert), NZA 2008, 537; EuGH, 15.4.2008, Rs. C-268/06 (Import), NZA 2008, 581; EuGH, 19.6.2008, Rs. C-319/06 (Kommission/Luxemburg), NZA 2008, 865; EuGH, 10.7.2008, Rs. C-54/07 (Feryn), NZA 2008, 929; EuGH, 17.7.2008, Rs. C-94/07 (Ranccanelli), Slg 2008, 5939 = NZA 2008, 995; EuGH, 17.7.2008, Rs. C-303/06 (Coleman), NZA 2008, 932; EuGH, 23.9.2008, Rs. C-427/06 (Bartsch), NZA 2008, 1119; EuGH, 27.11.2008, Rs. C-396/07 (Juuri), NZA 2008, 1405; EuGH, 20.1.2009, Rs. C-350/06 und C-520/06 (Schultz-Hoff), NZA 2009, 135; EuGH, 12.2.2009, Rs. C-466/07 (Klarenberg), NZA 2009, 251; EuGH, 5.3.2009, Rs. C-388/07 (Age Concern England), NZA 2009, 305; EuGH, 16.7.2009, Rs. C-537/09; EuGH, 22.10.2009, Rs. C-116/08 (Christel Meerts/Proost NV), NZA 2010, 29; EuGH, 29.10.2009, Rs. C-63/09 (Virginie Pontin/T-Comalux SA), NZA 2009, 1327; EuGH, 10.12.2009, Rs. C-323/08 (Ovidio Rodríguez Mayor u.a./Herencia yacente de Rafael de la Heras Dávila u.a.), NZA 2010, 151; EuGH, 10.12.2009, Rs. C-345/08 (Krzysztof Pesla/Justizministerium Mecklenburg-Vorpommern, NJW 2010, 137; EuGH, 21.1.2010, Rs. C-546/07 (Kommission/Bundesrepublik Deutschland), NZA 2010, 269; EuGH, 19.1.2010, Rs. C-555/07 (Kücükdeveci/Swedex GmbH & Co. KG), NZA 2010, 85; EuGH, 11 2.2010, Rs. C-405/08 (Ingeniorsforeningen i Danmark, handelnd für Bertram Holst (Dansk Arbejdsgoverforening, handeld für Babcock & Wolcox Volund ApS), NZA 2010, 286; EuGH, 8.9.2011, Rs. C-297/10 und C-298/10 (Sabine Hennigs/Eisenbahn-Bundesamt und Land Berlin/Alexander Mai), NZA 2011, 1100; EuGH, 13.9.2011, Rs. C-447/09 (Reinhard Prigge, Michael Fromm, Volker Lambach/Deutsche Lufthansa AG), NZA 2011, 1039; EuGH, 15.1.2014, Rs. C-176/2012 (Association de médiation sociale/Union locale des syndicats CGT u.a.), NZA 2014, 193; EuGH, 18.9.2014, Rs. C-549/13 (Bundesdruckerei GmbH/Stadt Dortmund), NZBau 2014, 647.

Abschnitt 2: Analyse und Darstellung der Einwirkungspraxis des Europarechts auf das Arbeitsrecht

A. Grundlagen

I. Begriff, Funktion, Entwicklung

Das Europäische Arbeitsrecht wird hier verstanden als die Gesamtheit der Rechtsregeln der EU mit arbeitsrechtlichem Bezug. Sie ergeben sich entweder aus den Verträgen selbst oder sind aufgrund primärrechtlicher Grundlage von der Union erlassen worden. Wegen der nur begrenzten Kompetenzen der Union (zu den Zuständigkeiten der EU im Arbeitsrecht näher unten Rn 6 ff) handelt es sich beim „Europäischen Arbeitsrecht“ nicht um ein in sich geschlossenes Regelwerk, sondern um ein Regelungsgeflecht, welches das Arbeitsrecht der Mitgliedstaaten nur in einzelnen Bereichen determiniert. Neben den Vorschriften zur Herstellung der Arbeitnehmerfreizügigkeit besaß die Gemeinschaft bei Gründung der EWG im Jahre 1958 keine sozialpolitischen Rechtsetzungskompe- 1 tenzen;[1] Diese wurden erst durch spätere Änderungen der Verträge geschaffen. Mittlerweile sind der Union weitreichende Zuständigkeiten auf dem Gebiet des Arbeitsrechts zugewachsen, wie sich vor allem dem Katalog des Art. 153 Abs. 1 AEUV entnehmen lässt (dazu unten Rn 9). In allen Fällen gilt jedoch das Prinzip der „begrenzten Einzelermächtigung",[2] vgl Art. 5 Abs. 1 Satz 1 und Abs. 2 EUV, wonach die Union nur zur Regelung solcher Materien zuständig ist, die ihr die Mitgliedstaaten im Vertrag zugewiesen sind. Da der Sprachgebrauch auf Europäischer Ebene zudem nicht zwischen Arbeits- und Sozialrecht strikt unterscheidet, sondern beide Regelungskomplexe unter Begriffe wie „soziale Sicherheit", „sozialer Schutz" oder der „Sozialpolitik" (so die Überschrift von Titel X. AEUV) zusammenfasst werden, lassen sich unionsrechtliche Bestimmungen zT auch nicht eindeutig nationalen Kategorien zuordnen. Dass das Recht der EU dennoch inzwischen erhebliche praktische Bedeutung für das nationale Arbeitsrecht in den Mitgliedstaaten gewonnen hat, wird nicht immer sofort wahrgenommen, weil nur selten Vorschriften des Unionsrechts unmittelbar angewendet werden. An der überragenden Bedeutung der Richtlinien als Regelungsbefehl an die Mitgliedstaaten, als Maßstab zur Beurteilung einer vollständigen und zutreffenden Umsetzung, sowie als Mittel zur Auslegung nationaler Umsetzungsgesetze ändert dies jedoch nichts.

2 Bei Gründung der EWG wurde dem Arbeitsrecht lediglich insoweit Bedeutung beigemessen, als es unter Kostengesichtspunkten Einfluss auf die Wirtschaft der Mitgliedstaaten nehmen konnte: Die in einer Rechtsordnung festgeschriebenen arbeitsrechtlichen Standards belasten Handel, Produktion und Dienstleistungen mit Kosten, die auf nationaler Ebene noch wettbewerbsneutral wirken[3] können; dies gilt jedoch allenfalls so lange, wie alle Marktteilnehmer denselben Bedingungen unterworfen sind.[4] Mit der Schaffung eines Gemeinsamen Marktes wurden Angebot und Nachfrage nach selbstständiger wie unselbstständiger grenzüberschreitender Arbeit, in Form des freien Personen- und Dienstleistungsverkehrs,[5] deutlich erleichtert. Dadurch wurde die Kartellfunktion des nationalen Arbeitsrechts beseitigt, da nunmehr Anbieter aus anderen Mitgliedstaaten zuzulassen waren, die den nationalen Regeln des Ziellandes nur begrenzt unterworfen sind. In einem europäischen Markt des unbeschränkten grenzüberschreitenden Verkehrs von Arbeitskräften kann damit auch ein Wettbewerb der Rechtsordnungen entstehen, in dem sich nach rein ökonomischen Kriterien diejenige mit den niedrigsten arbeitsrechtlichen Standards bzw Sozialleistungen durchsetzen würde: Hohe Sozialstandards in einem Mitgliedstaat belasten die dortige Wirtschaft mit Zusatzkosten und bieten insbesondere Großunternehmen, die hinreichend juristische und finanzielle Ressourcen besitzen, einen nachhaltigen Anreiz zur Verlagerung ihrer Produktion in Mitgliedstaaten mit niedrigerem Kostenniveau. Da kleinere und mittlere Unternehmen diese Möglichkeit regelmäßig nicht, oder zumindest nicht in vergleichbarem Umfang besitzen, werden diese von den Wettbewerbsverzerrungen besonders nachteilig betroffen.[6] Orientiert man jedoch den Umfang sozialen Schutzes nur an Einsparungspotentialen, kann dies die Mitgliedstaaten zum Abbau von Sozialstandards veranlassen. Dies zu vermeiden, gelingt allenfalls durch eine europaweite Harmonisierung oder gar Vereinheitlichung wesentlicher sozialer Schutzstandards.

3 Die Gewichtung ist indessen relativ jüngeren Datums. Noch bei Gründung der EWG lag der Hauptakzent der Argumentation auf der Bewertung von Arbeitskosten als Ausdruck der jeweiligen Produktivität der Wirtschaft,[7] deren Unterschiedlichkeit als gegeben hingenommen wurde. Die Notwendigkeit einer Angleichung der nationalen (Arbeits-)Rechtsordnungen bestand somit nicht,[8] die Gemeinschaft schien keine Rechtsgrundlage für den Erlass bindender Rechtsakte zur Harmoni-

1 *Barnard*, S. 4.
2 Grundlegend *H.-P. Kraußer*, Das Prinzip begrenzter Ermächtigung im Gemeinschaftsrecht des EWG-Vertrages, 1991, S. 16 ff.
3 *Barnard*, S. 5; *Fuchs/Marhold,* 2. Aufl. 2006, S. 3.
4 *Fuchs/Marhold*, 2. Aufl. 2006 S. 3.
5 *Fuchs/Marhold*, S. 3.
6 *Barnard, S. 35 ff; Deakin/Wilkinson*, 23 Industrial Law Journal (1994), 289. Zu den größenspezifischen Nachteilen von kleinen und mittleren Unternehmen im Arbeitsrecht siehe *Seifert*, EWS 2007, 444 ff.
7 Zu dem zugrundeliegenden Theorienstreit *Oppermann*, Europarecht, Rn 1631.
8 Vgl *Fuchs/Marhold*, S. 7.

sierung des Arbeitsrechts zu benötigen. Mit der vorherrschenden wirtschaftlichen Betrachtungsweise[9] wurde vielmehr die Erwartung verbunden, dass das bloße Wirken des gemeinsamen Marktes eine beständige Verbesserung der sozialen Standards schaffen werde,[10] vgl Art. 117 Abs. 2 EWGV (=Art. 151 Abs. 3 AEUV). Lediglich im Falle einer geschlechtsspezifisch unterschiedlichen Höhe des Arbeitsentgelts wurden namentlich von Frankreich unzuträgliche Wettbewerbsverzerrungen befürchtet, da dort die Entgeltgleichheit für Männer und Frauen bereits gesetzlich vorgeschrieben war.[11] Dieser Sondersituation ist die **Aufnahme des Entgeltgleichheitsgrundsatzes**, Art. 119 EWGV (= Art. 157 AEUV), in den Vertragstext geschuldet, der in der Folgezeit einer der dynamischsten Vorschriften des Europäischen Arbeitsrechts werden sollte.

Die erhoffte Stärkung des Wettbewerbs auch um Arbeitsbedingungen erwies sich indessen **unter dem Aspekt des Sozialschutzes** später als problematisch, so dass eine Harmonisierung der nationalen Rechtsordnungen zur Vermeidung von Unterbietungswettbewerb als erforderlich angesehen wurde.[12] Aufsehen erregte vor allem der Fall des AKZO-Konzerns, der geplante Massenentlassungen wegen der hohen Anforderungen an Kündigungsvoraussetzungen nicht in seinen Zweigwerken in Deutschland oder den Niederlanden vollzog, sondern in Belgien, da das belgische Recht eine sofortige Beendigung der Arbeitsverhältnisse gegen Abfindung erlaubte.[13] Die EWG reagierte schon bald danach mit der Verabschiedung der Massenentlassungsrichtlinie 75/129/EWG (aufgegangen in der RL 98/59/EG), um gemeinschaftsweite Mindeststandards durchzusetzen (dazu näher unten Rn 148 ff).,[14][15] Auch die europäische Rechtssetzung auf dem Gebiet des Arbeitsschutzes (dazu unten Rn 120 ff) wird zum Teil auf Wettbewerbsüberlegungen gestützt, um durch Angleichung der Arbeitsschutzstandards die relativen Kostenbelastungen für Unternehmen anzugleichen.[16] 4

Auf die hohe und weiter zunehmende Bedeutung des europäischen Arbeitsrechts für das **nationale Recht** wird mittlerweile auch in den Kodifikationen der Mitgliedstaaten verwiesen. Überwiegend werden gemeinschaftliche (jetzt unionale) Rechtsakte auf dem Gebiet des Arbeitsrechts in Gestalt von Richtlinien gemäß Art. 288 Abs. 3 AEUV erlassen, die gegenüber Privaten regelmäßig erst aufgrund ihrer Umsetzung in nationales Recht wirken. Der Rechtsanwendungsbefehl ergeht gegenüber den Bürgern somit in Gestalt des nationalen Umsetzungsgesetzes, auf dessen unionsrechtliche Herkunft und Überformung allerdings Bezug genommen wird.[17] Die Richtlinien räumen den Mitgliedstaaten meist Gestaltungsspielräume ein, zu entscheiden, wie sich die unionsrechtlich verbindlich vorgegebenen Richtlinienziele am besten in das nationale Recht einpassen lassen. Die Gestaltungs- 5

9 Vgl International Labour Office, Social Aspects of European Economic Co-operation 1956 (Ohlin-Report) und Regierungsausschusses eingesetzt von der Konferenz von Messina – Bericht der Delegationsleiter an die Außenminister v. 21.4.1956 (Spaak-Report); dazu ferner *Fuchs/Marhold*, S. 7 f.

10 *Fuchs/Marhold*, S. 7 f; Groeben/Thiesing/Ehlermann/*Willms*, Bd. 3, EU-/EGV, Art. 118 a EGV, Rn 2; dazu auch *Windbichler*, RdA 1992, 74.

11 Befürchtet wurde erhöhter Kostendruck, denn Frankreich hatte im Unterschied zu einigen anderen Gründungsstaaten der EWG bei der Ausarbeitung des EWGV bereits das IAO-Übereinkommen Nr. 100 über die Gleichheit des Entgelts männlicher und weiblicher Arbeitskräfte für gleichwertige Arbeit (1951) ratifiziert; zu den Hintergründen des Grundsatzes der Entgeltgleichheit vgl *Langenfeld*, in: Grabitz/Hilf/Nettesheim, Das Recht der Europäischen Union, Stand: 51. Ergänzungslieferung 2013, Art. 157 AEUV, Rn 3 ff; siehe auch *Seifert*, in: FS Pfarr, S. 459, 468 ff mwN.

12 *Fuchs*, ZESAR 2004, 5, 7.

13 Vgl *Fuchs/Marhold*, S. 10 .

14 *Birk*, in: Lenz (Hrsg.), EG-Handbuch Recht im Binnenmarkt, S. 369; *Fuchs/Marhold*, S. 10.

15 Dieser wirtschaftspolitische Ansatz ergab sich auch aus dem Fehlen sozialpolitischer Ermächtigungsgrundlagen, lange Zeit wurde auf Art. 100 EWGV (= Art. 115 AEUV) – Rechtsvorschriften für den Gemeinsamen Markt – zurückgegriffen. Erst mit der Gemeinschaftscharta der sozialen Grundrechte der Arbeitnehmer v. 9.12.1989, die Unterrichtung, Anhörung und Mitwirkung in Nr. 17 f vorsah, wurde ein Umdenken eingeleitet, vgl *Fuchs/Marhold*, S. 17.

16 Vgl *Fuchs/Marhold*, S. 20 f.

17 Die europarechtlichen Grundlagen einer Regelung werden in Deutschland üblicherweise als amtliche Anmerkungen angegeben, vgl etwa das Gesetz zur Umsetzung der EG-Rahmenrichtlinie Arbeitsschutz und weiterer Arbeitsschutz-RL v. 7.8.1996, BGBl. I, S. 1246 und das Gesetz über Teilzeitarbeit und befristete Arbeitsverträge v. 21.12.2000, BGBl. I, S. 1966.

freiheit bei der Wahl der Umsetzungsmittel ändert indessen nichts daran, dass die unionsrechtlichen Vorgaben verbindlich sind, und insbesondere die Auslegung und Anwendung der nationalen Umsetzungsgesetze diesem Vorrang zu entsprechen hat. Für den Rechtsanwender ist deshalb die Kenntnis des unionsrechtlichen Hintergrunds der Vorschriften unerlässlich.[18] Die Pflicht zur unionsrechtskonformen Auslegung[19] macht es allen Rechtsanwendern zur Pflicht, die einschlägigen Vorschriften des Unionsrechts sowie die dazu ergangene Rechtsprechung des EuGH bei der Anwendung nationaler Umsetzungsgesetzgebung zu berücksichtigen. Dabei hat der EuGH die Anforderungen an die nationalen Gerichte, mittels Auslegung des nationalen Rechts die Vorgaben des Unionsrechts zu verwirklichen, noch einmal erheblich verschärft.[20] Sind Vorschriften des nationalen Rechts wegen ihrer Eindeutigkeit einer unionsrechtskonformen Auslegung nicht zugänglich, haben die nationalen Gerichte diese Vorschriften sogar unangewendet zu lassen, sofern sie gegen Unionsrecht verstossen.[21] Insoweit räumt der Gerichtshof den Gerichten der Mitgliedstaaten somit eine eigenständige Verwerfungskompetenz ein.

II. Zuständigkeiten der Union auf dem Gebiet des Arbeitsrechts

6 Die Union verfügt über **keine umfassende Zuständigkeit** im Arbeitsrecht. Die Schaffung eines europäischen Arbeitsgesetzbuches, das die Arbeitsrechtsordnungen der Mitgliedstaaten vollständig harmonisieren würde, ist somit bereits aus kompetenziellen Gründen nicht möglich. Vielmehr gilt auch für das Arbeitsrecht der allgemeine **Grundsatz der begrenzten Einzelermächtigung** (Art. 5 Abs. 1 Satz 1 EUV). Für jeden Rechtsakt der Union auf dem Gebiet des Arbeitsrechts ist deshalb zu prüfen, ob die Union eine Zuständigkeit besitzt. Gleichwohl lässt sich als allgemeiner Befund festhalten, dass die Zuständigkeiten, die der Union nach und nach im Arbeitsrecht eingeräumt worden sind, inzwischen weite Teile des Arbeitsrechtes abdecken und es nur noch wenige Ausnahmebereiche gibt, in denen die Union nicht regelnd eingreifen darf. Die einzelnen Kompetenzgrundlagen sind allerdings über den AEUV verteilt. Erst ihre Gesamtschau zeigt den Umfang der Zuständigkeiten der Union auf dem Gebiet des Arbeitsrechts.

7 Zuständigkeiten besitzt die Union beim **Diskriminierungsschutz**. Nach Art. 19 Abs. 1 AEUV kann die Union geeignete Vorkehrungen treffen, um Diskriminierungen aus Gründen des Geschlechts, der Rasse, der ethnischen Herkunft, der Religion, der Weltanschauung, einer Behinderung, des Alters oder der sexuellen Ausrichtung zu bekämpfen. Dabei ist der Erlass von Vorschriften zum Schutz gegen Diskriminierung wegen der genannten Merkmale nicht auf das Arbeitsverhältnis beschränkt, sondern schließt auch andere Rechtsbereiche ein. Der Erlass solcher Maßnahmen des Diskriminierungsschutzes erfordert Einstimmigkeit im Rat sowie die Zustimmung des Europäischen Parlamentes und erfolgt gemäß einem besonderen Gesetzgebungsverfahren (Art. 289 Abs. 2 AEUV). Abweichend von dieser Vorschrift räumt Art. 19 Abs. 2 AEUV der Union eine Zuständigkeit bei der **Schaffung von positiven Maßnahmen auf Unionsebene** ein.[22] Eine besondere Kompetenz für die **Geschlechtergleichbehandlung,** die Art. 19 AEUV vorgeht, enthält Art. 157 Abs. 3 AEUV. Danach dürfen das Europäische Parlament und der Rat gemäß dem ordentlichen Gesetzgebungsverfahren (vgl Art. 289 Abs. 1, 294 AEUV) und nach Anhörung des Wirtschafts- und Sozialausschusses Maßnahmen zur Gewährleistung der Anwendung des Grundsatzes der Chancengleichheit und der Gleichbehandlung von Männern und Frauen in Arbeits- und Beschäftigungsfragen, einschließlich des Grundsatzes des gleichen Entgelts bei gleicher oder gleichwertiger Arbeit beschließen.

---

18 *Junker*, RiW 2003, 698.

19 Eindringlich dazu EuGH, 19.1.2010, Rs. C-555/07 (Kücükdeveci/Swedex GmbH & Co.KG), NZA 2010, 85; EuGH, 5.10.2004, Rs. C-397/01 bis C-403/01 (Pfeiffer u.a.), Rn 112 ff, NZA 2004, 1145; EuGH, 22.11.2005, Rs. C-144/04 (Mangold), NZA 2005, 1345.

20 *Schlachter*, RdA 2005, 115 ff.

21 So EuGH, 19.1.2010, Rs. C-555/07 (Kücükdeveci/Swedex GmbH & Co.KG), NZA 2010, 85; dazu *Preis/Temming*, NZA 2010, 185 ff sowie *Seifert*, EuR 2010, 802 ff. und *ders.*, JbArbR 2011 (48), 119 ff.

22 Statt vieler *Epiney*, in: Calliess/Ruffert, AEUV, Art. 19, Rn 4 mwN.

Auf dem Gebiet der **Arbeitnehmerfreizügigkeit** räumt Art. 46 AEUV der Union weitreichende Zuständigkeiten ein, „um die Freizügigkeit der Arbeitnehmer im Sinne von Art. 45 AEUV herzustellen". Soweit es um Regelungen mit arbeitsrechtlichem Bezug geht, hat die Union von dieser Zuständigkeit namentlich durch Erlass der VO (EU) Nr. 492/2011 über die Freizügigkeit der Arbeitnehmer innerhalb der Union Gebrauch gemacht, die an die Stelle der VO (EWG) Nr. 1612/68 über die Freizügigkeit der Arbeitnehmer innerhalb der Gemeinschaft getreten ist. Die Einzelheiten der Ein- und Ausreisefreiheit der Unionsbürger sind vor allem in der RL 2004/38/EG über das Recht der Unionsbürger und ihrer Familienangehörigen, sich im Hoheitsgebiet der Mitgliedstaaten frei zu bewegen und aufzuhalten („Unionsbürger-Richtlinie") geregelt. 8

Einen zentralen Stellenwert innerhalb des Arbeitsrechts der Union nimmt die **Harmonisierung** der Rechtsordnungen der Mitgliedstaaten durch den Erlass von Richtlinien (Art. 288 Abs. 3 AEUV) ein. Wesentliche Grundlage für die Zuständigkeiten der Union ist der Zuständigkeitskatalog in Art. 153 Abs. 1 AEUV. Zu Recht ist darauf hingewiesen worden, dass der Katalog des Art. 153 Abs. 1 AEUV ein einheitliches Regelungskonzept vermissen lasse und die Einzeltatbestände zum Teil sehr vage seien;[23] auch überschneiden sich einzelne Tatbestände und ziehen keine scharfe Trennlinie zwischen arbeits- und sozialrechtlichen Fragen. Die Vorschrift geht letztlich auf die europäischen Sozialpartner zurück, die das Abkommen über die Sozialpolitik 1991 verfasst haben und dessen Text in den Art. 153 ff AEUV aufgegangen ist. Im Einzelnen unterliegen der Zuständigkeit nach Art. 153 Abs. 1 AEUV folgende arbeitsrechtliche Regelungsmaterien: 9

- Verbesserung insbesondere der Arbeitsumwelt zum Schutz der Gesundheit und der Sicherung der Arbeitnehmer (lit. a);
- Arbeitsbedingungen (lit. b);
- Soziale Sicherheit und sozialer Schutz der Arbeitnehmer (lit. c);
- Schutz der Arbeitnehmer bei Beendigung des Arbeitsvertrages (lit. d);
- Unterrichtung und Anhörung der Arbeitnehmer (lit. e);
- Vertretung und kollektive Wahrnehmung der Arbeitnehmer- und Arbeitgeberinteressen, einschließlich der Mitbestimmung (lit. f);
- Beschäftigungsbedingungen der Staatsangehörigen dritter Länder, die sich rechtmäßig im Gebiet der Union aufhalten (lit. g);
- Berufliche Eingliederung der aus dem Arbeitsmarkt ausgegrenzten Personen (lit. h);
- Chancengleichheit von Männern und Frauen auf dem Arbeitsmarkt und Gleichbehandlung am Arbeitsplatz (lit. i);
- Bekämpfung der sozialen Ausgrenzung (lit. j);
- Modernisierung der Systeme des sozialen Schutzes (lit. k).

Auf diesen Gebieten kann grundsätzlich im Wege des ordentlichen Gesetzgebungsverfahrens und damit durch **Mehrheitsentscheidung** im Rat eine **Mindestharmonisierung** mittels Richtlinien erfolgen (vgl Art. 153 Abs. 1 und Abs. 2 Unterabs. 1 lit. b) S. 1 iVm Art. 294 AEUV); im Unterschied zu anderen Rechtsbereichen ist somit eine „Vollharmonisierung" der Arbeitsrechtsordnungen der Mitgliedstaaten ausgeschlossen.[24] Diese Richtlinien sollen keine verwaltungsmäßigen, finanziellen oder rechtlichen Auflagen vorschreiben, die der Gründung und Entwicklung von kleinen und mittleren Unternehmen entgegenstehen (Art. 153 Abs. 2 Unterabs. 1 lit. b) S. 2 AEUV).[25] Allerdings gilt für die Verabschiedung von Richtlinien über die soziale Sicherheit und den sozialen Schutz der Arbeitnehmer (lit. c), den Schutz der Arbeitnehmer bei der Beendigung des Arbeitsvertrages (lit. d), die Vertretung und kollektive Wahrnehmung der Arbeitnehmer- und Arbeitgeberinteressen, einschließlich der Mitbestimmung (lit. f) sowie über die Beschäftigungsbedingungen von Drittstaatsan-

23 So insbesondere *Thüsing*, Europäisches Arbeitsrecht, 2. Auflage (2011), Rn 58.

24 Ein Beispiel für eine Vollharmonisierung stellt die RL 95/46/EG zum Schutz natürlicher Personen bei der Verarbeitung personenbezogener Daten und zum freien Datenverkehr dar: dazu EuGH, Rs. C-191/01 (Lindquist), Slg 2003, I-12971, Rn 96.

25 Zu dieser „Mittelstandsklausel" näher *Seifert*, EWS 2007, 444, 447 ff.

gehörigen (lit. g) das **Einstimmigkeitsprinzip** (Art. 153 Abs. 2 Unterabs. 3 AEUV); in diesen Regelungsbereichen ist es somit weitaus schwieriger, Richtlinien zu verabschieden.

10 Von einer Harmonisierung nimmt Art. 153 Abs. 5 AEUV jedoch das **Arbeitsentgelt**, das **Koalitionsrecht**, das **Streikrecht** sowie das **Aussperrungsrecht** ausdrücklich aus. Ein durch die Union harmonisiertes Arbeitskampf- und Koalitionsrecht ist somit ebenso wenig möglich wie die Schaffung von Rechtsvorschriften zur Einführung eines gesetzlichen Mindestlohns. Diese kompetenziellen Ausnahmen gehen auf das zwischen den europäischen Sozialpartnern im Jahre 1993 ausgehandelte Abkommen über die Sozialpolitik von 1991 zurück und beruhen somit letztlich auf deren Bestreben, diese für die Sozialpartner zentralen arbeitsrechtlichen Bereiche einer Harmonisierung durch die Union zu entziehen.

11 Weitergehende Zuständigkeiten auf dem Gebiet des Arbeitsrechts lassen sich auch nicht mithilfe der **Binnenmarktzuständigkeit der Union** nach Art. 114 Abs. 1 AEUV begründen: Sie gilt nämlich nur, „soweit in den Verträgen nichts anderes bestimmt ist" und besitzt somit die Funktion eines Auffangtatbestandes, der hinter speziellere Rechtsangleichungsvorschriften wie Art. 46 und Art. 153 AEUV zurücktritt.[26] Auch die Zuständigkeit nach **Art. 115 AEUV** für die Angleichung derjenigen Rechts- und Verwaltungsvorschriften der Mitgliedstaaten, die sich unmittelbar auf die Errichtung oder das Funktionieren des Binnenmarkts auswirken, wird von den besonderen Zuständigkeitsvorschriften des Art. 46 AEUV sowie des Art. 153 AEUV verdrängt.[27] Die **Kompetenzergänzungsklausel** des Art. 352 AEUV gilt zwar grundsätzlich auch für die Sozialpolitik und damit auch für das Arbeitsrecht: Allerdings sind die ausdrücklich von der Zuständigkeit der Union ausgenommenen Bereiche des Art. 153 Abs. 5 AEUV (zB Arbeitsentgelt und Arbeitskampfrecht) nicht von der Befugnis zu einer Harmonisierung nach Art. 352 Abs. 1 AEUV erfasst, wie Art. 352 Abs. 3 AEUV ausdrücklich klarstellt.

12 Keine Zuständigkeit besitzt die Union auf dem Gebiet der **Beschäftigungspolitik**: Eine Harmonisierung der Beschäftigungspolitik der Mitgliedstaaten ist somit grundsätzlich ausgeschlossen. Wohl aber sehen die Art. 145 ff AEUV, die auf den Amsterdamer Vertrag zurückgehen, die Erarbeitung einer koordinierten Beschäftigungsstrategie durch die Mitgliedstaaten und die Union vor.[28] Zu diesem Zweck erarbeitet der Rat jährlich nach Maßgabe des Art. 148 Abs. 1 und 2 AEUV **beschäftigungspolitische Leitlinien**, welche mit den Grundzügen der Wirtschaftspolitik der Mitgliedstaaten und der Union in Einklang stehen müssen und die von den Mitgliedstaaten in ihrer Beschäftigungspolitik zu berücksichtigen sind.[29] Es handelt sich bei diesen Leitlinien aber nicht um Rechtsregeln, die für die Mitgliedstaaten rechtsverbindlich sind und im Falle ihrer Nichtbeachtung durch die Union rechtsförmig durchsetzbar wären (zB durch ein Vertragsverletzungsverfahren, Art. 258 ff AEUV): Die Mitgliedstaaten besitzen zwar im Hinblick auf die wichtigsten Maßnahmen, die sie zur Umsetzung der beschäftigungspolitischen Leitlinien ergreifen, Berichtspflichten (Art. 148 Abs. 3 AEUV), doch kann der Rat die Leitlinien nur durch Empfehlungen an die betreffenden Mitgliedstaaten durchsetzen (vgl Art. 148 Abs. 4 AEUV. Es handelt sich somit um einen Soft-law-Mechanismus, dessen praktischen Auswirkungen auf die Beschäftigungspolitik in einzelnen Mitgliedstaaten jedoch nicht unterschätzt werden sollte.

III. Die wachsende Bedeutung der Grundrechtecharta

13 Einen wachsenden Einfluss entfalten seit einigen Jahren die Grundrechte der GRC auf das Arbeitsrecht der Union. Die Charta enthält an verschiedenen Stellen Grundrechte und Grundsätze mit arbeitsrechtlicher Relevanz, die im gleichen Range wie Primärrecht der Union stehen (vgl Art. 6 Abs. 1 EUV). Dies gilt an erster Stelle für die die Grundrechte und Grundsätze, die im Titel IV.

26 Vgl *Kahl*, in: Calliess/Ruffert, AEUV, 4. Aufl. (2011), Art. 114, Rn 9.

27 Statt vieler *Kahl*, in: Calliess/Ruffert, AEUV, 4. Aufl. (2011), Art. 115, Rn 11.

28 Zur Koordinierung der Beschäftigungspolitik der Mitgliedstaaten im Überblick *Fuchs/Mahrhold*, 38 ff.

29 Die aktuellen beschäftigungspolitischen Leitlinien ergeben sich aus dem Beschluss 2010/707/EU des Rates vom 21. Oktober 2010 über Leitlinien für beschäftigungspolitische Maßnahmen der Mitgliedstaaten, ABl. L 308 vom 24.11.2010.

„Solidarität“ verankert sind. So gewährleistet die Charta das Recht der Arbeitnehmer und ihrer Vertreter auf rechtzeitige Unterrichtung und Anhörung auf den geeigneten Ebenen (Art. 27 GRC), das Recht auf Kollektivverhandlungen und auf Kollektivmaßnahmen (Art. 28 GRC), das Recht auf Schutz vor ungerechtfertigter Entlassung (Art. 30 GRC), das Recht auf gerechte und angemessene Arbeitsbedingungen (Art. 31 GRC), das Verbot der Kinderarbeit und das Recht auf Schutz der Jugendlichen am Arbeitsplatz (Art. 32 GRC), das Recht auf rechtlichen, wirtschaftlichen und sozialen Schutz der Familie (Art. 33 Abs. 1 GRC) sowie das Recht auf Vereinbarkeit von Familie und Beruf (Art. 33 Abs. 2 GRC). Darüber hinaus entfalten auch das in Art. 21 GRC verankerte Verbot der Diskriminierung,[30] der Grundsatz der Gleichheit von Frauen und Männern (Art. 23 GRC) sowie der in Art. 26 GRC verankerte Anspruch von Menschen mit Behinderung auf Integration für das Arbeitsrecht konkrete Bedeutung.

Bei einzelnen der „Rechte“, welche die Charta auf dem Gebiet des Arbeitsrechts verbrieft, handelt es sich nicht um **Grundrechte** im engeren Sinne, sondern lediglich um **Grundsätze**. Während die Grundrechte dem Einzelnen subjektive Rechte garantieren, die gerichtsförmig durchsetzbar sind, bedürfen die Grundsätze nach Art. 52 Abs. 5 S. 1 GRC einer Umsetzung durch die Union oder der Mitgliedstaaten; sie begründen zwar keine subjektiven Rechtspositionen, können aber vor Gericht bei der Auslegung von Rechtsakten der Union oder der Mitgliedstaaten in Ausführung des Unionsrechts bei Entscheidungen über deren Rechtmäßigkeit herangezogen werden (Art. 52 Abs. 5 S. 2 GRC).[31] Für das „Recht“ auf Unterrichtung und Anhörung der Arbeitnehmer und ihrer Vertreter aus Art. 27 GRC scheint der EuGH davon auszugehen, dass es sich nur um einen Grundsatz handelt.[32] 14

IV. Die Beteiligung der Europäischen Sozialpartner

1. Der soziale Dialog auf Unionsebene

In **Art. 154 und 155 AEUV**, den Bestimmungen zum sozialen Dialog auf Unionsebene, wurde nicht nur ein europäisches Modell zur Gestaltung kollektiver Arbeitsbeziehungen entwickelt,[33] sondern damit verbunden eine besondere Form der arbeitsrechtlichen Rechtssetzung. Den Sozialpartnern auf europäischer Ebene ist gestattet, über das bloße Anhörungsverfahren hinaus am Verfahren zum Erlass von sekundärem Unionsrecht unmittelbar gestaltend mitzuwirken: Vor Unterbreitung von Rechtssetzungsvorschlägen im Bereich der Sozialpolitik hat die Kommission die Europäischen Sozialpartner anzuhören, Art. 154 Abs. 2 AEUV, um auf der Grundlage der dabei gewonnenen Erkenntnisse sachnäher entscheiden zu können, ob eine Unionsmaßnahme zweckmäßig ist. Sprechen sich die Europäischen Sozialpartner für deren Zweckmäßigkeit aus, sind sie zum Inhalt des beabsichtigten Vorschlags erneut anzuhören, Art. 154 Abs. 3 AEUV. In diesem Stadium stehen den Sozialpartnern zwei Wege offen: die erneute Abgabe einer Stellungnahme, Art. 154 Abs. 3 S. 2 AEUV, oder die Mitteilung, dass das Verfahren gem. Art. 155 AEUV eingeleitet werden soll. Mit diesem Verfahren können die Sozialpartner den Inhalt des von der Kommission beabsichtigten Rechtsaktes durch Abschluss einer Vereinbarung gestalten. Wählen sie diesen Weg, steht ihnen dafür grundsätzlich nur ein zeitlicher Rahmen von neun Monaten zur Verfügung, Art. 154 Abs. 4 S. 2 AEUV, sofern nicht mit der Kommission Einvernehmen über eine Fristverlängerung erreicht werden kann. 15

Die Rechte aus Art. 154, 155 AEUV kommen „den Sozialpartnern auf Unionsebene zu“. Allerdings geben Art. 154, 155 AEUV nicht vor, wer die dort genannten Sozialpartner sind. Die Kommission hat deshalb Voraussetzungen festgelegt, die von den beteiligungsfähigen Verbänden zu erfüllen 16

30 Vgl zB EuGH, 19.1.2010, Rs. C-555/07 (Kücükdeveci/Swedex GmbH & Co KG), NZA 2010, 85.

31 Zur Bedeutung der Grundsätze der GRC für das Arbeitsrecht näher *Seifert*, EuZA 2013, 299 ff.

32 EuGH, 15.1.2014, Rs. C-176/12 (Association Médiation sociale/Union locale des syndicats CGT u.a.), NZA 2014, 193, 195 f.

33 *Gilles*, Das Zustandekommen und die Durchführung von Sozialpartnervereinbarungen im Rahmen des europäischen sozialen Dialogs (1999); *Deinert*, RdA 2004, 211.

sind.[34] Sie differenziert hierbei zwischen den verschiedenen Verfahrensformen: Geht es um die bloße Anhörung nach Art. 154 Abs. 2 und 3 AEUV, so werden idR alle europäischen Organisationen[35] angehört,[36] wohingegen es im Verfahren nach Art. 155 Abs. 1 AEUV den beteiligten Sozialpartnern selbst überlassen wird, autonom anzuerkennen, wer an den Verhandlungen beteiligt sein soll.[37] Eine gegenseitige Anerkennung haben bisher lediglich auf Arbeitnehmerseite der Europäische Gewerkschaftsbund (EGB), auf Arbeitgeberseite die UNICE (jetzt: Businesseurope) für die privaten Arbeitgeber und die CEEP[38] für die öffentlichen Arbeitgeber erklärt.[39] Der Versuch eines Arbeitgeberverbandes, der kleine und mittlere Unternehmen repräsentiert (**UEAPME**),[40] seine Beteiligung am Verfahren nach Art. 155 AEUV durchzusetzen, ist gescheitert.[41] Ein allgemeines Recht einzelner Sozialpartner auf europäischer Ebene auf Teilnahme an den Verhandlungen lässt sich nach der Rechtsprechung nicht begründen, da am Verfahren nach Art. 155 AEUV nur diejenigen Sozialpartner beteiligt werden müssen, die einander ihren Willen bekundet haben, den Prozess nach Art. 155 AEUV einzuleiten und zu Ende zu führen.[42] Kommission und Rat müssen vor Erlass eines Umsetzungsaktes jedoch prüfen, ob die beteiligten Verbände hinreichend repräsentativ sind,[43] um die demokratische Legitimation der Rechtssetzung zu gewährleisten; eine Vereinbarung der Sozialpartner darf nicht nach Art. 155 Abs. 2 2. Alt. AEUV durchgeführt werden (zu den einzelnen Formen der Durchführung von Sozialpartnervereinbarungen sogleich Rn 17), wenn es an der Gesamtrepräsentativität fehlt.[44]

17 Der soziale Dialog auf Unionsebene kann zu **„vertraglichen Beziehungen"** einschließlich des Abschlusses von Vereinbarungen führen, Art. 155 Abs. 1 AEUV. Diese Vereinbarungen können zum einen nach den jeweiligen Verfahren und Gepflogenheiten der Sozialpartner und der Mitgliedstaaten durchgeführt werden, Art. 155 Abs. 2 1. Alt. AEUV. Konkret bedeutet dies, dass die vertragsschließenden Verbände auf europäischer Ebene schuldrechtlich die Durchführung der vereinbarten Regelungen vorsehen und die ihnen angeschlossenen nationalen Mitgliedsorganisationen verbandsrechtlich zur Durchführung der Vereinbarung verpflichten können. Den Gepflogenheiten einzelner Mitgliedstaaten entspricht es, diese autonome Durchführung von europäischen Sozialpartnervereinbarungen dadurch zu unterstützen, dass nationale Vereinbarungen zu deren Durchführung durch staatlichen Akt für allgemeinverbindlich erklärt werden können, sofern dies beantragt wird (zB in Belgien, Frankreich und Luxemburg). Solche Sozialpartnervereinbarungen können im sog. sektorübergreifenden sozialen Dialog, aber auch in einem der zahlreichen Ausschüsse des sozialen Dialogs, die für einzelne Sektoren gebildet worden sind, abgeschlossen werden. Im sektorübergreifenden Dialog sind bislang nur wenige Vereinbarungen abgeschlossen worden: Zu nennen sind hier vor allem das Europäische Rahmenabkommen vom 16. Juli 2002 über die Telearbeit, das Europäische Rahmenabkommen von 2005 über arbeitsbedingten Stress sowie das Europäische Rahmenabkommen vom 16. Juli 2002 über Belästigung und Gewalt am Arbeitsplatz. Die Vereinbarungen können zum anderen aber auch – unter den Voraussetzungen ihrer Durchführung durch Ratsbeschluss, Art. 155 Abs. 2 2. Alt. AEUV – als genuin „europäische" Kollektivvereinbarungen

34 Mitteilung an den Rat und an das Europäische Parlament zur Anwendung des Protokolls über die Sozialpolitik, KOM (93) 600 endg. (nicht im ABl. EG veröffentlicht) = BR-Drucks. 61/94; dazu auch *Steinmeyer*, RdA 2001, 10 (19); *Krebber*, in: Calliess/Ruffert, Art. 138 EGV, Rn 10 ff.

35 Ein Verzeichnis der europäischen Organisationen der Sozialpartner, die von der Kommission nach Art. 154 AEUV anzuhören sind, findet sich in der Mitteilung der Kommission „Partnerschaft für den Wandel in einem erweiterten Europa – Verbesserung des Beitrags des Europäischen Sozialen Dialogs" vom 12.8.2004, KOM (2004) 557, Anlage 5.

36 *Fuchs/Marhold*, S. 335.

37 Vgl KOM (98) 322.

38 Centre européen des entreprises à participation publique.

39 *Fuchs/Marhold*, S. 335.

40 Union européenne de l'artisanat et des petites et moyennes entreprises.

41 EuG, 7.6.1998, Rs. T-135/96 (UEAPME/Rat der Europäischen Union), Slg 1998, II-2335.

42 EuG,7.6.1998, Rs. T-135/96 (UEAPME/Rat der Europäischen Union), Slg 1998, II-2335, 2366 ff.

43 *Schwarze*, RdA 2002, 208, 215 ff; *Birk*, EuZW 1997, 453, 455.

44 EuG, 7.6.1998, Rs. T-135/96 (UEAPME/Rat der Europäischen Union), Slg 1998, II-2335, 2371 f.

vereinheitlichende Wirkung auf das Recht der Mitgliedstaaten entfalten, also über eine lediglich schuldrechtliche Wirkung zwischen den Vertragspartnern ehinausgehen. Eine **Durchführung durch Ratsbeschluss** kommt allerdings nur in Betracht, wenn die Vereinbarung nur Gegenstände regelt, die von Art. 153 AEUV erfasst sind. Ausgenommen sind insbesondere die Inhalte von Art. 153 Abs. 5 AEUV: Kollektivverträge über Arbeitsentgelte, Koalitions- oder Arbeitskampfrechte können mithin nicht durch Ratsbeschluss durchgeführt werden.

Die Durchführungsinstrumente, deren sich der Rat bei einer Durchführung von Sozialpartnerver- 18
einbarungen nach Art. 155 Abs. 2 2. Alt. AEUV bedient, sind nicht vorgegeben, so dass dem Rat grds. ein Wahlrecht zuerkannt werden muss, ob er die Vereinbarung im Wege einer Richtlinie oder einer Verordnung realisieren will.[45] Der Rat kann auf diese Weise der Sozialpartnervereinbarung bindende und dem nationalen Recht gegenüber vorrangige Wirkung verleihen. Kommission und Rat müssen dem gemeinsamen Antrag der Sozialpartner jedoch nicht nachkommen, sie können die Durchführung der Vereinbarung also auch ablehnen.[46] Den Inhalt der Vereinbarung können sie allerdings nicht abändern. Sind sie mit der Vereinbarung nicht einverstanden, bleibt ihnen nur, selbständig eine Regelung zum fraglichen Gegenstand erlassen.

2. Durchführung von Richtlinien gem. Art. 153 Abs. 3 AEUV

Art. 153 Abs. 3 AEUV gestattet es den Mitgliedstaaten, eine Richtlinie dadurch in nationales Recht 19
umzusetzen, dass ihre Durchführung den Sozialpartnern übertragen wird. Diese Vorschrift nimmt Entscheidungen des EuGH auf, in denen eine **Richtlinienumsetzung durch Kollektivvertrag** als grundsätzlich zulässig angesehen worden ist,[47] sofern damit erreicht werden kann, dass das Richtlinienziel tatsächlich verwirklicht wird. Im Unterschied zu verschiedenen anderen Mitgliedstaaten spielt die Richtlinienumsetzung durch Kollektivvertrag in der Bundesrepublik Deutschland allerdings bislang überhaupt keine Rolle. Wesentlicher Grund hierfür dürfte sein, dass eine verbindliche flächendeckende Geltung von Tarifverträgen mit den Mitteln des TVG nur schwer erreichbar ist. Einen fachübergreifenden „Bundeseinheitstarifvertrag", der von den Spitzenorganisationen der Arbeitnehmer und der Arbeitgeber geschlossen wird, kennt das deutsche Tarifvertragswesen nicht. Zwar können die Spitzenorganisationen im Namen der ihnen angeschlossenen Verbände Tarifverträge abschließen, wenn sie eine entsprechende Vollmacht haben (§ 2 Abs. 2 TVG), oder sie können selbst Parteien eines Tarifvertrages sein, wenn der Abschluss von Tarifverträgen zu ihren satzungsmäßigen Aufgaben gehört (§ 2 Abs. 3 TVG): Ein solcher Tarifvertrag der Spitzenorganisationen könnte dann nach Maßgabe von § 5 TVG für allgemeinverbindlich erklärt werden. Da die Tarifhoheit jedoch nach wie vor bei den Einzelgewerkschaften innerhalb des DGB liegt, ist bislang allenfalls in einzelnen Ausnahmefällen von diesen Vorschriften des TVG Gebrauch gemacht worden.[48]

B. Grundfreiheiten und Arbeitsrecht

Die Grundfreiheiten sind ein wesentlicher Bestandteil bei der Verwirklichung des Binnenmarktes. 20
Dies kommt in Art. 26 Abs. 2 AEUV zum Ausdruck, wenn der Binnenmarkt als ein Raum ohne Binnengrenzen definiert wird, in dem der freie Verkehr von Waren, Personen, Dienstleistungen und Kapital gemäß den Bestimmungen der Verträge gewährleistet ist. Für das Arbeitsrecht ist die in Art. 45 AEUV gewährleistete Arbeitnehmerfreizügigkeit von grundlegender Bedeutung: Sie zielt auf die Verschmelzung der nationalen Arbeitsmärkte zu einem europaweiten Arbeitsmarkt und räumt Arbeitnehmern weitgehende Rechte ein. Doch auch andere Grundfreiheiten des AEUV entfalten für das Arbeitsrecht Bedeutung. Namentlich die Verwirklichung der Dienstleistungsfreiheit (Art. 56 AEUV) und der mit ihr einhergehenden Arbeitnehmerentsendung wirft die Frage auf, in welchem

45 *Krebber*, in: Calliess/Ruffert, Art. 155 AEUV Rn 29.
46 *Buchner*, RdA 1993, 193, 201; *Steinmeyer*, RdA 2001, 10, 21.
47 EuGH, 30.1.1985, Rs. 143/83 (Kommission/Dänemark), Slg 1985, 427; 10.7.1986, Rs. 235/84 (Kommission/Italien), Slg 1986, 2291. Im Überblick *Krebber*, in: Calliess/Ruffert, Art. 153 AEUV, Rn 33 ff mwN.
48 Dazu statt vieler *Kempen*, in: Kempen/Zachert, TVG § 2, Rn 96 mwN.

Umfang Mitgliedstaaten ihre arbeitsrechtlichen Schutzstandards auf die aus anderen Mitgliedstaaten entsandten Arbeitnehmer erstrecken dürfen.

I. Freizügigkeit der Arbeitnehmer, Art. 45 AEUV

21 Art. 45 AEUV sichert den Arbeitnehmern Freizügigkeit innerhalb des gesamten Unionsgebiets zu, damit sie überall eine abhängige Beschäftigung suchen können, wo sie es wünschen. Daher dürfen die Mitgliedstaaten die Arbeitnehmer an dieser Tätigkeit nicht hindern, oder sie bei der Ausübung benachteiligen.[49] Ein unionsrechtliches „Grundrecht auf Arbeit", das den Arbeitnehmern einen Anspruch auf Beschäftigung geben könnte, ist damit nicht verbunden, doch gehört die Freizügigkeit als sogenannte „Grundfreiheit" zu den Grundlagen der Union (allg. zu den Grundfreiheiten siehe oben *Pache*, § 10).[50] Sie umfasst das Recht auf gleichen Zugang zu, sowie Ausübung von Beschäftigung in jedem Mitgliedstaat und damit verbunden das Recht auf freie Einreise und Aufenthalt, sofern diese Freiheiten zum Zweck der Ausübung einer abhängigen Erwerbstätigkeit beansprucht werden. In Art. 45 Abs. 3 AEUV werden den Arbeitnehmern, vorbehaltlich des nationalen *ordre public*,[51] subjektive öffentliche Rechte eingeräumt, die so unbedingt formuliert sind, dass sie ohne Umsetzungsgesetzgebung unmittelbar anwendbar sind. Zudem wirken sie nicht nur gegenüber den Mitgliedstaaten oder staatlichen Einrichtungen,[52] sondern können in gewissem Umfang auch privaten Dritten entgegengehalten werden (vgl unten Rn 34).[53]

1. Geltungsbereich

a) Persönlicher Geltungsbereich

22 Der persönliche Anwendungsbereich der Freizügigkeit ist auf Arbeitnehmer beschränkt, die Staatsangehörige eines Mitgliedstaates sind.[54]

aa) Arbeitnehmerbegriff des Freizügigkeitsrechts

23 Der Arbeitnehmerbegriff, der den Art. 45 ff AEUV und den auf ihrer Grundlage erlassenen sekundärrechtlichen Vorschriften des Freizügigkeitsrechts zugrunde zu legen ist, ist allerdings nicht ausdrücklich normiert, sondern von der Rechtsprechung des EuGH konturiert worden. Diese stellt für den Arbeitnehmerbegriff des Art. 45 AEUV auf „objektive Kriterien" ab, die das Rechtsverhältnis im Hinblick auf die vertraglich vereinbarten Rechte und Pflichten kennzeichnen.[55] Es kommt also auch hier auf die **objektive Vertragsdurchführung** an, nicht auf eine etwaig abweichende von den Parteien gewählte Bezeichnung des Vertrages.

24 Als maßgebliche Abgrenzungskriterien benennt der EuGH, dass eine **wirtschaftliche Tätigkeit** ausgeübt wird, wobei nur Tätigkeiten außer Betracht bleiben, die sich wegen ihres zu geringen Umfangs als völlig unwesentlich darstellen;[56] dabei müssen „während einer bestimmten Zeit für einen anderen nach dessen Weisungen Leistungen erbracht werden, für die eine Vergütung gezahlt

---

49 *Nettesheim*, NVwZ 1996, 342, 344.

50 EuGH, 3.6.1986, Rs. 139/85 (Kempf), Slg 1986, 1741.

51 Freizügigkeitsrechte können durch Gründe der öffentlichen Ordnung, Sicherheit und Gesundheit beschränkt werden.

52 EuGH, 4.12.1974, Rs. C-41/74 (von Duyn), Slg 1974, 1337.

53 EuGH, 12.12.1974, Rs. 36/74 (Walrave), Slg 1974, 1405; 14.7.1976, Rs. 13/76 (Donà), Slg 1976, 1333; 15.12.1995, Rs. C-415/93 (Bosman), Slg 1995, I-4921, Rn 73; 6.6.2000, Rs. C-281/98 (Angonese), Slg 2000, I-4139.

54 Vgl auch Art. 1 Abs. 1 VO (EU) 492/2011. Zu den Besonderheiten, die für Staatsangehörige der zum 1.7.2013 beigetretenen Republik Kroatien hinsichtlich des Zugangs zum deutschen Arbeitsmarkt gelten, vgl § 284 SGB III; entsprechende Übergangsregelungen galten auch für die anderen mittel- und osteuropäischen Beitrittsstaaten.

55 EuGH, 3.7.1986, Rs. 66/85 (Lawrie-Blum), Slg 1986, 2121, 2144.

56 EuGH, 6.11.2003, Rs. C-413/01 (Ninni-Orasche), NZA 2004, 87 = EuZW 2004, 217; EuGH, 17.3.2005, Rs. C-109/04 (Kranemann), NJW 2005, 1481.

wird".[57] Diese Kriterien sind dem aus dem deutschen Recht bekannten Arbeitnehmerbegriff in vielem ähnlich, aber nicht vollständig inhaltsgleich. Die wichtigste Abweichung besteht in der fehlenden Beschränkung auf Beschäftigungsverhältnisse auf privatrechtlicher Grundlage. Das Unionsrecht bezieht unterschiedslos auch die öffentlich-rechtlich geregelten Beschäftigungsverhältnisse in den Arbeitnehmerbegriff mit ein, da die Traditionen der Mitgliedstaaten, welche Tätigkeiten durch eine zivil- oder eine öffentlich-rechtliche Rechtsgrundlage ausgestaltet werden, viel zu unterschiedlich sind, als dass deren Praxis zur Definition eines unionsweit einheitlich geltenden Rechtsbegriffs herangezogen werden könnte.[58] Mithin sind in den Arbeitnehmerbegriff iSd Freizügigkeitsrechts grds. auch Beamte einbezogen. Lediglich hoheitliche Funktionen iSd Art. 45 Abs. 4 AEUV, bleiben auch nach Unionsrecht vom Arbeitnehmerbegriff ausgenommen (dazu unten Rn 28).

Im Übrigen können sich Abweichungen eher in Randbereichen ergeben. Die von Beschäftigten zugesagten Leistungen müssen **wirtschaftliche** Tätigkeiten darstellen, wovon jedoch stets ausgegangen wird, wenn dafür eine Vergütung gezahlt wird.[59] Dass die Tätigkeit neben der wirtschaftlichen auch noch andere Dimensionen (kulturelle, karitative, sportliche) aufweist, wie etwa der Berufssport,[60] nimmt die Beschäftigten nicht vom Arbeitnehmerstatus aus. Welche Tätigkeiten so untergeordnet sind, dass sie die Arbeitnehmereigenschaft nicht begründen können, bleibt konkret der Beurteilung durch die mitgliedstaatlichen Gerichte vorbehalten; als mögliche Indizien kommen eine hohe Unregelmäßigkeit der Beschäftigung, ihre sehr geringe Dauer, oder das Leisten von Arbeit auf Abruf in Betracht.[61] Ein sehr geringer Umfang der Gegenleistung, dessentwegen der Beschäftigte noch Anspruch auf zusätzliche staatliche Leistungen behält, ist als Ausschlusskriterium dagegen ausdrücklich verworfen worden;[62] ebenso wenig müssen die Bezüge die Höhe eines staatlich festgelegten Existenzminimums erreichen.[63] Praktikanten, Volontäre oder andere Auszubildende sind mithin Arbeitnehmer iSd Art. 45 AEUV, sofern sie für ihre Tätigkeit entlohnt werden. [64] Entscheidend für die Abgrenzung zur selbständigen Tätigkeit ist, wie im nationalen Recht auch, vornehmlich das Merkmal der **Weisungsabhängigkeit der Tätigkeit**.[65] Allerdings wird zusätzlich zur Weisungsabhängigkeit auch auf die wirtschaftliche Abhängigkeit abgestellt, also das Fehlen einer Tätigkeit auf eigene Rechnung und eigenes Risiko.[66] Daher werden **leitende Angestellte** grds. als Arbeitnehmer eingestuft, sofern sie nicht Geschäftsführer einer Gesellschaft sind, deren einziger Gesellschafter sie sind.[67] 25

bb) Staatsangehörige eines Mitgliedstaates

Die Freizügigkeit gilt grundsätzlich nur für Unionsbürger (zum Begriff siehe Art. 20 Abs. 1 AEUV). Wer Angehöriger eines Mitgliedstaates ist, legt dieser in seinen nationalen Bestimmungen selbst fest. Flüchtlinge, Staatenlose oder Drittstaatsangehörige als Beschäftigte von Arbeitgebern mit Sitz in der Union können sich auf die Freizügigkeitsrechte grds. auch dann nicht berufen, wenn sie in einem Mitgliedstaat ansässig und in den dortigen Arbeitsmarkt integriert sind.[68] Gewisse Rechte erlangen diese Personengruppen im Falle ihrer Entsendung in einen anderen Mitgliedstaat abgelei- 26

57 EuGH, 8.6.1999, Rs. C-337/97 (Meeusen), Slg 1999, I-3289, LS 1; 6.11.2003, Rs. C-413/01 (Ninni-Orasche), NZA 2004, 87; vgl auch *Wank* EuZA 2008, 172, 178 ff.

58 EuGH, 12.2.1974, Rs. 152/73 (Sotgiu), Slg 1974, 153, 163.

59 EuGH, 31.5.1989, Rs. 344/87 (Bettray), Slg 1989, 1621, 1645.

60 EuGH, 13.4.2000, Rs. C-176/96 (Lehtonen), Slg 2000, I-2681; 15.12.1995, Rs. C-415/93 (Bosman), Slg 1995, I-4921, Rn 73; vgl dazu *Hilf/Pache*, NJW 1996, 1169; *Oberthür*, NZA 2003, 462.

61 EuGH, 26.2.1992, Rs. C-357/89 (Raulin), Slg 1992, I-1027, 1060.

62 EuGH, 3.6.1986, Rs. 53/85 (Kempf), Slg 1986, 1741.

63 EuGH, 3.7.1986, Rs. 66/85 (Lawrie-Blum), Slg 1986, 2121, Rn 21; 12.5.1998, Rs. C-85/96 (Sala), Slg 1998, I-2691.

64 Für den juristischen Vorbereitungsdienst zuletzt EuGH, 10.12.2009, Rs. C-345/08 (Krzysztof Pesla/JJustizministerium Mecklenburg-Vorpommern), NJW 2010, 137 ff.

65 EuGH, 17.7.2008, Rs. C-94/07 (Ranccanelli) NZA 2008, 995.

66 *Hanau/Steinmeyer/Wank*, § 14, Rn 14.

67 EuGH, 27.6.1996, Rs. C-107/94 (P. H. Asscher), Slg 1996, I-03089.

68 EuGH, 5.7.1984, Rs. 238/83 (Meade), Slg 1984, 2631.

tet aus der Dienstleistungsfreiheit ihres unionsangehörigen Arbeitgebers. Drittstaatsangehörige sind nur ausnahmsweise in den Schutz der Freizügigkeit des Art. 45 AEUV einbezogen: Dies gilt nach Art. 28 EWR-Akommen namentlich für Angehörige der Mitgliedstaaten des EWR (Liechtenstein, Island und Norwegen)[69] sowie in eingeschränktem Umfang auch für Arbeitnehmer aus der Schweiz.[70] Umgekehrt ist bei der Osterweiterung der EU von 2004 den Angehörigen der Beitrittsstaaten (mit Ausnahme von Malta und Zypern) die Arbeitnehmerfreizügigkeit für maximal 7 Jahre vorenthalten worden. („2+3+2");[71] Entsprechende Übergangsregelungen für die Arbeitnehmerfreizügigkeit sehen auch die Beitrittsverträge mit Rumänien und Bulgarien vor.[72]

b) Sachlicher Geltungsbereich

27 Die **Eröffnung des sachlichen Geltungsbereichs** setzt einen **grenzüberschreitenden Tatbestand** voraus. Der Arbeitnehmer muss also in einem anderen Mitgliedstaat als seinem Herkunftsstaat arbeiten, gearbeitet haben oder dort eine Arbeit aufnehmen wollen. Ansprüche des Arbeitnehmers aus den Freizügigkeitsregeln können sich auch gegenüber Einrichtungen oder Arbeitgebern des eigenen Herkunftsstaates ergeben, etwa wenn eine Anstellung im Ausland gesucht[73] oder er vom Ausland ins Herkunftsland zurückkehren[74] soll, dies aber durch Maßnahmen im Heimatland erschwert wird. Auch die sogenannten Grenzgänger stützen sich auf das Freizügigkeitsrecht, wenn sie in einem Mitgliedstaat wohnen und im anderen arbeiten.[75] Reine Inlandssachverhalte unterfallen dem Freizügigkeitsrecht dagegen selbst dann nicht, wenn dadurch Inländer den Wanderarbeitnehmern gegenüber benachteiligt werden.

c) Die Bereichsausnahme des Art. 45 Abs. 4 AEUV

28 Vom Geltungsbereich der Arbeitnehmerfreizügigkeit ausgeschlossen ist nach Art. 45 Abs. 4 AEUV die Beschäfigung in der **„öffentliche Verwaltung"**. Der Begriff der öffentlichen Verwaltung ist nicht deckungsgleich mit dem öffentlichen Dienst des nationalen Rechts, sondern muss autonom unionsrechtlich bestimmt werden. Der EuGH legt den Begriff in inzwischen ständiger Rechtsprechung eng aus und erlaubt den Mitgliedstaaten nur, die Ausübung hoheitlicher Befugnisse und die Wahrnehmung von Aufgaben, die unmittelbar oder mittelbar mit der Ausübung hoheitlicher Befugnisse verbunden sind und ein Verhältnis besonderer Verbundenheit des Stelleninhabers zum Staat erfordern,[76] von der Freizügigkeit auszunehmen[77] (und sie damit der Besetzung mit eigenen Staatsangehörigen vorzubehalten). Ausschlaggebend ist somit keine institutionelle, sondern eine **rein funktionale Betrachtungsweise**. Bejaht wurde dies insbesondere für Tätigkeiten der äußeren/inneren Sicherheit, Militärdienst, Polizei- oder Steuerverwaltung, Nachrichtendienste usw.[78] Umgekehrt fallen Tätigkeiten im Bereich der Forschung, des Bildungswesens, des Gesundheitswesens, des Straßen- und Schienenverkehrswesens, des Post- und Telekommunikationswesens sowie der Wasser-,

---

69 Vgl Abkommen über den Europäischen Wirtschaftsraum, ABl. EG 1994 Nr. L 1/3.

70 Vgl Art. 7 Abkommen zwischen der Europäischen Gemeinschaft und ihren Mitgliedstaaten einerseits und der Schweizerischen Eidgenossenschaft andererseits über die Freizügigkeit, ABl. EG 2002 Nr. L 114/6.

71 Dazu insbesondere *Kocher*, Osterweiterung und Arbeitnehmerfreizügigkeit, in: Eva Kocher/Carsten Nowak (Hrsg.), Freie Fahrt für Arbeitnehmer/innen zwischen Ost und West, Baden-Baden 2012, 29 ff mwN; vgl auch *Bayreuther*, DB 2010, 706 ff. Zu der Übergangsregelung für Polen und den sich aus dem deutsch-polnischen Regierungsabkommen vom 31.1.1990 über die Entsendung von Arbeitnehmern polnischer Unternehmen zur Ausführung von Werkverträgen in der am 1.3. und am 30.4.1993 geänderten Fassung (BGBl. II 1993, 1125) ergebenden Problemen siehe auch EuGH, Rs. C-546-07 (Kommission/Bundesrepublik Deutschland), NZA 2010, 269.

72 *Schlachter*, in: Schlachter/Ohler, Europäische Dienstleistungsrichtlinie Vor Art. 19 Rn 18 ff.

73 EuGH, 15.12.1995, Rs. 415/93 (Bosman), Slg 1995, I-4921, Rn 88.

74 EuGH, 26.1.1999, Rs. C-18/95 (Terhoeve), Slg 1999, I-345, Rn 26.

75 EuGH, 8.6.1999, Rs. C-337/97 (Meeusen), Slg 1999, I-3289, 33, 12. Zur Rechtsstellung der Grenzgänger näher *Weth/Kerwer*, RdA 1998, 233 ff mwN.

76 EuGH, 17.12.1980, Rs. 149/79 (Kom/Belgien), Slg 1980, 3881, 3900.

77 EuGH, 12.2.1974, Rs. 152/73 (Sotgiu), Slg 1974, 153; 3.7.1986, Rs. 66/85 (Lawrie-Blum), Slg 1986, 2121.

78 EuGH, 2.7.1996, Rs. C-473/93 (Kommission/Luxemburg), Slg 1996, I-3207.

Gas- und Stromversorgung nicht unter den Begriff der öffentlichen Verwaltung im Sinne von Art. 45 Abs. 4 AEUV.[79]

2. Recht auf Zugang zu den Arbeitsmärkten anderer Mitgliedstaaten

Art. 45 Abs. 3 AEUV verankert einzelne konkrete Elemente der Arbeitnehmerfreizügigkeit. Sie alle sind darauf gerichtet, Arbeitnehmern den Zugang und die Teilnahme an den Arbeitsmärkten anderer Mitgliedstaaten zu eröffnen. So gewährleisten Art. 45 Abs. 3 lit. a) und b) AEUV mit dem Recht, sich um tatsächlich angebotene Stellen zu bewerben und sich zu diesem Zweck im Hoheitsgebiet der Mitgliedstaaten frei zu bewegen, das **Recht auf freien Zugang zu den Arbeitsmärkten in anderen Mitgliedstaaten.** Auf der sekundärrechtlichen Ebene ist dieses Recht vor allem durch Art. 1-6 VO (EU) Nr. 492/2011 näher ausgeformt worden. Darüber hinaus garantiert Art. 45 Abs. 3 lit. c) AEUV das Recht, sich in einem Mitgliedstaat aufzuhalten, um dort nach den für die Arbeitnehmer dieses Staates geltenden Rechts- und Verwaltungsvorschriften eine Beschäftigung auszuüben. Die Vorschrift sichert Wanderarbeitnehmern somit ein **beschäftigungsbezogenes Aufenthaltsrecht** im Aufnahmestaat. Art. 45 Abs. 3 lit. d) AEUV dehnt die Arbeitnehmerfreizügigkeit schließlich über die Beendigung einer Beschäftigung in einem anderen Mitgliedstaat aus und gibt (ehemaligen) Arbeitnehmern das Recht, in dem Mitgliedstaat unter den Bedingungen zu verbleiben, welche die Kommission durch Rechtsverordnung festlegt. Die nähere Ausgestaltung des **Verbleiberechts** ist durch Art. 17 RL 2004/38/EG erfolgt. 29

Die Rechte der Arbeitnehmer aus Art. 45 Abs. 3 AEUV stehen unter dem **Vorbehalt des ordre public.** Die Mitgliedstaaten sind somit berechtigt, aus Gründen der öffentlichen Ordnung, Sicherheit und Gesundheit die Rechte aus Art. 45 Abs. 3 AEUV zu beschränken. Der Begriff des ordre public ist unionsrechtlich zu bestimmen und verlangt eine restriktive Auslegung: Die Mitgliedstaaten besitzen somit grundsätzlich nicht die Befugnis, diesen Begriff autonom in ihren Rechtsordnungen festzulegen, verfügen allerdings bei der Konkretisierung dieses Begriffes über einen gewissen Beurteilungsspielraum. Der Begriff des ordre public ist auf sekundärrechtlicher Ebene insbesondere durch die Art. 27 ff RL 2004/38/EG dadurch präzisiert worden, dass eine Ausweisung von Unionsbürgern ausschließlich aus schwerwiegenden Gründen der öffentlichen Ordnung oder Sicherheit erfolgen darf (vgl Art. 27 Abs. 2 RL 2004/38/EG). Auch hat der Unionsgesetzgeber einen gewissen **verfahrensförmigen Schutz** des Arbeitnehmers vor Beschränkungen seiner Rechte aus Art. 45 Abs. 3 AEUV in Art. 31 RL 2004/38/EG verankert (zB Garantie eines Rechtsbehelfs, einer Einzelfallprüfung usw.). 30

3. Diskriminierungsverbot

Neben das Recht auf gleichberechtigten Zugang zum Arbeitsmarkt der anderen Mitgliedstaaten, Art. 45 Abs. 3 AEUV, tritt das Recht von Arbeitnehmern auf Gleichbehandlung mit den Angehörigen des **Aufnahmestaates.** Das verbietet nicht nur Sonderregelungen für den Zugang zu oder die Ausübung von abhängiger Beschäftigung, sondern verlangt auch, dass Arbeitsuchenden dieselben staatlichen Leistungen bei der Stellensuche wie Inländern gewährt werden. Bereits Art. 18 Abs. 1 AEUV verbietet jede Diskriminierung wegen der Staatsangehörigkeit. Für den Bereich der Freizügigkeit wird dieses Diskriminierungsverbot in Art. 45 Abs. 2 AEUV und in Art. 7 VO (EU) Nr. 492/2011 konkretisiert. Nach Art. 7 Abs. 1 VO (EU) Nr. 492/2011 darf ein Arbeitnehmer, der Staatsangehöriger eines Mitgliestaates ist, aufgrund seiner Staatsangehörigkeit im Hoheitsgebiet der anderen Mitgliedstaaten hinsichtlich der Beschäftigungs- und Arbeitsbedingungen, insbesondere im Hinblick auf Entlohnung, Kündigung und bei Arbeitslosigkeit im Hinblick auf berufliche Wiedereingliederung oder Wiedereinstellung, nicht anders behandelt werden als die inländischen Arbeitnehmer. Art. 7 Abs. 2 VO (EU) Nr. 492/2011 erstreckt dieses Gleichbehandlungsgebot auf soziale und steuerliche Vergünstigungen und Art. 7 Abs. 3 VO (EU) Nr. 492/2011 sichert Wanderarbeitnehmern den gleichen Zugang wie inländischen Arbeitnehmern zu Berufsschulen und 31

79 Vgl EuGH, 2.7.1996, Rs. C-473/93 (Kommission/Luxemburg), Slg 1996, I-3207; dazu näher *Seifert*, in: U. Becker/J. Schwarze, Gemeinwohlverantwortung im Binnenmarkt, Tübingen 2010, 75, 84 ff mwN.

Umschulungszentren zu. Gegen dieses Gleichbehandlungsgebot verstoßende Tarif- oder Einzelarbeitsverträge oder sonstige Kollektivvereinbarungen wie zB Betriebsvereinbarungen iSv § 77 BetrVG sind von Rechts wegen nichtig (Art. 7 Abs. 4 VO (EU) Nr. 492/2011). Der freizügigkeitsrechtliche Gleichbehandlungsgrundsatz wird durch Art. 8 Abs. 1 VO (EU) Nr. 492/2011 auch auf den Zugang zu Gewerkschaften und die Teilhabe in ihnen sowie auf das Wahlrecht zu Arbeitnehmervertretungen (z.B. Betriebsräte) ausgeweitet: Die Teilhabe in den kollektiven des Arbeitsrechts besitzt im Recht der Arbeitnehmerfreizügigkeit somit die Qualität eines Annexrechts.

32 Eine Diskriminierung aus Gründen der Staatsangehörigkeit kann in Gestalt einer unmittelbar wie einer mittelbar auf die Staatsangehörigkeit bezogenen Benachteiligung auftreten. Eine **unmittelbare Benachteiligung** (dazu näher unten Rn 46 ff) ist gegeben, wenn der Bezug von Leistungen von der inländischen Staatsangehörigkeit abhängig gemacht oder nur ausländischen Staatsangehörigen zusätzliche Pflichten auferlegt würden, dh an das Merkmal der Staatsangehörigkeit selbst anknüpft werden würde. Eine **mittelbare Benachteiligung** liegt hingegen vor, wenn zwar nicht an der Staatsangehörigkeit, sondern an anderen Differenzierungskriterien angeknüpft wird, deren Anwendung im Ergebnis aber wiederum die Wanderarbeitnehmer schlechter als die Inländer stellt[80] (vgl unten Rn 50 ff), etwa durch die Voraussetzung eines inländischen Wohnortes[81] oder Herkunftsorts beim Leistungsbezug, durch Anknüpfung an den Ort des Erwerbs von Qualifikationen oder durch Anrechnungsfähigkeit allein inländischer Vordienstzeiten. Problematisch ist hier, wie stets bei der mittelbaren Diskriminierung (dazu ausführlicher unten Rn 50 ff), die Frage des möglichen Nachweises zur Feststellung dieser Benachteiligungsform. Im Unterschied zu den Anforderungen an die mittelbar geschlechtsbedingte Diskriminierung hat der EuGH bei der Staatsangehörigkeit gerade nicht den Nachweis einer wesentlich stärkeren Betroffenheit der geschützten Gruppe verlangt, der auf aussagefähigen Statistiken beruht. Stattdessen ist es als ausreichend angesehen worden, dass die Regelung zur Benachteiligung von Wanderarbeitnehmern geeignet ist.[82] Diese verringerten Anforderungen sind von den neueren Antidiskriminierungs-Richtlinien aufgegriffen und in ihrem Anwendungsbereich verallgemeinert worden (dazu unten Rn 55). Anwendbar ist das Diskriminierungsverbot gem. Art. 45 Abs. 2 AEUV auf Beschäftigung und Arbeitsbedingungen. Da die Norm vom EuGH als umfassendes Gleichbehandlungsgebot verstanden wird, sind „Arbeitsbedingungen" im weitesten Sinne erfasst.

4. Beschränkungsverbot

33 Nach seinem Wortlaut enthält Art. 45 Abs. 2 AEUV lediglich ein Verbot unterschiedlicher Behandlung. Da die Freizügigkeit im Ergebnis aber nicht nur dadurch beeinträchtigt werden kann, dass Wanderarbeitnehmer schlechter als einheimische Arbeitnehmer behandelt werden, sondern auch durch solche Erschwernisse, die ggf ebenso die eigenen Staatsangehörigen treffen würden, hat die Rechtsprechung den Inhalt des Verbotes im Interesse einer effektiven Durchsetzung des Freizügigkeitsrechts auf ein Verbot bloßer Beschränkungen[83] der **Freizügigkeit** ausgeweitet. Diese Entwicklung war für die anderen Grundfreiheiten eingeleitet[84] und schließlich auf die Freizügigkeit übertragen worden (dazu oben *Pache*, § 10, Rn 23 ff). Damit werden sämtliche Maßnahmen verboten, die bei grenzüberschreitenden Sachverhalten dazu beitragen können, das Ziel der Freizügigkeit (Herstellung eines gemeinsamen Binnenmarktes) zu beeinträchtigen, sei es durch direkte Behinderung oder als Nebenwirkung eines anderen Vorhabens. Auf die Zufügung eines Nachteils, der über die Erschwerung des Arbeitsplatzwechsels hinausgeht, kommt es nicht an: Selbst eine Regelung, die

80 Ständige Rechtsprechung seit EuGH, 12.2.1974, Rs. 152/73 (Sotgiu), Slg 1974, 153, Rn 11.

81 EuGH, 7.5.1998, Rs. 350/96 (Clean Car), Slg 1998, I-2521, Rn 29.

82 EuGH, 23.5.1996, Rs. C-237/94 (O'Flynn), Slg 1996, I-2617, Rn 20 f; 7.5.1998, Rs. 350/96 (Clean Car), Slg 1998, I-2521, Rn 29.

83 Grundlegend EuGH, 15.12.1995, Rs. 415/93 (Bosman), Slg 1995, 4921, 5069; vgl auch EuGH, 27.1.2000, Rs. C-190/98 (Graf), Slg 2000, I-493.

84 EuGH, 11.7.1974, Rs. 8/74 (Dassonville), Slg 1974, 837, Rn 5 zur Warenverkehrsfreiheit; 3.12.1974, Rs. 33/74 (van Binsbergen), Slg 1974, 1299, Rn 10-12 zur Dienstleistungsfreiheit; 31.3.1993, Rs. C-19/92 (Kraus), Slg 1993, I-1663, Rn 32 zur Niederlassungsfreiheit.

einen grenzüberschreitenden Wechsel günstiger als den innerstaatlichen stellt, hat der EuGH wegen Beschränkung als rechtfertigungsbedürftig angesehen; ob die Maßnahme sich direkt gegen den Zugang zum Beruf („Beschäftigung“) oder zugangsrelevante Arbeitsbedingungen richtet, ist unerheblich.[85] Mit der Anerkennung eines grundsätzlichen Verbots von Beschränkungen der Arbeitnehmerfreizügigkeit soll verhindert werden, dass grenzüberschreitende Tätigkeiten wegen der Maßnahme im Ergebnis weniger attraktiv gemacht werden. Eine Beschränkung ist nicht nur dann unzulässig, wenn sie die Freizügigkeit völlig ausschließt, sondern das Auferlegen nachteiliger Folgewirkungen genügt, wenn sie dazu geeignet sind, die Inanspruchnahme der Grundfreiheiten weniger attraktiv zu machen. Doch dürfen Mitgliedstaaten beschränkende Maßnahmen dann vorsehen, wenn sie dem **Schutz zwingender Interessen des Allgemeinwohls** dienen und in einer dem Verhältnismäßigkeitsgrundsatz genügenden Art und Weise angewendet werden.[86] Zu den bereits anerkannten zwingenden Gründen des Allgemeinwohls zählt auch der Arbeitnehmerschutz, so dass das Beschränkungsverbot die Mitgliedstaaten nicht am Erlass von sozialen Schutzbestimmungen hindert, obwohl deren Anwendung die grenzüberschreitende Berufstätigkeit weniger attraktiv machen könnte.

5. Adressaten

Das Diskriminierungsverbot richtet sich neben den Mitgliedstaaten bei der Schaffung von Rechts- 34
normen, der Gewährung „sozialer Vergünstigungen“, Art. 7 Abs. 2 VO (EU) 492/2011, oder als Arbeitgeber anerkanntermaßen auch an Verbände, deren Rechtssätze ebenfalls nicht diskriminieren dürfen.[87] Der EuGH wendet das Verbot darüber hinaus inzwischen auch auf das Verhältnis von Privatpersonen untereinander an.[88] Ob sich auch das Beschränkungsverbot auf die **Rechtsbeziehungen zwischen Privatpersonen** auswirkt, ist noch nicht abschließend geklärt. Der EuGH hat es jedenfalls auf die Regelwerke privater Verbände angewendet,[89] doch wird dies unter dem Gesichtspunkt der „Drittwirkung“ in der Literatur zum Teil erheblich angegriffen.[90] In der Rechtssache Angonese hat der Gerichtshof sogar entschieden, dass das Diskriminierungsverbot des Art. 45 Abs. 2 AEUV grds. auch den einzelnen Arbeitgeber bindet: In dem der Entscheidung zugrunde liegenden Ausgangsfall ging es um die Frage, ob sich ein zweisprachiger Bewerber auf das Verbot der Diskriminierung wegen der Staatsangehörigkeit berufen kann, wenn ein Arbeitgeber, eine private Sparkasse in Südtirol, von den Bewerbern die Vorlage eines bestimmten Sprachzertifikates verlangt, aus dem sich deren Zweisprachigkeit ergibt. Die aus dieser Entscheidung folgende Horizontal- oder Drittwirkung der Freizügigkeit der Arbeitnehmer ist äußerst umstritten.[91] Bislang ist eine vollständige Bindung von Arbeitgebern an Art. 45 AEUV, wie sie die Angonese-Entscheidung des Gerichtshofes nahe legt, allerdings vom EuGH nicht noch einmal vertreten worden.

II. Beschäftigung im Rahmen der Dienstleistungsfreiheit (Entsendung)

Unternehmen, die ihre Leistungen auf dem Gebiet eines anderen Mitgliedstaates erbringen wollen, 35
werden darin durch die Niederlassungsfreiheit (Art. 49 ff AEUV) und die Dienstleistungsfreiheit (Art. 56 ff AEUV) geschützt (dazu näher oben *Pache*, § 10 Rn 130 ff, 167 ff). Daher ist eine Diskriminierung ihrer Tätigkeit aus Gründen der Staatsangehörigkeit untersagt; Nachteilen wegen fehlender Ansässigkeit im Aufnahmestaat dürfen sie nicht ausgesetzt werden. Allerdings werden sich diese Unternehmen zur Ausführung der Tätigkeit im Aufnahmestaat regelmäßig solcher Arbeitneh-

85 EuGH, 13.4.2000, Rs. C-176/96 (Lehtonen), Slg 2000, I-2714.
86 EuGH, 30.11.1995, Rs. C-55/94 (Gebhard), Slg 1995, I-4165, Rn 37; 23.11.1999, verb. Rs. C-369/96, C-376/96 (Arblade und Leloup), Slg 1999, I-8453; EuGH, 17.3.2005, Rs. C-109/04 (Kranemann), NJW 2005, 1481.
87 EuGH, 8.7.1999, Rs. C-234/97 (Bobadilla), Slg 1999, I-4773.
88 EuGH, 6.6.2000, Rs. C-281/98 (Angonese), Slg 2000, I-4139; kritisch hierzu Streinz/*Franzen*, Art. 39 EGV, Rn 97 f.
89 EuGH, 15.12.1995, Rs. 415/93 (Bosman), Slg 1995, I-4921; 13.4.2000 Rs. C-176/96 (Lehtonen), Slg 2000, I-2714.
90 *Brechmann*, in: Calliess/Ruffert, Art. 39 EGV, Rn 51; *Streinz/Leible*, EuZW 2000, 459.
91 Dazu statt vieler *Thüsing*, Europäisches Arbeitsrecht, § 2 IV. 3 c) mwN.

mer bedienen, die bereits in ihrem Sitzstaat bei ihnen beschäftigt und daher schon eingearbeitet sind. Diese können sich auf eigene Freizügigkeitsrechte nach einer vereinzelt vertretenen Ansicht[92] berufen, obwohl sie ja gerade nicht auf dem Arbeitsmarkt des Aufnahmestaates auftreten, sondern ihre Leistung nach wie vor in dem Arbeitsverhältnis erbringen, das im Herkunftsland mit dem dort ansässigen Arbeitgeber geschlossen worden ist. Die VO (EU) 492/2011 bezieht in ihrer 5. Begründungserwägung immerhin auch Arbeitnehmer in ihren Geltungsbereich ein, die nur im Rahmen der Dienstleistungsfreiheit grenzüberschreitend tätig werden. Der EuGH[93] lehnt die Einbeziehung dieser Beschäftigtengruppe in den Anwendungsbereich des Freizügigkeitsrechts freilich ab, doch wird ihnen ersatzweise ein Zugangsrecht aus abgeleitetem Recht zugestanden.[94] Schließlich werden sie grenzüberschreitend tätig und nehmen damit an der Entwicklung des Binnenmarktes teil. Somit wird ihre Beschäftigung unter dem Gesichtspunkt der Dienstleistungsfreiheit des Arbeitgebers mit geschützt, der sich zur Verwirklichung seiner unternehmerischen Ziele der Entsendung seiner Arbeitnehmer bedient. Schwierigkeiten können sich sowohl beim Zugang zum Aufnahmestaat wie bei den Arbeitsbedingungen der Wanderarbeitnehmer ergeben.

1. Zugang zur Beschäftigung

36 Unionsangehörige Arbeitnehmer könnenebenso wie Drittstaatsangehörige lediglich im Zusammenhang mit der Dienstleistungsfreiheit ihres Arbeitgebers und damit gleichsam „aus abgeleitetem Recht" Zugang zur Beschäftigung im Aufnahmestaat beanspruchen.[95] Es würde gegen das in der Dienstleistungsfreiheit des Art. 56 AEUV liegende Beschränkungsverbot verstoßen, würde dem grenzüberschreitend tätigen Unternehmen die Mitnahme eingearbeiteten Personals erschwert oder gar versagt. Auch nationale Regelungen, welche die **Entsendung drittstaatsangehöriger Arbeitnehmer** von der Erteilung einer behördlichen Erlaubnis abhängig machen, beschränken die Dienstleistungsfreiheit. [96] Allerdings wird von drittstaatsangehörigen Arbeitnehmern verlangt, dass sie für den Sitzstaat des Unternehmens ein Aufenthaltsrecht besitzen und dort auch ordnungsgemäß aufgrund einer Arbeitserlaubnis dauerhaft beschäftigt sind.[97]

37 Damit soll sichergestellt werden, dass der Aufnahmestaat in der ihm obliegenden Kompetenz zur Arbeitsmarkt- und Beschäftigungspolitik gegenüber Drittstaatsangehörigen nicht weitergehend eingeschränkt ist, als dies zur Gewährleistung des Beschränkungsverbots der Dienstleistungsfreiheit erforderlich ist. Die Einstellung eines Drittstaatsangehörigen allein zum Zwecke der Entsendung in einen anderen Mitgliedstaat wäre damit nicht Gegenstand der Dienstleistungsfreiheit. Die zur Feststellung der Rechtmäßigkeitsvoraussetzungen erforderlichen Kontrollen darf der Aufnahmestaat durchführen,[98] doch muss die Durchführung die sich aus dem Verhältnismäßigkeitsgrundsatz ergebenden Anforderungen beachten.[99]

2. Arbeitsbedingungen

38 Zum Problem werden Arbeitsbedingungen im Inland beschäftigter Wanderarbeitnehmer dann, wenn sie weiterhin dem Niveau des Herkunftslandes entsprechen. Dies ist typischerweise bei

92 *Hanau/Steinmeyer/Wank*, § 15, Rn 424.

93 EuGH, 25.10.2001, Rs. C-49/98 (Finalarte), Slg 2001, I-7831.

94 EuGH, 11.12.2007, Rs. C-438/05 (Viking Line), Slg 2007, I-10779; 18.12.2007, Rs. C- 341/05 (Laval) Slg 2007, I-11767.

95 EuGH, 27.3.1990, Rs. C-113/89 (Rush Portuguesa), Slg 1990, 1417, Rn 12; 9.8.1994, Rs. C-43/93 (Vander Elst), Slg 1994, I-3803, Rn 21 f.

96 EuGH, 9.8.1994, Rs. C-43/93 (Vander Elst), Slg 1994, I-3803; 21,10.2004, Rs. C-445/03 (Kommission/Luxemburg), NZA 2005, 99 = EuZW 2005, 90.

97 EuGH, 9.8.1994, Rs. C-43/93 (Vander Elst), Slg 1994, I-3803, Rn 18 ff; Leitlinien für die Entsendung von Arbeitnehmern im Rahmen der Erbringung von Dienstleistungen, KOM [2006] 159, S. 9.

98 EuGH, 27.3.1990, Rs. C-113/89 (Rush Portuguesa), Slg 1990, 1417, Rn 17 f.

99 EuGH, 19.1.2006, Rs. C-244/04 (Kommission/Bundesrepublik Deutschland), NZA 2006, 199 ff; EuGH, 23.11.1999, Rs. C-369/96 (Arblade und Leloup), Slg 1999, I-8453; EuGH, 27.3.1990, Rs. C-113/89 (Rush Portuguesa), Slg 1990, 1417, Rn 17 f. Zu dieser Rechtsprechung des EuGH im Überblick *Seifert*, in: Kempen/Zachert, TVG, 5. Auflage, Anhang 1 zu § 5 TVG, Vorbemerkungen, Rn. 27 mwN.

Arbeitnehmern der Fall, die grenzüberschreitend tätig werden, da ihr Arbeitgeber von seiner Dienstleistungsfreiheit Gebrauch macht. Liegen die „mitgebrachten" Lohn- und Arbeitsbedingungen deutlich unter denen des Aufnahmestaates, ergeben sich dadurch erhebliche Kostenvorteile des Arbeitgebers gegenüber den auf dem Markt des Aufnahmestaates zu den dort geltenden Arbeitskosten tätigen Unternehmen. In Wettbewerb treten dann nicht die Vorteile eines qualitativ besseren, sondern die des durch Lohnunterbietung kostengünstigeren Angebotes. Daher ist hier aus Sicht der Mitgliedstaaten mit hohem Lohn- und Sozialniveau erheblicher Regulierungsbedarf entstanden. Denn die sonst üblichen rechtlichen Instrumente zur Herstellung gleicher Arbeitsbedingungen versagen in den Entsendefällen: Das Mittel der Arbeitserlaubnis, die gem. § 39 Abs. 2 S. 1 AufenthG zu versagen ist, wenn ungünstigere Arbeitsbedingungen als für vergleichbare deutsche Arbeitnehmer vereinbart worden sind, steht gegenüber unionsangehörigen entsandten Arbeitnehmern grds. nicht zur Verfügung. Zwar werden diese Personen durch das Diskriminierungsverbot aus Art. 45 Abs. 2 AEUV vor benachteiligenden Regelungen oder Vereinbarungen geschützt, doch wird die Einhaltung dieses Verbotes von niemandem kontrolliert; der Zugang zur Beschäftigung im Aufnahmeland hängt von der Einhaltung des Diskriminierungsverbotes nicht ab.

Weist ein Sachverhalt Bezüge zu mehreren Staaten auf, wie das für die Entsendesituation charakte- 39
ristisch ist, wird die für die Regelung dieser Sachverhalte zuständige Rechtsordnung grds. durch die Regeln des Arbeitskollisionsrechts bestimmt, das seit dem 17.12.2009 durch die sog. **Rom-I-Verordnung, VO (EG) 593/2008**, geregelt ist. Maßgeblich zur Regelung der Vertragsbeziehung bleibt in den Entsendefällen danach grundsätzlich das Recht des Herkunftslandes.[100] Mangels einer Rechtswahl wird das anwendbare Recht gem. Art. 8 Abs. 2 S. 1 Rom-I-VO objektiv bestimmt, dh es gilt die Rechtsordnung des „gewöhnlichen" Arbeitsortes. Dies ist in den Entsendefällen gerade nicht der im Inland gelegene Einsatzort des Beschäftigten, sondern der zeitlich und inhaltlich für die Vertragsdurchführung überwiegende Ort;[101] für Stammarbeitnehmer des Entsendeunternehmens ist dies bei einer Gesamtbetrachtung das Recht des Entsendestaates. Für lediglich zur Projektdurchführung angeworbenes Personal trifft das zwar nicht zu, doch führt in diesem Falle die „Ausweichklausel" des Art. 8 Abs. 2 Rom-I-VO zum selben Ergebnis. Die dafür erforderliche „engere Verbindung" zum Herkunftsland kann schon durch die gemeinsame ausländische Staatsangehörigkeit der Parteien, deren Sitz/Wohnsitz im Ausland sowie die Vertragssprache und -währung begründet werden. Über den Vertragsinhalt in Entsendefällen befindet mithin das Recht des Herkunftslandes; solange die dort vorgeschriebenen Arbeitsbedingungen beachtet werden, kann das Recht des Aufnahmelandes nur noch mit Hilfe seiner **Eingriffsnormen** (Art. 9 Abs. 2 Rom-I-VO) Grenzen ziehen. Solche Vorschriften, die sich ohne Rücksicht auf das anwendbare Recht stets durchsetzen, werden üblicherweise durch ein besonderes ordnungspolitisches Interesse des Staates charakterisiert, das nicht zur Disposition der Vertragsparteien stehen darf. Ob dies für die Entgelt- und sonstigen Arbeitsbedingungen in Tarifverträgen, oder für die Dauer des Urlaubs anzunehmen wäre, ist nach wie vor sehr umstritten.[102] Zur Vermeidung eines Wettbewerbs durch Arbeits- und Sozialkosten wurden besondere Regelungen in Entsendefällen geschaffen, die den international zwingenden Charakter bestimmter Arbeitsbedingungen verbindlich vorgeben. Damit wird für bestimmte Arbeitsbedingungen zwingend die Anwendung der jeweils am Arbeitsort geltenden Bemessung vorgegeben.

3. Die RL 96/71/EG über die Entsendung von Arbeitnehmern

Die RL 96/71/EG über die Entsendung von Arbeitnehmern im Rahmen der Erbringung von 40
Dienstleistungen schreibt eine gegenüber den Regeln des m Internationalen Arbeitsrechts erweiterte Anwendbarkeit des inländischen Arbeitsrechts (nicht des Sozialversicherungsrechts) des Aufnahmestaates auf entsandte Beschäftigte vor.[103] Sie ist als Verpflichtung zur Anwendung zwingender

100 *Schlachter*, NZA 2002, 1242, 1243 f; *dies.*, NZA 2000, 57.
101 *Schlachter*, NZA 2000, 57, 59.
102 *Schlachter*, NZA 2002, 1242, 1244 f.
103 Vgl *Schlachter* in: Schlachter/Ohler, Europäische Dienstleistungsrichtlinie (2008), Vor Art. 19 Rn 11 ff.

gesetzlicher Vorschriften des Aufnahmestaates gefasst, nämlich der gesetzlichen und allgemein geltenden tariflichen Regelungen über Arbeitszeiten, Mindesturlaub, Mindestentgelt, Arbeitnehmerüberlassung, Gesundheitsschutz und Gleichbehandlungsbestimmungen, Art. 3 Abs. 1 RL 96/71/EG. Darüber hinaus ermächtigt sie die Mitgliedstaaten zum Erlass solcher Anwendungsbefehle für allgemein anwendbare Tarifverträge; und Art. 3 Abs. 10 der RL 96/71/EG ermöglicht den Mitgliedstaaten, durch besondere Anordnung auch in anderen Branchen als dem Baugewerbe allgemeinverbindliche Tarifverträge auf entsandte Arbeitskräfte zu erstrecken. Die damit vielfach verbundene Beschränkung der Dienstleistungsfreiheit des Entsendeunternehmens kann mit zwingenden Gründen des Allgemeininteresses gerechtfertigt werden, zu denen auch der Arbeitnehmerschutz gehört.[104] Voraussetzung ist allerdings, dass dieser Schutz nicht bereits durch Vorschriften im Herkunftsstaat des Unternehmens gewährleistet wird, und dass die einschränkenden Maßnahmen nur in geeigneter und verhältnismäßiger Weise angewendet werden.[105] Die Anforderungen an die Verhältnismäßigkeit der Beschränkung sind schrittweise verschärft worden,[106] um die Unternehmen bei der Ausübung der Dienstleistungsfreiheit sowohl vor Zusatzkosten wie auch vor administrativem Aufwand zu schützen. In Deutschland wurde diese Richtlinie durch das AEntG vom 26. Februar 1996 zunächst vorweggenommen, in Neuregelungen dann aber angepasst an die Vorgaben der Richtlinie in der Auslegung durch den EuGH.[107]

41 Das AEntG verfolgte ursprünglich den Zweck, in der Bauwirtschaft die in Deutschland zwingend geltenden tariflichen Arbeitsbedingungen im Sinne der Richtlinie auf entsandte Arbeitnehmer anzuwenden. Mit der Gesetzesreform von 2009[108] wurde die Befugnis zur Festlegung von branchenspezifischen Mindestlöhnen auf weitere Branchen ausgeweitet.[109] Zwar löste namentlich die Tarifkonkurrenzregel bei Ausgestaltung der Verordnungsermächtigung des § 7 AEntG einen Streit über deren Verfassungskonformität aus,[110] doch wirft die Vorschrift im Verhältnis zum Unionsrecht keine zusätzlichen Probleme auf. Allerdings ist das AEntG nicht allein auf diese grenzüberschreitenden Dienstleistungen anwendbar, da eine ausschließliche Bindung von ausländischen Unternehmen an die aufgrund des AEntG festgelegten Mindestarbeitsbedingungen gegen deren Dienstleistungsfreiheit verstoßen würde. Deshalb ordnen die §§ 3 S. 1, 8 Abs. 1, Abs. 2 AEntG vor, dass das Gesetz auch auf Arbeitgeber mit Sitz im Inland gelten. Das Gesetz gilt also entgegen seinem missverständlichen Titel auch für inländische Arbeitgeber (vgl § 8 Abs. 1 AEntG).[111] Eine umfassende Anwendbarkeit kann, da es gerade um tariflich geregelte Arbeitsbedingungen geht, entweder durch eine Allgemeinverbindlicherklärung der maßgeblichen Tarifverträge nach Maßgabe von § 5 TVG oder durch Erlass einer Rechtsverordnung durch den Bundesarbeitsminister unter den Voraussetzungen des § 7 AEntG erreicht werden. Die Einhaltung der darin für in- und ausländische Unternehmen verbindlich vorgesehenen Mindestbedingungen wird von staatlichen Behörden (Zollverwaltung, Finanzbehörden, Bundesagentur für Arbeit u.a.) geprüft und überwacht, §§ 16, 17 AEntG. Setzt ein Unternehmer für die Erfüllung vertraglicher Pflichten Subunternehmer ein, wird er durch § 14 AEntG verpflichtet, für die Zahlung der Mindestentgelte durch diese Subunternehmer verschuldensunabhängig einzustehen; der EuGH hat die Vereinbarkeit dieser die Dienstleistungsfreiheit beschränkenden Anordnung mit dem Unionsrecht anerkannt,[112] soweit sie durch

---

104 St. Rspr.: vgl zB EuGH, 24.1.2002, Rs. C-164/99 (Portugaia Construções Ltd.), Slg 2002, I-787; 25.10.2001, Rs. C-49/98 (Finalarte), Slg 2001, I-7831.

105 EuGH, 28.3.1996, Rs. C-272/94 (Guiot), Slg 1996, I-1905; 23.11.1999, Rs. C-369/96 (Arblade und Leloup), Slg 1999, I-8453.

106 EuGH, 19.6.2008, Rs. C-319/06 (Kommission ./. Luxemburg), NZA 2008, 865.

107 Zur Entwicklungsgeschichte des deutschen Entsenderechts siehe den Überblick bei *Seifert*, in: Kempen/Zachert, TVG, 5. Aufl. (2013), AEntG (Anhang 1 zu § 5), Vorbemerkungen, Rn 8 ff mwN.

108 AEntG in der Fassung vom 24.4.2009, BGBl. I, 799.

109 Vgl den Katalog des § 4 Nr. 1 bis 8 AEntG der in das Gesetz einbezogenen Branchen.

110 Vgl einerseits *Sodan/Zimmermann*, NJW 2009, 2003 und andererseits *Bayreuther*, NJW 2009, 2006. Für einen Überblick über die Diskussion siehe *Seifert*, in: Kempen/Zachert, TVG, Anhang 1 zu § 5 TVG, § 7 AEntG, Rn 11 ff mwN.

111 BGH, 21.3.2000, NZA 2000, 558.

112 EuGH, 12.10.2004, Rs. C-60/03 (Pereira Felix), NZA 2004, 1211.

Gründe des Arbeitnehmerschutzes gerechtfertigt wird. Keine Umsetzung der RL 96/71/EG und überdies nicht mit der Dienstleistungsfreiheit zu vereinbaren ist hingegen die Anordnung einer Pflicht von Bietern zur Abgabe einer Tariftreueerklärung bei der Vergabe öffentlicher Aufträge: Die in verschiedenen Bundesländern existierenden **Vergabemindestlohngesetze** beschränken die Dienstleistungsfreiheit von Bietern in unverhältnismäßiger Weise.[113]

Eine **Reform der RL 96/71/EG** wird schon seit einigen Jahren diskutiert.[114] Am 21.3.2012 legte die Kommission den **Vorschlag für eine Richtlinie zur Durchsetzung der Richtlinie 96/71/EG über die Entsendung von Arbeitnehmern im Rahmen der Erbringung von Dienstleistungen** vor,[115] die insbesondere den Zugang zur Information über die Arbeits- und Beschäftigungsbedingungen verbessern, die Verwaltungszusammenarbeit zwischen den Mitgliedstaaten, die Vorschriften zur Überwachung der Einhaltung der Arbeitnehmerentsendungsvorschriften sowie die zivilrechtliche Durchsetzung sowie die Schaffung eines Rechtsrahmens für die grenzüberschreitende Durchsetzung von Verwaltungsstrafen und Sanktionen verbessern soll. Das Gesetzgebungsverfahren ist allerdings noch nicht abgeschlossen, so dass derzeit noch nicht absehbar ist, ob und gegebenenfalls in welcher Gestalt diese sog. *Enforcement*-Richtlinie für die Arbeitnehmerentsendung in Kraft treten wird. 42

4. Die Dienstleistungsrichtlinie

Nur der Vollständigkeit halber sei an dieser Stelle die RL 2006/123/EG über Dienstleistungen im Binnenmarkt erwähnt, die nach ihrem Art. 1 das Ziel verfolgt, bei gleichzeitiger Gewährleistung einer hohen Qualität der Dienstleistungen die Wahrnehmung der Niederlassungsfreiheit durch Dienstleistungserbringer sowie den freien Dienstleistungsverkehr zu erleichtern.[116] Auch wenn Art. 6 RL 2006/123/EG grundsätzlich das **Herkunftslandsprinzip** für den freien Dienstleistungsverkehr anerkennt, was für den Bereich der Arbeitnehmerentsendung zu einer zu RL 96/71/EG gegenläufigen Lösung der Entsendeproblematik führen würde, ist die Dienstleistungsrichtlinie insoweit ohne Bedeutung. Art. 17 Nr. 2 RL 2006/123/EG stellt nämlich klar, dass das Herkunftslandsprinzip gerade nicht für Angelegenheiten gelten soll, die unter die RL 96/71/EG fallen. Die Entsende-RL geht somit der Dienstleistungsrichtlinie als lex specialis vor. 43

C. Diskriminierungsschutz

Das Unionsrecht enthält zahlreiche besondere Diskriminierungsverbote, garantiert allerdings keinen allgemeinen Gleichbehandlungsgrundsatz in den Verträgen. Ein solcher allgemeiner Gleichbehandlungsgrundsatz erkent der EuGH aber in seiner Rechtsprechung an.[117] Stattdessen werden bestimmte Kriterien festgelegt, derentwegen eine (benachteiligende) Differenzierung grds. nicht vorgenommen werden darf: So verbietet Art. 18 AEUV Diskriminierungen aus Gründen der Staatsangehörigkeit; die Grundfreiheiten (Art. 36, 45, 56, 65 Abs. 3 AEUV) formen dieses allgemeine Verbot der Diskriminierung wegen der Staatsangehörigkeit für ihren jeweiligen Geltungsbereich weiter aus. Art. 19 AEUV ermächtigt die Union zum Erlass von Rechtsakten über das Verbot der Diskriminierung wegen des Geschlechts, der Rasse, der ethnischen Herkunft, der Religion oder Weltanschauung, einer Behinderung, des Alters oder der sexuellen Ausrichtung; Art. 157 AEUV verankert den Grundsatz der Entgeltgleichheit zwischen Frauen und Männern (Abs. 1) und ermächtigt zu Maßnahmen zur Gewährleistung der Chancengleichheit der Geschlechter (Abs. 3). Erst mit Art. 6 Abs. 1 EUV in der Lissabonner Fassung werden die Grundrechte der Grundrechtecharta im glei- 44

113 So ausdrücklich EuGH, 18.9.2014, Rs. C-549/13 (Bundesdruckerei GmbH/Stadt Dortmund), NZBau 2014, 647 zum Vergabemindestlohn (8,62 Euro) des § 4 TVgG-NRW. Der Gerichtshof nahm dabei vor allem auf EuGH, 3.4.2008, Rs. C-346/06 (Dirk Rüffert/Land Niedersachsen), NZA 2008, 537 ff. Bezug; zur Rüffert-Entscheidung ausführlich *Seifert*, EuZA 2008, 526 ff.

114 Vgl zB Kommission, Mitteilung „Binnenmärkte: Zwölf Hebel zur Förderung von Wachstum und Vertrauen", KOM(2011) 206 endg.

115 KOM(2012) 131 endg.

116 Zur Bedeutung der Dienstleistungsrichtlinie für das Arbeitsrecht vgl *Körner*, NZA 2007, 233 ff mwN.

117 EuGH, 19.10.1977, Rs. C-117/76 (Albert Ruckdeschel), Slg 1977, 1753.

chen Range wie Primärrecht der Union anerkannt. Gemäß Art. 21 der Charta wird die Diskriminierung wegen einer Reihe von Merkmalen ausdrücklich verboten, die über die in Art. 19 AEUV und in den RL 2000/43/EG und RL 2000/78/EG verankerten deutlich hinausgehen und durch ihre sprachliche Formulierung mit „insbesondere" klar als nicht abschließende Aufzählung gekennzeichnet sind. Inwieweit sich dieses Diskriminierungsverbot auch an Private richten soll, also insbesondere im Arbeitsverhältnis unmittelbare Wirkung entfalten kann, ist noch nicht abschließend geklärt: Der EuGH erkennt jedenfalls eine negative Horizontalwirkung des Verbots der Altersdiskriminierung iVm der RL 2000/78/EG im Grundsatz an.[118] Daher sollen einstweilen nur die Grundlagen mit anerkannter Wirkung im Privatrechtsverkehr behandelt werden, also neben Art. 157 AEUV insbesondere die Benachteiligungsverbote in den Richtlinien. Das umfasst zunächst die auf der Grundlage von Art. 19 AEUV erlassenen Antidiskriminierungsrichtlinien. Für das Recht der atypischen Arbeitsverträge schreibt das Unionsrecht besondere Diskriminierungsvebrote fest: Dies gilt namentlich für das Teilzeit- und Befristungsrecht sowie für das Leiharbeitsverhältnis(dazu unten Rn 111 ff und Rn 118 f).

I. Grundbegriffe

45 Der Begriff der Diskriminierung ist maßgeblich von der Rechtsprechung des EuGH entwickelt und in der Folge von den Antidiskriminierungsrichtlinien übernommen worden.

1. Unmittelbare Diskriminierung

46 Eine unmittelbare Diskriminierung liegt vor, wenn eine Person wegen eines verbotenen Grundes in einer vergleichbaren Situation eine weniger günstige Behandlung erfährt, als eine andere Person erfährt, erfahren hat oder erfahren würde.[119]

47 Das Verbot der unmittelbaren Diskriminierung ist somit ein **Anknüpfungsverbot**:[120] Nach den gesetzlich genannten Kriterien darf grundsätzlich nicht unterschieden werden, soweit durch die Unterscheidung ein Nachteil ausgelöst wird. Dass von der Regelung oder Maßnahme ein nachteiliges Ergebnis verursacht wird, ist ausreichend, um eine Diskriminierung anzunehmen, eine darauf gerichtete Benachteiligungsabsicht ist nicht erforderlich.[121] Selbst wohlmeinende Differenzierungen, die beispielsweise die Betroffenen vor Überlastung schützen wollen, sind Diskriminierungen, solange sie faktisch einen Nachteil auslösen.

48 Eine unmittelbare Diskriminierung wird vom EuGH aber auch dann angenommen, wenn das Differenzierungsmerkmal nicht das im Diskriminierungsverbot enthaltene Kriterium darstellt, sondern ein damit faktisch derart eng verbundenes Merkmal ist, dass andere (nicht von diesem Diskriminierungsverbot geschützte) Personen es gar nicht verwirklichen können.[122] Hier ist der Kausalzusammenhang zwischen der Zugehörigkeit zur geschützten Gruppe und dem Betroffensein vom Nachteil zwar nicht ebenso evident wie im Falle einer Anknüpfung an das verbotene Merkmal selbst, aber doch eng genug: Wer nachteilig wirkende Regelungen an den Tatbestand der Schwangerschaft[123] anknüpft, trifft damit zwar nicht alle Frauen, aber eben nur Frauen. Deshalb wird diese Unterscheidung ebenso untersagt wie diejenige nach der Geschlechtszugehörigkeit selbst (dazu unten Rn 82).

49 Eine unmittelbare Gleichbehandlung ist grds. verboten, es sei denn es liegt ein die Ungleichbehandlung rechtfertigender Ausnahmetatbestand vor. Art. 14 Abs. 2 RL 2006/54/EG und Art. 4 Abs. 1

118 Vgl EuGH, 19.1.2010, Rs. C-555/07 (Kücükdeveci/Swedex GmbH & Co KG), NZA 2010, 85 ff. Zur Problematik der negative Wirkung des Grundrechts aus Art. 21 GRC siehe *Seifert*, EuR 2010, 802, 805 ff; *ders.*, JbArR 2011 (48), 119, 121 ff.

119 Vgl Art. 2 Abs. 2 lit. a) RL 2000/43/EG; Art. 2 Abs. 2 lit. a) RL 2000/78/EG; Art. 2 Abs. 1 lit. a) RL 2006/54/EG.

120 Dazu im Überblick statt vieler ErfK/*Schlachter*, AGG § 3, Rn 2 ff mwN.

121 LAG Hamburg, 28.3.2001 – 8 SA 115/00; BVerfG, 28.1.1992, E 85, 191, 209.

122 EuGH, 8.11.1990, Rs. C-177/88 (Dekker) NZA 1991, 171; 14.7.1994, Rs C-32/93 (Webb), NZA 1994, 783; 19.11.1998, Rs. C-66/96 (Pedersen), NZA 1999, 757; 11.1.2000, Rs. C-285/98 (Kreil), NZA 2000, 137.

123 EuGH, 4.10.2001, Rs. C-109/00 (Brandt-Nielsen), NZA 2001, 1241; 4.10.2001, Rs. C-438/99 (Jiménez Melgar), NZA 2001, 1243.

RL 2000/78/EG sehen übereinstimmend als Ausnahmetatbestand vor, dass das Merkmal aufgrund der Art einer bestimmten beruflichen Tätigkeit oder der Bedingungen ihrer Ausübung eine wesentliche und entscheidende berufliche Anforderung darstellt, sofern es sich um einen rechtmäßigen Zweck und eine angemessene Anforderung handelt. Für die Ungleichbehandlung aufgrund einzelner Merkmale ist eine solche Rechtfertigung indessen ausgeschlossen: Dies gilt namentlich für Ungleichbehandlungen wegen der Rasse und der ethnischen Herkunft; die RL 2000/43/EG sieht insoweit keine Ausnahmevorschrift vor. Auch der Grundsatz der Entgeltgleichheit ist einer solchen Rechtfertigung nicht zugänglich. Für einzelne Differenzierungsmerkmale sehen die Richtlinien darüber hinaus aber noch besondere Ausnahmetatbestände vor, so etwa Art. 6 RL 2000/78/EG für Ungleichbehandlungen aufgrund des Alters und Art. 4 Abs. 2 RL 2000/78/EG für Ungleichbehandlungen wegen der Religion durch kirchliche Arbeitgeber.

2. Mittelbare Diskriminierung

Demgegenüber liegt eine mittelbare Diskriminierung vor, wenn **dem Anschein nach neutrale Vorschriften, Kriterien oder Verfahren** solche Personen, die das Unterscheidungsmerkmal aufweisen, in besonderer Weise benachteiligen können. Ein klarer Fall von mittelbarer Diskriminierung ist daher die sogenannte versteckte Diskriminierung, die lediglich das dem Anknüpfungsverbot unterliegende Kriterium durch ein anderes ersetzt, das dieselbe Wirkung haben soll.[124] Auf eine derartige Vorgehensweise in Diskriminierungsabsicht ist das Verbot mittelbarer Diskriminierung allerdings nicht beschränkt; grundsätzlich unzulässig sind auch Unterscheidungen, die lediglich tatsächlich erheblich nachteiligere Wirkungen[125] auf eine geschützte Gruppe entfalten. Vorbild der Rechtsfigur der mittelbaren Diskriminierung ist die Rechtsprechung des EuGH zur Arbeitnehmerfreizügigkeit (Art. 45 AEUV).[126] 50

Die Verletzung dieses Diskriminierungsverbots steht im Falle einer nur **statistisch belegten Ungleichbehandlung**[127] zwar nicht sicher fest, weil der Kausalzusammenhang zwischen dem Differenzierungsmerkmal und dem Betroffensein von dem Nachteil nicht selbst unmittelbar bewiesen wird. Wenn die Maßnahme oder Regel ein Differenzierungskriterium heranzieht, das nicht selbst im Anknüpfungsverbot genannt wird, aber dennoch gerade die Träger des Merkmals nachteilig trifft, die durch das Verbot vor Nachteilen geschützt werden soll, ist der Kausalzusammenhang zwar naheliegend, aber nicht sicher. Auf das Motiv der Handelnden abzustellen, kommt auch in diesem Falle nicht in Betracht,[128] wäre aber zudem gleichfalls einem Beweis kaum zugänglich. Daher wird zugunsten der nachteilig betroffenen Personengruppe vermutet, dass eine Kausalität von Merkmalszugehörigkeit und Betroffensein durch den Nachteil besteht.[129] Ein voller Beweis ist damit zwar nicht erbracht, wohl aber eine erhöhte Wahrscheinlichkeit, die bis zur Erbringung eines Gegenbeweises für die Tatsachenfeststellung genügt. 51

Die **Beweiskraft des Vergleichs** hängt allerdings von verschiedenen Umständen ab. Überzeugend wird die Wahrscheinlichkeit vor allem dadurch belegt, dass zwei Gruppen von hinreichender Größe miteinander verglichen werden, deren eine weit überwiegend aus Personen zusammengesetzt 52

124 Vgl für den Bereich der Freizügigkeit der Arbeitnehmer: *Brechmann*, in: Calliess/Ruffert, Art. 39 EGV, Rn 47. Anderes soll für die Diskriminierung im Entgeltbereich gelten, wo Teile des deutschen Schrifttums (*Hanau/Steinmeyer/Wank*, § 16, Rn 24; *Wank*, RdA 1985, 1, 21; *Hanau/Preis*, ZfA 1988, 177, 180 f, die im Anschluss an den Vorlagebeschl. des BAG, 5.6.1984, AP Nr. 3 zu Art. 119 EWGV (Bilka) eine weitere Unterscheidung zwischen mittelbarer und verdeckter Diskriminierung vornehmen. Der EuGH trifft diese Unterscheidung nicht, vgl EuGH, 13.5.1986, Rs. 170/84 (Bilka), Slg 1986, 1607 = AP Nr. 10 zu Art. 119 EWGV; EuGH, 8.4.1976, Rs. 43/75 (Defrenne II), Slg 1976, 455, 473, Rn 16/20. Gegen diese Unterscheidung auch *Krebber*, in: Calliess/Ruffert, Art. 141 EGV, Rn 39.

125 BAG, 8.6.2005, NZA 2006, 611.

126 EuGH, 23.5.1996, Rs. C-237/94 (O'Flynn), Slg 1996, I-2617, 16.9.2004 Rs. C-400/02 (Merida), Slg 2004, I-8471. Zum Verbot mittelbarer Diskriminierungen wegen der Staatsangehörigkeit im Rahmen von Art. 45 Abs. 2 AEUV siehe oben Rn 32.

127 Kritisch: *Schiek*, NZA 2004, 873, 875.

128 EuGH, 13.5.1986, Rs. 170/84 (Bilka), Slg 1986, 1607.

129 EuGH 27.10.1993, (Enderby), AP EWG-Vertrag Art. 119 Nr. 50.

ist, die das vom Diskriminierungsverbot bezeichnete Merkmal aufweisen, während die andere entsprechend überwiegend aus Personen ohne dieses Merkmal besteht. Wirkt eine Differenzierung derart, dass sie gerade die überwiegend aus Merkmalsträgern bestehende Gruppe nachteilig trifft, ist das Vorliegen einer Benachteiligung „wegen des Merkmals" wahrscheinlich.

53 Die **Vergleichsgruppen** werden dem persönlichen Geltungsbereich der Differenzierungsbestimmung entsprechend festgelegt: Eine betriebliche Personalauswahlrichtlinie betrifft alle Bewerber, eine Tarifklausel die Tarifgebundenen und Gleichgestellte, ein Gesetz alle Adressaten.[130] Um aussagekräftig sein zu können, müssen die Vergleichsgruppen stets möglichst alle von dem überprüften Merkmal berührten Personen einbeziehen.[131] Zu vergleichen ist die Gruppe derjenigen, die durch Verwendung des überprüften Kriteriums belastet wird, mit der Gruppe derjenigen, die durch dessen Anwendung begünstigt oder doch zumindest nicht belastet wird. Maßgeblich ist das prozentuale Verhältnis der Merkmalsverteilung in beiden Gruppen, die absoluten Zahlen der betroffenen Personen sind kein hinreichend aussagekräftiges Indiz:[132] Ist ein Geschlecht in der nachteilig betroffenen Gruppe prozentual wesentlich häufiger vertreten als in der begünstigten, oder prozentual wesentlich häufiger als in der Gesamtgruppe, auf die das fragliche Merkmal angewendet wird, ist eine geschlechtsbedingte Benachteiligung zu vermuten.

54 Die **Indizwirkung des Gruppenvergleichs** setzt eine **wesentlich stärkere Belastung** der einen Gruppe voraus.[133] Daher sind aussagekräftige Angaben über ausreichend große Vergleichsgruppen erforderlich, damit nicht Zufälligkeiten und konjunkturelle Schwankungen das Ergebnis beeinflussen.[134] Welches Zahlenverhältnis diesen Voraussetzungen genügt, ist noch nicht abschließend geklärt, weil in den bisher entschiedenen Fällen idR die Benachteiligung von Teilzeitbeschäftigten[135] zu prüfen war, also einer unbestritten „überwiegend" (etwa 90 %) aus Frauen bestehenden Gruppe. Zudem kommt es nicht allein auf die Prozentzahl, sondern auf die Signifikanz der Abweichung von einer erwarteten „Normalverteilung" der Geschlechter auf die Vergleichsgruppen an;[136] generell wird man die Vermutungswirkung jedenfalls bei einem Relationsunterschied von etwa 75 % anerkennen können, sofern die prozentuale Abweichung ebenfalls aussagekräftig ist.[137]

55 Nicht für die Unanwendbarkeit, wohl aber für eine Entbehrlichkeit des soeben geschilderten statistischen Nachweises kann Art. 2 Abs. 1 lit. b) der RL 2006/54/EG angeführt werden, der den Begriff der „mittelbaren Diskriminierung" dahingehend fasst, dass bereits Anknüpfungstatsachen diskriminierend wirken, die ein Geschlecht lediglich „in besonderer Weise ... benachteiligen *können*". Eine solche Beweiserleichterung wird mit einer Verringerung des Beweismaßes (zB Verzicht auf signifikante Statistiken), aber zugleich mit deren verringerter Beweiskraft einhergehen. Die bisher beim Diskriminierungsbegriff angesiedelten Probleme können sich auf die Rechtfertigungsebene verlagern. Zu einem Verzicht auf das Merkmal einer mittelbaren Diskriminierung gibt aber die Änderung der Richtlinienfassung keinen Anlass.[138] Die statistischen Nachweismethoden sind nach der Rspr. bereits zuvor nicht durchgängig für eine Feststellung mittelbarer Diskriminierung maßgebend. Wie bereits gezeigt (oben Rn 50) war dies bei der Benachteiligung aus Gründen der Staatsangehörigkeit, Art. 45 Abs. 2 AEUV, von Anfang an nicht vorausgesetzt worden, sondern dort war bereits die bloße Möglichkeit als genügend erachtet worden, dass ein bestimmtes Differenzierungskriterium gerade Wanderarbeitnehmer besonders belasten kann.

---

130 EuGH, 6.12.2007, Rs. C-300/06 (Voß), EuR 2008, 691 Rn 40.
131 EuGH, 30.11.1993 (Kirsammer-Hack), AP KSchG 1969 § 23 Nr. 13.
132 BAG, 2.12.1992, AP BAT § 23 a Nr. 28; 18.2.2003, AP BGB § 611 a Nr. 22; *Schlachter*, Wege zur Gleichberechtigung, S. 153 f; *Wißmann*, in: FS Wlotzke, S. 809 f; KR/*Pfeiffer*, Rn 41 ff.
133 EuGH, 6.12.2007, Rs. C-300/06 (Voß), EuR 2008, 691.
134 EuGH, 27.10.1993 (Enderby), AP EWG-Vertrag Art. 119 Nr. 50.
135 BAG, 20.11.1990, AP BetrAVG § 1 Gleichberechtigung Nr. 8; 14.3.1989, AP BetrAVG § 1 Gleichberechtigung Nr. 5; 23.1.1990, AP BetrAVG § 1 Teilzeit Nr. 4; 2.12.1992, AP BAT § 23 a Nr. 28.
136 BAG, 23.9.1992, AP BGB § 612 Diskriminierung Nr. 1.
137 *Wißmann*, in: FS Wlotzke, S. 809, 815.
138 So auch BAG, 18.2.2003, AP BGB § 611 a Nr. 22.

Ein mittelbar benachteiligend wirkendes Differenzierungskriterium ist nicht stets unanwendbar, sondern kann **gerechtfertigt** werden, wenn eine arbeitsplatzbezogene Begründung für seine Verwendung besteht, welche die Wahrscheinlichkeit eines Kausalzusammenhangs zu dem geschützten Merkmal erschüttert: Dient das Merkmal einem objektiven unternehmerischen Bedürfnis, oder – bei Prüfung einer Rechtsnorm – einem objektiven sozialpolitischen Bedürfnis des Normgebers, und wird es in verhältnismäßiger Weise eingesetzt, so ist seine Verwendung legitimiert. Das wurde etwa für eine hohe Qualifikation,[139] für die Bereitschaft zur Versetzung und zum Leisten von Überstunden anerkannt, soweit diese Voraussetzungen am konkreten Arbeitsplatz sachlich erforderlich sind.[140] Herrscht auf dem Arbeitsmarkt ein Mangel an Bewerbern mit bestimmter Qualifikation, kann zur Gewinnung solcher Kräfte ein höheres Entgelt geboten werden.[141] Wird zum Ausgleich für ungünstige Arbeitszeiten (Schichtdienst) eine Arbeitszeitverkürzung gewährt, kann dies ein anderen Berufsgruppen gegenüber ungünstigeres Grundgehalt rechtfertigen.[142] Dagegen sind allgemeine Aussagen über ganze Arbeitnehmergruppen wie zB eine angenommene geringere betriebliche Verbundenheit oder geringere Arbeitsmotivation von Teilzeitkräften, keine tauglichen Rechtfertigungsgründe[143] für deren Benachteiligung. Nach Ansicht des EuGH ist eine Unterscheidung nach der Betriebszugehörigkeitsdauer in den meisten Fällen gerechtfertigt,[144] da größere Berufserfahrung idR bessere Arbeitsleistung zur Folge habe. Haushaltserwägungen oder Sparzwänge sind jedoch keine Rechtfertigung für merkmalsabhängige Einsparungen;[145] notwendige Kostensenkungen müssen vielmehr „merkmalsneutral" erreicht werden. Dass ein Differenzierungsmerkmal durch Tarifvertrag oder Gesetz vorgegeben ist, genügt als Rechtfertigung ebenfalls nicht: Da sich die Diskriminierungsverbote auch an die Tarifvertragsparteien und an den Gesetzgeber richten, müssen deren Normen gleichfalls auf das Vorliegen eines Rechtfertigungsgrundes überprüft werden, falls sie mittelbar benachteiligende Differenzierungskriterien enthalten.[146] Hier besteht der Rechtfertigungsgrund in einem objektiven, sozialpolitischen Konzept, zu dessen Verwirklichung die Verwendung des benachteiligenden Merkmals geeignet und erforderlich sein muss.[147] Als ein Indiz für das Vorliegen objektiver, nicht diskriminierender Gründe ist der Umstand, dass ein insgesamt benachteiligendes Entgeltgefüge gerade von den Tarifparteien festgesetzt worden ist, gewertet worden.[148] 56

3. Positive Maßnahmen

Differenzierungen nach einem geschützten Merkmal unterfallen grundsätzlich dem Begriff der unmittelbaren Diskriminierung (Rn 46 ff) und sind dementsprechend unzulässig, sofern kein Ausnahmetatbestand vorliegt. Einer der besonders umstrittenen Ausnahmefälle sind stets Maßnahmen zur Förderung derjenigen Gruppe gewesen, zu deren besonderem Schutz die Diskriminierungsverbote ursprünglich geschaffen worden sind. Zwar ist auch eine Fördermaßnahme, die unmittelbar auf ein geschütztes Merkmal bezogen ist, eine direkt merkmalsbezogene Differenzierung, die sich zudem auf die nicht geförderte Gruppe nachteilig auswirkt, da sie deren Angehörige entweder von Sondervorteilen ausnimmt oder ihr sogar bereits bestehende Vorteile vorenthält. Es ist jedoch denkbar, dass diese Vorgehensweise – unter entsprechend einschränkenden Voraussetzungen – wegen des mit ihr verfolgten Regelungszwecks der **Förderung der Gleichstellung** im Ergebnis doch zulässig ist. Die Schaffung einer solchen Ausnahme bedarf jedoch stets einer rechtlichen Grundlage. 57

139 EuGH, 11.5.1999 (Wiener Gebietskrankenkasse), AP EG-Vertrag Art. 141 Nr. 1; BVerwG, 21.12.2000, RiA 2002, 145.
140 EuGH, 17.10.1989, (Danfoss) AP EWG-Vertrag Art. 119 Nr. 19.
141 EuGH, 27.10.1993, (Enderby) AP EWG-Vertrag Art. 119 Nr. 50.
142 EuGH, 30.3.2000, (Jemställdhetsombudsman) AP EWG-RL 75/117 Nr. 15.
143 EuGH, 13.7.1989, AP EWG-Vertrag Art. 119 Nr. 16; 7.2.1991, AP BAT § 23 a Nr. 25.
144 EuGH, 17.10.1989, (Danfoss) AP EWG-Vertrag Art. 119 Nr. 19.
145 EuGH, 6.4.2000, (Jörgensen) AP EWG-RL 76/207 Nr. 21.
146 EuGH, 7.2.1991, AP BAT § 23 a Nr. 25; 27.10.1993, AP EWG-Vertrag Art. 119 Nr. 50; BAG, 7.3.1995, AP BetrAVG § 1 Gleichbehandlung Nr. 26.
147 BAG, 19.3.2002, ZTR 2002, 481.
148 EuGH, 31.5.1995 (Royal Copenhagen), Slg 1995, I-1275 = AP EWG-Vertrag Art. 119 Nr. 68.

a) Primärrechtliche Grundlagen

58 Allgemeine Bestimmungen über positive Maßnahmen enthält das Primärrecht nicht; lediglich für den Sonderfall der Geschlechtergleichbehandlung besteht eine Zuständigkeitsregel: Die Ermächtigungsgrundlage des Art. 157 Abs. 3 AEUV erteilt dem Rat die Befugnis, „Maßnahmen zur Gewährleistung der Anwendung des Grundsatzes der Chancengleichheit und der Gleichbehandlung von Männern und Frauen" zu beschließen. Damit wird der Union die Kompetenz zum Erlass von Sekundärrecht übertragen, allerdings in inhaltlich wenig umrissener Form. Ob damit auch positive Maßnahmen von der Union selbst beschlossen werden dürfen, ist nicht klar. Die Befugnis zur „Förderung der Chancengleichheit" spricht dafür, dass der Gleichbehandlungsgrundsatz inhaltlich ausgestaltet werden darf, die Beschränkung auf Maßnahmen der „Anwendung" dieses Grundsatzes eher dagegen.[149]

59 Eindeutig ist dagegen in **Art. 157 Abs. 4 AEUV** eine Befugnis der Mitgliedstaaten – nicht der Union selbst – geregelt, „spezifische Vergünstigungen" zur „Erleichterung der Berufstätigkeit des unterrepräsentierten Geschlechts oder zur Verhinderung bzw zum Ausgleich von Benachteiligungen in der beruflichen Laufbahn beizubehalten oder zu beschließen". Damit sind positive Maßnahmen der Mitgliedstaaten grundsätzlich für zulässig erklärt, wenngleich sie nicht verpflichtend vorgeschrieben sind, also eine Ausnahme vom Benachteiligungsverbot begründet. Einige einschränkende Voraussetzungen dieser Befugnis legt die Norm selbst fest: Eine **Ausnahme** gem. Abs. 4 ist **nur zwecks effektiver Gewährleistung der Gleichstellung** zulässig; vom Grundsatz der Gleichbehandlung darf also nur abgewichen werden, wenn die geplanten Maßnahmen zur Durchsetzung dieses Ziels geeignet und erforderlich sind. Für die Feststellung, ob die diese Voraussetzungen tatsächlich vorliegen, verfügen die Mitgliedstaaten über eine Einschätzungsprärogative. Allerdings ist bei der Verhältnismäßigkeitsprüfung dem Ausnahmecharakter des Abs. 4 Rechnung zu tragen. Von der Öffnungsklausel dürfen nur die Mitgliedstaaten selbst Gebrauch machen, eine Ausnahme zugunsten von Regelungen der Kollektivvertragsparteien ist davon nicht umfasst, solange diese nicht vom Mitgliedstaat ausdrücklich ermächtigt worden sind.[150]

60 Die Maßnahme muss die von ihr Betroffenen *begünstigen*, also besser stellen; eine bereichsspezifische Begrenzung, etwa auf Wiedereingliederungsmaßnahmen, Schulungen usw ist nicht vorgesehen. Kompensationsmaßnahmen im Entgeltbereich sind dagegen im Regelfalle weder geeignet noch hinreichend *spezifisch*, um die Berufstätigkeit zu erleichtern oder Benachteiligungen auszugleichen. Spezifisch in diesem Sinne kann eine Maßnahme nur sein, wenn sie gezielt zum Ausgleich bestehender Nachteile eingesetzt wird. Zur Erleichterung der Berufstätigkeit dient eine Maßnahme auch dann, wenn sie nicht unmittelbar als Gegenmaßnahme gegen eine Benachteiligung ergriffen wird; sie muss sich freilich positiv auf die *unterrepräsentierte Gruppe* auswirken, also an einem Zahlenverhältnis ansetzen, das Indiz für die Feststellung einer mittelbaren Benachteiligung sein kann. Maßnahmen zur Verhinderung/Ausgleich von Benachteiligungen müssen dagegen unmittelbar als Gegenmittel gegen eine Diskriminierung ergriffen werden; zur „Verhinderung" einer Benachteiligung dient eine Förderung dann, wenn die anderenfalls bestehende Wahrscheinlichkeit ihres Eintritts konkret belegbar ist.

b) Richtlinienrecht

61 Die Richtlinien zur Gleichbehandlung enthalten besondere Bestimmungen über die Zulassung positiver Maßnahmen.[151] Sie sind als Erlaubnisnormen gefasst, verpflichten die Mitgliedstaaten also nicht zur Einführung positiver Massnahmen, sondern gestatten ihnen, unter besonderen Voraussetzungen vom Verbot der unmittelbaren Diskriminierung abzuweichen, um eine tatsächliche Gleichstellung der benachteiligten Gruppe zu verwirklichen. Für den Bereich der Geschlechtergleichstellung hat der Rat allerdings schon im Jahre 1984 den Mitgliedstaaten empfohlen, „eine Politik posi-

149 *Krebber*, in: Calliess/Ruffert, Art. 157 AEUV, Rn 92.
150 *Krebber*, in: Calliess/Ruffert, Art. 141 EGV, Rn 85; zweifelnd *Hanau*, in: FS Lüderitz, S. 241, 262.
151 Art. 5 RL 2000/43/EG; Art. 7 Abs. 1 RL 2000/78/EG; Art. 3 RL 2006/54/EG.

tiver Maßnahmen anzunehmen, um die faktischen Ungleichheiten, mit denen die Frauen im Berufsleben konfrontiert sind, zu beseitigen, sowie die Aufhebung der Geschlechtertrennung am Arbeitsmarkt zu fördern".[152] Regelungsziel positiver Maßnahmen muss dabei jeweils die „Gewährleistung der vollen Gleichstellung" im Berufsleben sein, die Benachteiligungen wegen eines geschützten Merkmals verhindert oder ausgleicht. Dies dient der Umsetzung und Konkretisierung der bisherigen Rechtsprechung des EuGH zur Zulässigkeit von Fördermaßnahmen, insbesondere von **Quotenregelungen**, aber erweitert zugleich in Übereinstimmung mit der Ermächtigungsgrundlage des Art. 157 Abs. 4 AEUV früher bestehende Einschränkungen, wonach ausschließlich Maßnahmen zur Förderung der „Chancengleichheit" zugelassen waren. Damit sind zwar Maßnahmen zur Herstellung gleicher Zugangsmöglichkeiten vom Differenzierungsverbot ausgenommen, das Ziel der „Ergebnisgleichheit" sieht der EuGH von der Ausnahmeklausel allerdings nicht umfasst.[153]

Als problematischer wurden dagegen **Fördermaßnahmen** eingestuft, **die am Zugang zur Erwerbstätigkeit ansetzen**. Starre Quoten und unbedingte Vorrangregelungen auf der Grundlage gleicher Qualifikation sind unzulässig.[154] Dasselbe gilt für Regelungen, die bei ausreichender Qualifikation das bislang unterrepräsentierte Geschlecht leistungsunabhängig zu berücksichtigen gebieten.[155] Dagegen dürfen Ungleichheiten dadurch beseitigt werden, dass Frauen begünstigende Maßnahmen vorgenommen werden, sofern sie inhaltlich angemessen ausgestaltet werden, dh den Frauen nicht „absolut und unbedingt den Vorrang einräumen" oder eine Gleichverteilung der Geschlechter auf allen Funktionsebenen bindend vorgeben.[156] Eine **Quotierung von Ausbildungsplätzen** kann wegen der überragenden Bedeutung der Ausbildung für die Chancengleichheit gerechtfertigt sein,[157] wenn sie gewährleistet, dass der Zugang zu bestimmten Berufen für Angehörige des bislang überrepräsentierten Geschlechts dadurch nicht versperrt wird. Ist eine Auswahl zwischen mehreren gleich qualifizierten und gleich geeigneten Personen zu treffen, darf als sekundäres Auswahlkriterium auch eine Fördermaßnahme berücksichtigt werden, sofern sie keine Entscheidungsautomatik vorsieht.[158] Die Berücksichtigung zusätzlicher Merkmale im Einzelfall muss gewährleistet sein, doch dürfen diese Merkmale ihrerseits nicht faktisch diskriminierend wirken. Die Entscheidung wird also jedenfalls dann nicht mit Merkmalen wie Beförderungsdienstalter, Familienstand und Zahl der unterhalts*berechtigten* Angehörigen begründet werden können, wenn diese Kriterien sich *strukturell* zum Nachteil von Bewerberinnen auswirken.[159] Damit das Ziel der Angleichung der Lebensverhältnisse nicht durch diskriminierende Qualifikationsbeurteilungen unterlaufen wird, dürfen Förderpläne Zielvorgaben festlegen. 62

Die Problematik der Fördermaßnahmen einschließlich der Quotierung kann sich in vergleichbarer Weise wie bei der geschlechtsbedingten Benachteiligung auch bei anderen verbotenen Merkmalen stellen, insbesondere bei der Zulassung von **Differenzierungen aufgrund des Alters oder einer Behinderung**. Das Unionsrecht schreibt durchweg die Einführung solcher Maßnahmen nicht vor, sondern lässt sie lediglich zu, so dass sich die Entscheidung über die Zulassung wie auch die über die Adressaten aus dem nationalen Recht ergeben muss. Die Förderentscheidung darf vom Gesetzgeber getroffen werden, wie im Falle von Bevorzugungsklauseln in den Gesetzen zur Gleichstellung von Frauen und Männern im öffentlichen Dienst (Frauenfördergesetze des Bundes und der Länder) 63

---

152 Empfehlung des Rates v. 23.12.1984 zur Förderung positiver Maßnahmen für Frauen, ABl. L 331 v. 19.12.1984, S. 0034-0035.

153 EuGH, 17.10.1995, (Kalanke) NJW 1995, 3109.

154 EuGH, 17.10.1995, (Kalanke) NJW 1995, 3109; BAG, 21.1.2003, NZA 2003, 1036.

155 EuGH, 6.7.2000, (Abrahamson) AP EWG-RL 76/207 Nr. 22.

156 EuGH, 17.10.1995, (Kalanke) NJW 1995, 3109; 11.11.1997, (Marschall) AP EWG-RL 76/207 Nr. 14; 28.3.2000 (Badeck), AP EWG-RL 76/207 Nr. 20; BAG, 5.3.1996, AP GG Art. 3 Nr. 226; vgl. *Schlachter*, Wege zur Gleichberechtigung, S. 135, 188 ff.

157 EuGH, 28.3.2000 (Badeck), AP EWG-RL 76/207 Nr. 20; BVerwG, 20.3.1996, AP LPVG-Berlin § 72 Nr. 1.

158 EuGH, 11.11.1997 (Marschall), AP EWG-RL 76/207 Nr. 14; aA OVG Lüneburg, 8.3.1996, NVwZ 1997, 611.

159 BAG, 21.1.2003, NZA 2003, 1036; aA OVG Schleswig, 6.3.1998, NVwZ-RR 1999, 261 ff; OVG Münster, 27.3.1998, NZA-RR 1998, 525; OVG Rheinland-Pfalz, 29.6.1999, DÖD 2000, 62.

oder im Behindertenrecht. Sie könnte aber auch Tarifvertrags- und Betriebsparteien oder den Arbeitgebern frei gestellt werden, wenn entsprechende Zuständigkeiten gesetzlich übertragen werden. Nach früherer Rechtslage war dies umstritten, weil § 611 a BGB eine besondere Regelung über die Zulassung von Fördermaßnahmen nicht enthielt. **§ 5 AGG** enthält allerdings eine ausdrücklich vom Vorliegen eines Rechtfertigungsgrundes unabhängige Ausnahme vom Benachteiligungsverbot, sofern bestimmte Voraussetzungen gewahrt bleiben: Die Differenzierung muss dem Ziel dienen, „bestehende", also nicht nur vermutete Nachteile entweder präventiv für den eigenen Einflussbereich zu verhindern oder zumindest auszugleichen. In beiden Fällen muss die Maßnahme aber spezifisch auf einen bestimmten Nachteil ausgerichtet sein, allgemeine Begünstigungen genügen dafür nicht. Zudem ist die Verhältnismäßigkeit von Zweck und Mittel sicherzustellen: „Geeignet und angemessen" ist eine positive Maßnahme nur dann, wenn sie das erstrebte Ziel tatsächlich befördert, zugleich in das formale Gleichbehandlungsgebot nur insoweit eingreift, wie das zur Zielerreichung unbedingt erforderlich ist, und die Gleichbehandlungsinteressen der nicht geförderten Personen nicht unverhältnismäßig einschränkt. Die bisherige Rechtsprechung des EuGH zur Zulässigkeit von Maßnahmen zur Förderung der Geschlechtergleichbehandlung dürfte auch zur Beurteilung der Ausnahme von anderen Gleichbehandlungsgrundsätzen heranzuziehen sein.

4. Der Diskriminierung gleichgestellte Tatbestände

64 Die Antidiskriminierungsrichtlinien erweitern die Anwendbarkeit der Diskriminierungsverbote jeweils noch um die Tatbestände der **„Belästigung"** und der **„Anweisung zur Diskriminierung"**.[160] Erfahrungen mit dem Verbot der Belästigung bestanden nach deutschem Recht wegen der Bestimmungen des Beschäftigtenschutzgesetzes, das die sexuelle Belästigung am Arbeitsplatz untersagte und den Arbeitgeber zum Ergreifen präventiver Maßnahmen (§ 2 Abs. 1 BeschSchG) und angemessener Schutzmaßnahmen (§ 4 Abs. 1 BeschSchG) verpflichtete, ohne allerdings eine finanzielle Entschädigung belästigter Personen vorzusehen.

65 Das **belästigende Verhalten** muss eine Würdeverletzung „bezwecken oder bewirken", um als Diskriminierung qualifiziert zu werden; es muss also eine bloße Lästigkeitsschwelle überschreiten und den Geltungsanspruch der Betroffenen beeinträchtigen. Der Schweregrad einer „Verletzung der Menschenwürde" ist nicht vorausgesetzt, sofern nur tatsächlich der Geltungsanspruch Betroffener beeinträchtigt wird. Dies dürfte Fälle des sogenannten Mobbing mit abdecken, sofern die Betroffenen eines der geschützten Merkmale aufweisen. Als Beispiel für eine verbotene Belästigung wird nämlich die „Schaffung eines feindlichen Arbeitsumfeldes" genannt, die ebenfalls ein Verhalten mit einigem Schweregrad voraussetzt.[161]

66 Für das in den Antidiskriminierungs-Richtlinien ebenfalls verankerte Verbot einer **„Anweisung zur Diskriminierung"** bestand im deutschen Recht kein Regelungsvorbild. Da sich in solchen Fällen der Anweisende einer anderen Person bedient, um das verbotene Ergebnis der Benachteiligung zu erreichen, hätte er aber auch ohne Umsetzungsgesetz für ein derartiges Verhalten haften müssen.[162] Auswirkungen hat die Neuregelung mithin nur für den Fall, dass der Angewiesene die Anweisung nicht ausführt, so dass es an einer nach allgemeinen Grundsätzen zurechenbaren Benachteiligung fehlt.[163]

5. Beweislastverteilung

67 Nach allgemeinen Beweislastregeln obläge es den Anspruchstellern, die merkmalsbezogene Diskriminierung darzulegen und zu beweisen. Dies ist – besonders in Fällen einer mittelbaren Diskriminierung – eine oftmals nur schwer zu erfüllende Anforderung, da zulässige Differenzierungsgründe zahlreich, und somit eine diskriminierende Ursache für festgestellte Ungleichheiten im Ergebnis kaum positiv zu belegen sind. Anspruchstellern stünde in diesen Fällen oftmals „kein wirksames

160 Art. 2 Abs. 3, 4 RL 2000/43/EG; Art. 2 Abs. 3, 4 RL 2000/78/EG, Art. 2 Abs. 2 lit. b) RL 2006/54/EG.
161 Statt vieler ErfK/*Schlachter*, AGG § 3, Rn 19 mwN.
162 So zu Recht der Hinweis von ErfK/*Schlachter*, AGG § 3, Rn 23.
163 Vgl ErfK/*Schlachter*, AGG § 3, Rn 23 mwN.

Mittel zur Verfügung, um die Einhaltung der Diskriminierungsverbote vor den nationalen Gerichten durchzusetzen, es sei denn der Beweis des Anscheins einer Diskriminierung führte ausnahmsweise dazu, dem beklagten Arbeitgeber die Beweislast dafür aufzuerlegen, dass sein Verhalten in Wirklichkeit nicht diskriminierend ist".[164] Entsprechend hat auch der EuGH bereits frühzeitig verlangt, **für eine effektive Rechtsdurchsetzung** die allgemeinen Grundsätze über die Beweislastverteilung zu modifizieren.[165] Damit sollte den Anspruchstellern ein Nachweis erspart werden, der meist Kenntnis von Tatsachen voraussetzt, die in der Sphäre des Unternehmens liegen. Eine Beweislastumkehr ist allerdings nicht gewollt: Sowohl die Rechtsprechung wie die verschiedenen Richtlinien sind stets nur von **Beweiserleichterungen** ausgegangen.[166]

Diese Grundsätze wurden für Diskriminierungen wegen des Geschlechts[167] in der Beweislastrichtlinie 97/80/EG (jetzt: Art. 19 RL 2006/54/EG) normiert. Danach sollten Personen, die sich durch eine Verletzung des Gleichbehandlungsgrundsatzes für beschwert halten, **bei Gericht lediglich Tatsachen** glaubhaft machen müssen, die das Vorliegen einer Diskriminierung vermuten lassen.[168] Daraufhin muss es der beklagten Partei obliegen, das Fehlen einer Verletzung des Gleichbehandlungsgrundsatzes zu beweisen. Diese Formulierung ist im Wesentlichen in die neueren Antidiskriminierungsrichtlinien übernommen worden,[169] gilt also einheitlich für das gesamte Antidiskriminierungsrecht. **§ 22 AGG** hat mit von § 611 a Abs. 1 S. 3 BGB abweichendem Wortlaut[170] versucht, diese Vorgaben umzusetzen. Trotz der Unklarheiten, die aufgrund der neugefassten Formulierung bestehen, bleibt die Norm einer unionsrechtskonformen Auslegung zugänglich. 68

Nach diesen Grundsätzen obliegt es zunächst dem sich auf das Diskriminierungsverbot berufenden Arbeitnehmer, die Umstände, aus denen sich eine vergleichsweise schlechtere Behandlung und damit eine Diskriminierung ergibt, darzulegen und ggf. zu beweisen; dafür genügt es allerdings, dass ein vergleichbarer Bewerber ohne das geschützte Merkmal eingestellt, befördert oder nicht entlassen worden ist bzw dass sonst vergleichbaren Beschäftigten günstigere Arbeitsbedingungen gewährt werden. Ist aber eine Auswahlentscheidung des Arbeitgebers bei Bewerbungen nicht bekannt, wird die Vorschrift leicht ins Leere laufen. Abhilfe könnte ein **Auskunftsanspruch** des abgewiesenen, aber anforderungsentsprechend qualifizierten Bewerbers gegen den Arbeitgeber schaffen:[171] Der EuGH ist jedoch der Ansicht, dass sich ein Anspruch auf Auskunft abgewiesener Bewerber, die schlüssig dargelegt haben, die in der Stellenausschreibung genannten Voraussetzungen zu erfüllen, darüber, ob der Arbeitgeber am Ende des Einstellungsverfahrens einen anderen Bewerber eingestellt hat, im Grundsatz nicht aus den Antidiskriminierungsrichtlinien herleiten lässt.[172] Allerdings soll die Verweigerung jedes Zuganges zu Informationanen durch einen beklagten Arbeitgeber ein Gesichtspunkt sein können, der bei der Klärung der Tatsachen, welche das Vorliegen einer Diskriminierung vermuten lassen, herangezogen werden können. Eine Auskunftsverweigerung kann somit für den Arbeitgeber unter Umständen nachteilige prozessuale Folgen haben. 69

Dass die Benachteiligung gerade **auf dem geschützten Merkmal** beruht, muss nur durch Vermutungstatsachen belegt werden, aus denen das Gericht auf die Kausalität schließen kann. Es genügt, wenn Tatsachen vorliegen, welche die Merkmalsabhängigkeit der Benachteiligung wahrscheinlich erscheinen lassen;[173] zur Widerlegung der Vermutung ist der volle Beweis des Gegenteils erforderlich. Bei unmittelbaren Ungleichbehandlungen ist daher zunächst die Differenzierung nach dem 70

---

164 So Erwägungsgrund Nr. 17 der RL 97/80/EG über die Beweislast bei Diskriminierung aufgrund des Geschlechts.
165 EuGH, 17.10.1989, Rs. C-109/88 (Danfoss), Slg 1989, 3199, Rn 16; 27.10.1993, Rs. C-127/92 (Enderby), Slg 1993, I-5535, Rn 24; 31.5.1995, Rs. C-400/93 (Royal Copenhagen), Slg 1995, I-1275, Rn 16.
166 *Schlachter*, RdA 1998, 321.
167 *Röthel*, NJW 1999, 611, 612.
168 *Schlachter*, RdA 1998, 321, 324 ff.
169 Art. 8 RL 2000/43/EG; Art. 10 RL 2000/78/EG.
170 Womit inhaltliche Änderungen jedoch nicht bezweckt waren, vgl. BT-Drucks. 16/2022, S. 30.
171 BVerfG, 19.9.1989, NJW 1990, 501; *Hanau*, in: FS Gnade, S. 361 f.
172 EuGH, 19.4.2012, Rs. C-415/10 (Galina Meister/Speech Design Carreer Systems GmbH), NJW 2012, 2497 ff.
173 Senkung des Beweismaßes, vgl BAG, 5.2.2004, NZA 2004, 540.

Geschlecht[174] bzw nach einem sonst verbotenen Merkmal[175] als Tatsache geeignet, welche die Vermutung einer Diskriminierung wegen des Geschlechts begründet. Dazu müssen weitere Indizien treten wie zB eine nicht merkmalsneutrale Stellenausschreibung, Äußerungen des Arbeitgebers oder vertretungsbefugter Vertreter, vorangegangene Benachteiligungen vergleichbarer Art im Betrieb oder die Nichtbeteiligung der Schwerbehindertenvertretung entgegen § 81 Abs. 1 S. 4 SGB IX.[176] Der Arbeitgeber kann die „Merkmalsabhängigkeit" einer unmittelbar benachteiligenden Personalentscheidung allerdings widerlegen, wenn er nachweist, die Maßnahme wäre ebenso getroffen worden, falls es sich beim Bewerber bzw Arbeitnehmer um eine Person ohne entsprechendes Differenzierungsmerkmal gehandelt hätte; anderer Ansicht ist indessen das BVerfG in seiner Rechtsprechung zu Art. 3 GG,[177] derzufolge die Geschlechtszugehörigkeit auch nicht als eines von mehreren (sonst: sachlichen) Motiven der Entscheidung zugrunde gelegt werden darf. Alternativ dazu kann der Arbeitgeber das Vorliegen eines Ausnahmetatbestandes vom Differenzierungsverbot beweisen.

71 Bei **mittelbarer Diskriminierung** haben die Kläger zu beweisen, dass wesentlich mehr Angehörige ihrer Gruppe von der fraglichen Maßnahme nachteilig betroffen werden als Angehörige der Vergleichsgruppe.[178] Das kann zunächst mittels allgemein zugänglicher **Statistiken** erfolgen; der Arbeitgeber kann jedoch die Indizienwirkung des Vergleichs dadurch aufheben, dass er ein von der allgemeinen Statistik abweichendes Zahlenverhältnis im Geltungsbereich des angegriffenen Differenzierungsmerkmals beweist. Dabei haben die Kläger grds. das Differenzierungskriterium darzulegen, das für die Benachteiligung verantwortlich ist, und damit dem Arbeitgeber den Beweis zu erleichtern. Etwas anderes gilt im Falle von undurchschaubaren betrieblichen Regelungssystemen.[179] Weiter muss der Arbeitgeber das Vorliegen eines unternehmerischen Bedürfnisses für die fragliche Maßnahme sowie deren Eignung und Erforderlichkeit zur Erreichung des angegebenen Zieles darlegen und beweisen; dazu gehört auch der Umstand, dass die Maßnahme auf faire Art und Weise angewendet worden ist.[180]

72 Die Beweiserleichterung zugunsten von Klägern in Diskriminierungsklagen erfasst nicht zugleich auch die **Kausalität zwischen Benachteiligung und geltend gemachtem Schaden oder die Schadenshöhe**; für etwaige Beweiserleichterungen im Hinblick auf mangelnde Sachnähe der Kläger müssen allgemeine Grundsätze herangezogen werden.[181]

II. Diskriminierung wegen des Geschlechts

1. Entgeltgleichheit, Art. 157 AEUV, RL 2006/54/EG

73 Das erste gemeinschaftsrechtliche Diskriminierungsverbot des **Art. 119 EWG-V (= Art. 157 Abs. 1 AEUV)** untersagte die Diskriminierung weiblicher Beschäftigter beim Entgelt. Ursprünglich sollten dadurch Mitgliedstaaten, die diesen Grundsatz bereits anerkannten, vor Wettbewerbsnachteilen gegenüber anderen Mitgliedstaaten geschützt werden (vgl Rn 2 f). Im Zuge des Ausbaus der Wirtschaftsgemeinschaft zu einer auch soziale Kompetenzen beanspruchenden Union ist aus dem Grundsatz der Entgeltgleichheit aber auch ein **soziales Grundrecht** geworden,[182] auf das sich der Arbeitnehmer nicht nur gegenüber dem Staat, sondern auch im Verhältnis zu seinem Arbeitgeber berufen kann.[183] Gegenüber privaten und öffentlichen Arbeitgebern, auch in ihrer Dienstherren-

---

174 In Stellenausschreibungen oder bei der Begründung einer Absage, BVerfG, 16.11.1993, AP BGB § 611 a Nr. 9; BAG, 5.2.2004, NZA 2004, 540.
175 BAG, 15.10.1992, AP BGB § 611 a Nr. 8.
176 BAG, 15.2.2005 AP SGB IX § 81 Nr. 7.
177 BVerfG, 16.11.1993, AP BGB § 611 a Nr. 9 mit Anm. Schlachter; BAG, 5.2.2004, NZA 2004, 540.
178 BAG, 18.10.2005, DB 2006, 1014.
179 Vgl § 612, Rn 67; EuGH, 17.10.1989, Rs. 109/88 (Danfoss), AP EWG-Vertrag Art. 119 Nr. 27.
180 EuGH, 17.10.1989, Rs. 109/88 (Danfoss), AP EWG-Vertrag Art. 119 Nr. 27.
181 BAG, 28.7.1972, AP BGB § 282 Nr. 7.
182 Grundlegend EuGH, 8.4.1976, Rs. 43/75 (Defrenne II), Slg 1976, 455 = NJW 1976, 2068; vgl auch 17.9.2002, Rs. C-320/00 (Lawrence), Slg 2002, I-7325.
183 EuGH, 17.5.1990, Rs. C-262/88 (Barber), Slg 1990, I-1889; 2.10.1997, Rs. C-1/95 (Gerster), Slg 1997, I-5253.

funktion gegenüber Beamten,[184] wird ein subjektives Recht begründet, bei gleicher oder gleichwertiger Arbeit gleich entlohnt zu werden. Der Anspruch kann sich auch auf Gewährung von Geldleistungen richten, die statt vom Arbeitgeber von einem Dritten erbracht werden, soweit sie zumindest mittelbar aufgrund des Arbeitsverhältnisses gewährt werden.[185] Der Entgeltgleichheitsgrundsatz bindet nicht nur die Mitgliedstaaten als Normgeber und Arbeitgeber als Partei des Arbeitsvertrages, sondern auch die Tarifvertragsparteien[186] und alle anderen für die Gestaltung von individual- oder kollektivvertraglichen Entgeltbestimmungen Verantwortlichen. Dies verlangt der Vorrang des Unionsrechts: Gegen Art. 157 AEUV verstoßende nationale Bestimmungen sind danach nicht anzuwenden. Anspruchsberechtigt ist typischerweise, aber nicht stets (Beispiel: Hinterbliebenenversorgung) der Arbeitnehmer.[187] Dabei richtet sich der Arbeitnehmerbegriff nicht nach dem nationalen Recht, sondern wird unionsrechtlich bestimmt; insoweit gelten dieselben Grundsätze wie für den Arbeitnehmerbegriff des Freizügigkeitsrechts,[188] vgl oben Rn 23 ff.

Der Anspruch richtet sich auf **Herstellung von Entgeltgleichheit zwischen den Geschlechtern bei gleicher und gleichwertiger Arbeit**. Bestehen im nationalen Recht einfachgesetzliche Konkretisierungen, wie in §§ 1, 2 Abs. 1 Nr. 2, 7, 8 Abs. 2 AGG, so ist die Anspruchsgrundlage zunächst dieses Gesetz.[189] Wegen des Vorrangs des Unionsrechts und der unmittelbaren Wirkung des Art. 157 AEUV gilt dies aber nur insoweit, wie die nationale Regelung die Vorgaben des Unionsrechts richtig und vollständig umsetzt;[190] anderenfalls darf sie nicht angewendet werden[191] und die Rechtsfolge ist unmittelbar Art. 157 AEUV zu entnehmen. 74

a) Entgeltbegriff

Gemäß Art. 157 Abs. 2 AEUV werden neben dem Entgelt im engeren Sinne auch alle Arten von Vergütung umfasst, die ein Arbeitgeber aufgrund des Arbeitsverhältnisses einem Arbeitnehmer mittelbar oder unmittelbar gewährt. Es kommt also darauf an, ob die fragliche Leistung mit Rücksicht auf das bestehende Arbeitsverhältnis erbracht wird, auch wenn sie ohne vertragliche Verpflichtung auf freiwilliger Grundlage gezahlt wird.[192] Das trifft auch auf solche Leistungen zu, die daneben noch sozialpolitische Zwecke verfolgen wie **Betriebsrenten, betriebliche Hinterbliebenenversorgung oder bezahlte Altersfreistellung.**[193] Das Entgelt ist „gleich", wenn bei vereinbartem Zeitlohn derselbe Endbetrag gezahlt wird, bei leistungsabhängigem Entgelt muss dieselbe Berechnungsmethode zugrunde gelegt werden. Trotz Abhängigkeit des Entgelts von der individuellen Leistung muss ein ggf gewährter fester Entgeltbestandteil bei gleicher/gleichwertiger Arbeit im selben Umfang gezahlt werden.[194] Zudem gilt die Entgeltgleichheit für jeden einzelnen Entgeltbestandteil gesondert.[195] Eine „Verrechnung" im Wege einer Gesamtbetrachtung würde die Kontrolle der Einhaltung des Grundsatzes zu stark erschweren.[196] Die Entgeltgleichheit ist im Ausgangspunkt zwischen Beschäftigten desselben Arbeitgebers herzustellen; der EuGH beschränkt dies jedoch nicht auf die Grenzen eines Betriebes oder Unternehmens, sondern stellt auf diejenige Einheit ab, welche die Entgelthöhe 75

184 EuGH, 28.9.1994, Rs. C-7/93 (Bestuur), Slg 1994, I-4471.

185 EuGH, 9.10.2001, Rs. C-379/99 (Menauer), Slg 2001, I-7275 = NZA 2001, 1301.

186 EuGH, 8.4.1976, Rs. 43/75 (Defrenne II), Slg 1976, 455; 7.2.1991, Rs. C-184/89 (Nimz), Slg 1991, I-297; vgl auch *Wißmann*, ZTR 1994, 223, 225.

187 EuGH, 6.10.1993, Rs. C-109/91 (Ten Oever), Slg 1993, I-4879.

188 EuGH, 13.1.2004, Rs. C-256/01 (Allonby), NZA 2004, 201 = EuZW 2004, 210.

189 BAG, 21.6.2000, NJW 2000, 3589 ff.

190 BAG, 20.11.1996, NZA 1997, 724.

191 EuGH, 7.2.1991, Rs. C-184/89 (Nimz), Slg 1991, I-1155.

192 EuGH, 21.10.1999, Rs. C-333/97 (Lewen), Slg 1999, I-7243.

193 EuGH, 28.9.1994, Rs. C-2000/91 (Coloroll), Slg 1994, I-4389, 28.9.1994, Rs. C-7/93 (Beune), 28.9.1994, Slg 1994, I-4471.

194 EuGH, 31.5.1995, Rs. C-400/93 (Royal Copenhagen), Slg 1995, I-1275.

195 EuGH, 17.5.1990, Rs. C-262/88 (Barber), Slg 1990, I-1889; 27.5.2004, Rs. C-285/02 (Elsner-Lakeberg), NZA 2004, 783.

196 EuGH, 26.6.2001, Rs. C-381/99 (Brunnhofer), Slg 2001, I-4961.

festgesetzt hat.[197] Dies kann ggf auch ein branchenweit geltender Kollektivvertrag sein: In diesem Falle ist die für die Ermittlung der Entgeltgleichheit zugrunde zu legende Einheit der gesamte Geltungsbereich des Kollektivvertrages.

b) Gleiche und gleichwertige Arbeit

76 **Gleiche Arbeit** liegt jedenfalls vor, wenn der Inhalt der Tätigkeit derselbe ist oder die Tätigkeiten einander so ähnlich sind, dass die damit Beschäftigten gegeneinander ausgetauscht werden könnten.[198] Dabei kommt es auf die tatsächlichen Anforderungen des Arbeitsplatzes an, nicht auf vertragliche Vereinbarung oder die tarifvertragliche Einstufung. Der EuGH stellt weitergehend auf die Faktoren „Art der Arbeit, Ausbildungsanforderungen und Arbeitsbedingungen" ab.[199] Unterschiedliche berufliche Qualifikationen, die ein breiteres Einsatzgebiet eröffnen, begründen demzufolge selbst dann die fehlende Gleichheit der Arbeit, wenn zwei Arbeitnehmergruppen derzeit mit denselben Aufgaben betraut werden.[200] Unerheblich ist, dass die Vergleichspersonen nicht gleichzeitig beschäftigt sind: Die Arbeitsleistung des Vorgängers am Arbeitsplatz ist tauglicher Vergleichsmaßstab.[201] Dies kann allerdings nur bei im Übrigen gleichgebliebenen Rahmenbedingungen zutreffen, damit zB eine deutlich verschlechterte wirtschaftliche Lage des Unternehmens auch bei „gleicher Arbeit" berücksichtigt werden kann.[202] Auf den zeitlichen Umfang der vereinbarten Arbeitsleistung kommt es dagegen nicht an: Vollzeit- und Teilzeitkräfte leisten die gleiche Arbeit.[203]

77 Art. 157 Abs. 1 AUEV erstreckt das Entgeltgleichheitsgebot ausdrücklich auch auf **gleichwertige Arbeit.** Damit ist der in Art. 1 der RL 75/117/EWG[204] erstmals ausdrücklich verankerte Grundsatz aufgegriffen worden, den der EuGH[205] einige Jahre später allerdings als von Art. 119 EWGV erfasst ansah. Wie die **Gleichwertigkeit festgestellt** wird, gibt das geschriebene Unionsrecht nicht vor. Nach deutscher Rechtsprechung[206] ist der Normzweck entscheidend, durch Einbeziehung gleichwertiger Arbeit sicherzustellen, dass unwichtige Unterschiede der Arbeitsleistung die Entgeltgleichheit nicht hindern. In die Beurteilung werden der Gegenstand der Arbeitsleistung, Belastung, Verantwortung, Vorkenntnisse und Arbeitsumstände einbezogen. Zur Feststellung der Gleichwertigkeit berufen sind (1) tarifvertragliche Eingruppierungsvorschriften[207] oder (2) Unternehmerentscheidungen; in beiden Fällen muss die gerichtliche Durchsetzbarkeit des Entgeltgleichheitsgrundsatzes gewährleistet werden. Die Gleichwertigkeit ist jedoch vom Arbeitnehmer darzulegen und zu beweisen.[208]

78 Handelt es sich um **tarifvertragliche Eingruppierung,** kann das Gericht die Überprüfung nicht unter Hinweis auf eine Einschätzungsprärogative der Tarifvertragsparteien verweigern, denn die Eingruppierung der Tätigkeiten in unterschiedliche Tarifgruppen ist nicht selbst schon eine Rechtfertigung für Entgeltunterschiede.[209] Vielmehr müssen auch die Tarifvertragsparteien den Entgeltgleichheitsgrundsatz beachten.[210] Sie müssen die Gruppen so bilden, dass nicht nur die besonderen

---

197 EuGH, 17.9.2002, Rs. C-320/00 (Lawrence), Slg 2002, I-7325; 13.1.2004, Rs. C-256/01 (Allonby), NZA 2004, 201; *Schlachter*, BB 2002, 2128.

198 *Schlachter*, EAS B 4100, Rn 29.

199 EuGH, 11.5.1999, Rs. 309/97 (Wiener Gebietskrankenkasse), Slg 1999, I-2865 = NZA 1999, 699.

200 EuGH, 11.5.1999, Rs. 309/97 (Wiener Gebietskrankenkasse), Slg 1999, I-2865 = NZA 1999, 699 f.

201 EuGH, 28.9.1994, Rs. 200//91 (Coloroll Pension Trustees Ltd.), AP EWG-Vertrag Art. 119 Nr. 57.

202 EuGH, 28.9.1994, Rs. 200//91 (Coloroll Pension Trustees Ltd.), AP EWG-Vertrag Art. 119 Nr. 57; vgl EuGH, 27.3.1980, Rs. 129/79 (Macarthys), Slg 1980, 1275.

203 EuGH, 31.3.1981, Rs. 96/80 (Jenkins), Slg 1981, 911.

204 ABl. EG 1975 L 45/19.

205 EuGH, 31.3.1981, Rs. 96/80 (Jenkins), Slg 1981, 911.

206 BAG, 23.8.1995, AP BGB § 612 Nr. 48.

207 BT-Drucks. 8/3317, S. 10.

208 BAG, 26.1.2005 – 4 AZR 509/03 (n.v.).

209 EuGH, 27.10.1993, C-127/92 (Enderby), AP EWG-Vertrag Art. 119 Nr. 50; BAG, 7.3.1995, AP BetrAVG § 1 Gleichbehandlung Nr. 26.

210 *Wißmann*, in: FS Dieterich, S. 683.

Fähigkeiten bewertet werden, die den Angehörigen des einen Geschlechts typischerweise eigen sind (zB Körperkraft bei männlichen Arbeitnehmern), während die typischerweise an das andere Geschlecht gestellten Anforderungen (zB Geschicklichkeit bei weiblichen Arbeitnehmern) unberücksichtigt bleiben.[211] Eine diskriminierungsfreie Gruppenbildung hat somit die folgenden Gesichtspunkte zu beachten: Die Differenzierungskriterien müssen durchschaubar sein; sie müssen die Art der zu verrichtenden Arbeit richtig und vollständig widerspiegeln, und gleichmäßig angewendet sowie diskriminierungsfrei gewichtet werden.[212] Handelt es sich um eine Bestimmung der Wertigkeit der Arbeitsleistung durch **vertragliche Eingruppierung** oder einseitige Festlegung durch den Arbeitgeber, muss die Gleichwertigkeit äußerlich unterschiedlicher Tätigkeiten zumindest gerichtlich überprüfbar bleiben.

c) Rechtsfolgen

Ein Verstoß gegen den Grundsatz der Entgeltgleichheit führt zur Unwirksamkeit nur der benachteiligenden Differenzierung selbst; im Übrigen bleibt der Arbeitsvertrag wirksam. Art. 157 AEUV verpflichtet zur Herstellung der Gleichbehandlung bei der Entlohnung, über die Höhe des beiden Gruppen gleichermaßen zustehenden Entgelts ist damit nichts ausgesagt. Doch hat der EuGH den Grundsatz aufgestellt, dass Entgeltgleichheit nur durch **Angleichung „nach oben"** hergestellt werden könne,[213] um der in Art. 151 Abs. 1 AEUV verankerten Verpflichtung zu entsprechen, auf eine Verbesserung der Lebens- und Arbeitsbedingungen der Beschäftigten hinzuwirken; das gilt allerdings nur solange, wie keine Maßnahmen zur Beseitigung der Ungleichbehandlung getroffen worden sind. Die benachteiligende Differenzierung ist somit für in der Vergangenheit liegende Zeiten nicht anzuwenden, sondern bis zu einer ordnungsgemäßen Umsetzung des Gleichbehandlungsgebots bleibt die günstigere Regelung das einzig gültige Bezugssystem.[214] Die benachteiligten Arbeitnehmer können solange dasselbe Entgelt wie die übrigen Beschäftigten verlangen. Wird das Gebot der Gleichbehandlung anschließend in einer Neuregelung beachtet, kann dies unter Beachtung des Vertrauensschutzes auch auf niedrigerem Niveau erfolgen. Daher ist eine Senkung der Leistungen zulässig, sofern dies nur für alle Merkmalsgruppen gleichermaßen gilt.[215] 79

2. Allgemeine Gleichbehandlung, RL 2006/54/EG

Da Art. 119 EWGV lediglich die Entgeltgleichheit zwischen den Geschlechtern vorschrieb und auch die ihn konkretisierende Richtlinie 75/117/EWG lediglich diesen Teilbereich regelte, bedurfte es einer gesonderten Bestimmung, welche die Gleichbehandlung der Geschlechter in Beschäftigung und Beruf umfassend festschreibt. Diese wurde mit der RL 76/207/EWG zur Verwirklichung des Grundsatzes der Chancengleichheit und Gleichbehandlung von Männern und Frauen in Arbeits- und Beschäftigungsfragen, die auf die Kompetenzergänzungsklausel des Art. 235 EWG-V (= Art. 352 AEUV) gestützt wurde, geschaffen. Mit der Schaffung einer eigenständigen Zuständigkeit auf dem Gebiet der Geschlechtergleichbehandlung in Art. 141 Abs. 3 EGV (= Art. 157 Abs. 3 AEUV) besteht inzwischen eine primärrechtliche Rechtsgrundlage des Gleichbehandlungsgrundsatzes, dessen Inhalt nunmehr durch die **RL 2006/54/EG** näher ausgestaltet wird; die Richtlinie hat die zwischenzeitlich ergangene Rechtsprechung des EuGH eingearbeitet und das Recht der Gleichbehandlung zwischen den Geschlechtern an die übrigen Gleichbehandlungsrichtlinien (unten Rn 88 ff) angepasst. 80

---

211 EuGH, 1.7.1986, Rs. 237/85 (Rummler), Slg 1986, 2107; BAG, 29.7.1992, AP TVG § 1 Tarifverträge: Einzelhandel Nr. 32 = NZA 1993, 181; LAG Hamm, 11.8.1997, AuR 1998, 291.

212 *Winter*, Gleiches Entgelt für gleichwertige Arbeit, 1998, S. 114 ff.

213 EuGH, 25.5.1971, Rs. 80/70 (Defrenne I), Slg 1971, 445; EuGH, 27.6.1990, Rs. C-33/89 (Kowalska), Slg 1990, I-2591; BAG, 7.11.1995, AP EWG-Vertrag Art. 119 Nr. 71; BAG, 19.3.2002, ZTR 2002, 481; *Colneric*, BB 1988, 968, 969; aA *Lenz/Junghanns*, Art. 119, Rn 30.

214 EuGH, 7.2.1991, Rs. C-184/99 (Nimz), Slg 1991, I-297; EuGH, 16.8.2006, Rs. C-231 bis C-233/06 (Jonkmann); LAG Hamm, 11.8.1997, AuR 1998, 291 mit Anm. *Feldhoff*.

215 EuGH, 28.9.1994, Rs. 408/92 (Smith), AP BetrAVG § 1 Gleichbehandlung Nr. 21.

a) Tatbestandsvoraussetzungen

81 Regelungsgegenstand sind insbesondere der **Zugang zur Beschäftigung, zur Berufsbildung, zum beruflichen Aufstieg** sowie die **Arbeitsbedingungen**, wozu auch die **Entlassungsbedingungen** gehören, Art. 14 RL 2006/54/EG. Persönlich anwendbar ist die Richtlinie auf alle Erwerbstätigen, dh aufgrund Arbeits- oder Dienstvertrages Beschäftigte, auf Selbstständige, Beamte[216] und Arbeitsuchende. Allen diesen Personen gegenüber sind Ungleichbehandlungen wegen des Geschlechts unzulässig, die nicht den Tatbestand einer Ausnahmeklausel erfüllen oder gerechtfertigt werden können. Verboten werden damit die oben (Rn 46 ff) beschriebenen Diskriminierungsformen, soweit die Benachteiligung „wegen des Geschlechts" erfolgt.

82 Zu beachten ist, dass der EuGH Differenzierungen, die unmittelbar oder mittelbar an die **Schwangerschaft** anknüpfen, als unmittelbare Diskriminierung wegen des Geschlechts eingeordnet hat.[217] Die Richtlinie greift diese Rechtsprechung auf und legt in Art. 2 Abs. 7 Unterabs. 3 fest, dass „die ungünstigere Behandlung einer Frau im Zusammenhang mit Schwangerschaft oder Mutterschaftsurlaub ... als Diskriminierung im Sinne dieser Richtlinie" gilt. Aus der Einstufung als unmittelbare Diskriminierung folgt, dass schwangerschaftsbezogene Differenzierungen grds. unzulässig sind. Daher darf weder eine Einstellung wegen der Schwangerschaft verweigert[218] noch eine Vertragsbeendigung durch Kündigung, Anfechtung oder Nichtverlängerung[219] auf diesen Umstand gestützt werden. Das gilt selbst dann, wenn durch Fortsetzung eines Arbeitsverhältnisses mit Schwangeren erhebliche finanzielle und organisatorische Lasten auf das Unternehmen zukommen, die als „sachlicher Grund" für eine Rechtfertigung anderenfalls durchaus geeignet sein könnten.[220] Da eine Einstellungsentscheidung nicht von der Schwangerschaft abhängig gemacht werden darf, kann auch eine auf das Vorliegen einer Schwangerschaft gerichtete Frage falsch beantwortet werden. Der EuGH[221] formuliert dies dahingehend, dass keine Mitteilungspflicht über eine bestehende Schwangerschaft bestehe. Völlig deckungsgleich zur Konstruktion der Rechtsprechung des BAG[222] ist die Argumentation nicht: Während das BAG bereits das **Fragerecht des Arbeitgebers** ausschließt, knüpft der EuGH an die Entscheidung zur (Nicht-)Einstellung an; im Ergebnis ändert dies jedoch nichts: Differenzierungen nach der Schwangerschaft sind als unmittelbar geschlechtsbedingte Diskriminierung grds.[223] unzulässig.

83 Die Vorläufer-Richtlinie 76/207/EWG wurde zunächst durch den mehrfach nachgebesserten § 611 a BGB in deutsches Recht umgesetzt. Als Ausnahme vom Benachteiligungsverbot durfte nach dem Geschlecht nur unterschieden werden, wenn das geschlechtsbezogene Merkmal **„eine wesentliche und entscheidende berufliche Anforderung"** darstellt und bei seiner Anwendung der Verhältnismäßigkeitsgrundsatz beachtet wird. Beispiele sind Gründe der Authentizität[224] etwa bei Schauspielern oder Sängern, der Schutz der Privatsphäre von Personen, die mit der Leistung der Beschäftigten in unmittelbaren Kontakt treten, etwa in Haftanstalten,[225] bei Pflegepersonen usw. Der EuGH hatte sich zudem mehrfach mit der Zulässigkeit des Ausschlusses von Frauen aus der

216 EuGH, 2.10.1997, Rs. C-1/95 (Gerster), Slg 1997, I-5253; 7.12.2000, Rs. C-79/99 (Schnorbus), Slg 2000, I-10997.

217 EuGH, 8.11.1990, Rs. C-177/88 (Dekker), Slg 1990, I-3941; 3.2.2000, Rs. C-207/98 (Mahlburg), Slg 2000, I-549; 5.5.1994, Rs. C-421/92 (Habermann-Beltermann), Slg 1994, I-1657; 14.7.1994, Rs. C-32/93 (Webb), Slg 1994, I-3567; 4.10.2001, Rs. 438/99 (Jiménez Melgar), Slg 2001, I-6915; 4.10.2001, Rs. C-109/00 (Tele Danmark), Slg 2001, I-6993; 27.2.2003, Rs. C-320/01 (Busch), Slg 2003, I-2041.

218 EuGH, 8.11.1990, Rs. C-177/88 (Dekker), Slg 1990, I-3941.

219 EuGH, 5.5.1994, Rs. C-421/92 (Habermann-Beltermann), Slg 1994, I-1657; 3.2.2000, Rs. C-207/98 (Mahlburg), Slg 2000, I-549; 30.6.1998, Rs. 394/96 (Brown), Slg 1998, I-4185.

220 *Epiney/Freiermuth-Abt* (2003), S. 131 ff.

221 EuGH, 27.2.2003, Rs. C-320/01 (Busch), Slg 2003, I-2041, Rn 40.

222 BAG, 6.2.2003, AP BGB § 611 a Nr. 21.

223 Differenzierungen werden anerkannt bei Kündigung wegen schwangerschaftsbedingter Fehlzeiten, die nach Ablauf der Mutterschutzfristen auftraten: EuGH, 29.5.1997, Rs C-400/95 (Larsson), Slg 1997, I-2757.

224 BAG, 12.11.1998, AP BGB § 611 a Nr. 16.

225 EuGH, 10.4.1984, Rs. 14/83 (v. Colson), Slg 1984, 1891.

Armee[226] zu befassen, der jedenfalls als genereller Tatbestand nicht anerkannt worden ist. Spezifische Tätigkeiten hingegen konnten den Anforderungen der Ausnahmeklausel ggf genügen,[227] wenn für die Tätigkeitsbedingungen einer Spezialeinheit die Zugehörigkeit zum männlichen Geschlecht entscheidende Berufsausübungsbedingung ist.

Von der **Richtlinie ausdrücklich anerkannte Ausnahmen**, die eine Ungleichbehandlung wegen des Geschlechts rechtfertigen können, sind Sondervorschriften zum Schutz der Frau, insbesondere Mutterschutzbestimmungen, Art. 2 Abs. 7 der RL 2006/54/EG, und Bestimmungen über Elternurlaub. Die allgemein gehaltene Ausnahme der „Bestimmungen zum Schutz der Frau" ist im systematischen Zusammenhang dahingehend zu verstehen, dass solche Differenzierungen an geschlechtsspezifische Umstände anknüpfen müssen, um zulässig zu sein. Das kann auch Schutzbestimmungen erfassen, die wegen typischerweise vorhandener Umstände (geringere Größe, geringere Körperkraft) als frauenspezifische Klauseln gefasst werden (Verbot von Heben und Tragen schwerer Lasten). Es rechtfertigt aber keine rollenspezifischen Differenzierungen wie ein Recht auf Arbeitsbefreiung zur Betreuung erkrankter Kinder oder ein Nachtarbeitsverbot[228] allein für Frauen. Eine weitere ausdrücklich anerkannte Ausnahme regelt die Richtlinie in Art. 2 Abs. 8 zugunsten von positiven Maßnahmen, indem sie auf Art. 157 Abs. 4 AEUV verweist; damit gelten die oben (Rn 57 ff) ausgeführten Gesichtspunkte. 84

b) Rechtsfolgen

Im Falle einer Verletzung des Diskriminierungsverbots gelten die üblichen Folgen einer Nichtigkeit gesetzeswidriger Vereinbarungen und Maßnahmen. Dass § 2 Abs. 4 AGG die Kündigungen vom Anwendungsbereich des AGG ausnimmt, hat erhebliche Debatten ausgelöst[229] und zwingt zu einer Auslegung des sonstigen Kündigungsrechts im Lichte der Vorgaben der Richtlinie.[230] Daneben verlangt Art. 6 Abs. 2 RL 2006/54/EG eine effektive Ausgestaltung der Haftungsfolgen, die wirksam und abschreckend[231] sein müssen. Wenn die Mitgliedstaaten zu diesem Zweck eine zivilrechtliche Schadensersatzpflicht für die Verbotsverletzung vorsehen wollen, so steht ihnen das frei, doch müssen sie diese gemäß der Rechtsprechung des Gerichtshofs effektiv gestalten. Der vorgesehene Ersatzumfang muss in einem angemessenen Verhältnis zum Schaden stehen, der Ersatz des negativen Interesses (bloße Bewerbungskosten) genügt dafür nicht.[232] Außerdem soll bereits die Verbotsverletzung als solche die Ersatzfolge begründen, auf Verschulden oder das Fehlen von Rechtfertigungsgründen darf nicht abgestellt werden.[233] Daher muss ein etwa entstandener materieller Schaden in vollem Umfang ausgeglichen werden.[234] Eine Obergrenze des Entschädigungsanspruchs darf das nationale Recht nur festlegen, wenn – im Falle einer Diskriminierung bei der Einstellung – der Schaden allein in der „Nichtberücksichtigung der Bewerbung" besteht. Da mit dieser (undurchsichtigen) Formulierung die Rechtsprechung des EuGH zum Erfordernis „wirksamer und abschreckender Sanktionen" positiviert werden sollte,[235] ist das dahingehend zu verstehen, dass Höchstgrenzen des Ersatzanspruches bei Einstellungsdiskriminierungen nur für den Fall zuzulassen sind, dass die Bewerber den ausgeschriebenen Arbeitsplatz auch bei diskriminierungsfreier Entscheidung nicht erhalten hätten. § 15 Abs. 2 AGG nimmt diesen Gedanken zur Bestimmung des Ersatzes eines Nichtvermögensschadens bei unterbliebener Einstellung auf. Ein Ersatz des materiellen Schadens ist demgegenüber unbegrenzt geschuldet, dafür aber in § 15 Abs. 1 AGG verschuldensabhängig 85

226 EuGH. 26.10.1999, Rs. C-273/97 (Sirdar), Slg 1999, I-7403; 11.1.2000, Rs. C-285/98 (Kreil), Slg 2000, I-69.
227 EuGH, 26.10.1999, Rs. C-273/97 (Sirdar), Slg 1999, I-7403, vgl *Kämmerer*, EuR 2000, 102, 116.
228 EuGH, 25.7.1991, Rs. C-345/89 (Stoeckel), Slg 1991, I-4047.
229 *Diller/Krieger/Arnold*, NZA 2006, 887; *Schlachter*, ZESAR 2006, 391.
230 So insbesondere BAG, 12.11.2008, NZA 2009, 361 ff.
231 EuGH, 8.11.1990, Rs. C-177/88 (Dekker), Slg 1990, I-3941.
232 EuGH, 10.4.1984, Rs. 14/83 (v. Colson), Slg 1984, 1891; 2.8.1993, Rs. 271/91 (Marshall II), Slg 1993, I-4367.
233 EuGH, 8.11.1990, Rs. C-177/88 (Dekker), Slg 1990, I-3941; kritisch *Annuß*, NZA 1999, 738, 742.
234 EuGH, 22.4.1997, Rs. C-180/95 (Draehmpaehl), Slg 1997, I-2195.
235 Begründungserwägung 18 zu der Änderungsrichtlinie RL 2002/73/EG.

ausgestaltet, was mit Blick auf die Richtlinie problematisch ist.[236] Naturalrestitution im Sinne eines Anspruchs auf Begründung des wegen der Diskriminierung nicht zustande gekommenen Beschäftigungsverhältnisses bzw der Nachholung des verweigerten Aufstiegs wird durch § 15 Abs. 6 AGG ausgeschlossen; auch die Richtlinie schreibt keinen Einstellungsanspruch vor.[237]

3. Elternurlaub, RL 2010/18/EU

86 In sehr engem Zusammenhang mit dem Recht der Geschlechtergleichbehandlung steht das Recht des Elternurlaubs. Denn durch die Gewährung von Elternurlaub soll die Vereinbarkeit von Familie und Beruf verbessert und damit auch die Integration von Frauen ins Berufsleben gefördert werden. Die Union hat erstmals durch die RL 96/34/EG zu der von UNICE, CEEP und EGB Rahmenvereinbarung über Elternurlaub das Recht des Elternurlaubs harmonisiert. Die Europäischen Sozialpartner haben diese erste Rahmenvereinbarung überarbeitet und am 18.6.2009 eine neue Rahmenvereinbarung abgeschlossen, die durch die RL 2010/18/EU nach Maßgabe von Art. 155 Abs. 2 Alt. 2 AEUV durchgeführt worden ist. Die Rahmenvereinbarung verankert einen **individuellen Anspruch auf Elternurlaub für 4 Monate bei Geburt oder Adoption eines Kindes** (nach Festlegung des nationalen Rechts bis zum Alter von 8 Jahren), § 2 Rahmenvereinbarung. Dieser Anspruch soll, abweichend von der vorangegangenen Rechtsprechung des Gerichtshofs,[238] beiden Geschlechtern gleichermaßen offen stehen. Haben Arbeitnehmer den Antrag auf Elternurlaub gestellt, müssen sie vor damit zusammenhängenden Kündigungen ihres Arbeitsverhältnisses geschützt werden (§ 5 Nr. 4), und zudem nach Ende der Freistellung an ihren alten, zumindest aber einen gleichwertigen Arbeitsplatz zurückkehren können (§ 5 Nr. 1). Die Rechte, die sie zu Beginn des Elternurlaubs erworben hatten oder dabei waren zu erwerben, bleiben bis zum Ende des Elternurlaubs bestehen (§ 5 Nr. 2).[239] In Fällen „höherer Gewalt“ oder dringender familiärer Erfordernisse ist den Eltern weiterhin ein Freistellungsanspruch zu gewähren, dessen Einzelheiten einschließlich seiner zeitlichen Dauer durch das nationale Recht bestimmt werden (§ 7 Nr. 1).

87 Die **Umsetzung der Elternurlaubs-Richtlinie in deutsches Recht** erforderte nur eine geringfügige Anpassung, da das BEEG jedenfalls die vorgesehenen Mindestinhalte gewährleistet. Lediglich die Zulässigkeit der Beanspruchung von Elternurlaub (jetzt: Elternzeit) innerhalb des Zeitraumes bis zum 8. Lebensjahr des Kindes wurde in § 15 Abs. 1 2 BEEG neu aufgenommen; diese hinausgeschobene Inanspruchnahme gilt zwar nicht für den gesamten Elternurlaub (jetzt: Elternzeit), der weiterhin grundsätzlich bis zum 3. Lebensjahr des Kindes genommen werden soll, wohl aber für einen Anteil von 12 Monaten. Ein Anspruch auf Rückkehr an den eigenen früheren Arbeitsplatz ist nicht geregelt, insoweit ist § 15 BEEG richtlinienkonform auszulegen. Weitergehende Freistellungsansprüche bei dringenden familiären Erfordernissen gewähren § 45 Abs. 3 SGB V, §§ 2, 3 PflegeZG sowie als Auffangtatbestand § 275 Abs. 3 BGB.

III. Diskriminierung wegen Rasse oder ethnischer Herkunft, RL 2000/43/EG

88 Die Richtlinie 2000/43/EG verbietet nach ihrem Art. 2 jede Diskriminierung (oben Rn 46 ff) aus Gründen der Rasse oder der ethnischen Herkunft. Eine **Definition der Begriffe „Rasse“ und „ethnische Herkunft“** enthält die Richtlinie ebenso wenig wie § 1 AGG.[240] Insoweit lässt sich aber an der UN-Konvention gegen Rassendiskriminierung vom 7.3.1966 anknüpfen,[241] die unter einer Diskriminierung wegen der Rasse jede auf der Rasse, der Hautfarbe, der Abstammung, dem nationalen Ursprung oder dem Volkstum beruhende Unterscheidung verstehen. Mit dem Merkmal der ethnischen Herkunft werden Kriterien bezeichnet, mit deren Hilfe eine gemeinsame Herkunft von Bevöl-

236 Vgl statt vieler ErfK/*Schlachter*, AGG § 15, Rn 6.
237 EuGH. 10.4.1984, Rs. 14/83 (v. Colson), Slg 1984, 1891.
238 EuGH, 12.7.1984, Rs. 184/83 (Hoffmann), Slg 1984, 3047.
239 Deshalb berechnet sich auch eine Entlassungsentschädigung für einen in Vollzeit beschäftigten Arbeitnehmer, der während eines Elternurlaubs, in dem er auf Teilzeitbasis arbeitet, entassen wird, auf der Grundlage seines Vollzeitsgehalts: siehe EuGH, 22.10.2009, Rs. C-116/08 (Christel Meerts/Proost NV), Slg 2009, I-10063.
240 Dazu *Schiek*, AuR 2003, 44 ff; *Nickel*, NJW 2001, 2668.
241 BGBl. 1969 II, S. 961.

kerungsteilen festgemacht werden kann (zB Sprache, Traditionen und Überlieferungen, Geschichte usw.). Eine Überschneidung mit anderen verbotenen Differenzierungsmerkmalen ist durchaus möglich: Man denke nur an die Überschneidungen mit dem Verbot der Diskriminierung wegen der Religion, wenn sich eine ethnische Herkunft von Personen auch in deren religiösen Zugehörigkeiten und Traditionen äußert. Ausdrücklich ausgenommen vom Geltungsbereich der Richtlinie ist die Differenzierung nach der Staatsangehörigkeit (Art. 3 Abs. 2 RL 2000/43/EG), da diese – für Angehörige der Mitgliedstaaten – bereits durch Art. 18 AEUV untersagt ist. Für Drittstaatsangehörige, die sich auf Art. 18 AEUV nicht berufen können, kommt es mithin darauf an, ob sich eine für sie nachteilige Unterscheidung nach der Staatsangehörigkeit im konkreten Fall als mittelbare Benachteiligung wegen ethnischer Herkunft darstellt.

Zu den gesondert zugelassenen **Ausnahmen vom Diskriminierungsverbot** zählen die Fälle, in denen die Zugehörigkeit zu einer bestimmten ethnischen Gruppierung eine wesentliche und entscheidende berufliche Anforderung darstellt. Dafür sind im Wesentlichen Gründe der Authentizität denkbar, im Übrigen dürfte die Herkunft kaum so eng mit der Erbringung der Arbeitsleistung zusammenhängen, dass darauf eine berufliche Anforderung gestützt werden dürfte.[242] Weiterhin stellt die Richtlinie positive Maßnahmen (dazu allgemein oben Rn 57 ff) vom Differenzierungsverbot frei. Damit wären grds. Bevorzugungsregelungen möglich, praktisch könnte dies vor allem für besondere Qualifizierungsmaßnahmen zugunsten bisher benachteiligter Gruppen werden. Die RL 2000/43/EG verlangt nach der Interpretation des EuGH nicht notwendig das Vorhandensein einer selbst unmittelbar durch die rassistische Maßnahme betroffenen Person.[243] Da es dem Diskriminierungsverbot auch um die Herstellung eines integrationsfreundlichen Arbeitsmarktes geht, kann die öffentliche Äußerung eines Arbeitgebers, Bewerber einer bestimmten Herkunft wegen einer entsprechenden Ablehnung seiner Kunden („Customer Preferences“) nicht einstellen zu wollen, selbst dann vom Verbot erfasst werden, wenn dieser Arbeitgeber derzeit gar keine offenen Stellen anbietet. Die Gruppe der „potentiellen Bewerber“, die sich durch eine solche Äußerung von einer Bewerbung abschrecken lassen könnten, fällt in den Schutzbereich der RL 2000/43/EG. 89

IV. Verbotene Differenzierungsmerkmale nach der RL 2000/78/EG

Die RL 2000/78/EG zur Festlegung eines allgemeinen Rahmens für die Verwirklichung der Gleichbehandlung in Beschäftigung und Beruf („**Gleichbehandlungs-Rahmenrichtlinie**“) hat darüber hinaus die Diskriminierung wegen weiterer Merkmale verboten. Im Einzelnen untersagt sie jede Diskriminierung wegen der Religion oder Weltanschauung, einer Behinderung, des Alters sowie wegen der sexuellen Ausrichtung. Auch die RL 2000/78/EG ist durch das AGG in deutsches Recht umgesetzt worden. 90

1. Religion oder Weltanschauung

Eine **Definition der Diskriminierungsmerkmale Religion und Weltanschauung** fehlt in der Richtlinie, ihr geht es jedoch um einen weitreichenden Schutz von religiösen und nicht-religiösen „Gewissheiten zum Weltganzen sowie zu Herkunft und Ziel des menschlichen Lebens“.[244] Eine Abgrenzung von Religion und Weltanschauung vorzunehmen, ist wegen identischer Rechtsfolgen für das Benachteiligungsverbot entbehrlich. Doch ist eine Abgrenzung zu anderen Überzeugungen zu entwickeln, die dem Diskriminierungsverbot nicht unterliegen. Ob sich hier eine großzügige Ausdeutung durchsetzen wird,[245] die etwa auch die politische Anschauung einbezieht, ist noch offen.[246] Verboten sind alle oben bezeichneten Diskriminierungsformen (vgl oben Rn 46 ff), soweit sie nicht von Ausnahmebestimmungen zugelassen werden. Als Ausnahmen sind die positiven Maßnahmen sowie die wesentlichen und entscheidenden beruflichen Anforderungen unter Berücksichti- 91

242 *Thüsing*, ZfA 2001, 397, 399.
243 EuGH, 10.7.2008, Rs. C-54/97 (Feryn), NZA 2008, 929.
244 Vgl BAG, 22.3.1995, NJW 1996, 143.
245 *Säcker*, ZEP 2002, 286, 289; *Däubler*, NJW 2006, 2608.
246 Enger jedenfalls BT-Drucks. 16/2022, S. 28 im Hinblick auf § 1 AGG.

gung des Selbstverständnisses der Religionsgemeinschaft benannt, Art. 4 RL 2000/78/EG. Die Umsetzung durch § 9 AGG entspricht dem nicht vollständig,[247] sondern kommt den hergebrachten Sonderrechten der Kirchen weitgehend entgegen. [248] Diese letztere Ausnahme dürfte erhebliche praktische Bedeutung für den **Bereich des kirchlichen Arbeitsrechts** in Deutschland erlangen. In diesem Bereich können die Mitgliedstaaten zulassen, dass für „berufliche Tätigkeiten innerhalb von Kirchen und anderen ... Organisationen, deren Ethos auf religiösen Grundsätzen oder Weltanschauungen beruht", Art. 4 Abs. 2 RL 2000/78/EG, besondere Loyalitätsobliegenheiten geschaffen oder aufrecht erhalten werden.[249] Schrankenlos ist diese Befugnis jedoch nicht, sondern legitimiert Ausnahmen nur vom Verbot der Differenzierung wegen Religion oder Weltanschauung. Benachteiligungen aus anderen Gründen deckt diese „Kirchenklausel" der Richtlinie nicht ab, Verhaltensanforderungen etwa an homosexuelle Mitarbeiter[250] sind damit problematisch.

2. Behinderung

92 Die RL 2000/78/EG definiert auch den von ihr zugrunde gelegten Behinderungsbegriff nicht, doch lässt die einschränkungslose Verwendung nur die Deutung zu, dass ein umfassender Begriffsinhalt zugrunde gelegt wird. Die für das deutsche Recht charakteristische Verengung auf den Schwerbehinderten, wie sie zB im Diskriminierungsverbot der §§ 2 Abs. 2, 81 Abs. 2 SGB IX[251] ihren Ausdruck findet, dürfte den Kreis der aus dem Verbot der Diskriminierung wegen der Behinderung Berechtigten zu eng ziehen. Die in § 2 Abs. 1 SGB IX enthaltene Definition der Behinderung, wonach die körperliche Funktion, geistige Fähigkeit oder seelische Gesundheit eines Menschen mit hoher Wahrscheinlichkeit länger als sechs Monate von dem für sein Alter typischen Zustand abweichen und daher seine Teilhabe am Leben in der Gesellschaft beeinträchtigt ist, entspricht hingegen den Vorgaben der Richtlinie;[252] der gesetzliche Begriff der Behinderung greift die Definition der WHO auf und kann deshalb bei der Auslegung der RL 2000/78/EG sowie der diese umsetzenden §§ 1, 7 AGG zugrunde gelegt werden.[253] Der EuGH[254] hat klargestellt, dass die Richtlinie eine **Behinderung nicht mit „Krankheit" gleichsetzt**, sondern zumindest eine langwierige oder dauerhafte Beeinträchtigung voraussetzt, die eine ernsthafte Funktionsbeeinträchtigung zur Folge hat. Zudem schützt das Diskriminierungsverbot nicht nur behinderte Beschäftigte, sondern jeden Beschäftigten vor einer unmittelbaren Diskriminierung wegen Behinderung:[255] Erfolgt die Diskriminierung wegen der Behinderung eines Kindes, dessen Pflege hauptsächlich der benachteiligten Arbeitnehmerin obliegt, ist auch eine solche Verhaltensweise von der RL 2000/78/EG verboten. Eine Differenzierung zwischen behinderten und nicht behinderten Beschäftigten ist lediglich zulässig, wenn das Fehlen einer entsprechenden Behinderung aufgrund der Art der betroffenen beruflichen Tätigkeit oder der Bedingungen ihrer Ausübung eine wesentliche und entscheidende berufliche Anforderung darstellt, sofern es sich um einen rechtmäßigen Zweck und eine angemessene Anforderung handelt (Art. 4 Abs. 1 RL 2000/78/EG). Dies ist im Einzelfall jeweils zu ermitteln. Eine Rechtfertigung schlägt auch auf das **Fragerecht des Arbeitgebers** durch:[256] Liegen die Voraussetzungen für eine Rechtfertigung einer Nichteinstellung eines behinderten Bewerbers nach Art. 4 Abs. 1 RL 2000/78/EG vor (zB wegen der besonderen körperlichen Anforderungen an den in Aussicht genommenen Arbeitsplatz), kann der Arbeitgeber nach einer (einschlägigen) Behinderung fra-

---

247 ErfK/*Schlachter*, § 9 AGG, Rn 3, 4.

248 *Thüsing*, ZfA 2001, 397, 408; *Joussen*, RdA 2003, 32, 36.

249 Dazu *Joussen*, RdA 2003, 32 ff.

250 BAG, 13.6.1983, AP GG Art. 140 Nr. 15.

251 *Rolfs/Paschke*, BB 2002, 1260 ff.

252 *Welti*, NJW 2001, 2210 ff; *Stähler*, NZA 2002, 777 ff.

253 So auch das BAG in inzwischen st. Rspr.: vgl BAG, 16.2.2012, NZA 2012, 667; BAG, 7.6.2011, NZA 2011, 1370; BAG, 3.4.2007, AP SGB IX, § 81 Nr. 14; aus dem Schrifttum siehe insbesondere ErfK/*Schlachter*, § 1 AGG Rn 9 mwN sowie *Düwell*, BB 2006, 1741.

254 EuGH, 11.7.2006, Rs. C-13/05 (Chacon Navas), Slg 2006, I-6467 = NZA 2006, 839.

255 EuGH, 17.7.2008, Rs. C-303/03 (Coleman) NZA 2008, 932.

256 Für ein solches Fragerecht des Arbeitgebers hat sich die Rechtsprechung noch bis vor einigen Jahren ausgesprochen: vgl BAG, 18.10.2000, AP BGB § 123 Nr. 59; 5.10.1995, AP BGB § 123 Nr. 40.

gen.[257] Hingegen ist die allgemeine Frage des Arbeitgebers nach Behinderungen des Arbeitnehmers grds. nicht mit dem Diskriminierungsverbot der RL 2000/78/EG vereinbar. Wohl aber stellt die allgemeine Frage nach dem Vorhandensein einer Schwerbehinderung im Rahmen eines bereits bestehenden Arbeitsverhältnisses keine Diskriminierung wegen der Behinderung dar: Die mit dem Schwerbehindertenstatus verbundenen besonderen Rechtsfolgen – namentlich die Gewährung von Zusatzurlaub, die Pflicht zur Zahlung einer Ausgleichsabgabe bei Nichterfüllung der Beschäftigungspflicht (§§ 71 ff SGB IX) sowie der für Schwerbehinderte geltende besondere Kündigungsschutz (§§ 85 ff SGB IX) – rechtfertigen es, dass der Arbeitgeber von diesem Umstand Kenntnis erlangt.[258]

Die Richtlinie beschränkt sich nicht auf ein Verbot von Diskriminierungen wegen der Behinderung. 93
Neben das Diskriminierungsverbot stellt Art. 5 RL 2000/78/EG die Verpflichtung des Arbeitgebers, angemessene Vorkehrungen zur Ermöglichung des Zugangs zur Beschäftigung, der Berufsausübung und der Teilnahme an Weiterbildungsmaßnahmen zu treffen. Dabei handelt es sich um eine **Pflicht zum Ergreifen positiver Maßnahmen**, die über die allgemeine Regelung von Art. 7 RL 2000/78/EG hinausgeht, den Mitgliedstaaten solche Maßnahmen lediglich als zulässige Ausnahme vom Diskriminierungsverbot freizustellen. Als Adressat dieser Pflicht wird der Arbeitgeber angesprochen. Sie steht aber unter dem Vorbehalt des Ausschlusses unzumutbarer Belastungen, etwa durch zu hohen Kosten- oder Organisationsaufwand. Im deutschen Recht wird eine so begründete Unzumutbarkeit aber durch Kompensationsmaßnahmen des Staates im Bereich der Behindertenpolitik (zB durch Leistungen des Ausgleichsfonds beim Bundesministerium für Arbeit und Soziales, § 78 SGB IX) grds. ausgeschlossen. Da die Vorgaben der RL 2000/78/EG nicht nur für bereits im Betrieb Beschäftigte, sondern auch zugunsten von Arbeitsuchenden gelten, genügt § 81 Abs. 3 SGB IX zu deren Umsetzung nicht.[259] Die **Pflicht von Arbeitgebern zur Beschäftigung schwerbehinderter Menschen nach Maßgabe von § 71 SGB IX** sind als positive Maßnahmen gleichfalls von der Richtlinie gestattet.

3. Alter

Das Verbot der Diskriminierung wegen des Alters untersagt grundsätzlich jede altersbezogene Differenzierung. 94
Dabei geht es nicht allein um die Bekämpfung von Benachteiligungen älterer gegenüber jüngeren Arbeitnehmern, sondern auch um den umgekehrten Fall einer Benachteiligung jüngerer Arbeitnehmer gegenüber ihren älteren Kollegen.[260] Nicht einmal eine bestimmte Schwelle für „unverdächtige" Altersdifferenzierungen wurde festgelegt, obwohl es nach dem Befund auf dem Arbeitsmarkt und der Zielrichtung eines Schutzes auch für die Sozialversicherungen im Wesentlichen gerade um den Schutz älterer Personen sowie um die Erleichterung des Berufseinstiegs Jugendlicher geht. Das sehr weit gefasste Differenzierungsverbot wird nur deswegen nicht zu einem generellen Verbot der Verwendung von Altersgrenzen oder Schwellenwerten, weil die RL 2000/78/EG in ihrem Art. 6 zugleich in großem Umfang Ausnahmebestimmungen zulässt.[261] Grundsätzlich untersagt sind alle oben bezeichneten (Rn 46 ff) Diskriminierungsformen, wobei die mittelbare Diskriminierung besonders große Bedeutung besitzt, die gängige Differenzierungskriterien wie Dienstalter, Betriebszugehörigkeitszeiten bzw „Betriebstreue" oder Berufserfahrung einschließt. Der EuGH[262] hat das **Verbot der Altersdiskriminierung** nicht allein in der Richtlinie verankert gesehen, sondern stuft es zusätzlich auch als einen allgemeinen Grundsatz des Unionsrechts iSv Art. 6 Abs. 3 EUV ein, der unabhängig von der Richtlinie unmittelbar in den Mitgliedstaaten

257 *Thüsing/Lambrich*, BB 2002, 1146, 1152; vgl auch *Seifert*, in: Simitis, BDSG, 8. Aufl. (2014), § 32, Rn 68 mwN.
258 So neuerdings BAG, NZA 2012, 555, 556 ff; dazu auch *Seifert*, in: Simitis, BDSG, § 32, Rn. 68 mwN.
259 *Thüsing*, ZfA 2001, 397, 405; *Schaub*, NZA 2003, 299, 300.
260 *Schmidt/Senne*, RdA 2002, 80, 82; *Weber*, AuR 2002, 401, 402; *Schlachter*, in: GS Blomeyer (2003), S. 355, 357.
261 Dazu EuGH, 16.10.2007, Rs. C-411/05 (Palacios de la Villa), NZA 2007, 1219.
262 EuGH, 22.11.2005, Rs. C-144/04 (Mangold), Slg 2005, I-9981 = NZA 2005, 1345. Zuletzt EuGH, 19.1.2010, Rs. C-555/07 (Kücükdeveci/Swedex GmbH & Co KG), NZA 2010, 85 f.

gilt. Daher waren die nationalen Gerichte bereits vor Ablauf der Umsetzungsfrist der RL 2000/78/EG verpflichtet, dem Grundsatz in ihrer Rechtsordnung Geltung zu verschaffen.[263]

95 Neben die allgemein geltenden „wesentlichen und entscheidenden beruflichen Anforderungen" des Art. 4 Abs. 1 RL 2000/78/EG, die eine Ungleichbehandlung wegen des Alters rechtfertigen können, sowie die Zulassung positiver Maßnahmen zugunsten bestimmter benachteiligter Altersgruppen (zB zugunsten älterer Arbeitnehmer) treten in Art. 6 RL 2000/78/EG noch besondere, nur für Ungleichbehandlungen wegen des Lebensalters einschlägige **Rechtfertigungtatbestände.** Bereits die allgemeinen Ausnahmen lassen Unterscheidungen zu, sobald aus Gründen der Authentizität für bestimmte Funktionen nur Personen bestimmter Altersgruppen in Betracht kommen. Ob daneben auch Berufe, die zur Gewährleistung der öffentlichen Sicherheit, Verteidigung usw hohe Anforderungen an die körperliche Belastbarkeit stellen (Feuerwehr, Polizei, Soldaten, Piloten usw), besondere Altersgrenzen auf die „entscheidenden Anforderungen" stützen dürfen,[264] ist umstritten. Jedenfalls gestattet Art. 2 Abs. 5 RL 2000/78/EG den Mitgliedstaaten, Maßnahmen zur Gewährleistung der öffentlichen Sicherheit und Ordnung, der Verteidigung, der Verhütung von Straftaten, zum Schutz der Gesundheit sowie der Rechte und Freiheiten anderer notwendig sind, beizubehalten.[265] Derartige öffentliche Belange können somit von den Mitgliedstaaten von den Anforderungen der Differenzierungsverbote freigestellt werden und damit einen Nachweis der Notwendigkeit des Unterschreitens bestimmter Altersgrenzen entbehrlich werden lassen.

96 **Altersgrenzen** im Rahmen der betrieblichen Altersversorgung können die Mitgliedstaaten vom Verbot der Altersdiskriminierung ausnehmen, solange dies nicht zu Diskriminierungen wegen des Geschlechts führt, Art. 6 Abs. 2 RL 2000/78/EG; bei den staatlichen Sozialversicherungssystemen gilt dies nur für deren Leistungen, Art. 3 Abs. 3 RL 2000/78/EG, dagegen nicht für die Altersgrenzen zur Beendigung des Arbeitsverhältnisses. Weiterhin lässt Art. 6 RL 2000/78/EG noch spezifische Rechtfertigungen einer Differenzierung nach dem Lebensalter zu, wenn sie ein rechtmäßiges Ziel verfolgt, das mit angemessenen und erforderlichen Mitteln umgesetzt wird. Um dies zu konkretisieren, nennt die Richtlinie **beispielhaft drei legitime Ziele: Beschäftigungspolitik, Arbeitsmarkt und berufliche Bildung.** Damit legt die Richtlinie einen Maßstab für als „legitim" anzuerkennende Differenzierungsziele fest, die – abhängig von ihrer Anwendung im konkreten Falle – eine Altersdiskriminierung rechtfertigen können. Dieser Maßstab ist weit großzügiger als gegenüber allen anderen Diskriminierungsmerkmalen. Beispielhaft können folgende Gesichtspunkte benannt werden: Altersabhängige Verdienstsicherungsklauseln und Zusatzurlaubsvereinbarungen sowie altersgestaffelte Abfindungen wegen Kündigung und das Nachtarbeitsverbot für Jugendliche können als Maßnahmen zum Schutz der Beschäftigten gerechtfertigt sein, obwohl sie nach dem Alter differenzieren. Die erleichterte Zulassung von **Befristungsabreden mit älteren Arbeitnehmern** gem. § 14 Abs. 3 TzBfG aF genügte indessen als nachteilige Maßnahme zu Lasten Älterer nicht den Anforderungen des Verhältnismäßigkeitsgrundsatzes und war infolgedessen unionsrechtswidrig,[266] obwohl der Regelungszweck der Beschäftigungsförderung dieser Altersgruppe mit dem in der Rahmenrichtlinie genannten arbeitsmarktpolitischen Ziel durchaus vereinbar ist.[267] An das Alter allein, ohne Berücksichtigung weiterer Gesichtspunkte, durfte aber nicht angeknüpft werden. Die Vorschrift des § 14 Abs. 3 TzBfG nF greift diese Vorgabe auf, indem sie neben der Altersstufe noch vorangegangene Beschäftigungslosigkeit fordert und eine Befristungshöchstdauer festlegt. Hohen Diskussionsbedarf haben weiter die **Lebensarbeitszeitgrenzen** für den obligatorischen Eintritt in den Ruhestand ausgelöst („Zwangspensionierungen").[268] § 10 S. 3 Nr. 5 AGG sieht dazu vor, dass eine an die Rentenberechtigung gebundene automatische Beendigung des Arbeitsverhältnisses grds.

---

263 Dieser Aufforderung folgend: BAG 11.4.2006, NZA 2006, 1217; 27.6.2006, NZA 2006, 1276.

264 *Wiedemann/Thüsing*, NZA 2002, 1234, 1237.

265 *Schlachter*, in: GS Blomeyer (2003), S. 355, 357.

266 EuGH, 22.11.2005, Rs.C-144/04 (Mangold), Slg 2005, I-9981 = NZA 2005, 1345; *Schlachter*, RdA 2004, 352 ff.

267 *Bauer*, NJW 2001, 2672, 2673; *ders.*, NZA 2003, 366, 367.

268 *Simitis*, RdA 1994, 257, 260 f; *Nussberger*, JZ 2002, 524, 529; *Schlachter*, in: GS Blomeyer (2003), S. 355, 370.

zulässig ist, wenn der Arbeitnehmer zum Zeitpunkt der Beendigung des Arbeitsverhältnisses eine Rente wegen Alters beantragen kann. Der EuGH hält Altersgrenzenregelungen in Gesetzen oder Tarifverträgen, die mit beschäftigungspolitischen Überlegungen gerechtfertigt werden, grds. für vereinbar mit dem Verbot der Altersdiskriminierung.[269] Insgesamt hat der Gerichtshof den Mitgliedstaaten bislang ein sehr weitgehendes Ermessen im Hinblick auf die Beurteilung der Angemessenheit und Erforderlichkeit von Altersgrenzenregelungen. In Einzelfällen jedoch einzelne Altersgrenzen als verbotene Altersdiskriminierung verworfen: Dies gilt namentlich für die tarifvertragliche Altersgrenze von 60 Jahren für Piloten.[270] Auch eine **Staffelung der Grundvergütung nach Lebensaltersstufen** kann im Hinblick auf das Verbot der Altersdiskriminierung problematisch sein: Der EuGH hat eine solche Entgeltstaffelung bei der Einstellung von Arbeitnehmer grds. für unzulässig erachtet, es sei denn sie ist durch objektive Gründe gerechtfertigt (zB höhere Berufserfahrung).[271] Ferner verstößt die schon seit längerem umstrittene Nichtberücksichtigung von Beschäftigungszeiten vor der Vollendung des 25. Lebensjahres für die Berechnung der Kündigungsfrist, wie dies der immer noch nicht novellierte § 622 Abs. 2 S. 2 BGB vorsieht, gegen das Verbot der Altersdiskriminierung.[272] Auswirkungen hat das Diskriminierungsverbot zudem auf die Vertragsanbahnungsphase, da nunmehr auch nach dem Alter von Bewerbern grds. nicht mehr gefragt werden darf,[273] es sei denn es liegt ein Rechtfertigungsgrund vor, etwa dass wesentliche und entscheidende berufliche Anforderungen des in Aussicht genommenen Arbeitsplatzes nach Maßgabe des Art. 4 Abs. 1 RL 2000/78/EG dies verlangen.

Auch die Regelung von **Entlassungsabfindungen im Rahmen von Sozialplänen** kann die Frage nach ihrer Vereinbarkeit mit dem Verbot der Altersdiskriminierung in der RL 2000/78/EG aufwerfen. Dies gilt namentlich für Regelungen, denen zufolge bereits rentenberechtigte oder rentennahe ältere Arbeitnehmer keinen oder doch zumindst einen stark verkürzten Anspruch auf Sozialplanabfindungen erhalten sollen. So hat die Große Kammer des EuGH eine dänische gesetzliche Regelung, die für rentenberechtigte Arbeitnehmer jeglichen Abfindungsanspruch ausschließt, als verbotene Altersdiskriminierung angesehen.[274] In der Rechtssache Odar hat der Gerichtshof hingegen eine deutsche Sozialplanregel als mit dem Verbot der Altersdiskriminierung vereinbar angesehen, die keinen vollständigen Ausschluss von Ansprüchen der von einer Betriebsänderung betroffenen rentennahen Arbeitnehmer auf Sozialplanabfindungen vorsah.[275] 97

4. Sexuelle Ausrichtung

Das Verbot der Diskriminierung wegen der sexuellen Ausrichtung war überwiegend durch den Schutz homosexueller Männer und Frauen am Arbeitsplatz motiviert, ist aber darauf nicht beschränkt. Es soll jede identitätsprägende sexuelle Ausrichtung als Differenzierungskriterium im Arbeitsverhältnis ausgeschlossen werden, also nicht nur die **homosexuelle**, sondern auch die **bi-, trans- oder heterosexuelle Ausrichtung.** Eine gesonderte Verbotsnorm wäre entbehrlich gewesen, wenn der Begriff der „Benachteiligung wegen des Geschlechts" dahingehend ausgelegt worden wäre, dass er auch die sexuelle Orientierung einschließt. Der EuGH hat dies jedoch abgelehnt.[276] 98

Mit der Einführung des Diskriminierungsverbotes werden alle Diskriminierungsformen (oben Rn 46 ff) untersagt. Damit ist die Kündigung wegen Homosexualität nicht mehr nur an § 242 99

269 EuGH, 16.10.2007, Rs. C-411/05 (Palacios de la Villa), NZA 2007, 1219; EuGH, 12.10.2010, C-45/09 (Gisela Rosenbladt/Oellerking Gebäudereinigungsges. mbH), NZA 2010, 1167.

270 EuGH, 13.9.2011, Rs. C-447/09 (Prigge), NZA 2011, 1039.

271 EuGH, 8.9.2011, Rs. C-297/10 und C-298/10 (Sabine Hennigs/Eisenbahn-Bundesamt und Land Berlin/Alexander Mai), NZA 2011, 1100.

272 EuGH, 19.1.2010, Rs. C-555/07 (Kücükdeveci/Swedex GmbH & Co.KG), NZA 2010, 85 ff; insoweit zustimmend *Preis/Temming*, NZA 2010, 185, 186 ff; *Seifert*, EuR 2010, 802 ff; *ders.*, JbArbR 2011, 119 ff.

273 *Thüsing/Lambrich*, BB 2002, 1146, 1152; *Weber*, AuR 2002, 401, 404.

274 EuGH, 12.10.2010, Rs. C-499/08 (Ole Andersen), NZA 2010, 1341 ff.

275 EuGH, 6.12.2012, Rs. C-152/11 (Odar), NZA 2012, 1435.

276 EuGH, 17.2.1998, Rs. C-249/96 (Grant), Slg 1998, I-621; ebenso BAG, 15.5.1997, NZA 1998, 207.

BGB[277] zu messen; ein Fragerecht hinsichtlich der sexuellen Orientierung von Bewerbern war auch bisher nicht anerkannt. Unmittelbare Diskriminierungen werden insoweit noch gegenüber Soldaten[278] und im Bereich des **kirchlichen Arbeitsrechts** diskutiert.[279] Zwar sieht Art. 4 Abs. 2 RL 2000/78/EG eine weit gefasste Bereichsausnahme zugunsten der Loyalitätsobliegenheiten von Beschäftigten der Kirchen vor, sie rechtfertigt aber nur die Benachteiligung wegen Religion oder Weltanschauung, und nicht zugleich Diskriminierungen aus anderen Gründen. Eine, sei es auch nur mittelbare, Diskriminierung wegen der sexuellen Ausrichtung bedürfte der selbständigen Rechtfertigung, der Verweis auf die „Kirchenklausel" des Art. 4 Abs. 2 RL 2000/78/EG genügt insoweit nicht (zu der „Kirchenklausel" siehe oben Rn 91).

100 Als **rechtfertigungsbedürftige mittelbar benachteiligende Differenzierungskriterien** können die Berücksichtigung von Unterhaltspflichten bei der Sozialauswahl, § 1 Abs. 3 KSchG, sowie eheabhängige Sozialleistungen (Verheiratetenzuschlag, Beihilfe, Hinterbliebenenversorgung)[280] in Betracht kommen. Der EuGH sieht eine Privilegierung der Ehe gegenüber solchen Lebensgemeinschaften, die vom nationalen Recht als gleichwertig anerkannt werden (zB die Lebenspartnerschaft nach dem deutschen LPartG, als grds. unzulässig an.[281] Eine derartige Gleichwertigkeit zwischen Ehe und Lebenspartnerschaft wurde von deutschen Gerichten zunächst abgelehnt;[282] sie ist aber inzwischen mit Blick auf Beschäftigung und Beruf weitgehend anerkannt.[283]

D. Nachweis von Arbeitsbedingungen, RL 91/533/EWG

101 Die RL 91/533/EWG über die Pflicht des Arbeitgebers zur Unterrichtung des Arbeitnehmers über die für seinen Arbeitsvertrag oder sein Arbeitsverhältnis geltenden Bedingungen (**Nachweisrichtlinie**) normiert die Verpflichtung des Arbeitgebers, den Arbeitnehmer über die wesentlichen Punkte des Arbeitsvertrags oder des Arbeitsverhältnisses nach Vertragsschluss schriftlich in Kenntnis zu setzen.[284] Sinn und Zweck dieser Nachweispflicht des Arbeitgebers ist es, den Arbeitnehmer besser vor etwaiger Unkenntnis seiner Rechte zu schützen und den Arbeitsmarkt transparenter zu gestalten (vgl Erwägungsgrund Nr. 2 RL 91/533/EWG). Einen Formzwang für den Arbeitsvertrag begründet die Nachweisrichtlinie hingegen nicht.[285] Die nachzuweisenden Arbeitsbedingungen umfassen die Personalien der Parteien, den Arbeitsplatz, eine Beschreibung der Arbeit, den Zeitpunkt von Beginn und Dauer des Arbeitsvertrages, Dauer des Jahresurlaubs, Kündigungsfristen, Arbeitsentgelt, Arbeitszeit sowie die Angabe geltender Kollektivverträge. Die Unterrichtung hat spätestens zwei Monate nach Arbeitsaufnahme schriftlich zu erfolgen. Weiterhin sind solche Beschäftigte, die ihre Arbeit länger als einen Monat in einem anderen Land als dem Mitgliedstaat ausüben müssen, dessen Rechtsvorschriften ihr Arbeitsvertrag unterliegt, über die Dauer der im Ausland ausgeübten Arbeit, die Währung, in der das Arbeitsentgelt ausgezahlt wird, und die Rückkehrbedingungen zu informieren. Ändern sich mitteilungspflichtige wesentliche Arbeitsbedingungen im Verlaufe der Durchführung des Arbeitsverhältnisses, hat eine schriftliche Information über sämtliche Änderungen spätestens innerhalb eines Monats nach deren Wirksamwerden zu erfolgen, Art. 5 Abs. 1 RL 91/533/EWG. Die Nachweisrichtlinie regelt indessen nicht die Rechtsfolgen einer Verletzung dieser Nachweispflichten durch den Arbeitgeber.

277 So noch BAG, 23.6.1994, AP BGB § 242 Kündigung Nr. 9.
278 BVerwG, 8.5.1994, E 103, 192; 23.2.1999, NVwZ-RR 1999, 770.
279 Für die Unzulässigkeit der Frage von kirchlichen Arbeitgebern nach der sexuellen Orientierung von Bewerbern oder Beschäftigten: *Baer*, ZRP 2001, 500, 503. Für ein Fragerecht kirchlicher Arbeitgeber hingegen: *Thüsing*, NZA 2001, 1061, 1062; *Powietzka*, BB 2002, 146, 149; *Joussen*, RdA 2003, 32, 38.
280 Vgl EuGH, 10.5.2011, Rs. C-147/08 (Römer), NZA 2011, 557 ff; EuGH, 1.4.2008, Rs. C-267/06 (Maruko) EuZW 2008, 314.
281 EuGH, 10.5.2011, Rs. C-147/08 (Römer), NZA 2011, 557 ff; EuGH, 1.4.2008, Rs. C-267/06 (Maruko) EuZW 2008, 314; vgl auch BAG, 29.4.2004, AuR 2004, 230.
282 *BVerfG, 20.9.2007,* NJW 2008, 209; BVerwG, 26.1.2006, NJW 2006, 1828.
283 Vgl insbesondere BAG, 14. 1. 2009, NZA 2009, 489; BAG, 11.12.2012, NZA-RR 2013, 308 ff mwN.
284 Dazu und zur Umsetzung der RL ins deutsche Recht näher *Birk*, NZA 1996, 281 ff.
285 EuGH, 8.1.2001, Rs. C-350/99 (Lange), Slg 2001, I-1061 = NZA 2001, 381.

Die Richtlinie ist in deutsches Recht durch das **NachwG** umgesetzt worden,[286] dessen Anwendungsbereich alle Arbeitnehmer mit Ausnahme der vorübergehend (höchstens: einen Monat) beschäftigten Aushilfen erfasst, § 1 NachwG. Der Mindestinhalt des dem Arbeitnehmer schriftlich zu erteilenden Nachweises entspricht den Vorgaben der RL 91/533/EWG. Der EuGH[287] verlangt dabei auch eine Charakterisierung der geschuldeten Tätigkeit, ihre bloße „Bezeichnung" genüge den Anforderungen nicht. Die wesentlichen Arbeitsbedingungen werden in Deutschland oftmals nicht gesetzlich oder arbeitsvertraglich, sondern kollektivvertraglich festgelegt. In diesen Fällen genügt gem. § 2 Abs. 1 Nr. 10 NachwG ein allgemeiner Hinweis auf den jeweiligen Tarifvertrag (bzw die Betriebs-/Dienstvereinbarung). Auch die Regelungen zum Arbeitsentgelt, zur Arbeitszeit, zum Urlaub und zu den Kündigungsfristen brauchen nicht im Einzelnen angegeben zu werden, wenn sie tarifvertraglich festgelegt sind; der Arbeitgeber darf dann auf die einschlägigen Tarifverträge verweisen, § 2 Abs. 3 NachwG. Soll damit der Informationszweck der Richtlinie nicht verfehlt werden, muss dieser – grds. von Art. 2 Abs. 3 RL 91/533/EWG gestattete – „Hinweis" allerdings so konkret gestaltet sein, dass der Arbeitnehmer den Kollektivvertragsinhalt ohne Schwierigkeiten zur Kenntnis nehmen kann. Eine Aushändigung der einschlägigen Kollektivverträge an den Arbeitnehmer schreibt die Richtlinie aber nicht vor. Es muss nur klar gestellt sein, welche Kollektivverträge auf das Arbeitsverhältnis des Arbeitnehmers konkret anwendbar sind,[288] damit sich der Arbeitnehmer im erforderlichen Umfang selbst informieren kann. Ändern sich die nachzuweisenden Arbeitsbedingungen im Verlaufe des Arbeitsverhältnisses, so ist diese Änderung dem Arbeitnehmer im Verlaufe eines Monats nach ihrem Wirksamwerden nur dann schriftlich mitzuteilen, falls es sich dabei um eine arbeitsvertraglich vereinbarte Bedingung handelte. Ist die Änderung dagegen Folge einer Veränderung von Rechtsnormen (Gesetz, Tarifvertrag, Betriebs-/Dienstvereinbarung), ist ein Nachweis entbehrlich; auch Art. 5 Abs. 2 RL 91/533/EWG verzichtet in diesen Fällen auf einen Nachweis. 102

Sowohl Art. 2 Abs. 2 RL 91/533/EWG als auch § 2 Abs. 1 S 2 NachwG machen mit der Formulierung der „mindestens" in den Nachweis aufzunehmenden Bedingungen deutlich, dass die geregelte Aufzählung nicht abschließend zu verstehen ist.[289] Falls weitere „wesentliche" Arbeitsbedingungen vereinbart werden, deren Bedeutung für die Durchführung des Arbeitsverhältnisses vergleichbar groß ist wie die der aufgezählten Bedingungen, muss die Niederschrift auch diese Arbeitsbedingungen erfassen, etwa die Pflicht zur Erbringung von regelmäßigen Überstunden auf bloße Anweisung des Arbeitgebers.[290] 103

Besonders umstritten ist die **Rechtsfolge einer Nichtbeachtung der Nachweispflicht**, da weder RL 91/533/EWG noch das NachwG eine solche ausdrücklich vorsehen. Eine Unwirksamkeit der Vereinbarungen aufgrund Fehlens der Niederschrift kommt als Folge nicht in Betracht; sie bleiben auch als lediglich mündliche Abreden gültig. Zwar stünde dem Arbeitnehmer ein einklagbarer Erfüllungsanspruch auf Erteilung des Nachweises zu, doch ist dessen Geltendmachung kaum realistisch. Um daher die von Art. 8 Abs. 1 RL 91/533/EWG geforderte (effektive) gerichtliche Geltendmachung der Rechte aus der Richtlinie zu gewährleisten, ist erwogen worden, als Sanktion eine Umkehr der Beweislast zuzulassen.[291] 104

286 Gesetz über den Nachweis der für ein Arbeitsverhältnis geltenden wesentlichen Bedingungen vom 20.7.1995, BGBl. I, S. 946.

287 EuGH, 4.12.1997, Rs. 253/96 bis 259/96 (Kampelmann), Slg 1997, I-6907.

288 Dazu *Lörcher*, AuR 1994, 450, 454.

289 EuGH, 8.1.2001, Rs. C-350/99 (Lange), Slg 2001, I-1061 = NZA 2001, 381.

290 EuGH, 8.1.2001, Rs. C-350/99 (Lange), Slg 2001, I-1061 = NZA 2001, 381.

291 Dazu *Preis*, NZA 1997, 10 ff; *Bergwitz*, BB 2001, 2316; ablehnend dagegen BAG, 16.2.2000, AP NachwG § 2 Nr. 3.

105 Der EuGH[292] hat sich dem jedoch nicht angeschlossen, sondern stattdessen hervorgehoben, dass gem. Art. 6[293] RL 91/533/EWG eine direkte Beweislastumkehr nicht Folge des erteilten Nachweises ist, sofern sich nicht aus dem nationalen Recht etwas anderes ergibt. Das Unionsrecht verlange nur, dass der Arbeitnehmer überhaupt die Möglichkeit bekommt, die Mitteilung zu Beweiszwecken zu verwenden; auf welche Weise das konkret erfolgen kann, bleibt dem Beweisrecht der Mitgliedstaaten überlassen. Der erteilte Nachweis löst allerdings eine **tatsächliche Vermutung der inhaltlichen Richtigkeit und Vollständigkeit** aus;[294] wenn der Arbeitgeber die inhaltliche Unrichtigkeit des Nachweises geltend macht, trifft ihn dafür die Beweislast.[295] Hat der Arbeitgeber einen Nachweis dagegen gar nicht oder fehlerhaft erteilt, ist bei freier richterlicher Beweiswürdigung zu entscheiden, inwieweit hieraus Rechtsfolgen wegen Beweisvereitelung zu ziehen sind; dabei ist insbesondere der Grad des Verschuldens des Arbeitgebers zu berücksichtigen.

106 In seiner Entscheidung in der Rs. Lange[296] hat der EuGH dem Arbeitgeber die Möglichkeit eröffnet, den Nachweis durch Hinweis auf Kollektivvereinbarungen in ihrer jeweils geltenden Fassung zu erteilen. Dies ist, insbesondere wenn Tarifverträge Ausschlussfristen zur Geltendmachung von Ansprüchen der Beschäftigten gegen ihren Arbeitgeber festlegen, unter dem Aspekt der Transparenz der Arbeitsbedingungen jedoch nicht unproblematisch.[297]

107 Das deutsche NachweisG sieht ebenfalls keine Beweislastumkehr zu Lasten des Arbeitgebers vor. Somit ist zur Beurteilung des Beweiswertes eines erteilten oder zu Unrecht nicht bzw falsch erteilten Nachweises auf die allgemeinen Grundsätze des nationalen Beweisrechts zurückzugreifen.

108 Danach hätte der erteilte Nachweis zugunsten des Arbeitnehmers eine tatsächliche Vermutung der inhaltlichen Richtigkeit und Vollständigkeit der Urkunde begründet. Der Arbeitgeber, der dies nicht gelten lassen will, muss den Gegenbeweis erbringen. Gelingt ihm das nicht, ist der Urkundeninhalt zugrunde zu legen. Zum *Nachteil* des Arbeitnehmers könnte sich eine derartige Vermutung dagegen nicht auswirken; da der Arbeitnehmer den Nachweis nicht erteilt hat und sich auch nicht durch Unterschrift zu seiner inhaltlichen Richtigkeit bekannt hat, hat er keinen Vermutungstatbestand geschaffen.

109 Einen wichtigen praktischen Anwendungsfall im deutschen Recht bildet die sogenannte **„korrigierende Rückgruppierung“**, mit der ein Arbeitgeber des öffentlichen Dienstes eine Entscheidung, den Arbeitnehmer in eine bestimmte Vergütungsgruppe einzugruppieren, wieder rückgängig macht, um entsprechend niedrigeres Entgelt zu zahlen. Dass eine solche Rückgruppierung grundsätzlich möglich ist, ist stets anerkannt gewesen. Voraussetzung ist allerdings, dass der Arbeitgeber nachweisen kann, die ursprüngliche Mitteilung[298] über die Eingruppierung sei objektiv falsch gewesen. Hier hat das BAG entschieden, dass sich an dieser Rechtslage auch dann nichts ändert, wenn die Eingruppierungsmitteilung Teil des Nachweises im Sinne von § 2 NachweisG ist.[299]

---

292 EuGH, 4.12.1997, Rs. C-253/96 (Kampelmann), Slg 1997, I-6907, Rn 30.

293 Art. 6 der RL 91/553/EWG: „Diese Richtlinie berührt nicht die einzelstaatlichen Rechtsvorschriften und/oder einschlägigen einzelstaatlichen Praktiken für ...
- die Regelung für den Nachweis über das Vorhandensein und den Inhalt des Arbeitsvertrags oder des Arbeitsverhältnisses,
- einschlägige Verfahrensregeln.“

294 EuGH, 4.12.1997, Rs. C-253/96 (Kampelmann), Slg 1997, I-6907, Rn 33, 35.

295 EuGH, 4.12.1997, Rs. C-253/96 (Kampelmann), Slg 1997, I-6907, Rn 34.

296 EuGH, Rs. C-350/99 (Lange), Slg 2001, I-1061, Rn 25.

297 Vgl dazu den 2. Erwägungsgrund der RL: ... „Diese Maßnahmen zielen darauf ab, die Arbeitnehmer besser vor etwaiger Unkenntnis ihrer Rechte zu schützen und den Arbeitsmarkt transparenter zu gestalten“; vgl dazu *Koch, in: FS Schaub, S. 421 ff; Birk*, NZA 1996, 281, 287; *Müller-Glöge*, RdA 2001, Beilage S. 46 ff.

298 Handelt es sich dagegen um die Zusage, den Arbeitnehmer übertariflich entlohnen zu wollen, kommt es auf die objektive Fehlerhaftigkeit der Eingruppierung nicht an.

299 BAG, 16.2.2000, AP NachweisG § 2 Nr. 3.

E. Atypische Arbeitsverhältnisse

Bereits in den 1980er Jahren sind auf europäischer Ebene Versuche unternommen worden, den Arbeitnehmerschutz bei atypischen Arbeitsverhältnissen zu harmonisieren.[300] Erste Richtlinien auf diesem Gebiet wurden aber erst Ende der 1990er Jahre für die Befristung und die Teilzeitarbeit verabschiedet. 2008 schließlich folgte eine Richtlinie zur Leiharbeit. All diese Richtlinien schränken nicht den Rückgriff auf Formen der atypischen Arbeit ein. Ihnen liegt das Bestreben zugrunde, missbräuchliche Gestaltungsformen der atypischen Arbeit zu bekämpfen. 110

I. Befristung von Arbeitsverträgen, RL 99/70/EG

Die unionsrechtlichen Vorgaben für die Befristung von Arbeitsverträgen beruhen auf der **Rahmenvereinbarung über befristete Arbeitsverträge**, die von den Sozialpartnern auf europäischer Ebene (UNICE, CEEP und EGB) im Jahre 1999 abgeschlossen und vom Rat auf Vorschlag der Kommission durch die RL 1999/70/EG nach Art. 155 Abs. 2 2. Alt. AEUV durchgeführt worden ist.[301] Regelungsziel ist vornehmlich die Verhinderung missbräuchlicher Kettenbefristungen (§ 5 Rahmenvereinbarung), sowie die Etablierung eines Verbots der Diskriminierung wegen der Befristung (§ 4 Rahmenvereinbarung).[302] Das Diskriminierungsverbot erfasst den gesamten Vertragsinhalt, untersagt also ungünstigere Arbeitsbedingungen von befristet Beschäftigten im Vergleich zu unbefristet Beschäftigten; auf die wesentlich umstrittenere Frage der Zulässigkeit befristeter Arbeitsverträge bezieht es sich hingegen nicht. Befristet Beschäftigte dürfen danach bei allen Arbeitsbedingungen nicht „wegen der Befristung" schlechter behandelt werden als andere Arbeitnehmer. Aus dem Diskriminierungsverbot kann sich ein Anspruch auf Gleichstellung mit den günstigeren Arbeitsbedingungen Dauerbeschäftigter ergeben.[303] Damit soll die befristete Tätigkeit attraktiver gemacht werden, um ihr Beschäftigungspotential zu nutzen, und den Beschäftigten die Chance zu eröffnen, einen Einstieg in die Dauerbeschäftigung zu finden. Der Arbeitnehmerbegriff der Richtlinie verweist auf das Recht der Mitgliedstaaten (§ 2 Nr. 1 Rahmenvereinbarung). 111

Die Regelung zur Vermeidung des Missbrauchs von **Kettenarbeitsverträgen**, § 5 Rahmenvereinbarung, soll verhindern, dass die für Arbeitgeber höhere Attraktivität befristeter Vertragsverhältnisse dazu führt, den unbefristeten Vertrag als Regelarbeitsverhältnis zu verdrängen. Auf dessen fortbestehende Leitbildfunktion weist Erwägungsgrund Nr. 6 der Rahmenvereinbarung ausdrücklich hin. Daher soll den befristet tätigen Arbeitnehmern irgendwann ein Übergang in ein bestandsgeschütztes Arbeitsverhältnis ermöglicht werden, wenn sie lange beim selben Arbeitgeber eingesetzt werden. Die Mitgliedstaaten müssen mindestens eine der Maßnahmen ergreifen, die in § 5 Rahmenvereinbarung als zur Verhinderung von Missbrauch geeignet bezeichnet worden sind: 112

- befristete Arbeitsverträge nur aus sachlichen Gründen zu verlängern,
- die höchstzulässige Dauer aufeinander folgender befristeter Arbeitsverträge festzulegen oder
- die Höchstzahl ihrer zulässigen Verlängerungen.
- Inhaltlich ist damit gerade nicht festgelegt, welche Sachgründe eine Befristung rechtfertigen oder wie lange bzw wie oft eine Vertragsbeziehung befristet werden darf, ohne dass dies als missbräuchlich gilt.[304] Die Entscheidung hierüber obliegt grds. dem nationalen Gesetzgeber. Ein vorübergehender Vertretungsbedarf kann grds. auch dann einen sachlichen Grund iSv § 5 Nr. 1 lit. a) der Rahmenvereinbarung darstellen, wenn der Arbeitgeber wiederholt oder sogar dauerhaft auf befristete Vertretungen zurückgreift und diese Vertretungen auch durch die Einstellung von Arbeitnehmern mit unbefristeten Arbeitsverträgen abgedeckt werden könnte: Es

---

300 Zu der Entwicklung dieser rechtspolitischen Vorhaben in den 1980er Jahren eingehend *Michael Schmidt*, Die Richtlinienvorschläge der Kommission der Europäischen Gemeinschaften zu den atypischen Arbeitsverhältnissen, Baden-Baden 1992.

301 Zu der Rahmenvereinbarung siehe *Däubler*, ZIP 2001, 217; *Hromadka*, BB 2001, 621; *Preis/Gotthardt*, DB 2000, 2065.

302 Dazu näher *Hanau*, NZA 2000, 1045; *Däubler*, ZiP 2000, 1965.

303 EuGH, Rs. C-307/05 (Del Cerro Alonso), Slg 2007, I-7109 = NZA 2007, 1223.

304 *Rolfs*, EAS Nr. B 3200, Rn 20 ff; *Hanau/Steinmeyer/Wank*, § 18, Rn 261; *Schlachter*, RdA 2004, 352, 353.

sei Sache der Gerichte der Mitgliedstaaten, unter Berücksichtigung sämtlicher Umstände des Einzelfalles einschließlich der Zahl und der Gesamtdauer der in der Vergangenheit mit demselben Arbeitgeber geschlossenen befristeten Arbeitsverträge feszustellen, ob die Befristung durch einen sachlichen Grund gerechtfertigt sei.[305]

113 Das **TzBfG** setzt neben dem Diskriminierungsverbot (§ 4 Abs. 2) auch das Verbot missbräuchlicher Kettenbefristungen um (§ 14). Dabei wurde der bisherige Grundsatz, wonach sich die gerichtliche Kontrolle von Befristungsvereinbarungen wegen der dadurch ermöglichten Umgehung des Kündigungsschutzrechts[306] rechtfertigt, durch den neuen, aus der Richtlinie übernommenen Ansatz abgelöst. Seither unterliegt jedes befristete Arbeitsverhältnis, auch in Kleinbetrieben, § 23 Abs. 1 S. 2-4 KSchG,[307] oder in den ersten sechs Beschäftigungsmonaten, der Befristungskontrolle. Die Anforderungen, die § 14 TzBfG an die Zulässigkeit von Befristungsvereinbarungen stellt, sind unionsrechtskonform, soweit Befristungen idR entweder vom **Vorliegen eines Sachgrundes, § 14 Abs. 1 TzBfG,** oder – bei erstmaliger Befristung – durch die **Höchstbefristungsdauer von zwei Jahren** beschränkt werden, § 14 Abs. 2 TzBfG. Unionsrechtlich unzulässig[308] war dagegen eine Altersbefristung gem. § 14 Abs. 3 TzBfG aF, die befristete Arbeitsverträge mit Beschäftigten ab 58 (vorübergehend: 52) Jahren ohne Sachgrund und ohne zeitliche Obergrenze zuließ.[309] Dabei hat der EuGH freilich die Vereinbarkeit der Norm mit der BefristungsRL gar nicht geprüft, sondern eine Entscheidung auf den „Allgemeinen Grundsatz“ des Verbots der Altersdiskriminierung gestützt. Die Gesetzesreform hat nunmehr eine Höchstbefristungsdauer von 5 Jahren mit der weiteren Anforderung einer zumindest viermonatigen Beschäftigungslosigkeit kombiniert, um den Sonderbefristungstatbestand zu erhalten. Weitere Pflichten aus der Rahmenvereinbarung der Sozialpartner, wie die notwendige Information von befristet Beschäftigten über freiwerdende unbefristete Arbeitsplätze im Betrieb oder Unternehmen, § 6 Nr. 1 Rahmenvereinbarung, die Erleichterung von Weiterbildungsmöglichkeiten, § 6 Nr. 2 Rahmenvereinbarung, und die Berücksichtigung der befristet Beschäftigten bei dem Schwellenwert, der für die Errichtung von Arbeitnehmervertretungen maßgeblich ist, § 7 Nr. 1 Rahmenvereinbarung, sind in den §§ 18, 19 TzBfG und zB § 1 BetrVG im Hinblick auf die Einbeziehung der befristet beschäftigten Arbeitnehmer in die Schwellenwertberechnung umgesetzt worden.

II. Teilzeitbeschäftigung, RL 97/81/EG

114 Die RL 97/81/EG zu der von UNICE, CEEP und EGB geschlossenen Rahmenvereinbarung über Teilzeitarbeit (Teilzeitrichtlinie)[310] geht ebenfalls auf eine Rahmenvereinbarung zwischen den Europäischen Sozialpartnern zurück, die durch Richtlinie 97/81/EG nach Art. 155 Abs. 2 2. Alt. AEUV durchgeführt wurde. Ihre wesentlichen Regelungsziele bestehen im Abbau der Diskriminierung Teilzeitbeschäftigter, im Ausbau und der Förderung der Qualität dieser Beschäftigungsform und in der Erleichterung der Flexibilisierung der Arbeitsorganisation.[311] Der Anwendungsbereich der Richtlinie bezieht sich auf Arbeitnehmer im Sinne des Rechts der Mitgliedstaaten, deren normale Arbeitszeit unter der eines vergleichbaren Vollzeitbeschäftigten liegt, § 3 Nr. 1 Rahmenvereinbarung. Eine Untergrenze für geringfügig Beschäftigte ist mithin nicht vorgesehen, diese müssen allen Schutzvorschriften in gleicher Weise wie andere Teilzeitkräfte unterliegen; lediglich „nur gele-

---

305 EuGH, 26.1.2012, Rs. C-586/10 (Kücük), NZA 2012, 135 ff; in Umsetzung dieser Vorgaben BAG, 18.7.2012, NZA 2012, 1359 ff.

306 Grundlegend BAG, 12.10.1960, AP BGB § 620 Befristeter Arbeitsvertrag Nr. 16.

307 Noch die Gesetzesbegründung zum TzBfG (BT-Drucks. 14/4374, S. 18) behauptete, das Gesetz sei auf Kleinbetriebe nicht anwendbar; da eine solche Ausnahme an keiner Stelle des Gesetzes verankert ist, ist diese Annahme der Verfasser der Gesetzesbegründung indessen nicht haltbar.

308 EuGH, 22.11.2005, Rs. C-144/04 (Mangold), NZA 2005, 1345 ff. Anders dagegen *Preis/Gotthardt*, DB 2000, 2065, 2072; *Bauer*, NJW 2001, 2672, 2673 f; *Kliemt*, NZA 2001, 296, 300; *Thüsing/Lambrich*, BB 2002, 829, 831 f.

309 *Däubler*, ZIP 2000, 1961, 1967; *ders.*, ZIP 2001, 217, 224; *Hümmerich/Holthausen/Welslau*, NZA 2003, 7, 9; *Schlachter*, RdA 2004, 252, 253; *Kerwer*, NZA 2002, 1316, 1317.

310 Zu der Teilzeitrichtlinie eingehender *Preis/Gotthardt*, DB 2000, 2065 und *M. Schmidt*, NZA 1998, 576.

311 *Hanau/Steimeyer/Wank*, § 18, Rn 218.

gentlich arbeitende" Beschäftigte dürfen von den Mitgliedstaaten ausgenommen werden, soweit dieser Ausschluss sachlich begründbar ist, § 2 Nr. 2 Rahmenvereinbarung.

Die wichtigste Regelung der Rahmenvereinbarung ist das **Diskriminierungsverbot**, § 4 Rahmenvereinbarung, das im Unionsrecht auf dem Verbot der mittelbaren Diskriminierung wegen des Geschlechts aufbaut.[312] Darüber hinaus soll der Wechsel von Teilzeit- in Vollzeittätigkeit und umgekehrt erleichtert werden, doch schreibt die Richtlinie lediglich vor, der Arbeitgeber solle entsprechende Anträge der Beschäftigten „berücksichtigen, soweit dies möglich ist", § 5 Nr. 3 a), b) Rahmenvereinbarung, und zur Erleichterung des Wechsels Informationen über verfügbare Arbeitsplätze bereitstellen; eine konkrete Verpflichtung begründet die Rahmenvereinbarung insoweit nicht. 115

Die **Umsetzungsbestimmung in § 4 Abs. 1 TzBfG** übernimmt das Diskriminierungsverbot im Wesentlichen aus dem alten § 2 Abs. 1 BeschFG, bindet also die Zulässigkeit einer nachteiligen Behandlung von Teilzeitkräften an das Vorliegen sachlicher Gründe. Da es sich bei Teilzeitbeschäftigten in der Mehrzahl um weibliche Arbeitnehmer handelt, ist eine Benachteiligung unmittelbar wegen der Teilzeitarbeit im Allgemeinen zugleich eine mittelbar geschlechtsbedingte Benachteiligung (dazu näher oben Rn 50 ff mwN). Dass in beider Hinsicht einheitliche Rechtfertigungsvoraussetzungen verlangt werden, ist mithin sachlich geboten.[313] Insoweit ist auch die Erstreckung des Diskriminierungsverbotes auf das Entgelt, die in § 4 Abs. 1 S. 2 TzBfG mit einer modifizierten Anwendung des pro-rata-temporis-Grundsatzes konkretisiert wird, sachlich unvermeidlich. Danach darf der Arbeitgeber das Entgelt und andere teilbare Leistungen den Teilzeitbeschäftigten gegenüber nur insoweit in verringertem Umfang erbringen, wie ihre Arbeitsleistung gegenüber vergleichbaren Vollzeitbeschäftigten verkürzt ist. Ob entsprechend der Intention des Gesetzgebers des TzBfG das Gleichbehandlungsgebot auch eine generelle Besserstellung von Teilzeitbeschäftigten gegenüber vergleichbaren Vollzeitbeschäftigten erlaubt, muss indessen bezweifelt werden, da es sich dabei um im Regelfall um eine nicht zu legitimierende positive Maßnahme handeln würde, für die es in der RL keine Legitimationsgrundlage gibt.[314] Will der Beschäftigte sich auf eine Diskriminierung berufen, muss er eine „unterschiedliche Behandlung wegen der Teilzeitarbeit" darlegen und beweisen können; die Beweiserleichterung des § 22 AGG findet grds. keine Anwendung im Bereich des § 4 Abs. 1 TzBfG.[315] Allerdings kommen Erleichterungen nach dem Grundsatz der abgestuften Darlegungs- und Beweislast in Betracht, soweit Tatsachen in der Sphäre des Arbeitgebers liegen;[316] im Entgeltbereich kann zudem in nicht wenigen Fällen auf die §§ 1, 3 Abs. 2, 7 Abs. 1, 8 Abs. 2 AGG zurückgegriffen werden. 116

Die Pflicht zur Information über freie Stellen wird mit dem Appell an die Arbeitgeber, Teilzeitarbeit auf allen Unternehmensebenen zu ermöglichen, verbunden, § 5 Nr. 1 Rahmenvereinbarung. Dagegen geht **§ 8 TzBfG**, der einen **Anspruch auf Reduzierung der Arbeitszeit** und damit einen Anspruch auf Teilzeit vorsieht, in entscheidender Weise über die Vorgaben der Richtlinie hinaus. Die Norm gibt den an Teilzeit interessierten Beschäftigten in Betrieben mit in der Regel mehr als 15 Beschäftigten das Recht, einseitig die Hauptleistungspflichten des Arbeitsvertrages zu verändern, ohne diesen Wunsch an bestimmte Gründe zu binden; vielmehr muss der Arbeitgeber entgegenstehende betriebliche Gründe geltend machen, wenn er dem Wunsch nicht entsprechen will, § 8 Abs. 4 TzBfG.[317] Damit soll das Beschäftigungspotential von Teilzeitarbeit erschlossen werden.[318] Den Anspruch teilzeitbeschäftigter Arbeitnehmer auf Verlängerung ihrer Arbeitszeit macht § 9 TzBfG davon abhängig, dass ein entsprechender Vollzeitarbeitsplatz zu besetzen und der Anspruchsteller gleich geeignet wie ein externer Bewerber ist. 117

312 EuGH, 31.3.1983, Rs. 96/80 (Jenkins), Slg 1981, 911.
313 Vgl BAG, 21.4.1999, AP BeschFG 1985, § 2 Nr. 72.
314 So zu Recht ErfK/*Preis*, TzBfG § 4, Rn 10 mwN.
315 Statt vieler ErfK/*Preis*, TzBfG § 4, Rn 70.
316 ErfK/*Preis*, TzBfG § 4, Rn 710 mwN.
317 BAG, 15.8.2006, NZA 2007, 259.
318 *Waas*, NZA 2000, 583 ff.

III. Leiharbeit, RL 2008/104/EG

118 Nach langen politischen Auseinandersetzungen[319] ist im Jahre 2008 die **Richtlinie 2008/104/EG über Leiharbeit** verabschiedet worden. Bereits auf die Vorarbeiten zu dieser Richtlinie[320] geht die Einführung des Gleichbehandlungsgebots in § 3 Abs. 1 Nr. 3 und § 9 Nr. 2 AÜG zurück; ganz ohne weiteren Anpassungsbedarf bleibt das deutsche Gesetz allerdings trotzdem nicht.[321] Die Richtlinie regelt im Wesentlichen folgende Inhalte: die Rechtsverhältnisse der unechten Arbeitnehmerüberlassung, bei der die Arbeitnehmer zum Zwecke des Einsatzes bei Dritten eingestellt werden, Art. 1 Abs. 1 RL 2008/104/EG; die Verpflichtung der Mitgliedstaaten, Leiharbeit allenfalls noch aus Gründen des Allgemeininteresses einzuschränken, Art. 4 RL 2008/104/EG; die **Erstreckung des Gleichbehandlungsgrundsatzes** auf in Art. 3 Abs. 1 f) RL 2008/104/EG abschließend definierte „wesentliche Arbeitsbedingungen", Art. 5 Abs. 1 RL 2008/104/EG; die eingeschränkte Tarifdispositivität des Gleichbehandlungsgrundsatzes, Art. 5 Abs. 3 RL 2008/104/EG; Unterrichtungsansprüche der Leiharbeitnehmer über offene Stellen beim Entleiher, Art. 6 Abs. 1 RL 2008/104/EG. Anpassungsbedarf im deutschen Recht besteht jedenfalls für die bisherigen Ausnahmetatbestände vom „Equal-Pay"-Grundsatz in § 3 Abs. 1 Nr. 3 S. 1 AÜG, für die Informationspflichten, für den gleichberechtigten Zugang zu Gemeinschaftseinrichtungen und vor allem für die Ausnahme der konzerninternen Überlassung in § 1 Abs. 3 AÜG.

119 Die RL 2008/104/EG ist durch das Gesetz vom 27.4.2011 zur Verhinderung von Mißbrauch der Arbeitnehmerüberlassung und zur Umsetzung der Leiharbeitsrichtlinie in deutsches Recht umgesetzt worden.[322]

F. Arbeitsschutz

120 Einen Schwerpunkt arbeitsrechtlicher Regelsetzung der EU bildet das Arbeitsschutzrecht. Die Union besitzt auf diesem Gebiet eine umfassende Zuständigkeit, die sich in erster Linie aus Art. 153 Abs. 1 lit. a) AEUV ergibt. Von dieser Zuständigkeit auf dem Gebiet des Arbeitsschutzes hat die Union in weitem Umfang Gebrauch gemacht. Inzwischen hat der Unionsgesetzgeber mehr als zwei Dutzend Richtlinien verabschiedet. Dabei geht das Unionsrecht von einem zweistufigen Regelungskonzept aus. In der RL 89/391/EWG über die Durchführung von Maßnahmen zur Verbesserung der Sicherheit und des Gesundheitsschutzes der Arbeitnehmer bei der Arbeit wird ein allgemeiner Rahmen des Arbeitsschutzes festgelegt, der dann für bestimmte Bereiche durch sog. Einzelrichtlinien konkretisiert wird.

I. Allgemeiner Rahmen für den Arbeitsschutz

121 Die RL 89/391/EWG dient der Durchführung von Maßnahmen zur Verbesserung der Sicherheit und des Gesundheitsschutzes der Arbeitnehmer am Arbeitsplatz, Art. 1 Abs. 1 und verankert allgemeine Grundsätze des Arbeitsschutzes, vgl Art. 1 Abs. 2. Sie gilt grundsätzlich für alle privaten und öffentlichen Tätigkeitsbereiche, Art. 2 Abs. 1. Allerdings findet sie keine Anwendung, soweit der Geltung ihrer Vorschriften bestimmte spezifische Tätigkeiten im öffentlichen Dienst oder bestimmte spezifische Tätigkeiten bei den Katastrophenschutzdiensten zwingend entgegenstehen, Art. 2 Abs. 2 RL 89/391/EWG.

122 Den **Arbeitgeber** trifft die **allgemeine Pflicht**, für die Sicherheit und den Gesundheitsschutz der Arbeitnehmer in Bezug auf alle Aspekte, welche die Arbeit betreffen, zu sorgen, Art. 5 Abs. 1 RL 89/391/EWG. Von dieser Pflicht kann er sich nicht dadurch befreien, dass er außerbetriebliche Arbeitsschutzdienste hinzuzieht, Art. 5 Abs. 2 RL 89/391/EWG. Er ist dazu verpflichtet, die für die Sicherheit und den Gesundheitsschutz der Arbeitnehmer erforderlichen Maßnahmen zu treffen, einschließlich der Maßnahmen zur Verhütung berufsbedingter Gefahren, zur Information und zur

319 Zu den Vorarbeiten vgl *Raab*, ZfA 2003, 389, 395; *Wank*, NZA 2003, 14.
320 KOM (2002) 149 endg., ABl. EG Nr. C 203, S. 6.
321 *Boemke*, RIW 2009, 177; siehe auch *Fuchs*, NZA 2009, 57 ff.
322 Dazu im Überblick *Forst*, AuR 2012, 97 ff.

Unterweisung sowie der Bereitstellung einer geeigneten Organisation und der erforderlichen Mittel, Art. 6 Abs. 1 RL 89/391/EWG. Die Richtlinie listet in ihrem Art. 6 Abs. 2 einzelne Grundsätze auf, die er dabei zu beachten hat: Insbesondere die Vermeidung von Risiken, die Abschätzung nicht vermeidbarer Risiken, die Gefahrenbekämpfung an der Quelle, die Berücksichtigung des Faktors „Mensch“ bei der Arbeit, die Berücksichtigung des Stands der Technik, die Planung der Gefahrenverhütung, der Vorrang des kollektiven vor dem individuellen Gefahrenschutz sowie die Erteilung geeigneter Anweisungen an die Arbeitnehmer sollen insoweit vom Arbeitgeber umgesetzt werden. Auch ist der Arbeitgeber verpflichtet, die **Arbeitnehmer bzw deren Vertreter** im Unternehmen oder Betrieb gemäß den nationalen Rechtsvorschriften bzw. Praktiken über die Gefahren für Sicherheit und Gesundheit sowie die Schutzmaßnahmen und Maßnahmen zur Gefahrenverhütung im Unternehmen bzw Betrieb sowie über die Arbeitnehmer, die für Erste Hilfe, Brandbekämpfung und Evakuierung der Arbeitnehmer zuständig sind, zu **informieren,** Art. 10 Abs. 1 RL 89/391/EWG. Darüber hinaus hat der Arbeitgeber die **Arbeitnehmer bzw deren Vertreter** bei allen Fragen der Sicherheit und der Gesundheit am Arbeitsplatz **anzuhören** und zu beteiligen, Art. 11 RL 89/391/EWG.

Schließlich hat der Arbeitgeber sicherzustellen, dass der Arbeitnehmer über Sicherheit und Gesund- **123**
heitsschutz ausreichend und angemessen unterwiesen wird, Art. 12 RL 89/391/EWG. Die **Unterweisung des Arbeitnehmers** muss insbesondere auf dessen Arbeitsplatz und dessen Aufgabenbereich ausgerichtet sein. Eine besondere Unterweisung hat gegenüber den Arbeitnehmervertretern mit einer besonderen Funktion bei der Sicherheit und beim Gesundheitsschutz der Arbeitnehmer zu erfolgen. Beide Unterweisungen – des einzelnen Arbeitnehmers wie des für den Arbeitsschutz zuständigen Arbeitnehmervertreters – haben grundsätzlich während der Arbeitszeit zu erfolgen, Art. 12 Abs. 4 RL 89/391/EWG.

Auch den **Arbeitnehmer treffen arbeitsschutzrechtliche Pflichten** aus der RL 89/391/EWG. So muss **124**
jeder Arbeitnehmer nach seinen Möglichkeiten für seine eigene Sicherheit und Gesundheit sowie für die Sicherheit und Gesundheit derjenigen Personen Sorge tragen, die von seinen Handlungen oder Unterlassungen bei der Arbeit betroffen sind, und zwar gemäß seiner Unterweisung und den Anweisungen des Arbeitgebers, Art. 13 Abs. 1 RL 89/391/EWG. Sie trifft arbeitsschutzrechtlich somit eine allgemeine Mitwirkungspflicht. Art. 13 Abs. 2 RL 89/391/EWG konkretisiert diese allgemeine Pflicht durch Aufzählung von Regelbeispielen. Danach hat der Arbeitnehmer insbesondere Maschinen, Geräte, Werkzeuge oder gefährliche Stoffe ordnungsgemäß zu benutzen, die ihm zur Verfügung gestellte Schutzausrüstung ordnungsgemäß zu benutzen, darf nicht die vorgesehenen Schutzvorrichtungen (zB an Maschinen) willkürlich verändern und muss von ihm festgestellte ernste und unmittelbare Gefahren für die Sicherheit und Gesundheit unverzüglich melden.

II. Arbeitszeit, RL 2003/88/EG

Die Regelung der Arbeitszeit ist erstmals durch die RL 93/104/EG über bestimmte Aspekte der **125**
Arbeitszeitgestaltung harmonisiert worden, die inzwischen in der RL 2003/88/EG über bestimmte Aspekte der Arbeitszeitgestaltung aufgegangen ist. Bei der Arbeitszeit-Richtlinie handelt es sich um eine der arbeitsschutzrechtlichen Einzelrichtlinien iSv Art. 16 Abs. 1 RL iVm dem Anhang 89/391/EWG. Der Verabschiedung der Richtlinie ging eine lange und intensive politische Auseinandersetzung voraus. Dass sich die Union des Arbeitszeitrechts schließlich doch erfolgreich[323] annehmen konnte, war Folge der Übereinkunft zur Annahme einer Gemeinschaftscharta der sozialen Grundrechte der Arbeitnehmer,[324] die sich auf eine Verbesserung der Lebens- und Arbeitsbedingungen der Arbeitnehmer erstreckte, und dazu auch die Gestaltung der Arbeitszeit vorsah. Auf dieser Grundlage wurde die Richtlinie erlassen, die Mindestvorschriften über Sicherheit und Gesundheitsschutz bei der Arbeitszeitgestaltung vorgibt. Sie ist inhaltlich begrenzt auf **Bestimmungen zu täglichen und wöchentlichen Mindestruhezeiten, Mindesturlaub, Ruhepausen, wöchentliche Höchstar-**

323 Zu den früheren Bemühungen vgl *Hanau/Steinmeyer/Wank*, § 18 Rn 289 ff sowie die Empfehlung des Rates vom 22.7.1975 über den Grundsatz der 40-Stunden-Woche, ABl. EG Nr. L 199, S. 32 vom 30.7.1975.

324 KOM (89), 248 endg.

beitszeiten und bestimmte **Aspekte von Nacht- und Schichtarbeit**; Bestimmungen über den Umfang der Vergütung (etwa: für Überstunden) enthält sie hingegen nicht, was wegen der fehlenden Zuständigkeit der Union für die Regelung des Arbeitsentgelts, Art. 153 Abs. 5 AEUV, auch nichtzulässig wäre.[325] Die ursprünglich getroffene Bestimmung über Sonntagsarbeit wurde auf Klage des Vereinigten Königreichs beseitigt: Im Rahmen einer Nichtigkeitsklage gem. Art. 263 AEUV, die das Vereinigte Königreich gegen die Richtlinie anstrengte, hatte der EuGH entschieden, dass die Richtlinie nicht vorschreiben dürfe, die wöchentliche Ruhezeit müsse den Sonntag grundsätzlich mit einschließen.[326] Die der Richtlinie zugrunde liegende Rechtsgrundlage des Art. 118 a EWGV (= Art. 153 Abs. 1 lit. a) und Abs. 2 AEUV) erlaube nur Maßnahmen zum Schutz von Sicherheit und Gesundheit der Arbeitnehmer; zwischen Sonntagsarbeit und Gesundheitsschutz bestehe aber kein Zusammenhang. Die übrigen Vorschriften der Arbeitszeitrichtlinie wurden dagegen als durch die Rechtsgrundlage gedeckt erachtet: Art. 118 a EWGV verleihe der Gemeinschaft eine Rechtssetzungskompetenz für die Sozialpolitik, um Mindestvorschriften zur Verbesserung des Schutzes von Sicherheit und Gesundheit zu erlassen.

126 Da es sich bei den Bestimmungen der Arbeitszeitrichtlinie lediglich um Mindestvorschriften handelt, ist ihre vereinheitlichende Wirkung begrenzt: Jeder Mitgliedstaat kann abweichende Regelungen beibehalten oder einführen, solange diese für Arbeitnehmer günstiger sind, Art. 15 RL 2003/88/EG. Dies schien inhaltlich zunächst unproblematisch, da die Vorgaben nicht weitreichend waren: Die Richtlinie geht von einer durchschnittlichen Wochenarbeitszeit von 48 Stunden, einer Mindestruhezeit von 11 Stunden, einer 6-Tage-Woche und einem jährlichen Mindesturlaub von vier Wochen aus, unterschreitet also das in den meisten Mitgliedstaaten bereits übliche Niveau. Aus diesem Grunde brachte die Richtlinie für die meisten Mitgliedstaaten nur wenig Novellierungsbedarf; der durch sie ausgelöste Anpassungsbedarf sowie die noch andauernden politischen Diskussionen waren erst Folge der Rechtsprechung des EuGH.[327] Der Versuch einer Neuregelung[328] der Arbeitszeitrichtlinie scheiterte allerdings im Mai 2009 im Vermittlungsausschuss zunächst. Im Jahre 2011 leiteten die Europäischen Sozialpartner im Rahmen des sektorübergreifenden Sozialen Dialogs (Art. 154, 155 AEUV) Verhandlungen auf, die jedoch im Dezember 2012 scheiterten und somit nicht zum Abschluss einer Sozialpartnervereinbarung nach Art. 155 AEUV geführt haben. Ob eine Überarbeitung unter der neuen Kommission erfolgt, bleibt abzuwarten.

127 Der **Anwendungsbereich der Richtlinie** erfasst alle privaten und öffentlichen Tätigkeiten mit der ursprünglichen Ausnahme von Straßen-(Luft-, See-, Schienen-)Verkehr und die Tätigkeiten von Ärzten in Ausbildung. Wegen des erheblichen Gefährdungspotentials, das in einer teilweise ungeregelten[329] Arbeitszeit gerade für Beschäftigte des Verkehrsgewerbes liegt, wurden diese Ausnahmen, bis auf diejenigen für die Seeleute,[330] mittlerweile beseitigt. Aufrechterhalten bleiben jedoch die in Art. 1 Abs. 3 der RL 2003/88/EG für ihren Anwendungsbereich in Bezug genommenen[331] Ausnahmebestimmungen der RL 89/391/EWG, die entgegenstehende Besonderheiten spezifischer Tätigkeiten des öffentlichen Dienstes wie den Streitkräften, die Polizei oder den Katastrophenschutzdiensten betreffen; dies hat aber keine Ausnahme zugunsten von Rettungsdiensten des Roten Kreuzes oder für die Feuerwehr begründet.[332] Spezifische Vorschriften für die Arbeitszeit von Sondergruppen wie Schwangeren oder Kinder/Jugendliche, bzw. mobile Arbeitnehmer gehen vor, Art. 14

325 EuGH, 11.1.2007, Rs. C-437/05 (Vorel), Slg 2007, I-331.

326 EuGH, 12.11.1996, Rs. C-84/94 (Vereinigtes Königreich/Rat), Slg 1996, I-5755 = NZA 1997, 23.

327 EuGH. 3.10.2000, Rs. C-303/98 (Simap), Slg 2000, I-7963 = NZA 2000, 1227; EuGH, 20.1.2009, Rs. C-350/06 (Schultz-Hoff), Slg 2009, I-00179.

328 KOM (2005), 246 endg. vom 31.5.2005.

329 Die anwendbare VO 3820/85/EWG legte nur Lenkzeiten im Straßenverkehr fest, keine maximalen Arbeitszeiten, so dass die Verladezeiten hinzutreten durften.

330 Art. 1 Abs. 3 S. 2 RL 2003/88/EG.

331 *So schon EuGH, 3.10.2000*, Rs. C-303/98 (Simap), Slg 2000, I-7963; EuGH, 14.7.2005, Rs. C-52/04 (Feuerwehr Hamburg), NZA 2005, 921.

332 EuGH, 5.10.2004, Rs. C-397/01 bis C-40301 (Pfeiffer u.a.), NZA 2004, 1145; EuGH, 14.7.2005, Rs. C-52/04 (Feuerwehr Hamburg), NZA 2005, 921.

RL 2003/88/EG, doch bleibt auch für diese Personen subsidiär die Arbeitszeit-Richtlinie anwendbar, soweit Sondervorschriften nicht bestehen. Der persönliche Anwendungsbereich der Richtlinie ist auf Arbeitnehmer beschränkt, die hier nach den nationalen Gegebenheiten bestimmt werden, Art. 1 Abs. 4 RL 2003/88/EG. Da aber auch alle öffentlichen Tätigkeiten eingeschlossen werden mussten, war die Richtlinie in Deutschland auch in das Beamtenrecht zu übernehmen.

Zum besonderen Streitfall entwickelte sich der **Arbeitszeitbegriff der Richtlinie**. Nach deren Art. 2 Nr. 1 ist Arbeitszeit „jede Zeitspanne, während der ein Arbeitnehmer gemäß den einzelstaatlichen Rechtsvorschriften ... arbeitet, dem Arbeitgeber zur Verfügung steht und seine Tätigkeit ausübt oder Aufgaben wahrnimmt“. Entsprechend definiert Art. 2 Nr. 2 der Richtlinie als „Ruhezeit“ „jede Zeitspanne außerhalb der Arbeitszeit“. Daraus ergab sich das Problem der Einordnung von **Rufbereitschaft** und **Arbeitsbereitschaft**, die das deutsche ArbZG in der seinerzeitigen Fassung der Ruhezeit zuordnete. Die unionsrechtliche Zulässigkeit dieser gesetzlichen Definition wurde auf der Grundlage des vom EuGH in der Rs Simap[333] entwickelten Begriffsverständnisses zunehmend in Zweifel gezogen; nach Klarstellung der Anwendbarkeit dieser Rechtsprechung auch auf die deutsche Situation[334] ist diese durch Änderung des ArbZG angepasst worden, steht aber immer noch stark im Streit.[335] Die Konkretisierung des Arbeitszeitbegriffes der Richtlinie durch den EuGH hat dazu geführt, dass Bereitschaftsdienste, die im Betrieb abzuleisten sind, nicht mehr der Ruhezeit, sondern der Arbeitszeit zuzurechnen sind.[336] Rufbereitschaftsdienste hat der Gerichtshof arbeitszeitrechtlich hingegen als Ruhezeit eingeordnet. Die vornehmlich im Gesundheitsdienst verbreiteten 24-/32-Stunden-Dienste sind dadurch ausgeschlossen worden. Der am Gesundheitsschutz orientierte Ansatz der Richtlinie, den der EuGH als wesentliches Auslegungskriterium herangezogen hat, tritt somit in ein Spannungsverhältnis zu den wirtschaftlichen Interessen einer Kostendämpfung im Gesundheitswesen. 128

Inhaltlich verlangt die Richtlinie eine zusammenhängende **Mindestruhezeit von 11 Stunden im 24-Stunden-Zeitraum**, eine **Ruhepause bei Arbeitszeiten von mehr als 6 Stunden**, sowie eine **zusätzliche kontinuierliche Mindestruhezeit von 24 Stunden innerhalb eines 7-Tage-Zeitraumes**. Von diesen, wie auch den besonderen Schutzbestimmungen für Nacht- und Schichtarbeitnehmer, können die Mitgliedstaaten allerdings gem. Art. 17-19 der Richtlinie in weitem Umfang abweichen. Auch lässt Art. 8 RL 2003/88/EG Abweichungen durch Tarifverträge oder andere Sozialpartnervereinbarungen in bestimmtem Umfang zu.[337] Dadurch wird der Inhalt der unionsrechtlichen Vorgaben stark relativiert. Voraussetzung bleibt nur noch, dass bei Festlegung von Ausnahmen die allgemeinen Grundsätze des Schutzes von Sicherheit und Gesundheit beachtet werden. Schwierigkeiten bestehen hier insbesondere bei der von § 3 S. 2 ArbZG zugelassenen Verlängerung der werktäglichen Arbeitszeit von 8 auf bis zu 10 Stunden bei Gewährung eines Ausgleichs innerhalb von 6 Kalendermonaten. Art. 16 Nr. 2 RL 2003/88/EG verlangt dagegen einen Ausgleich innerhalb von 4 Kalendermonaten; eine Verlängerung des Bezugszeitraums ist gem. Art. 17-19 RL 2003/88/EG zwar für bestimmte Tätigkeiten, nicht aber für alle Arbeitnehmer möglich.[338] 129

Gem. Art. 7 Abs. 1 RL 2003/88/EG steht jedem Arbeitnehmer ein vierwöchiger bezahlter **Mindestjahresurlaub** zu, dessen Gewährung und Inanspruchnahme sich nach den nationalen Bestimmungen richten. Eine finanzielle Abgeltung ist lediglich bei Beendigung des Arbeitsverhältnisses zulässig, Art. 7 Abs. 2 RL 2003/88/EG. Ob auch die Abhängigkeit des Urlaubsanspruchs vom Urlaubsjahr, die nach deutschem Recht zum Erlöschen des Urlaubsanspruchs mit Ablauf des 130

333 EuGH, 3.10.2000, Rs. C-303/98 (Simap), Slg 2000, I-7963.

334 EuGH, 9.9.2003, Rs. C-151/02 (Jaeger) = NZA 2003, 1019; 5.10.2004, Rs. C-397/01 (Pfeiffer u.a.), NZA 2004, 1145 – EuZW 2004, 691.

335 *Litschen*, ZTR 2004, 619; *Boerner*, NJW 2004, 1559; *Thüsing*, ZIP 2004, 2301; *Franzen*, ZEuP 2004, 1034; *Schlachter*, RdA 2005, 115 f.

336 EuGH, 1.12.2005, Rs. C-14/04 (Dellas) = NZA 2006, 89.

337 Ob damit auch kirchenrechtliche Regelungen zugestanden wird, vom Schutzstandard der RL abzuweichen, ist vom BAG 16.3.2004, NZA 2004, 927 ff ausdrücklich offengelassen worden.

338 *Hanau/Steinmeyer/Wank*, § 18, Rn 341; aA *Baeck/Deutsch*, § 3 ArbZG, Rn 8.

Übertragungszeitraums führt, richtlinienkonform ist, gab Anlass zu Diskussionen.[339] Im Falle von Langzeiterkrankten, die tatsächlich weder im Urlaubsjahr noch im Übertragszeitraum Erholungsurlaub nehmen konnten, ist ein ersatzloser Entfall des Urlaubsanspruchs nach Ablauf des Übertragungszeitraums, wie ihn § 7 Abs. 3 BUrlG anordnet, mit der Richtlinie nicht vereinbar.[340] Gegen die grundsätzliche Bindung des Urlaubsanspruchs an das Urlaubsjahr hatte der EuGH keine Einwände. Diese Voraussetzung gilt als geeignet, den Gesundheitsschutz besonders gut zu verwirklichen. Als Instrument für den Verlust von Mindesturlaubsansprüchen darf sie jedoch nicht eingesetzt werden.

III. Mutterschutz, RL 92/85/EWG

131 Die Union hat die Richtlinie 92/85/EWG zur Verbesserung der Sicherheit und des Gesundheitsschutzes von schwangeren Arbeitnehmerinnen als **10. Einzelrichtlinie zur Rahmenrichtlinie Arbeitsschutz (RL 89/391/EWG)** erlassen, stellt also auch in diesem Falle den Aspekt des Gesundheitsschutzes in den Vordergrund. Enthalten sind aber nicht nur Vorgaben zum technischen, sondern insbesondere auch zum sozialen Arbeitsschutz. Die Vorschriften über die Notwendigkeit einer Gefährdungsbeurteilung durch den Arbeitgeber, Art. 4 RL 92/85/EG, der ggf erforderlichen Umgestaltung von Arbeitsbedingungen, Art. 5 RL 92/85/EG, und erst nachrangig zulässigem Arbeitsplatzwechsel der Schwangeren, sowie dem Expositionsverbot, Art. 6 RL 92/85/EG, entsprechen den auch sonst im Arbeitsschutzrecht verwendeten Maßnahmen. Ein Vorschlag zur Änderung der Richtlinie[341] ist in der Diskussion, der von der Kommission vorgelegte Entwurf ist jedoch noch nicht verabschiedet worden. Die Richtlinie wurde durch die Verordnung zum Schutz der Mütter am Arbeitsplatz[342] in deutsches Recht umgesetzt und hat wegen dieser Auslagerung aus der im Übrigen einschlägigen Rechtsgrundlage des MuSchG keine große Sichtbarkeit erlangt.

132 Den von der Richtlinie bezweckten sozialen Arbeitsschutz mit seiner **Vorgabe von mindestens 14 Wochen bezahlten Mutterschaftsurlaub**, von dem mindestens 2 Wochen obligatorisch sein müssen, Art. 8 RL 92/85/EG, setzen die §§ 3 Abs. 2, 6 Abs. 1 MuSchG richtlinienkonform um. Die Richtlinie gibt den Mitgliedstaaten das Recht, die Verteilung des Urlaubs auf die Zeit vor und nach der Entbindung festzulegen und lässt ihnen die Wahl, ob ein Anspruch auf Fortzahlung des Arbeitsentgelts während des Mutterschaftsurlaubs vorgesehen oder eine angemessene Sozialleistung gewährt wird, Art. 11 Nr. 2 b) RL 92/85/EG. Zur angemessenen Umsetzung der Entscheidung des BVerfG[343] zur Ausgestaltung der Finanzierung des Arbeitsentgelts bei Beschäftigungsverboten, § 11 MuSchG bzw des Arbeitgeberzuschusses gem. § 14 MuSchG macht die Richtlinie keine Vorgaben. Sie legt weiter ein **Kündigungsverbot** vom Beginn der Schwangerschaft[344] bis zum Ende des Mutterschaftsurlaubes fest, das auch kündigungsvorbereitende Maßnahmen wie die Auswahl einer nach Fristablauf einzustellenden Nachfolgerin einschließt, Art. 10 RL 92/85/EG.[345] Das Kündigungsverbot steht allerdings Rechtsvorschriften der Mitgliedstaaten nicht entgegen, die einen besonderen Rechtsbehelf gegen Kündigungen vorsehen und diesen an bestimmte Voraussetzungen knüpfen, sofern diese Verfahrensmodalitäten nicht ungünstiger als die für entsprechende innerstaatliche Klagen (Grundsatz der Gleichwertigkeit) sind und sie die Geltendmachung des Kündigungsverbots der Richtlinie nicht praktisch unmöglich machen oder übermäßig erschweren (Grundsatz der Effektivität).[346]

---

339 Einerseits BAG 11.4.2006, AP BUrlG, § 7 Übertragung Nr. 28; andererseits LAG Düsseldorf, 2.8.2006, NZA-RR 2006, 628; *Fenski*, DB 2007, 686.

340 EuGH, 20.1.2009, Rs. C-350/06 (Schultz-Hoff), NJW 2009, 495 ff; dem folgend BAG, 24.3.2009, NZA 2009, 538. Vgl dazu *Schlachter*, RdA 2009, 31 ff.

341 KOM (2008) 600/4; KOM (2008) 637.

342 Vom 15.4.1997, BGBl. I, 782.

343 Vom 18.11.2003, NZA 2004, 33; BAG, 25.2.2004, NZA 2004, 537.

344 EuGH, 26.2.2008, Rs. C-506/06 (Mayr), NZA 2008, 345, betont, dass dadurch eine Situation nicht erfasst wird, in der die in vitro befruchtete Eizelle noch nicht in die Gebärmutter eingesetzt worden ist.

345 EuGH, 11.10.2007, Rs. C-460/06 (Paquay) NZA 2007, 1271.

346 EuGH, 29.10.2009, Rs. C-63/09 (Virginie Pontin/T-Comalux SA), NZA 2009, 1327, 1329 ff.

Weiter enthält die RL ein **Nachtarbeitsverbot**, Art. 7 RL 92/85/EG, sowie die Garantie der Aufrechterhaltung vertraglicher Rechte und Vergünstigungen während der Dauer des Mutterschaftsurlaubs, Art. 11 Nr. 2 RL 92/85/EG. Der EuGH hat hierzu festgestellt, dass Mutterschaftsurlaub nicht als betriebliche Fehlzeit gewertet werden darf,[347] damit seine Inanspruchnahme berufliches Fortkommen oder Ansprüche aus dem Arbeitsverhältnis nicht beeinträchtigt. Eine Kündigung wegen krankheitsbedingter Fehlzeiten im Zusammenhang mit der Schwangerschaft ist unzulässig,[348] nicht aber eine Kündigung wegen vergleichbar schwangerschaftsinduzierter Erkrankungen nach Ablauf der Schutzfristen. 133

Obwohl sich das Kündigungsverbot von Art. 10 RL 92/85/EG auf andere Formen der Vertragsbeendigung wie Anfechtung, Nichtverlängerung befristeter Arbeitsverträge oder Aufhebungsverträge nicht bezieht, ist in diesen Fällen häufig das **Verbot der Diskriminierung wegen des Geschlechts** einschlägig. Eine Benachteiligung wegen der Schwangerschaft gilt als unmittelbar geschlechtsbedingte Diskriminierung (oben Rn 82), ist also ohne besondere Ausnahmebestimmungen unzulässig. Damit ist grds. auch die Anfechtung des Arbeitgebers wegen arglistiger Täuschung über das Vorliegen einer Schwangerschaft ausgeschlossen.[349] Die Beendigung mit Zeitablauf wegen einer vereinbarten Befristung ist zwar wirksam, doch darf sich der Arbeitgeber nicht gerade einer Schwangeren gegenüber hierauf berufen, wenn er andere, vergleichbare Arbeitsverhältnisse verlängert.[350] 134

IV. Jugendarbeitsschutz, RL 94/33/EG

Mit der RL 94/33/EG über den Jugendarbeitsschutz, die ebenfalls eine Einzelrichtlinie iSv Art. 16 Abs. 1 iVm dem Anhang RL 89/391/EWG ist, sollen die **Bedingungen für die Beschäftigung von Jugendlichen und** – wenn ausnahmsweise gestattet – von **Kindern verbessert** werden. Daher legt sie einen Mindestschutz für deren Beschäftigung fest. Die Schutzmaßnahmen betreffen Arbeits-, Ruhe- und Pausenzeiten, die über die allgemeinen Anforderungen der Arbeitszeitrichtlinie hinausgehen. Die Beschäftigung von Kindern unter 15 Jahren ist grundsätzlich untersagt, darf von den Mitgliedstaaten aber in bestimmten Ausnahmefällen zugelassen werden, nicht jedoch in der Nachtzeit zwischen 20.00 Uhr und 6.00 Uhr. Für Jugendliche gilt ein Beschäftigungsverbot ab 22.00 Uhr, Ausnahmen sind möglich. Die Mindestruhezeiten pro 24-Stunden-Zeitraum müssen für Jugendliche grundsätzlich 12 Stunden betragen, Arbeitspausen sind nach einer Tätigkeit von 4,5 Stunden zu gewähren. 135

Eine **Umsetzung der Richtlinie** war in Deutschland überwiegend nicht erforderlich, da bereits zuvor eine im Wesentlichen ihren Anforderungen genügende Rechtslage bestand.[351] Angehoben wurde jedoch die Altersgrenze, bis zu der jemand als „Kind" im Sinne des Gesetzes gilt, von zuvor 14 auf nunmehr 15 Jahre, § 2 Abs. 1 JArbSchG. Das grundsätzliche Verbot der Kinderarbeit in § 5 JArbSchG wurde mit Ausnahmen versehen, insbesondere werden in § 2 KinderarbeitschutzVO diejenigen Beschäftigungsarten ausdrücklich festgelegt, die als für Kinder geeignete Tätigkeiten gelten. Weiterhin wurde eine Pflicht des Arbeitgebers zur Gefährdungsbeurteilung der Arbeitsplätze Jugendlicher bei einer Exposition gegenüber gefährlichen Arbeitsstoffen in § 28 a JArbSchG aufgenommen. 136

G. Arbeitnehmerschutz bei Unternehmensumstrukturierungen

Ein weiterer zentraler Pfeiler des Arbeitsrechts der Union ist der Schutz der Arbeitnehmer in Fällen der Unternehmensumstrukturierung. Dem liegt die Überlegung zugrunde, dass die Errichtung eines Gemeinsamen Marktes in vielen Fällen mit Unternehmensumstruktierungen verbunden sein wird, die einen sozialen Ausgleich für die betroffenen Arbeitnehmer und eine Harmonisierung der inso- 137

347 EuGH, 30.4.1998, Rs. C-136/95 (Thibault), Slg 1998, I-2011.
348 EuGH, 30.6.1998, Rs. C-394/96 (Mary Brown), Slg 1998, I-4185.
349 EuGH, 4.10.2001, Rs. C-109/00 (Danmark A/S), NZA 2001, 1241.
350 EuGH, 4.10.2001, Rs. C-438/99 (Melgar), NZA 2001, 1243.
351 Siehe aber *M. Schmidt*, BB 1998, 1362 ff.

weit stark divergierenden nationalen Rechtsordnungen erforderlich macht. Bereits in den 1970er Jahren hat die EWG in diesem Zusammenhang drei Richtlinien verabschiedet, die für die arbeitsrechtliche Praxis in den Mitgliestaaten nach wie vor von großer Bedeutung sind und einen Arbeitnehmerschutz beim Betriebsübergang, bei Massenentlassungen sowie im Fall der Insolvenz des Arbeitgebers verankern.

I. Betriebsübergang, RL 2001/23/EG

138 Der Schutz der Arbeitnehmer bei Betriebsübergang ist auf europäischer Ebene erstmals durch die RL 77/187/EWG zur Angleichung der Rechtsvorschriften der Mitgliedstaaten über die Wahrung von Ansprüchen der Arbeitnehmer beim Übergang von Unternehmen, Betrieben oder Unternehmens- oder Betriebsteilen erstmals harmonisiert worden. Sie ist in der RL2001/23/EG zur Angleichung der Rechtsvorschriften der Mitgliedstaaten über die Wahrung von Ansprüchen der Arbeitnehmer beim Übergang von Unternehmen, Betrieben oder Unternehmens- oder Betriebsteilen („Betriebsübergangsrichtlinie“) aufgegangen. Die Richtlinie regelt den Übergang der arbeitsvertraglichen Rechte und Pflichten des Betriebsveräußerers auf den Erwerber und verbietet beiden eine Kündigung „wegen“ des Betriebsübergangs, um den Beschäftigten den Arbeitsplatz zu erhalten und den Bestand der Arbeitsbedingungen jedenfalls zeitweise zu sichern, Art. 3, 4 RL 2001/23/EG. Damit soll den Gefahren begegnet werden, die sich aus Maßnahmen zur Rationalisierung und den Zusammenschlüssen von Unternehmen im Gemeinsamen Markt für den Bestand von Arbeitsverhältnissen ergeben. Zudem werden der Fortbestand des Betriebsrats und die Weitergeltung kollektiver Regelungen der Arbeitsbedingungen vorgeschrieben, Art. 3 Abs. 3 und 6 RL 2001/23/EG.

139 Die Richtlinie gilt für den Übergang von Unternehmen, Betrieben oder Unternehmens- bzw Betriebsteilen auf einen anderen Inhaber durch vertragliche Übertragung und Verschmelzung. Übergang in diesem Sinne meint den Wechsel der Zuordnung einer ihre Identität bewahrenden wirtschaftlichen Einheit zu einem anderen Rechtsträger, Art. 1 Abs. 1 lit. b RL 2001/23/EG.[352] Dabei ist der **Begriff der wirtschaftlichen Einheit** im Sinne einer organisierten Gesamtheit von Personen und Sachen zur dauerhaften Ausübung wirtschaftlicher Tätigkeit zu verstehen. Ob diese ihre Identität bewahrt hat, wird im Wege einer Einzelfallbetrachtung festgestellt, wobei insbesondere auf Gesichtspunkte wie das verfügbare Personal, die Führungskräfte, die Arbeitsorganisation, die Betriebsmittel sowie die Arbeitsmethoden abgestellt wird.[353] Nicht anwendbar ist die Richtlinie damit in den Fällen, in denen das Unternehmen aufgelöst wird, aber einzelne Bestandteile an verschiedene Erwerber übertragen werden.[354] Auf die in der Richtlinie benannten Begriffe „Unternehmen, Betrieb und Betriebsteil“, deren Übergang den sachlichen Anwendungsbereich bestimmen soll, kommt es nicht mehr an. Dadurch stellt sich das Problem einer Abgrenzung zur bloßen **Funktionsnachfolge**[355] eines Unternehmens in einen Auftrag bzw eine Kundenbeziehung seines „Vorgängers“, die den Rechtsfolgen der Richtlinie ihrem Sinne nach nicht unterstellt werden sollen.[356] Für das Vorliegen eines identitätswahrenden Überganges einer wirtschaftlichen Einheit sprechende Indizien sind vornehmlich der Übergang materieller Betriebsmittel, der Wert immaterieller Betriebsmittel, die Übernahme der Belegschaft, der Übergang der Kundschaft, eine hohe Ähnlichkeit der vor und nach Übertragung verrichteten Tätigkeiten, sowie eine nahtlose Fortsetzung, bzw allenfalls kurzzeitige Unterbrechung dieser Tätigkeit.[357] Das relative Gewicht dieser Kriterien kann variieren,

---

352 Ständige Rspr. seit EuGH, 18.3.1986, Rs. 24/85 (Spijkers), Slg 1986, 1119.

353 EuGH, 17.3.1996, Rs. C-171/94 (Merckx und Neuhuys), Slg 1996, I-1253, Rn 17; 14.4.1994, Rs. C-392/92 (Christel Schmidt), Slg 1992, I-01311; 11.3.1997, verb. Rs. C-13/95 und C-172/94 (Ayse Süzen), Slg 1997, I-1259.

354 EuGH, 18.3.1986, Rs. 24/85 (Spijkers), Slg 1986, 1119; 19.9.1995, Rs. C-48/94 (Rygaard), Slg 1995, I-2745.

355 EuGH, 14.4.1994, Rs. C-392/92 (Christel Schmidt), Slg 1994, I-01311; 11.3.1997, Rs. C-13/95 (Ayse Süzen), Slg 1997, I-1259; 20.11.2003, Rs. C-340/01 (Abler u.a.), NZA 2003, 1385 = EuZW 2004, 52; 15.12.2005, *Rs. C-232/04 und C-233/04* (Güney-Görres und Gül Demir), Slg 2005, I-11237.

356 *Bauer*, NZA 2004, 14; *Willemsen/Annuß*, DB 2004, 134, 135.

357 EuGH, 11.3.1997, Rs. C-13/95 (Ayse Süzen), Slg 1997, I-1259; 20.11.2003, Rs. C-340/01 (Abler u.a.), NZA 2003, 1385; EuZW 2004, 52.

je nachdem ob es sich um einen betriebsmittelgeprägten oder betriebsmittelarmen Betrieb handelt, oder ob die übernommenen Arbeitnehmer nach Zahl und Sachkunde betriebsprägend sein können.[358] Ob etwa übernommene Betriebsmittel dem Übernehmer übereignet oder von ihm auch nur auf eigene Rechnung genutzt werden, ist dagegen unerheblich.[359] Die Weiterführung der übernommenen Bestandteile als organisatorisch selbstständiger Betriebsteil[360] ist keine notwendige Voraussetzung eines Betriebsübergangs. Der EuGH hat es vielmehr genügen lassen, dass eine funktionale Verbundenheit von Personal, Betriebsmitteln und Betriebszweck aufrecht erhalten bleibt, selbst wenn die Betriebsorganisation geändert wird.[361]

Der Übergang muss sich durch **„vertragliche Übertragung"** auf einen anderen Rechtsträger bzw durch Verschmelzung vollziehen. Im Wege der normzweckorientierten Auslegung versteht der EuGH den Begriff der vertraglichen Übertragung im weitest möglichen Sinne, um einen umfassenden Arbeitnehmerschutz zu erreichen.[362] Es kommt nur darauf an, dass durch Rechtsgeschäfte oder staatliche Entscheidung die für den Betrieb verantwortliche natürliche oder juristische Person ausgewechselt wird, die den Beschäftigten gegenüber Arbeitgeberpflichten wahrnimmt.[363] Dass dabei das Eigentum an der „übertragenen" wirtschaftlichen Einheit wechselt, ist nicht vorausgesetzt, die bloße Vermietung, Verpachtung oder die Bestellung eines Nießbrauchs kann genügen.[364] Ein Betriebsübergang liegt demnach vor, wenn das verpachtete Unternehmen nach Ablauf der Pachtzeit an den Verpächter zurückfällt, der es entweder selbst (vorübergehend) weiterbetreiben oder einem Anschlusspächter überlassen will.[365] Lediglich die Übertragung durch Gesamtrechtsnachfolge (Erbfall, Umwandlung) sowie unfreiwillige Übertragungstatbestände wie die Verwertung in der Insolvenz sind ausgeschlossen,[366] sofern Letztere nicht auf das Ziel gerichtet sind, den Bestand des Unternehmens aufrecht zu erhalten. Den grundsätzlichen Ausschluss des Insolvenzfalls vom Geltungsbereich der Richtlinie legt Art. 5 RL 2001/23/EG in ihrer aktuellen Fassung ausdrücklich fest, lässt den Mitgliedstaaten aber die Befugnis, abweichend zu entscheiden, wovon die Bundesrepublik Deutschland bislang allerdings keinen Gebrauch gemacht hat. 140

Infolge des Betriebsübergangs gehen die individualvertraglichen Rechte und Pflichten des Veräußerers aus dem bei Übergang bestehenden Arbeitsverhältnis[367] auf den Erwerber über. Arbeitsverhältnisse sind gem. Art. 2 Abs. 1 d) RL 2001/23/EG nach dem **nationalen Arbeitnehmerbegriff** zu bestimmen. Geschützt werden nur solche Beschäftigte, die dem übertragenen Betrieb angehören; dass sie Tätigkeiten in oder für diesen Betrieb übernehmen genügt nicht. Der Erwerber ist verpflichtet, kollektivvertraglich zugesicherte Arbeitsbedingungen bis zum Ablauf des Kollektivvertrages oder zum Inkrafttreten bzw der Anwendung eines anderen Kollektivvertrages in dem Maße aufrechtzuerhalten, wie sie im Kollektivvertrag des Veräußerers gegolten haben. Die Mitgliedstaaten dürfen die Aufrechterhaltung des Schutzes auf ein Jahr begrenzen und Ansprüche auf betriebliche Alters-, Invaliditäts- oder Hinterbliebenenversorgung ganz davon ausnehmen; doch bleiben sie dann verpflichtet, notwendige Maßnahmen zum Schutz der Arbeitnehmer zu treffen. Der Erwerber kann sich der Verpflichtung zur Weitergewährung der bisherigen Arbeitsbedingungen auch nicht durch Kündigung der übernommenen Beschäftigten entledigen, denn „wegen des Betriebsüberganges" ist eine Kündigung ausgeschlossen, Art. 4 Abs. 1 S. 1 RL 2001/23/EG.[368] Lediglich aus Anlass 141

358 EuGH, 13.9.2007, Rs. C-458/05 (Jouini), Slg 2007, I-7301 = NZA 2007, 1151.
359 EuGH, 15.12.2005, Rs. C-232/04 (Güney-Görres und Demir), Slg 2005, I-11237.
360 Vgl: LAG Düsseldorf, 10.8.2007, NZA-RR 2008, 17, gegen BAG, 16.2.2006, NZA 2006, 794; 14.8.2007, NZA 2007, 1431; 24.4.2008, NZA 2008, 1314.
361 EuGH, 12.2.2009, Rs. C-466/07 (Klarenberg), NZA 2009, 251.
362 EuGH, 26.5.2005, Rs. C-478/03 (Celtec), NZA 2005, 681.
363 EuGH, 17.12.1987, Rs. 287/86 (Ny Molle Kro), Slg 1987, 5465; 2.12.1999, Rs. C-234/98 (Allen), Slg 1999, I-8643.
364 EuGH, 10.2.1988, Rs. 324/86 (Daddys Dance Holl), Slg 1988, 739.
365 EuGH, 15.6.1988, Rs. 101/87 (Borg), Slg 1988, 3057.
366 EuGH, 25.7.1991, Rs. C-362/89 (d'Urso), Slg 1991, I-4105.
367 EuGH, 26.5.2005, Rs. C-478/03 (Celtec), NZA 2005, 681.
368 EuGH, 12.3.1998, Rs. C-319/94 (Dassy), Slg 1998, I-1061.

der Übernahme vorgenommene Umorganisationen, Rationalisierungsmaßnahmen usw sind davon nicht betroffen, die entsprechenden Kündigungen bleiben grds. zulässig.

142 Weiterhin erstreckt die Richtlinie den Erhalt von Arbeitnehmerrechten auf die **betriebliche Arbeitnehmervertretung,** Art. 6 RL 2001/23/EG. Bleibt trotz Übergangs die Selbstständigkeit des Betriebs oder Unternehmens(-teils) erhalten, ist auch die Rechtsstellung und Funktion der Arbeitnehmervertretung aufrechtzuerhalten. Im anderen Falle sind von den Mitgliedstaaten entsprechende Schutzmaßnahmen vorzusehen, insbesondere sind den Arbeitnehmern bzw vorrangig ihren Vertretern umfassende Unterrichtungs- und Anhörungsrechte[369] zu gewähren. Dazu verpflichtet sind sowohl der Veräußerer als auch der Erwerber, sofern sie „Maßnahmen" hinsichtlich der Beschäftigten in Betracht ziehen. Die Unterrichtungs- und Anhörungspflichten dürfen von den Mitgliedstaaten ausnahmsweise ausgeschlossen werden, sofern in Fällen solcher Betriebsänderungen, die wesentliche Nachteile für die Arbeitnehmer zur Folge haben, ein Schiedsstellenverfahren eingeführt wird, Art. 7 Abs. 3 RL 2001/23/EG.[370] Damit wird es möglich, die in den §§ 111 ff BetrVG vorgesehene Begrenzung der Beteiligungsrechte auf Betriebsänderungen beizubehalten.

143 Der **Umsetzung der Richtlinie in deutsches Recht** dient vornehmlich § 613 a BGB. Die Vorschrift erfasst sachlich die Vorgänge, die der EuGH als „Übertragung einer wirtschaftlichen Einheit" von der Richtlinie erfasst sieht. Obwohl § 613 a BGB das Unternehmen als Übertragungsgegenstand nicht erwähnt, werden solche Übergänge der Sache nach wie Betriebsübergänge behandelt, also von der Vorschrift erfasst. Dass die bloße Funktionsnachfolge für sich genommen nach Ansicht des BAG keinen Betriebsübergang darstellt,[371] hätte sich als unionsrechtswidrig erweisen können, wenn der EuGH an seinem weiten Rechtsverständnis aus der „Christel-Schmidt"-Entscheidung[372] festgehalten hätte. Diese strikte Linie hat der Gerichtshof jedoch in späteren Entscheidungen relativiert, so dass hier durchaus eine Annäherung von EuGH und BAG feststellbar sind:[373] Zwar bedarf es in den Branchen, in denen es im Wesentlichen auf die menschliche Arbeitskraft ankommt (betriebsmittelarme Dienstleistungsbetriebe) im Zweifel keiner Übertragung sächlicher Betriebsmittel, um einen Betriebsübergang anzunehmen, wohl aber einer organisierten Gesamtheit von Personen und Gegenständen. Die Übernahme des wesentlichen Teils der Belegschaft dient hierfür ggf als Indiz.

144 Die **Übertragung „durch Rechtsgeschäft"**, wie sie § 613 a BGB vorsieht, entspricht der vertraglichen Übertragung nach der Richtlinie. Auf Übergänge des Arbeitsverhältnisses kraft Gesetzes will das BAG die Norm zwar nicht unmittelbar anwenden,[374] befürwortet jedoch eine analoge Anwendung.[375] Den Tatbestand der **Verschmelzung** regelt der in **§ 324 UmwG** aufgenommene Verweis auf § 613 a BGB.[376] Durch Einbeziehung von Betriebsübergängen selbst im Rahmen von Insolvenzverfahren[377] geht § 613 a BGB über das von der RL 2001/23/EG geforderte Minimum – zulässigerweise – hinaus.

145 Der Eintritt des Erwerbers in die Rechte und Pflichten des Veräußerers aus dem Arbeitsvertrag wird von § 613 a Abs. 1 BGB der Richtlinie gemäß vorgesehen. Allerdings führt das nicht stets zur Aufrechterhaltung des Arbeitsverhältnisses, denn das BAG hat schon frühzeitig ein **Widerspruchsrecht des Arbeitnehmers gegen den Betriebsübergang** anerkannt. Ursprünglich wurde das Widerspruchsrecht des Arbeitnehmers aus der Höchstpersönlichkeit der Leistungsverpflichtung gem. § 613 BGB und übergeordneten verfassungsrechtlichen Grundsätzen abgeleitet,[378] und nach zwi-

369 *Franzen*, RdA 2002, 258, 261; *Gaul*, BB 1999, 582.
370 *Oetker*, NZA 1998, 1193.
371 BAG, 16.10.1987, DB 1988, 712; 30.4.1987, NZA 87, 776; BAG, 14.7.1994, NZA 1995, 27.
372 EuGH, 14.4.1994, Rs. C-392/92 (Christel Schmidt), Slg 1994, I-1311.
373 BAG, 11.12.1997, NZA 1998, 534; 22.1.1998, NZA 1998, 536.
374 BAG, 28.9.2006, AP BGB § 419 Funktionsnachfolge Nr. 26.
375 BAG, 2.3.2006, AP BGB § 419 Funktionsnachfolge Nr. 25.
376 *Boecken*, ZIP 1994, 1087, 1090.
377 BAG, AP BGB § 613 a Nr. 18, 34.
378 BAG, 2.10.1974, AP Nr. 1 zu § 613 a BGB; 6.2.1980, AP Nr. 21 zu § 613 a BGB.

schenzeitlicher Billigung durch den EuGH[379] vom Gesetzgeber in § 613 a Abs. 6 BGB kodifiziert. Die Richtlinie gewährt ein solches Widerspruchsrecht nicht, dort wird die Vertragsübertragung nicht als Persönlichkeitsverletzung, sondern als Schutzinstrument gesehen. Da der Arbeitnehmer ein Grundrecht auf freie Wahl des Arbeitsplatzes hat,[380] kann er sich gegen den Übergang seines Arbeitsverhältnisses entscheiden, sei es durch Eigenkündigung oder durch Ausübung eines ggf vorgesehenen Widerspruchs.

Das **Kündigungsverbot** in Art. 4 RL 2001/23/EG wird durch § 613 a Abs. 4 BGB umgesetzt. Die **Aufrechterhaltung kollektivrechtlich geregelter Arbeitsbedingungen** ist ebenfalls gewährleistet; dass § 613 a Abs. 1 S. 2 BGB hierfür eine Jahresfrist bestimmt, wird von Art. 3 Abs. 2 RL zugelassen. Die normative Weitergeltung von Tarifverträgen oder Betriebsvereinbarungen ist danach vorrangig, doch müssen die allgemeinen Voraussetzungen dafür vorliegen. Fehlen sie, transformiert § 613 a Abs. 1 S. 2-4 die Kollektivvertragsbestimmungen in den Arbeitsvertrag, so dass sie nur noch individualrechtlich weiter gelten. Zum Schutz der Beschäftigten dürfen sie grds. ein Jahr lang nicht geändert werden, § 613 a Abs. 1 S. 4 BGB. 146

Die Rechtsstellung **bestehender Arbeitnehmervertreter auf Betriebs- und Unternehmensebene** bleibt trotz Betriebsübergangs weiter bestehen, falls der übergehende Teil seine Identität bewahrt. Verliert er seine Selbständigkeit, wird der von Art. 6 Abs. 1 S. 4 RL 2001/23/EG geforderte Schutzstandard durch das Übergangsmandat des Betriebsrates gem. § 21 a BetrVG gewahrt. Den Arbeitnehmervertretern gegenüber besteht grds. eine Unterrichtungs- und Anhörungspflicht, die aber gem. Art. 7 Abs. 3 RL 2001/23/EG auf Fälle einer Betriebsänderung beschränkt werden kann, sofern zum Ausgleich dieser Tatbestandsbeschränkung ein erzwingbares Schiedsverfahren besteht. Dies entspricht dem Verfahren, das in den §§ 111 f BetrVG vorgesehen ist, allerdings für den Ausnahmefall der Unternehmensneugründung aufgrund von § 112 a Abs. 2 BetrVG über das in der Richtlinie vorgesehene Maß hinaus beschränkt wurde.[381] Es besteht somit nach wie vor im Hinblick auf die Richtlinie Umsetzungsdefizite. 147

II. Massenentlassungen, RL 98/59/EG

Ein weiteres wichtiges Instrument des Unionsrechts auf dem Gebiet des Arbeitnehmerschutzes in der Unternehmensumstrukturierung ist die RL 98/59/EG zur Angleichung der Rechtsvorschriften der Mitgliedstaaten über Massenentlassungen. Die Richtlinie harmonisiert mit dem Massenentlassungsrecht nur einen Ausschnitt des Kündigungsrechts. Sie ordnet keine zusätzlichen materiellen Beschränkungen im Falle von Massenentlassungen an (zB das Vorliegen inhaltlicher Gründe, die eine Massenentlassung rechtfertigen, wie etwa eine soziale Rechtfertigung im deutschen § 1 Abs. 2 KSchG oder eine cause réelle et sérieuse im französischen Kündigungsrecht), sondern verlangt lediglich eine Unterrichtung und Anhörung der Arbeitnehmervertretung sowie die Pflicht zur Anzeige bei der zuständigen Behörde vor Durchführung der Kündigung vor. Zudem beschränkt sich die RL 2001/23/EG auf solche Vertragsbeendigungen, die aus nicht in der Person des Arbeitnehmers liegenden Gründen erfolgen und bestimmte quantitative Mindestvoraussetzungen erfüllen: innerhalb von 30 Tagen müssen in privaten Betrieben mit idR mehr als 20 und weniger als 100 Beschäftigten mindestens 10 Arbeitnehmer entlassen worden sein, oder der Geltungsbereich erstreckt sich – nach Wahl der Mitgliedstaaten – auf Entlassungen von mindestens 20 Arbeitnehmern innerhalb von 90 Tagen unabhängig von der Betriebsgröße. In Betrieben zwischen 100 und 300 Beschäftigten, erhöht sich die Zahl auf mindestens 10 %, und in Betrieben mit mindestens 300 Beschäftigten auf mindestens 30 Entlassene. Maßgebender Zeitpunkt für das Erreichen der Anzahl von Entlassungen, die eine Massenentlassung konstituieren, ist der Zeitpunkt der Kündigungserklärung bzw des Abschlusses von Beendigungsvereinbarungen. 148

379 EuGH, 16.12.1992, verb. Rs. 132, 138, 139/91 (Katsikas), Slg 1992, 6577 ff; EuGH, 5.5.1988, verb. Rs. 144 und 145/87 (Berg und Busschers), Slg 1988, 2559 ff.

380 EuGH, 24.1.2002, Rs. C-51/00 (Temco), Slg 2002, I-969.

381 *Oetker*, NZA 1998, 1193, 1200 f.

149 Den **Betriebsbegriff der Richtlinie** legt der EuGH autonom unionsrechtlich aus; es kommt danach auf die Einheit an, der die Beschäftigten zur Erfüllung ihrer Aufgabe angehören.[382] Ob diese Einheit zugleich selbständige Personalkompetenzen besitzt oder sonst wirtschaftlich oder verwaltungsmäßig autonom ist, ist für die Anwendung der RL 98/59/EG unerheblich.[383] Auch den **Begriff der „Entlassung"** begreift der EuGH als autonomen Begriff des Unionsrechts.[384] Er versteht darunter die tatsächliche Beendigung des Arbeitsvertrages, sofern sie nicht allein dem Wunsch des Arbeitnehmers entsprechend erfolgt ist.[385] Damit sind nicht nur Kündigungen durch den Arbeitgeber gemeint, sondern auch von ihm veranlasste Aufhebungsverträge bzw Eigenkündigungen der Beschäftigten, Art. 1 Abs. 1 b S. 2 RL 98/59/EG. Auch die massenweise, durch Gesetz angeordnete automatische Beendigung des Arbeitsverhältnisses bei Eröffnung eines Insolvenzverfahrens kann eine Massenentlassung im Sinne der Richtlinie darstellen.[386] Eine Beendigung von Arbeitsverhältnissen durch den Tod des Arbeitgebers stellt hingegen keine Massenentlassung iSd RL 98/59/EG dar.[387] Die von der deutschen Rechtsprechung früher vertretene Auffassung,[388] wonach nicht die Kündigungserklärung des Arbeitgebers, sondern erst die tatsächliche Beendigung des Arbeitsverhältnisses die „Entlassung" ausmacht, war damit nicht vereinbar.[389] Da die Unterrichtungs- und Anhörungspflicht durch eine „beabsichtigte" Massenentlassung ausgelöst wird, Art. 3 Abs. 1 RL 98/59/EG, darf die Entscheidung des Unternehmens noch nicht vollzogen worden sein, um der Arbeitnehmervertretung noch Möglichkeiten zur Einflussnahme zu erhalten.

150 Plant der Arbeitgeber danach eine Massenentlassung, treffen ihn **zwei Pflichten.** Zum einen hat er gem. Art. 2 RL 98/59/EG die **Pflicht zur rechtzeitigen Unterrichtung und Anhörung der Arbeitnehmervertreter** mit dem Ziel, zu einer Einigung zu gelangen; der somit von der Richtlinie verlangte soziale Dialog muss die Möglichkeit zur Vermeidung oder Beschränkung der Massenentlassung sowie soziale Maßnahmen zur Milderung ihrer Folgen einschließen.[390] Der Schutzzweck der Richtlinie verlangt, dass die Unterrichtungs- und Anhörungsrechte der Arbeitnehmervertreter erfüllt werden müssen, bevor die Kündigungen ausgesprochen werden: Andernfalls könnten die Verhandlungen mit der Arbeitnehmervertretung nicht den von der Richtlinie verfolgten Zweck einer Beschränkung oder Vermeidung von Entlassungen erfüllen.[391] Zum anderen ist der Arbeitgeber nach Art. 3 Abs. 1, 4 Abs. 2 RL 98/59/EG verpflichtet, die **geplante Massenentlassung bei der zuständigen Arbeitsverwaltung vor dem Ausspruch der Entlassungen anzeigen**; die Entlassungen werden erst frühestens 30 Tage nach Eingang dieser Anzeige wirksam. Das bedeutet jedoch nicht, dass die Entlassungssperre gem. § 18 Abs. 1 KSchG den Ausspruch einer Kündigung während des Laufs der Sperrfrist verhindert, oder dass alle gesetzlichen Kündigungsfristen um die Dauer der Sperrfrist verlängert würden.[392] Die Sperrfrist hat vielmehr nur die Wirkung einer Mindestkündigungsfrist: Unmittelbar nach ordnungsgemäßer Anzeige darf die Kündigung erklärt werden, so dass die gesetzlichen Kündigungsfristen zu laufen beginnen. Nur wenn diese kürzer als die Sperrfrist sein sollten, (zB bei Arbeitsverhältnissen in der Probezeit, vgl § 622 Abs. 3 BGB) „verlängert" die Sperrfrist die Restlaufzeit des Arbeitsverhältnisses über das Ende der Kündigungsfrist hinaus.

---

382 EuGH, 7.12.1995, Rs. 449/93 (Rockfon), Slg 1995, I-4291.

383 EuGH, 15.2.2007, Rs. C-270/05 (Chartopoiia), NZA 2007, 496.

384 EuGH, 12.10.2004, Rs. C-55/02 (Kommission/Portugal), NZA 2004, 1265; 27.1.2005, Rs. C-188/03 (Junk), NZA 2005, 213 = EuZW 2005, 145; Schlussanträge des GA Tizzano, ZIP 2004, 2019.

385 EuGH, 12.10.2004, Rs. C-55/02 (Kommission/Portugal), NZA 2004, 1265.

386 EuGH, 3.3.2011, Rs. C-235/10 u.a. (Claes u.a./Landsbanki), Slg 2011, I-1113.

387 EuGH, 10.12.2009, Rs. C-323/08 (Ovidio Rodríguez Mayor u. a./Herencia yacente de Rafael de las Heras Dávila), NZA 2010, 151, 153 f.

388 BAG, 18.9.2003, AP BetrVG § 102 Weiterbeschäftigung Nr. 15; dazu vgl *Wolter*, AuR 2005, 135; *Bauer/Krieger/Powietzka*, DB 2005, 445; *Osnabrügge*, NJW 2005, 1093; *Dornbusch/Wolff*, BB 2005, 885 ff; *Löwisch*, GPR 2005, 150 ff.

389 EuGH, 27.1.2005, Rs. C-188/03 (Junk), NZA 2005, 213.

390 EuGH, 27.1.2005, Rs. C-188/03 (Junk), NZA 2005, 213; EuZW 2005, 145.

391 EuGH, 27.1.2005, Rs. C-188/03 (Junk), NZA 2005, 213; BAG, 24.2.2005, AuR 2005, 194. *Schlachter*, in: FS Wißmann, S. 412, 416 ff.

392 BAG, 6.11.2008, BB 2009, 725.

Der **Umsetzung der Richtlinie in Deutschland** dient vor allem das in den §§ 17 ff KSchG geregelte Anzeigeverfahren, die Anhörung des Betriebsrat ist in § 17 Abs. 2 KSchG geregelt. Davon werden die leitenden Angestellten nicht erfasst, § 17 Abs. 5 Nr. 3 KSchG, die aber in den Anwendungsbereich der RL 98/59/EG grds. einbezogen sind.[393] Der erhebliche Anpassungsbedarf an das Verständnis des EuGH vom Begriff der Entlassung,[394] ist vom BAG im Wege der richtlinienkonformen Auslegung des § 17 Abs. 1 S. 1 KSchG bewältigt worden.[395] Danach müssen die Anzeige- und Beratungspflichten vor Ausspruch der Kündigungen wahrgenommen werden. Wirksamkeitsvoraussetzung einer (Massenentlassungs-)Kündigung ist nur in Betrieben mit Betriebsrat dessen richtige, vollständige und rechtzeitige Unterrichtung, die Beratung mit dem Betriebsrat, dh Abschluss des Unterrichtungs- und Anhörungsverfahrens im Sinne eines Versuchs der Einigung über die Milderung der kündigungsbedingten Nachteile, sowie die Anzeige an die Agentur für Arbeit vor Ausspruch der Kündigung. Erfüllt der geplante Personalabbau zugleich die Voraussetzungen einer **Betriebsänderung iSd § 111 BetrVG**, kann die Pflicht zur Beteiligung der Arbeitnehmervertretung auch im Rahmen des Interessenausgleichsverfahrens[396] erfüllt werden. Liegt dagegen zwar eine Massenentlassung gem. § 17 Abs. 1 KSchG, nicht aber zugleich eine Betriebsänderung vor, weil nicht wenigstens 5 % der Belegschaft betroffen sind, ist ein eigenständiges Anhörungsverfahren vorzunehmen, das jedoch nicht durch Spruch der Einigungsstelle beendet werden könnte; eine zeitliche Grenze für das Einigungsbemühen mit dem Betriebsrat folgt dann nur aus § 242 BGB. Weitere Umsetzungsprobleme ergeben sich aus dem Umstand, dass Art. 6 RL 98/59/EG den Mitgliedstaaten aufgibt, den Arbeitnehmervertretern Mittel zur Durchsetzung der Unterrichtungs- und Anhörungspflichten aus der Richtlinie zur Verfügung zu stellen. Ausdrücklich ist gem. § 18 KSchG nur die Folge einer fehlenden Anzeige der Massenentlassung bei der Agentur für Arbeit geregelt. Ob die Folge der Verletzung der Informations- und Konsultationspflichten dem deutschen Recht im Wege richtlinienkonformer Auslegung etwa der §§ 111, 113 BetrVG oder § 17 Abs. 3 S. 3 KSchG entnommen werden kann, oder ob eine Unwirksamkeit der Kündigung anzunehmen wäre,[397] ist noch ungeklärt. Die Unvollständigkeit der Anzeige an die Agentur für Arbeit zB wegen fehlender Stellungnahme des Betriebsrats, löst die Rechtsfolgen des § 18 KSchG ebenfalls aus. Das kann als Sanktionierung eines Verstoßes gegen die Unterrichtungspflicht genügen; Rechtsfolgen unterbliebener Beratung fehlen jedoch, so dass hier eine Unwirksamkeit der Entlassung, ein Nachteilausgleichsanspruch oder ein Unterlassungsanspruch diskutiert werden.[398] 151

III. Zahlungsunfähigkeit des Arbeitgebers, RL 2008/94/EG[399]

Die RL 2008/94/EG über den Schutz der Arbeitnehmer bei Zahlungsunfähigkeit des Arbeitgebers („Insolvenzschutz-Richtlinie"), die in ihrem Kern auf die RL 80/987/EWG zurückgeht, sucht der besonderen Gefährdung der **Entgeltansprüche der Beschäftigten im Falle der Insolvenz des Arbeitgebers** dadurch zu begegnen, dass sie die Mitgliedstaaten zur Errichtung von „Garantieeinrichtungen" verpflichtet. Die dadurch gewährleistete Sicherung der Entgeltforderungen der betroffenen Arbeitnehmer ist umfassender als jede bloße Bevorrechtigung dieser Forderungen im Insolvenzverfahren, da die Einrichtungen selbst bei Masseunzulänglichkeit eintreten müssen. Die Richtlinie gilt für Ansprüche der Arbeitnehmer aus dem Arbeitsverhältnis, die sich gegen einen zahlungsunfähigen Arbeitgeber richten. Die Definition der Zahlungsunfähigkeit gem. Art. 2 Abs. 1 RL 2008/94/EG stellt darauf ab, dass die Eröffnung eines „Gesamtverfahrens" beantragt worden ist, das die Insolvenz des Arbeitgebers voraussetzt, sowie den mindestens teilweisen Vermögensbeschlag und die Bestellung eines Verwalters, und dass dieses Verfahren entweder eröffnet, oder bei 152

393 *Wißmann*, RdA 1998, 221, 223.
394 *Bauer/Krieger/Powietzka*, DB 2005, 445, 446; *Löwisch*, GPR 2005, 150, 151; anders *Wolter*, AuR 2005, 135: Vorlagebeschl. des ArbG Berlin, ZIP 2003, 1265.
395 BAG, 23.3.2006, NZA 2006, 971; 13.7.2006, – 6 AZR 25/06; 13.7.2006, NZA 2007, 25.
396 BAG, 26.10.2004, NZA 2005, 237.
397 So ArbG Berlin, 1.3.2005, AuR 2005, 194.
398 *Löwisch*, RdA 1997, 80, 84; *Wißmann*, RdA 1998, 221, 226 f.
399 Geändert durch RL 2002/74 v. 23.9.2002, ABl.EG 2002, L 270 S. 10 (Umsetzungsfrist: 8.10.2005).

endgültiger Stilllegung des Betriebes wegen Vermögenslosigkeit nicht eröffnet worden ist. Die Mitgliedstaaten können zwar die Begriffe der „Arbeitnehmer“, „Arbeitgeber“, „Arbeitsentgelt“, „erworbene Rechte“[400] definieren, dürfen dabei aber Teilzeitarbeitnehmer, befristet Beschäftigte und überlassene Arbeitnehmer nicht ausschließen und keine Mindestdauer für den Bestand des Arbeitsverhältnisses zur Anspruchsvoraussetzung erheben.

153 Die **Garantieeinrichtungen** müssen die Befriedigung nicht erfüllter Ansprüche auf Arbeitsentgelt aus dem Arbeitsverhältnis sicherstellen. „Arbeitsentgelt“ iSd Richtlinie kann auch Beträge erfassen, die als Entschädigung wegen rechtswidriger Kündigung gezahlt werden.[401] Die Mitgliedstaaten können den Zeitpunkt festlegen, ab dem oder bis zu dem die nicht erfüllten Entgeltansprüche zu befriedigen sind, Art. 4 RL 2008/94/EG, dürfen den Garantiezeitraum aber nicht unter drei Monate absenken. Ob der Garantiezeitraum jedoch mit Eintritt der Zahlungsunfähigkeit oder ab Ausspruch einer damit begründeten Kündigung oder sonstigen Beendigung des Arbeitsverhältnisses zu laufen beginnt, kann frei festgelegt werden. Einzelheiten der Mittelaufbringung, der Organisation und der Arbeitsweise der Einrichtung bleiben der nationalen Ausgestaltung überlassen, doch muss diese ihre Sicherungsfunktion erfüllen können, also jedenfalls vom Betriebsvermögen des Arbeitgebers unabhängig sein und zur Leistung auch im Falle nicht erfolgter Einzahlungen verpflichtet bleiben, Art. 5 RL 2008/94/EG.

154 Die Mitgliedstaaten dürfen weiter bestimmte Begrenzungen vorsehen. Zulässig ist neben der zeitlichen Begrenzung der Garantie auf nicht weniger als drei Monate auch die Bestimmung eines Höchstumfangs der zu leistenden Beträge, um der sozialen Zweckbestimmung der Richtlinie Ausdruck zu verleihen.[402] Dabei dürfen die **Höchstbeträge**, die von den Garantieeinrichtungen zu gewährleisten sind, aber nicht dadurch vermindert werden, dass etwaige vom Arbeitgeber gezahlte Teilleistungen vorweg abgezogen werden.[403] Schließlich dürfen die Mitgliedstaaten die Beiträge der Arbeitnehmer zu gesetzlichen oder betrieblichen Systemen der Sozialen Sicherheit aus der Berechnungsgrundlage der Garantiesumme herausnehmen, Art. 6 RL 2008/94/EG. Werden lediglich die Arbeitgeberanteile zu den Versicherungsbeiträgen nicht gezahlt, muss gewährleistet werden, dass den Arbeitnehmern daraus keine Nachteile für ihre Leistungsansprüche gegen die Versicherung entstehen können.

155 Die Insolvenzschutz-Richtlinie ist nicht gesondert in deutsches Recht umgesetzt worden, da deren Schutzzweck bereits zuvor von den **Bestimmungen über das Insolvenzgeld gem. §§ 165 ff SGB III** verwirklicht war. Der danach vorgesehene Anspruch auf Insolvenzgeld entspricht in seinen Voraussetzungen den Anforderungen der Insolvenzschutz-Richtlinie. Die Mittelaufbringung allein durch die Arbeitgeber, § 358 Abs. 1 SGB III, die Auszahlung durch die Bundesagentur für Arbeit, die zeitliche Begrenzung der Garantieleistung auf die letzten drei Monate vor Eintritt des Insolvenzereignisses und der Erstattungsumfang in Höhe des noch nicht gezahlten Nettoentgeltes sind von der Richtlinie gedeckt. Eine Nichtzahlung der Sozialversicherungsbeiträge wirkt sich auf die Arbeitnehmer nicht nachteilig aus, da die Beiträge von der Agentur für Arbeit nachentrichtet werden, § 175 SGB III. Die Insolvenzsicherung der betrieblichen Altersversorgung ist gem. §§ 7 ff BetrAVG dem Pensions-Sicherungs-Verein Versicherungsverein aG übertragen worden. Er garantiert die unverfallbaren Anwartschaften auf betriebliche Alters- und Hinterbliebenenversorgung im Insolvenzfall.

H. Kollektives Arbeitsrecht

156 Der Schwerpunkt des Arbeitsrechts der EU liegt klar auf dem Individualarbeitsrecht. Gleichwohl hat die Union in den vergangenen Jahrzehnten auch einzelne Bereiche des kollektiven Arbeitsrechts harmonisiert. Dieser Prozess betrifft weder das Tarifvertrags- noch das Arbeitskampfrecht. Wohl

400 EuGH, 25.1.2007, Rs. C-278/05 (Robins), Slg 2007, I-1053 = NZA 2007, 499.
401 EuGH, 16.12.2004, Rs. C-520/03 (Valero), Slg 2004, I 12065 = NZA 2005, 215.
402 EuGH, 14.7.1998, Rs. C-125/97 (Regeling), Slg 1998, I-4493; 18.10.2001, Rs. C-441/99 (Gharehveran), Slg 2001, I-7687; 11.9.2003, Rs. C-201/01 (Walcher), NZA 2003, 1083.
403 EuGH, 4.3.2004, Rs. C-19, 50, 84/01 (Barsotti), NZA 2004, 425.

aber hat die Union im Bereich der Unterrichtung und Anhörung von Arbeitnehmervertretern verschiedene harmonisierende Rechtsakte erlassen. Soweit es um die Mitbestimmung der Arbeitnehmer in den Unternehmensorganen geht, hat die Union zumindest ein Geflecht von Regeln geschaffen, um eine „Flucht aus der Mitbestimmung“, der Unternehmen nach dem Recht eines Mitgliedstaates unterworfen sind, innerhalb des Binnenmarktes soweit wie möglich zu verhindern; dies betrifft vor allem die Vorschriften über die SE und über die grenzüberschreitende Verschmelzung von Kapitalgesellschaften.

I. Tarifvertragsrecht

Auf dem Gebiet des Tarifvertragsrechts hat bislang keine Harmonisierung durch die Union stattgefunden. Die **Zuständigkeit der Union für das Tarifvertragsrecht** ist **umstritten**. Zwar handelt es sich beim Abschluss von Tarifverträgen um eine Form der Vertretung und kollektive Wahrnehmung der Arbeitnehmer- und Arbeitgeberinteressen im Sinne von Art. 153 Abs. 1 lit. f) AEUV, was für eine Verbandskompetenz der Union im Tarifvertragsrecht sprechen könnte. Zweifelhaft ist indessen, ob die Ausnahmevorschrift des Art. 153 Abs. 5 AEUV, welche das Koalitionsrecht ausdrücklich von der Zuständigkeit der Union ausnimmt, auch das Tarifvertragsrecht als eine wesentliche Form der Koalitionsbetätigung einschließt. Eine solche enge Auslegung der Zuständigkeit der Union auf dem Gebiet des Tarifvertragsrechts wird immer wieder befürwortet.[404] Dieses weite Verständnis von Art. 153 Abs. 5 AEUV wird auch dadurch gestützt, dass die Europäischen Sozialpartner, welche die Vorläufervorschrift gemeinsam verfasst haben und damit vor allem ihre eigene Sphäre vor Eingriffen durch die Gemeinschaft schützen wollten, auch die rechtlichen Rahmenbedingungen für die wichtigste ihrer Betätigungsformen einer Vereinheitlichung durch den europäischen Gesetzgeber entziehen wollten. Auch ist zu berücksichtigen, dass die Ausgestaltung der nationalen Systeme der Kollektivverhandlungen so stark divergiert, dass eine Harmonisierung – von Einzelaspekten abgesehen – praktisch kaum möglich sein dürfte.[405] An diesem Ergebnis kann auch das in Art. 28 GRC verankerte Grundrecht auf Kollektivverhandlungen nichts ändern, da die Charta den Geltungsbereich des Unionsrechts nicht über die in den Verträgen geregelte Zuständigkeitsordnung hinaus ausdehnt, Art. 51 Abs. 2 GRC. 157

In neuerer Zeit hat die Kommission Vorstöße zugunsten eines optionalen Rahmens für europäische Kollektivverträge unternommen.[406] Doch auch für die Schaffung eines solchen Rechtsrahmens für **transnationale Kollektivverträge** gibt Art. 153 AEUV keine Grundlage her, da es sich nicht um eine Harmonisierung der nationalen Rechtsordnungen handeln würde; in Betracht käme nur Art. 352 AEUV als Kompetenzgrundlage. In der Praxis sind vereinzelt solche länderübergreifenden Kollektivverträge zwischen europäischen Gewerkschaften und transnationalen Unternehmen oder Unternehmensgruppen bereits abgeschlossen worden. 158

II. Arbeitskampfrecht

Eine Harmonisierung des Arbeitskampfrechts durch die Union ist wegen Art. 153 Abs. 5 AEUV ausdrücklich ausgeschlossen. Es ist somit nicht zulässig, zB die Voraussetzungen für die Durchführung eines zulässigen Streiks oder einer Aussperrung auf der Unionsebene zu regeln. Die in erheblicher Weise divergierenden Arbeitskampfrechtsordnungen der Mitgliedstaaten können jedenfalls nach derzeit geltendem Primärrecht der Union nicht vereinheitlicht werden. 159

Dies heißt indessen nicht, dass das Unionsrecht für das Arbeitskampfrecht der Mitgliedstaaten ohne Bedeutung ist. Namentlich das Grundrecht auf kollektive Maßnahmen, Art. 28 GRC, das 160

404 So zB *Thüsing*, Europäisches Arbeitsrecht, 2. Aufl. (2011), § 10, Rn 11.

405 Im Ergebnis ebenso *Krebber*, in: Calliess/Ruffert, 4. Aufl. (2011), Art. 153 AEUV, Rn 12 mwN.

406 So insbesondere Kommission, Sozialagenda für 2005-2010, KOM(2005) 33 endg. Siehe auch den in der Folge für die Kommission von einer Expertenkommission 2006 vorgelegten Bericht Transnational Collective Bargaining: past, present and future (sog. "Ales-Bericht"); dazu auch *Ales*, ZESAR 2007, 150. Zur Diskussion um die Schaffung eines Rechtsrahmens für europäische Kollektivverträge siehe auch folgende ältere Beiträge: *Heinze*, ZfA 1997, 505, 510; *Deinert*, RdA 2004, 211, 212 f; *Wank*, RdA 1995, 10, 18.

auch das Streikrecht einschließt, hat gegenüber Eingriffen der Union in Arbeitskämpfe Abwehrcharakter. Dies kommt besonders deutlich in den vieldiskutierten Entscheidungen des EuGH in den Rechtssachen *Viking* und *Laval* zum Ausdruck. In beiden Fällen ging es um das Spannungsverhältnis, das zwischen Grundfreiheiten, namentlich der Dienstleistungsfreiheit und der Niederlassungsfreiheit, und Arbeitskampfmaßnahmen auftreten kann. So hatte die *Viking*-Entscheidung[407] einen Streik gegen die Umflaggung („Billigflaggen") von Fährschiffen zum Gegenstand und betraf somit einen Arbeitskampf, der sich gegen die Niederlassungsfreiheit des Arbeitgebers richtete. Im Fall, welcher der *Laval*-Entscheidung zugrunde lag,[408] ging es um die Entsendung von lettischen Bauarbeitern auf eine schwedische Baustelle, die zu niedrigeren Löhnen als schwedische Arbeiter beschäftigt wurden, was die zuständige schwedische Gewerkschaft mit einem Arbeitskampf beantwortete, um die für die schwedischen Arbeiter geltednen Mindestarbeitsbedingungen durchzusetzen. Der Gerichtshof hat in diesen beiden Entscheidungen versucht, einen Ausgleich zwischen den betroffenen Grundfreiheiten des Arbeitgebers und dem Grundrecht auf Streik mithilfe des Verhältnismäßigkeitsgrundsatzes herzustellen. Dabei hat er das Streikrecht stets nur als Beschränkung der Grundfreiheiten des Arbeitgebers geprüft und danach gefragt, ob die in Rede stehenden Arbeitskampfmaßnahmen mit der Dienstleistungs- oder der Niederlassungsfreiheit der betroffenen Arbeitgeber in Einklang stehen. Im Ergebnis musste in beiden Fällen das Streikrecht jedoch zurücktreten. Der Versuch, dieses Spannungsfeld zwischen Grundfreiheiten und Streikrecht im Unionsrecht zu normieren, ist mit der Rücknahme des Vorschlages der Kommission über die Ausübung des Recht auf kollektive Maßnahmen im Kontext der Niederlassungs- und Dienstleistungsfreiheit („Monti-II-VO)[409] im Herbst 2012 zumindest vorläufig gescheitert.

III. Beteiligung der Arbeitnehmer oder ihrer Vertreter

161 Die Beteiligung der Arbeitnehmer in Betrieb oder Unternehmen erfolgt auf europäischer Ebene insbesondere durch **Unterrichtung und Anhörung** ihrer Vertreter. Echte Mitbestimmungsrechte der Arbeitnehmervertreter iSd BetrVG (zB § 87 Abs. 1 Nr. 1-13) garantiert das europäische Arbeitsrecht nicht. Diese Unterrichtungs- und Anhörungsrechte können grenzüberschreitend (europaweit) bestehen (zB im Falle des Eurobetriebsrates). Das europäische Arbeitsrecht hat darüber hinaus aber in einzelnen Bereichen eine Harmonisierung der im Recht der Mitgliedstaaten vorgesehenen Arbeitnehmermitwirkung herbeigeführt. Schließlich sieht es bei der Europäischen Aktiengesellschaft (SE) und der grenzüberschreitenden Verschmelzung auch noch Mechanismen zu einer Besitzstandswahrung im **Bereich der unternehmerischen Mitbestimmung** vor.

1. Nicht grenzüberschreitende Sachverhalte

162 Die Union hat in Teilen das nationale Recht der Mitgliedstaaten über die Beteiligung von Arbeitnehmervertretungen, welche nach nationalem Recht zu bilden sind, in Teilen harmonisiert. Soweit einzelne Mitgliedstaaten keine Arbeitnehmervertretungen für sämtliche Arbeitnehmer gesetzlich vorsehen, sind sie aus Unionsrecht verpflichtet, für die harmonisierten Bereiche solche Vertretungsgremien zu schaffen.[410] Verschiedene Richtlinien schreiben eine Unterrichtung und Anhörung der Arbeitnehmer oder ihrer nach dem nationalen Recht der Mitgliedstaaten gebildeten Vertretungen vor. Insoweit ist zwischen einer punktuellen Pflicht zur Unterrichtung und Anhörung einerseits und dem allgemeinen Rahmen für die Unterrichtung und Anhörung der Arbeitnehmer andererseits zu unterscheiden.

163 Punktuelle Pflichten des Arbeitgebers für eine Unterrichtung und Anhörung der nach nationalem Recht errichteten Arbeitnehmervertretungen ergeben sich aus Art. 2 RL 98/59/EG vor der Durchführung von Massenentlassungen (dazu bereits oben Rn 148 ff), aus Art. 7 RL 2001/23/EG vor

407 EuGH, 11.12.2007, Rs. C-438/05 (Viking Line), Slg 2007, I-10779.
408 EuGH, 18.12.2007, Rs. C-341/05 (Laval), Slg 2007, I-11767.
409 KOM(2012) 130 endg.
410 Vgl EuGH, 8.6.1994, Rs. C-382/92 (Kommission/Vereinigtes Königreich), Slg 1994, I-2435; EuGH, 8.6.1994, Rs. C-383/92 (Kommission/Vereinigtes Königreich), Slg 1994, I-2479.

einem Betriebsübergang (vgl oben Rn 138 ff), aus Art. 10 RL 89/391/EG für den Arbeitsschutz sowie aus Art. 8 RL 2000/104/EG für den Entleiher im Hinblick auf den Einsatz von Leiharbeitnehmern im Unternehmen. § 5 Abs. 3 lit. e) der Rahmenvereinbarung über Teilzeitarbeit, die durch die RL 97/81/EG durchgeführt worden ist, erlegt dem Arbeitgeber hingegen lediglich auf, darum bemüht zu sein, den bestehenden Arbeitnehmervertretungsgremien geeignete Informationen über die Teilzeitarbeit in dem Unternehmen zur Verfügung zu stellen (dazu oben Rn 117); eine vergleichbare Regelung enthält § 7 Abs. 3 der Rahmenvereinbarung über befristete Arbeitsverträge, die durch die RL 1999/70/EG durchgeführt worden ist (zu dieser Richtlinie oben Rn 111 ff). In beiden letzteren Fällen einer weichen Regelung sind die Mitgliedstaaten somit nicht verpflichtet, entsprechende Unterrichtungs- und Anhörungspflichten gesetzlich vorzusehen.

Neben diesen besonderen Unterrichtungs- und Anhörungspflichten hat die **Richtlinie 2002/14/EG** zur Festlegung eines allgemeinen Rahmens für die Unterrichtung und Anhörung der Arbeitnehmer in der Europäischen Gemeinschaft eine Rahmenregelung zur Unterrichtung und Anhörung der Arbeitnehmer geschaffen, die eine allgemeine Unterrichtungs- und Anhörungspflicht zur Beschäftigungssituation im Unternehmen und geplanten Veränderungen begründet.[411] Die Richtlinie ist anwendbar, sobald private oder öffentliche wirtschaftlich tätige Unternehmen mindestens 50 Arbeitnehmer oder – nach Wahl des Mitgliedstaates – entsprechende Betriebe mindestens 20 Arbeitnehmer in einem Mitgliedstaat beschäftigten. Den Mitgliedstaaten ist grds. freigestellt festzulegen, wie der Schwellenwert zu berechnen ist. Dieses Ermessen der Mitgliedstaaten schließt allerdings nicht die Befugnis ein, vom nationalen Arbeitnehmerbegriff üblicherweise erfassten Gruppen (wie zB Jugendliche) vollständig auszunehmen.[412] 164

Auf das Vorliegen eines grenzüberschreitenden Tatbestandes kommt es bei den Unterrichtungs- und Anhörungspflichten nicht an. Auch innerhalb eines Mitgliedstaates bestehenden Arbeitnehmervertretungen sollen unionsrechtliche Informationsansprüche zugestanden werden. Art. 1 Abs. 3 RL 2002/14/EG trifft eine Festlegung auf das kooperative Modell der Arbeitsbeziehungen: Arbeitgeber und Arbeitnehmervertreter haben die Pflicht, „im Geiste der Zusammenarbeit" zu verhandeln.[413] Dabei wird die rechtzeitige Unterrichtung der Arbeitnehmervertreter als Vorbedingung für die Bewältigung von Umstrukturierungsprozessen verstanden, die auch in Prävention von Arbeitsplatzverlust durch Erhöhung der Beschäftigungsfähigkeit der Arbeitnehmer besteht. 165

Die Richtlinie sieht eine **Unterrichtung und Anhörung der Arbeitnehmervertreter zu wesentlichen wirtschaftlichen Entwicklungen** vor, zur Beschäftigungssituation und wahrscheinlichen Beschäftigungsentwicklung und geplanten Maßnahmen im Falle einer „Bedrohung für die Beschäftigung", sowie zu allen Entscheidungen, die wesentliche Veränderungen der Arbeitsorganisation oder der Arbeitsverträge mit sich bringen können, Art. 4 Abs. 2 RL 2002/14/EG. Das Anhörungsrecht zielt also auf einen sozialen Dialog zwischen Arbeitnehmervertretern und Unternehmen, der auch eine begründete Antwort des Arbeitgebers auf eine Stellungnahme der Arbeitnehmervertreter einschließt, Art. 4 Abs. 4 d) RL 2002/14/EG. Dieser recht weitreichenden Unterrichtungspflicht entspricht im BetrVG der Informationsanspruch des Wirtschaftsausschusses gem. § 106 Abs. 2 BetrVG, doch genügt der für seine Errichtung erforderliche Schwellenwert (100 Arbeitnehmer im Unternehmen) nicht den Vorgaben der Richtlinie.[414] Beteiligungsrechte der Personalräte in wirtschaftlichen Angelegenheiten sind dagegen kaum entwickelt,[415] so dass von einem Umsetzungsdefizit für öffentliche Betriebe auszugehen ist. Besonders bedeutsam für das Beteiligungsrecht ist, dass die Anhörung mit dem Ziel erfolgen muss, eine Vereinbarung über solche Entscheidungen herbeizuführen, die die genannten „wesentlichen Veränderungen" zur Folge haben können, Art. 4 Abs. 4 lit. 2 RL 2002/14/EG. Damit werden Vereinbarungen über soziale und wirtschaftliche Angelegen- 166

411 *Bonin*, AuR 2004, 321 ff; *Reichhold*, NZA 2003, 289.
412 EuGH, 18.1.2007, Rs. C-385/05 (CGT), NZA 2007, 193; vgl auch EuGH, 15.1.2014, C-176/12 (Association de médiation sociale), NZA 2014, 193.
413 *Weiss*, NZA 2003, 177, 184; *Junker*, RiW 2003, 698, 700.
414 *Bonin*, AuR 2004, 321, 324.
415 *Vogelsang*, PersV 2006, 366.

heiten vorgesehen, die zumindest angestrebt, wenn auch nicht erreicht werden müssen. Weiterhin haben die Mitgliedstaaten für einen ausreichenden Schutz der Arbeitnehmervertreter Sorge zu tragen, Art. 7 RL 2002/14/EG. Dies schließt indessen nicht die Pflicht ein, einen verstärkten Kündigungsschutz für die Mitglieder von Arbeitnehmervertretungen zu gewährleisten;[416] § 15 KSchG und § 103 BetrVG gehen somit über das von der RL 2002/14/EG gebotene Minimum hinaus. Die Mitgliedstaaten haben schließlich Vorkehrungen dafür zu treffen, dass die Pflichten aus der Richtlinie durchgesetzt werden können, und wirksame sowie angemessene Sanktionen für den Fall einer Verletzung von Richtlinienrechten vorzusehen, Art. 8 RL 2002/14/EG. Ob diese Vorgaben durch das BetrVG bereits in vollem Umfang umgesetzt worden sind, oder weitere Maßnahmen erforderlich sind, ist streitig.[417]

2. Transnationale Sachverhalte gem. der Eurobetriebsräte-Richtlinie, RL 2009/38/EG

167 Die Richtlinie 94/45/EG, in Deutschland umgesetzt durch das EBRG, schuf mit dem Europäischen Betriebsrat (EBR) erstmals eine eigenständige unionsrechtliche Institution des kollektiven Arbeitsrechts. Der Neufassung der Richtlinie im Jahre 2009 gingen langdauernde Auseinandersetzungen voraus, weil die Europäischen Sozialpartner sich auf die von Art. 15 der Richtlinie aF bereits nach 5 Jahren vorgesehene Revision ihres Inhalts nicht verständigen konnten. Die nunmehr geltenden RL 2009/38/EG legt die Einrichtung europäischer Betriebsräte in **transnationalen Unternehmen oder Unternehmensgruppen** fest, doch können im Wege der Vereinbarung zwischen Unternehmensleitung und der Arbeitnehmerseite einvernehmlich davon abweichende Regelungen über Errichtung und Tätigkeitsbereich des EBR getroffen werden, die den Rechtsvorschriften des Sitzstaates der zentralen Leitung entsprechen müssen.[418] Ausdrückliche Befugnisse zum Abschluss von Kollektivvereinbarungen auf Unternehmensebene begründet die Richtlinie nicht, doch stärkt sie die Grundlage für den Aufbau von Beziehungen zwischen zentraler Unternehmensleitung und den Beschäftigten aus verschiedenen Mitgliedstaaten. Anwendbar ist die Richtlinie auf unionsweit operierende Unternehmen oder Unternehmensgruppen, wenn diese mindestens 1.000 Beschäftigte in mindestens zwei Mitgliedstaaten der EU haben, von denen in mindestens zwei Betrieben/Unternehmen in verschiedenen Mitgliedstaaten jeweils mindestens 150 Arbeitnehmer tätig sind, Art. 1 Abs. 1 iVm Art. 2 Abs. 1 lit. a) RL 2009/38/EG. **Unternehmen** ist eine organisatorische Einheit zur Ausübung wirtschaftlicher Tätigkeiten, unbeschadet ihrer Rechtsform; auch eine natürliche Person kann Unternehmen in diesem Sinne sein. Eine **Unternehmensgruppe** liegt vor, wenn ein Unternehmen ein oder mehrere andere konkret beherrschen kann, Art. 2 Abs. 1 lit. b) RL 2009/38/EG; ein Nachweis der tatsächlichen einheitlichen Leitung der abhängigen Unternehmen durch das herrschende Unternehmen ist dafür nicht vorausgesetzt. „Länderübergreifend" und damit geeignet zur Eröffnung des Anwendungsbereichs ist eine Angelegenheit, die das unionsweit operierende Unternehmen insgesamt oder mindestens zwei Betriebe in mindestens zwei Mitgliedstaaten betreffen, Art. 1 Abs. 4 RL 2009/38/EG.

168 In solchen Einheiten sind **Verhandlungen** zu führen **über die Einrichtung von Verfahren zur Unterrichtung und Anhörung der Arbeitnehmer bei grenzüberschreitenden Fragen.** Vorrangig soll dies durch Errichtung eines Europäischen Betriebsrats erfolgen, anderenfalls kommt ein dezentrales Verfahren zur Unterrichtung der Arbeitnehmer zur Anwendung. Welcher Weg beschritten wird, ist durch Verhandlung zwischen Arbeitgeber und Beschäftigten zu bestimmen. Die Beschäftigten sind dabei von einem **besonderen Verhandlungsgremium** zu vertreten, das sich aus Arbeitnehmervertretern aus den beteiligten Mitgliedstaaten zusammensetzt, Art. 5 RL 2009/38/EG. Die Neuregelung legt einen neuen Verteilungsschlüssel zugrunde, wobei das besondere Verhandlungsgremium in

---

416 So EuGH, 11.2.2010, Rs. C-405/08 (Ingeniorsforeningen i Danmark, handelnd für Bertram Holst/Dansk Arbejdsgoverforening, handeld für Babcock & Wolcox Volund ApS), NZA 2010, 286, 288 f.

417 Dazu ausführlicher: *Deinert*, NZA 1999, 800; *Giesen*, RdA 2000, 298; *Bonin*, AuR 2004, 321, 328; *Fauser/Nacken*, NZA 2006, 1136, 1142.

418 Diese müssen den Vorgaben des Anhangs der Richtlinie entsprechen, vgl Art. 7 RL 2009/38/EG.

einer Weise zu besetzen ist, die der Verteilung der Beschäftigtenzahl auf die Mitgliedstaaten entspricht, Art. 5 Abs. 2 lit. b) RL 2009/38/EG.[419]

Dieses besondere Verhandlungsgremium ist von den Arbeitnehmern oder deren nach nationalem Recht bestehenden Vertretern zu wählen oder zu benennen. Die Repräsentation von Vertretern der Mitgliedstaaten, in denen das Unternehmen einen Betrieb hat, wird gewährleistet. Ist eine Arbeitnehmervertretung um die Einrichtung eines besonderen Verhandlungsgremiums bemüht ohne sicher zu sein, ob die tatsächlichen Voraussetzungen dafür vorliegen (Beschäftigtenzahl, Unternehmensstruktur), gibt die RL einen **Auskunftsanspruch**, der auch die Vorlage von Unterlagen einschließt.[420] Art. 4 Abs. 4 der RL 2009/38/EG legt fest, dass Auskunftsverantwortliche nunmehr nicht nur die zentrale Leitung des Unternehmens selbst sein kann, sondern auch jede Leitung eines der Unternehmensgruppe zugehörigen Unternehmens einschließlich einer fingierten zentralen Leitung (zum Begriff der zentralen Leitung siehe unten Rn 171). Verhandelt die zentrale Leitung nicht mit dem besonderen Verhandlungsgremium innerhalb von sechs Monaten nach Beantragung, greift die Auffanglösung eines EBR kraft Gesetzes, dem die in der Richtlinie vorgesehenen Mindestbeteiligungsrechte zukommen müssen. Kommt eine Vereinbarung dagegen zustande, ist sie an die Inhalte der Auffanglösung nicht gebunden, sondern in weitem Umfang frei gestaltbar, Art. 6 RL 2009/38/EG. Eine große praktische Bedeutung ist diesem komplexen System in Deutschland allerdings noch nicht zugewachsen: Art. 13 RL 94/45/EG hatte die Fortgeltung abweichender Vereinbarungen in grenzüberschreitenden Unternehmen zugelassen, sofern vor Ablauf des 22.9.1996 eine staatenübergreifende Unterrichtung und Anhörung der Arbeitnehmer im vorgesehenen Mindestumfang festgelegt wurde. Diesen Weg haben viele Unternehmen beschritten, um eine flexibler auf ihre Bedürfnisse angepasste Regelung zu erreichen. Art. 14 Abs. 1 a) und b) der RL 2009/38/EG sieht die Fortgeltung aller zuvor getroffenen Vereinbarungen vor, soweit keine strukturellen Änderungen im Unternehmen eintreten. 169

Gelingt eine **Einigung zwischen zentraler Unternehmensleitung und dem besonderen Verhandlungsgremium**, muss eine Vereinbarung getroffen werden, die mindestens Bestimmungen über die betroffenen Unternehmen/Betriebe, die Einführung und Zusammensetzung des Europäischen Betriebsrats, seine Befugnisse, das Unterrichtungs- und Anhörungsverfahren, den Ort, die Häufigkeit und die Dauer der Sitzungen des EBR sowie die für ihn bereitzustellenden finanziellen und materiellen Mittel enthalten, Art. 6 Abs. 2 RL 2009/38/EG. Gelingt eine Einigung dagegen nicht innerhalb von drei Jahren, gelten subsidiär die Rechtsvorschriften des Mitgliedstaates, in dem die zentrale Unternehmensleitung ihren Sitz hat, Art. 7 Abs. 1 RL 2009/38/EG. Mindestbedingungen für den Inhalt dieser Rechtsvorschriften werden in der Richtlinie festgelegt. Danach ist der Europäische Betriebsrat für Angelegenheiten zuständig, die das unionsweit operierende Unternehmen insgesamt, oder mindestens zwei der Betriebe in verschiedenen Mitgliedstaaten betreffen. Für Vorgänge mit Bezug nur zu einem einzigen Mitgliedstaat ist der Europäische Betriebsrat nicht zuständig, anderweitige nationale Regelungen über die Arbeitnehmerbeteiligung oder die Mitbestimmung werden durch die Richtlinie nicht verdrängt. Bereits bestehende Arbeitnehmervertretungen auf nationaler Ebene werden durch die Errichtung zusätzlicher EBR daher nicht in Frage gestellt. Die Mindestregelung begründet die Verpflichtung der zentralen Leitung, den EBR über die grundlegenden wirtschaftlichen finanziellen und personellen Bedingungen und Perspektiven des Unternehmens zu unterrichten, ihn anzuhören und diese Frage mit ihm zu erörtern, Art. 7 Abs. 2 iVm Anhang I RL 2009/38/EG. 170

Rechte und Pflichten bezieht die RL 2009/38/EG nicht, wie im deutschen Recht üblich, auf den rechtlichen Unternehmensträger, sondern auf eine **„zentrale Leitung"**. Diese muss freilich die jeweiligen Pflichten nicht stets selbst erfüllen: Liegt die „zentrale Leitung" außerhalb der Union, weil das Unternehmen seinen Sitz nicht in der EU hat, so ist ein im Unionsgebiet „benannter Vertreter" für die zentrale Leitung verantwortlich, ggf dasjenige innerhalb der Union liegende Unternehmen, 171

419 Dazu näher *Melot de Beauregard*, BB 2009, 1417.

420 EuGH, 29.3.2001, Rs. C-62/99 (Bofrost), Slg 2001, I-2579 = NZA 2001, 506.

das die meisten Arbeitnehmer beschäftigt, Art. 3 Abs. 6 RL 2009/38/EG. Der Richtlinie entsprechende Informationen sind dann von dieser fingierten zentralen Leitung zu erteilen.[421]

3. Beteiligungsrechte in der Europäischen Aktiengesellschaft (SE)

172 Die Schaffung einer supranationalen Gesellschaftsform europäischen Rechts war seit 30 Jahren ein besonderes gesellschaftsrechtliches Anliegen, um die Tätigkeit transnationaler Unternehmen zu fördern (zur SE ausführlich oben *Möllers*, § 18 Rn 171 ff mwN). Das Vorhaben scheiterte allerdings über Jahrzehnte hinweg am Problem der Arbeitnehmerbeteiligung,[422] die nicht dem mitgliedstaatlichen Recht überlassen, sondern jedenfalls grds. vereinheitlicht werden sollte. Nach langjähriger Diskussion[423] ist schließlich in Ergänzung der VO (EG) 2157/2001 über das Statut der Europäischen Gesellschaft (SE) die Richtlinie 2001/86/EG zur Ergänzung des Statuts der Europäischen Gesellschaft hinsichtlich der Beteiligung der Arbeitnehmer verabschiedet worden, die sich der bewährten Regelungstechnik der Richtlinie über die Europäischen Betriebsräte bedient und vorrangig auf eine verhandelte Arbeitnehmerbeteiligung setzt. Da sowohl das besondere Verhandlungsgremium der Arbeitnehmer und die zentrale Leitung bei der Aushandlungen von Vereinbarungen über die Arbeitnehmerbeteiligung in der SE als auch die Mitgliedstaaten bei der Schaffung ihrer Auffangregelungen ganz erheblichen Spielraum besitzen, führt die RL 2001/86/EG zu keinem einheitlichen Arbeitnehmerbeteiligungsmodell in der SE. Vielmehr hat jede SE die Gelegenheit, eine individuell auf ihre Verhältnisse zugeschnittene Mitwirkungslösung zu entwickeln.[424]

173 Der Anwendungsbereich umfasst alle Europäischen Aktiengesellschaften nach der VO (EG) 2157/2001. Diese können auf folgenden Wegen gegründet werden: Durch grenzüberschreitende Verschmelzung (mindestens) zweier nach dem Recht eines Mitgliedstaates gegründeter Aktiengesellschaften; durch grenzüberschreitende Gründung einer Holding-SE (zugelassen für Aktiengesellschaften und GmbH); durch grenzüberschreitende Gründung einer Tochter-SE sowie durch Umwandlung einer Aktiengesellschaft aus der Union, die seit mindestens zwei Jahren eine dem Recht eines anderen Mitgliedstaates unterliegende Tochtergesellschaft hat. Die Unternehmen sollen nach Möglichkeit freiwillige Vereinbarungen mit den Arbeitnehmervertretern der an der Gründung beteiligten Unternehmen, die ähnlich wie bei der Errichtung eines Eurobetriebsrates in einem besonderen Verhandlungsgremium zusammentreten, über die Einsetzung eines Vertretungsorgans und dessen Anhörungs-, Unterrichtungs- und Mitbestimmungsrechte abschließen. Lediglich bei Scheitern der Verhandlungen ist eine von den Mitgliedstaaten vorzusehende Auffangregelung anzuwenden. Diese soll die bisherige Mitbestimmung im Sinne einer Besitzstandswahrung gewährleisten: Für die SE gilt dann eine Mitbestimmung in demselben Umfang, der in einem beteiligten Unternehmen galt, sofern dort ein bestimmter Schwellenwert der Gesamtbeschäftigtenzahl erreicht wird (25%), vgl Art. 7 RL 2001/86/EG. Auf dem bei Gründung bestehenden Stand wird die Arbeitnehmerbeteiligung „eingefroren", selbst wenn sich in der SE die Beschäftigtenzahl so weit erhöht, dass nach nationalem Recht eine weiterreichende Mitbestimmungsart vorgeschrieben wäre.

174 Will das besondere Verhandlungsgremium aus Arbeitnehmervertretern einer Minderung von Mitbestimmungsrechten zustimmen, damit der Mitbestimmungsstandard der SE unter denjenigen absinken kann, der dem höchsten der beteiligten Gesellschaften entspricht, ist dazu grundsätzlich eine 2/3-Mehrheit im besonderen Verhandlungsgremium erforderlich, Art. 3 Abs. 6 RL 2001/86/EG. Dies ist nur dann entbehrlich, wenn die besonders weitreichende Mitbestimmung vor Gründung der SE nur eine Minderheit der Arbeitnehmer der beteiligten Gesellschaften erfasste: Bei einer durch Verschmelzung entstehenden SE ist die Grenze hierfür 25 % der Gesamtzahl aller Arbeitnehmer, im Falle einer Holding- oder Tochter-SE liegt die Grenze bei 50 %; soll die SE sogar durch Umwandlung bestehender Gesellschaften gegründet werden, lässt die Richtlinie eine Absen-

---

421 EuGH, 29.3.2001, Rs. C-62/99 (bofrost), Slg 2001, I-2579; 13.1.2004, Rs. C-440/00 (Kühne & Nagel), NZA 2004, 160; BAG, 29.6.2004, NZA 2005, 118; 30.3.2004, NZA 2004, 863.

422 *Kolvenbach*, DB 1986, 2023.

423 Überblicksartig *Fuchs/Marhold*, S. 399 ff; *Hanau*, RdA 1998, 231; *Hirte*, NZA 2002, 1.

424 Zur Praxis der SE-Vereinbarungen siehe *W. Bayer*, AG 2009, R 480 ff.

kung des Mitbestimmungsstandards überhaupt nicht zu. Ist schließlich eine Einigung zwischen den beteiligten Gesellschaften und dem besonderen Verhandlungsgremium nicht gelungen, gilt die bisherige Mitbestimmungsregelung weiter, wenn die SE durch Umwandlung einer zuvor mitbestimmten Gesellschaft gegründet wird. Die anderen Gründungsformen haben abweichende Möglichkeiten, abhängig von Schwellenwerten bezüglich der Arbeitnehmer, die zuvor in einem mitbestimmten Unternehmen gearbeitet haben.

Der Richtlinie geht es mithin um den Schutz bereits bestehender Beteiligungsrechte der Arbeitnehmer, die entsprechend dem sogenannten **„Vorher-Nachher-"Prinzip** jedenfalls den Ausgangspunkt für den Umfang der Beteiligungsrechte auch in der neuen SE bilden müssen. Diesen Ausgangspunkt zu einem tatsächlich anwendbaren Modell zu entwickeln, soll auf dem Verhandlungswege erreicht werden: Das bereits für die Bildung von Europäischen Betriebsräten genutzte „besondere Verhandlungsgremium" als gewählte Vertretung der Beschäftigten der beteiligten Gesellschaften, Tochtergesellschaften oder Betriebe soll mit der zentralen Leitung Umfang und Art der zukünftigen Beteiligung in der SE aushandeln. Dabei können die Mitgliedstaaten eine Beteiligung betriebsfremder Gewerkschaftsvertreter im besonderen Verhandlungsgremium zulassen, wenn sie dies wünschen, Art. 3 Abs. 2 lit. b RL 2001/86/EG. Eine letzte Alternative stellt die Geltung von Auffangregelungen der Richtlinie dar, die von den Verhandlungsparteien vereinbart werden können oder die kraft Gesetzes eingreift, wenn der vorgegebene Verhandlungszeitraum (grds. 6 Monate) ohne Erzielung einer Vereinbarung verstrichen ist, Art. 7 Abs. 1 RL 2001/86/EG. 175

Die Richtlinie ist durch das SE-Beteiligungsgesetz vom 22.12.2004 (BGBl. I, 3686) in deutsches Recht umgesetzt worden. 176

4. Beteiligungsrecht in der Fusionsrichtlinie 2005/56/EG

Dem von der Kommission verfolgten Ziel einer Modernisierung des Gesellschaftsrechts in der Union,[425] das insbesondere die Mobilität der Gesellschaften innerhalb des Binnenmarktes erleichtern soll, dient auch die Richtlinie 2005/56/EG vom 25. 10. 2005 über die Verschmelzung von Kapitalgesellschaften aus verschiedenen Mitgliedstaaten (dazu oben Möllers, § 18, Rn 165 ff). Durch solche grenzüberschreitenden Verschmelzungen entstehen keine SE, sondern Gesellschaften nach dem nationalen Recht eines Mitgliedstaates. Auch die RL 2005/56/EG greift die Problematik einer „Flucht aus der Mitbestimmung" auf und sieht ein stark an die RL 2001/86/EG angelehntes Verfahren zur Sicherung der Mitbestimmungsrechte der Beschäftigten in den an der Fusion beteiligten Gesellschaften vor. Auch im Rahmen von grenzüberschreitenden Verschmelzungen von Kapitalgesellschaften wird somit auf das Verhandlungsmodell plus Auffanglösung der Eurobetriebsräte-Richtlinie zurückgegriffen. 177

Der Richtlinienvorschlag[426] vom 18.11.2003 wich aber in einem entscheidenden Punkt vom SE-Beteiligungsmodell ab. Das „Vorher-Nachher-"Prinzip des Bestandsschutzes für die in beteiligten Gesellschaften bereits anwendbaren Arbeitnehmermitbestimmungsrechte galt nur, wenn der satzungsmäßige Sitz der Zielgesellschaft in einem Land ohne gesetzliche Mitbestimmung lag; hatte der vorgesehene Sitzstaat dagegen irgendein Beteiligungssystem, so kam dieses zur Anwendung, unabhängig von dem darin vorgesehenen Mitbestimmungsniveau. Die ggf höheren Mitbestimmungsrechte einer an der Fusion beteiligten Gesellschaft ginge verloren, ohne dass dieses Ergebnis auf dem Verhandlungswege vereinbart werden müsste. Durch die Wahl eines „passenden" Sitzstaates könnte die Mitbestimmung entsprechend verringert werden.[427] Die vorgeschlagene Lösung hat für erhebliche Diskussionen um eine mögliche „Flucht aus der Mitbestimmung" gesorgt. Die geltende Verschmelzungsrichtlinie 2005/56/EG orientiert sich entsprechend eng an der Mitbestimmung der SE-Richtlinie.[428] Dem allgemeinen Grundsatz des Art. 16 Abs. 1 RL 2005/56/EG, der die Mitbe- 178

425 KOM (2003), 284, endg. v. 21.5.2003 (Aktionsplan).

426 KOM (2003), 703, endg. (Vorschlag für eine RL über die Verschmelzung von Kapitalgesellschaften aus verschiedenen Mitgliedstaaten).

427 *Zimmer*, NJW 2003, 3585, 3590; *Heinze*, ZGR 2002, 66, 69.

428 *Kisker*, RdA 2006, 206; *Lunk/Hinrichs*, NZA 2007, 773; *Schubert*, RdA 2007, 9.

stimmungsregeln des Sitzstaates der fusionierten Gesellschaft zur Anwendung beruft, sind zwei Ausnahmen mit breitem Anwendungsbereich beigegeben: Die erste Ausnahme betrifft die Beteiligung einer Gesellschaft mit mehr als 500 Arbeitnehmern und einer Mitbestimmung nach der SE-Richtlinie. Die zweite Ausnahme betrifft Fusionen, in denen das Recht des Sitzstaates der fusionierten Gesellschaft weniger Mitbestimmungsrechte kennt als dasjenige einer der beteiligten Gesellschaften (Art. 16 Abs. 2 Fusions-RL). In diesen Ausnahmefällen ist eine Vereinbarung über eine Mitbestimmung zu treffen, bei deren Nichtzustandekommen als Auffanglösung das weitestgehende Mitbestimmungsmodell anwendbar ist. Dies gilt aber nur, falls die abzulösenden Mitbestimmungsregeln auf mindestens 33,3 % der Arbeitnehmer der beteiligten Gesellschaft Anwendung fanden, Art. 16 Abs. 3 lit. e) RL.

179 Die RL 2005/56/SE ist durch das **Gesetz über die Mitbestimmung der Arbeitnehmer bei einer grenzüberschreitenden Verschmelzung** (MgVG) im Jahre 2007 in deutsches Recht umgesetzt worden. Das darin vorgesehene Verhandlungsverfahren hat bereits bei einigen grenzüberschreitenden Verschmelzungen praktische Bedeutung erlangt: Dies gilt namentlich für die im Rahmen einer Konzernumstrukturierung bei der Münchener Rückversicherung zustande gekommene Mitbestimmungsvereinbarung nach Art. 16 RL 2005/56/EG.[429]

429 Vereinbarung über die Mitbestimmung der Arbeitnehmer in der Münchener Rückversicherungs-Gesellschaft Aktiengesellschaft in München (2008).

§ 40 Sozialrecht

Literatur: *Abele*, Zur gemeinschaftsrechtlichen Qualifizierung eines Arbeitgebers, der Lohnfortzahlung im Krankheitsfall leistet, als Sozialleistungsträger, EuZW 1992, S. 482 ff; *Acker*, Alterssicherungssysteme in der Europäischen Union, SozSich 1994, S. 139 ff; *Andresen* (Hrsg.), Festschrift für Wolfgang Förster, Köln 2001; *Aulmann*, Der Arbeitsunfall mit Auslandsberührung in den deutschen und den internationalen Rechtsvorschriften unter Berücksichtigung der Rechtsprechung des Bundessozialgerichts und des Europäischen Gerichtshofes, RV 1991, S. 221 ff; *Aulmann/Watermann*, Situation und Probleme der durch die deutsche gesetzliche Unfallversicherung betreuten ausländischen Arbeitnehmer, BG 1984, S. 223 ff; *Aye u.a.* (Hrsg.)/Kintzel, Gesamtkommentar Sozialversicherung, Band 10, Internationales Sozialversicherungsrecht (SGB-SozVers-GesKomm, Bd. X), Loseblatt, Wiesbaden; *Baumeister*, Überlegungen zur Umsetzung der Pensionsfondsrichtlinie, BetrAV 2003, S. 705 ff; *Becker*, Die Bedeutung des gemeinschaftsrechtlichen Diskriminierungsverbots für die Gleichstellung von Sachverhalten im koordinierenden Sozialrecht, VSSR 2000, S. 221 ff; *Berenz*, Lohnfortzahlung an im Urlaub erkrankte Arbeitnehmer, DB 1992, S. 2442 ff; *Bittner*, Europäisches und internationales Betriebsrentenrecht, Tübingen 2000; *Büscher*, Europäische Krankenversicherungskarte, ErsK 2004, S. 270 ff; *Calliess/Ruffert*, EUV/AEUV, 4. Aufl. München 2011; *Clarenz*, Überarbeitung der IORP-Richtlinie – mögliche Auswirkungen auf die Eigenkapitalausstattung von Pensionskassen, BetrAV 2011, 384 f; *Daykin*, Pension Provision in Britain, London 1994; Deutscher Sozialgerichtsverband (Hrsg.), Festschrift zum 25jährigen Bestehen des Bundessozialgerichts, Köln [u.a.] 1979; *Deutsche Rentenversicherung Bund* (Hrsg.), Die Reform des Europäischen Koordinierenden Sozialrechts, Bad Homburg 2007; *Devetzi*, Die Kollisionsnormen des europäischen Sozialrechts, Berlin 2000; *Ebsen* (Hrsg.), Europarechtliche Gestaltungsvorgaben für das deutsche Sozialrecht, Baden-Baden 2000; *Eichenhofer*, Europäisierung sozialer Sicherung, DRV 04/2004, S. 200 ff; *ders.*, Sozialrecht der Europäischen Union, 5. Aufl., Berlin 2013; *ders.*, Internationales Sozialrecht, München 1994; *ders.*, Die Stellung der Ausländer im deutschen Sozialrecht, ZAR 1987, S. 108 ff;*ders.*, Deutsches Erziehungsgeld und Europäisches Sozialrecht, SGb 1997, S. 450 ff; *Ewert*, Der Beitrag des EuGH zur Entwicklung des Europäischen Sozialrechts, München 1987; *Fischer*, Der neue Art 73 der VO (EWG) Nr 1408/71, SGb 1990, S. 536 ff; *Förster* (Hrsg.), Festschrift zum 60. Geburtstag von Peter Ahrend, Köln 1992; *Frank*, Enthalten die Artikel 13 bis 17 VO Nr 1408/71 (EWG) allseitige Kollisionsnormen?, DAngVers 1996, S. 132 ff; *Fuchs* (Hrsg.), Kommentar zum Europäischen Sozialrecht, 6. Aufl., Baden-Baden 2013; *ders.*, Zum Begriff der Beamten und zur Qualifizierung als „Sondersystem" iS von Art 4 Abs. 4 EWGV 1408/71, ZBR 1996, S. 152 ff; *ders.*, Soziale Sicherung für den Fall des Arbeitsunfalls und der Berufskrankheit, Europäisches Sozialrecht, Schriftenreihe des Deutschen Sozialrechtsverbandes Bd. 36 (1992), S. 123 ff; *ders.*, Was bringt die neue VO (EG) Nr. 883/04?, SGb 2008, 201 ff; *Geiger/Khan/Kotzur*, EUV/AUEV, 5. Aufl. München 2010; *Gesellschaft für Versicherungswissenschaft und -gestaltung e.V.* (Hrsg.), Soziale Sicherung in West-, Mittel- und Osteuropa, Baden-Baden, 1994; *Gitter* (Hrsg.), Festschrift für Ernst Krasney, München 1997; *Gitter*, Schadensausgleich im Arbeitsunfallrecht, Tübingen 1969; *Gitter/Schmitt*, Sozialrecht, 5. Aufl., München 2001; *Görgen*, Europa gibt denTakt vor, in: Betriebliche Altersversorgung und Recht – Festschrift für Reinhold Höfer zum 70. Geburtstag, München 2011, S. 41 ff; *v.d.Groeben/Schwarze*, Kommentar zum Vertrag über die Europäische Union und zur Gründung der Europäischen Gemeinschaft, 6. Aufl., Baden-Baden 2003; *Grotzer*, Wichtige Regelungen des SGB VI aus der Sicht der VO (EWGV) Nr 1408/71, DRV 1993, S. 67 ff; *Hailbronner*, Die Freizügigkeit im Spannungsfeld zwischen Staatsräson und europäischem Gemeinschaftsrecht, DÖV 1978, S. 857 ff; *Hanau/Steinmeyer/Wank* (Hrsg.), Handbuch des europäischen Arbeits- und Sozialrechts, München 2002; *Hauptverband der gewerblichen Berufsgenossenschaft* (Hrsg.), Festschrift für Herbert Lauterbach, Band 2, Berlin 1981; *Haverkate/Huster*, Europäisches Sozialrecht, Baden-Baden 1999; *Heinze/Giesen*, Die Arbeitsunfähigkeitsbescheinigung und der Europäische Gerichtshof, BB 1996, S. 1830 ff; *Heinze* (Hrsg.), Festschrift für Wolfgang Gitter, Wiesbaden 1995; *ders.* (Hrsg.), Arbeitsrecht in der Bewährung, Festschrift für Otto Rudolf Kissel zum 65. Geburtstag, München 1994; *Heissmann* (Hrsg.), Betriebliche Altersversorgung in Deutschland unter dem Einfluss internationaler Faktoren, Wiesbaden 1996; *Henke*, Grundzüge des Sozialrechts, Berlin [u.a.] 1977; *Horn*, System der Kollisionsvorschriften der Verordnung (EWG) 1408/71 – Teil 3, Sozialrecht und Praxis 2000, 751 ff; *Igl*, Europäische Union und gesetzliche Krankenversicherung, Wiesbaden 1999; *Igl/Schuler*, Unfallversicherungsschutz für Pannenhelfer bei Auslandsberührung, SGb 1986, S. 127 ff; *Igl/Welti*, Sozialrecht, 8. Aufl. 2007; *Kaltenbach*, Auswirkungen des EG-Binnenmarktes auf Sozialpolitik und Rentenversicherung, DAngVers 1989, S. 157 ff; *Kaufmann/Köhler*, Invaliditätssicherung in den Ländern der EG, Teil 1, DAngVers 1993, S. 105 ff, S. 218 ff; *Klang*, Soziale Sicherheit und Freizügigkeit im EWG-Vertrag, Baden-Baden 1986;

Klein, Deutsches Pflegeversicherungsrecht versus Europarecht?, Baden-Baden 1998; *Költzsch*, Eine Entscheidung des EuGH und ihre Folgen für das internationale Sozialrecht, SGb 1992, S. 591 ff; *Kücking/Jann*, Europa für die Versicherten gestalten, ErsK 2004, S. 496 ff; *Künkele*, Kostenerstattung für medizinische Leistungen im EG-Ausland?, St. Augustin 2000; *Langer*, Grenzüberschreitende Behandlungsleistungen – Reformbedarf für die Verordnung 1408/71, NZS 1999, 537 ff; *Lenz*, Aktuelle Probleme auf dem Gebiet des EWG-Sozialrechts, SGb 1988, S. 1 ff; *Lohmann*, Zur Zahlung einer Witwenrentenabfindung ins Ausland, SGb 1973, S. 105 ff; *Lüderitz*, Internationales Privatrecht, 2.Aufl., Neuwied [u.a.] 1992; *Lütje*, Zum Anspruch auf Unfallwitwenrente wegen Berufskrankheit bei Beschäftigung in der EG, SGb 1965, S. 347 f; *Mäder*, Soziale Bürgerschaft in der Europäischen Union, ZfSH/SGB 1994, S. 113 ff., 178 ff.; *Magiera* (Hrsg.), Das Europa der Bürger in einer Gemeinschaft ohne Binnengrenzen, Baden-Baden 1990; *Marhold*, Das neue Sozialrecht der EU, Wien 2005; *von Maydell* (Hrsg.), Soziale Rechte in der EG, Berlin 1990; *von Maydell/Ruland/Becker* (Hrsg.), Sozialrechtshandbuch (SRH), 5. Aufl., Baden-Baden 2012; *Merten*, Das Fundament ist gelegt, DÄ 2004, S. A20; *Meydam*, Harmonisierung von nationalen Krankheitsleistungen durch Europäisches Gemeinschaftsrecht, BKK 1981, 248 ff; *Müller-Glöge u.a.* (Hrsg.), Erfurter Kommentar zum Arbeitsrecht, 14. Aufl., München 2014; *Oetker/Preis*, Europäisches Arbeits- und Sozialrecht (EAS), Loseblatt, Heidelberg; *Ohler*, Die Rechtsprechung des EuGH zur Koordinierung der Familienleistungen für Wanderarbeitnehmer nach Europäischem Gemeinschaftsrecht – Folgeprobleme und Friktionen, Münster 1991; *Pflüger-Demann*, Soziale Sicherung bei Invalidität in rechtsvergleichender und europarechtlicher Sicht, Baden-Baden 1991; *Philip*, Droit social europeén, Paris [u.a.] 1985; *Plöger/Wortmann*, Sozialversicherung International, Loseblatt, Bonn; *Podzun*, Der Unfallsachbearbeiter, Loseblatt, Berlin; *Pompe*, Leistungen der sozialen Sicherheit bei Alter und Invalidität für Wanderarbeitnehmer nach Europäischem Gemeinschaftsrecht, Köln [u.a.] 1986; *Raschke*, Grundsätzliche Rechtsnormen mit Auslandsbezug in der gesetzlichen Unfallversicherung, BG 1979, S. 272 ff; *Raschke*, Hinterbliebenenleistungen und eherechtliche Vorfragen mit Auslandsbezug, BG 1983, S. 97 ff; *ders.*, Vergleichende Darstellung der Systeme der Sozialen Sicherheit in den Mitgliedstaaten der Europäischen Gemeinschaften, BG 1984, S. 285 ff; *Ruland*, Der Europäische Binnenmarkt und die sozialen Alterssicherungssysteme, DRV 1989, S. 605 ff; *ders.*, Deutsches und europäisches Rentenversicherungsrecht, DRV 1990, S. 709 ff; *Schimmelpfennig* (Hrsg.), Grundsatzfragen der sozialen Unfallversicherung, Band 1, Festschrift für Dr. Herbert Lauterbach zum 60. Geburtstag, Berlin 1961; *Schlachter*, Zu den Anforderungen an den Nachweis eines Rechtsmißbrauchs bei Vorlage eines ärztlichen Attests aus dem Heimatstaat des Arbeitnehmers zur Lohnfortzahlung im Krankheitsfall, EuZW 1996, S. 377 ff; *Schmähl/Rische* (Hrsg.), Europäische Sozialpolitik, Baden-Baden 1997; *Schuler*, Das Internationale Sozialrecht, Baden-Baden 1988; *Schuler/Schulte*, International-sozialrechtliche Behandlung von Personen, die bei den in der Bundesrepublik Deutschland stationierten Nato-Streitkräften beschäftigt sind, SGb 1983, S. 125 ff; *Schuler*, Zur Leistungspflicht der gesetzlichen Krankenkassen bei Erkrankungen während eines vorübergehenden Aufenthalts im Ausland, SGb 1983, S. 469 ff; *Schuler*, Zwischenstaatliche und gemeinschaftsrechtliche Sozialrechtsintegration im Vergleich, EuR 1985, S. 113 ff; *Schulin* (Hrsg.), Handbuch des Sozialversicherungsrechts, Band 2, München 1996; *Schulte/Barwig* (Hrsg.), Freizügigkeit und Soziale Sicherheit, Baden-Baden 1999; *Schulte* (Hrsg.), Wechselwirkungen zwischen dem europäischen Sozialrecht und dem Sozialrecht der Bundesrepublik Deutschland, Berlin 1991; *ders.*, Schriftenreihe des Deutschen Sozialrechtsverbandes, Bd. 36 (1992), S. 7 ff; *ders.*, Grundsicherung – Sozialhilfe, Schriftenreihe des Deutschen Sozialrechtsverbandes, Bd. 36 (1992), S. 199 ff; *ders.*, Das Sozialrecht in der Rechtsprechung des EuGH 1986 und 1987, Jahrbuch des Sozialrechts der Gegenwart, Band 10 (1988), S. 453 ff; *ders.*, Die Geschichte der Reform der Verordnung (EWG) Nr. 1408/71, in: DRV Bund (Hrsg.), Die Reform des Europäischen koordinierenden Sozialrechts, Bad Homburg 2007, S. 9 ff; *Schwarze* (Hrsg.), EU-Kommentar, 3. Aufl. Baden-Baden 2012; *Seewald/Felix*, Das steuerfreie Existenzminimum der Familie – Widerspruch oder Wende in der Rechtsprechung des Bundesverfassungsgerichts?, VSSR 1995, S. 277 ff; *dies*, Kindergeldrecht, Loseblatt, Köln [u.a.]; *Sokoll*, Die gesetzliche Unfallversicherung und der EG-Binnenmarkt, in: Schmähl (Hrsg.), Soziale Sicherung im EG-Binnenmarkt: Aufgaben und Probelme aus deutscher Sicht (1990), S. 136 ff; *Spiegel*, Die neue europäische Sozialrechtskoordinierung – Überlegungen zur Verordnung (EG) Nr. 883/2004, ZIAS 2006, 85 ff; *ders.*, Die neue europäische Sozialrechtskoordinierung – Überlegungen zur Verordnung (EG) Nr. 883/2004, in: DRV Bund (Hg), Die Reform des Europääischen koordinierenden Sozialrechts, 2007, 25 ff; *Steinmeyer*, Die Problematik der Scheinselbständigkeit, ZSR 1996, S. 348 ff; *ders.*, Die Richtlinie 98/49/EG zur Wahrung ergänzender Rentenansprüche, EuZW 1999, 645 ff; *ders.*, Harmonisierung des Betriebsrentenrechts in der Europäischen Gemeinschaft?, EuZW 1991, S. 43 ff.; *Steinmeyer*, Sozialdumping in Europa, DVBl. 1995, S. 962 ff; *ders.*, Grundfragen des Europäischen Sozialrechts, AuA 1992, S. 210 ff; *ders.*, Die Einstrahlung im internationalen Sozialversicherungsrecht, Berlin 1981; *ders.*, Familienleistungen und Ausbildungsförderung, Schriftenreihe des Deutschen Sozialrechtsverbandes 1992, S. 169 ff; *ders.*, Die Alters-, Invaliditäts- und Hinterbliebenensicherung Selbständiger in den Mitgliedstaaten der Europäischen Gemeinschaft, NZS 1994, S. 103 ff; *ders.*, Betriebliche Altersversorgung in Europa – Eine Zustandsbeschreibung, in: FS Förster, 2001, S. 453 ff; *ders.*, Private und betriebliche Altersvorsorge zwischen Sicherheit und Selbstverantwortung, Gutachten zum 65. Deutschen Juristentag, München 2004; *Villars*, IRSS 1978, S. 439; *Wank*, Die „neue Selbständigkeit", DB 1992, S. 90 ff; *Watermann*, Die Neuregelung der Entschädigung von Berufskrankheiten nach der EWG-Verordnung Nr 8/63, BG 1963, S. 321 ff; *Wickenhagen*, Internationales Sozialversicherungsrecht, 3. Aufl., St. Augustin 1997; *Wiegand*, Das europäische Gemeinschaftsrecht in der Sozialversicherung, 2. Aufl., St. Augustin 1993; *Willms*, Soziale Sicherung durch europäische Integration, Baden-Baden 1990; *Wortmann*, Das Zusammenwirken der Schutzsysteme bei Krankheit in der EG, DOK 1979, S. 380 ff; *ders.*, Zur Leistungspflicht der gesetzlichen Krankenkassen bei Erkrankungen während eines vorübergehenden Aufenthalts im Ausland, SGb 1984, S. 473 ff; *Zentrum für Europäisches Wirtschaftsrecht* (Hrsg.), 8. Bonner Europa-Symposium – Die Krankenversicherung in der Europäischen Union, Bonn 1997; *Ziekow*, Der gemeinschaftsrechtliche Status der Familienangehörigen von Wanderarbeitnehmern, DÖV 1991, S. 363 ff; *Zuleeg*, Zur Anwendung der VO/EWG 1408/71 zur sozialen Sicherheit auf die in einem Mitgliedstaat erworbenen Rentenansprüche vor dessen Beitritt zu den Gemeinschaften, DRV 1991, 512 ff; *ders.* Zur Einwirkung des Europäischen Gemeinschaftsrechts auf die Sozialhilfe nach dem Bundessozialhilfegesetz, NDV 1987, S. 342 ff.

Abschnitt 1:
Übersicht zu Gesetzgebung und Rechtsprechung

Abschnitt 2:
Analyse und Darstellung der Einwirkungspraxis des Europarechts auf das Sozialrecht

Abschnitt 1: Übersicht zu Gesetzgebung und Rechtsprechung

A. Gesetzgebung

I. Primärrecht

AEUV Artt. 2, 3, 4 AEUV (Grundsätze der Gemeinschaft); Art. 19 AEUV (Antidiskriminierungsmaßnahmen); Artt. 20 ff AEUV (Die Unionsbürgerschaft); Artt. 45,48 AEUV (Arbeitnehmerfreizügigkeit); Artt. 115, 114 AEUV (Angleichung der Rechtsvorschriften); Artt. 145 bis 150 AEUV (Beschäftigung); Artt. 151 bis 161 AEUV (Sozialpolitik); Artt. 162 bis 164 AEUV (Der Europäische Sozialfonds); Artt. 165, 166 AEUV (Allgemeine und berufliche Bildung, Jugend und Sport); Art. 168 (Gesundheitswesen); Artt. 174 bis 178 AEUV (Wirtschaftlicher, sozialer und territorialer Zusammenhalt); Art. 352 AEUV (allgemeine Rechtsgrundlage).

II. Völkerrechtliche Verträge

Einheitliche Europäische Akte, EEA (1986, ABl. Nr. L 169 vom 29. Juni 1987); Gemeinschaftscharta der Sozialen Grundrechte der Arbeitnehmer (9.12.1989).

III. Sekundärrecht

1. Verordnung

Verordnung (EWG) Nr. 1612/68 des Rates vom 15. Oktober 1968 über die Freizügigkeit der Arbeitnehmer innerhalb der Gemeinschaft (ABl. Nr. L 257 vom 19.10.1968, S. 2–12); **Verordnung (EWG) Nr. 1408/71** des Rates vom 14. Juni 1971 zur Anwendung der Systeme der sozialen Sicherheit auf Arbeitnehmer und deren Familien, die innerhalb der Gemeinschaft zu- und abwandern (ABl. Nr. L 149 vom 5.7.1971, S. 2–50); **Verordnung (EWG) Nr. 574/72** des Rates vom 21. März 1972 über die Durchführung der **Verordnung (EWG) Nr. 1408/71** zur Anwendung der Systeme der sozialen Sicherheit auf Arbeitnehmer und deren Familien, die innerhalb der Gemeinschaft zu- und abwandern (ABl. Nr. L 74 vom 27.3.1972 S. 1–83); **Verordnung (EG) Nr. 883/04** vom 29. April 2004 zur Koordinierung der Systeme der sozialen Sicherheit (ABl. Nr. L 200 vom 7. Juni 2004; **Verordnung (EG) Nr. 987/2009 v. 16. September 2009 zur Festlegung der Modalitäten für die Durchführung der Verordnung (EG) Nr. 883/2004** über die Koordinierung der Systeme der sozialen Sicherheit; **Verordnung (EG) Nr. 988/2009** des Europäischen Parlaments und des Rates vom 16. September 2009 zur Änderung der Verordnung (EG) Nr. 883/2004 zur Koordinierung der Systeme der sozialen Sicherheit und zur Festlegung des Inhalts der Anhänge (ABl. Nr. L 284 vom 30.10.2009, S. 43–72); **Verordnung (EU) Nr. 492/2011** des Europäischen Parlaments und des Rates vom 5.04.2011 über die Freizügigkeit der Arbeitnehmer innerhalb der Union (ABl. Nr. L 141 vom 27.5.2011, S. 1–8)

2. Richtlinien

Richtlinie 79/7/EWG des Rates vom 19. Dezember 1978 zur schrittweisen Verwirklichung des Grundsatzes der Gleichbehandlung von Männern und Frauen im Bereich der sozialen Sicherheit (ABl. Nr. L 6 vom 10.1.1979, S. 24–25); **Richtlinie 86/378/EWG** des Rates vom 24. Juli 1986 zur Verwirklichung des Grundsatzes der Gleichbehandlung von Männern und Frauen bei den betrieblichen Systemen der sozialen Sicherheit (ABl. Nr. L 225 vom 12.8.1986, S. 40–42); **Richtlinie 96/97/EG** des Rates vom 20. Dezember 1996 zur Änderung der Richtlinie 86/378/EWG zur Verwirklichung des Grundsatzes der Gleichbehandlung von Männern und Frauen bei den betrieblichen Systemen der sozialen Sicherheit (ABl. Nr. L 46 vom 17.2.1997, S. 20–24); **Richtlinie 98/49/EG** des Rates vom 29. Juni 1998 zur Wahrung ergänzender Rentenansprüche von Arbeitnehmern und Selbständigen, die innerhalb der Europäischen Gemeinschaft zu- und abwandern (ABl. Nr. L 209 vom 25.7.1998, S. 46–49); **Richtlinie 2002/73/EG** des Rates vom 23. September 2002 zur Änderung der Richtlinie 76/207/EWG des Rates zur Verwirklichung des Grundsatzes der Gleichbehandlung von Männern und Frauen hinsichtlich des Zugangs zur Beschäftigung, zur Berufsbildung und zum beruflichen Aufstieg sowie in Bezug auf die Arbeitsbedingungen (ABl. Nr.

L 269 vom 5.10.2002, S. 15–20); **Richtlinie 2003/41/EG** des Europäischen Parlaments und des Rates vom 3. Juni 2003 über die Tätigkeiten und die Beaufsichtigung von Einrichtungen der betrieblichen Altersversorgung (ABl. Nr. L 235 vom 23/09/2003, S. 10–21); **Richtlinie 2004/113/EG** des Rates vom 13. 12. 2004 zur Verwirklichung des Grundsatzes der Gleichbehandlung von Männern und Frauen beim Zugang zu und bei der Versorgung mit Gütern und Dienstleistungen (ABl. Nr. L 373 vom 21.12.2004, S. 37–43); **Richtlinie 2006/54/EG** des Rates vom 5. 7. 2006 zur Verwirklichung des Grundsatzes der Chancengleichheit und Gleichbehandlung von Männern und Frauen in Arbeits- und Beschäftigungsfragen (ABl. Nr. L 204 vom 26.7.2006, S. 23–36).

B. Rechtsprechung

I. EuGH

EuGH, Rs. 75/63 (Unger), Slg 1964, 379; EuGH, Rs. 31/64 (Bertholet), Slg 1965, 111; EuGH, Rs. 33/64 (Van Dijk), Slg 1965, 133; EuGH, Rs. 100/63 (Van der Veen), Slg 1964,1213; EuGH, Rs. 31/64 (Bertholet), Slg 1965, 111; EuGH, Rs. 33/65 (Dekker), Slg 1965, 1186; EuGH, Rs. 44/65 (Singer et fils), Slg 1965, 1274; EuGH, Rs. 61/65 (Vaassen-Göbbels), Slg 1966, 583; EuGH, Rs. 19/67 (Van der Vecht) Slg 1967, 462; EuGH, Rs. 19/68 (De Cicco), Slg 1968, 710; EuGH, Rs. 27/69 (Entr'aide médicale), Slg 1969, 405; EuGH, Rs. 35/70 (Manpower), Slg 1970, 1251; EuGH, Rs. 1/72 (Frilli), Slg 1972, 457; EuGH, Rs. 15/72 (Heinze), Slg 1972, 1105; EuGH, Rs. 16/72 (AOK Hamburg), Slg 1972, 1141; EuGH, Rs. 73/72 (Bentzinger), Slg 1973, 283; EuGH, Rs. 76/72 (Michel), Slg 1973, 457; EuGH, Rs. 37/72 (Walder), Slg 1973, 599; EuGH, Rs. 51/73 (Smieja), Slg 1973, 1213; EuGH, Rs. 130/73 (Vandeweghe), Slg 1973, 1329; EuGH, Rs. 152/73 (Sotgiu), Slg 1974, 153; EuGH, Rs. 187/73 (Callemeyn), Slg 1974, 553; EuGH, Rs. 9/74 (Casagrande), Slg 1974, 773; EuGH, Rs. 24/74 (Biason), Slg 1974, 999; EuGH, Rs. 68/74 (Alaimo), Slg 1975, 109; EuGH, Rs. 8/75 (Caisse primaire d'assurance maladie de Sélestat gegen Association du foot-ball club d'Andlau) Slg 1975, 739; EuGH, Rs. 17/75 (Anselmetti), Slg 1975, 781; EuGH, Rs. 32/75 (Christini), Slg 1975, 1085; EuGH, Rs. 24/75 (Petroni), Slg 1975, 1149; EuGH, Rs. 40/76 (Kermaschek), Slg 1976, 1669; EuGH, Rs. 39/76 (Mouthaan), Slg 1976, 1901; EuGH, Rs. 63/76 (Inzirillo), Slg 1976, 2057; EuGH, Rs. 102/76 (Perenboom), Slg 1977, 815; EuGH, Rs. 35/77 (Beerens), Slg 1977, 2249; EuGH, Rs. 98/77 (Schaap), Slg 1978, 707; EuGH, Rs. 115/77 (Laumann), Slg 1978, 807; EuGH, Rs. 1/78 (Kenny), Slg 1978, 1489; EuGH, Rs. 129/78 (Lohmann), Slg 1979, 853; EuGH, Rs. 182/78 (Pierik II), Slg 1979, 1977; EuGH, Rs. 180/78 (Brouwer-Kaune), Slg 1979, 2111; EuGH, Rs. 237/78 (Toia), Slg 1979, 2645; EuGH, Rs. 69/79 (Jordens-Vosters), Slg 1980, 75; EuGH, Rs. 818/79 (AOK Mittelfranken), Slg 1980, 2792; EuGH, Rs. 4/80 (D´Amico), Slg 1980, 2951; EuGH, Rs. 104/80 (Beeck), SozR 6050 Art. 73 Nr. 3); EuGH, Rs. 99/80 (Galinsky), Slg 1981, 941; EuGH, verb. Rsen. 116, 117, 119, 120 und 121/80 (RWP/Celestre), Slg 1981, 1737; EuGH, Rs. 65/81 (Reina), Slg 1982, 33; EuGH, Rs. 53/81 (Levin), Slg 1982, 1035; EuGH, Rs. 276/81 (Kuijpers), Slg 1982, 3027; EuGH, Rs. 150/82 (Coppola), Slg 1983, 43; EuGH, Rs. 171/82 (Valentini), Slg 1983, 2157; EuGH, Rs. 261/83 (Castelli), Slg 1984, 3199; EuGH, Rs. 249/83 (Hoeckx), Slg 1985, 973; EuGH, Rs. 122/84 (Scrivner), Slg 1985, 1027; EuGH, Rs. 157/84 (Frascogna I), Slg 1985, 1739; EuGH, Rs. 94/84 (Deak), Slg 1985, 1873; EuGH, Rs. 137/84 (Mutsch), Slg 1985, 2681; EuGH, Rs. 41/84 (Pinna I), Slg 1986, 1; EuGH v. 13.5.1986, Rs. 170/84 (Bilka), NZA 1986, 599; EuGH, Rs. C-315/94 (de Vos), Slg 1996, I-1417; EuGH, Rs. 59/85 (Reed), Slg 1986, 1283; EuGH, Rs. 302/84 (Ten Holder), Slg 1986, 1821; EuGH, Rs. 66/85 (Lawrie-Blum), Slg 1986, 2121; EuGH, Rs. 300/84 (Van Roosmalen), Slg 1986, 3097; EuGH, Rs. 22/86 (Rindone), Slg 1987, 1339; EuGH, Rs. 375/85 (Campana), Slg 1987, 2387; EuGH, Rs. 225/85 (Kommission/Italien), Slg 1987, S. 2625; EuGH, Rs. 316/85 (Lebon), Slg 1987, 2811; EuGH, Rs. 256/86 (Frascogna II), Slg 1987, 3431; EuGH, Rs. 83/87 (Viva), Slg 1988, 2521; EuGH, Rs. 39/86 (Lair), Slg 1988, 3161; EuGH, Rs. 58/87 (Rebmann), Slg 1988, 3467; EuGH, Rs. 235/87 (Matteuci), Slg 1988, 5589; EuGH, Rs. 263/86 (Humbel), Slg 1988, 5365; EuGH, Rs. 359/87 (Pinna II), Slg 1989, 585; EuGH, Rs. 389-390/87 (Echternach und Moritz), Slg 1989, 723; EuGH, Rs. 388/87 (Wamerdam-Steggerda), Slg 1987,

1203; EuGH, Rs. 344/87 (Bettray), Slg 1989, 1621; EuGH, Rs. C-2/89 (Kits van Heijningen), Slg 1990, I-1755; EuGH, Rs. C-308/89 (di Leo), Slg 1990, I-4185; EuGH, Rs. C-227/89 (Rönfeldt), Slg 1991, I-323; EuGH, Rs. C-272/90 (van Noorden), SozR3 – 6050 Art. 67 EWGV 1408/71 Nr. 1; EuGH, Rs. C-344/89 (Vidal), Slg 1991, I- 3245; EUGH, Rs. C-357/89 (Raulin), Slg 1992, I-1027; EuGH, Rs. C-3/90 (Bernini), Slg 1992, I-1071; EuGH, Rs. C-62/91 (Gray), I-02737; EuGH, Rs. C-45/90 (Paletta I), Slg 1992, I-342; EuGH, Rs. C-193/92 (Bogana), Slg 1993, I-755; EuGH, Rs. C-23/92 (Grana-Novoa), EuZW 1994, 59; EuGH, Rs. C-66/92 (Acciardi), Slg 1993, I-4567; EuGH, Rs. C-111/91 (Kommission/Luxemburg), Slg 1993, I-817; EuGH, Rs. C-310/91 (Hugo Schmid), Slg 1993, I-3043; EuGH, Rs. C-66/92 (Acciardi), Slg 1993, I-4567; EuGH, Rs. C-71/93 (Guido van Poucke), EuroAS 4/1994, S. 9; EuGH, Rs. C-406/93 (Reichling), Slg 1994, I-4061; EuGH, Rs. C-425/93 (Calle Grenzshop), Slg 1995, I-269; EuGH, Rs. C-266/95, (Merino Garcia) Slg 1997, I-3279; EuGH, Rs. C-98/94 (Schmidt), Slg 1995, I-2559; EuGH, Rs. C-227/94 (Olivieri-Coenen), Slg 1995, I-3301; EuGH, Rs. C-443/93 (Vougioukas ./. IKA), Slg 1995. I-4033; EuGH, Rs. C-308/93 (Cabanis-Issarte), Slg 1996, I-2097; EuGH, Rs. C-206/94 (Paletta II), Slg 1996, I-2357; EuGH, Rs. C-308/93 (Cabanis-Issarte), Slg 1996, I- 2097; EuGH, Rs. C-245/94 (Hover), Slg 1996, I-4895; EuGH, Rs. C-25/95 (Otte), Slg 1996, I-3745; EuGH, Rs. C-J340/94 (de Jaeck), Slg 1997 I-461; EuGH, Rs. C-57/96 (Meints), Slg 1997, I-6689; EuGH, Rs. C-366/96 (Cordelle), Slg 1998, I-583; EuGH, Rs. C-160/96 (Molenaar), Slg 1998, I-843; EuGH, Rs. C-194/96 (Kulzer), Slg 1998, I-895; EuGH, Rs. C-120/95 (Decker), Slg 1998, I-1831; EuGH, Rs. C-158/95 (Kohll), Slg 1998, I-1931; EuGH, Rs. C-85/96 (Martínez Sala), Slg 1998, I-2691; EuGH, Rs. C-275/96 (Kuusijärvi), Slg 1998, I-3419; EuGH, Rs. C-132/96 (Stinco), Slg 1998, I-5225; EuGH, Rs. C-202/97 (Fitzwilliam), EAS VO 1408/71 Art. 14 Nr. 4; EuGH, Rs. C-368/98 (Vanbraekel u.a.), Slg 2001, I-5363; EuGH, Rs. C-157/99 (Geraets-Smits und Peerbooms), Slg 2001, I-5473; EuGH, Rs. C-189/00 (Ruhr), Slg 2001 I-8225; EuGH v. 3.7.2003, Rs. C-156/01 (van der Duin), SozR 4-6050 Art. 22 Nr. 1; EuGH v. 18.7.2007, Rs. C-213/05 (Geven); EuGH v. 20.5.2008, Rs. C-352/06 (Bosmann), ZAR 2008, 238; EuGH v. 10.9.2009, Rs. C-269/07 (Kommission ./. Deutschland), IStR 2009, 696 ff; EuGH, Rs. C-211/08 (Kommission/Spanien), Slg 2010, I-5301; EuGH, Rs. C-173/09 (Elchinov), Slg 2010, I-8930; EuGH, Rs. C-247/09 (Xhymshiti), Slg 2010 I-11845; EuGH, Rs. C-296/09 (Baesen), Slg 2010, I-12831; EuGH, Rs. C-236/09 (Test-Achats), Slg 2011, I-773; EuGH, Rs. C-388/09 (da Silva Martins), Slg 2011, I-5761; EuGH, Rs. C-503/09 (Steward), Slg 2011, I-6523; EuGH v. 26.9.2013, Rs. C-476/11 (Kristensen u.a.), EuZW 2013, 951.

II. Nationale Gerichte

BVerfGE 82, 60; 82, 198; 87, 153; 91, 93; BVerfG v. 29.5.2012 – 1 BvR 3201/11, NZA 2013, 164 ff; BAG v. 19.7.2011 – 3 AZR 434/09, NZA 2012, 155 ff; BAG v. 11.12.2012 – 3 AZR 634/10, NZA 2013, 564 ff; BAG v. 28.5.2013 – 3 AZR 210/11, ArbRAktuell 2013, 443; BSG, SozR 6180 Art. 13 Nr. 3 = SGb 1983, 117 ff m.Anm. *Schuler/Schulte*; BSG, SozR 2200 § 646 Nr. 5.; BSG, SozR 2200 § 539 Nr. 107; BSG, SozR 6180 Art. 13 Nr. 3; BSGE 36, S. 209, 211 ff; BSGE 33, S. 280, 288; BSG v. 13.7.2004, SozR 4-2500 § 13 Nr. 3; BSG, v. 30.6.2009, NJOZ 2010, 185; BSG, v. 12.12.2013 – B 4 AS 9/13 R, InfAuslR 2014, 64.

Abschnitt 2: Analyse und Darstellung der Einwirkungspraxis des Europarechts auf das Sozialrecht

A. Das Sozialrecht im primären Gemeinschaftsrecht

I. Sozialrecht im engeren und im weiteren Sinne

Das europäische Recht unterscheidet nicht in der gleichen Weise wie das deutsche Recht zwischen Arbeits- und Sozialrecht. Entsprechend der französischen Rechtstradition, die unter „Droit Social" als Oberbegriff sowohl das Sozialrecht als auch das Arbeitsrecht versteht, spricht der EG-Vertrag nur von „Sozialvorschriften". Bei der Freizügigkeit wird zwar von den Systemen der sozialen 1

Sicherheit gesprochen, die nach deutschem Recht dem Arbeitsrecht zuzuordnende betriebliche Altersversorgung firmiert im europäischen Recht unter „betriebliche Systeme der sozialen Sicherheit". Vorliegend soll die Abgrenzung der zu behandelnden Bereiche grundsätzlich nach der deutschen Begrifflichkeit erfolgen, also das Arbeitsrecht ausgeklammert bleiben, sofern nicht – wie bei der betrieblichen Altersversorgung – eine inhaltliche Nähe zu den Systemen der sozialen Sicherheit gegeben ist.

Der Schwerpunkt des Sozialrechts im europäischen Gemeinschaftsrecht liegt im sog. koordinierenden Sozialrecht, dh der Koordination der Systeme der sozialen Sicherheit zur Herstellung und Sicherstellung der Freizügigkeit. Daneben finden sich Vorschriften insbesondere im Bereich der allgemeinen Kompetenzregeln.

II. Die sozialrechtlichen Kompetenzen im AEUV

1. Der Vertrag von Lissabon

2 Im Vertrag von Lissabon[1] (Verfassungsvertrag) finden sich die sozialrechtlichen Vorschriften des Vertrages zur Gründung der Europäischen Gemeinschaft (EGV) weitgehend wieder. Insoweit hat der Verfassungskonvent keine grundsätzlich revolutionierende Neuordnung vorgenommen.

Der Art. 151 des Vertrages über die Arbeitsweise der Europäischen Union (AEUV) entspricht weitgehend Art. 136 EGV und stimmt mit ihm in der Grundaussage überein. Art. 153 AEUV ist ebenfalls eine weitgehende Übernahme des geltenden Art. 137 EGV. Die Art. 138 bis 140 EGV werden in den Art. 154 bis 156 AEUV übernommen. Keine materiellen Änderungen sieht auch der neue Art. 157 AEUV vor, der den Art. 141 des EGV ersetzt. Interessant mag noch sein, dass Art. 160 AEUV die Möglichkeit der Einsetzung eines beratenden Ausschusses für Sozialschutz vorsieht, um die Zusammenarbeit im Bereich des sozialen Schutzes zwischen den Mitgliedstaaten und mit der Kommission zu fördern. Dieser Ausschuss soll die soziale Lage und die Entwicklung der Politik im Bereich des sozialen Schutzes in den Mitgliedstaaten und der Union verfolgen, den Austausch von Informationen, Erfahrungen und bewährten Verfahren zwischen den Mitgliedstaaten und mit der Kommission fördern und arbeitet Berichte aus, gibt Stellungnahmen ab oder wird auf andere Weise tätig. Bei der Erfüllung seines Auftrags stellt der Ausschuss geeignete Kontakte zu den Sozialpartnern her. Jeder Mitgliedstaat und die Kommission ernennen je zwei Mitglieder des Ausschusses. Vom materiellen Gehalt unverändert sind auch die Vorschriften über die Freizügigkeit der Arbeitnehmer (Art. 45 bis 48 AEUV).

Insgesamt macht dies deutlich, dass sich etwaige Veränderungen im Bereich der Sozialpolitik nach den neuen Verträgen in Grenzen halten. Es bleibt allerdings abzuwarten, welche Änderungen das etwa auf den Bereich der Freizügigkeit ausgedehnte sog. ordentliche Gesetzgebungsverfahren (Art. 294 AEUV) mit sich bringt, das vom bisherigen Einstimmigkeitsprinzip in weiten Bereichen des Arbeits- und Sozialrechts abweicht.

2. Überblick

3 Bestimmungen mit sozialpolitischer Relevanz finden sich in zahlreichen Vorschriften, da viele wirtschaftlich ausgerichtete Normen des AEUV sozialpolitische Auswirkungen haben und außerdem sich die Mitgliedstaaten über den Stellenwert der Sozialpolitik im EWGV von Anfang an nicht im Klaren waren. Die wichtigsten sozialpolitischen Bestimmungen enthalten die Titel X bis XII des AEUV (Artt. 151 bis. 166 AEUV). In diesen drei Titeln finden sich die zentralen sozialpolitischen Aussagen des AEUV.Titel X (Sozialpolitik)[2] ist Ausdruck des Kompromisses zwischen Frankreich und der Bundesrepublik. Titel XI (Artt. 162 bis 164 AEUV) enthält die Vorschriften über den Europäischen Sozialfonds. Er ist als Bestandteil der Regional- und Strukturpolitik im Zusammenhang mit den Bestimmungen über den wirtschaftlichen, sozialen und territorialen Zusammenhalt

1 Vertrag über die Europäische Union und des Vertrags über die Arbeitsweise der Europäischen Union, ABl. 2008/C115/01.

2 Artt. 151- 161 AEUV.

(Artt. 174 bis 178 AEUV) zu sehen. Die Artt. 165 und. 166 AEUV über die allgemeine und berufliche Bildung, Jugend und Sport (Titel XII) schließen sich an. Durch den Amsterdamer Vertrag eingeführt wurde der Titel IX „Beschäftigung“ (Artt. 145 bis 150 AEUV).

2. Die allgemeinen, programmatischen Sozialvorschriften (Art. 151, 156 AEUV))

Nach Art. 151 S. 1 AEUV sind die Mitgliedstaaten auf die Verfolgung dieser Ziele verpflichtet: 4
Verbesserung der Lebens- und Arbeitsbedingungen der Arbeitskräfte, um dadurch auf dem Wege des Fortschritts ihre Angleichung zu ermöglichen, einen angemessenen sozialen Schutz, den sozialen Dialog, die Entwicklung des Arbeitskräftepotentials im Hinblick auf ein dauerhaft hohes Beschäftigungsniveau und die Bekämpfung von Ausgrenzungen. Eine solche Entwicklung soll sich sowohl aus dem eine Abstimmung der Sozialordnungen begünstigenden Wirken des Gemeinsamen Marktes als auch aus den im AEUV vorgesehenen Verfahren sowie aus der Angleichung der Rechts- und Verwaltungsvorschriften der Mitgliedstaaten ergeben.

Die Angleichung der Lebens- und Arbeitsbedingungen soll nach Art. 151 S. 1 AEUV im Wege des 5
Fortschritts erfolgen. Damit wird zum Ausdruck gebracht, dass die Angleichung sich nicht auf einem Niveau einpendeln soll, das für einige Mitgliedstaaten einen Rückschritt bedeuten würde. Wegen des weiten Gestaltungsspielraums der Gemeinschaftsorgane dürfte sich jedoch aus dieser Aussage kein verbindliches Verbot ableiten lassen, Maßnahmen zu erlassen, die punktuell einen Rückschritt für einige Staaten bedeuten würden.[3]

Nach Art. 156 AEUV hat die Kommission die Aufgabe, die Zusammenarbeit zwischen den Mit- 6
gliedstaaten in praktisch allen sozialen Fragen des Arbeits- und Sozialrechts zu fördern.[4] Zu diesem Zweck wird sie in enger Verbindung mit den Mitgliedstaaten durch Untersuchungen, Stellungnahmen und die Vorbereitung von Beratungen tätig. Art. 156 AEUV überträgt der Gemeinschaft damit ebenso wenig wie Art. 151 AEUV Kompetenzen zum Erlass verbindlicher Rechtsakte.

3. Die sozialpolitischen Kompetenzen

a) Vorbemerkungen

Zu den Kompetenznormen mit sozialpolitischer Zielrichtung zählen in erster Linie Artt. 153, 157, 7
115, 114 und. 352 AEUV. Während sich die Artt. 153 und 157 AEUV unter dem Titel X Sozialpolitik befinden, handelt es sich bei den anderen drei Vorschriften um Generalklauseln, die neben ihrer primär wirtschaftspolitischen Ausrichtung auch den Erlass sozialpolitischer Rechtsakte zulassen.

In verfahrensrechtlicher Hinsicht lassen sich die genannten Bestimmungen danach unterscheiden, ob sie das qualifizierte Mehrheitsprinzip oder das Einstimmigkeitsprinzip vorsehen. Artt. 153 Abs. 2,. 157 Abs. 3 und 114 AEUV schreiben das qualifizierte Mehrheitsprinzip, Artt. 115 und 352 AEUV das Einstimmigkeitsprinzip vor. Im Bereich der Sozialpolitik trägt Art. 151 S. 2 AEUV dem Subsidiaritätsprinzip des Art. 5 Abs. 3 EUV nochmals besonders Rechnung. Es wird in Art. 153 Abs. 1 AEUV auch zum Ausdruck gebracht, dass eine umfassende Vergemeinschaftung der Sozialpolitik nicht gewollt ist, wenn es dort heißt, dass die Gemeinschaft die Tätigkeit der Mitgliedstaaten auf den dort genannten Gebieten zur Verwirklichung der Ziele des Art. 151 AEUV unterstütze und ergänze.

b) Art. 153 AEUV

Art. 153 Abs. 1 AEUV verleiht der Gemeinschaft nunmehr die Befugnis, in den dort genannten 8
Bereichen Maßnahmen zu erlassen, dh zur Verbesserung der Arbeitsumwelt (Buchst. a), im Bereich der Arbeitsbedingungen (Buchst. b), bei der sozialen Sicherheit und dem sozialen Schutz der Arbeitnehmer (Buchst. c), zum Schutz der Arbeitnehmer bei Beendigung des Arbeitsvertrages (Buchst. d),

3 Da die meisten Bestimmungen im Arbeitsrecht lediglich Mindestregelungen enthalten, spielt diese Frage allerdings kaum eine praktische Rolle.

4 Vgl die Aufzählung, die zB die soziale Sicherheit und das Arbeitsrecht enthält.

der Unterrichtung und Anhörung der Arbeitnehmer (Buchst. e), der Vertretung und kollektiven Wahrnehmung der Arbeitnehmer- und Arbeitgeberinteressen einschließlich der Mitbestimmung (Buchst. f), der Beschäftigungsbedingungen von Drittstaatsangehörigen (Buchst. g), der beruflichen Eingliederung der aus dem Arbeitsmarkt ausgegrenzten Personen (Buchst. h) sowie der Chancengleichheit von Männern und Frauen und Gleichbehandlung auf dem Arbeitsmarkt und am Arbeitsplatz (Buchst. i), der Bekämpfung der sozialen Ausgrenzung (Buchst. j) sowie der Modernisierung der Systeme des sozialen Schutzes (Buchst. k).

9 Für die Umsetzung stellt Abs. 2 zunächst Maßnahmen zur Förderung der Zusammenarbeit zwischen den Mitgliedstaaten in den Vordergrund, die ausdrücklich keine Harmonisierung bewirken sollen. In den Fällen der Buchstaben a bis i des Abs. 1 können dann durch Richtlinien Mindestvorschriften erlassen werden. Außer in den Fällen der Buchstaben c, d, f und g, in denen eine Entscheidung einstimmig zu erfolgen hat, beschließt der Rat nach dem Verfahren des Art. Art. 294 AEUV. Damit ist ein weiterer – immer noch vorsichtiger – Schritt zur Ausweitung der Mehrheitsentscheidungen im Bereich der Sozialpolitik getan.

c) Bereiche der Einstimmigkeit

10 Art. 153 Abs. 1 AEUV eröffnet der Gemeinschaft im sozialen Bereich noch weitere Befugnisse, die diese allerdings nur einstimmig in Anspruch nehmen darf. Insoweit ist der Gemeinschaft die Möglichkeit eröffnet, Beschlüsse auf dem Gebiet der sozialen Sicherheit und des sozialen Schutzes der Arbeitnehmer zu treffen, weiterhin bezüglich des Schutzes der Arbeitnehmer bei Beendigung des Arbeitsvertrages. Zudem werden Kompetenzen hinsichtlich der Vertretung und der kollektiven Wahrnehmung von Arbeitnehmer- und Arbeitgeberinteressen eingeräumt, für die Beschäftigungsbedingungen der Staatsangehörigen von Drittländern sowie hinsichtlich finanzieller Beiträge zur Förderung der Beschäftigung und zur Schaffung von Arbeitsplätzen.

Relevant ist hier der Bereich der sozialen Sicherheit und des sozialen Schutzes der Arbeitnehmer (Abs. 1 Buchst. c). In dieser weitreichenden Kompetenznorm ist geregelt, dass die Gemeinschaft Richtlinien mit Mindestvorschriften erlassen kann, die Regelungen auf dem Gebiet des Sozialrechts einschließlich der Sozialhilfe enthalten. Dies geht deutlich hinaus über das, was bisher von der Gemeinschaft im Bereich des Sozialrechts geregelt werden konnte. Bisher beschränkte sich die ausdrückliche Kompetenz auf Regelungen zur Koordination von Systemen der sozialen Sicherheit[5] nach dem alten Art. 51 EG-Vertrag – nunmehr Art. 48 AEUV.

11 Durch diese Vorschrift ist erstmals auch die Möglichkeit eröffnet, nicht nur koordinierend tätig zu werden, sondern auch Harmonisierungsmaßnahmen zu ergreifen. Dies bietet sich aus der Sicht des europäischen koordinierenden Sozialrechts etwa bei der Angleichung von Altersgrenzen der Alterssicherungssysteme oder bei der Annäherung der Invaliditätsbegriffe an. Allerdings wird hier – auf praktischer Ebene – das Erfordernis der Einstimmigkeit eine allgemeine Angleichung der sozialen Sicherungssysteme der Mitgliedstaaten wohl verhindern.

Hierunter lassen sich aber auch europäische Gesetzgebungsverfahren im Bereich der Zusatzversorgungssysteme einordnen, die im europäischen Sprachgebrauch auch als betriebliche Systeme der sozialen Sicherheit bezeichnet werden.[6]

d) Art. 157 AEUV

12 Die Regelung zur Gleichbehandlung von Männern und Frauen beim Entgelt ist immer schon von hoher sozialpolitischer Bedeutung gewesen. Das wesentliche Zugeständnis an die Position Frankreichs 1957 war die Einfügung von Art. 119 in den EWGV.[7] Danach hat jeder Mitgliedstaat wäh-

5 *EuGH*, *Rs. 41/84 (Pinna I)*, *Slg 1986, 2365*; *Khan*, in: Geiger/Kahn/Kotzur, EUV/AEUV, 5. Aufl. 2010, Art. 48 Rn 1 ff; inzwischen im ordentlichen Gesetzgebungsverfahren.

6 Vgl zur europäischen Gesetzgebung in diesem Gebiet *Steinmeyer*, EuZW 1999, 645 ff.

7 Jetzt Art. 157 AEUV.

rend der ersten Stufe[8] den Grundsatz des gleichen Entgelts für Männer und Frauen bei gleicher Arbeit anzuwenden und in der Folge beizubehalten. Ausschlaggebend für die Aufnahme von Art. 119 EWGV[9] in den Vertrag waren nicht sozialpolitische Gründe, sondern Gesichtspunkte der Wettbewerbsgerechtigkeit, weil Frankreich im Bereich der Gleichberechtigung über die fortschrittlichste Gesetzgebung der 50er Jahren verfügte.[10]

Der neue Art. 157 AEUV ist gegenüber der ursprünglichen Regelung des Art. 119 EWGV beträchtlich erweitert worden. Mit dem völlig neu gestalteten Abs. 3 erhält die Gemeinschaft die Kompetenz, Maßnahmen zur Gewährleistung der Anwendung des Grundsatzes der Chancengleichheit von Männern und Frauen im Arbeits- und Beschäftigungsleben, einschließlich des Grundsatzes des gleichen Entgelts bei gleicher oder gleichwertiger Arbeit zu beschließen. Diese Befugnis dehnt den bisherigen Anwendungsbereich des Gleichbehandlungsgebots von der Frage des Entgelts generell auf das Arbeitsleben und die Beschäftigung aus. 13

e) Ausschluss europäischer Kompetenz gem. Art. 153 Abs. 5 AEUV

Art. 153 Abs. 5 AEUV stellt einen eindeutigen Kompetenzausschluss dar. Demzufolge bleiben das Arbeitsentgelt, das Koalitionsrecht, das Streikrecht sowie das Aussperrungsrecht ausdrücklich aus der Rechtssetzungskompetenz der Gemeinschaft ausgeklammert. 14

Über die genannten expliziten sozialpolitischen Kompetenzen des Vertrages hinaus kann die Gemeinschaft auf diesem Feld ihre Maßnahmen jedoch auch auf die allgemeinen Kompetenznormen stützen. Zu nennen sind hier die Artt. 115,114 und 352 AEUV. Nach Art. 4 Abs. 2 lit. b AEUV gehört die Sozialpolitik mit dem Europäischen Sozialfonds zu den Tätigkeiten der Gemeinschaft. Sozialpolitische Ziele sind damit Bestandteil des Vertrages, wie auch Art. 151 AEUV verdeutlicht. Sozialpolitische Richtlinien und Verordnungen können daher auf Art. 352 AEUV gestützt werden, soweit sie nicht die Grundstruktur des Gemeinsamen Marktes antasten. Eine umfassende Vergemeinschaftung des Arbeits- und Sozialrechts mit der Konsequenz, dass die nationalen Rechtsordnungen durch europäische Normen abgelöst werden, würde aber gegen das Integrationskonzept des AEUV verstoßen.

4. Der soziale Dialog nach Art. 155 AEUV

Der soziale Dialog hat für den engeren Bereich des Sozialrechts nur eine eher bescheidene Bedeutung. Obwohl die Arbeits- und Sozialrechtsordnungen der Mitgliedstaaten teilweise weit auseinanderklaffen, stimmen sie darin überein, dass die Sozialpartner in sämtlichen Mitgliedstaaten einen wesentlichen Einfluss auf die Gestaltung der Arbeitsbeziehungen ausüben. Da mittlerweile die Errichtung einer Sozialunion, dh die Regelung der wesentlichen arbeits- und sozialrechtlichen Bestimmungen durch die Gemeinschaft, Bestandteil des Integrationskonzepts des AEUV geworden ist, müssten aber auch Koalitionen auf europäischer Ebene die Entwicklung des europäischen Arbeits- und Sozialsystems unmittelbar mitgestalten. Insoweit ist auf die Artt. 154 und 155 AEUV zu verweisen. 15

5. Der „Titel IX Beschäftigung"

Der Beschäftigungstitel enthält zur näheren Konkretisierung des in Art. 3 Abs. 3 EUV und Art. 9 AEUV aufgenommenen Gemeinschaftsziels der „Förderung eines hohen Beschäftigungsniveaus" sechs Artikel (Artt. 145 bis 150 AEUV). Danach arbeiten die Mitgliedstaaten und die Gemeinschaft auf die Entwicklung einer koordinierten Beschäftigungsstrategie hin, die insbesondere auf die Förderung der Qualifizierung, Ausbildung und Anpassungsfähigkeit der Arbeitnehmer sowie die Fähigkeit der Arbeitsmärkte hin ausgerichtet ist, auf die Erfordernisse des wirtschaftlichen Wandels zu reagieren (so Art. 145 AEUV). So sollte unter Wahrung der nationalen Zuständigkeiten in der Beschäftigungspolitik die Grundlage für die künftige Entwicklung einer koordinierten 16

8 Bis 31.12.1961.
9 Jetzt Art. 157 AEUV.
10 *Philip*, S. 188.

Beschäftigungsstrategie in Europa gelegt werden.[11] Das Beschäftigungskapitel hat mehr politische als juristische Bedeutung, da es keine „harten" Kompetenzen gibt. Die politische Wirkung wird man aber auch nicht unterschätzen dürfen.

6. Die Antidiskriminierungsmaßnahmen nach Art. 19 AEUV

17 Art. 19 AEUV sieht vor, dass unbeschadet der sonstigen Bestimmungen des Vertrages der Rat im Rahmen der durch den Vertrag auf die Gemeinschaft übertragenen Zuständigkeiten auf Vorschlag der Kommission und nach Anhörung des Europäischen Parlaments einstimmig geeignete Vorkehrungen treffen kann, um Diskriminierungen aus Gründen des Geschlechts, der Rasse, der ethnischen Herkunft, der Religion oder der Weltanschauung, einer Behinderung, des Alters oder der sexuellen Ausrichtung zu bekämpfen.

18 Dieser Vorschrift weist aber keine zusätzlichen Bereiche über das hinaus der Regelungskompetenz zu, was ohnehin vom AEUV erfasst ist. Die Vorschrift ist also subsidiär; eine allgemeine Kompetenz der Gemeinschaft zur Bekämpfung jeder der in Art. 19 AEUV aufgeführten Diskriminierungen lässt sich daraus nicht herleiten.[12]

19 Der europäische Gesetzgeber hat aber diese Norm zum Anlass und auch als Rechtsgrundlage für mehrere Richtlinien genommen.[13] Zu nennen ist die Richtlinie 2000/78/EG des Rates vom 27. November 2000 zur Festlegung eines allgemeinen Rahmens für die Verwirklichung der Gleichbehandlung in Beschäftigung und Beruf[14] und die Richtlinie 2000/43/EG des Rates vom 29. Juni 2000 zur Anwendung des Gleichbehandlungsgrundsatzes ohne Unterschied der Rasse oder der ethnischen Herkunft;[15] die Richtlinie 2002/73/EG des Rates vom 23. September 2002 zur Änderung der Richtlinie 76/207/EWG des Rates zur Verwirklichung des Grundsatzes der Gleichbehandlung von Männern und Frauen hinsichtlich des Zugangs zur Beschäftigung, zur Berufsbildung und zum beruflichen Aufstieg sowie in Bezug auf die Arbeitsbedingungen,[16] die mittlerweile aufgegangen ist in der Richtlinie 2006/54/EG des Rates vom 5.7.2006 zur Verwirklichung des Grundsatzes der Chancengleichheit und Gleichbehandlung von Männern und Frauen in Arbeits- und Beschäftigungsfragen, und die Richtlinie 2004/113/EG des Rates vom 13.12.2004 zur Verwirklichung des Grundsatzes der Gleichbehandlung von Männern und Frauen beim Zugang zu und bei der Versorgung mit Gütern und Dienstleistungen.[17] Auf diesen Richtlinien beruht das Allgemeine Gleichbehandlungsgesetz (AGG).

20 Für das Sozialrecht besonders bedeutsam ist sicherlich die Richtlinie des Rates zur Festlegung eines allgemeinen Rahmens für die Verwirklichung der Gleichbehandlung in Beschäftigung und Beruf, da diese Richtlinie unmittelbar auf den Arbeitsmarkt bezogen ist. Zweck dieser Richtlinie soll ausweislich des Art. 1 „die Verwirklichung des Grundsatzes der Gleichbehandlung beim Zugang zu Beschäftigung und Beruf – einschließlich des beruflichen Aufstiegs, der beruflichen Bildung, der Beschäftigungsbedingungen und der Mitgliedschaft in bestimmten Organisationen – für alle Menschen, ungeachtet der Rasse, der ethnischen Herkunft, der Religion oder der Weltanschauung, einer Behinderung, des Alters oder der sexuellen Ausrichtung" sein. Die Richtlinie bezieht sich ausdrücklich nicht nur auf unmittelbare, sondern auch auf mittelbare Diskriminierungen und unternimmt es in Art. 2 auch, dies zu definieren. Für die betriebliche Altersversorgung kann insbesondere das darin verankerte Verbot der Diskriminierung wegen Alters noch beträchtliche Bedeutung erlangen. Die hierzu ergangene obergerichtliche Rechtsprechung hat allerdings Verstöße bisher

11 So die Bundesregierung in ihrer Denkschrift, BR-Drucks. 784/97, S. 154.
12 So auch *Holoubek*, in: Schwarze (Hrsg.), Art. 19 AEUV, Rn 6 ff.
13 S. dazu auch Beschluss des Rates vom 27. November 2000 über ein Aktionsprogramm der Gemeinschaft zur Bekämpfung von Diskriminierungen (2001-2006), ABl. EG 2000 L 303/23.
14 ABl. EG 2000 L 303/16.
15 ABl. EG 2000 L 180/22.
16 ABl. EG 2002 L 269/15.
17 ABl. EG 2004 L 373/37.

nicht festzustellen vermocht.[18] Auch der EuGH hat sich in Bezug auf die Staffelung der Arbeitgeberbeiträge nach dem Alter auf den Standpunkt gestellt, dass eine entsprechende Ungleichbehandlung gerechtfertigt werden könne, sofern sie zur Erreichung eines legitimen Zwecks erforderlich und angemessen sei.[19]

Auch das Verbot der Diskriminierung wegen des Geschlechts wirkt in den Bereich der betrieblichen Altersvorsorge hinein. Von Bedeutung ist in diesem Zusammenhang aktuell die Entscheidung des EuGH in der Sache „Test-Achats".[20] Hier erklärte das Gericht die Öffnungsklausel des Art. 5 Abs. 2 RL 2004/113/EG mit Wirkung vom 21.12.2012 für unwirksam, was zur Folge hatte, dass seitdem die Anordnung von Unisex-Tarifen im Bereich des Versicherungswesens und verwandter Finanzdienstleistungen aus Art. 5 Abs. 1 der Richtlinie uneingeschränkt gilt. Inzwischen wurde auch § 20 Abs. 2 AGG entsprechend angepasst. Dies führt für die versicherungsförmigen Durchführungswege der betrieblichen Altersvorsorge dazu, dass auch dort seitdem für Neuzusagen nur noch Unisex-Tarife zur Verfügung stehen. Maßgeblich für die Beurteilung der betrieblichen Altersvorsorge ist im Übrigen allerdings nicht die Richtlinie 2004/113/EG über den Zugang zu Dienstleistungen, sondern die Richtlinie 2006/54/EG, denn es handelt sich nach der Rechtsprechung des EuGH bei der betrieblichen Altersversorgung um Entgelt.[21] Hier findet sich in Art. 9 Abs. 1 lit. h eine entsprechende Ausnahmeregelung, über die der EuGH bisher nicht entschieden hat; es ist allerdings mit einiger Wahrscheinlichkeit davon auszugehen, dass auch diese Klausel für unwirksam erklärt werden wird, sollte die Frage vorgelegt werden.[22] 21

III. Der Gesetzgebungsauftrag für ein europäisches koordinierendes Sozialrecht als Konsequenz aus Freizügigkeit sowie Dienstleistungs- und Niederlassungsfreiheit

In Art. 48 AEUV wird der Rat der Europäischen Gemeinschaft aufgefordert, die „auf dem Gebiet der sozialen Sicherheit für die Herstellung der Freizügigkeit der Arbeitnehmer notwendigen Maßnahmen" zu beschließen. Diese Formulierung macht deutlich, dass diese „Maßnahmen" im direkten Zusammenhang mit der Freizügigkeit der Arbeitnehmer zu sehen sind. Aus diesem Grund spricht man auch von dem freizügigkeitsspezifischen Sozialrecht.[23] Als eine der vier Grundfreiheiten des AEUV gesteht die in den Artt. 45 bis 48 AEUV normierte Freizügigkeit den Arbeitnehmern der Mitgliedstaaten vor allem das Recht zu, sich in einem anderen Mitgliedstaat um eine Arbeitsstelle zu bewerben und dort eine Beschäftigung auszuüben. Diese Möglichkeit grenzüberschreitender Freizügigkeit würde aber behindert, wenn der im Binnenmarkt wandernde Arbeitnehmer befürchten müsste, dadurch Sozialleistungsansprüche und Anwartschaften einzubüßen oder bestimmte Sozialleistungen vorenthalten zu bekommen, denn Sozialleistungen knüpfen regelmäßig nur an Verbindungen zu einem bestimmten Staat an.[24] Um dieser Gefahr entgegenzuwirken, sieht Art 48 AEUV vor, dass ein System eingeführt wird, welches aus- und einwandernden Arbeitnehmern a) die Zusammenrechnung aller nach verschiedenen innerstaatlichen Rechtsvorschriften berücksichtigten Zeiten für den Erwerb und die Aufrechterhaltung des Leistungsanspruchs sowie für die Berechnung der Leistungen sichert und b) die Zahlung der Leistungen an Personen sichert, die in den Hoheitsgebieten der Mitgliedstaaten wohnen. 22

Diese Erwägungen gelten gleichermaßen auch, soweit andere Grundfreiheiten betroffen sind. Werden etwa auch Selbständige von den Systemen sozialer Sicherheit erfasst, so bedeutet es eine Beeinträchtigung ihrer Niederlassungs- bzw Dienstleistungsfreiheit, wenn ihnen bei Tätigkeit in einem

18 Vgl BAG v. 19.7.2011 – 3 AZR 434/09, NZA 2012, 155 ff, bestätigt durch BVerfG v. 29.5.2012 – 1 BvR 3201/11, NZA 2013, 164 ff; BAG v. 11.12.2012 – 3 AZR 634/10, NZA 2013, 564 ff; BAG v. 28.5.2013 – 3 AZR 210/11, ArbRAktuell 2013, 443.

19 EuGH, Rs. C-476/11 (Kristensen u.a.), EuZW 2013, 951.

20 EuGH, Rs. C-236/09 (Test-Achats), NJW 2011, 907.

21 EuGH, Rs. 170/84, NZA 1986, 599.

22 So auch *Raulf*, NZA-Beilage 2012, 88, 99.

23 *Schulte*, in: von Maydell/Ruland/Becker (Hrsg.), SRH, § 33 Rn 26.

24 *Schulte*, SDSRV, Band 36 (1992), S. 7, 18.

anderen Mitgliedstaat hinsichtlich der Systeme sozialer Sicherheit Nachteile entstehen. Deshalb dient das europäische koordinierende Sozialrecht auch der Verwirklichung dieser Grundfreiheiten.

B. Das europäische koordinierende Sozialrecht

I. Die Grundprinzipien

23 Schon sehr früh wurden diese Vorgaben in konkrete Rechtsakte der Gemeinschaft umgesetzt. So wurden im Jahre 1958 die VO Nr. 3 des Rates über die soziale Sicherheit der Wanderarbeitnehmer und die VO Nr. 4 des Rates zur Durchführung und Ergänzung der VO Nr. 3 erlassen. Die Verordnungen Nr. 3 und Nr. 4 lehnten sich an das für die Arbeitnehmer im Montanbereich geschaffene Abkommen „über die soziale Sicherheit der Wanderarbeitnehmer“[25] an.

24 Systematisch konnte man die VO Nr. 3 und die VO Nr. 4 mit multilateralen Sozialversicherungsabkommen vergleichen. Diese Abkommen regelten als zwischenstaatliches Recht den Export von Sozialleistungen und die Zusammenrechnung von leistungserheblichen Faktoren. Diese Strukturelemente wurden in die VO Nr. 3 und Nr. 4 als supranationales Recht übernommen.[26]

25 Ebenfalls nach Art. 42 EGV (jetzt Art. 48 AEUV) und damit auch als soziale Maßnahme zur Herstellung der Arbeitnehmerfreizügigkeit wurde am 14. Juni 1971 die VO (EWG) Nr. 1408/71 erlassen.[27] Zusammen mit der VO (EWG) Nr. 574/72 des Rates vom 21. März 1972 über die Durchführung der Verordnung Nr. 1408/71 löste sie die Verordnungen Nr. 3 und 4 aus dem Jahr 1958 ab. Inhaltlich führten die Verordnungen Nr. 1408/71 und Nr. 574/72 die durch die VO Nr. 3 und 4 begonnene Zielsetzung und deren Strukturelemente fort. Die Übergangsbestimmungen in Art. 94 ff VO (EWG) Nr. 1408/71 sollten sicherstellen, dass das Außerkrafttreten der VO Nr. 3 nicht zu Nachteilen bei den Betroffenen führt.[28] Die seit 1958 gewonnenen Erfahrungen und die seitdem ergangene Rechtsprechung des Europäischen Gerichtshofs zum freizügigkeitsspezifischen Sozialrecht wurden bei der Fassung der Verordnungen berücksichtigt. Die dynamische Entwicklung der Integration in der Gemeinschaft und die große Zahl von Entscheidungen des Europäischen Gerichtshofs in diesem Bereich haben zu mehrfachen Änderungen und Ergänzungen der Verordnungen Nr. 1408/71 und Nr. 574/72 geführt.

26 Das System der Verordnungen Nr. 1408/71 und Nr. 574/72 hat im Laufe der Jahre eine hohe Komplexität erreicht. Deshalb ist das Koordinierungsrecht bereinigt und in der VO (EG) Nr. 883/04 niedergelegt worden.[29] Diese Verordnung ist zum 1.5.2010 in Kraft getreten, nachdem auch die Durchführungsverordnung VO (EG) Nr. 987/09 ergangen ist. Ziel dieser neuen Verordnung ist es, die Komplexität des Systems zu verringern.[30]

27 Während die DVO als Nachfolgeregelung der VO (EWG) Nr. 574/72 und der VO Nr. 4 verfahrensrechtlich die Koordinierung der mitgliedstaatlichen Systeme sozialer Sicherheit regelt, enthält die VO (EG) Nr. 883/04, wie die VO (EWG) Nr. 1408/71, überwiegend materiellrechtliche Regelungen.

28 Neben allgemeinen Bestimmungen (Art. 1 bis 10 VO (EG) Nr. 883/04) und Bestimmungen der anzuwendenden Rechtsvorschriften (Art. 11 bis 16 VO (EG) Nr. 883/04) sind vor allem die besonderen Vorschriften für die einzelnen Leistungsarten (Art. 17 bis 70 VO (EG) Nr. 883/04) für die Rechtsanwendungspraxis der VO (EG) Nr. 883/04 von Bedeutung. Nicht jede in den nationalen Rechtsordnungen enthaltene Sozialleistung wird auch von der VO (EG) Nr. 883/04 erfasst. Sie ent-

25 BABl. 1958, S. 101 ff.
26 *Schulte*, SDSRV, Band 36 (1992), S. 7, 18.
27 *Pompe*, S. 41 ff, geht ausführlich auf die Entstehung der VO (EWG) Nr. 1408/71 ein.
28 EuGH, Rs. 83/87 (Viva), Slg 1988, S. 2521.
29 VO (EG) Nr. 883/04 des Europäischen Parlaments und des Rates vom 29. April 2004 zur Koordinierung der Systeme der sozialen Sicherheit, ABL. EG L 166 S. 1 ff; *Eichenhofer*, DRV 2004, 200-210; *Fuchs*, SGb 2008, 201 ff; *Spiegel*, ZIAS 2006, 85 ff.
30 Vgl zur Geschichte der Reform *Schulte*, in: DRV Bund (Hrsg.), Die Reform des Europäischen Koordinierenden Sozialrechts, S. 9 ff.

hält Vorschriften über Krankheit und Mutterschaft/Vaterschaft (Art. 17 bis 35), Arbeitsunfälle und Berufskrankheiten (Art. 36 bis 41), Sterbegeld (Art. 42 und 43), Invalidität (Art. 44 bis 49), Alter und Tod (Art. 50 bis 60), Arbeitslosigkeit (Art. 61 bis 65 a), Vorruhestand (Art. 66), Familienleistungen (Art. 67 bis 69) sowie besondere beitragsunabhängige Geldleistungen (Art. 70).

Diese Regelungen gewähren keine originären Ansprüche auf Sozialleistungen; es finden sich weder anspruchsbegründende Normen, noch wird in der VO (EG) Nr. 883/04 ein europäischer Sozialleistungsträger bestimmt. Ein einheitliches (materielles) europäisches Sozialrecht existiert demzufolge nicht. Die Ansprüche und die zuständigen Stellen bestimmen sich nach den jeweiligen Rechtsordnungen der Mitgliedstaaten, wobei gewisse Vorgaben durch die DVO bestehen. Die besonderen Vorschriften der VO (EG) Nr. 883/04 haben vielmehr die Aufgabe, die mitgliedstaatlichen Systeme der sozialen Sicherheit untereinander soweit zu koordinieren, wie es die Zielsetzung erfordert. 29

Die Regelungen der VO (EG) Nr. 883/04 – gleiches gilt für die DVO – sind gemäß Art. 288 AEUV in allen ihren Teilen verbindlich und gelten unmittelbar, ohne einen Umsetzungsakt, in allen Mitgliedstaaten.[31] Sie gewähren den Personen, die in den Geltungsbereich der VO fallen, subjektive Rechte. Als supranationales Recht gehen sie überdies dem nationalen Recht vor, mit der Konsequenz, dass nationale Gesetze nicht gegen die VO (EG) Nr. 883/04 verstoßen oder sie umgehen dürfen. Nicht ausgeschlossen ist hingegen eine weitergehende Rechtsgewährung durch nationales Recht, da die VO (EG) Nr. 883/04 eine Mindestvorschrift ist;[32] nationale Rechtsvorschriften dürfen also für Wanderarbeitnehmer bessere Leistungen vorsehen als das Gemeinschaftsrecht. Um den nationalen Besonderheiten einzelner Mitgliedstaaten Rechnung zu tragen, wurde durch die VO (EG) Nr. 988/2009[33] zudem die Möglichkeit geschaffen, über Einträge in den neu eingefügten Anhang XI der VO (EG) Nr. 883/04 länderspezifische Regelungen und Ausnahmen zu normieren, wovon auch Deutschland vor allem für den Bereich der Rentenleistungen Gebrauch gemacht hat. 30

II. Persönlicher Geltungsbereich

1. Einführung

Nach Art. 2 Abs. 1 VO (EG) Nr. 883/04 gilt die Verordnung „für Staatsangehörige eines Mitgliedstaats oder Staatenlose und Flüchtlinge mit Wohnort in einem Mitgliedstaat, für die die Rechtsvorschriften eines oder mehrerer Mitgliedstaaten gelten oder galten, sowie für ihre Familienangehörigen und Hinterbliebenen". Ferner dehnt Art. 2 Abs. 2 VO (EG) Nr. 883/04 den persönlichen Anwendungsbereich auf Hinterbliebene von Personen aus, für die die Rechtsvorschriften eines oder mehrerer Mitgliedstaaten galten und zwar ohne Rücksicht auf die Staatsangehörigkeit dieser Personen, wenn die Hinterbliebenen Staatsangehörige eines Mitgliedstaats sind oder als Staatenlose oder Flüchtlinge in einem Mitgliedstaat wohnen, womit auch Drittstaatsangehörige erfasst sein können. 31

Von einem sozialen Sicherungssystem nur für Wanderarbeitnehmer kann man angesichts des Wortlauts von Art. 2 VO (EG) Nr. 883/04 nicht mehr sprechen. Der Hintergrund dieses weiten persönlichen Geltungsbereichs wird durch die Entscheidungsgründe des Europäischen Gerichtshofs in der Rechtssache „Singer et fils"[34] deutlich. Dort führte das Gericht aus, dass die Herbeiführung einer möglichst weitgehenden Freizügigkeit der Arbeitnehmer den Endzweck des Art. 42 EGV (jetzt Art. 48 AEUV) darstelle und Richtschnur für gemeinschaftsrechtliches Handeln sei. Diesem Geist entspricht es nicht, den Arbeitnehmerbegriff auf die Wanderarbeitnehmer im eigentlichen Sinn oder auf Ortsveränderungen einzuschränken, die mit dem Arbeitsverhältnis im Zusammenhang stehen.[35] Deshalb hatte der Europäische Gerichtshof die VO (EWG) Nr. 1408/71 auch dann für anwendbar erklärt, wenn ein versicherter Arbeitnehmer während eines Urlaubsaufenthalts Leistun- 32

31 Vgl *Klang*, S. 36.

32 *Schulte*, in: von Maydell/Ruland/Becker (Hrsg.), SRH, § 33 Rn 58 ff.

33 Verordnung (EG) Nr. 988/2009 des Europäischen Parlaments und des Rates vom 16. September 2009 zur Änderung der Verordnung (EG) Nr. 883/2004 zur Koordinierung der Systeme der sozialen Sicherheit und zur Festlegung des Inhalts der Anhänge, ABl. 2009 L 284/43.

34 EuGH, Rs. 44/65 (Singer et fils), Slg 1965, S. 1274.

35 EuGH, Rs. 44/65 (Singer et fils), Slg 1965, S. 1274, 1275.

gen begehrt. Schon vor dieser Entscheidung war anerkannt, dass die Geltendmachung von Leistungen der sozialen Sicherheit nicht notwendig mit dem Arbeitsverhältnis in Zusammenhang stehen muss.[36] Neben der weiten Interpretation des Europäischen Gerichtshofs, was die Merkmale der „Arbeitnehmer" und der „Wanderungsbewegung" anbelangt, ist wesentlich für die Ausweitung des persönlichen Geltungsbereichs einerseits das soziale Schutzbedürfnis auch anderer Personen als Arbeitnehmer und andererseits die Verwirklichung der vertraglichen Grundfreiheiten. Dies führte zu einer Abkehr von einer strengen Verknüpfung der sozialen Absicherung an die Erwerbstätigkeit.[37]

33 Das zeigt sich als erstes an der Ausweitung des persönlichen Geltungsbereichs der VO (EG) Nr. 883/04 auf Selbständige. Die heute anzutreffende ausdrückliche Einbeziehung von Selbständigen wurde durch die Rechtsprechung im Fall „De Cicco" ausgelöst, die noch zur VO Nr. 3 erging. In diesem Urteil stellte das Gericht im Jahre 1968 fest, dass der Kreis, für den die VO Nr. 3 gilt, weit zu ziehen ist. Nicht nur Arbeitnehmer sind davon erfasst, sondern auch alle ihnen Gleichgestellten. Insoweit kommt eine allgemeine Tendenz zum Ausdruck, die dahin geht, die Sozialversicherung auf neue Personengruppen zu erstrecken, die den gleichen Risiken und Wechselfällen des Lebens unterliegen. Dies hat das Gericht für Selbständige – in diesem Fall für einen Handwerker – angenommen, soweit das für Arbeitnehmer geschaffene Sozialversicherungssystem auf sie zumindest hinsichtlich einzelner Risiken erstreckt wird.[38] Kennzeichen dieser Entscheidung und gleichsam der rote Faden der Ausweitung des persönlichen Geltungsbereichs ist die Vergleichbarkeit der Schutzbedürftigkeit, die auch den weiteren oben bereits genannten Grundfreiheiten Rechnung trägt. Das soziale Schutzbedürfnis ist auch Motivation, den Geltungsbereich auch auf Familienangehörige auszudehnen, da auch sie mit Blick auf den die Freizügigkeit in Anspruch nehmenden Arbeitnehmer durch Wanderungen innerhalb der Europäischen Union nicht benachteiligt werden dürfen.[39]

Art. 2 VO (EG) 883/04 geht gegenüber der bisherigen VO (EWG) Nr. 1408/71 insofern noch einen Schritt weiter, als keine Bezugnahme mehr auf Arbeitnehmer und Selbständige erfolgt, da die neue Verordnung – also das Regelungssystem zur Koordinierung der nationalen Systeme der sozialen Sicherheit – ausweislich des Erwägungsgrunds (1) Teil des freien Personenverkehrs ist und zur Verbesserung des Lebensstandards und der Arbeitsbedingungen beitragen soll. Allerdings werden sich die praktischen Auswirkungen dieser Ausweitung des Personenkreises für Deutschland in Grenzen halten, da die Systeme nicht Staatsbürgersysteme sind, sondern grundsätzlich an der Erwerbstätigkeit anknüpfen, die Verordnung aber nur solche Situationen erfassen kann, in denen die betreffenden Personen von einem System an sich erfasst werden.[40]

2. Der Begriff der Beschäftigung

34 Nach wie vor sind es aber die Arbeitnehmer, die den persönlichen Geltungsbereich der VO (EG) Nr. 883/04 kennzeichnen. In Art. 1 lit. a VO (EG) Nr. 883/04 wird der Begriff der Beschäftigung und in lit. b der der selbständigen Erwerbstätigkeit definiert. Unter Beschäftigung wird dabei jede Tätigkeit oder gleichgestellte Situation verstanden, die für die Zwecke der Rechtsvorschriften der sozialen Sicherheit des Mitgliedstaats, in dem die Tätigkeit ausgeübt wird oder die gleichgestellte Situation gilt, als solche gilt. Die selbständige Erwerbstätigkeit wird mit identischem Wortlaut definiert. Diese Definitionen sind allerdings so konturlos, dass sie eine eindeutige Begriffsbestimmung nicht vornehmen. Insbesondere vermag die Begriffsbestimmung der Beschäftigung keine Abgren-

36 EuGH, Rs. 33/64 (Van Dijk), Slg 1965, S. 133, 145.

37 Vgl auch EuGH, Rs. C-275/96 (Kuusijärvi), Slg 1998, S. 3419, 3452, wonach von Art. 2 Abs. 1 VO (EWG) Nr. 1408/71 (nunmehr Art. 2 VO (EG) Nr. 883/04) jede Person erfasst ist, die im Rahmen einer der in Art. 1 lit a) aufgeführten Systeme der sozialen Sicherheit gegen die in dieser Vorschrift angegebenen Risiken unter den dort genannten Voraussetzungen versichert ist.

38 EuGH Rs. 19/68 (De Cicco), Slg 1968, S. 710, 718, *Steinmeyer*, in: Magiera (Hrsg.), S. 63, 67 f.

39 Zum Begriff des „Familienangehörigen" vgl Art. 1 Buchstabe i) VO Nr. 883/04.

40 S. dazu auch *Spiegel*, ZIAS 2006, 85, 95.

zung zum Begriff der selbständigen Erwerbstätigkeit zu geben; beide Begriffe werden einheitlich definiert, womit die Trennung zwischen Arbeitnehmer und Selbständigen aufgegeben wurde.

Die Definition hebt aber hervor, dass es für den Beschäftigungsbegriff entscheidend ist, ob die Person in den betreffenden Systemen der sozialen Sicherheit versichert ist. Das bedeutet, dass der Beschäftigungsbegriff der VO (EG) Nr. 883/04 ausschließlich durch sozialrechtliche und nicht, wie sonst üblich, auch durch arbeitsrechtliche Kriterien bestimmt wird.[41] Noch während der Geltung der VO Nr. 3 hat der Europäische Gerichtshof in der Rechtssache „Unger"[42] erstmals zum Arbeitnehmerbegriff entschieden, dass auch vormals pflichtversicherte Arbeitnehmer, die gegenwärtig nicht arbeiten, unter den persönlichen Anwendungsbereich fallen. Selbst Personen, die überhaupt nicht mehr arbeiten, wurden durch den Europäischen Gerichtshof in der Rechtssache „Pierik"[43] als Arbeitnehmer anerkannt, womit Rentner über den speziellen Bereich der Art. 27 ff VO (EWG) Nr. 1408/71 (nunmehr Art. 23 ff VO (EG) Nr. 883/04) hinaus in den gesamten Anwendungsbereich einbezogen wurden. Diese Rechtsprechung verdeutlicht, dass für die Annahme der Beschäftigung im Sinne der VO (EG) Nr. 883/04 nicht darauf abzustellen ist, ob eine Person arbeitet oder nicht. Wesentlich ist nur, dass das Begehren der Person von Sinn und Zweck der Verordnung umfasst ist. 35

Erfüllt eine Person die materiellen Voraussetzungen des für sie geltenden Systems der sozialen Sicherheit, ohne dass die hierfür erforderlichen Schritte (zB Antragstellung) bereits geschehen sind, so ist dennoch von einer Beschäftigung im Sinne der VO (EG) Nr. 883/04 auszugehen.[44] Hingegen ist eine Beschäftigung im Rahmen einer sozialen Rehabilitationsmaßnahme nicht geeignet, dies zu begründen. Der zeitliche Umfang der Beschäftigung wird durch die Rechtsprechung nicht als Kriterium zur Bestimmung des persönlichen Anwendungsbereichs herangezogen.[45] Auch die Tatsache, dass eine Person vor ihrer Beschäftigung selbständig tätig war, hat keinen Einfluss auf diese Einordnung.[46] 36

Obwohl Art. 48 AEUV von einem System sozialer Sicherheit für Wanderarbeitnehmer spricht, fand auch in Bezug auf das Merkmal der Wanderung eine Begriffsausweitung statt. Heute wird diesem Merkmal nur noch eine marginale Bedeutung zuteil. So werden Fahrten durch einen Mitgliedstaat zu einem Arbeitsplatz in einem anderen Mitgliedstaat als Wanderungen angesehen.[47] Auch reine Privataufenthalte (zB Urlaub) sind durch die Rechtsprechung als Wanderungen anerkannt worden.[48] Am deutlichsten zeigte sich die sich verändernde Bedeutung des Wanderungsbegriffs daran, dass der Europäische Gerichtshof es genügen lässt, dass Familienangehörige und nicht der Arbeitnehmer die Grenzen überschreiten.[49] Damit war faktisch das Koordinierungssystem der Verordnung zu einem System gemacht worden, das allgemein die Freizügigkeit derjenigen sicherstellt, die von einem staatlichen System sozialer Sicherung erfasst werden. Dies bringt nunmehr Art. 2 VO 883/04 deutlich zum Ausdruck. 37

3. Die Selbständigen

Da die Einbeziehung der Selbständigen den Zweck hat, die Grundfreiheiten der Selbständigen zu verwirklichen, besteht eine im Verhältnis zu den Arbeitnehmern vergleichbare Situation und ein gleiches Schutzbedürfnis, so dass auch der Begriff der selbständigen Erwerbstätigkeit weit zu fassen ist.[50] Nur eine weite funktionale Interpretation kann gewährleisten, dass der wie ein Arbeitnehmer mit den gleichen Risiken und Wechselfällen des Lebens konfrontierte Selbständige auch den glei- 38

41 EuGH, Rs C-3407/94 (de Jaeck), Slg 1997, I-461; *Klang*, S. 104.
42 EuGH, Rs. 75/63 (Unger), Slg 1964, 379 ff.
43 EuGH, Rs. 182/79 (Pierik), Slg 1979, 1977, 1993.
44 EuGH, Rs. 39/76 (Mouthaan), Slg 1976, 1901, 1910 f.
45 EuGH, Rs. C-2/89 (Kits van Heijnigen), Slg 1990, I-1755, 1773.
46 EuGH, Rs. 99/80 (Galinsky), Slg 1981, 941, 956.
47 EuGH, Rs. 31/64 (Bertholet), Slg 1965, 111 ff.
48 *Klang*, S. 122 f, gibt einen kurzen Überblick über die Rechtsprechung.
49 EuGH, Rs. 115/77 (Laumann), Slg 1978, 807, 814 f.
50 *Willms*, S. 79.

chen sozialen Schutz erhält.[51] Der Europäische Gerichtshof hat in der Rechtssache „Van Roosmalen“[52] den weiten Begriff des Selbständigen so aufgefasst, dass hierunter Personen zählen, die außerhalb eines Arbeitsvertrags oder der Ausübung eines freien Berufs oder des selbständigen Betriebs eines Unternehmens eine Berufstätigkeit ausüben oder ausgeübt haben, in deren Rahmen sie Leistungen erhalten, die es ihnen ermöglichen, ganz oder teilweise ihren Lebensunterhalt zu bestreiten. Dies gilt selbst dann, wenn diese Leistungen von Dritten erbracht werden, zu deren Gunsten der Betroffene seinerseits tätig wird. So wurde die Tätigkeit eines Priester-Missionars als selbständige Tätigkeit anerkannt.[53] Die Neuregelung in Art. 1 Buchstabe b) VO (EG) Nr. 883/04 weist die Begriffsbestimmung den Mitgliedstaaten insoweit zu, als derjenige als Selbständiger gilt, den die nationalen Rechtsvorschriften als solchen behandeln.

39 Es kommt also darauf an, ob Selbständige in den Systemen der sozialen Sicherheit erfasst sind. Bezogen auf die Bundesrepublik Deutschland sind alle Selbständigen, die nach dem Sozialgesetzbuch, der Alterssicherung und der Krankenversicherung für Landwirte pflichtversichert oder freiwillig versichert sind, von dem persönlichen Geltungsbereich der VO (EG) Nr. 883/04 umfasst.

40 Dagegen waren die berufsständischen Versorgungssysteme der Angehörigen verkammerter freier Berufe ausweislich des Anhangs II zur VO (EWG) Nr. 1408/71 ursprünglich von der Anwendung der Verordnung und damit des europäischen koordinierenden Sozialrechts ausgenommen. Bezogen auf die dort geregelten Versorgungsleistungen konnten sie sich zunächst nicht auf die VO (EWG) Nr. 1408/71 berufen. Zu dem Kreis der davon betroffenen Personen zählen in der Bundesrepublik Deutschland in erster Linie Ärzte und Apotheker, Rechtsanwälte und Notare, Wirtschaftsprüfer, Steuerbevollmächtigte und Steuerberater, Seelotsen und Architekten. Für diese Ausnahme sprachen in erster Linie rechtstechnische Gründe. Gerade in der Bundesrepublik Deutschland sind die Versorgungswerke in größerer Zahl auf Länderebene organisiert, was die Einbeziehung in das Koordinierungssystem der VO erschwert. Allerdings ist nicht zu verkennen, dass sich bei einer fehlenden Verknüpfung Hindernisse für Freizügigkeit und Niederlassungsfreiheit ergeben können, die primärrechtlich problematisch sind. Deshalb wurden diese Systeme mit Änderungsverordnung[54] zum 1.1.2005 in die VO (EWG) Nr. 1408/71 integriert und sind nunmehr auch von der VO (EG) Nr. 883/04 erfasst.

41 Die sozialen Sicherungssysteme werden hinsichtlich der Selbständigen auf nationaler wie auf gemeinschaftsrechtlicher Ebene mit einem zunehmenden Formenmissbrauch konfrontiert. Gerade die Entlassung von Arbeitnehmern in die sog. „neue Selbständigkeit“,[55] also die bewusste Ausnutzung der mit der Selbständigkeit verbundenen arbeits- und sozialrechtlichen Konsequenzen bei weiter fortbestehenden wirtschaftlichen Abhängigkeiten, führt zu einer Externalisierung der Sozialkosten und zu einer Verzerrung des Wettbewerbs.[56] Die Möglichkeit der neuen Selbständigkeit auf gemeinschaftsrechtlicher Ebene ergibt sich aus den unterschiedlichen nationalen Selbständigkeitsbegriffen. Insoweit hat die Entscheidung des Europäischen Gerichtshofs vom 30.3.2000[57] eine Klärung gebracht, als eine von einem Mitgliedstaat nach den damaligen Verordnungen Nr. 1408/71 und Nr. 574/72 ausgestellte Bescheinigung über die Anwendbarkeit nationaler Rechtsvorschriften grundsätzlich auch hinsichtlich der Feststellung bindet, dass es sich bei der betreffenden Person um einen Selbständigen handelt. Damit können zwar Unterschiede zwischen den Mitgliedstaaten ausgenutzt werden, dies ist jedoch im System des koordinierenden Sozialrechts begründet.

51 Vgl *Steinmeyer*, in: Magiera (Hrsg.), S. 63, 67 f.
52 EuGH, Rs. 300/84 (Van Roosmalen), Slg 1986, 3097, 3128.
53 EuGH, Rs. 300/84 (Van Roosmalen), Slg 1986, 3097, 3128 f.
54 *VO (EWG) Nr. 647/ 05 vom 13.4.2005.*
55 Hierzu *Wank*, DB 1992, 90 ff; s. auch *Steinmeyer*, ZSR 1996, 348 ff.
56 Vgl hierzu auch *Steinmeyer*, DVBl. 1995, 962 ff.
57 EuGH, Rs. C-178/97 (Banks), Slg 2000, 2005.

4. Die Beamten

Der Begriff des Beamten beziehungsweise der ihnen gleichgestellten Personen bestimmt sich einzig nach dem nationalen Recht des Mitgliedsstaates der beschäftigenden Stelle.[58] Sie unterliegen insgesamt dem persönlichen Anwendungsbereich der VO (EG) Nr. 883/04, unabhängig davon, ob sie den allgemeinen Systemen der sozialen Sicherheit unterliegen oder in Sondersystemen für Beamte versichert sind. Sowohl im System des EG-Vertrages[59] als auch im Koordinierungssystem der VO (EG) Nr. 883/04[60] werden Beamte grundsätzlich als Beschäftigte angesehen. So hat der Europäische Gerichtshof beispielsweise für Studienreferendare entschieden, dass sie keine Beschäftigung in der öffentlichen Verwaltung im Sinne des Art. 39 Abs. 4 EGV (jetzt Art. 45 Abs. 4 AEUV) ausüben.[61] Nach der Rechtsprechung des Europäischen Gerichtshofs fallen auch Berufssoldaten im aktiven Dienst unter den persönlichen Geltungsbereich der VO (EWG) Nr. 1408/71 – nunmehr VO (EG) Nr. 883/04 -, wenn sie nach dem nationalen Recht dem Sozialversicherungssystem der Arbeitnehmer unterliegen.[62] Durch die am 25.10.1998 in Kraft getretene Änderungsverordnung (EG) Nr. 1606/98[63] sind die Sondersysteme für Beamte dann in das Koordinierungssystem aufgenommen worden. 42

5. Staatenlose und Flüchtlinge

Die Einbeziehung von Staatenlosen und Flüchtlingen, die im Gebiet eines Mitgliedstaats wohnen, wird nicht von Art. 39 ff EGV (jetzt Art. 45 ff AEUV) gefordert, entspricht aber einer allgemeinen Praxis in bi- und multilateralen Sozialversicherungsabkommen, da sie ansonsten keinen sozialen Schutz genießen würden. Der Status als Flüchtling oder Staatenloser bestimmt sich gemäß Art. 1 lit. g und h VO (EG) Nr. 883/04 anhand des Abkommens über die Rechtsstellung der Flüchtlinge vom 28. Juli 1951[64] und des Übereinkommens über die Rechtsstellung der Staatenlosen vom 28. September 1954.[65] 43

6. Familienangehörige und Hinterbliebene

Art. 2 VO (EG) Nr. 883/04 bezieht auch Familienangehörige und Hinterbliebene von Personen ein, für die die Rechtsvorschriften eines oder mehrerer Mitgliedstaaten galten. Ihre Rechtsstellung ist keine originäre, sondern leitet sich von der Rechtsstellung der bezeichneten Person ab. Sie können allerdings nach der Rechtsprechung des EuGH auch eigene Ansprüche geltend machen, solange die fraglichen Leistungen nicht durch die VO (EG) Nr. 883/04 auf die originär Versicherten beschränkt sind.[66] Auf die Staatsangehörigkeit der Familienangehörigen bzw. Hinterbliebenen kommt es nicht an, da es um die Sicherstellung der Freizügigkeit der originär erfassten Personen geht; ist nur der Hinterbliebene Staatsangehöriger eines Mitgliedstaats bzw Staatenloser oder Flüchtling, so gilt die VO, da es hier um den freien Personenverkehr dieses Staatsangehörigen geht. Da mittlerweile aber auch Drittstaatsangehörigen weitestgehend über die VO (EU) Nr. 1231/2010 selbst in den Anwendungsbereich der VO (EG) 883/04 einbezogen sind, hat die Unterscheidung erheblich an Bedeutung verloren. Wer Familienangehöriger ist, bestimmt sich gemäß der Definition in Art 1 lit. i VO (EG) Nr. 883/04 grundsätzlich nach den Rechtsvorschriften des Staates, der die betreffenden Leistungen gewährt.[67] Deshalb können sie auch nur die Leistungen in Anspruch nehmen, die Familien- 44

---

58 EuGH, Rs. C-296/09 (Baesen), Slg 2010, I-12831.

59 Vgl EuGH, Rs. 129/78 (Lohmann), Slg 1979, 853, 860; zuletzt EuGH, Rs. C-194/96 (Kulzer), Slg 1998, 895, 931.

60 Vgl Art. 1 lit d).

61 EuGH, Rs. 225/85 (Kommission/Italien), Slg 1987, 2625, 2638 f.

62 EuGH, Rs. C-71/93(Guido van Poucke), EuroAS 4/1994, S. 9 ff.

63 VO (EG) Nr. 1606/98 des Rates vom 29.6.1998 zur Änderung der VO (EWG) Nr. 1408/71 und der VO (EWG) Nr. 574/72 zwecks Einbeziehung der Sondersysteme für Beamte und ihnen gleichgestellte Personen, ABl. L 209/1 v. 25.7.1998.

64 BGBl. II 1953, S. 560.

65 BGBl. II 1976, S. 474; 1977, S. 235.

66 EuGH, Rs. C-308/93 (Cabanis-Issarte), Slg 1996, I-2097; Rs. C-189/00 (Ruhr), Slg 2001, I-8225.

67 *Pompe*, S. 148 f.

angehörigen oder Hinterbliebenen nach nationalem Recht zukommen und zudem europarechtlich koordiniert werden (zB Sterbegeld nach Art. 42 ff VO (EG) Nr. 883/04). Infolgedessen hat der Europäische Gerichtshof es auch abgelehnt, eine Altersbeihilfe, die unabhängig von der verwandtschaftlichen Beziehung geleistet wird, einem Familienangehörigen eines Arbeitnehmers zuzusprechen, denn die Verwandtschaft ist nicht anspruchsbegründend.[68]

7. Ausblick

45 Das europäische koordinierende Sozialrecht hat sich schrittweise von einem System sozialer Sicherheit für Arbeitnehmer zu einem Koordinierungssystem für weite Teile der mitgliedstaatlichen Bevölkerung entwickelt. Mit einer extensiven Auslegung der Begriffe des Selbständigen und des Arbeitnehmers, aber auch durch das weite Verständnis der Wanderungsbewegung zeigen sich deutliche Entwicklungslinien auf.[69] Der persönliche Geltungsbereich der VO (EG) Nr. 883/04 ist aber immer dadurch gekennzeichnet, dass sich die Rechtsstellung der Berechtigten aus dem Schutzgedanken der Verordnung und ihrer Aufgabe als die Grundfreiheiten des EG-Vertrages fördernde Maßnahme herleitet. Lediglich die Flüchtlinge und Staatenlosen lassen sich nicht ohne weiteres in dieses Koordinationssystem einordnen. Die VO (EG) Nr. 883/04 hat nun diese Entwicklung aufgenommen und als vorläufigen Schlusspunkt beim persönlichen Geltungsbereich die grundsätzliche Beschränkung auf Arbeitnehmer und Selbständige aufgegeben; damit ist das System des europäischen koordinierenden Sozialrechts zum Garanten der allgemeinen Personenverkehrsfreiheit geworden. Drittstaatsangehörige genießen grundsätzlich nicht die Freiheiten des Binnenmarktes. Gleichwohl spricht eine Reihe von praktischen Gründen dafür, sie in den persönlichen Anwendungsbereich der Verordnung einzubeziehen. Bei grenzüberschreitenden Tätigkeiten innerhalb der Europäischen Union ergeben sich nicht selten Schwierigkeiten, wenn Unternehmen bei ihnen beschäftigte Drittstaatsangehörige entsenden. Die Dienstleistungsfreiheit ist also insoweit beeinträchtigt, so dass es geboten ist, den persönlichen Anwendungsbereich auf Drittstaatsangehörige zu erstrecken.[70] Dies betrifft Drittstaatsangehörige, die in einem der Mitgliedstaaten arbeiten und dessen sozialem Sicherungssystem unterfallen. Seit dem 1.6.2003 fanddie VO (EWG) Nr. 1408/71 über Art. 1 der VO (EWG) Nr. 859/03 entsprechende Anwendung auf Drittstaatsangehörige, die bislang nur wegen ihrer Staatsangehörigkeit nicht dem Anwendungsbereich der VO (EWG) Nr. 1408/71 unterfielen. Aufgrund des Anhangs zur VO (EWG) Nr. 859/03 galt dies in Deutschland aber nur für Drittstaatsangehörige, die sich dort berechtigt aufhalten. Diese Verordnung bezog sich auf die Verordnungen 1408/71 und 574/72, so dass diese so lange für diesen Personenkreis anwendbar blieb, bis eine Neuregelung mit Bezug auf die VO (EG) 883/04 geschaffen wurde.[71] Für ab dem 1.1.2011 entstandene Ansprüche bestimmt nun die VO (EU) Nr. 1231/2010[72] die Einbeziehung Drittstaatsangehöriger in den Anwendungsbereich der VO (EG) 883/04 unter der Voraussetzung, dass sie ausschließlich aufgrund ihrer Staatsangehörigkeit nicht nach Art. 2 VO (EG) 883/04 einbezogen sind, sich rechtmäßig in dem Mitgliedstaat der EU aufhalten und ein grenzüberschreitender Bezug gegeben ist. Ausgenommen sind allerdings die Mitgliedstaaten Dänemark und Großbritannien. Im Verhältnis zu letzterem gelangt über Art. 90 Abs. 1 lit. a VO (EG) 883/04 weiterhin die VO (EWG) 1408/71 zur Anwendung, im Verhältnis zu Dänemark, den EWR-Staaten und der Schweiz können Drittstaatsangehörige ausschließlich über bilaterale Abkommen erfasst werden.[73]

68 EuGH, Rs. 157/84 (Frascogna I), Slg 1985, 1739, 1748.
69 *Steinmeyer*, in: Magiera (Hrsg.), S. 63, 67 ff.
70 Vorschlag v. 10.12.1997 – ABl. Nr. C 6/15; s. auch *Eichenhofer*, Sozialrecht der Europäischen Union, Rn 87.
71 Vgl Art. 90 Abs. 1 lit a VO (EG) 883/04; s. zur Problematik auch *Spiegel*, ZIAS 2006, 85, 96.
72 Verordnung des Europäischen Parlaments und des Rates vom 24.11.2010 zur Ausdehnung der Verordnung (EG) Nr. 883/2004 und der Verordnung (EG) Nr. 987/2009 auf Drittstaatsangehörige, die ausschließlich aufgrund ihrer Staatsangehörigkeit nicht bereits unter diese Verordnungen fallen, ABl. (EU) L 344/1.
73 Vgl EuGH, Rs. C-247/09 (Xhymshiti), Slg 2010, I-11845.

III. Sachlicher Geltungsbereich

1. Einführung

Es soll ermöglicht werden, dass die vom persönlichen Geltungsbereich umfassten Personen ihre Anwartschaften und Sozialleistungsansprüche trotz einer Grenzüberschreitung innerhalb der Europäischen Union behalten. Darüber hinaus soll dieser Personenkreis in einem anderen Mitgliedstaat wie ein Inländer Anwartschaften und Sozialleistungsansprüche erwerben und in einem anderen Mitgliedstaat realisieren können. Um diese Ziele zu erreichen, koordiniert die VO (EG) Nr. 883/04 die nationalen Systeme der sozialen Sicherheit. Welche Zweige der sozialen Sicherheit der Inländergleichbehandlung und dem Leistungsexport unterliegen, richtet sich nach Art. 3 VO (EG) Nr. 883/04. Diese Norm bestimmt den sachlichen Geltungsbereich der VO (EG) Nr. 883/04. 46

2. Art. 3 Abs. 1 und 2 VO (EG) Nr. 883/04 als umgrenzende Regelungen

Art. 3 Abs. 1 VO (EG) Nr. 883/04 grenzt den sachlichen Geltungsbereich ein auf Leistungen bei Krankheit und Mutterschaft sowie Vaterschaft, Leistungen bei Invalidität, Leistungen bei Alter, Leistungen an Hinterbliebene, Leistungen bei Arbeitsunfällen und Berufskrankheiten, Sterbegeld, Leistungen bei Arbeitslosigkeit, Vorruhestandsleistungen und Familienleistungen. 47

In Art. 3 Abs. 2 VO (EG) Nr. 883/04 wird der sachliche Geltungsbereich in einem zweiten Schritt anhand struktureller Kriterien umgrenzt. Die VO (EG) Nr. 883/04 gilt sowohl für die allgemeinen als auch für die besonderen, für die beitragsfreien und die beitragspflichtigen Systeme der sozialen Sicherheit, einschließlich der Systeme, nach denen die Arbeitgeber und Reeder zu Leistungen verpflichtet sind. Des Weiteren wird in den Absätzen 3 bis 5 durch Abgrenzungen der sachliche Geltungsbereich für bestimmte Teilbereiche der sozialen Sicherheit näher bestimmt. 48

Um den sachlichen Geltungsbereich der VO (EG) Nr. 883/04 zu bestimmen, muss man Art. 3 Abs. 1 und Abs. 2 VO (EG) Nr. 883/04 in einer Gesamtschau betrachten. Hier zeigt sich, dass der sachliche Geltungsbereich der VO (EG) Nr. 883/04 in sehr weitem Umfang die sozialen Risiken und Leistungen abdeckt und sich nicht an der in den nationalen Rechtsordnungen anzutreffenden Unterscheidung hinsichtlich beitragsfinanzierter oder steuerfinanzierter Sozialleistungen orientiert. sondern nach objektiven, unionsrechtlichen Kriterien zu bestimmen ist.[74] Eine Leistung der sozialen Sicherheit liegt danach vor, wenn sie den Empfängern in Bezug auf eines der in Art. 3 Abs. 1 VO (EG) 883/04 benannten Risiken ohne an die individuelle Bedürftigkeit anknüpfende Ermessensentscheidung aufgrund eines gesetzlichen Tatbestands gewährt wird.[75] Es kommt folglich nicht darauf an, ob das System der sozialen Sicherheit der ganzen oder nur Teilen der Bevölkerung offen steht und welche Finanzierungsform für das System besteht. Bei den Leistungen braucht es sich nicht nur um die Beseitigung aktueller Risiken zu handeln. Auch vorbeugende Maßnahmen, wie etwa eine Tbc-Prävention, sind Leistungen im Sinne des Art. 3 VO (EG) Nr. 883/04.[76] 49

Da sich der sachliche Geltungsbereich auf alle „Rechtsvorschriften“ bezieht, werden bestehende oder künftige Tarifverträge, selbst wenn eine Allgemeinverbindlichkeitserklärung vorliegt, grundsätzlich nicht miteinbezogen. Lediglich unter den in Art. 1 lit. l VO (EG) Nr. 883/04 genannten Voraussetzungen ist eine Einbeziehung in den sachlichen Geltungsbereich möglich. 50

3. Die Ausnahme in Art. 3 Abs. 2 VO (EG) Nr. 883/04

Art. 5 VO (EWG) Nr. 1408/71 bestimmte, dass die Mitgliedstaaten in Erklärungen diejenigen Rechtsvorschriften zu benennen haben, die unter den sachlichen Geltungsbereich (Art. 4 Abs. 1 und 2 VO (EWG) Nr. 1408/71) fallen. Dies ist von der neuen Verordnung so nicht übernommen worden, zumal sich die fehlende Erwähnung einer Leistung nicht automatisch auf den sachlichen Geltungsbereich der VO (EWG) Nr. 1408/71 auswirkte.[77] Nunmehr bestimmt Art. 3 Abs. 2 VO 51

74 *Schulte*, in: von Maydell/Ruland/Becker (Hrsg.), SRH, § 33 Rn 59.
75 EuGH, Rs. 249/83 (Hoeckx), Slg 1985, 973, Rn 11; Rs. C-160/96 (Molenaar), Slg 1993, I-843, Rn 20.
76 EuGH, Rs. 15/72 (Heinze), Slg 1972, 1105, 1114.
77 EuGH, Rs. 35/77 (Beerens), Slg 1977, 2249, 2254.

(EG) Nr. 883/04, dass Anhang XI Ausnahmen von Art. 3 Abs. 2 vorsehen kann; so befassen sich die Deutschland betreffenden Einträge in Anhang XI insbesondere mit der Möglichkeit der freiwilligen Versicherung in der deutschen Rentenversicherung.

4. Nicht erfasste Sozialleistungen

52 Art. 3 Abs. 5 VO (EG) Nr. 883/04 schließt die soziale und medizinische Fürsorge sowie Leistungssysteme aus, bei denen ein Mitgliedstaat die Haftung für Personenschäden übernimmt und Entschädigung leistet, beispielsweise für Opfer von Krieg und militärischen Aktionen oder der sich daraus ergebenden Folgen, Opfer von Straftaten, Attentaten oder Terrorakten, Opfer von Schäden, die von Bediensteten eines Mitgliedstaats in Ausübung ihrer Pflichten verursacht wurden, oder für Personen, die aus politischen oder religiösen Gründen oder aufgrund ihrer Abstammung Nachteile erlitten haben. Durch die Bezugnahme auf die soziale und medizinische Fürsorge wird die Sozialhilfe ausgeklammert. Um eine Abgrenzung zwischen den Leistungen der sozialen Sicherheit im Sinne des Art. 3 Abs. 1 VO (EG) Nr. 883/04 und der Sozialhilfe zu treffen, wird seitens der Rechtsprechung darauf abgestellt, ob die Leistungen dem Betroffenen einen konkreten Leistungsanspruch zubilligen und sich an der Bedürftigkeit orientieren. So wurde eine belgische Sozialleistung, die einkommensschwachen Rentnern neben der Rente gezahlt wurde, nicht als Sozialhilfe angesehen, da sich der Begünstigte in einer gesetzlich genau umschriebenen Rechtsposition befindet, die ihm einen konkreten Rechtsanspruch verschafft und die Leistung nicht die Gewährung des Existenzminimums ist, sondern eine unzureichende soziale Absicherung kompensiert.[78]

53 Der Ausschluss der Sozialhilfe nach dem SGB XII aus dem sachlichen Geltungsbereich der VO (EG) Nr. 883/04 bedeutet aber nicht eine Ausklammerung dieser Sozialleistung aus dem europäischen Sozialrecht durch das Europäische Gemeinschaftsrecht. Auch wenn sie nicht in den sachlichen Geltungsbereich der VO (EG) Nr. 883/04 fällt, so ist sie eine „soziale Vergünstigung" im Sinne des Art. 7 Abs. 2 VO (EU) Nr. 492/2011.[79] Danach gilt auch für die Sozialhilfe der Grundsatz der Inländergleichbehandlung.

54 Durch die Ausklammerung von Entschädigungsleistungen, die in dieser Fassung des Buchstaben b) erst durch eine Änderungsverordnung zur VO (EG) Nr. 883/04 erfolgte, sind die Leistungssysteme ausgenommen, die im deutschen Recht als Systeme sozialer Entschädigung qualifiziert werden, also etwa das Bundesversorgungsgesetz, das Opferentschädigungsgesetz etc., aber wohl auch die sog. unechte Unfallversicherung (s. dazu näher unten Rn 244 ff). Unter der ursprünglichen Fassung war dies ebenso wie nach der VO (EWG) Nr. 1408/71 nicht klar, da beide lediglich von den Leistungssystemen für Opfer des Krieges und seiner Folgen sprachen.

5. Sondersysteme für Beamte

55 Bis ins Jahr 1998 waren die Sondersysteme für Beamte und ihnen Gleichgestellte vom Anwendungsbereich der Verordnung ausgeschlossen. Diese fehlende Koordinierung führte zu einem Freizügigkeitshemmnis für die in Sondersystemen versicherten Beamten, was lange Zeit mit Art. 39 Abs. 4 EGV (jetzt Art. 45 Abs. 4 AEUV) begründet wurde. Der persönliche Geltungsbereich der VO (EWG) Nr. 1408/71 gem. Art. 4 Abs. 4 und der Anwendungsbereich von Art. 39 Abs. 4 EGV schienen deckungsgleich.

56 Mit seiner Entscheidung vom 22.11.1995[80] hat der Europäische Gerichtshof dann deutlich gemacht, dass die Besonderheiten eines Sicherungssystems kein Hinderungsgrund dafür sind, auch diese Systeme dem Freizügigkeitsgebot zu unterwerfen. In dieser Entscheidung ordnete der Europäische Gerichtshof die Anrechnung deutscher Beschäftigungszeiten in einem griechischen Sondersystem für Beamte ohne Rücksicht darauf an, dass dieses System von der Verordnung an sich nicht

78 EuGH, Rs. 1/72 (Frilli), Slg 1972, 457 ff.

79 *Verordnung (EU)* Nr. 492/2011 des Europäischen Parlaments und des Rates vom 5.4.2011 über die Freizügigkeit der Arbeitnehmer innerhalb der Union, ABl. L 141 vom 27.5.2011, S. 1.

80 EuGH, Rs. C-443/93 (Vougioukas ./. IKA), Slg 1995, 4033 = *Oetker/Preis*, EAS C VO (EWG) Nr. 1408/71 Art. 4 Nr. 16; s. auch EuGH, Rs. C-227/94 (Olivieri-Coenen), Slg 1995, 3301.

erfasst war.[81] Die neue VO (EG) Nr. 883/04 hat nunmehr die Systeme der Beamten in die Verordnung voll integriert.

6. Besondere beitragsunabhängige Geldleistungen

Art. 3 Abs. 3 VO (EG) Nr. 883/04 bezieht die besonderen beitragsunabhängigen Geldleistungen, die in Art. 70 näher bestimmt werden, in den sachlichen Anwendungsbereich der VO (EG) Nr. 883/04 mit ein. Es muss sich aber um steuerfinanzierte Leistungen handeln, die entweder die in Abs. 1 aufgeführten Leistungen ersetzen, ergänzen oder zusätzlich gewährt werden oder allein zum besonderen Schutz der Behinderten bestimmt sind (s. dazu Art. 70 VO (EG) Nr. 883/04). Bei den letzteren Leistungen kann sich aber ein Abgrenzungsproblem zu den Leistungen bei Krankheit ergeben.[82] 57

Anhang X a zur VO (EG) Nr. 883/04 enthält den Katalog der Leistungen, die einbezogen sind; die Eintragung in diesen Katalog ist konstitutiv. Für Deutschland zählen hierzu die Leistungen der Grundsicherung im Alter und bei Erwerbsminderung nach dem Vierten Kapitel des SGB XII sowie Leistungen zur Sicherung des Lebensunterhalts der Grundsicherung für Arbeitsuchende, soweit für diese Leistungen nicht dem Grunde nach die Voraussetzungen für den befristeten Zuschlag nach Bezug von Arbeitslosengeld (§ 24 Abs. 1 SGB II) erfüllt sind.[83] 58

IV. Gleichbehandlung

Die VO (EG) Nr. 883/04 enthält Regelungen, die die Gleichbehandlung der unter den persönlichen Geltungsbereich der Verordnung fallenden Personen gewährleisten.[84] Art. 4 VO (EG) Nr. 883/04 konkretisiert das in Art. 45 Abs. 2 AEUV angesprochene Verbot einer auf der Staatsangehörigkeit beruhenden unterschiedlichen Behandlung und das allgemeine Diskriminierungsverbot des Art. 18 AEUV in der Weise, dass alle unter den persönlichen Anwendungsbereich der Verordnung fallenden Personen auf dem Gebiet der sozialen Sicherheit ohne Unterschied der Staatsangehörigkeit gleichgestellt werden.[85] Damit wird diesem Personenkreis, sofern er in einem anderen Mitgliedstaat wohnt, diejenige Rechtsstellung eingeräumt, die Inländer innehaben.[86] Nicht vom persönlichen Geltungsbereich der VO (EG) Nr. 883/04 erfasste Dritte genießen nicht den Schutz des Gleichbehandlungsgebots. Die Frage, ob das Gleichbehandlungsgebot des Art. 4 VO (EG) Nr. 883/04 auch für besondere beitragsunabhängige Geldleistungen wie Leistungen zur Sicherung des Lebensunterhalts nach dem deutschen SGB II gilt oder die Regelung des Art. 70 VO (EG) Nr. 883/04 die Koordinierung in diesem Bereich abschließend regelt, ist vom BSG mit Beschluss vom 12.12.2013 dem EuGH zur Vorabentscheidung vorgelegt.[87] 59

Ungleichbehandlungen können sich auch dadurch ergeben, dass anderweitige Bestimmungen der Verordnung von dem Gleichbehandlungsgebot des Art. 4 VO (EG) Nr. 883/04 abweichen, was Art. 4 VO (EG) Nr. 883/04 ausdrücklich ermöglicht. Die Frage, ob im Bereich der besonderen beitragsunabhängigen Geldleistungen eine Abweichung aufgrund nationaler Rechtsvorschriften wie § 7 Abs. 1 S. 2 Nr. 2 SGB II zulässig ist, indem Art. 70 Abs. 4 VO (EG) Nr. 883/04 als anderweitige Bestimmung im Sinne von Art. 4 VO (EG) Nr. 883/04 herangezogen und als dahingehende Öffnungsklausel ausgelegt wird, wird der EuGH ebenfalls in dem vorgeannten Vorabentscheidungsverfahren zu beantworten haben. Art. 4 VO (EG) Nr. 883/04 verbietet nicht nur direkte, sondern auch jedwede Formen der indirekten Diskriminierung,[88] die durch die Anwendung anderer Unter-

81 Vgl dazu *Steinmeyer*, in: FS Krasney, S. 567 ff; *Fuchs*, ZBR 1996, 152 ff.
82 *Spiegel*, ZIAS 2006, 85, 106 f.
83 Vgl hierzu auch *Fuchs*, SGb 2008, 201, 203 f.
84 S. dazu auch *Becker*, VSSR 2000, 221 ff; *Langer*, in: Ebsen (Hrsg.), S. 44 ff.
85 EuGH, Rs. 51/73 (Smieja), Slg 1973, 1213 ff, 1214; *Igl/Welti*, § 88 Rn 5; EuroAS 2/1993, 6.
86 *Steinmeyer*, AuA 1992, 210, 211; *Wiegand*, S. 24 Rn 36.
87 BSG, v. 12.12.2013, Az. B 4 AS 9/13 R, InfAuslR 2014, 64 L.
88 *Eichenhofer*, Sozialrecht der Europäischen Union, Rn 114.

scheidungsmerkmale tatsächlich zu dem gleichen Ergebnis führen.[89] Dagegen sind Ungleichbehandlungen zulässig, die sich aus Unterschieden der Rechtsordnungen ergeben, sofern objektive Kriterien und sachliche Gründe diese Ungleichbehandlung rechtfertigen und nicht die Staatsangehörigkeit zur Ungleichbehandlung führt.[90]

60 Die VO (EWG) Nr. 1408/71 enthielt eine ausdrückliche Vorschrift, wonach der Gleichbehandlungsgrundsatz auch gilt für das aktive – nicht aber für das passive – Wahlrecht bei der Wahl der Mitglieder der Organe der Träger der sozialen Sicherheit und für das Recht, sich an ihrer Benennung zu beteiligen. Sie ermöglichte also, dass Personen, die unter den persönlichen Geltungsbereich der VO fallen, europaweit an den Sozialwahlen teilnehmen können. Die VO Nr. 883/04 sieht eine solche ausdrückliche Regelung nicht mehr vor, woraus aber nicht geschlossen werden kann, dass nunmehr ein aktives Wahlrecht nicht mehr besteht. Vielmehr dürfte sich diese Vorschrift als überflüssig erwiesen haben, da in der Regel das aktive – aber auch das passive – Wahlrecht nicht von der Staatsangehörigkeit, sondern von der Zugehörigkeit zum jeweiligen System abhängig gemacht wird. Aus Art. 3, der von den gleichen Rechten und Pflichten spricht, ist vielmehr zu schließen, dass der Grundsatz der Gleichbehandlung auch für das aktive und passive Wahlrecht gilt.

61 Eine weitere Ausprägung des Gleichbehandlungsgrundsatzes findet sich in Art. 7 VO (EG) Nr. 883/04. Ansprüche auf Geldleistungen dürfen, vorbehaltlich ausdrücklicher Regelungen, nicht deshalb gekürzt, geändert, zum Ruhen gebracht, entzogen oder beschlagnahmt werden, weil der Berechtigte oder seine Familienangehörigen im Gebiet eines anderen Mitgliedstaats als des Staates wohnt, in dessen Gebiet der zur Zahlung verpflichtete Träger seinen Sitz hat. Diese Norm hebt mitgliedstaatliche Wohnortklauseln auf und verwirklicht so die Gebietsgleichstellung.[91] Damit wird ermöglicht, dass beispielsweise Erwerbsunfähigkeitsrenten in das Ausland gezahlt werden.

V. Äquivalenzprinzip (Art. 5)

62 Dem internationalen und europäischen Sozialrecht wesenseigentümlich ist, dass Auslandssachverhalte im Grundsatz Inlandssachverhalten gleichzustellen sind. Es bedarf insoweit einer Entterritorialisierung des nationalen Sozialrechts.[92] Insoweit fanden sich in der VO (EWG) Nr. 1408/71 einschlägige Spezialvorschriften an verschiedenen Stellen. In Konsequenz dieses dem Koordinierungsrecht zugrundeliegenden Entterritorialisierungsgedankens kann es an sich durchgängig keine Rolle spielen, wo sich die jeweiligen Elemente eines Sachverhalts zugetragen haben. Insoweit ist nun in Art. 5 VO (EG) Nr. 883/04 dieser Grundsatz allgemein formuliert worden, was gegenüber dem bisherigen Rechtszustand eine Erweiterung der Anwendung dieses Grundsatzes bedeutet. Dies bringt gewisse Zweifelsfragen mit sich, hinsichtlich derer dem europäischen Gesetzgeber anzumerken ist, dass er selbst die genauen praktischen Auswirkungen noch nicht zu übersehen glaubt. Das hat dazu geführt, dass in der Präambel zur Verordnung die Wirkung dieses Grundsatzes – vorsichtshalber – in mehrfacher Hinsicht eingegrenzt wird. So sollen Beschäftigungszeiten nur durch die Anwendung des Grundsatzes der Zusammenrechnung berücksichtigt werden, da anderenfalls bei wortgetreuer Anwendung der Vorschrift die Frage aufgekommen wäre, ob diese Zeiten in allen beteiligten Staaten – also möglicherweise mehrfach – zu berücksichtigen wären. Es wird auch zum Ausdruck gebracht, dass die Kollisionsnormen der Verordnung Vorrang haben. Schließlich wird in Randnummer 12 der Präambel ausgeführt, dass im Lichte der Verhältnismäßigkeit sichergestellt werden solle, dass der Grundsatz der Gleichstellung von Sachverhalten oder Ereignissen nicht zu sachlich nicht zu rechtfertigenden Ergebnissen oder zum Zusammentreffen von Leistungen gleicher Art für denselben Zeitraum führt. Die Präambel empfiehlt also eine Ergebniskontrolle; es bleibt deshalb abzuwarten, welche Konsequenzen und Fragen sich hier noch ergeben werden. Es steht zu vermuten, dass der EuGH sich damit noch hinlänglich beschäftigen wird.

---

89 EuGH, Rs. 152/73 (Sotgiu), Slg 1974, 153, 154; EuGH, Rs. C-245/94 (Hover), Slg 1996, I-4895; *Steinmeyer*, AuA 1992, 210, 211.

90 EuGH, Rs. 1/78 (Kenny), Slg 1978, 1489, 1498.

91 EuroAS 2/1993, 6.

92 Vgl hierzu und zum Folgenden *Fuchs*, SGb 2008, 201, 204 f.

VI. Kollisionsnormen

Kollisionsnormen bestimmen, welches Recht einen abstrakt formulierten Sachverhalt regelt.[93] Weil die VO (EG) Nr. 883/04 mitgliedstaatliche Sozialordnungen koordiniert, ist es unerlässlich, durch Kollisionsnormen abstrakt zu bestimmen, welche Rechtsordnung maßgeblich ist. Aus diesem Grund findet man an zwei Stellen Regelungen, die Antworten auf die Frage nach der anwendbaren Rechtsordnung geben. 63

1. Art. 8 VO (EG) Nr. 883/04

Die Art. 8 VO (EG) Nr. 883/04 regelt das Rangverhältnis zwischen den bi- und multilateralen Abkommen über soziale Sicherheit und der Verordnung. Gemäß Art. 8 VO (EG) Nr. 883/04 tritt die Verordnung im Rahmen ihres persönlichen und sachlichen Geltungsbereichs an die Stelle von Abkommen über die soziale Sicherheit, sofern diese Abkommen ausschließlich zwischen zwei oder mehr Mitgliedstaaten bestehen oder es sich um Abkommen handelt, die zwischen mindestens zwei Mitgliedstaaten und einem oder mehreren anderen Staaten in Kraft sind, sofern es sich um Fälle handelt, an deren Regelung kein Träger einer dieser anderen Staaten beteiligt ist. Diese Aufhebung der Anwendbarkeit der Abkommen über soziale Sicherheit soll gewährleisten, dass das System der Verordnung nicht durch zwischenstaatliche Abkommen überlagert und der gewährte Schutz nicht durch anders lautende Rechtsakte in Frage gestellt wird. Jeder, der in den Anwendungsbereich der Verordnung einbezogen ist, soll sich auch stets auf die Verordnung berufen können.[94] 64

Die Regelung des Art. 8 bedeutet nicht, dass die Abkommen über Soziale Sicherheit in ihrer Rechtswirksamkeit aufgehoben werden, da das Gemeinschaftsrecht nicht in der Lage ist, völkerrechtliche Verträge der einzelnen Mitgliedstaaten wirksam aufzuheben. Auf Gemeinschaftsebene ist es aber möglich, die Anwendbarkeit dieser zwischenstaatlichen Abkommen zu beschränken. Damit soll sichergestellt werden, dass, vorbehaltlich der abschließend geregelten Ausnahmen in den bestehenden Abkommen, den Angehörigen dieser Staaten der Vorteil der durch die VO (EG) Nr. 883/04 errichteten Regelung zur Koordinierung der nationalen Systeme der sozialen Sicherheit nicht vorenthalten wird. Gleichzeitig wird damit sichergestellt, dass neue Abkommen zwischen den Mitgliedstaaten über die Soziale Sicherheit nicht die Verordnung aushebeln, so dass es gewährleistet ist, dass sich die Gemeinschaftsbürger stets auf die Verordnung berufen können. 65

Die VO (EG) Nr. 883/04 tritt nur im Rahmen ihres persönlichen und sachlichen Geltungsbereichs an die Stelle der Abkommen über Soziale Sicherheit Außerhalb des Anwendungsbereichs der Verordnung bleibt die Anwendbarkeit der Abkommen uneingeschränkt bestehen. 66

Der Europäische Gerichtshof ging unter der VO (EWG) Nr. 1408/71 im Verhältnis der Abkommen zu der Verordnung vom Bestehen eines Günstigkeitsprinzips aus. Nach Ansicht des Gerichts genießt die Verordnung einen Vorrang vor diesen Abkommen über Soziale Sicherheit, wenn sie für den von ihnen erfassten Personenkreis günstigere Regelungen enthält.[95] Dieses Günstigkeitsprinzip ist nun ausdrücklich in Art. 8 verankert. Weiterhin gilt eine Ausnahme für solche Bestimmungen, die sich aus besonderen historischen Umständen ergeben und deren Geltung zeitlich begrenzt ist. Die weitere Geltung ist abhängig von einer Eintragung in Anhang II zur VO (EG) Nr. 883/04. 67

Art. 8 Abs. 2 VO (EG) Nr. 883/04 ermöglicht den Mitgliedstaaten, miteinander zwischenstaatliche Abkommen zu schließen, wenn die Grundsätze und der Geist der Verordnung in den Abkommen Beachtung finden und darüber hinaus ein Bedürfnis für ein solches Abkommen besteht. Damit soll erreicht werden, dass die Mitgliedstaaten nicht das System der Verordnung durch zwischenstaatliche Abkommen leer laufen lassen. Art. 8 Abs. 2 soll nur die Möglichkeit eröffnen, darüber hinausgehende Regelungen zu treffen. 68

93 *Lüderitz*, Rn. 50.
94 EuGH, Rs. C-23/92 (Grana-Novoa), EuZW 1994, 59 f.
95 EuGH, Rs. 187/73 (Callemeyn), Slg 1974, 553, 563; Rs. 157/84 (Frascogna), Slg 1985, 1739, 1747.

2. Bestimmung des anzuwendenden Rechts

a) Allgemeines

69 Titel II der Verordnung befasst sich mit der Bestimmung des anzuwendenden Rechts und stellt zu diesem Zweck einen detaillierten Katalog von Kollisionsnormen auf.[96] Der Katalog weist Parallelen zu den §§ 3 bis 6 SGB IV ebenso auf wie zu den Regelungen über die anwendbaren Rechtsvorschriften nach den zwischenstaatlichen Abkommen über Soziale Sicherheit. Von den Kollisionsnormen des nationalen Rechts unterscheiden sich die der Verordnung dadurch, dass sie nicht nur eine Rechtsordnung für anwendbar oder nicht anwendbar erklären, wie dies bei den §§ 3 bis 6 SGB IV der Fall ist. Diese Vorschriften treffen nur eine Aussage darüber, ob ein Sachverhalt mit Auslandsberührung vom deutschen Recht erfasst wird oder nicht; ob der Sachverhalt von einer ausländischen Rechtsordnung erfasst wird, bleibt unberücksichtigt; es handelt sich dort um sog. einseitige Kollisionsnormen. Die Verordnung hingegen enthält allseitige Kollisionsnormen, die für den Sachverhalt mit Berührung zu mehreren Mitgliedstaaten die anwendbare Sozialrechtsordnung bezeichnen.[97] Diese dogmatische Einordnung als allseitige Kollisionsnorm hat *Frank*[98] in Frage gestellt, der aus den Besonderheiten des öffentlichen Rechts zu voreilig den Schluss zieht, dass es sich hier nicht um allseitige Kollisionsnormen handeln könne. Die Vorschriften der Verordnung haben ebenso wie die Kollisionsnormen des internationalen Privatrechts die Aufgabe, das anwendbare nationale Recht zu bestimmen und geben Antwort nicht einseitig pro und contra deutsches Recht, sondern treffen eine Aussage darüber, welche der beteiligten Rechtsordnungen bei grenzüberschreitenden Sachverhalten Anwendung findet. Einseitige Kollisionsnormen treffen nur eine Aussage über die Anwendbarkeit oder Nichtanwendbarkeit einer Rechtsordnung und allseitige bestimmen in jedem Fall die maßgebliche Rechtsordnung.

70 Die Artikel 11 bis 16 VO (EG) Nr. 883/04 treffen keine materiellrechtlichen Regelungen und erfüllen den Koordinierungsauftrag der Verordnung, indem sie jedem der relevanten Sachverhalte eine bestimmte Rechtsordnung zuweisen. Sie stellen so sicher, dass Arbeitnehmer und Selbständige sowie ihre Familienangehörigen, die innerhalb der Gemeinschaft zu- und abwandern, lückenlos von den mitgliedstaatlichen Systemen der sozialen Sicherheit erfasst werden. Sie stellen zugleich sicher, dass die Personen, die unter den persönlichen Geltungsbereich dieser Verordnung fallen, den Rechtsvorschriften nur eines Mitgliedstaates unterliegen. So werden Doppelversicherungen mit den entsprechenden doppelten Beitragslasten vermieden. Eine Doppelversicherung wird unter engen Voraussetzungen von Art. 14 beim Zusammentreffen von freiwilliger Versicherung oder freiwilliger Weiterversicherung einerseits und Pflichtversicherung andererseits zugelassen.

71 Im Unterschied zu den §§ 3 bis 6 SGB IV unterscheiden die Kollisionsnormen der Art. 11 bis 16 der Verordnung nicht zwischen Beitragsseite und Leistungsseite; sie gelten für die Beitragsseite und die Leistungsseite gleichermaßen.[99] Die Parallelen zur Anknüpfung im internationalen Sozialversicherungsrecht finden darin ihren Grund, dass die Verordnung im Grundsatz an die Beschäftigung anknüpft und nur hilfsweise an den Wohnort. Zwar erfasst sie sowohl beitragsfinanzierte als auch steuerfinanzierte Sozialleistungssysteme; da sie aber in Ausführung der Art. 39 ff EGV (jetzt Artt. 45 ff AEUV) ergangen ist, beschränkte sich die VO (EWG) Nr. 1408/71 im Grundsatz auf die Herstellung der Freizügigkeit der Arbeitnehmer und Selbständigen;[100] die VO (EG) Nr. 883/04 geht bei ihrem persönlichen Anwendungsbereich von einem darüber hinausgehenden Ansatz aus, bezieht sich aber bei den Kollisionsnormen grundsätzlich auf das Beschäftigungsverhältnis bzw die selbständige Tätigkeit. Die Anknüpfung an das Beschäftigungsverhältnis bedeutet, dass grundsätzlich der Ort der Beschäftigung oder im Falle der selbständigen Tätigkeit dieser Ort der regelmäßige

96 Siehe hierzu und zum Folgenden auch die Kommentierungen bei *Steinmeyer*, in Fuchs (Hrsg.) Art. 11 ff VO (EG) Nr. 883/04.

97 Vgl dazu *Eichenhofer*, Internationales Sozialrecht, S. 216 ff; *Steinmeyer*, Die Einstrahlung, S. 24, 38 f, 82 ff; vgl dazu auch *Schuler*, S. 276 ff.

98 *Frank*, DAngVers 1996, S. 132 ff; siehe auch *Devetzi*, S. 121 ff.

99 Vgl EuGH, Rs. 104/80 (Beeck), SozR 6050 Art. 73 Nr. 3.

100 Vgl *Steinmeyer*, in: Magiera (Hrsg.), S. 63 ff.

Anknüpfungspunkt ist. Die Verordnung sieht die Anknüpfung an das Beschäftigungsverhältnis und damit den Beschäftigungsort für den Fall der abhängigen Beschäftigung als die sachgerechteste an.

Kennzeichen des Normensystems der Art. 11 bis 16 VO (EG) Nr. 883/04 ist es, dass Ausgangspunkt das Beschäftigungslandprinzip bleibt. Unter Fortführung dieses Grundsatzes werden die Konsequenzen für Ausnahmefälle gezogen. Kann mit dieser Ableitung eine sinnvolle Anknüpfung nicht gefunden werden, so werden subsidiär das Wohnlandprinzip, das auf den Wohnsitz oder gewöhnlichen Aufenthalt des Arbeitnehmers abstellt und das Sitzlandprinzip, das den Wohnsitz des Arbeitgebers oder den Sitz des Unternehmens maßgebend sein lässt, herangezogen. Dabei gibt die Verordnung grundsätzlich dem Wohnlandprinzip den Vorrang vor dem Sitzlandprinzip. 72

Die Kollisionsnormen der Art. 11 bis 16 VO (EG) Nr. 883/04 gehen als supranationales Recht grundsätzlich innerstaatlichem Recht vor. Das bringt § 6 SGB IV expressis verbis zum Ausdruck, würde sich aber angesichts des Rangverhältnisses zwischen nationalem und supranationalem Recht auch sonst ergeben.[101] Die Verordnung (EWG) Nr. 1408/71 soll im Verhältnis zwischen den Mitgliedstaaten der Gemeinschaft ein einheitliches Koordinierungssystem schaffen, in diesem Teilbereich also eine Rechtsvereinheitlichung bewirken. Von diesem System können nur eng begrenzte Ausnahmen zugelassen werden.[102] 73

Die Art. 11 bis 15 der Verordnung treffen eine zum Teil etwas starre Regelung, die nicht bei allen Sachverhalten mit Berührung zu einem anderen Mitgliedstaat zu sachgerechten Ergebnissen führt. Deshalb sieht Art. 16 der Verordnung die Möglichkeit vor, Ausnahmen von den Art. 11 bis 15 der Verordnung zu vereinbaren, wovon durchaus rege Gebrauch gemacht wird. 74

b) Die kollisionsrechtliche Grundnorm

aa) Allgemeines

Art. 11 VO (EG) Nr. 883/04 enthält die kollisionsrechtlichen Grundnormen der Verordnung. In Absatz 1 wird als Grundsatz festgelegt, dass für Personen, die der Verordnung unterliegen, die Rechtsvorschriften nur eines Mitgliedstaats gelten. Dies ist ein Grundprinzip des zwischenstaatlichen und supranationalen Sozialrechts,[103] das sich so von den Kollisionsnormen nationalen Ursprungs unterscheidet (vgl §§ 3 bis 6 SGB IV). Auf diese Weise wird sowohl verhindert, dass der betroffene Wanderarbeitnehmer ohne sozialen Schutz bleibt, als auch das Zusammentreffen von Leistungen mit gleicher Zielrichtung aufgrund der Rechtsvorschriften mehrerer Mitgliedstaaten ebenso vermieden wie die mit einer Doppelversicherung verbundenen doppelten Beitragslasten. Dieser Grundsatz bedeutet auch, dass der Verweis auf die Rechtsvorschriften eines bestimmten Mitgliedstaats für alle von der Verordnung erfassten Zweige der sozialen Sicherheit gilt; es kann also für die Krankenversicherung bei einem Arbeitnehmer oder Selbständigen keine andere anwendbare Rechtsordnung geben als für die Rentenversicherung. 75

Der Grundsatz des Verbots der Doppelversicherung soll nicht nur eine doppelte Beitragsbelastung verhindern, sondern auch sicherstellen, dass der soziale Schutz einer unter den persönlichen Anwendungsbereich fallenden Person lückenlos ist.[104] Es kann sich aber ergeben, dass die ausschließliche Anwendung des Rechts nur eines Mitgliedstaats zu Nachteilen für den Wanderarbeitnehmer führt. Hierzu entschied der EuGH, dass am Grundsatz der Anwendbarkeit nur einer nationalen Rechtsordnung festzuhalten sei.[105] Er stellte entscheidend darauf ab, dass der nationale Gesetzgeber nicht die Befugnis habe, im Verhältnis zu anderen Mitgliedstaaten Geltungsbereich und Anwendungsvoraussetzungen seiner nationalen Rechtsvorschriften zu bestimmen; das Gemeinschaftsrecht habe hier Vorrang. Diesem Ergebnis stehe auch nicht der vom Gerichtshof aufgestellte Grundsatz entgegen, dass die Anwendung der Verordnung nicht zum Verlust von Ansprüchen füh- 76

101 BSG, SozR 6180 Art. 13 Nr. 3 = SGb 1983, 117 ff; *Schuler/Schulte,* SGb 1983,125 ff.

102 *Schuler/Schulte,* SGb 1983, 125 ff.

103 Vgl *Steinmeyer,* in: Hanau/Steinmeyer/Wank, Handbuch des europäischen Arbeits- und Sozialrechts, § 21 Rn 113.

104 EuGH, Rs. C-2/89 (Kits van Heijningen), Slg 1990, I-1755, Rn 12.

105 EuGH, Rs. 302/84 (Ten Holder), Slg 1986, 1821 ff = SozR 6050 Art. 13 Nr. 8.

ren dürfe, die allein nach den Rechtsvorschriften eines Mitgliedstaates erworben worden sind. Der EuGH stellte sich in der Entscheidung aus 1986 auf den Standpunkt, dass dieser auch als „Petroni-Prinzip" bezeichnete Grundsatz nur für die Fälle der Kumulierung von Leistungen aufgrund der Rechtsvorschriften mehrerer Mitgliedstaaten gelte, nicht aber für die Regeln über die Bestimmung der anwendbaren Rechtsvorschriften. Diese Entscheidung ist in ihrer Begründung überzeugend, in ihrem Ergebnis aber unbefriedigend.

77 Da der Grundsatz der Vermeidung doppelter Beitragsbelastung aus dem Recht auf Freizügigkeit resultiert und Nachteile für diejenigen ausschließen will, die von dieser Möglichkeit Gebrauch machen, steht er für den EuGH nicht dem Bezug von Familienleistungen nach den nationalen Rechtsvorschriften des Wohnmitgliedstaats entgegen, wenn die betreffende Person nach Art. 11 Abs. 3 Buchstabe a) dem System der sozialen Sicherheit des Wohnmitgliedstaates unterliegt. Der Wohnstaat solle mit dieser Bestimmung nicht daran gehindert werden, dieser Person nach seinem Recht Familienleistungen zu gewähren.[106]

78 Allerdings kann dieser Grundsatz nicht uneingeschränkt gelten, wie bereits die Erwähnung der Art. 12 bis 16 der Verordnung in Abs. 3 S. 1 des Art. 11 zeigt. Art. 12 befasst sich mit der vorübergehenden Beschäftigung oder selbständigen Tätigkeit in einem anderen Mitgliedstaat, und Art. 13 mit der gleichzeitigen Tätigkeit als Arbeitnehmer und/oder als Selbständiger im Gebiet verschiedener Mitgliedstaaten.Vergleichbare Konstellationen können sich aber auch im Zusammenhang mit der freiwilligen Versicherung und der freiwilligen Weiterversicherung ergeben (Art. 14). S. 2 des Absatzes 1 hat nur deklaratorische Bedeutung, indem er klarstellt, dass sich aus dem Titel II der Verordnung ergibt, welche nationalen Rechtsvorschriften anwendbar sind. Dies ist nicht als Verweis auf einzelne Normen des nationalen Rechts eines Mitgliedstaats zu verstehen, sondern als kollisionsrechtliche Verweisung auf die für den betreffenden Lebenssachverhalt anwendbare nationale Rechtsordnung.

bb) Die maßgebliche Anknüpfung

79 Während Art. 11 Abs. 1 VO (EG) Nr. 883/04 nur eine allgemeine Aussage über das kollisionsrechtliche Grundverständnis der Verordnung trifft, enthält Abs. 2 eine Vorschrift, die die Zuordnung der Bezieher von Geldleistungen erleichtert. Die Absätze 3 und 4 enthalten dann Grundsatzregelungen über die maßgebliche Anknüpfung. Diese Regelungen stehen grundsätzlich unter dem Vorbehalt abweichender Regelungen der Verordnung. Der EuGH hat dazu in einer Entscheidung aus dem Jahre 1984 (Rs. 101/83 (Brusse), Slg 1984, 2223 Rn 16) ausgeführt: „In der Tat könnte die ausnahmslose Anwendung des in Art. 13 Abs. 2 Buchstabe a (nunmehr Art. 11 Abs. 3 Buchstabe a) aufgestellten Grundsatzes in bestimmten Sonderfällen sowohl für den Arbeitnehmer als auch für den Arbeitgeber und die Sozialversicherungseinrichtungen zur Schaffung statt zur Vermeidung administrativer Schwierigkeiten führen, die Verzögerungen bei der Übersendung der den Arbeitnehmer betreffenden Unterlagen und damit eine Beeinträchtigung der Freizügigkeit bewirken würden."

80 Abs. 3 Buchstabe a) erklärt den Beschäftigungsort bei abhängiger Beschäftigung zum grundsätzlichen Anknüpfungspunkt. Diese Anknüpfung gilt für alle im Lohn- oder Gehaltsverhältnis Beschäftigten, also „Arbeitnehmer". Wer als Arbeitnehmer anzusehen ist, bestimmt sich nach gemeinschaftsrechtlicher und nicht nach nationaler Begriffsbestimmung (vgl dazu näher die Erläuterungen zu Art. 1 der Verordnung). Diese Vorschrift normiert damit also das Beschäftigungslandprinzip und trifft so eine wichtige Grundentscheidung für das gesamte supranationale koordinierende Sozialrecht. Die Entscheidung für dieses Prinzip ist für solche sozialen Sicherungssysteme konsequent und richtig, die auch national an das Beschäftigungsverhältnis anknüpfen, wie dies bei der deutschen Sozialversicherung der Fall ist. Sie führt aber zu Schwierigkeiten bei solchen Systemen, bei denen Wohnsitz oder gewöhnlicher Aufenthalt maßgebend sind. Dies zeigt sich zum Beispiel bei

106 EuGH, v. 20.5.2008 Rs. C-352/06 (Bosmann), ZAR 2008, 238.

den Familienleistungen nach den Art. 67 ff.[107] Soweit es die Beschäftigungsverhältnisse betrifft, deckt sich die Entscheidung des Art. 11 Abs. 3 Buchstabe a) mit der des § 3 SGB IV.

Bei den Kollisionsnormen geht es jeweils darum, unter mehreren möglichen Anknüpfungspunkten den maßgeblichen festzustellen. Das Beschäftigungslandprinzip hat Vorrang vor dem Wohnlandprinzip.[108] Dies bedeutet auch, dass einer Person, die in einem Mitgliedstaat beschäftigt ist und in einem anderen wohnt, vom ersteren Mitgliedstaat nicht entgegengehalten werden kann, dass für die Aufnahme in sein System eine Wohnsitzvoraussetzung bestehe. In diesen Fällen führt Art. 11 Abs. 3 Buchstabe a) der Verordnung dazu, dass anstelle des Wohnsitzerfordernisses das Beschäftigungserfordernis tritt.[109] Vom Beschäftigungslandprinzip weicht die Verordnung zugunsten des Wohnlandprinzips nur in besonderen Fallgestaltungen und aus zwingenden Gründen praktischer Wirksamkeit ab, sofern nämlich die Anknüpfung an den Wohnstaat sach- und interessengerechter erscheint.[110] 81

Die Vorschrift räumt dem Beschäftigungslandprinzip auch den Vorrang vor dem Sitzlandprinzip ein. Während aber die VO Nr. 1408/71 ausdrücklich den Beschäftigungsort auch dann für maßgeblich erklärt, wenn der Arbeitgeber oder das Unternehmen, das den Arbeitnehmer beschäftigt, den Wohnsitz oder Betriebssitz in einem anderen Mitgliedstaat hat,[111] verzichtet die neue Verordnung auf eine ausdrückliche Regelung, was aber zu keiner Veränderung der Rechtslage führt. Dies gilt nicht nur für Personen, die in einem Lohn- oder Gehaltsverhältnis beschäftigt sind, sondern auch für die nur vorübergehend und unentgeltlich Tätigen. Das BSG hat deshalb Art. 13 Abs. 2 Buchstabe a) VO (EWG) Nr. 1408/71 (nunmehr Art. 11 Abs. 3 Buchstabe a) VO Nr. 883/04) auch in einem Fall angewandt, in dem es um den Versicherungsschutz wegen Arbeitsunfalls nach § 539 Abs. 2 RVO (jetzt § 2 Abs. 2 SGB VII) ging. Es sah die Pannenhilfe in Deutschland für einen Franzosen mit Wohnsitz im Elsass durch einen deutschen Arbeitnehmer als vom deutschen Unfallversicherungsrecht erfasst an.[112] Maßgebend war auch hier nicht der Wohnsitz des Franzosen – in diesem Fall als Arbeitgeber zu qualifizieren – sondern der Ort der Beschäftigung. Allerdings hätte hier im Ergebnis die Verordnung nicht angewendet werden dürfen, da es sich bei diesen Fällen der unechten Unfallversicherung um solche der sozialen Entschädigung handelt, die vom sachlichen Geltungsbereich der Verordnung auszunehmen ist.[113] 82

cc) Selbständige

Für den Fall der selbständigen Erwerbstätigkeit knüpft Art. 11 Abs. 3 Buchstabe a) wie § 3 SGB IV an den Tätigkeitsort an, wenn die Rechtsvorschriften des Mitgliedstaats als maßgeblich angesehen werden, in dem die selbständige Tätigkeit ausgeübt wird. Diese Anknüpfung stellt das Pendant zur Anknüpfung an den Beschäftigungsort für Arbeitnehmer dar. Die Vorschrift macht deutlich, dass auch in diesem Fall das Wohnlandprinzip zurücktreten muss. Auch hier gilt wieder der Grundsatz, dass ausschließlich die Rechtsvorschriften des Staates anwendbar sind, in dem der Selbständige seine Tätigkeit ausübt. 83

Den Konfliktfall von gleichzeitiger Ausübung einer selbständigen und einer abhängigen Tätigkeit regelt Art. 13 Abs. 3 VO (EG) Nr. 883/04, der dies grundsätzlich zugunsten der Anknüpfung an die abhängige Beschäftigung entscheidet. Dies ist sachgerecht, da die jeweiligen nationalen Sozialleistungssysteme zumeist ebenfalls vorrangig an das Beschäftigungsverhältnis anknüpfen und auch in der Verordnung eine entsprechende Abstufung festzustellen ist. Maßgebend ist deshalb grundsätzlich das Recht des Beschäftigungsstaates und zwar vollständig und nicht nur hinsichtlich einzelner 84

107 S. dazu *Steinmeyer*, in: Hanau/Steinmeyer/Wank, Handbuch des europäischen Arbeits- und Sozialrechts, § 23 Rn 367 f.
108 Vgl dazu auch EuGH, Rs. 102/76 (Perenboom), Slg 1977, 815 ff = SozR 6050 Art. 13 Nr. 1.
109 EuGH, Rs. C-2/89 (Kits van Heijningen), Slg 1990, I-1755 ff = NZA 1991, 614 f.
110 Vgl dazu EuGH, Rs. 58/87 (Rebmann), Slg 1988, 3467 ff= SozR 6050 Art. 71 Nr. 9.
111 Vgl dazu auch BSG, SozR 2200 § 646 Nr. 5.
112 BSG, SozR 2200 § 539 Nr. 107.
113 S. *Steinmeyer*, in: FS Gitter, S. 963 ff.

Zweige der sozialen Sicherheit (EuGH, Rs. C-71/93 (Poucke), Slg 1994, I-1101 ff = EAS VO (EWG) 1408/71 Art. 14 c Nr. 1).

dd) Sonderregelung für Seeleute

85 Für Seeleute bedarf es zumindest zur Klarstellung einer Bestimmung über die bei Tätigkeit an Bord eines Schiffes anwendbare Rechtsordnung. Die Verordnung hat sich insoweit in Art. 11 Abs. 4 für eine Anknüpfung entsprechend dem Flaggenrecht entschieden, wie sie auch sonst allgemein üblich ist.[114] Eine derartige Anknüpfung hat den Nachteil, dass sie die Seeleute nicht erfasst, deren Schiffe zwar vorwiegend in den Gewässern der Gemeinschaft verkehren, die aber unter einer sog. „Billigflagge" fahren. Die Anknüpfung an das Flaggenrecht bedeutet aber auch, dass der Flaggenstaat bei Anwendbarkeit seiner Rechtsordnung keine zusätzlichen Zugangsvoraussetzungen aufstellen darf, sofern sie verhindern, dass diese Kollisionsnorm ihre volle Wirksamkeit entfaltet.[115] Art. 11 Abs. 4 gilt nicht nur für die als Arbeitnehmer zu qualifizierenden Seeleute sondern auch für die an Bord eines Schiffes tätigen Selbständigen.

ee) Sonderregelung für Beamte

86 Die ausdrückliche Einbeziehung der Beamten in das Koordinierungssystem der VO (EG) Nr. 883/04 führt bei den Kollisionsnormen zu einer Sonderregelung für diesen Personenkreis. Art. 11 Abs. 3 Buchstabe b) erklärt das Recht des Beschäftigungsstaates für anwendbar, indem auf die beschäftigende Verwaltungseinheit verwiesen wird. Damit zieht die Verordnung für diesen Personenkreis die Konsequenzen aus dem Beschäftigungslandprinzip; abweichend von der VO (EWG) Nr. 1408/71 knüpft die Vorschrift aber nicht an den Sitz der Behörde, sondern an die „Verwaltungseinheit" an; damit ist nicht der Behördenbegriff maßgeblich, sondern ein weniger formaler, der auf die organisatorische Einheit abstellt. Allerdings ist hier nicht maßgeblich, wo sich die Verwaltungseinheit befindet, sondern der Verwaltung welchen Mitgliedstaats sie zuzuordnen ist. Das Recht dieses Mitgliedstaats ist daher auch anwendbar bei Tätigkeiten in einem anderen Mitgliedstaat; damit bleibt das gesamte Beitrags- und Leistungsrecht des Aufenthaltsstaats unanwendbar, so dass etwa einem nach Deutschland entsandten Beamten eines anderen Mitgliedstaates kein Kindergeld zusteht.[116]

ff) Sonderregelung für Zivil- und Wehrdienstleistende

87 Ein Beschäftigungsverhältnis liegt nicht vor, wenn jemand zur Erfüllung einer Wehrpflicht oder Zivildienstpflicht einberufen oder wiedereinberufen wird. Die betreffende Person erfüllt in diesem Fall eine öffentlich-rechtliche Dienstpflicht. Es bedurfte deshalb einer besonderen Regelung dieser Frage, wobei auch hier wieder deutlich wird, dass der Verordnungsgeber am Beschäftigungslandprinzip als Grundsatz festhält. Hier wird das Dienstverhältnis als Entsprechung des Beschäftigungsverhältnisses für maßgebend erklärt, indem Art. 11 Abs. 3 Buchstabe d) VO (EG) Nr. 883/04 an das Recht des Mitgliedstaats anknüpft, der die betreffende Person zum Wehrdienst einberuft oder wiedereinberuft.

gg) Auffangregelung

88 Unter der VO (EWG) Nr. 1408/71 ergab sich aufgrund der Entscheidung des Europäischen Gerichtshofs in der Rechtssache 302/84 (Ten Holder)[117] die Notwendigkeit einer Auffangregelung. Es erscheine aufgrund dessen erforderlich, diese neue Regelung aufzunehmen, „damit die Rechtsvorschriften eines Mitgliedstaats nicht weiterhin anwendbar sind, ohne dass die Rechtsvorschriften eines anderen Mitgliedstaats gemäß einer der in den vorausgehenden Buchstaben eben dieses Arti-

114 Vgl dazu etwa im deutschen Recht § 4 Abs. 2 SGB IV sowie BSGE 36, 276 ff. und BSG, SozR 2400 § 8 Nr. 1; vgl zum Arbeitsrecht BAG, NZA 1990, S. 841 ff = IPRax 1991, S. 407 ff sowie IPRax 1991, S. 382 ff.

115 EuGH, Rs. C-196/90 (De Paep), Slg 1991, I-4815 ff.

116 BSG, SozR-6050 Art. 13 Nr. 3.

117 EuGH, Rs. 302/84 (Ten Holder), Slg 1986, 1821 ff; vgl hierzu auch *Haverkate/Huster*, S. 111 f.

kels 13 Abs. 2 (nunmehr Art. 11 Abs. 3) genannten Vorschriften oder einer der in den Artikeln 14 bis 17 der betreffenden Verordnung (nunmehr Art. 12 bis 16) vorgesehenen Ausnahmen auf sie anwendbar würden."[118] In der Entscheidung Ten Holder ging es um die kollisionsrechtliche Zuordnung nach Beendigung einer Beschäftigung. Der Gerichtshof hatte sich für die weitere Anwendung der Rechtsvorschriften des bisherigen Beschäftigungsstaats entschieden, und zwar auch dann, wenn die betreffende Person in einem anderen Mitgliedstaat wohnt.

Davon weicht Art. 11 Abs. 3 Buchstabe e) ab und spricht sich allgemein als Auffangregelung für die Geltung des Wohnlandprinzips aus. Buchstabe e) nennt dafür zum einen als Voraussetzung, dass die betreffende Person nicht unter die Buchstaben a) bis d) des Art. 11 Abs. 3 fällt. Damit kann nur gemeint sein, dass ein Beschäftigungsverhältnis oder eines der anderen in Art. 11 Abs. 3 genannten Verhältnisse nicht oder nicht mehr besteht, das die Anwendbarkeit der jeweiligen nationalen Rechtsordnung auslöst. Diese Person unterliegt den Rechtsvorschriften des Wohnmitgliedstaats aber nur vorbehaltlich besonderer Bestimmungen der Verordnung, aus denen sich Leistungsansprüche aufgrund von Rechtsvorschriften eines oder mehrerer anderer Mitgliedstaaten ergeben. Mit dieser zweiten Voraussetzung wird die Subsidiarität dieser Kollisionsregel zum Ausdruck gebracht. Sie kann nur gelten, wenn nicht die anderen allgemeinen Kollisionsregeln oder die sonstigen Vorschriften der VO für den jeweiligen Fall eine andere Anknüpfung vorsehen. 89

c) Entsendung und vorübergehende selbständige Tätigkeit

Die wichtigste Modifikation der Grundsatznorm des Art. 11 VO (EG) Nr. 883/04 findet sich in Art. 12 der Verordnung. Sie stellt zwar einerseits wie die Buchstaben b) bis e) des Art. 11 Abs. 2 der Verordnung eine Modifikation des Beschäftigungslandprinzips dar, indem für die Anknüpfung an das Beschäftigungsverhältnis die Ausnahmen bestimmt werden. Während sich aber die Modifikationen der Buchstaben b) bis e) des Art. 11 Abs. 2 im Wesentlichen mit besonderen, vom typischen Beschäftigungsverhältnis abweichenden Tätigkeiten befassen, hat Art. 12 VO (EG) Nr. 883/04 das typische Beschäftigungsverhältnis zum Gegenstand und regelt verschiedene Fallkonstellationen bei Sachverhalten mit Berührung zu mehreren Mitgliedstaaten. Während aber Art. 11 Abs. 3 Buchstabe a) abhängige Beschäftigung und selbständige Tätigkeit rechtstechnisch zusammen behandelt, beschränkt sich hier Abs. 1 auf die abhängig Beschäftigten und für die Selbständigen sieht Abs. 2 eine eigene Regelung vor. 90

Aus Art. 11 Abs. 3 Buchstabe a) der Verordnung ergibt sich, dass bei einer Person, die im Gebiet eines Mitgliedstaats im Lohn- oder Gehaltsverhältnis beschäftigt ist, grundsätzlich der Ort der Beschäftigung maßgebend ist. Dies beruht für die abhängige Beschäftigung darauf, dass bei Anknüpfung an das Beschäftigungsverhältnis für die Bestimmung der anzuwendenden nationalen Rechtsordnung grundsätzlich auf den Schwerpunkt dieses Rechtsverhältnisses abzustellen ist. Eine derartige Konstruktion bestimmt die Anwendbarkeit von nationalen Rechtsvorschriften danach, zu welcher Rechtsordnung der Sachverhalt die engsten Verknüpfungen hat. In den Fällen der vorübergehenden Tätigkeit in einem anderen Staat und bei Tätigkeiten im Verkehrswesen vermag der tatsächliche Beschäftigungsort, anders als sonst, nicht den Schwerpunkt des Beschäftigungsverhältnisses zu bezeichnen. Es ist dann nach anderen Anknüpfungspunkten zu suchen. Dies ist der Zweck des Art. 12 der Verordnung ebenso wie der Aus- und Einstrahlungsregelungen der §§ 4 und 5 SGB IV. 91

aa) Die Entsendungsregelung des Art. 12 Abs. 1 VO (EG) Nr. 883/04

Abs. 1 enthält dabei die typische Entsendungsregelung, wie sie sich im nationalen deutschen Sozialversicherungsrecht in den §§ 4 und 5 SGB IV und im zwischenstaatlichen Recht in den Sozialversicherungsabkommen findet[119] und ausspricht, dass trotz tatsächlicher Beschäftigung in einem anderen Mitgliedstaat die Rechtsvorschriften des Staates weiterhin anwendbar bleiben, aus dessen 92

118 ABl. Nr. L 206/2 vom 29.7.1991.

119 Vgl zu den Entsendungsregelungen des nationalen, internationalen und supranationalen Rechts *Steinmeyer*, Die Einstrahlung.

Gebiet die betreffende Person in das Gebiet eines anderen Mitgliedstaats entsandt wird. Aus diesem Grundgedanken ergibt sich, dass Voraussetzungen für eine derartige Entsendung sind: 1. das Bestehen eines Beschäftigungsverhältnisses zu einem Unternehmen im Gebiet eines Mitgliedstaats, 2. der Tatbestand der Entsendung, 3. der Fortbestand des Beschäftigungsverhältnisses zum bisherigen Arbeitgeber während der Entsendung und 4. die vorherige zeitliche Befristung der Entsendung.

93 Da in den Entsendungsfällen nicht der tatsächliche Beschäftigungsort, sondern das im bisherigen Mitgliedstaat fortbestehende Beschäftigungsverhältnis für die Anknüpfung maßgebend ist, muss zunächst geprüft werden, ob ein Beschäftigungsverhältnis zu einem Unternehmen in diesem Mitgliedstaat besteht. Vom Wortlaut her nicht ausgeschlossen ist die Anwendung dieser Regelung auch auf solche Fälle, in denen der Arbeitnehmer nur zum Zwecke der Entsendung eingestellt worden ist. Hier ergeben sich Zweifel, ob auch diese Fälle noch vom Zweck der Vorschrift gedeckt sind.[120]

94 Dazu sieht der Beschluss Nr. 128 der Verwaltungskommission der Europäischen Gemeinschaften für die soziale Sicherheit der Wanderarbeitnehmer vom 17.10.1985 vor, dass auch eine Einstellung zum Zwecke der Entsendung für die Anwendung der Entsendungsregelung des Art. 14 VO (EWG) Nr. 1408/71(nunmehr Art. 12 Abs. 1 VO 883/04) ausreicht.[121] Begründet wurde dies, indem als Aufgabe des Art. 14 VO (EWG) Nr. 1408/71 – nun Art. 12 VO Nr. 883/04 die Vermeidung von Verwaltungsaufwand bei kurzfristigen Beschäftigungszeiten in anderen Mitgliedstaaten genannt wurde. Dies ist sicherlich einer der Zwecke dieser Vorschrift, aber nicht der alleinige, so dass gegen diese Argumentation der Verwaltungskommission Bedenken zu erheben sind. Gleichwohl ist sie im Ergebnis zutreffend, da auch der in einem Mitgliedstaat zum Zwecke der Entsendung eingestellte Arbeitnehmer regelmäßig daran interessiert sein wird, in seinem bisherigen Sozialleistungssystem zu verbleiben. Der Beschluss der Verwaltungskommission verlangt aber, dass zwischen dem Unternehmen und dem Arbeitnehmer während der Dauer der Entsendung weiterhin eine arbeitsrechtliche Bindung besteht und das Unternehmen seine Tätigkeit gewöhnlich in dem Mitgliedstaat ausübt, aus dem die Arbeitnehmer entsandt wurden. Nunmehr sieht Art. 14 Abs. 1 DVO vor, dass auch Personen erfasst werden, die im Hinblick auf die Entsendung in einen anderen Mitgliedstaat eingestellt wurden, sofern diese unmittelbar vor Beginn ihrer Beschäftigung bereits den Rechtsvorschriften des Mitgliedstaates unterlegen haben, in dem das Unternehmen, bei dem sie eingestellt wurden, seinen Sitz hat. Dabei ist grundsätzlich von einer Mindestzugehörigkeit zu den Rechtsvorschriften dieses Staates von einem Monat auszugehen,[122] um so Missbräuche zu verhindern.

95 Unter Entsendung ist eine durch den Arbeitgeber veranlasste und in seinem Interesse erfolgte Ortsveränderung zu verstehen. Eine Entsendung liegt deshalb nicht vor bei sog. Ortskräften, dh solchen Arbeitnehmern, die erst in dem anderen Mitgliedstaat eingestellt worden sind. Sie unterliegen den Rechtsvorschriften des Mitgliedstaats, in dem sie eingestellt worden sind.

96 Während einer derartigen Entsendung muss das Beschäftigungsverhältnis zum entsendenden Unternehmen fortbestehen. Es muss eine den Wechsel des Beschäftigungsorts überdauernde Verknüpfung vorliegen. Dies bringt die Verordnung auch dadurch zum Ausdruck, dass sie verlangt, der Arbeitnehmer müsse von seinem Unternehmen zur Ausführung einer Arbeit für dessen Rechnung in das Gebiet eines anderen Mitgliedstaats entsandt sein. Wenn Art. 11 Abs. 3 Buchstabe a) VO (EG) Nr. 883/04 den Arbeitnehmer den Rechtsvorschriften am Beschäftigungsort unterwirft ohne Rücksicht auf den Sitz des Arbeitgebers oder des Unternehmens, so folgt daraus für Art. 12 Abs. 1, dass auch hier nicht maßgebend sein kann, ob dieser Sitz sich in dem Staat befindet, aus dem der Arbeitnehmer entsandt wird. Ansonsten ließe sich nicht die Fortsetzung des Versicherungsverhältnisses zum Sozialleistungsträger des Staates sicherstellen, bei dem der Arbeitnehmer aufgrund der Grundsatzregelung des Art. 11 Abs. 3 Buchstabe a) versichert gewesen ist.

120 So aber EuGH, Rs. 19/67 (Van der Vecht), Slg 1967, 462 ff zur VO Nr. 3.
121 ABl. Nr. C 141 vom 7.6.1986.
122 Beschluss A 2 der Verwaltungskommission v. 12.6.2009, ABl. EU C 106/5.

Das Vorliegen einer fortbestehenden Verknüpfung kann in den Fällen zweifelhaft werden, in denen etwa ein Arbeitnehmer in ein Tochterunternehmen oder eine Repräsentanz entsandt worden ist. Er kann dort in einer Weise eingegliedert sein, die gegen eine fortbestehende Verknüpfung zum bisherigen mitgliedstaatlichen System spricht; es wird dabei dann darauf ankommen, ob über die Konzernzugehörigkeit hinausgehende Verknüpfungen bestehen. Ein – wenn auch mit Vorsicht zu handhabendes – Indiz ist dabei die fortdauernde Gehaltszahlung durch das entsendende Unternehmen. Ein weiteres Indiz ist die fortdauernde Bindung des Arbeitnehmers an Weisungen des entsendenden Unternehmens. Ein wichtiges Indiz gibt schließlich die Verordnung, wenn sie verlangt, dass der Arbeitnehmer für die Ausführung einer Arbeit entsandt sein muss. Es muss also auch bei der Entsendung in ein Tochterunternehmen um die Erfüllung einer konkret abgrenzbaren Aufgabe gehen. 97

Der Beschluss A 2 der Verwaltungskommission formuliert dazu für die neue VO (EG) Nr. 883/04 Kriterien. Entscheidend ist danach, dass während der vorübergehenden Tätigkeit in einem anderen Mitgliedstaat eine unmittelbare Bindung zum Arbeitgeber bestehen bleibt. Um dies bewerten zu können, sollen die Umstände des Falles herangezogen werden, also etwa die Einstellungsbefugnis, der Arbeitsvertrag, die Entgeltzahlung, die Kündigungsbefugnis und das Direktionsrecht. Die Regelung des Art. 12 Abs. 1 soll danach auch in Fällen gelten, in denen der Arbeitnehmer dann im Aufnahmestaat zu weiteren Einrichtungen entsandt wird, sofern sichergestellt bleibt, dass er seine Tätigkeit für die entsendende Einrichtung ausübt. Kurze Unterbrechungen sollen unschädlich sein. Ist eine Entsendung beendet, so darf eine erneute Entsendung in die gleiche Einrichtung erst erfolgen, wenn mindestens zwei Monate verstrichen sind. Eine Entsendung soll hingegen nicht angenommen werden können, wenn die aufnehmende Einrichtung über den Arbeitnehmer weiterverfügt, ihn also anderen Unternehmen überlässt. Dies wird auch dann angenommen, wenn ein Arbeitnehmer in einem Mitgliedstaat angeworben wird, um von einem in einem zweiten Mitgliedstaat gelegenen Unternehmen in einen dritten Mitgliedstaat entsandt zu werden. Wird allerdings ein Arbeitneher, der in einem Mitgliedstaat wohnt, von einem Unternehmen in einem anderen Mitgliedstaat angestellt, um dann in einen dritten Mitgliedstaat entsandt zu werden, so liegt eine Entsendung im Sinne von Art. 12 Abs. 1 vor, sofern er vor Beginn dieser Beschäftigung mindestens einen Monat unter die Rechtsvorschriften des Entsendestaats unterfiel.[123]

Werden Arbeitnehmer eines Unternehmens innerhalb der Europäischen Union grenzüberschreitend 98
einem anderen Unternehmen überlassen, so ist nach der Rechtsprechung des Europäischen Gerichtshofs der betreffende Arbeitnehmer weiterhin als dem Verleihunternehmen zugehörig zu betrachten.[124] Er begründet dies mit der Erwägung, dass es Sinn der Entsendungsregelung sei, Hindernisse für die Freizügigkeit von Arbeitnehmern zu überwinden. Es sei daher nicht sinnvoll, sie während der Tätigkeit beim Entleihunternehmen den Rechtsvorschriften eines anderen Mitgliedstaats zu unterwerfen. Die Problematik bestehe hier aber darin, dass angesichts der Unterschiedlichkeit der Sozialleistungssysteme zwischen den Mitgliedstaaten und der unterschiedlichen Beitragsbelastung dies von Verleihunternehmen missbraucht werden könnte. Deshalb verlangt Art. 12 Abs. 1 VO (EG) Nr. 883/04, dass der Arbeitgeber in dem Mitgliedstaat, aus dem entsandt wird, gewöhnlich tätig wird. Arbeitnehmer eines Unternehmens also, das ausschließlich oder überwiegend grenzüberschreitend verleiht, unterfallen bei der Tätigkeit bei einem Entleiher in einem anderen Mitgliedstaat nicht weiter den Rechtsvorschriften des Entsendestaates. In einer Entscheidung vom 10. Februar 2000 hat der Europäische Gerichtshof[125] nunmehr klargestellt, dass ein Zeitarbeitsunternehmen nur dann unter Art. 14 Abs. 1 Buchst. a VO (EWG) Nr. 1408/71 (nunmehr Art. 12 Abs. 1 VO Nr. 883/04) fällt, wenn es seine Geschäftstätigkeit überwiegend im Entsendestaat ausübt.[126]

123 So auch *Schreiber*, in: Schreiber/Wunder/Dern, VO (EG) Nr. 883/04, Art. 12 Abs. 6; *Tiedemann*, NZS 2011, 41/43; aA zu VO (EWG) 1408/71; *Joussen*, NZS 2003, 19/25.

124 EuGH, Rs. 35/70 (Manpower), Slg 1970, 1251 ff.

125 EuGH, Rs. 202/97 (Fitzwilliam), *Oetker/Preis*, EAS C VO (EWG) Nr. 1408/71 Art. 14 Nr. 4.

126 S. zu den Details Beschluss Nr. A 2 vom 12.6.2009.

99 Die Entsendung muss zeitlich begrenzt sein. Anders als die §§ 4 und 5 SGB IV enthält Art. 12 der Verordnung eine feste Höchstfrist. Die Vorschrift sieht auch nicht vor, dass sich die zeitliche Begrenzung aus dem Vertrag oder aus der Eigenart der Beschäftigung ergeben müsse. Art. 12 differenziert insoweit nicht; wenn es aber um die Frage geht, aufgrund welcher Kriterien die Dauer der Arbeit zu ermitteln ist, so wird auf den Vertrag oder die Eigenart der Beschäftigung zurückzugreifen sein. Die Dauer der Arbeit darf voraussichtlich 24 Monate nicht überschreiten. Damit ist erforderlich, dass die zeitliche Begrenzung bereits bei Beginn der Tätigkeit feststeht.

100 Zusätzlich sieht Art. 12 Abs. 1 VO Nr. 883/04 vor, dass die Rechtsvorschriften des Entsendestaates nur dann weitergelten, wenn der betreffende Arbeitnehmer nicht an Stelle eines anderen Arbeitnehmers entsandt wird, dessen Entsendezeit abgelaufen ist. Diese Voraussetzung soll Missbräuche verhindern – etwa den, dass Unternehmen mit langfristigen Bauaufträgen außerhalb des Mitgliedstaats, in dem der Betrieb liegt, von dem aus die Arbeitnehmer entsandt worden sind, die entsandten Arbeitnehmer turnusmäßig ablösen, um die Abführung höherer Beiträge im Beschäftigungsland zu vermeiden. Der Systematik der Kollisionsnormen des supranationalen Sozialrechts hätte es eher entsprochen, auch die ablösenden Arbeitnehmer von den Rechtsvorschriften des Entsendestaats zu erfassen, da das Schutzbedürfnis das gleiche ist. Die Vorschrift ist deshalb auch eng auszulegen und kann nicht alle Ablösungen eines Arbeitnehmers durch einen anderen betreffen, sondern nur solche, wo der Grund für die Ablösung der Ablauf der Entsendezeit ist.

101 Im Gegensatz zur VO Nr. 1408/71 sieht Art. 12 VO Nr. 883/04 eine Verlängerungsmöglichkeit nicht mehr vor; die alte Verordnung hatte eine Frist von 12 Monaten mit einer Verlängerung um weitere 12 Monate unter bestimmten Voraussetzungen vorgesehen. Diese kurze Frist war verstärkt in die Kritik geraten.[127] Nunmehr geht der Verordnungsgeber davon aus, dass eine Frist von 24 Monaten ausreichend großzügig bemessen ist und in Fällen, in denen diese Frist nicht ausreicht, der Weg über die Vereinbarung einer Ausnahme nach Art. 16 gegangen wird. Mit der Frist von 24 Monaten befindet sich die VO Nr. 883/04 in Übereinstimmung mit zahlreichen Sozialversicherungsabkommen.[128]

Unternehmen nehmen angesichst einer eher starren Regelung in beträchtlichem Maße den Art. 16 VO (EG) Nr. 883/04 in Anspruch und beantragen die Vereinbarung von Ausnahmen. Hier dürfte zwar die Verlängerung der Entsendefrist auf 24 Monate Erleichterungen gebracht haben; der Bedarf an zusätzlicher Flexibilität dürfte aber weiter bestehen.

102 Der Nachweis über die Fortgeltung der Vorschriften des Entsendestaates wird nach Art. 19 Abs. 2 DVO durch eine Bescheinigung des Mitgliedstaats geführt, dessen Rechtsvorschriften weitergelten (Bescheinigung A1).

bb) Ausübung von Tätigketen in mehreren Mitgliedstaaten

103 Aus Art. 11 Abs. 3 Buchstabe a) ergibt sich, dass bei einer Person, die im Gebiet eines Mitgliedstaats im Lohn- oder Gehaltsverhältnis beschäftigt ist, grundsätzlich der Ort der Beschäftigung maßgebend ist. Dies beruht darauf, dass bei Anknüpfung an das Beschäftigungsverhältnis für die Bestimmung der anzuwendenden nationalen Rechtsordnung grundsätzlich auf den Schwerpunkt dieses Rechtsverhältnisses abzustellen ist. Eine derartige Konstruktion bestimmt die Anwendbarkeit von nationalen Rechtsvorschriften danach, zu welcher Rechtsordnung der Sachverhalt die engsten Verknüpfungen hat. Die Frage der Anknüpfung bei Tätigkeit in mehreren Mitgliedstaaten taucht etwa im internationalen Verkehrswesen, aber nicht nur dort, auf. Da aber Art. 11 nur für die Tätigkeit in einem Mitgliedstaat die anwendbare Rechtsordnung bestimmt und Art. 12 nur die Fälle regelt, in denen bei Schwerpunkt des Beschäftigungsverhältnisses in einem Mitgliedstaat die tatsächliche Beschäftigung vorübergehend in einem anderen Mitgliedstaat stattfindet, bedurfte es einer Sonderregelung für die Fälle, in denen die Beschäftigung typischerweise in zwei und mehr Mitgliedstaaten ausgeübt wird.

---

127 European Observatory on Social Security for Migrant Workers, European Report, München 2001, S. 12.
128 Vgl dazu näher *Steinmeyer*, Die Einstrahlung, S. 99 ff.

Ist eine Person in zwei oder mehr Mitgliedstaaten im Lohn- oder Gehaltsverhältnis beschäftigt oder selbständig tätig, so ist die Anknüpfung an den Beschäftigungs- bzw Tätigkeitsort untauglich. Die Anknüpfung an den Sitz oder Wohnsitz des Unternehmens bzw Arbeitgebers erscheint ebenfalls nicht sinnvoll, da er bei Tätigkeiten der betreffenden Person in mehreren Mitgliedstaaten nicht zuverlässig die sachgerechteste Rechtsordnung bezeichnet. Hier greift deshalb die nach dem System der Verordnung subsidiäre Anknüpfung an den Wohnsitz ein. Voraussetzung ist, dass die betreffende Person typischerweise ihre Tätigkeit im Gebiet mehrerer Mitgliedstaaten ausübt. Dies hat der Europäische Gerichtshof auch in einem Fall eines dänischen Arbeitnehmers angenommen, der in Dänemark wohnt und ausschließlich von einem Unternehmen mit Sitz in Deutschland beschäftigt wird und der im Rahmen dieses Arbeitsverhältnisses einen Teil seiner Tätigkeit regelmäßig im Umfang von mehreren Stunden pro Woche während eines Zeitraums, der nicht auf zwölf Monate beschränkt ist, in Dänemark ausübt.[129] Die gleiche Anknüpfung gilt für solche Fälle, in denen die betreffende Person für mehrere Unternehmen oder mehrere Arbeitgeber tätig ist, die ihren Sitz oder Wohnsitz im Gebiet verschiedener Mitgliedstaaten haben. Voraussetzung ist in beiden Fällen weiterhin, dass sie für ihre Tätigkeit dem dortigen System sozialer Sicherheit angeschlossen ist; anderenfalls gelten die Vorschriften des anderen Beschäftigungsstaates.[130] 104

Bemerkenswert dabei ist, dass beim Vorliegen mehrerer Beschäftigungsverhältnisse nicht für jedes Beschäftigungsverhältnis separat angeknüpft wird, sondern auf die gesamte Berufstätigkeit der betreffenden Person abgestellt wird, wie sich ausdrücklich aus Art. 13 Abs. 5 ergibt. Dadurch wird die gleichzeitige Anwendung mehrerer Rechtsordnungen vermieden, die insbesondere im Leistungsrecht bei solchen Risiken zu unlösbaren Schwierigkeiten führen würde, die sich ihrer Natur nach nicht dem territorialen Anwendungsbereich einer der betroffenen Rechtsordnungen zuordnen lassen.[131] 105

Mit Art. 13 Abs. 1 Buchsatbe a) unvereinbar ist eine nationale Bestimmung eines Mitgliedstaats, „die besagt, dass ein in diesem Mitgliedstaat wohnender Arbeitnehmer nicht altersrentenversichert ist, weil er nach den Rechtsvorschriften eines anderen Mitgliedstaats altersrentenversichert ist, und zwar auch dann nicht, wenn er im Gebiet des ersten Mitgliedstaats wohnt und dort zugleich – neben seiner Tätigkeit im Gebiet des anderen Mitgliedstaats – in einem Arbeitsverhältnis steht. Der Umstand, dass die Beschäftigung im Wohnstaat gegenüber der im anderen Mitgliedstaat ausgeübten Haupttätigkeit des Betroffenen nur Nebentätigkeitscharakter hat, ändert nichts hieran."[132] Anderenfalls würde der Mitgliedstaat selbst bestimmen können, inwieweit seine eigenen Rechtsvorschriften oder die eines anderen Mitgliedstaats anwendbar sind. 106

Subsidiär kann auch der Sitz des Unternehmens bzw der Wohnsitz des Arbeitgebers maßgebend sein (Art. 13 Abs. 1 Buchstabe b)). Dies ist dann anzunehmen, wenn Wohnsitzstaat und Beschäftigungsstaat bei Tätigkeit in mehreren Mitgliedstaaten sich auch nicht zum Teil decken, wenn also eine Person in keinem dieser Mitgliedstaaten wohnt. Hier kommt dann wieder der Grundgedanke der prinzipiellen Anknüpfung an das Beschäftigungsverhältnis zum Tragen, indem der Sitz der einen Partei des Beschäftigungsverhältnisses für maßgeblich erklärt wird. In diesen Fällen besteht, wie beim Grenzgänger, keine Beziehung zwischen Beschäftigungsverhältnis und Wohnsitz. 107

Die beim Zusammentreffen von abhängiger Beschäftigung und selbständiger Tätigkeit hinsichtlich der Anknüpfung entstehende Konfliktsituation löst Art. 13 in Abs. 3 zugunsten der Beschäftigung, indem bei einer Person, die in verschiedenen Mitgliedstaaten eine abhängige Beschäftigung und eine selbständige Tätigkeit ausübt, die abhängige Beschäftigung, also der Beschäftigungsort, maßgeblich sein soll. Dies ist sachgerecht, da die jeweiligen nationalen Sozialleistungssysteme zumeist ebenfalls vorrangig an das Beschäftigungsverhältnis anknüpfen und auch in der Verordnung eine entsprechende Abstufung festzustellen ist. Maßgebend ist deshalb grundsätzlich das Recht des 108

129 EuGH, Rs. C-425/93 (Calle Grenzshop), *Oetker/Preis*, EAS C VO [EWG] 1408/71 Art. 14 Nr. 3 = Slg 1995, I-269.

130 EuGH, Rs. 8/75 (Caisse primaire d'assurance maladie de Selestat), Slg 1975, 739 ff – zu VO [EWG] Nr. 3).

131 EuGH, Rs. 73/72 (Bentzinger), Slg 1973, 283 ff.

132 EuGH, Rs. 276/81 (Kuijpers), Slg 1982, 3027 ff = SozR 6050 Art. 14 Nr. 2).

Beschäftigungsstaates und zwar vollständig und nicht nur hinsichtlich einzelner Zweige der sozialen Sicherheit.[133] Für den Fall, dass diese Person eine abhängige Beschäftigung in zwei oder mehr Mitgliedstaaten ausübt, der Beschäftigungsort also nicht weiterhilft, soll die Regelung des Absatzes 1 greifen, also hilfsweise zunächst die Anknüpfung an den Wohnsitz und dann subsidiär die an den Sitz des Unternehmens bzw Arbeitgebers greift.

109 Bei Beschäftigung in unterschiedlichem Status (Beamte versus Arbeitnehmer und Selbstständige) räumt Art. 13 Abs. 4 der Beamteneigenschaft zur Vermeidung von Doppelversicherung den Vorrang ein. Er knüpft insoweit auch an Art. 13 Abs. 3 an, der für das Nebeneinander von abhängiger Beschäftigung und selbstständiger Tätigkeit einen grundsätzlichen Vorrang für die Anknüpfung an die abhängige Beschäftigung vorsieht. Über Abs. 3 hinausgehend gilt dies hier auch für den Fall, dass die betreffende Person in anderen Mitgliedstaaten sowohl abhängige Beschäftigung als auch selbstständige Tätigkeit ausübt.

110 Eine solche Person, die ihre Tätigkeit gewöhnlich im Gebiet von zwei oder mehr Mitgliedstaaten ausübt, hat davon den Träger ihres Wohnsitzstaates zu unterrichten bzw den Träger des Staates zu unterrichten, dessen Rechtsvorschriften gelten.

d) Kollision von freiwilliger und Pflichtversicherung

111 Kennzeichnend für die Sozialversicherungssysteme der Mitgliedstaaten ist, dass sie zumeist neben der Pflichtversicherung auch die freiwillige Versicherung zulassen. Es kommt aber auch vor, dass es für einzelne Zweige in einem Mitgliedstaat nur ein System der freiwilligen Versicherung gibt. Aufgrund dieser Situation kann es sowohl zu einem Zusammentreffen von freiwilliger Versicherung und Pflichtversicherung kommen als auch dazu, dass die Kollisionsregeln der Verordnung auf eine Rechtsordnung verweisen, die keine Pflichtversicherung, sondern nur eine freiwillige Versicherung oder freiwillige Weiterversicherung vorsieht. Art. 14 Abs. 1 VO (EG) Nr. 883/04 regelt diesen im gewissen Sinne negativen Kollisionsfall, während die Absätze 2 und 3 sich dem Zusammentreffen von freiwilliger Versicherung und Pflichtversicherung widmen.

112 Vom Grundsatz des Art. 11 macht Art. 14 Abs. 1 der Verordnung eine Ausnahme für den Fall einer freiwilligen Versicherung oder freiwilligen Weiterversicherung. Hier wird also hinsichtlich der Anwendbarkeit einer bestimmten Rechtsordnung allein auf das nationale Recht verwiesen; Art. 11 bis 13 bleiben insoweit unanwendbar.[134] In diesem Fall wird eine freiwillige Versicherung neben einer Pflichtversicherung zugelassen, der Grundsatz der alleinigen und ausschließlichen Versicherungszugehörigkeit zum System eines einzigen Mitgliedstaats gilt insoweit nicht. Der Vorrang der Pflichtversicherung bleibt so erhalten. Die Vorschrift ist dahingehend zu verstehen, dass in diesen Fällen hinsichtlich der Pflichtversicherung die nach den Kollisionsregeln der Verordnung subsidiär zuständige Rechtsordnung greift. Davon zu unterscheiden ist der ebenfalls in Art. 14 Abs. 1 angesprochene Fall, dass ein nationales System für einen der in Art. 4 genannten Zweige der sozialen Sicherheit nur die freiwillige Versicherung vorsieht; in diesem Fall finden auch für die freiwillige Versicherung die Art. 11 bis 13 Anwendung.

e) Abweichende Vereinbarungen

113 Art. 16 VO (EG) Nr. 883/04 sieht vor, dass zwei oder mehr Mitgliedstaaten, von den Art. 11 bis 15 der Verordnung abweichende Vereinbarungen treffen können. Bedeutung erlangt diese Regelung bei der Befristung von Entsendungen. Von der ansonsten bewährten Vorschrift des Art. 12 wird abgewichen, um die Zeitspanne der Entsendung zu verlängern, da die Versicherten in der Regel ein Interesse daran haben, in der nationalen Sozialordnung verbleiben zu können. Die auch nach der Verlängerung auf 24 Monate wohl oft noch zu kurze und starre Frist des Art. 12 führt bei den ent-

133 EuGH, Rs. C-71/93 (Poucke), Slg 1994, I-1101 ff = *Oetker/Preis*, EAS C VO (EWG) 1408/71 Art. 14c Nr. 1.
134 S. dazu auch *Devetzi*, S. 89.

sendenden Unternehmen zu praktischen Schwierigkeiten und zu einem erhöhten Verwaltungsaufwand.[135]

Von der Möglichkeit der Vereinbarung nach Art. 16 der Verordnung wird in der Praxis relativ großzügig Gebrauch gemacht. Die Praxis variiert im Einzelnen. So sind die meisten Mitgliedstaaten bereit, etwa die Höchstdauer der Entsendung flexibel zu handhaben, während Belgien und die Niederlande nicht bereit sind, einer Freistellung von den jeweiligen Rechtsvorschriften über soziale Sicherheit zuzustimmen, wenn es einen Zeitraum von fünf Jahren übersteigt. Mit einer solchen Frist von fünf Jahren arbeiten auch Dänemark, Griechenland, Großbritannien, Italien und Irland. Frankreich und Deutschland akzeptieren generell Zeiträume von bis zu acht Jahren, sind aber auch – wie allgemein Portugal – zu weiterer Flexibilität bereit.[136] 114

Einer Vereinbarung nach Art. 16 bedarf es etwa, wenn von vornherein absehbar ist, dass die Tätigkeit in einem anderen Mitgliedstaat 24 Monate übersteigen wird. Art. 16 soll nicht faktisch die Möglichkeit einer Rechtswahl einräumen, sondern für Fälle, in denen trotz längeren Aufenthalts in einem anderen Mitgliedstaat der Schwerpunkt des Beschäftigungsverhältnisses weiterhin im Entsendestaat verbleibt, eine sachgerechte Zuordnung ermöglichen. 115

Art. 16 nennt als Partner einer derartigen Vereinbarung die Mitgliedstaaten, die zuständigen Behörden dieser Staaten und die von diesen Behörden bezeichneten Einrichtungen. Für die Bundesrepublik Deutschland ist die bezeichnete Einrichtung in der Regel die Deutsche Verbindungsstelle Krankenversicherung-Ausland. Zuständige Behörde ist der Bundesminister für Arbeit und Soziales. 116

Die Rechtsnatur der Vereinbarungen richtet sich nach den jeweiligen Vertragspartnern. Vereinbarungen zwischen Mitgliedstaaten haben völkerrechtlichen Charakter. Da zur Erfüllung einer Vereinbarung nach Art. 16 der Verordnung in der Regel kein gesetzgeberischer Akt erforderlich ist, handelt es sich um ein Verwaltungsabkommen, das keiner Zustimmung des Parlaments bedarf.[137] Allerdings vertritt das BSG[138] die Auffassung, dass Sonderabkommen nach Art. 17 (jetzt Art. 16 VO Nr. 883/04), die die Versicherungszugehörigkeit einer nach abstrakt-generellen Merkmalen bestimmten Gruppe von Arbeitnehmern abweichend von Art. 13 f (jetzt Art. 11 f) der Verordnung regeln, für ihre innerstaatliche Wirksamkeit des hierfür nach nationalem Recht vorgesehenen Anwendungsbefehls bedürfen (Verkündung des Vertragsinhalts mit Gesetzes- bzw Verordnungskraft). Dem ist für diese besondere Konstellation zuzustimmen, wenn auch die daraus resultierenden Schwierigkeiten nicht unterschätzt werden dürfen. Abstrakt-generelle Regelungen haben nach deutschem öffentlichem Recht Rechtsnormcharkter[139] In den anderen Fällen handelt es sich um öffentlich-rechtliche Verträge. 117

Mit einer Vereinbarung nach Art. 16 VO (EG) Nr. 883/04 kann aber immer nur die Anwendbarkeit der Rechtsvorschriften eines Mitgliedstaates über soziale Sicherheit **insgesamt** vereinbart werden. Die Vereinbarung einer Anwendbarkeit nur einzelner Bereiche des jeweiligen mitgliedstaatlichen Systems, also etwa nur der Krankenversicherung oder nur der Rentenversicherung, ist nicht möglich. 118

Art. 16 der Verordnung verschafft zwar ein gewisses Maß an Flexibilität, ist jedoch von seiner Durchführung her für die Beteiligten zeitraubend und führt zu einer stark variierenden Praxis unter den Mitgliedstaaten.[140] Es ist festzustellen, dass insbesondere in Deutschland Art. 16 besonders oft in Anspruch genommen wird, was sicherlich auch darauf zurückzuführen ist, dass die Ein- und 119

135 *Steinmeyer*, in: Fuchs (Hrsg.), Art. 16 VO (EG) Nr. 883/04, Rn 1 ff.
136 *Devetzi*, S. 119 mwN.
137 Anders wohl *Baumeister*, in: Aye u.a. (Hrsg.)/Kintzel, SGB-SozVers -GesKomm, Bd. X, Anm. 2 zu Art. 17 VO (EWG) Nr. 1408/71.
138 BSG, SozR 6180 Art. 13 Nr. 3.
139 So auch *Schuler/Schulte*, SGb 1983, 125 ff, 126 f.
140 Siehe European Observatory on Social Security for Migrant Workers, European Report, München 2001, S. 13, 38.

Ausstrahlungsregelungen des deutschen Rechts (§§ 4 und 5 SGB IV)[141] keine konkrete zeitliche Begrenzung kennen.[142]

VII. Gemeinsame Strukturelemente des Leistungsrechts

120 Die besonderen Vorschriften für die einzelnen Leistungsarten betreffen sehr unterschiedliche soziale Risiken, mit der Folge, dass die jeweiligen Regelungen den strukturellen Besonderheiten gerecht werden müssen.[143] Trotz der Verschiedenheit finden sich gemeinsame Strukturelemente, die das Regelungswerk der Verordnung kennzeichnen. Es handelt sich um tragende Prinzipien, die wiederum Ausdruck des mit der Verordnung angestrebten Ziels sind.

121 Die Verordnung ist ein Mittel, die sich aus dem Gebrauch der Grundfreiheiten, insbesondere des Freizügigkeitsrechts, ergebenden sozialen Nachteile zu beseitigen, indem sie Überschneidungen und die Diversität der nationalen Rechtsordnungen auf Gemeinschaftsebene so regelt, dass demjenigen, der von seinem Recht auf Freizügigkeit Gebrauch macht, keine Nachteile entstehen.[144] Eine solche, allen Regelungen der Verordnung gemeinsame Regelung ist die bereits dargestellte Gleichbehandlung.

1. Verbot des Zusammentreffens von Leistungen

122 Ein wichtiger Grundsatz der Verordnung ist das Verbot des Zusammentreffens von Leistungen oder auch Antikumulierungsgrundsatz genannt. Seine rechtliche Verankerung hat der Grundsatz in Art. 10 VO (EG) Nr. 883/04 erfahren. Art. 10 stellt den Grundsatz auf, dass aufgrund dieser Verordnung ein Anspruch auf mehrere Leistungen gleicher Art aus derselben Pflichtversicherungszeit weder erworben noch aufrechterhalten werden kann. Diese Vorschrift soll verhindern, dass die von der Verordnung erfassten Personen aufgrund dieser Verordnung hinsichtlich gleichartiger Leistungen besser oder schlechter gestellt werden als Personen, die nur dem Recht eines Mitgliedstaates unterliegen. Insofern kann man den Antikumulierungsgrundsatz auch als Ausprägung des Gleichbehandlungsgrundsatzes auffassen.

123 Das Verbot der Leistungskumulation ist leistungs- und nicht personenbezogen; es umfasst damit auch Leistungen verschiedener Personen für denselben Zweck, etwa einen Anspruch beider Elternteile auf eine Leistung für dasselbe Kind. Demzufolge sind auch die Personen von dem Kumulierungsverbot erfasst, die ihre Rechtsstellung von einer anderen Person ableiten, wie Familienangehörige und Hinterbliebene. Ausgenommen von dem Verbot des Zusammentreffens von Leistungen sind Leistungen bei Invalidität, Alter, Tod (Renten) oder Berufskrankheiten, die von den Trägern von zwei oder mehr Mitgliedstaaten gemäß Art. 47, 48 Abs. 2 und 3, 52, 58, 59 oder 39 Abs. 1 lit. b festgestellt werden. Modifikationen dieses Grundsatzes finden sich etwa auch in Art. 34.

124 Die Verordnung muss verhindern, dass von nicht ausreichend abgestimmten nationalen Sozialrechtsordnungen Wanderarbeitnehmer dadurch profitieren, dass sie mehrfach aus der gleichen Pflichtversicherungszeit nach verschiedenen Sozialrechtsordnungen Leistungen beziehen können. Der in den Kollisionsnormen zum Ausdruck gekommene Grundsatz, dass grundsätzlich nur das Recht eines Mitgliedstaates angewendet werden soll, wird hier auf das Leistungsrecht übertragen.

125 Einschlägige Regelungen zum Zusammentreffen von Leistungen finden sich in Art. 53 ff der Verordnung hinsichtlich des Zusammentreffens von Leistungen bei Invalidität, Alter oder an Hinterbliebene. Sofern sie auf der Grundlage der von derselben Person zurückgelegten Versicherungs- und/oder Wohnzeiten berechnet oder gewährt wurden, gilt dies als Zusammentreffen von Leistungen gleicher Art. Sind diese Voraussetzungen nicht erfüllt, gilt dies als Zusammentreffen von Leistungen unterschiedlicher Art. Zur Vermeidung von Doppelleistungen bestimmt Art. 53 Abs. 3 in detaillierter Weise, wie nationale Doppelleistungsbestimmungen beschaffen sein müssen, um

141 S. *Steinmeyer*, Die Einstrahlung, S. 100.

142 Darauf weist hin European Observatory on Social Security for Migrant Workers, European Report, München 2001, S. 13, 38.

143 Siehe im Folgenden Rn 130 ff.

144 *Klang*, S. 36 f.

einerseits dem Interesse des Mitgliedstaats an der Vermeidung von Doppelleistungen gerecht zu werdenund andereseits für den Leistungsberechtigten keine Nachteile entstehen zu lassen. Dies kann auch für Leistungen unterschiedlicher Art gelten, für die dann Art. 55 eine grundsätzlich anteilige Berechnung vorsieht. Zur Vermeidung doppelter Leistungskürzung greift Art. 10 DVO.

2. Die Zusammenrechnung von Versicherungszeiten

Bei Leistungen, zu deren Geltendmachung Versicherungs- und/oder Beschäftigungszeiten vorliegen müssen, ist das Zusammenrechnungsprinzip von Bedeutung. Als prägendes Strukturelement der VO Nr. 883/04 beruht es auf der Vorgabe des Art. 42 lit. a EGV (jetzt Art. 48 lit. a AEUV). Dort ist vorgesehen, dass ein System für aus- und einwandernde Arbeitnehmer und deren anspruchsberechtigte Angehörige eingeführt wird, das auf die Zusammenrechnung aller nach den verschiedenen innerstaatlichen Rechtsvorschriften berücksichtigten Zeiten für den Erwerb und die Aufrechterhaltung des Leistungsanspruchs sowie für die Berechnung der Leistungen sichert. 126

Anders als unter der alten VO (EWG) Nr. 1408/71 findet sich nunmehr in Art. 6 der neuen Verordnung eine allgemeine Vorschrift, die dieses Prinzip für die gesamte Verordnung ausgestaltet. Sie legt die allgemeinen Grundsätze fest, die genaue Ausgestaltung bleibt aber den besonderen Bestimmungen für die einzelnen Leistungsbereiche vorbehalten. Diese Normen ordnen an, dass – soweit erforderlich – der jeweils zuständige Träger eines Mitgliedstaats die Versicherungs-, Beschäftigungs-, Selbständigkeits- und Wohnzeiten, die in einem anderen Mitgliedstaat nach den dortigen Rechtsvorschriften zurückgelegt worden sind, berücksichtigt. Der Sinn und Zweck dieser Regelungen besteht wiederum darin, dass der Gebrauch der gemeinschaftlichen Grundfreiheiten nicht zu Nachteilen führen darf. Es kann hier gehen um den Erwerb, die Aufrechterhaltung, die Dauer oder das Wiederaufleben des Leistungsanspruchs, die Anwendung bestimmter Rechtsvorschriften oder den Zugang zu bzw die Befreiung von der Pflichtversicherung, der freiwilligen Versicherung oder der freiwilligen Weiterversicherung. Die Zeiten im anderen Mitgliedstaat werden dann so behandelt, als handele es sich um Zeiten, die in dem Staat zurückgelegt worden sind, um dessen Rechtsvorschriften es geht. Die Möglichkeit einer Überprüfung solcher Mitteilungen anderer Mitgliedstaaten in Bezug auf ihre Qualität und Glaubhaftigkeit besteht nicht, sie sind nach Nr. 2 des Beschlusses H 6[145] verbindlich. 127

3. Die Exportierbarkeit von Leistungen

In engem Zusammenhang mit der Zusammenrechnung von Versicherungszeiten steht auch das Leistungsexportprinzip. Auch dieses Prinzip ist ein die VO (EG) Nr. 883/04 beherrschendes Strukturelement. Es lässt sich auf Art. 48 lit. b AEUV zurückführen. Seine Konkretisierung in der Verordnung findet sich in Art. 7 VO (EG) Nr. 883/04.[146] Das mit dem Leistungsexportprinzip verfolgte Anliegen ist es, Ansprüche auf Leistungen auch dann zu gewähren, wenn sich der Betreffende in einen anderen Mitgliedstaat begibt. Die Freizügigkeit der Arbeitnehmer, wie überhaupt die Verwirklichung der Grundfreiheiten der in den persönlichen Geltungsbereich einbezogenen Personen, wäre in dem vollendeten Binnenmarkt beeinträchtigt, wenn es nicht möglich wäre, in einem Mitgliedstaat erworbene Rechtspositionen in einen anderen Mitgliedstaat ohne Verlust zu exportieren. Die in Art. 7 der Verordnung vorgesehene Unbeachtlichkeit des Wohnorts als Anknüpfung für die Gewährung von Leistungen bewirkt, dass territoriale Anknüpfungspunkte wie der Wohnort für die Gewährung der Sozialleistungen nicht freizügkeitsbeschneidend sein dürfen. Dadurch wird die Möglichkeit der Mitnahme von Sozialleistungen geschaffen.[147] Auch dieses Strukturelement trägt somit dazu bei, dass die Grenzüberschreitung keine sozialen Nachteile mit sich bringt. 128

Eine Einschränkung dieses Grundsatzes ergibt sich für die beitragsunabhängigen Geldleistungen. Diese werden in Art. 70 der Verordnung bestimmt und diese Leistungen werden dann ausschließ- 129

145 Beschluss H 6 v. 16.12.2010, ABl. EU C 45/5.

146 Vgl zur alten Rechtslage *Pompe*, S. 50.

147 *Pompe*, S. 50; *Steinmeyer*, AuA 1992, 210, 211; *ders.*, in: Hanau/Steinmeyer/Wank, Handbuch des europäischen Arbeits- und Sozialrechts, § 22 Rn 192.

lich in dem Mitgliedstaat, in dem die betreffenden Personen wohnen und nach dessen Rechtsvorschriften gewährt. Hierbei handelt es sich etwa um Leistungen der Sozialhilfe.

VIII. Einzelne Risiken

1. Krankheit und Mutterschaft

a) Einleitung

130 Gerade das Risiko „Krankheit“ tritt in der Regel kurzfristig und nur vorübergehend auf, mit der Folge, dass insbesondere in diesem Bereich die Leistungsgewährung kurzfristig und reibungslos vonstatten gehen muss. Dies soll durch den Gebrauch einheitlicher Formulare und die Möglichkeit der Leistungsaushilfe durch den Träger des Aufenthaltsortes sichergestellt werden, was im Falle von unverzüglich benötigten Sachleistungen dazu führt, dass der Versicherte partiell in das betreffende Gesundheitssystem integriert wird und dort nur die ortsüblichen Leistungen beanspruchen kann. Die kurzfristige Leistungsaushilfe zu Lasten des zuständigen Trägers setzt voraus, dass Beurteilungen, insbesondere Gesundheitszeugnisse der vor Ort tätigen Ärzte, der Einfachheit halber gegenseitig anerkannt werden.

b) Der Anwendungsbereich des europäischen koordinierenden Krankenversicherungsrechts

131 Der hier verwendete Begriff „Leistungen bei Krankheit“ darf nicht nach den Kriterien der nationalen Rechtsordnungen ausgelegt werden, sondern ist eigenständiger Natur.[148] So fallen hierunter nach der Rechtsprechung des Europäischen Gerichtshofs alle im Falle von Krankheit und Mutterschaft erbrachten Leistungen einschließlich der Gesundheitspflege unabhängig von der Art der entsprechenden nationalen Anspruchsgrundlagen, soweit sie nur auf Rechtsvorschriften über einen Zweig der sozialen Sicherheit beruhen.[149] Die Abgrenzung zu den Leistungen bei Invalidität erfolgt über das Kriterium der vorübergehenden Erwerbsunfähigkeit.[150] Erfasst werden somit neben den nach deutschem Krankenversicherungsrecht üblichen Leistungen[151] nach der Rechtsprechung des Europäischen Gerichtshofs ebenfalls die Leistungen zur medizinischen Rehabilitation, die in Deutschland durch die Rentenversicherung gewährt werden (§ 15 SGB VI).[152] Begründet werden kann dies anknüpfend an die Argumentation in der Rechtssache Steward mit der Zielsetzung der Rehabilitation, eine Beseitigung der Erwerbsunfähigkeit herbeizuführen. Die Neuregelung durch die VO (EG) Nr. 883/04 hat eine sprachliche Verdeutlichung insoweit mit sich gebracht, als nun ausdrücklich von „Leistungen bei Krankheit sowie Leistungen bei Mutterschaft und gleichgestellte Leistungen bei Vaterschaft“ gesprochen wird.

132 Zwar werden Rehabilitationsleistungen aus dem Anwendungsbereich der Verordnung nicht ausgeschlossen, doch fehlen konkrete Vorkehrungen für ihre Koordination in der Invaliden- und Rentenversicherung. Diese Lücke ließ sich zwar nicht für die berufliche, zumindest aber für die medizinische Rehabilitation durch eine weite Interpretation des Begriffs „Leistungen bei Krankheit“ schließen.[153] Auch Beihilfen an Behinderte fallen unter den Begriff der „Leistungen bei Krankheit“, sofern die einschlägigen Vorschriften für den Personenkreis des Art. 1 Buchst. a bis c) VO (EG) Nr. 883/04 gelten und einen Leistungsanspruch begründen.[154] Ähnliches gilt für den Versicherungsfall der Pflegebedürftigkeit eines erkrankten Kleinkindes, der in der Verordnung nicht ausdrücklich erwähnt ist. Insgesamt sind Leistungen sowohl heilender als auch vorbeugender Art umfasst.[155]

---

148 *Fuchs*, in. Fuchs (Hrsg.), Art. 3 VO (EG) 883/04, Rn 8.
149 Vgl EuGH, Rs. 69/79 (Jordens-Vosters), Slg 1980, S. 75.
150 EuGH, Rs. C-503/09 (Steward), Slg 2011, I-6523.
151 Vgl §§ 27-51 SGB V.
152 EuGH, Rs. 14/72 (Heinze), Slg 1972, 1105; EuGH, Rs. 16/72 (AOK Hamburg), Slg 1972, 1141, 1151, EuGH, Rs. 69/79 (Jordens-Vosters), Slg 1980, 75; EuGH, Rs. 818/79 (AOK Mittelfranken), Slg 1980, 2792.
153 *Fuchs*, in: Fuchs (Hrsg.), Art. 3 VO (EG) Nr. 883/04, Rn. 8.
154 EuGH, Rs. 187/73 (Verbeke), Slg 1974, 553; Vgl zum alten Recht *Wiegand*, S. 85 Rn 2.
155 EuGH, Rs. 16/72 (AOK Hamburg), Slg 1972, 1141, 1151; vgl auch §§ 20-26 SGB V.

Besonderen Anlass zur Auseinandersetzung mit dem sachlichen Anwendungsbereich und der genauen Umschreibung des Risikos Krankheit hatte der Europäische Gerichtshof in der Rechtssache Molenaar, in der es um die deutsche Pflegeversicherung ging.[156] Der Gerichtshof ordnete sie den „Leistungen bei Krankheit" zu. Die Leistungen der Pflegeversicherung sollten die Selbständigkeit der Pflegebedürftigen – namentlich in finanzieller Hinsicht – fördern. Die Pflegeversicherung eröffne Anspruch auf Übernahme sämtlicher oder eines Teils bestimmter durch die Pflegebedürftigkeit des Versicherten verursachten Kosten, etwa für die häusliche oder stationäre Pflege, für den Kauf von Pflegehilfsmitteln, für Maßnahmen zur Verbesserung des Wohnumfeldes sowie auf Zahlung eines monatlichen Pflegegeldes, mit dem der Versicherte die Pflege in der von ihm selbst gewählten Weise sicherstellen, beispielsweise Pflegepersonen entlohnen kann. Die Pflegeversicherung gewährleiste ferner unter bestimmten Umständen den Pflegepersonen eine Ansicherung der Risiken von Unfall, Alter und Invalidität. Leistungen dieser Art bezweckten somit im wesentlichen eine Ergänzung der Leistungen der Krankenversicherung, mit der sie auch organisatorisch verknüpft seien, um den Gesundheitszustand und die Lebensbedingungen der Pflegebedürftigen zu verbessern. Sie seien daher ungeachtet gewisser Besonderheiten „Leistungen bei Krankheit" im Sinne von Art. 4 VO (EWG) Nr. 1408/71 (jetzt Art. 3 VO (EG) Nr. 883/04).[157] 133

c) Bestimmung des anzuwendenden Rechts bei Sachleistungsgewährung

Das Krankenversicherungsrecht ist in Bezug auf die Gewährung von Sachleistungen ein Ausnahmefall. Wie eingangs bereits erwähnt, ist es durch besondere Anforderungen geprägt. So erfordern die Umstände in der Regel eine schnelle und reibungslose Sachleistungsgewährung. Im Geltungsbereich des jeweiligen Krankenversicherungsträgers wird dies regelmäßig unproblematisch sein. Schwierigkeiten treten jedoch dann auf, wenn der Betreffende sich außerhalb des Geltungsbereichs des jeweiligen Krankenversicherungsträgers aufhält, wenn also ein Fall mit Auslandsberührung vorliegt. Anders als die Geldleistungen sind Sachleistungen schlecht exportierbar.[158] 134

aa) Versicherte und ihre Familienangehörigen mit Ausnahme von Rentnern und deren Familienangehörigen

Man hat sich deshalb in der allgemeinen Regelung des Art. 17 VO (EG) Nr. 883/04 dafür entschieden, Sachleistungen, wie dies im internationalen Sozialversicherungsrecht üblich ist,[159] im Wege der Leistungsaushilfe durch den Träger des Wohnstaates nach dessen Vorschriften und zu Lasten des zuständigen Trägers erbringen zu lassen, und zwar so, als ob der Betreffende dort versichert wäre. 135

Entsprechendes gilt nach Art. 18 der Verordnung für den Fall, dass der Versicherte sich nicht im Wohnstaat, sondern in einem Drittstaat, dem sog. Aufenthaltsstaat aufhält, was durchaus auch der Staat sein kann, in dem der zuständige Träger seinen Sitz hat.[160] Insoweit erfolgt also eine punktuelle Integration des Versicherten in das entsprechende (ausländische) Versicherungssystem des Wohn- oder Aufenthaltsstaates.[161] Dies kann im Einzelfall aufgrund der unterschiedlichen Leistungsniveaus der verschiedenen Krankenversicherungsträger freilich zu Verbesserungen oder Verschlechterungen des Leistungsumfangs führen[162] je nachdem, ob der Betreffende aus einem Staat mit einer guten oder weniger guten Gesundheitsversorgung kommt. 136

Dies gilt gleichermaßen auch für die Familienangehörigen, soweit sie im Rahmen der Familienversicherung von der Krankenversicherung mit umfasst werden und nach den Rechtsvorschriften des 137

156 EuGH, Rs. C-160/96 (Molenaar), NZS 1998, 240; s. dazu auch *Klein*, S. 200 ff.
157 Bestätigend zuletzt: EuGH, Rs. C-388/09 (da Silva Martins), Slg 2011, I-5761.
158 Vgl zur Unterscheidung von Sach- und Geldleistungen, Rn 163 f.
159 *Bieback*, in: Fuchs (Hrsg.), Vorb. Art. 17 VO (EG) Nr. 883/04, Rn 9.
160 Vgl dazu die Regelung des Art. 21 VO (EWG) Nr. 1408/71.
161 *Bieback*, in: Fuchs (Hrsg.), Vorb. Art. 17 VO (EG) Nr. 883/04, Rn 9.
162 Vgl auch *Schulte*, in: von Maydell/Ruland/Becker (Hrsg.), SRH § 33 Rn 73 ff; *Wiegand*, S. 112 Rn 3.

Wohnortes etwa durch eine eigene Berufstätigkeit keinen eigenen Leistungsanspruch nach dortigem Recht besitzen, der dem Anspruch als Familienangehöriger vorginge.

bb) Sachleistungsexport bei vorübergehendem Auslandsaufenthalt

138 Für den Fall des vorübergehenden Auslandsaufenthalts sieht Art. 19 eine Leistungsaushilfe durch die Ärzte und Krankenhäuser des Wohn- oder Aufenthaltsortes, die nach den dortigen Rechtsvorschriften für Rechnung des zuständigen Trägers erbracht wird, vor,[163] als ob der Betreffende dort versichert wäre.

139 Dies ist der Fall, wenn sich für einen Arbeitnehmer bei dessen Zustand während seines Aufenthalts im Gebiet eines anderen Mitgliedstaates unter Berücksichtigung der Art der Leistung und der voraussichtlichen Aufenthaltsdauer Sachleistungen als medizinisch notwendig erweisen (Art. 19 Abs. 1 VO (EG) Nr. 883/04). Dies ist unabhängig davon, ob jemand sich als Arbeitnehmer oder Selbständiger im anderen Mitgliedstaat aufhält oder nur allgemein von seiner Möglichkeit des freien Personenverkehrs Gebrauch macht. Allerdings sind bei der Prüfung der medizinischen Notwendigkeit die Art der Leistungen und die Dauer des Aufenthalts zu berücksichtigen, was bei kurzen Aufenthalten je nach Sachlage nur ein Provisorium rechtfertigen würde.[164] Dabei nimmt Art. 19 Abs. 2 Rücksicht auf praktische Bedürfnisse, indem für bestimmte Sachleistungen, die etwa – wie die Dialyse – eine besondere Infrastruktur benötigen, eine Vereinbarung zwischen der betreffenden Person und dem zuständigen Träger erforderlich ist. Eine Liste dieser Sachleistungen wird von der Verwaltungskommission für die Koordinierung der Systeme der sozialen Sicherheit erstellt.

140 Von der Verordnung wird auch der Fall erfasst, dass der Leistungsempfänger vom zuständigen Träger die Genehmigung erhalten hat, sich in das Gebiet eines anderen Mitgliedstaates zu begeben, um dort eine seinem Zustand angemessene Behandlung zu erhalten (Art. 20 VO (EG) Nr. 883/04), die im Leistungsstaat nicht gewährt werden kann. Danach besteht grundsätzlich ein durch Art. 20 Abs. 2 Satz 2 VO (EG) Nr. 883/04 manifestierter Anspruch auf Erteilung der Genehmigung,[165] wenn die betreffende Behandlung Teil der Leistungen ist, die nach den Rechtsvorschriften des Wohnmitgliedstaats der betreffenden Person vorgesehen sind und ihr diese Behandlung nicht innerhalb eines in Anbetracht ihres derzeitigen Gesundheitszustandes und des voraussichtlichen Verlaufs ihrer Krankheit medizinisch vertretbaren Zeitraums gewährt werden kann.[166] Der zuständige Träger hat dabei für die entstehenden Kosten im Erstattungswege nach Art. 35 VO (EG) Nr. 883/04 aufzukommen.[167]

cc) Sachleistungsexport und Grundfreiheiten

141 Unabhängig von der Gewährung von Sachleistungen durch den zuständigen Träger ist in diesem Zusammenhang lange streitig, ob für vom Versicherten im Ausland selbst beschaffte Krankenhilfeleistungen ein Anspruch auf Kostenerstattung besteht.[168] Mehrere Entscheidungen des Europäischen Gerichtshofs haben sich mit dieser Problematik befasst und für erheblichen Diskussionsstoff gesorgt.

142 In den Rechtssachen der luxemburgischen Staatsangehörigen *Decker* und *Kohll*[169] hatte sich der Gerichtshof mit der Frage zu befassen, ob die Beschränkung der Inanspruchnahme von Sachleistungen in einem anderen Mitgliedstaat mit den Grundfreiheiten des EG-Vertrages, insbesondere mit der Warenverkehrsfreiheit gem. Artt. 34 und 36 AEUV und der passiven Dienstleistungsfreiheit gem. Artt.56 und 57 AEUV, vereinbar ist.

---

163 Vgl *Eichenhofer*, ZAR 1987, 108, 110.
164 S. dazu *Spiegel*, ZIAS 2006, 85, 119.
165 EuGH, Rs. 117/77 (Pierik I), Slg 1978, 825; aA *Wortmann*, DOK 1979, 380; siehe auch: *Ewert*, S. 145 ff.
166 S. dazu *Spiegel*, ZIAS 2006, 85, 124 f.
167 *Meydam*, BKK 1981, 248; *Ewert*, S. 148.
168 Vgl *Schuler*, SGb 1983, 469, 472; *Wortmann*, SGb 1984, 473, 479.
169 EuGH, Rs C-120/95 (Decker), Slg 1998, 1831 f; EuGH, Rs. C-158/95 (Kohll), Slg 1998, 1931 f; s. dazu *Langer*, NZS 1999, 537 ff; *Steinmeyer*, in: Igl, S. 79 ff.

143 Im Ausgangsverfahren von Herrn Decker verlangte dieser von seiner Krankenkasse die Pauschalerstattung der Kosten für eine Brille, die er aufgrund einer Verschreibung seines luxemburgischen Arztes bei einem Optiker in Belgien erworben hatte. Die Krankenkasse lehnte die Erstattung mit der Begründung ab, Herr Decker habe die nach nationalem Recht notwendige Genehmigung für den Erwerb der Brille im Ausland nicht eingeholt. Im Ausgangsverfahren von Herrn Kohll beantragte dieser bei seiner Krankenkasse für seine Tochter die Genehmigung einer Zahnregulierung bei einem Zahnarzt in Deutschland, wobei die Behandlung nach den in Luxemburg üblichen Sätzen für eine derartige Behandlung erstattet werden sollte.

144 In beiden Fällen hat der Europäische Gerichtshof einen Verstoß gegen die Grundfreiheiten des EG-Vertrages aufgrund der luxemburgischen Rechtsvorschriften angenommen, da diese die Erstattung von einer vorherigen Genehmigung abhängig machen. In diesem Zusammenhang stellte der Gerichtshof zunächst fest, dass diese nationalen Vorschriften nicht der Regelung des Art. 22 Abs. 1 Buchst. c) VO (EWG) Nr. 1408/71 (nunmehr Art. 20 Abs. 2 VO (EG) Nr. 883/04) entsprechen. Demzufolge dient die Regelung des Art. 22 Abs. 1 Buchst. c) VO (EWG) Nr. 1408/71 vielmehr dem Zweck, sicherzustellen, dass ein Versicherter, der sich in das Gebiet eines anderen Mitgliedstaats begibt, um dort eine seinem Zustand entsprechende Behandlung zu erhalten, aufgrund der Genehmigung auch tatsächlich eine Behandlung für Rechnung des zuständigen Trägers ohne weitere eigene Kosten erhält. Dies hat zur Folge, dass bei Vorliegen der Voraussetzungen von Art. 22 Abs. 1 Buchst. c) VO (EWG) Nr. 1408/71 die Kosten nicht auf die innerstaatlichen Sätze des zuständigen Trägers beschränkt sind.

145 In den Rechtssachen Decker und Kohll wurde im Unterschied dazu von vornherein lediglich eine Kostenerstattung nach den luxemburgischen Vorschriften beantragt. Dabei kam der Gerichtshof zu dem Schluss, dass die Mitgliedstaaten, auch wenn sie die Kompetenz für die Ausgestaltung ihrer Sozialsysteme besitzen, dabei doch stets das Gemeinschaftsrecht zu beachten haben. Eine Rechtfertigung der Beschränkung der Grundfreiheiten aufgrund der finanziellen Stabilität der nationalen Leistungssysteme ließ der Gerichtshof in diesen Fällen nicht gelten, führte aber aus, dass es Ausnahmen von der Warenverkehrs- bzw Dienstleistungsfreiheit im Zusammenhang mit der sozialen Sicherheit geben könne.[170] Eine Einschränkung der Grundfreiheiten ist aber danach nur dann gerechtfertigt, wenn ein zwingender Grund des Allgemeininteresses gegeben ist. Ein solcher kann hier bei einer erheblichen Gefährdung des finanziellen Gleichgewichts des Systems der sozialen Sicherheit angenommen werden.

146 Die entscheidende Frage ist dann aber, wann diese gegeben ist, dh unter welchen Voraussetzungen und bei welchen Gestaltungsformen sich eine Gefährdung ergibt, die eine Beschränkung der Grundfreiheiten im Allgemeininteresse rechtfertigt.

147 Das jeweilige nationale Recht der Gesundheitsversorgung kann in seiner Ausgestaltung so konstruiert sein, dass es als in sich geschlossenes System konzipiert ist.[171] Dies ist für die hier interessierende Problematik deshalb und insoweit von Bedeutung, wie Leistungserbringung im Ausland zu Lasten des inländischen Systems etwa die Kalkulationsgrundlagen und Steuerungsinstrumente in Frage stellt.[172]

148 Der Europäische Gerichtshof hat durch seine Entscheidungen zu der Bedeutung der Grundfreiheiten für das europäische Sozialrecht eine neue Perspektive eröffnet. Allerdings ist hier festzustellen, dass es sich bei der in den Rechtssachen Decker und Kohll angesprochenen Problematik nicht um eine üblicherweise von der VO (EWG) Nr. 1408/71 und nunmehr der VO (EG) Nr. 883/04 zu erfassende handelt, da die Verordnung sich, gestützt auf Art. 42 EGV (jetzt Art. 48 AEUV), mit der

---

170 EuGH, Rs. C-120/95 (Decker), Slg 1998, 1831, 1884 ff; EuGH, Rs. C-158/95 (Kohll), Slg 1998, 1931, 1947 ff; vgl auch *Neumann-Duesberg*, in: Schulte (Hrsg.), S. 89, 93 f; *Giesen*, aaO, S. 359, 366; *Kunkele*, S. 27 ff.

171 Zur Ausgestaltung der Systeme s. Europäische Kommission – Generaldirektion für Beschäftigung, Arbeitsbeziehungen und soziale Angelegenheiten, Soziale Sicherheit in Europa 1993, Luxembourg 1994, S. 97 ff; dies., Soziale Sicherheit in Europa 1995. Luxembourg 1996, S. 107 ff; *Steinmeyer*, Gesundheitsreformen in den Mitgliedstaaten der Europäischen Union, in: Zentrum für Europäisches Wirtschaftsrecht (Hrsg.), S. 1 ff.

172 Vgl dazu näher *Bieback*, in: Fuchs (Hrsg.), Vorbem. zu RL 2011/24/EU Rn 55 ff.

Verwirklichung der Freizügigkeit befasst, während es hier um die Grundfreiheiten der Dienstleistungsfreiheit und der Warenverkehrsfreiheit geht.

149 Der EuGH hatte in der Rechtssache „Geraets-Smits und Peerbooms" zu entscheiden, ob eine nationale Regelung, die eine vorherige Genehmigung der nationalen Krankenkasse vorsieht, damit sich der Versicherte zur Geltendmachung eines Anspruchs auf Leistung an eine Person oder Einrichtung außerhalb des Staates wenden dürfe, mit der Dienstleistungsfreiheit (Art. 56, 57 AEUV [ex Art. 49, 50 EGV]) vereinbar ist und falls nicht, ob zwingende Gründe des Allgemeininteresses diesen Eingriff rechtfertigten.[173] Der EuGH stellte zunächst einen Eingriff in die Dienstleistungsfreiheit fest, führte dann aber aus, dass eine erhebliche Gefährdung des finanziellen Gleichgewichts des Systems der sozialen Sicherheit einen zwingenden Grund des Allgemeininteresses darstellen kann, der eine Beschränkung des Grundsatzes des freien Dienstleistungsverkehrs rechtfertigen kann. Ferner hat der Gerichtshof anerkannt, dass das Ziel, eine ausgewogene, allen zugängliche ärztliche und klinische Versorgung aufrechtzuerhalten, zwar eng mit der Finanzierung des Systems der sozialen Sicherheit verbunden ist, aber auch zu den Ausnahmen aus Gründen der öffentlichen Gesundheit nach Artikel 56 EG-Vertrag Maastrichter Fassung (nach Änderung Artikel 46 EGV, jetzt Art. 52 AEUV) zählen kann, soweit es zur Erreichung eines hohen Gesundheitsschutzes beiträgt. Der Gerichtshof hat überdies klargestellt, dass es Artikel 56 des Vertrages (später Artikel 46 EGV und nunmehr Art. 52 AEUV) den Mitgliedstaaten erlaubt, den freien Dienstleistungsverkehr im Bereich der ärztlichen und klinischen Versorgung einzuschränken, soweit es die Erhaltung eines bestimmten Umfangs der medizinischen und pflegerischen Versorgung oder eines bestimmten Niveaus der Heilkunde im Inland für die Gesundheit oder gar das Überleben ihrer Bevölkerung erfordern.[174] Unzulässig ist die Berufung auf ein Genehmigungserfordernis nach der Rechtsprechung des EuGH in der Rechtssache „Elchinov" allerdings bei besonderer Dringlichkeit der Krankenhausbehandlung.[175] Erst recht gilt dies, wenn die Genehmigung rechtswidrig nicht erteilt wurde.[176]

150 Diese Problematik ist von der VO (EWG) Nr. 1408/71 nach diesen Entscheidungen nicht geregelt worden. Auch in der neuen VO (EG) Nr. 883/04 findet sich insoweit nichts, was zwar bei der Schaffung der neuen Verordnung nicht unumstritten war, gleichwohl aber richtig ist. Die Verordnung betrifft von ihrer Ermächtigungsgrundlage her und von ihrer Ausgestaltung das freizügigkeitsspezifische europäische Sozialrecht. Da es hier aber um andere Grundfreiheiten geht, ist es sachgerecht, die Problematik nicht in dieser Verordnung zu regeln.[177] Dennoch gab es schon länger Bestrebungen, die Rechtsprechung des EuGH zu diesem Bereich in einem Gesetzeswerk der EU abzubilden. Aufgrund der Komplexität der Materie und seiner Relevanz für das Gemeinwohl wurde der Bereich der Gesundheitsdienstleistungen allerdings aus der allgemeinen Dienstleistungsrichtlinie[178] nach Art. 2 Abs. 2 lit. f RL 2006/123/EG ausdrücklich ausgenommen. Stattdessen hat man sich für eine Sonderregelung zur grenzüberschreitenden Inanspruchnahme von Gesundheitsleistungen entschlossen und schließlich die Patientenmobilitätsrichtlinie[179] geschaffen, deren Regelungen durch die Mitgliedstaaten bis zum 31.10.2013 in nationales Recht umzusetzen waren. Die hier normierten Vorgaben stimmen weitestgehend mit der vorbeschriebenen Rechtsprechung des EuGH überein.[180] In Deutschland wurde ein entsprechender Kostenerstattungsanspruch bereits zum 1.1.2004 in Umsetzung dieser Rechtsprechung[181] in § 13 Abs. 4 und 5 SGB V geschaffen.[182]

---

173 EuGH, Rs. C-157/99 (Geraets-Smits und Peerbooms), Slg 2001, I-05473.

174 EuGH, Rs. C-157/99 (Geraets-Smits und Peerbooms), Slg 2001, I-05473, Rn 72 ff.

175 EuGH, Rs. C-173/09 (Elchinov), Slg 2010, I-8930.

176 EuGH, Rs. C-368/98 (Vanbraekel u.a.), Slg 2001, I-5363.

177 So auch *Fuchs*, SGb 2008, 206; kritisch dazu wohl *Spiegel*, ZIAS 2006, 85, 100.

178 RL 2006/123/EG v. 12.12.2006 über Dienstleistungen im Binnenmarkt, ABl. L 376 v. 27.12.2006, S. 36.

179 RL 2011/24/EU v. 9.3.2011 über die Ausübung der Patientenrechte in der grenzüberschreitenden Gesundheitsversorgung, ABl. L 88 v. 4.4.2011, S. 45.

180 Vgl dazu *Bieback*, in: Fuchs (Hrsg.), Vorbem. zu RL 2011/24/EG Rn 89 f.

181 Vgl BT-Drucks. 25/1525, S. 80 zu Nr. 4, § 13.

182 Zum Vergleich mit den Regelungen der RL 2011/24/EU vgl *Bieback*, in: Fuchs (Hrsg.), Art. 7 RL 2011/24/EU Rn 25 ff.

Allerdings stellen sich hier einige Spezialfragen. So hat das BSG noch zu dem unmittelbar auf die Grundfreiheiten gestützten Anspruch zutreffend entschieden, dass die Inanspruchnahme nichtärztlicher Krankenbehandlung im EU-Ausland zu Lasten einer deutschen Krankenkasse trotz der im EG-Vertrag garantierten Dienstleistungsfreiheit eine entsprechende ärztliche Verordnung sowie eine Qualifikation des ausländischen Leistungserbringers voraussetze, die der im Inland verlangten vergleichbar ist. Diese Beschränkung – es ging um psychotherapeutische Behandlung durch Nichtärzte – lässt sich aus Erwägungen des öffentlichen Gesundheitsschutzes rechtfertigen; es müsste also insoweit zunächst ein Arzt eingeschaltet werden.[183] Entsprechende Vorgaben insbesondere hinsichtlich der Qualifikation des Leistungserbringers sind mittlerweile in § 13 Abs. 4 S. 2 SGB V normiert. Zudem hängt die Kostenerstattung auf der Grundlage von § 13 Abs. 4 oder 5 SGB V im Übrigen vom Bestehen eines Primärleistungsanspruchs nach nationalem Recht ab.[184] 151

dd) Grenzgänger und ihre Familienangehörigen

Grenzgänger sind in einem anderen Staat als dem Wohnstaat beschäftigt und kehren täglich oder mindestens einmal wöchentlich an ihren Wohnort zurück. Grenzgänger können die Leistungen sowohl in ihrem Wohnstaat als auch im Gebiet des zuständigen Staates erhalten. 152

Für die Familienangehörigen der Grenzgänger ergibt sich Ähnliches. Zwar können sie ebenfalls während ihres Aufenthalts im zuständigen Mitgliedstaat Sachleistungen beanspruchen; allerdings können Mitgliedstaaten dies unterbinden, sofern sie im Anhang III der Verordnung aufgeführt sind, wovon Dänemark, Estland, Irland, Spanien, Italien, Litauen, Ungarn, die Niederlande, Finnland, Schweden und das Vereinigte Königreich Gebrauch gemacht haben. In diesem Fall haben die Familienangehörigen von Grenzgängern im zuständigen Staat Anspruch auf Sachleistungen wie Personen bei vorübergehendem Aufenthalt nach Art. 19.[185] 153

ee) Rentenantragsteller und ihre Familienangehörigen

Für Rentenantragstellergilt in Bezug auf die Bestimmung des anzuwendenden Rechts in der Krankenversicherung das Wohnstaatprinzip. Für den Fall, dass ein Rentenantragsteller bei Einreichung des Rentenantrags oder während dessen Bearbeitung nach den Rechtsvorschriften des zuletzt zuständigen Mitgliedstaats seinen Sachleistungsanspruch verliert, hat er nach Art. 22 VO (EG) Nr. 883/04 weiterhin Anspruch nach den Rechtsvorschriften des Wohnstaats. Voraussetzung ist dabei, dass er die Versicherungsvoraussetzungen des Mitgliedstaats erfüllt, der im Fall der Zuerkennung der Rente nach den Art. 23 bis 25 zuständig wäre (s. dazu im Folgenden). Die Sachleistungen werden für Rechnung des zuletzt genannten Staates erbracht. Dieser Anspruch besteht auch für die Familienanghörigen des Rentenantragstellers. 154

ff) Rentenberechtigte und ihre Familienangehörigen

Soweit der Rentenberechtigte, der Renten nach den Vorschriften von zwei oder mehr Mitgliedstaaten erhält, die Voraussetzungen für einen Bezug von Renten gegenüber dem Rentenversicherungsträger des Wohnortes erfüllt, werden die Leistungen auch nach den Rechtsvorschriften des Krankenversicherungsträgers des entsprechenden Wohnortes und zu dessen Lasten gewährt (Art. 23 VO (EG) Nr. 883/04). Die Zuständigkeit des Krankenversicherungsträgers folgt hier der Zuständigkeit des Trägers der Rentenlast. 155

Hat ein solcher Rentenberechtigter keinen Sachleistungsanspruch nach den Rechtsvorschriften des Wohnstaats, so erhält er – in Verbesserung gegenüber der Situation nach der alten Verordnung[186] – nach Art. 24 Abs. 1 VO (EG) Nr. 883/04 dennoch Sachleistungen für sich selbst und seine Familienangehörigen, wenn nach den Rechtsvorschriften eines der rentenzahlenden Mitgliedstaaten ein Sachleistungsanspruch bei Wohnsitz in einem solchen Mitgliedstaat bestünde; dies gilt auch hin- 156

183 BSG, v. 13.7.2004, SozR 4-2500 § 13 Nr. 3.
184 BSG, v. 30.6.2009, NJOZ 2010, 185.
185 S. auch *Spiegel*, ZIAS 2006, 85, 120 ff.
186 S. dazu auch *Spiegel*, ZIAS 2006, 85, 122.

sichtlich einer von einer Genehmigung abhängigen Behandlung in einem anderen Mitgliedstaat iSd Art. 20 Abs. 2.[187] Hier erbringt dann gemäß Art. 24 Abs. 2 Buchstabe a) der Träger des Wohnstaates diese Sachleistung zu Lasten des Mitgliedstaates, der einen Anspruch auf Sachleistungen einräumt. Für den Fall, dass dafür mehrere Mitgliedstaaten in Frage kommen, sieht Buchstabe b) eine detaillierte Regelung vor.

157 Sofern sich ein Rentner oder seine Familienangehörigen im Gebiet eines anderen als des Wohnstaates aufhalten, erhalten sie die Sachleistungen nach den Rechtsvorschriften des dortigen Trägers zu Lasten des Trägers des Wohnortes (Art. 27 VO (EG) Nr. 883/04). Insoweit ist auf die allgemeinen Vorschriften (Art. 18 f) zu verweisen.

d) Bestimmung des anzuwendenden Rechts bei Geldleistungen

158 Geldleistungen sind alle in Geld gewährten Leistungen, die keine Sachleistungen sind.[188] Im Gegensatz zu Sachleistungen sind sie leicht exportierbar, zumal bei der Gewährung nicht in dem Maße eine Eilbedürftigkeit besteht, wie dies bei der Sachleistungsgewährung der Fall ist. Geldleistungen werden deshalb einheitlich vom zuständigen Träger nach dessen Rechtsvorschriften gewährt.

159 Es besteht jedoch die Möglichkeit, dass sich der zuständige Träger mit dem Träger des Wohnortes bzw mit dem Träger des Aufenthaltsortes dahingehend einigt, dass letzterer die Geldleistungen für Rechnung des zuständigen Trägers gewährt (Art. 21 und 29 VO (EG) Nr. 883/04). Anders als bei den Sachleistungen richtet sich der Umfang der gewährten Geldleistungen aber unverändert nach den Rechtsvorschriften des zuständigen Trägers, mit der Folge, dass sich die Höhe der gewährten Geldleistungen aufgrund der unterschiedlichen Berechnungsmodalitäten im Einzelfall von Staat zu Staat unterscheiden kann. Art. 21 V0 (EG) Nr. 883/04 berücksichtigt drei Berechnungsmöglichkeiten, nämlich die Orientierung am Durchschnittsarbeitsentgelt, -einkommen oder Durchschnittsbeitrag der in diesem Staat zurückgelegten Zeiten, an einem pauschalen Arbeitsentgelt oder -einkommen für die in diesem Mitgliedstaat zurückgelegten Zeiten oder schließlich eine Zugrundelegung der Zahl der Familienangehörigen, jedoch unabhängig davon, wo diese im Einzelnen wohnen. Dies ist kein Fall der Leistungsaushilfe. Vielmehr stehen hier nur Praktikabilitätsgesichtspunkte bei der Auszahlung des Geldbetrages durch den Träger vor Ort im Vordergrund. Werden sie vom Träger des Aufenthalts- oder Wohnortes gewährt, so sind sie ihm zu erstatten.[189]

e) Die Leistungsgewährung

160 Da die Verordnung keine eigenständigen Leistungsansprüche begründet, sondern nur einzelne Sozialrechtsordnungen koordiniert, richtet sich der Umfang der gewährten Sach- oder Geldleistungen regelmäßig nach den Vorschriften des im Einzelfall anzuwendenden Rechts.

aa) Die verschiedenen Leistungsarten

161 Wie schon bei Bestimmung des anzuwendenden Rechts muss auch im Rahmen der Leistungsgewährung zwischen Geld- und Sachleistungen unterschieden werden.[190] Dabei werden im Folgenden unter dem Begriff der Sachleistungen die Präventions-, die Restitutions- und die Kompensationsleistungen zusammengefasst; insbesondere gehören zu den Sachleistungen auch der Pauschbetrag für die ärztliche Betreuung anlässlich der Entbindung,[191] die Kosten für eine Haushaltshilfe nach § 38 SGB V, sowie die Erstattung sonstiger ärztlicher Behandlungs- oder Arzneimittelkosten. Dies gilt unabhängig davon, dass diese Leistungen möglicherweise in Geld gewährt werden. Alle ande-

187 S. zum alten Recht auch EuGH, v. 3.7.2003, Rs. C-156/01 (van der Duin), SozR 4-6050 Art. 22 Nr. 1.

188 S. auch *Steinmeyer*, in: Hanau/Steinmeyer/Wank (Hrsg.), § 23 Rn 65 f.

189 *Schulte*, in: von Maydell/Ruland/Becker (Hrsg.), § 33 Rn 86.

190 Vgl beispielsweise EuGH, Rs. 33/65 (Dekker), Slg 1965, 1186; EuGH, Rs. 61/65 (Vaassen-Göbbels), Slg 1966, 583; EuGH, Rs. 17/75 (Anselmetti), Slg 1975, 781; EuGH, Rs. 69/75 (Jordens-Vosters), Slg 1980, 75; EuGH, Rs. 818/79 (AOK Mittelfranken), Slg 1980, 2729.

191 Anhang VI C Nr. 6 zur VO (EWG) Nr. 1408/71, abgedruckt in *Wiegand*, S. 231, 236.

ren in Geld gewährten Leistungen fallen unter den Begriff der Geldleistungen.[192] Dies gilt beispielsweise für Beiträge zur Krankenversicherung der Rentner in Form von Zuschlägen zur Rente.

Der Entgeltfortzahlungsanspruch im Krankheitsfall hingegen ist nach deutschem Recht keine Lohnersatz- bzw Sozialleistung, sondern ein arbeitsvertraglicher Erfüllungsanspruch. Trotzdem wird die Entgeltfortzahlung durch den Europäischen Gerichtshof als Leistung der sozialen Sicherheit eingeordnet. Dies im Wesentlichen mit der Begründung, die Entgeltfortzahlung knüpfe an das Risiko der Krankheit an und ersetze das Krankengeld, welches unstreitig als Sozialleistung anzusehen sei.[193] Daraus folgt, dass die Entgeltfortzahlung ebenso wie das Krankengeld als Geldleistung exportiert werden muss. 162

Geldleistungen gewährt grundsätzlich der Träger desjenigen Staates, in dem der Berechtigte krankenversichert ist (zuständiger Träger) nach seinen Rechtsvorschriften. Insoweit kann er mit dem Träger des Wohn- oder Aufenthaltsstaates ausnahmsweise eine Vereinbarung treffen, dass letzterer die Leistungen erbringt.[194] 163

bb) Naturalleistungs- und Kostenerstattungsprinzip

Die Unterscheidung in Sach- und Geldleistungen ist für die Bestimmung der Modalitäten der Leistungserbringung entscheidend. Allgemein können Sachleistungen auf verschiedene Art und Weise gewährt werden: Entweder erhält der Berechtigte die Leistungen kostenlos vom Staat bzw einem Sozialleistungsträger (Naturalleistungsprinzip), wie es bei den staatlichen Gesundheitsdiensten zB in Großbritannien und mit der kassenärztlichen Versorgung grundsätzlich auch in Deutschland praktiziert wird;[195] oder der zuständige Krankenversicherungsträger erstattet dem Berechtigten die für die Inanspruchnahme einer Leistung entstandenen Kosten (Kostenerstattungsprinzip). Dies entspricht der Vorgehensweise der deutschen privaten Krankenversicherungen. Als gesetzliches System findet sich das Kostenerstattungsprinzip in Frankreich.[196] Streitig ist in diesem Zusammenhang auch die Ablehnung der Kostenerstattung für selbst beschaffte Krankenhilfeleistungen, soweit diese unverzüglich erforderlich waren.[197] 164

Gemeinschaftsrechtlich bleiben die verschiedenen Leistungsprinzipien der einzelnen Mitgliedstaaten unberührt. Dies führt im Rahmen des europabezogenen Krankenversicherungsrechts zu einer Art „Vermengungsprinzip" aus Naturalleistungsgesichtspunkten und Kostenerstattungsgedanken. So werden Sachleistungen zwar regelmäßig für Rechnung des zuständigen Krankenversicherungsträgers erbracht (Naturalleistungsgedanke); doch gewährt der Träger des Wohn- oder Aufenthaltsstaates die Sachleistungen, insbesondere hinsichtlich des Umfanges, nach seinen (eigenen) Rechtsvorschriften. Dies bedeutet, dass der Leistungsberechtigte – sofern er sich in einem Land aufhält, das das Kostenerstattungsprinzip favorisiert[198] – die Behandlungs- oder Arzneimittelkosten vorfinanzieren muss.[199] Auch das Deckungsniveau bleibt auf den im Aufenthaltsstaat gewährten Umfang beschränkt. Eine darüber hinausgehende ergänzende Erstattungsgarantie durch den zuständigen Krankenversicherungsträger ist bei ungeplanten Auslandskrankenbehandlungen auch nicht vor dem Hintergrund der Rechtsprechung des EuGH zur Dienstleistungsfreiheit geboten.[200] 165

192 *Bieback*, in: Fuchs (Hrsg.), Art. 21 VO(EG) 883/04 Rn 2.
193 EuGH, Rs. C-45/90 (Paletta I), Slg 1992, 3423, 3462 ff.
194 Vgl im Einzelnen die Ausführungen unter Rn 169.
195 Durch § 2 Abs. 2 S. 1 SGB V wird jedoch der Weg für zahlreiche Ausnahmeregelungen geöffnet. So galt das *Kostenerstattungsprinzip* bislang schon für Notfälle, bei zu Unrecht abgelehnten Leistungen (§ 13 II SGB V) und bei Beschäftigung im Ausland (§ 17 Abs. 2 SGB V). In der neueren Zeit sind zahlreiche Anwendungsfälle hinzugekommen (§§ 14, 29, 30, 72 SGB V).
196 Vgl Code de la sécurité sociale, Art. L 257, L 283.
197 Vgl Rn 141 ff.
198 Vgl zB die Rechtslage in Frankreich.
199 Dies hat freilich keinen Einfluss darauf, dass die durch die Leistungsgewährung entstehenden Aufwendungen von dem Versicherungsstaat als Sachleistung erstattet werden.
200 EuGH, Rs. C-211/08 (Kommission/Spanien), Slg 2010, I-5301.

Für die gezielte und geplante Inanspruchnahme von Krankenbehandlungen im Ausland kann sich aus Art. 56 AEUV allerdings etwas anderes ergeben.[201]

cc) Das Kumulierungsverbot des Art. 10 VO (EG) Nr. 883/04[202]

166 Unabhängig von den vorangegangenen Differenzierungen gilt nach Art. 10 VO (EG) Nr. 883/04 uneingeschränkt der Grundsatz, dass ein Anspruch auf mehrere Leistungen gleicher Art aufgrund der Verordnung nicht erworben oder aufrechterhalten werden kann.[203]

167 Eine Neuerung gegenüber dem bisherigen Recht findet sich in Art. 34 VO (EG) Nr. 883/04. Hier geht es um die Kumulierung von Pflegegeld- und Pflegesachleistungen. So kann es vorkommen, dass eine Person Geldleistungen bei Pflegebedürftigkeit, die als Leistungen bei Krankheit gelten, aus einem Mitgliedstaat erhält, aber zugleich Anspruch auf eine für denselben Zweck vorgesehene Sachleistung aus einem anderen Mitgliedstaat hat. So mag ein Staat Pflegesachleistungen erbringen und ein anderer für denselben Zweck ein Pflegegld zahlen, um so die Finanzierung von Pflegeleistungen zu ermöglichen. Hier betont die Vorschrift das Verbot des Art. 10, modifiziert diesen aber insofern, als dann, wenn die Person die Sachleistung erhält, die Geldleistung um den Betrag der Sachleistung gemindert wird.

dd) Besonderheiten bei der Gewährung von Geldleistungen

168 Die Berechnung der durch den zuständigen Träger bzw bei entsprechender Vereinbarung durch den Träger vor Ort gewährten Geldleistungen bestimmt sich nach Art. 21 VO (EG) Nr. 883/04. Dabei gilt der Grundsatz, dass unabhängig von der Berechnungsmethode, also der Berechnung nach dem Durchschnittseinkommen, dem pauschalen Arbeitseinkommen oder der Anzahl der Familienmitglieder, bei der Berechnung nur die Zeiten berücksichtigt werden, die im betreffenden Staat zurückgelegt wurden. Probleme können sich in diesem Zusammenhang ergeben, wenn ein Versicherter, der in einem anderen als dem zuständigen Staat seinen Wohnsitz hat, Krankengeld beantragt. Nach Art. 27 der Durchführungsverordnung muss er sich dafür an den Träger des Wohnortes wenden und dort eine vom behandelnden Arzt ausgestellte Arbeitsunfähigkeitsbescheinigung vorlegen oder unmittelbar durch den Träger des Wohnortes ausstellen lassen. Die Feststellung des Eintritts und der Dauer der Arbeitsunfähigkeit ist dabei Sache des Trägers des Wohnortes, die den zuständigen Träger sowohl in tatsächlicher als auch in rechtlicher Hinsicht bindet.[204] Der zuständige Träger hat lediglich die Möglichkeit, den Versicherten durch einen Arzt seiner Wahl untersuchen zu lassen.[205] Der Betroffene ist allerdings nicht dazu verpflichtet, zwecks Durchführung der ärztlichen Kontrolluntersuchung in den Staat des zuständigen Trägers zurückzukehren.[206] Nach der Rechtsprechung des Europäischen Gerichtshofs gilt dies selbst für den lohnfortzahlenden Arbeitgeber.[207]

f) Erstattung zwischen den Trägern

169 Gemäß Art. 35 Abs. 1 VO (EG) Nr. 883/04 sind die Aufwendungen für Sachleistungen, die der Träger eines Mitgliedstaates für Rechnung eines anderen Mitgliedstaates gewährt hat, in voller Höhe zu erstatten. Im Einzelnen wird die Erstattung durch Art. 66 f der Durchführungsverordnung geregelt. Danach erfolgt die Erstattung entweder gegen Nachweis der tatsächlichen Aufwendungen oder Zugrundelegung von Pauschalbeträgen, die den wirklichen Angaben möglichst genau entsprechen müssen. Gegenüber der alten Verordnung ist aber deutlich gemacht worden, dass es grund-

201 Vgl EuGH, Rs. C-368/98 (Vanbraekel u.a.), Slg 2001, I-5363; *Bieback*, in: Fuchs (Hrsg.), Vorbem. RL 2011/24/EU Rn 84 ff.
202 Ausführlich hierzu: *Frank*, DAngVers 1989, 347.
203 Zur alten Rechtslage *Steinmeyer*, in: Hanau/Steinmeyer/Wank (Hrsg.), § 21 Rn 175 ff.
204 *Schulte*, in: JbSozR, Band 10 (1988), S. 453, 456.
205 EuGH, Rs. 22/86 (Rindone), Slg 1987, 1339; *Schulte*, in: JbSozR, Band 10 (1988), S. 453, 457; *Lenz*, SGb 1988, 1, 6.
206 EuGH, Rs. 22/86 (Rindone), Slg 1987, 1339; *Schulte*, in: JbSozR, Band 10 (1988), S. 453, 457.
207 Vgl EuGH, Rs. 45/90 (Paletta I), Slg 1992, 3423 ff und hierzu eingehend: *Steinmeyer*, in: FS Kissel, S. 1165 ff.

sätzlich eine Erstattung auf der Basis der tatsächlichen Aufwendungen sein sollte und Pauschalbeträge nur bei solchen Mitgliedstaaten in Betracht kommen sollen, bei deren Rechts- und Verwaltungsstruktur eine Erstattung auf der Grundlage der tatsächlichen Aufwendungen nicht zweckmäßig ist (Art. 35 Abs. 2).[208] Allerdings können Mitgliedstaaten bzw deren zuständige Behörden auch andere Regeln vereinbaren (Art. 35 Abs. 3).

g) Zusammenfassung

Sachleistungen wie zB eine ambulante oder stationäre Behandlung werden also grundsätzlich vom Träger des Wohn- oder Aufenthaltsstaates nach den für diesen maßgeblichen Rechtsvorschriften gewährt. Demgegenüber besteht der Anspruch auf Geldleistungen gegenüber dem zuständigen Träger (dh dem Träger des Versicherungs- oder Beschäftigungsstaates), wobei die betroffenen Träger vereinbaren können, die bloße Auszahlung der Einfachheit halber durch den Träger des Wohnortes oder Aufenthaltsstaates vornehmen zu lassen. 170

In der Praxis ergibt es sich aber immer wieder, dass einzelne Leistungserbringer sich – möglicherweise auch aus Unkenntnis – weigern, ihre Leistungen nach dem Regime der Leistungsaushilfe zu erbringen. Das System kann einzelne Staaten auch in Schwierigkeiten hinsichtlich der Versorgungsstruktur bringen. Treten die Fälle der Leistungsaushilfe massenhaft auf, dann müssen entsprechende Kapazitäten vorgehalten werden. Verbesserungen hat die europäische Krankenversicherungskarte European Health Insurance Card – EHIC)[209] gebracht, die seit 1. Juni 2004 gilt und dem Versicherten, dem Rentner und den Familienangehörigen bei Auslandsaufenthalt einen unmittelbaren Anspruch gegen den Leistungserbringer auf Sachleistungen einräumt (s. dazu Art. 25 der Durchführungsverordnung).[210] Diese Karte kann in Fällen eines vorübergehenden Auslandsaufenthalts genutzt werden unabhängig vom Grund dieses Aufenthalts. 171

2. Invalidität

a) Allgemeines

In sämtlichen Mitgliedstaaten der EU bestehen Regelungen zur Absicherung des Invaliditätsrisikos, die sich allerdings sowohl in ihrer Konzeption als auch in den Voraussetzungen der Leistungsgewährung fundamental voneinander unterscheiden.[211] So existieren eigenständige Invaliditätsrentensysteme neben solchen, in denen die Invaliditätsrenten nur einen Teil eines Gesamtsicherungssystems ausmachen.[212] Darüber hinaus finden sich beitrags-, steuer- oder staatlich finanzierte Systeme sowie Systeme, deren Finanzierungsstruktur eine Kombination verschiedener Finanzierungsquellen aufweist. Ferner sind teilweise bestimmte Versicherungs- und teilweise bestimmte Wohnzeiten für die Gewährung oder die Höhe einer Invalidenrente von Bedeutung. Die Verschiedenartigkeit der Systeme wird auch an dem Kreis der abgesicherten Personen deutlich.[213] Schließlich sehen die Rechtsvorschriften einiger Mitgliedstaaten abgestufte Invaliditätsgrade vor, andere hingegen kennen nur eine Invaliditätsform, wieder andere lassen das Vorliegen formeller Voraussetzungen für die Begründung eines Rentenanspruchs genügen. Dieser fragmentarische Überblick über die unterschiedlichen Leistungssysteme[214] der Mitgliedstaaten im Bereich der Invaliditätssicherung gibt bereits darüber Aufschluss, wie komplex sich die Behandlung länderübergreifender Sachverhalte auf diesem Gebiet darstellt.[215] 172

208 Vgl auch *Spiegel*, ZIAS 2006, 85, 125 ff.
209 Vgl *Büscher*, ErsK 2004, 270 f; *Kücking/ Jann*, ErsK 2004, 496 f.
210 Vgl für die Einzelheiten Beschluss S 1 vom 12.6.2009.
211 Der EuGH spricht von besonders ausgeprägten Unterschieden, vgl Rs. 344/89 (Vidal), Slg 1991, 3245, 3274.
212 S. hierzu das Informationssystem MISSOC unter www.missoc.org.
213 Zu der in diesem Zusammenhang vordergründigen Frage nach der Position der Selbständigen s. *Steinmeyer*, NZS 1994, 103 ff.
214 Eine Übersicht der verschiedenen Systeme zur Absicherung des Invaliditätsrisikos geben *Kaufmann/Köhler*, DAngVers 1993, 105 ff, 218 ff.
215 Einen Überblick über die wesentlichen Probleme der Koordinierung im Bereich der Invaliditätsrenten gibt *Pflüger-Demann*, S. 215 f.

173 Die gemeinschaftsrechtliche Koordinierung der nationalen Regelungen über die Leistungen bei Invalidität[216] erfolgt auf Grundlage der Art. 44-49 der VO (EG) Nr. 883/04. Dieser gemeinschaftsrechtliche Zweig der sozialen Sicherheit weist aufgrund der eingangs skizzierten erheblichen Differenzen zwischen den nationalen Leistungssystemen im Gegensatz zu den anderen Rentenarten der Verordnung insofern eine Besonderheit auf, als die VO für den Bereich der Invaliditätssicherung zwei verschiedene Modelle zur Lösung länderübergreifender Sachverhalte zur Verfügung stellt.[217]

174 Welche Form dieser alternativen Koordinierung zur Anwendung gelangt, hängt davon ab, ob der Anspruchsteller in den Geltungsbereich nationaler Regelungen zur Absicherung des Invaliditätsrisikos einbezogen war, bei denen die Höhe der Rentenleistungen von der Dauer der Versicherungszeit abhängig ist, oder nicht.[218] Leistungssysteme, die die Versicherungsdauer bei der Ermittlung der Rentenhöhe unberücksichtigt lassen, sind sog. Risiko- oder Umlagesysteme[219] und werden im Rahmen des koordinierenden Sozialrechts als solche des Typs A bezeichnet. Derartige Systeme finden sich in Belgien, Estland, Finnland, Frankreich, Griechenland, Großbritannien, Irland, Lettland, Tschechische Republik, und Schweden.[220] Die anderen Systeme werden dementsprechend als solche des Typs B bezeichnet. Aufgrund dieser Zweiteilung der Leistungssysteme sind im Bereich der Leistungen bei Invalidität drei Konstellationen denkbar. Der Anspruchsteller hatte entweder ausschließlich Berührung mit den Leistungssystemen des Typs A oder des Typs B, oder er unterfiel dem Geltungsbereich beider Leistungssysteme. War der Anspruchsteller allein den Leistungssystemen des Typs A unterworfen, erfolgt die Koordinierung allein auf Grundlage des Art. 44 VO (EG) Nr. 883/04. Sachverhalte mit ausschließlichem Bezug zu Leistungssystemen des Typs B oder mit Bezug zu solchen des Typs A und B werden gem. der Verweisung des Art. 46 Abs. 1 der Verordnung nach den Berechnungsvorschriften des Kapitels Alters- und Hinterbliebenenrenten (Art. 50 ff VO (EG) Nr. 883/04) beurteilt.[221]

b) Leistungsbestimmung nach Gemeinschaftsrecht

aa) Bestimmung der Anspruchsberechtigung bei Systemen des Typs A

175 Die gemeinschaftsrechtliche Leistungsbestimmung bei ausschließlicher Beteiligung von A-Systemen bereitet idR keine Schwierigkeiten. Die Entscheidung über die Berechtigung eines Rentenanspruchs für Personen, die ausschließlich Systemen des Typs A unterworfen waren, obliegt nach der Kollisionsregelung des Art. 34 Abs. 2 VO (EG) Nr. 883/04 dem Träger des Mitgliedstaats, dessen Rechtsvorschriften zum Zeitpunkt des Eintritts von Arbeitsunfähigkeit mit anschließender Invalidität anzuwenden waren. Besteht nach diesen Rechtsvorschriften kein Anspruch, kann nachrangig ein anderer Mitgliedstaat leistungspflichtig sein, nach dessen Rechtsvorschriften – ggf. unter Berücksichtigung des Art. 45 VO (EG) Nr. 883/04 – die anspruchsbegründenden Leistungsvoraussetzungen erfüllt sind (Art. 44 Abs. 3 VO (EG) Nr. 883/04). Dieser Leistungsträger ist dann zur Zahlung der gesamten Rente verpflichtet, so dass nach keinem anderen Recht mehr ein Rentenanspruch bestehen kann (Art. 44 Abs. 2 VO (EG) Nr. 883/04).

176 Da sich der Leistungsanspruch immer nur anhand des Rechts eines Mitgliedstaates feststellen lässt und der Versicherte von diesem Mitgliedstaat die volle Rente erhält, handelt es sich in diesen Fällen auf den ersten Blick weniger um eine Koordinierung im Sinne einer wechselseitigen Verflechtung

216 In der Terminologie des deutschen Sozialrechts wird statt Invalidität der Begriff geminderte Erwerbsfähigkeit oder Erwerbsminderung verwandt.

217 Die beachtlichen Diskrepanzen zwischen den nationalen Systemen nahm der Gemeinschaftsgesetzgeber zum Anlass einer alternativen Koordinierung, vgl *Schuler*, in: Fuchs (Hrsg.), Vorb. Art. 44 VO (EG) Nr. 883/04, Rn 7.

218 Diese Unterscheidung geht bereits auf Art. 24 Abs. 1 der VO Nr. 3. des Rates über die soziale Sicherheit der Wanderarbeitnehmer, ABl. EG Nr. 30 v. 16.12.1958, zurück, die nach zahlreichen Änderungen von der VO (EWG) Nr. 1408/71 abgelöst wurde.

219 Vgl *Acker*, SozSich 1994, 139, 143 f.

220 S. dazu Anhang VI zur VO Nr. 883/04.

221 Demzufolge gelten für Anspruchsteller, die einmal vom Geltungsbereich des deutschen Systems zur Absicherung des Invaliditätsrisikos erfasst wurden oder werden, immer die Regelungen des Art. 46 mit der Folge, dass sich die Rente wie eine Alters- oder Hinterbliebenenrente errechnet.

der nationalen Sozialrechtsordnungen als eher um die Lösung einer Gesetzeskonkurrenz aller einschlägigen nationalen sozialrechtlichen Regelungen zu Lasten eines Mitgliedstaats. Gleichwohl enthält das Kapitel 4 der VO (EG) Nr. 883/04 wesentliche Elemente der Koordinierung im Bereich der A-Systeme, und zwar in Form der Berücksichtigung von Versicherungsverhältnissen oder anderen Zeiten, die in mehreren Mitgliedstaaten zurückgelegt worden sind. Denn bei der Ermittlung des einschlägigen letzten Leistungssystems auf Grundlage des Art. 44 Abs. 1 und 2 der VO (EG) Nr. 883/04 wird man feststellen, dass in allen Mitgliedstaaten mit Leistungssystemen des Typs A Versicherungs- oder Wohnzeiten alternativ oder kumulativ für die Erlangung eines Rentenanspruchs von Bedeutung sind. Um zu verhindern, dass ein Anspruchsteller, der Folgeinvalide ist, mangels einzelner, verschiedener Voraussetzungen[222] in keinem Mitgliedstaat einen Leistungsanspruch erwerben könnte, bestimmt Art. 45 der Verordnung, dass ein Leistungsträger, sofern es für die Begründung des Rentenanspruchs erforderlich ist, auch derartige in anderen Mitgliedstaaten zurückgelegte Zeiten so berücksichtigt, als handelte es sich um nach den eigenen Rechtsvorschriften zurückgelegte Zeiten. Die Zusammenrechnung von Versicherungszeiten wirkt bei Leistungen des Typs A lediglich anspruchsbegründend und nicht auch leistungserhöhend.

bb) Bestimmung der Anspruchsberechtigung bei Systemen des Typs B

Sofern der Anspruchsteller nicht ausschließlich Leistungssystemen des Typs A unterworfen war, erfolgt die Begründung eines Rentenanspruchs auf Grundlage des Art. 46. Die Berücksichtigung von Versicherungszeiten und die Berechnung der Rente folgt demnach den Grundsätzen der Bestimmungen über die Alters- und Hinterbliebenenrenten.[223] 177

Eine Ausnahme hiervon findet sich in Art. 46 Abs. 2 der Verordnung, wonach sich die Gewährung einer Invalidenrente selbst bei Bestehen von Versicherungszeiten des Typs B nach Art. 44 richtet, sofern drei Voraussetzungen erfüllt sind. Zunächst muss der Anspruchsteller bei Eintritt der Folgeinvalidität in den Geltungsbereich eines Leistungssystems des Typs A einbezogen sein. Darüber hinaus muss ihm allein aufgrund der Berücksichtigung von Versicherungszeiten in Systemen des Typs A ein Rentenanspruch zustehen. Schließlich darf er keinen Rentenanspruch allein aufgrund der Zusammenrechnung von Versicherungszeiten haben, die in Mitgliedstaaten mit Leistungssystemen des Typs B zurückgelegt worden sind. Sinn und Zweck des Art. 46 Abs. 2 dieser VO ist, den sozialrechtlichen Lebenslauf des Anspruchstellers zu Art und Umfang der Rentengewährung in Relation zu setzen. Würde man einem Anspruchsteller, der nur kurz einem Leistungssystem des Typs B, jedoch langfristig einem oder mehreren des Typs A unterworfen war, die Möglichkeit einer Rentenerhöhung durch Berücksichtigung der Versicherungszeiten einräumen, könnte der dominierende Kontakt mit Sozialleistungssystemen, die zeitenunabhängige Rentenleistungen vorsehen, nicht angemessen berücksichtigt werden. Die Regelung des Art. 46 Abs. 2 der Verordnung statuiert somit ein Korrektiv im Rahmen der von der VO determinierten Zweiteilung im Bereich der Invaliditätsrenten. 178

Bei Beteiligung von B-Systemen bestehen drei Möglichkeiten zur Berechnung der Rentenhöhe. Im Vordergrund stehen dabei zunächst die Fälle, in denen der Anspruchsteller bereits in Folge der Erfüllung sämtlicher Leistungsvoraussetzungen eines Mitgliedstaates allein nach dessen Recht einen Rentenanspruch erwirbt. Unter diesen Umständen erfolgt die Rentenberechnung zunächst allein auf Grundlage der nationalen Rechtsvorschriften unter Berücksichtigung der in diesem Mitgliedstaat zurückgelegten Zeiten (Art. 52 Abs. 1 Buchstabe a). Dieser Rentenbestimmung schließt sich gem. Art. 52 Abs. 1 Buchstabe b) VO (EG) Nr. 883/04 eine zwischenstaatliche Vergleichsberechnung[224] an, bei der eine (Teil-)Rente unter Zusammenrechnung aller Versicherungszeiten, die in 179

222 *Kaufmann/Köhler*, DAngVers 1993, 105 ff, 218 ff bezeichnen diese als technisch administrative Voraussetzungen.

223 S. Rn 226 ff.

224 *Pflüger-Demann*, S. 236 f, mit ausführlicher Erläuterung dieses Verfahrens; zu den ergänzenden Berechnungsmodalitäten des Art. 47 Abs. 1 VO (EWG) Nr. 1408/71 (Art. 56 VO (EG) Nr. 883/04) im Bereich der Invaliditätsrenten s. EuGH, Rs. 181/83 (Weber), Slg 1984, 4007 ff.

anderen Mitgliedstaaten zurückgelegt worden sind, mit der Folge errechnet wird, dass der höhere Leistungsbetrag gewährt werden muss (Art. 52 Abs. 3 VO (EG) Nr. 883/04).[225] Sofern in einem anderem Mitgliedstaat die Höhe der Invaliditätsleistung von der Höhe des bei Eintritt der Invalidität bezogenen Arbeitsentgelts abhängt, muss der zuständige Träger im Rahmen des Art. 42 Abs. 2 lit a der VO den theoretischen Betrag der Leistung auf Grundlage des vom Arbeitnehmer zuletzt in diesem Mitgliedstaat bezogenen Arbeitsentgelts berechnen.[226] Gem. Art. 52 Abs. 4 der Verordnung kann die Vergleichsrechnung entbehrlich sein, wenn die so zu ermittelnde Rente ohne Berücksichtigung von Doppelleistungs- oder Antikumulierungsvorschriften bereits theoretisch nicht höher ausfallen kann, als die innerstaatliche Rente.[227] Art. 52 Abs. 1 stellt insoweit auf den Betrag ab, den der Arbeitnehmer nach den nationalen Rechtsvorschriften beanspruchen könnte, wenn er nicht nach den Rechtsvorschriften eines anderen Mitgliedstaates eine Rente beziehen würde.[228] Die so zu gewährende Rente darf dann aufgrund nationaler Bestimmungen weder gekürzt, noch entzogen oder zur Ruhe gebracht werden.[229] Ergibt die Vergleichsrechnung, dass beide Leistungsbeträge gleich hoch sind, so wird die Rente allein aufgrund der nationalen Rechtsvorschriften gewährt.[230] Dem Grundsatz einer zwischenstaatlichen Vergleichsrechnung, jedoch abweichenden Berechnungsmodalitäten folgend, ist die Rente zu ermitteln, sofern dem Anspruchsteller in mindestens zwei Mitgliedstaaten bereits allein nach den jeweiligen innerstaatlichen Rechtsvorschriften ein Rentenanspruch zusteht.[231]

180 Dieser Sachlage stehen die Fälle gegenüber, in denen ein Rentenanspruch unter Berücksichtigung von Art. 51 der VO erst nach Zusammenrechnung von in verschiedenen Mitgliedstaaten zurückgelegten Versicherungszeiten entsteht. In diesen Fällen zahlt jeder beteiligte Mitgliedstaat anteilig (pro rata) den Betrag, der dem Verhältnis seiner Versicherungszeiten zu allen zurückgelegten Versicherungszeiten entspricht.[232]

181 In Abweichung von Leistungen, die auf Grundlage von Art. 44 gewährt werden, wirken die Zusammenrechnung von Versicherungs- oder anderen Zeiten in verschiedenen Mitgliedstaaten hier anspruchsbegründend *und* leistungserhöhend, weil die mitgliedstaatlichen Leistungssysteme des Typs B die Rentenhöhe von der Versicherungsdauer abhängig machen und dieser Umstand nicht zu einer Benachteiligung von Personengruppen führen darf, die von ihrem Recht auf Freizügigkeit Gebrauch machen.

c) Begriff und Feststellung der Invalidität

182 Der Begriff der Invalidität wird weder durch das gemeinschaftsrechtliche Sozialrecht im Allgemeinen noch durch die Verordnung im Besonderen näher konkretisiert. Auch in der Rechtsprechung des EuGH findet sich keine Definition der Invalidität. Die Koordinierungskonzeption der Verordnung sieht vor, dass für die gemeinschaftsrechtliche Berechnung und Gewährung einer Invaliditätsrente in mindestens einem Mitgliedstaat sämtliche innerstaatliche Anspruchsvoraussetzungen – ggf. unter Berücksichtigung von in anderen Mitgliedstaaten zurückgelegten Zeiten – erfüllt sein müssen. Daraus folgt, dass die Einschlägigkeit nationaler Rechtsvorschriften die Erfüllung des jeweils geltenden Tatbestandsmerkmals der Invalidität voraussetzt, so dass zunächst kein Bedürfnis für einen einheitlichen Invaliditätsbegriff besteht. Von den Mitgliedstaaten wird der Invaliditätsbegriff in

---

225 EuGH, Rs. 98/77 (Schaap), Slg 1978, 707, 714; Rs. 180/78 (Brouwer-Kaune), Slg 1979, 2111, 2120; zur Rentenberechnung auf Grundlage des Art. 46 Abs. 2 VO (EWG) Nr. 1408/71 (Art. 52 Abs. 1 Buchstabe b) VO (EG) Nr. 883/04) s. auch *Grotzer*, DRV 1993, 67, 83.

226 EuGH, Rs. 406/93 (Reichling), Slg 1994, 4061 ff.

227 *Schuler*, in: Fuchs (Hrsg.), Art. 52 VO (EG) Nr. 883/04, Rn. 10.

228 EuGH, Rsen. 116, 117, 119, 120 und 121/80 (RWP/Celestre), Slg 1981, 1737, 1754.

229 EuGH, verb. Rsen. 116, 117, 119, 120 und 121/80 (RWP/Celestre), Slg 1981, 1737, 1754.

230 EuGH, Rs. 193/92 (Bogana), Slg 1993, 755 ff.

231 *Schuler*, in: Fuchs (Hrsg.), Art. 52 VO (EG) Nr. 883/04, Rn 5.

232 *Wiegand*, S. 142 Rn 5 (mit Verweis auf die Sammlung der Gemeinschaftsbestimmungen, EG-Kommission, 1980, Nr. 4699 u. Art. 46, mit Ausführungen zu den Auswirkungen auf das deutsche Recht); auch dieses Verfahren wird eingehend von *Pflüger-Demann*, aaO erläutert.

unterschiedlicher Weise ausgefüllt.[233] Dies ist in erster Linie auf die Struktur des Invaliditätsrisikos zurückzuführen. Im Gegensatz zu anderen sozialen Risiken, bei denen in erster Linie Umstände natürlicher Art – wie das Erreichen der Altersgrenze[234] oder der Tod – von Bedeutung sind, kann eine Invalidität durch ein Zusammenwirken verschiedenster Ursachen bedingt sein.

Ungeachtet der verschiedensten Nuancen dieses Tatbestandsmerkmals, auf die an dieser Stelle nicht näher eingegangen werden kann,[235] lassen sich bei Betrachtung der nationalen Invaliditätstatbestände im Wesentlichen zwei Formen des Invaliditätsrisikos unterscheiden, die sich in eben dieser Ursächlichkeit unterscheiden. In einigen Mitgliedstaaten sind für die Feststellung einer Invalidität allein medizinische und/oder formelle Gesichtspunkte maßgebend. Nach diesen Rechtsvorschriften ist ein Anspruchsteller invalide, sofern entweder ein gewisser Grad der Behinderung festgestellt wird, der objektiv, ggf. über einen festgelegten Zeitraum, zu einer Einschränkung der Arbeitskraft führt, oder ein bestimmter Zeitraum von Krankengeldbezug nachgewiesen werden kann. Demgegenüber wird die Invalidität in den übrigen Mitgliedstaaten als echte Erwerbsunfähigkeit verstanden. 183

Bei der Prüfung eines Leistungsanspruchs auf Grundlage nationaler Bestimmungen ist der zuständige Träger grundsätzlich nicht an die Feststellung einer Invalidität in einem anderen Mitgliedstaat gebunden. Zur Begegnung der Inhomogenität der Invaliditätstatbestände im allgemeinen und zur Vereinfachung der Beurteilung länderübergreifender Sachverhalte im besonderen hat der Gemeinschaftsgesetzgeber mittels der Konkordanzregelung des Art. 46 Abs. 3 der VO eine Richtschnur in Form einer wechselseitigen Anerkennung des Invaliditätszustandes vorgegeben.[236] Aufgrund der Tatbestandswirkung obliegt den Mitgliedstaaten dann lediglich noch die Prüfung formaler Voraussetzungen, deren Erfüllung idR leichter festgestellt werden kann. Auf die Möglichkeit der wechselseitigen Anerkennung kann allerdings nur zurückgegriffen werden, sofern die Konformität der jeweiligen Invaliditätsbegriffe in dem Anhang VII der VO (EG) Nr. 883/04 anerkannt wurde. 184

Es muss konstatiert werden, dass die Koordinierung durch einen einheitlichen gemeinschaftsrechtlichen Invaliditätsbegriff entscheidend vereinfacht werden könnte. Darüber hinaus kann ein Nebeneinander von verschiedenen Invaliditätsbegriffen sowohl zu Lasten des Wanderarbeitnehmers als aber auch zu Lasten des einheimischen Arbeitnehmers unbefriedigende Ergebnisse hervorrufen. Da das Risiko der Invalidität nicht einheitlich definiert ist, hat ein Anspruchsteller, obwohl er in zwei Mitgliedstaaten versichert war, nur Anspruch auf die Teilrente eines Mitgliedstaates, wenn er nur in einem Mitgliedstaat den Tatbestand der Invalidität erfüllt.[237] Andererseits machen es die Anrechnungs- und Berücksichtigungsbestimmungen der Verordnung möglich, dass eine unter die Verordnung fallende Person durch Berührung verschiedener Sozialleistungssysteme bewusst oder unbewusst Leistungsvoraussetzungen sammelt, die der einheimische Arbeitnehmer bei vergleichbaren Umständen nach innerstaatlichen Rechtsvorschriften nie erfüllen könnte.[238] Derartige koordinierungsrechtliche Ungereimtheiten werden vom EuGH durchweg zugunsten des Wanderarbeitnehmers entschieden, weil dieser mobilitätsbedingt grundsätzlich mit genügend (anderen) Problemen konfrontiert wird.[239] 185

---

233 Vgl *Gesellschaft für Versicherungswissenschaft und – gestaltung e.V.* (Hrsg.), Soziale Sicherung in West-, Mittel- und Osteuropa, 1994.

234 Die natürliche Beschaffenheit des Altersrisikos schließt nicht aus, dass rechtliche Aspekte, insbesondere die gesetzlich festzulegenden Altersgrenzen, bei der Feststellung dieses Risikos ebenfalls von Bedeutung sind; vgl hierzu *Eichenhofer*, Internationales Sozialrecht, Rn 338 ff.

235 Siehe hierzu eingehend *Kaufmann/Köhler*, DAngVers 1993, 105 ff, 218 ff.

236 Eine derartige Anerkennung war auf Grundlage der VO Nr. 3 noch nicht möglich.

237 *Ruland*, DRV 1989, 605, 622 f.

238 *Kaltenbach*, DAngVers 1989, 157, 162 spricht von Mitnahmeeffekten; kritisch zu diesem Begriff *Pflüger-Demann*, S. 267 Fn 259.

239 *Ewert*, S. 165; diese Rechtsprechung ist konsequent, wenn man auf dem Standpunkt steht, dass selbst derartige Besserstellungen der Wanderarbeitnehmer nicht die vielen Nachteile zu kompensieren vermögen, die aus der konsequenten Anwendung der Koordinierungsverordnung resultieren, vgl *Jacobs*, in: von Maydell (Hrsg.), S. 34, 37.

d) Leistungen

186 Als Parallele zu der Frage nach dem Inhalt des Invaliditätsbegriffs gibt das Gemeinschaftsrecht auch keinen Aufschluss über Art und Umfang der Leistungen, die in dem Bereich der Invaliditätsrenten zusammengefasst sind. Allerdings hat der EuGH den Leistungsbereich des 4. Kapitels der Verordnung – 3. Kapitel unter der VO Nr. 1408/71 – in einer Reihe von Entscheidungen näher bestimmt. Diese Entscheidungen befassten sich idR mit der Abgrenzung einer Leistung bei Krankheit von der bei Invalidität.[240]

187 Grundlegend hat der EuGH zunächst herausgestellt, dass Leistungen bei Invalidität nur in Form von Geldleistungen gewährt werden, demgegenüber Sachleistungen nur auf Grundlage des 1. Kapitels (Krankheit) beansprucht werden können.[241] Die Leistungen der deutschen Pflegeversicherung hat der EuGH nicht den Leistungen bei Invalidität, sondern den Leistungen bei Krankheit zugeordnet.[242]

188 Den Großteil der Leistungen bei Invalidität machen die klassischen Rentenzahlungen in Folge dauernder Arbeitsunfähigkeit aus, bei denen eine Zuordnung keine Schwierigkeiten bereitet. Im Übrigen reichen diese wenigen Kriterien idR aus, um in Grenzfällen eine hinreichend konsequente Einordnung der in Frage stehenden Leistungen zu ermöglichen, weil sie wegen der klaren Differenzierung zwischen Geld- und Sachleistung einerseits bzw Lohnausfallleistung und Leistung zur Wiedergenesung andererseits genügend Schärfe besitzen, um sie zweckmäßig anwenden zu können.

189 Unter Zugrundelegung dieser Kriterien wurden Leistungen zur medizinischen und chirurgischen Versorgung zu den Leistungen bei Krankheit gezählt, obwohl sie auf Grundlage nationaler Rechtsvorschriften für Leistungen bei Invalidität gewährt werden.[243] Auch werden Rehabilitationsleistungen vorbehaltlich anderslautender, ausdrücklicher Bestimmung wegen des grundsätzlichen Sachleistungscharakters prinzipiell zu den Leistungen bei Krankheit zu zählen sein. Sofern die Rehabilitationsleistungen ausnahmsweise überwiegend Geldleistungscharakter aufweisen, werden sie ebenfalls als Leistungen bei Krankheit angesehen werden müssen, sofern ihnen Wiederherstellungsfunktion im Rahmen der Gesunderhaltung zukommt.

190 Das Verhältnis von den Leistungen bei Invalidität zu den Leistungen bei Alter wird weniger durch materiellrechtliche Abgrenzungsprobleme, als vielmehr durch die Frage nach den Folgen einer Leistungsumwandlung gekennzeichnet. Mit Ausnahme von Spanien wird die Invaliditätsrente nämlich in allen Mitgliedstaaten mit Erreichen der Regelaltersgrenze in eine Altersrente umgewandelt. Aufgrund unterschiedlicher Altersgrenzen in den Mitgliedstaaten[244] kann es zu der Konstellation kommen, dass nach den Rechtsvorschriften eines Mitgliedstaats die ursprünglich zu gewährende Invaliditätsrente mit Erreichen der Altersgrenze in eine Altersrente umgewandelt wird, während in einem anderen Mitgliedstaat weiterhin nur Anspruch auf eine Invalidenrente besteht. In diesen Fällen findet die Regelung des Art. 48 der VO (EG) Nr. 883/04 Anwendung. Nach dessen Abs. 1 werden Leistungen bei Invalidität nach Maßgabe innerstaatlicher Rechtsvorschriften gemäß Kapitel 5 in Leistungen bei Alter umgewandelt. Der Wortlaut dieser Regelung ist allerdings missverständlich. Die Umwandlung erfolgt allein auf Grundlage der nationalen Rechtsvorschriften. Art. 48 Abs. 1 stellt lediglich klar, dass die umgewandelten Leistungen nun Leistungen bei Alter iSd 5. Kapitels sind und demnach den Grundsätzen der Art. 50 ff, der VO folgen. Der EuGH hat zunächst festgestellt, dass in Altersrenten umgewandelte Leistungen bei Invalidität und nicht umgewandelte Leistungen als gleichartig anzusehen sind, so dass Kapitel 5 auf diese gleichermaßen Anwendung fin-

---

240 Insbesondere waren deutsche Leistungen der Tuberkulosehilfe nach § 1244 a RVO aF Gegenstand der Rechtsprechung des EuGH.

241 EuGH, Rs. 69/79 (Jordens-Vosters), Slg 1980, 75, 84.

242 EuGH, Rs. 160/96 (Molenaar), Slg 1998, 843 ff.

243 EuGH, Rs. 69/79 (Jordens-Vosters), Slg 1980, 75 ff; Geldleistungen, die wie in Belgien als Invaliditätsleistungen aus einer gemischten Kranken- und Invaliditätsversicherung erbracht werden, sind ungeachtet ihrer Bezeichnung als Rentenleistungen anzusehen, sofern die volle oder teilweise Arbeitsunfähigkeit nicht nur vorübergehend ist, EuGH, v. 25.6.1975, Rs. 17/75 (Anselmetti), Slg 1975, 781 ff.

244 S. hierzu die Übersicht von *Schuler*, in: Fuchs (Hrsg.), Art. 48 VO (EG) Nr. 883/04, Rn 2.

det.[245] Damit ein Mitgliedstaat, nach dessen Rechtsvorschriften der Leistungsberechtigte (noch) Leistungen bei Invalidität erhält, seine Zahlungen nicht mit der Begründung verweigern oder einstellen kann, der Berechtigte erhalte bereits eine Altersrente nach den Rechtsvorschriften eines anderen Mitgliedstaates, bestimmt Art. 48 Abs. 2 und 3 VO (EG) Nr. 883/04 für diese Fälle, dass Leistungen bei Invalidität bis zum Erreichen der Altersgrenze in dem betreffenden Mitgliedstaat bzw in den übrigen Mitgliedstaaten, jedenfalls aber für die Dauer der Erfüllung der anspruchsbegründenden Voraussetzungen für Invaliditätsleistungen gewährt werden müssen. Die Umwandlung der Leistung in einem Mitgliedstaat ändert nichts an den Grundsätzen über die Feststellung der Leistung bei Invalidität. Dies gilt auch, sofern die Leistungsumwandlung in einem Mitgliedstaat erfolgt, bevor in einem anderen Mitgliedstaat eine Invalidität festgestellt wurde.[246] Sofern das Rentenalter für Männer und Frauen unterschiedlich festgesetzt ist, kann die Invaliditätsrente für Personen, die vor Erreichung des Rentenalters invalide werden, auf die tatsächliche Höhe der Altersrente begrenzt werden und eine zusätzliche Invaliditätsbeihilfe an unterschiedliche Altersgrenzen geknüpft werden.[247]

e) Verschlimmerung des Invaliditätszustands

Art. 47 der VO (EG) Nr. 883/04 legt Modalitäten für die Verschlimmerung des Invaliditätszustandes fest. Verschlimmert sich der Invaliditätszustand, sehen die nationalen Rechtsvorschriften uU eine Neufeststellung der Rente(n) vor. **191**

3. Alter und Tod

a) Einleitung

Art. 48 AEUV sieht die Einführung eines Systems vor, „welches aus- und einwandernden Arbeitnehmern und deren anspruchsberechtigten Angehörigen folgendes sichert: **192**

a) die Zusammenrechnung aller nach den verschiedenen innerstaatlichen Rechtsvorschriften berücksichtigten Zeiten für den Erwerb und die Aufrechterhaltung des Leistungsanspruchs sowie für die Berechnung der Leistungen;
b) die Zahlung der Leistungen an Personen, die in den Hoheitsgebieten der Mitgliedstaaten wohnen."

Dies ist zwar eine Umschreibung des gesamten Systems der Verordnung, nur im Bereich der Alters- und Invaliditätssicherung kommt der so umschriebene Mechanismus jedoch voll zur Geltung. Während es beim Risiko Krankheit vorrangig um Probleme der Leistungsaushilfe geht und dort sowie in den anderen Risikobereichen die Anwartschaftsphase und auch die Leistungsphase eher kurz ist, wird ein Anspruch auf eine Leistung wegen Alter, Invalidität oder Tod typischerweise über einen mehrere Jahrzehnte umfassenden Anwartschaftszeitraum erworben und in einer langjährigen Leistungsphase ausgezahlt. **193**

Deshalb zeigt sich in diesem Bereich die Verknüpfung der verschiedenen nationalen Sicherungssysteme in besonderer Weise. Nur hier taucht in reiner Form die Konstellation auf, dass ein Leistungsberechtigter aus mehreren Sicherungssystemen verschiedener Mitgliedstaaten Leistungen bezieht. Die Zusammenrechnung von Zeiten für den Erwerb oder die Aufrechterhaltung eines Anspruchs gewinnt hier ihre besondere Bedeutung. **194**

Hier gewinnt auch der Umstand, dass die Verordnung nur die staatlichen Systeme der sozialen Sicherheit miteinander verknüpft und auch dabei einzelne Systeme ausnimmt, Bedeutung für die praktische Sozialpolitik. Die Absicherung gegen das Risiko Alter, Invalidität und Tod erfolgt üblicherweise durch eine Kombination verschiedener Sicherungsformen. In Deutschland tritt neben die gesetzliche Rentenversicherung die betriebliche Altersversorgung, die oft durch eine zusätzliche **195**

---

245 EuGH, Rs. 4/80 (D'Amico), Slg 1980, 2951 ff; verb. Rsen. 116, 117, 119, 120 und 121/80 (RWP/Celestre), Slg 1981, 1737, 1757.

246 EuGH, Rs. 180/78 (Brouwer-Koune), Slg 1979, 2111 ff.

247 *Schuler*, in: Fuchs (Hrsg.), Art. 48 VO (EG) Nr. 883/04, Rn 5 mit Verweis auf EuGH, Rs. 92/94 (Graham/Conell/Nicholas), Slg 1995, 2521 ff.

Eigenvorsorge ergänzt wird. In anderen Mitgliedstaaten der Europäischen Union stellt das staatliche System nur eine Grundversorgung sicher, die dann durch andere Sicherungsformen aufgestockt werden muss.[248] Wieder andere Systeme sind wegen ihrer Komplexität oder ihrer Ausrichtung auf einen bestimmten Personenkreis ausgenommen.

196 Sieht man diesen Befund vor dem Hintergrund des Art. 45 AEUV, so liegt die Frage auf der Hand, ob durch die Koordinierung allein der staatlichen Systeme – und bei diesen auch mit Ausnahmen – tatsächlich in ausreichender Weise dem Gebot der Freizügigkeit der Arbeitnehmer Rechnung getragen ist. Diese Frage kann so nicht pauschal beantwortet werden, da dies unter anderem eine Frage der Strukturen der jeweiligen Systeme ist. So hat etwa die deutsche betriebliche Altersversorgung keine Probleme mit der Gewährung von Rentenleistungen ins Ausland, würde sich aber schwer tun bei der Zusammenrechnung von Zeiten der Betriebszugehörigkeit bei verschiedenen Unternehmen. Andere Systeme, wie etwa die Beamtenversorgung und die berufsständische Versorgung, betreffen nur einen bestimmten Personenkreis und haben zum Teil besondere Finanzierungsregeln, die ihre Einpassung in das europäische Koordinierungssystem erschweren.

197 Das bedeutet aber zugleich auch, dass zum einen ein Gesamtblick vorzunehmen ist, der hier private und öffentliche Sicherungsformen gemeinsam betrachtet, da sie im Zusammenspiel das gemeinsame Ziel erreichen sollen. Zum anderem muss der Versuch unternommen werden, in beiden Teilbereichen in gleicher Weise die Freizügigkeitshindernisse abzubauen, was aber angesichts unterschiedlicher Strukturen mit erheblichen Schwierigkeiten verbunden ist.[249]

198 Für die staatlichen sozialen Sicherungssysteme existiert seit 1958 ein System, das zur Herstellung der Freizügigkeit die mitgliedstaatlichen Systeme koordiniert und so sicherstellt, dass Arbeitnehmer, Beamte und Selbständige bei Ausübung der Freizügigkeit, Dienstleistungsfreiheit oder Niederlassungsfreiheit keine Nachteile hinsichtlich ihrer sozialen Sicherheit erleiden.[250] Dies ist durch die neue Verordnung (EG) Nr. 883/04 erweitert worden auf alle Personen, die von der Personenverkehrsfreiheit Gebrauch machen.

199 Demgegenüber ist eine Koordinierung im Bereich der Zusatzversorgungssysteme von anderer Dimension, wenn man sie denn überhaupt anstreben will. Zusatzversorgungssysteme sind auf Initiative der Arbeitgeber oder der Sozialpartner geschaffen worden. Sozialpartner und Unternehmen verfolgen mit Zusatzversorgungssystemen zum Teil andere Ziele als die, die von den staatlichen Sicherungssystemen verfolgt werden. Darüber hinaus ist die Vielfalt ungleich größer und die Rolle der Zusatzversorgungssysteme im jeweiligen nationalen Gesamtsystem der Alterssicherung variiert enorm. Die Finanzierungsart mag bei der Koordinierung von staatlichen sozialen Sicherungssystemen eine geringere Rolle spielen; im Bereich der Zusatzversorgung wird sie jedoch zum Problem. Eine Rolle spielt schließlich auch, dass in einer Reihe von Staaten, wie Deutschland, die Schaffung einer betrieblichen Altersversorgung von der freiwilligen Entscheidung des Arbeitgebers abhängt.[251]

b) Das Koordinierungssystem

200 Das Koordinierungssystem für den Bereich Alter und Tod findet seine Rechtsgrundlage in den Art. 50 ff. der Verordnung. Es erfasst die Leistungen nach Art. 3 Abs. 1 Buchstabe d (Leistungen bei Alter) und Buchstabe e (Leistungen an Hinterbliebene) VO (EG) Nr. 883/04.

aa) Allgemeines

(1) Leistungen bei Alter

201 Unter Leistungen bei Alter sind dabei solche zu verstehen, die der Sicherung des Lebensunterhalts ab Erreichen einer bestimmten Altersgrenze dienen. Abgrenzungsschwierigkeiten ergeben sich hier

248 Vgl näher *Steinmeyer*, EuZW 1991, 43 ff.
249 Vgl dazu im Einzelnen *Steinmeyer*, in: FS Förster, S. 453 ff.
250 S. dazu *Steinmeyer*, AuA 1992, 210 ff.
251 Zur Vielfalt der Systeme der betrieblichen Altersversorgung in Europa vgl *Steinmeyer*, EuZW 1991, 43 ff; *ders.*, in: FS Ahrend, S. 475 ff.

insbesondere zu Leistungen des Vorruhestandes, da diese beschäftigungspolitisch motiviert sind und deshalb nicht in diesem Sinne Leistungen bei Alter sind.[252]

Die Schwierigkeit besteht darin, dass zumindest sozialpolitisch die Grenze zwischen vorgezogener Altersgrenze und speziellen Leistungen des Vorruhestands fließend ist. Man wird hier wohl danach abgrenzen müssen, ob es sich um eine eigenständige Leistung, wie etwa nach dem deutschen Vorruhestandsgesetz, handelt oder ob lediglich die Anspruchsvoraussetzungen für das allgemeine System hinsichtlich der Altersgrenze modifiziert sind. Inzwischen berücksichtigt die neue Verordnung aber auch Leistungen bei Vorruhestand (Art. 66), allerdings nur insofern, als hier eine Zusammenrechnung von Versicherungszeiten nach Art. 6 der Verordnung nicht erfolgen soll, wohl um den Eigenheiten der Vorruhestandsleistungen Rechnung zu tragen. Umso wichtiger wird aber die Abgrenzung zwischen Leistungen wegen Alters und Vorruhestandsleistungen. Deshalb werden diese in Art. 1 Buchstabe x) definiert als von Leistungen wegen Arbeitslosigkeit und Alter zu unterscheidende Leistungen, die ab einem bestimmten Lebensalter Arbeitnehmern, die ihre berufliche Tätigkeit eingeschränkt oder beendet haben oder ihr vorübergehend nicht mehr nachgehen, bis zu dem Lebensalter gewährt werden, in dem sie Anspruch auf Altersrente oder auf vorzeitiges Altersruhegeld geltend machen können, und deren Bezug nicht davon abhängig ist, dass sie der Arbeitsverwaltung des zuständigen Staates zur Verfügung stehen.[253] 202

(2) Leistungen bei Tod

Demgegenüber ist die Abgrenzung von Leistungen bei Tod unproblematischer. Es geht hier um Leistungen, die den Lebensunterhalt von Personen sichern sollen, bei denen durch Tod eines Angehörigen ein Unterhaltsausfall eingetreten ist. In der Bestimmung des Kreises der begünstigten Angehörigen ist der jeweilige nationale Gesetzgeber frei; man wird auch Regelungen zu akzeptieren haben, in denen einzelne Mitgliedstaaten Formen des Zusammenlebens außerhalb der klassischen Ehe und Familie bei Hinterbliebenleistungen berücksichtigen. 203

(3) Abgrenzung zu anderen Leistungen

Im Hinblick auf die Abgrenzung zu sonstigen Leistungsarten (Renten)[254] gibt teils das Verordnungsrecht selbst, teils die Rechtsprechung des EuGH Aufschluss darüber, welche Rechtsvorschriften anzuwenden sind. Im Verhältnis zu den Leistungen bei Invalidität bedarf es im Einzelfall einer Differenzierung nach Leistungsart bzw -charakter, um die anzuwendenden Rechtsvorschriften zu bestimmen. Der EuGH hat in seiner Rechtsprechung hierzu gewisse Abgrenzungskriterien geliefert.[255] 204

(4) Rentenantrag und Festsetzungsverfahren

Hat der betreffende Arbeitnehmer, der von diesen Systemen während seines Erwerbslebens erfasst worden ist, in einem der Mitgliedstaaten einen Antrag auf Gewährung einer Rente gestellt, so werden gemäß Art. 50 Abs. 1 VO (EG) Nr. 883/04 für die Prüfung auch die Rechtsvorschriften anderer Mitgliedstaaten herangezogen, sofern sie für den Antragsteller während seines Erwerbslebens Anwendung gefunden haben. Die Rentenantragstellung wirkt also europaweit.[256] Hierbei soll es nicht darauf ankommen, ob der Antragsteller zum Zeitpunkt der Stellung des Antrags auf Feststellung einer Altersrente inzwischen in einem Drittstaat wohnt.[257] 205

Auf diese Weise wird für den Antragsteller insoweit ein einheitlicher europäischer Sozialraum hergestellt, als die Verfahrensvorschriften dafür sorgen, dass bei der Entscheidung über die Rente einer von der Verordnung erfassten Person automatisch ein europäisches Leistungsfestsetzungsverfahren 206

252 EuGH, Rs. 171/82 (Valentini), Slg 1983, 2157 ff; EuGH, Rs. 25/95 (Otte), Slg 1996, 3745 ff.
253 S. zur Einbeziehung von Vorruhestandsleistungen auch *Spiegel*, ZIAS 2006, 85, 100 ff.
254 Zum Verhältnis von Leistungen der betrieblichen Altersversorgung s.o.
255 Zur Abgrenzung siehe dort.
256 *Schuler*, in: Fuchs (Hrsg.), Art. 50 VO (EG) Nr. 883/04, Rn 6 ff.
257 EuGH, Rs. C-331/06 (Chuck), Slg 2008, 1957 ff.

eingeleitet wird, die beteiligten Sozialleistungsträger also in Zusammenarbeit miteinander das Verfahren betreiben und nicht den Rentenantragsteller die Last der Koordinierung trifft.

207 Allerdings ist ein solches europäisches Leistungsfestsetzungsverfahren naturgemäß aufwendiger als ein rein nationales Verfahren, so dass hier üblicherweise mit einem erheblich längeren Bearbeitungszeitraum zu rechnen ist, weshalb Art. 50 der Durchführungsverordnung auch die Möglichkeit einer Zahlung von vorläufigen Leistungen vorsieht.

bb) Grundansatz des koordinierenden Sozialrechts in diesem Bereich

208 Das europäische koordinierende Sozialrecht steht in den Bereichen Alter und Tod vor der Aufgabe, der Langfristigkeit des Vorgangs des Anspruchserwerbs als auch der Langfristigkeit des Vorgangs der Leistungsgewährung Rechnung zu tragen. Es steht auch vor der Aufgabe, die vielfältigen Leistungsformeln der beteiligten nationalen Sicherungssysteme miteinander zu verknüpfen. Jedes nationale Sicherungssystem geht bei der Bestimmung von Leistungsvoraussetzungen und bei der Festlegung der Leistungsformel im Grundsatz davon aus, dass der Arbeitnehmer oder Selbständige seine gesamte Erwerbstätigkeit unter diesem einen nationalen Sicherungssystem zurücklegt. Eine nationale Sozialgesetzgebung im Bereich Alter und Tod, die bei ihrer Ausgestaltung eine derartige Abstimmung für grenzüberschreitende Sachverhalte vornimmt, wäre beim gegenwärtigen Stand völlig atypisch.

209 Das koordinierende europäische Sozialrecht muss auch der Tatsache Rechnung tragen, dass einige nationale Systeme als steuerfinanzierte Altersversorgung aller Ansässigen und andere als Sozialversicherungssysteme ausgestaltet sind. Die Anspruchsvoraussetzungen sind dann einmal auf die Beschäftigungsdauer oder Dauer der Versicherungszugehörigkeit und ein anderes Mal auf die Dauer der Ansässigkeit im betreffenden Mitgliedstaat bezogen.

210 Schließlich mag die Leistungsformel bei der Rentenberechnung die Versicherungszeit als Berechnungsfaktor haben, so dass die Höhe der Rente abhängig ist von der Zugehörigkeit zur Versicherung, zumeist der Dauer der Beschäftigung. Es kann aber auch eine Leistungsformel angetroffen werden, die nach einer bestimmten Mindestdauer einen einheitlichen hohen Rentenbetrag gewährt. Treffen zwei Systeme der letztgenannten Art aufeinander, so stellt sich für einen Wanderarbeitnehmer, der diese Mindestdauer in beiden Systemen zurückgelegt hat, die Frage, ob er die volle Leistung aus beiden Staaten beziehen kann, was bei ihm zu einer Leistungskumulation führen würde, die ihn gegenüber einem Arbeitnehmer erheblich begünstigt, der seine Erwerbstätigkeit nur in einem Mitgliedstaat ausgeübt hat.

211 Ein Koordinierungssystem für den Bereich Alter und Tod steht deshalb vor der Aufgabe, Nachteile zu vermeiden, die für den Arbeitnehmer oder Selbständigen durch Wechsel von einem Mitgliedstaat in den anderen entstehen können, dabei aber zugleich sicherzustellen, dass er gegenüber demjenigen Erwerbstätigen, der während seines gesamten Erwerbslebens *einem* nationalen Sicherungssystem unterlegen hat, nicht bevorzugt wird.

212 Im Sinne einer Vermeidung von Nachteilen regelt Art. 51 der Verordnung die Berücksichtigung der Versicherungs- und Wohnzeiten, die nach den Rechtsvorschriften zurückgelegt worden sind, die für den Arbeitnehmer oder Selbständigen im Hinblick auf den Erwerb, die Aufrechterhaltung oder das Wiederaufleben des Leistungsanspruchs galten. Es handelt sich hier um die konkrete Ausgestaltung des Gesetzgebungsauftrags des Art. 48 lit. a AEUV, der dem europäischen Gesetzgeber aufgibt, „die Zusammenrechnung aller nach den verschiedenen innerstaatlichen Rechtsvorschriften berücksichtigten Zeiten für den Erwerb und die Aufrechterhaltung des Leistungsanspruchs..." zu sichern. Das gesetzgeberische Ziel wird dadurch erreicht, dass für Erwerb, Aufrechterhaltung oder Wiederaufleben des Leistungsanspruchs nicht nur die in einem, sondern die in allen beteiligten Mitgliedstaaten zurückgelegten Zeiten zu berücksichtigen sind. Dies gilt auch für Zeiten, die vor Inkrafttreten der Verordnung zurückgelegt worden sind (Art. 87 VO (EG) Nr. 883/04).[258] Dies ist eine zwingende Konsequenz aus der Langfristigkeit des Anspruchserwerbs und gilt auch für Zeiten,

258 S. dazu auch EuGH, Rs. 227/89 (Rönfeldt), Slg 1991, 323 ff; *Zuleeg*, DRV 1991, 512 ff.

die in Staaten vor ihrem Beitritt zur Gemeinschaft zurückgelegt worden sind. Das bedeutet zugleich, dass der Sozialraum Europa insofern sofort greift und nicht mit einer langen Übergangsperiode eingeführt wird.

Da nicht alle nationalen Systeme auf Zeiten der Beschäftigung abstellen, wie dies bei Sozialversicherungssystemen zumeist der Fall ist, sieht Art. 51 der Verordnung in Ergänzung von Art. 6 je nach Ausgestaltung im nationalen Recht die Zusammenrechnung von Versicherungs-, Beschäftigungs-, Tätigkeits- oder Wohnzeiten vor. Unter dem Gesichtspunkt des Abbaus von Hindernissen für die Freizügigkeit zu sehen ist auch, dass es bei der Zusammenrechnung nicht maßgeblich ist, ob die Zeiten in einem allgemeinen oder einem Sondersystem, in einem für Arbeitnehmer oder einem für Selbständige zurückgelegt worden sind. Die innerstaatliche Vielfalt der Sicherungssysteme geht also nicht zu Lasten desjenigen, der von seinem Recht auf Freizügigkeit Gebrauch macht. 213

Bei der Berechnung der Sozialleistungen wegen Alter oder Tod muss berücksichtigt werden, dass der Arbeitnehmer oder Selbständige Beiträge zu verschiedenen nationalen Sozialversicherungssystemen entrichtet bzw Aufenthaltszeiten in verschiedenen Staaten zurückgelegt hat. Hier wäre es denkbar, den Arbeitnehmer bzw Selbständigen so zu behandeln, als habe er immer in dem Staat gelebt und gearbeitet, in dem er schließlich den Rentenantrag stellt (sog. Eingliederungsprinzip). Nach diesem Prinzip ist während der Teilung Deutschlands verfahren worden, wenn es um Personen ging, die von der DDR in die Bundesrepublik übergesiedelt sind. Ein solches Prinzip ist aber in einer Gemeinschaft mit unterschiedlichem Sozialleistungsniveau und starken Wanderungsbewegungen in alle Richtungen nicht sehr sinnvoll. 214

Der Gemeinschaftsgesetzgeber hat sich deshalb für ein System entschieden, nach dem zunächst jeder beteiligte Träger nach seinen Rechtsvorschriften die Rentenleistung berechnet. Er stellt dabei auch eine theoretische Berechnung dahingehend an, welcher Betrag sich ergeben würde, wenn alle mitgliedstaatlichen Zeiten nur in diesem einen Staat zurückgelegt worden wären. Dieser theoretische Betrag ist dann nach dem Verhältnis aufzuteilen, das sich aus der Zeit in diesem Staat zu allen mitgliedstaatlichen Zeiten ergibt (pro-rata-temporis-Prinzip). Hat also etwa ein Angestellter von den 40 Jahren seines Berufslebens 20 Jahre in Deutschland zugebracht, 10 Jahre in Italien und 10 Jahre in Spanien, so berechnen alle Träger die Rente auf der Basis von 40 Versicherungsjahren nach ihren Rechtsvorschriften und auf der Basis ihres Leistungsniveaus. Der deutsche Träger wird dann seinen Betrag zu 50 % und die beiden anderen nationalen Träger ihren Betrag zu je 25 % auszahlen. In den Fällen, in denen ein Rentenanspruch allein nach den innerstaatlichen Rechtsvorschriften bereits erfüllt ist, findet ein Vergleich zwischen dem sich daraus ergebenden Betrag und dem pro-rata-temporis-Betrag statt. Nur der höhere der beiden Beträge wird berücksichtigt. Die Obergrenze bildet der oben genannte theoretische Betrag. 215

Dieses so skizzierte System der Vorschriften über Leistungen bei Alter und an Hinterbliebene der VO (EG) Nr. 883/04 beschränkt sich auf einen Teil der staatlichen Systeme und erfasst private und betriebliche Systeme nicht, obgleich sich dort die Problematik der Freizügigkeit grundsätzlich in gleicher Weise stellt. 216

cc) Reichweite dieses Systems

Eine die Vielfalt der möglichen Gestaltungsformen betreffende Vorschrift findet sich in Art. 3 Abs. 2 VO (EG) Nr. 883/04, wenn es dort heißt, dass die Verordnung für die allgemeinen und die besonderen, die auf Beiträgen beruhenden und die beitragsfreien Systeme der sozialen Sicherheit sowie für die Systeme, nach denen die Arbeitgeber, einschließlich der Reeder, zu Leistungen verpflichtet sind, gilt. Abs. 4 klammert die Sozialhilfe und die Leistungssysteme für Opfer des Krieges und seiner Folgen sowie die Sondersysteme für Beamte und ihnen Gleichgestellte aus. 217

Diese Vorschrift macht damit grundsätzlich deutlich, dass es auf die Ausgestaltung der Systeme nicht entscheidend ankommen kann, soweit es um den sachlichen Geltungsbereich der Verordnung geht. Das Ziel der Herstellung der Freizügigkeit soll also nicht an der Vielfalt der beteiligten Systeme scheitern. Daraus wird sogar deutlich, dass nicht nur Leistungen des Staates oder öffentlich-rechtlicher Systeme, sondern auch solche des Arbeitgebers unter den sachlichen Geltungsbereich 218 der Verordnung fallen können, wenn der Arbeitgeber zu Leistungen nach Art. 3 Abs. 1 verpflichtet ist. Dies ist u.a. der Fall bei der Entgeltfortzahlung des Arbeitgebers im Krankheitsfall, die Gegenstand der beiden Rechtssachen Paletta war. Es handelt sich hier um eine das Krankengeld ersetzende Leistung des Arbeitgebers, die über Art. 3 Abs. 2 der Verordnung in den sachlichen Geltungsbereich mit einbezogen ist.[259]

219 Auf der anderen Seite erfasst die Verordnung nicht Systeme, die auf tarifvertraglicher Basis beruhen. Dies ergibt sich aus Art. 1 Buchstabe l der Verordnung, wonach der Begriff „Rechtsvorschriften" im Regelfall nicht tarifvertragliche Vereinbarungen erfasst, und zwar auch dann nicht, wenn sie für allgemeinverbindlich erklärt worden sind. Damit fallen alle Systeme aus dem sachlichen Geltungsbereich der Verordnung heraus, die auf tarifvertraglichen oder in der Rangfolge darunter liegenden Rechtsquellen beruhen. Dies schließt die deutsche betriebliche Altersversorgung ebenso aus wie die britischen Zusatzversorgungssysteme. Die Verordnung lässt aber die Möglichkeit offen, tarifvertragliche Vereinbarungen zu erfassen, sofern sie der Erfüllung einer Versicherungspflicht dienen oder ein System schaffen, dessen Verwaltung von einem Träger gewährleistet wird, der auch Systeme verwaltet, die auf Gesetz oder Verordnung beruhen; es bedarf jedoch einer Erklärung des betreffenden Mitgliedstaates, in der die Systeme dieser Art genannt sind, auf die die Verordnung anwendbar ist. Beispielsfall hierfür ist das französische System der Arbeitslosenversicherung, das durch einen am 31.12.1958 geschlossenen Tarifvertrag eingeführt wurde.[260]

220 Zur Ausklammerung dieser Systeme hat wohl beigetragen, dass ihre Koordinierung auf erhebliche technische und rechtliche Schwierigkeiten stößt, wie der Autor aus eigener Anschauung im Rahmen von Arbeiten für die Europäische Kommission weiß. Ein vergleichbarer Grund war auch bestimmend für die Ausklammerung der Systeme der berufsständischen Versorgung.

221 Es bleibt also festzuhalten, dass das Koordinierungssystem der Verordnung Nr. 883/04 und der Durchführungsverordnung keinen Anspruch auf vollständige Erfassung aller sozialen Sicherungssysteme erhebt, vielmehr beträchtliche Bereiche ausschließt. Sucht man nach einer Systematik dieser Ausgrenzung, so zeigt sich, dass sich der europäische Gesetzgeber hier pragmatisch auf die staatlichen Systeme sozialer Sicherheit konzentriert hat und auch bei diesen solche ausgeschlossen hat, die wegen ihrer besonderen Eigenart auf einen Mitgliedstaat beschränkt bleiben sollen (Leistungssysteme für Opfer des Krieges und seiner Folgen). Es findet sich schließlich das Argument, dass es bei einigen Systemen rechtlich und praktisch zu schwierig sei, sie in das Koordinierungssystem einzubeziehen.

222 Führt man sich diesen Befund vor Augen, so drängt sich die Frage auf, ob diese Situation mit dem Freizügigkeitsgebot des Art. 45 AEUV vereinbar ist. Die fehlende Koordinierung führt in aller Regel zu Beeinträchtigungen der Freizügigkeit. Art. 45 Abs. 2 AEUV macht deutlich, dass die Freizügigkeit die Abschaffung jeder auf der Staatsangehörigkeit beruhenden unterschiedlichen Behandlung der Arbeitnehmer der Mitgliedstaaten in Bezug auf Beschäftigung, Entlohnung und sonstige Arbeitsbedingungen umfasst. Art. 48 AEUV sieht eine Ermächtigungsgrundlage für den Rat vor, auf dem Gebiet der sozialen Sicherheit die für die Herstellung der Freizügigkeit erforderlichen Maßnahmen zu beschließen.

223 Es ist jedoch anerkannt, dass die Freizügigkeit der Arbeitnehmer nicht nur darin besteht, in einem anderen Land ohne Diskriminierung und wie ein Inländer Arbeit aufzunehmen, sich dort frei zu bewegen und um dort angebotene Stellen zu bewerben. Vielmehr – und das bringt Art. 48 AEUV zum Ausdruck – soll derjenige, der von seinem Recht auf Freizügigkeit Gebrauch macht, dadurch keine Nachteile hinsichtlich seiner sozialen Sicherungsrechte haben.[261]

224 Im Bereich der staatlichen Alterssicherungssysteme wird dem Freizügigkeitsgebot dadurch Rechnung getragen, dass zur Erfüllung von Leistungsvoraussetzungen grundsätzlich auch Zeiten aus einem anderen Mitgliedstaat angerechnet werden. Jedes beteiligte staatliche Alterssicherungssystem

259 Vgl auch *Steinmeyer*, in: FS Kissel, S. 1171 ff.
260 ABl. EG 1973 L 90 vom 6.4.1973; vgl auch *Fuchs*, in: Fuchs (Hrsg.), Art. 3 VO (EWG) Nr. 883/04, Rn 5.
261 Vgl hierzu auch *Steinmeyer*, AuA 1992, 210 ff; *ders.*, in: Hanau/Steinmeyer/Wank (Hrsg.), § 21 Rn 1 ff.

berechnet dann im Grundsatz die Leistungen, als hätte der Arbeitnehmer das gesamte Erwerbsleben in diesem System zugebracht und zahlt dann eine Rentenleistung aus, die dem Verhältnis der bei ihm zurückgelegten Zeiten zur gesamten Erwerbstätigkeit entspricht. Weiterhin ist vorgesehen, dass die Rentenleistung in jedem Staat der Europäischen Union bezogen werden kann.

Für den Bereich der betrieblichen Altersversorgung ergeben sich aber Behinderungen der Freizügigkeit etwa dadurch, dass Zeiten, die bei verschiedenen Unternehmen zurückgelegt sind, zur Erfüllung von Leistungsvoraussetzungen nicht zusammengerechnet werden können. All dies legt zwar eine Erstreckung von Koordinierungsvorschriften auch auf diesen Bereich nahe. Zugleich bestehen aber große Schwierigkeiten, ein solches Koordinierungssystem auch für diesen Bereich zu schaffen. Es ist insbesondere zu beachten, dass die Herstellung der Freizügigkeit hier nicht allein dadurch erreicht werden kann, dass die Systeme miteinander verknüpft werden, ohne sie inhaltlich zu verändern, wie dies bei den staatlichen Systemen unter der VO Nr. 883/04 möglich ist.[262] 225

dd) Die Regelungen über Leistungen bei Alter und an Hinterbliebene nach der VO (EG) Nr. 883/04 im Einzelnen

(1) Allgemeines

Art. 50 der Verordnung setzt den Rahmen für eine Festsetzung von Rentenleistungen wegen Alters oder Tod bei Arbeitnehmern, die während ihres Erwerbslebens in verschiedenen Mitgliedstaaten tätig gewesen sind. Er stellt die europaweite Wirkung der Antragstellung klar und führt zu einem europäischen Leistungsfestsetzungsverfahren. Damit sind bereits die einzelnen mitgliedstaatlichen Sozialleistungsträger in einer Weise miteinander verbunden, die einen lebenden europäischen Sozialraum ausmacht. Es muss allerdings auch konzediert werden, dass das Zusammenwirken der verschiedenen Rechtsordnungen nicht immer reibungslos klappt, so dass das europäische Leistungsfestsetzungsverfahren oft lange Zeit in Anspruch nimmt, zT mehrere Jahre. 226

Die Verordnung gebraucht mehrere verschiedene Methoden, um sicherzustellen, dass der Wechsel in einen anderen Mitgliedstaat für den Wanderarbeitnehmer oder den vergleichbaren Selbständigen nicht zu Nachteilen führt. Diese Methoden tragen den Besonderheiten der jeweiligen Sozialleistung Rechnung, wobei immer zu berücksichtigen ist, dass hier Sozialleistungssysteme unterschiedlichster Konzeption zusammengeführt werden müssen, was naturgemäß zu sehr komplizierten Einzelregelungen führt. 227

(2) Erfüllung der Leistungsvoraussetzungen

Die Vermeidung von Nachteilen bei Wechsel in einen anderen Mitgliedstaat geschieht zum einen dadurch, dass zur Erfüllung von Leistungsvoraussetzungen die in den verschiedenen Mitgliedstaaten zurückgelegten Zeiten zusammengerechnet werden (Zusammenrechnungsprinzip). Sieht etwa § 50 Abs. 4 SGB VI bei einer Altersrente für schwerbehinderte Menschen eine Wartezeit von 35 Jahren vor und hat der betreffende Arbeitnehmer – sei er nun Deutscher oder EG-Ausländer – in Deutschland nur anrechenbare Zeiten von insgesamt 10 Jahren zurückgelegt, so werden für die Erfüllung der Wartezeit auch ausländische Zeiten angerechnet. 228

Für Leistungen bei Alter und an Hinterbliebene sieht Art. 51 VO (EG) Nr. 883/04 dazu vor, dass im Hinblick auf den Erwerb, die Aufrechterhaltung oder das Wiederaufleben des Anspruchs auf die Leistungen eines Systems – soweit erforderlich – die nach den Rechtsvorschriften jedes anderen Mitgliedstaates zurückgelegten Versicherungs- oder Wohnzeiten berücksichtigt werden. Dabei ist es für die Erfüllung der Anspruchsvoraussetzungen im allgemeinen System unerheblich, ob es sich bei den Zeiten um solche des allgemeinen Systems oder von Sondersystemen eines anderen Staates handelt. Die ausländischen Zeiten werden so behandelt, als wären es Zeiten im Inland gewesen.[263] 229

Die Vorschrift nimmt aber auch Rücksicht darauf, dass Sondersysteme für bestimmte Personengruppen nach ihrer Ausgestaltung nur solche Zeiten honorieren wollen, die in einem entsprechen- 230

262 S. dazu näher *Steinmeyer*, in: FS Ahrend, S. 475 ff.
263 Vgl EuGH, Rs. C-619/11 (Dumont de Chassart).

den Sondersystem eines anderen Staates oder – falls ein solches nicht vorhanden ist – in einem gleichen Beruf oder in einer gleichen Beschäftigung zurückgelegt worden sind. In diesem Fall kann es aber passieren, dass der Versicherte die Voraussetzungen für diese Leistungen auch unter Berücksichtigung solcher Zeiten nicht erfüllt. Dann werden diese Zeiten für die Gewährung von Leistungen im allgemeinen System, oder falls ein solches nicht vorhanden ist, im System für Arbeiter bzw Angestellte berücksichtigt.

231 Es entsteht so ein Koordinierungssystem, in dem die Systeme der Alterssicherung der Mitgliedstaaten für die Erfüllung von Anspruchsvoraussetzungen fast lückenlos miteinander verknüpft werden. Die Regelung nimmt dabei auch Rücksicht auf besondere Ausgestaltungen von Systemen sowie auf Sondersysteme.

232 Von dieser Vorschrift zur Erfüllung der Anspruchsvoraussetzungen ist zu unterscheiden die Frage der Rentenberechnung. Da die Leistungsformeln der Rentensysteme der Mitgliedstaaten zumeist auf das gesamte Erwerbsleben oder zumindest auf einen längeren Zeitraum vor Eintritt des Versicherungs- oder Versorgungsfalles abstellen, muss nach Art. 52 VO (EG) Nr. 883/04 mit einer gemeinschaftsrechtliche Rentenberechnung gearbeitet werden. Allerdings stellt die Vorschrift eine rein innerstaatliche Rentenberechnung und eine gemeinschaftsrechtliche zueinander in Relation.

233 Da es Sinn des Koordinierungssystems ist, Nachteile zu vermeiden, die sich aus der Ausübung des Rechts auf Freizügigkeit ergeben, sieht Art. 52 VO (EG) Nr. 883/04 vor, dass der zuständige Sozialleistungsträger bei der Rentenberechnung einen Unterschied danach zu machen hat, ob der Leistungsberechtigte die Anspruchsvoraussetzungen bereits allein nach den jeweiligen nationalen Rechtsvorschriften des Trägers erfüllt oder nicht. Im ersteren Fall berechnet er die Rente auf der Basis der eigenen nationalen Rechtsvorschriften. Daneben aber ist die Rente nach den gemeinschaftsrechtlichen Rechtsvorschriften (Art. 52 Abs. 1 Buchstabe b) der Verordnung) zu berechnen. Auf diese Berechnung darf nur dann verzichtet werden, wenn sie bereits theoretisch zu keiner höheren Teilrente als derjenigen führen kann, die sich bereits aus der Anwendung der nationalen Rechtsvorschriften ergibt. Die derzeitige Rentenformel in Deutschland führt dazu, dass regelmäßig gleichwohl die Vergleichsberechnung angestellt wird.[264]

234 Daneben entfaltet Art. 52 Abs. 1 Buchstabe b) seine Hauptbedeutung für den Fall, dass die Leistungsvoraussetzungen erst bei der Zusammenrechnung von Zeiten verschiedener Mitgliedstaaten erfüllt sind.

235 Das Bild, das dieser Art der Rentenberechnung zugrunde liegt, lässt sich dahin charakterisieren, dass der europäische Gesetzgeber auch bei der Rentenberechnung, wie überhaupt bei der sozialrechtlichen Koordinierung, keine Angleichung – hier des Rentenniveaus – vornimmt, sondern es bei den nationalen Unterschieden belässt. Grundsätzlich wird die gesamte Lebensarbeitszeit oder die gesamte Zugehörigkeit zu sozialen Sicherungssystemen einschlägiger Art bis Erreichen der Altersgrenze bei der Berechnung zugrundegelegt, so dass der Wanderarbeitnehmer oder vergleichbare Selbständige eine Gesamt-Rentenleistung erhält, die sich aus einer Anzahl von Teilrenten zusammensetzt, die seiner Zugehörigkeit zu verschiedenen Systemen während seines Erwerbslebens entspricht: jedes Teilsystem gewährt die Leistung auf der Basis seiner Rentenformel.

236 Dieses Ergebnis wird durch ein zweistufiges pro-rata-temporis-Verfahren erreicht. In einem ersten Schritt wird ein so genannter theoretischer Betrag ermittelt (Art. 52 Abs. 1 Buchstabe b) ii) VO (EG) 883/04). Dies bedeutet, dass der jeweilige zuständige Träger zunächst die Rente so berechnet, als hätte die betreffende Person alle Versicherungs- oder Wohnzeiten bei diesem Träger zugebracht.[265] Sodann wird (Buchstabe b) ii)) auf der Basis dieses Betrages der tatsächlich geschuldete Betrag ermittelt nach dem Verhältnis „zwischen den nach den für ihn geltenden Rechtsvorschriften vor Eintritt des Versicherungsfalles zurückgelegten Zeiten und den gesamten nach den Rechtsvor-

264 S. dazu *Schuler*, in: Fuchs (Hrsg.), Art. 52 VO (EG) Nr. 883/04, Rn 11.

265 Dabei sind auch etwaige Ergänzungsleistungen zur Erreichung eines Mindestruhegehaltes zu berücksichtigen, EuGH, Rs. 132/96 (Stinco), Slg 1998, 5225 ff.

schriften aller beteiligten Mitgliedstaaten vor Eintritt des Versicherungsfalles zurückgelegten Zeiten." Damit ist das pro-rata-temporis-Verfahren angesprochen.

(3) Die Bewertung ausländischer Zeiten

Bei der Berechnung des theoretischen Betrages steht jeder Leistungsträger vor dem Problem, die ausländischen Zeiten bewerten zu müssen, ohne dass ihm dafür konkrete Maßstäbe des ausländischen Rechts vorliegen – und auch nicht vorliegen sollen. Die dafür erforderliche Hilfestellung bietet Art. 56 VO (EG) Nr. 883/04 und widmet sich Besonderheiten der jeweiligen nationalen Rechtsordnungen bzw den sich aus dem Zusammenwirken ergebenden Konstellationen. 237

So versucht zB Buchstabe a) des Absatzes 1 dieser Vorschrift zu verhindern, dass durch Zusammenrechnung aller Zeiten bei vorgesehener Höchstdauer der Zeiten für die Berechnung nach nationalem Recht überhöhte Zeiten und damit widersinnige Ergebnisse mit ggf. überhöhten Renten zustande kommen. Der Buchstabe c) befasst sich mit der Frage, wie bei der Rentenberechnung mit Zeiten umzugehen ist, die nach den Rechtsvorschriften anderer Mitgliedstaaten zurückgelegt wurden, für die nationale Berechnung aber herangezogen werden müssen. Hier ist grundsätzlich die Bezugsgröße für die nationalen Zeiten heranzuziehen. Mit diesem Katalog sind insgesamt Bewertungskriterien aufgestellt, die für die Berechnung des theoretischen Betrages erforderlich sind. 238

(4) Die Antikumulierungsregelungen

Im Sinne eines Nachteilsausgleichs sieht Art. 52 Abs. 3 VO (EG) Nr. 883/04 dann vor, dass von den nach Absatz 1 oder 2 errechneten Beträgen der jeweils höhere Betrag maßgebend ist. Dabei dürfen aber die jeweiligen nationalen Kürzungs-, Ruhens- oder Entziehungsbestimmungen zur Anwendung kommen. 239

Allerdings muss die Verordnung verhindern, dass von nicht ausreichend abgestimmten nationalen Sozialrechtsordnungen die von der Verordnung erfassten Personen dadurch profitieren, dass sie mehrfach aus der gleichen Pflichtversicherungszeit nach verschiedenen Sozialrechtsordnungen Leistungen beziehen können. Der in den Kollisionsnormen zum Ausdruck gekommene Grundsatz, dass grundsätzlich nur das Recht eines Mitgliedstaates angewendet werden soll, wird hier auf das Leistungsrecht übertragen. Deshalb bringt Art. 10 der Verordnung den – an sich selbstverständlichen – Grundsatz zum Ausdruck, dass ein Anspruch auf mehrere Leistungen gleicher Art aus derselben Pflichtversicherungszeit nach der Verordnung weder erworben noch aufrechterhalten werden kann.[266] 240

Insofern bestimmt Art. 53 Abs. 1 der Verordnung, dass jedes Zusammentreffen von Leistungen bei Invalidität, Alter oder an Hinterbliebene, die auf der Grundlage der von derselben Person zurückgelegten Versicherungs- und/oder Wohnzeiten berechnet und gewährt wurden, als Zusammentreffen von Leistungen gleicher Art gilt; sind diese Voraussetzungen nicht gegeben, spricht Art. 53 Abs. 2 von Leistungen unterschiedlicher Art. Eine Entscheidung des EuGH[267] fasst die bisherige Rechtsprechung zur Frage der Gleichartigkeit von Leistungen dahin zusammen, dass Leistungen der sozialen Sicherheit unabhängig von den besonderen Merkmalen der verschiedenen nationalen Rechtsvorschriften als Leistungen gleicher Art zu betrachten sind, wenn ihr Gegenstand und ihr Zweck sowie ihre Berechnungsgrundlage und die Voraussetzungen für ihre Gewährung identisch sind. Die an den EuGH in dieser Rechtssache gestellte Frage lautete deshalb dahin, ob eine Altersrente, die nach den Rechtsvorschriften eines Mitgliedstaates aufgrund der von dem Betroffenen in diesem Staat persönlich zurückgelegten Versicherungszeiten gewährt wird, und eine Altersrente, die der Betroffene nach den Rechtsvorschriften eines anderen Mitgliedstaates als geschiedener Ehegatte aufgrund der vom früheren Ehegatten zurückgelegten Versicherungszeiten erhält, Leistungen gleicher Art sind.[268] 241

266 Zu den Einzelheiten der Antikumulierungsregelungen vgl oben Rn 122.
267 EuGH, Rs. 98/94 (Schmidt), Slg 1995, 2559 ff.
268 Vgl zu dieser Frage auch EuGH, Rs. 366/96 (Cordelle), Slg 1998, 583 ff.

242 In den Art. 53 ff der Verordnung wird sodann etwa bestimmt, wie nationale Doppelleistungsbestimmungen zu behandeln sind, also solche, die andere Leistungen anrechnen. Diese müssen sich ausdrücklich auf im Ausland erworbene Leistungen beziehen und Leistungen, die aufgrund einer freiwilligen Versicherung oder freiwilligen Weiterversicherung erworben wurden, dürfen nicht berücksichtigt werden. Die Doppelleistungsbestimmungen gelten bei Leistungen gleicher Art auch nicht für eine anteilige Leistung (Art. 54 Abs. 1), dh eine solche, die sich aus der pro-rata-temporis-Berechnung ergibt. Bei autonomen Leistungen – also solchen, bei denen die Voraussetzungen für den Leistungsanspruch ausschließlich nach nationalem Recht erfüllt wurden – gelten Doppelleistungsbestimmungen nur unter bestimmten Voraussetzungen (Art. 54 Abs. 2). Beim Zusammentreffen von Leistungen unterschiedlicher Art sieht Art. 55 für autonome Leistungen und anteilige Leistungen eine verhältnismäßige Berücksichtigung vor. Dabei wird nicht der ruhende Betrag, sondern der für das Ruhen heranzuziehende Betrag geteilt.[269]

4. Arbeitsunfälle und Berufskrankheiten

a) Einleitung

243 Beim Unfallversicherungsrecht treffen verschiedene historisch gewachsene Rechtsbereiche aufeinander. In den Niederlanden beispielsweise gibt es keine eigenständige Unfallversicherung. Die entsprechenden Risiken werden dort durch die Kranken-, die Invaliden- und die Hinterbliebenenversicherung abgedeckt. Divergenzen gibt es auch hinsichtlich der Organisation, der Leistungsvoraussetzungen und des Leistungsumfangs.[270] Teils können die Aufgaben der Unfallversicherung fakultativ privaten Versicherungsgesellschaften (so in Belgien) bzw betrieblichen Arbeitsunfallkassen auf Gegenseitigkeit (so in Spanien) übertragen werden. Teils wird die Entschädigung von Arbeitsunfällen durch private Versicherungsgesellschaften abgewickelt. Ein weiteres Beispiel für die Unterschiedlichkeit der Systeme der Unfallversicherung auf der Leistungsseite bietet schließlich die einprozentige Minderung der Erwerbsunfähigkeit in Irland gegenüber einer 33,3-prozentigen Minderung der Erwerbsunfähigkeit in Griechenland als Voraussetzung für die Gewährung einer Unfallrente.[271] Die hier nur ansatzweise wiedergegebene rechtsdogmatische Unterschiedlichkeit führt im Rahmen der Koordination durch die Verordnung in der Praxis zu nicht unerheblichen Anpassungsproblemen. Diese sollen neben den Grundlagen des europäischen Unfallversicherungsrechts dargestellt werden.

b) Gesetzliche Grundlagen und Anwendungsbereich der europäischen Unfallversicherung

244 Die europäischen Vorschriften zur gesetzlichen Unfallversicherung finden sich in den Art. 362 bis 41 der VO (EG) Nr. 883/04. Soweit international-sozialrechtliche Fragen außerhalb der EU betroffen sind, ist auf das entsprechende Sozialversicherungsabkommen abzustellen.

245 Ein Problem hinsichtlich des sachlichen Anwendungsbereichs ergibt sich daraus, dass insbesondere das deutsche Unfallversicherungsrecht über den ursprünglichen Anwendungsbereich der Absicherung der Arbeitnehmer gegen das Risiko eines Arbeitsunfalls hinaus auf Tätigkeiten ausgedehnt wurde, die keinen Bezug zur typischen Gefahrenlage eines Arbeitsverhältnisses aufweisen. Dies belegt schon die begriffliche Unterscheidung zwischen „echter" und „unechter" Unfallversicherung.[272] Letztere erfasst dabei Personengruppen, die aufgrund ihrer wirtschaftlichen Situation des gleichen sozialen Schutzes wie abhängig Beschäftigte bedürfen, oder deren Schutz aus sozialpolitischen Gründen geboten erscheint. Hierzu zählt insbesondere die Selbsthilfe beim Bau eines Familienheims (§ 2 Abs. 1 Nr. 16 SGB VII), die Tätigkeit eines Zeugen (§ 2 Abs. 1 Nr. 11 b SGB VII), Hilfe bei Unglücksfällen (§ 2 Abs. 1 Nr. 13 a SGB VII) sowie durch Blutspenden oder Spenden körpereigener Organe (§ 2 Abs. 1 Nr. 13 b SGB VII).

---

269 S. dazu auch *Spiegel*, ZIAS 2006, 85, 130.

270 *Vgl hierzu und zum folgenden: Fuchs*, in: Fuchs (Hrsg.), Vorb. Art. 36 VO (EG) Nr. 883/04 Rn 1 ff.; *Aulmann*, RV 1991, 221 ff.

271 *Fuchs*, in: Fuchs (Hrsg.), Vorb. Art. 36 VO (EG) Nr. 883/04, Rn 1 ff.

272 *Schmitt*, in: v. Maydell/Ruland/Becker (Hrsg.), SRH § 16 Rn 4.

Inwieweit die unechte Unfallversicherung in den Anwendungsbereich der Art. 36 ff VO (EG) Nr. 883/04 fällt, ist indes noch nicht abschließend geklärt. Um diese Problematik sachgerecht zu lösen, müssen drei eng zusammenhängende Fragen voneinander getrennt werden.[273] Zunächst ist von der Frage auszugehen, ob die Fälle der unechten Unfallversicherung, die streng genommen keine Arbeitsunfälle im klassischen Sinne sind, sondern nur als solche fingiert werden, unter den Anwendungsbereich des Art. 3 der Verordnung fallen, der Arbeitsunfälle im originären Sinne versteht. Mithin wird die Frage zu beantworten sein, ob der von der unechten Unfallversicherung erfasste Personenkreis unter den persönlichen Anwendungsbereich der Verordnung fällt. Davon zu trennen ist die Frage, wie im Einzelfall die anwendbare Rechtsordnung bestimmt werden kann.[274] 246

Der EuGH hat sich mit der Frage, ob die unechte Unfallversicherung unter den sachlichen Anwendungsbereich des Art. 4 VO (EWG) Nr. 1408/71 – nunmehr Art. 3 VO (EG) Nr. 883/04 – fällt, konkret noch nicht befasst. In vergleichbaren Entscheidungen ist aber die Tendenz erkennbar, scharfe Abgrenzungen und die Ausgrenzung einzelner Teilbereiche zu vermeiden.[275] So wurden sozialhilferechtliche Elemente entgegen dem Wortlaut des Art. 4 VO (EWG) Nr. 1408/71 bereits dann in den sachlichen Anwendungsbereich einbezogen, wenn sie ihren Elementen nach dem klassischen sozialen Sicherungssystem nahe standen.[276] Diese Praxis erscheint bedenklich. Auch im deutschen Recht liegt der primäre Anknüpfungspunkt für die Unfallversicherung in der abhängigen Beschäftigung (vgl insb. § 2 Abs. 1 Nr. 1 SGB VII). Während die „echte" Unfallversicherung mithin die originären Risiken des Arbeitslebens abdecken soll, entstand die „unechte" Unfallversicherung durch eine Erweiterung des Versicherungsschutzes auf Tätigkeiten, die keinen Bezug zur typischen Gefahrenlage eines Arbeitsverhältnisses aufweisen, sondern nur von der Allgemeinheit für schutzwürdig erachtet wurden.[277] Der versicherungsrechtlichen Anknüpfung hat sich der Gesetzgeber insoweit nur bedient, um einen von ihm für notwendig erachteten Schadensausgleich herbeizuführen.[278] Grundlage für diese Ausdehnung ist der Gedanke des Solidarausgleichs für soziale Opfer, der auch dem Leistungskatalog der sozialen Entschädigung zugrunde liegt.[279] Das Leistungssystem der sozialen Entschädigung wurde jedoch bewusst vom sachlichen Geltungsbereich der Verordnung ausgenommen.[280] Dies ist durch die jüngste Änderungsverordnung zu VO (EG) Nr. 883/04 besonders betont worden, indem nun nicht mehr nur auf die Systeme für Opfer des Kriges und seiner Folgen als soziales Entschädigungssystem Bezug genommen wird, sondern vielmehr ausdrücklich von Leistungssystemen die Rede ist, bei denen ein Mitgliedstaat die Haftung für Personenschäden übernimmt und Entschädigung leistet, beispielsweise für Opfer von Krieg und militärischen Aktionen oder der sich daraus ergebenden Folgen, Opfer von Straftaten, Attentaten oder Terrorakten, Opfer von Schäden, die von Bediensteten eines Mitgliedstaats in Ausübung ihrer Pflichten verursacht wurden, oder für Personen, die aus politischen oder religiösen Gründen oder aufgrund ihrer Abstammung Nachteile erlitten haben. Gerade vor diesem Hintergrund erscheint es nicht gerechtfertigt, die Fälle der unechten Unfallversicherung, soweit sie Tatbestände der sozialen Entschädigung betreffen, unter die Verordnung zu fassen,[281] auch wenn es ungewöhnlich ist, dass in einem Zweig der sozialen Sicherheit einzelne Teile nicht von der Verordnung erfasst werden.[282] 247

273 Vgl hierzu: *Steinmeyer*, in: FS Gitter, S. 963 ff.

274 Vgl zu dieser Problematik die Ausführungen im Folgenden unter Rn. 250.

275 *Steinmeyer*, in: FS Gitter, S. 963 ff.

276 Vgl EuGH, Rs. 1/72 (Frilli), Slg 1972, 457 ff; *Schulte*, in: Fuchs, SDSRV Bd. 36 (1992), S. 199 ff.

277 Schon insoweit wurde von *Gitter*, S. 71, vor einer unbegrenzten Ausdehnung der Unfallversicherung als Schadensordnung für Arbeitsunfälle auf Aufopferungstatbestände gewarnt.

278 *Gitter/Schmitt*, Sozialrecht, § 17 Rn 2 u. § 18 Rn 20; siehe auch *Fuchs/Preis*, Sozialversicherungsrecht, § 35 II 7.

279 *Gitter/Schmitt*, Sozialrecht, § 18 Rn 20; *Fuchs/Preis*, aaO.

280 *Steinmeyer*, in: FS Gitter, S. 963, 966 ff; auf den Aspekt der sozialen Entschädigung in seiner europarechtlichen Bedeutung weist auch *Eichenhofer*, Sozialrecht der Europäischen Union, 3. Aufl. 2006 Rn 244 hin.

281 So auch *Fuchs*, in: Fuchs, SDSRV Bd. 36 (1992), S. 123, 131; *Willms*, S. 146; *Raschke*, in Schulin (Hrsg.), § 73 Rn 25.

282 Anders *Fuchs*, in: Fuchs (Hrsg.), Art. 36 VO (EG) Nr. 883/04, Rn 4.

248 Das BSG ist den dogmatisch am nächsten liegenden Fragen des persönlichen und sachlichen Anwendungsbereichs aus dem Weg gegangen und hat die auf ein Beschäftigungsverhältnis oder eine selbständige Tätigkeit ausgerichteten Kollisionsnormen angewendet, obwohl das gelegentlich unentgeltliche Tätigwerden die klassischen Voraussetzungen einer Beschäftigung nicht erfüllt. Zwar konnte das BSG so an seiner bisherigen Rechtsprechung festhalten und die Pannenhilfe als Arbeitnehmertätigkeit und den Halter eines Kraftfahrzeuges als Unternehmer im Sinne des Unfallversicherungsrechts qualifizieren,[283] doch ist diese Notkonstruktion aus der Sicht des europäischen Sozialrechts nicht haltbar. Der Tatbestand des § 2 Abs. 2 Satz 1 SGB VII entspricht nicht dem klassischen Beschäftigungsverhältnis, wie es in Art. 11 Abs. 3 Buchst. a VO (EG) Nr. 883/04 vorausgesetzt wird.[284] Vielmehr handelt es sich hier um eine fremdnützige Tätigkeit außerhalb eines Arbeitsverhältnisses, die eher dem Bereich der sozialen Entschädigung nahe kommt, so dass auch die Fälle des § 2 Abs. 2 SGB VII nicht vom sachlichen Anwendungsbereich erfasst werden. Da die unechte Unfallversicherung nicht mit einer Erwerbstätigkeit in Zusammenhang steht und insofern nachteilige Auswirkungen auf Wanderungsbewegungen von Arbeitnehmern nicht zu befürchten sind, liegt in dieser Ausgrenzung auch kein Verstoß gegen die Vorgaben des primären Gemeinschaftsrechts.[285] Hinzu kommt, dass die viele der in § 2 Abs. 1 SGB VII genannten Tätigkeiten in der Regel nur am Ort des Wohnsitzes oder des ständigen Aufenthalts und nicht in anderen Mitgliedstaaten ausgeübt werden, was jedoch das Leistungsniveau der einzelnen Mitgliedstaaten und weniger das Gemeinschaftsrecht betrifft.[286]

249 Wenn man also zutreffend die unechte Unfallversicherung als soziale Entschädigung qualifiziert, wird man sie als vom sachlichen Anwendungsbereich der Verordnung nicht erfasst anzusehen haben. Dass damit Teile des SGB VII nicht unter die Verordnung fallen, spricht nicht dagegen; eine Systematisierung des nationalen Rechts ist nicht maßgeblich für die europarechtliche Einordnung. Dagegen spricht auch nicht die Erweiterung des persönlichen Anwendungsbereichs durch die Verordnung, da persönlicher und sachlicher Anwendungsbereich kumulativ gegeben sein müssen. Es ist aber darauf hinzuweisen, dass für die Leistungen der unechten Unfallversicherung jedenfalls Art. 7 Abs. 2 VO (EU) Nr. 492/2011 gilt.

c) Bestimmung der anzuwendenden Rechtsvorschriften

250 Auch bei der Bestimmung der anwendbaren Rechtsvorschriften bereitet die unechte Unfallversicherung Schwierigkeiten, denn die einschlägigen Kollisionsnormen der VO knüpfen dafür grundsätzlich an das Beschäftigungsverhältnis an. Bei den Fallgruppen der unechten Unfallversicherung versagt diese Anknüpfung jedoch, da insoweit das Beschäftigungsverhältnis erst fingiert werden muss. Demnach erscheint es auch unter dem Aspekt der Bestimmung des anzuwendenden Rechts angemessener, die unechte Unfallversicherung unter das internationale Recht der sozialen Entschädigung zu subsumieren, denn die insoweit geltende Anknüpfung an den Aufenthalts- oder Handlungsort wird den besonderen Gegebenheiten der unechten Unfallversicherung am ehesten gerecht.[287]

d) Versicherte Risiken und Leistungsgewährung

251 Welche Risiken im Einzelfall versichert sind, richtet sich nach den jeweils anzuwendenden unfallversicherungsrechtlichen Bestimmungen. In der Regel werden neben den klassischen Arbeitsunfällen auch die Wegeunfälle zwischen Arbeitsplatz, Wohnort, Unternehmenssitz und die so genannte „Familienheimfahrt" zu den in einem anderen Mitgliedstaat lebenden Angehörigen mitversichert sein. Dabei ist es wegen Art. 5 VO (EG) Nr. 883/04 unerheblich, ob sich der Wegeunfall innerhalb

283 Ständige Rechtsprechung seit BSGE 35, S. 140 ff.
284 Vgl *Steinmeyer*, in: Fuchs (Hrsg.), Art. 11 VO (EG) Nr. 883/04, Rn 9 ff.
285 *Willms*, S. 146.
286 *Willms*, S. 146.
287 Vgl auch *Eichenhofer*, Internationales Sozialrecht, Rn 436.

oder außerhalb des zuständigen Staates ereignet hat. Zu den versicherten Risiken zählt ebenso der Eintritt einer Berufskrankheit.[288]

Gemäß Art. 7 VO (EG) Nr. 883/04 kann die Leistungsgewährung an Arbeitnehmer und Selbständige nicht deshalb eingeschränkt werden, weil der Berechtigte im Gebiet eines anderen Mitgliedstaats als des Staates wohnt, in dessen Gebiet der zur Zahlung verpflichtete Träger seinen Sitz hat. Welches Recht für die Leistungsgewährung dabei im Einzelfall Anwendung findet, richtet sich nach den Art. 36 VO (EG) Nr. 883/04. In Betracht kommen danach Sach- oder Geldleistungen. 252

aa) Voraussetzungen

Voraussetzung für die Leistungsgewährung ist der Eintritt des Versicherungsfalles, dh ein Arbeitsunfall oder eine anerkannte Berufskrankheit. Soweit ein Arbeitsunfall als Voraussetzung für einen Leistungsanspruch gefordert wird, ist zu beachten, dass die Arbeitsunfallanzeige nach dem Recht desjenigen Mitgliedstaates erstattet wird, in dem sich der Arbeitsunfall ereignet hat. Dies ist nicht unbedeutend, da sich die Begriffsdefinitionen auch nach dem jeweiligen Recht richten und im Einzelfall inhaltlich unterschiedlich ausgestattet sein können. So gilt auch die jeweilige landesrechtliche Definition von „Arbeitsunfall",[289] die beispielsweise in Dänemark und Großbritannien, wo für die Annahme eines Arbeitsunfalls mindestens eine Körperverletzung gefordert wird, wesentlich enger gefasst ist als in der Bundesrepublik Deutschland.[290] 253

Um Leistungen aufgrund einer Berufskrankheit in Anspruch nehmen zu können, muss die Krankheit bei einer Tätigkeit entstanden sein, die ihrer Art nach geeignet ist, die Krankheit zu verursachen (Art. 38 VO (EG) Nr. 883/04). Dies klingt plausibel, doch bereiten insbesondere die gegenseitige Anerkennung von Berufskrankheiten und die globale Betrachtung der Exposition, also derjenigen Tätigkeiten, die geeignet sind, eine Berufskrankheit herbeizuführen, auch heute noch Schwierigkeiten.[291]

bb) Sachleistungen

Bei der Gewährung von Sachleistungen stellt sich aus Sicht der europäischen Unfallversicherung regelmäßig die Frage, in welchem Mitgliedstaat die Versicherungsleistungen in Anspruch genommen werden. Neben dem Mitgliedstaat, in dem der Arbeitnehmer seinen Wohnsitz hat, kommt für die Leistungsgewährung noch der zuständige Mitgliedstaat in Betracht. Daneben sind die Fragen zu berücksichtigen, die sich bei Aufenthalt im Gebiet des zuständigen Staates bzw einem Wohnortwechsel in den zuständigen oder einen dritten Mitgliedstaat und für Grenzgänger ergeben. Die VO (EG) Nr. 883/04 nimmt, anders als die frühere VO (EWG) Nr. 1408/71, weitgehend Bezug auf die Vorschriften zum Risiko Krankheit, indem in Art. 36 die Art. 17, 18 Abs. 1, 19 Abs. 1 und 20 Abs. 1 für anwendbar erklärt werden. 254

(1) Leistungsgewährung am Wohnort

Bei der Leistungsgewährung am Wohnort gewährt gemäß Art. 36 Abs. 2 VO (EG) Nr. 883/04 der am Wohnort zuständige, ausländische Unfallversicherungsträger die Leistungen nach den für ihn geltenden Rechtsvorschriften zu (den finanziellen) Lasten des zahlungspflichtigen Trägers. Dabei wird der Versicherte bei der Abwicklung der Sachleistungsgewährung den inländischen Versicherten des Mitgliedstaates, der die Leistungen gewährt, gleichgestellt. Dies hat zum einen zur Folge, dass der Versicherte Leistungsansprüche nach den Rechtsvorschriften des zuständigen Staates nur dann geltend machen kann, wenn er auch in diesen Mitgliedstaat zurückkehrt. Eine weitere Konsequenz der völligen Einbindung eines Versicherten in die inländische Leistungsgewährung durch den aushelfenden Träger des Wohnortes ist die mögliche Beteiligung des Versicherten an den Behandlungskosten, wie dies beispielsweise in Frankreich, Dänemark, Großbritannien und Italien der Fall 255

288 Vgl hierzu die Ausführungen im Folgenden unter Rn 264.
289 Dahin lässt sich auch Art. 1 Buchstabe va) ii) VO (EG) Nr. 883/04 verstehen.
290 Vgl *Raschke*, BG 1984, 285, 286 f.
291 Vgl hierzu die Ausführungen im Folgenden unter Rn 264 ff.

ist.[292] Schließlich kann der Versicherte den zuständigen und kostenpflichtigen Unfallversicherungsträger auch nicht für Fehlverhalten der Ärzte des aushelfenden Unfallversicherungsträgers haftbar machen.[293]

(2) **Leistungsgewährung im zuständigen Staat**

256 Soweit sich ein Arbeitnehmer, der außerhalb des zuständigen Staates wohnt, im zuständigen Staat aufhält, erhält er nach den Rechtsvorschriften dieses Staates Leistungen. Insoweit nimmt Art. 26 Bezug auf Art. 17 zum Risiko Krankheit.

(3) **Leistungsgewährung außerhalb des zuständigen Staates**

257 Für die Leistungsgewährung außerhalb des zuständigen Staates nimmt Art. 36 Abs. 1 Bezug auf die Vorschriften zum Risiko Krankheit, was bedeutet, dass zum Einen der Fall erfasst ist, dass sich ein Versicherter außerhalb des zuständigen Staates aufhält (Art. 19), ohne dort seinen Wohnsitz zu haben.[294] Zum Anderen wird der Fall erfasst, dass der Versicherte vom zuständigen Träger die Genehmigung erhalten hat, sich in das Gebiet eines anderen Mitgliedstaates zu begeben, um dort eine angemessene Behandlung zu erhalten (Art. 20 Abs. 1). Hier kann auf die Ausführungen zum Risiko Krankheit Bezug genommen werden. In diesen Fällen hat der Versicherte Anspruch auf Leistungen nach den Rechtsvorschriften des Trägers des Wohn- oder Aufenthaltsortes, als ob er dort versichert wäre. Somit entscheidet der ausländische Träger (des Wohn- oder Aufenthaltsortes) über Ausmaß, Art und Weise der Sachleistungsgewährung.

258 Art. 37 sieht eine Sonderregelung für Transportkosten im Zusammenhang mit der Leistungserbringung vor, die greift, wenn ein Mitgliedstaat nach seinen Rechtsvorschriften die Kosten für den Transport einer Person bis zum Wohnort oder bis zum Krankenhaus übernimmt, die einen Arbeitsunfall erlitten hat. Eine solche Vorschrift findet sich für das deutsche Recht in § 43 SGB VII. Der Träger eines solchen Mitgliedstaats übernimmt nach Art. 37 die Kosten auch bei grenzüberschreitendem Transport, wenn er ihn zuvor unter gebührender Berücksichtigung der hierfür sprechenden Gründe genehmigt hat. Bei Grenzgängern ist eine solche Genehmigung nicht erforderlich. Erfolgt der Rücktransport ins Inland dagegen nur auf Wunsch des Versicherten, werden die Transportkosten nicht übernommen.

(4) **Leistungsinhalt**

259 Art und Umfang der Leistungen bestimmen sich nach den Rechtsvorschriften desjenigen Mitgliedstaates, in dem der Anspruchsteller wohnt oder der zuständige Unfallversicherungsträger seinen Sitz hat. Insoweit muss auf die jeweiligen Rechtsordnungen verwiesen werden.

260 Die aus deutscher Sicht nach § 26 Abs. 1 SGB VII gewährten Sachleistungen umfassen im Wesentlichen Heilbehandlung und Berufshilfe. Dabei ergeben sich in der Praxis insbesondere im Rahmen der nach § 35 SGB VII gewährten Berufshilfe, die Umschulung und Neueingliederung umfasst, häufig Probleme aufgrund mangelhafter Sprachkenntnis und unterschiedlicher Schulbildung der Betroffenen. Daneben besteht die Schwierigkeit, dass sich der Versicherte nach der Maßnahme wieder dem inländischen Arbeitsmarkt zur Verfügung stellen soll.[295] Nur so erhält er für die Übergangszeit gemäß § 49 SGB VII auch Übergangsgeld. In der Regel wird der Versicherte jedoch beabsichtigen, in sein Heimatland zurückzukehren und dort eine Arbeitsstelle zu suchen. Dies hat zur Folge, dass er seinen Anspruch auf Übergangsgeld verliert. Freilich hat er dann einen Anspruch auf Berufshilfe gegen den dortigen Träger (als aushilfsweise gewährte Sachleistung).[296]

---

292 Vgl *Raschke*, BG 1979, 272, 274; *ders.*, BG 1984, 285, 288 f.
293 *Aulmann/Watermann*, BG 1984, 223, 227.
294 Letzteres wäre ein Fall des Art. 36 VO (EG) Nr. 883/04.
295 *Aulmann/Watermann*, BG 1984, 226.
296 *Podzun*, Kz. 400, 6, 7.

cc) Geldleistungen

Nach Eintritt des Leistungsfalls kommt neben der Gewährung von Sachleistungen auch die Zahlung von Geldleistungen in Betracht. Soweit der Arbeitnehmer oder Selbständige im Gebiet eines anderen Mitgliedstaates als des zuständigen Staates wohnt, erhält er nach der allgemeinen Regelung des Art. 36 Abs. 3 iVm Art. 21 VO (EG) Nr. 883/04 Geldleistungen vom zuständigen Träger nach dessen Rechtsvorschriften. Auch hier arbeitet die Verordnung mit einem Verweis auf die Vorschriften zum Risiko Krankheit. 261

Die Berechnung der Geldleistungen richtet sich nach ebenfalls gemäß Art. 36 Abs. 3 nach den Vorschriften zum Risiko Krankheit. Soweit für die Berechnung der Geldleistungen nach den Vorschriften des zuständigen Trägers eines Mitgliedstaates ein Durchschnittsarbeitsentgelt, ein pauschales Arbeitsentgelt oder entsprechende Einkommen zugrunde zu legen sind, dürfen diese nur in Bezug auf die nach den Rechtsvorschriften dieses Mitgliedstaates zurückgelegten Zeiten berücksichtigt werden (Art. 21 Abs. 2 VO (EG) Nr. 883/04). Dabei wird aus deutscher Sicht das im Ausland erzielte Einkommen nach der Verbrauchergeldparität, also dem Vergleich der Kaufkraft zwischen dem Inland und jeweiligem anderen Mitgliedstaat, umgerechnet und zur Ermittlung des Jahresarbeitsverdienstes nach § 82 Abs. 1 SGB VII herangezogen.[297] 262

Die Höhe der Entschädigung für die Folgen eines Arbeitsunfalls oder einer Berufskrankheit bzw der Rentenbetrag ist abhängig vom Grad der Minderung der Erwerbsfähigkeit. Dabei werden nach Art. 40 Abs. 3 iVm Art. 5 VO (EG) Nr. 883/04 für die Bemessung der Minderung der Erwerbsfähigkeit auch die in anderen Mitgliedstaaten früher oder später festgestellten Arbeitsunfälle und Berufskrankheiten berücksichtigt, sofern für einen nach den für den zuständigen Träger geltenden Rechtsvorschriften früher eingetretenen oder festgestellten Arbeitsunfall oder eine eingetretene oder festgestellte Berufskrankheit kein Leistungsanspruch bestand und für den später eingetretenen oder festgestellten Arbeitsunfall bzw Berufskrankheit kein Leistungsanspruch nach den Rechtsvorschriften des Staates besteht, nach denen Arbeitsunfall oder Berufskrankheit eingetreten sind oder festgestellt wurden. So werden Doppelleistungen verhindert und Lücken im Schutz geschlossen. 263

e) Besonderheiten bei Berufskrankheiten

Da ein Arbeitsunfall ein zeitlich und örtlich genau lokalisierbares Ereignis ist, bereitet die Ermittlung des zuständigen Unfallversicherungsträger kein Problem.[298] Schwieriger ist die Entschädigung bzw die Rentenzahlung bei Berufskrankheiten; die Berufskrankheiten gehen nicht – wie ein Arbeitsunfall – auf einen einmaligen Vorgang zurück, der präzise lokalisiert werden kann, sondern entstehen im Laufe einer längeren, oft mehrjährigen Entwicklungsphase im Rahmen eines Berufslebens. Andererseits finden sich gerade in diesem Bereich nationale Vorschriften, die dem Territorialitätsprinzip in besonderer Weise Rechnung tragen.[299] So müssen teilweise Mindestexpositionszeiten im Inland zurückgelegt werden, der Ausbruch der Krankheit innerhalb einer bestimmten Zeitspanne nach Aufgabe der Tätigkeit erfolgen oder die Krankheit muss im Inland festgestellt werden, um einen Entschädigungsanspruch zu begründen.[300] 264

So verwundert es nicht, dass besondere Zurechnungsprobleme auftreten, wenn die Expositionszeiten in verschiedenen Beschäftigungen oder gar in verschiedenen Mitgliedstaaten zurückgelegt wurden. Diese Problematik hat der Europäische Gesetzgeber schon frühzeitig erkannt und aufgegriffen. Dabei wurde mit den VO (EWG) Nr. 3 und 4 aus dem Jahre 1958 jedoch noch das Ziel verfolgt, eine Leistungskumulierung zu vermeiden. Aufgrund der Erkenntnis, dass sich diese Gefahr durch die restriktiven Regelungen der einzelnen Mitgliedstaaten nicht realisiert hat, und auf Drängen der deutschen Regierung wurde eine Neuregelung in der VO (EWG) Nr. 8/63, einem Vorläufer des 265

297 BSGE 36, S. 209, 211 ff.
298 *Aulmann* in: FS Lauterbach, Band 2, S. 98, 108.
299 *Fuchs*, in: Fuchs, SDSRV Bd. 36 (1992), S. 123, 136.
300 Vgl zu diesen Bestimmungen des französischen Rechts: *Watermann*, BG 1963, 321, 323.

späteren Art. 57 VO (EWG) Nr. 1408/71 und des heutigen Art. 38 VO (EG) Nr. 883/04 geschaffen.[301]

266 Zentrales Merkmal des Art. 38 VO (EG) Nr. 883/04 ist die globale Betrachtung der Exposition, dh derjenigen Tätigkeiten, die geeignet sind, eine Berufskrankheit zu verursachen.[302] Besteht ein Anspruch auf Leistungen bei Berufskrankheit, so richtet sich die Gewährung nach den Rechtsvorschriften des zuletzt zuständigen Staates unter Berücksichtigung aller krankheitsrelevanten Faktoren, die Voraussetzung für den Anspruch sind und bereits in anderen Mitgliedstaaten nachgewiesen wurden. Bemerkenswert ist, dass hierin eine Abweichung von dem sonst fast üblichen pro-rata-temporis Prinzip besteht, nach dem jeder Träger nur den Teil der Gesamtleistung erbringt, der der Dauer der Tätigkeit in dem entsprechenden Mitgliedstaat entspricht. Auf den ersten Blick erscheint diese Regelung gerade im Hinblick auf die Zielsetzung durchaus praktikabel. Nachteil dieser Regelung ist freilich, dass der zuletzt zuständige Träger nach dem Motto „Den letzten beißen die Hunde!" alleine die finanzielle Last tragen muss.[303] Dies hat zur Folge, dass bei grenzüberschreitenden Sachverhalten die Zuständigkeitsfragen regelmäßig umstritten sind und vor diesem Hintergrund seit einiger Zeit gefordert wird, dieses radikale Prinzip zugunsten eines Entschädigungssystems abzuschaffen, dass anderen Zweigen der Sozialen Sicherheit entspricht.[304]

267 Dies hatte den europäischen Gesetzgeber in der VO (EWG) Nr. 1408/71 wohl dazu bewogen, eine Regelung vorzusehen, nach der zumindest für die Fälle von sklerogener Pneumokoniose (zB Asbestose, Silikose, Quarzstaublunge) ausnahmsweise eine Lastenteilung nach den Zeiten der Altersversicherung vorsieht. Denn die sklerogene Pneumokoniose kann schon bei kurzer Exposition auftreten und zieht in der Regel eine sehr kostenintensive Behandlung nach sich.[305] Diese Sonderregelung wurde aber in die VO (EG) Nr. 883/04 nicht übernommen.

268 Ein weiteres für Berufskrankheiten typisches Problem besteht darin, dass während des Bezuges einer Leistung oder nach ihrem Bezug eine Verschlimmerung eintritt und Expositionen sich in anderen Mitgliedstaaten ergeben haben. Hier stellt Art. 39 als Grundsatz auf, dass der leistende oder geleistet habende Träger die Kosten der Leistungen auch bei Verschlimmerung übernimmt, wenn die betreffende Person während des Bezugs der Leistungen keine Beschäftigung oder selbständige Tätigkeit nach den Rechtsvorschriften eines anderen Mitgliedstaats ausgeübt hat, die geeignet war, eine solche Krankheit zu verursachen oder zu verschlimmern. Ist ein anderer Mitgliedstaat dadurch involviert, dass die betreffende Person während des Bezugs der Leistungen eine solche Tätigkeit nach den Rechtsvorschriften eines anderen Mitgliedstaats ausgeübt hat, so verbleibt es bei der grundsätzlichen Regelung der Zuständigkeit des ersten Mitgliedstaats. Allerdings ist dann der Träger des anderen Mitgliedstaates verpflichtet, eine Zulage zu zahlen in Höhe der Differenz zwischen der nach Verschlimmerung zu gewährenden Leistung und derjeinigen, die er vor der Verschlimmerung hätte zahlen müssen, wenn er sich die Krankheit zugezogen hätte, während die Rechtsvorschriften dieses Mitgliedstaates für sie galten. Damit wird für diesen Sonderfall ein abgeschwächtes Lastenteilungsprinzip angewendet, indem die Verschlimmerung grundsätzlich zu Lasten des Staates geht, in dem er dann bei Verschlimmerung beschäftigt war.

f) Die Erstattung zwischen den Unfallversicherungsträgern

269 Die Kehrseite der Sachleistungsaushilfe ist die Erstattung zwischen den Unfallversicherungsträgern. Sie richtet sich nach Art. 41 VO (EG) Nr. 883/04, der grundsätzlich auf Art. 25 verweist. Danach muss der zuständige Träger die Aufwendungen für die Sachleistungen auf der Grundlage der tat-

---

301 Vgl zu den vorangegangenen Ausführungen zur Entwicklung des Art. 57 VO (EWG) Nr. 1408/71: *Fuchs*, in: Fuchs, SDSRV Bd. 36 (1992), S. 123, 137 mwN.

302 *Fuchs*, in: Fuchs, SDSRV Bd. 36 (1992), S. 123, 137.

303 Vgl auch *Sokoll*, in: Schmähl (Hrsg.), S. 151.

304 *Steinmeyer*, in: FS Gitter, S. 963 ff.

305 Vgl BSG, SGb 1965, S. 344, 346 mit Anm. *Lütje*, SGb 1965, 347 f; *Wickenhagen*, S. 85; *Raschke*, BG 1979, 273; *ders.*, BG 1988, 129 f.

sächlichen Aufwendungen übernehmen. Art. 41 Abs. 2 sieht die Möglichkeit der Vereinbarung anderer Erstattungsverfahren zwischen zwei oder mehr Mitgliedstaaten vor.

g) Der Rechtsübergang des Anspruchs gegen den Drittschädiger auf ausländische Unfallversicherungsträger

Ein weiteres Problemfeld, das bereits mehrfach Gegenstand von Urteilen des EuGH war,[306] ist der Rechtsübergang des Anspruchs gegen den Drittschädiger auf den leistungsverpflichteten Träger, der nicht in dem Mitgliedstaat ist, in dem sich der Unfall ereignet hat. Alle Entscheidungen betrafen die Auslegung des Art. 52 VO Nr. 3, einem Vorläufer des späteren Art. 93 VO (EWG) Nr. 1408/71. Ziel des Art. 52 VO Nr. 3 sei es nach Auffassung des EuGH, dass jeder Mitgliedstaat alle Ansprüche anerkennt, welche die übrigen Staaten dem leistungsverpflichteten Träger, der gegen den haftenden Dritten klagt, im Wege des Forderungsübergangs oder mit Hilfe einer anderen rechtlichen Konstruktion einräumen.[307] Die Problematik ergibt sich durch die Überschneidung von sozialrechtlicher Einstands- und zivilrechtlicher Ersatzpflicht und ist heute in Art. 85 VO (EG) Nr. 883/04 detailliert geregelt.[308] 270

5. Arbeitslosigkeit

a) Einleitung

Arbeitslosigkeit ist ein europaweites Phänomen. Dies bedeutet, dass Arbeitnehmer aus anderen Mitgliedstaaten im Aufenthaltsstaat arbeitslos werden, dort Leistungen wegen Arbeitslosigkeit beziehen und ggf. auch zur neuen Arbeitssuche wieder in ihren Heimatstaat zurückkehren wollen. Daneben ist denkbar, dass ein Arbeitsloser seinen Heimatstaat verlässt, um in einem anderen Mitgliedstaat eine Beschäftigung zu suchen. Schließlich sind die Fälle zu berücksichtigen, in denen ein Arbeitnehmer für den Anspruchserwerb bei Arbeitslosigkeit anrechenbare Zeiten in mehreren Mitgliedstaaten zurückgelegt hat. 271

Die Vorschriften der Art. 61 bis 65 VO (EG) Nr. 883/04 stellen die Verwirklichung der Grundfreiheit der Freizügigkeit in diesem Bereich durch verschiedene Ansätze sicher. Art. 61 VO (EG) Nr. 883/04 sieht wie auch schon die Vorschriften zum Risiko Alter eine Zusammenrechnung der Versicherungs- und Beschäftigungszeiten vor, sofern dies für den Erwerb, die Aufrechterhaltung oder das Wiederaufleben des Leistungsanspruchs erforderlich ist. Art. 62 VO (EG) Nr. 883/04 enthält die Vorschrift über die Berechnung der Leistungen; es werden zwei Einzelfragen der Leistungsbemessung geregelt und zwar die Bestimmung der Leistungshöhe und die Berücksichtigung von Familienangehörigen, die in einem anderen als dem zuständigen Mitgliedstaat wohnen. Art. 64 VO (EG) Nr. 883/04 befasst sich mit Arbeitslosen, die sich in einen anderen Mitgliedstaat als den zuständigen Staat begeben und bestimmt dabei Bedingungen und Grenzen der Aufrechterhaltung des Leistungsanspruchs. Hier besteht die koordinierungsrechtliche Besonderheit darin, dass der Arbeitslose bei Wechsel in einen anderen Mitgliedstaat seinen Leistungsanspruch nicht für den vollen Zeitraum der nach dem Recht des zuständigen Staates geltenden Leistungsdauer erhält, sondern eine zeitliche Begrenzung vorgesehen ist. Art. 65 VO (EG) Nr. 883/04 schließlich befasst sich mit dem Fall des Auseinanderfallens zwischen Wohn- und Beschäftigungsstaat, also dem Fall, dass ein Arbeitnehmer und späterer Arbeitsloser in einem anderen Staat als dem Beschäftigungsstaat wohnt. Zu denken ist hier etwa an Grenzgänger. 272

b) Sachlicher Anwendungsbereich

Unter Leistungen bei Arbeitslosigkeit im Sinne von Art. 3 der Verordnung, dessen Umschreibung für den sachlichen Anwendungsbereich der Art. 61 ff VO (EG) Nr. 883/04 maßgebend ist, sind zunächst die Geldleistungen zu rechnen, die bei Eintritt von Arbeitslosigkeit zu leisten sind. Frag- 273

306 Vgl EuGH, Rs. 31/64, (Bertholet), Slg. 1965, 111 ff; EuGH, Rs. 44/65 (Singer et Fils), Slg 1965, 1267 ff.; EuGH, Rs. 27/69 (Entr'aide médicale), Slg 1969, 405 ff.

307 EuGH, Rs. 27/69 (Entr'aide médicale), Slg 1969, 405, 406.

308 *Spiegel*, in: Fuchs (Hrsg.), Art. 85 VO (EG) Nr. 883/04 Rn 4.

lich ist, ob darunter auch die Leistungen fallen, die in Deutschland einen wesentlichen Teil des Arbeitsförderungsrechts des SGB III ausmachen, nämlich die allgemein der Bekämpfung der Arbeitslosigkeit dienenden Maßnahmen. Hier wird man diese grundsätzlich ausnehmen müssen. Sie lassen sich aber als soziale Vergünstigungen über Art. 7 Abs. 2 VO (EWG) Nr. 1612/68 erfassen.

274 Allerdings klammert der Europäische Gerichtshof andere als die klassischen Geldleistungen bei Arbeitslosigkeit nicht generell aus, wie sich in der Rechtssache „Campana" aus dem Jahr 1987 gezeigt hat. Nach dieser Entscheidung gilt Art. 67 Abs. 1 in Verbindung mit Art. 4 Abs. 1 Buchstabe g der VO (EWG) Nr. 1408/71 (heute Art. 61 VO (EG) Nr. 883/04) auch für Leistungen der beruflichen Fortbildung eines in Arbeit stehenden Arbeitnehmers, sofern für ihn eine konkrete Gefahr besteht, arbeitslos zu werden.[309] Dies ist als erweiternde Auslegung des Begriffs der Leistungen bei Arbeitslosigkeit zu verstehen, der so nicht nur Leistungen erfasst, die bei bereits eingetretener Arbeitslosigkeit gewährt werden, sondern in engen Grenzen auch solche Leistungen, mit denen zukünftiger Arbeitslosigkeit vorgebeugt werden soll. Um den Zusammenhang zu den „Leistungen bei Arbeitslosigkeit" zu halten, muss deshalb die konkrete Gefahr der Arbeitslosigkeit Zielrichtung und Voraussetzung der Leistung sein. Eine solche Voraussetzung und damit einschlägige Leistung könnte deshalb im Fall des § 77 Abs. 1 Nr. 1 SGB III gegeben sein.[310] Ein derartiger Zusammenhang ist hingegen nicht anzunehmen beim Insolvenzgeld (§§ 165 ff SGB III). Dies dient nicht dem Einkommensersatz während der Arbeitslosigkeit, wenn auch ein Fall der Insolvenz des Arbeitgebers nicht selten mit nachfolgender Arbeitslosigkeit der Arbeitnehmer verbunden ist. Sinn und Zweck des Insolvenzgeldes ist aber der Ausgleich für nicht gezahltes Arbeitsentgelt.

275 Problematisch ist von ihrer Ausgestaltung her die Zuordnung des Arbeitslosengeldes II. Hier sind erhebliche sozialhilferechtliche Elemente festzustellen, die entweder zu einer Nichtanwendung der Verordnung führen oder aber zur Qualifizierung als besondere beitragsunabhängige Geldleistungen nach Art. 70 VO (EG) Nr. 883/04, was dann zur Anwendung der Verordnung führt. Hier ist auf Anhang X zur Verordnung zu verweisen, wonach darunter Leistungen zur Sicherung des Lebensunterhalts der Grundsicherung für Arbeitsuchende fallen, soweit für diese Leistungen nicht dem Grunde nach die Voraussetzungen für den befristeten Zuschlag nach Bezug von Arbeitslosengeld (§ 24 Abs. 1 SGB II) erfüllt sind.

c) Zusammenrechnung von Versicherungszeiten

276 In Art. 61 VO (EG) Nr. 883/04 wird eine Unterscheidung zwischen Beschäftigungszeiten und Versicherungszeiten gemacht. Der Hintergrund dafür ist, dass nicht in allen Mitgliedstaaten Leistungen bei Arbeitslosigkeit über ein Sozialversicherungssystem sichergestellt werden. Es finden sich vielmehr auch Systeme, in denen die soziale Sicherung bei Arbeitslosigkeit durch ein Leistungsgesetz gewährleistet ist. Für letztere müsste aber mit Beschäftigungszeiten gearbeitet werden. Deshalb sieht Art. 61 VO (EG) Nr. 883/04 unterschiedliche Regelungen je nach dem vor, ob der jeweils zusammenrechnende Staat auf Versicherungszeiten oder Beschäftigungszeiten abstellt. Art. 61 Abs. 1 Unterabs. 2 VO (EG) Nr. 883/04 betrifft dabei die Fälle der Zusammenrechnung aus der Sicht des Staates, der auf Versicherungszeiten abstellt. Art. 67 Abs. 1 Unterabsatz 1 VO (EG) Nr. 883/04 auf der anderen Seite betrifft die Fälle der Zusammenrechnung aus der Sicht des Staates, der auf Versicherungs- und Beschäftigungszeiten abstellt. Hier werden Versicherungs- und Beschäftigungszeiten zusammengerechnet, im Falle des Unterabsatzes 2 aber nur insoweit, als sie als Versicherungszeiten gegolten hätten, wenn sie nach den eigenen Rechtsvorschriften zurückgelegt worden wären. Das bedeutet, dass in den Fällen, in denen im Ausland ein einschlägiges Versicherungssystem nicht besteht, die Beschäftigungszeiten nur angerechnet werden, wenn sie nach deutschem Recht Versicherungszeiten gewesen wären.

---

309 EuGH, Rs. 375/85 (Campana), Slg 1987, 2387.
310 Ähnlich *Waltermann*, in: Oetker/Preis, EAS B 9140 Rn 6 f.

Ausländische Versicherungszeiten sind hingegen immer zu berücksichtigen. Nach der Rechtsprechung des Europäischen Gerichtshofs macht Art. 67 Abs. 1 VO (EWG) Nr. 1408/71 (nunmehr Art. 61 Abs. 1 Unterabs. 2) die Zusammenrechnung von Beschäftigungszeiten durch den zuständigen Träger eines anderen Mitgliedstaates nicht davon abhängig, dass diese Zeiten nach den Rechtsvorschriften, nach denen sie zurückgelegt worden sind, als Versicherungszeiten für denselben Zweig der sozialen Sicherheit angesehen werden.[311] Aus Art. 61 Abs. 3 VO (EG) Nr. 883/04 ergibt sich, dass Arbeitnehmer nur dann in den Genuss der europarechtlichen Zusammenrechnung kommen, wenn sie Leistungen in dem Mitgliedstaat beantragen, in dem sie unmittelbar zuvor die Versicherungs- bzw Beschäftigungszeiten zurückgelegt haben. Ob diese Voraussetzungen gegeben sind, bestimmt sich nach den Art. 11 ff VO (EG) Nr. 883/04.[312] 277

d) Berechnung der Leistungen

Regelmäßig ist die Bezugsdauer von Geldleistungen bei Arbeitslosigkeit zeitlich begrenzt und umfasst zumeist einen Leistungszeitraum von einem halben Jahr bis zu zwei Jahren.[313] Das gibt Anlass, bei der Leistungsberechnung nicht den komplizierten und umfassenden Ansatz wie bei der Rentenberechnung zu wählen. Art. 62 VO (EG) Nr. 883/04 bestimmt deshalb, dass der Träger, bei dem der Arbeitnehmer unmittelbar zuvor Versicherungs- oder Beschäftigungszeiten zurückgelegt hat, grundsätzlich nur die Entgelte in seinem Staat zugrunde zu legen hat, sofern sich die Leistungshöhe nach dem früheren Entgelt bemisst. Man mag über den Sinn dieses Prinzips streiten;[314] es lässt sich aber insbesondere der Gedanke der Praktikabilität anführen. 278

e) Arbeitslose, die sich in einen anderen Staat als den zuständigen Staat begeben

Die Gewährung von Geldleistungen bei Arbeitslosigkeit ist üblicherweise verbunden mit der Verfügbarkeit für Bemühungen, einen neuen Arbeitsplatz zu finden. In Deutschland kommt dies in dem Erfordernis der Verfügbarkeit nach §§ 138 f SGB III zum Ausdruck. Angesichts der grundsätzlichen Begrenztheit der öffentlichen Arbeitsvermittlung auf das jeweilige Inland stellt sich dann die Frage, ob Leistungen bei Arbeitslosigkeit auch beim Wechsel in einen anderen Mitgliedstaat weitergezahlt werden können bzw sollen. Nach Art. 64 VO (EG) Nr. 883/04 muss der Arbeitslose vor seiner Abreise in einen anderen Mitgliedstaat mindestens vier Wochen nach Beginn der Arbeitslosigkeit bei der Arbeitsverwaltung des zuständigen Staates als Arbeitsloser gemeldet gewesen sein und dieser zur Verfügung gestanden haben. In dem Staat, in den sich der Arbeitslose dann begibt, muss er sich arbeitslos melden und sich der dortigen Kontrolle unterwerfen. Auf diese Weise ist an sich die Verfügbarkeit lückenlos sichergestellt. Gleichwohl endet der Leistungsanspruch drei Monate nach Verlassen des ersten Mitgliedstaates; allerdings kann der Träger dieses Staates bzw die zuständige Arbeitsverwaltung diesen Zeitraum auf sechs Monate verlängern. Er wird nur dann weitergewährt, wenn der Arbeitslose vor Ablauf dieses Zeitraums zurückkehrt. 279

Gegen diese zeitliche Begrenzung kann geltend gemacht werden, dass sichergestellt wird, dass der Arbeitslose ohne Unterbrechung einer Arbeitsvermittlung zur Verfügung steht und deshalb die Gefahr eines Missbrauchs gering ist. Darüber hinaus kann es arbeitsmarktpolitisch durchaus sinnvoll sein, einem Arbeitslosen einen längeren Zeitraum für die Arbeitssuche in einem anderen Mitgliedstaat einzuräumen. Der EuGH hat diese zeitliche Begrenzung in ständiger Rechtsprechung als für mit europäischem Gemeinschaftsrecht vereinbar angesehen.[315] Dabei bringt der Gerichtshof zum Ausdruck, dass der Rat es für notwendig erachtet habe, „den Anspruch auf Leistungen bei Arbeitslosigkeit von Arbeitnehmern, die eine Beschäftigung in einem anderen Mitgliedstaat als dem 280

311 EuGH, Rs. 388/87 (Wamerdam-Steggerda), Slg 1987, 1203.

312 So auch *Eichenhofer*, Sozialrecht der Europäischen Union, Rn 265; *Waltermann*, in: Oetker/Preis, EAS B 9140 Rn 22 f.

313 MISSOC Vergleichende Tabellen X. Arbeitslosigkeit – Vollarbeitslosigkeit, 2. Leistungen – Dauer der Leistungen, Situation am 1.1.2009.

314 *Fuchs*, in: Fuchs (Hrsg.), Art. 62 VO (EG) Nr. 883/04, Rn 2.

315 S. nur EuGH, Rs. C-272/90 (van Noorden), SozR3 6050 Art. 67 EWGV Nr. 1408/71 Nr. 1; EuGH, Rs. C-62/91 (Gray), *Oetker/Preis*, EAS C VO (EWG) Nr. 1408/71 Art. 67 Nr. 6.

suchen, in dem sie unmittelbar zuvor gearbeitet oder Beiträge gezahlt haben, von Voraussetzungen abhängig zu machen, die zum Ziel haben, die Arbeitssuche im Mitgliedstaat der letzten Beschäftigung zu fördern, diesen Staat die Leistungen bei Arbeitslosigkeit tragen zu lassen und schließlich sicherzustellen, dass diese Leistungen nur denjenigen gewährt werden, die tatsächlich eine Beschäftigung suchen. Mit der Festlegung solcher Voraussetzungen in den Artikeln 67 Absatz 3 (nunmehr Art. 61 Abs. 3 VO (EG) Nr. 883/04) und 69 Absatz 1 der VO Nr. 1408/71 (nunmehr Art. 64 Abs. 1 VO (EG) Nr. 883/04) hat der Rat von seinem Ermessensspielraum in zulässiger Weise Gebrauch gemacht“.[316] Der Gerichtshof stellt also einen unmittelbaren Zusammenhang zwischen der Zuständigkeitsregelung des Art. 61 VO (EG) Nr. 883/04 und der zeitlichen Begrenzung her. Dies ist rechtlich nachvollziehbar, in einem zusammenwachsenden europäischen Arbeitsmarkt aber zumindest arbeitsmarktpolitisch problematisch.

f) Auseinanderfallen von Wohnstaat und Beschäftigungsstaat

281 Art. 48 AEUV verlangt, dass die Zahlung von Leistungen an Personen sicherzustellen ist, die im Hoheitsgebiet eines anderen Staates als des Beschäftigungsstaates wohnen. In Erfüllung dieses Auftrages sieht Art. 65 VO (EG) Nr. 883/04 Sonderregelungen für solche Personen vor, die während ihrer letzten Beschäftigung im Gebiet eines anderen Mitgliedstaates als des zuständigen Staates wohnten.

282 Die Vorschrift differenziert hier zwischen Leistungen bei Vollarbeitslosigkeit und solchen bei Kurzarbeit oder sonstigem vorübergehendem Arbeitsausfall. Für den Fall der Vollarbeitslosigkeit wird das Recht des Wohnsitzstaates zugrunde gelegt, während im Fall von Kurzarbeit oder sonstigem vorübergehendem Arbeitsausfall der Beschäftigungsstaat als Wohnsitzstaat fingiert wird. Diese Differenzierung erscheint nur auf den ersten Blick problematisch. Bei Vollarbeitslosigkeit wird hier konzediert, dass der Lebensmittelpunkt des Arbeitslosen im Wohnsitzstaat liegt. Bei vorübergehendem Arbeitsausfall hingegen wird darauf Rücksicht genommen, dass bei diesen Sozialleistungen typischerweise eine besondere Verknüpfung mit dem regelmäßig weiterbestehenden Arbeitsverhältnis besteht; hier ist es sinnvoll, auf den Beschäftigungsstaat abzustellen. Art. 65 VO (EG) Nr. 883/04 verbietet einem vollarbeitslosen Arbeitnehmer, der in einem anderen Staat als in dem Mitgliedstaat wohnt, in dem er zuletzt gearbeitet hat, jedenfalls nicht sich zusätzlich zu den Wiedereingliederungsleistungen des Mietgliedstaates auch einer Wiedereingliederung durch seinen Wohnstaat zur Verfügung zu stellen – ein (zusätzlicher) Anspruch auf Arbeitslosenunterstützung besteht hingegen nicht.[317]

6. Familienleistungen

283 Familienleistungen im Sinne der Verordnung sind gem. Art. 1 Buchst. z) VO (EG) Nr. 883/04 alle Sach- oder Geldleistungen, die zum Ausgleich von Familienlasten bestimmt sind. Es handelt sich dabei um Leistungen, die zum Ausgleich der Unterhaltsverpflichtungen der Berechtigten gegenüber ihren Kindern gewährt werden. Nach deutschem Recht kommen als Familienleistungen im Sinne der Verordnung das Kindergeld[318] und das Elterngeld in Betracht. Leistungen an das Kind selbst stellen keine Familienleistungen dar; selbst dann nicht, wenn ansonsten die Eltern Leistungen erbringen müssten.[319] Eine Familienleistung kann auch dann von dem Wohnsitzstaat zu gewähren sein, wenn die Beschäftigung in einem anderen Mitgliedstaat ausgeübt wird.[320]

316 EuGH, Rs. C-62/91 (Gray); *Oetker/Preis*, EAS C VO (EWG) Nr. 1408/71 Art. 67 Nr. 6 Rn 12.
317 EuGH, Rs. C-443/11.
318 EuGH, Rs. C-266/95, Slg 1997, I-3279.
319 Zum Recht der Familienleistungen nach der VO (EG) Nr. 883/04 vgl *Marhold*, Neuordnung der Koordinierung von Sozialleistungen, in: Marhold (Hrsg.), Das neue Sozialrecht der EU, S. 55 ff.
320 EuGH, Rs. C-352/06 (Bosmann), Slg 2008, I-3827 ff.

a) Kindergeld

Mit dem Jahressteuergesetz 1996[321] hat der Gesetzgeber eine Neugestaltung des deutschen Kindergeldrechts vorgenommen, nachdem zuvor das Bundesverfassungsgericht die entsprechenden alten Regelungen aufgrund des steuerrechtlich unzureichenden Schutzes des Existenzminimums für verfassungswidrig erachtet hatte.[322] Durch die Neuregelung ist das Kindergeld nunmehr stärker in das Steuerrecht eingebunden. Nach Maßgabe der §§ 62 ff EStG können die Betroffenen Kindergeld beantragen, die in Deutschland wohnen, sich dort gewöhnlich aufhalten oder dort unbeschränkt einkommenssteuerpflichtig sind. Daneben wird im Rahmen der Veranlagung zur Einkommenssteuer gemäß § 32 EStG ein Kinderfreibetrag berücksichtigt; dies allerdings nur dann, wenn eine entsprechende Entlastung nicht bereits durch das ausgezahlte Kindergeld erreicht ist. 284

Das Kindergeld wird danach nicht mehr als Sozialleistung, sondern vielmehr als Steuervergütung gewährt (§ 31 S. 3 EStG).[323] Ein Dualismus zwischen Steuerrecht und Geldleistung ist jedoch insoweit erhalten geblieben, als das Kindergeld seiner Funktion nach als Geldleistung im Voraus auf eine einkommenssteuerrechtliche Kinderentlastung anzusehen ist. Kindergeld und Freibetrag dienen danach vorrangig dem Ziel, das Existenzminimum des Kindes steuerlich freizustellen (§ 31 S. 1 EStG). Neben diesem steuerrechtlichen Kindergeld nach dem EStG wird auch weiterhin ein sozialrechtliches Kindergeld nach dem BKGG[324] gewährt. Danach haben allerdings nur diejenigen Personen Ansprüche, die nicht unbeschränkt steuerpflichtig sind oder als Waisen Kindergeld für sich selbst erhalten (§ 1 BKGG). 285

Auch nach der Neuregelung kann die Gewährung von Kindergeld gemäß §§ 62 ff EStG als Familienleistung im Sinne der Verordnung angesehen werden. Die Einstufung als Steuervergütung ändert faktisch nichts an der Gewährung des Kindergeldes für die Betroffenen, die das Kindergeld nach wie vor als monatliche Geldzahlung erhalten.[325] Gleiches gilt demnach auch für das sozialrechtliche Kindergeld nach dem BKGG. Der neben dem Kindergeld gemäß §§ 62 ff EStG gewährte Freibetrag im Sinne des § 32 EStG fällt hingegen nicht in den Anwendungsbereich der VO (EG) Nr. 883/04, sondern ist vielmehr als steuerliche Vergünstigung im Sinne des Art. 7 Abs. 2 VO (EWG) Nr. 1612/68 anzusehen.[326] § 17 BKGG betont dies ausdrücklich, indem den Personen, die vom persönlichen Geltungsbereich der Verordnung erfasst werden, Gleichbehandlung garantiert wird; darüber hinaus ist bestimmt, dass auch im Übrigen die Bestimmungen der einschlägigen europäischen Verordnungen unberührt bleiben.[327] 286

b) Elterngeld

Das Elterngeld nach den §§ 1 ff BEEG löste für Kinder, die ab dem 1.1.2007 geboren wurden, das bisherige Erziehungsgeld nach dem BErzGG ab, das am 31.12.2006 außer Kraft trat.[328] Wie das frühere Erziehungsgeld dient auch das Elterngeld vorrangig einer Unterstützung und Förderung der Eltern, sich ihren Kindern zu widmen. Anspruchsvoraussetzungen sind nach § 1 Abs. 1 BEEG regelmäßig neben der tatsächlichen Betreuung und Erziehung eines Kindes ein inländischer Wohnsitz bzw. Aufenthalt, das gemeinsame Zusammenleben mit dem Kind in einem Haushalt und die Nichtausübung einer vollen Erwerbstätigkeit. Eine Kausalität zwischen Betreuung / Erziehung des Kindes und Nichtaufnahme einer vollen Erwerbstätigkeit ist nicht erforderlich. Allerdings ist Elterngeld gem. § 10 BEEG ggf. auf den Bezug anderer einkommensabhängiger Sozialleistungen anzurechnen (insbesondere auf Sozialhilfe und Arbeitslosengeld II, § 10 Abs. 5 BEEG). Daneben ist ein Anspruch ausgeschlossen, wenn die Einkommensgrenze des § 1 Abs. 8 BEEG überschritten 287

321 BGBl. I, S. 1250.
322 BVerfGE 82, 60; 82, 198; 87, 153; 91, 93; s. auch *Seewald/Felix*, VSSR 1995, 277 ff.
323 Vgl auch *Seewald/Felix*, Kindergeldrecht, § 62 Rn 1, 4.
324 BGBl. I, S. 46.
325 Vgl auch *Becker*, in: Schulte, Freizügigkeit, S. 191, 198 f.
326 Vgl *Schuler*, in: Fuchs (Hrsg.), Art. 6 VO (EG) Nr. 883/04, Rn 12.
327 Vgl auch *Eichenhofer*, in: Oetker/Preis, EAS B 9200 Rn 43.
328 BGBl. I 2006, S. 2748, vgl zur Rechtslage unter der Geltung des BErzGG die 2. Auflage dieses Handbuches.

wird. Gem. § 1 Abs. 3 BEEG ist es nicht erforderlich, dass es sich um ein leibliches Kind des Leistungsberechtigten handelt. Sofern eine Erwerbstätigkeit aufgenommen wird, darf diese nach § 1 Abs. 6 BEEG 30 Wochenstunden im Monat durchschnittlich nicht überschreiten. Für Ausländer, die nicht freizügigkeitsberechtigt sind, ist ein Anspruch gem. § 1 Abs. 7 BEEG grds. ausgeschlossen. Art. 1 Buchst. z) VO (EG) Nr. 883/04 versteht unter „Familienleistungen" alle Sach- und Geldleistungen, die zum Ausgleich von Familienlasten bestimmt sind. Damit ist mehr die Kompensation wirtschaftlicher Nachteile durch die Betreuung von Kindern zu verstehen; aus diesem Grund hat der Europäische Gerichtshof bspw. einen luxemburgischen Kinderbonus dem Recht der Familienleistungen zugeordnet.[329] Beim Elterngeld geht es aber um ein besonderes Angebot des Gesetzgebers an die Eltern, sich zur Kinderbetreuung eine Zeitlang aus dem Erwerbsleben zurückziehen zu können.[330] Eine klassische Familienleistung ist das deutsche Erziehungsgeld nach dem BEEG demnach nicht.

288 Dennoch zeigt der Rückschluss aus § 1 Abs. 7 BEEG bereits, dass der deutsche Gesetzgeber davon ausgeht, dass freizügigkeitsberechtigten Ausländern einen Anspruch auf Elterngeld haben können. Dieser Einschätzung des Gesetzgebers ist insbesondere im Hinblick auf die Entscheidung des Europäischen Gerichtshofes in der Rechtssache Hoever und Zachow zuzustimmen.[331] Zwar erging die Entscheidung noch zu der Frage, ob das frühere deutsche Erziehungsgeld nach dem BErzGG unter den Begriff der „Familienleistungen" fällt, die Grundaussagen sind jedoch entsprechend auf das heutige Elterngeld übertragbar. Die Unterscheidung zwischen Leistungen, die vom Geltungsbereich der Verordnung ausgeschlossen sind und solchen, die von ihm erfasst würden, hinge im Wesentlichen von den grundlegenden Merkmalen der jeweiligen Leistung ab, insbesondere von ihrem Zweck und den Voraussetzungen ihrer Gewährung, nicht dagegen davon, ob eine Leistung von den nationalen Rechtsvorschriften als eine Leistung der sozialen Sicherheit eingestuft werde. Das Erziehungsgeld bezweckte den Ausgleich von Familienlasten im Sinne des Art. 1 Buchst. u) i) VO (EWG) Nr. 1408/71 (nunmehr Art. 1 Buchstabe z) VO (EG) Nr. 883/04). Der Europäische Gerichtshof begründet dies insbesondere damit, dass das Erziehungsgeld einem Elternteil ermöglichen solle, sich in der ersten Lebensphase eines Kindes dessen Erziehung zu widmen. Die Leistung diene dazu, die Erziehung des Kindes zu vergüten, die anderen Betreuungs- und Erziehungskosten auszugleichen und gegebenenfalls die finanziellen Nachteile abzumildern, die der Verzicht auf ein Vollerwerbseinkommen bedeute.[332] Diese Einordnung des deutschen Erziehungsgeldes hat der Europäische Gerichtshof nochmals in der Rechtssache Martínez Sala bestätigt.[333] Gleichfalls hat der Gerichtshof das Erziehungsgeld nach schwedischem Recht, das Schweizer Elterngeld und die luxemburgischen Ausgleichszahlungen für Elternurlaub als Familienleistungen im Sinne der VO eingeordnet.[334] Insofern muss vor dem Hintergrund dieser Rechtsprechung davon ausgegangen werden, dass auch das deutsche Elterngeld nach dem BEEG (unverändert) unter den Begriff der „Familienleistungen" zu subsumieren ist.

289 In der Rechtssache Hoever und Zachow hat der Europäische Gerichtshof einen Anspruch der Klägerinnen gemäß Art. 73 VO (EWG) Nr. 1408/71 (nunmehr Art. 67 VO (EG) Nr. 883/04) abgeleitet von deren Ehemännern.[335] Anders als die Klägerinnen selbst fielen deren Ehemänner als Arbeitnehmer in den persönlichen Anwendungsbereich der Verordnung. Die in Deutschland berufstätigen Ehemänner hatten jedoch für ihre in den Niederlanden wohnhaften Familien – trotz der Möglichkeit entsprechend § 1 Abs. 4 BErzGG aF (§ 1 Abs. 6 BErzGG nF) – kein Erziehungsgeld nach deut-

329 EuGH, Rs. C-177/12.

330 S. dazu auch *Eichenhofer*, in: Oetker/Preis, EAS B 9200, Rn 11; *Steinmeyer*, in: Fuchs, SDSRV, Bd. 36 (1992), S. 189 f.

331 EuGH, Rs. C-245/94 (Hoever u. Zachow), Slg 1996, 4895 ff = *Oetker/Preis*, EAS C VO (EWG) Nr. 1408/71 Art. 18 Nr. 4.

332 EuGH, Rs. C-245/94 (Hoever u. Zachow), Slg 1996, 4895, 4934 ff.

333 *EuGH, Rs. C-85/96 (Martínez Sala), Slg 1998, 2691 ff.*

334 EuGH, Rs. C-275/96 (Kuusijärvi), Slg 1998, 3419 ff.; EuGH, Rs. C-257/10 (Bergström), Slg 2011, 13227 ff; EuGH, Rs. C-216/12 (Hliddal u. Bornand).

335 EuGH, Rs. C-245/94 (Hoever u. Zachow), Slg 1996, 4895, 4937.

schem Recht beantragt. Damit hat der Gerichtshof den Klägerinnen faktisch eine eigenständige Sicherung zukommen lassen, da das deutsche Erziehungsgeld grundsätzlich der Person zukommt, die die Erziehungsleistung erbringt.[336] Auch diese Erweiterung des Kreises der Anspruchsberechtigten – über die Gruppe der freizügigkeitsberechtigten Ausländer selbst hinaus – ist auf das Elterngeld übertragbar.

c) Die europarechtlichen Probleme des deutschen Familienlastenausgleichs

Im Zentrum geht es also um die Frage der Zahlung von Kindergeldleistungen ins EG-Ausland. 290
Konkret stellt sich die Frage, ob das Beschäftigungslandprinzip oder aber das Wohnlandprinzip maßgebend sein soll. Damit verknüpft ist das Problem der möglichen gleichzeitigen Leistungsberechtigung in mehreren Mitgliedstaaten sowie ein Fragenkomplex, der in vielerlei Gestalt immer wieder auftaucht, nämlich der der versteckten oder verschleierten Diskriminierung.

Der Zugang zum Kindergeldrecht als dem zentralen Bereich der Familienleistungen erweist sich 291
nicht nur aus europarechtlicher, sondern auch aus nationaler Sicht deshalb als so schwierig, weil hier auf bis zu drei Personen bei einer einzigen Sozialleistung abzustellen ist. Dies kommt sinnfällig in der Konzeption und der Ausgestaltung des deutschen Kindergeldrechts zum Ausdruck. Nach deutschem Kindergeldrecht haben den Anspruch auf Kindergeld die Eltern und nicht die Kinder. Es muss aber auch das Kind in die Betrachtungen einbezogen und die Tatsache berücksichtigt werden, dass es hier typischerweise um zwei Elternteile geht. Das bereitet für den Gesetzgeber keine unüberwindlichen Probleme, wenn es um reine Inlandssachverhalte geht. So sieht etwa § 64 Abs. 1 EStG vor, dass für jedes Kind nur einer Person Kindergeld gewährt wird; die Vorschrift enthält dann detaillierte Regelungen darüber, was zu geschehen hat, wenn mehrere Personen die Anspruchsvoraussetzungen erfüllen (§ 64 Abs. 2 u. 3 EStG). Die Berücksichtigung der 3. Person – des Kindes – führt bei rein innerstaatlichen Sachverhalten zu keinen größeren Schwierigkeiten.

Auf diese nationale rechtliche Situation traf nun das europäische Gemeinschaftsrecht mit Art. 73 292
VO (EWG) Nr. 1408/71. Dieser bestimmte, dass ein Arbeitnehmer oder ein Selbständiger, der den Rechtsvorschriften eines Mitgliedstaates unterliegt, für seine Familienangehörigen, die im Gebiet eines anderen Mitgliedstaates wohnen, Anspruch nach den Rechtsvorschriften des ersten Staates hat, als ob diese Familienangehörigen im Gebiet dieses Staates wohnen. Das bedeutet bei Sachverhalten mit Auslandsberührung zu einem anderen Mitgliedstaat der Europäischen Union, dass ein Arbeitnehmer, der in Deutschland beschäftigt ist, auch für diejenigen Kinder Kindergeld erhält, die in einem anderen Mitgliedstaat leben. Art. 73 VO (EWG) Nr. 1408/71 normiert demnach das sog. Beschäftigungslandprinzip.[337] Davon ist auch nach der Überführung des Kindergeldrechts ins Steuerrecht weiter auszugehen. Der neue Art. 67 VO (EG) Nr. 883/04 entspricht dieser Vorschrift weitgehend – mit dem Unterschied allein, dass entsprechend der Erweiterung des persönlichen Geltungsbereichs nicht mehr auf Arbeitnehmer und Selbständige abgestellt wird, sondern nur darauf, dass eine Person für ihre in einem anderen Mitgliedstaat wohnenden Familienangehörigeneinen Anspruch hat.

Da bis zu drei Personen kollisionsrechtlich zu berücksichtigen sind, kommt der Fall vor, dass für 293
ein und denselben Familienangehörigen für den gleichen Zeitraum Familienleistungen auch nach den Rechtsvorschriften eines anderen Mitgliedstaates vorgesehen sind. Es wären dann zwei Familienleistungen kumuliert. Um diese Kumulierung zu vermeiden, sieht Art. 68 VO (EG) Nr. 883/04 ein Vorrangsystem vor.[338] Es wird unterschieden zwischen (Familien)Leistungen aus unterschiedlichen Gründe und Leistungen aus denselben Gründen. Im ersteren Fall stehen die durch Beschäftigung und selbständige Tätigkeit ausgelösten Ansprüche an erster Stelle;[339] danach folgen die durch den Bezug einer Rente ausgelösten Ansprüche und schließlich die durch den Wohnort ausgelösten Ansprüche. Hier kommt also der Vorrang des Beschäftigungslandprinzips vor dem Wohnlandprin-

336 Vgl kritisch dazu *Eichenhofer*, SGb 1997, 449, 450 f.
337 Vgl dazu *Fischer*, SGb 1990, 536 ff.
338 S. hierzu auch *Spiegel*, ZIAS 2006, 85, 139 ff.
339 Siehe insoweit auch Beschluss Nr. F 1 vom 12.6.2009.

zip zum Ausdruck. Handelt es sich um Leistungen aus denselben Gründen, so gehen die Leistungen des Staates vor, in dessen Gebiet der fragliche Familienangehörige (das Kind) wohnt. Das Beschäftigungslandprinzip wird modifiziert durch das Wohnlandprinzip.

C. Die Regelung des Art. 7 Abs. 2 der VO (EU) Nr. 492/2011

294 Art. 7 Abs. 2 VO (EU) Nr. 492/2011[340] bestimmt, dass ein Arbeitnehmer, der Staatsangehöriger eines Mitgliedstaates ist, im Hoheitsgebiet eines anderen Mitgliedstaates die gleichen sozialen und steuerlichen Vergünstigungen genießt wie die inländischen Arbeitnehmer. Als Teil der als arbeitsrechtlicher Annex zu Art. 45 AEUV ergangenen VO (EWG) Nr. 1612/68 über die Freizügigkeit der Arbeitnehmer innerhalb der Gemeinschaft auf der Grundlage des Art. 46 AEUV liegt dieser Regelung der Gedanke zugrunde, mittels eines Diskriminierungsverbotes jede unterschiedliche Behandlung aufgrund der Staatsangehörigkeit in tatsächlicher und rechtlicher Hinsicht zu vermeiden, um die völlige Freizügigkeit der Arbeitnehmer auf dem Gebiet der Europäischen Union zu erwirken (s. auch die Präambel der VO (EU) Nr. 492/2011). Die Gleichbehandlung muss sich im Sinne der fünften Begründungserwägung der VO (EU) Nr. 492/2011 auf alles erstrecken, „was mit der eigentlichen Tätigkeit im Lohn- oder Gehaltsverhältnis und mit der Beschaffung einer Wohnung im Zusammenhang steht". Darüber hinaus müssen alle Hindernisse beseitigt werden, die sich der Mobilität der Arbeitnehmer entgegenstellen, insbesondere in Bezug auf das Recht des Arbeitnehmers, seine Familie nachkommen zu lassen, und die Bedingungen für die Integration seiner Familie im Aufnahmeland. Die VO (EU) Nr. 492/2011 hat die VO (EWG) Nr. 1612/68 abgelöst; Art. 7 Abs. 2 VO (EU) 492/2011 entspricht Art. 7 Abs. 2 VO (EWG) Nr. 1612/68.

295 Nach einem erfolgreichen Arbeitsplatzwechsel soll über Art. 7 Abs. 2 VO (EU) Nr. 492/2011 die soziale Integration des Arbeitnehmers im Aufnahmestaat gefördert werden, die neben der geografischen und der beruflichen Mobilität die dritte Komponente der Freizügigkeit darstellt. Daneben soll eine Gleichstellung in Bezug auf Umstände erfolgen, die den Erwerb einer beruflichen Qualifizierung und den sozialen Aufstieg erleichtern.[341] Auf diesem Weg soll in Ergänzung zu den Regelungen der VO (EG) Nr. 883/04, welche lediglich die dort genannten Leistungsbereiche der sozialen Sicherheit erfassen, mittels Art. 7 Abs. 2 VO (EU) Nr. 492/2011 der soziale Schutz des Arbeitnehmers auf dem Gebiet der Europäischen Union in Form einer möglichst weitgehenden Gleichbehandlung aller Unionsbürger vervollständigt werden. Rechtlich bildet Art. 7 Abs. 2 VO (EU) Nr. 492/2011 im System des europäischen Sozialrechts somit einen Auffangtatbestand zur Komplettierung des sozialrechtlichen Schutzes zugewanderter Arbeitnehmer. Es findet sich hier kein Koordinierungssystem, wie dies aus der VO (EG) Nr. 883/04 geläufig ist. Durch das Erfordernis der Gleichbehandlung wird hier aber ein ähnlicher Effekt erzielt.

296 Es kommt nicht darauf an, ob Gesetz, Arbeitsvertrag, Kollektivvereinbarung oder eine autonome Entscheidung des Arbeitgebers die Rechtsgrundlage der Leistung bildet.[342]

I. Sachlicher Anwendungsbereich

297 In der Terminologie des europäischen Sozialrechts findet der Begriff der sozialen Vergünstigung in Art. 7 Abs. 2 VO (EU) Nr. 492/2011 (früher Art. 7 Abs. 2 VO (EWG) Nr. 1612/68) erstmals Verwendung. Er ist weiter gefasst als der Begriff der sozialen Sicherheit, dergestalt, dass eine Leistung der sozialen Sicherheit iSd VO (EG) Nr. 883/04 stets eine spezielle Form der sozialen Vergünstigung darstellt. Nach der Rechtsprechung des EuGH umfasst der Begriff der sozialen Vergünstigung iSd Art. 7 Abs. 2 VO (EU) Nr. 492/2011 alle Sozialleistungen, die – ob sie an einen Arbeitsvertrag anknüpfen oder nicht – den inländischen Arbeitnehmern wegen ihrer objektiven Arbeitnehmereigenschaft oder einfach wegen ihres Wohnsitzes im Inland gewährt werden und deren Ausdehnung auf die Arbeitnehmer, die Staatsangehörige eines anderen Mitgliedstaates sind, deshalb als geeignet

340 ABl. Nr. L 141/1 vom 27.5.2011.
341 EuGH, Rs. 235/87 (Matteuci), Slg 1988, 5589, 5610.
342 Näher zu dieser Vorschrift auch *Steinmeyer*, in: Hanau/Steinmeyer/Wank (Hrsg.), § 22.

erscheint, deren Mobilität in der Gemeinschaft zu fördern.[343] Leistungen iSd Art. 7 Abs. 2 VO (EU) Nr. 492/2011 knüpfen neben der Arbeitnehmereigenschaft somit nicht zuletzt wegen des Wohnsitzprinzips insbesondere auch an die Zugehörigkeit des Arbeitnehmers zur Gesellschaft des Gastlandes an.[344]

Infolge der Auffangfunktion des Art. 7 Abs. 2 VO (EU) Nr. 492/2011 kann eine soziale Vergünstigung nur vorliegen, sofern eine Leistung nicht bereits von den spezielleren Diskriminierungsverboten der VO (EG) Nr. 883/04 oder des Art. 7 Abs. 1 VO (EWG) Nr. 1612/68 erfasst wird. Zwar ist Art. 7 Abs. 1 VO (EU) Nr. 492/2011, der eine Gleichbehandlung im Bereich der Beschäftigungs- und Arbeitsbedingungen reglementiert, nach dem EuGH[345] ebenfalls lex specialis gegenüber Art. 7 Abs. 2 VO (EU) Nr. 492/2011, jedoch ist eine Differenzierung zwischen beiden Absätzen aufgrund der fließend ineinander übergehenden Regelungsmaterien und der Gleichartigkeit der Rechtsfolgen entbehrlich. Demzufolge bildet die abschließende Aufzählung der Zweige der sozialen Sicherheit in Art. 3 Abs. 1 VO (EG) Nr. 883/04 den Ausgangspunkt für die Einordnung einer Leistung als soziale Vergünstigung iSd Art. 7 Abs. 2 VO (EWG) Nr. 492/2011.[346] In diesem Zusammenhang bindet die mitgliedstaatliche Bezeichnung einer Leistung als solche der sozialen Sicherheit die gemeinschaftsrechtliche Klassifizierung zwar nicht, sie ist aber grundsätzlich ein Indiz für die Zugehörigkeit zu den Leistungen, die von der VO (EG) Nr. 883/04 erfasst werden. Sofern die in Frage stehende Leistung nicht ohne weiteres dem sachlichen Anwendungsbereich der VO (EG) Nr. 883/04 zugeordnet werden kann, ist die Leistung gleichwohl nicht sofort als eine soziale Vergünstigung iSd VO (EU) Nr. 492/2011 anzusehen. Eine Leistung der sozialen Sicherheit iSd VO (EG) Nr. 883/04 liegt auch vor, wenn sie nach ihren Merkmalen, ihrer Zielsetzung und den Voraussetzungen ihrer Gewährung mit den Leistungen der VO (EG) Nr. 883/04 vergleichbar ist.[347] Dies kann nach der Rspr des EuGH der Fall sein, wenn eine gesetzliche Regelung unter anderem einen Bezug zu einem der in Art. 3 Abs. 1 VO (EG) Nr. 883/04 aufgezählten Risiken hat.[348] Einen eigenen Ausschluss mit der Folge einer Anwendungsmöglichkeit von Art. 7 Abs. 2 VO (EU) Nr. 492/2011 nimmt Art. 3 Abs. 5 der VO (EG) Nr. 883/04 vor, wenn diese Norm bestimmt, dass die VO (EG) Nr. 883/04 weder auf die Sozialhilfe noch auf soziale Entschädigungssysteme Anwendung findet. 298

Erst wenn eine Leistung nicht als eine der sozialen Sicherheit iSd VO (EG) Nr. 883/04 qualifiziert werden kann, bleibt Raum für die Anwendung des Art. 7 Abs. 2 der VO (EU) Nr. 492/2011. Nachdem der Begriff der sozialen Vergünstigung vom EuGH zunächst eher restriktiv ausgelegt wurde,[349] hat der EuGH später in Bezug auf die zu gewährenden Leistungen zur Verwirklichung der von Art. 39 EG verfolgten Ziele von der Möglichkeit einer weiten Auslegung des Art. 7 Abs. 2 VO (EU) Nr. 492/2011 konsequent und umfassend Gebrauch gemacht. Neben der Sozialhilfe oder ähnlichen bedürftigkeitsabhängigen Leistungen zur Sicherung eines Existenzminimums[350] sind nach der Rechtsprechung des EuGH eine Reihe von Leistungen als soziale Vergünstigung für den Arbeitnehmer iSd VO (EU) Nr. 492/2011 anzusehen, die typischerweise allein als Folge des Arbeitsplatzwechsels oder des Wohnsitzes unmittelbar in Anspruch genommen werden können, ohne dass wie etwa bei Leistungen der VO (EG) Nr. 883/04 anspruchsbegründende Wohn-, Beschäftigungs- oder Versicherungszeiten vorausgesetzt werden. Hierzu zählen im Einzelnen: 299

343 St. Rspr. seit EuGH, Rs. 32/75 (Christini), Slg 1975, 1085.
344 *Steinmeyer*, in: Fuchs (Hrsg.), Art. 7 VO (EWG) Nr. 1612/68, Rn 4.
345 EuGH, Rs. 39/86 (Lair), Slg 1988, 3161, 3196.
346 *Fuchs*, in: Fuchs (Hrsg.), Art. 3 VO (EG) Nr. 883/04, Rn 3, 7.
347 Vgl EuGH, Rs. 66/92 (Acciardi), Slg 1993, I-4567 für die niederländische Versorgung älterer und teilweise arbeitsunfähiger arbeitsloser Arbeitnehmer.
348 EuGH, Rs. 122/84 (Scrivner), Slg 1985, 1027, 1034.
349 Nach dem Urteil in der Rs. 76/72 (Michel), Slg 1973, 457 fielen nur solche Vergünstigungen unter Art. 7 Abs. 2 VO (EWG) Nr. 1612/68, die mit der Beschäftigung im Zusammenhang stehen.
350 EuGH, Rs. 122/84 (Scrivner), Slg 1985, 1027; Rs. 249/83 (Hoeckx), Slg 1985, 973; Rs. 157/84 (Frascogna I), Slg 1985, 1739; Rs. 256/86 (Frascogna II), Slg 1987, 3431; Rs 316/85 (Lebon), Slg 1987, 2811.

garantierte Mindesteinkommen im Alter,[351] Sozialleistungen für Behinderte bzw für deren Integration,[352] Arbeitslosengeld,[353] Teilnahme am Unterricht,[354] Geburtsbeihilfen bzw zinslose Geburtsdarlehen,[355] Fahrpreisermäßigungen,[356] Aufenthaltsrecht für den Lebenspartner,[357] Ausbildungsförderung bzw Stipendium und Zugang zum Hochschulunterricht,[358] Einschreibegebühren,[359] Ausbildungsförderung für Auslandsstudium,[360] Bestattungsgeld,[361] einmalige Entschädigungsleistungen wegen Flächenstilllegung in der Landwirtschaft und damit verbundenem Arbeitsplatzverlust[362] und das Recht auf eine andere Verfahrenssprache in einem Strafprozess.[363] Aus deutscher Sicht werden alle im SGB XII genannten Leistungen[364] sowie Jugendhilfeleistungen und Unterhaltsvorschüsse von Art. 7 Abs. 2 der VO (EU) Nr. 492/2011 erfasst. Den Schwerpunkt des sachlichen Anwendungsbereichs des Art. 7 Abs. 2 der VO (EU) Nr. 492/2011 bilden somit wegen ihrer vorrangigen Bedeutung für die Integration des Arbeitnehmers im Gastland die Sicherung des notwendigen Lebensunterhalts und Maßnahmen der (Berufs)-Ausbildungsförderung. Der EuGH hat auch die sog. Riester-Förderung unter Art. 7 Abs. 2 VO (EU) Nr. 492/2011 (bzw Art. 7 Abs. 2 VO Nr. 1612/68) subsumiert und einen Verstoß gegen diese Vorschrift angenommen, soweit die einschlägigen Vorschriften Grenzarbeitnehmern und deren Ehegatten die Altersvorsorgezulage verweigern, falls sie in Deutschland unbeschränkt steuerpflichtig sind, Grenzarbeitnehmern nicht gestatten, das geförderte Kapital für die Anschaffung oder Herstellung einer zu eigenen Wohnzwecken dienenden Wohnung zu verwenden, falls diese nicht in Deutschland belegen ist und vorsehen, dass die Zulage bei der Beendigung der unbeschränkten Steuerpflicht in Deutschland zurückzuzahlen ist.[365]

300 Bei Betrachtung der Leistungen wird erkennbar, dass der EuGH die Norm des Art. 7 Abs. 2 VO (EU) Nr. 492/2011 in verschiedener Hinsicht extensiv ausgelegt hat. Neben der Erweiterung des Anwendungsbereichs in Bezug auf materielle Leistungen an den Arbeitnehmer selbst wurden zunehmend auch immaterielle Leistungen[366] und entgegen der Systematik sogar Leistungen an Familienangehörige in den Anwendungsbereich des Art. 7 Abs. 2 VO (EU) Nr. 492/2011einbezogen, obwohl die Rechte der Familienangehörigen erst im folgenden Titel III. „Familienangehörige der Arbeitnehmer" statuiert werden. Die Gewährung von sozialen Vergünstigungen iSv Art. 7 Abs. 2 VO (EU) Nr. 492/2011 an Familienangehörige entgegen dem Wortlaut rechtfertigt der EuGH mit der Feststellung, dass diese Leistungen im Grunde soziale Vergünstigungen für den Arbeitnehmer selbst sind,[367] so dass auch diese von dem Anwendungsbereich des Art. 7 Abs. 2 VO

351 EuGH, Rs. 1/72 (Frilli), Slg 1972, 457; Rs. 261/83 (Castelli), Slg 1984, 3199.

352 EuGH, Rs. 76/72 (Michel), Slg 1973, 457; Rs. 187/73 (Callemeyn), Slg 1974, 553; Rs. 63/76 (Inzirillo), Slg 1976, 2057.

353 EuGH, Rs. 94/84 (Deak), Slg 1985, 1873.

354 EuGH, Rs. 9/74 (Casagrande), Slg 1974, 773; Rs. 68/74 (Alaimo), Slg 1975, 109.

355 EuGH, Rs. 111/91 (Kommission/Luxemburg), Slg 1993, I-817; Rs. 65/81 (Reina), Slg 1982, 33; aus deutscher Sicht auch Baby-Geld, vgl BVerwG, NJW 1988, 2195.

356 EuGH, Rs. 32/75 (Christini), Slg 1975, 1085.

357 EuGH, Rs. 59/85 (Reed), Slg 1986, 1283.

358 EuGH, Rs. 39/86 (Lair), Slg 1988, 3161; Rs. 198/86 (Brown), Slg 1988, 3105; Rs. 235/87 (Matteuci), Slg 1988, 5589; Rs. 357/89 (Raulin), Slg 1992, I-1027; Rs. 3/90 (Bernini), Slg 1992, I-1071.

359 EuGH, Rs. 263/86 (Humbel), Slg 1988, 5365.

360 EuGH, Rs. 308/89 (di Leo), Slg 1990, I-4185.

361 EuGH, Rs. 331/94 (O'Flynn), Slg 1996, I-2617.

362 EuGH, Rs. C-57/96 (Meints), Slg 1997, I-6689 ff.

363 EuGH, Rs. 137/84 (Mutsch), Slg 1985, 2681.

364 Zur Vergleichbarkeit mit ähnlichen Leistungsarten anderer Mitgliedstaaten, die bereits Gegenstand der EuGH-Rechtsprechung sind s. *Zuleeg*, NDV 1987, 342 ff.

365 EuGH, v. 10.9.2009, Rs. C-269/07 (Kommission ./. Deutschland.) = IStR 2009, 696 ff.

366 Wie ein Aufenthaltsrecht für den Lebenspartner, vgl Rs. 95/85 (Reed), Slg 1986, 1283; am weitesten wohl EuGH, Rs. 137/84 (Mutsch), Slg 1985, 2681 für das Recht auf Durchführung eines Strafverfahrens in einer anderen Verfahrenssprache.

367 EuGH, Rs. 32/75 (Christini), Slg 1975, 1085; Rs 63/76 (Inzirillo), Slg 1976, 2057; Rs. 94/84 (Deak), Slg 1985, 1873.

(EU) Nr. 492/2011 erfasst werden müssen. Diese Annahme ist konsequent, da das Grundrecht auf Freizügigkeit des Arbeitnehmers seine Schranken nicht darin finden kann, dass seinen Familienangehörigen eine Leistung versagt wird, die in einem vergleichbaren Fall den Angehörigen eines Inländers gewährt werden würde.[368] Weil nach EuGH der Anknüpfungspunkt der Anspruchsberechtigung auch bei Leistungen an Familienangehörige weiterhin beim Arbeitnehmer selbst liegt, hat diese Rechtsprechung zur Folge, dass auf diesem Wege rechtlich der sachliche, faktisch hingegen der persönliche Anwendungsbereich des Art. 7 Abs. 2 der VO (EU) Nr. 492/2011 erweitert wird.

Obwohl der Begriff der sozialen Vergünstigung zugunsten einer weitgehenden sozialrechtlichen Gleichbehandlung in den Mitgliedstaaten weit auszulegen ist, unterliegen nicht alle Sozialleistungen dem Gleichbehandlungsgebot des Art. 7 Abs. 2 VO (EU) Nr. 492/2011. Im Wesentlichen werden drei Bereiche nicht von Art. 7 Abs. 2 VO (EU) Nr. 492/2011 erfasst. Im Vordergrund stehen dabei zunächst die Rechte, die „nur" aufgrund der Staatsangehörigkeit gewährt werden. Art. 7 Abs. 2 VO (EU) Nr. 492/2011 verbietet zwar eine Ungleichbehandlung wegen der Staatsangehörigkeit, solange aber gerade die Staatsangehörigkeit die wesentliche Voraussetzung für den Leistungsanspruch ist, muss berücksichtigt werden, dass diese Leistungen in besonderer Weise an das Verhältnis des Bürgers zu seinem Heimatstaat anknüpfen. Zu diesen Leistungen zählen das Wahlrecht zu den Volksvertretungen und die bürgerlichen und politischen Grundrechte[369] sowie Leistungen, die als Folge der Ableistung einer Wehrpflicht gewährt werden.[370] 301

Schließlich findet Art. 7 Abs. 2 VO (EU) Nr. 492/2011 keine Anwendung, wenn ein Erwerbsloser in einen anderen Mitgliedstaat übersiedelt, um dort in den Genuss von sozialen Vergünstigungen zu kommen. Art. 7 Abs. 2 VO (EU) Nr. 492/2011 knüpft insoweit nur an Fälle an, in denen ein Arbeitsplatzwechsel oder eine Arbeitsaufnahme bestimmte Sozialleistungen mit sich bringen oder die Beendigung dieses Arbeitsverhältnisses Sozialleistungsansprüche auslöst. Dies ergibt sich bereits aus der systematischen Stellung der Norm innerhalb der VO (EU) Nr. 492/2011. Denn Art. 7 Abs. 2 VO (EU) Nr. 492/2011 ist Bestandteil des Titels über die „Ausübung der Beschäftigung und Gleichbehandlung" (Art. 7-9), während der vorausgehende Titel (Art. 1-6) den Zugang zur Beschäftigung regelt. In diesem Zusammenhang dient das Recht auf Freizügigkeit allein dazu, solche tatsächlichen oder rechtlichen Hindernisse zu beseitigen, die sich auf die Wanderbereitschaft des Arbeitnehmers im Rahmen einer freien Arbeitsplatzwahl auf dem Gebiet der Europäischen Union mobilitätshemmend auswirken könnten. Es berechtigt hingegen nicht zur Wahl des besten oder eines besseren Sozialleistungssystems. Dies wird besonders im Bereich der Sicherung des notwendigen Lebensunterhalts relevant, wenn zB ein Bürger in einen anderen Mitgliedstaat übersiedelt, nur um dort aufgrund anderer Voraussetzungen Sozialhilfe in Anspruch nehmen zu können, die ihm in seinem Heimatstaat versagt bliebe.[371] 302

II. Persönlicher Anwendungsbereich

Dem Wortlaut entsprechend werden zunächst nur Arbeitnehmer vom persönlichen Anwendungsbereich des Art. 7 Abs. 2 VO (EU) Nr. 492/2011 erfasst. Der EuGH[372] hat frühzeitig entschieden, dass der Arbeitnehmerbegriff einen „übernationalen Inhalt" habe und sich nicht nach dem Recht der einzelnen Mitgliedstaaten bestimmen lasse. Anderenfalls wäre jeder Staat in der Lage, über seine innerstaatliche Gesetzgebung und Rechtsprechung auf den Umfang des gemeinschaftsrechtlich geschützten Personenkreises Einfluss zu nehmen. Als Konsequenz dieser Beurteilung wurde somit ein gemeinschaftsrechtlicher Arbeitnehmerbegriff entwickelt bzw ausgefüllt, der es ermöglicht, eine hinreichend exakte Feststellung der Arbeitnehmereigenschaft im Rahmen der gemein- 303

368 S. die Entscheidungsgründe in der Rs. 32/75 (Christini), Slg 1975, 1085.
369 S. dazu auch *Kluth*, in: Calliess/Ruffert, EUV/AEUV, 4. Aufl. 2011, Art. 22 AEUV Rn 1 ff.
370 Vgl EuGH, Rs. C-315/94 (de Vos), Slg 1996, I-1417.
371 *Eichenhofer*, Internationales Sozialrecht, Rn 594 spricht insoweit von "Erschleichung" der Sozialhilfe.
372 EuGH, Rs. 75/63 (Unger), Slg 1964, 379 ff.

schaftsrechtlichen Regelungen zu finden.[373] Im Übrigen hat der EuGH zur Bestimmung des Arbeitnehmerbegriffs hervorgehoben, dass dieser wegen der prinzipiellen Bedeutung der Freizügigkeit für die Gemeinschaft weit auszulegen ist.[374] So hat der EuGH Studienreferendare[375] genauso als Arbeitnehmer iSd Gemeinschaftsrechts qualifiziert wie Beschäftigte in internationalen Organisationen.[376] Allerdings muss eine hinreichend enge Bindung zu dem betreffenden Mitgliedstaat gegeben sein, weshalb bei einer geringfügigen Beschäftigung in Deutschland bei Wohnsitz im EU-Ausland der deutsche Gesetzgeber diese Person vom Bezug einer sozialen Vergünstigung – hier des Elterngeldes – ausschließen darf.[377]

304 Für Arbeitsuchende hingegen gilt das Gleichbehandlungsgebot des Art. 7 Abs. 2 der VO (EU) Nr. 492/2011 nicht, wobei unter diesem Begriff arbeitswillige und arbeitsfähige Personen zusammengefasst werden, die in einen anderen Mitgliedstaat einreisen, um dort auf Arbeitsuche zu gehen.[378] Personen, die im Rahmen von Arbeitsbeschaffungsmaßnahmen oder ähnlichen zur Erhaltung, Wiederherstellung oder Förderung der Arbeitsfähigkeit geeigneten Beschäftigungsformen tätig sind, sind ebenfalls keine Arbeitnehmer im gemeinschaftsrechtlichen Sinn.[379] In Art. 10 Abs. 1 der VO (EU) Nr. 492/2011 finden sich konkrete Angaben über Personen, die in den Kreis der von dieser Verordnung geschützten Familienangehörigen einbezogen sind.[380]

305 Darüber hinaus können sich nur solche Personen auf das Gleichbehandlungsgebot des Art. 7 Abs. 2 VO (EU) Nr. 492/2011 berufen, bei denen die Arbeitnehmereigenschaft von Bedeutung ist. Aus diesem Grunde findet Art. 7 Abs. 2 VO (EU) Nr. 492/2011 keine Anwendung auf Selbständige, Dienstleistungserbringer bzw -empfänger und deren Familienangehörige. Ihnen bleibt uU der Rückgriff auf das allgemeine Diskriminierungsverbot des Art. 18 AEUV.[381]

306 Mit der Beendigung des Arbeitsverhältnisses geht die Arbeitnehmereigenschaft im Sinne dieser Vorschrift grundsätzlich verloren.[382] Damit endet dann auch die Anspruchsberechtigung aus Art. 7 Abs. 2 VO (EU) 492/2011. Einer darüber hinausgehenden (Weiter-)Wirkung steht der Gerichtshof skeptisch gegenüber.

D. Sozialhilfe

307 Obwohl die Sicherung von Existenzminima sozialpolitisch bedeutsam ist, spielt die Sozialhilfe im europäischen Gemeinschaftsrecht eine untergeordnete Rolle, wie ein Blick auf die gemeinschaftsrechtlichen Bestimmungen zeigt. Zum einen schließt die VO (EG) Nr. 883/04 in ihrem Art. 3 Abs. 5 die Sozialhilfe von ihrem sachlichen Anwendungsbereich aus, zum anderen findet sich mit einer Ausnahme keine weitere gemeinschaftsrechtliche Bestimmung, aus der sich ein subjektiv öffentliches Recht auf diese Art von Sozialleistungen ergeben kann.

308 So beschränken sich die diesbezüglichen Regelungen neben Einzelbestimmungen der Europäischen Sozialcharta und der EG-Sozialcharta, die allesamt keinen einklagbaren Anspruch auf Sozialhilfe geben, auf das Europäische Fürsorgeabkommen[383] (EFA) und die Generalklausel des Art. 7 Abs. 2 der Freizügigkeitsverordnung (EU) Nr. 492/2011, wonach ein zugewanderter Arbeitnehmer die gleichen sozialen und steuerlichen Vergünstigungen genießt wie die inländischen Arbeitnehmer.

---

373 Zum Arbeitnehmerbegriff und zum Begriff der Beschäftigung s. auch *Spiegel* in: Fuchs (Hrsg.), Art. 1 VO (EG) Nr. 883/04 Rn 6 ff.

374 EuGH, Rs. 53/81 (Levin), Slg 1982, 1035.

375 EuGH, Rs. 66/85 (Lawrie-Blum), Slg 1986, 2121.

376 EuGH, Rs. 389-390/87 (Echternach und Moritz), Slg 1989, 723; Rs. 310/91 (Hugo Schmid), Slg 1993, I-3043.

377 EuGH, v. 18.7.2007 Rs. C-213/05 (Geven), NZA 2007, 887 ff.

378 *Hailbronner,* DÖV 1978, 857 ff.

379 EuGH, Rs. 344/87 (Bettray), Slg 1989, 1621.

380 Vgl hierzu auch *Ziekow*, DÖV 1991, 363 ff.

381 Vgl hierzu *Schulte,* in: Fuchs, SDSRV Bd. 36 (1992), S. 199 ff, 224 f; *Haverkate/Huster*, S. 233.

382 EuGH, Rs. C-85/96 (Martinez Sala), Slg 1998, I-2691 ff.

383 BGBl. 1956 II, S. 564 ff unterzeichnet von Belgien, der Bundesrepublik Deutschland, Dänemark, Frankreich, Griechenland, Großbritannien, Irland, Island, Italien, Luxemburg, Malta, Niederlande, Norwegen, Portugal, Schweden, Spanien und der Türkei.

Der Mangel an gemeinschaftsrechtlichen Bestimmungen, die derartige Leistungen zum Gegenstand haben, ist zunächst historisch bedingt. Die VOen Nr. 1408/71 und Nr. 1612/68 wurden vor dem Hintergrund erlassen, die Mobilität eines Wanderarbeitnehmers oder Selbständigen durch Abbau sämtlicher sozialer Hindernisse auf dem Gebiet der Europäischen Gemeinschaft zu fördern, weswegen diese Regelungen in erster Linie an die Arbeitnehmereigenschaft oder die Selbständigkeit eines Anspruchstellers anknüpfen; daran hat auch die Erweiterung des persönlichen Anwendungsbereichs unter der neuen VO (EG) Nr. 883/04 nichts Grundsätzliches geändert. Die Arbeitnehmereigenschaft und die damit zusammenhängende Erwirtschaftung eines Arbeitslohnes hingegen implizieren, dass grundsätzlich keine anderweitige Unterstützung zur Deckung des notwendigen Lebensbedarfs erforderlich ist, so dass zunächst kein Bedürfnis für derartige Regelungen bestand. Diesbezüglich vollzieht sich allerdings im Zuge der Rechtsprechung des EuGH und insbesondere seit dem Vertrag über die Europäische Union nicht nur im Bereich des europäischen Sozialrechts ein Wandel weg vom Bild des Wanderarbeitnehmers hin zum europäischen Unionsbürger[384] mit gleichen Rechten und Pflichten in nahezu allen Bereichen sozialer Sicherung.[385] Es wird abzuwarten bleiben, ob vor dem Hintergrund einer so verstandenen Unionsbürgerschaft auf Dauer mit der Generalklausel des Art. 7 Abs. 2 der VO (EU) Nr. 492/2011 auszukommen ist, oder ob es präziser Koordinierungsregelungen bedarf, im Bereich der Mindestsicherung länderübergreifende Sachverhalte zufriedenstellend beurteilen zu können. 309

Zwar schließt die VO (EG) Nr. 883/04 die Sozialhilfe von ihrem sachlichen Anwendungsbereich aus, das Gemeinschaftsrecht gibt jedoch selbst keinen Aufschluss darüber, welche Leistungen unter dem Begriff der Sozialhilfe zusammengefasst sind, dh welche Leistungen dem Ausschluss des Art. 3 Abs. 5 der VO (EG) Nr. 883/04 unterfallen. Andererseits kommt es, wie bei anderen sozialen Risiken, für die gemeinschaftsrechtliche Qualifizierung einer Leistung nicht auf die mitgliedstaatliche Bezeichnung einer Leistung als Sozialhilfeleistung an, so dass mit dem Begriff der Sozialhilfe zunächst wenig anzufangen ist. 310

Ursprünglich wurden nach der Rechtsprechung des EuGH solche Leistungen dem Bereich der Sozialhilfe zugeordnet, die im Rahmen eines beitragsfreien, steuerfinanziertem Systems gewährt werden und für eine Leistungsgewährung eine typischerweise der Sozialhilfe eigene Bedürftigkeitsprüfung im Einzelfall voraussetzen, so dass ein Anspruch nicht von dem gesetzlichen Status des Arbeitnehmers, sondern von der Ermessensentscheidung der zuständigen Behörde abhängt.[386] 311

Allerdings handelt es sich bei den in Frage stehenden Leistungen in zahlreichen Fällen um beitragsunabhängige Mischleistungen,[387] die ihrem persönlichen Anwendungsbereich, ihren Zielen und den Einzelheiten ihrer Anwendung nach sowohl einem System der sozialen Sicherheit als auch einem sozialhilfeähnlichen System zugeordnet werden können,[388] so dass sich dieses Kriterium in bestimmten Bereichen als nicht besonders tauglich erwies. Daraufhin wurde später vom EuGH zusätzlich danach gefragt, ob die Leistung nach ihren Merkmalen, ihrer Zielsetzung und den Voraussetzungen ihrer Gewährung mit den Leistungen der VO (EG) Nr. 883/04 vergleichbar ist.[389] Der gemeinschaftsrechtliche Begriff der Sozialhilfe umfasst somit eine Reihe verschiedenster Leistungen, die sämtlich der Sicherung des notwendigen Lebensunterhaltes dienen und zusammenge- 312

384 Vgl Artt. 20 ff AEUV.

385 Zu dieser Entwicklung siehe eingehend *Mäder*, ZfSH/SGB 1994, 113, 178 ff.

386 EuGH, Rs. 1/72 (Frilli), Slg 1972, 457; EuGH, Rs. 24/74 (Biason), Slg 1974, 999 ff, für eine Leistung mit Doppelcharakter, die der sozialen Sicherheit zuzuordnen ist; in dem Urt. Rs. 139/82 (Piscitello), Slg 1983, 1427, wurde die italienische pensione sociale obwohl sie national als Sozialhilfeleistung angesehen wird, als Leistung der sozialen Sicherheit qualifiziert, weil der Leistungsgewährung nach den italienischen Rechtsvorschriften im Einzelfall keine Bedürftigkeitsprüfung vorauszugehen hat.

387 *Pompe*, S. 156 f.

388 EuGH, Rs. 1/72 (Frilli), Slg 1972, 457, 466; infolge der Abgrenzungsschwierigkeiten hat die Kommission der EU bereits im Jahr 1985 einen Vorschlag zur Änderung der VO (EWG) Nr. 1408/71 unterbreitet, nach dem diese Mischleistungen Gegenstand einer gemeinschaftsrechtlichen Regelung werden sollen.

389 EuGH, Rs. 122/84 (Scrivner), Slg 1985, S. 1027 ff; so zB für die niederländische Versorgung älterer und teilweise arbeitsunfähiger arbeitsloser Arbeitnehmer (IOAW), EuGH, Rs. 66/92 (Acciardi), Slg 1993, S. 4567; vgl auch die Analyse der Rechtsprechung von *Pompe*, S. 156 f; s. auch *Scheuer* in: Lenz (Hrsg.), Art. 39 Rn 49.

nommen einen Schwerpunkt des sachlichen Anwendungsbereichs des Art. 7 Abs. 2 der VO (EU) Nr. 492/2011 bilden.[390]

313 Ein Sonderfall sind nach Art. 3 Abs. 3 und Art. 70 VO (EG) Nr. 883/04 die besonderen beitragsunabhängigen Geldleistungen, die in den sachlichen Anwendungsbereich der VO (EG) Nr. 883/04 mit einbezogen sind. Es handelt sich um steuerfinanzierte Leistungen, die eine Nähe zur Sozialhilfe aufweisen. Anhang X a zur VO (EG) Nr. 883/04 enthält den Katalog der Leistungen, die einbezogen sind; die Eintragung in diesen Katalog ist konstitutiv. Für Deutschland zählen hierzu die Leistungen der Grundsicherung im Alter und bei Erwerbsminderung nach dem Vierten Kapitel des SGB XII sowie Leistungen zur Sicherung des Lebensunterhalts der Grundsicherung für Arbeitsuchende (SGB II), soweit für diese Leistungen nicht dem Grunde nach die Voraussetzungen für den befristeten Zuschlag nach Bezug von Arbeitslosengeld (§ 24 Abs. 1 SGB II) erfüllt sind.[391] Gegenwärtig hat das Bundessozialgericht die Frage, ob Leistungen nach dem SGB II unter die VO (EG) Nr. 883/04 fallen, dem Europäischen Gerichtshof zur abschließenden Klärung vorgelegt.[392]

E. Europäisches Betriebsrentenrecht

I. Der grundsätzlich andere Ansatzpunkt

314 Zwei Vorschriften der Verordnung weisen auf den Grenzbereich zwischen staatlicher und privater Sicherung hin. Nach Art. 3 Abs. 2 der Verordnung gilt sie auch für Systeme, nach denen der Arbeitgeber zu Leistungen verpflichtet ist, die zu den in Art. 3 Abs. 1 VO (EG) Nr. 883/04 genannten Leistungsarten gehören.[393] Hierzu wird man etwa die deutsche Lohnfortzahlung im Krankheitsfall rechnen können.[394]

315 Durch die Einbeziehung solcher Systeme in den sachlichen Geltungsbereich der Verordnung, nach denen die Arbeitgeber zu Leistungen verpflichtet sind, geht es um Fälle, in denen durch gesetzliche Anordnung eine privatrechtliche Leistung zu gewähren ist. Diese Leistung tritt klassischerweise – muss es aber nach der Verordnung nicht zwingend – an die Stelle einer staatlichen Sozialleistung und unterliegt in der Konsequenz allen Regeln der Verordnung. Schwierigkeiten entstehen hier dadurch, dass das System der Verordnung auf staatliche Leistungssysteme ausgerichtet ist und deshalb die Regelungen für privatrechtliche Leistungen nicht oder nicht richtig passen. Dies hat letztlich zu den in diesem Zusammenhang im Ergebnis unbefriedigenden Entscheidungen des Europäischen Gerichtshofs in den Rechtssachen Paletta I[395] und Paletta II[396] und in der Folge zu einer kontroversen Diskussion geführt.[397]

316 Nach Art. 1 Buchst. l) der Verordnung, wonach der Begriff „Rechtsvorschriften“ im Regelfall nicht tarifvertragliche Vereinbarungen erfasst, und zwar auch dann nicht, wenn sie für allgemeinverbindlich erklärt worden sind, fallen alle Systeme aus dem sachlichen Geltungsbereich der Verordnung heraus, die auf tarifvertraglichen oder in der Rangfolge darunter liegenden Rechtsquellen beruhen. Dies schließt die deutsche betriebliche Altersversorgung ebenso aus wie die britischen Zusatzversorgungssysteme. Die Verordnung lässt aber die Möglichkeit offen, tarifvertragliche Vereinbarun-

390 Zu den einzelnen Leistungen s. EuGH, Rs. C-122/84 (Scrivner), Slg 1985, 1027 ff; Rs. C-249/83 (Hoeckx), Slg 1985, 973; Rs. 157/84 (Frascogna I), Slg 1985, 1739; Rs. 256/86 (Frascogna II), Slg 1987, 3431; Rs. 1/72 (Frilli), Slg 1972, 457; Rs. 24/74 (Biason), Slg 1974, 999 ff, für eine Leistung mit Doppelcharakter, die der sozialen Sicherheit zuzuordnen ist.

391 Vgl hierzu auch *Fuchs*, SGb 2008, 201, 203 f.

392 BSG v. 12.12.2013 – B 4 AS 9/13 R.

393 *Steinmeyer*, in: FS Kissel, S. 1165, 1171 ff.

394 Vgl *Steinmeyer*, in: FS Kissel, S. 1165, 1171 ff; s. auch EuGH, Rs. C-45/90 (Paletta I), Slg 1992, S. 3423 ff = EuZW 1992, 480 ff.

395 EuGH, Rs. C-45/90 (Paletta I), Slg 1992, 3423 ff = EuZW 1992, 480 ff.

396 EuGH, Rs. C-206/94 (Paletta II), Slg 1996, 2357 ff.

397 *Steinmeyer, in: FS Kissel*, S. 1165 ff; *Berenz*, DB 1992, S. 2442 ff; *Wank*, Anm. zu EuGH, Urt. Rs. C-45/90, AR-Blattei Krankheit III A LohnfortzahlungsG Nr. 164; *Abele*, Anm. zu EuGH, Rs. C 45/90 (Alberto, Vittorio, Rafeala u. Carmela Paletta/ Brennet Arbeitgeber), EuZW 1992, S. 482 f; *Heinze/Giesen*, BB 1996, 1830, 1834; *Schlachter*, Anm. zu EuGH, Rs. C-206/94 (Brennet AG / Vittorio Paletta), EuZW 1996, 377, 378.

gen zu erfassen, sofern sie der Erfüllung einer Versicherungspflicht dienen oder ein System schaffen, dessen Verwaltung von einem Träger gewährleistet wird, der auch Systeme verwaltet, die auf Gesetz oder Verordnung beruhen; es bedarf jedoch einer Erklärung des betreffenden Mitgliedstaates, in der die Systeme dieser Art genannt sind, auf die die Verordnung anwendbar ist. Beispielsfall hierfür ist das französische System der Arbeitslosenversicherung, das durch einen am 31.12.1958 geschlossenen Tarifvertrag eingeführt wurde.[398] Zur Ausklammerung dieser Systeme hat wohl beigetragen, dass ihre Koordinierung auf erhebliche technische und rechtliche Schwierigkeiten stößt.

Das Koordinierungssystem der Verordnung erhebt also keinen Anspruch auf vollständige Erfassung aller sozialen Sicherungssysteme. Der europäische Gesetzgeber hat sich hier pragmatisch auf die staatlichen Systeme sozialer Sicherheit konzentriert und auch bei diesen solche ausgeschlossen, die wegen ihrer besonderen Eigenart auf einen Mitgliedstaat beschränkt bleiben sollen (Sozialhilfe, Leistungssysteme für Opfer des Krieges und seiner Folgen und allgemein Systeme der sozialen Entschädigung). 317

II. Die Notwendigkeit einer Einbeziehung

1. Allgemeines

Gegen die Verknüpfung nur der staatlichen Systeme spricht zum Einen, dass das Sicherungsniveau der staatlichen Systeme insbesondere im Bereich der Alterssicherung außerordentlich unterschiedlich ist und damit ein Nachteil für denjenigen eintritt, der Beschäftigungszeiten in einem Staat mit einer niedrigen Grundsicherung aufzuweisen hat. Rechtsvergleichende Analysen haben erwiesen, dass Mitgliedstaaten mit Grundsicherung zumeist über ein ausgebautes Zusatzversorgungssystem verfügen, das – wie in den Niederlanden – auch obligatorisch ausgestaltet sein kann.[399] 318

Zwar gibt es offensichtlich kein bekanntes Zusatzversorgungssystem, das Staatsangehörige verschiedener Mitgliedstaaten ausdrücklich ungleich behandelt. Es ist jedoch anerkannt, dass die Freizügigkeit der Arbeitnehmer nicht nur darin besteht, in einem anderen Land ohne Diskriminierung und wie ein Inländer Arbeit aufzunehmen, sich dort frei zu bewegen und um dort angebotene Stellen zu bewerben. Vielmehr – und das bringt Art. 48 AEUV zum Ausdruck – soll derjenige, der von seinem Recht auf Freizügigkeit Gebrauch macht, dadurch keine Nachteile hinsichtlich seiner sozialen Sicherungsrechte haben.[400] Für den Bereich der betrieblichen Altersversorgung ergeben sich aber Behinderungen der Freizügigkeit etwa dadurch, dass Zeiten, die bei verschiedenen Unternehmen zurückgelegt sind, zur Erfüllung von Leistungsvoraussetzungen nicht zusammengerechnet werden können. Es ergeben sich auch Freizügigkeitsbehinderungen durch unterschiedliche Steuersysteme. 319

Das bedeutet aber zunächst nur, dass auch für diese Systeme die Problematik der Herstellung der Freizügigkeit von Bedeutung ist.[401] Auf welche Weise dies im Bereich der privaten Sicherungssysteme zu lösen ist, ist eine andere Frage. Dies muss nicht zwingend über eine förmliche Einbeziehung dieser Vorsorgesysteme in das Koordinierungssystem der Verordnung (EG) Nr. 883/04 geschehen. 320

2. Optionen

So ist etwa denkbar, dass das privatrechtliche Sicherungssystem in einer Weise ausgestaltet ist, dass für den Wanderarbeitnehmer keine Nachteile bei dem Wechsel in einen anderen Mitgliedstaat entstehen. In Großbritannien sind etwa die Regelungen so beschaffen, dass Angehörige der privaten Zusatzversorgungssysteme, die zur Befreiung vom staatlichen System führen können, die Leistungen des Systems in jedem Mitgliedstaat in Anspruch nehmen können, erworbene Ansprüche nur entfallen, wenn der Betreffende einem Unternehmen weniger als zwei Jahre angehört hat (Unver- 321

398 ABl. EG 1973 L 90 vom 6.4.1973; vgl auch *Fuchs*, in: Fuchs (Hrsg.), Art. 3 VO (EG) Nr. 883/04, Rn 5.
399 *Steinmeyer*, EuZW 1991, 43 ff.
400 Vgl hierzu auch *Steinmeyer*, AuA 1992, 210 ff.
401 Das betont auch *Bittner*, Europäisches und internationales Betriebsrentenrecht, S. 109 ff.

fallbarkeitsfristen) und ein Transfer erworbener Ansprüche in ein anderes – auch ausländisches System – möglich ist. Ein Transfer von erworbenen Ansprüchen nach Großbritannien ist ebenfalls möglich.[402] Damit besteht für das britische Zusatzversorgungssystem zunächst keine Notwendigkeit, in das Koordinierungssystem der Verordnung einbezogen zu werden, wenn man einmal davon absieht, dass die Unverfallbarkeitsfrist von zwei Jahren eine Benachteiligung gegenüber den staatlichen Systemen darstellt, die eine Zusammenrechnung bzw Aufrechterhaltung von Ansprüchen nicht von einer Mindestzugehörigkeit abhängig machen. Probleme können hier aber auftauchen, wenn es um den Transfer erworbener Rechte von einem Mitgliedstaat in einen anderen geht, da insoweit zur Zeit Regelungen nationalen Steuerrechts einer Reihe von Mitgliedstaaten einen derartigen Transfer so erschweren, dass er wirtschaftlich unattraktiv wird. Andere private Systeme sehen etwa im Bereich der Altersvorsorge längere Unverfallbarkeitsfristen vor, die durchaus transnational als Freizügigkeitshindernisse betrachtet werden können.

322 Es zeigt sich also, dass die Frage der Einbeziehung privatrechtlicher Sicherungsformen in das System der Verordnung sehr differenziert zu beantworten ist. Zum einen sind die Fragen je nach abgedecktem Risiko besonders zu stellen; die Vielfalt der Gestaltungsformen macht es auch schwierig, zu einer kohärenten Lösung zu kommen. Zum anderen muss eine Lösung der Freizügigkeitsproblematik nicht notwendig durch eine Einbeziehung dieser Systeme in die Verordnung geschehen.

3. Gesetzgebungskompetenz

323 Sofern es um die Koordinierung im klassischen Sinne geht, ließe sich auf Art. 48 AEUV zurückgreifen, wenn auch fraglich ist, ob es sich auch bei den privatrechtlichen Sicherungssystemen um Systeme der sozialen Sicherheit im Sinne des Vertrages handelt. Dies wird man angesichts des allgemeinen Sprachgebrauchs auf europäischer Ebene bejahen können, da etwa die betrieblichen Versorgungssysteme in der Richtlinie 2006/54/EG als betriebliche Systeme der sozialen Sicherheit bezeichnet werden.[403] Die Reichweite der Kompetenznorm des Art. 48 AEUV ist aber beschränkt auf Fälle der Koordinierung; sofern eine inhaltliche Änderung der beteiligten nationalen Systeme betroffen ist, muss auf andere Rechtsgrundlagen zurückgegriffen werden.

324 Hier ist an erster Stelle Art. 115 AEUV zu nennen. Soweit es Anpassungen im Steuerrecht betrifft, ist zwischen den direkten und den indirekten Steuern zu unterscheiden. Für die Harmonisierung der indirekten Steuern ist Art. 113 AEUV ausdrückliche Rechtsgrundlage, während für direkte Steuern Art. 115 AEUV und ggf. Art. 116 AEUV heranzuziehen sind.

4. Mögliche Fallkonstellationen

325 Zum einen ist denkbar, dass ein Arbeitnehmer das Arbeitsverhältnis zu einem inländischen Arbeitgeber beendet, um für einen ausländischen Arbeitgeber tätig zu werden. Er macht so von seinem Recht auf Freizügigkeit Gebrauch. Zum anderen ist denkbar, dass ein Arbeitnehmer für seinen Arbeitgeber für eine kürzere oder längere Zeit im Ausland tätig werden soll. Dies kann durch eine vorübergehende Entsendung aber auch durch eine Versetzung an den ausländischen Unternehmensteil geschehen.

326 Im ersten Fall kann der Wanderarbeitnehmer nicht von vornherein damit rechnen, dass der neue Arbeitgeber etwa die beim alten Arbeitgeber zurückgelegten Beschäftigungszeiten für die betriebliche Altersversorgung berücksichtigen wird. Der Arbeitnehmer erleidet also einen Nachteil hinsichtlich seiner betrieblichen Altersversorgung bei Ausübung des Freizügigkeitsrechts, wenn er etwa mit einer noch verfallbaren Anwartschaft ausscheidet. Allerdings geht es ihm hier nicht anders als dem Arbeitnehmer, der nicht grenzüberschreitend, sondern nur innerhalb Deutschlands den Arbeitgeber wechselt. Innerhalb Deutschlands stellt sich rechtlich die Frage der Freizügigkeit nicht, da es inso-

402 Vgl näher *Daykin*, S. 59 f.

403 S. Art. 1 RL 2006/54/EG des Europäischen Parlaments und des Rates vom 5. Juli 2006 zur Verwirklichung des Grundsatzes der Chancengleichheit und Gleichbehandlung von Männern und Frauen in Arbeits- und Beschäftigungsfragen (ABl. EU Nr. L 204/23).

weit an einer einschlägigen Rechtsgrundlage fehlt, innerhalb Europas aber sehr wohl. Dies ist der europarechtliche Ansatz, über die deutschen Unverfallbarkeitsfristen zu diskutieren.

Im zweiten Fall kann der Arbeitnehmer zumeist damit rechnen, dass der Arbeitgeber in geeigneter Weise sicherstellt, dass durch die Tätigkeit im Ausland keine Nachteile hinsichtlich der betrieblichen Altersversorgung eintreten. Allerdings ergeben sich hier häufig Schwierigkeiten steuerlicher Art. Oft lassen sich Probleme dadurch in Grenzen halten, dass der Arbeitnehmer schließlich in das Ausgangsland zurückkehrt. Dies kann jedoch immer weniger als gesichert angesehen werden; die tatsächlichen Verhältnisse ändern sich insoweit. 327

5. Die Richtlinie zur Wahrung ergänzender Rentenansprüche

Die nunmehr geltende Richtlinie 98/49/EG des Rates vom 29.6.1998 zur Wahrung ergänzender Rentenansprüche von Arbeitnehmern und Selbständigen, die innerhalb der Europäischen Gemeinschaft zu- und abwandern, geht nicht alle bisher angesprochenen Probleme an, sondern beschränkt sich auf einige Aspekte, die offenbar im Sinne eines politischen Kompromisses von den Mitgliedstaaten akzeptiert werden konnten.[404] 328

Die Richtlinie 98/49/EG des Rates vom 29.6.1998 zur Wahrung ergänzender Rentenansprüche von Arbeitnehmern und Selbständigen, die innerhalb der Europäischen Gemeinschaft zu- und abwandern,[405] stützt sich auf Art. 48 und 352 AEUV (ex Art. 42 und Art. 308 EGV), wobei angesichts der besonderen Ausgestaltung der hier vorzustellenden Richtlinie die Vernachlässigung des Art. 115 AEUV (ex Art. 94 EGV) noch akzeptabel erscheint. Auf Art. 352 AEUV (ex Art. 308 EGV) scheint man sich deshalb stützen zu wollen, um auch Selbständige einbeziehen zu können. 329

Als Ziel der Richtlinie wird in Art. 1 genannt, „Ansprüche von Anspruchsberechtigten ergänzender Rentensysteme, die sich von einem Mitgliedstaat in einen anderen begeben, zu schützen und dadurch dazu beizutragen, dass Hindernisse für die Freizügigkeit von Arbeitnehmern und Selbständigen in der Gemeinschaft beseitigt werden“. Eine umfassende Lösung des Freizügigkeitsproblems verfolgt die Richtlinie also nicht. Sie erfasst sowohl die obligatorischen als auch die freiwilligen Systeme. 330

Die materiellen Regelungen beschränken sich auf vier Aspekte: 331

- die Gleichbehandlung hinsichtlich der Aufrechterhaltung von Rentenansprüchen (Art. 4);
- die grenzüberschreitenden Zahlungen (Art. 5);
- die durch oder für einen entsandten Arbeitnehmer geleisteten Beiträge an ein ergänzendes Rentensystem (Art. 6);
- die Unterrichtung anspruchsberechtigter Personen (Art. 7).

Die Richtlinie kann nur als *Beitrag* zur Herstellung der Freizügigkeit in diesem Bereich betrachtet werden, einen höheren Anspruch kann sie nicht erfüllen.

Art. 2 macht deutlich, dass die Anwendbarkeit der Regelungen der Richtlinie nicht abhängig davon ist, dass die betroffene Person die Staatsangehörigkeit eines der EU-Mitgliedstaaten besitzt. Vielmehr wird nur darauf abgestellt, dass es sich um Berechtigte der ergänzenden Rentensysteme handeln muss. 332

Nach Art. 4 der Richtlinie treffen die Mitgliedstaaten die erforderlichen Maßnahmen, um die Aufrechterhaltung erworbener Rentenansprüche für Anspruchsberechtigte eines ergänzenden Rentensystems sicherzustellen, für die als Folge des Wechsels von einem Mitgliedstaat in einen anderen keine weiteren Beiträge in dieses System gezahlt werden und zwar im gleichen Umfang wie für anspruchsberechtigte Personen, für die keine Beiträge mehr gezahlt werden, die jedoch im selben Mitgliedstaat verbleiben. Das bedeutet auf die deutsche Rechtslage übersetzt, dass den Anforderungen dieser Vorschrift der Richtlinie Rechnung getragen ist, wenn die Ansprüche eines Arbeitnehmers aufrechterhalten werden, der mit einer unverfallbaren Anwartschaft ausscheidet und ins Ausland geht. Ist seine Anwartschaft hingegen noch nicht unverfallbar, so verliert er wie ein im Inland 333

---

404 S. hierzu auch *Steinmeyer*, EuZW 1991, 645 ff.
405 ABl. EG Nr. L 209/46 v. 25.7.1998.

Verbliebener seine Anwartschaft. Allerdings erschöpft sich das Freizügigkeitsgebot des Art. 45 AEUV nicht in einer Gleichbehandlung von grenzüberschreitenden Sachverhalten mit reinen Inlandssachverhalten; die Zielrichtung ist eine andere. Freizügigkeit verlangt die Beseitigung aller Hindernisse, die einer Tätigkeit eines Arbeitnehmers in einem anderen Land entgegenstehen können. Die langen deutschen Unverfallbarkeitsfristen, die ohne Zweifel ein Freizügigkeitshindernis darstellen, erscheinen nicht dadurch in einem anderen Licht, dass von ihnen Inlands- wie grenzüberschreitende Sachverhalte gleichermaßen erfasst und betroffen sind.

334 Nach Art. 5 der RL stellen die Mitgliedstaaten sicher, dass für Anspruchsberechtigte ergänzender Rentensysteme sowie für sonstige Berechtigte dieser Systeme die ergänzenden Rentensysteme die Auszahlung sämtlicher nach diesen Systemen fälligen Leistungen abzüglich gegebenenfalls zu erhebender Steuern und Transaktionsgebühren in anderen Mitgliedstaaten leisten.

335 Ein weiteres Anliegen der Richtlinie besteht darin, vorübergehend in einem anderen Mitgliedstaat tätigen Personen einen angemessenen Schutz zuteil werden zu lassen, weshalb Art. 6 fordert, dass die Mitgliedstaaten die erforderlichen Maßnahmen treffen, damit in ein in einem Mitgliedstaat eingerichtetes ergänzendes Rentensystem weiterhin Beiträge durch oder für einen entsandten Arbeitnehmer als Anspruchsberechtigten eines Systems während des Zeitraums seiner Entsendung in einen anderen Mitgliedstaat eingezahlt werden können. Es ist hier an die Arbeitnehmer zu denken, die bei fortbestehender Verknüpfung mit dem Inland vorübergehend in einem anderen Mitgliedstaat arbeiten (Ausstrahlungsfälle).

336 Schließlich sieht die Richtlinie in Art. 7 eine Unterrichtung anspruchsberechtigter Personen vor. Nach dieser Vorschrift treffen die Mitgliedstaaten Maßnahmen, um sicherzustellen, dass die Arbeitgeber, Treuhänder oder sonstigen für die Verwaltung der ergänzenden Rentensysteme verantwortlichen Personen die anspruchsberechtigten Personen, wenn sie sich in einen anderen Mitgliedstaat begeben, angemessen über deren Rentenansprüche und über die Wahlmöglichkeiten informieren, die ihnen in dem System offen stehen. Der deutsche Gesetzgeber dürfte diese Informationspflicht bereits zunächst durch § 2 Abs. 6 BetrAVG und inzwischen § 4 a BetrAVG ausreichend normiert haben, da nach Satz 2 des Art. 7 der RL diese Informationen mindestens den Informationen entsprechen (müssen), die anspruchsberechtigte Personen erhalten, für die keine Beiträge mehr gezahlt werden, die jedoch im selben Mitgliedstaat verbleiben. Dies ist in das deutsche Recht übersetzt der Fall des vorzeitigen Ausscheidens mit unverfallbarer Anwartschaft.

6. Der Vorschlag einer Portabilitätsrichtlinie

337 Als ein weiterer Beitrag zur Verbesserung der Freizügigkeit bei der betrieblichen Altersversorgung ist die grenzüberschreitende Portabilität zu nennen.[406] Dieser Ansatz war in den neunziger Jahren an seiner Komplexität gescheitert, was auch heute noch verständlich ist, wenn man sich die unterschiedlichen Systeme der betrieblichen Altersversorgung in den Mitgliedstaaten sowie die ebenfalls höchst unterschiedlichen Regelungen zur innerstaatlichen Portabilität anschaut.[407] Gleichwohl bemüht sich die Europäische Kommission um die Ausarbeitung eines einschlägigen Richtlinienvorschlages. Der Prozess wurde zunächst durch eine Mitteilung zur Portabilität vorbereitet.[408] Ein Versuch, die Sozialpartner zur Einleitung eines Verhandlungsprozesses nach Art. 155 AEUV zu bewegen, war zuvor gescheitert. Am 20. Oktober 2005 legte die Kommission dann einen ersten Vorschlag für eine „Richtlinie des Europäischen Parlaments und des Rates zur Verbesserung der Portabilität von Zusatzrentenansprüchen“[409] vor. Dieser allgemein als „Portabilitätsrichtlinie“ bezeichnete Entwurf sah unter anderem die Möglichkeit einer Übertragung von Anwartschaften bei einem Arbeitsplatzwechsel auch ins EU-Ausland vor. Aufgrund erheblicher Kritik von Seiten der

406 Vgl dazu *Steinmeyer*, Portabilität von Anwartschaften und Leistungen – Eine Perspektive für Europa?, in: FS Andresen, 2006, S. 259 ff.

407 *Steinmeyer*, BetrAV 2004, 111 ff.

408 Mitteilung der Kommission „Zweite Stufe der Anhörung der Sozialpartner zur Portabilität von Ansprüchen aus der betrieblichen Altersversorgung“, Anhang zu Dok. VIE 3075/ AS 3015 (09/03).

409 KOM (2005) 507 endgültig vom 20.10.2005.

Wirtschaft ebenso wie von Seiten der politischen Vertreter der Mitgliedstaaten vor allem in Bezug diese Regelung wurde allerdings zwei Jahre später ein überarbeiteter Vorschlag[410] herausgegeben. Dieser trägt nicht nur einen abweichenden Titel („Richtlinie über Mindestvorschriften zur Erhöhung der Mobilität von Arbeitnehmern durch Verbesserung der Begründung und Wahrung von Zusatzrentenansprüchen"). Vor allem wurde die Regelung zur Übertragbarkeit vollständig aus der Richtlinie herausgestrichen. Dennoch bleibt das Vorhaben der Portabilisierung von Anwartschaften aus Zusatzrentensystemen ausweislich des neuen Erwägungsgrundes 9 a dieses Richtlinienvorschlags weiterhin ein Anliegen der Kommission. Es ist festzustellen, dass sich die Europäische Kommission auch weiterhin darum bemüht, die in diesem Entwurf angesprochenen Fragestellungen voranzubringen. So hatte sie in ihrem Weißbuch „Eine Agenda für angemessene, sichere und nachhaltige Pensionen und Renten"[411] angekündigt, in 2012 einen überarbeiteten Vorschlag einer Richtlinie vorzulegen, wo vermutlich wiederum die Frage der Unverfallbarkeitsfristen thematisiert werden dürfte. Die Kommission schlägt außerdem die Schaffung eines Systems vor, das es Arbeitnehmern erleichtert, die Versorgungssysteme früherer Arbeitgeber später aufzufinden (Pension Tracking). Sie kündigt auch – ohne spezifisch zu werden – an, zu überprüfen, ob nicht bestimmte Systeme der betrieblichen Altersversorgung von der VO 883/04 erfasst werden sollten.

7. Die Pensionsfondsrichtlinie

Seit 2003 ist die Richtlinie 2003/41/EG des Europäischen Parlaments und des Rates vom 3. Juni 2003 über die Tätigkeiten und die Beaufsichtigung von Einrichtungen der betrieblichen Altersversorgung, die auch als Pensionsfondsrichtlinie bezeichnet wird, in Kraft. Diese Richtlinie war bis spätestens 23. September 2005 umzusetzen, was vor allem durch die 7.VAG-Novelle vom 29. August 2005 geschah.[412] Sinn dieser Richtlinie ist die Schaffung europaweiter aufsichtsrechtlicher Mindeststandards. Ausweislich der Erwägungsgründe sollen die in dieser Richtlinie enthaltenen Aufsichtsvorschriften ein hohes Maß an Sicherheit für die zukünftigen Rentner durch strenge Aufsichtsstandards und eine effiziente Verwaltung der betrieblichen Altersversorgungssysteme gewährleisten. Durch die Festlegung des „Grundsatzes der Vorsicht" als grundlegendes Prinzip für Kapitalanlagen sowie die Ermöglichung der grenzüberschreitenden Tätigkeit von Einrichtungen soll die Bildung von Sparkapital im Bereich der betrieblichen Altersversorgung gefördert und so ein Beitrag zum wirtschaftlichen und sozialen Fortschritt geleistet werden.[413] 338

Zum Anwendungsbereich bestimmt Art. 2 der RL zunächst recht allgemein gehalten, dass sie für Einrichtungen der betrieblichen Altersversorgung gelte. Sie soll nicht gelten für Einrichtungen, die unter die Verordnungen (EWG) Nr. 1408/71 und Nr. 574/72 (nunmehr VO 883/04 und die Durchführungsverordnung) fallen. Die Ausnahme für die den Koordinierungsverordnungen unterfallenden Systeme findet in Art. 3 der Richtlinie eine Einschränkung dahingehend, dass für Einrichtungen der betrieblichen Altersversorgung, die gleichzeitig auch gesetzliche Rentenversicherungssysteme betreiben, die als Systeme im Sinne der Verordnungen anzusehen sind, diese Richtlinie nur bezüglich des fakultativen betrieblichen Altersversorgungsgeschäfts gilt. Die Richtlinie verlangt für diesen Fall, dass für die Verbindlichkeiten und die ihnen entsprechenden Vermögenswerte ein separater Abrechnungsverband eingerichtet wird ohne die Möglichkeit, sie auf die als Sozialversicherungssysteme erachteten Rentenversicherungssysteme zu übertragen oder umgekehrt. Damit wird dem Umstand Rechnung getragen, dass einzelne Systeme in beiden Bereichen tätig sind, wie dies etwa bei bestimmten österreichischen Systemen der berufsständischen Versorgung der Fall ist. 339

410 KOM (2007) 603 endgültig vom 9.10.2007.
411 KOM (2012) 55 endgültig vom 16.2.2012.
412 Siebtes Gesetz zur Änderung des Versicherungsaufsichtsgesetzes, BGBl. I 2005, 2546 ff.
413 So auch *Baumeister*, BetrAV 2003, 705, 709.

340 Diese Richtlinie gilt ferner nicht für Einrichtungen, die unter folgende Richtlinien fallen:

- Erste Richtlinie 73/239/EWG des Rates vom 24. Juli 1973 zur Koordinierung der Rechts- und Verwaltungsvorschriften betreffend die Aufnahme und Ausübung der Tätigkeit der Direktversicherung (mit Ausnahme der Lebensversicherung),[414]
- Richtlinie 85/611/EWG des Rates vom 20. Dezember 1985 zur Koordinierung der Rechts- und Verwaltungsvorschriften betreffend bestimmte Organismen für gemeinsame Anlagen in Wertpapieren,[415]
- Richtlinie 93/22/EWG des Rates vom 10. Mai 1993 über Wertpapierdienstleistungen,[416]
- Richtlinie 2000/12/EG des Europäischen Parlaments und des Rates vom 20. März 2000 über die Aufnahme und Ausübung der Tätigkeit der Kreditinstitute[417] und
- Richtlinie 2002/83/EG des Europäischen Parlaments und des Rates vom 5. November 2002 über Lebensversicherungen.[418]

In diesen Fällen ist offenkundig, dass die Vorgaben dieser Richtlinie für diese Einrichtungen vorgehen. Allerdings sieht Art. 4 für die unter die Richtlinie 2002/83/EG fallenden Versicherungsunternehmen eine Teilausnahme dahin vor, dass auf sie die Art. 9 bis 16 und 18 bis 20 der Richtlinie angewendet werden können.

341 Ebenfalls nicht erfasst sind Systeme, die nach dem Umlageverfahren arbeiten, was angesichts der auf kapitalgedeckte Systeme ausgerichteten Richtlinie nachvollziehbar ist (Art. 2 Abs. 2 Buchst. c der RL). Das gleiche gilt für die Ausklammerung von Unternehmen, die im Hinblick auf die Auszahlung der Versorgungsleistungen an ihre Beschäftigten Pensionsrückstellungen bilden (Buchst. e). Die Anforderungen, die die Richtlinie stellt, passen auch nicht auf Einrichtungen, bei denen die Beschäftigten der Trägerunternehmen keine gesetzlichen Leistungsansprüche haben und das Trägerunternehmen die Vermögenswerte jederzeit ablösen kann und seiner Verpflichtung zur Zahlung von Altersversorgungsleistungen nicht zwangsläufig nachkommen muss. Damit sind u.a. die deutschen Unterstützungskassen gemeint.[419] Ausgenommen sind schließlich kleine Einrichtungen mit weniger als 100 Versorgungsanwärtern, die allerdings die Richtlinie freiwillig anwenden können (Art. 5 Abs. 1 RL 2003/41/EG). Offenbar ebenfalls optional („kann die Art. 9 bis 17 nicht anwenden…"), ist die Anwendung durchaus zentraler Vorschriften auf Systeme, bei denen die betriebliche Altersversorgung gesetzlich vorgeschrieben ist, Art. 5 Abs. 2 RL 2003/41/EG.

342 Die Richtlinie erfasst nach Art. 6 nicht nur solche Einrichtungen, die Arbeitnehmer betreffen, sondern auch solche für Selbständige. Damit soll ausweislich des Erwägungsgrundes 10 dem Umstand Rechnung getragen werden, dass auch Selbständige Einrichtungen der betrieblichen Altersversorgung angehören können. Für Deutschland ist auf § 17 BetrAVG zu verweisen.[420]

343 In den Art. 7 und 8 der RL werden maßgebliche Grundsätze dahingehend formuliert, dass die der Richtlinie unterfallenden Einrichtungen ihre Tätigkeit auf Altersversorgungsgeschäfte und damit in Zusammenhang stehende Aktivitäten zu beschränken haben (Art. 7 der RL) und eine rechtliche Trennung zwischen Trägerunternehmen und einer Einrichtung der betrieblichen Altersversorgung vorzunehmen ist (Art. 8 der RL); damit kann im Insolvenzfall das für die betriebliche Altersversorgung vorgesehene Vermögen im Interesse der Leistungsberechtigten gesichert werden.

344 Art. 9 der RL schließlich stellt Voraussetzungen für den Betrieb von Einrichtungen der betrieblichen Altersversorgung auf. Dazu gehört, dass die Einrichtung durch die zuständige Aufsichtsbehörde in ein nationales Register eingetragen oder zugelassen ist. Bei grenzüberschreitender Tätigkeit müssen auch die Mitgliedstaaten angegeben werden, in denen die Einrichtung tätig ist. Die Einrichtung muss von zuverlässigen Personen geführt werden, die selbst über die erforderliche

414 ABl. EG 1973 Nr. L 228/3.
415 ABl. EG 1985 Nr. L 375/3.
416 ABl. EG 1993 Nr. L 141/27.
417 ABl. EG 2000 Nr. L 126/1.
418 ABl. EG 2002 Nr. L 345/1.
419 S. dazu ErfK/*Steinmeyer*, § 1 b BetrAVG Rn 55 ff.
420 S. näher ErfK/*Steinmeyer*, § 17 BetrAVG Rn 4 ff.

fachliche Qualifikation und Berufserfahrung verfügen oder auf Berater mit der erforderlichen fachlichen Qualifikation und Berufserfahrung zurückgreifen können. Es wird weiter verlangt, dass die Funktionsweise jedes von der Einrichtung betriebenen Altersversorgungssystems durch Vorschriften ordnungsgemäß geregelt ist und die Versorgungsanwärter hierüber in angemessener Form informiert worden sind. Alle versicherungstechnischen Rückstellungen müssen von einem Versicherungsmathematiker oder einem sonstigen Fachmann auf diesem Gebiet – etwa einem Wirtschaftsprüfer – nach den einzelstaatlichen Rechtsvorschriften auf der Grundlage von durch die zuständigen Behörden des Herkunftsmitgliedstaates anerkannten versicherungsmathematischen Methoden berechnet und testiert werden. Das Trägerunternehmen ist, sofern es eine Leistung zugesagt hat, zur regelmäßigen Kapitaldeckung verpflichtet. Diese Voraussetzungen sind zumeist im deutschen Recht schon erfüllt.

Nach Art. 9 Abs. 1 Buchstabe f) der RL 2003/41/EG sind die Versorgungsempfänger zu informieren über die Bedingungen, nach denen das Altersversorgungssystem funktioniert und dabei vor allem über die Rechte und Pflichten der Beteiligten des Altersversorgungssystems, die mit dem Altersversorgungssystem verbundenen finanziellen, versicherungstechnischen und sonstigen Risiken sowie über die Art und Aufteilung dieser Risiken. Hier ist das VAG in der genannten Novelle um die entsprechenden Informationen ergänzt worden. 345

Nach Art. 11 der Richtlinie ist den Versorgungsanwärtern und Leistungsempfängern auf Anfrage der Jahresabschluss und der jährliche Lagebericht zur Verfügung zu stellen. Außerdem sind innerhalb einer angemessenen Frist zweckdienliche Angaben zu Änderungen der Bestimmungen des Altersversorgungssystems zu machen. Weiterhin ist den Versorgungsanwärtern und Leistungsempfängern die Erklärung über die Grundsätze der Anlagepolitik nach Art. 12 der Richtlinie zur Verfügung zu stellen. Schließlich – und wohl als besonders relevant – ist Art. 11 Abs. 4 der Richtlinie zu nennen, wonach jeder Versorgungsanwärter auf Anfrage ausführliche und sachdienliche Informationen erhält über 346

1. gegebenenfalls die voraussichtliche Höhe der ihm zustehenden Versorgungsleistungen,
2. die Höhe der Leistungen im Falle der Beendigung der Erwerbstätigkeit,
3. gegebenenfalls die Auswahl von möglichen Anlageformen und das Anlagenportfolio sowie Informationen über das Risikopotenzial und die mit den Anlagen verbundenen Kosten, sofern der Versorgungsanwärter das Anlagerisiko trägt und
4. die Modalitäten der Übertragung von Anwartschaften auf eine andere Einrichtung der betrieblichen Altersversorgung im Falle der Beendigung des Arbeitsverhältnisses.

Außerdem enthält dieser Absatz die Verpflichtung, dem Versorgungsanwärter jährlich eine Kurzinformation über die Lage der Einrichtung sowie den aktuellen Stand der Finanzierung der erworbenen individuellen Versorgungsansprüche zu geben. Diesen Anforderungen wurde durch eine entsprechende Ausgestaltung der Anlage zum VAG „D. Verbraucherinformationen" Rechnung getragen.

Art. 11 Abs. 5 der Richtlinie sieht vor, dass jeder Leistungsempfänger beim Eintritt in den Ruhestand bzw wenn sonstige Leistungen fällig werden, angemessene Informationen über die fälligen Leistungen und die entsprechenden Zahlungsmodalitäten erhält. 347

Die bisherige Antwort des deutschen Gesetzgebers auf diese Vorschriften war § 4 a BetrAVG.[421] Diese Regelung sieht aber keine Regelung betr. Informationen über die Modalitäten der Übertragung von Anwartschaften vor. Ebenfalls findet sich in ihr keine Regelung über die Lage der Einrichtung und den aktuellen Stand der Finanzierung der erworbenen individuellen Versorgungsansprüche und auch noch keine ausdrückliche Regelung über Informationen betr. die tatsächliche Höhe und die Zahlungsmodalitäten bei Fälligkeit; eine derartige Information dürfte aber gängiger Praxis entsprechen. Hier sollte der Gesetzgeber bei nächster Gelegenheit entsprechende Anpassungen vornehmen. 348

421 S. dazu ErfK/*Steinmeyer*, Kommentierungen zu § 4 a BetrAVG.

349 Die Vorschriften ab Art. 12 der Richtlinie befassen sich mit der Sicherheit und Verlässlichkeit dieser Einrichtungen. So sieht Art. 12 vor, dass jede Einrichtung eine schriftliche Erklärung über ihre Anlagepolitik ausarbeitet und zumindest alle drei Jahre überprüft. Art. 13 der RL bestimmt Auskunftspflichten gegenüber den zuständigen nationalen Behörden und Art. 14 der RL die Eingriffsrechte und –pflichten dieser Behörden. Es ist auch sicherzustellen, dass die Einrichtung bei grenzüberschreitender Tätigkeit die im Bereich der betrieblichen Altersversorgung geltenden arbeits- und sozialrechtlichen Vorschriften des Tätigkeitsmitgliedstaates einhält. Eine dahingehende Überwachung ist dann Aufgabe des Tätigkeitsmitgliedstaats, was in Deutschland sachgerechterweise durch die Bundesanstalt für Finanzdienstleistungsaufsicht erfolgen sollte, auch wenn diese bisher mit Fragen des Arbeits- und Sozialrechts kaum betraut gewesen ist.

350 Letztzuständig für die Überwachung ist die Behörde des Sitz-Mitgliedstaates, die demgemäß Informationen über das Arbeits- und Sozialrecht der anderen Mitgliedstaaten vorhalten muss, um ihre Überwachungsaufgabe erfüllen zu können. Sie wird von der Behörde des Tätigkeitsmitgliedstaates über Verstöße unterrichtet und schreitet dann in Abstimmung mit ihr dagegen ein (Art. 20 Abs. 7 der RL).

351 Art. 15 und 16 der Richtlinie befassen sich mit den versicherungstechnischen Rückstellungen. Die Anlagevorschrift des Art. 18 der RL ist geprägt vom allgemeinen Vorsichtsprinzip. Die Vermögenswerte sind so anzulegen, dass die Sicherheit, Qualität, Liquidität und Rentabilität des Portfolios insgesamt gewährleistet ist.

352 Europarechtlich von erheblicher Bedeutung ist Art. 20 der RL über die grenzüberschreitende Tätigkeit von Einrichtungen der betrieblichen Altersversorgung. Er verlangt sowohl vom Sitz-Mitgliedstaat als auch vom Tätigkeitsmitgliedstaat, die nötigen Voraussetzungen dafür zu schaffen. Damit können dann Unternehmen mit Standort im Hoheitsgebiet eines Mitgliedstaates Träger von in anderen Mitgliedstaaten zugelassenen Einrichtungen der betrieblichen Altersversorgung sein. Allerdings ist hierfür ein Genehmigungsverfahren einzuhalten. Auch hier findet sich die Pflicht der zuständigen Behörde des Tätigkeitsmitgliedstaats zur Überwachung der Einhaltung der arbeits- und sozialrechtlichen Vorschriften in Bezug auf Systeme der betrieblichen Altersversorgung (Art. 20 Abs. 9 der RL). Die zuständige Behörde des Tätigkeitsmitgliedstaats hat die zuständigen Behörden des Herkunftsmitgliedstaates über wesentliche Änderungen der arbeits- und sozialrechtlichen Bestimmungen zu unterrichten, die Relevanz für Systeme der betrieblichen Altersversorgung entfalten können. Hier ist § 117 VAG nF streng dem Art. 20 nachgebildet, bzgl. unter Landesaufsicht stehender Pensionsfonds gilt Abs. 6; gem. § 118 c VAG nF gilt diese Vorschrift auch für Pensionskassen; für ausländische Einrichtungen gelten die §§ 118 e, 118 f VAG nF. Bei Verletzung der arbeits- und sozialrechtlichen Bestimmungen kann die zuständige Behörde des Tätigkeitsmitgliedstaats nach Unterrichtung der Behörde des Herkunftsmitgliedstaats geeignete Maßnahmen ergreifen.

353 Eine bei der Umsetzung der Pensionsfonds-Richtlinie zentrale Frage bestand darin, welche Behörde in Deutschland mit der Einhaltung und Überwachung der arbeits- und sozialrechtlichen Bestimmungen betraut werden sollte, da eine Behörde mit derartigen Überwachungsbefugnissen bisher nicht existiert. Die Sachkunde hinsichtlich des Sozialrechts ist beim Bundesversicherungsamt gegeben, während auf der anderen Seite die Bundesanstalt für Finanzdienstleistungsaufsicht eine größere Nähe zu den versicherungsförmigen Durchführungswegen hat. Eine Aufsichtsbehörde mit klassisch arbeitsrechtlicher Kompetenz existiert in Deutschland nicht. Eine Präferenz sollte aus praktischen Erwägungen heraus die Lösung über die Finanzdienstleistungsaufsicht haben.[422] Mittlerweile ist die Zuständigkeit der BaFin in § 118 e Abs. 6 VAG nF festgestellt. Die Kompetenzen der Bundesverwaltung und insbesondere des Bundesversicherungsamtes können allerdings im Wege der Amtshilfe in Anspruch genommen werden.

354 Als entscheidender Mangel der Richtlinie ist es anzusehen, dass steuerrechtliche Fragen nicht angegangen werden. Aus dem Europäischen Parlament werden deshalb zu Recht Vorstöße unternom-

422 So auch *Baumeister*, BetrAV 2003, 705, 709.

men, die Kommission dazu zu bewegen, auch flankierende steuerrechtliche Vorschriften vorzusehen.[423] Die Kommission hat im Weißbuch „Eine Agenda für angemessene, sichere und nachhaltige Pensionen und Renten“[424] angekündigt, einen Legislativvorschlag zur Überprüfung der IORP-Richtlinie vorzulegen. Mit dieser Überprüfung sollen dann einheitliche Rahmenbedingungen mit Solvency II hergestellt, die grenzüberschreitende Tätigkeit in diesem Bereich gefördert sowie das Gesamtangebot an Renten und Pensionen in der EU verbessert werden. Umstritten ist insbesondere die Anwendung von Solvency II auf die von der Richtlinie erfassten Versorgungseinrichtungen, da dies zu erheblichen Belastungen dieser Einrichtungen führen dürfte,[425] die die Bereitschaft zur Schaffung und Aufrechterhaltung betrieblichen Altersversorgung reduzieren können.[426] Seit 27.3.2014 liegt der Vorschlag einer Neufassung für eine Richtlinie des Europäischen Parlaments und des Rates über die über die Tätigkeiten und die Beaufsichtigung von Einrichtungen der betrieblichen Altersversorgung[427] vor; die Solvency II-Problematik ist in ihr etwas entschärft aber wohl noch nicht endgültig gelöst.

423 S. dazu Handelsblatt Nr. 6 vom 9.1.2001, S. 10.
424 KOM (2012) 55 endgültig vom 16.2.2012.
425 *Clarenz*, BetrAV 2011, 384 f.
426 S. auch *Görgen*, in: FS Höfer, S. 44 ff.
427 KOM (2014)167 endgültig v. 27.3.2014.

§ 41 Einwanderungs- und Asylrecht

Literatur: *Alber*, Das Recht auf Schutz des Familienlebens im Aufenthaltsrecht, in: Festschrift für Georg Ress, Köln 2005, S. 371; *Alber/Schneider,* Gewitterwolken über dem Ausländergesetz, DÖV 2004, 313; *Asensio,* Die „Blue Card"-Richtlinie – eine Maßnahme der politischen Inkohärenz der EU im Interesse der Erreichung ihrer Ziele im Rahmen der EU-Entwicklungspolitik, ZAR 2010, 179; *Barwig/Davy* (Hrsg.), Auf dem Weg zur Rechtsgleichheit?, Baden-Baden 2004; *Bast,* Internationalisierung und De-Internationalisierung der Migrationsverwaltung, in: Möllers (Hrsg.), Internationales Verwaltungsrecht, Tübingen 2007, S. 279; *ders.*, Of General Principles and Trojan Horses – Procedural Due Process in Immigration Proceedings under EU Law, German Law Journal 2010, 1006; *ders.*, Aufenthaltsrecht und Migrationssteuerung, Tübingen 2011; *ders.*, Illegaler Aufenthalt und europarechtliche Gesetzgebung, ZAR 2012, 1; *Berlit*, Flüchtlingsrecht im Umbruch, NVwZ 2012, 193; *Böse* (Hrsg.), Enzyklopädie Europarecht, Baden-Baden 2013; *v.Bogdandy/Bitter*, Unionsbürgerschaft und Diskriminierungsverbot, in: Festschrift für Manfred Zuleeg, Baden-Baden 2005, S. 309; *Brinkmann*, The Immigration and Asylum Agenda, ELJ 10 (2004), 182; *Britz,* Verfassungsrechtliche Grenzen der Ungleichbehandlung von Migrantenfamilien im Bereich der Familienleistungen, ZAR 2014, 56; *Deibel,* Die Ausweisung von Ausländern unter Berücksichtigung der Rechtsprechung des EGMR, ZAR 2009, 121; *Dietz*, Grundlinien des deutschen Asyl- und europäischen Flüchtlingsrechts, BayVBl. 2012, 645; *Dörig*, Erhöhter Ausweisungsschutz für türkische Staatsangehörige, DVBl. 2005, 122; *ders.*, Auf dem Weg in ein Gemeinsames Europäisches Asylsystem, NVwZ 2014, 106; *Duchrow,* Flüchtlingsrecht und Zuwanderungsgesetz unter Berücksichtigung der sog. Qualifikationsrichtlinie, ZAR 2004, 339; *Eckertz-Höfer*, Neuere Entwicklungen in Gesetzgebung und Rechtsprechung zum Schutz des Privatlebens, ZAR 2008, 41; *Eichenhofer*, Bewertung der Kommissionsvorschläge zur Arbeitsmigration: Europa- und sozialrechtliche Rahmenbedingungen und historische Erfahrungen, ZAR 2008, 81; *Fehrenbacher,* Die Freizügigkeitsregelungen im Rahmen der EU-Erweiterung und ihre ausländerrechtlichen Folgen, ZAR 2004, 22; *Gerber,* Die Asylrechtsharmonisierung in der EU, Frankfurt am Main u.a. 2004; *Göbel-Zimmermann*, Verfassungswidrige Hürden für den Ehegattennachzug nach dem Richtlinienumsetzungsgesetz, ZAR 2008, 169; *Groenendijk*, Rechtliche Konzepte der Integration im EG-Migrationsrecht, ZAR 2004, 123; *ders.*, Reinstatements of Controls at the Internal Borders of Europe: Why and Against Whom?, ELJ 10 (2004), 150; *ders.*, Europäische Entwicklungen im Ausländer- und Asylrecht im Jahr 2006, ZAR 2007, 320; *Groh*, Zur Aufhebung von Asyl- und Flüchtlingsanerkennungen im Geflecht von völker- und europarechtlichen Verpflichtungen, ZAR 2009, 1; *Groß, H.*, Die Umsetzung der EU-FreizügRL im deutschen Recht, ZAR 2006, 61; *Groß,Th.*, Europäische Grundrechte als Vorgaben für das Einwanderungs- und Asylrecht, KJ 2001, 100; *ders.*, Zuwanderung aus humanitären Gründen, ZAR 2005, 61; *Groß/Tryjanowski*, Der Status von Drittstaatsangehörigen im Migrationsrecht der EU, Der Staat 2009, 259; *Guild*, The Legal Elements of European Identity, The Hague, 2004; *Gusy/Schewe*, Polizeiliche und justizielle Zusammenarbeit, in: Weidenfeld/Wessels (Hrsg.), Jahrbuch der Europäischen Integration 2003/2004, Baden-Baden, 2004, S. 173; *Gutmann*, Die Umsetzung des Urteils Soysal mit Blick auf Deutschland, VBl. BW 2009, 321; *Hailbronner,* Asyl- und Ausländerrecht, 3. Aufl., Stuttgart 2014; *ders.*, European Immigration and Asylum Law under the Amsterdam Treaty, CMLRev 1998, 1047; *ders.*, Langfristig aufenthaltsberechtigte Drittstaatsangehörige, ZAR 2004, 163; *ders.*, Neue Richtlinie zur Freizügigkeit der Unionsbürger, ZAR 2004, 259; *ders.*, Die Unionsbürgerrichtlinie und der ordre public, ZAR 2004, 299; *ders.*, Art. 6 EMRK als Hindernis der Auslieferung und Abschiebung, in: Festschrift für Georg Ress, Köln 2005, S. 997; *ders.*, Die Freizügigkeit von Unionsbürgern in der neueren Rechtsprechung, JZ 2010, 398; *ders.*, Asyl- und Ausländerrecht, 3. Aufl., Stuttgart 2014; *Hailbronner/Higgins*, Migration and Asylum Law and Policy in the European Union, General Rapport, FIDE 2004, Cambridge 2004, S. 455; *Hailbronner/Thym*, Ruiz Zambrano – Die Entdeckung des Kernbereichs der Unionsbürgschaft, NJW 2011, 2008; *Hauschild*, Neues europäisches Einwanderungsrecht: Das Daueraufenthaltsrecht von Drittstaatsangehörigen, ZAR 2003, 350; *ders.*, Neues europäisches Einwanderungsrecht: Das Recht auf Familienzusammenführung, ZAR 2003, 266; *Hecker*, Zur Europäisierung des Ausländerrechts, ZAR 2011, 46; *Hofmann, R.*, Die Freizügigkeit von Drittstaatsangehörigen in der EU, in: Merli (Hrsg.), Der Raum der Freiheit, der Sicherheit und des Rechts und die Osterweiterung der Europäischen Union, Dresden, 2001, S. 163; *Hofmann/Hofmann* (Hrsg.), Kommentar Ausländerrecht, 2. Aufl., Baden-Baden 2014; *Hofmann/Löhr* (Hrsg.), Europäisches Flüchtlings und Einwanderungsrecht, Heidelberg 2008; *Hong*, Asylgrundrecht und Refoulementverbot, Baden-Baden 2008; *Hruschka/Löhr*, Der Prognosemaßstab für die Prüfung der Flüchtlingseigenschaft nach der Qualifikations-Richtlinie, ZAR 2007, 180; *Huber, B.*, Das Zuwanderungsgesetz, NVwZ 2005, 1; *ders.*, Das Gesetz zur Umsetzung aufenthalts- und asylrechtlicher

Richtlinien der Europäischen Union, NVwZ 2007, 1095; *ders.*, Umsetzung ausländer- und flüchtlingsrechtlicher Richtlinien der EU und die neue Dublin III-VO, NVwZ 2014, 548; *Huber, P. M.*, Unionsbürgerschaft, EuR 2013, 637; *Huber, P. M./Fröhlich*, Die Bindung der Bundesregierung an das Grundgesetz bei der Harmonisierung des Asylrechts in der EU, in: Festschrift für Herbert v. Arnim, Berlin 2004, S. 577; *Kadelbach*, Unionsbürgerschaft, in: v. Bogdandy (Hrsg.), Europäisches Verfassungsrecht, 2. Aufl. Berlin, Heidelberg 2009, S. 539; *Kahl*, Unionsbürgerstatus und nationale Staatsangehörigkeit – Souveränität unter unionsrechtlichem Vorbehalt?, JURA 2011, 364; *Kluth*, Reichweite und Folgen der Europäisierung des Ausländer- und Asylrechts, ZAR 2006, 1; *ders.*, Ausländerrecht, in: Ehlers/Fehling/Pünder (Hrsg.), Besonderes Verwaltungsrecht, 3. Aufl., Heidelberg u.a. 2013, § 72; *Kluth/Hund/Maaßen* (Hrsg.), Zuwanderungsrecht, Baden-Baden 2007; *Knauff*, Europäische Einwanderungspolitik: Grundlagen und aktuelle Entwicklungen, ZEuS 2004, 11; *Kugelmann*, Spielräume und Chancen einer europäischen Einwanderungspolitik, ZAR 1998, 243; *ders.*, Asylagenda2010 – Dimensionen des Gemeinsamen Europäischen Asylsystems, ZAR 2007, 81; *ders.*, Das Gemeinsame Europäische Asylsystem – Abschottung und/oder Integration?, InfAuslR 2008, 193; *ders.*, Artikel: Migration, in: Wolfrum (Hrsg.), Max Planck Encyclopedia of Public International Law, Oxford University Press 2009; *ders.*, Artikel: Refugees, in: Wolfrum (Hrsg.), Max Planck Encyclopedia of Public International Law, Oxford University Press 2009; *Laas*, Die Entstehung eines europäischen Migrationsverwaltungsraumes, Baden-Baden 2008; *Laskowski*, Internationales Asyl- und Flüchtlingsrecht, in: Ehlers/Fehling/Pünder (Hrsg.), Besonderes Verwaltungsrecht, 3. Aufl., Heidelberg u.a. 2013, § 73; *Lehmann*, Das Konzept der inländischen Fluchtalternative in der deutschen Rechtsprechung und deren Verhältnis zu Art. 8 der Qualifikationsrichtlinie (interner Schutz) NVwZ 2007, 508; *Lehnert/Pelzer*, Effektiver Rechtsschutz im Rahmen des EU- Asylzuständigkeitssystems der Dublin II- Verordnung, ZAR 2010, 41; *Lorz/Sauer*, Wann genau steht Art. 3 EMRK einer Auslieferung oder Ausweisung entgegen?, EuGRZ 2010, 389; *Luft*, Wege aus der Integrationskrise; Brauchen wir eine Neuausrichtung der Einwanderungspolitik der EU?, ZAR 2007, 261; *Marx* (Hrsg.), Ausländer- und Asylrecht, 2. Aufl., Baden-Baden 2012; *ders.*, Handbuch zur Qualifikationsrichtlinie, 2. Aufl., Köln 2012; *Meloni*, Visa Policy within the European Union Structure, Heidelberg 2006; *Möllers/van Ooyen*, Europäisierung und Internationalisierung der Polizei, Band 1, Frankfurt 2006; *Moll/Pohl*, Das Drittstaatenkonzept im unionsrechtlichen Kontext, ZAR 2012, 102; *Müller-Graff*, Der „Raum der Freiheit, der Sicherheit und des Rechts" im neuen Verfassungsvertrag für Europa – Neuerungen und Notwendigkeiten seiner Rekonstruktion, in: Festschrift für Manfred Zuleeg, Baden-Baden 2005, S. 605; *ders.* (Hrsg.), Der Raum der Freiheit, der Sicherheit und des Rechts, Baden-Baden 2005; *Müller-Graff/Kainer*, Asyl-, Einwanderungs- und Visapolitik, in: Weidenfeld/Wessels (Hrsg.), Jahrbuch der Europäischen Integration 2003/2004, Baden-Baden, 2004, S. 129; *dies.*, Asyl-, Einwanderungs- und Visapolitik, in: Weidenfeld/Wessels (Hrsg.), Jahrbuch der Europäischen Integration 2009, Baden-Baden 2009, S. 125; *Nußberger*, Menschenrechtsschutz im Ausländerrecht, NVwZ 2013, 1305; *Pache* (Hrsg.), Die Europäische Union – Ein Raum der Freiheit, der Sicherheit und des Rechts?, Baden-Baden, 2005; *Peers*, EU Justice and Home Affairs Law, Oxford 2011; *Peter, E.*, Unbegleitete Minderjährige im Lichte des Zuwanderungsgesetzes und der EU-Asylrechtsharmonisierung, ZAR 2005, 11; *Renner*, Vom Ausländerrecht zum Zuwanderungsrecht, ZAR 2004, 266; *ders.*, Ehe und Familie im Zeichen neuer Zuwanderungsregeln, NVwZ 2004, 792; *ders.*, Asylverfahrensrichtlinie, ZAR 2004, 305; *Renner/Bergmann/Dienelt* (Hrsg.), Ausländerrecht, Kommentar, 10. Aufl., München 2013; *Riedel* (Hrsg.), Neuere Entwicklungen im Einwanderungs- und Asylrecht, Baden-Baden 2004; *Schmahl*, Die Vergemeinschaftung der Asyl- und Flüchtlingspolitik, ZAR 2001, 3; *Schmid-Drüner*, Der Begriff der öffentlichen Sicherheit und Ordnung im Einwanderungsrecht ausgewählter EU-Mitgliedstaaten, Baden-Baden 2007; *Sieveking*, Europäisierung des Ausländerrechts – rechtshistorische, grundrechtliche und gemeinschaftsrechtliche Tendenzen, in: Festschrift für Manfred Zuleeg, Baden-Baden, 2005, S. 362; *ter Steeg, M.*, Das Einwanderungskonzept der EU, Baden-Baden 2006; *Streinz*, Gibt es ein europäisches Einwanderungs- und Asylrecht? – Probleme der Vergemeinschaftung, in: Stern (Hrsg.), Zeitgemäßes Zuwanderungs- und Asylrecht – ein Problem der Industriestaaten, Berlin 2003, S. 67; *Tewocht*, Die Neuregelung des Freizügigkeitsgesetzes/EU, ZAR 2013, 221; *Thiele*, Einwanderung im Europäischen Gemeinschaftsrecht, EuR 2007, 419; *Thym*, Menschenrecht auf Legalisierung des Aufenthalts?, EuGRZ 2006, 541; *ders.*, Europäischer Grundrechtsschutz und Familienzusammenführung, NJW 2006, 3249; *ders.*, Abschied von Ist- und Regelausweisung bei Verwurzelung, DVBl. 2008, 1346; *ders.*, Schutz des Aufenthalts zwischen polizeilicher Herkunft und menschenrechtlicher Neuausrichtung, in: Augsberg/Arndt (Hrsg.), Freiheit-Sicherheit-Öffentlichkeit, Heidelberg 2008, S. 221; *ders.*, Migrationsverwaltungsrecht, Tübingen 2010; *ders.* Menschenrechtliche Feinjustierung des Dublin-Systems zur Asylzuständigkeitsabgrenzung – Zu den Folgewirkungen des Straßburger M.S.S.-Urteils, ZAR 2011, 368; *Tohidipur*, Die Europäische

Grenzsicherungsarchitektur, in: Augsberg/Arndt (Hrsg.), Freiheit-Sicherheit-Öffentlichkeit, Heidelberg 2008, S. 242; *Walter,* Familienzusammenführung in Europa, Baden-Baden 2009; *Weber*, Migration im Vertrag von Lissabon, ZAR 2008, 55; *ders.*, Menschenrechtlicher Schutz von Bootsflüchtlingen. Bedeutung des Straßburger Hirsi-Jamaa-Urteils für den Flüchtlingsschutz, ZAR 2012, 265; *Weinzierl*, Flüchtlinge: Schutz und Abwehr in der erweiterten EU, Baden-Baden 2005; *Zimmermann*, Bedeutung und Wirkung der Ausschlusstatbestände der Artikel 1 F und 33 Abs. 2 der Genfer Flüchtlingskonvention für das deutsche Ausländerrecht, DVBl. 2006, 1478; *Zimmermann* (ed.), The 1951 Convention Relating to the Status of Refugees and its 1967 Protocol: A Commentary, New York 2011; *Zuleeg*, Europäisches Aufenthaltsrecht, InfAuslR 2004, 12; *Zypries*, Europa als Raum der Freiheit der Sicherheit und des Rechts, in: Hofmann/Zimmermann (Hrsg.), Eine Verfassung für Europa, Berlin 2005, S. 105.

Abschnitt 1: Übersicht zu Gesetzgebung und Rechtsprechung

A. Gesetzgebung

I. Primärrecht

Art. 67 bis 80 AEUV. Protokoll Nr. 19 über den in den Rahmen der Europäischen Union einbezogenen Schengen-Besitzstand. Protokoll Nr. 24 über die Gewährung von Asyl für Staatsangehörige von Mitgliedstaaten der Europäischen Union; ABl. C 115 v. 9. Mai 2008, S. 290 und 305. Art. 18 und 19 der Charta der Grundrechte der Europäischen Union [EU-Grundrechte-Charta].

II. Völkerrechtliche Verträge

Dubliner Übereinkommen über die Bestimmung des zuständigen Staates für die Prüfung eines in einem Mitgliedstaat der Europäischen Gemeinschaften gestellten Asylantrags v. 15. Juni 1990 [Dubliner Übereinkommen], wurde durch die Asylzuständigkeits-VO 343/2003 [Asylzuständigkeits-VO], ABl. C 254 v. 19. August 1997, S. 1 ersetzt. Genfer Abkommen über die Rechtsstellung der Flüchtlinge v. 28. Juli 1951 [Genfer Flüchtlingskonvention], BGBl. 1953 II, S. 560; Protokoll über die Rechtsstellung der Flüchtlinge vom 31. Januar 1967 [New Yorker Protokoll], BGBl. II 1969, S. 1294. Europäische Konvention zum Schutze der Menschenrechte und Grundfreiheiten v. 4. November 1950 [EMRK], BGBl. 2002 II, S. 1055 [Verkündung der Neufassung].

III. Sekundärrecht

Verordnungen:

Verordnung (EG) Nr. 2725/2000 des Rates vom 11. Dezember 2000 über die Einrichtung von „Eurodac" für den Vergleich von Fingerabdrücken zum Zwecke der effektiven Anwendung des Dubliner Übereinkommens **[Eurodac-VO]**, ABl. L 316 vom 15. Dezember 2000, S. 1. **Verordnung (EG) Nr. 539/2001** des Rates vom 15. März 2001 zur Bestimmung der Drittländer, deren Staatsangehörige beim Überschreiten der Außengrenzen der Mitgliedstaaten im Besitz eines Visums sein müssen **[Visumpflicht-VO]**, ABl. L 81 vom 21. März 2001, S. 1; zuletzt geändert durch VO EG 453/2003, ABl. L 69 vom 13. März 2003, S. 10. **Verordnung (EG) Nr. 407/2002** des Rates vom 28. Februar 2002 zur Festlegung von Durchführungsbestimmungen zur VO (EG) Nr. 2725/2000 über die Einrichtung von „Eurodac" für den Vergleich von Fingerabdrücken zum Zwecke der effektiven Anwendung des Dubliner Übereinkommens **[Eurodac-Durchführungsverordnung]**, ABl. L 62 vom 5. März 2002, S. 1. **Verordnung (EG) Nr. 1030/2002** des Rates vom 13. Juni 2002 zur einheitlichen Gestaltung des Aufenthaltstitels für Drittstaatsangehörige **[Aufenthaltstitelgestaltungs-VO]**, ABl. L 157 vom 15. Juni 2002, S. 1. **Verordnung (EG) Nr. 343/2003** des Rates vom 18. Februar 2003 zur Festlegung der Kriterien und Verfahren zur Bestimmung des Mitgliedstaats, der für die Prüfung eines von einem Drittstaatsangehörigen in dem Mitgliedstaat gestellten Asylantrags zuständig ist **[Asylzuständigkeits-VO]**, ABl. L 50 vom 6. Februar 2003, S. 1. **Verordnung (EG) Nr. 1560/ 2003** der Kommission vom 2. September 2003 mit Durchführungsbestimmungen zur VO (EG) Nr. 343/2003 des Rates zur Festlegung der Kriterien und Verfahren zur Bestimmung des Mitgliedstaats, der für die Prüfung eines von einem Drittstaatsangehörigen in einem Mitgliedstaat gestellten Asylantrags zuständig ist **[Asylzuständigkeits-Durchführungsverordnung]**, ABl. L 222 vom 5. September 2003, S. 3. **Verordnung (EG) Nr. 491/2004** des Europäischen Parlaments und des Rates vom 10. März 2004 zur Einrichtung eines Programms für die finanzielle und technische Hilfe für Drittländer im Migrations- und Asylbereich **[AENEAS-VO]**, ABl. L 80 vom 18. März.2004, S. 1. **Verordnung (EG) Nr. 562/2006** des Europäischen Parlaments und des Rates vom 15. März 2006 über einen Gemeinschaftskodex für das Überschreiten der Grenze durch Personen **[Schengener Grenzkodex]**, ABl L 105 vom 13.4.2006, S. 1. **Verordnung(EG) 1987/2006** vom 20. Dezember 2006 des Europäischen Parlament und des Rates über die Einrichtung und die Nutzung des Schengener Informationssystems der zweiten Generation, ABl. L 381 vom 28. Dezember 2006, S. 4. **Verordnung (EG) Nr. 2007/2004** des Rates vom 26. Oktober 2004 zur Errichtung einer Europäischen Agentur für die operative Zusammenarbeit an den Außengrenzen der Mitgliedstaaten der Europäischen Union, ABl. L 349 vom 25. Novemer 2004, S. 1. **Verordnung (EG) Nr. 767/2008** des Europäischen Parlaments und des Rates vom 9. Juli 2009 über das Visa-Informationssystem (VIS) und den Datenaustausch zwischen den Mitgliedstaaten über Visa für einen kurzfristigen Aufenthalt **[VIS-Verordnung]**, ABl. L 218 vom 13. August 2008, S. 60. **Verordnung (EG) Nr. 1104/2008** des Rates vom 24. Oktober 2008 über die Migration vom Schengener Informationssystem (SIS 1+) zum Schengener Informationssystem der zweiten Generation (SIS II), ABl. L

299 vom 8. November 2008, S. 1. **Verordnung (EG) Nr. 810/2009** des Europäischen Parlaments und Rates vom 13. Juli 2009 über einen Visakodex der Gemeinschaft (Visakodex), ABl. L 243/1 vom 15. September 2009. **Verordnung (EU) Nr. 439/2010** des Europäischen Parlaments und Rates vom 19. Mai 2010 zur Einrichtung eines Europäischen Unterstützungsbüros für Asylfragen, ABl. L 132/11 vom 29. Mai 2010. **Verordnung (EU) Nr. 1077/2011** des Europäischen Parlaments und des Rates vom 25. Oktober 2011 zur Errichtung einer Europäischen Agentur für das Betriebsmanagement von IT-Großsystemen im Raum der Freiheit, der Sicherheit und des Rechts, ABl. L 286/1 vom 1. November 2011. **Verordnung (EU) Nr. 603/2013** des Europäischen Parlaments und des Rates vom 26. Juni 2013 über die Einrichtung von Eurodac für den Abgleich von Fingerabdruckdaten zum Zwecke der effektiven Anwendung der Verordnung (EU) Nr. 604/2013 zur Festlegung der Kriterien und Verfahren zur Bestimmung des Mitgliedstaats, der für die Prüfung eines von einem Drittstaatsangehörigen oder Staatenlosen in einem Mitgliedstaat gestellten Antrags auf internationalen Schutz zuständig ist und über der Gefahrenabwehr und Strafverfolgung dienende Anträge der Gefahrenabwehr- und Strafverfolgungsbehörden der Mitgliedstaaten und Europols auf den Abgleich mit Eurodac-Daten sowie zur Änderung der Verordnung (EU) Nr. 1077/2011 zur Errichtung einer Europäischen Agentur für das Betriebsmanagement von IT-Großsystemen im Raum der Freiheit, der Sicherheit und des Rechts (Neufassung), ABl. L 180/1 vom 29. Juni 2013. **Verordnung (EU) Nr. 604/2013 [Dublin III-VO]** des Europäischen Parlaments und des Rates vom 26. Juni 2013 zur Festlegung der Kriterien und Verfahren zur Bestimmung des Mitgliedstaats, der für die Prüfung eines von einem Drittstaatsangehörigen oder Staatenlosen in einem Mitgliedstaat gestellten Antrags auf internationalen Schutz zuständig ist (Neufassung), ABl. L 180/31 vom 29. Juni 2013. **Verordnung (EU) Nr. 610/2013** des Europäischen Parlaments und des Rates vom 26. Juni 2013 zur Änderung der Verordnung (EG) Nr. 562/2006 über einen Gemeinschaftskodex für das Überschreiten der Grenzen durch Personen (Schengener Grenzkodex), des Übereinkommens zur Durchführung des Übereinkommens von Schengen, die Verordnungen (EG) Nr. 1683/95 und (EG) Nr. 539/2001 des Rates sowie die Verordnungen (EG) Nr. 767/2008 und (EG) Nr. 810/2009 des Europäischen Parlaments und des Rates, ABl. L 182/1 vom 29. Juni 2013. **Verordnung (EU) Nr. 1051/2013** des Europäischen Parlaments und des Rates zur Änderung der VO (EG) Nr. 562/2006 zwecks Festlegung einer gemeinsamen Regelung für die vorübergehende Wiedereinführung von Kontrollen an den Binnengrenzen unter außergewöhnlichen Umständen, ABl. L 295/1 vom 6. November 2013. **Verordnung (EU) Nr. 1053/2013** des Rates vom 7. Oktober 2013 zur Einführung eines Evaluierungs- und Überwachungsmechanismus für die Überprüfung der Anwendung des Schengen-Besitzstands und zur Aufhebung des Beschlusses des Exekutivausschusses vom 16. September 1998 bezüglich der Errichtung des Ständigen Ausschusses Schengener Durchführungsübereinkommen ABl. L 295/27 vom 6. November 2013. **Verordnung (EU) Nr. 1052/2013** des Europäischen Parlaments und des Rates vom 22. Oktober 2013 zur Errichtung eines europäischen Grenzüberwachungssystems (EUROSUR), ABl. 2013 L 295/11 vom 6.11.2013.

Richtlinien:

Richtlinie 2001/40/EG des Rates vom 28. Mai 2001 über die gegenseitige Anerkennung von Entscheidungen über die Rückführung von Drittstaatsangehörigen **[Anerkennungs-RL]**, ABl. L 149 vom 2. Juni 2001. **Richtlinie 2001/55/EG** des Rates vom 20. Juli 2001 über Mindestnormen für die Gewährung vorübergehenden Schutzes im Falle eines Massenzustroms von Vertriebenen und Maßnahmen zur Förderung einer ausgewogenen Verteilung der Belastungen, die mit der Aufnahme dieser Personen und den Folgen dieser Aufnahme verbunden sind, auf die Mitgliedstaaten **[RL über die Gewährung vorübergehenden Schutzes]**, ABl. L 212 vom 20. Juli 2001, S. 12. **Richtlinie 2003/9/EG** des Rates vom 27. Januar 2003 zur Festlegung von Mindestnormen für die Aufnahme von Asylbewerbern in die Mitgliedstaaten, ABl. L 31 vom 6. Februar 2003, S. 18. **Richtlinie 2003/86/EG** des Rates vom 22. September 2003 betreffend das Recht auf Familienzusammenführung **[Familienzusammenführungs-RL]**, ABl. L 251 vom 3. Oktober 2003, S. 12. **Richtlinie 2003/109/EG** des Rates vom 25. November 2003 betreffend die Rechtsstellung der langfristig aufenthaltsberechtigten Drittstaatsangehörigen, ABl. L 16 vom 23. Januar 2004, S. 44. **Richtlinie**

2004/38/EG vom 29. April 2004 des Parlaments und des Rates über das Recht der Unionsbürger und ihrer Familienangehörigen, sich im Hoheitsgebiet der Mitgliedstaaten frei zu bewegen und aufzuhalten [**Freizügigkeits-RL**], ABl. L 158 vom 30. April 2004, S. 77. **Richtlinie 2004/81/EG** des Rates vom 29. April 2004 über die Erteilung von Aufenthaltstiteln für Drittstaatsangehörige, die Opfer des Menschenhandels sind oder denen Beihilfe zur illegalen Einwanderung geleistet wurde und die mit den zuständigen Behörden kooperieren, ABl. L 261 vom 6. August 2004, S. 19. **Richtlinie 2004/83/EG** vom 29. April 2004 über Mindestnormen für die Anerkennung und den Status von Drittstaatsangehörigen und Staatenlosen als Flüchtlinge oder als Personen, die anderweitigen internationalen Schutz benötigen, ABl. L 304 vom 30. September 2004, S. 12. **Richtlinie 2005/85/EG** vom 1. Dezember 2005 über Mindestnormen für Verfahren in den Mitgliedstaaten zur Zuerkennung oder Aberkennung der Flüchtlingseigenschaft, ABl. L 326 vom 13. Dezember 2005, S. 13; **Richtlinie 2008/115/EG** vom 16. Dezember 2008 über gemeinsame Normen und Verfahren in den Mitgliedstaaten zur Rückführung illegal aufhältiger Drittstaatsangehöriger [**Rückführungs-RL**], ABl. L 348 vom 24. Dezember 2008, S. 98; **Richtlinie 2009/50/EG** des Rates über die Bedingungen für die Einreise und den Aufenthalt von Drittstaatsangehörigen zur Ausübung einer hochqualifizierten Beschäftigung vom 25. Mai 2009 [**Blue Card-RL**], ABl. L 155 vom 18. Juni 2009, S. 17. Richtlinie 2011/51/EU des Parlaments und des Rates vom 11. Mai 2011 zur Änderung der Richtlinie 2003/109/EG des Rates zur Erweiterung ihres Anwendungsbereichs auf Personen, die internationalen Schutz genießen [**Daueraufenthalts-RL**], ABl. L 132/1 vom 19. Mai 2011, S. 1. Richtlinie 2011/95/EU des Parlaments und des Rates vom 13. Dezember 2011 über Normen für die Anerkennung von Drittstaatsangehörigen oder Staatenlosen als Personen mit Anspruch auf internationalen Schutz, für einen einheitlichen Status für Flüchtlinge oder für Personen mit Anrecht auf subsidiären Schutz und für den Inhalt des zu gewährenden Schutzes [**Qualifikations-RL**], ABl. L 337 vom 20. Dezember 2011, S. 9. **Richtlinie 2013/32/EU** vom 26. Juni 2013 zu gemeinsamen Verfahren für die Zuerkennung und Aberkennung des internationalen Schutzes (Neufassung) [**Verfahrens-RL**], ABl. L 180/60 vom 29.6.2013. **Richtlinie 2013/33/EU** vom 26. Juni 2013 zur Festlegung von Normen für die Aufnahme von Personen, die internationalen Schutz beantragen (Neufassung) [**Aufnahme-RL**], ABl. L 180/96 vom 29.6.2013.

Entscheidungen und Beschlüsse:

Entscheidung 2000/596/EG des Rates vom 28. September 2000 über die Errichtung eines Europäischen Flüchtlingsfonds [**Flüchtlingsfonds-Entscheidung**], ABl. L 252 vom 6. Oktober 2000, S. 1. **Entscheidung 2004/581/EG** des Rates vom 29. April 2004 zur Festlegung von Mindestangaben auf Schildern an Außengrenzübergängen, ABl. L 261 vom 6. August 2004, S. 19. **Entscheidung 2004/575/EG** des Rates vom 29. April 2004 zur Änderung des Gemeinsamen Handbuches, ABl. L 261 vom 6. August 2004, S. 36. **Entscheidung 2004/512/EG** des Rates zur Einrichtung des Visa-Informationssystems, ABl. L 213 vom 15. Juni 2004, S. 5. **Beschluss 2004/927/EG** des Rates vom 22. Dezember 2004 über die Anwendung des Verfahrens des Artikels 251 des Vertrages zur Gründung der Europäischen Gemeinschaft auf bestimmte Bereiche, die unter Titel IV des Dritten Teils dieses Vertrages fallen, ABl. L 396 vom 31.12.2004, S. 45. **Entscheidung 2005/267/EG** des Rates vom 16. März 2005 zur Errichtung eines sicheren webgestützten Informations- und Koordinierungsnetzes für die Migrationsbehörden, ABl. L 83 vom 1. April 2005, S. 48. **Entscheidung Nr. 573/2007/EG** des Europäischen Parlaments und des Rates vom 23. Mai 2007 zur Einrichtung des Europäischen Flüchtlingsfonds für den Zeitraum 2008 bis 2013 innerhalb des Generellen Programms „Solidarität und Steuerung der Migrationsströme“ und zur Aufhebung der Entscheidung 2004/904/EG des Rates, ABl. L 144 vom 6. Juni 2007, S. 1. **Beschluss 2007/533/JI** des Rates vom 12. Juni 2007 über die Errichtung, den Betrieb und die Nutzung des Schengener Informationssystems der zweiten Generation, ABl. L 205 vom 7. August 2007, S. 633. **Entscheidung Nr. 2008/334/EG** der Kommission vom 4. März 2008 zur Annahme des SIRENE-Handbuchs und anderer Durchführungsbestimmungen für das Schengener Informationssystem der zweiten Generation (SIS II), ABl. L 123 vom 8. Mai 2008. **Beschluss 2008/839/JI** des Rates vom 24. Oktober 2008 über die Migration vom Schengener Informationssystem (SIS 1+) zum Schengener Informationssystem der zweiten Generation (SIS II), ABl. L 299 vom 8. November 2008, S. 43; **Liste** der zuständigen Behörden, die gemäß Artikel 31 Absatz 8 der Verordnung (EG) Nr. 1987/2006 und Artikel 46 Absatz 8 des Beschlusses 2007/533/JI des Rates über die Einrichtung, den Betrieb und die Nutzung des Schengener Informationssystems der zweiten Generation (SIS II) berechtigt sind, die im SIS II gespeicherten Daten unmittelbar abzufragen, ABl. C 103 vom 9. April 2013, S. 1.

B. Rechtsprechung

Europäischer Gerichtshof für Menschenrechte:

EGMR, Entscheidung vom 7.7.1989 – Nr. 1/1989/161/217 (Soering/Vereinigtes Königreich), Slg 1989, Nr. 161, S. 35 = EuGRZ 1989, 314 = NJW 1990, 2183; EGMR, Entscheidung vom 15.11.1996 – Nr. 70/1995/576/662 (Chahal/Vereinigtes Königreich), NVwZ 1997, 1093 = InfAuslR 1997, 97; EGMR, Entscheidung vom 17.12.1996 – Nr. 71/1995/577/663 (Ahmed/Österreich), Slg 1996-VI, S. 2195 = NVwZ 1997, 1100 = InfAuslR 1997, 297; EGMR, Entscheidung vom 2.5.1997 – Nr. 146/1996/767/964 (D/Vereinigtes Königreich), Slg 1997-III, S. 777 = NVwZ 1998, 161; EGMR, Entscheidung vom 26.9.1997, (Mehemi), Slg 1997-VI, S. 1972 Nr. 37 = NVwZ 1998, 164; EGMR, Entscheidung vom 6.2.2001 (Kammer – 3. Sektion) – Nr. 44599/98 (Bensaid/ Vereinigtes Königreich), NVwZ 2002, 453; EGMR, Entscheidung vom 2.8.2001 (Kammer – 2. Sektion) – Nr. 54273/00 (Boultif / Schweiz), Slg 2001-IX = InfAuslR 2001, 476; EGMR, Entscheidung vom 23.7.2002 – Nr. 56132/00 (Taskin), NJW 2003, 2003; EGMR, Entscheidung vom 17.4.2003 (Kammer – 3. Sektion) – Nr. 52853/99 (Yilmaz/Deutschland), NJW 2004, 2147; EGMR, Entscheidung vom 7. 10. 2004 (Kammer – 3. Sektion) – Nr. 33743/03 (Dragan u.a./ Deutschland), NVwZ 2005, 1043; EGMR, Entscheidung vom 16.6.2005 (Kammer – 1.Sektion) – Nr. 60654/00 (Sisojeva / Lettland), InfAuslR 2005, 349 = EuGRZ 2006, 554 (bestätigt von der Großen Kammer mit Entscheidung vom 15. Januar 2007); EGMR, Entscheidung vom 22.6.2006 (Kammer – 1. Sektion) – Nr. 59643/00 (Kaftailova / Latvia) (bestätigt von der Großen Kammer mit Entscheidung vom 7. Dezember 2007); EGMR, Entscheidung vom 31.1.2006 (Kammer – 2.Sektion) – Nr. 50435/99 (Rodrigues da Silva / The Netherlands), InfAuslR 2006, 298 = EuGRZ 2006, 562, (pending before the Grand Chamber); EGMR, Entscheidung vom 17.1.2006 (Kammer – 2. Sektion) – Nr. 51431/99 (Aristimuño Mendizabal / France); EGMR, Entscheidung vom 5.7.2005 (Kammer – 2. Sektion) – 46410/99 (Üner / The Netherlands), (bestätigt von der Großen Kammer mit Entscheidung vom 18.10.2006), NVwZ 2007, 1279; EGMR, Entscheidung vom 25.10.2005 (Kammer – 4. Sektion) – Nr. 59140/00 (Okpisz/Deutschland), NVwZ 2006, 917; EGMR, Entscheidung vom 15.1.2007 (Große Kammer) – Nr. 60654/00 (Sisojeva u.a./Lettland), InfAuslR 2007, 140 = NVwZ 2008, 979; EGMR, Entscheidung vom 28.2.2008 (Große Kammer) – Nr. 37201/06 (Saadi / Italy), NVwZ 2008, 1330; EGMR, Entscheidung vom 27.5.2008 (Große Kammer) – Nr. 26565/05 (N. / The United Kingdom), NVwZ 2008, 1334; EGMR, Entscheidung vom 28.6.2011 – Nr. 8319/07 (Sufi u. Elmi / The United Kingdom), NVwZ 2012, 681; EGMR, Entscheidung vom 13.10.2011 (Kammer – 5. Sektion) – Nr. 41548/06 (Mourad Ben Khemais Trabelsi / Deutschland), EuGRZ 2012, 11.

Europäischer Gerichtshof:

EuGH, Rs. 281, 283 bis 285 und 287/85 (Bundesrepublik Deutschland u.a./Kommission), Slg 1987, 3203; EuGH, Rs. C-370/90 (Singh), Slg 1992, I-4265; EuGH, Rs. C-348/96 (Calfa), Slg 1999, I-11 (= EuZW 1999, 345 = DVBl. 1999, 534 = EuR 1999, 517 m.Anm. *Becker*); EuGH, Rs. C-63/99, (Gloszczuk), Slg 2001, I-6369 (= DVBl. 2002, S. 36 = JuS 2002, 181 – *Streinz*); EuGH, Rs. C-235/99, (Kondova), Slg 2001, I-6427; EuGH, Rs. C-257/99 (Barcoci und Malik), Slg 2001, I-6557 (= EuZW 2001, 696 = NVwZ 2002, 331); EuGH, Rs. C-60/00 (Carpenter), Slg 2002, I-6279 (= DVBl. 2002, 1342 = EuGRZ 2002, 332 = DÖV 2002, 1035); EuGH, Rs. C-459/99 (MRAX), Slg 2002, I-6591 (= EuGRZ 2002, 519 = EuZW 2002, 595); EuGH, Rs. C-100/01 (Oteiza Olazabal), Slg 2002, I-10981 (= EuGRZ 2003, 28); EuGH, Rs. C-109/01 (Akrich), Slg 2003, I-9607 (= EuGRZ 2003, 607 = EuZW 2003, 752); EuGH, Rs. C-187/01 und C-385/01 (Gözütok und Brügge), Slg 2003, I-1345; EuGH, Rs. C-482/01 und 493/01 (Orfanopoulos und Oliveri), Slg 2004, I-5257 (EuZW 2004, 402 = ZAR 2004, 195 m.Anm. Renner = EuGRZ 2004, 422 = DVBl. 2004, 876); EuGH, Rs. C-275/02 (Ayaz), Slg 2004, I-8765 (NVwZ 2005, 72); EuGH, Rs. C-200/02 (Zhu und Chen / Secretary of State for the Home Department), Slg 2004, I-9925 (DVBl. 2005, 100 = EuR 2005, 658); EuGH, Rs. 467/02 (Cetinkaya), Slg 2004, I-10985 (DVBl. 2005, 103); EuGH, Rs. C-257/01 (Kommission / Rat), Slg 2005, I-345 (= EuZW 2005, 180); EuGH, Rs. C-215/03 (Oulane), Slg 2005, I-1215 (EuGRZ 2005, 135 = NJW 2005, 1033 = DVBl. 2005, 495); EuGH, Urt. v. 2. 6. 2005, Rs. C-136/03 (Dörr u. Ünal), DVBl. 2005, 1437 = NVwZ 2006,72; EuGH, Rs. C-540/03 (Familiennachzug), Slg 2006, I- 5769; EuGH, Rs. C-137/05 (Vereintes Königreich / Rat), Slg 2007, I-11593; EuGH, Rs. C-127/08 (Metock), Slg 2008, I-6241 (NVwZ 2008, 1097); EuGH, Rs. C-373/03 (Aydinli / Land BW), Slg 2005, I-6181 (DVBl. 2005, 1256 = NVwZ 2005, 1292 = InfAuslR 2005, 352); EuGH, Rs. C-383/03 (Dogan), Slg 2005, I-6237 (DVBl. 2005, 1258 = InfAuslR 2005, 350); EuGH, Rs. C-158/07 (Förster), Slg 2008 I-8507 (NVwZ 2009, 93 = InfAuslR 2009, 50); EuGH, Rs. C-297/07 (Bourquain), EuZW 2009, 118 (NJW 2009, 3149); EuGH, Rs. C-337/07 (Altun), NVwZ 2009, 235 (InfAuslR 2009, 93); EuGH, Rs. C-551/07 (Sahin), InfAuslR 2009, 96 (NVwZ 2009, 293); EuGH, Rs. C-19/08 (Petrosian), Slg 2009 (NVwZ 2009, 639 = InfAuslR 2009, 139 = ZAR 2009, 189); EuGH, Rs. C 465/07 (Elgafaji), InfAuslR 2009, 138 (NVwZ 2009, 705); EuGH, Rs. C-228/06 (Soysal und Savatli), EuZW 2009, 257 (NVwZ 2009, 513 = ZAR 2009, 139); EuGH, Rs. C-139/08 (Kqiku), InfAuslR 2009, 221; EuGH, Rs. C-261/08 und C-348/08 (Zurita García), InfAuslR 2010, 1; EuGH, verb. Rs. C-175/08, C-176/08, C-178/08 und C-179/08 (Abdulla); EuGH, Rs. C-256/11 (Dereci), NVwZ 2012, 97 (EuZW 2012, 79 = DÖV 2012, 117); EuGH, Rs. C-355/10 (Europäisches Parlament), EuGRZ 2012, 625; EuGH, Rs. C-179/11 (Cimade und GISTI), NVwZ 2012, 1529 (DÖV 2012, 978); EuGH Rs. C-71/11 und C-99/11 (Y und Z), NVwZ 2012, 1612 (EuGRZ 2012, 638 = DÖV 2012, 852); EuGH, Rs. C-356/11, C-357/11 (O und S), NVwZ 2013, 419 (DÖV 2013, 158); EuGH, Rs. C 300/11 (ZZ), NVwZ 2013, 1139 (ZAR 2014, 28); EuGH, Rs. C-86/12 (Alokpa und Moudoulou), NVwZ-RR 2013, 1017; EuGH, Rs. C-199/12, C-200/12, C-201/12 (X, Y, Z), NVwZ 2014, 132; EuGH, Rs. C-4/11 (Puid), NVwZ 2014, 129 (DÖV 2014, 88); EuGH, Rs. C 138/13; EuGH, Rs. C-473/13, C- 514/13, EuGH, Rs. C-474/13.

Bundesverfassungsgericht / Bundesverwaltungsgericht / Bundesgerichtshof:

BVerfG, NVwZ 2008, 304 (InfAuslR 2008, 133); BVerfG, NVwZ 2009, 1281; BVerfG, EuGRZ 2009, 540 (DVBl. 2009, 1304 = DÖV 2009, 912 = ZAR 2009, 355); BVerfG, NVwZ 2012, 1024 (NJW 2012, 3020 = DÖV 2012, 689); BVerfG, NVwZ 2013, 1207.

BVerwGE 129, 243 (NVwZ 2008, 82 = DÖV 2008, 74 = InfAuslR 2008, 1 = ZAR 2008, 31); BVerwGE 130, 20 (DVBl. 2008, 392 = InfAuslR 2008, 156 = NVwZ 2008, 434 = ZAR 2008, 189); BVerwG, ZAR 2008, 192 (DVBl. 2008, 1255); BVerwG, NVwZ 2008, 802 (DÖV 2008, 649); BVerwG, 2008-06-24, 10 C 42/07; BVerwGE 131, 198 (NVwZ 2008, 1241 = ZAR 2009, 35 = InfAuslR 2008, 474); BVerwGE 132, 79; BVerwG, NVwZ 2009, 592; BVerwGE 133, 31 (DVBl. 2009, 595 = NVwZ 2009, 730 = InfAuslR 2009, 260 = ZAR 2009, 276); BVerwGE 133, 55 (NVwZ 2009, 982 = ZAR 2009, 317 = DVBl. 2009, 732); BVerwGE 133, 73 (NVwZ 2009, 979 = DVBl. 2009, 650 = ZAR 2009, 193); BVerwGE 133, 203 (DVBl. 2009, 845 = ZAR 2009, 319, = InfAuslR 2009, 310); BVerwGE 133, 221 (NVwZ 2009, 1167 = ZAR 2009, 352 = InfAuslR 2009, 363); BVerwG, Urt.v. 21.4.2009, 10 C 11/08 (InfAuslR 2009, 315 = NVwZ 2009, 1237);BVerwGE 134, 27 (NVwZ 2009, 1162); BVerwG, Urt.v. 5.5.2009, 10 C 19/08 (DVBl. 2009, 1192 = InfAuslR 2009, 378 = NVwZ 2009, 1431); BVerwG, Urt.v. 5.5.2009, 10 C 21/08 (DVBl. 2009, 1192 = DÖV 2009, 871); BVerwG, Urt.v. 9.6.2009, 1 C 7/08 (InfAuslR 2009, 378 = NVwZ 2009, 1431 = DVBl. 2009, 1191; BVerwGE 134, 188 (VBlBW 2010, 27 = DVBl. 2009, 1466); BVerwG, Urt.v. 22.10.2009, 1 C 18/08 und 1 C 26/08; BVerwGE 136, 360 (NVwZ 2011, 56 = DVBl 2010, 1183 = DÖV 2010, 907); BVerwG, Urt.v. 15.11.2011, 1 C 15/10 (NVwZ 2012, 976 = DÖV 2012, 287); BVerwGE 144, 127 (NVwZ-RR 2013, 431); BGH, Beschluss v. 26.6.2014, Az. V ZB 31/14.

Abschnitt 2: Analyse und Darstellung der Einwirkungspraxis des Europarechts auf das Einwanderungs- und Asylrecht

A. Grundlagen

1 **Gegenstand** der vorliegenden Darstellung sind das Einwanderungs- und Asylrecht der Europäischen Union und seine Einflüsse auf Auslegung und Anwendung des Einwanderungs- und Asylrechts in der Bundesrepublik Deutschland. Im Jahr 2013 wurde das ursprünglich bereits für 2010 angestrebte Gemeinsame Europäische Asylsystem verwirklicht. Die in Kraft getretenen europäischen Rechtsakte sind vielfach erneut geändert worden und führen wiederum zu vielfältigen Änderungen des deutschen Ausländer- und Asylrecht, das von ihnen durchwirkt ist. Rechtliche Grundlage der Fortentwicklung ist das Recht der Europäischen Union in der Gestalt, die es nach Inkrafttreten des Reformvertrages von Lissabon am 1. Dezember 2009 hat. Dies schließt die Bindungswirkung der Europäischen Grundrechte-Charta ein. Politische Grundlage auf europäischer Ebene sind die auf fünf Jahre angelegten Programme. Das Stockholmer Programm über die Fortentwicklung des Raumes der Freiheit, der Sicherheit und des Rechts, das am 10./11. Dezember 2009 vom Europäischen Rat verabschiedet wurde, wird 2014/2015 von einem neuen Fünfjahresprogramm abgelöst werden, dem Römischen Programm.

2 Das europäische Migrationsrecht beeinflusst und gestaltet maßgeblich das deutsche Ausländer- und Asylrecht. **Innerstaatliche Regelungsfelder** sind insbesondere das Aufenthaltsgesetz, das Freizügigkeitsgesetz/EU, das Asylverfahrensgesetz, das Gesetz über das Ausländerzentralregister und das Staatsangehörigkeitsgesetz. Die Richtlinien der EU werden durch umsetzende Gesetze in die deutsche Rechtsordnung eingeführt. Sie spielen aber weiter eine Rolle, weil das innerstaatliche Recht richtlinienkonform auszulegen ist. Zudem können Fehler bei der Umsetzung behauptet werden, so dass der EuGH über die Rechtmäßigkeit der Umsetzung zu entscheiden hat. Die Verordnungen gelten ohnehin unmittelbar und bedürfen nicht der Umsetzung.

3 **Das deutsche Ausländer- und Asylrecht ist in erheblichem Maße europarechtlich geprägt.** Der ursprüngliche Grundbestand an Verordnungen und Richtlinien zur Gestaltung des Einwanderungs- und Asylrechts der Europäischen Union wurde nach Maßgabe des politischen Programms von Tampere zwischen 2000 und 2004 geschaffen. Erste Gehalte wurden mit dem Inkrafttreten des Zuwanderungsgesetzes am 1. Januar 2005 in das deutsche Recht aufgenommen.[1] Der asyl- und einwanderungsrechtliche Besitzstand ist dann durch das Gesetz zur Umsetzung aufenthalts- und asylrechtlicher Regeln der Europäischen Union in die deutsche Rechtsordnung eingeführt worden, das am 28. August 2007 in Kraft getreten ist.[2] Das Gemeinsame Europäische Asylsystem hat erneut erheblichen Handlungsbedarf für den innerstaatlichen Gesetzgeber ausgelöst, der durch Umsetzungsgesetze mit Wirkung zum 1. Dezember 2013 insbesondere Änderungen des Asylverfahrensgesetzes und des Aufenthaltsgesetzes beschlossen hat.[3] Die Umsetzung der Richtlinien aus dem Jahr 2011 betreffen die Qualifikations-RL und die Daueraufenthalts-RL. Zudem ist die neue Dublin III-Verordnung am 1. Januar 2014 in Kraft getreten.[4]

4 Zu den Einwirkungen des europäischen Einwanderungs- und Asylrechts gibt es eine umfangreiche Rechtsprechung und eine Fülle an Literatur. Einen Schwerpunkt der folgenden Erörterungen bildet die **Anwendungspraxis der Rechtsprechung** hinsichtlich der europarechtlich geprägten Rechtsnormen. An ihr werden die Verknüpfungen der unterschiedlichen rechtlichen Ebenen und die Folgen der EU-Regelungen für den einzelnen Fall besonders deutlich. Daher werden bedeutsame Fälle hervorgehoben, um den Rückgriff auf das case law des EuGH zu vereinfachen. Selbstverständlich kann und soll das deutsche Ausländer- und Asylrecht nicht flächendeckend dargestellt werden. Ziel

---

1 BGBl. 2004 I, S. 1950; Überblicke bei *Huber*, NVwZ 2005, 1; *Renner*, ZAR 2004, 266.
2 BGBl. 2007 I, S. 1970; Überblick bei *Huber*, NVwZ 2007, 1095.
3 BGBl. 2013 I, S. 3474 und 3484, Überblick bei *Huber*, NVwZ 2014, 548.
4 VO (EU) Nr. 604/2013 vom 26.6.2103, ABl. L 180, S. 31.

ist es vielmehr, die Schwerpunkte der Vernetzungen im Mehrebenensystem herauszuarbeiten und die Grundstrukturen deutlich zu machen, die als Grundlage für das Aufwerfen und Lösen weiterer Anwendungsfragen dienen können. Das Einwanderungs- und Asylrecht ist ein Beispiel für transnationale Behördenkooperation unter gleichzeitiger Europäisierung der innerstaatlichen Vollzugspraxis.[5]

Der **Gang der Darstellung** dient diesen Zielen. Die europarechtlichen Normen des Einwanderungs- und Asylrechts werden in ihrer Entwicklung erläutert und in ihren Querverbindungen dargestellt. Damit werden auch ihre Grenzen sichtbar, die aus den Grenzen der Unionskompetenzen und den politischen Rahmenbedingungen folgen. Änderungen des materiellen Rechts und der Verfahren durch den Vertrag von Lissabon sind für die Weiterentwicklung des Politikbereichs von zentraler Bedeutung und bedürfen der Erörterung. Auf dieser Grundlage des Europarechts werden Fragenkreise behandelt, die aus der Sicht eines deutschen Praktikers des Einwanderungs- und Asylrechts von besonderer Bedeutung sind. Schwerpunkte liegen in den von der Rechtsprechung identifizierten Anwendungsfragen. Angesichts der Dynamik des Rechtsgebietes ist das Identifizieren von Spannungslagen zwischen Unionsrecht und innerstaatlichem Recht wichtig, um Hilfestellung zur künftigen Bearbeitung von Kollisionen oder problematischen Fragestellungen zu geben. 5

Das europäische Migrationsrecht ist eines der wesentlichen Politikfelder der EU. Dies gilt für die Schärfung der politischen Kontur der EU gegenüber dem Bürger, es gilt aber auch für die Betroffenen selbst. Sie können individuelle Rechte geltend machen, die dem Unionsrecht entspringen. Dabei steht das Migrationsrecht im Kontext anderer Politikfelder, die auf die **individuelle Rechtsstellung von Drittstaatsangehörigen und Unionsbürgern** Einfluss haben. Die Grundrechte der Grundrechte-Charta und insbesondere das Asylrecht des Art. 18 GRC stärken die Position des Einzelnen. Diskriminierungen aufgrund der Staatsangehörigkeit sind gem. Art. 18 AEUV verboten. Das allgemeine Prinzip der Gleichheit in Art. 20 GRC und besondere Diskriminierungsverbote in Art. 21 GRC prägen Rechtsordnung und Selbstverständnis der Europäischen Union.[6] Der Abbau von Ungleichbehandlungen zwischen den Unionsbürgern und die Schaffung von Gleichheit durch Recht sind grundlegende Elemente eines Bürgerstatus.[7] 6

Diese Werte gelten auch gegenüber Drittstaatsangehörigen, die einwandern oder Asyl suchen. Das europäische **Migrationsrecht ist einer der Prüfsteine für die Wahrung und Verwirklichung der Werte** des Art. 2 EUV. Die epochale Leistung der Gemeinschaft und dann der Union, eine europäische Friedensordnung zu schaffen, ist mit der Entwicklung eines spezifischen Modells der Gewährung von Rechten an alle Menschen verbunden. Die Wahrung von Frieden und Freiheit geht einher mit der Gewährleistung von Sicherheit und sozialer Stabilität durch das Recht. Die Aufgabe des Einwanderungs- und Asylrechts der Europäischen Union liegt darin, hier einen Beitrag zu leisten. 7

I. Der Raum der Freiheit, der Sicherheit und des Rechts

Die **vertraglichen Grundlagen** für das europäische Einwanderungs- und Asylrecht sind durch den Vertrag von Lissabon neu gefasst worden.[8] Im Titel V des AEUV, der den Raum der Freiheit, der Sicherheit und des Rechts regelt, sind nach den allgemeinen Bestimmungen des Kapitels 1 in dem Kapitel 2 die Vorschriften über die Politik im Bereich Grenzkontrollen, Asyl und Einwanderung enthalten. Dann folgen eigene Kapitel zur justiziellen Zusammenarbeit in Zivilsachen, der justiziellen Zusammenarbeit in Strafsachen und zur polizeilichen Zusammenarbeit. Der Raum der Freiheit, der Sicherheit und des Rechts der Art. 3 Abs. 2 EUV, Art. 67 ff AEUV ruht damit auf vier Säulen, von denen diejenige der Migration angesichts der Kompetenzausstattung der EU die größte rechtliche und politische Tragweite hat. 8

5 *Bast*, Internationalisierung, S. 280; *Dietz*, BayVBl. 2012, 645; *Laskowski*, in: Ehlers/Fehling/Pünder, § 73, Rn 37 ff; eingehend *Thym*, S. 63 ff, 274 ff.

6 *Kugelmann*, in: Merten/Papier (Hrsg.), Handbuch der Grundrechte, Band VI/1, Heidelberg, 2010, § 160.

7 S. *Kadelbach*, S. 636.

8 *Weber*, ZAR 2008, 53; *Kugelmann*, InfoAuslR 2008, 193, 194.

9 Die **Migrationspolitik** zählt zu den Sachbereichen, die durch den Vertrag von Lissabon erhebliche Änderungen erfahren haben.[9] Die Vorschriften über Einwanderung und Asyl berücksichtigen den erreichten Rechtszustand und schreiben neue Ziele fest. Auf der Basis der vorhandenen Kompetenzen wurden wohl überwiegend die politisch konsensfähigen Inhalte des existierenden Sekundärrechts vertraglich festgeschrieben. Auffallend ist allerdings, dass die neuen Regelungen nicht mehr nur Mindestnormen erlauben, sondern umfassende Regelungen zulassen. Auf dieser Grundlage können die vorhandenen Richtlinien und Verordnungen nicht nur weiterentwickelt, sondern wesentlich erweitert werden. Dieser Ansatz war die Grundlage des Gemeinsamen Europäischen Asylsystems.

10 Die für das **europäische Asylrecht** zentrale Vorschrift des Art. 78 AEUV enthält eine ausdrückliche Vorgabe für das 2013 verwirklichte Gemeinsame Europäische Asylsystem und Art. 79 AEUV eine Festlegung auf eine europäische Einwanderungspolitik. In Art. 79 Abs. 1 AEUV wird festgelegt, dass die Union eine **gemeinsame Einwanderungspolitik** entwickelt, „die in allen Phasen eine wirksame Steuerung der Migrationsströme, eine angemessene Behandlung von Drittstaatsangehörigen, die sich rechtmäßig in einem Mitgliedstaat aufhalten, sowie die Verhütung und verstärkte Bekämpfung von illegaler Einwanderung und Menschenhandel gewährleisten soll." Eine Übertragung vollständig neuer Hoheitsrechte von den Mitgliedstaaten auf die EU war nicht beabsichtigt und ist auch nicht erfolgt. Dem Grunde nach obliegen die **Kompetenzen** über die Regelung des Zugangs zum Arbeitsmarkt, über die sozialen Sicherungssysteme und über die Bildung auch in Zukunft den Mitgliedstaaten. Sie sind aber vielfach europarechtlich überformt und beeinflusst. Querbezüge der europarechtlichen Rechtsakte in diese Sachbereiche verfügen über nicht unerhebliche Wirkungen,[10] die sich im Hinblick auf Drittstaatsangehörige etwa nach Maßgabe des Art. 79 Abs. 4 und 5 AEUV konkretisieren.

11 Nach den Verträgen besteht ein wechselbezüglicher **Zusammenhang** zwischen der **Freizügigkeit** innerhalb der Union (Art. 21 AEUV) und der gemeinsamen europäisierten Regelung von **Einwanderung und Asyl** (Art. 77 ff AEUV). Da innerhalb der Union nahezu keine Kontrollen mehr an den Binnengrenzen stattfinden, muss die Kontrolle von Drittstaatsangehörigen an den Außengrenzen geschehen und dazu bedarf es gemeinsamer Mindeststandards in einer Reihe von Teilbereichen des Einwanderungs- und Asylrechts. Diese Schaffung von Mindeststandards erfordert dann auch gemeinsame Maßstäbe für Bereiche, die nicht vorrangig dem Ausgleich fehlender Grenzkontrollen dienen. Grundzüge humanitärer Bestimmungen oder des langfristigen Aufenthalts von Drittstaatsangehörigen bedürfen der europäischen Regelung, um unter Berücksichtigung der Interessen von Drittstaatsangehörigen, Unionsbürgern und Mitgliedstaaten einen europäischen Rechtsraum zu gestalten.[11] Der Druck zur Europäisierung des Einwanderungsrechts hat demnach zwei Quellen: die Freizügigkeit und die Herstellung eines gemeinsamen Rechtsraumes.

II. Ziele und Konzepte der Europäischen Justiz und Innenpolitik

1. Die Beschlüsse von Tampere und das Haager Programm

12 Kurz nach Inkrafttreten des Vertrages von Amsterdam kamen die Mitgliedstaaten und die Kommission überein, in welcher Weise sie die damals neu geschaffenen Rechtsgrundlagen nutzen wollten. Schon im Dezember 1998 legten sie in Wien einen Aktionsplan fest.[12] Der **Sondergipfel** des Rates in **Tampere** am 15. und 16. Oktober 1999 traf dann grundlegende Beschlüsse zu den Politikfeldern Justiz und Inneres.[13] Im „Raum der Freiheit" sollten Grundrechte und der Schutz vor Dis-

---

9 *Weiß/Satzger*, in: Streinz, EUV/AEUV, Art. 67 AEUV, Rn 8.

10 Vgl *Eichenhofer*, ZAR 2008, 82.

11 Zur moralischen Dimension *Märker*, Europäische Zuwanderungspolitik und globale Gerechtigkeit, Baden-Baden 2004.

12 Aktionsplan des Rates und der Kommission zur bestmöglichen Umsetzung der Bestimmungen des Amsterdamer Vertrages über den Aufbau eines Raumes der Freiheit, der Sicherheit und des Rechts, ABl. C 19 vom 23. Januar 1999, S. 1.

13 Schlussfolgerungen des Vorsitzes, auszugsweise abgedruckt in: ZAR 1999, 284.

kriminierungen gewährleistet werden.[14] Im Rahmen einer gemeinsamen Einwanderungs- und Asylpolitik wurde angestrebt, die Rechte und die Integration von rechtmäßig in der EU lebenden Drittstaatsangehörigen zu verbessern. Ziel des „Raumes der Sicherheit" war die Verhütung und Bekämpfung von Kriminalität. Das wichtigste Instrument hierzu ist das Europäische Polizeiamt (Europol). Durch den „Raum des Rechtes", der Zivilrecht und Strafrecht einbezieht, soll Rechtssicherheit und eine bessere Koordination der Strafverfolgung erreicht werden.

Die Kommission legte in den Jahren 2000 und 2001 eine Reihe von Vorschlägen für Rechtsakte vor. Nach den terroristischen Attentaten des 11. September 2001 fand der **Sicherheitsaspekt** verstärkt Eingang in die Diskussion und mit den terroristischen Anschlägen von Madrid 2004 und London 2005 gewann er erneut an Schub.[15] Die tatsächlich erreichten Kompromisse, die sich in Rechtsakten niederschlagen, spiegeln in dem Niveau des gemeinsamen Minimalstandards, der Auswahl der Instrumente und der Reichweite von individuellen Rechtsverbürgungen einen eher restriktiven Umgang mit dem Einwanderungs- und Asylrecht wider, der dem Aspekt der Sicherheit starkes Gewicht einräumt. Der Europäische Rat, in dem zum damaligen Zeitpunkt die Staats- und Regierungschefs der Mitgliedstaaten sowie der Präsident der Kommission vertreten waren (Art. 4 EUV aF), hat auf dem Gipfel von Brüssel am 17. und 18. Juni 2004 Kommission und Ministerrat aufgefordert, eine neue Phase einzuleiten und bis Ende 2004 Vorschläge für ein Programm für die nächsten Jahre vorzulegen.[16] Das Abschlussdokument verdeutlicht, dass die Beratungen des Europäischen Rates unter dem Vorzeichen der Bekämpfung des Terrorismus stark von Sicherheitsaspekten geprägt waren. 13

Auf dem Gipfel am 4. und 5. November 2004 hat der Europäische Rat unter niederländischer Präsidentschaft das so genannte **„Haager Programm** zur Stärkung der Freiheit, der Sicherheit und des Rechts in der Europäischen Union" verabschiedet.[17] Im Anschluss an das auf dem Gipfel von Tampere beschlossene Programm, dessen Ziele nicht vollständig erreicht wurden, sollte auf der Grundlage des Erreichten, die europäische Einwanderungs- und Asylpolitik weiterentwickelt werden. Sie wird in den allgemeinen Kontext der Politik auf den Gebieten Justiz und Inneres gestellt, die wiederum in wesentlichen Teilen von der Bekämpfung des Terrorismus geprägt ist.[18] Die Kommission hat einen Aktionsplan erarbeitet, den Rat und Kommission am 2./3. Juni 2005 angenommen haben.[19] Erste Vorschläge für Legislativakte hat die Kommission am 1. September 2005 vorgelegt.[20] 14

Beschlüsse im Einwanderungs- und Asylrecht unterlagen ursprünglich dem Prinzip der **Einstimmigkeit**. Für Maßnahmen nach Art. 74 AEUV hinsichtlich der Zusammenarbeit der Behörden galt das Mitentscheidungsverfahren aufgrund des im Vertrag von Nizza beschlossenen Protokolls Nr. 35 bereits ab dem 1. Mai 2004.[21] Während der Europäische Rat im Haager Programm zunächst den Rat ersuchte, spätestens zum 1. April 2005 den Beschluss nach Art. 67 Abs. 2 EGV zu fassen, wonach das Mitentscheidungsverfahren des Art. 251 EGV (Art. 294 AEUV) auf die Verabschiedung von Rechtsakten im Rahmen des Einwanderungs- und Asylrechts anzuwenden ist,[22] zeigte 15

14 *Gusy/Arnold*, Die Rechts- und Asylpolitik der Europäischen Union, in: Weidenfeld (Hrsg.), Europa-Handbuch, 2002, S. 532.

15 *Brinkmann*, ELJ 10 (2004), 185; eingehend *Brouwer/Catz/Guild*, Immigration, Asylum and Terrorism, 2003, insb. S. 95 ff.

16 Schlussfolgerungen des Vorsitzes, Ziff. 4 ff.

17 Schlussfolgerungen des Vorsitzes des Europäischen Rates vom 4. und 5. November 2004 in Brüssel, s. Bulletin der Europäischen Union 11/2004, S. 9.

18 Zu den Maßnahmen der EU zur Bekämpfung des Terrorismus *Gusy/Schewe*, Jahrbuch 2003/2004, S. 174, 176; *Gusy*, GA 152 (2005), 215.

19 Aktionsplan des Rates und der Kommission zur Umsetzung des Haager Programms zur Stärkung von Freiheit, Sicherheit und Recht in der Europäischen Union (2005/C 198/01), ABl. C 198 vom 12. August 2005, S. 1.

20 *Schieffer*, ZAR 2005, 372.

21 Protokoll Nr. 35 zu Artikel 67 des Vertrags zur Gründung der Europäischen Gemeinschaften; Protokolle sind gem. Art. 51 EUV Bestandteile der Verträge, gelten also als Primärrecht.

22 Haager Programm, Ziff.1.2.

sich der Europäische Rat in der Folge deutlich zurückhaltender. Der Beschluss wurde dann am 22. Dezember 2004 mit Wirkung zum 1. Januar 2005 gefasst,[23] allerdings sachlich begrenzt auf bestimmte Bereiche. So blieben die Visapolitik und weite Bereiche des Flüchtlingsschutzes außen vor. Nach dem Vertrag von Lissabon gilt nun das **ordentliche Gesetzgebungsverfahren des Art. 294 AEUV**, welches das Mitentscheidungsverfahren des Art. 251 EGV ersetzt. Die Beschlussfassung im Rat erfolgt mit qualifizierter Mehrheit und das Europäische Parlament genießt weitgehende Mitentscheidungsrechte bis hin zum Recht auf Ablehnung des vorgeschlagenen Rechtsaktes.

2. Das Stockholmer Programm

16 Das sog. „Stockholmer Programm"[24] wurde am 11. Dezember 2009 beschlossen und löste das „Haager Programm" ab. Es handelt sich um einen **Fünfjahresplan** der Europäischen Union für den Bereich **Justiz und Inneres**. Der Impuls für diese Programme wurde im Rat von Tampere gelegt. Ziel dieser Rahmenprogramme ist es, einen Beitrag zur Verwirklichung des in Art. 67 AEUV und Art. 3 Abs. 2 EUV verankerten Ziels der Etablierung eines „Raumes der Freiheit, der Sicherheit und des Rechts" zu leisten. Als Herausforderungen nannte das Stockholmer Programm vor allem den Terrorismus, die Cyberkriminalität, die Einwanderungs- und Asylpolitik, aber auch Fragen des Zivilrechts. Die Ziele der Justiz- und Innenpolitik waren insbesondere die Förderung der Unionsrechte und der Grundrechte sowie des Datenschutzes, aber auch die Erleichterung des Zugangs zur Justiz und die Anerkennung mitgliedstaatlicher Urkunden.[25]

17 Das „Stockholmer Programm" wurde durch die Staats- und Regierungschefs auf dem Europäischen Rat unter schwedischem Vorsitz am 10./11. Dezember 2009 in Stockholm verabschiedet. Das Stockholmer Programm wurde durch einen **Aktionsplan** vom 20. April 2010 präzisiert, der konkrete Schritte und Vorgehensweisen zur Durchführung des Programms und zum Erreichen der Ziele enthielt.[26] Im Bereich Asyl- und Migration standen die Rechte und Integration der Migranten und die Familienzusammenführung im Vordergrund. Ein weiterer Schwerpunkt lag auf der Schaffung einer gemeinsamen Asyl- und Migrationspolitik sowie schon damals eines gemeinsamen Europäischen Asylsystems.

18 Der **Grundrechtsschutz** der Bürger soll durch den beabsichtigten Beitritt der Europäischen Union zur Europäischen Menschenrechtskonvention nach Inkrafttreten des Vertrages von Lissabon (Art. 6 Abs. 2 EUV) eine zusätzliche Sicherung erhalten. Zudem sollten weitere Maßnahmen im Kampf gegen Diskriminierung, Rassismus, Fremdenfeindlichkeit und Homophobie ergriffen werden.[27] Zur Verbesserung des Datenschutzes wurde ein einheitliches System für den Schutz personenbezogener Daten vorgeschlagen.[28]

19 Vor dem Hintergrund der **Solidarität zwischen den Mitgliedstaaten und Drittländern** bildet die Einwanderungs- und Asylpolitik einen weiteren Schwerpunkt des Dokuments. Gefordert wurde eine gemeinsame Strategie der Mitgliedstaaten mit dem Ziel, die Einwanderungspolitik und die Bedürfnisse des Arbeitsmarktes besser aufeinander abzustimmen, wobei die Integration der Einwanderer gefördert und die illegale Migration bekämpft werden sollten. Zu einer effektiven Verwirklichung dieser Ziele ist es nicht gekommen, zumal die Arbeitsmarktpolitik in den Jahren ab 2010 von den Krisen der Banken und der Staatsverschuldung wesentlich beeinflusst wurde. Da die Zuwanderung von qualifizierten Arbeitskräften zu größerer Wettbewerbsfähigkeit führt und zur wirtschaftlichen Dynamik beitragen kann, sollten flexible Aufnahmesysteme gefördert werden, um auf die von jedem einzelnen Mitgliedstaat festgelegten Prioritäten, Bedürfnisse, Zahlen und Men-

23 Beschluss 2004/927/EG des Rates vom 22. Dezember 2004 über die Anwendung des Verfahrens des Artikels 251 des Vertrages zur Gründung der Europäischen Gemeinschaft auf bestimmte Bereiche, die unter Titel IV des Dritten Teils dieses Vertrages fallen, ABl. L 396 vom 31. Dezember 2004, S. 45.

24 Stockholmer Programm: „Ein offenes und sicheres Europa im Dienste und zum Schutz der Bürger", Europäischer Rat von Stockholm vom 10. und 11. Dezember 2009 (17024/09).

25 Stockholmer Programm vom 10. und 11. Dezember 2009 (17024/09), S. 3-5.

26 Action Plan implementing the Stockholm Programme, COM (2010) 171 final.

27 Stockholmer Programm, S. 14 f.

28 Stockholmer Programm, S. 18 f.

gen reagieren zu können. Die Migranten sollen in die Lage versetzt werden, aus ihren Qualifikationen und Befähigungen in vollem Umfang Nutzen ziehen zu können.[29] Initiativen wie die „Blue Card" tragen dem Rechnung (s.u. Rn 88). Zur Verbesserung der Steuerung illegaler Migration ist es unerlässlich, mit den Drittstaaten zusammenzuarbeiten, aus welchen die Immigranten in das Gebiet der EU-Mitgliedstaaten gelangen.[30] Vor diesem Hintergrund ist auch die Rolle der EU-Agentur Frontex zu stärken und ein Grenzüberwachungssystem einzuführen, das für alle Arten von Kontrollen eingesetzt wird.[31] Das Überwachungssystem Eurosur wurde eingeführt (s.u. Rn 144), eine Änderung der Rechtsgrundlage von Frontex steht vor dem Hintergrund der humanitären Katastrophen insbesondere der Bootsflüchtlinge verstärkt im Mittelpunkt des Interesses auch der Öffentlichkeit.

Im Bereich **Asyl** wird die Verpflichtung des Europäischen Rates, einen gemeinsamen Raum des Schutzes und der Solidarität zu schaffen, in welchem ein einheitliches Asylverfahren und ein einheitlicher Schutzstatus für Personen gilt, die des internationalen Schutzes bedürfen, erneut bekräftigt. Für das Asylverfahren wird ein einheitliches, gerechtes und freiwilliges Verfahren gefordert. Ein Schlüssel, der die Verteilung der Flüchtlinge auf die Mitgliedstaaten erlaubt, würde zur Entlastung der Grenzländer beitragen. Die vorhandenen Finanzierungsinstrumente der EU könnten im Hinblick auf eine Stärkung der internen Solidarität besser genutzt werden. Das Gemeinsame Europäische Asylsystem soll auch weiterhin ein zentrales politisches Ziel der EU bleiben, wobei das Europäische Büro für Asylfragen (EASO) ein wichtiges Instrument für die Entwicklung und Umsetzung des Gemeinsamen Asylsystems bilden soll.[32] Im Zuge der Verwirklichung des Gemeinsamen Europäischen Asylsystems 2013 hat sich eine Verteilung der Flüchtlinge als politisch nicht konsensfähig verwiesen. 20

Bei der **Bekämpfung der organisierten Kriminalität** soll sich die EU auf die Bekämpfung von fünf vorrangigen Zielen konzentrieren. Bekämpft werden sollen der Menschenhandel, die sexuelle Ausbeutung von Frauen und Kindern und die Kinderpornographie, die Drogenbekämpfung, die Computerkriminalität, der Terrorismus sowie die Wirtschaftskriminalität und die Korruption.[33] Die **Stärkung von Europol** ist nach dem Konzept des Stockholmer Programms ein wichtiger Schritt. Die Behörden der Mitgliedstaaten sollen Europol und auch Eurojust über den Einsatz von gemeinsamen Untersuchungsteams informieren und in wichtige grenzüberschreitende Operationen mit einbeziehen. Europol soll seine Beziehungen zu den Behörden der Nachbarstaaten der EU und seine Verbindung zu den ESVP-Missionen ausbauen und intensivieren.[34] Die Verordnung, auf die Europol künftig gestützt werden soll, liegt im Entwurf vor. 21

Zum Ende der Laufzeit des Stockholmer Programms im Jahr 2014 lässt sich für das Einwanderungs- und Asylrecht die Bilanz ziehen, dass **eine Reihe von Zielen erreicht** wurde. Wie bei einem politischen Programm kaum anders zu erwarten, sind aber auch einige Ziele offen geblieben. Das Gemeinsame Europäische Asylsystem ist ohne Zweifel dem Grunde nach ein Erfolg, angesichts der teils schwierigen Verhandlungen aber auch von einigen Kompromissen gekennzeichnet. Der in Art. 80 AEUV verankerte Grundsatz der Solidarität ist verstärkt zu verwirklichen und ein gemeinsamer Standard im Umgang mit der Flüchtlingsproblematik zu sichern. Die Gewährung von Grundrechten, insbesondere hinsichtlich des Schutzes personenbezogener Daten, bedingt durch den fortschreitenden Datenaustausch internationaler Institutionen, ist eine Daueraufgabe, die mit der anstehenden Reform des Datenschutzes der EU einher gehen sollte, welche den Datenschutz in den Mitgliedstaaten betrifft. Nach Beschluss des Europäischen Rates vom Juni 2013 sollen 2014 neue strategische Leitlinien für die gesetzgeberische und operative Programmplanung im Raum der Freiheit, der Sicherheit und des Rechts verabschiedet werden. 22

29 Stockholmer Programm, S. 63.
30 Stockholmer Programm, S. 72.
31 Stockholmer Programm, S. 55 ff.
32 Stockholmer Programm, S. 69 f.
33 Stockholmer Programm, S. 28.
34 Stockholmer Programm, S. 41.

23 Die Entwicklung eines „Post-Stockholm-Programms“ (PSP) ist notwendig, um die durch Tampere, Den Haag und Stockholm entwickelten Leitlinien fortzuführen. Dieses Römische Programm könnte nach den ersten Vorüberlegungen drei Schwerpunkte haben. Zunächst sollen erkannte Defizite aus dem Stockholmer Programm behoben und noch offene Punkte konsequent umgesetzt werden. Außerdem muss eine vollständige Umsetzung des Prüm-Beschlusses erfolgen. Bei politisch wichtigen strategischen oder legislativen Vorhaben und Initiativen im Bereich der polizeilichen und justiziellen Zusammenarbeit in Strafsachen ist eine rechtzeitige Einbindung des CATS5 durch die Ratspräsidentschaft sicherzustellen. Offene Punkte aus dem Stockholmer Programm stellen dabei vor allem die Konsolidierung des unübersichtlich gewordenen Rechtsrahmens für die polizeiliche Zusammenarbeit sowie die Fortsetzung der Arbeiten zur Einführung eines Europäischen Kriminalaktennachweissystems (EPRIS) dar. Es bestehen erhebliche Anwendungs- und Auslegungsprobleme der polizeilichen Praxis bezüglich der aktuellen Regelungen. Bereichsbezogen muss eine bessere Rechtsetzung erreicht werden. Dabei müssen auch alte Rechtsakte mit modernen Rechtsakten aus dem Schengen-Besitzstand zusammengeführt werden. Durch das EPRIS kann der polizeiliche Informationsaustausch erheblich schneller, effizienter und effektiver ausgestaltet werden. Über nationale Zentralstellen können Informationen über eine Person automatisiert abgefragt werden, wodurch Folgeanfragen gezielt gesteuert werden können. Künftige Themenschwerpunkte sind die Verbesserung der grenzüberschreitenden polizeilichen Zusammenarbeit, die nachhaltige Bekämpfung von Cybercrime, die Bekämpfung von schwerer und organisierter Kriminalität, die Bekämpfung von gewaltbereitem Extremismus und Terrorismus, die Verhinderung von Gewalt im Zusammenhang mit Sport- und Großveranstaltungen sowie Versammlungen mit internationaler Dimension, die Bekämpfung von Kriminalität reisender Tätergruppen und die finanzielle Unterstützung von EMPACT-Projekten.

III. Ansatzpunkte einer europäischen Migrationspolitik

1. Politische Konzepte zur Integration von Einwanderern

24 Die europäische Integrationspolitik steht unter dem Vorzeichen einer gerechten Behandlung von Drittstaatsangehörigen, die bereits im Programm von Tampere von 1999 gefordert wurde (siehe oben Rn 10 f). Der **Europäische Rat** hat schon damals eine energischere Integrationspolitik verlangt, die darauf ausgerichtet sein müsse, den Drittstaatsangehörigen vergleichbare Rechte und Pflichten wie Unionsbürgern zuzuerkennen und Maßnahmen zur Förderung der Nichtdiskriminierung zu treffen.[35] Auch das Stockholmer Programm enthält entsprechende Ansätze und hat zur Verabschiedung des „Gemeinsamen Europäischen Asylrechts“ im Jahr 2013 geführt. Allerdings ist auch die starke Tendenz erkennbar, Migration zu steuern und rechtliche Grenzen für einen Zuzug zu setzen.

25 Der Begriff der **Integration** wird von der Union eher zurückhaltend verwendet, weil die Mitgliedstaaten auf ihre Zuständigkeiten pochen. Die Förderungskompetenz des Art. 79 Abs. 4 AEUV ist von begrenzter Tragweite.[36] Die Mitgliedstaaten hielten die Integration auf europäischer Ebene lange Zeit nicht für ein vorrangiges Vorhaben.[37] Im Stockholmer Programm wurde gefordert, dass Fragen der Integration in kohärenter Form Teil aller relevanten Politikbereiche sein sollten.[38] Integration fällt teilweise in die Kompetenz der Mitgliedstaaten. Sie ist aber auch Bestandteil einer Reihe der Beschäftigungs-, Bildungs- oder Antidiskriminierungspolitik der EU. Hier liegen Handlungsspielräume, die genutzt werden sollten, um die europäische Migrationspolitik zu ergänzen. Migration ist ein zentrales Politikfeld der Zukunft für die EU, daher kann Integration nicht ausgeblendet werden.

26 Die Vorgaben der europäischen Ebene zur Integration von Einwanderern lassen Raum für die Konzepte des innerstaatlichen Rechts. Das **deutsche Ausländerrecht** regelt die Förderung der Integra-

35 S. *Weinzierl*, Flüchtlinge, S. 98 ff.
36 *Weiß/Satzger*, in: Streinz, EUV/AEUV, Art. 79 AEUV, Rn 45.
37 *Groenendijk*, ZAR 2007, 323.
38 Stockholmer Programm, S. 65.

tion von Ausländern in den §§ 43 ff AufenthG. Institutionell wird die Beratung bei der Erfüllung dieser Aufgabe insbesondere dem oder der Beauftragten für Migration, Flüchtlinge und Integration zugewiesen (§ 92 AufenthG). Integrationskurse sind in vielen Fällen verpflichtend (§§ 43 ff AufenthG).[39] Als Voraussetzung des Ehegattennachzugs sieht § 30 Abs. 1 S. 1 AufenthG vor, dass beide Ehegatten das 18. Lebensjahr vollendet haben und sich auf einfache Art in deutscher Sprache verständigen können müssen. Derartige Voraussetzungen sollen nicht gegen Art. 6 Abs. 1 GG verstoßen.[40] Sie sind aber an der Familienzusammenführungs-RL zu messen.[41] Der EuGH hat entschieden, dass die obligatorischen Sprachtests nicht mit Europarecht vereinbar sind, sofern ein türkischer Staatsangehöriger betroffen ist.[42] Im Assoziierungsrecht mit der Türkei besteht ein Zusatzprotokoll, das eine „Stillhalteklausel" beinhaltet.[43] Diese entfaltet nach Ansicht des EuGH hier Wirkung, da ein Sprachtest eine Familienzusammenführung erschwere, indem die Voraussetzungen für eine erstmalige Aufnahme des jeweiligen Ehegatten als türkischem Staatsangehörigen im Hoheitsgebiet des betreffenden Mitgliedstaats im Vergleich zu denjenigen verschärft würden, die galten, als das Zusatzprotokoll in Kraft trat. Ein Sprachtest für den nachziehenden Ehegatten stelle eine „neue Beschränkung" der Ausübung der Niederlassungsfreiheit im Sinne von Art. 41 Abs. 1 des Zusatzprotokolls dar und sei nicht zulässig.[44]

Eine Reihe von Aktivitäten der EU betrifft das Ziel der **Steuerung von Migration**. Dabei herrscht 27
eine zurückhaltende Grundtendenz gegenüber Migration vor, die sich in Bestimmungen über Visumpflichten, Grenzsicherung oder der Abwehr irregulärer Migration niederschlägt. Die Politikfelder der europäischen Innenpolitik sind in erheblichem Maße von der Bekämpfung des Terrorismus geprägt, die sich über Art. 75 AEUV hinaus als (Neben-)Ziel in einer Reihe von Rechtsakten niederschlägt. Die Schaffung von Regelungen zur regulären Migration und zur Integration genießt demgegenüber nach wie vor geringere politische Priorität.[45] Die EU verfügt nicht über ein schlüssiges und gemeinsam mit den Mitgliedstaaten realisierbares Konzept zur Ermöglichung legaler Einwanderung. In der Entwicklung eines solchen Konzepts liegt eine wesentliche Herausforderung an die europäische Migrationspolitik.

In einer Union von 28 Mitgliedstaaten ist die Erzielung von Kompromissen nicht einfacher gewor- 28
den, die schon innerhalb der Gemeinschaft der 15 durch **unterschiedliche innerstaatliche Traditionen und Herangehensweisen** erschwert wurde. Regierungswechsel und gesellschaftliche Veränderungen können die Haltungen der Staaten zum europäischen Einwanderungs- und Asylrecht verändern.

Das **Europäische Parlament** hat schon früh gefordert, bei der Ausgestaltung des Europäischen Asyl- 29
systems einen systematischen Ansatz anzuwenden, der Raum für wirtschaftlich begründete Einwanderung lässt.[46] Das Parlament unterstützte in diesem Zusammenhang die RL über die Erwerbstätigkeit von Drittstaatsangehörigen (siehe Rn 86), die dann nicht zustande kam.[47] Das EP vertritt insgesamt einen aktiv gestalterischen Ansatz, der die wohlverstandenen Wirtschaftsinteressen der EU betont, aber zuvörderst die Menschenrechte zu einem Kern der Migrationspolitik macht.

Die **Kommission** hat in ihren Vorschlägen zu den Rechtsakten ein weites Verständnis von Integra- 30
tion verfolgt. Im Ministerrat wurden die Vorschläge oftmals grundlegenden Änderungen unterworfen.[48] In ihren Jahresberichten über Migration und Integration versucht sie, einen Überblick über

39 *Kluth*, in: Ehlers/Fehling/Pünder, § 72, Rn 424.
40 BVerfG, 2. K des 2. Senats, 2 BvR 1413/10, BayVBl. 2011, 499.
41 Näher *Göbel-Zimmermann*, ZAR 2008, 173.
42 EuGH, Rs. C 138/13.
43 Siehe hierzu Rn 214.
44 EuGH, Rs. C-138/13, Rn 36.
45 S. schon *Groenendijk*, ZAR 2004, 126 (auch veröffentlicht in: *Barwig/Davy*, S. 50).
46 Bericht des Ausschusses für die Freiheiten und Rechte der Bürger, Justiz und innere Angelegenheiten vom 16. Juni 2003, A5-0224/2003.
47 Bericht des Ausschusses für die Freiheiten und Rechte der Bürger, Justiz und innere Angelegenheiten vom 16. Juni 2003, A5-0224/2003, Ziff. 16.
48 Vgl *Brinkmann*, ELJ 10 (2004), 189 f.

die Lage in der EU zu geben und zugleich die Grundlagen für eine konstruktive Fortentwicklung zu legen.[49] Für Entscheidungsträger und Praktiker hat sie ein Handbuch zur Integration veröffentlicht, in dem nationale Integrationsvorhaben dargestellt werden.[50] Mit dem Europäischen Büro für Asylfragen besteht nunmehr eine spezialisierte Einrichtung, die einige der Aufgaben im Hinblick auf Dokumentation und Kooperation übernimmt (siehe unten Rn 91).

31 Am 16. Oktober 2008 wurde als grundlegendes Dokument der **Europäische Pakt zu Einwanderung und Asyl** vom Europäischen Rat verabschiedet.[51] Es handelt sich um eine politische Absichtserklärung der Union, die auch das Gemeinsame Europäische Asylsystem beeinflusst hat. Er ist zwar rechtlich nicht verbindlich, enthält aber fünf grundlegende Verpflichtungen, welche unter anderem in Maßnahmen im Rahmen des Folgeprogramms des Haager Programms ab 2010 umgesetzt werden sollten. Die zu verfolgenden Ziele sind dabei die Gestaltung der legalen Einwanderung unter Berücksichtigung der selbstbestimmten Prioritäten, Bedürfnisse und Aufnahmekapazitäten jedes Mitgliedstaates und die Förderung der Integration, die Bekämpfung der illegalen Einwanderung, indem insbesondere sichergestellt wird, dass illegal aufhältige Ausländer in ihre Herkunftsländer zurückkehren oder sich in ein Transitland begeben, die Stärkung der Wirksamkeit der Grenzkontrollen, die Schaffung eines Europas des Asyls und der Aufbau einer umfassenden Partnerschaft mit den Herkunfts- und den Transitländern, die die Synergien zwischen Migration und Entwicklung fördert.[52] Dabei können auch finanzielle Mittel in Form von Ausbildungs- oder Ausstattungshilfen für die mit der Steuerung der Migrationsströme betrauten Mitarbeiter in den Drittstaaten zur Verfügung gestellt werden.[53]

32 Eine **Politik zur Integration** von Einwanderern durch die Union stößt an die Grenzen der Kompetenzen. Die auch in den Dokumenten der EU benannten zentralen Bereiche der Beschäftigung und der Bildung sind einer Rechtsetzung durch die Union weitgehend verschlossen. Dem trägt Art. 79 Abs. 4 AEUV Rechnung, wonach Maßnahmen zur Förderung der Integration von Drittstaatsangehörigen, die sich rechtmäßig in einem Mitgliedstaat aufhalten, sich auf Förderung und Unterstützung unter Ausschluss jeglicher Harmonisierung beschränken müssen. Die Integration von Einwanderern bleibt im Schwerpunkt Sache der Mitgliedstaaten. Es geht um Integration in die Gesellschaft des jeweiligen Mitgliedstaates. Dies ist nicht allein durch Rechtsnormen zu leisten, sondern auch durch gesellschaftliche Anstrengungen, die angesichts der unterschiedlichen Rahmenbedingungen in den Mitgliedstaaten sehr unterschiedlichen Charakter haben können. Dazu kann aber die Union Beiträge leisten, die sich auch auf Art. 79 Abs. 4 AEUV stützen können.

2. Einwanderungs- und Asylrecht als Teil der europäischen Außenpolitik

33 Elemente der Einwanderungs- und Asylpolitik sind **Teil der Gemeinsamen Außenpolitik** der Europäischen Union.[54] Eine unfreiwillige Migration ist regelmäßig auf Missstände in den Herkunftsstaaten zurückzuführen, bei denen es sich zumeist um Konflikt- oder Post-Konflikt-Staaten handelt. Das Verhältnis zu dritten Staaten verknüpft daher Migration, Entwicklungszusammenarbeit und humanitäre Hilfe.[55] Die Rechtsgrundlagen der Art. 208 und 212 AEUV für Maßnahmen der Entwicklungszusammenarbeit können folglich ebenso aktiviert werden wie Handlungsformen der Gemeinsamen Außenpolitik nach Art. 25 EUV. In den Zielvorstellungen, die sich in Art. 24 iVm Art. 21 Abs. 2 EUV niedergeschlagen haben, ist ein globaler Ansatz der Gemeinsamen Außenpolitik angelegt, der die Entwicklung von demokratischen und rechtsstaatlichen Strukturen in

49 Communication from the Commission to the Council, the European Parliament, the European Economic and Social Committee and the Committee of the Regions, COM 2007 (512) final.

50 Verfügbar unter http://ec.europa.eu/justice_home/doc_centre/immigration/integration/doc/2007/handbook_2007_de.pdf (Referenz vom 10. Mai 2010).

51 Europäischer Pakt zu Einwanderung und Asyl 13440/08, Brüssel 24. September 2008.

52 Europäischer Pakt zu Einwanderung und Asyl 13440/08, Brüssel 24. September 2008, S. 4, 13.

53 Europäischer Pakt zu Einwanderung und Asyl 13440/08, Brüssel 24. September 2008, S. 10.

54 *Müller*, in: Müller-Graff (Hrsg.), S. 105 ff.

55 Ausführlich *Guild*, S. 150 ff.

anderen Teilen der Welt umschließt.[56] Einwirkungen einwanderungs- und asylrechtlicher Aspekte auf die in ausschließlicher Kompetenz der Union geführte Gemeinsame Handelspolitik liegen angesichts der Ziele des Art. 206 AEUV nicht nahe, sind aber aufgrund der Rechtsbindung der Organe und der Überschneidungen von Kompetenzen aus unterschiedlichen Politikbereichen auch nicht ausgeschlossen.[57]

Schon im Jahr 2002 hat die Kommission eine Mitteilung über Migration in den Außenbeziehungen veröffentlicht.[58] Daraufhin hat das Europäische Parlament die Verknüpfungen zwischen der Bekämpfung der illegalen Einwanderung und einer aktiven Entwicklungspolitik hervorgehoben sowie eine Verwirklichung der Rückübernahmepolitik im Lichte der wirtschaftlichen Mobilität von Menschen gefordert.[59] Das Konzept des Europäischen Rates im Haager Programm verfolgt demgegenüber eine **restriktive Linie** zur Migration in die EU und zielt vorrangig darauf ab, dass Flüchtlinge die Grenzen der Mitgliedstaaten gar nicht erst erreichen oder zügig zurückgewiesen werden können. Finanzielle Hilfen der EU erhalten in erster Linie Drittstaaten, die insoweit kooperieren. 34

Im Zusammenhang mit der Möglichkeit, Flüchtlinge in sichere Drittstaaten oder Herkunftsstaaten zurückzuweisen, stehen die verstärkten Anstrengungen der EU zur **Förderung von Kapazitäten und Strukturen in diesen Staaten.**[60] Mit den Herkunftsländern sollen in Kooperation mit dem UNHCR regionale Schutzprogramme ausgearbeitet werden. Die Partnerschaft mit den Transitländern besteht insbesondere im dortigen Aufbau von nationalen Asylsystemen und Grenzkontrollen, um diesen Staaten die Steuerung von Migration zu erlauben und zugleich Flüchtlingen Schutz zu gewährleisten. Eine wirksame Rückkehr- und Rückübernahmepolitik wird mit der Rückführungs-RL und entsprechenden Abkommen mit Herkunftsstaaten verfolgt.[61] Mit Art. 79 Abs. 3 AEUV wird ausdrücklich die Möglichkeit klargestellt, Rückübernahmeabkommen zu schließen, die aber schon vor der Einführung der Regelung durch den Vertrag von Lissabon bestanden.[62] 35

Die deutsche Handhabung der **Abschiebehaft** (§§ 62, 62 a AufenthG)[63] ist – wie nunmehr durch den EuGH bestätigt[64] teilweise mit dem europäischen Asylrecht unvereinbar. Die Vorschrift des Art. 15 der Rückführungs-RL benennt die Anwendung unmittelbaren Zwangs als vorrangiges Mittel und gestattet die Haft nur unter den in den Buchst. a), b) genannten Bedingungen (Fluchtgefahr, Umgehung, Behinderung der Abschiebung). Nach Art. 15 Abs. 1 S. 2 der Richtlinie ist die Dauer der Haft so kurz wie möglich zu halten und nur für die Dauer des Rückführungsverfahrens zu vollziehen. Diese Vorgabe entspricht dem Beschleunigungsgebot des BVerfG. Die Haftbedingungen müssen Art. 16 der Richtlinie entsprechen, der in § 62 a AufenthG umgesetzt ist. In einem Verfahren vor dem EuGH stand im Streit, ob die Gestaltung der Abschiebehaft in Deutschland, insbesondere die Unterbringung in Justizvollzugsanstalten anstatt spezifischen Einrichtungen, den Vorgaben der Rückführungs-RL entspricht (verb. Rs. C-473/13 und C-514/13). Der Generalanwalt hat einen Verstoß gegen Art. 16 Abs. 1 der Richtlinie angenommen, wonach die Inhaftierung grundsätzlich in speziellen Aufnahmeeinrichtungen erfolgen muss und nur dann in allgemeinen Haftanstalten erfolgen darf, wenn keine besonderen Einrichtungen vorhanden sind. Sinn und Zweck der Vorschrift sprechen gegen ein bloßes Berufen auf Kapazitätserwägungen und für eine Inhaftierung, die der besonderen Interessenlage der Betroffenen entspricht.[65] Dem ist der EuGH im Wesentlichen gefolgt, so dass nach der Richtlinie die Inhaftierung in speziellen Hafteinrichtungen erfolgen muss. 36

56 *Regelsberger/Kugelmann*, in: Streinz, EUV/AEUV, Art. 21 EUV, Rn 7.
57 Vgl zu Kompetenzüberschneidungen *Nettesheim/Duvigneau*, in: Streinz, EUV/AEUV, Art. 206 AEUV, Rn 1.
58 Mitteilung der Kommission an den Rat und an das Europäische Parlament zur Einbeziehung von Migrationsbelangen in die Beziehungen der Union zu Drittländern, KOM 2002 (703).
59 Bericht des Ausschusses für die Freiheiten und Rechte der Bürger, Justiz und innere Angelegenheiten vom 16. Juni 2003, A5-0224/2003, Ziff. 42 ff.
60 So schon das Haager Programm, Ziff. 1.6.2. bis 1.6.4.
61 Zur Rückführungspolitik der EU *Hailbronner*, ZAR 2005, 349.
62 *Rossi*, in: Calliess/Ruffert, Art. 79 AEUV, Rn 31 mit Nachweisen.
63 *Kluth*, in: Ehlers/Fehling/Pünder, § 72, Rn 395 ff.
64 EuGH, Rs. C-473/13, C- 514/13.
65 Ähnlich *Winkelmann*, in: Renner/Bergmann/Dienelt, § 62 a AufenthG, Rn 8 f.

Die nach Art. 16 Satz 2 der Richtlinie mögliche Ausnahme von diesem Grundsatz sei eng auszulegen. Eine Ausnahme könne es nicht darstellen, dass ein Bundesland nicht über eine solche spezielle Einrichtung verfüge; unabhängig von der jeweiligen föderalen Verwaltungs- oder Verfassungsstruktur müsse eine Inhaftierung in einer speziellen Einrichtung erfolgen.[66] Sollte die spezielle Unterbringung nicht möglich sein, müsse gleichwohl – auch gegen den Willen der inhaftierten Person – eine Trennung des illegal aufhältigen Drittstaatsangehörigen von gewöhnlichen Strafgefangenen ohne Ausnahme erfolgen.[67] Nur so werde die Wahrung der Rechte der Ausländer im Zusammenhang mit der Haft garantiert. Der BGH sieht einen Verstoß gegen die Dublin III-VO,[68] da es dem deutschen Aufenthaltsgesetz zur Regelung der Abschiebhaft an Bestimmtheit fehle. Der § 62 Abs. 3 Satz 1 Nr. 5 AufenthG entspreche nicht den Anforderungen von Art. 2 lit. n Dublin III-VO, wonach objektive Kriterien den Haftgrund der Fluchtgefahr begründen müssen. Der deutsche Gesetzgeber müsse dementsprechend die Voraussetzungen für die Annahme einer die Inhaftierung des Ausländers in den Überstellungsfällen rechtfertigenden Fluchtgefahr „in berechenbarer, messbarer und kontrollierbarer Weise“ regeln.[69]

37 Der Schwerpunkt der nach außen gerichteten Tätigkeiten der Union im Bereich Asyl und Migration liegt bei der Bekämpfung der **illegalen Migration**, indem vor allem gegen die Ursachen der Migration vorgegangen werden soll. Bereits durch die Verordnung (EG) Nr. 1905/2006 vom 18. Dezember 2006 wurde ein Finanzierungsinstrument für die Entwicklungszusammenarbeit geschaffen. Unter das thematische Programm sollen auch Maßnahmen mit Blick auf die Beziehung der Union zu Drittländern im Bereich Asyl und Migration fallen (Erwägungsgründe 14 und 16). Das AENEAS Programm zielt darauf ab, die Drittländer bei ihren Bemühungen zu unterstützen, die Migrationsströme zu bewältigen.[70] Für den Zeitraum 2007-2013 wurde ein Budget in Höhe von 380 Mio. Euro für die Zusammenarbeit mit Drittländern zur Verfügung gestellt.[71] Die illegale Migration soll auch durch die Einbeziehung von Migrantengruppen und Diaspora-Organisationen in die Politikgestaltung der EU und durch die Vereinfachung des Geldtransfers von Migranten in ihr Heimatland erreicht werden.[72]

38 Der im Haager Programm noch diskutierte Vorschlag, **Asylanträge außerhalb der EU zu behandeln**, dessen Vorteile und Zweckmäßigkeit nach Ansicht des Europäischen Rates in enger Absprache mit dem UNHCR geprüft werden sollten,[73] wird zu Recht nicht weiter verfolgt. Asylbewerber sollten bereits in Lagern („Auffangzentren“) in Nordafrika auf die Entscheidung über ihren Asylantrag warten, ohne überhaupt in die EU zu gelangen. Versteht man das Asylrecht als territorialen Schutz vor Verfolgung, ist eine Auslagerung der Prüfung jenseits der territorialen Grenzen mit seiner Funktion unvereinbar.[74] Auf völkerrechtlicher Ebene könnte das Verbot des non-refoulement in Art. 33 GFK einem abschließenden Asylverfahren außerhalb der Grenzen der Mitgliedstaaten entgegenstehen. Da die GFK den Inhalt des Asylgrundrechts bestimmt (Art. 18 GRC), ist eine menschenrechtskonforme Ausgestaltung eines derartigen Asylverfahrens schwer vorstellbar.

IV. Zahlen und Fakten

39 **Unionsbürger** iSd Art. 9 EUV sind aus der Sicht des Europarechts keine Ausländer, weil das Unionsrecht grundsätzlich Diskriminierungen aufgrund der Staatsangehörigkeit verbietet (Art. 18 Abs. 1 AEUV). Die Regelungen des Einwanderungs- und Asylrechts betreffen die **Staatsangehörigen von Drittstaaten**. Die konkrete Migration aus Drittstaaten in die Mitgliedstaaten der Europäischen

66 EuGH, aaO, Rn 25 ff.
67 EuGH, Rs. C-474/13, Rn 19 ff.
68 Siehe zur Dublin III-VO unten Rn 94.
69 BGH, Beschluss v. 26.6.2014, Az. V ZB 31/14, Rn 22.
70 MEMO 07/253 vom 28. Juni 2007.
71 MEMO 07/253 vom 28. Juni 2007.
72 VO (EG) Nr. 1905/2006 Art. 16; KOM (2006) 26, S. 11; KOM (2008) 611, S. 7.
73 Haager Programm, Ziff. 1.3.
74 *Groß*, ZAR 2005, 66.

Union ist qualitativ wie quantitativ äußerst unterschiedlich, da die 28 Mitgliedstaaten sehr unterschiedliche Traditionen und Ausgangsbedingungen haben, die sich auch innerhalb eines Staates im Laufe der Zeit ändern können.

Im Jahr 2011 hielten sich in der Bundesrepublik Deutschland ca. 2,6 Mio. Staatsangehörige der anderen 26 Mitgliedstaaten auf. Insgesamt befanden sich 6.627.957 Ausländer einschließlich der Staatsangehörigen von EU-Staaten in Deutschland. Bezieht man die türkische Wohnbevölkerung in die Betrachtung mit ein, stellt sich die Migration aus Drittstaaten außerhalb der EU und der Türkei als eher maßvoll dar. Mit Blick auf Flüchtlinge und Asylsuchende kann bei **nüchterner Betrachtung** nicht von einem Massenzustrom oder einem im internationalen Vergleich besonders großen Anteil an der Bevölkerung gesprochen werden. Hinzu kommt, dass den Zuzügen auch Fortzüge gegenüberstehen. 40

Von 1995 bis 2005 nahm die Zahl der Zuzüge von Unionsbürgern aus den damals 14 anderen Mitgliedstaaten kontinuierlich ab und lag im Jahr 2003 erstmals unter 100.000 Zuzügen.[75] Seit 2005 ist wieder ein kontinuierlicher Anstieg der Zuzugszahlen festzustellen, so dass im Jahr 2012 162.518 Zuzüge aus den EU-14-Staaten registriert wurden (15 % der Gesamtzuwanderung). Gleichzeitig zogen 88.819 Unionsbürger aus den alten EU-Staaten aus Deutschland fort (24,7 % an allen im Jahr 2012 registrierten Fortzügen aus Deutschland).[76] Von den 133.232 Fortzügen von Deutschen im Jahr 2012 entfielen 54.602 auf einen der EU-Staaten.[77] Aus den zwölf neuen EU-Staaten gab es im Jahr 2012 460.889 registrierte Zuzüge (42,6 % der Gesamtzuwanderung).[78] Im europäischen Vergleich nimmt Deutschland quantitativ eine Spitzenstellung im Wanderungsgeschehen ein. Insgesamt gab es im Jahr 2012 623.407 Zuzüge und 359.720 Fortzüge, während etwa das Vereinigte Königreich 2011 566.044 Zuzüge und 350.703 Fortzüge meldete.[79] 41

Die Anzahl der **Anträge auf Asyl** in der Bundesrepublik Deutschland war seit 1992 tendenziell ständig rückläufig.[80] Während 2004 noch 35.607 Erst- und Folgeanträge gestellt wurden, waren es 2007 noch 19.164. Die politischen Krisen in der Welt, zB in Afghanistan, Irak oder Syrien, haben in den letzten Jahren zu verstärkten Fluchtbewegungen geführt. Im Jahr 2012 wurden in Deutschland 64.539 Erstanträge auf Gewährung von Asyl erfasst, was im Vergleich zum Vorjahr einen Anstieg um 41,1 % bedeutet und im Hinblick auf die Erstantragssteller den höchsten Wert seit 2002 darstellt.[81] Auch in den damals 27 Mitgliedstaaten der EU wurde 2012 mit insgesamt 335.380 Asylanträgen der höchste Wert der Antragsstellung seit 2002 erreicht, was eine Zunahme von 10,6 % gegenüber dem Vorjahr bedeutet.[82] Deutschland lag im Jahr 2012 bei relativer Betrachtung der Antragszahlen auf Platz 11 der einwanderungsstärksten Mitgliedstaaten, bei einer nach Kopfteilen berechneten Antragsstellung von 0,9 Anträgen pro 1000 Einwohner; der europäische Durchschnitt lag 2012 bei 0,7 Antragsstellungen pro 100 Einwohnern; bei dieser relativen Betrachtung war Malta einwanderungsstärkster Mitgliedsstaat.[83] Bei der Betrachtung der absoluten Antragszahlen ist Deutschland mit einem Eingang von 23,2 % sämtlicher Asylanträge, gefolgt von Frankreich und Schweden mit 18,3 % und 13,1 % erstmals seit 2001 wieder stärkstes Bestimmungsland von Asylsuchenden.[84] Zu beobachten bleibt die Entwicklung der Asylantragseingänge nach der Verabschiedung des Gemeinsamen Europäischen Asylsystems 2013. 42

75 Bundesamt für Migration und Flüchtlinge, Migrationsbericht 2008, S. 45.
76 Bundesamt für Migration und Flüchtlinge, Migrationsbericht 2012, S. 36 f.
77 Bundesamt für Migration und Flüchtlinge, Migrationsbericht 2012, S. 11.
78 Bundesamt für Migration und Flüchtlinge, Migrationsbericht 2012, S. 36.
79 Bundesamt für Migration und Flüchtlinge, Migrationsbericht 2012, S. 120.
80 Bundesamt für Migration und Flüchtlinge, Migration und Asyl in Zahlen, S. 16.
81 Bundesamt für Migration und Flüchtlinge, Das Bundesamt in Zahlen 2012, S. 10.
82 Bundesamt für Migration und Flüchtlinge, Das Bundesamt in Zahlen 2012, S. 27.
83 Bundesamt für Migration und Flüchtlinge, Das Bundesamt in Zahlen 2012, S. 30.
84 Bundesamt für Migration und Flüchtlinge, Das Bundesamt in Zahlen 2012, S. 29.

B. Rechtlicher Rahmen

43 Das Einwanderungs- und Asylrecht der Art. 77 ff AEUV ist Teil des Unionsrechts und unterliegt dessen **allgemeinen Gesetzmäßigkeiten**. Zu erinnern ist an den Anwendungsvorrang des Unionsrechts vor dem innerstaatlichen Recht, die Ausnahme der unmittelbaren Wirkung von Richtlinien, die richtlinienkonforme Auslegung innerstaatlichen Rechts und die unionsrechtlich begründete Haftung der Mitgliedstaaten bei Verletzungen des Unionsrechts.[85] Aus der Sicht des innerstaatlichen Rechtsanwenders kommt der Rückgriff auf Unionsrecht in Betracht, um entgegenstehendes innerstaatliches Recht nicht oder in modifizierter Auslegung anzuwenden. Einfluss auf den stark menschenrechtlich geprägten Bereich des Einwanderungs- und Asylrechts nehmen zudem die europäischen Grundrechte.[86] Ferner ist auf das 2013 verabschiedete Gemeinsame Europäische Asylsystem und die es bildenden Richtlinien und Verordnungen hinzuweisen, wie insbesondere die Anfang 2014 in Kraft getretenen Dublin III-Verordnung.

44 Das Einwanderungs- und Asylrecht der Art. 77 ff AEUV und das darauf beruhende Sekundärrecht gelten uneingeschränkt für 22 der 28 Mitgliedstaaten sowie teilweise auch für Nicht-Mitgliedstaaten der EU (siehe unten Rn 118 ff). Die Entwicklung des Einwanderungs- und Asylrechts ist zwar zunächst nicht nach den Vorschriften der Verträge, in der Tat aber im Sinne einer **fortschreitenden Integration** verlaufen.[87] Resultat dieser gemeinsamen Bestrebungen ist zuletzt das im Juni 2013 vom Ministerrat verabschiedete Paket zum Gemeinsamen Europäischen Asylsystem.

I. Der Vertrag von Amsterdam

45 Durch die Gründung der Europäischen Union mit dem Vertrag von Maastricht, der 1993 in Kraft trat, wurde die Asyl- und Einwanderungspolitik in die dritte Säule der Europäischen Union aufgenommen und unterlag damit der intergouvernementalen Zusammenarbeit.[88] Am 1. Mai 1999 trat der 1997 abgeschlossene Vertrag von Amsterdam in Kraft,[89] mit dem EU-Vertrag und EG-Vertrag geändert wurden.[90] Die auf den ersten Blick auffälligste Neuerung bestand in der Einführung einer völlig neuen Zählung aller Artikel der Verträge. Einer der inhaltlich zentralen Punkte des Amsterdamer Vertrages war die **Überführung** der Bereiche Visa, Asyl und Einwanderung aus der damaligen dritten Säule des EU-Vertrages **in die erste Säule des Unionsrechts**.[91] Der Titel IV des EG-Vertrags (Art. 61-69) wurde damit neu eingeführt. Zugleich wurden in mehreren Protokollen der Anwendungsbereich der Politiken räumlich beschränkt und spezifische inhaltliche wie verfahrensmäßige Regeln festgelegt (Art. 69 EGV). Durch das Protokoll zum Schengen-Besitzstand wurden die Regelungen der Übereinkommen von Schengen und Dublin in das Unionsrecht überführt (siehe unten Rn 116 ff).

46 Nach dem Vertrag von Amsterdam blieb als Regelungsgehalt der Art. 29 ff EUV aF die polizeiliche und justizielle Zusammenarbeit in Strafsachen erhalten.[92] Die Zusammenarbeit trug insoweit nach wie vor intergouvernementalen Charakter. Demgegenüber galten seitdem für das Einwanderungs- und Asylrecht die Mechanismen des Unionsrechts, allerdings mit einigen Besonderheiten. Eine Zuständigkeit des EuGH bestand nur unter den einschränkenden Vorgaben des Art. 68 EGV. Die

---

85 Im Einzelnen *Ehlers*, § 11, Rn 9 ff mwN.

86 *Groß*, KJ 2001, 100.

87 S. *Thym*, in: Hofmann/Löhr (Hrsg.), S. 183 ff.

88 *Streinz*, in: Stern, S. 75 ff; *Weber*, ZAR 1993, 11.

89 Für die Bundesrepublik Deutschland durch Gesetz vom 8. April 1998 zum Vertrag von Amsterdam vom 2. Oktober 1997, BGBl. II, S. 386; vgl die Entschließung des Europäischen Parlaments vom 19. November 1997 zum Vertrag von Amsterdam, ABl. C 371 vom 8. Dezember 1997, S. 99 (= EuGRZ 1998, 69, 72).

90 Überblicke bei *Hilf/Pache*, NJW 1998, 705; *Streinz*, Jura 1998, 57; sowie im Einzelnen die Beiträge in: v. Bogdandy, Konsolidierung und Kohärenz des Primärrechts nach Amsterdam, Europarecht, Beih. 2/1998 und *Hummer* (Hrsg.), Die Europäische Union nach dem Vertrag von Amsterdam, Wien 1998.

91 *Hailbronner*, in: Hummer (Hrsg.), (Fn 82), S. 179, Fn 69; *Kugelmann*, ZAR 1998, 248 f; *Müller-Graff*, Justiz und Inneres nach Amsterdam, Integration 1997, 271, 273; *Streinz*, in: Stern, S. 79 ff.

92 *Meyring*, EuR 1999, 309; *Monar*, in: Monar/Wessels (Hrsg.), The European Union after the Treaty of Amsterdam, 2001, S. 267.

Kommission verfügte nicht über das Initiativmonopol, da auch ein Mitgliedstaat die Initiative zur Rechtsetzung ergreifen konnte (ex Art. 67 Abs. 1 EGV).[93] Allerdings galt seit dem 1. Mai 2004 nach Ende des Fünfjahreszeitraumes das Initiativmonopol auch im Einwanderungs- und Asylrecht (Art. 67 Abs. 2, 1. Gedankenstrich EGV).

Aus der Sicht der Mitgliedstaaten handelte es sich gerade in diesem Punkt des Vertrages von Amsterdam um eine weit reichende Übertragung von Hoheitsrechten. In Frankreich war eine Verfassungsänderung notwendig.[94] Volksabstimmungen fanden in Irland und Dänemark statt.[95] Schon im Rahmen der Verhandlungen zum Amsterdamer Vertrag hatte sich herausgestellt, dass auf dem Gebiet des Einwanderungs- und Asylrechts Sonderregelungen für Großbritannien, Irland und Dänemark erforderlich sein würden, die dann auch geschaffen wurden (siehe unten Rn 52 ff). Im Ergebnis nahmen dann nur 12 der damals 15 Mitgliedstaaten uneingeschränkt an den Regelungen dieser Gemeinschaftspolitik teil. 47

II. Der Vertrag von Lissabon

Der am 13. Dezember 2007 durch die damaligen 27 Mitgliedstaaten der Europäischen Union unterzeichnete Vertrag von Lissabon trat am 1. Dezember 2009 in Kraft. Einige der **zentralsten Änderungen** sind die Aufhebung der Säulenstruktur und die Verleihung der Rechtspersönlichkeit an die EU, indem sie die Rechtsnachfolge der EG antritt. Im Bereich der Einwanderungs- und Asylpolitik kommt es zu wesentlichen Neuerungen.[96] Vor dem Vertrag von Lissabon befand sich die Einwanderungs- und Asylpolitik in Titel IV des EG-Vertrages und die polizeiliche und justizielle Zusammenarbeit in Titel VI des EU-Vertrages. Durch die Aufhebung der Säulenstruktur wurden diese Teilpolitikbereiche sowie der Grenzschutz und die zivilrechtliche Zusammenarbeit aufgrund ihres engen Zusammenhangs in einen einzigen Titel aufgenommen. Sie werden im Titel V „Der Raum der Freiheit, der Sicherheit und des Rechts“ des Vertrages über die Arbeitsweise der Europäischen Union (AEUV) geregelt. 48

Gesetzgebungsakte im Titel V des AEUV werden in der Regel im Wege des **ordentlichen Gesetzgebungsverfahrens** erlassen. Ausnahmeregelungen stellen Art. 70 (Maßnahmen zur Durchführung der Unionspolitik durch die Behörden der Mitgliedstaaten), Art. 74 (Verwaltungszusammenarbeit zwischen Dienststellen der Mitgliedstaaten), Art. 77 Abs. 3 (Freizügigkeit im Hoheitsgebiet nach Art. 20 Abs. 2 lit. a) betreffend Bestimmungen über Pässe, Personalausweise, Aufenthaltstitel oder diesen gleichgestellte Dokumente, sofern die Verträge hierfür keine anderweitige Befugnis vorsehen), Art. 81 Abs. 3 (Maßnahmen zum Familienrecht mit grenzüberschreitendem Bezug) und Art. 86 AEUV (Bekämpfung von Straftaten zum Nachteil der finanziellen Interessen der Union) dar. Im Rahmen der polizeilichen und justiziellen Zusammenarbeit in Strafsachen (Kapitel 4 und 5 des Titels V im dritten Teil des AEUV) sowie im Hinblick auf die in Art. 74 AEUV genannten Maßnahmen kann ein Gesetzgebungsakt im Wege des ordentlichen Gesetzgebungsverfahrens auch auf Initiative eines Viertels der Mitgliedstaaten erlassen werden, so dass die Kommission in diesen Bereichen über kein Initiativmonopol verfügt (Art. 76 AEUV). 49

Der Europäische Gerichtshof kann eine Rechtskontrolle wahrnehmen mit Ausnahme der Überprüfung der Gültigkeit oder Verhältnismäßigkeit von Maßnahmen der Polizei oder anderer Strafverfolgungsbehörden eines Mitgliedstaates oder der Wahrnehmung der Zuständigkeiten der Mitgliedstaaten für die Aufrechterhaltung der öffentlichen Ordnung und den Schutz der inneren Sicherheit (Art. 276 AEUV). 50

Die Art. 78 und 79 AEUV geben der Union die Entwicklung einer gemeinsamen Politik im Bereich **Asyl und Einwanderung** auf. Sie ist dabei nicht auf den Erlass von Mindestvorschriften beschränkt, sondern besitzt **umfassende Kompetenzen**, etwa auch für die Errichtung eines einheitlichen Schutz- 51

93 *Kugelmann*, in: Streinz, EUV/AEUV, Art. 211 EG, Rn 28 f.
94 Conseil Constitutionnel, EuGRZ 1998, 27 und dazu *Franzke*, DÖV 1998, 860.
95 *Koenig/Haratsch/Pechstein*, Europarecht, 9. Aufl. 2014, Rn 48.
96 *Weber*, ZAR 2008, 55; s. auch *Kugelmann*, InfAuslR 2008, 193, 194.

statuts.[97] Die Asylpolitik betrifft auch andere Personen als Asylsuchende, da sie auf einem weiten Schutzkonzept beruht (Art. 78 Abs. 1 AEUV). Die Einwanderungspolitik zielt vor allem auf eine wirksame Steuerung der Migrationsströme, einen einheitlichen Asylstatus und eine angemessene Behandlung von Drittstaatsangehörigen sowie die Verhütung und Bekämpfung von illegalen Einwanderungen und Menschenhandel (Art. 79 Abs. 1 AEUV). Die Solidarität und die gerechte Aufteilung unter den Mitgliedstaaten nach Art. 80 AEUV werden besonders betont.

52 Der Vertrag von Lissabon ändert nichts an den **Sonderregeln** für die Beteiligung an Maßnahmen auf dem Gebiet von Einwanderung und Asyl, die für Dänemark, Irland und das Vereinigte Königreich gelten. Die Protokolle Nr. 21 und 22 schreiben die bestehende Rechtslage fort. Protokolle und Anhänge sind gem. Art. 51 EUV primäres Vertragsrecht.

53 Das **Vereinigte Königreich** und **Irland** beteiligen sich nicht an der Annahme von Maßnahmen durch den Rat, die nach Titel V des AEUV vorgeschlagen werden (Art. 1 S. 1 des Protokolls Nr. 21). Sie können aber innerhalb von drei Monaten nach der Vorlage eines Vorschlags oder einer Initiative gem. Titel V dem Präsidenten des Rates schriftlich mitteilen, dass sie sich an der Annahme und Anwendung der betreffenden Maßnahme beteiligen möchten (Art. 3 Abs. 1 des Protokolls Nr. 21). Das Vereinigte Königreich und Irland trifft **keine Beteiligungspflicht,** sie verfügen aber über die **Möglichkeit des Opt-In** im Einzelfall. Diese Möglichkeit besteht auch nach der Annahme einer Maßnahme nach dem Dritten Teil des Titel V (Art. 4 des Protokolls Nr. 21), so dass die beiden Mitgliedstaaten sich an dem im Rahmen des Amsterdamer Vertrages bestimmten Schengen-Besitzstand beteiligen können. Auf Anträge des Vereinigten Königreiches und Irlands hat der Rat entsprechende Beschlüsse gefasst.[98] Das Protokoll (Nr. 19)[99] über den im Rahmen der Europäischen Union einbezogenen Schengen-Besitzstand vom 2. Oktober 1997 wird durch die Regelungen des Art. 3, 4 und 4 a des Protokolls Nr. 21 zum Vertrag von Lissabon nicht berührt und gilt weiter (Art. 7 des Protokolls Nr. 21). Der Vorbehalt des Vereinigten Königreichs über das Recht, an seinen Grenzen Kontrollen durchzuführen und mit Irland Regelungen über ein einheitliches Reisegebiet zu treffen, gilt somit fort.

54 Die Position **Dänemarks** beruht auf dem Protokoll Nr. 22 zum Vertrag von Lissabon.[100] Im Anhang zu diesem Protokoll werden dieselben Regelungen wie für das Vereinigte Königreich und Irland getroffen. Dänemark trifft folglich **keine Beteiligungspflicht**, es verfügt aber über die **Möglichkeit des Opt-In** im Einzelfall. An Maßnahmen zur Ergänzung des Schengen-Besitzstandes kann Dänemark, das Partei der Übereinkommen von Schengen und Dublin ist, auf völkerrechtlicher Grundlage teilnehmen (Art. 4 des Protokolls Nr. 22). Falls Dänemark die Umsetzung einer derartigen Maßnahme in sein innerstaatliches Recht beschließt, begründet dies völkerrechtliche Verpflichtungen im Verhältnis zu den anderen Mitgliedstaaten und zu dem Vereinigten Königreich und Irland, wenn diese Staaten teilnehmen. Da die Maßnahme für Dänemark dann kein Unionsrecht darstellt, kommen insoweit weder der Vorrang des Unionsrechts noch die gerichtliche Kontrolle durch den EuGH ohne weiteres zur Anwendung.[101]

III. Europäische Grundrechte

55 Die **Europäische Grundrechte-Charta** gilt seit dem Inkrafttreten des Vertrages von Lissabon am 1. Dezember 2009 als verbindliches Recht (Art. 6 EUV).[102] Für Polen und das Vereinigte König-

97 *Thym*, in: Grabitz/Hilf/Nettesheim, Art. 79 AEUV, Rn 23.

98 Beschluss 2000/365/EG des Rates vom 9. Mai 2000 zur Anwendung einzelner Bestimmungen des Schengen-Besitzstandes auf Großbritannien, ABl. L 131 vom 1. Juni 2000, S. 43; Beschluss 2002/192/EG des Rates vom 28. Februar 2002 zur Anwendung einzelner Bestimmungen des Schengen Besitzstandes auf Irland, ABl. L 64 vom 7. März 2000, S. 20; in beiden Fällen ist aber ein weiterer Ratsbeschluss zur Inkraftsetzung erforderlich; vgl *Weiß*, in: Streinz, EUV/AEUV, Art. 61 EG, Rn 41 mit Fn 66.

99 Protokoll (Nr. 19) über den im Rahmen der Europäischen Union einbezogenen Schengen-Besitzstand vom 2. Oktober 1997.

100 Protokoll (Nr. 22) über die Position Dänemarks vom 2. Oktober 1997.

101 *Weiß*, in: Streinz, EUV/AEUV, Art. 68 AEUV, Rn 56.

102 *Kugelmann*, in: Niedobitek (Hrsg.), Europarecht, Berlin 2014, Bd. I, § 4, Rn 9 ff.

reich schafft das Protokoll Nr. 30 zum Vertrag von Lissabon Sonderregeln,[103] die aber nur sehr begrenzte Rechtswirkungen äußern.[104] Eine Ausweitung der Rechtsprechungszuständigkeiten, die mit dem Protokoll verhindert werden soll, ist bereits nach Art. 51 Abs. 2 GRC unzulässig.[105] Der EuGH hat klargestellt, dass Art. 1 Abs. 1 des Protokolls lediglich den Anwendungsbereich des Art. 51 Abs. 1 GRC verdeutlicht, aber keine darüber hinaus reichende eigenständige Wirkung entfaltet.[106] Der deklaratorische Charakter des Protokolls bedeutet, dass die Frage der Bindung der Mitgliedstaaten letztlich durch die Auslegung des Begriffs der „Durchführung" in Art. 51 Abs. 1 Satz 1 GRC beantwortet werden muss.

Die Grundrechte des Unionsrechts, insbesondere in Form der Grundrechte-Charta (GRC), der Europäischen Menschenrechtskonvention (EMRK) und der innerstaatlichen Grundrechtsgewährleistungen wirken in einem **europäischen Grundrechtsgefüge** zusammen.[107] Der EuGH hat bereits vor dem verbindlichen Inkrafttreten der GRC auf der Grundlage der EMRK und der Verfassungsüberlieferungen der Mitgliedstaaten als Rechtserkenntnisquellen Grundrechte entwickelt und als allgemeine Rechtsgrundsätze des Unionsrechts anerkannt.[108] Dies hält Art. 6 EUV fest.[109] Gemäß Art. 6 Abs. 2 S. 1 EUV soll die EU der EMRK beitreten,[110] die Verhandlungen laufen.[111] Das Zusammenwirken der Grundrechte aus unterschiedlichen Quellen und die gerichtlichen Zuständigkeiten sind noch im Fluss. Aus der Perspektive des Bürgers geht es um die Absicherung seiner individualrechtlichen Positionen gegenüber Eingriffen unterschiedlicher Hoheitsträger im Mehrebenensystem der EU. 56

Die Rechtsprechung des **Europäischen Gerichtshofes für Menschenrechte** in Straßburg weist vielfältige Bezüge zum Einwanderungs- und Asylrecht auf.[112] Im Vordergrund stehen das Verbot unmenschlicher Behandlung in Art. 3 EMRK[113] und das Recht auf Achtung des Privat- und Familienlebens des Art. 8 EMRK. 57

Die offensichtlichen Gehalte der Grundrechte-Charta für das Einwanderungs- und Asylrecht liegen auf dem Gebiet des Flüchtlingsrechts.[114] Dies folgt aus der tiefen Verwurzelung dieses Rechtsbereichs in der Garantie der Menschenwürde (Art. 1 GRC). Das **Asylrecht** wird gem. **Art. 18** GRC nach Maßgabe der GFK und des Vertrages über die Arbeitsweise der Europäischen Union gewährleistet, womit auf Art. 78 AEUV verwiesen wird.[115] Der Verweis auf den AEUV schließt die Protokolle zu den Positionen des Vereinigten Königreichs, Irlands und Dänemarks ein (siehe oben Rn 52 ff). Ein subjektiv-rechtlicher Asylanspruch sollte angesichts der unterschiedlichen innerstaatlichen Regelungen nicht geschaffen werden;[116] die aus der Vorschrift resultierenden Schutzpflichten könnten aber durchaus erhebliche Wirkungen haben.[117] 58

---

103 Protokoll über die Anwendung der Charta der Grundrechte der Europäischen Union auf Polen und das Vereinigte Königreich, ABl. 2008 Nr. C 115, S. 313; vgl dazu die Erklärungen Polens (Nr. 60 und 61), ABl. 2007 Nr. C 306, S. 270.

104 *Wyrzykowski*, in: Kischel/Masing (Hrsg.), Unionsgrundrechte und Diskriminierungsverbote im Verfassungsrecht, Stuttgart u.a. 2013, S. 38, (47 ff); s. auch *Hatje/Kindt*, NJW 2008, 1757.

105 *Lindner,* EuR 2008, 795, 798; *Pache/Rösch*, EuZW 2008, 519, 520.

106 EuGH, verb. Rs. C-411/10 u.a. – N.S. und M.E., Rn 120.

107 Überblicke bei *Kingreen*, in: Calliess/Ruffert, Art. 6 EUV, Rn 16 ff; *Kühling*, in: v.Bogdandy/Bast, S. 657 ff.

108 EuGH, Rs. 29/69 (Stauder), Slg 1969, S. 419, Rn 7; Rs. 11/70 (Internationale Handelsgesellschaft), Slg 1970, S. 1125, Rn 4; s. *Zuleeg/Kadelbach*, § 8, Rn 23 f.

109 Grabitz/Hilf/Nettesheim/*Schorkopf*, Art. 6 Rn 1 ff.

110 *Winkler*, Der Beitritt der Europäischen Gemeinschaften zur Europäischen Menschenrechtskonvention, 2000, S. 36.

111 Zum Stand *Polakiewicz*, EuGRZ 2013, 472.

112 *Nußberger*, NVwZ 2013, 1305; *Guild*, S. 125 ff.

113 *Lorz/Sauer*, EuGRZ 2010, 389; *Bernsdorff*, in: Meyer, Art. 19, Rn 20.

114 *Groß*, KJ 2001, 103 f.

115 *Streinz,* in: ders., EUV/AEUV, Art. 18 GRC, Rn 1.

116 Dafür *Weinzierl*, S. 147 f mwN.

117 *Bernsdorff*, in: Meyer, Art. 18, Rn 11.

59 **Kollektivausweisungen** sind nach **Art. 19 Abs. 1** der Grundrechte-Charta nicht zulässig. Dies entspricht Art. 4 des 4. Zusatzprotokolls zur EMRK. Der **Art. 19 Abs. 2 verbietet die Abschiebung,** Ausweisung oder Auslieferung in einen Staat, in dem das Risiko der Todesstrafe, Folter oder einer anderen unmenschlichen oder erniedrigenden Strafe oder Behandlung droht.[118] Die Vorschrift schreibt damit die Aussagen von Art. 3 EMRK in der Auslegung des Europäischen Gerichtshofes für Menschenrechte für die Europäische Union fest (dazu siehe unten Rn 227).[119] Nach der Rechtsprechung des EGMR darf ein Ausländer nicht in einen Staat abgeschoben werden, in dem ihm Folter oder unmenschliche Behandlung drohen.[120] Die Aufnahme des Tatbestandes der drohenden Todesstrafe folgt aus Art. 3 iVm Art. 2 EMRK, weil einer Vollstreckung der Todesstrafe notwendig unmenschliches Leid vorausgeht.[121]

60 Der EuGH hat schon früh den Anspruch auf **Achtung des Familienlebens** im Sinne des Art. 8 EMRK zu den Grundrechten des Unionsrechts gezählt.[122] Daran anknüpfend hat der EuGH in seinem Urteil zur Familienzusammenführungs-RL[123] grundsätzlich zum Grundrechtsschutz im Unionsrecht und insbesondere zum Recht auf Familienleben Stellung genommen.[124] Die Achtung des Familienlebens garantiert nunmehr Art. 7 GRC, der Art. 8 EMRK entspricht. Im Zusammenhang mit der Erhebung und Verarbeitung von Daten der Angehörigen von Drittstaaten kann der **Datenschutz** nach Art. 8 EMRK Bedeutung erlangen. Dies könnte etwa für die Ausgestaltung des Visa-Informationssystems (VIS, siehe unten Rn 138) oder des Schengen-Informationssystems (SIS; siehe unten Rn 108 ff) Bedeutung erlangen, insbesondere durch die Auslegung der einschlägigen Rechtsakte im Rahmen von Vorabentscheidungsverfahren durch den EuGH. Der Gerichtshof verfolgt den Datenschutz bereits auf der Grundlage der Datenschutz-Richtlinie konsequent.[125]

61 Eine wichtige Rolle spielt die **Gewährleistung effektiven Rechtsschutzes** in Art. 47 GRC. Die Regelung spielt in der Grundrechtsrechtsprechung des EuGH insgesamt eine große Rolle.[126] Sie betrifft den gerichtlichen Rechtsschutz, indem etwa die Mitgliedstaaten unionsrechtlich verpflichtet sein können, angemessene Rechtsbehelfe bereit zu stellen. Rechte auf faires und öffentliches Verfahren vor Gericht oder rechtliches Gehör werden durch Art. 47 Abs. 2 GRC gesichert.[127] Aus der Regelung folgt aber etwa auch die Pflicht einer mitgliedstaatlichen Behörde, die Gründe für das Verbot der Einreise gegenüber dem Drittstaatsangehörigen offenzulegen.[128] Allerdings soll nicht jede Verletzung von Verfahrensrechten zur Rechtswidrigkeit der Maßnahme führen, wie der EuGH im Zusammenhang der Rückführungs-RL ausgeführt hat, wenn das Ergebnis ohne den Verfahrensfehler ein anderes gewesen wäre, so dass im konkreten Fall die Verlängerung der Abschiebehaft trotz Verletzung des Grundsatzes auf rechtliches Gehör rechtmäßig war.[129]

62 Die Auswirkungen der Vorschriften der Grundrechte-Charta über **Gleichheit und Solidarität** auf das Einwanderungs- und Asylrecht entfalten sich zunächst in der Gesetzgebung der EU. Neben

118 *Jarass*, Art. 19 GRC, Rn 8.
119 *Bernsdorff*, in: Meyer, Art. 19, Rn 1.
120 EGMR, Urt. v. 7.7.1989 (Soering/Vereinigtes Königreich), EuGRZ 1989, 314 = NJW 1990, 2183, Ziff. 88; Urt. v. 15.11.1996 (Chahal/Vereinigtes Königreich), NVwZ 1997, 1093, Ziff. 79 m.Anm. *Alleweldt*, NVwZ 1997, 1078; Urt. v. 17.12.1996 (Ahmed/Österreich), NVwZ 1997, 1100, Ziff. 40; Urt. v. 2.5.1997 (Deutschland/Vereinigtes Königreich), NVwZ 1998, 161, Ziff. 49; *Kugelmann*, ZAR 1998, 245; *Ress*, Die Rechtsstellung des Fremden im Rahmen der Europäischen Konvention zum Schutz der Menschenrechte und Grundfreiheiten, in: Hailbronner (Hrsg.), Die allgemeinen Regeln des völkerrechtlichen Fremdenrechts, Heidelberg 2000, S. 107, 115.
121 EGMR, Urt. v. 7.7.1989 – Nr. 1/1989/161/217 (Soering/Vereinigtes Königreich), Slg 1989, Nr. 161, S. 35.
122 EuGH, Rs. 249/86 (Kommission/Bundesrepublik Deutschland), Slg 1989, S. 1263, Rn 10.
123 EuGH, Rs. C-540/03 (Familiennachzug), Slg 2006, I-5769.
124 *Thym*, NJW 2006, 3249.
125 EuGH, verb. Rs. C 92/09 und C 93/09 (Schecke), JZ 2011, 201 m.Anm. Brink/Wolff; verb. Rs. C-465/00, C-138/01 und C-139/01 (Rechnungshof u.a./ORF), Slg 2003, I-4989; Rs. C-101/01 (Lindqvist), Slg 2003, I-12971.
126 *Weinzierl/Hruschka*, NVwZ 2009, 1542.
127 *Jarass*, Art. 47 GRC, Rn 31 ff.
128 EuGH, Rs. C-300/11 (ZZ), ZAR 2014, 28, Rn 63 ff; dazu *Bull*, DVBl 2013, 1318.
129 EuGH, Rs. C-383/13 PPU, BayVBl 2014, 140.

dem allgemeinen Gleichheitssatz (Art. 20 GRC) sind besondere Rechte des Kindes (Art. 24 GRC) und Rechte älterer Menschen (Art. 25 GRC) anerkannt. Hinzu treten soziale Rechte, insbesondere das Recht auf Zugang zu den Leistungen der sozialen Sicherheit und zu den sozialen Diensten (Art. 34 GRC) sowie das Recht auf Zugang zur Gesundheitsvorsorge und zu ärztlicher Versorgung (Art. 35 GRC). Diesen Rechtspositionen tragen Rechtsakte des Einwanderungs- und Asylrechts Rechnung, da etwa Regelungen des Daueraufenthalts oder der Familienzusammenführung ebenso vielfache soziale Bezüge aufweisen wie Regelungen des Flüchtlings- und Asylrechts. Gerade die Schnittstellen zum Sozialrecht, das grundsätzlich in die Zuständigkeit der Mitgliedstaaten fällt, waren aber im Rat besonders umstritten. Die **Anti-Diskriminierungs-RL**,[130] die auf der Grundlage des Art. 13 EGV (jetzt Art. 19 AEUV) ergingen, können die Behandlung von Einwanderern oder Asylsuchenden beeinflussen.[131]

IV. Drittstaatsangehörige und Unionsbürgerschaft

Unionsbürger genießen grundsätzlich das Recht, sich im Gebiet der Mitgliedstaaten frei zu bewegen und aufzuhalten (Art. 21 AEUV).[132] Unionsbürger ist, wer die Staatsangehörigkeit eines Mitgliedstaates besitzt (Art. 20 Abs. 1 S. 1 AEUV). Die Regelungen zur **Unionsbürgerschaft** stehen im Kontext der Grundfreiheiten, die individuelle Rechte auf wirtschaftliche Mobilität gewähren, und der Grund- und Bürgerrechte.[133] Die Rechte der Unionsbürger werden vom EuGH aber über die Rechte der aus den Grundfreiheiten folgenden wirtschaftlichen Freizügigkeit hinaus erstreckt.[134] Der Zusammenhang zwischen der Freizügigkeit und der Unionsbürgerschaft und die staatstheoretischen Implikationen sind Gegenstand der Diskussion.[135] **63**

Die Unionsbürgerschaft gewährleistet einen Status der Aktivbürgerschaft, aus dem **subjektive Rechte der Unionsbürger** folgen.[136] Allerdings sind viele Einzelheiten umstritten.[137] Die Regelung des Art. 21 AEUV ist jedenfalls unmittelbar anwendbar.[138] Die weiteren Rechte der Unionsbürgerschaft wirken sich auf Drittstaatsangehörige nicht unmittelbar aus. **64**

Nach der Einfügung der Bestimmungen zur Unionsbürgerschaft in den EG-Vertrag im Jahr 1993 stand zunächst das Wahlrecht des Art. 22 AEUV im Vordergrund des Interesses, während die Gewährleistungen der Freizügigkeit nicht über die einschlägigen Regelungen des Sekundärrechts hinaus zu reichen schienen.[139] Seit dem Ende der neunziger Jahre des 20. Jahrhunderts hat der Europäische Gerichtshof in einer Reihe von Entscheidungen die Unionsbürgerschaft aufgewertet.[140] Diese **Rechtsprechung** hat sich immer mehr verdichtet und weitet die Rechtswirkungen der Unionsbürgerschaft aus.[141] Sie können auch Drittstaatsangehörige und insbesondere deren Aufenthaltsrecht in der EU betreffen (siehe unten Rn 67). **65**

---

130 RL 2000/43/EG des Rates vom 29. Juni 2000 zur Anwendung des Gleichbehandlungsgrundsatzes ohne Unterschied der Rasse oder der ethnischen Herkunft, ABl. L 180 vom 19. Juli 2000, S. 22; RL 2000/78/EG des Rates vom 27. November 2000 zur Festlegung eines allg. Rahmens für die Verwirklichung der Gleichbehandlung in Beschäftigung und Beruf, ABl. L 303 vom 2. Dezember 2000, S. 16.

131 Zur Umsetzung in das deutsche Recht *Eichenhofer*, in: Barwig/Davy, S. 364; s. auch *ders.*, DVBl. 2004, 1078.

132 Zur Unionsbürgerschaft *Giegerich*, § 9, Rn 9 ff.

133 Zu den Zusammenhängen *Guild*, S. 42 f.; *Wollenschläger*, Grundfreiheit ohne Markt – Die Herausbildung der Unionsbürgerschaft im unionsrechtlichen Freizügigkeitsregime, Tübingen 2007, S. 15 ff.

134 Zu diesen Zusammenhängen, *Scheuing*, Die Freizügigkeit der Unionsbürger in der Europäischen Union, in: Dreier/Forkel/Laubenthal (Hrsg.), Raum und Recht, FS 600 Jahre Würzburger Juristenfakultät, 2002, S. 103, 123 ff.

135 *Schönberger*, Unionsbürgerschaft, 2005; *Wollenschläger*, (Fn 125).

136 EuGH, Rs. C-413/99 (U. Baumbast und R), Slg 2002, I-7091, Rn 82.

137 Näher *Giegerich*, § 9, Rn 31 ff mwN.

138 EuGH, Rs. C-413/99 (U. Baumbast und R), Slg 2002, I-7091, Rn 82; Rs. C-200/02 (Zhu und Chen), Slg 2004, I-9925, Rn 26; vgl *Kadelbach*, Unionsbürgerschaft, S. 553.

139 Vgl *Kadelbach*, S. 553 f.

140 *Bogdandy/Bitter*, in: FS Zuleeg, S. 309; *Calliess*, EuR Beih. 1/2007, S. 1 ff; kritisch *Hailbronner*, NJW 2004, 2185.

141 *Huber*, EuR 2013, 637.

66 Die Unionsbürgerschaft gewährleistet einzelne Rechte auf Zugang zu und **Teilhabe an sozialen Sicherungssystemen.**[142] Insoweit gewährleistet die Unionsbürgerschaft subjektive Rechte, die den Gehalten der Art. 33 bis 35 GRC ähneln. Sie kann als Hebel zur Durchsetzung der Rechte an der Integrität und Bewahrung des Familienlebens dienen.[143] Soziale Sicherheit und Gesundheitsschutz sind wichtige Bestandteile des sozialen Grundstatus des Einzelnen. Dementsprechend ist das Recht des Art. 35 GRC auf Zugang zur Gesundheitsvorsorge und auf ärztliche Versorgung ein Menschenrecht, das unabhängig von der Staatsbürgerschaft besteht.[144]

67 Für die Unionsbürger mit Wohnsitz in Deutschland gilt das Gesetz über die allgemeine Freizügigkeit von Unionsbürgern (**FreizügG/EU**), das als Teil des Zuwanderungsgesetzes unter Berücksichtigung der Freizügigkeits-RL 2004/38/EG neu gefasst wurde.[145] Sie verfügen über eine starke Rechtsstellung, die aufgrund des Verbots von Diskriminierungen wegen der Staatsangehörigkeit (Art. 18 AEUV) zu einer weit gehenden Gleichbehandlung mit deutschen Staatsangehörigen führt. Das FreizügG/EU betrifft verbliebene Besonderheiten und regelt die Einreise und den Aufenthalt von Unionsbürgern und ihrer Familienangehörigen.[146]

68 Das Recht auf Freizügigkeit des Art. 21 AEUV wird von dem einschlägigen Sekundärrecht konkretisiert, kann aber eigenständig ein **Aufenthaltsrecht eines Unionsbürgers** in einem Mitgliedstaat begründen.[147] Eine Aufenthaltspflicht im leistenden Mitgliedstaat als Voraussetzung für den Anspruch auf Arbeitslosengeld ist nach Art. 21 AEUV zu rechtfertigen.[148] Eine **Ausweisung von Unionsbürgern** aus Gründen der öffentlichen Sicherheit oder Ordnung kann mit den Gewährleistungen des Unionsrechts kollidieren.[149] Der EuGH hat die deutschen Regelungen zu Ausweisungen teilweise an den Grundfreiheiten gemessen, teilweise aber auch an den Rechten aus der Unionsbürgerschaft nach Art. 21 AEUV.[150]

69 Die Freizügigkeit der Unionsbürger nach Art. 21 AEUV hat Folgen für die **Aufenthaltsrechte der drittstaatlichen Familienangehörigen von Unionsbürgern**[151] und ihre Einbeziehung in die sozialen Sicherungssysteme.[152] Der EuGH hat eine umfangreiche Rechtsprechung aufgebaut, die es Familienangehörigen von Unionsbürgern erlaubt, individuelle Rechte geltend zu machen. In jüngerer Zeit sind etwa die Rechtssachen *Ruiz Zambrano,*[153] *McCarthy,*[154] *Dereci u.a.,*[155] *Iida,*[156] oder O. *und S. / Maahanmuuttovirasto u.a.*[157] zu nennen. Abgeleitet aus der Unionsbürgerschaft kann der Familienangehörige Rechte auf Aufenthalt und Arbeitserlaubnis vorbringen. Die Kritik an der Ausweitung der Freizügigkeitsrechte auf Drittstaatsangehörige[158] verkennt die in der Rechtsfigur der Unionsbürgerschaft angelegte Dynamik.

70 In der Rechtsprechung des EuGH sind Schwankungen hinsichtlich der Reichweite der Unionsbürgerschaft zu verzeichnen, die auch mit den Umständen des konkreten Falles zu tun haben. In der *Rechtssache Ruiz Zambrano* hat er einen **Kernbestand an Rechten aus der Unionsbürgerschaft**

---

142 Vgl *Kingreen*, EuR Beih.1/2007, S. 43 ff.
143 *Alber*, in: FS Ress, S. 371.
144 *Jarass*, Art. 35 GRC, Rn 7.
145 BGBl. I 2004, S. 1950; *H. Groß*, ZAR 2005, 81; *Huber*, NVwZ 2005, 9.
146 *Hailbronner*, Rn 781 ff.
147 EuGH, Rs. C-200/02 (Zhu und Chen), Slg 2004, I-9925, Rn 26.
148 EuGH, Rs. C-406/04 (De Cuyper), Slg 2006, I-6947.
149 *Alber/Schneider*, DÖV 2004, 313, 317 f.
150 EuGH, Rs. C-482/01 und 493/01 (Orfanopoulos und Oliveri), Slg 2004, I-5257.
151 *Alber/Schneider*, DÖV 2004, 313, 321.
152 Insb. gegen die Eröffnung des Zugangs zu Sozialleistungen mittels des Art. 18 EGV richtet sich die (überzogene) Kritik von *Hailbronner*, NJW 2004, 2185, 2187.
153 EuGH, Rs. C-34/09 (Ruiz Zambrano), Slg 2011, I-1177.
154 EuGH, Rs. C-434/09 (McCarthy), Slg 2011, I-3375.
155 EuGH, Rs. C-256/11 (Dereci u.a.), Slg 2011, I-11315.
156 EuGH, Rs. C-40/11 (Iida), NVwZ 2013, 357 =EuGRZ 2012, 745).
157 EuGH, Rs. C-356/11 und C-357/11 (O. und S. / Maahanmuuttovirasto u.a).
158 Kritisch *Hailbronner*, NJW 2004, 2185.

erkannt, diesen aber nicht näher umschrieben.[159] Dies deutete in die Richtung einer umfassenden Schutzwirkung des Art. 20 AEUV.[160] Jedoch hat der EuGH bereits in der *Rechtssache Dereci u.a.* das **Schutzkonzept mit Grenzen** versehen und herausgearbeitet, dass das Kriterium der Verwehrung des Kernbestands der Rechte, die der Status als Unionsbürger schützt, dann zum Zuge kommt, wenn der Unionsbürger de facto gezwungen ist, nicht nur das Gebiet des Mitgliedstaats, dem er angehört, zu verlassen, sondern das Gebiet der Union als Ganzes.[161] In der *Rechtssache Iida* hat der EuGH eine Anwendung der europäischen Grundrechte verneint, da die Situation des Betroffenen durch das FreizügG/EU geregelt werde und daher keine Durchführung iSd Art. 51 GRC vorliege.[162] Die Gewährung eines Aufenthaltstitels kann auch abgelehnt werden, wenn wie in der *Rechtssache Alopka und Moudoulou/Luxemburg* der Drittstaatsangehörige alleiniger Sorgeberechtigter für Unionsbürger ist, mit denen er sich seit deren Geburt im Mitgliedstaat aufhält, ohne dass diese Angehörige des Mitgliedstaates sind oder von ihrer Freizügigkeit Gebrauch gemacht haben, außer den Unionsbürgern würde, zB aufgrund ihrer Pflegebedürftigkeit im Kleinkindalter, die tatsächliche Ausübung ihres Aufenthaltsrechts unmöglich gemacht.[163] Ein enger Zusammenhang besteht zwischen dem Recht auf Aufenthalt aus der Unionsbürgerschaft und dem Vorhandensein einer Krankenversicherung sowie ausreichender Existenzmittel.[164] Auch das Erbringen von Leistungen, etwa familiäre Unterhaltszahlungen, kann einen Konnex herstellen, der ein Aufenthaltsrecht begründet.[165] Ein missbräuchlicher Erwerb der Unionsbürgerschaft steht dem deswegen nicht entgegen, weil der Erwerb der Staatsangehörigkeit eines Mitgliedstaates vom innerstaatlichen Recht geregelt wird.[166]

Die **Aufgabe der Konturierung des Kernbestandes** und der Präzisierung des Schutzkonzeptes ist noch nicht abgeschlossen. In den einschlägigen Fallgestaltungen geht es regelmäßig um die Anwendbarkeit des Sekundärrechts, insbesondere der Freizügigkeits-RL 2004/38/EU, und dann um die Frage, ob der Unionsbürgerstatus darüber hinaus Rechte verleiht. Familiäre Beziehungen spielen eine zentrale Rolle und damit das Recht auf Achtung des Familienlebens. Die besondere Schutzbedürftigkeit von Kindern ist zu beachten. Über die Ausprägungen der individuellen Rechte auf Aufenthalt hinaus hat das Schutzkonzept aus der Unionsbürgerschaft grundlegende Bedeutung. Der Status als Unionsbürger ist deshalb Gegenstand weit reichender Diskussionen, die sich um seine Ausprägung als status activus drehen.[167] Eine bürgerschaftliche Rechtsstellung des Einzelnen in der EU geht über die Stellung als Wirtschaftssubjekt im Binnenmarkt hinaus. 71

V. Drittstaatsangehörige und Binnenmarkt

Die Schaffung und der Ausbau des Raumes der Freiheit, der Sicherheit und des Rechts sind unabdingbar für die Sicherung des freien Personenverkehrs und eine Reihe von Maßnahmen werden gemäß Art. 67 Abs. 2 AEUV insoweit als ergänzend verstanden. Dieser **Zusammenhang zwischen Binnenmarkt und Einwanderungs- und Asylrecht** hatte und hat Konsequenzen für die Schaffung von Rechtsakten. Offensichtlich ist dies für die Regelungen über die Kontrollen von Personen. Darüber hinaus können sich Gewährleistungen des Binnenmarktes im Einzelfall zu Gunsten von Drittstaatsangehörigen auswirken. 72

Ein Raum ohne Binnengrenzen, in dem der freie Verkehr von Waren, Personen, Dienstleistungen und Kapital gewährleistet ist, erleichtert auch Drittstaatsangehörigen das wirtschaftliche Tätigwerden. Der Binnenmarkt des Art. 26 Abs. 2 AEUV schöpft seine Kraft aus der Aufhebung oder 73

159 EuGH, Rs. C-34/09 (Ruiz Zambrano), Slg 2011, I-1177, Rn 42.
160 Daher kritisch *Hailbronner/Thym*, NJW 2011, 2008.
161 EuGH, Rs. C-256/11 (Dereci u.a.), Rn 67.
162 EuGH, Rs. C-40/11 (Iida), NVwZ 2013, 357, Rn 67, 80.
163 EuGH, Rs. C-86/12 (Alopka und Moudoulou/ Luxemburg).
164 EuGH, Rs. C-200/02, (Zhu und Chen), Slg 2004, I-9925, Rn 27.
165 EuGH, Rs. C-1/05 (Jia), Slg, 2007, I-1.
166 Vgl *Alber*, in: FS Ress, S. 376.
167 S.o. *Giegerich*, § 9, Rn 21

Angleichung von innerstaatlichen Beschränkungen, die sich auch auf die Angehörigen von Drittstaaten auswirken kann. Derartige **Wirkungen sind von der Rechtsträgerschaft zu unterscheiden.** Ebenso wie die Rechte aus der Unionsbürgerschaft nur den Staatsangehörigen der Mitgliedstaaten zustehen, können auch die Grundfreiheiten grundsätzlich nur von Unionsbürgern in Anspruch genommen werden (s. aber Art. 56 Abs. 2 AEUV).[168]

74 Das **Zusammenwirken von Unionsbürgerschaft und Binnenmarkt**, insbesondere der Freizügigkeit, kann aber auf Drittstaatsangehörige rechtlich ausstrahlen. Die neuere Rechtsprechung des EuGH stützt sich in diesen Zusammenhängen vermehrt auf die Unionsbürgerschaft. Das Recht des Binnenmarktes ist aber nach wie vor auch für Drittstaatsangehörige schon deshalb von Bedeutung, weil eine Reihe von Rechtsakten ihnen eine unmittelbare Rechtsstellung zumisst.

75 Drittstaatsangehörige profitieren dann von den Grundfreiheiten, wenn die Durchsetzung einer Freiheit nur dergestalt möglich ist, dass dem Drittstaatsangehörigen ein Recht eingeräumt wird. Es handelt sich um eine **mittelbare Wirkung der Grundfreiheit**. Sie wird regelmäßig dadurch vermittelt, dass der Angehörige eines Mitgliedstaates seine Freiheit nur im Familienverband wahrnehmen will und kann. **Familienmitglieder aus Drittstaaten** können Rechte gegenüber einem Mitgliedstaat beanspruchen, um Behinderungen des Unionsbürgers bei dessen Freiheitsausübung zu vermeiden oder zu beseitigen.[169] Ihnen stehen nach gesicherter Rechtsprechung des EuGH **derivative Rechte** zu, die sich aus der Eigenschaft des originär Begünstigten als Träger eines Rechts auf Freizügigkeit gemäß den Grundfreiheiten ableiten.[170] Die Begünstigungen des Arbeitnehmers (oder Selbständigen) aus Art. 45 AEUV erweitern die Art. 5 ff der Freizügigkeits-RL 2004/38/EG auf nahe Familienangehörige. Damit trägt die Union dem Recht auf Achtung des Familienlebens aus Art. 8 EMRK und Art. 24 GRC Rechnung,[171] das der EuGH als Unionsgrundrecht anerkannt hat.[172]

76 **Ehegatten** von Unionsbürgern können aus dem Unionsrecht ein **Aufenthaltsrecht** ableiten. Dabei wirken Grundfreiheiten, Grundrechte und sekundäres Unionsrecht zusammen. In der *Rechtssache Carpenter* hat der EuGH das Aufenthaltsrecht der philippinischen Ehefrau eines britischen Staatsangehörigen auf der Grundlage der **Dienstleistungsfreiheit** des Art. 56 AEUV (ex Art. 49 EGV) bejaht, weil ihre Ausweisung seine Tätigkeit infolge des Verlustes der Kinderbetreuungsmöglichkeit beeinträchtige und damit die Dienstleistungsfreiheit beschränke.[173] Die Ausweisungsverfügung widerspreche dem Grundrecht auf Familienleben, wie es in Art. 8 EMRK gewährleistet werde.[174] Ebenfalls auf der Grundlage der Dienstleistungsfreiheit in Verbindung mit der RL 73/148/EWG[175] entschied der EuGH in der *Rechtssache Oulane*, dass ein Mitgliedstaat das Aufenthaltsrecht eines Empfängers von Dienstleistungen nicht von der **Vorlage eines gültigen Personalausweises oder Reisepasses** abhängig machen kann, wenn in dem Mitgliedstaat auch für die eigenen Staatsangehörigen keine Ausweispflicht gilt.[176] Damit knüpft er an die *Rechtssache MRAX* an, in der er auf sekundärrechtlicher Grundlage klargestellt hat, dass der visumpflichtige Ehegatte eines Unionsbürgers dann in den Mitgliedstaat einreisen darf, wenn seine Identität nachweisbar ist und keine Gefahren für die öffentliche Ordnung, Sicherheit oder Gesundheit bestehen.[177]

77 Zentrale primärrechtliche Ansatzpunkte für Rechte auf Einreise und Aufenthalt sind die Gewährleistungen der **Freizügigkeit der Arbeitnehmer** in Art. 45 AEUV und der **Niederlassungsfreiheit der**

---

168 *Streinz*, Europarecht, Rn 661; s. auch *Harms*, in: Bergmann/Kenntner, 5/47.
169 *Alber*, in: FS Ress, S. 374; *Guild*, S. 106 ff.
170 EuGH, Rs. 316/85 (Lebon), Slg 1987, S. 2811, Rn 12; Rs. C-131/96 (Mora Romero), Slg 1997, I-3659, Rn 16.
171 *Franzen*, in: Streinz, EUV/AEUV, Art. 45 EG, Rn 138.
172 EuGH, Rs. 249/86 (Kommission/Deutschland), Slg 1989, S. 1263, Rn 10.
173 EuGH, Rs. C-60/00 (Carpenter), Slg 2002, I-6279, Rn 29 f; zustimmend *Guild*, S. 108 f; kritisch *Classen*, EuR 2004, 416, 422; *Ruffert*, EuR 2004, 165, 170, jeweils mwN; für die Unionsbürgerschaft als Grundlage des Ergebnisses *Bogdandy/Bitter*, in: FS Zuleeg, S. 309, 320.
174 EuGH, Rs. C-60/00 (Carpenter), Slg 2002, I-6279, Rn 41 f.
175 Diese RL wird durch Art. 38 Abs. 2 der Freizügigkeits-RL 2004/38/EG aufgehoben.
176 EuGH, Rs. C-215/03 (Oulane), Slg 2005, I-1215, Rn 32 und 35.
177 EuGH, Rs. C-459/99 (MRAX), Slg 2002, I-6591, Rn 61; vgl *Guild*, S. 104.

Selbständigen in Art. 49 AEUV.[178] Die Regelungen über die Freizügigkeit sind weit auszulegen.[179] In der *Rechtssache Singh* bestätigte der EuGH das Recht eines drittstaatsangehörigen Ehegatten, sich mit dem Arbeitnehmer, der Staatsangehöriger eines Mitgliedstaates ist, in einen anderen Mitgliedstaat zu begeben.[180] Der Arbeitnehmer hatte seinen Heimatstaat verlassen, um in einem anderen Mitgliedstaat eine unselbständige Tätigkeit im Sinne des Art. 45 AEUV auszuüben und wollte in seinen Heimatstaat zurückkehren mit der Absicht, sich als Selbständiger nach Art. 49 AEUV niederzulassen. Als Konsequenz aus der Inanspruchnahme der Grundfreiheiten durch den Staatsangehörigen eines Mitgliedstaates kann der drittstaatsangehörige Ehegatte einreisen und sich in dem Heimatstaat des Berechtigten aufhalten.

78 Diese Rechtsprechung hat der Gerichtshof in der *Rechtssache Akrich* für **Angehörige von Drittstaaten ohne rechtmäßigen Aufenthaltstitel** ausgebaut.[181] Ein Drittstaatsangehöriger, der mit einem Unionsbürger verheiratet ist, darf diesen auch dann in einen anderen Mitgliedstaat begleiten, wenn er selbst dort nicht über ein Recht zum Aufenthalt verfügt.[182] Das Recht auf Einreise und Aufenthalt folgt aus der Arbeitnehmerfreizügigkeit und aus dem Recht auf Achtung des Familienlebens gemäß Art. 8 EMRK. Ein Missbrauch liege nur im Fall einer **Scheinehe** vor, die der Umgehung des innerstaatlichen Ausländerrechts diene.[183] Wenn aber der Arbeitnehmer eine tatsächliche Tätigkeit in dem Mitgliedstaat ausübe oder ausüben wolle, seien seine Motive ohne Belang. Dies gelte auch dann, wenn das Ehepaar nur in einen anderen Mitgliedstaat gezogen sei, um gemeinschaftliche Rechte wahrzunehmen, die ihnen die Rückkehr gestatteten.[184] Dies sahen die britischen Behörden im vorliegenden Fall als erwiesen an. Durch die Entscheidung des EuGH in der *Rechtssache Metock*[185] hat dieser die Rechte ausländischer Familienangehöriger von EU-Bürgern weiter gestärkt. Ein Drittstaatsangehöriger, der Ehegatte eines Unionsbürgers ist, darf sich mit diesem im Gebiet der EU bewegen, ohne sich zuvor regelmäßig in einem anderen Mitgliedstaat aufgehalten zu haben.[186] Anders als im Fall Akrich ist der rechtmäßige Aufenthalt des Drittstaatsangehörigen nicht Voraussetzung der Einreise. Das Urteil betraf Drittstaatsangehörige, deren Asylanträge in Irland endgültig abgelehnt worden waren, die aber während des Asylverfahrens Angehörige anderer Mitgliedstaaten geheiratet hatten. Die Missbrauchsgefahr hat der EuGH berücksichtigt, aber im konkreten Fall keine Anhaltspunkte für Scheinehen gesehen. Das Urteil schließt eine individuelle Prüfung der Einreise beziehungsweise des Aufenthaltes aus Gründen der öffentlichen Ordnung, Sicherheit oder Gesundheit nicht aus. Dabei muss es sich jedoch um Einzelfallentscheidungen handeln, welche dem Grundsatz der Verhältnismäßigkeit genügen.[187]

79 Die gezielte Inanspruchnahme der Grundfreiheiten ist kein Missbrauch. Im Ergebnis sind dergestalt verursachte **Umgehungen** des innerstaatlichen Rechts hinsichtlich der Einreise und des Aufenthalts von Drittstaatsangehörigen **hinzunehmen**. Der Grund liegt in der Tragweite des Binnenmarktes vor dem Hintergrund der wachsenden Bedeutung der Unionsbürgerschaft (Art. 20, 21 AEUV). Wenn das Recht auf Familienleben jedem Unionsbürger unabhängig von einer wirtschaftlichen Tätigkeit zusteht, dann kommt es erst recht im Fall der Inanspruchnahme der Grundfreiheiten zum Tragen.

80 Individuelle Rechte von Drittstaatsangehörigen können auf **speziellen vertraglichen Grundlagen** beruhen, insbesondere soweit diese binnenmarktbezogene Inhalte haben.[188] Wenn die Union völkerrechtliche Vereinbarungen mit Drittstaaten schließt, die den Staatsangehörigen dieser Staaten

178 Zur Rspr *Guild*, S. 105 ff.
179 EuGH, Rs. C-215/03 (Oulane), Slg 2005, I-1215, Rn 16.
180 EuGH, Rs. C-370/90 (Singh), Slg 1992, I-4265, Rn 25.
181 EuGH, Rs. C-109/01 (Akrich), Slg 2003, I-9607.
182 EuGH, Rs. C-109/01 (Akrich), Slg 2003, I-9607, Rn 54.
183 So auch EuGH, Rs. C-285/95 (Kol), Slg 1997, I-3069, Rn 26, 28 hinsichtlich türkischer Arbeitnehmer.
184 EuGH, Rs. C-109/01 (Akrich), Slg 2003, I-9607, Rn 56 f.
185 EuGH, Rs. 127/08 (Metock), Slg 2008, I-6241.
186 EuGH, Rs. 127/08 (Metock), Slg 2008, I-6241, LS 1, Rn 70; dazu *Hailbronner*, JZ 2010, 398, 400.
187 EuGH, Rs. 127/08 (Metock), Slg 2008, I-6241, Rn 12.
188 Überblick über die Verträge bei *Guild*, S. 151 f; *Harms*, in: Bergmann/Kenntner, 5/52 ff.

Rechtspositionen einräumen, dann sind diese Personen insoweit den Angehörigen der Mitgliedstaaten funktional gleichgestellt. Dies betrifft insbesondere das Verbot von Diskriminierungen aufgrund der Staatsangehörigkeit bei der Wahrnehmung von Rechten aus den Grundfreiheiten. Der EuGH hat vor dem Beitritt der zehn ost- und südeuropäischen Staaten im Jahr 2004 bekräftigt, dass die mit den Beitrittsstaaten geschlossenen Europa-Abkommen ein unmittelbare Wirkung entfaltendes Recht auf freie Niederlassung gewährten und daher polnische oder tschechische Staatsangehörige dieses Recht in Anspruch nehmen könnten.[189] Die Mitgliedstaaten könnten allerdings Anträge ablehnen, die im Rahmen eines rechtswidrigen Aufenthalts gestellt würden.[190] Verträge, die auf den Schutz von Arbeitnehmern vor Diskriminierung beschränkt sind und etwa mit nordafrikanischen Staaten (Algerien, Marokko,[191] Tunesien) oder den Nachfolgestaaten der früheren UdSSR (zB Armenien, Russische Föderation, Ukraine) abgeschlossen wurden, gewähren weniger weit gehende Rechte.[192]

C. Die geltende Rechtslage – Überblick über die wesentlichen Rechtsakte

81 Nach den Vorgängervorschriften der Art. 78 und 79 AEUV, den Art. 62, 63 EGV, sollte der Rat die asyl- und einwanderungspolitischen Maßnahmen innerhalb eines Zeitraumes von fünf Jahren nach dem Inkrafttreten des Vertrages von Amsterdam am 1. Mai 1999 beschließen. Da lange Zeit hinsichtlich einer Reihe von Maßnahmen keine Einigung zwischen den Mitgliedstaaten erzielt werden konnte, kam es erst Ende 2003 und im Jahr 2004 zur Verabschiedung der streitigen Rechtsakte.[193] Der vertragliche Auftrag zur Rechtsetzung ist seitdem dem Grunde nach erfüllt.[194] Der Fünfjahreszeitraum galt nicht für die in Art. 63 EGV (jetzt Art. 79 AEUV) am Ende genannten Sachbereiche und damit nicht für die gestalterischen Aspekte der Einwanderungspolitik.[195] Seit Mitte des Jahres 2004 gibt es einen **ersten Grundbestand** an Rechtsakten,[196] der die Grundlage für das Einwanderungs- und Asylrecht der Gemeinschaft und nun der Union bildet.[197] Obwohl sie im Stockholmer Programm vorgesehen war, stockte die Weiterentwicklung und die geplanten Änderungen der Rechtsakte verzögerten sich. Ein **zweites Gesetzgebungsbündel** wurde dann doch auf den Weg gebracht. Seit Juni 2013 besteht das „Gemeinsame Europäische Asylsystem" (GEAS), welches durch die innerstaatliche Umsetzung und Befolgung von Richtlinien und Verordnungen einen einheitlichen Flüchtlingsschutz in den Mitgliedstaaten gewährleisten soll.[198]

I. Gemeinsame Einwanderungspolitik

82 Das Einwanderungsrecht betrifft die legale Migration von Drittstaatsangehörigen in die Europäische Union und die Vorgehensweisen gegen illegale Migration.[199] Die Entwicklung einer gemeinsamen Einwanderungspolitik nach Art. 79 AEUV umfasst drei Ziele: die wirksame Steuerung der Migrationsströme, eine angemessene Behandlung der sich legal in der Union aufhaltenden Dritt-

189 EuGH, Rs. C-63/99 (Gloszczuk), Slg 2001, I-6369, Rn 38; EuGH, Rs. C-257/99 (Barcoci und Malik), Slg 2001, I-6557, Rn 39.

190 EuGH, Rs. C-63/99 (Gloszczuk), Slg 2001, I-6369, Rn 77.

191 Nach EuGH, Rs. C-416/96 (Edlline El-Yassini), Slg 1999, I-1209, Rn 31 f ist Art. 40 Abs. 1 des Kooperationsabkommens EG-Marokko, der ein Diskriminierungsverbot für Arbeitnehmer hinsichtlich ihrer Arbeits- und Entlohnungsbedingungen enthält, unmittelbar anwendbar; vgl den Überblick über die Rspr bei *Röben*, in: Grabitz/ Hilf/ Nettesheim, Art. 63, Rn 34.

192 Nachweise bei *Guild*, S. 152.

193 Überblicke bei *Hailbronner*, Rn 36 ff; *Guild*, S. 170 ff; Weinzierl, S. 102 ff.

194 Schlussfolgerungen des Vorsitzes des Europäischen Rates vom 17. und 18. Juni 2004 in Brüssel, s. Bulletin der Europäischen Union 6/2004, S. 7.

195 *Kugelmann*, ZAR 1998, 250.

196 Zum 1. Mai 2004 war über die Qualifikations- oder Flüchtlings-RL, ABl. L 304 vom 30. September 2004, S. 12 und die Verfahrens-RL, ABl. L 326 vom 13. Dezember 2005, S. 13, eine politische Einigung erzielt worden.

197 *Müller-Graff/Kainer*, Jahrbuch 2003/2004, S. 129; *Weber*, in: Pache (Hrsg.), S. 62 ff; *Groß/Tryjanowski*, Der Staat 2009, 259; *Kugelmann*, InfAuslR 2008, 193.

198 *Dörig*, NVwZ 2014, 106; *Laskowski*, in: Ehlers/Fehling/Pünder, § 73, Rn 14.

199 Zu Letzterem *Bast*, ZAR 2012, 1.

staatsangehörigen sowie die Verhütung und Bekämpfung von illegaler Migration und Menschenhandel.[200] Der **Begriff der Einwanderung** ist nicht deckungsgleich mit dem der Zuwanderung, der auch Asylsuchende und Flüchtlinge umfasst. Dagegen zielt Einwanderung auf Personen, die mit dem Ziel eines längerfristigen oder dauerhaften Verbleibs in die Europäische Union kommen und dazu regelmäßig eine Erwerbstätigkeit ausüben wollen.

Einer der wichtigsten Rechtsgründe für legale Einwanderung ist die Familienzusammenführung. 83
Dem hat die EU mit der **Familienzusammenführungs-Richtlinie** Rechnung getragen, die auf der Grundlage des Art. 63 Nr. 3 lit. a EGV (Art. 79 Abs. 2 lit. a AEUV) erlassen wurde.[201] Zu ihr hat der EuGH ein grundlegendes Urteil im Zusammenhang des Grundrechtsschutzes der Familie gefällt.[202] Ihr Ziel ist die Festlegung der Bedingungen für die Ausübung des Rechts auf Familienzusammenführung durch Drittstaatsangehörige, die sich rechtmäßig im Gebiet der Mitgliedstaaten aufhalten (Art. 1). Voraussetzung ist, dass der Drittstaatsangehörige, der sich bereits rechtmäßig in der EU befindet, einen auf Dauer angelegten Aufenthaltstitel mit mindestens einjähriger Gültigkeit hat (Art. 3 Abs. 1). Auf einen Zusammenführenden, der Flüchtlingsstatus begehrt, ist sie nicht anwendbar (Art. 3 Abs. 2). Personen, die sich aus humanitären Gründen in dem Mitgliedstaat befinden, sollen keine Familienangehörigen nachholen können, es sei denn, es handelt sich um anerkannte Flüchtlinge, für die eine Sonderregelung gilt (Art. 9). Die Begünstigung betrifft also regelmäßig Erwerbstätige. Familienangehörige sind jedenfalls Ehegatten und minderjährige Kinder bis 18 Jahre, wobei an ein allein ankommendes Kind über 12 Jahre weitere innerstaatlich vorgesehene Anforderungen gestellt werden können, bevor ihm Einreise und Aufenthalt gestatten werden (Art. 4 Abs. 1 Unterabs. 3).[203] Die Mitgliedstaaten können auch vorschreiben, dass ein Antrag auf Familienzusammenführung gestellt werden muss, bevor ein minderjähriges Kind das 15. Lebensjahr vollendet hat (Art. 4 Abs. 6). Diese Optionen zu Gunsten innerstaatlicher Bestimmungen ermöglichen Regelungen wie den § 32 AufenthG zum Kindernachzug.[204] Hinsichtlich der Antragstellung und Antragsprüfung lässt die Richtlinie den Mitgliedstaaten erhebliche Spielräume (Art. 5). Wird den Familienangehörigen die Einreise gestattet, ist ihnen ein erster Aufenthaltstitel mit mindestens einjähriger Geltung auszustellen (Art. 13). Ihnen stehen dann Rechte auf Zugang zu Bildung, unselbständiger oder selbständiger Erwerbstätigkeit und auf berufliche Beratung, Ausbildung, Fortbildung und Umschulung zu, wobei allerdings die Mitgliedstaaten eine Arbeitsmarktprüfung vorsehen können (Art. 14). Diese Öffnungsklausel trägt Bedenken der Bundesrepublik Deutschland hinsichtlich der Möglichkeit restriktiver Arbeitsmarktregelungen Rechnung.[205] Die Richtlinie war bis 3. Oktober 2005 umzusetzen (Art. 20). Sie trägt zwar dem Gedanken der Integration und dem grundrechtlich erforderlichen Schutz der Familie Rechnung,[206] lässt aber hinsichtlich der sozialpolitischen Querbezüge Differenzierungen zu. Im Ergebnis eröffnet sie den Mitgliedstaaten an vielen Stellen Spielräume bei der Umsetzung und erfüllt nur in begrenztem Maße die Anforderungen einer europäischen Harmonisierung.[207]

Einwanderer, die langfristig in der EU leben, verfügen zumeist über einen verfestigten Status. Ihre 84
Rechtsstellung regelt die auf der Grundlage von Art. 79 Abs. 2 lit. a und b AEUV im Jahr 2011 geänderte **Daueraufenthalts-RL.**[208]

Dem Grunde nach sollen sich Drittstaatsangehörige, die eine langfristige Aufenthaltsberechtigung besitzen, innerhalb der Union frei bewegen können. Die Daueraufenthalts-RL verpflichtet die Mitgliedstaaten, Drittstaatsangehörigen, die sich fünf Jahre rechtmäßig in ihrem Hoheitsgebiet aufhal-

200 *Weiß*, in: Streinz, EUV/AEUV, Art. 79 AEUV, Rn 8 ff.
201 RL 2003/86/EG, ABl. L 251 vom 3. Oktober 2003, S. 12.
202 EuGH, Rs. C-540/03 (Familiennachzug), Slg 2006, I- 5769.
203 *Renner*, NVwZ 2004, 799.
204 *Blechinger*, in: Barwig/Davy, S. 263, 264; *Hauschild*, ZAR 2003, 270; *Weber*, in: Pache (Hrsg.), S. 71.
205 *Hauschild*, ZAR 2003, 272.
206 *Müller-Graff/Kainer*, Jahrbuch 2003/2004, S. 133.
207 *Brinkmann*, ELJ 10 (2004), 190 f zu den Abstrichen von den Vorschlägen der Kommission.
208 RL 2011/51/EU zur Änderung der RL 2003/109/EG des Rates, ABl. L 132 vom 19.5.2011, S. 1.

ten, auf Antrag eine langfristige Aufenthaltsberechtigung zu erteilen (Art. 4). Voraussetzung ist der Nachweis regelmäßiger Einkünfte und einer Krankenversicherung (Art. 5). Langfristig Aufenthaltsberechtigte werden auf einer Reihe von Gebieten wie eigene Staatsangehörige behandelt, zB bei Zugang zu einer selbständigen oder unselbständigen Erwerbstätigkeit, bei der Bildung, der Sozialhilfe und bei steuerlichen Vergünstigungen (Art. 11). Eine Weiterwanderung in einen anderen Mitgliedstaat zum Zweck der Ausübung einer Erwerbstätigkeit, zum Studium oder zu anderen Zwecken ist grundsätzlich zulässig (Art. 14). Der Daueraufenthaltsberechtigte muss in dem anderen Mitgliedstaat einen Aufenthaltstitel beantragen (Art. 15). Seine Familienangehörigen können mitziehen (Art. 16). Ausnahmen von diesen Rechten können aufgrund der öffentlichen Sicherheit oder der öffentlichen Ordnung angeordnet werden. Dabei sind die Grundsätze zu ordre public Klauseln heranzuziehen, die aus anderen Rechtsakten wie der Freizügigkeits-Richtlinie 2004/38/EG und der Rechtsprechung des EuGH folgen.[209] Demnach kann ein Aufenthaltsrecht nur versagt werden, wenn in der Person des Betroffenen liegende Gründe dies rechtfertigen.[210]

85 Die **Aufenthaltstitelgestaltungs-VO** regelt die einheitliche Gestaltung der Aufenthaltstitel in den Mitgliedstaaten.[211] Sie soll sicherstellen, dass der Aufenthaltstitel alle notwendigen Informationen enthält und den Schutz der Aufenthaltstitel vor Fälschungen und Verfälschungen verstärken. Damit steht die Verordnung im Kontext der Verhinderung und Bekämpfung illegaler Einwanderung. Unter Aufenthaltstitel wird jede Erlaubnis verstanden, die einen Drittstaatsangehörigen zum rechtmäßigen Aufenthalt im Hoheitsgebiet des jeweiligen Mitgliedstaates berechtigt (Art. 1 Abs. 2). Visa und Titel, die für die Dauer des Asylverfahrens ausgestellt worden sind, zählen nicht dazu.

86 In den Zusammenhang der Einwanderung gehören Regelungen über die Rahmenbedingungen, unter denen Einwanderer eine Arbeit im Aufnahmestaat ergreifen und ausüben können. Auf der Grundlage des damaligen Art. 63 Nr. 3 lit. a EGV (s. Art. 79 Abs. 2 lit. a AEUV) hat die Kommission im Jahr 2001 einen **Vorschlag** für eine **Richtlinie** des Rates über die Bedingungen für die **Einreise und den Aufenthalt von Drittstaatsangehörigen zur Ausübung einer unselbständigen oder selbständigen Erwerbstätigkeit** vorgelegt.[212] Der Vorschlag stieß auf starke Widerstände bei den Mitgliedstaaten. Der Rat beschloss, dass die Kommission zunächst einen geänderten Vorschlag vorlegen solle.[213] Das Projekt wird in dieser Allgemeinheit nicht weiter betrieben. Stattdessen werden für einzelne Gruppen von Drittstaatsangehörigen spezifische Regelungen getroffen, etwa mit der Blue Card-RL 2009/50/EG.

87 Rückwirkungen auf den Bereich des Einwanderungs- und Asylrechts hat die grundlegende **RL 2004/38/EG über die Freizügigkeit von Unionsbürgern.**[214] Denn sie regelt auch die Rechtsstellung der Familienangehörigen von Unionsbürgern, welche die Staatsangehörigkeit eines Drittstaates besitzen.[215] Die Freizügigkeits-RL war innerhalb von zwei Jahren nach ihrem Inkrafttreten, also bis zum 30. April 2006, umzusetzen. Ihre Gehalte berücksichtigt das Freizügigkeitsgesetz/EU.[216] Durch die Freizügigkeits-RL wurden einige sektorale Richtlinien aufgehoben und die wichtige VO (EWG) Nr. 1612/68 geändert. Das Recht der Freizügigkeit verfügt über eine umfassende Grund-

209 Zu solchen Regelungen *Hailbronner*, ZAR 2004, 299; vgl *Weber*, in: Pache (Hrsg.), S. 73.

210 Vgl Art. 28 der Freizügigkeits-RL 2004/38/EG; EuGH, Rs. C-348/96 (Calfa), Slg 1999, I-11, Rn 28; aA *Hailbronner*, ZAR 2004, 164.

211 VO (EG) Nr. 1030/2002 des Rates vom 13. Juni 2002 zur einheitlichen Gestaltung des Aufenthaltstitels für Drittstaatsangehörige, ABl. L 157 vom 15. Juni 2002, S. 1.

212 Dokument der Kommission 501PC0386.

213 *Brinkmann*, in: Barwig/Davy, S. 75.

214 RL 2004/38/EG vom 29. April 2004 des Parlaments und des Rates über das Recht der Unionsbürger und ihrer Familienangehörigen, sich im Hoheitsgebiet der Mitgliedstaaten frei zu bewegen und aufzuhalten, ABl. L 158 vom 30. April 2004, S. 77.

215 Zu den Inhalten *Hailbronner*, ZAR 2004, 259.

216 Gesetz über die allgemeine Freizügigkeit von Unionsbürgern vom 30. Juli 2004, BGBl. I, S. 1950; *Huber*, NVwZ 2005, 9.

lage. Dazu gehört auch die **VO (EG) Nr. 883/2004 über die sozialen Sicherungssysteme.**[217] Sie ersetzt die VO (EWG) Nr. 1408/71. Nicht zufällig datieren diese beiden Rechtsakte vom 29. April 2004, denn zu diesem Zeitpunkt gelang auch die Einigung über die letzten noch offenen Richtlinien auf dem Gebiet des Asylrechts, nämlich die Qualifikations-RL und die Verfahrens-RL. Die Freizügigkeit der Unionsbürger und ihre soziale Absicherung kann nicht ohne Regelungen über die Behandlung von Drittstaatsangehörigen einschließlich Flüchtlingen verwirklicht werden.

Die legale Migration soll durch Zusammenarbeit mit den Herkunfts- und Drittstaaten nutzbar gemacht werden, um so den Arbeitsmarktbedürfnissen verschiedener EU Mitgliedstaaten gerecht zu werden.[218] Mit der sog. **„Blue Card" Richtlinie 2009/50/EG** wurde ein weiterer Schritt in Richtung einer gesteuerten legalen Zuwanderungspolitik genommen, was vor dem Hintergrund der demographischen und wirtschaftlichen Aspekte für die Union unerlässlich ist.[219] Die Zuwanderung Hochqualifizierter soll vor dem Hintergrund der damaligen Lissabon-Strategie (2000-2010), die nunmehr von der Strategie für Wachstum und Beschäftigung (2010-2020) abgelöst wurde, erleichtert werden. Daher eröffnet die Blue Card-RL die Möglichkeit, Drittstaatsangehörige mit dem Ziel der Ausübung einer hochqualifizierten Beschäftigung in die Europäische Union aufzunehmen.[220] Gemäß Art. 1 der RL 2009/50/EG soll der Aufenthalt von Drittstaatsangehörigen einschließlich ihrer Familienangehörigen zum Zweck der Ausübung einer hochqualifizierten Beschäftigung von mehr als drei Monaten gefördert werden. Eine hochqualifizierte Beschäftigung liegt vor, wenn der Drittstaatsangehörige als Arbeitnehmer in einem Mitgliedstaat beschäftigt ist, die Tätigkeit gegen Bezahlung erfolgt und er die erforderliche, angemessene und spezifische Fachkompetenz besitzt, welche durch einen höheren beruflichen Bildungsabschluss (Hochschulabschlusszeugnis oder, wenn im Mitgliedstaat vorgesehen, mindestens fünfjährige einschlägige Berufserfahrung) nachgewiesen ist (Art. 2). Voraussetzungen für den Antrag sind ein gültiger mindestens einjähriger Arbeitsvertrag beziehungsweise ein verbindliches Arbeitsplatzangebot, der dokumentarische Nachweis über die Erfüllung der Voraussetzungen für die Ausübung der Tätigkeit oder gegebenenfalls der Nachweis über einen höheren beruflichen Bildungsabschluss im Falle nicht-reglementierter Berufe, ein gültiges Reisedokument und der Abschluss einer Krankenversicherung (Art. 5). Weiter gehende Regelungen durch die Mitgliedstaaten sind zulässig. Die Richtlinie findet nach Art. 3 unter anderem keine Anwendung auf Drittstaatsangehörige, die sich zum Zwecke des vorübergehenden Schutzes in einem Mitgliedstaat aufhalten, die internationalen Schutz nach der RL 2011/95/EU (Staatenlose oder Flüchtlinge) genießen oder beantragt haben und ebenso wenig auf Drittstaatsangehörige, die einen Forschungsaufenthalt im Sinne der RL 2005/71/EG beantragt haben, Familienangehörige von Unionsbürgern sind und ihr Recht auf Freizügigkeit aus der RL 2004/38/EG ableiten, die aufgrund der RL 2003/109/EG langfristig aufenthaltsberechtigt sind, die unter die RL 96/71/EG über die Entsendung von Arbeitnehmern im Rahmen der Erbringung von Dienstleistungen fallen oder deren Abschiebung aus faktischen oder rechtlichen Gründen ausgesetzt wurde. Bezüglich des Nachzuges von Familienangehörigen findet die RL 2003/86/EG mit den in Art. 15 der Richtlinie 2009/50/EG festgelegten Ausnahmebedingungen Anwendung. Die Familienzusammenführung darf demnach nicht von den Erfolgsaussichten eines dauerhaften Aufenthaltsrechts des Drittstaatsangehörigen abhängig gemacht werden. Sie ist spätestens sechs Monate nach Einreichung des Antrages zu erteilen, sofern die Bedingungen erfüllt sind (Art. 15 Abs. 4), wobei die Gültigkeitsdauer des Aufenthaltstitels des Familienangehörigen sich nach dem des Inhabers der Blue Card richtet (Art. 15 Abs. 5). Für den Erwerb einer langfristigen Aufenthaltsberechtigung des Inhabers der Blue 88

217 VO (EG) Nr. 883/2004 vom 29. April 2004 des Europäischen Parlaments und des Rates zur Koordinierung der Systeme der sozialen Sicherheit, ABl. L 166 vom 30. April 2004, S. 1, bereinigte Fassung ABl. L 200 vom 7. Juni 2004, S. 1.

218 Mitteilung der Kommission an das Europäische Parlament, den Rat, den Europäischen Wirtschafts- und Sozialausschuss der Regionen, Zirkuläre Migration und Mobilitätspartnerschaften zwischen der Europäischen Union und Drittstaaten, KOM (2007) 248.

219 RL 2009/50/EG des Rates über die Bedingungen für die Einreise und den Aufenthalt von Drittstaatsangehörigen zur Ausübung einer hochqualifizierten Beschäftigung vom 25. Mai 2009, ABl. L 155 vom 18. Juni 2009, S. 17.

220 Kritisch *Asensio*, ZAR 2010, 179.

Card sowie eines eigenen Aufenthaltstitels des Familienangehörigen kann die kumulierte Anrechnung eines fünfjährigen Aufenthaltes in verschiedenen Mitgliedstaaten der Union vorgenommen werden (Art. 15 Abs. 7 und 8, Art. 16).

II. Asyl und Flüchtlingsschutz

89 Das lange geplante und in Art. 78 Abs. 2 AEUV vorgesehene **Gemeinsame Europäische Asylsystem** (**GEAS**) ist im Juni 2013 politisch beschlossen worden.[221] Seine Erarbeitung war bereits früh angestrebt worden.[222] Das im Haager Programm für 2010 festgelegte Ziel der Einführung eines einheitlichen Asylverfahrens[223] wurde durch das Stockholmer Programm auf 2012 verschoben und mit der Verabschiedung der letzten Rechtsakte 2013 dem Grunde nach erreicht. Angesichts der vielfältigen Interessen, die in den Gesetzgebungsverfahren zu berücksichtigen waren, ist die Verabschiedung des GEAS ein Erfolg.

90 Das GEAS ist ein **Bündel an Rechtsakten**, die auf der Grundlage des Art. 78 Abs. 2 AEUV ungleichzeitig erlassen wurden. Die Bezeichnung als Asylsystem darf nicht dazu verleiten, eine vollständig kohärente Systematik der Rechtsakte zu erwarten. Ziel des GEAS ist es, die Asylsysteme in den Mitgliedstaaten derart anzugleichen, dass Schutzsuchende in sämtlichen Mitgliedstaaten auf einheitliche Regelungen treffen und die Mitgliedstaaten untereinander den Grundsatz der Solidarität wahren. Konkretisiert wird dies rechtlich durch die Festlegungen des Art. 78 Abs. 2 AEUV. Diese Ziele sollen durch die Rechtsakte des GEAS erreicht werden. Dies sind die Dublin III-VO 604/2013,[224] die EurodacVO 603/2013[225] sowie Richtlinien, die schon früher erlassen und teils neu verkündet wurden. Bis 2015 sind die Asylverfahrens-RL 2013/32 und die Aufnahme-RL 2013/33 umzusetzen. Die Qualifikations-RL 2011/95/EU und die Daueraufenthalts-RL 2011/51/EU hat der deutsche Gesetzgeber mit Wirkung zum 1. Dezember 2013 umgesetzt und insbesondere Änderungen des Asylverfahrensgesetzes und des Aufenthaltsgesetzes beschlossen.[226]

91 Neben Frontex ist das 2010 geschaffene **Europäische Unterstützungsbüro für Asylfragen** (**European Asylum Support Office; EASO**) eine wichtige Institution zur Umsetzung des Gemeinsamen Europäischen Asylsystems. Ziel von EASO ist es, die Zusammenarbeit der Mitgliedstaaten im Bereich des Asylsystems zu verbessern und Mitgliedstaaten mit starkem Flüchtlingszustrom zu unterstützen.[227] Der Sitz dieser Institution befindet sich seit 2011 in Valetta (Malta).

92 In finanzieller Hinsicht wurde die Umsetzung des Gemeinsamen Europäischen Asylsystems von 2007 bis 2013 durch EU Fonds wie den Europäischen Flüchtlingsfonds (EFF)[228] und den Europäischen Rückkehr- und Europäischen Integrationsfonds unterstützt. Diese drei bislang differenzierten Europäischen Fonds sollen im Jahr 2014 durch eine Verordnung zu einem einheitlichen **Asyl-, Migrations-, und Integrationsfonds** (**AMIF**) zusammengeführt werden.[229] Anstelle der bisherigen Jahresprogramme wird dann durch jeden Mitgliedstaat ein Siebenjahresprogramm entwickelt.

93 Das deutsche Recht ist infolge der verfassungsrechtlichen Verankerung des Asylrechts in Art. 16 a GG von einem engeren **Ansatz des Flüchtlingsschutzes** gekennzeichnet.[230] Asylberechtigte genießen nach § 2 Abs. 1 AsylVfG die Rechtsstellung als Flüchtling. Das in der Neuzeit eher dem innerstaat-

---

221 *Hailbronner*, Rn 100; *Laskowski*, in: Ehlers/Fehling/Pünder, § 73, Rn 14.
222 *Kugelmann*, ZAR 2007, 81.
223 Haager Programm, Ziff.1.3.
224 ABl. L 180 vom 29. Juni 2013, S. 31 (Neufassung).
225 ABl. L 180 vom 29. Juni 2013, S. 1 (Neufassung).
226 BGBl. 2013 I, S. 3474 und 3484, Überblick bei *Huber*, NVwZ 2014, 548.
227 VO (EU) Nr. 439/2010, ABl. L 132, S. 11.
228 Entscheidung Nr. 573/2007/EG.
229 Bundesamt für Migration und Flüchtlinge (EU Fondsverwaltung), EU Fonds Infobrief 01/2014.
230 Der Flüchtlingsbegriff der GFK stimmt mit dem des politisch Verfolgten nach Art. 16 a GG nach herrschender Auffassung nicht vollkommen überein, BVerfGE 54, 341, 356; s. *P. M. Huber/Fröhlich*, in: FS v. Arnim, S. 580.

lichen Bereich entstammende Asyl als Ausprägung nationaler Souveränität,[231] das sich insbesondere als Begrenzung von Auslieferungen entwickelte,[232] hängt eng mit dem Flüchtlingsrecht zusammen, das einen starken internationalen Bezug hat,[233] sich im 20. Jahrhundert als Reaktion zu den Massenfluchtbewegungen nach den beiden Weltkriegen entwickelte und auf internationaler Ebene in die GFK mündete. Die supranationale Rechtsordnung des Unionsrechts verbindet notwendig beide Stränge. Das Unionsrecht hat zu einer Aufwertung der GFK im innerstaatlichen Recht geführt.[234] Die mit Wirkung zum 1. Dezember 2013 in Kraft getretene Neufassung der §§ 3 ff AsylVfG hat die Definition des Flüchtlings der Qualifikations-RL 2011/95/EU ebenso übernommen wie die Verfolgungshandlungen und die Verfolgungsgründe.[235] Nach § 4 AsylVfG wird subsidiärer Schutz nach Unionsrecht gewährt, während der neu gefasste § 60 Abs. 5 und 7 AufenthG den nationalen Abschiebungsschutz regelt. Damit ist die Schutzkonzeption der Qualifikations-RL 2011/95/EU umfassend in das deutsche Recht überführt worden.

Die Kriterien und Verfahren für die Bestimmung desjenigen Mitgliedstaates, der für die Prüfung eines Asylantrags zuständig ist, werden durch die neue **Dublin III-Verordnung EU Nr. 604/2013** festgelegt, die am 1. Januar 2014 in Kraft getreten ist.[236] Die Dublin II-VO hatte das ursprüngliche Dubliner Übereinkommen bereits vollständig ersetzt und den Sachbereich supranationalisiert.[237] Die Dublin III-VO regelt, welcher Staat für die Prüfung des jeweiligen Asylantrages zuständig ist und hält dabei an dem Prinzip des ersten Staates fest. Zuständig ist also grundsätzlich derjenige Staat, dessen Gebiet der Antragssteller zuerst betreten hat. Die Dublin III-VO beinhaltet einige Neuerungen,[238] etwa die Notwendigkeit der Gewährung von Eilrechtsschutz (Art. 27). Sie regelt das Überstellungsverfahren in einen anderen Staat, wenn dessen Zuständigkeit festgestellt wird, den Zeitrahmen der Überstellung und des Verfahrens, gewährt Rechtsgarantien und regelt die Informationsweitergabe. Ferner gewährt sie den Mitgliedstaaten ein Selbsteintrittsrecht (sog. Souveränitätsklausel),[239] wenn der Staat, in dem sich der Antragssteller befindet, nicht für das Asylverfahren zuständig ist, aber dennoch über den konkreten Antrag entscheiden will. Weitere Regelungspunkte sind Kriterien zur Ingewahrsamnahme und der nunmehr ausgeweitete Schutz von Minderjährigen und der Familie (Familienzusammenführung). 94

Im Rahmen der Verabschiedung des Gemeinsamen Europäischen Asylsystems kommt der 2013 neu verabschiedeten **Eurodac-VO (EU) Nr. 603/2013** eine erweiterte Bedeutung zu.[240] Sie enthält ein gemeinsames System für die Erfassung, die Übermittlung und den Vergleich von Fingerabdrücken. Die Neufassung entfaltet Geltung ab dem 20. Juli 2015. Zweck der Eurodac-VO ist, die Bestimmung des für die Prüfung eines Asylantrages zuständigen Staates zu erleichtern (Art. 1). Der Rechtsakt beruht auf Art. 78 Abs. 2 lit. e AEUV. Die Daten des Betroffenen werden in einer zentralen Datenbank gespeichert, welche von einer bei der Kommission eingerichteten Zentraleinheit betrieben wird (Art. 11). Erfasst werden die Fingerabdrücke von Asylbewerbern und illegal die Grenze überschreitenden Personen, die mindestens 14 Jahre alt sind (Art. 9), um zu ermitteln, ob der Asylbewerber bereits in einem anderen Staat Asyl beantragt hat und dieser Staat damit ggf. für das Asylverfahren zuständig ist. Anforderungen des Datenschutzes treffen sowohl den Herkunftsmitgliedstaat der Daten als auch die Kommission. Da das Vereinigte Königreich, die Republik 95

231 Zur älteren Geschichte des Asyls *Wittreck*, in: Dreier (Hrsg.), GG I, 3. Aufl., Tübingen 2013, Art. 16 a, Rn 2 ff mwN.

232 *U. Becker*, in: v. Mangoldt/Klein/Starck, GG I, 6. Aufl., München 2010, Art. 16 a, Rn 6; *Davy*, Alternativkommentar zum GG, 2001, Art. 16 a, Rn 1, jeweils mwN.

233 S. zu den Konfessionskriegen *Kimminich*, in: BK (1984), Art. 16, Rn 132.

234 So schon *Bast*, Internationalisierung, S. 295.

235 *Huber*, NVwZ 2014, 549. .

236 VO (EU) Nr. 604/2013 vom 26.6.2013, ABl. L 180, S. 31.

237 Art. 24 Abs. 1 Asylzuständigkeits-VO (EG) Nr. 343/2003; s. *A. Weber*, in: Pache (Hrsg.), S. 63.

238 *Huber*, NVwZ 2014, 552: *Marx*, ZAR 2014, 5.

239 Vgl dazu EuGH, Rs. C-4/11 (Deutschland / Kaveh Puid).

240 VO (EU) Nr. 603/2013, ABl. L 180, S. 1.; ursprünglich VO (EG) Nr. 407/2002, ABl. L 62 vom 5. März 2002, S. 1; dazu der Kommentar von *Ch. Schmid*, Eurodac-VO, 2003; *B. Schröder*, ZAR 2001, 71.

Irland und Dänemark von ihrem Recht des Opt-In Gebrauch gemacht haben und sich auch Norwegen, Island und die Schweiz beteiligen, ist die Eurodac-VO in den Mitgliedstaaten und drei Nicht-EU-Staaten anwendbar. Zugriff auf diese Daten haben nunmehr nicht mehr nur Asylbehörden, sondern in engen Grenzen auch die nationalen Polizeibehörden sowie Europol.

96 Im Jahre 2011 wurde die **Qualifikations-RL 2011/95/EU** neu gefasst, um die durch die ursprüngliche Fassung (RL 2004/83/EG) gewährten Mindeststandards des Flüchtlingsschutzes zu erweitern und die durch die GFK formulierten Kriterien zur Annahme des Flüchtlingsstatus zu verdeutlichen.[241] Ihre Umsetzung in Deutschland ist insbesondere mit Änderungen des AsylVfG erfolgt.[242] In Irland, Dänemark und dem Vereinigten Königreich gilt die Richtlinie in der Fassung von 2004 fort. Das wesentliche Ziel der Neufassung besteht darin, einerseits zu gewährleisten, dass die Mitgliedstaaten gemeinsame Kriterien zur Bestimmung der Personen anwenden, die tatsächlich Schutz benötigen, und andererseits sicherzustellen, dass diesen Personen in allen Mitgliedstaaten ein Mindestniveau von Leistungen geboten wird.[243] Besonderes Augenmerk sollte auf die Angleichung der Rechtsstellung der Flüchtlinge, denen subsidiärer Schutz gewährt wird, gelegt werden. Ziel der Richtlinie ist die Festlegung von Normen für die Anerkennung von Drittstaatsangehörigen oder Staatenlosen als Personen mit Anspruch auf internationalen Schutz sowie die Festlegung des Schutzinhalts (Art. 1). Als „Flüchtling" ist in der Neufassung der Richtlinie der Drittstaatsangehörige zu sehen, der „aus der begründeten Furcht vor Verfolgung wegen seiner Rasse, Religion, Nationalität, politischen Überzeugung oder Zugehörigkeit zu einer bestimmten sozialen Gruppe sich außerhalb des Landes befindet, dessen Staatsangehörigkeit er besitzt und den Schutz dieses Landes nicht in Anspruch nehmen kann oder wegen dieser Furcht nicht in Anspruch nehmen will, oder ein Staatenloser, der sich aus denselben vorgenannten Gründen außerhalb des Landes seines vorherigen gewöhnlichen Aufenthaltes befindet und nicht dorthin zurückkehren kann oder wegen dieser Furcht nicht dorthin zurückkehren will und auf den Art. 12 keine Anwendung findet" (Art. 2 lit. d). Der EuGH hat dazu ausgeführt, dass unter der Verfolgung wegen der Zugehörigkeit zu einer bestimmten sozialen Gruppe auch die sexuelle Orientierung der Person geschützt wird. Dabei kann von homosexuellen Personen insbesondere nicht verlangt werden, ihre sexuelle Orientierung zu verbergen und dadurch einer Verfolgung zu entgehen.[244] Gleiches gilt für die Verfolgung aus religiösen Gründen; auch hier kann dem Flüchtling nicht zugemutet werden, seine Überzeugung aufzugeben, um sich einer Verfolgung zu entziehen. Geschützt werden dabei sowohl das forum internum als auch das forum externum.[245] Ein subsidiärer Schutzstatus wird einer Person nach Art. 18 der RL auf Dauer zuerkannt, wenn diese Person zwar nicht die direkten Voraussetzungen zur Annahme einer Flüchtlingseigenschaft erfüllt, jedoch die Wahrscheinlichkeit besteht, dass diese Person bei Rückkehr in das Herkunftsland ernsthaften Schaden erleiden würde, wie zB die Verhängung der Todesstrafe, Folter oder erhebliche Gewalteinwirkung (vgl Art. 15). Die Richtlinie bezweckt auch, ein Mindestniveau an Leistungen an die Flüchtlinge festzuschreiben, das in allen Mitgliedstaaten geboten werden muss, um die Sekundärmigration von Asylbewerbern einzudämmen. Mitgliedstaaten können zwar günstigere Regelungen einführen oder beibehalten (Art. 3), da sie dann aber befürchten müssten, primäres Zielland von Migration zu werden, besteht ein Anreiz, das Mindestniveau nicht wesentlich zu überschreiten. Die Richtlinie konkretisiert und präzisiert die Flüchtlingsdefinition des Art. 1 der GFK für die Mitgliedstaaten, indem sie insbesondere Verfolgungshandlungen und Verfolgungsgründe bestimmt (Art. 9, 10; näher siehe unten Rn 162 ff). Die Richtlinie erkennt nichtstaatliche und geschlechtsspezifische Verfolgung an (vgl auch § 60 Abs. 1 AufenthG).[246] Das Regime der Richtlinie über den subsidiären Schutzstatus kommt zur Anwendung, wenn eine Person die Voraussetzungen zur Anerkennung der Flüchtlingseigenschaft

241 RL 2011/95/EU, ABl. 2011 L 337 vom 20.12.2011, S. 9.
242 BGBl. 2013 I, 3474.
243 RL 2011/95/EU, Gründe (12).
244 EuGH, Rs. C-199/12 bis C-201/12 (Minister vor Immigratie en Asiel / X, Y, Z).
245 Vgl zur Verfolgung aus religiösen Gründen: EuGH, Rs. C-71/11, C-99/11.
246 *Duchrow*, ZAR 2004, 339 f; *Meyer/Schallenberger*, NVwZ 2005, 776, 777.

nicht erfüllt, aber im Herkunftsstaat Folter, eine Bedrohung des Lebens oder die Todesstrafe zu erwarten hat (Art. 15). Diese Personen verfügen über eine eigene Rechtsposition, denn die Regelungen über den Schutzinhalt gelten nicht nur für Flüchtlinge, sondern grundsätzlich auch für die Personen mit Anspruch auf subsidiären Schutz (Art. 20 Abs. 2). Inhalte des von den Mitgliedstaaten zu gewährenden Schutzes sind etwa der Schutz vor Zurückweisung, die Wahrung des Familienverbandes, die Ausstellung eines Aufenthaltstitels sowie der Zugang zu Beschäftigung, Bildung oder sozialen Leistungen.

Regelungen über das **Verfahren der Zu- oder Aberkennung der Flüchtlingseigenschaft** trifft die **Verfahrens-RL 2013/32/EU** (näher unten Rn 182 ff),[247] die auf Art. 78 Abs. 2 lit. d AEUV fußt. Der Neufassung der Richtlinie ging eine erfolgreiche Nichtigkeitsklage durch das Europäische Parlament voraus, da es trotz der entsprechenden Kompetenz nicht an dem Verfahren beteiligt worden war.[248] Die Neufassung der Richtlinie verfolgt insbesondere die Ziele, ein gemeinsames Asylverfahren in sämtlichen Mitgliedstaaten herbeizuführen, den Grundsatz der Solidarität unter den Mitgliedstaaten zu stärken, eine Ausrichtung der Mitgliedstaaten an den Leitlinien des EASO zu intensivieren, eine zeitnahe Antragsbescheidung zu fördern (vgl dazu Art. 6 der RL, der eine grundsätzliche Registrierungspflicht innerhalb von sechs Tagen vorsieht) sowie die Gewährung von Rechtsschutz zu stärken (vgl das in Art. 14 der RL verfestigte Recht zur persönlichen Anhörung, Art. 19 ff hinsichtlich der unentgeltlichen Rechtsberatung). Eine Reihe der restriktiven, auf Verweigerung eines Aufenthaltsrechts gerichteten Elemente sind dem deutschen Asylrecht bekannt, insbesondere die Einführung von Vorschriften über „sichere Drittstaaten" und „sichere Herkunftsstaaten" (Art. 36 ff).[249] Die Mitgliedstaaten haben effektiven Rechtsschutz sicherzustellen (Art. 46). Dieser ist detailliert ausgestaltet und löst die unzureichende Vorgängerregelung ab. Der auch einstweilige Rechtsschutz löst ein Bleiberecht aus (Art. 46 Abs. 7). 97

Einen Mindeststandard für die **Behandlung von Asylbewerbern** legt die **Aufnahme-RL 2013/33/EU** fest, die am 19. Juli 2013 in Kraft getreten ist.[250] Ihre Rechtsgrundlage ist Art. 78 Abs. 2 lit. f AEUV. Wichtige Ziele sind die Vermeidung von Sekundärmigration und des Missbrauchs von Aufnahmesystemen, aber auch die Gewährleistung eines menschenwürdigen Lebens der Asylbewerber.[251] Da einige Mitgliedstaaten den Flüchtlingen lediglich einen unter dem Existenzminimum liegenden Schutz gewährleisteten sowie die Voraussetzungen zur Ingewahrsamnahme und auch die Arbeitsbedingungen ausbesserungsbedürftig waren, bedurfte es einer Neufassung der ursprünglich 2003 verabschiedeten Richtlinie. Die Richtlinie gilt für alle Drittstaatsangehörigen und Staatenlosen, die an der Grenze oder im Hoheitsgebiet eines Mitgliedstaates internationalen Schutz beantragen (Art. 3). Sie werden von dem Mitgliedstaat über Rechtsbeistände und Hilfsorganisationen informiert (Art. 5). Asylbewerber genießen in einem ihnen zugewiesenen Gebiet Bewegungsfreiheit (Art. 7). Materielle Aufnahmeleistungen können in unterschiedlicher Form gewährt werden, wobei insbesondere die Unterbringung bestimmten Anforderungen zu genügen hat (Art. 17, 18). Die Mitgliedstaaten haben Zugang zum Arbeitsmarkt zu gewährleisten (Art. 15). Die Wartezeit hinsichtlich des Zugangs zum Arbeitsmarkt wird von zuvor 12 Monaten auf nunmehr 9 Monate verkürzt. Dies ist in § 61 Abs. 2 AsylVfG umgesetzt. Die Situation besonders bedürftiger Personen, zB von Minderjährigen, bedarf besonderer Berücksichtigung (Art. 21 ff). Nach wie vor besteht jedoch der Bedarf nach einer Präzisierung der den Flüchtlingen zur Verfügung gestellten Mittel, da auch die Neufassung der Richtlinie lediglich unpräzise die Gewährung eines „angemessenen Lebensstandards" vorgibt (vgl Art. 17 Abs. 2), der den Mitgliedstaaten bei der Umsetzung weiterhin einen erheblichen Spielraum einräumt. Der Art. 22 stellt besondere Bedürfnisse schutzbedürftiger Personen bei der Aufnahme heraus. Eine weitere Neuerung stellt die explizite Aufnahme von Haftgründen dar, die in Art. 8 Abs. 3 lit. a bis f der RL 2013/33/EU geregelt werden. Die 98

247 RL 2013/32/EU, ABl. L 180, S. 60.
248 EuGH, Rs. C-133/06.
249 Aus verfassungsrechtlicher Sicht *Wittreck*, in: Dreier (Hrsg.), (Fn 225), Art. 16 a, Rn 71 ff, 113 ff mwN.
250 RL 2013/33/EU, ABl. L 180, S. 96.
251 Erwägungsgründe 8, 11 und 12 der RL 2013/33.

Umsetzungsfrist der Aufnahmerichtlinie läuft bis zum 20. Juli 2015. Erst ab dem 21. Juli 2015 ist die RL 2003/9/EG aufgehoben.

99 Einen Sonderfall regelt die **RL über die Gewährung vorübergehenden Schutzes.**[252] Sie ist durch das Zuwanderungsgesetz umgesetzt worden. Nach den Vorgaben des damaligen Art. 63 Nr. 2 lit. a und b EGV, der nunmehr durch Art. 78 Abs. 2 lit. c AEUV ersetzt wird, geht es darin um den Schutz vertriebener Personen aus dritten Ländern und die ausgewogene Verteilung der Belastungen, die mit der Aufnahme dieser Flüchtlinge verbunden sind. Den politischen und geschichtlichen Hintergrund für den Rechtsakt bilden die Bürgerkriege auf dem Balkan in den neunziger Jahren des letzten Jahrhunderts, die zu einem Massenzustrom von Bürgerkriegsflüchtlingen insbesondere aus dem Kosovo und aus Bosnien-Herzegowina führten. Da die Bundesrepublik Deutschland besonders viele der Flüchtlinge aufnahm, lag eine gemeinsame Regelung derartiger Konstellationen durch das Unionsrecht in ihrem gesteigerten Interesse. Es handelt sich bei dem vorübergehenden Schutz um ein ausnahmehalber durchzuführendes Verfahren (Art. 2 lit. a). Die Dauer des vorübergehenden Schutzes beträgt grundsätzlich ein Jahr, sie kann aber durch Beschlüsse des Rates beendet oder verlängert werden (Art. 4, 6). Berechtigten Personen muss für die gesamte Dauer des Schutzes ein Aufenthaltstitel ausgestellt werden (Art. 8) und sie haben Anspruch auf den in der Richtlinie geregelten Minimalstandard, der die Ausübung einer abhängigen oder selbständigen Erwerbstätigkeit ebenso umfasst (Art. 12) wie den Erhalt einer angemessene Unterkunft und den Bezug von Sozialleistungen (Art. 13) sowie den Zugang von Personen unter 18 Jahren zum Bildungssystem (Art. 14). Die Betroffenen können jederzeit einen Asylantrag stellen (Art. 17). Nach Ablauf des vorübergehenden Schutzes sollen die Betroffenen freiwillig in ihr Herkunftsland zurückkehren, ansonsten erfolgt die Zwangsrückführung (Art. 21, 22). Nach Art. 78 Abs. 3 AEUV können im Fall einer Notlage eines oder mehrerer Mitgliedstaaten, die durch einen plötzlichen Zustrom ausgelöst wird, vorläufige Maßnahmen getroffen werden.

100 Die Normen und Verfahren über die Rückführung von Drittstaatsangehörigen, die sich illegal in der Union aufhalten, sollen aufgrund der Rückführungs-RL 2008/115/EG[253] vereinheitlicht werden (Art. 1). Nach den Erwägungsgründen ist dies vor dem Hintergrund des Asyl- und Flüchtlingsschutzes in der Europäischen Union erforderlich, da Standards und Rechtsvorschriften in den Mitgliedstaaten uneinheitlich sind und zum Teil keinen ausreichenden Schutz des sich in der Union aufhältigen Drittstaatsangehörigen bieten. Zum Schutz der Menschenrechte aber auch der Grundrechte bedurfte es folglich einer einheitlichen Regelung für das Unionsgebiet. Die Richtlinie findet nur Anwendung auf illegal im Hoheitsgebiet eines Mitgliedstaates aufhältige Drittstaatsangehörige, wobei sie nicht nach Art. 2 Abs. 5 des Schengener Grenzkodexes zum Aufenthalt berechtigt sein dürfen (Art. 2 Abs. 3). Unberührt bleiben jedoch bilaterale oder multilaterale Vereinbarungen zwischen der Union bzw. ihren Mitgliedstaaten mit einem oder mehreren Drittstaaten (Art. 4 Abs. 1). Das Recht der Mitgliedstaaten, günstigere Bestimmungen für illegal in ihrem Hoheitsgebiet aufhältige Drittstaatsangehörige zu erlassen, bleibt erhalten, sofern diese Vorschriften mit der Richtlinie vereinbar sind (Art. 4 Abs. 3). Eine Rückführung ist dabei stets am Grundsatz der Nichtzurückweisung zu messen. Zu berücksichtigen sind das Wohl des Kindes, die familiären Bindungen und der Gesundheitszustand des Drittstaatsangehörigen (Art. 5). Ein Einreiseverbot des Rückgeführten, welches in der Regel fünf Jahre nicht überschreiten darf, geht nur im Falle der fehlenden Frist für die Ausreise oder, falls der Rückkehrverpflichtung nicht nachgekommen wurde, mit der Rückkehrentscheidung einher (Art. 11). Eine Inhaftierung des Drittstaatsangehörigen ist nur für Zwecke der Abschiebung statthaft und dann anzuordnen, wenn keine mildere Zwangsmaßnahme Erfolg verspricht (Art. 15). Bei Minderjährigen oder Familien mit minderjährigen Kindern ist die Haft nur im äußersten Falle und für die kürzest mögliche und angemessene Dauer einzusetzen (Art. 17). Die Zulässigkeit einer Freiheitsentziehung von erheblicher Dauer begegnet dabei grundrechtlichen Bedenken und stellte im Vorfeld des Erlasses der Richtlinie den auch aus Sicht des Europäischen

252 RL 2001/55/EG, ABl. L 212 vom 20. Juli 2001, S. 12.
253 RL 2008/115/EG, ABl. L 348 vom 24. Dezember 2008, S. 98.

Parlaments streitigsten Punkt dar. In einem Verfahren vor dem EuGH stand im Streit, ob die Gestaltung der Abschiebehaft in Deutschland, insbesondere die Unterbringung in Justizvollzugsanstalten anstatt in spezifischen Einrichtungen, mit Art. 16 der Rückführungs-RL vereinbar ist (Rs. C-473/13). Der EuGH hat klargestellt, dass die deutsche Regelung nicht europarechtskonform ist, weil eine Unterbringung in spezifischen Einrichtungen gewährleistet werden müsse und die föderale Struktur dem nicht entgegenstehe; die Personen in Abschiebehaft seien also grundsätzlich in speziellen Einrichtungen anderer Bundesländer unterzubringen.[254] Die Aufnahme-RL 2013/33 enthält in Art. 10 eine parallele Regelung.

Solidarität nach außen auf dem Gebiet der Steuerung von Migrationsströmen betrifft die **VO zur Einrichtung eines Programms für die finanzielle und technische Hilfe für Drittländer** (AENEAS),[255] das ausgelaufen ist. Auf der Grundlage der Art. 209 Abs. 1, Art. 212 AEUV betreffend die Entwicklungszusammenarbeit werden danach Drittstaaten in ihren Anstrengungen unterstützt, Migrationsströme zu steuern.[256] Legale Migration soll besser gesteuert, illegale Migration besser verhindert werden.[257] Das Programm wendet sich vorrangig an Staaten, die aktiv mit der Vorbereitung oder Durchführung eines paraphierten, unterzeichneten oder mit der Europäischen Gemeinschaft geschlossenen Rückübernahmeübereinkommens befasst sind (Art. 1 Abs. 2 AENEAS-VO). Der Finanzrahmen für das Kooperationsprogramm lag für den Zeitraum vom 1. Januar 2004 bis zum 31. Dezember 2008 bei 250 Mio. Euro, wobei die Kofinanzierung einer Aktion durch die Gemeinschaft höchstens 80 % beträgt (Art. 6). Förderungsfähige Aktionen reichen von der Rechtsberatung und Information Betroffener über die Verbesserung der Grenzkontrollen und der Ausstellung von Visa bis zur Unterstützung der sozioökonomischen Wiedereingliederung von Rückkehrern in ihre Herkunftsländer (Art. 2 Abs. 2). Als Partner kommen nicht nur Regierungen auf staatlicher, regionaler oder lokaler Ebene in Betracht, sondern auch regionale und internationale Organisationen sowie Nichtregierungsorganisationen (Art. 4). Das Programm wird von der Kommission verwaltet, die von einem Ausschuss aus Vertretern der Mitgliedstaaten unterstützt wird (Art. 7, 8, 9). 101

D. Der Schengen-Besitzstand – Entwicklungen und Gehalte

I. Das Schengen-Übereinkommen

Den normativen Ursprung des Einwanderungsrechts der EU bildet das Schengen-Übereinkommen vom 14. Juni 1985 (SÜ).[258] Das Schengen-Übereinkommen ist ein Verwaltungsabkommen der Regierungen.[259] Dieses knüpfte an ein in Saarbrücken beschlossenes deutsch-französisches Abkommen von 1984 an,[260] bedeutete aber den Schritt von der bilateralen zur multilateralen europäischen Kooperation. Kern des Schengen-Übereinkommens war der **Abbau der Kontrollen an den Binnengrenzen** bei gleichzeitiger Zusammenarbeit der teilnehmenden Staaten hinsichtlich der Kontrolle an den gemeinsamen Außengrenzen.[261] Im Regelfall sollte für den Personenverkehr eine einfache Sichtkontrolle der Personenkraftfahrzeuge genügen, ohne diese anzuhalten (Art. 2 SÜ). Im Hinblick 102

254 EuGH, Rs. 473/13, siehe auch oben Rn 36.

255 VO (EG) Nr. 491/2004 des Europäischen Parlaments und des Rates vom 10. März 2004 zur Einrichtung eines Programms für die finanzielle und technische Hilfe für Drittländer im Migrations- und Asylbereich (AENEAS), ABl. L 80 vom 18. März 2004, S. 1.

256 S. *T. Müller*, in: Müller-Graff (Hrsg.), S. 105, 112.

257 *Müller-Graff/Kainer*, Jahrbuch 2003/2004, S. 134.

258 Übereinkommen von Schengen vom 14. Juni 1985 zwischen den Regierungen der Staaten der Benelux-Wirtschaftsunion, der Bundesrepublik Deutschland und der Französischen Republik betreffend den schrittweisen Abbau der Kontrollen an den gemeinsamen Grenzen, Text in GMBl. 1986, S. 79 (Nr. 5).

259 *Hofmann*, in: Merli, S. 164; zu Verwaltungsabkommen *Schweitzer*, Staatsrecht III, Staatsrecht, Völkerrecht, Europarecht, 8. Aufl., Heidelberg 2004, Rn 189.

260 Abkommen zwischen der Regierung der Bundesrepublik Deutschland und der Regierung der Französischen Republik über den schrittweisen Abbau der Kontrollen an der deutsch-französischen Grenze vom 13. Juli 1984, BGBl. II, S. 768.

261 Zum Ganzen *Achermann/Bieber/Epiney/Wehner*, Schengen und die Folgen, Bern u.a. 1995; *deLobkowicz*, in: Busek/Hummer (Hrsg.), Etappen auf dem Weg zu einer europäischen Verfassung, Wien u.a. 2004, S. 131.

auf den Straßengüterverkehr wurde eine Beschränkung auf Stichprobenkontrollen vereinbart (Art. 11, 12 SÜ). Der Kampf gegen Kriminalität sollte insbesondere durch den Austausch von Informationen verstärkt werden (Art. 9 SÜ). Die Abschaffung der Grenzkontrollen wurde von vornherein mit dem Ergreifen von Ausgleichmaßnahmen verbunden.[262]

103 Für die zunächst fünf **Vertragsstaaten** Belgien, Deutschland, Frankreich, die Niederlande und Luxemburg trat das Übereinkommen erst am 1. September 1993 in Kraft.[263] Portugal und Spanien unterzeichneten am 25. Juni 1991 (in Kraft am 1. März 1994).[264] Italien trat dem Übereinkommen am 27. November 1990 bei (in Kraft am 1. Juli 1997), Griechenland am 6. November 1992 (in Kraft am 1. Dezember 1997).[265] Weitere Staaten folgten im Kontext des Beitritts von Finnland, Österreich und Schweden zur EU im Jahr 1995 und des Vertrages von Amsterdam von 1999.

II. Schengen-Durchführungsübereinkommen und SIS

104 Handhabbar werden die Regelungen des Schengen-Übereinkommens durch das Schengen-Durchführungsübereinkommen vom 19. Juni 1990 (SDÜ).[266] Dessen Regelungen sind teilweise durch neuere und speziellere Rechtsakte aufgehoben worden, die dem Grunde nach die gleichen Gehalte betreffen, sie aber fortschreiben und ausdifferenzieren (siehe unten Rn 128). Mit dem SDÜ werden die **Personenkontrollen an den Binnengrenzen abgeschafft** (Art. 2 Abs. 1). Damit wird zum einen der durch das Schengen-Übereinkommen angestoßene Prozess rechtlich abgeschlossen, zum anderen treten Regelungen zum Asylrecht hinzu. Die Querverbindungen zur Freizügigkeit werden verstärkt (vgl Art. 26 AEUV). Das Schengen-Durchführungsübereinkommen trägt den Charakter eines völkerrechtlichen Vertrages. Nach Art. 139 Abs. 1 SDÜ bedurfte es der Ratifikation, Annahme oder Genehmigung, nach Art. 140 SDÜ ist der Beitritt weiterer Mitgliedstaaten der EU zulässig.[267] Bevor das SDÜ Wirksamkeit entfalten konnte, mussten insbesondere die informationstechnischen und datenschutzrechtlichen Voraussetzungen geschaffen werden.[268] Nachdem dies geschehen war, wurde es **am 26. März 1995 in Kraft** gesetzt. Die Regelungen des SÜ und des SDÜ gehen im Schengen-Besitzstand auf, zu dem auch die Beschlüsse des Exekutivausschusses zählen.[269] Der **Exekutivausschuss** (Art. 131 Abs. 1 SDÜ) ist mit der Einbeziehung in den Schengen-Besitzstand abgeschafft und durch den Ministerrat der EU ersetzt.

105 Die Voraussetzungen einer legalen Einreise legte Art. 5 SDÜ fest. Nunmehr ist der Visakodex anwendbar, an den § 6 AufenthG angepasst wurde.[270] Die Kontrollen im Fall des Überschreitens der Außengrenze erfolgen nach einheitlichen Grundsätzen in der Zuständigkeit des jeweiligen Mitgliedstaates. Das einheitliche **Schengen-Visum** ist für alle Schengen-Staaten gültig. Nach § 6 Abs. 1 Nr. 1 AufenthG können sich Angehörige von Drittstaaten bis zu drei Monate frei im Hoheitsgebiet aller Vertragsparteien bewegen. Schengen-Visa können verlängert werden (§ 6 Abs. 2 AufenthG). Längerfristige Aufenthalte im Bundesgebiet bedürfen eines nationalen Visums (§ 6 Abs. 3 AufenthG).

106 Das Schengen-Durchführungsübereinkommen enthält auch Bestimmungen zum **Flüchtlings- und Asylrecht**, die aber inzwischen durch die umfassenden Regeln des europäischen Flüchtlings- und

262 Kritisch zu dieser Verknüpfung *Epiney*, in: Busek/Hummer (Hrsg.), (Fn 254), S. 115.

263 Bekanntmachung vom 20. April 1994, BGBl. II, S. 631.

264 Bekanntmachung vom 19. Dezember 1995, BGBl. 1996 II, S. 242.

265 Bekanntmachung vom 8. Juli 1998, BGBl. II, S. 1968.

266 Gesetz vom 23. Juli 1993 zum Übereinkommen vom 19. Juni 1990 zur Durchführung des Übereinkommens von Schengen vom 14. Juni 1985 zwischen den Regierungen der Staaten der Benelux-Wirtschaftsunion, der Bundesrepublik Deutschland und der Französischen Republik betreffend den schrittweisen Abbau der Kontrollen an den gemeinsamen Grenzen, BGBl. II, S. 1010.

267 Für Deutschland BGBl. 1990 II, S. 1010.

268 Vgl das Abschlusskommuniqué des schon provisorisch arbeitenden Schengen-Exekutivausschusses vom 26. April 1994, Bulletin der Bundesregierung 1994, Nr. 38, S. 338.

269 Protokoll (Nr. 2) zur Einbeziehung des Schengen-Besitzstandes in den Rahmen der Europäischen Union (1997) mit Anhang.

270 *Winkelmann*, in: Renner/Bergmann/Dienelt, § 6 AufenthG, Rn 1.

Asylrechts abgelöst wurden. Die Bezugnahme im SDÜ folgt aus dem engen Zusammenhang mit der Abschaffung der Kontrollen an den Binnengrenzen, welche grundsätzlich auch für Flüchtlinge und Asylsuchende die Reisefreiheit eröffnet. Die Vertragsstaaten verpflichten sich schon nach dem SDÜ, jedes Asylbegehren zu behandeln, stellen aber klar, dass dies nicht notwendig zu einem Recht auf Einreise oder einem Aufenthaltsrecht des Asylbegehrenden führen muss (Art. 29 Abs. 1 und 2). Die Vorschriften über die Zuständigkeit für ein Asylbegehren (Art. 30 ff) erwiesen sich schnell als unzureichend und wurden 1990 durch das Dubliner Übereinkommen ersetzt. Inzwischen gilt die Dublin III-VO.

Die Vorschriften des SDÜ über die **polizeiliche Zusammenarbeit** sind durch den Rahmenbeschluss 2006/960/JI, die sog. Schwedische Initiative, ersetzt worden, wenn und soweit sie die informationelle Kooperation betreffen.[271] Für Deutschland ist dies durch die gesetzliche Umsetzung mit Wirkung zum 26. Juli 2012 erfolgt.[272] Nach Art. 12 Nr. 1 des Rahmenbeschlusses 2006/960/JI sind die Art. 39 Abs. 1–3 und Art. 46 SDÜ aufgehoben worden. Das gilt aber nur, soweit diese Regelungen den in der Schwedischen Initiative vorgesehenen Austausch von Informationen und Erkenntnissen für die Zwecke strafrechtlicher Ermittlungen oder polizeilicher Erkenntnisgewinnungsverfahren betreffen. Die Schwedische Initiative erfasst alle Informationen und Erkenntnisse, die bei den Behörden und privaten Stellen der Mitgliedstaaten vorhanden und für die Strafverfolgungsbehörden ohne das Ergreifen von Zwangsmaßnahmen verfügbar sind. Für physisch geprägte polizeiliche Kooperation gelten die Vorschriften des SDÜ fort. Grenzüberschreitende Observationen können aufgrund der Zustimmung des anderen Vertragsstaates zu einem Rechtshilfeersuchen oder in dringlichen Fällen nach Meldung und Nachreichen eines Rechtshilfeersuchens durchgeführt werden (Art. 40). Die Nacheile, also die Verfolgung von Personen, die auf frischer Tat ertappt werden, über die Grenzen hinweg, ist unter Einhaltung einer Reihe von Modalitäten zulässig (Art. 41). Die allgemeinen Regelungen der Art. 48 ff SDÜ über die Rechtshilfe in Strafsachen und die Auslieferung gelten ebenfalls weiter. 107

Einer der wesentlichen Bestandteile des SDÜ ist die Einrichtung eines gemeinsamen Informationssystems der Vertragsstaaten – das **Schengener Informationssystem (SIS)**. Mit dem SIS wird ein Bündel an **Zielen** verfolgt, da nicht nur die Kooperation der Behörden technisch-praktisch verbessert, sondern auch die polizeiliche Zusammenarbeit gefördert werden soll.[273] In seiner ersten Version (SIS I) wurden Ausschreibungen, die der Suche nach Personen oder Sachen dienen, zum Abruf im automatisierten Verfahren eingeführt (Art. 92 Abs. 1). Vorteil eines gemeinsamen Informationssystems ist, dass eine zentrale Verwaltung von Informationen den unmittelbaren Zugriff der angeschlossenen, berechtigten nationalen Behörden vor Ort ohne Zeitverzögerung ermöglicht.[274] Bevor solche Datensätze über das „Supplementary Information Request at the National Entry (**SIRENE**)"-Büro, das jeder Schengen-Staat betreibt, und das Zusatzinformationen zwischen den einzelnen SIS-Nutzern im In- und Ausland vermittelt, in das SIS eingegeben werden, müssen sie erhoben werden.[275] In Deutschland ist das SIRENE-Büro dem Bundeskriminalamt zugeordnet. Die Ausschreibungen im SIS werden nach § 3 Abs. 1 a BKAG in das deutsche polizeiliche Informationssystem eingegeben. Neben den Regelungen im SDÜ gibt es für die Staatsanwaltschaften in Deutschland „Richtlinien über die internationale Fahndung nach Personen, einschließlich der Fahndung nach Personen im Schengener Informationssystem".[276] Das SIS hat sich seit seiner Implementierung 1995 immer weiter entwickelt. 108

271 Rahmenbeschluss 2006/960/JI, ABl. L 386 vom 29.12.2006, S. 89, L 75 vom 15.3.2007, S. 26.

272 Gesetz über die Vereinfachung des Austauschs von Informationen und Erkenntnissen zwischen den Strafverfolgungsbehörden der Mitgliedstaaten der Europäischen Union vom 21. Juli 2012 (BGBl. I S. 1566), BGBl. I 2012, S. 1566.

273 *Gusy/Schewe*, Jahrbuch 2003/2004, S. 179.

274 Vgl Report of the Schengen Joint Supervisory Authority on an inspection of the use of Article 96 alerts in the SIS, Brussels, 20. June 2005, S. 3.

275 Vgl *Schefer/Stämpfli*, Die Grundlagen des Datenschutzes im Rahmen von Schengen, in: Breitenmoser/Gless/Lagodny (Hrsg.), Schengen in der Praxis, Zürich u.a. 2009, S. 149 ff.

276 RiStBV Anlage F.

109 Es bestanden bereits seit 2001 Pläne für einen Ausbau und eine Erneuerung des **Schengener Informationssystem (SIS II)**.[277] Zudem machten die EU-Erweiterungen von 2004 und 2007 eine Erneuerung des SIS notwendig, da dessen Kapazitäten für die gestiegene Zahl an Staaten nicht ausreichten. Auch wurde über eine Erweiterung der in Frage kommenden Anwender und der abfragbaren Datenkategorien nachgedacht.[278] Praktische Schwierigkeiten und Bedenken gegen die erhöhten Kosten angesichts des zu erwartenden Nutzens führten jedoch dazu, dass die existierenden Strukturen unter der Bezeichnung SIS 1+ modifiziert und zunächst weiter geführt wurden.[279] Seit dem 9. April 2013 ist SIS II nun in Wirkbetrieb.[280] Grundlagen für SIS II stellen der Ratsbeschluss 2007/533/JI über die Errichtung, den Betrieb und die Nutzung des Schengener Informationssystems der zweiten Generation vom 12. Juni 2007[281] sowie die Verordnung 1987/2006/EG des Europäischen Parlaments und des Rates über die Einrichtung und die Nutzung des Schengener Informationssystems der zweiten Generation vom 20. Dezember 2006[282] dar.[283] Die Einführung von SIS II ersetzt die Vorschriften des Artikels 64 und Artikel 92 bis 119 des SDÜ mit Ausnahme von Artikel 102 a, die die Einführung des SIS I regelten.[284]

110 Mit Ratsbeschluss 2007/533/JI über die Einrichtung, den Betrieb und die Nutzung des Schengener Informationssystems der zweiten Generation (SIS II) ist ein **Zugriff auf ein „Mehr" an Daten** möglich.[285] Die Datenvermittlung von Zusatzinformationen zu Ausschreibungen im SIS II erfolgt ebenfalls über das jeweilige SIRENE-Büro.[286] Zugriffsberechtigt sind Polizei- und Grenzkontrollbehörden, Zoll und nationale Justizbehörden (Art. 40) sowie VISA und KFZ-Zulassungsbehörden.[287] Europol und Eurojust haben ebenfalls Zugriff, jedoch nur auf einen Teil der Daten (Art. 41 ff).[288] Die weiten Zugriffsbefugnisse lassen die Nutzung von SIS II als umfassendes Informationssystem der EU für Polizei und Justiz zu.[289] Die Verwaltung des SIS II wird übernommen durch **EU-LISA** (EU Agency for large-scale IT systems), die Europäische Agentur für das Betriebsmanagement von

277 VO (EG) Nr. 2424/2001 des Rates vom 6. Dezember 2001 über die Entwicklung des Schengener Informationssystems der zweiten Generation (SIS II), ABl. L 328 vom 13. Dezember 2001, S. 4; Mitteilung der Kommission an den Rat und das Europäische Parlament – Entwicklung des Schengener Informationssystem der zweiten Generation (SIS II) und mögliche Synergien mit einem künftigen Visa-Informationssystem (VIS), KOM; (2003) 771 endg.

278 *Wagner*; Polizei jenseits parlamentarischer und gerichtlicher Kontrolle?, in: Möllers/van Ooyen, S. 229, 233 mwN.

279 VO (EG) Nr. 1104/2008 des Rates vom 24. Oktober 2008 über die Migration vom Schengener Informationssystem (SIS 1+) zum Schengener Informationssystem der zweiten Generation (SIS II), ABl. L 299 vom 8. November 2008, S. 1; Beschluss 2008/839/JI des Rates vom 24. Oktober 2008, über die Migration vom Schengener Informationssystem (SIS 1+) zum Schengener Informationssystem der zweiten Generation (SIS II); ABl. L 299 vom 8. November 2008, S. 43.

280 Pressemitteilung der KOM vom 9.4.2013.

281 ABl. L 205 vom 7. August 2007, S. 633 ff.

282 ABl. L 381 vom 28. Dezember 2006, S. 4 ff.

283 Die Migration von SIS 1+ zu SIS II erfolgte durch die in Fn 279 genannten Rechtsakte.

284 Weitere Auswirkungen auf den Schengener Besitzstand sind den Art. 68 ff des Ratsbeschlusses 2007/533/JI zu entnehmen.

285 Vgl Art. 20 ff: Biometrische Merkmale (Fingerabdrücke und Lichtbilder) (Art. 22), neue Arten von Ausschreibungen (gestohlenen Flugzeuge, Wasserfahrzeuge, Container (Art. 36), Zahlungsmittel (Art. 38)), Möglichkeit der Verknüpfung verschiedener Ausschreibungen (Art. 52), z.B. Personenausschreibung mit Fahrzeugausschreibung. Im SIS II ist zudem der Zugang zu Kopien des Europäischen Haftbefehls (EuHB) bei Ausschreibungen zwecks Verhaftung, Übergabe oder Auslieferung gesuchten Personen gewährt (Art. 27).

286 Entscheidung der Kommission 2008/334/EG vom 4. März 2008 zur Annahme des SIRENE-Handbuchs und anderer Durchführungsbestimmungen für das Schengener Informationssystem der zweiten Generation (SIS II), ABl. L 123 vom 8. Mai 2008.

287 Benennung der zugriffsberechtigten deutschen Behörden einsehbar in der Liste der zuständigen Behörden, die gemäß Art. 31 Abs. 8 der VO (EG) Nr. 1987/2006 und Art. 46 Abs. 8 des Beschlusses 2007/533/JI des Rates über die Einrichtung, den Betrieb und die Nutzung des Schengener Informationssystems der zweiten Generation (SIS II) berechtigt sind, die im SIS II gespeicherten Daten unmittelbar abzufragen, ABl. C. 103/01 vom 9. April 2013.

288 Europol hat Zugriff auf die nach den Artikeln 26, 36 und 38 und Eurojust auf die nach den Artikeln 26, 32, 34 und 38 des Ratsbeschlusses eingegeben Daten.

289 *Esser*, in: Böse, EnzEuR, Bd. 9, § 19, Rn 100.

IT-Großsystemen im Raum der Freiheit, der Sicherheit und des Rechts.[290] Sie verwaltet auch Eurodac und das Visa-Informationssystem. Sie ist zuständig für den reibungslosen Ablauf des Datenaustauschs wie auch für die IT-Sicherheit, die Fortbildung von IT-Experten und die statistische Überwachung der Abfragen.[291]

Das Erheben, Verarbeiten und Speichern von personenbezogenen Daten durch ein staatlich verantwortetes Informationssystem macht Regelungen zu **Datenschutz und Datensicherung** zwingend notwendig.[292] Die Vertragsstaaten haben sich im SDÜ auf einen gemeinsamen Mindeststandard an Datenschutz verpflichtet (Art. 126), der sich aus den Maßstäben des Datenschutzübereinkommens des Europarates ergibt.[293] Im Sinne der Datensparsamkeit enthielt das SIS I nur bestimmte Kategorien von Daten (Art. 94).[294] 111

Es wurde befürchtet, dass mit der Inbetriebnahme des SIS II der Grundsatz der **Zweckbindung** der erhobenen Daten relativiert werden könnte.[295] Der Ratsbeschluss 2007/533/JI hat den Zweckbindungsgrundsatz des Art. 102 Abs. 2 SDÜ in Art. 46 Abs. 1 aufgenommen, allerdings bleibt offen, in welchem Umfang vom ursprünglichen Ausschreibungszweck abgewichen werden darf. Immerhin wird in Art. 57 des Ratsbeschlusses 2007/533/JI, wie bereits in Art. 117 SDÜ, auf die Anwendbarkeit der Datenschutzkonvention des Europarates verwiesen, wodurch der Zweckbindungsgrundsatz des Art. 5 lit. b DSK zur Anwendung gelangt.[296] Zudem müssen Bürger über Rechte auf Auskunft, Berichtigung unrichtiger Daten und Löschung unrechtmäßig gespeicherter Daten (Art. 58 Ratsbeschluss 2007/533/JI) verfügen. Das Auskunftsrecht für einen deutschen Bürger richtet sich nach deutschem Datenschutzrecht. Die Datenverarbeitung der SIS-II-Daten im jeweiligen Hoheitsgebiet und deren Übermittlung aus dem Hoheitsgebiet und den Austausch und die Weiterverarbeitung von Zusatzinformationen wird durch die nationalen Datenschutzbehörden überwacht (Art. 60). 112

Das SDÜ entfaltet **Bedeutung in der Rechtshilfe.** Nach Art. 54 SDÜ darf eine Person, die durch eine Vertragspartei rechtskräftig abgeurteilt worden ist, nicht durch eine andere Vertragspartei wegen derselben Tat verfolgt werden. Zweck des Art. 54 SDÜ ist es zu verhindern, dass Personen, die von ihrem Recht auf Freizügigkeit Gebrauch machen, in mehreren Mitgliedstaaten verurteilt werden. Dies erfordert nach der Rechtsprechung des EuGH ein gegenseitiges Akzeptieren des im anderen Mitgliedstaat geltenden Strafrechts, auch wenn das innerstaatliche Strafrecht zu einem anderen Ergebnis geführt hätte.[297] Der EuGH hat etwa entschieden, dass auch die Einstellung eines Strafverfahrens durch die Staatsanwaltschaft im Rahmen eines Verfahrens, das in eine abschließenden Entscheidung mündet, eine Verurteilung im Sinne des Art. 54 SDÜ ist und damit zum **Verbot der Doppelbestrafung** führt.[298] In der *Rechtssache Gözütok* wurde die Strafverfolgung wegen eines Betäubungsmitteldelikts in den Niederlanden beendet, dennoch erhob die Staatsanwaltschaft 113

290 VO 1077/2011 vom 25. Oktober 2011 zur Errichtung einer Europäischen Agentur für das Betriebsmanagement von IT-Großsystemen im Raum der Freiheit, der Sicherheit und des Rechts, ABl. L 286/1 vom 1. November 2011. Die Agentur nahm ihre Tätigkeit am 1.12.2012 auf.

291 Vgl Art. 2 – 8 der VO 1077/2011 vom 25. Oktober 2011 zur Errichtung einer Europäischen Agentur für das Betriebsmanagement von IT-Großsystemen im Raum der Freiheit, der Sicherheit und des Rechts, ABl. L 286/1 vom 1. November 2011.

292 *Schriever-Steinberg*, Die datenschutzrechtliche Umsetzung und Praxis von Schengen in Deutschland, in: Breitenmoser/Gless/Lagodny (Hrsg.), (Fn 268), S. 159 ff; vgl *Epiney*, in: Busek/Hummer (Hrsg.), (Fn 254), S. 125 f.

293 Übereinkommen des Europarates über den Schutz des Menschen bei der automatischen Verarbeitung personenbezogener Daten vom 28. Januar 1981, ETS no. 108.

294 Als Personen, die zur Einreiseverweigerung ausgeschrieben sind, kommen nur Drittausländer in Betracht (Art. 96). Die Rechtmäßigkeit des Umgangs mit den Daten wird von einer nationalen Kontrollinstanz überwacht, die Überwachung der technischen Unterstützungseinheit des SIS übernimmt die gemeinsame Kontrollinstanz (Art. 114, 115 SDÜ).

295 *Groenendijk*, ZAR 2007, 321.

296 Vgl hierzu *Schefer/Stämpfli*; Die Grundlagen des Datenschutzes im Rahmen von Schengen, in: Breitenmoser/Gless/Lagodny (Hrsg.), (Fn 268), S. 154 ff.

297 EuGH, Rs. C-187/01 und C-385/01 (Gözütok und Brügge), Slg 2003, I-1345, Rn 33.

298 Vgl auch EuGH, Rs. C-297/07, NJW 2009, 3149 zur Einschlägigkeit des Verbots der Doppelbestrafung.

Aachen Anklage. In der *Rechtssache Brügge* hatte die Staatsanwaltschaft Bonn ein Verfahren wegen Körperverletzung nach § 153 a StPO iVm § 153 Abs. 1 S. 2 StPO eingestellt, die belgische Staatsanwaltschaft indes wollte anklagen.[299] Die Beschuldigten hatten jeweils einen bestimmten Geldbetrag entrichtet, woraufhin das Verfahren eingestellt wurde. Der EuGH stellte klar, dass das Verbot der Doppelbestrafung auch für Verfahren gilt, in denen nicht ein Gericht durch Urteil, sondern die Staatsanwaltschaft durch Einstellung das Verfahren beendet.[300] Dagegen betrifft Art. 54 SDÜ nicht eine Entscheidung der Polizei über das Ruhen des Verfahrens, weil kein endgültiger Strafklageverbrauch eingetreten ist.[301]

114 Das in Art. 54 SDÜ niedergelegte Verbot der Doppelbestrafung ist nach zutreffender Ansicht des EuGH in der *Rechtssache Bourquain* auch einschlägig, wenn der Angeklagte bereits in einem anderen Vertragsstaat rechtskräftig abgeurteilt wurde, die Strafe jedoch nie unmittelbar vollstreckt werden konnte.[302] Ein deutscher Fremdenlegionär erschoss 1960 einen anderen Legionär und wurde zu einer Haftstrafe durch ein französisches Streitkräftegericht verurteilt, die aber nicht vollstreckt wurde, da er sich in die DDR absetzte und Frankreich 1968 die Amnestierung der Entscheidungen des Streitkräftegerichts beschloss. Im Jahr 2002 erließ die Staatsanwaltschaft am Wohnort in Regensburg Haftbefehl gegen ihn wegen Mordes. Das Gericht nahm an, dass Art. 54 SDÜ nicht entgegenstehe, da es nie zu einer Vollstreckung gekommen war und ein rechtskräftiges Urteil alleine nicht ausreiche. Der EuGH entschied, dass Art. 54 SDÜ anwendbar sei, da sich der Zeitpunkt der Beurteilung des „Vollstreckungshindernisses" auf den Zeitpunkt der Einleitung des neuen Strafverfahrens beziehe. Das Recht auf Freizügigkeit könne nur effektiv gewährleistet werden, wenn der Betroffene sich im Schengen-Gebiet bewegen könne, ohne befürchten zu müssen, wegen der verfahrensrechtlich begründeten Nichtvollstreckung einer Sanktion in einem anderen Vertragsstaat erneut verfolgt zu werden.

115 Das SDÜ selbst ist nur noch von eingeschränkter Bedeutung. Im Zusammenhang der informationellen Zusammenarbeit ist es durch den Rahmenbeschluss 2006/960/JI, im Zusammenhang der Visa durch den Visakodex, im Zusammenhang des Grenzschutzes vom Grenzkodex abgelöst worden. Damit ist es **inhaltlich weitgehend entkernt**. Hinzu treten die Beitrittsakte neuer Mitgliedstaaten. Dies führt zu einer Unübersichtlichkeit hinsichtlich seines Anwendungsbereiches und der noch wirksamen Regelungen, die durch eine kohärente Neustrukturierung behoben werden sollte.

III. Der fortentwickelte Schengen-Besitzstand

116 Das geltende Recht knüpft an die Regelungen an, die zunächst außerhalb des Rahmens der Gemeinschaft entstanden. Teil des Vertrages von Amsterdam war die **Einbeziehung des Schengen-Besitzstandes** in das Recht der Europäischen Union.[303] Dies erfolgte durch ein Protokoll,[304] das gemäß Art. 311 EGV primärrechtlichen Charakter trägt. Der Beitritt zur Union beinhaltet die Inkraftsetzung des Schengen-Besitzstandes. Der Schengen-Besitzstand ist die Bezeichnung für eine verstärkte Zusammenarbeit nach Art. 20 EUV nF und Art. 326 ff AEUV. Dies stellt Art. 1 des Protokolls Nr. 2 zum Vertrag von Amsterdam ausdrücklich klar.

117 Inhaltlich betrifft der Schengen-Besitzstand die Kontrollen an den Außengrenzen und die Maßnahmen zur Gewährleistung der Reisefreiheit für Unionsbürger und Drittstaatsangehörige innerhalb der Union. Rechtsgrundlage für seine Fortentwicklung ist Art. 77 AEUV. Da die Abschaffung der Grenzkontrollen nicht nur das formale Inkrafttreten des Vertrages voraussetzt, sondern einen gewissen Standard der Durchführung der Grenzkontrollen fordert, ist eine **Evaluation** durch die

299 EuGH, Rs. C-187/01 und C-385/01 (Gözütok und Brügge), Slg 2003, I-1345; dazu *Kühne*, JZ 2003, 305 mwN auch zur vorherigen gegenläufigen Rspr des BGH.

300 EuGH, Rs. C-187/01 und C-385/01 (Gözütok und Brügge), Slg 2003, I-1345, Rn 48.

301 EuGH, Rs. C–491/07 (Turansky), Slg 2008, I-11039; dazu *Rübenstahl/Bastian*, ELR 2009, 71.

302 *EuGH*, Rs. C–297/07 (Bourquain), Slg 2008, I-9425.

303 *Elsen*, Die Übernahme des „Schengen-acquis" in den Rahmen der EU, in: Hummer (Hrsg.), Rechtsfragen in der Anwendung des Amsterdamer Vertrages, Wien 2001, S. 39; *Epiney*, in: Hummer (Hrsg.), (Fn 82), S. 103.

304 Protokoll Nr. 2 zur Einbeziehung des Schengen-Besitzstandes in den Rahmen der Europäischen Union.

teilnehmenden Staaten **erforderlich**, bevor ein neuer Staat einbezogen werden kann. Es erfolgt eine Prüfung, ob der Standard der Grenzkontrollen gewahrt wird und das Schengener Informationssystem problemlos arbeitet. Dann fasst der Rat einstimmig den Beschluss, dass die Grenzkontrollen zu dem betroffenen Mitgliedstaat entfallen.[305]

1. Räumlicher Anwendungsbereich

Der Schengen-Besitzstand gilt **ohne Einschränkungen für 22 der 28 Mitgliedstaaten.** Sonderregeln greifen für Irland und das Vereinigte Königreich. Beitrittsbedingte Besonderheiten kommen (noch) für Zypern; Bulgarien, Rumänien und Kroatien zur Anwendung. Dabei ist nicht zu verkennen, dass die Regeln des Schengen-Raumes eine erhebliche **Sogwirkung** entfalten. Das Konzept des freien Personenverkehrs in Europa reicht über die Grenzen der EU hinaus. Dies betrifft vertragliche Vereinbarungen im Rahmen der Wirtschaftskooperation oder der Europäischen Nachbarschaftspolitik mit dritten Staaten, ebenso wie faktische Notwendigkeiten, die durch die Größe der EU ausgelöst werden. Assoziierte Mitglieder zum Schengen-Übereinkommen sind Norwegen, Island, die Schweiz und Lichtenstein, so dass der Schengen-Raum insgesamt 26 Staaten umfasst. 118

Das **Vereinigte Königreich und Irland** wenden das Schengen-Übereinkommen nur eingeschränkt seit dem 29. Mai 2000 an, indem sie als Nicht-Vertrags-Parteien mit Billigung des Rates bestimmte Bereiche des Schengen-Besitzstandes übernehmen können. So erteilen sie etwa keine Schengen-Visa und behalten Grenzkontrollen bei. Eine Teilnahme erfolgt demgegenüber im Bereich der verstärkten Zusammenarbeit von Polizei und Justiz in Strafsachen, der Drogenbekämpfung und im Schengener Informationssystem.[306] Der Vertrag von Lissabon hat neben der Möglichkeit des jederzeitigen Opt-Ins zum Schengen-Besitzstand (Protokoll 19) weitere Sonderregelungen hinzugefügt. Der Art. 10 des Protokolls 36 zum AEUV ermöglicht dem Vereinigten Königreich ein Opt-Out aus dem Bereich der polizeilichen und justiziellen Zusammenarbeit. Dieses Opt-Out soll automatisch eintreten, wenn das Vereinigte Königreich die Befugnisse bestimmter Organe, insbesondere des EuGH, nicht anerkennt, weil dann nach dem Ende des Übergangszeitraumes am 1. Dezember 2014 die Rechtsakte für das Vereinigte Königreich nicht mehr gelten. Das Vereinigte Königreich muss nach Art. 10 Abs. 4 S. 1 des Protokolls bis zum 1. Juni 2014 („The 2014 Decision“) darüber entscheiden, zu welchen Themenbereichen ein Opt-In erfolgen soll. 119

Dänemark, das den Schengen-Besitzstand voll anwendet, hat sich vorbehaltenWeiterentwicklungen des Schengen-Besitzstandes vor deren Anwendung im nationalen Recht zuzustimmen. Dies gilt nicht für bestimmte Maßnahmen im Bereich der Visa-Erteilung. Die teilautonomen Gebiete Dänemarks Färöer und Grönland sind keine Teilnehmer am Schengen-Besitzstand, verfügen aber über Sonderregelungen bezüglich der Kontrolle der Verbindungen nach Dänemark.[307] 120

Für die **zehn im Jahr 2004 beigetretenen Staaten** bestimmt Art. 3 Abs. 1 der Beitrittsakte, dass der Schengen-Besitzstand und die darauf aufbauenden oder damit zusammenhängenden Rechtsakte grundsätzlich ab dem Tag des Beitritts für die neuen Mitgliedstaaten bindend und in ihnen anzuwenden sind.[308] Jedoch betrifft dies nicht den Wegfall der Grenzkontrollen und die Schengen-Visa, da die diesbezüglichen Regelungen zu den Rechtsakten zählen, die erst durch einen gesonderten Beschluss des Rates für anwendbar erklärt werden, dem ein Evaluierungsverfahren und eine Anhörung des Parlaments vorausgehen (Art. 3 Abs. 2 Beitrittsakte).[309] Die Kontrollen an den Binnen- 121

305 *Rossi*, in: Calliess/Ruffert, Art. 77, Rn 9.

306 S. Liste der sog. „Schengen Measures“ bei denen ein Opt-In geplant ist unter http://www.official-documents.gov.uk/document/cm86/8671/8671.pdf, S. 11 f.).

307 *Scott*, Von Lissabon bis Helsinki ein einziges Grenzregime – Europa im Zeitalter von Schengen, in: Möllers/van Ooyen, S. 91 f.

308 Akte vom 16. April 2004 über die Bedingungen des Beitritts der Tschechischen Republik, der Republik Estland, der Republik Zypern, der Republik Lettland, der Republik Litauen, der Republik Ungarn, der Republik Malta, der Republik Polen, der Republik Slowenien und der Slowakischen Republik und die Anpassungen der Verträge, auf denen die Europäische Union beruht, ABl. L 236 vom 23. September 2003, S. 33 und BGBl. 2003 II, S. 1418; eingehend zu Flüchtlingspolitik und Osterweiterung *Weinzierl*, S. 215 ff.

309 *Gusy/Schewe*, Jahrbuch 2003/2004, S. 178.

grenzen können erst entfallen, wenn eine ausreichende Überwachung der Außengrenzen sichergestellt ist.[310] Da im Schengen-Informationssystem (SIS) zum Zweck der Einreiseverweigerung keine Drittausländer ausgeschrieben werden dürfen, wurden zum 1. Mai 2004 bestehende Ausschreibungen von Angehörigen der Beitrittsstaaten gelöscht.[311] Am 1. Mai 2004 hatten damit 22 Mitgliedstaaten unter sich eine verstärkte Zusammenarbeit begründet. Der Rat traf im Hinblick auf den Beitritt Estlands, Lettlands, Litauens, Maltas, Polens, der Slowakei, Sloweniens, Tschechiens und Ungarns zur EU den Beschluss zur Erweiterung des Schengen-Raumes. Ab dem 21. Dezember 2007 entfielen die Kontrollen an den Landgrenzen, die Aufhebung der Personenkontrollen für Flüge innerhalb des Schengen-Raumes erfolgte mit Inkrafttreten des Sommerflugplanes im März 2008. Eine Ausnahme angesichts der faktischen Teilung ist **Zypern.**

122 **Bulgarien** und **Rumänien** traten mit Wirkung zum 1. Januar 2007 der EU bei und sind damit an das Schengen-Recht, insbesondere an die Bestimmungen über die Außengrenzen, gebunden. Eine Abschaffung der Grenzkontrollen an den Binnengrenzen sollte ursprünglich nach erfolgreicher Evaluation im März 2011 stattfinden. Verschiedene EU-Mitgliedstaaten, darunter Deutschland, verhinderten jedoch den Beitritt zum Schengen-Raum im Rat; vor allem die Sorge vor einer hohen Zahl von Wirtschaftsflüchtlingen aus diesen Ländern ist der Grund.[312]

123 **Kroatien** ist zum 1. Juli 2013 der EU beigetreten.[313] Der Beitritt zum Schengen-Übereinkommen ist nach Evaluation für 2015 vorgesehen. Ob die Vorgaben bis dahin erfüllt werden können bleibt abzuwarten. **Andorra** und **San Marino** sind dem Schengen-Übereinkommen nicht beigetreten, führten aber bereits vor dem Beitritt der sie umschließenden Staaten (Frankreich und Spanien bzw. Italien) zu diesen keine Grenzkontrollen durch und verfügen zudem über keinen internationalen Flughafen, der die Einreise auf dem Luftweg ermöglichen könnte. Ähnliches gilt hinsichtlich **Monaco,** an dessen Hafen Passkontrollen durch Behörden Frankreichs durchgeführt werden.

124 Die Regeln des Schengen-Besitzstandes gelten dem Grunde nach auch für **Norwegen und Island.** Sie werden bei der Durchführung des Schengen-Besitzstandes und seiner weiteren Entwicklung nach Art. 6 Abs. 1 des Protokolls Nr. 2 assoziiert. Dies ist durch ein am 26. Juni 2000 in Kraft getretenes Abkommen geschehen.[314] Hintergrund dieser Assoziierung ist die seit 1954 bestehende Nordische Passunion, der neben Norwegen (ohne die Inseln Svalbard und Jan Mayen) die EU-Mitgliedstaaten Dänemark (ohne Grönland), Schweden und Finnland, seit dem 1. Dezember 1955 zudem Island und seit dem 1. Januar 1966 die Färöer-Inseln angehören.[315] Das Verhältnis zwischen Norwegen und Finnland auf der einen Seite sowie dem Vereinigten Königreich und Irland auf der anderen Seite wurde nach Maßgabe des Art. 6 Abs. 2 des Protokolls Nr. 2 durch ein gesondertes Übereinkommen geklärt.[316]

125 Die von Mitgliedstaaten der EU rundum umgebene **Schweiz** wurde im Rahmen des Schengen-Besitzstandes assoziiert. Als aufgrund konkreter Anlässe durch die Behörden der Bundesrepublik Deutschland für Personen, die aus der Schweiz einreisten, verstärkte Kontrollen durchgeführt wurden, kam es zu Behinderungen und Wartezeiten. Es lag im Interesse der Schweiz, die Grenzkontrollen zu den Nachbarstaaten durch ein gemeinsames Kontrollsystem mit Informationsaustausch abzulösen. Ein Abkommen zur Anwendung des Schengen-Besitzstandes wurde am 25. Juni 2004

310 *Fehrenbacher*, ZAR 2004, 23.

311 *Fehrenbacher*, ZAR 2004, 25.

312 Das Europäische Parlament hingegen bestätigte bereits im Okt. 2011, dass Rumänien und Bulgarien alle Kriterien für den erfolgreichen Abschluss der Schengen-Bewertung erfüllt haben (Entschließung des Europäischen Parlaments vom 13. Oktober 2011 zu dem Beitritt von Bulgarien und Rumänien zu Schengen (2013/C 94 E/04)).

313 ABl. EU Nr. L 112 vom 24.4.2012.

314 Übereinkommen vom 18. Mai 1999 zwischen dem Rat der EU sowie der Republik Island und dem Königreich Norwegen über die Assoziierung der beiden letztgenannten Staaten bei der Umsetzung, Anwendung und Entwicklung des Schengen-Besitzstandes, ABl. L 176 vom 10. Juli 1999, S. 31.

315 *Groenendijk*, ELJ 10 (2004), 151 mwN.

316 Übereinkommen vom 30. Juni 1999, ABl. L 15 vom 20. Januar 2000, S. 2, in Kraft getreten am 26. Juni 2000, ABl. L 149 vom 23. Juni 2000, S. 36.

paraphiert,[317] der Rat hat es mit Beschluss vom 25. Oktober 2004 gemäß Art. 300 Abs. 2 EGV genehmigt,[318] worauf es am 26. Oktober 2004 unterzeichnet wurde. Ein weiteres Abkommen mit der Schweiz regelt deren Beteiligung an der Asylantrags-VO (Dublin II) und an der Eurodac-VO. In dem Referendum vom 5. Juni 2005 hat sich eine Mehrheit von 54,6 % der Schweizer Wahlberechtigten für den Abschluss der Abkommen entschieden. Am 20. März 2006 hat die Schweiz das Schengen- und das Dublin-Assoziierungsabkommen ratifiziert.[319] Am 13. Juni 2008 wurden das Ausländergesetz, das Asylgesetz sowie das Gesetz über das Informationssystem für den Ausländer- und den Asylbereich (BGIAA) der Schweiz nach Maßgabe der Assoziierungsabkommen angepasst.[320] Während einige Bestimmungen der Abkommen bereits vorläufige Anwendung fanden, wurden die Abkommen nach erfolgter Evaluation in Gänze am 12. Dezember 2008 in Kraft gesetzt. Lediglich die Aufhebung der Personenkontrollen für Flüge innerhalb des Schengener Raumes erfolgte erst am 26. März 2009 mit dem Flugplanwechsel.[321] Wie sich das positive Ergebnis der Volksabstimmung gegen Masseneinwanderung vom 9. April 2014 auf das assoziierte Verhältnis zur EU auswirken wird, bleibt abzuwarten. Die Kommission prüft, ob hieraus Konsequenzen gezogen werden.

Eine Assoziierung des Fürstentums **Liechtenstein** wurde am 21. Juni 2006 paraphiert im Abkommen über die Assoziierung Liechtensteins und am 28. Februar 2008 durch den Rat genehmigt[322] sowie am 27. Juni 2008 durch den Landtag des Fürstentums Liechtenstein ratifiziert.[323] Auch wurden das Ausländer- und das Waffengesetz nach Maßgabe des Abkommens am 17. September 2008 geändert.[324] Nach Abschluss der Ratifizierung auf Seiten der EU trat die Assoziierung am 19. Dezember 2011 in Kraft. Für den Zeitraum, in dem die schweizerisch-liechtensteinische Grenze nach dem Schengener-Grenzkodex eine Schengen-Außengrenze darstellte, wurden Übergangslösungen getroffen.[325] 126

2. Inhalte des Schengen-Besitzstandes

Der Schengen-Besitzstand setzt sich aus den im „Verzeichnis der Bestimmungen des in den Rahmen der Europäischen Union einbezogenen Schengen-Besitzstandes“ aufgeführten **Bestandteilen** zusam- 127

317 Ratsdokument 13054/04, abrufbar unter http://register.consilium.eu.int (Referenz vom 10. Mai 2010).

318 Beschluss des Rates vom 25. Oktober 2004 über die Unterzeichnung – im Namen der Europäischen Gemeinschaft – des Abkommens zwischen der Europäischen Union der Europäischen Gemeinschaft und der Schweizerischen Eidgenossenschaft über die Assoziierung der Schweizerischen Eidgenossenschaft bei der Umsetzung, Anwendung und Entwicklung des Schengen-Besitzstandes und die vorläufige Anwendung einiger Bestimmungen dieses Abkommens, ABl. L 370 vom 17. Dezember 2004, S. 78.

319 Vgl hierzu ausführlich *Breitenmoser/Gless/Lagodny* (Hrsg.), (Fn 268).

320 Bundesbeschluss über die Genehmigung und die Umsetzung des Notenaustauschs zwischen der Schweiz und der Europäischen Gemeinschaft betreffend die Übernahme des Schengener Grenzkodex (Weiterentwicklung des Schengen-Besitzstands) vom 13. Juni 2008, BBl. 2008, Nr. 25, S. 5319.

321 Beschluss des Rates vom 27. November 2008 über die vollständige Anwendung der Bestimmungen des Schengen-Besitzstands in der Schweizerischen Eidgenossenschaft, ABl. L 327 vom 5. Dezember 2008, S. 15.

322 Beschluss des Rates vom 28. Februar 2008 über die Unterzeichnung — im Namen der Europäischen Union — des Protokolls zwischen der Europäischen Union, der Europäischen Gemeinschaft, der Schweizerischen Eidgenossenschaft und dem Fürstentum Liechtenstein über den Beitritt des Fürstentums Liechtenstein zum Abkommen zwischen der Europäischen Union, der Europäischen Gemeinschaft und der Schweizerischen Eidgenossenschaft über die Assoziierung der Schweizerischen Eidgenossenschaft bei der Umsetzung, Anwendung und Entwicklung des Schengen-Besitzstands und die vorläufige Anwendung einiger Bestimmungen dieses Protokolls, ABl. L 83 vom 26. März 2008, S. 5.

323 http://www.landtag.li/default.aspx?archiv=2008&newsid=35372 (Referenz vom 10. Mai 2010).

324 Gesetz vom 17. September 2008 über die Ausländer, Liechtensteinisches Landesgesetzblatt 2008, Nr. 311, 152.20; Gesetz vom 17. September 2008 über Waffen, Waffenzubehör und Munition, Liechtensteinisches Landesgesetzblatt 2008, Nr. 275, 514.1.

325 Im Evaluationszeitraum führte Liechtenstein durch die zuständige schweizerische Grenzwacht an den Zollämtern zu Österreich Grenzkontrollen durch. An der Grenze zur Schweiz erfolgten keine Personenkontrollen, sondern lediglich Videoüberwachungen des Grenzverkehrs.

men,[326] die in der Folgezeit fortentwickelt wurden. Die Grundlage bildeten das Schengener Übereinkommen, das Schengener Durchführungsübereinkommen sowie die Beitrittsprotokolle und -übereinkommen zu diesen beiden Abkommen. Hinzu treten die Beschlüsse und Erklärungen des Exekutivausschusses nach dem SDÜ. Durch Beschlüsse des Rates vom 20. Mai 1999 erfolgte eine Zuordnung des Großteils dieser Rechtsmasse zu den Vorschriften der damaligen Art. 61 ff EGV, der heutigen Art. 77 ff AEUV.[327] An die Stelle des Exekutivausschusses trat der Rat, in dessen Generalsekretariat das Schengen-Sekretariat eingegliedert wurde (Art. 2 Abs. 1 S. 2 und Art. 7 Protokoll Nr. 2). Die Fortentwicklung des Schengen-Besitzstandes ist auch und gerade zur Verbesserung der polizeilichen Kooperation geplant.[328] Weit reichende Reformschritte wurden 2013 durch die **Schengen-Reform** eingeleitet (sog. „Schengen Governance Package").[329]

128 In den Kontext der Regelungen zum Wegfall der Personenkontrollen an den Binnengrenzen gehören auch die **Bestimmungen über Visa** (siehe unten Rn 138 ff). Staatsangehörige einer Reihe von Drittstaaten dürfen nur dann in die Europäische Union einreisen, wenn sie über ein gültiges Visum verfügen. Mit dem Schengen-Visum nach § 6 Abs. 1 Nr. 2 AufenthG wird die Einreise und Bewegungsfreiheit in den vom Schengen-Besitzstand gekennzeichneten Rechtsraum eröffnet. Rechtsgrundlagen sind die Visumpflicht-VO, die auf der Grundlage von Art. 62 Nr. 2 lit. b EGV erging und der **Visakodex**,[330] der den Schengen-Besitzstand insoweit prägt (siehe unten Rn 138).[331]

129 Der **Schengener Grenzkodex** (Verordnung 526/2006/EG) sieht vor, dass keine Grenzkontrollen an den Binnengrenzen zwischen den Mitgliedstaaten der Union stattfinden sollen und legt zugleich die Regeln fest, die von den Behörden beim Überschreiten der Außengrenzen der Union angewendet werden müssen (Art. 1 der VO). Drittstaatsangehörige müssen nach Art. 4 ff der VO bestimmte Einreisevoraussetzungen erfüllen (Reisedokument mit der Berechtigung zur Einreise oder Visum und Darlegung des Zwecks und der Umstände der Einreise sowie Mittel zur Sicherung des Lebensunterhaltes). Sind diese Voraussetzungen nicht erfüllt, kann die Einreise nach Art. 13 der VO verweigert werden. Die Bestimmungen zum Asylrecht und zum internationalen Schutz oder zur Ausstellung von Visa für längerfristige Aufenthalte bleiben unberührt. Das Abstempeln betrifft Art. 10 der VO, Art. 11 der VO regelt die Möglichkeit der Ausweisung, falls angenommen wird, dass die Voraussetzungen der Aufenthaltsdauer nicht vorliegen. In der *Rechtssache Zurita Garcia* hat der EuGH entschieden, dass der Schengener Grenzkodex die Mitgliedstaaten nicht verpflichtet, in ihrem Hoheitsgebiet illegal aufhältige Drittstaatsangehörige auszuweisen, welche die geltenden Voraussetzungen für die Aufenthaltsdauer nicht erfüllen.[332]

---

326 Verzeichnis der Bestimmungen (nach Artikel 4 Absatz 1 der Beitrittsakte) des in den Rahmen der Europäischen Union einbezogenen Schengen-Besitzstandes und der darauf beruhenden oder anderweitig damit zusammenhängenden Rechtsakte, die ab dem Beitritt für die neuen Mitgliedstaaten bindend und in ihnen anzuwenden sind, ABl. L 157 vom 21. Juni 2005, S. 224.

327 Beschluss des Rates 1999/435/EG und 1999/436/EG vom 20. Mai 1999, ABl. L 176 vom 10. Juli 1999, S. 1 und 17.

328 S. den Vorschlag der Kommission vom 18. Juli 2005, KOM (2005) 317 endg. für einen Beschluss des Rates zur Verbesserung der polizeilichen Zusammenarbeit zwischen den Mitgliedsdaten der EU, insbesondere an den Binnengrenzen und zur Änderung des SDÜ.

329 Wobei VO (EU) Nr. 610/2013 ABl. L 182 vom 29. Juni 2013, S. 1 vor allem technische Anpassungen im Wortlaut und Erweiterungen des Schengener Grenzkodex und SDÜ aufweist. Weit reichender sind die Folgen der VO (EU) Nr. 1051/2013 des Europäischen Parlaments und des Rates zur Änderung der VO (EG) Nr. 562/2006 zwecks Festlegung einer gemeinsamen Regelung für die vorübergehende Wiedereinführung von Kontrollen an den Binnengrenzen unter außergewöhnlichen Umständen, ABl. L 295 vom 6. November 2013, S. 1 sowie VO (EU) Nr. 1053/2013 des Rates vom 7. Oktober 2013 zur Einführung eines Evaluierungs- und Überwachungsmechanismus für die Überprüfung der Anwendung des Schengen-Besitzstands und zur Aufhebung des Beschlusses des Exekutivausschusses vom 16. September 1998 bezüglich der Errichtung des Ständigen Ausschusses Schengener Durchführungsübereinkommen ABl.L 295 vom 6. November 2013, S. 27.

330 VO (EG) Nr. 810/2009 (Visakodex), ABl. L 243 vom 15. September 2009, S. 1.

331 *Weiß*, in: Streinz, EUV/AEUV, Art. 77 AEUV, Rn 15.

332 EuGH, Rs. C-261/08 und C-348/08 (Zurita García), InfAuslR 2010, 1, Rn 56.

Die **Schengen-Reform** erweitert die Möglichkeiten eines Mitgliedstaates, in Ausnahmefällen Grenzkontrollen durchzuführen.[333] So sieht die VO (EU) Nr. 1051/2013 die vorübergehende Wiedereinführung von Grenzkontrollen an den Binnengrenzen der Mitgliedstaaten bei einer „ernsthaften" Bedrohung der öffentlichen Sicherheit oder Ordnung unter außergewöhnlichen Umständen vor. Hierdurch wird eine Einführung von Grenzkontrollen bis zu zwei Jahren ermöglicht (Art. 23 Abs. 4). Die Art. 23-27, 29 und 30 des Schengener Grenzkodex, die bei einer „schwerwiegenden" Bedrohung eine Wiedereinführung von Grenzkontrollen ermöglichten, werden ersetzt. Dies soll besonderem und unverhältnismäßigem Druck Rechnung tragen, dem sich einige Mitgliedstaaten an ihren Außengrenzen gegenübersehen, vor allem in Folge von Flüchtlingsströmen.[334] Politisch war umstritten, wie stark die Rolle der Kommission ausgestaltet werden sollte. Die Mitgliedstaaten haben durchgesetzt, dass ihnen das Letztentscheidungsrecht obliegt. Immerhin nimmt die Kommission durch Informationsrechte eine wichtige verfahrensrechtliche Rolle ein, die im Zusammenhang mit der Evaluierungs-VO (EU) Nr. 1053/2013 und ihren dortigen Rechten zu sehen ist. 130

Die Einführung des neuen **Evaluierungs- und Überwachungsmechanismus** des Schengen-Besitzstandes im Zuge der Schengen-Reform durch VO (EU) Nr. 1053/2013 dient zwar in erster Linie der Evaluierung im Hinblick auf die Umsetzung der Vorgaben des Schengen-Besitzstandes[335] in allen Beitrittsstaaten, den assoziierten Staaten sowie den Beitrittskandidaten, sieht aber auch einen Notfallmechanismus vor (Art. 16 Abs. 7). Sollte ein ernsthafter Mangel in der Umsetzung des Schengen-Besitzstandes festgestellt werden – ein Mitgliedstaat kann beispielsweise die ausreichende Sicherung seiner Außengrenzen zu Nicht-EU-Staaten nicht gewährleisten –[336] so folgt eine umgehende Information der Kommission an Rat und Parlament. Diese beinhaltet den Hinweis auf eine „ernsthafte" Bedrohung, so dass die Wiedereinführung von Grenzkontrollen an der Binnengrenze zu einem Mitgliedstaat nach den Art. 23 ff der VO (EU) Nr. 1051/2013 wahrscheinlich ist. 131

Die Kehrseite einer gemeinsamen Regelung der Bedingungen für Einreise und Aufenthalt ist die gemeinsame Regelung der Rückführung von Drittstaatsangehörigen in ihren Herkunftsstaat.[337] Diese ist Gegenstand der **Anerkennungs-RL.**[338] Sie regelt die gegenseitige Anerkennung von Entscheidungen über die Rückführung von Drittstaatsangehörigen durch die Mitgliedstaaten. Die Zusammenarbeit der Mitgliedstaaten soll für den Fall erleichtert werden, dass die Entscheidung von der Behörde des einen Mitgliedstaates getroffen wird, der Drittstaatsangehörige sich aber im Hoheitsgebiet eines anderen Mitgliedstaates aufhält, welcher für die Vollstreckung zuständig ist.[339] Ihre Umsetzung in das deutsche Recht ist durch das Zuwanderungsgesetz mit Wirkung zum 1. Januar 2005 erfolgt. Die Kommission hat 2005 einen Vorschlag für eine Richtlinie über gemeinsame Mindeststandards für Rückführungen vorgelegt.[340] 132

---

333 Der Schengener Grenzkodex ermöglichte zwar bereits vorübergehende Kontrollen an den Binnengrenzen in Ausnahmefällen gem. Art. 23 ff der VO (EG) Nr. 526/2006, jedoch musste hierbei eine ernsthafte Bedrohung der öffentlichen Ordnung oder inneren Sicherheit bestehen.

334 Die Begründung (Erwägungsgründe 4 und 5) nennt vor allem terroristische Bedrohungen und organisierte Kriminalität, schließt aber Migration nicht aus, so heißt es „Migration und das Überschreiten der Außengrenzen durch eine große Anzahl von Drittstaatsangehörigen sollte nicht an sich als Gefahr für die öffentliche Ordnung oder die innere Sicherheit betrachtet werden." Eine derartige Zwecksetzung war unter dem Schengener Grenzkodex nicht vorgegeben.

335 Einschließlich der wirksamen und effizienten Anwendung von Begleitmaßnahmen durch die Mitgliedstaaten in den Bereichen Außengrenzen, Visumpolitik, Schengener Informationssystem, Datenschutz, polizeiliche Zusammenarbeit, justizielle Zusammenarbeit in Strafsachen und Binnengrenzen ohne Kontrollen, vgl Art. 4 der VO Nr. 1053/2013.

336 Etwa im Rahmen der Frontex-Risikoanalyse der Veränderungen der operativen Gegebenheiten an den Außengrenzen in Folge illegaler Einwanderung (Art. 7 VO (EU) Nr. 1053/2013).

337 Vgl *Hailbronner*, ZAR 2005, 349.

338 RL 2001/40/EG des Rates vom 28. Mai 2001 über die gegenseitige Anerkennung von Entscheidungen über die Rückführung von Drittstaatsangehörigen, ABl. L 149 vom 2. Juni 2001, S. 34.

339 Art. 1 der RL 2001/40/EG.

340 Vorschlag für eine Richtlinie über gemeinsame Standards für die Rückführung illegal aufhältiger Drittstaatsangehöriger, KOM (2005), 391 endg.; abgedruckt in: ZAR 2005, 387; dazu *Hailbronner*, ZAR 2005, 349.

133 Bei der Einreise in den Raum, in dem der Schengen-Besitzstand gilt, sind die **Schilder an den Grenzübergangsstellen,** die sowohl an Flughafenaußengrenzen wie zur Markierung der Passagierkorridore an Land- und Seeaußengrenzen aufgestellt sind, ein wichtiges Symbol. Der Rat hat zum Aussehen und den Angaben auf den Schildern eine Entscheidung erlassen.[341] An ihr nehmen auch Island und Norwegen teil, nicht aber Dänemark, das Vereinigte Königreich und Irland. Diese drei Mitgliedstaaten sind damit nicht verpflichtet, die Schilder aufzustellen. Ihre Staatsangehörigen haben aber als Unionsbürger das Recht, die gekennzeichneten Korridore zu nutzen und damit unter Umständen Wartezeiten zu verkürzen. Dieses Recht steht auch Staatsangehörigen der Vertragsstaaten des Europäischen Wirtschaftsraums zu (Art. 2).

134 Die **grenzüberschreitende polizeiliche Kooperation** durch Datenaustausch wird über die Mechanismen des Schengen-Besitzstandes hinaus entwickelt.[342] Die Grundlage bildet Art. 87 AEUV, da nach Auflösung der Dritten Säule das Sachgebiet vollständig in das Unionsrecht einbezogen ist. Am 27. Mai 2005 haben Belgien, Deutschland, Frankreich, Luxemburg, die Niederlande, Österreich und Spanien, zunächst außerhalb des Rahmens der EU, den Vertrag von Prüm über die Vertiefung der grenzüberschreitenden Zusammenarbeit, insbesondere zur Bekämpfung des Terrorismus, der grenzüberschreitenden Kriminalität und der illegalen Migration, abgeschlossen.[343] Der Vertrag wurde durch einen Beschluss des Rates in den Rechtsrahmen der EU überführt,[344] der für alle Mitgliedstaaten gilt. Dieser **Prüm-Beschluss** hat vorrangig den Austausch von Informationen zum Gegenstand.[345] Über nationale Kontaktstellen werden regelmäßig auf Anfrage DNA-Analyse-Dateien, daktyloskopische Daten oder Daten aus nationalen Fahrzeugregistern übermittelt. Für die Bundesrepublik Deutschland ist das Bundeskriminalamt die nationale Kontaktstelle, im Hinblick auf die Kfz-Daten ist das Kraftfahrzeugbundesamt zuständig. Weitere Regelungen betreffen die Zusammenarbeit bei Großveranstaltungen wie Fußball-Europameisterschaften oder gemeinsame Streifen im Grenzgebiet.[346] Der Prüm-Beschluss wurde auf Bundesebene 2009 umgesetzt,[347] bisher aber nicht in allen Polizeigesetzen der Länder.

E. Einreise und Kontrolle der Außengrenzen

I. Visumpflicht, Visumerteilung und Informationsübermittlung (VIS)

135 Das Recht der Erteilung von Visa ist weitgehend auf der **Ebene des Unionsrechts** normiert. Als Sachbereich verstärkter Zusammenarbeit kommen die Regelungen des Schengen-Besitzstandes für die insoweit teilnehmenden Staaten zur Anwendung. Maßgebliche Grundlage ist der **Visakodex.**[348] Mit ihm wurden die Art. 9-16 SDÜ aufgehoben (Art. 56 Visakodex), Bezugnahmen auf diese Artikel gelten als Bezugnahmen auf den Visakodex. Der Visakodex fasst die Voraussetzungen und Verfahren für die Erteilung von Visa für Kurzaufenthalte (höchstens drei Monate je Sechsmonatszeitraum), für längerfristige Visa und Flughafenvisa zusammen.[349] Er gilt für Drittstaatsangehörige, die beim Überschreiten der Außengrenzen der EU visumspflichtig sind, baut auf dem Schengen-Besitzstand auf und entwickelt diesen zugleich weiter. Der Schengener Grenzkodex wird angepasst und es wird auf die Regelungen zur Einreise in diesem verwiesen. Die Verweigerung eines Visums

---

341 Entscheidung 2004/581/EG des Rates vom 29. April 2004 zur Festlegung von Mindestangaben auf Schildern an Außengrenzübergängen, ABl. L 261 vom 6. August 2004, S. 19.

342 Näher *Kugelmann*, in: Böse, EnzEuR, Bd. 9, § 17, Rn 61 ff.

343 BGBl. II 2006, S. 626; dem Vertrag sind eine Anlage zu Art. 17 über den Inhalt der Anmeldung einer Flugsicherheitsbegleitung, eine Anlage zu Art. 28 über die zugelassenen Dienstwaffen bei einem Einsatz auf dem Hoheitsgebiet eines anderen Vertragsstaates sowie eine Gemeinsame Erklärung angefügt; die Dokumente sind auffindbar unter www.statewatch.org.

344 Beschluss des Rates vom 23. Juni 2008 zur grenzüberschreitenden Zusammenarbeit, insbesondere zur Bekämpfung des Terrorismus und der grenzüberschreitenden Kriminalität, ABl. L 210 vom 6. August 2008, S. 1.

345 *Kugelmann*, in: Böse, EnzEuR, Bd. 9, § 17, Rn 96 ff.

346 *Kugelmann*, in: ders. (Hrsg.), Polizei unter dem Grundgesetz, Baden-Baden 2010, S. 91.

347 Gesetz zur Umsetzung des Prüm-Beschlusses vom 31. Juli 2009, BGBl. I, S. 2507.

348 VO (EG) Nr. 810/2009 (Visakodex), ABl. L 243 vom 15. September 2009, S. 1.

349 *Weiß*, in: Streinz, EUV/AEUV, Art. 77 AEUV, Rn 15.

muss sich auf einen der Gründe des Visakodex stützen, wobei allerdings der Antragsteller sachdienliche Angaben machen muss und die zuständigen Behörden über einen weiten Ermessensspielraum verfügen.[350]

Der Visakodex hat auch die Bestimmungen der **Gemeinsamen Konsularischen Instruktion** (GKI)[351] abgelöst, deren Anwendung zur Ausstellung von Visa für Kurzaufenthalte entfällt (Art. 56 Abs. 2 a Visakodex). Für die Behörden und Konsulate aller am Schengen-System beteiligten Staaten regelten sie verwaltungstechnische Einzelheiten bei der Bearbeitung von Visumanträgen und der Ausstellung von Visa. Zusammen mit dem **Gemeinsamen Handbuch,**[352] das Bestimmungen über die Durchführung von Grenzkontrollen traf, konkretisierte die GKI die Modalitäten zur Durchführung des SDÜ.[353] Nach Ansicht des Rates waren die GKI und das Gemeinsame Handbuch hybride Instrumente in dem Sinne, dass sie zugleich Bestimmungen legislativer, exekutiver und tatsächlicher Natur enthielten.[354] Eine Reihe von Bestimmungen der Gemeinsamen Konsularischen Instruktion hatten die Funktion handlungsleitender Verwaltungsvorschriften; insoweit trug sie auch nach Ansicht des EuGH normativen Charakter.[355] Mit Einführung des Visakodex und dessen (normativem) Verordnungscharakter wird diese Ansicht nunmehr nachträglich bestätigt. 136

Die Visapolitik war der erste Sachbereich der Einwanderungs- und Asylpolitik, zu dem noch die Europäische Gemeinschaft Regelungen traf, denn mit dem früheren, durch den Vertrag von Amsterdam aufgehobenen Art. 100 c EGV stand ihr eine Kompetenzgrundlage zur Verfügung. Auf dieser Grundlage erging insbesondere die Visumpflicht-VO (EG) Nr. 2317/95 zur Bestimmung der Staatsangehörigen von Drittstaaten mit Visumpflicht (**Negativliste**).[356] Diese ist inzwischen ersetzt worden durch die VO (EG) Nr. 539/2001 zum gleichen Gegenstand, die aber zudem eine Liste der Staaten enthält, deren Staatsangehörige von der Visumpflicht befreit sind (**Positivliste**).[357] Diese Positivliste konnte aufgrund der insoweit im Vergleich zu dem früheren Art. 100 c EGV weiteren Ermächtigung des Art. 62 Nr. 2 lit. b i) EGV beschlossen werden.[358] Die im Anhang der Verordnung befindlichen Negativ- und Positivlisten der Drittstaaten werden bei Bedarf aktualisiert.[359] 137

Das **deutsche Recht** berücksichtigt die Vorgaben des Unionsrechts schon in den Bezeichnungen der Rechtstitel. Das **Schengen-Visum** nach § 6 Abs. 1 Nr. 2 AufenthG kann einem Ausländer für die Durchreise oder für Aufenthalte bis zu drei Monaten erteilt werden. Für längerfristige Aufenthalte ist ein nationales Visum erforderlich (§ 6 Abs. 3 AufenthG).[360] Einfluss auf die Durchführung nimmt neben der Visumpflicht-VO nun auch der Visakodex.[361] 138

Der Austausch von Visa-Daten zwischen den Mitgliedstaaten soll zur Gewährleistung eines hohen Maßes an Sicherheit beitragen. Zu diesem Zweck ist ein gemeinschaftliches Informationssystem eingerichtet worden. Das **Visa-Informationssystem (VIS)** soll die Durchführung der gemeinsamen Visapolitik, die konsularische Zusammenarbeit und die Konsultation zwischen zentralen Konsular- 139

---

350 EuGH (Große Kammer), Rs. C-84/12 (Koushkaki/Deutschland), Rn 65, NVwZ 2014, 289 m.Anm. *Huber*.
351 ABl. C 313 vom 16. Dezember 2002, S. 1; vgl *Keicher*, ZAR 2005, 199.
352 ABl. C 313 vom 16. Dezember 2002, S. 97.
353 Vgl zB die Entscheidung des Rates vom 29. April 2004 zur Änderung des Gemeinsamen Handbuches, ABl. L 261 vom 6. August 2004, S. 36, wonach ein Standardformular für die Einreiseverweigerung verwendet wird und der Kontrollbeamte im Fall der Einreiseverweigerung im Pass einen Einreisestempel anbringt, den er in Form eines Kreuzes mit schwarzer, dokumentenechter Tinte durchstreicht.
354 EuGH, Rs. C-257/01 (Kommission/Rat), Slg 2005, I-345, Rn 42.
355 EuGH, Rs. C-257/01 (Kommission/Rat), Slg 2005, I-345, Rn 11.
356 VO (EG) Nr. 2317/95 des Rates vom 25. September 1995 zur Bestimmung der Drittländer, deren Staatsangehörige beim Überschreiten der Außengrenzen der Mitgliedstaaten im Besitz eines Visums sein müssen, ABl. L 234 vom 3. Oktober 1995, S. 1.
357 VO (EG) Nr. 539/2001 des Rates vom 15. März 2001 zur Bestimmung der Drittländer, deren Staatsangehörige beim Überschreiten der Außengrenzen der Mitgliedstaaten im Besitz eines Visums sein müssen, ABl. L 81 vom 21. März 2001, S. 1.
358 *Hofmann*, in: Merli, S. 172 f; *Weiß*, in: Streinz, EUV/AEUV, Art. 62 EG, Rn 23.
359 Listen zuletzt geändert, ABl. L 336 vom 18. Dezember 2009, S. 1.
360 *Huber*, NVwZ 2005, 2.
361 *Winkelmann*, in: Renner/Bergmann/Dienelt, § 6 AufenthG, Rn 2, 6.

behörden verbessern, um Bedrohungen der inneren Sicherheit und „Visa-Shopping" zu verhindern sowie die Betrugsbekämpfung und die Personenkontrollen zu erleichtern (Erwägungsgrund 5).[362] Zugleich zielt das VIS darauf, die Rückführung von Drittstaatsangehörigen und die Anwendung der Dublin III-VO zu vereinfachen. Die Verordnung zur Einführung des VIS wurde am 9. Juli 2008 durch das Europäische Parlament und den Rat verabschiedet.[363]

140 Das VIS ist eines der **Informationssysteme der** EU, das mit SIS II und Eurodac gemeinsam die informationelle Grundlage für die Aufgaben der EU im Raum der Freiheit, der Sicherheit und des Rechts bildet (siehe oben Rn 110). Rechtsgrundlage für eine Fortschreibung des VIS ist Art. 77 Abs. 2 lit. a AEUV. Die Informationssysteme werden von der Europäischen Agentur für das Betriebsmanagement von IT-Großsystemen im Raum der Freiheit, der Sicherheit und des Rechts verwaltet (EU-LISA, EU Agency for large-scale IT systems).[364] Sie enthalten eine große Quantität an Daten, die auch qualitativ sensibel sind. Nach Art. 3 VIS-VO kann der Zugang zu den Daten auch für polizeiliche Zwecke frei gegeben werden. Aufgrund eines besonderen Beschlusses stehen die Daten des VIS Europol und den benannten Behörden der Mitgliedstaaten zur Verfügung.[365] Der Zugang zu den Daten unterliegt den Voraussetzungen des jeweiligen Rechtsaktes. Dabei ist der **Datenschutz** angemessen zu berücksichtigen, der auch die Grundsätze der Datensparsamkeit und der Information Betroffener umfasst.[366] Die Zweckbindung stellt eine wesentliche Sicherung dar, allerdings ist die Effektivität dieser Sicherung angesichts des Zusammenwirkens unterschiedlicher Rechtsakte mit ihren jeweiligen Datenschutzvorschriften durch organisatorische Vorkehrungen und unabhängige Kontrolle sicherzustellen.[367] Der sorgfältigen Beobachtung bedarf auch die Verwendung biometrischer Merkmale, denn die Aufnahme zusätzlicher Daten in Dokumente wie Pässe oder Visa mag die Identifizierung von einreisenden und ausreisenden Personen erleichtern. Da diese Daten sich dann auch in automatisierten Informationssystemen befinden, kann der Eingriff in die Grundrechtssphäre aber zu weit gehen, wenn es nur um die Erleichterung von Kontrolle an der Grenze geht.[368]

II. Grenzschutz – Die Europäische Agentur für die operative Zusammenarbeit an den Außengrenzen (Frontex)

141 Die Europäische Agentur für die operative Zusammenarbeit an den Außengrenzen (Frontex) ist durch die VO (EG) 2007/2004 vom 26. Oktober 2004 errichtet worden.[369] Durch die Verordnung 863/2007 vom 11. Juli 2007 wurden die Errichtung von Grenzinspektionsteams und die Hinzuziehung von Beamten aus Nichtmitgliedstaaten geregelt.[370] Die Agentur nahm nach Art. 34 der Verordnung ihre Arbeit am 1. Mai 2005 auf. Sie ist als spezielle Fachinstanz eine Einrichtung der Union und besitzt Rechtspersönlichkeit (Art. 15 Abs. 1). Ihr Sitz ist in Warschau. Ein Teil der Aufgaben von Frontex wird durch eine **neue Verordnung** über das Vorgehen an den Seeaußengrenzen auf eine modifizierte Grundlage gestellt (Art. 77 Abs. 2 AEUV),[371] die aktuelle Erscheinungsformen

362 *Esser*, in: Böse, EnzEuR, Bd. 9, § 19, Rn 103 f.

363 VO (EG) Nr. 767/2008 des Europäischen Parlaments und des Rates vom 9. Juli 2009 über das Visa-Informationssystem (VIS) und den Datenaustausch zwischen den Mitgliedstaaten über Visa für einen kurzfristigen Aufenthalt (VIS-VO), ABl. L 218 vom 13. August 2008, S. 60.

364 VO 1077/2011 vom 25. Oktober 2011 zur Errichtung einer Europäischen Agentur für das Betriebsmanagement von IT-Großsystemen im Raum der Freiheit, der Sicherheit und des Rechts, ABl. L 286/1 vom 1. November 2011. Die Agentur nahm ihre Tätigkeit am 1.12.2012 auf.

365 Beschluss 2008/633/JI vom 23.6.2008, ABl. L 218, S. 129.

366 S. *Holznagel/Werthmann*, § 37, Rn 10 ff.

367 *Esser*, in: Böse, EnzEuR, Bd. 9, § 19, Rn 113 ff; *Kugelmann*, in: Böse, EnzEuR, Bd. 9, § 17, Rn 37.

368 Zu Recht kritisch auch *Weiß*, in: Streinz, EUV/AEUV, Art. 77 AEUV, Rn 22.

369 VO (EG) Nr. 2007/2004, ABl. L 349 vom 25. November 2004, S. 1.

370 ABl. L 199 vom 11. Juli 2007, S. 30.

371 VO (EU) Nr. 656/2014 des Europäischen Parlaments und des Rates vom 15. Mai 2014 zur Festlegung von Regelungen für die Überwachung der Seeaußengrenzen im Rahmen der von der Europäischen Agentur für die operative Zusammenarbeit an den Außengrenzen der Mitgliedstaaten der Europäischen Union koordinierten operativen Zusammenarbeit, ABl. L 189 vom 27. Juni 2014, S. 93.

von Flucht berücksichtigt und Frontex eine stärkere Verantwortung für die Rechte der Flüchtlinge zuweist, indem insbesondere die Pflicht zur Seenotrettung bekräftigt wird (siehe unten Rn 146).

Die **vertragliche und außervertragliche Haftung** der Agentur wird gewährleistet.[372] Auf sie findet das Protokoll über Vorrechte und Befreiungen der Europäischen Gemeinschaften Anwendung.[373] Die Beamten der Agentur sind damit von der innerstaatlichen Gerichtsbarkeit im Hinblick auf die in amtlicher Eigenschaft vorgenommenen Handlungen befreit.[374] Der **Teilnehmerkreis** folgt den Regeln des Schengen-Besitzstandes. Dänemark ist an der Agentur nicht beteiligt, kann aber selbst einen gegenteiligen Beschluss fassen.[375] Vertreter des Vereinigten Königreichs und Irlands werden zu allen Sitzungen des Verwaltungsrates eingeladen, beide an der Arbeit der Agentur unbeteiligten Staaten können sich an einzelnen Maßnahmen beteiligen, worüber der Verwaltungsrat entscheidet (Art. 22 Abs. 4 und Art. 20 Abs. 5). Vollständig beteiligt an der Agentur sind Länder, die bei der Weiterentwicklung des Schengen-Besitzstandes assoziiert sind. Einzelheiten ihrer Beteiligung, die auch die Finanzbeiträge und das Personal umfassen, werden vertraglich geregelt (Art. 21 Abs. 3)[376] und sind in einem Beschluss des Rates festgehalten.[377] 142

Die **Tätigkeit der Agentur** dient der verstärkten Koordinierung der operativen Zusammenarbeit zwischen den Mitgliedstaaten, denen die Verantwortung für die Kontrolle und Überwachung der Außengrenzen obliegt (Art. 1).[378] Ziel ist ein integrierter Grenzschutz als Ergänzung des freien Personenverkehrs und wesentliches Element des Raumes der Freiheit, der Sicherheit und des Rechts.[379] Die Agentur trägt zur Ausbildung von Grenzschutzbeamten bei, führt Risikoanalysen durch, verfolgt die einschlägige Forschung, unterstützt aber auch Mitgliedstaaten in Situationen, die verstärkte Aktivitäten erfordern und hilft bei der Organisation gemeinsamer Rückführungsaktionen (Art. 2 ff). Die Agentur kann mit Europol Arbeitsvereinbarungen schließen (Art. 13).[380] Das Hinwirken auf ein wirksames, hohes und einheitliches Niveau der Personenkontrollen und der Überwachung der Außengrenzen der Union im Sinne des Art. 1 Abs. 2 S. 2 der VO (EG) Nr. 2007/2004 hat eine Zusammenarbeit zur besseren Abwehr unkontrollierter und unrechtmäßiger Grenzübertritte zur Folge und zielt auf die Bekämpfung von Kriminalität. Dennoch ist das **Vermeiden einer eindimensionalen Abwehrperspektive** aufgrund der Einbettung der Kontrolle der Außengrenzen in den Gesamtzusammenhang von Einwanderung und Asyl geboten. Rückwirkungen der Maßnahmen zur Verbesserung des integrierten Grenzschutzes auf Migrationsbewegungen, an denen Frontex beteiligt ist, sollten berücksichtigt werden, um insbesondere Asylsuchenden bzw Flüchtlingen Zugang zu den Anerkennungsverfahren zu gewährleisten, deren Mindeststandards durch die einschlägigen Richtlinien festgelegt sind.[381] Nach Art. 18 GRC gilt auch für Frontex das Prinzip des non-refoulement nach Art. 33 GFK (siehe unten Rn 151) und aufgrund des Art. 19 Abs. 2 GRC iVm Art. 3 EMRK kommen die menschenrechtlich fundierten Abschiebungs- und Ausweisungsverbote zur Anwendung. 143

Das **europäische Grenzüberwachungssystem Eurosur** (European Border Surveillance System), das unter maßgeblicher Beteiligung von Frontex entwickelt wurde, ist am 2. Dezember 2013 in Betrieb gegangen.[382] Es soll den Informationsaustausch, aber auch die operative Zusammenarbeit bei der 144

372 Art. 19 der VO (EG) 2007/2004.

373 BGBl. 1965 II, S. 1482 idF des Vertrages von Nizza vom 26. Februar 2001, BGBl. 2001 II, S. 1667.

374 Art. 12 lit. a des Protokolls über Vorrechte und Befreiungen.

375 Erwägungsgrund 24 der VO (EG) 2007/2004.

376 Das in Erwägungsgrund 23 angestrebte eingeschränkte Stimmrecht der assoziierten Staaten im Verwaltungsrat findet in Art. 24 keinen Niederschlag, muss also in den jeweiligen Vereinbarungen festgelegt werden, um rechtlich bindende Kraft zu erlangen.

377 Beschluss 2007/511/EG, ABl. L 188 vom 20. Juli 2007, S. 15.

378 *Tohidipur*, S. 248 ff.

379 Erwägungsgründe 1 bis 4 der VO (EG) 2007/2004.

380 *Esser*, in: Böse, EnzEuR, Bd. 9, § 19, Rn 93.

381 Eingehend *Mrozek*, Grenzschutz als supranationale Aufgabe, Baden-Baden 2013; *Seehase*, Die Grenzschutzagentur FRONTEX, Baden-Baden 2013, S. 250 ff.

382 VO (EU) Nr. 1052/2013, ABl. L 295 vom 6.11.2013, S. 11.

Bekämpfung illegaler Migration und grenzüberschreitender Kriminalität verbessern. Eurosur ist ein Satellitenüberwachungssystem, das ua Drohnen und Überwachungsgeräte einsetzt. Bisher ist es im Mittelmeerraum und in Osteuropa im Wirkbetrieb, seine räumliche Anwendung soll aber ausgeweitet werden. Der Einsatz von Eurosur und die Nutzung der mit ihm gesammelten Informationen dienen der Bereitstellung von Informationen an die nationalen Grenzschutzbehörden und die Agenturen der EU. Die Nutzung der Informationen hat den jeweiligen rechtlichen Vorgaben zu folgen. Dies schließt die Regelungen des internationalen Flüchtlingsschutzes ein. Eurosur darf nicht eindimensional als Instrument zur Bekämpfung illegaler Migration gesehen werden, sondern als Instrument zur menschenrechtskonformen Erfüllung von Aufgaben des Grenzschutzes.

145 Als europäische Agentur ist Frontex unmittelbar an die Charta der **Grundrechte** der Europäischen Union gebunden (Art. 51 GRC). Auch die Grundrechte, wie sie in der EMRK gewährleistet sind und wie sie sich aus den gemeinsamen Verfassungsüberlieferungen der Mitgliedstaaten ergeben, sind als allgemeine Grundsätze Teil des Unionsrechts (Art. 6 Abs. 3 EUV) und beanspruchen ebenfalls für Maßnahmen von Frontex Geltung. Bedenken hinsichtlich der Grundrechtskonformität des Handelns der Agentur ergeben sich vor allem im Hinblick auf **sog. Push-Back-Aktionen**, bei denen Flüchtlingsboote im Mittelmeerraum abgefangen und die Flüchtlinge teils ohne Prüfung der individuellen Lage nach Afrika rückgeführt werden. Der EGMR hat die mitgliedstaatliche Grundrechtsbindung in diesen Fällen auch für die extraterritoriale Ausübung von Hoheitsgewalt auf hoher See bejaht und eine Verletzung von Art. 3 EMRK (Rückführung in einen Staat, in dem den Betroffenen Folter oder unmenschliche oder erniedrigender Behandlung bzw. eine weitere Überführung in einen solchen Staat droht) und Art. 4 Protokoll Nr. 4 zur EMRK (Rückführung von mehreren Ausländern ohne Prüfung ihrer jeweiligen persönlichen Lage als unzulässige Kollektivausweisung) angenommen.[383] Auf Art. 3 EMRK verweist auch Art. 19 Abs. 2 GRC. Die Bindung an Art. 18, 19 GRC betrifft jede Tätigkeit von Frontex, auch die Entscheidung über die Teilnahme an Unterstützungsmaßnahmen und die Gehalte von Vereinbarungen mit den Mitgliedstaaten.

146 In Ansehung dieses Urteils und des bestürzenden Flüchtlingsdramas vor Lampedusa, bei dem im Oktober 2013 fast 400 afrikanische Flüchtlinge ertranken, wurde der schon seit 2008 diskutierte **Vorschlag für eine Verordnung zur Neuregelung der Überwachung der Seeaußengrenzen unter Koordinierung durch Frontex** überarbeitet und trat nach Unterzeichnung am 15. Mai 2014 durch das Europäische Parlament und den Rat im Juli 2014 in Kraft.[384] Der Art. 4 der Verordnung verbietet nun ausdrücklich die Überstellung einer Person an einen Staat, in dem ihr Todesstrafe, Folter oder eine sonstige unmenschliche oder erniedrigende Behandlung oder Strafe drohen oder in dem eine ernsthafte Gefahr der Ausweisung, Abschiebung oder Auslieferung in ein anderes Land unter Verstoß gegen den Grundsatz der Nichtzurückweisung besteht. Vor einer Ausschiffung haben die beteiligten Einsatzkräfte die Identität der aufgegriffenen oder geretteten Personen festzustellen und ihre persönliche Situation so weit wie möglich zu bewerten, um Kollektivausweisungen zu verhindern. Gem. Art. 9 der Verordnung haben die beteiligten Einsatzkräfte jedem in Seenot befindlichen Schiff und jeder in Seenot befindlichen Person ohne Rücksicht auf ihre Staatsangehörigkeit, ihren Status oder die Umstände, unter denen die Person aufgefunden wird, Hilfe zu leisten. Damit zählt nun auch die Unterstützung der Mitgliedstaaten bei der Bewältigung von humanitären Notsituationen und Seenotrettungen zu den Aufgaben der Agentur. Die EU verspricht sich durch die Verordnung eine maßgebende Stärkung des Grundrechtsschutzes von Flüchtlingen bei durch Frontex koordinierten Maßnahmen.

383 EGMR, Urt. v. 23.2.2012 – Nr. 27765/09 (Hirsi Jamaa u. a./Italien), NVwZ 2012, 809; *Weber*, ZAR 2012, 265.

384 *VO (EU) Nr. 656/2014* des Europäischen Parlaments und des Rates vom 15. Mai 2014 zur Festlegung von Regelungen für die Überwachung der Seeaußengrenzen im Rahmen der von der Europäischen Agentur für die operative Zusammenarbeit an den Außengrenzen der Mitgliedstaaten der Europäischen Union koordinierten operativen Zusammenarbeit, ABl. L 189 vom 27. Juni 2014, S. 93.

Vor Inkrafttreten des Vertrags von Lissabon teilte Frontex mit Europol im Ansatz das **Problem des Rechtsschutzes.**[385] In einer Rechtsgemeinschaft muss gegen rechtswidrige Maßnahmen einer Einrichtung, die in die Rechte Einzelner eingreifen kann, effektiver Rechtsschutz gewährleistet sein.[386] Dies folgt schon aus Art. 6 Abs. 1, Art. 13 EMRK[387] und aus Art. 47 GRC. Nach Inkrafttreten des Vertrages von Lissabon kommen die weitergehenden Gewährleistungen des AEU-Vertrages zur Anwendung.[388] Nach der Neuregelung der Nichtigkeitsklage gem. Art. 263 Abs. 1 S. 2 iVm Abs. 4 AEUV kann nunmehr jede natürliche oder juristische Person vor dem EuGH die Rechtswidrigkeit von Handlungen der „Einrichtungen und sonstigen Stellen der Union" geltend machen.[389] Maßnahmen der Agentur werden allerdings überwiegend nicht in subjektive Rechte eingreifen. Im Einzelfall könnte dies allerdings möglich sein, etwa bei der Unterstützung von Rückführungsaktionen. Gegenstand der Klagen können neben der Verweigerung des Zugangs zu Dokumenten durch Frontex abhängig von der konkreten Ausgestaltung auch die Verletzung von Datenschutzinteressen durch Handlungen der Agentur oder die Weisungen von Frontex an Teilnahmestaaten über die Art und Weise von durchzuführenden Kontrollmaßnahmen sein. Im Regelfall wird der Rechtsschutz vor innerstaatlichen Gerichten gewahrt.[390] Dabei kommt die Erweiterung des Vorabentscheidungsverfahrens nach Art. 267 Abs. 1 lit. b AEUV auf Handlungen „sonstiger Stellen" zum Tragen. Hinzu tritt die Möglichkeit der Beschwerde beim Bürgerbeauftragten nach Art. 28 der Frontex-VO iVm Art. 228 AEUV. Beschwerdebefugt sind Unionsbürger iSd Art. 20 AEUV, die bei den Kontrollen an den EU-Außengrenzen gerade am wenigsten mit Beschränkungen in ihren Rechten rechnen müssen. 147

F. Asyl- und Flüchtlingsrecht

Die Europäische Union betreibt eine gemeinsame Asylpolitik, die nach Art. 78 Abs. 1 das Asyl, den subsidiären Schutz und den vorübergehenden Schutz einschließt. Das in Art. 78 Abs. 2 AEUV vorgesehene **Gemeinsame Europäische Asylsystem (GEAS)**[391] ist im Juni 2013 politisch beschlossen worden (siehe oben Rn 89). Ziel des GEAS ist zuvörderst die Angleichung der Asylsysteme in den Mitgliedstaaten, damit Schutzsuchende auf einheitliche Regelungen treffen. Das GEAS ist eine politische Errungenschaft der EU, die einen zentralen Politikbereich zusammenfasst, in dem die EU weit reichende Kompetenzen hat und sich profilieren kann. Inhaltlich ist eine Reihe von wichtigen Rechtsakten betroffen. Dies macht verständlich, warum das schon seit Tampere diskutierte Projekt,[392] das im Haager Programm und im Stockholmer Programm aufgeführt war, nun 2013 verwirklicht werden konnte. Allerdings ist die Verwirklichung noch nicht abgeschlossen, weil die geplanten Änderungen einiger Rechtsakte beschlossen, aber noch nicht innerstaatlich umgesetzt sind. Ohnehin handelt es sich um einen Prozess, da die Rechtsnormen mit Bezug auf Erscheinungsformen und Tatsachen auf dem Gebiet des Asyl- und Flüchtlingsrechts fortgeschrieben werden müssen. Mit dem GEAS ist aber ein **solider Grundstock** gelegt, an dem die Fortentwicklungen anknüpfen können. Nach dem Ende der Gründungsphase des europäischen Einwanderungs- und Asylrechts im Jahr 2004 markiert das GEAS das Ende der ersten Konsolidierungsphase. Der Begriff des Asylsystems legt nahe, dass die Rechtsakte, die das GEAS bilden, in einer kohärenten Systema- 148

385 Zum Rechtsschutz gegen Maßnahmen von Europol *Ruthig*, in: Böse, EnzEuR, Bd. 9, § 20, Rn 79 ff; s. schon *Frowein/Krisch*, JZ 1998, 589; *Gleß*, EuR 1998, 748; *Hailbronner*, JZ 1998, 283; *Hölscheidt/Schotten*, NJW 1999, 2851; umfassend *Gleß/Grote/Heine* (Hrsg.), Justizielle Einbindung und Kontrolle von Europol, Freiburg 2001.

386 S. *Classen*, § 4, Rn 1.

387 Vgl hierzu ausführlich *Weinzierl*, Menschenrechte, Frontex und der Schutz der gemeinsamen EU-Außengrenze der EU, in: Möllers/van Ooyen, S. 339 ff (342 ff mit diverser Rechtsprechung).

388 *Tohidipur/Fischer-Lescano*, in: Möllers/van Ooyen, S. 273, 285.

389 *Cremer*, DÖV 2010, 58.

390 *Tohidipur/Fischer-Lescano*, in: Möllers/van Ooyen, S. 287; weitergehend *Tohidipur*, S. 258 f mit Verweis auf die Bootsflüchtlinge.

391 *Hailbronner*, Rn 100; *Laskowski*, in: Ehlers/Fehling/Pünder, § 73, Rn 14.

392 *Kugelmann*, ZAR 2007, 81.

tik stehen. Dies wäre allerdings eine überzogene Sichtweise, da zwar die Grundstruktur nachvollziehbar ist, eine Reihe von Einzelvorschriften aber noch besser aufeinander abgestimmt werden kann. Die das GEAS bildenden Rechtsakte sind die Dublin III-VO 604/2013,[393] die EurodacVO 603/2013[394] sowie Richtlinien, die schon früher erlassen und teils neu verkündet wurden. Bis 2015 sind die Asylverfahrens-RL 2013/32 und die Aufnahme-RL 2013/33 umzusetzen. Die Qualifikations-RL 2011/95 und die Daueraufenthalts-RL 2011/51/EU hat der deutsche Gesetzgeber mit Wirkung zum 1. Dezember 2013 umgesetzt und insbesondere Änderungen des Asylverfahrensgesetzes und des Aufenthaltsgesetzes beschlossen.[395] Die Rechtsprechung des Bundesverwaltungsgerichts hat schon früher auf diese Entwicklungen reagiert.[396] Damit wird das innerstaatliche Asyl- und Flüchtlingsrecht noch stärker europäisiert und auf dem Wege über das europäische Recht finden Regelungen der GFK verstärkt Eingang in das deutsche Recht.

I. Die Genfer Flüchtlingskonvention

149 Die rechtliche Grundlage des internationalen Flüchtlingsrechts bildet die **Genfer Flüchtlingskonvention von 1951 (GFK)**, deren Anwendungsbereich durch das New Yorker Protokoll von 1967 über die Ereignisse der Nachkriegszeit hinaus verallgemeinert wurde.[397] Alle Mitgliedstaaten der EU sind auch Mitgliedstaaten der GFK. Das Gemeinsame Europäische Asylsystem soll auf der umfassenden Anwendung der GFK beruhen.[398] Die zwei wesentlichen rechtlichen Säulen der Genfer Flüchtlingskonvention sind die Definition des Flüchtlings und das Verbot der Zurückweisung in den Herkunftsstaat (non-refoulement).[399]

150 Die grundlegende Bestimmung des Art. 1 A GFK enthält die **Definition des Flüchtlings.**[400] Für Flüchtlinge im Sinne dieser Vorschrift gelten die Regelungen der GFK, die überwiegend die Rechtsstellung des Flüchtlings im Aufnahmestaat betreffen.[401] Vor dem Hintergrund der weltweiten Bekämpfung des Terrorismus ist letzthin die Vorschrift des Art. 1 F GFK in den Blickpunkt gerückt, nach der bestimmte Personen, die schwere Verbrechen begangen haben, von der Zuerkennung der Flüchtlingseigenschaft ausgeschlossen werden können.[402] Der UNHCR hat im September 2003 Richtlinien zur Anwendung dieser Ausschlussklausel veröffentlicht.[403]

151 Das **Verbot der Zurückweisung in den Herkunftsstaat** gem. Art. 33 GFK (**non-refoulement**) ist der umstrittenste Punkt des gesamten Vertrages.[404] Es gilt zumindest soweit es sich mit Art. 3 EMRK deckt auch auf Hoher See und prägt damit die Seenotrettung, die insbesondere für Bootsflüchtlinge eine entscheidende Rolle spielt.[405] Die Regelung kann entweder auf das Verbot der Ausweisung bereits im Land befindlicher Personen einschließlich der Vermeidung von Kettenausweisungen beschränkt[406] oder auf das Verbot der Abweisung des Schutz suchenden Flüchtlings an der Grenze erstreckt werden.[407] Das allgemeine völkerrechtliche Flüchtlingsrecht enthält zwar kein subjektives Recht des Einzelnen gegenüber einem Staat auf Gewährung von Zuflucht.[408] Jedoch folgt aus dem

393 ABl. L 180 vom 29. Juni 2013, S. 31 (Neufassung).
394 ABl. L 180 vom 29. Juni 2013, S. 1 (Neufassung).
395 BGBl. 2013 I, S. 3474 und 3484, Überblick bei *Huber*, NVwZ 2014, 548.
396 *Dörig*, NVwZ 2014, 106; *Berlit*, NVwZ 2012, 1293.
397 Abkommen über die Rechtsstellung der Flüchtlinge vom 28. Juli 1951, BGBl. II 1953, S. 560; Protokoll über die Rechtsstellung der Flüchtlinge vom 31. Januar 1967, BGBl. II 1969, S. 1294.
398 Haager Programm, Ziff.1.3.
399 S. *Davy*, Asyl und internationales Flüchtlingsrecht, 2 Bände, Wien 1996; *Weinzierl*, S. 121 ff.
400 Vgl BVerfGE 54, 341, 356; *Amann*, Die Rechte des Flüchtlings, Baden-Baden 1994, S. 61 ff.
401 *Goodwin-Gil/McAdam*, The Refugee in International Law, 3rd ed., Oxford 2007, S. 130 ff.
402 *Davy*, ZAR 2003, 43.
403 Abgedruckt in ZAR 2004, 207.
404 *Goodwin-Gil/McAdam*, (Fn 394), S. 137 ff; *Kälin/Caroli/Heim*, in: Zimmermann, Art. 33 para 1.
405 EGMR, Urt. v. 23.2.2012 – Nr. 27765/09 (Hirsi Jamaa u. a./Italien), NVwZ 2012, 809; *Weber*, ZAR 2012, 265.
406 *Wittreck*, in: Dreier (Hrsg.), (Fn 225), Art. 16 a, Rn 14 mwN; s. auch *Amann*, (Fn 393), S. 152.
407 *Lübbe-Wolff*, in: Dreier (Hrsg.), GG, 1. Aufl. 1996, Art. 16 a, Rn 9 und Fn 41; *Randelzhofer*, in: Maunz/Dürig, GG, Art. 16 a II-V (1999), Rn 17 und Fn 6.
408 *Hailbronner*, in: Vitzthum/Bothe (Hrsg.), Völkerrecht, 3. Aufl., Berlin 2004, 3. Abschn., Rn 288.

Prinzip des non-refoulement ein Recht auf Zugang des Flüchtlings zu einem Verfahren, in dem die Voraussetzungen seiner Berechtigung festgestellt werden können. Im Ergebnis gewährt Art. 33 GFK ein Bleiberecht.[409] Ein subjektives Recht auf Asyl kann das innerstaatliche Recht aufgrund der souveränen Entscheidung dieses Staates gewähren. Diese Gewährleistung nehmen Art. 16 a Abs. 1 GG[410] und ähnliche, allerdings teils beschränktere Regelungen weiterer Mitgliedstaaten der EU vor.[411]

II. Bestimmung des zuständigen Staates für das Asylverfahren

Die Kriterien und das Verfahren für die Bestimmung desjenigen Mitgliedstaates, der für die Prüfung eines Asylantrags zuständig ist, werden durch die neue **Dublin III-Verordnung (EU) Nr. 604/2013** festgelegt, die am 1. Januar 2014 in Kraft getreten ist (siehe oben Rn 94).[412] Die Dublin II-VO hatte das völkerrechtliche Dubliner Übereinkommen ersetzt und die Regelung der Zuständigkeit für das Asylverfahren in das Unionsrecht überführt.[413] Die Öffnungsklausel des Art. 16 a Abs. 5 GG hinsichtlich völkerrechtlicher Verträge über die Zuständigkeit zur Behandlung von Asylbegehren hat insoweit keine Bedeutung mehr, da das Unionsrecht Anwendungsvorrang genießt.[414] Die anderen Mitgliedstaaten der EU gelten als sichere Herkunftsstaaten gem. Art. 16 a Abs. 2 GG.[415] Die Asylzuständigkeits-VO ist eine Zuständigkeitsregelung nach Art. 16 a Abs. 5 GG. Nach der Rechtsprechung des Bundesverfassungsgerichts können allerdings im Einzelfall Überstellungen in den nach der Dublin III-VO zuständigen Staat verfassungsrechtlich unzulässig sein (siehe unten Rn 159). 152

Eine Beteiligung **Dänemarks** an der Verordnung und auch an Eurodac auf völkerrechtlicher Grundlage ist auf der Grundlage eines Abkommen erfolgt, das am 8. Juni 2004 paraphiert wurde[416] und am 1. April 2006 in Kraft trat.[417] Ähnliche Abkommen, die die Anwendung der Asylzuständigkeits-VO sowie der Eurodac-VO regeln, hatte die EU zuvor bereits mit der Republik **Island** und dem Königreich **Norwegen** geschlossen.[418] Mit der **Schweiz** hat sich die EU in dem Abkommen über die Kriterien und Regelungen zur Bestimmung des zuständigen Staates für die Prüfung eines in einem Mitgliedstaat oder in der Schweiz gestellten Asylantrags ebenfalls auf die Geltung der Regelungen der Asylzuständigkeits-VO verständigt.[419] Es besteht damit eine weitgehende Deckungsgleichheit der Zuständigkeitsregeln einschließlich der Kontrolle ihrer Einhaltung mit dem Anwendungsbereich des Schengen-Besitzstandes. 153

Die Dublin III-VO beinhaltet einige **Neuerungen,**[420] etwa die Notwendigkeit der Gewährung von Eilrechtsschutz (Art. 27). Sie regelt das Überstellungsverfahren in einen anderen Staat, wenn dessen Zuständigkeit festgestellt wird, den Zeitrahmen der Überstellung und des Verfahrens, gewährt Rechtsgarantien und regelt die Informationsweitergabe. Ferner gewährt es den Mitgliedstaaten ein 154

409 *Groß*, KJ 2001, 106; *Gusy*, in: Weidenfeld (Hrsg.), Das europäische Einwanderungskonzept, 1994, S. 127, 135; *Kugelmann*, ZAR 1998, 244.
410 Vgl *Roeser*, EuGRZ 2005, 86.
411 Nachweise bei *Bernsdorff*, in: Meyer, Art. 18, Rn 3.
412 VO (EU) Nr. 604/2013 vom 26.6.2013, ABl. L 180, S. 31.
413 Art. 24 Abs. 1 Asylzuständigkeits-VO (EG) Nr. 343/2003; s. *A. Weber*, in: Pache (Hrsg.), S. 63.
414 *Wittreck*, in: Dreier (Hrsg.), (Fn 225), Art. 16 a, Rn 133.
415 *Gusy/Arnold*, Die Rechts- und Asylpolitik der Europäischen Union, in: Weidenfeld (Hrsg.), Europa-Handbuch, 2002, S. 534.
416 Vgl den Vorschlag der Kommission vom 17. September 2004 für einen Beschluss des Rates über die Zustimmung zu dem Abkommen, KOM (2004) 594 endg.
417 Beschluss 2006/188/EG des Rates vom 21. Februar 2006, ABl. L 66 vom 8. März 2006, S. 37.
418 Beschluss 2006/167/EG des Rates vom 21. Februar 2006 über den Abschluss eines Protokolls zum Übereinkommen zwischen der Europäischen Gemeinschaft und der Republik Island und dem Königreich Norwegen über die Kriterien und Regelungen zur Bestimmung des zuständigen Staates für die Prüfung eines in einem Mitgliedstaat oder in Island oder Norwegen gestellten Asylantrags, ABl. L 57 vom 28. Februar 2006, S. 15.
419 Beschluss 2008/147/EG des Rates vom 28. Januar 2008, ABl. L 53 vom 27. Februar 2008, S. 3.
420 *Huber*, NVwZ 2014, 552; *Marx*, ZAR 2014, 5.

Selbsteintrittsrecht (sog. Souveränitätsklausel),[421] wenn der Staat, in dem sich der Antragssteller befindet, nicht für das Asylverfahren zuständig ist, aber dennoch über den konkreten Antrag entscheiden will. Weitere Regelungspunkte sind Kriterien zur Ingewahrsamnahme und der nunmehr ausgeweitete Schutz von Minderjährigen und der Familie (Familienzusammenführung).

155 Die Mitgliedstaaten sind verpflichtet, jeden Antrag auf internationalen Schutz zu prüfen, wobei der Antrag nur von einem einzigen Mitgliedstaat geprüft wird (Art. 3 Abs. 1). Damit soll ausgeschlossen werden, dass ein Flüchtling von Staat zu Staat weiter geschoben wird, weil kein Staat nach seinen innerstaatlichen Vorschriften zuständig ist (keine „refugees in orbit"). Jeder Antrag eines Drittstaatsangehörigen oder Staatenlosen, der als Ersuchen um internationalen Schutz eines Mitgliedstaates angesehen werden kann (Art. 2 lit. c), eröffnet das Verfahren. Die Dublin III-VO hält an dem **Grundprinzip des ersten Staates** fest, wonach grundsätzlich derjenige Staat für die Prüfung des Asylantrags zuständig ist, dessen Staatsgebiet der Antragssteller zuerst betreten hat (Art. 3 Abs. 2). Das Recht des Mitgliedstaates auf Zurückweisung oder Ausweisung des Drittstaatsangehörigen bleibt nach Maßgabe der Richtlinie 2013/32/EU erhalten (Art. 3 Abs. 3).

156 Welcher Mitgliedstaat zuständig ist, richtet sich nach **Kriterien der Zuständigkeit**, die in einer Rangfolge zueinander stehen (Art. 7).[422] Der Schutz unbegleiteter Minderjähriger und der Schutz des Familienlebens sind in der Neufassung gestärkt worden.[423] Die Regelungen zum Schutz der Familieneinheit sind nicht ganz kohärent, bringen aber doch Fortschritte insbesondere auch durch Stärkung der Verfahrensgarantien.[424] Im Fall der Antragstellung im Transitbereich eines Flughafens ist der dortige Mitgliedstaat zuständig (Art. 15).[425] Lässt sich der zuständige Mitgliedstaat nicht bestimmen, greift das Prinzip des ersten Staates (Art. 3 Abs. 2).

157 Die Dublin III-VO verpflichtet den zuständigen Mitgliedstaat zur **Aufnahme des Asylbewerbers** und im Fall von dessen Ausreise während der Antragsprüfung zur Wiederaufnahme (Art. 18 Abs. 1). Wenn der Drittstaatsangehörige das Hoheitsgebiet des zuständigen Mitgliedstaates für mindestens drei Monate verlassen hat, erlöschen diese Verpflichtungen, es sei denn, der Staat hat einen Aufenthaltstitel erteilt (Art. 18 Abs. 2). Nähere Regelungen über die Mindestnormen der Aufnahme, etwa hinsichtlich des Zugangs zu Bildung und Beschäftigung, trifft die Aufnahme-RL (siehe oben Rn 97).

158 Das **Verfahren** zur Bestimmung des zuständigen Mitgliedstaates beginnt mit dem erstmaligen Stellen eines Antrages auf internationalen Schutz (Art. 20). Das Aufnahmeverfahren ist kleinteilig geregelt, wodurch die Einheitlichkeit des Verfahrens gewährleistet wird (Art. 21 bis 23). Kommt der Mitgliedstaat zu der Auffassung, dass ein anderer Mitgliedstaat zuständig ist, kann er um die Wiederaufnahme des Betroffenen ersuchen und das Wiederaufnahmeverfahren einleiten (Art. 23). Die Inhaftnahme regelt Art. 27, wobei die Auslegung der erforderlichen „erheblichen Fluchtgefahr" die Rechtsprechung noch beschäftigen dürfte. Nach Art. 17 verfügt jeder Staat über ein **Selbsteintrittsrecht**, daraus kann aber kein subjektiver Anspruch des Antragstellers auf Übernahme der Zuständigkeit abgeleitet werden.[426] Im Verhältnis der Mitgliedstaaten zueinander führt die VO dazu, dass die Entscheidung des zuständigen Staates über den Antrag von den anderen Staaten anerkannt werden kann. Es handelt sich um ein transnationales Verfahren.[427] Die Durchführung eines zweiten Verfahrens betreffend den konkreten Asylantrag ist nicht mehr erforderlich.

159 Die Dublin III-VO enthält eine Regelung über **systemische Schwachstellen** im an sich zuständigen Mitgliedstaat (Art. 3 Abs. 2 Unterabs. 2). Damit kann der Gefahr einer unmenschlichen oder ent-

421 Vgl dazu EuGH, Rs. C-4/11 (Puid).
422 *Huber*, NVwZ 2014, 553.
423 *Marx*, ZAR 2014, 6.
424 Eingehend *Maiani*, ZAR 2014, 69.
425 Das Flughafenverfahren des § 18 a AsylVfG, das mit geringfügigen Änderungen auch nach neuem Recht erhalten bleibt, ist nach BVerfGE 94, 166, 195 ff verfassungsgemäß, allerdings unter Verfahrensanforderungen; s. schon *Kugelmann*, ZAR 1994, 158.
426 EuGH, Rs. C-4/11 (Puid), Rn 29.
427 *Groß/Tryjanowski*, Der Staat 2009, S. 264.

würdigenden Behandlung iSd Art. 4 GRC begegnet werden. Nach der Rechtsprechung des EuGH würde die Annahme eine unwiderlegliche Vermutung in der Dublin Verordnung der Pflicht zur grundrechtskonformen Auslegung und Anwendung des Unionsrechts widersprechen.[428] Das Bundesverfassungsgericht hatte in mehreren Entscheidungen[429] die Vollziehung der Abschiebung von Asylbewerbern nach Griechenland aufgrund der Dublin II-VO untersagt.[430] Die Untersagung der Abschiebung wurde mit dem Zustand des griechischen Asylsystems begründet. Der EGMR hatte mit ähnlicher Begründung eine Abschiebung nach Griechenland als Verstoß gegen Art. 3 EMRK erachtet.[431] Diese Entscheidungen stellen klar, dass auch in Fällen der Anwendbarkeit der Dublin III-VO die Überstellung an den Grundrechten des GG und den völkerrechtlichen Mindeststandards der EMRK gemessen werden kann.[432] Allerdings ist aufgrund Art. 51 Abs. 1 GRC zunächst die GRC anwendbar, da die Entscheidung aufgrund einer EU-Verordnung ergeht. Allenfalls im überschießenden Bereich, der zu begründen wäre, kommen die innerstaatlichen Grundrechte zum Tragen.

Die Dublin III-VO enthält eine Regelung zum **Rechtsschutz** (Art. 27), der nach dem Recht des betroffenen Mitgliedstaates zu gewährleisten ist. Das Recht, ein Rechtsmittel einzulegen, bedingt ein Bleiberecht bis zum Ende des Rechtsmittelverfahrens (Art. 27 Abs. 3 lit. a). Schon nach der Vorgängerverordnung sollte das Erfordernis der zügigen Bearbeitung der Asylanträge nicht die Sicherstellung wirksamen gerichtlichen Schutzes vereiteln.[433] Unter der Geltung des Art. 47 GRC ist erst recht effektiver Rechtsschutz zu gewährleisten. Die Entscheidung über die Überstellung muss mit einer Rechtsbehelfsbelehrung versehen werden (Art. 26 VO). Die Überstellung erfolgt nach der endgültigen Entscheidung über einen Rechtsbehelf, der auch den vorläufigen Rechtsschutz umfasst.[434] 160

Die Dublin III-VO enthält **keinen Schlüssel zur Verteilung der Flüchtlinge** auf die Mitgliedstaaten. Darin spiegelt sich die Grundhaltung der meisten Mitgliedstaaten, an dem Dublin-Ansatz festzuhalten, der im Kern auf der Abwehr illegaler Migration gründet.[435] Ein europäischer Ansatz der gemeinsamen Verantwortung für den Flüchtlingsschutz unter Wahrung der Interessen von EU und Mitgliedstaaten würde auch eine faire Verteilung der Schutzsuchenden auf die Mitgliedstaaten bedingen. Der Grundsatz der Solidarität und der gerechten Aufteilung der Verantwortlichkeiten unter den Mitgliedstaaten nach Art. 80 AEUV legt eine solche Verteilung nahe, erzwingt aber keine bestimmte Maßnahme.[436] Rechtliche Ansätze können den politischen Willen zu einer Neuordnung nicht ersetzen. 161

III. Materielle Voraussetzungen des Flüchtlingsschutzes

1. Die Qualifikations-RL – Verfolgung und Gewährung internationalen Schutzes

Die **Qualifikations-RL**[437] (siehe oben Rn 96) legt die Voraussetzungen für die Zuerkennung internationalen Schutzes und die mit dem jeweiligen Schutzstatus verbundenen Rechte fest. Sie ersetzt 162

428 EuGH, Rs. C-4/11 (Puid), NVwZ 2014, 129, Rn 33.

429 BVerfG, Beschl. v. 8.9.2009 (2 BvQ 56/09); Beschl. v. 23.9.2009 (2 BvQ 68/09); Beschl. v. 5.11.2009 (2 BvQ 77/09).

430 *Lehnert/Pelzer*, ZAR 2010, 41.

431 EGMR (Große Kammer), Urteil vom 21.1.2011, Nr. 30696/09 (M.S.S./Belgien u. Griechenland), NVwZ 2011, 413.

432 Vgl BVerfG, Beschl. v. 16.1.2010 (2 BvR 2299/09).

433 EuGH, Rs. 19/08 (Petrosian), Slg 2009, I-495, Rn 48.

434 Vgl *Marx*, ZAR 2014, 12.

435 Vgl *Marx*, ZAR 2014, 12, der systemische Dysfunktionalitäten feststellt.

436 *Weiß*, in: Streinz, EUV/AEUV, Art. 80 AEUV, Rn 4; für politisch-appellativen Charakter *Rossi*, in: Calliess/Ruffert, Art. 80 AEUV, Rn 1.

437 RL 2011/95/EU, ABl. L 337 vom 20.12.2011, S. 9; da die RL nicht nur Merkmale der Qualifikation enthält, sondern auch Statusregelungen, wäre die Bezeichnung als Flüchtlings-RL zwar vorzugswürdig, sie hat sich aber nicht durchgesetzt.

die vorangegangene Qualifikations-RL 2004/83/EG.[438] Im Vergleich zur Vorgängerrichtlinie trifft sie zwar nur punktuelle Änderungen, enthält aber Statusverbesserungen für international subsidiär Schutzberechtigte und führte in ihrer Umsetzung in Deutschland zu grundlegenden Neugestaltungen.[439] Unter internationalem Schutz versteht die Richtlinie nach wie vor die Flüchtlingseigenschaft und den subsidiären Schutzstatus für Personen, die zwar die Voraussetzungen für die Anerkennung als Flüchtling nicht erfüllen, aber im Fall ihrer Rückkehr einen ernsthaften Schaden erleiden würden (Art. 2 lit. a, e und g). Der **Anwendungsbereich** der Richtlinie ist daher personal bestimmt. Sie übernimmt den Flüchtlingsbegriff des Art. 1 A GFK (Art. 2 lit. d) und setzt Mindeststandards für ein gemeinschaftliches Verständnis fest. Sie lässt gewisse Spielräume beim Verständnis, die im Einzelnen diskutiert werden.[440] Nach deutschem Recht betrifft sie sowohl die Voraussetzungen des Asyls oder der Anerkennung als Flüchtling im Sinne der GFK als auch die Gründe des Abschiebungsschutzes nach §§ 60 Abs. 2 ff AufenthG, 4 Abs. 1 AsylverfahrensG.[441] Das **Bundesverwaltungsgericht** hat sich in seiner Rechtsprechung eingehend mit den Vorgaben des europäischen Rechts auseinandergesetzt und wichtige Vorabentscheidungen des EuGH herbeigeführt.[442]

163 Eine der zentralen Vorschriften der Qualifikations-RL ist Art. 15, der als Voraussetzung für die Gewährleistung unionsrechtlichen subsidiären Schutzes einen „ernsthaften Schaden" fordert. Die Umsetzung von Art. 15 RL 2011/95/EU erfolgte **in § 4 Abs. 1 AsylVfG**, auf den § 60 Abs. 2 AufenthG verweist und damit die bisher in § 60 Abs. 2, 3 und 7 Satz 2 AufenthG enthaltenen Abschiebungsverbote zusammenfasst. Als **ernsthafter Schaden** gelten Todesstrafe, Folter oder unmenschliche Behandlung sowie eine Bedrohung des Lebens oder der Unversehrtheit in internationalen oder innerstaatlichen Konflikten (Art. 15 RL). Im ***Urteil Elgafaji*** hat der Europäische Gerichtshof klargestellt, dass Art. 15 lit. b, der Folter oder unmenschliche Behandlung als ernsthaften Schaden versteht, im Wesentlichen Art. 3 EMRK entspreche, während Art. 15 lit. c eigenständig auszulegen sei und weitergehende Schutzwirkungen entfalte.[443] Eine ernsthafte individuelle Bedrohung des Lebens oder der Unversehrtheit einer Person im Sinne dieser Vorschrift setze nicht den Beweis voraus, dass die Person aufgrund ihrer persönlichen Situation innewohnender Umstände spezifisch betroffen sei. Eine solche Bedrohung könne ausnahmsweise auch dann bestehen, wenn ein bewaffneter Konflikt einen so hohen Grad willkürlicher Gewalt aufweise, dass im Falle ihrer Rückkehr die Person allein durch ihre Anwesenheit in dem Land oder der Region Gefahr liefe, einer derartigen Bedrohung ausgesetzt zu sein.[444]

164 Der EGMR hat in Bezug auf das **Verhältnis zwischen Art. 3 EMRK und Art. 15** lit. c der Qualifikations-RL angemerkt, dass Art. 3 EMRK Garantien biete, die mit dem Schutz nach der Richtlinie vergleichbar seien. Insbesondere könne die Schwelle in beiden Vorschriften durch besondere Umstände wegen einer Situation allgemeiner Gewalt erreicht werden, die so intensiv ist, dass eine in die fragliche Region abgeschobene Person schon wegen ihrer dortigen Anwesenheit in Gefahr wäre.[445] In den Abschiebefällen stelle sich demnach die elementare Frage, ob unter Berücksichtigung aller Umstände ernsthafte Gründe für die Annahme nachgewiesen sind, dass der Betroffene im Fall seiner Abschiebung tatsächlich Gefahr laufe, einer Art. 3 EMRK widersprechenden Behandlung ausgesetzt zu werden. Das Folterverbot des Art. 3 EMRK ist absolut, weshalb selbst erhebliche Vorstrafen der Betroffenen keine negative Berücksichtigung finden dürfen.[446] Es steht den Konventionsstaaten frei, den Betroffenen auf eine innerstaatliche Fluchtalternative in seinem Her-

---

438 RL 2004/83/EG, ABl. L 304 vom 30. September 2004, S. 12.

439 Gesetz zur Umsetzung der Richtlinie 2011/95/EU vom 28. August 2013, BGBl. I 2013, 3474; dazu BT-Drucks. 17/13063; vgl auch *Huber*, NVwZ 2014, 548.

440 Zur RL 2004/83/EG *Löhr*, in: Hofmann/Löhr (Hrsg.), S. 48 ff.

441 Im Einzelnen *Hailbronner*, Rn 732 ff.

442 *Dörig*, NVwZ 2014, 106; *Berlit*, NVwZ 2012, 1293.

443 EuGH, Rs. C 465/07 (Elgafaji), InfAuslR 2009, 138 = NVwZ 2009, 705, Rn 28.

444 EuGH, Rs. C 465/07 (Elgafaji), InfAuslR 2009, 138 = NVwZ 2009, 705, Rn 43.

445 EGMR, Urt. v. 28.6.2011, Nr. 8319/07 (Sufi u. Elmi/Vereinigtes Königreich), NVwZ 2012, 681.

446 EGMR, Urt. v. 28.6.2011, Nr. 8319/07 (Sufi u. Elmi/Vereinigtes Königreich), NVwZ 2012, 681.

kunftsland zu verweisen. So hat der EGMR etwa eine Verletzung des Art. 3 EMRK im Falle der drohenden Genitalverstümmelung verneint, wenn sich der Betroffene durch Umzug der Bedrohung entziehen kann.[447]

Das Bundesverwaltungsgericht hat im Anschluss an den EuGH das Vorliegen einer **erheblichen individuellen Gefahr** aufgrund der allgemeinen Gefahrenlage im Heimatland für möglich erachtet. Die in § 60 Abs. 7 AufenthG aF (jetzt § 60 Abs. 2 AufenthG iVm § 4 Abs. 1 Nr. 3 AsylVfG)[448] vorausgesetzte, erhebliche individuelle Gefahr für Leib oder Leben im Rahmen eines internationalen oder innerstaatlichen bewaffneten Konflikts könne sich aus einer allgemeinen Gefahr für eine Vielzahl von Zivilpersonen im Rahmen eines bewaffneten Konflikts ergeben, wenn sich die Gefahr in der Person des Ausländers verdichtet, weil in der Person des betroffenen Ausländers gefahrenerhöhende Umstände vorliegen.[449] Sie könne unabhängig davon ausnahmsweise auch bei einer außergewöhnlichen Situation eintreten, die durch einen so hohen Gefahrengrad gekennzeichnet sei, dass praktisch jede Zivilperson allein aufgrund ihrer Anwesenheit in dem betroffenen Gebiet einer ernsthaften individuellen Bedrohung ausgesetzt wäre. Das Bundesverwaltungsgericht schließt sich ausdrücklich dem EuGH an und nimmt eine individuelle Verdichtung der allgemeinen Gefahr an, wenn der den bewaffneten Konflikt kennzeichnende Grad willkürlicher Gewalt ein so hohes Niveau erreicht, dass stichhaltige Gründe für die Annahme bestehen, dass eine Zivilperson bei einer Rückkehr allein durch ihre Anwesenheit in dem betreffenden Gebiet tatsächlich Gefahr liefe, einer ernsthaften Bedrohung iSd Art. 15 lit. c der Richtlinie ausgesetzt zu sein.[450] 165

Die Auslegung des **Begriffes internationaler oder innerstaatlicher bewaffneter Konflikt** hat das Bundesverwaltungsgericht unter Berücksichtigung des humanitären Völkerrechts, insbesondere der Genfer Konventionen, vorgenommen, weil dies dem Kontext der Qualifikations-RL entspreche.[451] Nach Ansicht des Bundesverwaltungsgerichts muss sich ein innerstaatlicher bewaffneter Konflikt nicht auf das gesamte Staatsgebiet erstrecken. Ein aus seinem Herkunftsstaat Geflohener könne aber nur auf eine landesinterne Schutzalternative verwiesen werden, wenn diese außerhalb des Gebietes eines innerstaatlichen bewaffneten Konflikts liegt.[452] Zum Begriff des innerstaatlichen bewaffneten Konflikts hat der EuGH im *Urteil Diakité*[453] ausgeführt, dass dieser losgelöst vom humanitären Völkerrecht zu beurteilen sei und es auch nicht auf die Intensität der bewaffneten Auseinandersetzungen, auf einen bestimmten Organisationsgrad der vorhandenen bewaffneten Streitkräfte oder die Dauer des Konflikts ankomme. Vom Vorliegen eines innerstaatlichen bewaffneten Konflikts sei stattdessen auszugehen, wenn es zu Auseinandersetzungen zwischen mehreren bewaffneten Gruppen untereinander bzw. zwischen bewaffneten Gruppen und regulären Streitkräften des betreffenden Staates komme, die einen Grad willkürlicher Gewalt von einem derart hohen Niveau erreichten, dass der Betroffene bei einer Rückkehr allein durch seine Anwesenheit tatsächlich Gefahr liefe, einer ernsthaften individuellen Bedrohung des Lebens oder der Unversehrtheit ausgesetzt zu sein. 166

Anträge auf internationalen Schutz sind Asylanträge gemäß § 13 Abs. 2 AsylVfG.[454] Jeder Antrag ist individuell zu prüfen und es kommt insoweit auch nur auf die **individuelle Lage des Antragstellers** an (Art. 4 Abs. 3 der Qualifikations-RL). Eine **Verfolgung von Gruppen** stellt nach Erwägungsgrund 35 „für sich genommen normalerweise keine individuelle Bedrohung dar, die als ernsthafter Schaden zu beurteilen wäre." Ausdrücklich als ernsthafter Schaden gilt aber die individuelle Bedro- 167

---

447 EGMR, Entsch. v. 17.5.2011, Nr. 43408/08 (Enitan Pamela Izevbekhai u. a./Irland).

448 Im Unterschied zu § 60 Abs. 7 AufenthG aF gibt § 4 Abs. 1 Nr. 3 AsylVfG den Wortlaut des Art. 15 lit. c der RL 2011/95/EU wortgenau wieder und verlangt „eine ernsthafte individuelle Bedrohung des Lebens oder der Unversehrtheit einer Zivilperson infolge willkürlicher Gewalt im Rahmen eines internationalen oder innerstaatlichen bewaffneten Konflikts".

449 BVerwGE 134, 188 (Rn 13 ff).

450 BVerwGE 134, 188 (Rn 15).

451 BVerwG, Urt. v. 24.6.2008, Az 10 C 43/07.

452 BVerwG, Urt. v. 24.6.2008, Az 10 C 43/07; Urt. v. 5.5.2009, Az 10 C 19/08.

453 EuGH, Rs. C 285/12 (Diakité), EuGRZ 2014, 52.

454 *Hailbronner*, Rn 1331.

hung des Lebens oder der Unversehrtheit einer Zivilperson infolge willkürlicher Gewalt im Rahmen eines internationalen oder innerstaatlichen bewaffneten Konflikts (Art. 15 lit. c). Subsidiärer Schutz kann aufgrund der Bedrohung des Antragstellers im Rahmen eines Bürgerkrieges oder eines sonstigen bewaffneten Konflikts gewährt werden müssen.[455] Dies lässt Spielraum für Wertungen. Situationen des Massenzustroms, etwa infolge eines Bürgerkrieges, werden von der RL 2001/55/EG über vorübergehenden Schutz erfasst (siehe oben Rn 100), die ein Ausnahmeverfahren ermöglicht, jedoch nach ihrem Art. 3 Abs. 1 den individuellen Schutz von Flüchtlingen unberührt lässt.

168 Die Qualifikations-RL nennt als Akteure, von denen Verfolgung ausgehen kann, nicht nur Staaten oder Parteien und Organisationen, die den Staat oder einen wesentlichen Teil des Staatsgebietes faktisch beherrschen, sondern auch **nichtstaatliche Akteure** (Art. 6).[456] Diese Regelung hat § 60 Abs. 1 S. 4 lit. c AufenthG aF übernommen (jetzt § 3 c Nr. 3 AsylVfG) und damit einen zentralen Punkt des deutschen Rechts geändert.[457] Schutz vor Verfolgung können nach Art. 7 der QualifikationsRL ein Staat oder Parteien und Organisationen, die Teile des Staatsgebiets beherrschen, aber auch Internationale Organisationen bieten, sofern sie dazu willens und in der Lage sind. Auch Gruppenverfolgung durch private Akteure kann bei einer bestimmten Verfolgungsdichte und der Betroffenheit in asylerheblichen Merkmalen angenommen werden.[458] In Erweiterung gegenüber der Vorgängerrichtlinie muss der Schutz vor Verfolgung oder ernsthaftem Schaden wirksam und darf nicht nur vorübergehender Art sein (Art. 7 Abs. 2 und Erwägungsgrund 26 sowie § 3 d Abs. 2 AsylVfG).

169 Wenn **interner Schutz** gegeben ist, benötigt der Antragsteller keinen internationalen Schutz (Art. 8). Nach deutschem Sprachgebrauch geht es um die inländische Fluchtalternative. Der Art. 8 der Qualifikations-RL wurde insoweit leicht modifiziert, als ein Schutzsuchender nur dann auf eine inländische Fluchtalternative verwiesen werden kann, wenn er sicher und legal in diesen Landesteil reisen kann, dort aufgenommen wird und vernünftigerweise erwartet werden kann, dass er sich dort niederlässt.[459] Mit der Umsetzung des Art. 8 RL 2011/95/EU in § 3 e AsylVfG wurde von der durch die Richtlinie eingeräumten Möglichkeit Gebrauch gemacht, internen Schutz im Rahmen der Flüchtlingsanerkennung zu berücksichtigen.[460] Die Regelung des Art. 4 Abs. 4 der Richtlinie enthält insoweit eine Beweiserleichterung, als die Tatsache, dass der Antragsteller bereits verfolgt wurde oder einen ernsthaften Schaden erlitten hat, ein ernsthafter Hinweis darauf ist, dass seine Furcht vor Verfolgung begründet ist bzw. er tatsächlich Gefahr läuft, einen ernsthaften Schaden zu erleiden. Laut dem Bundesverwaltungsgericht kommt diese Beweiserleichterung dem vorverfolgten Asylantragsteller auch bei der Prüfung zugute, ob für ihn im Gebiet einer internen Schutzalternative keine begründete Furcht vor Verfolgung besteht. Im Rahmen der Flüchtlingsanerkennung greift die Beweiserleichterung auch dann, wenn im Zeitpunkt der Ausreise keine landesweit ausweglose Lage bestand.[461] Bemerkenswert ist, dass auch **Internationale Organisationen**, die wesentliche Teile des Staatsgebietes beherrschen, **als Schutz gewährende Akteure** anerkannt werden. Damit werden Situationen berücksichtigt, in denen etwa die NATO oder die Vereinten Nationen die faktische Herrschaft über Gebiete ausüben. Die Übergangsverwaltung der UNO in Osttimor, die in dessen Unabhängigkeit als Staat mündete, oder die Notstandsverwaltung im Kosovo sind Beispiele für eine de facto Herrschaft durch Internationale Organisationen.[462] Seit Inkrafttreten des Vertrages von Lissabon gilt dies auch für polizeiliche oder militärische Missionen, die im Rahmen

455 S. *Duchrow*, ZAR 2004, 341.
456 Zur Praxis einiger Mitgliedstaaten vgl das Schaubild bei *Streinz*, in: Stern, S. 96 (Anhang 4).
457 *Huber*, NVwZ 2005, 6; Renner, ZAR 2004, 269.
458 Vgl BVerwG, Urt. v. 21.4.2009, Az 10 C 11/08.
459 *Huber*, NVwZ 2014, 548, 550.
460 Vgl zur Vorgängerregelung des § 60 Abs. 1 S. 5 AufenthG aF BVerwG, Urt. v. 5.5.2009, Az 10 C 21/08.
461 BVerwG, Urt. v. 5.5.2009, Az 10 C 21/08.
462 *Epping*, in: Ipsen (Hrsg.), Völkerrecht, 5. Aufl., München 2004, § 5, Rn 31 ff; *Frowein*, Die Notstandsverwaltung von Gebieten durch die Vereinten Nationen, in: Arndt/Knemeyer/Kugelmann/Meng/Schweitzer (Hrsg.), FS für Walter Rudolf, 2001, S. 43.

der Gemeinsamen Außen- und Sicherheitspolitik der EU durchgeführt werden.[463] Denn die Europäische Union besitzt Rechtspersönlichkeit (Art. 47 EUV) und ist völkerrechtlich einer Internationalen Organisation insoweit gleich zu stellen. Welchen Bindungen an menschen- und flüchtlingsrechtliche Vorgaben eine Internationale Organisation unterliegt, die faktische Gebietsherrschaft ausübt, hängt von ihrer jeweiligen Rechtslage ab.

Die Qualifikations-RL (oder Flüchtlings-RL) führt einen Mindestkatalog von **Verfolgungshandlungen und Verfolgungsgründen** auf, die zur Anerkennung eines Antragstellers als Flüchtling führen (Art. 9 und 10).[464] Den Mitgliedstaaten steht es frei, günstigere Normen zu schaffen (Art. 3). Als Verfolgungshandlungen gelten zB die Anwendung von physischer oder psychischer Gewalt, einschließlich sexueller Gewalt, diskriminierende gesetzliche, administrative, polizeiliche und/oder justizielle Maßnahmen, unverhältnismäßige Strafverfolgung oder Handlungen, die an die Geschlechtszugehörigkeit anknüpfen oder gegen Kinder gerichtet sind (Art. 9 Abs. 2). Für den Fall der unverhältnismäßigen Strafverfolgung hat der EuGH entschieden, dass der bloße Umstand, dass homosexuelle Handlungen unter Strafe gestellt sind, als solcher keine Verfolgungshandlung darstelle.[465] Dagegen sei eine Freiheitsstrafe, mit der homosexuelle Handlungen im Herkunftsland bedroht werden und die auch tatsächlich verhängt werde, als unverhältnismäßige oder diskriminierende Bestrafung zu betrachten und stelle somit eine Verfolgungshandlung dar. Von dem Betroffenen kann nicht erwartet werden, dass er seine **Homosexualität** im Herkunftsland geheim halte oder Zurückhaltung beim Ausleben seiner sexuellen Ausrichtung übe, um die Gefahr einer Verfolgung zu vermeiden.[466] 170

Als Verfolgungsgründe sind von den Mitgliedstaaten zu berücksichtigen Rasse, Religion, Nationalität einschließlich der Zugehörigkeit zu einer Minderheit, politische Überzeugung und die Zugehörigkeit zu einer sozialen Gruppe mit deutlich abgegrenzter Identität (Art. 10 Abs. 1). Auch **Religionsausübung** im privaten und im öffentlichen Bereich kann ein Verfolgungsgrund sein.[467] Der EuGH hat insoweit klargestellt, dass nicht jeder Eingriff in das Recht auf Religionsfreiheit, der gegen Art. 10 Abs. 1 GRC verstößt, bereits eine Verfolgungshandlung im Sinne der Qualifikations-RL darstellt, sondern vielmehr eine schwerwiegende Verletzung dieser Freiheit vorliegen muss, die den Betroffenen erheblich beeinträchtigt.[468] Dabei sei jedoch nicht darauf abzustellen, in welche Komponente der Religionsfreiheit („forum internum" oder „forum externum") eingegriffen wird, sondern auf die Art und die Folgen der Repressionen, denen der Betroffene ausgesetzt ist. Der EuGH wendet sich damit gegen die gefestigte objektive Sichtweise des Religionsbegriffs in der deutschen Rechtsprechung.[469] Entscheidend sei allein, ob der Betroffene in Anbetracht seiner individuellen Lage begründete Furcht haben kann, tatsächliche Verfolgungshandlungen zu erleiden. Eine Verfolgungshandlung kann sich explizit auch aus einem Eingriff in die öffentliche Ausübung dieser Freiheit ergeben; dabei ist nicht zu berücksichtigen, ob er eine Verfolgung in seinem Herkunftsland dadurch vermeiden kann, dass er auf die Vornahme bestimmter religiöser Betätigungen verzichtet. 171

Eine Umsetzung der Verfolgungsgründe ist in § 60 Abs. 1 AufenthG und § 3 b AsylVfG erfolgt, insbesondere auch durch die Aufnahme des Grundes der **geschlechtsspezifischen Verfolgung.**[470] Die Anerkennung der geschlechtsspezifischen (§ 3 b Abs. 1 Nr. 4 AsylVfG) und nichtstaatlichen Verfolgung (§ 3 c Nr. 3 AsylVfG) ist eine entscheidende Verbesserung des Flüchtlingsschutzes in der deutschen Rechtsordnung.[471] Hervorzuheben ist auch, dass die §§ 60 Abs. 1 AufenthG, 3 Abs. 1 Nr. 1 172

463 Bsp bei *Kugelmann*, EuR 2004, 322, 329 f.
464 *Löhr*, in: Hofmann/Löhr (Hrsg.), S. 55 ff.
465 EuGH, Rs. C 199/12, C 200/12, C 201/12 (Minister voor Imigratie en Asiel/X,Y,Z), NVwZ 2014, 132.
466 EuGH, Rs. C 199/12, C 200/12, C 201/12 (Minister voor Imigratie en Asiel/X,Y,Z), NVwZ 2014, 132.
467 Vgl *Meyer/Schallenberger*, NVwZ 2005, 777.
468 EuGH, Rs. C-71/11 und C-99/11 (Y+Z/Bundesrepublik Deutschland), NVwZ 2012, 1612 mit Anm. *Marx*.
469 *Marx*, NVwZ 2012, 1615, 1616.
470 *Duchrow*, ZAR 2004, 339 f; *Marx*, ZAR 2005, 177.
471 *Duchrow*, ZAR 2004, 340 f; *Groß*, ZAR 2005, 62.

AsylVfG nicht länger an der Staatsangehörigkeit als Verfolgungsgrund festhalten, sondern in konsequenter Umsetzung der Qualifikations-RL an die Nationalität anknüpfen. Der Begriff der Nationalität beschränkt sich nicht auf die Staatsangehörigkeit oder das Fehlen einer solchen, sondern bezeichnet insbesondere auch die Zugehörigkeit zu einer Gruppe, die durch ihre kulturelle, ethnische oder sprachliche Identität, gemeinsame geografische oder politische Herkunft oder ihre Verwandtschaft mit der Bevölkerung eines anderen Staates bestimmt wird, vgl Art. 10 Abs. 1 lit. c Qualifikations-RL und § 3 b Abs. 1 Nr. 3 AsylVfG.

173 Das Bedürfnis nach internationalem Schutz kann auch durch **Nachfluchtgründe** entstehen (Art. 5). Dies kann insbesondere angenommen werden, wenn die Aktivitäten des Antragstellers die Fortsetzung einer bereits im Herkunftsland bestehenden Überzeugung sind (Art. 5 Abs. 2). Dagegen besteht ein Nachfluchtgrund in der Regel dann nicht, wenn die Verfolgungsgefahr auf Umständen beruht, die der Antragsteller nach Verlassen des Herkunftslandes selbst geschaffen hat (Art. 5 Abs. 3). Die gegenwärtige deutsche Rechtslage nutzt die von Art. 5 gewährten Spielräume aus.[472] Durch die Regelung des § 28 Abs. 2 AsylVfG kann ein Drittstaatsangehöriger im Falle sogenannter „selbst geschaffener" Nachfluchtgründe nicht mehr Abschiebungsschutz als ein Flüchtling nach § 60 Abs. 1 AufenthG erhalten, sondern sich nur auf die weiteren Gründe des Abschiebungsschutzes berufen. Diese Regelung ist mit Art. 1 A GFK allenfalls in restriktiver Auslegung vereinbar und begegnet darüber hinaus verfassungsrechtlichen Bedenken hinsichtlich der Sicherheit des Aufenthaltsstatus, der aus Art. 16 a GG ableitbar ist.[473]

2. Flüchtlingseigenschaft und subsidiärer Schutz

174 Internationaler Schutz umfasst die Flüchtlingseigenschaft und den subsidiären Schutz (Art. 3 lit. a Qualifikations-RL). Die Zuerkennung der Eigenschaft als Flüchtling ist ein deklaratorischer Akt,[474] da insoweit Art. 1 A GFK in dem durch die Qualifikations-RL begründeten Verständnis maßgebend ist. Erfüllt eine Person die Voraussetzungen der Flüchtlingseigenschaft nicht, kann sie dann Anspruch auf **subsidiären Schutz** vorbringen, wenn stichhaltige Gründe für die Annahme vorliegen, dass sie bei einer Rückkehr Gefahr liefe, einen ernsthaften Schaden zu erleiden (Art. 2 lit. f RL, § 4 AsylVfG). Darüber hinaus kann nationaler Abschiebungsschutz nach § 60 Abs. 5 AufenthG gewährt werden.[475] Der von Art. 18 der Qualifikations-RL geforderte subsidiäre Schutzstatus wird im deutschen Recht von den Tatbeständen des Abschiebungsschutzes erfasst.

175 Personen, die nach § 4 AsylVfG subsidiären Schutz genießen, verfügen über einen Rechtsanspruch auf Erteilung einer Aufenthaltserlaubnis (§ 25 Abs. 2 AufenthG).[476] Einen derart gesicherten Status gewährleistet die **Duldung** nach § 60 a AufenthG nicht.[477] Eine Abschiebung kann nach § 60 a Abs. 1 AufenthG vorübergehend für längstens sechs Monate ausgesetzt werden, um völkerrechtlichen oder humanitären Gründen oder der Wahrung politischer Interessen der Bundesrepublik Deutschland Rechnung zu tragen.[478] Es geht um Situationen, in denen kollektive Gefahren für die Bevölkerung oder bestimmte Bevölkerungsgruppen die Rückkehr verhindern (§ 60 Abs. 7 AufenthG).[479] Schlagen kollektive Gefahren in individuelle Bedrohungen um, kommt auch ein Anspruch der betroffenen Person auf subsidiären Schutz nach Art. 18 Qualifikations-RL in Betracht, der die Ausstellung eines Aufenthaltstitels für mindestens ein Jahr zur Folge hätte (Art. 24

472 Aus der Sicht des GG dazu BVerfGE 74, 51, 64 ff mit der Unterscheidung zwischen objektiven und subjektiven (selbst geschaffenen) Nachfluchtgründen.

473 *Duchrow*, ZAR 2004, 342; *Groß*, ZAR 2005, 63; *Huber*, NVwZ 2005, 1.

474 Erwägungsgrund 21 der Qualifikations-RL.

475 *Huber*, NVwZ 2014, 550.

476 *Hailbronner*, Rn 514.

477 Kritisch *Heinhold*, in: Barwig/Davy, S. 199 f mwN.

478 *Huber*, NVwZ 2005, 6.

479 *Groß*, ZAR 2005, 64.

Abs. 2). Darüber hinaus erfasst § 60 a AufenthG nationale Abschiebungshindernisse, die auch dringende humanitäre oder persönliche Gründe betreffen können (§ 60 a Abs. 3 AufenthG).[480]

Die Einordnung als **Flüchtling** wird von der Genfer Flüchtlingskonvention vorgeben[481] und von der Qualifikations-RL aufgegriffen (Art. 2 lit. d), die wiederum von § 3 AsylVfG umgesetzt wird.[482] Für die Auslegung spielt neben der Rechtsprechung des EGMR zu Art. 3 EMRK insbesondere auch die Praxis des UNHCR eine Rolle.[483] Der EuGH hat sich eher selten mit dem Flüchtlingsbegriff beschäftigt. Nach dem Urteil des EuGH in der *Rechtssache Abdulla* erlischt die Flüchtlingseigenschaft, wenn die Gründe für die Anerkennung als Flüchtling weggefallen sind, der Herkunftsstaat folglich die Fähigkeit besitzt, den Schutz vor Verfolgungshandlungen sicherzustellen.[484] Dabei obliegt es den zuständigen Behörden, sich zu vergewissern, dass die Furcht des Flüchtlings vor Verfolgung unbegründet ist oder die Akteure des Drittlandes dem Flüchtling Schutz bieten können, wobei die Änderung der Umstände dauerhafter und nicht nur vorübergehender Natur sein muss.[485] Der Schutz im Herkunftsstaat kann auch durch internationale Organisationen, etwa mittels der Präsenz multinationaler Truppen, sichergestellt werden.[486] 176

3. Der Inhalt des internationalen Schutzes

Sowohl Flüchtlinge als auch Personen mit Anspruch auf subsidiären Schutz kommen in den Genuss der Rechte, welche die Qualifikations-RL (oder Flüchtlings-RL) ihnen für ihren Aufenthalt gewährleistet (Art. 20 Abs. 2). Ihnen steht der **Schutz vor Zurückweisung** zu, der in Anlehnung an Art. 33 GFK gewährt wird (Art. 21). Antragsteller, denen der Schutzstatus als Flüchtling gewährt worden ist, haben Anspruch auf die Ausstellung eines **Aufenthaltstitels**, der mindestens drei Jahre gültig ist, hinsichtlich Berechtigter des subsidiären Schutzes muss die Gültigkeit mindestens ein Jahr betragen (Art. 24). In § 25 Abs. 2 und 3 sowie § 26 Abs. 1 AufenthG wird diese Vorgabe weitgehend aufgegriffen. 177

Die **Wahrung des Familienverbandes** ist zu achten, weshalb Familienangehörige nach den Maßgaben des innerstaatlichen Rechts Anspruch auf die Vergünstigungen haben, welche die Richtlinie vorsieht (Art. 23 Abs. 2). Die Gesetzesnovelle im Zuge der Umsetzung der Qualifikations-RL 2011/95/EU führte zu einer bedeutenden Erweiterung des Personenkreises, der Familienasyl oder internationalen Schutz für Familienangehörige beanspruchen kann.[487] Während zuvor nach deutschem Recht nur die Konventionsflüchtlinge den Asylberechtigten hinsichtlich der Familienzusammenführung gleichgestellt waren, wurde mit der Neufassung des § 26 Abs. 5 AsylVfG der Schutz auf die Familienangehörigen und den Lebenspartner des subsidiär Schutzberechtigten erweitert. Für die Zusammenführung der Familien anerkannter Flüchtlinge kommen Art. 9 ff der Familienzusammenführungs-RL 2003/86/EG zur Anwendung. 178

Die Differenzierung zwischen den schutzberechtigten Personenkreisen wurde im Rahmen der **sozialen und beschäftigungspolitischen Vergünstigungen** durch die Neufassung der Qualifikations-RL weitgehend aufgegeben. Nach der Richtlinie sind Zugang zu Beschäftigung, Zugang zu Bildung, Sozialhilfeleistungen, medizinische Versorgung, Zugang zu Wohnraum und Zugang zu Integrationsmaßnahmen zu gewährleisten (Art. 26 bis 33). In der Regel beziehen sich diese Zugangsgarantien unterschiedslos auf alle Personen, denen internationaler Schutz zuerkannt worden ist. Eine Ausnahme stellt Art. 29 Abs. 2 RL 2011/95/EU dar, nach dem Sozialhilfeleistungen für subsidiär Schutzberechtigte auf Kernleistungen beschränkt werden dürfen. Häufig sind die den international Schutzberechtigten eingeräumten Rechtspositionen auf Gleichstellung mit den eige- 179

480 *Hailbronner*, Rn 1195 f.
481 Eingehend *Zimmermann/Mahler*, in: Zimmermann, Art. 1 A para 2.
482 *Huber*, NVwZ 2014, 549.
483 Vgl *Hailbronner*, Rn 1228.
484 EuGH, Rs. 175/08, 176/08, 178/08 und 179/08 (Abdulla), InfAuslR 2010, 188, Rn 68.
485 EuGH, Rs. 175/08, 176/08, 178/08 und 179/08 (Abdulla), InfAusLR 2010, 188, Rn 70-73.
486 EuGH, Rs. 175/08, 176/08, 178/08 und 179/08 (Abdulla), InfAusLR 2010, 188, Rn 75.
487 *Huber*, NVwZ 2014, 550.

nen Staatsangehörigen angelegt (Art. 26 Abs. 2, Art. 27 Abs. 1, Art. 28 Abs. 1, Art. 29 Abs. 1, Art. 30 Abs. 1).

180 Besondere Berücksichtigung finden in Art. 31 der Qualifikations-RL **unbegleitete Minderjährige.**[488] Das völkerrechtliche Übereinkommen über die Rechte des Kindes, das nahezu alle Staaten der Welt einschließlich aller Mitgliedstaaten der EU für sich in Kraft gesetzt haben,[489] schreibt in seinem Art. 22 vor, dass ein Kind, das die Rechtsstellung eines Flüchtlings begehrt, angemessenen Schutz und humanitäre Hilfe bei der Wahrnehmung dieser Rechte erhält.[490] Die Bundesrepublik hat allerdings einen Vorbehalt erklärt, wonach ihre Befugnisse zur Regelung der Einreise in das Bundesgebiet und zu Maßnahmen gegen widerrechtliche Einreise oder widerrechtlichen Aufenthalt unberührt bleiben.[491] Auf europäischer Ebene hat die Bundesrepublik ihre Verpflichtungen zur Umsetzung der einschlägigen Bestimmungen vollständig zu erfüllen. Die Richtlinien definieren den Begriff des unbegleiteten Minderjährigen und räumen diesen Personen aufgrund ihrer besonderen Schutzbedürftigkeit spezifische Rechte ein.[492]

181 Dies bekräftigt dem Grunde nach Art. 24 GRC. Aufgrund der Zuerkennung eines Anspruchs verbürgt die Regelung ein **Recht der Kinder auf Schutz**, das über Pflichten von Hoheitsträgern und über die Entfaltung des Kinder- und Jugendschutzes als Schranke anderer Grundrechte hinausgeht.[493] Dieses Recht auf Schutz konkretisiert sich in einer grundrechtlichen Schutzpflicht.[494] Damit gewährleistet Art. 24 Abs. 1 S. 1 GRC ein Recht darauf, aktives Handeln der Grundrechtsverpflichteten zu Gunsten des Wohlergehens von Kindern einzufordern.[495] Im Rahmen insbesondere der Sozialgesetzgebung der Union schafft Art. 24 GRC keine neuen Kompetenzen,[496] fordert aber eine besondere Berücksichtigung des Kindeswohls. Ein subjektives Recht auf kinderbezogene soziale Leistungen verbürgt die Regelung dem Grunde nach nicht, weil der Anwendungsbereich der Grundrechte-Charta nach Art. 51 Abs. 1 GRC begrenzt ist.[497]

IV. Asylverfahren

182 Das Asylverfahren wird vom innerstaatlichen Recht geregelt, in Deutschland also durch das Asylverfahrensgesetz, das aber die neu gefasste **RL 2013/32/EU über Mindestnormen für Verfahren** zu berücksichtigen hat.[498] Sie ist Teil des Gemeinsamen Europäischen Asylsystems. Im Rahmen eines Asylverfahrens wird nicht nur das Vorliegen der Voraussetzungen für die Gewährung von Asyl geprüft, sondern das Asylverfahren ist auch anwendbar für die Prüfung des Vorliegens von Gründen des Abschiebungsschutzes (§ 1 Abs. 1 AsylVfG und § 60 Abs. 1 S. 5 und 6 AufenthG).[499]

183 **Ziel** der Verfahrens-Richtlinie ist es, gemeinsame Verfahren für die Zuerkennung und Aberkennung des internationalen Schutzes gemäß der Qualifikations-Richtlinie 2011/95/EU einzuführen (Art. 1). Auch hier ist der Schritt von den Mindestnormen für das Verfahren, die von der Vorgängerrichtlinie festgelegt wurden, zur umfassenden Regelung erfolgt.[500] Die Neufassung erweitert die Rechte der Betroffenen im Verfahren, insbesondere die Rechtsberatung, und modifiziert die Regelungen über sichere Drittstaaten und sichere Herkunftsstaaten.[501]

---

488 *Peter*, ZAR 2005, 11.
489 Übereinkommen vom 20. November 1989, für die Bundesrepublik Deutschland BGBl. 1992 II, S. 122.
490 Näher *Schmahl*, Kinderrechtskonvention, Baden-Baden 2013, Art. 22, Rn 1 f.
491 Bek. vom 10. Juli 1992, BGBl. II, S. 990.
492 Im Einzelnen *Peter*, ZAR 2005, 14 ff.
493 *Marauhn*, in: Heselhaus/Nowak, Handbuch der Europäischen Grundrechte, München 2006, § 41, Rn 16.
494 *Rengeling/Szczekalla*, Grundrechte in der Europäischen Union, Köln u.a. 2004, Rn 956.
495 *Hölscheidt*, in: Meyer, Art. 24 GRC, Rn 18; *Jarass*, GRC, Art. 24, Rn 21.
496 *Hölscheidt*, in: Meyer, Art. 24 GRC, Rn 18.
497 *Kugelmann*, in: Merten/Papier (Hrsg.), (Fn 6), § 161.
498 RL 2013/32/EU, ABl. L 180 vom 29.6.2013, S. 60.
499 *Hailbronner*, Rn 1332 ff.
500 Vgl zur Vorgängerfassung *Hofmann/Donath*, in: Hofmann/Löhr (Hrsg.), S. 19 ff.
501 *Hailbronner*, Rn 1330.

Der **Anwendungsbereich** der Verfahrens-RL erstreckt sich auf alle Verfahren, in denen über Anträge auf internationalen Schutz entschieden wird (Art. 3 iVm Art. 2 lit. b). Der Begriff des internationalen Schutzes ist im Sinne von Art. 2 lit. a und h der Qualifikations-RL zu verstehen, umfasst also Asyl, Flüchtlingsschutz nach GFK und subsidiären Schutz. Dies entspricht der prozessualen Parallelisierung des § 1 AsylVfG. 184

Der Antragsteller hat das **Recht auf Zugang zum Verfahren** (Art. 6). Die Mitgliedstaaten sorgen für Informations- und Beratungsleistungen (Art. 8). Während des Verfahrens verfügt der Antragsteller über ein **Bleiberecht** (Art. 9). Weit reichende Garantien für das erstinstanzliche Verfahren legt Art. 12 fest. Sie umfassen Informationsrechte, ggf unter Hinzuziehung eines Dolmetschers, die Kontaktaufnahme zum UNHCR und eine Entscheidung in angemessener Frist. Mit diesen Rechten korrespondieren Mitwirkungspflichten (Art. 13). Eine wichtige Rolle spielt die persönliche Anhörung, deren Ablauf, Umfang, Inhalt und Dokumentation im Einzelnen geregelt ist (Art. 14 ff). Rechtsauskünfte und Beratung über verfahrenstechnische Einzelheiten sind im erstinstanzlichen Verfahren unentgeltlich (Art. 19). Auch die Rechtsberatung ist unter bestimmten Bedingungen kostenfrei (Art. 20, 21). Für Schutzbedürftige und Minderjährige gelten spezifische Schutzvorschriften (Art. 24, 25). In der Ausgestaltung des Verfahrens sind zu Gunsten der Antragsteller erhebliche Verbesserungen im Vergleich zur Vorgängerrichtlinie erreicht worden. 185

Die Richtlinie beinhaltet die **Konzepte der sicheren Herkunftsstaaten und der sicheren Drittstaaten (Art. 36 bis 39)**.[502] Die innerstaatliche Drittstaatenregelung in Art. 16 a Abs. 2 GG wird entweder als Konkretisierung des Schutzbereichs oder als dessen Beschränkung, jedenfalls aber als Bestimmung des materiellen Schutzbereichs des Asylrechts verstanden.[503] Die Vermutungsregel im Hinblick auf sichere Herkunftsstaaten nach Art. 16 a Abs. 3 GG betrifft das Vorliegen der tatbestandlichen Voraussetzungen für das Asylrecht und damit ebenfalls das materielle Recht. 186

Von der Prüfung eines Antrags auf internationalen Schutz kann abgesehen werden, wenn der Antragsteller aus einem **sicheren Herkunftsstaat** kommt (Art. 3). Das Protokoll Nr. 29 über die Gewährung von Asyl für Staatsangehörige der Mitgliedstaaten bestimmt, dass diese füreinander als sichere Herkunftsländer gelten.[504] Die Anwendung des Konzeptes des sicheren Herkunftsstaates setzt eine individuelle Prüfung voraus, die im Einzelfall eine Widerlegung der Einordnung des Staates zulässt (Art. 36 Abs. Abs. 1). Voraussetzungen für die Einordnung als sicherer Herkunftsstaat enthält der Anhang I zur Richtlinie. Die Einstufung als sicherer Drittstaat ist von den Mitgliedstaaten regelmäßig zu überprüfen (Art. 37 Abs. 2). 187

Als **sicherer Drittstaat** kann nur ein Staat angesehen werden, der den Anforderungen der GFK und der EMRK gerecht wird und der über ein gesetzlich vorgesehenes Asylverfahren verfügt (Art. 39 Abs. 2).[505] Die Sicherheit ist aufgrund der Rechtspraxis festzustellen. Erforderlich ist daher eine Einzelfallprüfung nach den ausführlichen Kriterien des Art. 38 Abs. 2, damit sichergestellt ist, dass der konkrete Antragsteller auch tatsächlich nach dem europäischen Standard behandelt wurde. Der Antragsteller kann das Bestehen einer Sondersituation vortragen (Art. 39 Abs. 3). Einzelheiten können im nationalen Recht festgelegt werden (Art. 39 Abs. 4). Damit wird das normative Konzept einer abstrakten Vergewisserung, auf dem das deutsche Recht beruht, zumindest dem Grunde nach abgesichert.[506] 188

Die Mitgliedstaaten haben wirksamen **gerichtlichen Rechtsschutz** gegen belastende Entscheidungen sicherzustellen (Art. 46 Abs. 1). Die noch in der Vorgängerrichtlinie eingeräumten erheblichen Ent- 189

502 *P. M. Huber/Fröhlich*, in: FS v. Arnim, S. 580 ff; das Konzept sicherer Drittstaaten in Art. 16 a GG hat BVerfGE 94, 49, LS 2 gebilligt; zur Praxis einiger Mitgliedstaaten vgl die Schaubilder bei *Streinz*, in: Stern, S. 97 f (Anhänge 5 und 6).

503 Vgl BVerfGE 94, 49, 85, 87, 95; für eine konstitutive Regelung des persönlichen Schutzbereiches *Wittreck*, in: Dreier (Hrsg.), (Fn 225), Art. 16 a, Rn 71; für einen Gesetzesvorbehalt in Art. 16 a Abs. 2 Satz 2 GG *U. Becker*, in: v. Mangoldt/Klein/Starck (Hrsg.), (Fn 226), Art. 16 a, Rn 140.

504 Protokoll Nr. 29 über die Gewährung von Asyl für Staatsangehörige von Mitgliedstaaten der Europäischen Union (1997).

505 Vgl für Art. 16 a Abs. 2 GG BVerfGE 94, 49, LS 4.

506 S. schon *P. M. Huber/Fröhlich*, in: FS v. Arnim, S. 581, 599 f.

scheidungsspielräume der Mitgliedstaaten wurden weitgehend abgeschafft. Fristen sind angemessen auszugestalten (Art. 46 Abs. 4). Der Antragsteller verfügt grundsätzlich über ein Bleiberecht während des Verfahrens (Art. 46 Abs. 5), womit eine wesentliche Schwachstelle der Altregelung beseitigt wurde. Allerdings ist das Recht mit Bedingungen versehen, die von den Mitgliedstaaten teils konkretisiert werden können.

V. Vorübergehende Schutzgewährung

190 Den Massenzustrom von Flüchtlingen in einer Ausnahmesituation betrifft die **RL 2001/55/EG über vorübergehenden Schutz** (siehe oben Rn 100).[507] Sie wurde durch § 24 AufenthG in deutsches Recht umgesetzt.[508] Den Begriff des vorübergehenden Schutzes definiert § 2 Abs. 6 AufenthG. Die Richtlinie entstand als Reaktion auf den Zustrom von Vertriebenen, die während der bewaffneten Konflikte nach dem Zerfall Jugoslawiens in den Mitgliedstaaten der EU und insbesondere in der Bundesrepublik Deutschland Schutz suchten.[509] Sie ist in der Praxis ohne Bedeutung geblieben.

191 Ziel der Richtlinie ist es, **Mindestnormen** für die Aufnahme der Vertriebenen vorzusehen und gleichzeitig eine ausgewogene **Verteilung der Belastungen** zwischen den Mitgliedstaaten zu erreichen (Art. 1). Es geht um die zeitlich begrenzte Gewährung eines adäquaten Schutzniveaus. Die Dauer der Aufnahme soll ein Jahr betragen, kann aber verlängert werden (Art. 4). Das Bestehen eines Massenzustroms von Vertriebenen wird durch einen Beschluss des Rates festgestellt (Art. 5 Abs. 1). Die Mitgliedstaaten stellen den betroffenen Personen einen Aufenthaltstitel aus (Art. 8), gestatten ihnen die Ausübung einer abhängigen oder selbständigen Erwerbstätigkeit (Art. 12) und gewähren ihnen soziale Vergünstigungen (Art. 13). Personen, die vorübergehenden Schutz genießen, können jederzeit einen Asylantrag stellen (Art. 17), wobei die Mitgliedstaaten die Kumulation von Rechten verwehren können (Art. 19). Von dieser Ermächtigung hat die Bundesrepublik Deutschland Gebrauch gemacht, indem sie das Ruhen des Asylverfahrens anordnet (§ 32 a Abs. 1 AsylVfG).[510] Nach Ablauf des vorübergehenden Schutzes sichert der Mitgliedstaat die freiwillige Rückkehr oder wenn nötig die Zwangsrückführung (Art. 21 f). Die Maßnahmen werden aus Mitteln des Europäischen Flüchtlingsfonds unterstützt.

VI. Begleitende Finanzinstrumente

192 Die EU verfügt über Instrumente zur finanziellen Abfederung ihrer Migrationspolitik nach innen wie nach außen. Im Rahmen der Umsetzung des Gemeinsamen Europäischen Asylsystems sollen die einschlägigen Fonds zusammengeführt werden. Der Europäische Flüchtlingsfonds, der Europäische Rückkehrfonds und der Europäische Integrationsfonds sollen in einem einheitlichen **Asyl-, Migrations-, und Integrationsfonds (AMIF) aufgehen.**[511] Anstelle der bisherigen Jahresprogramme wird dann durch jeden Mitgliedstaat ein Siebenjahresprogramm entwickelt. Die Verordnung, die dies regelt, soll noch 2014 in Kraft treten.

193 Das Bemühen um eine angemessene Lastenverteilung (burden-sharing) zwischen den Mitgliedstaaten hat zur Errichtung des **Europäischen Flüchtlingsfonds** geführt.[512] Die erste Entscheidung erging für den Zeitraum vom 1. Januar 2000 bis zum 31. Dezember 2004, in dem 216 Mio. Euro zur Verfügung standen. Die zweite Entscheidung über die Errichtung des Flüchtlingsfonds für die Jahre

---

507 RL 2001/55/EG des Rates vom 20. Juli 2001 über Mindestnormen für die Gewährung vorübergehenden Schutzes im Falle eines Massenzustroms von Vertriebenen und Maßnahmen zur Förderung einer ausgewogenen Verteilung der Belastungen, die mit der Aufnahme dieser Personen und den Folgen dieser Aufnahme verbunden sind, auf die Mitgliedstaaten, ABl. L 212 vom 20. Juli 2001, S. 12.

508 *Lüke*, ZAR 2004, 397, 400.

509 Vgl die Erwägungsgründe 3 und 6 der RL; s. *Brechmann*, in: Calliess/Ruffert, Art. 63, Rn 21 ff; *Hofmann*, in: Merli, S. 181 f; *Röben*, in: Grabitz/Hilf/Nettesheim, Art. 63, Rn 29 ff.

510 *Groß*, ZAR 2005, 64.

511 Bundesamt für Migration und Flüchtlinge (EU Fondsverwaltung), EU Fonds Infobrief 01/2014.

512 Flüchtlingsfonds-Entscheidung 2000/596/EG vom 28. September 2000, ABl. L 252 vom 6. Oktober 2000, S. 12.

2005 bis 2010 wurde im Dezember 2004 getroffen.[513] Diese wurde im Mai 2007 durch eine Entscheidung des Europäischen Parlaments und des Rates zur Einrichtung des Europäischen Flüchtlingsfonds für den Zeitraum 2008 bis 2013 mit Wirkung zum 1. Januar 2008 aufgehoben und ersetzt.[514] Allgemeines Ziel des Flüchtlingsfonds ist es, die Anstrengungen der Mitgliedstaaten bei der Aufnahme von Flüchtlingen und Vertriebenen und die Folgen dieser Aufnahme durch Kofinanzierung der vorgesehenen Maßnahmen zu unterstützen und zu fördern (Art. 2 Abs. 1 der Entscheidung 573/2007/EG). Maßnahmen, die aus dem Fonds unterstützt werden können, betreffen die Aufnahmebedingungen und Asylverfahren, die Integration, die Verbesserung der Fähigkeit der Mitgliedstaaten zur Fortentwicklung, Überwachung und Bewertung ihrer Asylpolitik, die Neuansiedlung und die Überstellung von Personen (Art. 3). Der Fonds beteiligt sich mit Finanzhilfen an der Finanzierung von Projekten ohne Erwerbszweck, die bereits aus öffentlichen oder privaten Quellen unterstützt werden (Art. 14 Abs. 1 und 2). Der **Europäische Integrationsfonds** stellt für die Haushaltsperiode von 2007 bis 2013 Mittel zur Verfügung.[515] Gefördert werden die Vorbereitung von nachziehenden Familienangehörigen auf ihren Aufenthalt in der EU und Programme zur Integration von Drittstaatsangehörigen nach ihrer Einreise. Die Unterstützung der Mitgliedstaaten bei der Verbesserung von Strukturen der Integration und bei der Kooperation auf diesem Gebiet entspricht dem Ansatz des Art. 79 Abs. 4 AEUV, der für die Zukunft entsprechende Maßnahmen trägt.[516] Mit dem **Europäischen Rückkehrfonds** soll die Rückführung insbesondere von Asylbewerbern gefördert werden.[517]

G. Einwanderung

I. Die gemeinsame Einwanderungspolitik der Union

Die Europäische Union entwickelt gem. Art. 79 Abs. 1 AEUV eine gemeinsame Einwanderungspolitik. Darin liegt zugleich **Aufgabe und Auftrag**. Die unter dem Einfluss der Mitgliedstaaten ursprünglich auf Bekämpfung der illegalen Migration ausgerichtete Politik der EU hat sich erst nach und nach verstärkt auf die Gestaltung der legalen Migration ausgerichtet.[518] Der Europäische Pakt zu Einwanderung und Asyl (siehe oben Rn 31) hat diesen Akzent gesetzt. Trotz differierender mitgliedstaatlicher Interessen ermöglicht der Bestand an Gemeinsamkeiten, wesentliche Grundzüge der Steuerung von Migration zu gestalten. 194

Die **Regelungskompetenzen** im Hinblick auf die legale Einreise und den Aufenthalt von Ausländern, die vor dem Vertrag von Lissabon überwiegend bei den Mitgliedstaaten lagen,[519] sind auf die EU übergegangen.[520] Die Union verfügt nach Art. 78 ff AEUV über weit reichende Kompetenzen zur Regelung von Grenzkontrollen, Asyl und Einwanderung. Damit ist die nahezu vollständige Europäisierung des innerstaatlichen Ausländerrechts festgeschrieben. Die Kompetenzen sind Teil des Raumes der Freiheit, der Sicherheit und des Rechts (Art. 67 Abs. 2 AEUV), daher handelt es sich um geteilte Zuständigkeiten (Art. 4 Abs. 2 lit. j AEUV), die nach Maßgabe des Subsidiaritäts- 195

513 Entscheidung 2004/904/EG des Rates vom 2. Dezember 2004 über die Errichtung des Europäischen Flüchtlingsfonds für den Zeitraum 2005 – 2010, ABl. L 381 vom 28. Dezember 2004, S. 52.

514 Entscheidung Nr. 573/2007/EG des Europäischen Parlaments und des Rates vom 23. Mai 2007 zur Einrichtung des Europäischen Flüchtlingsfonds für den Zeitraum 2008 bis 2013 innerhalb des Generellen Programms „Solidarität und Steuerung der Migrationsströme“ und zur Aufhebung der Entscheidung 2004/904/EG des Rates, ABl. L 144 vom 6. Juni 2007, S. 1.

515 Entscheidung des Rates 2007/435 zur Errichtung eines Europäischen Fonds für die Integration von Drittstaatsangehörigen – Europäischer Integrationsfonds, ABl. 2007 L 168, S. 18.

516 *Weiß*, in: Streinz, EUV/AEUV, Art. 79 AEUV Rn 47.

517 Entscheidung des Rates 2007/575 ABl. 2007 L 144, S. 45.

518 *Weiß*, in: Streinz, EUV/AEUV, Art. 79 AEUV, Rn 9 f.

519 EuGH, Rs. C-467/02 (Cetinkaya), Slg 2004, I-10985, Rn 22; Rs. C-275/02 (Ayaz), Slg 2005, I-8765, Rn 35; dies war allerdings schon damals str., zutreffend aber *Weiß*, in Streinz, EUV/AEUV, 1. Aufl. 2003, Art. 63 EGV, Rn 39 ff mwN.

520 *Weiß*, in: Streinz, EUV/AEUV, Art. 79 AEUV, Rn 3.

prinzips ausgeübt werden (Art. 5 Abs. 3 AEUV).[521] Einen Gegenpol bilden Art. 79 Abs. 4 AEUV, der zur Integration lediglich unterstützende Maßnahmen zulässt sowie Art. 79 Abs. 5 AEUV, wonach die Mitgliedstaaten Kontingente für den Zugang zum Arbeitsmarkt festlegen können.[522]

196 Die Kompetenzgrundlage des Art. 79 Abs. 2 lit. a AEUV erlaubt Maßnahmen zur Erteilung von Visa und langfristigen Aufenthaltstiteln einschließlich solcher zur Familienzusammenführung sowie zur Regelung der Einreise- und Aufenthaltsvoraussetzungen. Die Verknüpfung von Einreise und den Voraussetzungen für den Aufenthalt verdeutlicht, dass die EU **umfassende Regelungen des Aufenthaltsstatus** vornehmen kann. Aufgrund des Art. 79 Abs. 2 lit. b AEUV kann sie zudem die Rechte der Drittstaatsangehörigen regeln, die sich rechtmäßig aufhalten und damit auch den Zugang zur Beschäftigung.[523] Im Zusammenwirken der unterschiedlichen Kompetenztitel des Art. 79 AEUV, deren Abgrenzung wenig bedeutsam ist, stehen der EU politische Spielräume zur Verfügung, um die Ziele der Migrationspolitik des Art. 79 Abs. 1 AEUV zu erreichen.[524]

197 Als positiv die Integration gestaltende **Rechtsakte** gemäß Art. 79 Abs. 2 lit. a AEUV sind beispielhaft die Regelungen zum Daueraufenthalt und zur Familienzusammenführung hervorzuheben. Soweit die Daueraufenthalts-RL 2003/109/EG[525] die Voraussetzungen für den langfristigen Aufenthalt betrifft, kann sie auf diese Kompetenzgrundlage gestützt werden.[526] Die Familienzusammenführungs-RL 2003/86/EG begünstigt Familienangehörige von Personen, die sich bereits rechtmäßig in einem Mitgliedstaat der EU befinden. Ein Drittstaatsangehöriger, der Familienangehöriger eines anderen Drittstaatsangehörigen ist, welcher sich rechtmäßig im Gebiet der Mitgliedstaaten aufhält, kann nach Genehmigung der Familienzusammenführung legal einreisen (Art. 13 Abs. 1 Familienzusammenführungs-RL 2003/86/EG) und sich im Mitgliedstaat aufhalten (vgl § 27 AufenthG).[527]

198 Nach Art. 79 Abs. 1 lit. b AEUV können **Rechte der Drittstaatsangehörigen und Bedingungen ihres Aufenthalts** sowie der Wahrnehmung ihrer Bewegungsfreiheit geregelt werden. Aufgrund der Daueraufenthalts-RL 2003/109/EG sind die Mitgliedstaaten verpflichtet, Drittstaatsangehörigen mit einer langfristigen Aufenthaltsberechtigung Vergünstigungen einzuräumen und sie auf einigen Sachgebieten mit eigenen Staatsangehörigen gleich zu behandeln.[528]

199 Zum Zweck der Bekämpfung illegaler Migration können **Regelungen über Abschiebung und Rückführung** getroffen werden (Art. 79 Abs. 1 lit. c AEUV). Die Rückführungs-RL kann daher fortgeschrieben werden. Die Bekämpfung des Menschenhandels ist menschenrechtliches Gebot (Art. 79 Abs. 1 lit. d AEUV). Zum Opferschutz hat die EU bereits Recht geschaffen (siehe unten Rn 213).

200 Das Einwanderungsrecht wird zunehmend menschenrechtlich beeinflusst (Art. 67 Abs. 1 AEUV). Diese Entwicklung dürfte sich mit der Grundrechte-Charta und einer entsprechenden Auslegung des Sekundärrechts noch verstärken. Besondere Bedeutung kommt dem Recht auf **Achtung des Familienlebens** zu, das originäre Ansprüche auf Einreise in das Hoheitsgebiet der Mitgliedstaaten der Europäischen Union und auf Aufenthalt begründet.[529] Da zwei oder mehrere Personen betroffen sind, die unterschiedliche Staatsangehörigkeiten, unterschiedliche Migrationsmotive und unterschiedliche ausländerrechtliche Positionen einnehmen können, weisen diese Rechte vielfältige Querbezüge auf. Bedeutung haben etwa Regelungen über Visa und Einreise, über die Unionsbürgerschaft, über soziale Leistungen, aber auch Regelungen des innerstaatlichen Familienrechts.[530]

---

521 *Kluth*, in: Ehlers/Fehling/Pünder, § 72, Rn 23; *Thym*, in Grabitz/Hilf/Nettesheim, Art. 79, Rn 18.
522 *Weiß*, in: Streinz, EUV/AEUV, Art. 79 AEUV, Rn 48, spricht von einem nationalen Kompetenzreservat.
523 *Weiß*, in: Streinz, EUV/AEUV, Art. 79 AEUV, Rn 15; weiter gehend sieht *Thym*, in Grabitz/Hilf/Nettesheim, Art. 79, Rn 23, auch dies bereits von Art. 79 Abs. 1 lit. a AEUV umfasst.
524 *Rossi*, in: Calliess/Ruffert, Art. 79, Rn 10.
525 Zuletzt geändert durch RL 2011/51/EU, ABl. L 132 vom 19.5.2011, S. 1.
526 *Müller-Graff/Kainer*, Jahrbuch 2003/2004, S. 133.
527 *Renner*, NVwZ 2004, 798 f.
528 *Müller-Graff/Kainer*, Jahrbuch 2003/2004, S. 133.
529 *Alber*, in: FS Ress, S. 371; *Eckertz-Höfer*, ZAR 2008, 43; zum BVerfG *Roeser*, EuGRZ 2005, 86, 98 ff.
530 *Guild*, S. 97 ff.

Der EuGH hat hervorgehoben, dass die Erteilung einer Aufenthaltserlaubnis nicht nur für Unionsbürger, sondern auch für deren Ehegatten, die über ein Aufenthaltsrecht aufgrund des Sekundärrechts verfügen, lediglich deklaratorischen Charakter hat.[531] Die Regelungen der Familienzusammenführungs-RL zum Nachzug von Kindern hält er für mit dem Recht auf Familie vereinbar.[532] Der Gerichtshof fasst in der Entscheidung seine Rechtsprechung zu den Grundrechten zusammen, die auf der Grundlage der Grundrechte-Charta weiter zu entwickeln ist. Er bejaht grundrechtliche Schutzpflichten zu Gunsten der Familie und der Kinder (s. Art. 24 GRC), lehnt aber ein grundrechtsunmittelbares subjektives Recht von Familienangehörigen auf Aufnahme im Mitgliedstaat ab.[533] Den Mitgliedstaaten verbleiben nach Maßgabe der Richtlinie Spielräume bei der Entscheidung. Positive Verpflichtungen der Staaten und daraus resultierende subjektive Rechte gewähre aber Art. 4 Abs. 1 der Familienzusammenführungs-RL. Die Wahl des Alters von 12 Jahren als Kriterium für den Nachzug sei zulässig. Der Europäische Gerichtshof erachtet insgesamt die Familienzusammenführungs-RL für rechtmäßig, gibt aber für ihre Anwendung grundrechtsorientierte Maßstäbe vor.

Familienangehörige von Unionsbürgern können Rechte betreffend ihren Aufenthalt aus den Freizü- 201
gigkeitsrechten des Art. 21 AEUV und den Rechten der Grundfreiheiten ableiten. Eine ausdrückliche sekundärrechtliche Grundlage bietet die Freizügigkeits-RL 2004/38/EG (siehe oben Rn 87). Ein Drittstaatsangehöriger, der Familienangehöriger eines Unionsbürgers ist, genießt gemäß der Freizügigkeits-RL 2004/38/EG das Recht auf Einreise und Aufenthalt.[534] Für das deutsche Recht bestätigen dies Art. 3 und 4 FreizügG/EU.[535] Das Aufenthaltsrecht des Familienangehörigen bestimmt sich nach Art. 6 Familienzusammenführungs-RL für Aufenthalte bis zu drei Monaten und nach Art. 7 für Aufenthalte über drei Monate. Für Drittstaatsangehörige kommen die Verwaltungsformalitäten nach Art. 9 zur Anwendung, die sich im Wesentlichen auf die Ausstellung einer Aufenthaltskarte beschränken. Die Rechte des Drittstaatsangehörigen leiten sich von den Freizügigkeitsrechten des Unionsbürgers ab und sind an deren Bestehen gebunden. Die beiden grundlegenden Voraussetzungen für einen rechtmäßigen Aufenthalt bestehen darin, dass der Unionsbürger für sich und seine Familienangehörigen über ausreichende Existenzmittel und einen Krankenversicherungsschutz verfügt (Art. 7 Abs. 1). Im Fall des Todes oder Wegzugs des Unionsbürgers richtet sich das Aufenthaltsrecht der Familienangehörigen nach Art. 12. Den Fall der Scheidung der Ehe oder Aufhebung der Lebenspartnerschaft regelt Art. 13.

Die Gesetzgebung der Europäischen Union zum Einwanderungs- und Asylrecht, die in erheblichem 202
Maße grundrechtsrelevant ist,[536] unterliegt der Bindung an die **Diskriminierungsverbote der Grundrechte-Charta**. Diese können eigenständig oder in Verbindung mit dem in Art. 18, 19 GRC geregelten Asylrecht und dem Ausweisungsschutz zur Anwendung kommen. Im Vordergrund der Gesetzgebung steht die verbotene Anknüpfung an die Merkmale des Art. 21 GRC. Das Kriterium der Staatsangehörigkeit von Drittstaatsangehörigen kann aber auch für die Mitgliedstaaten bei der Durchführung des Unionsrechts eine Rolle spielen, weil das grundrechtliche Verbot der Diskriminierung des Art. 21 GRC im Verhältnis der Drittstaatsangehörigen untereinander wirkt.[537] Die Einzelheiten des Anwendungsbereichs der GRC für die Mitgliedstaaten sind allerdings umstritten.[538] In Durchführung des Unionsrechts müssen Ungleichbehandlungen durch das innerstaatliche Recht jedoch nach zutreffender Konzeption mit guten Gründen gerechtfertigt werden können.

531 EuGH, Rs. C-459/99 (MRAX), Slg 2002, I-6591, Rn 74; Rs. C-215/03 (Oulane), Slg 2005, I-1215, Rn 18.
532 EuGH, Rs. C-540/03 (Familiennachzug), Slg 2006, I-5769
533 EuGH, Rs. C-540/03 (Familiennachzug), Slg 2006, I-5769, Rn 59.
534 *Hailbronner*, ZAR 2004, 263; s. OVG Hamburg, Urt. v. 22.3.05, Az BF 294/04, EZAR NF 14 Nr. 3.
535 *Dienelt*, in: Renner/Bergmann/Dienelt, § 3 FreizügG, Rn 1.
536 EuGH, Rs. C-540/03 (Familiennachzug), Slg 2006, I-5769 zum Recht auf Familie und der Regelung des Kindernachzuges.
537 *Kugelmann*, in: Merten/Papier (Hrsg.), (Fn 6), § 161, Rn 55.
538 *Kugelmann*, in: Niedobitek (Hrsg.), (Fn 94), § 4, Rn 58 ff mwN.

203 Die Behandlung von Einwanderern oder Personen, die internationalen Schutz suchen, insbesondere Asylbewerber, kann zudem durch die **Anti-Diskriminierungs-RL**[539] beeinflusst werden.[540] Angehörige von Drittstaaten laufen besondere Gefahr, diskriminiert zu werden, weil sie typischerweise gleich mehr als eines der Kriterien erfüllen, insbesondere ethnische Herkunft, Rasse und Religion.

II. Aufenthalt von Drittstaatsangehörigen und Beschäftigung

1. Zugang zum Arbeitsmarkt

204 Migration ist eng verknüpft mit der Suche nach und Aufnahme von **Arbeit.**[541] Regelungen der legalen Zuwanderung auf europäischer Ebene weisen von jeher vielfache Querverbindungen und Schnittmengen zum Wirtschafts- und Sozialrecht auf.[542] Durch Art. 79 AEUV verfügt die Union nun über umfassende Kompetenzen zur Regelung des Migrationsrechts, die den Aufenthalt der Drittstaatsangehörigen einschließlich sozialer Rechte und der Beschäftigung umfassen. Das deutsche Recht bindet in § 18 AufenthG die Zulassung zum Arbeitsmarkt in das aufenthaltsrechtliche Verfahren ein.[543]

205 Die **Arbeitsmärkte benötigen Arbeitskräfte aus Drittstaaten.** Daher hat die EU Spezialregeln für Hochqualifizierte mit der Blue Card-RL geschaffen. Für Studierende und Forscher bestehen weitere Sondervorschriften.[544] Dabei stellt die Integration von Drittstaatsangehörigen einen Prozess der gegenseitigen Annäherung zwischen der Gesellschaft der Gastländer und der Zuwanderer dar und stärkt den interkulturellen Dialog. Die Vorteile der Zuwanderung sollen voll genutzt werden. Beschäftigung bildet ein Schlüsselelement des Integrationsprozesses. Dies gilt es weiter zu bekräftigen und attraktive Zuzugsregeln zu schaffen.

206 Die Europäische Union verfügt über die **Kompetenz zur Regelung des Zugangs zum Arbeitsmarkt.**[545] Als Teil der Einreise- und Aufenthaltsvoraussetzungen kann auch die Aufnahme einer Beschäftigung gesehen werden.[546] Jedenfalls kann sich die Union auf die Zuständigkeit zur Regelung der Rechte von Drittstaatsangehörigen stützen. Aufgrund des Art. 79 Abs. 2 lit. b AEUV kann sie daher auch den Zugang zur Beschäftigung regeln.[547] Harmonisierungsmaßnahmen sind nach Art. 79 Abs. 4 AEUV nicht zulässig, wenn die **Integration** betroffen ist. Diese gesellschaftliche Aufgabe ist schwer einzugrenzen und stellt damit keine wirksame Beschränkung der Kompetenzen der Union dar. Denn ein weites Verständnis von Integration würde nicht der Zielrichtung des Art. 79 Abs. 1 AEUV entsprechen. Daher ist ein enges Verständnis zu bevorzugen, das die Wahrnehmung der Zuständigkeiten nach Art. 79 Abs. 2 AEUV kaum einschränkt. Nach Art. 79 Abs. 5 AEUV können die Mitgliedstaaten den Zugang zum Arbeitsmarkt mit quantitativen Begrenzungen versehen.[548] Dies muss nicht notwendig auf Quoten oder Kontingentierungen beschränkt sein, sondern kann auch nationale Bedürfnisklauseln betreffen.[549]

207 In den neueren Rechtsakten wird der **Zugang zum Arbeitsmarkt** für Angehörige von Drittstaaten gehandhabt. Nach Art. 11 der **Aufnahme-RL 2013/33/EU** legen die Mitgliedstaaten einen mit der

---

539 RL 2000/43/EG des Rates vom 29. Juni 2000 zur Anwendung des Gleichbehandlungsgrundsatzes ohne Unterschied der Rasse oder der ethnischen Herkunft, ABl. L 180 vom 19. Juli 2000, S. 22; RL 2000/78/EG des Rates vom 27. November 2000 zur Festlegung eines allgemeinen Rahmens für die Verwirklichung der Gleichbehandlung in Beschäftigung und Beruf, ABl. L 303 vom 2. Dezember 2000, S. 16.

540 Zur Umsetzung in das deutsche Recht *Eichenhofer*, in: Barwig/Davy, S. 364.

541 Zum deutschen Recht *Huber*, NVwZ 2005, 4.

542 Zu diesem Zusammenhang EuGH, Rs. 281, 283 bis 285, 287/85 (Bundesrepublik Deutschland u.a./Kommission), Slg 1987, 3203, Rn 16 f, 25 mit Hinweisen auf Aktionsprogramme des Rates seit 1974.

543 *Röseler/Sußmann*, in: Renner/Bergmann/Dienelt, § 18 AufenthG, Rn 5.

544 *Weiß*, in: Streinz, EUV/AEUV, Art. 79 AEUV, Rn 19 ff mN.

545 *Thym*, in: Grabitz/Hilf/Nettesheim, Art. 79 AEUV, Rn 43; die anders lautende Auffassung in der Vorauflage, Rn 207, wird aufgegeben.

546 *Brinkmann*, in: Barwig/Davy, S. 71 mit Fn 25; *ders.*, ELJ 10 (2004), 188; *Thym*, in Grabitz/Hilf/Nettesheim, Art. 79, Rn 23.

547 *Rossi*, in: Calliess/Ruffert, Art. 79, Rn 18; *Weiß*, in: Streinz, EUV/AEUV, Art. 79 AEUV, Rn 15.

548 *Weiß*, in: Streinz, EUV/AEUV, Art. 79 AEUV, Rn 48, spricht von einem nationalen Kompetenzreservat.

549 *Thym*, in: Grabitz/Hilf/Nettesheim, Art. 79, Rn 45.

Einreichung des Asylantrags beginnenden Zeitraum fest, in dem der **Asylbewerber** keinen Zugang zum Arbeitsmarkt hat.[550] Maßstäbe für die Dauer des Zeitraumes gibt die Richtlinie nur insoweit vor, als ein Jahr nach Einreichung des Asylantrags beschlossen werden muss, unter welchen Voraussetzungen dem Asylbewerber Zugang zum Arbeitsmarkt gewährt wird, falls über den Asylantrag noch nicht in erster Instanz entschieden ist. Die Vorschrift bekräftigt in Absatz 4 die Möglichkeit der Mitgliedstaaten, Unionsbürgern sowie Drittstaatsangehörigen mit rechtmäßigem Aufenthalt Vorrang auf dem Arbeitsmarkt gegenüber Asylbewerbern einzuräumen.

Drittstaatsangehörige mit rechtmäßigem Aufenthalt erhalten regelmäßig die Rechtsstellung eines langfristig Aufenthaltsberechtigten im Sinne der **Daueraufenthalts-RL** 2003/109/EG. Sie werden nach Art. 11 der Daueraufenthalts-RL betreffend den Zugang zur Erwerbstätigkeit in den Mitgliedstaaten wie eigene Staatsangehörige behandelt. Diese Gleichbehandlung kann hinsichtlich des Zugangs zu bestimmten Erwerbstätigkeiten zu Lasten der langfristig Aufenthaltsberechtigten eingeschränkt werden (Art. 11 Abs. 3).[551] Folgerichtig enthält die Richtlinie keine Bestimmungen zur Ausübung einer Beschäftigung, weil der Aufenthaltsberechtigte in den regulären Arbeitsmarkt des Mitgliedstaates eingegliedert ist, in dem er wohnt. Die Arbeitsaufnahme erfolgt regelmäßig *vor* der Erteilung der Rechtsstellung eines langfristig Aufenthaltsberechtigten. Denn um diese zu erlangen, muss der Drittstaatsangehörige nach Art. 5 der Daueraufenthalts-Richtlinie feste und regelmäßige Einkünfte sowie eine Krankenversicherung nachweisen. Die Notwendigkeit einer Arbeitserlaubnis und deren Voraussetzungen sind Gegenstand des innerstaatlichen Rechts (§ 18 AufenthG). 208

Mindestvorschriften über die soziale Sicherheit und den sozialen Schutz von Arbeitnehmern oder die Chancengleichheit von Männern und Frauen auf dem Arbeitsmarkt sind unabhängig von der Staatsangehörigkeit. Spezifisch auf Drittstaatsangehörige gerichtet ist die Befugnis, die **Beschäftigungsbedingungen der Staatsangehörigen dritter Länder** zu verbessern, die sich rechtmäßig im Gebiet der Gemeinschaft aufhalten (Art. 153 Abs. 1 lit. g AEUV).[552] Der Rat kann durch Richtlinien Mindestvorschriften erlassen (Art. 153 Abs. 2 lit. b AEUV). Im Hinblick auf die Beschäftigungsbedingungen der Drittstaatsangehörigen kommt nicht das ordentliche Gesetzgebungsverfahren zur Anwendung. Der Rat entscheidet einstimmig nach Anhörung des Parlaments und der Ausschüsse (Art. 153 Unterabs. 3 AEUV). Die Union kann damit Bestimmungen treffen, die auf eine Gleichstellung von Drittstaatsangehörigen mit Unionsbürgern im Hinblick auf die Beschäftigungsbedingungen zielen. 209

Allgemeine sozialrechtliche Kollisionsnormen enthalten die Art. 11 ff der **VO (EG) Nr. 883/2004 über die sozialen Sicherungssysteme,**[553] welche die VO (EWG) Nr. 1408/71 abgelöst hat.[554] Sie knüpfen grundsätzlich an den Ort der Beschäftigung an.[555] Die Verordnung gilt für Unionsbürger, Staatenlose und Flüchtlinge mit Wohnort in einem Mitgliedstaat (Art. 2). 210

Die **Freizügigkeits-RL 2004/38/EG** betrifft die Wahrnehmung von Rechten der Freizügigkeit durch Unionsbürger und ihre Familienangehörigen, die nicht zwingend mit einer wirtschaftlichen Betätigung verbunden sind.[556] Sie unterscheidet allerdings in einzelnen Bestimmungen zwischen erwerbstätigen und nicht erwerbstätigen Unionsbürgern.[557] Das Recht auf einen länger als drei Monate dauernden Aufenthalt in einem Mitgliedstaat hat der Unionsbürger, wenn er Arbeitnehmer oder Selbständiger im Aufnahmemitgliedstaat ist oder wenn er für sich und seine Familienangehörigen 211

550 *Brinkmann*, ELJ 10 (2004), 195.

551 *Hailbronner*, ZAR 2004, 165.

552 *Eichenhofer*, in: Streinz, EUV/AEUV, Art. 153 AEUV, Rn 22.

553 VO (EG) Nr. 883/2004 vom 29. April 2004 des Europäischen Parlaments und des Rates zur Koordinierung der Systeme der sozialen Sicherheit, ABl. L 166 vom 30. April 2004, S. 1, bereinigte Fassung ABl. L 200 vom 7. Juni 2004, S. 1.

554 VO (EWG) Nr. 1408/71 vom 14. Juni 1971 über die Anwendung der Systeme der sozialen Sicherheit auf Arbeitnehmer und Selbständige sowie deren Familienangehörige, die innerhalb der Gemeinschaft zu- und abwandern, ABl. L 149 vom 5. Juli 1971, S. 2.

555 *Eichenhofer*, in: Streinz, EUV/AEUV, Art. 48 AEUV, Rn 24 f.

556 *Renner*, NVwZ 2004, 798; zum FreizügG/EU *H. Groß*, ZAR 2005, 81.

557 *Hailbronner*, ZAR 2004, 259.

über ausreichende Existenzmittel und einen umfassenden Krankenversicherungsschutz verfügt (Art. 7). Gerade auch für Drittstaatsangehörige, die zur Familie eines Unionsbürgers gehören, besteht die grundsätzliche Notwendigkeit des Krankenversicherungsschutzes und der Sicherstellung ihres Existenzminimums, ohne öffentliche Mittel in Anspruch zu nehmen. Stirbt der Unionsbürger oder zieht er weg, können die Drittstaatsangehörigen im Aufnahmemitgliedstaat bleiben, wenn diese Voraussetzungen vorliegen (Art. 12). Für den Fall der Scheidung der Ehe oder der Beendigung der eingetragenen Partnerschaft besteht das Aufenthaltsrecht unter besonders geregelten Bedingungen fort (Art. 13).[558]

2. Sonderstellung türkischer Arbeitnehmer

212 Türkische Arbeitnehmer können subjektive Rechte aus Beschlüssen des Assoziationsrates EWG/Türkei ableiten.[559] Der Europäische Gerichtshof hat Beschlüssen des Assoziationsrates EWG/Türkei unter bestimmten Voraussetzungen unmittelbare Anwendbarkeit zuerkannt.[560] Alle Rechte hängen von der **Rechtmäßigkeit der Beschäftigung** ab. Wenn die Aufenthaltserlaubnis durch Täuschung erlangt wurde, entstehen schon keine Rechte aufgrund des Assoziationsratsbeschlusses.[561] Notwendig ist eine gesicherte Position auf dem Arbeitsmarkt.[562] Nach dem Inhalt des einschlägigen Beschlusses Nr. 1/80 hängen das Ausmaß und die Verfestigung der Rechtspositionen allerdings von der Dauer des Aufenthalts ab.[563]

213 Auf dieser Grundlage kann bei Vorliegen bestimmter Voraussetzungen zum Beispiel die Verlängerung des Aufenthalts verlangt werden (vgl § 4 Abs. 1 AufenthG).[564] Selbst eine freiwillige zeitliche Beschränkung des **rechtmäßigen Aufenthalts** durch den Arbeitnehmer hindert nicht die Entstehung seiner Rechte auf Beschäftigung und Aufenthalt.[565] Zweck des Aufenthalts kann auch die Arbeitssuche sein, etwa bei Kindern türkischer Arbeitnehmer nach Ende ihrer Ausbildung.[566] Hat ein türkischer Arbeitnehmer nach mehr als vier Jahren ordnungsmäßiger Beschäftigung seinen Arbeitsplatz verloren oder auch freiwillig aufgegeben, muss ihm ein angemessener Zeitraum zur Stellensuche eingeräumt werden, in dem er sich weiter in dem Mitgliedstaat aufhalten darf.[567] Vorübergehende Arbeitslosigkeit oder Erwerbsunfähigkeit beeinträchtigen den Fortbestand des Anspruchs auf Beschäftigung nicht.[568] Dagegen führt eine dauernde Arbeitsunfähigkeit zur Ausgliederung aus dem Arbeitsmarkt und damit zur Beendigung daran anknüpfender Rechte.[569] Die aufenthaltsrechtliche Privilegierung gilt unter Umständen auch für die Kinder oder Ehegatten türkischer Arbeitnehmer.[570] Als Familienangehöriger ist beispielsweise auch ein Stiefsohn anzusehen, der noch nicht 21 Jahre alt ist.[571] Jedoch kann ein Mitgliedstaat das tatsächliche Bestehen einer Lebensgemeinschaft mit dem Arbeitnehmer zur Voraussetzung von Vorrechten des Familienangehörigen machen.[572] Die Mitgliedstaaten kann die Verpflichtung treffen, die Teilnahme an sozialen Sicherungssystemen zu gestatten.[573] Selbst wenn die Eltern nicht mehr in der Bundesrepublik Deutschland leben, aber in Deutschland gearbeitet haben, kann einem Kind ein Aufenthaltsrecht

558 Näher *Hailbronner*, ZAR 2004, 263.
559 *Dörig*, DVBl. 2005, 1221; *Kluth*, in: Ehlers/Fehling/Pünder, § 72, Rn 427 ff.
560 EuGH, Rs. C-192/89 (Sevince), Slg 1990, I-3461, Rn 17 f, 26.
561 EuGH, Rs. C-285/95 (Kol), Slg 1997, I-3069, Rn 26.
562 EuGH, Rs. C-237/91 (Kus), Slg 1992, I-6781, Rn 25; Rs. C-285/95 (Kol), Slg 1997, I-3069, Rn 21.
563 EuGH, Rs. C-355/93 (Eroglu), Slg 1994, I-5113, Rn 12.
564 Vgl EuGH, Rs. C-98/96 (Ertanir), Slg 1997, I-5179, Rn 62; *Harms*, DVBl. 2005, 1221, 1222 ff mwN.
565 EuGH, Rs. C-36/96 (Günyadin), Slg 1997, I-5143, Rn 61.
566 EuGH, Rs. C-355/93 (Eroglu), Slg 1994, I-5113, Rn 20.
567 EuGH, Rs. C-171/95 (Tetik), Slg 1997, I-329, Rn 32.
568 EuGH, Rs. C-434/93 (Bozkurt), Slg 1995, I-1475, Rn 38.
569 EuGH, Rs. C-434/93 (Bozkurt), Slg 1995, I-1475, Rn 40.
570 EuGH, Rs. C-351/95 (Kadiman), Slg 1997, I-2133, Rn 34-36.
571 EuGH, Rs. C-275/02 (Ayaz), Slg 2004, I-8765, Rn 48.
572 EuGH, Rs. C-351/95 (Kadiman), Slg 1997, I-2133, Rn 41.
573 EuGH, Rs. C-277/94 (Taflan-Met u.a.), Slg 1996, I-4085, Rn 21, 37; dazu *Zuleeg*, ZAR 1997, 170.

zustehen.[574] Erforderlich ist, dass ein Elternteil eine mindestens dreijährige Beschäftigung in dem Mitgliedstaat ausgeübt hat. Nicht erforderlich ist, dass dieser Elternteil zum Zeitpunkt des Abschlusses der Berufsausbildung des Kindes diese Tätigkeit noch ausübt oder im Mitgliedstaat wohnhaft ist.[575]

Eine wichtige Rolle für die Freizügigkeit türkischer Arbeitnehmer spielt Art. 41 Abs. 1 des Zusatz- 214
protokolls zum Assoziationsabkommen vom 23. November 1970.[576] Die sog. **„Stillhalteklausel"** verbietet es, Einschränkungen des freien Dienstleistungsverkehrs nach Inkrafttreten des Zusatzprotokolls vorzunehmen. Auf Art. 41 Abs. 1 können sich türkische Staatsbürger unmittelbar berufen.[577] So kann sich auch ein türkisches Unternehmen gegen die Visumspflicht für seine türkischen Mitarbeiter wehren, wenn diese zum Zwecke der Erbringung einer Dienstleistung in einem europäischen Mitgliedstaat einreisen.[578] Seine Grenzen findet die Freizügigkeit aus dem Assoziationsabkommen dort, wo die Einreise und der Aufenthalt nicht zum Zwecke der Beschäftigung angestrebt werden. So umfasst der Begriff „freier Dienstleistungsverkehr" der Stillhalteklausel aus Art. 41 Abs. 1 des Zusatzprotokolls nicht die Freiheit türkischer Staatsbürger, sich als (potentielle) Dienstleistungsempfänger in einen Mitgliedstaat zu begeben, um dort eine Dienstleistung in Anspruch zu nehmen.[579] Das heißt, die sog. „negative Dienstleistungsfreiheit" wird nicht gewährt und ersetzt nicht das Erfordernis eines Aufenthaltstitels iSd §§ 4 Abs. 1, 6 AufenthG für türkische Staatsangehörige. Der Begriff des freien Dienstleistungsverkehrs ist somit nicht gleichzusetzen mit demjenigen des Art. 56 AEUV, der auch die negative Dienstleistungsfreiheit umfasst.[580] Die Übertragung der Grundsätze der Rechtsprechung zu Art. 56 AEUV ist nur so weit möglich, wie sie ihre Grundlage in dem Assoziierungsabkommen selbst findet. Dieses und das Zusatzprotokoll dienen jedoch der wirtschaftlichen Entwicklung der Türkei. Die Grundsätze des freien Dienstleistungsverkehrs finden also nur dort Anwendung wo sie in Zusammenhang mit der Ausübung wirtschaftlicher Tätigkeit stehen.[581] Die passive Dienstleistungsfreiheit dient hingegen allein dem Zweck der Schaffung eines ungehemmten Binnenmarktes. Ein Ziel, das das Assoziationsabkommen nicht verfolgt. Das „Demirkan-Urteil" ist damit Beispiel für eine Fortsetzung der eher zurückhaltenden Interpretation assoziationsrechtlicher Freizügigkeitsrechte durch den EuGH.[582]

III. Opfer des Menschenhandels

Einen Sonderfall regelt die **RL 2004/81/EG zu Gunsten von Opfern des Menschenhandels**, die mit 215
den Behörden kooperieren.[583] Sie gewährleistet insbesondere den Zeugenschutz auf diesem Gebiet der organisierten Kriminalität, indem dem Opfer ein befristeter Aufenthaltstitel erteilt wird (Art. 1). Dem Aufenthaltsrecht steht nicht entgegen, dass die Person illegal eingereist ist. Das Opfer soll zur Aussage motiviert werden.[584] Berechtigt sind Volljährige, deren Lebensunterhalt und medizinische Versorgung schon vor der Erteilung des Aufenthaltstitels gesichert werden müssen, um ihnen eine Bedenkzeit zu gewähren, in der sie über ihre Zusammenarbeit mit den Behörden entscheiden können (Art. 6, 7). Ein Mitgliedstaat kann die Richtlinie auch auf Minderjährige anwenden (Art. 3 Abs. 3). Nach Ablauf der Bedenkzeit wird über den befristeten Aufenthaltstitel entschieden, der dann für mindestens sechs Monate gültig ist (Art. 8). Er kann jederzeit entzogen werden,

574 EuGH, Rs. C-462/08 (Bekleyen), ZAR 2010, 109, Rn 15/19.
575 EuGH, Rs. C-462/08 (Bekleyen), ZAR 2010, 109, Rn 19.
576 ABl. L 293 vom 29. Dezember 1972, S. 4.
577 Ständige Rspr des EuGH, vgl EuGH, Rs. C-211/11 (Demirkan), ZAR 2014, 164, Fn 6 mwN.
578 EuGH, Rs. C-228/06 (Soysal und Savatli), ZAR 2009, 139.
579 EuGH, Rs. C-211/11 (Demirkan), ZAR 2014, 163.
580 Negative Dienstleistungsfreiheit bestätigt durch EuGH, Rs. C-186/87 (Luisi und Carbone), Slg 1989, 196.
581 EuGH, Rs. C-211/11 (Demirkan), Rn 55, ZAR 2014, 163 (165).
582 Anmerkung von *Kurzidem* zu dem Urteil, ZAR 2014, 163, 166.
583 RL 2004/81/EG des Rates vom 29. April 2004 über die Erteilung von Aufenthaltstiteln für Drittstaatsangehörige, die Opfer des Menschenhandels sind oder denen Beihilfe zur illegalen Einwanderung geleistet wurde und die mit den zuständigen Behörden kooperieren, ABl. L 261 vom 6. August 2004, S. 19.
584 *Müller-Graff/Kainer*, Jahrbuch 2003/2004, S. 134.

wenn der Inhaber des Titels den Kontakt zu den mutmaßlichen Tätern wieder aufgenommen hat oder Gründe der öffentlichen Ordnung oder des Schutzes der inneren Sicherheit vorliegen (Art. 14). Der Aufenthaltstitel ist mit der Bereitschaft des Opfers zur Kooperation verknüpft. Endet die Zusammenarbeit, kann auch der Aufenthaltstitel entzogen werden (Art. 14 lit. d). Nach deutschem Recht dürfte es sich um einen Fall des § 25 Abs. 4 AufenthG handeln, in dem eine befristete Aufenthaltserlaubnis aufgrund öffentlicher Interessen erteilt werden kann, wobei das Ermessen so lange reduziert ist, wie das Opfer kooperiert.

IV. Aufenthaltsbeschränkungen, Aufenthaltsbeendigungen und ihre Grenzen

1. Vorgaben des Unionsrechts

216 Für die Wahrung der **öffentlichen Ordnung und Sicherheit** sind die Mitgliedstaaten zuständig (Art. 72 AEUV). Es handelt sich um unionsrechtliche Begriffe, die nicht mit dem innerstaatlichen Begriffsverständnis deckungsgleich sind.[585] Zudem ist Art. 72 AEUV eng auszulegen, damit die Mitgliedstaaten nicht die Einheitlichkeit und praktische Wirksamkeit des Unionsrechts beliebig beeinträchtigen können.[586] Die Vorschrift erfasst nur erhebliche Gefahren.[587]

217 Ausdruck findet die gemeinschaftliche Kompetenz für Fragen der öffentlichen Ordnung und Sicherheit in der **Daueraufenthalts-RL 2003/109/EG** (siehe oben Rn 84), die Drittstaatsangehörige betrifft, welche sich mindestens fünf Jahre im Hoheitsgebiet eines Mitgliedstaates aufhalten. Die Versagung oder Entziehung der Rechtsstellung eines langfristig Aufenthaltsberechtigten obliegt den Mitgliedstaaten, die aber bei ihrer Entscheidung die Vorgaben der Richtlinie beachten müssen (Art. 7, 9). Gleiches gilt für den Ausweisungsschutz. Tauglicher Ausweisungsgrund ist zB die Prognose, dass die zukünftige Sicherung des Lebensunterhaltes nicht gewährleistet werden kann. Nach Art. 12 Abs. 3 der Richtlinie sind bei der Entscheidung über die Ausweisung die Dauer des Aufenthalts, das Alter, die Folgen der Entscheidung für die Person und ihre Familienangehörigen und die Bindungen zu Aufenthalts- und Herkunftsstaat zu berücksichtigen. Zwar entsprechen diese Regelungen nicht vollständig dem Ausweisungsschutz von Unionsbürgern,[588] sie müssen aber auf der Grundlage der Menschenrechte weit ausgelegt werden. Der langfristig Aufenthaltsberechtigte genießt diesen erhöhten Ausweisungsschutz jedoch nur in dem Mitgliedstaat, in dem er diese Berechtigung erworben hat. Eine Behörde, die einen langfristig aufenthaltsberechtigten Drittstaatsangehörigen ausweisen will, ohne zugleich ein für die gesamte Union geltendes Aufenthaltsverbot zu verhängen, muss daher als Zielstaat nicht das Herkunftsland des Drittstaatsangehörigen angeben, sondern den anderen Mitgliedstaat, in dem der langfristig Aufenthaltsberechtigte diese Aufenthaltsberechtigung erlangt hat.[589]

218 Gegenüber einem Drittstaatsangehörigen können beruhend auf **innerstaatlichem Recht** Aufenthaltsbeschränkungen oder Aufenthaltsbeendigungen aus Gründen der öffentlichen Sicherheit oder Ordnung verhängt werden. Diese ordnungsrechtliche Seite des Einwanderungsrechts kommt insbesondere in den Regelungen der §§ 50 ff AufenthG zum Ausdruck, die teils Regelungen der Rückführungs-RL und des Visakodex umsetzen.[590] Die Vorschriften zur Aufenthaltsbeendigung müssen aber auf ihre Vereinbarkeit mit der Daueraufenthalts-RL 2003/109/EG (siehe oben Rn 84) untersucht werden.

219 Der § 56 AufenthG zB entspricht dem Ausweisungsschutz, den Art. 12 der Richtlinie vorsieht; danach kann der Ausländer aus schwerwiegenden Gründen der öffentlichen Sicherheit und Ordnung ausgewiesen werden. Diese liegen zB vor, wenn der Ausländer bereits eine Vielzahl von Straftaten wie Zueignungs- und Betäubungsmitteldelikte in jungen Jahren mit steigender Tendenz begangen hat. Wiederholungsgefahr ist in einem solchen Fall unproblematisch anzunehmen. Nach

585 *Röben*, in: Grabitz/Hilf/Nettesheim, Art. 72 AEUV, Rn 9.
586 *Weiß*, in: Streinz, EUV/AEUV, Art. 72 AEUV, Rn 2.
587 *Hailbronner*, CMLR 1998, 1052 f.
588 *Hailbronner*, ZAR 2004, 166.
589 VG Darmstadt, Beschluss vom 14.11.2013, 5 L 604/13.
590 *Winkelmann*, in: Renner/Bergmann/Dienelt, Vorbemerkung §§ 50-52 AufenthG, Rn 1.

gefestigter Rechtsprechung des BVerwG liegt **ein schwerwiegender Grund der öffentlichen Sicherheit und Ordnung** aber nur dann vor, wenn das öffentliche Interesse an der Erhaltung der öffentlichen Sicherheit und Ordnung im Vergleich zu dem vom Gesetz mit den Regelungen des § 56 AufenthG bezweckten Schutz des Ausländers vor Ausweisung streng einzelfallbezogen ein deutliches Übergewicht hat, wobei dieses aus dem die Ausweisung bedingenden Verhalten des Ausländers herrühren kann.[591] Ein sich mit seiner deutschen Ehefrau und seinen deutschen Kindern in Deutschland aufhaltender kirgisischer Staatsangehöriger konnte daher ohne Verstoß gegen Unionsrecht aufgrund seiner Verurteilung wegen versuchten Totschlags zu neun Jahren Freiheitsstrafe aus Gründen der öffentlichen Sicherheit und Ordnung ausgewiesen werden, da konkrete Anhaltspunkte für eine wiederholte Rechtsgutsverletzung bestanden. Dem stehen keine (abgeleiteten) Rechte aus den Unionsbürgerschaftsrechten (hier zB Art. 20 AEUV, Art. 28 Unionsbürger-RL 2011/95/EU oder auch Art. 8 EMRK) seiner Ehefrau und Kinder entgegen, da einerseits ein strenger Verhältnismäßigkeitsgrundsatz anzuwenden ist, der unter Beachtung der sog. Boultif/Üner-Kriterien des EGMR[592] keinen umfassenden Schutz des Drittstaatsangehörigen vermittelt und sich der Kläger andererseits noch keine zehn Jahre im Bundesgebiet aufhielt.[593] Nach dem BVerwG ist das Vorliegen einer Wiederholungsgefahr jedoch entbehrlich, wenn wegen der besonderen Schwere der Straftat ein besonderes Bedürfnis der Ausweisung besteht, im Wege der Generalprävention andere Ausländer von der Begehung vergleichbarer Straftaten abzuhalten.[594]

Das Aufenthaltsrecht von Drittstaatsangehörigen, die Familienangehörige eines Unionsbürgers sind, wird durch dessen Rechte beeinflusst. Im Verhältnis zu Unionsbürgern sind die Spielräume der Mitgliedstaaten stark eingeschränkt (vgl § 6 FreizügG/EU).[595] Nach Art. 27 der **Freizügigkeits-RL 2004/38/EG** dürfen die Mitgliedstaaten das Aufenthaltsrecht eines Unionsbürgers und seiner Familienangehörigen, ungeachtet ihrer Staatsangehörigkeit, aus Gründen der öffentlichen Ordnung, Sicherheit oder Gesundheit beschränken. Dabei ist der Grundsatz der Verhältnismäßigkeit zu wahren und ausschließlich auf das persönliche Verhalten des Betroffenen abzustellen. Ausweisungsschutz gewährt Art. 28. Ein Mitgliedstaat darf von Unionsbürgern die **Erfüllung von Verwaltungsformalitäten** verlangen, deren Umfang in der RL 2004/38/EG geregelt ist. Der EuGH hat in der *Rechtssache Oulane* entschieden, dass die Anerkennung eines Aufenthaltsrechts dann nicht von der Vorlage eines gültigen Personalausweises oder Reisepasses abhängig gemacht werden kann, wenn die Identität der Person mit anderen Mitteln zweifelsfrei ermittelt werden kann.[596] 220

Die Rechtsgüter der öffentlichen Ordnung, Sicherheit oder Gesundheit können **aufenthaltsrechtliche Maßnahmen gegen Drittstaatsangehörige** rechtfertigen, die Familienangehörige von Unionsbürgern sind.[597] Ein Mitgliedstaat kann auch gegenüber einem Unionsbürger ordnungsrechtliche Maßnahmen treffen. Die französischen Behörden konnten eine räumliche Beschränkung des Aufenthaltsrechts eines spanischen Staatsangehörigen vornehmen, der wegen der Begehung von Straftaten als Mitglied der ETA verurteilt worden war.[598] Notwendig ist aber eine individuelle Prüfung. Erforderlich für einen Verstoß gegen die öffentliche Ordnung ist ein persönliches Verhalten des Betroffenen, das eine gegenwärtige Gefährdung der öffentlichen Ordnung darstellt.[599] Abstrakte oder generalpräventive und wirtschaftliche Erwägungen dürfen keine Rolle spielen. Im Hinblick auf Unionsbürger sind die Begriffe der öffentlichen Ordnung und Sicherheit als Ausnahmen von der Freizügigkeit eng auszulegen. Dies wirkt auch zu Gunsten der Familienangehörigen. 221

591 BVerwG, Urt. v. 13.1.2009, 1 C 2.08.
592 EGMR, Urt. v. 2.8.2001, 54273/00 und 5.7.2005, 46410/99.
593 VGH BW, Urt. v. 4.5.2011, 11 S 207/1.
594 BVerwG, Urt. v. 14. Februar 2012, 1 C 7/11.
595 Dazu *H. Groß*, ZAR 2005, 81, 84; *Huber*, NVwZ 2005, 9.
596 EuGH, Rs. C-215/03 (Oulane), Slg 2005, I-1215, Rn 26 und 35.
597 EuGH, Rs. C-215/03 (Oulane), Slg 2005, I-1215, Rn 20.
598 EuGH, Rs. C-100/01 (Oteiza Olazabal), Slg 2002, I-10981, Rn 38 ff.
599 EuGH, Rs. C-348/96 (Calfa), Slg 1999, I-11, Rn 22-24.

2. Ausweisung und Abschiebung von Unionsbürgern und Drittstaatsangehörigen

222 Besonderes Augenmerk verdienen die Kriterien, die der EuGH für die **Rechtmäßigkeit der Ausweisung von Unionsbürgern** aufgestellt hat und die zu tiefgreifenden Umwälzungen im deutschen Recht führten.[600] Denn diese **Kriterien** sind teilweise menschenrechtlich fundiert und insoweit **auf Drittstaatsangehörige übertragbar**. Eine innerstaatliche Entscheidung über die Beendigung des Aufenthalts eines Unionsbürgers muss nicht nur auf ihre Rechtmäßigkeit, sondern auch auf ihre Zweckmäßigkeit hin überprüfbar sein und dem Rechtsmittel muss grundsätzlich aufschiebende Wirkung zukommen.[601] In den *Rechtssachen Orfanopoulos und Oliveri* hat der EuGH hinsichtlich der Ausweisung von Unionsbürgern das deutsche System von Ist-Ausweisung und Regel-Ausweisung nach einer strafrechtlichen Verurteilung an den unionsrechtlichen Vorgaben gemessen und für teilweise unvereinbar mit diesen Vorgaben erklärt.[602] Der Gerichtshof wiederholt zunächst seine Grundsätze zu mitgliedstaatlichen Maßnahmen der öffentlichen Ordnung und deren Grenzen. Er stützt seine Entscheidung aber auch auf die Grundrechte. Der Schutz des Familienlebens aus Art. 8 EMRK führt zu Schranken für aufenthaltsrechtliche Verfügungen. Der EuGH folgert aus dem Verhältnismäßigkeitsgrundsatz, dass Aspekte wie die Art und Schwere der Straftat, die Dauer des Aufenthalts und insbesondere die familiäre Situation berücksichtigt werden müssen.[603]

223 Das **Bundesverwaltungsgericht** hat seine Rechtsprechung an die Vorgaben des Unionsrechts angepasst.[604] Zwingende Ausweisungsgründe oder Gründe für eine Regelausweisung können nicht zur Anwendung kommen, es ist lediglich eine Ermessensausweisung zulässig.[605] Für die Beurteilung der Rechtmäßigkeit einer Ausweisungsverfügung ist gegenüber einem Unionsbürger nicht mehr der Zeitpunkt der letzten Behördenentscheidung, sondern der Zeitpunkt der letzten mündlichen Verhandlung des Gerichts maßgebend.[606] Dies gilt auch für türkische Staatsangehörige.[607] Die Befristung von Ausweisungen bemisst sich für Unionsbürger nach § 7 Abs. 2 S. 2 FreizügG/EU in sinngemäßer Anwendung.[608] „Altausweisungen" von Unionsbürgern, die vor dem Inkrafttreten des FreizügG erfolgten, und die daran anknüpfenden Sperrwirkungen sollen hingegen auch nach Inkrafttreten des FreizügG/EU wirksam bleiben.[609]

224 Der EuGH hat entschieden, dass die **Ausweisung eines Türken** aus rein generalpräventiven Gründen gegen das Assoziationsabkommen verstößt.[610] In der *Rechtssache Nazli* saß der Betroffene in Untersuchungshaft und es wurde anschließend eine Haftstrafe gegen ihn verhängt, die zur Bewährung ausgesetzt wurde. Der EuGH legt die Regelung des Art. 14 Abs. 1 des Beschlusses Nr. 1/80, wonach Beschränkungen der Rechte aus Gründen der öffentlichen Ordnung, Sicherheit oder Gesundheit gerechtfertigt sind, parallel zu Art. 39 Abs. 3 EGV aus. Damit verfolgt er seine Tendenz weiter, türkische Arbeitnehmer den Arbeitnehmern in der Gemeinschaft so weit als möglich gleichzustellen.[611] Eine Regelausweisung, die aufgrund einer strafrechtlichen Verurteilung für eine bestimmte Straftat zu Zwecken der Generalprävention angeordnet wird, verstößt gegen Art. 14 Abs. 1 des Beschlusses Nr. 1/80.[612] Ein in Deutschland geborener türkischer Staatsangehöriger kann ein Aufenthaltsrecht von einem Familienangehörigen ableiten, der dem Arbeitsmarkt des Mit-

600 Zur Ausweisungsbefugnis *Thym*, Schutz des Aufenthalts, S. 222 ff.
601 EuGH, Rs. C-136/03 (Dörr und Ünal), Rn 47, 50, DVBl. 2005, 1437.
602 EuGH, Rs. C-482/01 und 493/01 (Orfanopoulos und Oliveri), Slg 2004, I-5257, Rn 70 und 93 f.
603 EuGH, Rs. C-482/01 und 493/01 (Orfanopoulos und Oliveri), Slg 2004, I-5257, Rn 97 bis 99.
604 Rechtsprechungsänderung in BVerwG, Urt. v. 3.8.2004 – 1 C-30/02, NVwZ 2005, 220.
605 Die §§ 53 ff AufenthG halten an dieser Systematik fest, dazu *Huber*, NVwZ 2005, 5.
606 BVerwG, Urt. v. 3.8.2004 – 1 C-30/02, NVwZ 2005, 220 = DVBl. 2005, 122; Urt. v. 15.1.2007 – 1 C-45/06 = BVerwGE 130, 20-28 = NVwZ 2008, 434 = BVBl. 2008, 392; *Hailbronner*, JZ 2008, 514-516; *Kurzidem*, ZAR 2008, 191 f.
607 BVerwGE 144, 230, Rn 16.
608 BVerwG, Urt. v. 4.9.2007 – 1 C 21/07 = BVerfGE 129, 243 = NVwZ 2008, 82; *Kurzidem*, ZAR 2008, 33.
609 *Dienelt*, in: Renner/Bergmann/Dienelt, § 7 FreizügG, Rn 21 f.
610 EuGH, Rs. C-340/97 (Nazli), Slg 2000, I-957; näher *Harms*, DVBl. 2005, 1221.
611 So auch EuGH, Rs. C-136/03 (Dörr u. Ünal), Rn 62 ff, DVBl. 2005, 1437.
612 EuGH, Rs. C-340/97 (Nazli), Slg 2000, I-957, Rn 63.

gliedstaates angehörte. In der *Rechtssache Cetinkaya* wandte sich der straffällig gewordene Sohn eines türkischen Arbeitnehmers gegen seine Ausweisung. Der EuGH erkennt ihm die Rechtsträgerschaft zu und betont den Gleichklang der Grundsätze, welche die Grundfreiheiten für die öffentliche Ordnung vorsehen, mit denen des Art. 14 Abs. 1 des Beschlusses Nr. 1/80.[613] Das innerstaatliche Gericht ist daher verpflichtet, bei der Prüfung der Rechtmäßigkeit der Ausweisung auch Tatsachen zu berücksichtigen, die *nach* der letzten Behördenentscheidung eingetreten sind.[614]

Der EuGH beruft sich für seine **Erwägungen zu Art. 8 EMRK** auf die Rechtsprechung des Europäischen Gerichtshofes für Menschenrechte.[615] Eine einschlägige Regelung zur Berücksichtigung familiärer Bindungen bei aufenthaltsrechtlichen Entscheidungen trifft Art. 17 der Familienzusammenführungs-RL 2003/86/EG (siehe oben Rn 83). Aus Art. 8 EMRK kann ein Anspruch auf Berücksichtigung des Erhalts bestehender Familien und enger sozialer Bindungen im Rahmen von Prüfungen der Verhältnismäßigkeit aufenthaltsrechtlicher Entscheidungen entnommen werden.[616] Eine Verpflichtung der Staaten zur Familienzusammenführung besteht zwar nur in engen Grenzen, ist aber, abhängig von den Umständen des Einzelfalls, nicht ausgeschlossen. Dann kann eine Ausweisung oder Abschiebung aus einem Staat, in dem enge Familienangehörige leben, gegen das Menschenrecht auf die Achtung der Familie verstoßen.[617] Allerdings kommt eine Abschiebung auch nach Beseitigung eines langjährigen Abschiebungshindernisses in Betracht.[618] Der Grundsatz der Verhältnismäßigkeit kann die Befristung der Ausweisung gebieten.[619] Dies erkennt das Bundesverwaltungsgericht an.[620] Das **Bundesverfassungsgericht** zieht die Auslegung der EMRK durch den EGMR als Interpretationshilfe heran und hat in einem Fall, der die Ausweisung eines Türken betraf, eine Vielzahl von Gesichtspunkten heraus gearbeitet, die im Rahmen der Verhältnismäßigkeit in unterschiedlicher Gewichtung eine Rolle spielen können.[621] 225

Die **Zulässigkeit einer Ausweisung** im Schutzbereich des Art. 8 EMRK kann durch den Schutz von Rechtsgütern, insbesondere der öffentlichen Sicherheit und der Verhütung von Straftaten, gerechtfertigt sein (Art. 8 Abs. 2 EMRK). Die Ausweisung eines mehrfach vorbestraften Drittstaatsangehörigen, der seit langen Jahren mit seinen Eltern und Geschwistern im Mitgliedstaat lebt, ist im Lichte von Art. 8 EMRK zu prüfen. Der EGMR hat die entsprechende Ausweisung jedoch nicht als Verstoß gegen Art. 8 EMRK gesehen, weil der Drittstaatsangehörige eine nicht unerhebliche Zahl schwerer Straftaten begangen hat, die die Ausweisung rechtfertigten.[622] Bei langansässigen Personen ist neben dem Schutz der Familie auch das Recht auf Privatleben zu schützen. Bei Heranwachsenden, die noch keine eigene Familie gegründet haben, kann dabei auf die Bindung zu Eltern und Verwandten abgestellt werden, die jedenfalls durch das Recht auf Privatleben geschützt ist.[623] Auch der VGH Baden-Württemberg hat den Schutzbereich des Art. 8 EMRK für eröffnet erklärt, wenn die betreffende Person nach Erreichen der Volljährigkeit weiterhin mit den Eltern in häuslicher Gemeinschaft lebt und zusätzliche Aspekte der Abhängigkeit hinzutreten, die weiter reichen als normale affektive Beziehungen.[624] 226

---

613 EuGH, Rs. C-467/02 (Cetinkaya), Slg 2004, I-10895, Rn 32 u. 42.

614 EuGH, Rs. C-467/02 (Cetinkaya), Slg 2004, I-10895, Rn 47.

615 Zur Rspr *Nußberger*, NVwZ 2013, 1305; *Guild*, S. 137 ff mwN.

616 *Eckertz-Höfer*, ZAR 2008, 43.

617 EGMR (Kammer – 2. Sektion), Urt. v. 2.8.2001 (Boultif/Schweiz), Slg 2001-IX, Ziff. 55; EGMR, Urt. v. 26.9.1997 (Mehemi), NVwZ 1998, 164, Ziff. 27; EGMR (Kammer – 3. Sektion), Urt. v. 17.4.2003, (Yilmaz/Deutschland), Ziff. 36, NJW 2004, 2147.

618 EGMR (Kammer – 3. Sektion), Entscheidung v. 7.10.2004 (Dragan u.a./Deutschland), NVwZ 2005, 1043.

619 EGMR (Kammer – 3. Sektion), Entscheidung v. 17.4.2003 – Nr. 52853/99 (Yilmaz/Deutschland), Ziff. 48, NJW 2004, 2147.

620 BVerwG, Urt. v. 3.8.2004 – 1 C 30/02, Ziff. 1.a)bb), NVwZ 2005, 220 = DVBl. 2005, 122.

621 BVerfG (1. Kammer des Zweiten Senats), Beschl. v. 1.3.2004, DVBl. 2004, 1099 f.

622 EGMR, Nr. 41548/06 (Mourad Ben Khemais Trabelsi / Deutschland), EuGRZ 2012, 11, Rn 67.

623 EGMR, Nr. 41548/06 (Mourad Ben Khemais Trabelsi / Deutschland), EuGRZ 2012, 11, Rn 48.

624 VGH BW, Beschl. v. 5.2.2009 – 11 S 3244/08.

227 Hinsichtlich von Ausweisung und Abschiebung kann zu Gunsten von Drittstaatsangehörigen die bekannte **Rechtsprechung des EGMR zu Art. 3 EMRK** zum Tragen kommen.[625] In Art. 3 EMRK ist einer der grundlegenden Werte demokratischer Gesellschaften verankert.[626] Letztlich zielt die Vorschrift auf den Schutz der Menschenwürde. Die Begriffe des Art. 3 EMRK sind absolut.[627] Dieser absolute Charakter führt dazu, dass auch verbotene Behandlungen, die nicht vom Empfangsstaat verantwortet werden, unzulässig sein können, selbst wenn sie für sich genommen die Maßstäbe des Art. 3 EMRK nicht verletzen.[628] Damit entnimmt der EGMR dem Art. 3 EMRK einen humanitären Grundstandard, dessen Sicherstellung die Menschenwürde verlangt und dem Schutzpflichten der Vertragsstaaten entspringen.[629] Das Unterlassen entsprechender Schutzmaßnahmen kann die Verantwortlichkeit des Vertragsstaates begründen. Er darf das Risiko einer Konventionsverletzung nicht erhöhen.[630] Der Schutz der Vorschrift gilt unabhängig vom Verhalten des Beschwerdeführers. Auch in Notstandssituationen gibt es im Gegensatz zu vielen anderen Vorschriften der EMRK keine Ausnahme. Der Schutzumfang geht damit über denjenigen des Art. 33 GFK hinaus.[631] Allerdings bleiben angesichts des Rechts der Staaten, über Einreise, Aufenthalt und Abschiebung fremder Staatsangehöriger zu entscheiden, Abschiebungen unter Einschluss von Maßnahmen im Transitbereich eines Flughafens grundsätzlich zulässig, zumal der Verweis auf inländische Fluchtalternativen mit der EMRK vereinbar ist.[632] Ist eine Rückkehr in den Heimatstaat dem Ausländer nicht zumutbar, weil dort die ärztliche Versorgung für eine spezifische Krankheit nicht gegeben ist oder sie unter den Bedingungen von Bürgerkrieg oder Verfolgung untragbares Leid zur Folge hätte, kann Art. 3 EMRK im Einzelfall die Abschiebung verhindern. Jedoch muss eine hinreichende tatsächliche Gefahr bestehen, die Rückkehr in eine weniger vorteilhafte Situation genügt nicht, um die hohe Schwelle des Art. 3 EMRK für die Gewährleistung von Abschiebungsschutz zu überwinden.[633] Der Abschiebung kann auch die humanitäre Situation von Asylbewerbern oder Flüchtlingen in Aufnahmeeinrichtungen entgegenstehen.[634] Droht einem wegen der Beteiligung an terroristischen Aktivitäten verurteilten Ausländer in seinem Herkunftsland (hier: Tunesien) die Gefahr der Folter, ist die Abschiebung rechtswidrig, wenn die abschiebende Behörde durch zuverlässige Quellen darüber informiert wurde, dass Misshandlungsvorwürfen durch die Behörden im Zielstaat nicht nachgegangen wird.[635]

228 Das **Bundesverfassungsgericht** hebt hervor, dass auch im Auslieferungsverfahren zu prüfen ist, ob die Auslieferung und die ihr zugrunde liegenden Akte mit den verbindlichen völkerrechtlichen Min-

---

625 Überblick bei *Grabenwarter*, European Convention on Human Rights, Commentary, München 2014, Art. 3, Rn 13 ff: *Nußberger*, NVwZ 2013, 1305; *Sinner*, in: Karpenstein/Mayer, Art. 3, Rn 24 ff. Zu den Auswirkungen auf das deutsche Ausweisungsrecht *Deibel*, ZAR 2009, 121; zu Art. 6 EMRK insoweit *Hailbronner*, in: FS Ress, S. 999 ff.

626 EGMR, Urt. v. 7.7.1989, (Soering/Vereinigtes Königreich), EuGRZ 1989, 314 = NJW 1990, 2183, Ziff. 88; Urt. v. 15.11.1996, (Chahal/Vereinigtes Königreich), NVwZ 1997, 1093, Ziff. 79; Urt. v. 17.12.1996, (Ahmed/Österreich), NVwZ 1997, 1100, Ziff. 40; Urt. v. 28.2.2008; (Saadi/Italien), NVwZ 2008, 1330-1333, Ziff. 127.

627 EGMR, Urt. v. 15.11.1996, (Chahal/Vereinigtes Königreich), NVwZ 1997, 1093, Ziff. 79; dazu *Alleweldt*, NVwZ 1997, 1078.; EGMR, Urt. v. 28.2.2008, (Saadi/Italien), NVwZ 2008, 1330-1333, Ziff. 117, 120, 127.

628 EGMR, Urt. v. 5.2.1997, (Deutschland/Großbritannien), NVwZ 1998, 161, Ziff. 49; Urt. v. 27.5.2008, (N./Vereinigtes Königreich), NVwZ 2008, 1334-1337, Ziff. 32.

629 *Ress*, in: Hailbronner (Hrsg.), (Fn 112), 2000, S. 107, 118 f.

630 *Frowein*, in: Frowein/Peukert, EMRK-Kommentar, 2. Aufl., Kehl u.a. 1996, Art. 3, Rn 22.

631 EGMR, Urt. v. 15.11.1996 (Chahal/Vereinigtes Königreich), NVwZ 1997, 1093, Ziff. 79 f; Urt. v. 7.12.1996 (Ahmed/Österreich), NVwZ 1997, 1100, Ziff. 40 f; Urt. v. 28.2.2008, (Saadi/Italien), NVwZ 2008, 1330-1333, Ziff. 127.

632 EGMR (Kammer – 3. Sektion), Entscheidung v. 16.9.2004 (Ghiban/Deutschland), NVwZ 2005, 1046; EGMR, Urt. v. 11.1.2007 (Sheekh/Niederlande), InfAuslR 2007, 223-226, Ziff. 138-139.

633 EGMR (Kammer – 3. Sektion), Urt. v. 6.2.2001 (Bensaid/Vereinigtes Königreich), NVwZ 2002, 453, Ziff. 37-40; Entscheidung v. 7.10.2004 (Dragan u.a./Deutschland), NVwZ 2005, 1043; EGMR, Urt. v. 11.1.2007 (Sheekh/Niederlande), InfAuslR 2007, 223-226, Ziff. 135-137; Urt. v. 27.5.2008, (N./Vereinigtes Königreich), NVwZ 2008, 1334-1337, Ziff. 42-43.

634 EGMR, Urt. v. 21.1.2011, 30696/09 (M.S.S./Belgien und Griechenland).

635 EGMR, Urt. v. 5.4.2011, 25716/09 (Toumi/Italien).

deststandards vereinbar sind, wozu auch der Verhältnismäßigkeitsgrundsatz zähle.[636] Daraus hat es gefolgert, dass die Auslieferung eines Verfolgten in die Türkei dann unzulässig ist, wenn ihm eine Strafe unerträglicher Art droht, die unter jedem denkbaren Gesichtspunkt unangemessen scheint. Eine solche liegt jedenfalls dann vor, wenn einer zu lebenslanger Freiheitsstrafe verurteilten Person keine Chance verbleibt, je wieder der Freiheit teilhaftig zu werden.[637]

H. Rechtsschutz

I. Rechtsschutz im Ausländer- und Asylrecht nach dem Vertrag von Lissabon

Rechtsschutz auf dem Gebiet des Einwanderungs- und Asylrechts bieten **grundsätzlich die innerstaatlichen Gerichte** nach den innerstaatlichen Prozessordnungen.[638] Einige Richtlinien schreiben vor, dass ein Rechtsweg gegen bestimmte Entscheidungen eröffnet sein muss oder treffen punktuelle Einzelregelungen. Dabei handelt es sich um Erfordernisse der auch unionsrechtlich gebotenen Rechtsstaatlichkeit und insbesondere auch des Art. 47 GRC.[639] Aufgrund der Tradition einiger Mitgliedstaaten ist zu berücksichtigen, dass auch verwaltungsinterne Rechtsbehelfe die Anforderungen effektiven Rechtsschutzes erfüllen können. 229

Die Rechtsakte, die das **Gemeinsame Europäische Asylsystem** bilden, legen besonderen Wert auf den Rechtsschutz und werten ihn im Vergleich zu den Rechtsakten der ersten Phase des Migrationsrechts bis 2004 erheblich auf. Im Hinblick auf Personen, die internationalen Schutz suchen, enthält Art. 46 der Verfahrens-RL 2013/32/EU eine detaillierte Regelung zum gerichtlichen Rechtsbehelfsverfahren, das eine Prüfung tatsächlicher wie rechtlicher Gesichtspunkte ermöglichen muss (siehe oben Rn 97 und 182 ff).[640] Die Aufnahme-RL 2013/33/EU legt in Art. 26 fest, dass gegen abschlägige Entscheidungen Rechtsmittel gegeben sein müssen, wobei zumindest in der letzten Instanz eine Berufung oder eine Revision vor einem Gericht zu gewähren ist (siehe oben Rn 98). In der Dublin III-VO 604/2013 ist der Rechtsschutz einschließlich des einstweiligen Rechtsschutzes ausgebaut worden (Art. 27) (siehe oben Rn 160). Aber auch in den **älteren Rechtsakten** finden sich Vorschriften über den Rechtsschutz, der dann von den mitgliedstaatlichen Gerichten gewährleistet werden muss. Nach Art. 18 der Familienzusammenführungs-RL 2003/86/EG (siehe oben Rn 83) müssen gegen ablehnende Entscheidungen Rechtsbehelfe eingelegt werden können. Gegen eine Ausweisungsverfügung steht gemäß Art. 12 Abs. 4 der Daueraufenthalts-RL 2003/109/EG (siehe oben Rn 84) dem langfristig Aufenthaltsberechtigten der Rechtsweg offen und er hat in Gleichstellung zu den Staatsangehörigen des Mitgliedstaates Anspruch auf Prozesskostenhilfe (Art. 12 Abs. 5). Auch gegen weitere ablehnende Entscheidungen kann er Rechtsbehelfe einlegen (Art. 20 Abs. 2). 230

Der Rechtsschutz im Bereich des Einwanderungs- und Asylrechts folgt den **allgemeinen Regeln.** Vor dem Inkrafttreten des Vertrages von Lissabon bestehende Sonderregeln sind entfallen.[641] Nach der umfassenden Konzeption des Individualrechtsschutzes, die Art. 47 GRC festlegt (siehe oben Rn 61), besteht in der Union ein wirksamer Rechtsschutz durch den Gerichtshof oder die innerstaatlichen Gerichte in allen vom Unionsrecht erfassten Bereichen (Art. 19 Abs. 1 EUV). Geht es um Akte von Organen, Einrichtungen oder sonstigen Stellen der Europäischen Union, richten sich die Rechtsschutzmöglichkeiten nach deren Recht. Dabei ist zwischen Rechtsschutzmöglichkeiten, die durch die Gründungsakte einer Einrichtung oder sonstigen Stelle der Europäischen Union geschaffen werden, und den regulären Rechtsschutzverfahren des europäischen Primärrechts zu unterscheiden. Die Regelungen insbesondere der Art. 263 und 267 AEUV führen zu einem im Grundsatz umfassenden Rechtsschutz sowohl gegen die Handlungen der Europäischen Agenturen 231

636 BVerfG, Beschl. v. 16.1.2010 (2 BvR 2299/09), Rn 18, 19.
637 BVerfG, Beschl. v. 16.1.2010 (2 BvR 2299/09), Rn 21.
638 Vgl *Huber*, NVwZ 2005, 8.
639 S. *v. Danwitz*, EuGRZ 2013, 255.
640 Vgl *Renner*, ZAR 2004, 309.
641 *Thiele*, EuR 2010, 30.

als auch gegen Handlungen der Mitgliedstaaten jedenfalls soweit es um untergesetzliche Rechtsakte geht, die Rechtswirkungen gegenüber dem Bürger haben.[642]

232 Dem **Grundrecht auf wirksamen Rechtsschutz** des Art. 47 GRC hat der EuGH gerade auch im Zusammenhang der Rechte von Drittstaatsangehörigen große Bedeutung beigemessen, zumal auch die Rechte auf ein faires und öffentliches Verfahren vor Gericht oder auf rechtliches Gehör durch Art. 47 Abs. 2 GRC gesichert werden.[643] Nach Auffassung des EuGH hat das jeweils zuständige nationale Gericht Sorge dafür zu tragen, dass die Nichtoffenlegung der Entscheidungsgründe und der Beweise auf das unbedingt Erforderliche beschränkt bleibt und dass dem Betroffenen jedenfalls der wesentliche Inhalt der Gründe, aus denen ihm die Einreise in das Hoheitsgebiet verboten wird, in einer Weise mitgeteilt wird, die die erforderliche Geheimhaltung der Beweise gebührend berücksichtigt.[644] Dies knüpft an die Rechtsprechung des EGMR zu dem in Art. 6 EMRK fundierten Grundsatz des fairen Verfahrens (fair-trial) an, der ebenfalls den grundsätzlichen Zugang zu Beweismitteln beinhaltet.[645]

233 Im **Vorabentscheidungsverfahren** nach Art. 267 AEUV sind auch die erstinstanzlichen Gerichte befugt, dem EuGH Auslegungsfragen zur Entscheidung vorzulegen. Eine Erweiterung des Anwendungsbereichs des Vorabentscheidungsverfahrens im Vergleich zu der Rechtslage vor dem Vertrag von Lissabon regelt Art. 267 lit. b AEUV, da der EuGH nunmehr über die Gültigkeit und die Auslegung der Handlungen der Organe, Einrichtungen oder sonstigen Stellen der Union entscheidet, ohne dass es – wie zuvor in Art. 234 lit. c EGV vorgesehen – erforderlich wäre, dass die Satzung einer vom Rat geschaffenen Einrichtung dies vorsieht.[646] Gegen die Handlungen aller Einrichtungen und sonstigen Stellen des Unionsrechts wird insoweit Rechtsschutz gewährleistet. Der Vertrag von Lissabon führt damit zu einer Verbesserung des Rechtsschutzes, weil das mitgliedstaatliche Gericht dem EuGH Fragen zur Gültigkeit oder Auslegung von Handlungen von zum Beispiel Frontex oder Europol vorlegen kann. Bedeutung kann dies vor allem dann erlangen, wenn das europäische Recht die Mitwirkung nationaler Stellen etwa durch die Übermittlung von Daten fordert. In diesen Fällen könnte das nationale Gericht, vor dem sich der Betroffene gegen die Mitwirkungshandlung der nationalen Stelle wendet, dem EuGH die Frage vorlegen, ob die betreffende Vorschrift mit dem europäischen Primärrecht, insbesondere den Grundrechten, vereinbar ist.

234 Der weit reichenden Sicherstellung individuellen Rechtsschutzes dient insbesondere auch die Erweiterung der **Nichtigkeitsklage** des Art. 263 Abs. 1 S. 2 AEUV. Danach verfügt der EuGH, anders als bisher nach Art. 30 EUV aF und Art. 230 Abs. 1 EGV, ausdrücklich über die Befugnis, die Handlungen der Einrichtungen oder sonstigen Stellen der Union mit Rechtswirkungen gegenüber Dritten zu überwachen.[647] Gemäß Art. 263 Abs. 4 Alt. 1 AEUV hat jede natürliche oder juristische Person das Recht, unter den Bedingungen von Art. 263 Abs. 1 und 2 AEUV gegen die an sie gerichteten oder sie unmittelbar und individuell betreffenden Handlungen Klage zu erheben. Zwar erlaubt Art. 263 Abs. 5 AEUV, in Rechtsakten zur Gründung von Einrichtungen und sonstigen Stellen der Union besondere Bedingungen und Einzelheiten für die Erhebung von Klagen von natürlichen und juristischen Personen gegen deren Handlungen vorzusehen, die Rechtswirkung gegenüber diesen Personen haben. Dabei handelt es sich nach dem Wortlaut der Vorschrift aber um Regelungen des Verfahrens und seiner Ausgestaltung, etwa die Einrichtung eines agenturinternen Vorverfahrens, so dass Klagen von natürlichen oder juristischen Personen gegen die Entscheidungen europäischer Agenturen künftig weder ausdrücklich zugelassen werden müssen noch in den Gründungsakten der Agenturen gänzlich ausgeschlossen werden können.

642 Dazu ausführlich *W. Cremer*, DÖV 2010, 58 ff.
643 *Jarass*, Art. 47 GRC, Rn 31 ff.
644 EuGH, Rs. C-300/11 (ZZ), ZAR 2014, 28, Rn 63 ff; dazu *Bull*, DVBl 2013, 1318.
645 *Bull*, DVBl. 2013, 1318.
646 *Karpenstein*, in: Grabitz/Hilf/Nettesheim, Art. 267, Rn 19.
647 *M. Schröder*, DÖV 2009, 61, 63.

II. Gerichtliche Zuständigkeiten im Mehrebenensystem – Prozessstrategie

Für die Praxis bedeutsam und gerade im durch europäisches Richtlinienrecht stark geprägten Ausländer- und Asylrecht schwierig ist das **Zusammenspiel der innerstaatlichen Gerichte mit dem Europäischen Gerichtshof und dem Europäischen Gerichtshof für Menschenrechte.** Aufgrund des Zusammenhangs mit dem Anwendungsbereich der GRC, des GG und der EMRK sind die gerichtlichen Zuständigkeiten schwierig und umstritten.[648] Hier soll der Blick lediglich auf die Prozessstrategie gerichtet werden und dazu sind einige Grundzüge darzustellen. Das Vorabentscheidungsverfahren vor dem EuGH nach Art. 267 AEUV und die Individualbeschwerde zum EGMR müssen ebenso wie die nach deutschem Recht mögliche Verfassungsbeschwerde zum BVerfG in die **Prozessstrategie** einbezogen und so eingesetzt werden, dass dem Betroffenen nicht (Grund-) Rechtsschutzmöglichkeiten verloren gehen. 235

Kommt eine Grundrechtsverletzung durch eine der Umsetzung einer europäischen Richtlinie dienende Norm des nationalen Rechts, die Richtlinie selbst oder eine europäische Verordnung in Betracht, muss sorgfältig unterschieden werden, ob es um eine Frage des **unionalen oder des nationalen Grundrechtsschutzes** geht. Erst wenn dies klar ist, kann eine Prozessstrategie entwickelt werden. Innerstaatliches Recht ist der Überprüfung an den nationalen Grundrechten des Grundgesetzes durch das BVerfG entzogen, soweit es zwingende Vorgaben einer europäischen Richtlinie umsetzt und solange der EuGH einen wirksamen Grundrechtsschutz gewährleistet.[649] Für Verordnungen gilt dies ohnehin.[650] Das anwendbare Grundrechtsregime entweder des Unionsrechts oder des nationalen Rechts und die daraus folgenden Rechtsschutzmöglichkeiten richten sich also nicht danach, ob der nationale oder der europäische Gesetzgeber die betreffende Norm erlassen hat, sondern danach, **welcher Gesetzgeber die Verantwortung für den konkreten Norminhalt trägt.**[651] Aufgrund des Vorrangs des Unionsrechts hat der innerstaatliche Gesetzgeber dann Verantwortung, wenn er über Handlungsspielräume verfügt. Da es bei Verordnungen keine Umsetzung und keine Handlungsspielräume gibt, betrifft die einschlägige Rechtsprechung des BVerfG zuvörderst Richtlinien. 236

Ist für den konkreten Norminhalt das Unionsrecht verantwortlich, muss **Rechtsschutz vor dem EuGH** gesucht werden. Eine Verfassungsbeschwerde ist unzulässig. Sie kommt bei nationalen Gesetzen, die eine europäische Richtlinie umsetzen, nur noch dann in Betracht, wenn der innerstaatliche Gesetzgeber mit der als verfassungswidrig gerügten nationalen Norm von **Regelungsspielräumen** Gebrauch macht, die ihm die Richtlinie lässt. Dann nämlich trägt der nationale Gesetzgeber die Verantwortung für den konkreten, den Regelungsspielraum ausfüllenden Norminhalt. Das deutsche Umsetzungsgesetz ist an den innerstaatlichen Grundrechten zu messen.[652] Besonders deutlich hat das Bundesverfassungsgericht seinen Ansatz in der Entscheidung zur Vorratsdatenspeicherung herausgearbeitet.[653] 237

Die Entscheidung über einen Vorlagebeschluss nach Art. 267 AEUV trifft das innerstaatliche Gericht, sie kann aber auf **Anregung der Prozessbeteiligten** erfolgen. Sollen Verletzungen der Unionsgrundrechte durch eine europäische Verordnung, eine Richtlinie oder eine Norm des nationalen Rechts, die zwingende Vorgaben einer Richtlinie umsetzt („agency-Situation"), gerügt werden, muss bereits im Verfahren vor den nationalen Gerichten angeregt werden, das Verfahren auszusetzen und dem EuGH die Frage nach einer möglichen Grundrechtsverletzung zur Vorabentscheidung 238

648 Vgl *Kugelmann*, in: Niedobitek (Hrsg.), (Fn 94), § 4, Rn 168 ff mN.

649 BVerfGE 118, 79 ff = NVwZ 2007, 937; vgl dazu *Augsberg*, DÖV 2010, 153; *Möller*, NVwZ 2010, 225 ff.

650 BVerfGE 73, 339, 387 = NJW 1997, 2871 = NVwZ 1987, 314 L.

651 *Augsberg*, DÖV 2010, 153, 159.

652 BVerfG, 2 BvR 2236/04, BVerfGE 113, 273; dazu *Tomuschat*, EuGRZ 2005, 453 ff; *J. Vogel*, JZ 2005, 801 ff; vgl das Urteil des polnischen Verfassungsgerichts vom 27.4.2005, Az. P 1/05, EuR 2005, 494, in dem das polnische Umsetzungsgesetz für teilweise verfassungswidrig erklärt wurde.

653 BVerfG, 1 BvR 256/08 u.a., BVerfGE 125, 260 – Vorratsdatenspeicherung; dazu *Roßnagel*, NJW 2010, 1238 ff.

vorzulegen. Ein Antragsrecht der Prozessbeteiligten, dass das Gericht von Amts wegen über die Vorlage entscheidet, besteht nicht.[654]

239 Die Instanzgerichte sind gemäß Art. 267 Abs. 2 AEUV in der Regel zwar berechtigt, nicht aber verpflichtet, ein Vorabentscheidungsverfahren vor dem EuGH einzuleiten. Eine Vorlagepflicht besteht nur für letztinstanzlich entscheidende Gerichte und – jedenfalls im Hauptsacheverfahren – dann, wenn das nationale Gericht einen Rechtsakt der EU als ungültig behandeln will.[655] Besteht eine solche Vorlagepflicht der Fachgerichte, ist der **EuGH gesetzlicher Richter** gemäß Art. 101 Abs. 1 S. 2 GG[656] und die Nichtvorlage verletzt das Gebot des effektiven Rechtsschutzes nach Art. 19 Abs. 4 GG.[657] Die Vorlagepflicht kann im Wege der Verfassungsbeschwerde gegen das Urteil des die Vorlage pflichtwidrig unterlassenden nationalen Gerichts durchgesetzt werden. Es ist oft zweckmäßig, eine Vorlage unabhängig von der Vorlagepflicht bereits im ersten Rechtszug anzuregen, um eine schnelle Entscheidung zu erlangen und die Chance zu vergrößern, dass tatsächlich ein Vorlagebeschluss ergeht.

240 Erklärt der EuGH im Vorabentscheidungsverfahren eine europäische Richtlinie für ungültig, ist das nationale Umsetzungsgesetz damit noch nicht automatisch nichtig. Das BVerfG kann das nationale Gesetz dann aber – sei es im Rahmen einer Richtervorlage nach Art. 100 Abs. 1 GG, sei es im Rahmen eines Verfassungsbeschwerdeverfahrens – daraufhin überprüfen, ob es mit den deutschen Grundrechten im Einklang steht.[658] Es kann dann zu einer **„doppelten Vorlage“** sowohl an den EuGH als auch an das BVerfG kommen.[659]

241 Die Einlegung der Verfassungsbeschwerde wiederum ist Voraussetzung dafür, dass im Anschluss an das Durchlaufen des innerstaatlichen Rechtswegs gegebenenfalls mit dem „Umweg“ über den EuGH eine **Individualbeschwerde vor dem EGMR gem. Art. 34 EMRK** erhoben werden kann. Der EGMR betrachtet die Verfassungsbeschwerde als Teil des innerstaatlichen Rechtswegs, dessen Erschöpfung Art. 35 Abs. 1 EMRK verlangt. Auf die Verfassungsbeschwerde könne deshalb nur verzichtet werden, wenn der Beschwerdeführer durch einschlägige Gerichtsentscheidungen oder andere geeignete Beweise darlegt, dass der Rechtsbehelf letztendlich ohne Nutzen geblieben wäre.[660] Dies dürfte insbesondere dann der Fall sein, wenn zuvor das Verfahren nach Art. 100 Abs. 1 GG erfolglos durchlaufen wurde. Einen Verstoß gegen das in Art. 34 EMRK fundierte Recht auf Individualbeschwerde hat der EGMR etwa angenommen, weil eine vorläufige Maßnahme des Gerichtshofes durch einen Konventionsstaat nicht beachtet wurde, was dazu geführt hat, dass der Gerichtshof daran gehindert wurde, die Beschwerde wirksam zu prüfen.[661]

242 Die Rechtsschutzmöglichkeiten vor nationalen und europäischen Gerichten sind mithin vielfach miteinander verwoben: Bereits im Verfahren vor den **nationalen Instanzgerichten** muss versucht werden, einen Vorlagebeschluss zu erlangen, wenn Unionsrecht entscheidungsrelevanten Einfluss hat. Der **EuGH** legt das Unionsrecht aus und prüft, ob die innerstaatliche Norm mit dem Primärrecht der EU, insbesondere den Grundrechten des Unionsrechts, vereinbar ist. Eine insoweit bestehende Vorlagepflicht kann im Rahmen einer Verfassungsbeschwerde vor dem **BVerfG** durchgesetzt werden. Das Verfassungsbeschwerdeverfahren ist auch dann der richtige Weg, wenn rein nationales Recht oder die Teile nationaler Umsetzungsgesetze, mit denen der nationale Gesetzgeber Regelungsspielräume ausfüllt, die ihm das Unionsrecht lässt, auf ihre Vereinbarkeit mit nationalen Grundrechten hin überprüft werden sollen. Der **EGMR** schließlich kann nach Erschöpfung des innerstaatlichen Rechtswegs einschließlich der Verfassungsbeschwerde angerufen werden, und entscheidet letztverbindlich über die Auslegung der EMRK.

---

654 EuGH, Rs. 283/81 (C.I.L.F.I.T), Slg 1982, 3415, Rn 9.
655 EuGH, Rs. 314/85 (Foto Frost), NJW 1988, 1451.
656 BVerfGE 82, 159.
657 BVerfGE 118, 79 ff = NVwZ 2007, 937; vgl dazu *Möller*, NVwZ 2010, 225 ff.
658 BVerfGE 118, 79 ff.
659 *Möller*, NVwZ 2010, 225, 227.
660 EGMR, Entsch. v. 19.1.1999 – 44511/98 (Allaoui/Deutschland), EuGRZ 2002, 144, 146.
661 Vgl EGMR, Urt. v. 5.4.2011 – 25716/09 (Toumi/ Italien); *Meyer-Ladewig/Petzold*, NVwZ 2012, 1159.

I. Ausblick

Migration und Integration sind zentrale Probleme aller europäischen Gesellschaften und damit auch der Union insgesamt. Das Einwanderungs- und Asylrecht ist ein wachsendes Rechtsgebiet für die Europäische Union, es hat sich **vom Stückwerk zum Werkstück** gewandelt. Aufgrund seiner schnellen Entwicklung von völkerrechtlichen Grundlagen zu einem dichten Geflecht von Sekundärrecht entfaltete sich in einer ersten Phase von 1999 bis 2004 eine nicht unerhebliche Dynamik.[662] Diese Dynamik war abgeschwächt, nachdem die Mindestvorschriften für die Union errichtet waren.[663] Der Vertrag von Lissabon hat Sonderregeln in diesem Sachbereich über Entscheidungsverfahren und Rechtsschutz abgeschafft und die rechtlichen Rahmenbedingungen für die Fortentwicklung geschaffen. Der langwierige und schwierige Weg zum Gemeinsamen Europäischen Asylsystem hat im Juni 2013 zum Erfolg geführt. Damit ist eine zweite Phase des Einwanderungs- und Asylrechts abgeschlossen. Diese bedarf der Fortführung und Weiterentwicklung in einer dritten Phase des europäischen Migrationsrechts. Migration besteht aus hochdynamischen Prozessen. Die EU verfügt als entscheidendes Instrument zuvörderst über das Recht, da die Verwaltung überwiegend in den Händen der Mitgliedstaaten liegt. Jenseits von Unterstützung und Koordinierung muss daher das Recht immer wieder angepasst werden. In dieser Phase stand die kontrollierende Steuerung im Vordergrund, um illegale Migration abzuwehren. Diese Perspektive prägt das europäische Migrationsrecht, für die Zukunft ist aber das Einnehmen einer verstärkt integrativen Perspektive erforderlich. 243

Das Einwanderungs- und Asylrecht ist Mittel für eine Migrations- und Integrationspolitik der Europäischen Union, die zu den zentralen Sachgebieten zählt, auf denen sich die EU gegenüber den Unionsbürgern und Einwohnern profilieren und ihre wichtige Rolle für den Einzelnen deutlich machen kann. Seine **aktive Gestaltung** ist und bleibt eine rechtliche und politische Herausforderung. Betroffene sind Drittstaatsangehörige, dennoch weist das Sachgebiet Querbezüge zur Unionsbürgerschaft, zum Binnenmarkt und zur Außenpolitik auf. Ein effektiver Grundrechtsschutz und die konsequente Durchsetzung rechtsstaatlicher Prinzipien der Entscheidungsfindung und Entscheidungskontrolle sind dabei unabdingbar. Europäische und internationale **Menschenrechte** durchdringen das Migrationsrecht und insbesondere das Flüchtlingsrecht. Die weit reichenden Kompetenzen der EU treffen allerdings auf Zuständigkeiten der Mitgliedstaaten für Politikfelder der Integration wie Arbeit und Beschäftigung. Die unterschiedlichen Interessen der Mitgliedstaaten erschweren zusätzlich das Erreichen einer kohärenten Systematik. Dies wird bei den Regelungen der Zuständigkeit für das Verfahren zur Gewährung internationalen Schutzes in Form der Dublin III-VO besonders deutlich. Die **Solidarität** zwischen den Mitgliedstaaten und der Schutz von Flüchtlingen und anderen Migranten müssen zentrale Bestandteile der weiterentwickelten Konzepte sein. 244

---

662 Kritische Bewertung bei *Brinkmann*, ELJ 10 (2004), 197 f.

663 Vgl *Groß/Tryjanowski*, Der Staat 2009, 259; *Kugelmann*, InfAuslR 2008, 193.

§ 42 Strafrecht

Literatur: *Ambos*, Internationales Strafrecht, 4. Aufl. 2014 (zitiert: IntStR); ders. (Hrsg.), Europäisches Strafrecht post-Lissabon, 2011 (zitiert: *Bearbeiter*, in: Ambos (Hrsg.), Europäisches Strafrecht post-Lissabon); *ders./Rackow*, Erste Überlegungen zu den Konsequenzen des Lissabon-Urteils des Bundesverfassungsgerichts für das Europäische Strafrecht, ZIS 2009, S. 397 ff; *ders.*, Is the Development of a Common Substantive Criminal Law for Europe Possible? Some Preliminary Reflections, 12 Maastricht Journal of European & Comparative Law 2005, S. 173 ff; *Anagnostopoulos*, Ne bis in idem in der Europäischen Union: Offene Fragen, in: Festschrift Hassemer, 2010, S. 1121 ff; *Asp*, The Substantive Criminal Law Competence of the EU, 2012; *Bachmaier Winter*, European investigation order for obtaining evidence in the criminal proceedings – Study of the proposal for a European directive, ZIS 2010, S. 580 ff; *van Bockel*, The Ne Bis In Idem Principle in EU Law, 2010; *Böse*, Die Europäische Ermittlungsanordnung – Beweistransfer nach neuen Regeln?, ZIS 2014, S. 152 ff; ders. (Hrsg.), Europäisches Strafrecht, Enzyklopädie des Europarechts, Band 9, 2013 (zitiert: *Bearbeiter*, in: Böse (Hrsg.), EE); ders./Meyer/Schneider (Hrsg.), Conflicts of Jurisdiction in Criminal Matters in the European Union, Volume I: National Reports and Comparative Analysis, 2013 (zitiert: *Bearbeiter*, in: Böse/Meyer/Schneider (Hrsg.), Conflicts); *ders.*, Ausnahmen vom grenzüberschreitenden „Ne bis in idem"?, in: Festschrift Kühne, 2013, S. 519 ff; *ders.*, Ein europäischer Ermittlungsrichter – Perspektiven des präventiven Rechtsschutzes bei Errichtung einer Europäischen Staatsanwaltschaft, RW 2012, S. 172 ff; *ders.*, Der Grundsatz „ne bis in idem" und der Europäische Haftbefehl: europäischer ordre public vs. gegenseitige Anerkennung, HRRS 2012, S. 19 ff; *ders.*, Die transnationale Geltung des Grundsatzes „ne bis in idem" und das „Vollstreckungselement", GA 2011, S. 504 ff; *ders.*, Harmonizing Procedural Rights Indirectly: The Framework on Trials in Absentia, 37 North Carolina Journal of International Law & Commercial Regulation 2011-2012, S. 489 ff; *ders.*, Verweisungen auf das Gemeinschaftsrecht und das Bestimmtheitsgebot (Art. 103 Abs. 2 GG), in: Festschrift Krey, 2010, S. 7 ff; *ders.*, Der Grundsatz der Verfügbarkeit von Informationen in der Strafrechtlichen Zusammenarbeit der Europäischen Union, 2007 (zitiert: Verfügbarkeit); *ders.*, Die Zuständigkeit der Europäischen Gemeinschaft für das Strafrecht. Zugleich Besprechung von EuGH, Urteil vom 13.9.2005, GA 2006, S. 211 ff; *ders.*, Strafen und Sanktionen im Europäischen Gemeinschaftsrecht, 1996 (zitiert: Strafen); *du Bois-Pedain*, Artikel 6 lit. d EMRK und der nicht verfügbare Zeuge: Weist der modifizierte Lucà-Test den Weg aus der Sackgasse?, HRRS 2012, S. 120 ff; *Braum*, Europäisches Strafrecht im Fokus konfligierender Verfassungsmodelle. Stoppt das Bundesverfassungsgericht die europäische Strafrechtsentwicklung?, ZIS 2009, S. 418 ff; *ders.*, Das „Corpus Juris" – Legitimität, Erforderlichkeit und Machbarkeit, JZ 2000, S. 493 ff; *Brechmann*, Die richtlinienkonforme Auslegung – zugleich ein Beitrag zur Dogmatik der EG-Richtlinie, 1994; Breitenmoser/Gless/Lagodny (Hrsg.), Rechtsschutz bei Schengen und Dublin, 2013 (zitiert: *Bearbeiter*, in: Breitenmoser/Gless/Lagodny (Hrsg.), Rechtsschutz); *Brodowski*, Europäischer ordre public als Ablehnungsgrund für die Vollstreckung europäischer Haftbefehle?, HRRS 2013, S. 54 ff; *ders.*, Ne bis in idem im europäisierten Auslieferungsrecht, StV 2013, S. 339 ff; *ders.*, Anmerkung zu HansOLG Hamburg, Urt. v. 15.2.2010 – 2 – 27/09 (REV), StV 2011, S. 105 ff; *Brüner/Spitzer*, Der Europäische Staatsanwalt – ein Instrument zur Verbesserung des Schutzes der EU-Finanzen oder ein Beitrag zur Verwirklichung eines Europas der Freiheit, der Sicherheit und des Rechts?, NStZ 2002, S. 393 ff; *Bülte*, Verwertung von im Ausland erlangten Beweismitteln und Anwendungsvorrang des Unionsrechts als Grenze von Verfahrensrechten im nationalen Strafprozess, ZWH 2013, S. 219 ff; *Burchard/Brodowski*, Art. 50 Charta der Grundrechte der Europäischen Union und das europäische ne bis in idem nach dem Vertrag von Lissabon, StraFo 2010, S. 179 ff; *dies.*, The Post-Lisbon Principle of Transnational Ne Bis In Idem: On the Relationship between Article 50 Charter of Fundamental Rights and Article 54 Convention Implementing the Schengen Agreement, NJECL 2010, S. 310 ff; *Calliess*, Der EuGH als gesetzlicher Richter im Sinne des Grundgesetzes, NJW 2013, S. 1905 ff; *ders.*, Auf dem Weg zu einem einheitlichen europäischen Strafrecht? Kompetenzgrundlagen und Kompetenzgrenzen einer dynamischen Entwicklung, ZEuS 2008, S. 3 ff; ders./Ruffert (Hrsg.), EUV/AEUV, 4. Aufl. 2011 (zitiert: *Bearbeiter*, in: Calliess/Ruffert); *Dannecker*, Das materielle Strafrecht im Spannungsfeld des Rechts der Europäischen Union (Teil I), Jura 2006, S. 95 ff; *Deiters*, Das Prinzip der stellvertretenden Strafrechtspflege als Strukturelement einer föderativen Strafrechtsordnung in Europa, ZIS 2006, S. 472 ff; Delmas-Marty (Hrsg.), Corpus Juris der strafrechtlichen Regelungen zum Schutz der finanziellen Interessen der Europäischen Union, 1998; *Dorra*, Strafrechtliche Legislativkompetenzen der Europäischen Union. Eine Gegenüberstellung der Kompetenzlage vor und nach dem Vertrag von Lissabon, 2013; *Eckstein*, Im Netz des Unionsrechts – Anmerkungen zum Fransson-Urteil des EuGH, ZIS 2013, S. 220 ff; *ders.*, Grund und Grenzen transnationalen Schutzes vor mehrfacher Strafverfolgung in Europa, ZStW 124 (2012), S. 490 ff; *ders.*, Ist das „Surfen" im Internet strafbar?, NStZ 2011, S. 18 ff; Ehlers (Hrsg.), Europäische Grundrechte und Grundfreiheiten, 3. Aufl. 2009 (zitiert: *Bearbeiter*, in: Ehlers (Hrsg.), Grundrechte); *Eisele*, Computer- und Medienstrafrecht, 2013; *ders.*, Der Kernbereich des Computerstrafrechts, Jura 2012, S. 929 ff; *ders.*, Anmerkung zu EuGH, Urteil v. 23.10.2007, Rs. C-440/05 Kommission/Rat, JZ 2008, S. 251 ff; *ders.*, Einführung in das Europäische Strafrecht – Sanktionskompetenzen auf europäischer Ebene –, JA 2000, S. 896 ff; *Engel*, Die Berufungsverwerfung aufgrund Säumnis des Angeklagten im Lichte der jüngsten Rechtsprechung des EGMR sowie des OLG München, ZJS 2013, S. 339 ff; *Erb*, Notwehr als Menschenrecht, NStZ 2005, S. 593 ff; *Esser*, Europäisches und Internationales Strafrecht, 2014 (zitiert: EuIntStR); *ders.*, Auf dem Weg zu einem europäischen Strafverfahrensrecht, 2002 (zitiert: Strafverfahrensrecht); European Criminal Bar Association, Cornerstones for a Draft Regulation on the Establishment of a European Public Prosecutor's Office („EPPO") in Accordance with Article 86 Par. 1-3 TFEU, NJECL, S. 185 ff; European Criminal Policy Initiative (ECPI), Manifest zum Europäischen Strafverfahrensrecht, ZIS 2013, S. 412 ff; *Fischer*, StGB, 61. Aufl. 2014; *Fromm*, Neue supranationale Strafrechtsordnung zum Schutz der finanziellen Interessen der EG? Wird durch den Lissabonner Vertrag eine partielle kriminalstrafrechtliche Rechtssetzungsbefugnis eingeführt?, StraFo 2008, S. 358 ff; *ders.*, Die Frage der Einführung einer partiellen strafrechtlichen Anweisungskompetenz des Rates der EG zum Schutz der Finanzinteressen der Europäischen Gemeinschaft unter besonderer Berücksichtigung der Unberührtheitsklausel in Art. 280 Abs. 4 S. 2 EG-Vertrag, ZIS 2007, S. 26 ff; *Gaede*, Minimalistischer Grundrechtsschutz bei der Kooperation im Strafverfahren, NJW 2013, S. 1279 ff; *Gerst*, Die Konventionsgarantie des Art. 6 III c und die Abwesenheitsverwerfung gemäß § 329 I StPO – Ein kleiner Schritt für Straßburg, ein zu großer für Deutschland?, NStZ 2013, S. 310 ff; *Gleß*, Grenzüberschreitende Beweissammlung, ZStW 125 (2013), S. 573 ff; *dies.*, Transnational Cooperation in Criminal Matters and the Guarantee to a Fair Trial: Approaches to a General Principle, Utrecht Law Review 2013, S. 90 ff; *dies.*, OHN(E)MACHT – Abschied von der Fiktion einer Waffengleichheit gegenüber europäischer Strafverfolgung?, StV 2013, S. 317 ff; *dies.*, Internationales Strafrecht, 2011 (zitiert: IntStR); *dies.*, Beweisrechtsgrundsätze einer grenzüberschreitenden Strafverfolgung, 2006 (zitiert: Beweisrechtsgrundsätze); *dies.*, Zum Prinzip der gegenseitigen Anerkennung, ZStW 116 (2004), S. 353 ff; *dies.*, Die Verkehrsfähigkeit von Beweisen im Strafverfahren, ZStW 115 (2003), S. 131 ff; *Gössel*, Enthält das deutsche Recht ausnahmslos geltende, „absolute" Folterverbote?, in: Festschrift Otto, 2007, S. 41 ff; Grabenwarter (Hrsg.), Europäischer Grundrechteschutz, Enzyklopädie Europarecht, Band 2, 2014 (zitiert: *Bearbeiter*, in: Grabenwarter (Hrsg.), EE II); Grabitz/Hilf/Nettesheim (Hrsg.), Das Recht der Europäischen Union, Band I, 53. Ergänzungslieferung 2014 (zitiert: *Bearbeiter*, in: Grabitz/Hilf/Nettesheim); *Gröseling/Höfinger*, Computersabotage und Vorfeldkriminalisierung – Auswirkungen des 41. StrÄndG zur Bekämpfung der Computerkriminalität, MMR 2007, S. 626 ff; *Grünewald*, Eine Europäische Staatsanwaltschaft nach den Plänen der Europäischen Kommission, HRRS 2013, S. 508 ff; *dies.*, Zur Frage eines europäischen Allgemeinen Teils des Strafrechts, JZ 2011, S. 972 ff; *Güttner*, Anmerkung zu OLG München, Beschl. v. 17.1.2013 – 4 StRR (A) 18/12, FD-StrafR 2013, 343625; *Hackner*, Das teileuropäische Doppelverfolgungsverbot insbesondere in der Rechtsprechung des Gerichtshofs der Europäischen Union, NStZ 2011, S. 425 ff; *Hauck*, Richterlicher Anpassungsbedarf durch den EU-Rahmenbeschluss zur Anerkennung strafgerichtlicher Entscheidungen in Abwesenheit des Angeklagten?, JR 2009, S. 141 ff; *Heard/Mansell*, The European Arrest Warrant: The Role of Judges when Human Rights Are at Risk, NJECL 2011, S. 133 ff; *Hecker*, Die richtlinienkonforme und die verfassungskonforme Auslegung im Strafrecht, JuS 2014, S. 385 ff; *ders.*, Die verspätet und fehlerhaft umgesetzte Richtlinie 2008/115/EG und ihre Auswirkungen auf das Einreise- und Aufenthaltsverbot gem. § 95 Abs. 2 Nr. 1 lit. a, b AufenthG, ZIS 2014, S. 47 ff; *ders.*, Europäisches Strafrecht, 4. Aufl. 2012 (zitiert: EuStR); *ders.*, Die Auslandsrechtsakzessorietät des deutschen Umweltstrafrechts (§ 330 d Abs. 2 StGB), in: Festschrift Schröder, 2012, S. 531 ff; *Hefendehl*, Europäischer Umweltschutz: Demokratiespritze für Europa oder Brüsseler Putsch?, ZIS 2006, S. 161 ff; *Heger*, Das europäische Doppelbestrafungsverbot aus Art. 50 GRC, in: Festschrift Kühne, 2013, S. 565 ff; *ders.*, Die Beeinflussung des deutschen Strafrechts durch EU-Recht und der Gedanke des Rechtsmissbrauchs, ZIS 2013, S. 289 ff; *ders.*, Das 45. Strafrechtsänderungsgesetz – Ein erstes europäisiertes Gesetz zur Bekämpfung der Umweltkriminalität, HRRS 2012, S. 211 ff; *ders.*, Perspektiven des Europäischen Strafrechts nach dem Vertrag von Lissabon. Eine Durchsicht des (wohl) kommenden EU-Primärrechts vor dem Hintergrund des Lissabon-Urteils des BVerfG vom 30.6.2009, ZIS 2009, S. 406 ff; *Heine*, Die Rechtsstellung des Beschuldigten im Rahmen der Europäisierung des Strafverfahrens, 2009; *Herdegen*, Europarecht, 16. Aufl. 2014; *Herlin-Karnell*, The Constitutional Dimension of European Criminal Law, 2012; *Heydenreich*, Die Europäische Ermittlungsanordnung – Der endgültige Abschied von der Fiktion der Waffengleichheit, StraFo 2012, S. 439 ff; *Hörnle*, Besitz von Internetpornografie – Urteilsanmerkung, NStZ 2010, S. 704 ff; Huber (Hrsg.) Das Corpus Juris als Grundlage eines Europäischen Strafrechts, 2000; *Hüls/Reichling*, Der abwesende Angeklagte in der (Berufungs-) Hauptverhandlung nach der EGMR-Entscheidung Neziraj vs. Deutschland, StV 2014, S. 242 ff; *Janssens*, The Principle of Mutual Recognition in EU Law, 2013; *Jarass*, Zum Verhältnis von Grundrechtecharta und sonstigem Recht, EuR 2013, S. 29 ff; *ders.*, Strafrechtliche Grundrechte im Unionsrecht, NStZ 2012, S. 611 ff; *Kaiafa-Gbandi*, Aktuelle Strafrechtsentwicklung in der EU und rechtsstaatliche Defizite, ZIS 2006, S. 521 ff; Karlsruher Kommentar zur Strafprozessordnung, Hannich (Hrsg.), 7. Aufl. 2013 (zitiert: *Bearbeiter*, in: KK-StPO); *Kempf*, Der Europäische Staatsanwalt: Freier Fuchs im freien Hühnerstall?, StV 2003, S. 128 ff; *Kingreen*, Ne bis in idem: Zum Gerichtswettbewerb um die Deutungshoheit über die Grundrechte, EuR 2013, S. 446 ff; *Kirchhof*, Kooperation zwischen nationalen und europäischen Gerichten, EuR 2014, S. 267 ff; *ders.*, Grundrechtsschutz durch europäische und nationale Gerichte, NJW 2011, S. 3681 ff; *Klip*, European Criminal Law, 2. Aufl. 2012; ders. (Hrsg.), Substantive Criminal Law of the European Union, 2011 (zitiert: *Bearbeiter*, in: Klip, Substantive Criminal Law); *Klitsch*, Der neue EU-Rahmenbeschluss zu Abwesenheitsurteilen – ein Appell zur Revision, ZIS 2009, S. 11 ff; *Koch/Dorn*, Verurteilung eines ehem. SS-Mannes vor dem Hintergrund deutschen und europäischen Rechts – Reichweite des transnationalen Doppelbestrafungsverbots, Jura 2011, S. 690 ff; *Kotzurek*, Gegenseitige Anerkennung und Schutzgarantien bei der Europäischen Beweisanordnung, ZIS 2006, S. 123 ff; *Krüger*, Unmittelbare EU-Strafkompetenzen aus Sicht des deutschen Strafrechts, HRRS 2012, S. 311 ff; *Lavenex*, Mutual recognition and the monopoly of force: limits of the single market analogy, Journal of European Public Policy 2007, S. 762 ff; Leible/Terhechte (Hrsg.), Enzyklopädie des Europarechts, Band 3: Rechtsschutz und Verfahrensrecht, 2014 (zitiert: *Bearbeiter*, in: Leible/Terhechte (Hrsg.), EE III); *Lingenthal*, Eine Europäische Staatsanwaltschaft „ausgehend von Eurojust"?, ZEuS 2010, S. 79 ff; *Ligeti/Simonato*, The European Public Prosecutor's Office: Towards a Truly European Prosecution Service?, NJECL 2013, S. 7 ff; *Ligeti*, The European Public Prosecutor's Office: How Should the Rules Applicable to its Procedures be Determined?, EuCLR 2011, S. 123 ff; *dies.*, Judicial control in the system of mutual recognition – the ECJ's Judgment in Mantello, KritV 2010, S. 380 ff; *Lingenthal*, Eine Europäische Staatsanwaltschaft „ausgehend von Eurojust"?, ZEuS 2010, S. 79 ff; *Ludwigs*, Kooperativer Grundrechtsschutz zwischen EuGH, BVerfG und EGMR, EuGRZ 2014, S. 273 ff; *Maiwald*, Harmonisierung ohne Harmonie? Zur Bedeutung der Strafrechtsdogmatik für Art. 83 AEUV, in: Festschrift Frisch, 2013, S. 1375 ff; *Mansdörfer*, Das europäische Strafrecht nach dem Vertrag von Lissabon – oder: Europäisierung des Strafrechts unter nationalstaatlicher Mitverantwortung, HRRS 2010, S. 11 ff; *ders.*, Das Prinzip ne bis in idem im europäischen Strafrecht, 2004 (zitiert: *Mansdörfer*, ne bis in idem); *Mavany*, Die europäische Beweisanordnung und das Prinzip der gegenseitigen Anerkennung, 2012; *Merkel*, Folter und Notwehr, in: Festschrift Jakobs, 2007, S. 375 ff; *ders./Scheinfeld*, Ne bis in idem in der Europäischen Union – zum Streit um das „Vollstreckungselement", ZIS 2012, S. 206 ff; *Meyer, Frank*, Transnationaler ne-bis-in-idem-Schutz nach der GRC – Zum Fortbestand des Vollstreckungselements aus Sicht des EuGH, HRRS 2014, S. 169 ff; *ders.*, Die „sole or decisive"-Regel zur Würdigung nicht konfrontierter Zeugenaussagen – not so decisive anymore, HRRS 2012, 117; *ders.*, Strafrechtsgenese in Internationalen Organisationen, 2012 (zitiert: Strafrechtsgenese); *ders.*, Das Strafrecht im Raum der Freiheit, der Sicherheit und des Rechts, EuR 2011, S. 169 ff; *ders.*, Die Lissabon-Entscheidung des BVerfG und das Strafrecht, NStZ 2009, S. 657 ff; Meyer, Jürgen (Hrsg.), Charta der Grundrechte der Europäischen Union, 4. Aufl. 2014 (zitiert: *Bearbeiter*, in: Meyer (Hrsg.), GRC); *Meyer-Ladewig*, Handkommentar EMRK, 3. Aufl. 2011; *Miettinen*, Criminal Law and Policy in the European Union, 2013; *Mitsilegas*, Prosecution, National Legal Diversity and Human Rights after Lisbon, NJECL 2013, S. 3 ff; *ders.*, EU criminal law, 2009; *Morgenstern*, Die Europäische Überwachungsanordnung. Überkomplexes Ungetüm oder sinnvolles Instrument zur Untersuchungshaftvermeidung von Ausländern?, ZIS 2014, S. 216 ff; *Mosbacher*, Straßburg locuta - § 329 I StPO finita?, NStZ 2013, S. 312 ff; Münchener Kommentar zum Strafgesetzbuch, Joecks/Miebach (Hrsg.), Band 1, 2. Aufl. 2011 (zitiert: *Bearbeiter*, in: MK-StGB); *Mylonopoulos*, Strafrechtsdogmatik in Europa nach dem Vertrag von Lissabon – Zur materiellen Legitimation des Europäischen Strafrechts, ZStW 123 (2011), S. 633 ff; *Nelles*, Europäisierung des Strafverfahrens – Strafprozeßrecht für Europa?, ZStW 109 (1997), S. 727 ff; *Noltenius*, Strafverfahrensrecht als Seismograph der Europäischen Integration – Verfassung, Strafverfahrensrecht und der Vertrag von Lissabon –, ZStW 122 (2010), S. 604 ff; Nomos Kommentar zum Strafgesetzbuch, Kindhäuser/Neumann/Paeffgen (Hrsg.), Band 1 und 3, 4. Aufl. 2013 (zitiert: *Bearbeiter*, in: NK-StGB); *Otto*, *Das Corpus Juris der strafrechtlichen Regelungen zum Schutz der finanziellen Interessen* der Europäischen Union – Anmerkungen zum materiellrechtlichen Teil –, Jura 2000, S. 98 ff; *Peers*, Mutual Recognition and Criminal Law in the European Union: Has the Council Got It Wrong?, Common Market Law Review 41 (2004) S. 5 ff; *Pohl*, Verfassungsvertrag durch Richterspruch – Die Entscheidung des EuGH zu Kompetenzen der Gemeinschaft im Umweltstrafrecht, ZIS 2006, S. 161 ff; *Popp*, Strafbarer Bezug von kinder- und jugendpornographischen „Schriften“. Zeit für einen Paradigmenwechsel im Jugendschutzstrafrecht?, ZIS 2011, S. 193 ff; *ders.*, Informationstechnologie und Strafrecht, JuS 2011, S. 385 ff; *Püschel*, Anmerkung zu EGMR Rs. 30804/07 v. 8.11.2012, StraFo 2012, S. 493 ff; *Rabe*, Grundrechtsbindung der Mitgliedstaaten, NJW 2013, S. 1407 f; *Radtke*, Der Europäische Staatsanwalt. Ein Modell für Strafverfolgung in Europa mit Zukunft?, GA 2004, S. 1 ff; *Rengier*, Strafrecht Besonderer Teil I, 16. Aufl. 2014; *Risse*, Die Anwendbarkeit von EU-Grundrechten im prozessualen und materiellen Strafrecht, HRRS 2014, S. 93 ff; *Rönnau/Wegner*, Grund und Grenzen der Einwirkung des europäischen Rechts auf das nationale Strafrecht, GA 2013, S. 561 ff; *Rohlff*, Der Europäische Haftbefehl, 2003; *Rosenau*, Zur Europäisierung im Strafrecht, ZIS 2008, S. 9 ff; *Safferling*, Internationales Strafrecht, 2011 (zitiert: IntStR); *ders.*, A Criminal Law for Europe: Between National Heritage and Transnational Necessities, German Law Journal 10 (2009), S. 1383 ff; *Satzger*, Internationales und Europäisches Strafrecht, 6. Aufl. 2013 (zitiert: IntEuStR); *ders.*, Die potentielle Errichtung einer Europäischen Staatsanwaltschaft – Plädoyer für ein Komplementaritätsmodell, NStZ 2013, S. 206 ff; *ders.*, Das Schicksal des deutschen StGB in einem zusammenwachsenden Europa, in: Beulke-Symposium (2012), S. 95 ff; *ders.*, Auf dem Weg zu einer „europäischen Rechtskraft“?, in: Festschrift Roxin II, 2011, S. 1515 ff; *ders.*, Das Strafrecht als Gegenstand europäischer Gesetzgebungstätigkeit, KritV 2008, S. 17 ff; *ders.*, Die Europäisierung des Strafrechts, 2001 (zitiert: Europäisierung); *Schmalenbach*, Der Internationale Terrorismus – Ein Definitionsversuch –, NZWehrR 2000, S. 15 ff; Schönke/Schröder, StGB, 29. Aufl. 2014 (zitiert: *Bearbeiter*, in: Schönke/Schröder); *Schomburg/Lagodny*, Verteidigung im international-arbeitsteiligen Verfahren, NJW 2012, S. 348 ff; *Schomburg/Suominen-Picht*, Verbot der mehrfachen Strafverfolgung, Kompetenzkonflikte und Verfahrenstransfer, NJW 2012, S. 1190 ff; *Schramm*, Auf dem Weg zur Europäischen Staatsanwaltschaft, JZ 2014, S. 749 ff; *Schroeder*, Gesetzestechnische Fehler im 37. Strafrechtsänderungsgesetz, GA 2005, S. 307 ff; *Schröder*, Die Europäisierung des Strafrechts nach Art. 83 Abs. 2 AEUV am Beispiel des Marktmissbrauchsrechts: Anmerkungen zu einem Fehlstart, HRRS 2013, S. 253 ff; *ders.*, Perspektiven der Europäisierung des Strafrechts nach Lissabon: Neues Denken oder alte Fehler?, in: Festschrift Achenbach, 2011, S. 491 ff; *ders.*, Europäische Richtlinien und deutsches Strafrecht, 2002 (zitiert: Richtlinien); *Schünemann*, Spät kommt ihr, doch ihr kommt: Glosse eines Strafrechtlers zur Lissabon-Entscheidung des BVerfG, ZIS 2009, S. 393 ff; ders. (Hrsg.), Ein Gesamtkonzept für die europäische Strafrechtspflege, 2006 (zitiert: *Bearbeiter*, in: Schünemann (Hrsg.), Gesamtkonzept); *ders.*, Ein Gespenst geht um in Europa – Brüsseler „Strafrechtspflege“ intra muros, GA 2002, S. 501 ff; Schwarze/Becker/Hatje/Schoo (Hrsg.), EU-Kommentar, 3. Aufl. 2012 (zitiert: *Bearbeiter*, in: Schwarze (Hrsg.), EU-Kommentar); *Sieber*, Die Zukunft des Europäischen Strafrechts – Ein neuer Ansatz zu den Zielen und Modellen des europäischen Strafrechtssystems –, ZStW 121 (2009), S. 1 ff; *ders.*, Europäische Einigung und Europäisches Strafrecht, ZStW 103 (1991), S. 957 ff; ders./Satzger/von Heintschel-Heinegg (Hrsg.), Europäisches Strafrecht, 2. Aufl. 2014 (zitiert: *Bearbeiter*, in: Sieber (Hrsg.), EuStR); *Sinn*, Die Vermeidung von strafrechtlichen Jurisdiktionskonflikten in der Europäischen Union – Gegenwart und Zukunft, ZIS 2013, S. 1 ff; *Stalberg*, Zum Anwendungsbereich des Art. 50 der Charta der Grundrechte der Europäischen Union, 2013; Streinz (Hrsg.), EUV/AEUV, 2. Aufl. 2012 (zitiert: *Bearbeiter*, in: Streinz (Hrsg.), EUV/AEUV); *ders.*, Europarecht, 9. Aufl. 2012; *Stefanou/White/Xanthaki*, OLAF at the Crossroads, 2011; *Sturies*, Ermächtigt der Vertrag von Lissabon wirklich zum Erlass supranationaler Wirtschaftsstrafgesetze?, HRRS 2012, S. 273 ff; *Swoboda*, Die Pflicht zur rahmenbeschlusskonformen Auslegung im deutschen Strafverfahren, HRRS 2014, S. 10 ff; *dies.*, Paying the Debts – Late Nazi Trials before German Courts, Journal of International Criminal Justice 9 (2011), S. 243 ff; Systematischer Kommentar zur Strafprozessordnung, Wolter (Hrsg.), Band VII, 4. Aufl. 2014 (zitiert: *Bearbeiter*, in: SK-StPO); *Tinsley*, The Reference in Case C-396/11 Radu: When does the Protection of Fundamental Rights Require Non-Execution of a European Arrest Warrant?, EuCLR 2012, S. 338 ff; *Vassilaki*, Das 41. StrÄndG – Die neuen strafrechtlichen Regelungen und ihre Wirkung auf die Praxis, CR 2008, S. 131 ff; *Vervaele*, The European Community and Harmonization of the Criminal Law Enforcement of Community Policy: Ignoti nulla cupido?, in: Festschrift Tiedemann, 2008, S. 1353 ff; *ders.*, The transnational ne bis in idem principle in the EU. Mutual recognition and equivalent protection of human rights, in: Utrecht Law Review 2005, S. 100 ff; *Vogel*, Reaction to Radu, NJECL 2013, S. 310 ff; *ders.*, Radu – Melloni – Åkerberg Fransson: „Staatsstreich“ in Luxemburg?, StV 5/2013, Editorial; *ders.*, Der Einfluss der strafrechtlichen Rechtsprechung des EGMR auf das BVerfG und den BGH, in: Jahn/Nack (Hrsg.), Gegenwartsfragen des deutschen und europäischen Strafrechts, Referate und Diskussionen auf dem 3. Karlsruher Strafrechtsdialog, 2012, S. 23 ff (zitiert: *Vogel*, in: Strafrechtsdialog); *ders.*, Internationales und europäisches ne bis in idem, in: Festschrift Schroeder, 2006, S. 877 ff; *Voßkuhle*, Zur Koordination des deutschen und europäischen Menschenrechtsschutzes im Lichte des Urteils des BVerfG vom 4. Mai 2011 (BVerfGE 128, 326 ff) zur Sicherungsverwahrung, in: Festschrift Frisch, 2013, S. 1359 ff; *Wade*, A European public prosecutor: potential and pitfalls, Crime, Law and Social Change 2013, S. 439 ff; *Waszcynski*, Anmerkung zu EGMR, Urt. v. 8.11.2012 – 30804/07 (Rs. Neziraj/Deutschland), NStZ-RR 2014, S. 18 ff; *Wattenberg*, Der „Corpus Juris" – Tauglicher Entwurf für ein einheitliches europäisches Straf- und Strafprozeßrecht?, StV 2000, S. 95 ff; *Wegner*, Die „Fransson"-Entscheidung des EuGH – Eine Erschütterung im System der europäischen Grundrechte?, HRRS 2013, S. 126 ff; *Weigend*, Strafrecht der Europäischen Union nach dem Vertrag von Lissabon – eine deutsche Perspektive, in: Festschrift Zoll, 2012, S. 205 ff; *ders.*, Zu einem einheitlichen europäischen Strafrecht?, in: Festschrift Sootak, 2008, S. 243 ff; *ders.*, Terrorismus als Rechtsproblem, in: Festschrift Nehm, 2006, S. 151 ff; *ders.*, The Universal Terrorist: The International Community Grappling with a Definition, JICJ 4 (2006), S. 912 ff; *ders.*, Spricht Europa mit zwei Zungen?, StV 2001, S. 63 ff; *ders.*, Die Europäische Menschenrechtskonvention als deutsches Recht – Kollisionen und ihre Lösung, StV 2000, S. 384 ff; *ders.*, Strafrecht durch internationale Vereinbarungen – Verlust an nationaler Strafrechtskultur?, ZStW 105 (1993), S. 774 ff; *Weiß*, Grundrechtsschutz durch den EuGH: Tendenzen seit Lissabon, EuZW 2013, S. 287 ff; *Weißer*, Strafgesetzgebung durch die Europäische Union: Nicht nur ein Recht, sondern auch eine Pflicht?, GA 2014, S. 433 ff; *dies.*, Täterschaft in Europa, 2011 (zitiert: Täterschaft); *dies.*, Die Wirkungen von EU-Rahmenbeschlüssen auf das mitgliedstaatliche Recht, ZIS 2006, S. 562 ff; *Weßlau*, Datenübermittlungen und Datenverarbeitung in den Informationssystemen von Europol, in: Wolter/Amelung (Hrsg.), Alternativentwurf Europol und europäischer Datenschutz, 2008, S. 318 ff; *Zehetgruber*, Zur Unvereinbarkeit von § 329 Abs. 1 S. 1 StPO mit der EMRK, HRRS 2013, S. 397 ff; *Zimmermann*, Die Auslegung künftiger EU-Strafrechtskompetenzen nach dem Lissabon-Urteil des Bundesverfassungsgerichts, Jura 2009, S. 844 ff; *ders./Glaser/Motz*, Mutual Recognition and its Implications for the Gathering of Evidence in Criminal Proceedings: a Critical Analysis of the Initiative for a European Investigation Order, EuCLR 2011, S. 56 ff; *Zöller*, Neue unionsrechtliche Strafgesetzgebungskompetenzen nach dem Vertrag von Lissabon, in: Festschrift Schenke, 2011, S. 579 ff; *ders.*, Der Austausch von Strafverfolgungsdaten zwischen den Mitgliedstaaten der Europäischen Union, ZIS 2011, S. 64 ff; *ders.*, Die transnationale Geltung des Grundsatzes ne bis in idem nach dem Vertrag von Lissabon, in: Festschrift Krey, 2010, S. 501 ff; *ders.*, Terrorismusstrafrecht, 2009.

Abschnitt 1: Übersicht zu Gesetzgebung und Rechtsprechung

A. Gesetzgebung

I. Primärrecht

Vertrag zur Gründung der Europäischen Wirtschaftsgemeinschaft v. 25.3.1957, BGBl. II 1957, S. 766; Vertrag zur Gründung der Europäischen Atomgemeinschaft (Euratom) v. 25.3.1957, BGBl. II 1957, S. 1014, idF v. 13.12.2007, ABl. C 306 v. 17.12.2007, S. 199; Vertrag über die Europäische Union (Vertrag von Maastricht) v. 7.2.1992, ABl. C 191 v. 29.7.1992, S. 1; Vertrag von Amsterdam zur Änderung des Vertrages über die Europäische Union, der Verträge zur Gründung der Europäischen Gemeinschaften sowie einiger damit zusammenhängender Rechtsakte, ABl. C 340 v. 10.11.1997, S. 1; Vertrag von Nizza zur Änderung des Vertrags über die Europäische Union, der Verträge zur Gründung der Europäischen Gemeinschaften sowie einiger damit zusammenhängender Rechtsakte v. 26.2.2001, ABl. C 80 v. 10.3.2001, S. 1; Charta der Grundrechte der Europäischen Union, ABl. C 303 v. 14.12.2007, S. 1.

II. Völkerrechtliche Verträge

Europäisches Auslieferungsübereinkommen v. 13.12.1957 (ETS No. 024); Übereinkommen über Rechtshilfe in Strafsachen v. 20.4.1959 (ETS No. 030); Europäisches Übereinkommen zur Bekämpfung des Terrorismus v. 27.1.1977 (ETS No. 090); Schengener Übereinkommen betreffend den schrittweisen Abbau der Kontrollen an den gemeinsamen Grenzen (Schengen I) v. 14.6.1985, GMBl. 1986, S. 79; Schengener Durchführungs-Übereinkommen (Schengen II) v. 19.6.1990, ABl. L 239 v. 22.9.2000, S. 19; Europäisches Übereinkommen über Geldwäsche sowie Ermittlung, Beschlagnahme und Einziehung von Erträgen aus Straftaten v. 8.11.1990 (ETS No. 141); Europäisches Übereinkommen über den Schutz der Umwelt durch das Strafrecht v. 4.11.1998 (ETS No. 172); Europäisches Strafrechtsübereinkommen über Korruption v. 27.1.1999 (ETS No. 173); Übereinkommen der Vereinten Nationen gegen die grenzüberschreitende Kriminalität v. 15.11.2000 („Palermo Übereinkommen"), UN Document A/55/383 v. 2.11.2000, S. 25 ff; Europäisches Übereinkommen über Computerkriminalität v. 23.11.2001 (ETS No. 185); Konvention des Europarates zur Bekämpfung des Menschenhandels v. 16.5.2005 (ETS No. 197).

III. Sekundärrecht

Verordnungen:

Verordnung (EG) Nr. 1073/1999 des Europäischen Parlaments und des Rates v. 25.5.1999 über die Untersuchungen des Europäischen Amtes für Betrugsbekämpfung (OLAF), ABl. L 136 v. 31.5.1999, S. 1; **Verordnung (EG) Nr. 1/2003** des Rates v. 16.12.2002 zur Durchführung der in den Artikeln 81 und 82 des Vertrags niedergelegten Wettbewerbsregeln, ABl. L 1 v. 4.1.2003, S. 1; **Verordnung** (EU, EURATOM) **Nr. 883/2013** des Europäischen Parlaments und des Rates v. 11.9.2013 über die Untersuchungen des Europäischen Amtes für Betrugsbekämpfung (OLAF), ABl. L 248 v. 18.9.2013, S. 1.

Richtlinien:

Richtlinie 91/308/EWG des Rates v. 10.6.1991 zur Verhinderung der Nutzung des Finanzsystems zum Zwecke der Geldwäsche, ABl. L 166 v. 28.6.1991, S. 77, idF v. 4.12.2001, ABl. L 344 v. 28.12.2001, S. 76; **Richtlinie 2002/90/EG** des Rates v. 28.11.2002 zur Definition der Beihilfe zur unerlaubten Ein- und Durchreise und zum unerlaubten Aufenthalt, ABl. L 328 v. 5.12.2002, S. 17; **Richtlinie 2005/60/EG** des Europäischen Parlaments und des Rates v. 26.10.2005 zur Verhinderung der Nutzung des Finanzsystems zum Zwecke der Geldwäsche und der Terrorismusfinanzierung, ABl. L 309 v. 25.11.2005, S. 15, idF der Änderungsrichtlinie 2010/78/EU v. 24.11.2010, ABl. L 331 v. 15.12.2010, S. 120; **Richtlinie 2006/24/EG** v. 15.3.2006 über die Vorratsspeicherung von Daten, die bei der Bereitstellung öffentlich zugänglicher elektronischer Kommunikationsdienste oder öffentlicher Kommunikationsnetze erzeugt oder verarbeitet werden, und zur Änderung der Richtlinie 2002/58/EG, ABl. L 105 v. 13.4.2006, S. 54; **Richtlinie 2008/99/EG** des Europäischen Parlaments und des Rates v. 19.11.2008 über den strafrechtlichen Schutz der Umwelt, ABl. L 328 v. 6.12.2008, S. 28; **Richtlinie 2009/123/EG** des Europäischen Parlaments und des Rates v. 21.10.2009 zur Änderung der Richtlinie 2005/35/EG über die Meeresverschmutzung durch Schiffe und die Einführung von Sanktionen für Verstöße, ABl. L 280 v. 27.10.2009, S. 52; **Richtlinie 2010/64/EU** des Europäischen Parlaments und des Rates v. 20.10.2010 über das Recht auf Dolmetschleistungen und Übersetzungen im Strafverfahren, ABl. L 280 v. 26.10.2010, S. 1; **Richtlinie 2011/36/EU** des Europäischen Parlaments und des Rates v. 5.4.2011 zur Verhütung und Bekämpfung des Menschenhandels und zum Schutz seiner Opfer sowie zur Ersetzung des Rahmenbeschlusses 2002/629/JI des Rates, ABl. L 101 v. 15.4.2011, S. 1; **Richtlinie 2011/93/EU** des Europäischen Parlaments und des Rates v. 13.12.2011 zur Bekämpfung des sexuellen Missbrauchs und der sexuellen Ausbeutung von Kindern sowie der Kinderpornographie, ABl. L 335 v. 17.12.2011, S. 1; **Richtlinie 2012/13/EU** des Europäischen Parlaments und des Rates v. 22.5.2012 über das Recht auf Belehrung und Unterrichtung im Strafverfahren, ABl. L 142 v. 1.6.2012, S. 1; **Richtlinie 2012/29/EU** des Europäischen Parlaments und des Rates v. 25.10.2012 über Mindeststandards für die Rechte, die Unterstützung und den Schutz von Opfern von Straftaten sowie zur Ersetzung des Rahmenbeschlusses 2001/220/JI, ABl. L 315 v. 14.11.2012, S. 57; **Richtlinie 2013/40/EU** des Europäischen Parlaments und des Rates v. 12.8.2013 über Angriffe auf Informationssysteme und zur Ersetzung des Rahmenbeschlusses 2005/222/JI des Rates, ABl. L 218 v. 14.8.2013, S. 8; **Richtlinie 2013/48/EU** des Europäischen Parlaments und des Rates v. 22.10.2013 über das Recht auf Zugang zu einem Rechtsbeistand im Strafverfahren und in Verfahren zur Vollstreckung des Europäischen Haftbefehls sowie über das Recht auf Benachrichtigung eines Dritten bei Freiheitsentzug und das Recht auf Kommunikation mit Dritten und mit Konsularbehörden während des Freiheitsentzugs, ABl. L 294 v. 6.11.2013, S. 1; **Richtlinie 2014/42/EU** des Europäischen Parlaments und des Rates v. 3.4.2014 über die Sicherstellung und Einziehung von Tatwerkzeugen und Erträgen aus Straftaten in der Europäischen

Union, ABl. L 127 v. 29.4.2014, S. 39; **Richtlinie 2014/41/EU** des Europäischen Parlaments und des Rates v. 3.4.2014 über die Europäische Ermittlungsanordnung in Strafsachen, ABl. L 130 v. 1.5.2014, S. 1; **Richtlinie 2014/57/EU** des Europäischen Parlaments und des Rates v. 16.4.2014 über strafrechtliche Sanktionen bei Marktmanipulation (Marktmissbrauchsrichtlinie), ABl. L 173 v. 12.6.2014, S. 179; **Richtlinie 2014/62/EU** des Europäischen Parlaments und des Rates v. 15.5.2014 zum strafrechtlichen Schutz des Euro und anderer Währungen gegen Geldfälschung und zur Ersetzung des Rahmenbeschlusses 2000/383/JI des Rates, ABl. L 151 v. 21.5.2014, S. 1.

Rahmenbeschlüsse:

Rahmenbeschluss 2000/383/JI des Rates v. 29.5.2000 über die Verstärkung des mit strafrechtlichen und anderen Sanktionen bewehrten Schutzes gegen Geldfälschung im Hinblick auf die Einführung des Euro, ABl. L 140 v. 14.6.2000, S. 1 idF des Änderungsrahmenbeschlusses 2001/888/JI v. 6.12.2001, ABl. L 329 v. 14.12.2001, S. 3; **Rahmenbeschluss 2001/413/JI** des Rates v. 28.5.2001 zur Bekämpfung von Betrug und Fälschung im Zusammenhang mit unbaren Zahlungsmitteln, ABl. L 149 v. 2.6.2001, S. 1; **Rahmenbeschluss 2001/500/JI** des Rates v. 26.6.2001 über Geldwäsche sowie Ermittlung, Einfrieren, Beschlagnahme und Einziehung von Tatwerkzeugen und Erträgen aus Straftaten, ABl. L 182 v. 5.7.2001, S. 1; **Rahmenbeschluss 2002/475/JI** des Rates v. 13.6.2002 zur Terrorismusbekämpfung, ABl. L 164 v. 22.6.2002, S. 3, idF des Rahmenbeschlusses 2008/919/JI des Rates v. 28.11.2008 zur Änderung des Rahmenbeschlusses 2002/475/JI zur Terrorismusbekämpfung, ABl. L 330 v. 9.12.2008, S. 21; **Rahmenbeschluss 2002/584/JI** des Rates v. 13.6.2002 über den Europäischen Haftbefehl und die Übergabeverfahren zwischen den Mitgliedstaaten, ABl. L 190 v. 18.7.2002, S. 1; **Rahmenbeschluss 2002/946/JI** des Rates v. 28.11.2002 betreffend die Verstärkung des strafrechtlichen Rahmens für die Bekämpfung der Beihilfe zur unerlaubten Ein- und Durchreise und zum unerlaubten Aufenthalt, ABl. L 328 v. 5.12.2992, S. 1; **Rahmenbeschluss 2003/568/JI** des Rates v. 22.7.2003 zur Bekämpfung der Bestechung im privaten Sektor, ABl. L 192 v. 31.7.2003, S. 54; **Rahmenbeschluss 2003/577/JI** des Rates v. 22.7.2003 über die Vollstreckung von Entscheidungen über die Sicherstellung von Vermögensgegenständen oder Beweismitteln in der Europäischen Union ABl. L 196 v. 2.8.2003, S. 45; **Rahmenbeschluss 2004/757/JI** des Rates v. 25.10.2004 zur Festlegung von Mindestvorschriften über die Tatbestandsmerkmale strafbarer Handlungen und die Strafen im Bereich des illegalen Drogenhandels, ABl. L 335 v. 11.11.2004, S. 8; **Rahmenbeschluss 2005/222/JI** des Rates v. 24.2.2005 über Angriffe auf Informationssysteme, ABl. L 69 v. 16.3.2005, S. 67; **Rahmenbeschluss 2005/214/JI** des Rates v. 24.2.2005 über die Anwendung des Grundsatzes der gegenseitigen Anerkennung von Geldstrafen und Geldbußen, ABl. L 76 v. 22.3.2005, S. 16; **Rahmenbeschluss 2006/783/JI** des Rates v. 6.10.2006 über die Anwendung des Grundsatzes der gegenseitigen Anerkennung auf Einziehungsentscheidungen, ABl. L 328 v. 24.11.2006, S. 59, jetzt idF v. 26.2.2009, ABl. L 81 v. 27.3.2009, S. 24; **Rahmenbeschluss 2006/960/JI** des Rates v. 18.12.2006 über die Vereinfachung des Austauschs von Informationen und Erkenntnissen zwischen den Strafverfolgungsbehörden der Mitgliedstaaten der Europäischen Union, ABl. L 386 v. 29.12.2006, S. 89; ber. ABl. L 75 v. 15.3.2007, S. 26; **Rahmenbeschluss 2008/675/JI** des Rates v. 24.7.2008 zur Berücksichtigung der in anderen Mitgliedstaaten ergangenen Verurteilung in einem neuen Strafverfahren, ABl. L 220 v. 15.8.2008, S. 32; **Rahmenbeschluss 2008/841/JI** des Rates v. 24.10.2008 zur Bekämpfung der organisierten Kriminalität, ABl. L 300 v. 11.11.2008, S. 42; **Rahmenbeschluss 2008/909/JI** des Rates v. 27.11.2008 über die Anwendung des Grundsatzes der gegenseitigen Anerkennung auf Urteile in Strafsachen, durch die eine freiheitsentziehende Strafe oder Maßnahme verhängt wird, für die Zwecke ihrer Vollstreckung in der Europäischen Union, ABl. L 327 v. 5.12.2008, S. 27 idF v. 26.2.2009, ABl. L 81 v. 27.3.2009, S. 24; **Rahmenbeschluss 2008/947/JI** des Rates v. 27.11.2008 über die Anwendung des Grundsatzes der gegenseitigen Anerkennung auf Urteile und Bewährungsentscheidungen im Hinblick auf die Überwachung von Bewährungsmaßnahmen und alternativen Sanktionen, ABl. L 337 v. 16.12.2008, S. 102, jetzt idF v. 26.2.2009, ABl. L 81 v. 27.3.2009, S. 24; **Rahmenbeschluss 2008/913/JI** des Rates v. 28.11.2008 zur strafrechtlichen Bekämpfung bestimmter Formen und Ausdrucksweisen von Rassismus und Fremdenfeindlichkeit, ABl. L 328 v. 6.12.2008, S. 55; **Rahmenbeschluss 2008/978/JI** des Rates v. 18.12.2008 über die Europäische Beweisanordnung zur Erlangung von Sachen, Schriftstücken und Daten zur Verwendung in Strafsachen, ABl. L 350 v. 30.12.2008, S. 72; **Rahmenbeschluss 2009/299/JI** des Rates v. 26.2.2009 zur Änderung der Rahmenbeschlüsse 2002/584/JI, 2005/214/JI, 2006/783/JI, 2008/909/JI und 2008/947/JI, zur Stärkung der Verfahrensrechte von Personen und zur Förderung der Anwendung des Grundsatzes der gegenseitigen Anerkennung auf Entscheidungen, die im Anschluss an eine Verhandlung ergangen sind, zu der die betroffene Person nicht erschienen ist, ABl. L 81 v. 27.3.2009, S. 24; **Rahmenbeschluss 2009/315/JI** des Rates v. 26.2.2009 über die Durchführung und den Inhalt des Austauschs von Informationen aus dem Strafregister zwischen den Mitgliedstaaten, ABl. L 93 v. 7.4.2009, S. 23; **Rahmenbeschluss 2009/829/JI** des Rates v. 23.10.2009 über die Anwendung – zwischen den Mitgliedstaaten der Europäischen Union – des Grundsatzes der gegenseitigen Anerkennung auf Entscheidungen über Überwachungsmaßnahmen als Alternative zur Untersuchungshaft, ABl. L 294 v. 11.11.2009, S. 20; **Rahmenbeschluss 2009/948/JI** des Rates v. 30.11.2009 zur Vermeidung und Beilegung von Kompetenzkonflikten in Strafverfahren, ABl. L 328 v. 15.12.2009, S. 42.

Sonstige Rechtsakte:

Übereinkommen über die Errichtung eines Europäischen Polizeiamts v. 26.7.1995, ABl. C 316 v. 27.11.1995, S. 1; Rechtsakt des Rates v. 26.7.1995 über die Ausarbeitung des Übereinkommens über den Schutz der finanziellen Interessen der Europäischen Gemeinschaften (PIF-Übereinkommen), ABl. C 316 v. 27.11.1995, S. 49; Gemeinsame Maßnahme 98/733/JI v. 21.12.1998 betreffend die Strafbarkeit der Beteiligung an einer kriminellen Vereinigung in den Mitgliedstaaten der Europäischen Union, ABl. L 351 v. 29.12.1998, S. 1; Gemeinsame Maßnahme 98/742/JI v. 22.12.1998 betreffend die Bestechung im privaten Sektor, ABl. 1998, L 358 v. 31.12.1998, S. 2; Beschluss 1999/435/EG des Rates v. 20.5.1999 zur Bestimmung des Schengen-Besitzstands zwecks Festlegung der Rechtsgrundlagen für jede Bestimmung und jeden Beschluß, die diesen Besitzstand bilden, nach Maßgabe der einschlägigen Bestimmungen des Vertrags zur Gründung der Europäischen Gemeinschaft und des Vertrags über die Europäische Union, ABl. L 176 v. 10.7.1999, S. 1; Beschluss 1999/436/EG des Rates v. 20.5.1999 zur Festlegung der Rechtsgrundlagen für die einzelnen Bestimmungen und Beschlüsse, die den Schengen-Besitzstand bilden, nach Maßgabe der einschlägigen Bestimmungen des Vertrags zur Gründung der Europäischen Gemeinschaft und des Vertrags über die Europäische Union, ABl. L 176 v. 10.7.1999, S. 17; Beschluss 2000/365/EG des Rates v. 29.5.2000 zum Antrag des Vereinigten Königreichs Großbritannien und Nordirland, einzelne Bestimmungen des Schengen-Besitzstands auf sie anzuwenden, ABl. L 131 v. 1.6.2000, S. 43; Beschluss 2002/187/JI des Rates v. 28.2.2002 über die Errichtung von Eurojust zur Verstärkung der Bekämpfung der schweren Kriminalität, ABl. L 63 v. 6.3.2002, S. 1; Beschluss 2002/192/EG des Rates v. 28.2.2002 zum Antrag Irlands auf Anwendung einzelner Bestimmungen des Schengen-Besitzstands auf Irland, ABl. L 64 v. 7.3.2002, S. 20; Beschluss 2008/615/JI des Rates v. 23.6.2008 zur Vertiefung der grenzüberschreitenden Zusammenarbeit, insbesondere zur Bekämpfung des Terrorismus und der grenzüberschreitenden Kriminalität, ABl. L 210 v. 6.8.2008, S. 1; Beschluss 2009/316/JI des Rates v. 6.4.2009 zur Einrichtung des Europäischen Strafregisterinformationssystems (ECRIS) gemäß Artikel 11 des Rahmenbeschlusses 2009/315/JI, ABl. L 93 v. 7.4.2009, S. 33; Beschluss 2009/371/JI des Rates v. 6.4.2009 zur Errichtung des Europäischen Polizeiamts (Europol), ABl. L 121 v. 15.5.2009, S. 37; Entschließung des Europäischen Parlaments v. 25.10.2011 zur organisierten Kriminalität in der Europäischen Union, 2010/2309 (INI).

B. Rechtsprechung

EGMR Urt. v. 8.6.1976, Nrn. 5100/71, 5101/71, 5102/71, 5354/72 und 5370/72 (Engel u.a./Niederlande) = EuGRZ 1976, 221; EGMR Urt. v. 21.2.1984, Nr. 8544/79 (Öztürk/Deutschland) = *NJW 1985, 1273; EGMR Urt. v. 7.7.1989*, Nr. 14038/88 (Soering/Vereinigtes Königreich) = NJW 1990, 2183; EGMR Urt. v. 23.11.1993, Nr. 14032/88, Series A, Nr. 227 (Poitrimol/Frankreich); EGMR Urt. v. 8.2.1996, Nr. 18731/91 (Murray/Vereinigtes Königreich) = EuGRZ 1996, 587;

EGMR, Urt. v. 26.3.1996, Nr. 20524/92, Reports 1996-II (Doorson/Niederlande); EGMR Urt. v. 23.4.1997, Nrn. 21363/93, 21364/93, 21427/93 und 22056/93 (van Mechelen u.a./Niederlande) = StV 1997, 617; EGMR Urt. v. 9.6.1998, Nr. 25829/94 (Teixeira de Castro/Portugal) = NStZ 1999, 47; EGMR (GK) Urt. v. 28.7.1999, Nr. 25803/94 (Selmouni/Frankreich) = NJW 2001, 56; EGMR, Urt. v. 27.2.2001, Nr. 33354/96, (Lucà/Italien) = HRRS 2006, Nr. 62; EGMR Urt. v. 22.3.2001, Nrn. 34044/96, 35532/97 und 44801/98 (Streletz, Keßler und Krenz/Deutschland) = NJW 2001, 3035; EGMR Urt. v. 5.7.2001, Nr. 38321/97 (Erdem/Deutschland) = NJW 2003, 1439; EGMR, Urt. v. 15.12.2005, Nr. 53203/99 (Vanyan/Russland); EGMR (GK) Urt. v. 8.6.2006, Nr. 75529/01 (Sürmeli/Deutschland) = NJW 2006, 2389; EGMR (GK) Urt. v. 11.7.2006, Nr. 54810/00 (Jalloh/Deutschland) = NJW 2006, 3117; EGMR, Urt. v. 26.10.2006, Nr. 59696/00 (Khudobin/Russland); EGMR Urt. v. 30.6.2008, Nr. 22978/05 (Gäfgen/Deutschland) = NStZ 2008, 699; EGMR Urt. v. 17.12.2009, Nr. 19359/04 (M./Deutschland) = NJW 2010, 2495; EGMR Urt. v. 22.12.2009, Nr. 5962/03 (Makarenko/Russland); EGMR Urt. v. 18.3.2010, Nr. 13201/05 (Krumpholz/Österreich) = NJW 2011, 201; EGMR (GK) Urt. v. 1.6.2010, Nr. 22978/05 (Gäfgen/Deutschland) = NJW 2010, 3145; EGMR Urt. v. 2.9.2010, Nr. 46344/06 (Rumpf/Deutschland) = NJW 2010, 3355; EGMR Urt. v. 13.1.2011, Nr. 6587/04 (Haidn/Deutschland) = NJW 2011, 3423; EGMR Urt. v. 13.1.2011, Nr. 17792/07 (Kallweit/Deutschland) = EuGRZ 2011, 255; EGMR Urt. v. 13.1.2011, Nr. 20008/07 (Mautes/Deutschland); EGMR Urt. v. 13. 1. 2011, Nrn. 27360/04 und 42225/07 (Schummer/Deutschland); EGMR Urt. v. 14.4.2011, Nr. 30060/04 (Jendrowiak/Deutschland); EGMR Urt. v. 18.10.2011, Nr. 21218/09 (Prado Bugallo/Spanien) = NJW 2012, 3502; EGMR Urt. v. 24.11.2011, Nr. 4646/08 (O.H./Deutschland); EGMR (GK) Urt. v. 15.12.2011, Nrn. 26766/05 und 22228/06 (Al-Khawaja u. Tahery/Vereinigtes Königreich); EGMR Urt. v. 19.1.2012, Nr. 21906/09 (Kronfeldner/Deutschland) = NJW 2013, 1791; EGMR Urt. v. 19.7.2012, Nr. 26171/07 (Hümmer/Deutschland); EGMR Urt. v. 8.11.2012, Nr. 30804/07 (Neziraj/Deutschland) = NStZ 2013, 350; EGMR Urt. v. 17.12.2013, Nr. 27945/07 (Potcoava/Rumänien); EGMR Urt. v. 19.12.2013, Nr. 26540/08 (Rosin/Estland); EGMR Urt. v. 27.2.2014, Nr. 5699/11 (Lucic/Rumänien); EGMR Urt. v. 17.4.2014, Nr. 9154/10 (Schatschaschwili/Deutschland).

EuGH, Rs. C-26/62 (Van Gend & Loos/Niederländische Finanzverwaltung), Slg 1963, 0003; EuGH, Rs. 6/64 (Costa/ENEL), Slg 1964, 1253; EuGH, Rs. C-57/65 (Lütticke), Slg 1966, 0293; EuGH, Rs. C-106/77 (Simmenthal II), Slg 1978, 0629; EuGH, Rs. 8/74 (Dassonville), Slg 1974, 0837; EuGH, Rs. 120/78 (Cassis de Dijon), Slg 1979, 0649; EuGH, Rs. 175/78 (Saunders), Slg 1979, 1129; EuGH, Rs. 8/81 (Becker/Finanzamt Münster), Slg 1982, 0053; EuGH, Rs. 14/83 (v. Colson und Kamann), Slg 1984, 1891; EuGH, Rs. 79/83 (Harz), Slg 1984, 1921; EuGH, Rs. 178/84 (Kommission/Deutschland), Slg 1987, 1227; EuGH, Rs. 80/86 (Kolpinghuis Nijmegen), Slg 1987, 3969; EuGH, Rs. C-5/88 (Wachauf), Slg 1989, 2609; EuGH, Rs. C-68/88 (Griechischer Mais), Slg 1989, 2965; EuGH, Rs. C-106/89 (Marleasing), Slg 1990, I-4135; EuGH, Rs. C-260/89 (ERT), Slg 1991, I-2925; EuGH, Rs. C-19/92 (Kraus/Land Baden-Württemberg), Slg 1993, I-1663; EuGH, Rs. C-91/92 (Faccini Dori), Slg 1994, I-3325; EuGH, Rs. C-55/94 (Gebhard), Slg 1995, I-4165 = NJW 1996, 579; EuGH, Rs. C-193/94 (Skanavi und Chryssanthakopoulos), Slg 1996, I-0929; EuGH, Rs. C-129/96 (Inter-Environnement Wallonie), Slg 1997, I-7411; EuGH, Rs. C-348/96 (Calfa), Slg 1999, I-0011; EuGH, verb. Rs. C-187/01 und C-385/01 (Gözütok und Brügge), Slg 2003, I-1345 = NJW 2003, 1173; EuGH, Rs. C-469/03 (Miraglia), Slg 2005, I-2009; EuGH, verb. Rs. C-387/02, C-391/02 und C-403/02 (Berlusconi u.a.), Slg 2005, I-3565; EuGH, Rs. C-105/03 (Pupino), Slg 2005, I-5285; EuGH, Rs. C-176/03 (Kommission/Rat), Slg 2005, I-7879; EuGH, Rs. C-436/04 (Van Esbroeck), Slg 2006, I-2333 = NJW 2006, 1782; EuGH, Rs. C-338/04, C-359/04, C-360/04 (Placanica, Palazzese u. Sorricchio), Slg 2007, I-1891; EuGH, Rs. C-288/05 (Kretzinger), Slg 2007, I-6441; EuGH, Rs. C-440/05 (Kommission/Rat), Slg 2007, I-9097; EuGH, Rs. C-297/07 (Bourquain), Slg 2008, I-9425 = NJW 2009, 3149; EuGH, Rs. C-555/07 (Kücükdeveci), Slg 2010, I-0365; EuGH, Rs. C-282/10, (Dominguez); EuGH, Rs. C-261/09 (Mantello), Slg 2010, I-11477 = NJW 2011, 983; EuGH, (GK), Rs. C-617/10 (Fransson); EuGH, Rs. C-42/11 (Lopes da Silva Jorge); EuGH, Rs. C-396/11 (Radu) = NJW 2013, 1145; EuGH Rs. C-399/11 (Melloni) = NJW 2013, 1215; EuGH, Rs. C-418/11 (Texdata); EuGH, Rs. C-128/12 (Sindicato dos Bancários do Norte u.a.); EuGH, verb. Rs. C-293/12 und C-594/12 (Digital Rights Ireland und Seitlinger u.a.); EuGH, Rs. C-297/12 (Filev u. Osmani); EuGH, Rs. C-398/12 (M.); EuGH, Rs. C-390/12 (Pfleger u.a.) ; EuGH, Rs. C-129/14 (Spasic).

BVerfGE 37, 271; BVerfGE 73, 339; BVerfGE 74, 358; BVerfGE 75, 1; BVerfGE 89, 155; BVerfGE 102, 147; BVerfGE 111, 307; BVerfGE 113, 273; BVerfGE 118, 79; BVerfGE 123, 267; BVerfGE 125, 260; BVerfGE 128, 326; BVerfGE 133, 277; BVerfG, NJW 2001, 1267; BVerfG, StV 2006, 703; BVerfG, StraFo 2007, 190; BVerfG, NJW 2012, 1202; BVerwG, NVwZ 2000, 810; BGHSt 17, 121; BGHSt 32, 345; BGHSt 33, 76; BGHSt 34, 334; BGHSt 36, 92; BGHSt 40, 218; BGHSt 45, 321; BGHSt 46, 93; BGHSt 46, 187; BGHSt 47, 326; BGHSt 51, 150; BGHSt 52, 124; BGHSt 55, 70; BGHSt 56, 11; BGHSt 58, 32; BGH NStZ 2010, 381; BGH, BeckRS 2010, 30899; BGH NStZ 2011, 149; BGH NJW 2014, 1025; OLG Schleswig, NStZ-RR 2007, 41; OLG Hamburg, NJW 2010, 1893; OLG Stuttgart, NJW 2012, 1617; OLG München, Beschl. v. 15.5.2013 – OLG Ausl 31 A 442/13 (119/13); OLG München, NStZ 2013, 358; OLG Celle, NStZ 2013, 615; OLG Bremen, StV 2014, 211; LG Stuttgart, NStZ 2003, 36; LG Aachen, StraFo 2010, 190.

Abschnitt 2: Analyse und Darstellung der Einwirkungspraxis des Europarechts auf das deutsche Strafrecht

A. Einführung: Die Rolle des Strafrechts im europäischen Einigungsprozess

1 Das Strafrecht musste sich seinen Platz auf der Agenda des europäischen Einigungsprozesses in einer langewährenden Entwicklung erst erkämpfen. Das Europa der Römischen Verträge war gedacht als „Wirtschaftsprojekt", das den teilnehmenden Staaten eines vom Zweiten Weltkrieg gezeichneten Kontinents den Weg in den Wohlstand erleichtern sollte.[1] Das Strafrecht spielte hierbei zunächst keine Rolle. Die traditionelle Vorstellung, dass es dem Kernbereich nationalstaatlicher Souveränität angehört und daher nicht Gegenstand einer Öffnung der mitgliedstaatlichen Rechtsordnungen für europäische Einflüsse sein könne[2], war so fest im gesamteuropäischen Rechtsempfinden verankert, dass strafrechtsbezogene Aktivitäten der Europäischen Gemeinschaften lange Zeit kein Thema waren. Ein weiterer Grund für das Ausklammern des Strafrechts aus dem Engagement der Europäischen Union ist in der anfangs schwachen Rolle des Europäischen Parlaments zu sehen, die eine hinreichende demokratische Legitimation etwaiger strafrechtsbezogener Unionsakte ausschloss.[3]

2 In den **Gründungsverträgen** finden sich deshalb strafrechtsbezogene Vorschriften nur an zwei Stellen: Zum einen verpflichtet Art. 194 Abs. 1 Unterabs. 2 EAGV[4] die Mitgliedstaaten, Verletzungen von Geheimhaltungspflichten der Mitglieder und Bediensteten der Atomgemeinschaft vor den nationalen Gerichten in derselben Weise strafrechtlich zu verfolgen wie Verstöße gegen nationale Geheimhaltungsvorschriften. Zum anderen verlangt Art. 30 der Satzung des EUGH von der mitgliedstaatlichen Strafjustiz, eidliche Falschaussagen vor dem EuGH nach entsprechender Anzeige durch den EuGH in derselben Weise zu verfolgen wie Eidesverletzungen vor nationalen Gerichten.[5]

---

1 *Satzger*, in: Sieber (Hrsg.), EuStR, § 1 Rn 1; *Sieber*, in: ders. (Hrsg.), EuStR, Einführung, Rn 140 ff; vgl auch Art. 2 EWG-Vertrag.

2 Vgl zu dieser Sicht zB *Safferling*, German Law Journal 10 (2009), 1383, 1387; *Satzger*, IntEuStR, § 9 Rn 7 mwN; *Schünemann*, ZIS 2009, 393, 395; *Weigend*, ZStW 105 (1993), 774, 789 f. Siehe auch BVerfGE 123, 267, 408 ff.

3 Vgl hierzu *Satzger*, Europäisierung, S. 121 ff, 127, 143; *Sieber*, in: ders. (Hrsg.), EuStR, Einführung, Rn 144; *ders.*, ZStW 121 (2009), 1, 60 ff; *ders.*, ZStW 103 (1991), 957, 969 ff.

4 Vertrag zur Gründung der Europäischen Atomgemeinschaft (Euratom) v. 25.3.1957 (BGBl. II 1957, S. 1014, ber. S. 1678, ber. BGBl. II 1999, S. 1024) idF v. 13.12.2007 (ABl. C 306 v. 17.12.2007, S. 199, ber. ABl. C 290 v. 30.11.2009, S. 1, in Kraft getreten am 1.12.2009, BGBl. II 2009, S. 1223).

5 Protokoll über die Satzung des Gerichtshofs der Europäischen Union v. 26.2.2001 (ABl. C 80 v. 10.3.2001, S. 53), vgl hierzu *Sieber*, in: ders. (Hrsg.), EuStR, Einführung Rn 143.

Beide Vorschriften enthalten kein genuines Unionsstrafrecht, sondern drücken lediglich die Verpflichtung der Mitgliedstaaten aus, die beschriebenen Verhaltensweisen zum Nachteil der Unionsinteressen im nationalen Recht zu kriminalisieren (näher hierzu sogleich, Rn 25).

Das Strafrecht war traditionell Gegenstand der völkerrechtlichen Kooperation der Mitgliedstaaten 3
des **Europarats**. Dort wurden völkerrechtliche Übereinkommen zur internationalen Rechtshilfe in Strafsachen[6] und zur gemeinschaftlichen Bekämpfung grenzüberschreitender Kriminalität[7] geschaffen. Prägend für die Bedeutung des Europarats war die Schaffung der EMRK, die als Keimzelle eines europaweit anerkannten Standards notwendiger Garantien von Individualrechten auch im Strafverfahren angesehen werden kann (näher unten Rn 98 ff).

Eingang in das Primärrecht der Europäischen Gemeinschaften fand das Strafrecht erstmals im Jahr 4
1992 mit dem **Vertrag von Maastricht**. Er schuf die Europäische Union der so genannten Tempelarchitektur[8]. Unter dem Dach der Europäischen Union bildete die Erste, „vergemeinschaftete" Säule des Tempels die supranationale Organisation der Europäischen Gemeinschaft mit eigener Rechtspersönlichkeit. Wie die Zweite Säule der Gemeinsamen Außen- und Sicherheitspolitik so war auch die Dritte Säule der Zusammenarbeit in den Bereichen Justiz und Inneres unter Einschluss strafrechtlicher Angelegenheiten im Kern völkerrechtlichen Charakters. Akteure der strafrechtlichen Zusammenarbeit waren allein die Mitgliedstaaten – die Arbeit der Dritten Säule hatte intergouvernementalen, nicht supranationalen Charakter.[9] Deswegen beschränkte sich die strafrechtsbezogene Tätigkeit auf den Ausweis bestimmter gemeinsamer Interessen im Rahmen der Kriminalitätsbekämpfung, hinsichtlich derer auf Unionsebene gemeinsame Standpunkte[10] geäußert und Maßnahmen[11] getroffen werden konnten. Diese Handlungsformen beinhalteten aber keinerlei rechtsverbindliche Anweisungen an die Mitgliedstaaten. Als weiteres Instrument stand das Übereinkommen[12] als völkerrechtlicher Vertrag zur Verfügung – mit allen Nachteilen der Schwerfälligkeit, die die Handlungsoption eines völkerrechtlichen Vertrags mit notwendiger Ratifikation in allen Mitgliedstaaten mit sich bringt.

Mit Inkrafttreten des **Vertrags von Amsterdam**[13] im Jahr 1999 wurde die Rechtsgrundlage des 5
strafrechtsbezogenen Handelns der Europäischen Union im Rahmen der Dritten Säule konsolidiert. Die Europäische Union sollte zu einem einheitlichen „Raum der Freiheit, der Sicherheit und des Rechts"[14] werden. Hierzu wurde auch die strafrechtliche Kooperation im Rahmen der Schengener Abkommen[15] in das Rechtssystem der EU integriert und damit auf das gesamte Unionsgebiet aus-

---

6 Europäisches Auslieferungsübereinkommen v. 13.12.1957 (ETS No. 024); Übereinkommen über Rechtshilfe in Strafsachen v. 20.4.1959 (ETS No. 030).

7 Exemplarisch seien das Europäische Übereinkommen zur Bekämpfung des Terrorismus v. 27.1.1977 (ETS No. 090) und das Europäische Übereinkommen über Geldwäsche sowie Ermittlung, Beschlagnahme und Einziehung von Erträgen aus Straftaten v. 8.11.1990 (ETS No. 141) genannt.

8 Vgl *Böse*, in: ders. (Hrsg.), EE, § 1 Rn 9; *Hecker*, EuStR, § 4 Rn 79, § 5 Rn 54; *ders.*, in: Sieber (Hrsg.), EuStR, § 10 Rn 3; *Mitsilegas*, EU Criminal Law, S. 56 f; *Nelles*, ZStW 109 (1997), 727; *Sieber*, in: ders. (Hrsg.), EuStR, Einführung, Rn 146 ff.

9 *Esser*, EuIntStR, § 1 Rn 13 f; *Hecker*, in: Sieber (Hrsg.), EuStR, § 10 Rn 3; *Klip*, European Criminal Law, S. 18; *Satzger*, IntEuStR, § 8 Rn 22; *ders.*, in: Sieber (Hrsg.), EuStR, § 1 Rn 2; *Sieber*, in: ders. (Hrsg.), EuStR, Einführung, Rn 146 f. Zu den Nachteilen dieser Zusammenarbeit vgl *Böse*, in: ders. (Hrsg.), EE, § 1 Rn 9; *Vervaele*, in: FS Tiedemann, S. 1353, 1366.

10 Art. K 3 Abs. 2 lit. a) EUV idF des Vertrags von Maastricht.

11 Art. K 3 Abs. 2 lit. b) EUV idF des Vertrags von Maastricht.

12 Art. K 3 Abs. 2 lit. c) EUV idF des Vertrags von Maastricht. Wichtigstes Beispiel: Pif-Übereinkommen v. 26.7.1995, ABl. C 316 v. 27.11.1995, S. 49.

13 Vertrag von Amsterdam zur Änderung des Vertrages über die Europäische Union, der Verträge zur Gründung der Europäischen Gemeinschaften sowie einiger damit zusammenhängender Rechtsakte, ABl. C 340 v. 10.11.1997, S. 1.

14 Art. 29 EUV idF des Vertrags von Amsterdam.

15 Schengener Übereinkommen betreffend den schrittweisen Abbau der Kontrollen an den gemeinsamen Grenzen (Schengen I) v. 14.6.1985, GMBl. 1986, S. 79; Schengener Durchführungs-Übereinkommen (Schengen II) v. 19.6.1990, ABl. L 239 v. 22.9.2000, S. 19.

geweitet.[16] Außerdem wurde im Rahmen der Dritten Säule das Rechtsinstrument des Rahmenbeschlusses[17] geschaffen. Rahmenbeschlüsse waren in ihren Rechtswirkungen insoweit der Richtlinie der Ersten Säule (vgl hierzu näher *König*, in diesem Band, § 2 Rn 44 f) angeglichen, als sie den Mitgliedstaaten bestimmte Kriminalisierungsvorgaben machten, es den mitgliedstaatlichen Gesetzgebern aber überließen, auf welche Weise diese Vorgaben auf nationaler Ebene erfüllt werden. Obgleich seit Inkrafttreten des Maastrichter Vertrags zahlreiche Rahmenbeschlüsse erlassen worden sind,[18] handelte es sich bei diesem speziell für die strafrechtliche Zusammenarbeit geschaffenen Rechtsinstrument um ein vergleichsweise schwerfälliges: Aufgrund der intergouvernementalen Struktur der Dritten Säule war der Erlass von Rechtsakten in dieser Säule jeweils an das hier herrschende Einstimmigkeitsprinzip gebunden mit der Folge, dass jeder einzelne Mitgliedstaat es in der Hand hatte, strafrechtsbezogene Rechtsakte zu verhindern.

Die Besonderheiten strafrechtsbezogener Regelungen – die nach Auffassung der Mitgliedstaaten ausschließlich im Rahmen der intergouvernementalen Dritten Säule und damit unter der Ägide der Mitgliedstaaten erlassen werden durften – führten zu einer Aufspaltung europäischer Rechtsakte: Während die Verfolgung der Unionspolitiken im Rahmen der vergemeinschafteten Ersten Säule durch den Erlass supranationaler Vorgaben erfolgte, mussten flankierende strafrechtsbezogene Regelungen im Rahmen der Dritten Säule im Wege des Rahmenbeschlusses erlassen werden. Dieser sog. **Doppeltextansatz**[19] wurde schließlich aufgegeben, als der EuGH in einem heftig kritisierten Urteil zum Umweltstrafrecht[20] eine von der Kommission reklamierte strafrechtsbezogene Annexkompetenz der Ersten Säule für strafrechtliche Regelungen im Zusammenhang mit dem Richtlinienerlass bei der Verfolgung von Unionspolitiken absegnete (näher hierzu sogleich Rn 46). Die darauf folgende leidenschaftliche Debatte der Frage, ob der EuGH durch dieses Urteil zu Unrecht dem Primärrecht widersprechende strafrechtsbezogene Kompetenzen der Ersten Säule kreiert hat,[21] hat sich nach heutiger Rechtslage erledigt: Der Vertrag von Lissabon enthält in Art. 83 Abs. 2 AEUV ausdrücklich eine solche Annexkompetenz der Union.

6 Der im Jahr 2001 erfolgte **Vertragsschluss von Nizza**[22] brachte für die justizielle Zusammenarbeit im Strafrecht keine nennenswerten Veränderungen. In Nizza wurden die rechtlichen Grundlagen für eine Erweiterungsfähigkeit der Union geschaffen und am 7.12.2000 die EU-Charta der Grundrechte unterzeichnet. Die Charta wurde allerdings nicht in das Vertragswerk übernommen, sondern am 12.12.2007 in leicht modifizierter Form in Straßburg erneut proklamiert,[23] bevor sie mit dem Inkrafttreten des Vertrags von Lissabon den Rang von Primärrecht erhielt.[24]

---

16 Art. 2 des Protokolls zur Einbeziehung des Schengen-Besitzstands in die Europäische Union, ABl. C 340 v. 10.11.1997, S. 94.

17 Art. 34 Abs. 2 lit. b) EUV idF des Vertrags von Amsterdam.

18 Exemplarisch seien genannt: Rahmenbeschluss 2002/475/JI des Rates v. 13.6.2002 zur Terrorismusbekämpfung, ABl. L 164 v. 22.6.2002, S. 3, aktuell idF des Rahmenbeschlusses 2008/919/JI des Rates v. 28.11.2008 zur Änderung des Rahmenbeschlusses 2002/475/JI zur Terrorismusbekämpfung, ABl. L 330 v. 9.12.2008, S. 21; Rahmenbeschluss 2002/584/JI des Rates v. 13.6.2002 über den Europäischen Haftbefehl und die Übergabeverfahren zwischen den Mitgliedstaaten, ABl. L 190 v. 18.7.2002, S. 1; Rahmenbeschluss 2004/757/JI des Rates v. 25.10.2004 zur Festlegung von Mindestvorschriften über die Tatbestandsmerkmale strafbarer Handlungen und die Strafen im Bereich des illegalen Drogenhandels, ABl. L 335 v. 11.11.2004, S. 8; Rahmenbeschluss 2008/841/JI des Rates v. 24.10.2008 zur Bekämpfung der organisierten Kriminalität, ABl. L 300 v. 11.11.2008, S. 42.

19 *Böse*, in: ders. (Hrsg.), EE, § 1 Rn 10; *Vervaele*, in: FS Tiedemann, S. 1353, 1364: „cohabitation forcée".

20 EuGH, Rs. C-176/03 (Kommission/Rat), Slg 2005, I-7879.

21 Zustimmend zum EuGH-Urteil *Böse*, GA 2006, 211, 212 f; *Eisele*, JZ 2008, 251, 252; *Fromm*, ZIS 2007, 26, 28; *Vervaele*, in: FS Tiedemann, S. 1353, 1381 ff; ablehnend *Satzger*, KritV 2008, 17, 24; zusammenfassend *Meyer*, Strafrechtsgenese, S. 374 ff.

22 Vertrag von Nizza zur Änderung des Vertrags über die Europäische Union, der Verträge zur Gründung der Europäischen Gemeinschaften sowie einiger damit zusammenhängender Rechtsakte v. 26.2.2001, ABl. C 80 v. 10.3.2001, S. 1, ber. ABl. C 96 v. 27.3.2001, S. 27, in Kraft getreten am 1.2.2003 (Bek. v. 20.8.2003, BGBl. II, S. 1477).

23 *ABl. C 303 v. 14.12.2007, S. 1, 17.*

24 Vgl Art. 6 Abs. 1 EUV; siehe zudem Protokoll Nr. 30 über die Anwendung der Charta der Grundrechte der Europäischen Union auf Polen und das Vereinigte Königreich, ABl. C 115 v. 9.5.2008, S. 313.

Das nach dem vorausgegangenen Scheitern des Verfassungsvertrags[25] am 1.12.2009 in Kraft getretene **Vertragswerk von Lissabon** führte zu einem kompletten Umbau der europäischen Organisationsstruktur: Rechtsnachfolgerin der Europäischen Gemeinschaft – der vormaligen Ersten Säule der Europäischen Union – ist die Europäische Union als supranationale Organisation mit eigener Rechtspersönlichkeit, Art. 1 Abs. 3 S. 3, 47 EUV. 7

B. Der Status quo: Die Rolle des Strafrechts im Vertragswerk von Lissabon

Für das Strafrecht markiert das Inkrafttreten des Vertrags von Lissabon den Start in eine neue Zeitrechnung: Die Bekämpfung und Verhütung von Kriminalität findet sich in Art. 3 Abs. 2 EUV als spezifischer Unionszweck. Dadurch wird die Union selbst zum Akteur strafrechtsbezogener Aktivitäten.[26] Das Strafrecht ist nicht mehr Gegenstand einer intergouvernemental geprägten Kooperation der Mitgliedstaaten, sondern es verkörpert eine supranational verhandelte Unionsangelegenheit. Das äußert sich auch dadurch, dass der AEUV eine Vielzahl strafrechtsbezogener Kompetenzen der Union erstmals ausdrücklich normiert (vgl hierzu näher sogleich Rn 10 ff). Bemerkenswert ist, dass die Rechtssetzung auch im Bereich des Strafrechts unter Geltung des Vertragswerks von Lissabon im Rahmen des ordentlichen Gesetzgebungsverfahrens erfolgt, Art. 82 Abs. 1, 83 Abs. 1 AEUV.[27] Durch die insoweit gestärkte Rolle des Parlaments bei der Schaffung strafrechtsbezogener Rechtsakte lässt sich die Ausdehnung strafrechtsbezogener Kompetenzen im Vertragswerk von Lissabon erklären.[28] Auch wenn derzeit noch kein echtes „europäisches Strafrecht" im Sinne einer supranationalen Strafrechtsordnung mit eigenem Strafgesetz existiert, so sind doch entsprechende Keimzellen in der Kompetenzordnung des Vertragswerks von Lissabon enthalten (hierzu näher unten Rn 24 ff, 29). 8

I. Strafrechtsbezogene Kompetenzen der Europäischen Union

Nach Art. 4 Abs. 2 lit. j) AEUV obliegt die Gewährleistung des Raums der Freiheit, der Sicherheit und des Rechts der Union und ihren Mitgliedstaaten in geteilter Zuständigkeit. Das hat zur Folge, dass die Mitgliedstaaten ihre Zuständigkeit (nur) dann wahrnehmen, sofern nicht die Union dies getan hat, vgl Art. 2 Abs. 2 AEUV. Daneben ist aber zu berücksichtigen, dass einerseits die nationale Sicherheit in die alleinige Zuständigkeit der Mitgliedstaaten fällt, Art. 4 Abs. 2 S. 3 EUV,[29] und dass andererseits das Tätigwerden der Union unter einem generellen Subsidiaritäts- und Verhältnismäßigkeitsvorbehalt steht, Art. 5 EUV (näher hierzu unten Rn 23). Unter Berücksichtigung dieser Prämissen räumt das Vertragswerk von Lissabon dem Unionsgesetzgeber die folgenden strafrechtsbezogenen Kompetenzen ein: 9

25 CONV 850/03 v. 18.7.2003.

26 *Meyer*, EuR 2011, 169, 173; *Terhechte*, in: Grabitz/Hilf/Nettesheim, Art. 3 EUV Rn 37; *Weigend*, in: FS Zoll, S. 205, 206; *Weißer*, GA 2014, 433; vgl auch *Hecker*, in: Sieber (Hrsg.) EuStR, § 10 Rn 28.

27 Ein Relikt des besonderen mitgliedstaatlichen Einflusses auf den Bereich des Strafrechts findet sich aber in Art. 76 lit. b) AEUV, der einem Viertel der Mitgliedstaaten ein Initiativrecht für Rechtsakte bezüglich der Errichtung des Raums der Freiheit, der Sicherheit und des Rechts gewährt.

28 Ob diese Ausdehnung strafrechtsbezogener Kompetenzen durch die gestärkte Einflussnahme des Parlaments auf den Erlass von Rechtsakten auch demokratisch hinreichend legitimiert ist, wird durchaus angezweifelt, vgl BVerfGE 123, 267, 410, das den Souveränitätsverzicht nur wegen der demokratischen Rückbindung auf nationaler Ebene für legitimierbar erachtete. Bei dieser Einschätzung allerdings beschränkte das BVerfG seine Beurteilung auf den Erlass von Richtlinien nach Art. 82, 83 AEUV und damit auf Rechtsakte, die nur mittelbar auf das nationale Recht einwirken. Die in Art. 325 Abs. 4 AEUV darüber hinaus enthaltene Kompetenzgrundlage der Union für den Erlass strafrechtsbezogener Verordnungen (näher hierzu unten Rn 18) – und damit unmittelbar in den Mitgliedstaaten wirksamer Strafgesetze – hat das BVerfG keiner gesonderten Würdigung unterzogen.

29 Nach *Hatje*, in: Schwarze (Hrsg.), EU-Kommentar, Art. 4 EUV Rn 15, ist dieser Vorbehalt angesichts der Unionszuständigkeit im Hinblick auf den Raum der Freiheit, der Sicherheit und des Rechts auf existentielle Sicherheitsbelange der Mitgliedstaaten zu begrenzen; zum Hintergrund der Vorschrift *Puttler*, in: Calliess/Ruffert, Art. 4 EUV Rn 21.

1. Strafverfahrensrecht

10 Art. 82 Abs. 1 AEUV gewährt der Union die Kompetenz zum Erlass von Maßnahmen im ordentlichen Gesetzgebungsverfahren, die die Realisierung des Prinzips gegenseitiger Anerkennung justizieller Entscheidungen in der Union (vgl hierzu näher Rn 75 f), Art. 82 Abs. 1 AEUV, erleichtern sollen. Diese Unionskompetenz erstreckt sich nach Art. 82 Abs. 1 lit. a) AEUV zunächst auf Regeln und Verfahren zur rechtlichen Anerkennung justizieller Entscheidungen in der Union. Ferner sind Maßnahmen zur Schaffung rechtlicher Regelungen zur Vermeidung und Beilegung von Kompetenzkonflikten zwischen den Mitgliedstaaten möglich, Art. 82 Abs. 1 lit. b) AEUV, außerdem Regelungen zur Förderung der Weiterbildung von Richtern, Staatsanwälten und Justizbediensteten, Art. 82 Abs. 1 lit. c) AEUV, sowie schließlich Maßnahmen zur Erleichterung der Zusammenarbeit zwischen den mitgliedstaatlichen Justizbehörden bei der kooperativen Strafverfolgung und -vollstreckung innerhalb der Union, Art. 82 Abs. 1 lit. d) AEUV.

11 Art. 82 Abs. 2 AEUV benennt einzelne Bereiche des Strafverfahrensrechts, hinsichtlich derer die Union **harmonisierende Richtlinien** zur Angleichung der mitgliedstaatlichen Verfahrensordnungen erlassen kann, falls dies der besseren Umsetzung der justiziellen Zusammenarbeit auf der Basis gegenseitiger Anerkennung dient. Sollte zur Erleichterung der justiziellen Zusammenarbeit in Strafsachen die Harmonisierung der mitgliedstaatlichen Strafverfahrensordnungen notwendig (und unter dem Vorbehalt der Subsidiarität und Verhältnismäßigkeit begründbar) sein, so kommt ein solcher Richtlinienerlass in den ausdrücklich benannten Bereichen der Verwertung von Beweisen innerhalb der Mitgliedstaaten, Art. 82 Abs. 2 lit. a) AEUV, und der Gewährleistung von Rechten des Einzelnen und von Opfern im Strafverfahren, Art. 82 Abs. 2 lit. b), c) AEUV, in Betracht. Darüber hinaus ist nach Art. 82 Abs. 2 lit. d) AEUV eine Ausdehnung der Kompetenz auf weitere Aspekte des Strafverfahrens durch einstimmigen Ratsbeschluss nach vorheriger Zustimmung des Parlaments möglich. Die Frage, welche Bereiche des Strafverfahrens hierfür in Betracht kommen, wird im Schrifttum unterschiedlich beurteilt.[30] Klar dürfte aber sein, dass für eine Kompetenzerweiterung der Union durch diese Auffangnorm nur ein schmaler Anwendungsbereich offenstehen kann: Zum einen, weil die durch Art. 82 Abs. 1 lit. a)-d) AEUV eingeräumte Kompetenz bereits sehr weitreichend ist, und zum anderen, weil die Eröffnung zusätzlicher Regelungsbereiche die Hürde einer einstimmigen Zustimmung des Rats sowie der Zustimmung des Europäischen Parlaments nehmen muss.

12 Ein Nachklang der mitgliedstaatlichen Souveränitätsvorbehalte findet sich in der durch Art. 82 Abs. 3 AEUV den mitgliedstaatlichen Rechtsordnungen eingeräumten Möglichkeit einer „Notbremsung“ in Fällen, in denen ein Mitglied des Rates der Meinung ist, eine geplante Richtlinie sei mit grundlegenden Aspekten der eigenen mitgliedstaatlichen Strafrechtsordnung nicht zu vereinbaren.[31] Das Betätigen des **Notbremsemechanismus** führt zunächst zu einer Befassung des Europäischen Rats. Für den Fall, dass die Herstellung eines Einvernehmens dort misslingt, können die den Rechtsakt befürwortenden Mitgliedstaaten diesem im Wege der Verstärkten Zusammenarbeit zur Durchsetzung verhelfen. Der ablehnende Mitgliedstaat kann durch seine Notbremsung im Ergebnis also nicht mehr bewirken als ein prophylaktisches „opt out“ bereits vor Inkrafttreten des Rechtsakts. Die Mitgliedstaaten haben insoweit zwar durchaus die Gewähr, dass sie jedenfalls rechtlich nicht gezwungen werden können, einen Rechtsakt zu akzeptieren, der in Widerspruch zu grundlegenden Wertungen des nationalen Regelungsgefüges steht. Auf einem anderen Blatt steht allerdings die (politische) Frage, inwieweit und im Hinblick auf welche Art von Rechtsakten es sich die Mitgliedstaaten auf Dauer leisten können, sich aus einem Fortschreiten der europäischen Integration

---

30 Vgl einerseits *Vogel*, in: Grabitz/Hilf/Nettesheim, Art. 82 AEUV Rn 97; andererseits *Böse*, in: ders. (Hrsg.), EE, § 4 Rn 45.

31 Vgl hierzu *Böse*, in: Schwarze (Hrsg.), EU-Kommentar, Art. 82 AEUV Rn 39 f, Art. 83 Rn 24; *Maiwald*, in: FS Frisch, S. 1375, 1378 ff; *Satzger*, in: Streinz (Hrsg.), EUV/AEUV, Art. 82 AEUV Rn 66 ff; *Vogel*, in: Grabitz/Hilf/Nettesheim, Art. 82 AEUV Rn 101. Im deutschen Recht regelt § 9 des Integrationsverantwortungsgesetzes, dass das deutsche Mitglied des Rats insoweit auf der Basis einer durch Bundestagsbeschluss erfolgenden Anweisung handelt.

selbst auszuklammern. Denkbar sind durchaus Entwicklungen wie sie etwa im Zusammenhang mit den zunächst unter wenigen kooperationsbereiten Mitgliedstaaten geschlossenen Schengener Abkommen zu beobachten waren, deren Rechtswirkungen sich mittlerweile auf fast alle Mitgliedstaaten der Europäischen Union erstreckt haben.[32]

Die weitere verfahrensbezogene Kompetenz der Union zur Errichtung einer **Europäischen Staatsanwaltschaft** zur Verfolgung von Straftaten gegen die Finanzinteressen der Europäischen Union nach Art. 86 AEUV hat bereits zur Vorlage eines entsprechenden Verordnungsvorschlags[33] geführt (vgl hierzu näher Rn 70 ff). 13

2. Materielles Strafrecht

a) Art. 83 Abs. 1 AEUV

Art. 83 Abs. 1 AEUV gewährt der Union eine Kompetenz zum Richtlinienerlass im Hinblick auf bestimmte Formen **besonders schwerer grenzüberschreitender Kriminalität**. Die Voraussetzungen der besonderen Schwere ebenso wie der grenzüberschreitenden Verwirklichung der gegenständlichen Delikte müssen kumulativ vorliegen.[34] Ob das der Fall ist, entscheidet sich anhand einer generellen Betrachtung der erfassten Deliktsbereiche. Einen Anhaltspunkt für die besondere Schwere von Straftaten liefern die Schlussfolgerungen des Rates über einen Ansatz zur Angleichung der Strafen.[35] Dort werden insgesamt vier Strafniveaus unterschieden. Das für besonders schwere Straftaten wohl mindestens zu erreichende Strafniveau 4 weist Höchststrafen von mindestens zehn Jahren Freiheitsstrafe aus für „Fälle, in denen sehr schwere Strafen erforderlich sind".[36] 14

Art. 83 Abs. 1 AEUV benennt zahlreiche Felder besonders schwerer Kriminalität: Terrorismus, Menschen-, Waffen- und Drogenhandel, sexuelle Ausbeutung von Frauen und Kindern, Geldwäsche, Korruption, Fälschung von Zahlungsmitteln, Computerkriminalität und organisierte Kriminalität. Diese weit ausgreifende und inhaltlich nicht trennscharfe[37] Aufzählung ist allerdings nicht abschließend. Nach Art. 83 Abs. 1 Unterabs. 1 AEUV kann durch einstimmigen Ratsbeschluss mit Zustimmung des Parlaments eine Erweiterung auf zusätzliche Kriminalitätsbereiche erfolgen. Diese Zuständigkeitserweiterung ist nicht an klare inhaltliche Voraussetzungen geknüpft, sondern orientiert sich schlicht an der „Entwicklung der Kriminalität", Art. 83 Abs. 1 Unterabs. 1 S. 1 AEUV.

Im Schrifttum wird teilweise in Erwägung gezogen, der Unionskompetenz zur Festsetzung von Mindestvorschriften hinsichtlich der Kriminalisierung bestimmter Verhaltensweisen zugleich im Umkehrschluss eine strafrechtsbegrenzende und damit freiheitsschützende Konnotation beizumessen. Dann wären Mindestvorgaben auf der Grundlage von Art. 83 Abs. 1 AEUV zugleich als Obergrenzen einer legitimen Kriminalisierung der angesprochenen besonders schweren Straftaten im 15

32 Abgesehen vom Vereinigten Königreich und Irland, die nur teilweise Schengen-Recht anwenden, vgl Protokoll Nr. 19 Art. 4 zum Vertrag von Lissabon über den in den Rahmen der Europäischen Union einbezogenen Schengen-Besitzstand, ABl. C 83 v. 30.3.2010, S. 291 iVm den Protokollen Nr. 20, S. 293 f und 21, S. 295 ff; Beschluss 2000/365/EG des Rates v. 29.5.2000 zum Antrag des Vereinigten Königreichs Großbritannien und Nordirland, einzelne Bestimmungen des Schengen-Besitzstands auf sie anzuwenden, ABl. L 131 v 1.6.2000, S. 43; Beschluss 2002/192/EG des Rates v. 28.2.2002 zum Antrag Irlands auf Anwendung einzelner Bestimmungen des Schengen-Besitzstands auf Irland, ABl. L 64 v. 7.3.2002, S. 20. Für Dänemark gelten Besonderheiten, vgl Protokoll Nr. 19, Art. 3 zum Vertrag von Lissabon über den in den Rahmen der Europäischen Union einbezogenen Schengen-Besitzstand, ABl. C 83 v. 30.3.2010, S. 291 i.V.m. Protokoll Nr. 22, S. 299 ff. Bulgarien, Rumänien sowie Zypern sind aufgrund von Umsetzungsschwierigkeiten noch nicht vollständig am Acquis beteiligt, vgl *Röben*, in: Grabitz/Hilf/Nettesheim, Art. 67 AEUV Rn 151; Kroatien strebt die Partizipation in Zukunft an, vgl *Esser*, EuIntStR, § 4 Rn 17.

33 KOM (2013) 534 endg. v. 17.7.2013.

34 *Böse*, in: ders. (Hrsg.), EE, § 4 Rn 8; *Satzger*, in: Streinz (Hrsg.), EUV/AEUV, Art. 83 AEUV Rn 9.

35 Ratsdokument 9141/02 v. 27.5.2002.

36 Ratsdokument 9141/02 v. 27.5.2002, S. 4.

37 Kritik an der Unbestimmtheit der Vorgaben (zB *Ambos/Rackow*, ZIS 2009, 397, 402; *Braum*, ZIS 2009, 418, 421; *Satzger*, in: Streinz (Hrsg.), EUV/AEUV, Art. 83 AEUV Rn 11) ist aber insoweit nicht treffend, als Kompetenzvorschriften zum Erlass strafrechtsbezogener Rechtsakte nicht an denselben Bestimmtheitsanforderungen zu messen sind wie Straftatbestände, die verbotenes Verhalten im Einzelnen normieren; richtig *Böse*, in: ders. (Hrsg.), EE, § 4 Rn 11.

mitgliedstaatlichen Strafrecht anzusehen.[38] Das allerdings würde der Systematik der europäischen Legislativzuständigkeiten zuwiderlaufen. Das Primärrecht ist klar an der Wertung orientiert, dass der Unionsgesetzgeber sich auf Vorgaben zu besonders schweren Formen grenzüberschreitender Kriminalität zu beschränken hat – eine Limitierung von Regelungskompetenzen richtet sich damit allein an den Unionsgesetzgeber. Diese Sicht wird nicht nur durch den Wortlaut des Art. 83 Abs. 1 AEUV, sondern auch durch die Grundsätze der begrenzten Einzelermächtigung, der Subsidiarität, sowie der Verhältnismäßigkeit (hierzu näher sogleich Rn 23) gestützt. Die Harmonisierung der Strafrechtsordnungen qua Richtlinienerlass soll allein sicherstellen, dass ein Grundbestand von Strafnormen im Hinblick auf bestimmte Verhaltensweisen *mindestens* in den Mitgliedstaaten gewährleistet ist. Darüber hinaus entspricht es aber der Maßgabe größtmöglicher Achtung der mitgliedstaatlichen Strafrechtsordnungen, wenn Unionsvorgaben sich nicht in die grundsätzliche Frage „einmischen", wie weit der Einsatz der Kriminalstrafe als ultima ratio im mitgliedstaatlichen Recht im Einzelfall gehen darf. Es ist traditionell nicht Aufgabe der Union, den Einsatz des Strafrechts durch die Formulierung von Obergrenzen für eine mitgliedstaatliche Sanktionierung in bestimmten Kriminalitätsbereichen zu verbieten.[39] Davon zu trennen ist allerdings die Frage, inwieweit die Bestrafung bestimmter Verhaltensweisen Freiheitsgewährleistungen des Unionsrechts zuwiderläuft.[40] Darüber zu wachen, dass im Raum der Freiheit, der Sicherheit und des Rechts durch mitgliedstaatliche Strafvorschriften die Ausübung der europäischen Grundfreiheiten nicht europarechtswidrig beschnitten wird, ist durchaus Aufgabe der europäischen Ebene (vgl hierzu Rn 30).

b) Art. 83 Abs. 2 AEUV

16 Abgesehen davon enthält Art. 83 Abs. 2 AEUV eine **Annexkompetenz** der Union, die prinzipiell strafrechtsbezogene Unionsvorgaben in jedem Politikbereich erlaubt, in dem Harmonisierungsmaßnahmen erfolgt sind. Voraussetzung für die Zulässigkeit von Unionsrechtsakten in diesen Politikbereichen ist es, dass Mindestvorschriften zu Straftaten und Strafen in dem betreffenden Politikbereich unerlässlich sind, um eine wirksame Durchführung der Unionspolitik sicherzustellen. Die in Art. 83 Abs. 2 AEUV eröffnete Kompetenz setzt eine vor Inkrafttreten des Lissabonner Vertragswerks bereits vom EuGH[41] unter dem heftigen Protest einiger Mitgliedstaaten[42] reklamierte strafrechtliche Annexkompetenz ausdrücklich in die unbestreitbare Realität des Primärrechts um – wodurch sich das Tauziehen zwischen Union und Mitgliedstaaten hinsichtlich dieser Kompetenz (vgl hierzu bereits Rn 5 und auch Rn 46) zwar faktisch erledigt hat. Die mitgliedstaatliche Skepsis gegenüber einer Ausdehnung strafrechtsbezogener Unionskompetenzen setzt sich allerdings fort in deutlicher Kritik an dieser Vorschrift innerhalb der Literatur.[43] Die Annexkompetenz kann durchaus ein Einfallstor für strafrechtsbezogene Unionsrechtsakte in zahlreichen Rechtsbereichen bilden. In Betracht kommen etwa strafrechtliche Regelungen im Lebensmittel- und Arzneimittelrecht oder im Umweltrecht und anderes mehr.[44] Der naheliegenden Befürchtung, dass hier eine letztlich kaum begrenzbare Strafrechtskompetenz für den Unionsgesetzgeber zur Verfügung gestellt wird, kann nur begegnet werden, wenn die von der Union in neueren Rechtsakten immer wieder betonte Ach-

38 Vorsichtig in Erwägung gezogen von *Böse*, in: ders. (Hrsg.), EE, § 4 Rn 13; *Klip*, European Criminal Law, S. 167 (für ein spezifisches Beispiel, bei dem die Begrenzung der Kriminalisierung dem Ziel der Chancengleichheit für Wettbewerber geschuldet war).

39 Vgl hierzu auch BVerfGE 123, 267, 408 f.

40 Vgl hierzu *Satzger*, IntEuStR, § 9 Rn 11 ff.

41 EuGH, Rs. C-176/03 (Kommission/Rat), Slg 2005, I-7879, Rn 48 ff; Rs. C-440/05 (Kommission/Rat), Slg 2007, I-9097, Rn 66 ff.

42 Im Einzelnen Dänemark, Deutschland, Griechenland, Spanien, Frankreich, Irland, Portugal, Finnland, Schweden sowie das Vereinigte Königreich und Nordirland, siehe EuGH, Rs. C-176/03 (Kommission/Rat), Slg 2005, I-7879, Rn 26 ff; eingeschränkt Niederlande, siehe EuGH, Rs. C-176/03 (Kommission/Rat), Slg 2005, I-7879, Rn 36.

43 *Ambos/Rackow*, ZIS 2009, 397, 403; *Weigend*, in: FS Zoll, S. 205, 209; *Zimmermann*, Jura 2009, 844, 847; *Zöller*, in: FS Schenke, S. 579, 592. Auch das BVerfG äußert im Lissabon-Urteil deutliche Kritik, vgl BVerfGE 123, 267, 411.

44 Hierzu näher *Asp*, S. 132 ff; *Böse*, in: ders. (Hrsg.), EE, § 4 Rn 12.

tung des Subsidiaritätsprinzips[45] kein Lippenbekenntnis bleibt, sondern die unter der Chiffre der Unerlässlichkeit in Art. 83 Abs. 2 AEUV ausdrücklich angesprochene Subsidiaritätsklausel als echte Begrenzung von Unionskompetenzen auch tatsächlich ernst genommen wird.

Die in **Art. 83 Abs. 3 AEUV** vorgesehene **Notbremseregelung** entspricht derjenigen in Art. 82 Abs. 3 AEUV. Sie entspringt derselben Ratio und unterliegt identischen Voraussetzungen und Grenzen (vgl oben Rn 12). 17

c) Art. 325 Abs. 4 AEUV

Die Tragweite der weiterhin in Art. 325 Abs. 4 AEUV normierten Unionskompetenz zum Erlass von Maßnahmen im Bereich des Schutzes der EU-Finanzinteressen ist umstritten. Die überwiegende Ansicht sieht in der Vorschrift eine Ermächtigung der Union nicht nur zum Richtlinienerlass, sondern auch zum Erlass von unmittelbar wirksamen Verordnungen – und damit letztlich zur Schaffung **supranationaler Straftatbestände zum europäischen Finanzschutz.**[46] Die besseren Argumente sprechen in der Tat für diese Sicht: Zunächst schließt die offene Formulierung „Maßnahme" alle in Art. 288 AEUV genannten Rechtsinstrumente – und damit auch einen Verordnungserlass – ein. Weiter enthält die Vorschrift im Gegensatz zu ihrer Vorgängernorm keinen Vorbehalt zugunsten der nationalen Strafrechtsordnungen. Das ist Ausdruck der fortschreitenden Entwicklung der Union in Richtung einer immer weitergehenden Integration. Auch die Zuerkennung einer eigenen Kompetenz zum Erlass von Finanzschutztatbeständen steht im Einklang mit dieser Entwicklung.[47] Angesichts der durch den Vertrag von Lissabon erfolgten Stärkung des Parlaments wächst auch die demokratische Legitimation für den Erlass solcher Vorschriften. Und schließlich ist zu berücksichtigen, dass es sich bei Vorschriften zum Schutz der EU-Finanzinteressen um den Kernbereich der EU-Eigeninteressen handelt. Die Finanzen der Union bilden die wirtschaftliche Grundlage ihrer Existenz; deswegen ist es angemessen, ihren Schutz auch in die eigene Zuständigkeit der Union zu stellen.[48] Ein Verordnungserlass wäre angesichts der bislang bestehenden Vollzugsdefizite im Bereich des strafrechtlichen Schutzes der EU-Finanzinteressen[49] auch zu rechtfertigen (vgl hierzu näher Rn 28). 18

d) Weitere Kompetenznormen zum Strafrecht?

Unklar ist, ob **Art. 79 Abs. 2 lit. c), d) AEUV** der Union die Kompetenz zum Erlass strafrechtlicher Maßnahmen im Bereich der illegalen Einreise bzw des illegalen Aufenthalts und hinsichtlich der Bekämpfung des Menschenhandels einräumt. Da die Vorschrift wie Art. 325 Abs. 4 AEUV unspezi- 19

---

45 Vgl zB Erwägungsgrund 33 der Richtlinie 2013/40/EU des Europäischen Parlaments und des Rates v. 12.8.2013 über Angriffe auf Informationssysteme und zur Ersetzung des Rahmenbeschlusses 2005/222/JI des Rates; Erwägungsgrund 29 der Richtlinie 2014/62/EU des Europäischen Parlaments und des Rates v. 15.5.2014 zum strafrechtlichen Schutz des Euro und anderer Währungen gegen Geldfälschung und zur Ersetzung des Rahmenbeschlusses 2000/383/JI; Erwägungsgrund 25 der Marktmissbrauchsrichtlinie 2014/57/EU des Europäischen Parlaments und des Rates v. 16.4.2014; vgl hierzu aber BT-Drucks. 17/9770 v. 23.5.2012, S. 3 ff: Der deutsche Bundestag rügt, dass die Voraussetzung der Unerlässlichkeit einer unionsrechtlichen Regelung nicht überzeugend dargetan sei.

46 *Ambos*, IntStR, § 9 Rn 8; *ders./Rackow*, ZIS 2009, 397, 401; *Calliess*, ZEuS 2008, 3, 37; *Esser*, EuIntStR, § 2 Rn 125; *Fromm*, StraFo 2008, 358, 364 f; *Grünewald*, JZ 2011, 972, 973 f; *Hecker*, EuStR, § 4 Rn 82; *Mansdörfer*, HRRS 2010, 11, 18; *Meyer*, NStZ 2009, 657, 658; *Mylonopoulos*, ZStW 123 (2011), 633, 634 f; *Noltenius*, ZStW 122 (2010), 604, 618; *Rosenau*, ZIS 2008, 9, 16; *Safferling*, IntStR, § 10 Rn 41 f; *Satzger*, KritV 2008, 17, 25; *ders.*, in: Beulke-Symposium, S. 95, 96; *ders.*, IntEuStR, § 8 Rn 25, 27; *ders.*, in: Streinz (Hrsg.), EUV/AEUV, Art. 325 AEUV Rn 21; *Sieber*, ZStW 121 (2009), 1, 59; *ders.*, in: ders. (Hrsg.), EuStR, Einführung, Rn 175 f; *Vogel/Brodowski*, in: Sieber (Hrsg.), EuStR, § 5 Rn 6 b; *Waldhoff*, in: Calliess/Ruffert, Art. 325 AEUV Rn 18; *Weigend*, in: FS Sootak, S. 243, 248 f; *Weißer*, Täterschaft, S. 6; *dies.*, GA 2014, 433, 438 ff; *Zimmermann*, Jura 2009, 844, 845 f. Für die Gegenansicht vgl *Asp*, S. 150 ff; *Böse*, in: ders. (Hrsg.), EE, § 4 Rn 24; *ders.*, in: FS Krey, S. 7, 16; *Dorra*, S. 278 ff; *Schröder*, in: FS Achenbach, S. 491, 496 f; *Sicurella*, in: Klip (Hrsg.) Substantive Criminal Law, S. 236; *Sturies*, HRRS 2012, 273, 276 ff; *Zöller*, in: FS Schenke, S. 579, 584 f.

47 Vgl *Ambos*, IntStR, § 9 Rn 8; *Calliess*, ZEuS 2008, 3, 37; *Esser*, EuIntStR, § 2 Rn 125; *Hecker*, in: Sieber (Hrsg.), EuStR, § 10 Rn 25; *Satzger*, IntEuStR, § 8 Rn 24; aA *Asp*, S. 150 ff.

48 Insoweit übereinstimmend *Asp*, S. 148; *Meyer*, Strafrechtsgenese, S. 420.

49 Vgl Mitteilung der Kommission, Gesamtkonzept zum Schutz von Steuergeldern, KOM (2011) 293 endg. v. 26.5.2011, S. 3.

fisch den Erlass von Maßnahmen erlaubt, könnte man auch sie als Unionskompetenz zum Verordnungserlass interpretieren.[50] Dagegen spricht allerdings, dass Art. 83 Abs. 1 AEUV ausdrücklich eine spezifische Kompetenz zum Erlass von Richtlinien zur Bekämpfung des Menschenhandels gewährt. Hinzu kommt, dass es sich bei der Bekämpfung des Menschenhandels und der illegalen Einwanderung – anders als beim Schutz der EU-Finanzinteressen – um die Dopplung eines bereits auf mitgliedstaatlicher Ebene betriebenen Strafverfolgungsinteresses handelt. Es geht hier gerade nicht um den Schutz eines Eigeninteresses der Union, sondern darum, die Kriminalitätsbekämpfung auf mitgliedstaatlicher Ebene durch Rechtsakte auf Unionsebene zu stärken. Deswegen sollte die Union sich in diesem Bereich auf den Richtlinienerlass nach Art. 83 Abs. 1 AEUV beschränken.[51]

20 **Art. 33 AEUV** gewährt der Union eine Kompetenz zum Erlass nicht näher spezifizierter „Maßnahmen“ betreffend den Ausbau der Zusammenarbeit im Zollwesen. Teilweise wird aus dieser Vorgabe eine Kompetenz der Union zum Erlass unmittelbar geltender supranationaler Strafnormen abgeleitet.[52] In diesem Zusammenhang ausschließlich auf das Wortlautargument der „Maßnahme“ im Sinne des Art. 288 AEUV abzustellen, vermag allerdings aus denselben Gründen wie bei Art. 79 AEUV (hierzu Rn 19) die Zweifel an einer so weitreichenden Interpretation der Vorgabe in Art. 33 AEUV kaum zu zerstreuen.[53]

21 **Art. 103 Abs. 2 lit. a) AEUV** räumt der Union weiterhin die Befugnis zur Festsetzung von Geldbußen und Zwangsgeldern im Hinblick auf die Durchsetzung wettbewerbsrechtlicher Unionsvorgaben aus Art. 101 f AEUV ein. Diese Ermächtigung bewegt sich aber in den klassischen Bahnen des europäischen Kartellordnungswidrigkeitenrechts (vgl hierzu *Mäger*, in diesem Band, § 16 Rn 285 f) und ist nicht als Ermächtigung zum Erlass genuin europäischer Strafvorschriften zu interpretieren.

22 Auch aus **Art. 352 AEUV**[54] lässt sich keine strafrechtsbezogene Unionskompetenz ableiten: In Anbetracht der besonderen Souveränitätsvorbehalte der Mitgliedstaaten im Bereich des Strafrechts, die auch in den Notbremseregelungen der Art. 82 Abs. 3 und 83 Abs. 3 AEUV zum Ausdruck kommen, ist es der Union untersagt, unter Berufung auf die Kompetenzergänzungsklausel strafrechtsbezogene Regelungen zu schaffen. Das gilt im Hinblick auf die Schaffung strafrechtsbezogener Richtlinien schon deswegen, weil Art. 82 Abs. 2 lit. d) AEUV und Art. 83 Abs. 2 AEUV die Voraussetzungen einer Erstreckung der Harmonisierungskompetenz auf nicht ausdrücklich benannte Rechtsbereiche bereits regeln. Diese Vorschriften sind insoweit speziellere Öffnungsklauseln. Sollten ihre Voraussetzungen nicht erfüllt sein, so würde ein Rückgriff auf Art. 352 AEUV zu einem Leerlaufen dieser Regelungen führen, was dem Kompetenzgefüge zwischen Union und Mitgliedstaaten widerspräche.

II. Allgemeine primärrechtliche Begrenzungen der strafrechtsbezogenen Unionskompetenzen

23 Macht der Unionsgesetzgeber von seinen Kompetenzen Gebrauch, so ist damit immer ein **Souveränitätsverzicht** der mitgliedstaatlichen Rechtsordnungen verbunden: Die durch ein Tätigwerden des Unionsgesetzgebers für die Mitgliedstaaten entstehenden Verpflichtungen aus dem Loyalitätsgebot (Art. 4 Abs. 3 S. 1 EUV) – nämlich den Vorgaben in bestmöglicher Form zur Durchsetzung zu verhelfen (**Effektivitätsgebot**, Art. 4 Abs. 3 S. 2, 3 EUV) – bedeuten eine „Unterordnung“ des mitgliedstaatlichen Souveräns im Hinblick auf die unionalen Vorgaben. Die den Mitgliedstaaten unter dem Stichwort der Unionstreue abverlangte Kooperation setzt einen maßvollen Umgang der Union mit den ihr durch die Mitgliedstaaten eingeräumten Kompetenzen voraus. Um dies sicherzustellen, ist der Gebrauch der Unionskompetenzen generell an einige Grundprinzipien der Machtaufteilung

50 In diesem Sinne *Risse*, HRRS 2014, 93, 100; *Safferling*, IntStR, § 10 Rn 46; *Satzger*, IntEuStR, § 8 Rn 26; *Vogel/Brodowski*, in: Sieber (Hrsg.), EuStR, § 5 Rn 6.

51 Im Ergebnis übereinstimmend *Ambos*, IntStR, § 9 Rn 9; *Böse*, in: ders. (Hrsg.), EE, § 4 Rn 25; *ders.*, in: Schwarze (Hrsg.), EU-Kommentar, Art. 83 AEUV Rn 30; *Heger*, ZIS 2009, 406, 416; *Krüger*, HRRS 2012, 311, 312 f.

52 So *Satzger*, IntEuStR, § 8 Rn 25; *Vogel*, in: Sieber (Hrsg.), EuStR, § 5 Rn 6.

53 Vgl näher zu Art. 33 AEUV *Böse*, in: ders. (Hrsg.), EE, § 4 Rn 25.

54 Zur allgemein geringen Relevanz von Art. 352 AEUV auch in Zukunft vgl *Miettinen*, S. 58 f.

zwischen Union und Mitgliedstaaten geknüpft. Ein Tätigwerden des Unionsgesetzgebers ist danach generell nur dann legitim, wenn hierfür erstens eine spezifische Kompetenznorm des Unionsrechts (**Prinzip begrenzter Einzelermächtigung**, Art. 5 Abs. 1 S. 1 EUV) existiert. Für das Strafrecht finden sich diese Kompetenznormen in den oben erläuterten Vorschriften (Rn 10 ff). Doch auch wenn ein Tätigwerden des Unionsgesetzgebers grundsätzlich durch eine entsprechende Kompetenznorm getragen würde, so muss zweitens für jeden Einzelfall konkret geprüft und nachgewiesen werden, dass das erstrebte Ziel durch ein Vorgehen auf mitgliedstaatlicher Ebene nicht in zufriedenstellender Weise zu erreichen ist (**Subsidiaritätsprinzip**, Art. 5 Abs. 1 S. 2 EUV).[55] Nur wenn sich im konkreten Fall der Nachweis führen lässt, dass bei einem Verzicht auf das Tätigwerden des Unionsgesetzgebers eine nicht hinnehmbare Beeinträchtigung legitimer Unionsziele zu erwarten ist, darf der Unionsgesetzgeber von seiner Kompetenz zum Erlass strafrechtsbezogener Maßnahmen Gebrauch machen.[56]

In engem Zusammenhang mit dem Subsidiaritätsprinzip steht das allgemeine **Verhältnismäßigkeitsprinzip** (Art. 5 Abs. 1 S. 2 EUV).[57] Speziell im Hinblick auf strafrechtsbezogene Regelungen verlangt es in jedem Einzelfall neben der Geeignetheit der strafrechtlichen Maßnahme zur Erreichung des verfolgten Zwecks den Nachweis der Erforderlichkeit erstens des Einsatzes des Kriminalstrafrechts als solchen, sowie zweitens eines Rechtsakts gerade des Unionsgesetzgebers neben bzw anstelle mitgliedstaatlicher Bemühungen. Schließlich ist im Rahmen der Angemessenheitsprüfung zu untersuchen, welche Folgen die unionsrechtliche Vorgabe für die mitgliedstaatlichen Rechtsordnungen mit sich bringt und inwieweit diese durch das verfolgte Ziel ausreichend legitimiert sind. Im Strafrecht ist in diesem Zusammenhang auch das **strafrechtsspezifische Schonungsgebot**[58] zugunsten der mitgliedstaatlichen Strafrechtsordnungen zu berücksichtigen. Es beruht auf dem Gedanken, dass das Strafrecht generell einen Spiegel der nationalen Traditionen, geschichtlichen Entwicklungen und gesellschaftlich geteilten Wertvorstellungen hinsichtlich der Strafwürdigkeit bestimmter Verhaltensweisen darstellt.[59] Daraus folgte traditionell die Vorstellung, dass das Strafrecht im Kern der nationalstaatlichen Souveränität liegt und damit eine Tabuzone für europäisierende Einflüsse ist.[60] Die Öffnung der mitgliedstaatlichen Strafrechtsordnungen für eine Europäisierung ist deshalb deutlich später und behutsamer erfolgt als die Errichtung eines gemeinsamen Binnenmarkts (vgl hierzu bereits oben Rn 1 ff). Primärrechtlichen Niederschlag findet die Verpflichtung der Union zur Rücksichtnahme auf die mitgliedstaatlichen Rechtsordnungen etwa in Art. 4 Abs. 2 EUV und in den generellen Begrenzungen der Unionskompetenzen in Art. 5 EUV. Speziell für das Strafrecht wird diese Verpflichtung der Union im ersten Absatz der programmatischen Norm zum Raum der Freiheit, der Sicherheit und des Rechts, Art. 67 AEUV, zum Ausdruck gebracht. Die Achtung der verschiedenen Rechtsordnungen und -traditionen der Mitgliedstaaten wird in Art. 67 Abs. 1 AEUV besonders betont. Dadurch soll der Gefahr begegnet werden, dass durch strafrechtsbezogene Vorgaben der Union Eingriffe in das strafrechtliche Gesamtgefüge der

---

55 Protokoll über die Anwendung der Grundsätze der Subsidiarität und der Verhältnismäßigkeit v. 13.12.2007, ABl. C 306 v. 17.12.2007, S. 150; Entschließung des Europäischen Parlaments v. 22.5.2012 zum EU-Ansatz zum Strafrecht, P7_TA (2012)0208. Eine recht ernüchternde Analyse der praktischen Wirksamkeit dieser Mechanismen findet sich bei *Herlin-Karnell*, S. 110 ff, 130 f.

56 Protokoll über die Anwendung der Grundsätze der Subsidiarität und der Verhältnismäßigkeit v. 13.12.2007, ABl. C 306 v. 17.12.2007, S. 150; vgl auch BVerfGE 123, 267, 411 f; zum Ganzen auch *Miettinen*, S. 118 ff.

57 *Sieber*, in: ders. (Hrsg.), EuStR, Einführung, Rn 242.

58 Vgl hierzu *Ambos*, IntStR, § 11 Rn 35; *Hecker*, EuStR, § 8 Rn 55; *ders.*, in: Sieber (Hrsg.), EuStR, § 10 Rn 44; *Safferling*, IntStR, § 9 Rn 66 ff; *Satzger*, IntEuStR, § 9 Rn 9; ausführlich *ders.*, Europäisierung, S. 166 ff; *ders.*, in: Sieber (Hrsg.), EuStR, § 9 Rn 8 ff; vgl auch BVerfGE 123, 267, 360.

59 Vgl hierzu *Klip*, European Criminal Law, S. 37; *Maiwald*, in: FS Frisch, S. 1375 f; *Satzger*, Europäisierung, S. 159 ff; *Schünemann*, ZIS 2009, 393, 395; *Weigend*, ZStW 105 (1993), 774, 789; aA *Sieber*, in: ders. (Hrsg.), EuStR, Einführung, Rn 180 ff; *Vogel*, in: Böse (Hrsg.), EE, § 7 Rn 32.

60 Vgl BVerfGE 123, 267, 408 ff; *Böse*, in: ders. (Hrsg.), EE, § 1 Rn 1. Vgl auch die Entschließung des Europäischen Parlaments v. 22.5.2012 zum EU-Ansatz zum Strafrecht, P7_TA (2012)0208, Erwägungsgrund „*E. in der Erwägung, dass die Strafrechts- und Strafprozessrechtssysteme der Mitgliedstaaten über Jahrhunderte gewachsen sind und jeder Staat seine ganz eigenen Ausprägungen und Besonderheiten hat, und in der Konsequenz Kerngebiete des Strafrechts den Mitgliedstaaten überlassen bleiben müssen*“.

mitgliedstaatlichen Strafrechtsordnungen erfolgen, die binnendogmatische Friktionen hervorrufen. Deswegen verlangt das strafrechtsspezifische Schonungsgebot, dass strafrechtsbezogene Vorgaben des Unionsrechts in einer Weise erfolgen, die den Mitgliedstaaten eine harmonische Einpassung in die nationale Strafrechtsordnung erlauben. Aus dieser Anforderung ergibt sich die Notwendigkeit, bei der Formulierung von Richtlinienvorgaben ausreichende Umsetzungsspielräume zu belassen.

C. Einwirkungen des Unionsrechts auf das materielle Strafrecht

I. Supranationales Unionsstrafrecht?

1. De lege lata

24 Ein **echtes supranationales Strafrecht** im Sinne eines europäischen Strafgesetzes existiert – jedenfalls bislang[61] – nicht.[62] Dennoch finden sich im Unionsrecht Rechtsgrundlagen für den Erlass von Sanktionen in bestimmten Rechtsbereichen, vornehmlich, wenn es um den Schutz der EU-Finanzinteressen geht. Hier – etwa im Kartell-[63] oder Subventionsrecht – hat die Union schon sehr früh zum Instrument der Sanktion gegriffen, um ihre Eigeninteressen zu schützen.[64] Bislang geht es insoweit aber um nicht kriminalstrafrechtliche Sanktionen[65] des europäischen Verwaltungssanktionenrechts.

25 Teilweise werden im Primärrecht enthaltene **Verweisungen auf nationale Strafvorschriften**, durch die europäische Schutzgüter in den Anwendungsbereich der mitgliedstaatlichen Tatbestände integriert werden, als supranationales Kriminalstrafrecht interpretiert.[66] So erweitern Art. 194 Abs. 1 Unterabs. 2 EAGV und Art. 30 der Satzung des EuGH den Schutzbereich nationaler Strafvorschriften – einerseits zum Geheimnisschutz innerhalb von Institutionen, andererseits zu Aussagedelikten – auf Institutionen der Union (vgl bereits Rn 2). Die Frage, ob es sich bei dieser aus der mitgliedstaatlichen Assimilierungspflicht (vgl hierzu näher sogleich Rn 31) resultierenden Schutzbereichserstreckung[67] um eigenständiges, originäres Unionsstrafrechts oder um eine bloße Ausdehnung des Anwendungsbereichs bereits existierenden mitgliedstaatlichen Strafrechts handelt, ist umstritten. Teilweise wird die Ansicht vertreten, dass durch die Verweisungstechnik des Primärrechts ein „supranationaler Gesamttatbestand" und damit genuines Unionsstrafrecht entsteht.[68] Die Verweisungsnorm des Primärrechts sei insoweit *„self-executing"*,[69] als sie selbst den Schutzbereich der nationalen Strafvorschrift unmittelbar ausdehne und hierdurch die Kriminalisierung von Verletzungen geschützter Unionsinteressen bewirke. Dieser Schluss allerdings greift zu weit, denn die Verweisungsnorm des Primärrechts kann für sich allein keine Kriminalisierung zustande bringen. Für die Kriminalisierungswirkung fehlt es der Verweisungsnorm an der vom EuGH als rechtliche Voll-

---

61 Für die Einführung eines Europäischen Strafgesetzbuchs *Eckstein*, ZStW 124 (2012), 490, 503, 526 f; für die Schaffung supranationaler Straftatbestände zum Schutz der EU-Finanzinteressen *Weißer*, GA 2014, 433, 440 ff.

62 *Esser*, EuIntStr, § 1 Rn 2; *Hecker*, EuStR, § 1 Rn 5; *Rosenau*, ZIS 2008, 9; *Satzger*, IntEuStR, § 7 Rn 2; *ders.*, in: Böse (Hrsg.), EE, § 2 Rn 2.

63 Vgl Art. 103 Abs. 2 lit. a) AEUV – Kompetenz zum Erlass von Bußgeldvorschriften bei Verletzung der kartellrechtlichen Vorschriften in Art. 101 f AEUV. Die auf der Grundlage der Vorgängervorschrift zu Art. 103 AEUV, Art. 82 ex-EGV erlassene Verordnung (EG) Nr. 1/2003 des Rates v. 16.12.2002 zur Durchführung der in den Artikeln 81 und 82 des Vertrags niedergelegten Wettbewerbsregeln (ABl. L 2003 v. 4.1.2003, S. 1) enthält in ihrem Art. 23 eine solche supranationale Bußgeldsanktion; vgl hierzu *Mäger*, § 16 Rn 285.

64 *Vogel/Brodowski*, in: Sieber (Hrsg.), EuStR, § 5 Rn 8.

65 Vgl etwa *Böse*, Strafen, S. 140 ff, 148; *Vogel/Brodowski*, in: Sieber (Hrsg.), EuStR, § 5 Rn 9 ff.

66 BGHSt 17, 121, 122; *Dannecker*, Jura 2006, 95, 99 f; *Eisele*, JA 2000, 896, 900.

67 *Ambos*, IntStR, § 11 Rn 22; *Hecker*, EuStR, § 7 Rn 5.

68 *So Böse*, Strafen, S. 108; *Hecker*, EuStR, § 7 Rn 6; *Heger*, in: Böse (Hrsg.), EE, § 5 Rn 20; aA *Nelles/Tinkl/Lauchstädt*, in: Voraufl., § 42 Rn 10; *Rosenau*, ZIS 2008, 9; *Vogel/Brodowski*, in: Sieber (Hrsg.), EuStR, § 6 Rn 46.

69 BGHSt 17, 121, 122; *Eisele*, JA 2000, 896, 900; *Hecker*, EuStR, § 7 Rn 11; aA *Satzger*, in: Sieber (Hrsg.), EuStR, § 9 Rn 17.

kommenheit[70] bezeichneten, in sich geschlossenen, umfassenden Regelungswirkung.[71] Die Strafbarkeit des gegenständlichen Verhaltens wird nach wie vor durch die nationale Verbotsnorm konstituiert.[72] Es würde auch der Machtverteilung zwischen Union und Mitgliedstaaten widersprechen, wenn die Kriminalisierung eines Verhaltens allein über eine unionale Verweisungsnorm bewirkt würde, denn hierdurch maßte sich die Union einen unmittelbar rechtsändernden Eingriff in nationale Strafvorschriften ohne Beteiligung des nationalen Gesetzgebers an.[73] Auch innerstaatlich wäre eine auf diese Weise zustande kommende Kriminalisierung im Hinblick auf Parlamentsvorbehalt und Bestimmtheitsgebot fragwürdig.[74] Die Verweisungsnormen sind deshalb als ausdrückliche Bezugnahmen auf die aus dem Loyalitätsgebot abgeleitete Assimilierungspflicht zu verstehen. Sie verpflichten die nationalen Gesetzgeber, die entsprechenden Straftatbestände auf den Schutz unionsrechtlicher Rechtsgüter zu erstrecken.[75] Hierin ist kein echtes – und das heißt selbst kriminalisierendes – Unionsstrafrecht zu sehen.[76]

Im umgekehrten Fall verweisen nationale Strafnormen – vornehmlich im Nebenstrafrecht[77] – hinsichtlich einzelner Merkmale des Verbotstatbestands auf Unionsrecht, etwa indem der Besitz eines in einer EG-Verordnung benannten Drogengrundstoffs kriminalisiert wird.[78] Die **nationale Blankettstrafnorm** ist dann (nur) hinsichtlich des durch die Verweisung betroffenen Regelungsbereichs unionsrechtsakzessorisch.[79] Es bleibt aber auch hier beim Vorliegen einer rein nationalen Strafnorm, die auch allen Anforderungen hinsichtlich der gesetzlichen Bestimmtheit des strafrechtlichen Verbots aus Art. 103 Abs. 2 GG[80] und des Parlamentsvorbehalts entsprechen muss.[81] 26

Insgesamt bleibt es damit bei dem Befund, dass genuin europäische Straftatbestände bislang weder in Form echter supranationaler Verbotstatbestände noch in Form (qua Verweisung begründeter) supranationaler Gesamttatbestände existieren. 27

2. De lege ferenda

Ein Einfallstor für ein genuin supranationales Strafrecht liegt im Bereich des Unions-Finanzschutzes. Straftaten gegen die Finanzinteressen der Union treffen diese an dem für ihre Existenz wesentlichen Punkt der finanziellen Ausstattung. Gerade in diesem Bereich besteht aber ein erhebliches Strafverfolgungsdefizit der durch die mitgliedstaatlichen Strafrechtsordnungen besorgten Ermittlungs- und Verfolgungstätigkeit.[82] Maßnahmen der Union zur Optimierung der mitgliedstaatlichen Verfolgung von Straftaten gegen die EU-Finanzinteressen waren bislang von wenig Erfolg gekrönt. So ist das bereits im Jahr 1995 geschlossene Übereinkommen zum Schutz der finanziellen Interes- 28

70 EuGH, Rs. C-57/65 (Lütticke), Slg 1966, 0293, S. 266; vgl auch EuGH, Rs. C-26/62 (Van Gend & Loos), Slg 1963, 0003, S. 25 ff. Zur Voraussetzung der „rechtlichen Vollkommenheit" unmittelbar anwendbaren Unionsrechts vgl *Herdegen*, § 8 Rn 13.

71 Übereinstimmend *Esser*, EuIntStR, § 2 Rn 45; eingehend *Satzger*, IntEuStR, § 8 Rn 14 f; *ders.*, in: Sieber (Hrsg.), EuStR, § 9 Rn 17.

72 Zutreffend *Nelles/Tinkl/Lauchstädt*, in: Voraufl., § 42 Rn 10. *Satzger*, IntEuStR, § 8 Rn 15.

73 Vgl hierzu *Ambos*, IntStR, § 11 Rn 22; siehe auch *Vogel/Brodowski*, in: Sieber (Hrsg.), EuStR, § 5 Rn 2.

74 Vgl hierzu näher *Ambos*, IntStR, § 11 Rn 24; *Heger*, in: Böse (Hrsg.), EE, § 5 Rn 29 f; *Satzger*, in: Sieber (Hrsg.), EuStR, § 9 Rn 16.

75 Im Ergebnis übereinstimmend *Satzger*, IntEuStR, § 8 Rn 16; *Vogel/Brodowski*, in: Sieber (Hrsg.), EuStR, § 6 Rn 46.

76 Das belegt auch die Existenz von § 162 StGB, der die durch die unionsrechtliche Verweisung begründete Kriminalisierungspflicht im deutschen Recht einlöst.

77 ZB § 58 Abs. 2 Lebensmittel-, Bedarfsgegenstände und Futtermittelgesetzbuch; § 19 Abs. 1 Nr. 2 des Gesetzes zur Überwachung des Verkehrs mit Grundstoffen, die für die unerlaubte Herstellung von Betäubungsmitteln gebraucht werden können (GÜG); weitere Beispiele bei *Böse*, in: FS Krey, S. 7, 8 ff.

78 § 19 Abs. 1 Nr. 2 GÜG, vgl Fußnote 77.

79 Zu unterschiedlichen Formen von Blankettstrafnormen eingehend *Hecker*, EuStR, § 7 Rn 82 ff.

80 Dynamische Verweisungen werden teilweise unter Verweis auf Art. 103 Abs. 2 GG als verfassungswidrig angesehen, vgl näher hierzu *Hecker*, EuStR, § 7 Rn 98 f; *Heger*, in: Böse (Hrsg.), EE, § 5 Rn 64; jeweils mwN.

81 Zum Ganzen eingehend *Böse*, in: FS Krey, S. 7, 14 ff; *Heger*, in: Böse (Hrsg.), EE, § 5 Rn 61 ff.

82 Vgl Mitteilung der Kommission, Gesamtkonzept zum Schutz von Steuergeldern, KOM (2011) 293 endg. v. 26.5.2011, S. 3; siehe auch *Wade*, Crime Law and Social Change 2013, 439, 455 ff, 479.

sen der Europäischen Gemeinschaften (sog. „**PIF-Konvention**")[83] nach einer Mitteilung der Kommission aus dem Jahr 2011 nur in fünf Mitgliedstaaten vollständig umgesetzt worden.[84] Weitere Projekte zur Verbesserung des Unions-Finanzschutzes wie das in den späten 90er-Jahren von europäischen Strafrechtswissenschaftlern erarbeitete „Corpus Juris der strafrechtlichen Regelungen zum Schutz der finanziellen Interessen der Europäischen Union",[85] das Grünbuch der Kommission zum strafrechtlichen Schutz der finanziellen Interessen der Europäischen Gemeinschaften und zur Schaffung einer Europäischen Staatsanwaltschaft[86] und schließlich ein aus dem Jahr 2001 stammender Vorschlag für eine Richtlinie über den strafrechtlichen Schutz der finanziellen Interessen der Gemeinschaft[87] fanden keinen Weg in die praktische Rechtswirklichkeit des Unionsrechts, sondern blieben im strafrechtsbezogenen Kompetenzgerangel stecken.[88]

29 Mit dem Inkrafttreten des **Lissabon**ner Vertragswerks hat sich die Gefechtslage in Sachen EU-Finanzschutz entscheidend geändert: Art. 325 Abs. 4 AEUV bietet eine Kompetenz der Union zum Erlass eines supranationalen Finanzstrafrechts (vgl oben Rn 18). An einer Optimierung des EU-Finanzschutzes wird auf europäischer Ebene derzeit auch (wieder) mit Entschiedenheit gearbeitet: Bereits im Juli 2012 legte die Kommission einen Vorschlag für eine Richtlinie über die strafrechtliche Bekämpfung von gegen die finanziellen Interessen der Europäischen Union gerichtetem Betrug vor.[89] Das Vorgehen im Wege des Richtlinienerlasses bewegt sich allerdings in den hergebrachten Bahnen einer Harmonisierung der mitgliedstaatlichen Strafvorschriften und wählt gerade nicht den Weg einer supranationales Recht schaffenden Verordnung. Das dürfte dem Umstand geschuldet sein, dass die politische Akzeptanz für ein genuines Unionsstrafrecht in den Mitgliedstaaten derzeit noch nicht gewährleistet ist. Schon allein die Tatsache, dass der Richtlinienentwurf ursprünglich auf die Rechtsgrundlage des Art. 325 Abs. 4 AEUV – und gerade nicht auf Art. 83 Abs. 2 AEUV – gestützt war,[90] hat für heftigen Widerspruch im Rat gesorgt. Nachdem ein Gutachten des Juristischen Dienstes die im Rat repräsentierte mitgliedstaatliche Sicht bestätigt hat,[91] stützt sich die Neufassung des Richtlinienentwurfs nunmehr auf Art. 83 Abs. 2 AEUV.[92] Dies ist im Hinblick auf die mitgliedstaatlichen Interessen deswegen von besonderer Relevanz, weil das Vertragswerk von Lissabon nur bei einem Richtlinienerlass nach Art. 83 Abs. 2 AEUV ausdrücklich[93] einen Notbremsemechanismus (vgl hierzu bereits Rn 17) zugunsten der mitgliedstaatlichen Rechtsordnungen vor-

---

83 Übereinkommen aufgrund von Artikel K.3 des Vertrags über die Europäische Union über den Schutz der finanziellen Interessen der Europäischen Gemeinschaften („Protection des intérêts financiers de l'Union européenne"), ABl. C 316 v. 27.11.1995, S. 49; Protokoll, ABl. C 313 v. 23.10.1996, S. 2, ber. ABl. C 151 v. 20.5.1997, S. 2; Zweites Protokoll, ABl. C 221 v. 19.7.1997, S. 12.

84 Mitteilung der Kommission, Gesamtkonzept zum Schutz von Steuergeldern, KOM (2011) 293 endg. v. 26.5.2011, S. 3. Zu Umsetzungsmängeln im deutschen Recht vgl die Umsetzungsberichte der Kommission, KOM (2004) 709 endg. v. 25.10.2004, S. 5; sowie KOM (2008) 77 endg. v. 14.2.2008, S. 3, 4, 7 (Mängel hinsichtlich der Kriminalisierung von Korruption und der strafrechtlichen Verantwortlichkeit juristischer Personen).

85 *Delmas-Marty* (Hrsg.), Corpus Juris 1998; bzw *Huber* (Hrsg.), Corpus Juris 2000. Zur Kritik am Corpus Juris vgl nur *Braum*, JZ 2000, 493, 498 ff; *Otto*, Jura 2000, 98, 100 ff (materielles Recht); *Schünemann*, GA 2002, 501, 514 f (Verfahrensrecht); *Wattenberg*, StV 2000, 95, 96 ff; *Weigend*, StV 2001, 63, 65 f.

86 KOM (2001) 715 endg. v. 1.12.2001, S. 15 ff. Der im Grünbuch enthaltene Vorschlag zur Installation einer Europäischen Staatsanwaltschaft (hierzu *Ligeti*, EuCLR 2011, 123, 127 ff) wurde in den Mitgliedstaaten sehr kritisch aufgenommen; vgl Follow-up-Mitteilung der Kommission, KOM (2003) 128 endg. v. 19.3.2003, S. 7 ff.

87 KOM (2001) 272 endg. v. 23.5.2001.

88 Zusammenfassend hierzu *Zöller*, in: Böse (Hrsg.), EE, § 21 Rn 70 ff.

89 KOM (2012) 363 endg. v. 11.7.2012.

90 KOM (2012) 363 endg. v. 11.7.2012, S. 7.

91 Ratsdokument 15309/12 v. 22.10.2012, S. 4 ff, insb. Nr. 12, 17.

92 Ratsdokument 10232/13 v. 3.6.2013, S. 2.

93 Zur analogen Anwendung des Notbremsemechanismus im Rahmen von Art. 325 Abs. 4 AEUV bei Richtlinienerlass nach Art. 325 Abs. 4 AEUV vgl einerseits befürwortend *Heger*, ZIS 2009, 406, 416; *Satzger*, EuIntStR, § 9 Rn 54; andererseits ablehnend *Safferling*, IntStR, § 10 Rn 67 f; *Vogel*, in: Ambos (Hrsg.), Europäisches Strafrecht post-Lissabon, S. 41, 49.

sieht.[94] Die Ausräumung der kompetenziellen Streitigkeit dürfte allerdings nur der erste Akt auf dem langen Weg zur Erarbeitung einer neuen Finanzschutz-Richtlinie sein – und die Erfahrung zeigt, dass selbst bei Erlass einer solchen Richtlinie die Frage von deren effektiver Umsetzung in den mitgliedstaatlichen Strafrechtsordnungen auf einem anderen Blatt steht. Diese Schwierigkeiten ließen sich vermeiden, wenn statt des Instruments der Richtlinie das der Verordnung auf der Grundlage von Art. 325 Abs. 4 AEUV gewählt würde.[95] Dafür allerdings dürfte die Zeit angesichts der politischen Großwetterlage noch nicht reif sein. Sollten sich aber die weiteren Auseinandersetzungen um den Richtlinienerlass erwartungsgemäß zäh und vergleichsweise fruchtlos gestalten, so ist es letztlich eine Frage der Zeit, bis die Union von ihrer Kompetenz in Art. 325 Abs. 4 Gebrauch machen wird. Im Hinblick auf die Pläne für die Errichtung einer Europäischen Staatsanwaltschaft[96] (vgl hierzu näher Rn 70 ff) wäre es auch konsequent, dieser europäischen Strafverfolgungsinstitution eine klare rechtliche Grundlage hinsichtlich der Definition der zu verfolgenden Straftaten gegen EU-Finanzinteressen an die Hand zu geben. Der Arbeitsbereich einer künftigen Europäischen Staatsanwaltschaft sollte durch ein europäisches Finanzschutzstrafrecht abgesteckt werden.[97]

II. Einwirkungen des Unionsrechts auf die nationale Strafgesetzgebung

1. Unionsrechtliche Beschränkungen nationaler Strafgesetzgebung

Generell unterliegt die nationale Strafgesetzgebungstätigkeit unionsrechtlichen Beschränkungen, 30
die im Loyalitätsgebot des Art. 4 Abs. 3 EUV fußen und Ausdruck der mitgliedstaatlichen Verpflichtung zur Förderung der Unionsziele sind. Die mitgliedstaatlichen Strafrechtsordnungen dürfen die Durchsetzung der Unionsziele durch die Kriminalisierung und strafrechtliche Verfolgung bestimmter Verhaltensweisen nicht unangemessen behindern.[98] So darf etwa die Ausübung der europäischen Grundfreiheiten (hierzu näher *Pache*, in diesem Band, § 10) grundsätzlich nicht durch nationale Strafvorschriften beeinträchtigt werden.[99] Eine europarechtliche Legitimation von freiheitsbeschränkenden nationalen Vorschriften ist insoweit nur denkbar, wenn diese aus **zwingenden Gründen des Allgemeininteresses** unverzichtbar sind[100] und den Anforderungen des Verhältnismäßigkeitsprinzips entsprechen. Ferner dürfen mitgliedstaatliche Vorschriften keine Diskriminierung von EU-Ausländern mit sich bringen (**Diskriminierungsverbot**, Art. 18 AEUV, sowie die spezifischen Ausformungen, zB in Art. 36 S. 2 AEUV, näher *Pache*, in diesem Band, § 10 Rn 21 f).[101] Aus der Geltungsbeschränkung der unionsrechtlichen Grundfreiheiten auf den freien Verkehr *zwi-*

94 Abgesehen davon fallen nach Art. 82 und 83 AEUV erlassene Rechtsakte in den Anwendungsbereich der Protokolle Nr. 21 und Nr. 22 zum Vertrag von Lissabon, was zur Folge hat, dass die Mitgliedstaaten Vereinigtes Königreich, Irland und Dänemark nicht an die Richtlinie gebunden werden (vgl ABl. C 115 v. 9.5.2008, S. 295, 299).

95 Vgl näher *Weißer*, GA 2014, 433, 440 ff.

96 KOM (2013) 534 endg. v. 17.7.2013.

97 Näher *Weißer*, GA 2014, 433, 440 ff.

98 *Hecker*, EuStR, § 7 Rn 41 ff; *Heger*, in: Böse (Hrsg.), EE, § 5 Rn 3; *Satzger*, IntEuStR, § 9 Rn 11 ff; *ders.*, Europäisierung, S. 298 ff.

99 Unionsrechtswidrige Beeinträchtigungen der Grundfreiheiten hat der EuGH beispielsweise in folgenden Fällen festgestellt: EuGH, Rs. C-19/92 (Kraus), Slg 1993, I-1663; EuGH, Rs. C-193/94 (Skanavi und Chryssanthakopoulos), Slg 1996, I-0929; EuGH, Rs. C-348/96 (Calfa), Slg 1999, I-0011; EuGH, Rs. C-338/04, C-359/04, C-360/04 (Placanica, Palazzese und Sorricchio), Slg 2007, I-1891. In EuGH, Rs. C-390/12 (Pfleger u.a.), Rn 54 ff bejaht der EuGH eine Verletzung der Dienstleistungsfreiheit, wenn die Sanktionierung nicht dazu dient, kriminellem Verhalten entgegenzutreten, sondern allein ein fiskalisches Interesse verfolgt. Beispielsfälle auch bei *Satzger*, in: Sieber, EuStR, § 9 Rn 42 ff.

100 EuGH, Rs. 8/74 (Dassonville), Slg 1974, 837; EuGH, Rs. 120/78 (Cassis de Dijon), Slg 1979, 649; EuGH, Rs. C-55/94, Slg 1995, I-4165 = NJW 1996, 579 (Gebhard); s. auch *Esser*, EuStR § 2 Rn 23; *Hecker*, EuStR, § 7 Rn 46.

101 Zu diesen Anforderungen im Hinblick auf eine europarechtlich zulässige Beschränkung der Niederlassungsfreiheit EuGH, NJW 1996, 579 (Gebhard), LS. 6.

schen den Mitgliedstaaten[102] ist insoweit abzuleiten, dass das Diskriminierungsverbot nur in **zwischenstaatlichen Sachverhalten** eine Diskriminierung von EU-Ausländern gegenüber Inländern verbietet.[103]

Eine europarechtswidrige unangemessene Beeinträchtigung der Grundfreiheiten kann dabei nicht nur in der Kriminalisierung bestimmter Verhaltensweisen an sich bestehen, sondern auch durch eine unangemessen schwere Sanktion im Einzelfall begründet werden (zu den Einwirkungen auf die Anwendungspraxis des nationalen Strafrechts näher Rn 52 ff).

2. Unionsrechtlich begründete Kriminalisierungspflichten

31 Ebenfalls Ausdruck des Loyalitätsgebots (Art. 4 Abs. 3 EUV) ist die Verpflichtung der Mitgliedstaaten, unionsrechtliche Schutzgüter durch die Androhung wirksamer, abschreckender und verhältnismäßiger Sanktionen zu schützen (sog. **Mindesttrias**).[104] Die Mitgliedstaaten müssen (**Assimilierungspflicht**),[105] unionsrechtliche Schutzgüter in derselben Weise unter den Schutz des Strafrechts stellen wie nationale Rechtsgüter (**Gleichstellungsgebot**).[106] Unionsrechtliche Schutzgüter sind neben den finanziellen Eigeninteressen der Union die Verlässlichkeit der europäischen Rechtspflege (näher hierzu bereits Rn 2), bzw die gesamte zur Realisierung der Unionspolitiken und europäischen Grundfreiheiten notwendige unionale „Infrastruktur" (darunter fällt etwa auch der Schutz europäischer Institutionen gegen Korruption u.a. mehr).[107] Teilweise kommt der deutsche Gesetzgeber dem Gleichstellungsgebot durch die Einfügung so genannter Gleichstellungsklauseln in nationalen Strafvorschriften nach (zB §§ 108 d, 108 e, 162 Abs. 1 StGB, Art. 2 § 1 EUBestG[108]). Durch sie werden europäische Schutzgüter direkt in den Schutzbereich der nationalen Strafvorschrift einbezogen, etwa indem der Straftatbestand des Subventionsbetrugs durch § 264 Abs. 7 Nr. 2 StGB auf Subventionen erstreckt wird, die „aus öffentlichen Mitteln nach dem Recht der Europäischen Gemeinschaften" gewährt werden.

3. Deliktsspezifische strafrechtsbezogene Vorgaben durch Unionsrechtsakte

32 Neben diesen allgemeinen unionsrechtlichen Beeinflussungen entfalten zahlreiche Unionsrechtsakte konkrete Rechtswirkungen für die nationale Strafgesetzgebungstätigkeit. So führen Rahmenbeschluss- und Richtlinienvorgaben zu Umsetzungspflichten in den mitgliedstaatlichen Strafrechtsordnungen.[109] Die Umsetzung europäischer Vorgaben im nationalen Recht führt zur Annäherung

---

102 So ausdrücklich Art. 34 AEUV: „Mengenmäßige Einfuhrbeschränkungen sowie alle Maßnahmen gleicher Wirkung sind *zwischen den Mitgliedstaaten* verboten." (Hervorhebung nur hier); sinngemäß ebenso Art. 45 Abs. 1, 2 AEUV, Art. 49 Abs. 1 AEUV, Art. 56 Abs. 1 AEUV und Art. 63 Abs. 1, 2 AEUV.

103 St. Rspr. des EuGH, vgl zB EuGH, Rs. 175/78 (Saunders), Slg 1979, 1129, Rn 11; EuGH, Rs. 178/84 (Kommission/Deutschland), Slg 1987, 1227, 1262 ff; näher hierzu *Ambos*, IntStR, § 11 Rn 41; *Ehlers*, in: ders. (Hrsg.), Grundrechte, § 7 Rn 23; *Hecker*, EuStR, § 9 Rn 13; *Streinz*, Europarecht, Rn 797, 820. Inländer können sich gegenüber einer Schlechterstellung im Vergleich zu Ausländern nicht auf die unionsrechtlichen Grundfreiheiten berufen. Das hat zB zur Folge, dass nationale Produzenten an das Reinheitsgebot hinsichtlich der Herstellung von Bier gebunden werden können, diese Anforderungen aber ausländischen Exporteuren im Hinblick auf die Warenverkehrsfreiheit nicht entgegengehalten werden können; vgl EuGH, Rs. 178/84 (Kommission/Deutschland), Slg 1987, 1227, 1262 ff; *Ambos*, IntStR, § 11 Rn 41; *Hecker*, EuStR, § 9 Rn 13.

104 EuGH, Rs. C-68/88 (Griechischer Mais), Slg 1989, 2965; näher *Hecker*, EuStR, § 7 Rn 60 ff; *Heger*, in: Böse (Hrsg.), EE, § 5 Rn 10, 15; *Satzger*, IntEuStR, § 9 Rn 26 ff.

105 Eingehend hierzu *Hecker*, EuStR, § 7 Rn 16 ff; siehe auch *Heger*, in: Böse (Hrsg.), EE, § 5 Rn 15, 19.

106 *Hecker*, EuStR § 7 Rn 55 ff; *Satzger*, IntEuStR, § 9 Rn 27; *ders.*, Europäisierung, S. 336.

107 Näher *Hecker*, EuStR, § 7 Rn 31; *Heger*, in: Böse (Hrsg.), EE, § 5 Rn 19.

108 Gesetz zum Protokoll v. 27.9.1996 zum Übereinkommen über den Schutz der finanziellen Interessen der Europäischen Gemeinschaften (EU-Bestechungsgesetz – EUBestG) v. 10.9.1998, BGBl. II 1998, S. 2340; vgl hierzu *Hecker*, EuStR, § 7 Rn 73 ff.

109 Für Richtlinien ergibt sich die mitgliedstaatliche Umsetzungspflicht neben dem allgemeinen Loyalitätsgebot in Art. 4 EUV aus Art. 288 Unterabs. 3 AEUV. Die fortdauernde Umsetzungsverpflichtung hinsichtlich von Rahmenbeschlussvorgaben (abgeleitet aus Art. 34 Abs. 2 Unterabs. 1 S. 2 lit. d) EUV aF iVm dem Loyalitätsgebot; vgl zu den Rechtswirkungen von Rahmenbeschlüssen *Weißer*, ZIS 2006, 562 ff) ergibt sich aus deren Fortgeltung gem. Art. 9 des Protokolls Nr. 36 zu Übergangsbestimmungen zum Vertrag von Lissabon, ABl. C 83 v. 30.3.2010, S. 322.

und **Harmonisierung** der mitgliedstaatlichen Strafrechtsordnungen mit dem Ziel eines einheitlichen Rechtsraums Europa. Im Folgenden werden nur die wichtigsten Kriminalitätsbereiche herausgegriffen, hinsichtlich derer europarechtliche Harmonisierungsmaßnahmen das deutsche Strafrecht beeinflussen.

a) Straftaten gegen Finanzinteressen der Europäischen Union

Im Bereich des Finanzschutzes sind bereits einige Unionsrechtsakte ergangen, die zu Anpassungen auch im deutschen Recht geführt haben. Da aber die bisherigen Bemühungen um eine effektive Bekämpfung von Straftaten gegen die EU-Finanzinteressen bislang wenig erfolgreich waren (vgl hierzu bereits Rn 28 f), verfolgt die Union derzeit einen umfassenden Plan zur Optimierung des EU-Finanzschutzes: Im Juli 2012 legte die Kommission einen Richtlinienvorschlag „über die strafrechtliche Bekämpfung von gegen die finanziellen Interessen der Europäischen Union gerichtetem Betrug“ (RL-E Finanzinteressen 2012)[110] vor. Nach Ansicht der Kommission ist die Richtlinie wegen beträchtlicher Regelungsunterschiede der mitgliedstaatlichen Strafrechtsordnungen im Hinblick auf den Schutz der EU-Finanzinteressen unerlässlich, denn die Regelungsvielfalt beeinträchtige den dringend notwendigen EU-Finanzschutz erheblich.[111] Der Richtlinienvorschlag enthält in seiner aktualisierten Fassung[112] die tatbestandliche Beschreibung von Betrugstaten zum Nachteil der EU-Finanzinteressen (Art. 3 RL-E Finanzinteressen 2012), die im mitgliedstaatlichen Recht unter Strafe zu stellen sind. Davon erfasst sind auf der Ausgabenseite Falschangaben im Hinblick auf Subventionen und Beihilfen und auf der Einnahmenseite das entsprechend bewirkte Vorenthalten von der Union zustehenden Einnahmen. Außerdem enthält der Richtlinienvorschlag in Art. 4 RL-E Finanzinteressen 2012 Kriminalisierungsanforderungen im Hinblick auf betrugs*ähnliche* Taten. Hierzu zählen Geldwäsche, Bestechlichkeit, Bestechung und missbräuchliche Verwendung von Unionsgeldern.[113] Die Verhandlungen über die genaue Ausgestaltung der Richtlinie dauern an. Ob bzw wann die Richtlinie mit welchem Inhalt tatsächlich erlassen werden kann, lässt sich derzeit nicht mit Sicherheit prognostizieren. Sie wäre aber vor allem im Hinblick auf den ebenfalls derzeit betriebenen Verordnungsvorschlag zur Errichtung einer Europäischen Staatsanwaltschaft, die speziell zur Verfolgung von Straftaten gegen Finanzinteressen der Union geschaffen werden soll,[114] dringend erforderlich (vgl hierzu Rn 70 ff). 33

110 KOM (2012) 363 endg. v. 11.7.2012, S. 2.

111 KOM (2012) 363 endg. v. 11.7.2012, S. 2; vgl auch die Synopse zu den in den Mitgliedstaaten vorhandenen Regelungen zum Schutz der Finanzinteressen auf S. 3 f.

112 Ratsdokument 10232/13 v. 3.6.2013, S. 13 ff. Vgl auch die Änderungsvorschläge aus der Ersten Lesung des Europäischen Parlaments (14.-17.4.2014), Ratsdokument 9024/14 v. 29.4.2014.

113 Zur Definition von Straftaten gegen die EU-Finanzinteressen näher *Ligeti*, EuCLR 2011, 123, 132 f; *Satzger*, in: Beulke-Symposium, S. 95, 96; *Zöller*, in: FS Schenke, S. 579, 582.

114 Art. 4 Abs. 1 der aktualisierten Fassung der Verordnung über die Errichtung einer Europäischen Staatsanwaltschaft, Ratsdokument 9834/1/14 REV 1 v. 21.5.2014, S. 6.

34 Im Hinblick auf die Deliktsbereiche der Fälschung von Zahlungsmitteln,[115] der Geldwäsche[116] (vgl zu diesen Bereichen näher *Bischof/Jung*, in diesem Band, § 20 Rn 217 ff) und der Korruption[117] haben die Deliktstatbestände des deutschen Rechts durch die Umsetzung europäischer Rechtsakte bereits in der Vergangenheit Änderungen erfahren. Die Vorgaben der im Juni 2014 in Kraft getretenen **Marktmissbrauchsrichtlinie**[118] zur Kriminalisierung von Insider-Geschäften, unrechtmäßiger Offenlegung von Insiderinformationen und Markmanipulation sind in den mitgliedstaatlichen Rechtsordnungen bis zum 3.7.2016 umzusetzen. Auch im deutschen Recht werden Anpassungen – vor allem in § 38 WpHG[119] – erforderlich sein (näher zu diesem Bereich *Bischof/Jung*, in diesem Band, § 20 Rn 199).

b) Organisierte Kriminalität

35 Angesichts des erheblichen Schadenspotenzials[120] und der typischerweise grenzüberschreitenden Verwirklichung von Straftaten der organisierten Kriminalität bildete dieser Bereich schon früh ein Betätigungsfeld für die Europäische Union. Nach dem Beitritt der Europäischen Gemeinschaft[121] zum UN-Übereinkommen gegen die grenzüberschreitende organisierte Kriminalität vom 15.11.2000 („*Palermo-Übereinkommen*“[122]) erfolgte im Jahr 2008 der Erlass eines Rahmenbeschlusses zur Bekämpfung der organisierten Kriminalität,[123] der die Vorgaben des UN-Palermo-

115 Am 22.5.2014 ist die Richtlinie 2014/62/EU zum strafrechtlichen Schutz des Euro und anderer Währungen gegen Geldfälschung in Kraft getreten. Im deutschen Recht waren bereits zuvor Umsetzungsgesetze in BGBl. I 2002, S. 3387 und im 35. StrÄndG, BGBl. I 2003, S. 2838, zum Rahmenbeschluss 2000/383/JI des Rates v. 29.5.2000 über die Verstärkung des mit strafrechtlichen und anderen Sanktionen bewehrten Schutzes gegen Geldfälschung im Hinblick auf die Einführung des Euro, ABl. L 140 v. 14.6.2000, S. 1, und zum Rahmenbeschluss 2001/413/JI des Rates v. 28.5.2001 zur Bekämpfung von Betrug und Fälschung im Zusammenhang mit unbaren Zahlungsmitteln, ABl. L 149 v. 2.6.2001, S. 1, in Kraft getreten. Deswegen besteht insoweit kein weiterer Anpassungsbedarf im deutschen Recht.

116 Hinsichtlich der Geldwäschebekämpfung sind insgesamt drei Richtlinien (Richtlinie 91/308/EWG des Rates v. 10.6.1991 zur Verhinderung der Nutzung des Finanzsystems zum Zwecke der Geldwäsche, ABl. L 166 v. 28.6.1991, S. 77, aktuell idF der Richtlinie 2001/97/EG des Europäischen Parlaments und des Rates v. 4.12.2001 zur Änderung der Richtlinie 91/308/EWG des Rates zur Verhinderung der Nutzung des Finanzsystems zum Zwecke der Geldwäsche, ABl. L 344 v. 28.12.2001, S. 76; Richtlinie 2005/60/EG des Europäischen Parlaments und des Rates v. 26.10.2005 zur Verhinderung der Nutzung des Finanzsystems zum Zwecke der Geldwäsche und der Terrorismusfinanzierung, ABl. L 309 v. 25.11.2005, S. 15) und ein Rahmenbeschluss (2001/500/JI des Rates v. 26.6.2001 über Geldwäsche sowie Ermittlung, Einfrieren, Beschlagnahme und Einziehung von Tatwerkzeugen und Erträgen aus Straftaten, ABl. L 182 v. 5.7.2001, S. 1) ergangen. Der deutsche Gesetzgeber ist seiner Umsetzungsverpflichtung durch Schaffung des Geldwäschetatbestands § 261 StGB im Jahr 1992 nachgekommen. Eingehend zur europäischen Geldwäschebekämpfung *Hecker*, EuStR, § 8 Rn 11 ff.

117 Die Sanktionierungsanforderungen des Rahmenbeschlusses 2003/568/JI des Rates v. 22.7.2003 zur Bekämpfung der Bestechung im privaten Sektor, ABl. L 192 v. 31.7.2003, S. 54, hatte der Gesetzgeber bereits zuvor durch eine Ergänzung von § 299 StGB (BGBl. I 2002, S. 3387) übertroffen: § 299 Abs. 3 StGB kriminalisiert Bestechungshandlungen weltweit – und nicht nur innerhalb der EU (die Anwendbarkeit des deutschen Strafrechts vorausgesetzt), vgl *Dannecker*, in: NK-StGB, § 299 Rn 74. Die Gesetzesänderung war auf eine Gemeinsame Maßnahme (betreffend die Bestechung im privaten Sektor, ABl. L 358 v. 31.12.1998, S. 2) zurückgegangen.

118 Richtlinie 2014/57/EU des Europäischen Parlamentes und des Rates v. 16. April 2014 über strafrechtliche Sanktionen bei Marktmanipulation (Marktmissbrauchsrichtlinie), ABl. L 173 v. 12.6.2014, S. 179. Harsche Kritik an der Richtlinie bei *Schröder*, HRRS 2013, 253, 258 ff; siehe auch BT-Drucks. 17/9770 v. 23.5.2012, S. 3 ff.

119 Art. 3 Abs. 1 Unterabs. 2 der Richtlinie fordert, die Kriminalisierung der Verleitung Dritter zu Insider-Geschäften auf jedermann zu erstrecken, der über entsprechende Insiderinformationen verfügt – also auch auf außenstehende, sog. Sekundärinsider (kritisch hierzu *Schröder*, HRRS 2013, 253, 261: „Überkriminalisierung“). Das und die von Art. 6 Abs. 2 iVm Art. 5 der Richtlinie geforderte Versuchsstrafbarkeit wird eine Ergänzung von § 38 WpHG erforderlich machen.

120 In einer Entschließung des Europäischen Parlaments vom 25.10.2011 zur organisierten Kriminalität in der Europäischen Union (2010/2309 [INI]), Erwägungsgrund G, wird der Umsatz der in Europa tätigen kriminellen Vereinigungen der italienischen Mafia auf mindestens 135 Mrd. Euro geschätzt.

121 ABl. L 261 v. 6.8.2004, S. 69.

122 UN Document A/55/383 v. 2.11.2000, S. 25 ff; ABl. L 261 v. 6.8.2004, S. 70 ff; vgl BGBl. II 2005, S. 954. Im Juli *2014 hatten 179 Staaten* das Übereinkommen ratifiziert.

123 Rahmenbeschluss 2008/841/JI des Rates zur Bekämpfung der organisierten Kriminalität v. 24.10.2008, ABl. L 300 v. 11.11.2008, S. 42; zum Inhalt des Rahmenbeschlusses im Einzelnen *Weißer*, in: Böse (Hrsg.), EE, § 9 Rn 5 ff.

Übereinkommens berücksichtigte.[124] Eine verbindliche und umfassende Definition des Phänomens organisierte Kriminalität existiert allerdings auf Unionsebene bis heute nicht.[125] Als wesentliches Charakteristikum von Straftaten organisierter Kriminalität wird aber deren Verwirklichung aus einer kriminellen Vereinigung heraus angesehen.[126] Zudem benennen verschiedene Unionsrechtsakte bestimmte Deliktsgruppen als typisch für organisierte Kriminalität (zB Erwägungsgrund 1 der Richtlinie 2011/36/EU zum Menschenhandel, vgl hierzu näher sogleich Rn 37). Dazu zählen Drogen-, Waffen- und Organhandel, Menschenhandel mit sexueller Ausbeutung von Frauen und Kindern, Geldwäsche sowie sonstige Finanzstraftaten. Als spezifisches gemeinsames Merkmal organisierter Kriminalität wird darüber hinaus die Straftatmotivation durch die Absicht materieller Gewinnerzielung angesehen.[127] In den typischen Deliktsbereichen organisierter Kriminalität sind zahlreiche Rechtsakte ergangen, die im Folgenden nur kurz skizziert werden.

Hinsichtlich der **Betäubungsmittelkriminalität** wurde im Jahr 2004 ein Rahmenbeschluss zur Fest- 36
legung von Mindestvorschriften über die Tatbestandsmerkmale strafbarer Handlungen und die Strafen im Bereich des illegalen Drogenhandels[128] erlassen. Derzeit ist ein Richtlinienvorschlag zu dessen Änderung[129] und ein Verordnungsvorschlag[130] in Vorbereitung, die zusätzlich einen unionsweiten Schutz vor neuen gefährlichen psychoaktiven Substanzen gewährleisten sollen. Der Verordnungsentwurf enthält ein Verbot des Vertriebs neuer psychoaktiver Substanzen in der Union, wenn diese „schwerwiegende gesundheitliche, soziale und sicherheitsrelevante Risiken“ begründen.[131] Der Richtlinienvorschlag sieht vor, dass die Kommission hinsichtlich dieser gefährlichen psychoaktiven Substanzen ermächtigt wird, den Anwendungsbereich des erwähnten Rahmenbeschlusses zum illegalen Drogenhandel zu erweitern.[132]

Hinsichtlich des **Menschenhandels** trat im Jahr 2011 die Richtlinie 2011/36/EU zur Verhütung und 37
Bekämpfung des Menschenhandels[133] in Kraft. Die Umsetzungsfrist der Richtlinie ist am 6.4.2013 abgelaufen (Art. 22). Unter Menschenhandel sind alle Handlungen zu fassen, durch die das Opfer zum Zwecke der Ausbeutung in ein Abhängigkeitsverhältnis zum Täter gezwungen wird. Es geht dabei um die Ausbeutung der Arbeitskraft oder den Zwang zur Prostitution oder zur Duldung von Organentnahmen. Die Richtlinie verlangt von den Mitgliedstaaten, in diesem Zusammenhang mindestens die folgenden Handlungen zu kriminalisieren: „*Die Anwerbung, Beförderung, Verbringung, Beherbergung oder Aufnahme von Personen, einschließlich der Übergabe oder Übernahme der Kontrolle über diese Personen, durch die Androhung oder Anwendung von Gewalt oder anderer Formen der Nötigung, durch Entführung, Betrug, Täuschung, Missbrauch von Macht oder Ausnutzung besonderer Schutzbedürftigkeit oder durch Gewährung oder Entgegennahme von*

124 Erwägungsgrund 6 des Rahmenbeschlusses, ABl. L 300 v. 11.11.2008, S. 42.

125 *Hecker*, EuStrR, § 11 Rn 105; *Kreß/Gazeas*, in: Sieber (Hrsg.), EuStrR, § 18 Rn 2.

126 Vgl Gemeinsame Maßnahme 98/733/JI betreffend die Strafbarkeit der Beteiligung an einer kriminellen Vereinigung in den Mitgliedstaaten der Europäischen Union, sowie Art. 2 und Erwägungsgrund 3 des Rahmenbeschlusses 2008/841/JI zur Bekämpfung der organisierten Kriminalität, ABl. L 300 v. 11.11.2008, S. 42.

127 Art. 2 lit. a) Palermo-Übereinkommen; Art. 1 Gemeinsame Maßnahme 98/733/JI; Art. 1 Nr. 1 Rahmenbeschluss 2008/841/JI; s. auch Richtlinienvorschlag v. 12.3.2012, KOM (2012) 85 endg., S. 15.

128 Rahmenbeschluss 2004/757/JI des Rates v. 25.10.2004, ABl. L 335 v. 11.11.2004, S. 8.

129 Vorschlag für eine Richtlinie des Europäischen Parlaments und des Rates zur Änderung des Rahmenbeschlusses 2004/757/JI des Rates v. 25.10.2004 zur Festlegung von Mindestvorschriften über die Tatbestandsmerkmale strafbarer Handlungen und die Strafen im Bereich des illegalen Drogenhandels hinsichtlich der Drogendefinition, Ratsdok. 9046/14 v. 7.5.2014; KOM (2013) 618 v. 17.9.2013.

130 Vorschlag für eine Verordnung des Europäischen Parlaments und des Rates über neue psychoaktive Substanzen, Ratsdok. 9045/14 v. 7.5.2014; KOM (2013) 619 v. 17.09.2013.

131 Ratsdok. 9045/14 v. 7.5.2014, S. 35 f; KOM (2013) 619 v. 17.9.2013, S. 27.

132 Ratsdok. 9046/14 v. 7.5.2014, S. 13.

133 Richtlinie 2011/36/EU des Europäischen Parlaments und des Rates v. 5.4.2011 zur Verhütung und Bekämpfung des Menschenhandels und zum Schutz seiner Opfer sowie zur Ersetzung des Rahmenbeschlusses 2002/629/JI des Rates, ABl. L 101 v. 15.4.2011, S. 1. Vgl auch die auf der Basis der Richtlinienvorgaben erarbeitete Strategie zur Beseitigung des Menschenhandels 2012-2016, KOM (2012) 286 endg. v. 19.6.2012.

Zahlungen oder Vorteilen zur Erlangung des Einverständnisses einer Person, die die Kontrolle über eine andere Person hat, zum Zwecke der Ausbeutung".[134]

Hinsichtlich einzelner Richtlinienvorgaben dürfte noch Anpassungsbedarf im deutschen Recht bestehen: Es ist zweifelhaft, ob die von der Richtlinie geforderte Ausdehnung der Ausbeutungshandlungen auf den Zwang zu Betteltätigkeiten und zur Duldung von Organentnahmen bereits im deutschen Recht enthalten ist. Zwar könnte man den Zwang zu Betteltätigkeiten möglicherweise noch unter § 233 StGB fassen, der Zwang zur Duldung von Organentnahmen ist aber im deutschen Recht nicht in seiner spezifischen Verknüpfung zum Delikt des Menschenhandels vertatbestandlicht. Insoweit stehen nur die allgemeinen Körperverletzungs- und Nötigungstatbestände zur Verfügung. Die gegenwärtige Fassung des § 233 StGB wird aber im Schrifttum ohnehin als wenig praxistauglich kritisiert und eine grundlegende Neuregelung der Materie gefordert.[135]

38 In Abstimmung mit den Vorgaben der Richtlinie zur Bekämpfung des Menschenhandels ist ebenfalls im Jahr 2011 die Richtlinie zur Bekämpfung des **sexuellen Missbrauchs und der sexuellen Ausbeutung von Kindern sowie der Kinderpornografie** (RL SM 2011) in Kraft getreten.[136] Sie verlangt die Kriminalisierung sexueller Handlungen mit und an einem Kind sowie die Nötigung eines Kindes zu sexuellen Handlungen mit Dritten und zur Mitwirkung an pornografischen Darstellungen. Weiterhin ist zu bestrafen, wer sich durch Kinderprostitution bereichert und in diesem Rahmen sexuelle Handlungen an einem Kind vornimmt.[137] Außerdem verlangt Art. 5 RL SM 2011 die Bestrafung des Erwerbs und Besitzes sowie des bewussten Zugriffs auf Kinderpornografie mittels Informations- und Kommunikationstechnologie durch Konsumenten[138] ebenso wie den Vertrieb, das Anbieten, Liefern, Zugänglichmachen und Herstellen von Kinderpornografie. Die Umsetzungsfrist der Richtlinie ist am 18.12.2013 abgelaufen.

39 Ob das deutsche Recht den Vorgaben vollends gerecht wird, ist zweifelhaft – ein Gesetzentwurf zu notwendigen Anpassungen im deutschen Recht liegt bereits vor.[139] So verlangt Art. 4 Abs. 4 RL SM 2011 die Bestrafung der Beteiligung an pornografischen Darstellungen bei Kenntnis der Beteiligung von Kindern an dieser Darstellung. Insoweit findet sich aber bislang keine unmittelbar einschlägige Strafnorm im deutschen Recht.[140] Außerdem verlangt die Richtlinie die Kriminalisierung des vorsätzlichen Aufrufens von kinderpornografischen Inhalten mittels Informations- und Kommunikationstechnologie, Art. 5 Abs. 3 RL SM 2011. Die in einzelnen Judikaten[141] insoweit vorgenommene Einordnung des vorsätzlichen Aufrufens kinderpornografischer Darstellungen im Internet als ein auf die Verschaffung von Besitz an den Inhalten gerichtetes Unternehmensdelikt iSd § 184 b Abs. 4 StGB wird im deutschen Schrifttum überwiegend für zu weitgehend gehalten.[142] Hält man demgegenüber die Auslegung der Rechtsprechung für zutreffend, so wird man zu dem Schluss kommen können, das deutsche Recht werde den Pönalisierungsanforderungen der Richtli-

---

134 Zu den Einzelheiten vgl näher *Weißer*, in: Böse (Hrsg.), EE, § 9 Rn 47 ff.

135 Einzelheiten hierzu bei *Weißer*, in: Böse (Hrsg.), EE, § 9 Rn 59. Kritik zu § 233 StGB findet sich etwa bei *Eisele*, in: Schönke/Schröder, § 233 Rn 9; *Fischer*, § 233 Rn 1, 3; *Schroeder*, GA 2005, 307 ff.

136 Richtlinie 2011/93/EU des Europäischen Parlaments und des Rates v. 13.12.2011 zur Bekämpfung des sexuellen Missbrauchs und der sexuellen Ausbeutung von Kindern sowie der Kinderpornographie, ABl. L 335 v. 17.12.2011, S. 1. Die Richtlinie ersetzt den Rahmenbeschluss 2004/68/JI v. 22.12.2003 zur Bekämpfung der sexuellen Ausbeutung von Kindern und der Kinderpornographie, ABl. L 13 v. 20.1.2004, S. 44.

137 Bereits die Kontaktaufnahme zu Kindern zu diesem Zweck (sog. Grooming) ist nach Art. 6 der Richtlinie unter Strafe zu stellen.

138 Zum Strafgrund des bloßen Erwerbs und Besitzes vgl *Böse*, in: FS Schroeder, S. 751, 753.

139 Gesetzentwurf der Fraktionen der CDU/CSU und SPD „Entwurf eines Gesetzes zur Änderung des Strafgesetzbuches – Umsetzung europäischer Vorgaben zum Sexualstrafrecht", BT-Drucks. 18/2601 v. 23.9.2014.

140 Der Gesetzentwurf (vgl Fußnote 139) sieht eine Umsetzung der Vorgaben aus Art. 4 Abs. 4 RL SM 2011 in einem neuen § 184 e StGB (Veranstaltung und Besuch kinder- und jugendpornografischer Darbietungen) vor, BT-Drucks. 18/2601 v. 23.9.2014, S. 3, 12, 17 f, 44 f.

141 *OLG Hamburg*, NJW 2010, 1893, 1894 f; OLG Schleswig, NStZ-RR 2007, 41, 42 f; anders LG Stuttgart, NStZ 2003, 36.

142 *Brodowski*, StV 2011, 105 f; *Eckstein*, NStZ 2011, 18, 20; *Eisele*, in: Schönke/Schröder, § 184 b Rn 15 a; *Fischer*, § 184 b Rn 21 b; *Hörnle*, in: MK-StGB (2. Aufl. 2012), § 184 b Rn 35; *dies.*, NStZ 2010, 704, 705 f.

nie bereits de lege lata gerecht.[143] Es fragt sich aber durchaus, ob die im Hinblick auf ihre Vereinbarkeit mit dem Wortlaut zweifelhafte Auslegung[144] des § 184 b Abs. 4 StGB aus Gründen der gesetzlichen Bestimmtheit nicht besser durch eine ausdrückliche gesetzliche Regelung ersetzt werden sollte.[145] Jedoch wird die prinzipielle Strafwürdigkeit des rein privaten Ansehens kinderpornografischen Materials auf dem heimischen Computer im deutschen Schrifttum überwiegend verneint.[146]

In engem Zusammenhang mit dem Komplex des Menschenhandels und der sexuellen Ausbeutung 40 von Frauen und Kindern stehen die europäischen Rechtsakte zur **unerlaubten Ein- und Durchreise** und zum unerlaubten Aufenthalt. Hier ist zunächst im Jahr 2002 eine Richtlinie[147] zur Definition der Beihilfe zur unerlaubten Ein- und Durchreise und zum unerlaubten Aufenthalt ergangen. Durch die Umsetzung der Richtlinienvorgaben sollte nicht nur der unerlaubte Grenzübertritt als solcher verhindert werden, sondern die Richtlinie zielte vor allem darauf ab, Netzwerke zur Ausbeutung von Menschen zu zerschlagen. Begleitet wurde die Richtlinie durch einen Rahmenbeschluss,[148] der die Mitgliedstaaten ausdrücklich verpflichtete, die in der Richtlinie definierten unerlaubten Handlungen mit wirksamen, angemessenen und abschreckenden Strafen zu bedrohen. Im deutschen Recht erfolgte eine Anpassung von § 96 Abs. 4 Aufenthaltsgesetz, der die unerlaubte Einreise und den unerlaubten Aufenthalt im Hoheitsgebiet eines EU-Mitgliedstaats in bestimmten Fällen unter Strafe stellt.[149] Weiterer Anpassungsbedarf besteht im deutschen Recht insoweit nicht mehr.[150]

Hinsichtlich der in diesem Abschnitt genannten Straftaten organisierter Kriminalität, die in erster 41 Linie durch eine Gewinnerzielungsabsicht motiviert sind, kommt auch die im Jahr 2014 in Kraft getretene Richtlinie über die Sicherstellung und Einziehung von Tatwerkzeugen und Erträgen aus Straftaten[151] zur Anwendung. Die Richtlinie beruht auf der Annahme, dass das wirksamste Mittel zur Bekämpfung organisierter Kriminalität und der mit ihr typischerweise einhergehenden Straftaten in der Minimierung von Gewinnchancen liegt.[152] Die Umsetzung der Vorgaben zur Sicherstellung und Einziehung in den mitgliedstaatlichen Rechtsordnungen soll bis zum 4.10.2016 erfolgen.[153] Das deutsche Recht sieht in §§ 73 ff StGB bereits heute umfangreiche Möglichkeiten der Einziehung und des Verfalls vor, sodass hier kaum Anpassungsbedarf besteht.[154]

---

143 So auch der Gesetzentwurf (siehe Fußnote 139), BT-Drucks. 18/2601 v. 23.9.2014, S. 2, 18 ff, 42.

144 Als Überschreitung der Wortlautgrenze werten *Mintas*, NJW 2010, 1897; *Scheffler*, in: FS Herzberg, S. 627, 629 f diese Auslegung; anders *Hecker*, JuS 2014, 385, 392.

145 Der Gesetzentwurf (siehe Fußnote 139) sieht insoweit eine Klarstellung durch die Einfügung einer Regelung in § 184 d Abs. 2 StGB vor, der dann lauten soll: „*Nach § 184 b Absatz 3 wird auch bestraft, wer es unternimmt, einen kinderpornographischen Inhalt mittels Telemedien abzurufen. …*“, BT-Drucks. 18/2601 v. 23.9.2014, S. 12.

146 *Eckstein*, NStZ 2011, 18, 21 f; *Fischer*, § 184 b Rn 21 c; zurückhaltend auch *Brodowski*, StV 2011, 105, 108; *Hecker*, JuS 2014, 385, 392; *Hörnle*, NStZ 2010, 704, 705 und *Popp*, ZIS 2011, 193, 194, 203.

147 Richtlinie 2002/90/EG des Rates v. 28.11.2002 zur Definition der Beihilfe zur unerlaubten Ein- und Durchreise und zum unerlaubten Aufenthalt, ABl. L 328 v. 5.12.2002, S. 17.

148 Rahmenbeschluss 2002/946/JI des Rates v. 28.11.2002 betreffend die Verstärkung des strafrechtlichen Rahmens für die Bekämpfung der Beihilfe zur unerlaubten Ein- und Durchreise und zum unerlaubten Aufenthalt, ABl. L 328 v. 5.12.2002, S. 1.

149 Gesetz zur Umsetzung aufenthalts- und asylrechtlicher Richtlinien der Europäischen Union vom 19.8.2007, BGBl. I 2007, S. 1989.

150 Die im Aufenthaltsgesetz (Gesetz über den Aufenthalt, die Erwerbstätigkeit und die Integration von Ausländern im Bundesgebiet idF v. 25.2.2008, BGBl. I 2008, S. 162 ff) enthaltenen Vorschriften (vgl insb. §§ 96 und 97 Aufenthaltsgesetz) werden den Vorgaben des Rahmenbeschlusses gerecht; vgl *Hecker*, EuStR, § 11 Rn 116.

151 Richtlinie 2014/42/EU des Europäischen Parlaments und des Rates v. 3. April 2014 über die Sicherstellung und Einziehung von Tatwerkzeugen und Erträgen aus Straftaten in der Europäischen Union, ABl. L 127 v. 29.4.2014, S. 39.

152 Vgl Erwägungsgrund 1 der Richtlinie, ABl. L 127 v. 29.4.2014, S. 39.

153 Vgl Berichtigung der Richtlinienbestimmung in ABl. L 138 v. 13.5.2014, S. 114.

154 Einzelheiten zum Umsetzungsbedarf und zu Bedenken hinsichtlich der Reichweite der Richtlinienvorgaben bei *Weißer*, in: Böse (Hrsg.), EE, § 9 Rn 21.

c) Terrorismus

42 Maßgeblicher Unionsrechtsakt zur Terrorismusbekämpfung ist der Rahmenbeschluss 2002/475/JI des Rates zur Terrorismusbekämpfung v. 13.6.2002[155] in der Fassung des Änderungsrahmenbeschlusses 2008/919/JI v. 28.11.2008.[156] Er verlangt die Kriminalisierung zahlreicher terroristischer Straftaten, die nach Art. 1 des Rahmenbeschlusses dadurch charakterisiert sind, dass sie mit dem Ziel verwirklicht werden, *„die Bevölkerung auf schwerwiegende Weise einzuschüchtern oder öffentliche Stellen oder eine internationale Organisation rechtswidrig zu einem Tun oder Unterlassen zu zwingen oder die politischen, verfassungsrechtlichen, wirtschaftlichen oder sozialen Grundstrukturen eines Landes oder einer internationalen Organisation ernsthaft zu destabilisieren oder zu zerstören“*.[157]

43 Im deutschen Recht werden terroristische Straftaten umfassend in §§ 129 a, 129 b, 89 a, 89 b StGB kriminalisiert. Hinter den unionsrechtlichen Kriminalisierungsanforderungen bleibt das deutsche Recht lediglich insoweit zurück, als terroristische Straftaten teilweise unabhängig von der genannten spezifisch terroristischen subjektiven Zwecksetzung[158] als im Einzelnen aufgezählte besonders schwere Straftaten definiert sind, vgl § 129 a Abs. 1 StGB. Der deutsche Gesetzgeber sollte insoweit eine Präzisierung der Gesetzeslage durch die Aufnahme der spezifischen Einschüchterungs- bzw Destabilisierungszwecksetzung terroristischer Straftaten vornehmen.[159]

d) Computerstraftaten

44 Für Computerstraftaten hat die Richtlinie 2013/40/EU v. 12.8.2013 über Angriffe auf Informationssysteme[160] den bisher für diesen Bereich geltenden Rahmenbeschluss[161] aus dem Jahr 2005 ersetzt. Die Richtlinie verlangt die Bestrafung vorsätzlicher oder unbefugter schwerer Behinderungen oder Störungen des Betriebs eines Informationssystems durch die Eingabe von Daten. Davon sollen auch so genannte Denial of Service-Attacken erfasst sein, die durch die massenhafte Vornahme von an sich gewöhnlichen Dateneingaben einen Zusammenbruch des Systems herbeiführen (zB durch die massenhafte zeitgleiche Zusendung von e-mails). Im deutschen Recht entsteht hierdurch Anpassungsbedarf, da die einschlägige Vorschrift des § 303 b Abs. 1 Nr. 2 StGB bislang nur das Übertragen von extern vorgehaltenen Daten in das angegriffene System erfasst,[162] nicht aber das „Neu-Schaffen“ von Daten durch die Herstellung von Verbindungen. Grund hierfür ist die Bezugnahme von § 303 b Abs. 1 Nr. 2 StGB auf § 202 a Abs. 2 StGB, der nur gespeicherte oder übermittelte Daten in den Datenbegriff aufnimmt, damit also nur die Manipulation mit Hilfe

---

155 ABl. L 164 v. 22.6.2002, S. 3.

156 ABl. L 330 v. 9.12.2008, S. 21.

157 Das Merkmal der spezifischen subjektiven Zwecksetzung terroristischer Straftaten ist im internationalen Recht weitgehend konsentiert, vgl auch die Definition in Art. 2 Abs. 1 lit. b) der UN-Konvention zur Verhinderung der Terrorismusfinanzierung (General Assembly v. 9.12.1999, 54/109; BGBl. II 2003, S. 1923) und entspricht auch der überwiegenden Ansicht im Schrifttum; vgl nur *Schmalenbach*, NZWehrR 2000, 15, 19; *Tomuschat*, EuGRZ 2002, 535, 536; *Weigend*, in: FS Nehm, S. 151, 162 f; *ders.*, JICJ 4 (2006), 912, 923 f; *Zöller*, Terrorismusstrafrecht, S. 145 ff.

158 Vgl die entsprechende Kritik in den Umsetzungsberichten der Kommission, KOM (2004) 409, S. 7; KOM (2007) 681, S. 8.

159 Vgl hierzu bereits *Weißer*, in: Böse (Hrsg.), EE, § 9 Rn 101, zu weiteren Zweifelsfragen Rn 96 aaO. Im Ergebnis ebenso *Schmalenbach*, NZWehrR 2000, 15, 19; *Tomuschat*, EuGRZ 2002, 535, 536; *Weigend*, JICJ 4 (2006), 912, 923 f; *Zöller*, Terrorismusstrafrecht, S. 146.

160 Richtlinie 2013/40/EU des Europäischen Parlaments und des Rates v. 12.8.2013 über Angriffe auf Informationssysteme und zur Ersetzung des Rahmenbeschlusses 2005/222/JI des Rates, ABl. L 218 v. 14.8.2013, S. 8.

161 Rahmenbeschluss 2005/222/JI des Rates v. 24.2.2005 über Angriffe auf Informationssysteme, ABl. L 69 *v. 16.3.2005, S. 67.*

162 *Eisele*, Computer- und Medienstrafrecht, 4. Kap. Rn 83; *ders.*, Jura 2012, 922, 933; *Gröseling/Höfinger*, MMR 2007, 626, 627; *Rengier*, § 26 Rn 16; *Vassilaki*, CR 2008, 131, 134; aA wohl *Popp*, JuS 2011, 385, 389, der eine „berichtigende Auslegung“ des § 303 b Abs. 1 Nr. 2 StGB erwägt.

bereits existenter Daten erfasst, nicht aber die erst mit der Manipulation einhergehende Schaffung von Daten.[163]

e) Umweltstraftaten

Maßgeblicher Unionsrechtsakt im Hinblick auf Umweltstraftaten ist die Richtlinie 2008/99/EG v. 19.11.2008 über den strafrechtlichen Schutz der Umwelt.[164] Die Richtlinienvorgaben sind im deutschen Recht im Jahr 2011 umgesetzt worden.[165] Durch die Ergänzung von § 330 d Abs. 2 StGB wurde die Verwaltungsrechtsakzessorietät von Umweltstraftaten (im Einzelnen §§ 311, 324 a, 325-328 StGB) für EU-Auslandstaten zu einer Unionsrechtsakzessorietät: Ein Handeln verletzt demnach verwaltungsrechtliche Pflichten auch dann, wenn diese dem Unionsrecht selbst oder dem nationalen Recht eines anderen EU-Mitgliedstaats entspringen, das in Umsetzung von Unionsvorgaben ergangen ist.[166] 45

Gegen den vor Erlass der Richtlinie 2008/99/EG im Rahmen der vormals Dritten Säule erlassenen Rahmenbeschluss zum strafrechtlichen Schutz der Umwelt hatte die Kommission erfolgreich geklagt. Der EuGH entschied, dass der Gemeinschaft (dh der damaligen Ersten Säule) im Zusammenhang mit ihrer Zuständigkeit für den Umweltschutz als Gegenstand der Unionspolitik auch eine Annexkompetenz im Hinblick auf den Erlass strafrechtsbezogener Richtlinien zur effektiven Durchsetzung der Umweltschutzziele zukomme (vgl hierzu bereits Rn 5).[167] Der Klage ebenso wie der nach dem Urteil im Schrifttum geführten Kontroverse[168] lag die Frage zugrunde, ob durch die Anerkennung einer strafrechtsbezogenen Annexkompetenz hinsichtlich des Umweltschutzes die innerhalb der Dritten Säule intergouvernemental zu behandelnden Angelegenheiten des Strafrechts unzulässigerweise der supranationalen Ersten Säule zugeschlagen würden, was dann als Usurpation strafrechtsbezogener Kompetenzen der Gemeinschaft ohne ausdrückliche primärrechtliche Grundlage anzusehen wäre. Der Unionsgesetzgeber ließ sich durch die Kritik an einer strafrechtlichen Annexkompetenz nicht beirren und hat die Richtlinie 2009/123/EG v. 21.10.2009 zur Änderung der Richtlinie 2005/35/EG über die Meeresverschmutzung durch Schiffe und die Einführung von Sanktionen für Verstöße[169] auf die vom EuGH konstituierte Annexkompetenz gestützt. Mittlerweile hat sich die Frage einer strafrechtlichen Annexkompetenz der Union durch das Inkrafttreten des Vertragswerks von Lissabon mit der primärrechtlichen Verankerung der Annexkompetenz in Art. 83 Abs. 2 AEUV erledigt. 46

f) Rassismus und Fremdenfeindlichkeit

Der Rahmenbeschluss zur strafrechtlichen Bekämpfung bestimmter Formen und Ausdrucksweisen von Rassismus und Fremdenfeindlichkeit[170] verlangt das strafrechtliche Verbot der öffentlichen 47

163 Näher zur Problematik *Hecker*, JuS 2014, 385, 389; *Stree/Hecker*, in: Schönke/Schröder, § 303 b Rn 7; sowie *Weißer*, in: Böse (Hrsg.), EE, § 9 Rn 74. Umfassend zu diesem Deliktsbereich *Sieber*, in: ders. (Hrsg.), EuStR, § 24.

164 ABl. L 328 v. 6.12.2008, S. 28; vgl hierzu zB *Hecker*, JuS 2014, 385, 390; *Heger*, HRRS 2012, 211 ff; *ders.*, ZIS 2013, 289 ff.

165 45. Strafrechtsänderungsgesetz zur Umsetzung der Richtlinie des Europäischen Parlaments und des Rates über den strafrechtlichen Schutz der Umwelt v. 6.12.2011, BGBl. I 2011, S. 2557.

166 Näher hierzu *Hecker*, in: FS Schröder, S. 531 ff; *Heger*, HRRS 2012, 211, 218 ff; *Heine/Hecker*, in: Schönke/Schröder, § 330 d Rn 40.

167 EuGH, Rs. C-176/03 (Kommission/Rat), Slg 2005, I-7879.

168 Zustimmend zur Entscheidung des EuGH *Böse*, GA 2006, 211, 212 f; *Eisele*, JZ 2008, 251, 252; *Fromm*, ZIS 2007, 26, 28; *Hecker*, EuStrR, § 8 Rn 30 f; *Vervaele*, in: FS Tiedemann, S. 1353, 1381 ff; ablehnend *Hefendehl*, ZIS 2006, 61 ff; *Kaiafa-Gbandi*, ZIS 2006, 521, 523 ff, *Pohl*, ZIS 2006, 213 ff; *Satzger*, KritV 2008, 17, 24; zusammenfassend *Meyer*, Strafrechtsgenese, S. 374 ff.

169 ABl. L 280 v. 27.10.2009, S. 52.

170 Rahmenbeschluss 2008/913/JI des Rates v. 28.11.2008 zur strafrechtlichen Bekämpfung bestimmter Formen und Ausdrucksweisen von Rassismus und Fremdenfeindlichkeit, ABl. L 328 v. 5.12.2008, S. 55-58.

Verbreitung rassistischer und fremdenfeindlicher Inhalte und ist im deutschen Recht im Jahr 2011 durch eine geringfügige Anpassung des § 130 StGB umgesetzt worden.[171]

4. Ein Allgemeiner Teil des europäischen Strafrechts?

48 Unionsrechtsakte konzentrieren sich bisher hinsichtlich des materiellen Strafrechts auf deliktsspezifische Vorgaben (vgl hierzu Rn 32 ff), während Vorgaben zu den allgemeinen Voraussetzungen strafrechtlicher Verantwortlichkeit – also zum Allgemeinen Teil des Strafrechts – allenfalls am Rande deliktsbezogener Unionsrechtsakte zu finden sind. In Anbetracht der zunehmenden Regelungsdichte deliktsspezifischer Vorgaben des Unionsrechts gewinnt aber in der europastrafrechtlichen Diskussion zunehmend die Erkenntnis an Boden, dass es bei der weitgehenden Ausblendung von Fragen des Allgemeinen Teils (AT) auf lange Sicht nicht bleiben kann.[172] Hinsichtlich der Kompetenzfrage zum Erlass von AT-Vorgaben wird einhellig angenommen,[173] dass im Rahmen der durch Art. 83 AEUV gewährten Kompetenz zu deliktsspezifischen Vorgaben in Richtlinien auch ein Mindestmaß an AT-Vorgaben legitim ist, da anderenfalls die durch deliktsspezifische Richtlinienvorgaben erreichte Annäherung der mitgliedstaatlichen Straftatbestände durch differierende AT-Vorgaben konterkariert würde. Auch der Unionsgesetzgeber hat schon lange erkannt, dass eine unionsweite Angleichung bestimmter Mindestniveaus strafbaren Verhaltens in den Mitgliedstaaten nur bewerkstelligt werden kann, wenn europäische Vorgaben auch einen Grundstock von Regelungen des Allgemeinen Teils enthalten.[174] Der Rat hat deshalb in die aus dem Jahr 2009 stammenden „Musterbestimmungen als Orientierungspunkte für die Verhandlungen des Rates im Bereich des Strafrechts“[175] Textbausteine zur notwendigen Kriminalisierung von Anstiftung, Beihilfe und Versuch (S. 9) sowie die Forderung nach einer (nicht zwingend kriminalstraf-) rechtlichen Verantwortlichkeit juristischer Personen (S. 9 f) aufgenommen. Diese Textbausteine sind seither in zahlreiche Unionsrechtsakte übernommen worden.[176] Problematisch ist allerdings, dass die Vorgaben keinerlei Anhaltspunkte zu den inhaltlichen Voraussetzungen der Teilnahme- und Versuchsstrafbarkeit enthalten (was ist Beihilfe, was Anstiftung, und wo liegt die Grenze zwischen strafloser Vorbereitung und strafbarem Versuch?). Es ist auch unklar, wie eine rechtliche Verantwortlichkeit juristischer Personen genau ausgestaltet sein soll (wird die Androhung nicht strafrechtlicher Sanktionen den Anforderungen des Unionsgesetzgebers auf Dauer genügen?). Diese inhaltlichen Unklarheiten der Vorgaben in den Musterbestimmungen wurden durch ihre kritiklose Übernahme in zahlreiche neuere Unionsrechtsakte eingepflanzt.

49 Die Kommission hat die Musterbestimmungen als verfrüht kritisiert[177] und beeilte sich zu betonen, dass man sich durch die Bestimmungen nicht im Initiativrecht hinsichtlich der Ausübung der aus Art. 83 AEUV resultierenden Legislativkompetenzen eingeschränkt sehe. Die Kommission behält

---

171 Gesetz v. 16.3.2011, BGBl. I 2011, S. 418. Die Änderung umfasste zum einen die Ausdehnung des Schutzbereichs von § 130 Abs. 1 und Abs. 2 Nr. 1 StGB auf Einzelpersonen, zum anderen wurde die vormals in Abs. 2 enthaltene Aufzählung der angegriffenen Gruppen (national, rassisch, religiös, ethnisch), die auch Art. 1 Abs. 1 lit a) des RB Rassismus und Fremdenfeindlichkeit nennt, in Abs. 1 verschoben.

172 Vgl zu einem „Allgemeinen Teil“ des Europäischen Strafrechts *Ambos*, 12 Maastricht Journal of European & Comparative Law 2005, 173 ff; *Grünewald*, JZ 2011, 972 ff; *Klip*, in: ders. (Hrsg.), Substantive Criminal Law, 15 ff; *Stuckenberg*, in: Böse (Hrsg.), EE, § 10; *Weißer*, GA 2014, 433, 444 ff mwN.

173 Vgl *Ambos* IntStR, § 11 Rn 11 Fn 84; *Grünewald*, JZ 2011, 972 ff; *Satzger*, IntEuStR, § 8 Rn 27; *Stuckenberg*, in: Böse (Hrsg.), EE, § 10 Rn 6.

174 Eine Zusammenstellung von Regelungsansätzen zu Fragen des Allgemeinen Teils in Unionsrechtsakten findet sich bei *Stuckenberg*, in: Böse (Hrsg.), EE, § 10 Rn 8 ff.

175 Ratsdokument 16542/2/09 REV 2 v. 27.11.2009; vgl auch die Schlussfolgerungen des Rates vom 24./25.4.2002 über einen Ansatz zur Angleichung der Strafen, Ratsdok. 9141/02.

176 Vgl Art. 3, 5, 6 der Richtlinie 2011/36/EU v. 5.4.2011 zur Verhütung und Bekämpfung des Menschenhandels, ABl. L 101 v. 15.4.2011, S. 1; Art. 7, 13 der Richtlinie 2011/93/EU v. 13.12.2011 zur Bekämpfung des sexuellen Missbrauchs und der sexuellen Ausbeutung von Kindern sowie der Kinderpornografie, ABl. L 335 v. 17.12.2011, S. 1; Art. 8, 10, 11 der Richtlinie 2013/40/EU v. 12.8.2013 über Angriffe auf Informationssysteme, *ABl. L 218 v. 14.8.2013, S. 8;* Art. 6, 8, 9 der Marktmissbrauchsrichtlinie 2014/57/EU, ABl. L 173 v. 12.6.2014, S. 179; Art. 4, 6, 7 der Richtlinie 2014/62/EU v. 15.5.2014 zum strafrechtlichen Schutz des Euro 2000/383/JI, ABl. L 151 v. 21.5.2014, S. 1.

177 Ratsdokument 16798/09, S. 3.

sich demnach vor, auch über die in den Musterbestimmungen genannten Bereiche hinaus AT-Regelungen unter Ausschöpfung der von Art. 83 AEUV gewährten Kompetenzen zu initiieren. Indessen ist zweifelhaft, ob die Abwehr der Kommission hier wirklich an der richtigen Stelle erfolgt: Die Befürchtung, hier könnten Kompetenzen ohne Not eingegrenzt werden, ist weniger naheliegend als die, dass durch den Gebrauch der höchst unbestimmten Musterbestimmungen zu den Regelungen des Allgemeinen Teils in Unionsrechtsakten ein Zustand der Rechtszersplitterung oder gar Unbestimmtheit in den Mitgliedstaaten nicht nur perpetuiert, sondern großräumig gestreut werden könnte.

Wendet man sich schließlich der Perspektive eines künftigen supranationalen Unionsstrafrechts zu, so stellt sich die Frage von AT-Regelungen noch dringender: Falls die Union tatsächlich einmal eigene supranationale Straftatbestände schaffen sollte (am ehesten im Bereich des EU-Finanzschutzes, vgl hierzu bereits Rn 28 f), so wird sie die schwierige Aufgabe zu lösen haben, auch die tatbestandliche Reichweite des im Einzelnen inkriminierten Verhaltens selbst zu definieren. Die Union wird damit mindestens verbindliche Entscheidungen zur Definition von Vorsatz und Fahrlässigkeit, falls gewünscht zur Versuchsstrafbarkeit, sowie zu den Grenzen strafrechtlich relevanter Beteiligungshandlungen treffen müssen.[178] 50

5. Gerichtliche Kontrolle

Ob nationale Strafvorschriften den Anforderungen des Unionsrechts im Hinblick auf unionsrechtliche Beschränkungen der Strafgesetzgebung (vgl hierzu oben Rn 30), im Hinblick auf unionsrechtlich begründete Kriminalisierungsanforderungen (vgl hierzu oben Rn 31), sowie schließlich im Hinblick auf Umsetzungspflichten aus unionsrechtlichen Harmonisierungsmaßnahmen (vgl hierzu oben Rn 32 ff) genügen, obliegt der Beurteilung des EuGH. Da im Rahmen des Vorabentscheidungsverfahrens nach Art. 267 AEUV allein die Auslegung des Unionsrechts im Hinblick auf im mitgliedstaatlichen Verfahren entscheidungserhebliche Vorlagefragen beurteilt wird,[179] kommt für eine dezidierte Überprüfung nationalen Rechts im Hinblick auf die Anforderungen des Unionsrechts nur das Vertragsverletzungsverfahren nach Art. 258 ff AEUV in Betracht.[180] Maßstab für die europarechtliche Überprüfung des nationalen Rechts ist dabei eine **autonome Interpretation**[181] des Unionsrechts durch den EuGH. Wegen des strafrechtsspezifischen Schonungsgebots (vgl hierzu oben Rn 23) ist das Prüfungsmandat des EuGH auf eine Vertretbarkeitskontrolle des nationalen Rechts im Hinblick auf unionsrechtliche Anforderungen beschränkt.[182] 51

III. Einwirkungen des Unionsrechts auf die Anwendungspraxis des nationalen Strafrechts

Das Unionsrecht bildet zwar eine neben den Mitgliedstaaten eigenständige, autonome Rechtsordnung.[183] Aus der mitgliedstaatlichen Loyalitätspflicht nach Art. 4 Abs. 3 EUV resultiert aber eine Verpflichtung mitgliedstaatlicher Hoheitsträger zur Anwendung des nationalen Rechts im Einklang mit dem Unionsrecht und in größtmöglicher Verwirklichung der Unionsziele (effet utile). Der daraus resultierende **Vorrang des Unionsrechts** bezieht sich nach der Rechtsprechung des EuGH auf das gesamte mitgliedstaatliche Recht unter Einschluss des nationalen Verfassungsrechts.[184] Auch wenn das BVerfG diesen uneingeschränkten Vorrang des Unionsrechts hinsichtlich des Verfassungsrechts nicht bedingungslos beglaubigt hat (näher hierzu *Ehlers*, in diesem Band, § 11 52

---

178 Näher hierzu *Weißer*, GA 2014, 433, 444 ff.

179 *Schwarze*, in: ders. (Hrsg.), EU-Kommentar, Art. 267 AEUV Rn 15; *Wegener*, in: Calliess/Ruffert, Art. 267 AEUV Rn 3.

180 *Satzger*, Europäisierung, S. 375; *Schwarze*, in: ders. (Hrsg.), EU-Kommentar, Art. 258 AEUV Rn 5.

181 *Hecker*, EuStR, § 7 Rn 53; *Satzger*, Europäisierung, S. 361 ff, 374 f. Ein Beispiel für diese autonome Interpretation des Unionsrechts findet sich in Rn 129.

182 *Satzger*, Europäisierung, S. 375.

183 EuGH, Rs. 6/64 (Costa/ENEL), Slg 1964, 1253, 1269 ff; siehe auch *Hecker*, EuStR, § 9 Rn 1; *Safferling*, IntStR, § 9 Rn 100; *Sieber*, in: ders. (Hrsg.), EuStR, § 1 Rn 7.

184 EuGH, Rs. 6/64 (Costa/ENEL), Slg 1964, 1253, 1269 ff.

Rn 19 ff),[185] so ist im deutschen Recht anerkannt, dass das Unionsrecht jedenfalls gegenüber dem einfachen Recht – und damit auch gegenüber dem Strafrecht – Vorrang genießt.[186] Hieraus resultiert einerseits die Pflicht der nationalen Rechtsanwender zur unionsrechtskonformen Auslegung des nationalen Rechts (vgl hierzu näher sogleich Rn 56 ff). Besteht zwischen unmittelbar in den Mitgliedstaaten geltendem Unionsrecht und nationalen Vorschriften eine durch Auslegung nicht auszuräumende („echte") Kollision, so resultiert aus dem Anwendungsvorrang des Unionsrechts andererseits die Neutralisierung entgegenstehenden nationalen Rechts (vgl hierzu näher sogleich Rn 54).

1. Anwendungsvorrang und Neutralisierungswirkung unmittelbar anwendbaren Unionsrechts

53 Der Vorrang des Unionsrechts gebietet es, dass sich in den Mitgliedstaaten unmittelbar anwendbares Unionsrecht bei echten Kollisionen mit dem nationalen Recht durchsetzt. Unmittelbare Rechtswirkungen im nationalen Recht entfalten zum einen die unionsrechtlichen **Grundfreiheiten** (zu ihren Rechtswirkungen im nationalen Recht vgl bereits oben Rn 30).[187] Außerdem setzen **Verordnungen** gem. Art. 288 Unterabs. 2 AEUV unmittelbar in den Mitgliedstaaten geltendes Recht. Weiterhin können **Richtlinien** unter bestimmten Voraussetzungen unmittelbare Rechtswirkungen im mitgliedstaatlichen Recht entfalten. Das ist dann der Fall, wenn der nationale Gesetzgeber seiner Umsetzungsverpflichtung hinsichtlich der Richtlinienvorgaben nicht innerhalb der Umsetzungsfrist nachgekommen ist. Enthält die Richtlinie hinreichend bestimmte und unbedingte,[188] den Bürger **begünstigende** Vorgaben, so kann dieser sich ab fruchtlosem Ablauf der Umsetzungsfrist unmittelbar auf die ihn begünstigende Richtlinienbestimmung berufen.[189]

54 Kriminalisiert das mitgliedstaatliche Strafrecht ein Verhalten, das durch unmittelbar anwendbares Unionsrecht erlaubt wird, so entsteht eine sog. **echte Kollision**, wenn sich die nationale Strafvorschrift nicht in einer Weise auslegen (hierzu sogleich Rn 56 ff) lässt, die zur Straffreiheit des Verhaltens führt.[190] In diesem Fall greift der **Anwendungsvorrang** des unmittelbar wirksamen Unionsrechts gegenüber den nationalen Regelungen ein:[191] Die nationale Strafnorm muss unangewendet bleiben, wenn ihre Anwendung dem Unionsrecht widerspricht, zB weil sie eine europarechtswidrige Beschränkung der Grundfreiheiten[192] enthält. Ein unionsrechtlich erlaubtes Verhalten darf in den Mitgliedstaaten nicht als strafrechtlich relevante Unrechtsverwirklichung angesehen werden.[193] Deshalb kommt es auf der nationalen Ebene zwar nicht zu einer Außerkraftsetzung der nationalen Norm (**kein Geltungsvorrang** des Unionsrechts[194]), aber nationale Justizorgane dürfen die europarechtswidrige Strafnorm infolge des Anwendungsvorrangs des Unionsrechts nicht zur Strafbarkeitsbegründung heranziehen. Der unionsrechtswidrige mitgliedstaatliche Straftatbestand wird insoweit

---

185 BVerfGE 37, 271, 279 f (Solange I); 73, 339, 375 f (Solange II); 89, 155, 174 f; 102, 147, 164. Näher hierzu *Ehlers*, in diesem Band, § 11 Rn 19 ff; *Hecker*, EuStR, § 9 Rn 5 ff; *Safferling*, IntStR, § 9 Rn 21 ff.

186 *Gaede*, in: Böse (Hrsg.), EE, § 3 Rn 5 f; *Hecker*, EuStR, § 9 Rn 10; *Heger*, in: Böse (Hrsg.), EE, § 5 Rn 81, 111; *Safferling*, IntStR, § 9 Rn 100.

187 Näher hierzu *Walter*, in: Ehlers (Hrsg.), Grundrechte, § 1 Rn 44 f.

188 *Esser*, EuStR, § 2 Rn 18; *Ruffert*, in: Calliess/Ruffert, Art. 288 AEUV Rn 53 ff.

189 Vgl in diesem Sinne EuGH, Rs. C-297/12 (Filev u. Osmani) = NJW 2014, 527 ff; näher hierzu *Hecker*, ZIS 2014, 47; sowie EuGH, Rs. 8/81 (Becker/Finanzamt Münster), Slg 1982, 53 = NJW 1982, 499; siehe auch *Herrmann/Michl*, JuS 2009, 1065, 1065 f; *Rönnau/Wegner*, GA 2013, 561, 566 f; *Satzger*, in: Sieber (Hrsg.), EuStR, § 1 Rn 54 f; allgemein *Ruffert*, in: Calliess/Ruffert, Art. 288 AEUV Rn 51 ff.

190 Zum Vorrang der europarechtskonformen Auslegung nationalen Rechts näher *Ambos*, IntStR, § 11 Rn 46 ff; *Esser*, EuStR, § 2 Rn 19; *Hecker*, EuStrafR, § 10 Rn 1 ff; *Heger*, in: Böse (Hrsg.), EE, § 5 Rn 101 ff; *Satzger*, IntEuStr, § 9 Rn 90.

191 EuGH, Rs. 6/64 (Costa/ENEL), Slg 1964, 1253, 1269 ff; *Ambos*, IntStR, § 11 Rn 41; *Heger*, in: Böse (Hrsg.), EE, § 5 Rn 81; *Satzger*, IntEuStR, § 9 Rn 80.

192 Zu den Voraussetzungen legitimer Beschränkungen der Grundfreiheiten vgl oben Rn 30; sowie *Satzger*, IntEuStR, § 9 Rn 82.

193 *Heger*, in: Böse (Hrsg.), *EE*, § 5 Rn 83.

194 EuGH, Rs. C-106/77 (Simmenthal II), Slg 1978, 0629, Rn 17 f; *Ambos*, IntStR, § 11 Rn 41; eingehend *Hecker*, EuStR, § 9 Rn 8 f; *Heger*, in: Böse (Hrsg.), EE, § 5 Rn 81; *Safferling*, IntStR, § 11 Rn 12; siehe auch *Ehlers*, in diesem Band, § 11 Rn 48 ff.

durch die unionsrechtliche Freiheitsgewährleistung neutralisiert (**Neutralisierungswirkung** des Unionsrechts[195]).

Dabei kann nicht nur die Kriminalisierung eines bestimmten Verhaltens an sich im Widerspruch zum Unionsrecht stehen. Im Einzelfall kann auch die Sanktion einen Verstoß gegen das Unionsrecht begründen, etwa wenn sie den Verhältnismäßigkeitsgrundsatz oder das Diskriminierungsverbot missachtet.[196] Der Anwendungsvorrang des Unionsrechts gilt auch in diesem Fall: Die Neutralisierungswirkung des Unionsrechts erfasst also sowohl die Tatbestands-, als auch die Rechtsfolgenseite.[197] 55

2. Unionsrechtskonforme Auslegung

Besteht zwischen dem Unionsrecht und dem nationalen Recht ein Widerspruch, der durch eine dem Unionsrecht entsprechende Auslegung des nationalen Rechts beseitigt werden kann, so resultiert aus dem Loyalitätsgebot (Art. 4 Abs. 3 EUV) die Verpflichtung der Rechtsanwender, das nationale Recht entsprechend den Vorgaben des Unionsrechts auszulegen.[198] Durch diese unionsrechtskonforme Auslegung wird ein Gleichklang zwischen nationalem und Unionsrecht hergestellt, der echte Kollisionen und damit auch eine etwaige Neutralisierungswirkung unmittelbar anwendbaren Unionsrechts (hierzu oben Rn 53 ff) bereits logisch ausschließt. Die unionsrechtskonforme Auslegung des nationalen Rechts bildet insoweit einen dem Schonungsgebot zugunsten der mitgliedstaatlichen Rechtsordnungen entsprechenden milderen Eingriff in das nationale Rechtsgefüge. 56

Die Pflicht zur unionsrechtskonformen Auslegung besteht nicht nur im Hinblick auf unmittelbar anwendbares Unionsrecht, sondern auch im Hinblick auf nicht unmittelbar im mitgliedstaatlichen Recht wirksame **Richtlinien.** Auch insoweit ist vom nationalen Rechtsanwender gefordert, von mehreren möglichen Auslegungen der nationalen Norm diejenige zu wählen, die Wortlaut und Zweck der Richtlinienvorgaben am besten verwirklicht.[199] Diese durch die Unionstreue begründete Verpflichtung wird durch Art. 288 Unterabs. 3 AEUV ausdrücklich nicht nur auf den zur Umsetzung verpflichteten Gesetzgeber, sondern auf alle „innerstaatlichen Stellen" bezogen, die Hoheitsgewalt ausüben.[200] Die Verpflichtung nationaler Justizorgane zur richtlinienkonformen Auslegung des nationalen Rechts entsteht mit dem Ablauf der Umsetzungsfrist.[201] Zwar besteht auch schon vor Ablauf der Umsetzungsfrist eine Berechtigung nationaler Justizorgane zur unionsrechtskonformen Auslegung des nationalen Rechts. Sie müssen aber dem zur Umsetzung verpflichteten nationalen Gesetzgeber nicht durch eine richtlinienkonforme Auslegung des nationalen Rechts zuvorkommen.[202] 57

---

195 Näher hierzu *Esser*, EuStR, § 2 Rn 13 ff; *Hecker*, EuStR, § 9 Rn 10 ff; *Satzger*, IntEuStR, § 9 Rn 80.

196 Vgl EuGH, Rs. C-348/96 (Calfa), Slg 1999, I-0011, zur Einordnung einer lebenslang geltenden Ausweisung wegen eines Betäubungsmittelvergehen als Verletzung der passiven Dienstleistungsfreiheit; vgl hierzu *Esser*, EuIntStR, § 2 Rn 28, 30 f; *Hecker*, EuStR, § 9 Rn 49 f; *Safferling*, IntStR, § 11 Rn 24; *Satzger*, IntEuStR, § 9 Rn 24; *ders.*, in: Sieber (Hrsg.), EuStR, § 9 Rn 49.

197 Einzelheiten hierzu bei *Esser*, EuStR, § 14-33; *Heger*, in: Böse (Hrsg.), EE, § 5 Rn 83, 92; *Satzger*, IntEuStR, § 9 Rn 81-87. Zur Durchsetzung im Einzelfall vgl sogleich Rn 60.

198 *Esser*, EuStR, § 2 Rn 70; *Hecker*, EuStR, § 10 Rn 6 mwN; *Heger*, in: Böse (Hrsg.), EE, § 5 Rn 106.

199 EuGH, Rs. 14/83 (v. Colson und Kamann), Slg 1984, 1891, Rn 26; EuGH, Rs. 79/83 (Harz), Slg 1984, 1921, Rn 26; EuGH, Rs. C-282/10 (Dominguez) = NJW 2012, 509, Rn 24. Einzelheiten zu den Anforderungen an eine unionsrechtskonforme Auslegung bei *Hecker*, EuStR, § 10 Rn 3 ff; *Heger*, in: Böse (Hrsg.), EE, § 5 Rn 103; *Rönnau/Wegner*, GA 2013, 561, 563.

200 EuGH, Rs. 14/83 (v. Colson und Kamann), Slg 1984, 1891, Rn 26; EuGH, Rs. C 106/89 (Marleasing), Slg 1990, I-4135, Rn 8; EuGH, Rs. C 91/92 (Faccini Dori), Slg 1994, I-3325, Rn 26; EuGH, Rs. C 129/96 (Inter-Environnement Wallonie), Slg 1997, I-7411, Rn 40; EuGH, Rs. C-555/07 (Kücükdeveci), Slg 2010, I-0365, Rn 47 = NJW 2010, 427, 429, 510; vgl auch *Ambos*, IntStR, § 11 Rn 49; *Hecker*, JuS 2014, 385, 386.

201 *Ambos*, IntStR, § 11 Rn 49; *Hecker*, JuS 2014, 385, 387; *Heger*, in: Böse (Hrsg.), EE, § 9 Rn 112; *Ruffert*, in: Calliess/Ruffert, Art. 288 AEUV Rn 80. Zuvor beschränkt sich die Verpflichtungswirkung der Richtlinie auf das völkerrechtlich fundierte Frustrationsverbot nach Art. 18 der Wiener Vertragsrechtskonvention: *„Ein Staat ist verpflichtet, sich aller Handlungen zu enthalten, die Ziel und Zweck eines Vertrags vereiteln würden …"*.

202 *Hecker*, JuS 2014, 385, 387.

58 Die unionsrechtskonforme Auslegung kann dabei nicht nur zu einer Beschränkung von Strafnormen führen (zu unionsrechtlichen Beschränkungen gelten die Ausführungen unter Rn 30 entsprechend), sondern denkbar ist bei entsprechender Auslegungsfähigkeit nationaler Straftatbestände auch eine strafbarkeitserweiternde Wirkung der unionsrechtskonformen Auslegung (vgl zu Kriminalisierungsanforderungen des Unionsrechts bereits oben Rn 31). Voraussetzung ist insoweit, dass ein bereits existierender Straftatbestand erweiternd ausgelegt werden kann. Bewegt sich die unionsrechtlich beeinflusste Auslegungsänderung im Rahmen des tatbestandlichen Auslegungsspielraums, so widerspricht dies weder dem Grundsatz der Rechtssicherheit noch dem Rückwirkungsverbot, weil hinsichtlich der gerichtlichen Auslegungspraxis von Strafnormen kein schützenswerter Vertrauenstatbestand geschaffen wird.[203]

Nicht denkbar ist allerdings eine unmittelbar strafbarkeitsbegründende Wirkung von Richtlinienvorgaben (auch nicht nach Ablauf der Umsetzungsfrist),[204] denn die Neuschaffung unmittelbar geltender Straftatbestände ist dem dazu berufenen nationalen Gesetzgeber vorbehalten, bzw sie ist dem Unionsgesetzgeber nur bei Schaffung einer Verordnung im Rahmen der ihm zustehenden Gesetzgebungskompetenzen möglich (hierzu oben Rn 10 ff).

59 In seiner umstrittenen[205] Entscheidung in der Rechtssache Pupino[206] hat der EuGH die Pflicht zur unionsrechtskonformen Auslegung des nationalen Rechts auch auf Rahmenbeschlüsse als Rechtsakte der intergouvernementalen Dritten Säule erstreckt. Diese Pflicht ist mittlerweile anerkannt,[207] und sie bindet mitgliedstaatliche Justizorgane angesichts der Fortgeltung der Rahmenbeschlüsse auch nach Inkrafttreten des Vertrags von Lissabon.[208] Ab 1.12.2014 erstreckt sich die Überprüfungsmöglichkeit des EuGH nach Art. 267 AEUV zudem auch auf die Vereinbarkeit nationalen Rechts mit Rahmenbeschlussvorgaben der vormaligen Dritten Säule.[209]

3. Vorlagepflicht nach Art. 267 Unterabs. 3 AEUV, § 1 Abs. 2 EuGHG

60 Bestehen Unklarheiten über die Rechtswirkungen des Unionsrechts für die Auslegung/Anwendbarkeit des nationalen Rechts im Einzelfall, so sind letztinstanzlich entscheidende mitgliedstaatliche Gerichte bei Entscheidungserheblichkeit der Frage nach Art. 267 Unterabs. 3 AEUV zur Vorlage an den EuGH[210] im Wege des Vorabentscheidungsverfahrens verpflichtet (vgl auch § 1 Abs. 2 EuGHG).[211] Der EuGH beschränkt sich auf die Auslegung des Unionsrechts im Hinblick auf die im zugrundeliegenden Sachverhalt entscheidungserheblichen Vorlagefragen. Die Umsetzung der EuGH-Entscheidung im laufenden mitgliedstaatlichen Verfahren ebenso wie die dogmatische Einordnung ihrer Rechtsfolgen obliegt dann den vorlegenden Gerichten. Hinsichtlich der dogmatischen Einordnung wird im deutschen Schrifttum überwiegend angenommen, dass entgegenste-

---

203 Vgl *Esser*, EuStR, § 2 Rn 95 f; *Hecker*, EuStR, § 10 Rn 59 f; *ders.*, in: Böse (Hrsg.), EE, § 9 Rn 57; *Heger*, in: Böse (Hrsg.), EE, § 9 Rn 123; *Satzger*, IntEuStR, § 9 Rn 94 f; *ders.*, Europäisierung, S. 552 ff; aA *Brechmann*, S. 277; zum Ganzen auch *Schröder*, Richtlinien, S. 36 f, 47 f et passim.

204 EuGH, verb. Rs. C-387/02, C-391/02 und C-403/02 (Berlusconi u.a.), Slg 2005, I-3565, Rn 74; EuGH, Rs. 80/86 (Kolpinghuis Nijmegen), Slg 1987, 3969, Rn 13; sowie *Ruffert*, in: Calliess/Ruffert, Art. 288 AEUV Rn 57.

205 Zu den im Einzelnen ausgetauschten Argumenten zusammenfassend *Heger*, in: Böse (Hrsg.), EE, § 5 Rn 108 f; siehe auch *Weißer*, ZIS 2006, 562, 565 ff.

206 EuGH, Rs. C-105/03 (Pupino), Slg 2005, I-5285, Rn 43.

207 *Heger*, in: Böse (Hrsg.), EE, § 5 Rn 107; *Rönnau/Wegner*, GA 2013, 561, 562; *Satzger*, IntEuStR, § 9 Rn 115; *Swoboda*, HRRS 2014, 10, 13, 20 f.

208 Art. 9 des Protokolls Nr. 36 über Übergangsbestimmungen zum Vertrag von Lissabon, ABl. C 115 v. 15.5.2008, S. 325.

209 Die Übergangsbestimmungen zum Lissabonner Vertrag hatten eine fünfjährige Übergangsfrist vorgesehen, bis eine Überprüfung mitgliedstaatlicher Strafvorschriften auch am Maßstab von Rahmenbeschlussvorgaben erfolgen kann, vgl Art. 10 Abs. 1 iVm Abs. 3 des Protokolls Nr. 36 zum Vertrag von Lissabon, ABl. C 115 v. 9.5.2008, S. 325.

210 Entscheidungen über die Auslegung des Unionsrechts obliegen allein dem EuGH. Deswegen kommt eine Vorlage an den BGH insoweit nicht in Betracht, vgl BGHSt 33, 76, 78; 36, 92, 94; 47, 326, 335.

211 Zur Vorlage *berechtigt* ist jedes Gericht, das die Auslegung von Unionsrechts für entscheidungserheblich hält, § 1 Abs. 1 EuGHG.

hende vorrangige unionsrechtliche Freiheitsgewährleistungen bereits die (objektive) Tatbestandsmäßigkeit eines Verhaltens ausschließen.[212]

D. Die Praxis der kooperativen Strafverfolgung im europäischen Rechtsraum

Mit der Öffnung der Grenzen nach den Schengener Abkommen[213] ging die Erkenntnis einher, dass eine effektive Strafverfolgung hinsichtlich zunehmend grenzüberschreitend verwirklichter Straftaten nach dem hergebrachten Muster national begrenzter Hoheitsbefugnisse nicht angemessen bewerkstelligt werden kann. Die Mitgliedstaaten der Europäischen Union setzten deshalb auf eine verstärkte Kooperation bei der Verfolgung grenzüberschreitend verwirklichter Straftaten. Die Europäische Union wuchs in die Rolle eines Organisators und Mediators dieser Kooperation. Es wurden auf europäischer Ebene angesiedelte Institutionen geschaffen, die die kooperative Strafverfolgung auf mitgliedstaatlicher Ebene unterstützen und koordinieren sollen (hierzu Rn 62 ff). Außerdem hat der Unionsgesetzgeber zahlreiche Rechtsakte im Hinblick auf das Strafverfahren erlassen (hierzu Rn 77 ff), die das reibungslose Funktionieren der kooperativen Strafverfolgung im europäischen Rechtsraum fördern sollen. 61

I. Institutionen der Strafverfolgung auf supranationaler Ebene

Europäische Strafverfolgungsinstitutionen haben eine Gratwanderung zu bewältigen: Sie sollen einerseits Strafverfolgungsinteressen durchsetzen (helfen), andererseits aber ist es ihnen generell verwehrt, Zwangsmaßnahmen zu erlassen, weil Inhaber der hierfür erforderlichen Hoheitsgewalt allein die mitgliedstaatlichen Justizorgane der zur Strafverfolgung berufenen Jurisdiktion(en) sind. Im Einzelnen sind derzeit die folgenden europäischen Institutionen im Bereich der kooperativen Strafverfolgung tätig: 62

1. Europol

Das Europäische Polizeiamt wurde durch ein völkerrechtliches Übereinkommen als internationale Organisation gegründet[214] und hat am 1.7.1999 seine Arbeit in Den Haag aufgenommen. Durch Ratsbeschluss vom 6.4.2009[215] wurde Europol auf eine neue Rechtsgrundlage gestellt und mit eigener Rechtspersönlichkeit ausgestattet.[216] Nach Inkrafttreten des Vertrags von Lissabon findet sich in Art. 88 AEUV eine weitere Rechtsgrundlage von Europol. 63

Seine Aufgabe besteht im Vorhalten eines unionsweiten Systems zum Austausch von Informationen, wodurch die mitgliedstaatlichen Behörden bei Prävention und Verfolgung von organisierter Kriminalität, Terrorismus und – im Einzelnen benannter[217] – sonstiger Formen schwerer Kriminali- 64

---

212 *Esser*, EuStR, § 2 Rn 16; *Hecker*, EuStR, § 9 Rn 11; *Satzger*, IntEuStR, § 9 Rn 80. Zu einer Rechtfertigungslösung tendiert *Heger*, in: Böse (Hrsg.), EE, § 5 Rn 88 ff; dagegen *Hecker*, EuStR, § 9 Rn 12; *Satzger*, Europäisierung, S. 507 ff.

213 Schengener Übereinkommen betreffend den schrittweisen Abbau der Kontrollen an den gemeinsamen Grenzen (Schengen I) v. 14.6.1985, GMBl. 1986, S. 79; Schengener Durchführungs-Übereinkommen (Schengen II) v. 19.6.1990, ABl. L 239 v. 22.9.2000, S. 19; vgl auch *Hecker*, EuStR, § 5 Rn 29.

214 Übereinkommen über die Errichtung eines Europäischen Polizeiamts v. 26.7.1995, ABl. C 316 v. 27.11.1995, S. 1; sowie die Änderungsprotokolle ABl. C 358 v. 13.12.2000, S. 1; ABl. C 312 v. 16.12.2002, S. 1; ABl. C 2 v. 6.1.2004, S. 1. Deutsche Umsetzungsgesetze: Europol-Gesetz, BGBl. II 1997, S. 2150; Änderungsgesetze BGBl. II 2006, S. 250; II 2007, S. 827, I 2009, S. 2504.

215 Ratsbeschluss 2009/371/JI, ABl. L 121 v. 15.5.2009, S. 37.

216 *Neumann*, in: Sieber (Hrsg.), EuStR, § 44 Rn 4.

217 Anhang des Ratsbeschlusses 2009/371/JI, ABl. L 121 v. 15.5.2009, S. 65: illegaler Drogen-, Menschen-, Organ- und Waffenhandel, illegaler Handel mit Kulturgütern, mit bedrohten Tier-, Pflanzen und Baumarten sowie mit Hormonen und Wachstumsförderern, Geldwäsche, Kriminalität im Zusammenhang mit nuklearen und radioaktiven Substanzen, Schleuserkriminalität, Kraftfahrzeugkriminalität, vorsätzliche Tötung, schwere Körperverletzung, Entführung, Freiheitsberaubung und Geiselnahme, Rassismus und Fremdenfeindlichkeit, Raub in organisierter Form, Betrugsdelikte, Erpressung und Schutzgelderpressung, Nachahmung und Produktpiraterie, Fälschung amtlicher Dokumente und Handel damit, Geldfälschung, Fälschung von Zahlungsmitteln, Computerkriminalität, Korruption, Umweltkriminalität.

tät unterstützt werden sollen.[218] Dabei hat Europol aber keinerlei eigenständige Exekutiv- oder Ermittlungsbefugnisse, Art. 88 Abs. 3 AEUV, sondern führt Daten in einer so genannten „Verdächtigen-Kartei" zusammen, bereitet sie auf und hält sie zur Unterstützung mitgliedstaatlicher Strafverfolgungsbemühungen vor, vgl Art. 88 Abs. 2 AEUV, Art. 12 Abs. 1 Europol-Beschluss. Die Daten können durch mitgliedstaatliche Verbindungsbeamte[219] in einem automatisierten Europol-Informationssystem abgefragt werden.

65 Bezüglich des Vorhaltens und ggfs. Offenlegens von Daten „Verdächtiger" gegenüber mitgliedstaatlichen Strafverfolgungsorganen ist teilweise Kritik im Hinblick auf eine damit verbundene Durchbrechung der Unschuldsvermutung sowie generell den Datenschutz geäußert worden.[220] Diese – und andere – Defizite von Europol sollen durch einen im März 2013 auf der Grundlage von Art. 88 Abs. 2 AEUV vorgelegten Verordnungsvorschlag[221] für die Reform von Europol behoben werden. Wesentliche Ziele sind neben der Verbesserung der Effizienz der Strafverfolgungstätigkeit (Art. 4 ff VO-E Europol) die Verbesserung des Datenschutzes (Art. 23 ff VO-E Europol) sowie die Verstärkung der demokratischen Kontrolle von Europol durch das Europäische Parlament und nationale Parlamente (Art. 53 VO-E Europol).

2. OLAF

66 Das Europäische Amt für Betrugsbekämpfung (Office europèen de la lutte anti-fraud, OLAF) wurde im Jahr 1999 gegründet und hat die Aufgabe, **Betrugstaten** zulasten der Europäischen Union zu ermitteln, vgl Art. 2 des Kommissionsbeschlusses zur Errichtung des OLAF.[222] Sein Mandat bezieht sich einerseits auf intern in den Ämtern, Einrichtungen, Behörden und Agenturen der Union verwirklichte Taten, andererseits auf externe Taten gegen die EU-Finanzinteressen. Es beschränkt sich allerdings auf rein verwaltungsrechtliche Vorermittlungen.[223]

67 Am 1.10.2013 ist eine **Verordnung zur Neuordnung von OLAF** (VO-OLAF 2013)[224] in Kraft getreten. Die Verordnung konkretisiert Mitwirkungspflichten mitgliedstaatlicher Behörden (Art. 3 Abs. 3 Unterabs. 2, 3 VO-OLAF 2013) und regelt die Zusammenarbeit zwischen OLAF, Europol, Eurojust und anderen internationalen Organisationen (Art. 13, 14 VO-OLAF 2013). Ein Überwachungsausschuss wird die Einhaltung der neuen Verfahrensvorschriften kontrollieren (Art. 15 VO-OLAF 2013). Außerdem sieht Art. 9 VO-OLAF 2013 erstmals bestimmte Verfahrensgarantien für Personen vor, auf die sich die Ermittlungstätigkeit von OLAF bezieht.

---

218 Art. 2 Abs. 1 des Europol-Übereinkommens v. 26.7.1995, ABl. C 316 v. 27.11.1995, S. 5.

219 In Deutschland ist das das BKA, vgl § 1 EuropolG; sowie Art. 1 Abs. 3, Art. 8 des Ratsbeschlusses 2009/371/JI (Europol-Beschluss), ABl. L 121 v. 15.5.2009, S. 39, 41 f.

220 Vgl *Böse*, Verfügbarkeit, S. 99 ff; *Safferling*, IntStR, § 12 Rn 13; *Weßlau*, in: Wolter/Amelung (Hrsg.), Alternativentwurf Europol und europäischer Datenschutz, S. 318 ff.

221 KOM (2013) 173 endg., Vorschlag für eine Verordnung des Europäischen Parlaments und des Rates über die Agentur der Europäischen Union für die Zusammenarbeit und die Aus- und Fortbildung auf dem Gebiet der Strafverfolgung (Europol) und zur Aufhebung der Beschlüsse 2009/371/JI und 2005/681/JI des Rates.

222 Beschluss der Kommission v. 28.4.1999 zur Errichtung des Europäischen Amtes für Betrugsbekämpfung (OLAF), ABl. L 136 v. 31.5.1999, S. 20; sowie Verordnung (EG) Nr. 1073/1999 des Europäischen Parlaments und des Rates v. 25.5.1999 über die Untersuchungen des Europäischen Amtes für Betrugsbekämpfung (OLAF), ABl. L 136 v. 31.5.1999, S. 1.

223 Vgl Art. 2 Abs. 1 des Kommissionsbeschlusses zur Errichtung des OLAF, ABl. L 136 v. 31.5.1999, S. 21. Einzelheiten bei *Stefanou/White/Xanthaki*, S. 77 ff; *Zöller*, in: Böse (Hrsg.), EE, § 22 Rn 13 ff.

224 Verordnung (EU, EURATOM) Nr. 883/2013 des Europäischen Parlaments und des Rates v. 11.9.2013 über die Untersuchungen des Europäischen Amtes für Betrugsbekämpfung (OLAF) und zur Aufhebung der Verordnung (EG) Nr. 1073/1999 des Europäischen Parlaments und des Rates und der Verordnung (Euratom) Nr. 1074/1999 des Rates, ABl. L 248 v. 18.9.2013, S. 1. Vgl auch ABl. C 89 E v. 27.3.2013, S. 1 – Standpunkt des Rates zur Neuordnung, sowie KOM (2013) 533 endg. v. 17.7.2013 – Mitteilung der Kommission zur OLAF-Governance.

3. Eurojust

Eurojust wurde im Jahr 2002 durch Ratsbeschluss als Institution mit eigener Rechtspersönlichkeit geschaffen;[225] seit Inkrafttreten des Vertrags von Lissabon findet sich seine Rechtsgrundlage in Art. 85 AEUV. Die Organisation lässt sich am besten als **Pendant zu Europol** auf justizieller Ebene beschreiben. Eurojust unterstützt die mitgliedstaatliche Strafverfolgungstätigkeit durch die Koordinierung der behördlichen Ermittlungstätigkeit verschiedener Staaten, macht Vorschläge zur Einleitung von Ermittlungsmaßnahmen und hilft bei der Beilegung von Kompetenzkonflikten mitgliedstaatlicher Behörden, Art. 85 AEUV.[226] 68

Im Zusammenhang mit den Plänen zur Errichtung einer Europäischen Staatsanwaltschaft (hierzu sogleich Rn 70 ff) ausgehend von Eurojust, vgl Art. 86 Abs. 1 S. 1 AEUV, ist auch ein **Verordnungsvorschlag zur Neuordnung von Eurojust** (VO-E Eurojust)[227] in der Diskussion. Nach den derzeitigen Plänen der Union soll Eurojust künftig neben der – noch zu schaffenden – Europäischen Staatsanwaltschaft bestehen. Die Aufgabe von Eurojust wird dann zum einen in der Unterstützung der Europäischen Staatsanwaltschaft (Art. 41 VO-E Eurojust) bestehen. Zum anderen soll Europol sich in Zukunft verstärkt auf Kriminalitätsbereiche konzentrieren, die nicht in die Zuständigkeit der künftigen Europäischen Staatsanwaltschaft fallen (Art. 3 Abs. 1, 2 VO-E Eurojust). 69

4. Eine Europäische Staatsanwaltschaft?

Im Juli 2013 hat die Kommission einen Verordnungsvorschlag (VO-E EStA 2013)[228] für die Errichtung einer Europäischen Staatsanwaltschaft ausschließlich zur Verfolgung von Straftaten gegen die Finanzinteressen der Europäischen Union vorgelegt. Durch die Errichtung dieser europäischen Strafverfolgungsbehörde soll das Strafverfolgungsdefizit[229] im Hinblick auf Straftaten gegen die EU-Finanzinteressen (vgl zu diesem Deliktsbereich bereits oben Rn 33 f) beseitigt werden. Die Europäische Staatsanwaltschaft sollte nach dem Ausgangsentwurf die ausschließliche Zuständigkeit (Art. 11 Abs. 4 VO-E EStA 2013) haben, Strafverfolgungsmaßnahmen bezüglich Straftaten gegen die EU-Finanzinteressen verbindlich anzustoßen. Zwischenzeitlich liegt ein überarbeiteter Verordnungsentwurf (VO-E EStA 2014)[230] vor, der eine nur komplementäre Zuständigkeit der Europäischen Staatsanwaltschaft vorsieht, Art. 19 Abs. 2 VO-E EStA.[231] Entsprechend der Vorgabe in Art. 86 AEUV soll das weitere Verfahren innerhalb der mitgliedstaatlichen Justizsysteme und nach dem mitgliedstaatlichen Verfahrensrecht geführt werden, Art. 27 VO-E EStA 2013. Wie im Einzelnen das Zusammenspiel zwischen supranationaler Ebene und der operativen Tätigkeit in 70

---

225 Art. 1 des Ratsbeschlusses 2002/187/JI v. 28.2.2002 über die Errichtung von Eurojust zur Verstärkung der Bekämpfung der schweren Kriminalität, ABl. L 63 v. 6.3.2002, S. 1; vgl auch das deutsche Eurojust-Gesetz, BGBl. I 2004, S. 902 ff.

226 Einzelheiten bei *Zöller*, in: Böse (Hrsg.), EE, § 21 Rn 9 ff.

227 KOM (2013) 535 endg. v. 17.7.2013; vgl auch Kommissionsmitteilung „Besserer Schutz der finanziellen Interessen der Union: Errichtung der Europäischen Staatsanwaltschaft und Reform von Eurojust", KOM (2013) 532 endg. v. 17.7.2013.

228 KOM (2013) 534 endg. v. 17.7.2013. Der Verordnungsvorschlag wird flankiert von einem weiteren Verordnungsvorschlag betreffend die Agentur der Europäischen Union für justizielle Zusammenarbeit in Strafsachen (Eurojust), KOM (2013) 535 endg. v. 17.7.2013; sowie einer Mitteilung der Kommission zur „Verbesserung der OLAF-Governance und Stärkung der Verfahrensgarantien bei OLAF-Untersuchungen: Ein schrittweiser Ansatz zur Begleitung der Errichtung einer Europäischen Staatsanwaltschaft", KOM (2013) 533 endg. v. 17.7.2013. Die flankierenden Rechtsakte setzen durch die Errichtung einer Europäischen Staatsanwaltschaft notwendig werdende organisatorische Anpassungen im Institutionengefüge der Union um.

229 Vgl hierzu KOM (2013) 534 endg. v. 17.7.2013, S. 2; Mitteilung der Kommission, Gesamtkonzept zum Schutz von Steuergeldern, KOM (2011) 293 v. 26.5.2011, S. 4; Commission Staff Working Paper SEC (2011) 621 final v. 26.5.2011, sowie oben Rn 28.

230 Ratsdokument 9834/1/14 REV 1 v. 21.5.2014.

231 Für den Fall, dass nationale Strafverfolgungsbehörden bereits Ermittlungen aufgenommen haben, sieht Art. 19 Abs. 3 VO-E EStA 2014 ein Evokationsrecht der Europäischen Staatsanwaltschaft vor. Zu Forderungen einer nur komplementären Zuständigkeit der Europäischen Staatsanwaltschaft vgl *ECPI*, ZIS 2013, 412, 427; *European Criminal Bar Association*, NJECL 2013, 185, 186; *Satzger*, NStZ 2013, 206, 210 ff.

den Mitgliedstaaten ausgestaltet sein soll, ist Gegenstand zäher Verhandlungen und im Einzelnen noch unklar.[232]

71 Ein wichtiges Element des Verordnungsvorschlags bildet der Anspruch, eine uneingeschränkte Verkehrsfähigkeit rechtmäßig erhobener Beweise herzustellen (Art. 30 VO-E EStA 2013). Ein in einem Mitgliedstaat nach dem dortigen Verfahrensrecht ordnungsgemäß erhobener Beweis soll in Anwendung des Grundsatzes gegenseitiger Anerkennung in jedem anderen Mitgliedstaat ebenso verwertet werden können (zu den damit verbundenen Risiken für den Beschuldigten vgl Rn 96).[233]

72 Da nach dem derzeitigen Verordnungsentwurf die Entscheidung darüber, in welchem Mitgliedstaat ein Strafverfahren geführt werden soll, der Europäischen Staatsanwaltschaft obliegen soll (Art. 27 Abs. 4 VO-E EStA 2013), wird im Schrifttum die Gefahr gesehen, die europäische Strafverfolgungsbehörde könne Verfahren gezielt in Strafrechtsordnungen mit niedrigen Eingriffsschwellen für strafprozessuale Zwangsmaßnahmen anstoßen (forum shopping).[234] Außerdem wird vielfach die Festschreibung eines konkreten Katalogs von Beschuldigtenrechten[235] sowie die Errichtung einer institutionalisierten Verteidigerorganisation auf Unionsebene[236] gefordert, um eine effektive Verteidigung des Beschuldigten in Verfahren unter Beteiligung der Europäischen Staatsanwaltschaft zu gewährleisten. Dazu würde auch die effektive Gestaltung einer justiziellen Überprüfbarkeit der über die Europäische Staatsanwaltschaft veranlassten Strafverfolgungsmaßnahmen gehören.[237]

73 Ungeachtet der Unklarheiten hinsichtlich Organisation und Arbeitsweise einer künftigen Europäischen Staatsanwaltschaft lässt sich zumindest sagen, dass das bereits im Grünbuch der Kommission aus dem Jahr 2001 definierte Ziel der Union, eine eigene europäische Strafverfolgungsbehörde zu errichten, noch nie in so greifbarer Nähe lag wie heute. Der Weg bis zur tatsächlichen Arbeitsaufnahme einer solchen Behörde dürfte aber weiterhin steinig sein. Denn die schwierige Frage, wie die Zusammenarbeit zwischen der supranationalen Institution und den mitgliedstaatlichen Straf-

232 Während der VO-E EStA 2013 noch die Ernennung *eines* Europäischen Staatsanwalts mit vier Stellvertretern auf der Unionsebene (Art. 6 Abs. 2, 3 VO-E EStA 2013) und die Ernennung Abgeordneter Staatsanwälte in den Mitgliedstaaten als Verbindungsglieder vorsah, präferieren die mitgliedstaatlichen Verhandlungsführer zwischenzeitlich ein „college-Modell" (Ratsdokument 11376/14 v. 26.6.2014, S. 2, sowie Art. 8 VO-E EStA 2014), das auch Basis der weiteren Verhandlungen über die Errichtung der Europäischen Staatsanwaltschaft ist. Das college-Modell unterscheidet zwischen einer zentralen und einer dezentralen Ebene (Art. 7 (2) VO-E EStA 2014). An der Spitze der zentralen Ebene soll ein Kollegium stehen, das die Strafverfolgungs*politik* der Europäischen Staatsanwaltschaft überwacht (Art. 8 (2) VO-E EStA 2014). Mitglieder dieses Kollegiums sollen neben dem Europäischen Generalstaatsanwalt und seinen Stellvertretern auch Vertreter der Mitgliedstaaten („Europäische Staatsanwälte", Art. 7 (3) S. 2 VO-E EStA 2014) sein. Die *operative* Tätigkeit wird auf der dezentralen Ebene von Europäischen Delegierten Staatsanwälten in den Mitgliedstaaten ausgeübt. Überwacht wird diese Tätigkeit durch auf der zentralen Ebene unterhalb des Kollegiums angesiedelte Ständige Kammern, (Art. 9 (2) VO-E EStA 2014). Den Ständigen Kammern gehören jeweils mindestens drei Europäische Staatsanwälte an. Zu verschiedenen institutionellen Modellen eingehend *Ligeti/Simonato*, NJECL 2013, 7 ff.

233 Zu den damit verbundenen Schwierigkeiten näher *Esser*, EuStR, § 3 Rn 86 f; *Grünewald*, HRRS 2013, 508, 512 f; *Zöller*, in: Böse (Hrsg.), EE, § 21 Rn 100. Einen Alternativvorschlag für ein spezifisches Verfahrensrecht der EStA im Hinblick auf die Erhebung von Beweisen liefern die im Rahmen eines rechtsvergleichenden Projekts unter Leitung von Prof. Katalin Ligeti, Luxemburg, erarbeiteten „Model Rules" (abrufbar unter http://eppo-project.eu/index.php/EU-model-rules). Sie enthalten detaillierte Vorgaben für Ermittlungsmaßnahmen ohne Zwangscharakter (Art. 23-30) sowie für Zwangsmaßnahmen mit und ohne Richtervorbehalt (Art. 31-57).

234 *Esser*, EuStR, § 3 Rn 87; *Grünewald*, HRRS 2013, 508, 514; *Satzger*, IntEuStR, § 10 Rn 23; *Zöller*, in: Böse (Hrsg.), EE, § 21 Rn 98; vgl auch *Ambos*, IntStr, § 13 Rn 23; *Lingenthal*, ZEuS 2010, 79, 105; anders aber: *Brüner/Spitzer*, NStZ 2002, 393, 397.

235 Gemeinsame Stellungnahme der Bundesrechtsanwaltskammer (Nr. 22/2013) und des Deutschen Anwaltsvereins (Nr. 48/2013) zum Vorschlag der Europäischen Kommission für eine Verordnung des Rates über die Errichtung der Europäischen Staatsanwaltschaft, S. 9; *Esser*, EuStR, § 3 Rn 87; *Grünewald*, HRRS 2013, 508, 513; *Zöller*, in: Böse (Hrsg.), EE, § 21 Rn 100; ähnlich *Gleß*, ZStW 125 (2013), 573, 606 ff; *Kempf*, StV 2003, 128, 129; *Schramm*, JZ 2014, 749, 756 f.

236 Vgl *ECPI*, ZIS 2013, 412, 422 f; *Satzger*, IntEuStR, § 10 Rn 23; *Zöller*, in: Böse (Hrsg.), EE, § 21 Rn 100; sowie bereits *Nestler*, in: Schünemann (Hrsg.), Gesamtkonzept, S. 166 ff, 172 ff.

237 Vgl hierzu Art. 36 VO-E EuStA 2013, der eine Kontrolle durch mitgliedstaatliche Gerichte vorsieht; sowie die Überlegungen von *Böse*, RW 2012, 172 ff zur Notwendigkeit eines Europäischen Ermittlungsrichters bei Errichtung der Europäischen Staatsanwaltschaft.

verfolgungsorganen jeweils im Einzelnen in die Bahnen des jeweiligen nationalen Rechts implementiert werden kann, wird in jedem einzelnen Mitgliedstaat anhand der konkreten nationalen Verfahrensordnung zu entscheiden sein. Auch wird die im Rahmen der Beweiserhebung und -verwertung geforderte uneingeschränkte Verkehrsfähigkeit rechtmäßig erhobener Beweise für die mitgliedstaatlichen Justizsysteme zu Friktionen führen.[238]

II. Kooperative Strafverfolgung auf mitgliedstaatlicher Ebene

Die justizielle und polizeiliche Zusammenarbeit im Strafrecht in der Europäischen Union verfolgt das Ziel, in einem Raum der Freiheit, der Sicherheit und des Rechts (Art. 3 Abs. 2 EUV, Art. 67 AEUV) die Strafverfolgung grenzüberschreitend verwirklichter Straftaten in kooperativem Zusammenwirken mitgliedstaatlicher Strafverfolgungsorgane mit einem Höchstmaß an Effektivität und Rechtsstaatlichkeit zu betreiben.[239] Die Verankerung des Raums der Freiheit, der Sicherheit und des Rechts im Primärrecht der Union durch den Vertrag von Amsterdam (Art. 2 EUV-Amsterdam) bildete den Startpunkt für eine Intensivierung des europäischen Engagements auch im Bereich des Strafverfahrensrechts. 74

1. Der tragende Grundsatz der gegenseitigen Anerkennung

Zum „Eckstein der justiziellen Zusammenarbeit" im Bereich des Strafrechts wurde auf dem Gipfel von Tampere im Jahr 1999 der Grundsatz der gegenseitigen Anerkennung erklärt.[240] Seit Inkrafttreten des Vertrags von Lissabon findet er sich ausdrücklich in Art. 82 Abs. 1, 67 Abs. 3 AEUV. Das Prinzip gegenseitiger Anerkennung soll die grenzüberschreitende Durchführung von Strafverfolgungsmaßnahmen erleichtern, indem rechtmäßig ergangene justizielle Entscheidungen eines Mitgliedstaates auch in den anderen Mitgliedstaaten der Union anerkannt werden.[241] 75

Der Grundgedanke des Prinzips gegenseitiger Anerkennung entstammt dem Primärrecht zur Schaffung des gemeinsamen Binnenmarkts.[242] Um die Verwirklichung des freien Warenverkehrs zwischen den Mitgliedstaaten der Gemeinschaft zu fördern, sollte das Prinzip gegenseitiger Anerkennung dafür sorgen, dass eine im Herkunftsland legitime Inverkehrgabe von Waren auch in anderen Mitgliedstaaten als rechtmäßig gilt. Damit sollten in ihrem Herkunftsland legal in den Geschäftsverkehr gelangte Waren und Dienstleistungen überall in der Union legal sein. Die Übertragung dieses Anerkennungsprinzips vom freien Wirtschaftsverkehr in den Bereich der Strafverfolgung ist allerdings nicht ganz unproblematisch: Es versteht sich von selbst, dass die Frage, ob ein in einem Mitgliedstaat rechtmäßig erhobener Beweis in einem anderen Mitgliedstaat ohne Weiteres gerichtlich verwertbar ist, andere Konsequenzen hat als die Frage, wie im Ausland produzierte Konsumgüter innerhalb der Union vertrieben werden können. Deutlich wird dies schon durch die strukturell unterschiedlichen Zielrichtungen der Verkehrsfähigkeit von Waren und Dienstleistungen einerseits, die die wirtschaftliche Bewegungsfreiheit der Unionsbürger sichert. Die wechselseitige Anerkennung strafjustizieller Entscheidungen andererseits bezieht sich typischerweise auf freiheitseinschränkende Maßnahmen. Die Herstellung ihrer „Verkehrsfähigkeit" bedeutet deshalb für den Unionsbürger die Erstreckung freiheitsbeschränkender Maßnahmen auf den gesamten europä- 76

238 Vgl zu dieser Problematik näher Rn 76, 96.

239 *Vgl Schlussfolgerungen des* Europäischen Rats von Tampere 1999, Nr. 40 ff.

240 Schlussfolgerungen des Europäischen Rats von Tampere 1999, Nr. 33.

241 Einzelheiten bei *Böse*, in: Ambos (Hrsg.), Europäisches Strafrecht post-Lissabon, S. 57 ff; *Hauck*, in: Böse (Hrsg.), EE, § 11 Rn 49 f; *Janssens*, Mutual Recognition, passim; *Meyer*, in: Leible/Terhechte (Hrsg.), EE III, § 37 Rn 16.

242 EuGH, Rs. 8/74 (Dassonville), Slg 1974, 837, Rn 2 ff; EuGH, Rs. 120/78 (Cassis de Dijon), Rn 15. Näher hierzu *Böse*, in: Ambos (Hrsg.) Europäisches Strafrecht post-Lissabon, 57, 58; siehe auch *Hecker*, EuStR, § 12 Rn 59; *Klip*, European Criminal Law, S. 356 f; *Mitsilegas*, NJECL 2013, 3 ff; *Peers*, Common Market Law Review 41 (2004), 5 ff, insb. 15, 23.

ischen Rechtsraum – und damit einen nicht unerheblichen Eingriff in individualrechtliche Rechtspositionen.[243]

2. Europäische Rechtsakte als Ausdruck des Grundsatzes der gegenseitigen Anerkennung

a) Europäischer Haftbefehl

77 Das erste und bis heute praxisrelevanteste Rechtsinstrument der gegenseitigen Anerkennung ist der durch einen Rahmenbeschluss im Jahr 2002 geschaffene Europäische Haftbefehl (RB EuHB).[244] Der EuHB stellt eine justizielle Entscheidung dar, durch die der Ausstellungsstaat vom Vollstreckungsstaat die Festnahme und Übergabe einer gesuchten Person zum Zwecke der Strafverfolgung oder der Vollstreckung einer verhängten Strafe im Ausstellungsstaat beantragt (Art. 1 Abs. 1 RB EuHB). Der Europäische Haftbefehl ersetzt das vormals zwischen den Mitgliedstaaten der Union auf der Basis des Europäischen Auslieferungsübereinkommens und anderer völkerrechtlicher Instrumente[245] praktizierte multilaterale Auslieferungssystem (Erwägungsgründe 1, 5, 7 RB EuHB). Das komplizierte zweistufige Auslieferungsverfahren, das neben einer justiziellen Zulässigkeitsprüfung auch ein Bewilligungsverfahren umfasste, wird nach dem Konzept des RB EuHB durch ein vereinfachtes System der Übergabe[246] auf der Basis einer justiziellen Zulässigkeitsprüfung[247] ersetzt, Art. 15 ff RB EuHB.[248]

78 Im Einzelnen sieht der RB EuHB für eine Vielzahl von Tatvorwürfen den Verzicht auf das traditionelle Auslieferungserfordernis der beiderseitigen Strafbarkeit vor.[249] Für die meisten der aufgeführten Straftaten (etwa Terrorismus, Menschenhandel, Brandstiftung) dürfte das auch unproblematisch sein. In Randbereichen allerdings kann hieraus die Problematik entstehen, dass ein Staat zur Vollstreckung eines EuHB aufgefordert wird, der an den Verdacht einer Straftat anknüpft, die so im Vollstreckungsstaat gar nicht unter Strafe steht.[250] Problematisch ist außerdem, dass die in

243 Zu diesem strukturellen Unterschied vgl *Gleß*, ZStW 116 (2004), 353, 365 ff; *Hecker*, EuStR, § 12 Rn 61; *Kotzurek*, ZIS 2006, 123, 125 f; *Lavenex*, Journal of European Public Policy 2007, 762, 764 f; *Meyer*, in: Leible/Terhechte (Hrsg.), EE III, § 37 Rn 31; *Peers*, Common Market Law Review 41 (2004), 5, 18 ff; *Satzger*, in: Streinz (Hrsg.) EUV/AEUV, Art. 82 Rn 13.

244 Rahmenbeschluss 2002/584/JI v. 13.6.2002 über den Europäischen Haftbefehl und die Übergabeverfahren durch die Mitgliedstaaten, ABl. L 190 v. 18.7.2002, S. 1 idF des Änderungsrahmenbeschlusses 2009/299/JI v. 26.2.2009 zur Stärkung der Verfahrensrechte von Personen und zur Förderung der Anwendung des Grundsatzes der gegenseitigen Anerkennung auf Entscheidungen, die im Anschluss an eine Verhandlung ergangen sind, zu der die betroffene Person nicht erschienen ist, ABl. L 81 v. 27.3.2009, S. 24.

245 Europäisches Auslieferungsübereinkommen des Europarats v. 13.12.1957, ETS No. 024; BGBl. II 1964, 1369; II 1976, 1778; I 1982, 2071; II 1994, 299; Zusatzprotokolle v. 15.10.1975, ETS No. 086 (von Deutschland nicht ratifiziert) und v. 17.3.1978, ETS No. 098; BGBl. II 1990, 118; 1991, 874; Übereinkommen v. 10.3.1995 aufgrund von Artikel K.3 des Vertrages über die Europäische Union über das vereinfachte Auslieferungsverfahren zwischen den Mitgliedstaaten der EU, ABl. C 78 v. 30.3.1995, S. 2; BGBl. II 1998, 2229; sowie Art. 59 ff SDÜ.

246 Durch den EuHB hat sich die Verfahrensdauer zwischen Festnahme und Übergabe gesuchter Personen an einen anderen Mitgliedstaat deutlich verkürzt; vgl KOM (2011) 175 endg. v. 11.4.2011, S. 3: durchschnittlich 48 Tage zwischen Festnahme und Übergabe des Beschuldigten, sofern er seiner Überstellung nicht zugestimmt hat. Bei Zustimmung des Betroffenen beträgt die durchschnittliche Verfahrensdauer bis zur Übergabe 14-17 Tage. Zwischen 51 und 62 % der gesuchten Personen stimmten im Erhebungszeitraum (seit 2007) ihrer Übergabe zu.

247 Der deutsche Gesetzgeber hat nach der Aufhebung des ersten Haftbefehlsgesetzes durch das BVerfGE 113, 273 (Verletzung von Art. 16 Abs. 2, 19 Abs. 4 GG; näher *Hecker*, EuStR, § 12 Rn 40 ff; *von Heintschel-Heinegg*, in: Sieber (Hrsg.), EuStR, § 37 Rn 16 ff) am zweistufigen Verfahren festgehalten. Kritik an dieser rahmenbeschlusswidrigen Lösung bei *Lagodny*, in: Breitenmoser/Gless/Lagodny (Hrsg.), Rechtsschutz, S. 29 ff, 36 f; *Satzger*, EuIntStR, § 10 Rn 32.

248 Zu diesen Zielsetzungen des EuHB vgl Erwägungsgründe 1, 5 f des RB EuHB; EuGH, Rs. C-42/11 (Lopes da Silva Jorge), Rn 28; EuGH, NJW 2013, 1145 (Radu), Rn 33 f; EuGH, NJW 2013, 1215 (Melloni), Rn 36 f; sowie *Lagodny*, in: Breitenmoser/Gless/Lagodny (Hrsg.), Rechtsschutz, S. 29 ff, 30 f; *Rohlff*, S. 40 ff.

249 Art. 2 Abs. 2 RB EuHB nennt insgesamt über 30 Delikte, darunter neben schweren Gewaltdelikten auch Delikte wie Geldwäsche und Geldfälschung, Beihilfe zur illegalen Einreise und zum illegalen Aufenthalt, illegalen Drogen-, Waffen- und Organhandel, Rassismus und Fremdenfeindlichkeit, Diebstahl in organisierter Form oder mit Waffen, sowie Sabotage.

250 So kann zB ein EuHB, den deutsche Behörden wegen einer Straftat nach § 130 Abs. 3 StGB ausstellen, für einen anderen Mitgliedstaat problematisch sein. Das Delikt fällt aber unter die Kategorie Rassismus und Fremdenfeindlichkeit nach Art. 2 Abs. 2 RB EuHB.

Art. 2 Abs. 2 RB EuHB aufgezählten Deliktsbereiche teilweise unklar bleiben – etwa der Deliktsbereich der Sabotage.

Verbleibende **Ablehnungsgründe** (wie zB das Verbot der Doppelbestrafung[251]) für die Vollstreckung eines Europäischen Haftbefehls werden in Art. 3, 4, 4 a RB EuHB benannt. Im traditionellen Auslieferungsverfahren darüber hinaus relevante Ablehnungsgründe bei eigenen Staatsbürgern oder politischen, fiskalischen und militärischen Delikten entfallen. **79**

Ob neben den in Art. 3-4 a RB EuHB aufgezählten Ablehnungsgründen ein **allgemeiner ordre public-Vorbehalt** für die Ablehnung der Vollstreckung eines Europäischen Haftbefehls herangezogen werden kann, wird unterschiedlich beurteilt. Der EuGH lehnte dies in zwei Entscheidungen aus dem Jahr 2013 ab: In der Rechtssache Radu[252] hatte ein rumänisches Gericht dem EuGH die Frage vorgelegt, ob die Vollstreckung eines EuHB mit der Begründung abgelehnt werden könne, dass der RB EuHB im Ausstellungsstaat zum Zeitpunkt der Ausstellung des EuHB nicht ordnungsgemäß umgesetzt worden sei und dass der Beschuldigte eine Verletzung von Verteidigungsrechten im zugrundliegenden Verfahren rüge. In der Rechtssache Melloni[253] hatte ein italienisches Gericht den italienischen Staatsangehörigen Melloni wegen betrügerischen Konkurses zu 10 Jahren Freiheitsstrafe verurteilt. Das Strafverfahren in Italien war in Abwesenheit Mellonis geführt worden, weil er nach Spanien geflüchtet war. Melloni trug vor, das Abwesenheitsverfahren gegen ihn sei mit Anwälten fortgeführt worden, die er zwar ursprünglich beauftragt, später aber zugunsten eines anderen Verteidigers von ihren Mandaten entbunden habe. Das spanische Gericht legte dem EuGH die Frage vor, ob es die Vollstreckung des Europäischen Haftbefehls der italienischen Strafverfolgungsbehörden an die Bedingung knüpfen darf, dass Melloni in Italien ein Rechtsmittel gegen seine Verurteilung zur Verfügung stehen werde. **80**

Der EuGH kam zu dem Ergebnis, dass die Aufzählung von Ablehnungsgründen für die Vollstreckung eines EuHB in Art. 3, 4, 4 a RB EuHB ebenso wie die in Art. 5 RB EuHB genannten Gründe für das Anknüpfen einer Bedingung an die Vollstreckung abschließend[254] und mit den Grundrechtsgewährleistungen in Art. 47, 48 Abs. 2 GRC vereinbar seien.[255] Infolgedessen sei auch aus Art. 53 GRC kein über die im RB EuHB aufgezählten Ablehnungsgründe hinaus reichender Vorbehalt für (weitere) Ablehnungsgründe im Hinblick auf etwaige Grundrechtsgewährleistungen des *Unionsrechts* (im Wesentlichen: Verteidigungsrechte nach Art. 47 Abs. 2 GRC) abzuleiten.[256] Die im RB EuHB genannten Ablehnungsgründe gewährleisteten eine ausreichende Sicherung von Verteidigungsrechten des Betroffenen gegen einen EuHB.[257] Auch *nationale* Grundrechtsgewährleistungen könnten einem EuHB nicht entgegengehalten werden, denn dies widerspreche dem Anwendungsvorrang des Unionsrechts und sei mit den Zielen eines einheitlichen Raums der Freiheit, der Sicherheit und des Rechts nicht vereinbar.[258]

---

251 Vgl hierzu EuGH, Rs. C-261/09 (Mantello); sowie *Böse*, HRRS 2012, 19 ff; *Brodowski*, StV 2013, 339, 345 f; *Heger*, in: FS Kühne, S. 565, 566; *Ligeti*, KritV 2010, 380 ff.

252 EuGH, Rs. C-396/11 (Radu), NJW 2013, 1145. Der EuGH zog sich in seiner Entscheidung geschickt aus der Affäre, indem er feststellte, die Frage hinsichtlich der Umsetzung sei hypothetisch, da der Ausstellungsstaat Deutschland den RB EuHB ordnungsgemäß umgesetzt habe. Eine Verletzung von Verteidigungsrechten liege bereits deshalb nicht vor, weil es kein Recht des Betroffenen gebe, vor der Vollstreckung eines EuHB angehört zu werden (Rn 40). Die Äußerungen zum abschließenden Charakter der im RB EuHB aufgeführten Ablehnungsgründe waren daher in der Rechtssache Radu nicht entscheidungserheblich; zur geschickten „Interpretation" der Vorlagefragen durch den EuGH *Brodowski*, HRRS 2013, 54 f.

253 EuGH (GK), Rs. C-399/11 (Melloni), NJW 2013, 1215.

254 EuGH, NJW 2013, 1145 (Radu), Rn 36; EuGH, NJW 2013, 1215 (Melloni), Rn 38, 41.

255 Vgl EuGH, NJW 2013, 1215 (Melloni), Rn 53 f. Zur Anwendbarkeit der GRC auf die Vollstreckungsentscheidung hinsichtlich eines EuHB *Tinsley*, EuCLR 2012, 338, 342.

256 EuGH, NJW 2013, 1145 (Radu), Rn 36; EuGH, NJW 2013, 1215 (Melloni), Rn 58 ff.

257 EuGH, NJW 2013, 1215 (Melloni), Rn 53 f, 57 f.

258 EuGH, NJW 2013, 1215 (Melloni), Rn 58 f, 63. Hiergegen wird angeführt, dass der der Dritten Säule entstammende RB EuHB ja gerade nicht am Anwendungsvorrang des Unionsrechts teilhabe, sondern lediglich völkerrechtlich konstituierte Berücksichtigungspflichten auslösen könne, vgl *Gaede*, NJW 2013, 1279, 1281; *Rönnau/Wegner*, GA 2013, 565, 573; zu den Rechtswirkungen von Rahmenbeschlüssen allgemein *Weißer*, ZIS 2006, 562 ff, sowie oben Rn 5.

81 In der Literatur hat die Positionierung des EuGH zu Recht deutliche Kritik erfahren.[259] Zwar leuchtet es durchaus ein, dass ein *nationaler* ordre public-Vorbehalt nicht gegen einen Europäischen Haftbefehl in Stellung gebracht werden kann. Ein solcher Vorbehalt wäre mit dem Grundsatz gegenseitiger Anerkennung justizieller Entscheidungen zwischen den Mitgliedstaaten nicht vereinbar, denn er beruhte auf der Annahme, dass das im Ausstellungsstaat zum Erlass des EuHB führende Verfahren Gegenstand einer rechtlichen Überprüfung durch den Vollstreckungsstaat – und zwar anhand dessen eigenen Rechts – sein könnte. In der Überprüfung fremden justiziellen Handelns am Maßstab des eigenen Rechts läge aber eine Beeinträchtigung der staatlichen Souveränität des Ausstellungsstaats.

82 Davon zu trennen ist jedoch die weitere Frage, inwieweit ein allgemeiner *europäischer* ordre public-Vorbehalt Grundlage der Ablehnung der Vollstreckung eines Europäischen Haftbefehls durch den Vollstreckungsstaat sein kann. Insoweit ist zu bedenken, dass in einem einheitlichen Rechtsraum auch ein hinreichender Grundrechtsschutz gewährleistet sein muss. Das wird von Art. 6 EUV garantiert und in Art. 1 Abs. 3 RB EuHB[260] ausdrücklich in Bezug genommen. Das europäische Niveau des Grundrechtsschutzes darf nicht um der kooperativen Strafverfolgung willen durch ein gewissermaßen „blindes“ Vertrauen in justizielle Entscheidungen zwischen den Mitgliedstaaten zum reinen Lippenbekenntnis degradiert werden. Deswegen sprechen zumindest in Fällen, in denen konkrete Sachverhaltsumstände eine Grundrechtsverletzung nahelegen,[261] die besseren Argumente für die Anerkennung eines europäischen ordre public-Vorbehalts.[262]

83 Ein solcher Vorbehalt kommt auch im deutschen Umsetzungsrecht in § 73 S. 2 IRG klar zum Ausdruck. Die Vorschrift erklärt die Vollstreckung eines EuHB für unzulässig, wenn dies mit den Gewährleistungen aus Art. 6 EUV nicht zu vereinbaren ist. Aus Sicht des EuGH dürfte die Regelung in § 73 S. 2 IRG allerdings als europarechtswidrig einzustufen sein.[263] Das OLG München hat demgegenüber bereits sehr deutlich gemacht, am europäischen ordre public-Vorbehalt festhalten zu wollen.[264] Angesichts des eindeutigen Wortlauts von § 73 S. 2 IRG sei insoweit auch eine rahmenbeschlusskonforme Auslegung (vgl hierzu oben Rn 59) ausgeschlossen.[265]

b) Europäische Überwachungsanordnung

84 Der Rahmenbeschluss über die Europäische Überwachungsanordnung (RB EuÜbA)[266] soll die Durchführung des Strafverfahrens ohne Erlass eines Europäischen Haftbefehls sichern. Stattdessen

259 Vgl *Burchard*, in: Böse (Hrsg.), EE, § 14 Rn 50; *ECPI*, ZIS 2013, 412, 416; *Gaede*, NJW 2013, 1279, 1281; *Rönnau/Wegner*, GA 2013, 561, 572; *Satzger*, IntEuStR, § 10 Rn 26; *Vogel*, StV 5/2013, Editorial; *ders.*, NJECL 2013, 310 ff.

260 Art. 1 Abs. 3 RB EuHB lautet: „*Dieser Rahmenbeschluss berührt nicht die Pflicht, die Grundrechte und die allgemeinen Rechtsgrundsätze, wie sie in Artikel 6 des Vertrags über die Europäische Union niedergelegt sind, zu achten.*“ Das sah auch GA *Sharpston* in ihren Schlussanträgen zur Rs. Radu so, vgl Schlussanträge Rs. C-396/11, Rn 63 ff, 81, 97. Sie betonte auch, dass in jedem Fall die Verhältnismäßigkeit der Auslieferungshaft zu prüfen sei (Rn 60). Die Ausstellung eines EuHB für Personen, die nur wegen sehr geringfügiger Vergehen gesucht würden, sei nicht legitim. Zur Frage der Verhältnismäßigkeit im Hinblick auf die im Ausstellungsstaat drohende Strafe vgl OLG Stuttgart, NJW 2012, 1617.

261 Zur schwierigen Frage, wann ausreichende Anhaltspunkte für einen Grundrechtsverstoß vorliegen, *Burchard*, in: Böse (Hrsg.), EE, § 14 Rn 51; *Tinsley*, EuCLR 2012, 338, 349 f.

262 Im Ergebnis übereinstimmend *Burchard*, in: Böse (Hrsg.), EE, § 14 Rn 50; *Gaede*, NJW 2013, 1279, 1280; *Satzger*, IntEuStR, § 10 Rn 26. Ein europäischer ordre public-Vorbehalt im Zusammenhang mit der Vollstreckung eines EuHB wird innerhalb der Literatur schon lange befürwortet, vgl *Ambos*, IntStR, § 12 Rn 43; *Böhm*, NJW 2006, 2592, 2595 f; *Heard/Mansell*, NJECL 2011, 133, 146 f; *Tinsley*, EuCLR 2012, 338, 342 ff. Allgemein *Gaede*, in: Böse (Hrsg.), EE, § 3 Rn 49.

263 Richtig *Brodowski*, HRRS 2013, 54, 56.

264 OLG München, Beschl. v. 15.5.2013 – OLG Ausl 31 A 442/13 (119/13).

265 OLG München, Beschl. v. 15.5.2013 – OLG Ausl 31 A 442/13 (119/13). So auch *Böhm*, StraFo 2013, 177, 183; *Burchard, in: Böse (Hrsg.), EE*, § 14 Rn 47; *Vogel*, NJECL 2013, 310 ff.

266 Rahmenbeschluss 2009/829/JI v. 23.10.2009 über die Anwendung – zwischen den Mitgliedstaaten der Europäischen Union – des Grundsatzes der gegenseitigen Anerkennung auf Entscheidungen über Überwachungsmaßnahmen als Alternative zur Untersuchungshaft, ABl. L 294 v. 11.11.2009, S. 20.

soll der Betroffene durch bestimmte Überwachungsauflagen[267] daran gehindert werden, sich dem Verfahren zu entziehen (Art. 2 Abs. 1 lit. a) RB EuÜbA). Die Überwachungsanordnung stellt im Vergleich zum Erlass eines Europäischen Haftbefehls ein deutlich milderes Mittel dar, denn der Betroffene kann im Aufenthaltsstaat verbleiben, solange er die Überwachungsauflagen erfüllt.[268]

Die Umsetzungsfrist des RB EuÜbA ist am 1.12.2012 abgelaufen, ohne dass in Deutschland Umsetzungsmaßnahmen getroffen worden wären.[269] Es lässt sich aber ohnehin bezweifeln, ob das Instrument der Überwachungsanordnung in der Praxis tatsächlich einen Gewinn verspricht: Die alleinige Entscheidungszuständigkeit über Konsequenzen, falls der Betroffene die Überwachungsauflagen nicht erfüllt, verbleibt beim Anordnungsstaat, Art. 18 RB EuÜbA. Wenn der Betroffene Anstalten macht, den Aufenthaltsstaat (=Vollstreckungsstaat) unter Verletzung der Überwachungsauflagen zu verlassen, können die dortigen Behörden deswegen nicht mehr tun, als die zuständigen Behörden des Anordnungsstaats zu informieren (Art. 19 Abs. 3 RB EuÜbA). Der Anordnungsstaat hat es dann in der Hand, über den Erlass eines Europäischen Haftbefehls zu entscheiden. Dieses schwerfällige Verfahren lässt an der tatsächlichen Durchsetzungskraft einer solchen „Überwachung“ zweifeln.[270] 85

c) Europäische Ermittlungsanordnung

Die Richtlinie 2014/41/EU zur Europäischen Ermittlungsanordnung (RL EEA)[271] ersetzt zahlreiche bisherige Instrumente der grenzüberschreitenden Erhebung und Verwertung von Beweisen im Strafverfahren.[272] Sie enthält als nunmehr einheitlicher Rechtsakt verbindliche und abschließende Vorgaben für alle grenzüberschreitend unter Anwendung des Prinzips gegenseitiger Anerkennung vorzunehmenden strafrechtlichen Ermittlungsmaßnahmen. Mit der Ausstellung einer Ermittlungsanordnung kann der Anordnungsstaat durch eine gerichtliche Entscheidung den Vollstreckungsstaat um die Vornahme spezifischer Ermittlungsmaßnahmen ersuchen, Art. 1 Abs. 1 RL EEA. 86

Bei Erlass einer Ermittlungsanordnung hat die ausstellende Behörde zunächst neben der allgemeinen Verhältnismäßigkeitsprüfung (in die auch die Frage nach der Notwendigkeit der grenzüberschreitenden Durchführung einzustellen ist), Art. 6 Abs. 1 lit. a) RL EEA, festzustellen, ob der fragliche Eingriff bei einem vergleichbaren nationalen Sachverhalt in derselben Weise angeordnet werden könnte, Art. 6 Abs. 1 lit. b) RL EEA. Durch diese Anforderung soll der Befürchtung entgegengewirkt werden, mitgliedstaatliche Ermittlungsbehörden könnten durch das Ersuchen um eine Auslandsmaßnahme versuchen, etwaige innerstaatliche Verfahrensvoraussetzungen zu unterlaufen, weil im Vollstreckungsstaat geringere Anordnungsvoraussetzungen gelten (sog. „Befugnis-Shopping“).[273] 87

Art. 2 lit. c) (ii) RL EEA stellt sicher, dass unabhängig davon, welche Behörde zum Erlass einer Ermittlungsanordnung nach nationalem Recht zuständig ist, jedenfalls ein Richter oder Staatsanwalt die Anordnung vor Erlass „validiert“ haben muss.

In Art. 11 Abs. 1 lit. a)-h) RL EEA findet sich eine Aufzählung möglicher Versagungsgründe, bei deren Vorliegen die ersuchte Behörde die Vollstreckung der Ermittlungsanordnung verweigern kann. Besonders zu erwähnen sind hier der Versagungsgrund eines möglichen Verstoßes gegen den

267 Art. 8 EuÜbA nennt beispielsweise die Pflicht Wohnortwechsel mitzuteilen oder sich zu bestimmten Zeiten an einem bestimmten Ort aufzuhalten.

268 Arg. e. contrario zu Art. 1, 19 Abs. 3 iVm 18 Abs. 1 lit. c) iVm 21 Abs. 1 RB EuÜbA.

269 Vgl *Morgenstern*, ZIS 2014, 216, 219.

270 Zu weiteren Schwierigkeiten näher *Morgenstern*, ZIS 2014, 216, 227.

271 Richtlinie des Europäischen Parlaments und des Rates v. 3.4.2014 über die Europäische Ermittlungsanordnung in Strafsachen, ABl. L 130 v. 1.5.2014, S. 1.

272 Vgl Art. 34 der Richtlinie, ABl. L 130 v. 1.5.2014, S. 22: Ersetzt werden zB das Europäische Übereinkommen über die Rechtshilfe in Strafsachen des Europarates vom 20.4.1959; das Schengener Durchführungsübereinkommen; das Übereinkommen über die Rechtshilfe in Strafsachen zwischen den Mitgliedstaaten der Europäischen Union und der Rahmenbeschluss 2008/978/JI zur Europäischen Beweisanordnung, zu letzterem sogleich näher Rn 89.

273 *Nelles*, ZStW 109 (1997), 738. Vgl *Böse*, ZIS 2014, 152, 153; *Heydenreich*, StraFo 2012, 439, 441; *Zimmermann/Glaser/Motz*, EuCLR 2011, 56, 71 ff.

Grundsatz ne bis in idem, lit. d) und der allgemeine ordre public-Vorbehalt in lit. f), wenn also „berechtigte Gründe für die Annahme sprechen, dass die Vollstreckung der EEA gegen die Grundrechtsgewährleistungen nach Art. 6 EUV und GRC" verstoßen könnte. Es widerspricht allerdings eklatant der Idee eines Raums nicht nur der Sicherheit, sondern auch der Freiheit und des Rechts (Art. 67 AEUV), dass die Vollstreckung bei Vorliegen dieser Gründe nur versagt werden *kann*.

Vor Erlass eines Europäischen Haftbefehls soll künftig geprüft werden, ob als milderes Mittel der Erlass einer EEA ausreicht. So kann zB die Vollstreckung eines Europäischen Haftbefehls durch die Vernehmung verdächtiger Personen mittels Videokonferenz ersetzt werden, Erwägungsgrund 26 RL EEA.

88 Sucht der Adressat einer EEA **Rechtsschutz**, so stehen ihm unterschiedliche Rechtsschutzregime zur Verfügung: Hinsichtlich der Anordnung der Maßnahme ist er auf Rechtsschutzmöglichkeiten im Anordnungsstaat verwiesen, Art. 14 Abs. 2 RL EEA, während Rechtsschutz hinsichtlich der Vollstreckung im Vollstreckungsstaat gewährt wird. Das ist eine Folge der Tatsache, dass auch innerhalb der Europäischen Union angesichts der staatlichen Souveränität kein mitgliedstaatliches Gericht die rechtliche Zulässigkeit von Strafverfolgungsmaßnahmen in einem anderen Mitgliedstaat abschließend und verbindlich beurteilen kann.[274]

Schwierigkeiten erwachsen durch diese Rechtswegspaltung nicht nur daraus, dass die Rechtsschutzmöglichkeiten des Adressaten durch die Zweiteilung deutlich verkompliziert werden. Typischerweise wird eines der beiden Rechtssysteme für den Adressaten und seinen Verteidiger auch fremd sein. Daneben ist unklar, in welcher Weise sich Wechselwirkungen getroffener Rechtsschutzentscheidungen ergeben werden. Denn die Verwertbarkeit eines Beweises, der nach dem Recht des Vollstreckungsstaats nicht rechtmäßig erhoben wurde, wird nach dem Recht des Anordnungsstaats beurteilt, in dem das Strafverfahren geführt werden wird. Es gibt aber keine Garantie dafür, dass das Recht des Forumsstaats (=Anordnungsstaats) angemessene Ausgleichsmaßnahmen für eine im Vollstreckungsstaat erfolgte Rechtsverletzung vorsieht (zB weil die entsprechende Verletzung im Forumsstaat angesichts dort niedrigerer Eingriffsschwellen gar nicht denkbar ist). Die Aufspaltung des Rechtsschutzes wird aus diesen Gründen für den Betroffenen nicht nur erhebliche Unsicherheiten und einen deutlichen Mehraufwand bei der Sicherstellung einer effektiven Verteidigung mit sich bringen.[275] Sie lässt auch befürchten, dass rechtsordnungsinterne Verwertungsverbote oder sonstige Schutzmaßnahmen im Hinblick auf Rechtsverstöße bei der Beweiserhebung beim Beweistransfer in den Anordnungsstaat schlicht auf der Strecke bleiben.

89 Die Europäische Ermittlungsanordnung hat u.a. den Rahmenbeschluss über die **Europäische Beweisanordnung** zur Erlangung von Sachen, Schriftstücken und Daten zur Verwendung in Strafsachen[276] aus dem Jahr 2009 ersetzt. Durch eine Europäische Beweisanordnung sollte die Anordnungsbehörde den Vollstreckungsstaat um die Übermittlung dort bereits erhobener Beweismittel in einem vereinfachten Verfahren[277] ersuchen können. Dieses – in der Praxis kaum angewandte Rechtsinstrument – ist nun durch die weiter reichende Ermittlungsanordnung überflüssig geworden. Das gilt auch für den ebenfalls ersetzten Rahmenbeschluss 2003/577/JI v. 22.7.2003 über die **Vollstreckung von Entscheidungen über die Sicherstellung von Vermögensgegenständen oder Beweismitteln** in der Europäischen Union.[278] Bezugnahmen auf diese Rahmenbeschlüsse in ande-

274 Im deutschen Rechtshilferecht allerdings wird im Rahmen des allgemeinen ordre public-Vorbehalts des § 73 IRG zumindest die Prüfung erfolgen, ob sich das Verfahren im Einklang mit wesentlichen Verfahrensgarantien befindet.

275 Vgl näher und mit Verbesserungsvorschlägen *Böse*, ZIS 2014, 159 ff; Bedenken im Hinblick auf eine Benachteiligung des Beschuldigten auch bei *Bachmaier/Winter*, ZIS 2010, 580, 580 f.

276 Rahmenbeschluss 2008/987/JI v. 18.12.2008, ABl. L 350 v. 30.12.2008, S. 72. Zur europäischen Beweisanordnung näher *Gleß*, in: Sieber (Hrsg.), EuStR, § 38; *Hecker*, EuStR, § 12 Rn 11 ff; *Kotzurek*, ZIS 2006, 123; *Swoboda*, HRRS 2014, 10, 16 ff.

277 Vgl Erwägungsgrund 16, sowie sinngemäß Erwägungsgründe 5 und 6 des Rahmenbeschlusses 2008/987/JI v. 18.12.2008, ABl. L 350 v. 30.12.2008, S. 72; siehe auch *Hecker*, EuStR, § 12 Rn 11; *Mavany*, S. 77 ff, 91 ff, 103.

278 ABl. L 196 v. 2.8.2003, S. 45; vgl auch das deutsche Umsetzungsgesetz BGBl. I 2008, S. 995.

ren Rechtsakten sind künftig als Bezugnahmen auf die Europäische Ermittlungsanordnung zu lesen, vgl Art. 34 Abs. 2 S. 2 RL EEA.

d) Rahmenbeschluss zur gegenseitigen Anerkennung von Abwesenheitsurteilen

Der Rahmenbeschluss 2009/299/JI v. 26.2.2009 zur gegenseitigen Anerkennung von Abwesenheitsurteilen (RB Abwesenheitsurteile)[279] formuliert rechtsstaatliche Verfahrensanforderungen (etwa das Erfordernis einer rechtzeitigen Ladung), die erfüllt sein müssen, um die gegenseitige Anerkennung justizieller Entscheidungen innerhalb der Union auch auf Abwesenheitsurteile zu erstrecken.[280] Sind die Voraussetzungen erfüllt, so können die Justizbehörden anderer Mitgliedstaaten eine Kooperation im Rahmen von Rechtsinstrumenten der gegenseitigen Anerkennung (zB die Vollstreckung eines EuHB zum Zwecke der Strafvollstreckung im Aburteilungsstaat) nicht unter Hinweis darauf verweigern, dass Abwesenheitsurteile im eigenen mitgliedstaatlichen Recht nicht vorgesehen sind. Der RB Abwesenheitsurteile erstreckt zugleich den Geltungsbereich der Rechtsakte zur gegenseitigen Anerkennung von Sanktionsentscheidungen (vgl hierzu Rn 91) auch auf solche Entscheidungen, die in einem Abwesenheitsverfahren ergangen sind.[281] Das gilt ua für den RB EuHB mit der Folge, dass auch Abwesenheitsurteile unter bestimmten Voraussetzungen Grundlage eines EuHB sein können,[282] Art. 2 RB Abwesenheitsurteile. 90

e) Rechtsakte zur gegenseitigen Anerkennung von Sanktionsentscheidungen

Durch zahlreiche weitere Rechtsakte hat der Unionsgesetzgeber die Anwendung des Grundsatzes der gegenseitigen Anerkennung auf Sanktionsentscheidungen erstreckt. Zu nennen sind der Rahmenbeschluss 2005/214/JI v. 24.2.2005 über die **gegenseitige Anerkennung von Geldbußen und Geldstrafen,**[283] der Rahmenbeschluss zur **Europäischen Vollstreckungsanordnung,**[284] sowie der Rahmenbeschluss zur **gegenseitigen Anerkennung von Urteilen und Bewährungsentscheidungen** im Hinblick auf die Überwachung von Bewährungsmaßnahmen.[285] Der Rahmenbeschluss 2006/783/JI 91

279 Rahmenbeschluss 2009/299/JI v. 26.2.2009 zur Änderung der Rahmenbeschlüsse 2002/584/JI, 2005/214/JI, 2006/783/JI, 2008/909/JI und 2008/947/JI, zur Stärkung der Verfahrensrechte von Personen und zur Förderung der Anwendung des Grundsatzes der gegenseitigen Anerkennung auf Entscheidungen, die im Anschluss an eine Verhandlung ergangen sind, zu der die betroffene Person nicht erschienen ist, ABl. L 81 v. 27.3.2009, S. 24. Vgl hierzu *Hauck*, JR 2009, 141 ff; *Hecker*, EuStR, § 12 Rn 54; *Klitsch*, ZIS 2009, 11 ff.

280 Die Vorgaben des RB Abwesenheitsurteile basieren im Wesentlichen auf der Rechtsprechung des EGMR zur Frage, inwieweit bei Abwesenheitsverfahren eine unzulässige Beeinträchtigung der Verteidigungsrechte anzunehmen ist; vgl Erwägungsgrund 1 des RB Abwesenheitsurteile; sowie EGMR, Urt. v. 22.12.2009, Nr. 5962/03 (Makarenko/Russland), Rn 135; EGMR Urt. v. 23.11.1993, Nr. 14032/88, Series A, Nr. 227 (Poitrimol/Frankreich). Zur Rechtsprechung des EGMR *Böse*, 37 North Carolina Journal of International Law & Commercial Regulation 2011-2012, 489, 498 ff mwN. Kritisch zu den Rahmenbeschlussvorgaben *Klitsch*, ZIS 2009, 11, 17 f; zu Wirkungen des Rahmenbeschlusses für das deutsche Strafverfahrensrecht eingehend *Hauck*, JR 2009, 141, 143 ff.

281 Vgl Art. 3 RB Abwesenheitsurteile zur Änderung des Rahmenbeschlusses 2005/214/JI v. 24.2.2005 über die Anwendung des Grundsatzes der gegenseitigen Anerkennung von Geldstrafen und Geldbußen, ABl. L 76 v. 22.3.2005, S. 16; Art. 4 RB Abwesenheitsurteile zur Änderung des Rahmenbeschlusses 2006/783/JI v. 6.10.2006 über die Anwendung des Grundsatzes der gegenseitigen Anerkennung auf Einziehungsentscheidungen, ABl. L 328 v. 24.11.2006, S. 59; Art. 5 RB Abwesenheitsurteile zur Änderung der Europäischen Vollstreckungsanordnung, Rahmenbeschluss 2008/909/JI v. 27.11.2008, ABl. L 327 v. 5.12.2008, S. 27; sowie Art. 6 RB Abwesenheitsurteile zur Änderung des Rahmenbeschlusses 2008/947/JI v. 27.11.2008 über die Anwendung des Grundsatzes der gegenseitigen Anerkennung auf Urteile und Bewährungsentscheidungen im Hinblick auf die Überwachung von Bewährungsmaßnahmen und alternativen Sanktionen, ABl. L 337 v. 16.12.2008, S. 102.

282 Vgl hierzu EuGH, NJW 2013, 1215 (Melloni) und die Ausführungen oben Rn 80.

283 *ABl. L 76 v. 22.3.2005, S. 16*; deutsches Umsetzungsgesetz BGBl. I 2010, S. 1408.

284 Rahmenbeschluss 2008/909/JI v. 27.11.2008 über die Anwendung des Grundsatzes der gegenseitigen Anerkennung auf Urteile in Strafsachen, durch die eine freiheitsentziehende Strafe oder Maßnahme verhängt wird, für die Zwecke ihrer Vollstreckung in der Europäischen Union, ABl. L 327 v. 5.12.2008, S. 27, jetzt idF v. 26.2.2009, ABl. L 81 v. 27.3.2009, S. 24. In Deutschland sind bislang keine Umsetzungsmaßnahmen erfolgt; vgl *Morgenstern*, ZIS 2014, 216, 219.

285 Rahmenbeschluss 2008/947/JI v. 27.11.2008, ABl. L 337 v. 16.12.2008, S. 102, jetzt idF v. 26.2.2009, ABl. L 81, v. 27.3.2009, S. 24. In Deutschland sind bislang keine Umsetzungsmaßnahmen erfolgt, vgl *Morgenstern*, ZIS 2014, 216, 219.

v. 6.10.2006 zur **Anerkennung von Einziehungsentscheidungen**[286] wird durch die Regelungen der Richtlinie 2014/42/EU v. 3.4.2014 über die **Sicherstellung und Einziehung von Tatwerkzeugen und Erträgen** aus Straftaten in der Europäischen Union (näher hierzu bereits Rn 41) ergänzt.[287]

3. Der Grundsatz der Verfügbarkeit

92 Einen weiteren Beitrag zum reibungslosen Funktionieren der kooperativen Strafverfolgung in der Europäischen Union soll der Grundsatz der Verfügbarkeit leisten. Er bringt die Zielsetzung zum Ausdruck, dass innerhalb der Union strafverfolgungsrelevante Daten, die in einem Mitgliedstaat gesammelt wurden, auch für Strafverfolgungsorgane anderer Mitgliedstaaten ebenso wie für Europol zugänglich gemacht werden sollen.[288] Der Vorschlag für einen Rahmenbeschluss über den Austausch von Informationen nach dem Grundsatz der Verfügbarkeit aus dem Jahr 2005[289] konnte sich zwar nicht durchsetzen, und das Vorhaben wurde mit Inkrafttreten des Vertrags von Lissabon auch ausdrücklich aufgegeben.[290] Dennoch kommt der Grundsatz der Verfügbarkeit in diversen Unionsrechtsakten zum Informationsaustausch im Hinblick auf die Strafverfolgung zwischen den Mitgliedstaaten zum Ausdruck.[291]Das Ziel der freien Verfügbarkeit gesammelter Daten zwischen verschiedenen Ebenen der mitgliedstaatlichen und der „europäischen" Strafverfolgung (also in horizontaler wie vertikaler Richtung) birgt für die in einem Raum der Freiheit zu schützenden Individualinteressen im Hinblick auf den Datenschutz erhebliche Gefahren.[292]

93 Dass der Unionsgesetzgeber bei der Sammlung strafverfolgungsrelevanter Daten nicht immer mit der notwendigen Sensibilität vorgeht, zeigen die Vorgänge um die Richtlinie zur **Vorratsdatenspeicherung.**[293] Sie wurde unter dem Eindruck der Terroranschläge auf die Londoner U-Bahn im Jahr 2005 im darauf folgenden Jahr erlassen und sollte es – vor allem mit Blick auf terroristische und Straftaten der organisierten Kriminalität – ermöglichen, dass Telekommunikationsdaten durch die Anbieter öffentlich zugänglicher Kommunikationsdienste gespeichert werden, um sie dann gegebenenfalls zur Unterstützung strafrechtlicher Ermittlungen an die Strafverfolgungsbehörden weiterge-

286 ABl. L 328 v. 24.11.2006, S. 59, jetzt idF v. 26.2.2009, ABl. L 81 v. 27.3.2009, S. 24. Die in Umsetzung des Rahmenbeschlusses in §§ 88 a ff IRG vorgenommenen Anpassungen genügen nach Ansicht der Kommission nicht den Rahmenbeschlussvorgaben, vgl KOM (2010) 428 v. 23.8.2010, S. 3. Bemängelt werden vor allem rahmenbeschlusswidrige Regelungen zu Versagungsgründen, S. 10 f; zu weiteren Umsetzungsmängeln vgl aaO, S. 12 ff.

287 ABl. L 127 v. 29.4.2014, S. 39. Zu rechtsstaatlichen Bedenken gegen den Rechtsakt *Weißer*, in: Böse (Hrsg.), EE, § 9 Rn 71.

288 Vgl Erwägungsgründe 3, 4, 6 des Vorschlags für einen Rahmenbeschluss über den Austausch von Informationen nach dem Grundsatz der Verfügbarkeit, KOM (2005) 490 endg. Allgemein zum Grundsatz der Verfügbarkeit *Böse*, Verfügbarkeit, passim; *Esser*, in: Böse (Hrsg.), EE, § 19 Rn 46 ff; *Meyer*, NStZ 2008, 188 ff.

289 KOM (2005) 490 endg.

290 Einzelheiten hierzu bei *Esser*, in: Böse (Hrsg.), EE, § 19 Rn 45.

291 ZB Rahmenbeschluss 2006/960/JI des Rates v. 18.12.2006 über die Vereinfachung des Austauschs von Informationen und Erkenntnissen zwischen den Strafverfolgungsbehörden der Mitgliedstaaten der Europäischen Union, ABl. L 386 v. 29.12.2006, S. 89; ber. ABl. L 75 v. 15.3.2007, S. 26; Rahmenbeschluss 2009/315/JI des Rates v. 26.2.2009 über die Durchführung und den Inhalt des Austauschs von Informationen aus dem Strafregister zwischen den Mitgliedstaaten, ABl. L 93 v. 7.4.2009, S. 23; sowie Beschluss 2009/316/JI des Rates v. 6.4.2009 zur Einrichtung des Europäischen Strafregisterinformationssystems (ECRIS) gemäß Artikel 11 des Rahmenbeschlusses 2009/315/JI, ABl. L 93 v. 7.4.2009, S. 33. Vgl außerdem den Prümer Vertrag v. 27.5.2005 zum Informationsaustausch zwischen den (ursprünglich 11) Vertragsstaaten im Hinblick auf Strafverfolgungsdaten, BGBl. I 2006, S. 1458, der hinsichtlich der polizeilichen und justiziellen Zusammenarbeit durch Ratsbeschluss v. 23.6.3008, 2008/615/JI in den Rechtsrahmen der damaligen Dritten Säule überführt wurde, Einzelheiten bei *Esser*, in: Böse (Hrsg.), EE, § 19 Rn 33 ff; *Satzger*, in: Streinz (Hrsg.), EUV/AEUV, Art. 82 AEUV Rn 51.

292 Vgl hierzu *Esser*, in: Böse (Hrsg.), EE, § 19 Rn 40 f; *Hauck*, in: Böse (Hrsg.), EE, § 11 Rn 51; *Meyer*, NStZ 2008, 188, 194; *Zöller*, ZIS 2011, 64, 67 f.

293 Richtlinie 2006/24/EG v. 15.3.2006 über die Vorratsspeicherung von Daten, die bei der Bereitstellung über die Vorratsspeicherung von Daten, die bei der Bereitstellung öffentlich zugänglicher elektronischer Kommunikationsdienste oder öffentlicher Kommunikationsnetze erzeugt oder verarbeitet werden, und zur Änderung der Richtlinie 2002/58/EG, ABl. L 105 v. 13.4.2006, S. 54.

ben zu können.[294] Der EuGH hat die Richtlinie durch Urteil v. 8.4.2014[295] mit der Begründung für ungültig erklärt, dass die anlasslose Vorratsdatenspeicherung eine unverhältnismäßige Beschränkung (Art. 52 Abs. 1 S. 2 GRC) der Grundrechtsgewährleistungen in Art. 7, 8 GRC beinhalte (Einzelheiten bei *Scherer*, in diesem Band, § 36 Rn 133).

4. Der Schutz des Einzelnen im Zusammenhang mit der kooperativen Strafverfolgung im Raum der Freiheit, der Sicherheit und des Rechts

Die in Art. 82 Abs. 1 lit. b) AEUV enthaltene Ermächtigung zum Erlass von Mindestvorschriften im Hinblick auf die Rechte des Einzelnen im Strafverfahren zielt in erster Linie auf den Beschuldigten als Adressat von Strafverfolgungsmaßnahmen. Aber auch andere Verfahrensbeteiligte, deren Rechtsstellung durch das Strafverfahren betroffen ist – zB Verteidiger, Zeugen[296] oder Sachverständige – können in den Schutzbereich unionsrechtlicher Verfahrensvorgaben nach Art. 82 Abs. 1 lit. b) AEUV einbezogen werden.[297] 94

In Umsetzung des im Stockholmer Programm proklamierten Ziels einer Stärkung der Rechte des Einzelnen im Strafverfahren[298] sind die folgenden Rechtsakte ergangen: 95

- Richtlinie 2010/64/EU v. 20.10.2010 über das Recht auf **Dolmetschleistungen** und Übersetzungen im Strafverfahren;[299]
- Richtlinie 2012/13/EU v. 22.5.2012 über das Recht auf **Belehrung** und Unterrichtung im Strafverfahren;[300]
- Richtlinie 2012/29/EU v. 25.10.2012 über Mindeststandards für die Rechte, die Unterstützung und den **Schutz von Opfern** von Straftaten sowie zur Ersetzung des Rahmenbeschlusses 2001/220/JI;[301]
- Richtlinie 2013/48/EU v. 22.10.2013 über das Recht auf **Zugang zu einem Rechtsbeistand** im Strafverfahren und in Verfahren zur Vollstreckung des Europäischen Haftbefehls sowie über das Recht auf Benachrichtigung eines Dritten bei Freiheitsentzug und das Recht auf Kommunikation mit Dritten und mit Konsularbehörden während des Freiheitsentzugs.[302]

Weitere Instrumente zur Stärkung der Rechte des Einzelnen im Strafverfahren sind in Planung. Im Ergebnis soll ein umfassendes und kohärentes Konzept von (Mindest-) Verfahrensrechten des Einzelnen auf europäischer Ebene in die Tat umgesetzt werden.[303]

In der Literatur wird ein solches Gesamtkonzept im Hinblick auf die **Beschuldigtenrechte** im Rahmen der kooperativ organisierten europäischen Strafverfolgung schon seit Langem gefordert.[304] Die auf den Grundsatz der gegenseitigen Anerkennung gestützten Rechtsinstrumente (Rn 77 ff) ber- 96

294 Obwohl der deutsche Gesetzgeber die Richtlinie nicht umgesetzt hat, finden sich in § 100 g StPO weitreichende Befugnisse zur Erhebung von Telekommunikationsdaten, falls bestimmte Tatsachen den Verdacht einer Straftat von auch im Einzelfall erheblicher Bedeutung (nach § 100 a Abs. 2 StPO – vgl hierzu BVerfGE 125, 260) begründen und die Erforschung des Sachverhaltes auf andere Weise aussichtslos wäre sowie die Datenerhebung den Anforderungen der Verhältnismäßigkeit genügt.

295 EuGH (GK), Rs. C-293/12 und C-594/12.

296 Vgl hierzu Stockholmer Programm, ABl. C 115 v. 4.5.2010, S. 1 ff, 12.

297 Wer auf der Seite der Strafverfolgung an der Ausübung staatlicher Hoheitsgewalt im Strafverfahren teilhat (Polizei, Staatsanwaltschaft, Richter), ist von den Gewährleistungen nach Art. 82 Abs. 1 lit. b) AEUV nicht begünstigt; vgl *Böse*, in: Schwarze (Hrsg.), EU-Kommentar, Art. 82 AEUV Rn 46; *Vogel*, in: Grabitz/Hilf/Nettesheim (Hrsg.), Art. 82 AEUV Rn 90.

298 ABl. C 115 v. 4.5.2010, S. 1, 10.

299 ABl. L 280 v. 26.10.2010, S. 1.

300 ABl. L 142 v. 1.6.2012, S. 1.

301 ABl. L 315 v. 14.11.2012, S. 57.

302 ABl. L 294 v. 6.11.2013, S. 1.

303 Vgl Schlussfolgerungen des Europäischen Rates (Tagung vom 26.-27.6.2014) betreffend den Raum der Freiheit, der Sicherheit und des Rechts und einige damit zusammenhängende Querschnittsthemen, ABl. C 240 v. 24.7.2014, S. 13 ff, 15.

304 Vgl in unterschiedlichem Kontext *ECPI*, ZIS 2013, 412, 413; *Gleß*, ZStW 115 (2003), 131, 148 ff; *dies.*, StV 2013, 317, 323; *Heine*, S. 238 ff; *Meyer*, in: Leible/Terhechte (Hrsg.), EE III, § 37 Rn 19; *Rackow*, in: Böse (Hrsg.), EE, § 23 Rn 7 ff; *Schomburg/Lagodny*, NJW 2012, 348, 353; *Zöller*, in: Böse (Hrsg.), EE, § 21 Rn 100.

gen für den Beschuldigten vielerlei Erschwernisse für eine effektive Verteidigung.[305] Insbesondere die Beschaffung von Beweisen durch einen anderen Mitgliedstaat als den Forumsstaat im Rahmen der Beweisrechtshilfe birgt für den Beschuldigten erhebliche Risiken (vgl hierzu bereits Rn 88).[306] So kann zB das Konfrontationsrecht bei einer Zeugenvernehmung im Ausland nicht ohne Weiteres in gleicher Weise gewahrt werden wie bei einer Vernehmung in der Hauptverhandlung.[307] Die Erhebung von Beweisen nach einer fremden Rechtsordnung kann auch insoweit zu Verwerfungen innerhalb des Strafverfahrens führen, als typischerweise eine systematische Verknüpfung der Erhebungsvoraussetzungen für Beweise mit den Voraussetzungen zulässiger Beweisverwertung im Verfahren besteht:[308] Je höher die rechtlichen Anforderungen an die Zulässigkeit der Beweiserhebung, desto umfassender ist regelmäßig die Verwertung solcher Beweise im Verfahren gestattet – und umgekehrt. Treffen kooperierende Rechtsordnungen die Voraussetzungen für eine zulässige Beweiserhebung und -verwertung in unterschiedlicher Weise, so kann dadurch für den Beschuldigten eine ungünstige Situation entstehen.[309] Abgesehen davon droht dem Beschuldigten, dass die Strafverfolgungsbehörden für die Vornahme bestimmter Ermittlungsmaßnahmen gezielt eine kooperierende Rechtsordnung mit niedrigen Eingriffsschwellen auswählen könnten (forum shopping).[310] Was die Frage des Rechtsschutzes betrifft, so bringt es für den Beschuldigten erhebliche Schwierigkeiten mit sich, wenn er – je nachdem, ob Rechtsverletzungen im Anordnungs- oder im Vollstreckungsstadium gerügt werden sollen – auf verschiedene Rechtsordnungen verwiesen ist (zu diesem Problem des „gespaltenen Rechtsschutzes"[311] vgl bereits oben Rn 88).

97 Aus all diesen Schwierigkeiten resultiert die Notwendigkeit spezifischer Schutzmechanismen zur Stärkung der Verteidigungsrechte des Beschuldigten im kooperativen Strafverfahren.[312] Erste Schritte hat die Union in Umsetzung der im Fahrplan zur Stärkung der Verfahrensrechte von Verdächtigen und Beschuldigten im Strafverfahren aus dem Jahr 2009[313] angekündigten Maßnahmen unternommen (siehe die oben in Rn 95 genannten Rechtsakte). Derzeit befindet sich ein Richtlinienentwurf zur Stärkung bestimmter Aspekte der Unschuldsvermutung und zu Anwesenheitsrechten im Strafprozess[314] in der Diskussion. Außerdem hat der Europäische Rat jüngst angekündigt, „die Bemühungen um die Stärkung der Rechte von Beschuldigten und Verdächtigen in Strafverfahren fortzusetzen".[315]

305 *Gleß*, Utrecht Law Review 2013, 90, 100; *Meyer*, in: Leible/Terhechte (Hrsg.), EE III, § 37 Rn 19.

306 *Heine*, S. 157 ff; *Swoboda*, HRRS 2014, 10, 18.

307 Vgl hierzu BGHSt 55, 70; sowie allgemein *Gleß*, Utrecht Law Review 2013, 90, 96 f.

308 Vgl bereits oben Rn 87; sowie *Gleß*, ZStW 116 (2004), 353, 366; *dies.*, StV 2013, 317, 318; *Swoboda*, HRRS 2014, 14, 19. Zu Unterschieden in den mitgliedstaatlichen strafverfahrensrechtlichen Regelungsgefügen vgl die Beispiele bei *Hecker*, EuStR, § 12 Rn 62 ff. Auch im deutschen Strafverfahrensrecht ist nicht abschließend geklärt, wie die Verwertung von Auslandsbeweisen im Einzelnen zu handhaben ist; vgl zu den damit verbundenen Rechtsfragen BGHSt 34, 334, 342 ff; 55, 70; 58, 32; sowie allgemein *Gleß*, in: Böse (Hrsg.), EE, § 12 Rn 10.

309 Näher hierzu oben Rn 87; sowie allgemein *Gleß*, ZStW 125 (2013), 574; *Swoboda*, HRRS 2014, 10, 18.

310 *Gleß*, Utrecht Law Review 2013, 90, 97 f; *dies.*, StV 2013, 317, 320.

311 Hierzu in unterschiedlichem Kontext *Bachmaier Winter*, ZIS 2010, 580, 580 f; *Böse*, ZIS 2014, 159 ff; *Gaede*, in: Böse (Hrsg.), EE, § 3 Rn 51; *Meyer*, in: Leible/Terhechte (Hrsg.), EE III, § 38 Rn 47, 60; *Swoboda*, HRRS 2014, 14, 18.

312 *ECPI*, ZIS 2013, 412, 413; *Schomburg/Lagodny*, NJW 2012, 348, 353; vgl auch *Meyer*, in: Leible/Terhechte (Hrsg.), EE III, § 37 Rn 19. Zur Forderung eines europäischen Beweiszulassungsverfahrens *Gleß*, Beweisrechtsgrundsätze, 421 ff, 435 ff; *dies.*, ZStW 115 (2003), 131, 148 ff; bzw eines allgemeinen „defense rights mainstreaming" – eines Verfahrens, in dem hinsichtlich jeder unionsrechtlich fundierten Maßnahme im Rahmen kooperativer Strafverfolgung geprüft werden soll, inwieweit Beschuldigtenrechte dadurch (unangemessen) beeinträchtigt werden, *dies.*, StV 2013, 317, 323. Für ein europäisches Beweiszulassungsverfahren oder die Herausbildung europäischer Verfahrensregeln anhand der EMRK auch *Radtke*, GA 2004, 1, 19 ff.

313 Vgl Entschließung des Rates v. 30.11.2009 über einen Fahrplan zur Stärkung der Verfahrensrechte von Verdächtigen oder Beschuldigten im Strafverfahren, ABl. C 295 v. 4.12.2009, S. 1.

314 Ratsdokument 12196/1/14/REV 1 v. 4.8.2014 mit Richtlinienentwurf.

315 Vgl Auszug aus den Schlussfolgerungen des Europäischen Rates (Tagung vom 26.-27. Juni 2014) betreffend den Raum der Freiheit, der Sicherheit und des Rechts und einige damit zusammenhängende Querschnittsthemen, ABl. C 240 v. 24.7.2014, S. 15.

E. Auswirkungen des europäischen Grund- und Menschenrechtsschutzes im deutschen Strafrecht

Die Gewährleistungen des europäischen Grund- und Menschenrechtsschutzes haben erheblichen Einfluss auf die deutsche Rechtsordnung. Während die Rechtswirkungen der EMRK die gesamte nationale Strafverfolgung betreffen (näher sogleich Rn 99 ff), ist der Anwendungsbereich der Charta der Grundrechte der Europäischen Union (GRC) im deutschen Strafrecht nur dann eröffnet, wenn Strafverfolgungsorgane Unionsrecht gem. Art. 51 Abs. 1 GRC durchführen (hierzu sogleich Rn 103 ff). Die Bezugnahmen auf die GRC-Gewährleistungen in der folgenden Darstellung sind deshalb immer unter dem Vorbehalt zu verstehen, dass ein Sachverhalt mitgliedstaatlicher Durchführung von Unionsrecht gegeben ist. 98

I. Rechtswirkungen der EMRK im deutschen (Straf-) Recht

Die völkervertragliche Bindung Deutschlands an die EMRK ergibt sich aus deren Ratifizierung im Jahr 1952. Die Vorgaben der EMRK sind mit Wirkung zum 3.9.1953 als **einfaches Bundesgesetz** in Kraft getreten.[316] Die allgemeine Gesetzesbindung der deutschen Rechtsprechung, Art. 20 Abs. 3 GG, umfasst damit auch die Pflicht zur Beachtung der Konventionsgewährleistungen und ihrer Auslegung durch die Rechtsprechung des EGMR.[317] 99

Da den EMRK-Gewährleistungen im deutschen Recht kein Verfassungsrang zukommt, kann eine ausschließliche Berufung auf einen Konventionsverstoß den Rechtsweg zum BVerfG im Rahmen einer Verfassungsbeschwerde nicht eröffnen.[318] Das BVerfG berücksichtigt jedoch die Gewährleistungen der EMRK im Rahmen der **völkerrechtsfreundlichen Interpretation** (Art. 25 GG) deutscher Grundrechtsgewährleistungen.[319] 100

Ist der nationale Rechtsweg erschöpft (Art. 35 Abs. 1 EMRK),[320] so eröffnet Art. 34 EMRK den Rechtsweg für eine Individualbeschwerde zum EGMR, falls die Verletzung von Konventionsgewährleistungen gerügt wird. Die Konventionsbeschwerde ist mittlerweile als valide Überprüfungsmöglichkeit deutscher Strafverfahren fest im Bewusstsein der Verteidigung verankert. Eine erfolgreiche Beschwerde vor dem EGMR führt zur (nur) für die Parteien verbindlichen (Art. 46 EMRK) Feststellung eines Konventionsverstoßes.[321] 101

Dem verfahrensbeteiligten Staat obliegt dann die Beseitigung des Konventionsverstoßes im nationalen Recht. Im deutschen Strafverfahrensrecht begründet die Feststellung eines Konventionsverstoßes einen **Wiederaufnahmegrund** nach § 359 Nr. 6 StPO – allerdings nur für die obsiegende Partei des Verfahrens vor dem EGMR, nicht etwa für bereits abgeschlossene, ähnlich gelagerte Fälle.[322] Eine Nichtberücksichtigung des EGMR-Urteils durch nationale Justizorgane kann von der durch den Konventionsverstoß verletzten Partei im Wege der Verfassungsbeschwerde unter Berufung auf das verletzte Grundrecht in Verbindung mit einem Verstoß gegen das Rechtsstaatsprinzip durch die Nichtberücksichtigung der EGMR-Rechtsprechung gerügt werden.[323]

316 BGBl. II 1952, 685, 953.

317 BVerfGE 111, 307, 323; BVerwG, NVwZ 2000, 810; BGHSt 45, 321, 328; 46, 93, 97; 51, 150, Rn 19; 52, 124, Rn 33; BGH NStZ 2010, 381, 384; BGH NStZ 2011, 149 f; siehe auch *Ambos*, IntStR, § 10 Rn 2; *Böse*, in: Sieber (Hrsg.), EuStR, § 52 Rn 14; *Gaede*, in: Böse (Hrsg.), EE, § 3 Rn 16; *Vogel*, in: Strafrechtsdialog, S. 23, 26; *Weigend*, StV 2000, 384, 386 f.

318 *Ambos*, IntStR, § 10 Rn 2; *Hecker*, EuStR, § 3 Rn 22.

319 BVerfGE 74, 358, 370; 111, 307; 128, 326, 367; *Ambos*, IntStR, § 10 Rn 2; *Hecker*, EuStR, § 3 Rn 22; *Kirchhof*, NJW 2011, 3681, 3683; *Voßkuhle*, in: FS Frisch, S. 1359, 1362 ff; *Weigend*, StV 2000, 384, 387 f.

320 Einzelheiten hierzu bei *Böse*, in: Sieber (Hrsg.), EuStR, § 52 Rn 7.

321 BVerfGE 111, 307, 320 f; *Esser*, EuIntStR, § 9 Rn 108.

322 BT-Drucks. 13/10333 v. 1.4.1998, S. 34 f; *Esser*, Strafverfahrensrecht, S. 869; *Hecker*, EuStR, § 3 Rn 31; *Schmidt*, in: KK-StPO, § 359 Rn 40. Kritik hierzu bei *Ambos*, IntStR, § 10 Rn 9; *Esser*, EuIntStR, § 9 Rn 123; *Frister*, in: SK-StPO, § 359 Rn 75; *Weigend*, StV 2000, 384, 388.

323 BVerfGE 111, 307, 316, 329 f (Görgülü).

Kann eine Wiederholung eines durch den EGMR festgestellten Konventionsverstoßes nicht durch eine konventionskonforme Auslegung des nationalen Rechts vermieden werden,[324] so ist ein Tätigwerden des Gesetzgebers erforderlich, um die gesetzlichen Regelungen, die Grundlage des Konventionsverstoßes sind, aufzuheben oder zu ersetzen.[325] In Betracht kommt dies im Strafrecht im Wesentlichen im Hinblick auf strafverfahrensrechtliche Regelungen, die im Konflikt mit den Gewährleistungen des Art. 6 EMRK hinsichtlich der Verfahrensfairness stehen,[326] vgl hierzu näher unten Rn 114 ff.

102 Trotz der Beschränkung unmittelbarer Rechtswirkungen der EGMR-Judikate auf die Verfahrensbeteiligten (Art. 46 EMRK) entfaltet die EGMR-Rechtsprechung für das deutsche Strafrecht nicht nur bei einer unmittelbaren Verfahrensbeteiligung Deutschlands Wirkungen. Die Judikate des EGMR haben auch für nicht verfahrensbeteiligte Konventionsstaaten eine **Appellwirkung.** Auf diese Weise wird die deutsche Strafrechtspflege durch die gesamte Spruchpraxis des EGMR im Sinne einer **faktischen Orientierungswirkung** beeinflusst.[327]

II. Rechtswirkungen der GRC im deutschen (Straf-) Recht

1. Anwendungsvoraussetzungen der GRC

103 Besteht mitgliedstaatliches Handeln in der Durchführung von Unionsrecht, so unterliegt es nach Art. 51 Abs. 1 GRC der Grundrechtsbindung an die **GRC**, die den Rang primären Unionsrechts hat und deshalb **Anwendungsvorrang** gegenüber dem nationalen Recht genießt (vgl hierzu näher Rn 106).[328] Die mitgliedstaatliche Durchführung von Unionsrecht nach Art. 51 Abs. 1 GRC ist ausschließlich am Maßstab der GRC zu prüfen. Für die Anwendung nationaler Grundrechte ist bei unionsrechtlich determiniertem mitgliedstaatlichem Hoheitshandeln kein Raum.[329] Eine Durchführung von Unionsrecht iSd Art. 51 Abs. 1 GRC liegt jedenfalls dann vor, wenn die Mitgliedstaaten unionsrechtliche Vorgaben im nationalen Recht vollziehen, also gleichsam als „verlängerter Arm" der Union tätig werden.[330] Außerdem bildet die mitgliedstaatliche normative Umsetzung ebenso wie der Vollzug europäischer Vorgaben – zB von Kriminalisierungsanforderungen in Richtlinien – eine Durchführung von Unionsrecht.[331]

104 Der EuGH hat im Jahr 2013 das Kriterium der Durchführung von Unionsrecht im Sinne des Art. 51 Abs. 1 GRC in der **Rechtssache Fransson**[332] sehr großzügig interpretiert: Für einen schwedischen Sachverhalt war die Frage vorgelegt worden, ob das unionsrechtliche Doppelbestrafungsverbot aus Art. 50 GRC (dazu sogleich Rn 123 ff) ein Strafverfahren wegen eines bereits zuvor mit einer verwaltungsrechtlichen Sanktion belegten Mehrwertsteuervergehens verbiete.[333] Der EuGH

---

324 Zu den Grenzen der konventionskonformen Auslegung des nationalen Rechts BVerfGE 111, 307, 329; 128, 326, 371; siehe auch *Böse*, in: Sieber (Hrsg.), EuStR, § 52 Rn 14; sowie die Ausführungen zu den Grenzen einer unionsrechtskonformen Auslegung (vgl oben Rn 58) – die auf die konventionskonforme Auslegung im Hinblick auf die EMRK übertragbar sind. Zu beachten ist aber, dass der EMRK als einfachem Bundesrecht im Gegensatz zum Unionsrecht kein Anwendungsvorrang gegenüber dem sonstigen nationalen Recht zukommt.

325 Vgl hierzu *Vogel*, in: Strafrechtsdialog, S. 23, 25.

326 Vgl etwa EGMR, Urt. v. 8.11.2012, Nr. 30804/07 (Neziraj/Deutschland), Rn 67, näher hierzu Rn 119.

327 BVerfGE 128, 326, 368; sowie *Ambos*, IntStR, § 10 Rn 8; *Böse*, in: Sieber (Hrsg.), EuStR, § 52 Rn 14; *Gaede*, in: Böse (Hrsg.), EE, § 3 Rn 16; *Hecker*, EuStR, § 3 Rn 20; siehe auch *Esser*, Strafverfahrensrecht, S. 868 f.

328 *Esser*, in: Sieber (Hrsg.), EuStR, § 53 Rn 21; *Gaede*, in: Böse (Hrsg.), EE, § 3 Rn 23; *Jarass*, NStZ 2012, 611; *ders.*, EuR 2013, 29, 36; einschränkend *Kirchhof*, EuR 2014, 267, 271.

329 BVerfGE 73, 339, 387; 102, 147, 162 ff; 118, 79, 95; *Ehlers*, in: ders. (Hrsg.), Grundrechte, § 14 Rn 48, 51, 53; *Gaede*, in: Böse (Hrsg.), EE, § 3 Rn 5; *Kingreen*, in: Calliess/Ruffert, Art. 51 GRC Rn 11.

330 EuGH, Rs. C-5/88 (Wachauf), Slg 1989, 2609, 2639, Rn 19; EuGH, Rs. C-260/89 (ERT), Slg 1991, I-2925, 2964 Rn 42 ff; siehe auch *Borowsky*, in: Meyer (Hrsg.), GRC, Art. 51 Rn 25; *Kingreen*, in: Calliess/Ruffert, Art. 51 GRC Rn 11 ff; *Risse*, HRRS 2014, 93, 94 f; *Wegner*, HRRS 2013, 126, 127.

331 *Borowsky*, in: Meyer (Hrsg.), GRC, Art. 51 Rn 27 f; *Risse*, HRRS 2014, 93, 95; *Wegner*, HRRS 2013, 126, 127.

332 *EuGH (GK), Rs. C-617/10* (Fransson) = NJW 2013, 1415.

333 Der Generalanwalt hielt die Vorlage für unzulässig, da es sich um einen rein nationalen Sachverhalt handle, für den die GRC nicht einschlägig sei; vgl Schlussanträge des Generalanwalts Pedro Cruz Villalón v. 12.6.2012 in der Rs. C-617/10, Rz. 56-64; abrufbar unter http://curia.europa.eu.

kam zu dem Schluss, dass die Voraussetzungen des Art. 51 Abs. 1 GRC erfüllt seien[334] und infolgedessen das Verbot der Doppelbestrafung aus Art. 50 GRC für den zugrundeliegenden Sachverhalt einschlägig sei. Da auch die Union vom mitgliedstaatlichen Steueraufkommen profitiere, beruhe die mitgliedstaatliche Rechtsgrundlage der Mehrwertsteuerpflicht auch auf der unionsrechtlich begründeten Pflicht Schwedens, im nationalen Recht eine Rechtsgrundlage zur Erhebung dieser teilweise der Union zukommenden Steuer zu schaffen.[335] Insoweit liege in der Sanktionierung von Mehrwertsteuervergehen (auch) eine Durchführung von Unionsrecht, denn hierfür sei es nicht notwendig, dass die nationale Sanktionsnorm gerade in Umsetzung unionaler Sanktionsforderungen geschaffen wurde. Ausreichend sei vielmehr, dass die nationale Sanktionsnorm dem aus Art. 325 Abs. 1, 2 AEUV resultierenden Gebot einer abschreckenden Sanktionierung von Steuervergehen nach Maßgabe der Mehrwertsteuerrichtlinie 2006/112/EG nachkomme.[336]

Im Schrifttum wird diese Entscheidung des EuGH teilweise als zu weitreichend kritisiert:[337] Allein die Tatsache, dass mitgliedstaatliche Rechtsordnungen im Rahmen der Assimilierungsverpflichtung (vgl hierzu näher Rn 31) den Schutz von Unionsgütern sicherstellen müssten, sei nicht ausreichend, um eine Durchführung von Unionsrecht im Sinne des Art. 51 Abs. 1 S. 1 GRC anzunehmen. 105

Auch das BVerfG hat sich bereits im April 2013 gegen die Fransson-Entscheidung in Stellung gebracht und betont, Art. 51 GRC dürfe nicht in einer Weise überinterpretiert werden, die einen Ultra vires-Akt begründe.[338] Zwar ist in der verfassungsgerichtlichen Rechtsprechung durchaus anerkannt, dass bei Umsetzung von Unionsrechtsakten – etwa einer Richtlinie – im deutschen Recht keine Prüfung am Maßstab der Grundrechte erfolgt, wenn das Unionsrecht keinerlei Umsetzungsspielraum belässt. Allein der unionsrechtliche Grundrechtsschutz ist dann Prüfungsmaßstab für den unionsrechtlich determinierten Rechtsakt.[339] Jedoch soll nach Ansicht des BVerfG hierfür keinesfalls „jeder sachliche Bezug zum bloß abstrakten Anwendungsbereich" des Unionsrechts ausreichen.[340]

Außerdem wird im Schrifttum teilweise die Sorge geäußert, dass durch die weitreichende Anwendung der GRC auf nationale Sachverhalte eine Absenkung des nationalen Grundrechtsniveaus drohe, wenn Gewährleistungen der GRC hinter denjenigen des GG zurückblieben – dieses aber infolge des Vorrangs der GRC nicht mehr zur Anwendung komme.[341] Dem ist allerdings mit der hA entgegenzuhalten, dass eine Verdrängung nationaler Grundrechte infolge des Anwendungsvorrangs des Unionsrechts nur eintritt, wenn staatliches Handeln ausschließlich unionsrechtlich determiniert ist.[342] In Fällen aber, in denen das Unionsrecht den Mitgliedstaaten Gestaltungsspielräume eröffnet, bleibt es hinsichtlich der Ausfüllung dieser Spielräume bei der Bindung mitgliedstaatlichen 106

334 Der EuGH hat seine Argumentation zwischenzeitlich bekräftigt: EuGH, Rs. C-418/11 (Texdata), Rn 72-75; eine Ablehnung seiner Zuständigkeit durch den EuGH unter Verweis auf Art. 51 Abs. 1 GRC findet sich dagegen in EuGH, Rs. C-128/12 (Sindicato dos Bancários do Norte u.a.), BeckRS 2013, 80611, Rn 11-14.

335 Zu den konkreten unionsrechtlichen Grundlagen der Mehrwertsteuererhebung vgl EuGH (GK), Urt. v. 26.2.2013 – Rs. C-617/10 (Fransson), Rn 25.

336 EuGH (GK), Rs. C-617/10 (Fransson), Rn 28. In der Sache allerdings beurteile sich die inhaltliche Qualifikation der verhängten Sanktionen allein nach dem nationalen Recht. Aus unionsrechtlicher Sicht sei die Annahme des nationalen Gerichts, dass eine verwaltungsrechtliche Sanktionierung eine nachfolgende kriminalstrafrechtliche Verfolgung nicht sperre, nicht zu beanstanden.

337 *Eckstein*, ZIS 2013, 220, 224 f; *Kingreen*, EuR 2013, 446, 451; *Rabe*, NJW 2013, 1407, 1408; im Ergebnis zustimmend *Ludwigs*, EuGRZ 2014, 273, 281; *Risse*, HRRS 2014, 93, 99; *Rönnau/Wegner*, GA 2013, 561, 571; *Weiß*, EuZW 2013, 287, 289; vgl auch *Dannecker*, JZ 2013, 616, 620.

338 BVerfGE 133, 277 (Antiterrordatei), Rn 91.

339 BVerfGE 73, 339, 387; 102, 147, 162 ff; 118, 79, 95; BVerfG, NJW 2001, 1267 f; siehe auch *Ehlers*, in: ders. (Hrsg.), Grundrechte, § 14 Rn 48, 51, 53; *Gaede*, in: Böse (Hrsg.), EE, § 3 Rn 5; *Kingreen*, in: Calliess/Ruffert, Art. 51 GRC Rn 11. Maßstab für eine grundrechtlich zulässige Ausfüllung von Umsetzungsspielräumen bleibt aber das GG, vgl hierzu *Dannecker*, JZ 2013, 616, 618; *Gaede*, in: Böse (Hrsg.), EE, § 3 Rn 8; *Kingreen*, EuR 2013, 446, 453.

340 BVerfGE 133, 277 (Antiterrordatei), Rn 91.

341 Etwa von *Bülte*, ZWH 2013, 219, 224; *Vogel*, StV 5/2013, Editorial; in diese Richtung wohl auch *Risse*, HRRS 2014, 93, 107.

342 Wie Fußnote 339.

Handelns durch die nationalen Grundrechtsgewährleistungen.[343] Gewähren diese einen umfassenderen Schutz als die GRC, so gebietet nach einer vielfach vertretenen Ansicht der in Art. 53 GRC zum Ausdruck kommende Meistbegünstigungsgrundsatz die Anwendung der weiter reichenden nationalen Grundrechtsgewährleistung.[344] Ob es der Meistbegünstigungsklausel insoweit zur Eröffnung des nationalen Grundrechtsschutzes hinsichtlich des mitgliedstaatlich verantworteten Handelns wirklich bedarf, kann man zwar angesichts der getrennten „Zuständigkeitsbereiche" des unionsrechtlichen und des nationalen Grundrechtsregimes bezweifeln.[345] Das ändert aber nichts daran, dass jedenfalls das nationale Grundrechtsniveau in verbleibenden Umsetzungsspielräumen maßgeblich bleibt. Auch der EuGH hat mehrfach betont, dass mitgliedstaatliche Justizorgane nach wie vor einen weiterreichenden Grundrechtsschutz auf mitgliedstaatlicher Ebene praktizieren können – allerdings nur so lange, wie hierdurch die Wirksamkeit des Unionsrechts nicht beeinträchtigt wird.[346]

2. Geltendmachung von Verletzungen der GRC

107 Die Gewährleistungen der GRC sind nach den in den Verträgen festgelegten Grundsätzen geltend zu machen, Art. 52 Abs. 2 GRC. Eine Individualgrundrechtsbeschwerde sehen die Verträge nicht vor. Stattdessen sind Verletzungen der GRC-Gewährleistungen im Rahmen des mitgliedstaatlichen Rechtsschutzes geltend zu machen.[347] Bei entscheidungserheblichen Zweifelsfragen hinsichtlich der Auslegung der GRC-Gewährleistungen ist das mitgliedstaatliche Gericht zur Vorlage an den EuGH im Wege des Vorabentscheidungsverfahrens nach Art. 267 AEUV verpflichtet.

3. Verhältnis von GRC und EMRK

108 Die Grundrechtsgewährleistungen der GRC weisen insoweit eine inhaltliche Verschränkung mit den korrespondierenden EMRK-Gewährleistungen auf, als Art. 52 Abs. 3 S. 1, 53 GRC verlangen, den Grundrechten der Charta *mindestens* denselben Gehalt wie den entsprechenden Konventionsrechten beizumessen. Insoweit ist die gesamte Rechtsprechung des EGMR im Rahmen der Auslegung der Charta als Rechtserkenntnisquelle heranzuziehen.[348] Allein eine Überschreitung des durch die EMRK vorgegebenen Mindestschutzniveaus ist zulässig, Art. 52 Abs. 3 S. 2 GRC.

109 Die folgende Darstellung greift aus der umfangreichen Spruchpraxis von EGMR und EuGH zum Grund- und Menschenrechtsschutz diejenigen Bereiche heraus, die für das deutsche Strafrecht besondere Bedeutung erlangt haben.[349] Angesichts der auf die Ausführung von Unionsrecht beschränkten Geltungswirkung der GRC wird die Beeinflussung des nationalen Verfahrensrechts durch die Ausstrahlungswirkung (vgl hierzu oben Rn 99 ff) der in Deutschland als einfaches Bundesgesetz geltenden EMRK und die Spruchpraxis des EGMR dominiert.

---

343 *Borowsky*, in: Meyer (Hrsg.), GRC, Vorb. Art. 51 Rn 30; *Dannecker*, JZ 2013, 616, 618; *Gaede*, in: Böse (Hrsg.), EE, § 3 Rn 8; *Kingreen*, EuR 2013, 446, 453; *Streinz/Michl*, in: Streinz (Hrsg.), EUV/AEUV, Art. 51 GRC Rn 8 „Doppelbindung". Im Strafrecht spielt insoweit die Problematik von Drittwirkungen in mehrpoligen Grundrechtsverhältnissen (hierzu *Kingreen*, in: Calliess/Ruffert, Art. 53 GRC Rn 3) in aller Regel keine Rolle.

344 In diesem Sinne *Dannecker*, JZ 2013, 616, 618, 620; *Gaede*, NJW 2013, 1279, 1281; *Rönnau/Wegner*, GA 2013, 561, 575; ebenso *Streinz/Michl*, in: Streinz (Hrsg.), EUV/AEUV, Art. 51 GRC Rn 8; siehe auch *Jarass*, EuR 2013, 29, 38; *Weiß*, EuZW 2013, 287, 290.

345 Siehe hierzu *Kingreen*, in: Calliess/Ruffert, Art. 53 GRC Rn 5 f.

346 EuGH, Rs. C-617/10 (Fransson), Rn 29; EuGH, Rs. C-399/11 (Melloni), Rn 60; so auch *Dannecker*, JZ 2013, 616, 618, 620; *Gaede*, NJW 2013, 1279, 1281; *Rönnau/Wegner*, GA 2013, 561, 575.

347 *von Danwitz*, in: Grabenwarter (Hrsg.), EE II, § 6 Rn 22 f.

348 *Gaede*, in: Böse (Hrsg.), EE, § 3 Rn 28; *Jarass*, EuR 2013, 29, 43; *ders.*, NStZ 2012, 611, 612; *Wegner*, HRRS 2013, 126, 130.

349 Zu weiteren Rechtsquellen des Grund- und Menschenrechtsschutzes neben EMRK und GRC im internationalen Strafrecht vgl eingehend *Gaede*, in: Böse (Hrsg.), EE, § 3 Rn 12, mwN.

III. Materiellrechtliche Einzelgewährleistungen

Art. 2 EMRK (Art. 2 GRC) schützt das **Recht auf Leben**. Bezogen auf das Strafrecht ist insoweit zunächst die Abschaffung der Todesstrafe[350] zu vermerken und im Übrigen im Hinblick auf das in § 32 StGB gewährte scharfe Notwehrrecht auf die Frage zu verweisen, inwieweit Art. 2 EMRK möglicherweise einer durch § 32 StGB in bestimmten Fällen legitimierten Tötung von Menschen zur Verteidigung von Sachwerten entgegensteht. Die Frage wurde vom EGMR noch nicht entschieden. In Deutschland wird aber teilweise vertreten, dass Art. 2 Abs. 2 EMRK auch das durch § 32 StGB gewährte weitreichende Notwehrrecht beschränkt.[351] 110

Aus Art. 3 EMRK (Art. 4 GRC)[352] erwächst des Weiteren ein **absolutes** (Art. 15 Abs. 2 EMRK) **Verbot der Folter**.[353] Das gilt nach ganz hA[354] in Deutschland auch für Konstellationen, die unter dem Stichwort der „Rettungsfolter" diskutiert werden und sich (auch) auf die Androhung von Folter in dem Fall beziehen, dass es um die Rettung einer unschuldigen Person vor einem rechtswidrigen Angriff durch den Adressaten der Androhung geht.[355] 111

Ferner verbietet Art. 3 EMRK den Konventionsstaaten eine Auslieferung von Personen an Staaten, in denen die Todesstrafe verhängt und vollstreckt wird. Die Begründung hierfür lautet seit der Entscheidung des EGMR im Fall Soering,[356] dass die Haftbedingungen eines zur Todesstrafe verurteilten Inhaftierten wegen der ständigen Ungewissheit über den Zeitpunkt der Vollstreckung der Strafe unmenschlich seien („Todeszellensyndrom").[357]

Als unmenschliche, erniedrigende Behandlung im Sinne des Art. 3 EMRK hat der EGMR weiterhin die gewaltsame Verabreichung von Brechmitteln zur Sicherstellung („Exkorporation") verschluckter Drogen eingestuft.[358] Die Verwertung von Beweisen, die durch eine gewaltsam durchgeführte, unmenschliche, erniedrigende Behandlung erlangt worden sind, kann zudem – je nach den Umständen des Einzelfalles – einen Verstoß gegen Art. 6 Abs. 1 EMRK (Verfahrensfairness – dazu sogleich Rn 114 ff) begründen.

Das in Art. 7 EMRK (Art. 49 Abs. 1 GRC) ebenfalls absolut (Art. 15 Abs. 2 EMRK) gewährleistete **Gesetzlichkeitsprinzip**[359] ist für das deutsche Strafrecht in zwei Zusammenhängen besonders bedeutsam geworden: Zum einen entschied der EGMR im Jahr 2009, dass die nachträgliche Anordnung der Sicherungsverwahrung auf der Basis einer *nach* der Erstaburteilung eingeführten Regelungsgrundlage gegen Art. 7 Abs. 1 S. 2 EMRK verstoße. Die Sicherungsverwahrung sei angesichts ihrer Eingriffstiefe eine Strafe im Sinne des **autonomen Strafbegriffs** der Konvention.[360] Ihre Anordnung auf der Grundlage eines erst nach der Erstaburteilung in Kraft getretenen Gesetzes stelle deswegen eine gegen Art. 7 Abs. 1 S. 2 EMRK verstoßende rückwirkende Bestrafung dar. Des 112

350 Protokoll Nr. 13 v. 3.5.2002 zur Konvention zum Schutze der Menschenrechte und Grundfreiheiten bezüglich der Abschaffung der Todesstrafe unter allen Umständen, ETS No. 187; BGBl. II 2004, 982.

351 Vgl *Perron*, in: Schönke/Schröder, § 32 Rn 62 mwN; anders zB *Erb*, in: MK-StGB, § 32 Rn 22 ff; *Kindhäuser*, in: NK-StGB, § 32 Rn 103 f.

352 Vgl auch Art. 2 Abs. 2 der UN-Konvention gegen Folter und andere grausame, unmenschliche und erniedrigende Behandlung oder Strafe v. 10.12.1984, UNTS 1465, S. 85; BGBl. II 1990, 246.

353 EGMR, NStZ 2008, 699 (Gäfgen/Deutschland), Rn 69 f; EGMR (GK), NJW 2010, 3145 (Gäfgen/Deutschland), Rn 87; EGMR (GK), NJW 2001, 56 (Selmouni/Frankreich); siehe auch *Merkel*, in: FS Jakobs, S. 375, 384; *Vogel*, in: Strafrechtsdialog, 23, 24.

354 Vgl nur *Paeffgen*, in: NK-StGB, Vor §§ 32 ff Rn 151 mit umfassenden Nachweisen.

355 Vgl hierzu EGMR, NStZ 2008, 699 (Gäfgen/Deutschland), Rn 69 f; EGMR (GK) NJW 2010, 3145 (Gäfgen/Deutschland), Rn 107 f; aus der umfangreichen Literatur zB *Esser*, NStZ 2008, 657; *Grabenwarter*, NJW 2010, 3128; *Jäger*, JA 2008, 678; *Satzger*, EuStR, § 11 Rn 39 ff; *Sauer*, JZ 2011, 23. Teilweise wird für Extremfälle die Absolutheit des Folterverbots nicht anerkannt, vgl *Erb*, NStZ 2005, 593, 599 ff; *ders.*, in: MK-StGB, § 32 Rn 198; *Gössel*, in: FS Otto, S. 41, 48, 60; *Jäger*, in: FS Herzberg, S. 539, 551; *Merkel*, in: FS Jakobs, S. 375, 401.

356 EGMR, NJW 1990, 2183 (Soering/Vereinigtes Königreich).

357 Vgl hierzu *Hecker*, EuStR, § 3 Rn 40 ff.

358 EGMR (GK), NJW 2006, 3117 (Jalloh/Deutschland).

359 Einzelheiten bei *Gaede*, in: Böse (Hrsg.), EE, § 3 Rn 86 f.

360 EGMR, NJW 2010, 2495 (M./Deutschland), Rn 120, 127 ff, 133.

Weiteren stellte der EGMR in nachfolgend entschiedenen Fällen zur Sicherungsverwahrung auch eine Verletzung des in Art. 5 EMRK gewährleisteten **Rechts auf Freiheit** fest, da in den zugrundeliegenden Sachverhalten keine hinreichenden Haftgründe für die nachträgliche Anordnung der Sicherungsverwahrung gegeben waren.[361] Die vom deutschen Gesetzgeber vorgenommene Neuregelung der Sicherungsverwahrung[362] wurde vom BVerfG für verfassungswidrig erklärt.[363] Die nachfolgende Neuregelung zum Recht der Sicherungsverwahrung[364] ist seit 1.6.2013 in Kraft.

113 Zum anderen sah der EGMR[365] in der Verurteilung der Mitglieder des Nationalen Verteidigungsrats der DDR wegen der Todesschüsse an der ehemaligen deutsch-deutschen Grenze[366] keinen Verstoß gegen das Gesetzlichkeitsprinzip nach Art. 7 Abs. 1 EMRK. Die Einordnung des Schießbefehls als strafbare Verletzung des Tötungsverbots sei auch zum Tatzeitpunkt trotz der damaligen Praxis in der DDR durchaus vorhersehbar gewesen. Ein Verstoß gegen das Rückwirkungsverbot liege daher in der Bestrafung nicht, und auch Art. 7 Abs. 2 EMRK („Nürnberg-Klausel") müsse nicht zur Anwendung kommen.[367]

IV. Das Recht auf ein faires Verfahren nach Art. 6 EMRK und die Justizgrundrechte in Art. 47–49 GRC

1. Systematik und Prüfungsmaßstab der Gewährleistung

114 Von entscheidender Bedeutung für das Strafverfahren ist die Konventionsgewährleistung in Art. 6 EMRK zum Recht auf ein faires Verfahren. Die Pendant-Gewährleistung im Unionsrecht findet sich in Art. 47, 48 GRC und ist mindestens im Umfang der EMRK-Gewährleistungen auszulegen, Art. 52 Abs. 3 GRC (näher hierzu bereits Rn 108).[368] Neben den in Art. 6 Abs. 1 EMRK allgemein genannten Voraussetzungen eines fairen Verfahrens findet sich in Art. 6 Abs. 2 EMRK (Art. 48 GRC) die Unschuldsvermutung im Strafverfahren[369] und in Abs. 3 einzelne – nicht abschließend zu verstehende – Mindestgarantien eines fairen Strafverfahrens. Sie können im Kern auf die Gebote des rechtlichen Gehörs und der Waffengleichheit zurückgeführt werden.[370]

Bei der Beurteilung der Verfahrensfairness nach Art. 6 EMRK unterzieht der EGMR das gesamte Strafverfahren (einschließlich des Ermittlungsverfahrens) einer Prüfung im Hinblick auf die Frage, ob es in seiner Gesamtheit als fair zu beurteilen ist.[371] Diese Gesamtbetrachtung ermöglicht es, Verkürzungen bestimmter Verfahrensgewährleistungen innerhalb desselben Verfahrens zu kompensieren mit der Folge, dass das Verfahren insgesamt als fair eingeordnet werden kann (vgl hierzu näher Rn 121).

115 Die Konventionsgewährleistung des Art. 6 EMRK setzt eine strafrechtliche Anklage im Sinne des Art. 6 Abs. 1 S. 1 EMRK voraus. Der Begriff der strafrechtlichen Anklage wird anhand einer auto-

---

361 EGMR, EuGRZ 2011, 255 (Kallweit/Deutschland); EGMR, Urt. v. 13.1.2011, Nr. 20008/07 (Mautes/Deutschland); EGMR, Urt. v. 13.1.2011, Nrn. 27360/04 und 42225/07 (Schummer/Deutschland); EGMR, Urt. v. 14.4.2011, Nr. 30060/04 (Jendrowiak/Deutschland); EGMR, Urt. v. 24.11.2011, Nr. 4646/08 (O.H./Deutschland); EGMR, NJW 2013, 1791 (Kronfeldner/Deutschland); EGMR, NJW 2011, 3423 (Haidn/Deutschland). Vgl hierzu auch *Esser/Gaede/Tsambikakis*, NStZ 2012, 554, 555 f.

362 Gesetz zur Neuordnung des Rechts der Sicherungsverwahrung und zu begleitenden Regelungen v. 22.12.2010, BGBl. I 2010, S. 2300.

363 BVerfGE 128, 326.

364 Gesetz zur bundesrechtlichen Umsetzung des Abstandsgebots im Recht der Sicherungsverwahrung v. 5.12.2012, BGBl. I 2012, S. 2425.

365 EGMR (GK), NJW 2001, 3035 (Streletz, Keßler und Krenz/Deutschland).

366 BGHSt 40, 218.

367 Vgl hierzu *Ambos*, IntStR, § 10 Rn 90; *Esser*, EuStR, § 9 Rn 291.

368 Näher *Pabel*, in: Grabenwarter (Hrsg.), EE II, § 19 Rn 18 f.

369 Hieraus ergibt sich die Beweislast der Strafverfolgungsorgane für die Schuld des Angeklagten im Strafverfahren (vgl *Gaede*, in: Böse (Hrsg.), EE, § 3 Rn 75; *Meyer-Ladewig*, Art. 6 EMRK Rn 212) und damit zusammenhängend der Grundsatz nemo tenetur se ipsum accusare als Kernbestand des Rechts auf ein faires Verfahren; vgl EGMR, EuGRZ 1996, 587 (Murray/Vereinigtes Königreich), Rn 45; EGMR, NJW 2011, 201 (Krumpholz/Österreich), Rn 31.

370 *Pabel*, in: Grabenwarter (Hrsg.), EE II, § 19 Rn 63, 65.

371 *Gaede*, in: Böse (Hrsg.), EE, § 3 Rn 72.

nomen Auslegung[372] des EGMR bestimmt. Entscheidend für das Vorliegen einer strafrechtlichen Anklage ist demnach (1) die Einordnung nach dem nationalen Recht. Liegt hier ein Strafverfahren vor, ist der Anwendungsbereich des Art. 6 EMRK eröffnet. Ist dies nicht der Fall, so kann nach der autonomen Auslegung des EGMR dennoch eine strafrechtliche Anklage iSd Art. 6 EMRK (2) anhand der tatsächlichen Natur des gegenständlichen Vergehens bzw (3) ausgehend von Art und Schwere der angedrohten Sanktion angenommen werden.[373] Für eine strafrechtliche Anklage iSd Art. 6 Abs. 1 S. 1 EMRK streitet im Einzelfall eine besondere Eingriffstiefe der drohenden Sanktion. Bei Freiheitsstrafe ist der Anwendungsbereich der EMRK in jedem Fall eröffnet (vgl auch oben Rn 112), doch auch ordnungswidrigkeitenrechtliche Geldbußen weisen nach der Rechtsprechung des EGMR die notwendige Eingriffstiefe auf, um die Verfahrensgarantien des Art. 6 EMRK zur Anwendung zu bringen.[374]

2. Fallkonstellationen der Grundgewährleistung in Art. 6 Abs. 1 EMRK

Hinsichtlich der allgemeinen Gewährleistung in Art. 6 Abs. 1 EMRK sind für das deutsche Recht vor allem zahlreiche Verurteilungen wegen überlanger Verfahrensdauer zu erwähnen.[375] So stellte der EGMR in einer Entscheidung aus dem Jahr 2010 ausdrücklich fest, die überlange Verfahrensdauer sei ein „*systematisches*“ Problem in Deutschland, dem durch die Schaffung eines den Anforderungen von Art. 13 EMRK entsprechenden Rechtsbehelfs umgehend abzuhelfen sei.[376] Dieser Pflicht ist der deutsche Gesetzgeber mit Schaffung des Rechtsbehelfs in § 198 GVG durch das Gesetz über den Rechtsschutz bei überlangen Gerichtsverfahren und strafrechtlichen Ermittlungsverfahren v. 24.11.2011 nachgekommen.[377] 116

Weiterer Gegenstand der Spruchpraxis des EGMR zu Art. 6 Abs. 1 EMRK war mehrfach der Einsatz polizeilicher Lockspitzel. Insoweit entwickelte der EGMR die Maßgabe, dass jedenfalls das aktive Verleiten zuvor unverdächtiger „unbescholtener“ Personen zu einer Straftat das Verfahren zur Verfolgung ebendieser Straftat von Beginn an und endgültig unfair macht.[378] Ob die Lösung der deutschen Judikatur, in solchen Fällen den Konventionsverstoß schlicht durch einen Strafrabatt[379] auszugleichen, den Anforderungen der Konvention gerecht wird, lässt sich durchaus bezweifeln.[380] 117

3. Einzelgewährleistungen in Art. 6 Abs. 3 EMRK

Die in Art. 6 Abs. 3 EMRK aufgeführten Einzelgewährleistungen dienen in ihrer Gesamtschau der Sicherung einer effektiven Verteidigung als Grundvoraussetzung eines fairen Verfahrens. Die Aufzählung in Abs. 3 ist nicht abschließend. 118

---

372 *Gaede*, in: Böse (Hrsg.), EE, § 3 Rn 42.

373 Sog. „Engel-Kriterien“ nach EGMR, EuGRZ 1976, 221 (Engel u.a./Niederlande), Rn 82.

374 EGMR, NJW 1985, 1273 (Öztürk/Deutschland), Rn 51 ff; vgl auch *Esser*, EuStR, § 9 Rn 207; *Gaede*, in: Böse (Hrsg.), EE, § 3 Rn 71; *Satzger*, IntEuStR, § 11 Rn 59.

375 EGMR (GK), NJW 2006, 2389 (Sürmeli/Deutschland); zusammenfassend EGMR, NJW 2010, 3355 (Rumpf/Deutschland), Rn 66 f mit zahlreichen wN. Zur konventionswidrig mehrfachen Anordnung der Fortdauer der Untersuchungshaft ohne hinreichende Überprüfung ihrer Voraussetzungen, EGMR, NJW 2003, 1439 (Erdem/Deutschland); sowie BVerfG, StV 2006, 703.

376 EGMR, NJW 2010, 3355 (Rumpf/Deutschland), Rn 69, 73.

377 BGBl. I, S. 2302 v. 2.12.2011 (in Kraft seit 3.12.2011).

378 EGMR, NStZ 1999, 47 (Teixeira de Castro/Portugal), Rn 39; EGMR, Urt. v. 15.12.2005, Nr. 53203/99 (Vanyan/Russland), Rn 46 f; EGMR, Urt. v. 26.10.2006, Nr. 59696/00 (Khudobin/Russland), Rn 128; Gegenbeispiel für einen zulässigen Einsatz verdeckter Ermittler: EGMR, NJW 2012, 3502 (Prado Bugallo/Spanien), Rn 27 f.

379 BGHSt 32, 345, 355; 45, 321.

380 So zB *Esser*, EuIntStR, § 9 Rn 233: „evidenter Widerspruch zu den Vorgaben des EGMR“; *Satzger*, IntEuStR, § 11 Rn 79: Eine Bestrafung des Provozierten scheide aus. Für ein Beweisverwertungsverbot *Ambos*, IntStR, § 10 Rn 23.

a) Vertretung durch einen Verteidiger?

119 Eine konventionswidrige Beeinträchtigung des Rechts auf Verteidigung durch einen **Verteidiger eigener Wahl** nach Art. 6 Abs. 3 lit. c) EMRK hat der EGMR jüngst im Verfahren Neziraj/Deutschland[381] in einer Abwesenheitsverwerfung der Berufung nach § 329 Abs. 1 S. 1 StPO gesehen. Der EGMR erklärte, es sei zwar mit Art. 6 EMRK durchaus vereinbar, wenn das deutsche Strafverfahrensrecht nicht nur ein Recht, sondern auch eine Pflicht des Angeklagten zur Anwesenheit im Strafverfahren konstituiere.[382] Allerdings dürfe ein Verstoß gegen diese Anwesenheitspflicht nicht dadurch sanktioniert werden, dass das Rechtsmittel der Berufung trotz Anwesenheit eines ordnungsgemäß bestellten und zur Vertretung bereiten Verteidigers ohne Verhandlung zur Sache verworfen werde. Hierin liege der Entzug des Rechts auf einen Verteidiger und damit ein Verstoß gegen Art. 6 Abs. 3 lit. c) EMRK.[383]

120 Die deutsche Judikatur verweigert dem EGMR insoweit bislang offen die Gefolgschaft und hat unter Anwendung von § 329 Abs. 1 S. 1 StPO mehrfach eingelegte Berufungen wegen Abwesenheit des Rechtsmittelführers verworfen.[384] Zur Begründung führen die betreffenden Entscheidungen an, die Pflicht zur persönlichen Anwesenheit als Mittel zur Wahrheitsfindung bilde eine unverzichtbare Ausprägung der tragenden Verfahrensmaximen der Unmittelbarkeit und Mündlichkeit. Angesichts der in § 329 Abs. 1 S. 1 StPO zwingend angeordneten Berufungsverwerfung bei Nichterscheinen sei auch eine konventionsfreundliche Auslegung des deutschen Verfahrensrechts insoweit nicht möglich.[385] Dem versucht der Gesetzgeber nun durch ein Gesetz zur Stärkung des Rechts auf Vertretung durch einen Verteidiger in der Berufungshauptverhandlung abzuhelfen.[386] Der Referentenentwurf sieht zum einen eine Lockerung der unbedingten Anwesenheitspflicht in § 230 Abs. 2 StPO vor und eröffnet zum anderen die Möglichkeit, dass der Angeklagte sich in der Berufungshauptverhandlung durch seinen mit schriftlicher Vertretungsvollmacht ausgestatteten Verteidiger vertreten lassen kann.[387]

b) Konfrontationsrecht, Art. 6 Abs. 3 lit. d) EMRK

121 Das in Art. 6 Abs. 3 lit. d) EMRK gewährte Konfrontationsrecht dient der Herstellung von Waffengleichheit zwischen Strafverfolgung und Verteidigung. Der Beschuldigte hat das Recht, durch das Stellen von Fragen die Glaubwürdigkeit belastender Zeugenaussagen zu erschüttern[388] und die Ladung von Entlastungszeugen zu erwirken. Das Konfrontationsrecht impliziert zugleich das Recht des Beschuldigten auf Anwesenheit bei Zeugenaussagen. Der Begriff des Zeugen ist autonom auszulegen und umfasst auch Mitbeschuldigte und sonstige Personen, deren Aussage durch das

---

381 EGMR, Urt. v. 8.11.2012, Nr. 30804/07 = NStZ 2013, 350. Vgl auch Nichtannahmebeschluss des BVerfG, StraFo 2007, 190, hinsichtlich der gegen die Verwerfung der Revision durch das OLG Köln eingelegten Verfassungsbeschwerde.

382 Nach der Rechtsprechung des EGMR kann der Angeklagte auf sein aus Art. 6 Abs. 3 lit. c) EMRK resultierendes Recht auf Anwesenheit im Verfahren auch verzichten, sofern dies eindeutig und freiwillig erfolgt. Das ist im deutschen Strafverfahren – jedenfalls bislang (vgl sogleich Rn 120) – nicht vorgesehen.

383 EGMR, Urt. v. 8.11.2012, Nr. 30804/07 (Neziraj/Deutschland), Rn 49 ff; kritisch hierzu *Mosbacher*, NStZ 2013, 312.

384 Vgl die Entscheidungen OLG München, NStZ 2013, 358; OLG Celle, NStZ 2013, 615; OLG Bremen, StV 2014, 211; insoweit zustimmend *Hüls/Reichling*, StV 2014, 242, 245; kritisch *Engel*, ZJS 2013, 339, 344; *Gerst*, NStZ 2013, 310, 312; *Waszcynski*, NStZ-RR 2014, 18; *Zehetgruber*, HRRS 2013, 397, 401 f; im Ergebnis zustimmend zur Rspr. *Mosbacher*, NStZ 2013, 312, 313.

385 Dem wird – mit gutem Grund – entgegengehalten, dass die Vertretung durch den anwesenden Verteidiger durchaus als „zulässiger Fall" der Vertretung iSd § 329 Abs. 1 StPO interpretiert werden könnte, vgl *Engel*, ZJS 2013, 339, 344; *Güttner*, FD-StrafR 2013, 343625; *Püschel*, StraFo 2012, 493, 494; wohl auch *Mosbacher*, NStZ 2013, 312, 313; ähnlich *Waszcynski*, NStZ-RR 2014, 18, 20 f; *Zehetgruber*, HRRS 2013, 397, 404 f.

386 Referentenentwurf v. 16.1.2014, abrufbar unter http://www.bmjv.de.

387 § 329 des Referentenentwurfs lautet: „*(1) Ist bei Beginn eines Hauptverhandlungstermins weder der Angeklagte noch ein Verteidiger mit schriftlicher Vertretungsvollmacht erschienen und das Ausbleiben nicht genügend entschuldigt, so hat das Gericht eine Berufung des Angeklagten ohne Verhandlung zur Sache zu verwerfen. …*".

388 EGMR, Urt. v. 26.3.1996, Nr. 20524/92, Reports 1996-II (Doorson/Niederlande), Rn 76; EGMR, StV 1997, 617 (van Mechelen u.a./Niederlande), Rn 55, 63; EGMR, Urt. v. 27.2.2001, Nr. 33354/96, ECHR 2001-II (Lucà/Italien), Rn 39, 43 = HRRS 2006, Nr. 62.

Gericht berücksichtigt wird.[389] Das Konfrontationsrecht gilt allerdings nicht absolut, sondern kann bei sachlich begründeten Ausnahmen (etwa wenn der Zeuge bedroht wird) in verhältnismäßiger Weise eingeschränkt werden, ohne dass hierin automatisch eine Verletzung von Art. 6 Abs. 3 lit d) EMRK zu sehen wäre.[390] Vielmehr kann im selben Verfahren ein Ausgleich für die Verkürzung des Konfrontationsrechts erfolgen (etwa durch Videovernehmung oder die Anwesenheit des Verteidigers bei der Zeugenvernehmung[391]). Ist dies nicht möglich, so muss das Gericht dem nicht konfrontierten belastenden Zeugenbeweis ein geringeres Gewicht beimessen – der Umstand, dass der Zeuge nicht konfrontiert werden konnte, ist im Rahmen der konkreten Beweiswürdigung als den Beweiswert mindernd einzustellen.[392] Das soll nach der neueren Rechtsprechung des EGMR sogar in Fällen möglich sein, in denen nicht konfrontierte belastende Aussagen entweder die einzige oder die entscheidende Grundlage des Schuldspruchs bildeten.[393] Der EGMR hatte insoweit traditionell angenommen, dass eine Verurteilung nicht den Anforderungen eines fairen Verfahrens genügen könne, wenn hinsichtlich der für den Schuldspruch entscheidenden Zeugenaussage kein Konfrontationsrecht eingeräumt worden sei – denn dann sei der entscheidende Beweis nicht verlässlich genug, um eine Verurteilung zu tragen. Von dieser Regel ist der EGMR nun in einer Entscheidung aus dem Jahr 2011 abgewichen. Danach soll – auch wenn hinsichtlich einer entscheidenden Zeugenaussage kein Konfrontationsrecht eingeräumt werden konnte – eine Gesamtbeurteilung (vgl hierzu bereits Verweis oben Rn 114) zu dem Ergebnis führen können, dass Kompensationen oder besondere Einzelfallumstände eine den Anforderungen von Art. 6 EMRK entsprechende Fairness des Verfahrens sichergestellt haben.[394]

Die in der deutschen Rechtsprechung insoweit eingenommene Position, dass Beeinträchtigungen des Konfrontationsrechts im Verfahren kompensiert bzw durch eine besonders vorsichtige Würdigung des Beweises berücksichtigt werden können und dadurch ein Art. 6 EMRK insgesamt entsprechendes faires Verfahren erreicht werden kann,[395] wird damit durch den EGMR beglaubigt. 122

V. Das transnationale Doppelbestrafungsverbot nach Art. 50 GRC

1. Ratio und Grundlagen

In einem einheitlichen europäischen Rechtsraum sollte der Unionsbürger nicht mit einer mehrfachen Strafverfolgung durch verschiedene Mitgliedstaaten für ein und dasselbe Verhalten rechnen müssen. Bereits 1990 wurde deshalb eine völkervertragliche Rechtsgrundlage für ein transnationales Doppelbestrafungsverbot in Art. 54 des Schengener Durchführungsübereinkommens[396] geschaf- 123

389 *Gaede*, in: Böse (Hrsg.), EE, § 3 Rn 78 mwN.

390 EGMR (GK), Urt. v. 15.12.2011, Nrn. 26766/05 und 22228/06 (Al-Khawaja u. Tahery/Vereinigtes Königreich), Rn 147; vgl hierzu eingehend *du Bois-Pedain*, HRRS 2012, 120, 122 ff.

391 EGMR, Urt. v. 26.3.1996, Nr. 20524/92, Reports 1996-II (Doorson/Niederlande), Rn 73 ff.

392 *Meyer*, HRRS 2012, 117, 118; *Pauly*, StV 2014, 456, 457.

393 EGMR (GK), Urt. v. 15.12.2011, Nrn. 26766/05 und 22228/06 (Al-Khawaja u. Tahery/Vereinigtes Königreich), Rn 147; kritisch hierzu *Meyer*, HRRS 2012, 117, 119.

394 EGMR (GK), Urt. v. 15.12.2011, Nrn. 26766/05 und 22228/06 (Al-Khawaja u. Tahery/Vereinigtes Königreich), Rn 147; vgl hierzu *Gleß*, Utrecht Law Review 2013, 90, 96 f; *Meyer*, HRRS 2012, 117, 119; *Pauly*, StV 2014, 456, 457. Der EGMR hat diese Rechtsprechung mittlerweile mehrfach bekräftigt, vgl EGMR, Urt. v. 17.12.2013, Nr. 27945/07 (Potcoava/Rumänien), Rn 26; EGMR, Urt. v. 19.12.2013, Nr. 26540/08 (Rosin/Estland), Rn 52; EGMR, Urt. v. 27.2.2014, Nr. 5699/11 (Lucic/Rumänien), Rn 73; EGMR, Urt. v. 17.4.2014, Nr. 9154/10 (Schatschaschwili/Deutschland), Rn 65. Zu einem infolge einer Verletzung des Konfrontationsrechts insgesamt nicht mehr fairen Verfahren vgl EGMR, NJW 2013, 3225 (Hümmer/Deutschland), Rn 44, 51 ff.

395 BGHSt 46, 93, 106; 51, 150, Rn 16, 19; 55, 70, Rn 28.

396 ABl. L 239 v. 22.9.2000, S. 19; BGBl. II 1993, S. 1010.

fen.[397] Mit Wirkung vom 1.5.1999 wurde der Schengen-Besitzstand und damit auch das Doppelbestrafungsverbot des Art. 54 SDÜ in den Rechtsrahmen des EUV überführt[398] und hierdurch zum Sekundärrecht der Union.[399] Seit Inkrafttreten der GRC hat das unionsweite transnationale Doppelbestrafungsverbot in Art. 50 GRC eine unionsgrundrechtliche Absicherung erfahren.

124 Das unionsweite transnationale Doppelbestrafungsverbot ist Ausdruck des Grundsatzes gegenseitiger Anerkennung und basiert auf gegenseitigem Vertrauen[400] in die Verlässlichkeit der Aburteilung durch einen anderen Mitgliedstaat. Voraussetzungen und Grenzen des Doppelbestrafungsverbots sind in der Union besonders praxisrelevant, weil einerseits gerade bei grenzüberschreitend verwirklichten Straftaten schon unter dem Gesichtspunkt der Verfolgungszuständigkeit kraft Territorialität mehrere Staaten ein berechtigtes Strafverfolgungsinteresse haben können. Andererseits erstrecken zahlreiche mitgliedstaatliche Strafrechtsordnungen ihre Strafgewalt in bestimmten Bereichen auch auf Auslandstaten. Nicht selten wird eine solche Strafgewalterstreckung gerade durch Unionsrechtsakte gefordert.[401]

125 Im deutschen Recht ist das Doppelbestrafungsverbot hinsichtlich einer Mehrfachverfolgung durch deutsche Strafverfolgungsbehörden in Art. 103 Abs. 3 GG verfassungsrechtlich abgesichert. Dieses verfassungsrechtlich fundierte Doppelbestrafungsverbot hat allerdings ausschließlich rechtsordnungsinterne Wirkung. Ein zwischenstaatlich geltendes, völkerrechtlich fundiertes Verbot der Doppelbestrafung existiert nicht.[402] Aber die Geltung des unionsweiten transnationalen Doppelbestrafungsverbots hat mit der Bindung an Art. 54 SDÜ auch in das deutsche Recht Eingang gefunden.[403] Liegen die Voraussetzungen des Art. 54 SDÜ vor, so begründet das im deutschen Recht nach der ständigen höchstrichterlichen Rechtsprechung ein Verfahrenshindernis, dessen Vorliegen in jeder Lage des Verfahrens amtswegig zu berücksichtigen ist.[404]

126 Den nach Maßgabe von Art. 51 Abs. 1 GRC an die Durchführung von Unionsrecht anknüpfenden **Anwendungsbereich des Art. 50 GRC** zieht der EuGH seit der Rechtssache Fransson sehr weit (vgl oben Rn 104). Jedenfalls in Konstellationen, in denen es um die Mehrfachverfolgung desselben Sachverhalts durch verschiedene Mitgliedstaaten der Union geht, dürfte er in der Tat generell eröffnet sein,[405] da sich bei solchen Konstellationen die Frage nach einer rechtsstaatlichen, solidarischen

397 Weitere völkerrechtliche Regelungen eines Doppelbestrafungsverbots finden sich in Art. 14 Abs. 7 Internationaler Pakt bürgerlicher und politischer Rechte; 7. Zusatzprotokoll zur EMRK, Art. 4 (vgl hierzu näher *Mansdörfer*, ne bis in idem, S. 103 ff). Sie verbieten allerdings die Doppelverfolgung durch ein und denselben Staat, haben also keine transnationale Dimension. Das Europäische Übereinkommen über die internationale Geltung von Strafurteilen v. 28.5.1970 (ETS No. 070) ebenso wie das Übereinkommen v. 25.5.1987 zwischen den Mitgliedstaaten der Europäischen Gemeinschaften über das Verbot der doppelten Strafverfolgung (EG-ne bis in idem-Übk), BGBl. II 1998, S. 2227 ff, sind nur unzureichend ratifiziert worden. Letzteres wird allerdings in einigen Mitgliedstaaten – darunter Deutschland (BGBl. II 1998, S. 2226), vorzeitig angewendet (BGBl. II 2002, 600).

398 Protokoll zur Einbeziehung des Schengen-Besitzstands in den Rahmen der Europäischen Union v. 2.10.1997, ABl. C 340 v. 10.11.1997, S. 93; Beschlüsse des Rates 1999/435/EG und 1999/436/EG v. 20.5.1999, ABl. L 176 v. 10.7.1999, S. 1, 17.

399 *Heger*, in: FS Kühne, S. 565, 566; *Radtke*, in: Böse (Hrsg.), EE, § 12 Rn 1 m. Fn 7.

400 EuGH, NJW 2003, 1173 (Gözütok und Brügge), Rn 33; siehe auch EuGHG v. 6.8.1998, BGBl. I 1998, S. 2035; sowie *Böse*, GA 2011, 504, 507; *Hackner*, NStZ 2011, 425, 427: Art. 54 SDÜ als verfahrensrechtliche Absicherung des „mehr fingierten denn real existierenden Vertrauens …“.

401 ZB Art. 7 Abs. 1 Rahmenbeschluss 2003/568/JI v. 22.7.2003 zur Bekämpfung der Bestechung im privaten Sektor, ABl. L 192 v. 31.7.2003, S. 56; Art. 8 Rahmenbeschluss 2004/757/JI v. 25.10.2004 zur Festlegung von Mindestvorschriften über die Tatbestandsmerkmale strafbarer Handlungen und die Strafen im Bereich des illegalen Drogenhandels, ABl. L 335 v. 11.11.2004, S. 11; Art. 10 Richtlinie 2011/36/EU v. 5.4.2011 zur Verhütung und Bekämpfung des Menschenhandels, ABl. L 101 v. 15.4.2011, S. 8; kritisch zu dieser Tendenz in europäischen Rechtsakten bereits *Vogel*, in: FS Schroeder, S. 877, 891.

402 Vgl zuletzt BVerfG, NJW 2012, 1202; sowie BVerfGE 75, 1, 18; sowie BGHSt 34, 334, 340; 46, 93, 106; 51, 150, 155 f; 55, 70. Zur deutschen Rechtslage im Zusammenhang mit Vorverurteilungen im Ausland vgl §§ 153 c Abs. 2 StPO, 51 Abs. 3 StGB.

403 BGBl. II 1993, S. 1010.

404 BGHSt 56, 11; BGH, NJW 2014, 1025, 1026.

405 So im Ergebnis auch BVerfG, NJW 2012, 1202; *Böse*, in: FS Kühne, S. 519, 525; *Brodowski*, StV 2013, 339, 343; *Burchard/Brodowski*, StraFo 2010, 179; *Merkel/Scheinfeld*, ZIS 2012, 206, 208 m. Fn 15; *Meyer*, HRRS 2014, 269, 274; *Radtke*, in: Böse (Hrsg.), EE, § 12 Rn 57.

und kooperativen Strafverfolgung im gemeinsamen Raum der Freiheit, der Sicherheit und des Rechts stellt. Außerdem kann ein Verzicht auf die Verfolgung eines an sich völkerrechtlich legitimen Strafverfolgungsinteresses nur auf der Grundlage einer aus gegenseitigem Vertrauen resultierenden Anerkennung der Strafverfolgung durch einen anderen Mitgliedstaat gefordert werden. Die Durchsetzung eines unionsweiten Doppelbestrafungsverbots dient zudem der Verwirklichung der europäischen Grundfreiheit der Freizügigkeit.[406] Das alles zeigt, dass in Fällen einer (drohenden) Mehrfachverfolgung durch mehrere Mitgliedstaaten der Union stets eine Durchführung von Unionsrecht nach Art. 51 Abs. 1 GRC gegeben ist. Konflikte zwischen mehreren Mitgliedstaaten im Hinblick auf die Realisierung von Strafverfolgungsinteressen hinsichtlich desselben Lebenssachverhalts erfordern deshalb immer eine Prüfung am Maßstab von Art. 50 GRC.

2. Tatbestandliche Voraussetzungen

Die tatbestandlichen Voraussetzungen eines transnationalen Doppelbestrafungsverbots in der Europäischen Union wurden in einer umfangreichen Spruchpraxis des EuGH präzisiert.[407] Erforderlich ist zunächst die rechtskräftige Aburteilung derselben Tat, Art. 54 SDÜ, Art. 50 GRC. 127

a) Rechtskräftige Aburteilung, Art. 50 GRC, Art. 54 SDÜ

Der Begriff der rechtskräftigen Aburteilung verlangt nicht zwingend eine *gerichtliche* Aburteilung, sondern ist beschuldigtenfreundlich weit so auszulegen, dass alle endgültig verfahrensbeendenden Entscheidungen von Strafverfolgungsorganen erfasst sind.[408] Auch Einstellungsentscheidungen der Staatsanwaltschaft können in bestimmten Fällen das Doppelbestrafungsverbot auslösen.[409] Entscheidend ist, dass die justizielle Entscheidung abschließend ist[410] – womit zugleich deutlich wird, dass Art. 50 GRC/Art. 54 SDÜ keinen Schutz gegen parallele *Ermittlungsverfahren* wegen derselben Tat bieten.[411] Die Rechtswirkungen justizieller Entscheidungen werden vom mitgliedstaatlichen Verfahrensrecht des Staates der Erstaburteilung vorgegeben,[412] während die rechtliche Einordnung dieser Rechtswirkungen als rechtskräftige Aburteilung im Sinne des Unionsrechts in Zweifelsfällen Sache des EuGH ist.[413] 128

b) Dieselbe Tat, Art. 50 GRC, Art. 54 SDÜ

Zur Frage derselben Tat hat der EuGH angesichts der stark divergierenden Tatbegriffe in den Mitgliedstaaten einen **eigenständigen europarechtlichen Tatbegriff**[414] entwickelt. Dieselbe Tat ist demnach nach einer faktischen Betrachtungsweise ein in zeitlicher und räumlicher Hinsicht sowie 129

406 Vgl BGH, NJW 2014, 1025, 1027; *Böse*, in: FS Kühne, S. 519, 525; *Hackner*, NStZ 2011, 425, 427; *Radtke*, in: Böse (Hrsg.), EE, § 12 Rn 3; *Vogel*, in: FS Schroeder, S. 877, 884.

407 Erster leading case war die Entscheidung EuGH, NJW 2003, 1173 (Gözütok und Brügge); vgl hierzu *van Bockel*, S. 43; *Vervaele*, Utrecht Law Review 2005, 100, 110 ff. Einen Überblick zur judiziellen Konkretisierung der ne bis in idem-Voraussetzungen liefert *Janssens*, 134 ff.

408 EuGH, NJW 2003, 1173 (Gözütok und Brügge).

409 Das gilt allerdings nicht für Einstellungsentscheidungen, die gerade aus Rücksicht auf ein in einem anderen Mitgliedstaat in derselben Rechtssache geführten Verfahren getroffen werden, vgl EuGH, Rs. C-469/03 (Miraglia), Slg 2005, I-2009. Eine Einstellung wegen Mangels an Beweisen führt nach EuGH, Rs. C-398/12 (M.), dazu, dass jedenfalls auf der Grundlage derselben Beweise kein erneutes Verfahren eingeleitet werden darf.

410 Die Einzelheiten sind nicht geklärt und müssen jeweils anhand der Einzelfallumstände beurteilt werden, vgl näher *van Bockel*, S. 41 ff; eingehend *Hecker*, EuStR, § 13 Rn 23 ff; *Mansdörfer*, ne bis in idem, S. 171 ff.

411 Vgl hierzu *ECPI*, ZIS 2013, 412, 418; *Hackner*, NStZ 2011, 425, 428, *Mansdörfer*, ne bis in idem, S. 186; *Schomburg/Suominen Picht*, NJW 2012, 1190; *Vogel*, in: FS Schroeder, S. 377, 886 m. Fn 47.

412 EuGH, NJW 2011, 983 (Mantello), Rn 46 f; siehe auch *Hecker*, EuStR, § 13 Rn 55; *Vogel*, in: FS Schroeder, S. 877, 887.

413 EuGH, NJW 2003, 1173 (Gözütok und Brügge); EuGH, Rs. C-469/03 (Miraglia), Slg 2005, I-2009; EuGH, Rs. C-436/04 (Van Esbroeck), Slg 2006, I-2333; EuGH, NJW 2011, 983 (Mantello), Rn 38 ff. Vgl hierzu *Satzger*, in: FS Roxin II, S. 1515, 1526.

414 EuGH, Rs. C-288/05 (Kretzinger), Rn 29, 37; EuGH, NJW 2011, 983 (Mantello), Rn 38 ff, 51; BGH, NJW 2014, 1025, 1027.

durch einen verfolgten Zweck[415] umfasster einheitlicher Tatsachenkomplex.[416] Es kommt dabei nicht darauf an, dass derselbe Deliktsvorwurf Gegenstand der Strafverfolgung sein müsste, sondern entscheidend ist allein der einheitliche geschichtliche Vorgang.[417]

c) Vollstreckungselement, Art. 54 SDÜ

130 Als weitere Voraussetzung eines Doppelbestrafungsverbots verlangt Art. 54 SDÜ ausdrücklich, dass die in der Aburteilung ausgesprochene Rechtsfolge bereits vollstreckt wurde, gerade vollstreckt wird oder nicht mehr vollstreckbar ist. Hinter diesem Vollstreckungselement steht der Gedanke, dass das Doppelbestrafungsverbot nicht die Möglichkeit eröffnen soll, sich durch Flucht in einen anderen Mitgliedstaat der Union der Vollstreckung zu entziehen und sich gleichzeitig dann im neuen Aufenthaltsstaat auf die vorhergegangene Aburteilung zu berufen. Der Begriff der Vollstreckung ist zugunsten des Verurteilten weit auszulegen: Ein Urteil wird auch dann „gerade vollstreckt", wenn eine Freiheitsstrafe zur Bewährung ausgesetzt wurde.[418] Ferner schadet es nicht, wenn eine wegen einer Amnestie nicht mehr vollstreckbare Rechtsfolge zu keinem Zeitpunkt vollstreckt werden konnte, weil der (in Abwesenheit) Verurteilte sich der Vollstreckung durch Flucht entzogen hatte.[419] Entscheidend ist allein, ob im Zeitpunkt der Eröffnung des Zweitverfahrens eine Vollstreckung der im Erstverfahren ausgesprochenen Sanktion nicht mehr möglich ist.

131 Da Art. 50 GRC kein Vollstreckungselement enthält, wird im Schrifttum gefordert, im Anwendungsbereich der Charta[420] künftig auf diese Voraussetzung für ein Doppelbestrafungsverbot zu verzichten.[421] Stattdessen solle die Vollstreckung ausgesprochener Sanktionen durch die Kooperation mitgliedstaatlicher Strafverfolgungsorgane bei der Strafvollstreckung (vgl hierzu Rn 77 ff, 90 f – vornehmlich durch den Europäischen Haftbefehl) sichergestellt werden.[422]

Dieser Interpretation hält die (wohl) überwiegende Ansicht entgegen, das Vollstreckungselement des Art. 54 SDÜ sei als einfachgesetzliche Einschränkung in die Grundrechtsgewährleistung des Art. 50 GRC hineinzulesen.[423] Legitimiert werde diese Einschränkung durch die in Art. 52 Abs. 1 GRC enthaltene Klarstellung, dass die Grundrechte der Charta jeweils in den Grenzen des Unionsrechts zu interpretieren sind[424] und des Weiteren durch die Bezugnahme auf Art. 54 SDÜ in den Erläuterungen zu Art. 50 GRC.[425]

---

415 Notwendig ist eine objektive Verbindung der zu beurteilenden Handlungen, allein ein einheitlicher Vorsatz begründet noch keine Identität der Sachverhalte; vgl BGH, NJW 2014, 1025, 1027, unter Berufung auf EuGH, NJW 2003, 1173 (Gözütok und Brügge); EuGH, NJW 2006, 1782 (Van Esbroeck); EuGH, NJW 2011, 983 (Mantello).

416 EuGH, NJW 2003, 1173 (Gözütok und Brügge); EuGH, NJW 2006, 1782 (Van Esbroeck); EuGH, Rs. C-288/05 (Kretzinger), Rn 29, 37.

417 EuGH, Rs. C-288/05 (Kretzinger), Rn 29, 37; EuGH, NJW 2011, 983 (Mantello), Rn 38 ff, 51. Der Begriff derselben Tat iSd Art. 54 SDÜ ist übereinstimmend auszulegen mit dem Begriff derselben Handlung in Art. 3 Nr. 2 RB EuHB, der einen Ablehnungsgrund für die Vollstreckung eines Europäischen Haftbefehls enthält, vgl EuGH, NJW 2011, 983 (Mantello), Rn 38 ff.

418 EuGH, Rs. C-288/05 (Kretzinger), Rn 42; vgl auch BGHSt 46, 187, 189.

419 Vgl EuGH, NJW 2009, 3149 (Bourquain), Rn 47 ff; kritisch hierzu *van Bockel*, S. 234 f („justice has not been done").

420 Das Vollstreckungselement des Art. 54 SDÜ hätte dann nach wie vor Relevanz im Verhältnis zu Drittstaaten, die zwar am Schengen-Besitzstand teilnehmen, aber nicht der Union angehören (zB Norwegen, Island, Schweiz, vgl hierzu *Gleß*, IntStR, Rn 558 ff).

421 *Anagnostopoulos*, in: FS Hassemer, S. 1121, 1135; *Böse*, GA 2011, 504, 508 ff; *Eser*, in: Meyer (Hrsg.) GRC, Art. 50 Rn 14; *ders.*, in: Sieber (Hrsg.), EuStR, § 36 Rn 78; *Heger*, ZIS 2009, 406, 408; *Merkel/Scheinfeld*, ZIS 2012, 206, 208 ff; *Meyer*, HRRS 2014, 269, 271 ff; *Stalberg*, S. 174 ff, 179; *Swoboda*, JICJ 9 (2011) 243, 262 f, 265.

422 Vgl *Böse*, GA 2011, 504, 508, 511; *Meyer*, HRRS 2014, 269, 275; aber auch *Zöller*, in: FS Krey, S. 501, 519 f.

423 *Burchard/Brodowski*, StraFo 2010, 179, 183; *dies.*, NJECL 2010, 310, 317 f, 320; *Eckstein*, ZStW 124 (2012), 490, 523, 527; *Esser*, EuStR, § 7 Rn 43 f; *Hackner*, NStZ 2011, 425, 429; *Koch/Dorn*, Jura 2011, 690, 694; *Radtke*, in: Böse (Hrsg.), EE, § 12 Rn 58.

424 EuGH (GK), Rs. C-129/14 (Spasic), Rn 55; so auch *Eckstein*, ZStW 124 (2012), 490, 523; *Radtke*, in: Böse (Hrsg.), EE, § 12 Rn 58.

425 So auch EuGH (GK), Rs. C-129/14 (Spasic), Rn 54 f.

Auch die deutsche Judikatur hat sich dieser Argumentation angeschlossen und mehrfach das Festhalten am Vollstreckungselement zum Ausdruck gebracht.[426] Der BGH hat in einer Entscheidung aus dem Jahr 2010 festgestellt, eine Vorlage der Frage nach dem Verhältnis zwischen Art. 54 SDÜ und Art. 50 GRC an den EuGH im Wege des Vorabentscheidungsverfahrens nach Art. 267 AEUV sei nicht erforderlich, da die Rechtslage insoweit nicht unklar sei (**acte clair**).[427] Diese Sichtweise hat innerhalb der Literatur – zu Recht – deutliche Kritik erfahren,[428] denn angesichts der Tatsache, dass die Gewährleistung des Art. 50 GRC eine erste primärrechtliche Verankerung des Doppelbestrafungsverbots darstellt, ist es nicht sehr überzeugend, dass eine im Rahmen des Schengen-Besitzstands auf der Basis der Rechtslage von 1990 geschaffene Regelung eine Einschränkung dieser Grundrechtsgewährleistung enthalten soll. Dagegen spricht auch die Tatsache, dass die Entstehung eines Raums der Freiheit, der Sicherheit und des Rechts einen dynamischen Prozess darstellt, in dem es kaum nachvollziehbar ist, wenn Grundrechtsgewährleistungen, die einen Zugewinn an Freiheit für die Unionsbürger bringen sollen, zugleich durch Regelungen eingeschränkt werden sollen, die aus einer viel früheren Phase dieser Entwicklung stammen. Da also für einen Verzicht auf das Vollstreckungselement durchaus gewichtige Argumente sprechen, da die Erläuterungen zur GRC keinen rechtsverbindlichen Charakter haben und da schließlich der Wortlaut des Art. 50 GRC nicht für ein Festhalten am Vollstreckungselement spricht, war die Rechtslage insoweit alles andere als klar. Das BVerfG allerdings hat eine Verfassungsbeschwerde, die die Nichtvorlage der Frage als Verstoß gegen die Garantie des gesetzlichen Richters rügte, nicht zur Entscheidung angenommen. Die Annahme eines acte clair durch den BGH erachtete das BVerfG als nicht willkürlich. Deswegen liege in der Nichtvorlage der Frage nach dem Verhältnis zwischen Art. 50 GRC und Art. 54 SDÜ auch kein Verstoß gegen das Recht des Beschwerdeführers auf den gesetzlichen Richter nach Art. 101 Abs. 1 S. 2 GG.[429] 132

Das OLG Nürnberg allerdings erachtete die Rechtsfrage nach dem Verhältnis zwischen Art. 50 GRC und Art. 54 SDÜ keineswegs als geklärt und legte sie dem EuGH vor. Mit Urteil vom 27.5.2014 klärte der EuGH die Vorlagefrage im Sinne der deutschen Judikatur und beglaubigte damit die Auslegung, dass das in Art. 54 SDÜ enthaltene Vollstreckungselement nach wie vor Voraussetzung für das Eingreifen eines unionsweiten Doppelbestrafungsverbots sei.[430] Für die Verfechter einer weiteren Integration und der Entstehung nicht nur eines Raums der Sicherheit, sondern eben auch der Freiheit, bildet diese Entscheidung einen Rückschlag. Der EuGH begründet das Festhalten am Vollstreckungselement im Wesentlichen damit, dass die Instrumente der gegenseitigen Anerkennung zur Sicherstellung der Vollstreckung ausgesprochener Sanktionen immer vom Engagement des Erstverfolgerstaats abhängig seien.[431] Insoweit sieht der EuGH es für den Zweitverfolgerstaat gewissermaßen als nicht zumutbar an, auf eine Strafverfolgung zu verzichten, wenn Vollstreckungsbemühungen des Erstverfolgerstaats ausbleiben. Das mag aus rechtspraktischer Sicht durchaus ein nachvollziehbarer und pragmatischer Ansatz sein. Er wird aber der Idee, dass in einem zusammenwachsenden europäischen Rechtsraum eine Mehrfachverfolgung generell nicht mehr zu befürchten sein und dadurch ein Höchstmaß an Freizügigkeit gewährleistet werden soll, nicht gerecht. Ein Verzicht auf das Vollstreckungselement wäre ein willkommenes Signal im Hin- 133

---

426 BGHSt 56, 11; LG Aachen StraFo 2010, 190; BGH, Beschluss v 1.12.2010, 2 StR 420/10, BeckRS 2010, 30899. Zustimmend zu dieser Rechtsprechung *Burchard/Brodowski*, StraFo 2010, 179, 183; *dies.*, NJECL 2010, 310, 317 f, 320; *Eckstein*, ZStW 124 (2012) 490, 523, 527; *Esser*, EuStR, § 7 Rn 43 f; *Hackner*, NStZ 2011, 425, 429; *Koch/Dorn*, Jura 2011, 690, 694; *Radtke*, in: Böse (Hrsg.), EE, § 12 Rn 58. Kritik bei *Böse*, GA 2011, 504 ff; *Reichling*, StV 2010, 237, 238; *Swoboda*, JICJ 9 (2011), 243, 264 ff.

427 BGHSt 56, 11.

428 *Böse*, GA 2011, 504, 512; *Burchard/Brodowski*, StraFo 2010, 179, 185; *dies.*, NJECL 2010, 310, 326; *Heger*, in: FS Kühne, S. 565, 575 m. Fn 66; *Merkel/Scheinfeld*, ZIS 2012, 206, 212 f; *Radtke*, in: Böse (Hrsg.), EE, § 12 Rn 58; *Satzger*, in: FS Roxin II, S. 1515, 1525 f; *Schomburg/Suominen-Picht*, NJW 2012, 1190, 1191; *Swoboda*, JICJ 9 (2011), 243, 268.

429 BVerfG, NJW 2012, 1202; kritisch hierzu *Merkel/Scheinfeld*, ZIS 2012, 206, 212 f. Zu Ausnahmen von der Vorlagepflicht im Hinblick auf Art. 101 Abs. 1 S. 2 GG näher *Calliess*, NJW 2013, 1905, 1906 ff.

430 EuGH (GK), C-129/14 (Spasic), Rn 74.

431 EuGH (GK), C-129/14 (Spasic), Rn 65.

blick auf ein Voranschreiten der Integration innerhalb eines einheitlichen Rechtsraums gewesen. Durch den Verzicht auf ein Vollstreckungselement könnten mitgliedstaatliche Justizorgane überdies veranlasst werden, stärker von zur Verfügung stehenden Rechtsinstrumenten der gegenseitigen Anerkennung und kooperativen Strafverfolgung (näher hierzu Rn 77 ff) Gebrauch zu machen.

3. Vermeidung von Mehrfachverfolgungen?

134 Der Schlüssel zur endgültigen Lösung des Problems der Doppelverfolgung liegt in der Zurückdrängung positiver **Jurisdiktionskonflikte** durch eine Beschränkung nationaler Verfolgungszuständigkeiten.[432] Mehrfachverfolgungen drohen nur dann, wenn mehrere Staaten ein völkerrechtlich legitimes Strafverfolgungsinteresse für sich in Anspruch nehmen können. Die Reklamation von Strafverfolgungsbefugnissen für Auslandstaaten durch Verweis auf die traditionellen völkerrechtlich legitimierenden Anknüpfungspunkte sollte aber in einem einheitlichen Raum der Freiheit, der Sicherheit und des Rechts überholt sein.[433] Der Rahmenbeschluss 2009/948/JI v. 30.11.2009 zur Vermeidung und Beilegung von Kompetenzkonflikten in Strafverfahren (RB Kompetenzkonflikte)[434] stellt nur einen ersten Schritt in diese Richtung dar. Er sieht für Fälle positiver Jurisdiktionskonflikte ein zwischenstaatliches Konsultationsverfahren (Art. 5 ff RB Kompetenzkonflikte) vor, stellt aber keine verbindliche Rangfolge unter den möglichen Anknüpfungspunkten für die Reklamation mitgliedstaatlicher Strafverfolgungszuständigkeiten auf.[435] In Streitfällen soll Eurojust zuständig sein; Art. 12 Abs. 2 RB Kompetenzkonflikte sieht aber keine bindende Letztentscheidungsbefugnis für Eurojust vor. Die Schaffung eines einheitlichen Rechtsraums ist also im Hinblick auf die Verhinderung von Mehrfachverfolgungen durch die Zurückdrängung positiver Kompetenzkonflikte derzeit noch ein Ziel der Union (vgl auch die Kompetenzgrundlage in Art. 82 Abs. 1 lit. b) AEUV, hierzu bereits Rn 10), dessen vollständige Verwirklichung aussteht.[436] Berücksichtigt werden muss außerdem, dass bei grenzüberschreitend verwirklichten Straftaten auch eine Zurückdrängung von Strafverfolgungsbefugnissen auf das Prinzip der Territorialität positive Jurisdiktionskonflikte nicht endgültig ausschließen kann.[437] Das transnationale Doppelbestrafungsverbot bleibt deshalb auch in Zukunft ein unverzichtbares Element des Schutzes von Beschuldigtenrechten im europäischen Rechtsraum.

F. Ausblick

135 Das Strafrecht in der Europäischen Union hat einen weiten Weg zurückgelegt: Von der Ausblendung in den Anfängen der europäischen Einigung hat es sich heute zu einem wichtigen Betätigungsfeld des unionalen Engagements im Raum der Freiheit, der Sicherheit und des Rechts entwickelt. Dabei steht allerdings die Seite der Sicherheit, dh der Effektivierung einer kooperativen Strafverfolgung im Vordergrund. Zudem wird Strafrecht auf Unionsebene vielfach schlicht als Mittel zur Durchsetzung von Politikzielen verstanden – was seinem Charakter als ultima ratio in Fällen nicht tolerierbaren Verhaltens nicht gerecht wird.

Für die künftige Entwicklung des Strafrechts im europäischen Rechtsraum ist deshalb von überragender Bedeutung, die Freiheitskomponente im Unionsziel eines Raums der Freiheit, der Sicherheit und des Rechts wieder mehr in den Vordergrund des unionsrechtlichen Engagements zu rücken. Unter anderem erwächst hieraus die Forderung nach einer Stärkung der Beschuldigtenrechte im

---

432 Vgl hierzu *Böse/Meyer*, ZIS 2011, 336, 341 ff; *Deiters*, ZIS 2006, 472, 478; *Radtke*, in: Böse (Hrsg.), EE, § 12 Rn 2; dagegen *van Bockel*, S. 39; *Eckstein*, ZStW 124 (2012) 490, 492.

433 Übereinstimmend für das passive Personalitätsprinzip *Böse/Meyer/Schneider*, in: dies. (Hrsg.) Conflicts, S. 418 f; *Meyer*, in: Böse/Meyer/Schneider (Hrsg.), Conflicts, S. 156; *Vogel*, in: FS Schroeder, S. 877, 893.

434 ABl. L 328 v. 15.12.2009, S. 42. Vgl auch den erfolglos gebliebenen Vorschlag für einen Rahmenbeschluss über die Wirkung des Prinzips ne bis in idem ABl. C 100 v. 26.4.2003, S. 24; Ratsdok. 10829/04 v. 25.6.2004, und das Grünbuch der Kommission über Kompetenzkonflikte und den Grundsatz ne bis in idem im Strafverfahren, KOM *(2005)* v. *23.12.2005*, *696* endg.

435 Zur Kritik *ECPI*, ZIS 2013, 412, 423 f; mit Änderungsvorschlägen *Sinn*, ZIS 2013, 1, 5 ff.

436 Vgl auch den Umsetzungsbericht zum RB Kompetenzkonflikte v. 2.6.2014, KOM (2014) 313 endg.

437 Vgl *Hecker*, EuStR, § 12 Rn 2; *Schomburg/Suominen-Picht*, NJW 2012, 1190, 1193.

Zusammenhang mit einer durch den Grundsatz gegenseitiger Anerkennung geprägten kooperativen Strafverfolgung (hierzu Rn 94 ff). Hierzu gehört auch die Lösung des Problems positiver Jurisdiktionskonflikte (hierzu Rn 134) und die Stärkung des transnationalen Doppelbestrafungsverbots (hierzu Rn 123 ff). Ferner darf der Unionsgesetzgeber seiner gesetzgeberischen Verantwortung im Zusammenhang mit den derzeit betriebenen Plänen für die Errichtung einer Europäischen Staatsanwaltschaft (hierzu Rn 70 ff) nicht ausweichen: Sollte diese europäische Strafverfolgungsinstitution wirklich realisiert werden, so ist hierfür ein hinreichend bestimmtes Regelungsfundament erforderlich. Das setzt voraus, dass die zu verfolgenden Straftaten klar und trennscharf definiert werden. Zum anderen muss die verfahrensrechtliche Ausgestaltung der Verfolgungstätigkeit – insbesondere das Zusammenspiel zwischen europäischer und mitgliedstaatlicher Strafverfolgung – klar geregelt sein. Und schließlich wird sich auch hier die Aufgabe stellen, die Position des Beschuldigten angemessen auszugestalten, denn ihm wird neben nationalen Strafverfolgungsorganen eine supranationale Strafverfolgungsinstitution gegenüberstehen. Besonderes Augenmerk ist deshalb in diesem Zusammenhang auch auf die Ausgestaltung einer effektiven justiziellen Kontrolle der Strafverfolgungstätigkeit zu richten.

Die genannten Rechtsbereiche sind unionspolitisch sicher nicht besonders attraktiv. Rechtsinstrumente zur umfassenden Kriminalisierung von Menschenhandel oder Rassismus und Fremdenfeindlichkeit oder zum Schutz der Opfer von Straftaten lassen sich wesentlich besser als Gewinn darstellen als eine Stärkung von Beschuldigtenrechten. Doch in einem Raum der Freiheit, der Sicherheit und des Rechts sollte es die vornehmste Aufgabe des Unionsgesetzgebers sein, in den Bereichen seines strafrechtlichen Engagements dafür zu sorgen, dass die Balance zwischen effektiver Strafverfolgung einerseits und Wahrung individualrechtlicher Freiheitsbereiche und Verteidigungschancen andererseits gewahrt bleibt.

Stichwortverzeichnis

Die Angaben verweisen auf die Paragrafen des Buches (**fette Zahlen**) sowie die Randnummern innerhalb der einzelnen Paragrafen (magere Zahlen).
Beispiel: § 9 Rn 10 = **9** 10